张世禄全集

第一卷

1

History of Chinese Phonology

音韵学史

张世禄 著 申小龙 编

中国出版集团 东方出版中心

图书在版编目（CIP）数据

张世禄全集 / 张世禄著；申小龙编. —上海：东方出版中心, 2020.12
ISBN 978-7-5473-1712-9

Ⅰ. ①张… Ⅱ. ①张… ②申… Ⅲ. ①语言学－文集 Ⅳ. ①H0-53

中国版本图书馆CIP数据核字（2020）第212589号

本书出版得到上海市新闻出版专项资金扶持

策　　划　郑纳新　梁　惠
统　　筹　梁　惠
策划编辑　梁　惠
责任编辑　潘灵剑　赵　明　裴宏江　高淑贤　刘玉伟
封面设计　田　松

《张世禄全集》（11卷）

张世禄著　申小龙编

出版发行　东方出版中心
地　　址　上海市仙霞路345号
邮政编码　200336
电　　话　021-62417400
印 刷 者　上海盛通时代印刷有限公司

开　　本　890mm × 1240mm　1/32
印　　张　191.875
插　　页　2
字　　数　4029千字
版　　次　2020年12月第1版
印　　次　2020年12月第1次印刷
定　　价　1580.00元

《张世禄全集》编纂顾问名单

濮之珍　许宝华　严　修

李行杰　陈光磊　张小隽

总　前　言

申小龙

一、学术成长

张世禄先生，字福崇，1902年11月出生于浙江省浦江县东乡礼张村一个书香家庭。那里山峦叠翠，白云缭绕，秀树掩映，溪水潺潺。他的祖父张有烈是清代贡生。父亲张道型、叔父张道垲都是前清秀才。张世禄幼承庭训，耳濡目染父辈教授的"四书""五经"一类的古书，从小就爱上了古文。在当时，"小学"是"通经"的基础，入门的工具。从乡办的小学到省立金华中学，他都以学习古文为主。这为他后来研究古代汉语打下了深厚的基础。他所读中学的校长是著名的语言学家金兆梓。金兆梓在古文方面的博识精断给了张世禄很大的影响。同时张世禄对当时新设的英文课程也深感兴趣。

"五四运动"兴起后，张世禄首次接触了白话文和英文。当时的思想文化界交织着中西古今的冲突，张世禄对传统语文研究方法和手段的严重局限感触很深。他开始意识到，中国传统的语言研究必须用西方语言科学的新知来加以革新、改造。1921年，张世禄考入南京国立东南大学中文系，承师于著名学者胡小石、陈中凡、顾实、柳诒徵、竺可桢、梅光迪、吴宓等。在这里，张世禄对语言研究的功用和研究手段的科学化与精密化有了比较全面的认识。他广泛阅读了清代语言文字学家的著作，如段玉裁的《说文解字注》、朱骏声的《说文通训定声》等。在传统小学的文字、音韵、训诂三个门类中，他感到音韵学最难弄通，因此下了很大功夫研读。研读中段玉裁"音韵明而六书明，六书明而古经传无不可通"给他很大启发，他决心深入钻研音韵学。

张世禄是胡小石先生的嫡传弟子。在胡小石先生指点下，张世禄看了高元的《国音学》及赵元任、林语堂、刘复、唐钺等的著作。他参照比较中外语言学著作，逐渐把握了汉语传统音韵学的各种概念范畴，从此选择了用西方语音学理论来研究中国传统音韵学的科学研究道路。

在东南大学学习期间，张世禄还聆听了章太炎、梁启超等学者的讲学，并参加了东南大学著名词曲家吴梅为学生建立的研习词曲的"潜社"，作有词作《风入松·宋徽宗琴名松风》①《桂枝香·扫叶楼秋禊》②《霜花腴·红叶》③等。读书期间他还在《国学丛刊》《东南论衡》等杂志发表了《文字上之古代社会观》《日本藤原氏与春秋世族之比较》等六篇论文。

1926年，张世禄大学毕业获文学学士学位。次年他赴福建厦门集美学校任语文教师，开始了他漫长的语言研究与教学生涯。1928年至1932年，张世禄在上海商务印书馆编译所任编译员期间，兼任暨南大学、复旦大学、中国公学等校文字学、语言学、语音学讲师。1932年至1939年，张世禄任暨南大学中文系教授、系主任及复旦大学、无锡国专、成明文学院、光华大学等校语言文字学教授。其间，于1934年，应日本中国语学会之邀赴日本讲学。这

① 吴梅编：《潜社词刊》第二辑。
② 吴梅编：《潜社词刊》第三辑。
③ 吴梅编：《潜社词刊》第四辑。

段时间，张世禄研究的重点是音韵学和语言理论，出版了一系列学术著作，包括《中国声韵学概要》(1929)、《中国古音学》(1930)、《音韵学》(1932)、《广韵研究》(1933)、《中国文艺变迁史》(1933)、《语言学概论》(1934)、《语音学纲要》(1935)、《中国音韵学史》(1938)，翻译出版了一系列外国语言学著作，包括《中国语与中国文》(1931)、《中文解析字典序》(1933)、《汉语词类》(1937)、《语言学通论》(1937)。

1940年至1947年，张世禄为逃离"汪伪"陷害，携新婚妻子张瑞云离开上海到西南各省，先后担任昆明云南大学、坪石中山大学、桂林师范学院、贵阳大厦大学、重庆中央大学、重庆大学、四川教育学院等学校的语言文字学教授，并曾到中央研究院历史语言研究所从事研究工作。时逢战乱，举步维艰，在这些年间，张世禄先生在努力工作的同时，仍坚持学术研究，笔耕不辍，先后出版了专著《中国文字学概要》(1941)、《中国训诂学概要》(1942)，论文《文字学与语法学》(1940)、《训诂学与语法学》(1940)、《朱翱反切考》(1944)、《中国历史语音学之方法》(1944)、《字形孳乳说》(1945)等，翻译了高本汉的《老子韵考》(1939)、《诗经研究》(1939)和房德里耶斯的《语言论》。

翻译房德里耶斯《语言论》的时候，张世禄先生正在坪石中山大学任教。据张瑞云师母的回忆，当时正值抗日战争时期，大儿子刚满周岁，女儿又出生了，生活十分艰辛。一家人吃的是夹有沙子石子杂粮的糙米饭，美其名曰"八宝饭"；睡的是高低不平的硬板床，用的是一块破板、两只长凳搁起来的"写字台"。晚上照明用的是小碟子加上三根灯草的油灯。白天张先生备课编讲义，或上图书馆钻研业务，晚上就在油灯下翻译《语言论》。张师母为此退学操持家务，稍有空闲就用布兜背着老大，抱着老二出门游荡，只有这样才能让仅10平方米的租房安静下来，让张先生静心工作。

张世禄先生1943年回到母校重庆中央大学文学院中文系，当时他的老师胡小石是研究所主任，汪辟彊是系主任，系里还有唐圭璋、卢冀野、王玉章、杨潜斋、李长之等先生。由于张世禄先生的回归，语言文字学方面的阵容大大加强，张世禄成为胡小石先生的左膀右臂。在胡小石的支持下，中文系增设“语言文字组”，约相当于后来的语言专门化或汉语专业。当时全国设这个专业的还有昆明的西南联合大学中文系。全国只此两家。

二、现代音韵学的先驱

张世禄自1929年开始发表音韵学著作，先后出版了《中国声韵学概要》《中国古音学》《广韵研究》《语音学纲要》《中国音韵学史》等著作。这些著作的一个共同特点，就是用现代语言学原理来研究和整理中国古代的音韵研究传统。在这一方面，张世禄是我国现代语言学的先驱。

张先生的学生鲍明炜教授指出：

> 1919年“五四运动”前后，在几所主要大学中正在孕育着新一代的语言学者，已是呼之欲出。一批早期留学生从西方学成归来，他们在大学任教，加上一些新派学者也具有新的学术观点，在这些先进人物的培养下，自会有一批新人出现。下面是几位当时还是青年学者的出版专著的情况，专著前为作者出生年份，后为出版年份。罗常培(1899,《中国音韵学导论》,1930)、王力(1900,《中国音韵学》,1936)、魏建功(1901,《古音系研究》,1934)、张世禄(1902,《中国声韵学概要》,1929)。诸先生应运而生，在20世纪二三十年代，形成一派崭新的局面。1929年张世禄先生的《中国声韵学概要》在商务

印书馆出版,在这方面占了先声……这是先生平生第一部专著,全面系统地论述了纷繁万端的传统音韵学,差不多也是全国第一部运用现代语音学原理论述的这类著作,具有筚路蓝缕之功。①

20世纪80年代北京大学王力先生来复旦大学作学术报告,看到张世禄先生坐在台下,王力谦逊地说:"我是读了张世禄先生的著作,受到启发,才走上语言学道路的。"

1. 现代音韵学史的开山之作:《中国音韵学史》

张世禄于1938年写的《中国音韵学史》,是第一部用现代语言学思想写出的音韵学史专著。在写这部专著之前,张世禄先生做了一系列准备:

1929年张世禄写了《中国声韵学概要》,"在新派汉语音韵学通论性著作中,这差不多是最早最系统的一部,此后出版的汉语音韵学通论性著作都是依照这一基本框架"。②

1930年张世禄写了《中国古音学》,"第一次对我国周秦两汉语音研究的历史作了全面清理",其方法是"尽量应用西洋发音学上、语言学上种种原理,或采用西洋学者研究中国古音之方法,使中国古音学完成为一种公认的科学"。③

1931年张世禄的《中国音韵学史之鸟瞰》、1933年张世禄的《等韵学派系统的分析》建构起汉语音韵学发展的基本框架。同年出版的《广韵研究》则系统研究了《广韵》及《广韵》一系的韵书。

---

① 鲍明炜:《敬爱的老师张世禄先生》,《薪火九秪——南京大学中文系九十周年系庆纪念文集》,南京大学出版社2004年版。

② 李行杰:《张世禄——学贯中西的语言学家》,未刊稿,下同。

③ 张世禄:《中国古音学》,商务印书馆1930年版,第174页。

1932年张世禄撰著《音韵学》一书产生了更为广泛的影响，而1935年出版的《语音学纲要》是我国最早的普通语音学著作。

复旦大学中文系老主任陈允吉教授曾指出："写出一代学术顶尖水平的论著"是复旦中文系前辈名师的一个特点，他说："张世禄的《中国音韵学史》也是中国音韵学的开山之作。而东南大学、中央大学的老师这种著作就比较少。他们的长处在其他地方，你比如说讲音韵学、训诂学，胡小石好得不得了，可是他没有写出能与之相称的书。"①

张世禄先生的学生李行杰教授认为，《中国音韵学史》"是一部最权威的音韵学史专著，直到60年后的今天，依然是治音韵学者必备的参考书"。其突出的优点——

一在全面系统：考镜源流，脉络清晰，条理畅达；

二在资料赅博：每论一事，必穷搜博采，务求详尽无遗；

三在论断科学：传统音韵学各种术语条分缕析；

四在历史观点：结合语音演变讲明韵书和等韵条例。

张世禄在这本书中认为，传统音韵学上的种种紊乱现象，究其根源在于他们都是使用方块汉字标音的，语音的变迁和分歧无法在音读上反映出来。今天如果我们仍用汉字作标音工具而不运用现代科学的语音学方法来改造传统研究，那么我们只能认识一些同音的双声叠韵关系，而得不到各个字音里所包含的因素，得不到各个字音在某种语音系统里的确凿的读法，于是对于各种语音系统的析别和语音演变史上阶段的划分就容易发生淆惑和迷乱。因此，中国音韵学的进步，必须采用一种适当的音标字来作注音的工具，同时又根据现代语音学和语言学理论，辅以汉语以外的音韵材料，整理现代音，考证古代音。惟其如此才能有丰富的创获和科学

---

① 陈允吉：《漫谈复旦中文系学术传统》，复旦大学校史研究室主办《校史通讯》2017年6月30日。

的认识。[1] 为此，张世禄在引进西方现代语音学理论方法和清理改造中国古代音韵学传统两方面都做了大量的开拓性工作。

2. 系统引进高本汉现代音韵学理论

在现代音韵学的各种学说之中，张世禄介绍最勤的是瑞典汉学家高本汉的学说。高本汉自20世纪初开始研究中国现代方音，继而用历史比较法构拟中古音系统，用内部拟测法测定上古音系统，并用词语形式研究的成果探求词源，以建立汉藏系比较语言学的基础，形成了一套将西方语言学原理同汉语音韵学传统有机结合的语音史研究方法。张世禄以他独到的见识认定高本汉的方法是汉语音韵学科学化、现代化的必由之路。为此他积极翻译出版了高本汉的《中国语与中国文》《汉语词类》《诗经研究》《老子韵考》等著作。

赵元任在一次见到张世禄时，把高本汉探讨词源的《汉语词类》同章太炎的《文始》相提并论。张世禄深不以为然。他指出，两书虽都由古音入手探究汉语词源，但在方法上却代表了两个时代。旧式的音韵学，因为工具、材料和方法上的缺陷，其词源研究只能是古典式的，拘牵于汉字字型的，因而是主观、武断，且不成系统的。而《汉语词类》以现代科学为基础，条分缕析、层层推进，处处和中国旧时代的学术相反照。[2] 汉语音韵学要成为一门现代化的新学科，必须在现代科学理论的指导下运用新观点、新材料、新方法。

张世禄深信，章太炎、黄侃等前代学者虽然在古音研究上集前人之大成，似乎达到了顶峰而不可企及，但是一旦运用现代科学理论和方法就可以看出他们的局限，从而使音韵学突破传统语文的

---

① 张世禄：《中国音韵学史》，上海书店1984年重印本，第329页。

② 张世禄：《张世禄语言学论文集》，学林出版社1984年版，第183页。

格局，走上现代科学的道路。在张世禄关于音韵的著述中，我们处处可以看到这种现代科学的精神。何九盈《中国现代语言学史》认为，任何学科的重大革新几乎都与方法论的革新密切相关。历史比较法、内部拟测法为现代音韵学开辟了广阔的前景。而“第一个运用历史比较法来全面研究汉语上古音的是高本汉，第一个运用内部拟测法来研究汉语上古音的也是高本汉”。[①] 历史证明张世禄毕生为之奋斗的现代音韵学方向，是一个正确的方向。

3. 传统音韵学的现代阐释和批判

张世禄不仅重视引进、借鉴西方语音学的原理，而且重视用现代科学的知识来研究和阐释古代音韵学范畴。

例如“清浊”的概念在音韵学传统上歧义纷出，张世禄指出，陆法言、孙愐等所说的清浊系指韵部的分析，而非近代用以辨别声纽的“清浊”，也非魏晋六朝用于刊明字调的“清浊”。[②] 传统音韵学以音感上的相对区分来归纳范畴。从前用五音的名称来区别字调，虽然把音素的差异混在一起，但这种区分不是绝对的，而是相对的，所以字调的种类可以概括地用“清浊”“轻重”一类的词语来指示。后来受了佛经转读的影响，又为适应语音的实际，把字调区别为四声，把音调的问题同音韵的问题分了开来。但音素的差异虽然同乐音的高低没有关系，但在实际听感上，因音纽或韵素的影响也可以使整个字音发生高低的区别，于是原来用以表示音读上相对区别的“清浊”“轻重”一类的词语，也转而表示音色方面绝对的差异。[③] 在开始的时候，这种音色上的差异不区别元音和辅音的性质，把韵素差别和声纽种类混在一起，因而“清浊”又兼表示声

① 何九盈：《中国现代语言学史》，广东教育出版社 2000 年版，第 238 页。

② 张世禄：《中国音韵学史》，上海书店 1984 年重印本，第 144 页。

③ 同上书，第 206 页。

和韵的相对区别。后来声纽上的种类和配列、韵部上的开合等呼等细目，都用体现声学上的相对差异的“清浊”“轻重”来表示，其中便包含了各种标准。张世禄在吸收西方现代语言理论和方法的同时，用现代科学的解剖刀精辟地析解了汉语音韵学的传统。

由于在方法上高屋建瓴，张世禄对旧学的批判也就入木三分。

清代的古音学曾被认为是“前无古人，后无来者”的音韵学顶峰。张世禄却一针见血地指出，传统音韵学有两个通病：

一是材料上杂取《诗经》《离骚》、其他古书韵语和《说文》等书里的形声字系统，旁及假借、读若、声训。这些材料并非属于同一个系统，彼此间存在着时代和地域上的分歧。从这种混杂性的材料所归纳得来的音韵系统难免有许多字音出入相错。而为了解释这种矛盾变异现象，就不得不由“合韵”说进而为“异平同入”说，再进而为“阴阳对转”及“正转”“旁转”等曲为圆说。

二是将韵部的区别绝对化，以为一个韵部仅包含一种音值，于是对许多穿错易变的字音不得不立通转的条例。条例繁衍仍不能统括字音的转变，又不得不委之以双声相转。①

张世禄所指出的这两个古音学通病表明，研究古音，除了“考古”的方法，固然须注重审音，但在审音的时候，如果没有语音演变的时空观念，单把韵书和等韵的研究结果作为直接测定古音的依据，就必然会把后代的语音系统混入古音之中。正是在这一点上，张世禄对于作为“三百年间古音学研究之殿后”的“古本声”“古本韵”说持批评的态度。他指出这一学说在材料上用代表魏晋隋唐间的读音系统的《广韵》来“考三代迄于六朝之音变”；在方法上用明清等韵掩盖宋元等韵，又以这样的“读音”施加于《广韵》乃至周汉，把“音类”和“音值”混为一谈；在规律的认识上简单化地认定

① 张世禄：《中国音韵学史》，上海书店1984年重印本，第288页。

"古音简，今音繁"，与现代语音学的科学认识多有不合。

正由于张世禄站在现代语言学的理论制高点上，所以他对汉语音韵学史的研究成为中国现代语言学史上的典范。

4. 汉语语音发展规律的全面总结

出版于20世纪30年代的《中国音韵学史》，在80年代初已难以见到。山东大学殷焕先教授鉴于这本书很高的学术价值和研究生教育的亟需，建议张世禄先生重印此书。而台湾方面未经许可已先行重印。张世禄说："台湾方面重印，没有经过我的同意，我可以不负责任。在大陆重印，我就要负责了。几十年前的有些看法，本来就未必恰当，应当修订；这些年来，音韵学研究有了很大发展，新材料、新成果很多，都应该补充进去。不加修改，原封不动地重印，怎么好意思。要印，总得有几句新话。"[①]1984年新版的《中国音韵学史》在《重印后记》中系统论述了30年代以后海内外各家学者对上古音、中古音、近代音以及汉语拼音文字的研究，并对原版中一些提法做了修正和说明。这篇后记获得上海市社会科学优秀成果一等奖。

张世禄先生晚年一项重要的研究是提出具有总结性的汉语语音发展规律。其中包括：

起首辅音的失落和复辅音的单化；

浊音声母的清化和鼻音声母的简化；

鼻音韵尾的简化和闭口音的消失；

塞音韵尾的失落和开音节字的增多；

韵母中元音的混同化和呼等的简化；

音节里元音的逐渐占优势和音节结构的单纯化；

---

① 转引自李行杰：《新松恨不高千尺——张世禄先生治学回忆》，《语文建设》1994年第10期。

入声的消失和声调种类的减少；

声调上平仄短长关系的消失和轻重音的趋于重要地位。①

这八条规律体现出整个汉语语音的发展由繁入简的历史。它的提出是现代科学意义上汉语音韵学研究成熟的标志。

三、理论语言学的汉语汉字视角

在20世纪30年代，张世禄集中出版了一批理论语言学著作。其中有《语言学原理》《语言学概论》《语音学纲要》等，为在我国建立普通语言学理论做出了重要的贡献。何九盈《中国现代语言学史》在论述中国现代语言学早期理论建设中就指出："张世禄在介绍西洋语言学理论方面，用力最勤，成绩突出。王力、方光焘、岑麒祥等人也在大学开设过'语言学'，但都没有正式著作问世。"②

张世禄认为，中国的科学向来不很发达，过去对语言虽然有很多著述，但终究未曾组织成为一种科学。因此，我们要研究中国的语言和方言，必须有西方语言学理论做个基础；我们要考明汉语的性质和历史，也必须先具有世界语言学的知识。③ 但在这个借鉴和吸收的过程中，张世禄先生始终坚持从汉语事实出发，不机械套用西方的范畴和理论，不为西方语言理论削足适履。这成为张世禄普通语言学研究的鲜明的特色。

1. 关于人类语言发展的规律：繁化论，还是简化论？

关于语言变化的问题，张世禄首先指出语言作为一种社会的公器，它的变化是社会约定俗成的；然后区别了语言变化的种种类

① 张世禄：《汉语语音的发展规律》，《语文论丛》1979年第1期。
② 何九盈：《中国现代语言学史》，广东教育出版社2000年版，第63页。
③ 张世禄：《语言学概论》自序，中华书局1934年版。

型;继而又指出,语言的变化大都由于自然的情势而起,其中意义的变化同社会事物的发展有关,形式的变化也是由于社会心理上对类别事物注意力的不断进步要求以相同的形式来表示相同的意义;声音的变化也是趋于便利。因此,语言的变化是一种进化。从本质上说,语言是一种社会习惯。如果它不适用于现实生活,它自然要起变化。

张世禄的语言进化的观点,不仅否定了19世纪西方某些学者的狭隘的语言进化论,而且从这点出发,在整个世界语言的发展大势上确立了汉语在人类语言中的地位。

一些西方语言学家从以形态繁简定优劣的偏见出发,把世界语言形态的孤立、粘着、变形三分看作语言进化的三个阶段。他们认定像汉语这样的孤立语是家族生活的民族所用,是最初等的。而印欧系语言的语词是有国家组织的民族所用,是最高等的。粘着语则为游牧生活的民族所用,介于两者之间。这种观点一笔抹煞了中国数千年的文明史,认为中国的文化和语言都停留在太古幼稚的状态。

张世禄吸取了叶斯柏森、高本汉等学者的观点,根据他对汉语历史发展规律的独到的洞见,针锋相对地指出汉语的发展恰恰是循着与三段进化论相反的由变形到孤立的途径。如果说变形语是一种高等语言,那么早在原始汉语就已达到了这样一个阶段。这一点可以从拼音文字记录的与汉语同系的古藏语形态得到证实。而今天汉语的“孤立”性质却又正是几千年汉语演变的结果。这一令人信服的论证使以民族偏见为前提,对科学事实削足适履的三段进化论不攻自破。

张世禄不仅用东方语言的事实驳倒了三段进化论,而且进一步指出西方语言的历史发展趋势也决非三段进化,而是与汉语的发展趋势一致,由综合语趋向分析语。不但现代英语已大半成为分析语，即使拿从前的梵语和较后的希腊语、拉丁语，拿从前的拉丁语和现代的法语、意大利语分别比较，也可见形态变化的日渐减少，趋于孤立，只不过其演变速度较汉语为缓罢了。语言的应用在于思想表现的明确，分析语的表现手段比较显明简单，没有错杂纠纷的弊病，所以世界语言趋于分析是语言进步的现象。

张世禄指出，西方一些学者在语言理论上轻视东方民族及其语言，这是一种狭隘的民族心理，是因闭塞而自视甚高、轻视外族的太古遗俗在现代社会的折光。从世界语言的事实来看，常有语言的性质相近而文化的程度相悬殊的，也有文化不分高下而语言的性质完全异趣的。北美土人的语言和古代的梵语、希腊语、拉丁语同属形态语言。埃及、巴比伦、印度和中国都是古代文明大国，所用的语言却或是形态的，或是非形态的。可见人种和语言的关系不过是语言的殖民心理所产生的一种神话。"说我们所用的国语是世界上最劣等的，我们的民族固然不必因此而自馁；说我们所用的国语是世界上最优等的，我们也不因此而自豪。我们学过德语的人，就可以知道德语里对于名词阴性、阳性、中性的区别，最不合于理论，最不合于科学，我们当然不能因此断定德国人是不合于理论和科学的。"①

从张世禄对语言变化理论的阐述，我们可以看到他在筚路蓝缕地引进西方语言理论的同时，注意用汉语的事实来检验这些理论，注意把汉语放在世界语言发展的大背景下来考察，努力建立能够概括汉语事实的一般语言学理论，这是难能可贵的。

2. 关于词音演变：渐变，还是突变？

张世禄先生对中古音"浊上变去"的演变提出了字音渐变的理

---

① 张世禄：《中国音韵学史》，上海书店 1984 年重印本，第 104 页。

论，这是后世“词汇扩散”理论的先声，且先声夺人。

张世禄首次清晰地解释了“浊上变去”的内在音理，即全浊声母平仄声一起变送气次清声母，然后在仄声的次清声母因声调的影响，送气成分消失变为全清声母。对这一过程中十分关键的因素即声调的影响，张先生作了详细的考辨，并把整个音变解释为一个渐变而非突变的过程。这是因为汉语字音材料本身有不同的时间和空间的歧异，任何一刀切的“突变”的归纳总会存在种种字音例外。

张世禄在《中国音韵学史》中提出：古音学家建立的韵部无论怎样细密都无法避免各部间相通的字音，盖因其依据的材料不仅有古书韵语、说文形声字系统，而且旁及假借、读若、声训等，这些材料并非完全属于同一个语音系统，彼此间存在时代和地域的纷变关系。张先生的学生赵克刚教授就此指出：西方语言学讲音变，不是以词而是以音位为最小单位，以为一个音位变了，凡是有这个音位的词都会整齐地变化。事实上字音的演变并不随音位的变化而一刀切地变化。张先生把浊上变去解释为渐变且在时空上不平衡的发展，功莫大焉。不仅如此，“在全面论述清代古学时张先生也只有字词渐变观点，而无一刀切式的字词突变观点，这是讲音变要想随分韵部一刀横切过去的音韵学家所不可企及的最精深、最圆通的理论观点。王士元教授在美国提出了一个字词音变是渐变的理论，叫做词汇扩散论，在美国、欧洲、日本、印度成了新学说，很盛行。张世禄先生从早年到现在的著作，一直都把字词音变讲为渐变的，不过没有叫做词汇扩散论罢了”。[①]

同样，赵克刚认为，上古汉语阴阳入互谐互押这个各家争论不休的问题，根据张世禄先生“审音时尤须抱定时地观念，深切认识

---

① 赵克刚：《浊上变去论》，《重庆师范大学学报》1986 年第 3 期。

语言演变的事实”的思想，也可以看作不同时代和地域中非同一个语音系统的读法。“在大混杂的材料中彼亦一是非，此亦一是非，谁能一之？若从老师近年来比较研究中外学说所持意见，先在各大方言区内部进行历史比较，拟测原始吴语、原始粤语、原始闽语，等等，再与《切韵》进行比较，并进而与文字谐声、诗骚押韵、《尔雅》通假、扬雄《方言》等古代资料进行比较，以拟测原始汉语，不是认识更正确、研究方法更好吗？”①

3. 关于词的原始义推定：西化，还是汉化？

汉语词源分析中有一种生搬硬套西方词源学的观点，由印欧系各种语言中“城”的原始意义“城堡”“城墙”有防御敌人的意思，断言汉语的“城”也是如此。张世禄认为这种类推方法把外国语的帽子套在汉语头上，是不适合的。汉语的语义发展规律不能依据印欧语里的词源事实来类推。因为语义发展的规律性和语音对应现象一样，是在同系族的亲属语言中显现出来的。汉语和印欧语系的语言不同系族，怎么能依据它们的词源来类推呢？张世禄指出，汉语“成”和“城”等词有音义关系，它们的词源义应该是“成长”“生聚”“聚集”，并依次引申出“茂盛”“安定”“堆积”等义，所以汉语的“城”和“城垣”“城墙”“城池”联系在一起。②

4. 关于汉字和汉语的关系：工具性，还是语言性？

面对西方文字理论对中国现代语言学的深刻影响，张世禄先生自觉清醒地面向汉语实际进行本土化反思。早在 20 世纪 30 年代的《研究中国文字的方法》一文中，张世禄就首次明确提出汉字

① 赵克刚：《张世禄先生的音韵学说》，《语文现代化》1990 年第 9 期。
② 张世禄：《汉语词源学的评价及其他——与岑麒祥先生商榷》，《江海学刊》1963 年第 7 期。

作为表意文字适应中国语言的特点，这实际上是提出了汉字的语言性这个深刻的命题。他指出："我以为要讨论这些问题——不管是关于中国文字的起源、构造、演变或价值等等问题——都要注意到中国语言上的现象。中国文字的这种特性，所谓表意文字，它的存在是以中国的语言为背景的；因之我们要解决中国文字上的任何问题，一方面固然要论到形体方面的现象，另一方面尤须注意中国语言的特点，以及它和文字演进的关系。"①

张世禄的这个观点，直到今天，都有深刻的启迪。20 世纪 80 年代起，中国现代语言学去汉字化所造成的传统断层和全盘西化越来越受到关注和批评。不断有学者强调写意的汉字与写音的字母之间的文化差异，认为汉字具有深刻的语言性，要求对汉语、汉字文化特性重新评估，提出艺术、文学创作的"字思维"。20 世纪八九十年代的文化语言学正是"再汉字化"思潮的先声。文化语言学把汉语言文字看作汉文化存在和建构的基本条件，强调汉字汉语独特的人文精神，强调建立中国文化本位的语言学，在文史哲融通的大汉字文化格局中研究汉语。这一思潮在进入 21 世纪后逐渐汇通中国社会科学诸领域。"再汉字化"思潮的核心问题正是张世禄先生早就提出的汉字与汉语、汉字与汉文化的关系，以及汉字在这种关系中的本位性。

5. 关于语言研究的哲学思想：分割论，还是矛盾论？

张世禄的语言文字理论具有深刻的哲学思想。严修教授对张世禄先生学术研究中贯彻实践论、矛盾论思想有很深的体会。他列举张先生的一系列观点，例如：

"语言学的主要任务，在于研究语言内部发展的规律"；

---

① 张世禄：《研究中国文字的方法》，《学生杂志》1939 年第 19 卷第 2 期。

“语言是一种历史的产物，语言的规范也是在发展变化之中”；

“语言里语音、文字、词汇、语法等各方面的现象也是彼此不能分割的”；

“关于语言的整体性的理论，也必须在汉语教学当中体现出来”；

“同音词的产生，是语言词汇的发展在语音上的相互‘交接’，而在词义上的彼此‘分割’；同义词的产生，却是词汇发展在词义上的相互‘交接’，而在语音上的彼此‘分割’。这两种现象，似相反而实相成的，因为都是由于语音和词义两方面不平衡的发展而来的”；

“因为用字和造字的矛盾，不得不应用借字标音的方法，这就是‘假借’”。

从中可以看出张世禄努力运用历史唯物主义和辩证唯物主义指导学术研究，用历史发展观点、发展不平衡观点、矛盾的观点、普遍联系的观点分析语言现象。[①]

四、词汇学的新视域

1949年以后，张世禄任南京大学、金陵女子文理学院教授。1952年院系调整时，他到上海任复旦大学中文系教授，在复旦大学和华东师范大学开设了语言学概论、现代汉语、古代汉语、汉语史、汉语诗律学等课程。1949年以来，张世禄的语言研究重点从他辛勤开拓的现代音韵学领域转向中国现代语言学的薄弱环节——词汇学领域。他出版了一系列词汇学方面的论著，其中有《普通话词汇》《小学词汇教学基本知识讲话》《词的构成与词汇的

① 参见严修：《张世禄先生治学的特点》，《语文现代化》1990年第9辑。

构成》《怎样正确地认识同音词问题》等。尤其他撰写的上海本《现代汉语》中的词汇部分，是他数十年词汇研究的结晶。张世禄词汇学说中最引人注目的是同义互训词理论、基本词理论和类义词理论。

1. 同义互训词理论

张世禄在研究古汉语词汇时发现汉语词汇的丰富同发达的训诂学有密切的联系。[①] 汉语的同义词是一些在意义上有细微差别而所表示的基本概念和用法相类同的词，因而它们彼此可以联合起来表示一个共同的意义，如“脂膏”“言语”“饥馑”“性情”等。这些同义词的联合结构，经过不断的使用，就凝固为“同义并行复合词”。这类词既然是同义词的联合，就与训诂学上的“同义为训”的体例密切相关。如《尔雅·释诂》“初、哉、首、基、肇、祖……始也”。被释词与训释词“始”就常联合起来使用，凝结为“初始”“首始”“始基”“肇始”等复合词。由于同义词相训释的过程实际上就是同义词相联合使用的过程，所以同义词在训诂上的作用与具有构词法意义的同义并行复合密切关联。于是，同义词的丰富性使词义解释上形成“同义为训”的体例，同义词在训诂学上的这种作用又促使同义词之间经常联合起来运用，产生大量同义并行复合词，更增加了同义词的丰富性。由此循环往复，相互推进，使得汉语越发展，词汇越丰富，用来解释词义的训诂体例也越发达，越完整。

从根本上说，训诂和构词，都是为加强语文的明确性，以阐明词义、通晓名物、沟通思想。构词上“单足以喻则单，单不足以喻则兼”(《荀子·正名》)，化单为复，把构词成分结合起来，就像训诂上训释词与被训释词互相注释一样。因此一个同义并行复合词，就

---

① 张世禄：《中国音韵学史》，上海书店1984年重印本，第544页。

包含着一个“同义为训”的体例。张世禄以其独到的语义阐释眼光，将作为解释学的中国训诂与作为语汇建构的汉语构词法内在地联系起来，画出了一个以同义为训为圆心的释义构词之圆。这个圆的循环不已使人们强烈意识到中国训诂在文化阐释的同时是如何积极地参与中国语言的建构的。

2. 基本词理论

张世禄指出，基本词汇是语言词汇库中具有全民性、常用性、稳固性和极强的构词能力的主要部分。它在千百年的长时期中为全民族所普遍认识，普遍使用。对于这类词是用不着再加训释的。因而许多训诂学专书，如《尔雅》《方言》《广雅》之类，以及许多古籍当中的注解，往往略去对多数基本词的解释，而注重于古语词、方言词、专门用语的解释。不仅如此，基本词还经常作为训释词来解释“古今之异言，方俗之殊语”。由于训诂总是从已知推向未知，在这一点上它同词汇的派生孳乳过程和学习词汇的循序渐进过程相叠印。我们从这一契合点上就可以认定训诂的训释词汇与汉语历史上的基本词汇有着必然的内在联系。词汇学中作为基本词的条件，也就是训诂学中作为训释词的条件，即“同义为训”体例的本身将基本词和非基本词划分开来。

张世禄的这一见解是一个有着丰富的文化内涵的创见。基本词汇是反映人类特定集团的基本活动、基本特性、基本观念的符号群。通过“同义为训”认定历史上的基本词，这对研究民族文化心理中一些具有根本意义和永恒价值的观念形态，对研究不同历史时期民族文化的独特精神与结构，都有重要的意义。

张世禄还进一步从基本词之间同义为训、反义否定为训、相关义为训、本字为训及同音（同源）为训的体例中看出了汉语基本词汇的体系构成，从一种特殊的种属名为训的体例中看出了汉语基本词的一个不为人知的特性——广义性。张世禄为汉语词汇学的研究开辟了一个崭新的领域，也为汉语词汇研究突破西方词汇学的传统模式提供了一个成功的范例。

3. 类义词理论

类义词的研究是张世禄为汉语词汇学开辟的又一新领域。张世禄认为，词义具有两种主要的作用：一是概括作用，一是区别作用。同义词是彼此之间具有词义上相同或相近的概括作用和区别作用的不同的词。多义词则是在同一个词里包含多种意义，多种意义之间虽然各自的词义作用不同，但由于都从同一种词义分化发展而来，所以具有相类属的显著的联系性。多义词的"倒转"，不是同义词，而是一种类义词。

类义词不同于多义词，它不是同一词里具有彼此相类属的不同意义，而是不同的词彼此之间在词义上具有相类属的关系。如果说多义词是"同词异义"，那么类义词则是"同义异词"。

类义词又不同于同义词。因为词义上同属一类的事物不一定是相同相近的概念。但相同相近的概念又必定是包括在同一类事物内的，所以同义词包含在类义词之内。古代的同义词典往往既类聚同义词，又分别类义词。类义词在汉语的运用上具有重要的作用。

五、语法学的本土化创新

在张世禄进入晚年的时候，一度身心备受摧残。在 1976 年后，张世禄不顾年老体弱，振奋精神，进行学术上的"自我抢救"工作，趁有生之年，为祖国语言科学再作努力，"以尽绵薄"。在这一时期，张世禄的研究重心又转向了汉语语法。这一转移是基于他对汉语研究各领域与西方语言学理论之关系的这样一种具有方向性、全局性的见解：

> 近年来，我认为汉语语言中语音、词汇、语法三种要素，基础不同，学习和研究的途径也有差异。语音在语言学中的物质性最强，与自然科学联系较紧密，各民族的语音规律往往有相同之处，所以学习汉语语音时，宜多多采用西方先进的技术和方法。至于语法，民族标志的作用特别显著，所以研究汉语语法时不应当生搬硬套西洋的语法学。至于词汇，它的性质和基础，我认为是介于语法和语音之间的，所以有一部分可以参考西洋词汇学，另一部分必须强调汉语的独特性，不应当一味模仿西洋词汇学。根据“从汉语实际现象出发，寻其规律性”这样的认识，我认为目前汉语语法学界有些人强调完全学习西洋语法和语法学，实在是一种偏向，有纠正的必要。①

1. 系统地打破洋框框，建立中国特色的功能语法理论

张世禄先生对汉语语法民族性的认识，早在 20 世纪 30 年代中国文法革新讨论中就形成了。在这次讨论中，张先生提出：“中国过去文法家过于因袭西洋，以致普通流行的文法书上有很多削足适履的地方；我们应该依据中国语文‘特殊’的性质和现象，重新来建立中国文法的体系。”“我认为现在研究中国文法，不妨把形态学上的关系暂时撇开，而专心注重措辞学上的关系，才可以达到‘建立范畴’和‘构成体系’的目的。”②他主张“凭语序而建立范畴，集范畴而构成体系”。对汉语语法特点的这一理解，经过半个世纪

① 张世禄：《张世禄语言学论文集》，学林出版社 1984 年版，第 2 页。
② 张世禄：《因文法问题谈到文言白话的分界》，《语文周刊》1939 年第 30、31、32 期。

的酝酿，形成了张世禄先生完整的汉语语法理论创新体系。

70 年代末、80 年代初，张世禄通过专论和演讲，首次发表了他的汉语语法体系，[①]打破了汉语语法学在“洋教条”束缚下徘徊不前的沉闷，为当时呈危机状态的语法研究吹进了一股清新的改革之风。作为中国现代语言学的前辈，张世禄以其深沉的历史感和洞察力指出：汉语语法学的建立从开始到现在已经快要一个世纪了。在这期间，研究、学习汉语语法的，几乎全部抄袭西洋语法学的理论，或者以西洋语言的语法体系做基础来建立汉语的语法体系，形成今天繁复臃肿的畸形发展局面。是因循不改，继续受许多洋框框的紧紧束缚呢，还是起来革命，打破“洋框框”，建立自己的语法体系呢？这正等待着汉语学界的抉择。张世禄对这个问题的回答是后者。在当代中国语言学者中，如此鲜明地向积重难返的传统语法观念挑战，张世禄是第一人。他全面揭示了汉语语法体系中“洋框框”的束缚，把它归结为在词类、结构形式和句子类型三个主要方面的三根绳索。这些论述多方面地触及前人没有提出过的汉语语法特殊理论问题。

汉语语法学是在模仿西方语法体系并系统吸收西方语言学理论的基础上建立的。西方语言分析的一个大原则是以形式为纲。这一条在汉语语法分析中也顺理成章地被视为金科玉律。但是汉语又是一种缺乏形态变化的语言，这就导致分析方法与语言事实的深刻矛盾。张世禄从根本上否定了这个被印欧语研究视为天经地义的前提，提出“汉语句子的成立要素不是属于语法结构形式”这一新颖而又深刻的命题。

他认为，西方语言的语法里，不但各个独立的句子，而且复杂句当中的子句和复合句当中的分句，都要用以限定动词作谓语的

---

① 张世禄：《关于汉语的语法体系问题》，《复旦学报》1980 年语言文字增刊，又见张世禄《古代汉语》，上海教育出版社 1978 年版。

主谓结构来构成，所以西方语言里句子和非句子在语法结构上是分得很清楚的。而汉语的情况不是如此。汉语是各种各样的结构都可以成为句子。句子成立的要素不在结构形式。因此，依据语法结构来区分句子的类型，在汉语里是牛头不对马嘴。

从这一观点出发，张世禄认为自西学引进以后汉语语法学接受的一整套“单句”“复句”“子句”“分句”“句子形式”等名目都是不必要的。而所谓“无主句”“主谓谓语句”之类为适应汉语特点而采用的有调合色彩的名辞用语不过是对舶来品的改装。其认识依据仍是主谓结构才成为句子的观念。把句子问题和结构问题纠缠在一起，凭空造出一些繁琐的名称、术语和分类，结果不是毫无意义，便是矛盾重重。

那么，汉语句子的成立要素究竟是什么呢？张世禄提出“语气”说，即汉语句子的根本性质及其所以成立的要素是语气。我们理解，这里所说的语气是指说话人对听话人的要求，对说话内容的态度和情感，即句子的表达功能。句子是言语交际单位。从本质上说，句子的完整与否，既不在于结构的繁简，也不在于意义的完整，而在于语气的完结与否。在西方语言中，语气是依附于动词的形态变化来表现的。这是因为动词在西方语言中是句子的结构和语义的核心所在，是理解句子格局的透视焦点。汉语句子格局的视点不是机械地固定在某一点上，而是随着逻辑事理的顺序展开的。汉语的语气作为句子表达功能特有的标志，主要依靠句末（有时是句首或句中）语气词来体现。它传达的不是一个动词的语气，而是全句的语气。

张世禄认为，就像句法结构可以形成不同的层次一样，语气也可以作层次分析。汉语中不同的语气词连用就是表明这种层次的。直陈句中静态的语气往往属于内层，动态的语气往往属于外层，而最外层的语气词则指明全句的总调。这种语气的层次感表现出汉语语言哲学以相对的静态包含在绝对的动态之中的特点。

汉语语气的层次性与印欧语句子结构的层次性的不同不仅在于后者是主形(形式)的,前者是主“神”(功能)的,而且在于后者是定点地由上到下的纵向单一区分,前者是不定点地左右逢源的横向综合区分。因此汉语不同句型的格式可以根据内容表达的需要交织在一起。这种交织往往以直陈语气为内层的基调,别类语气为外层的总调。如果语气词在句子后面出现则最后一个语气词体现外层总调;如果语气词在句子前面或中间出现,则最前面的一个语气词体现外层总调。这种独特的句型面貌也许会使一些习惯“洋框框”的研究者大惑不解,但它无疑拓展、丰富了人类对语言的认识。

其实,张世禄的语法学说与音韵学说表面上取径不同,实质上都是用现代科学的眼光来发展传统。张世禄认为汉语传统的语法研究往往从训诂学来解释虚词的意义,而不去观察虚词在句子结构中的组织功用,这是一大缺陷。他对语气词的研究则是联系整个句子结构形式的。他把直陈句的一般结构作为其他句类内层的基调,也就表明汉语往往利用结构变化来表达特殊的语气和感情色彩。如单独的动词或动宾结构之于祈使句,倒装的动宾结构之于疑问句、反问句,倒装的主谓结构之于感叹句。语法结构的变化和句子类型的特点有密切的关系。张世禄不认为汉语有任何脱离结构的功能,避免了传统研究在功能问题上的神秘主义倾向。当然,形式与功能并不总是一一对应的。由于汉语缺乏形态变化,汉语句子的理解对语言环境的依赖很大。往往一种结构可以表现为多种功能,一种功能又可以映射多种结构。句子的表达功能决定与之适应的成分配置格局,句子表达功能与句子格局在语境作用下的非单值对应,这就是张世禄汉语语法研究的整个形式功能观。

1980 年,年近八秩的张世禄先生应邀到扬州师范学院作了四场学术报告，讲题包括“如何研究汉语音韵学”“训诂学的意义”“关于诗词的格律”，而第一场报告的题目就是“关于汉语的语法体系问题”。听讲的扬州师院教师对张世禄为打破“洋框框”举的例子印象深刻：

旧体系“由于”是介词，“因为”是连词，于是“由于……使得……”“因为……使得……”便被认为是结构残缺。实则二者均表明原因和结果，《毛选》中就有多处这样的句子，不能说是病句。汉语的介词和连词不必分，可以合并为关联词。

“不破不立，不塞不流，不止不行”，“破”“塞”“止”表示条件，“立”“流”“行”表示结果。本身是完整的，简洁明白，显示出汉语的优点。但受西洋语法的限制，被称为“紧缩句”，乃至被称为残破句。

“下雨了”，意思已经很明白，不必受西洋语法的影响，在“下雨”前加 it（It rains）。

在这些例子中，张世禄先生表现出深刻的功能主义语法观。

1978 年，张世禄出版了集他学术思想之大成的大学教材《古代汉语》。这部书鲜明地体现了他半个多世纪在汉语音韵、词汇、语法等领域探索、革新的精神及其独树一帜的成果。

1982 年开始，张世禄作为我国语言学首批博士生导师之一，亲自指导了上古汉语词汇和上古汉语语法两名博士研究生①，在

① 张世禄亲自指导的上古汉语词汇方向博士生黄志强，1985 年 2 月毕业，博士论文《西周、春秋时代汉语构词法》。张世禄亲自指导的上古汉语语法方向博士生申小龙，1988 年 2 月毕业，博士论文《〈左传〉句型研究》（毕业时出版，书名为《中国句型文化》）。

这两个领域系统、深入地贯彻了他的学术思想。他指导的我国第一部语法学博士论文《〈左传〉句型研究》出版后，在国内外汉语学界引起了强烈的反响。

2. 一生坚持实事求是的科学批判精神

张世禄在汉语语法研究上对西方语言理论主导的现代语言学表现出极其勇敢的批判精神和极其可贵的本土文化探索，是他一生坚持实事求是的科学精神的表现。

早在20世纪30年代他就积极参加了中国文法革新讨论，写出多篇学术争鸣的论文。

20世纪50年代他发表对周祖谟先生《汉语词汇讲话》的不同观点。他的《古汉语里的偏正化主谓结构》一文对朱东润先生的《左传选》、杨伯峻先生的《文言语法》、吕叔湘和朱德熙先生的《语法修辞讲话》、王力学生的《汉语史稿》中的观点都提出了质疑。

20世纪60年代他发表《汉语词源学的评价及其他——与岑麒祥先生商榷》，从十个方面与岑麒祥展开论辩。

在听说《辞海》三校把"语法"一律改称"文法"后，张先生亲自执笔，复旦中文系汉语教研组老师共同署名，给《辞海》编辑所写了公开信，从八个方面申诉应该使用"语法"术语的理由。我们知道陈望道先生主张采用"文法"有其"本土化"的理论考量，而张世禄先生坚持术语使用的社会性原则，敢于站出来和声望极高的望老商榷，表现出令人敬佩的科学精神和学术勇气。

李行杰1962年考取了张世禄先生的研究生，上课在先生的寓所客厅进行。第一次上课，张先生指着墙上其胞兄张书旂(美术界与徐悲鸿齐名的著名画家)的花鸟画说："为这幅画，一名很有才华的学生曾被家兄逐出师门。"这位学生有一次近半年未交作业，待作业交来一看，是这幅花鸟画的临摹品，临摹得惟妙惟肖，几可乱真。学生期待老师的称赞，不料张书旂怒斥道："我没有你这样的学生！没出息。你跟在我后面亦步亦趋有什么意思？至多又成为一个张书旂，可是张书旂又算什么呢？"就这样，这位学生被张书旂断然逐出师门。后经徐悲鸿等先生再三劝说，张书旂才重新举行拜师仪式，收下这个弟子。李行杰说："我们做研究生的第一课，就从这'逐出师门'的教诲中开始。""在以后的几年中，先生反复告诫我：要独立思考，走自己的路，不要轻信别人的结论，即使是老师讲的，也不能全认作真理，要多问几个'为什么'。""要在看来没有问题的地方发现问题，这样才会有新发现，做出的文章才会有意义，学术也才可能有发展。"

在看了李行杰写的《吴棫〈韵补〉与南宋声母》一文后，张先生说："这篇文章，有几句话是别人没有说过的。要进一步复核、修改。要经得住推敲。"张世禄先生十分强调学术论文"有几句别人没有说过的话"。他说："没有自己的话，老是重复别人的话，或者把别人的话拿来，改头换面再说一遍，对学术发展一点帮助都没有，只会浪费读者的时间。"[①]独立思考，实事求是，勇于创新是张世禄极其珍视的科学品质。复旦大学中文系许道明教授曾有这样的回忆和感慨：

> 20 世纪 80 年代末，我为撰写一本关于朱光潜的书稿向张先生求教，拿着他建国前发表于《国文月刊》上的《评朱光潜〈诗论〉》复印件到他的寓所。老人家眉开眼笑，"你今天还能找出这篇文章，一定辛苦啊，我都有些糊里糊涂了。"他的这番话让我相当受用，这远不是因为老师表扬了我，而是在这番话

① 李行杰：《新松恨不高千尺——张世禄先生治学回忆》，《语文建设》1994 年第 10 期。

后老师又来了一番语重心长的忠告：做学问得有规矩，随心所欲不逾矩，在基本概念上不能放任自由。比如他说，讨论古代诗歌的节奏和声韵，要有音韵学的知识准备，得入到音韵学的传统中间去。朱光潜先生是美学大家，自有其专长。但他对专门性的古代音韵问题毕竟尚有不周。他好像把古音与今音的系统搞混了，所谓"诗的习惯，平不分阴阳"是依据中古时期的四声系统，而所谓"阴阳平已有悬殊"，根据却又是近代语言学上的习惯。"笼统不行啊，学问有它普适性的规范啊！"

1991年，当了一辈子教师的张世禄先生去了，我喜欢也多次说过，天国里也需要教师。当今大概谁都不会怀疑张先生是个好教师，也许更多的人会真正咂摸出他在那个全面践踏规范以至于荒诞的年代里为什么自况"没有资格当教师"。他生前经历过学术生命是如何粗暴地被糟蹋的，然而，他已经无法看到，学术前途在他身后又在经受新的考验。他似乎能够洞察在某些以"学术"谋名利的人眼中存在着一个无须胆怯的世界，面对学术的生命与前途正日渐被某些人"炒作"得近于失范，他也许会对我大喝一声："我播下了龙种，却收获了一大堆跳蚤！"①

六、中国文学的语言学视角

张世禄的汉语研究充满了现代科学的探索精神。这种精神不仅表现在语言研究本身，而且表现在语言学与其他人文科学的贯通上。

---

① 许道明：《记忆中的张世禄先生》，《解放日报》2000年7月26日。

1. 语言与文学本是一家

语言学与文学，在许多研究者的作业中疏于贯通。研究文学的只注意文学现象的思想内容，研究语言的则对语言规律之于文学的作用毫不关心。张世禄认为这两家本是一家。文学作品由口头而到笔写，本身原是一种语言的记载，同时也是一种语言的艺术。任何文学现象都有其语言的根据。例如五言、七言的律诗、绝诗，在体制上形成几种固定的规律——整齐字句，隔句押韵，谐调平仄。律诗又讲求对偶。这些规律的产生，其语言的根据在于汉字的一字一音制和汉语词性渐趋固定使整齐与对偶成为可能；汉语在单音词与双音词中又参杂了三音的复词，使四言诗演成五言、七言成为可能；六朝隋唐间的韵母系统可称为诗韵系统；六朝隋唐间的声调系统即指诗韵上的四声系统，平仄的分别就由此而来。因此，要欣赏某种文学就须明了它所根据的语言，要批评某种文艺作品就须在它的语言背景上作一个深切的观察。

2. 用语言学的观点研究文学

张世禄认为，用语言学的观点来研究中国文学，就是运用语言演变的史实来比照历史文学兴衰的现象，并根据语言发展的趋势建设新文学的理论。张世禄早年就运用这种方法研究了中国文艺发展史，出版了《中国文艺变迁论》一书。书中对《诗经》、《楚辞》、汉赋、骈文迭相兴起的语言根源作了精辟的分析，并且讨论了宋词的语体化和散文化问题，宋词之异于元曲的语言特征，南北曲之语言异同，戏曲小说与八股文的关系等。

1949 年以后他又运用这种方法研究了汉语诗律的发展，并开设了独具一格的"汉语诗律学"课程。讲课中对汉语的特点及其对中国文学的影响作了深入的阐发，并系统论述了现代汉语与现代文学、汉语史与中国文学史、古代汉语与古典文学的关系，其中包括从语体风格来研究文体诗词，从语义学、词汇学来研究排偶句中的同义、反义、同音、多义词，从语法学来研究作品的词法、句法特点，从音韵上来研究平仄、押韵和语言的音乐性等。许威汉曾指出张世禄的《杜甫与诗韵》考证杜甫诗的用韵系统及其与隋唐语音和韵书的关系，是从语言学、音韵学角度研究杜诗的首创之作。“在占有充分材料基础上运用科学方法进行论证，分别指出杜甫的近体诗和古体诗的用韵系统，附录又细列杜甫近体诗中所见各韵独用、同用次数和杜甫古体诗中所见各韵独用、同用次数，这都显示其科学精神。”①

张世禄从这些研究中深刻揭示出语言作用于文学的一条规律：文学上的改革必须顺应语言演进的趋势。周汉间诗骚辞赋的递嬗，汉魏六朝时乐府古辞的产生，宋元以来词曲小说的发达，都是依语言演变来创造新文学的结果。而唐宋古文运动以至近代桐城派的“义法”，由于不以实际语言作为基础，一味模拟和承袭古代的死语，因此它们束缚人民的思想，妨碍国家民族的进步，其影响是消极的。总之，文学之于语言，正如影之于形，亦步亦趋，相随不舍。

3. 用文学的材料研究语言

反过来，文学对于语言的影响也至深且巨。张世禄指出，文学促进了语言的艺术化，一方面使语言的表现作用更加丰富、深切，另一方面文学作为传播语言的利器，对于语言的材料也有一种洗练作用。文学作品本身更为语言研究提供了珍贵的材料。例如张世禄研究杜甫诗，发现杜甫“以秦音入诗”，如佳、麻两韵的合并，去、上两声的通押，韵部的放宽，入声韵尾的逐渐失落等。从这些

① 许威汉：《〈张世禄语言学论文集〉读后》，《江西师范大学学报》1986年第2期。

可以看出杜甫把当时最有势力的方音——唐代长安音加进诗歌语言中，这使我们可以从中考察唐代实际读音的情况。

张世禄认为，现存的杜甫诗歌大部分是他四十岁后的作品。这时期的政治、社会变迁使他更关注人民的疾苦，他的作品也更贴近人民大众的生活，因而杜诗与实际活语言联系得更紧密是势所必然。张世禄深刻地指出："文学的生命是和语言的生命密切相结合的。杜甫作品当中，光芒万丈、价值最高的名篇，如《兵车行》《自京赴奉先县咏怀五百字》《哀江头》《北征》《洗兵马》《三吏》《三别》等，大都属于古体诗。这些名篇，在内容方面最富于人民性，在形式方面格律比较自由，是反映当时实际的话语的。我们因此认识到，文学形式和内容的一致性，文学语言的联系性。文学作品吸取实际的话语，就可以加强作品本身的生命力。"[①]张世禄将文学的发展同语言的发展有机结合起来，将中国文学的生命力与中国语言的生命力紧密联系在一起，大大拓宽了中国现代语言学的视野，为汉语研究与中国历史文化研究的贯通与互相促进提供了有益的启示。

4. 张世禄语言文学贯通的思想深刻影响中文学科体制

张世禄关于语言与文学一原的思想及其教学与科研的实践，对我国中文学科语言与文学贯通的体制产生了深刻的影响。鲍明炜指出："张先生认为语言和文学本是一回事。文学作品由口头到书面，本是语言的记载，同时也是语言的艺术。任何文学现象都是以语言为基础的。文学上的诗、词、曲等各种形式，都和汉语的单音字和二、三音词的结构分不开；六朝隋唐间的音韵系统可称为诗韵系统，包括押韵和平仄规律，可知语言和文学是分不开的。因

① 张世禄：《杜甫与诗韵》，《复旦学报》1962 年第 1 期。

此要欣赏某种文学就必须了解其语言基础。”鲍明炜认为，在我国语言文学界，对这个问题的认识有个过程。就南大中文系而言，南高师时期叫国文部，东南大学叫国文系，中央大学叫中国文学系，1949年后改称中国语言文学系，表明我们在认识上终于明白了语言与文学的关系。就南大中文系的教学而言，1928年黄侃先生来系任教，开始了小学时期。40年代初张世禄先生到系任教，建立了“语言文字组”，从此开始了汉语语言学时期。其后方光焘、吕叔湘、周法高先后来系任教。1949年后南大中文系改称中国语言文学系，至此中文系成为现代语言文学兼备且并驾齐驱的学科，张先生的认识得以实现。

除了上述研究工作之外，张世禄还关心汉字和汉字改革的研究，他在三四十年代就出版了《中国文字学概要》《论中国文字之孳乳》《研究中国文字的方法》《汉字拉丁化批判》《汉字的简化运动》等论著，1949年后又出版了《汉字改革的理论和实践》《汉语拼音方案的公布和语文教学的改进》《汉字的特性及其对社会文化的作用》等论著。他历任中国语言学会理事，《汉语大词典》《汉语大字典》、中国音韵学研究会、中国训诂学研究会、上海语文学会、全国高等学校文字改革学会、上海古籍整理小组等科研组织的学术顾问。他经常应各地高等院校和学术团体的邀请出去讲学，先后参加了全国文科教材、《辞海》(任语词分科主编)、二十四史校注、《汉语大词典》等科研项目的研究工作。

七、堪称典范的教学风格与方法

张世禄先生在复旦大学中文系是被老少同事们公认的“课上得最扎实、最会带研究生”的老师。在繁忙的科研工作中，作为一位语言学前辈，张世禄先生从未忽略过对语言学人才的培养，在语言教学上呕心沥血，倾注了毕生的精力。

1. 最受学生欢迎的老师

凡是听过张世禄讲课的人，都对他讲课的生动平易、条理清晰留下深刻的印象。在他任教的各个大学，他都是最受学生欢迎的授课教师之一。他善于把艰涩、枯燥的语言学内容讲解得明快生动。许多学生正是在他的影响下走上了语言研究的道路。在学生眼里，“张世禄先生的文风是很值得称道的，他写文章、讲课，都是条理清楚，逻辑严密，语言洗练，观点和材料统一，即使是高深的理论、冷僻的音韵、繁琐的训诂，他也能讲得深入浅出，通俗易懂”。严修指出：“语言学课程是非常枯燥的，但在他的课堂上，时常能听到阵阵笑声。他循循善诱，引人入胜。我很爱听张世禄先生的课。他上课，时间不知不觉就过去了。他的板书端正凝重，一笔一划，毫不苟且。他上课，每章每节之间总要有关联、照应，好像章回小说一样，‘欲知后事如何，且听下回分解’（这可翻阅他写的《古代汉语》，看其第二章音韵的第一、二、三、四节之间是如何衔接的）。由于张世禄先生文风好，教学方法好，所以教学效果非常好。”①

张世禄认为，一位好的老师，不但要会指点迷津，释疑解惑，而且要善于启发和引导，鼓励学生对学习产生强烈的兴趣。“好学生不是教出来的，而是学出来的。”因此张世禄在教学中十分注重深入浅出。

例如讲《切韵》残卷，他先以从北京猿人的头骨可以推知其身体的全部为例，说明事物的系统性；再引导学生从现代音的四声，如“鼾寒罕汉”“欢还缓换”，从其中的一声推知其他各声，已明了如

---

① 严修：《张世禄先生治学的特点》，《语文现代化》1990年第9辑。

果缺少其中一个，一定有规律可寻；然后再讲在《切韵》残卷中碰到有平声韵而无仄声韵，有入声韵而无舒声韵时，如何根据语音的系统性，从残留的韵部中推知其全貌。

又如讲双声叠韵，举的例子是“丁令当郎”和“丁当令郎”；讲诗歌的节奏，说平仄和对偶都是节奏；讲诗歌的押韵，说韵就像打锣鼓中的锣，敲到一定的时候，就“哐”那么一下子，这就是押韵。

张世禄对学生说：“大凡老师讲得你听不懂时，有两种情形：一是你听得不专心；另一种则怕是讲的人自己没有弄明白。你听不懂的地方，也就是他糊涂的地方。你不要以为总是他的学问深，你水平低。”①

张世禄1943年到重庆中央大学中文系后建立的语言专门化的第一届六名学生之一鲍明炜回忆说：“张先生开课很广泛，文字学、音韵学、语言学、语音学、广韵研究、古音学、训诂学等课都讲授过。先生讲课平易轻松，有条不紊，不紧不慢，板书工整劲美，常会征引一些有趣的例证，引起同学们的兴趣。语言文字学课较为枯燥，音韵学尤甚，初学往往不易理解。老师以为很普通的道理，学生竟不能理解。遇到这种情况，先生总是仔细地讲解，让大家听懂。这时文字学和音韵学课是全系必修的，不能疏忽，张先生的课同学们是非常欢迎的”。

复旦中文系老主任陈允吉回忆说：“张世禄先生执教复旦，开设过‘语言学概论’‘现代汉语’‘古代汉语’‘汉语史’‘汉语诗律学’等课程，向以教学效果绝佳而获得学生的交口赞誉。一九五七年九月笔者初进复旦，即连续两学期在第一教学楼1237教室听张先生讲授‘古代汉语’。1237是个可容纳二百余人听课的大教室，每逢‘古代汉语’上课，总是座无虚席。张先生的讲课广征博引，声情

---

① 转引自宋遂良：《张世禄先生给我们上古代汉语课》，《语文学习》1980年第11期。

并茂，指事绘形，极具谐趣，在很轻松的气氛中让大家沐受其感染陶冶，愈能展露出他掌握课堂教学节奏的高度能力。日本著名社会活动家中田庆雄先生，青年时代曾在复旦跟班旁听中文专业的课程。他后来撰成的《寄语可爱的日本和中国》一书回忆当年情景，就说：‘听张先生的古代汉语课，如听诗歌一样，是一种艺术享受。’”①

张世禄先生的学生乐秀拔教授回忆说：“一次，他在课堂上讲到古汉语中的‘反训’，随意举了一个例子说：‘如入兰芷之室，久而不闻其臭’。这里的‘臭’是‘香’的意义，就是‘反训’，好比上海话中说小孩子听话，说他很‘乖’，是‘乖孩子’一样，这‘乖’也是‘反训’。这样讲反训就很通俗易懂，印象深刻，一辈子也不会忘掉。”②

山东省特级教师宋遂良在《张世禄先生给我们上古代汉语课》一文中生动描绘了张先生讲课的情形：

> 张先生讲课，全力以赴，非常认真。他一手拿粉笔，一手拿板擦，边讲边写边擦，在讲台上、教室里走来走去，活跃得很，忙碌得很，紧张得很，以致不时要用手帕擦汗。他吐字清楚，声音宏亮，抑扬顿挫，神采飞动。一百多双眼睛跟着他转。坐在前几排，可以清楚地看见他头发、眉毛、眼镜片上落满了粉笔灰。他讲《鸿门宴》樊哙进帐后说的那段话，像打机关枪一般一口气就讲了下来。“臣死且不避，卮酒安足辞”一句，威武极了。他说太史公讲项羽“叱咤则风云色变，喑呜则山岳崩颓”时，圆瞪双眼，紧握拳头，语调铿锵，听得我们不觉也挺直

---

① 陈允吉：《追怀故老——复旦中文系名师诗传》，商务印书馆 2019 年版。

② 乐秀拔：《万花如海，松柏长青——缅怀恩师张世禄教授》，《联合时报》2012 年 6 月 29 日。

了身子。他说,要是演《巨鹿之战》,锣鼓都得要敲破的。太史公的比,得喻之(这是张先生常说的一个方言词,意即好像)一个大铁锤,敲了又敲。有一回,他解释《触讋见太后》中"徐驱"这个词,自己放低了身子,双脚快步移动,认真地做出了一个滑稽的老态龙钟的姿势。在大家的笑声中他问:为什么"徐"?(脚疼。)为什么"趋"?(表敬。)接着又说:"触讋腿上有风湿病,关节炎,所以只好'慢慢地快走'。"①

《解放日报》2000 年 7 月 26 日发表了许道明的《回忆中的张世禄先生》,其中生动描绘了 1965 年张世禄先生上"古代汉语"课的情形:

中等身材,一袭藏青旧西服,自然没有领带领结,此外,一张瓦爿样稍稍内凹的脸庞,颜面是青黑还是黄黑难以分辨,不太高耸的鼻梁上架着一副差不多随时可以滑落下来的深度眼镜。我们有些失望,多少有了些相仿鲁迅先生最初见到藤野先生时的感受。他把讲义放在讲台上,仿佛也是"用了缓慢而很有顿挫的声调,向学生介绍自己道"——"我就是叫作张世禄的"。说的当然不是藤野先生的日本话,一口字正腔圆的浙江官话。他接着说明教材,倒使我们大大地振奋了一番——"你们手上的是王力先生的《古代汉语》,这本书很有特点。但是我以为它更像是一种古代语文读本,作为《古代汉语》的教本好像杂芜了些,课程性质不够突出,将它作为你们课后的主要参考书是相宜的。上课我们另发由我编写的讲义。"那几句话,所以至今还记得,因为相当的满足了我们当时的情绪,表

① 宋遂良:《张世禄先生给我们上古代汉语课》,《语文学习》1980 年第 11 期。

面批判而内里激扬的“大复旦主义”。不过,到底是远不若张先生达于学术的见识的。几个星期下来,我们不止惊异于张先生学识的渊博,更被他废弃满堂灌讲究基本概念的分明而叹服得目瞪口呆。每次他讲得那样少,可又结结实实,夹缠不清与他无缘,同多数大学教授的矜才炫学相去更远,全是些基本之基本,可供我们触类旁通和举一反三。他还拎着一只敞口人造革袋经常出现在我们的住处,算来是当时难得到学生宿舍辅导的教授。他也许识不得我们班上的所有人,然而我们班上几乎人人得到过他细微而精警的教诲。我们班大半是工农子弟,就当时的风气,他固然不敢怠慢,但在学问上好像从来没有迁就过,从来不敢姑息。虽说他会不时为我们的浅陋叹息皱眉,但最终不会使我们任何同学难堪得交不了差。

好像就在那个学期,陈望道校长邀请叶籁士和倪海曙来复旦讲学,题目是《关于普通话》。大批教师和比我们高些班次的同学都去乡下搞“四清”了,可以凑凑热闹参加听讲的就算我们这些人了。叶倪两位都有不低的学术职务,荣誉在我们当时的趣味上是远胜于张世禄先生的。望老德高望重,简单的开场白过后,就端坐在讲台左侧的皮沙发上,叶倪都是极有风度的人物,很是令人肃然起敬。叶籁士是主讲,一开口便是“陈望老和福崇先生”。哪来的“福崇先生”?听讲者在场内四处搜寻,终于发现张世禄先生在末排座位上躬身而起,一脸的谦恭。随后是倪海曙氏回答问题,他在“尊敬的望老”之后,“我的老师张世禄教授”竟然说了两遍。我再次回过头去,张世禄先生再一次从座位上躬身起来,依然一脸谦恭。我记得,我特别清晰地记得,那一刻,在将讲台上的陈望道校长的望之俨然、叶倪两位的飞扬神采同忝列末座的张先生的一脸谦恭相较之后,我发现自己长大了许多,算是第一度酸楚地体味到学术地位是怎么一回事。然而，我同时也真切领略了学界优秀传统又是怎么回事，除岸然的道德原则和学术良心之外，我实在为我们的张先生骄傲。

2. 卓有成效的教学方法

20世纪40年代张世禄就在重庆中央大学中文系的学生中成立了语言文字组，这是我国大学设立的最早的语言学专业，开我国教育史上语言学专门化教育之先河。在长期的教育实践中，张世禄总结出一套以渐进性、对比性、科学性、理论性、实践性有机统一为特点的语言学教学方法。

渐进性指教学过程的循序渐进。张世禄认为，掌握古文没有捷径可走，主要依靠博览和精读，但初学者最好循序渐进，由浅入深。现在有些古文读本，包括流传甚广的《古文观止》，作品编排方法是先秦开首，明清收尾。这样做由源至流，能了然书面语的发展趋势，对于语言史的研究自有其一定道理。但它和教学与教材编排难度由浅入深的原则不符。张世禄提出在古文教学上"逆流溯源"更为有利。先读《聊斋》、明清小品。次读唐宋八大家散文，再读《史记》《汉书》《左传》《孟子》《论语》及其他先秦诸子，最后读《周易》《尚书》。这样循序渐进，适应性更强。

古汉语的教学，是在熟练掌握现代语言的基础上进行的。因此古汉语教学中的一个突出的矛盾，是现代汉语和古代汉语之间的异同。教学上的对比性就是要充分揭示古今语言的矛盾、差异。张世禄的教学往往采取对比的方法，从文言文教材和白话译文的对照中揭示古汉语在词汇形式、词义内容、词性活用、虚字用法、语法结构方面的特点。比较是为了便于区别和掌握。如果只注意古今矛盾的一面，容易使学生产生畏难心理。因此，张世禄又注意指出现代汉语在继承古代汉语上的同一性。在此基础上，引导学生探求古汉语特殊规律和古今变异的发展规律。

张世禄的汉语教学尤其注重科学性。他有感于我国传统的语文教育由感性知识入手,用大量时间让学生诵读,在读中学写的方法收效不大,提出现代语文教育应从理性知识入手,即从语言学的知识入手,掌握包括语音、文字、词汇、语法、修辞在内的语言规律,然后在这些语文知识的基础上,进一步学习各类书面作品的阅读和写作方法。这样用语言知识作向导来培养受教育者的语文能力,将语文教学建立在科学基础上,能够事半功倍,收到理想的教学效果。

另外,作为基础和向导的语言知识,又应简洁明了,不能繁复臃肿,这又涉及语言知识的科学性。张世禄认为现有语法知识的繁琐和不实用就是缺乏科学性的表现。为此他在《古代汉语》教材中提出了大大简化的语法体系。例如他将汉语所有的语气词分两大类。前者取代流行的所谓连词、介词、结构助词、时态助词、连接副词等名目,后者取代流行的所谓叹词、语气助词、语气副词、判断词等名目。这就将虚词体系简化了,虚词的功用也更明晰了。张世禄晚年又在报刊上发表文章,提出现代汉语课有个全国统一的语法教学体系,古代汉语却没有,这不利于教学工作的展开和提高。他建议制订古代语语法教学体系草案,并逐步修订完善,以加强教学的科学性。

汉语教学科学性的一个重要条件是教学的理论性。张世禄主张必须把普通语言学理论贯串到整个汉语教学之中。

例如根据语言的现实性原理,就要到现实生活和实际工作中去观察分析汉语的现象,从而体验语言学上的抽象理论;

根据语言的系统性原理,就要了解语音、文字、词汇、语法、修辞的内在联系,从而在教材编排和讲解中体现这种内在联系;

根据语言的社会性原理,就要了解语言是一种社会的约定俗成，语言的规范就是根据这种社会共同性因势利导地制订语言标准，因而汉语教学要与推广普通话和语言规范化工作相互配合进行。

教学的理论性在张世禄先生课堂教学上最直观地表现为板书的井井有条。根据学生的回忆：

> 张先生上课喜欢板书。字很大，简明扼要，写得很快。他边讲边写，不知不觉，便成了一篇完整的提纲。
>
> 例如他讲《孟子·梁惠王上》随着课文进度，先后写下了这么几行字：
>
> 梁惠王问民何以不增多
> 战争之喻
> 王道之始
> 王道之成
> 不应归罪于凶年
>
> 最后在各行前边加上序数词，就成了这一课的提纲了。……
>
> 张先生板书，都是有计划的。他在黑板的一边，写固定的、提纲式的内容；临时性的、解释的内容写在另一边，随时可以擦掉。他不是一下子抄一黑板，而是让你在听中记，记中归纳和消化。教师讲完了，学生也就记完了。①

张世禄又十分重视教学的实践性。他指出，古代汉语是基础课、工具课，目的在于增进学生阅读古书的能力。因此在教学过程中必须注意使学生掌握古代汉语的规律，培养他们举一反三、独立

---

① 宋遂良：《张世禄先生给我们上古代汉语课》，《语文学习》1980年第11期。

处理问题的能力。课文的注释、练习都应为此服务。现有的《古代汉语》教材的练习项目不是没有就是很少，更难形成系统，这是一大缺陷。从实践性出发，张世禄主张教学中贯彻精讲多练的原则。教学不要从头讲到底而忽视了学生基本技能的训练，以致中文系的学生不会用《说文》，也没翻过《十三经注疏》，不知《广韵》为何书。学生成绩虽好，阅读查检古书的能力却不强。张世禄的这些观点是几十年教学经验的体会，切中汉语教学问题上的时弊。

张世禄先生堪称典范的教学使一代代听课学生受益无穷。在学生眼里，张先生“如同一位杰出的表演艺术大师”。“他的成就不只是体现在他的著述上，他几十年的教学实践，他在潜移默化中给学生的熏陶感染，本身就是一部没有形诸文字的教科书，需要我们学习和传承。”①

3. 以普及为己任的学术大家

张世禄不仅注重汉语教学方法的改进，而且十分关心语言学知识的普及。他的论著中既有为专业人士写的，更有为非专业人士写的，后者占论著总数的一半以上。这是难能可贵的。在语音方面，他为中小学教师写过《学习语音的方法》《怎样能使学员很快记住注音字母》《音韵学的功用》等文章；在词汇方面，他为中小学教师写过《小学词汇教学基本知识讲话》《反对利用拼法变化来区别同音字》《怎样运用成语》等论著；在语法方面，他为中小学教师写了《小学语法修辞》《建立词的观念》《古汉语里的偏正化主谓结构》《关于汉语的语法体系问题》等论著；在识字和语文教学方面他为中小学教师写过《识字的方法》《怎样阅读古典作品》《古汉语入门》等论著。在他的论著中经常引用中学课本中的例子，便于读者

① 宋遂良：《张世禄先生给我们上古代汉语课》，《语文学习》1980年第11期。

理解和运用。胡竹安教授回忆说：

> 汉字的形、义关系如何适当而有效地利用，也是中小学语文教师关心和苦恼的问题。这里一方面关系到字形溯源和分析的知识，另一方面却关系到方法的运用。记得六十年代一次语文学会的讨论会上，先生就这个问题曾即席发言，提出了一些精辟的见解，还举了几个生动的例子。其中一个是“奋发”“奋起”“振奋”的“奋（奮）”字，他说，充分利用像“奋”这样的字形来进行教学，不仅可以把识字、解义合成一体，而且通过形象化的讲解，可以引起学生的兴趣，从而调动他们学习语文的积极性。说话时还用两手比着鸟在翅膀张开起飞的样子（“奮”的形象）。这是一次生动的示范，给人留下永难淡忘的印象。

胡竹安高度评价张世禄先生“放眼社会、面向群众的风范和热忱”，他说：“先生是学术界的权威，但他并没有某些学者那种不屑眼睛向下的高傲。相反，他看到国内语言学知识普遍贫乏的现状，认识到提高先得要有一个普及的基础，学问只有面向群众才有真正的意义，因而把很多的时间和精力尽先用在‘雪中送炭’上。”“先生对普及工作的重视，充分说明了他对我们时代的强烈的责任感。”[①]严修也说：“著名的学者、教授能够重视普及工作，这是十分可贵的高尚品德，这需要‘大智大勇’，还需要‘俯首甘为孺子牛’的牺牲精神。”[②]

---

① 胡竹安：《世禄先生在普及语言学知识方面的贡献》，《语文现代化》1989 年第 9 辑。

② 严修：《张世禄先生治学的特点》，《语文现代化》1990 年第 9 辑。

4. 教学与科研相得益彰

张世禄先生是把教学和科研紧密结合的典范。他十分强调从语言的本质认识汉语教学，提出一方面汉语教学须深刻反映语言的现实性、整体性、社会性和历史性，另一方面汉语教学须推动对汉语的科学研究。例如文言文的教学，首先要揭示古今汉语的矛盾性，其次要指出现代语言对古代语言的同一性和继承性，其三要从古今语言的变异探求语言的规律性。严修指出："教学和科研，既有统一的一面，又有矛盾的一面。对这两者，有的人结合得比较好，有的人结合得比较差。张世禄先生能把教学和科研紧密地结合起来，既培养了大批人才，又发表了大量的学术论著。张世禄先生的教学任务一直是很重的。记得五十年代学习苏联，实行教学工作量制，他每年都是超工作量的，而且超得很多。但他能带着教学中的问题进行深入的研究，又用研究成果充实了教学内容，提高了教学质量。而高质量的教材发表后，就是水平很高的论文和著作。例如他解放前出版的一些著作，大部分是在教学的基础上写成的。张世禄先生还非常注意教学法的研究，《谈文学语言的教学问题》《从语言的本质上来谈汉语教学》《文言文的教学问题》《古代汉语教学中的几个问题》等论文，都是他的丰富的教学经验的总结。"①

5. 春风夏雨中的师生情谊

和张世禄先生注重教学方法相联系的，是他对教学的呕心沥血和对学生的无私奉献。张世禄对各方面来求学的学生真诚谦和，诲人不倦，深受学生的爱戴。即使在晚年视力很差，读写异常吃力的情况下，他依然对学生有求必应，看文稿几乎把文稿贴在面

---

① 严修：《张世禄先生治学的特点》，《语文现代化》1990年第9辑。

孔上。许多学生雪鬓霜鬓依然沉浸在浓浓的师生情谊中：

赵克刚曾回忆："四十年代，在重庆中大中文系创设语言文字组，世禄先生为主任。日本投降，中大迁回南京，匆忙间，以毕业论文《释名声韵研究》呈世禄先生。解放后，与先生消息隔绝。七十年代中期，先生从郭昭穆问我何在，在当时我任《汉语大字典》编委，即奉函请先生赐教。承先生寄还《释名声韵研究》稿本，嘱修改出版。不意历三十年此稿犹为先生所保存，感激师谊崇高深厚，岂言语所能形容！"①

鲍明炜说："解放后，重庆师院的赵克刚同学不远几千里到上海复旦大学看望先生，其情其境令人泪下。1986 年张先生学术活动 65 周年庆祝活动在上海举行，开封河南大学的刘溶池同学来到南京邀我同去，我看他拖着老病之身，行动已有些不便，我说他太勉强了，他说'我不亲自去看老师，心中是过不去的'。台湾的蔡国栋同学来到南京，随队去上海时和我说：'到上海一定要去看望张先生，若见不到老师，我这次回大陆就白来了。但是我们是集体行动，颇重纪律，万一因故不能看到老师，你一定代我把这 200 美元交给老师，以表心意。'"

严修回忆说："1958 年开始，开展'插红旗，拔白旗'运动，对所谓资产阶级学术权威进行批判，语言学界的一些著名学者，如王力、吕叔湘、黎锦熙等均遭批判。当时我也奉命与其他老师合写了一篇批判张世禄先生的文章。这篇违心的文章发表后，我心头一直被一种'负罪感'压迫着。后来，我到张先生家向他表示道歉，而张先生却和蔼慈祥地一笑，说：'我的学术观点确实也有错误，何况这是搞运动。'他这句宽容的话，像和煦的春风，消融了梗塞在我

---

① 转引自严修：《师情难忘——忆张世禄先生》，《文汇报》1997 年 1 月 26 日"笔会"专栏。

胸中的心理障碍。”[①]

李行杰回忆说：“那时，每逢星期二，从晚上 7 点到 10 点，先生在家中的客厅里，手持讲稿，口操浓重浦江乡音的普通话，一丝不苟地为我们两个人讲授古音学。课后漫谈，往往持续到 11 点。大约过一年，古音学还没讲完，庆枰因眼疾休学，只剩我一个人听课了。尽管只有我一个学生，先生还是专门写了《等韵学讲话》的讲稿，依然是每周周二晚上为我这一个学生讲三到四个钟点的课。”[②]这篇讲稿后经李行杰整理发表。何九盈《中国现代语言学史》在讨论等韵内外转一节，专门引用了张世禄对罗常培参照高本汉所构拟的各摄音值的修正意见。[③]

从 1978 年开始，张世禄以耄耋之年带了三届硕士研究生和两届博士研究生，直至他去世。他在 1982 年 1 月写给李行杰的信中真实叙述了自己繁忙的教学工作：“本学期有五六个研究生举行毕业论文答辩会，事前须将巨册论文评阅，事后须填写评语表格。下学期尚有三个研究生毕业论文须我指导，同时又招收硕士研究生四名，博士研究生两名。弟台劝我将一切杂务摆脱，事实上杂务正像狂风暴雨般的向我袭来。此外还有额外的杂务，例如应付出版社的审稿、约稿等，进修教师的带领等等，所剩余的时间实在无几了。修改‘音韵学史’和编写‘诗律学’的计划，不知何时能够实现！‘日月逝于上，体貌衰于下’！只有自己叹惋。”正如中文系老主任陈允吉所说：“他对培养青年学子满怀真诚，细心煦育调教不遗余力，遂而给其教学生涯最后增添了一笔浓墨重彩。”[④]张世禄

① 严修：《师情难忘——忆张世禄先生》，《文汇报》1997 年 1 月 26 日“笔会”专栏。

② 李行杰：《等韵津梁——〈等韵学讲话提纲〉评介》，《青岛师专学报》1990 年第 2 期。

③ 何九盈：《中国现代语言学史》，广东教育出版社 2000 年版，第 405～406 页。

④ 陈允吉：《追怀故老——复旦中文系名师诗传》，商务印书馆 2019 年版。

先生一生教书育人，桃李满天下，是我国教育界的一代名师。

1984 年，上海出版了 40 余万字的《张世禄语言学论文集》，集中了张世禄毕生著述之精华。1987 年，上海学术界隆重召开庆贺张世禄从事语言教学与研究 65 周年的大会。1991 年国务院授予张世禄有突出贡献的专家证书。张世禄毕生致力于对中国传统语言研究的继承、改造、发展和创新，筚路蓝缕地引进、消化、吸收现代语言学的理论和方法，与同时代的中国现代语言学先驱们一起，促成了传统语言研究全方位的质的更新，奠定了中国现代语言学的科学基础。他对祖国的语言科学怀着巨大的献身热忱，任劳任怨，默默耕耘，淡泊名和利，甘为孺子牛。他像春蚕吐丝一样，把自己的一切献给了祖国和人民，鞠躬尽瘁，死而后已。正像他在一首《自嘲》诗中所说的那样：

书剑飘零做客频，
莲花落里探真情。
分明别有青云路，
犹把儒冠自误身。

先生前半生颠沛流离无归处，后半生踽踽独行唯学术。他在一个人的"莲花落"里探索科学的真谛。严修谈到此诗时说："张世禄先生享年 90 岁，作此诗时为 45 岁，正值他人生中途。此诗是他前半生的总结，也是他后半生的预言。此诗真实地反映了张先生一生的生活轨迹。凭张先生的学识才华，完全可在青云路上飞黄腾达，然而他却不求闻达，心甘情愿地选择了清贫寂寞的教师职业。表面上看，张世禄先生不太关心政治，平日交谈，只谈学问，从不触及时事，但在关键时刻，在大是大非面前，他的立场是鲜明的。

解放前夕，国民党撤退，张先生所工作的学校已经替他准备好了飞机票，劝他到台湾去。但他根据长期来对中国社会的观察和体验，对中国未来的前途有明确的判断，他最终选择了社会主义的新中国，坚定地留了下来，为新中国的教育事业，贡献其后半生。”[①]

陈允吉说：“解放后历次政治运动，让张世禄先生倍觉困扰，他很早就交代清楚的历史问题，碰到运动仍会不断被人拿出来说事。一九五七年‘反右’时，幸有中共上海市委宣传部长石西民同志的保护，才得以免遭划成‘右派’。‘文革’一开始先生即被列为重点冲击对象，长时期的批斗和过量劳动，使他身心疲惫背负沉重的压力。”“‘文革’中间先生自知政治处境不好，因此说得很少，做得很多，对组织上分配给他的任务从不推诿，甚至连抄抄写写一类事情也做得特别认真。他指导过的后辈严修教授曾说，张先生晚年就像一头老牛。它任劳任怨，吃的是草，挤出的是奶，终日牵輓着超重的车辆，行走在一眼望不到尽头的山坡路上。”张先生的《自嘲》诗“抒泄出作者久填胸怀的人生感慨，也宣示了他对文化传承和教师职业道德的一份坚守”。[②]

“文革”后张世禄先生从艰难的处境中解放出来，重获一名老知识分子的人格尊严。他先后任《汉语大词典》《汉语大字典》学术顾问，任中国音韵学会、中国训诂学会、上海语文学会顾问，并在1981年被国务院学位委员会批准为高校文科第一批博士生导师。这是国家对张世禄先生学术地位和崇高声望的肯定。“晚天霁色好，荣景桑榆收。”1991年，张世禄先生荣获国务院“为发展我国高等教育事业做出突出贡献专家”的荣誉称号和国务院特殊津贴。而这一年，先生因久病不愈，缠绵病榻，于11月16日在上海第一

① 严修：《师情难忘——忆张世禄先生》，《文汇报》1997年1月26日“笔会”专栏。

② 陈允吉：《追怀故老——复旦中文系名师诗传》，商务印书馆2019年版。

人民医院与世长辞。

张世禄先生已离我们而去，而先生毕生为之奋斗的事业永存。

张世禄先生的献身精神永远活在千千万万语言学研究者的心中！

编　后　记

《张世禄全集》(以下简称《全集》)从世纪之交开始酝酿,前后近20年。张先生的家属、同事和各地学生乃至学生的学生,都参与了《全集》的筹备。我这里最早参与筹备工作的复旦中文系2004级本科生,现在早已从国外博士毕业学成归来,入职复旦工作了。近20年间,我的一届一届硕士生、博士生都曾参加《全集》编纂工作。大师兄李行杰先生多年来每次来上海,见到我和张先生长子张小隽先生都仔细商谈《全集》的事,可谓心心念念,矢志不渝!但《全集》卷帙浩繁,编纂过程步履艰难,屡屡费尽周章,功亏一篑。直到2017年6月经黄霖先生牵线,东方出版中心梁惠主任找到我深谈此事。经与复旦中文系领导和张先生家属商定,终于立为重大出版项目。此时,复旦中文系在职的张先生的学生,只剩我一人了。

中文系历任领导,尤其是朱刚主任为《全集》的编纂出版提供了很大的支持。我的博士生崔龙昌、施维、徐鲁燕等都全力以赴投入了《全集》论文搜集整理工作。为此他们奔波于各大图书馆查找旧刊,并充分利用了网络资料搜寻的便利。崔龙昌在《全集》校样的校对上下了很大的功夫。徐鲁燕不仅参与校样的校对,而且将模糊不清的旧刊电子稿一篇一篇仔细辨认打字出来,每每辨认到视物昏花,殊为不易。没有这样一支任劳任怨、齐心协力的团队,是无法完成如此浩繁艰难的编纂工作的。

张世禄先生的子女为《全集》编纂提供了大量手稿的电子版。疫情期间，次子张丕余先生多次到北京国家图书馆搜寻资料，申请复制，刻制成光盘快递给我。濮之珍先生、严修先生和厦门大学的苏新春教授、武汉大学的赵世举教授，都为《全集》的立项撰写了专家推荐意见。在我和梁惠主任拜访严修先生时，他听到《全集》终于出版有望，激动得热泪盈眶，情不能已。他对我说："小龙，这件事就都交给你了，你一定要帮我们完成这个夙愿!"严老师是我进复旦读本科时的《古代汉语》任课老师，也是我读张先生博士生的副导师。他的深情嘱托让我真真切切感受到复旦中文学术传承的历史重任。

把张世禄先生在20世纪各个历史时期发表和未发表的论著搜集整理出来，我们的初衷是尽数收齐，无一遗漏。即以论文而言，《全集》在《张世禄语言学论文集》40万字的基础上，又增加了50万字的辑佚论文。但是，历史资料发掘整理不易，出版有期限，人力物力有限，这些让我们最终留有遗憾。例如张先生的诗律学等课程手稿的整理，张先生在民国时期发表的个别论文的遗漏，这些都只能留待今后补齐。有些重要的论著和论文，或因油印本不清晰，或因电子版不清晰，我们虽尽力辨认，仍不免有疏误之处，有些只能在不清楚的地方打上黑码。在我们搜集的论文中，有几篇是张先生晚年和不同的学生联合署名的。出于学术谨慎，《全集》只收张先生个人署名的论著。

此次《张世禄全集》收入了张先生未曾发表的译稿《房氏语言学》(房德里耶斯的《语言论》)。该译稿是先生用蝇头小楷书写浅近文言翻译的，非常珍贵。但由于是毛笔手稿，许多外文字母不甚清晰;同时译稿中还缺漏了部分原著注解，这些我们都对照岑麒祥、叶蜚声的译本《语言》(商务印书馆1992年版)，尽可能予以补正，谨此说明和致谢。

本《全集》最大的遗憾是无法收集张先生更多的信函。张小隽先生为此在全国各地遍访亲朋好友，尽了最大努力。我们只能留待今后进一步搜寻查找了。

最后我要向东方出版中心《张世禄全集》编辑团队致以深切的谢意。他们为《全集》的编校付出了难以想象的艰辛努力，为中国现代优秀文化传统打开了新的篇章，我们无任感激！

申小龙

2020年9月12日于复旦大学

编辑凡例

一、本书收录的著作，在语言、文字和标点符号上，尽可能保留原文的风格。

二、本书收录的著作，其内部标题序号，依照其与全书统一序号的对应，作了调整。

三、由于历史文献辑佚的困难，本书对文献中难以辨认的文字，作了打黑码处理。对已经辨认的文字中可能存在的误读，尽可能联系上下文酌定。

四、本书收录的著作，个别在章节、体例和标题内容上做了适应出版的整合工作。

五、本书收录的译文，部分在译者手稿中出现注释缺损，现据相关出版文献订补。

六、本书对旧版文字成例之取舍尊重独立的字义，并适当照顾历史习惯：

1. 不改动的词语(示例)

辨说　科白　旁驸　语意　苍颉　名辞　展转　那末　峙躍
辨论　免强　色采　贯串　透切　蕃殖　反覆　沈重　参杂
颚化　孳生　蕃衍　为着　对向　成份　太形　甚么　记念
愈益　傅会　笔划　推重　特出　邱陵　阑入　偶而　洗炼
真象　真相　纪录　掉换　引伸　借贷　从新　薰灼　弯屈
原素　原泉　澈底　没煞　厌足　便易　凭籍　纷歧　做效
策勳　涵义　直截　抵当　工夫　惟一　慢骂　赅括　遗流
二个　致疑　发见　揉合　偏面　起原　参进　暂短　委宛
仓猝　骗诈　驾御　疏理　畺界　映象　原于　愤闷　附合
各各　各别　交插　纪载　吸受　激刺　包晕　联接　接联
表显　施予　检察　薰染　地土　已往　画象　媢妩　答理
跌交　接合　排泻　隄防　筹画　策画　谋画　藩著　连络
连系

暴发音　哗喇喇　以致于

赤首圜题　训诂之指　信而有证　莫明其妙　由博反约
穷源竟委　智识分子　混然一体

一日千里之概

斯干的纳维亚(斯堪的纳维亚)

普通(副词)　象(动词)　成功(及物动词)　的(状语、补语助词)

2. 不改动的标点(示例)

总之：　　总而论之：

3. 改动的词语(示例)

如左→如下	右设→下设	两傍→两旁
意像→意象	岐异→歧异	部份→部分
供献→贡献	了望→瞭望	蹓跶→溜达
钞成→抄成	偁→称	会总→汇总
豫告→预告	份子→分子	简炼→简练
沿习→沿袭	原流→源流	浅鲜→浅显
表章→表彰	迭韵→叠韵	纪录品→记录品
恰如其份→恰如其分		

目　录

中国音韵学史

《广韵》研究

中国音韵学史

一、导　　言

不论那一种学术，总是要受着一般文化演进的影响；一般文化上发生了剧烈的变动，各种学术也自然会敦促它们本身的进境。因为一般文化的演变，对于某种学术，也往往直接的或间接的增进了它研究时所必需的基本智识，供给了它研究时所应用的某种新工具，扩大了它研究时所采取的材料和门径。因之，我们要窥探一国里某种学术演进的情形，我们必须要注意到这个国家在一般文化上曾经发生过几次的变动，以及这些变动对于促进这种学术的研究，有怎样的关系。同时我们又必须要记得：学术的本身总是离不了它所研究的对象；一国里的某种学术，常常是属于这个国家里某方面现象的探讨和说明，因之这种现象本身所具有的性质，往往足以影响于学者的心理，而使这种学术上也形成了某种特殊的状态；现象的本身发生了某种变化，学术上也随着适应这种变化而引起了一些动态。所以我们要考察一国里某种学术的演进，同时尤须注意到它所研究的对象，本身上具有怎样一种性质，曾经发生了怎样的变化，以及这种学术上所受的影响。

我们这里要叙述中国音韵学的源流和它怎样的发展，我们必须知道中国在一般文化上曾经发生过两次的大变动，一次受了印度文化的影响，一次就是由于西洋文明的输入；这两次文化的变动，使得国人对于音读分析的智识大大的增进，在研究的方法和工具上也知道加以改良,同时对于运用的材料和所取的途径也渐渐加以扩充;因之,中国音韵的研究,无论过去和现在,都具有日新月异的情形,未曾一时停留不进。过去中国音韵学上,如“反切”的注音方法,“四声”的名称,“韵书”的体例,以及“字母”“等韵”的建立和排比,都是直接或间接由于梵文拼音学理的输入,并且受了翻译和转读佛经的影响而自然产生的。到了近代,国人更受西洋语言文字的薰陶,同时语音学、语言学和其他科学的智识陆续输进了中国,国人采取它们的方法和学理,用来探讨中国音韵的现象,又应用外国语音演变的事实作为中国音韵的比照,另一方面又扩大了研究的材料和途径;而国外的学者依着这种趋势来研究中国音韵的,也有很大的贡献,给国人以很多的启示。于是由反切的改良进而规定“国音字母”,由“国音”的分析进而调查各处的方音,由方音的比较研究进而拟测古代以至上古的音读。中国音韵学的进步,不能不归功于外来文化的影响。

关于中国音韵学的定义,罗常培在《旧剧中的几个音韵问题》一文(载《东方杂志》第三十三卷第一号)里曾经立着:

> 音韵学就是分析汉字或汉语里所含的“声”“韵”“调”三种元素,而讲明它们的发音和类别,并推究它们的相互关系和古今流变的。

可以见得中国音韵学的对象,就是中国语言文字里音读方面的现象;音韵的研究也可以说是中国语言文字学的一部分。我们要把中国语文上音读的现象加以分析,并且把这种分析的结果说明它们的类别和发音状态,固然需要有音韵学的基本智识;如果再要推究它们相互间的关系,和古今的流变,那末,除了具有基本的音韵学智识之外,尤须运用适当的工具和方法,并且根据于丰富正确的材料。音韵学的智识以及研究时所运用的方法，所根据的材料，我们说过，往往是随着一般文化的演进而有进步和发展的；可是，无论如何，总离不了研究的对象。中国语言文字本身上所具有的性质，常足以影响于学者的心理，他们为着要适应这种语言文字的性质，对于音读方面的考察和分析，也采取了一种特殊的方式。中国语通常说是“单音缀语”或“孤立语”，在语词形态的变化上，“双声”“叠韵”的关系最为显著，次之就是“字调”的区别，所以中国音韵学最初的建立，就是在语音上“声”“韵”“调”三种元素的分析。因为中国语的这种性质，使文字上也演成了一种单音缀的“表意的”字体，而不采取字母拼音的制度，字体本身也没有确定的“音值”。过去的学者受了这种文字的洗礼，虽然把字音里所包含的元素分析出来，而总是沿用着汉字注汉字的方法。反切和“读若”“直音”的分别，在注音的效用上，也只是反切以两个字体来表明所注字的双声，叠韵的关系，或者更用下一个字体兼表字调上的同属一类。由叠韵的关系总括得来韵书上的“韵目”以至“等韵表”上的“韵摄”，由双声的关系归纳而成的“字母”，仍旧用通行的汉字来作标目。因之在韵书，等韵表和过去许多音韵学家的学说当中，我们只能窥知当时所认为某种同音字的系统，而不能确定各个字的“音值”和“调值”；各个“韵部”和各组“字母”彼此间的分别以及等韵上各“等”各“呼”的分列，在后代，或且当时，也往往难以明了它们的所以然。我们如果要推究这种分别的理由，要拟测过去各个字的音读，那末，必须要另外采用一种音标的制度，并且要尽量运用汉字以外的材料；而反切、韵书、等韵上的种种弊端，也必须等待国音字母或其他音标制度的规定，才能扫除净尽。过去中国音韵学上所以形成这种特殊的状态，正是由于它所研究的对象，就是中国的语言文字，具有了特殊的性质，而研究音韵的学者也难免受了这种性质的影响。

研究的对象既然足以影响于学者的心理，所以中国音韵现象上发生了某种变化，学者也随着适应这种变化而使音韵学上成立了某种建树和改革。文字上“形声”“假借”的系统渐渐和实际的语音分离，于是由“譬况”“读若”进而辨别音读，更由“直音”进而应用“反切”。因收尾辅音演化的结果，字调的区别也渐渐显著，于是由“五音”命字进而建立“四声”的名目。韵书上以四声分韵，韵部上等呼的差异，往往足以促进“声纽”的分化，可是因语音“单纯化”的结果，韵部很多发生混同，入声韵的收尾音也先落或且转而并于平、上、去；于是韵书上并韵的结果，更把四声合为一韵，等韵表上也把“等”并合于“呼”，把“转”并而为“摄”。同时声纽上浊音并合于清音，于是由“清浊音”的分别进而立为“阴、阳平”的名目，另一方面也促成了“字母”的删并。反之，反切、韵书、字母、等韵、不合于古代实际的音读，于是又转而从事古音的考证，这些现象正足以表明古今音变上“声”“韵”“调”三种元素相互间的关系，而古今音变的现象，又正是中国音韵学演进史上种种动态所以发生的一种主要的直接的原因；学术离不了研究的对象，实际音韵的现象上发生了某种变化，音韵学上也随着产生了某种改进。所以我们要叙述中国音韵学的源流和发展的情形，一方面须注意到整个文化史上的变动，因而推究它所受外来的影响；另一方面，还须考察中国语文本身的性质和音读演变的事实，以明了这种学术上所以形成特殊的状态和它推衍进步的由来，还包含有内在的因素的。

世界各国的文字，大都采用字母拼音的制度，虽然对于实际语音的表现，只具有一种相对的效用，不是绝对完密的记录语音的工具，可是各个字母大都具有确定的音值，并且用来分析音读的组织，我们可以从中窥探各个语词音读的形式。只是中国文字，还是一种表意文字的性质，未曾采用字母拼音的制度，字体本身没有确定的音值也不是用来表明语词音读的组织。我们要推究这种文字所以演成,自然要归结到中国语言的性质。中国语言文字的演化,至少有五千年的历史,我们根据东亚比较语言学的研究,更从中国古代诗歌的音律上观察,可以断定在中国文字结构上的演化未曾完成以前,中国语言早已具有了"单音缀的"和"孤立的"两种特性。因为语言具有单音缀的特性,使文字上也演成单音缀制,一个字体只是具有单个的音缀;因为语言上孤立的特性,使文字上也只是用各个字体来代表各个单纯形态的语词,无需再用音标来示明其他语言上所具有的种种形态的变化。所以中国文字始终保持着表意文字的性质,未曾采用字母拼音的制度,语言本身的性质就是演成这种事实的一个主要的原因。文字上由"衍形"演进到了"衍音",固然是由于一种不可避免的趋势使然,在中国文字演化上图画的色彩未曾泯失的时候,已经通行了"假借"的方法,并且具有了"形声"组织的萌芽;但是所谓"形声""假借",都是依据于借字表音的方法,利用同音语词的互相比拟,以一个字体或字体组织上的一个"偏旁"来代表另一个同音语词。这种同音语词的互相比拟,并不必需要绝对的确切,因之这种文字上表音的效用,只是使我们知道在某个时期内某字和某字间在音读方面有相同或仅相似的关系罢了。因习惯上的沿用和字体组织的一经固定,实际音读的变更,就无法在这种文字上表现出来;而且利用字体来代表整个的语词,既然没有应用拼音的字母把音读的组织加以分析,又离不了表意的作用,所谓形声、假借,都是借着表音来表明语词的意义,并不是纯粹的语音符号,因之中国最初的注音,也适应着这种文字的性质,在解释音读时,便参杂有训诂的关系。

在魏晋以前,中国未曾有音韵学的专书,音读的注释都是附丽于文字训诂当中,而所用来注明音读的,只是一些"譬况假借"。所谓譬况假借,就是依据于中国文字的性质,从形声、假借的表音方法上产生出来的,所以离不了文字训诂的范围。因中国语言所具有的特性和文字上利用借字表音的方法，演成了一字数义和一义数字的现象；要析理这种字体和意义间复杂的关系，便不得不采用以字音为枢纽的训诂方法；于是同音相诂之外，又通行了“声训”。声训当中无论是以“本字为训”或“易字为训”，都是利用字音来解释字义，由文字上的形声、假借推衍出来的。因假借的应用，使得一个字体可以代表各异的语词，于是一字而具有数义，在训诂上也成立本字为训的例；又因假借的应用和形声孳乳的方法，使得同一的语词或音义上相关的语词而用各异的字体代表出来，于是又产生一义数字的现象，在训诂上也成立同音相诂和易字为训的例。从这些训诂的例上所表示的字义和字音的关系，又推衍出来一些譬况假借的注音方法，最显著的，就是汉人“读若”的例。我们考察汉人读若的注音，无论在文字的说解或经典的传注，都不是完全用来表明文字的音读，而是参杂有训诂的作用的。汉人读若的例，有用别一个字来注明这一个字的音读，实际上往往所以表示两字在意义上可以同音通用或认为是同语而异文；这正是因为语文上一义数字的现象，依训诂上同音相诂和易字为训的例而产生出来的。又有所谓“读若用本字”的例，以一字的此音此义注释彼音彼义，这又是因为一字数义的现象，依声训当中本字为训的例而产生出来的。其他读若的例，也总离不了解释文字义训的作用，我们正不应把它们作纯粹的注音来看待。可是由文字上的表音方法进而为譬况假借的注音，已经觉得音读在文字义训上的重要，对于字音的认识也渐渐的深切；东汉末年就有很多采用“直音”的方式，足以显示音读的注明，也渐渐离开了训诂的关系而独立了。不过无论是读若，或直音，总没有把音读的组织加以分析，只是利用音同或音近之字来互相比拟罢了。当比拟得不很确切的时候，又不得不附加一些辨别音读的说明；于是由文字训诂的关系来作音读的比较，由比较而辨别音读的同异，就养成了一种审音的智识。我们看周汉人对于音读的辨别，可以推测那时已经认明了“音色”上的种种差异和“音调”“音势”“音量”上的种种变化；如“外言、内言、急言、徐言”之类，虽然令人不能得到明确的识别，也正足以代表那时一般审音的智识。后代反切、四声以及字母、等韵之学，固然是因为受有外来文化的影响而产生的，但是古书上的这种注音和辨音，也不能说是没有一点儿启示的力量。

学术上的推衍和进步，除了具有特殊的原因之外，总是为着应付实际的需要而发生。我们要推究“反切”和“四声”的起源，我们首先便须注意于中国语言转变的实际情形；因为语言上所具有的特性，使得语词的演变和分化，在音读形式上显示着三种特著的现象：音调、音势或音量的变异，音素的变异和语音的重叠。因音调、音势或音量的变异现象，使得语言上“字调”的区别极占重要，就依据它来建立四声的名目；因音素的变异和语音的重叠这两种现象，使语言上“双声”“叠韵”的关系尤为显著，也就依据这种关系来创造反切的注音方法。中国语文上因音素的变异，使单字间的孳乳和演化，大都依据于双声、叠韵的关系；又因语音的重叠，使单字音演成了许多“重音”“叠字”；这种重言、叠字，更因音素的变异，演成了许多双声叠韵的“连语”。双声、叠韵的连语又可以依双声、叠韵的关系自相孳乳、分化；这种连语最初并不必是复音缀的语词，大都是由原来的单音缀的语词上演化出来的，尤其是单字音具有“复辅音”的组织的，更容易促成这种演化。这种演化在音读上就是由单字音变成了双字音，而这种双字音和原来的那个单字音间的关系，往往上字为双声，下字为叠韵，就是所谓“二合音”；一字引衍成为二音，二字缩减又为一音。因为中国文字不是采取字母拼音的制度，这种二合音也就不能不借用两个字体来代表，于是一个字体并不必是代表一个语词，有时一个语词是需要用两个字体来代表的。这种语文上的现象通行了之后，使得一般人的心理上也渐渐觉得各个字体的应用,并不必参杂语词里意义的成分,有时也可以作为纯粹的表音,而且可以利用双字音来分析单字里音读的组织;这样,在注音上也自然由单字的读若直音趋向于双字的反切了。由读若直音进到反切,就是由整个字音的互相比拟进而把单字音分析为“声”和“韵”两部分,显然是代表音韵学上进步的两个阶段。可是这种进步,也正和其他事物的进化一样,是以“渐”不以“顿”的,当读若直音盛行的时候,反切的应用已经开始,而且也不免受了直音的方法的影响。中国社会上流行的反切语,有的是声韵顺序的,有的却是声韵倒置的,向来解释反切和双声、叠韵的原理的,也有“正反”和“倒反”等的名目;原来中国语言上的演化,由单字音变成双字的连语,依着双声、叠韵而变,也可以和那个原来的单字音恰为声韵倒置的变异;所以顺序的反切和倒序的反切,都是依据于语言上自然的变异现象而发生的。南北朝时所流行的“双反”,就是包含着正反和倒反的两种反切语;而反切这个名称的成立,是取于“展转相协”“反覆切摩”之义,也是概括倒序的反切语而言。可是在通常注音时,只是采取声韵顺序的,而不取倒序翻读的,这是受了直音的影响的,由单字的直读改为双字的直读,就成为反切的注音方法了。我们根据注音的历史上看来,反切的应用,并非起于魏晋,而是萌芽于东汉读若直音盛行的时代;当时读音系统发生了变动,郑玄、刘熙诸人常常注明古今音读的异同,由异同的比较,更深切认明双声、叠韵的原理,自然足以促进注音方法上的改革。同时佛法传入了中国,佛经翻译的工作,也渐渐盛行;一般审音文士又依据梵文字母来整理中国的音读,梵文字母上“体文”和“声势”的区别,足以启示中国字音上声韵的分析,因之利用二合音的形式,把单字直读的改为双字的反切了。所以东汉末年,有“音义”一类书的发生,几乎完全是为着注音而设,注音的方法又是多数应用反切的;孙炎《尔雅音义》等书里的切语,常为后代“韵书”上所沿用，后人遂以为孙炎是反切的始祖。其实反切的形式是依据于中国语言上自然的变异现象和文字的性质而产生的，在东汉时一方面为着适应读音系统的演变，一方面又受了梵文拼音学理的启示，已经采取它来作为一种注音方法了。

音义一类的书风行之后，于是类集它们当中的切语来编制韵书；韵学的初起，往往把音色上的差异和字调的区别混为一谈，因之韵书上也就渐渐演成为“四声”分韵的体例。原来区别中国字调的主要的标准，在于各个字音当中音调变化的状态；可是在实际语音的习惯里，音色和音势、音量的差异，也足以影响于音调的变化；因之最初对于字调的观察，并不认为是单纯音调变化的关系。我们要推究中国字调种类产生的原因，常常须溯到上古字音里音素演变和失落的现象；音色上的变异既然和字调的区别原来有密切的关系，那末，最初借用宫、商、角、徵、羽“五音”的名称来分别字调、自然也把“韵部”的分析包括在内。李登《声类》为韵书的始祖，只是“以五声命字”而“不立诸部”；吕静《韵集》虽或分列韵部，可是仍旧沿用五音来做类别字音的纲领；后来韵书上以字调区分韵部，固然是权舆于此，但是五音的意义，决不能认为就是后来的平、上、去、入四声。因为到了四声的名称建立之后，才渐渐把字调的区别和韵部的分析看作两起了。不过四声的名称成立以后，一般人论到字调的，还是很多沿用五音的名目，或且任举宫、商等两个字，就可以代表字调种类的全体。原来字调的种类，固然依据于方言的歧异而有各种不同的系统，不过无论是否包含着音色上的变异，总是认为相对的比较的差别，因之细分起来，可以有四种、五种、或更多种，而粗略的说，又可以总括为二类；所以魏晋以来，不但任举宫、商等两个字来代表它们，有时并且应用“清浊”“轻重”一类的词语来形容它们。字调的种类既然不限定是四种，而当初所以区别为四声的，这是因为摹拟佛经上转读的三声，立着平、上、去三调，又适应着中国语实际的情形，不得不添进入声一类。大概那时字音上的收尾辅音，除了鼻音之外，也正和《切韵》的系统一样，只有［-p］、［-t］、［-k］三类，具有［-p］、［-t］、［-k］的收尾音的和平、上、去三调显然有分别，不得不另立入声一类。可见四声的分别，也是受了佛教文化的影响，应用印度的音理来整理中国的音韵因而发明出来的；这种分别，虽然还是参杂有音色和音量等的差异成分，总是以音调的变化状态来作为区别字调的主要的标准了。这种发明是由南朝一般审音文士和善声沙门集合讨论而产生的；齐梁之间，此风尤盛，周颙、沈约之徒更依着这种分别，根据了中国语的特性和语文上自然的轻重律来制定文辞上的一种格式；于是声律论风行于世，四声的分别也为一般人所认识了。文学上的研究和发明，正和音韵学上的创获互为因果；因四声的分别而创立声律论，因声律论的风行而使一般对于字调的认识更为深切。我们考察当时所谓“八病”之说，前四病是关于字调的问题，后四病是关于双声、叠韵的问题，这显然是把字调的区别和音色上的差异看作两起了，正可以见得这种观念和最初以五音来概括它们的显然不同；只是因为四声的名称并非中国所旧有，讨论字调时，往往也就沿用过去五音的名目罢了。后来的韵书，遂以“四声”为纲，“韵目”为经，而韵部的分析渐渐成为韵学上的主要问题了。

六朝音义一类的书最为盛行，实在便是使音读的研究，离开了文字训诂的范围而成为音韵学的专书；《颜氏家训》说那时“音韵锋出”，就是指六朝诸家的韵书。可惜六朝韵书统已亡佚，我们很难窥见它们的内容；现在只能根据故宫本和敦煌本《刊谬补缺切韵》韵目下的附注，考明吕静、夏侯咏、阳休之、李季节、杜台卿诸家分部异同的大概。陆法言《切韵序》说它们“各有乖互”，又《颜氏家训》说“各有土风，递相非笑”；可见六朝诸家的分部和注音，各自依据于各时各地的方音，以致不免有相乖互。陆法言所谓“取诸家音韵、古今字书，以前所记者定之为《切韵》”；就是依据于颜之推、萧该诸人的意旨，要“论南北是非，古今通塞”，所以把六朝诸家荟萃综合起来，纂成《切韵》一书。陆氏要包罗古今南北的语音于一书，因之对于六朝诸家所列的韵部，大都只取它们的所分而不取它们的所合，分部和注音不能不较为细密，而和六朝实际的语音也都能适合；《切韵》一出，六朝韵书统归亡佚，这或许是一个主要的原因，而唐宋韵书，奉《切韵》为蓝本，致产生陆法言一派的韵书，在后代音韵学和文学上占着极重要的地位，也就是由于这个原因。间有不明了陆氏这种分韵的宗旨，或和他这种意见不合的，也不免发生了许多批评。陆氏《切韵》，据敦煌本《切韵残卷》里所见，注略字少，而分部隶字和韵次的排列，也有经唐人所认为失当的地方而陆续的加以增订。原来韵书的编制，一方面为着审音，一方面又以应时人作文上的需要；陆书分部详密，唐时“作文之士，苦其苛细”，终于因为它能适用于古今南北，仍以它为依据。唐代以诗赋取士，所以陆氏一派的韵书，在唐代最为盛行；可是现在所能考见的，只有王仁煦的《刊谬补缺切韵》、孙愐的《唐韵》和李舟《切韵》的部目。王仁煦书大都只是对于陆书字义上的刊正和增补，在分部和序次上并未曾有多大的改进。孙氏《唐韵》的底稿，据王国维所考，有开元本、天宝本二种；开元本大致依照陆氏及唐初诸家的部目，天宝本对于陆书分部，始加修订，实为宋代《广韵》的分部所依据。孙氏《唐韵》原有《部叙》一篇，今《广韵》只存“论曰”一段，是专论清浊分韵的原理的；清浊和轻重一类的词语，本来所以形容字调的高低，在实际听感上，因为声纽韵素的影响也可以使整个字音发生高低的区别；到了隋唐时就把这一类词语用来判别韵素上的差异，宋后等韵家更用清、浊来区分声纽了。孙氏《部叙》所谓“引字调音各自有清浊；若细分其条目，则令韵部繁碎，徒拘桎于文辞耳”；正和陆氏所云：“欲广文路，自可清浊皆通；若赏知音，即须轻重有异”；意旨相同。陆孙诸人所谓清浊、轻重，都是关于韵部的分析问题，并非指字调的种类，也不是指声纽的差别；陆书详列韵部，所以包罗古今南北的语音，他自己说“剖析毫厘，分别黍累”，确是为着审音而作，并非单为文辞上的应用；孙愐增订《切韵》，更把陆书所未分的诸韵，如《真》《谆》，《寒》《桓》，《歌》《戈》等分析开来，正是因为孙氏审于音理，能照陆氏的分析标准而加以分析的。但是孙氏对于陆书的部次，仍未加以改订；陆孙诸书的部次和宋代的不同，[-m]系和[-ŋ]系的各韵参错不分，平、上、去和入声诸韵尤凌乱不相应。大概陆孙诸人只注意于韵素上的清浊轻重，把各韵分析开来，而没有注意到韵次排列问题又是关于收尾辅音的性质的；尤其因为入声诸韵，具有[-p]、[-t]、[-k]的音，原来认为一特殊的种类，当初未能使它们各自和平、上、去相配的诸韵次序适相连贯；这种部次上的失当，到了李舟的《切韵》才加以订正。据王国维所考，李舟改订部次的功劳，在使[-m]系和[-ŋ]系诸韵不相参错，又使平、上、去、入四声相配秩然不紊；宋代《广韵》二百零六部之次，实源出于李舟的。唐人所作，多属陆法言一派的韵书，虽然于陆书有所修订或增改，而于陆氏包罗古今南北之宗旨未曾更变，当时如果只根据一处地方的语音来编纂韵书，当然要和陆孙诸书的分部大不相同，也可以称为唐人韵书的别派。这一派的韵书，现在所得确知的，只有元廷坚的《韵英》，它的反切载于慧琳《一切经音义》，是代表唐时秦音的韵书；据黄淬伯所考，廷坚《韵英》多把《切韵》相类的韵部加以合并，因此更可以见得陆孙诸书分部的那样详密，正是由于荟萃多种语音系统的缘故。至于张戬《考声切韵》、天宝《韵英》以及武玄之《韵铨》等书，现在还未能确定它们绝对和陆孙诸书是属于异派的。

韵书上只以韵目为经，大都依据切语的下字来分别韵部；因为韵书多半是供给诗文上押韵和调平仄的应用，为体例所限制，不得不趋重于韵部和四声上的问题。但是孙愐《唐韵部叙》谓“切韵者，本乎四声，纽以双声、叠韵，欲使文章丽则，韵调精明于古人耳”；可见在审音和文辞上，双声问题也正和四声、叠韵同等的重要。所以要补充韵书上的这种欠缺，便又须另外依据反切上字来分别声纽，这就是“字母”所以发生的原因。唐宋间流传到现在的字母有三种：一种是敦煌唐写本守温《韵学残卷》里的三十字母，一种是伦敦博物馆所藏的唐写本唐人《归三十字母例》，一种便是“等韵表”上的三十六字母。我们从字母的名称上，就可以知道它们是依仿梵语的“体文”而来的，应用梵文字母来整理中国语文上的双声关系，也是出于南北朝的一般审音文士；当时社会上流行了一种《体语》，就是依仿梵书上“体文”的分别自然形成的一种双声语；这种双声语的流行，一方面足以助长反切的风行，一方面又可以用来解释韵书上的切语。从切语当中认明了双声的关系，把它们归纳起来，便得到声纽的分类；更应用这种声纽的类别来说明反切的注音方法，就发生了元本《玉篇》所载《切字要法》这一类的东西；又从各类当中任取一字来作声纽的标目，便成为“字母”。唐时守温等初撰字母的时候，大概正和陆法言综合六朝韵书以定《切韵》的那种主张一样，也并不是用来代表当时一地的方音，而只是依据《切韵》一类韵书，类聚切语的上字，仿照韵部的韵目，所以仍用汉字来标明一般通行韵书上的声纽；同时又参对了梵文字母，于梵文所有而当时中国语上所没有的音，固然加以删除，于中国音所有而梵文字母上所没有的，也多付之阙如。唐宋间人对于这样构成的字母，终觉得离开实际音读上的声纽种类太相远了，于是不得不把原来的三十字母增订为三十六字母，同时排列的系统也加以修改，我们也可以认为是由于适应实际语音现象的演变而加以改订的。但是字母的分类和排列的方法，总离不了梵文字母上的那种系统。孙愐《唐韵序》所谓“纽其唇、齿、喉、舌、牙部件而次之”，依发音的部位来分别声纽，固然也可以说是本着国人向来辨音的智识，可是我们一看了宋本《玉篇》所录的《五音声论》，就可以知道字母上"五音""七音"的分别，显然是依据于梵文字母的系统；又每一类的字母，依着"全清""次清""全浊""次浊"的次序来排列，更显然是仿照梵文字母的。而利用字母来说明韵书上的反切，纵横交贯，列成了等韵表，也是效法梵书《悉昙章》的韵图而来的。守温《清浊韵钤》、元冲《五音韵镜》等书，以及洛僧鉴聿《韵总》，所谓"推子母轻重之法"，大概都是讲等韵的，或许竟为《七音略》《韵镜》所根据的蓝本，亦未可知。守温《韵学残卷》里载有《四等重轻例》，内中的分等，和《七音略》《韵镜》悉合；因此我们可以断定四等的分划是起于唐代，在《切韵》一类的韵书通行之后就发生的。原来陆法言、孙愐之流，早已依据清浊、轻重的音理来分析韵部；唐代一般善声沙门要解释这种韵书上的切语，一方面制定了字母，以表明声纽的种类，另一方面又根据这种清浊轻重的关系来分别等呼；因之初期等韵书上所列各图及等呼，颇和《切韵》诸书里的音读系统相合。而等韵的名称，也并非起于宋人；陈澧《切韵考·外篇》谓《四声等子》即属僧宗彦《四声等第图》，"等韵之名，盖始于此"，那知道守温《韵学残卷》里已立着《四等重轻例》，所以不但是"呼等亦隋唐旧法"，而呼等之名也是唐人所立的。因为字母制定之后，把韵书里的字音，列成经纬纵横的图表，自然四声之外，又依轻重清浊的关系，显出等第来了清浊轻重一类的词语，原来是用以形容听感上高低的判别，因为韵素和声纽上的差异，也可以影响于这种听感上的分辨，于是由清浊轻重的分韵演成为等韵表的等呼，更就字母各类排列的次序，把这一类的词语又用来指明声纽发音方法上的区别。可是，到了等韵学成立之后，尽管这种应用的术语有时候混同，而对于中国音韵上"声""韵""调"三种元素的分析，确已完全清楚，毫无疑混的了。宋后编制韵书的，也很多参杂了等韵学的成分。

宋代以来，最著名的韵书，就是陈彭年、丘雍等所校定的《广韵》;《广韵》在中国音韵学上极占重要的地位,因为以前的韵书,大都已归亡佚,或只留了一些残卷,现今所完存的韵书,应以此书为最古。又《广韵》可以说是集隋唐韵书的大成的,综合陆孙诸家的分部,又依李舟《切韵》的部次,定为二百零六韵的部目,更把“诸家增字及义理释训,悉纂略备载卷中”,一方面保存陆孙诸书的面目,沿袭陆孙诸书的系统,一方面又改进了它们的漏误。后代要考证隋唐音,终以《广韵》为主要的根据;研究周汉上古音及宋后的语音的,也大都奉《广韵》为比较参证的材料或标准;又往后编撰韵书及等韵表的,也很多以此书为依据或作为重要的比照。不过宋代校定《广韵》,只是作为“悬科取士,考核程准”之用,所以在韵目下又注明了“同用”“独用”,同用的韵,作诗文时可以通押;这种通押,显然是根据于陆氏“欲广文路自可清浊皆通”的意旨,而未必是唐初许敬宗以来所规定的;这种韵目的附注,或许也是出于宋人之手。后来丁度等继撰《集韵》及《礼部韵略》,又把《广韵》独用的韵改并十三处。从此陆法言一派的韵书,就专门备作礼部科试之用,更为一般文人应用的便利起见,把通用的各韵和不通用的窄韵,竟陆续加以合并,如韩道昭《五音集韵》并为一百六十韵,王文郁《平水韵略》和黄公绍《古今韵会》又有一百零六部或一百零七部的韵目,实为阴时夫《韵府群玉》及近代《诗韵》的始祖。但是韵目上尽管为着诗文上应用的便利,肆意加以合并,而在实际注音及编制方法上,终不能不受着语音变迁和音韵学上进步的影响。陆氏《切韵》等书里的切语,大都沿用六朝的旧音,而《广韵》又是沿用陆孙诸书的切语,在唐宋间当然要认为和实际的音读不能适切了;字母和等韵发生之后,更会感到这种切语的不适切。我们看守温《韵学残卷》里的《声韵不和切字不得例》,已立着“类隔切”的名目,这种类隔切,就是唐人所谓“以旁纽为双声”的;我们因此也可以知道后代等韵上所列着的种种“门例”,也只是因为韵书当中的切语,不适切于实际的音读，而勉强用作解释的。《广韵》每卷后已经附有“类隔今更音和”的示例，到了《集韵》，便把这种类隔的反切改为音和的了。同时又把反切上字改为和所切字同一“调”类；改良反切的企图，实始于《集韵》，而显然是受了等韵学的影响的。等韵学本来用为反切和韵书的说明，结果又依据等韵来改良反切及韵书的编制方法；《集韵》又把每韵里“仵而次之”的切语改依声纽的次序来排列；到了《五音集韵》《古今韵会》等书里，就公然“陈其字母，序其等第，以《见》牙音为首，终以《来》《日》”了。同时等韵学上也因为随着实际语音的演变而生出许多派别。现今留存等韵的书，以《七音略》和《韵镜》为最古，两书都分四十三转，大致和《切韵》的音读系统相合，只是各图里归字，已经很多改从宋音了。《四声等子》和刘鉴的《经史正音·切韵指南》就把四十三转改并为《十六摄》，又以入声兼承“阴”“阳”两韵（此所谓阴阳，是指韵母上有无收尾鼻音的分别）。今本《切韵指掌图》，共分二十图，除开合之分不计，只是十三摄，显然和近代的音读渐渐接近了。到了明清的等韵家，除《康熙字典》卷首所附的《等韵切音指南》还是沿袭《切韵指南》的面目，此外如《字母切韵要法》，《同文韵统》里的《华梵字谱》，以至潘耒的《类音》、劳乃宣的《等韵一得》等书，更把开合四等并为“开”“齐”“合”“撮”的四呼；又有许多增删字母的，改并韵摄的，以入声专承“阴”韵的；这些改革都是用来适应近代实际语音的。为着要适应实际的音读，在韵书上也不得不发生大改革，周德清的《中原音韵》，就是改革韵书的首创者。《中原音韵》把四声合为一部，又创立“阴平”“阳平”的分别，而废了入声；所以内中的十九部，每部里只是阴、阳、上、去的分别。（此所谓阴阳的分别，是指音调变化的关系而言。）这种改革，一方面因为近代语音上韵素趋于简单化，并合韵部以适合实际的北音；一方面又因为北音里声纽上的清浊多趋于混同，入声演化的结果，又并合于平、上、去；于是中国字调的分别纯粹在音调变化上的关系，所以由平、上、去入变为阴、阳、上、去，自然也可以把四声隶属于韵部之下了。《中原音韵》在每部下也是把同声纽的字排在一起，可以窥见这书里声纽的种类也是和北音相合，而和三十六字母的系统异趋。至于明初的《洪武正韵》，虽然也只分二十二部，而列着入声十韵，仍隶于阳声各韵；又从内中反切上字，考得声纽清、浊的界限极严；可见《洪武正韵》并非纯粹代表近代的北音，而是参杂有南方方音的。《中原音韵》原为戏曲上作词而设，嗣后的韵书可分为曲韵派和小学派。曲韵派有《中州乐府音韵类编》《琼林雅韵》《绿斐轩词林要韵》《增订中州音韵》《中州音韵辑要》《中州全韵》《增订中州全韵》等书，大致依照周书的分部，而也有迁就南音，把平、上、去也各分阴阳。小学派是专备一般读书正音之用，有《韵略易通》《韵略汇通》《五方元音》等书，虽然它们往往仍列着入声，而后来竟把词家所谓“闭口韵”（就是以[-m]收尾的各韵）除去，同时又正式立定北音的声纽；实为现代注音符号系统的根据。我们因此可以知道宋后韵书和等韵的源流派别，都是随着语音的演进而发生的。

韵书和等韵上所表现的，总是六朝以至近代音读的系统，根据这些系统来诵读周汉的古书，或者用来解释文字上的表音方法，就有许多扞格不通的地方，于是悟到上古音的系统和隋唐古音及近代音的不同，而从事上古音读的考证。原来汉代训诂家，已经表示过古今音读的异同，可惜魏晋以后，中国音韵学方才萌芽，遇见了上古诗歌或韵语里和后代音不合的地方，只是用一些“协句”“合韵”之例来说明，或且发生改经的陋习；直到宋代的吴棫、郑庠始正式标明古今韵的不同，明代的杨慎、陈第诸人才竭力破除“叶韵”而直言周汉的音读。到了顾炎武，更能离析《唐韵》以求古音，作了《音学五书》；顾氏书一出，就有江永、戴震、段玉裁、钱大昕、孔广森、王念孙、江有诰以至章炳麟、黄侃等数十家陆续起来增补修订；

真所谓“前修未密，后出转精”。他们考证上古音的材料，大部分利用《诗经》《楚辞》及其他古书上的韵语，又取径于《说文》等书里形声字的系统，旁及于假借、读若、声训之类；他们的目的，在建立上古音的韵部，考求上古音里声纽和字调的种类，并说明各部各类通转的由来。可惜他们所运用的方法，尚未谨严，对于上古音和后代演变的事实，也未能认识得很精确；因之所得到的结果，也只是使人家知道一些周汉间同音字或双声、叠韵的系统。他们所建立的韵部，无论怎样的细密，总不能免除各部间相通的字音，就由“异平同入”之说进而列着“阴阳对转”“旁转”诸例；对于上古音的声纽，尤其只能求合而不能求分，在并合的各类上显示着相通的事实，于是又发生了章炳麟的《古双声说》。到了黄侃，更根据《广韵》上的切语来证明他所建立的古韵二十八部和古声十九类；这样，不但使上古音的系统混入于陆氏的《切韵》，而且把广韵的二百零六韵，单认为是因古今音变而设的。原来陆法言、孙愐之徒，所作的韵书虽然很流行于社会，而一般人对于他们分析韵部的宗旨，终不易明了；又因为语音演变的结果，音读混同而这种韵书上析为异部的，更莫明其所以然。于是江永作了《四声切韵表》，戴震作了《声类表》，依据宋元等韵学来分析《广韵》，所谓“依古二百六部，条分缕析，别其音呼等第”；但是仍不能完全分析开来，结果只是说“陆氏定韵，有意求密，用意太过，强生轻重”。陈澧以为等韵学上所分析的，未必合于陆孙的意旨，就从《广韵》上的切语，依系联的方法考得《广韵》里的“声类”和“韵类”，谓“陆氏非好为繁密也，当时之音，实有分别也”；陈氏《切韵考》所取的方法和态度，比较的合于科学，多为现今学者所取法。可是黄侃竟把陈澧考得的结果，依据近代的音读加以并析，又用上古音方面考证的结果来解释，立为“古本韵”“今变韵”“古本声”“今变声”之说，更从《广韵》各部的切语当中，使得古本韵和古本声互相证明；黄氏这种学说，似乎令人相信，实际上只是把中国语音系统当中几个演变的阶段紊乱无余了。中国音韵学上所以会演成这样的情形，我们仍不能不归咎于中国文字本身的性质；中国文字不是采取字母拼音的制度，音读演变的事实在字体上无从显现出来；如果我们仍用汉字来作标音的工具，没有运用现代科学的智识，那末，研究的结果，最多只能使人家认识了一些同音或双声、叠韵的关系，而得不到各个字音里所包含的元素，得不到各个字体确凿的音读，于是对于各种语音系统上的分别，也容易发生迷惑和淆乱。所以我们要求中国音韵学的进步，必须采取一种适当的音标来作注音的工具，同时又须根据近代语音学和语言学学理，或且运用一些汉字以外的材料，以整理现代音，考证古代音，这样，才能有丰富的创获，才能给人以明确的认识。

元明以来，东西洋交通渐渐发达，西洋语文也输进了中国；明末传教士很多用罗马字母来注明汉字的音读，其中以金尼阁的《西儒耳目资》，系统最为完整，对于音韵学的影响也最大。到了清季，海禁大开，通商传教，在在需用西文来和汉字音对译；一般教士为了传教并学习中国语文的便利，竞起研求罗马字拼音法式，并且用以注明各地的方音；一方面增进国人对于现代各种方音的认识，因此而对于各种语音系统的分别，具有了明确的观念；一方面又使汉字音读上“声”“韵”“调”三种元素的分析，益臻显豁，因此而感到过去注音方法的简陋。同时又因为满文字头的推行，更觉得应用拼音字母来注汉读，实在“简明易晓”，不像反切的那样艰难；于是字母和等韵的学理，既容易表白于世，反切的方法，也觉得有改良的必要。明末清初间的音韵学家，如方以智、刘献廷等，都曾受了西洋拼音文字的影响；又吕坤的《交泰韵》、杨选杞的《声韵同然集》、潘耒的《类音》、江永的《音学辨微》都有改良反切的主张。李光地等的《音韵阐微》以至后来裕恩的《音韵逢源》等，更直接依据满文来改良反切，整理中国的音读。但是只图反切的改良，没有正式规定拼音字母，终究脱离不了汉字的约束和障碍，于是由简字的拼音进而制定注音字母。注音符号上只以“声”“韵”为单位，对于音读的分析，尚未严密；于是根据罗马字的拼音，制定了国语罗马字母，才以“音素”为单位，并且利用拼法的变化来表明字调的种类。中国的注音方法也随着国语统一运动而发生这样的改革和进步；这固然是由于语言演进上自然的结果，而西洋文化和外国拼音文字的输入，实为主要的原因。近代科学的进步，日新月异，使中国音韵的研究，也向着多方面的发展：第一方面，尽量应用西洋语音学学理，以为国语音素和注音符号的说明，就建立了现今的“国音学”。第二方面，运用科学的方法和工具，更将各地的方音作精深正确的调查。第三方面，根据语音学，语言学学理以及比较方音学的智识，并且运用许多汉字以外的材料，由整理等韵进而拟构《切韵》的读音系统，由隋唐古音进而探测上古的音读，更进而为建立东方比较语言学的企图。这几方面的研究，十九世纪以至现今许多欧洲及日本的学者，既然给我们以很多的借镜和启示，在国内现今几个学者所发表的成绩，当然还未能认为满足，所以我们尤应本着已有的成绩，努力前进，使中国音韵学成立为大家所公认的科学。我们必须认定现今要研究中国音韵学，总当以西洋的科学学理和方法为基础；近代音韵学的科学化正和汉魏唐宋间的佛化有同等的需要，或且过之。我们必须认定，音韵学史本为学术史上、文化史上的一部分，当然和整个学术、整个文化的演进，有同一的趋势。

二、古代文字上表音的方法

（一）中国语的演进和文字的性质

音韵的研究既然隶属于语言文字学的范围，所以语言文字本身上的某种特性，往往足以影响于研究音韵者的心理，而使学术演进上形成了某种特殊的现象。中国过去的音韵学者，他们自身是深受了这种语言文字的陶冶或薰染，而一方面又以这种语言文字为他们研究的对象；他们对于中国音韵的观察和分析，所采用的方法或形式，常是有意或无意的适应着中国语言文字的性质的。因之我们要叙述中国音韵学的历史，首先还须说明中国语言和文字双方演进的情形以及彼此交互的影响。

通常谓文字是语言的代表，这不过在某种范围内，就文字的功用而言；实际上世界当中无论那种文字，决没有和它所代表的语言绝对能够完全符合的。原来最初的文字只是图画或类似图画的一种形体；这种形体和语言结合之后，才于意义之外，又具有音读；这就是“图画文字”（pictograph）。后来文字的应用日广，笔画趋于简省，因迁就书写的便利，原来所具有图画的形式渐渐消失；于是字体和音义的关系更加密切，就成为语言上“语词”（word）的记号；这就是所谓“表意文字”（ideograph）。在表意文字当中，已经采用了一种借字表音的方法：凡是语言上音读相同或相似的语词，便可以应用同一的字体来代表；音读相同或相似的字体，也可以互相借来替代；于是字体和音读两者之间，具有不可分离的趋势。如果再进一步，单用字体来表明语词音读的组织，那就成为"标音文字"(phonograph)了。[①]

标音文字通常都是采用字母拼音的制度，就是选择几个字体，确定它们的"音值"(Sound value)，作为语音的符号，用来代表语音组织的单位；于是语言上许多语词的音读，都可以用这种规定的字母把它们拼切出来。世界上标音文字的字母，大致可以分为两类：

1. 以"音缀"(syllable)为单位的。所定的字母，大都是用来代表各个的音缀；例如梵文字母和日本的假名。

2. 以"音素"(Sound element)为单位的。所定的字母，大都用来代表各个的音素；例如希腊和罗马字母。[②]

音素是组成语音的原素，通常分为"元音"(vowel)和"辅音"(consonant)二种。第二类的字母当中，就包含着元音的符号和辅音的符号。由元音、辅音组成各种音缀，音缀当中有单独由元音组成的，有合并元音和辅音而组成的。第一类的字母当中，就包含着这两种音缀的符号。介于这两种的字母中间，还有一类是表明"声"和"韵"的，这就是中国现今的注音符号。注音符号里包含着声的符号和韵的符号两种，就是所谓"声母"和"韵母"。声母和韵母的意义，固然不是指两种的音缀，却也不足以代表各个的音素，和辅音元音的意义并不相当。[③] 所以注音符号可以说是介于上列

---

① 参看雷通群译安藤正次《言语学概论》(译本名《语言学大纲》，商务印书馆出版)第四章第三节。

② 参看 L. Bloomfield: *The Study of Language*, New York, Chap. Ⅱ §2.

③ "声"是指一个字的发声，等于英文的"initial"，就是字音的起首部分；"韵"是指一个字的收韵，等于英文的"final"，就是字音的收尾部分。起头的音素，固然可以是辅音，但也可以是元音，如"应"[iŋ]的起头便是[i]。收尾的音素或音群，固然可以是元音，却有时候也可以是元音加辅音，如"班"[Pan]的收尾便是[a]和[n]。这样看来：中国所谓"声""韵"和"辅音""元音"的意义并不相符合。参看拙著《音韵学》(商务印书馆出版)第一篇第一章，及王力著《中国音韵学》(商务印书馆出版)第一篇第二章第六节。

两类中间的一种拼音字母。

应用这些字母拼切出来的字体，通常认为是语音的记录，但是事实上总是不能把实际语音的现象完全表明得毫无漏误。因为普通的标音文字，为着实用上的目的，有时在书写方面须要维持统一和固定的形式，所以多少总具有一点保守的性质。可是实际的语言，却无时无地不在流动当中；文字里字母和拼切的形式，固然可以跟着语言的流动加以相当的重订和改造，但是总不能绝对的依据语音的纷歧演变，随时随地的改革。所以严格说起来，普通的标音文字，也并非一种完密的记录语音的工具，对于它们所代表的语言，只是使我们在某种范围内，还可以探知一些音读的现象罢了。[①] 因此我们可以知道，文字对于语音的显示，即就标音文字而言，也不过具有一种相对的效用。

至于我们中国的文字，数千年来，还未曾演进到了拼音字母的阶段，现今所通行的汉字，始终还保持着一种表意文字的性质。我们从汉字字体的本身上得不到一种确定的音读，更无从分析音读的组织。通常的拼音文字，虽然对于所代表的语音，不能说是一种完密的记录，我们还可以从字母的音值上窥探一些音读组织的情形。可是中国的字体，根本上没有确定的音值；因之字体的应用，只是认为习惯上各种意义的记号，以通行于古今各地。至于原来音读的组织是怎样的情形，以及后来发生怎样纷歧演变的现象，在各个字体的形式方面，既然没有明确的显示，在国人一般的心理上，也似乎认为并无推究和校量的必要。[②] 过去关于音韵的记载，大都也就用汉字注汉字的方法，使我们对于古今音读的变异，考证起来，更觉得事倍而功半；往往有语言学上的某种现象，为拼

---

① 参看 L. Bloomfield: *The Study of Language*, Chap. Ⅱ §2.

② 参看贺昌群译 B. Karlgren: *Philology and Ancient China*（译本名《中国语言学研究》，商务印书馆出版）第三章。

音文字的国家一般所认为明白易晓的，而在中国竟成为专门学者穷年竟月所未能解答的问题。中国音韵学上有许多探究的工作，经多方搜证，反覆审验，而结果未必能得一个可靠的结论；在拼音文字的国家，或许也不会有这种情形。[①] 我们要推究这种情形发生的原因，固然须归到中国数千年来所行用的这种文字的性质；而要明了这种文字形成的由来，又须论到中国语言本身上的问题。

中国的语言和文字，在中国地域上，至少有五千年演化的历史；当西元前二千数百年间，必定已经为中国民族所行用。因为中国最古的文书留存到现今的，应该推《书经》;《书经》第一篇《尧典》里有一段关于天文历数的记载，法国天文学家索绪耳氏（L. de Saussure）曾经根据这种记载来推定最初《尧典》的制作是在西元前二十四世纪的时候。又近今出土的甲骨文字，除了少数铜器上的刻文以外，就当认为现存中国字体最古的标本，已经由学者考定为殷代的遗物，系西元前十八世纪至十二世纪间的手迹。我们看这种甲骨文字，书法精巧，可以断定它们离开原始文字写作的期间，已经很久远了；殷代以前，在文字上，至少必定经过了千余年的演化。我们从文字发生的历史上，更可以推定中国语的起源，又必在更早的一个时期。[②]

近代西洋的语言学家常把中国语列入“单音缀语”（monosyllabic language）或“孤立语”（isolating language）的一类，以为中国语是具有单音缀的和孤立的两种特性的。这种学说，虽然有人不很赞成，但是在语词形态的比较上看来，未始不具有相当的真理。通常的语词可以分为“单纯语词”（simple word）和“复合语词”

---

① 参看罗常培《中国音韵学的外来影响》（载《东方杂志》第三十二卷第十四号）。

② 参看拙译 B. Karlgren：*Sound and Symbol in Chinese*（译本名《中国语与中国文》，商务印书馆出版）第一章。

(compound word)两大类,复合语词是由两个或多个的单纯语词结合组成的。所谓中国语具有单音缀的和孤立的两种特性,就是从单纯语词的形态上来规定的。因为中国语里大多数的单纯语词只包含着单个的音缀,是和“复音缀语”(dissyllabic)或“多音缀语”(polysyllabic)相对立的。[①] 又中国语里的语词,在语句当中的文法关系以及其他意义上的区别,没有应用“形式变化”(inflection)来表示;语词的分化和转变,在“语根语词”(stem word)上,也不容有“语首接添”(prefixation)或“语尾接添”(suffixation)的变化;是和“变形语”(inflective)或“接合语”(agglutinative)相对立的。[②] 中国语的这两种特性,是互相助长的:各个语词,因为只包含着单个的音缀,所以不容有语首接添或语尾接添的变化;反转来,正因为语言的性质不是变形的,接合的,所以可使多数单纯语词只包含着单个的音缀。这两种特性,从中国语的历史上看来,是在很古时代已经演化成功的。中国语和西藏语同属于印度支那语族(Indo-Chinese family),而西藏语也是单音缀语,因此可以推定中国语在未曾和西藏语分离的时候已经具有单音缀的性质了;中国语又和暹罗语同属于中国暹罗语系(Siamo-Chinese branch),而暹罗语也是孤立语;因此可以推定中国语在未曾和暹罗语分离的时候,已经演成孤立语的性质了。中国文字因为不是标音文字,我们很难从中窥探中国古代语言的实际情形;但是我们根据上古流传下来的诗歌——例如《诗经》的四言诗——

---

① 中国语里虽然也有复音缀的单纯语词,例如“蟋蟀”“螳螂”“鹦鹉”“蚯蚓”之类,总是比较的占着少数;这些例外,并不妨碍单音缀语的这种学说的成立。

② 在现代口语上虽然在名词后面常常加着“儿”“子”这类的语词,以表明名词的词性;在领位的代名词或名词后面以及形容词或副词后面常常加着“的”这类的语词,以表示它们的文法关系。这类的语词很有点像“接尾语”(suffix)的性质;但是它们的应用,有时也可以省略,并非一种必需具有而固定不移的形式,和通常接尾语在某种情形上必需加入的,并不完全相同。所以我们不能因此便否认中国语为孤立语。

音律上的观察，也可以断定那时的语言，已经具有单音缀的特性。[①] 上古某种方言里，或许留存着一种变形语的现象，例如《论语》等书所代表的鲁国方言里，代名词的主位和宾位，常有“吾”和“我”，“尔”和“汝”的区别。[②] 但是这种现象最多也只是原始中国语的一种遗迹；从大体上看来，在上古时，中国语孤立的特性，早已经演化成功了。单音缀的和孤立的这两种特性，在中国语上早已经演化成功，遂使文字的蜕变也深深受了影响，在字体结构上具有一种特殊的性质。

中国文字结构上的演化，自从图画文字进到这种表意文字，当西元以前，已经到达了完成的地步，往后便只有一种书体上的演变。[③] 中国文字在西元后的二千年间，只是为了政治社会的变迁和书写工具的进步，因之有篆隶真草以及简体俗字等等的递嬗纷更，而根本上对于构造字体的方法始终未加以改革；所谓孳乳寖多的字体，实质上仍是一种表意文字，绝未进为字母拼音的制度。中国文字构造上所以保持着这种固有的性质，二千余年来未曾发生剧变，固然有民族、社会、历史上的种种因素，而根本上还是依据于语言方面单音缀的和孤立的两种特性。因为单音缀的特性，使文字也成为单音缀制；凡是一个字体只是具有单个的音缀，就是所谓一字一音的制度。古代或许有少数的例外，也用一个字体代表二个音缀的；这是因语言上少数复音缀的语词，当时在文字上或者只制造一个字体来代表，并非合于常轨的；到了后代，凡是单个的字

---

① 参看贺昌群译《中国语言学研究》第一章。

② 根据 B. Karlgren: Le Proto-Chinois, Langue Flexionnelle, *Journal Asiatique*, 1920（冯承钧译《原始中国语为变化语说》，载《东方杂志》第二十六卷第五期）。案，高本汉此种学说，未必能够确实的成立；参看王力著《中国文法学初探》（载《清华学报》第十一卷第一期）。

③ 参看拙译《中国语与中国文》第四章。

体，总是认为单音缀的了。[①] 因为孤立的特性，语词上既然没有语首接添和语尾接添的变化，语根语词本身也不容有变形，所以文字上专用一个字体来代表语根语词就够了，不必另外再用附加的符号以示语音语尾或其本身的形式变化；因之数千年来还维持着固定的字体和原来结构的方法，而不觉得有改为拼音制度的需要。[②]

我们知道了中国文字这种性质的形成，是受了语言演化的影响的，我们自然还要再进一步估量这种文字对于它所代表的语言，究竟有怎样表现的效用。

（二）“形声”“假借”和音义的关系

中国文字构造的方法，可以归纳为“衍形”和“衍音”的两种原则；而这两种原则在中国文字上都离不了表意的作用。所谓“造字之本”的“六书”，[③]也只是区分字“形”和“音”“义”三者间各种相互的关系罢了。[④] 中国文字的构造，并不是依据于一种单纯的制度，而是比较繁复错综的；虽然已经脱离了图画文字的阶段，却又未曾演进为字母的拼音。中国最古的字体，自然是一些单纯表明实物的图象；后来觉得这种具体的图形，不能表明抽象的意义，就利用

---

① 章炳麟《一字重音说》：“中夏文字率一字一音；亦有一字二音者，此轶出常轨者也。……今以《说文》证之：凡一物以二字为名者，或则双声，或则叠韵；若徒以声音比况，即不必别为制字。然古有但制一字，不制二字者，踸踔而行，可怪也。若谓《说文》遗漏；则以二字为物名者，《说文》皆连属书之，亦不至善忘若此也。然则远溯造字之初，必以一文而兼二音，故不必别作彼字。如《说文》虫部有悉蟹；蟹本字也，悉则借音字；何以不兼造蟋？则知蟹字兼有悉蟹二音也。如《说文》人部有焦侥；侥本字也，焦则借音字；何以不兼造僬？则知侥字兼有焦侥二音也。……此类实多不可殚尽。大抵古文以一字兼二音，既非常例；故后人旁驸本字，增注借音，久则遂以二字并书。”案，章氏所举的例子，也可以作为古代语词上具有复辅音的解释，原来未必定是复音缀的。参看林语堂《古有复辅音说》(《晨报六周年纪念增刊》，亦载开明书店出版的《语言学论丛》)。

② 参看贺昌群译《中国语言学研究》第一章。

③ 语出《汉书・艺文志》。

④ 参看段玉裁《说文解字叙注》。

象征作用,把表明实物的形象,当做抽象观念的符号,或者把原有的象形字体互相结合,以代表一种新意义。这些构造的方法,都是利用字形直接表明字义的,可以说是依据于衍形的原则。单是依据形象来构造字体,实在太费心思脑力,不足以应付实际的需要。另一方面,图画的形象已经和语言结合,除了表明意义之外,形体自身又具有一种音读。于是因势利便,自然由衍形转变而趋向于衍音了。最初大概只采取一种借字表音的方法,将原有的一个象形字体,依据音读的相同或相似,以代表语言上另一个语词或代替另一个字体。这样一来,同是这个字体就演成为二种或多种的意义;同时字体本身,除了表明许多意义之外,又兼具有表音的效用,这种就是最初的"假借"。再进一步便于表音的字体上,另外又加上一个字体以指明分化出来的意义;于是由单体组成了合体,"声旁"之外,又具有"形旁"。这种合体字的结构,就是所谓"形声"。[①]依据形声的方法来制造新字体,比较纯粹衍形的方法简单便捷得多了。一个形声字又可以借来代表其他音读相同或相似的语词,或者再于它的旁边加上别的字体以注明所代表的意义,而组成另外的一个形声字。这样推衍孳乳,因以造出许多新的合体字;中国文字当中,从全部字数上计算起来,属于这种形声的,要占着十分之八九。[②] 这足以表示中国文字由衍形转为衍音的趋向。[③]

这里我们还须申述文字的演化,为何从衍形转为衍音的理由;那就是关于文字上不得不采用借字表音的方法的原因。因为民族社会和政治文化各方面的演进,在语言上语词的转变和分化日出

① 参看拙译《中国语与中国文》第四章,又贺昌群译《中国语言学研究》第二章。

② 案,《说文》所列九千余字当中,据王筠《文字蒙求》所分的,象形字有二百六十四,指事字有一百二十九,会意字有一千二百六十;其余皆形声字,约占十分之六。但是《说文》所录不免遗漏;为依汉后字典中计之,形声字自当在十分之八九以上。

③ 参看梁启超《从发音上研究中国文字之源》(《梁任公近著·第一辑》下卷),又伯潜《汉字的进化》(《由衍形倾向衍声》)(载《东方杂志》第二十一卷第四号)。

不穷；如果每一个语词须特造一个字体来代表，势有所不能。例如山川、鸟兽、草木等等以及人事地域种种特有的名称，重音、复音的形容词，以及助语词、感叹词之类，大部分就不得不借用现成的字体来比方它们的音读。而且在文字的应用上，耳治的直接记忆语言的声音，和目治的间接记忆代表语言的字形，当然是前者比较的易于后者；所以即使已经“有其本字”的语词，也为一时权宜之计，借用别的音读相同或相似的字体来代替。郑康成所谓“其始书之也；仓卒无其字，或以音类比方假借为之，趣于近之而已”。[①] 焦循《〈周易〉用假借论》说过下面的话：

> 如麓、录二字本皆有者也，何必借录为麓？壶、瓠二字本皆有者也，何必借瓠为壶？疑之最久，叩诸深通六书之人，说之皆不能了。

其实并无别的原因，只是由于字形比语音难于记忆罢了。[②] 所以一方面为着区别意义，尽管于这种表音字体（声旁）上另加表意的字体（形旁）组合成为新字体（形声字），而另一方面这种借字表音的方法，仍是盛行不息。这两方面的循环推衍，就蕃殖成中国文字的系统和现行的许多字体。因此可见在中国文字的演化上，“衍音”实在是一个主要的原则。

这种借字表音的方法，在上古的时候已经行用很广了；当时图画文字的形象还未曾泯失，可是有许多字体，并不是用来表明所画的事物本身的意义，而是用来代表另一个同音的语词。我们从甲骨刻文的辞例上，可以得到许多例子，现在举几个显著的如下：

---

① 语见《经典释文叙录》。

② 参看沈兼士《国语问题之历史的研究》（载北京大学《国学季刊》第一卷第一号）。

“其”，甲骨文作，明明是画的箕形，却当做预拟或疑问的副词，例如说“其雨”，和《诗经·卫风》的“其雨其雨”正同。

“止”，甲骨文作，明明是画的人足形，却当做指示的代名词或形容词，例如说“日允雨”。就是说“是日允雨”。

“自”，甲骨文作，明明是画的一个鼻子形，却当做表明自从的介词，例如说“其自东来雨”，和《诗经·文王有声》的“自西自东”等句里的用法相同。

“隹”，甲骨文作，明明是画的小鸟形，却当做发端的助语词，例如说“隹王五祀”，和《盂鼎》的“隹王廿又五祀”等句里的用法相同，古书上多用“维”字。①

这种假借的例子在金石刻文上尤其众多。我们从古文字学的研究，又可以见到一个常例：后代所通行的形声字，在金石甲骨的刻文上往往原来就用它们声旁字的假借，并不必另加形旁；如“且”为古祖字，“屯”为古纯字，“赏”为古偿字，“丰”为古邦字，“者”为古诸字，“生”为古姓字，“才”为古在字，“冬”为古终字等等。② 凡殷周时代所用此类假借的字体，在秦汉以后便通行具有形旁的形声字了。因此又可以知道文字愈古，字体的数量愈少，假借的方法也愈觉不能缺少；后来“形声相益”，渐渐孳乳寖多，就产生许多“后起”的合体字。③ 所以后代在文字上认定的形声一例，最初原来只是一种借字表音的方法；大部分的形声字就在这种表音的字体上另加表意的形旁而组合成功的。我们固然在“六书”次第上，不必

① 参看胡光炜《甲骨文例》(中山大学出版)《辞例篇》。

② 参看吴大澂《说文古籀补凡例》。

③ 参看 B. Karlgren：*Some Fecundity Symbols in Ancient China*（*B. M. Far Eastern Antiquities*，No.2，Stockholm，1930）. P.4(案此文卫聚贤有译本，名为《中国原始祖神之崇拜》，尚未刊出)。

定要主张假借先于形声，因为后来的形声字又依旧可以作假借之用；但是我们总得知道：无论是假借，是形声，都是因表明语言上的音读而起。

可是，更重要的，我们还须记得：中国文字始终未曾脱离表意文字的范围；无论是假借，是形声，它们表音的效用，决不是标音文字的性质。我们说过，标音文字通常必定是由一种拼音的字母组成的；拼音字母的作用，在于分析语词音读的组织——音缀，音素等——而把它们明白显示出来。各个字母既然各具有确定的音值，我们可以从字母拼切的形式上认识了语言里的语词，由语词而知道所表现的意义；所以标音文字的形体，纯粹是音读的符号，和意义的内容只有一种间接的关系。中国文字和这种情形是完全两样的。[①] 中国所谓借字表音的方法，乃是用一整个的字体来代表另一整个的同音语词，并没有把那个语词的音读组织加以分析。形声和假借的表音，只是利用同音的语词或同音的字体来互相比拟。因为中国语言具有单音缀的和孤立的两种特性，大多数的单纯语词只包含着单个的音缀，又没有繁复错综的变化，在语词形态上自然显示着简单纯一的样式。[②] 因之实际语言当中，音读相同或相似的语词特别的众多。在文字上，尽管历代各地的读音系统不相一致，而在各种读音系统里，同音的字体，以数量相较，总比其他语言性质相异的国家为众多。[③] 所谓形声假借，就是利用这众多的同音语词或同音字体的关系，以一个字体来比拟另一个字体或另一个语词的音读，并没有像标音文字里那样利用拼音字母来分析音读的组织。中国文字上这种表音的方法，正是适合着中国语言的性质；由此可以知道形声假借在文字的孳乳推衍上占着重

① 参看拙译《中国语与中国文》第四章。
② 参看贺昌群译《中国语言学研究》第一章。
③ 参看拙译《中国语与中国文》第三章。

要的因素，也是由于这种语言演化的结果。

形声假借既然是利用同音语词和同音字体彼此相互间的关系，以一字表另一字的音读，只是把整个的语词两相比拟，并没有分析音读的组织，所以中国文字上的表音方法，完全是“某、音某”式的一种“直音”，决不是一种“拼音”；拼音的原则，可以说真正汉字的结构上始终没有存在过。我们认定了假借和形声二例，在文字孳乳上有互相推衍的事实，都是由借字表音的方法而起；那末，我们对于形声字体上所包含的两个或多个的“偏旁”，也应该认定它们根本没有拼音的作用。所谓“拆字为切”的“自反”，既然是附会之谈。[1] 说“目少眇而手延挻，自谐以成字”，并且当它们为切纽的始祖，[2]也自然不是确论。现今也有人举出下面的这些例子：

> “嚭”“[illegible]”之类，全字皆声；以“遡”代我，以“漾”代泳，二声相近；斯言为“誓”，侃言为“諐”，声韵拼合；“穷”“[illegible]”等字，包含二声。

认为是汉字中的拼音字，好像形声的结构，也具有拼音的意味。[3] 这种说法，只是根据偶然巧合的事实，来推定拼音的方法，也是中国造字的一种原则，终不免文人学士好奇之过。我们要知道拼音的方法，以音读组织的分析为基础；第一步没有经过语音的分析，就无从得到用以拼合的单位。形声的结构，既然也是由借字表音而起，原来只是用一字表另一字的音读，并未曾有分析语音组织的作用。所以在中国文字结构上的表音方法，只是一种“直音”。

---

① 参看俞正燮《癸巳类稿》卷七《反切证义》条，及马宗霍《音韵学通论》（商务印书馆出版）第五篇三《反切之例》。

② 见朱骏声《说文通训定声自叙》。

③ 见林语堂《汉字中之拼音字》（《中学生》杂志，第一卷第十一号，亦载《语言学论丛》）。

中国文字上这种表音方法，和拼音字母的制度，在效用上也很多不同。标音文字的字母是有规定的；中国文字上，却可以无限制的借用一切原有的字体作为表音的符号，在手段方面固然太不经济。而且这种表音的符号，不像拼音字母那样具有确定的音值，因之这种表音的效用是很微小的。我们从形声、假借上只知道某个用来比拟的字体，和别个被比拟的字体或语词，在音读上原来互相类似，究竟是否比拟得绝对的确切，从字体本身上也就无从断定。因为借字表音的方法，应用时往往只取它们的互相类似，并不一定采择音读完全相同的来比拟。[①] 假借的应用成为习惯，形声的结构一经固定，根本不能随着读音的流动转变，任意的加以更改；日久文字上的系统，就和实际的语言渐渐分离了。结果：文字上的表音，只是给我们一些暗昧的印象；我们如果依据现今的读音系统，来观察形声的结构和习惯上的假借，便见到许多表音的字体是很不适切的，例如“移”为多声，“治”为台声之类。又如“尔”“汝”“若”“乃”等字在古书里都可以作为代名词的“你”字用；究竟它们原来的读法怎样？它们原来是否都是同音的字？和现今“你”字的读法有怎样的关系？因为文字本身没有确定的音值，我们从字体上便很难解答这些读音的问题，总之：中国文字上的表音，只能使我们推想某字和某字在某种读音系统里有相同或仅类似的关系，而不能给我们以一种确定的读法。[②] 而且应用中国文字的，也大都认各个字体为意义的表征，对于音读的纷歧演变，并不作为应注意的问题；汉字在一般人的心理上，原来也不当做纯粹表音的符号来看待。

我们还须再进一步认定中国文字上所谓借字表音的方法，乃是利用音读相同或相似的关系，借一个字体来代表另一个语词，原

① 参看拙译《中国语与中国文》第四章。
② 参看贺昌群译《中国语言学研究》第三章，又拙译《中国语与中国文》第四章。

来的目的，并非纯粹为着表音的。被借的字体，成为习惯上的应用，就具有了那个语词的意义；所以一方面是“依声”，一方面又是“托事”，表音之外，还包含着表意的作用，例如“来”字原是来麰之来，借作行来之来，这个字就具有了行来的意义；“革”字原是皮革之革，借作改革之革，这个字就具有了改革的意义；它们所代表的，是整个的语词，并非纯粹作为表音的符号。假借利用一个字体来代表几个各异的语词，所以使一字分化为数种意义；反转来说：同一个语词也可以用几个各异的字体来代表，因之又有一义数字的现象；就是所谓“同言异字，同音异言”的现象。[①] 我们因此可以知道中国文字上的表音并不像标音文字那样纯粹用字母作为拼音的符号，而是一方面表音，一方面仍离不了表意的作用。中国文字，无论如何，总是和意义的表征，没有完全的分离。

形声字体的结构，它的声旁也往往兼具有意义。[②] 不过声旁所表征的意义，常为形旁所掩盖，不很显著。但是，根据“右文”说的主张，大部分形声字里声旁的表意作用，依旧还可以推寻。读者请参看沈兼士的《右文说在训诂学上之沿革及其推阐》一文。[③] 我们知道形声和假借都是由借字表音而起，在假借方面，有一字数义和一义数字的现象；那末，形声字当中，也有同一声旁而包含多种意义的。现引沈氏所举的例证如下：

> 右文之字，变衍多途，有同声之字，而所衍之义颇歧别者，如非声字多有分背义，而“菲”“翡”“痱”等字又有赤义；吾声字多有明义，而“龉”“语”（论难）“敔”“圄”“牾”等字又有逆止义，

---

① 亦郑康成语，见《经典释文叙录》。

② 参看杨树达《形声字声中有义略证》（载《清华学报》第九卷第二期）。

③ 载中央研究院《历史语言研究所集刊外编》第一种（《庆祝蔡元培先生六十五岁论文集》）下册。

其故盖由单音之语，一音素孕含之义不一而足。

还有一种因意义本身上的演化而使同一声旁转为多种意义的。这里也节录沈氏所举的例证：

又有义本同源，衍为别派。如“皮”之右文有：（一）分析义，如“诐”“簸”“破”诸字；（二）加被义，如“彼”“鞁”“贩”“帔”“被”诸字；（三）倾衺义，如“颇”“坡”“跛”“波”“披”“陂”“坡”诸字。求其引申之迹，则“加被”“分析”应先由皮得义，再由分析而分得倾衺义矣。

也有同一种意义，而在形声字当中，用各异的声旁来表明的。沈氏所举的例证如下：

复有同一义象之语，而所用之声母颇歧别者。盖文字孳乳，多由音衍，形体异同，未可执著。故音素同而音符虽异，亦得相通，如“与”“余”“予”之右文均有宽缓义，“今”“禁”之右文均有含蕴义。岂徒同音，声转亦然，“尼”声字有止义，“刃”声字亦有止义（刃字古亦在《泥》纽），如“仞”“讱”“忍”“纫”“轫”是也。“衅”声字有赤义（衅古音如门），“䓮”声字亦有赤义，如“璊”“穈”“毛”是也。[①]

我们看了这些例证，便可以知道怎样的去推寻形声字里声旁的表意作用；形声的结构也是由借字表音而起，而这种表音的部分，也和意义的表征有深切的关系。

① 见中央研究院《历史语言研究所集刊外编》第一种下册，第809～810页。

这样看来：中国文字的形声假借，虽然应用字体来表明音读，但是所用的表音方法，只是一种直音，以读法相同相似的字体来互相比拟；并没有像拼音文字那样把音读的组织分析出来。并且所用来表音的字体，没有确定的音值，充其量也不过使我们知道某字和某字原来有同音的关系；究竟某字应当怎样的读法，也就很难断定。另一方面，这种用来表音的字体，并不是纯粹语音的符号，而是用来代表整个的语词，所以表音之外，还兼具有表意的效用；所以我们说过，中国文字始终未曾脱离表意文字的性质。因之在音韵学未曾发达的时代，一般注音家往往说明音读时，便依据于这种文字的性质，一方面说音，一方面又是解释字形和义训。周汉间人的注音，便是附丽于文字训诂当中。

三、周汉间的训诂和注音

（一）“声训”的渊源和体例

周汉间可以说是文字学臻于完成，而训诂学正在发达的时期；我们看了《尔雅》《方言》《说文》等书，以及古籍上的种种训释和注解，可以知道那时学者对于文字和义训，确有特殊的研究和发明。可是魏晋以前，我们未曾看见有音韵学的专著，那时对于字音方面的注释，只是附丽于文字训诂当中。[①] 江永曾以《周官》里载有“谕书名，协辞命”的专吏，而说那时“当有其书，今不存”。[②] 这只是一种推测的话，不见得可信。再我们看周汉间所用注音的方法，也只是因袭文字上的性质“以音类比方假借为之，趣于近之而已”，并且中间还参杂一些含糊疑混之谈，并未曾对于字音加以确切的分析和类别。颜之推说过：

> 郑玄注《六经》，高诱解《吕览》《淮南》，许慎造《说文》，刘

---

① 章炳麟《论语言文字之学》：“自许叔重创作《说文解字》，专以字形为主，而音韵训诂属焉。前乎此者，则有《尔雅》《小尔雅》《方言》，后乎此者，则有《释名》《广雅》，皆以雅诂为主，而与字形无涉；《释名》专以声音为训，其他则否。又自李登作《声类》，韦昭、孙炎作反切，至陆法言乃有《切韵》之作，凡分二百零六韵；今之《广韵》，就《切韵》增润者；此皆以音为主，而训诂属焉，其于字形略不一道。”（见丙午《国粹学报》）

② 见《音学辨微引言》。

熹制《释名》,始有譬况假借,以证音字耳。而古语与今殊别,其间轻重清浊,犹未可晓;加以外言,内言,急言,徐言,读若之类,盖使人疑。①

实在是因为那时对于字音的考校,未曾脱离文字学、训诂学而独立成为一种专门的研究,所以注明音读时,只求能够形容音韵和文字义训间的关系罢了,并未曾对于字音本身,加以明确的分析。

颜氏所谓"譬况假借",就是指那时一般利用同音的语词或同音的字体来注明音读,而一方面仍含有解释字形和字义的作用。因为中国文字的性质,是用一个字体来代表整个的语词,当时注明音读,也就往往关于整个语词或字体的解释,而并非纯粹为着音读的考校。许氏谓形声为"以事为名,取譬相成";段玉裁注云:

譬者,谕也。谕者,告也。以事为名,谓半义也。取譬相成,谓半声也。江河之字,以水为名,譬其声如工可,因取工可成其名。②

形声字的构成,是根据于音读的譬况;那末,许氏《说文解字》当中,解释文字时所说"从某、某声""某亦声""某省声"之类,也都属于譬况音读。③ 许氏谓假借为"本无其字依声托事";段玉裁注云:

托者,寄也。谓依傍同声而寄于此,则凡事物之无字者,

① 见《颜氏家训·音辞篇》。

② 见段氏《说文解字叙注》。

③ 高学瀛《说文解字略例》:"许书凡言从某某声者,其常例也。有言亦声者,既属会意,又兼形声,如示部礼下云:从示,从豊,豊亦声之属,是也。有言省声者,既非会意,又不得其本声,则取形体相近之字以著之,如示部禜,从荣省声,斋从齐省声之属,是也。"(见《说文解字诂林》前编下,第258页)

皆得有所寄而有字。……大氐叚借之始，始于本无其字。及其后也，既有其字矣，而多为叚借。又其后也，且至后代讹字，亦得自冒于叚借。[①]

假借既然是用音同或音近的字来替代，那末，传注训诂的条例当中，所谓“某之言某也”“以某为某曰某”“某、读为某”“某、读曰某”“某、读如某”“某、读如某某之某”“某、读若某某之某”“某、古某字”“古声某某同”“古字某某同”“故书作某”“古文某为某，今文某为某”“某某或为某某”“某、误为某”“某、当为某”“某、声近某”之类，也大都属于假借，或源出于假借的。[②] 这样看来：周汉间的注音，是出于文字上的形声、假借的，依照文字的性质来表明音读，而一方面仍是用来解释字体的结构和语词的意义。所谓“譬况假借”，总是离不了文字学和训诂学的范围。

我们如果要推求这种注音方法的起源，便先须测定音韵和文字义训究竟有怎样的关系。中国语言文字上演进和分化的结果，

---

① 见段氏《说文解字叙注》。

② “某之言某也”，如《诗·召南》笺：“薠之言宾也，藻之言藻也。”“以某为某曰某”，如《周礼·醢人注》：“郑大夫杜子春皆以拍为膊，谓胁也。”“某读为某”，如《论语》郑注：“纯读缁，厉读为赖。”“某读曰某”，如《礼记·曲礼》注：“扱读曰吸，缮读曰劲。”“某读如某”，如《吕览·季夏》注：“饬读如敕”，《士容》注：“肘读如疛。”“某读如某某之某”，如《考工记》注：“郑司农云：函读如国君含垢之含；泐读如再扐而卦之扐。”“某读若某某之某”，如《仪礼·乡饮酒礼》注：“如读若今之若”；《聘礼》注：“薮读若不数之数。”“某古某字”，如《诗·鹿鸣》笺：“视古示字也”；《礼记·曲礼》注：“或者攘古让字。”“古声某某同”，如《诗·东山》笺：“古者声栗裂同也”；《常棣》笺：“古声填寘尘同。”“古字某某同”，如《论语》郑注：“古字材哉同耳”；《周礼·外府》注：“赍资同耳，其字以齐次为声，从贝变易，古字亦多或。”“故书作某”，如《周礼·天官·序官》注：“嫔故书作宾”；《典枲》注：“故书赍作资。”“古文某为某，今文某为某”，如《仪礼·士冠礼》注：“今文扃为铉，古文鼏为密，古文纷为结，今文礼作醴。”“某某或为某某”，如《周礼·小宰》注：“杜子春云：廉辨或为廉端”；《掌舍》注：“杜子春云：梐门或为材门。”“某误为某”，如《大戴记·保傅》卢注：“瞽与鼓，声误也。”“某当为某”，如《周礼·醢人》注：“齐当为齑”；《内司服》注：“狄当为翟。”“某声近某”，如《内司服》注：“郑司农云：屈者，音声与阙相似，禫与展相似；康成谓袆揄狄展，声相近。”据《经籍籑诂·凡例》。

形成一字数义和一义数字的现象；因事实上的需要，就不得不对于文字义训，设法加以解释，所以中国训诂学的渊源特为久远。我们说过，一字数义和一义数字的发生，是由于中国语言的性质和文字上表音的方法造成的；因之自古以来训诂学上的主要方法，就是以字音为枢纽。王念孙说过：

诂训之旨，本于声音；故有声同字异，声近义同，虽或类聚群分，实亦同条共贯。①

王引之也说：

训诂之旨，本于声音；揆厥所由，实同条贯。②

刘师培也说：

古人制字，义本于声，即声是义；声音训诂，同出一原。③

这些话都是阐明"声近义同"的原则，我们要解释字义，必须考明音读。至于解释字义的方式，大致可区分为客观的"诂"和主观的"训"两类。④ 这里姑且引举沈兼士的话来作说明：

---

① 见王氏《广雅疏证自叙》。

② 见王氏《经籍纂诂叙》。

③ 自刘氏《正名隅论》。

④ 《尔雅释诂·释文》引张揖杂字说："诂者，古今之异言也。训者，谓字有意义也。"《诗·周南·关雎·诂训传》疏："诂者，古也，古今异言，通之使人知也。训者，道也，道物之貌以告人也。"《汉书·扬雄传》注："训者，释所言之理也。"又："诂谓指义也。"据此则"训""诂"二字，对言义各有别。

> 夫训诂之法有客观的与主观的区别。前者为以凡通语释古语或方言，如《尔雅》《方言》之属是也。后者为训诂家本个人之观察，用声训之法，以一音近之字䌷绎某一事物之义象，如《白虎通》《释名》之属是也（《说文》则二法并用）。①

这两类当中，都应当以声近义通为主要的原则。古今方国语言的演变，大部分以音韵为枢纽，所以要"释古今之异言，通方俗之殊语"，②也大都以音同或音近之字相诂。虞史伯夷曰："明孟也，幽幼也。"③这或许是汉代传述最古的音诂。又如《孟子》里说："洚水者，洪水也。"也是同物异名而字异音同的。至于各异的语词，而音义相通，或许是属于"同源语词"（cognate words），由同一的语根分化出来的；这种语词便可以依据音同或音近的关系来互相训释，就是通常所谓"声训"。古来声训的例，大别有三：

> 《易·序卦》："蒙者，蒙也；比者，比也。"《孟子》里论赋制说："彻者，彻也。"这是以本字释本字的。
>
> 《易·说卦》："乾，健也；坤，顺也。"《小戴记》："仁者，人也；义者，宜也。"这是以音同或音近的字作训释的。
>
> 《易·彖传》："咸，感也"；"夬，决也"；"兑，说也"。《论语·颜渊》："政者，正也。"这是以声旁字和形声字互为训释的。④

这三例又可以归纳为（一）"本字为训"，前一例属之；（二）"易字为训"，后两例属之。它们总是以字音为枢纽，用来析理中国语文上

① 见沈氏《右文说在训诂学上之沿革及其推阐》（第 781 页）。
② 语见郭璞《尔雅·释诂》注。
③ 见《大戴礼·诰志篇》。
④ 依沈氏《右文说在训诂学上之沿革及其推阐》所分列的。

一字数义和一义数字的现象的。

因为文字上假借的应用，依音同或音近的关系，一个字体可以代表数个语词，就发生同字异言或一字数义的现象；如果把这数个语词，采取其中意义方面有关系的来互相训释，那就是本字为训的例了。例如《诗·大序》云："风，风也，教也；风以动之，教以化之。"又云："上以风化下，下以风刺上。"同是一个"风"字，可以代表"国风""风教""风动""风化""风刺"这些语词，同是这个字体也具有了这些意义；用风教、风动、风化、风刺这些意义来解释国风的"风"字，便是以本字释本字。这种以本字为训，正是因一字数义的现象而产生的。如果这种音义两方面俱有关系的语词，在文字上用各异的字体来代表，或者就原有的字体附加形旁以为指明或区别之用，那末，这些字体便是形虽异而音近义通，或竟是声旁字和形声字的关系，彼此可以互相训释。易字为训的例，大部分就是根据于此。有时本属同一语词，以假借关系而用各异的字体来代表，或因古今字体的变化而演成为异字的；这样，就成为同言异字或一义数字的现象。易字为训和同音相诂，也有很多是因此而产生的。这样看来：周汉间训诂学上的主要部分，是源出于文字上的表音方法，正所以适应中国语文的性质的。

汉代训诂家尤其盛行声训的方法，并且有用此撰成专书的。班固的《白虎通》几乎完全采用声训当中易字为训的例以解释礼制；刘师培曾经把《白虎通》里解释典礼的辞语归纳为三例，其中一例是"舍字义而释微言"，不属于声训的范围，其他两例便是以音同或音近之字来紬绎意义的。兹录刘氏之言如下：

> 《白虎通》虽为释典礼之书，然一字必穷其义。其例有三：一曰、以佗字释本字，非系声同，即系声近。如公者，通也；侯者，候也；伯者，白也；子者，孳也；男者，任也是。一曰、既以佗

字释本字，复据佗字之义以伸之，以明本字所含之义，如卿之为言章也。章善明理也；大夫之为言大扶，扶进人者也是。一曰、舍字义而释微言，以明其所以然之故。……盖一字而深穷其义，汉代之书，未有若《白虎通》之甚者也。虽间流于穿凿，然保存古训之功，岂可没欤？[①]

许氏《说文解字》，亦常用声训的易字为训之例；邓廷桢曾经采集成为《说文双声叠韵谱》一书，谓许氏书一方面因字音来推求字义，另一方面也正以字义来证明音读。邓氏说："许氏《说文解字》，小学家形声之书也。书为形声作，而顾汲汲于训诂者，盖因声求义，义明而声亦愈以无疑。"[②]其例可归纳为二：

（一）以音同或音近之字为训。如"天，颠也"；"旁，溥也"；"马，怒也，武也"；"户，护也"之类。

（二）以声旁字和形声字相训，或以声旁相同之字相训。如"帝，谛也"；"古，故也"；"臤，坚也"；"门，闻也"之类，这是以形声字释声旁字的。如"禷，以事类祭天神也"；"政，正也"之类，这是以声旁字释形声的。如"帐，张也"；"殆，枯也"；"捡，急持衣裣也"；"驯，马顺也"之类，这是以声旁相同的形声字相训释的。[③]

到了刘熙《释名》，就专以声训为书，所谓"以同声相谐推论称名辩物之意"。[④] 王先谦曾叙论此书的渊源云：

① 见刘氏《中国文学教科书》。
② 见邓氏《说文解字双声叠韵谱·自叙》。
③ 大致依沈氏《右文说在训诂学上之沿革及其推阐》所分列的。
④ 语见《四库全书总目·〈释名〉提要》。

学者缘声求义，辄举声近之字为释，取其明白易通，而声义皆定、流求珥贰，例启于周公；乾健坤顺，说畅于孔子。仁者，人也；谊者，宜也，偏旁依声以起训；刑者，侀也；侀者，成也，展转积声以求通。此声教之大凡也。侵寻乎汉世，间见于纬书；韩婴解《诗》，班固辑《论》，率用斯体，宏阐经术。许郑高张之伦，弥广厥指。逮刘成国之《释名》出，以声为书，遂为经说之归墟，实亦儒门之奥键。①

顾广圻又作《释名略例》，兹节录其大纲：

《释名》之例，可知也。其例有二焉：曰、本字，曰、易字是也。虽然犹有十焉：曰、本字，曰、叠本字，曰、本字而易字，曰、易字，曰、叠易字，曰、再易字，曰、转易字，曰、省易字，曰、省叠易字，曰、易双字。……十者，非他也，二例之分焉者也。第二以上、本字例，分者二；第四以下，易字例，分者七；而有第三之一例，半分于本字，半分于易字者在其间，以相关通。然则易字之所由生，固生于本字而已矣，所谓易简而天下之理得也。②

---

① 见王氏《释名疏证补序》。

② 载于王氏《释名疏证补》卷首。《释名略例》："……本字者何也，则冬曰上天，其气上腾与地绝也；以上释上，如此之属，一也。叠本字者何也？则春曰苍天，阳气始发，色苍苍也；以苍苍释苍，如此之属，二也。本字而易字者，何也？则宿，宿也，星各止宿其处也；以止宿之宿释星宿之宿，如此之属，三也。易字者，何也？则天，显也，在上高显也；以显释天，如此之属，四也。叠易字者，何也？则云犹云云，众盛意也；以云云释云，如此之属，五也。再易字者，何也？则腹，复也富也；以复也富也再释腹，如此之属，六也。转易者，何也？则兄、荒也，荒、大也；以荒释兄，而以大转释荒，如此之属，七也。省易字者何也？则绨似蝼虫之色绿而泽也；以蝼释绨而省蝼也之云，如此之属，八也。省叠易字者，何也？则夏曰昊天，其气布散皓皓也；以皓皓释昊而省犹皓皓之云，如此之属，九也。易双字者，何也？则摩娑犹末杀也，以末杀双字释摩娑双字，如此之属，十也。……"

因此可以知道周汉人很注重声训。常常利用字音来解释字义。虽然有时偏重主观,流为穿凿,任取一字之音,傅会说明一同音字或音近字的意义,未必合于"语源学"(etymology)上的事实;但是音韵和训诂具有密切的关系,所谓声近义同的原则,到此时确已发挥无遗了。而反转来,又利用了这种同义字来证明音读,邓廷桢所谓"知义之出于声而声以正,知声与义之相比附而古音以明"。[①]《四库提要》批评《释名》说:"中间颇伤穿凿,然可因以考见古音。"知道了字音和字义互相发明,于是对于字音的认识更觉真切;所谓"譬况假借"的注音方法,和这种声训正是相辅而行,或许是渊源于声训的。

在上文说过,中国文字上的表音方法,无论是形声,是假借,总离不了表意的作用。依据假借的原理。在文字上固然是某借作某,或是以某为某;在训诂上,便是以本字为训或以同音字音近字为训的例;当注音时,又可以为某读若某或读为某等等。例如《诗·大序》的"风,风也",一段,在文字上风字除作为国风之风以外,又可以作为风教、风动、风化、风刺之风;当注音时,便是此风字读如风教、风动、风化、风刺之风。又如《说文》"天,颠也";在文字上,天字可借作颠,或天颠竟是"古今音";当注音时,也可以说天读如颠。依据形声的原理,在文字上固然是某、从某、某声,当注音时,除说某声之外,又可以谓读若某,在训诂上便是以声旁字和形声字互为训释的例。如《论语》:"政者,正也。"政、从正声,亦可谓政读如正。形声字的声旁既然常具有意义,因之"会意"字和形声字便不必绝对的划分。段玉裁云:

声与义同原,故龤声之偏旁,多与字义相近,此会意形声

① 见邓氏《说文解字双声叠韵谱·自叙》。

> 两兼之字致多也。《说文》或称其会意，略其形声，或称其形声，略其会意，虽则渻文，实欲互见。不知此则声与义隔。[①]

毕沅没有细察《说文》的这种体例，便批评《释名》说：

> 《说文》：锦，从帛，金声。凡为声者皆无义，而此云：锦，金也，作之用功，其价如金，故其制字从帛与金。是以谐声之字为会意。[②]

依据上文之说，形声字和声旁字正可以互相训释，不必拘拘于形声和会意的区别；只是会意字的偏旁并无表音的效用，而形声字的声旁往往兼表音义罢了。总而言之：因中国文字上的表音，兼具有表意的作用，自然使训诂学上的主要方法，也是以字音为枢纽。由声训和音诂，便演成周汉间的注音方法。所谓“譬况假借”，当初并非纯粹用以表明音读的，也正所以解释文字义训。这种注音的方法，实在未曾脱离了文字学和训诂学的范围，而在它的产生的历史上看来，也正是适应着中国语言文字的性质的。

（二）“读若”和音义的关系

最初的注音，和解释文字义训没有完全分离开来；我们看了汉人“读若”之例，更觉得有许多地方可以证明这种事实。读若的例，在汉代最为通行；大概“反切”未曾发生以前，那时的注音，也很少采取某音某的“直音”方式，而只是应用读若来比拟音读。叶德辉说：

---

① 见段氏《说文解字注》示部禛字下。

② 见毕氏《释名疏证·自叙》。

东汉以前，文字无直音，于是有读若、读如、读为、读曰、读与某同及当为之例。其传于今者，许君《说文解字》，郑君《三礼》注、《毛诗传》笺，高诱《吕览》《淮南》两注，皆其最著可考者也。①

直音的方式，大概在东汉末年的注音家才开始应用。叶德辉曾经考明采用直音是始于服虔的，叶氏说：

《经典释文》：为《尚书音》者，四家：孔安国、郑玄、李轨、徐邈，案，汉人不作音，后人所托。陆氏此语诚然。《书·孔传》、伪本不可考；郑注《三礼》笺《诗》，无直音也。然《左传》列有服虔、高贵乡公两家音，则在汉末已有之。且高似孙《史略》载《服虔》有《汉书音》，则直音可断其以服虔为始矣。②

我们知道直音和读若等等，都是用一字来表明另一字的音读，都没有把音读的组织加以分析，在辞语的方式上虽然不同，而在注音的效用方面，并没有多大的分别。但是汉人通用读若之例，而很少采取直音，正是因为读若等等是附丽于文字训诂当中，除了用来注音以外，还包含着解释文字义训的作用。

段玉裁以为“读若”“读如”只是比拟音读，和“读为”等不同，应该把它们分别清楚。段氏《说文注》云：

凡言读若者，皆拟其音也；凡传注言读为者，皆易其字也。注经必兼兹二者，故有读为，有读若。读为亦言读曰，读若亦言读如。字书但言其本字本音，故有读若，无读为也。读为、

① 见叶氏《说文读若字考·自序》。
② 见叶氏《说文读若字考·自序》小注。

读若之分，唐人作正义已不能知；为与若两字，注中时有讹乱。[1]

段氏以为汉人读若之例，是纯粹用来表明音读的；事实上并非如此。王筠的说法便和段氏不同：

注家之例，云读若者，明其音也；云读为者，改其字也。《说文》无读为者，逐字为音，与说经不同也；然有第明其音者，有兼明假借者，不可一概论也。[2]

钱大昕《古同音假借说》更以为汉人言读若，都所以表明文字上的假借。兹节录钱氏之言如下：

汉人言读若者，皆文字假借之例，不特寓其音，并可通其字。即以《说文》言之：邪读若许；《诗》不与我戍许，春秋之许田，许男，许冲上书阙下，不必从邑、从无也；鄚，读若蓟；《礼记》：封黄帝之后于蓟，《汉书·地理志》有蓟县，不必从邑从契也。琡，读若淑；《尔雅》：璋大八寸谓之琡，即淑之讹，不必从玉从寿也。瑄，读若宣；《尔雅》：璧大六寸谓之宣，不必从玉从旬也。……《说文》又有云读与某同者，如莫，读与蔑同，今《尚书》莫席，正作蔑字；岂读与聂同，今《春秋》岂北，正作聂字；……以是推之：许氏书所云读若，云读与同，皆古书假借之例，假其音并假其义，音同而义亦随之，非后世譬况为音者可同日而语也。[3]

---

① 见段氏《说文解字注》示部禜字下。
② 见王氏《说文释例》卷十一。
③ 见钱氏《潜研堂集》卷一。

至张行孚更推广钱大昕、王筠之说以驳正段氏，他说：

《说文》读若之例，段氏《说文注》谓止拟其音，盖谓《说文》多明本义，《尔雅》《方言》多明假借也。然考《说文》勼，读若鸠；勢，读若豪；其鸠字豪字经典皆假借为勼聚豪杰，而非仅拟勼字勢字之音。则《说文》读若，实可为经典假借之例，与经典读如，仅拟其音者，不同。……盖古人小学之书，虽为文字而作，实以证明经典；故于经典之用假借字者，每于本字下申明之；《说文》之某读若某，《玉篇》之某今作某，皆是也。[①]

张行孚又把《说文》里读若的字归纳为下列的二例：

（一）"音义相通而读若通行者。"如辛，读若愆；亼，读若集之类。

（二）"音同义异，而读若通行莫非假借字者。"如邪，读若许；鄦，读若蓟之类。[②]

不过张氏一方面阐明《说文》即假借之例，一方面却又依段氏主张传注当中的读如，和读为仍当有严格的分别，因而谓《说文》读若"与经典读如仅拟其音者，不同"。我们细看传注里读如之例，也并非完全都是表明音读的，也有兼表音义而说明其为假借字的。举例如下：

《周礼·士师》："一曰、邦汋"；郑《注》："郑司农云：汋，读如酌酒尊中之酌。国汋者，斟汋盗取国家密事，若今时刺探尚

---

① 见张氏《说文发疑·说文读若例一》。
② 详《说文发疑·说文读若例一》。

书事。"

《礼记·中庸》:"治国其如示诸掌乎!"郑《注》:"示,读如寘诸河干之寘;寘,置也,物而在掌中易为知力者也。"

又《儒行》:"竟信其志;"郑《注》:"信,读如屈伸之伸,假借字也。"

又《聘义》:"孚尹旁达,信也;"郑《注》:"孚,读为浮,尹读如竹箭之筠;浮筠谓玉采色也,采色旁达,不有隐翳,似信也。"

只是《说文》的读若,是于本字下申明经典的用假借;至于传注里的读如,乃是因经典的用假借而注明其本字的。用意不同,而所以表明假借则一。从此可以见得汉人的注音,总离不了训释字义的作用。

《说文》里"读与某同"之例,钱大昕谓也所以指明古书上的假借,和"读若某"之例无别。此外还有一种"读若某同"之例,据王筠说,系指同字异体,如𤔔,读若乱同;攺,读与抚同之类(王筠谓攺、读与抚同,"与"当作"若"),和读与某同应当有分别。他说:

凡言读与某同者,言其音同也。凡言读若某同者,当是读若某、句绝,同字自为一句,即是一字分隶两部也。然传写既久,必有与、若二字互讹者。[①]

今案,王氏此说很觉得牵强。"若"和"与"二字在古书上原来可以通用;"若""如"等字都可以作为连词的"与"用;[②]汉代的文辞上还是如此。[③] 所以《说文》里读与某同和读若某同例限不分,正是和

① 见《说文释例》卷十一。
② 参看王引之《经传释词》卷七。
③ 参看裴学海《古书虚字集释》(商务印书馆出版)卷七,第563页。

读若某的辞意无别；不必像王氏那样的解释，勉强把它们分别，因而指摘今本《说文》传写的互讹。[①] 这样，更可以证明汉人所言读若某，读与某同等，或是指同语异文，或是指同音通假，并非完全是用来表明音读的。

依据文字上的假借，同是一个字体，可以用来代表几个各异的语词；这几个语词，在音读方面有时只是互相类似，并不必是完全相同的。因之，一字可以代表数义，也可以具有几种音读。上节讲到声训，一字的数义而互相训释，既然有本字释本字的例；那末，注明音读的时候，也利用一字所具有的数种相同或相似的读法来注音，便是读若用本字的例了。清代的学者对于《说文》上读若用本字之例，多不了悟，如段氏《说文注》，严氏《说文校议》皆谓《说文》读若例不用本字；王氏《说文释例》于俗语正读而不易本字的，既立"读若引谚"之例，却于经典正读而不易本字的，又复疑其为讹误。[②] 要知道汉人的注音，原来是附丽于文字训诂当中，一字既然不限定只有一种音，一种义，那末，以一字的此音此义来解释彼音彼义，自然成为本字注本字之例。桂馥《答杨孝廉论音况书》曾经引据汉魏音况用本字的，来比证《说文》读若用本字之例。他说："字非一音一义有以本字取况而音义始明者，不嫌同文也。"[③]张行孚论汉人读若之例最为详审，他说许氏《说文》里可分为二类："有别举一字以定其音者"，如辛读若愆，亼读若集之类，"亦有即举本字以定其音者，陈氏寿祺所谓字包数音，音包数义，故或举经典习见之文以证之，或举方俗易晓之语以征之；即字止一音一义，难为比况之词，或但就本义为本音，是也。"[④]张氏先把传注当中读若用

---

① 马叙伦《说文解字研究法》："许君言读若者，论其书法，或言读若某，或言读若某同，或言读与某同，其实无殊。"

② 参看张行孚《说文发疑·说文读若例二》。

③ 见《说文诂林·补遗》前编下，第206页。

④ 见《说文发疑·说文读若例二》。

本字的归纳为三例：

（一）有读若本字而音义俱异者。如《周礼·大祝职》：寄拜；杜子春注云：奇读如奇偶之奇：谓此奇字不与奇异之奇同义，且不与奇异之奇同音也。……

（二）有读若本字义异而音不异者。如《周礼·太宰职》：以利得民，康成注云：利读如上思利民之利；谓此利字虽与财利之利同音，不与财利之利同义也。……

（三）又有读若本字而音义俱不异者。如《周礼·圉师职》：射则充椹质，杜《注》：读椹为齐人言铁椹之椹；又如《序官》：掌讶，司农注云，读讶为跛者讶跛者之讶；又如《陶人职》：庾实二觳，康成注云：庾读如请益与之庾之庾；此三字者，音义本皆无异，特恐《周礼》之音义难明，故借俗语、《公羊》、《论语》以况譬之也。①

至于《说文》里读若用本字的，可得二例：

（一）"有读若本字而音义俱同者。"如《宀》部：竄，塞也，读若《虞书》曰竄三苗之竄；《大》部：戴，大也，读若《诗》戴戴大猷，等等。

（二）"有读若本字音同而义不同者。"如《示》部：龘，数祭也，读若春麦为龘之龘；《走》部：趆，动也，读若《春秋传》辅趆；等等。②

因为《说文》为字书，所以表明各字的本音本义，而注当中只是

① 见《说文发疑·说文读若例二》。
② 同上。

利用一字所具有的数音数义互相比较，以表明此处所用者为何音何义。所以《说文》和传注的读若本字，在用意上略有异同。张氏说：

> 传注读若本字，其音义俱异，与义异而音不异二例，皆以明其异于本音本义；而《说文》读若本字，凡音义皆同与音同而义不同二例，皆以明其同于本义本音；此微有别。然其借彼以明此，则无不同也。①

总之：因为文字上应用借字表音的方法，同是一个字体可以代表数个语词，就发生了一字数义和数音的现象；在注释这个字的时候，有时要说明它的此义之音，以别于彼义之音，有时便利用它的此义此音来表明它的彼义彼音。因之在训诂上有本字为训之例，当注音时，便也有读若本字之例；这种注音方法，显然是根据于中国语言文字的性质，而和字义的训释不可分离的。

正因为一字具有数音数义，所以汉人读若例当中，有用读若字注音而并说明读若字的意义的。王氏《说文释例》云：

> 字音随义而分，故有一字而数音数义者；第言读若某，尚未定为何义之音，故本其义以别之。②

例如"琗，读若畜牧之畜（许救切），犹之鼳，读若畜牧之畜（许救切）；而畜之本义，则田畜也（丑玉切），音义皆别，故的指之"。③ 正因为一字有数种读法，所以读若例当中，有在一字下注明几种音读的。张行孚说：

① 见《说文发疑·说文读若例二》。
② 见《说文释例》卷十一。
③ 录自《说文释例》卷十一。

> 盖字有数音，自汉已然。……《说文》丙字，许君云：读若三年导服之导，一曰、读若沾，一曰、读若誓；《说文》皀字，许君云：读若粒，又读若香；此其明证也。[①]

又许氏《说文》里往往在一字下，说明了从某声，却又注明读若某。高学瀛《说文解字略例》云：

> 虽从某声，而音读小别，如《草》部：莙，君声，而读若威；玉部：瓛，瞉声，而读若鬲，是也。[②]

金谷元《释说文读若例》谓此种声旁字和读若字不同，系"取转音，所以明变音也"。[③] 这也是一字数音的现象，因为音读的转变，往往是由读法的纷歧而起的。或许这种读若字竟是表明文字上的假借，例如敷，闭也，度声，读若杜；杜门字正借杜为敷。又如趚，走顿也，真声，读若颠；颠沛字正借颠为趚。那末，即使此等字当时有音读上的纷歧和转变，也是因为文字上的假借而发生的。《说文》里还有声旁字和读若字完全相同的，就是王氏《说文释例》所谓"声读同字"。[④] 声读同字的例，自从大徐以来，多疑为音有变异，俗师失读，许君注明读若是举本音以资纠正的。[⑤] 其实声旁字和形声字音义相通或同音通假，是最显明的事实；在训诂上既然通行声旁字和形声字互相训释之例，那末，说文里这种声读同字，说明了从某声，又注明读若某，正是用来表明音义相通或同音通假的关系。例如哤，龙声，读若龙；刅，刃声，读若创；正是表明哤杂之义，可作龙；

① 见《说文发疑·说文读若例二》。
② 见《说文诂林·前编下》，第258页。
③ 同上书，第276页。
④ 见《说文释例》卷十二。
⑤ 参看《说文释例》卷十二，《说文诂林·前编下》，第275～276页。

刱始之义，可作创的。总而言之：汉人读若之例，往往多少有关于文字义训的解释，我们正不必，也不应，把它们作纯粹的注音来看待。

从上文看来，东汉以前的训诂家和文字学家，他们注音的方法，是因袭于中国文字上的表音而来的，所以一方面要表明音读，一方面仍是包含着解释文字义训的作用。后来觉得音读在文字义训上的重要，对于字音的认识也更加深切；于是注明字音，也渐渐离开了训诂而独立。东汉末年就有很多采用某音某的直音，而不取读为、读若的方式。但是无论是直音，是读若，总是把整个的字音当做语音的单位，没有把音读的组织加以分析。在方法上看来，总是离不了譬况假借，利用音同或音近之字来互相比拟。陈澧说过：

> 古人音书，但曰读若某读与某同；然或无同音之字则其法穷；虽有同音之字，而隐僻难识，则其法又穷。孙叔然始为反语，以二字为一字之音，而其用不穷；此古人所不及也。[①]

反切未曾通行以前，只是字音和字音之间的互相比拟；没有完全同音之字，或一时想不到同音之字，或有了同音之字而隐僻难识不能用，只得取了音近之字，便比拟得不确切。这时，要想补救的办法，就不得不于比拟之外，另附说明。所谓“外言、内言、急言、徐言”之类，就是因此而产生的。

（三）周汉间人的辨音

各个字音的互相比拟，固然没有把音读的组织加以分析，但是

① 见陈氏《切韵考》卷六。

彼此两音间一经比较，自然会发现着它们的同异；而要推究这种语音现象上同异的所在，又自然会加以一种审辨的功夫。周汉间虽然未曾有音韵学的专书，虽然字音的研究未曾脱离文字学、训诂学而独立，可是那时对于音读的审辨，已经于解释文字当中或平常谈论之间，时时流露出来。所谓“审音”的功夫，固然要看出两音间相同的所在，最重要的，还是要辨别两音而指明它们相异的所在。中国文字上的形声假借以及依据于这种文字性质的注音方法，多半是利用音同或音近之字来互相比拟，所以使我们也大都只能从中测定某某两字间有音同或音近的关系，而没有给我们以某某两字间音异的启示。关于音读的辨别，在中国文字上和读若、直音的注音上，往往无从表示出来。但是在周代古籍当中，关于这种音读的辨别，也可以见到一二。例如《老子》里说：“唯之与阿，相去几何？”[①]足以见得当时“唯”和“阿”二字的音读有异。又如《庄子》里说：“前者唱于而随者唱喁，泠风则小和，飘风则大和。”[②]郭象注：“夫声之宫商，虽千变万化，唱和大小，莫不称其所受，而各当其分。”也可以见得当时“于”“喁”二字在音读上有分别。只是两音怎样的分别，两音相异究竟在什么地方？我们从这种简单的词句上固然无从窥见罢了。

对于音读的辨别，大致可分为下列的两方面来观察：

1．“音色”（timbre or quality）上的差别，关于元音辅音的发音部位和状态；这是属于音的绝对的差别。

2．“音调”（pitch）“音势”（stress）或“音量”（quantity or length）上的差别，关于音的高低、强弱或长短的变化；这是属于音的相对的差别。[③]

---

① 见《老子·道德经上篇》。
② 见《庄子·齐物论》。
③ 参看拙著《语音学纲要》（开明书店出版）第三篇，第四篇，第六篇。

周代的古籍里,也偶然可以见到这两方面的观察。《管子》里记载东郭牙对齐桓公说:“口开而不阖,是言莒也。”[①]房玄龄《注》谓:“莒字两口,故二君开口相对,即知其言莒。”这是附会莒字的形体来解释的。原来莒字,从艸,吕声,并不从两口。《吕氏春秋》里的记载,正作“呿而不唫,所言者莒也”。[②] 这明明是指当时莒字的发音,是开口而非合口的状态。据近人研究的结果,所谓呿而不唫,是指莒字的发音,具有一种张口圆唇的状态,必定是包含着一个[ɔ](开 o)的元音。[③] 可见这是关于音色方面的辨别。又《韩非子》里说:“疾呼中宫,徐呼中徵;疾不中宫,徐不中徵,不可谓教。”[④]所谓疾呼、徐呼的分别,大概是属于发音上长短,高低等的变异;这是关于音调音势等的辨别。我们从古籍上的这种记载,可以见得先秦时人对于审音,已经晓得从这两方面去观察了。

汉代的一般训诂家,在解释字义和注明音读的时候,往往附列着这种辨别音韵的说明,大致也可以分做这两方面的观察。我们在这里应得注意,在发音时,往往因元音或辅音的性质而影响于听感上强弱长短、高低的差异;同时,音调的高低,音势的强弱和音量的长短,彼此间的变化,也可以发生交互的影响。[⑤] 因之古书上这种辨别音读的说明,有时是指明强弱长短的区别,却也关于音调上的变化,或竟属于音色的差异。例如《公羊传》:“伐者为客,见伐者为主。”[⑥]何休注:“伐人为客,读伐长言之”;又:“见伐者为主,读伐短言之。”这里所谓长言、短言,是指音量上长短的区别,也许和后

---

① 见《管子·小问篇》。

② 见《吕氏春秋·重言篇》。

③ 参看林语堂《再论歌戈鱼虞模古读》(《晨报副镌》一九二四年第五十六号,亦载《语言学论丛》中)。

④ 见《韩非子·外储说右上》。

⑤ 参看王力《从元音的性质说到中国语的声调》(载《清华学报》第十卷第一期)及拙著《语音学纲要》第三篇,第四篇,第六篇。

⑥ 见《公羊》庄公二十八年《传》。

代“四声”的区分有关系，[①]或竟由于收尾辅音上性质的差异。[②] 又《公羊传》：“登来之也。”[③]何休注：“登读言得来。[④] 得来之者，齐人语也，齐人名求得为得来；作登来者，其言大而急，由口授也。”所谓“大而急”，是指音势和音量上的关系；但是我们现在根据古读的研究，“登”和“得”二字，却在收尾辅音的分别，“登”字反而比较“得”字要读得长；这里所谓大而急，或许是单指音势上的关系而影响于收尾辅音的性质的。[⑤]

又所谓“急言”“缓言”，大概已成为汉代注音时审辨音读的术语。例如：

《吕氏春秋·慎行篇》高诱《注》：“阈，读近鸿，缓气言之。”

《淮南子·原道训》注：“蛟，读人情性交易之交，缓气言乃得耳。”

《淮南子·淑真训》注：“涔，读延祜曷问，急气闭口言也。”

《淮南子·坠形训》注：“旄，读近绸缪之缪，急气言乃得之。”

《淮南子·本经训》注：“腃，读近殆，缓气言之。”

《淮南子·说林训》注：“蟒，读似邻，急气言乃得之也。”

---

① 王力《中国音韵学》第一编第十二节：“《公羊传》里有两句话：‘春秋伐者为客，伐者为主。’何休注云：‘伐人者为客，读伐长言之，齐人语也；见伐者为主，读伐短言之，齐人语也。’这里所谓长言、短言，是否我们现在所谓声调，还不得而知；因为尽可以是‘音长’的关系，而不是‘音高’的关系。也许我们还可以说，当时所谓长言、短言，就是入声和非入声的分别；长言就是‘非入声’，短言就是‘入声’。”

② 案，梁启超《从发音上研究中国文字之源》假定长言之伐读 Fa，短言之伐读 Fat。又主客之分，梁氏将何注原文互倒。

③ 见《公羊隐公五年传》。

④ 阮氏《校勘记》谓来字衍文。

⑤ 案，“登”和“得”二字，正是平入之分，“登”字的收尾补音是[ŋ]，“得”字的收尾辅音是[k]，所以“登”字反而比较“得”字要读得长。

《淮南子·氾论训》注:"辀,读近茸,急察言之。"(案,急察或系急气之误)

《淮南子·修务训》注:"啳,读权衡之权,急气言之。"

《淮南子·修务训》注:"駤,读似质,缓气言之者,在舌头乃得。"

"急气言之"和"缓气言之"的区别,究竟以什么为标准,除了音量和音势上的关系以外,是否还包含着音调或音色的差异?因为我们所得到的例证,并不见得怎样的丰富,不能作统计的研究,而加以一种确当的解释。[1]

又关于元音辅音的发音部位和状态,汉代的训诂家和注音家,也有时讨论到,例如:

《公羊传》:"曷为或言而,或言乃?乃难乎而也。"[2]何休注:"言乃者,内而深,言而者,外而浅。"

这里所谓"内外深浅"的分别,或许是指元音上舌体升降进退的位置关系,而和等韵上"内、外转"的区分,可相符合的,或许竟是"舌前化"关系上的分别。[3] 又如:

---

① 案,"急言""缓言"的分别,在所举的例证当中,很难推寻适当的解释;因为声调、元音以及舌前化的关系,似乎都不是这种分别的标准。

② 见《公羊宣公八年传》。

③ 案,等韵上内外转的分别,据罗常培考释,是因主要元音性质的关系:"内转者,皆含有后元音[u][o],中元音[ə]及前高元音[i][e]之韵;外转者,皆含有前元音[e][ɛ][æ][a],中元音[a]及后低元音[ɑ][ɔ]之韵。"参看罗君《释内外转》(载中央研究院《历史语言研究所集刊》第四本第二分)。不过"而""乃"二字上古音的音值,据高本汉的拟测,"而"字是带有舌前化作用的 * ńiag,"乃"字是没有舌前化作用的 * nag;那末,这里所谓内外深浅的分别,似乎又是指舌前化作用的关系,并非主要元音上的辨别。参看高氏著《诗经研究》(*Shï King Researches*, *The Bulletin of the Museum of Far Eastern Antiquities*, No. 4, Stockholm 1932)第 124 页附注。

《淮南子·坠形训》高诱《注》:“惷,读人谓惷,然无知之惷也,笼口言乃得。”

这里所谓“笼口”,大概是指“惷”字的读音,包含着一个张口圆唇的[ɔ],是说明元音的发音状态的。[1] 又如:

《淮南子·淑真训》注:“涔、读延。祜曷问,急气闭口言也。”

这里所谓“闭口”,大概是指“涔”字的读音,其有一个收尾辅音的[m],是说明双唇闭合的状态的,和后代所谓“闭口韵”可相符合的。[2] 又如:

《淮南子·修务训》注:“駤,读似质,缓气言之者,在舌头乃得。”

《淮南子·说山训》注:“蟒,读近蔺,急舌言之,乃得也。”

这里所谓“在舌头”“急舌”,大概是指舌尖辅音的部位而说的。又如:

刘熙《释名》:“天,豫司兖冀以舌腹言之;天,显也,在上高显也。青徐以舌头言之;天,坦也,坦然高远也。”[3]

---

① “惷”字属于《江》韵,它的上古音值,为 ång(å,国际音标为[ɔ])。参看高本汉《诗经研究》。

② 《切韵》里《侵》《覃》以下的九韵,因为具有收尾辅音的[m],所以后代称为“闭口韵”。

③ 见《释名》第二篇《释天》。

这里所谓“舌头、舌腹”,是否即为舌头音、舌上音的分别? 还是同属一种辅音,因舌前化的关系,生出两种不同的读法? 我们现在还未能断定。注释刘氏此说的,有根据后代“显”和“坦”两字的读音来说明这种分别,固然是附会之谈;[①]而依着舌头、舌腹的话,就用来拟定当时“天”字的异读,也终不免流为武断。[②] 又如:

> 《释名》:“风,兖豫司冀横口合唇言之;风,氾也,其气博氾而动物也。青徐言风,踧口开唇推气言之;风,放也,气放散也。”[③]

这里论到“风”字的两读,关于“氾”“放”两字的异音,所谓“横口合唇”和“踧口开唇推气”的分别,是否即为后代注释刘氏此说的系属“重唇”“轻唇”的区分?[④] 或是因收韵上元音和收尾辅音的性质关系而有此种辨别的。[⑤] 现在还未能有确定的解答。总之:汉人此类辨别音读的话,只是附列于训诂注音当中,而未曾给我们以一种系统的标准;因为那时没有音韵学的专书,音韵的研究,未曾脱离

---

① 王先谦《释名疏证补》“天”字条下引叶德炯曰:“显之纽为《晓》,《晓》在喉音之次清等,与天出于舌头之《透》纽者为音和,音和者,即反切之递用法也。”案,《晓》和《透》二纽相切,不能谓为音和,叶氏此言,殊属不了。又曰:“坦字与天同《透》字母,《透》为舌头音之次清等。……古中土音读舌头者多。……其作舌腹音读者,惟《礼记·缁衣》郑注:天当为先字之误;《艺文类聚》引《白虎通》:天者,身也;一以天为先,一以天为身,及此以天为显数音而已。”

② 魏建功《古音系研究》(北京大学出版社印行)第200页:“天显坦韵同,豫司兖冀以舌腹读,其声如 tch-,青徐以舌头读,如 th-”。

③ 见《释名》第一篇释天。

④ 王先谦《释名疏证补》引叶德炯曰:“横口合唇言之,此西域之重唇音法也。……踧口开唇推气言之,此西域之轻唇音法也。……”案,《广韵》末附《辨十四声例法》第五开唇声,正是指重唇音的波坡摩娑,和叶氏说相反。

⑤ 魏建功《古音系研究》二〇一页:“《释名》时风的两读,在声母,而韵是一种近似附-m 或-ng 或 $\widetilde{a}\widetilde{ə}$ 之类。”案,当时“风”字或许已经有[-m]和[-ŋ]的两种读法,所以有合唇(案即闭口韵)开唇的分别。参看林语堂《古有复辅音说》“风曰孛缆”条。

了文字义训而独立。

后人有以为此种辨音实在是“反切”“字母”的起源，如叶德炯注《释名》“天”字条云：

此及下风字条，均西域字母之滥觞。……成国此书，实韵书之鼻祖，后来孙炎诸人，乃愈推愈密也。[①]

又成蓉镜云：

案今等韵家分牙、舌头、舌上、重唇、轻唇、齿头、正齿、喉、半舌、半齿为九音；相传来自西域。《隋书·经籍志》称后汉佛法行于中国，得西域书，能以十四字贯一切音，谓之婆罗门书。此即唐僧守温《三十六字母》之权舆；然《志》初不云、九音来自西域也。观《释名》已有舌腹、舌头、横口合唇、踧口开唇之云，而高诱注《战国策》《吕氏春秋》《淮南子》诸书，亦有所谓急舌、急气、缓气、闭口、开口、笼口者；然则九音洵中国儒家之学矣。[②]

这种说法，以为反切字母源出于中国，并不必因梵文拼音学理的输入而才发生的；终不免是过信古人，抹杀了文化交互影响的事实。因为周汉间的辨音，虽然和后代等韵字母的原理，不无符合的地方，但是那时对于字音未曾加以确切的分析和归类，未曾订立一种审音的系统的标准。所以那时辨别音读的现象，究竟属于音色方面的观察，或是音调、音势、音量方面的观察，往往没有给我们以确切的说明，而只是一些含糊疑混之谈，《颜氏家训》所谓“益使人疑”

---

① 见王先谦《释名疏证补》。

② 同上。

的是。原来这种辨音，大都是附列于读若或直音的下面；因为应用譬况、假借来注音，只是以一字比拟另一字的音读，比拟得不很确切，就不得不加以这种辨音的附注。因此我们可以知道汉人的辨音，只是那时注音方法的一种补助的说明，并非真正由字音的分析类别而产生的，和反切字母自然不能混为一谈。

又王先谦曾经论到《说文》和《释名》两书的异同，以为《说文》专主形声，为直音的始祖，《释名》专主声训，流而为反切。王氏说：

> 自《说文》离析形声，字有定义，无假譬况，功用大显。于是《释名》流派渐微；其言声之学乃沿为双声叠韵；而《说文》从声之法，亦生直音。故吾以为《说文》，直音之肇祖，而《释名》者，反切之统宗也。[①]

其实《说文》虽为形声之书，而解释字义，也很多以声训为主，我们看了本章第一节里所说，就可以明白。《说文》既然也有很多以音同或音近之字为训，也未尝不是言声之学，依王氏之说，自然也可以流为“双声”“叠韵”，而和反切的原理暗合。但是，我们在上文说过，声训是依据于中国文字上的表音方法而产生的；声训的原理，在利用语词间音同或音近的关系以互相训释，正和利用这种音同或音近的关系来注音的“直音”“读若”同一渊源；它们的基础正在于整个语词或字体间的互相比拟，而且注音时往往离不了解释文字义训的作用。等到反切通行之后，一方面才把音读的组织加以分析，一方面又离开了文字义训，专从字音方面考校；所以《释名》一类声训之书，和反切的发生并不能说是有直接的关系。

不过，我们从学术渐进的趋势上看来：周汉间的训诂和注音，

---

① 见王氏《释名疏证补序》。又陈澧《切韵考》卷六亦云：“《释名》以双声叠韵为训诂，正与反语之学相通也。”

把字音互相比拟，由比较而发现同异，由发现同异而加以辨别，自然会养成一种审音的智识。那末，后代反切字母之学，固然是因受外来的影响而成立的，但是古书上的注音和辨音，也不能说是绝对没有相当的启示之功。

四、“反切”和“四声”的起源

（一）“二合音”和“双声”“叠韵”的原理

我们在上文说过，中国过去对于音读的分析和观察，以及所采取的注音方法，往往有意或无意的要适应着中国语言文字的性质的。因为中国语是单音缀语，多数的单纯语词只包含着单个的音缀，而且没有语尾接添和语首接添的变化；因之在中国语里，语词的转变和分化，从语音形态上看来，只有下列的几种现象：

1. “音调、音势或音量的变异”（pitch，stress or length-variation）。就是语词的转变和分化，依据于高低、强弱或长短的变异。

2. “音素的变异”（variation of articulation）。就是语词的转变和分化，依据于元音或辅音性质上的变异。

3. “语音的重叠”（reduplication）。就是语词的转变和分化，依据于语音全部或一部的重复而变异的。①

前一种变异的现象，在中国语上极占重要，中国音韵学上，因之发生“四声”的分别。后两种变异的现象，尤为普通，中国音韵学上也因之发明了“双声”“叠韵”的原理；依据于双声叠韵的原理，在

---

① 参看 L. Bloomfield：*The Study of Language*，Chap. V. § 10. 及拙著《语言学概论》（中华书局出版）第四章第二节。

注音方面，也就得到"反切"的方法。凡是学术上的进步和变化，除了受有外来的影响以外，总是为着应付实际的需要而发生的。中国语言上具有了这几种变异的现象，在学术方面，也自然会产生相当的说明和解释；所以反切的应用和四声的分别，也是，因适应中国语言文字的性质而起的。

在上文又说过，古今方国语言的演变和同源语词的分化，都可以依据文字上音近义通的原则来推寻的；因之解释字义的时候，常常用音同或音近之字相诂相训。中国文字上的形声、假借以及读若、譬况的注音，是和这种训诂的发生互为因果的，也是利用音同或音近之字来互相比拟。当比拟音读的时候，固然是为着要采取两个字音相同的部分，同时也自然会注意到两个字音相异的部分。于是根据音调音量或音势上的差别来观察，就发生四声的区分，这是用来辨别上面所列第一种变异的现象的。根据音色方面的差别来观察，也就发生双声、叠韵的关系，这又是用来说明上面所列第二种变异的现象了。凡是两个字音起首部分相同而末尾部分相异的，叫做双声；末尾部分相同而起首部分相异的，叫做叠韵。① 我这里先来讨论双声叠韵原理的发明和反切起源的关系。

中国语言的转变和语词的分化，属于音素变异的现象的，又可以区分为一个音缀内起首部分音素的变异和末尾部分音素的变异这两种现象。末尾部分音素的变异，可以说是依双声而变；起首部分音素的变异，可以说是依叠韵而变。意义方面相同或相近的语词，往往属于这种双声、叠韵的关系。这里姑且举胡以鲁的话来作证：

吾国语大抵单节音也。意有余而音不足，故同一近似之

① 参看本文第 24 页注释③。

语意，在字义有辨而语音同者，甚多数也。昔王子韶氏创作右文，以为字从某声，即具某义。如《说文句》部有笱、钩等，《臤》部有紧、坚、贤等，《丩》部有纠、茻等，皆同一声类而同义者也。为是说者，犹但据《说文》之部首耳；不拘拘于文字之形式，古音谅为同音而义亦同义者尤多。近世阮元氏亦言从古声者，有枯藁、苦窳、沽薄诸义。今更略举一二，如契、切、决、缺、桀、刖等，古音皆(ket)，北鄙杀伐之声，而亦皆杀伐之意也。弗、勿、莫、没、灭、未、末、靡、無、亡、无、毋等，音虽略异，韵皆《明》韵，而义皆否定弗辞也。若是以同一声类，或韵同而音略异以表同意者不少。舍文字而就语言立论，直昔之同语而分化者耳。”[①]（案，胡氏所谓“音”是指收韵，所谓“韵”是指发声；“同一声类”之字，是指音读完全相同或收韵相同的，大都属于叠韵的关系；“韵同而音略异”之字，是指发声相同而收韵相异的，大都属于双声的关系。）

又意义方面相对或相反的语词，也往往属于这种双声叠韵的关系。胡以鲁说：

语意之引伸，非尽如抽稻剥茧，逐渐而起也。有相对相反对而引伸者矣，此在吾国语大抵以双声叠韵为之。双声即同韵异语，调节机关相同，以口腔之大小著其差也。如对于天而言地，对于阳而言阴，对于古而言今，对于生而言死，对疾言徐，对精言粗，对加言减，对燥言泾，对夫言妇，对公言姑，对规言矩，对褒言贬，对上言下，对山言水等是也。又对长言短，对锐言钝，古音皆前舌端，双声也。对文言武，古音皆两唇气音，

① 见胡氏著《国语学草创》（商务印书馆出版）第一编。

> 亦双声也,叠韵者,双声之逆,同音异韵,即口腔同形以调节机关之转移著其差也。如对旦言晚,对老言幼,对好言丑,对聪言聋,对受言授,对祥言殃,对出言纳,对起言止,对寒言暖,对晨言昏,对新言陈,皆叠韵也。对水言火,古音同在脂部,亦叠韵也。[①]（案,胡氏所谓“同韵异音语”,即同纽异韵,双声之字;所谓“同音异韵”,即同韵异纽,叠韵的关系。）

同一语词的分化,依双声或叠韵而变异的,都是属于音素变异的现象;单音缀的语词,因起首部分音素的变异,就成为叠韵的关系;因末尾部分音素的变异,就成为双声的关系。

此外,还有从单音缀的语词演成为复音缀的,大都最初是由于语音重叠的现象,就是中国所谓“重言”或“叠字”。我们在上章第一节里论到声训的例,有所谓叠本字、叠易字、省叠易字,如以苍苍释苍天的苍,以云云释云,以皓皓释昊天的昊之类。[②] 这种累语成文的和只用单字的,往往在意义上并无多大的分别;因为用单音缀来表示一种意义,有时还觉得不很显明,所以把原来的音缀重复一次。例如《诗》言呱,《书》言呱呱;《尧典》曰采,《皋陶谟》曰采采;《关雎》言悠,《终风》言悠悠;《击鼓》言忡,《草虫》言忡忡;这种叠字和单字在意义上往往并无差异。刘师培以为重言是发音时延长之语,实在是由于语音重叠的变异。刘氏说:

> 古代形容之词,虽多重语;然单举其文,亦与重语无异。如《尔雅·释训》:明明,察也;单举明字,亦为察也;肃肃,敬也,单举肃字,亦为敬义;便便,辩也;单举便字,亦为辩义;廱廱,和也;单举廱字,亦为和义;……略举数例,则知古代形容

---

① 见胡氏著《国语学草创》第一编。

② 参看本文第46页注释②。

辞，单辞为用，与重语相同。所谓重语者，亦仅发音时延长之语耳。短言之则为一字，重言之则为重语。凡重语之义，与单语之义无殊。[1]

如果这种重言叠字再加以音素的变异，即成为复音缀的双声叠韵连语；重叠的音缀里，如果有一个音缀的末尾部分发生变异，便是双声连语；如果有一个音缀的起首部分发生变异，便是叠韵连语。中国文字上又通用借字表音的方法，重言叠字和这种双声叠韵的连语，也往往有同属一个语词而用各异的字体来代表的。兹举近人张文澍所叙述的例子来作证：

口殊音转，则叠字为双声；故觱发之言发发也，栗烈之言烈烈也。唇齿易位，则叠字为叠韵；故猗傩之言猗猗也，苍筤之苍苍也。其用在声，不拘于形；故晏晏可为燕婉，茸茸可为蒙戎。音转形变，则亹亹为黾勉，皇皇为鞅掌。此皆双声叠韵同于叠字之例也。[2]

这种由叠字演成的双声叠韵连语，如果再加以音素的变异，就是依据双声或叠韵而转变，又可以分化出许多双声、叠韵的连语。这里姑且引刘大白所举的例子为证：

所谓连语重言，往往从双声、叠韵上转变，意义相同的或相类的，或相对的或相反的，都有以双声叠韵转变的现象。现在略举几个例如下。例如：玲珑、离娄、历录、流离、淋漓、嘹唳、零落、辘轳之类，都是双声谜语而以双声转变，意义相同或

① 见刘氏著《正名隅论》（载《国粹学报》中）。
② 见张文澍《论双声叠韵》（载《华国》杂志中）。

> 相类的。又如荒唐、混沌、恢台、豁达、澒洞、鹘突、糊涂之类，都是叠韵谜语而以双声转变，意义相同或相类的。又如模糊、漫漶、溟涬、濛鸿、漫衍之类，都是叠韵谜语而以双声转变，意义相同或相类的。又如徘徊、徬徨、盘桓、屏营、辟易、伴涣之类，都是叠韵谜语而以双声转变，意义相同或相类的。又如仓皇、从容之类，都是叠韵谜语而以双声转变，意义相对或相反的。又如溟濛惺松之类，都是双声谜语而以叠韵转变、意义相对相反的。又如踌躇、犹豫、踟蹰、踌跦、踯躅、彳亍、却曲、游移、夷犹之类，都是双声谜语而或以双声转变，或以叠韵转变，意义相同或相类的。[1]

在上章第一节里论到声训的例，也有一种易双字，如以末杀双字释摩娑双字之类，[2]也是用来表明这种分化出来的双声叠韵连语间的意义关系。由单音缀的语词演成复音缀的重言叠字，由重言叠字依双声叠韵转移而分化出许多双声叠韵的连语，这都是因语音重叠和音素变异的两种现象而发生的。

单音缀语词的转变和分化，既然很多依据于双声、叠韵的关系，那末，比拟音读的时候，自然会比较两个字音的同异而辨别它们的孰为双声，孰为叠韵。又重叠的音缀，依据于双声叠韵的转变和分化，演成了许多双声叠韵的连语；于是由单字间的比较进而为双字和双字间的比较。换而言之：由单音缀的语词中间，认识了双声叠韵的关系，再进而推求重音和复音语词中间的关系。重言叠字和双声叠韵的连语既然有很多是由单音缀的语词上演化出来的，在意义上也显然和这种单字相类或相通，自然会更进一步来推求这种单字和重音、复音的语词间在音读上又有怎样的关系。我

---

① 见刘氏《辞通序》，并参看朱起凤纂《辞通》（开明书店出版）。

② 参看本文第46页注释②。

们看了《尔雅》《方言》《释名》《广雅》这一类的训诂书里，除了以单字释单字之外，也有很多以单字释叠字、双字，以叠字、双字释单字，或叠字、双字互释的。依据音近义通的原则，它们彼此间在音读方面的关系，往往可区分为下例的三项：

1. 单字和单字间，有完全是同音的，也有是双声的或叠韵的关系。（上文已论及）

2. 双字和双字间，往往是双声的或叠韵的关系。（上文已论及）

3. 双字和单字间，除了叠字（上下两字和单字完全相同）以外，有音同上字或音同下字的，也有上字为双声而下字为叠韵的。

语言文字当中具有了这种普遍的现象，自然会影响到一般审音和注音的方法。

我们在古代的文献当中，除了形容语词之外，也看到许多人名以及山川草木虫鱼鸟兽等的名称，是属于双声、叠韵的连语；钱大昕《十驾斋养新录》和王筠《说文释例》里论到双声、叠韵，曾经举例表示过。[①] 这种双声、叠韵的连语，流行于语言当中，固然有很多是由模仿传习而发生的，但是最初并不一定是复音缀的语词，大都是由原来单音缀的语词上演化出来的。上文说过，因语音的重叠，可以使单字变为双字；如果这种单音缀的语词，具有复辅音的组织，尤其容易促进这种演化。林语堂曾因证明古有复辅音，论到叠韵语发生的历史，也是主张由单音分化为双音。现在把林氏的话节录如下：

在未把证据列明以前，我们有一样须明白或是须研究的，就是几个叠韵语的历史。“孔”一语之外，既有“窟笼”，又有

---

① 参看钱氏《十驾斋养新录》三（《皇清经解》本）“双声叠韵”条，王氏《说文释例》卷十二“双声叠韵”。

> “孔宠”,“孔笼”就是叠韵语。至于此叠韵语何自而来,逆测当自出于“窟笼”:由单音字“歧分”为双音字(klung>k'ulung>k'unglung)(durch spaltung)。中国语好用叠韵语,非叠韵语可以变成叠韵,而已成叠韵的似乎不容易把此重叠之韵失去,所以说“窟笼”变入“孔宠”比“孔宠”变入“窟宠”较合理之自然。……此种“孔——窟笼——孔宠”的变化,也不过是“韵变”(Ablaut=vowel gradation)的现象,与西洋语言的“韵变”无甚相差,“孔宠”就是“圆满级”(Vollstufe),“窟笼”,就是“缩减级”(Reduktionsstufe)。我们还有几条同样的例,如下:孔——窟笼——孔宠　团——突栾——团栾　顶——滴颧——顶颧　螳——突郎——螳螂……[①]

林氏这里所谓“韵变”,其实并非音素的变异,而只是语音(一部分)重叠的现象;由复辅音演成为叠韵连语,正和叠字演化的历史相同,都是因语音重叠而使单字变为双字的。不过由叠字演成双声、叠韵的连语,因重叠的音缀而更加以音素的变异罢了。总之:因语音重叠和音素变异这两种现象,使单音缀的语词分化出许多双声、叠韵的连语;这种连语和原来的那个单字,在音读上的关系,往往称为“二合音”。

所谓二合音,是指双字和单字间的一种关系;由单字演成双字,是因语音的重叠而使音素或音缀的增加;如果把这种演成的双字还原为单字,便又是语音的“节缩作用”(syncopation)而使音素或音缀的失落了。[②] 一字引衍成为二音,二字缩减又为一音,这种双字便是那单字的二合音。实际语言当中,既然不能不有复音缀

---

① 见林氏《古有复辅音说》。

② 参看拙著《语言学概论》第六章第一节。

的语词，[①]或许竟是单音缀的语词而具有复辅音的组缀的；可是中国文字又是单音缀制，一字只包含单个的音缀，于是对于这种复音缀的或音读比较复杂的语词，最初或者只是制造一个字体来代表，到了行用稍久，就觉得须要另借他字来添注它的音读，或者竟是二字完全借用以为寄托的了。[②] 这种双字，它们本身上并不必是双声、叠韵的连语，但是和那个原来的单字，仍是有“二合音”的关系；二字合成一音，上字必为双声，下字必为叠韵，正和反切的原理相符合的。因之向来一般学者多以为这种二合音是反切的始祖。[③]其实原来只是语言上语词的节缩作用罢了。这里引举胡以鲁的话

---

① 参看本文第29页注释①。

② 参看章炳麟《一字重音说》。又刘师培《正名隅论》云：“古代名物，一物仅有一字之名，其一物而有二字三字之名者。则音读疾迟长短之不同故耳。后世象音而造字，实则有声无义之字也。《尔雅》所记岁阳岁名诸称，大抵皆然；邵郝二疏，强据字义解释之，可谓望文生训矣。”又云：“古人一义，仅有一音，亦仅有一字；凡有二字相联者，均非本音本字。如诗：‘渐渐之石，维其卒矣’；笺云：‘卒者，崔嵬也，谓山巅之末也。’卒即尔雅之崒，崔嵬即《尔雅》之厜㕒，又即《甘泉赋》之摧嶉，又即秦《右军戈》之郝隆；盖长言之，则曰厜㕒，崔嵬，摧嶉，郝隆，而短言之，则曰崒，以崒为本字也。……”

③ 参看顾炎武《音学五书·音论》“反切之始”。王筠《说文释例》卷十二云：“窊下云，污衺者，污窊双声，衺窊叠韵也；窳下云污窬，放此；与《尔雅》茨，蒺藜同。此反切之祖也。后人穷思毕精，不能出古人范围之外。”又刘师培《正名隅论》云：“试推一字骈为二字之起源，则以古人名物，有合声，又有发声。合声者，所以比方字音也；恐世人不识此字之正音，乃以彼二字之音，证明此一字之音；即后世反切之祖也。韦昭谓茅蒐为韎字之合音；夫韎字从韦，自为正字。茅蒐则非正字也。推之不聿为笔，於菟为虎，亦笔字虎字为正字。而於菟不聿，非正字也。发声者，乃方言中自然之音，音出于口，别加一音于名词之上；而所名之字，亦变正音，与二字一名者相等。如《春秋》：‘吴子乘卒。’《左氏传》作‘寿梦’；服虔注云：‘寿梦发声；吴蛮夷，言多发声，数字共成一言。’盖寿字为发声之词；因首字为发声词，遂变乘音为梦。……”张文澍《论双声叠韵》云：“叠字之义不殊一字，斯虽异文，亦无分义。叠字之本，原于一文，双声韵叠亦无二本。故悉蟚之本为蟚，黾勉之本为勉，椒聊之本为椒，般桓之本为般，本则一音，迤而为二；合读二音，还归于一。大率双声之本在下，叠韵之本在上；以其衍一为二，理同反切。以双声为切语读之，则音同下字；故悉蟚，蟚也；黾勉，勉也；燕婉，婉也；丽廔，廔也；历录，录也；蠛蠓，蠓也。以叠韵为切语读之，则音同上字；故椒聊，椒也；般桓，般也；童蒙，童也；果羸，果也；虺隤，虺也；专与，专也。故此二者，一字为主，一字为从；主必有字，从则或造专文，或凭假借。上所取证，以假借为明；若蝃蝀，霡沐，嵯峨，蜾蠃，则从亦有文。假借为正，专文为变；以其取用唯在一字故也。”

来作证：

> 顾炎武氏《音学五书》有云：胡卢切为壶，鞠穷切为芎，丁宁为钲，僻倪为陴，其例甚多。要皆在语为双声、叠韵，而在字切为一字也。文人好弄字，往往舍固有之语，而用既切之文。汉末已用所谓反语者，至魏而更大行。爰有不必双声叠韵语而切之者矣。如不可为叵，何不为盍，如是为尔，而已为耳，之乎为诸（宋沈括之说）也。尤其甚者，切三音为二字，如私钍头为鵊鶆（高诱注《淮南·主术训》），吐谷浑为退浑（《旧唐书》）。郑樵谓慢声为二，急声为一；慢声之焉，急声旃；慢声而已，急声耳也。慢急者，听闻程度之差，其实盖二语由习用而缩之耳。故其字皆假他字为之，以语言为本位，视彼既切字为缩音之代表。……[1]

这种二合音，原来是实际语言里无意识的应用，并非像后来那样当做一种正式的注音方法。[2]

因为中国文字不是采取字母拼音的制度，这种二合音，虽然和拼音的原理相符合，在文字上只得利用两个字体来表明这种拼合的关系。在音读上有时只是单个音缀的两部分，而在文字上要表明出来，却不得不利用两个字体，以上字代表“声”，以下字代表“韵”；但是应用的时候，又认为一个音缀只是用一个字体来代表，这种双字而表明一语的，就当做复音缀的语词了。王筠说：

> 梵书有二合音，吾儒未尝无也。彼有二合音，不复有两字分其音，是以长存也；吾儒有二合音，又有两字分寄其音，是以

① 见胡氏著《国语学草创》第一编。
② 依据王力著《中国音韵学》第一编第十四节。

沿袭而不觉也。双声、叠韵非乎？茨，疾黎也，茨疾双声，茨黎叠韵；之于，诸也，诸之双声，诸于叠韵。经典中形容之词，如窈窕、参差等莫不皆然。[①]

有时或竟是复辅音的组织，上字所代表的只是字音起首部分里的一个音素，例如林语堂所引据的"孔曰窟笼""不律谓之笔""貍之言不来也""风曰孛缆""蒲为勃卢""团为突栾""螳曰突郎""顶曰滴𩑶"，诸条。[②] 因为语言演变的节缩作用，使复辅音变为单辅音，于是上下二字各代表声和韵了。倘使实际语言当中，已经演成为复音缀的语词，那末，在文字上更不得不用两个字体来代表；于是原来用单字代表单个的语词，此时就不能不用双字了。这里姑且引胡以鲁的话来作说明：

更有以双声叠韵表一语，即联续以表一事一物者。《说文》之所连载，大抵属之。《说文》而外，如流离、含糊、踌躇、蟋蟀、黾勉、唐逮等双声语，胡卢、诘诎、支离、章皇、蹉跎等叠韵语，皆以表一事一物之一语也。然其中相联之字多为文字之所无，则又何耶？如筹在《说文》有𥶅本字，而躇则借音字，《说文》无此字也。蟋蟀但有蛩之本字，悉亦借音字；黾勉之黾，唐逮、诘诎之唐诘，亦即借音字也。盖本无其字而有其音，乃假他字以为音符耳。就吾辈想像之所及想像，双叠声韵，吾国语发起之一程序也。而发起之际，或求明了，或表丁宁，有用双声叠韵为一语者矣。然大多数固犹单节语也，故小数之双声叠韵语为不适。言语既成，不易改变，惟文字则勉力同化之为一字；而在当时又勉欲保言文之一致，乃取折衷一法，以反切

① 见王氏《说文释例》卷十二。
② 详见林氏《古有复辅音说》。

> 切之为一音。上所列举双声叠韵语，而本字但有一字者，切后之音也；犹恐不为一般之所认，乃借他字之音添注之。添注者，添注其语音也。果尔，则言文背驰，由是始矣。[①]

胡氏所谓言文背驰，就是指一个字体并不一定是代表一个语词，有时也用两个字体来代表一个语词的。文字上既然有用两个字体来代表一个语词，所以训诂上也有以单字释双字或以双字释单字之例；在注音方面，也自然会由读若直音进到反切了。

由读若进为直音，已经渐渐离开了解释文字义训的作用进而为纯粹的注音；可是都用单字注单字，只是使我们认识单字和单字间的同音关系，或者因彼此音读的比较，进而辨别两个单字间双声、叠韵的关系。等到语言上惯用了二合音，于是再进而推求单字和双字间，也有同音和双声、叠韵的关系；而且这种双字当中，至少有一个字体是纯粹用来表音，和单字义的本身并无关系。[②] 所以这种二合音，一方面足以启发一般人对于音读组织的分析，因为单字和双字间既然认定了双声、叠韵的关系，这种双字便是表明单字里声和韵的两部分。另一方面又容易使一般人对于文字的应用，离开了训诂关系，而纯粹从表音方面着想。这样看来，反切的发生，也是适应着这种语言上变异的现象和中国文字的特性而来的。

---

① 见《国语学草创》第一编。

② 参看本文第75页注释②、注释③。又王筠《说文释例》卷十二："形容之词之所重者，以声为主，无论其字之有义无义，其义皆在声中，当用《公羊传》耳治之说读之。即如《广韵》有喧字，是即关关之专字也；又如《清人》篇消摇，今作逍遥，或且以为《说文》漏落，得之《字林》，则事实颠倒矣。关关消摇，诚皆假借，而喧喧逍遥，自是后起，当与羽虫安鸟，水族著鱼，同类共讥也。"

（二）字音的分析和“反切”的起源

社会上一切事物的进化，总是以“渐”不以“顿”。学术上进步的情形，当然也不能居于例外。由读若直音进而为反切，就是由整个字音的互相比拟，进而把单音缀里的声和韵分析为两部分，这固然代表音韵学上进步的两个阶段。可是我们不能把它们的时代很严格的划分出来；当读若、直音盛行的时候，实在反切的注音方法，早就已经开始应用了。因字音的互相比较，辨别音读的同异，认识了单字间双声、叠韵的关系；同时又因为这种单音缀语里语音重叠和音素变异的两种现象，使实际语言当中具有许多重音和复音的语词。这种语词在文字的习惯上既然要用双字来代表，于是从单字和单字间音读的比较，进而为双字和双字间，双字和单字间的比较，认识了它们彼此间双声、叠韵的关系。另一方面，由声训、读若变为直音的方式，已经渐渐离开了解释文字义训的作用进而为纯粹的注音了；而用双字来表明一语的，也大都纯粹用以表音，和单字义的本身并无关系。于是依据二合音的形式来分析音读的组织，又利用双声、叠韵的关系。借双字分别表明出来，反切的注音方法，就从此产生了。

反切的发生，既然依据于双声、叠韵的原理，把单个的音缀分析为两部分，借双字分别表明出来；所以这双字当中，有一个是表明“声”的部分，可以称为“声母字”，有一个是表明“韵”的部分，可以称为“韵母字”。[①] 中国文字又是单音缀制，每个字体总具有一个音缀；因之声母字里又往往包含着韵的部分，这个韵可以称为“附加韵”，韵母字里又往往包含着声的部分，这个声可以称为“附

---

① 参照赵元任《反切语八种》（载中央研究院《历史语言研究所集刊》第二本第三分），第314页。

加声”。[①] 这种附加韵和附加声，在用反切注音的时候，好像借用两个字体来表明一个音缀，受了这种文字性质的牵制，是不能把它们免除的；可是在语言形态的变异上看来，却又和上节所说单音缀的语词演成为重音和复音的那种情形一样，正是因语音重叠和音素变异的两种现象自然而产生的。中国各处方言当中的秘密语，也有一种反切语，把单音缀的字变做复音缀，就是分析一个字的声和韵，而把声的部分增入了附加韵，韵的部分增入了附加声；这种和文字上的反切，依据于双声、叠韵的原理正是相同的。不过反切语既然是实际口说的秘密语，并非作为注音之用，和文字上反切的目的根本不同，所用来代表声母和韵母的常常是无字的音。赵元任说：

> 反切语是说的，不是写的。有了附加音的规则，无论遇到要说的字，他的反切就脱口而出，跟韵书反切取易认字注难认字的用意迥然不同。因此虽然文字的反切都是有字的，而反切语的反切“字”，往往就碰到没有字的音。[②]

但是反切语既然和文字上注音的反切，都是把字音分析为声和韵两部分，都是根据于双声、叠韵的原理而发生的，那末，这两者间的形成和发展，当然有互相促进的趋势；我们要考明反切的起源，或许也可用各种反切语的组织形式来相比照和参证。赵元任说：

> 纯粹从理想上说，反切语这东西，本来没有什末不会早就有了的必要。上文既说明反切语跟韵书的反切是两路的东

① 参照赵元任《反切语八种》，第 314 页。
② 见《反切语八种》，第 316～317 页。

西,那末,也不必等先有文字的反切而后有反切语,Nay! 就是在中国没有文字以前就有反切语都是可能的,还许文字的反切是从反切语的暗示而来的呐![1]

因为反切语也是把单音缀的语词演成为复音缀,正和文字上的反切一样,都是根据于语言上语音重叠和音素变异的两种现象而产生出来的。

因为语音重叠和音素变异的两种现象,使语词的转变,由单音演成复音以及复音语词间的变化,都离不了双声、叠韵的关系。因之双字和双字间,依据双声、叠韵可以互相倒置,而单字和双字间,声、韵也可以倒置。例如"犹豫"就是"游移",也就是"夷犹","郁郁"就是"郁邑",也就是"抑郁"。《书经·益稷篇》"克谐以孝烝烝,乂不格奸"的"格奸",是扞格二字的倒文,也就是《孟子·尽心篇》的"山径之蹊闲介,然用之而成路"的"闲介"倒文。[2]《方言》的"蝼蛄""蛄蝼",就是《月令》的"蝼蝈";《曲礼注》的"搔摩",就是《释名》的"摩娑""末杀"。[3] 这种变异,在语言学上又可以称为音素"位置的转换"(metathesis),就是把原来音素的位置倒转过来。[4] 在实际语言里,这种变异的发生,也由于传习模仿的不精确,以致音素的前后倒置,所以也可说是"发音的疏懈"(phonetic looseness)。[5] 音素位置的转换,在中国音韵学上就是声韵的倒置。复音缀之语词间,既然具有这种变异的现象,而这些双字的连语,又大都从单音缀的语词上演化出来的;那末,由单音演成为复音,自然也可以

---

① 见《反切语八种》,第318页。

② 依据刘师培《古书疑义举例补》,"双声之字后人误读之例"。

③ 依据程瑶田《果蠃转语记》(载《安徽丛书》第二章)。

④ 参看 L. Bloomfield: *The Study of Language*, Chap. Ⅶ. 及拙著《语言学概论》第六章。

⑤ 参看 H. Sweet: *The History of Language*, Chap Ⅲ.

具有这种声韵倒置的现象。如果依据这种现象，有意的来造成一种秘密语，那便是声韵倒置的反切语。我们看赵元任所举的各地几种反切语：

北平 mai-ka，mei-ka，man-t'a 名称未详；
常州 məŋ-la 式 叫"字语"；
昆山 mo-pa 式 叫"切口语"；
苏州、浦东、余杭、武康 mə-pa 式 叫"洞庭切"；
（大概因为是从太湖洞庭山来的?）
苏州 ua-mən 式 叫"威分"；
这是"翻"字的切音（fɛ̇ːuɛ-fən）；
广州 la-mi 式 叫"燕子语"或"燕子公"；
东莞 la-mi 式 叫"盲佬语"；
福州 la-mi 式 叫"庾语"或"仓前廋"。①

后列的几种，如苏州的"威分"，广州的"燕子语"等，是把声韵倒置的，就是声母字韵母字的次序是倒的。我们因此可以知道反切的方法，是根据于中国语言上变异的现象自然产生的，语词的转变和分化，既然也有声韵倒置的现象，因之原来反切的组成，有的是声母字韵母字顺序的，有的却是声母字韵母字倒序的。后来解释反切和双声、叠韵的，常列着"正反""倒反"和"正纽""到纽"这些名目；例如《广韵》卷末所附的《双声叠韵法》和《玉篇》卷首所附的神珙《四声五音九弄反纽图》。现在姑且举"宫"字为例："正反、居隆宫，言居隆切，乃宫字也。到反、宫间居，言宫间切，乃居字也。"②

① 见《反切语八种》，第315页。
② 参看江有诰《等韵丛说·释神珙五音图》。又日本空海《文镜秘府论》所录《调四声谱》亦列"绮琴""钦琴"等字互相反的例。

我们把“居隆”二字和“宫闾”二字并列起来，这四个字就占了四个角。横读宫居隆闾是双声，斜读居闾宫隆是叠韵；宫字和居字的音是由居隆和宫闾顺序的反切，而闾字和隆字的音是由居隆和宫闾倒序的反切。可见这种正反倒反或正纽、到纽的成立，只是由一个字音分析为声母字和韵母字，顺序和倒序的反切，就成为这种四角的关系。无论是顺序，是倒序，总是离不了双声、叠韵的关系，总是依据于语言上自然的变异现象的。

顾炎武《音论》里论到南北朝的反语，所录不下十数事。谓为“双反”或“三字反”。顾氏云：

> 南北朝人作反语，多是双反，韵家谓之正纽、到纽。史之所载，如晋武帝作清暑殿，有识者以“清暑”反为“楚声”，“楚声”为“清”，“声楚”为“暑”也。宋明帝多忌，袁粲旧名袁愍，为“陨门”，“陨门”为“袁”，“门陨”为“愍”也；刘悛旧名刘忱，为“临雠”，“临雠”为“刘”，“雠临”为“忱”也。……又如《水经注》：“索郎酒”，反为“桑落”，“桑落”为“索”，“落桑”为“郎”也。《孔氏志怪》：“卢充幽婚，反为一温休，”“温休”为“幽”，“休温”为“婚”也。又有三字反者。吴孙亮初，童谣曰：“于何相求常子阁”，常子阁者，反语石子堈，“常阁”为“石”，“阁常”为“堈”也。齐武帝永明初，百姓歌曰：“陶郎来”，言“唐来劳”也；“陶郎”为“唐”，“郎陶”为“劳”也。梁武帝大通中，民间谣曰：“鹿子开城门”，鹿子开者，反语为“来子哭”，“鹿开”为“来”，“开鹿”为“哭”也。

其实所谓双反、三反，只是把两个字作为顺序的声母字、韵母字和倒序的声母字、韵母字的两个反切。在当时这种反语极为通行。近人刘盼遂撰《六朝唐代反语考》，采录唐宋以前反语故实，共得三十余事，[1]以证当时引用反语的普遍现象。兹录他的话如下：

> 齐刘勰《文心雕龙·指瑕篇》云："近代辞人，率多猜忌。至乃比语求蚩，反音取瑕。虽不屑于古，而有择于今焉。"北齐颜之推《家训·文章篇》云："世人或有引《诗》伐鼓渊渊者，《宋书》已有屡游之诮。如此流比，幸须避之。"唐韩偓《玉山樵人集》附《香奁集·妒媒》篇云："多为过防成后悔，偶因翻语得深猜。"凡此可见六朝两唐士夫于反语之使用最为普遍现象，且及于帷房之中焉。[2]

此等反语，大都出于一般文人的弄巧而成为秘密的称呼的；引用既广，又渐变为语言或文学上避忌之例。但是也有因语言里自然传习而产生的，如"索郎酒"又为"桑落酒"之类。又如"常子阁"反语"石子堈"，"陶郎来"反语"唐来劳"，"鹿子开"反语"来子哭"，都出于民间歌谣当中；因而可见顺序的反切和倒序的反切，都是适应着语言里变异的现象自然产生的。我们从这种妙合自然的反语当中，又可以推知最初反切的形式，并不必定是声母字韵母字顺序的，原来也有是倒序的；因为都是根据于双声、叠韵的原理，把字音分析为声韵两部分的。

至于"反切"这个名称的取义，也是概括顺序的和倒序的两种而言。"反"和"切"这两个名辞的使用，不知道起于何人；魏晋以后，就已经以"反"和"切"并用。顾炎武《音论》，戴震《声韵考》以及王念孙《博雅音校订》等书里都说六朝时都称"反"，到了唐代才改称为"切"；这是他们误解了唐元度《九经字样·序言》里的话而起附会的。陈澧《切韵考》曾驳正之，陈氏云：

---

① 载刘盼遂《文字音韵学论丛》(人文书店出版)。
② 见《文字音韵学论丛》，第224～225页。

孙叔然立法之初谓之反,不谓之切;其后或言反,或言切。《颜氏家训》云:“徐仙民《毛诗音》反骤为在遘,《左传音》切椽为徒缘。”又云:“河北切攻字为古琮。”据此,则东晋及北朝已谓之切矣。颜氏又云:“阳休之造《切韵》”;《梁书·周颙传》云:“颙著《四声切韵》”;此又《切韵》之名在陆法言以前者。……唐元度《九经字样》云:“避以反言,但纽四声,定其音旨”;此元度自言其著书之例。戴东原《声韵考》引此谓唐季避言反,而改曰切;盖未详考也。①

反和切在实际意义上也没有分别,都是取于反覆切摩以成音之意。李汝珍曾经论过,兹录其言如下:

反者,《毛诗·卫风》笺云:“覆也”;切者,《淮南·原道》注云:“摩也。”所谓反切者,盖反覆切摩而成音之义也。《古今韵会》云:“一音展转相呼,谓之反,一韵之字相摩以成声,谓之切,以子呼母,以母呼子也。”《礼部韵略》云:“音韵展转相协,谓之反,亦作翻;两字相摩以成声,谓之切;其实一也。”刘鉴《玉钥匙》云:“反切二字,本同一理,反即切也,切即反也,皆可通用。”斯言是矣。②(案《玉钥匙门法》乃释真空所著,非刘鉴作。)

所谓展转相协,两字相摩,所谓以子呼母,以母呼子,都是表明反覆切摩以成音之意,有顺序直读的,也有倒序翻读。那末,从反切的名义上观察,也可以见得反切的组成,有的是声母字、韵母字顺序的,有的却是声母字、韵母字倒序的。倒序的反切,正和“二合音”

① 见陈氏《切韵考》卷六。
② 见《李氏音鉴反切总论》。

相反，二合音以二字合成一音，上字为双声，下字为叠韵；倒序的反切却是以上字表明韵的部分，以下字表明声的部分。又二合音的切成一音，是依据于语言变异上语音的“节缩作用”；而倒序的反切，却是依据于音素的“位置转换”。向来一般学者以为二合音和文字注音上顺序反切的形式相符合，就认为是反切的始祖。[①] 那知道反切的名称，既然有取于展转反覆之义，那末，最初创立反切的方法，当然是综合实际语言里各种变异的现象，而把倒序翻读的也概括在内。这种说法正可以用六朝“反语”和韵家所立“正纽”“反纽”诸例以及方言里几种“反切语”来作证的。这样看来，通常所谓上字取其声，下字取其韵，也不过是反切方法当中的一种罢了。[②]

通常文字上反切的注音所以只采取顺序的反切，没有声母字、韵母字倒序的，这是因为受直音的影响，而依据二合音的形式，把单字直读的改用双字直读的了。我们在上文说过，由读若、直音进而为反切，是“渐”的，不是“顿”的，当读若、直音盛行的时候，反切的注音方法，早已开始应用。所以反切的注音虽然是用来变更直音的方式，而同时也不能不受直音的影响；因之只采取顺序的直读，而不取倒序的翻读。《颜氏家训·音辞篇》云：“《孙叔然》创《尔雅音义》，是汉末人独知反语。至于魏世，此事大行；高贵乡公不解反语，以为怪异。”细究颜氏的语意，并非说反切的应用是由孙炎创始的；只是说《尔雅音义》一类的书出世之后，反语大行，读若直音渐归于淘汰罢了。隋唐以来，遂多以孙炎为反切的创祖。如陆德明《经典释文叙录》云：“古人音书，止为譬况之说，孙炎始为反语。”张守节《史记正义·论例》云：“先儒音字，比方为音；至魏秘书孙炎，始作反音。”王应麟《玉海》引《崇文总目叙》云：“孙炎始作字

---

① 参看本文第 75 页注释③。

② 参看赵元任《反切语八种》第 314 页及刘盼遂《文字音韵学论丛》第 224 页。

音，于是有音韵之学。"后人多遵用其说。但是，景审序慧琳《一切经音义》云："古来音反，多以旁纽为双声，始自服虔"；又日本安然《悉昙藏》引武元之《韵诠》反音例云："服虔始作反音"；明说东汉时已经应用反切来注音了。马国翰《玉函山房辑佚书》小学类《古文官书提要》谓卫宏《古文官书》："每字下反音甚详；则东汉初已有切字，郑氏经音所本。世谓始于孙炎，非笃论也。"又章炳麟《国故论衡·音理论》谓应劭时已有反语，[①]刘师培《正名隅论》也举例以证明反切不始于汉末。[②] 近人刘盼遂作《反切不始于孙叔然辨》一文[③]更以为杜林《苍颉训诂》、郭显卿《字旨》、许慎高诱《淮南鸿烈注》、郑玄群经音，服虔《通俗文》诸书，都已经具有反切，谓"反切之兴也，上不出于丰镐之间，下不迟于典午之世。而在光武明章之际"。又刘盼遂《淮南子许注汉语疏》云：

> 按《唐书艺文志》："《淮南鸿烈音》二卷，高诱撰。"《初学记》《文选注》《太平御览》引诱及许注，亦或见翻语，议者或谓东汉无切音之学，《鸿烈音》乃后人所追记，应如《旧唐书》所记为高诱撰也。然尝考切音之学，东汉已盛，如卫宏《古文官书》、杜林《苍颉训诂》、服虔《通俗文》，应劭《汉书注》所用反切，亦云夥颐，因著《反切非始于孙叔然辨证》一篇，论之详矣。

---

① 章炳麟《国故论衡·音理论》自注云："《经典释文序例》谓汉人不作音；而王肃《周易音》，则《序例》无疑辞，所录肃音，用反语者十余条。寻《魏志·肃传》云：'肃不好郑氏，时乐安孙叔然授学郑玄之门人；肃集《圣证论》以讥短玄，叔然驳而释之。'假令反语始于叔然，子雍岂肯承用其术乎？又寻《汉地理志·广汉郡梓潼》下，应劭注：'潼水所出，南入垫江；垫音徒浃反。'辽东郡沓氏下，应劭注：'沓水也，音长答反。'是应劭时已有反语，则起于汉末也。"

② 刘师培《正名隅论》自注谓："试举其证：如孔安国《尚书音》云：畴，直留反。见《毛诗释文》。毛公《诗音》云：施，以语反；殄，徒徒典反，祝，之六反；均见《毛诗释文》。而马融注《易》，郑注《周官》，均有反切之音；皆其证也。"

③ 载《文字音韵学论丛》。

今《淮南书》有许高反语，盖当然之事，无足诧也。[1]

有人并且怀疑许氏《说文》本书里也或者具有反语。[2] 我们现在所看到东汉诸书佚文里的反语，固然不免有后人所附加或追记的，并且有原书或竟是后代的作品，如《颜氏家训·勉学篇》谓服虔《通俗文》"虔既是汉人，其序乃引魏人苏林、张揖"；当时所见到的《通俗文》，至少有一部分不是汉人的原书。又马氏《玉函山房辑佚书》把张揖的《三苍训诂》认为杜林的训诂；王国维跋马氏辑杜林《苍颉训诂》云："所引《苍颉训诂》皆张稚让书，非杜伯山书。"[3]那末，《颜氏家训·风操篇》："《苍颉篇》有侑字，《训诂》云：痛而呼也，音羽罪反"；又《音辞篇》："《苍颉训诂》反稗为逋卖，反娃为於乖"；这几个反切，大概也是从张揖书里引来的，并不能断定为杜林所作。不过，我们总可以推定在汉代读若，直音盛行的时候，反切的注音已经开始引用；东汉时虽然偶有用双字的直读来注音，但是用单字来譬况比拟的，总占着绝大的多数。文字上的反切，虽然不能确定创始者为何人，而最初依据于实际语言里变异的现象来造出一种注音的方法，必定是在读若，直音盛行的时代；所以只采取二合音的形式，把单字直读的改用双字直读的了。当初在文字的注音上只采取顺序的反切，而不取倒序翻读的，这是因为受了直音的影

① 见《文字音韵学论丛》，第207页。

② 马宗霍《音韵学通论》第五："案，许氏《说文》，诸书所引，多有反语，其引义而附以反语者，犹可云后人所加。然有单引音而不引义者。……因疑《说文》或许氏自有反语。……尝以此事质之章先生。先生曰：以其地考之，汉世作反语者，服虔，荥阳人；文颖、邓展皆南阳人；应劭，汝南南顿人；苏林，陈留外黄人；皆在今河南南部。而郑君生北海，高诱生涿郡，则不作反语。疑反语初起，但在汝颍之间，许君亦汝南人也。以其时考之，许君卒于何时，虽不可定。据许冲上书，称今慎已病，在安帝建光元年辛酉之岁，下去灵帝中平六年己巳，只六十有八年，其时服应已有反语矣。地之相邻，如此其密，时之相距，如此其近。则或许君于此事已启其耑，未可知也。"

③ 参照刘盼遂《文字音韵学论丛·古小学书辑佚表》，第44页。

响的。

由读若进为直音，已经渐渐离开了解释文字义训的作用进而为纯粹的注音；于是再进一步把单字的音分析为声、韵二部分，而用两个字体来代表，就成为反切的注音方法。反切的发生，一方面依据于语言里自然变异的现象。另一方面又因为文字本身上的表音方法，经过了实际语音的演变，已经失了它们的效用；过去形声、假借的系统，渐渐不合于实际的音读，字音和字义的分离，使一般用来注音的字体离开了训诂的关系。同时又要把音读表明得更显著而适切，便用两个字的反切来替代单字的注音了。可见反切的注音方法，也是适应着实际的需要自然而产生的。我们看了谢启昆《小学考》所列“音义”一类的书，虽然它们著作的时代还未曾一一加以考证，大体上总可以看出来，多数是东汉至隋唐间的作品；尤其是魏晋六朝时，这一类书的发生最为丰盛。音义一类的书，在体例上看来，就是从字书训诂进到“韵书”中间一种过渡的东西，几乎完全是为着注音而设的，而注音的方式又是多数应用反切。所以这一类书在魏晋时最为发达，便是表示那时读音系统上发生了转变，以致注音方法上应用了反切。《颜氏家训》谓魏世反语大行，就是指当时一般音义家盛行反切的方法；陈澧《切韵考》谓不但行于魏，且行于吴。陈氏云：

> 《颜氏家训》所云：魏世反语大行者，颜师古《汉书注》引孟康、如淳、苏林皆有反音，是其证也。……邵二云、毕秋帆作《汉魏音说》，亦据薛综《两京赋注》、韦昭《国语注》皆有反音，以证孙叔然之说当时盛行（见洪稚存《汉魏音》）。然则不但行于魏，且行于吴矣。叔然授学郑康成之门人，称东州大儒（见《三国志·王肃传》）；薛综从刘熙学（《三国志》本传），刘熙盖亦郑康成门人（《程秉传》云：逮事郑康成，与刘熙考论大义；

《许慈传》云：师事刘熙，善郑氏学）。综与叔然师友渊源同出一家，故综得传叔然之学也。韦昭与综之子莹同撰《吴书》（本传），盖又得综之传者。且昭自言见刘熙《释名》，信多佳者，乃作《辩释名》（本传）；《释名》以双声叠韵为训诂，正与反语之学相通也。①

陈氏认反切的发生和声训有直接的关系，虽未必是，②但是陈氏把汉魏间反切之学归源于郑玄、刘熙诸人，确有很大的理由。郑玄、刘熙诸人发现了当时音读和古代歧异之处，使后人知道古今音读的异同，以从事中国上古音的考证，而在当时实足以促进注音方法上的一大改革。关于这一点，陈氏未加以申说，可以引举戴震《声韵考》和钱大昕《音韵问答》里的话来作证。戴氏云：

郑康成笺《毛诗》云：古声填、窴、尘同；又注他经，言古者声某某同，古读某为某之类，不一而足。是古音之说，汉儒明知之，非后人创议也。

钱氏云：

古今音之别，汉人已言之。刘熙《释名》："古者曰车，声如居；所以居人也。今曰车，声近舍。"韦昭辨之云："古音皆尺奢反；从汉以来，始有居音。"此古今音殊之证也。但刘韦皆言古音，而说正相反，实则刘是而韦非。

① 见陈氏《切韵考》卷六。
② 参看本文的三（三）。

可见这些注音，虽然只是"譬况假借"，而且离不了文字训诂的范围，[①]可是表明了古今音读的异同，足以显示那时语音系统上的转变。因音读的转变而发现了同异，因同异的比较，自然足以增进审音的智识。[②] 于是双声、叠韵之理大明，反切的应用，也自然风行于世。同时又因语音的转变，字音和字义的关系，渐趋于分离，用来注音的字体也脱离了解释文字义训的作用；而要把实际的音读表明得更显豁，也自然由譬况、读若进而采取直音的方式，由直音再进而用两字的反切了。所以魏世反切的风行，和郑玄、刘熙诸人的音变之说确有渊源。古今音读的转变，使注音方法上为着实际的需要发生一大改革，于是音义一类的书也应运而起。最初创立反切的注音，虽然在汉代读若，直音的时候，而风行必在汉末以后，这又是因为适应着当时语音系统上转变的情形的。

反切的形式是依据于中国文字的性质和语言上自然变异的现象而产生的；同时因为受直音的影响，所以在文字注音上只采取了两字顺序直读的形式。但是由整个的音缀进而为声、韵的分析，由单字的直音进而为两字的拼音，实在是注音方法上的一大改革。这种改革的完成，固然是由于适应实际音读演变的情形，同时还有一种外来的影响以促进它的发生；反切的注音方法，也许又因为印度文化输入之后，才开始风行的。陈澧《切韵考》以为字母等韵之学和反切的应用不能混为一谈。他驳正宋人切韵始自西域之说："谓字母起自西域则是也，谓反切之学起自西域则误也。郑渔仲、陈直斋皆未之辨耳。"[③]反切通行之后，把切语用字加以系统的整理，于是产生韵书，产生字母等韵之学，关于这种时代的先后，固然应当辨别。陈氏云：

---

① 参看本文的三(三)。
② 同上。
③ 见陈氏《切韵考》卷六自注。

> 纪文达公云:“戴东原《声韵考》于等韵之学,以孙炎为鼻祖,而排斥神珙反纽为元和以后之说;然《隋书·经籍志》明载梵书以十四字贯一切音,汉明帝时与佛书同入中国,安得以等韵之学归诸神珙,反谓为孙炎之末派旁支哉。”(《与余存吾太史书》)文达此说,亦本于郑渔仲,其谓反切为等韵之学,则尤不可不辩也。自魏晋南北朝隋唐,但有反切,无所谓等韵;唐时僧徒,依仿梵书,取中国三十六字,谓之字母,宋人用之以分中国反切韵书为四等,然后有等韵之名。溯等韵之源,以为出于梵书可也,至谓反切为等韵,则不可也;反切在前,等韵在后也。[①]

不过陈氏以为字母,等韵是依仿梵书而成的,至于反切、韵书的产生和梵文拼音学理的输入绝对没有关系;这却未必然。因为反切的形式虽然依据于中国文字的性质和语言上变异的现象自然演成的,而在注音方法上。由直音改为拼音,中间还不免受了外国拼音文字的影响。《隋书·经籍志》里说:

> 自后汉佛法行于中国,又得西域胡书,能以十四字贯一切音,文省而义广,谓之婆罗门书,与八体、六文之义殊别。

可见梵文的拼音字母是和佛法同时传入中国的;后汉音义家或许已经受了这种拼音文字的影响,因之把原来用单字注音的改为两字的反切。梵文字母上“体文”和“声势”的区别,很足以启示中国字音上声韵的分析,而利用二合音的形式,来作为一种注音方法;只是文字的本性未曾改变,仍用两字分寄其音,就成为上字代表

---

① 见陈氏《切韵考》卷六。

声,下字代表韵的反切了。文字上反切的注音,只取两字顺序的直读,而不取倒序的翻读,一方面受有直音的影响,另一方面或者又是由模仿梵文的拼音而来。反切的开始应用,和音义一类书的发生,不先不后,正和梵文字母的传入同在东汉时代;这点事实,确是我们所不能否认的。

印度文化输入中国之后,笃信佛法的人日渐众多,佛经的翻译事业也渐兴盛;一般学士文人因而通悟拼音学理的,也自然众多起来。于是他们根据梵文的音理来分析汉字的音读,反切也就风行于世了。慧皎《高僧传》载宋释慧睿《传》云:

> 陈郡谢灵运笃好佛理,殊俗之音,多所达解。乃谘睿以经中诸字,并众音异旨,于是著《十四音训叙》,条例梵汉,昭然可了,使文字有据焉。

谢灵运所叙的十四音,就是《隋志》所谓婆罗门书十四字;这便是审音文士依据梵文字母来整理音读的一个例子。其实在魏晋间已经具有这种风气的端倪了。《高僧传》齐释慧忍《传》论曰:

> 自大教东流,乃译文者众,而传声者盖寡。……始有魏陈思王曹植深爱声律,属意经音;既通般遮之瑞响,又感鱼山之神制。于是删治《瑞应本起》,以为学者之宗。传声则三千有余,在契则四十有二。

或以为曹植鱼山制契的事情,是和孙炎之徒大倡反切有关。[①] 陈寅恪作《四声三问》一文,曾考明此事乃系东晋间依托的传说,而流

---

① 参看方毅《国音沿革》(商务印书馆出版)吴稚晖序。

行于南朝的。这种传说只是暗示着当时一般审音文士和佛教文化的关系，并非曹植真有删治《瑞应本起》和鱼山制契之事。[①] 这里节录他的话如下：

> 考《瑞应本起经》为支谦所译。谦事迹载《高僧传》一《康僧会传》中。据《传》，谦以汉献帝末避乱于吴。孙权召为博士，与韦昭诸人辅导太子。从吴黄武元年至建兴中先后共译出四十九经。又据《魏志》十九《陈思王植传》，植以魏明帝太和三年徙封东阿。六年封陈王，发疾薨。鱼山在东阿境。植果有鱼山制契之事，必在太和三年至六年之间。然当日魏朝之法制，待遇宗藩，备极严峻，而于植尤甚。若谓植能越境远交吴国，删治支谦之译本，实情势所不许。其为依托之传说，不俟详辨。[②]

但是鱼山制契之事，虽然是一种依托的传说，可是我们不能便否认魏晋间的审音文士已经受有梵文拼音学理的影响。例如翻译佛经的支谦，在吴为博士，和韦昭诸人辅导太子；就足以使我们推见反切不但行于魏，且行于吴的原因所在。总之：反切的形式是依据于中国文字的性质和语言上变异的现象自然产生的；而把反切作为文字上的一种注音方法，这是受了直音的影响的。可是把一个字音分析为声韵两部分，在注音上也就把单字的直音改为两字的拼音；一方面因为适应着汉魏间音读系统的转变，使注音的字体离开了训诂的关系；另一方面又因为梵文字母的传入，依仿拼音的制度把单字间的比拟改为两字的反切。

汉魏间反切既然渐渐风行，诸音义家各自造作，切语用字彼此

① 载《清华学报》第九卷第二期。
② 见《清华学报》第九卷第二期，第284页。

自然不相一致。大概孙炎《尔雅音义》一书，多为后来注音所遵循引用，如张守节《史记正义论例》云：“今并依孙反音，以传后人”；编纂韵书的也大都奉孙氏的反音为准则。这里姑且引举刘盼遂的话来作证：

考孙氏《尔雅音》中反语，《经典释文》引者凡六十五事。《集韵》引者三事。余如《初学记》《晋书音义》《诗经正义》《文选》李善注、《太平御览》引各三数事，总不下百余事。其中惟犬字（《释畜》：青骊，駽；《释文》：駽，犬悬反），轻字（《集韵》去声三十三霰，蚬字注云、孙氏《尔雅音》轻甸反），不合于陆氏《切韵》声母四百五十二文。余则若合符契矣。再进而稽诸杜林、卫宏、许慎、高诱、服虔、张揖、王肃所用切语上字，则韦牾滋多。①

六朝以来群推孙炎为反切的鼻祖，或者就是因为这个缘故。② 所谓韵书，就是因为音义一类的书发生以后，更把当中的切语类聚群分，依照音韵来编排文字的。《颜氏家训・音辞篇》谓魏世反语大行，“自兹厥后，音韵锋出”。陈澧解释他的话，谓：

其云厥后音韵锋出者，同时李登已作《声类》（李登，魏左校令，见《隋书・经籍志》），此音韵锋出之最先者。盖有反语，则类聚之，即成韵书，此自然之势也。③

反切的注音，既然把字音分析为声、韵两部分，于是再进而把分析

---

① 见刘盼遂《文字音韵学论丛・反切不始于孙叔然辨》，第121页。
② 参看《文字音韵学论丛》，第120～122页。
③ 见陈氏《切韵考》卷六。

得来的声韵，归纳为韵部和字母，就正式产生音韵学的专书。不过我们中国各个的字音，除了声韵上的差别以外，还有一种“字调”的区分；最初所谓韵学，往往把音色上的差异和字调的区分混在一起，因之韵书上也就成为一种“四声”分韵的体例。

（三）“字调”的区别和“四声”名称的由来

语词的转变和分化，既然又可以依据于高低、强弱、长短的变异，所以各个字音，除了声韵上的差别以外，又有一种“字调”的区分。① 因为中国语是单音缀语，大多数单纯语词对于意义方面的显示，也靠了这种字调来作为语音形态上的辨别；字调的区分，并不限定所谓“四声”的四种。② 而且各调彼此的分别，也依据于古今方国语言的差异，而有各种不同的系统。③ 陆法言说过：“古今声调，既自有别，诸家取舍，亦复不同；吴楚则时伤轻浅，燕赵则多涉重浊；秦陇则去声为入，梁益则平声似去。”④这正是指明古今各处方音上字调系统不同的情形。⑤ 上古中国语音的系统，根据现

---

① 字调的名称，依据赵元任《中国言语字调底实验研究法》（载《科学》第七卷第九期）。

② 胡以鲁《国语学草创》第一编：“以音容之变化，表意景之不同，犹同一骨格之人而赋以容姿之差也。此在他国多节语，且往往假为意景之辨别；吾国单节语，更藉作意思方面之表示矣。意之方面，即意之职用也，随句中之位置而定；故舍句不能论语意，音之变容应意之方面而起者，亦必于句中论定之固也。惟吾国音简而意富，变容略有定规；定规维何？则高低、强弱、长短之差，所谓四声也。古无四声之名，然自有高低、长短、强弱之别，其差别之繁，且不止于四。盖自入声而外，其高低长短之度，固无限也。齐梁之间文人周颙辈，始分四声之类，其趋旨在于诗律文韵，固非完全规定也。夫分一切文字为四类，顾炎武氏且辨其为无理，欲以之范类变迁无常之语言，则更难事矣。”

③ 参看刘复《四声实验录》（群益书社出版）及王力《从元音的性质说到中国语的声调》。

④ 《切韵序》，依敦煌本《切韵残卷》第二种。

⑤ 参看罗常培《切韵序校释》（载中山大学《语言历史学研究所周刊》第三集第二十五、二十六、二十七期合刊）。

今考证的结果，也可以见得当中字调的区分是占着很重要的成分。[1] 在上章第三节里论到周汉间对于音读的辨别，已经很注意音调、音势或音量方面的差异了。又在上章第二节里论到当时注音的方法，因为一字异读的现象，所以读若例当中，有在一字下注明几种读法的，也有在一字下，说明了从某声，却又注明读若某的，这种或许大部分就是表明字调的分别。王筠《说文释例》云：

> 晱读若白，盖谓之苫相似。既言读若，又云相似；《唐韵》固失冉切，不用炎之本音。以此推之：或四声萌芽于汉乎？[2]

这是最显明的例子。所以长言、短言，急言、缓言之类，虽然只是一些含糊疑混之谈，可是我们从中得以窥见字调的分别，在当时读音系统上确已成为一种重要的变异现象，因之一般注音家很注意及此。同字异读以及异字音近的，除了声韵上的差别以外，大部分就是依据于字调的区分。

关于中国字调的区分，据现今科学研究的结果，它的主要的因素是在音调变化的形状，就是字音上由低而高或由高而低种种变化的状态。赵元任说过：

> 一个字成为某字调，可以用那字的音高和时间函数关系作完全不多不少的准确定义；假如用曲线画起来，这曲线就是这字调的准确的代表。假如用器具照这音高时间曲线发出音来，听起来就和原来读的那腔调一样。这是这定义充足的

① 参看 B. Karlgren：*Analytic Dictionary*，*Problems in Archaic Chinese*，*Shï King Researches*，*Word Families in Chinese*.

② 见王氏《说文释例》卷十一。

证据。[①]

因之从前规定四声，用疾徐、长短、轻重、缓急、清浊一类的词语来解说，往往得不到字调的真正的意义；音色的差异，和音势的强弱，音量的长短，都不是区别字调的主要的标准。[②] 但是在实际语音的习惯当中，音势的强弱和音量的长短，也足以影响于音调上高低的变化；近今实验语音学家也有明白承认中国字调的区分，还包含着音势、音量上的变化的。[③] 至于元音和辅音的性质以及音缀当中拼合的形式，和中国四声的分别，也不无相当的关系。[④] 那末，过去应用清浊、轻重、疾徐、长短等的词语来区分四声，虽然不是科学研究的结果，也不能说是在发音习惯上绝对没有根据。我们也因此可以想见古代对于字调的观察和最初四声名称的成立，并不认为是单纯的音调变化的关系，而认为尚有其他复杂的因素包含在内的。

因为古时对于字调的观察，并不认为单纯音调变化的关系，所以最初借用宫、商、角、徵、羽这五音的名称来形容字调的分别，也往往认为包含有其他的因素在内的。原来五音是乐律上判别高低标准的名称；但是《韩非子》里论教歌之法，便说："疾呼中宫，徐呼中徵"，[⑤]认为宫徵是由于疾徐之辨，包含着音量上长短的关系了。又《周语》里说："大不逾宫，细不过羽"；那又把宫羽认为由于大小之分，混入了音势强弱的关系了。至于《管子》所云："凡听宫如牛鸣窌中，凡听商如离群羊，凡听角如雉登木以鸣，音疾以清，凡听徵

---

① 赵氏《中国言语字调底实验研究法》(《科学》七卷九期，第871～872页)。

② 参看刘复《四声实验录》，第5～8页及85页。

③ 参看小幡重一、丰岛武彦《支那语之物理音声学的研究》(其一)《四声之性质》(载日本《数学物理学会志》第八卷第一号)。

④ 参看王力《从元音的性质说到中国语的声调》。

⑤ 参看本文的三(三)。

如负猪豕觉而骇，凡听羽如鸣马在野”；[1]那又以五音象五物之鸣，似乎更把音色上的差别混在一起。这固然是因为古人辨音的不精确，引用术语也没有一定的界说；在我们也便可以知道最初应用五音的名称来区别字调，当时并不认为是单纯的音调变化的关系。原来中国各种字调的演化成功，依据语言历史上的推究，或许由于原始中国语上复音缀语词和语尾接添等一种节缩作用的结果；学者也有认为中国四声乃是原始变形语的一种遗迹。[2] 而要说明上古音里几种收尾辅音的演变和失落，更不得不假定和字音上音调的变化有因果的关系。[3] 各种字调的发生，既然和音素变异的现象，也有密切的关系，而音势的强弱，音量的长短，对于音调变化的形状，又可以发生直接的影响；那末，最初对于字调的观察，自然也把音色和音势、音量上的差异都混在一起，所以当时借用宫、商、角、徵、羽这五音的名称来区别字调，并不认为是单纯的音调变化的关系。

因为最初对于字调的辨别，把音素的差异也包含在内，所以韵学的创始，四声和韵部的区分只是混合在一起；当时把“韵”字的涵义似乎看得很广，不仅是指字音上某部分的音素，也概括字调而言。阎若璩说过：

> 《文心雕龙》：“昔魏武论赋，嫌于积韵，而善于资代。”《晋书・律历志》：“魏武时，河南杜夔精识音韵，为雅乐郎中令。”二书虽一撰于梁，一撰于唐，要及魏武，杜夔之事，俱有韵字；

---

① 见《管子・地员篇》。

② 参看拙译《中国语与中国文》第二章，及 August Conrady：*Eine Indo-Chinesische Causativ-Denominativ-Bildung*（1896）。

③ 参看 B. Karlgren：*Analytic Dictionary*，*Shï King Researches*。

知此举之兴，盖于汉建安中。[①]

韵学的初起，大概首注重于字调的区别。李登《声类》、吕静《韵集》为韵书的鼻祖；而李氏书仅以五声（即五音）统括文字，未曾立有韵部。封演《闻见记》云：

> 魏时有李登，撰《声类》十卷，凡一万一千五百二十字，以五声命字，不立诸部。

可见韵书的主要条件，还是在字调的分别，不在各韵的细目。吕氏《韵集》虽或分列韵部（详见下章），而是依仿李书，以宫、商、角、徵、羽的五声分为五篇。《魏书·江式传》云：

> 吕忱弟静别放故左校令李登《声类》之法，作《韵集》五卷，宫、商、角、徵、羽，各为一篇。

所谓李登《声类》之法，就是指韵书里以字调做纲领来类别字音的体例，也可以说是韵书体例的主要部分。《隋书·潘徽传》云：

> 《三苍》《急就》之流，微存章句；《说文》《字林》之属，惟别形体。至于寻声推韵，良为疑混；酌古会今，未臻切要。末有李登《声类》，吕静《韵集》始判清浊，才分宫羽。[②]

这里所谓判清浊，分宫羽，就是范晔自序所云“别宫商，识清浊”；[③]

---

① 见阎氏《古文尚书疏证》第七十四。
② 见潘徽《韵纂自序》语。
③ 见范晔《后汉书自序》及《宋书·范晔传》。

这里应用清浊宫商等的词语，也所以形容字调的分别，而实际一部分也是指音素的差异。范晔《自序》又云：“常耻作文士文，患其事尽于形，情急于藻，义牵其旨，韵移其意。”又云：“年少中谢庄最有其分，手笔差易，文不拘韵故也。”又《魏书·崔光传》：“初光太和中，依宫、商、角、徵、羽本音而为五韵诗，以赠李彪。”在齐梁以前讲声律的，大都以“韵”字概括字调而言，并不像后世那样把四声的问题和韵部的分析看作两起的。到了四声的名称成立以后，渐渐知道音调、音量等的变化和音素上的差别，可以分做两方面来观察；所以齐梁间讲声律的，虽然还是很多沿用宫、商、角、徵、羽的名目，可是已经把字调的区分和双声、叠韵的问题分作两方面来论列了。

陈澧《切韵考》谓“古无平、上、去、入之名，借宫、商、角、徵、羽以名之”；又谓李登《声类》、吕静《韵集》“所谓宫、商、角、徵、羽，即平、上、去、入四声，其分为五声者，盖分平声清，浊为二也”。[①] 以清平、浊平、上、去、入的五声来分配宫、商、角、徵、羽，这是陈氏附会孙愐《唐韵序》“引字调音，各自有清、浊”一句话而来的；其实陆法言、孙愐等所谓清、浊，系指韵部的分析而言，不是近代清浊用以辨别声纽的，也不是魏晋六朝时用以形容字调的清浊，虽然在音理上彼此可以有交互的影响，但是涵义上终究应当分别清楚。（详下章）陈氏又论到五音和四声的分配，他说：

> 古以四声分为宫、商、角、徵、羽，不知其分配若何？……若段安节《琵琶录》以平声为羽，上声为角，去声为宫，入声为商，上平声为徵；《玉海》载徐景安《乐书》以上平声为宫，下平声为商，上声为徵，去声为羽，入声为角；凌次仲《燕乐考原》谓其任意分配，不可为典要，是也。戴东原《声韵考》云：“古之所

① 见陈氏《切韵考》卷六。

谓五声宫、商、角、徵、羽者，非以定文字音读也，字字可宫、可商，以为高下之叙；后人胶于一字，缪配宫、商，此古义所以流失其本欤?”澧谓李登、吕静时未有平、上、去、入之名，借宫、商、角、徵、羽名之可也；既有平、上、去、入之名，而犹衍说宫、商、角、徵、羽，则真缪也。[①]

陈氏已经明白说明平、上、去、入的四声，不应当缪配宫商；可是我们还要推究：有了平、上、去、入的名称以后，为何更不应当衍说宫、商、角、徵、羽？因为在齐梁以前借用五音的名称来区别字调，除了表明音调、音量等的变化以外，也往往把音素的差异混在一起。到了四声的名称成立以后，渐渐把这两方面的现象，由混同而加以区别了。那末，魏晋六朝时论韵时所谓宫、商、角、徵、羽的五音，在涵义上和平、上、去、入的四声，并非完全相符合的；我们固然不能把后起的四声来缪配宫商，可是也不能说五音和四声是名异实同的东西。五音和四声，名称不同，而涵义上也有广狭之别；所以陈氏所谓“古无平、上、去、入之名，借宫、商、角、徵、羽以名之”；尚未尽合魏晋六朝人的原意。

原来宫、商、角、徵、羽形容字调的词语，只是判别音调的高低等一种比较的标准，所以是相对的，而不是绝对的，固定的；即使当时区别字调，竟把音素的差异混在一起，也看作比较的相对的，而不作为绝对的分别。这种分别，详细说起来，应用在字调上可以有四种、五种或更多种；粗略说起来，只是两类，就是所谓“清、浊”“轻、重”“飞、沈”“浮声、切响”或“平、仄”。[②] 所以任举宫商等两个字，就可以代表五音的全体而指字调上的区别。陈澧《切韵考》

① 见陈氏《切韵考》卷六。

② 黄侃《文心雕龙·声律篇·札记》云：“飞为平清，沈为仄浊。一句纯用仄浊或一句纯用平清，则读时亦不便，所谓沈则响发而断，飞则声飏不还也。”

里说：

《宋书·范蔚宗传》云：“性别宫商，识清浊；”此但言宫商，犹后世之言平仄也；盖宫为平，商为仄欤？《谢灵运传》云：“欲使宫羽相变，低昂错节”；《隋书·潘徽传》云：“李登《声类》、吕静《韵集》，始判清浊，才分宫羽”；此但言宫、羽，盖宫为平，羽亦为仄欤？《南齐书·陆厥传》云：“前英已早识宫、徵”；此但言宫、徵，盖宫为平，徵亦为仄欤？又云：“两句之内，角、徵不同”；此但言角徵，盖徵为仄，角亦为平欤？然则孙愐但云宫、羽、徵、商而不言角，角即平声之浊欤？以意度之当如是，然不可考矣。①

我们既然不能把后起的四声来分配五音，自然不能把平仄来分配宫、商或角、徵等；平仄是各种字调归纳的结果，由四声分为二类而应用于文辞上的声律的；所谓宫、商，或角徵等，乃是任举二字以代表五音的全体，而借用来区别字调的。根据五音来观察字调的变异，因之有四声的分别；根据四声的原理来协调音读，因之有文辞上声律的发明。这种发明，正在齐梁之间。

在上文说过，字调的区别，是依据于古今方国语言的差异，而有各种不同的系统。实际语言里所具有的字调，并不限定四种，也可以有五种，七种或其他数种、何以六朝时把字调的区别，一方面应用五音的理论来观察，而一方面恰又定为平、上、去、入四种，不作其他数？要解答这个问题，我们须知道四声名称的成立，是受有印度文化的影响的；当时根据中华的语音及过去关于字调的理论，又参合印度佛经上“转读”的声调的种类，于是适定为四声。陈寅

---

① 见陈氏《切韵考》卷六。

恪《四声三问》一文曾详论之，现在节录他的话如下：

> 所以适定为四声，而不为其他数之声者，以除去本易分别，自为一类之入声，复分别其余之声为平、上、去三声。综合通计之，适为四声也。但其所以分别其余之声为三者，实依据及摹拟中国当日转读佛经之三声。而中国当日转读佛经之三声又出于印度古时声明论之三声也。据天竺围陀之声明论，其所谓声(Svara)者，适与中国四声之所谓声者相类似。即指声之高低言，英语所谓 Pitch accent 者是也。围陀《声明论》依其声之高低，分别为三：一曰 Udātta，二曰 Svarita，三曰 Anudātta。佛教输入中国，其教徒转读经典时，此三声之分别当亦随之输入。至当日佛教徒转读其经典所分别之三声，是否即与中国之平、上、去三声切合，今日固难详知，然二者俱依声之高下分为三阶，则相同无疑也。中国语之入声皆附有(k, p, t)等辅音之缀尾，可视为一特殊种类，而最易与其他之声分别。平、上、去则其声响高低距离之间，虽有分别，但应分别之为若干数之声，殊不易定。故中国文士依据及摹拟当日转读佛经之声，分别定为平、上、去之三声。合入声共计之，适成四声。于是创为四声之说，并撰作声谱，借转读佛经之声调，应用于中国之美化文。此四声之说所由成立，及其所以适为四声，而不为其他数之故也。①

因此，我们可以知道当时分别平、上、去三声，是依据及摹拟转读佛经上的三声，已经应用音调变化的关系来区别字调了；可是又不得不适应中国语实际的情形，除了平、上、去三声之外，添进了入声的

① 见《清华学报》第九卷第二期，第 275～276 页。

一类，以成为四声之数。当时四声的真正的"调值"，我们虽然不能详细的知道，而配合入声于平、上、去三声，把收尾辅音的关系和音调变化的关系综合起来，以规定四声，我们便可以断定当初四声名称的成立，并不认为是单纯的音调变化的关系，至少还有音素和音量上差异的因素包含在内。大概中国语上收尾辅音的演化，到了六朝时已经和《切韵》的系统相合，除了鼻音的[-m]，[-n]，[-ŋ]以外，只剩得[-p]，[-t]，[-k]的三类了。因之立着入声的一类，和平、上、去三声对立，而不必顾到过去其他收尾辅音的关系，另立他类了。[①] 入声字以收尾上[-p]，[-t]，[-k]这种辅音性质的原因，使音量上具有短促的趋势，自然可以和平、上、去三调并列为四声；因为反正，过去对于字调的观察和借用五音来区别字调，并不认为是单纯音调的关系的。顾炎武说：

> 今考江左之文，自梁天监以前，多以去、入二声同用，以后则若有界限，绝不相通。是知四声之论，起于永明，而定于齐梁之间也。[②]

到了那时，去、入两声在文辞上绝不通用，便是表示原在上古音里一部分的收尾辅音已经失落，而入声演化史上的第一阶段真正完成了。[③] 所谓入声演化史上的第一阶段，就是指《切韵》系统里的入声，是附有[-p]，[-t]，[-k]的。纪昀曾经说隋唐韵书的四声系统和沈约的《四声谱》相合。他说：

> 约既执声病绳人，则约之文章必不自乱其例；所用四声，

---

① 参看 B. Karlgren：*Analytic Dictionary*，*Shï King Researches*。

② 见顾氏《音学五书・音论》。

③ 参看唐钺《入声演化与词曲发达之关系》(载《国故新探》，商务印书馆出版)。

> 即其谱也。今取有韵之文，州别部居而考之：平声得四十一部，不合《切韵》者才一二；仄声得七十五部，不合《切韵》者无一焉。陆氏所作，岂非窃据沈《谱》而稍为笔削者乎？①

纪氏这种考证的结果，虽然未能使我们窥见沈氏《四声谱》的内容，可是我们因此便知道齐梁时四声的系统和后来的《切韵》是大致相吻合的；《切韵》里的入声是附有[-p]，[-t]，[-k]的，和平、上、去三声相对立，这种字调的系统是南朝时已经演化完成的。那末，四声名称的成立，一方面是受有印度文化的影响，一方面又是适应着中国当时语音系统上的实际情形的。

四声名称的成立，或许在齐梁以前。赵翼有《四声不起于沈约说》，兹录其言如下：

> 今按《隋书·经籍志》，晋有张谅撰《四声韵略》二十八卷，则四声实起晋人。……《南史·陆厥传》云：'约等皆用宫商相宣，将平、上、去、入四声以之制韵。'沈约作《宋书·谢灵运传论》，论之甚详；厥乃为书辨之，以为历代众贤未必都谙此处也。此又约之前已有四声之明证。即与约同时，周颙有《四声切韵》行于时，刘善经有《四声指归》一卷，夏侯咏有《四声韵略》十三卷，王斌有《四声论》，皆齐梁间人。②

四声之说的由来，既然受有印度文化的影响，四声的成立，既然是由于摹拟转读佛经之声，那末，自从魏晋以来，一般审音文士大都和佛教发生关系，四声之说在齐梁以前早已兴起，自然是可能的。慧皎《高僧传》里《释昙迁传》谓昙迁"巧于转读，有无穷声韵，彭城

① 见纪氏《沈氏四声考·自序》。
② 见赵氏《陔余丛考》卷十九。

王义康、范晔、王昙首并皆游狎”。可见范晔自谓“性别宫商，识清浊”，实在是受当时善声沙门的薰习的。又“为韵诗”的崔光，《魏书》本传也说他是“崇信佛法，礼拜诵读，老而逾甚”。又和沈约同时的王斌，他的事迹见于《南史·陆厥传》：

时有王斌者，不知何许人。著《四声论》，行于时。斌初为道人，博涉经籍，雅有才辩。善属文，能唱导。

因此可见，魏晋以来，一般审音文士，大都与佛教发生关系：谢灵运所谓“得道应须慧业文人”，[①]也可以想见那时文人的趋向了。因佛经转读之声，应用于文辞上，自然会创出四声之说；不过这种新学说，到了周颙、沈约这班人的手里始推行于世，又正式创立声律论而成为一时的风尚。钟嵘《诗品》云：

齐有王元长者，尝谓余云：“宫商与二仪俱生，自古词人不知之，唯颜宪子乃云，律吕音调，而其实大谬，唯见范晔谢庄颇识之耳。”常欲造《知音论》，未就。王元长创其首，谢朓、沈约扬其波。三贤或贵公子孙，幼有文辨。于是士流景慕，务为精密。

可见应用四声的原理来制定文辞的格式到沈约等以后，才臻于精密。《南史·陆厥传》云：

时为文章，吴兴沈约、陈郡谢朓、琅邪王融以气类相推毂；汝南周颙善识声韵。约等文皆用宫、商，将平、上、去、入四声，

① 见《宋书·谢灵运传》。

> 以此制韵，有平头、上尾、蠭腰、鹤膝，五字之中，音韵悉异，两句之内，角徵不同，不可增减，世呼为永明体。

又载厥与约书云："前英已早识宫徵，但未屈曲指的，若今论所申。"约答书云："自古辞人岂不知宫、羽之殊，商、徵之别，虽知五音之异，而其中参差变动，所昧实多，故鄙意所谓此秘未睹者也。以此而推，则知前世文士，便未悟此处。若以文章之音韵，同弦管之声曲，美恶妍媸，不得顿相乖反；譬犹子野操曲，安得忽有阐缓失调之声。"因此可以知道四声的原理，到了永明年间，始大昌明；当时又依据美学上的时论来制定文辞的格式，引起一般文人的景慕，遂造成一时文学上的风气。这种学理的出世和风气的造成，当然还有历史上事实的背景；陈寅恪《四声三问》考之颇为详审，兹节录他的话如下：

> 南齐武帝永明七年二月二十日，竟陵王子良大集善声沙门于京邸，造经呗新声。实为当时考文审音之一大事。在此略前之时，建康之审音文士及善声沙门讨论研求，必已甚众而且精。永明七年，竟陵京邸之结集不过此新学说研求成绩之发表耳。此四声说之成立，所以适值南齐永明之世，而周颙、沈约之徒又适为此新学说代表人之故也。[①]
>
> 建康为南朝政治文化之中心。故为善声沙门及审音文士共同居住之地。二者之间发生相互之影响，实情理之当然也。经声之盛，始自宋之中世，极于齐之初年。竟陵王子良必于永明七年二月十九日以前，即已娴习转读，故始能于梦中咏诵。然则，竟陵王当日之环境可以推知也。鸡笼西邸为审音文士

① 见《清华学报》九卷二期，第276页。

> 抄撰之学府，亦为善声沙门结集之道场。永明新体之词人既在“八友”之列，则其与经呗新声制定以前之背景，不能不相关涉，自无待言。周颙卒年史不记载，据《传》文推之，当在永明七年五月王俭薨逝以前，永明三年，王俭领国子祭酒及太子少傅之后。即使不及见永明七年二月竟陵王经呗新声之制定，要亦时代相距至近。其与沈约，一为文惠之东宫掾属，一为竟陵之西邸宾僚，皆在佛化文学环境陶冶之中，四声说之创始于此二人者，诚非偶然也。又《颙传》言：“太学诸生慕颙之风，争事华辩。”其所谓“辩”者，当即颙“音辞辩丽，出言不穷。宫商朱紫，发口成句”及其子舍“善诵诗书，音韵清辨”之“辩”。皆四声转读之问题也。……沈约《宋书》一百《自序》云：“永明五年春又被敕撰《宋书》，六年二月毕功，表上之。”谢灵运《传论》之作正在此时。是其四声之说实已成立于此时以前。当与周颙不甚先后，盖同是一时代之产物，俱受佛经转读之影响而已。[①]

上所论列，乃是择取《高僧传》所载和旧史及他书之文互相释证而得的结论，使我们知道：四声说的成立，是受佛经转读的影响；南朝的建康为善声沙门和审音文士集合之处，从那种环境上自然养成审辨音读的风尚，而产生文辞上的声律论。永明七年竟陵京邸的结集和周颙、沈约这班人的创立新文体，都是由那种佛化文学的环境里陶冶出来的。周颙“音辞辩丽”和周舍“音韵清辩”的“辩”都是关于四声转读的问题。《南史·陆厥传》载约答书云：“韵与不韵，复有精粗。轮扁不能言之，老夫亦不尽辩此。”又谓：“约论四声，妙有诠辩，而诸赋亦往往与声韵乖。”这里所谓“辩”，也是关于

① 见《清华学报》九卷二期，第283～284页。

四声和声律的问题。又《梁书·沈约传》：

> 约撰《四声谱》，以为在昔词人累千载而不悟，而独得胸衿，穷其妙旨，自谓入神之作，高祖雅不好焉。尝问周舍曰：何谓四声？舍曰："天子圣哲"是也。然帝竟不遵用。（《南史·沈约传》同）

陈澧谓"不遵用者，所作诗文平仄，不用沈约之法也"。[①] 这是因为武帝个人不喜欢约等所论四声及声律的问题和当时流行的新文体，并非武帝未曾知道四声为何物，他问周舍也不是真实的疑难，而是一种轻薄厌恶的口吻。陈寅恪《四字三问》云：

> 梁武帝虽居"竟陵八友"之列，而不遵用四声者，据《隋书》十三《音乐志》载"帝既素善钟律，详悉旧事。遂自制定礼乐"。而《梁书》三《武帝纪》（《南史》七同）又载其"不听音声。非宗庙祭祀大会飨宴，及诸法事未尝作乐"。盖由于好尚之特异，后来简文帝之诋娸永明新体之支派者（见《梁书》四十九，《南史》五十《庾肩吾传》，简文《与湘东王书》）。殆亦因其家世兴趣之关系欤？[②]

可见这正是四声说和声律论通行后一部分的反动，并非表示四声的初起，尚为一般人所未知。[③]

由四声的分别应用于文辞，遂创立声律论；由新文体的成立，

---

① 见陈氏《切韵考》卷六自注。

② 见《清华学报》九卷二期，第 283 页。

③ 参看郭绍虞《中国文学批评史》上卷（商务印书馆出版）第四篇第二章第四节第三目。

一般文士，盛解音律，于是四声的原理，更大白于世间；文学界里的风尚和音韵的研究，正是互为因果的。封演《闻见记》云：

> 永明中，沈约文辞精拔，盛解音律，遂撰《四声谱》。时王融、刘绘、范云之徒慕而扇之，由是远近文学，转相祖述；而声韵之道大行。

这种新文体的格式，不外《文心雕龙·声律篇》里所谓“韵”“和”二字，而“和”尤为主要的条件；这种格式的形成，也是依据于中国语言文字上单音缀和孤立的两种特性的。[①]《声律篇》谓“同声相应谓之韵”，只是指押韵的问题，所谓“将平、上、去、入四声，以此制韵”，有当时的韵书可为依据，比较的简单；至于“异音相从谓之和”，那又是指协调音读，使“五字之中，音韵悉异，两句之内，角徵不同”；比较的复杂，《声律篇》已经说过：“韵气一定，故余声易遣；和体抑扬，故遗响难契。属笔易巧，选和至难；缀词难精，而作韵甚易。”难易之别显然，所以沈约《答陆厥书》云：

> 宫商之声有五，文字之别累万，以累万之繁，配五声之约，高下低昂，非思力所举。又非止若斯而已，十字之文，颠倒相配，字不过十，巧历已不能尽，何况复过于此者乎？[②]

当时声律论上复杂的问题，就是在此。沈约《宋书·谢灵运传论》所讨论的，也大都关于“和”的问题，沈氏自己以为“独得胸衿，穷其妙旨”，也就是指此。沈氏说：

---

① 参看郭绍虞《中国文学批评史》上卷第四篇第二章第四节。
② 见《南史·陆厥传》。

> 五色相宣，八音协畅，由乎玄黄律吕，各适物宜，欲使宫羽相变，低昂舛节，若前有浮声，则后须切响。一简之内，音韵尽殊；两句之内，轻重悉异。妙达此旨，始可言文。

在美学的原理上看来，不外使抑扬相间，以避去所谓“阐缓失调”之声；《左氏传》云：“琴瑟专壹，谁能听之”；以及司马相如论赋云：“一经一纬，一宫一商”；[①]陆机《文赋》云：“暨音声之迭代，若五色之相宣”；都不外说明这种原理。不过到了齐梁间，更“屈曲指的”，根据音韵学上研究的结果以制定文辞上的一种格式。这种格式的具体规则，就是所谓“八病”之说；关于“八病”的解释，后代每多歧说，[②]应当以《文心雕龙·声律篇》里所说的为唯一的依准。《声律篇》云：

> 凡声有飞沈，响有双叠。双声隔字而每舛，叠韵杂句而必睽；沈则响发而断，飞则声飏不还；并辘轳交往，逆鳞相比，迂其际会，则往蹇来连，其为疾病，亦文家之吃也。

这几句话解释八病，最为明显而扼要。“沈则响发而断，飞则声飏不还”；就是指“平头”“上尾”“蜂腰”“鹤膝”四病，也就是沈氏所说的“前有浮声则后须切响”；“两句之中，轻重悉异”。又“双声隔字而每舛，叠韵杂句而必睽”；就是指“大韵”“小韵”“旁纽”“正纽”四病，也就是沈氏所说的“一简之内，音韵尽殊”。八病的名称，并不必是沈氏所立；或者沈氏先规定了一个主要的原则，附和他的，渐

---

① 见《西京杂记》。

② 参看刘师培《中古文学史》及郭绍虞《中国文学批评史》上卷第四篇第二章第四节第二目。

渐加详，就列出八种名目。[1]《南史·陆厥传》也只举八病的前四种；而且因为"选和至难"，当时对于八病，也不必绝对的避忌。所以沈氏"诸赋亦往往与声韵乖"；沈氏自己说："韵与不韵，复有精粗，老夫亦不尽辩此。"钟嵘《诗品》所谓"襞积细微，专相陵架。……平、上、去、入，余病未能"，是指精的声律而言；所谓"清浊通流，口吻调利；……蜂腰、鹤膝，闾里已具"，是指粗的声律而言。其实声律过于精密，自然使"文多拘忌，伤其真美"；所以齐梁当时创声律论的，对于八病，实际也未必完全避忌。至于粗的声律，大都为一般所不能否认；尤其是协调平仄，最适合于中国语言文字的性质，而造成中国文辞上的"轻重律"。近人王光祈说：

平声之字，较之上、去、入三种仄声之字，有下列两种特色：（甲）在"量"的方面，平声则长于仄声。即徐大椿《乐府传声》所谓"四声之中，平声最长"是也。（乙）在"质"的方面，平声则强于仄声。（按平声之字，其发音之初，既极宏壮；而继续延长之际，又能始终保持其固有"强度"。）因此，余遂将中国平声之字，比之于近代西洋语言之"重音"（Accent），以及古代希腊文字之"长音"而提出：平仄二声，为造成中国诗词曲的"轻重律"（Metrik）之说。……本来中国语言，因其兼有四声：忽升忽降，忽平忽止之故，其自身业已形成一种歌调。再加以平声之字，既长且重，参杂其间，于是更造成一种轻重缓急之节奏。故中国语言自身，实具有音乐上各种原素。……[2]

---

① 冯班《钝吟杂录》："沈侯云：'一简之内，音韵尽殊；两句之中，轻重悉异。'详此则八病俱去，亦不在曲折分其名目也。"

② 见王光祈《中国诗词曲之轻重律》（中华书局出版）。

原来四声名称的成立，最初并不认为单纯的音调变化的关系，而在发音习惯上，音调的变化和音量的长短、音势的强弱可以发生交互的影响；因之字调上平、上、去、入的四类，又依据于语言里音乐的性质，区分为平、仄两大类。因语言里自然的轻重律，制定一种文辞的格式；所谓"前有浮声，则后须切响"；"两句之中，轻重悉异"；"沈则响发而断，飞则声飏不还"；这种原则的明白显示，乃是由审辨音读而得的结果，不可谓非齐梁间人一种特殊的发明和贡献。更因平仄抑扬相间的道理，而悟到一句内参杂双声、叠韵的字也不能过多，过多也和这种美学的原理不符，而成为"文家之吃"了。所以说："双声隔字而每舛，叠韵杂句而必睽"；必定要"一简之内，音韵尽殊"；虽然在实际文字上并不严格的遵从，可是因八病当中的前四病，而悟到后四病所包含的原理正是相同，也应当把它们列出。这样，把字调的区分和双声、叠韵的问题分作两起来论列，可以见得当时已经渐渐知道音调、音量等变异的现象和音素变异的现象应当分做两方面来观察；不像从前所谓"一宫一商""音声迭代"，只是混合一起的说了。这又是齐梁间人对于音韵学上的一种贡献。文学上的研究和发明，正是和音韵学上的创获互为因果的；所以封氏《闻见记》说："永明中盛解音律，而声韵之道大行。"

沈约《谢灵运传论》谓"自灵均以来，多历年代，虽文体稍精，而此秘未睹。至于高言妙句，音韵天成，皆暗与理合，匪由思至"。这就是陆厥《与约书》所云："美咏清讴有辞章调韵者。"大概从魏晋以来，虽然在文辞上未曾像永明体那样定为一种格式，可是读音的系统、字调的种类已经渐渐和齐梁时代的相接近，所以周汉以来，多历年代能"文体稍精"而"暗与理合"。声律的由粗而精，和一种学说的积久而发生，正像实际语音的渐渐演变，总离不了历史的背景的。沈约所谓"韵与不韵，复有精粗"。所用的"韵"字，也大都沿袭齐梁以前概括字调而言。可是当时讲到声律，确是已经把四声的区分和双声叠韵的问题看作两起；不像韵学初起时借用五音的名称来区别字调，而同时又包括韵部的分析。齐梁当时四声的名称已经成立，可是沈约、王融、陆厥这班人关于四声的理论，所说的仍旧是沿用宫、商、角、徵、羽的名目。陈寅恪《四声三问》里说：

> 宫、商、角、徵、羽者，中国传统之理论也。关于声之本体，即同光朝士所谓“中学为体”是也。平、上、去、入四声者，西域输入之技术也。关于声之实用，即同光朝士所谓“西学为用”是也。盖中国自古论声，皆以宫、商、角、徵、羽为言，此学人论声理所不能外者也。至平、上、去、入四声之分别，乃摹拟西域转经之方法，以供中国行文之用。其“颠倒相配，参差变动”，如“天子圣哲”之例者，纯属于技术之方面，故可得而谱。即按谱而别声，选字而作文之谓也。然则五声说与四声说乃一中一西，一古一今，两种截然不同之系统。论理则指本体以立说，举五声而为言；属文则依实用以遣词，分四声而撰谱。苟明乎此，则知约之所论，融之所言，及厥之问约，约之答厥，所以止言五声，而不及四声之故矣。①

字调的分别，既然以音调高低的变化为主要的因素，所以可借用五音来作区分字调的理论的根据；至于区分的结果，便是字调的种类，当时摹拟了佛经转读之声，又因为缀词选字的需要，于是定出平、上、去、入的名称。因此可知四声和五音原来并非名异实同的东西。不过最初借用五音来区分字调，以及对于字调的观察，并不认为是单纯的音调变化的关系，或且把韵部的分析也包含在五音的理论当中；所以五音和四声，在涵义上也有广狭之别。南朝一般

① 见《清华学报》九卷二期，第286～287页。

文士，受了佛化文学环境的陶冶，一方面立定四声以为缀词选字之用，一方面又把字调的区分和双声、叠韵的问题分作两方面来论列。学术的进步，总是由疑混而趋于分晰，反切的应用，只是把字音里的单音缀分析为"声"和"韵"两部分，到了四声的名称成立以后，又从字音的"调"子上别作独立的观察和研究。当时既然开始把四声的区分和韵部分别的问题看作两起，对于往后韵书体例的改进，自然会发生很大的影响。

五、魏晋隋唐间的“韵书”

（一）魏晋六朝的“韵书”和诸家的“分部”

通常韵书的体例，以“四声”为纲，“韵目”为经，用来部勒文字，而文字下大都注明“反切”。所以韵书是由反切的注音方法风行之后而兴起的。应用反切来注明各书里的字音，就是“音义”一类的书；我们在上章第二节里说过，音义一类的书当魏晋六朝的时候最为盛行。我们依据谢氏《小学考》所录，把魏晋南北朝的著述来数一数：

训诂类　魏张揖《广雅》、梁刘杳《要雅》等共二十六种；

文字类　北魏江式《古今文字》、梁阮孝绪《文字集略》等共四十四种；

声韵类　魏李登《声类》、晋吕静《韵集》等共二十七种；

音义类　晋李充《周易音》、徐邈《古文尚书音》等共七十种；①

音义一类当中，有仅注字音的，有兼载字义的；如果把这七十种的

① 据日本冈井慎吾《玉篇研究》（东洋文库发行）（一）正编第三章，第38页。

音义书分隶于训诂声韵二类，那末，粗略的归类又如下：

> 训诂　六十一种；文字　四十四种；声韵　六十二种。[①]

可见当时因为音义一类书的盛行，似乎是把训诂的范围扩大，实在使得音读的研究离开了文字、训诂而成为音韵学的专书，所以《颜氏家训》说："自兹厥后，音韵锋出。"

反切风行之后，于是类集反切而成为韵书。最初的韵书，大家都推《声类》。《隋书·经籍志·声类十卷》谓："魏左校令李登撰"；《潘徽传》也说："李登《声类》、吕静《韵集》始判清浊，才分宫羽。"封演《闻见记》谓李氏书"以五声命字，不立诸部"；大概《声类》虽然还没有细分韵部，而已经依据字调来类别字音或者把韵部上音素的差异也概括于五音当中，所以可说是韵书的始祖。学术的进步总是由混趋晰；到了晋吕静作《韵集》，仿李登之法，仍依五音分为五篇，[②]也还未曾立着四声的名目；可是，吕书，现在可得知道，确已分列韵部了。《隋志》：吕静《韵集》六卷；此外又有无名氏《韵集》十卷，段宏《韵集》八卷；当时称《韵集》的，实不只是吕氏书。陈鳣《韵集叙录》云：

> 《隋书·经籍志》：《韵集》十卷；又六卷，晋复安令吕静撰。江氏《上表》则云：静放《声类》之法，作《韵集》五卷，宫、商、角、徵、羽各为一篇。按所称卷各不同，既以五音名篇，当以五卷为是，或并录目为六卷与？至十卷者，恐别是一书；《隋志》又有韵集八卷，注：段宏撰；知当时作《韵集》者，不止一

---

① 据冈井慎吾《玉篇研究》(一)正编第三章，第38页。

② 见《魏书·江式传》；参看本文的四(三)。

人也。[1]

因之从别的书上所辑得《韵集》的佚文，便不能确定是出于吕氏书里的。陈鳣《叙录》曾经依据《颜氏家训·音辞篇》里的几句话来考定《韵集》的分部，他说：

> 吕静书今已不传，其部次不可考。惟《颜氏家训·音辞篇》指其成、仍、宏、登，合成两韵，为、奇、益、石，分作四章。段若膺云：今《广韵》本于《唐韵》，《唐韵》本于陆法言《切韵》；法言《切韵》，颜之推同撰，然则颜氏所执，略同今《广韵》。今《广韵》成在十四《清》，仍在十六《蒸》，别为二韵；宏在十三《耕》，登在十七《登》，亦别为二韵；而吕静《韵集》成、仍为一韵，宏、登为一韵，故曰合成两韵。今《广韵》为、奇同在五《支》，益、石同在二十二《昔》；而《韵集》为、奇别为二韵，益、石别为二韵，故曰分作四章。皆与颜说不合，故以为不可依信。今按宏、登为一韵，与古韵合，此《韵集》之胜于颜陆辈也。[2]

这也不能断定吕书的部目确是如此，也可以假定别家的《韵集》具有这样的部目。因为我们现在所能考见真正的吕书分部的大概，只是依据于故宫博物院藏唐写本《刊谬补缺切韵》[3]和巴黎国家图书馆藏敦煌唐写本王仁煦《刊谬补缺切韵》[4]两种残卷韵目下的附注；我们看这两种唐写本韵目下的附注，并没有说到吕书《清》和《蒸》，《耕》和《登》的混同，以及《支》韵、《昔》韵的各分为二；所以

---

① 参看谢氏《小学考》第二十九。
② 同上。
③ 有北平延光室摄影本及上虞罗氏印秀水唐兰仿写本。
④ 有刘复《敦煌掇琐》刻本。

《颜氏家训》这里所谓《韵集》,是否确指吕氏书,还是一个疑问。但是,无论如何,《声类》《韵集》诸书,对于往后的韵书以至陆法言的《切韵》总是有绝大的影响的。我们看看《声类》《韵集》佚文当中的切语,和《切韵》残卷(详下节)及宋本《广韵》有完全相同的,有切语用字虽异而音实相同的。例如"疼",《声类》:"徒冬反";"编",《声类》《韵集》并"布千反";这是切语上下字和《切韵》《广韵》完全相同的;又如"鸿",《声类》:"胡公反",《切韵》:"胡笼反",《广韵》:"户公切";"聆",《声类》:"力丁反",《切韵》:"郎丁反",《广韵》:"郎丁切";这是切语用字虽异而音实相同的。[1] 固然也有和《切韵》《广韵》声韵不同的,如"奓",《声类》:"昌氏切",《切韵》作"陟加反";"吮",《韵集》;"弋选反",《切韵》作"徐兖反"又"组兖反"之类;[2]可是我们总可以断定陆法言作《切韵》实在是参合《声类》以下的韵书而成的。

陆氏《切韵》以前的音韵一类书籍,除《声类》《韵集》以外,据《小学考》所录,尚有下列诸种:

李概《修续音韵决疑》(《隋志》十四卷,按空海《文镜秘府论》引称《音韵决疑》);

李概《音谱》(《隋志》四卷,按陆法言《切韵序》称李季节《音谱》);

王延《文字音》(《隋志》七卷);

无名氏《文章音韵》(见《七录》);

王该《五音韵》(《七录》五卷);

释静洪《韵英》(《隋志》三卷);

---

① 参看罗常培《切韵探赜》(载中山大学《语言历史学研究所周刊》第三集第二十五、二十六、二十七期),第29~31页。

② 同上书,第29~31页。

无名氏《字书音同异》(《隋志》一卷);

无名氏《叙同音义》(《隋志》三卷);

无名氏《杂字音》(《隋志》一卷);

无名氏《借音字》(《隋志》一卷);

无名氏《音书考原》(《隋志》一卷);

周研《声韵》(《隋志》四十一卷,按陆法言《切韵序》称周思言《音韵》,盖即是书);

周彦伦《四声切韵》(见《南史》);

沈约《四声》(《隋志》一卷,按《文镜秘府论》引作《调四声谱》);

王斌《四声论》(见《南史》);

张谅《四声韵林》(《隋志》二十八卷,按旧、新《唐志》并载张谅《四声部》三十卷,盖即是书);

刘善经《四声指归》(《隋志》一卷,按《文镜秘府论》引作《四声论》);

夏侯咏《四声韵略》(《隋志》十三卷,按陆法言《切韵序》作《韵略》,宋本《广韵》序“咏”字误作“该”,唐写本《切韵序》不误);

杨休之《韵略》(《隋志》一卷,按,杨亦作阳;《颜氏家训》称阳休之造《切韵》,恐是一书);

杜台卿《韵略》(见陆法言《切韵序》);

无名氏《群玉典韵》(《隋志》五卷,谢氏录作《群玉韵典》);

无名氏《纂韵钞》(《隋志》十卷,按慧琳《一切经音义》引《纂韵》,或即是书);

潘徽《韵纂》(三十卷,见《隋书》)。[1]

---

[1] 参照《小学考》卷二十九及魏建功《十韵汇编》(北京大学《文史丛刊》第五种)《序》文,第21～28页。

这些书也统已亡佚，我们既然不能看见它们原来的面目，所以也很难窥探它们的内容而比较彼此间的异同。潘徽《韵纂序》谓李登《声类》、吕静《韵集》“全无引据，过伤浅局，诗赋所须，卒难为用”；[①]韵书的编制，虽然依照音读来排列文字，而原来的目的，并非单纯的为着审音而设，除了训释文字之外，还包含着撰作诗赋的作用。我们在上章说过，文学上的研究和发明，正是和音韵学上的创获互为因果，汉后一般文人受了梵文拼音学理的影响，因之由反切的注音和四声的分别进而为韵书的编制；所以过去中国的韵书，总是兼具有审音和作文的两种目的。上面所列的这些音，虽然不能断定它们统统是采取通常韵书的体例，而大致总是为着审音和作文这两种需要而发生的；觉得前人所撰述不能完全满足这两种需要，后人自然须重行编制，或且加以改进，所谓“总循旧辙，创立新意”；[②]因之韵书接连的产生，而诸家难免“各有乖互”。

《颜氏家训·音辞篇》谓：“李季节著《音韵决疑》，时有错失；阳休之造《切韵》，殊为疏野”；这就是后人对前人审音不满意的表示。《音辞篇》又云：“古今言语，时俗不同；著述之人，楚夏各异”；这又显示诸家关于审定音读互有出入的原因，不仅是在音韵智识的深浅和分类标准的不同，尤其因为古今方国音读的纷歧和变迁，各人所根据的语音系统，原来并不一致。陆氏《切韵序》里也很明白的说：

> 古今声调，既自有别，诸家取舍，亦复不同。……吕静《韵集》、夏侯咏《韵略》、阳休之《韵略》、周思言《音韵》、李季节《音谱》、杜台卿《韵略》等各有乖互。江东取韵与河北复殊。[③]

① 见《隋书·文学传》。

② 亦潘徽《韵纂序》中语。

③ 参看罗常培《切韵序校释》(载中山大学《语言历史学研究所周刊》第三集第二十五、二十六、二十七期)，第12～20页。

更可以见得，诸家各有乖互，也是由于他们著述时所根据的语音系统不尽相同。从魏晋到了隋朝约有三百五十年，这个期间前后音读的差异，当然是应有的事；我们把南北朝诗人的用韵调查一下，就可以分做几个时期来显示那时用韵的变迁。[①] 虽然用韵的宽严，或许因乎各时的风尚，[②]但是一方面也总离不了语音系统变迁的结果。除了时代的关系以外，还包含着各处方音的纷歧；《颜氏家训·音辞篇》谓“音韵锋出，各有土风，递相非笑，指马之喻，未知孰是”；各自依据土风来递相非笑，就是各自依据方音来递相更定或改制，这样自然是难免各有乖互。原来中国文字是一种表意文字，字体本身没有确定的音值；虽然在注音方面，由形声、假借进而为读若、直音，再进而为两字的反切，可是仍离不了以汉字注汉字的方法，我们从这些注音上也只能知道某字和某字认为是同音或双声、叠韵的关系。因之我们对于各种韵书的观察，首要注意它们分部的情形，凡是同属于一个韵部的，必定是至少认为有叠韵的关系。六朝诸家韵书的分部，互有出入，最足以表明他们取舍不同的所在。

六朝诸家原书亡佚，我们要考明他们分部异同的大概，现在只能根据两种唐写本《刊谬补缺切韵》残卷里韵目下的附注。兹将这些附注里关于六朝诸家分部的话节录于下：

《冬》　阳与《钟》《江》同，吕、夏侯别；今依吕、夏侯。

《脂》　吕夏、与《微》韵大乱杂，阳、李、杜别；今依阳、李、(杜)。(凡原书残缺而可推知者，外加括弧以识之。)

---

① 参看王力《南北朝诗人用韵考》(载《清华学报》第十一卷第三期)，第4页。

② 王力《南北朝诗人用韵考》：“用韵的宽严，似乎是一时的风尚：《诗经》时代用韵严，汉魏晋宋用韵宽，齐梁陈隋用韵严，初唐用韵宽(尤其是对于入声)。”(《清华学报》第十一卷第三期，第5、第6页)。

《真》　吕与《文》同，夏侯、阳、杜别，今依夏侯、阳、杜。

《臻》　吕、阳、杜与《真》同韵，夏别；今依夏。

（以上故宫藏唐写本韵目下注）

《董》　吕与《肿》同，夏侯别；今依夏侯。

《旨》　夏侯与《止》为疑，吕、阳、李、杜别；今依吕、阳、李、杜。

《语》　吕与《麌》同，夏侯、阳、李、杜别；今依夏、阳、李、杜。

《蟹》　李与《骇》同，夏侯别；今依夏侯。

《贿》　李与《海》同，夏侯为疑，吕别；今依吕。

《隐》　吕与《吻》同，夏侯别；今依夏侯。

《阮》　夏侯、阳、杜与《混》《佷》同，吕别；今依吕。

《潸》　吕与《旱》同，夏侯别；今依夏侯。

《产》　阳与《铣》《狝》同，夏侯别；今依夏侯。

《铣》　夏侯、阳、杜与《狝》同，吕别；今依吕。

《篠》　阳、李、夏侯与《小》同，吕、杜别；今依吕、杜。

《巧》　吕与《皓》同，《阳》与《篠》《小》同，夏侯并别；今依夏侯。

《敢》　吕与《槛》同，夏侯别；今依夏侯。

《养》　夏侯在平声《阳》《唐》，入声《药》《铎》并别，上声《养》《荡》为疑；吕与《荡》同；今别。

（《梗》）　夏侯与《靖》同，吕别；今依吕。

《耿》　李、杜与《梗》《迥》同，吕与《靖》《迥》同，与《梗》别，夏侯与《梗》《靖》《迥》并别；今依夏侯。

《静》　吕与《迥》同，夏侯别；今依夏侯。

（《有》）　李与《厚》同，夏侯与□同，吕别；今依吕。（中缺）

（《琰》）　□□《范》《豏》同，夏侯□□同；今并别。（中缺）

《宋》　阳与《用》《绛》同，夏侯别，今依夏侯。

《至》　夏侯与《志》同，阳李、杜别；今依阳、李、杜。

《霁》　□□与《祭》□。（缺）

《怪》　夏侯与《泰》同，杜别；今依杜。

《队》　李与《代》同，夏侯为疑，吕别；今依吕。

《废》　夏侯与《队》同，吕别；今依吕。

《愿》　夏侯与《慁》别，与《恨》同；今并别。

《谏》　李与《裥》同，夏侯别；今依夏侯。

《霰》　阳、李、夏侯与《线》同，夏侯与同，（与字下疑有脱文）吕、杜并别；今依吕、杜。

《效》　阳与《啸》《笑》同，夏、杜别；今依夏侯、杜。

《个》　吕与《祃》同，夏侯别；今依夏侯。

《漾》　夏侯在平声《阳》《唐》，入声（《药》《铎》）并别，去声《漾》《宕》为疑；吕与《宕》同；今（别）。

《敬》　吕与《诤》同，《劲》《径》并同，夏侯与《劲》同，与《诤》《径》别。今并别。

《宥》　吕、李与《侯》同，夏侯为疑；今别。

《幼》　杜与《宥》《侯》同，吕夏侯别，今依吕、夏侯。

《艳》　吕与《梵》同，夏侯与《㮇》同；今别。

《陷》　李与《鉴》同，夏侯别；今依夏侯。

《沃》　阳与《烛》同，吕、夏侯别；今依吕、夏侯。

《栉》　吕、夏侯与《质》同；今别；

《迄》　夏侯与《质》同，吕别；今依吕。

《月》　夏侯与《没》同，吕别；今依吕。

《屑》　李、夏侯与《薛》同，吕别；今依吕。

《锡》　李与《昔》同，夏侯与《陌》同，吕与《昔》同，与《麦》同；今并别。

《洽》　吕□□同，夏侯别；今依吕。[1]

《叶》　吕与《怗》《洽》同，今别。

《药》　吕、杜与《铎》同，夏侯别；今依夏侯。

（以上敦煌唐写本韵目下注）[2]

从这些附注当中可以窥见六朝诸家分部各有乖互的情形。近人魏建功曾据以考定吕静、夏侯咏、阳休之、李季节、杜台卿五家的部目。[3] 我们应当注意的，诸家分部无论异同如何，总没有隋唐韵书

① 魏建功《十韵汇编序》（第55页）谓："此条借抄刘君底本，如此作。今刻本作：'李与《狎》同，夏侯别，今依夏侯。'并存之。"

② 参照魏建功《十韵汇编序》，第53～55页。

③ 魏著《吕静、夏侯咏、阳休之、李季节、杜台卿诸家韵部考目》（见魏著《古音系研究》，第165～169页）。

吕静韵集	夏侯咏韵略	阳休之韵略	李季节音谱	杜台卿韵略	陆法言切韵	王仁煦切韵	李舟切韵
	东董送屋	* * * *	* * * *	* * * *	东董送屋	东董冻屋	东董送屋
冬　宋沃	冬　宋沃		*　* *	*　* *	冬　宋沃	冬　宋沃	冬　宋沃
钟肿用烛	钟肿用烛	钟肿用烛	* * * *	* * * *	钟肿用烛	钟肿种烛	钟肿用烛
江讲绛觉	江讲绛觉	江讲绛觉	* * * *	* * * *	江讲绛觉	江讲绛觉 阳养样药 唐荡宕铎	江讲绛觉
支纸寘	纸寘	支纸寘	支纸寘	支纸寘	支纸寘	支纸寘	支纸寘
脂旨至	脂旨？至	脂旨至	脂旨至	脂旨至	脂旨至	脂旨至	脂旨至
之止志	之止？志	之止志	之止志	之止志	之止志	之止志	之止志
微尾未	微尾未	微尾未	微尾未	微尾未	微尾未	微尾未	微尾未
	鱼语御	鱼语御	鱼语御	鱼语御	鱼语御	鱼语御	鱼语御
虞麌遇	虞麌遇	虞麌遇	虞麌遇	虞麌遇	虞麌遇	虞麌遇	虞麌遇

（转下页）

（接上页）

吕静韵集	夏侯咏韵略	阳休之韵略	李季节音谱	杜台卿韵略	陆法言切韵	王仁煦切韵	李舟切韵
模姥暮	模姥暮	模姥暮	模姥暮	模姥暮	模姥暮	模姥暮	模姥暮
					泰	泰	
齐荠霁	齐荠霁	齐荠霁	齐荠霁	齐荠霁	齐荠霁	齐荠霁	齐荠霁
祭	祭	祭	祭	祭	祭	祭	祭
泰	泰	泰	泰	泰			泰
？？？	佳蟹卦	* * *		* * *	佳蟹卦		佳蟹卦
？？？	皆骇	* * *	皆骇怪	皆骇怪	皆骇怪	皆骇怪	皆骇怪
夬	夬	夬	夬	夬	夬	夬	夬
						废	
灰贿队	灰	* * *		* * *	灰贿队	灰贿诲	灰贿队
咍海代	咍	* * *	咍海代	* * *	咍海代	台待代	咍海代
废		*	*	*	废		废
质	真轸震质	真轸震质	* * * *	真轸震质	真轸震质	真轸震质	真轸震质
							谆准稕术
文吻问	文吻问物	文吻问物	* * * *	文吻问物	物		
	臻		* *		臻 栉	臻 栉	臻 栉
					文吻问	文吻问物	文吻问物
殷 迄	殷隐焮	殷隐焮	* * * *	殷隐焮	殷隐焮迄	斤谨靳讫	殷隐焮迄
						登等磴德	
元阮愿月			* * * *		元阮愿月		元阮愿月
魂混恩没	魂混恩没	魂混恩没	* * * *	魂混恩没	魂混恩没		魂混恩没
痕佷恨	痕佷恨	痕佷恨	* * * *	痕佷恨	痕佷恨		痕佷恨
寒旱翰	寒旱翰	* * * *	* * * *	* * * *	寒旱翰	寒旱翰褐	寒旱翰曷
末	末				末		桓缓换末

（转下页）

（接上页）

吕静韵集	夏侯咏韵略	阳休之韵略	李季节音谱	杜台卿韵略	陆法言切韵	王仁煦切韵	李舟切韵
						黠	
						魂混恩纥	
						恨很恨	
						先铣霰屑	
						仙狝线薛	
	删潸谏黠	* * * *		* * * *	删潸谏黠	删潸讪	删潸谏黠
? ? ? ?	山产裥辖		山产裥辖	* * * *	山产裥辖	山产裥辖	山产裥辖
先铣霰屑					先铣霰屑		先铣霰屑
仙狝线薛	仙狝线薛	仙狝线薛	仙狝线薛	仙狝线薛	仙狝线薛		仙狝线薛
							（宣）
						元阮愿月	
萧篠啸				萧篠啸	萧篠啸	萧篠啸	萧篠啸
宵小笑	宵小笑	宵小笑	宵小笑	宵小笑	宵小笑	宵小笑	宵小笑
	肴巧效		* * *	肴巧效	肴巧效	肴巧效	肴巧效
豪皓号	豪皓号	豪皓号	* * *	豪皓号	豪皓号	豪皓号	豪皓号
						庚梗更隔	
						耕耿诤	
						清请清	
						冥茗暝觅	
	歌哿个	* * *	* * *	* * *	歌哿个	歌哿个	歌哿个
							戈果过
						佳解懈	
麻马祃	麻马祃	* * *	* * *	* * *	麻马祃	麻马祃	麻马祃
						侵寝沁缉	

（转下页）

（接上页）

吕静韵集	夏侯咏韵略	阳休之韵略	李季节音谱	杜台卿韵略	陆法言切韵	王仁煦切韵	李舟切韵
					覃感勘		
					谈敢阚		
					阳养漾		阳养漾药
					唐荡宕		唐荡宕铎
青迥	青迥径	* * * *	青迥径	青迥径	锡		
劲昔	清静劲昔	* * * *	昔	昔	昔		
诤麦	耕耿诤麦	* * * *			麦		
庚梗	庚梗　陌	* * * *	庚梗敬陌	庚梗敬陌	庚梗敬陌		庚梗敬陌
					耕耿诤		耕耿诤麦
					清劲静		清静劲昔
					青迥径		青迥径锡
						蒸拯证职	蒸拯证职
							登等嶝德
	尤有宥	* * *		尤有宥	尤有宥	尤有宥	尤有宥
侯厚候	侯厚候	* * *	侯厚候	侯厚候	侯厚候	侯厚候	侯厚候
幽黝幼	幽黝幼	* * *	* * *		幽黝幼	幽黝幼	幽黝幼
					侵寝沁		侵寝沁缉
覃感勘合	覃感勘合	覃感勘合	覃感勘合	覃感勘合	合		覃感勘合
	谈敢阚盍	* * * *	* * * *	* * * *	盍		谈敢阚盍
? ? ? ?	咸豏陷洽	* * * *		* * * *	洽		
衔槛鉴狎	衔槛鉴狎	* * * *	衔槛鉴狎	* * * *	狎		
		* * * *	* * * *	* * * *	盐琰艳叶	盐琰艳叶	盐琰艳叶
? ? ? ?	添忝桥怗	* * * *	* * * *	* * * *	添忝桥怗	添忝桥怗	添忝桥怗
						覃禫醰沓	

（转下页）

上的那样细密；陆法言定《切韵》，大都参合诸家，多取其所分，而不取其所合。现在所能考见的，只有《颜氏家训》所说“为奇、益石、分作四章”，可以知道是《韵集》所分而《切韵》所合的，此外都是六朝某一家所混同的韵部，而《切韵》依据另一家或竟照自己的意旨加以析别。又近王力曾作《南北朝诗人用韵考》一文，结论当中说：

(接上页)

吕静韵集	夏侯咏韵略	阳休之韵略	李季节音谱	杜台卿韵略	陆法言切韵	王仁煦切韵	李舟切韵
						谈淡阚蹋	
侵寝沁缉	侵寝沁缉	侵寝沁缉	侵寝沁缉	侵寝沁缉	缉		
	阳养漾药	* * * *	* * * *		药		
唐荡宕铎	唐荡宕铎	* * * *	* * * *	唐荡宕铎	铎		
蒸拯证职	蒸拯证职	蒸拯证职	蒸拯证职	蒸拯证职	蒸拯证职		
登等嶝德	登等嶝德	登等嶝德	登等嶝德	登等嶝德	登等嶝德		
					咸豏陷	咸减陷洽	咸豏陷洽
					衔槛鉴	衔槛览狎	槛槛鉴狎
						格	
						昔	
严广俨业	严广俨业	严广俨业	严广俨业	严广俨业	严　业	严严严业	严严酽业
凡范梵乏	凡范梵乏	凡范梵乏	凡范梵乏	凡范梵乏	凡范梵乏	凡范梵乏	（凡）范梵乏
凡百四十八韵	凡百七十三韵	凡百七十二韵	凡百六十三韵	凡百六十九韵	据王写残卷切韵及王仁昫韵目所注定百九十三韵	故宫本目次百九十五韵	用王静安说即广韵二百零六韵目次所本只多宣韵而少凡韵

(上表中*符，指不能决定有无之韵)

> 齐梁陈隋的用韵虽严，其韵部仍不能如《切韵》之繁多。下列诸韵部，皆《切韵》所能分而南北朝韵文中所不能分者：
>
> 《歌》《戈》；《灰》《咍》；《萧》《宵》；《尤》《侯》《幽》；《冬》《钟》；《阳》《唐》；《庚》《耕》《清》；《真》《谆》《臻》；《元》《魂》《痕》；《先》《仙》；《寒》《桓》；《盐》《添》；《沃》《烛》；《药》《铎》；《陌》《麦》《昔》；《质》《术》《栉》；《月》《没》；《屑》《薛》；《曷》《末》；《叶》《怗》。[①]

这些韵部在吕、夏侯、阳、李、杜五家当中，很有把它们混合的，例如《冬》《钟》，阳氏无别，《真》《臻》，吕、杨、杜三家无别等等。因此也可见得六朝诸家的分部实在各自合于实际的语音，至少也能合于事实上作文的需要；他们分部的各有出入，或者就是因为所处的时代或所据的方音彼此不同之故。六朝诸家的韵书，价值并不一定在陆法言《切韵》之下；颜氏谓李书错失，阳书疏野，只是就它们当中某几点不合的地方来说，或者竟是审音的标准根本殊异之故，并非说它们是完全不足取的。反之。陆法言《切韵》实在参合诸家韵书而成，隋唐韵书是以六朝诸家为依傍的。

（二）陆法言《切韵》和唐代《韵书》的派别

陆法言《切韵序》云：“昔开皇初，有刘仪同臻，颜外史之推，卢武阳思道，魏著作彦渊，李常侍若，萧国子该，辛谘仪德源，薛吏部道衡等八人，同诣法言门宿，夜永酒阑，论及音韵。……因论南北是非，古今通塞，欲更据选精切，除削疏缓。颜外史、萧国子多所决

---

① 见王力《南北朝诗人用韵考》，第56页。

定。……法言即烛下握笔略记纲纪。”[①]可见陆法言著《切韵》一书，乃是依据于八人讨论的结果，而八人当中，尤以颜之推、萧该二人的意见最为重要；所谓略记纲纪，就是指《切韵》的分部，是遵照他们的主张，随笔记下来的。所以《切韵序》末尾又云：“非是小子专辄，乃述群贤遗意。”《切韵》一书成于仁寿元年，上距开皇初约有二十年；[②]在这二十年里，法言虽曾自己“博问英辩，殆得精华”，而是“取诸家音韵古今字书，以前所记者定之为《切韵》五卷”；[③]大体上，总是依据于记下来的颜、萧等所定的纲纪。颜萧等关于音韵的主张，现在不能详细的考见；[④]《颜氏家训・音辞篇》里有几句很重要的话，可以作为他们主张的代表：

> 夫九州之人，言语不同，生民以来，固常然矣。……孙叔然创《尔雅音义》，是汉末人独知反语。至于魏世，此事大行。……自兹厥后，音韵锋出；各有土风，递相非笑。指马之喻，未知孰是；共以帝王都邑，参校方俗，考核古今，为之折衷。搉而量之，独金陵与洛下尔。南方水土和柔，其音清举而切诣；失在浮浅，其辞多鄙俗。北方山川深厚，其音沈浊而铫钝；得其质直，其辞多古语。……南染吴越，北杂虏夷，皆有深弊。

颜氏主张编制韵书，要“参校方俗，考核古今”，荟萃各种语音系统，杂采众长，以成一种标准的音系字典。六朝韵书大都是“楚夏各异”“各有土风”，不能兼赅古今，南北而为之折衷，所依据于语音系

---

① 参看罗常培《切韵序校释》第6～22页及刘盼遂《广韵叙录校笺》(载《文字音韵学论丛》卷四)。

② 参看董作宾《切韵年表》(载中山大学《语言历史学研究所周刊》第三集第二十五、二十六、二十七期，第141～142页)。

③ 亦陆氏《切韵序》语。

④ 参看罗常培《切韵序校释》，第6～22页。

统过于单纯，就不能适用于异地，异时之人，也不能投合中国人的调和主义，所以说是“各有乖互”；颜氏主义集合诸家音韵，重行编制，使适用于各地各时，不至再有相乖互、相讪笑的情形。这种主张在音韵学上是否应当如此，依照这种主张所编制的韵书，它的价值是否能超过六朝诸家韵书之上，固然是一个疑问；[①]不过颜、萧等八人，在当时的文学界有很大的权威，这种折衷主义是代表那时一般审音文士的意见；依照这种意见来重定一部韵书，足以迎合国人调和的心理，又适合了当时文人撰诗赋的需要。所以陆氏书出，六朝诸家韵书就罕有人奉行；六朝韵书所以统统亡佚，这或许就是一个重要的原因。[②] 而陆氏书所以成为后代《诗韵》的始祖，唐宋韵书大都以它为蓝本，也就是由于这个原因。

法言《切韵》五卷，《隋书》及《旧唐书·经籍志》《新唐书·艺文志》均未著录；《新旧唐志》皆有陆慈《切韵》五卷。丁度《集韵》，韩道昭《五音集韵》常称陆词《切韵》；清毛奇龄谓即法言书。[③] 王国维又据日本源顺《倭名类聚钞》及僧瑞信《净土三部经音义》所引陆词《切韵》，参校《切韵残卷》，更证以日本狩谷望《倭名钞笺》之说，断定法言就是陆词，并谓《新旧志》的陆慈也就是陆词。[④] 我们现在看到刘复《敦煌掇琐》下辑九九所录唐写本《切韵序》甲种，[⑤]开首说：“陆词字法言撰”；可以知道陆词原是法言的名。法言的家世和事略，见于《隋书·陆爽传》及苏鹗《演义》，他原籍代北，后或

---

① 王力《南北朝诗人用韵考》第1～2页：“陆法言等人‘因论南北是非，古今通塞，欲更捃选精切，除削疏缓’，大约就是要把不同时代与不同地域的语音系统加以融会贯通，再凭着他们的音韵知识，去决定他们所认为完善的归类标准。……总之：如果我们要求一部语音实录的话，吕静诸人的韵书的价值未必不在《切韵》的价值之上，而它们的丧佚，也就是音韵学上的大损失。”

② 参看林语堂《语言学论丛》，第193～194页。

③ 见毛氏《古今通韵序例》。

④ 见《观堂集林》卷八《书巴黎国民图书馆所藏唐写本切韵后》。

⑤ 参看《十韵汇编》，第86页。

移居魏郡临漳，并非吴人，[①]李涪《刊误》斥陆氏《切韵》为"吴音乖舛""吴民之言"，乃是指《切韵》里包括的一部分吴音而言。朱彝尊云：

> 韵书之作，自李登以下南人盖寡。沈氏书既无存，传者陆氏《切韵》尔。同时纂韵者八人，惟萧该家兰陵。其余或家范阳（卢思道），或家狄道（辛德源），或家河东（薛道衡），或家顿丘（李若），或家临沂（颜之推），及沛（刘臻），类北方之学者。黄公绍失考，谓韵书始自江左，本是吴音者，妄也。[②]

朱氏所举者外，尚有魏彦渊亦家巨鹿下曲阳（见《隋书·魏澹传》）。这样看来：《切韵》决非代表当时的吴音，也不是单纯的记载当时某一处的方音，而是依照颜之推等的主张，所以综合古今南北的音变的。《切韵序》里说："论南北是非，古今通塞"；因为要包罗古今南北的多种语音系统，所以对于六朝诸家韵书的分部，大都取其所分，而不取其所合；我们在上节里所举唐写本《刊谬补缺切韵》韵目下的附注当中，也可以见得陆氏分韵的宗旨和《切韵》各部分析的由来。陆氏《切韵》既然抱着取其分而不取其合的宗旨，所列的韵部就不能不格外的繁密，所以法言《切韵序》自谓："剖析毫厘，分别黍累"；不懂得法言的这个宗旨，于是李涪《刊误》就说他是"妄别声律"了。又《切韵序》云："又《支》《脂》，《鱼》《虞》，共为一韵，《先》《仙》，《尤》《侯》，俱论是切；欲广文路，自可清浊皆通，若赏知音，即须轻重有异。"陆氏分韵这样的细密，并不是单为作文而设，所以唐时"属文之士，已苦其苛细"（见封演《闻见记》）。后代不明了他所

---

① 参看丁山《陆法言传略》（载中山大学《语言历史研究所周刊》第三集第二十五、二十六、二十七期），第1～5页。

② 见《曝书亭集》卷三十一，《与魏善伯书》。

谓轻重清浊的意义，不明了他综合南北古今的语音，详列韵部，在审音上用什么来做标准，于是发生了许多误解。

法国巴黎国家图书馆所藏敦煌唐写本《切韵残卷》三种，[①]并非统统是陆书的原本，[②]其中韵部的分合序次，果否仍存陆氏手定的面目，现今尚难断言；不过目前所存的隋唐韵书，总以此为最古，所以当中所录虽然不是统统属于陆书的原本，而必定是和陆书最相近的。王国维据以考定它的部目。[③]《切韵残卷》的部目，和《广韵》颇有异同：平声上二十六韵，其次为一《东》、二《冬》，三《钟》、四《江》、五《支》、六《脂》、七《之》、八《微》、九《鱼》、十《虞》、十一《模》、十二《齐》、十三《佳》、十四《皆》、十五《灰》、十六《咍》、十七《真》、十八《臻》、十九《文》、二十《殷》、二十一《元》、二十二《魂》、二十三《痕》、二十四《寒》、二十五《删》、二十六《山》。平声下二十八韵，一《先》、二《仙》、三《萧》、四《宵》、五《肴》、六《豪》、七《歌》、八《麻》、九《覃》、十《谈》、十一《阳》、十二《唐》、十三《庚》、十四《耕》、十五《清》、十六《青》、十七《尤》、十八《侯》、十九《幽》、二十《侵》、二十一《盐》、二十二《添》、二十三《蒸》、二十四《登》、二十五《咸》、二十六《衔》、二十七《严》、二十八《凡》。平声没有《谆》《桓》《戈》三韵；上声也没有《准》《缓》《果》三韵，又没有《俨》韵，凡五十一韵，次序和平声相同。去声缺佚，依平上二声来推求，也没为《稕》《换》《过》三韵及《酽》韵，凡五十六韵。入声三十二韵，没有《术》《曷》二韵，其次为一《屋》、二《沃》、三《烛》、四《觉》、五《质》、六《物》、七《栉》、八《迄》、九《月》、十《没》、十一《末》、十二《黠》、十三《锗》、十四《屑》、十五《薛》、十六《锡》、十七《昔》、十八《麦》、十九《陌》、二十

① 有王国维手写石印本。

② 参看王国维《书巴黎国民图书馆所藏唐写本切韵后》，董作宾《跋切韵残卷》（载中央研究院《历史语言研究所集刊》第一本第一分），丁山《唐写本切韵残卷跋》（载中山大学《语言历史研究所周刊》二十五、二十六、二十七期）。

③ 见王氏《书巴黎国民图书馆所藏唐写本切韵后》。

《合》、二十一《盍》、二十二《洽》、二十三《狎》、二十四《叶》、二十五《怗》、二十六《缉》、二十七《药》、二十八《铎》、二十九《职》、三十《德》、三十一《业》、三十二《乏》。[1] 合平、上、去、入计之，共有一百九十三《韵》，比较《广韵》的二百零六韵少了十三韵；原来《真》《谆》，《寒》《桓》，《歌》《戈》等只是因为"开口呼""合口呼"的分别，陆氏不立为两部，又上、去的《俨》《酽》二韵，以所属的字数少，也不另立，这在音理上都无甚违失。陆氏这种部目，是综合六朝诸家韵书而成的，而六朝诸家的分部，是各自依据于实际的语音系统；陆氏把诸家各有乖互的地方，参校考核以融会于一书，所以他的部目，也很能适合于南北朝实际的语音。王力《南北朝诗人用韵考》一文的结论云：

> 依南北朝的韵文观察，我们可以看得出陆法言的《切韵》有两个特色：（一）除《脂》韵一部字该归《微》，又《先》《仙》，《萧》《宵》，《阳》《唐》等韵不必细分之外，《切韵》每韵所包括的字，适与南北朝韵文所表现的系统相当。可见《切韵》大致仍以南北朝的实际语音为标准。（二）《切韵》阳声韵与入声相配，是以南北朝的实际语音为标准的。故某人以某阳声韵与另一阳声韵同用时，则与此两阳声韵相配的两入声韵亦必同用；若分用，则相配的入声韵也分用。由此可见《切韵》根据"古今通塞"的地方颇少，而所谓"南北是非"，恐怕也不过是尽量依照能分析者而分析，再加上著者认为该分析者再分析，如此而已。[2]

这便可以证明陆氏的部目，是集合诸家韵书取其所分而不取共所

---

① 参看本文第126页注释③。
② 见《清华学报》第十一卷第三期，第60页。

合因而成立的。

在上章第三节里说过，中国语上收尾辅音的演化，到了南北朝时已经和《切韵》的系统相合，除了鼻音的[-m]，[-n]，[-ŋ]以外，只剩得[-p]，[-t]，[-k]的三类了；一方面因之立着入声一调，促成“四声”名称的建立，[①]另一方面在韵书上又自然的把“入声韵”([-p]，[-t]，[-k])配属于“阳声韵”([-m]，[-n]，[-ŋ])。《切韵》入声韵和阳声韵的相配，既然很合于南北朝实际的语音，那末，我们更可以明了中国语上收尾辅音的演化到了南北朝时是怎样的一种情形，而在韵书的编制上，对于这种收尾辅音的状态，从六朝以来，就应该极端的注重了。因收尾辅音的差别，关于韵部的分合，固然应该不使异类相混；而关于部目的序次，尤应该使各部同类相从，不致紊乱。可惜陆法言《切韵》各部的序次，列《覃》《谈》于《阳》《唐》之前，置《蒸》《登》于《盐》《添》之后，使阳声韵[-m]一类和[-ŋ]一类混淆不清，而入声各韵，尤凌乱失序，和平、上、去多不相应。这种韵次排置失当的地方，是否由于因袭六朝诸家韵书而来，我们无从臆断；不过唐代韵书对于陆氏《切韵》的改订，有增损部目的，也有移易次序的，以致演成宋代《广韵》二百零六韵的部次，我们可以见得这正是“创始者多阔疏，而因仍者易精密”。[②] 丁度《集韵韵例》云：

“隋陆法言作《切韵》，唐孙愐、李舟各加裒撰。先帝时，因令陈彭年、丘雍因法言《韵》就为刊益。”从陆氏《切韵》到了宋代《广韵》中间，唐时有许多重订《切韵》的。《广韵》卷首列着陆法言及同撰《切韵》八人，长孙讷言笺注，又列增字诸家的姓名：郭知玄、关亮、薛峋、王仁煦、祝尚丘、孙愐、严宝文、裴务齐、陈道固。并云：“更有

---

① 参照本文第104页注释。
② 系魏鹤山《唐韵后序》语。

诸家增字及义理释训悉备载卷中。”这些都是唐时裒撰《切韵》的人。郭忠恕《汗简》曾引郭知玄《字略》,《佩觿》引裴务齐《切韵序》转注之说。夏竦《古文四声韵》引郭知玄朱笺,祝尚丘韵。而日本《见在书目》还有王仁煦、郭知玄、祝尚丘、裴务齐、陈道固《切韵》各五卷。《倭名类聚钞》及《净土三部经音义》所引诸家《切韵》更多,大概都各有《切韵》专书的。此外,《广韵》卷首所未曾列名的,《唐书·艺文志》又有李舟《切韵》十卷(《宋志》作五卷),僧猷智《辨体补修加字切韵》五卷;《通志·艺文略》有李邕《唐韵要略》一卷,无名氏《唐切韵》五卷;《汗简》《佩觿》及《古文四声韵》所引又有王存义《切韵》,李审言《切韵》,义云《切韵》;《宋史·艺文志》有天宝元年《集唐韵》五卷;而日本《见在书目》有麻果、孙伷、蒋鲂、卢自始、韩知十、沙门清澈《切韵》各五卷,释弘演《切韵》十卷。[①] 这些韵书大概都是沿袭陆法言的《切韵》而作,可以隶属于陆氏《切韵》的一派;对于陆书的修订,一方面是增字加注,一方面便是增损部目和改易序次。《集韵韵例》只提到孙愐、李舟,可见唐人这一派韵书当中,尤以孙愐、李舟二家的最为重要;而现在所能考见的,也不过王仁煦和孙、李二家的部目罢了。

陆氏《切韵》字数据封演《闻见记》谓一万二千一百五十字,恐怕连长孙讷言等所增加的字数也计算在内;陆氏原书的字数,大约并没有多大的超过李登《声类》的一万一千五百二十之数。[②] 陆氏自言取诸家音韵,古今字书以前所记者撰定《切韵》;把颜、萧等讨论音韵的结果记载下来,以为综合六朝诸家韵书分部的根据,所以注重于审音,原不必计较字数收罗的多少和各字下注释的详略。唐人继陆书而作,于是多属于增字加注的方面。故宫本《刊谬补缺

① 参看王国维《观堂集林》卷八《唐诸家切韵考》及魏建功《十韵汇编序》,第25～26页。

② 参看王国维《观堂集林》卷八,《书蒋氏藏唐写本唐韵后》。

切韵》存有王仁煦自序;其中有云:"陆法言《切韵》,时俗共重,以为典规;然苦字少,复阙字义;可为《刊谬补缺切韵》";可见此书是为陆氏《切韵》增字加注而作的。不过现今所存的故宫本《刊谬补缺切韵》已经为写书者所窜乱,并不是王仁煦《切韵》原来的面目。敦煌本《刊谬补缺切韵》残卷当是王氏原书,和陆氏《切韵》也最相近。[①] 故宫本平声五十四韵,上下平韵目数序通连;上声五十二韵,去声五十七韵,入声三十二韵,和《切韵残卷》的韵目比较起来,上声多五十一《俨》,去声多五十六《酽》,共一百九十五韵。[②] 而序次很不相同:平声列《阳》《唐》于《钟》《江》之后,《登》于《文》《殷》之后,《寒》于《魂》《痕》之前,《侵》《蒸》于《尤》《侯》之前;又列《元》于《先》《仙》之后,《佳》于《歌》《麻》之间,《盐》《添》《覃》《谈》于《侯》《幽》之后。上去二声准此。入声尤其凌乱失序。王国维云:"仁煦此书,以《刊谬补缺》为名;其书于陆《韵》次序,盖无变更。今本盖为写书者所乱,非其朔也。"[③]现在敦煌本《刊谬补缺切韵》的部目,就它残存的部分看来,次序正和陆《韵》相同,较陆《韵》也只多上声五十一《俨》,去声五十六《酽》(敦煌本作五十一《广》,五十六《严》),可见敦煌本当是王氏原本,至少也是最近于王《韵》的。王《韵》对于陆氏《切韵》改正的地方,往往有自加注明的,如敦煌本《刊谬补缺切韵》韵目下附注:

上声五十一《广》　陆无此韵目,失。
五十二《范》　陆无反,取《凡》之上声,失。
去声五十六《严》　陆无此韵目,失。

① 参看魏建功《十韵汇编序》,第48页。
② 参看本文第126页注释③。
③ 见王氏《观堂集林》卷八《书内府藏唐写本王仁煦刊谬补缺后》。

又各字下注：

平声三十三《歌》“鞞”字下　陆无反语，何□诬于古。

上声六《止》“记”字下　陆训不当，故不录。

十八《隐》“荟”字下　陆训巹敬字为荟瓢字，俗行大失。

十九《阮》“言”字下　陆生载此言言二字列于切韵，事不稽古，便涉字袄，留不削除，庶览者之鉴详其谬。

去声十《遇》“足”字下　案，取字，陆以子句反之，此足字又以即具反之，音既无别，故并足。

入声十四《屑》“凸”字下　陆云高起，字书无此字，陆入《切韵》，何考研之不当。

二十二《给》“凹”字下　案，凹无所从，伤俗尤甚；名之《切韵》；诚曰典音，陆采编之，故详其失。

这些正足以代表王《韵》对于陆书“刊谬”的地方；故宫本载王氏自序云：“削旧滥俗，添新正典，并各加训，启导愚蒙”；又云：“谨依《切韵》增加，亦各随韵注训，仍于韵目具数云尔”；可见大部分还是在增字加注的“补缺”工作，对于陆书的分部和序次，并未曾有多大的改进。

卞令之《式古堂书画汇考》所录孙愐《唐韵序》，谓陆法言《切韵》“遗漏字多，训释义少；若无刊正，何以讨论？”（首两句《广韵》卷首载孙《序》作“注有差错，文复漏误”。）可见孙氏《唐韵》也是为陆书增字加注而作的。我们现在要考见孙氏书的内容，可以有卞氏《书画汇考》所录《唐韵序》及四声部目都数和魏氏《鹤山集》里《唐韵后序》及吴县蒋斧藏唐写本《唐韵残卷》做根据。我们要知道，《唐韵》一类的书，在当时传写很多，书名既不一致，内容也很有差别。王国维《书蒋氏藏唐写本唐韵后》云：

唐人盛为诗赋，韵书当家置一部，故陆孙二韵，当时写本当以万计。陆《韵》即巴黎所藏三本，已有异同。孙《韵》传之后世，可考见者，除鹤山所藏外，如欧阳公见吴彩鸾书叶子本（《归田录》），黄山谷所见凡六本（《山谷题跋》），鲜于伯机藏一卷（《云烟过眼录》），传写既多，故名称部目不能尽同。《倭名钞》所引有《唐韵》，有孙愐《切韵》，辽希麟《续一切经音义》又引孙愐《广韵》。而唐段公路《北户录》（卷一）引《广韵》一条（据明影本、宋钞本、陆氏刊本作《唐韵》），唐僧慧琳《一切经音义》（卷八十）引《广切韵》一条，并见于蒋氏所藏残本中。盖孙氏书，本因法言《切韵》而广之，故亦名《广切韵》，略之则或称《切韵》，或称《广韵》；而据其《自序》，则确名《唐韵》；是其书名已自不同。《倭名钞》所引《唐韵》及孙愐《切韵》，与《净土三部经音义》所引孙愐说，以《唐韵》残本所有者校之，颇有不合；即大徐《说文》所用孙愐反切，亦与《唐韵》残本有异同。盖传写既多，写者往往以意自为增损；即部目之间，亦不免少有分合。①

孙氏《唐韵》既然也是为陆氏《切韵》增字加注而作，所以也名为《切韵》，或《广切韵》，简称又可为《广韵》；当时写本众多，内容上不无改动，因之所列的部目也互有出入。现在我们要研究的，孙氏《唐韵》原来的底稿，究竟是怎么样？王国维曾经以卞氏《书画汇考》所录孙氏《自序》校《广韵》孙《序》及魏了翁《唐韵后序》，因以考明《唐韵》底稿有开元本、天宝本二种。兹录其言如下：

壬戌秋，读卞令之《式古堂书画汇考》，中录明项子京所藏

① 见《观堂集林》卷八。

> 《唐韵》五卷，前有四声部目都数，后题“元和九年，正月、三日、写，吴王本”。孙《序》首行题“《唐韵序》”，次行题“朝议郎，行陈州司法参军事臣孙愐上”。序文与《广韵》所载者，文句颇异。……“武德以来创置，讫开元三十年，并列注中”，“三十”作“二十”；“愧以上陈天心”作“恧愧上陈，死罪、死罪”。序文至此止，而无“又有元青子，吉成子者”以下三百三十四字。此实当时进书之序；其书载郡县建置，讫于开元二十年，又自署“行陈州司法参军事”；当在天宝元年改州为郡之前；自是开元中所撰。至“元青子，吉成子”以下，后题“岁次辛卯，天宝十载”，则又为第二序。是《唐韵》有开元、天宝二本，亦有二序。今《广韵》前所载，乃合二序为一，违失甚矣。项本但有第一序，乃开元中初撰之本。[1]

《式古堂书画汇考》所录项本，为开元本；蒋氏藏唐写本《唐韵残卷》和魏鹤山所藏的，便是天宝本。项本韵目都数和《切韵残卷》大致相同，而蒋本及魏氏所说的，便和宋代《广韵》分部相近；可见孙氏初作《唐韵》时，大致依照陆氏及唐初诸家（如王仁煦等）的部目，后来加以修订，在部目上就很有差异了。

蒋氏在前清光绪末年，得唐写本《唐韵》于北平书肆，只存有去入二声，而去声起首和中间一部分又有缺佚。蒋氏《后记》以为是陆氏《切韵》原本或长孙氏初注本，[2]经过王国维的考证，才断定是孙氏天宝本的《唐韵》。[3] 内中的部目，和魏氏《唐韵后序》里所说的相合。魏氏云：“于二十八《删》，二十九《山》之后，继之以三十《先》，三十一《仙》。”又云：“此书别栘、臡二字为一部，注云：‘陆与

① 见《观堂集林》卷八《书式古堂书画汇考所录唐韵序后》。
② 见国粹学报馆影印本《唐写本唐韵残卷》所载。
③ 见王氏《书蒋氏藏唐写本唐韵》后。

《齐》同，今别。’”魏氏所藏《唐韵》，《删》第二十八，《山》第二十九；《切韵残卷》，上平声，二十六韵，《删》第二十五，《山》第二十六；这里多出三韵的，因为《齐》韵后既然分出《栘》部，又把《真》《谆》分为二，《寒》《桓》分为二；所以《切韵残卷》上平声二十六韵，而这本增为二十九韵。我们再以蒋氏藏《唐韵残卷》的去入二声来推求：去声，《代》十九，《愿》二十五，中间缺了五韵，必定有《稕》韵，而入声又有《术》韵；那末，平声必定有《谆》韵，上声必定有《准》韵。又去声有《换》韵，入声也有《末》韵；那末，平声必定有《桓》韵，上声也必有《缓》韵。这样正和魏氏所说的两相吻合，可以见得二者是同出于一本——就是孙氏天宝本。此外，《唐韵残卷》去声，《个》后有《过》韵，那末，平声《歌》《戈》必分，上声《哿》《果》必分。因此知道《唐韵》天宝本，别《谆》于《真》，别《桓》于《寒》，别《戈》于《歌》，和《切韵残卷》异，而和宋代的《广韵》相同。至于《式古堂书画汇考》所录项本部目都数：平声上二十六韵，平声下二十八韵，上声五十二韵，去声五十七韵。平声上下共五十四韵，和《切韵残卷》的部目相同，《齐》《栘》二部不分之外，又把《真》《谆》、《寒》《桓》、《歌》《戈》，各合并为一。入声三十二韵，和《切韵残卷》的部目也正相同，把《质》《术》、《曷》《末》各合并为一。只是上声五十二韵，去声五十七韵，都较《切韵残卷》多了一韵，而和王仁煦《刊谬补缺切韵》的部目相同，大概上声也有《俨》韵，去声也有《酽》韵。这可以见得孙氏在开元时所定的《唐韵》，仍是沿袭陆《韵》或王《韵》等的部目，没有多大变更。到了天宝时修订的《唐韵》。平声增加《栘》《谆》《桓》《戈》四韵，上声增加《准》《缓》《果》三韵，而无《俨》韵，去声增加《稕》《换》《过》三韵，而无《酽》韵，入声又分《质》《术》为二，《曷》《末》为二，所以成为平声上二十九韵，平声下二十九韵，上声五十四韵，去声五十九韵，入声三十四韵这样的部目。宋代《广韵》的二百零六韵，只有《齐》《栘》不分以及上去增多《俨》《酽》二韵依照孙氏开元本，此外都是根据于孙氏天宝本《唐韵》的分部的。

这种分部，固然由于陆法言所谓“论南北是非，古今通塞”的结果，但是在音理上究竟具有怎样分析的标准，确是急待研究的问题。平声以字多分为上下二卷，并无有音理上的关系。孙氏《唐韵》开元本，依卞氏《书画汇考》所录，也分五卷：平声分上下，上、去、入各一。天宝本也是如此。后人因为魏鹤山《后序》有“二十九《山》，继之以三十《先》”的话，就以为《唐韵》平分不分上下。[①] 那知道魏氏所说，是指孙氏书卷首的部叙；平声韵数序也正如故宫本《刊谬补缺切韵》上下平的韵目，数序通连，并非卷中平声不分上下。王国维云：

> 孙氏《唐韵》，唐宋二《志》著录，均云五卷；蒋氏所藏残本，入声首亦题“《唐韵》卷第五”。惟魏鹤山《唐韵后序》云：“其部叙于一《东》下，注：德红反，浊、满口声；自此至三十四《乏》皆然。于二十八《删》、二十九《山》之后，继之以三十《先》、三十一《仙》；上、去声皆然。”余谓魏氏所谓部叙，盖于每卷首分目之外，别为一总目，其下分注清、浊，以明所以分析之故。其平声本是同类，故二十八《删》、二十九《山》之后，即继以三十《先》、三十一《仙》。至于本书，则分卷仍与陆《韵》同；自当云一《先》，二《仙》，不得云，三十《先》，三十一《仙》也。今《大宋重修广韵》孙愐《序》后，尚有“论曰”一段，凡一百五字，专论以五音，清浊分韵之理；此即孙氏部叙后之总论。有目、故云部，有论，故云叙。部叙自为一篇，冠于书首，与分卷无涉。惜《广韵》删其目而存其论，致使所分之清、浊，不可复考；而其论亦不能知为孙氏所作。微鹤山之言无由知孙氏之审于音理如

① 见顾炎武《音论》卷上。

是矣。[①]

平声上下数序通连与否，于音理上并无何种关系；只是孙氏书原有部叙一篇，于韵目下分别注明清浊，用以表明各韵分析的理由，这确是值得我们注意的地方。我们在上章第三节里说过，从前应用五音的名称来区别字调，虽然也把音素的差异混在一起，并不认为是单纯的音调变化的关系，可是仍旧看作比较的相对的，而不作为绝对的分别。因之字调的种类，可以概括的用"清、浊""轻、重"一类的词语来指示。后来受了佛经转读的影响，一方面又适应着中国语音的实际，把字调的区分规定为四声；渐渐又把音调变化的关系和双声叠韵的问题看作两起。但是，音素的差异，虽然和乐音的高低没有关系，而在实际听感上，因声纽或韵素的影响，也可以使整个字音发生高低的区别；于是清浊、轻重一类的词语，原来用以表明音读上比较的、相对的区别，也转而指示音色方面绝对的差异。这一类的词语就由四声平仄的意义（详上章第三节），转而为声纽韵素上的判别了。近代用清浊指示声纽的带乐音和不带乐音，而隋唐时又用清浊分别韵部，就是因此而来的。孙氏《唐韵部叙》云："切韵者，本乎四声，纽以双声、叠韵，欲使文章丽则，韵调精明于古人耳。"这显然是把字调的区分和双声、叠韵的问题看作两起；因四声名称的建立，就有文辞上声律的发明，更因平仄抑扬相间的道理，悟到一句内参杂双声叠韵的字不能过多，所以四声和双声、叠韵的原理都可应用于声律当中。（详上章第三节）孙氏《部叙》又云："五音者，五行之响，八音之和，四声间迭，在其中矣。"这是明白说四声只是包括于五音的变化当中，而并非说五音就是四声，因为五音的名称用来区别字调，原不仅是认为单纯的音调变化

---

① 见王氏《书蒋氏藏唐写本唐韵后》。

的关系，一方面把音素的差异也包含在内。所以孙氏又接着说："引字调音各自有清浊；若细分其条目，则令韵部繁碎，徒拘桎于文辞耳。"音素的差异，可以大致的用清浊来指明，不过细分起来，种类繁多，在审音上自应辨别，而在文辞上并无必要。正如陆氏《切韵序》所云：

《支》《脂》，《鱼》《虞》，共为一韵，《先》《仙》，《尤》《侯》，俱论是切；欲广文路，自可清浊皆通；若赏知音，即须轻重有异。

我们从韵素上的观察，主要元音的舌体升降的程度，韵头有否带着舌前化的[i]音，有否带着圆唇化的[w]音，以及所谓"开口""合口"的区别，这都是音色上的差异而足以影响听感方面高低的分辨。这种分辨，在当时除了仍用清浊、轻重一类的词语以外，似乎没有更适当的指示方法。音素的变异，是方言纷歧上的主要现象，当时也用这一类的词语来表明。如颜氏所云："南方水土和柔，其音清举而切诣；……北方山川深厚，其音沈浊而鈋钝"；陆氏所云："吴楚则时伤轻浅，燕赵则多涉重浊。"又如陆德明《经典释文叙录》所云：

方言差别，固自不同，河北、江南最为巨异，或失在浮清，或滞于沈浊。

这些形容的词语，当然不仅是指四声平仄的关系，而把音色上的变异也包含在内。陆孙诸书的分部，既然所以综合荟萃各种方音的系统，在当时如果单用一种方音的系统来看，就很难明了各韵分析的原因了；所以慧琳《一切经音义》里，景审《序》云："吴音与秦音莫辨，清韵与浊韵难明。"但是在陆孙诸人，他们自己必定有一些分别的标准；陆氏谓《支》《脂》，《鱼》《虞》，《先》《仙》，《尤》《侯》诸韵，都是轻重、清浊的分别，就是由于韵素上的差异。不特如此，即使在各韵下所注的切语当中，也可以依这种分辨而别为清浊二大类。故宫本《刊谬补缺切韵》首题云：“右四声五卷，大韵总有一百九十五，小韵三千六百七十一”；注云：“二千一百二十韵清，一千五百五十一韵浊”；这里所谓“大韵”，就是韵部；所谓“小韵”，大概就是各韵下所注的切语。[①] 各个切语既然有相对的清浊可言，那末，孙氏《部叙》于所谓《大韵》下分注清浊，当然可以用来表明它们所以分析的原因。不过音色上的差异，是比较复杂的事情，自然不能用单一的标准来辨别；当时竟笼统的以清浊、轻重一类相对的词语来概括，终不免令人有莫测高深之慨。而且因汉字性质的关系，汉字外并没有采取明显的音标，一箸于书，读者即难了然。张守节《史记正义例》云：

> 先、仙，尤、侯，治、持、之、脂，僖、熙、嬉、嘻，希、唏、晞、稀，若斯清浊，实亦难分，博学硕材，乃能甄异。

可是我们要知道陆孙所谓清浊、轻重，是指韵素上的差异，而用来表明他们“剖析毫厘，分别黍累”，在审音上也自有标准。陆氏综合古今南北的语音，详列韵部，确是为着欲“赏知音”，当时在一般作文上自然要“苦其苛细”，但决不能如李涪所谓“妄别声律”。孙愐等继承陆氏之后，增订《切韵》，更把《真》《谆》，《寒》《桓》，《歌》《戈》诸韵分析开来，这正是因孙氏审于音理，能照法言的分析标准而加以分析的。

孙氏对于陆《韵》增订韵部之外，在各部的隶字和各字的注解，也有很多的补正。宋本《广韵》三钟：“恭”字下注云：“陆以恭、蜙、

---

① 参看魏建功《十韵汇编序》，第34页。

纵入《冬》韵，非也。”徐铉校定《说文》，用孙愐音切：“恭”、俱容切，“纵”、即容切，蜙、息恭切，都是在《钟》韵的；唐写本《切韵残卷》第二种和五代刊本《切韵残卷》[1]以及故宫本王仁煦《刊谬补缺切韵》都把这三字列在《冬》韵；[2]可见这三字改隶于《钟》韵是起于孙氏的。又蒋氏藏《唐韵残卷》去声三十三《线》“飙”字下注云：“陆无训义”；五十五《证》“瞪”字下注云：“陆本作眙”，入声二十《麦》“鳊”字下注云：“陆入《格》韵”；这些就是孙氏自己注明对于陆《韵》文字义训补正的地方。可是孙氏《唐韵》各部的序次，仍旧沿用陆《韵》的部目，未曾加以改动。魏氏《唐韵后序》谓宋人韵书和《唐韵》次第不同：“今韵降《覃》《谈》于《侵》后，升《蒸》《登》于《青》后”；又云：“今韵又升《药》《铎》于《麦》《陌》《昔》之前，置《职》《德》于《锡》《缉》之间。”所谓今韵就是指宋人《广韵》一类的书；因为《唐韵》列《覃》《谈》于《阳》《唐》之前，《蒸》《登》于《盐》《添》之后，入声置《药》《铎》于《怗》《缉》之后，《职》《德》于《业》《乏》之前；《唐韵残卷》去、入二声部目，序次和《切韵残卷》几乎完全相同，可证孙氏排次沿用陆《韵》；所以魏氏说它和宋人韵书的次序不同。又冯敬亭十卷本徐锴《说文解字篆韵谱》为未经徐铉改定之本，铉序谓：“取叔重所记，以《切韵》次之。”所谓《切韵》也就是孙愐的《唐韵》，书中恭、蜙、纵诸字也列于《钟》韵，即依孙说；上声无《俨》韵，去声无《酽》韵，也和《唐韵残卷》同。不过《齐》后无《移》韵，仙后有《宣》韵，《严》后无《凡》韵，入声有《聿》而无《术》《曷》，和《唐韵残卷》及《魏》氏所说的有异。又夏竦《古文四声韵》，《上表》云：“准《唐切韵》分为四声”，所谓《唐切韵》也是指孙氏书；所以平声《齐》后有《移》韵，恭、纵、蜙三字在《钟》韵，就是依据于孙氏的。只是平声《仙》后有《宣》韵和小徐《篆韵谱》同；而上声《狝》后有《选》韵，去声《梵》后有《酽》韵，

---

① 亦藏法国巴黎国家图书馆，参看魏建功《十韵汇编序》，第38～40页。

② 参看北京大学出版《十韵汇编》上平，第5页。

入声《质》后并有《聿术》二韵，和《唐韵残卷》及小徐《篆韵谱》皆异。我们在上文说过，孙氏《唐韵》一类的书，当时传写的很多，而大都以意为增损，所以无怪乎各家所传参差不合。但是小徐《篆韵谱》和夏氏《古文四声韵》，它们韵部的分合，虽然和《唐韵残卷》及魏氏所藏的略有出入；而在序次上仍彼此相合；这又可以证明它们就是《唐韵》的别本了。纪容舒取大徐《说文》所录孙愐音切，据以作《唐韵考》，而部目统统依照宋代《广韵》二百零六韵的序次。那知道陆氏《切韵》韵部排列的先后和宋代《广韵》原不相同，孙氏《唐韵》犹沿用陆《韵》旧次。到了李舟《切韵》一出，才改变了陆氏的部次。

李舟《切韵》的部次，见于大徐所改定的《说文解字篆韵谱》(即今五卷本)。大徐《韵谱后序》云："《韵谱》既成，广求余本，颇有刊正。今复承诏校定《说文》，更与诸儒精加研核；又得李舟《切韵》，殊有补益。其间疑者，以李氏为正。"因此知道小徐原初作《篆韵谱》，依据于孙愐《唐韵》，后来大徐又根据李舟《切韵》加以刊正。所以我们从大徐改定的《篆韵谱》当中，可以窥见李氏《切韵》的部次。现在把小徐原本和大徐改定本来相校对：大徐《齐》后无《栘》，《仙》后有《宣》，《严》后无《凡》，和小徐同；只是上去有《俨》《酽》，入声有《术》《曷》、而无《聿》，和小徐略异。大徐本的这种部目根据于李氏，而李氏分部仍是参酌《唐韵》各本以成，所以对于分部上没有多大变更；所变更的，就是在韵部的序次。李舟《唐书》无传，《杜工部集》有《送李校书二十六韵》叙述他的身世。王国维谓李氏作《切韵》，当在代宗德宗之世。[1] 他生在孙愐之后，所以能根据孙氏的《唐韵》而加以改正。孙氏以前的韵部序次，大抵平声《覃》《谈》在《阳》《唐》之前，《蒸》《登》居《盐》《添》之后；上去二声准是，或并《俨》于《范》，并《酽》于《梵》，而去声的《泰》韵又在《霁》前；

① 参看《观堂集林》卷八《李舟切韵考》。

入声《药》《铎》居于《怗》《缉》之后，《职》《德》置于《业》《乏》之前，而不与平、上、去相配。到了李舟，始把这种部次加以整齐划一；魏氏所谓："今韵降《覃》《谈》于《侵》后，升《蒸》《登》于《青》后""升《药》《铎》于《麦》《陌》《昔》之前，置《职》《德》于《锡》《缉》之间"的宋人部次，实在是源于李舟的。王国维云：

> 取唐人韵书与宋以后韵书比较观之，则李舟于韵学上有大功二：一、使各部皆以声类相从；二、使四声之次相配不紊，是也。[①]

在上文说过，中国语上收尾辅音的演化，到了南北朝时，入声韵的[-p]，[-t]，[-k]三类和阳声韵的[-m]，[-n]，[-ŋ]三类已经可以整然的相配。但是平、上、去三声的分立，原是依据及摹拟佛经转读而来的，因为要适应中国语的实际，又不得不增添入声一调，以成为四声之数，所以入声韵附有[p]，[t]，[k]的字音，原来认为一特殊的种类。[②] 因之初期韵书的编制，对于平、上、去三声各韵的序次，彼此间不会凌乱不相应，独于入声诸韵的部次，尚未能使它们各自和平、上、去的阳声韵数序适相连贯，确有待于后人的整理。这种整理的功劳，应当首推李舟。李舟《切韵》一方面以《耕》《清》《青》和《蒸》《登》为次，以《覃》《谈》和《侵》《添》诸韵为次，使阳声[-m]和[-ŋ]二类不相杂厕；一方面又以《药》《铎》和《阳》《唐》，《职》《德》和《蒸》《登》，以次相配，而上声末四韵以《豏》《槛》《俨》《范》为次，去声以《陷》《鉴》《酽》《梵》为次，入声以《狎》《洽》《业》《乏》为次，使和平声的《咸》《衔》《严》《凡》相配（大徐本因《严》《凡》二部字

---

① 见《李舟切韵考》。
② 参看本文第104页注释。

少而合为一部)。[1] 这种部次为宋代《广韵》等书所依据(详下第七章),所以李舟《切韵》可以说是宋人韵书的始祖。王国维云:

> 诸部以声类相近为次,又平、上、去、入四声相配秩然,乃李舟《切韵》之一特色。大徐改定《篆韵谱》既用其次;陈彭年亦江南旧人,又尝师事大徐,故修《广韵》亦用之。以后《韵略》《集韵》诸书,虽升《严》《俨》《酽》《业》四韵,与《广韵》异,然四声之次,无不相配。故李舟《切韵》之为宋韵之始祖,犹陆法言《切韵》之为唐人韵书之祖也。[2]

但是,无论是唐人的韵书,或是宋人韵书的始祖,上面所叙述的,总是属于陆法言《切韵》的一派。陆氏《切韵》兼包古今南北,孙愐、李舟等继作,虽然于部目有所增损,次序有所移易,而对于法言杂采多种语音系统的宗旨,未尝稍加变更。如果根据隋唐当时一种语音系统来编制韵书,那末和陆孙诸书的部次必大有歧异。

李涪《刊误》谓"中华音切,莫过东都",他要用当时东都洛阳的语音做标准,自然不以《切韵》里所包含的吴音为然;孙光宪《北梦琐言》谓:"广明以前,《切韵》多用吴音。李涪尚书,改《切韵》,全刊吴音。"唐代又有以秦音为韵书的,现在所得确知的是元廷坚《韵英》。景审《一切经音义》序云:"古来音反,……元无定旨,吴音与秦音莫辨,清韵与浊韵难明。……近有元廷坚《韵英》及张戬《考声切韵》,今之所音,取则于此。"可见慧琳《音义》当中的切语依据于《韵英》等书,而元氏《韵英》又依据于当时的秦音,对陆孙诸书可称为韵书的别派。王国维云:

---

① 参看本文第126页注释③。
② 见《李舟切韵考》。

> 慧琳音义全用廷坚及张戬二书，故其反切与六朝以来诸家字书及韵书颇殊。其开卷音《大唐三藏圣教序》覆载二字云：上敷务反，见《韵英》、秦音也；诸字书皆敷救反，吴楚之音也。此一条实为全书起例，凡琳师反切之异于陆孙诸《韵》者，胥视此矣。据此则《韵英》反切，以当时秦音为据，与陆《韵》之据南北朝旧音者不同。……陆韵者，六朝之音也，《韵英》与《考声切韵》者，唐音也；《六朝》旧音多存于江左，故唐人谓之吴音，而以关中之音为秦音，故由唐人言之，则陆《韵》者，吴音也，《韵英》一派，秦音也。厥后陆《韵》行而《韵英》一派微。①

按《南部新书》曰："天宝时陈廷坚《韵英》十卷"；"陈"宜作"元"，《太平广记·纪闻类》曾记廷坚通晓音律启发于鸟王的故事，是作"陈王友元廷坚"。至于张戬《考声切韵》，王国维考定张戬为唐武后时人，因谓戬书实为廷坚《韵英》所本。② 黄淬伯《慧琳一切经音义反切考》卷首《慧音义所据之韵书说》对于王氏所考颇有疑辞。他说：

> 案，慧琳注中，辨言秦吴音，指说《韵英》切某，秦音也，《切韵》切某，吴音也，屡屡见。其引《考声切韵》及武玄之《韵铨》等书之诂训者有之，而不一及其音，是可异也。……窃意依景审《叙》而谓《经音义》之音切，依据元廷坚与张戬书，无宁依《经音义》注中而谓专依廷坚之《韵英》也。③

那末，我们现在所能确定的唐时秦音韵书，只有元廷坚的《韵英》。

① 参看《观堂集林》卷八《天宝韵英元廷坚韵英张戬考声切韵武玄之韵铨分部考》。

② 参看王氏《天宝韵英元廷坚韵英张戬考声切韵武玄之韵铨分部考》。

③ 见黄淬伯《慧琳〈一切经音义〉反切考》（中央研究院《历史语言研究所专刊》之六），第2页。

黄淬伯根据慧琳《一切经音义》所注反切，考定廷坚《韵英》分部：阴声韵十五、阳声韵二十二，入声韵二十一，平、上、去、入共一百三十二韵。[1] 其与《广韵》二百零六部比较的结果，黄淬伯云：

> 现表中所列阴韵诸部，与《切韵》同者，《鱼》《虞》《模》《侯》《歌》《戈》《肴》《豪》，是也。《齐》《灰》《咍》三部，平上韵全同，其去声则稍异；《霁》韵包并《祭》《废》，《代》《队》二韵平分《泰》部。按《切韵》《祭》《泰》《夬》《废》俱单独设立，现此合并之状（《夬》与《怪》合），仿佛为宋元人所定韵摄归此四韵与《齐》《皆》《灰》《咍》同属《蟹》摄之导源矣。其阳韵诸部之因仍《切韵》者，为《痕》《魂》《寒》《桓》《钟》《江》《唐》《阳》《蒸》《登》诸韵；《文》韵上声收《轸》韵之一部，其入声尽并于《术》；《真》韵“赟”类，见收于《谆》，“䫻”类牵附于《殷》（入声准是）；《侵》韵本孕含两类，而是则融冶为一；此皆大同而小异者。其他诸部，以晚近音衡之，觉其不相远者，俱从类糅合：《支》《脂》《之》《微》四韵通合；《尤》与《幽》合；《皆》与《佳》合；《萧》与《宵》合；《殷》与《臻》合；《仙》韵之半与《元》合、半与《先》合；《删》《山》二韵，音相类也，《东》《冬》，亦相类也，《庚》《耕》，类也，《清》《青》，类也，《覃》《谈》，类也，《咸》《衔》《凡》，类也，《盐》《添》《严》，俱类也，各以其类各为一韵（仄韵准是）；遂使韵部视《切韵》远损。此《经音义》所据《韵》与《切韵》韵部分合之大较也。[2]

因此我们可以知道廷坚《韵英》和陆孙诸书，在编制上的宗旨，根本不同；《切韵》一派的韵书，原是综合六朝诸家分部，兼包古今南北

---

① 参看《慧琳〈一切经音义〉反切考》卷三。
② 同上书，第 69 页。

的殊语；而廷坚《韵英》依据唐时秦音以作一种实际语音的记录；所以各韵分合，很有出入，尤以并合的为多，并非由于审音知识的差异。兹更录黄淬伯之言于左：

> 考《切韵》成书时，下距《经音义》所据《韵》，不过百数年，而韵类之差别如是。此固由于语音变迁之所致，亦以两书撰述之旨趣各异。……法言定韵已超出当时实际语音之外，于六朝旧韵，方国殊语，俱有取舍之意存焉。与《经音义》所据《韵》仅凭一时一地之音而为实际之摄记者，迥乎不同。故由二百六韵缩为一百三十二；其间虽有古今音变之关系，要其主因，则在彼而不在此也。①

此外又有所谓天宝《韵英》，《唐志》：五卷。《唐会要》："天宝十四年、四月，出御撰《韵英》五卷，付集贤院缮写行用。"《玉海》卷四十五引韦述《集贤记注》云："天宝末、上以自古用韵，不甚区分，陆法言《切韵》又未能厘革，乃改撰《韵英》，仍旧为五卷，旧韵四百三十九，新加百五十一，合五百八十，一万九千一百七十七字，分析至细。"所谓旧韵四百三十九，并非指廷坚《韵英》；因为根据慧琳《一切经音义》所考得的廷坚分部，不但没有那样细密，而且多把《切韵》相类的韵部加以合并；因此断定廷坚《韵英》和天宝《韵英》两书实在没有关系的。②《唐书·艺文志》又有武玄之《韵铨》十五卷；孙氏《北梦琐言》云："曾见《韵铨》鄙薄《切韵》，改正吴音，亦甚核当。"究竟《韵铨》对于《切韵》有怎样的改正，现在无从考见；《韵铨》的部目，见于日本僧安然所著的《悉昙藏》卷二，平声五十部，③和

① 参看《慧琳〈一切经音义〉反切考》，第69～70页。
② 同上书，第2～3页。
③ 参看王氏《天宝韵英元廷坚韵英张戬考声切韵武玄之韵铨分部考》。

《切韵》比较起来，只是略有增损，并不能确定它和《切韵》一派是绝对各别的。所以说唐代的秦音韵书，现在所得确知的，只是元廷坚《韵英》。至于《玉海》卷四十五所录唐颜真卿《韵海镜源》三百六十卷，卷帙很繁，大概是类书，不能算是正式的韵书。

六、“字母”和“等韵”的来源

（一）“三十六字母”的系统和演成的由来

韵书里虽于各字下注明反切，而仅依四声、韵目来部勒文字，对于各字间双声的关系，尚未曾有显明的表白。因为韵书的编制，兼具有撰作诗文的目的，为着调平仄，押韵脚的应用便利，不得不采取这种体例。但是在审音的目的上，总必须要把“声”“韵”“调”三方面的现象，统有明显的表白，才可算得完成。为感到韵书上的那种缺点，而设法来补正，就产生了“字母”“等韵”之学。陈澧说：

> 自汉末以来，用双声、叠韵为切语；韵有《东》《冬》《钟》《江》之目，而声无之。唐末沙门始标举三十六字，谓之字母。至宋人乃取韵书之字，依字母之次第而为之图；定为开合四等，纵横交贯，具有苦心；遂于古来韵书切语之外，别成一家之学。①

字母等韵之学，乃是韵书切语通行之后自然产生的；因为韵书切语所表明的音读，还觉得不很明显，于是第一步制定字母，以作声纽

① 见陈氏《切韵考・外篇自序》。

的标目；第二步更依据韵书上的分部，把声和韵一纵一横的排列起来，成为许多音图，就是表明由一声一韵各各拼切，合成各个的字音。因此可以知道字母和等韵也只是用来说明反切的方法。劳乃宣云：

> 反切始于魏世，在双声、叠韵之前。双声、叠韵始于六朝，在等韵之前。由反切而为双声、叠韵，由双声、叠韵而为等韵；渐推渐密，皆以明反切之理。故等韵之学，为反切设也。[①]

反切的通行，使得世人明了双声、叠韵的原理；后来更依据这种原理来解释反切的方法，就演成了字母等韵之学。所以我们现在要推究字母等韵之学的来源，还是要从双声、叠韵讲起。钱大昕云："四声昉于六朝，不可言古人不知叠韵；字母出于唐季，不可言古人不识双声。"[②]双声、叠韵在中国语上演化的现象最为显著；可是必定要等到梵文拼音学理输入了之后，才依据这种实际的现象来制作反切的注音方法。等到反切通行之后，才能使双声、叠韵的原理为一般人所明了。[③]《南史·谢庄传》：

> 王玄谟问谢庄：何谓双声、叠韵？答曰：玄、护为双声，璈、碻为叠韵。[④]

可以见得双声、叠韵的名目，到六朝时才开始通行。叠韵的原理明

---

① 见劳氏《等韵一得·外篇》。

② 见钱氏《十驾斋养新录》卷五。

③ 参看本文的四(一)及四(二)。

④ "玄"与"护"在等韵上同属《匣》母；"璈"与"碻"在古音同属《萧》《肴》韵，"碻"字同"确"，似非叠韵，此所引者乃同"鄗"，《左传》："晋师败于敖鄗之间"，"鄗"、音苦交反。(本方毅《国音沿革》，第21页)

了，于是韵书锋起，韵部的分析就成为韵学上的主要问题；双声的原理明了，于是依据反切上字把声纽的种类归纳出来，就产生了字母。综合韵书和字母，就构成了等韵的图表。

孙愐《唐韵部叙》说："切韵者，本乎四声，纽以双声、叠韵，欲使文章丽则，韵调精明于古人耳。"可见在审音反切上，双声问题固然和四声、叠韵同等的重要；而在文辞的声律上，除了协调平仄以外，也还有双声和叠韵的问题，刘氏《文心雕龙》所谓"双声隔字而每舛，叠韵杂句而必睽"；[①]当时对于各个字音里所包含的声纽，确是和字调、韵部同样的注意。六朝一般审音文士，除了通行一些"反语"以外也喜欢应用"双声语"；例如《金楼子》说"羊戎好为双声"；[②]《洛阳伽蓝记》说"李元谦能双声语"；[③]这种双声语的流行，正足以表明那时一般人对于声纽类别的智识。而这种智识，也是从梵书上的"体文"得来的；所以双声语也称为"体语"。因为当时也依仿梵文字母把字音里的声纽称为"体"；章炳麟云：

> 韵纽者，慧琳《一切经音义》称梵文《阿》等十二字为声势，《迦》等三十五字为体文；声势者韵，体文者纽也；斯盖前代韵书之言。《北史·徐之才传》曰：尤好剧谈体语，公私言聚，多相嘲戏。封演《闻见记》曰：周颙好为体语，因此切字皆有纽，纽有平上去入之异。然则，收声称势，发声称体，远起齐梁间矣。[④]

---

① 参看本文的四(三)。

② 《金楼子·捷封篇》："羊戎好为双声。江夏王设斋使戎铺坐。戎曰：'官家前床，可开八尺。'王曰：'开床小狭。'戎复曰：'官家恨狭，更广八分。'又对文帝曰：'金沟清泚，铜池摇漾，既佳光景，当得剧棋。'"

③ 《洛阳伽蓝记》："陇西李元谦能双声语，常经郭文远宅，问曰：'是谁宅第？'婢春风曰：'郭冠军家。'元谦曰：'此婢双声。'春风曰：'佇奴慢骂。'"

④ 见章炳麟《国故论衡·音理论》。

这种体语的流行，正和反语一样，足以助长反切的注音方法的风行，同时又应用这种类别声纽的智识来解释韵书上的切语，就把双声的原理和四声、叠韵综合起来，构成一些简单的图表，用来解释反切的方法。《广韵》《玉篇》所附的《双声叠韵法》及神珙《四声五音九弄反纽图》，内中所举"章掌障灼，厅颋听剔""真正整只，盈引胫怿"诸字，正是综合双声和四声、叠韵，来说明反切的方法；由韵书进而为等韵表，这些确已具有它的雏形了。封氏《闻见记》谓"周颙好为体语，因此切字皆有纽，纽有平上去入之异"；就是说双声之字，依字调来分，又有平上去入之异，正如章掌障灼，厅颋听剔之类；韵书上以四声分韵，各字间的双声关系不很显著，周颙之徒既畅发四声之说，[①]又好为体语，——就是好用双声之字——就用双声的原理来说明韵书上的切语，因而发见双声之字，正如叠韵之字一样，可以用四声来分别，故曰："纽有平上去入之异。"这里所谓纽，也是指双声而言，并非指切语当中的韵；而所谓体语，正是由梵书的体文而来，并非陈澧所说是指切语的。[②] 我们看许多等韵表上，大都是纵列字母，横分四层，每层四格，这些层格间的区别，除了等呼的问题以外，也正是字调的关系；一纽之下，都是双声之字，便有四声的分别。神珙《反纽图·自序》云："昔有梁朝沈约创立《纽字》之图。"沈约的《纽字图》，后人或以为就是宋本《广韵》或元刊本《玉篇》所附的《双声叠韵法》，[③]虽然未能确定，而以空海《文

---

① 参看本文的四(三)。

② 陈氏《切韵考》卷六："封演《闻见记》云：周颙好为体语。……钱辛楣《养新录》疑体字，澧谓体语盖即切语，不必疑矣。"马宗霍《音韵学通论》第五："唐玄度代反以纽，故顾炎武以纽与反切为同名而异称。……窃谓体者，即体绘之意，犹言形容也。以双声叠韵形容一字之音，故曰体语。陈澧亦言体语盖即切语，不必疑也。而观于《闻见记》之言，纽者，特指反语中之韵，不可以代反；惟其指韵，故有平、上、去、入之异也。"案此言实属误解，不足信。

③ 见《清续通志·七音略》。冈井慎吾《玉篇研究》(二)续编第一章，第265页，亦谓沈氏《纽字图》即《文镜秘府论》所载《调四声谱》之类。

镜秘府论》所录的《调四声谱》。[①] 来相比对，正同是用双声的原理来说明反切、四声的。兹录《调四声谱》之文如下：

东方平声　平伻病别
南方上声　常上尚杓
西方去声　祛麮去刻
北方入声　壬衽任入

凡四字一纽，或六字总归一入：

皇晃璜　镬　禾祸和
傍旁徬　薄　婆泼紴
光广珖　郭　戈果过
荒恍侊　霍　和火货

上三字，下三字，纽属中央一字，是故名为总归一入。

四声纽字配为双声叠韵如后：

郎朗浪落　黎礼丽捩
刚㽘钢各　笄併计结
羊养恙药　夷以异逸
乡响向谑　奚篹咥缬
良两亮略　离丽詈栗
张长帐著　知倁智窒

凡四声竖读为纽，横读为韵，亦当行下四字配上四字即为双声。若解此法，即解反音法。反音法有二种：一纽声反音，二双声反音，一切反音有此法也。

绮琴　良首　书林

① 亦见于安然《悉昙藏》，字句与《文镜秘府论》所录略有差异；详魏建功《十韵汇编序》，第14页。

钦伎 柳觞 深庐

释曰：竖读二字互相返也；傍读转气为双声；结角读之为叠韵。曰绮琴，云钦伎，互相反也；绮钦琴伎两双声；钦琴绮伎二叠韵：上谐则气类均调，下正则宫商韵切，持纲举目，庶类同然。

这些是否即为沈氏《四声谱》的原文？固然可成疑问，而神珙所谓沈氏创立的《纽字》之图，当然和他自己的《反纽图》是性质同类的东西。《调四声谱》说四字或六字总归一纽，就是说双声之字，有四声的分别，而总归一纽；无论韵部上怎样的差异，——有鼻音收尾的“阳声韵”和没有鼻音收尾的“阴声韵”——总可以依它们双声的关系类聚为一行，所以上三字属于阳声韵，下三字属于阴声韵，总归于同纽的一个入声字；同样，即使不是同归于一入声字，而各具四声的，也可以同属一纽，故曰：“当行下四字配上四字即为双声。”又谓“凡四声竖读为纽，横读为韵”；明明是应用双声的原理来附合四声韵部的，而为纵横交贯的等韵表的雏形。至于末了所举互相反之例，傍读为双声，结角读之为叠韵，和《双声叠韵法》的内容相同；又谓“上谐则气类均调，下正则宫商韵切”，又正是神珙《反纽图》的大辂之椎轮。神珙谓沈氏《纽字图》“皆以平书，碎义难寻”，[①]就改张为交错旋转的图，而更加细密；日本圆仁所传《九弄十纽图》，中载一文，和神珙《反纽图自序》所言略同，而说：“梁朝沈约创著九弄之文”，更以九弄的名目，也推始于沈氏了。[②] 九弄的名目：

正纽 傍纽 叠韵 罗文 绮错 傍韵 正韵 双声 反音

① 见神珙《反纽图自序》。

② 详可参看冈井慎吾《玉篇研究》(二)续篇第一章，第259页。

这是神珙的《反纽图》所载的，圆仁所传《九弄十纽图》又有“单韵”一项，以成十纽之数。① 又神珙《五音之图》也列着十项名目：

> 正反 到反 正叠韵 傍叠韵 傍叠重道 正叠重道 正到双声 傍到双声 正双声 傍双声

这些繁多的名目，总不外附合双声的原理于四声韵部，以解释反切的方法，正和《调四声谱》的性质相同。如果《调四声谱》果真是出于沈约，或所传和沈氏的《四声谱》相仿，那末，神珙所谓沈氏《纽字图》，至少可以断定是属于《双声叠韵法》一类的东西；即谓九弄之文是沈氏所创，亦不为过。六朝的审音文士既然和佛教文化有密切的关系，②我们自然可以推知不仅是反切四声的成立，受有梵文字母和佛经转读的影响，即类别声纽的智识，和当时双声语的流行，以及把双声的原理附合于四声、韵部来解释反切的，也莫不如此。空海《文镜秘府论》引录刘善经《四声论》，③文中有云：

> 宋末以来，始有四声之目，沈氏乃著其谱，论云起自周颙。

沈约的《纽字图》也未始不是启发于“好为体语”的周颙的。四声之说所以到了周颙、沈约这班人的手里始推行于世，一方面固然因为他们创立声律论，把音韵的原理应用于文辞上的结果；一方面也因为把字调的区分和双声叠韵的问题分作两起，④同时更把双声的

---

① 参看冈井慎吾《玉篇研究》（二）续篇第一章，第 266 页。
② 参看本文的四（二）及四（三）。
③ 盖即《隋志》所录《刘善经四声指归》。
④ 参看本文的四（三）。

原理附合于四声、韵部，列成图谱的形式，不但因以明了“纽有平上去入之异”，并且藉以解释反切的方法，为后来等韵表的雏形。依仿梵文字母和它们拼切的方法，来整理中国音读，遂产生字母等韵之学，在六朝时候，确已具有端倪了。

双声语的流行，足以表明当时类别声纽的智识；应用这种智识来说明反切的方法，更从韵书的切语当中，认明了各字间的双声关系，归纳得到声纽的种类；便发生元刊本《玉篇》所载《切字要法》这一类的东西。兹录《切字要法》的原文如下：

> 一因烟（如入声十六《屑》韵“噎”字，一结切，一——噎，余皆仿此） 二人然 三新鲜 四饧涎 五迎妍 六零连 七清千 八宾边 九经坚 十神禅 秦前（如下平四《宵》韵“樵”字，慈消切，慈——樵） 宁年 寅延 真毡 娉偏 亭田 陈缠 平便 擎虔 轻牵 称燀 丁颠 兴掀 汀天 精笺 民眠 声膻 刑贤 〔四字无文〕 ——（如上平一《东》韵，“风”字，方中切，方——风）——（如上平八《微》韵“微”字，无非切，无——微）

右所列似乎是三十类，较之三十六字母，所缺为《知》《彻》《娘》《床》《敷》《奉》六类，实际“四字无文”的《非》《微》二类，也是原缺的，只有二十八类，所缺为《知》《彻》《娘》《床》《非》《敷》《奉》《微》八类。因为《切字要法》，《玉篇》次于“六书”“八体”之后，一般认为魏晋间的遗物，[1]固然没有这样久远的历史，但是我们总可以断定：它的

---

① 清《续通志》谓：“此法自魏秘书孙炎作反语后，即有之”；又吴稚晖《国音沿革序》：“因烟、人然等的《切字要法》的三十类，《玉篇》则认为由晋代传来的旧法，故次于‘八体’，而以《双声叠韵法》归类于《九弄反纽图》之下。终之‘六书’‘八体’皆列最先，即《隋志》所谓‘八体、六文’，中国纪纲文字之古法也。次为《双声叠韵法》或《切字要法》，亦中国双声叠韵之书。”（《国音沿革》，《序》，第6页）

发生必定在唐末守温字母以前,和《双声叠韵法》等同是唐末以前的作品。不过它的原文附注是经过唐末或宋人的增订;"四字无文"的二类,原来并不认为有此二类,故缺了四字;如果原来是唐宋间的作品,那必定如《韵镜·序例》的三十六字母归纳《助纽字》和《玉篇》所录《三十六字母切韵法》,把"分蕃""文構"四字也不缺了。原文附注显然是唐末或宋人所增入的,所举"噎"字,谓为十六《屑》韵,正是依据《唐韵》和李舟《切韵》或宋代《广韵》的部目,并非陆氏《切韵》的原次。[①] 又《切字要法》后所附一段的说明,也是后人所增入的,中有云:

> 上字喉声,下二字即以喉声应之(如"歌"字,居何切,居经坚歌),上字唇音,下二字即以唇音接之(如"邦"字,悲江切,悲宾边邦);因烟与"一"字同元,人然与"二"字同出,学者苟能口诵心惟,颠倒熟记,虽无文四字,亦皆随口而成。

所举的切语,又不是采用《切韵》等书的原文,和《广韵》的声纽多不相合;如《广韵》的《古》《居》二类有分,"歌"字,《广韵》:古俄切,而这里的附注作居何切;《广韵》的《博》《方》二类有别,"邦"字,《广韵》:博江切,"悲",府眉切,和"邦"不同类,而这里的附注:"邦"字,悲江切。[②] 这些附注显然是宋人所增入,依据《三十六字母》的系统任意撰几个切语来作说明的例子。至于那二十八类和"四字无文"的二类,关于它们的七十字原文,确可断定是守温字母以前的东西。守温字母是依据梵藏字母而制定的(详下文),藏文三十

---

① 参看本文的五(二)。

② 参照白涤洲《广韵声纽韵类之统计》(《中国大辞典》编纂处出版)。

字母又是“采择天竺字母合之西番语音所制”，[①]对于中国字母之学的影响，尤为巨大。《切字要法》的二十八类和缺字的二类，应认为是依据藏文三十字母而来，暂用以解释切语上的双声关系，并非直接出于梵文字母的。藏文三十字母当中《斡》(wa)《喇》(ra)二母，[②]为中国声纽上所缺的二类，《切字要法》当中所谓“四字无文”的二类，我认为原初就是指此；后来增订的人，参照三十六字母的系统，任意用原缺的《非》《微》二类的切语来做例子，撰成附注，加入其中，可是原文仍旧缺字，并没有用“分蕃”“文撝”等字来增补，使我们还可以见到它的原迹。所以《切字要法》的三十类，缺字的二类，注明“四字无文”，乃是指藏文所有而中华所无的音；中华所有，在藏文三十字母当中，只有二十八类，较之三十六字母，所缺为《知》《彻》《娘》《床》《非》《敷》《奉》《微》八类。[③] 这二十八类和藏文字母不合的，只是有《澄》而无《床》。吴稚晖曾经论到这个问题，他说：

> 《切字要法》之有《澄》无《床》，实即有《床》而无《澄》；亦即完全没有《知》《彻》《澄》《娘》。[④]

这种设想是很对的；我们再可以把《照》《穿》《床》三母和《知》《彻》《澄》三母在语音演变史上的关系申说一下，以证实这种说法。

---

① 本《同文韵统》第三卷《西蕃字母说》。据郝恩烈《东土耳其斯坦所获佛典文学写本残叶叙论》谓西藏字母乃由和阗传入，因之藏文字母，除去保留一辅音化之梵文声势“a”以外，其余“i, u, e, o”四声势，皆用几种辨音记号表示之，此种记号与和阗草体字母演进之趋势相应。郝氏文见罗常培《梵文颚音五母之藏汉对音研究》所引(中央研究院《历史语言研究所集刊》第三本第二分，第271～274页)。

② 参照《同文韵统》第三卷《西番字母配合十四谱》第一谱《西番字母三十字》。

③ 参看罗常培《守温字母源流表》(《敦煌写本守温韵学残卷跋》附表二，载中央研究院《历史语言研究所集刊》第三本第二分)。

④ 见吴氏《国音沿革序》，第22页。

《知》《彻》《澄》在上古音里和《端》《透》《定》不分，到了南宋以后就和《照》《穿》《床》不分。[①] 可见《知》《彻》《澄》三母在过去是具有由“舌头音”变成“正齿音”的倾向，这种倾向，在六朝隋唐时候，“舌音”分化完成之际，已经是很显明的了。《知》《彻》《澄》三母在《切韵》系统里的音值，高本汉定为[ȶ]，[ȶʻ]，[ȡʻ]，是舌面前的破裂音，[②]罗常培《知彻澄娘音值考》定为[ṭ][ṭʻ][ḍ]，是舌尖后音，和梵文的“ṭa，ṭ'a，ḍ'a”相当，不过它们的三等字，又认为因舌前化的影响，应当具有舌面前音的倾向。[③] 至于《照》《穿》《床》三母可分为二系，一系高本汉定为[tʂ] [tʂʻ] [dʐʻ]，是舌尖后的破裂兼摩擦音，一系他定为[tɕ][tɕʻ][dʑʻ]，是舌面前的破裂兼摩擦音。[④] 它们和《知》《彻》《澄》三母的发音部位既然相同，即可有发生混同的倾向，尤其是《澄》《床》二母，同为浊音，而在三等字受有舌前化的影响时，更容易混乱。《切字要法》所举的“陈缠”二字，都属《澄》母三等，当时用来代表藏文“ca，c'a，ja”[⑤]一组的“ja”音，就是替代了《床》母舌面前音的一系，我们可认为极合事理的。所以《切字要法》之有《澄》无《床》，确是有《床》而无《澄》，它所列的三十类，除去藏文所有而中华所无因之缺字的二类，实只二十八类，较之三十六字母所缺实为《知》《彻》《澄》《娘》《非》《敷》《奉》《微》八类；而这八类也就是藏文字母上所没有的。因此我们可以断定《切字要法》是依据藏文三十字母，用来解释切语上的双声关系，因而产生的；并不像后来的守温字母，还有一部分直接参照梵文字母的。

① 参看罗常培《知彻澄娘音值考》(中央研究院《历史语言研究所集刊》第三本第一分，第122页)。

② 参看王静如译《中国古音(切韵)之系统及其演变》(载中央研究院《历史语言研究所集刊》第二本第二分)。

③ 参看罗常培《知彻澄娘音值考》(第122页，第157页)。

④ 参看王静如译《中国古音(切韵)之系统及其演变》。

⑤ 参看罗常培《敦煌写本守温韵学残卷跋》附表一《梵藏汉字母对照表》。

从切语上认明了双声的关系，归纳得到声纽的种类，于是依仿梵藏文，从各类声纽当中任取一字来作标目，便成为“字母”。字母的名称，由袭取佛书而来；智广《悉昙字记》在“体文”下注明“亦名字母”，可见唐末以前已经把梵书的体文和字母混称了。[①] 但是梵文的一个“声势”，就是《阿》[a]字，在中国也当做声纽的一类，就是《切字要法》的“因烟”一类，后来就成为《影》母；[②]所以会如此的：一方面固然因为声纽的种类，由归纳切语上的双声关系而来，在切语上无论字音是否具有一个起首的纯粹辅音，总要表示着它们双声的关系；而另一方面也是因为依据藏文三十字母来说明中国声纽的结果，藏文字母表里没有把《阿》(a)字放在其他字母的前面，像梵文字母那样，而却放在最末，显然认这个字母为声纽的性质了。[③] 因此可见中国字母之学和藏文字母的关系，尤为深切。中国文字不是拼音制，把声纽的标目称为字母，固然在名义上不很妥当，[④]而在实际反切的应用上，也需要许多双声字来作释明的例子；字母未曾规定以前，我们原来只有一些类聚得来的双声字，字母规定了以后，仍旧要用这些字来说明。例如《韵镜序例》所录的三十六字母、《归纳助纽字》，元刊本《玉篇》所录的《三十六字母切韵法》以及邵光祖《切韵指掌图・检例》当中的《三十六字母图》“引

---

① 罗振玉《悉昙字记跋》谓智广“是唐中叶时人”。

② 参看《守温字母源流表》。

③ 参照郝恩烈《东土耳其斯坦所获佛典文学写本残叶叙论》(见罗常培《梵文颚音五母之藏汉对音研究》第273页引)。

④ 陈澧《切韵考・外篇》卷三：“养新录云：‘声同者互相切，本无子母之别；于同声之中偶举一字以为例，而尊之为母，此名不正而言不顺者也。’澧案字母之名出于佛书；盖佛国以音造字，连读二音为一音，即连书二字为一字，所谓字母者，以其能生他字，犹国书之‘字头’；在佛书固名正言顺也。若儒书之切语，以二字譬况一音，非以二字合成一字；如东、德红切，非连书德红二字为东字也，而字母家以东为《端》母字，东字非德字所生，尤非端字所生，岂可谓端字为东字之母乎？诚所谓名不正言不顺矣。用中华之字而加以佛书字母之名，故有此病。然自古韵书分部有《东》《冬》《钟》《江》之目，而声则无部居，无标目，唐僧分为三十六类，每一类以一字为标目，便于指说，故相沿不废也。”

类”，在字母规定以后，仍要依据《切字要法》，引举双声字来说明它的应用方法。在《切字要法》以后，三十六字母以前，我们现在还得见守温的三十字母和唐人的《归三十字母例》。《归三十字母例》正是引举双声字来说明三十字母在切语上的应用方法。三十字母载于守温的《韵学残卷》，[①]兹录之如下：

唇音　《不》《芳》《并》《明》

舌音　《端》《透》《定》《泥》是舌头音

　　　《知》《彻》《澄》《日》是舌上音

牙音　《见》《溪》《群》《来》《疑》等是也

齿音　《精》《清》《从》是齿头音

　　　《审》《穿》《禅》《照》是正齿音

喉音　《心》《邪》《晓》是喉中音清

　　　《匣》《喻》《影》亦是喉中音浊

唐人《归三十字母例》和守温三十字的标目尽同：[②]

《端》丁当颠战	《透》汀汤天添	《定》亭唐田甜	《泥》宁囊年拈
《审》升伤申深	《穿》称昌嗔觇	《禅》乘常神谌	《日》仍穰忎任
《心》修相星宣	《邪》囚祥饧旋	《照》周章征专	《精》煎将尖津
《清》千枪佥亲	《从》前墙暂秦	《喻》延羊盐寅	《见》今京犍居

---

① 敦煌唐写本守温《韵学残卷》，现藏巴黎国家图书馆，刘复收入《敦煌掇琐》第三辑中。案，卷中所录《三十字母》牙音《见》字下有“君”字，疑衍文。

② 罗常培《敦煌写本守温韵学残卷跋》第253页注一：“参阅日人滨田耕作《东亚考古学研究》三一五页《斯坦因氏发掘品过眼录》或《东洋学报》第八卷第一、第四两号。原物敦煌发见，厚褐色纸书，文字颇精美。惟原文‘故’作‘故’，‘衷’作‘象’，‘贞’作‘负’，‘天’作‘光’，‘缜’作‘缜’，‘暨’作‘替’，‘呈’作‘皇’，‘延’作‘巡’，‘言’作‘苦’，‘相’作‘根’，‘囚’作‘因’，均误。今据字形及声经韵纬之例校改如上。”

《磎》钦卿褰祛　《群》琴擎寋渠　《疑》吟迎言敏　《晓》馨呼欢袄
《匣》形胡桓贤　《影》缨乌剜烟　《知》张衷贞珍　《彻》伥忡柽缜
《澄》长虫呈陈　《来》良隆冷邻　《不》边逋宾夫　《芳》偏铺缤敷
《并》便蒲频苻　《明》绵模民无

这是用来说明守温三十字母的，所引举的双声字多和《切字要法》相同，大概也是参照《切字要法》而作。守温事迹，无可考见，相传是唐末人，唐写本《韵学残卷》首署"南梁汉比丘首温述"，唐代以后只有梁而无"南梁"的朝代，冠以"南梁"二字，大概是地名。① 今考卷中所列《四等重轻例》（详下节），举到《宣》《选》二个韵目，和夏竦的《古文四声韵》的韵目相合，②王国维《书古文四声韵后》谓夏氏所据本，"当在《唐韵》与小徐本所据《切韵》之后"，那末，守温所作必在唐代中叶以后；旧传守温为唐末沙门，大概是可信的。③《归三十字母例》既然是用来说明三十字母的，如果三十字母确是守温所定，那末，这归字之例也必不能在守温以前，大概也是唐末的作品。

守温所定字母，实只三十，较之三十六字母少《帮》《滂》《奉》《微》《床》《娘》六母，实际所缺为《非》《敷》《奉》《微》《娘》《床》六类。把三十字母增为三十六，大概出自宋人之手；《通志·艺文略》及《玉海》都著录守温《三十六字母图》一卷，后代就以为三十六字母是守温所定；正如《广韵》的二百零六部非陆法言《切韵》的旧目，④而卷首仍题曰：陆法言撰本，后代就以为二百零六部是陆法言所定的那种情形一样。或谓三十字母系舍利所创，或谓系神珙所定，

① 参看罗常培《敦煌写本守温韵学残卷跋》，第251～252页。
② 参看本文的五（二）。
③ 参看罗常培《敦煌写本守温韵学残卷跋》，第251页。
④ 参看本文的五（二）。

皆不足信。罗常培《敦煌写本韵学残卷跋》云：

> 明吕维祺《同文铎》据释真空《篇韵贯珠集总述来源谱》，谓大唐舍利创字母三十，后温首座益以《娘》《床》《帮》《滂》《奉》《微》六母，是为三十六母。清陈澧等俱从其说。惟真空以等子造自观音，五音辨自轩辕，推迹韵学来源，每多荒渺难稽，其以三十字母归诸舍利，或与《同文韵统》归诸神珙同一误谬；至清李元《音切谱》复以藏文三十字母译音认为舍利所作，李汝珍《音鉴》亦袭其说，尤不知何所根据：似均不如唐人写本较为可信也。惟邵雍《皇极经世声音图》上官万里注云："自胡僧了义以三十六字为翻切母，夺造化之巧。司马公《指掌图》为《四声等子》，《蒙古韵》以一声该四声，皆不出了义区域。"今若据此残卷以三十字母属诸守温，则三十六母或即了义所增益欤？[①]

守温三十字母实在是依据《切字要法》的二十八类，又参对了梵书的体文，因而增入《知》《彻》二类的。《切字要法》既然举出"陈缠"二字，以《澄》类的字替代了《床》类，于是定字母时，就依据梵文字母上"ṭa，ṭ'a，ḍa"一组的音，增入《知》《彻》二类，合成了《知》《彻》《澄》一组，结果在三十六字母上所缺的，就为《非》《敷》《奉》《微》《娘》《床》六类了，至于梵文字母当中，浊音的送气和不送气的分别，在各组里是有两个字母的，如"ga，g'a""ja，j'a""ḍa，ḍ'a"

---

① 见罗常培《敦煌写本守温韵学残卷跋》第254页，又注二："参阅《同文韵统》卷六，页八至页九。周春《小学余论》亦谓：'相传神珙字母止三十，缺《娘》《奉》《微》《帮》《滂》《床》六母'；与《韵统》之说合。案，宋魏了翁《鹤山文钞》后附《师友雅言》云：'李肩吾曰：贾逵只有音，自元魏胡僧神珙入中国，方有四声反切'；其后戴震作《书玉篇卷末声论反纽图后》已据珙自序，证其为唐元和以后人；然均未言其曾造字母，《韵统》所说，盖展转传讹耳。"

“da，d’a”“ba，b’a”；在藏文当中各只有一个字母；守温三十字母正和《切字要法》上各类相合，除了所缺的《床》母以外，每组里的“全浊”音，也各只有一个字母，如《群》《澄》《定》《并》等。[①] 所以如此的：因为字母的应用，原来只是说明切语上的双声关系，中国切语上所无的声纽，当然不能因梵文字母所具有而把它们也配列于其中；但是另一方面，当时撰定字母，就这一点上也可以说是受了藏文字母的启示的。此外，如《精》《清》《从》《禅》《邪》《匣》诸母，又是梵书体文所无，而藏文字母上所具有的，守温字母所以把它们列出来，固然因为适应了切语上声纽的种类，而也不能否认这是依据藏文三十字母的结果。刘复曾作《守温三十六字母排列法之研究》一文，中有云：

> 从这华梵字母的比较上，可以知道守温所定的三十六个字，并不是照梵文直抄的。他把华文所有而梵文所无的加了，把梵文所有而华文所无的减了。因此我们可以说：这三十六字，一定是当时所有的音，一定是个个有分别。而且这三十六字，能够流传到现在，在当时至少必定得到了若干学者的承认（若然不是一般社会的承认）；而要得到承认他所表示的音，又当然是较为普通的，决不能是十分偏僻的。[②]

其实守温原初所定的三十字母，大部分是依据藏文字母而来，同时参对了梵文字母，就把《切字要法》的二十八类，增入《知》《彻》二类，以成三十字母。据一般的传说，藏文三十字母是在第七世纪

① 参看《守温字母源流表》。
② 载北京大学《国学季刊》一卷三号，第452页。

中——唐初时候——产生的，[①]必定在第八世纪以前输入了中国，我们暂时可以假定《切字要法》是唐代中叶的作品，由此而产生唐末的守温三十字母，它们所受藏文三十字母的影响，比之直接所受梵文字母的尤为巨大。对于守温三十字母，我们还有一点应注意的，就是这三十字母的配列和宋人三十六字母参差不同的地方；守温《韵学残卷》以《知》《彻》《澄》《日》为一组，以《心》《邪》《晓》为一组，又以《来》母属于"牙音"，以《影》母为"喉中音浊"，而把它放在最后，这种配列显然是因袭藏文三十字母的次序而略加以移动的。唐人《归三十字母例》，各组的配列已渐和后此的三十六字母相合，这又是它的发生比较晚后而用来说明守温三十字母的佐证。因此我们可以断定：守温字母大部分是依据藏文三十字母来说明切语上的声纽，同时参对了梵书的体文，因而产生的。

至于守温三十字母，较三十六字母缺了《非》《敷》《奉》《微》《娘》《床》六类，并不是表明当时实际音读上无此六种声纽。《非》《敷》《奉》《微》一组的"轻唇"音，为中华所特有，梵藏字母上所无的，守温三十字母缺了轻唇音一组，并非表示当时和"重唇"一组的音尚未分化；守温《韵学残卷》第三截第二段《声韵不和切字不得例》，已经立着"类隔切"的名目，而且举着轻重唇互切的例子，著者在《国语上轻唇音的演化》一文里就作如下的断语：

> 我们认定唐人的三十字母，撰作时是受着《切韵》一类韵书上反切的影响，多少带一点存古的性质；可是守温《韵学残卷》里已经明白指明韵书上的切语，有很多不合当时语音演变的实际，而名之曰"类隔切"；从这个类隔切的名目上，我们在

---

① 参看罗常培《梵文颚音五母之藏汉对音研究》第270页，引华德尔《西藏喇嘛教》说。

> 唇音方面，就可以推断轻重唇两组的分化，当守温初作字母时，已经有显然离析的现象。①

罗常培《敦煌写本守温韵学残卷跋》也说过当时轻重唇已经分化，而且"正齿"音二、三等亦有分别；引录如下：

> 此三十字母中《帮》《滂》《奉》《微》《床》《娘》六母既未分化，则正齿音二、三等益当无别。然《残卷》第二截《两字同一韵凭切定端的例》所举十二字：
>
> 诸章鱼反　辰常邻反　禅市连反　朱章俱反　承署陵反　赏书两反
>
> 葅侧鱼反　神食邻反　潺士连反　刍庄俱反　绳食陵反　爽疏两反
>
> 则正齿音二、三等及《床》《禅》之别，当时并不混合。且《残卷》第三截《辨声韵相似归处不同例》所举四十九组一百五十三字，皆属《非》《敷》两母；若更旁证《归三十字母例》中《不》《芳》《并》《明》末列之"夫敷苻无"四字，则当时唇音轻重，亦似有别。其所以不另分立者，盖守温初作字母，仅类聚《切韵》反切上字而参对梵藏体文，于梵藏有而华音无者，固皆删汰，于华音有而梵藏无者，亦付阙如。……故守温三十字母虽定于唐末，而不能据此以证正齿音二等及轻唇音四母尚未分化。②

原来守温字母的成立，只是参照梵藏体文，用来标明切语上的声纽，以补正韵书体例上的缺点；所以他所定的三十字母，梵藏字母上所具有而在切语上所无的声纽，当然不能妄事增列，至于切语上

---

① 载暨南大学《暨南学报》第一卷第二号，第 80 页。

② 载中央研究院《历史语言研究所集刊》第三本第二分，第 254～255 页。

或当时音读上应分别的声纽，而因梵藏字母当中无可比对，也就付之阙如。轻重唇的分化，在唐代初年已经具有显著的现象，在唐宋间，往往把唇音"类隔"的反切改为"音和"，可见当时把它认为古今音变异的一种重要事实。[①] 而对于守温所定的三十字母，终觉得它离开了实际的音读太远，过于拘守梵藏字母的范围，于是增入了《非》《敷》《奉》《微》四母；可是同时又参对梵藏体文，因守温字母既然把《审》《穿》《禅》《照》和《知》《彻》《澄》《日》列成两组，遂觉《床》《娘》两母亦不可少，一并增入，就演成为宋人的三十六字母。[②] 随后又因为使等韵图表排列得整齐，并参酌实际的音读，改换了因袭梵藏字母的旧次，而形成下列的系统：

重唇音　《帮》《滂》《并》《明》　轻唇音　《非》《敷》《奉》《微》

舌头音　《端》《透》《定》《泥》　舌上音　《知》《彻》《澄》《娘》

牙音　《见》《溪》《群》《疑》

齿头音　《精》《清》《从》《心》《邪》　正齿音　《照》《穿》《床》《审》《禅》

喉音　《影》《晓》《匣》《喻》

半舌音　《来》　半齿音　《日》

至于正齿音二、三等的分别，就是上文所举《照》《穿》《床》诸母当中的二系，在《切韵》系统上应分别的两组声纽，而在三十六字母上仍旧不另分立：这大概又是因为这两系到了唐宋间不但它们自身已发生混同，并且和《知》《彻》《澄》诸母也渐有不分的趋势，更因为这

① 参看拙著《国语上轻唇音的演化》，第81～82页。

② 参看《守温字母源流表》。

两系除《审》母外，在梵藏字母当中无可比对的缘故。[1] 我们因此可以知道三十六字母的系统，是由于唐宋间人依据了梵藏字母来标明《切韵》等书里切语的声纽，又参照当时实际的音读，混合了这三四种的因素而演成的。这种系统在当时或许是较为普通的，并不必合于某种实际的方音音读。但是由守温三十字母增订为三十六字母，同时排列的系统也加以修改，我们也可以认为是由实际语音演变的原因而用来适应这种演变的现象的。

我们再论到三十六字母当中分组和排次的方法。学术的进步，大都由含混而趋于明晰，由粗疏而趋于精密。周汉间人所用辨音的术语，极其含混，因之那时虽具有审音的智识，而不能使人明了它们的内容。到了魏晋间，反切韵书已经风行，可是对于语音上音色的差异和音调、音势等变化的现象还没有分开来论列，因之当时借用宫、商、角、徵、羽这五音的名称来区别字调，往往并不认为单纯音调等变化的关系而把音素的差异也包含在内。后来竟把这五音的名称借作区别音素之用；如神珙《五音之图》（宋本或元本《玉篇》所载）本是用来说明反切的方法，而标着下列的五句：

宫、舌居中；　商、开口张；　角、舌缩却；　徵、舌柱齿；　羽、撮口聚。

守温《韵学残卷》第三截《辩宫商徵羽角例》也列着同样的五句：

欲知宫，舌居中；　欲知商，口开张；　欲知徵，舌柱齿；　欲知羽，撮口聚；　欲知角，舌缩却。

---

① 参照本节上文，及《守温字母源流表》。

把这五个字音分别形容它们发音的部位和情状，并不是单就辅音而言，还包含着这些字音里元音性质的关系。这种含混的辨音，一方面启示了韵素上"等呼"的区分，一方面在后代又配成了"五音""七音"，用这些名称来表明声纽上发音部位的差别。宋后的等韵家往往以"宫""商""角""徵""羽"来配合"喉""齿""牙""舌""唇"，又以"半徵""半商"指明"半舌"音的《来》母和"半齿"音的《日》母，或且以"五行""五方""五色""五脏"来比附字母；[①]只是借用中国的旧名称来作新学理的外表而已。郑樵《七音略序》谓"江左之儒，识四声，而不识七音"；"知纵有平、上、去、入为四声，而不知衡有宫、商、角、徵、羽、半徵、半商为七音"；可见"五音""七音"的分别在术语上虽然也有时引用旧名，而在内容上唐宋间人自命为特创的新学理了。这种比较明晰精确的新学理，却又是由含混粗疏的旧学说上演进而来，同时又受了外来文化的影响因而产生的。梵文字母和它们的拼音学理大概是东汉时随着佛教传入了中国，而翻译的佛经当中附着字母的，最古者却为西晋竺法护的《光赞经》，以佛理为序；其以音理为序者较古，则为东晋法显的《大般泥洹经》。佛经中所附的字母，有以佛理为序和以音理为序的两种。[②] 钱大昕谓"唐人所撰之三十六字母，实采《涅槃》之文，参以中华音韵而去取之；谓出于《华严》则妄矣"；[③]只是就《涅槃经·文字品》所录字母，属于以音理为序的一类，和三十六字母的排次很多相合而言，《华严经·入法界品》所录以佛理为序的当然和它们不相合。所谓以音理为序的，据吴稚晖的考证，以为就是"十四音"的顺序；原初所谓十四音，是赅括声势和体文的，和宋本《广韵》元本《玉篇》

---

① 参看罗常培《中国音韵沿革》(清华大学讲义)第一册《声母发音部位异名表》。兹将该表转录于下(见第177～180页表格)。

② 参照吴稚晖《国音沿革序》第6～11页，及罗常培《梵文颚音五母之藏汉对音研究》附《四十九根本字诸经译文异同表》，《圆明字轮四十二字诸经译文异同表》。

③ 见钱氏《养新录》卷五。

本篇所用之标准旧名	唇音		舌音		齿音		牙音	喉音	半舌音	半齿音
	重唇	轻唇	舌头	舌上	齿头	正齿				
五音声论	4. 北方唇声		2. 西方舌声		3. 南方齿声		1. 东方喉声 5. 中央牙声			
辨字五音法	1. 唇声		2. 舌声		3. 齿声		4. 牙声 5. 喉声			
韵镜	1. 唇音		2. 舌音		4. 齿音		3. 牙音	5. 喉音	6. 舌齿音	
通志七音略	1. 羽		2. 徵		4. 商		3. 角	5. 宫	6. 半徵	7. 半商
切韵指掌图	4. 唇重羽	5. 唇轻羽	2. 舌头徵	3. 舌上徵	6. 齿头商	7. 正齿商	8. 喉音宫	1. 牙音角	9. 舌齿音半徵半商	
玉篇卷首三十六字母五音五行清浊旁通撮要图	4. 唇音重羽水	5. 唇音轻羽水	2. 舌头音徵火	3. 舌上音徵火	6. 齿头音商金	7. 正齿音商金	8. 喉音宫土	1. 牙音角木	9. 半舌半齿音半徵半商半火半金	
沈括梦溪笔谈	1. 唇音宫		2. 舌音商		4. 齿音徵		3. 牙音角	5. 喉音羽	6. 半齿半舌音半徵半商	
晁公武郡斋读书志	1. 唇音		2. 齿音		4. 舌音		5. 喉音	3. 牙音	4. 半齿半舌	

续 表

本篇所用之标准旧名	唇音		舌音		齿音		牙音	喉音	半舌音	半齿音
	重唇	轻唇	舌头	舌上	齿头	正齿				
王观国学林	4. 北方唇声水		2. 西方舌声金		3. 南方齿声火		5. 中央牙声土	1. 东方喉声木		
韩道昭五音集韵	4. 重唇	5. 轻唇	2. 舌头音	3. 舌上音	6. 齿头音	7. 正齿音	1. 牙音	8. 浅喉 9. 深喉	10. 半徵半商音	
黄公绍古今韵会	3. 宫	4. 次宫	2. 徵	（并入次商及徵）	5. 商	6. 次商	1. 角	7. 羽	8. 半徵半商	
释真空篇韵贯珠集总括五姓分配例	3. 唇肾羽水北玄		2. 舌心徵火南赤		4. 齿肺商金西白		1. 牙肝角木东青	5. 喉脾宫土中黄	6. 西南	
梅膺祚字汇后韵法直图	3. 唇音羽	7. 唇齿合音羽合商	2. 舌音徵	（并入齿音及舌音）	4. 牙音角	5. 齿音商	6. 喉兼牙音宫兼角	1. 喉音宫	8. 舌兼喉音半徵	9. 齿兼牙音半商
马自援等音林本裕声位	3. 唇音羽	7. 唇齿兼音羽商	2. 舌音徵	（并入牙音及舌音）	4. 齿音商	5. 牙音角	1. 喉音宫	6. 喉牙合音宫角	8. 舌喉合音宫徵	9. 齿牙合音商角

续 表

本篇所用之标准旧名	唇音		舌音		齿音		牙音	喉音	半舌音	半齿音
	重唇	轻唇	舌头	舌上	齿头	正齿				
李元音切谱	3. 唇音羽		2. 舌音商		4. 齿音徵		5. 喉音宫	1. 牙音角	6. 半舌半齿音半徵半商	
邹汉勋五均论	7. 开唇音	8. 合唇音	3. 舌头音	（并入齿本）	5. 齿头音	6. 齿本音	2. 浅喉音	1. 深喉音影喻入口	并入舌头	并入齿本
胡垣古今中外音韵通例	5. 唇音	（附轻唇音）	2. 腭音	（并入齿音及腭音）	4. 牙音	3. 齿音	1. 喉音		（并入腭音）	（并入齿音）
周赟山门新语	3. 唇音角	8. 唇齿合音变徵	2. 舌音商	（并入腭音及舌音）	4. 齿音徵	5. 腭音羽	1. 喉音宫	6. 喉齿合音变宫（影喻并入喉音）	7. 舌腭合音变商	9. 齿腭合音变羽

续 表

本篇所用之标准旧名	唇音		舌音		齿音		牙音	喉音	半舌音	半齿音
	重唇	轻唇	舌头	舌上	齿头	正齿				
张仲儒字学呼名能书	3. 唇音羽	7. 唇齿合音羽商	2. 舌音徵	（并入齿音及舌音）	4. 牙音角	5. 齿音商	1. 喉音宫	6. 喉音兼牙宫兼角	8. 舌音兼喉半徵	9. 齿音兼牙半商
劳乃宣等韵一得	6. 重唇音	7. 轻唇音	2. 重舌音	3. 轻舌音	5. 轻齿音	4. 重齿音	1. 鼻音		（并入重舌）	（并入重齿）
李邺切韵考	3. 重唇音	4. 缝唇音	2. 舌音	（并入腭音及舌音）	5. 齿音	6. 腭音	1. 喉音	（晓匣并入余音）	6. 余音	
钱玄同音篇	5. 唇音		3. 舌音		4. 齿音		2. 浅喉音	1. 深喉音(晓匣并入浅喉)	（并入舌音）	（并入齿音）

附录的《辨十四声例法》很可以相比合；《高僧传·释慧睿传》所谓谢灵运“著《十四音训叙》”，和佛经中所谓“《十四音》，名为字本”，以及《隋书·经籍志》所云“十四字贯一切音”，原来都是指这《十四声例法》的；大概到了玄应把《涅槃经文字品》引入《一切经音义》内，而谓“其十四字，如言三十三字如是合之”，才把许多体文屏出于《十四音》之外，而以《十四字》专指声势。[①] 吴氏说：

> 玄氏此注，即于十四音为字本之理，一笔勾销。不幸十二摩多加上《理》《厘》二母，名曰字音十四，又成字面上之纠纷。且《理》《厘》两母加入之故，不能说明，被陈兰甫拉向《来》母，尤落十丈云雾。[②]

案，智广《悉昙字记》于“悉昙十二字”下云：“旧云《十四音》者，即于悉昙十二字中《瓯》字之下，次有《纥里》《纥梨》《里》《梨》四字，即除前悉昙中最后两字，谓之界畔字，已余则为《十四音》”；照吴氏此说，智广所云《旧十四音》和玄应所列的字音十四，都是晚后的学说，并非原初赅括声势体文而分列的《十四音》。我以为吴氏这种说法实在是很合于中国音韵学史上演进的趋势的。对于各种音素的辨别，我们可以根据它们发音的部位和发音的情状，分作两方面来规定它们的性质，最初往往把这些方面的现象混同不分；六朝时候，虽然渐渐把字调的区分和双声、叠韵的问题分作两起来论列，[③]可是一论到音素的种类，又往往把辅音和元音的性质，没有加以明确的区界，因之关于韵部上或韵素上等呼的分别，和关于声纽种类的问题，也往往混合在一起。梵文字母上原初赅括声势、体

① 详可参看吴稚晖《国音沿革序》原文，及下节。
② 见吴氏《国音沿革序》，第19页。
③ 参看本文的四(三)。

文因而区分的《十四音》和后来所传述的《辨十四声例法》以至神珙《五音之图》和守温《辨宫商徵羽角例》所列宫、商等五音的分别，都是在那种学术界的情形下的产物。后来辨别的能力和分析的观察逐渐进步，不但把韵素上和声纽上的问题分作两方面来论列，而且知道辨别各种音素，又可以分作发音部位和发音情状这两方面来观察，以规定它们的性质，更以为它们分组和排次的标准。于是玄应《音义》所录《涅槃经》字母分为“字音”十四，“比声”二十五字，“超声”八字三大类，把许多体文列出于《十四音》之外，再依“比声”的五组分为“舌根声”“舌齿声”“上咢声”“舌头声”“唇吻声”五种；较从前分析得精细，正是学术上进步的现象。把“比声”二十五字依发音的部位分为五组，适与中国宫、商、角、徵、羽五音之数相合，于是一变而为字母声纽上的“五音”。唐时，藏文字母又行输入，从事反切字母之学的，既然依据它来说明切语上的声纽，同时参对了梵书体文，斟酌损益，遂产生守温的三十字母。这种守温字母，既不限定于体文当中的“比声”二十五字，自然玄应《音义》里所分别归类的又不适用于此时此地了。因为依据《藏文》三十字母，列出了《影》母又增多梵书体文上所无的《精》《清》《从》《禅》《邪》《匣》诸母，同时玄氏所谓“超声”八字当中又有《审》《心》《喻》《晓》《来》诸母；这时要凑成五音之数，既然不能不列出“喉音”一组，以安置《影》母，而随附着《喻》《匣》《晓》诸母，自然须要把玄氏所谓“舌头”“上咢”两声改为“舌头”“舌上”，而并成“舌音”一组；又把《精》《清》《从》诸母列为“齿头”音，将玄氏所谓“舌齿声”改为“正齿”音，随附着《审》《禅》诸母，以并成“齿音”一组；同时因舌根的位置紧靠着大牙（最尽头的牙），遂以“舌根声”改称牙声，成为“牙音”一组；以“唇吻声”改称唇声，成为“唇音”一组。[①] 这样就成为中国字母声纽上

① 参照王力《中国音韵学》上册，第52页。

的“五音”；又借用中国宫、商、角、徵、羽的旧名称，来配这喉、齿、牙、舌、唇的五个部位，或且以“五行”“五方”等等来相配。我们要知道：引用中国的旧名称来作新学说的外表，总是不能适合的；因之各家所配，难免彼此有异同。[①] 这种举动，本属无谓，固可置之不论；[②]可是因名称的淆惑，有时候竟致音理上的混乱，如“角”与“宫”二字，声纽都属舌根的部位，而一以配牙音，一以配喉音，以致喉牙二音，往往发生混乱。例如：宋本及元本《玉篇》所录《五音声论》，无论是否为神珙所作，[③]而因喉、牙两声互有出入，后人遂斥为粗疏不足为法。[④]《广韵》与元本《玉篇》所录《辨字五音法》，也是喉、牙两音混乱；他如《切字要法》后附一段说明，亦以“歌”字为喉声之例；守温《韵学残卷》既以《见》母为牙音，《匣》《喻》《影》为喉中音浊，而随后所载定《四等重轻兼辨声韵不和无字可切门》又谓“高”字“是喉中音浊”；晁公武《郡斋读书志》更以《见》《溪》诸母称为喉音，《影》《晓》诸母称为牙音；此外更有浅喉、深喉的异名。[⑤]原来声纽上所以立着喉音一组，为着要安置《影》母，因而附入《喻》《匣》《晓》诸母；而《影》类的所以列出，又是由依仿《藏》文三十字母当中的末一个字母而来。这个字母（即《阿》字）在梵文字母上属于声势；唐宋间人既然因为受中国旧名称的淆惑，往往混乱了喉牙两音的分界，对于喉音一组的性质，本来也没有明确的认识（如守温把《心》《邪》二母也列入喉音）；因之再把这喉、牙、舌、齿、唇的“五

① 参看本文第177～180页《声母发音部位异名表》。

② 本陈澧《切韵考·外篇》卷三。

③ 戴震《声韵考》：“按此亦不知何时所传，王伯厚归之神珙。考珙自序，不一语涉及《五音声论》，殆唐末宋初，或杂取以附《玉篇》后，非珙之所为。”

④ 钱大昕《养新录》卷五：“神珙《四声五音九弄反纽图》分喉、舌、齿、唇、牙五声，每声各举八字以见例，即字母之滥觞也。唇声八字，有重唇无轻唇，盖古音如此。喉、牙两声相出入，与后来字母不同。”陈澧《切韵考·外篇》卷三：“澧谓《五音声论》粗疏实不足以为法，乃字母之椎轮耳。”

⑤ 参看本文第177～180页《声母发音部位异名表》。

音"重来分配于梵书的体文,便觉得喉音无可配置,如智广《悉昙字记》、惟净《天竺字源》竟把舌头声一组配属于喉声了!吴稚晖谓《悉昙字记》"承古代相传之讹,玄应改为舌头声,于音理自合。然《字记》等自守其六朝佛经派之旧,玄应已有唐代字母家之意味。证明《广韵》之《十四声》,幸有《字记》残存旧法,方能密合"。[①] 实则智广《字记》所配列的,正是受着唐代字母家"五音"说的影响,并非沿袭六朝佛经派之旧,而《广韵》所附录《十四声例法》,尤其是后来沿着智广等书的误配喉声,而把例字窜改为"鸦、加、瑕"等的。[②] 这样看来:字母声纽上的"五音"之说,它的发生,或者由于古书上注音和辨音的启示,并且得到中国许多旧名词的比附,可是内容上完全是因依仿梵藏字母上那种排列的系统而来的。佛书上所录字母,以音理为序的,许多体文的排列,大致依着辅音发音的部位分成各组;藏文三十字母,除了最后的一个字母之外,又依着梵文字母体文的排次;从事反切字母之学的,既然依据它们来说明切语上的声纽,自然要仿效它们各组排列的系统,比附了中国旧时的五音,参酌增并,遂成为这种新学说。这种"五音"之说,大概也是藏文字母输入中国之后就发生的,孙愐《唐韵序》有"纽其唇、齿、喉、舌、牙部件而次之"的话,可见在唐代中叶已经盛行了。守温撰定三十字母,更参照梵藏字母原来的组别和排次,把舌音一组仍旧列为舌头、舌上,齿音一组列为齿头、正齿,为后来"九音"之权舆。宋人增成三十六字母,为着韵图整齐的排列,并参酌实际的音读,移动了旧次,把《来》《日》两母列在最后,于是"五音"之外,又增入"半舌""半齿",遂成为"七音"之说。《宫》《商》《角》《徵》《羽》之外,又添了半徵、半商,就是郑樵所谓"江左之儒不识"的七音。半舌、半齿又名舌齿、齿舌;《韵镜・调韵指微》云:

---

① 见吴氏《国音沿革序》,第 19 页。

② 参看吴氏《国音沿革序》,第 19 页。

> 舌中有带齿声，齿中而带舌声者，古人立《来》《日》二母，各具半徵、半商，乃能全其秘。若《来》字，则先舌后齿，谓之舌齿；《日》字则先齿后舌，谓之齿舌。所以分为二，而通五音曰七音。

“七音”之说，又是三十六字母成立后的新学说了。三十六字母上唇音一组既有轻重唇之分，于是把舌齿、齿舌并为舌齿音，连舌头音、舌上音、齿头音、正齿音及牙音、喉音成为“九音”。[①] 这种组别的产生，也正和字母的本身一样，一方面是因受着外来文化的影响，一方面又是由于适应着实际语音演变而来的。

（二）“等韵”的原理和它的起源

在上二章里说过，“轻、重”“清、浊”一类的词语，原是用来表明音读上比较的相对的区别；最初应用宫、商、角、徵、羽的名称来区别字调，虽然也把音素的差异混合在内，可是仍旧看作比较的相对的差别。后来把字调的区分规定为四声，又渐渐把音调变化的关系和声纽韵素上的问题看作两起；但是，音素的差异，虽然不关于乐音高低的变化，而因声纽或韵素的区别，也可以影响于实际听感上，使整个字音发生高低的差异；因之原来用以表明音读上比较的相对的差别的词语，也用来指示声纽或韵素上绝对的区别。宫、商等五音的名称既然用来代表字母当中喉、牙、舌、齿、唇的各组，清浊、轻重一类的词语，也自然可以为表明各组声纽里发音状态和各种韵素上成分的差异之用。梵藏体文大都依辅音的发音部位分列各组，字母家仿效了这种排列的方法，遂产生“五音”“七音”之说。

① 参看本文第177～180页《声母发音部位异名表》。

而梵藏体文的各组当中，又大致依据发音的情状为序次，大抵以不带乐音的（即清音）破裂音或破裂兼摩擦音列于前，以带乐音的（即浊音）列于后，以鼻音列于最后，而在清音和浊音当中，又以不送气音列前，送气音列后。这种发音情状的差别，中国佛书上就用轻重一类的词语来形容它们；例如“ga”为《伽》，“g'a”为《伽》的“重音”；“da”为《陀》，“d'a”为《陀》的“重音”；“ba”为《婆》，“b'a”为《婆》的“重音”之类。[①] 大概当时以不送气的音为轻，以送气的音为重；我们用语音学理来解释：送气的音，它的气流输送力较之不送气音特别强；[②]中国向来应用轻重等相对的名辞，常常以表明听感上高低的觉察，有时却也以指示音势的强弱，送气音的气流输送力特别强，就是它的音色本身所具有的音势特别强，所以可称为“重音”。[③] 轻、重既然是相对的名辞，在比较的差别上可以有许多的等级，所以轻、重之外，又有“重中轻”“轻中重”等的名目。空海《文镜秘府论》调声云：

> 律调其言，言无相妨，以字轻重清浊间之须稳。至如有“轻”、“重”者，有“轻中重”，“重中轻”，当韵之即见。且庄字（侧羊反）全轻，霜字（色庄反）轻中重，疮字（初良反）重中轻，床字（士庄反）全重。

又论文意云：

> 夫用字有数般，有“轻”有“重”，有“重中轻”，有“轻中重”，

① 参看智广《悉昙字记》，及罗常培《梵文颚音五母之藏汉对音研究》附《四十九根本字诸经译文异同表》。

② 参看拙著《语音学纲要》（开明书店出版）第五章第八节，第 33 页。

③ 参看拙著《语音学纲要》第十章第三节，第 76 页。

有虽重浊可用，有虽轻清不可用者，事须细绎之。若用重字，即以轻字拂之便快也。

就他所举的“庄”“霜”“疮”“床”四字来推测，大概以清音为轻，浊音为重，又以不送气音为轻，送气音为重，所以谓“庄”字（在三十六字母上属于《照》母）“全轻”，“床”字（《床》母）“全重”，而谓“疮”字（《穿》母）“重中轻”。至于以“霜”字（《审》母）为“轻中重”，原来梵文字母中，把几个属于摩擦音和边音的字母不列于“比声”的五组当中，而另附于后，玄应谓之“超声”，智广《悉昙字记》谓之“遍口声”，对于这几种音的发音部位和情状，当时并没有明确的认识，这里谓《审》母的字为轻中重，恐怕和守温《韵学残卷》的把《心》《邪》《晓》认为“是喉中音清”，正是同样的模糊观念。空海精研悉昙之学，[①]他所讨论的声律，当然也是依据于梵文的拼音学理；这里依照字音里声纽发音的情状，来判别轻重，终离不了梵文字母的序次的范围。关于辅音的发音情状，除了带乐音与否和送气不送气的分别以外，还有同一部位上阻碍程度的差异，如破裂音、鼻音、边音、摩擦音以及破裂兼摩擦音等等，都是依据阻碍的程度来区别的。[②] 对于这几种区别的标准，从前大都没有把它们分开来论列，只是混在一起；因之判别轻、重，一方面既依气流输送力的强弱，以不送气音为轻，以送气音为重，另一方面又依清浊声纽影响于字音音调的高低，以清音所致的高调为轻，以浊音所致的低调为重；[③] 同时又参杂了气程阻碍力大小的关系，依气程空隙间共鸣作用的大小所致“音响”（sonority）上的差异来判定。[④] 混合了这许多种

① 空海于唐德宗贞元二十年甲申——即日本桓武天皇延历二十三年，西元八〇四年——入唐留学，从不空三藏弟子昙贞受悉昙。

② 参看拙著《语音学纲要》第五章第三节、第四节，第28～30页。

③ 参看拙著《语音学纲要》第十二章第四节，第89页。

④ 参看拙著《语音学纲要》第九章第二节，第59页。

不同一的标准，以规定于一种简单的条件之下，自然只凭着各人的觉察，而认为相对的比较的差别，列出了“全轻”“重中轻”“轻中重”“全重”这许多等级。这些等级的分别，固然不必限定四种，可是一方面受了韵素上“四等”的影响，一方面又依据梵藏体文各组的排次，梵文字母上浊音的送气和不送气的两个字母，在中国切语的声纽当中，没有分别(参看上节)，每组也只有四个声纽可以比对；所以在声纽上，除了依照发音的部位列成“五音”“七音”之外，又依发音的情状分为“四等”。沈括《梦溪笔谈》云：“纵调之为四等，《帮》《滂》《傍》《茫》是也”；这就是指各组声纽上的“四等”，宋元以来，有“全清”“次清”“全浊”“次浊”诸类的名目。[①] 这种分别，最初只是应用轻重一类的词语所表明的等级；江永云：

---

① 兹将王力《中国音韵学》上册六四页所载《全清次清全浊次浊异名表》转录于下，以备参考：

<table>
<tr><td colspan="2">本篇定名</td><td colspan="2">全　清</td><td>次　清</td><td colspan="2">全　浊</td><td colspan="2">次　浊</td></tr>
<tr><td colspan="2">本篇分类</td><td colspan="2">帮端精见心
非知照影审</td><td>滂透清溪
敷彻穿晓</td><td colspan="2">并定从群邪
奉澄床匣禅</td><td colspan="2">明泥疑来
微娘喻日</td></tr>
<tr><td rowspan="9">诸家韵书之定名及分类</td><td>韵镜</td><td colspan="2">清</td><td>次清</td><td colspan="2">浊</td><td colspan="2">清浊</td></tr>
<tr><td>沈括梦溪笔谈</td><td colspan="2">清</td><td>次清</td><td colspan="2">浊</td><td colspan="2">不清不浊</td></tr>
<tr><td>黄公绍韵会</td><td colspan="2">清</td><td>次清</td><td colspan="2">浊</td><td colspan="2">次浊</td></tr>
<tr><td>刘鉴切韵指南</td><td colspan="2">纯清</td><td>次清</td><td colspan="2">全浊</td><td colspan="2">半清半浊</td></tr>
<tr><td>李元音切谱</td><td colspan="2">纯清</td><td>次清</td><td colspan="2">纯浊</td><td colspan="2">次浊</td></tr>
<tr><td>四声等子及切韵指掌图</td><td colspan="2">全清</td><td>次清</td><td>全浊</td><td>半清半浊</td><td colspan="2">不清不浊</td></tr>
<tr><td>江永音学辨微</td><td>最清</td><td>又次清</td><td>次清</td><td>最浊</td><td>又次浊</td><td>次浊</td><td>浊</td></tr>
<tr><td>等韵切音指南</td><td>○</td><td>◒</td><td>⊙</td><td colspan="2">●</td><td>◒</td><td>○
◒</td></tr>
<tr><td>字母切音要法</td><td>○</td><td>◑
◒</td><td>⊙</td><td colspan="2">●</td><td>◑◒◓
◒◐◑</td><td>○
◒</td></tr>
</table>

其有最清，最浊，又次清，又次浊者，呼之有轻、重也。[①]

像江氏这样以呼之轻重来辨析声组发音情状的差异，还是保存着原初的遗意。[②] 而最初这种辨析的发生，又是依仿梵藏体文的各组里排次的结果；因之在梵藏体文的各组排次上可以比对的每组四个声组，——破裂音或破裂兼摩擦音及鼻音——当初所分列的这些等级，就能够井然不紊；至于摩擦音和边音的几个字母以及所谓喉音的《影》母，原来在梵、藏字母的序次上另列于各组之后，因为在梵、藏字母的排次上无可仿照，所以对于这几个声组的发音部位和情状，当初就不容易有明确的认识。守温《韵学残卷》里的三十字母，既以《日》母属于舌上音，以《来》母属于牙音，以《心》《邪》属于喉音，又正齿音的一组，以《审》《穿》《禅》《照》为次，而谓“《心》《邪》《晓》是喉中音清，《匣》《喻》《影》亦是喉中音浊”；至于唐人《归三十字母》例的序次，《来》母列在《知》《彻》《澄》之后，《喻》母列在《见》《磎》《群》《疑》之前，又以《晓》《匣》《影》为次，《审》《穿》《禅》《日》《心》《邪》《照》为次；这些排次和配列的失当，和后来三十六字母的系统不合的所在，显然是依据梵、藏字母的排次，初步的加以移动，未臻完整的一种现象。这种现象正足以显示当时对于几个摩擦音、边音和所谓喉音的声组，尚未能明确的认定它们的发音部位和情状；因之关于它们的组别，既不免有错误，所配列的等级，也自然不能得当。直待三十六字母的系统完成了以后，才得到比较完整的配列和排次，才于“七音”或“九音”的组别之外，又依声组的发音情状，把各组的字母分配在“全清”“次清”“全浊”“次浊”这四等的定型当中。

① 见江氏《音学辨微》五《辨清浊》。

② 参看罗常培《释重轻》(载中央研究院《历史语言研究所集刊》第二本第四分)，第444页。

中国旧时的音韵学界，无论是关于字调上，韵素上，或声纽上的问题，往往以“轻重”和“清浊”并举，或且以“轻清”和“重浊”相对而言。郑樵《七音略序》云：

> 七音之韵，起自西域，流入诸夏。……华僧从而定之，以《三十六字》为之母，重轻清浊，不失其伦。

他这里所谓轻重、清浊，和《七音略·四十三转图》上所标着的轻重旨趣不同，[①]乃是关于声纽上发音情状的问题。日本源为宪《口游·反音颂》云：“轻重、清浊依上，平、上、去、入依下”；正和郑氏《七音略序》所论三十六字母的重轻、清浊同一意旨；守温三十字母里舌音下注明的清、浊，和上文所引空海《文镜秘府论》分别字音的轻重，也就是郑氏等关于字母声纽的这种理论的根据。这种理论在实际应用上，就是各组字母里所谓“纵调之为四等”。在这里，“轻重”和“清浊”既然是同实而异名，所以由轻重的等级进而为“全清”“次清”“全浊”“次浊”的区别，正和三十字母演成三十六字母的系统，“五音”演成“七音”或“九音”之分，都是代表着这种学术演进上一贯的趋势。不过当时在各组声纽上所分列的这些等级，既然混合许多种分别的标准于一种简单的条件之下，而所谓轻重、清浊，又只认为相对的比较的差异，不作为音色上绝对的区别，自然各人凭着主观的觉察，随意论列，不能获得客观的一致。或且以声纽发音部位上的分别更混入于这种条件之下；《广韵》末所载《辨字五音法》，各声下注明：“唇声、清也；舌声、清也；齿声、浊也；牙声、浊也；喉声、浊也。”以轻重、清浊和各组声纽的分别问题又复相混，直到近代还有这样的说法，罗常培

① 参看罗常培《释重轻》，第444页。

曾经论过：

> 至于《等韵一得》以喉、牙、舌头、正齿、重唇为“重音”，而以舌上、齿头、轻唇为“轻音”(《等韵一得内篇》页三，《字母简谱》)，则以声母之发音部位为别，与其所谓“戛”“透”“轹”“捺”之“重”“轻”，复不相谋！一家之言，歧出若此，异代之作，参差可知。韵学不明，此亦一主因也！[1]

这种引用术语混淆的弊病，正是因为他们对于清浊、轻重一类的词语，即使关于各种音素绝对的区别，也只认为比较的相对的差异，而判别的时候，又未曾规定一种单纯的标准，忽彼忽此，令人难以捉摸。《广韵》末又有《辨四声轻清重浊法》，于平声上、平声下、上声、去声、入声，各举数十字，分别注明“轻清”“重浊”；兹以其于平声上所举的为例：

> 轻清：琎 珍 陈 椿 弘 黾 员 禋 孚 邻 从 峰 江 降 妃 伊 微 家 施 民 同
>
> 重浊：之 真 辰 春 洪 谆 朱 殷 伦 风 松 飞 夫 分 其 杭 衣 眉 无 文 傍

陈澧《切韵考·外篇》卷三谓“其悠谬不可究诘”；邹汉勋曾经以韵素上等呼的分别来说明，未免强为解释，终不可通。[2] 元本《玉篇》

---

① 见罗常培《释重轻》，第 445 页。

② 邹汉勋《五均论》下《八呼廿论》之三《论轻重》：“《广韵》未有《辨四声轻清重浊法》，主于明轻重，而清浊其所兼及耳。”又《八呼廿论》之十六《广韵辨四声轻清重浊法表》：“《广韵》所谓轻，殆内二、外二、内四、外四之四等，重则内一、外一、内三、外三之四等也。而清浊又非轻重，殆内为清而外为浊耳。”罗常培《释重轻》谓其“强纳旧说于设想之定型中，于原表内容实未尝深绎”。

载有《辨四声轻清重浊总例》，所举例字和《广韵》里的几乎完全相同，而轻清、重浊的分类大有出入；兹举平声上为例：

轻清：琎 珍 真 椿 之 虽 春 䄎 孚 邻 朱 峰 飞 风 妃 伊 微 家 施

重浊：弘 陈 辰 员 洪 谆 从 殷 伦 降 松 江 夫 分 其 杭 衣 眉 无

现在依据宋元等韵书上所分的全清、次清、全浊、次浊四类来校量，《玉篇》所录的大致可以相合，而《广韵》里的《辨四声轻清重浊法》，参差过多，无法究明其界限；我们固然可以推断《广韵》所载是经过无识者的窜乱的；[①]但是，也许《广韵》所载和等韵书上所分列的相远，而《玉篇》所载却和等韵书上的相近，[②]便是因为原来的《辨四声轻清重浊法》混合着许多种复杂的标准，——除了声纽发音情状的关系以外，还参杂有发音部位或且韵素上的问题，——后来判别轻清、重浊的标准，渐渐"比较的"单纯，——只是依据于声纽的发音情状——于是就这种原来的作品，加以改订移易，因而成为《玉篇》所录的《辨四声轻清重浊总例》，所以和等韵书上所分列的，渐渐接近了。可是轻清、重浊之分，仍是认为比较的相对的差别，而始终总离不了主观的觉察，彼此所规定的也自然仍有参差出入，如以"邻""微"等浊音字为轻清，"江""谆""夫""分""衣""殷"等清音字为重浊，和等韵书上所分列的未能相合。[③] 而宋元以来的许多

---

① 参看罗常培《释重轻》，第445页。

② 冈井慎吾《玉篇研究》(二)续篇第二章第294页谓："《玉篇》所载《辨四声轻清重浊总例》，十分之九与《韵镜》所分清浊相合，以其与《韵镜》近，即见《广韵》所载之与《韵镜》远也。"

③ 参看冈井慎吾《玉篇研究》(二)续篇第二章第293～294页，及罗常培《释重轻》第445页。

等韵家，对于"全清""次清""全浊""次浊"这四个等级，彼此间的定名和区划，也未能完全一致，如《韵镜》谓次浊一类为"清浊"，沈括《梦溪笔谈》和《四声等子》及《切韵指掌图》又谓为"不清不浊"，刘鉴《切韵指南》又谓为"半清半浊"；而在全浊一类中，《四声等子》及《切韵指掌图》独把《邪》《禅》二母称为"半清半浊"。[①] 因为他们虽然都是依据声纽的发音情状来区别，而实在未曾把区别的几种不同一的标准分开来论列，只是混用轻重、清浊一类的词语，凭着各人主观的觉察，来认定一些相对的等差，自然不能获得普遍的客观的一致。江永《音学辨微》于"最清""次清""最浊""次浊"四类之外，又另列《来》《日》二母为"浊"，《心》《审》二母为"又次清"，《邪》《禅》二母为"又次浊"，[②]可见这些相对的等级，并不限定为四。当初等韵家所以在声纽上必谓"纵调之为四等"，一方面原是因为这种分别，由依仿梵藏各组体文的排次而来，中国的声纽在它们的排次上每组适有四个字母相比对，而另一方面乃是受了韵素上"四等"的影响，韵素上的四等，原来也是认为相对的比较的差别。

清浊、轻重一类的词语，既然用来表明音色的差异，而最初对于音色上元音和辅音的性质，没有加以明确的区界，把韵素差别和声纽种类的问题混在一起，因之关于"声"和"韵"的分别，也只用了这种相对的词语来表示。《广韵》所附录的《辨十四声例法》，它的前身就是梵文字母上原初赅括声势、体文因而区分的《十四音》，[③]吴稚晖《国音沿革序》把佛经里所录的十四类字母拿来和这《十四声例法》一一对照，而且令我们注意：凡是《辨十四声例法》里注明"能所俱重"的，都是摩多或韵母，注明"能所俱轻"的，都是体文或

① 参看本文第188页注《全清次清全浊次浊异名表》。
② 同上。
③ 参看上节。

声母。[①] 可见当时对于各种声和韵,也应用了"轻"和"重"这样相对的词语来把它们分做两大类;既然把这种音素的区别认为比较的相对的差异,于是声和韵的两大类当中,都可以再把它们细分出许多等级来,所以在声纽当中,依据轻重、清浊来分别,就是上文所讨论关于声纽的种类和配列的问题;同样在韵部或韵素上也自然

---

① 吴稚晖《国音沿革序》取佛经中所附录之十四类字母。以与此《十四声例法》对照而注释之;兹约举如下:

(1) 开口声;阿哥河等,并开口声。
即玄应《一切经音义》所引《大般涅槃经》,第一类字音之《哀》《阿》。

(2) 合口声;庵、甘、堪、谙等,并是合口声。
即玄应所引第六类之《庵》《恶》。

(3) 蹴口声;忧、丘、鸠、休等,能、所俱重也。
吴氏谓:此云蹴口,而忧、丘等在舌前;应归玄应之第二类,《壹》《伊》。

(4) 撮唇声;乌、姑、乎、枯,能、所俱重。
即玄应之第三类,《坞》《乌》。

(5) 开唇声;波、坡、摩、婆,能、所俱轻。
即玄应之第十一类,《波》《颇》《婆》《娑》《摩》。吴氏谓:凡言能所俱重者,皆为摩多或韵母;言能所俱轻者,皆为体文或声母。

(6) 随鼻声;灼、蒿、考、姑等,能、所俱重也。
吴氏谓:灼疑为炮之讹;此属玄应第五类之《污》《奥》。

(7) 舌根声;奚、鸡、溪等,能、所俱重。
即玄应第四类之《翳》《蔼》。

(8) 蹴舌下卷声;伊、酌等,能、所重。
即玄应第十二类之《虵》《逻》《罗》。

(9) 垂舌声;遮、车、奢、者,能、所俱轻。
即玄应第八类之《遮》《车》《阇》《膳》《若》。

(10) 齿声;止、其、始等,能、所俱轻也。
吴氏谓止字必系乏字之误;此即玄应第十三类之《缚》《奢》《沙》。

(11) 牙声;迦、佉、俄等,能、所俱轻。
即玄应第七类之《迦》《呿》《伽》《晅》《俄》。

(12) 腭声;鹗、嚣等,能、所轻。
即玄应第十四类之《娑》《啊》。

(13) 喉声;鸦、加、瘕等,能、所俱轻。
吴氏谓以舌头音为喉音,乃承古代相传之伪;而鸦、加、瘕三字皆误,此必妄人见其为喉声,妄窜改耳,此应属玄应之第十类,《多》《他》《陀》《驮》《那》。

(14) 牙齿齐呼开口送声;吒、沙、拏、茶,能、所俱轻。
此即玄应第九类之《吒》《咃》《茶》《咤》《拏》。

可以依据这种分别的方法来“细分其条目”，[①]那就关于“开、合”“等呼”的问题了。我们在上面第五章第二节里论到陆法言、孙愐等分析韵部的原理，当时也只是应用清浊、轻重一类相对的词语来表示；可是实际上关于韵素的区别，包含有许多种的标准。《广韵》所录《辨十四声例法》，关于声母的几类，有唇、舌、齿、牙、喉等的分别，和字母声纽上“五音”“七音”及“九音”之说，很可以看出彼此间互相仿效的痕迹（参看上节）；至于应认为属于韵母的几类，有“开口声”“合口声”“蹴口声”“撮唇声”“随鼻声”“舌根声”等等的名目，[②]又可以想见当时已经依据唇、舌的位置和状态来判别各种韵素上的差异了，后来等韵家分别韵图和开合、呼等，也是依据着这种原理的。实在陆孙之徒，对于韵部的分析，早已具有了这种判别的标准；戴震云：

> 郑樵本《七音韵鉴》为内外转图。及元刘鉴《切韵指南》皆以音声洪细，别之为一、二、三、四等列，故称等韵；各等又分开口呼、合口呼，即外声、内声。……其说虽后人新立，而《二百六韵》之谱，实以此审定部分。
>
> 就一类分之为平、上、去、入，又分之为内声、外声，又分之为一、二、三、四等列，虽同声同等，而轻重、舒促必严辨；此隋唐撰韵之法也。[③]

钱大昕也说过：“一、二、三、四之等，开口、合口之呼，法言分二百六部时，辩之甚细。”[④]不但是各部的分列，依据着这种判别的标准，

---

① 语见孙愐《唐韵部叙》，参看本文的五（二）。
② 详本文第194页注。
③ 见戴氏《声韵考》卷二。
④ 见钱氏《潜研堂答问》十三。

即在各韵的排次和各韵里音切的分别，也是符合于这种原理的。江永云：

> 若夫《东》《冬》《钟》，《支》《脂》《之》，别之为三；《寒》《桓》《删》《山》，《萧》《宵》《肴》《豪》，析之为四。《江》次《冬》《钟》，不随《阳》《唐》；《侯》间《尤》《幽》，不厕《鱼》《模》。此类盖因当时通行之音，审其粗细，以别部居。若一部之中，同类异等，如"公""宫"；同母异呼，如"饥""龟"；同音异字，如"岐""奇"；皆别其音切，不令淆混。由当时反切等韵之理大明，故能条分缕析。①

可是这种分别的原理，陆孙当时只是应用了轻重、清浊一类相对的词语来指示，竟把这种音色上绝对的区别，也作为一种比较的相对的差异来看待。原来轻重、清浊用以表明字调的类别，而整个字音，因韵素成分的差异，也影响于实际听感上高低的分辨，所以这一类的词语，就转而为表明音素种类之用，由声和韵的分界，再进则为韵部或韵素上的析别，则为声纽上的分组和排次，大都纠缠缭绕于这几个术语当中。这几个术语既然只是表明相对的比较的差别，所以分辨的结果，也只是一些"等差"，声纽上全清、次清、全浊、次浊的"四等"，和韵素上的"开合""等呼"，都是因此发生的。大致中国字音里韵素的成分，有下列的三种：

(1) 收尾的元音或辅音(final vowel or consonant)；
(2) 主要的元音(principal vowel)；
(3) 中介的元音(medial vowel)。

① 见江氏《古韵标准例言》。

上文所述《辨十四声例法》当中“开口声”“合口声”等等的名目，依据唇、舌的位置和状态来区别韵素，实包括上列第一种的成分——收尾元音或辅音——和第二种的成分——主要元音——的差异。而在中国字音里，第三种的韵素成分——中介元音——关于彼此间的区别，亦甚重要；至于第一种的成分，特为显著，如果所依据的实际语音系统，并没有多大的变异，决不至于在收尾音上发生混乱。如《刊谬补缺切韵》残卷目录下附注里关于六朝诸家的分部，有将《冬》《钟》《江》混同的，有将《脂》《微》乱杂的，有将《真》《文》并合的……[1]所谓“各有乖互”，依据《切韵》的系统来比照，大都关于韵素上主要元音和中介元音的差异问题，并无在收尾音的成分上发生混乱的。[2] 而孙愐《唐韵》等对于陆氏部目的改订，如别《谆》于《真》，别《桓》于《寒》，别《戈》于《歌》之类，也大都关于中介元音上的差别；[3]虽于部目的序次，当初并不依照收尾音的成分，使各部同类相从，如阳声韵[-m]和[-ŋ]两系排次的凌乱，入声各韵的和平、上、去不相应，有待于后来的移易变更，[4]但是，对于韵部的分析，始终未曾有把收尾音不同的韵混在一起，以致当时发生问题的。可见陆孙之徒，在当时分析韵部，最注意于韵素上主要元音和中介元音的两种成分，所谓《支》《脂》，《鱼》《虞》，《先》《仙》，《尤》《侯》诸韵，各因轻重、清浊之分，便是指在这两种成分上的彼此差别；其他关于收尾音上异同的问题，已经认为特别显著的成分，一般审音文士容易辨别，似乎无需加以论列了。我们因此知道陆孙当时所谓轻重、清浊，就是用来表明韵素里第二种和第三种成分上的种种差别；等韵家所讨论的“开合”“等呼”的问题，也是关于这两

---

① 详本文的五(一)。

② 参看王静如译《中国古音(切韵)之系统及其演变》第189页《广韵韵目表》，及林语堂《语言学论丛》第193～198页。《珂罗倔伦考订切韵韵母隋读表》。

③ 参看本文的五(二)。

④ 参看本文的五(二)。

种成分的，所以戴震说："呼等亦隋唐旧法"，[①]这是很合于事实的。学术的进步，大都由含混而趋于分晰，《十四声例法》所示明"开口声""合口声"等等的分别，不但属于主要元音的问题，也把韵素上收尾音成分的差异包含在内；隋唐时定韵，却专注意于"开合""呼等"的问题，显然把韵素上第一种收尾音的成分和第二种主要元音的成分，分开来论列了。只是因为中国字音里彼此间的区别，和第三种中介元音这种成分的关系，也很重要，所以在分析韵部的标准上，不能不增进一种中介元音上异同的关系；因此所谓开合、等呼的问题，也就关于主要元音和中介元音这两种成分了。我们也可以见得开合、呼等的分别，在音韵学史上发生的由来，一方面是受了梵文字母的音理的影响，一方面又是因为适应着中国实际的语音现象的。

关于韵素上主要元音和中介元音两种成分，在字音里彼此间的差异，便是所谓开合呼等的分别。我们依据元音的唇的形状来观察，圆唇的元音，或者带着圆唇化的[w]音之韵，在等韵学上称为"合口呼"，否则，称为"开口呼"；江永《音学辨微》云："合口吻聚，开口吻不聚"；开合之分，便是依据于主要元音和中介元音的唇的形状上的差别。而同在开口呼或同在合口呼之韵，我们又可依据元音的舌的位置再为分别，就是等韵学上"洪细"的"等第"；带有舌前化的[i]音或者元音的舌位较前较高之韵，口腔间共鸣作用较小，音响亦较小，而字音所具有的"固有音调"(inherent pitch)亦较高，就称为较"细"的音，所列的"等第"也较次；否则，就称为较"洪"的音，所列的"等第"也较高。[②] 江永《音学辨微》云："一等洪大，二等次大，三、四皆细，而四尤细"；这种洪细的等第，实在是依

① 见戴氏《声韵考》卷二。

② 参看高元《国音学》(商务印书馆出版)及拙著《音韵学》第四篇，第 143 页。

据于韵素上主要元音和中介元音的舌位来分别的。[①]“开合”和“洪细”既然不是依据于同一的分别标准，在等韵学上便把它们分开来论列，因之有所谓“开口四等”和“合口四等”之分；可是，陆孙之徒竟笼统的以清浊、轻重一类相对的词语来概括。等韵学既然是为着要说明韵书上的反切而产生的，自然把陆孙等分析韵部的标准，要作进一步的析理，就将开、合的问题和洪、细的问题分作两方面来论列了；这也是学术进步由含混趋于分晰的一个实例。“呼等亦隋唐旧法”，而必有待于等韵家的条析和推阐。但是等韵家仍旧沿袭引用陆、孙等的一些术语，脱离不了过去的旧观念，把这几种音色上绝对的区别——关于元音唇的形状和舌的位置——也认为相对的比较的差异。例如郑樵《七音略》于《四十三转图》分标“重”“轻”，和《韵镜》的“开”“合”相当；[②]又《四声等子序》云：“审四声开阖以权其轻重，辨七音清浊以明其虚实”；开口、合口的分别，

---

① 罗常培《通志七音略研究》（载中央研究院《历史语言研究所集刊》第五本第四分）云：“分等之义，江慎修辨之最精。其言曰：‘一等洪大，二等次大，三、四皆细，而四尤细’（《音学辨微辨等列》）。惟谓‘辨等之法，须于字母辨之’（同上），则不逮陈兰甫所谓：‘等之云者，当主乎韵，不当主乎声’（《东塾集》卷三，《等韵通序》），尤能烛见等韵本法也。如以今语释之，则一、二等皆无[i]介音，故其音[大]；三、四等皆有[i]介音，故其音[细]。同属[大]音，而一等之元音较二等之元音略后略低，故有[洪大]与[次大]之别，如《歌》之与《麻》，《咍》之与《皆》，《泰》之与《佳》，《豪》之与《肴》，《寒》之与《删》，《覃》之与《咸》，《谈》之与《衔》，皆以元音之后[ɑ]前[a]而异等。同属‘细’音，而三等之元音较四等之元音略后略低，故有‘细’与‘尤细’之别。如《祭》之与《齐》，《宵》之与《萧》，《仙》之与《先》，《盐》之与《添》，皆以元音之低[æ]高[e]而异等：然则四等之洪细，盖指发元音时，口腔共鸣间隙之大小言也。”

② 罗常培《释重轻》云：“韵谱之传于今者，以《七音略》及《韵镜》为最古。二书同出一源，审音堪资互证。且张麟之称郑樵为‘莆阳夫子’，则于渔仲定名本意，必不至茫无所知。今考《七音略四十三转》，凡称‘重中重’者十九，‘轻中轻’者十四，‘重中轻’者三，‘轻中重’者二，‘重中重（内重）’，‘重中重（内轻）’，‘重中轻（内重）’，‘轻中重（内轻）’，及‘轻中轻（内轻）’者各一。《韵镜》则悉削‘轻’‘重’之称，别标‘开’‘合’之目。于《七音略》所谓‘重中重’，‘重中重（内重）’，‘重中重（内轻）’，‘重中轻（内重）’及‘重中轻’者，均标为‘开’。于所谓‘轻中轻’，‘轻中轻（内轻）’，‘轻中重’及‘轻中重（内轻）’者，均标为合。其因钞刊屡易，开合互淆者，且可据例校勘，有所是正。故《七音略》之‘重’‘轻’，适与《韵镜》之‘开’‘合’相当，殆无疑义。”

也用"重""轻"两个字来代表。可是郑氏《七音略》上各图，除标明"重中重""轻中轻"之外，又有标明为"重中轻""轻中重"，或且注明"内重""内轻"的；令人难以索解。这正是因为当时把这种唇的形状的区别，作为相对的比较的差异来看待，所以分列为许多等差，和上文所说关于声纽发音状态也分列为轻、重的等级，正是同样的属于那种学术界里的习尚；把音色上绝对的区别作为比较的等差，自然所分列的也往往只能凭着个人主观的觉察，未必完全符合于客观的条件。《四声等子》的各摄下，也标明着"重少轻多韵""重多轻少韵""轻重俱等韵""重轻俱等韵""全重无轻韵"这些名目，只是用来表明各摄里开口字和合口字的多寡有无；[1]可是有了开口、合口的名称，却还是不废旧习，引用轻、重两字来代表。至于因元音舌的位置关系，影响于音的洪细差别，更明显的认为相对的比较的"等第"，一一来配列了。关于等韵的名称，陈澧谓起于宋时，他说：

> 字母出于僧守温，守温又有《清浊韵钤》一卷，见《宋史・艺文志》。北宋时有洛僧鉴聿，为《韵总》五篇，推子母轻重之法，欧阳文忠为之序；今已亡矣。今世所存者，《切韵指掌图》，相传以为司马温公作；《四库提要》已疑之，近者邹特夫征君考定为杨中修所作；有孙觌序，见孙觌《内简尺牍》，确凿可据。《四声等子》无撰人姓名；《玉海》有僧宗彦《四声等第图》一卷，盖即此书。等韵之名，盖始于此。《切韵指南》熊泽民《序》云："古有《四声等子》，为流传之正宗。"此序作于后至元丙子岁；所谓古者，盖不过北宋时耳。《梦溪笔谈》云："纵调之为四等，《帮》《滂》《傍》《茫》是也"；此所云四等，非等韵家之四等；则等韵家之四等，出于沈存中之后欤。[2]

---

① 参看罗常培《释重轻》，第442～443页。

② 见陈氏《切韵考・外篇》卷三。

我们现在看见守温《韵学残卷》里载有《四等重轻例》，各于例字下注明韵目，如以《豪》为一等，《肴》为二等，《宵》为三等，《萧》为四等；《寒》《桓》为一等，《山》《删》为二等，《仙》《宣》为三等，《先》为四等之类，[①]所分列的和《韵镜》诸书都相合。内中举到《宣》《选》二个韵目，我们曾经以此来证明它是唐末的作品（参看上节）。又载有《定四等重轻兼辨声韵不和无字可切门》，谓“高”字“于四等中是

---

① 见守温《韵学残卷》第一截，兹将《四等重轻例》录如下：

平声			
高古豪反	交肴	娇宵	浇萧
观古桓反	关删	勬宣	涓先
楼落侯反	○	流尤	镠幽
裒薄侯反	○	浮尤	滮幽
担都甘反	鹐咸	霑盐	战添
丹多寒反	譠山	邅仙	颠先
晦亡侯反	○	谋尤	缪幽
齁呼侯反	○	休尤	烋幽
上声			
䔈歌旱反	简产	蹇狝	茧铣
埯乌敢反	黤槛	掩琰	魇琰
满莫伴反	矕潸	免选	缅狝
杲古老反	姣巧	矫小	皎筿
去声			
旰古案反	谏（谏）	建愿	见霰
岸五旰反	雁（谏）	彦线	砚霰
但徒旦反	绽裥	缠线	殿霰
半布判反	扮（裥）	变线	遍线
入声			
勒郎德反	礐麦	力职	历锡
刻苦德反	绎麦	隙陌	吃锡
齇奴德反	搦陌	匿职	溺锡
特徒德反	宅陌	直职	狄锡
（黑）呼德反	（赫）陌	赩职	赦锡
北布德反	蘗麦	逼职	壁锡
祴古德反	革麦	棘职	击锡
忒他德反	坼陌	勅职	惕锡
饻乌德反	馆陌	忆职	益锡
墨莫德反	麦麦	窨职	觅锡（凡加括弧者，皆经校改）

第一字”,“交”字“是四等中第二字”;[1]可见四等的分列必尚在守温以前,而等韵的名称也在唐末以前早已风行了。所以不但是“呼等亦隋唐旧法”,而呼等之名,也是唐人所立的。不过韵素上开合之分,和洪细等第之分,陆孙辈或称轻重,或称清浊,或以轻重清浊并举,等韵家把这两种分别的标准分作两方面来论列,而仍是沿用轻重的旧称,守温这里所谓四等重轻,却是专指洪细的等第而言。(又《韵学残卷》载有《声韵不和切字不得例》,谓:“夫类隔切字有数般,须细辨轻重方乃明之”;也以轻重来表明声纽的种类。)洪细的差别,固然可以分出许多等级,不必限定为四等,正和字调的种类不必限定为“四声”一样,[2]而当时也恰定为四等,不作其他数,这又是因为受了韵书体例的影响的。字母、等韵之学,既然是为着说明韵书上的切语而发生的,而韵书上又以四声分韵,于是第一步类聚双声之字,以明了一纽之下,有平、上、去、入之异(参看上节);第二步更依字母的次第,纵横排列,成为图表,纵以表声,横以表韵;韵书上分析韵部,既又依开合洪细的标准,因之在这种图表上,无论是否将开口呼、合口呼合为一图,而横的层格间,除了字调的关系以外,自然又须表明洪细的差别,这样,就显出等第来了。字调既然沿用韵书上的“四声”,等韵家为求图表排列的整齐,自然也列成四等;于是横分四层,层分四格,或以四声统四等,或以四等统四声。[3] 等韵学上把这种横的层格专用来表明平、上、去、入和洪细的等第,而以韵素成分当中收尾音和其他元音性质的差别关系(如开、合及所谓“内、外”等,详下文),归于各图间的分合问题,这正是分析音读的智识的一个大进步。而洪细的等第所以分列为四等,确是受了“四声”学说的影响,同时为着图表上层格的整齐而规定

---

① 见守温《韵学残卷》第一截,详下文。

② 参看本文的四(三)。

③ 详下章。

出来的。我们因此也可以知道四等的分列和等韵表的产生是在同一个时期的;前者既然在唐末以前早已风行,那末,后者也必定是出于唐代的。韵素上既然横分四等,在声纽上也依仿着,而把那种轻重、清浊的等级,"纵调之为四等"了。总之:字母等韵之学,是为着说明韵书上的切语而发生的,对于韵书体例上固然有不少的补正,在分析音读的智识方面也有很大的进步,可是它们本身的形式和内容,仍是直接或间接依据于韵书的。

隋唐时最通行的韵书,首推陆法言《切韵》和孙愐《唐韵》诸作,在上面第五章里已经论列;等韵表上所说明的切语,最初也是依据于《切韵》一派的韵书,现今所留存最古的等韵书,如《七音略韵镜》等,颇和《切韵》一派的音读系统相合。日本大矢透《韵镜考》谓藤原佐世《日本见在书目》所载《切韵图》一卷,即属《韵镜》的原型。①案张麟之《韵镜序》云:

> 往昔相传,类曰,《洪韵》,释子之所撰也;有沙门神珙,号知音韵,尝著《切韵图》,载《玉篇》卷末;窃意是书作于此僧,世俗讹呼珙为"洪"尔,然又无所据。

今宋本《玉篇》所载只有神珙《四声五音九弄反纽图》,殆非张麟之所谓《切韵图》;而张麟之所谓《珙韵》,亦未能定为即属《切韵图》。不过依张麟之序文,杨倓《韵谱》所根据的《切韵心鉴》就是所谓《洪韵》;②又孙觌《内简尺牍》谓杨中修所作《切韵类例》,"著为十条,

---

① 参看大矢透《韵镜考》第三章。

② 张麟之《韵镜序》:"自是研究,今五十载,竟莫知原于谁。近得故枢密杨侯倓淳熙间所撰《韵谱》,其自序云:'朅来当涂,得历阳所刊《切韵心鉴》,因以旧书手加校定,刊之郡斋。'徐而谛之,即所谓《洪韵》,特小有不同;旧体以一纸列二十三字母为行,以纬行于上,其下间附一十三字母,尽于三十六,一目无遗;杨变三十六,分二纸肩行而绳引,至横调则淆乱不协,不知因之则是,变之非也。"

为图四十四”，[①]和《七音略》《韵镜》的《四十三转图》当为相近；《通志·艺文略》又录有《切韵内外转钤》一卷；它们和《切韵图》以及后来的《切韵指掌图》《切韵指南》等书，都以《切韵》为名，可见它们原始的作品和《切韵》一派的韵书定有密切的关系。郑氏《七音略》自谓依据于《七音韵鉴》，其序文云："臣初得《七音韵鉴》，一唱三叹，胡僧有此妙义，而儒者未之闻。"而《通志·艺文略》所载，除《切韵内外转钤》外，又有《内外转归字》一卷，僧行庆《定清浊韵钤》一卷，刘守锡《归字图》一卷，及柳曜《五音切韵枢》等书；至《宋志》所录，有《声韵图》一卷(《通志·艺文略》及《玉海》引《国史志》亦载)，《洪韵海源》二卷，守温《清浊韵钤》一卷，释元冲《五音韵镜》一卷及司马光《切韵指掌图》一卷；《玉海》载有僧宗彦《四声等第图》一卷，又引《崇文总目》，夏竦《声韵图》一卷；《通考》载有僧鉴聿《韵总》五篇；此等书亡佚已久(今本《切韵指掌图》系南宋以后的伪作，非北宋人原书，详下章)。固然不能考见它们的内容，可是也不能否认它们和郑氏所据的《七音韵鉴》，杨倓所据的《切韵心鉴》等书有密切的关系；有些或许竟是《七音略》《韵镜》的蓝本，有些或许是和它们为同一系统的作品。此外，明王圻《续文献通考》又载有宋崔敦诗《韵鉴》及宋吴恭《七音韵镜》等书，和《七音略》所据的《七音韵鉴》及《韵镜》，在名称上也很类似；可以见得在南宋以前，因为《切韵》一派韵书的风行，这些相类似或同一系统的等韵书，也随之锋起。大概它们互相剿袭，屡有改订，而仍不失其本来的面目，正和隋

① 孙觌《内简尺牍》卷三与《致政杨尚书中修书》附《切韵类例序》："洪农杨公博极群书，尤精韵学；古篇奇字，一览如素习。……于是出平生所著《切韵》，乐与学者共之。昔仁宗朝，诏翰林学士丁公度、李公淑增崇韵学，自许慎而下，凡数十家，总为《类篇》《集韵》；而以贾魏公、王公洙为之属。治平四年，司马温公继纂其职。书成，上之，有诏颁焉。今杨公又即其书，科别户分，著为十条，为图四十四；推四声子母相生之法，正五方言语不合之讹。清浊重轻，形声开合；梵学兴而有华竺之殊，吴音用而有南北之辨。解召释象，纤悉备具；离为上下篇，名曰《切韵类例》。"

唐时陆氏《切韵》一派的韵书一样，可是因为妙义出于胡僧，而又剿袭雷同的过多，在张麟之那时（南宋初年）已经觉得此等书“其用也博，其来也远，不可得指名其人”了。[①] 所谓“其用也博，其来也远”，正是因为它们是用来说明韵书上的切语，所以和当时最通行的《切韵》一派的韵书相辅而行；它们的原型必起于唐代，在《切韵》一类的韵书通行之后就发生的。罗常培在《通志七音略研究》一文里曾列举四证，以明等韵图为唐人所创；兹节录之如下：

张麟之《韵镜序作》题下注云：“旧以翼祖讳敬，故为《韵鉴》，今迁祧庙，复从本名。”案翼祖为宋太祖追封其祖之尊号，如《韵镜》作于宋人，则宜自始避讳，何须复从本名？傥有本名，必当出于前代：此一证也。

《七音略》之转次，自第三十一转以下与《韵镜》不同：前者升《覃》《咸》《盐》《添》《谈》《衔》《严》《凡》于《阳》《唐》之前，后者降此八韵于《侵》之后。案，隋、唐韵书部次，陆法言《切韵》与孙愐《唐韵》等为一系，李舟《切韵》与宋陈彭年《广韵》等为一系。前系《覃》《谈》在《阳》《唐》之前，《蒸》《登》居《盐》《添》之后；后系降《覃》《谈》于《侵》后，升《蒸》《登》于《尤》前。今《七音略》以《覃》《谈》列《阳》《唐》之前实沿陆、孙旧次，特以列图方便而升《盐》《添》《咸》《衔》《严》《凡》与《覃》《谈》为伍。至于《韵镜》转次则显依李舟一系重加排定，惟殿以《蒸》《登》，犹可窥见其原型本与《七音略》为同源耳。此二证也。

敦煌唐写本守温《韵学残卷》所载《四等重轻例》……其分等与《七音略》及《韵镜》悉合。降及北宋，邵雍作《皇极经世·

---

① 见张麟之《韵镜序》。

> 声音图》，分字音为“开”“发”“收”“闭”四类，除舌头、齿头、轻唇及舌上《娘》母与《等韵》微有参差外，余则“开”为一等，“发”为二等，“收”为三等，“闭”为四等(参阅袁子让《字学元元》卷一《四音开发收闭辨》)，亦并与《七音略》合。是四等之分划，在守温以前盖已流行，北宋之初亦为治音韵者所沿用，则其起源必在唐代，殆无可疑：此三证也。
>
> 《七音略》于每转图末分标“重中重”“重中轻”“轻中轻”“轻中重”等词，其定名亦实本诸唐人。……其含义虽不与《七音略》悉符，然“重中轻”“轻中重”之名称，必为唐代等韵家所习用，则显然易见。此四证也。[①]

等韵的图表正和字母之学同出于唐代，同是为着说明韵书上的切语而产生的；而初期等韵书的分等列图，所以和《切韵》的系统大致相合，这又是因为陆孙一派的韵书在当时最为通行的缘故。在等韵学上对于音读分析的智识确是较前进步，但是它的产生，也总离不了利用梵文拼音学理来整理中国音韵的一种结果。

当时大都把这种声经韵纬的图表的创始，归功于一般佛教的僧徒，所谓“梵僧传之，华僧续之”；[②]又谓“胡僧有此妙义，而儒者未之闻”；这是因为这种图表的形式是仿效于梵文《悉昙章》的体制的。智广《悉昙字记》谓“《悉昙》十二字为后章之韵，如用《迦》字之声，对《阿》《伊》《瓯》等十二韵呼之，则生得下‘迦’‘机’‘钩’等十二字；次用《佉》字之声，则生得‘佉’‘欺’‘丘’等十二字；次生得‘伽’‘其’‘求’等十二字；……”所谓等韵表，就是依仿这种体制，把韵书反切上的音读系统总摄成为若干转图。这种声经韵纬的图表，正和现代的《国音》字母拼音表及日本语的《五十音图》具有同样的作

① 见罗常培《通志七音略研究》，第522～523页。

② 见张麟之《韵镜序》。

用，而最初乃是由模仿梵文的《悉昙章》而来。初期的等韵书既然是因《切韵》一类的韵书通行之后而用来说明它们的切语，所以和《切韵》的音读系统颇能相合；那末，这些图表便可以说是《悉昙》化的《切韵》“音缀表”（syllabary）。[①] 我们再可以从《韵镜》诸书里许多转图的“转”字上来证明等韵表的这种来源；它们似乎把一图称为一转，例如《四十三图》就称为《四十三转》，“转”字的意义就是根据于向来对于佛经的“转读”。慧皎《高僧传》第十三，论曰：

天竺方俗，凡歌咏法言，皆称为呗。至于此土，咏经则称为转读，歌赞则号为梵呗。

“转”实亦即古之“啭”字，《说文》无“啭”字，凡言唱诵歌咏，古只作“转”；[②]六代相承，凡是咏诵经文，都谓为“转”；[③]因此演变而为唐、五代的“俗文”“变文”，一些民间的唱本，也称为“转”。[④] 另一方面凡是关于字音拼切的方法，也当然可谓之“转”或“唱”。《空海悉昙字母并释义》于所列《五十根本字》后，更举“迦”“祈”等十二摩多，谓：

此十二字者，一个《迦》字之一转也。从此一《迦》字母门，出生十二字。如是一一字母各出生十二字，一转有四百八字。

---

① 本罗常培《中国音韵学的外来影响》（载《东方杂志》第三十二卷第十四号），第36页。

② 《淮南子·修务训》：“故秦楚燕赵之歌也，异转而皆乐”；高诱注：“转音声也。”《广韵》去声三十三《线》：“啭、韵也，又鸟吟、知恋切。”《集韵》：“啭、株恋切，声转也。”雷浚《说文外编》：“啭、知恋切，鸟鸣也。《说文》无啭字，只可作转。周伯琦《六书正讹》曰：‘转、别作啭’，非。”

③ 《高僧传·支昙籥传》：“尝梦天神授其声法，觉因裁制新声。梵响清靡，四飞却转，反折还弄。”《智宗传》：“若乃八关之夕，中宵之后，四众低昂，睡眠交至。宗则升坐一转，梵响干云；莫不开神畅体，豁然醒悟。”

④ 如《太子五更转》之类。

如是有二合、三合、四合之转，都有一万三千八百七十二字。

这种转读的方法，在等韵学上，就是郑氏《七音略序》所谓"一唱三叹"。所以后代亦称等韵之学为"唱韵"；刘献廷《广阳杂记》云：

当明中叶，等韵之学盛行于世。北京衍法五台，西蜀峨嵋，中州伏牛，南海普陀，皆有韵主和尚，纯以唱韵开悟学者。学者目参禅为大悟门，等韵为小悟门。而徽州黄山普门和尚，尤为诸方所推重。

赵荫棠曾作《康熙字典字母切韵要法考证》一文，①谓《字母切韵要法》里的《内含四声音韵图》源出于《禅门日诵》里的《华严字母韵图》，而都有个"唱"字的痕迹。② 从这个"唱"字或"转"字上，又可以作为等韵表源出于《悉昙章》的一种显明的证据。但是，初期的等韵书，既然是用来说明《切韵》一类韵书里的音切，在形式上固然是依仿了梵文字母拼切的方法，而在内容上总要适应着《切韵》的音读系统。我们在上面第五章里说过，《切韵》一类的韵书，承袭六朝诸家的分部，同时要包罗古今南北的语音，对于韵部的分析，不能不格外的繁密；因之根据这种韵书里的音读系统来列成图表自然不能像梵文的"十二转"或"十六转"那样简单，而比较它们要复杂得多；所以杨中修所作的《切韵类例》有四十四图，今存的《韵镜》《七音略》，也有四十三转之多。这便是应用梵文拼音学理来整理中国音韵的一种自然的结果，在事实上当然要设法来表彰那时最通行的一些韵书里分析韵部的标准；因此我们又须论到那时等韵

① 载中央研究院《历史语言研究所集刊》第三本第一分。
② 参看赵荫棠《康熙字典字母切韵要法考证》，第101～105页。

家怎样的把这些转图分列出来。等韵学上关于各图间的分合问题，也正是和韵书上的分部有许多地方可相比对；我们在上文说过，等韵图表里把横的层格来表明四声和洪细的等第，而以韵素成分当中收尾音和其他元音性质的关系为分列转图的标准，这是较韵书上的分析音读尤为明晰的地方。韵素当中关于收尾音的异同，早已认为特别显著的成分；初期的等韵书所分列的各图，对于韵素上各种收尾音的分别，也自然和陆孙一派韵书相合，未曾把《切韵》系统里收尾音不同的韵混在一起。其次，依元音唇的形状所分别出来的"开口""合口"，初期的等韵书上也大致依照这种分别来列成异图；如《七音略》于各转图末所标"重""轻"，适和《韵镜》的"开""合"相当。[①] 此外，更依据韵素当中主要元音舌体的位置，区为"内""外"二大类，而亦用来作为分列转图的标准；所谓"内转""外转"，并非指洪、细等第的差别，因为同一内转或同一外转，仍各有洪细的等第；更不是指开、合的分别，因为内外转也各有开、合。可是历来异说纷纭，莫能得一确切详明的解释；罗常培在《释内外转》一文里曾经论过：

> 稽之宋元等韵诸图，内转不皆收声(三等)，外转不皆发声(二等)，则袁子让、吕维祺之说不可通；内外转各有开、合，或辟、翕，则戴震、邹汉勋、商克、方以智、释宗常之说不可通。至于吸音、呼音，舌缩、舌舒，内旋、外旋之类，尤嫌玄而不实，难以质言：要皆未能豁然贯通，怡然理顺也。[②]

罗君于是从《切韵》各韵的音值(大都依高本汉所测定的)上作归纳的研究，更参照江永及日人大矢透、大岛正健诸人之说，求得一区

① 参阅本文第199页注释②。
② 载中央研究院《历史语言研究所集刊》第四本，第二分；见第213～216页。

别内外转的通则；兹节录他的结论如下：

> 内转者，皆含有后元音[u][o]，中元音[ə]及前高元音[i][e]之韵；外转者，皆含有前元音[e][ɛ][æ][a]，中元音[ɐ]及后低元音[a][ɔ]之韵。①

他以为前者的元音“较后而高，后则舌缩，高则口弇，故谓之‘内’”；后者的元音“较前而低，前则舌舒，低则口侈，故谓之‘外’”；可见所谓内转、外转，纯粹以韵素当中主要元音的舌位来作分转列图的标准。至于《四声等子》及今本《切韵指掌图》里的《辨内外转例》所谓“内转者，取唇、舌、牙、喉四音更无第二等字，唯齿音方具足；外转者，五音四等都具足”；也只是内外转各图当中某一种分别的现象，而非内外转区分的本体。② 而且《辨例》当中所分的内外转各摄和所规定的义界本身就有矛盾，如《等子》及《指掌图》的《臻》摄二等只有正齿而归于外转，《果》摄全无二等而归于内转；因之劳乃宣说它“参互推求，每多龃龉，无从窥其条理”；③陈澧也说：“内转、外转但分四等字之全与不全，与审音无涉，宜置之不论。”④其实在初期的等韵书上，内外转的分别却是关于各图间分合问题的一个重要的标准；大概它们依据《切韵》的音读系统来分转列图，不能不较为详密：第一种的分别标准，就是依照韵素当中收尾音的差异；第二种的标准，又是依照元音唇的形状来分别“开口”“合口”；第三种的标准，就是依照韵素当中主要元音舌体的位置来分别“内转”“外转”。而每一转图当中，纵列字母，表明声纽，横列韵目，表明四

---

① 参看罗常培《释内外转》，第 221～223 页。

② 参阅大岛正健《韵镜新解》第 13～14 页，第 17～18 页，及罗常培《释内外转》第 223～224 页。

③ 见劳氏《等韵一得·外篇》。

④ 见陈氏《切韵考·外篇》卷三。

声和洪细的等第；这种声经韵纬的图表，在内容上固然适应着《切韵》一类韵书的音读系统，比较梵文的《悉昙章》要复杂得多，而在形式上，总是依仿于它们的体制；“释氏以参禅为大悟，通音为小悟”，[①]所以等韵之学的创始，和字母之学同样的出于一些僧徒之手。

等韵图表上既然把韵书里的字音，依照所规定的字母，纵横排列起来，而同一字母之下，除了四声的分别以外，又依洪、细的差异，列为四等；我们说过，韵素上这种洪细的等差，并不必限定是四等，等韵家为着要图表排列的整齐，并且依仿了四声，也定为四等；又在实际的语音系统当中，声组和韵素的配列，无论如何总不能像理想的图表上那样整齐，某一些声组或许有和某一些韵素拼切的字音，而没有和别一些韵素拼切的字音，例如在某一组的字母之下，有了一等的字音，却没有二等的字音，而在别一组的字母之下，有了二等的字音，却又没有一等的字音；这样，各组的字母和各等间怎样的配列？又成为等韵学上一个重要的问题了。原来守温初定字母，只是拘守梵、藏体文的范围，用以标明《切韵》等书里切语的声组，后来参照实际音读的演变，增成三十六字母（参看上节）；这样规定出来的字母，和《切韵》音系的声组，本来不是完全能够吻合的；再在等韵的图表上用来配列于四等的定型，而因某一些声组常和某一些韵素相拼切的情形，就把各组的字母也配定了它们在各等间的位置。在初期的等韵书上，大都“以一纸列二十三字母为行，以纬行于上，其下间附一十三字母，尽于三十六，一目无遗”；[②]因为当时的等韵家，在三十六字母的系统上，规定了舌头音没有二、三等，舌上音没有一、四等，齿头音没有二、三等，正齿音没有一、四等，轻唇音没有一、二、四等，其余除《日》母外，都具足一、二、三、四

① 见郑樵《通志七音略序》。
② 见本文第203页注释②。

等，所以彼此相补，列成二十三行。陈澧《切韵考·外篇》卷三列着一个各组字母二十三行分等表，①并且说：

《切韵指掌图》字母平列三十六行，《七音略》《四声等子》

① 各组字母二十三行分等表：

一 等	二 等	三 等	四 等
见	见	见	见
溪	溪	溪	溪
群	群	群	群
疑	疑	疑	疑
端	知	知	端
透	彻	彻	透
定	澄	澄	定
泥	娘	娘	泥
帮	帮	帮非	帮
滂	滂	滂敷	滂
并	并	并奉	并
明	明	明微	明
精	照	照	精
清	穿	穿	清
从	床	床	从
心	审	审	心
邪	禅	禅	邪
影	影	影	影
喻	喻	喻	喻
晓	晓	晓	晓
匣	匣	匣	匣
来	来	来	来
		日	

则置《知》《彻》《澄》《娘》于《端》《透》《定》《泥》之下，置《非》《敷》《奉》《微》于《帮》《滂》《并》《明》之下，置《照》《穿》《床》《审》《禅》于《精》《清》《从》《心》《邪》之下，为二十三行而已。《端》四母、《精》五母有一等、四等，无二等、三等，《知》四母、《照》五母有二等、三等，无一等、四等，遂以相补；《非》四母但有三等，无一等、二等、四等，《帮》四母虽四等具有，而遇三等无字之处，则以《非》四母相补；可谓巧矣。然不如平列之，使有者自有，无者自无，顺其自然，不必相补也。

其实这种相补的排列，正是显示各组字母配定在各等间的位置；因之后代的音韵学家竟有说是“辨等之法，须于字母辨之”的。[①] 而事实上，当初等韵家因在图表当中固定为四等，也间有利用字母或声纽性质的差异来分别等第的；兹引罗常培的话于下：

四等之洪细，盖指发元音时，口腔共鸣间隙之大小言也。惟同在三等韵中，而正齿音之二、三等，以声母之刚柔分（二等为舌尖后音，三等为舌面前音）；《喻》母及唇音、牙音之三、四等，以声母有无附颚作用分（三等有“j”，四等无“j”）；复以正齿与齿头不能平列一行，而降《精》《清》《从》《心》《邪》于四等：此并由等韵立法未善，而使后人滋惑者也。[②]

这种把分别等第的标准自己混乱的地方，就是由于等韵家太拘泥了四等的定型的缘故。同时又觉得这样配列的定例和《切韵》等书里的切语，也有一些不相符合的，于是又不得不立着几种名目，以作迁就的解释；等韵学上所谓“门法”，就是因此产生的。陈澧云：

① 见江永《音学辨微·辨等列》。
② 见罗常培《通志七音略研究》，第527页。

> 《知》三母字古音读如《端》三母，《非》四母字古音读如《帮》四母，切语上字有沿用古音者，宋人谓之“类隔”。《广韵》每卷后有《新添类隔今更音和切》一条；《四声等子》遂立门例，其一条云：“《端》《知》八母下，一、四归《端》，二、三归《知》”；又云：“以符代蒲，其类《奉》《并》，以无代模，其类《微》《明》”；明僧真空作《门法玉钥匙》，又增减之为十三条。方素北《古今释疑》云：“详其所以立门法者，乃见孙愐切脚不合，而不敢议之，故强为之迁就之说”，澧案此说是也。作门法者，本欲补救等韵之病，而适足以显等韵之病。[1]

其实这些名目并非是宋人所创始的；在等韵图表创立的时候，大概门法亦随着产生，不过没有像后来那样繁多的名目罢了。我们现在看到守温《韵学残卷》，载有《定四等重轻兼辨声韵不和无字可切门》，举“高”“交”两字为例，谓“高”字“于四等中是第一字，与归《审》《穿》《禅》《照》等字不和，若将《审》《穿》《禅》《照》中字为切，将高字为韵，定无字可切”；“交”字“是四等中第二字，与归《精》《清》《从》《心》《邪》中字不和，若将《精》《清》《从》《心》《邪》中字为切，将交字为韵，定无字可切”。[2] 又有一段，也是论到正齿、齿头两组在各等中的位置，与此略同。[3] 此外并载有《两字同一韵凭切定端的例》，[4]及《辨声韵相似归处不同》一段；也都是表明某一些字音或

---

① 见陈氏《切韵考·外篇》卷三。

② 见守温《韵学残卷》第一截。

③ 守温《韵学残卷》第二截首一段云：“……《精》《清》《从》《心》《邪》《审》《穿》《禅》《照》九字中只有两等重轻……归《精》《清》《从》《心》《邪》中字与归《审》《穿》《禅》《照》两等中字第一字不和；若将归《精》《清》《从》《心》《邪》中字为切，将归《审》《穿》《禅》《照》中第一字为韵，定无字可切。尊生反，举一例，诸也。又《审》《穿》《禅》《照》中字却与归《精》《清》《从》《心》《邪》两等字中第一字不和；若将《审》《穿》《禅》《照》中字为切，将归《精》《清》《从》《心》《邪》中第一字为韵，定无字可切。生尊反，举一例，诸也。”

④ 见守温《韵学残卷》第三截，详见上节。

某几组的声纽在各图或各等间的位置。[①] 凡是和这些定例不合的切语，便认为是“声韵不和”，就是对“音和”而称的“类隔”；守温《韵学残卷》载有《声韵不和切字不得例》：

> 切生　圣僧　床高　书堂　树木　草鞋　仙客
>
> 夫类隔切字有数般，须细辨轻重，方乃明之；引例于后：
>
> 如都教切罩　他孟切掌　徒幸切瑒此是舌头舌上隔
>
> 如方美切鄙　芳逼切堛　苻巾切贫　武悲切眉此是切轻韵重隔
>
> 如疋问切忿　锄里切士此是切重韵轻隔
>
> 恐人只以《端》《知》，《透》《彻》，《定》《澄》等字为类隔，迷于此理，故举例□更须子细□□。（原缺）[②]

随后又引着“在家疑是客，别国却为亲”的诗句，以表明所谓类隔的切语，虽在图表上可以列在同行，而所切的字音终非同母、同等；所以说“声韵不和，无字可切”，而当时只用“类隔”一门来概括。大概当时所谓“类隔”，不但是指舌头和舌上、轻唇和重唇的关系，凡是后来所立的“振救门”“正音凭切门”“精照互用门”“寄韵凭切门”等等，也都包含在内，所以说“类隔切字有数般，须细辨轻重方乃明之”；“恐人只以《端》《知》，《透》《彻》，《定》《澄》等字为类隔，迷于此理”。因此我们可以断定“门法”的开端正和等韵图表的创立同出于唐时（尤其是守温所立《辨声韵不和无字可切门》的“门”字给我

① 见守温《韵学残卷》第三截末一段。魏建功《古音系研究》第213页云：“‘辨声韵相似’，‘归处不同’。从例子看来，可以明白是两字反切声同的，以韵母定其异；所谓‘归’，乃是检查字音在韵图所属位置的意思。丰、风、枫、偑诸字，方戎反，封、葑、峯、犎、崶诸字，府容反，都是《邦》（《非》）纽的声，丰等《东》韵戎字作切，封等《钟》韵容字作切。”

② 见守温《韵学残卷》第三截。

们相信），不过名目的滋繁，当是宋元人所为。[①] 总之：等韵学是依仿梵文《悉昙章》的体制，采取它们的拼音学理，来说明中国韵书反切上的音读系统；固然其中有许多拘泥定型，勉强迁就的配置和解释，可是经纬交贯，对于中国音韵上“声”“韵”“调”三种元素的种种性质以及它们内中所包含的成分，确已渐渐分析清楚；不但在我们现今考证古音和研究发音原理上，给了不少的帮助，即在当时韵书的编制上，也予以重大的改进。

---

① 参看罗常培《敦煌写本守温韵学残卷跋》第256～257页，谓守温所定诸例，“盖欲‘齿音’各等之‘出切’‘行韵’皆须上下相称，不爽锱铢。故‘切生’以四等《清》母出切，以二等《庚》韵行韵，‘床高’以二等《床》母出切，以一等《豪》韵行韵，于倒均为不和。然按诸实际，则《广韵》‘小、私兆切’，以四等《心》母出切，以三等《宵》韵行韵；‘似、详里切’，以四等《邪》母出切，以三等《止》韵行韵；‘初、楚居切’，以二等《穿》母出切，以三等《鱼》韵行韵；‘邹、侧鸠切’，以二等《照》母出切，以三等《尤》韵行韵；‘鲰、士垢切’，以二等《床》母出切，以一等《侯》韵行韵；‘斩、则减切’，以一等《精》母出切，以二等《豏》韵行韵；‘犆、昌来切’，以三等《穿》母出切，以一等《咍》韵行韵；‘茝、昌绐切’，以三等《穿》母出切，以一等《海》韵行韵；于是宋元等韵学家乃别立‘振救’（小似之例）‘正音凭切’（初邹之例），‘《精》、《照》互用’（鲰斩之例），‘寄韵凭切’（犆茝之例）四门：门法滋繁，殆由于此。当其创例之始，原欲以‘音和’‘类隔’二门括尽所有反切，故谓：‘类隔切字有数般，须细辨轻重方乃明之’；‘恐人只以《端》《知》，《透》《彻》，《定》《澄》等字为类隔，迷于此理’。复因齿头、正齿二类，非如舌头、舌上之同时不见于一韵，故揭二例以明之。徒以未能详检韵书，致与实际切语不合：此虽作始者之疏，亦实等韵拘牵定型之弊也。门法之作，不知创自何人。惟《四声等子序》云：‘《切韵》之作始乎陆氏；关键之设肇自智公。’所谓‘关键’，或即门法，以其时代考之，或指智广《悉昙字记》言。然迄守温此卷，除‘类隔’外，尚无他们。及《切韵指掌图序略》云：‘递用则名音和，傍求则名类隔；同归一母则为双声，同出一韵则为叠韵；同韵而分两切者，谓之凭切；同音而分两韵者，谓之凭韵；无字则点窠以足之，谓之寄声；韵阙则引邻以寓之，谓之寄韵’：其言门法始详。至元刘鉴乃定为十三门，明释真空又增为二十门；立法弥繁，览者弥惑！返观守温此卷，则等韵虽创自唐时，而门法恐繁于宋代”。

七、宋后“韵书”和“等韵”的沿革

（一）从《广韵》到近代的“诗韵”

宋代以来，最著名的韵书，就是陈彭年、邱雍等所校定的《广韵》；《广韵》在中国音韵学上也占着极重要的地位，因为它以前的韵书，大都已归亡佚，近今所见到的唐写本《切韵》《唐韵》等，都是残缺不全；现今完存的，就以此书为最古了。我们现在要考证魏晋隋唐间的语音，还是应以《广韵》一书为主要的根据。不但这样，汉魏以前，无所谓韵书，近代研究周汉时代的上古音的，一方面从《广韵》韵部的离合，以期建立上古音的系统，一方面又利用《广韵》里所包含的古音，来相参证；顾炎武说：“欲审古音，必从《唐韵》”；[①]江永说：“古韵既无书，不得不借今韵离合以求古音”；[②]所以《广韵》一书也可以说是近代研究古音学的阶梯。字母和等韵之学，既然是用来说明韵书上的切语，在内容上无论是否符合于陆氏《切韵》一派韵书里的系统，总是应当以《切韵》一派的韵书为比较对照的资料，那末，《广韵》又是后代研究等韵学所必须参考的韵书。而后代编纂韵书及研究各地的方音的，也常常以《广韵》为重要的依

① 见顾氏《音论》上。
② 见江氏《古韵标准例言》。

据，或历史的考证的材料。① 所以中国过去的音韵学，往往以《广韵》一书作研究的中心；黄侃《与友人论治小学书》曾经说过："音韵之学，必以《广韵》为宗，其与《说文》之在字书，轻重略等。"②这是因为《广韵》之书，虽出于宋代，而是集隋唐韵书的大成的；宋本《广韵》卷首，注明："陆法言撰本，长孙讷言笺注，刘臻、颜之推、魏渊③、卢思道、李若、萧该、辛德源、薛道衡八人同撰集，郭知玄、关亮、薛峋、王仁煦、祝尚丘、孙愐、严宝文、裴务齐、陈道固增加字"；并载有陆孙二《序》；这可以见得《广韵》，是以陆孙诸书为蓝本，又依李舟《切韵》的部次，④定为二百六韵的部目，更把"诸家增字及义理释训，悉纂略备载卷中"，⑤由这样编订成功的。《广韵》的名称，也是沿袭于唐人韵书，即为《广切韵》的简称。⑥ 唐人韵书，除了孙愐的《唐韵》以外，又有所谓《唐广韵》的书名；而宋时又有雍熙《广韵》。王国维《论唐广韵宋雍熙广韵》云：

《唐韵》别有《广韵》《广切韵》之名，前既述之。然唐人以《广韵》名书者，当不止此。《通志·艺文略》有张参《唐广韵》，《玉海》(四十五)引《崇文书目》亦有《唐广韵》五卷，二者不知是否一书；然其非孙愐书，则可决也。释文莹《玉壶清话》云：

---

① 林语堂《研究方言应有的几个语言学观察点》："(二) 应以《广韵》二百六部为研究起发点——《广韵》《切韵》这些书是极精于辨音的书，然而所分二百〇六部，今人许多解不清楚。我们既然要研究方音，自当有历史的系统，有历史的起发点。此起发点，除去《广韵》二百〇六部以外，别无他处可以寻求。我们若能以各韵中比较最常见于俗语中的字选录出来，而略以此几字为根据，考察各韵在各方音中的读法(俗话中的读法，不是书上字音的读法)必定可以找出来许多帮助明白中古音的材料。"(《语言学论丛》，第242页。)

② 载《唯是》第三期。

③ 应作魏澹或魏彦渊，参看刘盼遂《广韵叙录校笺》(《文字音韵学论丛》，第253页)。

④ 参看本文的五(二)。

⑤ 见宋本《广韵》卷首。

⑥ 参看本文的五(二)。

> “句中正有字学，同吴铉、杨文举同撰《广韵》。”(《宋史·句中正传》《玉海》并同。)是宋雍熙中，曾修《广韵》，故景德、祥符所修，名《大宋重修广韵》。①

在吴铉所撰，《通志·艺文略》录有《五音广韵》五卷，《玉海》又载有《重定切韵》一书。总之：这一类的韵书都是承陆氏《切韵》而作，所以也称为《切韵》；依陆氏《切韵》而广之，所以又名为《广切韵》或《广韵》。因为宋雍熙时曾修《广韵》，所以陈彭年、邱雍等所校定的，详名为《大宋重修广韵》。据《玉海》所述：《广韵》校定于景德四年十一月戊寅，初名《切韵》，至祥符元年六月五日，定名为《重修广韵》。② 宋本《广韵》卷首载有景德四年及祥符元年《敕牒》；不过景德、祥符间校定者为何人，未曾加以自注。我们从《集韵》《韵例》等所传述的话来考明，才知道是出于陈彭年、邱雍等之手。③ 景德《敕牒》云：

> 自吴、楚辨音，隶、古分体，年祀寖远，攻习多门；偏旁由是差讹，传写以之漏落；矧注解之未备，谅教授之何从；爰命讨论，特加刊正。

宋代校定《广韵》，一方面固然保存了陆孙诸书的面目，沿袭它们的音韵系统，另一方面却也改进了它们的漏误；我们现在把唐写本《切韵》《唐韵》等残卷来和宋本的《广韵》相校，除了韵部上的差异以及字数的多少和训释的详略不同以外，反切上的用字也不尽相

---

① 见王氏《观堂集林》卷八。

② 《玉海》卷四十五：“景德四年十一月戊寅，崇文院校定《切韵》五卷，依《九经》例颁行(本陆法言撰)，祥符元年六月五日，改为《大宋重修广韵》。”

③ 《集韵》《韵例》云：“真宗时，令陈彭年、邱雍因法言《韵》就为刊益。”《玉海》卷四十五：《直斋书录解题》及《宋史·艺文志》所言略同。

同，关于唇音舌音两组《切韵》里的“类隔”切也比《广韵》里的要多；此外在《切韵》的反里又有《泥》《娘》两母分界不清的现象，并且发现有以《喻》切《影》的例。① 这些都足以表示《广韵》将于隋唐韵书的内容也有很多地方加以改订的。宋代《广韵》集合隋唐韵书的大成，正和陆氏《切韵》的综合六朝韵书可相比照；“创始者多阔疏，而因仍者易精密”，陆氏《切韵》一出，六朝韵书统归亡佚，宋代《广韵》一出，隋唐韵书也随着散失；都是因为后来较完密的书，也比较适合于实际的需要，就使往时的韵书罕有人奉行的缘故。我们在上面第五章里说过，韵书的编制，并非单为审音而设，也兼为时人撰作诗赋之用；陆氏《切韵序》云：“欲广文路，自可清、浊皆通，若赏知音，即须轻、重有异”；又云：“凡有文藻，即须明声韵”；孙愐《唐韵·部叙》亦谓：“切韵者，本乎四声，纽以双声、叠韵，欲使文章丽则，韵调精明于古人耳。”因此可以见得陆、孙诸书，原来编制的目的，也是为着作文应试之用；当时这一类韵书的风行，也只是因为合于这种实际的需要。宋初犹承唐制，以诗赋取士；陈彭年、邱雍等奉敕校定《广韵》，也是沿袭陆孙的意旨，兼具审音和作文的两种目的。《玉海》卷四十五谓：当时“以举人用韵多异，诏殿中丞邱雍重定《切韵》”；《广韵》卷首载祥符《敕牒》，亦云：

> 朕聿遵先志，导扬素风，设教崇文，悬科取士，考核程准，兹实用焉。

一方面固然用以审辨音读，一方面也以备当时科举考试的用韵标准；审音辨韵不能不严，就是陆氏所谓：“若赏知音，即须轻、重有异”；在实际作文时，通用又不能不广，就是陆氏所谓“欲广文路，自

---

① 参看罗常培《十韵汇编序》，第76～81页。

可清、浊皆通”。朱彝尊云：

> 古人分韵虽严，通用甚广。……盖严，则于韵之本位，毫厘不爽；通，则临文不至牵率，而乖其性情。[①]

所谓通用，就是把许多窄韵许令彼此间各得合用；唐封演《闻见记》云：

> 隋陆法言与颜、魏诸公定南、北音，撰为《切韵》，凡一万二千一百五十八字，以为为文楷式；而《先》《仙》《删》《山》之类，分为别韵；属文之士，共苦其苛细。国初许敬宗等详议，以其韵窄，奏合而用之；法言所谓“欲广文路，自可清、浊皆通”者也。

陆氏撰《切韵》时，固已示人以作文通用之例；到了唐初，许敬宗等详为奏定，不过以何韵与何韵得相通用，其目无存。现今所传《广韵》各本，皆于韵目下注明“同用”“独用”，凡是注明“同用”的韵就是当时在作文应试上可得通用的。《玉海》卷四十五：“景德四年，龙图待制戚纶等，承诏详定考试声韵。纶等以殿中丞邱雍所定《切韵》同用、独用例，及新定条例参正。”因此可知《广韵》里同用、独用的注，也是出于邱雍等之手；而邱雍等所定，究竟是否依据唐初许敬宗以来之例？这却是值得我们研究的问题。韵书的编制，原来兼具有审音和作文的两种作用；可是宋朝以后，对于陆氏《切韵》一派的韵书，因为考试功令的关系，一般人往往把它们审音的目的忘却，而专注重于作文上的应用，以致将这些注明的同用之韵，一一

① 见《曝书亭集》卷三十一，《与魏善伯书》。

合并，就演成为近代的《诗韵》。

现今所流传的《广韵》，有详本、略本两种，详本为南宋时椠本，略本为元时椠本。[①] 详本注繁，字数亦较多；略本注简，字数亦较少。又详本载陆、孙二序外，又注明隋、唐撰集增字诸家姓氏；卷首并载景德、祥符《敕牒》，卷末又有附录（即上文所称宋本《广韵》），略本卷首仅载孙序，而缺“论曰”一段，卷末亦无附录。[②] 此外，韵目上所注同，用、独用，各本亦有参差，略本并于卷内依同用、独用，各自为部，不相连属；或且卷内所分合，和目录上所注明的也有出入。这是因为今存《广韵》各本，业经后人窜改，所以韵部的序次及分合（指同用、独用之例），常有参差不同的地方；经过了顾炎武、戴震诸人迭次的校订，才得到一个《广韵》的旧目。[③] 兹录戴震《考定广韵独用同用四声表》[④]于下：

上平声	上　声	去　声	入　声
东一独用	董一独用	送一独用	屋一独用
冬二钟同用	湩䴵等字附见肿韵	宋二用同用	沃二烛同用
钟三	肿二同用	用三	烛三
江四独用	讲三独用	绛四独用	觉四独用
支五脂之同用	纸四旨止同用	寘五至志同用	
脂六	旨五	至六	
之七	止六	志七	
微八独用	尾七独用	未八独用	
鱼九独用	语八独用	御九独用	

① 参看拙著《广韵研究》（商务印书馆出版）第一章第四节，第43～45页。
② 参看拙著《广韵研究》第一章第五节，第45～48页。
③ 参看拙著《广韵研究》第一章第九节，第55～58页。
④ 见戴氏《声韵考》卷二。

续　表

上平声	上　声	去　声	入　声
虞十模同用	麌九姥同用	遇十暮同用	
模十一	姥十	暮十一	
齐十二独用	荠十一独用	霁十二祭同用	
		祭十三	
		泰十四独用	
佳十三皆同用	蟹十二骇同用	卦十五怪夬同用	
皆十四	骇十三	怪十六	
		夬十七	
灰十五咍同用	贿十四海同用	队十八代同用	
咍十六	海十五	代十九	
		废二十独用	
真十七谆臻同用	轸十六准同用	震二十一稕同用	质五术栉同用
谆十八	准十七	稕二十二	术六
臻十九	𧤏齓字附见隐韵	齓字附见焮韵	栉七
文二十独用	吻十八独用	问二十三独用	物八独用
欣二十一独用	隐十九独用	焮二十四独用	迄九独用
元二十二魂痕同用	阮二十混很同用	愿二十五恩恨同用	月十没同用
魂二十三	混二十一	恩二十六	没十一
痕二十四	很二十二	恨二十七	
寒二十五桓同用	旱二十三缓同用	翰二十八换同用	曷十二末同用
桓二十六	缓二十四	换二十九	末十三
删二十七山同用	潸二十五产同用	谏三十裥同用	黠十四辖同用
山二十八	产二十六	裥三十一	辖十五

下平声	上　声	去　声	入　声
先一仙同用	铣二十七狝同用	霰三十二线同用	屑十六薛同用
仙二	狝二十八	线三十三	薛十七
萧三宵同用	篠二十九小同用	啸三十四笑同用	
宵四	小三十	笑三十五	
肴五独用	巧三十一独用	效三十六独用	
豪六独用	晧三十二独用	号三十七独用	
歌七戈同用	哿三十三果同用	个三十八过同用	
戈八	果三十四	过三十九	
麻九独用	马三十五独用	祃四十独用	
阳十唐同用	养三十六荡同用	漾四十一宕同用	药十八铎同用
唐十一	荡三十七	宕四十二	铎十九
庚十二耕清同用	梗三十八耿静同用	映四十三诤劲同用	陌二十麦昔同用
耕十三	耿三十九	诤四十四	麦二十一
清十四	静四十	劲四十五	昔二十二
青十五独用	回四十一独用	径四十六独用	锡二十三独用
蒸十六登同用	拯四十二等同用	证四十七嶝同用	职二十四德同用
登十七	等四十三	嶝四十八	德二十五
尤十八侯幽同用	有四十四厚黝同用	宥四十九候幼同用	
侯十九	厚四十五	候五十	
幽二十	黝四十六	幼五十一	
侵二十一独用	寝四十七独用	沁五十二独用	缉二十六独用
覃二十二谈同用	感四十八敢同用	勘五十三阚同用	合二十七盍同用
谈二十三	敢四十九	阚五十四	盍二十八
盐二十四添同用	琰五十忝同用	艳五十五㮇同用	叶二十九怗同用

续 表

下平声	上　声	去　声	入　声
添二十五	忝五十一	㮇五十六	怗三十
咸二十六衔同用	豏五十二槛同用	陷五十七鉴同用	洽三十一狎同用
衔二十七	槛五十三	鉴五十八	狎三十二
严二十八凡同用	俨五十四范同用	酽五十九梵同用	业三十三乏同用
凡二十九	范五十五	梵六十	乏三十四

这些同用、独用的注，《玉海》已经说过，亦由邱雍等所定；顾炎武《音论》上谓为唐人之功令如是，戴震《声韵考》卷一亦谓《广韵》韵目下“独用同用之注，则唐初许敬宗所详议，以其韵窄，奏合而用之者也”（《四库总目提要》谓顾氏《音论》：“唐封演《闻见记》其时亦未刊行，故亦不知唐人官韵定自许敬宗。”）；皆以为依据于唐人的用韵，更据封氏所记，这种用韵之例，由许敬宗等所奏定。近人马宗霍作《唐人用韵考》[①]曾以唐人诗歌用韵和《广韵》所注同用、独用之例相校，不合之处甚多，因知顾、戴所言，实有差失，盖未经详考之过。兹录马君的辨正如下：

至独用、同用例，虽许敬宗尝有奏定之事，见于封演《闻见记》，而其目不详。《广韵》所注，以唐人用韵校之，不合之处甚多，必非许氏之旧。又考《唐书·选举志》：永隆二年，考功员外郎刘思立建言，进士试杂文二篇，通文律者，然后试策。所谓文律，即诗赋之律也。而《旧唐书·许敬宗传》：敬宗薨于咸亨三年。是则以诗赋为试，尚在敬宗死后九年，亦不得谓敬宗定韵为选举之功令也。此则顾、戴两家皆失之矣（《四库提

① 见马宗霍《音韵学通论》，第 429～437 页。

> 要》亦同此失）。王应麟《玉海》曰："景德四年，龙图待制戚纶等，承诏详定考试声韵，纶等以殿中丞丘雍所定《切韵》同用、独用例及新定条例参正。"据此则《广韵》之注，乃宋丘雍所定也。如谓丘氏当时或见敬宗之书，定韵时偶有所采，理尚可通；要不可遂以丘定者为许定耳。（戴氏《声韵考》亦尝引《玉海》此文，以考《韵略》，而于丘雍定同用、独用例一语，忽焉。盖由未详考唐人诗歌用韵，故深信为许氏之旧而不疑。）①

是可知《广韵》二百零六部之目，虽然依据于唐人韵书，而韵目下独用、同用之注，则出自宋人，以为宋初一般应试作文的用韵标准；就是祥符《敕牒》所谓"悬科取士，考核程准"。到了宋仁宗时，又将《广韵》里所注明的独用之韵，改并十三处，这就是《礼部韵略》和《集韵》的韵目。

《广韵》一书，在宋初既然以备时人应试作文之用，这种把"诸家增字及义理释训悉纂略备载卷中"的详密的韵书，自然有人嫌它过于繁冗，难以应用，而加以删节的。《集韵》韵例云：

> 景祐四年（一云元年三月），太常博士直史馆宋祁、郑戬建言，彭年、雍所定，多用旧文，繁略失当。

所谓多用旧文，就是指《广韵》集合诸家的切语及增字注解；这样繁冗的书，当然内中又不免有疑混的地方。所以《玉海》卷四十五：

> 景祐元年四月丁巳，诏直史馆宋祁、郑戬、国子直讲王洙刊修《广韵》《韵略》，命知制诰丁度、李淑详定；祁等言多疑混

① 见马宗霍《音韵学通论》，第49～50页。

字，举人误用故也。

在景祐《礼部韵略》以前，《广韵》或许已经有几种删节本流行于世；因之现今所传的《广韵》各本，也详略参差不同。[①] 当时又曾经颁行《韵略》一书，以备礼部科试之用；《玉海》卷四十五："按《崇文目》，雍撰《韵略》五卷，略取《切韵》要字，备礼部科试。"戴震谓《广韵》和《韵略》实为景德、祥符间详略二书；兹录其言如下：

是时无《礼部韵略》之称，其书名《韵略》，与所校定《切韵》同日颁行，独用、同用例不殊。明年，《切韵》改赐新名《广韵》，而《广韵》《韵略》为景德、祥符间详略二书。[②]

《韵略》为当时明令删节《广韵》的略本，以便于应试作文之用；只是此种《韵略》现今已经无存了。现今所存的，乃是景祐以后的《礼部韵略》；当景祐时，丁度等刊修《韵略》，改称为《礼部韵略》；又依《礼部韵略》之例，刊修《广韵》，以成为《集韵》一书。《集韵》和《礼部韵略》又为景祐、宝元间详略二书；而《广韵》的面目，也为之一变。戴震云：

景祐四年，更刊修《韵略》，改称《礼部韵略》；刊修《广韵》，改称《集韵》。《集韵》成于《礼部韵略》颁行后二年，是为景祐、宝元间详略二书。独用、同用例，非复《切韵》之旧，次第亦稍有改移矣。[③]

---

① 参看拙著《广韵研究》第一章第四节，第 43～45 页。
② 见戴氏《声韵考》卷二。
③ 同上。

《礼部韵略》为宋代的官书，从此陆氏《切韵》一派的韵书，专门备作礼部科试之用；陈振孙《书录解题》云：

> 雍熙殿中丞邱雍、景德龙图阁待制戚纶所定，景祐知制诰丁度重修，元祐太学博士增补。其曰“略”者，举子诗赋所常用，盖字书声韵之略也。

时人也只通行《礼部韵略》一书；《广韵》《集韵》等书仅供少数学者研究之资而已。邵长蘅《古今韵略·叙录》云：

> 《礼部韵略》五卷，宋景祐四年，诏国子监颁行。《艺文志》载景祐《礼部韵略》五卷，又淳熙监本《礼部韵略》五卷。吾意当时虽有《广韵》《集韵》，二书不甚通行，盖《广韵》多奇字，《集韵》苦浩繁也。《礼韵》虽耑为科举设，而去取实亦不苟；每出入一字，必径两省看详，礼部颁下，故又有申明续降诸字。字既简约，义多雅驯，学士歙然宗之。中间奇字僻韵，多遭刊落，颇为嗜古者所少；其实沿用至今。虽诸家互异，要之，仍《礼韵》而增损之者也。

《礼部韵略》在宋代最为通行，可是也经过历世的增修。《玉海》卷四十五：“元祐五年、博士孙谔陈请添收。绍兴十一年，进士黄启宗随韵辑补，尚多阙遗。三十二年，毛晃上《增修互注礼部韵略》。”又：“淳熙《礼部韵略》五卷，元年，国子监言，前后有增改删削，及多差舛，诏校正刊行。”此书经过了元祐、绍兴、淳熙诸代迭次的修订，已经不是景祐的原书；现今所传的，为毛晃子居正重增《增修互注》本及《附释文互注》本。兹节录《四库提要》所论于下：

自景祐以后，敕撰此书，始著为令式，迄南宋末不改。然收字颇狭。……元祐中、博士孙谔，绍兴中、朝散大夫黄积厚，福州进士黄启宗，淳熙中、吴县主簿张贵谟，嘉定中、嘉定府教授吴桂，皆屡请增收，而杨伯岩亦作《九经补韵》以拾其遗。然每有陈奏，必下国子监看详，再三审定，而后附刊韵末。……盖既经廷评，又经公论，故较他韵书特为谨严。然当时官本已不可见，其传于今者，题曰《附释文互注礼部韵略》。……①

宋毛晃增注，其子居正校勘重增，诸家所称《增韵》，即是书也。是书因《礼部韵略》收字太狭，乃搜采典籍，依韵增附。又《韵略》之例，凡字有别体、别音者，皆以墨阑圈其四围，亦往往舛漏；晃并为厘定，于音义字画之误，皆一一辨证。……居正续拾所遗。……而每字之下，又皆分注，其曰、增入，曰今圈，曰今正者，皆晃所加；曰重增者，皆居正所加；其辨论考证之语，则各署名以别之。父子相继，以成一书，用力颇为勤挚。其每字叠收重文，用《集韵》之例；每字别出重音，用《广韵》之例。然不知古今文字之别，又不知古今声韵之殊。……②

原来《礼部韵略》由景德《韵略》的改订而成，专备作时人应试作文之用；像《广韵》那样的详密，就不合于这种实际的需要，固然为那时所不取，但是收字过少，注解过略，也不便于应用。所以宋代《礼部韵略》一书，迭经诸家的增订补辑；可是他们虽然于原书上音义字画之误，多有所辨正，也不过在当时撰作诗文的应用方面，不无资助而已，对于音韵学上却没有何等的贡献。因为在韵目上还是依照景祐之旧，并没有加以变更；而我们在音韵学上最要注意的，便是这种景祐的韵目。《玉海》卷四十五：

---

① 见《四库总目》：《附释文互注礼部韵略提要》。
② 见《四库总目》：毛晃《增修互注礼部韵略提要》。

> 景祐四年六月丙甲，以丁度所修《韵略》五卷颁行。初，说书贾昌朝言《韵略》多无训释，疑混声、重叠字，举人误用。诏度等刊定窄韵十三，许附近通用，混声、重字，具为解注。

所谓定窄韵十三、许附近通用，就是把《广韵》或《韵略》所注明的独用之韵十三，改为同用；上文已经说过，顾炎武、戴震等都以为《广韵》所注的独用、同用，为唐人用韵之例，于是他们就把这十三处的改并，认为是宋人用韵和唐代韵谱不同的所在。兹录戴氏之言于下：

> 景祐中，以贾昌朝请，韵窄者凡十三处，许令附近通用；于是合《欣》于《文》，合《隐》于《吻》，合《焮》于《问》，合《迄》于《物》，合《废》于《队》《代》，合《严》于《盐》《添》，合《俨》于《琰》《忝》，合《酽》于《艳》《㮇》，合《业》于《叶》《帖》，合《凡》于《咸》《衔》，合《范》于《豏》《槛》，合《梵》于《陷》《鉴》，合《乏》于《洽》《狎》。顾氏考唐、宋韵谱异同，举其八而遗其五。①
>
> 唐时诸家韵书，大致多本法言《韵》，亦各有微异。今所传《广韵》《集韵》，就二书考景祐所通窄韵十三，则唐、宋用韵沿革之大节目，具在。②

其实我们现在所能断定的，这十三处的改并，只是景德、祥符间和景祐以后韵例的不同；《广韵》和《韵略》为景德、祥符间详略二书，《礼部韵略》和《集韵》为景祐、宝元间详略二书；《韵略》成书在《广韵》之后，《韵略》虽不存，它的韵目必同于《广韵》；《集韵》成书在《礼部韵略》之后，所以《集韵》的韵目同于《礼部韵略》。因之丁度

① 见戴氏《声韵考》卷二，参看顾氏《音论》上。
② 见戴氏《声韵考》卷二。

等刊修《韵略》以成《礼部韵略》，所改并的十三处，也便是《集韵》更改《广韵》韵目的所在。这十三处的更改，不但是把独用的韵改并为同用，并且其间的序次，也稍有移易。兹将钱学嘉《韵目表》所附《改并十三处表》照录如下：

考定《广韵》旧第		《集韵》改并
（一）	二十《文》独用 二十一《欣》独用	二十《文》与《欣》通 二十一《欣》
（二）	二十四《盐》《添》同用 二十五《添》 二十六《咸》《衔》同用	二十四《盐》与《沾》《严》通 二十五《沾》 二十六《严》
（三）	二十七《衔》 二十八《严》《凡》同用 二十九《凡》	二十七《咸》与《衔》《凡》通 二十八《衔》 二十九《凡》
（四）	十八《吻》独同 十九《隐》独同	十八《吻》与《隐》通 十九《隐》
（五）	五十《琰》《忝》同用 五十一《忝》 五十二《豏》《槛》同用	五十《琰》与《忝》《俨》通 五十一《忝》 五十二《广》
（六）	五十三《槛》 五十四《俨》《范》同用 五十五《范》	五十三《豏》与《槛》《范》通 五十四《槛》 五十五《范》
（七）	十八《队》《代》同用 十九《代》 二十《废》独用	十八《队》与《代》《废》通 十九《代》 二十《废》
（八）	二十三《问》独用 二十四《焮》独用	二十三《问》与《焮》通 二十四《焮》
（九）	五十五《艳》《㮇》同用 五十六《㮇》 五十七《陷》《鉴》同用	五十五《艳》与《栝》《验》通 五十六《栝》 五十七《验》

续　表

考定《广韵》旧第		《集韵》改并
（十）	五十八《鉴》 五十九《酽》《梵》同用 六十《梵》	五十八《陷》与《鑑》《梵》通 五十九《鑑》 六十《梵》
（十一）	八《物》独用 九《迄》独用	八《物》与迄《通》 九《迄》
（十二）	二十九《叶》《怗》同用 三十《怗》 三十一《洽》《狎》同用	二十九《叶》与《帖》《业》通 三十《帖》 三十一《业》
（十三）	三十二《狎》 三十三《业》《乏》同用 三十四《乏》	三十二《洽》与《狎》《乏》通 三十三《狎》 三十四《乏》

因为景祐以后，规定这种改并的韵目为应试作文的标准，所以《礼部韵略》一出，景德《韵略》归于废弃；《集韵》一出，《广韵》的通行势力也因之衰歇；①以致景祐以后"重刊《广韵》者，误据《集韵》以校之，遂移其旧第耳"。② 所以现今所存《广韵》各本，都是经过景祐以后的窜改，并非景德、祥符原书的面目；③我们也因此可以窥见景祐韵目在宋代通行势力的一斑了。

考《集韵》始撰于景祐四年，成于宝元二年，同年颁行。《玉海》卷四十五："景祐四年，翰林学士丁度等承诏撰；宝元二年，九月，书成，上之；十一日，进呈颁行。"不过，又注云："或曰治平四年，司马光继纂其职。"到了清《四库提要》，更依据今本《切韵指掌图序》，谓

---

① 李焘《说文解字五音韵谱自序》有云："《集韵》《类篇》列于学官，而《广韵》《玉篇》微矣。"

② 见《四库总目·集韵提要》。

③ 参看拙著《广韵研究》第一章第九节，第 55～58 页。

"此书奏于英宗时,非仁宗时,成于司马光之手,非尽出丁度等也"。[1] 莫友芝《韵学源流》亦本其说。[2] 这是因为受《类篇》一书编撰的历史的影响而误传的。《集韵》成书之后,因为"添字既多,与顾野王《玉篇》不相参协";于是要"将新韵添入,别为《类篇》,与《集韵》相副施行";这种《类篇》,始撰于宝元二年,由丁度发起,历经王洙、胡宿、范镇诸人之手,到了治平四年,才成于司马光。[3] 所谓奏于英宗时,成于司马光之手,应该是指和《集韵》相辅施行的《类篇》,决不应误传作《集韵》本书的。我们再看看孙觌《切韵类例序》上怎样说:

> 昔仁宗朝,诏翰林学士丁公度、李公淑增崇韵学,自许慎而降,凡数十家,总为《类篇》《集韵》;而以贾魏公、王公洙为之属。治平四年,司马温公继纂其职。书成,上之,有诏颁焉。[4]

这是混合《类篇》《集韵》二书而言,所以可得说:"治平四年,司马光继纂其职";至于今本《切韵指掌图序》竟作:"仁宗皇帝诏翰林学士丁公度、李公淑增崇韵学,自许叔重而降,凡数十家,总为《集韵》;而以贾公昌朝、王公洙为之属。治平四年,予得旨,继纂其职。书成,上之,有诏颁焉。"内中便单指《集韵》一书而言;从《集韵》和《类

---

① 《四库总目·集韵提要》云:"旧本题宋丁度等奉敕撰;前有《韵例》,称:景祐四年,太常博士直史馆宋祁、太常丞直史馆郑戬建言:陈彭年、邱雍等所定《广韵》多用旧文,繁略失当;因诏祁、戬与国子监直讲贾昌朝、王洙同加修定,刑部郎中知制诰丁度、礼部员外郎知制诰李淑为之典领。晁公武《读书志》亦同。然考司马光《切韵指掌图序》称:仁宗皇帝诏翰林学士丁公度、李公淑增崇韵学,自许叔重而降,凡数十家,总为《集韵》,而以贾公昌朝、王公洙为之属;治平四年,余得旨,继纂其职;书成,上之,有诏颁焉;尝因讨究之暇,科别清浊为二十图,云云。则此书奏于英宗时,非仁宗时,成于司马光之手,非尽出丁度等也。"

② 见莫友芝《韵学源流》,罗氏铅印本,第16～17页。

③ 参看《类篇》后《附记》及谢氏《小学考》卷十七。

④ 详见本文第204页注。

篇》在历史上的关系看来，就可以知道此序为伪托的了。《四库提要》竟误据此伪序，以推断《集韵》成书的年代，尤为妄论。《集韵·韵例》云：

> 景祐四年，……因诏祁、戬与直讲贾昌朝、王洙同修定，知制诰丁度、李淑典领；令所撰集，务从该广。凡字训悉本许慎《说文》；慎所不载，则引他书为解，凡古文见经史诸书可辨识者，取之，不然则否。字五万三千五百二十五，新增二万七千三百三十一字，分十卷，诏名曰《集韵》。

因此可见《集韵》也是为着增订《广韵》而作的，所谓新增二万七千三百三十一字，就是对《广韵》的二万六千一百九十四字[①]增成为五万三千五百二十五。《集韵》的内容，兼注重形体训诂，又以一字两音的“互注切语”，谓“旧注兼载他切，既不该尽，徒酿细文”，概行删去。邵长蘅《古今韵略·叙录》说它繁略失当，尚出《广韵》下；《四库总目提要》也说它省所不当者，繁所不当繁。[②] 但是我们要注意：《集韵》对于《广韵》的变更，除了韵目上改并十三处以外，又不仅是增字、易注，析五卷为十卷而已；它对于《广韵》里的切语，有很多的改订。《广韵》里的切语大致沿袭隋、唐韵书而来，《集韵》所收，又“务从该广”，“以粹群说”；[③]因之《广韵》共有反切三千八百七十五音，而《集韵》共有四千四百七十三音，计增五百九十八音，大体上《广韵》所有的音，《集韵》都收了；只有少数《广韵》反切为

---

① 参看宋本《广韵》卷首。

② 《四库总目·集韵提要》：“其驳《广韵》注：凡姓望之出，广陈名系，既乖字训，复类谱牒；诚为允协。至谓兼载他切，徒酿细文，因并删其字下之互注，则音义俱别，与义同音异之字，难以遽明；殊为省所不当省。又韵主审旨，不主辨体，乃篆籀兼登，雅俗并列，重文复见，有类字书；亦为繁所不当繁。”

③ 《集韵·韵例》：“凡经典字有数读，先儒传授，各欲名家，今并论著，以粹群说。”

《集韵》所未收或归并了的。[①]《集韵・韵例》云:"凡通用韵中同音再出者,既为冗长,只见一音";就把《广韵》里所分列的切语归并为一;有两反切下所领之字不相同,而将它们合在一起的;有两反切下所领之字本相同,而并为一字的。[②]《集韵》韵部虽仍是二百零六韵之旧,而把这种通用韵中的两反切认为同音,因把它们合并起来,固然有些是依据当时实际的音读,却已为后此合并韵部的滥觞了。至于把《广韵》原有的反切更改了的,有些是因为所根据的语音系统不同,或者实际音读转变的缘故;据近人的考证,《集韵》里切语的声纽实比《广韵》里的要简少;[③]在《广韵》当中有分别的音在当时已经不分或有混同的倾向,[④]《集韵》为着采取当代读音,所以不得不把《广韵》的反切加以更改。又《集韵・韵例》云:

> 凡字之翻切,旧以"武"代"某",以"亡"代"茫",谓之类隔,今皆用本字。

我们在上章第二节说过,唐代等韵家原来只是立着"音和""类隔"二门来概括所有的反切;所谓类隔的反切,只是因为韵书当中的切语,不适合于实际的音读和等韵上的条例,因而立出来的名目;后代等韵家更列着种种"门法",强作解释。可是韵书当中的切语也往往随着实际的语音加以更改,在上文说过,《广韵》里类隔的反切已经比《切韵》里的逐渐减少,从这点上看来,似乎因袭《切韵》的旧

---

① 依据白涤洲《集韵声类考》(载中央研究院《历史语言研究所集刊》第三本第二分),第185～186页。

② 参看白涤洲《集韵声类考》,第186～189页。

③ 白涤洲考得《广韵》声纽为四十七类,参看他所著的《广韵声纽韵类之统计》一文,及《守温字母源流表》。又白涤洲《集韵声类考》考得《集韵》声纽为三十九类;较之《三十六字母》,《照》《穿》《床》《审》分为《庄》《初》《崇》《生》和《章》《昌》《船》《书》八类,《喻》母分为《以》《云》二类,又《泥》《娘》不分,《船》《禅》不分。

④ 参看白涤洲《集韵声类考》,第189～191页。

切已然敌不住实际流行的语音了；[①]《广韵》每卷末，有“新添类隔今更音和切”一条，又表示着卷内类隔的反切统应改为音和。陈澧谓等韵家作门法，“其不敢议古人不合，是其谨慎；然如《广韵》书中不改旧切，但于卷末记所当改之字，亦何尝非谨慎乎?”陈氏并将《广韵》里类隔的切语尽行列出，加以更改，注明其字母。[②] 在《集韵》当中，便把这种类隔的切语统统改为音和；[③]公然采用当时的读音，不愿守着古人的藩篱了。[④] 此外，《集韵》又开始企图改良反切的方法，在反切上字里也顾及字调的种类和洪、细的分别；为着呼读的方便，把反切上字也要和所切之字同一调类及同一细音。凡是《广韵》中切语上字和所切之字不同一调类的，也改为同一调类，就是平声字反切上字用平声，上声字反切上字用上声等等；又《集韵》里四等字的反切上字也改用四等字，在《广韵》中反切上字三等自成一类，而四等与一二等通，到了《集韵》，四等声纽也有分立的倾向。[⑤]《集韵》本来收字特多，而反切上字既须顾到字调，又须顾到细音，于是所用反切上字也特别繁杂；《广韵》反切上字仅四百数十个，到了《集韵》便有八百六十余个了。[⑥]《集韵》对于《广韵》里的反切有这样多的改进，一方面固然是用来适应实际音读的转变，另一方面又显然是因为受了等韵学的影响的。字母和等韵之学，原来用以说明韵书上的反切并且补正韵书编制的缺点，结

---

① 依据罗常培《十韵汇编序》，第 80 页。

② 见陈氏《切韵考外篇》卷三。

③ 参看白涤洲《集韵声类考》第 234～236 页附录(4)《集韵反切上字类隔改用音和一览表》。

④ 参看白涤洲《集韵声类考》，第 181～182 页。

⑤ 参看白涤洲《集韵声类考》第 182～185 页及第 200～234 页，附录(2)《集韵反切上字改用同声调字一览表》，附录(3)《集韵细音反切上字改用细音字一览表》。案，一等与四等的划分，在慧琳《音义》中之反切已然，可征此种音变已兆于唐；参看黄淬伯《慧琳〈一切经音义〉反切考》第 2、第 32 页。

⑥ 参看白涤洲《集韵声类考》，第 184 页。

果，不特依据它们来改良反切的方法，并且随后韵书的编制，也参杂了字母等韵之学的成分。孙愐谓："纽其唇、齿、喉、舌、牙部，仵而次之"；隋、唐时虽然知道依声纽发音的部位分为五组，就是所谓"五音"之说，而在韵书的编制上，每韵当中，并不根据反切声纽的组别来排列文字；在《集韵》前三十年修成的《广韵》，同韵字的排列仍是依《唐韵》旧例"仵而次之"的。这样序次的杂乱无章，在翻检时当然要大感不便。到了《集韵》就大致利用声纽的组别来排次同韵字的先后，把《见》《溪》《群》《疑》和《端》《透》《定》《泥》等同声组的字列在一起；这种编排的方法，显然是受了等韵图表的影响的。过了一百零几年，到金皇统年间（西元后一一四一～一一四九年），就有个荆璞"将三十六字母添入韵中"（见《五音集韵》韩道升《序》），再过七十几年，韩道昭改并重编《五音集韵》，遂公然"陈其字母，序其等第，以《见》牙音为首，终于《来》《日》字"了（《五音集韵》崇庆元年～西元后一二一二年——韩道昭《自序》），可知韵书各韵中字利用声纽的组别来排次先后，是《集韵》开其端的。①

在《集韵》稍后纂成的《类篇》，依《说文》《玉篇》的体例，分部五百四十四；可是同部首的字就依韵目排列先后。这种编排的方法，很可以用来和《集韵》里依各组声纽排列韵中的字相比照；因为字书的编制受了韵书的影响，同时韵书的编制又受了等韵表的影响，这正是以表示宋代音韵学发达的情形。在景祐以前，《玉篇》（指宋本《玉篇》、非顾野王《玉篇》原本）和《广韵》相辅施行；②景祐以后，《集韵》一书出世，于是又编纂一种和《集韵》相副施行的《类篇》，固然是因为"添字既多，与顾野王《玉篇》不相参协"；可是我们尤当注意的，这并行的两书对于往时字书和韵书编制方法上的改进，正可以显示那时音韵学的发达和进步。到了韩孝彦和道昭父子二人，

---

① 依据白涤洲《集韵声类考》，第179～181页。

② 参看冈井慎吾《玉篇研究》。

著了《四声篇海》和《五音集韵》二书，在字书上又参杂一些等韵的成分，而韵书的编制更是等韵化了；这二书间的关系，正和《玉篇》《广韵》间以及《类篇》《集韵》间的关系差不多，都可以说是一书两体；而从中得窥见宋金时文字音韵著述演进的情形。《四库总目提要》云：

> 是编以《玉篇》五百四十二部，依三十六字母次之，更取《类篇》及《龙龛手镜》等书，增杂部三十有七，共五百七十九部。凡同母之部，各辨其四声为先后，每部之内，又计其字画之多寡为先后，以便于检寻。其书成于明昌、承安间，迨泰和戊辰，孝彦之子道昭改并为四百四十四部，韩道升为之序。……道昭又因《广韵》改其编次，为《五音集韵》十五卷。明成化丁亥，僧文儒等校刊二书，合称《篇韵类序》；《篇》谓孝彦所编，以《玉篇》为本，《韵》谓道昭所编，以《广韵》为本；二书共三十卷。

《四声篇海》原为孝彦所撰，后经道昭增订改并，道昭又重编为《五音集韵》一书；所以道昭于此二书，“皆因其父孝彦未成之编，续加修定者”。“前书以字母分排，此书以声韵分排，而每韵中亦各以字母分纽”；[1]都是参杂有等韵表的成分的。道昭《五音集韵·自序》云：

> 尝谓以文学为事者，必以声韵为心；以声韵为心者，必以五音为本；则字母次第，其可忽乎？……是故引诸经训，正诸讹舛，陈其字母，序其等第；以《见》母牙音为首，终于《来》《日》字；

① 《天禄琳琅》曰：“《改并五音集韵》，金韩道昭著，十五卷，前昭兄道升序；前书以字母分排；此书以声韵分排，而每韵中亦各以字母分纽；皆因其父孝彦未成之编，续加修定者。”（见谢氏《小学考》卷三十三）

广大悉备，靡有或遗，始终有伦，先后有别，一看如指诸掌。

所谓“陈其字母，序其等第”，就是每韵当中以三十六字母，各分四等，排比诸字的先后；纳等韵表于韵书中，实在是完成于《五音集韵》的。《四库提要》谓其“所收之字，大抵以《广韵》为蓝本，而增入之字则以《集韵》为蓝本”；[①]道昭《自序》，谓以龙龛训字增加五千余字；今校各韵字数，也较《集韵》为多。那末，它所增的字数，未必尽依《集韵》；卷首列着的五万三千五百二十五言，新增二万七千三百三十言，大概是指《集韵》的字数，并非指本书的字数。不过大体上总以《广韵》《集韵》为蓝本；《广韵》各韵里诸字先后，凌乱无序，《集韵》渐以声纽组别来排次，到了《五音集韵》，就整然统以“七音”“四等”、三十六母。《四库提要》谓“其等韵之学，亦深究要渺；虽用以颠倒音纽，有乖古例，然较诸不知而妄作者，则尚有间矣”。其实此书的颠倒音纽，有乖古例，正是它在韵书体例上别开生面，而使我们得以推定当时切语的音读，对于音韵学上也有绝大的贡献。《五音集韵》变更《广韵》《集韵》最显著的地方，尤其在韵部的改并。《广韵》二百零六部的韵目，《集韵》所谓改并十三处，只是在独用、同用之例，至于道昭此书，乃并成为一百六十部；于是《广韵》的面目为之大变：

平声　《支》《之》合于《脂》，《佳》合于《皆》，《臻》合于《真》，《删》合于《山》，《仙》合于《先》，《萧》合于《宵》，《耕》合于《庚》，《幽》合于《尤》，《谈》合于《覃》，《添》合于《盐》，《衔》合于

① 《四库总目提要》：“考《广韵》卷首云：凡二万六千一百九十四言；《集韵・韵例》云：凡五万三千五百二十五言，新增二万七千三百三十一言；是书亦云：凡五万三千五百二十五言，新增二万七千三百三十言；合计其数，较《集韵》仅少一字，殆传写偶脱。《广韵》注，十九万一千六百九十二字；是书云：注三十三万五千八百四十言，新增十四万四千一百四十八言；其增多之数，则适相符合；是其依据二书，足为明证。”

《咸》,《严》合于《凡》。

上声　《纸》《止》合于《旨》,《蟹》合于《骇》,《潸》合于《产》,《铣》合于《狝》,《篆》合于《小》,《耿》合于《梗》,《黝》合于《有》,《敢》合于《感》,《忝》合于《琰》,《槛》合于《豏》,《俨》合于《范》。

去声　《寘》《志》合于《至》,《卦》《夬》合于《怪》,《裥》合于《谏》,《霰》合于《线》,《啸》合于《笑》,《映》合于《诤》,《幼》合于《宥》,《阚》合于《勘》,《㮇》合于《艳》,《鉴》合于《陷》,《酽》合于《梵》。

入声　《栉》合于《质》,《黠》合于《辖》,《屑》合于《薛》,《麦》合于《陌》,《盍》合于《合》,《帖》合于《叶》,《狎》合于《洽》,《业》合于《乏》。

计并合四十六部;所以上平为二十三部,下平为二十一部,上声四十三部,去声四十七部,入声二十六部,共一百六十部。它所并合处多取于《广韵》同用之例,未必纯粹是用来代表当时北方的语音;所以把《切韵》一派的韵书合并韵部的,当推始于韩道昭,并不是始于《平水韵》的。至于各部的序次,虽然不完全依照《广韵》的原次,也不取《集韵》所改定的序次;因之后代《重刊广韵》的错误,以及景祐时所改并的十三处,还可以利用此书的部目把它们考订出来。《四库提要》云:

丁度编定《集韵》,始因贾昌朝请,改并窄韵十有三处。今《广韵》各本,《俨》移《豏》《槛》之前,《酽》移《陷》《鉴》之前;独用、同用之注,如通《殷》于文,通《隐》于《吻》,皆因《集韵》颁行后窜改致舛。是书改二百六韵为百六十,而并《忝》于《琰》,并《鉴》于《豏》,并《俨》于《范》,并《㮇》于《艳》,并《鉴》于《陷》,并《俨》于《梵》;足证《广韵》原本上、去声末六韵之通为二,与平声、入声不殊。其余如《废》不与《队》《代》通,《殷》《隐》《焮》

《迄》不与《文》《吻》《问》《物》通，尚仍《唐韵》之旧，未尝与《集韵》错互，故十三处犁然可考，尤足订《重刊广韵》之讹。

因此可以知道《五音集韵》的部目，乃是根据《广韵》加以改并的，并非根据于景祐的韵目。

依据景祐韵目来并合韵部的，就是后世所称的《平水韵》；我们现在所要推究的，《平水韵》究竟是指那一种的韵书？是何人所创作的？元、明以来竟有以近代《诗韵》的韵目原出于沈约，而称之为沈《韵》的，其误不待辨；也有以为《平水韵》为刘渊所撰，或以为是指元时阴氏书。胡鸣玉《订讹杂录》云：

误以今世所传《诗韵》，为沈约所撰，其来已久，如元黄公绍《七音考》，周德清《中原音韵》，宋濂《洪武正韵》之类，无不极诋约《韵》为江左偏音，不足为据。不知《约》所撰《四声》一卷，久矣无存。近毛大可氏谓今世所用，乃宋淳祐间江北平水刘渊所撰，为《平水韵》，非沈《韵》也。而邵子湘氏谓并非刘氏之旧，乃元时阴氏兄弟所著，其言较毛氏尤为详晰。……①

现在我们所能够知道的，《平水韵》并非刘渊所创，更非元时阴时夫等所撰的书，乃是出于金人的。刘渊的书作于宋淳祐十二年（当蒙古宪宗二年，西元后一二五二年），称为《壬子新刊礼部韵略》，其书不传，它的韵目为黄公绍《古今韵会》所采用，而《韵会·凡例》里于刘渊之上冠以“江北平水”四字；内中云：

江南监本免解进士毛氏晃《增修礼部韵略》，江北平水刘

① 见谢氏《小学考》卷三十一。

渊《壬子新刊礼部韵略》互有增字。

又云：

旧韵：上平声二十八韵，下平声二十九韵，上声五十五韵，去声六十韵，入声三十四韵。近平水刘渊始并通用之类以省重复：上平声十五韵，下平声十五韵，上声三十韵，去声三十韵，入声一十七韵。

毛氏《增修礼部韵略》只是增字易注，未曾并合部目；至于刘渊《壬子新刊礼部韵略》于增字外，又将二百零六韵并为一百零七。兹依《古今韵会》所采用的录其一百零七韵的部目如下：

上平　一《东》　二《冬》　三《江》　四《支》　五《微》　六《鱼》　七《虞》　八《齐》　九《佳》　十《灰》　十一《真》　十二《文》　十三《元》　十四《寒》　十五《删》

下平　一《先》　二《萧》　三《肴》　四《豪》　五《歌》　六《麻》　七《阳》　八《庚》　九《青》　十《蒸》　十一《尤》　十二《侵》　十三《覃》　十四《盐》　十五《咸》

上声　一《董》　二《肿》　三《讲》　四《纸》　五《尾》　六《语》　七《麌》　八《荠》　九《蟹》　十《贿》　十一《轸》　十二《吻》　十三《阮》　十四《旱》　十五《潸》　十六《铣》　十七《篠》　十八《巧》　十九《晧》　二十《哿》　二十一《马》　二十二《养》　二十三《梗》　二十四《迥》　二十五《拯》　二十六《有》　二十七《寝》　二十八《感》　二十九《琰》　三十《豏》

去声　一《送》　二《宋》　三《绛》　四《寘》　五《未》　六《御》　七《遇》　八《霁》　九《泰》　十《卦》　十一《队》　十二

《震》　十三《问》　十四《愿》　十五《翰》　十六《谏》　十七《霰》　十八《啸》　十九《效》　二十《号》　二十一《个》　二十二《祃》　二十三《漾》　二十四《敬》　二十五《径》　二十六《宥》　二十七《沁》　二十八《勘》　二十九《艳》　三十《陷》

入声　一《屋》　二《沃》　三《觉》　四《质》　五《物》　六《月》　七《曷》　八《黠》　九《屑》　十《药》　十一《陌》　十二《锡》　十三《职》　十四《缉》　十五《合》　十六《叶》　十七《洽》

这一百零七部就是将景祐韵目上所注明的同用各韵加以并合，又将不同用的《径》和《证》《嶝》，也并为一韵。顾炎武评论之曰：

按《唐韵》分部，虽二百有六，然多注同用；宋景祐又稍广之，未敢擅改昔人相传之谱。至平水刘氏，师心变古，一切改并；其以《证》《嶝》并入《径》韵，则又景祐之所未许，毛居正之所不议；而考之于古，无一合焉者也。[①]

其实陆法言《切韵》一派的韵书，分析韵部的详密，原为审音而设；自唐以来，作文之士已苦其苛细，所以为着“欲广文路”，不得不有异部通用的例；《广韵》二百零六韵的韵目下所注明的同用独用，就是本着这种意旨，以备当时应试作文之用。景祐颁行《礼部韵略》，又议窄韵十三处，许附近通用；韵书而冠以“礼部”字样，可见完全是当它作科试用韵的标准了。这种异部通用的例，风行日久，成为习尚；又加以实际语音演变的结果，隋、唐韵书里分析韵部，“以赏知音”的观念，自然日就消失，似乎此等韵书，并非用来表示实际的音读，而是专为应试作文而设。于是由析趋混，由分趋合；本来注

① 见顾氏《音论》上。

明通用的各部，自可并合为一，即遇原为注明不通用的窄韵，也可加以并合这样说来，由二百零六部并成一百零七部，实在是因乎当时的时势，为《切韵》一派韵书自然演变的结果；刘渊的书，也不过迎合这种习尚而作的一种罢了，正不必以“师心变古”来訾议它。而且并韵的书，并非创始于刘渊；刘书既不传，刘为何许人？现在无从考见。钱大昕云：

> 向读昆山顾氏、秀水朱氏、萧山毛氏、毗陵邵氏论韵，谓今韵之并，始于平水刘渊；其书名曰、《壬子新刊礼韵略》，访求藏书家，邈不可得。未审刘渊为何许人？平水何地也。[①]

以刘氏书为即《平水韵》，大概起于黄公绍《古今韵会》；黄氏《韵会》于《凡例》中既称江北平水刘渊，又于每韵所增的字，凡是依据刘书的，都曰《平水韵》，后代遂以为《平水韵》是《壬子新刊礼部韵略》的别称。可是到了清代的钱大昕，看见了元椠的王文郁《平水新刊韵略》，其书卷首有许古《叙》，内称平水书籍王文郁；因据《金史·地理志》，考明平水在平阳府属，王文郁为平水书籍之官，所以其书名为《平水韵略》，并疑江北刘氏不应有平水称。[②] 考《山西通志书

① 见钱氏《跋王文郁平水新刊韵略》。

② 钱氏《跋王文郁平水新刊韵略》：“顷吴门黄荛圃孝廉得《平水新刊韵略》元椠本，余假读之，前载正大六年己丑季夏中旬，河间许古道真《叙》；其略云：‘平水书籍王文郁携新韵见颐庵老人曰：稔闻先《礼部韵略》，或讥其严且简，今私韵，岁久又无善本；文郁留意随方，见学士大夫精加校雠，又少添注语；不远数百里，敬求韵引。’是此韵为文郁所定也。……考正大己丑在淳祐壬子前二十有四年，而其时已并上下平声各十五，上声二十九，去声三十，入声十七，则不得云并韵始于刘渊，岂渊窃见文郁书而翻刻之耶？又其时南北分裂，王与刘既非一姓，刊版又不同时，何以皆称平水？”又曰：“许《叙》称平水书籍王文郁，初不能解，后读《金史·地理志》，平阳府有书籍，其倚郭县平阳有平水，是平水即平阳也。史言有书籍者，盖置局设官于此。元太宗八年，用耶律楚材言，立经籍所于平阳，当是因金之旧。然则平水书籍者，文郁之官称耳。刘渊亦题平水，而黄公绍《韵会·凡例》又称为江北刘氏；平阳与江北相距甚远，何以有平水称？是又可疑也。”

目》，有毛麾《平水韵》；麾为平阳人，金大定十六年（西元后一一七六年），授校书郎，有《平水集》行世（见谢氏《小学考》卷三十三录《山西通志》）。王文郁书，据许《叙》，刊行于正大六年己丑（西元后一二二九年），是在毛氏《平水韵》出世之后，而在刘渊刊定《礼部韵略》之前；因为刘书名《壬子新刊》，当蒙古宪宗二年，宋淳祐十二年（一二五二年），后于己丑二十三年。[①] 因此可以见得王文郁《韵略》和刘渊的书，都前有所因袭，所以都称“新刊”而都可有《平水韵》的名号。至于钱大昕谓“意渊窃见文郁书，刊之江北而去其序”云云，[②]那却未必是。我们应该注意：黄氏《韵会·凡例》所称的江北刘渊，是和所举的江南毛晃对言的；大概元朝的人以江南指南宋，而以江北指南宋时的金、元，所谓江北实当时广泛的中国北部的称呼，平水在平阳府属，自然也在当时所谓“江北”的范围之内。如果刘渊也是平水人，或者也是像王文郁那样和平水地方有某种的关系，那末，江北刘氏，正应当加上“平水”二字；否则，便是黄氏《韵会》因刘书亦称为《平水韵》，遂致误传为平水刘渊了。但是，无论刘渊和平水地方有否某种的关系，并韵者总不是始于他；而所谓《平水韵》，既不是刘氏所创，也不是王文郁

---

① 案，刘书名《壬子新刊礼部韵略》，此“壬子”决非指元皇庆元年（西元后一三一二年）；因黄公绍《韵会》作于元至元二十九年（西元后一二九二年）之前，渊书应更在《韵会》之前也。又非指宋绍熙三年或金明昌三年之壬子（当西元后一一九二年）；因黄氏《韵会·凡例》称“近平水刘渊”云云，宋绍熙时与元至元时相距约百年，不得谓“近”。故当以宋淳祐十二年或蒙古宪宗二年之壬子为断。

② 钱氏《十驾斋养新录》云：“予曩于吴门黄孝廉丕烈斋，见元椠本《平水韵略》，卷首有河间许古《序》；乃知为平水书籍王文郁所撰。后题正大六年己丑季夏中旬，则金人，非宋人也。考己丑在壬子前二十有三年，其时金犹未亡；至淳祐壬子，则金亡已久矣。意渊窃见文郁书，刊之江北而去其序，故公绍以为刘氏书也。王氏《平水韵》，并上、下平声各十五，上声二十九，去声三十，入声十七，皆与今韵同。文郁在刘渊之前，则谓并韵始于刘渊者，非也。”案刘渊亦当为北方人，所谓“江北”，乃当时北方之通称，非近今所称之江北也。文郁《韵》许古《序》云：“稔闻先《礼部韵略》或讥其严且简。”足征金元韵书亦多据《礼部韵略》而作；渊书名《壬子新刊礼部韵略》，钱氏既以王文郁为金人，则刘渊亦当为金人或元人也。

所创；论刊行的时代，刘书固在王文郁《韵》之后，而刘书未必是根据王文郁《韵》而作。因为刘氏《壬子新刊礼部韵略》有一百零七韵，而王文郁《平水新刊韵略》上平、下平各十五，上声二十九，去声三十，入声十七，只一百零六韵已并上声《拯》韵于《迥》韵；又两书都以"新刊"为名，都别有所本；毛麾《平水韵》，就是在这两书之前的。王国维又见到金张天锡《草书韵会》，部目和王文郁《韵》相同，作书的时代也相差不远，因此断定两书也都别有所本，而证明了一百零六韵的部目，并非起于王文郁的。兹录王国维之言如下：

> 自王文郁《新刊韵略》出世，人始知今韵一百六部之目，不始于刘渊矣。余又见金张天锡《草书韵会》五卷，前有赵秉文《序》，署正大八年、二月。其书上、下平声各十五韵，上声二十九韵，去声三十韵，入声十七韵，凡一百六部，与王文郁《韵》同。王《韵》前有许古《序》署正大六年、己丑、季夏，前乎张书之成才一年有半。又王《韵》刊于平阳，张书成于南京，未必即用王《韵》部目。是一百六部之目，并不始于王文郁；盖金人旧韵如是，王、张皆用其部目耳。①

更可以推断合并韵部乃是原出于金时的功令。金人取士，也注重词赋，大概当时采取宋代的官书，而加以并合；所以一百零七部和一百零六部的韵目，都是由金人所为。王文郁、张天锡、刘渊诸人的作品，都是依据于金人的官书的；王、刘把这种官书加

---

① 见王氏《观堂集林》卷八《书王文郁新刊韵略张天锡草书韵会后》。

以刊定,也不过是增字加注而已。[①] 因为金人袭取宋人的文化,考试的制度和用韵的标准,也沿用宋人的旧习;不过所定的官韵,因乎当时的时势,为着应用上的便利,将宋人的《礼部韵略》里通用的各部合并为一,即本不通用的窄韵,也加以合并;早已发生了一百零七部和一百零六部的韵目,并非是创于王、刘诸人的。黄氏《韵会》称江北刘渊,以和南宋的毛晃(毛氏系衢州人)对言,刘氏必定是北方的人,所以能够刊定金人的官书,以成《壬子新刊礼部韵略》。至于王书、刘书所以都得称为《平水韵》的,或因原为平水人所定,或者经平水书籍所刊行,或且因为它们都是根据从前的一种《平水韵》而作,于是这个书名成为这一类韵书的通称了。

一百零七部或一百零六部这种韵目产生之后,在元、明间发生了两种作用:一种是承袭《集韵》《五音集韵》的体例,把这种韵目和等韵表配合,是用来审辨音读的,可以拿黄公绍《古今韵会》来做代表;另一种便是由《礼部韵略》的意旨相沿,专备作时人应试作文之用,就从阴时夫的《韵府群玉》产生了近代的诗韵。清朝的两部

---

① 王国维《书王文郁新刊韵略张天锡草书韵会后》:"王文郁书,名《平水新刊韵略》,刘渊书,亦名《新刊礼部韵略》。《韵略》上冠以'礼部'二字,盖金人官书也。宋之《礼部韵略》,自宝元迄于南渡之末,场屋用之者逾二百年。后世递有增字,然必经群臣疏请,国子监看详,然后许之。惟毛晃增注本,加字乃逾二千,而其书于绍兴三十二年表进,是亦不啻官书也。然历朝官私所修改,惟在增字增注,至于部目之分合,则无敢妄议者。金韵亦然。许古序王文郁《韵》,其于旧韵,谓之简严'简'谓注略,'严'谓字少,然则文郁之书,亦不过增字增注,与毛晃书同;其于部目,固非有所合并也。故王《韵》并宋韵同用诸韵为一韵,又并宋韵不同用之《迥》《拯》《等》及《经》《证》《嶝》六韵为二韵者,必金时功令如是。考金源词赋一科,所重惟在律赋;律赋用韵,平、仄各半。而上声《拯》《等》二韵,《广韵》惟十二字,《韵略》又减焉,在诸韵中字为最少。金人场屋,或曾以《拯》韵字为韵,许其与《迥》通用,于是有百七部之目,如刘渊书;或因《拯》及《证》,于是有百六部之目,如王文郁书及张天锡所据韵书。至《拯》《证》之平入两声犹自为一部,则因韵字较宽之故。要之,此种韵书为场屋而设,故参差不治如此,殆未可以声音之理绳之也。"(王力《中国音韵学》下册,第四编,第六章,第三十六节附注十三谓:"刘渊书但并《径》《证》,不并《迥》《拯》,王先生云云,想系一时笔误。")

官书:《音韵阐微》和《佩文诗韵》,就是沿袭了这两种成绪而来的。黄氏《韵会》作于元至元二十九年(西元后一二九二年)之前,因前载刘辰翁《序》,刘《序》作于此年;其书本于《说文》,参以古、籀、隶、俗,以至律书、方技、乐府、方言、经、史、子、集,六书、七音,靡不研究(本张鲲《序》),可谓集元以前字书、韵书的大成的。熊忠叹其"编帙浩瀚,四方学士,不能遍览","因取《礼部韵略》,增以毛、刘二韵及经传当收未载之字,别为《韵会举要》一编"(见熊忠《自序》)。现今所存者是熊氏的《举要》,不是黄氏的原本;《四库提要》云:"旧本《凡例》,首题:黄公绍编辑,熊忠举要;而第一条即云:今以《韵会》补收阙遗,增添注释;是《韵会》别为一书明矣。其前载刘辰翁《韵会序》,正如《广韵》之首载陆法言、孙愐《序》耳,亦不得指《举要》为公绍作也。"但是,熊氏《举要》和《韵会》原书,所异也不过是详略增损之间,于编制的体例和形式上并无多大的变更;所以《韵例》云:"旧韵上平、下平、上、去、入五声,凡二百六韵,今依《平水韵》并通用之韵,为一百七部";这样的分部,是依据于黄氏原书的。《四库提要》评论它说:

> 自金韩道昭《五音集韵》,始以七音、四等、三十六母,颠倒唐、宋之字纽,而韵书一变;南宋刘渊、淳祐壬子所刊《礼部韵略》,始合并通用之部分,而韵书又一变。忠此书,字纽遵韩氏法,部分从刘氏例,兼二家所变而用之,而韵书旧第,至是尽变无遗。

所谓韵书上的二变,就是韵部的并合,因乎当时的时势,和韵书的等韵化,又是因为当时等韵学发达的结果?熊氏此书编制的方法,也应认为是依据于黄氏原书的。《韵例》云:"旧韵所载,本无次序;今每韵并分七音、四等,始于《见》,终于《日》,三十六母为一韵。"每韵中各字的排次，一面依据于呼等，一面又依据于字母，并于各组声纽之下，分别注明清、浊、次清、次浊之音；把等韵学理参合于韵书当中，较之《五音集韵》，尤为详备。但是，等韵学原是用来辨别实际的音读的，这一类韵书上的部目，在当时又是专为应试作文的便利而设；熊氏此书表面上虽然是依照那种部目——所谓《平水韵》的部目，实质上却隐藏着当时实际的音读系统，[①]因音读系统演变的结果，自然依据等韵学理所辨别的音读，和相传的韵部有许多枘凿不相入的地方；于是采用了那种部目之外，又不得不另立一些“字母韵”，以表明当时实际的音读。《韵例》云：

旧韵所载，考之七音，有一韵之字，而分入数韵者；有数韵之字而并为一韵者。今每韵依七音韵各以类聚，注云：已上案七音属某字母韵。

这种字母韵，就是从等韵图的音缀表上得来的；后此的孙吾与《韵会定正》，以一《公》、二《居》、三《觚》、四《江》等字为韵目，[②]即因乎《韵会》的遗法。明万历间，方日升作《韵会小补》，据《韵会》增加注文，不过是用以说明每字古今音义的演化的。[③] 吕维祺又作《音韵日月灯》，其书以一百零六韵为经，以三十六母、四等为纬，而以开口、合口标于部上，独音、众音注于字旁。吕氏书也是参合等韵图表于韵书当中，依仿黄氏《韵会》而成；他的《自序》中有云：

其分一《东》、二《冬》，非独以其相承久也，盖圣祖曾谓《正韵》犹未尽善，而于《韵会》一书称善刊行，赐名《洪武通韵》；

① 参看王力《中国音韵学》下册，第四编，第六章，第三十七节，第198页。
② 见钱曾《敏求记》，参看谢氏《小学考》卷三十三。
③ 参考谢氏《小学考》卷三十三。

> 《韵会》固分一《东》、二《冬》矣，亦可想见圣祖之意，非必以一百六韵为非也。

所以“反切、字画、释义，皆本《洪武正韵》”，而部目仍沿用一百零六韵。到了清朝，李光地等奉敕撰《音韵阐微》一书，始修于康熙五十四年（一七一五年），告成于雍正四年（一七二六年）；其书也依黄氏《韵会》的体例，每部之字，以三十六母为次，而开、齐、合、撮四呼，分析尤为明显；确是表明近代的音读，但其分部仍遵用一百零六韵。所谓《平水韵》的部目，到了宋、元以后，确是和实际的音读系统不相适合，可是，以审音为目的的韵书，还有许多把它这样谨谨的保守着；陆氏《切韵》一书的精神，到了《平水韵》上，殆已消失净尽，乃元、明以来大部分的人，还是把这种残留的躯壳保存不废，虽或明知其不合于现代实际的音读，也沿着一般的习俗，不敢加以厚非。这是因为近代六百年间，“北音”的势力虽然日渐扩张，而政府考试功令，文士撰作诗赋，仍是沿用一百零六韵的部目；所以这一类的韵书，还是暂时保持着它的正统的地位。我们在上文说过，一百零六韵的部目，源出于金人，非元时阴氏兄弟所创；而往时所以多推始于阴氏《韵府群玉》的，因为过去所存金、元押韵之书，一般只知道以此书为最古；近代通行的《诗韵》和清朝所编的《佩文韵府》，也都以它为蓝本。《四库提要》云：

> 元代押韵之书，今皆不传；传者以此书为最古。又今韵称刘渊所并，而渊书亦不传；世所通行之韵，亦即从此书录出。是《韵府》《诗韵》皆以为大辂之椎轮。

按其书为阴时夫撰，其弟中夫注，实为一种以韵隶字的类书；《凡例》有云：“寻索事实，易于指掌，不专为诗词而设；亦或考辩疑义，训释奇事，场屋或一助云。”可以见得它不是为着审音而作，在音韵学上并无多大的价值，不过和中国近代历史上的关系却很重要。明嘉靖间，潘恩依此书的部目，作《诗韵辑略》五卷。万历间，潘云杰又作《诗韵释要》，注释声韵，参订颇详。明末梁应圻更因以翻刻补葺，名为《诗韵释略》。清康熙时（康熙四十三年至五十五年间），又把阴氏《韵府》加以扩大，编成《佩文韵府》，同时又辑《佩文诗韵》一书；大概《佩文诗韵》就是《佩文韵府》的单字底本或节本，所收共一万零二百三十五字，实为清代一部权威最大的官书，士子作试帖诗所必须遵守的标准韵。徐琪（清光绪时人）《佩文诗韵释要序》云：“国家令甲：凡殿廷考试，举人覆试及新进士朝考，皆发有简明《佩文诗韵》一册。”可见这部书在清代正和《礼部韵略》在宋代的情形差不多。坊间流行的《诗韵合璧》《诗韵含英》等书，都是以它为底本的。① 这些《诗韵》既然专备时人应试作文之用，所以每韵中字的排次，不特不采用字母声纽的顺序，而且打破了隋、唐以来“同音字类聚”的体例，只以常用字列前，罕用字列后，就使士子不识字音也可撰作诗文。② 总之：从《广韵》递演到了近代的《诗韵》，陆氏《切韵》一派的韵书遂完全成为纸上的死语了。兹将《广韵》二百零六部和《诗韵》的一百零六部列成对照表如下：③

---

① 参看黎锦熙《佩文新韵》（即《国音分韵常用字一览表》，人文书店出版）《序》，第1页。

② 陈澧《切韵考》卷六：“《广韵》同音之字，虽多至数十字，皆合为一条；惟于第一字注切语及同音字数，亦必陆氏旧例。此不但类聚群分，不相离厕，且使人易于识字。（《隋书·经籍志》有《异字同音》一卷，亦此意也。）如苳、鶇、倲、𩜍、崠、涷诸字，皆不常见，以其与东字同音，皆置之东字之下；则一展卷而尽识其音。故凡同一切语之字，必以常见之字为首也。后世韵书改其例，以不常见之字置于韵末；其书非为识字而作，但为作诗赋之用；故今人直名之为《诗韵》也。”

③ 从王力《中国音韵学》下册第181～184页中录出。

平声			上声			去声			入声		
次第	诗韵	广韵	次第	诗韵	广韵	次第	诗韵	广韵	次第	诗韵	广韵
1	东	东	1	董	董	1	送	送	1	屋	屋
2	冬	冬钟	2	肿	肿	2	宋	宋用	2	沃	沃烛
3	江	江	3	讲	讲	3	绛	绛	3	觉	觉
4	支	支脂之	4	纸	纸旨止	4	寘	寘至志			
5	微	微	5	尾	尾	5	未	未			
6	鱼	鱼	6	语	语	6	御	御			
7	虞	虞模	7	麌	麌姥	7	遇	遇暮			
8	齐	齐	8	荠	荠	8	霁	霁祭			
						9	泰	泰			
9	佳	佳皆	9	蟹	蟹骇	10	卦	卦怪夬			
10	灰	灰咍	10	贿	贿海	11	队	队代废			
11	真	真谆臻	11	轸	轸准	12	震	震稕	4	质	质术栉
12	文	文殷	12	吻	吻隐	13	问	问焮	5	物	物迄

续表

平声			上声			去声			入声		
次第	诗韵	广韵	次第	诗韵	广韵	次第	诗韵	广韵	次第	诗韵	广韵
13	元	元魂痕	13	阮	阮混很	14	愿	愿恩恨	6	月	月没
14	寒	寒桓	14	旱	旱缓	15	翰	翰换	7	曷	曷末
15	删	删山	15	潸	潸产	16	谏	谏裥	8	黠	黠辖
1	先	先仙	16	铣	铣狝	17	霰	霰线	9	屑	屑薛
2	萧	萧宵	17	筿	筿小	18	啸	啸笑			
3	肴	肴	18	巧	巧	19	效	效			
4	豪	豪	19	皓	皓	20	号	号			
5	歌	歌戈	20	哿	哿果	21	个	个过			
6	麻	麻	21	马	马	22	祃	祃			
7	阳	阳唐	22	养	养荡	23	漾	漾宕	10	药	药铎
8	庚	庚耕清	23	梗	梗耿静	24	敬	映诤劲	11	陌	陌麦昔

续表

平声			上声			去声			入声		
次第	诗韵	广韵	次第	诗韵	广韵	次第	诗韵	广韵	次第	诗韵	广韵
9	青	青	24	迥	迥拯等	25	径	径证嶝	12	锡	锡
10	蒸	蒸豆							13	职	职德
11	尤	尤侯幽	25	有	有厚黝	26	宥	宥候幼			
12	侵	侵	26	寝	寝	27	沁	沁	14	缉	缉
13	覃	覃谈	27	感	感敢	28	勘	勘阚	15	合	合盍
14	盐	盐添严	28	俭	琰忝俨	29	艳	艳㮇酽	16	叶	叶怗业
15	咸	咸衔凡	29	豏	豏槛范	30	陷	陷鉴梵	17	洽	洽狎乏

（二）宋后“等韵表”的演变

在上节里讲到《广韵》一系韵书的沿革，在韵部上，为着应试作文的便利加以合并，而在编制的体例和注音上，却有许多参进了等韵的成分，或竟把韵书完全成为等韵图化了；我们因此可以想见当时等韵学的发达和这种图表的流行于社会当中。我们从上面第六章里，又可以知道等韵表也是起源于唐代，它的发生，是因为《切韵》一派韵书盛行之后，用来说明这些韵书当中的切语的；所以初期的等韵表和《切韵》诸书的音读系统大致相符合，可以供我们拟测隋、唐音系的参证。不过现今所完存的最古的等韵书，只是《七音略》和《韵镜》两种；这两种虽然是宋人的作品而两者同出一源，并且它们的原型，也出自唐人。[①] 虽然各图里的归字，有许多改从宋音，声纽的标目也是宋人的三十六字母，不用唐人的三十字母，可是我们不能便因此而否认它们源出于唐代。兹录罗常培《通志七音略研究》之言如下：

论者或谓《七音略》第一转《匣》母平声三等“雄”字，《广韵》为“羽弓切”，应属《喻》母，今列《匣》母下，则从《集韵》“胡弓切”之音；第四转唇音平声三等有“陂”“縻”二字，《广韵》“陂、彼为切”“縻、靡为切”，依下字当列第五转合口，今列开转内，则从《集韵》“班縻切”与“忙皮切”之音。至其所收之字见于《集韵》而不见于《广韵》者，尤不胜枚举。此并可证明《七音

① 参看本文的六（二），又日本河野通清《韵镜古义标注》引旧记云：“皇和人王八十九世龟山院文永之间，南都转经院律师始得《韵镜》于唐本库焉。”疑日本最初所得者，并非张麟之刻本。

> 略》与《韵镜》之归字从宋音而不从唐音。且《七音略》揭明三十六字母标目，而七音各以类从，均较唐人三十字母秩然有别。则此系韵图纵有妙用，亦限于审正宋音，未可据以远溯隋、唐。此说似是而实非也。盖两书之归字即使迁就宋音，而其原型则未必不出于前代。正犹《康熙字典》卷首之《等韵切音指南》归字虽从清音，而刘鉴之《切韵指南》则固作于元末也。……然其所异者不过归字之出入，而其不可易者则为结构与系统，傥使刘鉴原书已佚，后人遂据《切音指南》之归字而断定此系韵图不出于元季，宁非厚诬古人耶？故据《七音略》与《韵镜》之归字而否认其原型作自唐代者，其失殆与是埒也。[①]

因为两书同出一源，所以组织的形式和内中所包含的音读系统也大致相吻合；它们的原型虽然是依据于唐人韵书，和宋代《广韵》的部次有参差出入的地方，[②]而它们都是把二百零六韵归纳在四十三转当中。[③] 入声各韵，除了《七音略》的第二十五转以外，也都是依照《切韵》的系统，隶属于“阳声韵”，不属于“阴声韵”。（这里所谓阴声韵，是指没有收尾鼻音的韵母；阳声韵是指具有收尾鼻音的韵母。在《切韵》系统里，阳声韵分[-ŋ]，[-n]，[-m]三系，入声韵分[-k]，[-t]，[-p]三系。参看第五章第二节。）每一转图当中，又都是纵列三十六字母为二十三行，轻唇、舌上、正齿分附于重唇、舌头、齿头之下；[④]横以四声统四等，即横分四层，以表四声，层分四格，

① 载中央研究院《历史语言研究所集刊》第五本第四分，第521～522页。

② 参看本文的五（二）及六（二）。

③ 魏建功《古音系研究》第120～124页载有《转图次第表》，注云：“韵次以一、二、三、四等为序，便察其韵书状况；不依《广韵》之次，更依所得成拟目。”因转录如下（见第257～261页表格）。

④ 参看本文的六（二）。

转图次第	韵镜			七音略			
	转 内　外	等列 一二三四	拟目 平上去入	转 内　外	等列 一二三四	轻重	拟目 平上去入
第一	内开	东东东东	东董送屋	内	东东东东	重中重	东董送屋
第二	内开合	冬○钟钟	冬○宋沃 钟肿用烛	内	冬○钟钟	轻中轻	冬○宋沃 钟肿用烛
第三	外开合	○江○○	江讲绛觉	外	○江○○	重中重	江讲绛觉
第四	内开合	○支支支	支纸寘	内	○支支支	重中轻内轻	支纸寘
第五	内合	○○支支		内	○○支支	轻中轻	
第六	内开	○脂脂脂	脂旨至	内	○脂脂脂	重中重	脂旨至
第七	内合	○脂脂脂		内	○脂脂脂	轻中重内轻	
第八	内开	○之之之	之止志	内	○之之之	重中重内轻	之止志
第九	内开	○○微○ ○○废○	微尾未 废	内	○○微○ 废○○○	重中重内轻	微尾未 废
第十	内合	○○微○ ○○废○		内	○○微○	轻中轻内轻	

续 表

转图次第	韵镜			七音略			
	转 内 外	等列 一二三四	拟目 平上去入	转 内 外	等列 一二三四	轻重	拟目 平上去入
第十一	内 开	○鱼鱼鱼	鱼语御 模姥暮 虞麌遇	内	○鱼鱼鱼	重中重	鱼语御 模姥暮 虞麌遇
第十二	内开合	模模虞虞		内	模模虞虞	轻中轻	
第十三	外 开	哈皆齐齐 ○○祭○ ○夬○○	哈海代 灰贿队 皆骇怪 夬 齐荠霁 祭	内	哈皆齐齐 ○○祭○ ○夬○○	重中重	哈海代 灰贿队 皆骇怪 夬 齐荠霁 祭
第十四	外 合	灰皆○齐 ○○祭○ ○夬○○		外	灰皆○齐 ○○祭○ ○夬○○	轻中轻	
第十五	外 开	○佳○○ 泰○○○ ○○○祭	佳蟹卦 泰	外	○佳○○ 泰○○○ ○○○祭	重中轻	佳蟹卦 泰
第十六	外 合	○佳○○ 泰○○○ ○○○祭		外	○佳○○ 泰○○○ ○○○祭 ○○废○	轻中轻	

续 表

转图次第	韵镜			七音略			
	转 内 外	等列 一二三四	拟目 平上去入	转 内 外	等列 一二三四	轻重	拟目 平上去入
第十七	外 开	痕臻真真	痕很恨(没) 魂混恩没 臻　　栉 谆准稕术 真轸震质	外	痕臻真真	重中重	痕很恨(没) 魂混恩没 臻　　栉 谆准稕术 真轸震质
第十八	外 合	魂谆谆谆		外	魂谆谆谆	轻中轻	
第十九	外 开	○○欣○	欣隐焮迄 文吻问物	外	○○欣○	重中轻	欣隐焮迄 文吻问物
第二十	外 合	○○文○		外	○○文○	轻中轻	
第二十一	外 开	○山元仙	寒旱翰曷 桓缓换末 山产裥鎋 删潸谏黠 元阮愿月 仙狝线薛 先铣霰屑	外	○山元仙	重中轻	寒旱翰曷 桓缓换末 山产裥鎋 删潸谏黠 元阮愿月 仙狝线薛 先铣霰屑
第二十二	外 合	○山元仙		外	○山元仙	轻中轻	
第二十三	外 开	寒删仙先		外	寒删仙先	重中重	
第二十四	外 合	桓删仙先		外	桓删仙先	轻中重	

续表

转图次第	韵镜			七音略			
	转 内外	等列 一二三四	拟目 平上去入	转 内外	等列 一二三四	轻重	拟目 平上去入
第二十五	外 开	豪爻宵萧	豪皓号 爻巧效 宵小笑 萧篠啸	外	豪爻宵萧	重中重	豪皓号 爻巧效 宵小笑 萧篠啸 （铎） （药）
第二十六	外 合	○○○宵		外	○○○宵 铎铎药药	重中重	
第二十七	内 合	歌○○○	歌哿个	内	歌○○○	重中重	歌哿个
第二十八	内 合	戈○戈○	戈果过	内	戈○戈○	轻中轻	戈果过
第二十九	内 开	○麻麻麻	麻马祃	外	○麻麻麻	重中重	麻马祃
第三十	外 合	○麻○○		外	○麻○○	轻中轻	
第三十一	外 开	唐唐阳阳	唐荡宕铎 阳养漾药	外	覃咸盐添	重中重	覃感勘合 谈敢阚盍 咸豏陷洽 衔槛鉴狎 盐琰艳叶 严俨酽业 添忝㮇帖
第三十二	内 合	唐○阳阳		外	谈衔严盐	重中重	

续 表

转图次第	韵镜			七音略			
	转	等列	拟目	转	等列	轻重	拟目
	内 外	一二三四	平上去入	内 外	一二三四		平上去入
第三十三	外 开	○庚庚清	庚梗敬陌 耕耿诤麦 清静劲昔 青迥径锡	外	○○凡○	轻中轻	凡范梵乏
第三十四	外 合	○庚庚清		内	唐唐阳阳	重中重	唐荡宕铎
第三十五	外 开	○耕清青		内	唐○阳阳	轻中轻	阳养漾药
第三十六	外 合	○耕○青		外	○庚庚清	重中重	耕耿诤麦
第三十七	内开	侯侯尤幽	侯厚候 尤有宥 幽黝幼	外	○庚庚清	轻中轻	庚梗敬陌 清静劲昔 青迥径锡
第三十八	内合	○侵侵侵	侵寝沁缉	外	耕清青○	重中重	
第三十九	外 开	覃咸盐添	覃感勘合 谈敢阚盍 咸豏陷洽 衔槛鉴狎 盐琰艳叶 严俨酽业 添忝㮇帖	外	○耕○青	轻中轻	侯厚候 尤有宥 幽黝幼
第四十	外 合	谈衔严盐		内	侯侯尤幽	重中重	
第四十一	外 合	○○凡○	凡范梵乏	内	○侵侵侵	重中重	侵寝沁缉
第四十二	内 开	登登蒸蒸	登等嶝德 蒸拯证职	内	登登蒸蒸	重中重	登等嶝德 蒸拯证职
第四十三	内 合	登○蒸○		内	登○蒸○	轻中轻	

以表四等。[①] 但是，两书虽然同是源出于一种唐人的等韵书，而因为经过迭次的改订，就不免有相参差出入，也互有正讹是非。现今所传的《韵镜》，是张麟之在绍兴辛巳（西元后一一六一年）所刊行，而在庆元丁巳（西元后一一九七年）重刊的；嘉泰三年（西元后一二〇三年）张麟之又作一序。[②] 据其初刊时的《序》云："余尝有志斯学，独恨无师承；既而得友人授《指微韵镜》一编，且教以大略"；又第二序云："自是研究今五十载，竟莫知原于谁；近得故枢密杨侯（倓）淳熙间所撰《韵谱》；……既而又得莆阳夫子郑公（樵）进卷先朝，中有《七音序略》"；可知他对于《指微韵镜》的原书，在重刊时，想来也不无改订的地方。他所谓"因之则是，变之非也"，只是对于"旧体列二十三行，杨变三十六"而言，在各图的内容上，他陆续得到多种相类的校本，而加以重刊，自然应有所改订。郑樵是北宋末、南宋初（西元后一一〇四～一一六二年）的人，他著《七音略》，《自序》谓本于《七音韵鉴》。《七音韵鉴》和《指微韵镜》又未必是同属一书；自从唐代到了南宋初年，发生了这许多互相因袭而属于同一系统的等韵书；[③]彼此间又递相改订，自然有大同小异的地方。这种情形，正和唐、宋间《切韵》一派韵书的演进可相比照，而且在演进的过程上也有相为因果的关系。韵书的沿革，我们在上节里说过，是受有等韵学的影响的；同时等韵表上的改进，也往往因乎韵书当中的一种演变。我们比较《七音略》和《韵镜》两书的异同，最值得我们注意的，就是这两书里所列的四十三转，在序次上的参差；自第三十一图以下它们排次的差异，很可以见得等韵表上的改订也受了韵书部目演变的影响。自第三十一图以下，《七音略》所据，显然为孙氏《唐韵》以前的部次，而《韵镜》所据又是李舟《切韵》

---

① 参看本文的六（二）。
② 参看《古逸丛书》本《韵镜》卷首。
③ 参看本文的六（二）。

以后的部次，但是它们都把《蒸》《登》二部放在最后，足以证明它们的原本是出于唐代的。[①] 我在《等韵学派系统的分析》一文里曾经论到这个问题：

> 魏了翁《唐韵后序》说：“今韵降《覃》《谈》于《侵》后，升《蒸》《登》于《青》后”；足以见得宋人韵书是如此，而和《唐韵》原次不同。《七音略》三十四图以上的序次，《覃》《谈》在《歌》《麻》之后，是依据于孙氏《唐韵》的。又把《盐》《衔》《严》《凡》升上来，乃是为了排列等呼和配置开合的关系，不得不如此。《韵镜》把《侵》《覃》以下九韵排在三十九图以下，显然是依据于魏氏所谓“今韵”，加以改排的；可是，《蒸》《登》二部排在最后，仍留了一个不可磨灭的痕迹。我们从这韵部序次上观察，一方面可以断定，《七音略》和《韵镜》两书同出于一种蓝本，而与其说是为《广韵》而作，不如说它们原来都是为《唐韵》而作。另一方面，又可以断定，《韵镜》的面目是经过几次修改的结果，《七音略》一书的面目反较为近古的呢！[②]

又两书的分转列图，《韵镜》所标明的开、合，就是《七音略》所标明的重轻；可见《七音略》对于开、合的分别，仍沿袭隋、唐的旧名，而为《韵镜》所改定了的。[③] 但是，从另外的几点上看来，《韵镜》所保持的面目又似乎较《七音略》为古。如《韵镜》各图里入声各韵都配属于阳声韵，《七音略》也大体相同；只是《铎》《药》两韵的开口，《七音略》复见于第二十五（《豪》《肴》《宵》《萧》）及第三十四（《唐》《阳》）两图，和《韵镜》单见于第三十一图（《唐》《阳》）的不同；或者

---

① 参看本文第256页注释③《转图次第表》，及五（二）、六（二）。
② 载暨南大学《文史丛刊》第一集。
③ 参看本文的六（二）。

《七音略》中所列的，已经显露着后来等韵书上以入声兼承阴、阳的先兆了。[①] 又声纽的标目，《七音略》所采用的，实多改从宋代的习尚；兹引罗常培《通志七音略研究》之言如下：

> 《韵镜》各转分声母为"唇""舌""牙""齿""喉""半舌""半齿"七音，每音更分"清""次清""浊""次浊"诸类，而不别标纽文。《七音略》则首列《帮》《滂》《并》《明》《端》《透》《定》《泥》《见》《溪》《郡》《疑》《精》《清》《从》《心》《邪》《影》《晓》《匣》《喻》《来》《日》二十三母；次于《端》组下复列《知》《彻》《澄》《娘》《精》组下复列《照》《穿》《床》《审》《禅》，而轻唇《非》《敷》《奉》《微》四母，则惟复见于第二、第二十、第二十二、第三十三、第三十四、五转《帮》组之下；又于第三行别立"羽""徵""角""商""宫""半徵""半商"七音以代"唇""舌""牙""齿""喉""半舌""半齿"：此其异也。就标明纽目而论，则郑渔仲改从宋代习尚者，实较张麟之为多。[②]

至于两书其他参差之处，我们更可以依据现今所考得《切韵》系统里的音值，以及等韵学上分析音素的标准，来论定它们的是非、正讹。如两书于各图所标明的"内""外"，也用以表示当时分转列图的标准；[③]而《七音略》所标明的"内""外"，有三图和《韵镜》不同：第十三图《咍》《皆》《齐》《祭》《夬》诸韵以及第三十七图《庚》《清》诸韵（《韵镜》为第三十四图），《七音略》为内转，而《韵镜》为外转；第二十九图《麻》韵，《七音略》为外转，而《韵镜》又为内转。根据音理

---

① 本中央研究院《历史语言研究所集刊》第五本，第四分罗常培《通志七音略研究》，第529页。

② 罗常培《通志七音略研究》，第529页。

③ 参看本文的六（二）。

来说，第十三转应该为“外”，《七音略》的第三十七转，即《韵镜》的第三十四转，也应该为“外”，这是《韵镜》所标明的为是，而《七音略》的为非；第二十九转也应该为“外”，这是《七音略》所标明的为是，而《韵镜》的为非。① 又诸字在这两书各图当中所列的等第也间有出入，依据当时分等的标准来校量，也可以辨认它们的各有正误。② 罗常培《通志七音略研究》曾校订两书等列的歧异，并举出《七音略》误而《韵镜》不误者，二十五条，《韵镜》误而《七音略》不误者，十四条；谓：“若斯之类，并宜别白是非，各从其正者也。”③更有关于《废》韵，两书所归的转图亦不一致：《韵镜》将《废》韵之字分归于第九转（《微》，内、开）和第十转（《微》，内、合）两图的三等，《七音略》则列于第九转的一等及第十六转（《佳》，外、轻）的三等，而于第十五转（《佳》，外、重）仅存《废》韵之目；依音理来说，废韵属于外转三等，应列第十五转及第十六转；这是《七音略》较《韵镜》稍为得当的地方。④ 总之：两书虽为南宋初年所传述，对于他们的原型也经过了多次的修改，以致两相参差，各有正讹；但是，大体上它们总可以代表中国初期等韵书的组织和系统，和隋、唐韵书里的音读，也比较吻合。后来所发生的等韵表，更随着韵书的演变，多有所改革，遂和《七音略》《韵镜》两书显然具着不同的形式。

所谓后来发生的等韵表，现今所存而年代可以确定的，为元刘鉴的《经史正音切韵指南》。刘鉴《自序》作于至元二年丙子，当西元后一三三六年；《自序》谓：“因其旧制，次成十六通摄，作检韵之

---

① 罗常培《通志七音略研究》第526页：“据例以求，第十三转所含之元音为[ɑ][a][æ][e]，第三十七转所含之元音为[a][æ]，则《韵镜》是而《七音略》非；第二十九转所含之元音为[a]，则《七音略》是而《韵镜》非：互有正讹，未可一概而论也。”

② 参看本文的六（二）。

③ 参看罗君原文第527～529页。又高元《国音学》第三章第八节《辟等呼论》亦有论列。

④ 参看罗常培《通志七音略研究》，第529页。

法，析繁补隙，详分门类；并私述元关六段，总括诸门，尽其蕴奥；名之曰《经史正音切韵指南》；与韩氏《五音集韵》互为体用，诸韵字音皆由此韵而出也。”可见此书以《五音集韵》为它的依据，所以各图里所标明的韵目也取于韩氏所并成的部目；[①]韩氏把二百零六韵并成一百六十部，为韵书中合并通用韵的创始；刘鉴之徒既然根据了《五音集韵》来撰作等韵表，自然随着韵书上的这种演变，把初期等韵书里详细分析的转图归并起来，以成《经史正音切韵指南》的二十四图。[②] 张麟之《韵镜序》谓："其制以韵书自一《东》以下各集四声，列为定位，实以《广韵》《玉篇》之字，配以五音清浊之属"；所以"不出四十三转，而天下无遗音"；《韵镜》和《七音略》虽多改从宋音，而它们所沿袭的旧制，和《广韵》等书相表里，所以能够符合于隋、唐的音读系统。到了宋、元之间，通韵并韵的风气日盛，因之等韵表上也改变了面目；同时又因为实际音读的单纯化的趋势，原来主要元音上有分别的韵素，有很多归于混同了；于是依仿梵文的十六转和十二转，把韵素当中主要元音及收尾音的成分相同或相类的归纳成为"韵摄"。韵摄的名称大概是起于南宋末年以后；因为此时以前的等韵书只是分转列图，并无韵摄之名。劳乃宣云：

> 唐、宋韵书部分，自二百六部归并至一百六部，而其中声音相同者犹多。戴东原谓定韵时有意求其密，用意太过，强生分别，是也。故考古韵者必归并部分；等韵家之定为韵摄，亦此意也。《切韵指掌图》分为二十图，郑氏《七音略》分为四十三图，犹未有韵摄之名。刘氏《切韵指南》乃定为《通》《江》《止》《遇》《蟹》《臻》《山》《效》《果》《假》《宕》《曾》《梗》《流》《深》

---

① 参看本文的七(一)。

② 兹将魏建功《古音系研究》第217～221页所载《摄图次第表一》转录于下，以资参考(见第267～274页表格)。

	经史正音切韵指南							四声等子							等韵切音指南						
次第	摄名	(转)内外	门呼	等列 一	二	三	四	摄名	(转)内外	轻重	等列 一	二	三	四	摄名	(转)内外	门呼	等列 一	二	三	四
第一	通摄	内一	局门	东冬	东○	钟○	钟○	通摄	内一	重少 轻多 韵	东	东(东冬钟相助)	钟	○	果摄(假摄)	内四(外六)	开口呼 狭门	歌铎○	麻锗○	麻薛月	麻薛月
第二	江摄	外一	见邦晓 喻开 知照来 日合	○	江	○	○	效摄	外五	全重 无轻 韵	豪铎(本无入声)	肴觉	宵萧药(萧并入宵韵)	宵(萧)药			合口呼 狭门	戈铎○	麻锗○	麻薛月	麻薛月
第三	止摄	内二	开口呼 通门	○○○○	之支栉	脂微质物	脂微质物	宕摄(江摄)	内五(外一)	阳唐 重多 轻少 韵 江全 重开 口呼	唐(内外混等)	江(江阳借形)	阳	阳	梗摄	外七	开口呼 广门	○○	庚○	清青	清青

续表

次第	经史正音切韵指南							四声等子							等韵切音指南						
	摄名	(转)内外	门呼	等列 一	二	三	四	摄名	(转)内外	轻重	等列 一	二	三	四	摄名	(转)内外	门呼	等列 一	二	三	四
第四			合口呼通门	○○○○	○脂栉○	微脂物质	微脂物质				唐(内外混等)	江	阳	○			合口呼广门	○○	庚○	清青	清青
第五	遇摄	内三	独韵局门	模○屋	鱼○烛	鱼虞烛	鱼虞烛	遇摄	内三	重少轻多韵	模沃(本无入声)	鱼屋(鱼虞相助)	鱼烛	鱼烛	曾摄	内六	开口呼局门	登	登	蒸	蒸
第六	蟹摄	外二	开口呼广门	哈泰曷	皆○鎋	齐祭质	齐○质	流摄	内六	全重无轻韵	侯屋(本无入声)	侯屋	尤(幽)屋(幽并入尤韵)	尤(幽)屋			合口呼局门	登	○	蒸	○

续 表

次第	经史正音切韵指南							四声等子							等韵切音指南						
	摄名	(转)内外	门呼	等列一	等列二	等列三	等列四	摄名	(转)内外	轻重	等列一	等列二	等列三	等列四	摄名	(转)内外	门呼	等列一	等列二	等列三	等列四
第七			合口呼广门	灰泰末	皆○鎋	齐废术	齐○术	蟹摄	外二	轻重俱等开口呼	咍泰曷(本无入声)	皆(佳)○黠(佳并入皆韵)	齐祭薛	齐○屑	通摄	内一	合口呼局门	东冬	○○	钟○	钟○
第八	臻摄	外三	开口呼通门	痕○	(臻)○	真殷	真殷			轻重俱等合口呼	灰○○末○(本无入声)	皆○○黠○	齐祭废屑月(祭废借用)	齐祭○屑○	止摄	内二	开口呼通门	??德○	???○	脂微质术	脂微质术

续表

次第	经史正音切韵指南							四声等子							等韵切音指南						
	摄名	(转)内外	门呼	等列 一	二	三	四	摄名	(转)内外	轻重	等列 一	二	三	四	摄名	(转)内外	门呼	等列 一	二	三	四
第九			合口呼 通门	魂〇	〇〇	谆文	谆文	止摄	内二	重少 轻多 韵开口呼	〇〇	?〇	脂质(本无入声)	脂质			合口呼 通门	(皆)〇〇〇	(傀)?〇〇	微脂物迄	微脂物迄
第十	山摄	外四	开口呼 广门	寒〇	山〇	仙元	仙元			重少 轻多 韵合口呼	〇〇	脂质(本无入声)	微物	脂质	蟹摄	外二	开口呼 广门	哈代曷	皆〇辖	齐祭质	齐〇质
第十一			合口呼 广门	桓〇	山〇	元仙	元仙	臻摄	外三	轻重 俱等 韵开口呼	痕	臻(有助借用)	真	真			合口呼 广门	灰〇末	皆〇辖	齐废术	齐〇术

续　表

次第	经史正音切韵指南							四声等子							等韵切音指南						
	摄名	(转)内外	门呼	等列 一	二	三	四	摄名	(转)内外	轻重	等列 一	二	三	四	摄名	(转)内外	门呼	等列 一	二	三	四
第十二	效摄	外五	独韵广门	豪铎	肴觉	宵药	宵药	山摄	外四	轻重俱等韵合口呼	魂○	○○	文谆(文谆相助)	谆○	遇摄	内三	合口呼局门	模○屋沃	模○屋沃	鱼虞烛○	鱼虞烛○
第十三	果摄(假摄)	内四(外六)	开口呼狭门	歌铎	麻辖	麻○	麻○			轻重俱等韵开口呼	寒	山(删)(删并山)	仙(先)(先并入仙)	仙(先)	山摄	外四	开口呼广门	寒○	山○	仙元	仙元
第十四			合口呼	戈铎	麻辖	麻○	○○			轻重俱等韵合口呼	桓	山(删)(删并山)	元(仙元相助)	仙			合口呼广门	桓	山	元仙	元仙

续表

	经史正音切韵指南							四声等子							等韵切音指南						
次第	摄名	(转)内外	门呼	等列 一	二	三	四	摄名	(转)内外	轻重	等列 一	二	三	四	摄名	(转)内外	门呼	等列 一	二	三	四
第十五	宕摄	内五	开口呼局门	唐	唐	阳	阳	果摄(假摄)	内四(外六)	重多轻少韵开口呼	歌铎(本无入声)	歌鎋(内外混等)	麻鎋	麻○	咸摄	外八	开口呼狭门	覃	咸	盐	盐
第十六			合口呼局门	唐	○	阳	○			重多轻少韵合口呼	戈铎(内外混等)	麻鎋(本无入声)	麻鎋	麻○			开口呼狭门	○	○	凡	○
第十七	曾摄	内六	开口呼局门	登	登	蒸	蒸	曾摄(梗摄)	内八(外七)	重多轻少韵启口呼	登(内外混等)	庚	蒸(邻韵借用)	青	深摄	内八	开口呼狭门	侵	侵	侵	侵

续 表

次第	经史正音切韵指南							四声等子							等韵切音指南						
	摄名	(转)内外	门呼	等列一	二	三	四	摄名	(转)内外	轻重	等列一	二	三	四	摄名	(转)内外	门呼	等列一	二	三	四
第十八			合口呼局门	登	○	蒸	○			重多轻少韵合口呼	登(内外混等)	○	庚(邻韵借用)	清	臻摄	外三	开口呼通门	痕○	痕○	真殷	真殷
第十九	梗摄	外七	开口呼广门	○○	庚○	清青	清青	咸摄	外八	重轻俱等韵	覃(四等全并)	咸(一十六韵)	凡	盐			合口呼通门	魂○	魂○	谆文	谆文
第二十			合口呼广门	○○	庚○	清青	清青	深摄	内七	全重无轻韵	侵(独用孤单韵)	侵	侵	侵	江摄	外一	开口呼局门	(光)	江	○	(㤂)

续表

次第	经史正音切韵指南							四声等子							等韵切音指南						
	摄名	(转)内外	门呼	等列一	二	三	四	摄名	(转)内外	轻重	等列一	二	三	四	摄名	(转)内外	门呼	等列一	二	三	四
第二十一	流摄	内七	独韵狭门	侯屋	侯屋	尤烛	尤烛								宕摄	内五	开口呼局门	唐	江	阳	阳
第二十二	深摄	内八	独韵狭门	侵	侵	侵	侵										合口呼局门	唐	江	阳	○
第二十三	咸摄	外八	独韵狭门	覃	咸	盐	盐								效摄	外五	开口呼广门	豪铎	肴觉	宵药	宵药
第二十四			狭门	○	○	凡	○								流摄	内七	开口呼狭门	侯铎	侯铎	尤药	尤药

《咸》十六摄。[1]

可见等韵学上的建立韵摄，虽然未必就是创始于刘鉴，而总不是在他以前很早的时候；至于归并部分，定为韵摄，在当时并非用以考求古韵，而是为着适应韵书上改并部目和实际语音演变的趋势的。归并韵图和建立韵摄之后，于是各图间关于主要元音及收尾音两种成分的区别，格外明显；初期等韵书上所标明的“内”“外”转，以为分列图表的重要标准的，到了此时就成为不甚注重的问题；因之《四声等子》及《切韵指掌图》所附列的《辨内外转例》，谓以《通》《止》等八摄括内转六十七韵，《江》《蟹》等八摄括外转一百三十九韵，而只知道以二等字具足与否来区别；[2]把从前分转列图的一种重要意义失传了，这便是因为它们并转为摄之后，不注重于这种区别的缘故。并转为摄，既然足以显示各种韵素上主要元音舌体位置的分别，所以在《四声等子》和《切韵指南》等书的各摄下只是沿袭旧制，存着“内”“外”的名目，[3]而不注重它们区别的意义了。可是韵素上元音两唇形状的分别，尤其是关于中介元音的那种成分，不是在韵摄上显示出来的，于是初期等韵书上所标明的重轻或开合，到了此时却变成特别的重要了。因为韵摄是由各种韵素上比较主要元音及收尾音的同异而归纳得来的，除了四声、等第之外，又概括了所谓“开”“合”的分别；因之各摄当中，有些是有开无合的，有些是有合无开的，也有是开合兼具的。这时要表明开合分别的关系，自然须于各摄或各图上特别注明；而同是一摄，也因之有分为两图或数图的。（也有两摄开合相同，而相附为一图或二图的。详下文。）《切韵指南》分十六摄而有二十四图，《四声等子》也

① 见劳氏《等韵一得·外篇》。

② 参看本文的六（二）。

③ 参看本文第266页注释②《摄图次第表一》。

分十六摄而有二十图；《切韵指南》对于单是有开或单是有合的诸摄，注明曰“独韵”，对于开合兼具的诸摄而各分两图的，分别注明曰“开口呼”或“合口呼”；《四声等子》有“重少轻多韵”“重多轻少韵”“轻重俱等韵”“全重无轻韵”这些名目，以表明各摄里开口字和合口字的多寡有无，可是已经用了重轻来代表开合，却又往往于各图上注明了“开口呼”或“合口呼”。[①] 开、合的区别虽然仍是用为分列图表的一种标准，而把开合隶属于韵摄之下，并且别立“呼”之名，以表示同一主要元音及收尾音的韵素当中，又可因唇的形状和中介元音的关系分列为开口呼、合口呼；较之初期等韵书上仅于各图上注明重轻或开合的，分析音素尤为明晰。这种进步正是由于采用梵文拼音的形式把转图并为韵摄的一种结果；同时又适合着韵书上改并部目和实际语音单纯化的趋势而来的。中国语音单纯化的趋势，最显明的在韵素上表示出来，还不仅是一些主要元音的归于混同，尤有一些收尾音的日渐失落。《切韵》系统里以入声诸韵配属于阳声诸韵，就是以[-k]，[-t]，[-p]三系配属于[-ŋ]，[-n]，[-m]三系，《七音略》和《韵镜》的各图里也大致相同（参看上文）；入声诸韵在这种音读系统里所以不能隶属于阴声诸韵，就是因为具有了那三种收尾音的关系。可是语音单纯化的结果，那三种收尾音渐渐归于失落；于是入声诸韵固然可以配属于阳声韵，同时也可以配属于阴声韵了；我们看《四声等子》和《切韵指南》两书里以入声兼承阴阳，各图里都列着入声字，显然和初期等韵书的面目不同；我们也因此可以推见当时音读系统里入声诸韵性质的转变了。可是学术的产品虽然随时有改进，而总不免带着一点因循守旧的色彩。从上面所说，可以知道从前等韵表的组织，只是适合《切韵》一派的韵书，到了宋、元之间，因为实际音读系统的转变，不

---

① 参看本文的六（二），及第266页注释②《摄图次第表一》。

得不加以更改;《切韵指南》《四声等子》等书并转为摄,又于各摄下分别开口呼、合口呼,更以入声兼承阴、阳,显然是因为适应着实际语音的转变,而更改了初期等韵书的面目。但是,它们分等的方法,还是承袭从前的旧贯;于是所分列的等第不合于实际的音读,乃作种种的解说,又不得不加详门法。《四声等子》前有辨门法十一例,《切韵指南》后有《门法玉钥匙》十三门,以至后来真空,增为二十门。① 兹将《切韵指南》后所列的十三门录如下:

一、音和门　二、类隔门　三、窠切门　四、轻重交互门　五、振救门　六、正音凭切门　七、《精》《照》交互门　八、寄韵凭切门　九、《喻》下凭切门　十、《日》寄凭切门　十一、通广门　十二、局狭门　十三、内外门

原来初期的等韵家于"音和"之外,又立着"类隔",也就是用来表明语音的转变和等韵组织上的变例;如晁公武《读书志》所录王宗道《切韵指元论》云:"切归本母、韵归本等者,谓之音和,常也;本等声尽,泛入别等者,谓之类隔,变也。"②后来音变愈显,可是分等的条例还是因循未改,反切亦多沿用旧文,觉其不合者愈多,所列的门法遂愈加详细。兹举刘鉴《切韵指南·自序》之言为证:

若以浮浅小法,一概求切,而不究其原者,予亦未敢轻议其非;但恐施于诵读之间,则习为蔑裂矣。……又如"符羁切"如"肥"字,本是"皮"字;"都江切"如"当"字,本是"桩"字;"士鱼切"如"殊"字,本是"锄"字;"详里切"如"洗"字,本是"似"

① 参看本文的六(二)。
② 见谢氏《小学考》卷三十一。

> 字；此乃门法之分也。如是误者，岂胜道哉？

种种门法，似乎都是由原初等韵家所立的门例上衍变而来，[①]可是愈推愈密的现象，正足以反照实际音读系统的剧变。它们保持了从前分等的方法，因之推衍出许多种门法来强作解释；只是面目上以四等统四声，即横分四层，以表四等，层分四格，以表四声，和《七音略》《韵镜》诸书不同而已。又刘鉴《切韵指南》并转为摄，而二十四图的叙次，除了《曾》摄（《登》《蒸》诸韵）的第十七、第十八两图更依宋人韵书移于《梗》摄（《庚》《清》《青》诸韵）之前以外，都和《韵镜·四十三转》的叙次相同。[②] 至于《四声等子》和今本《切韵指掌

---

① 参看魏建功《古音系研究》二一五页，及本书第六章第二节。

② 魏建功《古音系研究》二二二～二二四页所载《转摄演变表》，兹转录如下：

<table>
<tr><th>韵镜转次</th><th>→经史正音切韵指南摄次</th><th>→明显四声等韵图章次</th></tr>
<tr><td>一</td><td rowspan="2">通摄内一</td><td rowspan="2">庚摄章第四</td></tr>
<tr><td>二</td></tr>
<tr><td>三</td><td>江摄外一</td><td>冈摄章第三</td></tr>
<tr><td>四</td><td rowspan="7">止摄内二</td><td rowspan="7">祴摄章第五
傀摄章第八</td></tr>
<tr><td>五</td></tr>
<tr><td>六</td></tr>
<tr><td>七</td></tr>
<tr><td>八</td></tr>
<tr><td>九</td></tr>
<tr><td>十</td></tr>
<tr><td>十一</td><td rowspan="2">遇摄外三</td><td rowspan="2">祴摄章第五</td></tr>
<tr><td>十二</td></tr>
</table>

（转下页）

（接上页）

韵镜转次	→经史正音切韵指南摄次	→明显四声等韵图章次
十三	蟹摄外二	该摄章第七
十四		
十五		
十六		
十七	臻摄外三	根摄章第九
十八		
十九		
二十		
二十一	山摄外四	干摄章第十
二十二		
二十三		
二十四		
二十五	效摄外五	高摄章第六
二十六		
二十七	果摄内四	歌摄章第十二
二十八		
二十九	假摄外六	迦摄章第一
三十		结摄章第二
三十一	宕摄内五	冈摄章第三
三十二		
（四十二）	曾摄内六	庚摄章第四
（四十三）		
三十三	梗摄外七	庚摄章第四
三十四		
三十五		
三十六		

（转下页）

图》都分二十图，它们的次叙却和唐、宋韵书的部目颇有差异；这种显然是经过后人改窜的痕迹。我们这里再来讨论《四声等子》和今本《切韵指掌图》两书发生的年代。

《四声等子》一书不知系何人所作。《原序》有“近以《龙龛手鉴》重校”和“以此附《龙龛》之后”，等语，因而有人疑《四声等子》也是出于辽僧行均的，即属《龙龛手鉴》后的《五音图式》。[1] 又陈澧《切韵考·外篇》以为即属僧宗彦的《四声等第图》。[2] 这些都是推测之辞未能确信。钱曾《敏求记》谓《四声等子》“即刘士明《切韵指南》，曾一经翻刻，冠以元人熊泽民《序》而易其名”。[3]《四库提要》不以钱氏此书为然，谓二书显非出于一手，并据《切韵指南》熊泽民《序》，断定刘氏书实本《四声等子》而加以改作的。兹录其言如下：

> 今以二书校之：若辨音和、类隔、广通、局狭、内外转摄、振救、正音凭切、寄韵凭切、《喻》下凭切、《日》寄凭切及双声、叠韵之例，虽全具于《指南门法玉钥匙》内，然词义详略，显晦不侔。至内摄之《通》《止》《遇》《果》《宕》《曾》《流》《深》，外摄之《江》《蟹》《臻》《山》《效》《假》《梗》《咸》十六摄图，虽亦与《指

（接上页）

韵镜转次 →	经史正音切韵指南摄次 →	明显四声等韵图章次
三十七	流摄内七	钩摄章第十一
三十八	深摄内八	根摄章第九
三十九	咸摄外八	干摄章第十
四十		
四十一		

① 见顾实《四声等子书后》。
② 参看本文的六(二)。
③ 见谢氏《小学考》卷三十三。

南》同，然此书《曾》摄作内八，而《指南》作内六；《流》摄，此书作内六，而《指南》作内七；《深》摄，此书作内七，《指南》作内八；皆小有不同。至于《江》摄外一附，《宕》摄内五下；《梗》摄外七，附《曾》摄内六下；与《指南》之各自为图，则为例迥殊。虽《指南》《假》摄外六，附《果》摄内四之下，亦间并二摄；然《假》摄统《歌》《麻》二韵，《歌》《麻》本通，故《假》得附《果》。若此书之以《江》附《宕》，则不知《江》谐《东》《冬》，不通《阳》《唐》；以《梗》附《曾》，则又误通《庚》《蒸》为一韵；似不出于一手矣。……《切韵指南》卷首有后至元丙子熊泽民《序》称：古有《四声等子》，为流传之正宗；然而中间分析，尚有未明；关西刘士明著书曰：《经史正音切韵指南》。则刘鉴之《指南》十六摄图，乃因此书而革其《宕》摄附《江》，《曾》摄附《梗》之误，此书实非鉴作也。

我们在这里应当注意的，《切韵指南》和《四声等子》虽然都是分十六摄，而《四声等子》以《江》摄附于《宕》，以《梗》摄附于《曾》，显然和“北音韵书”里合并《江》《阳》《唐》为一部，合并《庚》《耕》《清》《青》《蒸》《登》为一部的系统①相合，是受了北音韵书韵部系统的影响的；而北音韵书应当推始于周德清的《中原音韵》。② 所以《四库提要》仅据熊泽民的《切韵指南序》以为《切韵指南》因此书而革其《宕》摄附《江》，《曾》摄附《梗》之误，并不足以为《四声等子》在《切韵指南》前的确证。我们应该再从这两书摄图的序次上研究一下：《切韵指南》的摄次，和所列的二十四图序次相应；《四声等子》的摄次，却和二十图的序次不相应。③ 因之我们对于《四声等子》，

① 参看赵荫棠《中原音韵研究》（商务印书馆出版）卷上第二章。

② 参看赵荫棠《中原音韵研究》卷上第一章。

③ 参看本文第 266 页注释②《摄图次第表一》。

应该把它的摄次和图次分开来观察；《四声等子》的摄次，以《流》摄作内六，《深》摄作内七，《曾》摄作内八，把《登》《蒸》诸韵列在《侵》《覃》诸韵之后，和《韵镜》转图的序次相合。我们在上文说过，《韵镜》的图次，已经根据了李舟《切韵》以下韵书的部目改订过一番，可是最后的两图仍为《登》《蒸》诸韵，和宋人的韵书尚未完全相合；《四声等子》的摄次正是由《韵镜》转图的序次上得来的。《切韵指南》以《曾》摄作内六，《流》摄作内七，《深》摄作内八，就是再依据宋人韵书或《五音集韵》的部次，重订了一番，把《蒸》《登》列在《尤》《侯》之前。刘鉴《自序》谓"因其旧制，次成十六通摄"；"通"字已经有并转为摄的意思，"次"字便有改订序次的意思。而所谓"旧制"，也就是熊泽民《序》上所指的"古有《四声等子》为流传之正宗"；所谓古者，陈澧谓："不过北宋时耳"，其实最多也不过是南宋的末年；由《韵镜》的流变，成为《四声等子》，由《四声等子》的改订，成为《切韵指南》。从摄次上观察，我们似乎可以断定把四十三转并为十六摄，并非创始于刘鉴，《四声等子》当在刘氏书之前。不过宋、元间的等韵书，也正和韵书上演变的情形一样，把从前的一种或几种原本剿袭过来，加以改订，合并，或且任意的窜乱，面目上渐易为"今"，而渊源却甚"古"，仍不失为流传之正宗；由初期的等韵书当中产生《韵镜》一类的东西，更由《韵镜》等书改并为《四声等子》《切韵指南》的面目，我们都应当作如是观。我又疑今本《四声等子》摄次和图次不相应，分图也仅二十，乃是元、明间人合并窜乱的痕迹；《原序》所谓"以三十六字母约三百八十四声，别为二十图"等语，亦未必完全可靠，正和今本《切韵指掌图》的情形（详下文）相仿。因为以《江》摄附于《宕》，以《梗》摄附于《曾》，确是受了北音韵书上分部的影响的，如果直接根据于《韵镜》等书，决不会有这样改并的情形；或许竟是改窜者附会熊《序》"中间分析尚有未明"一语，遂据刘氏书的二十四图加以并合的。这样说来：钱曾《敏求记》谓《四声等子》即《切韵指南》的“一经翻刻”，也不无几分可信的理由；而《四库提要》以为刘氏的二十四图即因此书而革其《宕》摄附《江》，《曾》摄附《梗》之误，不特不足以为《四声等子》在《切韵指南》前的确证，且把先后因革的关系倒置了。总之：《四声等子》一书，它的发生确在刘鉴的《切韵指南》以前，但是最古也不过是南宋的末年，而今本又经过刘氏后人的改窜了的。至于今本《切韵指掌图》，决非司马光所作；前列的一篇《自序》，乃由孙觌《切韵类例序》改窜而成，在上节里讲到《集韵》《类篇》两书撰述的历史，已辨其伪。《四库提要》谓：“光传家集中，下至《投壶新格》之类，无不具载，惟不载此书，故传本久绝”；实则司马光何尝作过此书？邹特夫据孙觌书考定原书出于杨中修，本名《切韵类例》。邹氏《切韵指掌图跋》云：

> 孙《序》称著为十条，为图四十四，而今《指掌》为图二十。疑南宋流传，改并失真，乃冒温公名以求售。

今本《指掌图》和《切韵类例》的关系，正如今本《四声等子》和《韵镜》的关系差不多；它们的演成都不是单由一次的“改并失真”，而是改并之后，又经过后人的窜乱的。《指掌图》虽无韵摄之名，而它的二十图实际就是《四声等子》的二十图；《四声等子》以《假》摄附于《果》之外，又以《江》摄附于《宕》，《梗》摄附于《曾》，可并成十三摄；《指掌图》以开、合各图相并，亦可归为十三摄，或且以第十七至第二十这四图归为一摄，认为实际仅十二摄。[1] 只是图次又和《四声等子》不同；“首独韵，次开、合韵，

---

① 魏建功《古音系研究》第224～226页载有《伪司马光切韵指掌图因革演变表》，转录如下（见第284～285页表格）： （转下页）

（接上页）

<table>
<tr><th rowspan="2">图次</th><th rowspan="2">门呼</th><th colspan="4">等　列</th><th colspan="3">因 革 演 变 情 形</th><th rowspan="2">实际十二摄</th></tr>
<tr><th>一</th><th>二</th><th>三</th><th>四</th><th>当韵镜转次</th><th>当切韵指南摄次</th><th>当明显四声图章次</th></tr>
<tr><td>一</td><td>独韵</td><td>豪
铎</td><td>爻
觉</td><td>宵
药</td><td>宵萧
药</td><td>二十五
二十六</td><td>外生</td><td>第六</td><td>1</td></tr>
<tr><td>二</td><td>独韵</td><td>东冬</td><td>东</td><td>东钟</td><td>钟</td><td>一
二</td><td>外一</td><td>第三</td><td>2</td></tr>
<tr><td>三</td><td>独韵</td><td>模
屋沃</td><td>鱼
屋沃</td><td>鱼虞
屋烛</td><td>鱼
屋烛</td><td>十一
十二</td><td>内三</td><td>第五</td><td>3</td></tr>
<tr><td>四</td><td>独韵</td><td>侯
德</td><td>尤
栉</td><td>尤
迄质</td><td>尤幽
质</td><td>三十七</td><td>内七</td><td>第十一</td><td>4</td></tr>
<tr><td>五</td><td>独韵</td><td>谈
覃</td><td>咸
衔</td><td>盐严
凡</td><td>盐
添</td><td>三十九
四十
四十一</td><td>外八</td><td>等十</td><td>5</td></tr>
<tr><td>六</td><td>独韵</td><td></td><td>侵</td><td>侵</td><td>侵</td><td>三十八</td><td>内八</td><td>第九</td><td>6</td></tr>
<tr><td>七</td><td>开口</td><td>寒</td><td>山删</td><td>仙元</td><td>先仙</td><td rowspan="2">二十一
二十二
二十三
二十四</td><td rowspan="2">外四</td><td rowspan="2">第十</td><td rowspan="2">7</td></tr>
<tr><td>八</td><td>合口</td><td>桓</td><td>删山先</td><td>仙
元</td><td>先
仙</td></tr>
<tr><td>九</td><td>开口</td><td>痕魂</td><td>臻</td><td>真欣</td><td>真谆</td><td rowspan="2">十七
十八
十九
二十</td><td rowspan="2">外三</td><td rowspan="2">第九</td><td rowspan="2">9</td></tr>
<tr><td>十</td><td>合口</td><td>魂</td><td></td><td>谆文魂</td><td>谆真文</td></tr>
<tr><td>十一</td><td>开口</td><td>歌曷</td><td>麻黠辖</td><td>麻薛月</td><td>麻屑薛</td><td rowspan="2">二十七
二十八
二十九
三十</td><td>内四</td><td rowspan="2">第十二
第一
第二</td><td rowspan="2">9</td></tr>
<tr><td>十二</td><td>合口</td><td>戈末</td><td>麻辖黠</td><td>戈薛月</td><td>麻薛屑</td><td>外六</td></tr>
</table>

（转下页）

每类之中，又以四等字多寡为次，故‘高’为独韵之首，‘干’‘官’为开、合韵之首”；[①]不依韵书上的部次，又显然是经人更改后的面目。又《指掌图》的各图里虽以四声统四等，和《七音略》《韵镜》相

(接上页)

<table>
<tr><th rowspan="2">图次</th><th rowspan="2">门呼</th><th colspan="4">等　列</th><th colspan="3">因革演变情形</th><th rowspan="2">实际十二摄</th></tr>
<tr><th>一</th><th>二</th><th>三</th><th>四</th><th>当韵镜转次</th><th>当切韵指南摄次</th><th>当明显四声图章次</th></tr>
<tr><td>十三</td><td>开口</td><td>唐</td><td>阳</td><td>阳</td><td>阳</td><td rowspan="2">三十一
三十二</td><td>内五</td><td rowspan="2">第三</td><td rowspan="2">10</td></tr>
<tr><td>十四</td><td>合口</td><td>唐</td><td>江</td><td>阳</td><td></td><td>外一</td></tr>
<tr><td>十五</td><td>合口</td><td>庚耕</td><td>登</td><td>耕</td><td>清青</td><td rowspan="2">三十三
三十四
三十五
三十六
四十二
四十三</td><td>内六</td><td rowspan="2">第四</td><td rowspan="2">11</td></tr>
<tr><td>十六</td><td>开口</td><td>登</td><td>庚耕蒸</td><td>庚
清</td><td>清
青</td><td>外切</td></tr>
<tr><td>十七</td><td>开口</td><td>哈
泰曷</td><td>皆佳夬辖黠</td><td>佳哈祭</td><td></td><td rowspan="4">四五六七
八九十十三
十四十五十六</td><td>外二</td><td>第七</td><td rowspan="4">12</td></tr>
<tr><td>十八</td><td>开口</td><td>之支
德</td><td>之支脂
栉</td><td>之支脂
质</td><td>之支脂齐祭质</td><td rowspan="2">内二</td><td>第五</td></tr>
<tr><td>十九</td><td>合口</td><td>灰泰
没</td><td>支
质</td><td>微脂支
迄术质物</td><td>齐支脂
术质</td><td>第八</td></tr>
<tr><td>二十</td><td>合口</td><td></td><td>皆佳哈夬辖</td><td>卦</td><td></td><td>外二</td><td>第七</td></tr>
</table>

① 见《四库总目·切韵指掌图提要》。

同，而以入声兼承阴、阳，“于旧有入者不改，旧无入者悉以入隶之”，[①]和《切韵指南》《四声等子》相合。此外，《指掌图》的第十八图《支》《之》诸韵的齿头音，更由原来的四等改为一等，和《切韵指南》的后身，《康熙字典》卷首的《等韵切音指南》相同。从音读系统上这几点特征看来，可以知道今本《切韵指掌图》的出世，决不在今本《四声等子》以前，也许同是元、明间的产物，并非如邹特夫所谓出于南宋的。《四库提要》据王行《后序》考定邵光祖为元之遗民，[②]邵光祖就是为今本《切韵指掌图》作《检例》的人；此书的改订为今本的面目，便当在光祖以前不远的时候，因为它和今本《四声等子》都是曾受北音韵书的影响的。光祖《跋》云：“旧之检例，全背图旨”，因自撰为检图之例；现今旧例已佚，不知和光祖所撰之例异同若何；或许因为旧图改并失真，以致和旧例不相合，如果这种原来的检例还自留存，或许我们得藉以窥见旧图面目的一斑呢！今本《指掌图》和《切韵指南》《四声等子》的面目，还有一点不同的，就是关于各图里字母排列的方法。《四声等子》和《切韵指南》虽将《韵镜》等书唇、舌、牙、齿、喉的次第改为牙、舌、唇、齿、喉（喉音的《影》《晓》《匣》《喻》也改排做《晓》《匣》《影》《喻》），而仍以三十六字母列为二十三行，和《韵镜》《七音略》的排列法相同；《切韵指掌图》却分字母为三十六行，以轻唇、舌上、正齿和重唇、舌头、齿头并列。等韵表上这种排列的方法，实又依仿于《集韵》等书以声纽排次各韵中字而来；把初期等韵的面目加以变更，于是轻唇、舌上、正齿和重唇、舌头、齿头在等韵条例上的关系，渐以不明，而适足以显示这几组声纽间分化的完成；声纽的组别，由五音、七音而为九音，等韵表上字母排列的方法，也自然由二十三行而为三十六行。这种变

① 见戴震《答段若膺论韵书》。

② 《四库总目·切韵指掌图提要》：“光祖字宏道，自称洛邑人，其始末未详考。……据王行《后序》作于洪武二十三年，称其殁已数年；则元之遗民，入明尚在者也。”

更，据张麟之《韵镜序》，或许始自杨倓《韵谱》，所谓“杨变三十六，分二纸肩行而绳引”，大概也所以适应实际语音的演变的。我们因此也可以见得今本《切韵指掌图》乃经过多次的改订而成；它和《切韵类例》的关系，较之今本《四声等子》对于《韵镜》的变更，或尤为剧进。

等韵表的演变，大都关于实际音读系统的变迁；而其中有些把原书剿袭过来，保存了大部分的面目，于内容上略加以改订，这种可称为渐变的；有些却因适应实际音读的变化，把从前的等韵书大加改革，不特在内容上，而且在面目上，也显然和原书相异，这种可称为剧变的。前者的例，如《七音略》《韵镜》诸书和它们原型的异同；后者的例，如《切韵指南》、今本《四声等子》《切韵指掌图》和《韵镜》诸书的异同。我们看到《康熙字典》卷首所载的《字母切韵要法》和《等韵切音指南》两书，它们对于《切韵指南》诸书的改变，也正是一种是剧变的，一种是渐变的例子。我们要知道，这两种演变，正和其他历史上事物的因革相同，论其事实，固然渐变的较剧变的为守旧；可是论其发生的时代，并不必定是剧变的要在渐变的之后，有时或且渐变的作品因受了剧变的作品的影响而发生的。《康熙字典》卷首的这两种等韵书，也便可作为这样的例子。我们先来讨论《字母切韵要法》和刘氏《切韵指南》的异同。《字母切韵要法》分十二摄：

《迦》《结》《冈》《庚》《裓》《高》《该》《傀》《根》《干》《钩》《歌》

把《指南》的《深》《咸》二摄除去，就是因为明、清间的北音系统里[-m]诸韵并入于[-n]诸韵的缘故。劳乃宣说明《要法》和《指南》分摄的不同，完全从音变上立论。劳氏云：

《要法》合而《指南》分者三：《冈》与《江》《宕》，则《要法》从今音，以《江》《阳》为一；《指南》从古音，以《江》《阳》为二也。《庚》与《梗》《通》，《祴》与《止》《遇》，则《要法》以开口该合口，《指南》以《通》《遇》两合口别为韵也。《要法》分而《指南》合者二：《迦》《结》与《假》，则《要法》从今音分《麻》与《车》《遮》为二，《指南》从古音合为一也。《该》《傀》与《蟹》，则《要法》从北音分《佳》《灰》为二，《指南》从南音合为一也。《指南》列摄，而《要法》附列者三：《曾》与《庚》则以《蒸》与《庚》，古分而今合，《指南》从古别《曾》于《庚》，《要法》从今附《庚》于《庚》也。《深》与《根》，咸与《干》，则以古音《侵》异于《真》《文》《元》，《覃》《咸》异于《元》《寒》《删》《先》，而今音相近；《指南》从古分列，《要法》从今附列也。①

《字母切韵要法》里图表有两种：《内含四声音韵图》和《明显四声等韵图》；此两种应认为一书。② 《内含图》首行的《庚》《根》《干》等，就是归并的记号，以示由《指南》的十六摄演成这十二摄。这十二摄和明万历间乔中和《元韵谱》所分的十二括及清初樊腾凤的十二韵极相近，都是合并《梗》《通》而把《深》《咸》二摄除去的。③ 而《内含图》的面貌又袭取于《华严字母韵图》；由《华严字母韵图》产生了康熙时的《大藏字母切韵要法》。《大藏字母切韵要法》即为《康熙字典》所转载；所以内容上是适合于明、清间的音读系统，而面目上却又更深的受了梵音图表的影响。④ 因为明、清间的等韵家，如袁子让作《字学元元》、马自援作《等音》之类，都是依据《华严字母韵图》来分析

① 见劳氏《等韵一得·外篇》，并参看本文第 278 页注释②《转摄演变表》。
② 参看赵荫棠《康熙字典·字母切韵要法考证》，第 99～101 页。
③ 参看赵荫棠《康熙字典·字母切韵要法考证》，第 96～97 页；并详下节。
④ 参看赵荫棠《康熙字典·字母切韵要法考证》。

中国音韵的；所以这十二摄，在数目上看来，也是中外的混血儿。[①]《内含图》“凡有四篇，图之横者有十二韵。图之竖者有百两。先分开合，次分正副。十二韵中内含四声。四声俱者，凡有四韵；无入声者，凡有八韵”。[②] 由《内含图》分析综合以成为《明显四声等韵图》，把开合、正副和平、上、去、入列在各摄之下，每摄一图，共为十二图；每图纵为三十六行，横以四“呼”统四声。初期等韵书里只是以开合为分转列图的一种标准；到了《切韵指南》诸书，并转为摄，遂立着开口呼、合口呼的名目，可是开、合仍分列各图。这种等韵表上，就废去从前分列等第的方法，完全依据于当时实际的音读，把开、合四等

① 依据赵荫棠《康熙字典・字母切韵要法考证》第 94～99 页。

② 见阿摩利谛《大藏字母文字陀罗经》；此即《字母切韵要法》的原刊，参看赵荫棠《康熙字典・字母切韵要法考证》第 99～100 页。又魏建功《古音系研究》第 222 页列有《转摄次第表二》，转录如下，以见《内含图》和《明显图》的关系：

<table>
<tr><td></td><td colspan="5">明显四声等韵图</td><td></td></tr>
<tr><td rowspan="2">次　第</td><td rowspan="2">摄　名</td><td colspan="4">等　　列</td><td></td></tr>
<tr><td>一</td><td>二</td><td>三</td><td>四</td><td></td></tr>
<tr><td>第一</td><td>迦摄章</td><td rowspan="12">开口正韵</td><td rowspan="12">开口副韵</td><td rowspan="12">合口正韵</td><td rowspan="12">合口副韵</td><td rowspan="12">内含四声音韵图</td></tr>
<tr><td>第二</td><td>结摄章</td></tr>
<tr><td>第三</td><td>冈摄章</td></tr>
<tr><td>第四</td><td>庚摄章</td></tr>
<tr><td>第五</td><td>裓摄章</td></tr>
<tr><td>第六</td><td>高摄章</td></tr>
<tr><td>第七</td><td>该摄章</td></tr>
<tr><td>第八</td><td>傀摄章</td></tr>
<tr><td>第九</td><td>根摄章</td></tr>
<tr><td>第十</td><td>干摄章</td></tr>
<tr><td>第十一</td><td>钩摄章</td></tr>
<tr><td>第十二</td><td>歌摄章</td></tr>
</table>

并成为四呼。因为近代语音单纯化的结果,韵素上主要元音及收尾音的差异,既然隶属于各摄间的区别,于是依据元音唇的形状和中介元音的关系,自然也列出开合、正副的四呼了。从前分等的标准,到了明、清间,遂完全变化了;一方面把开、合并入于等第,另一方面又依元音唇的形状为分别的标准。潘耒《类音》遂将这四呼定为“开”“齐”“合”“撮”四种名目。兹录罗常培所论如下:

> 宋、元韵谱,于四等之外,但言开合,明人不知等之所指,乃舍等益呼,以求易解。于是《韵法横直》二图增立“开口”“合口”“撮口”“闭口”“齐齿”“启唇”“齐齿卷舌”“齐卷而闭”以及“混呼”“舌向上呼”诸称:观点不一,得失参半。然皆就韵以分呼,犹未因呼而存位。厥后《等音》《声位》及《字母切韵要法》之属,虽皆据呼定音,异乎前轨,而一以宫、商、角、徵、羽分类,一以开合、正副定名,仍与习用之称谓不合。其定“开”“齐”“合”“撮”为四呼,先音后字,迁就定型,为清代等韵家所宗者,则惟潘耒《类音》及宗常《经纬图》而已。①

开、齐、合、撮四呼,据潘氏云:“初出于喉,平舌舒唇,谓之开口;举舌对齿,声在舌腭,谓之齐齿;敛唇而呼之,声满颐辅之间,谓之合口;蹙唇而成声,谓之撮口。”②可见它们是以元音唇的形状为分别的主要标准了。就是开口呼包括齐齿、合口、撮口三呼以外的音,齐齿呼指具有元音[i]的音,合口呼指具有元音[u]的音,撮口呼指具有元音[y]的音。《同文韵统》里的《华梵字母合璧谱》和李光地等的《音韵阐微》也都取这四类来分别等呼;清末劳乃宣更用“阿”

---

① 见罗常培《等韵发疑》,此段系本刘文锦《类音跋》(载中央研究院《历史语言研究所集刊》第一本第四分)引。

② 见潘氏《类音》卷二。

“厄”“伊”“乌”“俞”五字来说明：呼“阿”字，“厄”字，必开其口，故曰开；呼“伊”字必齐其齿，故曰齐齿；呼“乌”字必合其口，故曰合口；呼“俞”字必撮其口，故曰撮口。又谓开口必生于“阿”“厄”，齐齿必生于“伊”，合口必生于“乌”，撮口必生于“俞”；[①]分别四呼，更加明显了。凡是主张这样分别等呼的，对于《切韵指南》以前许多等韵书——就是以音的洪细来分别等第的宋、元学派——可称为明、清学派。[②] 宋、元学派既依唇的形状分列开、合，又于开、合当中，依音的洪、细各分四等；这种繁复的区分，原来是用以适合《切韵》等书的音读系统的。到了近代北音的发展，语音由繁复化为简单；等韵学上也自然要起了一种大改革：一方面把关于元音舌位变化的洪细分别，加以并合，大抵由一、二等或一、二、三等合并为后元音或中元音，由三、四等或二、三、四等合并为前元音；另一方面更将从前开、合的区别并入于等第当中，而当作一种重要的分等标准，首分开口、合口两类，即关于两唇的收圆与否；再各分正、副，即关于舌的前进或后退。又察看了唇的形状，开口音当中的后元音或中元音，往往为自然唇；开口音当中的合前元音，往往为平唇；合口音当中的后元音和合口音当中的前元音也各有不同；因之从前的开合各有四等，演成为近代的开合共只四呼了。这四呼就是由开合、洪细两种区别并合而成；如胡垣《古今中外音韵通例》所谓：“开口呼狭而圆，合口呼阔而扁；正呼声高，副呼声低”；并不完全依唇的形状来区别，所以不及潘耒、劳乃宣说得那样明确。至于宋、元派的分等方法，到了明、清时代，更不能了解了，或且直斥“诸家之谱，立法未善，非字音果有八等也”；如潘耒《类音》和劳乃宣《等韵一得・外篇》所闹出的一段笑话。章炳麟《国故论衡・音理论》也以为开、合八等，空有名而无其实。黄侃《与友人论治小学

① 见劳氏《等韵一得・外篇》。

② 依据高元《国音学》第三章第八节《辟等呼论》。

书》亦谓:“等韵之弊,在于破碎;开合、洪细,不过四等,而故作八等之说者,缘见《广韵》分部繁多,不明所以,因创之以济其穷尔。”其实他们只是依近代北音发展后的普通音来分析宋、元的等韵书,自然要觉其不合;不知道语音系统的变更,分等的标准也要随之改革。《字母切韵要法》和《切韵指南》所列的等第完全异趋,而《要法》分图立摄,“以开口该合口”,也都是所以适应实际语音系统的演变的。《切韵指南》以入声诸韵兼承阴阳,已经足以显示入声诸韵收尾音失落和倾向;到了《字母切韵要法》,“四声俱者,凡有四韵”;其他无入声的八韵,又有“借入声法”,所谓“《迦》《结》《裓》《歌》四声全;《该》《干》《迦》下借短言;《庚》于《裓》求《傀》如是;《冈》《高》《根》《钩》《歌》内参”;这四句列在《内含图》之后,而用处却在于《明显图》。[①] 明明说入声只是“短言”,没有[-k][-t][-p]的收尾音的,所以只是《迦》《结》《裓》《歌》四摄的单纯韵母具有这种入声;其余《冈》《庚》《根》《干》四摄,是附有收尾鼻音的阳声韵,《高》《该》《傀》《钩》四摄,又是复合韵母,都应该无入,而图里所以具有入声的字,只是作为“借入”的。入声这样的分配,又显然足以看出近代入声的性质和《切韵》系统里的完全不同了。从上面的几点看来,《字母切韵要法》和刘氏《切韵指南》诸书,不特在内容上,而且在面目上,也显然相异,所以可谓为等韵沿革上剧变的例。

至于《康熙字典》所载的《等韵切音指南》显然是因袭刘氏《切韵指南》,加以改订;它的结构和系统,大致未改,而内容上却受了《字母切韵要法》比照的影响,多所更动。兹引罗常培所举《切韵指南》和《切音指南》两书的异点如下:

一、韵摄次第不同:《切韵指南》以《通》《江》《止》《遇》

① 参看赵荫棠《康熙字典·字母切韵要法考证》,第100~101页。

《蟹》《臻》《山》《效》《果》《假》《宕》《曾》《梗》《流》《深》《咸》为序；《切音指南》以《果》《假》《梗》《曾》《通》《止》《蟹》《遇》《山》《咸》《深》《臻》《江》《宕》《效》《流》为序。且《切韵指南》于《曾》摄合口三等见母下复列《通》摄之“恭”字；《宕》摄二等开口复列《江》摄牙音、唇音、喉音字，合口复列《江》摄舌音、齿音、半舌音字；又《江》摄《见》母下之“光”“恇”二字，《止》摄合口《见》母下之“皆”“傀”二字，《咸》摄第二图《见》母下之“干”字，精母下之“尖”字，《深》摄《见》母下之“根”字：均为《切韵指南》所无。此种修改，殆因清初之《字母切韵要法》并《梗》《曾》《通》为《庚》摄，《江》《宕》为《冈》摄，《山》《咸》为《干》摄，《深》《臻》为《根》摄而欲比照删并者也。

二、各摄之开、合口不同：《切韵指南》以《止》《蟹》《臻》《山》《果》《假》《宕》《曾》《梗》九摄各有开口、合口二呼，以《通》《江》《遇》《效》《流》《深》《咸》七摄为独韵。《切音指南》于刘鉴所定之独韵七摄，改《江》摄为开口呼，《效》《流》《深》《咸》为开口呼，《通》《遇》为合口呼。

三、唇音开、合口之配列不同：《切韵指南》《梗》摄合口三等“丙”“皿”二字，《曾》摄合口三等“逼”“堛”“愎”“窨”四字。《山》摄合口二等“班”“版”“扮”“攀”“襻”“蛮”“帓”七字，四等“褊”“缅”二字，《宕》摄合口一等“帮”“螃”“膀”“傍”四字，《切音指南》均改列开口；惟将《宕》摄开口三等之“方”“昉”“放”“缚”等十六字改列合口：此种修改亦与《字母切韵要法》相同。

四、正齿音二、三等之分划不同：《切韵指南通》摄正齿音二等有“崇”“剿”二字，《宕》摄正齿音二等有“庄”“壮”“壮”“斮”等十三字，《切音指南》均降列三等，且自开转合。此与

《字母切韵要法》以“崇”等为《庚》摄合口副韵，以“庄”等为《冈》摄合口副韵之例适合。

五、《止》摄齿头音及唇音之等第不同：《止》摄齿头音“资”“雌”“慈”“思”“词”等十九字，《切韵指南》原在四等，《切音指南》均改列一等。又《切韵指南》于唇音二等内复列三等之“陂”“靡”“彼”“帔”“被”“美”六字，《切音指南》更升为一等而删去复见三等之字。

六、入声之系统不同：《切韵指南》《蟹》摄合口三等《屋》韵之“竹”“畜”“逐”“衄”，《切音指南》易以《术》韵之“怞”“黜”“朮”“貀”，足征[-k]、[-t]两尾已混而不分。又《切韵指南》《通》摄三等《烛》韵之“瘃”“楝”“躅”“傉”，《切音指南》易以《屋》韵之“竹”“畜”“逐”“衄”，复以三等之“辱”字改列一等，足征《屋》《烛》两韵亦洪细莫辨。他如《切音指南》以《药》《铎》承《流》摄，以《德》承《止》摄一等，亦皆受《字母切韵要法》之影响。

七、字母之标目不同：《切韵指南》之《群》《床》《娘》三母，《切音指南》改为《群》《状》《娘》，与《字母切韵要法》同。此由当时读第三位为不送气音，故易平为仄以免误会也。①

因此我们可以知道《字母切韵要法》和《等韵切音指南》两书，对于《切韵指南》的改变，前者固然是属于剧变的，后者是属于渐变的；可是《切音指南》却受了《要法》的影响而产生的。论其事实，《切音指南》还是保存了《切韵指南》的面目；论其时代，《切音指南》却又产生在《要法》之后。

《切韵指南》以后，在明、清间，等韵家的作品很多；清末劳乃宣曾约略论之，兹节录其言如下：

---

① 见罗常培《通志七音略研究》，第524～525页。

> 古今言等韵诸书,《四库》著录者,有宋司马光《切韵指掌图》、无名氏《四声等子》、元刘鉴《经史正音切韵指南》;此三书乃等韵家之正宗也。见于《四库》存目者,有元杨桓《书学正韵》;明赵扮谦《声音文字通》、章黼《韵学集成》、兰廷秀《韵略易通》、濮阳涞《韵学大成》、李登《书文音义便考私编》、无名氏《并音连声字学集要》、袁子让《字学元元》、叶秉敬《韵表》、吕维祺《音韵日月灯》、陈荩谟《皇极图韵》《元音统韵》、桑绍良《青郊杂著》《文韵考衷》《六书会编》、马自援《马氏等音外集》《内集》;国朝杨庆《佐同录》、耿人龙《韵统图说》、徐世溥《韵表》、潘耒《类音》、熊士伯《等切元声》、仇廷模《古今韵表新编》、顾陈垿《八矢注字图说》、钱人麟《声韵图谱》、王植《韵学臆说》、樊腾凤《五方元音》、江永《四声切韵表》、龙为霖《本韵一得》、潘咸《音韵源流》、王祚祯《音韵清浊鉴》、潘遂《声音发源图解》诸书。其书或存或佚,未能全见。其是非得失,则《四库提要》已有定论。后出之书,愚所见者,有戴震《声韵考》《声类表》、洪榜《四声韵和表》《示儿切语》,皆精核可据。又有李元《音切谱》,亦颇正当。惟皆以古音为重,未能兼及时音其言时音者,世俗盛传《空谷传声》《李氏音鉴》二书:《空谷传声》为全椒吴杉亭、江云樵《旧谱》,汪氏增损之者。……《李氏音鉴》为大兴李汝珍撰。……其书文辞辩博,征引浩繁,类有学者所为,故浅人多为所震,其实未窥等韵门径。[①]

劳氏这里所举的,当然未曾完备;可是我们总得要知道,明、清等韵家的作品,实不外此二大类:一类是以古音为重,一类就是所谓兼及"时音";在等韵沿革上,所谓以古音为重的,大致总是沿袭《切

① 见《等韵一得·外篇》。

韵》的系统，至于兼及时音的，往往是受了北音韵书的影响，而把相沿的学说或面目加以更改，最值得我们的注意。我们可以从分等的标准，所列的韵摄，四声的系统，以及字母的增删和分类，这几点上，来观察它们递嬗演进的情形，并且探究它们所受近代语音演变的影响。关于分等的标准，由宋元派的开合各有四等，演成明、清派的开、齐、合、撮四呼，已如上文所述。至于所列的韵摄，也大抵由繁复而趋于简单，渐次受了近代北音系统的薰染，如《韵镜》《七音略》的四十三转并成《切韵指南》的二十四图，《指南》的十六摄演成《要法》的十二摄，都是随着实际语音的演变而来的。又如吕坤《交泰韵》所列二十一韵，马檠什《等音》所列十三韵，《李氏音鉴》所列二十二"同音"，胡垣《古今中外音韵通例》所列十五韵，虽分合略有异同，而大都把《麻》《遮》分列，不列《深》《咸》二音，是以近代中国北部、中部的音为根据的。劳氏《等韵一得》多迁就《切韵》的音读系统，他说："《麻》与《车》《遮》，时音虽分为二。而古音不别；故《要法》不列于图内，则《要法》的《迦》《结》可并。"又谓："《侵》《覃》《盐》《咸》之于《真》《文》《元》《寒》《删》《先》，今闽广音尚分，则《要法》之《根》《干》当列摄，《指南》之《深》《咸》当存。"所以劳氏列着《阿》《厄》《馋》《埃》《额》《敖》《欧》《昂》《鞍》《安》《恩》《谙》《訫》十三摄，又加上《伊》《乌》《俞》三音，以尽等呼之变；自己说是"天造地设，不可移易"；其实并合《迦》《结》，并列着《谙》《訫》二音，只是就近代的北音系统，改参古音而已。再就四声的系统而言：上面所论列的许多等韵书，大都承袭《切韵》一派韵书的系统，并兼采近代中部、南部方音的，仍沿用平、上、去、入的名目；又因声纽的清浊，影响于音调的高低，就把四声各分清浊。近代北音里，浊音既多归并于清音，入声又渐渐变为长音，分归于平、上、去。[①] 所以周德清

① 参看拙著《中国语音系统的演变》(载《暨南学报》第一卷第一号)。

《中原音韵》只分阴平、阳平(这里所指的阴、阳平是指音调的变异而言)、上、去(详下节);因为浊上、浊去多并入清音中,只有平声分阴、阳,尚留有一点清、浊的遗迹。但是入声存在的区域,现代还是很广;不过和《切韵》系统里入声的性质,未必完全相同罢了。所以《字母切韵要法》以及潘氏《类音》、劳氏《等韵一得》仍用平、上、去、入为标目;而调和二者之间的,就是五声之说。方以智《通雅》定啌平、嗟平、上、去、入五声;马桀什《等音》定为平、上、去、入、全,即以全声为阳平;林木裕《声位》改为开、承、转、纵、合五声,避去五声之名,而用其实。胡垣《通例》谓:"从李松石《音鉴》,用《中原音韵》阴、阳二平声,配上、去、入三仄声;如衣、移、倚、意、乙五字连读";就是平声阴阳,仄声上、去、入的五声。这五声之说,就是采取北音的阴、阳、上、去,加上中部或西南的入声,和《切韵系统》里的四声,完全不同了。至于三十六字母,明、清时的等韵家仍多沿用。江永《音学辨微》且谓为"不可增减,不可移易"。劳乃宣《等韵一得·外篇》亦谓三十六母"实足以括一切有字之音,后世诸家删之,并之皆非也"。但是也有把这三十六字母加以增损的:增益字母的,始于北宋邵雍;雍作《皇极经世声音图》,列正音四十八类,每类各分开、发、收、闭,共得一百九十二音,实以赅一切有字、无字的音。清时潘耒《类音》的五十字母和劳乃宣《等韵一得》的五十八母,都是祖述邵氏之说而略加以损益的。[①] 不过邵氏虽增益十四类,而把《娘》《敷》合于《泥》《非》,减了二母,已经开了删并字母的风气。因之陈晋翁《切韵指掌图节要》的三十二母有《知》《彻》《澄》《泥》而无《照》《穿》《床》《娘》;吴澄的三十六字母有《芹》《威》以易《群》《非》,删《知》《彻》《床》《娘》而别增牙音细音的《圭》《缺》《群》《危》;[②]黄

---

① 参看罗常培《敦煌写本守温韵学残卷跋》第258～260页,及《守温字母源流表》。

② 见吴澄《文正集切韵指掌图节要序》。

公绍《韵会》的三十六字母，并《知》《彻》《澄》和《照》《穿》《床》为三母，又分并《疑》《喻》《影》《匣》的一部分另列《鱼》《幺》《合》三母；梅膺祚《韵法直图》沿用的三十二母有《照》《穿》《床》《泥》而无《知》《彻》《澄》《娘》。大概因为《知》《彻》《澄》《娘》和《照》《穿》《床》《泥》的混变，从北宋以来，更渐渐的显著了。至李登《书文音义便考私编》及杨选杞《声韵同然集》的三十一母，删去《知》《彻》《澄》《娘》四母，并《并》《敷》于《非》，和《洪武正韵》的声纽种类相同。[①] 叶秉敬《韵表》又删去《知》《彻》《澄》《娘》《敷》《疑》六母；王应电《声韵会通》删并《知》《彻》《澄》《娘》《床》《邪》《敷》《奉》《喻》《匣》十母，而把《疑》《禅》各分二类，共二十八类；《并音连声字学集要》的二十七母，删去《群》《疑》《透》《床》《禅》《邪》《知》《彻》《娘》《非》《微》《匣》十二母，又增入《勤》《逸》《叹》，以当《群》《疑》《透》三母。[②] 看它们对于三十六字母删并的地方，大都总是用以适应实际语音的演变的；但是，近代北音里浊音声纽是很多并入于清音当中的，而它们尚未把"全浊"的诸纽尽行删去，只可以说是对于三十六字母的系统为渐变的，而非剧变的。这种剧变的例子，要待下节里详细叙述。至于声纽的分类，从前各组里全清、次清、全浊、次浊的分法，也因北音里浊音声纽的减少，不适合于实际的语音。于是方以智《通雅》废去清浊，而改分"发""送""收"三类，就是近代等韵家所谓"声等"之说。陈澧《切韵考·外篇》以为宋、元人所指的清、浊，实在就是发、送、收的声等；但是陈氏要分析《广韵》切语上的声纽，又不能不承认潘耒和江永清、浊相配，三十六母共为五十位之说；所以兼用清、浊和发、送、收来分析字母。于是声等的分划，只是关于辅音气程阻碍的程度差异，兼及

① 详下节，并参看拙著《国语上轻唇音的演化》。

② 参看《守温字母源流表》，及罗常培《敦煌写本守温韵学残卷跋》第260～261页。

送气、不送气的分别，而和清、浊的关于辅音的带乐音与否分开来论列了。到了劳乃宣，以为发、送、收三类，不甚整齐；《见》《端》和《溪》《透》等属于发声、送气的分别，诚为至当，至以鼻音的《疑》《泥》诸母和边音、摩擦音的《来》《日》等，都归于收声一类，总是勉强。劳氏就把发、送、收三类改为“戛”“透”“轹”“捺”四类；《等韵一得》里的《字母谱》，除了喉音的《影》《喻》二母只有清、浊之分，其余的各组，①清、浊的分别以外，又分为戛、透、轹、捺四类。劳氏关于这四类的解释：

> 音之生，由于气。喉音出于喉，无所附丽，自发声至收声，始终如一，直而不曲，纯而不杂，故独为一音，无戛、透、轹、捺之别。鼻（即指牙音）、舌、齿、唇诸音皆与气相遇而成。气之遇于鼻、舌、齿、唇也，作戛击之势而得音者，谓之戛类；作透出之势而得音者，谓之透类；作轹过之势而得音者，谓之轹类；作按捺之势而得音者，谓之捺类。②

可见声等的分别，到了此时，完全属于辅音在发音时气程阻碍的程度上的差异，即指破裂音或破裂兼摩擦音的送气和不送气及边音、摩擦音、鼻音的几类；论到清、浊，就专指关于辅音带乐音与否的区别，不像从前只以全清、次清、全浊、次浊四类来混同的概括了。这种分析音素的进步，固然是因为受了西洋语音学理输入的影响（详下第九章），而也是由于近代语音演变的现象有以促成的。等韵学上既然因北音系统的发展而发生剧变，韵书上也自然对《切韵》以至《诗韵》一系而别成北音韵书。

---

① 参看本文第176页注释①《声母发音部位异名表》。
② 见《等韵一得·外篇》。

(三) 近代"北音韵书"的源流

我们在上节里说过，等韵和韵书在演进的历史上往往发生着交互的影响，而且这两方面都具有渐变的和剧变的例子；从《广韵》到近代的《诗韵》，它们对于陆法言《切韵》一系的韵书，只可以说是渐变的，虽然在编制的形式和面目上有一些更动，而于实际的音读系统，并没有剧烈的变化。到了元代的周德清，辑成《中原音韵》一书，遂创立"北音"一系的韵书，和《切韵》《广韵》一系适相对立；北音韵书的产生，正和宋后等韵表上的种种改革，大都同是为着适应实际语音的演变而起的。我们从上面的几章几节里，知道了《广韵》等书的内容，是沿袭陆法言综合古今南北的宗旨而来，包含有多种不同的系统，在隋、唐时已经和任何一种实际的方音不能完全适合；[①]因之宋后千余年间一般文人依据这一系的韵书所撰作的诗赋，就成为纸上的死语，和他们实际的口语完全趋于两途。金、元以来，政治中心渐移于黄河流域诸省，北音的势力也渐渐发展。北音的系统比较简单，正和《广韵》诸书里繁复的声韵，两相对抗。近代提倡新文学的，提倡国语统一运动的，就用这种最有势力的北音做标准。这就是北曲文学和北音韵书所以发生的缘故。北曲文学是对于诗赋的旧文学起一个革命，北音韵书就是对于《广韵》一系的韵书起一个革命。彼此相辅而行，更足以促进北音势力的发展，而建立国语统一运动的基础。北音韵书的首创者，当推周氏的《中原音韵》；周氏书成于元泰定甲子（西元后一三二四年）。或传

① 参看本文的五（二）。

此书之前，已有《中州韵》一书；[1]其实《中州韵》即指卓从之的《中州乐府音韵类编》，大抵成于元至正辛卯（西元后一三五一年）年间，在《中原音韵》作成后约二十七年。[2] 或并误传《绿斐轩词林韵释》出于南宋；据近人的考证，《绿斐轩词韵》乃是明成化间陈铎所作。[3] 至于宋、元间所谓“中原雅声”“中原雅音”之类，只是指普通流行的官话，并未曾有固定的作述。[4]《洪武正韵》宋濂《序》云：

> 钦遵明诏，研精覃思，壹以中原雅音为定；复恐拘于方言，无以达于上下。……

这里所谓中原雅音，明代的记载都以为是指周氏《中原音韵》，其实也不过承袭往时所谓雅声，是对各地的方言而说的，并非固定的书名。[5] 因此可知周氏以前，并未曾有正式的北音韵书出现。周氏《中原音韵·自序》云：

> 言语一科：欲作乐府，必正言语，欲正言语，必宗中原之音。乐府之盛之备之难，莫如今时；其盛则自缙绅及闾阎歌咏者众，其备则自关、郑、白、马，一新制作，韵共守自然之音，字能通天下之语。……

可见周氏书直接的根据，是元代那些戏曲家的作品。他从这种戏

① 参看赵荫棠《中原音韵研究》卷上第一节。案，程明善《啸余谱凡例》谓《中州韵》为宋太祖所编。

② 参看赵荫棠《中州音韵源流考》（载二十年一月七日《北平晨报学园》）。

③ 参看赵荫棠《绿斐轩词韵时代考》（载十九年十二月十七、十八两日《北平晨报学园》）及《绿斐轩词林要韵的作者》（二十年四月一日《北平晨报学园》）。

④ 参看赵荫棠《中原音韵研究》卷上第一章，第6页。

⑤ 本赵荫棠《中原音韵研究》卷上第一章。

曲的作品上归纳出来的韵书，自然和《广韵》一系不相合。周氏书里另有《中原音韵正语作词起例》，屡屡提起《广韵》，以表明他对于《广韵》一系韵书改革的主张。他说：

余尝于天下都会之所，闻人间通济之言，世之泥古非今，不达时变者众。呼吸之间，动引《广韵》为证，宁甘受鴂舌之诮而不悔。亦不思混一日久，四海同音，上自缙绅讲论治道，及国语翻译，国学教授言语，下至讼庭理民，莫非中原之音。不尔，止依《广韵》呼吸。……如此呼吸，非鴂舌而何？不独中原，尽使天下之人俱为闽海之音，可乎？……合于四海同音，分豁而归并之，与坚守《广韵》方语之徒，转其喉舌，换其齿牙；使执而不变，迂阔庸腐之儒，皆为通儒，道听途说，轻浮市廛之子，悉为才子矣。（见《正语作词起例》）

他以为《广韵》一系的韵书是代表东南闽、浙之音，虽不尽合于事实，更以为它们起于六朝江左，为南方鴂舌之音，持论亦不免偏激；但是他想要打破一般文人墨守的旧习，要采取当时最通行的北音以作"正言语"之用，自然要排斥《广韵》一系韵书在传统上的势力。所以他在《中原音韵·自序》里说：

呜呼！言语可不究乎！以板行谬语而指时贤作者皆自为之词；将正其己之是，隐其己之非，务取媚于市井之徒，不求知于高明之士；能不受其惑者几人哉？

他认定语言和文学都是适应时代而演变的，尤其是语言，为文学的基础，适合于某时代最通行的语言，才可算是某时代的正式文学；戏曲文学既然适合于当时最通行的北音，所以周氏依据这些作品来创定一种韵书，以表明那班奉行“板行谬语”来撰作诗文的，都是“不达时变”。毛先舒《声韵丛说》里有云：

> 或以周德清《中原音韵》，不过写北方土音耳。不知此书，专为北曲而设，故往往与北人土音相合。至其斟酌声韵，宛转喉吻，则具有精微焉。

他是为着提倡文学的革命，因而创立北音韵书，以分析北音系统里的声韵；在当时北音已经有统一全国的趋势，而且北音区域为近代政治中心所在的地方，所以叫做中原之音；一方面为戏曲文学上所依据，另一方面又应为当时语言上正音的标准。不过周氏系江西高安人，他以南方人而作北音韵书，遂使人对于他的著作内容发生疑问。明王伯良在《曲律论韵·第七》上说：

> 周江右人，率多土音，去中原甚远，未必字字订过；是欲凭影响之见，以著为不刊之典，安保其无离而不叶于正哉？

周氏书里所分析的，固然也有一些不合北音的地方，[①]但是元代戏曲的作品，既然符合于中原之音，周氏书本于戏曲而作，大体上自然也符合于中原之音。周氏书实在前无所本，只是就元代戏曲作品上归纳出来，而以改革《广韵》一系的韵书的。它和《广韵》的主要异点，就是关于实际音读系统上的各别；现在列举于下：

1.《中原音韵》的韵部共为十九，和《广韵》的二百零六韵比较

① 例如“高”与“交”与“娇”之分；参看赵荫棠《中原音韵研究》，第 2 页，第 91～93 页。

起来，除了四声各合为一韵以外，大都由《广韵》的各部并合而成。[①] 这十九部的韵目如下：

一、《东钟》　二、《江阳》　三、《支思》　四、《齐微》　五、《鱼模》　六、《皆来》　七、《真文》　八、《寒山》　九、《桓欢》　十、《先天》　十一、《萧豪》　十二、《歌戈》　十三、《家麻》　十四、《车遮》　十五、《庚青》　十六、《尤侯》　十七、《侵寻》　十八、《监咸》　十九、《廉纤》

其中只是《家麻》和《车遮》由分析《广韵》的《麻》韵而来。这十九部和刘鉴《切韵指南》的《十六摄》比较如下：

十九韵	十六摄
《东钟》	《通》摄
《江阳》	《江》《宕》两摄
《支思》	《止》摄《精》《照》《日》组
《齐微》	《止》摄及《蟹》摄开口三四等及合口
《鱼模》	《遇》摄
《皆来》	《蟹》摄开口一二等
《真文》	《臻》摄
《寒山》	《山》摄开口一二等、合口二等及《咸》摄《非》组
《桓欢》	《山》摄合口一等
《先天》	《山》摄开口三四等、合口三四等
《萧豪》	《效》摄

① 参看赵荫棠《中原音韵研究》卷上第二章。

《歌戈》	《果》摄一等
《家麻》	《假》摄二等
《车遮》	《假》摄三四等
《庚青》	《曾》《梗》二摄
《尤侯》	《流》摄
《侵寻》	《深》摄
《监咸》	《咸》摄一二等
《廉纤》	《咸》摄三四等

这样一比较，可见《中原音韵》虽然合并了《广韵》的各韵，可是十九部当中还是有承袭《切韵》《广韵》诸书，如《寒》《桓》《先》之类，采取以等呼分韵的办法的。至于《车遮》和《支思》二部的分立，在毛注《礼部韵略》和吴棫《韵补》里已见有端倪，[①]足见南宋时代这两部已有独立的趋势；但是必待《中原音韵》才明确的分析，这可以认为是北音系统里分韵的特征。《切韵指南》把《韵镜》的四十三转并成这十六摄，已经显示着近代语音演变上单纯化的现象，[②]只是《切韵指南》直接根据于《韵镜》诸书，未曾脱离《切韵》系统的范围，其间虽然也曾受有北音系统的影响，而所立的十六摄，终未尽符合北音的分部。不过在另一方面看来：等韵表上把四声各韵合为一图，已经改变了从前以四声分韵的体例，而渐渐把四声各韵隶属于“转”“摄”之下；后来又因为入声演化的结果，使得中国字调的区别，只成为音调变化上的关系，不参杂有其他音素的差异。所以到

---

① 《毛注礼部韵略微韵》后案语云：“所谓一韵当析为二者，如《麻》字韵自奢以下，《马》字韵自写以下，《祃》字韵自藉以下，皆当别为一韵，但与之通可也。盖《麻》《马》《祃》等字皆喉音，《奢》《写》《藉》等字皆齿音；以中原雅音求之，夐然不同矣。”吴棫《韵补》各韵字排列，始《见》终《日》，而在《支》韵《日》母“人”字后，忽列“资”“次”“斯”“兹”等字，正是表明《支思》韵的分立。

② 参看本文的七（二）。

了北音韵书里，并不以四声为纲，而只是把四声隶属于韵部之下；这种韵书体例的改革，又是受有等韵表的影响的，同时也用以适应实际语音系统的演变。

2.《中原音韵》把入声分归于平、上、去，又和《切韵》的系统显然相异。他《自序》云：

> 声分平仄者，谓无入声，以入声派入平、上、去三声也。作平者最为紧切，施之句中，不可不谨；派入三声者，广其韵耳。有才者，本韵自足矣。

这种结果，也是从戏曲的作品当中归纳而来。《中原音韵》的《起例》上说：

> 平、上、去、入四声，《音韵》无入声，派入平、上、去三声。前辈佳作中间，备载明白，但未有以集之者，今撮其同声；或有未当，与我同志改而正诸。

那时的入声，已经遗失了收尾辅音，成为阴声韵的短促音，所以有些音韵书上把这种入声同隶于阴、阳声韵；[①]而同时又已具有延长变为阴声韵的趋势，在戏曲作品上遂得和平、上、去通押。陶宗仪《辍耕录》有云：

> 今中州之韵，入声似平声，又可作去声。

陶氏和周氏系同时人，足以见得元代北音里已经渐渐把入声韵混

---

① 参看本文的七(二)。

合于平、上、去，达到了入声演化史上的第三阶段。[①] 但是周氏还未敢毅然断定当时入声的消灭，《起例》上说：

> 入声派入平、上、去三声者，以广其押韵，为作词而设耳。然呼吸言语之间，还有入声之别。

这或许因为他是江右人，心目中还有入声的存在；只是他从前辈佳作中间见到入声和平、上、去通押的例，就把它派入三声。所以说“广其押韵”“或有未当”“施之句中，不可不谨”；正是表明他的书直接根据于戏曲作品，未必由观察实际的语音系统而作。但是语言为文学的先驱，元代戏曲作品当中既然反映着入声派入三声，那末，我们可以断定当时的入声韵，至少具有延长变为阴声韵的趋势，和现代北平音的字调系统渐次相合了。

3.《中原音韵》又把平声分为“阴”“阳”二类（这里所谓阴、阳，是指音调变化的关系而言，和阴声韵、阳声韵关于韵母上有无收尾鼻音的分别，不可相混）；他说这里所谓阴、阳平的分别，和《广韵》里上平、下平，根本不相干。《中原音韵·自序》云：

> 字别阴、阳者，阴、阳字平声有之，上去俱无。上、去各止一声，平声独有二声，有上平声，有下平声。上平声非指一《东》至二十八《山》而言，下平声非指一《先》至二十七《咸》而言。[②] 前辈为《广韵》平声多，分为上下卷，非分其音也。殊不知平声字俱有上平、下平之分，但有有音无字之别，非一《东》至《山》皆上平，一《先》至《咸》皆下平也。如“东”“红”二字之

---

① 参看唐钺《入声演化与词曲的关系》（载《国故新探》，商务印书馆出版）。

② 二十七《咸》的韵目，与今所传各本《广韵》不合，未知周氏系何所据。

类,"东"字下平声属阴,"红"字上平声属阳;阴者即下平声,阳者即上平声。试以"东"字调平仄,又以"红"字调平仄,便可知平声阴、阳字音,又可知上、去二声各止一声,俱无阴、阳之别矣。

这种阴、阳的分别,原来是由声纽上清、浊的混同而起;从前把各组声纽分做全清、次清、全浊、次浊四类;[①]后来全浊音渐渐变成次清,于是清、浊的分别,只是在音调上还留着高低的差异;元、明以来的音韵学家就有很多对于清、浊的观念分辨不清楚了。例如方以智所发的疑问:

将以用力轻为清,用力重为浊乎?将以初发声为清,送气声为浊乎?将以啌喉之阴声为清,喤喉之阳声为浊乎?[②]

清、浊的关于声纽的带乐音与否,本来和阴、阳的关于音调高低的变化,是两件事;不过,在整个字音上,声纽的清、浊,使得音调也随着发生高低的差异(方氏疑以用力轻重来分清、浊,或即因此);全浊音既然变成次清,于是清、浊的分别,只遗留着音调高低的差异,而容易误认为就是"发声""送气"的区别。[③] 再到了近代北音里,全浊声纽的字音,在平声里又分化出一种阳调,声纽本身也完全变成次清,在仄声里却更因字调的影响先把送气的成分消失,再渐渐和全清音混并,于是浊音的遗迹消灭,而只在平声里留了一个阳调了。所以周氏云:"阴、阳字平声有之,上去俱无";或者不察,遂误

---

① 参看本文的六(二)。
② 见方氏《通雅》卷五十《切韵声原》。
③ 参看本文的七(二)。

以啌平的阴声为清，噇平的阳声为浊了。[①] 但是，我们要知道，阴、阳平的分别，固然不能认为就是声纽的清、浊，不过在音韵沿革史上看来，阴、阳平的发生，大都由清、浊声纽的分别上蜕变而来；因为北音系统里全浊音的消灭就使《中原音韵》里产生着“字别阴、阳”。讲到这里，我们就要来考察《中原音韵》具有怎样的声纽种类了。《中原音韵》虽没有依照字母次序排列韵中诸字，但是凡属同音的字都放在一起，用圆圈隔开。《起例》云：

> 《音韵》内每空是一音，以易识字为头，止依头一字呼吸，更不别立切脚。

他不用反切来注音，这又是和《广韵》体例不合的地方；因为以易识字为头，用不着别立切脚了。罗常培曾经将那些同音字分类研究，知道《中原音韵》的声纽共有二十类。[②] 这二十类和《三十六字母》比较起来，恰好和近代依据北音系统来并合字母的相符；最值得我们注意的，就是其中浊音声纽的减少。[③]《中原音韵》所代表的语音系统里，既然没有全浊音，那末，在字调上平声也就演成了阴、阳二类，再加以入声的消灭，只有阴、阳、上、去四类，和现代北平音的字调种类相合了。

上面所述《中原音韵》和《广韵》的主要异点——关于韵部的分合和字调的种类等等——足以显示《切韵》系统和元代北音系统的歧异所在；这种韵书上的剧变，正是因为适应实际音读系统的变更

---

① 参看罗常培《旧剧中的几个音韵问题》(《东方杂志》第三十三卷第一号)，第401～404页。

② 参看罗常培《中原音韵声类考》(载中央研究院《历史语言研究所集刊》第二本第四分)。

③ 罗常培《中原音韵声类考》第437页，载《中原音韵声类源流表》，兹节录如下(见第310～312页表格)。

等韵三十六字母	帮并(去)	滂并(平)	明	非敷奉	微	端定(去)	透定(平)	来	泥娘	见群(去)	溪群(平)	晓匣	影喻疑	照知床澄(去)	穿彻床澄禅(平)	审禅(去)	日	精从(去)	清从(平)	心邪
中原音韵二十声类	崩	烹	蒙	风	亡	东	通	龙	脓	工	空	烘	邕	钟	充	双	戎	宗	忩	嵩
兰茂二十字母	冰	破	梅	风	无	东	天	来	暖	见	开	向	一	枝	春	上	人	早	从	雪
桑绍良二十字母	苞	盘	民	弗	忘	德	天	赉	乃	国	开	向	王	桢	昌	寿	仁	增	千	岁
李如真二十二字母	邦	滂	明	非敷	微	端	透	来	泥	见	溪	晓	影疑	照	穿	审	日	精	清	心
乔中和十九字母	帮	滂	门	(非)	(微)	端	退	雷	农	光	孔	怀	翁外	中	揣	谁	戎	钻	存	损
金尼阁二十字父	百	魄	麦	弗	物	德	忒	勒	搦	格	克	黑	额	者	撦	石	日	则	测	色

续 表

等韵三十六字母	帮并(去)	滂并(平)	明	非敷奉	微	端定(去)	透定(平)	来	泥娘	见群(去)	溪群(平)	晓匣	影喻疑	照知床澄(去)	穿彻床澄禅(平)	审禅(去)	日	精从(去)	清从(平)	心邪
方以智二十字母	帮	滂	明	夫	微	端	透	来	泥	见	溪	晓	疑	知	穿	审	日	精	从	心
马自援二十一字母	邦	滂	明	非	微	端	透	来	泥	见	溪	晓	影疑	知	穿	审	日	精	青	心
林本裕二十字母	邦	滂	明	非	微	端	透	来	泥	见	溪	晓	疑	知	穿	审	日	精	青	心
樊腾凤二十字母	梆	匏	木	风		斗	土	雷	鸟	金	桥	火	蛙云	竹	虫	石	人	剪	鹊	丝
李汝珍三十三字母	便博	飘盘	满眠	粉		蝶对	天陶	涟蛮	鸟嫩	惊个	溪空	翾红	尧鸥	中	春	水	然	酒醉	清翠	仙松

续表

等韵三十六字母	帮并(去)	滂并(平)	明	非敷奉	微	端定(去)	透定(平)	来	泥娘	见群(去)	溪群(平)	晓匣	影喻疑	照知床澄(去)	穿彻床澄禅(平)	审禅(去)	日	精从(去)	清从(平)	心邪
许桂林十九音	帮	旁	忙	非		当	汤	郎		冈姜	康羌	昂央	杭香	张	昌	商	攘	(臧)	(仓)	(桑)
邹汉勋二十声	邦	滂	明	非夫	微	端	透	来		见	谿	匣	影疑	照	穿	审		精	清	心
周赟十九经声	逋	铺	模	敷		都	菟	攎	驽	枯	刳	呼	乌	朱	初	疏	濡	租	粗	苏
李邺二十一母	帮	滂	明	非敷	微	端	透	来	泥	见	溪	哓	疑	照	穿	审	日	精	清	心
胡垣二十二字母	奔	喷	扪	分	闻文	登	吞	能	仍	根	铿	亨	恩颖	真	称	申	人	增	层	僧
华长忠五十衍	伯必	迫僻	莫觅	弗		德狄独	拼惕秃	勒内鹿	诺匿讷	各国角节	客廓阙妾	赫或雪絜	额渥月叶	浙卓	彻绰	涉说	日弱额(儿)	责作	测错	瑟索
国音二十四声母	ㄅ	ㄆ	ㄇ	ㄈ	ㄪ	ㄉ	ㄊ	ㄌ	ㄋ	ㄐ,ㄍ	ㄑ,ㄎ	ㄒ,ㄏ	ㄏ,ㄫ(ㄧ,ㄩ,ㄨ)	ㄓ	ㄔ	ㄕ	ㄖ	ㄗ	ㄘ	ㄙ

而起的。自从元代到了最近，经过五百年光景，所谓北音区域里的实际音读，当然也不免有一些变动；《中原音韵》里的字调种类虽然和现今北平音里的相同，而有些字依北平音应归入此调，而《中原音韵》归入彼调的；往时的入声字，在现代北平音里多混入阴平调，这是在《中原音韵》里所没有的。[1] 又各韵所隶之字，有些依北平音应归此部而在《中原音韵》里归于彼部的。[2] 至于《侵寻》《监咸》《廉纤》三部和《真文》《寒山》《先天》诸部，在元代的北音里是彼此独立的；周氏分列此三部，并非为着保存古音，用以迁就《切韵》的系统的。因为周氏既然指斥《广韵》为闽、浙之音，如果当时北音里或戏曲作品当中《侵寻》等三部已经和《真文》《寒山》诸部混合，周氏自然不肯根据《广韵》而把它们分列开来。《侵寻》等三部，词曲家相传谓之“闭口韵”，就是具有[-m]的收尾音的，周氏《正语作词起例》里列着辨别“针”“真”不同音诸例，可以知道当时收[-m]的字和收[-n]的字并未相混。《正语作词起例》云：

> 六朝所都，江、淮之间，《缉》至《乏》俱无闭口，独浙有也。以此论之，止可施于约之乡里矣。

他以为《缉》至《乏》诸韵的字都无闭口，就是不具有[-p]的收尾音的，因而把《缉》至《乏》诸韵的字归入《齐微》《歌戈》等部，主张不应以配那些收[-m]的《侵》至《凡》；他指明了《缉》至《乏》俱无闭口，又可以反证《侵寻》等部当时仍读闭口。又周氏所列入《侵寻》诸部的字，并非完全依据于《广韵》的，如旧韵里闭口韵的唇音诸母的字，在当时已经因“异化作用”(dissimilation)而变为非闭口韵的

---

① 依据王力《中国音韵学》下册第四编第三十八节，第208～209页。
② 同上。

（收[-n]或收[-ŋ]），周氏并没有依照旧韵把它们归入《侵寻》等三部；可见他立此三部，完全和当时的实际音读相合，而这三部的为闭口韵，也可得着一个反证了。[①] 因此我们知道《中原音韵》虽然由戏曲作品当中归纳而来，周氏未必曾经实地考察当时的北音，但是它的内容，大体上总和实际的北音系统相合。后来发生的许多北音韵书，一部分随着实际北音系统的演变，把周氏的原著陆续加以改订；一部分又参杂了其他方音的成素，并且受了南曲文学的影响，也变更《中原音韵》的一些面目。这一系韵书的流变，可以说完全是依据于实际音读的纷歧和变迁的。

《中原音韵》在泰定甲子后，流行的各本颇不一致；后来刊行时，始订为定本。《正语作词起例》云：

> 《中原音韵》的本内，平声阴如此字，阳如此字。萧存存欲锓梓以启后学，值其早逝。泰定甲子以后，尝写数十本散之江湖。其韵内平声阴如此字，阳如此字，阴、阳如此字。夫一字不属阴则属阳，不属阳则属阴，岂有一字而属阴又属阳也哉？此盖传写之谬，今既的本刊行，或有得余墨本者，幸毋讥其前后不一。

卓从之的《中州乐府音韵类编》大概就是依据周氏书的那种未定稿而作成的，它的韵内正是“阴如此字，阳如此字，阴、阳如此字”；现存《啸余谱》本，系出自明王文璧增订本，非卓氏原书；今得见铁琴铜剑楼所藏杨氏编《太平乐府》，前列卓氏书，[②]平声分阴字、阳字、

---

① 依据王力《中国音韵学》下册第四编第三十八节，第205～207页。

② 《铁琴铜剑楼书目·太平乐府》九卷下注：“明万历间摆印，即杨氏（青城澹斋杨朝英）所编者，卷首冠以燕山卓从之《中州乐府音韵类编》一卷。邑人孙唐卿氏所藏。以元刻本校过并跋。”吾友卢前有单刊本。

阴阳字三类。卓氏书简称《中州音韵》，或《中州韵》，[1]也有称为《中原音韵类编》，[2]容易和周氏书混而为一；因为周氏的《中原音韵》也有称为《中州音韵》的。[3] 而关于此书的作者，又有许多异说，或谓王鵕所作，[4]或且谓为宋太祖所创；现今卓氏原书既已得见，此等异说自可无庸置辨。卓氏书依《太平乐府》所载邓子晋《序》，知道它是作于至正辛卯年间（西元后一三五一年间），又名为《北腔韵类》。[5] 又原书题名《中州乐府音韵类编》，下署燕山卓从之述，可以知道它是继述周氏的《中原音韵》，也是为北曲而设的。它的十九韵目，几乎和周书完全相同，只是《歌戈》称为《哥戈》，《侵寻》称为《寻侵》而已。[6] 至于所分的阴字、阳字、阴阳字三类，王伯

① 《也是图书目》："卓从之《中州韵》一卷。"王国维《曲录》："《中州音韵》一卷，《啸余谱》本，元卓从之撰。"

② 见王伯良《曲律》。

③ 见《中原音韵》虞集《序》。

④ 张恩成《等韵易简》："平声分阴、阳，元周德清《中原音韵》分类标明，李书云《音韵须知》，王鵕《中州音韵》悉遵之。"

⑤ 商务印书馆影印《太平乐府》前有至正辛卯巴西邓子晋《序》，中有云："且以燕山《北腔韵类》冠之。"

⑥ 罗常培《旧剧中的几个音韵问题》第 396～397 页，载有《曲韵韵目对照表》，因录如下：

中原音韵	卓中州	洪武	琼林	绿斐	王中州	范中州	辑要	骊珠	周中州
东钟	东钟	东	穹窿	东红	东钟	东同	东同	东同	东钟
江阳	江阳	阳	邦昌	邦阳	江阳	江阳	江阳	江阳	江阳
支思	支思	支	诗词	支时	支思	支思	支时	支时	支时
齐微	齐微	齐 ○灰	丕基	齐微	齐微	机微	机微 ○归回	机微 ○灰回	齐微 ○归回
鱼模	鱼模	鱼 ○ 模	车书	车夫	鱼模	居鱼	居鱼 ○苏模	居鱼 ○姑模	居鱼 ○知如 ○苏徒

（转下页）

良《曲律》上有一条说：

凡字不属阴则属阳，无阴阳兼属者。余家藏得燕山卓从之《中原音韵类编》，与周韵凡类皆同。独每韵有阴，有阳，又有阴、阳通用之三类。

（接上页）

<table>
<tr><th>中原音韵</th><th>卓中州</th><th>洪武</th><th>琼林</th><th>绿斐</th><th>王中州</th><th>范中州</th><th>辑要</th><th>骊珠</th><th>周中州</th></tr>
<tr><td>皆来</td><td>皆来</td><td>皆</td><td>泰阶</td><td>皆来</td><td>皆来</td><td>皆来</td><td>皆来</td><td>皆来</td><td>皆来</td></tr>
<tr><td>真文</td><td>真文</td><td>真</td><td>仁恩</td><td>真文</td><td>真文</td><td>真文</td><td>真文</td><td>真文</td><td>真文</td></tr>
<tr><td>寒山</td><td>寒山</td><td rowspan="2">寒〇删</td><td>安闲</td><td>寒山</td><td>寒山</td><td>干寒</td><td>干寒</td><td>干寒</td><td>寒山</td></tr>
<tr><td>桓欢</td><td>桓欢</td><td>[illegible]鸾</td><td>鸾端</td><td>欢桓</td><td>欢桓</td><td>欢桓</td><td>欢桓</td><td>桓欢</td></tr>
<tr><td>先天</td><td>先天</td><td>先</td><td>乾元</td><td>先天</td><td>先天</td><td>天田</td><td>天田</td><td>天田</td><td>先天</td></tr>
<tr><td>萧豪</td><td>萧豪</td><td>萧〇爻</td><td>箫韶</td><td>萧韶</td><td>萧豪</td><td>萧豪</td><td>萧豪</td><td>萧豪</td><td>萧豪</td></tr>
<tr><td>歌戈</td><td>哥戈</td><td>歌</td><td>珂和</td><td>和何</td><td>歌戈</td><td>歌罗</td><td>歌罗</td><td>歌罗</td><td>歌罗</td></tr>
<tr><td>家麻</td><td>家麻</td><td>麻</td><td>嘉华</td><td>嘉华</td><td>家麻</td><td>家麻</td><td>家麻</td><td>家麻</td><td>家麻</td></tr>
<tr><td>车遮</td><td>车遮</td><td>遮</td><td>砗砑</td><td>车邪</td><td>车遮</td><td>车遮</td><td>车蛇</td><td>车蛇</td><td>车遮</td></tr>
<tr><td>庚青</td><td>庚青</td><td>庚</td><td>清宁</td><td>清明</td><td>庚青</td><td>庚亭</td><td>庚亭</td><td>庚亭</td><td>庚青</td></tr>
<tr><td>尤侯</td><td>尤侯</td><td>尤</td><td>周流</td><td>幽游</td><td>尤侯</td><td>鸠尤</td><td>鸠由</td><td>鸠侯</td><td>鸠由</td></tr>
<tr><td>侵寻</td><td>寻侵</td><td>侵</td><td>金琛</td><td>金音</td><td>侵寻</td><td>侵寻</td><td>侵寻</td><td>侵寻</td><td>侵寻</td></tr>
<tr><td>监咸</td><td>监咸</td><td>覃</td><td>潭岩</td><td>南山</td><td>监咸</td><td>监咸</td><td>监咸</td><td>监咸</td><td>监咸</td></tr>
<tr><td>廉纤</td><td>廉纤</td><td>盐</td><td>恬谦</td><td>占炎</td><td>廉纤</td><td>纤廉</td><td>纤廉</td><td>纤廉</td><td>廉纤</td></tr>
<tr><td>一三
二四</td><td>一三
五一</td><td>一三
七四
〇又
多出
入声
十韵</td><td>一三
九八</td><td>一四
八三</td><td>一五
〇八
前</td><td>？</td><td>一七
八一</td><td>一七
九二
〇又
多出
入声
八韵</td><td>一七
九一？</td></tr>
</table>

所谓阴、阳通用的一类，并非指有阴、阳兼属之字；因为周德清已经明白说明当时并无可阴可阳之字，卓氏书刊行于其后，当然也无此类。至如沈宠绥《度曲须知》所谓“阴出阳收”一类的字，大都和原来的浊音声纽有关；而卓氏所列的阴、阳字一类，有属于原来的清音，也有属于原来的浊音的，可见也不是沈氏所谓阴出阳收的字。[①] 大概卓氏所谓阴字是指单有阴而无阳的，所谓阳字是指单有阳而无阴的，所谓阴阳字是指有阴有阳可以偶配的；不过原书有经传写之误，很易引起误解，需要我们细细的校订的。[②] 周氏书散在江湖的，也有这样的配列，恐怕引起误解，所以刊行时只列阴、阳二类，而于《起例》上特别说明，谓当时并无一字而属阴又属阳的。卓书刊行在泰定甲子后不过二十七年，大概卓氏所得见的，竟是《中原音韵》正式刊行以前的那种传写本，所以依据周氏的未定稿而作是书，内容上也就成为“其韵内平声阴如此字，阳如此字，阴、阳如此字”。现在把周氏《中原音韵》和卓氏《中州音韵》所收的字数来比较，更可以推想卓氏所根据的乃为《中原音韵》的未定稿。因为同一系统的韵书，产生在后的，如果不是对原有的韵书故意的节略，总比产生在前的字数要增多，例如唐、宋诸家对于陆氏《切韵》大都为增字加注而作。[③] 现在《啸余谱》本的《中州音韵》较卓氏原书为详，也是属于这种事例。可是卓氏书产生在《中原音韵》以后，而所收的字数反比周书为少（周书约五八七六，卓书约四〇九四），[④]这并非和韵书演进的公例不合，正是由于卓氏所根据的乃为周书刊行以前的未定稿的缘故。因此可见周氏的《中原音韵》和卓氏的《中州音韵》虽为两书，而大体上总算是周规卓随，并没有

---

① 参看赵荫棠《中原音韵研究》卷上第三章，第 20～22 页。

② 同上书，第 22～23 页。

③ 参看本文的五（二），及七（一）。

④ 依据赵荫棠《中原音韵研究》卷上第三章，第 24 页。

什么变更。变更周氏书的，当首推明初的《洪武正韵》。《洪武正韵》虽然说是“壹以中原雅音为定”，可是内容上并非纯粹属于北音系统，一方面迁就了旧韵书，一方面又参杂了当时南方的方音；所以这部书可以说是北音韵书南化的开始。《明史·乐韶凤传》：

> 八年，帝以旧韵出江左，多失正，命与廷臣参考中原雅音正之；书成，名《洪武正韵》。

《洪武正韵》成于洪武八年（西元后一三七五年），当时周氏、卓氏等书已很流行，当然要受它们的影响；不过所谓中原雅音，并非指固定的一种北音韵书，上文已经论过了。又《正韵·凡例》有云：

> 以三衢毛居正、昭武黄公绍之说为据，不及者补之，及之而未精者，以中原雅音正之。

此书的直接根据，虽然还是《礼部韵略》等书，而对于旧韵的韵部，却依照所谓中原雅音，有根本的改正，如卷首宋濂《序》里所云：“有独用当并为通用者，如《东》《冬》，《清》《青》之属，亦有一韵当析为二韵者，如《虞》《模》，《麻》《遮》之属。”这样把旧韵并合分析的结果，共得七十六韵，平、上去各二十二韵，又入声十韵；我们把四声合起来计算，得二十二部，如下表：

	平	上	去	入		平	上	去	入
（一）	《东》	《董》	《送》	《屋》	（二）	《支》	《纸》	《寘》	
（三）	《齐》	《荠》	《霁》		（四）	《鱼》	《语》	《御》	
（五）	《模》	《姥》	《暮》		（六）	《皆》	《解》	《泰》	
（七）	《灰》	《贿》	《队》		（八）	《真》	《轸》	《震》	《质》
（九）	《寒》	《旱》	《翰》	《曷》	（十）	《删》	《产》	《谏》	《辖》

(十一)《先》《铣》《霰》《屑》　(十二)《萧》《篆》《啸》
(十三)《爻》《巧》《效》　(十四)《歌》《哿》《个》
(十五)《麻》《马》《祃》　(十六)《遮》《者》《蔗》
(十七)《阳》《养》《漾》《药》　(十八)《庚》《梗》《敬》《陌》
(十九)《尤》《有》《宥》　(二十)《侵》《寝》《沁》《缉》
(二十一)《覃》《感》《勘》《合》　(二十二)《盐》《琰》《艳》《叶》

《洪武正韵》对于旧韵,不但是并合,还有加以分析的;而就并合的各韵看来,它和《平水韵》《诗韵》等根本不同。《平水韵》等只是把整个的韵部归并起来,《洪武正韵》却是把每一个字重新定音,归纳于各韵当中;①所以《洪武正韵》虽然仍是采用四声分韵的体例,没有像《中原音韵》那样把四声隶属于韵部之下,而何字归于何部,和《中原音韵》也有许多不同的地方;可是它依中原雅音归纳的结果,在分部上和《中原音韵》大致相同。《洪武正韵》的二十二部和周氏的十九部比较起来,只是把《齐微》分为《齐》和《灰》,《鱼模》分为《鱼》和《模》,《萧豪》分为《萧》和《爻》,其余完全相合。② 因此《洪武正韵》也是韵书革命上的一种重要著作,而为后来曲韵家所采用。但是,《洪武正韵》的分部虽然和《中原音韵》相合,而在其他方面看来,并非纯粹属于北音系统。依宋濂《序》所载,参加此书的撰述的,是乐韶凤(安徽全椒人)、宋濂(浙江浦江人)、王僎、李叔允、朱右(浙江临海人)、赵壎(江西新喻人)、朱廉(浙江义乌人)、瞿庄、邹孟达、孙蕡(广东顺德人)、答禄与权(蒙古人);更质正于汪广洋(江苏高邮人)、陈宁(湖南茶陵人)、刘基(浙江青田人)、陶凯(浙

---

① 王力《中国音韵学》下册第四编第三十九节:“例如二《支》所收的只有《支》《脂》《之》《微》中一部分的字,而旧时《支》韵的‘离’‘弥’,《脂》韵的‘尼’‘肌’,《之》韵的‘基’‘欺’,微韵的‘机’‘几’都归入三《齐》,又《支》韵的‘规’‘危’,《脂》韵的‘追’‘推’,《微》韵的‘归’‘挥’都归入七《灰》。这种极端自由的归并法,与《中原音韵》同;但何字归何部,则与《中原音韵》又有许多不同的地方。”

② 参看本文第315页注释⑥《曲韵韵目对照表》。

江临海人)。[1] 据籍贯可以查考的看来,除答禄与权外,都是南方人,都非生长在北音区域的中原的;所以宋《序》云:“复恐拘于方言,无以达于上下”;正足以表明其书的内容不免参杂有南方的方音。同时又“以三衢毛居正、昭武黄公绍之说为据”,对于旧韵书的体例,当然也有一些迁就的地方。旧韵上具有入声,而且以入声韵配属于阳声韵;《洪武正韵》列着入声十韵,并以配属于《东》《真》《寒》《删》诸部,阳声韵分做[-ŋ],[-n],[-m]三系,入声韵既然专配阳声韵,那末,承认入声也分做[-k],[-t],[-p]的三系了。《中原音韵·起例》云:

> 《广韵》入声《缉》至《乏》,《中原音韵》无合口,派入三声亦然;切不可开、合同押。

这里所谓合口,就是指唇音收尾的闭口韵;《中原音韵》里《侵寻》等部还是收[-m]的音,和收[-n]或收[-ŋ]的诸韵不能同押,所以说“切不可开合同押”。不过入声派入三声,既然没有短促音,更没有收[-k],[-t],[-p]的音;所谓“《缉》至《乏》,《中原音韵》无合口”,就是说没有收[-p]的音。周氏又谓“江、淮之间,《缉》至《乏》俱无闭口,独浙有也”;可见当时南方方音当中,还有一部分保存着《广韵》里入声的系统,除了收[-p]的闭口音之外,还有收[-t],收[-k]的;而其他大部分具有入声的方音只是留着一些短促音,并没有[-p],[-t],[-k]的收尾音的。周氏所谓“呼吸言语之间,还有入声之别”,这大概是指那种短促音,周氏心目中还有入声的存在,已经是受了南方方音的影响了。《起例》里引着孙德卿的话:

---

① 参看赵荫棠《中原音韵研究》卷上第四章,第27～28页。

《中原音韵》三声乃四海所同者，不独正语作词。夫曹娥义社，天下一家，虽有谜韵，学者反被其误，半是南方之音，不能施于四方，非一家之义：今之所编，四海同音，何往而不可也。

可见入声派入三声，正可以代表那时最通行的言读系统，而所以不敢毅然断定入声的消灭，便是半因被旧韵所迷误，半因受南方方音的影响。《洪武正韵》的二十二部当中，《东》《真》《寒》《删》等十部为阳声韵，恰好入声也列着《屋》《质》《曷》《辖》等十韵，无论这些入声韵的音读，实际上具有[-k]，[-t]，[-p]的收尾音，或仅是一种短促音，而在配列的系统上看来，显然是承袭旧韵书的体例而来；入声韵既然专配了阳声韵，就承认它们是同于《切韵》系统上的入声了。因此可知《洪武正韵》总不免是当时文人杂采古今韵书，调和新旧主张的一种著作，同时又参杂了南方方音，不像《中原音韵》那样纯粹的属于北音系统。《洪武正韵》又依旧韵书的体例，于各字下注明反切；这些反切虽然也是当时重新定音的结果，不是直录于某种旧韵书上的，但是从语音系统方面观察，正见得此书内容的包含着南方方音。表面上说是“韵学起于江左，殊失正音”，实际上却仍是采取江左的吴音；从那些反切上归纳得来的声纽种类，便是这个的确证。近人刘文锦作《洪武正韵声类考》，①从反切上字的系联，考得其声纽三十一类，和《中原音韵》及近代北音里的声纽显然属于不同的系统；而和宋人的三十六字母较为接近，只是《非》《敷》相混，及《知》《照》，《彻》《穿》，《澄》《床》(一部分又和《禅》混)，《泥》《娘》等彼此相混而已，可以归属于删并字母的一派。② 其中最值得我们注意的，就是全浊音声纽依然存在，清、浊的界限极严，和《中原音韵》里的全浊音，在平声混同于次清，在仄声混同于全清的

① 载中央研究院《历史语言研究所集刊》第三本第二分。
② 参看本文的七(二)。

情形,恰好相反。我们在上文说过,平声里分出阴、阳两调,是由声纽上清、浊的混同而起;所以在《中原音韵》里平分阴、阳,而此则阴、阳不分;实际上因声纽的清、浊,使得平、上、去、入各分高低;可是这种高、低的分别,和北音系统里的阴、阳调又完全是两种性质,因之只依旧韵列着平、上、去、入,而不分阴、阳。我们因此断定《洪武正韵》的分部,虽然和北音韵书相合,而内中声纽及字调的系统,又是采用旧韵及南方方音的。因为这一度杂糅南北的结果,就使后来曲韵和北音韵书的演化,也分歧成"南从《洪武》"和"北问《中原》"的两条大路了。

周氏和卓氏的书原为戏曲上作词而设,于是继周、卓而起,竞作曲韵,可名为曲韵派;这派的著作,大都受了《洪武正韵》南化的影响,又因时代和地域的关系,丧失了一些《中原音韵》的本色。就是,这派对于字调的分析,大都从南而不从北。明宁献王朱权作《琼林雅韵》,他《自序》云:

> 卓氏著《中州韵》,世之词人歌客莫不以为准绳。予览之,卓氏颇多误脱;因琴书清暇,审音定韵,凡不切于用者去之,舛者正之,脱者增之,自成一家,题曰《琼林雅韵》。①

可见朱氏书是直接取《中州音韵》而加以增删的;韵目亦分十九部,和周、卓所列全同,不过字面上改做《穹窿》《邦昌》《诗词》《丕基》等有意义的两字罢了。② 平声不分阴、阳,把卓书里阴字、阳字、阴阳字的几类完全取消;因此书虽直接根据于《中州音韵》,而作成于洪武戊寅(西元后一三九八年),多少要受《洪武正韵》的影响的。所收字数也较《中州音韵》多出一倍,并且增加注释;

① 见丁氏《善本书室藏书志》。
② 参看本文第315页注释⑥《曲韵韵目对照表》。

曲韵的有注释的，当首推是书。[①] 绿斐轩《词林要韵》非出于南宋，实为明成化间陈铎所作。据《千顷堂书目》所载：

> 陈铎《词林要韵》一卷（字大声，号七一居士，成化癸卯序）。

可知此书的年代在成化癸卯间（西元后一四八三年）。韵目亦分十九部，据韵目的字面，也可以知道它是由《中州音韵》和《琼林雅韵》二书拼合而成；[②]平声不分阴、阳，也和《琼林》相同。现存此书向认为宋本，今知其伪；又错误脱漏很多，非复成化之旧；不过我们从韵字的排次上，还可以窥见它依据《琼林》的痕迹。[③] 卓氏《中州音韵》又经王文璧的增订，日本石山福治在他的《考定中原音韵》上说《内阁文库》有明刊王文璧《中州音韵》校正本，并据卷末附载明人张某《后序》，考明此书成于弘治末年和正德初年之交；赵荫棠《中原音韵研究》亦据蔡清《序》考知此书作于正德三年（一五〇八年）以前，刊行于弘治十六年（一五〇三年）以后。[④] 据蔡《序》及《后序》，又知道王氏《中州音韵》为周、卓诸书补缺正讹而作，并增加音切注释；其分韵自《东钟》至《廉纤》共十九部，和《中原音韵》无异，不过平声不分阴、阳，增字加注之外，又有反切，和周、卓书不同罢了。[⑤] 王氏书在国内所见，皆经后人重校，非其原刊；《啸余谱》本的《中州音韵》，就是王氏原刊的重校本。又王伯良《曲律》云：“吴兴王文璧尝字为厘别，近檇李卜氏复增校以行于世，于是南音渐

---

① 依据赵荫棠《中原音韵研究》卷上第五章，第 36 页。
② 参看赵荫棠《中原音韵研究》卷上第五章，第 39～42 页。
③ 同上书，第 43～46 页。
④ 同上。
⑤ 参看石山福治《考定中原音韵》。

正。”槜李卜氏的增校本就是《中原音韵问奇集》，此书平声又复分阴、阳，和王氏原本不同；王伯良谓为“南音渐正”，南曲韵书也分出阴、阳，似乎是恢复《中原音韵》之旧，实际只是开始把南方方音里清、浊之分和阴、阳调相混而已。北音系统上阴、阳调的区分，在南方的人看来，就不容易明白，所以初期南曲的韵书，如《琼林雅韵》、绿斐轩《词林要韵》以至王文璧的《中州音韵》，都把周、卓的阴、阳字样取消；这实在是北曲韵的第一步南化，一方面受了《洪武正韵》的影响，另一方面也因地域的关系。后来把声纽上清、浊的关系和阴、阳调的区分看做一起；因为声纽的清、浊，使得整个字音的音调也受着影响而发生高低的差异；这种高低的差异，就认为阴、阳的区别了。因此在南方方音或南曲的文学当中，不但平声有阴、阳之分，仄声也可以分阴阳。我们看王文璧所增的反切，正是清、浊分纽，和《洪武正韵》的声纽系统相同；它们把阴、阳取消，正是表明北音韵书里阴、阳之分，不适用于南方方音。后来既然把这种清、浊之分和阴、阳相混，于是初则《中原音韵·问奇集》复周、卓平分阴、阳之旧，继则变本加厉，范善溱的《中州全韵》和王鵕的《中州音韵辑要》分出平、去两声的阴、阳，周昂的《增订中州全韵》分出平、上、去三声的阴、阳，这都是根据它们的方音，并不是响壁虚造的。自从《洪武正韵》出世之后曲韵渐渐的南化，阴、阳的意义，也和原来周、卓书上所列的愈趋愈远了。范善溱的《中州全韵》，据燃藜居士《序》，知道他是明末人，字昆白，少居疁城（今江苏嘉定），长游姑苏；书中韵目亦分十九部，和周、卓相同，而字面特异。① 范书有注解反切，和王文璧《中州音韵》大抵相同；所最不同的，平声分阴、阳之外，去声亦分阴、阳。王鵕也是江苏昆山人，他的《中州音韵辑要》，作成于清乾隆辛丑（西元后一七八一年），《自序》谓《中原音

① 参看本文第315页注释⑥《曲韵韵目对照表》。

韵》“注切未明，阴阳互混；及见《中州全韵》，而觉远胜于彼”。于是“斟酌两本，删其僻而辑其要”。此书既为范氏《中州全韵》的辑要，所以平、去也俱分阴、阳。不过分韵为二十一，比周、范多出两韵：把《齐微》分为《机微》《归回》二部，把《鱼模》分为《居鱼》《苏模》二部；这是依据于《洪武正韵》的。[①] 王鵕之后，有沈乘麐作《曲韵骊珠》；沈氏系娄湄人。依周少霞《序》，他的书刊行于乾隆五十七年（西元后一七九二年），分韵也和王鵕相同，都是二十一部；不过又列入声八韵。所以此书韵目最值得我们注意；每韵下又注明读法，录之如下：

《东同》（鼻音）	《江阳》（鼻音）	《支思》（直音）
《机微》（直音）	《灰回》（收噫）	《居鱼》（撮口）
《姑模》（满口）	《皆来》（收噫）	《真文》（抵腭）
《干寒》（抵腭）	《欢桓》（抵腭）	《天田》（抵腭）
《萧豪》（收呜）	《歌罗》（直音）	《家麻》（直言）
《车蛇》（直音）	《庚亭》（鼻音）	《鸠侯》（收呜）
《侵寻》（闭口）	《监咸》（闭口）	《纤廉》（闭口）
入声八韵		
《屋读》（满口）	《恤律》（撮口）	《质直》（直音）
《拍陌》（直音）	《约略》（直音）	《曷跋》（撮口）
《豁达》（直音）	《屑辙》（直音）	

他所谓“鼻音”，是指收[-ŋ]的韵；所谓“抵腭”，是指收[-u]的韵；所谓“闭口”是指收[-m]的韵；他所谓“收噫”“收呜”，是指复合元音收[-u]、收[-i]的韵；所谓“满口”“撮口”“直音”，是指[u]，[y]，

① 参看本文第315页注释⑥《曲韵韵目对照表》。

[i]，[a]等单纯元音的韵。我们要注意他所列入声的八韵，注明着“满口”“撮口”“直音”，都是单纯元音的韵，可见都是阴声韵的短促音，没有收尾音的入声，不是配列于阳声韵的。换言之：阳声韵虽依旧分做收[-ŋ]、收[-n]、收[-m]三系，入声韵却是没有[-k]，[-t]，[-p]的收尾音的。因之《曲韵骊珠》列出入声八韵，似乎是受有《洪武正韵》的影响，实际上配列的系统，和《切韵》及《洪武正韵》根本不同，而和近代的吴音系统更为接近了。因为近代吴音里，虽然具有入声韵，只是单纯元音的短促音，并非收[-k]，[-t]，[-p]的音的。所以明、清以来的曲韵家，固然都是受着《洪武正韵》的影响，可是实际上又因地域的关系，以他们的方音为依据的。在沈乘麟先后间的周昂(即周少霞)，作《增订中州全韵》，分韵为二十二部；可是他不依照《洪武正韵》，而从王、沈的《齐微》部里分出“知”“痴”“池”等字，从《居鱼》部里分出“如”“诸”“书”等字，另外合立一个《知如》部；这也是根据于近代吴音的音读的。又声纽上清、浊的关系，既然混作阴、阳调的分别，不但平声可分阴、阳，仄声也可分阴阳；于是范善溱、王鵕，平、去都分阴阳，到了周昂此书，更分出平、上、去的阴、阳了；曲韵演变到了《增订中州全韵》，可谓南化到了极点；和周、卓二氏原以北曲为主的书来相比较，真是相去极远，最明显的，尤其在字调系统上的相异。这些南曲的韵书，应当注意的，发生的地域都是在南方吴音的区域，时代也都是在《洪武正韵》之后。

《洪武正韵》之后，除了曲韵的逐渐南化以外，又有一派韵书，大都为一般平民“据音识字”而作，可称为小学派；这派韵书的演化却和曲韵的由北向南的趋势恰好相反，大都是由南向北而变，愈趋而和北音系统愈接近。因为这派的韵书，本来不是为作词押韵而设；所以在戏曲文学上尽管因南曲的盛行和地域的关系，使曲韵日就南化；而在实际口语上，仍旧随着北音的发展和演进，通行了全国最合标准的语音；这派的韵书既然是为着平民识字而作，自然要采取最普通的语音以为标准，而依据于北音系统了。不过这派的韵书，发源于《中原音韵》和《洪武正韵》，又和曲韵派相同。首出的，当推兰茂的《韵略易通》。兰氏，字廷秀，一号止庵，杨林人；谢氏《小学考》竟误作两人，一曰兰氏廷秀《韵略易通》，一曰止庵《韵略易通》，实则同是一书。[①] 兰氏书成于明正统七年（西元后一四四二年），正当他从王骥征麓川的时候，所以此书颇流行于山东一带。[②] 此书是为平民识字之用，故名曰《韵略易通》，《凡例》云：

> 《玉篇》见字之形始知其音，《广韵》即字之声而寻其文，深有便于学者；然其间有“古文”“籀文”“通用”等字，又有形同音异，形异音同；数十万言，难于周览。此编只以应用便俗字样收入，其音义同而字形异者，止用其一，故曰《韵略》。
>
> 《篇韵》之字，或有音切隐奥，疑似混淆，方言不一；览者不知孰是。且字母三十有六，犯重者十六，似有惑焉。此编以《早梅诗》一首，凡二十字为字母，标题于上；即各韵平声字为子，叶调于下；得一字之平声，其上声、去声、入声字一以贯之，故曰《易通》。一切字音皆可叶矣。

《玉篇》《广韵》两书，在宋时、金时只加以增广改编，总不适于平民识字之用。[③] 此书在编辑的宗旨上，又是对于《集韵》等书起一个革命，正不仅在语音系统上对于唐、宋音韵的改革而已。《四库总目提要》谓：“其《凡例》称惟以应用便俗字样收入，读经史者当取正

---

① 谢氏《小学考》卷三十四：“止庵《韵略易通》，《述古堂书目》：一卷；”又卷三十六：“兰氏廷秀《韵略易通》，《千顷堂书目》：二卷。”

② 参看赵荫棠《中原音韵研究》卷上第六章，第50～60页。

③ 参看本文的七（一）。

于本文音释，不可泥此；则亦自知其陋矣。"其实《韵略易通》的宗旨，正在于应用便俗，本来不是为文人读经史之用，而是为着一般平民识字的便利；如果一味推崇《广韵》《集韵》等书，自然要泯没《韵略易通》的价值了。我们从音韵学史上看来，《韵略易通》的价值，却不在《中原音韵》之下；因为周氏作《中原音韵》，还是偏重于戏曲文学上的目的，以致一变而为南曲韵书，仍旧离不了是文人雅士的玩弄品；到了兰氏此书，才开始标明努力于平民识字的宗旨，才能够打破了一些因袭的思想，而努力于适合当时最普通的音读。不过兰氏书里尚有一部分受了《洪武正韵》的影响，还有迁就旧韵之处；分韵为二十，其目如下：

一、《东洪》　二、《江阳》　三、《真文》　四、《山寒》
五、《端桓》　六、《先全》　七、《庚晴》　八、《侵寻》
九、《缄咸》　十、《廉纤》　十一、《支辞》　十二、《西微》
十三、《居鱼》　十四、《呼模》　十五、《皆来》　十六、《萧豪》
十七、《戈何》　十八、《家麻》　十九、《遮蛇》　二十、《幽楼》

比《中原音韵》多一部，[①]就是把《鱼模》分析为《居鱼》和《呼模》；这是依据于《洪武正韵》的。这二十部的次序，前十部为阳声韵，后十部为阴声韵；既然变更了旧韵的排次，可是又列入声十韵，分配于前十部的阳声韵，后十部阴声韵无入声；这也是因袭于《洪武正韵》的。各部不分阴、阳调，似乎也和《洪武正韵》相同；但是我们看兰氏二十部的韵目，把阴平、阳平一一配列，较《中原音韵》的韵目，尤为整齐；范氏《中州全韵》以下的那些曲韵也渐次采用这样一阴一阳配列的

① 罗常培《旧剧中的几个音韵问题》第398～399页载有小学派《韵目对照表》，因录于下(见第329～330页表格)。

中原音韵	易通	汇通	十五音	汇集	五方元音	切韵要法	等音	声位	徐州十三韵	滕县音	滇戏韵	十三辙	国音字母
东钟	东洪	东洪	东	风	龙						空同	中东	ㄧㄨㄥ
江阳	江阳	江阳	江	央	羊	冈	冈	冈	秧养样阳	江	堂郎	江阳	ㄤ
支思	支辞	支辞	支	诗									ㄭ
齐微	西微	灰微	齐微	依威	地（地）	裓（齐） 傀	基规	基圭	吉纪记极 灰惑会回	吉饥	提携 灰堆	一七 灰堆	ㄧ○ㄦㄟ
鱼模	呼模 居鱼	呼模 居鱼	姑虞	夫	虎（地）	（裓）（合） （裓）（撮）	孤	沽	屋武误吴	居	土伏	姑苏	ㄨ亅丨
皆来	皆来	皆来	皆	哀	豺	该	该	该	郃哈泰台	皆	开怀	怀来	ㄞ
真文	真文	真寻	真	深	人	根	根	根	温稳问文	金	青沉	人辰	ㄣ
寒山	山寒	山寒	元	焉	天	干	干	干	焉衍彦言	坚	天仙	言前	ㄢ
桓欢	端桓												
先天	先全	先全											

续表

中原音韵	易通	汇通	十五音	汇集	五方元音	切韵要法	等音	声位	徐州十三韵	滕县音	滇戏韵	十三辙	国音字母
萧豪	萧豪	萧肴	萧	蒿	獒	高	高	高	腰咬要尧	交	暴燥	遥条	ㄠ
歌戈	戈何	戈何	歌	呵	驼	哥○(裓)(开)	哥	哥	豁火货和	角	梭波	梭波	ㄛ○ㄜ
家麻	家麻	家麻	家	巴	马	迦	他	迦	鸭雅亚牙	加	抓麻	发花	ㄚ
车遮	遮蛇	遮蛇	遮	赊	蛇	结	迦	结	叶耶夜爷	结	跌雪	乜斜	ㄝ
庚青	庚晴	庚晴				庚	庚	庚	青请倩情	经			ㄥ
尤侯	幽楼	幽楼	幽	优	牛	钩	勾	钩	幽有又尤	鸠	喉头	油求	ㄡ
侵寻	侵寻												
监咸	缄咸												
廉纤	廉纤												
一三二四	一四四二	一六四二			一六五四～一六七三?	一六九九～一七〇二?							

韵目，[1]和兰氏不约而同或许也曾经受了兰氏等书的启示；我们因此知道兰氏书里虽然依据《洪武正韵》不分阴、阳，而在韵目的字面上，却已隐示着实际阴、阳的分别。又《韵略易通》的《早梅诗》二十字：

东风破早梅，向暖一枝开，冰雪无人见，春从天上来。

此二十字实为北音系统上声纽具有标目之始，确为兰氏的创作。[2]因为《中原音韵》只是把韵内同音的字排在一起，尚未有声纽的标目；兰氏所定的这二十字，竟然和《中原音韵》的声纽种类相合，[3]其中最值得我们注意的，就是全浊音的消灭。而从声纽上清、浊的混同，也可以见得兰氏书里实际平声应有阴、阳之分。兰氏书最大的价值，就是在创立《早梅诗》二十字，以标明北音系统的声纽；后来以诗词代表字母的，可以说都是受兰氏的影响。至于其他因袭《洪武正韵》，不合于实际音读处，则有待于后人的改正。兰氏为云南人，其书同时流行于北方；因之兰氏后的北音韵书，并不完全依据于《中原音韵》，随着实际北音系统的演变而加以改正，其中有一部分还参杂了一些西南的方音的。《云南丛书》刊有《韵略易通》二卷，原题"真空本悟禅师集"，乃是据兰氏原书而加以增改的；分韵仍依兰氏，亦为二十部，可是又有"重韵"之说，所谓重某韵，就是和某韵同音的意思；我们从这些相重的韵，可以看出当时对于某某的几韵或某某几韵的一部分已相混读。这种混读的现象，正足以表

---

① 参看本文第 315 页注释⑥《曲韵韵目对照表》。

② 赵荫棠《中原音韵研究》卷上第六章，六二页："此诗明代音韵之书多转载之，久而不知为他所创；如方以智便将此诗的著作权归于张洪阳。按，张洪阳即张位。张位字明成，新建人，隆庆戊辰进士，官至吏部尚书，武英殿大学士。他作有《问奇集》一卷，考论诸字形声训诂分十九门，其中有《早梅诗》切字例其作书之年虽不可知，然他的时代既后于兰氏，则《早梅诗》是转载兰氏的，毫无疑问。兰氏之后，以诗词代表字母者不知凡几，可以说都是受他的影响。"

③ 参看本文第 310～312 页《中原音韵声类源流表》。

示韵部系统上由繁复变成简单的趋势。如本悟的重韵，可以知道当时《东洪》和《庚晴》混读，《缄咸》《廉纤》和《先全》《山寒》及《端桓》混读，《侵寻》和《真文》混读，《支辞》韵里《知》《照》诸母之字有和《西微》韵里《知》《照》诸母之字混读，正和近代北音演变的结果相合；又《山寒》《端桓》及《先全》有一部分和《江阳》混读，《真文》有一部分和《东洪》及《庚晴》混读，这大概是西南或南方方音里的情形。[①] 韵部系统上既然由繁复演成简单，所以兰氏后这派的韵书，不能不有归并韵部的趋势。如毕拱辰的《韵略汇通》，便是把兰氏书"更为分合删补；非敢僭也，期于简便明备，为童蒙入门嚆矢耳"。(《韵略汇通·自序》)毕氏是山东掖县人，万历间进士，崇祯十七年死难于太原；《韵略汇通》的《自序》是作于崇祯十五年(一六四二年)。此书对于《韵略易通》的分合删补处：合《真文》《侵寻》为《真寻》，归《廉纤》于《先全》，归《缄咸》于《山寒》，这是正式表明闭口韵的消变，就是收[-m]的韵并入于收[-n]的韵；又并《端桓》于《山寒》，这是开始取消以等呼分韵的办法，后来樊腾凤《五方元音》更进一步把《山寒》《端桓》《先全》合成一个《天》部了；分《西微》韵的一部分归于《居鱼》，其余一部分更名为《灰微》；后来仍依据《洪武正韵》分析《齐》《微》二韵和《五方元音》把《齐》《微》《鱼》合成一个《地》部的，也是发源于此。此外又并入声十韵为六，虽仍依兰氏之旧配列于阳声韵，可是分割归并，并不依照旧韵配列的系统；平声分上平、下平，就是阴平、阳平的变名；后来更进一步把入声配列于阴声韵，以成为《五方元音》等书里上平、下平、上、去、入"五声"的系统。总之：由《韵略易通》的二十部改并为《韵略汇通》的十六部，和近今的北音系统更为接近了。山东的《十五音》又合并《山寒》《先全》为一部，湖北的《字音汇集》更又合并《呼模》《居鱼》为一部，分韵益趋于简单；到了《五方元音》遂删

---

① 参看赵荫棠《中原音韵研究》卷上第六章，第68～70页，第75～78页。

并为十二韵。考樊氏作《五方元音》，在顺治十一年和康熙十二年之间（西元后一六五四年～一六七三年）；[①]他《自序》上说：

> 因按《韵略》一书，引而伸之，法虽浅陋理近精详；但从前老本，韵拘二十，重略多弊；声止有四，错乱无门；且母失次序，韵少经纬。

因此可知《五方元音》也是为改订兰氏《韵略易通》而作的。他的《五声释下》云：

> 兰廷秀《早梅诗》删繁就简，似觉洒然，而缺略无统；且入声有无，法欠自然，俱未备天地之元音。

我们看樊氏书里字数和注解多仍兰氏之旧，更可以断定它是以《韵略易通》为蓝本的；它又作于《韵略汇通》之后，又应受有毕氏书的影响；不过毕氏书的反切，多采自《洪武正韵》，对于声纽种类的标明，反不及兰氏、樊氏两书的显著。樊氏更将韵部简约为十二；这又是受了乔中和《元韵谱》的影响的。兹将《五方元音》的十二韵目录如下：

> 《天》《人》《龙》《羊》《牛》《獒》《虎》《驼》《蛇》《马》《豺》《地》

这十二韵，除了把《东洪》《庚晴》合并为《龙》部，把《山寒》《先全》合并为《天》部，把《灰微》《居鱼》合并为《地》部以外，又取消了《支辞》韵，凑成了十二之数；《字母切韵要法》的十二摄，也是根据这种韵部而

---

① 参看赵荫棠《中原音韵研究》卷上第六章，第68～70页，第75～78页。

来的。[①] 这种韵部数目的限制，一方面固然受了梵文字母的影响，一方面也依据于中国神妙的旧习惯和旧思想。樊氏的《十二韵释》云：

> 一元有十二会，一运有十二世，一岁有十二月，一日有十二时，日月一年有十二会，黄钟一年有十二律，韵亦十二，出于自然，增之不可，减之不可，谓非天地之元音亦不可。

又有《十二韵应十二图》，自注云："十二韵应十二律，声气自然，循环无端，理数相通之义。"这是由乔氏《元韵谱》的《十二括应十二律圆图》脱胎而来；乔氏自注谓："十二括应十二律，乃声气之自然，而阴阳迭运，有循环无端之情焉。"因为拘守着这十二的数目，所以《五方元音》的《地》韵概括了《国音字母》的"ㄧ""ㄟ""ㄩ""ㄦ"和"ㄭ"这些韵母；《字母切韵要法》的《裓》摄也概括了"ㄜ""ㄧ""ㄨ""ㄩ"这些韵母。[②] 此外，更有主张十三数的，就是十二律加上闰月之数，如马自援（槃什）《等音》所说：

> 前人分韵，多寡不一，今援仅以天下之音按五音共并成一十三韵，使归于正，以合十二律及闰月之数。

又林平裕《声位》的《十三韵论》：

> 前人分韵，多寡互异，……惟马槃什《等音》分属五音，每声各十三韵，合律闰之数，其入声止有五韵，内八韵系借声。诚独得之妙，增之不可，减之不可，前无古人，后无来者矣。

---

① 参看本文的七(二)及第 329～330 页小学派《韵目对照表》。

② 参看本文第 329～330 页小学派《韵目对照表》。

由这十三之数,又产生徐州十三韵和滕县十三韵,以至演成滇戏的十三韵及鼓棒词十三辙;[①]这种分部的大纲,随着北音势力的发展和官话区域的扩大,竟普遍的流行于国内。同时又因为曲韵的日

① 参看本文第329～330页小学派《韵目对照表》,及魏建功《说辙儿》(《国语周刊》第一〇三、一〇四期,亦载《国音分韵常用字表》卷末)。兹更录罗常培《旧剧中的几个音韵问题》第395页所载北音韵书演化系统表如下:

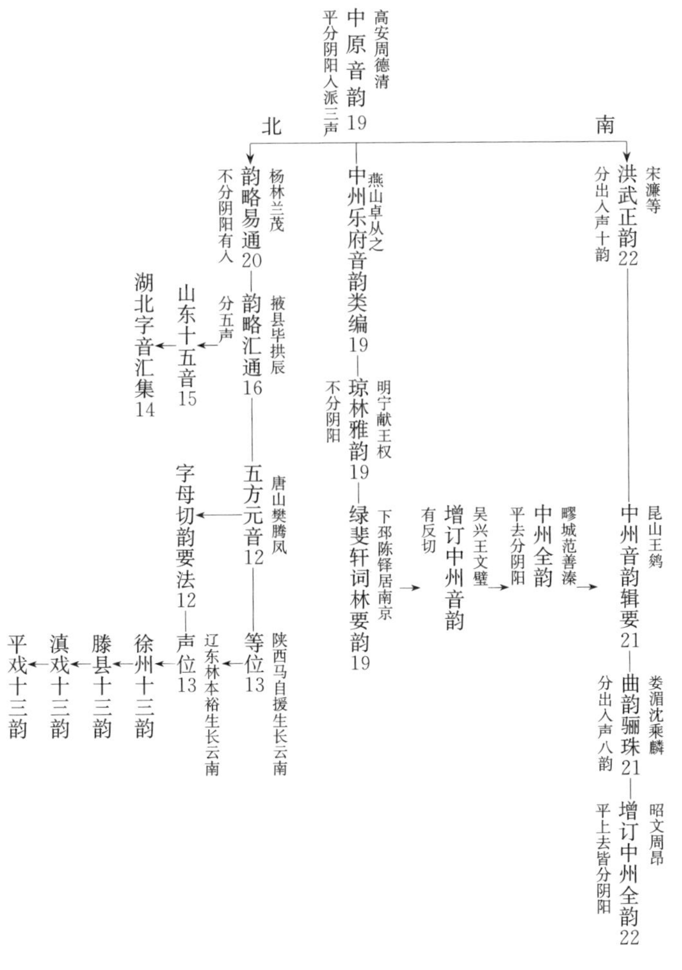

趋南化，在语音上看来，既然不适合于国语演进的大势，在文学的作品上看来，南曲又恰成为文人雅士的玩弄品，不宜于大众的观赏，一度盛行之后，自然随即衰歇；所以皮黄成为昆曲衰落后的一种新兴文艺，所用押韵的标准，也就由南化而转趋合于北音。只可惜十三辙不过是这小学派韵书的绪余，虽然因卷舌韵的关系，另立“小辙”两条，[①]而仍是谨谨拘守这韵部的数目。这小学派韵书的通病，就是没有纯粹采取一种最有势力的方音以作为国语的标准；一方面在广泛的官话区域——除了北音区域以外，又包括了中国的中部和西南部——内选择一些比较普通的音读；另一方面又牵涉了无谓的旧习惯、旧思想，竟用以限制音韵分类上的数目，自然不免有胶柱鼓瑟的弊病。因为韵部限制为十三，所以自从《等音》《声位》诸书，就不能保持《韵略易通》里《支辞》和《居鱼》两部的分立，而对于《国音字母》的“ㄭ”“ㄦ”“ㄜ”“ㄩ”几韵，始终无法安置了。这不但对于韵部的分析是如此，即关于字调的系统也竟以中国旧习惯、旧思想上的数目来附会，如樊氏《五方元音·自序》所云：“添四声为五声，以象行、数、方、音，与天地之五位相当而并无遗失。”樊书出于毕氏之后，又直接受乔中和的影响，所以大唱五声之说；标出上平、下平、上、去、入五声，就是阴、阳、上、去、入五调。关于入声的配列，樊氏一反《洪武正韵》的系统，《五方元音·自序》云：

> 卷分上下，配两仪；前六韵入声俱无，轻清上浮以象天；后六韵入声全备，重浊下凝以配地。

前六韵为《天》《人》《龙》《羊》《牛》《獒》，是具有收尾鼻音和复合元音的韵；后六韵为《虎》《驼》《蛇》《马》《豺》《地》，大都是单纯元音的

---

① 参看魏建功《说辙儿》。

韵；入声所以配列于后六韵，并非如樊氏自己所说的理由，以为“入声字音重浊”，应配重浊的后六韵，只是因为当时所谓入声，是一种单纯元音韵的短促音，没有[-k]，[-t]，[-p]的收尾音的。这样的入声，大概当时是采取于西南的方音的，再加上北音的阴、阳、上、去四调，以成为五声之说；明、清间的音韵家如马自援、林本裕等，倡五声说的，大都是北方人或生长在西南地方，显然是由兰氏《韵略易通》一书递嬗而来，逐渐的官话化。所以这派的韵书，在字调的系统上看来，虽然并没有纯粹依据北音，像《中原音韵》那样把入声派入三声，可是它们和南曲韵书的依据于吴音系统而产生在江、浙地方的，恰好成一个反照。我们说过，阴阳调的分别，是由声纽上清、浊的混同而起；南曲韵书上阴、阳字面的取消和变本加厉，正是表明全浊音的存在；反之，五声说里的平分阴、阳，又是表明全浊音的消灭；所以这派韵书里的声纽，完全和《中原音韵》相同。樊氏《五方元音》对于《韵略易通》的《早梅诗》，以为“母失次序”，改依发音的部位来排列，所定的声纽也为二十类：

《梆》《匏》《木》《风》　《斗》《土》《鸟》《雷》
《竹》《虫》《石》《日》　《剪》《鹊》《丝》《云》
《金》《桥》《火》《蛙》

这二十字母和兰氏《早梅诗》二十字比较起来，只是没有《无》母（即《国音字母》的“万”），而把《一》母分为《云》《蛙》二类；这大概也是受乔中和十九字母的影响的。明、清间依据北音或普通的官话音来制定字母的，虽有多寡详略的不同，总是和《中原音韵》及兰、樊二家所列，属于同一的系统；①最相同的地方，就是全浊音的消灭。

① 参看本文第310～312页《中原音韵声类源流表》。

因之在字调的系统上,依据《中原音韵》分出阴、阳调;只是保存了一个单纯韵短促音的入声,和近代北平音尚未完全符合罢了。这派韵书最大的缺点,就是只在广泛的官话区域内选择一些比较普通的音读,没有纯粹采取北平的方音来做标准。一九一二年制作《注音字母》和规定《国音字典》的时候,还是沿袭着这种弊病。[①]它们所规定的音读,不但在字调上,即在声韵上,也和北平音有很多的出入;可是北平音的势力逐渐发展,一般已承认它为国语的标准音了,因之原来规定的音读和实际的标准音不合的地方,清代戏曲家遂根据它们来立着"尖团字"和"上口字"的名目。所谓尖团字,是指《精》组的齐齿呼、撮口呼的字和《见》组及《晓》《匣》二母的齐齿呼、撮口呼的字;这两种字音在北平音里读成混同了,就是《见》组及《晓》《匣》二母的齐、撮呼读为"ㄐ""ㄑ""ㄒ",而《精》组的齐、撮呼不读为"ㄗ""ㄘ""ㄙ",却也读为"ㄐ""ㄑ""ㄒ"了;戏曲家却叫前者为"团音",后者为"尖音"。他们所以列出这种分别,便因为原来规定的这两种字音,在北平音里虽然都读为"ㄐ""ㄑ""ㄒ",还是应该照旧把尖音字读为"ㄗ""ㄘ""ㄙ";所以立着这种名目,以表示它们的分别。同样,所谓上口字,也是指戏剧韵书当中,除了尖音字以外,其他种种规定的声韵和北平方音不同的读法。[②] 总之:近代北音韵书的发生和演进,大都和戏曲文学有密切的关系;其中虽然有一部分纯粹抱着"正言语"的宗旨,而也免不了一些文人因袭的思想;因为产生在前的,由根据文学的作品而来,产生在后的又难免互相因袭,更以受着一些旧韵书的影响,自然不能完全依据实际语音的演变而随时加以改进。同时又未曾确定一种纯粹的活语言来作正音的标准,因地域的关系,又参杂各种方音的成分,姑无论曲韵派的日趋南化,即小学派的由南转北,也未能和北平的

① 参看本文的九。

② 参看罗常培《旧剧中的几个音韵问题》,第405～410页。

音读完全符合。一九一二年所制定的《国音字典》，只是采取官话区域内一些普通的音读；所以赵元任在一九二二年作的《国音新诗韵》，还是依阴、阳、上、去、入五声把每部分为五韵，定为一百零三韵。直到一九三二年，教育部公布了一部《国音常用字汇》，才是完全依据北平方音所规定的标准音读。一九三四年，黎锦熙、白涤洲又本着这种《国音常用字汇》，编成了《国音分韵常用字表》，一名《佩文新韵》；[①]这种才是最合实际标准音读的韵书，可以认它为近代北音韵书演变史上的一个结束。兹将《佩文新韵》所定的十八部韵目录如下：

一、《狮》“帀” 二、《鲨》“丫” 三、《驼》“ㄛ” 四、《蛇》“ㄜ” 五、《蝶》“ㄝ” 六、《豺》“ㄞ” 七、《龟》“ㄟ” 八、《猫》“ㄠ” 九、《猴》“ㄡ” 十、《蝉》“ㄢ” 十一、《人》“ㄣ” 十二、《狼》“ㄤ” 十三、《僧》“ㄥ” 十四、《龙》“ㄧㄨㄥ” 十五、《儿》“ㄦ” 十六、《鸡》“ㄧ” 十七、《乌》“ㄨ” 十八、《鱼》“ㄩ”

① 参看黎锦熙《佩文新韵序》第2页（北平人文书店出版）。

八、明清时代的“古音学”

（一）“古音学”的起源和明清诸家的学说

上面几章讲到韵书、等韵的源流，可以知道韵书和等韵表上所表现的，都是六朝以至近代的音读系统；它们彼此间的纷歧，和先后间的改进，也大都是随着六朝以来音读的演变和各地方音的歧异而发生的。我们如果根据韵书和等韵表上所代表的语音，来诵读周、汉时代的古书，或者用以说明中国古代文字上的表音方法，自然要感到许多扞格不通的地方，而觉得周、汉人的音读和六朝以来韵书、等韵上所表现的也有极大的变异。从这种古今音异的观念上，推想到周、汉的上古音，在“声”“韵”“调”的几方面，都或者有特异的现象，因而从事探求、考证，遂促成周、汉古音学的发生。我们在上文第四章第二节里说过，郑玄、刘熙诸人已经注意到古今音的异同，在汉、魏之间可以说是已具有古音学的根源。只可惜当时音韵学的基本智识未曾发达，所以对于上古音也未曾加以系统的研究。到了六朝、隋、唐一般音义家，凡是遇见上古诗歌或其他韵语里和当时音读不合的地方，往往改读字音，以求谐合。如沈重《毛诗音》的“协句”之例，徐邈《毛诗音》的“取韵”之例，在陆德明《经典释文》里，叫做“协韵”，颜师古《汉书注》里又叫做

“全韵”。[①] 实在他们都是用当时之音来读古书，觉其不协、不合，就勉强把字音改读，使之协合；对于古书上本来的音读怎样，便置之不问了。这种协句、合韵之说，又为宋人“叶韵”之所自出。钱大昕《音韵问答》云：

> 使沈《音》尚存，较之吴才老叶韵，岂不简易而可信乎？协句亦谓之协韵。《邶风》：“宁不我顾”，《释文》：“徐音古；此亦协韵也，后仿此。”陆元朗之时，已有韵书，故于今韵不收者，谓之协韵；协与叶同。颜师古注《汉书》，又谓之合韵；合犹协也。是吴才老叶韵之所自出矣。

但是同时陆德明又有“古人韵缓不烦改字”之说，以为古书上用韵，不像后人那样的苛细；他实在已经明明指示古今韵部的不同了。戴震《声韵考》云：

> 唐陆德明《毛诗音义》，虽引徐邈、沈重诸人，纷纷谓合韵、取韵、叶句；而于《召南》华字云：古读华为敷；于《邶风》南字下云：古人韵缓不烦改字。是陆氏已明言古韵，特不能持其说耳。

陆氏这句话，虽然似乎简陋得很，可是，说古韵宽疏，开宋后古韵通转之例的始基，实为近代研究古音学的发轫。可惜陆氏之后数百年，竟少有人注意到陆氏这句话的意义，中间并且一度发生改经的陋习。如唐明皇改《书·洪范》“无偏无颇”的颇为陂，因谓其不能与下文“遵王之义”的义字协读；后来范谔昌改《易·渐卦》“鸿渐于

① 参看拙著《中国古音学》(商务印书馆出版)第二章。

陆”的陆为逵；孙奕改《杂卦传》“明夷、诛也”的诛为昧；这样的改经，几成为唐代一时的风气了。结果，正如顾炎武答《李子德书》所谓“古人之音亡而文亦亡”了。① 宋代的学者也晓得这样改经的不适当，不再依附唐人的陋习；一派是采取陆氏韵缓不烦改字之说，把韵书上的韵部通合并用，以求古音；一派仍转而采取协句、合韵之例，复倡“叶韵”。前者以吴棫的《韵补》为代表，后者以朱熹的《诗集传》为代表。吴棫，字才老，北宋宣和时进士；他的《韵补》一书，就是把《广韵》的二百零六韵，注古通某，古转声通某，古通某或转入某。如果依他所注明的通转来归类，便可得古韵的九类：

一、《东》(《冬》《钟》通，《江》或转入)；二、《支》(《脂》《之》《微》《齐》《灰》通，《佳》《皆》《哈》转声通)；三、《鱼》(《虞》《模》通)；四、《真》(《谆》《臻》《殷》《痕》《耕》《庚》《清》《青》《蒸》《登》《侵》通，《文》《元》《魂》转声通)；五、《先》(《仙》《盐》《添》《严》《凡》通，《寒》《桓》《删》《山》《覃》《谈》《咸》《衔》转声通)；六、《萧》(《宵》《肴》《豪》通)；七、《歌》(《戈》通，《麻》转声通)；八、《阳》(《江》《唐》通，《庚》《耕》《清》或转入)；九、《尤》(《侯》《幽》通)。

吴氏这种通转之例，顾炎武说是仍有“一字数叶”的弊病，所以作了《韵补正》一书，就是用来纠正吴氏的。《韵补》一书，除了戴震《六书音均表序》所谓“分合疏舛”之外，又所采择的证据，漫无标准，所引书五十种当中，连欧、苏的作品也包罗在内。② 陈振孙《书录解题》曰：

---

① 见顾氏《音学五书》卷首。
② 参看《四库总目·韵补提要》。

> 棫取古书，自《易》《书》《诗》而下，以及本朝欧、苏，凡五十种，其声韵与今不同者，皆入焉。朱侍讲多用其说于《诗传》《楚辞注》。

自来都说朱子叶韵之例，本于吴氏的《毛诗补音》；《补音》已经不传，无从证明；但是我们并不能把宋人叶韵之说归咎于吴氏。因为我们现在考吴氏说古音的地方，很多和朱子所注明的叶音不相符合；因此推知朱子《诗集传》等书并非尽用吴氏之说。兹录钱大昕《韵补跋》之言如下：

> 世谓叶音出于吴才老，非也。才老博考古音，以补今韵之阙，虽未能尽得六书谐声之原本，而后儒因是知援《诗》《易》《楚辞》以求古音之正，其功已不细。古人依声寓义，唐人久失其传，而才老独知之；可谓好学深思者矣。朱文公《诗集传》间取才老之《补音》，而加以叶字；才老书初不云叶也。杨用修讥才老叶音："母氏劬劳"，劳叶音僚；"四牡有骄"，骄叶音高。考才老书初无此文；殆误认朱氏之叶音为皆出于才老尔。《诗》："外御其侮"，吴读谟逢切；朱不从吴氏，而读戎为汝以叶务音。《驺虞》之虞，朱于第一章叶音牙。第二章叶五红反；"谁谓女无家"，朱于前章叶音谷，后章叶各空反；皆吴氏所无，未可归咎于吴也。

叶韵原来是用后代的语音勉强合于古书中，和研究古音的根本观念相违背；我们既然认定吴才老是依据陆氏韵缓不烦改字之说，来作《韵补》，遂为近代古音学的萌芽，便应当断定他并不是提倡叶韵的。明代杨慎、陈第诸人竭力排斥叶韵的谬误；王夫之《船山遗书》里，也有《诗经叶韵辨》一篇，条举叶韵十蔽。至于元戴侗

《六书故》、明焦竑《笔乘》，以及陈第《毛诗古音考》更谓叶韵就是古人本音，所谓叶，实在是古韵不合于今读的地方；古书上的用韵，都是依据古人本来之音，并不曾有故意强叶的事实。[①] 钱氏《十驾斋养新录》卷一亦谓“协句即古音”，其言曰：

> 沈重生于梁末，其时去古已远，而韵书实始萌芽；故于今韵有不合者，有协句之例。协句即古音也。自陆德明创为古人韵缓不烦改字之说，于沈所云协句者，皆如字读；自谓通达无碍。而不知《三百篇》用韵，谐畅明白，未尝缓也。

可见近代古音学的创立，完全是由破除叶韵的迷障，初则谓为古韵的宽疏，因以定通转之例，继则离析后代的韵书，以直言古音了。吴氏后又有程迥，作《音式》，其书不传；只知道它“以三声通用，双声互转为说”，[②]大概也是说明古音通转之例的。此外郑庠又有《古音辨》一书，开始把古韵分为六部：《阳》《支》《先》《虞》《尤》《覃》。[③] 这六部的详目，见于夏炘《古韵表集说》，大抵依《平水》韵目加以合并，所列入声三部也是依《切韵》一系韵书的系统，隶属于阳声三部；大概只是“就《唐韵》求其合，不能析《唐韵》求其分”的。不过，近代正式分列古音的韵部的，应当推始于郑庠。到了明朝，杨慎作《转注古音略》《古音丛目》《古音略例》诸书，虽然他以为古来叶韵总不外是转注之例，其说不尽确当，而对于吴氏《韵补》的增订，不为无功。我们可以说在陈第以前，古音的研究已具有萌芽，不过只是把陆德明古人韵缓这句话加以表彰和发挥，把后代韵书上的韵部通合并用，还未能直接规定古音，还未能打破韵书的

---

① 参看拙著《中国古音学》第三章。
② 见《四库总目·韵补提要》。
③ 参看拙著《中国古音学》第五章及第六章。

范围。

陈第，字季立，他的最重要著作是《毛诗古音考》（西元后一六〇六年作成），于各字下注明古读，本证之外，又以其他经书、子书上的用韵为旁证；又作《屈宋古音义》，和前书互相发明，取《楚辞》上的韵语以和《毛诗》相印证。此外更有《读诗拙言》一种，谓《说文》形声字从某得声之例，很多可以用来证明《毛诗》音；并谓：“时有古今，地有南北，字有更革，音有转移，亦势所必至。”他抱着这种语音历史和地域的观念，所以能破除叶韵，直言古音；清代顾炎武、江永诸人的古音研究，实陈氏为之开除先路。[①] 顾炎武，字宁人，号亭林（西元后一六一三——一六八二），是清代学术界的首领，也是奠定古音学基础的人。他以三十年的搜讨工夫，作《音论》《诗本音》《易音》《唐韵正》《古音表》五种，称为《音学五书》。《音论》是泛论古音的，共有三卷，十五篇；《诗本音》是《五书》中最重要的一部，以《毛诗》用韵为主，而以其他经书为旁证，来考定《毛诗》音的；《易音》是依《易经》里的一些韵语来考定《易经》音的；《唐韵正》表面上是用来改正《唐韵》的，其实是把《诗本音》里许多证据拿来另编的一部书，可以认为是《诗本音》的详细的注解；《古音表》又变更《唐韵》的组织，列出古音十部，而以入声四部分附其下。兹节录之如下：

一、《东》《冬》《钟》《江》；　二、《支》之半，《脂》《之》《微》《齐》《佳》《皆》《灰》《咍》，《尤》之半（去声《祭》《泰》《夬》《废》亦属此部）（入声《质》《术》《栉》，《昔》之半，《职》《物》《迄》《屑》《薛》，《锡》之半，《月》《没》《曷》《末》《辖》，《麦》之半，《德》，《屋》之半）；　三、《鱼》《虞》《模》，《麻》之半，《侯》（入声《屋》

---

① 参看拙著《中国古音学》第五章及第六章。

之半,《沃》之半,《烛》,《觉》之半,《药》之半,《铎》之半,《陌》,《麦》之半,《昔》之半); 四、《真》《谆》《臻》《文》《殷》《元》《魂》《痕》《寒》《桓》《删》《山》《先》《仙》; 五、《萧》《宵》《肴》《豪》,《尤》之半,《幽》(入声《屋》之半,《沃》之半,《觉》之半,《药》之半,《铎》之半,《锡》之半); 六、《歌》《戈》,《麻》之半,《支》之半; 七、《阳》《唐》,《庚》之半; 八、《庚》之半,《耕》《清》《青》; 九、《蒸》《登》; 十、《侵》《覃》《谈》《盐》《添》《咸》《衔》《严》《凡》(入声《缉》《合》《盍》《叶》《怗》《洽》《狎》《业》《乏》)。

顾氏一方面能够离析《唐韵》的韵部,如以《支》韵字半入《脂》《之》,半入《歌》《戈》;《麻》韵字半入《歌》《戈》,半入《鱼》《虞》;《尤》韵字半入《脂》《之》,半入《萧》《宵》之类;另一方面又变更《唐韵》入声的分配,入声四部除一部以配《侵》《覃》诸韵以外,余悉以配阴声韵,不依《切韵》以《屋》承《东》、以《沃》承《冬》之例;这便是顾氏打破韵书的范围,以考求古音,为前人所不及处。不过顾氏对于语音抱着一种复古的思想,看他的论调,似乎要用上古的音读来纠正六朝、唐、宋的违失,和语音的历史观念不相符合;江永批评他这种主张,谓:"顾氏《音学五书》与愚之《古韵标准》,皆考古、存古之书,非能使之复古也。"[①]顾氏先后间的古音学家,有方日升作《韵会小补》,毛先舒作《声韵丛说》,柴绍炳作《古韵通》,邵长蘅作《古今韵略》《韵学通指》,大抵仍本诸通转、叶韵之说以论古音和陈第顾炎武异趋。至于毛奇龄的《古今通韵》,创为五部、三声、两界、两合诸例,以说明古韵的通转,而于出诸例外者,又谓之叶音;毛氏书冀以驳难顾氏的学说,实则只是显示他自己的武断罢了。此外又有李因

① 见江氏《古韵标准例言》。

笃，作《古今韵考》，对于顾氏的学说颇多推阐。[1] 清代直承顾氏之学而加以缜密的补正的，当首推江永；江氏作《古韵标准》，以为顾氏"考古之功多，审音之功浅"，所以他又根据音理把顾氏的十部重订为十三部。兹录其目如下：

一、《东》《冬》《钟》《江》；　二、分《支》，《脂》《之》《微》《齐》《佳》《皆》《灰》《哈》，分《尤》；　三、《鱼》、分《虞》，《模》、分《麻》；　四、《真》《谆》《臻》《文》《殷》《魂》《痕》、分《先》；　五、《元》《寒》《桓》《删》《山》、分《先》、《仙》；　六、分《萧》，分《宵》，分《肴》，分《豪》；　七、《歌》《戈》、分《麻》，分《支》；　八、《阳》《唐》、分《庚》；　九、分《庚》，《耕》《清》《青》；　十、《蒸》《登》；　十一、分《尤》，《侯》《幽》、分《虞》，分《萧》，分《宵》，分《肴》，分《豪》；　十二、《侵》、分《覃》，分《谈》，分《盐》；　十三、分《覃》，分《谈》，分《盐》，《添》《严》《咸》《衔》《凡》。

这十三部和顾氏十部的异同，《古韵标准·例言》曾约略的说明：

第四部为《真》《文》《魂》一类，第五部为《元》《寒》《仙》一类；顾氏合为一也。第六部为《萧》《肴》《豪》，分出一支、不与《尤》《侯》通；第十一部为《尤》《侯》一类，当分《萧》《肴》《豪》之一支，不与第六部通，而顾氏亦合为一也。第十二、十三自《侵》至《凡》九韵，当分两部，而顾氏又合为一也。

江氏又于各部《总论》，详说其分列的理由；最足使我们注意的，除

---

[1] 参看拙著《中国古音学》第七章。

了以《虞》韵分属《鱼》《模》和《侯》《幽》以外，又依音的侈敛，把《真》以下的十四韵和《侵》以下的九韵各分为两部，这便足以表示江氏审音的功夫。江氏对于古音上的字调问题，大致和顾炎武"四声一贯"之说相合，以为虽有四声，而平仄可相通押；但是同时又谓入声和去声最近，并且主张"数韵共一入"，所列入声的八部，可隶属于阴声韵，也可隶属于阳声韵，已开阴、阳、入通转说的端绪了。[①] 江氏以前，对于古音的考证，总以古书上的韵语为主要材料，偶然间采了一些形声偏旁的关系来作分部标准的辅助；到了段玉裁，才完全从《说文解字》里考求古音，依形声系统来分韵部，而只以古书上押韵的字列例；也可以说从前只是论古代诗歌韵语中的少数字音，到了段氏引用这种方法，才可以研究周、汉时代全部的音读系统了。

段氏，字若膺，一字懋堂，所著《说文解字注》，书后附有《六书音均表》，共分五篇，《今韵古分十七部表》《古十七部谐声表》《古十七部合用类分表》《诗经韵分十七部表》《群经韵分十七部表》。他在《古十七部谐声表》的前面说：

> 六书之有谐声也，文字之所以日滋也。考周、秦有韵之文，某声必在某部，至赜而不可乱；故视其偏旁以何字为声，而知其音在某部，易简而天下之理得也。许叔重作《说文解字》时，未有反语，但云某声，某声，即以为韵书可也。自音有转变，同一声则分散于各部各韵；如一"某"声，而"某"在《厚》韵，"媒""腜"在《灰》韵；一"每"声，而"悔""晦"在《队》韵，"敏"在《轸》韵，"晦""痗"在《厚》韵之类。参差不齐，承学者多疑之，要其始则同谐声者必同部也。

---

① 参看王力《中国音韵学》下册第三编第二十七节及拙著《中国古音学》第八章。

段氏承顾、江之后，又依据古代文字上的表音方法，本着这种同谐声必同部的原则，考得古音十七部如下：

> 一、《之》《哈》（入声《职》《德》）；　二、《萧》《宵》《肴》《豪》；　三、《尤》《幽》（入声《屋》《沃》《烛》《觉》）；　四、《侯》；　五、《鱼》《虞》《模》（入声《药》《铎》）；　六、《蒸》《登》；　七、《侵》《盐》《添》（入声《缉》《叶》《怗》）；　八、《覃》《谈》《咸》《衔》《严》《凡》（入声《合》《盍》《洽》《狎》《业》《乏》）；　九、《东》《冬》《钟》《江》；　十、《阳》《唐》；　十一、《庚》《耕》《清》《青》；　十二、《真》《臻》《先》（入声《质》《栉》《屑》）；　十三、《谆》《文》《欣》《魂》《痕》；　十四、《元》《寒》《桓》《删》《山》《仙》；　十五、《脂》《微》《齐》《皆》《灰》（去声《祭》《泰》《夬》《废》属此）（入声《术》《物》《迄》《月》《没》《曷》《末》《黠》《辖》《薛》）；　十六、《支》《佳》（入声《陌》《麦》《昔》《锡》）；　十七、《歌》《戈》《麻》。

这十七部和顾氏、江氏所分列的，有三点重要的不同，就是夏炘《古韵表集说》所谓：

> 段氏于《支》《脂》《之》《微》《齐》《佳》《皆》《灰》《哈》九韵，析《支》《佳》为一部，《脂》《微》《齐》《皆》《灰》为一部，《之》《哈》为一部。于《真》《臻》《先》《谆》《文》《殷》《魂》《痕》八韵，析《真》《臻》《先》为一部，《谆》《文》《殷》《魂》《痕》为一部。又顾氏改《侯》从《鱼》，江氏改《侯》从《尤》，段氏则以《尤》《幽》为一部，《侯》与《虞》之半别为一部。故得十七部。

尤其是关于第一点，分析《支》《脂》《之》三部，大家都说是段氏对于古音学上的特见；其实这三部的分列，差不多同时独立发明的，不单是段氏一人，还有王念孙和江有诰。[①] 我们因此可以见得顾、江以后，古韵分部日就缜密，而古音学家的意见也渐渐趋于一致了。段氏又依音的远近，来定韵部的次第，不依《唐韵》的目次为序；他把十七部区分为六类：第一部为第一类；第二至第五部为第二类；第六至第八部为第三类；第九至第十一部为第四类；第十二至第十四部为第五类；第十五至第十七部为第六类。[②] 又创为"合韵"之说，依次第远近而定它们相通的规则；更依江氏"异平同入"的主张，以为同一入声可以配属于几个平声，而即以此为合韵之枢纽；这就是戴氏阴、阳、入通转说所由演成的。段氏谓："古四声不同今韵，犹古本音不同今韵也。"他以为周、秦时仅有平、上、入而无去声，到魏、晋时入声多转而为去声，平声多转而为仄声；又谓古代平、上为一类，去、入为一类，平、上相近，去、入相近。这种说法，颇为后来的古音学家所遵用。段氏弟子江沅依据《古十七部谐声表》作《说文解字音均表》；所以分部一同段氏。至于段氏师戴震，乃首创阴、阳、入对转之说的；他的《声类表》成书在段氏《六书音均表》之后，所以也有采取段氏说的。兹将《声类表》的九类二十五部之目，节录如下：

(1)《歌》《鱼》《铎》类　一、《阿》　二、《乌》　三、《垩》；

(2)《蒸》《之》《职》类　四、《膺》　五、《噫》　六、《亿》；

(3)《东》《尤》《屋》类　七、《翁》　八、《讴》　九、《屋》；

(4)《阳》《萧》《药》类　十、《央》　十一、《夭》　十二、《约》；

---

① 参看林语堂《支脂之三部古读考》(载中央研究院《历史语言研究所集刊》第二本第二分，亦载《语言学论丛》)一、《支脂之古分三部发明的历史》。

② 见《六书音均表》三。

(5)《庚》《支》《陌》类　十三、《婴》　十四、《娃》　十五、《厄》；

(6)《真》《脂》《质》类　十六、《殷》　十七、《衣》　十八、《乙》；

(7)《元》《祭》《月》类　十九、《安》　二十、《霭》　二十一、《遏》；

(8)《侵》《缉》类　二十二、《音》　二十三、《邑》；

(9)《覃》《合》类　二十四、《腌》　二十五、《諜》。

这二十五部《阿》《乌》《垩》等等的韵目，是戴氏选取喉音《影》母的字来表明各韵的读法的；其实戴氏所定的音读，多以等韵学理为根据；这二十五部的分合，也难免有主观的论断。他自己说：

> 仆谓审音本一类，而古人之文偶有相涉，有不相涉，不得舍其相涉者，而以不相涉者为断。审音非一类，而古人之文偶有相涉，始可以五方之音不同，断为合韵。①

因之他把段氏的十七部当中的第三、第四两部合为《讴》部，把段氏的第十二、第十三两部合为《殷》部：这是他改从江永之说的。江永为戴氏师，所以两人都是以审音和考古并重；可惜他们所谓审音，总不外以宋、元以后的等韵学来推测周、汉的古音，不但不合于客观的事实，并且把中国语音系统上几个演变的阶段，容易使之迷乱。戴氏更把《切韵》系统里有入诸韵和无入诸韵，各得它们的入声，两两相配；他以为古音当中，虽未必有四声的分别，而必定有了阴声韵、阳声韵、入声韵三种。他说："有入者，如气

① 见戴氏《答段若膺论韵》(载《声类表》卷首)。

之阳；……无入者，如气之阴。……”又说：“有入之入与无入之去近。”[①]阴声、阳声的名目，是戴氏创始的。阴、阳相配，因入声可以通转；只是《侵》以下九韵，“方之诸韵，声气最敛，词家谓之闭口音；在《广韵》虽属有入之韵，而其无入诸韵，无与之配”。[②] 于是由江氏、段氏的异平同入之论，一变而为阴、阳、入通转之说。其实戴氏这种学说，只是因为顾炎武《古音表》把入声多配于阴声诸韵，和《切韵》的系统不合，所以引用了所谓审音的结果，把《广韵》的组织和古韵融合起来。戴氏又依他所分析的韵类立为“正转”“旁转”诸例，他说：“正转之法有三：一为转而不出其类，《脂》转《皆》，《之》转《咍》，《支》转《佳》是也；一为相配《互》转，《真》《文》《魂》《先》转《脂》《微》《灰》《齐》，……《模》转《歌》是也；一为联贯递转，《蒸》《登》转《东》，《之》《咍》转《尤》，《职》《德》转《屋》，《东》《冬》转《江》，是也。”[③]所以清代讲古韵通转的，当首推戴氏。我们看戴氏的审音，还有许多疏谬的地方，他以为《侵》以下九韵没有阴声字，“以其为闭口音，而配之者更微不成声也”；[④]已经觉得很牵强，又认《歌》《戈》《麻》近于阳声，用《鱼》《虞》《模》与之相配，更是不合于音理。不过阴、阳二声相配之说，确是发明于戴氏的。王国维《韵学余论五声说》：

> 自明以来，古韵上之发明，有三：一为连江陈氏古本音不同今韵之说；二为戴氏阴、阳二声相配之说；三为段氏古四声不同今韵之说；而部目之分析，其小者也。[⑤]

---

① 见戴氏《答段若膺论韵》。
② 同上。
③ 见戴氏《声韵考》及《答段若膺论韵》。
④ 同上。
⑤ 见《广仓学窘》第四册。

戴氏发明阴、阳相配之说以外，他于部目的分析上也有创见；如主张《脂》《祭》当分，于段氏的第十五部，分为《衣》《靄》两部；也是为后来的古音学家所遵从的。我们可以说近代对于周、汉古音的考证，到了顾、江、戴、段四家，已经完成了基础；后起的古音学家大都是承袭他们的成绪，陆续加以补充修订的而已。现在就周、汉古音学上的几个主要的问题，分别叙述戴、段以后诸家学说的大略于下：

在戴、段稍后，有洪亮吉《汉魏音》一书，只是刺取汉、魏传注训诂当中的音读字，而编次仍从《说文》字部旧目，未列古韵的诸部。直承戴氏、段氏之学的，当推孔广森。孔广森，字众仲，一字扐约，为戴东原弟子，著有《诗声类》，分古韵为阳声九部、阴声九部。兹约举其目如下：

阳声九：一、《原》类　二、《丁》类　三、《辰》类　四、《阳》类　五、《东》类　六、《冬》类　七、《侵》类　八、《蒸》类　九、《谈》类

阴声九：一、《歌》类　二、《支》类　三、《脂》类　四、《鱼》类　五、《侯》类　六、《幽》类　七、《宵》类　八、《之》类　九、《合》类

孔氏于段氏的十七部，将第十二、第十三两部合为《辰》类，又将第九部分为《东》《冬》两类，将第七、第八两部的入声并合另立为《合》类，共得十八部。孔氏后有严可均，作《说文声类》，并《冬》于《侵》，又将孔氏的《合》部附于《谈》部，共得十六部。[1] 至于姚文田的《古音谐》及《说文声系》列平、上、去十部，入声九部，大都本于段氏和

① 参看拙著《中国古音学》第十二章及第十三章。

戴氏的。刘逢禄《诗声衍表》分二十六部，实以戴氏的学说为主，而参以段氏、孔氏之说。① 王念孙对于古韵的著作，有《诗经》《群经》《楚辞韵谱》，见于罗振玉所辑《高邮王氏遗书》；又有《韵谱》及《合韵谱》，未刊行。他主张分古韵为二十一部，兹依王引之《经义述闻》卷三十一所载，录其目如下：

一、《东》(平、上、去)； 二、《蒸》(平、上、去)； 三、《侵》(平、上、去)； 四、《谈》(平、上、去)； 五、《阳》(平、上、去)； 六、《耕》(平、上、去)； 七、《真》(平、上、去)； 八、《谆》(平、上、去)； 九、《元》(平、上、去)； 十、《歌》(平、上、去)； 十一、《支》(平、上、去、入)； 十二、《至》(去、入)； 十三、《脂》(平、上、去、入)； 十四、《祭》(去、入)； 十五、《盍》(入)； 十六、《缉》(入)； 十七、《之》(平、上、去、入)； 十八、《鱼》(平、上、去、入)； 十九、《侯》(平、上、去、入)； 二十、《幽》(平、上、去、入)； 二十一、《宵》(平、上、去、入)。

和他几乎完全相合的，就是江有诰的分部。江有诰字晋三，著有《音学十书》，即《诗经韵读》《群经韵读》《楚辞韵读》《子史韵读》《汉魏韵读》《二十一部韵谱》《谐声表》《入声表》《四声韵谱》《唐韵四声正》十种。② 也分古韵为二十一部，约举其目如下：

一、《之》 二、《幽》 三、《宵》 四、《侯》 五、《鱼》 六、《歌》 七、《支》 八、《脂》 九、《祭》 十、《元》 十一、《文》 十二、《真》 十三、《耕》 十四、《阳》

① 参看拙著《中国古音学》第十七章。
② 参看王力《中国音韵学》下册第三编第三十二节，第107～108页(注二)。

十五、《东》 十六、《中》 十七、《蒸》 十八、《侵》 十九、《谈》 二十、《叶》 二十一、《缉》

江有诰于段氏的十七部，又和戴氏相同，分列《脂》《祭》二部，更依孔广森之说，分列《东》《冬》二部（以为《冬》部甚窄，改用《中》字标目），此外，并另立入声《叶》《缉》二部，所以共为二十一部。王念孙《东》《冬》不分，而另立《至》部，所以也是二十一部。夏炘著有《诗古韵表二十二部集说》，叙述郑庠、顾炎武、江永、段玉裁、王念孙、江有诰诸家的分部和学说，结论则赞成江有诰的二十一部，而另加以王氏的《至》部，定古韵为二十二部。[①] 丁以此《毛诗正韵》也分二

---

① 兹录夏氏表中所列《诗经》用韵之字如下：（原表分四声排列，今改为杂列。）

《之》部第一、

哉丝治尤霾来思淇姬谋尤蚩丘期媒埘佩贻痗偲其梅裘骐狸台莱基时矣箕诗僛邮牛膜饴龟纤鼐駓才采友否母苡有趾子沚事汜以悔李里已久耳齿止俟右妇玖涘里杞洧士晦喜亩屺鲤耜载祉芑试仕殆宰史使负似恃梓在耻纪起耔敏薿怠改祀秠忌海鲔旧异背痗疚富克服备戒能识食诲囿伏字翼式寺倍炽福得侧特麦北弋极德国饰力直革绒息襋棘辐亿稷域忒牧饬急则奭葍意蜮侑敕或穑螣贼黑暱色亟匐嶷慝塞织馘。

《幽》部第二、

鸠洲逑流求逵仇休雠售漕悠滺游昴裯犹舟忧游救陶翱修歗淑轴好抽胶潚瘳滔慆聊条周收辀袍矛绸绒遒莜椒蜩茅裒柔橐醻浮丑酒妯觩幽炮孚臭糔叟蹂曹牢匏酋刘骚苞优囚搜球旒包诱手老轨牡埽道狩鸨首阜觩茂栲杻考保簋饱缶皓侧受慅枣稻寿蚤韭舅咎罶草戊祷卯捋昊莠柳蹈宝蓼朽茆鸟冒报宿匊笃燠薁菽畜复奥蹙戚俶迪夙萧穆。

《宵》部第三、

天劳旄敖骄镳朝桃瑶苗摇消麃乔遥漂要忉儦殽谣号巢苕膏曜飘嘌鸮谯翘哓蒿昭恌效旐悄嚣嗷刀脊䅚教瀌高寮笑荛藻潦小少摽皎僚沼吊罩炤盗庙貌耄到籥翟爵药凿襮沃栎驳的濯嚣跃熇削溺。

《侯》部第四、

娄驹姝隅踽驱侯殳濡渝枢榆刍逅株诹趋越揄愚笱后枸楰耇瘉口愈侮树数厚主醹斗后咮媾豆酝具穤馃奏禄裕饫取木附属欲句镞漏觏谷角族屋狱足楸鹿束玉读辱曲藚续縠异谷粟仆椓卜浊霂渥绿局沐狱。

《鱼》部第五、

砠瘏痡吁华家罝夫牙车葭豝乎虞居诸虚邪且狐乌旟都瓜琚苏阇茶芦娱著素渠余舆壶苴樗据租胡肤瑕帑图涂书鱼徒辜铺怃舍盱庐菹蒲屠胥誉舒与沮鰕祛徂呶楚马筥釜下处渚辅阻暑罟祜纾羽野雨土顾苦怒虎舞组五予甫许浒父武举所鲂鼠黍户者杜湑踽栩盬怙御鼓夏纻语宇股圃稼芓羜酤暇写旅午麌寡祖堵扈羖黼斝御若赋尃脯圉助补茹吐吁嘆浦绪虏稌礬虡鍜秬鲁露夜据愬故射瞿莫路濩恶洳度岵除固庶作获去芋据柘 （转下页）

（接上页）祃呱讶豫呼鹭绤斁落石席席藉伯薄鞹夕泽戟骆奕舄绎宅错藿客阁橐怿踖炙格酢白柏赫获廓咢籍貊壑柞雒逆诺尺昔恪。

《歌》部第六、

皮纥蛇沱过歌为何离施河仪他伽佗宜猗磋磨阿遒靡罗罹叱麻嗟加吹和多差娑池陂荷缡嘉锜鲨椅莪驾驰破罴议讹瘥左俄傞那沙可牺瑳掎我拖祸可哆侈地瓦贺佐。

《支》部第七、

支觿知斯枝提伎雌易祇篪卑疷圭携辟刺晳翟鬄揥易帝椑适益谪篑锡甓鹝惕鹈绩踖脊蜴蹢剔解髀狄。

《脂》部第八、

萋飞喈归私衣嵬隤罍怀累绥枚饥祁薇悲夷微靁迟违畿霏妻姨荑脂蛴犀眉畏晞崔凄湄跻坻师陊蓍骓骙依腓哀氏维毗迷底麋阶伊侪资坏黎推郿齐鸱追祇围威尾毁迩弥鹭非体死荠弟泲祢姊炜美指礼泲偕火苇毁儿𬶁鳢旨泥岂矢兕醴罪匕砥履视秭尔妣秭皆肄弃塈谓溃纰四畀济遂悸醉穗醉季寐比佽棣檖萃惠戾届阕瘁淠蔚穧利驷爱妹谓翳对檖匮位溉内退僾逮隧悖替济出卒述律弗没茀仡肆忽拂。

《至》部第九、

至噎嚏疾实室袺襭七吉节日栗漆瑟穴即耋栗褉结一垤窒恤彻逸血珌设抑毕飏密瑟挃栉秩匹。

《祭》部第十、

败憩拜脱帨吠厉揭萃迈卫害逝带艾外蹶泄肺晢祋芾旆岁晣哕勚秣嘒愒瘵虿世袚兑驳茷栵大蕨惙伐茇阔活月佸桀说渴达阙涉发孽朅葛闵阅雪偈烈褐灭威舌撮发钹拨幭夺杰越截钺曷蘖。

《元》部第十一、

干言叹展袢颜媛涧宽垣关涟迁乾璊园檀餐还闲肩儇鬈闲廛貆旃然焉管简卷悁冠栾抟原山轩宪莞安幡怨傩樊反仙远燔献连嫄繁宣巘单残藩番啴完蛮典禋弲燕丸虔梴转选管洒浼鲜僩宣谖阪泼愿践愆幝痯谏板瘅亶简雁旦泮晏怨岸馆粲慢罕彦烂涣婉变丱贯乱讪衎霰宴喙援羡锻涧衍翰汉难。

《文》部第十二、

诜振麕春缗孙门殷贫艰奔君哼陨湣昆闻谆云存巾员鳏轮沦囷鹑飧群錞恩勤闵晨辉旂犉云慇尘瘏雰芹亹熏欣芬辰川焚遁渍纯耘训先墐忍殄盼顺问愠壶允。

《真》部第十三、

蓁人苹滨渊身洵信薪榛苓天零田千姻命申仁榛颠令粼邻年驷均询阗亲臻陈翩臣贤甸宾矜民玄莘坚钧旬填泯烬频神领尽引电。

《耕》部第十四、

荥成丁城盈星征鸣旌青莹声清庭营名正甥菁姓睘苹笙平宁嘤生嘤听惊楹冥定醒政程经争桢屏灵泾馨刑倾牲赢霆敬聘冥颎骋。

《阳》部第十五、

筐行冈黄觥伤荒将方裳亡颃良忘镗兵臧凉雱央防襄详长唐乡姜上疆兄堂京桑虻狂汤爽杭望梁阳簧房墙扬彭旁英翔明昌光瀼狼荡跄霜尝常杨苍鲂牂煌稂庚斨场飨羊皇享王刚逞藏靦衡玱珩祥床喤痒盟浆章箱傍亨祊庆仓炳仰抗张让商伉瑋相丧康粮囊印纲卿螗羹尚肠粻饷锡洸罔穰鸧芒香庄广泳永养景掌往竞梗两向。

《东》部第十六、

僮公墉讼从缝纵东同雝蓬豵封庸容置凶聪松龙充童双功濛颙攻庞调饔　（转下页）

十二部。王国维《周代金石文韵读》也依此分部;他自序云:

> 古韵之学,自昆山顾氏,而婺源江氏,而休宁戴氏,而金坛段氏,而曲阜孔氏,而高邮王氏,而歙县江氏,作者不过七人,然古音二十二部之目,遂令后世无可增损。故训故名物文字之学有待于将来者甚多;至古韵之学,谓之前无古人,后无来者,可也。原斯学所以能完密至此者,以其材料不过群经诸子及汉、魏有韵之文,其方法则皆因乎古人用韵之自然,而不容以后说私意参乎其间,其道至简,而其事有涯,以至简入有涯,故不数传而遂臻其极也。①

至于黄以周《六书通故》的十九部,实际就是二十一部,《东》《冬》之分,依于孔氏,《真》《文》之分,依于段氏,不过《缉》《盍》并合为一部,和王氏不同。朱骏声《说文通训定声》分十八部,大致依据于段氏,而参以王氏之说。张成孙《说文谐声谱》本于其父张惠言,分二十部,除《叶》《缉》二部相并外,其余尽和江有诰之说相同。② 集清代古音学之大成的,是章炳麟;他的古音学说,见于《小学略说》《二

(接上页)佣讻诵邦用邛共空重恫冲枞镛钟痈丰搴讧龙巩勇尰幪唪动竦总控送丰巷。

《中》部第十七、

中宫虫螽忡降袯冬穷冲躬戎浓融终潀宗崇仲宋。

《蒸》部第十八、

薨绳掤弓梦憎升朋兴增恒崩承惩雄兢肱胜腾冰陾登冯縢膺。

《侵》部第十九、

林心三风音南葚耽衿钦骖阴芩琴湛骎谂僭壬煁男饮谌谮临深琛绶黮簟寝锦甚枕。

《谈》部第二十、

严瞻惔谈斩盐涵谗甘餤蓝襜詹槛荚敢萏俨玷贬滥。

《叶》部第二十一、

叶涉褋甲业捷。

《缉》部第二十二、

揖垫及泣泾合軜邑隰翕濈集楫入辑洽。

① 见王氏《观堂集林》卷八。

② 参看拙著《中国古音学》第十四、第十五、第十六章。

十三部音准》诸篇，及《文始》等书。他的二十三部，以王念孙的二十一部为基础，并参以孔氏《东》《冬》分部之说，又从《脂》部分出《队》部。他把平、上韵和去、入韵完全分开，也颇采取戴氏的理论。于是他的弟子黄侃承袭他的学说，更从《广韵》里考定三十二部"古本韵"，其中《歌》《戈》，《曷》《末》，《寒》《桓》，《痕》《魂》八韵，认为以开、合分的，复使各自并合，共得二十八部：

阴声八：《歌》　《灰》《齐》《模》《侯》《萧》《豪》《咍》

阳声十：《寒》《先》《痕》《青》《唐》《东》《冬》《登》《覃》《添》

入声十：《曷》《屑》《没》《锡》《铎》《屋》《沃》《德》《合》《怗》

黄氏自己说这二十八部的设立，"皆本昔人，未曾以臆见加入"；兹录其所本如下：①

《歌》顾炎武所立	《寒》江永所立	《曷》王念孙所立
	《先》郑庠所立	《屑》戴震所立
《灰》段玉裁所立	《痕》段所立	《没》戴所立
《齐》郑所立	《青》顾所立	《锡》戴所立
《模》郑所立	《唐》顾所立	《铎》戴所立
《侯》段所立	《东》郑所立	《屋》戴所立
《萧》江所立		
《豪》郑所立	《冬》孔广森所立	《沃》戴所立

① 见黄氏《音略》。

《咍》段所立	《登》顾所立	《德》戴所立
	《覃》郑所立	《合》戴所立
	《添》江所立	《怗》戴所立

可是这二十八部，虽然说是由综合过去古音学家的学说而来，实际乃是从《广韵》上切语的声纽分别古今，因而考定它们为古韵的；黄氏这种结论，可以致疑的地方很多(详下节)。我们只能说三百年来古韵分部的研究，可以推黄氏这二十八部最为详密罢了；正如章氏《小学略说》所谓：“大抵前修未密，后出转精”；并不应认为古韵分部上的定案的。黄氏的二十八部，实在只是把章炳麟的二十三部，再加入声《锡》《铎》《屋》《沃》《德》五部；他自己说：“本师章氏论古韵二十三部，最憭愐矣；余复益以戴君所论，成为二十八部。”[①]就是他承受了戴氏入声诸部独立的主张；可是《萧》部的入声仍没有分立；因之黄氏晚年颇想改为二十九部。[②] 而章炳麟晚年发表的《音论》，[③]又主张并《冬》于《侵》，改定二十三部为二十二。最近王力著《上古韵母系统研究》一文，[④]也赞成《冬》《侵》合并，又主张《脂》《微》当分为两部，谓入声《德》《觉》《屋》《沃》《铎》《锡》诸部不应分立，于是定为古韵二十三部，就是：《之》《蒸》《幽》《宵》《侯》《东》《鱼》《阳》《歌》《曷》《寒》《支》《清》《脂》《质》《真》《微》《术》《谆》《侵》《缉》《谈》《盍》。我们因此可以知道关于古韵分部的问题，到了最近，还未能得到完全一致的结论。

关于古音的字调问题，我们可以和古韵通转及入声分配的问

---

① 见黄氏《音略》。

② 参看黄永镇《古韵学源流》(商务印书馆出版)；闻黄永镇二十九部之说，即为黄侃晚年的主张。又刘盼遂《黄氏古音二十八部商兑》又有古韵二十六部之说(《文字音韵学论丛》，第275～290页)。

③ 载光华大学《中国语文学研究》(中华书局出版)。

④ 载《清华学报》第十二卷第三期。

题参合起来叙述。孔广森继承戴氏阴、阳相配之说，在《诗声类》里分阴声九类、阳声九类，两两相配，可以对转。孔氏谓古音无入声，入声只是去声的短音；所以把入声诸部附丽于阴声韵。只有《缉》《合》诸韵是闭口急读的音，不能长言，没有平、上、去三声；而《侵》《谈》诸韵，无阴声可配，就不得不用《缉》《合》诸入声韵，当做阴声来和它们相配。又孔氏说明阴、阳所以对转，仍以入声为枢纽；他的学说，很有含糊矛盾的地方。大概孔氏讲阴、阳声对转，承认戴氏"有入之入与无入之去近"的话，而以入声归于去，又是依据于段氏"平、上为一类，去、入为一类"的话。后来章炳麟的《成均图》，多采取孔氏这种学说，而又参以严可均的主张。严可均《说文声类》的十六部，本来用以弥缝《诗声类》而作，他这十六部，纯粹分做阴、阳两类；阴、阳各部得互相对转，又因比近得相通，因比近的对转也得相通。章炳麟立正转、旁转诸例，远则承于戴氏，近即袭取严氏之说。[①] 段、孔诸家，或以为古无去声，或以为古无入声，大抵主张古音里并不完具四声。到了江有诰，却以为古音四声完具，不过各字所读的声调和后代韵书上所规定的不合；于是又本段氏四声不同今韵之说，作《唐韵四声正》一书，重定古音上各字的四声。江有诰又以为古韵上非每部鉴定四声，有几部有平、上、去而无入声的，有几部有去、入而无平、上的，有只有平声而无上、去、入的，有只有入声而无平、上、去的。关于入声的分配，江君一以《九经》用韵及形声偏旁为依据，他说："此部之入，他部不能假借"；不赞成戴、段异平同入之论，所以也不主张阴、阳、入对转之说。但是也立着通韵、合韵、借韵诸例，将段氏合韵之说加以修正，在应用上，仍不能废弃古韵的通转。[②] 王念孙也主张古有四声的分别，把他的二十一部分为二类：一类是皆有平、上、去而无入，一类是或四声具备，

---

① 参看拙著《中国古音学》第十二、十三、十八章。
② 同上书，第十四章。

或有去、入而无平、上，或有入而无平、上、去；就是一类是有入声的，一类是无入声的。所以王氏虽然没有把阴、阳两声相配，而分无入之韵和有入之韵为两类，却是和孔广森的学说暗相呼应。[①]夏炘《古韵表集说》也依照江君，说古有四声；黄以周《六书通故》上四声的分配，和王氏也什九相同。至于张惠言，说古音本无四声的区分，所谓轻重长短，只是求一时的谐和；和顾炎武古时四声一贯，平仄通押之说相合，而反对王念孙、江有诰古时四声分别固定的主张。张氏入声各部的分配，和王、江略同，而关于四声的意见，却大相反。张氏又有“正纽”“反纽”之说，以为入声短促，引而长之，就成为平声，这叫做反纽；平声延长，急收其音，便成为入声，这叫做反纽。他以为平、入的分别，完全在音长的关系，以正纽、反纽来定平、入的分配，就是异平同入的原理，也是合韵、转音之所由发生的。所以张氏很推崇段氏合韵之说，而为阴、阳对转之论助长声势。[②] 刘逢禄《诗声衍条例》：“一、论古有四声，辨孔氏无入声之误”“二、论长言、短言，重读、轻读，辨段氏古无去声之误”。他主张古有四声，而自有疆界，不同今韵；和王念孙、江有诰之说，颇相类似。刘氏的分部，虽然很近于戴氏，而对于入声的分配，多归于阴声；阳声除《侵》《盐》外，都是无入声的；和顾炎武的主张相合，而和戴氏阴、阳二声同入相配之说异趣。不过刘氏也赞成段氏合韵之例，以为异部相通，不外同入合用的道理；则和王念孙、江有诰的入声分配，固定不移的论调，又不相同。[③] 大抵清代古音学家，对于古韵四声及入声分配问题，可分两派：一派是顾炎武，把入声诸韵分配于阴声；王念孙、江有诰遵从其说，而又主张古时四声完具；刘逢禄也近于此派。另一派是戴、段异平同入之论；孔广

① 参看拙著《中国古音学》第十五章。
② 同上书，第十六章。
③ 同上书，第十七章。

森就依据他们，分成阴、阳两类，而以入声为两者对转的枢纽。章炳麟、黄侃是属于戴、孔一派；王国维的《五声说》，是属于王、江一派。王国维谓："阳声自为一类，有平而无上、去、入""阳声一与阴声平、上、去、入四，乃三代、秦、汉间之五声"。他以为古音四声完具，只是属于阴声；阳声不但没有入声，并且没有上、去。他自己说："余之五声说，及阳声无上、去、入说，不过错综戴、孔、段、王、江五家，而得其会通，无丝毫独见参于其间。"其实王静安这种说法，和戴、孔的学说相差很远，和王、江二家颇为接近；他不过把古音完具四声，和阳声无入的主张，加以推阐罢了。章炳麟的二十三部，虽然大体依照王念孙，而分为阴、阳二类，讲古韵通转之理，却根据于孔广森、严可均二家。章氏认定古音去、入韵和平、上韵堑截两分，平、上韵无去、入，去、入韵亦无平、上。二十三部里，既然分出平、上韵和去、入韵两类，又平、上韵里有阴、阳声的分别，去、入韵里也有阴、阳声的分别。章氏也承认阴、阳声的分别，完全为收尾辅音的关系；不过他只认定古音入声只有收[-p]的一类，没有收[-k]、收[-t]二种；所以说："《泰》《队》《至》者，阴声去、入韵也；《缉》《盍》者，阳声去、入韵也。"以为《缉》《盍》收唇，舒而为去，和《侵》《谈》同收，所以叫做阳声去、入韵，《泰》《队》《至》收喉，和《寒》《谆》《真》收声不同，所以叫做阴声去、入韵。又章氏以只有《阳》部为"独发鼻音"，以《东》《冬》《蒸》为"撮唇鼻音"，《青》为"上舌鼻音"；他以为古韵上只有《阳》部是收[-ŋ]的，其余《东》《冬》《蒸》《侵》《谈》都是收[-m]的，《青》《寒》《谆》《真》都是收[-n]的。这种假定，虽然也可以有一二事实上的证明，而和江、戴以来审音的学说，完全立异。章氏又依他自己所分析的音列成一个《成均图》，把二十三部分为阴侈、阴弇、阳侈、阳弇四列，以《鱼》《阳》二部为中轴之音，兼摄弇、侈；兹录各部的序次如下：

阳弇 { 《寒》——{《歌》《泰》}；《谆》——{《队》《脂》}；《真》——《至》；《青》——《支》 } 阴弇

阳轴　《阳》——《鱼》　阴轴

阳侈 { 《东》——《侯》；{《侵》——，《缉》——，《冬》——} 幽；《蒸》——《之》；{《谈》——，《盍》——}《宵》 } 阴侈

各部的通转，章氏立出许多名目：二部同居的，叫做“近转”；阴、阳相对的，叫做“正对转”；同列相近的，叫做“近旁转”；同列相远的，叫做“次旁转”；又从旁转而成的对转，叫做“次对转”。《鱼》《阳》二部和阴侈、阳侈、阴弇、阳弇诸部，各得成“次旁转”“次对转”；所以说：“兼攎弇、侈，与之交捷。”章氏又立了“交纽转”和“隔越转”二个变例，凡不是同列的各部，也得相转。可以见得他立例很为繁琐，而仍不能统概音义转变的事实；所以正例之外，又有变例。[①] 江有诰《寄段懋堂先生书》，论到合韵云：“近者可合，以音相类也；远者亦谓之合，则茫无界限，失分别部居之本意矣。”至于姚文田《说文声系自叙》更反对合韵和对转之说，以为：

---

① 参看拙著《中国古音学》第十八章。

> 段书诸部皆言合韵；里巷歌谣，天籁自发，音谐则用，讵识部居？故合韵之说，不可用也。孔氏又创为对转之例；乡曲一隅，唇吻互异，惟变所适，众类佥同；故对转之说，不可用也。

姚氏以为一切音变，毫无轨迹可寻，汉儒释经和谐声之法，只是“声相近”“声之转”两种途径，正不必立出许多繁琐的例，而结果仍旧是茫无界限。姚氏的话，固未免说得过分一点，却很可以用来矫正严氏、章氏之说的。黄侃《音略·略例》云：“古无去声，段君所说；今更知古无上声，惟有平、入而已。”平声分阴、阳两类；平、入之分，就是阴、阳、入之分。黄氏对于二十八部的配列，多依据于戴氏的《声类表》；不过戴氏立着正转、旁转诸例，而黄氏却只承认阴、阳对转一例，谓其余章氏所列种种通转之例，都可以用双声、叠韵的原理来赅括。《音略·略例》云：“古音通转之理，前人多立对转、旁转之名，今谓对转于音理实有；其余名目，皆可不立。以双声、叠韵二理，可赅括无余也。”钱玄同《文字学·音篇》也说：“古音言语之转变，由于双声者多，由于叠韵者少。不同韵之字，以同纽之故，而得通转者往往有之；此本与韵无涉，未可偏据以立旁转之名也。”原来过去古音家所建立的韵部，无论怎样的细密，总不能免除各部间相通的字音；因为所根据的材料，除了《诗》《骚》及其他古书的韵语以外，又取径于《说文》等书里形声字的系统，旁及于假借、读若、声训之类；这些材料的本身上所显示的语音，并非完全属于同一的系统，其间彼此间还有时代的和地域的纷变的关系；所以从这些带有混杂性的材料中间所归纳得来的音韵系统，在各个部类之间，自然不免有许多字音出入相错。要解释这种变异的现象，就由“合韵”之说进而为“异平同入”之论，再进而列着“阴阳对转”以及“正转”“旁转”诸例。讲阴、阳对转的，大都主张古音四声不具备；因为阴、阳、入的分别，属于韵素上收尾音的关系为音色上绝对的区别，而四声的分别，大部分属于音调、音量等的变化，为比较的相对的差别，当然前者较为显著，而后者较为隐微；我们测定古音上韵素的种类，也当然要比测定字调的种类为明确可靠。但是所谓阴、阳、入和四声的分别，一般古音学家总是根据六朝以来所演成的《切韵》系统来观察的；据最近所拟测的上古字音的“音值”，知道周、汉时收尾音的种类，远比《切韵》系统里的要繁多；那末，依照韵素的收尾音部分来区分上古的韵部，是否仍用阴、阳、入的三类为确当，已成疑问。而从上古音演变到了《切韵》系统，如许多收尾音的失落等等，我们要得到确切的解释，又不能不假定音调、音量等的变化，原来在上古音里也占着很重要的成分。[①] 我们现在虽然还未能确定上古音里字调的种类，而谓当时只有平、入之分，又已为事实所否认了。

过去的古音学家又有一个通病，就是他们对于所分列的韵部太看得固定，以为一个韵部，仅是包含一种“韵值”；于是对于许多穿错变易的字音，不得不立着通转的例；立例过繁，仍不能统概字音的转变，又不得不委之双声相转。钱大昕《音韵问答》，立“双声假借”一例，并有“声随义转”之说，以为一字原来可依双声转而为数音，正不必受韵部的拘束。我们在这里要明了双声相转的道理，就须讲到古音上声纽种类的问题了。在钱氏以前，如顾、江、戴、段诸家，往往注重古韵，而忽略了古纽问题。江永极尊信《三十六字母》，以为不可增减，不可移易；[②]戴震《声类表》里仅分二十纽，以《影》《喻》《微》为同纽，又以《疑》杂于《精》《清》《从》和《心》《邪》之间，不但不合古音，且不合于宋、元的等韵，颇令人不解。[③] 到了钱大昕，

---

① 参看本文的九(二)及拙著《中国语音系统的演变》(载《暨南学报》第一卷第一号)，第 225～226 页。

② 见江氏《四声切韵表・凡例》。

③ 参看王力《中国音韵学》下册第三编第二十九节，第 56 页。

始发明古今声类有异；钱氏《十驾斋养新录》卷五有《古无轻唇音说》，以明古音《非》《敷》《奉》《微》四母皆读入《帮》《滂》《并》《明》四母；又有《舌音类隔之说不可信》一篇，谓："古无舌头、舌上之分，《知》《彻》《澄》三母，以今音读之，与《照》《穿》《床》无别也。求之古音，则与《端》《透》《定》无异。"又谓："古人多舌音，后来多变为齿音；不独《知》《彻》《澄》为然。"又《音韵问答》及《养新录》卷五，谓古音《影》《喻》《晓》《匣》四母，多相混无别，而和《见》《溪》诸母，也没有显然的区分。章炳麟谓："审纽莫辨乎钱"，他论古音声纽及双声相转，多本于钱氏。章氏更作《古音娘日二母归泥说》一篇，谓："古音有舌头《泥》纽，其后支别，则舌上有《娘》纽，半舌、半齿有《日》纽，于古皆《泥》纽也。"又《新方言》卷十一谓："《精》《清》《从》《心》《邪》本是《照》《穿》《床》《审》《禅》之副音"；也主张正齿、齿头二组，古亦不分；于是断定古音仅有喉、牙、舌、齿、唇、半舌六组。《古双声说》里说：

> 古音纽有舌头，无舌上；有重唇，无轻唇，则钱大昕所证明。《娘》《日》二纽，古并归《泥》，则炳麟所证明。正齿、舌头虑有鸿、细，古音不若是繁碎，大较不别。齐、庄、中、正，为齿音双声；今音"中"在舌上，古音"中"在舌头；疑于类隔舌、齿，有时旁转；钱君亦疏通之矣。此则今有九音，于古则六，曰：喉、牙、舌、齿、唇、半舌也。

黄侃承章氏之学，又从《广韵》切语上所定的四十一声类，分为"今变声"和"古本声"；又从"古本声"考得三十二"古本韵"，更从这三十二"古本韵"，考得古音声纽十九类（参看下节）。章氏《蓟汉微言》说这是音韵学上的一个发明：

> 黄侃云：《歌》部本为元音；观《广韵》：《歌》《戈》二韵音

切，可以证知古纽消息；如《非》《敷》《奉》《微》《知》《彻》《澄》《娘》《照》《穿》《床》《审》《禅》《喻》《日》诸纽，《歌》《戈》部中皆无之，即知古无是音矣。此亦一发明。

兹录黄氏所定古十九纽如下表：（他说：“凡旁注者，古音所无。”）

喉音	牙音	舌音	齿音	唇音
《影》《为》《喻》	《见》	《端》《知》《照》	《精》《壮》	《帮》《非》
《晓》	《溪》《群》	《透》《彻》《穿》《审》	《清》《初》	《滂》《敷》
《匣》	《疑》	《定》《澄》《神》《禅》	《从》《床》	《并》《奉》
		《泥》《娘》《日》	《心》《邪》《山》	《明》《微》
		《来》		

黄氏这古音十九纽之说，可以怀疑的地方很多：第一，清代对于古韵的研究，愈到后来，分部也愈细密；只是古纽的研究，自从钱大昕到章炳麟，再到黄氏，分纽愈趋愈少，他们只是于后代的声纽上求其合，而不求其分。关于这一点，林语堂曾经批评过，以为他们“于合并古纽，既未得其分出今纽的条件，而所根据以为合并之理由，也不外乎数纽古时之通用而已。如果承认‘通用’即是同音，就韵母的通用（合韵）正又不少，结果只须把古韵分成苗夔的七部完事，何必分为二十几部呢？从这一点，已可看见古声母研究的方法及成绩，都比韵母研究的成绩方法幼稚疏陋的多”。[1] 因为现在所能利用的研究古音的材料，如《诗经》用韵及《说文》形声字等，大都便于古韵的研究，而不便于古纽的测定，所以古音中已经遗失的声纽和复辅音的问题，为往时古音学家所未曾注意到的。[2] 第二，黄氏从《广韵》里的切语来推测周、汉的古音利用所谓“古本韵”和“古本声”来互相证明，自身已陷于循环论证的谬误，而且把周、汉

① 见林氏《语言学论丛·古音中已遗失的声母》，第45页。

② 参看拙译高本汉《汉语词类》（商务印书馆出版）第101～106页，及林语堂《语言学论丛·古有复辅音说》及《古音中已遗失的声母》。

古音的系统混入于隋、唐的韵书，好像认《广韵》的二百零六韵单为是表明古今音变而设的；我们要知道研究古音，只可以用后代的韵书做比较的标准，以表明古今音韵变迁的痕迹，总不能以《广韵》为直接测定古音的材料；所以黄氏的十九纽之说，不能令人置信。因为古音声纽的未曾明了，所以对于双声相转的理论，尤多牵强附会之谈；他们所并合成功的古音声纽当中，在各类间，仍有许多变异的事例，于是又发生章炳麟的《古双声说》，他说："类隔舌、齿，有时旁转""喉、牙二音，互有蜕化"；又谓："喉、牙足以衍百音，百音亦终辋复喉、牙"；他立了同纽的"正纽双声"和同类（就是发音部位相同的各组、各纽）的"旁纽双声"二例以外，又因喉、牙音的字往往和舌音、齿音、唇音的字，可以相通，就假定喉、牙为人生的元音，舌、齿、唇诸音，有时遒敛为喉、牙，喉、牙有时也发舒为舌、齿、唇。要是我们认定古音里原来有复辅音的组织，和许多字音原来具有起首辅音，后经失落了一部分或全部分而起的单纯化的现象，那末，章氏这种理论，就根本不能成立了。总之：过去古音学家对于所运用的材料，处置得不很精密，对于实际语音演变的现象，也未能有明确的认识，因之他们所得到的成绩，只是使我们知道周、汉间一些字音原来有同音或双声、叠韵的关系，而终不能明了当时实际语音系统的内容。研究古音，固然于"考古"之外，须注重"审音"，而在审音时，尤须抱定时、地的观念，深切认识语音演变的事实，切不可凭着韵书和等韵上研究的结果，以为直接测定古音的根据；这样，才不致把后代的语音系统混入于古音当中。

（二）近代对于《广韵》的研究

我们在上节里所叙述的"古音学"的历史，是指诸家对于周、汉上古音的研究；过去往往把周、汉上古音称为"古音"，而把六朝、唐、宋间的语音称为“今音”;所谓今音,并不是指现代普通的音读。段玉裁云:“古今者,不定之名也。三代为古,则汉为今;汉、魏、晋为古,则唐、宋以下为今。”[①]他们以周、汉的上古音为“古”,就以六朝、唐、宋的古音为“今”了。代表六朝、唐、宋间的古音的,就是《切韵》一系的韵书;他们对于这一系的韵书,也往往称为“今韵”。其实对于这一系韵书的研究,在某种广义上,也可以划入古音学的范围;而且依据过去的历史看来,研究周、汉上古音的,一方面“借今韵离合,以求古音”,[②]一方面又往往利用他们分析“今韵”的结果,以为古音学的参证。所谓今韵韵书,完存于世的既然以《广韵》为最古,[③]所以近代对于《广韵》的研究,我们在这里讲到了古音学,也应该把它的经过附带的叙述一下。《广韵》的二百零六韵是沿袭陆法言综合古今、南北以为分韵的宗旨而来,它的内容也大体上保存了陆、孙诸书的面目;因之过去的音韵学家,往往就认《广韵》为《切韵》《唐韵》。陆、孙诸书,在当时虽然很流行于社会,而因包罗古今南北的语音,分韵既繁,以轻、重、清、浊、辨韵的意义,又不易使人了解;[④]因之唐、宋以来就对它们发生一种“音同韵异”之说。李涪《刊误》谓《切韵》“有字同一声,分为两韵”。陈振孙《书录解题》亦云:“韵书肇于陆法言,于是有音同韵异;若《东》《冬》《钟》,《鱼》《虞》《模》,《庚》《耕》,《清》《青》,《登》《蒸》之类。”到了清代,才有几个学者觉得这种说法的不对。江永说:

《广韵》本之唐,唐又本之隋;其原盖自六朝创之。平声五十部,上声五十五部,去声六十部,入声三十四部,凡二百有六

---

① 见段氏《经韵楼集》卷八《王怀祖广雅注序》。
② 江永《古韵标准例言》:“古韵既无书,不得不借今韵离合以求古音。”
③ 参看本文的七(一)。
④ 参看本文的五(二)。

部。分类细入毫芒；韵之相似，如《东》《冬》《钟》，《支》《脂》《之》，当分而不可合，必有其所以然者。[①]

既然认定各韵应当有分别，那就要推究其分别的所以然了。我们在第六、第七两章里，曾经说明等韵学上所谓开合、等呼的分别，起源于隋、唐的时候；陆、孙诸人所谓轻重、清浊，就是指这种开合、等呼的分别；《七音略》《韵镜》诸书也是起源于唐代，而用来分析《切韵》一系韵书的音读的。因之依据宋、元等韵学派所分列的开合等第，来考察《广韵》，对于其中音韵的部类，很可以得到许多的解释。戴震云：

郑樵本《七音韵鉴》为内外转图及元刘鉴《切韵指南》，皆以音声洪、细，别之为一、二、三、四等列，故称等韵；各等又分开口呼、合口呼，即外声、内声。……其说虽后人新立，而《二百六韵》之谱，实以此审定部分。[②]

江永作《四声切韵表》谓："依古二百六韵，条分缕析，别其音呼等第"（见《凡例》）；表里各韵分开口、合口二呼外，又注明一、二、三、四的等第。戴氏考明了二百零六韵同用、独用、四声的旧目，[③]又作《声类表》，开合也各为四等，和江氏《四声切韵表》相同，不过以"内、外"和"轻、重"的名称来代表等第罢了。戴氏更以"外声"名开口，"内声"名合口；兹录他所论各韵的等呼于下：

《广韵》上声二《肿》、湩字下云："此是冬字上声。"盖昔人

① 见江氏《四声切韵表·凡例》。
② 见戴氏《声韵考》卷二。
③ 参看本文的七（一）。

> 论韵，审其洪、细，为一、二、三、四等列。如平声二《冬》、十一《模》、十五《灰》、二十三《魂》、二十六《桓》，全韵皆内声一等。十《六》咍、二十四《痕》、二十五《寒》、六《豪》、七《歌》、二十二《覃》、二十三《谈》，全韵皆外声一等。十九《臻》、五《肴》、二十六《咸》、二十七《衔》，全韵皆外声二等。二十《文》，全韵皆内声三等。二十八《严》、二十九《凡》，全韵皆外声三等。三《萧》、二十《幽》、二十五《添》，全韵皆外声四等。上、去、入大致准此。余韵或主辨等，兼内声、外声为一韵。如十一《唐》、十七《登》及十四《泰》，一等。三《江》、十三《佳》、十四《皆》、二十七《删》、二十八《山》、十三《耕》及十七《夬》，二等。八《微》、十二《齐》、二十二《元》，三等。一《先》、十五《青》，四等。并兼内声、外声，上、去、入准此。或因字少不烦别出，则兼数等为一韵。《钟》韵兼三等、四等，《肿》韵之三等、四等字，为《钟》之上声；惟湩、鶶二字属一等，为《冬》之上声；以字少不别立部目。又《臻》《栉》二韵无上、去声字者，其上、去声字，在《隐》《焮》二韵内；《臻》韵、《栉》韵并二等，《欣》韵、《迄》韵并三等，惟上声《隐》韵、去声《焮》韵兼二等、三等；其二等榛、龀等字，即《臻》、《栉》二韵之上、去也；亦以字少，不别立部目。[①]

江氏、戴氏的书，可以说是以等韵来考析《广韵》二百零六韵，最为详密的。可是，开合各分四等，后代学者往往不明它们所以分析的理由；如章炳麟、黄侃等竟以为开、齐、合、撮四呼之外，再没有其他可以分别的音了，这是依据明、清等韵学派的分等标准来批评宋、元学派的，[②]就谓开、合各分四等“原其为是破碎者，尝睹《广韵》

---

① 见戴氏《声韵考》卷二。

② 参看本文的七(二)。

《集韵》诸书，分部繁穰；不识其故，欲以是通之尔”。[①] 这样武断的论调，毫不足以毁损江、戴诸书的价值。但是纯粹依据等韵学理来分析《广韵》，还是不能完全明了其中分韵的理由。戴氏《答段若膺论韵》云：

> 仆因究韵之呼等，一《东》内一等字与二《冬》无别，六《脂》内三等字与八《微》无别，十七《真》二等字与十九《臻》无别，十七《真》、十八《谆》内三等合口呼与二十《文》三韵皆无别，《真》韵内三等开口呼与二十一《殷》无别，二十七《删》与二十八《山》无别，二《仙》内四等字与一《先》无别，四《宵》内四等字与三《萧》无别，十二《庚》内二等字与十三《耕》无别，十二《庚》、十四《清》内三等开口呼两韵无别，《清》韵内四等字与十五《青》无别，十八《尤》内四等字与二十《幽》无别，二十二《覃》与二十三《谈》无别，二十四《盐》内四等字与二十五《添》无别，《盐》韵内三等字与二十八《严》、二十九《凡》三韵皆无别，二十六《咸》与二十七《衔》无别，其余呼等同者，音必无别。

这是因为宋、元等韵表的组织，虽多原本于唐人的作品，而必定陆续的加以改订，所以内容上已经有很多改从了宋后的音；[②]最初的等韵作品，因拘守定型，是否能和陆氏《切韵》等书的内容完全密合，已经可成疑问，而以现存的宋、元等韵表来考察这种依据隋、唐人所定的二百零六韵，当然又因实际语音混同和单纯化的结果，而发现有“音同韵异”的现象了。戴氏当时没有从这种实际语音的演变上去作进一步的探究，就贸然以为“呼等同者，音必无别”。音既

① 见章氏《国故论衡》卷上《音理论》。
② 参看本文的七（二）。

无别，何以分为异韵？戴氏的结论，只是“盖定韵时，有意求其密，用意太过，强生轻重”。我们在上节里说到江、戴研究周、汉的上古音，已经可以知道他们常喜根据等韵学说来作主观的演绎，对于《广韵》的研究，也不免有此种弊病；结果就是指斥陆、孙诸人的分韵为“强生轻重”了。

后来陈澧就改用客观的归纳方法，不从等韵的途径来研究《广韵》，他以为利用宋、元的等韵表来考析隋、唐人所定的韵书，总不免是“自为法以范围古人之书，不能精密也”。[①] 他实在觉得江、戴所谓审音，只是用后人的系统来范围古人，总免不了主观演绎的危险；所以研究《广韵》，须纯粹从它本身的材料，作一种客观的考据。陈氏作《切韵考》，“惟以考据为准，不以口耳为凭；必使信而有征，故宁拙而勿巧”。[②] 他用切语“系联”的方法，要想从《广韵》里考析陆氏《切韵》的声纽和韵类；《切韵考·自序》云：

> 音随时变，隋以前之音至唐季而渐混；字母、等子以当时之音为断，不尽合于古法。……澧谓切语旧法，当求之陆氏《切韵》；《切韵》虽亡，而存于《广韵》。乃取《广韵》切语上字系联之为双声四十类；又取切语下字系联之，每韵或一类，或二类，或三类、四类；是为陆氏旧法。

切语用字，凡是有“同用”“互用”“递用”的，都得系联为一类；这是依反切而确定其为同类的。又据《广韵》“同音之字不分两切语”之例，因是推知“其两切语下字同类者，则上字必不同类”“上字同类者，下字必不同类”；这是依反切而证明其为异类的。兹录陈氏《切韵考条例》所言如下：

---

① 见陈氏《切韵考·外篇自序》。
② 见陈氏《切韵考·自序》。

切语上字与所切之字为双声，则切语上字同用者，互用者，递用者，声必同类也。同用者，如冬、都宗切，当、都郎切，同用都字也；互用者，如当、都郎切，都、当孤切，都当二字互用也；递用者，如冬、都宗切，都、当孤切，冬字用都字，都字用当字也。今据此系联之为切语上字四十类。

切语下字与所切之字为叠韵，则切语下字同用者，互用者，递用者，韵必同类也。同用者，如东、德红切，公、古红切，同用红字也；互用者，如公、古红切，红、户公切，红、公二字互用也；递用者，如东、德红切，红、户公切，东字用红字，红字用公字也。今据此系联之为每韵一类、二类、三类、四类。

《广韵》同音之字，不分两切语，此必陆氏旧例也。其两切语下字同类者则上字必不同类，如红、户公切，烘、呼东切，公、东，韵同类，则户、呼，声不同类；今分析切语上字不同类者，据此定之也。上字同类者，下字必不同类，如公、古红切，弓、居戎切，古、居，声同类，则红、戎，韵不同类；今分析每韵二类、三类、四类者，据此定之也。

陈氏这种切语系联的方法，纯粹是采取客观的归纳，颇为近代构拟某种音韵系统者所取法；如上面几个章节里所举到的黄淬伯《慧琳一切经音义反切考》、白涤洲《集韵声类考》、刘文锦《洪武正韵声类考》等大都是依仿于陈氏的。陈氏应用这种方法的结果：在声纽方面，于《三十六字母》当中，除《明》、《微》合并外，分出《庄》《初》《神》《山》《于》（即《为》类）五类，共为四十类；这五类的分出，便是他在音韵学上的一个贡献。[①] 在韵类方面，考定二百零六韵为三百十一类，不但这二百零六韵应当有分别，而每韵有二类、三类、四

① 依据林语堂《语言学论丛》：《古音中已遗失的声母》，第45页。

类的，也原来有分析的理由；他说："陆氏分二百六韵，每韵又有二类、三类、四类者，非好为繁密也；当时之音，实有分别也。"[①]这显然是他和戴氏的态度不同处。可惜陈氏书里，没有完全采用他所定的正规的方法，他所考得的声纽四十类，并非纯粹由于切语系联的结果，还参杂一些变例，有原来不相系联而依"一字两音"的"互注"切语来定为同类的。《切韵考条例》云：

> 切语上字既系联为同类矣。然有实同类而不能系联者，以其切语上字两两互用故也。如多、得、都、当四字，声本同类；多、得何切，得、多则切，都、当孤切，当、都郎切，多与得，都与当两两互用，遂不能四字系联矣。今考《广韵》一字两音者，互注切语，其同一音之两语，上二字声必同类。如一《东》、涑、德红切，又都贡切；一《送》、涑、多贡切；都贡、多贡同一音，则都、多二字实同一类也。今于切语上字不系联者而实同类者，据此以定之。

可是他又没有完全兼据这种变例；如果完全兼据这种变例，原不相系联而统统定为同类，那末，所剩的不到四十类了。例如《语》韵：褚，丑吕切，又张吕切；《同》韵：褚、丁吕切；可见"张"和"丁"是同类；又《阳》韵、长、直良切，又丁丈切；《养》韵：长、知丈切；可见"丁""知"二字是同类。这些陈氏都没有顾到。依后人的研究，如果完全依据变例合并起来，只有三十三类了。[②] 据近人的意见，一字两音而互注的切语，正是用来表明古今南北音读的纷变，因为《切韵》一系的韵书，包罗有各种不同的音读系统，所以在切语当中

---

① 见陈氏《切韵考》卷六。

② 三十三类之说，见于张煊《求进步斋音论》（载《国故》第一期）。罗常培《切韵探赜》又有二十八类之说。

也用来表明音读的歧异，有“本音”的切语，有“又音”的切语。本音和又音，未必属于同一的系统，凡是本音的切语不相系联的，便是音系里不相混的各类，不得根据又音的切语强使合并。[①] 我们现在考析《广韵》的声纽，应当纯粹采用切语系联的方法，凡是陈氏依据一字两音互注的切语来并合的，都应当顺它们的本然，一一分开，结果，共有四十七类。[②] 所以陈澧所考得的四十类，现在已经为学术界所不取了。至于他所定的三百十一韵类，也并不是完全依据于切语下字系联的结果，也有不相系联而依四声相承之韵以定其分类的；[③]现今学术界所公认的《广韵》二百九十韵类，乃是参用切语下字出现次数的统计方法而得；[④]也可因以知道陈氏的研究，只是开后来的法门，他所得的结果，便不完全可靠。又对于《切韵》一系韵书的源流演变，陈氏当时因为《切韵》《唐韵》和王仁煦《刊谬补缺切韵》的残卷尚未发现，还是认定隋、唐韵目和《广韵》并无二致，他说：“《广韵》平、上、去、入二百六韵，必陆氏之旧也。”[⑤]清代学者，如顾炎武、段玉裁，看见颜元孙《干禄字书》和夏竦《古文四声韵》等书，已渐渐觉得唐、宋的部次有异；钱大昕始根据魏鹤山《唐韵后序》及徐锴《说文解字篆韵谱》等书，断定《广韵》和唐人韵书，分部及次第都有异同。[⑥] 直到近年的王国维，才因为得到直接的材料，考明了隋、唐以至宋人韵书因革的史实。[⑦] 不但如此，《广

---

① 本黄淬伯《讨论切韵的韵部和声纽》（载中山大学《语言历史学研究所周刊》第六十一期）。

② 四十七类之说见于白涤洲《广韵声纽韵类之统计》（载北平女师大《学术季刊》第二卷，第一期），又黄淬伯亦考定《度韵》声纽为四十七类，说见《慧琳〈一切经音义〉反切考》卷二；皆与高本汉所考定的不谋而合。

③ 参看陈氏《切韵考·条例》。

④ 详见白涤洲《广韵声纽韵类之统计》。

⑤ 见陈氏《切韵考》卷三。

⑥ 参看罗常培《十韵汇编序》，第74页。

⑦ 参看本文的五（二）。

韵》的切语及反切用字，也和隋、唐韵书并不完全相符合；[①]因之陈氏书名为《切韵考》，至今也还有斟酌的余地。总之：陈氏对于《广韵》一书，深深下了考据的功夫，在积极方面，只是启导后人以研究的方法，在消极方面，却又明白表示宋、元等韵学理和组织的不合于韵书反切。陈氏《切韵考·外篇》列着《二百六韵分并为四等开合图摄》，自谓于等韵之学，“著其源委，而指其得失；明其本法，而祛其流弊”。[②] 兹录他的结论如下：

> 《广韵》切语有一韵一类者，有一韵二类、三类、四类者，以相近之韵合计之，有多至十三、四类者。等韵家则限定四等；有开口、合口，则限定开、合各四等。如《鱼》《虞》《模》三韵，皆一类，当分三等耳；而等韵家则以《模》韵为一等，《鱼》《虞》皆分析为二等、三等、四等。又如《元》《寒》《桓》《删》《山》《先》《仙》七韵，共十三类，虽分开口、合口二图，亦不能每图只四等也；而等韵家亦限于四等。又如《东》《冬》《钟》三韵，《东》二类，《冬》《钟》皆一类，共四类，适可分四等矣；而等韵家则以《冬》韵为一等，《钟》韵为三等，《东》韵则析之为一、二、三、四等，皆不依切语下字分类。[③]

我们讲过宋、元等韵学派所分列的洪、细的等第，实际并不必限定是四等；可是初期的等韵家，因为受了四声表格的影响，拘牵定型，就只列成四等。[④] 以固定的形式来适合实际繁复的语音系统，当然有许多相出入的地方；陈氏在这里表明切语上的韵类和宋、元等

---

① 参看罗常培《十韵汇编序》，第76～80页。
② 见陈氏《切韵考·外篇自序》。
③ 见陈氏《切韵考》卷三。
④ 参看本文的六（二）。

韵学上所分等第不相符合，又包含着时代的关系，所谓“自为法以范围古人之书，不能精密也”；就是依据现存的宋、元等韵表以考察隋、唐人所定的韵书，结果，像江、戴那样详密的研究，还是有许多不能解释其中分析的理由。所以陈氏“惟以考据为准，不以口耳为凭”，纯粹从《广韵》切语上作客观的归纳；在切语上应分为各类，即使在等韵学上不能解释其分析的理由，也应认为本来有分别的。章炳麟对于陈氏这种学说，曾经发表如下的一种批评：

> 夫其开、阖未殊，而建类相隔者，其殆《切韵》所承《声类》《韵集》诸书，丵岳不齐，未定一统故也；因是析之，其违于名实益远矣。①

章氏因为切语上的韵类，不能以开、阖的音理来分，就致疑于陆氏“捃选精切，除削疏缓”的书为“未定一统”；这正是陈澧所谓“自为法以范围古人之书”了。

不料章氏弟子黄侃又据陈氏的三百十一类，依开、齐、合、撮四呼，并析为三百三十九类。例如《支》韵，陈氏考定为四类，以只有齐、撮二呼，于是并为二类；《戈》韵，陈氏考定为二类，以有合、齐、撮三呼，于是析为三类；《麻》韵，陈氏考定为三类，以有开、齐、合、撮四呼，于是析为四类；这样又并析为三百三十九类。② 因为章、黄诸氏不承认有开口四等、合口四等的分别，所以考析韵类的开、齐、合、撮，是依据于李元《音切谱》所注的《广韵》二百零六韵的开合、正副。可见他们是用明、清等韵学派的音理来并析《广韵》的韵类，无论和切语上的证据相合与否，总是以现代的音读系统来推测隋、唐的韵类；比之江、戴的学说，令人置信的程度，更不可以道里

① 见章氏《音理论》。
② 详见钱玄同《文字学·音篇》(北京大学出版)。

计了。[1] 黄氏又把他所定的开、齐、合、撮的三百三十九类，归并成为二十三摄；[2]纯粹依据明、清等韵学派的学理并参合现代的一些音读系统来规定说明；虽然对于阴、阳、入三类和收尾辅音各类的分别，大致和《切韵》的语音相合，而其他韵素上的种种推测，自然很多不符于古读；最近学者所拟构的隋、唐音读，足以证明黄氏假定的许多错误。[3] 而且依黄氏所规定的，凡是异韵而在同摄之内，呼等相同的，又不得不说是“音同韵异”。例如《支》《脂》《微》《齐》诸韵依黄氏所定，同为《依》摄的齐、撮呼；《鱼》《虞》两韵，同为《乌》摄的撮口呼；《尤》《幽》两韵，同为《讴》摄的齐、撮呼；《豪》《肴》两韵，同为《爊》摄的开、合呼；《咍》《佳》《皆》三韵，同为《哀》摄的开、合呼；《寒》《删》《山》和《桓》《删》《山》同为《安》摄的开、合呼；《先》《元》《仙》同为《安》摄的齐、撮呼；《江》韵和《唐》韵第二类，同为《鸯》摄的合口呼；《钟》韵和《东》韵第二类，同为《翁》摄的撮口呼；……凡此都是认为音读相同的韵。戴氏依宋、元等韵学理来研究《广韵》，结果有许多“呼等同者，音必无别”，就指斥陆氏的“强生轻重”；黄氏却不然，对于他所认为音读相同的韵，以为在韵书中所以立为异部，异类的，乃是用来表明古、今音的变异；这种主张，也是启发于江氏、戴氏及章炳麟的。[4] 黄氏就把二百零六韵和他所定的三百三十九类，那一个是“古本韵”，那一个是“今变韵”，一一

---

① 王力《中国音韵学》上册第二编第二十二节，第239页(注二)：“黄侃依李元《音切谱》所注开合正副四等，以并析《广韵》，共分三百三十九类，乃是绝对不可依从的。例如《凡》韵，《广韵》中仅有‘凡’‘芝’二音，而‘芝’又为匹凡切，可见二音实同一类；《衔》韵，仅有‘衔巉岩搀衫监嵳嵌’八音，‘衔’为户监切，余字则皆以‘衔’为切，可见二音实同一类。今黄氏于《衔凡》各分齐、撮二类，殊不可信。李元生于《切韵》后一千年，我们决不能拿他的分类去窥测《切韵》的韵类。”

② 参看拙著《广韵研究》(商务印书馆出版)第三章第六节。

③ 参看本文的九(二)，及拙著《广韵研究》第三章、第六节、第十节。

④ 参看拙著《广韵研究》第三章第七节。

分开来了。[①] 他把陈氏《切韵考》所定《广韵》声纽四十类，加以《明》《微》的分别，定“今音”声纽为四十一类；又据钱、章诸氏研究“古音”声纽的结果，发现《广韵》切语当中，在所谓“古本韵”里，只有古纽而不杂有今纽，考定了“古本声”十九类，“今变声”二十二类。[②] 更依这种“古本声”“今变声”的分别来辨认“古本韵”和“今变韵”：凡韵部里切语但有“古本声”的，就认定为“古本韵”，其余杂有“今变声”的，就认定为“今变韵”；因此考得“古本韵”三十二部，其余都是“今变韵”。[③] 黄氏又分“今变韵”为五类，兹述之如下：

一、古在此韵之字，今变同彼韵之音，而特立一韵者。如古《东》韵之字，今韵有变同《唐》韵之合口呼者，因别立《江》韵；则《江》者，《东》之变也。 二、变韵之音，全同本韵，以韵中切语杂有今变声，因别立为变韵。如《寒》《桓》为本韵，《山》为变韵；《青》为本韵，《清》为变韵，是也。 三、合数本韵为一变韵者，又别于一本韵之变韵。如《微》为《灰》《痕》《魂》之变韵，别于《脂》为《灰》之变韵。（案，以上三类之今变韵，为古本韵所有者。） 四、变韵之音，为古本韵所无者。如《模》韵变为《鱼》韵，《覃》韵变为《侵》韵，是也。 五、黄氏以古音无上、去，只有平、入之分；则凡上声、去声诸部，皆变韵也。（案，以上二类之今变韵为古本韵所无者。）[④]

黄氏这种学说，一方面根据三百年来古音学家研究的结果，一方面

---

① 详见钱玄同《文字学音篇》，及拙著《广韵研究》第三章第七节。
② 参看上节。
③ 参看上节，及拙著《广韵研究》第三章第七节。
④ 录自拙著《广韵研究》，第150页。

更从《广韵》切语上获得古纽古韵两两相证的现象；似乎可以令人信从了；其实他的观点，根本错误。我们在上节里说过，古音学上种种问题，如古韵分部、古纽种类、古音字调，和入声分配的问题等，大都未得圆满的解答；黄氏古韵二十八部阴、阳、入相配之说，以及古纽十九类之说，我们纯粹在古音学的立场上看来，是不能认为完全可信，要留待我们更定的实在很多。至于他以《广韵》里各韵的切语为强烈的证据，尤属绝大的错误。《广韵》时代离上古音的时期千余年；陆氏《切韵》承袭六朝韵书，综合诸家的分部，因之兼赅古今、南北的语音；《广韵》又集合隋、唐韵书而成；[①]我们决不能凭《广韵》的切语去探测上古的音系。又他所谓“古本韵”中但有“古本声”之例，详细考究起来，也有一些例外。[②] 即使这些例外字认为后人所增益，非隋、唐韵书所原有，而他以“古本声”证“古本韵”，同时又以“古本韵”证“古本声”；终究是以乙证甲，又以甲证乙的循环式的乞贷论证。[③] 而且黄氏把陆氏《切韵》诸书误认做单为着表明古今音的变异而设，竟把陆氏《切韵序》里“论南北是非”一类的话，置之不顾。我们再从黄氏学说的本身上，也可以看出许多缺点。他所定各部“今变韵”里，如《脂》为《灰》的变韵，《微》之一部也是《灰》的变韵，而都是由《灰》变同《齐》韵的，《幽》为《萧》的变韵，《尤》之一部也是《萧》的变韵，而都是由《萧》变同《侯》韵的变撮呼；……于是黄氏定为变韵的第三例，以为“各数本韵为一变韵者，又别于一本韵之变韵”。但是它们所由变来的本韵和所变成的某

① 参看本文的五（二），及七（一）。

② 如“狗、脩、蔏、鄹、虪、移、遂、歡、鲰、犆、腆、疠”等字，黄氏谓为“后人沾益”；又《东》一类的“讽、赗、风”三字，则云“以平声准之，此三字当入第二类”。参看黄氏《与友人论治小学书》。此外刘盼遂又查出例外字十五个：“编（上声），弸、胚、鬅、奔（去声）、瘸、伽、缚、甓、倗、窌、懵、擲、焙、莔”；详见刘盼遂《文字音韵学论丛·黄氏古韵二十八部商兑》，第280～283页。

③ 本林语堂《语言学论丛·古音中已遗失的声母》，第45～46页。

韵，都是一样，当时定韵，正可以并合为一，何必要这样故意的参差呢？[①] 又如《皆》韵为《灰》的变韵，由《灰》而变同《咍》韵，《佳》韵为《齐》的变韵，由《齐》而变同《咍》韵，当然承认《皆》《佳》和《咍》，在定韵时，发音相同，它们所以分列为各部的，完全因为要表明古今音的变异罢了。《脂》为《灰》的变韵，由《灰》而变同《齐》韵，《微》为《灰》《痕》《魂》的变韵，由《灰》《痕》《魂》而变同《齐》韵，当然承认《脂》《微》和《齐》，在定韵时，发音相同，所以分列为异部的也只是为着表明古、今音的变异的其余如《鱼》和《虞》，《尤》和《幽》……之类，都是同例。他单是用古、今音的变异来说明《广韵》的分部，所以根本不能不承认《广韵》里各部有许多是"音同韵异"的。但是向来对于《广韵》音同韵异的这个观念，我们有许多事实可以证明它的错误：第一，陆氏《切韵序》里说："剖析毫厘，分别黍累"；《支》《脂》，《鱼》《虞》，《先》《仙》，《尤》《侯》，大都由于轻重、清浊之异；可见当时分韵定切，实在有分别的。第二，颜氏《家训·音辞篇》说："北人以庶为戍，以如为儒，以紫为姊，以洽为狎，如此之类，两失为多"；可见当时北方的音，《御》《遇》（《鱼》《虞》去声）不分，《鱼》《虞》不分，《纸》《旨》（《支》《脂》上声）不分，《洽》《狎》（《咸》《衔》入声）不分，颜氏说是北人之失；《切韵》对于这些韵一一分别，就是依照颜氏所决定的。而这些韵在当时定韵，必在音读上能够分别。第三，《广韵》上有一字两音互注的切语，把一字异读的分隶于各韵里，以表明音读的变异。例如《皆》韵：街，古谐切，又音佳，别见于《佳》韵；《脂》韵：微，武悲切，又音微，别见于《微》韵；《虞》韵：蘧，其俱切，又巨居切，别见于《鱼》韵；《尤》韵：丩，居由切，又居虬切，别见于《幽》韵；假使分韵的时候，承认《佳》和《皆》，《脂》和《微》，《鱼》和《虞》，《尤》和《幽》在音读上完全没有区别；那末，这些字正何必要

① 本杨亮功论《广韵分部》（载中国公学《中国文学季刊》创刊号）。

分隶两韵呢？我们承认这些字是有异读的，才分隶于两韵，那就不能不承认这两韵的音读，应当有分别的。从这几点看来，《切韵》各部，在陆、孙当时，必能一一分别读出；后人不知道它们的读法，又不了解他们辨韵的意义，就发生“音同韵异”之说。音同韵异之说，既然根本的错误，那末，黄氏这种“古本韵”和“今变韵”的假定，完全失去根据了。兹更引王力《中国音韵学》下册自注之言如下：

> 所谓“古本纽”（例如《帮》）与“变纽”（例如《非》），在古代的音值是否相同呢？如不相同，则《非》不能归并于《帮》，亦即不能减三十六纽为十九纽；如古代《非》《帮》的音值相同，则《帮》纽可切之字，《非》纽何尝不可切呢？……我们不信黄氏的说法，这也是一个强有力的理由。[①]

总之：黄氏学说本身上有很多的缺点，而其根本的错误，还是在处处应用主观演绎方法，没有认清语音演变的实际。他用明、清等韵学派的音理来考析《广韵》的韵读，又以《广韵》的切语来作周、汉上古音的证据，他自己以为审音和考古兼顾，实际只是把中国语音系统当中几个演变的阶段紊乱无余了。中国音韵学上所以会演成这样的情形，我们仍不能不归咎于中国文字本身的性质；中国文字不是采取字母拼音的制度，音读的变迁和纷歧，在字体的结构固定以后，就无从显示出来；如果我们仍用汉字来作标音的工具，没有运用现代科学的方法和智识来做基础，那末，研究的结果，最多也只能使人家认识了一些同音的双声、叠韵的关系，而得不到各个字音里所包含的元素，得不到各个字音在某种语音系统里确凿的读法；于是对于各种语音系统的析别和语音演变史上阶段的划分，也容

---

① 王力《中国音韵学》下册第三编第三十三节，第137页，（注十三）。

易发生淆惑和迷乱。我们要求中国音韵学的进步,必须采取一种适当的音标字母来作注音的工具,同时又须根据近代语音学和语言学学理,或且运用一些汉字以外的材料,以整理现代音,考证古代音;这样,才能有丰富的创获,而给人以明确的认识。这样,就要讲到近代西洋语文和学术的输入,在中国音韵学上所发生的影响了。

九、近代中国音韵学所受西洋文化的影响

（一）“反切”的改良和“国音字母”的产生

因为中国语言本身性质的关系，使文字上演成为一种表意的字体；每个字体具有一个音缀，而它的结构，不是采取字母拼音的制度，所以没有确定的“音值”；那个音缀里所包含的元素，更无法在字体上表示出来。古代文字上的表音方法和“读若”“直音”的效用，只是使我们知道当时某个字体和另一个字体有音同或音近的关系罢了。后来受了梵文拼音学理的影响，由直音进而应用“反切”，把字音里所包含的元素渐次分析出来，而用两个字体来表明双声、叠韵的关系了；但是仍旧沿用着汉字注汉字的方法。由叠韵的关系产生“韵书”，由双声的关系产生“字母”，更由韵书和字母构成了“等韵表”，中国字音里所包含的元素，随着音韵基本智识的进步，分析得很细密了；可是韵书和字母等韵之学，也只是反切的整理和说明，在注音方法的本身上并没有加以改革。因之在韵书、等韵表和过去许多音韵学家的学说当中，我们只能窥知当时所认为某种同音字的系统，而不能确定各个字的音值。这是因为他们仍是应用汉字来注音的缘故。同时韵书上代表韵部的韵目，和等韵

上标明声纽的字母，也只是运用汉字来指示音韵的部类，使得双声、叠韵的关系格外明显罢了；并没有利用它们来统一切语的用字。所以反切最大的弊病，就是用字太繁。汉、魏以来的切语用字，各家既彼此不相划一，而且数目很多。现今一查《广韵》里的反切上字有四百多个，下字有一千多个，合共约有一千五百个。我们要应用《广韵》上的切语，必须先认识这一千五百个切语用字的音读。我们既然认定反切上字和所切字为双声，下字和所切字为叠韵，那末，应当每一类双声字当中取出一字，每一类叠韵字当中取出一字；凡属声纽相同或韵素相同的字，都用这种规定的字来拼切。这样，所用的字简单，学习的人就比较容易得多了。宋、元以来的等韵家，大都利用字母和韵目来说明反切的原理或方法，没有更进一步依据它们来确定切语用字。而所谓反切的改良，也只是把原来的切语用字，重新改订一下，使当时双声、叠韵和同调字的关系表现得更明显，或使拼切的方法上增进一些便利罢了。又或因为适应实际语音的演变，把过去的反切不合于后代的读法的，改从后代音；如把所谓"类隔"切改为"音和"之类。[①] 丁度等的《集韵》为改良反切创始的书，除把类隔改为音和之外，又往往将反切上字改做和所切字同一调类，同一等呼。[②] 后来明朝吕坤的《交泰韵》和清初杨选杞的《声韵同然集》也有改良反切的主张：吕坤主张在反切上字里，入声字必用平声字，平声字必用入声字，上声字必用上声字，去声字必用去声字；在反切下字里，还须顾及阴、阳调的分别；例如"东"，由"德红切"改为"笃翁切"，因为"红"字属于阳调，而"东"和"翁"都属于阴调。至于杨选杞的主张，已经受了西洋拼音字母的影响了(详下文)。反切还有一种弊病，就是在上、下二字，不易合读；反切在学理上，本来以上字代表所切字的声纽，以下

① 参看本文的七(一)。
② 同上。

字代表所切字的韵素,可是中国文字具有整个的音缀,上字声下有韵,下字韵上有声,中间往往介杂着无用的音素;以致于所切之音,不能贯读即得。于是潘耒的《类音》订了一种改良反切的办法,他主张在反切上字里,除了仄声切平,平声切仄以外,又必须应用呼等相同的字;例如"先",由"苏前切"改为"薛烟切",因为"苏"是合口,"先"和"薛"都是齐齿;又"薛"是入声,"苏"是平声。在反切下字里,又主张应用《影》《喻》两母的字;如果《影》《喻》无字可用,则用《晓》《匣》;《晓》《匣》再无字可用,才用《见》《溪》《群》《疑》。因为《影》《喻》两母的字,认为是没有起首辅音的,用来做反切下字,可以省去韵上杂有辅音的困难。江永的《音学辨微》又有一种"借韵转切法"。例如:"德红"切"东",读做"德丁颠东";"户公"切"红",读做"户形贤红";……这种方法,在连读不同韵的双声字,使口腔习于声纽发音的部位,而下一字不再读出,只意念中预存一个叠韵字,使口腔的作势与之相合;这样,于不知不觉中,就会读出所切之音,而可以避去切字合读的困难了。不过江氏只是指示一种拼切的方法,未曾直接更改反切用字。到了李光地的《音韵阐微》,因受满文十二字头的影响,定为"合声反切法"。《凡例》第一条云:

从来考文之典,不外形声二端,形象存乎点画,声音在于翻切。世传切韵之书,其法繁而取音难。今依"本朝"字书合声切法,则用法简而取音易。如"公"字旧用"古红切",今拟"姑翁切";"巾"字旧用"居银切",今拟"基因切";"牵"字旧用"苦坚切",今拟"欺烟切";"萧"字旧用"苏雕切",今拟"西腰切"。盖翻切上一字定母,下一字定韵。今于上一字择其能生本音者,下一字择其能生本韵者,缓读之为二字,急读之即成一音。此法启自"国书"十二字头。括音韵之源流,握翻切之窍妙，简明易晓，前古所未有也。[①]

所谓"上字取其能生本音"，就是反切上字采用《支》《微》《鱼》《虞》《歌》《麻》韵中字；因为这些韵认为是由单纯元音构成，没有其他的收尾音；用了这些韵的字，可以在拼切时免除中间的障碍的。所谓"下字取其能生本韵"，就是反切下字采用《影》《喻》二母中字，也认为是没有起首辅音的，也可以使拼切时免除中间的障碍。又不仅是反切下字取其同一等呼，同一调类，即反切上字也取其《开》《齐》《合》《撮》和平、上、去、入相同。又不仅是反切上字取其同清浊，在平声里，连反切下字也取其同清浊；仄声则但凭上字定清浊，下字可以不拘。原因是"平声清、浊之辨甚显，上、去、入声清浊之辨甚微"。[②] 反切的改良，可以说，到了《音韵阐微》已经臻于极点；更抱定划一反切用字的原则：凡同母、同呼、同调的字，其反切上字应该相同；凡同韵、同呼、同调的字，反切下字应该相同。但是因为对于反切用字限制这样的严格，就不能不立着许多变例。《音韵阐微》里，遇到本母本呼在《支》《微》《鱼》《虞》《歌》《麻》数韵当中没有字的，"则借仄声或别部之字以代之，但开、齐、合、撮之类，不使相淆"；遇到本韵在《影》《喻》两母当中没有字的，"则借本韵旁近之字以代之，其清母、浊母之分，不使或紊"：凡是这两种情形的反切，都系以"今用"两字。要是借邻韵的《影》《喻》两母中字以协其声的，则系以"协用"两字；借邻韵非《影》《喻》两母中字的，则系以"借用"两字。所以要在"合声"以外，另立"今用""协用""借用"三例，只是因为"汉文有音无字者多，又《支》《微》《鱼》《虞》数韵并各韵《影》《喻》二母，皆单音之字不能合声，欲得正音，欲婉转以求其相

---

① 这里所谓"本朝"字书及"国书"，都是指满文的。

② 参看《音韵阐微·凡例》。所谓"平声清、浊之辨甚显"，大概也是因为近代北音里清、浊渐混，而平声当中留有阴、阳调的分别的缘故。参看本文的七(三)。

近"罢了(见《音韵阐微·凡例》)。因此可知反切的注音,虽然得着拼音文字的启示,要想在应用上设法加以改良,但是没有放弃汉字以另外采取一种简易的拼音符号,总不免有许多困难。清道光时,裕恩作《音韵逢源》,据禧恩所作的序里说:

> 其法以"国书"十二字头,参合《华严》字母,定为四部,十二摄,四声,二十一母,统一切音,编成字谱,凡四千零三十二声。生生之序,出于自然,经纬错综,源流通贯,虽向之有音无字者,亦可得其本韵:天地之元声于是乎备矣。

所谓"四部",就是开、齐、合、撮四呼;所谓"四声",是指上平、上、去、下平,就是阴、阳、上、去四调;所谓十二摄,二十一声,也是依据于北音的声韵系统而定的;综合这些音的种类,编成字谱,可以统摄四千零三十二个音缀。对于有音无字的,在反切之外,另注满文对音;这样,就不必像《音韵阐微》里立着那些"今用""协用""借用"的变例了。因此更可以明了,我们要免除反切上的许多困难,至少必须有另外一种拼音字母的辅助。中国文字既然是表意的字体,形式繁密,各个字体又具有整个的音缀,本来不适宜于作分析和注明音读的工具;而且音值没有确定,反切用字自身的音读,并无标准,常随着古今语和方音而转变。结果,在某个时代所作的切语,就不能通用于别个时代;依据于某种方音所作的切语,也不能适用于别种方音;我们从反切上,只能推知某种语音系统里一些字体的双声、叠韵和同调类的关系,而不能确定反切用字自身的音值。所以反切的弊病,必定要等到正式的拼音符号产生之后,才能扫除净尽。

汉、魏以后,中国音韵学上所受外来拼音学理的影响,不可不谓至深且巨;自从梵、藏字母以至满文字头,一般学者和别国拼音文字的接触，也很繁多了。可是，当时只利用汉字来注明汉字的音读，没有想到采取另外一种拼音符号，以专注中国的语音。所以反切发明之后，经过了一千几百年，实际在注音方法的本身上并没有多大的进步。直到明、清时代，西洋文化向东方传播；基督教士也进到中国来传教。他们要学习中国语，要研究中国音韵，就用罗马字母来注汉字的音读，而且根据西洋的拼音学理来整理反切和等韵之学。这种运动的创始，当推利玛窦（Matteo Ricci）和金尼阁（Nicolas Trigault）。在《程氏墨苑》里有利玛窦所作四篇罗马字注音，大概就是所谓《西字奇迹》。罗常培曾根据这四篇文章里三百八十七个不同音的字，归纳它们拼音的条理，发现有二十六个声母、四十三个韵母，四个“次音”，五个字调符号。[①] 后来金尼阁的《西儒耳目资》就是从这个条理扩充而成的。《西儒耳目资》作于明天启六年（西元后一六二五年），书里分《译引首谱》《列音韵谱》《列边正谱》三部分，关于声、韵、调的分类，大致和利玛窦相同。他把元、明以来的北音系统分析音素，用二十九个字母来代表；又把这二十九个音素分为三类：“自鸣”者五，就是五个元音；“同鸣”者二十，就是二十个辅音；“不鸣”者四，就是指四个“他国用，中华不用”的辅音。再拿“自鸣”的五个字母互相结合或和“同鸣”的[-m][-n][-l]结合，生出二十二个“自鸣二字子母”，二十二个“自鸣三字孙母”，一个“自鸣四字曾孙母”，另外加上一个“次音”记号，一个“中音”记号和五个字调符号，用以拼切当时官话音系统里各字的读法。金尼阁又应用他所分析的音素，作成了《中原音韵活图》和《四品切法》；于是向来被人认为繁杂艰难的反切，经过这样一番整理和表白，自然变为简明易晓的了。王徵称赞他说：“不期反而自反，不期切而自切，第举二十五字才一因重摩荡，而中国文字之源，

① 参看罗常培《耶稣会士在音韵学上的贡献》（载中央研究院《历史语言研究所集刊》第一本第三分）。

毕尽于此!"[1]《西儒耳目资》出世以后,中国的音韵家如方以智、杨选杞、刘献廷辈,大都深受它的影响;他们虽然还未曾直接应用罗马字拼音,而对于音素的分析,和拼音的原理颇多新颖的发明。方以智云:

> 字之纷也,即缘通与借耳。若事属一字,字各一义,如远西因事乃合音,因音而成字,不重不共,不尤愈乎?[2]

杨选杞云:

> 辛卯(西元后一六五一年),糊口旧金吾吴期翁家。其犹子芸章,一日出《西儒耳目资》以示余,予阅未终卷,顿悟切字有一定之理,因可为一定之法。[3]

刘献廷作有《新韵谱》,他的书曾参证于"泰西腊顶语",又自谓于琉球红夷等国的文字,想要"悬金而求,募贼以窃",对于当时流行的金尼阁书,必曾寓目。[4] 所以《西儒耳目资》在中国音韵学史上的地位,正和据梵、藏字母而定的守温字母,可相比并。近百余年来,海禁大开,通商传教,交涉日益繁密,凡是税关、邮局、公牍、报章所用的人名、地名,必经西译;同时来华的传教士,为学习中国语文的便利,也争事研究罗马字拼音法式。最著名的,如威妥玛(Sir Thomas Wade)的《语言自迩集》,马提尔(C. W. Mateer)的《官话·类编》等;教会所出,有些专拼官话音,有些随地拼各处方音,

---

① 参看罗常培《耶稣会士在音韵学上的贡献》。
② 见方氏《通雅》卷一。
③ 见杨氏《声韵同然集纪事》。
④ 参看罗常培《耶稣会士在音韵学上的贡献》。

如宁波白、厦门白、上海白等,总计不下百种。[1] 而在国人方面,也因受西洋文化的刺激,以为国内方言的庞杂,和平民教育的不普及,大半由于汉字不易认识的原因,总觉得西洋的拼音文字,较中国表意的字体简易得多;即日本的假名字母,也比汉字易记易认;于是要救济汉字认识的困难,自然需要有适当的拼音符号来注音。而属于急进派的人们,并且主张废弃汉文,改用拼音文字了。自从西洋教士所创的罗马字拼音风行以后,国人也很多依仿它们的体制以自造切音新字的,如卢戆章的《中国第一快切音新字》(西元后一八九二年制),朱文熊的《江苏新字母》(一九〇六年),刘孟扬的《中国音标字书》(一九〇八年),黄虚白的《拉丁文臆解》(一九〇九年),邢岛的《拼音字母》(一九一三年),刘继善的《新华字》(一九一四年),钟雄的《新字母发明书》(一九一八年)等,[2]实为现今"国音字母"第二式——国语罗马字——开先河的作品。后来胡适、傅斯年、黎锦熙等屡有讨论国语罗马字拼音问题的文辞发表,欧、美学者也有注意于中国文字的改革问题的,而日本诸桥辙次、乌谷阳太郎等也曾著书,表示同情于汉语采用罗马字拼音运动。至于实际创制罗马字拼音制度的,有一九二二年所发表的钱玄同式两种;赵元任式一种;一九二三年周辨明式一种;一九二四年林语堂式一种,大都主张拼音时必用"词类连书",而于所采用的字母和标明字调的方法,意见未能完全一致。其他学者也常有拟定国语罗马字拼音制度的方案。[3] 一九二五年,刘复、赵元任、钱玄同、黎锦熙、林语堂、汪怡等组织数人会,议定《国语罗马字拼音法式》。[4] 一九二六年,由《国语统一筹备会》公布;国民政府成立以后,复由大学

---

① 参看罗常培《国音字母演进史》(商务印书馆出版),第 2～9 页。
② 同上书,第 11～20 页。
③ 同上书,第 21～35 页。
④ 参看黎锦熙《国语运动史纲》(商务印书馆出版)卷三,第 157～166 页。

院于一九二八年九月正式公布。于是国音字母的第二式，正式成立；中国语应用外国字来拼切的，也居然得到了全国人民的承认了。而最初的滥觞，又不得不推《西字奇迹》和《西儒耳目资》二书。

国音字母的第一式，就是《注音符号》，它的公布在《国语罗马字》以前，而简字拼音运动的发轫，却在罗马字拼音试验以后。当明、清间，方以智、刘献廷等已有提倡拼音的计议，可惜其法不传了。后来龚自珍欲搜罗中国十八省方言及满洲、高丽、蒙古、喀尔喀等语，纂为《今方言》一书；谓："旁采字母翻切之旨，欲撮举一言，可以一行省音贯十八省音；可以纳十八省音于一省也。"[1]书虽未成，也可以见得他具有统一国语的意见。清季以来，欲改革文字以促进教育者，除了罗马字拼音一派以外，又有简字拼音的一派；这派所采用字母的形式，有借用汉字偏旁，如日本假名的，可谓之假名系；有用点画撇钩，如速记术的，可谓之速记系；有取之于篆文或草书的，可谓之篆文系或草书系。假名系当中，以卢戆章的《中国切音新字》《中国新字》《中华新字》等书，王照的《官话合声字母》《官话字母字汇》等书，劳乃宣的《简字全谱》《简字丛录》等书为最著名；此外又有李元勋《代声术》，黄虚白《汉文音和简易识字》，及一九一二年的蔡璋《音标简字》，汪荣宝《简字》，汪怡《国语音标概说》等。[2] 速记系当中，如蔡锡勇的《传音快字》，力捷三的《闽腔快字》《无师自通切音官话字书》，沈学的《盛世元音》《拼音新字》，王炳耀的《拼音字谱》，刘世恩的《音韵记号》，及一九一二年的李良材《简易记音法》、胡雨人《简字》、陈振先《陈氏天然拼音新字》等。[3] 篆文系，如吴敬恒所作的"豆芽字母"及章炳麟《驳中国改用万国新语说》一文里所定的"纽文"及"韵文"。草书系，如美国烈弗雅

---

① 见龚氏《定盦文集拟上今方言表》。

② 参看罗常培《国音字母演进史》，第37～52页。

③ 同上书，第54～65页。

(Rev. Alfred E. Street)所作的《平民广话字母》《平民官话字母》(一九二一年所作,在注音符号发生以后)等。此外,又有杨琼、李文治的《形声通》,马体乾的《串音字标》,高鲲南的《记音简法》,以及郑藻裳、陈遂意、张海画、李业鸿等各式的《简字》,各创形制,不属于上列诸系的。[①] 在注音符号发生以前,王照的《官话字母》、劳乃宣的《简字谱》颇流行于社会,曾为南北各省所传习。一九一二年,教育部召集读音统一会,这会的职务是:1. 审定一切字音为法定国音;2. 将所有国音均析为至单至纯之音素,核定所有音素总数;3. 采定字母,每一音素均以一字表之。次年正式开会,选吴敬恒为正议长,王照为副议长,关于所采定字母的形式,争持许久;终依章炳麟所拟的"取古文篆籀径省之形"的原则,制定三十九个注音字母。[②] 当时的目的,只是在统一读音,字母的形式既然仍取于简笔的汉字,在新派的人看来,很符合于拼音文字的效用,可以为统一国语的工具;在旧派的人看来,很适合于双声、叠韵的原理;可以用来改良反切的弊病。所以注音字母的推行,颇能得全国人的赞助。到了一九一八年又经过教育部正式的公布。在注音上有了一种正式的拼音符号,这算是中国历史上的一个创举。一九二〇年,教育部所设的国语统一筹备会,将《注音字母》加以修正,分析"ㄛ"母为"ㄛ""ㄜ"二母,于是三十九个字母又变为四十个了。一九三〇年,以字母这个名称,易滋歧误,由国民政府通令改称为注音符号。[③] 注音符号既然由读音统一会的三项职务上产生出来的,所以能承受双声、叠韵的原则,参合西洋拼音学理,以扫除反切的种种弊端。反切用字过于繁复,学习的人很觉得不便;而注音符号的数目,只有数十;学习的人只要记得二十四个声母的符号,和

① 参看罗常培《国音字母演进史》,第65～78页。
② 参看黎锦熙《国语运动史纲》卷二,第75～93页。
③ 参看黎锦熙《国语运动史纲》卷三,第231～249页。

十六个韵母的符号，就能拼切各个字音了。切语用字，本身的音读无标准，所以应用的人，觉得很困难；至于注音符号的形式虽然仍旧是简笔的汉字，而依双声、叠韵，分别确定声母和韵母的性质，所以各个符号所代表的音素是固定的。我们现在呼读二十个声母，常常附带着一个韵母，使它们能够显现于听官；但是声母和别个韵母拼合的时候，就须把附带的韵母除去，这是拼音字母里所具有的一种普通情形；不像反切那样，常在声、韵中间，还介杂着无用的音素。注音符号在拼切的应用上又和反切有许多不同的地方：注音符号有“单写法”“双拼法”“三拼法”诸例，随着音读的性质而异；[①]反切的通例，却是用两个字来切成一个音，上字代表声纽，下字代表韵素，即使没有起首辅音的字音（如《影》《喻》两母的字），也板定用两个字来拼切。反切当中，无论用下字，或兼用上字，来表明等呼，总是不很明显；注音符号上却利用“ㄧ”“ㄨ”“ㄩ”三个符号来显示等呼：含有“ㄧ”的为齐齿呼，含有“ㄨ”的为合口呼，含有“ㄩ”的为撮口呼，不含有“ㄧ”“ㄨ”“ㄩ”的，便是开口呼。反切当中，无论用下字，或兼用上字来表明字调，也是不很明显；注音符号上通常要表明字调的种类，就另外加上音调的标记，虽然也有不便的地方，可是比较反切当中要明显得多了。[②] 但是，注音符号虽然足以革除反切的弊端，而声母和韵母的分别，仍是依据于反切上声、下韵的习惯，并没有将其中包含有两个以上单纯的音素的，再加以分析。例如“ㄞ”“ㄟ”“ㄠ”“ㄡ”这几个复合元音，“ㄢ”“ㄣ”“ㄥ”“ㄤ”这几个具有收尾鼻音的韵母，明明包含有两个音素的，可是都只用一个符号来代表，并没有做到读音统一会“析为至单至纯之音素”那项职务。因此也可以见得《注音符号》的本身，还不能算是一种完备的记音工具。同时《注音符号》和它的拼法上，还是有许多因为

---

① 参看王力《中国音韵学》下册第四编第四十一节。

② 参看拙著《音韵学》（商务印书馆出版）第五篇，第197～200页。

承袭了等韵学上拘守四等的弊病，以致和实际的音读不适切的地方。例如“ㄣ”“ㄧㄣ”“ㄨㄣ”“ㄩㄣ”四音，并非读为[ən]，[iən]，[uən]，[yən]，而是读为[ən]，[in]，[uən]，[yn]；“ㄥ”“ㄧㄥ”“ㄨㄥ”“ㄩㄥ”四音，并非读为[əŋ]，[ıəŋ]，[uəŋ]，[yəŋ]，而是读为[əŋ]，[iŋ]，[uəŋ]（或[oŋ]），[ioŋ]（“ㄧㄨㄥ”“ㄩㄥ”实际却是开口呼、齐齿呼）。[①] 而且当最初制定注音字母的时候，并不是用一种纯粹的方言做根据；那时因为要调和各派的心理，不得不采取多数表决的办法，以致注音字母的本身和所规定的国音字母，只是代表所谓普通官话的“国音”，而不是用北平音来做纯粹的标准。[②] 到了一九三二年，教育部公布《国音常用字汇》，才正式指定北平音为标准；对于《国音字典》最重要的改正，有下列的几点：

1. 入声并入阴、阳、上、去四声；
2.《精》组齐、撮口归入《见》组齐、撮口；
3. “万”母取消；
4. “兀”母取消；
5. “广”母并入“ㄋ”母的齐撮呼。[③]

这样，既不取“五声”之说，更没有近代戏剧上所谓“上口字”和“尖、团字”了。（参看本文的七（三））而四十个字母减去了“万”“兀”“广”三个，实际又只剩得三十七个符号了。其实这种改正，在《国语罗马字拼音法式》上已经做到；而且注音符号上其他许多缺点和错误，《国语罗马字母》也加以补救和改订。现在把注音符号上的

① 参看拙著《中国语音系统的演变》（载《暨南学报》一卷一号），第216页。
② 参看本文的七（三）。
③ 参看王力《中国音韵学》下册第四编第四十一节，第255页。

声母和韵类拿来和《国语罗马字》对照如下页表所示。[①]

看这个表里,“万”“兀”“广”“ㄝ”诸母以及“ㄧㄛ”“ㄧㄞ”诸类,都注明“*”的符号,就是因为这些音,是在北平音里所不用或少用的。又把注音符号里所包含的音素,一一分析出来,如复合元音和具有收尾鼻音的韵母,包含有两个以上的音素的,都用二个以上的符号来表明。因之从前注音符号上注音混乱的地方,到现在《国语罗马字母》里便加以明晰的区别了。例如“ueng”和“ong”实在是两种音,而注音符号上都用“ㄨㄥ”来表明;“ㄣ”是“en”,而“ㄧㄣ”“ㄩㄣ”,却并不是“ien”“iuen”,而是“in”“iun”;“ㄥ”是“eng”而“ㄩㄥ”却并不是“iueng”,而是“iong”;这些,《国语罗马字母》里都加以明晰的区别。又北音韵书上,《支思》韵里大部分的字,[②]注音符号不另立韵母(就是“ㄭ”,或只用“ㄖ”“ㄙ”来代表),单用“ㄓ”“ㄗ”等来注音;《国语罗马字母》里,才另立“y”母。这些就是《国语罗马字》补正注音符号缺误的地方;此外,《国语罗马字》还有两个特点:“ㄐ”“ㄑ”“ㄒ”只有齐撮呼,“ㄓ”“ㄔ”“ㄕ”只有开、合呼,所以同用“j”“ch”“sh”三个符号而不混;同样,“ㄜ”“ㄝ”二母也因为前者只有开口呼,后者只有齐、撮呼(用到“ㄝ”开口呼的音的,只有少数的感叹词),也只用一个“e”来代表,也不致相混;这是节省字母的一个特点。《国语罗马字》利用字母拼法的变化来表明字调的种类,因为注音符号上要表明阴、阳、上、去四调,须另加标记,虽然比较的明显,可是书写时既不方便,排印时又极困难;《国语罗马字》就改用字母拼法的种种变化来表示阴、阳、上、去的四调;[③]这又是避免繁复标记的一个特点。我们因此可以知道《国语罗马字母》在

---

① 依据《国语罗马字拼音法式》。

② 参照本文的七(三)。

③ 详见《国语罗马字拼音法式》及钱玄同《论关于国语罗马字字母之选用》(载北京大学《新生周刊》一卷八期)。

ㄅ	ㄆ	ㄇ	ㄈ	ㄪ	ㄉ	ㄊ	ㄋ	ㄌ	ㄍ	ㄎ	ㄫ	ㄏ	ㄐ	ㄑ	ㄬ	ㄒ	ㄓ	ㄔ	ㄕ	ㄖ	ㄗ	ㄘ	ㄙ
b	p	m	f	∇*	d	t	n	l	g	k	ng*	h	j	ch	gn*	sh	j	ch	sh	r	tz	ts	s
(帀)	ㄚ	ㄛ	ㄜ	ㄝ*	ㄞ	ㄟ	ㄠ	ㄡ	ㄢ	ㄣ	ㄤ	ㄥ	ㄧㄨㄥ	ㄦ									
y	a	o	e	e	ai	ei	au	ou	an	en	ang	eng	ong	el									
ㄧ	ㄚ	ㄧㄛ*		ㄝ̄	ㄧㄞ*		ㄧㄠ	ㄧㄡ	ㄧㄢ	ㄧㄣ	ㄧㄤ	ㄧㄥ	ㄩㄥ										
i	ia	io		ie	iai		iau	iou	ian	in	iang	ing	iong										
ㄨ	ㄨㄚ	ㄨㄛ		ㄨㄞ	ㄨㄟ					ㄨㄢ	ㄨㄣ	ㄨㄤ	ㄨㄥ										
u	ua	uo		uai	uei					uan	uen	uang	ueng										
ㄩ			ㄩㄝ				ㄩㄢ		ㄩㄣ														
iu			ie				iuan		iun														

注音方法上比较注音符号要进步得多了。因为国音字母第一式还保存着汉字原来的形式，仍旧脱不了反切和等韵上的习气；使我们觉得中国文字总不能完全适合于注音之用。国音字母第二式乃是采取世界上一种最有势力的拼音字母，在形式方面，很接近于国际的统一性，在音理方面，对于"声""韵""调"的分析和表明，又很合于西洋的科学化。我们把过去所运用的注音方法作一番历史的观察，不能不承认《国语罗马字母》是现今最便用，最合理的一种工具了。

（二）"西洋语音学理"输入后的中国音韵学

国音字母的产生，是代表中国注音方法的改革和进步；而这种改革和进步，又是随着近代国语统一运动而发生的。近代北音势力发展的结果，官话音的区域日渐扩大，使得社会间形成一种流行的国语，这种流行的国语，又因过去政治中心的关系，渐取北平方音为标准。国语的标准音既渐确定，同时又因时势趋迫而发起的国语统一运动，首要的工作就是在设法推行这种标准音；于是国音字母，由统一读音进而为推广国语的重要工具了。所以国音字母的产生，固然由于依仿外国的拼音文字而来，也是近代中国语言演进上一种自然的结果。国语统一运动的进行，一方面产生了记录和标明国音的工具，另一方面又促进了对于国音的分析和研究。我们看一九一二年读音统一会的三项职务[①]就可以知道当时制定注音字母，已经参照了近代语音学的原理。后来读音统一会闭会，热心于国语统一运动的，大都只是做鼓吹和传习注音字母的工作；

---

① 参看上节。

到了一九一八年教育部所公布的《注音字母表》，二十四个声母还是依宋人《三十六字母》的次序，又把“ㄧ”“ㄨ”“ㄩ”三个韵母另立为“介母”。直到一九一九年，国语统一筹备会成立之后，才依各类发音部位的次序和音读性质的关系来排定。据教育部公布的《注音字母音类次序附说明》，谓：“声母以收声于《歌》韵入声等者为甲团，以收声于《支》韵等者为乙团”“甲团先叙唇音，……而后进而叙舌尖音，……而后进而叙舌根音，……”“乙团先叙与舌根音相关之舌前音，……而后稍出而叙舌叶音，……而后再出而叙齿头音……”“韵母先叙介母，……而后叙独母，……而后续叙复母，……而后续叙附属声母之韵母，……而后续叙东方特有之韵母，……”一九二〇年，又增加了一个“ㄜ”母，排在“ㄛ”母之后。这样的次序，是比较具有音理系统的。[①] 当时虽仍有介母之名，而经教育部审定的国音图书机片等，多附列“结合韵母”二十二个，表明“ㄧ”“ㄨ”“ㄩ”实在并非所谓介母，只是在结合韵母里常常用到它们罢了。于是注音符号四十个，附结合韵母二十二个，传习至今，一致未变。[②] 高元著了《国音学》一书，依据斯韦特（H. Sweet）等的学说，来分析国音的音素，因而把《支思》韵里的“ㄦ”母等定为“声化韵母”，并非所谓东方特有之韵母；并且指出等韵家分列呼等的谬误的两种原因：1. 他们未能分析音素，每将单独的音素和复合的音相混；2. 整齐的观念太深，以为无论什么总应该配成一个四方形。《注音字母》上所以把“ㄧ”“ㄨ”“ㄩ”列为介母，以致拼音时有一些不合理的地方，就是因为承袭等韵家那种谬误的遗习而来的。高氏又以音调、音量等的变化来说明四声或五声的意义，使一般对于字调的分别，也渐渐明白了。[③] 后来钱玄同依高本汉研

① 参看黎锦熙《国语运动史纲》卷二，第76～88页。

② 同上书，第85～86页。

③ 参看高氏《国音学》原著（商务印书馆出版）。

究的结果，把《支思》韵里的韵母定为“舌叶元音”“舌尖元音”(就是“ㄭ”“儿”)。[1] 赵元任把“ㄅ”“ㄉ”“ㄍ”三母定为属于中性的“ḅ”“ḍ”“ġ”。[2] 刘复、赵元任等又用实验语音学的方法研究中国语音调的变化，使得国音和各种方言里字调的种类及它们实际的分别，格外明显了。[3] 这些都是根据西洋语音学的原理和研究的工具来探讨国音系统而有所贡献的。其他如依据发音部位和气程阻碍的程度来类别声母，应用流音的原理来解释“发声”“送气”的分别，依辅音的带乐音与否来判别声母的清、浊，依唇舌的位置、情状来类别韵母，以复合元音及收尾音的关系来说明韵素的种类；[4]凡此都是因近代西洋语音学理的输入而使国音的研究科学化的。此外如“卷舌韵”或“儿化韵”的分类，并用以补充北音系统的韵部，[5]也是近今“国音学”上的一个发明。国音学的成立，一方面使传习国语时得有学理的根据，以便利国音字母的推行；另一方面又足以促进一般人的音韵学的基本智识，使他们知道运用科学的方法和工具，从国音的研究扩展到其他方音以及古音的研究。过去的学者虽曾注意于方言的研究，因为没有得到适当的工具和方法，所以未曾有精深正确的调查及探讨。章炳麟曾把中国方音略分九种，[6]黎锦熙也依江湖区域略分十二种，[7]只是大概的分类，不能说是细密调

---

① 参看汪怡《国语发音学》(商务印书馆出版)钱玄同《序》，及北京大学《国学季刊》一卷三号，徐炳昶译《对于“死”“时”“主”“书”诸字内韵母之研究》。

② 参看商务印书馆出版的《国际音标国语正音字典中西拼音对照说明》，及中央研究院《历史语言研究所集刊》第二本第三分，赵元任《用[b]，[d]，[g]当不吐气清破裂音》。

③ 参看刘复《四声实验录》(群益书局出版)，《汉语字声实验录》(法文本)，赵元任 *Tone and Intonation in Chinese*(《历史语言研究所集刊外编》)及《最后五分钟》(中华书局出版)。

④ 参看高元《国音学》、汪怡《国语发音学》。

⑤ 参看《国音分韵常用字表》(即《佩文新韵》)末附钱玄同《与黎锦熙论“儿化韵”书》，及赵元任《新国语留声片课本说明》。

⑥ 详《章氏丛书检论方言篇》。

⑦ 详黎氏《新著国语教学法》(商务印书馆出版)。

查的结果。我们在上节里说过，西洋传教士为着要传播福音，学习各地的方言，常用罗马字就地拼音；就开了近代调查和研究方音的风气。关于中国方言的著述，也以西洋人的反居多数。林语堂《关于中国方言的洋文论著目录》曾经说过：

> 搜集及研究中国方言的材料，近数十年来当以西洋教士为最早，除去翻译《白话圣经》为直接传教之用的以外，也颇有专为科学趣味而研究的工作，其专论大抵登在 *Chinese Recorder* 及 *Journal of North China Branch of Royal Asiatic Society*，其中也有可供我们参考的。至于方言字汇一门，尤多专书。此种书因其能用平正的眼光，绝无轻视土话的态度，以记录土语、土腔，说起来或者比我们中国人所著的许多"方言考"还有价值。①

我们看林氏这篇《书目》里所举的方言字汇，有关于广东、客家、福州、厦门、汕头、温州、上海、苏州、南京、四川这些方音；②此外，盖尔氏（Giles）的《大字典》（*A Chinese English Dictionary*），于每字下注明十二种方言的读法；高本汉的《中国音韵学研究》（*Études sur la Phonologie Chinoise*）里也有《方音字典》的一种，较盖尔氏书尤为正确。国人运用科学的方法和工具来研究方音的，却在西洋学者之后。大概首注意于研究的方法，如林语堂的《研究方言应有的几个语言学观察点》《北大方音调查会方音字母草案》，③和赵元任的《方音调查表格》④及《现代吴语的研究》⑤里论到方音调查

---

① 见林氏《语言学论丛》，第 213 页。
② 参看林氏《语言学论丛》，第 216～217 页。
③ 见林氏《语言学论丛》，第 239～249 页。
④ 中央研究院历史语言研究所印行。
⑤ 清华大学出版。

法，这些都是指导调查和研究方音的方法的。又如赵元任的《中国言语字调的实验研究法》[①]及刘复《四声实验录》里论到实验语音学的工具和运用方法，又是指导实验的研究法的。其次，运用了精密的方法，才有相当的成绩，如刘复《四声实验录》、赵元任《现代吴语的研究》《南京音系》、[②]陶燠民《闽音研究》、罗常培《厦门音系》、[③]王力《博白方音实验录》[④]等，都足以代表最近应用科学方法来研究中国方音的作品。由方音的研究再扩展到汉族以外的语言音韵的研究；这也是启发于西洋的学者的。林语堂《关于中国方言的洋文论著目录》，有关于苗子、台湾异族、西南野族、海南异族等语言的书目，[⑤]并译述戴密微原著的《印度支那语言书目》一篇，[⑥]谓："今日之所谓以科学方法治国学者，不外比较的与历史的研究二义暹语与汉语最近，缅语、藏语次之，是印支语言与中国语之比较，为治中国语言学者所宜急切注意。"[⑦]国内学者对于这方面的语言材料，也颇注意搜集，如赵元任的《猺歌记音》[⑧]、史禄国的《记猓猡音》[⑨]等，也可以作代表。这样，又由中国音韵学而进入东方比较语言学的范围了。比较的研究和历史的研究两者间常需互相参证，以致不可分离；于是由东方比较语言学更回复进于中国古音的研究。这就是因为西洋语音学、语言学和其他科学的智识输进了中国，使中国音韵学上的材料和途径，也随着扩充开展，逐一刷新其研究的精神。

---

① 载《科学》七卷九期。
② 载《科学》十三卷八期。
③ 俱由历史语言研究所刊行。
④ 法文本。
⑤ 见林氏《语言学论丛》，第 213～216 页。
⑥ 同上书，第 219～238 页。
⑦ 同上书，第 218 页。
⑧ 中央研究院历史语言研究所出版。
⑨ 载中央研究院《历史语言研究所集刊》第一本第三分。

自从西洋教士应用罗马字来标注中国现代的方音，对于中国各种方音系统里所包含的音素，既然能有明白的分析；于是进而为比较的研究，并用以整理韵书和等韵，试来拟测中国古音上各字的读法。这种研究，也是启发于十九世纪一些西洋的学者。如马士曼（Marshman）首指出梵文字母和三十六字母的关系，又发见暹罗、缅甸、西藏等语和中国语间音韵相近；只是可惜他依据了《字母切韵要法》来猜想中国的古音。[①] 艾约瑟（Joseph Edkins）创始中国语言史的研究，证明中国古音里有破裂的浊音声母，还有收尾的辅音。[②] 武尔坡利齐（Z. Volpicelli）根据盖尔氏《大字典》里十二种方音的材料，做一番统计，以拟定古音的音值，因是定出等韵上一、二、三、四等的主要元音；他所用的材料和方法，虽多错误，而工夫的细密，已足令人佩服。[③] 商克（S. H. Schaank）也根据《等韵切音指南》来拟测中国古音，而所用的方法较前几家为有科学的条理；他很注意于等韵表上的注解和记号，虽然所提出的理论及拟定的结果，不觉有些错误，可是在中国古音的构拟上，有很多的贡献，例如介绍声母“j”化（就是舌前化作用）的观念，提出古双唇音在三等合口呼变做唇齿音，发现一、二等没有“i”的中介元音，三、四等具有“i”的中介元音等等。[④] 这些人的研究，实在是开近今马伯乐（H. Maspero）和高本汉（B. Karlgren）两人的先路的。马伯乐对于中国音韵学的重要著作，为《安南语音史研究》（*Études sur la*

---

① 参看马士曼《论中国语的文字与声音》（*Dissertation on The Characters and Sounds of the Chinese Language*, Serampole, 1809）。

② 艾约瑟著有《中国上海土话文法》（*A Grammar of Colloquial Chinese as Exhibited in the Shanghai Dialect*, Shanghai, 1853）、《中国官话文法》（*A Grammar of Chinese Colloquial Language, Commonly Called Mandarin Dialect*, Shanghai, 1857）等书。

③ 参看武尔坡利齐《中国音韵学》（*Chinese Phonology*, Shanghai, 1896）。

④ 参看商克《古代汉语发音学》（*Ancient Chinese Phonetics*，载一九〇〇年《通报》第一集八、九两卷）。

Phonétique Histoirique de la Langue Annamite)[①]和《唐代长安的方音》(*Le Dialecte de Tch'ang-ngan sous les T'ang*);[②]他以谨严的方法研究安南译的汉字音(Sino-Annamite),并构拟《切韵》系统的音读,讨论唐代语音的演变;对于高本汉《中国音韵学研究》的拟定系统,也有许多批评。[③] 高本汉的《中国音韵学研究》,[④]参用反切、等韵表、现代方音及日本译的汉音、吴音(Sino-Japanese, Kan-on, go-on)等,反覆证明,对于《切韵》系统的音读有很详细的构拟,把《切韵》的声纽和韵类,用龙德尔(J. A. Lundell)教授所拟定的音标,一一写出它们的读法。后来又有《中国古音的拟测》(*The Reconstruction of Ancient Chinese*)[⑤]等作,以修正他所拟定的《切韵》音;他对于隋、唐古音研究的结果,虽然还有可以怀疑和亟待改正的地方,而大体上已经为学术界所公认可奉为依据了。[⑥] 高本汉更以形声字的系统及先秦韵文做上古音分类的根据,而从他所承认的隋、唐古音,上推上古音的音值;他的《中国语分析字典》(*Analytic Dictionary of Chinese and Sino-Japanese*),[⑦]就是着手研究上古音的第一部著作,《叙论》当中讨论《切韵》系统到了近代官话音系统的演变,[⑧]以及"谐声"字的原则,[⑨]对于上古音里原有的起首和收尾辅音失落的现象,有很多的新发见。其他如《上古中

---

① 一九一二年在 *B.E.F.E.O.*(河内《远东法文学校学报》)第十二期发表。

② 一九二〇年在 *B.E.F.E.O.* 第二十期发表。

③ 参看罗常培《中国音韵学的外来影响》,第 42 页。

④ 在一九一五~一九二六年间陆续刊行,全书共分《叙论》《古代汉语》《现代方言的描写语音学》《历史的研究》《方音字典》五部分。

⑤ 一九二二年在《通报》第二十一卷发表,林语堂有译文,名《答马斯贝啰·论切韵之音》,末并有跋文,载《语言学论丛》,第 162~192 页。

⑥ 参看王力《中国音韵学》第二编第二十一节,第二十三节《广韵》《纽表》《韵表》。

⑦ 一九二三年出版。

⑧ 王静如有译文,载《历史语言研究所集刊》第二本第三分。

⑨ 赵元任有译文,载清华研究院《国学论丛》一卷二号。

国音当中的几个问题》(*Problems in Archaic Chinese*)[①],《藏语与汉语》(*Tibetan and Chinese*)[②]两篇,一方面批评西门华德(Walter Simon)和龙果夫(A. Dragunov)的说法,指示印度支那语言的比较研究法,另一方面对于上古的几种字音,有重要的探测,对于他所拟定的古音系统,也有一些更正。[③] 最近数年来,他又发表了《诗经研究》(*Shi King Researches*)[④]、《老子韵语》(*The Poetical Parts in Lao-Tsi*)[⑤]及《汉语词类》(*Word Families in Chinese*)[⑥]等篇,虽然对于上古音里字调的种类,未曾测定,关于声纽的种类,也因材料上的缺憾,不能完全有明确的断案,而在上古各类字音里中介元音、主要元音、收尾辅音的几部分,已经一一构拟出它们的形式了。[⑦] 尤其是《汉语词类》一篇,前面几段,是他对于中国上古音研究最近的总结论;后面几段,又依着拟定的上古音把中国语里数千个语词一类一类的分列,以表明同属一类的语词,在语源学上可认为是有亲族关系的,末了又从这语词的分类上归纳得语音通转的规则。过去国内讲音韵、训诂的,很少注意到收尾的辅音,于是对于许多同源词语,只说它们是什么"双声相转""一声之转""阴、阳、入对转""旁转",而不知道他们有个性质相同的收尾辅音。近代西洋学者研究中国语的,尤其是高本汉,很注意于这个收尾音的问题,以为上古语词的收尾音和后代有很多歧异的现象。例如高

---

① 一九二八年在英国《皇家亚细亚学会杂志》(*J. R. A. S.*)发表,赵元任有译文,载《历史语言研究所集刊》第一本第三分。

② 一九三一年在《通报》第二十八卷发表,唐虞有译文,载《中法大学月刊》第四卷第三期。

③ 参看罗常培《中国音韵学的外来影响》,第 43 页。

④ 一九三二年在瑞典 Stockholm 远东古物馆《集刊》第四卷发表。

⑤ 一九三二年在 *Göteborgs Högskolas Årsskrift* 第三十八卷发表。

⑥ 一九三四年在远东古物馆《集刊》第五卷发表,有拙译本,由商务印书馆出版。

⑦ 参看王力《中国音韵学》下册第三编第三十四节。

本汉对于《脂》部，不赞成林语堂在《支脂之三部古读考》[①]里的解释，而因西藏语上的启示，拟定着一个"r"的收尾音。[②] 我们因此也可以知道关于中国语历史的研究，必须从东方比较语言学上得到辅助和证明，而要奠定东方比较语言学的基础，还要先研究中国的语源学，依着中国上古的音读分列中国语词的族类，所以第一步的工作，又在构拟中国上古音。但是要拟测上古音，必先构定中国古音的音值，这样，又须运用比较语言学的方法和材料。所以现今的中国音韵学，它的工具和方法愈趋于精密，取材的范围也愈趋于扩大，而它的目的，也更加深远；这就是由于西洋语文及语音学、语言学等等的智识输入的结果。

中国过去的古音学家，因为未曾运用汉字以外的材料和工具，所以对于古代各个字的音值，往往置之不论，例如古韵《支》《脂》《之》三部，在《诗经》里分用，段玉裁考之甚明，而不能得它们分别的读法。[③] 至于戴震、章炳麟、黄侃诸人的学说当中，常作音值的假定，他们既没有说出其所以如此推定的理由，又涉及审音的地方，往往混乱了古今的语音系统，所以不能令人置信。[④] 直到近今的二十年间，国内学者既然受了西洋文化的影响，西洋研究中国语的，又给我们以那样丰富新颖的启示，同时日本的学者，如大矢透、大岛正健等，利用假名字母以考析等韵、古音的，[⑤]也很可以为我们的借镜；因之中国音韵学上的古音音值问题，就成为讨论和研究的中心。汪荣宝的《歌戈鱼虞模古读考》[⑥]曾论述测定古代音值的方法，谓：

---

① 载林氏《语言学论丛》，第 57～81 页。

② 参看拙译《汉语词类》及《译者序言》。

③ 参看段氏《与江有诰书》。

④ 参看本文的八(一)及王力《中国音韵学》下册第三编第三十四节。

⑤ 参看冈井慎吾《日本汉字学史》。

⑥ 载北京大学《国学季刊》第一卷第二期，有钱玄同《附记》。

> 夫古之声音，既不可得而闻，而文字又不足以相印证；则欲解此疑问者，惟有从他国之记音文字中求其与中国古语有关者，而取为旁证而已。其法有二：一则就外国古来传述之中国语，而观其切音之如何；二则就中国古来音译之外国语，而反求原语之发音，是也。

我们既然只是应用佛典译音、日本译音等为测定古音的旁证，尤须顾到古韵分合的事实。所以汪氏的结论，以为唐、宋以上，凡《歌戈》韵之字皆读“a”音，不读“o”音；魏、晋以上，凡《鱼》《虞》《模》之字亦皆读“a”音，不读“u”或“y”音，未可完全认为定案。因为《鱼》《虞》《模》在《魏》《晋》以上和《歌》《戈》分得很清楚，不能混为一韵。又据现今所能引用的外国译音的资料，只是限于东汉以后，适可为考定隋、唐古音的证据；至于先秦的上古音，是不能单利用外国译音来断定的。所以汪氏论文发表以后，钱玄同的《歌戈鱼虞模古读考附记》[①]、林语堂的《读汪荣宝歌戈鱼虞模古读考书后》[②]、唐钺的《歌戈鱼虞模古读管见》[③]等，都是起来修正他的结论的。我们在上文说过，要拟测上古音，仍当以形声字系统和先秦韵语为其分合的根据，再以所构拟的隋、唐古音为渐次上推的出发点；如果《切韵》系统的音值还未曾考得精确，我们就无从做依靠以再往上古推测了。高本汉所拟定的《切韵音》，尚有须待修正的地方；他的学说，既引起国内学者的注意，并且大体上已得一般人的信从，因之起来和他商榷辨难的也颇不少。林语堂跋所译的《答马斯贝啰·论切韵之音》，[④]已经提出了许多疑问；罗常培对于他所测定的

---

① 载北京大学《国学季刊》第一卷第二期，有钱玄同《附记》。

② 载《国学季刊》第一卷第三期。

③ 载《东方杂志》第二十二卷第一号。

④ 一九二二年在《通报》第二十一卷发表，林语堂有译文，名《答马斯贝啰·论切韵之音》，末并有跋文，载《语言学论丛》，第162～192页。

《知》《彻》《澄》《娘》四母、《鱼》《虞》两韵及"闭口"九韵的音读，也都有订正。[①] 又如林语堂的《古有复辅音说》《古音中已遗失的声母》《支脂之三部古读考》和李方桂的《切韵 â 的来源》及 *Ancient Chinese-ung, -uk, -uong, -uok etc. in Archaic Chinese* 及 *Archaic Chinese *i̯wəng *i̯wək and *i̯wəg* 诸篇，[②]和高本汉关于上古音的著作，有相互证验、相互订补之处很多。[③] 中国的古音学，已渐有达到国内外学者意见一致的境地的趋势了。中国音韵学的科学化，就是把本来所认为"国学"的，成为国际化，也可说是印、欧语言学上的方法、工具和智识应用到印度支那语族上，而使中国音韵学成为世界语言学上的一部分。因为中国语为印度支那语族里一种最重要的语言，要建立东方比较语言学，势必要考证中国上古音，以从事语源的研究；而要考证上古音，又当以魏、晋、隋、唐以后各种语音系统的研究为其基础。于是由现代的国音学、方言学推进到了等韵、《广韵》的探讨和整理，再直溯到古音、上古音的构拟和测定，以综合成为中国语的历史研究；更由中国语的历史研究扩展到东方以至世界语言学的范围。现今考证中国语音演变的历史的，不但应用了印欧语言学上的方法和工具，并且常以印欧语里演变的现象作为一种重要的比证；中国音韵学的科学化和国际化，正无日不在进展之中。记音的工具愈精密，对于语音里所包含的元素，分析也愈进步；运用的方法愈谨严，所得的结论也愈正确；比较的材料愈丰富，对于语音演变的事实，认识也愈明晰；这就是西洋科学智识的输入使中国音韵学也随着进展的情形。音韵学史本为学术史上、文化史上的一部分，当然和整个学术、整个文化

---

① 参看罗常培《知彻澄娘音值考》《切韵鱼虞之音值及其所据方音考》《切韵闭口九韵之古读及其演变》诸文，均载《历史语言研究所集刊》及《集刊外编》。

② 李氏诸文均载《历史语言研究所集刊》中。

③ 参看王力《中国音韵学》下册第三编第三十四节，及拙译《汉语词类译者序言》。

的演进，有同一的趋势。近代音韵学的西洋科学化正和汉、魏、唐、宋间的佛化和梵、藏字母化，同是代表学术史上演进的阶段；我们应该随着这种演进的趋势，使向来所认为"国家"的，发扬光大。学术为人类公器，本无所谓国界；不过关于中国自身的学术境地，自然不应单让外国学者来开拓经营。中国音韵的研究，既然得了外国学者的许多启示，我们尤应本着已有的成绩，时时努力督促其前进。

重印后记

张世禄

《中国音韵学史》一书，出版于一九三八年，距今将五十年了。在近五十年中，汉语音韵学这门学科又有很大的发展。在本书重印之际，自应把这五十年间关于这门学科发展的情况加以约略的叙述。

一门学科的发展，与一般文化的发展和这门学科研究对象的变迁，都有密切的联系。这在本书中已加以阐明。近五十年来汉语音韵学的发展，仍然受有西洋拼音文字和西洋语言学理论输入的影响。西洋的拼音文字和语言学理论，使得汉语音韵学具有新观点、新材料、新方法，成为一门现代化的新科学。它的内容，可以分做下列的四个方面来叙述：

（一）中古《切韵》音系的研究

高本汉在一九一五年至一九二六年间作成《中国音韵学研究》一书[①]，首先利用韵书、韵图和前人研究的成果，整理出《切韵》音类系统，再运用现代语音学的方法，根据一些汉字以外的材料（现代汉语的各地方音、日语吴音、日语汉音、朝鲜译音、越南译音等），

① 从一九一五年到一九一九年，高本汉先后完成《古代汉语》《现代方言描写语音学》《历史上的研究》三部著作，一九二六年又完成《方言字汇》，一起合成了巨著《中国音韵学研究》（*Études Sur la Phonologie Chinoise*）。

参互比较，来构拟中古《切韵》的音值，使得学者明了从现代各种方音追溯到中古的历史演变。这样的研究是首创的工作，不免有许多缺点：在取材方面，记录各地方音，偏多于现代北方方音；关于文献资料，没有引用各种《切韵》残卷及《韵镜》等书；所采取反切的材料，只是根据《康熙字典》；所构拟的音值，又有不少主观的成分。早在一九二〇年，马伯乐《唐代长安方音》[①]一书里已经对高氏关于二等字有寄生性[i]介音之说提出了批评，认为《切韵》分部的要点不在介音，而在主要元音。高氏在这个基础上陆续修订了他的《中国音韵学研究》。至二十年代末期，一些中国学者也开始参加了关于《切韵》音系的讨论。讨论的内容，大都是关于"j 化声母""重纽""介音""重韵""唇音字""元音的数量"等问题，大都是用来修正高氏的学说的。兹分别叙述如下：

1．"j 化"声母的问题

高本汉见到《切韵》反切上字，三等与一、二、四等分为两组，因而把声母分成两类：一类是三等字的声母 j 化的；另一类是一、二、四等字的声母，没有"j 化"的纯粹声母。一九三九年，陆志韦发表《三四等与所谓"喻化"》[②]（"喻化"即"j 化"，亦称为"腭化"），指出三、四等的分别，不在于辅音的腭化与否。一九四一年，赵元任发展《中古汉语里的语音区别》[③]一文指出：反切上字与反切下字的

---

① *Le Dialecte de Tch'ang ngan Sous les T'ang*，载 B.E.F.E.O.（河内远东法文学校学报），第二十期。

② 载《燕京学报》第二十六期。陆氏云："隋唐音喉牙化腭，事非无稽，然非所以言三、四等之分别也"，神珙《四声五音九弄反纽图》中，"更硬"等字与"刚我"等字分列，前者显为后者之腭化，但这是一、二等的关系，至于唇音字虽然三等与四等反切上字界限分明，但唇音本无所谓腭化与否。

③ *Distinctions Within Ancient Chinese*，载 *Harvard Journal of Asiatic Studies*，第五期。赵氏云，一、二、四等有用三等做反切上字的，三等也有用一、二、四等做反切上字的，其间无严格区别。高氏分纯粹跟 j 化的声母，其反切上字固然有分组现象，但他不分纯粹跟 j 化的精清从心，反切上字也有分组现象。所谓纯粹跟 j 化的声母出现的机会是互补的，其区别不是辨字的。

介音有求同的趋势；反切上字之所以分为两组，可以用介音和谐说来解释，不必分 j 化与否。一九五六年，李荣《切韵音系》又指出“j 化说在方言里头没有根据”[①]。可见高氏关于《切韵》音系的 j 化说，是应该取消的。

2. 重纽问题

所谓重纽，是指支、脂、祭、真、仙、宵、侵、盐八韵的三等字，其中唇、牙、喉音除开口、合口以外，还有两套反切下字形成对立。高本汉对此未加注意。

一九三九年，陆志韦在反对高氏 j 化说那篇文章里指出：三、四等合韵中“重出之喉牙唇音势必有读音上之分别”。一九四七年，陆氏又在《古音说略》中认为重纽两类是介音的不同，在韵图上列入四等的（A 类），其介音为 i；列入三等的（B 类），其介音为 I。一九四八年，王静如发表《论古汉语之腭介音》[②]，依据越南译音中唇音字逢重纽 B 类仍为唇音，逢重纽 A 类则变为舌齿音，认为越南译音里 A 类唇音“被一个很强而窄腭介音所同化，渐渐的才能变成舌或齿”，B 类唇音的腭介音当较 A 类为弱而宽。可见他们是主张介音的分别。

一九四五年，董同龢发表《广韵重纽试释》[③]说，重纽的两类源出于上古不同的韵部，其间区别当为主要元音的不同。同年，周法高作《广韵重纽的研究》[④]，根据玄应《一切经音义》的反切，也认为重纽是主要元音的不同。

此外，也有人认为《切韵》并不存在重纽[⑤]。但是既然古代韵

---

① 李氏以见母字为例，说广州音一律读 k，无论 j 化与否，北京音在 i、y 之前一律念 tɕ，其余一律念 k，也和 j 化无关。见母字是否腭化，是以后面的元音为条件的。

② 载《燕京学报》第三十五期。

③ 载《历史语言研究所集刊》第十三本。

④ 同上。

⑤ 王力《西学东渐时期西欧汉学家对中国语言学的影响》（香港《中国语文研究》第三期）云：“高氏在三四等里不认为有重韵，而中国某些音韵学家却也认为支脂祭真仙宵侵盐诸韵也有重韵。这样越分越细，所构拟的音主观成分很重，变成了纸上谈兵。”

书、韵图有重纽的区别，且分类与《切韵》相合；某些汉语方言以及朝鲜译音、日语吴音也有重纽的对立；《颜氏家训》也记录了重纽的语音史实[①]，那末重纽的存在当属无疑。至于重纽 A、B 两类究为介音之别，抑或为主要元音之别，尚可继续研讨。

3. 介音问题

高本汉认为中古有两种前腭介音，即三等韵中弱的辅音性的介音 i̯，四等韵中强的元音性的介音 i，理由是一、现代多数方言四等字读音与三等字相混，故三四等当同有前腭介音；二、朝鲜译音山咸两摄见组三等无 i 介音，四等有 i 介音，故前腭介音当分强弱。一九四一年，赵元任在《中古汉语里的语音区别》中，运用音位分布的理论指出，“i 总是出现在 e 前面，i̯ 总是单独或在 ě 和其他元音前面出现，因此实际上只存在一个 i 音位”。一九五六年，李荣《切韵音系》也指出，朝鲜译音山咸两摄影母羊母云母三等字有不少带 i 介音，故朝鲜译音并不能证明介音强弱。

高本汉认为合口介音也有两种，即强的元音性的介音 u 和弱的辅音性的介音 w，理由是一、《广韵》开口合口有分在两韵的，如寒、桓，有合在一韵的，如唐。前者开合口分韵，当有 u 介音；后者开合口同韵，当有 w 介音。二、广州话“官”kun（<中古 kuân），强的合口介音吞没原来的主要元音，“关”kuan（<中古 kwan），弱的合口介音不吞没原来的主要元音。一九四一年，赵元任在上述文章中说：高氏“分韵和方言两个理由都有困难。在《切韵》残卷中，分韵和同韵的区别不一定存在”，“至于方言，近代有种种演变，又证明得太多”。认为从音位分布的角度看，“只有一个 u 音位，它是元音性介音还是辅音性介音，主要元音还是韵尾，则取决于它的语

① 《颜氏家训·音辞篇》云：“岐山当音为奇，江南皆呼为神祇之祇。江陵陷没，此音被于关中。”奇（渠羁切）为重纽三等，祇（巨支切）为重纽四等，两字同在群母支韵。

音环境”。一九五六年，李荣《切韵音系》指出，开合韵的开合口是对立的，介音 u 有辨字作用，而通遇两摄是独韵，没有开合对立，故不必替它们构拟 u 或 w 介音。

4. 重韵问题

所谓一、二等重韵，是指同摄同等除开口合口的对立外，还有两个或三个不同的韵。高本汉认为东、冬，庚、耕是元音音质的不同，其他都是长短元音的区别，证据是朝鲜译音。一九二七年，龙果夫（A. Dragunov）发表《对于中国古音的贡献》[1]，根据《切韵指掌图》、越南译音、朝鲜译音的比较研究，认为重韵咍（灰）、皆、覃、咸、山、耕韵与泰、佳、谈、衔、删、庚韵是音质的不同，前者的主要元音是 ə/a（在听感上与 a 有关系的 ə），后者的主要元音是 a。一九四五年，董同龢的《上古音韵表稿》进一步指出，译音的价值比不得方言的流变，从现代方言中区分泰、咍的广州话、苏州话来看，元音没有丝毫分长短的痕迹。从上古音看，不难把重韵分为两类，第一类跟 ə 或 e 叶韵和谐声，第二类跟 a 叶韵和谐声，故重韵的区别不在长短，而在音色。

5. 唇音字问题

这里有两个问题，首先是唇音字的开合口问题。高本汉鉴于唇音字既可充当开口字的反切下字，又可充当合口字的反切下字，认为中古的唇音是撮唇的，发音时双唇同时向前伸出，故开口的唇音字与合口的唇音字极易相混，因而同时充当开口字或合口字的反切下字。赵元任在《中古汉语里的语音区别》中指出：“翻遍全部唇音字的反切，就会发现开口唇音字与合口唇音字最小对立的对子少得惊人。”即是说，唇音字根本没有开合口的对立，唇音字可谓开口合口两个范畴之外的第三范畴，高氏所云，显属无稽。

---

① *A Contribution to the Reconstruction of Ancient Chinese*，载《通报》第二十六卷。

其次是重唇音变轻唇的条件问题。高本汉、承商克(S. H. Schaank)的说法,认为条件是合口三等。但由于唇音字不分开合口,高氏的主张便成为空中楼阁。为此,赵元任曾在上引文章中设想:"假如唇音字具有一个高音 i,后跟央元音或后元音,它常常与腭收缩的地位相联,于是就有一个下唇接触上齿的趋势,因而产生唇齿音。"但这个设想后来在庚韵上未能行通。一九四三年,那盖尔(Paul Nagel)在《论陈澧〈切韵考〉所见〈切韵〉字音的构拟》①一文中阐明了与赵氏相似的观点,但说东三、屋三、尤韵和庚三、陌三是例外。周法高对此十分赞赏,并进而运用声韵出现的模式和越南译音,证明庚三的主要元音当为 ɛ 或 ä,又据玄应《一切经音义》证明尤韵明母字系侯韵字误入,东三、屋三明母字有一等又读,从而解释了那盖尔论证中的全部例外②。至此,中古汉语重唇音变轻唇的条件已趋清楚。

6. 元音的数量的问题

高本汉的中古元音系统过于复杂,包括介音在内,共有十八个符号(韵尾不计)。以后许多学者设法修正,董同龢和陆志韦减为十五个符号,王力也是十五个,但未区分重纽,李荣十二个,也未区分重纽。赵元任的《中古汉语里的语音区别》首先采用音位学的方法考虑元音的数量问题,认为"ɐ 和 ə 的分布是互补的,ɐ 在外转而 ə 在相应的内转",ɐ 和 ə 是同一音位的内外转变体。一九五三年,美国马丁(Samuel Matin)的《古汉语的音位》③一文在赵文的基础上继续修订高氏的构拟,把元音系统简化为 * 、ə、ɑ、ɛ、a、e 六个主要元音和 i、u 两个介音,但未区分重纽。一九六八年,周法高修订

---

① *Beiträge zur Rekonstruktion der TS'ie-yün Sprache auf Grund Von Tsch'en Li's Ts'ie-yün-K'an*,载《通报》第三十六卷。

② 见《古音中的三等韵兼论古音的写法》,载《历史语言研究所集刊》第十九本。

③ *The Phonemes of Ancient Chinese*,载 J. A. O. S.(《美国东方学会学报》)第十六期。

为十个元音：ɑ、a、æ、ɛ、ə、e、i、I、u、o，其中 i、u 同时可作介音，周氏说："我虽然比马丁多添了两个符号，可是对于重纽问题和轻唇音演变问题都解决了。"[①]其自信若此，很可重视。

7. 纯四等韵有无介音 i 的问题

高本汉认为纯四等韵有前腭介音 i。此说得到周法高支持，他根据《诗经》押韵和谐声系统中三四等韵相近的现象，认为："在上古音里，我们需要假定三四等韵都有介音，在《切韵》稍后的时代，以及现代方言里，四等韵也和三等韵一样的有 i 介音。假使在《切韵》里否定了 i 介音的存在，而在《切韵》前后都是有 i 介音的，在音变的解释上未免说不过去。"[②]

与此相反，马伯乐的《唐代长安方音》和陆志韦的《古音说略》都认为纯四等韵没有 i 介音。一九五六年，李荣《切韵音系》指出，反切上字三等和一、二、四等的分组趋势，对于纯四等韵有 i 介音的说法不利；同时，四等韵的声韵配合关系也不同于三等韵而同于一等韵，故纯四等韵没有 i 介音。

李方桂的《上古音研究》似乎想调和上述两种意见，他说："四等字的声母完全跟一等字一样，显然高本汉所拟的四等的 i 介音是个元音，他对于声母不发生任何影响。"一九六二年，马学良等也有类似的意见[③]。但此说把 i 移作元音，有一个巨大的困难，即梵汉对音中四等韵很少有 i 元音在内的表现。[④] 故纯四等韵无 i 介音应成定论。对于纯四等韵在上古和《切韵》后的矛盾，可另辟途

---

① 《论切韵音》，载香港中文大学《中国文化研究所学报》，第一卷。

② 见《古音中的三等韵兼论古音的写法》。又，一九五四年，周氏在《论古代汉语的音位》（载《历史语言研究所集刊》第二十五本）中修正己说，认为从音位学的观点看，纯四等韵不妨取消 i 介音，写作 e。

③ 见《〈切韵〉纯四等韵的主要元音》，载《中国语文》第十二期。作者认为纯四等韵的主要元音是长 i，以后长 i 所带的过渡音逐渐扩张，形成现代方言中的分歧现象。

④ 参一九八二年邵荣芬《切韵研究》，该书曾以佛教密宗的陀罗尼经对音，证明四等韵无 i 介音。

径解决。上古音的矛盾,可适当增添元音来解决;而《切韵》后的矛盾,陆志韦设想 i 介音的产生,是由于模仿作用,[①]王静如则认为 i 介音的产生是因为元音分裂:ε>eε>iε。[②]

8.《切韵》的性质问题

《切韵》在汉语语音史的研究中具有承上启下的作用,《切韵》与上古音和近代、现代各方言之间的关系如何,即《切韵》的性质如何,自然成为一个重要问题。

高本汉认为《切韵》代表当时的长安方言,是他所引用的三十三种现代方言的原始母语。周法高支持此说,在《广韵重纽的研究》中认为《切韵》代表长安方言"至少有十之八九的准确性",《广韵》有重纽的几韵,在玄应替藏经作音义的书里也有同样的分别,"更是值得注意了"。陈寅恪则以为,陆法言和刘臻等都不是世居关中之人,《切韵序》提及的《韵集》等也不是关中人的著作,《切韵序》列举各地方言缺点,唯独不批评中原,因此,"自史实言之,《切韵》所悬之标准音,乃东晋南渡以前,洛阳京畿旧音之系统"。[③]高、陈两说共同的缺点,是以《切韵》为一时一地之语音记录,而与《颜氏家训》等文献记录、与当时的韵文材料和王仁煦《刊谬补缺切韵》韵目小注等多有不合。

一九三一年,罗常培具体考证了鱼虞两韵在中古的地域分布,认为除太湖附近几个地方分用外,其余都混而不分,因而指出:"《切韵》的分韵是采取所谓'最小公倍数的分类法'的。就是说,无论哪一种声韵,只要是在当时的某一地方有分别,或是从前的某一时代有分别,纵然所能分别的范围很狭,它也因其或异而分,不因

---

① 见《三四等与所谓"喻化"》《古音说略》。

② 见《论古汉语之腭介音》。

③ 见《从史实论切韵》,载《岭南学报》第九卷第二期,一九四九年。

其或同而合。”[①]但从此说极易得出如下推论，即现代各地方言都可以从《切韵》得到解释。这与高本汉的观点简直是殊途同归。其次，罗氏关于鱼虞两韵在中古的地域分布亦颇有可议之处。

一九五七年，王力在《汉语史稿》中提出：“《切韵》的系统并不能代表当时（隋代）的首都（长安）的实际语音，它只代表一种被认为文学语言的语音系统。”一九六六年，周祖谟利用王仁煦《刊谬补缺切韵》韵目小注中所保存的吕静等五家韵书的分韵情况，比较南北朝诗人的用韵，以及《万象名义》中的《玉篇》反切系统，也得出相同的结论。[②] 虽然周氏关于《玉篇》韵类的研究不无瑕疵，但关于《切韵》是六世纪文学语言的语音系统的看法，则为学者们所普遍接受。

在美国，近年来又有普林斯顿学派提出的假说（Princeton Hypothesis），不同意高本汉关于汉语方言有单一来源的说法，认为应先在各大方言区内部进行历史比较，拟测原始吴语、原始粤语、原始闽语等，再与《切韵》比较，并进而拟测原始汉语。该学说在理论上是正确的，但施行颇难。

（二）上古音的研究

高本汉在完成中古汉语的拟测之后，就开始着手上古汉语的研究工作。由于清儒和近代学者关于上古音韵母的分部已相当完密，单辅音声母的音类考订亦已大部完成，故高氏的工作主要是构拟音值。一九二三年，他发表《中日汉字分析字典》[③]，对上古汉语音韵系统提出重要假设；一九二八年，又作《上古中国音当中的几

① 《〈切韵〉鱼虞的音值及其所据方音考》，载《历史语言研究所集刊》第二本第三分。

② 见《〈切韵〉的性质和它的音系基础》，载《问学集》。

③ *Analytical Dictionary of Chinese and Sino-Japanese*.

个问题》[①]，第一次明确提出利用语音系统的“空档”研究上古音；以后作《诗经研究》[②]《汉语词类》[③]，大体上完成了上古音系的拟测，最后把研究成果以词典形式写进《汉文典》[④]。从一九三〇年起，中国学者也开始加入上古音构拟的讨论。近年来汉语上古音的研究更有了迅速的发展，其特点是全面运用音位分布的理论和汉藏系语言的比较，从内部结构和外部比较两方面进行深入探讨。学者们的讨论主要集中在声母、主要元音、介音、韵尾和声调等问题上。兹分述如下：

1. 声母问题

高本汉的《分析字典》中的一万二千字的谐声材料，全部取自《康熙字典》，其中掺杂了许多汉代以后出现的字，故其研究多有疏漏之处。一九四五年，董同龢的《上古音韵表稿》[⑤]以《说文》九千多字为基础，加上先秦古籍所有而《说文》未载的字，重新归纳谐声原则，发现高氏断言不相谐的音往往相谐，因此认为“在谐声字中，凡同部位的音或部位极相近的音都得随便互谐”。董氏这一谐声原则对高氏的十项“谐声通则”是一个补充。又高氏认为“悔”：“每”，“昏”：“民”这些都是复辅音 xm-的例，董氏则认为这些谐声关系不同于“各”：“路”的关系，其来源当是清鼻音 m̥-。以后李方桂《上古音研究》将此发展为一套清鼻音 m̥、n̥、ŋ̊、l̥。

高本汉在利用语音系统“空档”的过程中，根据群母仅出现在三等韵，匣母仅出现在一、二、四等韵，认为两者互补，上古同出一源。曾运乾、葛毅卿、罗常培等则分别证明匣母与群母无关，而与

---

① *Problems in Arohaic Chinese*，载 J. R. A. S.（英国《皇家亚细亚学会杂志》）。

② *Shi King Researches*，载瑞典《远东博物馆馆刊》第四卷。

③ *Word Families in Chinese*，载瑞典《远东博物馆馆刊》第五卷。

④ *Grammata Serica*，出版于一九四〇年，一九五七年有修订本，题为 *Grammata Serica Recensa*。

⑤ 载《历史语言研究所集刊》第十八本。

喻三关系密切,在六世纪前本为一体①,以此否定高说。但是谐声中群匣相通,《集韵》中有大量群匣又音,闽、吴方言中又有大批匣母字读入群母,这一切都说明群匣关系不寻常,完全否定高说并非良策。李方桂因此在上引书中,依据喻三多数为合口字,揉合众说,认为匣母、群母和喻三上古来源相同。此外,李氏此书根据端系、知系、照三的谐声关系和它们在中古音中的分布,认为它们有同一来源;照三与见系谐声的字,当由复辅音声母* krj-等变来;心母字与鼻音、舌尖塞音、舌根塞音等相谐者,当由* s-词头的复辅音声母变来。

一九三二年,高本汉曾在《藏语与汉语》②一文中,提出上古汉语声母具有前加成分的看法。从一九七六年以来,张琨及其夫人连续著文,利用汉藏系语言大量同源词之间的比较,认为原始汉语曾有过象苗瑶语和藏缅语一样的鼻冠音,而如果鼻冠音是汉语清浊对立的一个来源的话,那末* s 前缀就是另一个来源,又认为最初可能有这样一种复合声母,即塞音声母前有一个鼻冠音,鼻冠音前还有一个* s 前缀,以至后来分化为各自具有塞音声母、擦音声母和鼻音声母的一组同源字。③ 张琨夫妇的论述对于上古声母系统的构拟极有价值。当然,藏语的 s 前缀主要用以构成使动词和来自名词的动词,鼻冠音则是非使动式和现在时动词的标志,汉语

---

① 参曾运乾《喻母古读考》,载《东北大学季刊》第二期,一九二七年;罗常培《经典释文和原本玉篇反切中匣于两纽》,载《历史语言研究所集刊》第八本第一分,一九三七年;葛毅卿《论喻母字的辅音音值》(*On the Consonantal Value of 喻 Class Words*),载《通报》第二十九卷,一九三二年;葛毅卿《喻三入匣再证》,载《历史语言研究所集刊》第八本第一分。

② *Tibetan and Chinese*,载《通报》第二十八卷,一九三一年。

③ 参《苗瑶语、藏缅语、汉语的鼻冠音声母——是扩散的结果呢,还是发生学关系的证据?》(*The Prenasalized Stop Initials of Miao-Yao, Tibetan-Burman, and Chinese: A Result of Diffusion or Evidence of a Genectic Relationship?*),载《历史语言研究所集刊》第四十七本第三分;《汉语带* S 前缀的鼻音声母》(*Chinese * S-Nasal Initials*),载《历史语言研究所集刊》第四十七本第四分。

的*s前缀和鼻冠音的作用如何，仍值得探讨。

此外，包拟古（N. Bodman）的《藏文的Sdud“衣摺”，汉语的“卒”与*st-假设》①认为藏语sd-与汉语ts-对应，例如“卒”：藏语sdud（结束）；“坐”：藏语sdod（坐）；“接”：藏语sded（接），由此假设原始汉语*st->ts-。梅祖麟的《汉藏语的“岁”、“月”、“止”、“属”等字》②，认为“岁”和“月”的语根同为“越”，其演变过程为*N+gwjat（越）>*ngwjat（月），*S+gwjat（越）>*skwjad（岁）；闽语“齿”音k'-，声符是“止”，若干以“止”作声符的字也用“基”k-作声符，如“阯”：“基”，“祉”：“祺”，“止”的古义为脚，同源词是原始缅语、倮倮语的*k'riy，可证照三一部分来自上古舌根音。上古复辅音声母的构拟较单辅音的构拟为难，因为此项工作主要依赖于谐声字，而极可能某些复辅音声母在谐声时代已经分化，谐声字已无法反映。故需要精选可靠的同源词，进行汉藏语言比较才能构拟。这里介绍的几篇文章就是这个方面的成功的探索。

2．主要元音问题

从一九三二年到一九三五年，李方桂曾就此问题与高本汉进行过激烈的辩论。③ 不过当时主要讨论音值问题，以后学者们的讨论则主要是元音的数量问题。在高本汉的上古韵母系统中，同韵部的主要元音不尽相同，故其上古元音多达十五个。董同龢比高氏更复杂，为二十个。一九五七年，王力在《汉语史稿》中提出有对转关系的韵部主要元音相同，可以互相通转的观点，成功地把主

---

① *Tibetan sdud "folds of a garment", the Character* 卒, *and the *st-hypothesis*，载《历史语言研究所集刊》第三十九本，一九六九年。

② *Sino-Tibetan "year"、"moon"、"foot"、and "vulva"*，载《清华学报》新十二卷，一九七九年。

③ 参《切韵 â 的来源》《东冬屋沃之上古音》（*Ancient Chinese -ung, -uk, -uong, -uok, etc、in Archaic Chinese*），载《历史语言研究所集刊》第三本第一分；《上古汉语的蒸部、职部和之部》（*Archaic Chinese *-iwəng、*-iwək, and *-iwəg*），载《历史语言研究所集刊》第五本。

要元音简化为五个，后来又拟为六个[①]。李方桂的《上古音研究》则巧妙地运用中古韵母的音值观察上古各韵部，把上古韵部划分为含 a、ə、u、i 元音的四类，而以此四元音为上古元音系统。这是全面运用音位分布理论，从内部结构拟测上古音的成功之作。此外，周法高把主要元音简化为三个：ə、a、e[②]，蒲立本(E. G. Pulleyblank)更简化为两个元音：ə、a[③]，但他们都同时增加了介音和辅音韵尾，实际并未简化音系，故不能令人采纳。

一九七七年，包拟古作《原始汉语与汉藏语》，[④]运用大量汉藏系语言的比较材料，从外部证据的角度提出上古汉语的六元音系统。一九八〇年，白一平(H. Baxter Ⅲ)作《对上古汉语音韵的若干建议》，[⑤]认为李方桂的唇化舌根音在音系分配上出现很多空档，故可取消，取消之后为了把幽与之分开，可拟幽为 u，改拟侯为 o，这样上古主要元音有六个：i、ɨ、u、e、o、a。他们一个从外部证据，一个从内部结构，同样提出六元音系统，值得注意。

3. 介音问题

高本汉认为上古和中古一样，有四种介音，即合口介音 u、w，三等有辅音性介音 i̯，四等有元音性介音 i，一等和二等是元音“钝”和“锐”的区别。其主观臆测是明显的。

上古一等与二等通押，主要元音不当有别。一九五七年，王力根据古汉越语替二等字构拟了介音 e(在唇化元音前，或以 o 代 u)。但古汉越语年代稍迟，作为上古介音的证据尚欠妥。一九六

① 见《同源字论》，载《中国语文》一九七八年第一期。

② 见《论上古音》，载香港中文大学《中国文化研究所学报》，第二卷第一期，一九六九年。

③ 见蒲立本对丁邦新《魏晋声韵研究》一书的评论文章，载 JCL(《中国语言学报》)第五期第一号，一九七七年。

④ *Proto-Chinese and Sino-Tibetan*，载 *Contribution to Historical Linguistics*。

⑤ *Some Proposals on Old Chinese Phonology*，载 *Contribution to Historical Linguistics*。

三年，雅洪托夫（С. Е. Яхонтов）发表《上古汉语中的辅音组合》，[①]首倡上古二等字有 r 介音之说，主要根据是：在同一谐声字族中，读 l-和其他辅音的字互谐，如“柬”∶“蘭”；同一个字有 l-和其他声母的异读，如“鬲”；汉藏系语言比较，如“马”，缅甸语 mraŋ，“江”，泰语 k’loŋ，“甲”，藏语 k’rab。雅氏所论，甚为精当。以后，李方桂《上古音研究》承雅氏之说，确认上古有 r 和 j 两个介音，并阐明了它们的作用。

4．韵尾问题

高本汉认为上古阴声韵收-d、-g 尾，它们以后或消失，或变成 i、u，而在谐声时代，更有-b 尾，以后到《诗经》时代成为 i。一九三〇年，林语堂曾另有所说，[②]但因为不能解释上古押韵、谐声和又读，未为世人接受。王力一九五七年在《汉语史稿》、一九六〇年又在《上古汉语入声和阴声的分野及其收音》[③]中，对高本汉的构拟给以激烈的批评，认为高本汉把上古汉语的绝大部分拟成闭音节，只有极小部分是以元音收尾的开音节，“世界上没有任何一种语言的开音节是象这样贫乏的”。王氏的批评不无道理，但其认为元音收尾的字可与塞音收尾的字押韵，以所谓“不完全韵”来解释谐声和《诗经》中去入相通的问题，这与我国韵文的传统习惯不合；其次，在世界以及汉藏系语言中，闭音节丰富的语言也并非罕见。

对于-b、-d、-g 尾，另一些学者试图提出不同的构拟，如周法高拟为-γ、-wγ、-r，蒲立本拟为-ɨ、-w、-j、-l、-h、-ts 等等。这些韵尾在说明谐声和押韵时都还有一定困难，故它们在原始汉语中可能存在，而在谐声和《诗经》时代似仍以构拟-b、-d、-g 尾为妥。

---

① *Сочтания Согласных в древнекитайском языком*，载 *Труды двадцать пятов международного конгресса востоковедов*。

② 见《支脂之三部古读考》，载《历史语言研究所集刊》第二本第二分。

③ 载《语言学研究与批判》第二辑，又《龙虫并雕斋文集》。

5. 声调问题

上古声调的研究本来最为困难，近年来由于发现汉藏系某些语言在失落韵尾的同时产生了声调，上古汉语声调的研究也有所突破。一九五四年，奥德里古（A. Haudricout）鉴于古汉越语去声与越南语问（hoi）跌（nga）两声相对应，如“义”* ŋjiar：越语 nghia，“墓”* mag：越语 ma，并按马伯乐问跌两声来自-s 的说法，假设汉语去声是-s 尾失落后发生的。[①] 一九六〇年，福来斯特（R. A. Forrest）发现汉语四声别义的语法作用与藏文词尾-s 相似。[②] 一九八〇年，梅祖麟发表《四声别义中的时间层次》，[③]更证明汉语的去声与藏文的-s 尾同源，上古汉语早期的-s 尾失落后变去声；去声别义中动词通过加-s 变成名词，是原始汉藏语的构词法。

上古汉语去声曾经具有-s 尾，已较明显，问题是-s 尾失落的时间。蒲立本认为-s 尾在华南方言一直保留到六朝。[④] 李方桂则认为《诗经》常有去入通押现象，如果此时去声仍有-s 尾，就会有-k：-ks、-t：-ts、-ŋ：-ŋs、-m：-ms 之类的押韵，似乎不易解释。[⑤]

此外，一九六三年蒲立本提出中古汉语的上声来自上古汉语的喉塞韵尾-ʔ。[⑥] 一九七〇年，梅祖麟的《中古汉语的声调和超音质音位与上声的起源》，[⑦]根据佛教文献记录，如《悉昙藏》卷五“上

---

① 见《怎样构拟上古汉语》（*Comment reconstruire le Chinois archaique*），载 *Word* 第十期。

② 见《上古汉语的塞音韵尾》（*Les occlusives finales en Chinois archaïque*），载 *Bulletin de la Societe de Linguistique de Paris*，第五十五期。

③ 载《中国语文》第六期。

④ 见《关于上古汉语-s 及其失落时间的新证据》（*Some further evidence ragarding Old Chinese -S and its time of disappearance*），载 *Bulletin of the School of Oriental and African Studies* 第三十六期，一九七三年。

⑤ 见《上古音研究》。

⑥ 参《上古汉语的辅音系统》（*The Consonantal System of Old Chinese*），载 Asia Major 第九期第十期。

⑦ *Tones and Prosody in Middle Chinese and the Origin of the Rising Tone*，载 H. J. A. S.（《哈佛亚细亚研究杂志》）第三十期。

声直昂”；古汉越语上声对应于锐声、重声，锐、重两声来自喉塞韵尾；现代方言如温州、福建，上声有紧喉成分，认为上声在古代是-ʔ。

（三）近代音的研究

关于近代汉语语音系统，值得研究的主要问题是：介音前的k、k‘、h、ts、ts‘、s 变 tɕ、tɕ‘、ɕ 的时间；tʂ、tʂ‘、ʂ 的演变；ʅ、ɿ 韵母的发生；“儿韵”的发生；入声的消失；闭口韵母-m 与-n 的合并等等。在这些问题上，主要的研究资料是八思巴字和《中原音韵》。

1. 八思巴字的问题

最早运用八思巴字对音材料来研究汉语近代音的，大概是朴节（M. G. Pauthier）。他于一八六二年《八思巴蒙古字字母表》①一文中，构拟出每一个八思巴字母的音值，并认为汉语入声韵尾已消失。以后沙畹（E. Chavannes）、鸳渊一等相继发表了研究八思巴字的文章。一九三〇年，龙果夫发表《八思巴字和古官话》，②利用八思巴字碑刻七百零三个对音，研究元代官话的语音系统，开创了八思巴字研究的新阶段。龙氏构拟的古官话声母为三十五类，与中古汉语比较，轻唇音非敷奉已合为一类；知彻澄与照三不分；书禅两母清浊相混；匣纽齐齿、撮口并入晓纽；影以云疑诸母分化复杂。其实际声母当为三十一类，其中照二庄初崇生是龙氏依中古汉语分立的。对此，龙氏的解释是，当时的官话语音可分甲、乙两派，八思巴所记属于甲派，在某些地方是标准官话，而这些地方的口语属于乙派。一九四六年，日本服部四郎作《〈元朝秘史〉中蒙古语的汉字标音研究》一书，认为《蒙古字韵》代表的语音系统是宋

---

① *De l'alphabet de Pa-sse-pa*，载 *Journal Asiatique* 第十期。

② *The hphags-pa Script and Ancient Mandarin*，载苏联科学院通报，人文科学部分，一九三〇年。

朝迁都临安时所带去的汴京方音，而《中原音韵》则代表北方话语音系统。此说与龙果夫不谋而合。此外，尾崎雄二郎根据大英博物馆所藏旧抄本《蒙古字韵》里的避讳字，考证出这个抄本的年代，并承服部四郎和赵荫棠的观点，认为《蒙古字韵》反映汉语见系字已经腭化。[①] 花登正宏《蒙古字韵札记》[②]见到汉语“校”字，八思巴字译作 ts-，也认为汉语见系二等已经腭化了。一九七一年，中野美代子出版《八思巴字和〈蒙古字韵〉语音研究》，[③]利用大量资料对汉语进行细致研究。作者依据保存浊音声母和卷舌音声母的特征，认为《蒙古字韵》代表宋代的两京（汴京、临安）音，不是元代的大都音。同年，桥本万太郎作《梗摄字的八思巴字对音》[④]，也有重要的见解。

2.《中原音韵》的问题

一九三二年，罗常培曾在《中原音韵声类考》[⑤]中，归纳《中原音韵》声类为二十。一九三六年，赵荫棠出版《中原音韵研究》，根据元朝吴草庐把见系四母增为“见溪芹疑、圭缺群危”八母，认为元时见系已读 tɕ、tɕʻ、ɕ，《中原音韵》萧豪韵“高”“骄”“交”在三个小韵，其声母分别为 k、c、tɕ；又认为疑母字在《中原音韵》或混于影喻，音值为 ø，或并于泥娘，音值为 n，或独立，音值为 ŋ、ɲ；又认为知照相混，音值为 tʂ、tʂʻ、ʂ，而知照二三等分列，并非由于声母差别，而是元音或介音的差别。故包括零声母在内，赵氏考订声母为二十五类。一九四六年，陆志韦作《释中原音韵》，[⑥]认为“《中原》‘知’跟‘支’不同音。有人把《中原》的‘知’拟成 tʂɪ，‘支’拟作 tʂɩ，

---

① 《大英博物馆〈蒙古字韵〉札记》，载《人文》第八集，一九六二年。
② 载《中国语学》第二百二十六期，一九七九年。
③ *A Phonological Study in the 'Phags-pa Script and the Meng-Ku Tzu-yün*.
④ 载《亚非言语文化研究》第四号。
⑤ 载《历史语言研究所集刊》第二本第四分，又《罗常培语言学论文集》。
⑥ 载《燕京学报》第三十一期。

这是不合音理的”。“中古的知彻澄三等，不论开合，在《中原》好象都跟照穿禅(床)三等混合了，都作 tɕ。知彻澄二等混入照穿床二等，ȶ 跟 tʃ 都变为 ʈʂ。”又说：“见溪群三等在今日国语早已腭化，ki>tɕi，然而有的官话方言还保存 ki 等音(例如山东话)，在闽粤话更不用说了。金尼阁所记的山西官话方言里‘机’等字还是 ki。在《五方元音》属于‘金’不属于‘竹’。所以《中原》的见溪群三等很不宜乎作 tɕi 等，或是作 c 等。”故陆氏考得声母为二十四。

《中原音韵》虽然立有十九韵部，而每个韵部之中究竟有多少韵类，仍然需要考订，每个韵类的音值，也需考订。赵荫棠在前引书中采取把《中原音韵》与宋代等韵和明代《韵法直图》比较，并参证其他音韵材料的办法，考订韵类和音值。例如他根据吴才老《韵补》“人”字后赘以“资次斯兹”等字，《切韵指掌图》“兹慈思词”在一等，认为南宋时 ɿ、ʅ 已露端倪；根据《中原音韵》“姜江”同一小韵和周德清“爷有衙、也有雅、夜有亚”的话，认为“江”已是齐齿音，江阳、家麻韵的二等字已产生 i 介音，等等。赵氏所论颇有价值，然考订《中原音韵》的音类、音值，最妥当莫过于运用同时代的《韵会》《蒙古字韵》及八思巴字对音。陆志韦的《释中原音韵》就是这样。他看到《中原音韵》庚青韵“京轻英”等小韵兼收二等字，“幸行”等的八思巴对音作 iŋ，确认二等字已滋生 i 介音；他比较了《皇极经世》、八思巴字对音和《西儒耳目资》等，以为“最妥当的办法是把《中原》的支思韵全拟作 ï。这 ï 音是 ɿ、ʅ 跟 ɨ、ɘ 中间的一个音，还不是实在的舌尖音”。

3. 入声问题

关于近代入声的演变，陆志韦在《释中原音韵》中认为，《中原音韵》时期的入声已经不是现代闽粤语一样的-p、-t、-k，也不一定全象现代吴语的-ʔ，从八思巴对音看，“汉语从-p、-t、-k 变为喉塞的阶段上，至少在某种方言里可以有摩擦的收声……ɦ 跟 ɥ”。在《国语入声演变小注》[①]中又说：到了"徐孝的《等韵图经》(一六〇六年)，我们才知道当时顺天官话的入声字的读法已经跟现在的北平话大同小异了"。陆氏批评白涤洲对于清入声字到现代音的演变，以送气与否为分界，例外甚多，[②]于是转而采集北京话单音词汇进行统计。统计结果表明，"清入声有变为平声的趋势，可是送气教调子加高，所以送气的清入声多变成阴平跟去声。入声字不论清浊，不论送气与否，都不容易变为上声"。但严格的规律仍然不知道。

关于《中原音韵》音系有无入声，以及入声字特别是清入声字的演变规律的研究，对于北京音系来源的确认和普通话标准音的制订都有重要的意义。六十年代初，《中国语文》曾有一些专文讨论，但到目前为止仍无令人满意的结果。

4．"儿韵"的发生等问题

一九三二年，唐虞曾作《儿[ɚ]音的演变》，[③]依据辽代以来的中外译音拿"儿、耳、尔"等字对译 r 或 l，认为"在元朝泰定甲子(西元一三二四)以前的北方语音早就把'儿'等读作'ɚ'音"。但《中原音韵》"儿"在支思韵，尚未演成 ɚ，中外译音，略取近似，故唐说尚不甚确。一九五七年，王力《汉语史稿》说："到了十七世纪(或较早)，'儿'等字已经念 ɚ，所以金尼阁的《西儒耳目资》把它们列入 ul 韵，徐孝的《等韵图经》也把它们列入影母之下。"此说较确。

从一九四六年到一九四八年，陆志韦发表了关于古官话语音史的九篇论文。[④] 这些论文对于近代汉语语音史的研究有重要参

---

① 载《燕京学报》第三十四期，一九四八年。

② 参白涤洲《北音入声演变考》，载《女师大学术季刊》第二卷第二期，一九三一年。

③ 载《历史语言研究所集刊》第二本第四分。

④ 《释中原音韵》《记邵雍皇极经世的"天声地音"》《记蓝茂韵略易通》《记徐孝重订司马温公等韵图经》《记毕拱宸韵略汇通》《金尼阁西儒耳目资所记的音》《记五方元音》《记三教经书文字根本》《国语入声演变小注》，载《燕京学报》第三十一期至第三十四期。

考价值。例如陆氏认为邵雍《皇极经世》依据当时的方音，把“法凡晚万”作为发类，“夫父武文”作为开类，说明三等重唇合口字已变为一二等轻唇开口字；把照二等“庄”等填在发类，tʃɪaŋ>tʂuaŋ，说明卷舌音已出现；把“自思寺”列在开类，“士”列发类，说明它们音值近于 ï；把入声配阴声，说明-p、-t、-k 已近乎元音收声。

（四）汉语拼音文字的研究

自西洋传教士来到中国，试行拟订汉语拼音方案以后，许多中国学者竞起仿效，改革汉字，创制新文字。其间历经卢戆章的“中国切音新字”（一八九二年），王照的“官话字母”（一九〇〇年），读音统一会的“注音字母”（一九一三年），数人会的“国语罗马字”（一九二六年），瞿秋白、吴玉章和龙果夫等的“中国拉丁化新文字”（一九二九年）。其中最为成功的是“国语罗马字”和“拉丁化新文字”。“拉丁化新文字”的特点在于不标声调，异调同音字在书写形式上一般不作区别；可以拼写各地方言，创制者并主张制订各地方言的拉丁化文字，让各地方言“自然地、又是受着人工促进地和合成为更高阶段的民族统一语”。① “国语罗马字”曾经因拼调规则过于复杂而影响到它的推广；“拉丁化新文字”则由于具有上述特点而简单易学，迅速得以推广，而其中尤以“北方话拉丁化新文字”使用人数最为众多。不过，“拉丁化新文字”也由于上述特点而造成了拼写方案多种多样，各有方言特点，正词法也不严密等缺点。

全国解放后，汉语拼音文字的研究得到党和政府的关注和支持。一九四九年十月，新中国刚诞生，中国文字改革协会即告成立，一九五四年十月又成立了中国文字改革委员会。一九五五年十月中国文字改革委员会和教育部联合召开全国文字改革会议，

---

① 参一九三九年上海新文字研究会：《拉丁化中国字运动新纲领草案》。

修正通过了“汉字简化方案”，作出了大力推广普通话的决定，又讨论了六种汉语拼音方案。次年二月即发表了《汉语拼音方案草案》，征求全国意见。一九五八年二月全国人民代表大会批准了该方案。《汉语拼音方案》是我国人民六十年来创造汉语拼音文字运动的一个总结，故其具有显著的特点：1. 文字形式采用拉丁字母式。过去创制新文字，形式不外三种：一曰速记符号式；一曰汉字笔画式；一曰拉丁字母式。速记符号式虽然书写速度快，但文字之间的区别性特征并不明显，阅读甚不方便；汉字笔画式虽然符合民族习惯，但距国际通行的文字形式较远，书写、阅读也有不便处；拉丁字母式能够避免上面的缺点，故为《方案》采用。2. 拼写法采取音素制。汉语音节的拼写可采取三种方法：一曰声韵双拼法；一曰声介韵三拼法；一曰音素拼写法。声韵双拼法是由我国古代反切法发展而来的，故较符合民族习惯，但这样必然造成一个字母包含几个音素，反映不出音节中的音素结构，同时字母数量也过多，不是经济的办法。声介韵三拼法使介音独立，脱离了传统的反切法，但仍未完全避免声韵双拼法的缺点。音素拼写法则把音节分析为最小的语音单位——音素，不仅能做到拼写灵活，而且大大节省了字母的数量。音素拼写法虽然在文字形式上与民族习惯未能切合，但音素文字乃是世界各民族文字共同的演进目标，《方案》的处理是符合文字发展规律的。3. 语音标准采用北京音为标准音。“国语罗马字”的主张者曾把北京音作为标准音，强调汉语的统一。而“拉丁化新文字”的主张者则表示反对，认为各地方言逐渐溶合，将来可以变成民族统一语。其实汉民族的共同语早在秦汉之际就已形成，以后《切韵》《中原音韵》等又都记载了各个时期的共同语的语音系统。明清时期的“官话”，几百年来也已经成为全国公认的“普通话”。过去汉字不是拼音文字，用汉字书写的文章只求“目治”可解，并不要求严格的语音标准。现在要用拼音字母替汉字注音，拼写语言，如果不规定严格的语音标准，就将妨碍语言交际，也不利于汉语向更高阶段的统一。《方案》以北京音为标准音，不仅有现实的根据，而且有历史的根据。此外，《方案》在标注声调，区别同音词，词的连写，外来词的拼写等问题上，都有明确的规定。《汉语拼音方案》的制订，是现代的汉语音韵学在中国共产党和人民政府的领导下的一次重大实践活动，也是我国四个现代化建设的一个重要组成部分，它为最终实现汉语拼音化打下了坚实的基础。

十九世纪历史语言学曾经得到马列主义经典作家的高度评价。五十年代，我国语言学界又受到马克思主义语言学理论的重大影响，诸如语言的本质、起源，语言发展的渐变规律和不平衡规律等都为人们所熟知。许多学者运用唯物辩证法和历史辩证法研究汉语音韵，收到良好的效果。从近五十年的历史看，《切韵》音系和上古音的研究有声有色，成效卓著，近代音和汉语拼音文字的研究则有冷清薄弱之感，这对整个汉语语音史的研究是不利的。今后，我们应该继续运用马列主义的基本原理，运用历史语言学的观点、方法和材料，加强汉藏系语言的比较研究，加强近代汉语和汉语拼音化的研究，努力开创汉语音韵学的新局面。

（五）几点附带的说明

最后，原版《中国音韵学史》还有几点须要加以说明的，附录于此：

1. 上册“目次”第一页所称“中国语”“中国语文”都是指“汉语”“汉语言文字”。按所谓“中国语”“中国语文”，都有广狭两义：广义是指中国境内所有的语言或语言文字；狭义则专指“汉语”“汉语言文字”。

2. 上册第一章“导言”第三页第四行至第六行：“于是由反切的改良进而规定‘国音字母’，由‘国音’的分析进而调查各处的方音，由方音的比较进而拟测古代以至上古的音读。‘中国音韵学’的进步，不能不归功于外来文化的影响。”按这里所谓“国音”“国音字母”“中国音韵学”等等，都是指“汉语”而言。

3. 第一章“导言”第四页第六行：“中国语通常说是‘单音缀语’和‘孤立语’两种性质。”按对汉语所谓“单音节语”和“孤立语”两种性质，如果就一般语词概括地说，是不很确切的。因为汉语的词在古代就有复音节的，特别是后来语音的单纯化促使同音词的增多，为着避免同音词的混淆，就促使词语的复合化，于是复音节的词越来越多了。至于所谓孤立语的名称，更是不切合汉语实际的情况，汉语的词，虽然没有形态变化，但是在造句法上，上下文的词语常常有紧密的联系，不能说是孤立的。但是这两种性质，如果单就没有变形的单音节的“根词”而言，这两种名称还是切合的。

4. 第一章“导言”第一七页第九行：“孙氏《唐韵》的底稿，据王国维所考，有开元本、天宝本二种。”蒋斧藏残卷指为天宝本《唐韵》。按对于蒋斧藏《唐韵》残卷，陆志韦有不同的考证，谓“蒋斧藏残卷不是孙韵，更不是长孙纳言时代的本子”①。

5. 第一章“导言”第二二页第十、第十一行：“《广韵》在中国音韵学上极占重要的地位，因为从前的韵书，大都已归亡佚，或只留了一些残卷，现今所完存的韵书，应以此书为最古。”按现今所完存的韵书，当以故宫宋濂跋本王仁煦《刊谬补缺切韵》为最古。在故宫宋濂跋本王仁煦韵发现以前，一般研究音韵的人都认为宋人的《广韵》是最古的完存韵书。

6. 第一章“导言”第三〇页第十一行：“应用西洋语音学学理以为国语音素和‘注音符号’的说明，就建立了现今的‘国音学’。”按这里所谓“国语”“国音学”等等，是指“汉语”“现代汉语语音学”等等。

---

① 参陆志韦《唐五代韵书跋》，载《燕京学报》第二十六期，一九三九年。

7. 第三章第三节“周汉间人的辨音”第八五页第一、第二行：“所谓‘呿而不唫’，是指‘莒’字的发音具有一种张口圆唇的状态，必定包含着一个[ɔ]（开 o）的元音。”按据近人构拟的上古音，所言“莒”字，必定包含着一个“开元音”[ɑ]，开口度较大的一个元音，不必是圆唇音。

8. 下册第七章第二节“宋后等韵表的演变”第一六二页至第一六四页，其中关于今本《四声等子》和今本《切韵指掌图》的时代问题，有说：“今本《四声等子》摄次和图次不相应，分图也仅二十，乃是元明间人合并窜乱的痕迹。……确是受了北音韵书上分韵的影响的。”又说：“……从音读系统上这几点特征看来，可以知道今本《切韵指掌图》的出世，决不在今本《四声等子》以前，也许同是元明间的产物，并非如邹特夫所谓出于南宋的。”这是单纯地从它们的读音系统来推论产生的年代的。因为北音韵书产生于元代，而今本《四声等子》和今本《切韵指掌图》确曾受了北音韵书上分韵的影响，因而它们具有这样的面目的。可是这样的论断，与版本的鉴定适相矛盾。赵荫棠《切韵指掌图撰述年代考》一文，是有断定宋本不假的证据的。董南一为《切韵指掌图》作序是在嘉泰三年，董氏实有其人，年代与序文所载相合。又孙奕《示儿编》所引《指掌图》也没有任何跟今传本不合的地方。所论的“不”字正是今本《切韵指掌图》特点之一，这足以证明孙奕之时今本《切韵指掌图》业已出世。我们因此不能否认今本《切韵指掌图》最晚是南宋的产物。[①] 这样，从本书的读音系统来推论，适与版本、历史的考证相矛盾，如何来解决这样的矛盾，尚待研讨。

一九八三年六月三十日

---

① 参赵荫棠《等韵源流》附录，董同龢《〈切韵指掌图〉中的几个问题》，载《历史语言研究所集刊》第十七本。

《广韵》研究

导　言

（一）

吾国过去音韵之学，以《广韵》一书最为重要。盖《广韵》以前之韵书，大都无存于世。近今所发见之唐写本《切韵》《唐韵》及王仁煦《刊谬补缺切韵》，均属残缺不全，仅能认为一种参考比较之资料；吾人欲考证魏、晋、隋、唐间之今音系统，仍当以《广韵》为主体。不宁惟是，汉、魏以前，无所谓韵书，近代研究周、汉时代之古音，一方面从《广韵》部类离合以建立古音之系统，一方面又利用《广韵》上所保存之古音，藉相参证；故《广韵》一书，又为古音学之阶梯。宋、元以来等韵家，将韵书之字，依字母次第，纵横排列，成为等韵表；吾人欲知等韵学之内容，必须先明韵书之组织。《广韵》既为现存一种最古韵书，又为今音韵书惟一之代表；等韵学之发生，固亦以《广韵》为其原始之基础也。由此而言，《广韵》实为中国音韵学入门之首要书籍。

《广韵》承袭隋陆法言《切韵》及唐代诸家韵书而作。唐、宋韵书多沿用《切韵》之名，或称"广切韵"，或即简称"广韵"。如孙愐《唐韵》，依其序"取《周礼》之义，名曰《唐韵》"，而在他书中，常称之为《切韵》，或《广韵》，或《广切韵》。盖唐、宋韵书多依据陆氏《切韵》，加以增广，故正式应名"广切韵"；"切韵"与"广韵"者，皆其简称也。“广韵”实非一书之专名，现今所通行之《广韵》，正式应称为“大宋重修《广韵》”，即指宋景德、祥符间所重修之《广韵》而言。

宋代重修《广韵》者，究属何人？本书卷首，未加注明；据王应麟《玉海》、丁度《集韵》、陈振孙《书录解题》及《宋史·艺文志》，始知其为陈彭年、邱雍等。陈、邱等校定《广韵》之目的，固在审音辨韵，而亦为时人应试作文之用。陆氏《切韵序》云：“欲广文路，自可清浊皆通；若赏知音，即须轻重有异”；知音与作文，皆不离于韵书。当时又以诗赋取士，自不能不审定一种以为标准。祥符《敕牒》所谓“悬科取士，考核程准，兹实用焉”。可见《广韵》一书，为当时应试作文之标准，亦唐、宋间一种时代之产品也。

今通行《广韵》有三种：第一种，张氏泽存堂本，字数较多，注亦较详。卷首载有景德、祥符二《敕牒》及陆《序》、孙《序》；第五卷末附有《双声叠韵法》等。第二种，明内府本，即顾亭林刻本，字数较少，注亦较略。卷首仅录孙《序》，又缺“论曰”以下一段；第五卷末，亦无附录。第三种，曹楝亭本，即扬州诗局本。前四卷与张氏本同；末一卷注较略，而又与明内府本不同。第一种大抵祖于南宋时刻本，《古逸丛书》中有《覆宋本广韵》可证。第二种祖于元本，《古逸丛书》中有《覆元泰定本广韵》可证。商务印书馆《四部丛刊》本《广韵》，借海盐张氏涉园藏宋本景印，内容与张氏本同，惟卷首缺陆《序》、孙《序》；卷末附录依张氏本补。至于第三种曹楝亭本，前四卷祖宋，后一卷配元本。各本韵目，所注同用、独用，彼此甚有出入。张氏本独用、同用各部，皆不相连属；明内府本则同用各部相连属。所当问者，吾人读《广韵》，究采取何种版本为根据？《广韵》卷首有云：“诸家增字，义理训释，悉备载卷中。”因以推知陈、邱等所校定者，必为一字多注详之本；惟当时有以其疑混繁冗，不便应用，别有略本流行于世。今《广韵》亦有详本、略本二种，详本盖与陈、邱原书较近，而皆非景德、祥符间之本来面目也。今所存宋本、元本《广韵》，皆经景祐以后窜改者。此即可由韵目中同用、独用之例见之；吾人欲考定《广韵》原本独用、同用之韵，必须宋、元各本参互比较。顾炎武《音论·论唐宋韵谱异同》已有论及；戴震《声韵考》有《考定〈广韵〉独用同用四声表》。钱学嘉《韵目表》更将《广韵》与《集韵》等韵目，一一比较。吾人因得知今存《广韵》各本，皆经景祐以后依《集韵》韵目窜改者；故欲研究《广韵》，必应将宋、元各本同时参校。

（二）

欲推迹《广韵》作述之由来，必先考证陆氏《切韵》及唐人韵书；而欲知陆氏《切韵》之来源，又必须先明魏、晋、六朝诸家分部之大概。汉末以还，四声之分别既萌，反切之风行又始；于是将切语分别部居，列成韵部；又从各部中取一字以为标目，即为韵目。更以四声分别韵部，即成为韵书。吾国韵书以李登《声类》、吕静《韵集》为始祖。嗣后有周研《声韵》、张谅《四声韵林》、段弘《韵集》、阳休之《韵略》、李概《音谱》、刘善经《四声指归》、夏侯咏《韵略》、杜台卿《韵略》等。其书名见于《隋书·经籍志》及陆氏《切韵序》，即《颜氏家训》所谓“音韵锋出”者也。此等书今已亡佚。陆氏谓诸家“各有乖互”，彼此分韵盖颇有出入，而与陆氏《切韵》亦有异同。《颜氏家训》谓“《韵集》以成、仍、宏、登，合成两韵，为、奇、益、石，分作四章，皆不可依信”。今《广韵》“成”在十四《清》，“仍”在十六《蒸》，“宏”在十三《耕》，“登”在十七《登》，分为四韵；“为”“奇”同在五《支》，“益”“石”同在二十二《昔》，合成两韵；正与《韵集》相反。因知魏、晋、六朝人分部，与隋、唐韵书颇有不同；而《颜》氏此所云：“不可依信”，即陆氏作《切韵》时所根据也。又唐写本王仁煦《刊谬补缺切韵》上平二《冬》、八《脂》、十八《真》、十九《臻》，目录注，正可窥见吕、阳、李、夏诸家“各有乖互”之迹，又可推知陆氏作《切韵》乃博考诸家，杂采众长者。又魏、晋、六朝韵书中所录切语，今散见于他书，经后人辑得者，与《广韵》中切语相较，亦有异，有同。陆氏《切韵序》云：“取诸家音韵，古今字书而定”；因陆书所录，亦杂采诸家，故有同于此而异于彼者，亦有异于此而同于彼者。

陆氏《切韵》作于隋开皇、仁寿间，其自序谓刘臻、颜之推、魏渊、卢思道、李若、萧该、辛德源、薛道衡论及音韵，萧、颜多所决定。故《广韵》卷首注明刘臻、颜之推等八人同撰集；盖《切韵》分部大纲，即依据此等人所讨论决定者。《切韵序》所云“论南北是非，古今通塞”，与颜氏《音辞篇》所云“共以帝王都邑，参校方俗，考核古今，为之折衷”；大旨相符。往时学者以《广韵》二百零六部，即陆氏原来之目；自唐写本《切韵》《唐韵》发见，始知《广韵》分部与《切韵》《唐韵》本不相同。唐写本《切韵》残卷有三种：第一种仅存上声一部分，第二种存陆《序》、长孙《序》及上声一部分，第三种所存平声、上声、入声，中间稍有缺佚，而全缺去声。据近人考证：谓第一种为陆氏原书，第二种为长孙讷言笺注本。关于第三种，诸家论断不一：有谓为长孙笺注之删节本，有谓为郭知玄笺本，更有以为即孙愐《唐韵》之初稿。《切韵》残卷，固非皆陆氏原书，然今所得见隋、唐韵书，总以此为最古；其间部目与序次，虽非尽陆氏之旧，亦必其最近于陆氏者也。故今欲考究《广韵》与陆氏《切韵》之关系，总当以此种残卷为唯一之根据。

《切韵》残卷、上平二十六韵，下平二十八韵，共五十四韵；与《广韵》异者，合《谆》于《真》，合《桓》于《寒》，合《戈》于《歌》。上声五十一韵，无《准》《缓》《果》三韵，又合《俨》于《范》。入声三十二韵，无《术》《曷》二韵。去声全缺，以平声、上声部目推之，当为五十六韵，无《稕》《换》《过》三韵，又合《酽》于《梵》。平、上、去、入，共计一百九十三韵，与《广韵》二百零六部之数不同。又《切韵》部次，

《覃》《谈》既在《阳》《唐》之前，《蒸》《登》又在《盐》《添》之后；阳声收-m与收-ng二系，凌乱失序；此亦与《广韵》异者。《切韵》入声序次，与平、上、去三声多不相应。《广韵》中，《药》《铎》与《阳》《唐》相配，《合》《盍》与《覃》《谈》相配，《叶》《帖》与《盐》《添》相配，《职》《德》与《蒸》《登》相配，秩然不紊；而《切韵》残卷于此等处，完全淆乱；此又其相异者。由此以言，陆氏《切韵》与宋代《广韵》之不同，不仅在文字之多寡，注释之详略，尤在其韵部之分合与序次也。自陆氏《切韵》演进而为宋人《广韵》，中间犹经唐代诸家韵书之蜕变；而往时谓《广韵》二百零六部即陆氏原目，其观念之谬误，于此盖可以恍然矣。

陆书，据封演《闻见记》，谓仅一万二千余字，而长孙氏所加六百字，犹在其内；是《切韵》原书，实只万余字，与《广韵》所录二万六千一百九十四字相较，仅五分之二。陆氏原书之简略，于此可见；唐人韵书，因为陆书修整部目而作，泰半亦因陆书过于简略，不得不有增字、加注之举；故《广韵》卷首，亦注明王仁煦、孙愐诸家增加字。今得见清内府藏王仁煦《刊谬补缺切韵》，卷首有王氏《序》，谓法言《切韵》“字少，复阙字义，可为《刊谬补缺切韵》”；可见王氏是书，为补正陆书而作。今所存者，平声上、下及上声，中有缺佚，去声入声完存。分部与《切韵》残卷大同小异：平声亦五十四韵，惟上、下平通连为一；于此亦可以知上、下平之分，纯因字数关系，列成上下二卷，并非音理上有何种差异也。上声五十二韵，较《切韵》残卷多《俨》韵；去声五十七韵，较《切韵》残卷多《酽》韵，入声亦有三十二韵。惟韵部序次，与《切韵》残卷颇异，如《阳》《唐》在《钟》《江》之后，《登》在《文》《欣》之后；此与《广韵》之序亦不同。而入声序次尤属凌乱，与平、上、去不相应。又全书先后体例甚不一致；因之有疑今所存者多为写书者所乱，非王氏原书如是也。惟现存写本，对于音韵学上，并非毫无贡献，如《覃》《谈》置在《盐》《添》之后，与《广韵》中阳声收-m收-ng二系之分析，颇相符合。又其上平韵目注，可因以窥见六朝人分部之大略；去、入二声完存，亦足以供研究陆书及孙氏《唐韵》之佐证。

孙愐《唐韵》在唐、宋间，写本甚多，传写者不免以意自为增损，因之各家所见，各书所引，颇有异同。如夏竦《古文四声韵》、徐锴《说文谐声谱》（冯敬亭十卷本）部目皆依据孙氏，而略有参差。今欲考证《唐韵》部目，除蒋氏藏唐写本《唐韵》以外，犹有魏了翁《鹤山全集》中《唐韵后序》、卞令之《式古堂书画汇考》所录《唐韵序》及部目总数，可供考证之资料。据王国维所云：孙愐《唐韵》底稿有二：一为开元时初稿，一为天宝时改定本。卞氏《汇考》所录项子京藏本，即属《唐韵》开元本；魏鹤山藏本与今所存《唐韵》残卷，即属天宝本。故孙氏《唐韵序》亦有二篇，卞氏《汇考》所录项本，仅有第一序，而《广韵》卷首所载，竟将二序合而为一。孙氏开元时所作《唐韵》，分部与《切韵》残卷及王氏《刊谬补缺切韵》同。平声亦为五十四韵，上平二十六，下平二十八。上声五十二韵，较《切韵》残卷多《俨》韵，去声五十七韵，较《切韵》残卷多《酽》韵，而与王氏《刊谬补缺切韵》同。入声亦为三十二韵。至天宝时所作《唐韵》，据今存《唐韵》残卷去、入一部分，入声三十四韵，有《术》《曷》二韵，去声五十九，无《酽》韵，而《个》后者有《过》；以此推知平声有《谆》《桓》《戈》三韵，上声有《准》《缓》《果》，而无《俨》韵，去声有《稕》《换》二韵。又据魏氏《后序》，平声《齐》后有《移》（《古文四声韵》及《篆韵谱》亦皆有《移》韵）。吾人得以断定天宝本《唐韵》，平声有五十八韵，上声有五十四韵。宋代校定《广韵》，除无《移》部及增《俨》《酽》二部，依《唐韵》开元本外，余悉依《唐韵》天宝本。孙氏《序》，后有“论曰”一段，谓以五音、清、浊分析韵部。五音盖指四声而言，清、浊亦疑指开、合呼等，如《齐》与《移》，《真》与《谆》，《寒》与《桓》，《歌》与《戈》之分列，盖即因清、浊之关系；惟当时所谓清、浊，究否与宋、元等韵家所言开、合呼等，完全相符，则殊难确定也。总之，孙氏《唐韵》，于《切韵》分部，多所变更，为宋代《广韵》之依据。至其韵部序次，如入声《药》《铎》《职》《德》置在《叶》《帖》与《业》《乏》之间，仍与《切韵》残卷相同。则变更陆氏序次，开《广韵》部目之先者，又不能不归功于李舟《切韵》矣。

李舟作《切韵》，约在唐代宗、德宗之世；生在孙愐后，故能将孙氏《唐韵》加以更正。李氏书见于徐铉所改定之《说文篆韵谱》。今《篆韵谱》有二种：一为冯敬亭十卷本，即小徐原本；徐铉《序》所谓"以《切韵》次之"，即依孙氏《唐韵》部次，故与《唐韵》及夏竦《古文四声韵》同。一为今通行之五卷本，乃大徐所改定者；《序》中所谓"疑者以李氏《切韵》为正"，即依李舟《切韵》加以更正者也。李书分部，与《唐韵》《广韵》多同，上平二十七，以《痕》韵附于《魂》；下平二十九，多一《宣》部，而无《凡》部。上声五十五，去声六十，入声三十四。至李书韵目部次，与《广韵》同，而与《唐韵》大异。魏了翁所云："今韵降《覃》《谈》于《侵》后，升《蒸》《登》于《青》后，升《药》《铎》于《麦》《陌》《昔》之前，置《职》《德》于《锡》《缉》之间"；实源于李氏也。李氏于韵部序次上之贡献：第一，使阳声收-m与收-ng二系不相混，使入声收p收k不相混；第二，使四声相配之序次不相乱。以《职》《德》承《蒸》《登》，以《药》《铎》承《阳》《唐》，《广韵》四声相配之部目，即依据于李氏。从此可知宋代《广韵》之作述，以陆氏《切韵》为蓝本，而以唐人韵书为参考，分部依据孙氏《唐韵》，序次又依于李舟，更集合诸家之增字、加注以成者。唐人依陆书增字、加注而作，不下数十家，《广韵》因之，可谓为集隋、唐韵书之大成者。

《广韵》分韵，依据于陆、孙兼蓄并包主义，具有历史的与地理的两方面意义，正所谓"酌古沿今"者也。而陆《序》中所云："分别黍累，剖析毫厘"；其于各部实际之音读，在音理上固能一一自加分别者。后人不能得其别，遂谓二百零六部有"音同韵异"者，殊属不当。陆、孙诸书，混合多种语音系统于一书，与根据当时一处方音之韵书，如元廷坚《韵英》、张戬《考声切韵》等，以秦音为标准者，自有根本相异所在。不明陆、孙分部之旨者，如李涪《刊误》之流，遂多非议之辞；后人乃应用“音同韵异”之说，强以解释《广韵》上二百零六部，于是陆、孙分韵之旨，更难昭白矣。

（三）

陆氏《切韵》既用以兼赅古今、南北之音，故主张以一处方音为标准者，自与其宗旨格不相入。李涪欲以当时洛阳之音为标准，其《刊误》谓《切韵》“吴音乖舛”；实则李涪只依据《切韵》中所包含之吴音而言。朱彝尊谓同撰《切韵》者八人，仅萧该为南人，陆氏亦家北方，《切韵》显非纯粹吴音之韵书。瑞典学者高本汉又以为《切韵》为北方音，与日本汉音、高丽译音合，而与日本吴音不合；惟高氏所推定之《切韵》音，多根据现今北部方音，未必能得《切韵》之真际。陆氏作《切韵》，既承袭六朝诸家韵书而来，亦必兼采南音。所谓“酌古沿今”“论南北是非，古今通塞”，足见《切韵》一书，博采当时南北方音，又参考一部分古音，具有地理的与历史的两方面意义。嗣后唐代诸家继作，如孙愐《唐韵》、李舟《切韵》，于陆书部目，虽有增减，序次虽有移动，而于陆氏此种兼畜并包主义，未尝稍有变更。中国人心理，最喜博大，陆氏此种兼赅古今、南北之韵书，最适合于中国人心理。唐代诸家大都以陆书为蓝本。虽有欲以洛阳音为标准者，虽有欲以秦音为标准者，而彼等势力甚微，至宋代几无人顾及。宋人《广韵》一书，既承袭陆《韵》、《唐韵》而作，宋后《广韵》一系之韵书，在千余年间亦占有绝大之势力。正因《广韵》一系韵书，与中国人喜博大之心理相近合，故也。吾人欲研究《广韵》分部之理，必须先明此层原因。

吾人骤然见《广韵》分部之繁多，自必发生惊疑，以为此二百零六部，究用何法分析而得？于此，吾人可依据音理与事实两方面以解释之。二百零六部，在音理上，有以四声分者，有以阴、阳分者，有以开、合呼等分者；在事实上，有以古、今音分者，有以南、北方音分者。近来研究《广韵》者，或注意于音理而不顾事实，或又注意于事实的偏面，未加以统体的观察，皆不能无訾也。吾人须集合过去研究之结果，更引用多种新材料，将《广韵》分部之理，重加以破析。

《广韵》分部最显明处，即在四声。二百零六部中，平声五十七韵，上平二十八，下平二十九；上声五十五韵，去声六十韵，入声三十四韵。平声五十七韵，而上声仅五十五者，因平声《冬》《臻》二韵，其上声字少，不另立韵目，故少二韵。去声有六十韵者，因平声《臻》韵无去，而去声《祭》《泰》《夬》《废》四韵，无其平、上；故五十七减一加四得六十。平声有五十七，而入声仅有三十四者，欲明此理，即须论及阴、阳之别。平声五十七韵中，二十二韵，如《支》《脂》《之》《微》等（举平以赅上、去，下仿此），又加去声之《祭》《泰》《夬》《废》四韵，此二十六部为阴声韵，戴震所谓："无入之韵，如击石成声，如气之阴。"其余平声《东》《冬》《钟》《江》等三十五韵，为阳声韵，戴震所谓"有入之韵，如击金成声，如气之阳"。阳声韵有入，阴声韵无入；阳声韵有三十五，而入声仅三十四者，因《痕》韵入声字少，不另立韵目，故也。吾人从戴震《考定广韵四声同用独用表》上，可将平、上、去三声，合并为六十一部：平声五十七韵，加去声《祭》《泰》《夬》《废》四韵。此六十一部中，三十五部为阳声有入之韵，二十六部为阴声无入之韵。至于戴氏所谓击石成声为阴，击金成声为阳；此乃因阳声为附有鼻音之附声韵，阴声为不附鼻音之纯韵。如《支》《脂》《之》《微》等，皆为纯韵，而《东》《冬》《钟》《江》等为附有鼻音之附声韵。《广韵》以入声配阳声；入声短促，不能附有鼻音，只收暴发音。阳声韵有收-m、收-n、收-ng 三系，入声韵亦有收

-p、收-t、收-k 三系。例如《东》《冬》诸韵，为收-ng 之音，故其入声《屋》《沃》诸韵，皆为收-k 之音；《真》《谆》诸韵，为收-n 之音，故其入声《质》《术》诸韵，皆为收-t 之音；《侵》《覃》诸韵，为收-m 之音，故其入声《缉》《合》诸韵，皆为收-p 之音。现今闽、广方音，以及佛典译音、日本汉音、吴音等，尚可用为此种语音系统之实证。由此可知《广韵》以入声配阳声，在音理与事实两方面，皆甚自然者也。

《广韵》中虽以入声配阳声，而从古音上研究，往往发现入声字与阴声字相系属；于是顾炎武作《古音表》，关于入声分配，大变《广韵》之组织。江永、戴震继顾氏而起，欲调和古韵与《广韵》入声之分配，即发明阴、阳、入通转之理。嗣后论古韵者，有异平同入，与阴、阳对转之说，即渊源于此。阴、阳、入之通转，在音理上既可成立，于是《广韵》中入声亦可兼承阴声；近人黄侃、钱玄同所作《广韵入声分配阴阳表》，即依据是理。

二百零六韵中，除以四声与阴、阳分别之外，其余如《东》《冬》《钟》之类，《支》《脂》《之》之类，究竟彼此有何分别？此即关于开、合呼等之问题。清代以等韵方法研究《广韵》分部者，以江永《四声切韵表》、戴震《声类表》最为详密；谓："依古二百六韵，条分缕析，别其音呼等第。"江氏、戴氏以为《文》与《殷》、《魂》与《痕》、《寒》与《桓》之类，皆由开、合之分；《萧》《宵》《肴》《豪》之类，则由等呼之异，《萧》《宵》《肴》《豪》四韵，皆为开口呼：《豪》一等，《肴》二等，《宵》三等，《萧》四等。江氏谓开、合之分，在唇聚与唇不聚；而四等之别，在音之洪、细，所谓"一等洪大，二等次大，三、四皆细，而四尤细；学者未易辨也"。江氏既为学者不易分辨，于是后人皆以为仅有二等：开口二等，合口二等；除出开、齐、合、撮之外，并无所谓开口四等、合口四等。然近人高元《国音学》以江氏洪、细之说，正合于宋、元等韵派"以韵素基本音调的高低为分等的标准"；与明、清等韵派纯粹用唇之形状分别开、齐、合、撮者，正因观点上根本有异，不能谓为无开口四等、合口四等之别。惟宋、元等韵家分等虽较详密，仍不足用以解释《广韵》上各韵之分列。戴震谓："呼等同者，音多无别"；如一《东》内一等字，与二《冬》无别；六《脂》内三等字，与八《微》无别；十七《真》、十八《谆》三等字合口呼，与二十《文》皆无别；……因知即用后代极详密之等韵方法，仍不足以解释《广韵》上分韵之理。故江氏、戴氏此种研究之结果，只落得一断案，谓："陆氏定韵，有意求密，用意太过，强生轻重。"此种断案，亦惟宣告自身研究之失败而已。

后来之陈澧，认明江、戴研究失败之由，以为《广韵》二百零六部，为隋、唐人所定，等韵方法乃创始于宋、元时；宋、元等韵家用自身所创之等韵方法，解释隋、唐韵书，总不免"自为法以范围古人之书，不能精密也"。音韵学上有考古与审音两途：考古以考据为准，审音以口耳为凭。应用等韵学理以分析《广韵》韵部，纯用审音工夫，总不免取巧以至于失败。故陈澧作《切韵考》，自谓："以考据为准，不以口耳为凭，必使信而有征，故宁拙而勿巧。"陈氏将《广韵》切语下字，系联其同用、递用、互用者，各为一类，因以考定二百零六部为三百十一类。陈氏谓等韵学上所分等第，与《广韵》上之韵类，并不相合。如《鱼》《虞》《模》三韵，皆为一类，共只三类；而等韵上以《模》为一等，《鱼》《虞》分二等、三等、四等；《东》《冬》《钟》三韵，《东》有二类，《冬》《钟》各一类，共只四类；而等韵上《冬》一等，《钟》三等，《东》韵则析为一、二、三、四等。陈氏又谓："陆氏分二百六韵，每韵又有二类、三类、四类者，非好为繁密也，当时之音，实有分别也。"陈氏以为三百十一类，当时定音切，在音读上自有分别；惟后来应用宋、元之等韵方法以考释之，不能完全适合，而遂谓当时之音，本无别者，非武断而何。陈氏此种虚心与客观态度，最足为现今提倡科学方法者所取法。

江氏、戴氏书为等韵的《广韵》学，陈氏书为反切的《广韵》学，两者所取途径，完全不同。江、戴偏于审音，陈氏偏于考据；近人黄侃对于《广韵》之研究，欲审音与考古兼备，遂调和此两方面学说。黄氏不认有开口四等、合口四等之分，一面依据陈氏所考定之韵类，一面又以开、齐、合、撮四等，将三百十一类并析为三百三十九类。例如《支》韵，陈氏考定为四类，以只有齐、撮二呼，遂并为二类；《戈》韵，陈氏考定为二类，以有合、齐、撮三呼，遂析为三类；《麻》韵，陈氏考定为三类，以有开、齐、合、撮四呼，遂析为四类。黄氏考析韵类之开、齐、合、撮，依据于李元《音切谱》所注《广韵》二百零六部之开、合，正、副。黄氏以明、清派等韵方法，考析隋、唐韵书，恐亦未能一一密合也。且各韵类中"呼等相同，音多无别"；依然成为问题。如《钟》韵撮口呼一类，与《东》韵第二类撮口呼，究分别何在？《支》韵齐、撮呼二类，与《脂》韵齐、撮呼二类，究分别何在？《佳》韵开、合呼二类，与《皆》韵开、合呼二类，究分别何在？欲解答此种疑问，似又将归于江、戴之结论"陆氏分韵，强生轻重"矣。孰知黄氏竟能摇身一变，取出古音学上之证据，以为解释《广韵》分部之资；将江、戴之等韵的《广韵》学，陈澧之反切的《广韵》学，一变而为古音的《广韵》学。

黄氏以为《广韵》上所列各韵、各类，纯粹用以表明古音、今音之变异；此种主张，亦启发于江氏、戴氏；至于黄氏，竟将《广韵》二百零六部，三百三十九类，何者为古本韵，何者为今变韵，一一分出。先从《广韵》上切语之声类，考定十九类古本声，与二十二类今变声；凡韵部中切语，仅有古本声者，即认为古本韵；其余杂有今变声者，即认为今变韵。依此种方法考得古本韵三十二部，其余皆为今变韵。例如《东》韵第一类，为古本韵，《钟》为《东》之变韵，由《东》韵合口呼变为撮口呼；《唐》为古本韵，《江》为《东》之变韵，由《东》而变同《唐》之合口呼。《灰》与《齐》皆为古本韵，《脂》为《灰》之变韵，由《灰》而变同《齐》韵。又以为古音只有平、入，无上、去，故以上、去二声皆属今变韵。黄氏此种学说之根据，即为宋、明以来数十家之古音学。如古音上之韵部问题，古音上之四声及入声分配问题，古音上之声类问题，自吴棫、郑庠，经顾炎武、江永、段玉裁、戴震、钱大昕、王念孙、章炳麟诸家，屡加修正，渐以完密。黄氏一方面更从《广韵》上切语之研究，以建立古音之体系，一方面又应用古音研究之结果，以分析《广韵》上之韵部；中国过去讲古音、今音者，不能不推黄氏学说最为圆妙。

虽然，黄氏以古、今音变解释《广韵》之分部，而彼自身却缺乏语音历史之观念：第一，黄氏将《广韵》中各部、各类定出开、齐、合、撮四种等呼，又归并成为二十三摄；纯用明、清派等韵学理及近人之音读，以说明之，其与隋、唐时实际音读，当然不能适合。现今国内学者从事古读之考证，已足证黄氏所假定者，多有谬误。第二，吾人承认语音演变，为“渐”非“顿”，从古音变为今音，又从今音变为近代音，中间流转之过程，必有极复杂之现象；黄氏所谓由某音变为某音，全未顾及此层，一似古、今之音变，数千年间仅为一种简单之步骤；其与历史之事实，不亦相违太远耶！由此以言，黄氏学说，无论何等圆妙，亦仅属空中楼阁；于后人《广韵》之研究，不特毫无补益，恐反因此增多一重膜障。吾人更从黄氏学说本身上，发现甚多缺点。黄氏所定各部今变韵中，如《脂》为《灰》之变韵，《微》之一部亦为《灰》之变韵，而皆由《灰》变同《齐》韵；《幽》为《萧》之变韵，《尤》之一部亦为《萧》之变韵，而皆由《萧》变同《侯》韵之齐、撮呼，于是黄氏又定为一例，以为合数本韵为一变韵者，又别于一本韵之变韵。惟此等所由变来之本韵，与变成之某韵，既完全相同，当时定韵，正可并合为一；何以故意参差若此？又如《皆》韵为《灰》之变韵，由《灰》而变同《咍》韵；《佳》韵为《齐》之变韵，由《齐》而变同《咍》韵；自必认定《皆》《佳》与《咍》，在陆氏定韵时，音读相同，其所以分列为各部者，纯因表明古、今音变之故。《脂》为《灰》之变韵，由《脂》而变同《齐》韵；《微》为《灰》《痕》《魂》之变韵，由《灰》《痕》《魂》而变同《齐》韵；自必认定《脂》《微》与《齐》，音读相同，其所以分列为异部者，亦仅因表明古、今音变之故。其他如《鱼》与《虞》《尤》与《幽》之类，皆属同例。黄氏仅用古、今音之变异，以说明《广韵》之分部，自根本不能不承认《广韵》中各部有“音同韵异”者。然从来对于《广韵》音同韵异之观念，与事实多不符：第一，陆氏《切韵序》云：“剖析毫厘，分别黍累。”《支》《脂》，《鱼》《虞》，《先》《仙》，《尤》《侯》大都由于轻、重，清、浊之异；足见当时分韵定切，实有分别。惟究其分别何在？因中国文字本，非音标，其难一一将彼等考证明白。第二，《颜氏家训·音辞篇》云：“北人以庶为戍，以如为儒，以紫为姊，以洽为狎，如此之类，两失甚多。”当时北方音，《御》《遇》（《鱼》《虞》之去）不分，《鱼》《虞》不分，《纸》《旨》（《支》《脂》之去）不分，《洽》《狎》（《咸》《衔》之入）不分，颜氏谓为北人之失；《切韵》亦于此等处一一分列，正依颜氏所决定者；而此等处，在音读上，定韵者自必能区别。第三，《广韵》上有“又音”与“互见”之例，将一字两音或数音者，分隶于各韵中，以明音读之纷歧。例如街、《皆》韵、古佳切，《佳》韵、又音佳。薇、《脂》韵、武悲切，《微》韵、又音微。枓、《尤》韵、居由切，《幽》韵、居纠切。蘧、《鱼》韵、巨居切，《虞》韵、共俱切。苟定韵时，认为《佳》与《皆》，《脂》与《微》，《尤》与《幽》，《鱼》与《虞》在音读上完全无别，则此等字何以分隶两韵？吾人既认此等一字异读，始分隶于两韵，自不能不认此两部音读，本有别者。由上以言，《广韵》中各部，在隋、唐音韵家，必能一一分别读出，后人不知彼等读法，即唱“音同韵异”之说，或且谓：“陆氏定韵，用意太过，强生轻重”；此岂科学研究之态度所容许者乎？“音同韵异”之说，既不能成立，则黄氏此种古本韵与今变韵之假定，完全失其根据。盖纯用古音学上之证据，以观察《广韵》分部，实未能得陆氏之原意。陆氏云：“论南北是非”；“江东取韵，与河北复殊”。其分部之原因，大部尚在南、北之殊音，固非纯由古、今音之变异也。

《切韵》既非纯粹吴音韵书，其中各部实参合各地方音，择长取短，斟酌列定。《颜氏家训·音辞篇》云：“古今言语，时俗不同；著述之人，楚、夏各异。”《切韵》以前之韵书，多半依著述者自己之方音而作。《切韵》一书，一方面综合魏、晋、六朝人之分部；一方面却兼蓄并包，将南北各地之方音，荟萃于一书。慧琳《一切经音义》上注音，根据于元廷坚《韵英》及张戬《考声切韵》，以当时秦音为标准。将慧琳所注切语系联归类，其中韵部，颇足供研究《广韵》分部之参考与比较。慧琳所注各地方音之纷歧，在《广韵》上往往收入于“又音”与“互见”中。例如“猫、莫包反，江外吴音以为苗字”。又“厌、伊琰反，山东音伊叶反”。今《广韵》猫字、在《肴》韵，为莫交切，是依秦音者；在《宵》韵，为武瀌切，是依吴音者。厌字、在《琰》韵，为于琰切，是依秦音者；在《叶》韵，为于叶切，是依山东音者。《广韵》上参合各地方音，于此等处，亦可以窥见一二。陆氏分列各部，将隋以前韵书，择长去短，一方面参考一部分古音，以明古、今音之变化；一方面又以当时各地方音为实证。例如一《东》与二《冬》之分，盖因保存古音之故；而举当时河北方音，亦可作证。《颜氏家训·音辞篇》云：“河北切攻为古琮，与工、公、功三字不同。”颜氏虽谓此为“僻音”，而陆氏终将彼等分列，正于古有所本，于今亦有所据；长孙氏谓：“酌古沿今，无以复加”；殆即指此。

后代觉《广韵》分部，过于繁密，因发生“音同韵异”之说，而不知自为一处方音所囿；在定韵时，取证于各处方音，各部在音读上固能一一分析也。今欲考证《广韵》上各部音读，即可利用现今各处纷歧之方音，以为参互比较之资料。高本汉之研究，虽难免有偏颇之处，然高氏在此方面之应用最为努力。此外隋、唐时音译之外国语，如佛典译音之类，以及外国传述之隋、唐语，如日本译音、高丽译音、安南译音之类，又宋、元等韵表上所保存之隋、唐音，如《切韵指掌图》之类，亦皆为考证《广韵》各部音读之重要材料。又从阴、阳、入各部之通转，及语音变化之趋势上，吾人亦可得多种辅助，以推测《广韵》各部之音读。

（四）

《广韵》上韵部，有《东》《冬》《钟》《江》之目，至于声类，向无标目。吾人欲研究《广韵》上声类，不得不用守温三十六字母为基础；因《见》《溪》《群》《疑》等三十六字，为中国声类最早之标目也。守温三十六字母，乃依据梵文字母，参酌中华唐、宋间一种普通之音所制定者。据近人考证，《广韵》卷末附录《辩十四声例法》，即六朝、隋、唐以来所传之"十四音"；由十四音变成三十六字母，则因烟、人然等三十类《切字要法》，实为其过渡之枢纽。由三十类《切字要法》变成舍利三十字母，守温又参合当时反切上声类，增补成为三十六字母。惟此三十六母，究依据当时何种方言所制定，或综合多种方言上普通之音素所制定，今未能确断。后代等韵家，有根据一地方音以增减三十六字母者，亦有以为此三十六母足以包括古、今各地之音切，不可增减，不可移易者。惟据吾人现今之眼光，守温字母亦仅有时代上之价值，只可代表唐末、宋初间一种较普通之语音，既不足以概括宋后语音之变迁，而隋、唐以前之语音，亦自与三十六字母之系统不同。《广韵》包赅隋、唐以前历代、各地之音，吾人正可将三十六母与《广韵》切语之声类比较之。

陈澧《切韵考》所考定《广韵》四十类，较之三十六母，《明》《微》合为一类，又多出《于》《庄》《初》《山》《神》五类。黄侃、钱玄同仍分析《明》《微》二类，定今音声类四十一。此四十一类，究否合于陆氏《切韵》之真际？欲解答此问题，又须将陈澧考定《广韵》声类之方法，重付讨论。陈氏将《广韵》中四百五十二切语上字，系联其同用、递用、互用者；至其间两两互用，不能相系联者，陈氏又应用“又音”与“互见”之切语，考定之。故陈氏所定四十类，其中反切正文，原相系联者，仅有三十，而应用“又音”与“互见”之切语，以证明其同类者，共有十处。惟陈氏之考证，仍未周密。如再将《广韵》中切语细行审察，更应用《切韵》残卷及王仁煦《刊谬补缺切韵》所录切语，以校量之，即可知《帮》《滂》《并》《明》与《非》《敷》《奉》《微》，《端》《透》《定》《泥》与《知》《澈》《澄》《娘》，《照》《穿》《禅》《心》与《庄》《初》《神》《山》，《喻》与《于》，依“又音”与“互见”之例，亦应一一合并。则今音四十类，只余二十八类，较之三十六母，反少《非》《敷》《奉》《微》《知》《澈》《澄》《娘》八类。

虽然，陆氏《切韵》所包罗古今、南北之音，混合多种系统于一书。切语上之“又音”与“互见”，正所以表明古今方国之殊音；“本音”之切语上字，可用同用、递用、互用之例，以系联之；其中不能系联者，正因语音系统上本不相混之故，自不能据“又音”将其强行并合。由此以言，陈氏依“又意”与“互见”之例，以证明同类之十处，反不如一一顺其本然之材料，使彼等分离之为愈；不特《照》《穿》《床》《审》与《庄》《初》《神》《山》，《喻》与《于》，应加以分析，即在《见》《溪》《清》《从》等类中，亦应依据“本音”之切语，重加以分析；如此，今音声类，又当不止四十一矣。

此种分析，在音理上，可用宋、元等韵家分辨字母之等呼以为旁证。因等呼之分别，虽属于收韵问题，然同一声类，以其后所缀之母音，在基本音调上有变化，亦可影响于其前发声部分，使产生歧异之状态。故开、合，洪、细之分，并非纯属韵部上之事。宋、元等韵家将守温三十六母排列成为二十三行，每行可分四等。如《见》《溪》《群》《疑》《影》《喻》《晓》《匣》诸母，四等兼具；《日》母仅有三等，各成一行。而《端》四母、《精》五母，有一等、四等，无二等、三等,《知》四母、《照》五母,有二等、三等,无一等、四等,两两相补,各成一行。《非》四母、仅有三等,无一等、二等、四等,《帮》四母、虽四等兼具,而遇三等无字处,即用《非》四母相补,亦各成一行。今音四十一类,较守温三十六母,多出《于》《庄》《初》《神》《山》五类;此五类之分出,即由于呼等之关系;《庄》类即《照》母二等字,《初》类即《穿》母二等字,《神》类即《床》母三等字,《山》类即《审》母二等字,《于》类即《喻》母三等字。由此以言,后代等韵家所创之学理,虽与隋、唐韵书,未能完全适合,然两者有翕然相契处,正可用此以为证彼之一种资料也。同属一行,而分为二等者,正为当时分别声类之一种方法,在音读上必有差异。不特《端》四母与《知》四母,《帮》四母与《非》四母,应行分列,即《照》《穿》《床》《审》与《庄》《初》《神》《山》,《喻》与《于》之分,亦因音读上本有差异;陈澧《切韵考》将此五类分出,正其未用"又音"与"互见"之良好结果。黄侃、钱玄同又将《明》《微》二类,仍行分列。可见分析《广韵》切语上字,纯当以本音之材料为依据,不能用"又音"与"互见"之例使之并合;而在音理方面,可用宋、元字母之分等为证。又如《见》《溪》二类中,其本音有不相联之两系。据赵元任所定《广韵反切上字表》,《见》类三等,皆为居、九、俱等字,其他数等,则为古、公、佳等字,显然各自成系;《溪》类三等字,皆为去、丘、岂等字,其他数等则为苦、康、枯等字,亦有显然之分界。盖《见》类二系,《溪》类二系,在当时音读上本有差别,以致后代发音之部位亦发生歧异(即属ㄍ、ㄎ与ㄐㄑ两系之区别)。陈澧于此等处皆用"又音"与"互见"之切语,将彼等一一合并;无论在考据上,音理上,皆可致疑者。由此以言,今音四十一类,其中有多处尚可依"本音"重行分析,犹未能认为定论也。

孙愐《唐韵序》有云:"纽其唇、齿、喉、舌、牙部仵而次之";《广韵》卷末亦有《辩字五音法》;大抵宋以前分声类为唇、齿、喉、舌、牙五音。至宋时等韵家始将三十六母分为七音;五音之外,又加半舌、半齿二音。陆、孙所谓清、浊，盖指开、合呼等而言，《广韵》卷末所附《辩四声轻清重浊法》，今人未能得其解释。惟吾人可断言，陆、孙所谓清、浊，并非指声类而言，并非如陈澧四十声类中，清声二十一类，浊声十九类之别也。宋、元等韵家将三十六母分为全清、次清、全浊、不清不浊等名目，乃混合清、浊与声等而言。明、清以来始将声类之清、浊，与声等之发、送、收，成为两种区别字母之方法。陈澧谓《照》《穿》《床》《审》与《庄》《初》《神》《山》，《喻》与《于》本各自分别，而在三十六字母中，皆并合为一者，由于强使清、浊分配整齐之结果。此言恐未必然。因三十六母与《广韵》声类之系统，既彼此不同，从《广韵》声类演成为守温三十六字母，在语音变迁上，亦应有极复杂之现象，决非如陈澧所言之简单也。

宋、元等韵家，觉《广韵》中之切语，多与三十六母之系统不相符合，于是强立种种门例，以自圆其说。例如"音和""类隔"等等名目，实为无中生有。三十六字母中，同母、同等相切者，谓之音和。至于重唇音与轻唇音相切，舌头音与舌上音相切，齿头音与正齿音相切，谓之类隔；因此等音虽在二十三行中，属于同行，而非同母、同等，故名为类隔。《广韵》上平、下平、上、去四卷末尾，皆附有"新添类隔，今更音和切"，将类隔之反切，改为音和。殊不知古音上此等音本无区别，《广韵》中此等切语，正所以保存古音。将轻唇切为重唇，舌上切为舌头，正齿切为齿头，在宋、元时代，固已觉其不合矣。元、明以来，更创立种种"门法"，因宋后语音，与隋、唐韵书中，不相符合；一般等韵家不明古、今音变之理，强立种种名目，以为解释，实属无中生有。吾人知等韵家所立音和、类隔及种种门法，纯出于杜撰，即知《广韵》反切上之声类，亦所以兼赅古音与今音。

近人黄侃依据钱大昕、章炳麟考证古音声类之结果，将今音之四十一类，分为古本声十九类、今变声二十二类。以为今音四十一类，皆由十九类本古声演变而来。黄氏并应用古本声与今变声之分别，以证成《广韵》上古本韵与今变韵之分别。凡古本韵中切语，只含有古本声，不杂有今变声；今变韵中切语，皆杂有今变声；故三十二古本韵中切语，仅含有此十九类之古本声。古韵、古声，两相证明。黄氏此种古音的《广韵》学，似颇圆妙。然欲认定古声十九类，须先认定古韵二十八部；而古韵二十八部之设立，为现今学术界待商榷之问题，尚未成为定论。欲认定《广韵》上古本声与今变声之分别，亦须先认定《广韵》上古本韵与今变韵之分别，自不得不归结于“音同韵异”之说。上文已述及“音同韵异”观念之谬误，则黄氏此种古本声与今变声之假定，亦即根本发生疑问。

因黄氏纯用古音学上证据，以解释《广韵》，仅应用古音与今音之变异，说明《广韵》上之声类，仅具有偏面之真实性。《颜氏家训·音辞篇》所谓“参校方俗，考核古今”；陆氏《切韵序》中所谓“论南北是非，古今通塞”；亦可见《广韵》上声类，除古、今音变异外，尚包有当时南、北方音之纷歧。故对于《广韵》上声类，尤须应用地理的眼光以为观察。慧琳《一切经音义》所注反切，根据于隋、唐时代之秦音，其中声类，依黄淬伯君所考定，与《广韵》相较，有同有异；足见《广韵》上声类包有多种方音。慧琳所注秦音，及他处之音，常见于《广韵》上“又音”与“互见”之切语中；于此又可推知《广韵》“又音”与“互见”之切语，包有多种不同之方音。此外，《颜氏家训·音辞篇》中，论及南音与北音之得失，亦可为从地理上研究声类之一种资料。

至于《广韵》上各种声类之音读，后人亦应用宋、元来等韵家所定三十六字母之读法，以相比附。黄侃《音略》中，论及今音声类，将江永《音学辨微》之《辨七音法》，加以说明，并分析《庄》《照》二系，及《喻》《于》二类之读法。黄氏所谓《庄》《初》《床》《山》为正齿音，《照》《穿》《神》《审》为舌齿间音之类，恐仅依据于后人之音读，非严密考证之结果。高本汉《中文解析字典序文》中，列有《切韵》

时代之声类表，以音标一一注明，自较为明确；其中仅有齿上与腭音两种，并无舌齿间音。总之：《广韵》之声类及其音读，尚待吾人详密考订。至于各种声类之序次问题，亦与音读之考明有密切关系。宋代等韵家所列三十六字母之次第，亦不免有违失之处。吾人如能得其确凿之音读，则依其发音部位与清、浊，声等、排列之，自不难得一完美之序次也。

（五）

从《广韵》中韵部与声类之分析，即可知其书之内容，乃包罗隋、唐以前历代、各地之语音，系统甚为复杂。而且含有审辨音韵之原理，后代等韵字母之学，亦常用此书为根据。考证周、秦古音与隋、唐音，又藉此为资料。吾国音韵学，无论在考古方面与审音方面，《广韵》实占主要之地位，正不仅为今韵韵书之代表而已。自宋、元迄今，语音之变迁至为剧烈。北音势力，日事扩张，戏曲文学与北音韵书，亦继诗韵而兴起，以至于现今之国语统一运动。虽然，一九一二年以前千余年间，实际之口语虽发生变化，而一般文人学士，撰作诗文，政府考试功令，仍遵用《广韵》一系之韵书。故《广韵》不仅在学术上占有中心势力，在过去政治上、文学上，亦有一种特殊之地位。近代韵书，仅为《广韵》一系与北音一派势力之彼此消长。现今定北音为全国标准音，即对于久居正宗地位之今韵，宣告革命成功也。

宋景德时，校定《广韵》，后又颁行《韵略》一书，即《广韵》之删节本，专备礼部科试之用，亦出于丘雍等手。至景祐年间，觉《广韵》繁略失当，《韵略》亦颇多疑混处；于是令丁度等刊修《广韵》，成为《集韵》，刊修《韵略》，成为《礼部韵略》。而《礼部韵略》之颁行，实在《集韵》之前，又定为礼部科试之标准，不似《广韵》《集韵》，繁冗不便于应用，故宋代最通行之韵书，即《礼部韵略》。此书亦经后人数次修改，今所传者，为南宋初年毛晃之增修互注本。《礼部韵略》之部目，亦为二百零六韵。惟丁度等刊定时，依贾昌朝言，窄韵十三，许附近通用；即将《广韵》十三处独用者，改并为同用。此十三处之改并，不仅在同用、独用之例，即中间部次，亦稍有变更。可参看钱学嘉《韵目表》所附《改并十三处表》。《集韵》成于宝元年间，故有宝元《集韵》之称；较《广韵》尤繁，增字二万七千余，注释多本许慎《说文》。后代学者谓《集韵》有类字书，繁略之间，尚出《广韵》下。然《集韵》一出，与《礼部韵略》并行，《广韵》与《韵略》之势力，日就衰微。景祐以后，一般重刊《广韵》者，常误据《集韵》以校订之，遂将其原来部次及同用、独用之注，加以窜改。因之今所存《广韵》各本，皆非景德、祥符间本来之面目。《集韵》又将《广韵》中"类隔"之切语，改为"音和"，以适合当时之口语；此则对于唐、宋间语音之变迁，予吾人以考证之资料。

等韵之学，本应用三十六母与等呼之理，以说明韵书中之反切；嗣后此学发达，即于韵书之编制上，参合等韵学理。其首创者，当推金韩道昭《五音集韵》。此书与道昭父韩孝彦所著之《四声篇海》，合称《篇韵类序》。《篇》，指《玉篇》，《四声篇海》即依据《玉篇》分部，而用四声与三十六字母排列各字。《韵》，指《广韵》，《五音集韵》即依据《广韵》之分部，而用五音、三十六字母及四等排列各字。道昭此书，自序云："陈其字母，序其等第，以《见》母牙音为首，终于《来》《日》字。"所收字以《广韵》《集韵》为蓝本；惟《广韵》《集韵》中，诸字先后，凌乱无序；而此书则用七音、三十六母及四等，整然排列；于韵书体例上，别开一生面，于语音研究上，亦有绝大之辅助。此书又将二百零六韵并合为一百六十部，在韵部方面，又变更《广韵》之面目。《集韵》虽有改并，仅将十三处独用者，许令附近通用而已；至《五音集韵》乃将四十六处同用者，各行合并。欲得其详，可参看钱学嘉《韵目表》。故今韵韵书上合并韵部者，当推始于韩氏，非起于《平水韵》也。至《五音集韵》之部次，虽不尽依《广韵》原来之序次，亦不依《集韵》所改定之序次；后代重刊《广韵》之误，及《集韵》所改并十三处，因得藉此书以考出之。

《平水韵》，一般皆指南宋末年刘渊之《壬子新刊礼部韵略》；因黄公绍《古今韵会》中，曾提及江北平水刘渊，论者遂以《广韵》二百零六部之并合为一百零七，归咎于刘渊。刘氏书将《广韵》《集韵》同用各部，均加以并合，又将不同用之《径》《证》《嶝》并为一韵；故上平十五韵，下平十五韵，上声三十韵，去声三十韵，入声十七韵，共计一百零七部。《广韵》承袭隋、唐部目，一方面为审音而设，一方面又以供时人应试作文之用。惟韵书而冠以"礼部"两字，纯为考试之官书；又因语音变迁之结果，往时一种审音定韵之意，渐归消失。韵书上各部通用，风行日久，成为习尚；终为应用便利计，将同用之各部加以并合，即不同用之窄韵，亦使之并合。此实因乎时势，顺乎自然，不能以之归咎于刘渊也。且刘氏书，不传于世，刘氏究为何许人？平水属于何地？一百零七部之目，究否创始于刘氏？犹成为问题也。

钱大昕得见元本王文郁《平水韵略》，又考定平水即平阳，王文郁为金平水书籍之官，故其书名为《平水韵》。王文郁书仅分一百零六部，刊定在刘渊之前；足征并合韵部，并非起于刘氏。实则王文郁与刘渊书，皆有所因袭。案，《山西通志书目》，尚有毛麾《平水韵》，麾为平阳人，又在王文郁之前。盖承用此种部目者，当时皆谓为《平水韵》。黄公绍既称刘渊书为《平水韵》，又谓刘氏为江北人；江北与平阳距离甚远，殆因书名而误传其人也。王国维又得见金张天锡《草书韵会》，其书刊行年代与王文郁《平水韵略》甚近，必非相因袭者，而张天锡书亦分一百零六部。王氏遂断定二百零六部之并合为一百零七或一百零六，乃金人官韵如是，非始于王文郁，更非始于刘渊。盖金人传入宋代文化，考试制度及其用韵，亦多模仿宋人。惟为应用便利计，将宋人《礼部韵略》中通用各韵，与不通用之窄韵，加以合并而已；因以产生一百零七部或一百零六部之目。金时平阳，殆为当代北方文物荟萃之所，故设有书籍之官。通行之官韵，或经平水人或平水书籍所刊定，此等韵书，遂有《平水韵》之称。

刘渊书不存于世，其一百零七部之目，为黄公绍《古今韵会》所遵用。黄氏《韵会》，集合古、今字书韵书之大成，卷帙浩繁；故熊忠作《古今韵会举要》一书。熊氏书中部目，即刘渊之一百零七韵。各部中诸字序次，又依韩道昭《五音集韵》用七音、四等、三十六母以为排列；所谓"字纽遵韩氏法，部分从刘氏例，兼二家所变而用之；而韵书旧第，至是尽变无遗"。黄氏应用等韵之理，分析今韵分部，颇有扞格难通之处；因认定有二韵混为一韵者，有一韵分为二韵者。又排斥今韵为江左吴音。即此可见《韵会》一书，于音韵学上并无何等贡献，惟于文字、训诂之研究，不无补助而已。

从王文郁《平水韵略》出世后，始知一百零六部之目，将上声《拯》韵并入《迥》韵，并非起于元阴时夫《韵府群玉》。阴氏《韵府》本为类书，专备作诗文与押韵之用；颇适合于一般文人，故明、清时代，甚为通行。后世所流行之诗韵，即自此书中录出；清康熙时所作《佩文韵府》，亦以此书为蓝本。盖自阴氏《韵府》通行之后，金、元以前押韵之书，渐无人过问，故只知一百零六部之目，起于阴《韵》。又常误以诗韵为沈约所撰，或且指阴《韵》即系刘渊《平水韵》；一般文人见识之陋，可想见矣。而今韵韵书，亦赖此等文人之拥护，与政府之势力，以维持其正统地位，更经数百年之久。

《广韵》一系之韵书，在元、明时，已达于末路，专供文人作诗赋之用。部目妄自拼合，自与实际口语不能符合，因之依据此种韵书所作诗文，亦仅成为纸上之死语。其时提倡文学革命者，必以一种最有势力之方音为标准，更依之另订一种韵书；此即北曲文学与北音韵书之所以兴起也。北曲文学对于近体诗赋起一个革命，北音韵书即对于《广韵》一系起一个革命。北音韵书之创始及首要著作，当推元周德清《中原音韵》及明初乐韶凤等《洪武正韵》。此种北音韵书，不仅为北曲文学而设，亦欲以正语言，宗中原之音。彼等所谓中原，即指现今之北音区域。以为今韵出于六朝江左，为闽、浙之音；文人学士墨守今韵，徇至“不独中原，尽使天下之音俱为闽海之音”矣。实则《广韵》上综括古今、南北，自不仅包含吴音一种。今韵中，因混合多种方言于一书，分部甚为繁复。北音韵书仅依据一种方言之系统，又近代北音中音素，本较南音为简单；故北音韵书分部，特形简单。《中原音韵》只列十九部，上、去二声，不另立部目；又将平声分阴、阳，入声派入三声，只有阴、阳、上、去，此显然与今韵系统不同者也。《洪武正韵》虽为北音韵书，而多迁就今韵之处；分七十六韵，合平、上、去三声计之，为二十二部，又列入声十韵。入声之分配，亦依今韵之系统。《洪武正韵》实非纯粹依据于一种方言，惟藉此得以窥探明代一种较普通之语音而已。嗣后兰廷秀作《韵略易通》，并韵部为二十，又并三十六母为《早梅诗》二十字。明末毕拱辰作《韵略易通》，将韵部减为十六；清樊腾凤作《五方元音》，更减为十二，声类亦并为二十。音韵之分析，日趋于简单，与现今之国音系统渐相符合。此一派韵书，与《广韵》一系处于对抗地位，而为近代国语统一运动之始基；据现今与将来之趋势以言，实具有绝大之价值。

虽然，北音之势力虽渐形发展，而一般文人仍奉《广韵》一系为韵书正宗。研究音韵者，亦往往遵用今韵之韵部。例如明吕维祺作《音韵日月灯》，以三十六母及四等分析字音，而仍用一百零六部之目。清李光地作《音韵阐微》，亦依三十六母之次序，排列各字之等呼，并利用满文十二字头，以改良反切，分析字音最为明显；而其部目仍为一百零六韵。此等书实由黄公绍《古今韵会》演进而来，故亦属于今韵一系。《广韵》传统势力之造成，由于习俗与政治势力，循环相应；以致学术上亦受其部分之融化。盖《广韵》一书，集合六朝、隋、唐诸家之大成，包含有古今、南北多种之语音系统，其应用，在学术上、文艺上、政治上，皆发生绝大之关系；实为韵书中最富有涵盖性与调和性者，最适合于中国人喜博大之心理，故能保持正统地位于千余年之久。直待近今国语统一运动萌芽，《广韵》一书之势力，始渐成为过去矣。

一、《广韵》之作述及其体例

（一）《广韵》之价值

吾国韵书，渊源于魏、晋，发达于齐、梁；至隋陆法言作《切韵》，乃集其大成。唐代诸家复据陆氏书，加以刊益；孙愐因有《唐韵》之作。今陆、孙之书，无存于世；最近得见巴黎国民图书馆所藏唐写本《切韵》、吴县蒋氏藏唐写本《唐韵》，皆残缺不全，仅能窥见其崖略；清内府藏王仁煦《刊谬补缺切韵》，书中亦有缺佚，而序次凌乱，不能断其为王仁煦原书。则唐、宋以来韵书之完存于今者，仍当以《广韵》一书为首。《广韵》卷首，注明陆法言撰本，长孙讷言笺注，刘臻、颜之推、魏渊、卢思道、李若、萧该、辛德源、薛道衡撰集，郭知玄、关亮、薛峋、王仁煦、祝尚丘、孙愐、严宝文、裴务齐、陈道固增字，并载有陆、孙二序；是《广韵》一书，虽其序次分合，或不尽依陆氏之旧，而大体自承袭隋、唐以来之部目。吾人欲考知魏、晋、唐、宋间之语音，仍不得不以《广韵》为其主要之资料。

三百年来，考证周音、汉音者，虽取径于《诗经》《楚辞》《说文》等书，而顾炎武云："欲审古音，必从《唐韵》。"（《音论》上）江永云："古韵既无书，不得不借今韵离合以求古音。"（《古韵标准·例言》）《广韵》一书，不啻为古音学之阶梯。自江永、戴震以来，莫不以《广韵》中包含有古音，近人黄侃更从《广韵》中考证古韵、古声；则《广韵》又为研究周、汉古音之重要资料。不特此也，宋、元以来所谓等韵之学，亦惟取韵书之字，依字母次第，纵横交贯，列为图表而已。图表无标目，乃总合韵书上之部类以成韵摄。则等韵之学，亦必以《广韵》为其依据。戴震云："呼等亦隋、唐旧法，后人窃其意以名专学耳。"(《声韵考》卷二)钱大昕、戴震、陈澧皆以为"字母即双声，等子即叠韵，实齐、梁以来之旧法也"(《切韵考》卷一序)。是可见字母、等子之学，已为六朝、隋、唐人所创始，亦即已包含于《广韵》中也。

由上以言，吾国过去音韵之学，虽谓尽建筑于《广韵》一书之上，亦无不可。近人黄侃有言曰：

> 音韵之学，必以《广韵》为宗，其与《说文》之在字书，轻重略等。(《与友人论治小学书》)

顾炎武《书广韵后》云："其幸而存者，天之未丧斯文也。"张氏泽存堂刊《广韵》，朱彝尊亦序云："幸而《广韵》仅存，则天之未丧斯文也。"昔人宝重之如此，亦可想见其价值矣。

(二)《广韵》之名称

《广韵》之书，既大体承袭隋、唐韵书部目；其书名之立，亦依隋、唐之旧，未尝别作新名也。王应麟《玉海》卷四十五："景德四年，十一月，戊寅，崇文院校定《切韵》五卷，依《九经》例颁行(本陆法言撰)，祥符元年，六月，五日，改为《大宋重修广韵》。"是其书当景德校定时，大部仍依陆法言以来之旧，故犹名《切韵》；至祥符元年，始改为《大宋重修广韵》。而《广韵》亦为唐人韵书之名；孙愐《唐韵》，亦称《切韵》《广切韵》，或简称《广韵》。王国维考之颇审；

其《书蒋氏藏唐写本唐韵后》云：

> 唐人盛为诗赋，韵书当家置一部，故陆、孙二韵，当时写本当以万计。……传写既多，故名称部目，不能尽同。《倭名钞》所引有《唐韵》，有孙愐《切韵》，辽希麟《续一切经音义》又引孙愐《广韵》。而唐段公路《北户录》（卷一）引《广韵》一条（据明影本、宋钞本、陆氏刊本作《唐韵》），唐僧慧琳《一切经音义》（卷八十）引《广切韵》一条，并见于蒋氏所藏残本中。盖孙氏书，本因法言《切韵》而广之，故亦名《广切韵》，略之则或称《切韵》，或称《广韵》；而据其自序，则确名《唐韵》；是其书名已自不同。（《观堂集林》卷八）

孙氏书，本因法言《切韵》之书而广之，故称《广切韵》，略其名则或曰《切韵》，或曰《广韵》。宋书既承陆、孙诸家而作，自沿用其名。王国维《论唐广韵、宋雍熙广韵》云：

> 《唐韵》别有《广韵》《广切韵》之名，前既述之。然唐人以《广韵》名书者，当不止此。《通志·艺文略》有张参《唐广韵》五卷，《玉海》（四十五）引《崇文书目》亦有《唐广韵》五卷，二者不知是否一书；然其非孙愐书，则可决也。释文莹《玉壶清话》云："句中正有字学，同吴铉、杨文举同撰《广韵》。"（《宋史·句中正传》，《玉海》并同）是宋雍熙中，曾修《广韵》，故景德、祥符所修，名《大宋重修广韵》。（《观堂集林》卷八）

可见唐人韵书已多称《广韵》者，宋人亦惟承袭其旧名焉耳。《广韵》云者，依陆氏《切韵》而广之之谓；重修云者，则又对景德以前之《广韵》而言。

（三）《广韵》作述者与其时代

据王应麟《玉海》，《广韵》校定于景德四年，十一月，戊寅，至祥符元年，六月，五日，定名为《重修广韵》。清《四库总目提要》云："宋景德四年，以旧本偏旁差讹，传写漏落，又注解未备，乃命重修，大中祥符四年，书成，赐名《大宋重修广韵》，即是书也。"按《广韵》卷首，载有祥符元年《敕牒》；《提要》所谓祥符四年者，乃元年之讹。

《广韵》卷首，仅载隋、唐撰集增字诸家姓氏，而景德时校定者为何人，未加以自注。以丁度《集韵》考之，知其为陈彭年、邱雍等尔。《集韵·韵例》云："真宗时，令陈彭年、邱雍因法言韵，就为刊益。"王应麟《玉海》卷四十五，陈振孙《书录解题》以及《宋史·艺文志》，所言略同。

宋初犹承唐制，以诗赋取士。陈彭年、邱雍等奉敕撰《广韵》一书，亦以备当时科举之用。《玉海》卷四十五谓："以举人用韵多异，诏殿中丞邱雍重定《切韵》。"《广韵》卷首载祥符《敕牒》，亦曰："朕聿遵先志，导扬素风，设教崇文，悬科取士，考核程准，兹实用焉。"是可知《广韵》之作，本以为时人应试作文之用。陆法言《切韵序》曰："欲广文路，自可清浊皆通；若赏知音，即须轻重有异。"又云："凡有文藻，即须明声韵。"孙愐《唐韵序论》曰："切韵者，本乎四声，纽以双声、叠韵；欲使文章丽则，韵调精明于古人耳。"是陆、孙之书，一面严于辨韵，一面又示人以作文通用之例，盖亦为撰作诗文之用也。朱彝尊云："古人分韵虽严，通用甚广。……盖严，则于韵之本位，毫厘不爽；通，则临文不至牵率，而乖其性情。"（《曝书亭集》卷三十一，《与魏善伯书》）辨韵之严，是学术上研究事；通用之广，则为作文应用上便利计也；作韵书者，双方皆应顾及。《广韵》之作，既承袭隋、唐韵书而来，自不能泯失陆、孙此意：一面为寓音辨韵而设，一面又为时人撰作诗文之用。是则《广韵》一书，乃魏、晋、唐、宋间，政治、文艺、语音三者融合之结晶物也。

（四）《广韵》之版本

今所传《广韵》有详本、略本两种。陈澧云：“今世所传《广韵》二种：其一注多，其一注少。注多者有张士俊刻本，注少者有明刻本、顾亭林刻本。又有曹楝亭刻本，前四卷与张本同，第五卷注少，而又与明本、顾本不同。”（《切韵考》卷一）注详者，张氏泽存堂本也；注略者，明内府本及顾亭林重刻本也。曹本则前四卷注详，而第五卷注略。

张氏泽存堂本，祖于宋椠。清《四库提要》云：“此本为苏州张士俊从宋椠翻雕，中间已阙钦宗讳，盖建炎以后重刊。”则其为南宋时椠本也。今《古逸丛书》有覆宋本，可证。

至明内府本，邵长蘅《古今韵略》指为宋椠，谓其注简而有古意。而朱彝尊作重修本序，谓“明代内府刊版，中涓欲均其字数而删之”；是又以为明代所刊定者。然卢文弨《书所藏广韵跋》谓“此本不避明朝诸帝讳，则可断其非明代刊本”。《四库提要》谓此本“平声东字注中，引东不訾事，重修本作舜七友，此本讹作舜之后，熊忠《韵会举要》已引此本，则当为元刻矣，非明中涓所删也”。是明内府本、顾本，皆出于元椠。今《古逸丛书》有覆元泰定本，可证。

顾千里《思适斋集》有书宋椠元椠《广韵》后各一篇，谓泽存堂详本，祖于宋椠，明内府及顾氏略本，祖于元椠，曹楝亭本，则前四卷为宋椠，而第五卷配元椠。言之颇晰，兹录其《书元椠后》之言如下：

> 今世之《广韵》凡三：一泽存堂详本，一明内府略本，一局

刻平、上、去详而入略本。三者迥异，各有所祖：传是楼所藏宋椠者，泽存堂刻之祖也；曹楝亭所藏宋椠，第五卷配元椠者，局刻之祖也；此元椠者明内府本及家亭林重刻之祖也。局刻曾借得祖本校一过，知其多失真。泽存堂刻各书，每每改窜，当更不免失真。亭林重刻，自言悉依元本，不敢改添一字，而所讹皆与明内府板同；是其称元本者，元来之本，而亭林仍未得见元椠也。至朱竹垞误谓明之中涓删注，始成略本，不审何出；但非得见祖本早在元代，固末由定其不然矣。又局刻所配入声，与此本迥异；疑宋代别有略本流传如此也。（本陈澧《切韵考》卷六引，内中所谓局刻即指扬州诗局重刊曹本也。）

杨守敬所得，有元至顺本、元至正本、元勤德堂刊本、明永乐本、明弘治本五种《广韵》，谓注文皆甚简略，与顾亭林刊本略同。又谓此五种与张士俊本皆非祥符原刊陈彭年之旧，见杨氏《广韵跋》（载《图书馆学季刊》一卷三号）。

（五）《广韵》各本详略异同

《广韵》注详者，有张氏泽存堂本；注略者，则明内府本、顾氏重刻本外，犹有麻沙坊刻本。《四库提要》云："世尚有麻沙小字一本，与明内府版同。题曰，乙未岁，明德堂刊。"惟纪晓岚据宋人书目，谓陆法言诸家书均号《广韵》而即以此宋人《广韵》略本当之；因以断定略本在前，详本在后。此纪氏误说，不可从也。盖景德《敕牒》称隋、唐以来韵书，传写漏落，注解未备，因而有重修《广韵》之举。故重修本必增其字数，详其注解；卷首所谓"诸家增字，义理训释，悉纂略备载卷中"者也。是陈彭年、邱雍所刊定者，必为详本无疑。惟《广韵》一书，既以备时人应试作文之用，必有嫌其疑混繁冗，难于应用者，此景德《韵略》与景祐《礼部韵略》之所由作也。而《广韵》亦必有删节本流行当世。观今世所传各本，详略参差，可以推知宋代所流行者，必不止于陈、邱等所定之详本也。而此书之删节，亦必出于宋人之手，非如朱彝尊所谓明代中涓所删也。

今本《广韵》详、略二种，注解字数，既相参差，而正文亦多寡不同。略本仅载孙愐序，而详本则有陆、孙二序，及景德、祥符《敕牒》（曹本同）。顾炎武《书广韵后》云：

> 《玉海》言“《广韵》凡二万六千一百九十四言，注一十九万一千六百九十二字”；今仅二万五千九百二言，注一十五万三千四百二十一字；则注之删去者，三万八千二百七十一，而正文亦少二百九十二言矣。又《文献通考》曰：“有陆法言、长孙讷言、孙愐三序”，今止愐序；又言“首载景德、祥符《敕牒》”，今亦无之；则亦后人删去之矣。

详本载陆、孙二序外，又注明隋、唐撰集增字诸家姓氏（曹本同），略本则仅有孙序而已。又详本所载孙愐序下，犹附“论曰”一段（曹本同），而略本亦无之。此外，详本卷末载有《双声叠韵法》《六书》《八体》《辩字五音法》《辩十四声例法》《辩四声轻清重浊法》六则，不知果否为陈、邱等刊定时所原有，抑为后人所附加；略本亦无之（曹本亦无）。

邵光祖《切韵指掌图跋》谓《广韵》凡二万五千三百字，与张氏本卷首所言二万六千一百九十四，顾本二万五千九百二，字数皆有差异；未知邵氏所据又为何本也。

各本正文，字数既皆有参差，而其序次亦不尽一致。例如第一卷，《东》部起首十七字，张氏泽存堂本之排次，与明内府本即有不同；表之如下：

张本：一、东　二、苳　三、鶇　四、鶫　五、倲
六、倲　七、饻　八、崠　九、涷　十、蝀　十一、涷
十二、鯟　十三、徚　十四、崠　十五、埬　十六、蝩　十七、䰤

明本：一、东　二、苳　三、鶇　四、鶫　五、蝩
六、涷　七、倲　八、倲　九、徚　十、饻　十一、崠
十二、涷　十三、蝀　十四、崠　十五、埬　十六、鯟　十七、䰤

此种虽无关音理上之违异，而亦言校刊者所当注意也。

(六)《广韵》反切注音之法

韵书体例，以四声为纲，以韵目为纬；《广韵》二万数千字，归纳为二百零六部；同韵之字，合为一部；而同部中同音之字，必注一反切。陈澧云：

> 《广韵》同音之字，虽多至数十字，皆合为一条；惟于第一字注切语及同音字数，亦必陆氏旧例。此不但类聚群分，不相杂厕，且使人易于识字（《隋书·经籍志》有《异字同音》一卷，亦美意也）。如苳、鶇、倲、倲、饻、崠诸字，皆不常见，以其与东字同音，皆置之东字之下；则一展卷而尽识其音。故凡同一切语之字，必以常见之字为首也。后世韵书改其例，以不常见之字置于韵末。其书非为识字而作，但为作诗赋之用；故今人宜名之为诗韵也。（《切韵考》卷六）

切语及同音字数，张氏泽存堂本皆注在注解之后；明内府本则切语

独在注解前（曹本前四卷同彼，而第五卷则同此）；此又略本与详本之异处也。

反切之法，上字取其双声，下字取其叠韵；《广韵》卷末所载《双声叠韵法》即示人以反切之理。凡所切之字，必与切语上字同其声类，下字同其韵类。《广韵》同音之字，不分两切语；凡为两切语者，必其韵类不同，或声类不同者也。陈澧云：

> 《广韵》同音之字，不分两切语，此必陆氏旧例也。其两切语，下字同类者，则上字必不同类；如红、户公切，烘、呼东切，公、东韵同类，则户、呼声不同类。今分切语上字不同类者，据此定之也。上字同类者，下字必不同类；如公、古红切，弓、居戎切，古、居声同类，则红、戎韵不同类。今分析每韵二类、三类、四类者，据此定之也。（《切韵考》卷一）

因切语上字以考定声类异同，因切语下字以分析各韵为一类或数类；此即陈氏《切韵考》一书所由作也（详下第三章第五节，第四章第三节）。

《广韵》前四卷后载有“新添类隔，今更音和切”，如卑，必移切，陴，并之切等（张氏本、明内府本并同）。所谓音和者，以其切语上字与所切之字为双声也；所谓类隔者，非双声也。如卑，府移切，卑、府非双声；故必改为必移切，卑、必乃双声也。盖隋、唐以来所用切语，犹沿袭古音。卑、府古代本为双声，宋人已觉其不合，因谓之类隔，而更以音和，附之卷后。今更云者，更其切语使合于当代之音也（详后第四章第七节）。

《广韵》注音，亦有误处。戴震《论韵书中字义答秦蕙田书》已详论之，兹录其言如下：

有字虽不讹，本无其音，讹而成音，如《诗》“有弥济盈，有鷕雉鸣”。鷕，从唯得声，与弥为句中韵；下复举济盈、雉鸣、亦句中韵。旧音鷕，以水反（见《释文》），水讹作小，遂有小反之音。《广韵》于是收入三十《小》，改小作沼；并其所由致讹，几不可考。《汉书·地理志》“汝南郡鲖阳”，孟康曰：“鲖，音纣红反”，从同得声，纣红反之音是也。《广韵》《集韵》皆收入四十四《有》，与纣同音，岂不见红反二字，而以为音纣欤？诂训音声，自汉以来，莫之能考也久，无怪乎释经论字，茫然无据，此则字书韵书所宜审慎不苟也。虽旧韵相承，其中显然讹谬者，宜从订正。（《戴东原集》卷三）

此等注音，既无当于古，又不合于今，乃谬误之显然者，亟宜加以订正。

（七）《广韵》非字书

《广韵》同音之字，依例只有一条切语，前既述之；而有二条切语同一音者，陈澧《切韵考》谓此等即唐、宋以来对于陆氏《切韵》所增加之字。陈氏之言曰：

《广韵》云：“郭知玄朱笺三百字，关亮、薛峋、王仁煦、祝尚丘、孙愐、严宝文、裴务齐、陈道固增加字”，更有诸家增字，备载卷中，凡二万六千一百九十四言。案，封演《闻见记》云：“陆法言《切韵》凡一万二千一百五十八字。”然则《广韵》增加者一万四千三十六字，倍于陆氏元文矣。今欲知孰为陆氏元文，孰为后人增加，已不可辨。惟《广韵》以同音之字为一条，每条第一字注切语及同音字数（如，东字注云：德红切，十七），此必

> 陆氏旧例。然有两条切语同一音者，于例不合。而凡不合者，其一条多在韵末，又字多隐僻，且多重见，此必增加字也。惟其增加，故缀于末；其字为陆氏所不录，故多隐僻。又字有数音，前人已据一音录之，后人别据一音增之，故多重见也(《切韵考》卷一)。

今《切韵》残卷、《唐韵》残卷、王仁煦《切韵》，凡于陆氏加字处，不缀于末，而常于反切下注云，几加几，或云新加；其增订之迹尤显。

封氏《闻见记》谓："孙愐之徒，更以字书中闲字酿于《切韵》；殊不知为文之要，匪是陆之略也。"(雅雨堂刊本要匪二字误倒)盖诸家增字，徒以多为贵，《广韵》乃备载之，殊失陆氏本旨。近人黄侃曾详论之，其言曰：

> 今行《广韵》虽非陆君《切韵》之旧。然但有增加，无所刊剟，则陆君书固在《广韵》中也。惟增加之字，多违音理，其同一音而为两切者，番禺陈君校正最多。此外，韵中所不宜有之音(如《海》韵、腆字、与改切，不能成音，即《止》韵之佁；《齐》韵：鑴字，人兮切，尼字条已有之)，尚多未正。须知《广韵》乃韵书，非字书。韵书，故必求备音；非字书，故不求备字。增加者，见有字为陆本所无，因以意窜入；又不检旧切，自作新音。初学阅之，乃不审其音与陆本为一为二；迷误后来，莫过于此。(《与友人论治小学书》)

盖韵书之目的：一以为撰作诗文，虽以字多便于应用，然诗文中所不常有之字，亦不宜录；一以为审音辨韵，故不求备字，以无关于音学学理也。韵书究非字书比；《广韵》备载诸家增字，殊失韵书原意。而吾辈读《广韵》者，更不应当其为字书看待。潘耒张氏重刊

《广韵序》,谓其取《说文》《字林》《玉篇》所有之字,而毕载之,声音文字,包举靡遗,可以赅六书之学。又谓韵书之作,非徒为近体诗歌,而亦为赋、颂、铭、箴,长篇古体,故惟恐其字易尽,而不嫌于繁。盖潘耒过于推崇张氏详本,而乃以韵书兼字书之用;宜《四库提要》斥其为不识古书体例者也。

(八)《广韵》非类书

潘耒又以张氏本注解特详,谓其为书之意,能举天地民物之大,悉入其中,凡经、史、子、集,九流、百家,僻书隐籍,无不摭采。是又以韵书当类书之用者矣。《玉海》卷四十五:"景祐四年(一云元年三月),太常博士直史馆宋祁、郑戬建言,彭年、雍所定,多用旧文,繁略失当";则宋时已觉《广韵》注解过于繁冗。清《四库提要》谓《重修本广韵》:

> 注文凡一十九万一千六百九十二字,较旧本为详,而冗漫颇甚。如公字之下载姓氏至千余言,殊乏翦裁。东字之下,称东宫得臣为齐大夫,亦多纰缪。考孙愐《唐韵序》称异文,异怪传说,姓氏原由,土地物产,山河草木,禽兽虫鱼,备载其间,已极蔓引。彭年等又从而益之,宜为丁度之所讥。潘耒序乃以注文繁复为可贵,是将以韵书为类书也。著书各有体例,岂可便于剽剟,遂推为善本哉?

《重修广韵》之注解,不特过于繁冗,且多有纰缪可笑者。何琇《樵香小记》曰:"《广韵》注有绝可笑者,如东字下注东宫字,齐大夫东宫得臣之后;刁字下注竖刁之后。世子而云大夫,寺人而云有后;即姓氏书有此缪谈,亦不应漫无考订至此。"盖《广韵》非类书,注解不必求其备，而乃繁杂失统，又间以纰缪无稽之谈；则《广韵》之价值，固不在其释经论字，而在其审音辨韵也。

李光地《音韵阐微·凡例》云："韵书以审音为要，故注释之文，不能多引；或但采诸韵书之注，以解其义，或援经、史、子、集以证其说。取字以适用为宜，故隐僻之文，重复之音，不能悉载。"韵书非字书，非类书，于此亦可以明《广韵》之得失矣。

（九）《广韵》韵目及其独用同用之例

《广韵》分五卷，各本皆同。以平、上、去、入为四，而平声又分上、下也。盖平声字多，故析为上、下二卷。上平、下平本当称平声上、平声下；省声字则成为平上、平下；又以平上之称淆于平、上、去、入，故曰上平、下平。是平声为上、下者，不过以其卷帙繁重而分之（本顾炎武《音论》上）。是则《广韵》仍以平、上、去、入分卷次，所谓以四声为纲者也。

《广韵》所列韵目共二百零六：平声五十七，上声五十五，去声六十，入声三十四，举二万数千字，悉归纳其中；所谓以韵目为纬者也。各本韵目，皆以数字注其次第，如平声一《东》、二《冬》，入声一《屋》、二《沃》；因其序次而得四声各韵之相配。阳声有入，阴声无入，详后第三章第二节。

二百零六韵韵目，各本皆同；惟张氏泽存堂本，二十一《欣》，明内府本、顾氏本皆作二十一《殷》。钱学嘉《韵目表》云："宋宣祖讳殷；故改为《欣》；祧则不讳，后亦追复旧称。"盖韵目本应作《殷》，刊定详本时，避宣祖讳，故改《殷》为《欣》；及刊定略本，宣祖已祧，故仍追复为《殷》。是又详本在前，而略本在后之一证也。

卢文弨《书所藏广韵跋》曰："吴下张氏重刊宋本，注比此为完；而上平二十一《殷》作《欣》，去声四十三《映》作《敬》。"今考张本仍为四十三《映》。钱学嘉云："宋翼祖讳敬，故改为映。"（《韵目表》）卢文弨所言，未知何据？

《广韵》既为作文应试之用，故二百零六韵中，有同用、独用之例；各本皆于韵目下注明。明内府、顾本又于卷内依同用、独用，各自为部，不相连属。例如《寒》《桓》同用，乃以二十五《寒》、二十六《桓》合为一部，与二十七《删》、二十八《山》不相连属。

《广韵》各本大都皆经后人窜改；今校各本，韵部之序次分合，常有参差处。顾炎武、戴震诸人即因以考明《广韵》旧目；兹一一举之如下：

张本二十《文》，注《欣》同用；而明内府本、顾本二十《文》、二十一《殷》皆注独用，卷内两部亦不相连属。顾炎武《论唐宋韵谱异同》（《音论》卷上）详述《文》《欣》二部应分用之理。钱学嘉云："合《欣》于《文》，乃景祐所改，非《广韵》旧第，明本、顾本不误。"（《韵目表》）则《广韵》《文》《欣》二部，各注独用也。

张氏本、上声十八《吻》、注《隐》同用；明末、顾本目录十八《吻》，亦注《隐》同用，而卷中十八《吻》、十九《隐》均注独用，又各自为部，不相连属。顾炎武亦谓《吻》《隐》二部不当合同（《音论》上）。钱氏《韵目表》云："合《隐》于《吻》，乃景祐所改，非《广韵》旧第；明本、顾本卷中注独用不误。"是《广韵》旧目，《吻》《隐》皆独用也。

张本，去声十八《队》，注《代》同用，二十《废》，注独用；明本目录，亦《队》《代》同用，《废》独用，而卷内《代》《废》连属于《队》，注通。戴震《声韵考》卷二："张刻、曹刻，注文完善；别有注文删整者，余曾见大、小二本，及顾氏刻。惟顾刻、去声《队》注《代》《废》同用，余皆《队》下注《代》同用，《废》注独用。即顾氏《音论》中，列《广韵》韵目，亦与各本注同，而所刻独违异。

此正宋人改并之一；顾氏《考唐宋韵谱异同》，遗而未举，盖其疏忽处也。”

钱氏《韵目表》云：“明内府本目录，《队》注《代》同用，《废》注独用；而卷中三韵连属，《队》注《代》《废》同用，正与顾刻合，但目录不误耳。”是《广韵》旧目，《队》《代》同用，而《废》独用也。

张本，上声《琰》五十，注《忝》《俨》同用，《忝》五十一，《俨》五十二，《豏》五十三，注《槛》《范》同用，《槛》五十四，《范》五十五；明本目录同。戴震《书卢侍讲所藏旧本广韵后》云：“上、去之末六韵，《俨》《酽》列《豏》《槛》，《陷》《鉴》之前，连属为二，与平声、入声连属为三者违异；而五十《琰》，注与《忝》同用，无《俨》字，目录下注《忝》《俨》同用；此宋景祐、宝元已前所决无有也。”钱氏《韵目表》谓：“此六韵乃《集韵》之第，非《广韵》之第。《广韵》：《琰》五十、《忝》同用，《豏》五十二、《槛》同用，《俨》五十四、《范》同用；吴才老《韵补》尚用旧第也。”是《广韵》旧次：《琰》五十，《忝》五十一，《豏》五十二，《槛》五十三，《俨》五十四，《范》五十五。

张本去声，《艳》五十五，注《㮇》《酽》同用，《㮇》五十六，《酽》五十七，《陷》五十八，注《鉴》《梵》同用，《鉴》五十九，《梵》六十；明本同。顾千里跋宋椠《广韵》云：“此本有曹楝亭图记，为扬州局本所自出。《艳》第五十五，《㮇》同用，《陷》第五十七，《鉴》同用，《酽》第五十九，《梵》同用；次第分合，犹存《广韵》之旧，视张刻之依《礼部韵略》者迥胜。曹氏重刻时，反依张改，转失其真矣。钱氏《韵目表》：‘曹刻《酽》虽移《陷》《鉴》之前，而《艳》注《㮇》同用，《陷》注《鉴》同用，《酽》注《梵》同用，犹属旧注未改。目录《酽》第五十七，注《鉴》同用，《鉴》第五十九，注《梵》同用。盖旧次，《陷》第五十七，是以有《鉴》同用之注；《酽》第五十九，是以有《梵》同用之注；曹氏但改《陷》《鉴》《酽》三字为《酽》《陷》《鉴》，而注未改也。’是《广韵》旧次：《艳》五十五，《桥》五十六，《陷》五十七，《鉴》五十八，《酽》五十九，《梵》六十。”

张本，入声八《物》，注独用，九《迄》注独用。钱氏《韵目表》：“曹本目录，《物》注与《迄》通；而卷中各注独用，不误。”是《物》《迄》，《广韵》旧目皆独用也。

（十）《广韵》独用同用四声表

今录戴震《考定〈广韵〉独用同用四声表》（见《声韵考》卷二）于下：

上平声	上　声	去　声	入　声
《东》一独用	《董》一独用	《送》一独用	《屋》一独用
《冬》二钟同用	湩𫛚等字附见肿韵	《宋》二用同用	《沃》二烛同用
《钟》三	《肿》二独用	《用》三	《烛》三
《江》四独用	《讲》三独用	《绛》四独用	《觉》四独用
《支》五脂之同用	《纸》四旨止同用	《寘》五至志同用	
《脂》六	《旨》五	《至》六	
《之》七	《止》六	《志》七	
《微》八独用	《尾》七独用	《未》八独用	
《鱼》九独用	《语》八独用	《御》九独用	
《虞》十模同用	《麌》九姥同用	《遇》十暮同十	
《模》十一	《姥》十	《暮》十一	
《齐》十二独用	《荠》十一独用	《霁》十二祭同用	
		《祭》十三	
		《泰》十四独用	
《佳》十三皆同用	《蟹》十二骇同用	《卦》十五怪夬同用	
《皆》十四	《骇》十三	《怪》十六	
		《夬》十七	
《灰》十五咍同用	《贿》十四海同用	《队》十八代同用	
《咍》十六	《海》十五	《代》十九	

		《废》二十独用	
《真》十七谆臻同用	《轸》十六准同用	《震》二十一稕同用	《质》五术栉同用
《谆》十八	《准》十七	《稕》二十二	《术》六
《臻》十九	𧤛龀字附见隐韵	龀字附见焮韵	《栉》七
《文》二十独用	《吻》十八独用	《问》二十三独用	《物》八独用
《欣》二十一独用	《隐》十九独用	《焮》二十四独用	《迄》九独用
《元》二十二魂痕同用	《阮》二十混很同用	《愿》二十五慁恨同用	《月》十没同用
《魂》二十三	《混》二十一	《慁》二十六	《没》十一
《痕》二十四	《很》二十二	《恨》二十七	
《寒》二十五桓同用	《旱》二十三缓同用	《翰》二十八换同用	《曷》十二末同用
《桓》二十六	《缓》二十四	《换》二十九	《末》十三
《删》二十七山同用	《潸》二十五产同用	《谏》三十裥同用	《黠》十四鎋同用
《山》二十八	《产》二十六	《裥》三十一	鎋十五

下平声	上　声	去　声	入　声
《先》一仙同用	《铣》二十七狝同用	《霰》三十二线同用	《屑》十六薛同用
《仙》二	《狝》二十八	《线》三十三	《薛》十七
《萧》三宵同用	《篠》二十九小同用	《啸》三十四笑同用	
《宵》四	《小》三十	《笑》三十五	
《肴》五独用	《巧》三十一独用	《效》三十六独用	
《豪》六独用	《皓》三十二独用	《号》三十七独用	
《歌》七戈同用	《哿》三十三果同用	《个》三十八过同用	
《戈》八	《果》三十四	《过》三十九	
《麻》九独用	《马》三十五独用	《祃》四十独用	
《阳》十唐同用	《养》三十六荡同用	《漾》四十一宕同用	《药》十八铎同用
《唐》十一	《荡》三十七	《宕》四十二	《铎》十九
《庚》十二耕清同用	《梗》三十八耿静同用	《映》四十三诤劲同用	《陌》二十麦昔同用
《耕》十三	《耿》三十九	《诤》四十四	《麦》二十一
《清》十四	《静》四十	《劲》四十五	《昔》二十二
《青》十五独用	《迥》四十一独用	《径》四十六独用	《锡》二十三独用
《蒸》十六登同用	《拯》四十二等同用	《证》四十七嶝同用	《职》二十四德同用
《登》十七	《等》四十三	《嶝》四十八	《德》二十五
《尤》十八侯幽同用	《有》四十四厚黝同用	《宥》四十九候幼同用	
《侯》十九	《厚》四十五	《候》五十	
《幽》二十	《黝》四十六	《幼》五十一	
《侵》二十一独用	《寝》四十七独用	《沁》五十二独用	《缉》二十六独用
《覃》二十二谈同用	《感》四十八敢同用	《勘》五十三阚同用	《合》二十七盍同用

《谈》二十三	《敢》四十九	《阚》五十四	《盍》二十八
《盐》二十四添同用	《琰》五十忝同用	《艳》五十五㮇同用	《叶》二十九怗同用
《添》二十五	《忝》五十一	《㮇》五十六	《怗》三十
《咸》二十六衔同用	《豏》五十二槛同用	《陷》五十七鉴同用	《洽》三十一狎同用
《衔》二十七	《槛》五十三	《鉴》五十八	《狎》三十二
《严》二十八凡同用	《俨》五十四范同用	《酽》五十九梵同用	《业》三十三乏同用
《凡》二十九	《范》五十五	《梵》六十	《乏》三十四

封演《闻见记》云："隋陆法言与颜、魏诸公定南、北音，撰为《切韵》，凡一万二千一百五十八字，以为为文楷式。而先、仙、删、山之类，分为别韵，属文之士共苦其苛细。国初，许敬宗等详议，以其韵窄，举合而用之，法言所谓：'欲广文路，自可清浊皆通'者也。"戴震谓："《广韵》韵目下独用、同用之注，即唐初许敬宗等所详议，'以其韵窄，举合而用之'者也。"(《声韵考》卷一)惟王应麟《玉海》卷四十五："《书目》，《韵略》五卷。景德四年，龙图待制戚纶等承诏详定考试声韵。纶等以殿中丞邱雍所切韵同用、独用例，及新定条例参定。"是《广韵》同用独、用之注，亦出于邱雍等之手；而雍等究否尽依许敬宗以来之例，沿用勿替，则又难断定者也。

至《广韵》二百零六部成立之由来，各韵各类之音读，及其序次分合，四声相配之所以然，诸俟下列数章述之。

本章参考书要目

明内府本《广韵》

张氏泽存堂本《广韵》

扬州诗局本《广韵》

《古逸丛书》覆宋本《广韵》覆元泰定本《广韵》

谢启昆《小学考》卷三十

《四库总目》卷四十二

王应麟《玉海》卷四十五

顾炎武《音论》
戴震《声韵考》
钱学嘉《韵目表》
陈澧《切韵考》
杨守敬《广韵跋》(《图书馆学季刊》一卷三号)
王国维《观堂集林》卷八
黄侃《与友人论治小学书》

二、《广韵》以前之韵书

（一）韵书之起原

欲明《广韵》作述之由来，自须考究隋、唐韵书与《广韵》递嬗之迹；而欲明隋、唐韵书之体例，则又当追溯其原于六朝人之作品也。韵书者，以四声韵目，部勒文字，文字下又各注其反切；是以韵书之起，与四声反切之发明，乃至有关系者。

韵书之作，以李登《声类》、吕静《韵集》为首始。潘徽《韵纂序》曰："《三仓》《急就》之流，微存章句，《说文》《字林》之属，惟别形体；至于寻声推韵，良为疑混。末有李登《声类》、吕静《韵集》，始判清、浊，才分宫、羽。"而韵学之兴，乃在汉、魏之际。阎若璩曰：

> 《文心雕龙》："昔魏武论赋，嫌于积韵，而善于资代。"晋《律历志》："魏武时、河南杜夔精识音韵，为雅乐郎中令。"二书虽一撰于梁，一撰于唐，要及魏武、杜夔之事，俱有韵字。知此学之兴，盖于汉建安中。（《尚书古文疏证》）

盖汉、魏间适当四声与反切兴起之时也。

秦、汉以前，只有平、入之分，无所谓四声也（本黄侃《音略略例》）。魏、晋以后，音韵渐明，四声之辨始晰。封演《闻见记》曰：

"魏时有李登，撰《声类》十卷，凡一万一千五百二十字，以五声命字，不立诸部。"《魏书·江式传》曰："晋吕忱弟静，放故左校书李登《声类》之法，作《韵集》五卷，宫、商、角、徵、羽各为一篇。"王应麟《困学纪闻》谓："韵分为五音，创自吕静，不自沈约始也。"惟李、吕之五声，究所指为何，后世莫能断定。唐徐景安《乐书》以上平声为宫，下平声为商，上声为徵，去声为羽，入声为角，其说固不能完全置信。然孙愐《唐韵序》论曰："五音者，五行之响，八音之和，四声间迭，在其中矣。必以五音为定则，参宫、参羽、半徵、半商，引字调者，各自有清浊。"四声间迭，在五音之中，从此可以推知宫、商、角、徵、羽者，乃未有平、上、去、入之名以前，借以为区别字调之一种称号。则四声之实质，已具于汉、魏之际，非创自齐、梁也。赵翼《陔余丛考》卷十九，有《四声不起于沈约说》。录其言如下：

> 今按《隋书·经籍志》，晋有张谅撰《四声韵略》二十八卷，则四声实起晋人。……《南史·陆厥传》云："约等皆用宫、商相宣，将平、上、去、入四声以之制韵。"沈约作《宋书·谢灵运传》后，论之甚详。厥乃为书辨之，以为历代众贤，未必都暗此处也。此又约之前已有四声之明证。即与约同时，周颙有《四声切韵》行于时，刘善经有《四声指归》一卷，夏侯咏有《四声韵略》十三卷，王斌有《四声论》，皆齐、梁间人。

盖魏、晋人已知四声之理，故其起也，远在沈约以前。

吾国反切之学，发源尤早。上古时已具有二合之音，以二字合成一名。如奈何为那、之焉为旃、者与为诸之类，言辞缓急，矢口得声，即属反切之法。故汉代注经诸家，如孔安国《尚书音》、毛公《诗音》、马融注《易》、郑众注《周官》、已有反切之文(本刘师培《正名隅论》)。而卫宏《古文尚书》、应劭《汉书注》、王肃《周易音》亦间用反语，皆在孙炎之前（本马国翰《玉函山房辑佚书》卷六十，章炳麟《国故论衡·音理论》）。自《颜氏家训》谓孙叔然创《尔雅音义》，汉末人独知反语；于是唐、宋以来，如陆德明《经典释文叙录》、张守节《史记正义》、王应麟《玉海》莫不以孙炎为反切之始祖。而不知非其实也。虽然，反切之事，由来已久；而必至汉、魏间始大风行。注释字音，犹多用直音之法。《颜氏家训·音辞篇》云：

> 郑玄注《六经》，高诱解《吕览》《淮南》，许慎造《说文》，刘熙制《释名》，始有譬况假借，以证音字。而古语与今殊别，其间轻、重，清、浊，犹未可晓。加以内言、外言、急言、徐言、读、若之类，益使人疑。孙叔然创《尔雅音义》，是汉末人独知反语。至于魏世，此事大行；高贵乡公不解反语，以为怪异。自兹厥后，音韵锋出。

魏、晋以后，始不用直音，而取反切，其风丕变；不可谓非音韵学上一大进步也。

反切虽尚未采取拼音文字，而已含有拼音之理。汉、魏之际，反切大兴者，盖由印度梵文拼音学理之输入故也。《高僧传》齐《释慧忍传》中有云："自大教东流，译文者众，而传声者盖寡。良由梵音重复，汉语单奇。若用梵音以咏汉语，则声繁而偈迫；若用汉曲以咏梵文，则韵短而辞长。是故金言有译，梵响无授。始有魏陈思王曹植，深爱声律，属意经音；既通般遮之瑞响，又感渔山之神制；于是删治瑞应本起，以为学者之宗。传声则三千有余，在契则四十有二。"据此以言，时至东汉，以梵响无授，反切之法，尚未显明。迨魏曹植属意经音，传声三千有余；于是孙炎之徒，乃大倡反切矣。反切既盛，遂依据其上、下字，分别部居，集成音汇；即所谓韵书也。戴震《声韵考》卷一云："未有韵书，先有反切。反切散见于经传古籍，论韵者博考以成其书；反切在前，韵谱在后也。”故韵书发生，必在反切兴盛之后。汉末儒士，多谈佛法，审辨音韵之事遂大进，而四声韵书亦随以发生。《三国志·崔光传》谓光“崇信佛法，礼拜诵读，老而逾甚”。又曰：“光在太和中，依宫、商、角、徵、羽本音，而为五韵诗，以赠李彪。”光与李登同时，登作《声类》，以五声命字，遂开韵书之体。总之：佛教东来，梵文音理输入，辨音之事大进，韵书遂以锋出。是则宋代《广韵》之作述，直接因自承袭六朝、隋、唐韵书之体例而来，间接即受印度文化之赐者也。

（二）六朝韵书与隋唐异同

封演《闻见记》谓李登《声类》以五声命字，不立诸部；李氏书盖仅以五声统括文字，而未立韵部；故陈鳣《声类拾存叙录》谓其部分不可考见也。韵书之立部目者，当自吕静《韵集》始。《颜氏家训·音辞篇》云：“《韵集》以成、仍、宏、登，合成两韵，为、奇、益、石，分作四章，皆不可依信。”今《广韵》成在十四《清》，仍在十六《蒸》，别为两韵；宏在十三《耕》，登在十七《登》，亦别为两韵；而吕静《韵集》成、仍为一韵，宏、登为一韵，故曰，合成两韵。今《广韵》为、奇同在五《支》，益、石同在二十二《昔》；而《韵集》为、奇别为两韵，益、石别为两韵，故曰，分作四章。《广韵》之作，承袭隋、唐韵书；而颜之推此《韵集》不可依信之说，即为隋、唐分部之所本也。

魏、晋、六朝人所撰韵书，除李登《声类》、吕静《韵集》外，《隋书·经籍志》所录，尚有周研《声韵》四十一卷、无名氏《韵集》十卷、张谅《四声韵林》二十八卷、段弘《韵集》八卷、无名氏《群玉典韵》五卷、阳休之《韵略》一卷、李概《修续音韵决疑》十四卷、又《音谱》四卷、无名氏《纂韵钞》十卷、刘善经《四声指归》一卷、沈约《四声》一卷、夏侯咏《韵略》十三卷、释静洪《韵英》一卷。陆氏《切韵序》谓：

“吕静《韵集》、夏侯咏（宋本《广韵》作该，唐写本不误）《韵略》、阳休之《韵略》、周思言《音韵》、李季节《音谱》、杜台卿《韵略》等，各有乖互。”所言周思言《音韵》即周研之《声韵》四十一卷，李季节《音谱》即李概之《音谱》四卷。惟杜台卿《韵略》一书，《隋志》所未著录。此等韵书，今既无存；其分部自难考知。陆氏谓吕、夏侯、阳、李、杜诸家，各有乖互。据唐写本王仁煦《刊谬补缺切韵》平声上目录，《冬》《脂》《真》《臻》四韵附注，可见陆氏《切韵》与诸家皆有异同处：

二《冬》：阳与《钟》《江》同，吕、夏侯别，今依吕、夏侯。

八《脂》：吕、夏侯与《微》大乱杂，阳、李、杜别，今依阳、李。

十八《真》：吕与《文》同，夏侯、阳、杜别，今依夏侯、阳、杜。

十九《臻》：吕、阳、杜与《真》同，夏侯别；今依夏侯。

于此数语，可证陆氏《切韵》乃总参《韵集》以下诸书以成者，而诸书盖小异大同，又可见其与《切韵》《唐韵》一脉相传之迹。六朝诸书韵目，亦难考知。《颜氏家训》谓《韵集》成、仍、宏、登，合成两韵，为、奇、益、石，分作四章，吕氏当时究否用此数字以为标目，不能确定。然《尔雅音义》：“蝗，华孟反，《字林》音皇声；《声类》《韵集》并以蝗协《庚》韵。”此《庚》韵之目，唐、宋以来犹相沿未改；则隋、唐韵书之韵目，自多沿用六朝之旧，亦可于此类推之矣。

至六朝韵书中注音，往往有散见于他籍者，今即据马氏《玉函山房》所辑《声类》《韵集》诸条切语，持以与唐宋韵书相梭，亦间有出入处。如疼，《声类》，“徒冬反”；编，《声类》《韵集》，并“布千反”；浡，《声类》，“蒲没反”；蹀，《声类》，“徒协反”；此皆与敦煌本《切韵》残卷及《广韵》所录相同者也。至若鸿，《声类》，“胡公反”，《切韵》

残卷,“胡笼反”,《广韵》,“户公切”;聆,《声类》,“力丁反”,《切韵》,“郎丁反”,《广韵》,“郎丁切”;阙,《声类》,“苦规反”,《切韵》,“去随反”,《广韵》,“去随反”;此其切语用字虽异,而音实相同者也。其不同者:奓,《声类》,“昌氏切”,当在上声《纸》韵,而《切韵》,“陟加反”,《广韵》,“陟加切”,在平声《麻》韵;戮,《韵集》,“音留”,当在平声《尤》韵,而《切韵》,“力竹反”,《广韵》,“力竹切”,在入声《屋》韵;音既不同,所隶四声亦异。盖《切韵》《广韵》由参合众书而成,于《声类》《韵集》有从有不从。陈鳣《叙录》、谓《声类》音读足以正《唐韵》之谬。其举例有云:

> 观其音营为呼宏切,此字《说文》,从言,荧省声,《玉篇》,余琼切。今南人读荧火为寅,即《玉篇》之余琼切;北人读若兄,即《声类》之呼宏切。《唐韵》但知依附《玉篇》,音余顷切,此其所蔽也。

即此荧之一字,《声类》依北音为切,《切韵》则从《玉篇》依南音为切。盖陆氏书“取诸家音韵,古今字书,以前所记者而定”(见《切韵序》);杂采众长,故不凭藉于一家之论也。

潘徽《韵纂序》谓李登《声类》、吕静《韵集》“全无引据,过伤浅局,诗赋所须,卒难为用”。《颜氏家训·音辞篇》谓:“李季节著《音韵决疑》,时有错失;阳休之造《切韵》,殊为疏野。”是则魏、晋、六朝,韵书锋起,而或过于简略,不适于时人为诗赋之用;审辨之间,亦难免错失。故隋、唐诸家踵作,正所以补缺前人者欤?

(三) 沈氏四声考

四声不起于沈约,前既言之。惟沈约以前,平、上、去、入之名称，未行于世；尚用宫、商、角、徵、羽五音以区别字调。《南齐书》、陆厥《与沈约书》中有“性别宫商，识清浊”；“宫、商相变，低、昂舛节”；“前贤已早识宫、徵，但未屈曲指的，若今论所申”；“何独宫、商、律、吕，必贵其如一”；等语。约《答书》中有云：“宫、商之字有五，文字之别累万；以累万之繁，配五声之韵，高、下、低、昂，非思力所举。”又云：“自古辞人岂不知宫、羽之殊，商、徵之别？虽知五音之异，而其参差变动，所昧实多。”是则沈约当时尚用宫、商、角、徵、羽以区别四声，未行平、上、去、入之名，故梁武帝犹以此问于周舍也。

四声之实质早已具于齐、梁以前，沈约谓自古辞人已知宫、羽之殊，商、徵之别；亦自明言之矣。惟以四声之理应用于文辞，而创声律论者，则自约之《四声谱》始。（《隋志》、沈约《四声》一卷，而《梁书》《南史》并称沈约作《四声谱》，《志》无谱字，盖脱误。）《南史·庾肩吾传》云：“齐永明中，王融、谢朓、沈约，文章始有四声，以为新变；至是转拘声律。”《陆厥传》云：“永明末，盛为文章，吴兴沈约、陈郡谢朓、琅邪王融，以气类相推毂。汝南周颙善识声韵。约等文皆用宫、商，以平、上、去、入为四声，以此制韵，不可增减，世呼为永明体。”平、上、去、入之名，盖始于齐永明中也。沈约、周颙一变宫、商、角、徵、羽而称平、上、去、入，更以四声应用于文辞，以之制韵。封演《闻见记》：“周颙好为体语，因此切字皆有纽，纽有平、上、去、入之异。沈约文辞精拔，盛解音律，遂撰《四声谱》。时王融、刘绘、范云之徒，慕而扇之；由是远近文学，转相祖述，而声韵之道大行。”是知四声之理，必以为撰作诗文之具，而后乃能风行于世上。于是宫、商五音之名废，而用平、上、去、入。齐、梁以后，殆莫不以此分韵；实其体例上之一大变迁也。而韵书之作，原亦为撰作诗文而起，亦可于是思其故矣。

四声之分，虽在齐、梁以前，而必待沈约、周颙辈出，其用始严。

顾炎武谓四声定于梁、陈之间。《音论》卷中："今考江左之文，自梁天监以前，多以去、入二声同用，以后则若有界限，绝不相通。是知四声之论，起于永明，而定于齐、梁之间也。"周、沈当时所定四声，究为何物，固难推测；大致则当与隋、唐韵书中所录者，不甚出入。清纪昀《沈氏四声考序》，谓隋、唐韵书，实据沈《谱》以成。录其言如下：

> 约既执声病绳人，则约之文章必不自乱其例；所用四声，即其谱也。今取其有韵之文，州别部居而考之：平声得四十一部，不合《切韵》者才一二；仄声得七十五部，不合《切韵》者无一焉。陆氏所作，岂非窃据沈《谱》而稍为笔削者乎？

是又可知隋、唐以来，韵书中所分平、上、去、入，实多沿袭于齐、梁也。

（四）陆法言《切韵》

今音韵书，自当以陆法言《切韵》为首要。陆氏是书，实集魏、晋、六朝之大成，而开唐、宋韵书之始基。《广韵》卷首，犹题曰陆法言撰本，并载陆氏原《序》，知陈彭年、邱雍等校定《广韵》，实以陆氏书为蓝本；陈澧《切韵考》，即据《广韵》切语以考定《切韵》之韵类、声类者也。今敦煌本《切韵》残卷出世，其部目与序次，较之《广韵》不无参差。往时谓《广韵》二百零六部尽依陆氏之旧者，其说固非；而唐、宋韵书，据陆氏《切韵》以增订递演之处，正可因此以考见其大略焉。推迹《广韵》之来源，自当于法言之书三致意焉。

法言《切韵》五卷，《隋书》及《旧唐书·经籍志》、《新唐书·艺文志》均未著录；惟新、旧《唐志》并有陆慈《切韵》五卷。丁度《集韵》、韩道昭《五音集韵》常引陆词《切韵》；清毛奇龄谓即法言书（见《古今通韵序例》）。王国维又据日本源顺《倭名类聚钞》及僧瑞信《净土三部经音义》所引陆词《切韵》，参校《切韵》残卷，复证以日人狩谷望《倭名钞笺》之说，断定法言即陆词，并谓新旧《志》之陆慈亦即陆词（《观堂集林》卷八，《书巴黎国民图书馆所藏唐写本切韵后》）。陆词盖即法言之名，隋、唐间人多以字行，故字著而名隐；后世亦多称法言《切韵》，而鲜有称陆词《切韵》者。

法言《序》作于仁寿元年，殆当其书适成之顷也。《序》中谓开皇初，与刘臻等八人论及音韵，萧、颜多所决定云云，并述其撮记纲纪之事；以见《切韵》一书之作述，乃出于当时学者讨论之结果；法言惟因萧、颜等所议定之纲纪，以撰定耳。故《广韵》卷首犹题刘臻、颜之推、魏渊、卢思道、李若、萧该、辛德源、薛道衡八人同撰集。陆氏《序》云：

> 以今声调，既自有别；诸家取舍，亦复不同。吴、楚则时伤轻浅，燕、赵则多伤重浊；秦、陇则去声为入，梁、益则平声似去。……吕静《韵集》、夏侯咏《韵略》、阳休之《韵略》、周思言《音韵》、李季节《音谱》、杜台卿《韵略》等，各有乖互。江东取韵与河北复殊；因论南北是非，古今通塞；欲更捃选精切，除削疏缓。

可见当时萧、颜诸人，以南、北各地，四声取韵，既形纷歧，诸家韵书，又复乖互；亟应折衷一说，定为标准。《颜氏家训·音辞篇》云：

> 夫九州之人，言语不同，生民以来，固常然矣。……孙叔然创《尔雅音义》，是汉末人独知反语。至于魏世，此事大行。……自兹厥后，音韵锋出；各有土风，递相非笑。指马之

喻，未知孰是；共以帝王都邑，参校方俗，考核古今，为之折衷。推而量之，独金陵与洛下尔。南方水土和柔，其音清举而切诣；失在浮浅，其辞多鄙俗。北方山川深厚，其音沈浊而铫钝；得其质直，其辞多古语。……南染吴、越，北杂虏夷，皆有深弊。

南北语音，既各有其长短、得失，而自来作韵书者，又大都仅能记其一方之风土；颜氏《音辞篇》所谓："古今言语，时俗不同；著述之人，楚、夏各异。"不能兼赅古今、南北而为之折衷。萧、颜当时所决定者，惟在"参校方俗，考核古今"；杂采众长，以成一标准字典，而萃历代、各地之语音于一编。法言乃本其烛下所记，"取诸家音韵，古今字书，以前所记者，撰定为《切韵》一书"；此其所以能集魏、晋、六朝之大成者也。法言书既以并载古今、南北之音，分部自不能不繁密；唐时"属文之士，已苦其苛细"（见封演《闻见记》）。然法言《序》自谓"剖析毫厘，分别黍累"，法言当时自能一一审辨，而有其分别之所以然；固非如李涪《刊误》所谓"妄别声律"，戴震所谓"有意求密，用意太过，强生轻重，定为音切"（《声类表》序）者也。

巴黎国民图书馆所藏唐写作《切韵》残卷，凡三种：第一种，存上声《海》至《铣》十一韵、四十五行，复有断烂；计存全行十九，不全行二十六。第二种，存卷首至九《鱼》、凡九韵；前有陆法言、长孙讷言二序。陆《序》前有一行，云"伯加千一字"。长孙《序》云："又加六百字，用补阙遗"；又"其有类杂，并为训解；但案称者，俱非旧说"；此二条皆《广韵》长孙《序》所无。第三种，存平声上、下二卷、上声一卷、入声一卷；而平声首缺《东》《冬》二韵，入声末缺二十八《铎》以下五韵；中间复稍有缺佚。近人对于《切韵》残卷之考证，计有王国维、董作宾、丁山三家之主张，略有异同。《残卷》第一种，王国维谓以第三种校之，韵字较少，注亦较简，当是法言原本；丁山疑其为伯加本。第二种，王国维以韵中有新加字，又注中称案者甚多，定为长孙讷言笺注本；丁山谓自《东》韵至《之》韵，皆长孙笺注本，《微》《鱼》二韵则自王仁煦《刊谬补缺切韵》、或裴务齐正字本传录而出者。第三种，王国维以其韵中亦有新加字，注中有删去案语而未尽者，因假定为长孙讷言注节本；董作宾举出数证，谓系郭知玄笺本；丁山则以为其注解与《倭名钞》所引孙愐《切韵》及《唐韵》多相符合，其加字亦与《唐韵》同，因定为孙愐《唐韵》之初稿。（参看《观堂集林》卷八，《书巴黎国民图书馆所藏唐写本切韵后》中央研究院《历史语言研究所集刊》第一本第一分，董作宾《跋切韵残卷》；中山大学《语言历史学研究所周刊》第二十五、六、七期，丁山《唐写本切韵残卷跋》。）此三家主张，皆未有确实证据，殊难定其孰是。而《切韵》残卷既非尽法言原来，则其中韵部之分合、序次，果否仍存陆氏手订之目；尤难断言。然近今所得见隋、唐韵书，自当以此为最古；其中所录虽或非陆氏之朔，亦必其最近于陆氏者也。故当今而欲研究《广韵》与《切韵》之关系，亦惟以此种残卷为立论之根据。

《切韵》残卷，平、上、入三声，分目具存。平声上二十六韵，其次为一《东》、二《冬》、三《钟》、四《江》、五《支》、六《脂》、七《之》、八《微》、九《鱼》、十《虞》、十一《模》、十二《齐》、十三《佳》、十四《皆》、十五《灰》、十六《咍》、十七《真》、十八《臻》、十九《文》、二十《殷》、二十一《元》、二十二《魂》、二十三《痕》、二十四《寒》、二十五《删》、二十六《山》。平声下二十八韵，一《先》、二《仙》、三《萧》、四《宵》、五《肴》、六《豪》、七《歌》、八《麻》、九《覃》、十《谈》、十一《阳》、十二《唐》、十三《庚》、十四《耕》、十五《清》、十六《青》、十七《尤》、十八《侯》、十九《幽》、二十《侵》、二十一《盐》、二十二《添》、二十三《蒸》、二十四《登》、二十五《咸》、二十六《衔》、二十七《严》、二十八《凡》。无《谆》《寒》《戈》三韵，而《覃》《谈》次于《歌》《麻》之后，《蒸》《登》列于《咸》《衔》之前。上声准之，无《准》《缓》《果》三韵，又无《俨》韵，凡五十一韵，次序与平声同。去声缺佚，准平、上声求之，亦当无《稕》《换》《过》三韵，及《酽》韵，共为五十六韵。入声三十二韵，无《术》《曷》二韵，其次为一《屋》、二《沃》、三《浊》、四《觉》、五《质》、六《物》、七《栉》、八《迄》、九《月》、十《没》、十一《末》、十二《黠》、十三《辖》、十四《屑》、十五《薛》、十六《锡》、十七《昔》、十八《麦》、十九《陌》、二十《合》、二十一《盍》、二十二《洽》、二十三《狎》、二十四《叶》、二十五《怗》、二十六《缉》、二十七《药》、二十八《铎》、二十九《职》、三十《德》、三十一《业》、三十二《乏》，尤凌乱无序，与平、上二声不相应。合四声计之，共得一百九十三韵。共中平声如《真》《谆》，《寒》《桓》，《歌》《戈》之合并，盖仅以开、合等呼不同，不加分析；上、去如《俨》《酽》则以字少，不另立部；此皆于音理上无甚违失。惟其《覃》《谈》，《蒸》《登》诸韵之序次，于阳声收-m、收-n、收-ng 之系统，尚有混淆；而入声与平、上、去相配，复多凌乱失序；此法言书有必待于唐、宋人之增订者也。

（五）王仁煦《刊谬补缺切韵》

陆氏《切韵》字数，据封演《闻见记》谓一万二千一百五十字。卞氏《式古堂书画汇考》载孙愐《唐韵序》云："今加三千五百字，通旧总一万五千文"；则陆氏《切韵》原只一万五千字。王国维《书唐韵后》（《观堂集林》卷八）谓封氏所云并长孙讷言所加六百字计之；其一万二千一百余字者，非陆氏所固有也。而《切韵》残卷第二种前有"伯加千一字"语，即此一万一千五百字，亦并伯加千余字计之；是法言原书正文，实仅不过万余字。封氏《闻见记》言及李登《声类》，已有一万一千五百二十字；六朝诸家韵书，当亦不过是数。陆法言作《切韵》，分部杂采众长，而于字数无所增加。陆氏自言取诸家音韵、古今字书所记者，撰定《切韵》；其书重在辨音，不详注释。盖韵书原意，初不以字多与注详为贵也。唐人继作，增字加注者竞起；除伯某、长孙讷言外，《广韵》卷首所题，有王仁煦、孙愐诸家。今得见王氏《刊谬补缺切韵》；其序有云："陆法言《切韵》，时俗共重，以为典规；然苦字少，复阙字义；可为《刊谬补缺切韵》。"可见王氏是书，即为陆氏《切韵》增字、加注而作也。

清内府藏唐写本《刊谬补缺切韵》，平声上、下及上声中有缺佚，去、入二声全。首题王仁煦撰，长孙讷言注，裴务齐正字；前有王仁煦、长孙讷言二《序》及字样。王国维《观堂集林》卷八有《书后》一篇，谓："王仁煦用长孙氏、裴氏二家所注陆法言《切韵》重修者，故兼题二人之名。其书平声分上、下二卷，上、去、入各一；宋《秘书省续编到四库阙书目》有《刊谬补缺切韵》五卷，阙；日本国《见在书目》有《切韵》五卷，王仁煦撰；即此书也。"此书平声五十四韵，上、下平韵目数序通连；上声五十二韵，去声五十七韵，入声三十二韵。较之《切韵》残卷，仅上声多五十一《俨》，去声多五十六《酽》，其余悉同；而序次颇异。平声列《阳》《唐》于《钟》《江》之后，《登》于《文》《殷》之后，《寒》于《魂》《痕》之前，《侵》《蒸》于《尤》《侯》之前；又置《元》于《先》《仙》之后，《佳》于《歌》《麻》之间，《盐》《添》《覃》《谈》于《侯》《幽》之后。上、去二声准此。入声则一《屋》、二《沃》、三《烛》、四《觉》、五《药》、六《铎》、七《质》、八《栉》、九《物》、十《迄》、十一《德》、十二《末》、十三《黠》、十四《没》、十五《屑》、十六《薛》、十七《辖》、十八《月》、十九《麦》、二十《锡》、二十一《缉》、二十二《职》、二十三《叶》、二十四《怗》、二十五《合》、二十六《盍》、二十七《洽》、二十八《狎》、二十九《陌》、三十《昔》、三十一《业》、三十二《乏》。其与平、上、去相配，尤为凌乱失序。王国维《书后》云："仁煦此书，以《刊谬补缺》为名；其书于陆《韵》次序，盖无变更。今本盖为写书者所乱，非其朔也。"

《切韵》残卷第二种，自《东》韵至《之》韵，大都法言原注，置于反切之前；新加义训，置于反切之后，并多加案字。王氏此书则义训皆附于反切之后，而不云案；此种体例，是否依据于裴务齐正字本，或由王氏自加改定者？裴氏书不传，无由断定也。而《切韵》残卷第二种内，《微》《鱼》二韵注解，则符于王氏此书之例，因疑此二韵乃自王书或裴氏正字本录出者。盖其与自《东》至《之》为长孙笺注原本者，迥不同也（本丁山《切韵残卷跋》）。《切韵》残卷第二种，凡遇新加字，于反切下著几加几。其第三种，则于加字处仅记总数，或云，新加，不著几加几。王氏此书平声上遇加字处，云几加几，而平声下及上、去、入三声，则仅记总数，不复分别原字数及所加之数。又平声上之《阳》《唐》二韵，亦于反切仅记总数，与平声下及上、去、入三声相同。王国维《书后》谓王氏体例不应参差不治如是，今本盖为写书者所乱。则今所存，殆已多失王《韵》原书之真相者矣。

虽然，王《韵》今本，韵部序次，固多凌乱，然于音理上并非绝无贡献者。王国维《书后》云：

> 就今本次序言之：惟升《登》于《文》《殷》《寒》之间，于古今音理，均无所据。而合《盐》《添》以下八韵为一类，已开李舟《切韵》与《广韵》之先。合江、阳、唐为一类，又为绿斐轩《词韵》与周德清《中原音韵》之祖。合《歌》《佳》《麻》为一类，又与近世言古韵者合。故此书次序，无论出于王氏与否，其与音理，固非毫无贡献也。（《观堂集林》卷八）

《广韵》：《侵》以下九韵，即阳声收-m者，合为一类，词家谓之闭口音；已由王氏此书开其先矣；不可谓非部序上之一大进步也。至其平声上韵目所记吕、夏侯、阳、李、杜五家异文，可藉以窥见诸家乖互，及陆氏总合众长之迹。巴黎国民图书馆所藏《切韵》残卷，去声独缺，而此书独完；又上声仅五十一韵，而此书独五十二韵，与《式古堂书画汇考》所录孙愐《唐韵》同；此又足以为考见陆、孙二书之佐证者也。

（六）孙愐《唐韵》

卞氏《书画汇考》所录孙愐《唐韵序》，谓陆法言《切韵》："遗漏字多，训释义少；若无刊正，何以讨论？"（首两句，《广韵》卷首载孙《序》作"注有差错，文复漏误"。）则孙氏《唐韵》亦为法言《切韵》增字加注而作也。

孙氏书，据其自序，谓取《周礼》之义，名曰《唐韵》，而当时亦称《切韵》《广切韵》或《广韵》，上章第二节已述及之。盖其书写本甚多，名称自不一致。敦煌本《切韵》残卷第三种，今人亦有疑其即孙氏《唐韵》之初稿；孙氏书初亦固名《切韵》也。王国维以卞氏《书画汇考》所录孙《序》、校《广韵》孙《序》及魏了翁《唐韵后序》，因以考明《唐韵》底稿，有开元本、天宝本二种。兹录其言如下：

> 壬戌秋，读卞令之《式古堂书画汇考》，中录明项子京所藏《唐韵》五卷，前有四声部目都数，后题"元和九年、正月、三日，写，吴王本"。孙《序》首行题"《唐韵序》"，次行题"朝议郎、行陈州司法参军事臣孙愐上"。序文与《广韵》所载者，文句颇异。……"武德以来创置，讫开元三十年，并列注中"，"三十"作"二十"；"愧以上陈，天心"作"愿愧上陈，死罪、死罪"。序文至此止，而无"又有元青子、吉成子者"以下三百三十四字。此实当时进书之序；其书载郡县建置，讫于开元二十年，又自署"行陈州司法参军事"；当在天宝元年改州为郡之前；自是开元

> 中所撰。至"元青子、吉成子"以下,后题"岁次辛卯、天宝十载",则又为第二序。是《唐韵》有开元、天宝二本,亦有二序。今《广韵》前所载,乃合二序为一,违失甚矣。项本但有第一序,乃开元中初撰之本。(《观堂集林》卷八)

《式古堂书画汇考》所录项本为《唐韵》开元本;吴县蒋斧藏唐写本《唐韵》残卷,与魏了翁所藏者,即属天宝本。项本韵目都数与《切韵》残卷大致相同,而蒋本分部,则与《广韵》近;是《唐韵》开元、天宝二本之部目,有大异者在焉。

蒋氏《唐韵》于前清光绪末,得于书肆。仅存去、入二声,而去声首又缺一《送》、二《宋》、三《用》、四《绛》、五《寘》、六《至》、七《志》及八《未》之半,中间又缺十九《代》之小半,二十《废》、二十一《震》、二十二《稕》、二十三《问》、二十四《焮》及二十五《愿》之大半。《蒋》氏《后记》以此为陆法言《切韵》原本或长孙氏初注之本。王国维则谓书中三引陆《韵》,且记开元十三年事,决非陆氏原书,亦非长孙氏注本(长孙氏笺注成于仪凤二年,在开元前);并列举八证,断其为孙氏《唐韵》(《观堂集林》卷八,《书吴县蒋氏藏唐写本唐韵后》)。考其部目,则又与魏氏《唐韵后序》所言相合。魏氏云:"于二十八《删》、二十九《山》之后,继之以三十先、三十一仙。"又云:"此书别出栘、臡二字为一部,注云:'陆与《齐》同,今别。'"是魏氏所藏《唐韵》:《删》第二十八,《山》第二十九。《切韵》残卷、上平声二十六韵,《删》第二十五、《山》第二十六;此多出三韵者,盖《齐》后既别出《栘》部,又《真》《谆》为二,《寒》《桓》为二;故彼平声上二十六韵,此则增为二十九也。更以蒋氏残本去、入二韵求之:去声,《代》十九,《愿》二十五,是中间缺五韵,当有《稕》韵;而入声有《术》韵;则其平声必有《谆》韵,上声必有《准》韵。又去声有《换》韵,入声亦有《末》韵;则其平声必有《桓》韵,上声亦必有《缓》韵也。与魏氏所言，两相吻合；二者并出于一本可知矣。此外蒋氏残卷，去声《个》后有《过》韵，则其平声《歌》《戈》必分，上声《哿》《果》必分也。由此可见《唐韵》天宝本，别《谆》于《真》，别《桓》于《寒》，别《戈》于《歌》，与《切韵》残卷异，而与《广韵》同。

至《式古堂书画汇考》所录项本部目都数：平声上二十六韵，平声下二十八韵，上声五十二韵，去声五十七韵。平声上、下共五十四，与《切韵》残卷同；盖《齐》《移》不分，又《真》《谆》，《寒》《桓》，《歌》《戈》，各合为一也。入声三十二韵，与《切韵》残卷同；盖无《术》《曷》二韵也。惟上声五十二韵，去声五十七韵，较《切韵》残卷多一韵，而与王仁煦《切韵》同；殆上声亦有《俨》，去声亦有《酽》也。王《韵》以《刊谬补缺》为名，于陆氏韵部当无甚变更；而项本《唐韵》部目都数；几与王《韵》完全一致；可见孙氏《唐韵》初稿，犹仍陆氏之旧。或谓今敦煌石室所出《切韵》残卷第三种，即出于孙氏之手。今项本不见于世，无由与《切韵》残卷比照，而定其为即孙氏书；然《唐韵》初稿，必于陆氏《切韵》部目，无甚变更，固可断言也。

总上以言：孙氏开元中所作《唐韵》，据《式古堂书画汇考》所录部目都数：平声上二十六韵，平声下二十八韵，上声五十二韵，去声五十七韵，入声三十二韵。及天宝时重定之本，平声增《移》《谆》《桓》《戈》四韵，上声增《准》《缓》《果》三韵，而无《俨》韵，去声增《稕》《换》《过》三韵，而无《酽》韵，入声增《术》《曷》二韵；故平声上二十九韵，平声下二十九韵，上声五十四韵，去声五十九韵，入声三十四韵。《广韵》惟《齐》《移》不分，不从孙氏，又上、去有《俨》《酽》韵，从《唐韵》开元本；其余悉本诸孙氏天宝时所定《唐韵》，无所增损。

孙氏《唐韵》开元本，依卞氏《书画汇考》所言，亦分五卷，平声分上、下，上、去、入各一。天宝本亦然。后人以魏了翁《后序》有

"二十九《山》，继之以三十《先》"之语，遂谓《唐韵》平声不分上下（见顾炎武《音论》卷上）。不知魏氏所言，乃指孙氏书卷首之部叙，非谓其卷中平声不分上下也。王国维《书蒋氏藏唐写本唐韵后》云：

> 孙氏《唐韵》，唐、宋二《志》著录，均云五卷；蒋氏所藏残本，入声首亦题"《唐韵》卷第五"。惟魏鹤山《唐韵后序》云："其部叙于一《东》下，注'德红反，浊，满口声'，自此至三十四《乏》皆然。于二十八《删》，二十九《山》之后，继之以三十《先》、三十一《仙》；上、去声皆然。"余谓魏氏所谓部叙，盖于每卷首分目之外，别为一总目，其下分注清、浊，以明所以分析之故。其平声本是同类，故二十八《删》、二十九《山》之后，即继以三十《先》、三十一《仙》。至于本书，则分卷仍与陆《韵》同；自当云，一《先》、二《仙》，不得云，三十《先》、三十一《仙》也。今《大宋重修广韵》孙愐《序》后，尚有"论曰"一段，凡一百五字，专论以五音、清、浊分韵之理；此即孙氏部叙后之总论。有目，故云部，有论，故云叙。部叙自为一篇，冠于书首，与分卷无涉。惜《广韵》删其目而存其论，致使所分之清、浊，不可复考；而其论亦不能知为孙氏所作。微鹤山之言，无由知孙氏之审于音理如是矣。（《观堂集林》卷八）

孙氏部叙以五音、清、浊说明分析韵部之故；五音即指四声字调，至清、浊，疑指当时开、合、呼等而言（陈澧《切韵考》以孙氏所云清、浊，即指声类之清浊，实属臆断不足信）。今《唐韵》部叙，除魏氏《后序》所言："一《东》下注云：'德红反，浊，满口声，'自此至三十四《乏》皆然"；一语外，几无可考。而即此语推之，孙氏盖以开口为清，合口为浊。孙氏《序》下论曰："引字调音，各自有清、浊；若细分其条目，则令韵部繁碎，徒拘桎于文辞耳。”盖韵部之分析，除四声字调之外，犹有开、合呼等之异。潘徽谓李登《声类》、吕静《韵集》，始判清浊，才分宫羽；可知韵书之起，即用是以为析别。陆《序》云：“欲广文路，自可清、浊皆通。”今《广韵》于开、合各等，多注同用，殆即陆氏清、浊皆通之意。孙氏又谓细分条目，则令韵部繁碎，徒拘桎于文辞；盖开、合等呼，于审音上则应细分，于为文上则可不必也。而孙氏别《移》于《齐》，别《谆》于《真》，别《桓》于《寒》，别《戈》于《歌》，审音盖尤密于陆氏者矣；宜《广韵》多从之也。

清内府藏王仁煦《刊谬补缺切韵》，首题曰：“右四声五卷，大韵总有一百九十五，小韵三千六百七十一。”注云：“二千一百二十韵清，一千五百五十一韵浊。”以一百九十五韵，更一一分其开、合呼等，如后陈澧诸人所考者，亦仅三百三十有奇；不应有三千六百七十一之多。而云二千一百二十韵为清，一千五百五十一为浊；未知此所谓清、浊者，果同于孙氏否也？姑举之以存疑。

《广韵》三《钟》：恭字下注云：“陆以恭、蜙、纵入《冬》韵，非也。”徐铉校定《说文》，一用孙愐音：恭，俱容切，纵，即容切，蜙，息恭切，皆在《钟》韵；则孙愐始改此数字入《钟》韵；《广韵》此注，亦必孙氏《唐韵》原文。今蒋本残卷：去声三十三《线》、飒字下注云：“陆无训义”；五十五《证》、瞪字下注云：“陆本作眙”；入声二十《麦》、鳊字下注云：“陆入《格》韵。”是可见《唐韵》于陆氏《切韵》之文字注音、义训，多所补正；宜其为宋人所祖述也。

虽然，孙氏分部与注解，于陆氏有所补正，而其序次则仍沿用陆氏之旧。魏了翁《唐韵后序》谓今韵与《唐韵》之次序不同；“今韵降《覃》《谈》于《侵》后，升《蒸》《登》于《青》后”；又云：“今韵又升

《药》《铎》于《麦》《陌》《昔》之前，置《职》《德》于《锡》《缉》之间。”盖《唐韵》平声列《覃》《谈》于《阳》《唐》之前，《蒸》《登》于《盐》《添》之后；入声置《药》《铎》于《怗》《缉》之后，《职》《德》于《业》《乏》之前。今《唐韵》残卷去、入二声，部目、序次与《切韵》残卷几全相同；盖孙氏排次，一沿用陆氏者也。而此即宋人韵书与《唐韵》大异处。

徐锴《说文解字篆韵谱》（冯敬亭十卷本），徐铉《序》谓：“取叔重所记，以《切韵》次之。”所谓《切韵》者，即孙愐《唐韵》，故其书中恭、蜙、纵诸字，列于《钟》韵，即依孙说。上声无《俨》韵，去声无《酽》韵，亦与《唐韵》残卷同；惟《齐》后无《栘》韵，《严》后无《凡》韵，入声有《聿》而无《术》《曷》，与《唐韵》残卷及魏氏《后序》所言异耳。夏竦《上古文四声韵表》云：“准《唐切韵》分为四声。”《唐切韵》者，盖亦即孙氏书。故其书，平声《齐》后有《栘》韵，恭、纵、蜙三字，皆在《钟》韵，即依据于孙氏。惟平声《仙》后有《宣》韵，与小徐《说文韵谱》同；而上声《狝》后有《选》韵，去声《梵》后有《酽》韵，入声《质》后并有《聿》《术》二韵，与《唐韵》残卷及小徐所据《切韵》皆异。盖陆、孙之书，当时传写者至众，而大都以意为增损；故各家所传《唐韵》，参差不合，实无足怪。王国维《书唐韵后》云：

> 唐人盛为诗赋，韵书当家置一部；故陆、孙二韵，当时写本当以万计。陆《韵》即巴黎所藏三本，已有异同。孙《韵》传之后世，可考见者，除鹤山所藏外，如欧阳公见吴彩鸾书叶子本（《归田录》），黄山谷所见凡六本（《山谷题跋》），鲜于伯机藏一卷（《云烟过眼录》），传写既多，故名称部目不能尽同。……《倭名钞》所引《唐韵》及孙愐《切韵》，与《净土三部经音义》所引孙愐说，以《唐韵》残本所有者校之，颇有不合；即大徐《说文》所用孙愐反切，亦与《唐韵》残本有异同。盖传写既多，写者往往以意自为增损；即部目之间，亦不免少有分合。（《观堂

集林》卷八）

《唐韵》写本之多，亦即《广韵》一书所以有详、略各本之异；其原因一也。小徐《说文篆韵谱》、夏氏《古文四声韵》，其韵部多寡，虽与《唐韵》残卷及魏了翁所藏者有异；而韵部之序次，则仍相合；此又可证此等书即属《唐韵》之别本者矣。

戴震《声韵考》卷四，斥顾炎武《音论》以《广韵》即《唐韵》之非，然谓"《广韵》乃因法言韵就为刊益，不据《唐韵》"者，亦不尽然也。又纪容舒取大徐所录孙愐反切，据之以作《唐韵考》；而其部次，一依《广韵》二百零六韵之序。犹之纪昀考沈氏四声，依《广韵》部目为排次者。戴氏又云："周颙、沈约作四声，未区分为二百六部；顾君谓约特谱而总之，于原委殊失详审。"盖彼等初不知陆氏书韵部排列之先后，与今《广韵》原不相同；孙愐犹沿陆氏而未改。迨李舟《切韵》出，始一变陆氏之旧次焉。

（七）李舟《切韵》

《唐书·艺文志》有李舟《切韵》；今其部次见于大徐所改定之《说文篆韵谱》（今五卷本）中。大徐于雍熙四年作《韵谱后序》云："《韵谱》既成，广求余本，颇有刊正。今复承诏校定《说文》，更与诸儒精加研核；又得李舟《切韵》，殊有补益。其间疑者，以李氏为正。"盖小徐作《说文篆韵谱》依据于孙愐，而大徐刊正之，则从李舟。故从大徐改定之《说文篆韵谱》，可以窥见李氏《切韵》之部次也。今以小徐原本与大徐改定本相校：大徐《齐》后无《移》，《仙》后有《宣》，《严》后无《凡》，与小徐同；惟上、去有《俨》《酽》，入声有《术》《曷》而无《聿》，与小徐略异耳。其"上平二十七韵（《痕》附于《魂》），下平二十九韵，上声五十五韵，去声六十韵，入声三十四韵"

之部目，本诸李氏，而李氏乃参酌《唐韵》各本以成者。故于《唐韵》分部，无甚变更；所变更者，在韵部之序次耳。

李舟，《唐书》无传，《杜工部集》有《送李校书二十六韵》，叙其身世。王国维谓李舟作《切韵》，当在代宗、德宗之世（《观堂集林》卷八《李舟切韵考》）。生孙愐之后，故能据孙氏《唐韵》而更正之。孙氏以前，其韵部序次，大抵平声《覃》《谈》在《阳》《唐》之前，《蒸》《登》居《盐》《添》之后。上、去二声准是，或并《俨》于《范》，并《酽》于《梵》，而去声之《泰》，则又在《霁》前。入声则《药》《铎》居于《怗》《缉》之后，《职》《德》置于《业》《乏》之前，而不与平、上、去相配。迨李舟出，始整齐划一之。今《广韵》部次秩然，魏氏所谓："今韵降《覃》《谈》于《侵》后，升《蒸》《登》于《青》后，升《药》《铎》于《麦》《陌》《昔》之前，置《职》《德》于《锡》《缉》之间"者，实源于李舟也。王国维《李舟切韵考》云：

> 取唐人韵书与宋以后韵书比较观之，则李舟于韵学上有大功二：一、使各部皆以声类相从；二、四声之次相配不紊，是也。

吕静《韵集》以"成、仍、宏、登，合成两韵"；成在《清》韵，仍在《蒸》韵，宏在《耕》韵，《登》自为韵；是六朝韵书本以《清》《蒸》《耕》《登》为一类，隋、唐始变之也。李舟以《耕》《清》《青》《蒸》《登》为次，仍复其序。又以《覃》《谈》与《侵》《添》诸韵，归为一类，使阳声收-m者，与收-ng者不相杂厕；复以《药》《铎》与《阳》《唐》，《职》《德》与《蒸》《登》，以次相配，而上声末四韵，以《豏》《槛》《俨》《范》为次，去声以《陷》《鉴》《酽》《梵》为次，入声以《狎》《洽》《业》《乏》为次。《广韵》一从其序，与平声之《咸》《衔》《严》《凡》相配（大徐本因《严》《凡》二部字少而合为一）。今张士俊本《广韵》，上声以《俨》《豏》

《槛》《梵》为次，去声以《酽》《陷》《鉴》《梵》为次，不与平、入二声相配；明内府本亦然。戴震《声韵考》谓此自景祐以后所涂改，非《广韵》旧目如此；而自大徐所据李舟之《切韵》，更可得一证明也。盖《广韵》之部次，除平声《魂》后有《痕》，《仙》后无《宣》，《严》后有《凡》，与大徐本稍异，其余悉从李舟者也。王国维谓李舟《切韵》为宋代韵书之祖。其言曰：

> 要之诸部以声类相近为次，又平、上、去、入，四声相配秩然，乃李舟《切韵》之一特色。大徐改定《篆韵谱》既用其次；陈彭年亦江南旧人，又尝师事大徐，故修《广韵》亦用之。以后《韵略》《集韵》诸书，虽升《严》《俨》《酽》《业》四韵，与《广韵》异；然四声之次，无不相配。故李舟《切韵》之为宋韵之祖，犹陆法言《切韵》之为唐人韵书之祖也。

是李舟使韵部得一整齐画一之序，于韵学上之贡献，诚不在陆、孙二氏下。乃《大宋重修广韵》卷首未题有其姓氏者，何哉？

（八）《广韵》与隋唐韵书之关系

丁度《集韵韵例》云："隋陆法言作《切韵》，唐孙愐、李舟各加褒撰。先帝时，因令陈彭年、邱雍因法言《韵》，就为刊益。"盖《广韵》分部，依据于陆、孙，而排次则从李舟，上文已述之矣。《大宋重修广韵》卷首列陆法言等《切韵》撰人，后列增字诸家姓名；明以《广韵》为本，而诸家增字附之。除长孙讷言、王仁煦、孙愐外，犹有郭知玄、关亮、薛峋、祝尚丘、严宝文、裴务齐、陈道固诸家，皆唐时撰《切韵》者。郭忠恕《汗简》曾引郭知玄《字略》，《佩觿》引裴务齐《切韵序》转注之说。夏竦《古文四声韵》引郭知玄朱笺，祝尚丘韵。而日本《见在书目》，除王仁煦《切韵》外，犹有郭知玄、祝尚丘、裴务齐、陈道固《切韵》各五卷。《倭名类聚钞》及《净土三部经音义》所引诸家，尤夥。盖皆有《切韵》专书者也。此外，《广韵》卷首所未列名者，除李舟《切韵》，《唐书·艺文志》又有僧猷智《辨体补修加字切韵》五卷；《通志·艺文志》有李邕《唐韵要略》一卷，无名氏《唐切韵》五卷；《汗简》《佩觿》及《古文四声韵》所引，有王存乂《切韵》、李审言《切韵》、义云《切韵》；《宋史·艺文志》有天宝元年《集唐韵》五卷；而日本《见在书目》有麻果、孙伷、蒋鲂、卢自始、韩知十、沙门清澈《切韵》各四卷，释弘演《切韵》十卷（本王国维《唐诸家切韵考》）。以上诸书，修《广韵》时，虽未必尽行采取，而《广韵》于诸家姓氏后，又云："更有诸家，备载卷中"；则所采取者，舍上列诸书外，又当奚属？

陆氏《切韵》，依封演《闻见记》，谓一万二千一百五十八字，乃并长孙讷言所加六百字计之（本王国维语）。《式古堂书画汇考》所录《唐韵序》，谓孙氏加三千五百字，通旧总一万五千文。则陆氏原书或伯加本，当为一万一千五百余字，至孙氏《唐韵》开元本，已有一万五千字；而长孙加六百字，及裴务齐、王仁煦等所加，果否尽在孙氏三千五百字以内，尚未得知。至孙氏天宝时重定之本，所加几何，序亦无明文（《序》中谓总加四万二千三百八十三言，乃专指注解之字，非谓所加正文）；而必于三千五百以外，尚有增加。迨宋时，重修《广韵》，增至二万六千一百九十四字（张氏本），视陆氏《切韵》字数已逾倍矣。今以蒋本《唐韵》残卷与《广韵》字数比较：如去声九《御》、孙《韵》字数六八，《广韵》字数一一五；十《遇》、孙《韵》九零，《广韵》一四八（见《广仓学窘》、王国维《唐韵别考·陆韵唐韵广韵字数比较表》）。则《广韵》于《唐韵》所加字，又当在三分之一以上。盖《广韵》总纂诸家，繁征博取，自轶出陆、孙之外。

李涪《刊误》曰："《切韵》始于后魏校书令李登撰《声类》十卷，

梁夏侯咏撰《四声韵略》十二卷，撰集非一，不可具载。至陆法言采诸家纂述而为己有。”是陆法言《切韵》集六朝诸书之大成者也。《广韵》分部，本诸陆、孙，而序次则依李舟，又云：“诸家增字，及义理、训释，悉纂略备载卷中。”则《广韵》者，又集隋、唐韵书之大成也。

（九）隋唐韵书所依据之语音

陆氏作《切韵》，取兼蓄并包主义，萃古今、南北之语音于一编；前既述之。而李涪《刊误》斥之为“吴音乖舛”者：李涪为陇西人（据孙光宪《北梦琐言》），既习于西北方言，又欲以洛阳东都为标准，自不以吴音为然。孙氏《北梦琐言》谓：“《广韵》以前，《切韵》多用吴音。李涪尚书、改《切韵》，全刊吴音。”兹录李涪之言如下：

> 吴民之言，如病瘖风而噤，每启其口，则语戾呙呐；随笔作声，下笔竟不自悟。凡中华音切，莫过东都；盖居天地之中，禀气特正。予尝以其音证之，必大哂而异焉。

盖本于一种单纯之语音系统，以校正兼采古今、南北之《切韵》，无怪其谓“乖舛既多，载述难尽”也。而《切韵》非纯粹之吴音，朱彝尊《与魏善伯书》，已辨之审矣。其言曰：

> 韵书之作，自李登以下，南人盖寡。沈氏书既无存，传者陆氏《切韵》尔。法言家魏郡临漳，同时纂韵者八人，惟萧该家兰陵；其余或家范阳（卢思道），或家狄道（辛德源），或家河东（薛道衡），或家顿丘（李若），或家临沂（颜之推），及沛（刘臻），类北方之学者。黄公绍失考，谓韵书始自江左，本是吴音者，

妄也。

更从苏鹗《演义》及《北史》《魏书》，考明法言家世，陆氏原籍代北，而人有疑其为陆机、陆云之后者，非也（本丁山《陆法言传略》，载中山大学《语言历史学研究所周刊》第二十五、六、七期）。是法言本北人，作《切韵》而兼采南音，殆依承于颜之推、萧该诸人之意旨。萧该，家兰陵，为南人，而颜之推论南、北语音，以为各有得失，不可偏废（见《颜氏家训·音辞篇》）。陆氏《序》谓："萧、颜多所决定"，是《切韵》兼包吴音者，依据于萧、颜诸人所决定也。

至瑞典学者高本汉（Berhand Karlgren）著《中国音韵学研究》（*Etudes sur la Phonologie Chinoise*）、《中国古音考》（*The Reconstruction of Ancient Chinese*，载《通报》[*Toung Pao*]二十一册），则以《切韵》依据于当时之北方音。日本满田新造曾作一文辨正之（《评高本汉中国古韵研究之根本思想》载《东洋学报》十三卷四号）。其第二章，《论切韵分部之地理的及历史的意义》，谓"《切韵》本于北方音，参考南方音，兼参考几分古音"。盖陆《序》已明言之："论南北是非，古今通塞"；"取诸家音韵，古今字书，以前所记者，定为《切韵》"。其审音辨韵，大都沿袭汉、魏以来之旧，而受六朝诸家之影响，自多参杂南音与古音。清江永谓其分韵之类三，以古今分，即其一也（见《四声切韵表·凡例》）。戴震曰："隋、唐二百六韵，据当时之音，撰为定本，而亦所以兼存古音。"（《声韵考》卷三）段玉裁云："法言二百六部，综周、秦、汉、魏至齐、梁所积而成典型；源流正变，包括贯通。"（《六书音韵表》）孔广森曰："《广韵》二百六部，盖本于隋陆法言等数人之所定。其意大率斟酌消息，使通乎今，不硋乎古。"（《诗声类》）是可见陆氏分韵，据当时南、北各地之音，而亦参考古音。近人黄侃更依据古时声类，以考定《广韵》三十二部为古本韵，其余为今变韵（详下章第七节）。章炳麟《国故论衡・音理论》谓陆、孙诸书，非仅依据隋、唐当时之音。其言曰：

> 《广韵》所包，兼有古今方国之音，非并时同地得有声势二百六种也(且如《东》《冬》，于古有别，故《广韵》丙分之；在当时固无异读，是以李涪《刊误》，以为不须区别也。《支》《脂》《之》三韵，惟《之》韵无阖口音，而《支》《脂》，开、阖相间，必分为二者，亦以古韵不同，非必唐音有异也。若《东》《钟》，《阳》《唐》，《清》《青》之辨，盖由方国殊音：甲方作甲音者，乙方则作乙音；乙方作甲音者，甲方又或作乙音；本无定分，故殊之以存方语耳)。昧其因革，操绳削以求之，由是侏离不可调达矣。

然酌古沿今云者，于古有所本，于今有所据。而陆《序》分别黍累，剖析毫厘，岂陆氏定韵，当时本自不能分哉？谓兼采古今、南北之音，非其韵部之分别，于音理上无所依据；乃千年来“音同韵异”之说，同然一辞；隋、唐分部之不明，即《广韵》之不明也。

(十) 隋唐韵书别派

陆氏《切韵》兼包古今、南北之音。孙愐、李舟继之，虽其间部目有增损，序次有移易，而对于法言杂采多种语音系统之音，固未尝稍变。若根据当时一种语音系统以为韵书，则与陆、孙部次，必大歧异。如李涪仅以东都音校正陆氏，宜其枘凿之不相入也。唐人又以秦音为韵书者，有天宝《韵英》、元廷坚《韵英》、张戬《考声切韵》诸书。《玉海》卷四十五，引韦述《集贤注记》云：

> 上以自古用韵，不甚区分；陆法言《切韵》又未能厘革。乃改撰《韵英》，仍旧为五卷。旧韵四百三十九，新加一百五十

一，合五百八十韵，一万九千一百七十七字。分析至细，广开文路，兼通用韵。

所谓旧韵四百三十九，戴震、王国维皆以为即《南部新书》所谓元廷坚所撰之《韵英》十卷；天宝御撰之书，盖因廷坚所作而广之也（见《观堂集林》卷八）。其书以秦音为依据。唐景审《序慧琳一切经音义》云：

古来音反，多以旁纽而为双声，始自服虔，元无定旨。吴音与秦音莫辨，清韵与浊韵难明；至于武与绵为双声，企以智为叠韵；若斯之类，盖所不取。近有元廷坚《韵英》及张戬《考声切韵》；今之所音，取则于此。

是慧琳《音义》全用廷坚及张戬二书，与陆氏《切韵》一系之沿用汉、魏以来音切，及杂采南北异音者，根本不同。其书开卷，音《大唐三藏圣教序》覆、载二字云："上敷务反，见《韵英》，秦音也；诸家皆敷救反，吴、楚之音也。"此条实为全书起例：凡《音义》反切之异于陆、孙诸韵者，皆以秦音为标准，而刊去吴、楚之音也。慧琳《音义》既取则于廷坚、张戬之书，而以秦音为依据；则廷坚《韵英》，张戬《考声切韵》为秦音韵书可知。慧琳所举覆为敷救反，实指陆氏一派而言。绵之为武延反，企之为去智反，覆之为敷救反，自六朝已然；凡陆氏一派之唐人韵书，以至《广韵》，莫不从之。绵之与武，唐、宋人谓之类隔；《广韵》下平声附录，改为名绵切，谓之音和。当时必已觉其不谐，而书中仍作武延反者，殆沿用古音故；即景审《序》所谓"古来音反，以旁纽为双声"者也。企之与智，覆之与救，在南音为叠韵，故陆、孙诸书以及《广韵》：企、去智反，覆、敷救反；以采用南音故也（黄淬伯《慧琳〈一切经音义〉反切考韵表》谓："企、智二字,《切韵》同在《寘》韵,而慧琳所据韵,企读上声,而智读去声。"见《国学论丛》二卷二号)。是以慧琳指之为"吴、楚之音",景审斥之为"吴音与秦音莫辨"。从此可见陆、孙诸《韵》与《韵英》《考声切韵》诸书,其所依据之语音系统,显然不同;一则以兼赅古今、南北之音,一则为当时秦音之韵书也。

王国维谓:"《韵英》分韵,竟至四五百之多者,殆此等书以清、浊细分其条目。孙氏云:'若细分其条目,则令韵部繁碎,徒拘桎于文辞。'盖从开、合呼等言之,二百余部以外,自尚可细分;陆、孙以其繁碎,不合于文辞之用,故不为耳。而景审已讥其清浊难明矣。如企、智二字,陆、孙同部,而《韵英》异部,此即所谓细分其条目者欤?"(见《观堂集林》卷八)然《韵英》"广开文路,兼通用韵";亦即陆《序》所谓"欲广文路,自可清浊皆通"之意。在文辞上自不必拘桎于清、浊之分,则又当时所同然者也。而今《韵英》分部,除自慧琳所引反语外,其条目殆难考知矣。

王氏弟子黄淬伯君作《慧琳〈一切经音义〉反切考韵表》,从慧琳《音义》中考得反切韵类仅有一百七十三,反比法言韵部为少(详下章第八节),又疑《记注》所谓旧韵四百三十九,非指廷坚《韵英》。其言曰:

> 《一切经音义》反切之韵部,平声三十七韵,上、去声称是,入声三十有一。一韵中有分二类、三类者,就其类计之,平韵五十类,上声四十六类,去声四十七类,入声三十类,共一百七十三类。此据慧琳注音,系联其反语之下字,所得之部类也。以视法言《切韵》,韵类多寡之数,相去悬绝。……先师静安承东原之说,而谓天宝御撰之书,当因廷坚书而广之。复据《一切经音义》景审《叙》,讥评古来音反,多以旁纽为双声,及清、浊韵难明之说,颇信《韵英》韵部多于《切韵》。而今所得之韵

类，乃反远损。然则《记注》之所谓书韵四百三十九者，非指廷坚韵也。而天宝《韵英》五百八十韵，其分析之法，视《切韵》加密。《切韵》韵部，唐人李涪已厌繁缛；天宝《韵英》抑何所据而使韵部增多，惜无从考见耳。(《国学论丛》二卷二号)

隋、唐时代秦音韵书，与《切韵》《唐韵》别为一派；惟廷坚《韵英》与天宝《韵英》两书体例，是否一系相承？此则当今音韵学上所待考证之问题也。

慧琳《音义》于《韵英》及《考声切韵》外，犹多引《韵铨》。《唐书·艺文志》有武玄之《韵铨》十五卷。孙光宪《北梦琐言》曰："曾见《韵铨》鄙薄《切韵》，改正吴音，亦甚核当。"是武玄之作是书，与《韵英》诸书，旨趣相同。《韵铨》久佚，而其部目见于日本僧安然所著《悉昙藏》(卷二)，平声五十部，以校《广韵》五十七韵，略有增损(见王国维《观堂集林》卷八)。则与《韵英》诸书之分部繁碎者，又异；殆玄之书亦不以清、浊细分其条目者欤？然其以当时一种方音为根据，与《韵英》等同属隋、唐韵书之别派者无疑。此等书与《切韵》一系兼采历代各地之语音者根本不同。然欲研究《广韵》之分部，此正可引为比较参证之资料也。

此外，《玉海》卷四十五所录唐颜真卿《韵海镜源》三百六十卷，宋句中正《新定雍熙广韵》一百卷(释文莹《玉壶清话》《宋史·句中正传》并同)，卷帙繁巨；殆类书，而非韵书，与《广韵》体例又不同者矣。

本章参考书要目

谢启昆《小学考》

王应麟《玉海》

纪昀《沈氏四声考》

纪容舒《唐韵考》

赵翼《陔余丛考》

唐写本《切韵》残卷

唐写本《唐韵》残卷

王仁煦《刊谬补缺切韵》

《颜氏家训·音辞篇》

夏竦《古文四声韵》

徐锴《说文篆韵谱》

段玉裁《跋古文四声韵》(《经韵楼集》卷六)

钱大昕《十驾斋养新录》

戴震《声韵考》

王国维《观堂集林》卷八,《韵学余说》《唐韵别考》(在《广仓学窘》中)

高本汉《中国音韵学研究》《中国古音考》《中文解析字典叙论》

满田新造《评高本汉古韵研究之根本思想》(《东洋学报》十三卷四号)

中山大学《语言历史学研究所周刊》第三集第二十五、六、七合期,《切韵专号》

吴稚晖《国音沿革序》

黄淬伯《慧琳〈一切经音义〉反切考韵表》(《国学论丛》二卷二号)

董作宾《跋切韵残卷》(中央研究院《语言历史研究所集刊》一本一分)

三、《广韵》之韵部

（一）《广韵》分部之标准

由上章所述，可知《广韵》一书，依据于孙愐《唐韵》、李舟《切韵》，更纂集诸家以成者。孙、李诸书既一以陆法言之《切韵》为祖；其间部目有增损，序次有更易，而于陆氏兼包古今、南北之宗旨，未尝少变。今《广韵》二百零六部，虽非尽《切韵》旧目；至其分部标准，固一本于陆氏也。陆氏《切韵序》曰：

> 以今声调，既自有别；诸家取舍，亦复不同。吴、楚则时伤轻浅，燕、赵则多伤重浊；秦、陇则去声为入，梁、益则平声似去。又《支》《脂》，《鱼》《虞》，共为一韵；《先》《仙》，《尤》《侯》，俱论音切。欲广文路，自可清、浊皆通；若赏知音，即须轻、重有异。吕静《韵集》、夏侯该《韵略》、阳休之《韵略》、周思言《音韵》、李季节《音谱》、杜台卿《韵略》等，各有乖互；江东取韵，与河北复殊。因论南北是非，古今通塞；欲更捃选精切，除削疏缓。

观陆氏此文，可知其分韵标准，乃参酌魏、晋、六朝之韵书，综合古今、南北之音变，审察其四声，阴、阳，开、合呼等，而详为订定者。

其书欲赏知音，不仅为文辞而设；虽未细分条目，而审辨之间，自不能不趋于详密；故"捃选精切，除削疏缓"；"剖析毫厘，分别黍累"。即《广韵》二百零六部之数，并不嫌其过多也。唐李涪欲以当时东都音为准则，遂斥陆《韵》为"吴音乖舛"；苏鹗《演义》曾为之剖辨曰："陆法言著《切韵》，时俗不晓其韵之清、浊，皆以法言为吴人，而言吴音也。"盖事实方面，陆书兼赅古今、南北之语音；彼乃依据当时一地之简单的系统，持以校正此种繁密之韵书，宜其无当。而音理方面，陆氏又以轻、重，清、浊，审辨音韵；时人不晓，诋为"妄别声律"；陆《韵》分部之难明，盖已久矣。今而欲推究《广韵》分部之理，一面须参校古、今音读，各处方音，以为考证之依据；一面须审察四声，阴、阳，开、合等呼，以示二百零六部成立之所以然。

陆书既取兼蓄并包主义；所赅愈广，吸收愈众，愈能引起一般人之信仰。故陆书风行唐世，作文之士皆奉为典则(见李涪《刊误》及封演《闻见记》)；苏氏《演义》谓陆氏"研究正声，削去纰缪，不独取方言乡音而已"。又云："孙愐等论音韵者二十余家，皆以法言为首出。薛道衡、隋之硕儒，与法言同时，尝与论音韵。则岂吴、越之音，而能服八方之人乎？"此足征《切韵》包罗各处语音，故能引起一般人之信从；至若天宝《韵英》、张戬《考声切韵》等书，仅以一地语音为依据者，其势力甚微。宋、元以下，语音已变隋、唐之旧；而文人诗赋，以及政府考试功令，仍沿用《广韵》一系之韵书。其能吸引人心如此之大，正以其收罗之广，兼赅古今、南北之故。然混合多种语音系统于一书，包孕愈众，读之者愈难明其意；此陆法言之所以受后人訾议者多也欤？

陆、孙以轻、重，清、浊辨韵，唐、宋人知其意者已鲜；睹其分部繁穰而不解，于是有"音同韵异"之说。李涪《刊误》谓《切韵》"有字同一声，分为两韵"。陈振孙《书录解题》亦云："韵书肇于陆法言，于是有音同韵异；若《东》《冬》《钟》，《鱼》《虞》《模》，《庚》《耕》，《清》

《青》,《登》《蒸》之类。”陆、孙所谓轻、重,清、浊,殆指开、合呼等而言;惟后世等韵之法,未必尽符陆、孙原意。戴震考析二百零六部,以其呼等同者,音多无别;遂谓陆、孙定韵,“有意求密,用意太过;强生轻重,定为音切”(《答段若膺论韵》)。盖本于一己之口语,又用后世等韵之理,以推求陆、孙分韵之标准,自难一一吻合。然终不可以己之所不能分,而斥当时定韵者之本无别也。善乎!江永之言曰:

> 《广韵》本之唐,唐又本之隋;其原盖自六朝创之。平声五十七部,上声五十五部,去声六十部,入声三十四部,凡二百有六部。分类细入毫芒;韵之相似,如《东》《冬》《钟》,《支》《脂》《之》,当分而不可合,必有其所以然者。(《四声切韵表·凡例》)

不特二百零六部,应认为当分而不可合;即一韵中切语之别为二类、三类、四类者,亦必有其分析之故。陈澧曰:

> 陆氏分二百六韵;每韵又有二类、三类、四类者,非好为繁密也;当时之音,实有分别也。(《切韵考》卷六)

由此以言:凡谓《广韵》中有“音同韵异”者,皆不明其分韵之故,而妄为之说也。

至江有诰《等韵丛说》谓“陆《韵》分部至繁。然同类者,或荡析离居;异类者,或马牛莫别。……赅以古音,实为错乱乖离;而入声尤无条理”。则又拘泥于古音,未究法言分部之旨者。

江永《四声切韵表·凡例》云:“凡分韵之类有三:一以开口、合口分,一以古、今音分。”钱玄同《文字学·音篇》更广之,谓:“《广韵》分韵之多，其故有四：（一）平、上、去、入之分，（二）阴声、阳声之分，（三）开、齐、合、撮之分，（四）古、今沿革之分。”窃以为四者外，尚有南、北方音之分。古、今沿革与南、北纷变者，《广韵》分部所依据之事实也。阴、阳，四声，开、合呼等者，殆又《广韵》分部所根据之音理也。而语音随时地以歧异，大部即寓于阴、阳，四声，开、合呼等变化之中。试依五者一一述之于下。

（二）二百零六部四声之相配与阴阳之分

《广韵》分部之故，以四声最为显明。平声以字多分上、平二卷，平、上、去、入，共为五卷。二百零六部：平声五十七，上声五十五，去声六十，入声三十四。平声五十七韵，而上声仅五十五者：《冬》韵之上只有湩、鳵、鸔三字，附于《钟》上之《肿》韵中。（《广韵》湩字下注："此是《冬》字上声"；鳵鸔为莫湩切）《臻》韵无上（戴震以《殷》上之《隐》韵中鱶、齔等字，即属《臻》上），故少二韵。去声独有六十者：《臻》无去（戴震以《殷》去之《焮》韵中齔字，即属《臻》去；今《广韵·焮》韵无齔字），又《祭》《泰》《夬》《废》无平、上，多此四韵也。（江永《四声切韵表》谓顾炎武《古音表》以《泰》承《佳》，《蟹》《卦》承《皆》，《骇》《怪》承《灰》，《贿》《夬》承《咍》，《海》《队》《代》皆无平上；一韵失次，诸韵皆误。）故若并平、上、去三声言之，则平声五十七，加去声之《祭》《泰》《夬》《废》四韵，为六十一部（本钱玄同《文字学·音篇》）。平、上、去有六十一，而入声仅三十四韵者，以其间有有入与无入之分故也。江永《四声切韵表·凡例》云：

> 依韵书次第，《屋》至《觉》四部，配《东》《冬》《钟》《江》。《质》至《薛》十三部，配《真》《谆》《臻》《文》《殷》《元》《魂》《寒》

《桓》《删》《山》《先》《仙》；惟《痕》无入。《药》至《德》八部，配《阳》《唐》《庚》《耕》《清》《青》《蒸》《登》。《缉》至《乏》九部，配《侵》《覃》《谈》《盐》《添》《严》《咸》《衔》《凡》。调之声音而谐，按之等列而协；当时编韵书者，其意实出于此。以此定入声，天下古今之通论，不可易也。

故六十一部，其中《东》《冬》《钟》《江》《真》《谆》《臻》《文》《殷》《元》《魂》《痕》《寒》《桓》《删》《山》《先》《仙》《阳》《唐》《庚》《耕》《清》《青》《蒸》《登》《侵》《覃》《谈》《盐》《添》《咸》《衔》《严》《凡》（举平赅上去）三十五部，为有入之韵。惟《痕》无入（《通志·七音略》《切韵指南》以《魂》入之《没》韵中窔、麧等字，为《痕》入），故入声为三十四韵。其余《支》《脂》《之》《微》《鱼》《虞》《模》《齐》《佳》《皆》《灰》《咍》《萧》《宵》《肴》《豪》《歌》《戈》《麻》《尤》《侯》《幽》二十二部，以及去声之《祭》《泰》《夬》《废》四部，皆为无入之韵也。

《广韵》有入之韵与无入之韵，其所以异者，由于声音本质不同。戴震谓有入者，以金石音喻之，犹击金成声也；无入者，犹击石成声也（《答段若膺论韵》）。盖有入之韵，附有鼻音，可以延长；无入之韵，为纯韵，不附以鼻音，略为短促。戴震又谓："有入者如气之阳，如物之雄，如衣之表；无入者，如气之阴，如物之雌，如衣之里。"（《答段若膺论韵》）孔广森《诗声类》、严可均《说文声类》、章炳麟《国故论衡》因以有阳声、阴声之名：附有鼻音者，谓之阳声；不附鼻音者，谓之阴声。《广韵》二百零六部，以入声与阳声相配，而阴声无入也。

阳声又以其所附鼻音之不同，分为三类。毛先舒《声音韵统论》（见《韵学统指》中）有穿鼻、抵腭、闭口之分；戴氏《声类表》除收喉外，亦有收鼻、收舌齿、收唇三类；惟皆赅阴声入声而言，尚未明晰。至章炳麟始言鼻音有三孔道：分撮唇、上舌、独发三种。谓撮唇鼻音，印度以西以半摩字收之，上舌鼻音、印度以半那字收之，独发鼻音、印度以姎字收之（《国故论衡》卷上）。即收-m、收-n、收-ng三类也。惟章氏谓古音《东》《冬》《蒸》诸韵，亦为撮唇收-m者，《青》韵为上舌收-n者，近于武断，与《广韵》之音不合。《广韵》阳声三十五部：收-ng者，十二：《东》《冬》《钟》《江》《阳》《唐》《庚》《耕》《清》《青》《蒸》《登》，是也。收-n者，十四：《真》《谆》《臻》《文》《殷》《元》《魂》《痕》《寒》《桓》《删》《山》《先》《仙》，是也。收-m者，九：《侵》《覃》《谈》《盐》《添》《咸》《衔》《严》《凡》，是也。收-m者九韵，词家谓之闭口音，现今虽变为收-ng或收-n；而闽、广方言，犹可证也。

《广韵》以入声配阳声者，亦依据于事实，本于音理。阳声分收-ng、收-n、收-m三类，入声亦分收-k、收-t、收-p三类：《屋》《沃》《烛》《觉》《药》《铎》《陌》《麦》《昔》《锡》《职》《德》十二韵，配阳声之收-ng者，皆收有-k音；《质》《术》《栉》《物》《迄》《月》《没》《曷》《末》《黠》《辖》《屑》《薛》十三韵，配阳声之收-n者，皆收有-t音；《缉》《合》《盍》《叶》《怗》《洽》《狎》《业》《乏》九韵，配阳声之收-m者，皆收有-p音。盖入声本出于阳声，当收有鼻音；惟入声音至短促，不能收鼻，而收暴发音之-k、-t、-p。以鼻音为久音，可以延长，暴发音为暂音，不能延长；变久音为暂音，正所以助其短促之势也。毛氏分穿鼻、抵腭、闭口三类，戴氏亦分收鼻、收舌齿、收唇，皆赅入声而言。惟穿鼻、收鼻之名不妥，应改为碍喉、收喉。证诸闽、广方言，佛典译音及日本汉音、吴音，凡入声字皆有收-k、收-t、收-p之音，可见《广韵》入声诸韵之音读；而其应与阳声相配，依于事实，本于音理，益灼然明矣。

乃章炳麟《菿汉微言》谓《广韵》入声依音理应配阴声，其所以配阳声者，徒以入声部数与阳声适合耳。章氏之言曰：

> 《广韵》平声五十七部，阳声三十五，阴声二十二。以音理言，惟阴声有入；而《广韵》配入声三十四部于阳声诸部，此何故邪？则以阴声仅二十二，以二十二配三十四，相差甚远，故不得已而配阴声耳。本无他意，而后人深求之，不得其命意所在。此类多有。

此又章氏臆必之言。章氏言古音，谓“入声可舒可促，舒而为去，收声属阴声则为阴，收声属阳声则为阳”（《国故论衡·二十三部音准》）。是乃以入声亦分阴、阳两类。章氏又谓“古音本无《药》《觉》《职》《德》《沃》《屋》《烛》《铎》《陌》《锡》诸部，是皆《宵》《之》《幽》《侯》《鱼》《支》之变声也。有入声者，阴声有《质》《栉》《屑》一类，《曷》《月》《辖》《薛》《末》一类，《术》《物》《没》《迄》一类，阳声有《缉》类、《盍》类耳”（《二十三部音准》）。是又以古音仅有《缉》《盍》收-p一类之入声，以《栉》《曷》《术》诸韵为入声，而不以为收-t者；至《药》《觉》诸部，则谓本非入声，自不认其为收-k者。章氏似未知今闽、广方音尚有收-k、收-t之入声。《广韵》：《药》《觉》类收-k，所以配《阳》《江》类；《栉》《曷》类收-t，所以配《臻》《寒》类；正与《缉》《盍》类收-p，配《侵》《覃》类，同一事理。若谓《药》《觉》，《栉》《曷》类，本无收-k、收-t，至隋、唐时方加以收音者，则于事理不合。盖依中国语之趋势，只有将原有收音失去者，未有本无收音而后来加之者也（本唐钺《国故新探》卷二《入声演化和词曲发达的关系》）。故章氏谓古音无收-k、收-t之入声，及《广韵》中入声韵本当配诸阴声者，皆谬误之论，不足取信。

总上以言：《广韵》平、上、去之分，以音调之不同为主；而阴、阳、入之分，则又在音质与音长之差异。

（三）《广韵》诸部之阴阳声转

由上节以观，《广韵》入声诸部，应专配阳声者，自显然无疑。然明、清以来，考求古音，诗文中用入声韵与平、上、去三声协者，多属阴声。又按诸形声偏旁及一字异音之例，凡平、上、去与入声相转者，如质、貭，室、至之类，又多为阴声字。于是顾炎武作《古音表》，一变《广韵》入声之分配。惟《侵》《覃》以下九韵之入，及《歌》《戈》《麻》三韵之无入，与《广韵》同；其余悉反之，旧无者有，旧有者无。顾氏《音论论近代入声之误》谓：以《屋》承《东》，《术》承《谆》，《铎》承《唐》，《昔》承《清》，若吕之代嬴，黄之易芈；以其音之不类也。江永继起，谓顾氏之说，失于固滞；入声有转纽，不必皆直转，因创为异平同入之论。其言曰：

> 平、上、去、入，声之转也，一转为上，再转为去，三转为入；几于穷，仅得三十四部，当三声之过半耳。穷则变，故入声多不直转；变则通，故入声又可同用。除《缉》《合》以下九部为《侵》《覃》九韵所专，不为他韵借，他韵亦不能借；其余二十五部诸韵，或合二三韵，而共一入，无入者间有之，有入者为多。（《四声切韵表·凡例》）

江氏此论，实为调和顾氏与《广韵》而发，遂以明阴、阳对转之理。戴震承之，作《声类表》，分古、今音为九类二十五部，除八、九二类《侵》《覃》诸韵，无阴声与之相配外（戴氏谓此因闭口音，配之者更微不成声也），其余皆以阴、阳、入三声相配，戴氏更畅言其理，谓："平、上、去三声，近乎气之阳，物之雄，衣之表；入声近乎气之阴，物之雌，衣之里。故有入之入，与无入之去近；从此得其阴、阳，雌、雄，表、里之相配。”(《答段若膺论韵》)此后孔广森作《诗声类》，严可均作《说文声类》，章炳麟作《成均图》(见《国故论衡》卷上)，虽略有异同，而要皆源出于江、戴者也。盖入声者，介于阴、阳之间；因其音本出于阳声，当收有鼻音，惟至为短促，不能收鼻，只收暴发音；则又类似阴声者矣。故入声得兼承阴、阳，与之通转；而阴、阳二声，亦以入声为之介，得相对转。陈澧《切韵考》卷六谓陆《韵》以入承阳，不必异平同入；然据音理以言，阴、阳、入通转之说，自不可废也。

江氏、戴氏既以等韵方法考析二百零六部，又以入声兼承阴声、阳声，以明通转之理。近人黄侃更据陈澧所考取之韵类，以开、齐、合、撮四等订正江、戴之说(说详下)，作为《广韵入声分配阴阳表》(见钱玄同《声韵讲义》)。因录于下：

阴声			入声		阳声		等呼
平	上	去	入	去	上	平	
《侯》一	《厚》一	《候》一					开
《侯》二	《厚》二	《候》二	《屋》一	《送》一	《董》	《东》一	合
《尤》一	《有》一	《宥》一					齐
《尤》二	《有》二	《宥》二	《屋》二	《送》二		《东》二	撮
《幽》一	《黝》	《幼》一					齐
《幽》二		《幼》二					撮
《豪》一	《皓》一	《号》一					开
《豪》二	《皓》二	《号》二	《沃》	《宋》	(湩)	《冬》	合
《萧》	《篠》	《啸》					齐
《宵》一	《小》一	《笑》一					齐
《宵》二	《小》二	《笑》二	《烛》	《用》	《肿》	《钟》	撮
《肴》一	《巧》一	《效》一					开
《肴》二	《巧》二	《效》二	《觉》	《绛》	《讲》	《江》	合
《脂》一	《旨》一	《至》一	《质》一	《震》一	《轸》一	《真》一	齐

《脂》二	《旨》二	《至》二	《质》二	《震》二	《轸》二	《真》二	撮
			《术》	《稕》	《准》	《谆》	撮
			《栉》		(籐)	《臻》	开
《微》一	《尾》一	《未》一	《物》	《问》	《吻》	《文》	撮
《微》二	《尾》二	《未》二	《迄》	《焮》	《隐》	《殷》	齐
		《废》一	《月》一	《愿》一	《阮》一	《元》一	齐
《戈》一							齐
		《废》二	《月》二	《愿》二	《阮》二	《元》二	撮
《戈》二							撮
			(麧)	《恨》	《很》	《痕》	开
《灰》	《贿》	《队》	《没》	《恩》	《混》	《魂》	合
		《泰》一	《曷》	《翰》	《旱》	《寒》	开
《歌》	《哿》	《个》					开
		《泰》二	《末》	《换》	《缓》	《桓》	合
《戈》三	《果》	《过》					合
《皆》一	《骇》	《怪》一	《黠》一	《谏》一	《潸》一	《删》一	开
《皆》二		《怪》二	《黠》二	《谏》二	《潸》二	《删》二	合
		《夬》一	《辖》一	《裥》一	《产》一	《山》一	开
		《夬》二	《辖》二	《裥》二	《产》二	《山》二	合
			《屑》一	《霰》一	《铣》一	《先》一	
			《屑》二	《霰》二	《铣》二	《先》二	
		《祭》一	《薛》一	《线》一	《狝》一	《仙》一	齐
		《祭》二	《薛》二	《线》二	《狝》	《仙》二	撮
			《药》一	《漾》一	《养》一	《阳》一	齐
《鱼》	《语》	《御》	《药》二	《漾》二	《养》二	《阳》二	撮
《虞》	《麌》	《遇》					撮
			《铎》一	《宕》一	《荡》一	《唐》一	开
《模》	《姥 》	《暮》	《铎》二	《宕》二	《荡》二	《唐》二	合
《麻》一	《马》一	《祃》一	《陌》一	《敬》一	《梗》一	《庚》一	开

《麻》二	《马》二	《祃》二	《陌》二	《敬》二	《梗》二	《庚》二	齐
《麻》三	《马》三	《祃》三	《陌》三	《敬》三	《梗》三	《庚》三	合
	《马》四		《陌》四	《敬》四	《梗》四	《庚》四	撮
《佳》一	《蟹》一	《卦》一	《麦》一	《诤》一	《耿》一	《耕》一	开
《佳》二	《蟹》二	《卦》二	《麦》二	《诤》二	《耿》二	《耕》二	合
《支》一	《纸》一	《寘》一	《昔》一	《劲》一	《静》一	《清》一	齐
《支》二	《纸》二	《寘》二	《昔》二	《劲》二	《静》二	《清》二	撮
《齐》一	《荠》一	《霁》一	《锡》一	《径》一	《迥》一	《青》一	齐
《齐》二	《荠》二	《霁》二	《锡》二	《径》二	《迥》二	《青》二	撮
《之》	《止》	《志》	《职》一	《证》一	《拯》	《蒸》一	齐
			《职》二	《证》二		《蒸》二	撮
《咍》一	《海》一	《代》	《德》一	《嶝》一	《等》一	《登》一	开
《咍》二	《海》二		《德》二	《嶝》二	《等》二	《登》二	合
			《缉》一	《沁》	《寝》一	《侵》一	齐
			《缉》二		《寝》二		撮
				《勘》	《感》	《覃》	开
			《盍》	《阚》	《敢》一	《谈》一	开
					《敢》二	《谈》二	合
			《叶》	《艳》一	《琰》一	《盐》一	齐
				《艳》二	《琰》二	《盐》二	撮
			《怗》	《㮇》	《忝》一	《添》	齐
					《忝》二		撮
			《洽》	《陷》	《豏》	《咸》	开
			《狎》	《鉴》一	《槛》	《衔》一	开
				《鉴》二		《衔》二	合
			《业》	《酽》	《俨》	《严》	齐
				《酽》			撮
			《乏》一	《梵》一	《范》一	《凡》一	齐
			《乏》二	《梵》二	《范》二	《凡》二	撮

（四）《广韵》与等韵之学

陆、孙所言轻、重，清、浊，殆即指开、合呼等，陆《序》谓《支》《脂》，《鱼》《虞》，《先》《仙》，《尤》《侯》之分，系轻清、重浊之异。今《广韵》末附有《辩四声轻清重浊法》：先在《先》韵、重浊，仙在《仙》韵、轻清。施在《支》韵、轻清，眉在《脂》韵、重浊，而伊、龟在《脂》韵，皆轻清。又朱、孚皆在《虞》韵，而朱重浊，孚轻清。纷纭不可究诘，轻、重，清、浊之辨、究若何？后人莫能臆测也。陆、孙清、浊之理，既不能明，则欲考析二百零六部之开、合呼等，自不得不借径于宋后等韵之学。

后代以等韵分析《广韵》韵部者，当推江永、戴震之说为最详密。江永论及六朝、隋、唐音学，以为当时审音辨韵，不外等韵之理。其言曰：

> 若夫《东》《冬》《钟》，《支》《脂》《之》，别之为三；《寒》《桓》《删》《山》，《萧》《宵》《肴》《豪》，析之为四。《江》次《冬》《钟》，不随《阳》《唐》；《侯》间《尤》《幽》，不厕《鱼》《模》。此类盖因当时通行之音，审其粗细，以别部居。若一部之中，同类异等，如公、宫；同母异呼，如饥、龟；同音异字，如岐、奇；皆别其音切，不令混淆。由当时反切等韵之理大明，故能条分缕析。（《古韵标准例言》）

戴氏之言，亦同此意。谓："郑樵本《七音韵鉴》为内外转图。及元刘鉴《切韵指南》皆以音声洪、细，别之为一、二、三、四等列，故称等韵；各等又分开口呼、合口呼，即外声、内声。……其说虽后人新立，而二百六韵之谱，实以此审定部分。”又云：“就一类分之为平、上、去、入，又分之为内声、外声，又分之为一、二、三、四等列；虽同声同等，而轻重、舒促必严辨；此隋、唐撰韵之法也。”（《声韵考》卷二）戴氏之学，出于江氏，考古与审音两者，并重。言周、秦古韵，亦且参以等韵之理；其于《广韵》二百零六部之分析，自更不出乎此途。

江永作《四声切韵表》谓：“依古二百六韵，条分缕析，别其音呼等第”（见《凡例》）；表中各韵分开口、合口二呼外，又注其一、二、三、四之等第。戴氏作《声类表》，开、合亦各四等：曰，开口内转重声（即开口一等），开口内转轻声（即开口二等），开口外转重声（即开口三等），开口外转轻声（即开口四等），合口内转重声（即合口一等），合口内转轻声（即合口二等），合口外转重声（即合口三等），合口外转轻声（即合口四等）。开口又名外声，合口又名内声。兹录戴氏论各韵等呼于下：

> 《广韵》上声二《肿》、湩字下云：“此是冬字上声。”盖昔人论韵，审其洪、细，为一、二、三、四等列。如平声二《冬》、十一《模》、十五《灰》、二十三《魂》、二十六《桓》，全韵皆内声一等。十六《咍》、二十四《痕》、二十五《寒》、六《豪》、七《歌》、二十二《覃》、二十三《谈》，全韵皆外声一等。十九《臻》、五《肴》、二十六《咸》、二十七《衔》，全韵皆外声二等。二十《文》，全韵皆内声三等。二十八《严》、二十九《凡》，全韵皆外声三等。三《萧》、二十《幽》、二十五《添》，全韵皆外声四等。上、去、入大致准此。余韵或主辨等，兼内声、外声为一韵。如十一《唐》、十七《登》及十四《泰》，一等。三《江》、十三《佳》、十四《皆》、二十七《删》、二十八《山》、十三《耕》及十七《夬》，二等。八《微》、十二《齐》、二十二《元》，三等。一《先》、十五《青》，四等。并兼

> 内声、外声，上、去、入准此。或因字少不烦别出，则兼数等为一韵。《钟》韵兼三等、四等，《肿》韵之三等、四等字，为《钟》之上声；惟湩、鸈二字属一等，为《冬》之上声；以字少不别立部目。又《臻》《栉》二韵无上、去声字者，其上、去声字，在《隐》《焮》二韵内；《臻》韵、《栉》韵并二等，《欣》韵、《迄》韵并三等，惟上声《隐》韵、去声《焮》韵兼二等、三等；其二等櫬、龀等字，即《臻》《栉》二韵之上、去也；亦以字少，不别部目。（《声韵考》卷二）

此所言与江氏《四声切韵表》及戴氏晚年所作《声类表》，除十七《夬》（《四声切韵表》，开口二等，兼合口一等），十二《齐》（《四声切韵表》，开口四等，兼合口四等，《声韵表》亦同），二十《幽》（《声类表》，合口三等，兼合口四等），略有差异外，其余一一吻合。自来以等韵考析《广韵》二百零六部，未有详于江、戴者也。

虽然，江氏、戴氏皆主开、合各四等，共为八等。江氏言其别，云："合口吻聚，开口吻不聚"（《音学辨微》）；"开口至三等则为齐齿，合口至四等则为撮口"；又曰："一等洪大，二等次大，三、四皆细，而四又细；学者未易辨也。"（《四声切韵表·凡例》）江氏既谓四等之分不易辨，则八等之说难明也。陈澧《切韵考·外篇》因谓外转、内转，重声、轻声诸目，茫无凭据，可置不论。章炳麟《音理论》谓八等之说，"是乃空有名，言其实、使人哽介不能作语。验以《见》母收舌之音，昆（合口）、君（撮口）、根（开口）、斤（齐齿）以外，复有他声可容其间耶。原其为是破碎者，尝睹《广韵》《集韵》诸书，分部繁穰；不识其故，欲以是通之尔"。黄侃亦谓等韵之弊，在于破碎；开合、洪细，不过四等，而故作八等之说者，缘见《广韵》分韵繁多，不明所以，因创之以济其穷尔（见《与友人论治小学书》）。是八等之分，既不可解；则江、戴所列二百零六部之等第，亦不过纸上空谈，非能验诸唇吻者耶？然近人高元分《等呼论》为宋元与明清二派，宋元派以韵之基本音调为标准，可有八等之分；明清派则纯以唇之形状为标准，故只有开、齐、合、撮四等。二派性质完全不同（见《国音学》第三章第八节）。是章、黄诸人本于明、清等韵之理，以斥宋、元八等之说为破碎无意义者，终未免武断；而《广韵》二百零六部上之等呼，依据宋后等韵学理以为分析，究能完全适合与否？至今亦难肯定者也。盖陆、孙轻重、清浊之理，今既未能考见，则凡江、戴所论，与夫以开、齐、合、撮四等说明《广韵》分部者，实皆本后人之组织，以范围古人；均不免有削足适履之弊。故今而欲明二百零六部分立之所以然，惟有向《广韵》切语下字求之。

（五）从切语下字分析《广韵》之韵类

陈澧谓宋后等韵之学，不足以适合韵书之组织。其言曰：

> 宋人取韵书之字，依字母之次第，而为之图，定为开、合四等；纵横交贯，具有苦心；遂于古来韵书切语之外，别成一家之学。然自为法以范围古人之书，不能精密也。（《切韵考・外篇序》）

陈氏乃从《广韵》切语下字，系联其同用、互用、递用者，而分析每韵为一韵为一类或数类。《切韵考》条例云：

> 切语下字与所切之字为叠韵，则切语下字同用者，互用者，递用者，韵必同类也。同用者，如东，德红切，公，古红切，同用红字也。互用者，如公，古红切，红，户公切，红，公互用也。递用者，如东，德红切，红，户公切，东字用红字，红字用公

字也。今据此系联之为每韵一类、二类、三类、四类。

陈氏因是考定二百零六部为三百十一类(见《切韵考》卷三)。章炳麟《音理论》乃谓《广韵》中所录切语,多沿袭魏、晋、六朝诸家之旧,凌乱无次,本不足以为依据。章氏云:“夫其开、阖未殊,而建类相隔者,其殆《切韵》所承《声类》《韵集》诸书,芈岳不齐,未定一统故也。因是析之,其违于名实益远矣。”(《国故论衡》卷上)然陈氏书,本“以考据为准,不以口耳为凭;必使信而有征,故宁拙而勿巧”(《切韵考自序》)。陈氏以为当今虽不明其音读之异,而在切语上纯然为各系者,自应一一析之。盖不以己之所不能分,而妄断古人之音本亦相同者。黄侃谓陈氏“分韵类,为一韵一类、二类、三类、四类。皆以切语下字定之。亦有二类实同,而陈君不肯专辄合并者,固其谨也”(《与友人论治小学书》)。陈氏治学,纯取客观态度,最足为吾人效法。

今敦煌石室本《切韵》残卷、蒋氏本《唐韵》残卷、清内府本王仁煦《切韵》行世,持以校夏氏《古文四声韵》及小徐《说文篆韵谱》所据之《唐韵》与大徐所据之李舟《切韵》,其间部目多寡,互有异同(详上章)。因是以知《广韵》二百零六部,非尽法言旧目。然试以陈氏考析切语之法,施诸《切韵》残卷,其中《歌》《戈》之分,《谆》《真》之分,《寒》《桓》之分,界限甚明(举平赅上、去、入)。又王仁煦《切韵》,上声别立《俨》韵,亦惟依法言切语系统立为二韵而已(去声同)。《唐韵》残卷:去声《稕》《震》为二,《翰》《换》为二,《过》《个》为二;夏氏及大、小徐,平声《先》《仙》后别出《宣》部;皆一存法言之条贯,非私自杜撰者也。仅夏氏本及魏鹤山所言平声《齐》后分出《移》,入声《质》后分出《聿》,与《切韵》切语系统,略有违失耳。而陈氏所考见《广韵》上之韵类,无不与《切韵》残卷中一一吻合。则敦煌本《切韵》与蒋本《唐韵》之发见,于陈氏《切韵考》一书之价值，不特丝毫无损，且益足以证陈氏方法之能得《切韵》真际者矣。

惟陈氏所考定三百十一类，尚有未密处。黄侃继之，并析陈氏所分，为三百三十九类：平声九十五类，上声九十一类，去声九十九类，入声五十四类（详见本章第三节：《阴、阳、入分析表》）。黄氏又依据李元《音切谱反切篇》，于各类下，注其开、齐、合、撮，以示各韵之分类，皆由于开合、洪细之异。凡呼等同者合之为一，呼等异者析之为二，务使每类无二呼。然陈氏之考证，原只以考据为准，不凭口耳；今乃以开、齐、合、撮四等之分，说明《广韵》中韵类，是又用后人等韵之法，范围古人。江永、戴震本宋、元八等之说，考析二百零六部；黄氏又以明、清派四等之理，说明三百三十九类；所依据虽不同，而胶柱鼓瑟，其病一也。陈澧《切韵考·外篇》列《二百六韵分并为四等开合图摄》，自谓于等韵之学，"著其源委，而指其得失；明其本法，而祛其流弊"（《切韵考·外篇序》）。兹录其言如下：

> 《广韵》切语有一韵一类者，有一韵二类、三类、四类者，以相近之韵合计之，有多至十三、四类者。等韵家则限定四等；有开口、合口，则限定开、合各四等。如《鱼》《虞》《模》三韵，皆一类，但当分三等耳；而等韵家则以《模》韵为一等，《鱼》《虞》皆分析为二等、三等、四等。又如《元》《寒》《桓》《删》《山》《先》《仙》七韵，共十三类，虽分开口、合口二图，亦不能每图只四等也；而等韵家亦限于四等。又如《东》《冬》《钟》三韵，《东》二类，《冬》《钟》皆一类，共四类，适可分四等矣；而等韵家则以《冬》韵为一等，《钟》韵为三等，《东》韵则析之为一、二、三、四等，皆不依切语下字分类。于是《东》韵弓字三等，而嵩字，息弓切，则四等矣；崇字，锄弓切，则二等矣；公字在《东》韵，攻字在《冬》韵，而同为一等矣；风、丰、冯在《东》韵，封、峰、逢在《钟》韵，而同为三等矣；如此则古人何必分韵乎？何必每韵切

语分类乎？此限定四等之病也。（《切韵考·外篇》卷三）

是宋、元八等之说，不足以范围《切韵》之音，昭然明甚。黄氏乃依李元《音切谱》所注开、合，正、副（即开、合，洪、细）四等，以并析《广韵》韵类，恐亦未能一一密合也。

又黄氏所定三百三十九类，更据今人考证，其中《盐》《琰》《艳》《叶》四韵，皆只一类。黄淬伯云：

> 按《广韵》上声《琰》韵，其反切下字，与《俨》韵相涉；今依王仁煦本校之，知《琰》韵中检、俭等字，本在《俨》韵，则《切韵考》分《琰》韵为二系，非法言《切韵》之朔矣。其平声《盐》韵，与入声《叶》韵，按其反切下字，本相系联者，更不宜分。去声《艳》韵字，验与窆互相为切，亦当以平、上、入三声之系统而合之。以是《切韵考》韵系之为三百三十九，宜改为三百三十五系也。（《讨论切韵的韵部与声纽》附注，载中山大学《语言历史学研究所周刊》六十一期）

是则黄氏所定韵类三百三十九之数，又须加以订正也。

（六）《广韵》上之韵摄及正转旁转之例

《广韵》二百零六部，每部又析为一类或数类；其中有四声，阴、阳之分，开、合呼等之异，于是就其主要韵母之相同者，括为“韵摄”或“声类”（此声类大都指收韵中主要音素相同者而言，与下章所指因双声而归为一类者绝异，不可相混）。戴震作《声类表》统括古今，分为九类；戴氏云：“音之流变有古今，而声类大限无古今。”（《声韵考》卷二）惟其所定九类，兼赅阴、阳、入二十五部，与宋、元等韵家所定韵摄之分阴、阳各摄者，又不同。黄侃谓戴氏分合声类，不若江永之晰（见《音略》四）。钱玄同因黄氏之说，据《切韵指掌图》《切韵指南》，并参酌江氏及陈澧之书，成为《韵摄表》。黄氏《音略》本之，并附以说明，定阴声七摄，阳声八摄，入声八摄，共二十三摄。录之如下：

一　蔼摄	开	《泰》一　《夬》一	〔蔼〕
	齐	《废》一　《祭》一	〔谒〕
	合	《泰》二　《夬》二	〔侩〕
	撮	《废》二　《祭》二	〔秽〕
二　阿摄	开	《歌》《哿》《个》　《麻》一　《马》一　《祃》一	〔阿〕
	齐	《戈》二　《麻》二　《马》二　《祃》二	〔邪〕
	合	《戈》一　《麻》三　《马》三　《祃》三	〔倭〕
	撮	《戈》三　《马》四	〔肥〕
三　依摄	开	○	
	齐	齐一　荠一　霁一　支一　纸一　寘一　尾一　未一	〔依〕
		脂一　旨一　至一　之止　志　微一	
	合	《灰》《贿》《队》	〔隈〕
	撮	齐二　荠二　霁二　支二　纸二　寘二	〔威〕
		脂二　旨二　至二　微二　尾二　未二	
四　乌摄	开	○	
	齐	○	
	合	《模》《姥》《暮》	〔乌〕
	撮	《鱼》《语》《御》　《虞》《麌》《遇》	〔于〕
五　讴摄	开	《侯》一　《厚》一　《候》一	〔讴〕
	齐	《尤》一　《有》一　《宥》一　《幽》一　《黝》　《幼》一	〔幽〕
	合	《侯》二　《厚》二　《候》二	〔裒〕
	撮	《尤》二　《有》二　《宥》二　《幽》二　《幼》二	
六　爊摄	开	《豪》一　《皓》一　《号》一　《肴》一　《巧》一　《效》一	〔爊〕
	齐	《萧》《篆》《啸》　《宵》一　《小》一　《笑》一	〔幺〕
	合	《豪》二　《皓》二　《号》二　《肴》二　《巧》二　《效》二	〔褒〕
	撮	《宵》二　《小》二　《笑》二	〔飚〕

七　哀摄
- 开　《咍》一　《海》一　《代》一　《佳》一　《蟹》一　《卦》一　《皆》一　《骇》《怪》一　〔哀〕
- 齐　○
- 合　《咍》二　《海》二　《佳》二　《蟹》二　《卦》二　《皆》二　《怪》二　〔哇〕
- 撮　○

以上阴声七摄。(即纯粹用喉音收韵者。)

八　安摄（即阿摄之加鼻收韵）
- 开　《寒》《旱》《翰》　《删》一　《潸》一　《谏》一　《山》一　《产》一　《裥》一　〔安〕
- 齐　《先》一　《铣》一　《霰》一　《元》一　《阮》一　《愿》一　《仙》一　《狝》一　《线》一　〔烟〕
- 合　《桓》《缓》《换》　《删》二　《潸》二　《谏》二　《山》二　《产》二　《裥》二　〔弯〕
- 撮　《先》二　《铣》二　《霰》二　《元》二　《阮》二　《愿》二　《仙》二　《狝》二　《线》二　〔渊〕

九　恩摄（即依摄之加鼻收韵）
- 开　《痕》《很》《恨》　臻(觽)　〔恩〕
- 齐　《真》一　《轸》一　《震》一　《殷》《隐》《焮》　〔因〕
- 合　《魂》《混》《恩》　〔温〕
- 撮　《真》二　《轸》二　《震》二　《谆》《准》《稕》　《文》　《吻》《问》　〔愠〕

十　鸯摄（即乌摄之加鼻带腭收韵）
- 开　《唐》一　《荡》一　《宕》一　〔鸯〕
- 齐　《阳》一　《养》一　《漾》一　〔央〕
- 合　《唐》二　《荡》二　《宕》二　《江》《讲》《绛》　〔汪〕
- 撮　《阳》二　《养》二　《漾》二　〔王〕

十一　翁摄（即讴摄之加鼻带腭收韵）
- 开　○
- 齐　○
- 合　《东》一　《董》　《送》一　〔翁〕
- 撮　《东》二　《送》二　《钟》《肿》《用》　〔邕〕

十二　碚摄（即熜摄之加鼻带腭收韵）
- 开　○
- 齐　○
- 合　《冬》(湩)《宋》　〔碚〕
- 撮　○

十三 罂摄（即哀摄之加鼻带腭收韵）

- 开 《登》一 《等》一 《嶝》一 《庚》一 《梗》一 《敬》一 《耕》一 《耿》一 《诤》一 〔罂〕
- 齐 青一 迥一 径一 庚二 梗二 敬二 清一 静一 劲一 蒸一 拯 证一 〔婴〕
- 合 《登》二 《等》二 《嶝》二 《庚》三 《梗》三 《敬》三 《耕》二 《耿》二 《诤》二 〔泓〕
- 撮 青二 迥二 径二 庚四 梗四 敬四 清二 静二 劲二 蒸二 证二 〔萦〕

十四 谙摄（即蔼摄之加鼻收音亦即安摄之加鼻收唇音）

- 开 《覃》《感》《勘》 《谈》一 《敢》一 《阚》 《咸》 《豏》《陷》 《衔》一 《槛》一 《鉴》 〔谙〕
- 齐 添忝一 㮇 盐一 琰一 艳一 严俨 酽一 凡一 范一 梵一 〔殗〕
- 合 《谈》二 《敢》二 《衔》二 《槛》二 〔䓍〕
- 撮 《忝》二 《盐》二 《琰》二 《艳》二 《酽》二 《凡》二 《范》二 《梵》二 〔砛〕

十五 愔摄（即依摄之加鼻收音亦即恩摄之加鼻收唇音）

- 开 ○
- 齐 《侵》 《寝》一 《沁》 〔愔〕
- 合 ○
- 撮 《寝》二 〔禀〕

以上阳声八摄（即用喉音收韵而加以鼻音，或更由鼻音而加以收唇者）。

十六 遏摄（即蔼摄与安摄之促音两摄同本下除无阴声者及有加收唇音者皆同本）

- 开 《曷》 《黠》一 锗一 〔遏〕
- 齐 《屑》一 《月》一 《薛》一 〔谒〕
- 合 《末》 《黠》二 锗二 〔斡〕
- 撮 《屑》二 《月》二 《薛》二 〔噦〕

十七 䰟摄（即依摄与恩之促音）

- 开 （䰟） 《栉》 〔䰟〕
- 齐 《质》一 《迄》 〔一〕
- 合 《没》 〔颈〕
- 撮 《质》二 《术》 《物》 〔郁〕

十八 恶摄（即乌摄与鸯摄之促音）

- 开 《铎》一 〔恶〕
- 齐 《药》一 〔约〕
- 合 《铎》二 《觉》 〔臒〕
- 撮 《药》二 〔嬳〕

十九　屋摄(即讴摄与翁摄之促音)	开	○	
	齐	○	
	合	《屋》一	〔屋〕
	撮	《屋》二　《烛》	〔郁〕

二十　沃摄(即爊摄与碚摄之促音)	开	○	
	齐	○	
	合	《沃》	〔沃〕
	撮	○	

二十一　馀摄(即哀摄与罂摄之促音)	开	《德》一　《陌》一　《麦》一	〔馀〕
	齐	《锡》一　《陌》二　《昔》一　《职》一	〔益〕
	合	《德》二　《陌》三　《麦》二	〔啇〕
	撮	《锡》二　《陌》四　《昔》二　《职》二	〔役〕

二十二　姶摄(即蔼摄阿摄安摄遏摄之收唇促音)	开	《合》《盍》《洽》《狎》	〔洽〕
	齐	《怗》《叶》《业》《乏》一	〔魇〕
	合	○	
	撮	《乏》二	〔法〕

二十三　揖摄(即依摄恩摄乾摄之收唇鼻音)	开	○	
	齐	《缉》一	〔揖〕
	合	○	
	撮	《缉》二	〔鴘〕

以上入声八摄(即喉音、鼻音共同之促音)。

案,钱氏《文学学·音篇》所录《韵摄表》,与此略异。钱氏共二十二摄:阴声八摄,自依摄别出限摄;阳声七摄,合碚摄于翁摄;入声七摄,合沃摄于屋摄。是钱氏《东》《冬》,《屋》《沃》,皆合为一摄,黄氏则各别为二也。

钱、黄二氏括主要韵母相同者为一摄,以明今韵之分类。惟其所考析各部之开、合,洪、细,既有疑问;而所言二百零六部之音读,又多臆必之谈;则此二十三摄,自不能认为与《切韵》之音适合无间也。如黄氏谓"唐人《歌》《麻》不分",又谓"中国无 a 音"(见《音略》四),故以阿摄读 o;乃沿袭顾炎武以来"古无麻音"之说。又章炳麟据吴、越方音，定《泰》部读短 a（见《二十三部音准》），钱、黄二氏本之以定谒摄，读为 a 音。凡此皆与最近所考证者不合（详下）。又上表同一韵摄内所属诸部类，其开、齐、合、摄又相同者，固皆认为同音者也。例如《歌》韵与《麻》韵第一类，《戈》韵第二类与《麻》韵第二类，同为阿摄之开口呼与齐齿呼；《齐》《支》《脂》《微》诸韵之第一类与第二类，同属依摄之齐齿呼与撮口呼；此等部类各殊，而皆认为同音；是黄氏亦主张"音同韵异"之说者也！戴震考析二百零六部，以其呼等同者，音多无别，遂斥陆氏定韵，"强生轻、重"。黄氏则不然，以为凡此等音同韵异者，皆古、今之别；此"古本韵"与"今变韵"之说所由来也。

戴震《声类表》定正转、旁转二例，凡阴、阳相配互转，及同一声类或声类比近之韵部相转，皆为正转；其余隔类相转，皆属旁转。戴氏之言曰：

> 正转之法有三：一为转而不出其类。《脂》转《皆》，《之》转《咍》，《支》转《佳》，是也。一为相配互转。《真》《文》《魂》《先》转《脂》《微》《灰》《齐》，《换》转《泰》，《咍》《海》转《登》《等》，《侯》转《东》，《厚》转《讲》，《模》转《歌》，是也。一为联贯递转。《蒸》《登》转《东》，《之》《咍》转《尤》，《职》《德》转《屋》，《东》《冬》转《江》，《尤》《幽》转《萧》，《屋》《烛》转《觉》，《阳》《唐》转《庚》，《药》转《锡》，《真》转《先》，《侵》转《覃》，是也。以正转知其相配及次序，而不以旁转惑之。以正转之同入相配定其分、合，而不徒恃古人用韵为证。（《答段若膺论韵》）

又戴氏论段氏《六书音韵表》云：

> 《东》韵字有从《蒸》《登》流变者，而列为第六部，隔越七、八两部。《尤》从《之》《哈》流变，《萧》从《尤》《幽》流变，而以《萧》《宵》《肴》《豪》处《之》《哈》后，《尤》《幽》《侯》前，未知音声相配故耳。《支》《佳》韵字，虽有从《歌》《戈》流变者，《虞》韵字虽有从《侯》《幽》流变者，皆属旁转，不必例以正转。（《答段若膺论韵》）

凡各部之字相转，其主要韵母相同或相近者，为正转；否则，属于旁转之例。戴氏后孔广森、严可均、章炳麟诸家，皆言声音之转变，其所定名目，虽互有异同，而一本于戴氏此语。要之：所定正转、旁转之例，不外以明古今、方国音读流变之轨迹而已。《广韵》一书，既包含古今、南北之音；故欲研究《广韵》，又不可不明音转之例。

（七）《广韵》上古本韵与今变韵之说

江氏《四声切韵表·凡例》论分韵，有古、今之一例，以为一韵中在古有别出一支，与他韵通者，如《尤》韵有通《支》，《支》韵有通《歌》，《虞》韵有通《尤》《侯》，《庚》韵有通《阳》《唐》，皆须一一分出。惟江氏此意，不过由今韵分、合，以见古音而已；非谓《广韵》二百零六部中，包有古、今之变迁也。戴震继之，乃谓《广韵》：《东》《冬》《钟》后，别立《江》韵，不入《阳》《唐》者；正所以示古、今音之异。戴氏云：

> 隋、唐二百六韵，据当时之音，撰为定本。虽未考古音，不无合于今，大戾于古；然别立四《江》，以次《东》《冬》《钟》后，殆有见于古用韵之文，《江》归《东》《冬》《钟》，不入《阳》《唐》，故

> 特表一目。不附《东》《冬》《钟》韵内者，今音显然不同，不可没今音，且不可使今音古音相杂成韵也。不次《阳》《唐》后者，撰韵时以可通用时附近，不以今音之近似而紊淆古音也。惜不能尽从斯例！……（《声韵考》卷三）

至章炳麟，更谓《东》《冬》，《支》《脂》之分，皆由古韵不同，非必唐音有异（《音理论》自注）。盖戴氏、章氏始言二百零六部中，音多相同，其仍立各部者，或以存古音也。

章氏虽谓《广韵》所录切语，多仍魏、晋诸儒之旧，不足以为考定今韵韵类之依据；然古音有异者，切语中犹厘然可见。章氏曾举《支》韵为例：

> 举五《支》韵中文字证之：妫切居为，规切居隋，两纽也；亏切去为，阙切去随，两纽也；奇切渠羁，岐切巨支，两纽也；皮切符羁，陴切符支，两纽也；是四类者，妫、亏、奇、皮，古在《歌》；规、阙、岐、陴，古在《支》。魏、晋诸儒所作反语，宜有不同；及《唐韵》悉隶《支》部，反语尚犹因其遗迹。斯其证验最著者也。（《音理论》）

则《广韵》中切语分类，亦存有古音也。黄侃云："《切韵》之成，当亦搜采旧音，故《经典释文》所引，其切语字并与《切韵》同者甚众。旧有二音，而陆君诠为一，故合之一韵，而仍著其异切。著其异切者，明本有异；合之一韵者，明今实同。"（《与友人论治小学书》）是以《广韵》中各部、各类，皆包有古、今音之异。

黄氏先从《广韵》，考定切语中声类（此声类指切语上字因双声而归为一类者以言），有古本声与今变声之异（详下章）；又以本声、变声考定古本韵与今变韵：凡韵部中切语但有本声不杂变声者，为古本韵；否则，即为今变韵。兹录黄氏所定古本韵三十二部如下：

阴声	入声	阳声
	《屑》(开合细)	《先》(开合细)
《灰》(合洪)	《没》(合洪)	魂痕(开合洪)
歌戈(开合洪)	曷末(开合洪)	寒桓(开合洪)
《齐》(开合细)	《锡》(开合细)	《青》(开合细)
《模》(合洪)	《铎》(开合洪)	《唐》(开合洪)
《侯》(开合洪)	《屋》(合洪)	《东》(合洪)
《萧》(开细)		
《豪》(开合洪)	《沃》(合洪)	《冬》(合洪)
《咍》(开合洪)	《德》(开合洪)	《登》(开合洪)
	《合》(开洪)	《覃》(开洪)
	《怗》(开细)	《添》(开细)

（录自黄氏《与友人论治小学书》）

此三十二部为古本韵，其余皆今变韵。黄氏又分变韵为五类：

（一）古在此韵之字，今变同彼韵之音，而特立一韵者，如古《东》韵之字，今韵有变同唐韵之合口呼者，因别立《江》韵。则《江》者，《东》之变也。

（二）变韵之音，全同本韵，以韵中切语杂有今变声，因别立为变韵。如《寒》《桓》为本韵，《山》为变韵；《青》为本韵，《清》为变韵，是也。

（三）合数本韵为一变韵者，又别于一本韵之变韵。如《微》为《灰》《痕》《魂》之变韵，别于《脂》为《灰》之变韵。

（案，以上三类之今变韵，为古本韵所有者。）

（四）变韵之音，为古本韵所无者。如《模》韵变为《鱼》韵，《覃》韵变为《侵》韵，是也。

（五）黄氏以古音无去、上，只有平、入之分（见《音略略例》），则凡上声、去声诸部，皆变韵也。

（案，以上二类之今变音，为古本韵所无者。）

兹将黄氏所定本韵变韵，列表于下：

古本韵	今变韵	说　　明
东一 屋一	董 送一	
	东二 送二 屋二	《冬》之变韵，变同《东》韵之撮口呼。
《冬》《沃》	（湩）宋	
	钟（肿）用烛	《东》之变韵，由合口呼变为撮口呼。
	《江》《讲》《绛》《觉》	《东》之变韵，变同《唐》韵之合口呼。
	《支》《纸》《寘》	《齐》《歌》《戈》三韵之变韵，《齐》韵之有变声者，及《歌》《戈》二韵之变同《齐》韵者。
	《脂》《旨》《至》	《灰》之变韵，变同《齐》韵。
	《之》《止》《志》	《咍》之变韵，变同《齐》韵。
	《微》《尾》《未》	《灰》《痕》《魂》三韵之变韵，变同《齐》韵。
	《鱼》《语》《御》	《模》之变韵，由合口呼变为撮口呼。
	《虞》《麌》《遇》	《模》《侯》二韵之变韵，皆变同《模》韵之撮口呼。
《模》	《姥》《暮》	
《齐》	《荠》《霁》	

续 表

古本韵	今变韵	说　明
	《祭》	《曷》《末》《没》三韵之变韵，变为《曷》《末》去声之齐、撮呼。
	《泰》	《曷》《末》二韵之变韵，由入声变为去声，其切语不杂变声，故与《夬》韵别。
	《佳》《蟹》《卦》	《齐》之变韵，变同《咍》韵。
	《皆》《骇》《怪》	《灰》之变韵，变同《咍》韵。
	《夬》	《曷》《末》二韵之变韵，由入声变为去声；其切语杂有变声，故与《泰》韵别。
《灰》	《贿》《队》	
《咍》	《海》《代》	
	《废》	《曷》《末》二韵之变韵，入声开合呼变为齐、撮呼。
	《真》《轸》《震》《质》	《先》之变韵，变为《痕》《魂》之魂之齐、撮呼。
	《谆》《准》《稕》《术》	《魂》《先》二韵之变韵，《魂》由合口呼变为撮口呼，《先》变同《魂》韵撮口呼。
	《臻》(籐)《栉》	《先》之变韵，变同《痕》韵。
	《文》《吻》《问》《物》	《魂》之变韵，由合口呼变为撮口呼。
	《殷》《隐》《焮》《迄》	《痕》之变韵，由开口呼变为齐齿呼。
	《元》《阮》《愿》《月》	《寒》《桓》二韵之变韵，变同《先》韵。
《魂》《没》	《混》《慁》	
《痕》(麧)	《很》《恨》	

续　表

古本韵	今变韵	说　　明
《寒》《曷》	《旱》《翰》	
《桓》《末》	《缓》《换》	
	《删》《潸》《谏》《黠》	《寒》《桓》《先》三韵之变韵，《寒》《桓》二韵切语，杂有变声，及《先》韵变同《寒》《桓》韵。
	《山》《产》《裥》《辖》	《寒》《桓》二韵之变韵，其切语杂有变声。
《先》《屑》	《铣》《霰》	
	《仙》《弥》《线》《薛》	《寒》《桓》《先》三韵之变韵，《寒》《桓》二韵变同《先》韵，及《先》韵切语杂有变声。
《萧》	《篆》《啸》	
	《宵》《小》《笑》	《豪》之变韵，变同《萧》韵。
	《肴》《巧》《效》	《豪》《萧》二韵之变韵，《豪》韵切语之杂有变声，《萧》韵之变同《豪》韵。
《豪》	《皓》《号》	
《歌》	《哿》《个》	
《戈》一	《果》《过》	
	《戈》二	《歌》之变韵，由开口呼变为齐齿呼。
	《戈》三	《戈》一之变韵，由合口呼变为撮口呼。
	《麻》《马》《祃》	《歌》《戈》《模》三韵之变韵，《歌》《戈》二韵切语之杂有变声，《模》韵之变同《歌》《戈》。
	《阳》《养》《漾》《药》	《唐》之变韵，由开口呼变为齐、撮呼。

续表

古本韵	今变韵	说　明
《唐》《铎》	《荡》《宕》	
	《庚》《梗》《敬》《陌》	《唐》《青》二韵之变韵，变同《登》韵。
	《耕》《耿》《诤》《麦》	《登》《青》二韵之变韵，《登》韵之杂有变声，《青》韵之变同《登》韵。
	《清》《静》《劲》《昔》	《青》之变韵，其切语杂有变声。
《青》《锡》	《迥》《径》	
	《蒸》《拯》《证》《职》	《登》之变韵，由开口呼变为齐、撮呼。
《登》《德》	《等》《嶝》	
	《尤》《有》《宥》	《咍》《萧》二韵之变韵，变为《侯》韵之齐、撮呼。
《侯》	《厚》《候》	
	《幽》《黝》《幼》	《萧》之变韵，变为《侯》韵之齐、撮呼。
	《侵》《寝》《沁》《缉》	《覃》之变韵，由开口呼变为齐、撮呼。
《覃》《合》	《感》《勘》	
	《谈》《敢》《阚》《盍》	《添》之变韵，变同《覃》韵。
	《盐》《琰》《艳》《叶》	《添》之变韵，其切语杂有变声。
《添》《怗》	《忝》《桥》	
	《咸》《豏》《陷》《洽》	《添》《覃》二韵之变韵，《添》韵之变同《覃》韵，《覃》韵切语之杂有变声。

续 表

古本韵	今变韵	说明
	《衔》《槛》《鉴》《狎》	《覃》之变韵，其切语杂有变声。
	《严》《俨》《酽》《业》	《覃》《添》二韵之变韵，《覃》韵之变同《添》韵，《添》韵切语之杂有变声。
	《凡》《范》《梵》《乏》	《覃》之变韵，变同《添》韵。

（上表本钱玄同《文字学·音篇》）

案，黄氏所持以考定古本韵与今变韵之证据，除《广韵》切语上字声类有古、今之异外，又取于宋、明以来古韵学家之学说也。黄氏自言古韵二十八部之立（古本韵三十二部，其中《魂》《痕》，《歌》《戈》，《曷》《末》，《寒》《桓》，以开、合分，合并为一，共得二十八部），皆本昔人，未曾以臆见加入。自郑庠以至顾炎武、江永、戴震、段玉裁、孔广森、王念孙诸家，列古音韵部，皆黄氏所本（见《音略》五）。然古韵分部问题，至今尚多异说。王国维谓古韵研究，当以《诗》《骚》用韵，《说文》形声字为主；至江有诰、王念孙二家所定二十二部，已造其极（《观堂集林》卷八《周代金石文韵读序》）。则黄氏所定古韵二十八部之目，实有商榷之必要；其《广韵》古本韵与今变韵之说，自难遽认为定论也。

钱玄同《声韵学讲义》谓宋、元开、合四等，一、四为古本韵之洪、细，二、三为今变韵之洪细。如《切韵指掌》第七图开，干（《寒》韵）、奸（《删》韵）、犍（《元》韵）、坚（《先》韵）；第八图合，官（《桓》韵）、关（《删》韵）、勬（《仙》韵）、涓（《先》韵）。干、奸同为开口呼，犍、坚同为齐齿呼，官、关同为合口呼，勬、涓同为撮口呼；其所以分者，在一、四等为古本音，二、三等为今变音。此似足为《广韵》上之佐证。然钱氏对于此说，自言本诸黄氏，而已疑其不能成立者矣。

且今所存《切韵指掌图》，非杨中修原书，实为宋季以后之讹作（参看高元《国音学》第三章第八节）。固不能藉以证成黄氏古本韵与今变韵之说者也。

且如黄氏所云：《脂》及《微》之一部，为《灰》之变同《齐》韵者，《鱼》及《虞》之半，为《模》韵之变为撮口呼者，《真》及《谆》之半、为《先》之变同《痕》《魂》齐、撮呼者，《元》及《仙》之半、为《寒》《桓》之变同《先》韵者；……凡此等何不各自并合为一部，乃竟另立"合数本韵为一变韵"之例。窃恐陆法言之精密，不应参差如是（本杨亮功《论广韵分部》，载《中国文学季刊》创刊号）。抑有进者，章炳麟谓《东》《冬》，《支》《脂》之分，皆由古韵不同，非必唐音有异。黄氏之说，实本章氏此语，而更广之耳。如言《支》，为《齐》本韵及《歌》《戈》之变同《齐》韵者；《脂》，为《灰》之变同《齐》韵者；《之》，为《咍》之变同《齐》韵者；《微》，为《灰》《痕》《魂》之变同《齐》韵者，则《支》《脂》《之》《微》《齐》五部分立，仅以明古、今音之变迁而已，隋、唐当时，固无异读也。如言《佳》，为《齐》之变同《咍》韵者，《皆》，为《灰》之变同《咍》韵者，则《佳》《皆》《咍》三部分立，亦以明古音而已，非隋、唐有异读也。又如言《尤》，为《咍》《萧》之变为《侯》韵齐、撮呼者，《幽》，为《萧》之变为《侯》韵齐、撮呼者，则《尤》《幽》之分，仅以明变韵之异例：《尤》为《咍》《萧》二古本韵之变韵，《幽》为《萧》一古本韵之变韵；隋、唐音读实同也。是以黄氏《音略》所录《韵摄表》，《支》《脂》《之》《微》《齐》同属依摄之齐、撮呼，《尤》《幽》同属讴摄之齐、撮呼，《佳》《皆》《咍》同属哀摄之开、合呼。此等陆、孙分为异部者，而黄氏皆认为音同。"音同韵异"之说，果若不能成立，则黄氏所考定之古本韵与今变韵，即全部根本发生疑问！盖黄氏说明《广韵》分部，偏重古、今沿革，而略于南、北分歧，竟达于断港绝潢而不自知；常人不察，犹奉为定说，何斯学之蒙蒙也！

（八）《广韵》分部之地理的观察

陆法言云："江东取韵，与河北复殊"；是陆氏分韵，又必兼赅南、北异音。其取舍分合之间，或依于此地方音，或依于彼地方音，务欲各得其长；所谓"论定南北是非"也。

颜之推云："古今言语，时俗不同；著述之人，楚、夏各异。"如《苍颉训诂》、反娃为于乖，《战国策》音、刎为免，《穆天子传》音、谏为闲，《说文》音、戛为棘，《字林》音、看为口甘反，徐仙民《毛诗》音、反骤为在遘；皆不可依信（见《家训·音辞篇》）。案娃在《佳》韵，乖在《皆》韵；刎在《吻》韵，免在《狝》韵；谏在《谏》韵，而闲在《裥》韵；戛在《黠》韵，而棘在《职》韵；看在《寒》韵，而甘在《谈》韵；骤在《宥》韵，而遘在《候》韵。汉、魏、六朝注音，殆于《佳》《皆》，《吻》《狝》，《谏》《裥》，《黠》《职》，《寒》《谈》，《宥》《侯》诸部，多未为细别，故颜氏谓其不可依信也。盖此等韵部，一方之人读之或无别，而他方之人读之或有分；即"楚、夏各异"之现象。陆氏定《切韵》，于南、北方音，多兼采并蓄，故以上诸部，皆一一分立；即依据颜氏之说也。

颜氏又以"北人以庶为戍，以如为儒，以紫为姊，以洽为狎"；为北音之谬失（《音辞篇》）。案，庶、商署切，在《御》韵，戍、伤遇切，在《遇》韵，如、人诸切，在《鱼》韵，儒、人朱切，在《虞》韵；北人殆读《御》《遇》，《鱼》《虞》均不分，而《切韵》立为二部者，盖据南音定之也。紫、将此切，在《纸》韵，姊、将几切，在《旨》韵；北人读《纸》《旨》不分，而《切韵》立为二部者，殆亦据南音定之也。洽、侯夹切，在《洽》韵，狎、胡甲切，在《狎》韵；北人读《洽》《狎》又不分，而《切韵》亦立为二部，殆亦依据于南音也。陆氏分韵，与《颜》氏所言，大都吻合；盖《切韵》纲纪，即为颜氏诸人所决定。他如企之与智，秦音当属异部；而《广韵》并在《寘》韵，依吴、楚之韵也。覆之与救，秦音亦属异部；而《广韵》并在《宥》韵，亦依吴、楚之音也（见上章第十节）。唐人斥陆《韵》为吴音者，殆凭此等所依据之南音而言。然不可以赅其书之全体也；陆氏分韵，亦有取证于北音者。

颜氏《音辞篇》云："河北切攻为古琮，与工、公、功三字不同，殊为僻也。"案，攻、古冬切，在二《冬》，工、公、功俱古红切，在一《东》；陆氏分此二部，殆必依据于河北方音。米元章《画史》谓陆氏"以《东》《冬》为异，中、《钟》为别，因其吴音以聋后学"。不知陆氏《东》《冬》之分，依于河北之音，非因其吴音也。惟颜之推讥其音为殊僻，则隋、唐当时多数人已难分辨。无怪李涪谓之"《东》《冬》、中、终，妄别声律"者矣。虽然，六朝切语，二者界划分明；陈澧已论及之矣：

> 李涪《刊误》云："法言平声以东、农非韵，以《东》崇为切；上声以《董》勇非韵，以《董》动为切；去声以《送》种非韵，以《送》众为切；入声以《屋》《烛》为韵，以《屋》宿为切；何须《东》《冬》、中、终，妄别声律？……"不知隋以前，《东》、农，《董》、勇，《送》、种，《屋》《烛》，实不同韵；《东》《冬》、中，终，实不同音。以《玉篇》证之，东、德红切，冬、都农切，农、奴冬切，中、致隆切，终、之戎切，董、德孔切，勇、余陇切，送、苏贡切，种、之用切，屋、于鹿切，烛、之欲切。是《东》与《冬》，中与终，皆不同音；东与农，董与勇，送与种，屋与烛，皆不同韵；顾野王切语分别甚明，不独陆氏为然也。唐以后声音渐变，不能分别，故李涪忘讥之。（《切韵考》卷六）

是《东》《冬》二部，六朝时必有分别，至于隋、唐，多数人虽已混同，而犹存于河北方言之中。陆氏一面依据六朝切语，一面又取证于河北方言；虽颜氏讥其为僻音，而本诸吕静《韵集》、夏侯该《韵略》，仍分此二部也(见清内府本王仁煦《切韵》平声上目录、附注)。历代音读之变迁,常保存于各地僻语之中;今欲考证《广韵》诸部音读,自当于方言上求之也。

瑞典学者高本汉以《切韵》为隋、唐北方音之韵书;以为《切韵》上所推出之音与根据当时北方音之高丽译音,日本汉音,开、合呼等,多相符合,而与根据当时南方音之日本吴音不同(见林语堂译《答马斯贝啰论切韵之音》,载《国学季刊》一卷三号)。案,高本汉所推出《切韵》之音,实大部以现代北方音为主证;高氏所采取三十三种之方音,山西一省,竟占八种,而于中国中部,如江西、湖南、安徽、山东等处,付之阙如(本满田新造《评高氏中国古韵研究之根本思想》第五章)。则高氏所取证于现代方言者,偏而不全;而所推定《切韵》上之音读,自多疑问。而高氏断言《切韵》为隋、唐北方者之韵书,尤难置信者也。

慧琳《一切经音义》中所注反切,依据于隋、唐时代之秦音,其所分部类,正可持以与《广韵》相较。黄淬伯君所考得慧琳《音义》反切韵部,平声三十七,上、去二声称是,入声二十一(参看本文的二(十))。今举平声以赅上、去,录其目,并以《广韵》六十一部注其下,藉相对照,如下:

(一)羁　(《支》《脂》《之》《微》)
(二)居　(《鱼》)
(三)稽　(《齐》及去声《祭》《废》)
(四)拘　(《虞》)
(五)觚　(《模》)
(六)樛　(《幽》《尤》)
(七)钩　(《侯》)
(八)皆　(《佳》《皆》与《麻》之一部)
(九)耶　(《麻》之一部)

（十）环 （《灰》及去声《泰》之一部）
（十一）荄 （《咍》及去声《泰》之一部）
（十二）骁 （《萧》《宵》）
（十三）胶 （《肴》）
（十四）膏 （《豪》）
（十五）柯 （《歌》《戈》）
上阴声十五部，皆无入声。
（十六）洪 （《东》《冬》《钟》）
（十七）瓨 （《江》）
（十八）湮 （《真》之一部）
（十九）钧 （《谆》与《真》之一部）
（二十）军 （《文》）
（二十一）筋 （《殷》《臻》与《真》之一部）
（二十二）肩 （《先》《仙》《元》之一部）
（二十三）蠲 （《先》《仙》《元》之一部）
（二十四）昆 （《魂》）
（二十五）跟 （《痕》）
（二十六）干 （《寒》《桓》）
（二十七）菅 （《删》《山》）
（二十八）韁 （《阳》《唐》）
（二十九）羹 （《耕》与《庚》之一部）
（三十）京 （《庚》之一部）
（三十一）馨 （《清》《青》）
（三十二）凝 （《蒸》）
（三十三）緪 （《登》）
（三十四）褛 （《侵》）
（三十五）堪 （《覃》《谈》）

（三十六）缣　（《盐》《添》《严》）

（三十七）缄　（《咸》《衔》《凡》）

上阳声二十二部，除第二十部外，皆有入声。

此三十七部与《广韵》分合，既有异同；入声二十一部之隶属于平、上、去，亦与《广韵》略有出入。如《广韵》：《痕》韵无入，而此则《文》韵无入，故阳声二十二部，而入声仅二十一也。盖一则兼赅古今、南北之音，一则仅依于当时之秦音；其间差异之迹，正由彼此所据音系之不同也。

（九）《广韵》各部中之又音与互见

由上所述，可知《广韵》分部，包含有历史的与地理的两方面音义。古、今音读之变迁，常见于方言歧异之中，故二百零六部实为一种复合之组织。各部之间，亦必有其差别；彼辈从简单的一方面以为观察，不得其分，遂发生“音同韵异”之误解。苟一审《广韵》上“又音”与“互见”之例，益可以明其各部音读之不同矣。

又音与互见者，一字有异读，应分隶各韵，故互见于各部，而于字下注明“又音某”“又某某切”者，是也。一字异读之发生，大都由于南北、古今语音之纷歧，故从《广韵》中又音与互见，亦可窥见历代、各地音读变迁之大略。例如：

釭、古红切，在《东》韵；又古双切，在《江》韵。
峯、敷容切，在《钟》韵；又音丰，在《东》韵。
橦、宅红切，在《江》韵；又音钟、童，在《钟》韵、《东》韵。
涂、直鱼切，在《鱼》韵；又直胡切，在《模》韵。
铺、芳无切，在《虞》韵；又普胡切，在《模》韵。
枢、岂区切，在《虞》韵；又苦侯切，在《侯》韵。

诹、子于切，在《虞》韵；又子侯切，在《侯》韵。
膢、落侯切，在《侯》韵；又力于切，在《虞》韵。
痑、托何切，在《歌》韵；又叨丹切，在《寒》韵。
能、奴登切，在《登》韵；又奴来切，在《咍》韵。

古音从工、从丰、从童之字，大抵属于《东》部；则釭、芏、橦等字在《东》韵者，与古音合；而在《钟》韵、《江》韵者，殆后世之变音也。从余、从甫之字，古音在《模》部；则涂、铺等字在《模》韵者，与古音合；而在《鱼》韵、《虞》韵者，殆后世之变音也。从区、从取、从娄之字，古音在《侯》部；则枢、诹、膢等字在《侯》韵者，与古音合；而在《虞》韵者，后世之变音也。从多、从能之字，古音在《歌》部，《咍》部；则痑字在《歌》韵者，能字在《咍》部者，与古音合；而在《寒》韵、《登》韵者，皆后世之变音也。《广韵》一书，兼赅古今，固又可于又音与互见中见之。然古今之变迁，常包含于方语纷歧之中，则此等字之分隶各部，殆亦陆、孙诸人以示各地音读之不同者欤？又上所举诸例，或出于旁转，或出于正转；此等一字异读，固亦依据于古今方国音变之轨迹者也。又如：

蔟、千木切，在《屋》韵；又千侯切，在《候》韵。
告、古到切，在《号》韵；又音梏，在《沃》韵。
觉、古孝切，在《效》韵；又音角，在《觉》韵。
切、七计切，在《霁》韵；又千结切，在《屑》韵。
中、陟弓切，在《东》韵；又陟仲切，在《送》韵。
降、下江切，在《江》韵；又古巷切，在《绛》韵。
迟、直尼切，在《脂》韵；又音稚，在《至》韵。
先、苏前切，在《先》韵；又苏荐切，在《霰》韵。
祲、子心切，在《侵》韵；又子禁切，在《沁》韵。

胜、识蒸切，在《蒸》韵；又书证切，在《证》韵。

此又四声不同，或受意义之转化。然法言谓“古、今声调，既自不同”；“秦、陇去声为入，梁、益平声似去”；一字音调，亦随时代与地域而歧异。此等分隶四声各部，殆亦以明古、今与方语之不同也。

《一切经音义》中言音，实取则于《韵英》《考声切韵》诸书，是以当时秦音之韵书为依据（见上章第十节）。今以慧琳之注音，与《广韵》反切对照；更可见《广韵》之又音与互见，正所以搜罗南、北方音者也。举例如下：

慧琳音：“猫、莫包反，江外吴音以为苗字，今不取。”（卷十一）《广韵》，《肴》韵、貓、莫交切；又武瀌切，别见于《宵》韵。案，在《肴》韵者，秦音；在《宵》韵者，吴音也。

慧琳音：“打、德耿反；陆法言云、都挺反；吴音，今不取。”（卷八）《广韵》，《梗》韵、打、德冷切；又都挺切，别见于《迥》韵。案在《梗》韵者，即秦音；在《迥》韵者，则陆氏所依据之吴音也。

慧琳音：“厌、伊琰反；山东音、伊叶反。”（卷四十六）《广韵》，《叶》韵、厌、于叶切；又于琰切，别见于《琰》韵。案，在《叶》韵者，山东音；在《琰》韵者，秦音也。

慧琳音：“訾、紫移反；吴音，子尔反。”（卷四十三）案，《广韵》，《支》韵、訾、即移切，是为秦读；别见于上声《纸》韵，将此切，是为吴音。

由上诸例，知《广韵》之又音与互见，所以兼存南、北异语；而此果为何处之音，彼果为何处之音，于《一切经音义》中，正可得一比较考证之途径也。

一字异读，见于此韵，又见于彼韵，以明古、今方语之转变，固矣。而字同音异，分隶数韵；又知数韵彼此之间，音读本不同，故一字互见，其异音得而显示。即此可以证明《广韵》二百零六部，必各有其差别。例如：

《皆》韵、街、古谐切，又音佳，别见于《佳》韵；街字有两读，则知《皆》《佳》两韵异音也。

《脂》韵、薇、武悲切，又音微，别见于《微》韵；薇字有两读，则知《脂》《微》两韵异音也。

《虞》韵、蘧、其俱切，又巨居切，别见于《鱼》韵；蘧字有两读，则知《鱼》《虞》两韵异音也。

《尤》韵、朻、居由切，又居纠切，别见于《幽》韵；朻字有两读，则知《尤》《幽》二韵异音也。

因此可明二百零六部，或系四声阴、阳之异，或系开、合呼等之分，必有其所由别。惟中国文字非拼音符号，二百零六部之音读，自难一一考定。而遂谓之为“音同韵异”，不亦厚诬古人也耶。

（十）《广韵》二百零六部之音读

二百零六部，当陆、孙定韵时，必各有其音读上之分别；惟所立韵目，非拼音符号，后世颇难一一考明之。若凭一己私见，妄为推测，皆不免响壁虚造。毛先舒《韵问》云：

《东》《冬》自两韵也，以唇辨之，则《东》部一韵，多开唇出声者也；《冬》部一韵，多撮唇出声者也。以舌辨之，则东、德翁反，此舌尖抵腭之音也，冬、嫡邕反，此舌满抵腭之音也。

鱼、尤渠反，其字出声，纵唇而舌离腭；虞、泥愚反，其字出声，聚唇而舌黏腭。此《鱼》《虞》分二部之源也。毛氏论《东》《冬》，《鱼》《虞》之分，以唇、舌为断，《东》韵、《鱼》韵为开口音，《冬》韵、《虞》韵为合口音；实出臆造，不能置信。近人黄侃又以古韵合用与阴、阳对转之理，推定其音读。黄氏《与友人论治小学书》云：

> 《东》与《侯》对转，此必音近于《侯》也；《冬》与《豪》对转，此必音近于《豪》也。试于读《东》字时、先读兜字，读《冬》字时、先读刀字，则二音判矣。
>
> 《鱼》《虞》今音难别。然《鱼》韵多《模》韵字，此必音近于《模》也。《虞》韵多《侯》韵字，此必音近于《侯》也。试于读《鱼》字时、必读吾字，读《虞》字时、必读齵字，则二音判矣。

然依是理以为推定者，必先考明该部所合用对转者之音读，而后可因是以准衡也。欲知当时《东》《冬》之辨，必须先定《侯》韵与《豪》韵之读法；欲审《鱼》《虞》之分，亦必先须考明隋、唐当时《模》《侯》二韵之读法。黄氏本后人开、齐、合、撮之法，考析《广韵》之韵类，又因是以定《各韵阴、阳入分配表》(详本章第三节第五节)，果否能尽合陆、孙之原意，已多疑问；而黄氏所定各韵音读，尤不免臆必之谈。如《歌》韵、黄氏定为阿摄开口呼，《模》韵、黄氏定为乌摄合口呼，《泰》韵、黄氏定为蔼摄开口呼；意以为《歌》韵读○，《模》韵读u，《泰》韵读 a(详本章第六节)。然据最近汪荣宝、林语堂等考证之结果，谓古时《歌》读 a，《模》读○。《泰》读 ai(详汪氏《歌戈鱼虞模古读考》、林氏《书后》，载《国学季刊》一卷二号、三号，又汪氏《论阿字长短音答章太炎》，载《华国》二期九册)。《模》韵既读○，则所谓先读吾字，以定《鱼》音者，不能成立矣。盖一部之音读有疑，则他部之音即无从因是以为悬测也。

段玉裁分《支》《脂》《之》为三，而不知其所以异；晚岁，与江有诰书，有云："足下能确知所以《支》《脂》《之》分为三之本源乎？仆老耄，倘得闻而死，岂非大幸乎？"（《经韵楼集》卷六）案，戴震《声韵考》卷三，谓：

> 五《支》异于六《脂》，犹《清》异于《真》也；七《之》又异于《支》《脂》，犹《蒸》又异于《清》《真》也。

戴氏是言，亦本于阴、阳对转之理，以定《支》《脂》《之》之分；然《清》《真》《蒸》三韵确凿之读法，未经考明，即《支》《脂》《之》三韵之音，无从推断也。黄侃又谓：

> 《支》之本音在《齐》韵，当读如鞿；《脂》之本音在《灰》韵，当读如磓（《脂》韵古皆合口；前人已多言之）；《之》之本音在《咍》韵，当读如黠。（《与友人论治小学书》）

然古音《齐》韵、《灰》韵、《咍》韵，果否如今人读法，既难确定；则论《支》《脂》《之》三韵之音，固不能如是武断者也。日本满田新造，据日本吴音、高丽译音，谓《支》《之》《脂》三韵，东晋以后，悉读 i 音（《评高本汉中国古韵研究之根本思想》）。然《颜氏家训》谓"北人以紫为姊"；北人《纸》《旨》不分，颜氏指为北音之失，则《切韵》立《支》《脂》二部，殆据南音定之也；陆氏分《支》《脂》《之》为三，当时亦必有某种方言，音读不同，可为依据，岂仅以古韵有异而分之者哉？满田新造据偏面之证，以为东晋后，《支》《脂》《之》同读 i 音，殊不足取。最近汪荣宝、林语堂等假定《支》部读 ia，《脂》部读 ui，《之》部读 ai（见林氏《歌戈鱼虞模古读考书后》，汪氏《论阿字长短音答章太炎》），虽尚未认为定论；而陆氏立《支》《脂》《支》三部，必因乎当时音读有不同，则可断言也。

陆氏定《切韵》，一面所以兼存古音，一面又取证于各处方言；长孙讷言所谓“酌古沿今，无以复加”者也。瑞典高本汉综合现代方言，及日本吴音、日本汉音、高丽译音，并参以等韵学上之说，以推定《广韵》各部音读，虽其论证，不无偏失与可怀疑之处；然高氏主张《切韵》诸部，音读各异，与陆氏自言“剖析毫厘，分别黍累”，意旨相符。乃满田新造论之曰：

> 《切韵》之分韵，有地理的及历史的意义。同一音之文字，有分为二以上之韵者，各韵不致成为根本的发音之异。高氏之研究，未达于此结果。故极度努力，根本的区别各韵之发音。（《评高本汉中国古韵研究之根本思想》）

是又拘泥于“韵异音同”之说，不审其纰缪，乃持以阻难高氏之古韵思想。殊不知高氏之思想，实适得《切韵》之真际者也。兹录高氏所定《切韵各部发音表》，以资学者参证焉：

《歌》	â	《戈》	uâ	《麻》	a
《咍》	âi	《灰》	uâi	《泰》	â̄i
《皆》	ai	《佳》	āi	《祭》	iäi
《废》	iwɐi	《齐》	iei	《覃》	âm
《谈》	âm(â̄m?)	《咸》	am	《衔》	am(ām?)
《盐》	i̯äm	《严》	i̯ɐm	《凡》	i̯wɐm
《添》	i̯em	《侵》	i̯əm	《寒》	ân
《桓》	uân	《山》	an	《删》	an(ān?)
《元》	i̤ɐn	《仙》	i̯än	《先》	i̯en
《唐》	âng	《江》	ång	《阳》	iang
《豪》	âu	《肴》	an	《宵》	i̯än

《萧》	i̯en	《痕》	ən	《魂》	uən
《真》	i̯en	《谆》	i̯uen	《欣》	i̯ən
《文》	i̯nən	《登》	əng	《蒸》	i̯əng
《耕》	ɐng	《庚》	i̯ɐng	《清》	i̯äng
《青》	i̯eng	《侯》	ən	《尤》	i̯ən
《幽》	i̯ən	《微》	ei	《脂》	i
《支》	i̯ə	《之》	i(ī?)	《模》	no
《鱼》	i̯wo	《虞》	i̯n	《东》	ung
《冬》	uong	《钟》	iwong		

（本高氏《中文解析字典》[*Analytic Dictionary of Chinese*]，及林语堂译《答马斯贝啰论切韵之音》）

本章参考书要目

顾炎武《音论》
江永《四声切韵表》《音学辨微》
戴震《声韵考》《声类表》《答段若膺论韵》
段玉裁《经韵楼集》卷六
陈澧《切韵考》《切韵考·外篇》
王国维《观堂集林》卷八
章炳麟《国故论衡》《菿汉微言》
黄侃《音略》《与友人论治小学书》
钱玄同《声韵学讲义》《文字学·音篇》
《颜氏家训·音辞篇》
毛先舒《韵学通指》《韵问》
江有诰《等韵丛说》
高元《国音学》第三章
高本汉《中国音韵学研究》《中文解析字典》

林语堂译《答马斯贝啰论切韵之音》(《国学季刊》一卷三号)

满田新造《评高本汉中国古韵研究之根本思想》

中山大学《语言历史学研究所周刊》第二十五、二十六、二十七期《切韵专号》

黄淬伯《讨论切韵的韵部与声纽》(《语言历史学研究所周刊》第六十一期)

唐钺《论入声转化与词曲发达的关系》(《国故新探》卷二)

黄淬伯《慧琳〈一切经音义〉反切考韵表》

汪荣宝《歌戈鱼虞模古读考》、林语堂《书后》(《国学季刊》一卷二号、三号)

汪荣宝《论阿字长短音》《答章太炎》(《华国》二期九册)

杨亮功《论广韵分部》(《中国文学季刊》创刊号)

张世禄《中国古音学》

四、《广韵》之声类

（一）守温三十六字母之系统及其来源

由上章以言，可知《广韵》韵部之分列，乃参酌魏、晋、隋、唐之韵书，综合古今、南北之音变，以成二百零六部之数。则其反切上之声类，亦必具有繁复之系统，自当与其分韵之标准，作一例观也。

所谓声类者，乃取各字之双声而类别之，复于各类中，取一字以为标目。唐季守温所作三十六字母，名曰字母，而实即声类也。至若字母未出以前，所以示双声者，只有切语上字。陈澧云：

> 韵书分部，用《东》《冬》《钟》《江》诸字以为标目，若双声之分类，则唐末僧家始有字母。字母未出以前，儒者传习切语之学，以何者为双声之标识乎？必以切语上一字矣。（《切韵考》卷六）

盖反切之法，下字取其叠韵，上字取其双声；叠韵之字，有韵目以为标识，双声之字，则三十六字母未发生以前，惟有切语上字耳。切语上字虽所以示双声，尚未有明白之归类。隋、唐韵书，分韵已秩然不紊，复有《东》《冬》《钟》《江》之目；而每韵中所列双声各字，犹凌乱无序，无部居，无标目。无怪后世音韵学家以为“叠韵易知，双声难明”也。

或以曹植四十二契，即双声标目之始，然其文无可稽考；今所得见古代声类之目，自以守温三十六字母为最早（本张煊《求进步斋音论》，载《国故》第一期）。《崇文总目》云：“《三十六字母图》一卷，释守温撰。”其图不行于世。兹依宋人《切韵指掌图》所列，录其目如下：

牙音　《见》《溪》《群》《疑》。

舌音　舌头，《端》《透》《定》《泥》；舌上，《知》《彻》《澄》《娘》。

唇音　重唇，《帮》《滂》《并》《明》；轻唇，《非》《敷》《奉》《微》。

齿音　齿头，《精》《清》《从》《心》《邪》；正齿，《照》《穿》《床》《审》《禅》。

喉音　《影》《晓》《匣》《喻》。

半舌　《来》。

半齿　《日》。

清《四库总目〈玉篇〉提要》以为“中国以双声取反切，西域以字母统双声，此各得于聪明之自悟；华不袭梵，梵不袭华”。殊不知反切之起源，亦因受梵文拼音学理之影响（参看本文的二（一））。韵目与字母之由来，正为中、印文化融合之结果，皆由反切上之双声、叠韵的方法进步以发生者，亦皆所以增进反切之便利。而乃断断于华、梵之辨，实固陋之尤者也。陈澧谓其说公允（《切韵考》卷六自注），殊属不当。惟字母之名，乃因袭用梵语之故，其称呼之不当，前人早已言之。钱大昕《养新录》谓：“声同者互相切，本无子母之别；于同声之中，偶举一字以为例，而尊之为母，此言不正，名不顺也。盖字母者，以其能生他字之谓；在拼音文字中，连读二音为一音，即连书二字为一字，如此方得谓之字母。至若吾国切语中，以二音譬况一音，非以二字合成一字；如东、德红切，非连书德、红二字为东字；东字非德红所生，尤非《端》字所生；而字母家以东为《端》母字，诚所谓名不正，言不顺矣。此乃由于引用汉字，而仍袭取梵语字母之名，遂有此病。"（本陈澧《切韵考·外篇》卷三）故三十六字母，当正名曰声类。黄侃云：

> 中国文字象形，不似西洋拼音字母，当改三十六字母为三十六声类，则可无訾也。（《音略略例》）

至于三十六字母之来源，自来学者，多谓其根据梵书，而依中国语音造定者也。黄侃云：

> 按三十六字母之来源，本因梵僧，参采《华严经》四十二梵音字母，按中国字音而造；初不过以便僧徒念咒，其后中国人遂遵用之。（《音略略例》）

关于此点，陈澧考之，颇详：

> 《养新录》云：《涅槃》所载"比音二十五字"，与今所传《见》《溪》《群》《疑》之谱，小异而大同。兹所列字音十四字，即《影》《喻》《来》诸母。然则唐人所撰之三十六字母，实采《涅槃》之文，参以中华音韵而去取之；谓出于《华严》，则妄矣。澧案钱氏谓："比音二十五字"与《见》《溪》《群》《疑》之谱，小异大同者，迦、佉、呿、俄，即《见》《溪》《群》《疑》也；遮、车、阇、膳，即《照》《穿》《禅》；若即《日》也；吒、咃、荼、咤、拏，即《知》《彻》

> 《澄》《娘》也；多、他、陀、驮、那，即《端》《透》《定》《泥》也；婆、颇、婆、婆、摩，即《帮》《滂》《并》《明》也；字音之理、厘二字，即《来》母；其余裒、阿诸字，皆《影》母也；超声之蛇字，《床》母；逻、罗亦《来》母；缚、《奉》母；奢、沙，《审》母；呵、《晓》母也。《非》《敷》《微》《精》《清》《从》《心》《邪》《喻》《匣》十母，则《涅槃》所无；可见三十六母，据中华之音，非据梵音也。其为《涅槃》所有者，次第与《涅槃》同；可见其依仿《涅槃》也。《涅槃》无字母名目，其谓之字母，则沿袭于华严也。(《切韵考·外篇》卷三)

近人吴稚晖更以《涅槃经》所录十四类字母，与《广韵》末附之《辩十四声例法》，两相对照(见吴氏《国音沿革序》)，谓：此《十四声例法》，即六朝、隋、唐以来所传之"十四音"，《隋书·经籍志》所谓"以十四字贯一切音"也。而此《十四声例法》一变而为三十六字母，则因烟、人然等三十类《切字要法》(见元刊本《玉篇》中)实为其过渡之枢纽。《切字要法》之三十，于三十六字母，缺者为《知》《彻》《娘》《床》《非》《奉》；而其有《澄》无《床》，实即有《床》无《澄》，亦即全缺《知》《彻》《澄》《娘》；以此四母，时人不善读出也。又《非》《奉》与《敷》《微》，当时盖无其分，故《切字要法》缺《非》《奉》两母也。吕介孺《同文铎》谓舍利三十字母，所缺为《帮》《滂》《娘》《床》《微》《奉》，守温为之补完。其谓缺《帮》《滂》《娘》《床》《微》《奉》，当为《知》《彻》《娘》《床》《非》《奉》之讹；以《帮》《滂》之音，最不易缺也。舍利三十字母，实即将《切字要法》化双为单，又改正《十四声例法》，用牙、舌、唇、齿、喉等之分类，整理之，遂成三十字母；守温又参合反切上之声类，补正《知》《彻》《澄》《娘》《非》《奉》六母，遂成三十六之数；此乃显然易见之迹(详吴氏《国音沿革序》)。由此以言，三十六字母者，乃由印度梵文字母中变化而来，可无疑矣。惟其审择排列，非全依梵文字母，乃参酌中华当时之语音而成；凡梵文所有，而华语所无者，彼则减之；华语所有，而梵文所无者，彼则增之。近人刘复谓：据华、梵字母之比较，因知守温所定三十六字母，乃根据于中华之语音，非直录梵文者；此三十六母实足以代表当时较普通之音也（见《国学季刊》一卷三号，刘复《守温三十六字母排列法之研究》）。

（二）《广韵》声类与三十六字母音系之异同

惟其所谓当时较普通之音，究依据于一种有势力之方言乎？抑综合多种方言而制定者乎？于今实难断定。

宋、元以来，言反切者，大都本三十六母以论声。江永《音学辨微》谓三十六母“为反切之总持，不可增，不可减，不可移动”。盖过信字母者，以为此乃包含古今、各地之语音，即后代方言之转变，亦莫能出其范围。劳乃宣《简字丛录》云：“古人三十六字母本参合当时宇内方音而设；今已多历年所，而各省方音，尚莫能出其范围。”或并以此为正音，持以衡量各处方音之转变者。章炳麟《正言论》云：“今以纽韵正音，料简州国讹音，变节随在而有；妙契中声，亦或独至。”（《国故论衡》卷一）一若守温三十六之数，天造地设，不惜将后代语言削足适履以求之，此则迷信字母之过。故谓此三十六母足以代表唐、宋时代普通之语音，则可，若谓其尽足以概括后代一切方音之转变，则不可也；从后代方音以考证此三十六母之音读，则可，若用此为准绳，持以校正各处之音变，则不可也。后代等韵学家，亦有根据一地方音，将三十六之数，加以增减。张煊《求进步斋音论》云：

> 后之治等韵者，虽或间出己音，增损声类：如张立、兰廷

秀、方以智、樊腾凤等之二十，李如真之二十二，新安之三十二，李松石之三十三，吴草庐之增删三十六，许月南之三十八，徐藕船之四十，徐香垞之续兰廷秀二十而成四十；类加根据一部不完备之方音以立言。即有增加，亦不过分析旧母开、合、洪、细为数纽。名虽增多，实更残缺。故甲之所作，不洽于乙心；乙之所创，无当于丙意。求其能为举国学者所尊奉，为数百年反切之中枢，如三十六字母者，殆不可得。（见《国故》第一期）

然三十六字母在宋、元以后流行之势力，虽甚伟大，而学者制作，根据一地之方音，已不能不加以增损，此即其不适合于后代方言之明证也。戴东原作《声类表》兼包古、今音，所列声位，凡四十；将三十六母中，《知》与《照》，《彻》与《穿》，《澄》与《床》，《娘》与《日》，《非》与《敷》，《喻》与《微》，各并合为一位；又以《见》《端》诸母，有清无浊，《泥》《来》等，又有浊无清，因尽行配全其清、浊；共得四十位，与守温有异。此又往时学者，不认三十六母足以包概古、今语音之明证也。慧琳《一切经音义》中所注字音，根据于元廷坚《韵英》及张戬《考声切韵》，今所认为隋、唐间之秦音也（参看本文的二（十））。近人黄淬伯著《慧琳〈一切经音义〉反切声类考》（载中央研究院《历史语言研究所集刊》第一本第二分），考得声类亦为三十六，惟《照》《穿》《床》《审》四母，各分为二，而《禅》《神》浑一，《泥》《娘》同声，《从》《邪》似合，《非》《敷》交切，与守温三十六母又不同。足见守温之三十六母，非据唐初关中之音而作，其足以代表唐末、宋初间一种普通语音，殆可无疑；因此守温三十六母之系统，自不能适合于宋后方言之转变，而欲考证隋、唐间之语音，及汉、魏以来反切之声类，更不当从此三十六母中求之也。

《广韵》一书，依据于孙愐《唐韵》、李舟《切韵》，更纂集诸家以成者;孙、李诸书,既一以陆法言之《切韵》为始祖,其各部中注明音读,虽或稍有异同,而于陆氏兼包古今、南北之宗旨,始终未曾变更。陆氏《序》云:“论南北是非,古今通塞,欲更捃选精切,除削疏缓。”于以见陆氏所注明切语,其声类亦包有古今、南北之音。陆、孙诸书既以缺佚,吾人欲考明此种声类系统,仍不能不从《广韵》一书中研究:一方面,可因以推迹隋、韵以前声类之变迁,一方面,又可以窥见当时方言上声类纷歧之现象。于此又可以断言:《广韵》中声类与三十六字母之系统完全不同;盖一则包括隋、唐以前历代各地之语音,一则依据于唐、宋间一种较普通之语音也。

(三)从切语上字考证《广韵》之声类

字母未出以前,所以示双声者,既在切语上字,故欲考知《广韵》之声类,惟有从其中所录之切语上字求之;陈澧《切韵考》一书,即因是而作也。陈氏将《广韵》中四百五十二切语上字,系联其同用、互用、递用者,得声类四十;谓足以代表隋、唐以前之声类。陈氏云:

> 切语上字与所切之字为双声,则切语上字同用者,互用者,递用者,声必同类也。同用者,如冬、都宗切,当、都郎切,同用都字也。互用者,如当、都郎切,都、当孤切,都、当二字互用也。递用者,如冬、都宗切,都、当孤切,冬字用都字,都字用当字也。今据此系联之,为切语上字四十类。(《切韵考》卷一)澧校定《广韵》切语,粗得陆氏体例。总而核之:切语上字,凡四百五十二字,每字又取其切语上字而系联之,得四十类;此隋以前双声之区域也。(《切韵考》卷二)

惟陈氏所定四十类中，有《广韵》反切之正文，原相系联者；有用《广韵》一字互注之切语，以证其为一类者。陈氏云：

> 切语上字既系联为同类矣。然有实同类而不能系联者，以其切语上字两两互用故也。如多、得、都、当四字，声本同类：多、得何切，得、多则切，都、当孤切，当、都郎切；多与得，都与当，两两互用，遂不能四字系联矣。今考《广韵》一字两音者，互注切语，其同一音之两切语，上二字声必同类，如一《东》、涑、德红切，又都贡切；一《送》、涑、多贡切。都贡、多贡同一音，则都、多二字，实同一类也。今于切语上字不能系联而实同类者，据此以定之。(《切韵考》卷一)

此所谓一字异韵互注，即各部中“又音”与“互见”之例也。《切韵考》中所列四十类，只分清声二十一类，浊声十九类；不依喉、舌、唇、齿之序次，又不用《见》《溪》《端》《透》等字以为标目。兹依黄侃、钱玄同等所定者，举陈氏四十类之目如下：

> 清声二十一类：
>
> 《端》《知》《照》《彻》《心》《见》《溪》《非》《敷》《穿》《影》《清》《透》《精》《晓》《帮》《滂》《山》《审》《初》《庄》
>
> 浊声十九类：
>
> 《定》《澄》《床》《日》《喻》《于》《明》《群》《奉》《来》《匣》《从》《并》《疑》《泥》《禅》《娘》《邪》《神》

此四十声类，较之三十六字母，多出《于》《庄》《初》《山》《神》五类，而《明》《微》二母，合为一类。又字母《帮》《滂》《并》《非》《敷》《奉》六类，亦与《广韵》切语上字分合不同；《帮》《滂》《并》三母之字，多浑入《非》《敷》《奉》三类之中。陈氏云：

> 《广韵》切语上字四十类，唐末沙门三十六字母，则少四类。字母《明》《微》二类，《广韵》切语上字同一类；字母《照》《穿》《床》《审》《喻》五类，每一类《广韵》切语上字分二类，故四十类为三十六类也。其《帮》《滂》《并》《非》《敷》《奉》六类，亦与《广韵》切语上字，分合不同。（《切韵考·外篇》卷一）

陈氏谓《端》《透》《定》与《知》《彻》《澄》，《帮》《滂》《并》与《非》《敷》《奉》，在今音上自应分列，不当以古音为据；字母家分析之，不泥于古也：

> 《知》《彻》《澄》三母字，古音读如《端》《透》《定》三母；《非》《敷》《奉》三母字，古音读如《帮》《滂》《并》三母，《养新录》考之最详确矣。《广韵》切语上字，此十二类虽分，然《知》《彻》《澄》三母字，其切语上字，仍多用《端》《透》《定》三母字；《非》《敷》《奉》三母字，其切语上字仍多用《帮》《滂》《并》三母字，乃古音之遗也。字母家分析之，不泥于古也。（《切韵考·外篇》卷三）

《照》《穿》《床》《审》四母，及《喻》母，陈氏谓当分二类，字母家并合之，此其病也：

> 《照》《穿》《床》《审》四母及《喻》母，《广韵》切语上字，各分二类，而字母家两两合并之，然如《照》母之周、邹，《穿》母之

枢、刍,《床》母之穧、绳,《审》母之收、搜,《喻》母之遗、惟,出音皆截然不同;安得并为一母乎? 此则字母之病也。(《切韵考·外篇》卷三)

《喻》与《于》,《照》《穿》《床》《审》与《庄》《初》《神》《山》,陈氏以为发音上截然不同,故必分为二系。是陈氏与三十六字母之立异,不特以考据为准,并亦以口耳为凭也。至若《明》《微》二类之并合,陈氏颇自犹豫;此二类切语之正文,原不相系联,陈氏应用各韵中又音与互见之切语以系联之,遂将此二类合并为一。然陈氏又谓此二类,实当分不当合;其合之者,则又依据于古音及粤音耳。其言曰:

《广韵》切语上字四十类,字母家分并为三十六,有得有失。《明》《微》二母,当分者也;切语上字不分者,乃古音之遗;今音则分别甚明,不必泥古也。(粤音则不分,微读如眉,无读如谟,与古音同。)(《切韵考·外篇》卷三)

陈氏已言《明》《微》二类在今音系统上,当分不当合。故黄侃、钱玄同继之,将今音定为四十一类,分析《明》《微》二类;又将《帮》《滂》《并》三类之混入于《非》《敷》《奉》者,依今音各从其类。兹更参酌黄侃所列四十一类与三十六字母之异同表(凡字外加圆圈者,为字母所合并,表见黄氏《与友人论治小学书》),排比如下:

字母	声类	字母	声类	字母	声类	字母	声类
《见》	同	《端》	同	《知》	同	《邦》	同
《溪》	同	《透》	同	《彻》	同	《滂》	同
《群》	同	《定》	同	《澄》	同	《并》	同
牙{疑		舌头{泥		舌上{娘		重唇{明	
{同		{同		{同		{同	
《非》	同	《精》	同	《照》	同	《影》	同

《敷》　同	《清》　同	《穿》　同	(《于》)
《奉》　同	《从》　同	(《神》)	《喻》　同
轻唇{微 同}	《心》　同	《审》　同	《晓》　同
	齿头{邪 同}	《禅》　同	喉{匣 同}
		(《庄》)	
		(《初》)	半舌{来 同}
		《床》　同	
		正齿{(山)}	半齿{日 同}

(四)关于今音四十一类之考订

今音四十一类,大部据陈澧考证之结果,而稍加以修订者,果可以为音韵学上之定论否乎?此则又须就陈氏考订之方法上以讨论之。从上节所言,可知陈氏四十类之产生,将《广韵》四百五十二切语上字,系联其同用、递用、互用者;若两两互用不能相系联者,则又依据又音与互见之切语以定之。以为一字两音,分隶两韵,互注切语,其同一音之两切语,上二字声必同类。故其所举四十声类之证其《广韵》反切之正文原相系联者仅三十;而应用又音与互见,所谓一字两音互注之切语,以证其为一类者,凡十处。陈氏根据此种又音与互见之切语,以证明本不相系联者为同类,实为现今《广韵》学上争论之问题。若本不相系联者,均可因此以并合之,则陈氏此种方法之运用,尚有未尽;其他三十类中,犹有应并合者,《广韵》声类,即不能有此四十之数矣。若谓考证《广韵》声类,纯当根据于同用、递用、互用之正例,不宜因此以并合之者,则陈氏此种方法之运用,实属不当,其所并合之十处,仍应一一分列;如此,《广韵》声类又不止此四十之数矣。试就此二点分论之于下：

张煊《求进步斋音论》谓："陈氏于《广韵》所互注之切语，实未尽考！煊尝考《广韵》一字两音之互注切语，知陈氏所分之四十类，尚大有可合者在。声类四十，尚非切之本真。"(《国故》第一期)兹节录张煊所考得之证据如下：

《阳》韵、 长、直良切，又丁丈切；《养》韵、 长、知丈切。

《祭》韵、 缀、陟卫切，又丁劣切；《薛》韵、 缀、陟劣切。

《鱼》韵、 涂、直鱼切，又直胡切；《模》韵、 涂、同都切。

《宵》韵、 桡、奴招切，又女教切；《效》韵、 桡、奴教切。

此《端》与《知》，《定》与《澄》，《泥》与《娘》应并合之证也。

《广》韵、 茷、符废切，又方大切；《泰》韵、 茷、博盖切。

《先》韵、 藊、布玄切，又北泫切；《铣》韵、 藊、方典切。

《吻》韵、 忿、敷粉切，又敷问切；《问》韵、 忿、匹问切。

《队》韵、 妃、滂佩切，又匹非切；《微》韵、 妃、芳非切。

《先》韵、 軿、部田切，又房丁切；《青》韵、 軿、薄经切。

此《帮》与《非》,《滂》与《敷》,《并》与《奉》应并合之证也。张煊又谓:“《知》《彻》《澄》《娘》古归《端》《透》《定》,《非》《敷》《奉》《微》古归《帮》《滂》《并》《明》,为钱宫詹所证明;《娘》古归《泥》,为章太炎所证明;皆已成不磨之论。今《知》《彻》《娘》三类之反切,既与《端》《定》《泥》三类同用,《非》《敷》《奉》三类之反切,亦与《帮》《滂》《并》三类同用,是陆氏作《切韵》时,舌上、舌头、重唇、轻唇,尚未分也。”(《国故》第一期)则今音《端》《透》《定》《泥》四类与《知》《彻》《澄》《娘》,《帮》《滂》《并》《明》四类与《非》《敷》《奉》《微》,似应不分矣。张煊又谓:

《支》韵、 示、巨支切,又时至切; 《至》韵、 示、神至切。

《祭》韵、 贳、舒制切,又时夜切; 《祃》韵、 贳、神夜切。

此《神》《禅》二类似相系联也。

《震》韵、 振、章刃切,又之人切; 《真》韵、 振、侧邻切。

《仙》韵、 甄、居延切,又章邻切; 《真》韵、 甄、侧类切。

此《照》《庄》二类似相系联也。

《灰》韵、 推、他回切,又昌佳切; 《脂》韵、 推、叉佳切。

此《穿》《初》二类，似相系联也（见《国故》第二期）。陈澧《切韵考》本欲据《广韵》中切语，以考明陆氏《切韵》之大略（见《切韵考》卷一）。而今敦煌所出唐写本《切韵》残卷，陈氏未及见之；《广韵》中四百二十五切语上字，实非陆氏之旧。如《切韵》残卷中切语上字：

英　应　阿　恩　机　轨　癸　劲　遽　气　躯　鸥
骃　霍　谐　玄　乾　痕　丹　大　弟　六　路　羸　间
年　智　绵　丞　礫　蚩　车　汁　唇　声　损　紫　翠
浅　憨　潜　聚　素　送　莎　叙　囚　槃　毕　毗　疋
盆　琶　萍　民

凡此五十五字，皆不在《广韵》四百二十五字之中；故欲得陆氏《切韵》之真际，更当利用此种材料而详考之（本罗常培《切韵探赜》，载中山大学《语言历史学研究所周刊》第三集，《切韵专号》）。以《切韵》切语与《广韵》相较，又可得《端》四类与《知》四类应并合之证：

《绛》韵、　戆、《切韵》、丁降反；《广韵》、陟降切。（《端》《知》互用）

《置》韵、　踬、《切韵》、驰伪反；《广韵》、地位切。（《定》《澄》互用）

又可得《帮》四类与《非》四类应并合之证：

《齐》韵、　鼙、《切韵》、方兮反；《广韵》、边兮切。（《帮》《非》互用）

《脂》韵、　丕、《切韵》、敷宾反；《广韵》、匹宾切。（《滂》《敷》互用）

《脂》韵、 邳、《切韵》、蒲悲反；《广韵》、符悲切。(《并》《奉》互用)

《祢》韵、 面、《切韵》、无兖反；《广韵》、弥兖切。(《明》《微》互用)

王仁煦《刊谬补缺切韵》，亦陈氏所未见。今更将《刊谬补缺切韵》之切语，与《切韵》残卷及《广韵》相较，更可得《禅》与《神》，《照》与《庄》，《穿》与《初》并合之证：

《祭》韵、《刊谬补缺切韵》、贳、舒至反，又时夜反；《祃》韵、贳、神夜反。(《禅》《神》互用)

《震》韵、《刊谬补缺切韵》、振、职刃反，又之人反；《切韵》，《真》韵、振、职邻反。(《照》《庄》互用)

《脂》韵、《切韵》、忡、初中反；《广韵》、敕中切。(《穿》《初》互用)

又可得《喻》《于》二类互用之证：

《脂》韵、《切韵》、遗、以佳反，又于季反；《至》韵、《刊谬补缺切韵》、遗、以醉反，又以佳反。

更以《切韵》残卷中之切语，与《玉篇》相较，知《心》与《山》，亦似应不分：

《切韵》，《支》韵、韉、山垂反；《玉篇》，革部、韉、思危切。

则今音四十一类中，《非》《敷》《奉》《微》四类，当并合于《帮》《滂》

《并》《明》;《知》《彻》《澄》《娘》四类,当并合于《端》《透》《定》《泥》;《于》类当并合于《喻》;《庄》《初》《神》《山》四类,当并合于《照》《穿》《禅》《心》,仅为二十八类(本罗常培《切韵探赜》)。则又较三十六字母,反少《知》《澈》《澄》《娘》《非》《敷》《奉》《微》八母矣。

(五) 从等韵学上考析《广韵》之声类

虽然,根据又音与互见之切语,以合并正文不相系联之声类;此种方法之运用,其本身尚有疑难。陆氏《切韵》既所以包罗古今、南北之音,混合多种之语音系统于一书;其在各字下注明反切,而于本音之外,又注又音者,所以示古、今方语之转变也。上章第九节,论及《广韵》韵部,谓于各部中之又音与互见,可藉以窥见古今各地音读变迁之大略。而以慧琳《一切经音义》中之注音,与《广韵》对照,更可以断定《广韵》各部之又音与互见,所以搜罗南、北方音。是本音与又音,语音系统,原属不同;本音之切语上字,既依同用、递用、互用之例,以系联之;其不能系联之切语,必其音系中本不相浑合者,乌可以音系不同之又音强合之耶?是则陈氏依据一字两音之切语,以证明同类之十处,反不如一一顺其本然之途径,让彼分离之为愈。不特《照》与《庄》,《穿》与《初》,《床》与《神》,《审》与《山》,《喻》与《于》,各当分析;即《见》《溪》《清》《从》诸母,亦当因其本来,更加以分析也。如此,则今音声类,自不止四十一之数。

所当问者:此种声类之考析,在音理上,果又何所据耶?此则可以等韵之理解释之。盖宋、元以来,等韵家分辨等呼,不特用以考析韵类,即在代表发声之字母,亦有一、二、三、四等之分别。在同一声类之字中,因其所缀母音,有高、低几微之变,其发声即能受影响而致歧异;故开、合,洪、细之辨,非尽韵部上之事也。黄淬伯

《慧琳〈一切经音义〉反切声类考》中有云：

> 以音理言之：凡同声类字，其所缀元音，有高、低几微之变，即能影响于所发之声。等韵纵列四等，所以示能辩之韵首之高低也。（韵首之高低，言发韵时舌面之高低，发生共鸣音高之上下也。等韵家云：一等洪大，二等次大，三、四等细，四等尤细者，义殆相同。）读三、四等字，含有近辅音性之分母，而一、二等则无之；声以韵异，此最浅显之事也。反切以两字譬况一音，分别其性质言之，则曰上字定声，下字定韵。若就其结合言之，则宜上、下字又须韵等均一，而后被切之音，试口易出。

故各种声类，其发声之部位相同或相近者，常因韵等的关系，而发生差别。守温三十六字母，宋、元等韵家多以之排列为二十三行；每行可分四等。陈澧《切韵考·外篇》卷三："《切韵指掌图》，字母平列三十六行；《七音略》《四声等子》则置《知》《彻》《澄》《娘》于《端》《透》《定》《泥》之下，置《非》《敷》《奉》《微》于《帮》《滂》《并》《明》之下，置《照》《穿》《床》《审》《禅》于《精》《清》《从》《心》《邪》之下，为二十三行而已。《端》四母、《精》五母有一等、四等，无二等、三等；《知》四母、《照》五母有二等、三等，无一等、四等；遂以相补。《非》四母但有三等，无一等、二等、四等，《帮》四母虽四等俱有，而遇三等无字之处，则以《非》四母相补，可谓巧矣！"兹录陈氏所列二十三行四等之图，如下：

一等	二等	三等	四等
《见》	《见》	《见》	《见》
《溪》	《溪》	《溪》	《溪》
《群》	《群》	《群》	《群》

《疑》	《疑》	《疑》	《疑》
《端》	《知》	《知》	《端》
《透》	《彻》	《彻》	《透》
《定》	《澄》	《澄》	《定》
《泥》	《娘》	《娘》	《泥》
《帮》	《帮》	《帮》《非》	《帮》
《滂》	《滂》	《滂》《敷》	《滂》
《并》	《并》	《并》《奉》	《并》
《明》	《明》	《明》《微》	《明》
《精》	《照》	《照》	《精》
《清》	《穿》	《穿》	《清》
《从》	《床》	《床》	《从》
《心》	《审》	《审》	《心》
《邪》	《禅》	《禅》	《邪》
《影》	《影》	《影》	《影》
《喻》	《喻》	《喻》	《喻》
《晓》	《晓》	《晓》	《晓》
《匣》	《匣》	《匣》	《匣》
《来》	《来》	《来》	《来》
		《日》	

陈氏与黄侃、钱玄同所考定今音四十一类，较之守温三十六字母，多出《庄》《初》《神》《山》《于》五母；本章第三节已言之。而此五母之分出，在等呼上即由于韵等之关系，《庄》类即《照》母之二等字，《初》类即《穿》母之二等字，《神》类即《床》母之三等字，《山》类即《审》母之二等字，《于》类即《喻》母之三等字（本陈氏《切韵考·外篇》卷一）。陈氏谓："字母四等者，宋、元之音，不可以论唐以前音韵之学。""分等之意，古人但以韵分之，但以切语下字分之，而不以上字分之，等韵家则以字母分等。""古书切语二字，不尽同等"（均

见《切韵·考外篇》卷三)；此则陈氏臆必之言。隋、唐韵书中开、合，洪、细之辨，声类等呼之分，较之宋、元等韵家所剖析者，究能彼此完全适合与否，固未可肯定；吾人固亦不能使之强合。然两者有翕然相符之处，正不妨用此以为证彼之一种资料也。陈氏又谓"字母家迁就以来，使不背于古切语"(《切韵考·外篇》卷三)；然安知非此种分等，即属隋、唐以前之旧音存于当时者乎？或并以等呼上之分列，据为隋、唐声类混合之证。上所言《端》四母与《知》四母同属一行，《帮》四母与《非》四母同属一行，张煊《求进步斋音论》遂因以谓隋、唐舌上、舌头，重唇、轻唇，尚合为二：

> 考《广韵》二百六韵中，每韵但有开、合，洪、细之一等者，则有舌头，即无舌上；有重唇，即无轻唇。有二等者，则舌头属此等，舌上必属彼等；轻唇属彼等，重唇必属此等。推而至于有三等、四等者，莫不皆然。……此亦可谓隋时舌上、舌头，重唇，轻唇尚合为二之证。(《国故》第一期)

然同属一行，而分为异等者，正其分别声类之证；苟发音完全相同，正不必分等如此明析也。因是可以断定同行而异等者，必其当时在发音上本有微异。不特《端》四母与《知》四母，《帮》四母与《非》四母应当分别，即《照》与《庄》，《穿》与《初》，《床》与《神》，《审》与《山》，《喻》与《于》，亦有异也。陈澧《切韵考》将《庄》《初》《神》《山》《于》与《照》《穿》《床》《审》《喻》分列，正其不因藉互见与又音之良好结果；其他如《端》四母与《知》四母，《帮》四母与《非》四母，若根据一字两音之切语，以为混合之例证，正亦绰然有余，而陈氏终不能完全依据古音，使之并合为一；黄侃、钱玄同又将《明》《微》二类，仍行分列者，盖在切语之考证上，须认定本音与又音之音素不同，孰分孰合，一依据于本然之材料，不能将应分者、强行混合。而在音理上，又得宋、元等呼之理以证明之，其间如《帮》四母与《非》四母之字，虽《广韵》切语与字母等呼之隶属不相符合者，非宋、元等韵之理，尽不足以概《广韵》之音也；实隋、唐与宋、元间语音之演变致之。

今更以赵元任《广韵反切上字表》所举《见》《溪》二类为例，以明今音四十一类，依据《广韵》中之本音，尚可加以分析。《广韵》中、《见》类之反切上字，其本音有不相系联之两类：居、九、俱等为一类，古、公、佳等为一类；《溪》类之反切上字，其本音亦有不相系联之两类：苦、康、枯等为一类，去、丘、岂等为一类；陈氏皆因藉又音与互见之切语，使合成《见》《溪》二类（见《切韵考》卷二）。若将此等切语上字依等呼方法排列之，则《见》类三等，皆为居、九、俱等字，其他数等，皆为古、公、佳等字，俨然各自成系；《溪》类三等，皆为去、丘、岂等字，与苦、康、枯等亦有显明之分界。更证诸现代国语及方言，亦多有相翕合之事实。殆《见》类中居、去两系，《溪》类中苦、丘两系，在当时发音上本有不同；遂致后来发音部位亦发生歧异（本黄淬伯《讨论切韵的韵部与声纽》，载中山大学《语言历史学研究所周刊》第六集第六十一期）。故陈澧取证又音与互见之切语，将彼等混合为《见》《溪》二类，自不如顺其本然之材料，仍让彼离析之为愈也。

由上以言，依据《广韵》中本音之切语上字，更参证以宋、元之等韵学理，今四十一类，实更有可以分析者在；不能遽认为定论也。

（六）五音、七音与清、浊声等

各种声类，因其发音部位的不同而分别之者，吾国自来有“五音”与“七音”之说。五音之名，始见于《玉篇》末附之《五音声论》，将反切上之声类，分为喉声、舌声、齿声、唇声、牙声五种。孙愐《唐韵序》亦云："纽其唇、齿、喉、舌、牙部，仵而次之。"《广韵》卷末又有《辩字五音法》，谓："呼吸文字，即有五音：一、唇声，并饼。二、舌声，灵历。三、齿声，陟珍。四、牙声，迦佉。五、喉声，纲各。"于以推知，大抵宋以前，只言五音。至宋时始将三十六字母分为七音，并以宫、商、角、徵、羽、半徵、半商，与喉、牙、舌、齿、唇、半舌、半齿相配。陈澧云：

> 《梦溪笔谈》始言："唇音、舌音各八，牙音、喉音各四，齿音十，半齿、半舌音二，凡三十六。"又云："切韵家以唇、齿、牙、舌、喉为宫、商、角、徵、羽，又有半徵、半商，《来》《日》二字，是也。"郑渔仲作《七音略》盛称七音之说，谓"江左之儒，知纵有平、上、去、入为四声，而不知衡有宫、商、角、徵、羽、半徵、半商为七音。七音之韵，起自西域，臣初得《七音韵鉴》，胡僧有此妙义，而儒者未之前闻"。澧案《大般涅槃经》有舌根声、舌齿声、上咢声、舌头声、唇吻声，是此种名目出于西域；宫、商、角、徵、羽、半徵、半商之说，则西域所无也。(《切韵考·外篇》卷三)

梵僧分析音韵，较吾国为细密，宋人本之，于五音之外，复立半舌、半齿，遂定七音之名。半舌、半齿，又名舌齿、齿舌。郑樵《七音略序》云：

> 五音定于唇、齿、喉、牙、舌，惟齿于舌，递有往来，不可主夫一。故舌中有带齿声，齿中有带舌声者，古人立《来》《日》二母，各具半徵、半商，乃能全其秘。若《来》字则先舌、后齿，谓之舌齿；《日》字则先齿、后舌，谓之齿舌，所以分为二，而通五音曰、七音。

更于舌音分为舌头、舌上，于唇音分为重唇、轻唇，于齿音分为齿头、正齿（见《切韵指掌图序》，《韵镜指微》所列《三十六字母图》，及《四声等子》中《七音细目》，并同）。至以宫、商、角、徵、羽，配合五音，宋时各家所列不同：

> 《切韵指掌图》以角、牙，徵、舌，羽、唇，商、齿，宫、喉，相配；
>
> 《四声等子》以角、牙，徵、舌，宫、唇，商、齿，羽、喉，相配。

陈澧云：

> 《梦溪笔谈》谓切韵家以唇、齿、牙、舌、喉为宫、商、角、徵、羽，则唇是宫，喉是羽；《七音略》以《帮》《滂》《并》《明》《非》《敷》《奉》《微》为羽，《影》《喻》《晓》《匣》为宫，则与《笔谈》之说，又异；皆不足据也。古人无平、上、去、入之名，谓之宫、商、角、徵、羽，已属借用；至以三十六字母分配之，尤属无谓；置之不论可矣。（《切韵考·外篇》卷三）

盖当时为便于称呼计，遂借宫、商、角、徵、羽以名五音，虽略有出入，无关宏旨，可勿论也。

分析声类，除依发音部位之外，又有清、浊，声等之说。孙愐《唐韵部叙》中，所谓五音、清、浊，殆指四声，字调与开、合呼，等而言（参看本文的二（六））。惟其所分析者，究与宋人等韵之理相合与否？至今未能考见。《广韵》末附《辩四声轻清重浊法》，后人亦莫得其解（参看本文的三（四））。其《辩字五音法》中注云："唇声、清也，舌声、清也，齿声、浊也，牙声、浊也，喉声、浊也。"殆又以清、浊分辨发音部位，与等韵学上之精、浊，声等，实无关系。陈澧谓孙愐所言“引字调音，各有清、浊”，即“平、上、去、入各有清、浊”（《切韵考》卷二及《外篇》卷三卷六），因将考定之四十声类，分为清声二十一类，浊声十九类；陈氏此种见解，未免臆断。以今所知，清、浊声等之说，亦始于宋人。邵光祖《切韵指掌图检例》列一《三十六字母图》，将横排各行，分为全清、次清、全浊、不清不浊等；第一行、《见》《端》诸母为全清；第二行、《溪》《透》诸母为次清，只《来》《日》二母为不清不浊；第三行、《群》《定》诸母为全浊；第四行、《疑》《泥》诸母为不清不浊，只《心》《审》二母为全清；第五行、《斜》《禅》二母为半清半浊。其言曰：

> 横扁第一是全清，第二次清总易明，全浊第三声自稳，不清不浊四中成，齿中第四全清取（《心》《审》），第五从来类浊声（《禅》《斜》），唯有《来》《日》两个母，半商、半徵浊清平。

《四声等子》中《七音细目》所列者与之同。而《韵镜指微》又将三十六字母分为清、浊、次清、次浊四类，陈澧谓“清、浊最易分者也，如天清、田浊，人人能分”（《切韵考・外编》卷三）。三十六字母中，或清、浊兼具，有有清无浊，或有浊无清：

> 《见》有清无浊，《溪》《群》一清、一浊，《疑》有浊无清，（《端》《透》《定》《泥》，《知》《彻》《澄》《娘》，《帮》《滂》《并》《明》，《非》《敷》《奉》《微》，皆仿此）《精》有清无浊，《清》《从》一清一浊，《心》《邪》一清一浊，（《照》《穿》《床》《审》《禅》仿此）《影》《喻》一清一浊，《晓》《匣》一清一浊，皆了然易明。（《切韵考・外篇》卷三）

宋人所谓全清、次清、全浊等名，实指声等之发声、送气、收声；与声类之清、浊，不可相混。

> 《梦溪笔谈》以《帮》为清，《滂》为次清，《旁》为浊，《茫》为不清不浊；《四声等子》以《见》为全清，《溪》为次清，《群》为全浊，《疑》为不清不浊，《心》《审》为全清，《邪》《禅》为半清半浊；《韵会》以《见》为清，《溪》为次清，《群》为浊，《疑》为次浊；此所谓清、浊，乃发、送、收耳。盖未有发、送、收名目，而强谓之清、浊也。（《切韵考·外篇》卷三）

陈澧又谓《照》《穿》《床》《审》与《庄》《初》《神》《山》，《喻》与《于》本各自为二类，而在三十六字母上，并为一类者，盖欲以一清一浊相配，强使之整齐，遂致混合。

> 《照》《穿》《床》《审》四母及《喻》母，当依切语上字各分二母，字母家必并合之者，《审》与《禅》一清、一浊相配，《影》与《喻》一清、一浊相配；《禅》《影》皆一类，故《审》《喻》亦皆一类以配之也。然物之不齐，物之情也；本不整齐，而强使分配整齐，是其病也。（《切韵考·外篇》卷三）

此言恐未必然。因三十六字母与《广韵》之声类，彼此系统既属不同，由《广韵》声类演成为守温字母，在语音变迁史上，应有复杂之现象，决不如陈氏所云之简单也。

（七）音和、类隔与门法

宋、元等韵家，常以声类分等，将三十六字母列为二十三行，《见》《溪》诸母，四等俱全，各自成行；《端》《透》诸母，仅有一等、四等,《知》《彻》诸母,仅有二等、三等,遂列为同行。本章第五节中已论之矣。凡同行、同等之字相切者,谓之"音和";同行、异等之字相切者,谓之"类隔"。邵光祖《切韵指掌图检例》云:

取同音、同母、同韵、同等,四者皆同,谓之音和;取唇重、唇轻,舌头、舌上,齿头、正齿三音中,清、浊同者,谓之类隔。

音和者,即用严格之双声字为切;若取重唇音与轻唇音之字相切,舌头音与舌上音之字相切,正齿音与齿头音之字相切,虽行列相同,清、浊相同,而等第各异,非属严格之双声字,故不得谓之音和,而谓之类隔。《四声等子》有《辨音和切》《辨类隔切》两条。《广韵》上平、下平、上、去四卷之末,均附有"新添类隔,今更音和切",如改卑之府移切为必移切,眉之武悲切为目悲切等类。陈澧谓古音轻唇与重唇不分,舌头与舌上不分;法言作《切韵》,于此等切语,通行无别。宋世重修《广韵》,切语犹沿陆氏之旧;以当时之音读之,觉其不谐,于是有类隔、音和之说:

音和者,谓切语上字,与所切之字双声也;类隔者,谓非双声也,如卑、府移切,府与卑非双声,故改为必移切,必与卑乃双声也;余皆仿此。然府、卑非双声者,乃后世之音。古音则府、卑双声,陆氏沿用古来切语,宋人以其不合当时之音,谓之类隔。方密之《通雅》始辩其惑,钱辛楣《养新录》考辩尤详。(《切韵考》卷六)

后创立种种门法,以迁就隋、唐韵书之音:

《知》三母字,古音读如《端》三母,《非》四母字,古音读如

《帮》四母，切语上字有沿用古音者，宋人谓之类隔。《广韵》每卷后有"新添类隔，今更音和切"一条。《四声等子》遂立门例：其一条云："《端》《知》八母下，一、四归《端》，二、三归《知》"；又云："以符代蒲，其类《奉》《并》；以无代模，其类《微》《明》。"明僧真空作《门法玉钥匙》，又增减之为十三条。方素北《古今释疑》云："详其所以立门法者，乃见孙愐切脚不合，而不敢议之，故强为此迁就之说。"澧案，此说是也。作门法者，本欲补等韵之病，而适足以显等韵之病。(《切韵考·外篇》卷三)

四等之字，有全与不全，于是有内转、外转之例：

渔仲作《七音略》，凡四十三图，各标以内转、外转，而不明言何为内转？何为外转？《四声等子》辨内、外转例，乃明言"内转者，唇、舌、牙、喉四音，无第二等字，惟齿音具足；外转者，五音四等都具足"(《玉钥匙》亦设为一门)。如此，则内转、外转，但分别四等字之全与不全，与审音无涉也。(《切韵考·外篇》卷三)

三四等字有通与不通，于是有广通、局狭之例：

《等子》又有《辨广通局狭例》云："广通者，第三等字通及第四等字；局狭者，第四等字少，第三等字多。"(《玉钥匙》亦设为两门。《切韵指南》每一摄皆标内、外，及广门、通门，局门、狭门。)此亦甚无谓也，皆宜置之不论耳。(袁子让《字学元元》有《通广不定例》《局狭不定例》《内外不定例》，可见内转、外转，广通、局狭之不足据也。)(《切韵考·外篇》卷三)

此外又有"振救门""正音凭切门""寄韵凭切门"等，皆以彼等所持等韵之说，不足以尽合隋、唐韵书，于是设立是等门例，强为迁就之解释；实只增后人之迷惘已耳：

> 等韵家谓《精》五母无二等、三等，《照》五母无一等、四等，而以之相补。然如《鉴》韵、覱字二等，而子鉴切，属《精》母；《夬》韵、啐字二等，而苍史切，属《清》母；安得云《精》五母无二等乎。《盍》韵、谵字一等，而章盍切，属《照》母；《厚》韵、鲰字一等，而仕垢切，属《床》母；《敢》韵、闯字一等，而赏敢切，属《审》母；《齐》韵、栘字四等，而成臡切，属《禅》母；安得云《照》五母无一等、四等乎？于是作门法者，设为"振救门""正音凭切门""《精》《照》互用门""寄韵凭切门"；因有不合，而立一门；又有不合，又变为二门、三门；辗转轇轕，不可究诘矣。（《切韵考·外篇》卷三）

陈氏之意，以为《广韵》所录切语，兼包有古音，与宋后之等韵学说，自不能尽合；其不合处，乃必欲创立种种门例，强为解说，此即所谓"自为法以范围古人之书"；终不免有削足适履之弊。是则吾人欲明了《广韵》上之声类，必须将古、今音之变迁，作一统体的考察；更分析其孰为古音，孰为今音；此《广韵》上古本声与今变声之说之所由来也。

（八）《广韵》上古本声与今变声之说

发明古今变声有异，始于钱大昕；钱氏《养新录》卷五，有《古无轻唇音说》及《舌音类隔之说不可信》二篇，又谓"古人多舌音，后代多变为齿音；不独《知》《彻》《澄》三母为然"。以明等韵家创立音和、类隔及种种门法之误。章炳麟继之，作《古音娘日二母归泥说》，谓古无《娘》《日》二母。又谓正齿、齿头，古亦不分（详见拙著

《中国古音学》第十二章、第十八章)。黄侃更承钱、章之学,谓《广韵》切语中存有古音,陈澧所考定四十一声类,兼备古今;又从其中,考定古声十九类,是为古本声;其余二十二类为今变声。《广韵》韵部既有古本韵与今变韵之分(参看本文的三(七)),黄氏谓古本韵中所用之音切,皆古本声之字,无用今变声者。由古声而今声,由古韵而今韵,二者相挟而变,故可以互相证明。黄氏云:

> 古声既变为今声,则古韵不得不变为今韵;以此二物相挟而变。自来谈字母者,以不通古韵之故,往往不悟发声之由来;谈古韵者,以不憭古声之故,其分、合又无的证。清世通古、今声学者,惟有钱大昕,余皆有所偏阙;所以待今日之补苴也。(《音略略例》)

其师章氏颇赏识之,谓为音学上一发明。章氏云:

> 黄侃云:《歌》部音本为元音;观《广韵》:《歌》《戈》二韵音切,可以证知古纽消息;如《非》《敷》《奉》《微》,《知》《彻》《澄》《娘》,《照》《穿》《床》《审》《禅》,《喻》《日》诸纽,《歌》《戈》部中,皆无之;即知古无是音矣。此亦一发明。(《菿汉微言》)

然黄氏自谓此种学说,乃由参合陈澧所考,与钱、章之学而得者:

> 古声无舌上、轻唇,钱大昕所证明;无半舌《日》及舌上《娘》,本师章氏所证明;定为十九,侃之说也,前无所因;然基于陈澧之所考,始得有此。(《音略略例》)

今声四十一类中,其中二十二类乃由古本声十九类演变而成。今约举黄氏《音略》所云：喉音，《影》《晓》《匣》三类为古本声，《于》《喻》二类，皆影之变声。牙音，《见》《溪》《疑》为本声，《群》为《溪》之变。舌音，《端》《透》《定》《泥》《来》为本声，《知》《照》为《端》之变，《彻》《穿》《审》为《透》之变，《澄》《神》《禅》为《定》之变，《娘》《日》为《泥》之变。《精》《清》《从》《心》为古本声，《庄》为《精》之变，《初》为《清》之变，《床》为《从》之变，《邪》《山》为《心》之变。唇音，《帮》《滂》《并》为古本声，《非》为《帮》之变，《敷》为《滂》之变，《奉》为《并》之变，《微》为《明》之变（参看《中国古音学》第十九章）。兹更录黄氏所列《本声、变声表》（见黄氏《与友人论治小学书》）于下：

本声	变声		
（喉）	（喉）		
《影》清	《于》浊　《喻》浊（清、浊相变）		
《晓》清			
《匣》浊			
（牙）	（牙）		
《见》清			
《溪》清	《群》浊（清、浊相变）		
《疑》浊			
（舌头）	（舌上）	（半齿）	（正齿）
《端》清	《知》清		《照》清
《透》清	《彻》清		《穿》清　《审》清
《定》浊	《澄》浊		《神》浊　《禅》浊
《泥》浊	《娘》浊	《日》浊	
（半舌）			
《来》浊			
（齿头）	（齿头）	（正齿）	
《精》清		《庄》清	
《清》清		《初》清	

《从》浊		《床》浊
《心》清	《邪》浊(清浊相变)	《山》清
(重唇)	(轻唇)	
《帮》清	《非》清	
《滂》清	《敷》清	
《并》浊	《奉》浊	
《明》浊	《微》浊	

黄氏此种古本声与今变声之论,不特将陈澧《切韵考》上之主张,加以发挥申说,而且参合明、清古韵学家研究之结果,以古韵与古声两相对证;古本韵上之切语,皆为古本声;若杂有今变声,则本韵为变声所挟而变,遂成为今变韵。然如本书第三章第七节所述,所谓《广韵》上古本韵与今变韵之说,殆全以"音同韵异"之论为基础。陆、孙分部苟自有其分别,《广韵》二百零六部在发音上非尽相同,则音同韵异之说不能成立;即黄氏古本韵与今变韵之说,根本发生动摇;而其古本声与今变声之论,亦同时失其依据。陈澧《切韵考》斥宋人不明古音,谓等韵上所分等次,及所立种种门法,不尽合于法言本意,又过于迁就牵强。乃黄氏且利用之,以证成其说,谓一、四等为古本音,二、三等为今变音,此正等韵巧妙处;若等韵之与古音系统不合者,则黄氏始斥之为支离破碎。其言曰:

> 若夫等韵之弊,在于破碎。……然其分等,又谓皆由声分,不由韵分,一声或兼备四等,或但有一等。故《广韵》同类之字,等韵或分为三等,而犹有时疐碍难通,令人迷乱。顾其理有暗与古会者,则其所谓一等者,由今诠之,皆古本音也。此等韵巧妙处;其他则缤纷连结,不可办理。(《与友人论治小学书》)

夫古韵二十八部之立，究竟合于周、秦时代之语音与否？尚待商榷(参看本文的三(七))。乃黄氏一以其古音上之研究，分析《广韵》之语音，且藉以校正等韵之学理，不特持今以考古，又复执古以驭今；实未通语言变迁之理者也。陈澧谓《广韵》"《知》《彻》《澄》三母字，其切语上字，仍多用《端》《透》《定》三母字；《非》《敷》《奉》三母字，其切语上字，仍多用《帮》《滂》《并》三母字；乃古音之遗也。字母家分析之，不泥于古音也"(《切韵考·外篇》卷三)。以知三十六字母之不泥于古，又以知《广韵》声类之非尽以存古也。

颜之推云："古今言语，时俗不同；著述之人，楚、夏各异。……《说文》音、读皿为猛，……《字林》音、伸为辛，……刘昌宗《周官》音、读乘若乘；此例甚广，必须考校。前世反语，又多不切。徐仙民《毛诗》音反骤为在遘，《左传》音切椽为徒缘；不可依信，亦为众矣。古独何人，必应随其讹僻乎？"(《颜氏家训·音辞篇》)案，皿、武永切，猛、莫幸切，一为《微》类、《梗》韵，一为《明》类、《梗》韵；伸、失人切，辛、息邻切，一为《审》类、《真》韵，一为《心》类、《真》韵；乘、食邻切，承、署陵切，一为《神》类、《蒸》韵，一为《禅》类、《蒸》韵；骤、锄祐反，为《床》类、《宥》韵，而在遘为《从》类、《候》韵；椽、直弯反，为《澄》类、《仙》韵，而徒缘为《定》类、《仙》韵。是可知汉、魏、六朝人之注音，常将《明》与《微》，《心》与《审》，《神》与《禅》，《床》与《从》，《澄》与《定》诸母，混合不分。而颜之推谓其"必须考校""不可依信"。陆法言作《切韵》，自谓"萧、颜多所决定"(见《切韵序》)，可见其多采颜氏之说。《切韵》所录切语中之声类，大都亦依据于颜氏"参校方俗，考核古今"之旨；非尽欲保存古音也。故陆氏自谓"论南北是非，古今通塞"。乃忽略当时南北音之纷歧，又专以古今沿革，说明《广韵》声类，乌足以得陆氏之真际也哉？

（九）《广韵》声类之地理的观察

颜之推曰："南染吴越，北杂夷虏，皆有深弊，不可具论；其谬失轻微者，则南人以钱为涎，以石为射，以贱为羡，以是为舐。"（《颜氏家训·音辞篇》）案，钱属于《从》类，涎属于《邪》类；石属于《禅》类，射属于《神》类；贱属于《从》类，羡属于《邪》类；是属于《禅》类，舐属于《神》类。当时南人将《从》与《邪》、《神》与《禅》浑合不分，颜氏谓其偏失。陆法言作《切韵》亦于是等切语，加以分别；因是以知《广韵》中声类，非尽依据当时之南音也。

慧琳《一切经音义》所注反切之声类，据今黄淬伯所考定，为三十六。兹举其目，并以四十一类之目注其下，藉相对照，如下：

（一）居（《见》）　（二）羌（《溪》）　（三）渠（《群》）（四）鱼（《疑》）　（五）呼（《晓》）　（六）胡（《匣》）　（七）乌（《影》）　（八）以（《喻》《于》）　（九）陟（《知》）　（十）敕（《彻》）　（十一）直（《澄》）　（十二）之（《照》）　（十三）昌（《穿》）　（十四）时（《神》《禅》）　（十五）式（《审》）　（十六）而（《日》）　（十七）侧（《庄》）　（十八）楚（《初》）　（十九）仕（《床》）　（二十）所（《山》）　（二十一）奴（《泥》《娘》）（二十二）力（《来》）　（二十三）都（《端》）　（二十四）他（《透》）　（二十五）徒（《定》）　（二十六）子（《精》）　（二十七）七（《清》）　（二十八）情（《从》《邪》）　（二十九）先（《心》）　（三十）补（《帮》）　（三十一）普（《滂》）　（三十二）蒲（《并》）　（三十三）莫（《明》）　（三十四）方（《非》《敷》）（三十五）扶（《奉》）　（三十六）武（《微》）

与陈澧、黄侃、钱玄同辈所定四十一类相较，有同、有异。其同者：《照》与《庄》，《穿》与《初》，《床》与《神》，《审》与《山》，均界划分明，与《切韵》并相一致；其异者：《禅》与《神》，《泥》与《娘》，《从》与《邪》，《非》与《敷》，《喻》与《于》，皆混合不分，又与《切韵》不同（见中央研究院《历史语言研究所集刊》第一本第二分）。慧琳《音义》中注音，既依据于隋、唐时代秦音之韵书，而《切韵》则包有当时南、北各地之方音，所谓"论南北是非"者；彼此语音系统不同，故声类自多出入。又《切韵》中声类，重唇音字常混入轻唇音中，故《明》《微》二类，陈澧混合为一。景审《序慧琳〈一切经音义〉》云："武、绵非双声"，武属于《明》类，绵属于《明》类，慧琳《音义》中分别甚明；而《广韵》，绵、武延切，两类字多相混（参看本文的二（十））。此又足征二者音系之不同也。

虽然，慧琳《音义》所根据之秦音，亦常包含于《广韵》切语中。例如：慧琳音："跤、五校反，关中行此音；又下狭反，江南行此音。"（卷七十一）今《广韵》：《巧》韵、跤、五巧切。案，五巧切，属于《疑》类，下狭反，属于《匣》类，《广韵》取秦音而不录江南之音；此亦足征《切韵》非尽采南方之音也。《广韵》之"又音"与"互见"，正所以搜罗南、北方音。今以慧琳注音与之对照，尚可考见其一二（参看本文的三（九））。例如：

慧琳音："胞、巴交反，相传为普包反。"（卷六）《广韵》：《肴》韵、胞、布交切，又匹交切。案布交切者，属于《帮》类，为秦音；读匹交切者，属于《滂》类，为他处之音。

慧琳音："璟、鬼永反，本音影。"（卷四十九）《广韵》：梗韵、璟、俱永切，又于丙切。案俱永切者，属于《见》类，为秦音；读于丙切者，属于《影》类，为他处之音。

苟将《广韵》上切语，与慧琳《音义》中注音一一比较，于是此为何处之音，彼为何处之音，约略可知矣。盖法言作《切韵》，取兼蓄并包主义，其与当时根据一地方音之韵书，自有合有不合；因此即得以推测当时方音纷歧之大略。

（十）《广韵》声类之音读

守温三十六字母与《广韵》声类之系统非尽同者，上文已述之矣。惟吾国分析声类之发音，大都以三十六字母最为详密。故后代学者尝藉以为考明《广韵》声类音读之根据。黄侃云：

> 字母读法，《音学辨微》所言可宗。惟《照》《穿》《床》《审》须各分二纽，《喻》纽，《广韵》亦分为二。《照》纽之庄、侧等字，《穿》纽之初、侧等字，《床》纽之床、鉏等字，《审》纽之疏、色等字，当令发音自上齿之断。《照》纽之照、职等字，《穿》纽之穿、尺等字，《床》纽之神、食等字，《审》纽之审、识等字，当以舌抵上齿之断，令音从上、下齿之缝间，吹气以出。《喻》纽之为、于等字，当令音满上腭而出；《喻》纽之喻、夷等字，当令音从中道平出之。（《与友人论治小学书》）

是黄氏依江永《音学辨微》中所言三十六字母之读法，而加以修正，分辨《照》《穿》《床》《审》与《庄》《初》《神》《山》，及《喻》与《于》之发音形状，即认为所考定今声四十一类之读法。兹更录黄氏修正江永《辨七音法》之言，及其所列《今声四十一类表》（均见《音略》）于下：

今声（据《广韵》）四十一类表：

喉		《影》开齐 合撮	清	（埃）	发
		《喻》齐撮	浊	（治）即影浊	发
		(《于》)加括弧者今所定	浊齐撮	（矣）（喻三等）上声作平	发
		《晓》开齐 合撮	清	（咍）	送
		《匣》开齐 合撮	浊	（孩）即晓浊	送
牙		《见》开齐 合撮	清	（该）	发
		《溪》开齐 合撮	清	（开）	送
		《群》齐撮	浊	（其）即溪浊	送
		《疑》开齐 合撮	浊	（皑）	收
舌	舌头	《端》开齐 合撮	清	（怡）	发
		《透》开齐 合撮	清	（胎）	送
		《定》开齐 合撮	浊	（苔）即透浊	送
		《泥》开齐 合撮	浊	（能）	收
	半舌	《来》开齐 合撮	浊	（来）半舌头半喉	收
	舌上	《知》开齐 合撮	清	（⿰齿来）	发
		《彻》开齐 合撮	清	（扨）	送
		《澄》开齐 合撮	浊	（廌）上声。作平即彻浊	送
		《娘》开齐 合撮	浊	（羪）	收

齿	半齿	《日》齐撮	浊	（而）半舌上半齿	收
	齿舌同音	《照》齐撮	清	（之）	发
		《穿》齐撮	清	（蚩）	送
		(《神》)齐撮	浊	（示）去声作平即穿浊	送
		《审》齐撮	清	（诗）	送
		《禅》齐撮	浊	（时）即审浊	送
	齿头须用上下齿	《精》开齐合撮	清	（哉）	发
		《清》开齐合撮	清	（猜）	送
		《从》开齐合撮	浊	（才）即清浊	送
		《心》开齐合撮	清	（腮）	送
		《邪》开齐合撮	浊	（词）即心浊	送
	正齿	(《庄》)开齐合撮	清	（斋）	发
		(《初》)开齐合撮	清	（差）	送
		《床》开齐合撮	浊	（柴）即初浊	送
		(《山》)开齐合撮	清	（諰）	送
唇	重唇	《邦》合撮	清	（摆）上声作平	发
		《滂》合撮	清	（婄）	送
		《并》合撮	浊	（排）即滂浊	送
		《明》合撮	浊	（埋）	收
	轻唇	《非》合撮	清	（非）	发
		《敷》合撮	清	（妃）	送
		《奉》合撮	浊	（肥）即敷浊	送
		《微》合撮	浊	（微）	收

《音学辨微》有《辨七音法》，兹综合录之如下：

喉音　音出中宫　侃案，此不了然。当云、音出喉节。正当喉节为《影》《喻》《于》（《于》《喻》即《影》浊）《晓》《匣》稍加送气耳。验之自知。

牙音　气触牡牙　牡当自壮字之讹。然亦不了然。当云、由尽头一牙发声，《见》是也。《溪》《群》稍加送气，而分清、浊。《疑》、即此部位而加用鼻之力（非鼻音）以收之。

舌音据近世所分有五种：

舌头音　舌端击腭　此又小误。当云、舌端伸直，直抵齿间，《端》是也。《透》《定》稍加送气而分清、浊。《泥》、即此部位而用鼻之力以收之。

舌上音　舌上抵腭　此当云、舌头弯曲，如弓形向里，非舌头抵腭也，《知》是也。《彻》《澄》稍加送气而分清、浊。《娘》、即此部位而收以鼻之力。

半舌音　原注、《泥》字之余，舌稍击腭。案《泥》余是也。半舌者，半舌上，半喉音也。然古音实即舌头加鼻之力，而助以喉音。

半齿音　原注、《娘》字之余，齿上轻微。案此《禅》字之余，非《娘》余也。半齿者，半用舌上，半舌齿间音，亦以鼻之力收。

舌齿间音　江所未解。今云、以舌端抵两齿间而发音，音、主在舌，不在齿；然借齿以成音，《照》是也。《穿》《神》《审》《禅》皆稍加送气而分清、浊。无收声。

齿音

齿头音　音在齿尖　案云、音在齿之尖，《精》是也。《清》《从》《心》《邪》皆稍加送气而分清、浊。无收声。

正齿音　音在齿上　案当云，音在上齿根近龂处。舌尖抵此而成音，无须乎下齿；此与齿头之大别，《庄》是也。《初》《床》《山》稍加送气而分清、浊。无收声。

唇音

重唇音　两唇相搏　《邦》是也。《滂》《并》稍加送声而分清、浊。《明》则收以鼻之力。

轻唇音　音穿唇缝　《非》是也。《敷》《奉》稍加送声而分清、浊。《微》则收以鼻之力。

案，黄氏认《照》《穿》《床》《审》《禅》五类为舌齿间音，有人以陕西西安之音为证，谓此地读《照》等发声部位，正在舌齿之间（见刘文锦、罗常培《广韵声纽的讨论》载中山大学《语言历史学研究所周刊》第二集第十四期）。然瑞典学者高本汉所考定《切韵》时代之声类，将《照》《穿》《床》《审》《禅》分为齿上与腭音两种，与黄氏所言颇有出入。兹录高氏所列《切韵时代声类表》如下：

腭音　（干）k　（坎）kʻ　（强）gʻ　（岸）ng　（汉）x　（旱）r

腭音　（张）t´　（畅）t´ʻ　（丈）dⁿ　（章）t´s´　（昌）t´s´ʻ　（射）d´s´ʻ　（商）s´　（上）z´　（让）n´z´

齿上音　（斩）ṭṣ　（搀）ṭṣʻ　（谗）ḍẓʻ　（山）ṣ

齿音　（丹）t　（坦）tʻ　（坛）dʻ　（难）n　（赞）ts　（惨）ts
ʻ　（残）dzʻ　（散）s　（祥）z　（烂）e

唇音　（包）p　（泡）pʻ　（炮）bʻ　（茅）m

喉音　（安）·　（羊）i̯

上表依据于高氏之《中文解析字典序》（*Analytic Dictionary of Chinese*，p. 9），其与陈澧、黄侃辈之四十一类相较，喉音不另立

《于》类，又少《非》《敷》《奉》《微》及《日》五类。高氏谓唇齿音之《非》《敷》《奉》《微》(j, f', v, m')四类，至唐初已从唇音中分出。而齿上之《日》类(Z)又从腭音之《娘》类(n´z´)分出(见 *Analytic Dictionary of Chinese* p. p. 9－10)。则四十一声类，非为隋、唐间所完具也。声类之分析，既有异同，而所定之音读，亦复有出入。盖黄氏所据，大都为宋后等韵家之学说，及近代人之音读，未免臆断。总之：《广韵》之声类及其音读，皆有待后人之研究者也。

至各种声类之序次问题，近代学者，常依发音学理纠正宋人三十六母次第之违失。陈澧云：

> 《切韵指掌图》：《影》《晓》《匣》《喻》四母之次第甚谬，竟似不知《喻》母为《影》母之浊矣。《四声等子》《五音集韵》《切韵指南》皆以《晓》《匣》《影》《喻》为次第，则《影》《喻》清、浊相配不谬。然以《晓》《匣》在《影》《喻》之前，亦非也，《影》《喻》是发声，《晓》《匣》是送声也。(《切韵考·外篇》卷三)

近人刘复将三十六字母重行排列如下：

> 《见》《溪》《群》《疑》《端》《透》《定》《泥》《知》《彻》《澄》《娘》《帮》《滂》《并》《明》《非》《奉》《敷》《微》《精》《清》《从》《心》《邪》《照》《穿》《床》《审》《禅》《晓》《匣》《来》《日》《影》《喻》。(见《国学季刊》一卷三号《守温三十六字母排列法之研究》)

较之原序仅将《敷》与《奉》对换，并将《影》《喻》移于《来》《日》之后；以为《奉》乃《非》之浊，而《影》《喻》为半母也。黄侃所列《今声四十一类表》，序次亦与三十六母有异。今钱玄同更重定四十一类之次如下：

《帮》《滂》《并》《明》《非》《敷》《奉》《微》《端》《透》《定》《泥》《来》《知》《彻》《澄》《娘》《照》《穿》《神》《审》《禅》《日》《庄》《初》《床》《山》《精》《清》《从》《心》《邪》《喻》《于》《见》《溪》《群》《疑》《晓》《匣》《影》。

此序次问题，与音读之考明，极有关系。盖各种声类，苟能得其确凿之音读，则依其发音部位，与清、浊，发、送之别，以排列之，即不难得一美满无缺之序次也。

本章参考书要目

《切韵指掌图》
《四声等子》
郑樵《七音略》
江永《四声切韵表》《音学辨微》
戴震《声类表》
《颜氏家训·音辞篇》
钱大昕《十驾斋养新录》
陈澧《切韵考》《切韵考·外篇》
章炳麟《国故论衡》《菿汉微言》
黄侃《音略》《与友人论治小学书》
劳乃宣《简字丛录》
吴稚晖《国音沿革序》
高本汉《中文解析字典》
张煊《求进步斋音论》(《国故》第一期)
《语言历史学研究所周刊》第二十五、二十六、二十七期，《切韵专号》
黄淬伯《慧琳〈一切经音义〉反切声类考》(中央研究院《语言历

史研究所集刊》第一本第二分)、《讨论切韵的韵部和声纽》(中山大学《语言历史学研究所周刊》第六十一期)

刘复《对于守温三十六字母排列法之研究》(《国学季刊》一卷三号)

刘文锦、罗常培《广韵声纽的讨论》(《语言历史学研究所周刊》第十四期)

张世禄《中国古音学》

五、《广韵》以后之韵书

（一）《广韵》在近代音韵学上之势力

以上诸章，将《广韵》一书之体例，及其作述之由来，韵部与声类之分析，已一一加以研究；本章更叙述《广韵》与后来韵书之关系，以明其在近代音韵学上，实占有传统的中心势力。

吾国韵书之完存于今者，既首推宋代《广韵》《集韵》诸书；等韵之学与古韵之学，亦创始于宋人。劳乃宣将吾国过去音韵之学，总括为古韵、今韵、等韵三种，其言曰：

> 有古韵之学，探源《六经》，旁征诸子，下及屈、宋，以考唐、虞、三代、秦、汉之音，是也。有今韵之学，以沈、陆为宗，以《广韵》《集韵》为本，证以诸名家之诗，与有韵之文，以考六朝、唐、宋以来之音，是也。有等韵之学，辨字母之重、轻，清、浊，别韵摄之开、合，正、副，按等寻呼，据音定字，以考人声自然之音，是也。（《等韵一得序》）

而此三种韵学，虽或渊源于隋、唐以前，实皆发达于宋、元、明、清之时；故吾国过去音韵之学，至近代方始创立，始成熟。此三种韵学中，若依其成立之次序上观察，又皆以今韵韵书为基础。何则，古韵学者,借今韵离、合,以求古音。等韵学者,亦惟据韵书上之韵目,应用三十六字母,纵横排列,以明反切字音;故宋、元以来之等韵家,实非如陈澧所谓“于韵书、切语之外,别成一家之学”(《切韵考·外篇序》);仅不过将韵书、切语,加以进一步之解释而已。由此而言,古音与等韵之学,其成立皆以今韵韵书为始基;而今韵韵书以《广韵》《集韵》为本,于此即可以推知《广韵》在近代音韵学上地位之重要矣。

所谓“今韵之学,以《广韵》《集韵》为本”者,盖自《集韵》以下,如《五音集韵》《平水韵》《古今韵会》《韵府群玉》,以至《音韵阐微》《佩文诗韵》等,虽其间部目有所并合,正文序次或参以等韵、字母之理,而其体例,其内容,一依据于《广韵》《集韵》,故皆为今韵韵书之正宗。自隋、唐历经宋、元、明、清,千数百年间,文人学士所作近体诗歌,以及政府考试之功令,皆以此等韵书为标准。所谓“设教崇文,考核程准”,《广韵》一系之韵书、在过去千余年间之政治上,文学上,实占有一种传统的中心势力。此种韵书上之语音系统,从上数章以言,乃包括隋、唐时代古今、方国之殊音;其与宋后之各处方音,当然不能完全适合;尤其近代口语上所风行之北音,在语音系统上根本不同。依据此种口语所产生之文学,即为北曲;依据此种口语所作之韵书,即为北音韵书。北曲在文学上,固特放一异彩;北音韵书在音韵学上,对于《广韵》一系之传统势力,亦起一革命。钱玄同《文字学音篇》论近代语音,谓:

> 此期文学,以北曲为主,于是有以北音为主之韵书发生,如元周德清之《中原音韵》,及绿斐轩《词林韵释》之类。彼时惟用古代死语所作之诗,尚沿唐、宋之旧韵;至用当时活语所作之曲,即用《中原音韵》一派之新韵。此派新韵,其始虽限于方隅,然其潜伏之势力甚大,明初之《洪武正韵》即本于此。

> 明、清之文人学士，所作韵文，多喜排斥《正韵》，仍守唐、宋用韵之旧。然唐、宋旧韵，虽时时争持于纸上，而实则节节失败于口中。此六百年之普通口音，即为《中原音韵》《洪武正韵》等，韵书之音。

《广韵》一系为今韵韵书之正宗，《中原音韵》《洪武正韵》等为元、明韵书之别派。此别派韵书之势力，潜伏滋长，以致最近之国语统一运动，乃代替《广韵》一系，而立于正宗之地位矣。是以北音之发展，即今韵之消歇；所谓近代音韵学史，近代所谓国语统一运动史，大部即在《广韵》一书势力之消长也。

（二）丁度《集韵》

《广韵》之书，作于景德、祥符间；当时已有嫌其疑混繁冗，不便于应用，而加以删节者；故今世所传《广韵》各本，详略参差不同（参看本文的一（四））。而其时又颁行《韵略》一书，以备礼部科试之用。王应麟《玉海》卷四十五：

> 景德四年，龙图待制戚纶等，承诏详定考试声韵。纶等以殿中丞丘雍所定《切韵》同用、独用例，及新定条例，参正。按《崇文目》，雍撰《韵略》五卷，略取《切韵》要字，备礼部科试。

戴震《声韵考》云："是时无《礼部韵略》之称，其书名《韵略》，与所校正《切韵》同日颁行，独用、同用例不殊。明年，《切韵》改赐新名《广韵》，而《广韵》《韵略》为景德、祥符间详略二书。"（卷二）《韵略》为明令删节《广韵》之略本，以便于时人应试作文之用，其韵例当与《广韵》相符合。迨景祐时，丁度等刊修《韵略》，改称为《礼部韵

略》;又依《礼部韵略》之例,刊修《广韵》,以成为《集韵》一书。而《广韵》之面目,于是一变。戴震《声韵考》云:

> 景祐四年,更刊修《韵略》,改称《礼部韵略》;刊修《广韵》,改称《集韵》。《集韵》成于《礼部韵略》颁行后二年,是为景祐、宝元间详略二书。独用、同用例,非复《切韵》之旧,次第亦稍有改移矣。(卷二)

景德《韵略》为《广韵》之略本,景祐《礼部韵略》又为《集韵》之略本。惟《韵略》成于《广韵》之后,而《礼部韵略》成于《集韵》之前;由《广韵》而为《集韵》,中间实有《礼部韵略》为之先导。

《玉海》卷四十五:"景祐四年,六月,丙申,以丁度所修《韵略》五卷颁行。初、说书贾昌朝言《韵略》多无训释,疑混声,重叠字,举人误用。诏度等刊定窄韵十三,许附近通用,混声、重字,具为解注。"盖以景德《韵略》专为科举而设,自景祐以后,著为令式,迄南宋末年犹未改。邵长蘅《古今韵略·叙录》谓:"当时虽有《广韵》《集韵》二书,不甚通行;盖《广韵》多奇字,《集韵》苦浩繁也。"《广韵》《集韵》较为繁冗,自不适于应试作文之用;《礼部韵略》又定为礼部科试标准,宜其通行于一代也。惟是书历世颇有增修。《玉海》卷四十五:"元祐五年,博士孙谔陈请添收。绍兴十一年,进士黄启宗随韵补辑,尚多阙遗。三十二年,毛晃上增修《互注韵略》。"又:"淳熙《礼部韵略》五卷,元年,国子监言,前后有增改删削,及多差舛,诏校正刊行。"是此书经历元祐、绍兴、淳熙诸代增改,已非景祐之旧;今所传者,即毛晃《增修互注》之本。毛氏《拟进表》谓:"国子监刊行《礼部韵略》,经孙谔、黄启宗补辑,尚多阙遗,音切谬误,圈注脱略,以十年之力增修之,笔画有害于义者,悉正之;反切有碍于韵者,悉易之。"是毛氏于《礼部韵略》音、义、字画之误,多加以辨正。惟毛氏每以借声为本读，清《四库提要》斥其不知古、今文字之例，声韵之殊。则毛氏之增注改易，于音韵学上初无何等贡献；特在当时撰作诗文之应用方面，不无资助而已。

戴震《声韵考》卷二："景祐中，以贾昌朝请，韵窄者凡十三处，许令附近通用。于是合《欣》于《文》，合《隐》于《吻》，合《焮》于《问》，合《迄》于《物》，合《废》于《队》《代》，合《严》于《盐》《添》，合《俨》于《琰》《忝》，合《酽》于《艳》《㮇》，合《业》于《叶》《帖》，合《凡》于《咸》《衔》，合《范》于《豏》《槛》，合《梵》于《陷》《鉴》，合《乏》于《洽》《狎》。顾氏考唐、宋韵谱异同，举其八而遗其五。"盖顾炎武《音论》以《广韵》为唐时韵谱，持与宋代《礼部韵略》相校，颇有不同；即此十三处，本为独用者，改并为同用也。今所称《集韵》改并《广韵》十三处，依其颁布之先后言，皆始于《礼部韵略》也。此十三处改并《广韵》，不特在同用、独用之例，即其间部次，亦稍有更易。兹将钱学嘉《韵目表》所附《改并十三处表》，照录如下：

考定《广韵》旧第		《集韵》改并
（一）	二十《文》独用 二十一《欣》独用	二十《文》与欣通 二十一《欣》
（二）	二十四《盐》添同用 二十五《添》 二十六《咸》衔同用	二十四《盐》与沾严通 二十五《沾》 二十六《严》
（三）	二十七《衔》 二十八《严》凡同用 二十九《凡》	二十七《咸》与衔凡通 二十八《衔》 二十九《凡》
（四）	十八《吻》独用 十九《隐》独用	十八《吻》与隐通 十九《隐》
（五）	五十《琰》忝同用 五十一《忝》 五十二《豏》槛同用	五十《琰》与忝俨通 五十一《忝》 五十二《俨》

续　表

考定《广韵》旧第		《集韵》改并
（六）	五十三《槛》 五十四《俨》范同用 五十五《范》	五十三《豏》与槛范通 五十四《槛》 五十五《范》
（七）	十八《队》代同用 十九《代》 二十《废》独用	十八《队》与代废通 十九《代》 二十《废》
（八）	二十三《问》独用 二十四《焮》独用	二十三《问》与焮通 二十四《焮》
（九）	五十五《艳》㮇同用 五十六《㮇》 五十七《陷》鉴同用	五十五《艳》与栝验通 五十六《栝》 五十七《验》
（十）	五十八《鉴》 五十九《酽》梵同用 六十《梵》	五十八《陷》与鑒梵通 五十九《鑒》 六十《梵》
（十一）	八《物》独用 九《迄》独用	八《物》与迄通 九《迄》
（十二）	二十九《叶》帖同用 三十《帖》 三十一《洽》狎同用	二十九《叶》与帖业通 三十《帖》 三十一《业》
（十三）	三十二《狎》 三十三《业》乏同用 三十四《乏》	三十二《洽》与狎乏通 三十三《狎》 三十四《乏》

戴震《声韵考》卷二："唐时诸家韵书，大致多本法言《韵》，亦各有微异。今所传《广韵》《集韵》，就二书考景祐所通窄韵十三，则唐、宋用韵沿革之大节目，具在。"夫《广韵》二百零六部之目，固由沿袭隋、唐韵书以成，惟其所注同用、独用处，邱雍等究否尽依许敬宗以来之例，而一无更改，尚难断定（参看本文的一（十））；是则顾氏、戴氏谓景祐改并十三处，即属唐、宋韵谱相异之大节目，容或有未必

然者。

据王应麟《玉海》及《集韵韵例》，以《广韵》多用旧文，繁略失当，景祐四年，诏令宋祁、郑戬与贾昌朝、王洙同修定，丁度、李叔典领。宝元二年，书成；字五万三千五百二十五，新增二万七千三百三十一字，分十卷。诏名曰《集韵》，盖以所撰集，务从该广，较《广韵》尤繁也。《集韵》与《礼部韵略》同时修撰，同出于丁度等之手，故其所定韵例，变更《广韵》，改并十三处，全相同。惟《集韵》书成于《礼部韵略》颁行后二年，一为景祐《礼部韵略》，一为宝元《集韵》也。自《礼部韵略》行，景德《韵略》当归废弃；自《集韵》出，而《广韵》之势力亦衰(本李焘《说文解字五音谱叙》)。以致景祐以后重刊《广韵》者，常误据《集韵》以校之，遂移其旧第(本清《四库总目〈集韵〉提要》)。故今所存《广韵》各本，皆非景德、祥符原本之面目也(参看本文的一(九))。

《集韵》书颇为浩繁，《韵例》谓"凡字训悉本许慎《说文》；慎所不载，则引他书为解"。又谓"凡通用韵中，同音再出者，止见一音"。盖偏重形体、训释，凡又音与互见之切语，概行删去；清《四库提要》谓其有类字书，省所不当省，繁所不当繁。邵长蘅《古今韵略·叙例》亦谓其繁略失当，尚出《广韵》之下。是其对于《广韵》之变更，除改并十三处外，只增字、易注，析五卷为十卷而已。惟《韵例》最末一条："凡字之翻切，旧以武代某，以亡代茫，为之类隔，今皆用本字。"凡《广韵》中所谓类隔之切语，皆改为音和切，此则确可谓考证语音变迁之助。苟将《集韵》切语所用之上字，与《广韵》不同者，汇而记之，则知隋、唐以前之所谓音和者，至宋时已成类隔也。《礼部韵略》与《集韵》同时撰，同出于丁度等之手，其韵例相符，其所用音切亦应相同。而今所传《礼部韵略》中切语，往往与《广韵》同，与《集韵》异；《集韵》改为音和切者，《礼部韵略》仍作类隔切。岂《礼部韵略》原本如是耶？抑毛氏增修后，切语仍依《广韵》之旧耶？此则不可考矣。

《四库总目〈集韵〉提要》据司马光《切韵指掌图叙》，因谓《集韵》奏于英宗时，非仁宗时；成于司马光之手，非尽出丁度等。然《切韵指掌图》，清邹特夫已证原书出于宋杨中修；而今所存者，近人又谓为讹本，乃元世或宋末作品（详高元《国音学》第三章第八节《辟等呼论》）。是则《切韵指掌图叙》亦出于后人讹造，《四库提要》之说，更不足信矣。

（三）韩道昭《五音集韵》

等韵之学，创始于宋人，本章第一节已言及之，乃应用三十六字母以解释韵书上之切语音读而已；初于韵书之编制方面，并无何等影响。及等韵学发达以后，始取等韵学理参杂于韵书中；其首创者，当推金韩道昭《五音集韵》。道昭父孝彦，著有《四声篇海》，以《玉篇》五百四十二部，依三十六字母次之，更增杂部三十有七，共五百七十九部。孝彦书与《五音集韵》合称《篇韵类序》。《篇》谓孝彦书，以《玉篇》为本；《韵》谓道昭书，以《广韵》为本（本《四库提要》）。据王世贞《五音集韵书后》：道昭之父孝彦因《五音篇》集字之未精，改《玉篇》归于五音，逐三十六母列之；道昭本之，与其子德恩、犹子德惠、壻王德珪增订为《五音集韵》一书，成于金章宗之泰和八年。是则道昭书亦惟因其父孝彦未成之编，续加修定而已。

道昭自序云："以文学为事者，必以声韵为心；以声韵为心者，必以五音为本，则字母次第，其可忽乎？……是故引诸经训，正诸讹舛，陈其字母，序其等第，以《见》母牙音为首，终于《来》《日》字。"韵书中以三十六母，各分四等，排比诸字之先后，当推始于《五音集韵》矣。《四库提要》考核其字数，谓所收之字，以《广韵》为蓝本；而增入之字，则以《集韵》为蓝本。兹录其言如下：

考《广韵》卷首云：凡二万六千一百九十四言；《集韵》条例云、凡五万三千五百二十五言，新增二万七千三百三十一言；是书亦云，凡五万三千五百二十五言，新增二万七千三百三十言。合计其数，较《集韵》仅少一字，殆传写偶脱。《广韵》注、十九万一千六百九十二字；是书云、注三十三万五千八百四十言，新增十四万四千一百四十八言。其增多之数，则适相符合；是其依据二书，足为明证。

惟道昭自序，谓以《龙龛手鉴》增加五千余字；今校各韵字数，亦较《集韵》略多。是其所增字数，非尽依《集韵》也；此书首列五万三千五百二十五言，新增二万七千三百三十言，疑指《集韵》之字数，非本书之字数也。然其大体，总以《广韵》《集韵》为蓝本；特诸字先后，在彼则凌乱无序，在此则整然统以七音、四等、三十六母。《四库提要》谓其等韵之学，亦深究要渺；虽云、颠倒音纽，有乖古例；然藉此可因以推见当时切语上字之音读。于韵书之体例，固别开生面；于语音之研究，亦有绝大之贡献也。

而其变更《广韵》《集韵》最显著者，尤在韵部。《广韵》二百零六部之目，《集韵》虽有改并，只在独用、同用之间；至《五音集韵》乃并合为一百六十部。于是广韵之面目，始大变矣。

平声　《支》《之》合于《脂》，《佳》合于《皆》，《臻》合于《真》，《删》合于《山》，《仙》合于《先》，《萧》合于《宵》，《耕》合于《庚》，《幽》合于《尤》，《谈》合于《覃》，《严》合于《凡》。

上声　《纸》《止》合于《旨》，《蟹》合于《骇》，《潸》合于《产》，《铣》合于《狝》，《篠》合于《小》，《耿》合于《梗》，《黝》合于《有》，《敢》合于《感》，《忝》合于《琰》，《槛》合于《豏》，《俨》合于《范》。

去声　《寘》《志》合于《至》，《卦》《夬》合于《怪》，《裥》合于《谏》，《霰》合于《线》，《啸》合于《笑》，《敬》合于《诤》，《幼》合于《宥》，《阚》合于《勘》，《㮇》合于《艳》，《鉴》合于《陷》，《酽》合于《梵》。

入声　《栉》合于《质》，《黠》合于《辖》，《屑》合于《薛》，《麦》合于《陌》，《盍》合于《合》，《帖》合于《叶》，《狎》合于《洽》，《业》合于《乏》。

共计并合四十六部，故为一百六十部。而其部次，虽不尽根据于《广韵》原序，亦不依《集韵》改定之序；《四库提要》谓此足以订正后代重刊《广韵》之讹；其并合处，亦多取于《广韵》旧例，故景祐时所变更之十三处，犹犁然可考。其言曰：

丁度编定《集韵》，始因贾昌朝请，改并窄韵十有三处，今《广韵》各本，《俨》移《豏》《槛》之前，《酽》移《陷》《鉴》之前；独用、同用之注、如通《殷》于《文》，通《隐》于《吻》；皆因《集韵》颁行后窜改致舛。是书改二百六韵为百六十。而并《忝》于《琰》，并《鉴》于《豏》，并《俨》于《范》，并《㮇》于《艳》，并《鉴》于《陷》，并《俨》于《梵》；足证《广韵》原本，上、去声末六韵之通为二，与平声、入声不殊。其余如《废》不与《队》《代》通，《殷》《隐》《焮》《迄》不与《文》《吻》《问》《物》通，尚仍《唐韵》之旧，未尝与《集韵》错互。故十三处犁然可考，尤足订《重刊广韵》之讹。

是可见韩道昭《五音集韵》一书，始终以《广韵》为本；其一百六十部，正由《广韵》上同用之部并合而来，非肆意纷更，所谓"较诸不知而妄作者，则尚有间矣"。至其分平声为上、中、下，则以平声字多，卷帙繁重,故分而为二,为三,于审音上并无关系也。

（四）刘渊《壬子新刊礼部韵略》

将二百零六韵之同用者,各行并合,开始于韩道昭《五音集韵》,至刘渊《壬子新刊礼部韵略》更并合为一百零七部;于是《广韵》之部目,完全变更,非复隋、唐之旧矣。刘氏书今已不传,黄公绍《古今韵会·凡例》:"江南监本免解进士毛氏晃增修《礼部韵略》,江北平水刘渊《壬子新刊礼部韵略》互有增字。"惟毛氏增字易注,未曾并合部目;刘渊更并合二百零六韵为一百零七。《韵会·凡例》又云:"旧韵上平声二十八韵,下平声二十九韵,上声五十五韵,去声六十韵,入声三十四韵。近平水刘渊始并通用之类以省重复;上平声十五韵,下平声十五韵,上声三十韵,去声三十韵,入声一十七韵。"将同用诸韵各并为一,又不同用之《径》《证》《嶝》亦并为一韵。后人论今韵韵书并韵之咎,莫不归之于刘渊,今举顾炎武《音论》之言如下:

> 按唐韵分部,虽二百有六,然多注同用;宋景祐又稍广之,未敢擅改昔人相传之谱。至平水刘氏,师心变古,一切改并;其以《证》《嶝》并入《径》韵,则又景祐之所未许,毛居正之所不议;而考之于古,无一合焉者也。

盖韵书而冠以礼部字样,全为士人应试作文之用。陆法言《切韵序》谓:"若赏知音,即须轻重有异;欲广文路,自可清、浊皆通。"《广韵》上二百零六部之分,为审音而设;自唐以来,作文之士已苦其苛细,不得不有异部通用之例;故二百零六部之注明同用、独用者,以广文路也（参看本文的一（三）、一（九）及一（十））。景祐颁行《礼部韵略》时，又议窄韵十三处，许附近通用。此种通用之例，风行日久，渐成习尚；又加以语音变迁之结果，隋、唐韵书中分析各部，以赏知音之观念，自日就消失，一若此等韵书，专为应试作文而设。于是由析趋混，由分趋合。本来通用之各部，自可并合为一；即遇不通用之窄韵，为便于作文计，亦可加以并合也。由是而言，由二百零六部并为一百零七部，乃因乎当时之时势，为今韵韵书上自然变迁之结果。刘渊之书，亦由迎合是时习尚而作者，固未可纯以师心变古訾之也。

又据近人考证，并韵之书，并非创始于刘渊。刘书既不传，刘为何许人？至今亦难考见。钱大昕《跋王文郁〈平水新刊韵略〉》云：

> 向议昆山顾氏，秀水朱氏，萧山毛氏，毗陵邵氏论韵，谓今韵之并，始于平水刘渊，其书名曰《壬子新刊礼部韵略》。访求藏书家，邈不可得。未审刘渊为何许人？平水、何地也？

黄氏《韵会》于每韵所增之字，其依据刘氏书者，皆曰《平水韵》；故《平水韵》，后人以为《壬子新刊礼部韵略》之别称。及钱大昕得见元椠王文郁《平水韵略》，其书卷首有许古《序》，称平水书籍王文郁；又据《金史·地理志》，平水在平阳府属，王文郁为平水书籍之官，故其书名为《平水韵略》；至江北刘氏不应有平水称。钱氏《跋〈平水新刊韵略〉》云：

> 许《叙》称平水书籍王文郁，初不能解。后读《金史·地理志》，平阳府有书籍，其倚郭县平阳有平水，是平水即平阳也。史言有书籍者，盖置局设官于此。元太宗八年，用耶律楚材言，立经籍所于平阳，当是因金之旧。然则平水书籍者，文郁

之官称耳。刘渊亦题平水，而黄公绍《韵会·凡例》又称为江北刘氏；平阳与江北相距甚远，何以有平水称？是又可疑也。

按《山西通志书目》，有毛麾《平水韵》；麾为平阳人，金大定十六年，授校书郎，有《平水集》行世（见谢氏《小学考》卷三十三）。王文郁书，据许《叙》，刊行于正大六年己丑，是在毛氏《平水韵》出世之后，而在刘渊刊定《礼部韵略》之前。盖壬子新刊，当淳祐十二年，已后己丑二十三年也。是可见王文郁《韵略》与刘渊书皆有所因袭，故皆有《平水韵》之称。黄公绍《韵会》、江北平水刘氏云云，殆一时传误，未足据为典要。而并韵之咎，不当归之于刘氏，益可显然无疑矣。钱氏《养新录》云：

予曩于吴门黄孝廉丕烈斋，见元椠本《平水韵略》，卷首有河间许古序；乃知为平水书籍王文郁所撰。后题正大六年、己丑、季夏中旬，则金人，非宋人也。考己丑在壬子前二十有三年，其时金犹未亡；至淳祐壬子，则金亡已久矣。意渊窃见文郁书，刊之江北而去其序，故公绍以为刘氏书也。王氏《平水韵》，并上、下平声各十五，上声二十九，去声三十，入声十七，皆与今韵同。文郁在刘渊之前，则谓并韵始于刘渊者，非也。

（五）王文郁《平水新刊韵略》

王文郁《平水新刊韵略》，许古《叙》云："平水书籍王文郁携新韵，见颐庵老人曰：稔闻先《礼部韵略》，或讥其严且简。今私韵岁久，又无善本。文郁留意随方，见学士大夫精加校雠，又少添注语，不远数百里，敬求韵引。"（见钱大昕《跋》）此书为文郁所作、无疑。论时代，此书刊行在刘渊之前，钱氏因疑渊窃见文郁书而翻刻之。

然刘氏书一百零七韵；而此书上平、下平各十五，上声二十九，去声三十，入声十七，只一百零六韵；已并上声《拯》韵入《迥》韵。又此书亦以新刊为名，盖与刘氏书皆别有所本；毛麾《平水韵》，即在两书之前也。王国维又见金张天锡《草书韵会》，其部目与文郁书相同，作书时代亦相差不远，皆别有所本；又足征一百零六部之目，非始于文郁也。王氏《书金王文郁〈新刊韵略〉、张天锡〈草书韵会〉后》云：

> 自王文郁《新刊韵略》出世，人始知今韵一百六部之目，不始于刘渊矣。余又见金张天锡《草书韵会》五卷，前有赵秉文《序》，署正大八年、二月。其书上、下平声各十五韵，上声二十九韵，去声三十韵，入声十七韵，凡一百六部，与王文郁《韵》同。王《韵》前有许古《叙》，署正大六年、己丑、季夏；前乎张书之成，才一年有半。又王《韵》刊于平阳；张书成于南京，未必即用王《韵》部目。是一百六部之目，并不始于王文郁。盖金人旧韵如是，王、张皆用其部目耳。(《观堂集林》卷八)

王氏以为合并韵部，乃出于金时功令；金人取士，亦重词赋，大抵取宋代官书，而加以并合；故一百零七部与一百零六部之目，皆出于金人所为，王文郁、张天锡、刘渊诸人，皆依据于金人官书，王、刘加以刊定，亦不过增字、加注耳。《书后》又云：

> 王文郁书，名《平水新刊韵略》，刘渊书，亦名《新刊礼部韵略》；《韵略》冠以《礼部》字，盖金人官书也。宋之《礼部韵略》，自宝元迄于南渡之末，场屋用之者，逾二百年，后世递有增字；然必经群臣疏请，国子监看详，然后许之。惟毛晃增注加字，乃逾二千，而其书于绍兴三十二年表进，是亦不啻官书也。然

历朝官私所修改，惟在增字、增注，至于部目之分合，则无敢妄议者。金韵亦然，许古叙王文郁《韵》，其于旧韵谓之简严。简谓注略，严为字少。然则文郁之书，亦不过增字、增注，与毛晃书同，其于部目固非有所合并也。故王《韵》并宋韵同用诸韵为一韵，又并宋韵不同用之《迥》《拯》《等》及《径》《证》《嶝》六韵为二韵者，必金时功令如是。考金源词赋一科，所重惟在律赋；律赋用韵，平、仄各半；而上声《拯》《等》二韵，唐韵惟十二字，《韵略》又减焉，在诸韵中，字为最少。金人场屋或曾以《拯》韵字为韵，许其与《迥》通用，于是有百七部之目，如刘渊书；或因《拯》及《证》，于是有百六部之目，如王文郁书、及张天锡所据韵书。至《拯》《证》之平、入二声，犹自为一部，则因韵字较宽之故。要之，此种韵书，全为场屋而设，故参差不治如此，殆未可以声音之理绳之也。

盖金人袭取宋人之文化，考试制度与用韵，亦多沿用宋人旧习；惟所定官韵，因乎当时时势，及为应用上便利，将宋韵中通用各部合并为一，即本不通用之窄韵，亦加以合并；遂发生一百零七部与一百零六部之目。其非创自王、刘诸人，可断言也。至王书、刘书皆有《平水韵》之称者，或因平水人所定，或经平水书籍所刊行，故此等韵书皆有是名；以致误传江北刘氏为平水人。金时之平阳，殆当代北方文物荟萃之所也。

（六）黄公绍《古今韵会》

刘渊书既不存，其部目见于黄公绍《古今韵会》。阎若璩《与戴唐器书》，有云："平水刘氏上平十五韵，下平十五韵，上声三十韵，去声三十韵，入声十七韵，共一百零七韵，黄氏《韵会》本之，只查

《韵会》看，便已。”黄氏《韵会》本之《说文》，参以古、籀、隶、俗，以至律书、方技、乐府、方言、经、史、子、集，六书、七音，靡不研究(本张鲲《序》)。盖集宋、元以前字书、韵书之大成者也。故熊忠叹其浩繁，“四方学士，不能遍览”，乃别为《韵会举要》一书(本熊氏《韵会举要自序》)。《四库总目韵会举要提要》云：“旧本凡例，首题：黄公绍编缉，熊忠举要。而第一条即云：今以《韵会》补救阙遗，增添注释。是《韵会》别为一书，明矣。其前载刘辰翁《韵会序》，正如《广韵》之首，载陆法言、孙愐《序》耳。亦不得指《举要》为公绍作也。”谢启昆《小学考》云：“按刘《序》称公绍《韵会》，又《韵会举要·凡例》称公绍编辑，熊忠举要。则《韵会》为公绍作，《举要》为熊忠作。”黄氏《韵会》与熊忠《举要》本为两书；惟其所异者，亦不过详略、增损之间。故熊氏书亦依刘渊并为一百零七部；《韵例》云：“旧韵上平、下平、上、去、入五声，凡一百六韵；今依《平水韵》并通用之韵，为一百七韵。”其合并《广韵》之处，兹参照钱氏《韵目表》，录如下：

平声　并《钟》于《冬》，并《脂》《之》于《支》，并《模》于《虞》，并《皆》于《佳》，并《咍》于《灰》，并《谆》《臻》于《真》，并《欣》于《文》，并《魂》《痕》于《元》，并《桓》于《寒》，并《山》于《删》，并《仙》于《先》，并《宵》于《萧》，并《戈》于《歌》，并《唐》于《阳》，并《耕》《清》于《庚》，并《登》于《蒸》，并《侯》《幽》于《尤》(目录作《侯》与《幽》通，误)，并《谈》于《覃》，并《添》《严》于《盐》，并《衔》《凡》于《咸》。

上声　并《旨》《止》于《纸》(按目录《纸》与《旨》通，误)，并《姥》于《麌》，并《骇》于《蟹》，并《海》于《贿》，并《准》于《轸》，并《隐》于《吻》，并《混》《很》于《阮》，并《缓》于《旱》，并《产》于《潸》，并《狝》于《铣》，并《小》于《篠》，并《果》于《哿》，并《荡》于《养》，并《耿》《静》于《梗》，并《等》于《拯》，并《厚》《黝》于《有》，并《敢》于《感》，并《忝》《俨》于《琰》（目录作《忝》与《俨》通，误），并《槛》《范》于《豏》。

去声　并《用》于《宋》，并《至》《志》于《寘》，并《暮》于《遇》，并《祭》于《霁》，并《怪》《夬》于《卦》，并《代》《废》于《队》（按目录《队》与《废》通，误），并《稕》于《震》，并《焮》于《问》，并《慁》《恨》于《愿》，并《换》于《翰》，并《裥》于《谏》，并《线》于《霰》，并《笑》于《啸》，并《过》于《个》，并《宕》于《漾》，并《诤》《劲》于《敬》，并《证》《嶝》于《径》，并《候》《幼》于《宥》，并《阚》于《勘》，并《桥》《酽》于《艳》，并《鉴》《梵》于《陷》。

入声　并《烛》于《沃》，并《术》《栉》于《质》，并《迄》于《勿》，并《没》于《月》，并《末》于《曷》，并《辖》于《黠》，并《薛》于《屑》，并《铎》于《药》，并《麦》《昔》于《陌》，并《德》于《职》，并《盍》于《合》，并《帖》《业》于《叶》，并《狎》《乏》于《洽》。

此即刘渊之部目也。

熊氏此书，部从刘例，纽遵韩法，尽变往时韵书之旧第。清《四库提要》云：

自金韩道昭《五音集韵》，始以七音、四等、三十六母，颠倒唐、宋之字纽，而韵书一变；南宋刘渊、淳祐壬子所刊《礼部韵略》，始合并通用之部分，而韵书又一变。忠此书、字纽遵韩氏法，部分从刘氏例，兼二家所变而用之，而韵书旧第，至是尽变无遗。

其每韵各字之排列，一方面依据于字母与声等，一方面又依据于等呼。《韵例》云："旧韵所载，本无次序；今每韵并分七音、四等，始于《见》，终于《日》，三十六母为一韵。"如《东》韵，自《见》母公字起，公、空、〇、〇，东、通、同、农。清浊先后，各有定序，有音无字者，则缺。又《音例》云:"音学久失,韵书讹舛相袭,今以司马温公《切韵》参考诸家声音之书,定著角、徵、宫、商、羽、半征、半商之序。"如《东》韵、公、角清音,空、次清音,东、徵清音,通、徵次清音,同、徵浊音,农、徵次浊音等等。此以商、宫、角、徵、羽代替七音之目,又分为清、浊、次清、次浊等,乃应用宋人等韵学理,参合于韵书者也。《韵例》又云:"旧韵所载,考之七音,有一韵之字,而分入数韵者;有数韵之字,而并为一韵者。今每依七音韵,各以类聚注云。"如《东》韵、公、东是一音,弓、穷是一音,此二韵混为一韵者也。《冬》韵、攻、冬与公、东同,恭、銎与弓、穷同,此一韵分为二韵者也。于每韵各以类聚注云。盖公、东与弓、穷,攻、冬与恭、銎,皆由呼等之不同,一韵常包含有数等者,故有同韵异呼之字;亦有异韵同呼之字,如攻、冬与公、同,恭、銎与弓、穷者,是也。实不得谓为二韵混为一韵,一韵分为二韵。今韵韵书部目,至是既多合并,于隋、唐分部之精神,自多遗失;而宋后等韵之理,又不能完全适合隋、唐韵书之组织(参看本文的三(四))。则彼时于韵书中分韵隶字之故,必已多有不解而以意为之者。张行孚《论熊忠〈韵会举要〉》,谓:"是书部分字纽,诚不能无讥,而其通文字之源流,明经传之假借,实非浅见寡闻者所能袭取。"盖黄氏《韵会》、熊氏《举要》,于音韵学上实无创见,《通考》之首,斥韵书为江左吴音,拾李涪之余论,其于陆、孙审音定切之意,瞢焉不察,亦可概见矣。惟在文字训诂上,集古来字书之大成,足资研究小学者参考耳。后之方日升《韵会小补》、孙吾与《韵会定正》、释信受《韵会增注》(见《小学考》卷三十三)等书,皆因《韵会》而作者。

(七)阴时夫《韵府群玉》

自王文郁《平水韵略》出世,始知并韵之咎,不始于刘渊;更知一百零六部之目，不始于阴时夫《韵府群玉》。钱氏《养新录》云："论者又谓《平水韵》并四声为一百七韵，阴时夫又并上声《拯》韵入《迥》韵。考文郁《韵》上声《拯》《等》已并于《迥》韵，亦不始于时夫矣。"惟往时所存金、元押韵之书，以阴氏此书为最古，清代《佩文韵府》及通行之《诗韵》，莫不以之为蓝本。清《四库提要》云："元代押韵之书，今皆不传；传者以此书为最古。又今韵称刘渊所并，而渊书亦不传；世所通行之韵，亦即从此书录出。是《韵府》《诗韵》皆以为大辂之椎轮。"故当时遂以为一百零六部之目，原出于阴《韵》。按，其书阴时夫撰，其弟中夫注，为一种以韵隶字之类书。《凡例》有云："寻索事实，易于指掌，不专为诗词而设；亦或考辩疑义，训释奇事，场屋或一助云。"是其于韵学上实无多大价值。今韵韵书至是乃尽变为场屋之用，非复为审音而作。阴《韵》一百零六部之目，虽本于金人，非其特创；然明、清数百年间，政府考试功令，文人撰作诗赋，皆奉是为准率，在历史上实足令人注意者也。而今韵韵部之变迁，至是极矣。今录一百零六部之目如下：

上平声　一《东》　二《冬》　三《江》　四《支》　五《微》　六《鱼》　七《虞》　八《齐》　九《佳》　十《灰》　十一《真》　十二《文》　十三《元》　十四《寒》　十五《删》

下平声　一《先》　二《萧》　三《肴》　四《豪》　五《歌》　六《麻》　七《阳》　八《庚》　九《青》　十《蒸》　十一《尤》　十二《侵》　十三《覃》　十四《盐》　十五《咸》

上声　一《董》　二《肿》　三《讲》　四《纸》　五《尾》　六《语》　七《麌》　八《荠》　九《蟹》　十《贿》　十一《轸》　十二《吻》　十三《阮》　十四《旱》　十五《潸》　十六《铣》　十七《篠》　十八《巧》　十九《皓》　二十《哿》　二十一《马》　二十二《养》　二十三《梗》　二十四《迥》　二十五《有》　二十六

《寝》　二十七《感》　二十八《琰》　二十九《豏》

去声　一《送》　二《宋》　三《绛》　四《寘》　五《未》　六《御》　七《遇》　八《霁》　九《泰》　十《卦》　十一《队》　十二《震》　十三《问》　十四《愿》　十五《翰》　十六《谏》　十七《霰》　十八《啸》　十九《效》　二十《号》　二十一《个》　二十二《祃》　二十三《漾》　二十四《敬》　二十五《径》　二十六《宥》　二十七《沁》　二十八《勘》　二十九《艳》　三十《陷》

入声　一《屋》　二《沃》　三《觉》　四《质》　五《物》　六《月》　七《曷》　八《黠》　九《屑》　十《药》　十一《陌》　十二《锡》　十三《职》　十四《缉》　十五《合》　十六《叶》　十七《洽》

明潘恩依此部目，作《诗韵辑略》五卷。其后潘云杰作《诗韵释要》，注释声韵，参订颇详。梁应圻更因以翻刻补葺，实为坊间《诗韵》之所自出（本邵长蘅《古今韵略例言》）。清康熙时所作《佩文韵府》，亦用其部目，袭阴氏书之成绪焉。

昔时不考韵书流变之迹，常误以《诗韵》为沈约所撰，或以阴《韵》即属刘氏《平水韵》。邵长蘅《古今韵略》已斥其妄陋；邵氏所言，颇足为言韵书者之借镜。因录如下：

今韵宗梁沈约，夫人而言之，而约所撰《四声》一卷，久已亡。继之者，陆法言氏，而法言所撰《四声切韵》亦亡。嗣是有唐孙愐氏，而愐所撰《唐韵》五卷，今亦亡。今宋、元韵之存者，略可指数；《广韵》，宋祥符间所修也。《集韵》，宋景祐间奉敕修也。《礼部韵略》，宋时列之学官者也。毛晃氏，仍《礼韵》而增益之者也。平水刘渊氏，仍《礼韵》而通并其部分者也。元黄公绍氏作《韵会》，仍刘《韵》而广其笺注者也。三家者，递有增字，字寖以多。《礼部韵》初裁九千五百九十字；至《韵会》，乃有一万二千六百字矣；然尚不足当《集韵》四之一。最后有阴氏兄弟著《韵府》，乃大加刊削，仅存八千八百二十字，又不专主刘《韵》，颇多遗漏。顾明初至今用之；学者或尊之为沈韵，或指之为《平水韵》者，皆是书也。

（八）元明韵书别派

今韵韵书中之系统，既根据隋、唐时代古今、南北之语音，萃集多种音系于一书，自与后代任何一地之方音，不能完全相合；而宋、元以来，将《广韵》《集韵》中部目，肆意并合，专供文人作诗赋之用，与实际口语之相合与否，当然不暇顾问。于是韵书与口语，完全趋于两途，而根据此种韵书所作之诗文，竟成为纸上之死语。此时倡文学革命者，必当以一种有势力之方言为标准，而依之另订一种韵书；此北曲文学、北音韵书之所由作也。是种运动，对于《广韵》一系之势力，实予以一大打击，而促进近代北音势力之发展，建立国语统一运动之始基。其首倡者，当推元代周德清氏。金、元以后，吾国政治中心，渐移于黄河下游诸省，即现今所谓北音区域也；当时称之曰中原，曰中州。周氏《中原音韵》一书，依虞集《序》，亦称《中州音韵》，即为北音韵书之创始者。其《自序》云："欲作乐府，必正言语；欲正言语，必宗中原之音。乐府之盛之备之难，莫如今时；其盛则自搢绅及闾阎歌咏者众，其备则自关、郑、白、马，一新制作：韵共守自然之音，字能通天下之语。"可见北音韵书，其原始即为北曲文学而作。周氏以当时奉行今韵韵书为"板行谬语""务取媚于市井之徒，不求知于高明之士"（见《〈中原音韵〉自序》）。斥今韵为东南闽、浙之音，为六朝亡国之音，虽持论未免偏激，而欲以北音为正，其统一语言之意，不可没也。其言曰：

> 余尝于天下都会之所，闻人间通济之言。世之泥古非今，不达时变者，众。呼吸之间，动引《广韵》为证，宁甘受鴂舌之诮而不悔。亦不思混一日久，四海同音，上自缙绅讲论治道，及国语翻译，国学教授言语；下至讼庭理民，莫非中原之音。不尔，止依《广韵》呼吸。……如此呼吸，非鴂舌而何？不独中原，尽使天下之音，俱为闽海之音，可乎？……合于四海同音，分豁而归并之，与坚守《广韵》方语之徒，转其喉舌，换其齿牙。使执而不变，迂润庸腐之儒，皆为通儒；道听途说，轻浮市廛之子，悉为才子矣。（见《中原音韵正语作词起例》）

盖当时文人墨守今韵韵书而不变，置通行之口语于不顾；《广韵》上之系统，虽不得尽指为闽、浙之语，而与当时最有势力之北音，自格格不相入；一般学士文人乃舍此而就彼，宜乎周氏起而出此正音之论也。近代国语统一运动，以北音为标准，实周氏之书为其发动之始基。

据近代之方言上观察，北音音素本较南音为简单；而《广韵》之组织，又统赅古今南北，混合多种方言于一书，以视今之北音，其分部之繁复，自不待言。《广韵》二百零六韵，即合平、上、去、入计之，亦有六十一部（参看本文的三（二））。至周氏《中原音韵》仅列十九部者，即以依据简单之北音故也。兹录其目如下：

> 一、《东》《钟》　二、《江》《阳》　三、《支》《思》　四、《齐》《微》　五、《鱼》《模》　六、《皆》《来》　七、《真》《文》　八、《寒》《山》　九、《桓》《欢》　十、《先》《天》　十一、《萧》《豪》　十二、《歌》《戈》　十三、《家》《麻》　十四、《车》《遮》　十五、《庚》《青》　十六、《尤》《侯》　十七、《侵》《寻》　十八、《监》《咸》　十九、《廉》《纤》

周氏以入声归入三声，而上、去二声，不另立部目，其于现今注音字母上韵母之系统，渐相符合；不似今韵韵书，四声皆立部目。此实北音韵书之特点也。等韵学上，常以四声各韵归于一图，而北音韵书因之，此又审音上一大进步也。周氏云："声分平、仄者，谓无入声，以入声派入平、上、去三声也。……字别阴、阳者，阴、阳字，平声有之，上、去俱无。上、去各止一声，平声独有二声。"现今北音无入，平分阴、阳；周氏分析声调，一变平、上、去、入，而为阴、阳、上、去；此又北音系统与今韵韵书显然不同者也。日本石山福治著《考定〈中原音韵〉》，证明《中原音韵》与中国现今标准语音几全相合；谓其书全部实为研究现代北方语音之材料。惟《侵》《寻》，《监》《咸》，《廉》《纤》三部，犹存收-m 之音。其言曰："《广韵》入声《缉》至《乏》，《中原音韵》无合口，派入三声亦然。切不可开合同押。"（《正语作词起例》）当时入声已亡，故《缉》至《乏》收-p 之音，所谓收唇合口者，已派入三声，周氏云："《缉》至《乏》俱无闭口，独浙有也。"而收-m 之合口音尚存，不能与收-n，收-ng，之音同押；故云切不可开合同押。则当时北音尚有收-m 之音，与今时国语亦有不同也。

周氏后，有范善溱，作《中州全韵》；清王鵕之《〈中州音韵〉辑要》，即本是书而作者。其与《中原音韵》不同处，《中原音韵》分十九部，只平声分阴、阳；而此书分二十一部，去声亦分阴、阳也。又其各部韵目，用上阴、下阳，各一字为名。兹录其二十一部之目如下：

一、《东》《同》　二、《江》《阳》　三、《支》《时》　四、《机》《微》　五、《归》《回》　六、《居》《鱼》　七、《苏》《模》　八、《皆》《来》　九、《真》《文》　十、《干》《寒》　十一、《欢》《桓》　十二、《天》《田》　十三、《萧》《豪》　十四、《歌》

《罗》　十五、《家》《麻》　十六、《车》《蛇》　十七、《庚》《亭》
十八、《鸠》《由》　十九、《侵》《寻》　二十、《监》《咸》
二十一、《纤》《廉》

分《机》《归》,《鱼》《模》各为二,故多出二部也。

周氏《中原韵》与范氏《中州韵》,皆依据北音而作,所谓纯粹之曲韵也;与《广韵》一系的诗韵正相对立。至明初《洪武正韵》之作,虽亦以变更今韵之组织,而实多迁就今韵之处。是书,洪武中,乐韶凤、宋濂等奉诏撰,据宋濂《序》,大旨斥今韵为吴音,一以中原之韵,更正其失。谓"韵学起于江左,殊失正音,有独用当并为通用者。如《东》《冬》,《清》《青》之属;亦有一韵当析为二韵者,如《虞》《模》,《麻》《遮》之属,若斯之类,不可枚举"。当时以为《礼部韵略》成为官书之后,"遂至毫发弗敢违背,虽中经二三大儒,且谓承袭之久,不欲变更。纵有患其不通者,以不出于朝廷,学者亦未能尽信"。于是用朝廷之势力,勘定是书;并二百零六韵为七十六韵,合平、上、去三声计之,为二十二部,入声为十部。夫以今韵韵书出于江左,遂斥为吴音,《四库提要》已辩正其违失;至所谓"分合舛误,窒碍难通",则殊不然。盖七十六部之目,虽或不尽依据北音,然至少可以代表当时一部分普通之音,此可断言也。兹录其目如下:

平声	上声	去声	平声	上声	去声
(一)《东》	《董》	《送》	(二)《支》	《纸》	《寘》
(三)《齐》	《荠》	《霁》	(四)《鱼》	《语》	《御》
(五)《模》	《姥》	《暮》	(六)《皆》	《解》	《泰》
(七)《灰》	《贿》	《队》	(八)《真》	《轸》	《震》
(九)《寒》	《旱》	《翰》	(十)《删》	《产》	《谏》
(十一)《先》	《铣》	《霰》	(十二)《萧》	《筿》	《啸》
(十三)《肴》	《巧》	《效》	(十四)《歌》	《哿》	《个》

(十五)《麻》	《马》	《祃》	(十六)《遮》	《者》	《蔗》
(十七)《阳》	《养》	《漾》	(十八)《庚》	《梗》	《敬》
(十九)《尤》	《有》	《宥》	(二十)《侵》	《寝》	《沁》
(二十一)《覃》	《感》	《勘》	(二十二)《盐》	《琰》	《艳》

入声

(一)《屋》	(二)《质》	(三)《曷》	(四)《辖》	(五)《屑》
(六)《药》	(七)《陌》	(八)《缉》	(九)《合》	(十)《叶》

二十二部中,阳声十部,阴声十二部,以入声十部配于阳声。吾人窥其韵目,即可知是书系统,并非完全依据于北音,有迁就《广韵》之处。北音平分阴、阳,以入声派入三声,而此书仍列平、上、去、入之目,此其与周氏《中原音韵》不同之点。又以入声隶属于阳声,殆承认入声有收-k,收-t,收-p 三种,此与《广韵》上组织相同者也。至其注释,一以毛晃《增韵》为稿本,而稍以他书损益之(本《四库提要》)。其各字下之切语,亦与周氏《中原音韵》颇有异同(本石山福治《考定中原音韵》)。是可见《洪武正韵》亦为文人学士杂集古今韵书之作,非纯粹依据于一种方音也。盖出于当时政治上一种正音之方略,不似《中原韵》《中州韵》之为作曲而设。历史上之变动,常有起伏回旋之迹;韵书之由今韵而变为北音也,亦非截然直进的。《中原音韵》之后,如《洪武正韵》虽亦属北音韵书,然其中实多回复顾瞻于今韵之范围。于此亦可以见《广韵》传统势力之伟大矣。虽然,《中原音韵》与《洪武正韵》要皆对于今韵系统,有所变更,在元、明时代,与《刘韵》《阴韵》实处于对立之地位者也。

《四库提要》谓《洪武正韵》,明代"悬为令甲,而终不能行于天下,二百六七十年之终,若存若亡,无人置议"。然继之而作者,有龚时宪《〈洪武正韵〉注疏》、周嘉栋《正韵汇编》、杨时伟《正韵笺》、刘氏《正韵类钞》等书(见《小学考》卷三十四)。章黼所作《韵学集成》,其部目亦遵用《洪武正韵》者。

（九）明清时代韵书之流别

明正统间，兰廷秀作《韵略易通》，并平声为二十部，三声随而隶之；以《东》《洪》，《江》《阳》，《真》《文》，《山》《寒》，《端》《桓》，《先》《全》，《庚》《晴》，《侵》《寻》，《缄》《咸》，《廉》《纤》，有入声者十部为上卷；以《支》《辞》，《西》《微》，《居》《鱼》，《呼》《模》，《皆》《来》，《萧》《豪》，《戈》《何》，《家》《麻》，《遮》《蛇》，《幽》《楼》，无入声者十部为下卷。分类大致与《中原音韵》同；惟《居》《鱼》与《呼》《模》分列，故多一部。又归并三十六字母为《东》《风》《破》《早》《梅》，《向》《暖》《一》《枝》《开》，《冰》《雪》《无》《人》《见》，《春》《从》《天》《上》《来》二十字，盖以适合于当时方音者。又濮阳涞《韵学大成》，分部亦略同《韵略易通》，惟于声类增益为三十母。至毕拱辰《韵略汇通》，更减为十六部：

（一）《东》《洪》　（二）《江》《阳》　（三）《真》《寻》
（四）《庚》《晴》　（五）《先》《全》　（六）《山》《寒》
（七）《支》《辞》　（八）《灰》《微》　（九）《居》《鱼》
（十）《呼》《模》　（十一）《皆》《来》　（十二）《萧》《肴》
（十三）《戈》《何》　（十四）《家》《麻》　（十五）《遮》《蛇》
（十六）《幽》《楼》

其韵目中，不复有《廉》《纤》等部；分部趋于简单，与现今北音系统，日就接近矣。至清樊腾凤作《五方元音》，并韵部为十二：

（一）《天》　（二）《人》　（三）《龙》　（四）《羊》
（五）《牛》　（六）《獒》　（七）《虎》　（八）《驼》　（九）《蛇》

（十）《马》　（十一）《豺》　（十二）《地》

声类亦并为《梆》《匏》《木》《风》《斗》《土》《鸟》《雷》《竹》《虫》《石》《日》《剪》《鹊》《系》《云》《金》《桥》《火》《蛙》二十字。其将《覃》《盐》《咸》并入《天》，《庚》《青》《蒸》并入《龙》，又以阴平、阳平析四声为五，与近代国音上之系统，几乎完全符合。此种韵书，上承《中原音韵》《洪武正韵》之成绪，而下开国音字母之始基，为明、清时代之一派。离现今愈近，其势力亦愈大，骎骎乃至代替《广韵》一系之正统地位矣。

明万历间，吕维祺作《音韵日月灯》，以一百零六韵为经，以三十六母、四等为纬，而以开口、合口标于部上，独音、众音注于字旁。盖参合等韵之理于韵书中，由黄公绍《古今韵会》演变而成。吕氏书自言本于《洪武通韵》，《通韵》即孙吾与《韵会定正》之改名；是吕氏书，亦当属于今韵中一派。清李光地、王兰生等奉敕撰《音韵阐微》一书，始修于康熙五十四年，告成于雍正四年。书中利用满文十二字头，以改良反切，名为合声反切法：上字皆取《支》《微》《鱼》《虞》《歌》《麻》数韵中字，下字用《影》《喻》二母中字。其分部亦遵用一百零六韵。每部之字，亦依黄氏《韵会》，以三十六母为次；而开、齐、合、撮四等之呼，分析极为明显。按字以求母，按母以求等。以等韵参合韵书者，自韩道昭以来，未有明析若此者也。明、清五六百年间，虽北音势力日张，北音韵书叠出，而政府考试功令，文人撰作诗赋，仍沿用一百零六部之目。清康熙间所作《佩文韵府》，亦惟据阴氏《韵府》，加以扩大而已；于是《佩文诗韵》更定为清代词章家作诗赋之圭臬。故是时今韵韵书仍不失其正统之地位。夫陆、孙审音定韵之旨，递演至金、元一百零六部，殆已消失净尽，而近代言等韵者，言反切改良者，素以审音自命；乃竟分部之间，亦间有遵用刘渊、阴氏书。即此可见《广韵》一系之传统势力，广布世俗之间；由习俗与政治，循环相应，以致学术上亦有部分融合之者。

(十) 结　论

总上数章以观，可知《广韵》一书，集合魏、晋、隋、唐诸家之书以成。而为宋、元、明、清今韵韵书之始祖，实为中古、近代千余年间政治与文学之所寄托。元、明以来，语音变迁，北音与戏曲文学之势力，日渐扩张，而《广韵》一系始终不失其正统之地位。直待满清末年，科学废，新文学运动已萌；至一九一二年以后，更提倡国语教育，推北音为全国之标准音，今韵韵书，始渐无人过问。是以从现在与将来之趋势以言，北音韵书固具有绝大之价值；而就过去历史上立论，则《广韵》一书，不能不推为韵书上最首要者也。尝以为国人之心理，一方面欢迎调和，一方面又好博大。此种心理，究竟有利有弊？乃另一问题；惟种种事物之趋向，皆可用此心理以解释之也。《广韵》一书，占据数千年来音韵学上之中心势力，殆即由于此。盖其作述之由来，不特以之审音定切，且为时人撰作诗文之程准，实含有政治之妙用。其书之内容，承袭魏、晋、隋、唐诸家韵书，而集其大成。其所包含之声类与韵部，综合隋、唐时代古今、南北之殊音，斟酌损益，总不外陆法言"论南北是非，古今通塞"之意旨；实包括多种语音系统于一书。其审音定切，为后来等韵字母之学所肇始。其分部隶字与训释，宋后作韵书者，既多引为典则；言古音者，亦常以之为依据。其书之富有涵盖性，能融合各种音素，会集诸家著作；今所存韵书中，殆无有过此者也。《广韵》一书在近今以前千余年间势力之伟大，决非偶然之故；其能适合国人之心理，故政府定为官韵，文人奉为准则，而言音韵者亦罕能自外也。

本章参考书要目

王应麟《玉海》
《四库总目提要》
《小学考》卷三十至四十
《集韵》
《古今韵会举要》
邵长蘅《古今韵略》
《韵府群玉》
《佩文韵府》
《音韵日月灯》
《音韵阐微》
《中原音韵》
《洪武正韵》
《五方元音》
顾炎武《音论》
戴震《声韵考》
钱大昕《十驾斋养新录》
钱学嘉《韵目表》
劳乃宣《等韵一得》
钱玄同《文字学·音篇》
王国维《观堂集林》卷八
高元《国音学》第四章
胡朴安《文字学研究法》

张世禄全集

第二卷

2

Ancient Chinese,
Chinese
Phonology

古代汉语·音韵学

张世禄 著　申小龙 编

中国出版集团　東方出版中心

编辑凡例

一、本书收录的著作,在语言、文字和标点符号上,尽可能保留原文的风格。

二、本书收录的著作,其内部标题序号,依照其与全书统一序号的对应,作了调整。

三、由于历史文献辑佚的困难,本书对文献中难以辨认的文字,作了打黑码处理。对已经辨认的文字中可能存在的误读,尽可能联系上下文酌定。

四、本书收录的著作,个别在章节、体例和标题内容上做了适应出版的整合工作。

五、本书收录的译文,部分在译者手稿中出现注释缺损,现据相关出版文献订补。

六、本书对旧版文字成例之取舍尊重独立的字义,并适当照顾历史习惯:

1. 不改动的词语(示例)

辨说 科白 旁驸 语意 苍颉 名辞 展转 那末 峙躍
辨论 免强 色采 贯串 透切 蕃殖 反覆 沈重 参杂
颚化 孳生 蕃衍 为着 对向 成份 太形 甚么 记念
愈益 傅会 笔划 推重 特出 邱陵 阑入 偶而 洗炼
真象 真相 纪录 掉换 引伸 借贷 从新 薰灼 弯屈
原素 原泉 澈底 没煞 厌足 便易 凭籍 纷歧 做效
策勳 涵义 直截 抵当 工夫 惟一 慢骂 赅括 遗流
二个 致疑 发见 揉合 偏面 起原 参进 暂短 委宛
仓猝 骗诈 驾御 疏理 畺界 映象 原于 愤闷 附合
各各 各别 交插 纪载 吸受 激刺 包晕 联接 接联
表显 施予 检察 薰染 地土 已往 画象 媢妒 答理
跌交 接合 排泻 隄防 筹画 策画 谋画 藩署 连络
连系

暴发音 哗喇喇 以致于

赤首圜题 训诂之指 信而有证 莫明其妙 由博反约
穷源竟委 智识分子 混然一体

一日千里之概

斯干的纳维亚(斯堪的纳维亚)

普通(副词) 象(动词) 成功(及物动词) 的(状语、补语助词)

2．不改动的标点（示例）

总之：　　总而论之：

3．改动的词语（示例）

如左→如下	右设→下设	两傍→两旁
意像→意象	歧异→歧异	部份→部分
供献→贡献	了望→瞭望	蹓跶→溜达
钞成→抄成	偁→称	会总→汇总
豫告→预告	份子→分子	简炼→简练
沿习→沿袭	原流→源流	浅鲜→浅显
表章→表彰	迭韵→叠韵	纪录品→记录品
恰如其份→恰如其分		

目　录

古代汉语

音韵学

朱翱反切考

古代汉语

引　论

“古代汉语”的教学内容是关于专业性的古代语文知识。学习古代语文知识，一方面是为着认识古代汉语的历史事实和汉语发展的规律，以为研究汉语史的准备；另一方面，更主要的是为着掌握古代语文工具，提高阅读古典作品的能力，用来配合古典文学的研究，做好批判地继承我国文学遗产的工作。因为要阅读古典作品，必须具备下列的三个条件：

第一是正确的观点；

第二是关于文化的知识；

第三是掌握古代的语文工具。

正确的观点，就是辩证唯物论的观点，主要的就是阶级、阶级矛盾和阶级斗争的观点。运用这种正确的观点来阅读古典作品，才能把握它的主题思想和内容本质，因而评定它的真正价值。

例如《诗经·魏风》里的《伐檀》《硕鼠》两篇，对剥削阶级的不劳而食，加以讽刺和咒骂，表示极端的愤慨。内中说：

彼君子兮，不素餐兮！（《伐檀》）——那些贵族老爷们，不是白吃我们的饭吗！

硕鼠硕鼠，无食我黍！三岁贯女，莫我肯顾。（《硕鼠》)——大老鼠,大老鼠,别吃我们的庄稼!好几年养活了你,你却对我们毫不顾惜。

从这样富有战斗性和反抗性的言语中,我们可以看出这两篇作品是真正代表着当时被剥削阶级劳动人民的呼声。

又如《诗经·豳风》里的《七月》一篇,只是叙述了当时农奴们一年到头无穷无尽的劳累和悲苦,反映了那些奴隶主贵族们无厌足的奢侈和享乐,但并没有把奴隶阶级反抗和斗争的情绪表示出来。象内中说:

同我妇子,馌彼南亩,田畯至喜。(《七月》)——会合我的妇人孩子们一道送饭到农田去,那个替贵族们管理农事的农官(狗腿子)乐开来了。

一之日于貉,取彼狐狸,为公子裘。(《七月》)——十一月的时候去打猎,猎取了狐狸,用来做贵族们的皮衣。

言私其豵,献豜于公。(《七月》)——就把打猎得来的小兽私下收起,把猎获的那大兽贡献到贵族那里。

朋酒斯飨,曰杀羔羊,跻彼公堂,称彼兕觥,万寿无疆。(《七月》)——看那些贵族老爷们,登上那大厅堂,对着那两壶酒,烹杀了那羔羊,举起那牛角大酒杯,会饮欢呼着"万寿无疆"。

那样服服帖帖地甘受压迫和剥削,看着奴隶主们尽日宴乐,也不表示愤怒,这难道是直接代表着农奴们的口吻吗?根据阶级、阶级矛盾和阶级斗争的观点来评论,《魏风》里的《伐檀》《硕鼠》,其真正价值,远在《豳风·七月》之上。

文化的知识，包括很广，主要的是关于作者背景和作品内容所牵涉到的当时经济情况、政治形势、民情风俗、哲学派别、典章制度等。如果缺乏这些文化历史的知识，就不能了解作者所处的时代和作品的重要意义。

例如贾谊的《论积贮疏》和晁错的《论贵粟疏》，这两篇“奏议”的文章，是贾谊和晁错向汉文帝（刘恒）的一种书面建议。我们要阅读这两篇文章，首先要认清作者的阶级立场。贾谊和晁错都是汉朝的士大夫，效忠于汉文帝，一心谋划怎样维护和巩固刘家王朝的封建统治权。其次，我们又必须知道作者当时的社会情况，在政治、经济、军事等方面的种种矛盾现象，特别是封建地主阶级和农民之间的根本矛盾，这样我们才能了解这两篇文章里种种论述和建议的针对性。

汉文帝的时代（公元前二世纪时），历史上所谓“文景之治”，正是西汉的“太平盛世”。可是封建剥削阶级和农民之间的尖锐矛盾，始终存在。一方面奢侈浪费，一方面饥寒交迫，这样强烈的对比，在贾谊、晁错的文章当中有很多反映出来。《论贵粟疏》里，中间一段很详尽地叙述当时农民，一年四季，劳苦不休，还不能养活一家；可是政府横征暴敛，迫得农民卖儿鬻女，流离迁徙。晁错说：

> 勤苦如此，尚复被水旱之灾，急政暴虐，赋敛不时，朝令而暮改。当具，有者半贾而卖，亡者取倍称之息。于是有卖田宅、鬻子孙以偿责者矣。（《论贵粟疏》）——农民们勤苦到这地步，还要受水旱的灾难，暴虐的征收，不定时的赋敛；早上刚下令征收，晚上又变了花样。当交纳的时候，有米粟的半价出售；没有什么的，就只好忍痛出加倍的利息去借钱完税了。因此有的只得出卖田地房屋，出卖儿女子孙来完债了。

由于农民生活的困苦，背弃了农业而从事工商的一天一天地多起来，这叫做“背本趋末”。商人又往往变成地主，参加剥削，游食之民增加了，奢侈的风俗更滋长了，同时生产更少了。这样，国家经济有崩溃的危险，封建王朝的统治权也有被推翻的可能。贾谊说：

> 今背本而趋末，食者甚众，是天下之大残也。淫侈之俗，日日以长，是天下之大贼也。残贼公行，莫之或止，大命将泛，莫之振救。生之者甚少，而靡之者甚多，天下财产何得不蹶！（《论积贮疏》）——现在背弃农耕本业而从事工商业，游食之民很多，这是对国家的大摧残。奢侈浪费的风俗，一天一天地滋长，这是对国家的大祸害。摧残和祸害并行，如果不加以阻止，国家的命运就将被推翻，也没有办法挽救了。因为从事生产的人很少，而消费的人很多，国家财产哪得不匮乏呢！

因为农民被压迫得无路可走，不甘心于活活地饿死，只有起来反抗斗争，推翻封建的统治。正如贾谊所说：

> 有勇力者聚徒而衡击，罢夫羸老易子而咬其骨。（《论积贮疏》）——年轻力壮的人，集合起来进行反抗斗争；老弱残废的人，只好互换子女来啃骨头了。

实在，只有农民，才能推翻封建王朝，正象陈涉起义，推翻强大的秦王朝那样，所谓“一夫作难而七庙堕”（贾谊《过秦论上》——陈涉一个人首先起来革命，秦朝的宗庙全部被毁灭了）。贾谊他们把秦朝作为前车之鉴，认定汉文帝当时也应该想到这种危险性，所以说：

> 安有为天下阽危者若是而上不惊者！（《论积贮疏》）——

哪里有国家倾危到这样地步，统治者却不为之惊慌呢！

夫腹饥不得食，肤寒不得衣，虽慈母不能保其子，君安能以有其民哉？(《论贵粟疏》)——想那腹中饥饿没有食物吃，身上寒冷没有衣服穿，虽然是慈爱的父母也不能保全他们子女，做君主的又怎能来抚有他的百姓呢？

所以对于农民起义问题，贾谊和晁错站在封建统治者的立场上，不主张采取武力和高压政策，认为：

虽有高城深池，严法重刑，犹不能禁也。(《论贵粟疏》)——虽然有很高城墙和很深城河，〔也防守不了，〕用严厉法律和残酷刑罚，也禁止不住。

而主张采用积粮备荒、贵粟劝农的经济政策，认为这样就可以消除一切对封建统治者的祸患和威胁。贾谊说：

夫积贮者，天下之大命也。苟粟多而财有余，何为而不成？以攻则取，以守则固，以战则胜，怀敌附远，何招而不至？(《论积贮疏》)——那个积贮粮食的事情，是关系国家的命脉的。如果粮食很多，资财有余，有什么事办不成呢？用以进攻，就攻下来；用以防守，就固守住；用以打仗，就能克敌制胜；用以安抚敌人，使远方归附，哪里招致会不来到呢？

晁错在文章中说："民者，在上所以牧之"(那老百姓，要看统治者怎样去牧养的)；他们关于积粮备荒、贵粟劝农的这种建议，就是向封建统治者贡献的一种"牧民"政策。

西汉初年的农民，除了和封建地主阶级这种根本性的矛盾以外，还有和富商大贾的矛盾，也是很尖锐的。因为，当公元前第六、第七世纪时，春秋末期，由奴隶社会过渡到封建社会，生产关系改变，生产力有很大的提高；在农业发展的基础上，工业和商业也随着发达；又因为货币流行，便于资本集中，富商大贾就不断地产生，并且形成一种社会势力。同时又由于游资充斥，土地也变成买卖的商品。战国时候，赵括的母亲向赵王报告，说：

王所赐金帛，归藏于家，而日视便利田宅可买者买之。(《史记·廉颇蔺相如列传》)——〔赵括〕把您赐给他的金银布帛(当时的货币)拿回来放在家里，天天留意有便易的田地房屋好买的，就买下来。

田宅可以自由买卖，耕种的土地就大部分集中于少数有势力的贵族、地主或商人之手。商人不但参加对农民的剥削，而且成为土地的“兼并”者。《汉书·食货志》谓西汉文帝当时“民近战国，皆背本趋末”，那种背弃农业而从事工商的情况，依然很严重。晁错说：

趋利如水走下，四方亡择也。(《论贵粟疏》)——〔一般人〕总是不管东西南北，什么地方有利，就到什么地方去，如同水向低处流一样。

他在文章的中间两段里，更具体地说明了那种情况。上一段有关货币的问题，说是由于政府应用和宝贵货币，货币就流行起来，使得一般人便于携带，作为四方游食之资；同时，货币与粟米的价格比例，又有互为贵贱的趋势，即把货币看得越贵，粟米就显得越贱，就越有伤害于农民和农业。下一段叙述农民的贫困和商人的得势，成为强烈对比的两个方面；富商大贾，利用游资来收买许多农民的土地，迫使他们离乡背井，成为“末技游食之民”。归结到一句话：

此商人所以兼并农人，农人所以流亡者也。(《论贵粟疏》)——这便是商人之所以能兼并农人，农人之所以流亡的原因。

为着要维护封建王朝的政权，贾谊和晁错对于当时商人欺压农民的问题，自然采取重农抑商的方针；但也不主张用严刑峻法来禁止经营工商业，而是仍然根据积粮备荒、贵粟劝农的经济政策，对农民抚辑流亡，使归本业。贾谊说：

今驱民而归之农，皆著于本，使天下各食其力。末技游食之民转而缘南亩，则畜积足而人乐其所矣。(《论积贮疏》)——现在政府，一定要迫使人民归到农耕上来，都在本业上有着落，使得国家的每个人都自食其力。使得从事末技游食四方的人转到依附于耕种的土地上来，这样，粮食的积蓄多，人民也就安居乐业了。

晁错更提出具体的办法，把原来货币和粟米那种不合理的贵贱关系颠倒过来，把“贵五谷而贱金玉”的方针制订出一种具体的措施。他说：

方今之务，莫若使民务农而已矣。欲民务农，在于贵粟；贵粟之道，在于使民以粟为赏罚。今募天下入粟县官，得以拜爵，得以除罪；如此，富人有爵，农民有钱，粟有所渫。(《论贵粟疏》)——目前最急切的事务，莫过于叫百姓尽力农事罢了。

要想百姓尽力农事,只有提高粟米的价格;要想提高粟米的价格,也只有使民众拿粟米作为赏赐和处罚的物资。现在号召人们向政府献出粮食,可以因此受封爵位,免除刑罚;这样,富人有爵位了,农民有钱财了,粟米也有分散和流通的地方了。

关于用粟米买爵位的办法,晁错当时规定按纳粟的多少来分爵位的高低。汉朝爵位分二十级:最低第一级为“公士”,最高二十级为“列侯”(参看《汉书·百官公卿表》)。纳粟六百石,得封爵位第二级“上造”;纳粟四千石,封爵位第九级“五大夫”(谓大夫当中比较尊崇的,文章末一段里,说到“令民入粟受爵至五大夫以上,乃复一人耳”即指此)。纳粟一万二千石,封爵位第十八级“大庶长”(参看《汉书·食货志》)。晁错的这种措施,是用当时政府的力量,来扩大粟米买卖和使用的范围,压低金玉货币的价格,把富人掌握的部分游资分散到农民当中去;同时又把地方上的余粮集中到政府手里,政府因此可以减轻或免除向农民征收的赋税。晁错的主张“损有余,补不足”,确实在当时可以协调商人和农民的关系,并且暂时缓和了阶级矛盾。但这只是暂时的缓和。因为鼓励富人买爵位,适足以使豪强地主直接攫取政治地位,更便于他们压迫农民和兼并土地。结果,农民还是要起来作反抗斗争的。

当时汉文帝的政权,除了严重的农民问题以外,还包含有诸侯王的封建割据与中央集权的矛盾,北方匈奴族的屡次入侵与汉族人民希望安居乐业的矛盾。晁错的文章里叙述商人得势的情况,也说过这样的话:

因其富厚,交通王侯,力过吏势。(《论贵粟疏》)——〔商人〕凭靠他们富厚的财产,和诸侯王往来结交,力量超过了官吏的威势。

可见当时的富商大贾，是和王公贵族勾结起来，共同来欺压农民的。豪强地主和封建贵族，原来是两位一体。但当农民起来反抗斗争的时候，封建统治阶级的内部，往往起了分化。贾谊的文章里所说：

远方之能疑（拟）者并举而争起矣。（《论积贮疏》）——在远方割据的侯王，能够僭拟天子的称号的，也一起举兵来和中央相争了。

这就是指封建贵族与君主之间的矛盾。又汉文帝时，北方匈奴族强大起来，屡次入侵。

匈奴日已骄，岁入边，杀略人民畜产甚多。（《史记·匈奴传》）——匈奴族的统治者，一天一天地骄横起来，每年侵入边界，杀戮、掠夺人民、家畜和财产的很多。

当时要防备侯王的叛乱，要抵御匈奴的侵略，必须安抚农民，积贮粮食。贾谊说：

卒然边境有急，数十百万之众，国胡以馈之？（《论积贮疏》）——仓卒之间，北方边境有紧急的情况，须要动员几十万或成百万的兵士来抵御，国家用什么来供养这许多人？

晁错建议用封爵和免罪的办法，号召人们献出的粮食，首先是在北方边境地带贮藏起来，以防备匈奴。他在文章的末了说：

夫得高爵与免罪，人之所甚欲也；使天下人入粟于边以受

> 爵、免罪，不过三岁，塞下之粟必多矣。(《论贵粟疏》)——因为受封高爵和免除刑罚，是人们极其愿意的；所以叫全国的人把粟米纳入边境，可得受爵、免罪，那么不过三年，北方边防地区所积贮的粮食，一定很充足了。

由此可见贾谊和晁错所建议的积粮备荒、贵粟劝农的经济政策，是对当时封建王朝，为着暂时缓和种种矛盾和保持“治安”局面比较可行的计议。

从上面所讲《论积贮疏》和《论贵粟疏》这两篇的内容意义看来，我们要读懂和解释这两篇文章，当然须要了解贾谊和晁错所处西汉初年的时代背景，了解文章内容有关的经济情况、政治形势、民情风俗、哲学派别、典章制度等等。

掌握古代语文工具，需要下列三个方面的结合：第一是通过阅读古典作品的实践，第二是使用关于古代语文的工具书，第三是掌握古代语文知识。这三个方面是相互密切联系的。首先是阅读的实践，因为掌握语文工具，本身是一种能力，一定要从不断的阅读实践当中去逐步地增长，不是讲一点关于语文的理论知识就可以马上能够掌握的。但是语文的理论知识，也是从不断的阅读实践当中体会得来的，正确的知识又是在不断的实践当中去检验而确定的，用它来指导阅读的实践，就可以使阅读的能力增长得更快更好。又在阅读古典作品的实践当中，常常会遇到一些生疏的字或词语，不知道它们的读法，也不知道它们的意义和用法；也常常会发现一些字或词语，它们的意义和现代经常用的意义相差很大，这都要靠使用字典辞书之类的工具书来求得解决。因此，使用语文工具书，实际上就是阅读实践当中一个必不可少的环节，同时也就是增长和积累语文知识的一种过程；反转来，用正确的语文知识来指导那些工具书的使用，又可以使那些工具书的效用发挥得更大更好。所以这三个方面，是不可分割地互相联系的，彼此是相辅而行的，必须要紧密地结合起来进行，才能逐步地掌握古代语文的工具。如果把这三个方面分离开来，单讲一点语文知识，不同阅读实践相结合，知识便流于空洞无用；反转来，单靠阅读的实践，不讲一点知识，也一定会使阅读能力的提高受到影响。因此我们知道，学习语文的理论知识，对于掌握古代语文工具的过程，实在是很重要的一环。

阅读古典作品，在语文的范围以内，常常是综合运用文字、音韵、词汇、语法等各部门的知识来进行的；而学习语文知识时，又常常要把这些部门一一地分开来讲，这是对古代语文知识的综合运用、分别钻研。又关于古代语文的工具书，在编制和内容上，往往对于各部门的语文知识，有所侧重而带有专门性。例如注重文字方面的，有《说文解字》《康熙字典》之类；注重音韵方面的，有《广韵》之类；注重词汇方面的，有《辞源》《辞海》等；注重词义方面的，有《尔雅》《经籍籑诂》等；注重语法虚词方面的，有《助字辨略》《经传释词》《词诠》等。因之讲各部门的知识时，对于这些工具书评介其内容和说明其使用法，正可以连类而及，也作为各部门的知识，一一地分别交代。这样，关于古代语文工具书的使用法，也就包括在各部门的语文知识当中了。

阅读古典作品，在语文的范围以外，就要接触到上文所说的种种历史文化知识了。其实，关于古代语文的知识，也应当属于历史文化知识的这个广大的领域，同样地要服从于坚定正确的政治方向，同样地要符合于辩证唯物论的正确观点，同样地要把马克思列宁主义、毛泽东思想作为指导思想。

总起来说，阅读古典作品所须要具备的三个条件——正确观点、文化知识、语文工具——当中，树立正确的观点是最主要的，而掌握古代语文工具是最切近的。学习古代语文知识，既然是掌握语文工具的过程中一个重要的环节，而关于种种历史文化知识，范围过于广泛，不及一一细讲，所以这里只就古代语文知识的各部门，分做文字、音韵、词汇、语法四章来讲，并把各种语文工具书的评介分别附在各个章节中。

一、文　　字

（一）汉字的特点

古典作品是代表古代的书面语。我们现在不能直接听到古代的口头语，只能从这些古典作品中接触古代的书面语。书面语就是用文字记录下来的语言。文字不但用来记录语言，而且扩大了语言交际的范围，使得不同时间不同地点的人也能够起语言传达的作用。我们现在之所以能够阅读古代诗歌、散文等等的作品，就是靠了这样文字的记录。中国古典作品，绝大部分是用现在通行的汉字记录下来的。

文字既然是用来记录语言，书面语对于口说的语言，一定是互相适应的。但是，文字是用书写的手段来代替口说的语言，书面语和口头语两者之间，毕竟由于表现形式的不同，又是互相矛盾的。一般在书写的时候，总有从容修饰字句的机会，不象口说时那样匆促应对，所以在字句形式上，书面语往往要比口头语完整、简洁。这是一般的情况。还有由于文字的发展阶段和文字的性质不同，书面语和口头语互相适应又互相矛盾的情况，又有很多的差异。这就是关于我们阅读这些用汉字记录下来的古典作品的时候，有哪些文字上的困难需要克服的问题。

世界上的文字，可以分做下列的三大类：

第一类是“图画文字”，就是用文字形体来直接表示语言上的意义的。例如埃及、巴比伦和我们中国上古时代的文字。这也叫“象形文字”。

第二类是“表意文字”，其中有一部分原来是用字形来表示语言上的意义，又有一部分是用字形来标明音读，就是语言上的声音，而不论是表意或标音，结果总是把书写上的各个字体作为习惯上语言意义的记号，所以叫做“表意文字”。我们现在应用的汉字，就是属于这一类。

第三类是“标音文字”，就是用字母的拼音来标明语言上的声音。现今多数国家都用拼音文字。我国现今应用的拼音字母，就是采用国际上标音文字的字母来制定的。

这三类文字，根据世界文字发展的历史，正是代表着文字发展的三个阶段。“世界文字共同的拼音方向”，也正是文字发展的历史规律。我国现行的汉字，很早已经脱离了图画文字的范畴，但是在字形构造上，还留存着“象形文字”的遗迹；同时它已经具有“标音文字”的倾向，可是还没有采用字母拼音的制度。汉字的这样处于文字发展的中间阶段，它的这种“表意文字”的性质，使得我们在阅读古典作品的时候，遭遇着一些语文上的困难，主要是由于它的造字和用字之间的矛盾性。

（二）造字的原则

上面讲了汉字的特性，它是处于世界文字发展的中间阶段，一面还留存着图画文字的遗迹，一面又有标音文字的倾向；字体的制造，有一部分是用字形表示意义，又有一部分是用字形标明音读，采取混合的原则，不象图画文字那样单纯地用字形表义，也不象标音文字那样纯粹地用拼音制度。因之汉字制造的原则，是比较复杂的。

关于我国造字的理论，《韩非子·五蠹》篇里有一段话讲到它：

古者苍颉之作书也，自环者谓之“私”，背私谓之“公”，公私之相背也，乃苍颉固以知之矣。今以为同利者，不察之患也。（《五蠹》）——从前苍颉在创造文字的时候，用自己画个圈儿来表示自己私有，就作为“厶”（现写作“私”，篆字作）字，背弃和分离“私”（厶）（“八”字作为违背和分离的形象，由“八”和“厶”合成一个“公”）作为“公”字，“公”和“私”两字意义完全相反，那苍颉造字的时候，原来早就知道了。现在却有人认为公私可以融合一致的，这是没有审察的过失。

关于苍颉造字的传说，大概发生于春秋战国时代，并不可信。因为文字与整个人类文化一样，都是劳动的产物，而且是在民间使用中不断发展的。鲁迅《门外文谈》里说过：“文字在人民间萌芽”，剥削阶级根据他们反动的“天才史观”，把许多劳动人民创造的成果收揽起来据为己有，并且把许多社会的活动（或说：“苍颉”，原来是“创契”，指创造“书契”，即文字）加以人格化，就杜撰出一些无稽的“圣人”出来，以欺压人民。苍颉就是其中的一个。

文字起源于图画，各种实物有具体形象可以画出来的，就画成实物的形象作为字体。例如：

“日”，（篆字作，古文作）原来是象太阳形。

“月”，（篆字作，古文作）原来是象月亮形。

“山”，（篆字作，古文作）原来象山丘形。

“水”，（篆字作，要横转来看）原来象流水形。

“艸”，“屮”，（篆字作“”，“”）原来象一株或两株草。

“木”,(篆字作)原来象树木形,上象枝干,下象根。

“牛”,(篆字作)原来象牛头形,用牛头代表牛。

“羊”,(篆字作)原来象羊头形,用羊头代表羊。

“鸟”,(篆字作)原来象长尾的鸟。

“隹”,(篆字作)原来象短尾的鸟。

“鱼”,(篆字作,要横转来看)原来象鱼形。

“虫”,(篆字作)原来象虫形。(《说文解字》里作“蟲”。)

“口”,(篆字作)原来象口形。

“目”,(篆字作,要横转来看,古文作)原来象目形。

“手”,(篆字作)原来象手形。

“又”,(篆字作)原来象右手,也用来指手。

“人”,(篆字作,要从侧面看站立的人)原来象人形。

“大”,(篆字作,要从正面看站立的人)原来也指人。

“衣”,(篆字作)原来象衣服形。

“刀”,(篆字作)原来象一把刀。

这些字,原来都是用图画的形象造成的,后来有简化,有变体,还是留有象形文字的遗迹;从古文、篆字的形体中,显然可以看出它们是图画的象形。这叫“象形”的原则。

还有一些比较抽象的事物,不能用具体图画的形象来表示,只能用一些简单的符号来表示。这又有两种方法:一种是纯粹的符号,例如:

“上”,(古文作)表示在一个平面之上。

“下”,(古文作)表示在一个平面之下。

“厶”,(篆字作)表示私有的范围。

“八”,(篆字作)表示违背和分离。

“回”,(篆字作)表示回旋的动作或形状。

“叕”，（篆字作）表示联缀。

“丩”，（篆字作）表示纠缭、纠葛。

“文”，（篆字作）交错的形象，表示一切花纹。

另一种是附合符号于图画，就是把一个符号附在一个图形上，例如：

“刃”，（篆字作）在“刀”上加一点，用来指示刀口所在。

“亦”，（篆字作）在一个正面的人“大”的手下加两点，表示两腋的地方；现今肘腋的“亦”，写作“腋”。

“叉”，（篆字作）在“又”（右手，也表示手）上加一点，表示手指相交错。

“叉”，（篆字作）在“又”上加两点，表示指甲所在。

“旦”，（篆字作）一画指地平线，太阳从地平线上出来，表示明亮了。

“白”，（篆字作）在“日”字上加一短竖，表示太阳光射出来，显出白色。

“之”，（篆字作）一画指土地，上面出了“屮”，以表示滋生、滋长。

“立”，（篆字作）一个正面的人“大”，在地上，表示站立、站住。

这些字里附合的符号是不能独立的，所加的一点或两点都不是独立的字，一画不是数目的“一”字，也不是“地”字。这两种方法，应用纯粹的符号或附合符号于图画来指明抽象的事物，或者指明某种事物的所在，叫做“指事”的原则。

“象形”字和“指事”字有一个共同的特点，就是它们的字体不能分析为两个或几个独立的部分，如果强加分析，其中至少有一部分不能独立，所以这两类叫做“独体字”，也是一切汉字的“基本字”;其他绝大多数的字体,都是把它们作为基本成分而相互拼合起来的。

在这样由“基本字”相互拼合起来的“合体字”当中,它们的基本成分,如果都是用来表示意义的,它们相互会合来表明某种事物,就叫做“会意”字。例如:

“公”,由“八”和“厶”合成,表明背私为公。

“分”,由“八”和“刀”合成,表明分析、分离。

“初”,(篆字作)由“刀”和“衣”合成,表明剪裁衣服,是制造衣服的开始步骤,所以有开始的意义。

“从”,(篆字作)由二“人”合成,一个人在前,一个人在后,表明跟从、顺从。

“比”,(篆字作)由二“”(反面的“人”字,也就是人)合成,表明两人相密近,因而有比近、比合、比并、比较等义。

“鸣”,由“鸟”和“口”合成,表明鸟叫,也用来指一切发出的声音。

“集”,(篆字作,简化作;雥,表示许多鸟集合)由“雥”(简化作“隹”)和“木”合成,表明集止、集合。

“相”,由“目”和“木”合成,表示观看树木,因而有观看的意义。

“看”,由“手”和“目”合成,目在手下(手遮在额上),表明观看。

“並”,(篆字作)原作“竝”,从二“立”合成,表明并合、并列、比并。

这样的造字,叫做“会意”的原则。

在“合体字”当中,如果它们的基本成分有的是表示意义,有的是标明音读的,由表意成分和标音成分拼合而成,就叫做“形声”字,例如:

“松”,由“木”和“公”合成,“木”是表义,“公”是标音。

“柏”，由“木”和“白”合成，“木”是表义，“白”是标音。

“梧”，由“木”和“吾”合成，“木”是表义，“吾”是标音。

“桐”，由“木”和“同”合成，“木”是表义，“同”是标音。

“江”，由“水”和“工”合成，“水”是表义，“工”是标音。

“河”，由“水”和“可”合成，“水”是表义，“可”是标音。

“淮”，由“水”和“隹”合成，“水”是表义，“隹”是标音

“海”，由“水”和“每”合成，“水”是表义，“每”是标音。

“稻”，由“禾”和“舀”合成，“禾”是表义，“舀”是标音。

“菽”，由“艸”和“叔”合成，“艸”是表义，“叔”是标音。

（《说文解字》里，只有“尗”“叔”，没有“菽”字。）

这样的“形声”字，它们的表意成分和标音成分是比较容易辨认的。有些“形声”字却要仔细分析，才能辨认清楚。例如“雜”，一般不写作“雧”或“褋”，就很难看出其中的“衣”是表义，“集”是标音。又如“雖”，原来是指蜥蜴一类的虫，其中“虫”是表义，“唯”是标音。这样的造字，叫做“形声”的原则。

“会意”字和“形声”字，都是包含有两个或几个可以独立成字的部分，向来把这样的构造叫做“偏旁”结构。凡是“合体字”里所包含的基本成分，都可以称为“偏旁”。偏旁作为表意成分的，叫做“形旁”；作为标音成分的，叫做“声旁”。“会意”字就是由形旁和形旁相互拼合而成的，“形声”字就是由形旁和声旁相互拼合而成的。

现在汉字的构造，总是不出于上列的四种原则。这里要提出的问题，认识这些造字的原则，究竟对于我们阅读古典作品有什么帮助呢？读书必先识字，识字的严格要求，首先要认识各字的“本义”，就是各字原来在制造时所代表语言上的那个“词”、“词素”或词里的音节。因为“象形”“指事”“会意”三种原则，原来的构造上都留存着图画文字的遗迹，都可以作为根据来认定各字的“本义”，即使在“形声”字，也包含有表义的形旁，也可以用形旁作为根据来

推见各字原来所属的“义类”。例如“亦”，上文讲过，它的“本义”原来是指肘腋的腋；“雖”是个形声字，从它的形旁上可以断定它的“本义”是指虫类。但是在古典作品里，“亦”一般作为“又亦”的意义（现代语文上写作“也”）来用；“雖”一般作为“虽然”的意义（表示开拓、让步等的关系）来用。这是由于汉字是表意文字的性质，就造成了造字和用字的矛盾。因为语言上的词和词素是随着社会的发展而日益丰富起来的，如果完全采用标音文字，语言上有什么声音，就采用什么字母的拼音来造字，就不怕字体的制造赶不上语言词汇的发展；可是汉字的性质，虽然具有标音的倾向，而仍留有象形文字的遗迹，造字的原则上采取复合的制度，文字的制作，势不能供应语言上的需要。所以在应用文字来记录语言的时候，就不得不采取借字标音的方法，这叫做“假借”，就是不用那个字的“本义”，而用它来代表另一个音同或音近的词、词素。例如“亦”作“又亦”义用，“雖”作“虽然”义用，都是“假借”的结果。但是如果不认识各字的“本义”，便不了解它的“假借”用法。为了能够应用它，所以必须了解它。为了知道用字的方法，所以必须了解造字的原则。

（三）《说文解字》和《康熙字典》

一般的字典，总是注重各字常用的意义。常常在各字下列出多种意义的，也把常用义列在前，而把罕用或偏僻的意义附在后，所以也不用分析文字构造来解说。专讲文字“本义”的字典，应当推举东汉时许慎所作的《说文解字》一书。这书以“说解”为名，专门用来解说各字的原始意义、形体结构和当时读音的。《说文》（《说文解字》的简称，下同）所解说各字的形体，以篆字为主，而把他所谓“古文”（“籀文”也包括在内）附合于篆字中，古文、篆文中有特别异样的结构或写法的，就列为“重文”，各附于“正文”之下。

《说文》所列的“正文”，有九千三百多个，“重文”有一千一百多个。大抵每一正文下，首列它的“本义”，多数是说“什么也”“什么名”。次说形体的分析，大抵说“象什么形”“什么也”等，是指“象形”“指事”的关系；说“从什么”是指“形旁”，“什么声”是指“声旁”。最后说它的读音，“什么声”“读若什么”都是指音同或音近的关系。许慎分析了九千多字的形体，依据它们的偏旁结构，把作为一切“合体字”的偏旁字列为“部首”；他这样列出五百四十个部首字，同时又依据各字的形旁和义类，把其余的字分别归属于各部首字之下，《说文》自叙所谓“分别部居，不相杂厕”。我国字典的部首制，就是许慎《说文》所创始的。后代要了解文字“本义”和古典作品里许多“假借字”之所以产生，也必须查考《说文》这书。上文讲到造字的原则，所举“之”字原形表示草木从地上长出，它的本义是滋长、滋生；“亦”字原形表示人体两臂下面的部分，本义是臂腋的亦；“虽”在虫部，本义为“似蜥蜴而大”的虫；“雜”在衣部，本义是指五颜六色的花衣服：这些都是查考《说文》得来的。向来认为《说文》是阅读古书的重要工具。

但是，我们要知道《说文》所收录的文字形体，有很多已经失了图画文字的真迹，不足以为追溯制作“本义”的依据。《说文》中有很多牵强附会的说解。例如“射（䠶）”字，原来是象弓矢发射的形状，金石甲骨文字中作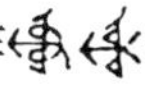等，篆字误作“身”旁，因之《说文》里谓“弓弩发于身而中于远也，从矢从身”，这是附会的解释。又如《说文》开头的“一”部里，首列的“元”“天”二字上面，一画、二画都是由原来古文字的圆点（或圆圈）变来的，许慎当时由于对形体未能足征，不知道古文字上圆点（或圆圈）变为横画的规律，就把“元”字说成“始也。从一，兀声”（据徐锴《说文系传》本），把“天”字说成“颠也。至高无上，从一大”。原来这两个字都不是“从一”，而是顶上一个圆点（或圆圈）象人的头，或表示头顶，所以许慎所说“始也”和

"至高无上",都不是它们的"本义"。又许慎在这书里所收录的字体实未完备,有些古典作品里常见的字,却为《说文》所不载。例如上文所举"稻菽"的"菽",《说文》里没有这字,只有"尗"、"叔",可是《诗经·小雅·采菽》篇里正是写作"菽"。这样文字的遗漏,也是它作为工具书的一个缺点。

更须要特别注意的,许慎解说文字的观点,有很多是唯心主义的,谬误的,甚至是反动的。关于许慎的身世,《后汉书·儒林传》所记载的不很详细,他的生卒年月,到今还未能考定,大概当东汉光武帝末到顺帝时,约在公元后五〇年到一三〇年间的人。他年轻时做过小官,后来当过洨县的县长,最后做太尉幕府里的祭酒。他的儿子许冲,又是一个高级军官。无疑的,许慎是属于当时统治阶层的人物。他讲究儒家经典之学,著有《五经异义》一书,所作《说文》的主要目的,也是在昌明经学。自叙里说:"文字者,经艺之本,王政之始,前人所以垂后,后人所以识古。"无疑的,他是竭力主张尊孔读经的。解说文字时,就很多引据孔子的话。其中很谬误的,如"王"字下的解释,引了董仲舒所说:"古之造文者,三画而连其中,谓之王。三者,天地人也,而参通之者王也。"又引孔子的话来作证:"一贯三为王。"这是许慎借着解说文字来宣扬君权和神权统一论,说最高的统治者是参通天、地、人,天生来管理土地和人民的。从孔子到董仲舒,都是大倡天人合一论,用来欺骗人民,巩固专制君主的统治;许慎承袭他们的衣钵,在解说文字中也宣扬这种反动的理论,不但显出他的穿凿附会("王"字古文从火,不是从三画),而且把他封建阶级的本质暴露无遗了。又如"士"字下的解释,也是穿凿附会的,说"数始于一,终于十,从一从十。孔子曰:'推十合一为士'"。这种谬说的意思,是把数目"十"代表众多繁复的事物和现象,把"一"代表简单的原理,从众多繁复的事物和现象当中,推究得出简单的一条两条原理,这就是"由博反约",也就是

“推十合一”的意思；只有“士”的阶层，才拥有这种“由博反约”的才能和知识，才是天生的属于统治阶级，所以凌驾于人民群众之上。因此，《说文》这书，一定要加以校正，加以分析批判，才可以利用作为我们阅读古典作品的工具。

《说文》作为工具书，还有一个很大的缺点，就是检字的繁难。许慎所列五百四十部，分成十四篇（后人又把每篇分为上下），这十四篇和各部的次序，很难有规律可以遵循。或说“始一终亥”（“一”部开始，“亥”部终了）依据于义理相贯来排列（徐锴《说文系传·部叙篇》），或说依据于形体相蒙来叙次（段玉裁《说文注》叙目注）都有很多地方解释不通。至于各部中属字的先后，字少的不必论，字多的大体上依据“义类”来排次。一般人对于五百四十部的分列，已感到十分烦琐，对于各字所属的部首，对于这些部首和部中属字的序次，尤觉难以掌握。如果不加以重新整理，《说文》实在是一种很不方便的工具书。清代研究《说文》的人较多，为着补救它检字的不便，产生了《说文检字》《说文便检》《说文通检》《说文易检》等书，都是仿照《康熙字典》的体例，依据《康熙字典》的部目和序次，把《说文》九千多正文和一千多重文重新加以排列，以便检寻，检得之后，即依据各字下注明《说文》的篇目、部首和字序来查考《说文》的说解了。这也是受了《康熙字典》这部最流行的工具书的影响。

《康熙字典》是清代康熙时叫廷臣张玉书等三十人编纂的，书成于一七一六年（康熙五十五年），收录字体四万七千多个，采集的释义和注音也比较详备，为近代阅读古书者最常用的工具书。它的体例，首先是从篆隶各体变为楷法，即用楷书繁体字作为正体，每字有一定的笔画，可以为查检的根据；同时楷书写法，比较定型，当时又最通行，也可以作为分析形体和归属部首的凭借；其次是把《说文》等书烦琐的分部“悉从今体改并成书，总在便于检阅”，列出二百十四部，依据十二地支将部目和全书分为十二集，每集各分上中下，把各部依次分配在各集里。又其次，各部的先后和各部中所属各字的序次，一概以部首和属字笔画的多少为排列的标准，笔画少的排在前，多的排在后。最后是关于各字的解释，先音后义，先列《唐韵》《广韵》《集韵》等书所注明的“反切”（用两字切成一音，合于拼音的原理）；继列《说文》等书所解释的意义，大抵先列本义或最常用义，再叙述其他的解释，每义之下一般都引古书为证。《康熙字典》的特点是详于音义而略于形体，又多用古书为例，很便于阅读古典作品时的应用。但它毕竟是当时最高统治者“钦定”的官书，和维护君主统治的“尊孔读经”是分不开的。它所引古书，首列儒家经典，次列“史”书、“子”书，再及其他。所以我们使用它，也和对《说文》一样，必须批判地吸收。

《康熙字典》里关于解释字义，是很推崇《说文》的。凡是解释各字的“本义”，就引《说文》作为根据，并且引用古书来作证。它虽略于形体，但一讲到字形，也总以《说文》为蓝本。例如“口”字下，引韵书的反切之后，首列《说文》的说解：

人所以言食也，象形。——人们用来说话和吃东西的，象嘴巴的形状。

下面又引《易经·颐卦》：

自求口食（实）。——自己去求取口里的食物（实物）。

又引《书经·大禹谟》：

唯口出好兴戎。——只是从口里说出来，好的就是奖励，坏的就要兴兵动武了。

这就是用来证明许慎说的"人们用口言语饮食"的本义。又如"雖"字,列于"隹"部,只是为着便于一般人的检查,在这个字下的解释,还是首引《说文》:"似蜥蜴而大。从虫,唯声",表明"雖"字的本义,原来应当属于"虫"部。又如"亦"字,列于"亠"(音头)部,也是为着便于检查,字下的释义,虽然首列"又亦义",后面却有一段关于"亦"字的考证:

> "亦",本作亦,象人左右两腋形。《说文》:亦与掖同。《诗·衡门序》:诱掖其君,《释文》:石经作亦,亦,古掖字也,左右肘胁之间曰掖,后从肉,作腋。

根据于《说文》,又加以阐发了。《说文》这部书,一般人看来,总觉得简古深奥,字体不完备,又难于检寻,不宜作为工具书;《康熙字典》既然把《说文》的一些要点吸收进去了,又字体完备,适合于一般人的应用,因之关于文字"本义"和应用"假借"问题,在阅读古典作品时,就查考一下《康熙字典》,也往往可以解决了。

(四)同字异词和同词异字的现象

上文讲过,由于汉字是表意文字的性质,从字形的构造上可以认定各字的"本义",而因为用字和造字的矛盾,不得不应用借字标音的方法,这就是"假借"。原来用文字来记录语言,从口头语转变成为书面语,就是用书写上一个一个的字体来代表口说上的词、词素或词里的音节,总之,"字"是和"词"紧密联系的。我们阅读任何作品,必须坚持"字不离词"的原则,从文字来认识语言,第一步就是"从字认词"。这在广泛地应用"假借"的书面语当中,特别显得重要。所谓"借字标音",就是不用这个字的"本义",不是用来代表这个字原始制造时所代表的那个词，而是用来代表其他音同或音近的词、词素或音节。有些情况是因为语言上有这样的词，而在文字上没有给它们造出的字体，就是本来没有这样的字，就不得不采取借字标音的方法。有些情况却是因为广泛地应用假借，即使原来已经有了为它们造出的字体，也放着不用而用其他音同或音近的字来代表。因之应用假借有两种情况：一种是“本无其字”的假借，又有一种是“本有其字”的假借。

例如表示“又亦义”的，语言上有这词，而文字上却没有为它造出的字，就借用右手的“又”、臂腋的“亦”来代表它（现代语文中借用“也”字来代表，“也”字篆文作，当象水匜的形状，《说文》中另有解释，不一定可靠）。表示“虽然”义的，语言上有这词，而文字上却没有为它造出的字，就借雖虫的“虽”来代替它。又如一般表示联接关系的“而”，语言上有这词，而文字上却没有为它造出的字，就借“颊毛”的“而”（篆字作，一画指面颊，象两颊生出的毛，后代写作“耏”“髵”）。这些都是“本无其字”的假借。又如《列子·汤问》篇“愚公移山”一段里：

> 吾与汝毕力平险，指通豫南，达于汉阴，可乎？——我和你们竭尽全力来挖平这两座山，通向豫州南部，一直达到汉水的南边，好不好？

这里的“畢”（毕）字，本义是“田网”，在田野里用来捕捉鸟、鼠之类，这里作竭尽义来解释，是借来代替“斁”字，《说文》“攴”部：“斁，尽也。”表示竭尽的意义，原来有了“斁”字，但是一般都写作“畢”。又如同在这段里：

> 操蛇之神闻之，惧其不已也，告之于帝，帝感其诚，命夸娥

氏二子负二山，一厝朔东，一厝雍南。——那个手执着蛇的山神，深怕愚公他们真地挖山不停，就向上帝报告，上帝也为愚公的诚心所感动，就叫夸娥氏两个大力的神把那两座大山背了去，一座安置在朔方东部，一座安置在雍州南部。

这里的“厝”字，本义是“厲石”，用来磨磋玉器的石头，这里作放置义来解释，是借来代替“措”字，《说文》“手”部：“措，置也。”安置、放置义，一般常写作“措”，这里却写作“厝”。这些都是“本有其字”的假借。由于广泛地应用假借，或者是本无其字的，或者是本有其字的，就产生了同字异词和同词异字的现象。

同一个字体，可以用来代表几个不同的词，这是同字异词的现象。例如《史记·商君列传》里的一段：

令行于民期年，秦民之国都言初令之不便者以千数。于是太子犯法。商鞅曰：“法之不行，自上犯之。”将法太子。……明日，秦人皆趋令。行之十年，秦民大说，道不拾遗，山无盗贼，家给人足。民勇于公战，怯于私斗，乡邑大治。秦民初言令不便者有来言令便者，商鞅曰“此皆乱化之民也”，尽迁之于边城。其后民莫敢议令。——法令在人民中间实行了一周年，秦国人民到国都里来陈说新法令的不便的，要一千一千地来计数。在这时秦国太子犯法了。商鞅说：“法令的不能实行，是由于上层人物在那里犯法。”准备依法惩办太子。……此后不久，秦国人民都服从法令了。实行了十年，秦国人民皆大欢喜，路上掉了东西也没有人拾取了，山上也没有强盗土匪了，家家富裕，个个丰足。人民对于国家战事，表示很勇敢；对于私人争斗，反而表示胆怯；乡村和城市，都是秩序井然。人民中起初来陈说法令不便的，这时却有来赞扬法令很好的，商鞅说："这些是扰乱教化的人"，统统把他们流放到边远的城镇里去。从此以后，就没有人敢来议论法令了。

又如《庄子·逍遥游》篇里的一段：

蜩与学鸠笑之曰："我决起而飞，枪榆枋，时则不至，而控于地而已矣；奚以之九万里而南为！"适莽苍者，三餐而反，腹犹果然；适百里者，宿舂粮；适千里者，三月聚粮。之二虫，又何知！——知了和小雀笑它（鲲鹏）说："我们迅疾地起飞，突过了榆树檀木，有时或者飞不到，最多落在地上罢了；为什么要到九万里的高空再向南飞呢！"大概往郊区去的，吃了三餐去，回来还是肚子饱饱的；往百里稍远的地方去，头一天便要舂好粮食来准备；往千里那么远的地方去，就要好几个月来积聚粮食了。这两个小虫，还知道什么！

从这两段文辞里，可以看出同是一个"之"字用来代表四种不同的词："之国都""之九万里"的"之"，相当于现代汉语的"到"，是个动词；"之二虫"的"之"，相当于现代汉语的"这"，是个指示代词；其它的"之"，或者是表示修饰关系的关系词，相当于现代语的"的"；或者是一个人称代词，多数相当于现代语的"他""他们"等，有时也用来代表"我""你"等，如下文所引柳宗元的文章里"君将哀而生之乎"的"之"，是代表"我"。这四种不同的词，都是和原来这个"之"字的滋生、滋长的"本义"毫无关系，而所以用"之"字来代表的，完全是由于假借的缘故。

反转来，同一个词和词素，可以用不同的字体来代表，这是同词异字的现象。例如上面所说用作指示代词的"之"，在一般古典作品里是写作"此""是""斯"的。例如：

乃行卜。卜者知其指意，曰："足下事皆成，有功。然足下卜之鬼乎？"陈胜、吴广喜，念鬼，曰："此教我先威众耳。"（《史记·陈涉世家》）——〔陈胜、吴广〕就去向算卦的人问吉凶。算卦的人，了解他们的意图，说："您的事情都有成就，有功劳的。可是您向鬼神卜问过吗？"陈胜、吴广都很高兴，思量卜者所说鬼神的事，说："这是让我们利用鬼神在群众当中取得威信罢了。"

圣人之所以为圣，愚人之所以为愚，其皆出于此乎！（韩愈《师说》）——圣人之所以成为聪明，愚人之所以成为愚笨，该都是由于这一点上（从师不从师）吧！

这里的两个"此"字都是相当于现代语文的"这"。又如：

君将哀而生之乎？则吾斯役之不幸，未若复吾赋不幸之甚也。向吾不为斯役，则久已病矣。自吾氏三世居是乡，积于今六十岁矣，而乡邻之生日蹙。……盖一岁之犯死者二焉；其余则熙熙而乐。岂若吾乡邻之旦旦有是哉！今虽死乎此，比吾乡邻之死则已后矣。又安敢毒邪？（柳宗元《捕蛇者说》）——您的主张是哀怜我因而使我活下去的吗？那么，我现在担任这种捕蛇工作的不幸，还是不象恢复我交租税那样不幸的厉害。假使先前我没有做这种捕蛇的差使，那么，早已经困苦不堪了。从我家蒋姓三代居住在这乡村，累计起来，到今六十年了，看看我们乡邻的生计，一天一天地困窘。……因此，我一年里头冒犯生命危险的，不过两次；其它日子，便自由自在地快活过去。哪有象我乡邻那样天天受着这种痛苦呢！即使我现今给这种毒蛇咬死，跟我乡邻比起来，也死得晚后一些了。还哪里敢怨恨蛇的毒呢？

这里所用的“斯”“是”，也都是这样，属于指示代词，都是跟那种“之”字的用法相同。又如：

> 余悲之，且曰：“若毒之乎？余将告于莅事者，更若役，复若赋，则何如？”（《捕蛇者说》）——我对他表示悲伤，而且说：“你怨恨蛇的毒吗？我可以向掌管这事的官吏告诉你的苦衷，把你捕蛇的差使更换掉，仍旧恢复你原先所交的租税，那么，怎么样呢？”

这里的三个“若”字，都是相当于现代语文的“你”，属于第二身人称代词，和《诗经·魏风·硕鼠》里“三岁贯女”（好几年养活了你）的“女”，《列子·汤问》“愚公移山”一段里“甚矣，汝之不惠！”（太厉害了，你的不聪明啊！）的“汝”，用法都相同。“若”“汝”“女”等，也是同词异字之例。

我们要阅读古典作品，从古代的书面语来了解古代作者的言语，首先必须克服这种同字异词和同词异字的现象，做到“从字认词”。而要做到这样，又必须掌握“假借字”的规律。

（五）假借字的规律

假借字是不用它的本义而用来代表别的音同或音近的词、词素，在文字上由于应用“借字标音”的方法而形成“同音替代”的用字原则。用字上的“假借”和造字上的“形声”，是相反相成、互为表里的。因之古典作品里，有很多同音替代的字，就可以从“形声字”的偏旁结构看出来。我们从文字偏旁结构中得出假借字的两条规律来：

第一条是“声旁字”和“形声字”可以相替代。

例如上文所举“吾与汝毕力平险”的“畢”，是代替“戰”字的；“三岁贯女”的“女”，就是“甚矣，汝之不惠”的“汝”。“畢”是“戰”的声旁字，“女”是“汝”的声旁字。再举出一些例子：

坎坎伐檀兮，置之河之干兮。（《诗经·魏风·伐檀》）——坎坎地斩伐檀树呵，把它放在河的岸边呵。（这里的“干”，是代替“岸”，也是“岸”的声旁字。）

不稼不穑，胡取禾三百廛兮！（同上）——他们不耕种，不收获，为什么拿了几百束稻谷？（这里的“廛”，是代替“纏”〔捆束〕，也是“纏”的声旁字。）

乐国乐国，爰得我直。（《诗经·魏风·硕鼠》）——那快乐的地方，快乐的地方啊，在那里我就得到了应当得的酬劳。（这里的“直”，是代替“值”〔价值，相当的报酬〕，也是“值”的声旁字。）

寒暑易节，始一反焉。（《列子·汤问》）——冬天和夏天换了季节，才返回了一次。（这里的“反”，是代替“返”，也是“返”的声旁字。）

锲而舍之，朽木不折；锲而不舍，金石可镂。（《荀子·劝学》）——刻去一下就停放，腐朽的树木也雕不断；刻去不停放，金属和石头也雕得出来。（这里的“舍”，是代替“捨”〔捨弃，停放〕，也是“捨”的声旁字。）

位尊而无功，奉厚而无劳。（《战国策·赵策》）——地位尊贵而没有一点功业，俸禄优厚而没有一点勋劳。（这里的“奉”，是代替“俸”，也是“俸”的声旁字。）

卒然边境有急，数十百万之众，国胡以馈之？（贾谊《论积贮疏》。译文见“引论”。这里的“卒”，是代替“猝”，也是“猝”的声旁字。《说文》“犬”部：“猝，犬从艸暴出逐人也”；引申为

"急速"义,"仓卒"义的字原作"猝"。)

古之治天下,至纤至悉也,故其畜积足恃。(同上)——古代的〔圣王〕治理天下,是极其细心、极其周到的,所以蓄积粮食,有备无患。

末技游食之民转而缘南亩,则畜积足而人乐其所矣。(同上。译文见"引论"。这里的"畜",是代替"蓄",也是"蓄"的声旁字。)

远方之能疑者并举而争起矣。(同上。译文见"引论"。这里的"疑",是代替"拟〔擬〕",原来也是"拟"的声旁字。)

故尧、禹有九年之水,汤有七年之旱,而国亡捐瘠者,以畜积多而备先具也。今海内为一,土地人民之众不避汤、禹,加以亡天灾数年之水旱,而畜积未及者,何也?……(晁错《论贵粟疏》)——所以唐尧、夏禹的时候,有九年的水灾;商汤的时候,有七年的旱灾;但国内人口没有损耗和死亡,是由于蓄积多而预先有防备的缘故。现在国内统一,土地人民的众多不让夏禹、商汤的时候,而且又没有接连几年的水灾和旱灾,可是蓄积却不及那时的充足,这是什么原因呢?(这里的"畜",也同样是用来代替"蓄"的。)

陛下何不壹令臣得孰数之于前。(贾谊《治安策》)——您陛下何不专叫我能够详细周密地把实情一件件都向您举出来。(这里的"孰",是代替"熟",也是"熟"的声旁字。)

陛下之臣虽有悍如冯敬者,适启其口,匕首已陷其匈矣。(同上)——陛下的臣子,虽然有象御史大夫冯敬那样勇于揭发诸侯王的,可是刚一开口,匕首就已插在他的胸膛上了。(这里的"匈",是代替"胸",也是"胸"的声旁字。)

第二条是同"声旁"的"形声字"可以互相替代。

例如上文所举“一厝朔东，一厝雍南”的“厝”，用来代替措置的“措”；又如贾谊《治安策》：“夫抱火厝之积薪之下，而寝其上，火未及燃，因谓之安，方今之势，何以异此！”（象那样拿着火而把它放置在堆积的薪柴下面，仍旧躺在上面，当火还没有烧上来的时候，就自以为安安稳稳的情况，这时的局势，有什么分别呢！）也是用“厝”来代替“措”，“厝”和“措”同是以“昔”为声旁的“形声字”。下面再举一些其它的例子：

勤苦如此，尚复被水旱之灾，急政暴虐，赋敛不时，朝令而暮改。（晁错《论贵粟疏》。译文见“引论”。这里的“政”，是代替“征”；“政”和“征”，同是以“正”为声旁的形声字。）

操吴戈兮被犀甲，车错毂兮短兵接。（《楚辞·九歌·国殇》）——手里拿着吴戈，身上披着犀牛皮的甲衣；双方战车的轮子相交错，进行短兵相接的战斗。（这里的“被”，是代替“披”；“被”和“披”，同是以“皮”为声旁的形声字。）

将军身被坚执锐。（《史记·陈涉世家》）——您将军亲自披着坚固的铠甲，拿着锐利的兵器。（这里的“被”，同样是用来代替“披”的。）

被明月兮佩宝璐。（《楚辞·九章·涉江》）——披着夜光珠，佩带美宝玉。（这里的“被”，也同样是用来代替“披”的。）

步余马兮山皋，邸余车兮方林。（同上）——我马慢步溜到山边，我车抵达一片森林。（这里的“邸”，是代替“抵〔至〕”；“邸”和“抵”，同是以“氐”为声旁的形声字。）

逝将去女，适彼乐土。（《诗经·魏风·硕鼠》）——发誓要离开了你，往那快乐的地方去。（这里的“逝”，是代替“誓”；“逝”和“誓”，同是以“折”为声旁的形声字。）

端而言，蝡而动，一可以为法则。（《荀子·劝学》）——喘气那样的言语，微微一下的动作，都可以做我们的模范和法则。（这里的“端”，是代替“喘”，“端”和“喘”，同是以“耑”为声旁的形声字。）

子子孙孙，无穷匮也。（《列子·汤问》）——子子孙孙，没有穷尽，不会溃散的。（这里的“匮”，是代替“溃”，“匮”和“溃”，同是以“贵”为声旁的形声字。）

生而长大，美好无双，少长贵贱见而皆说之，此上德也。（《庄子·盗跖》）——生来到长大，美好无双，不论少大贵贱的人，看见他都喜欢，这是头一等的德性。（这里的“说”，是代替喜悦的“悦”，古典作品里经常用“说”代替“悦”，《说文》也不载“悦”字；“说”和“悦”，同是以“兑”为声旁的形声字。）

僇力本业，耕织致粟帛多者复其身。（《史记·商君列传》）——大小合力从事农业，耕种、纺织以致获得粟米布帛多的，免除本人的劳役。（这里的“僇”，和“戮力同心”的“戮”一样，都是代替“勠”的；“勠”是“协力”的意思，“勠”和“僇”、“戮”，同是以“翏”为声旁的形声字。）

屠牛坦一朝解十二牛，而芒刃不顿者，所排击剥割，皆众理解也。（贾谊《治安策》）——有个宰牛的，叫屠牛坦，一天开剥解剖十二条牛，可是他的那把刀的锋芒并不因之钝起来，这是因为他所批削剥割的地方，都是些肌体里容易分解之处。（这里的“顿”，是代替“钝”，“顿”和“钝”，同是以“屯”为声旁的形声字。）

下无倍畔之心，上无诛伐之志。（同上）——在下面做诸侯的，没有怀着背叛的心思；在上面做天子的，没有发出征讨的念头。（这里的“畔”，是代替背叛的“叛”，“畔”和“叛”，都是以“半”为声旁的形声字。）

它山之石，可以为错。它山之石，可以攻玉。（《诗经·小雅·鹤鸣》)——别个山头的石块,可以用来作为我们的厲石。别个山头的石块,可以用来磨磋我们的玉器。(《说文》:“错,金涂也。”“错”字本义是“镀金”,例如“金错刀”,是指“镀金的刀”。这里的“错”,是用来代替“厲石”义的“厝”,“厝”和“错”,同是以“昔”为声旁的形声字。这正和上文所举用“厲石”义的“厝”来代替“安置”义的“措”一样,都是用同声旁的形声字相假借的。)

我们从这两条关于假借字的规律上,可以看出“假借”和“形声”的密切关系;本来假借的产生是由于造字与用字的矛盾而来,这里却是从形声字偏旁结构的分析来掌握应用假借字的规律,又可以从中看出造字和用字的密切联系了。但是,假借字广泛的应用,决不限于形声偏旁的关系;在用字上同音替代的原则,只要相互间有音同或音近的字,便可以适用。因之,除了上列的两条规律以外,又有假借字的第三条规律,这就是音同或音近的字可以互相替代。

例如上文所引《韩非子·五蠹》篇“公私之相背也,乃苍颉固以知之矣”的“以”,作“早就”“已经”来解释,就是代替“已”字,因为“以”和“已”是同音关系。又如上文所引《列子·汤问》“愚公移山”一段里“甚矣,汝之不惠”的“惠”,作“聪明”来解释,就是代替“慧”字,因为“惠”和“慧”是同音关系。再举出一些例子:

腥臊并御,芳不得薄兮。(《楚辞·九章·涉江》)——腥臊恶臭的,都拿来应用;芬芳的香草,却不去迫近。(这里的“薄”是代替“迫”,“薄”和“迫”是音近关系。)

河水清且涟猗。(《诗经·魏风·伐檀》)——河里的水,又清澈,又有波纹啊。(这里的“猗”是代替“兮”,“猗”和“兮”

是音近关系。）

故九万里风则斯在下矣，而后乃今培风。（《庄子·逍遥游》）——所以到了九万里的高空，风就在它的下面了，然后才开始凭着风飞行。（这里的“培”是代替“凭”〔凭藉，乘着〕，“培”和“凭”是音近关系。）

天见其明，地见其光，君子贵其全也。（《荀子·劝学》）——天显得它的明亮，地显得它的广大，尊贵的人，贵在他的十全十美。（这里的“光”是代替“广”，“光”和“广”是音近关系。）

圣人非所与熙也，寡人反取病焉。（《晏子春秋》）——通达事理的聪明人，不是可以同他开玩笑的，我寡人反而自己讨了没趣了。（这里的“熙”是代替“哈”、“嬉”〔开玩笑〕，“熙”和“哈”、“嬉”是音同或音近关系。）

左师触聋愿见太后，太后盛气而胥之。（《战国策·赵策》）——左师触聋愿意见见赵太后，太后怒气冲冲地等待他。（这里的“胥”，是代替“须”“頿”，《说文》：“頿，待也，从立，须声”，等待义，古典作品多写作“须”。“胥”和“须”、“頿”是音同关系。）

没死以闻。（同上）——冒着犯死罪的危险把这个请求告诉您听。（这里的“没”是代替“冒”“昧”，“没”和“冒”“昧”，是音近关系。）

下无倍畔之心。（贾谊《治安策》。译文见上。这里的“倍”是代替“背”，“倍”和“背”是同音关系。）

高皇帝与诸公并起，非有仄室之势以豫席之也。（同上）——高祖刘邦同韩信、彭越那些人都是从下层兴起的，没有象过去卿大夫那样的家族力量作为事先的凭藉。（这里的“席”是代替凭藉的“藉”，“席”和“藉”是同音关系。）

天下之势，方病大瘇……平居不可屈信。（同上）——当时国家的局势，好象正在生一种腿足发肿的毛病……平常不能自如地弯曲伸直。（这里的“信”是代替“伸”，“信”和“伸”是音近关系。）

今或亲弟谋为东帝，亲兄之子西乡而击。（同上）——现在您的亲弟刘长，在东方淮南一带阴谋当皇帝；您亲兄的儿子刘兴居，从济北发兵向西袭击荥阳。

细民乡善，大臣致顺。（同上）——一般平民都向着为善，执政大臣也都归顺向忠。（以上两处的“乡”都是代替“向”，“乡”和“向”是同音关系。）

西门豹为鄴令，名闻天下，泽流后世，无绝已时，几可谓非贤大夫哉！（《史记·滑稽列传补》）——西门豹做邺的地方长官，名声闻于天下，恩惠流传后代，没有断绝终了的时候，难道可以说不是贤能的大夫吗？（这里的“几”是借用作“岂”，表示反问语气，“几”和“岂”是音近关系。）

从假借字的这三条规律来看，假借的应用是很广泛的，只要有音同或音近的关系，就可以通用；不管在形声偏旁结构上有没有反映出来，总归到同音替代的原则。不过所谓音同或音近的关系，是指“古音系统”而言；读音系统，古今有所不同，这是随着整个汉语历史的发展而来的。所以要掌握古典作品里假借字的规律，又先须了解古今音变的历史。

总起来说，要阅读古典作品，首先必须了解汉字本身的性质及其造成的用字和造字的矛盾，并由此而产生的同字异词和同词异字的现象；要克服这种现象，做到“从字认词”，以免除“望文生义”的弊病，必须掌握假借字的规律；而要掌握“文字”，又必须了解“音韵”。

二、音　　韵

（一）汉字读音的组织及其演变

要掌握古典作品里假借字的规律，先须了解古今读音的演变，而要了解古今的音变，又先须分析汉字读音的组织。汉字在构造上，采取偏旁结构，多数是一个一个方块的形式；在音韵上采取单音节制，一个方块的形体常常是用来代表语言上的一个“音节”。汉语的音节，多数又可以分做前后两个半段。前半段是“声母”所在，叫做“声”。后半段是“韵母”所在，叫做“韵”。汉字所代表的音节，又带有一定的“声调”，叫做“字调”。“声”“韵”“调”，是汉字读音组织的三种成分。这样的成分，不是字音的原素，和语音学上的“音素”有不同的概念；我们不能把“声”“韵”和“辅音”“元音”混为一谈。“声”“韵”是指汉字音节里前后两个半段。“声”一般是指字音里的“起首辅音”；没有起首辅音的音节，叫做“零声母”的字。“韵”是指字音里起首辅音以后的一切部分，包括“中介元音”“主要元音”“收尾元音”或“收尾辅音”。例如“庄稼”的“庄”（zhuāng），具有起首辅音、中介元音、主要元音、收尾辅音四个部分；“稼”（jià），具有起首辅音、中介元音、主要元音三个部分，没有收尾音。“中央”的“中”（zhōng），具有起首辅音、主要元音、收尾辅音，没有中介元音；“央”（yāng），具有中介元音、主要元音、收尾辅音，没有起首辅音，就是所谓“零声母”的字。

了解了汉字读音组织的成分，就可以比较各字音读形式的异同，从而认识各种字音之间的关系和古今语词形式的变化。例如：

> 带长铗之陆离兮，冠切云之崔嵬。(《楚辞·九章·涉江》)——佩带着摇晃晃的一把长剑呵，头戴着高耸耸的切云帽子。

这里的“陆离”(liù-lí)两个字音，同具有起首辅音的“l—”，就是它们的声母相同的，我们叫做“双声”字；“崔嵬”(cuī-wéi)两个字音，同具有韵母“uei”，它们的主要元音和收尾元音都是相同的，我们叫做“迭韵”字。又如：

> 军合力不齐，踌躇而雁飞。(曹操《蒿里行》)——军士从各方来集合，可是不齐心协力，徘徊犹豫着观望，象雁行地列阵不前。
>
> 日月之行，若出其中；星汉灿烂，若出其里。(曹操《步出夏门行·观沧海》)——太阳和月亮的运行，象从沧海当中出来；光辉鲜明的银河，也象从沧海当中出来。

这里的“踌躇”(chóu-chú)，同具有声母即起首辅音“ch-”，是双声字；“灿烂”(càn-làn)，同具有韵母里的主要元音和收尾辅音“-an”，是迭韵字。汉字音节里凡是起首辅音相同的字，叫做双声字；两个都没有起首辅音的字，也算是双声字。凡是韵母中主要元音和收尾音都相同的字，叫做迭韵字；两个都没有收尾音而它们的主要元音相同的字，也是迭韵字。例如：

入门闻号咷，幼子饥已卒！吾宁舍一哀，里巷亦呜咽。(杜甫《自京赴奉先县咏怀五百字》)——一进家门就听到号咷大哭的声音，想不到最小的儿子已经活活饿死了！我哪里能够克制住心中的悲痛，邻舍们也在断续地哭泣。

坡陀望鄜畤，岩谷互出没。……恸哭松声回，悲泉共幽咽。(杜甫《北征》)——望着鄜州那祭祀的神坛，起伏的岩谷出没在眼中。……恸哭声和松涛声相应和，泉水的悲鸣也伴着一起抽泣。

这里的“呜咽”(wū-yè)、“幽咽”(yōu-yè)都是“零声母”的字，即都没有起首辅音，也都是双声字。这里的“坡陀”(pō-tuó)，两字同具有韵母当中的主要元音“o”，都没有收尾音，也是迭韵字。

汉字的音读，随着汉语的发展变化而有演变，因之字音相互间双声、迭韵的关系，也随着有演变。有原来的双声字变为不是双声了，即原来声母相同的字变为不相同了。例如：

秋风萧瑟，洪波涌起。(曹操《步出夏门行·观沧海》)——萧萧地吹来凄凉的秋风，汹涌地起了巨大的波涛。

这里的“萧瑟”(xiāo-sè)两个字音，原来具有相同的声母(下文当有交代)，后来由于音变的结果，一个是起首辅音“x-”，一个是起首辅音“s-”，原来是双声字，变为不是双声了。也有原来的迭韵字变为不是迭韵了，即原来韵母中主要元音、收尾音都相同的字变为不相同了。例如：

天衢阴峥嵘，客子中夜发。(杜甫《自京赴奉先县咏怀五百字》)——天空中阴暗的云层，象高山峻岭那样地突兀，我这样作客的人，就在半夜里出发了。

峥嵘赤云西，日脚下平地。（杜甫《羌村三首》）——高山峻岭般的红云在西方，太阳落下接近了平地。

这里的“峥嵘”（zhēng-róng）两个字音，原来具有相同的韵母（下文当有交代），后来由于音变的结果，一个是“-eng”，一个是“-ong”，它们的主要元音变为不同了，原来是迭韵字，变为不是迭韵了。

不但双声、迭韵的关系是如此，声调也同样有古今的演变，包括字调的种类和各字所属的调类。有原来字调相同的变为不相同的了。例如：

坎坎伐辐兮，置之河之侧兮，河水清且直猗。不稼不穑，胡取禾三百亿兮？不狩不猎，胡瞻尔庭有县特兮？彼君子兮，不素食兮！（《诗经·魏风·伐檀》）——坎坎地斩伐那制造轮辐的木材呵，把它放在河的旁边呵，河里的水又清澈又平直啊。那些贵族老爷，不耕种，不收获，怎么拿了稻谷几百捆呵？你们不打猎，不获兽，怎么看见你们院子里挂着野兽呵？你们不是白吃我们的饭吗！

硕鼠硕鼠，无食我麦！三岁贯女，莫我肯德。逝将去女，适彼乐国，乐国乐国，爰得我直。（《诗经·魏风·硕鼠》）——大老鼠，大老鼠，别吃我们的麦子！好几年养活了你，你却一点也不感我们恩德。发誓要离开了你，往那快乐的地方去，那快乐的地方，快乐的地方呵，在那里我们可以得到应当得的酬劳。

这里所举前一段的“辐”（fú）、“侧”（cè）、“直”（zhí）、“亿”（yì）、“特”

(tè)、“食”(shí)和后一段的“麦”(mài)、“德”(dé)、“国”(guó)、“直”(zhí)等字，都是押韵的字，原来都是迭韵的字，而且都是“入声”字，原来都是属于一个韵部(下文当有交代)。现在却因为音变的结果，它们概不是完全迭韵，又不是“入声”，而变为“阳平”和“去声”了。它们原来是同属于入声调类，现在变为不同调类了。这是古今声调演变的显著例子。

字音里声、韵、调三种成分古今的不同，代表着汉字读音系统的演变。汉字的读音系统，它的历史大致可以分做三个时期：

第一是上古音时期，即周秦两汉的读音系统，大约是指从公元前一千年到公元后二百年间留传下来的古典作品中所反映的读音。研究这时期的读音系统，以《诗经》《楚辞》等的诗歌韵语和《说文》所载的形声字为主要根据。

第二是中古音时期，即魏晋唐宋间的读音系统，大约是指公元后二百年至一千二百年间“韵书”“反切”中所注明的读音。研究这时期的读音系统，以《广韵》等书和有关的“韵图”为主要根据。

第三是近代音和现代音时期，即元明清和当代北方“官话”的读音系统，就是指近代七百多年来“普通话”的读音。研究这时期的读音系统，用“北曲”韵书和以当代北京语音为标准音的普通话读音做根据。

我们这里讲到的音韵问题，目的是在说明古典作品中许多假借字的产生和古汉语里一些词语的形式，以增进阅读古典作品时理解的深度，所以对于这三个时期的读音系统的研究，应该侧重于上古音时期。换句话说，我们在阅读古典作品的时候，应该对于《诗经》《楚辞》等书里的押韵字和《说文》里的形声字系统，加以充分的注意。但是上古音时期，还没有反切和韵书，如果不用中古以后的读音系统来作比较的标准，那么，上古音里声、韵、调的种类和各字所属的音韵部类，就很难显现出来。所以要阅读古书，必须了解周汉时代的“古音”系统，而要了解周汉古音，又必须知道中古以来的“今音”系统，即《广韵》一类的韵书所记载的音韵部类和各字反切，以及往后的演变。

（二）《广韵》一类的韵书和古今音变

我国按照字音来编排的字典，当首推“韵书”。韵书的产生，是根据于“反切”的注音方法。在汉代以前，一般只采用“直音”方法，就是利用音同或音近的字，以一个汉字注明另一个汉字的音读。文字上的形声和假借，实际就是从这种直音方法的运用当中产生出来的。由于双声、迭韵的原理逐渐为一般人所了解，同时梵文拼音学理又随着佛教文化传入中国，使一般人得到启发，在注音方法上由直音改为拼音，在东汉末年就产生了“反切”。反切的注音方法，就是用上下两字来切成一个音节，取上字的“声”和下字的“韵”来拼合成所切字的音节。例如“中”字是“陟弓切”，取“陟”（zhì）字的“声”（zh-）和“弓”（gōng）字的“韵”（-ōng）来拼合成“中”（zhōng）字的音节。“国”字是“古或切”，取“古”（gǔ）字的“声”（g-）和“或”（huò）字的“韵”（-uò）来拼合成“国”（guó）字的音节。所以反切上字和所切字必定是双声的关系，下字和所切字必定是迭韵的关系。反切下字又常常用来表示所切字的声调，所以反切下字和所切字必定又是“同调”的关系。例如“弓”和“中”在中古时同为“平声”（现代同为阴平），“或”和“国”在中古时同为“入声”（现代“或”字变为去声，“国”字变为阳平）。反切这种注音方法，是根据双声、迭韵的原理造成的，反切通行之后，各字间的双声关系和迭韵关系更为一般人所熟悉了。

类集双声的字，成为“声类”，就是把各种双声关系的字一类一类地分开来；从每一类中各取一字来代表，就成为声类的标目。唐宋间产生的一些“韵图”（关于韵图的构造，下文当有交代）里，列出三十六个字作为声类标目，宋后的韵图和讲声母的人也有很多沿用的。部勒迭韵的字，成为“韵部”，就是把各种迭韵关系的字一部一部地分开来；从每一部中各取一字来作为标目，就成为“韵目”。依据韵目来编排的字典，就是“韵书”。韵书在中古以后，便于一般人写作诗文和应付考试的应用，所以特别流行。

韵书创始于魏晋，盛行于六朝，至隋陆法言综合各家成为《切韵》一书，在他以前的韵书都失传了。唐代有好几家重订《切韵》，增多字数，加详注解，部目也略有增加和移动。隋唐韵书，有几种残本和一种完本留下来，但流行不广。现在研究中古时期的读音系统，还是用宋时的《广韵》作为主要资料。现在流行的《广韵》，是指宋景德、祥符间（一〇〇七、一〇〇八年间）所重修的，名为《广韵》，就是依据隋唐韵书加以增广的意思。今存宋刊本《广韵》，即所谓“详本”《广韵》，收录有二万六千多字，注解有一十九万一千多字，大概是集合隋唐诸家韵书再加字增注而成，所收僻字较多，各字下注解，往往罗列姓氏名、人名、地名等，殊为烦琐。所以另有删节本流行于世，元刊本和明内府本，字数较少，注解较略，即所谓“略本”《广韵》。

从《切韵》到《广韵》这一类的韵书，其共同的特点是“以四声为纲，以韵目为经”，分列韵部较为细密，而统属于“平、上、去、入”四声。《广韵》里平声有五十七韵，上声有五十五韵，去声有六十韵，入声有三十四韵，共二百零六韵（平声字多，分为上下两卷，因之有“上平”“下平”的分别，这与读音的理由没有关系）。我们应当注意的，这一类的韵书，除以四声、韵目部勒文字之外，又于各字注明反切，凡字音相同，用同一反切注音的，类集在一起；属于同一反切的,又注明字数。这叫做“同音类聚”的体例。从这种体例中,可以看出反切的注音方法完全足以表明当时的“同音字系统”,凡是声、韵、调三种成分完全相同的,归属于一个反切下面;反转来,不属于同一个反切下面的,它们之间声、韵、调的成分至少有一种是不同的。因之有人把这种反切作为研究的资料,运用反切上下字联系等的方法,探求《切韵》或《广韵》中实际读音的声、韵、调的种类。研究结果,各家精粗互有差异,大体上意见一致的几点:声调上“四声”之外,又因为声母“清、浊”音的影响,平、上、去、入各分为两调,共分八调;韵母上“二百零六韵”中,还可以细分,其中有一个韵部再可以分做二类、三类或四类的;声母上与“三十六字”的系统并不相同,分类也较为细密,并且因此断定“三十六字”是代表中古后期的声母系统。对于中古读音系统有了这样精密的认识,对于上古音的研究也就有了更坚实的基础,在追溯上古音里声、韵、调的系统时也就有了更明确的阶梯。

《广韵》一类的韵书,从陆法言《切韵序》等所说,我们可以了解它们编制的目的有两种:一种是审辨音韵,另一种是应试作文。为着审辨读音的异同,必须分析字音的原素而一一加以比较,所以分别韵部,必求其细密。可是为着应付考试,制作诗文,对于这样繁密的分韵,也“苦其苛细”,感到不便,要求就近各韵得许通押。现存《广韵》各本都在韵目下,有注明“独用”或“同用”的,即注明不许与别韵通押,或者特许两三韵得相通押。这种“独用”“同用”之例,可能是唐宋间以诗赋取士时所颁布的功令。不过现存《广韵》各本所注“独用”“同用”,都经过宋初以后的窜改,互有参差,上去二声末六韵的序次也稍有移动,经过清代学者参互考订,才得到一个《广韵》的原来序目,这就是戴震《声韵考》中所列的《考定广韵独用同用四声表》。《广韵》产生以后不久,到宋景祐、宝元年间(一〇三四——一〇三九年间),又产生《集韵》一书，收字最多，比《广韵》增加一倍余，共有五万三千多字；分韵仍依据《广韵》的二百零六部，但又按照当时所定《礼部韵略》的韵目部序，将《广韵》原来注明独用的韵改并了十三处，四声末六韵的序次也因之略有移动。及至金元间（当十二、十三世纪时），反映中古后期韵母的逐渐简化，产生了并韵的风气，又因为一部分韵书专为应试作文之用，结果就产生了《平水诗韵》那样一百零六韵的部目。这一百零六韵，就是将《广韵》所注明同用的韵和《集韵》改并的十三处悉数加以合并，同时将原来未曾注明同用的上声“迥”和“拯、等”，去声“径”和“证、嶝”，也各并为一。这一百零六韵，元明以来定为政府功令，不特为制作近体诗赋时的依据，并且为一些工具书排检字词的编目，例如元代的《韵府群玉》、清代的《佩文韵府》等。

近代许多文人应付考试和制作诗赋，常常用《平水韵》做依据，而实际读音，则采取北方“官话”音来做标准。《诗韵》的一百零六部，已经成为“纸上的死语”；一般说话、唱戏，多采用“普通话”的读音，声、韵、调的系统都趋于简化。例如“北曲”韵书的代表著作《中原音韵》，韵分十九部，无入声，调分阴平、阳平、上、去四类，分隶于各部之下；这是以韵部统四声，和“诗韵”中“以四声为纲，韵目为经”的正相反。《中原音韵》里虽不用反切注音，而于各部各调之下，仍采用“同音类聚”的办法，把各类不同音的字用圆圈隔开。根据这种材料，我们求得《中原音韵》里声母的种类有二十之数，恰与十五世纪时《韵略易通》中所定的《早梅诗》二十字相同。这比宋人的“三十六字”，要简少得多，而和现代普通话的声母系统很接近了。

从《切韵》到《广韵》这些韵书，大都偏重于韵母和声调两种成分，而忽略了声母的排次。因之各韵当中，虽然依据同音类聚之例，把同一反切的字归在一起，而各类同音字之间，排列并没有一定的序次，在查检上也很不便。及至《集韵》，一面重订反切，以谐合字音，并且反映中古后期的读音系统；一面又利用各组声母的区别，来排次同韵字的先后，这种声母的分组，大体上和“三十六字”的系统相一致。韵书中就开创了用三十六字来编排各韵字的序次的一派。这一派韵书的体例，显然是受了当时流行的一些“韵图”的影响。

韵图编制的体例，一般是以代表声母字为纬，以韵目和四声为经，纵横交贯而为之图，用来说明反切的注音方法并且表示由声、韵切成的各个音节。初期的韵图，如《韵镜》（古逸丛书影印本），分图四十三，较为细密，符合于《广韵》二百零六韵的系统，而以三十六字代表声母。至中古后期，韵母的种类趋于简化，就产生了一些韵图，将繁密的韵类归并为简单的“韵摄”。所谓“韵摄”，有统括的意思，只取主要元音和收尾音上的区别来统括不同声调、不同等呼的韵类。从中古到了近代，实际韵母系统更趋于简化，反映实际读音的韵图中所列的韵摄，也更加简单了。例如元代的《经史正音切韵指南》所列十六摄，到了清初的《字母切韵要法》里只剩得十二摄了（《康熙字典》前面附有《字母切韵要法》《等韵切音指南》两种韵图。后者即以元代的《经史正音切韵指南》做蓝本的。这里要参考一下《康熙字典》）。这种韵类的并合，与《诗韵》上从二百零六部合并为一百零六部，那是截然的两回事。因为一则为审辨读音，适应着实际读音的发展；一则为应试作文，服从于封建王朝的功令。《诗韵》中各部所属字的排列，以常用字列在前，生僻字列在后，完全为着应试作文时查检的便利，绝不顾及实际的读音，也毫不受当时流行的一些“韵图”的影响。

兹将中古以来韵部和声类的演变各列一表对照说明如下：

《广韵》韵目	《诗韵》韵目	《韵镜》图次	《切韵指南》十六摄	《中原音韵》十九部	《字母切韵要法》十二摄	现代音
东 董 送 屋 冬 宋 沃 钟 肿 用 烛	东 董 送 屋 冬 肿 宋 沃	第一 第二	通摄	东钟	（庚摄）	-ong
江 讲 绛 觉	江 讲 绛 觉	第三	江摄	（江阳）	（冈摄）	-ang
支 纸 寘 脂 旨 至 之 止 志 微 尾 未	支 纸 寘 微 尾 未	第四五六七八 第九、十	止摄	支思 齐微	械摄 傀摄	-i,ï, er -i,ei
鱼 语 御 虞 麌 遇 模 姥 暮	鱼 语 御 虞 麌 遇	第十一 第十二	遇摄	鱼模	（裓摄）	-ü -u
齐 荠 霁 祭	齐 荠 霁			（齐微）	（傀摄）	-i,-ei
泰 佳 蟹 卦 皆 骇 怪 夬 灰 贿 队 哈 海 代 废	泰 佳 蟹 卦 灰 贿 队	第十三 十四 十五 十六 （第九、十）	蟹摄	皆来	该摄	-ai

《广韵》韵目	《诗韵》韵目	《韵镜》图次	《切韵指南》十六摄	《中原音韵》十九部	《字母切韵要法》十二摄	现代音
真 轸 震 质 谆 准 稕 术 臻 栉 文 吻 问 物 殷 隐 焮 迄 元 阮 愿 月 魂 混 慁 没 痕 很 恨	真 轸 震 质 文 吻 问 物 元 阮 愿 月	第十七 十八 十九 二十	臻 摄	真 文	根 摄	-en
寒 旱 翰 曷 桓 缓 换 末 删 潸 谏 黠 山 产 裥 辖 先 铣 霰 屑 仙 狝 线 薛	寒 旱 翰 曷 删 潸 谏 黠 先 铣 霰 屑	第二十一 二十二 二十三 二十四	山 摄	寒 山 桓 欢 先 天	干 摄	-an
萧 筱 啸 宵 小 笑 肴 巧 效 豪 皓 号	萧 筱 啸 肴 巧 效 豪 皓 号	第二十五 二十六	效 摄	萧 豪	高 摄	-ao
歌 哿 个 戈 果 过	歌 哿 个	第二十七 二十八	果 摄	歌 戈	歌 摄	-o (-e)
麻 马 祃	麻 马 祃	第二十九 三十	假 摄	家 麻 车 遮	迦 摄 结 摄	-a -ie
阳 养 漾 药 唐 荡 宕 铎	阳 养 漾 药	第三十一 三十二	宕 摄	江 阳	冈 摄	-ang

《广韵》韵目	《诗韵》韵目	《韵镜》图次	《切韵指南》十六摄	《中原音韵》十九部	《字母切韵要法》十二摄	现代音
庚 梗 敬 陌 耕 耿 诤 麦 清 静 劲 昔	庚 梗 敬 陌 青 迥 径 锡	第三十三 三十四 三十五 三十六	梗 摄	庚 青	庚 摄	-eng
青 迥 径 锡 蒸 拯 证 职 登 等 嶝 德	蒸 职	第四十二 四十三	曾 摄	（庚青）	（庚摄）	(-eng)
尤 有 宥 侯 厚 候 幽 黝 幼	尤 有 宥	第三十七	流 摄	尤 侯	钩 摄	-ou
侵 寝 沁 缉	侵 寝 沁 缉	第三十八	深 摄	侵 寻	（根摄）	(en)
覃 感 勘 合 谈 敢 阚 盍 盐 琰 艳 叶 添 忝 㮇 帖 严 俨 酽 业 咸 豏 陷 洽 衔 槛 鉴 狎 凡 范 梵 乏	覃 感 勘 合 盐 俭 艳 叶 咸 豏 陷 洽	第三十九 四十 四十一	咸 摄	监 咸 廉 纤	（干摄）	(an)

《广韵》声类	韵图中 三十六字	《中原音韵》 声　类	《早梅诗》 二十字	现代音
博　方	帮	崩	冰	b-
普　芳	滂	烹	破	p-
蒲　符	并	（崩烹）	（破冰）	（b-，p-）
莫　武	明	蒙	梅	m-
	非 敷 奉	风	风	f-
	微	亡	无	（w-）
都	端	东	东	d-
他	透	通	天	t-
徒	定	（东通）	（东天）	（d-，t-）
奴	泥	脓	暖	n-
卢　力	来	龙	来	l-
陟	知	（锺）	（枝）	（zh-）
丑	彻	（充）	（春）	（ch-）
直	澄	（锺充）	（枝春）	（zh-，ch-）
女	娘	（脓）	（暖）	（n-）
侧　之	照	锺	枝	zh-
初　昌	穿	充	春	ch-
士　食	床	（锺充）	（枝春）	（zh-，ch-）
所　式	审	双	上	sh-
时	禅	（双充）	（上春）	（sh-，ch-）
而	日	戎	人	r-
则　即	精	宗	早	z-（j-）
粗　七	清	惚	从	c-（q-）
昨　疾	从	（宗惚）	（早从）	（z-，c-）
苏　息	心	嵩	雪	s-（x-）

《广韵》声类	韵图中三十六字	《中原音韵》声类	《早梅诗》二十字	现代音
徐	邪	（嵩）	（雪）	(s-)(x-)
古 居	见	工	见	g-,j-
苦 去	溪	空	开	k-,q-
渠	群	（工空）	（见开）	(g-,k-)(j-,q-)
五 鱼	疑	（邕）	（一）	(y-,w-)
乌 於	影	邕	一	y-,w-
于 以	喻	（邕）	（一）	(y-,w-)
呼 许	晓	烘	向	h-,x-
胡	匣	烘	向	(h-,x-)

上面所列两个对照表，用来表示中古以来声母和韵母的演变。在这种演变的过程中，就形成古今双声、迭韵系统的异同。例如上文举出过的“峥”“嵘”两个字音，现代并不是迭韵字，可是我们一翻开《广韵》，看到下平声的《十二庚》韵，这两个字同在一部，都注明是联绵词，不能分开来解释，只是形容“山貌”。又“嵘”，和“荣”等字为同音，和“生”等字亦为同部。因之“荣”和“生”原来可以押韵，例如：

> 离离原上草，一岁一枯荣。野火烧不尽，春风吹又生。……（白居易《古原草》）——原野上疏疏密密的草，每年枯死了又生长开花。野火烧了它也烧不完，春风起来一吹又生长了。

由此更可以证明“峥嵘”原来是个迭韵联绵词。又如上文举出过的“萧”“瑟”两个字音，现代并不是双声字，可是我们一翻开《广韵》，看到下平声的《三萧》“萧”字下注明“苏彫切”，它原来和“苏”(sū)

同是一个“s”的起首辅音。到了近代，这个起首辅音“s”在“萧”(xiāo)字里，受了中介元音“i”的影响，变为“x”了，和“瑟”(sè)的起首辅音变为不相同了。由此可见“萧瑟”原来是个双声联绵词，形容“风声”。

除了声母和韵母之外，声调也有古今的变化。中古分“平、上、去、入”四声，又依据声母的清浊各分为二，实际共有八调。因为声母的浊音清化，这八调到了现代，变为阴平、阳平、上、去四调。大抵清平归于阴平，浊平变为阳平，清上归于上声，浊上和一切去声都归于去，入声消灭，以归于阳平和去声的为多。上文所举《诗经》里《伐檀》《硕鼠》的押韵字“辐”“侧”“直”“亿”“特”“食”“麦”“德”“国”等，原来都是入声字(《广韵》里分隶于入声《一屋》《二十一麦》《二十四职》《二十五德》)，在上古是迭韵字(同属于入声“职德”部)。中古以后，入声逐渐消灭；到了现代，“辐”“直”“食”“德”“国”等字归于阳平，“侧”“亿”“特”“麦”等字归于去声了。

(三) 上古音的声母举例

我们了解了中古以来的“今音”系统及其演变，就可以作为认识的基础来进一步地探究周汉“古音”系统里声、韵、调的情况了。

从上面所列中古以来声类的对照表里，我们看出了《广韵》声类和韵图中“三十六字”系统的不同，最显著的一点是《广韵》声类中原来只有“b-，p-，m-”双唇音的一组，而没有“f-，(v-)”唇齿音的一组。“f-，(v-)”唇齿音一组，到中古后期才开始显现，“三十六字”的系统中才明显列出。我们因此断定了中古以前，即在周汉“古音”中，也只有双唇音一组，而没有唇齿音一组；凡后代“f-，(v-)”声母的字在“古音”里一概读成“b-，p-，m-”声母的音。对于这种音变规律的认识，在阅读古典作品时是有一定的用处的。例如：

> 叔卒，乃命诸王邦之蔡。（《书经·蔡仲之命》）——蔡叔死了之后，〔周公〕就受命于成王，把他〔蔡仲〕封于蔡的地方为诸侯。

这里的"邦"字，可以有两种解释：一种即作为邦国字，名词活用为动词，作"设置邦国"来解释（给他在蔡的地方设置邦国）；另一种作为"封"字的假借，意指"把蔡的地方分封给他"。这两种解释，实际同是"分封"的意义。"邦"和"封"，两字音义相通，在古典作品中是常见的。在《蔡仲之命》那篇里，下文有这样的话：

> 肆予命尔侯于东土，往即乃封，敬哉！——所以我命令你在东方土地上做一个诸侯，到你的邦国上去吧，要恭敬呀！

又如《诗经·商颂·玄鸟》："邦畿千里"（邦国的疆土方千里），这个"邦"字，在《东京赋》注里正作"封"。实际"邦"字本身即包含有"封"字的意义，《释名·释州国》："邦，封也，封有功于是也。""邦"的声旁字"丰"，和"封"现在俱读唇齿音"f-"，累来在古代同是读成双唇音"b-"的。又如：

> 若由是观之，则害于国，末大必折，尾大不掉，君所知也。（《左传·昭公十一年》）——如果从上列种种事实看来，〔邦国里有太大的城邑〕是有害于国家的；末梢太大，树干就要折断；尾巴太大，身子掉它不动；这是您所知道的。

这里"尾大不掉"的"尾"（wěi），原来和微小的"微"（wēi）音义并通，

《说文》:“尾,微也”;《释名》:“尾,微也,承脊之末稍微杀也。”这两个字在上古音里原来都具有“m-”的起首辅音,后来逐渐变为唇齿音,又鼻音消失成为“v-”;再由“v-”成为零声母的“w-”。所以“尾”和“末大必折”的“末”(mò),原来是双声字,音义也相通;《史记·张仪传》:“请西面而事秦,献恒山之尾五城”;《索隐》:“尾犹末也,谓献恒山之末五城以与秦。”“末”字可以当“尾”字用,因之“尾大不掉”,也可以读成“末大不掉”。又如:

微管仲,吾其被发左衽矣。(《论语·宪问》)——如果没有管仲,我们都会披散着头发,衣襟向左边开〔沦为夷狄〕了。

微夫人之力不及此。(《左传·僖公三十年》)——如果没有那个人的力量,是不会到今天这样地步的。

微斯人,吾谁与归!(范仲淹《岳阳楼记》)——假如没有这种人,我跟谁同道而行呢!

这里的“微”,是指“没有”(一般用来表示“假设”的关系,常常指“假使没有”),它和“没”(méi)原来是双声字,所以得相假借。又这里“微夫人之力不及此”一句中的“夫”(fú),是指“那个”,是借作“彼”字用的,因为“夫”原来在上古音里具有和“彼”(bǐ)相同的起首辅音“b-”。又如:

告夫三子!(《论语·宪问》)——去向〔季孙、仲孙、孟孙〕那三个人报告吧!

王独不见夫蜻蛉乎?六足四翼,飞翔乎天地之间,俯啄蚊虻而食之,仰承甘露而饮之。自以为无患,与人无争也;不知夫五尺童子,方将调饴胶丝,加己乎四仞之上,而下为蝼蚁食也。(《战国策·楚策》)——难道您没有看见那蜻蜓吗?它生长着六只脚和四个翅膀，飞翔在天地之间，低着头啄蚊虫之类来吃，抬着头承接甜蜜的露水来喝。自以为没有忧患，和人家无所争夺了；哪知道那五尺的童子，正要调了饴糖，粘在丝上，从三四丈高的上面捉蜻蜓下来，给蝼蛄和蚂蚁作食料了。

这里的"夫"，也是指示代词，相当于彼此的"彼"。至于用作发端语气词的"夫"，如：

夫蜻蛉其小者也，黄雀因是以。（同上）——象蜻蜓这样的事，是其中的小的啊，黄雀是同样的啊。

夫晋，何厌之有？（《左传·僖公三十年》）——象晋国这样的国家，哪里有满足的时候呀？

这样的"夫"字用法，实际就是从"彼"这个指示代词的虚化而来，还是包含有"那个"的意味。又如：

如匪行迈谋，是用不得于道。（《诗经·小雅·节南山·小旻》）——象那个行路的，远远地去询问，因之不会得到正确的道路。

这里的"匪"字，过去有人解释作否定词的"非"，是不正确的，应该解释作"那个"，即"彼"的假借，正和《小旻》这篇诗里下文的"如彼筑室于道谋，是用不溃于成"（象那个造房子的，跟路上的人去商量，因之不会归于成功）句法相同。"匪"（fěi）字在上古时原来读如"彼"。又如：

相如曰："王必无人，臣愿奉璧往使。……"赵王于是遂遣

> 相如奉璧西入秦。秦王坐章台见相如，相如奉璧奏秦王。(《史记·廉颇蔺相如列传》)——蔺相如对赵王说："您王一定没有人可以派遣的话，我臣愿意捧了璧玉往秦国去当使者。……"赵王于是就派遣蔺相如捧了璧玉往西到秦国去。那个秦王坐在便殿章台上面接见了蔺相如，蔺相如捧了璧玉献给秦王。

这里的"奉"字，原来就是"捧"，"捧"(pěng)现在以"奉"(fèng)为声旁字，在上古音里"奉"原来具有"p-"的起首辅音。从这些例子里，我们得到证明：凡后代"f-，(v-)"声母的字在上古音里一概读成"b-，p-，m-"声母的音。

又后代"zh-，ch-，sh-"一组后舌叶音声母的字，在上古音里有一部分读成"d-，t-"等舌尖音声母的音。例如：

> 安陵君受地于先王而守之，虽千里不敢易也，岂直五百里哉！(《战国策·魏策》)——安陵君的土地是从先朝君主那里接受过来的，保持着不失，即使千里方圆的地方也不肯更换，何况只是五百里吗！

这里的"直"(zhí)字，是借来代表"独"(dú)、"特"(tè)，所以有"只""不过""仅仅"等的意义。由此可见"直"字原来在上古音里读成舌尖音声母的。上文举出过《诗经·硕鼠》里"爰得我直"的"直"，是借来代表"值"，表示"相当的酬劳"，它和"当"(dāng)音义并通，《说文》："当，田相值也。""相值"就是"相当"，"直"和"当"原来是双声字。又如：

> 直是荆轲一片心，莫教照见春坊字。(李贺《春坊正字剑

子歌》)——只有是荆轲那样作刺客的一片心思才不让剑光照见主人"春坊正字"的字样,〔暴露出这把剑子属于谁。〕

这里的"直",也是借来代表"独""特",所以有"只有""单单""仅仅"等的意义。又如:

故道之所善,中则可从,畸则不可为,匿则大惑。(《荀子·天论》)——凡是这个一贯的常道认为是正确的,与它相当的,就可以照着做;偏离了,就不要做;完全不对头,做去就会造成极大的混乱。

这里的"中"(zhòng)字,意指"相当""得当",和"当"音义相通,在上古音里也是双声字。又如:

夥颐,涉之为王沈沈者!(《史记·陈涉世家》)——呵哟,好多啊!陈涉做了大王,多么阔气啊!

这里的"沈沈"(chén-chén),形容"深广"的样子,是"覃覃"(tán-tán)的假借,《说文》:"覃,长味也",引申为"深长""深广"之义。"覃",即古"沈"字之音。从这些例子看来,我们可以知道现代"zh-,ch-"等后舌叶音的字,有一部分在上古音里原来是"d-,t-"等舌尖音的。

又现代的"r-"声母及"er"韵母的字,在上古音里原来读成"n-"声母的音。例如:

其说甚尔,其菑甚惨。(《荀子·天论》)——这个道理本来很浅近很熟悉的,可是它所带来的灾祸却是十分惨重。

这里的“尔”(ěr)字,是“迩”(ěr)之假借,而“迩”又与“暱”(昵)(nì)音义并通,有“亲近”“熟悉”“浅近”之义。在上古时“尔”“迩”和“暱(昵)”原来是双声字。又如:

> 吾翁即若翁,必欲烹而翁,则幸分我一杯羹!(《史记·项羽本纪》)——我的老子就是你的老子,你一定要把你老子烹煮来吃的话,那么,也分给我一杯羹尝尝吧!

同是这句话,在《汉书·项羽传》里作:

> 吾翁即汝翁,必欲烹乃翁,幸分我一杯羹!

可见这里的“若”(ruò)、“汝”(rǔ)、“而”(ér)、“乃”(nǎi)四个字,都是代表同一个词,即第二人称代词“你”,在上古音里原来都是具有舌尖鼻音声母“n-”的。用“声旁”关系来表示的话,原来“若”读如“诺”(nuò),“汝”读如“女”(nǚ),“而”读如“耐”(nài)。又如:

> 不可;直不百步耳,是亦走也。(《孟子·梁惠王上》)——不行;〔逃跑五十步的不能耻笑逃跑一百步的,〕他只不过没有跑到一百步罢了,这也是逃跑呀。
>
> 天下匈匈数岁者,徒以吾两人耳!(《史记·项羽本纪》)——几年来天下纷纷扰扰,只是为了我们两人的争执罢了!

这里的“耳”(ěr)字,作“罢了”解,就是文言的“而已”,“耳”即“而已”的“合音词”。它在上古音里具有舌尖鼻音声母“n-”,也就是现代语文的“呢”(ne)这个语气词。又如:

曩与吾祖居者，今其室十无一焉；与吾父居者，今其室十无二三焉；与吾居十二年者，今其室十无四五焉。非死则徙尔，而吾以捕蛇独存。（柳宗元《捕蛇者说》）——前时跟我祖父住在一起的，现在他们的家十户没有一户留存在这里了；跟我父亲住在一起的，现在他们的家十户没有二三户留存在这里了；十二年来同我住在一起的，现在他们的家十户没有四五户留存在这里了。他们不是死去了便是流徙了呢，可是只有我因为捕捉毒蛇单独留存了。

这里的"尔"（ěr）字，正也是"而已"的合音，相当于现代的"呢"。又如：

后值倾覆，受任于败军之际，奉命于危难之间，尔来二十有一年矣。（诸葛亮《出师表》）——后来逢着〔当阳、长坂〕两地的败北倾覆，受任在战败的时候，奉命于危难的中间，〔出使到东吴去求援，〕那时以来二十一年了。

蚕丛及鱼凫，开国何茫然！尔来四万八千岁，乃与秦塞通人烟。（李白《蜀道难》）——蜀王从蚕丛到鱼凫起，传说他们开辟这地方，真是渺茫得很！那时以来经过四万八千年了，才开始和关中一带的人民来往。

这里的"尔"，又相当于现代的"那"（nà），是个指示代词；"尔来"即"那时以来"。可见"尔"原来是具有舌尖鼻音声母"n-"。上古音里这些字的"n-"，经过鼻音的消失，又经过卷舌化，逐渐读成"r-"的音，一部分属于《止摄》的韵母的，又失去声母成为"er"韵的字。

从上面所举的例子看来，我们要认识古典作品里所用的假借字和各字之间音义相通的关系，必须要了解上古时期声母的情况和各字之间在当时的双声关系。

（四）上古音的韵母和声调举例

至于上古诗歌里押韵的情况，我们又须要了解当时的韵母系统和声调系统，才能掌握它。例如：

> 霾两轮兮絷四马，援玉枹兮击鸣鼓。天时怼兮威灵怒，严杀尽兮弃原野。（《楚辞·九歌·国殇》）——战车的两个轮子，埋在深的泥土里，四匹马的马足好象用绳索绊住，拿起嵌玉的鼓槌敲着很响的鼓。天地间充满着怨恨的杀气，威严的神灵怒气冲冲，一阵痛杀后个个牺牲，尸首丢弃在战场的原野。

这里的“马”（mǎ）、“鼓”（gǔ）、“怒”（nù）、“野”（yě）四个字，在现代语里，除了“鼓”和“怒”两字可以押韵以外，其它的字韵母都不相同了。又“怒”是去声字，“马”“鼓”“野”都是上声字；在古体诗里，上去两个声调的字可以通押。我们去翻开《广韵》看看，“马”“野”两字在上声《三十五马》，“鼓”在上声《十姥》，“怒”在去声《十一暮》。从中古音的系统来看，这四个字，分属于两个大部：一个是“麻”部，一个是“鱼模”；前者属于“假摄”，后者属于“遇摄”。到了近代语里，原来的“麻”部（“假摄”）分成“家麻”（“迦摄”）、“车遮”（“结摄”）两部；“马”字属于前者，“野”字属于后者，变成为完全不同的韵母了。“麻”部的分成“家麻”和“车遮”，这是近代韵母系统的一个特征。现在的问题，却是“这四个字在上古音里究竟怎么样呢？”关于韵部的分合，从中古追溯到上古，有一条规律，即《广韵》“麻”部中的字，一部分原来属于“鱼模”，另一部分属于“歌戈”。这里的

“马”“野”两字，就是《广韵》“麻”部中在上古音里原来属于“鱼模”的，它们和“鼓”“怒”原来是具有相同或相近的韵母的，所以在《国殇》里作为押韵的字。至于“麻”部中另一部分的字原来属于“歌戈”的，例如：

> 东门之池，可以沤麻；彼美淑姬，可以晤歌。（《诗经·陈风·东门之池》）——东门的那个池塘，可以浸泡黄麻；那个美丽贤淑的女子，可以会谈对歌。

这段古代的民歌里，就是《广韵》“麻”部的“麻”字和“歌戈”部的“歌”字押韵的。（此外，《广韵》“支”部中的字，有一部分原来也属于“歌戈”的，所以这里“池”字，也和“麻”“歌”两字押韵。）又如：

> 登昆仑兮食玉英，与天地兮比寿，与日月兮齐光。哀南夷之莫吾知兮，旦余济乎江湘。（《楚辞·九章·涉江》）——登上昆仑山，吃了玉石般的花朵，同那天地呵一样地长久，同那日月呵一样地光辉。哀伤那些南夷人不认识我，我就在明天渡过长江和湘水。

这里的“英”（yīng）、“光”（guāng）、“湘”（xiāng）三个字是押韵的。它们在中古音里都是平声字，上古诗歌中用《广韵》的平声字互押，也是一种常例。“光”“湘”两字同属于“阳唐”部，就是“宕摄”，与“耕青”部（“梗摄”）不同韵母，在中古时它们的主要元音是不同的。那么，属于《广韵》里下平“十二庚”的“英”字，在上古音中究竟是怎样的情况呢？关于韵部的分合，从中古追溯到上古，又有一条规律，即《广韵》“庚”部（包括平、上、去）中的字，一部分原来属于“阳唐”，另一部分属于“耕青”。这里的“英”字，就是《广韵》“庚”部中在上古音里原来属于“阳唐”的。从声旁的关系来看，“英”原来读如“央”（yāng），这不是和“光”“湘”原来具有相同或相近的韵母吗？所以《涉江》这篇里把它们作为押韵的字。至于《广韵》“庚”部中的字原来在上古音里属于“耕青”的，例如：

> 俟我于庭乎而，充耳以青乎而，尚之以琼莹乎而。（《诗经·齐风·著》）——〔他〕等候着我呀，在院子里呢；〔看他〕耳边呀，挂着青玉呢；又加上呀，佩着晶莹的宝石呢。

这段诗歌里，就是《广韵》“庚”部的“莹”字和“耕青”部的“庭”“青”两字押韵的。又如：

> 乘鄂渚而反顾兮，欸秋冬之绪风。步余马兮山皋，邸余车兮方林。（《楚辞·九章·涉江》）——在鄂渚那地方登上了，回头观望了一阵，慨叹声和秋末冬初连绵的寒风相应。慢步遛马到了山边，我的车子抵达一片森林。

这里的“风”（fēng）、“林”（lín）两字是押韵的。它们在现代音里不同韵母，主要元音和收尾鼻音都不相同。它们在中古音里都是平声字，但是所属的韵部大不相同，“风”字在上平“一东”，“林”字在下平“二十一侵”，“东”部（“通摄”）和“侵”部（“深摄”）相隔很远。关于这个问题，首先要注意到韵母中收尾鼻音的变化。从中古以来韵部分合的变化和汉语各地方音的比较来研究，我们可以断定在近代初期以前，汉语韵母的收尾鼻音有“-m”“-n”“-ng”三类，直到十五世纪以后，“-m”一类才逐渐并合于“-n”。从《广韵》“侵”“覃”以下的九部到了《切韵指南》的“深摄”“咸摄”，可以表明“-m”的收尾鼻音是中古韵母系统的一个特征。《中原音韵》一类曲韵韵书，列有“侵寻”“监咸”“廉纤”三部，也足以证明近代初期北方“官话”当中还留存了大部分的“-m”音。从中古往上再追溯到上古音，它的韵母系统里实在比中古有更多的“-m”音，有些中古以后读成“-ng”音的字，在《诗经》里却与“侵”“覃”等部的字相押。例如：

二之日凿冰冲冲，三之日纳于凌阴。（《诗经·豳风·七月》）——当夏历二月时候，冲冲地凿了冰块；三月时候，把冰块放进冰窖里。

这里的“冲”（chōng）字，与“阴”（yīn）相押，也是一个在《广韵》上平“一东”，一个在下平“二十一侵”，可见有些“-ng”音的字在上古诗歌里与“-m”音的字相押，不是偶然的现象。我们只能作这样的假定：在上古时期某些方言里，与“风”同一韵部的“冲”原来是“-m”的音，后来逐渐变成“-ng”的音；而不能设想与“林”同一韵部的“阴”原来是“-ng”的音，后来再变成“-m”的音，因为“-m”的逐渐归并于其它收尾鼻音，是汉语韵部系统里一种历史发展的规律。特别是那个“风”字，在《诗经》里作为押韵的字有六处，都是和“侵”部或“覃”部的“林”“心”“钦”等字相押。又“风”字在《说文》里说是“从虫，凡声”，它是以“凡”为声旁字的；“凡”在《广韵》下平“二十九凡”，在中古时是“-m”的音，到近代初期（《中原音韵》这类韵书里）已经读成“-n”的音了。这也足以证明汉语韵母系统里一种发展的趋势是“-m”音的范围逐渐缩小以至完全变成其它收尾鼻音。“风”字在中古时已经由“-m”变成“-ng”，所以在《广韵》上平“一东”，而在上古时确是“-m”的音，所以《诗经》和《楚辞》里都是与“林”字为韵。

我们了解了上古的韵母系统和声调系统，不但可以掌握上古诗歌里押韵的情况，同时也可以知道古典作品里一些假借用字的由来，因而加深我们阅读时的理解。例如：

> 呜呼！孰知赋敛之毒有甚是蛇者乎？（柳宗元《捕蛇者说》）——啊哈！那里知道征敛赋税的毒害比这毒蛇还要厉害的啊？

这里的“呜呼”（wū-hū）和语气词“乎”（hū），在现代语里都是合元音“u”作为韵母的。但是它们是属于《广韵》的“鱼模”韵，上面讲过，上古音里“麻”部之字，一部分归于“鱼模”，那么，“鱼模”在上古时和“麻”部比较接近，它的韵母本身一定原来是个开元音。所以“呜呼”就是“啊哈”，“乎”也就是“啊”了。又如《论语・季氏》：“无乃尔是过欤？”（这难道不应该责备你吗？）这句里的语气词“欤”（yú）也是属于《广韵》的“鱼模”韵，同样在上古音里近于“麻”部的读音，也一定原来是个开元音的韵母，相当于现代语里“啊”“呀”之类的词。又如“逝者如斯夫”（流去的象这样吧）这句里的语气词“夫”（fú），也是属于《广韵》的“鱼模”韵，同样在上古音里近于“麻”部的读音，也一定原来是个开元音的韵母，相当于现代语里的“吧”。诸如此类，可以说明一个问题，就是文言、白话有些用字纷歧的由来。在实际语言中的词，有些是古今并没有多大差异，只是因为文字读音的变化，古今所用来代表它们的字体不同，就造成了文言、白话的一种分别。了解了古今读音系统的变化，就可以知道一些假借用字的由来，并且沟通古代和现代的语文现象，来进一步提高我们阅读古典作品的能力。

三、词　汇

（一）词的形式和构造

上章里讲过，汉字是采取单音节制，一个字一般是代表一个音节的，可是语言上的词有不少是包含两个或两个以上的音节，须要用两个或两个以上的字来代表的，这是"字"和"词"相矛盾的另一个方面。因之汉语里的词，就其声音的形式来说，可以分成"单音词"和"多音词"两大类。古汉语里，单音词占据大多数，但也有不少的多音词，特别是包含两个音节的双音词。例如上章所举的"踌躇""灿烂""萧瑟""峥嵘"等的联绵词，尤其是这样具有双声、迭韵的形式的，可以称为纯粹的双音词。因为其中的两个音节共同地表示一种意义，不能拆开来解释，更不能分开来应用。此外，还有一种"迭音词"，用两个相同的音节来共同地表示一种意义，也是一种纯粹的双音词。例如：

君子不为小人之匈匈也辍行。（《荀子·天论》）——君子并不因为小人的吵吵嚷嚷便改变了自己的行为。

这里的"匈匈"，其中两个音节不能分开来解释。又如：

无边落木萧萧下，不尽长江滚滚来。（杜甫《登高》）——无边无际的落叶，悉悉索索地吹下来；无穷无尽的江水，翻腾滚滚地流下来。

这里的“萧萧”“滚滚”，也是迭音词，用重迭的音节构成一个词，表示某种事物的状态，描摹某种动作的声音。这种迭音词，与一般所谓“重迭词”，如《古诗十九首》开头一句“行行重行行”里的“行行”（走了又走，表示重复的行动），应当加以区别。因为重迭词，是单词的重迭运用，属于用词的方法问题。例如：

树树皆秋色，山山惟落晖。（王绩《野望》）——每一株树，都染了秋天的景色；所有的山，都带有落日的夕阳。（名词的重迭，又用来表示“全都”的意义。）

而迭音词，却是一个单词具有重迭音节，属于词的本身的形式问题。

联绵词和迭音词，这样的纯粹双音词，大部分可能是由于声音的发展变化而形成的。这种声音的发展变化，大体上有两种途径：一种是由单音词引延为双音词，还有一种是双音词相互间依据双声、迭韵而演变。例如：

百川沸腾，山冢崒崩。高岸为谷，深谷为陵。（《诗经·小雅·十月之交》）——许多河流里沸腾起来了，高耸的山顶崩下来了，高高的山岸变成了深谷，深深的溪沟变成了丘陵。

这里的“崒”字，是和“翠、粹、碎”等字同声旁的，后代虽然和“卒”同属于入声字，在上古音里却是和“崔嵬”同属于一个韵部。上章举出过这个形容高耸的迭韵联绵词“崔嵬”，可以确定是由“崒”这个单音词引衍而成的。又如：

> 秋风兮萧萧。(《楚辞·九怀·蓄英》)——秋风悉悉索索地吹来。
>
> 风萧萧兮易水寒！(《战国策·燕策》)——风悉悉索索地吹来，易水上真寒冷啊！

这些地方的“萧萧”，和杜甫《登高》诗里的一样，形容风声的迭音词；它跟上章当中所举出的“萧瑟”，实在是同一个词，只是由迭音变为双声的联绵词罢了。又如：

> 吾尝终日而思矣，不如须臾之所学也。(《荀子·劝学》)——我曾经用尽整天的工夫来思考，却不及一个短时间学习所得的效果大。
>
> 不敢长语临交衢，且为王孙立斯须。(杜甫《哀王孙》)——不敢在交通要道上同您王孙长谈，只是为着您站立了片刻。

这些地方的“须臾”“斯须”，很可能是由“顉”字音的延长而变成的。在第一章里举出过《说文》“立”部的“顉”字，本义是“等待”，《尔雅·释诂》篇“待也”一条，首列“顉”字。由“等待一下”引申为“短暂时间”的意义，所以成为“须臾”“斯须”的“须”。依据同音假借的规律，古典作品里一般都把“顉”字写作“须”，有时也写作“胥”。由这个字声音的引衍，依据迭韵的关系就变成“须臾”，依据双声的关系就变成“斯须”；一方面是单音词的引衍，一方面又是依据双声、迭韵的演变，这可以说是声音变化两种途径的结合了。

纯粹的双音词，由于声音的发展变化而形成，所以内中只包含一个词素，不能把它拆开来解释。至于由意义上的结合而构成的“复合词”，就包含两个或两个以上的词素。“词素”是语言上最小的表义单位，但不是词，它一定要构成了词，才可以独立运用，在语言上才可以代表一个概念。复合词里所包含的两个或两个以上的词素，它们在构成这个复合词时，不是简单的拼凑，而是有机的结合；在构成之后所代表的，也不是它们所拼凑的意义，而是语言上应用的一个特有概念。例如：

> 三代之得天下也以仁，其失天下也以不仁。国之所以废兴存亡者亦然。天子不仁，不保四海；诸侯不仁，不保社稷；……(《孟子·离娄上》)——夏、商、周三代的获得天下是由于仁爱，他们的丧失天下是由于不仁爱。国家的兴起和衰败、生存和灭亡，也是这个道理。天子如果不仁爱，就不能保持他的天下；诸侯如果不仁爱，就不能保持他的国家；……

这里的“社稷”，是个复合词，由“社”和“稷”两个词素结合而成。“社”是指“土地神”，“稷”原来是指“五谷之一”，也用来指“五谷神”；而古典作品里所应用的“社稷”这个词，不是指“土地神和五谷神”，而是指古代帝王或诸侯所统治的国家，用他们所祭的土地神和五谷神作为他们所统治国家的象征。因之我们解释这样的复合词，说它可以拆开来解释，只是根据它原来的构造当中包含有两个或两个以上的词素而言，如“社稷”这个词原来是由“社”和“稷”两个词素构成，并不是说古典作品里应用“社稷”这个词所代表的概念等于“社”和“稷”两个字义简单的相加。我们一方面要理解这样的复合词应用在古典作品中所代表的特有概念，而另一方面又所以要分析它的构造当中包含的词素，就是为着明了它在实际应用当中代表的那个概念形成的由来,因而更理解了它的意义。例如说古代用“土地神”和“五谷神”作为“国家”的象征,我们这样来分析“社稷”这个词的构造里包含“社”和“稷”两个词素,就更理解了它在古代之所以代表国家这个概念。由此可见建立词的观念,分别词和词素,分析词的构造,对于我们阅读古典作品,不但有帮助,而且是必要的。

要认识双音词的形式,须要有音韵方面的知识;要分析复合词的构造,又须要有语法方面的知识。语法上的各种结构,是由其中的成分依据各种关系相配合而成的。例如“偏正结构”是依据修饰关系配合起来的,“联合结构”是依据并列关系配合起来的(下章里再详细讨论)。复合词的构造,和语法上的结构是很类似的,本身也就是一种语法结构,内中的词素也依据各种关系来相配合而成为各种复合词,如“偏正式”“联合式”等。古典作品里的复合词,以偏正式和联合式两种最为常见。例如:

> 是故有里胥而后有县大夫,有县大夫而后有诸侯,有诸侯而后有方伯、连帅,有方伯、连帅而后有天子。(柳宗元《封建论》)——由于这个缘故,有了乡里的长官之后,才有县的长官;有了县的长官之后,才有诸侯;有了诸侯之后,才有诸侯的领袖;有了诸侯的领袖之后,才有最高的天子。

这里的“里胥”(乡里的官吏)、“大夫”(大长官)、“诸侯”(众多的公侯)、“方伯”(一方诸侯的领袖)、“连帅”(十国诸侯的领袖)、“天子”(上帝的儿子),都是偏正式的复合词。又如:

> 殚其地之出,竭其庐之入,号呼而转徙,饥渴而顿踣,触风雨,犯寒暑,呼嘘毒疠,往往而死者相藉也。……悍吏之来吾

乡，叫嚣乎东西，隳突乎南北，哗然而骇者，虽鸡狗不得宁焉。（柳宗元《捕蛇者说》）——把土地上所有的出产统统拿出来，把一家中所有的收入统统拿出来，大呼小叫地流转迁移，饥饿干渴得跌倒僵卧，冒着风风雨雨，顶着酷寒热暑，呼吸着毒雾疫气，往往就互相枕藉地死去了。……当凶狠的官吏进到我乡村来的时候，到处叫嚷吵闹，到处横冲直撞，哗喇喇地惊骇奔逃，鸡飞狗跳，大家都不得安宁。

这里的"号呼""转徙""饥渴""顿踣""风雨""寒暑""呼嘘""毒疠""叫嚣""隳突""东西""南北""鸡狗"等，都是联合式的复合词或者语法上的联合结构，其中所包含的并列成分，在意义上有的是相同相类的，有的是相对相反的。

有些联合式的复合词，虽然其中包含的并列词素，本来意义上是相对相反的，而实际应用这个复合词却拿来表示单方面的意义，这叫做"复词偏义"之例，如"得失"往往单是指"失"，"异同"往往单是指"异"等等，这是我们阅读古典作品时所应当留意的。例如：

冥昭瞢闇，谁能极之？（《楚辞·天问》）——浑浑沌沌，昏昏沉沉，谁能够探究它的原始呢？

这里的"冥昭"，应当单是指"冥"，不应当解作"幽暗"和"明亮"两方面的意义，与下文"明明闇闇，惟时何为？"关于"白天"和"黑夜"的时序问题不可相混。又复合词和联绵词，一种是由于意义的结合，一种是由于读音的变化，似应严格区分，但在古典作品中，因为文字的假借和古今的音变，有时很难把这两类词截然分开来。例如：

陵夷迄于幽厉，王室东徙，而自列为诸侯矣。（柳宗元《封建论》)——这样渐渐衰落下去,直到周幽王、厉王的时候(或本“厉”作“平”,当作“周幽王为犬戎所杀,周平王迁到洛阳”),天子的都城向东迁徙,就自居于诸侯的地位了。

数年之间,奔命扶伤而不暇,困平城,病流矢,陵迟不救者三代。(同上)——汉朝开始的几年,为着平息诸侯的叛乱,闻命奔走,救死扶伤,真是没有闲暇;汉高祖刘邦又因之被围困在平城,又被飞箭射伤以至于死,就这样衰落不振经历了惠帝、文帝、景帝三代之久。

魏之承汉也,封爵犹建,晋之承魏也,因循不革,而二姓陵替,不闻延祚。(同上)——曹魏继承了汉朝,分封制还保存,西晋继承了曹魏,分封制也沿袭不改,可是魏晋两姓,曹氏和司马氏,很快地衰亡了,并不曾听说有长久的命运。

这里所举的“陵夷”“陵迟”“陵替”三种不同的写法,实际是同一个词,都是表示“衰微”“衰落”的意义,是同词异字的一种现象。上章里讲过,后代“zh-,ch-,sh-”一组后舌叶音声母的字,在上古音里有一部分原来读成“d-,t-”等舌尖音声母的音。“陵迟”的“迟”(chí)和“陵替”的“替”(tì)在上古音里原来是双声字,那么,“陵迟”和“陵替”可以说原来是同音的了。又“陵夷”的“夷”(yí),在“三十六字”中属于“喻”母;《广韵》:“以脂切”,属于“以”类;它在中古音里已经读成零声母了。可是它在上古音里常常和“弟”(dì)字音发生联系,用“夷”作为声旁的形声字常常和“弟”作为声旁的字相通。例如“荑”,亦作“苐”“稊”;“鴺”,或作“鵜”;“洟”,亦作“鮷”“涕”;“芟夷”的“夷”,本来作“痍”,也写作“鬀”,也就是“剃”字;“姨”是“妻之女弟”,与“弟”字音义并通,等等。有的文字学家认为“夷”“弟”两字篆体相似使得它们相通用,实在这不是形体关系,而是它们之间原来读音上有双声的关系。《广韵》的“以”类字(韵图上排在第四格的“喻”母字，往往叫做“喻四”），原来在上古音里带有舌尖音声母的，到了中古时代这个舌尖音声母掉落了，因而这类字变为零声母的了（音韵学上叫做“喻四归‘定’”之例）。所以“陵夷”的“夷”原来和“弟”字音相类，那么，它和“陵替”的“替”在上古音里也是双声字，“陵夷”和“陵替”也可以说原来是同音的了。从音韵上来说，“陵夷”“陵迟”“陵替”是同一个词的三种不同的写法；那么，这个词究竟是联绵词，还是复合词呢？《荀子·宥坐》篇里，对这个词的意义，有一个很好的比喻说法，其中说：

> 三尺之岸而虚车不能登也，百仞之山任负车登焉；何则？陵迟故也。数仞之墙而民不逾也，百仞之山而竖子冯而游焉；陵迟故也。今夫世之陵迟亦久矣，而能使民勿逾乎！——只有几尺高的峭岸，空车子却不能拉上去；可是百来丈高的山坡，载重的车子能够拉上去；这是什么缘故呢？因为山坡的倾斜坡度不大，是逐渐升上去的。几丈高的墙头，一般人爬不过去；可是百来丈高的山坡，小孩子还能够爬上去游览一番，就是因为山坡的倾斜是逐渐升上去的。现在世事的倾斜积习，很长久了，怎么能够使一般人没有越轨的行为呢！

可见这个词，原来有“逐渐上升”和“逐渐下降”两方面的意义；后来除了保持“逐渐”的意义以外，一般只是用来指示“下降”的一方面，就形成“衰微”“衰落”等的意义了。《荀子》这篇里只是用“山丘”作为一种倾斜坡度的比喻。可是注释家却附会来指“丘陵”，把“陵迟”一个词注释为“迟，慢也；陵迟，言丘陵之势渐慢也”。《汉书·成帝纪》“帝王之道，日以陵夷”这句里的“陵夷”，注释家也作“陵，丘陵也；夷，平也；言其颓替若丘陵之渐平也”这样的解释。我们固然要驳斥这样“望文生训”的说法，但是也不能轻易地相信训估家依据“上下同义，不可分训”之例，把这个词解释作“陵与夷皆平也”的意义。因为《左传·昭公十八年》：“于是乎上陵下替，能无乱乎?”这句里“陵替”两字还是拆开来应用的，很可能它是由联合结构凝结而成的复合词。《释名·释山》：“大阜曰陵，陵，隆也，体隆高也”；“陵”和“隆”，音义并通。“陵替”就是“隆替”，是一个联合式的复合词，本来在意义上包含有“兴隆”和“衰替”相对相反的两个方面，依据“复词偏义”之例，实际应用单指“衰替”一方面了。它在意义上既然专指“颓替”“衰微”“衰落”的意义，在文字上又有“陵夷”“陵迟”“陵替”及其它不同的写法，古今的音变和文字的假借使得我们误认它是联绵词了。

（二）古汉语的词汇成分

语言上的词汇，除了用形式和构造的角度以外，还可以用民族社会及其应用领域的关系来分别其种类。

上面所说的复合词，是由两个以上的词素构成的，这种构成复合词的词素，往往本身就是独立的词，而且往往是日常生活上不可缺少的词，这样的词叫做“基本词”。例如“社稷”，古汉语里用来表示“国家”的意义，当时是很常用的词，是个基本词；而用来构成它的两个词素“社”和“稷”，本身也是日常应用的独立的词，“稷”是“五谷之一”，也用来指“谷神”，“社”是“土神”，奉为“土地之主”，相传“二十五家为社”，它们也都是“基本词”。其中，特别是“社”这个词，作为“社会”“集会结社”的“社”，不但有千百年来沿用的极强的稳固性，而且有构成后代许多词的极强的构词能力，如“公社”“学社”“合作社”“出版社”等，都是由它构成的。又如：

以粟易械器者，不为厉陶冶；陶冶亦以其械器易粟者，岂为厉农夫哉？(《孟子·滕文公上》)——农夫用谷米换取锅甑和农具，不能说是损害了瓦匠和铁匠，那么，瓦匠、铁匠用锅甑和农具来换取谷米，难道说是损害了农夫吗？

这里的“农夫”，是古汉语里一个常用的基本词；而用来构成它的两个词素“农”和“夫”，本身也是当时日常应用的独立的基本词，不但有极强的稳固性，而且有极强的构词能力。如“农业”“农时”“农事”“农田”“农具”“农民”“农村”“农产品”“农作物”等，都是由“农”构成的；如“丈夫”“匹夫”“民夫”“老夫”“大夫”“夫役”“夫人”“夫妇”等，都是由“夫”构成的。这种词，也叫做“根词”，是民族语言中极重要的词汇成分。基本词汇是语言基础之一，而根词是属于基本词汇里的核心部分，是作为民族标志的最显著的成分。这里再举“解”(jiě)这个词为例：

庖丁为惠文君解牛。(《庄子·养生主》)——有个宰牛的叫庖丁，替梁惠王开剥解剖牛。

屠牛坦一朝解十二牛。(贾谊《治安策》。译文见本文的(一))

这里的“解”，是指“解剖”的意义，这是这个字的“本义”。《说文》：“解，判也。从刀判牛角。”从这种意义引申转变，因而用这个“根词”构成了后代许多的复合词：从“解剖”义引申为分散义，因之构成了“分解”“解散”“解体”“溶解”等；从“解剖”义引申为开放义，因之构成了“解开”“解放”“解脱”“解决”等；“解决”义又引申为“排难解纷”的意义，因之又构成了“排解”“调解”“劝解”“和解”等；从“解剖”义又引申为分析义，因之构成了“解析”“解释”“解说”“解答”等；“解说”“解答”的结果是懂悟，因之又构成了“悟解”“了解”“理解”“懂解”等;“解散”又有消除义,因之构成了“解除”“解约”“解围”“解毒”“解闷”“解渴”“解手”“大解”“小解”等等。我们从这里看出由一个根词同其它词素结合,繁衍滋生出许许多多的复合词来,这是语言词汇随着社会的发展日益丰富化的趋势之一。在这种词汇丰富化的趋势当中,由一个单音节的根词产生出许多双音节的复合词,这又是表明汉语词汇发展的双音化的规律。

社会愈发展,词汇愈丰富,这不但表现在词汇的构造方面,也表现在词汇应用的领域方面。“基本词”(其核心部分是“根词”)是有全民性的,是全民族一般日常生活应用中所不可缺少的。与之相对的,就有一种“专门用语”,却是某种特殊的专门范围内所应用,不是一般人所普遍需要的。社会日益发展,它的机构日益复杂和严密,语言词汇的应用领域也日益多样化。在各个特殊领域之间,各有其专门应用的词语,包括“专科性术语”“行业语”(也叫“行话”)、“秘密语”(秘密团体内部应用的)、“阶级同行语”等。我们在阅读古典作品的时候,常常要遇见这样的专门用语,往往须要有历史文化或各种专门知识,或者须要查考一些“辞书”,才能了解它们。例如:

> 二十六年,……秦初并天下,令丞相、御史曰:“……寡人以眇眇之身,兴兵诛暴乱,赖宗庙之灵,六王咸伏其辜,天下大定。今名号不更,无以称成功,传后世。其议帝号。”丞相绾、御史大夫劫、廷尉斯等皆曰:“昔者五帝地方千里,其外侯服、夷服,诸侯或朝或否,天子不能制。今陛下兴义兵,诛残贼,平定天下,海内为郡县,法令由一统,自上古以来未尝有,五帝所不及。臣等谨与博士议曰:‘古有天皇,有地皇,有泰皇;泰皇最贵。’臣等昧死上尊号:王为‘泰皇’,命为‘制’,令为‘诏’,天子自称曰‘朕’。”王曰:“去‘泰’著‘皇’,采上古‘帝’位号,号曰‘皇帝’。他如议。”制曰:“可。”(《史记·秦始皇本纪》)——秦

> 始皇二十六年，即公元前二二一年，秦朝开始统一全中国，秦始皇向他的丞相、御史大夫发出命令说："……我寡人一个微小的身躯，兴起兵戈，诛灭暴乱的国家，依靠祖宗在天的威灵，居然使六国的君王都伏罪了，天下全部平定了。现在如果不改变名号，就没有什么来纪念成功，流传给后代了。你们该讨论一下帝号吧。"这时丞相王绾、御史大夫冯劫、廷尉李斯等都说："从前帝王实行分封制，直辖的土地只有方圆一千里，此外侯服、夷服等封给诸侯的地方，有的臣服于天子，有的并不臣服，天子无可奈何，不能控制他们。现在不同了，您陛下兴起义兵，诛灭六国残余的敌人，平定了全中国，四海之内，实行郡县制，法令出于一人，真正实现了统一，自从上古以来未曾有过的，任何古代帝王都没有这样的功业。我们臣等和那些博士仔细地商议：'古代帝王当中，有个天皇，有个地皇，又有个泰皇，以泰皇为最贵。'臣等冒犯死罪奉上尊号：您王就称为'泰皇'吧，又您出的命令叫做'制'，号令叫做'诏'，天子称自己叫'朕'。"秦始皇说："除去那个'泰'字，留下那个'皇'字，又采取上古'帝'位的称呼，合起来就叫做'皇帝'吧。其它一概准如你们所议的。"发命令说："好。"

这里的"丞相""御史大夫""廷尉""博士"，都是秦朝的官名："丞相"，辅助皇帝，统率百官，综理全国政务；"御史"，职位次于丞相，职司监察，谏劝皇帝，纠弹百官；"廷尉"，掌管刑法的最高法官；"博士"，备政治顾问、掌管文教。这些都是职官方面的专用语。"侯服""夷服"是周朝分封给诸侯的土地的名称，天子在直辖的"王畿"方圆一千里以外的土地，分封给诸侯，称为"九服"之国，每隔五百里为一服，依地方远近分为："侯服、甸服、男服、采服、卫服、蛮服、夷服、镇服、藩服"共九服。这里所举"侯服""夷服"，当是代表九服

(“举偏赅全”之例),为诸侯封土地的专用语。又如“寡人”“宗庙”“陛下”“制”“诏”“朕”等,当属阶级同行语为帝王那个等级所专用的:“寡人”,犹自称为“孤”,侯王自己的谦称;宗庙,侯王祭祀祖宗的场所,也用来指侯王的祖宗;“陛下”,臣下对皇帝的代称,“陛”指宫殿的台阶,“陛下”本指站在台阶近卫皇帝的人,臣下不敢向皇帝直接对话,只向这些近卫之臣讲话,故称“陛下”;“制”,皇帝的命令;“诏”,皇帝的文告、号令;“朕”,本来是一般自我之称(第一身人称代词),秦时规定为皇帝自我之称,为历代皇朝所沿用。又“昧死”,冒犯死罪,第一章里举出过,也写做“没死”,为古时臣下向君主上书或对话时表示敬畏的专用语。又如:

(三十四年)丞相李斯曰:“五帝不相复,三代不相袭,各以治,非其相反,时变异也。今陛下创大业,建万世之功,固非愚儒所知。且越言乃三代之事,何足法也!异时诸侯并争,厚招游学。今天下已定,法令出一,百姓当家则力农工,士则学习法令辟禁。今诸生不师今而学古,以非当世,惑乱黔首。丞相臣斯昧死言:古者天下散乱,莫之能一,是以诸侯并作,语皆道古以害今,饰虚言以乱实,人善其所私学,以非上之所建立。今皇帝并有天下,别黑白而定一尊。私学而相与非法教,人闻令下,则各以其学议之;入则心非,出则巷议;夸主以为名,异取以为高,率群下以造谤。如此弗禁,则主势降乎上,党与成乎下。禁之便。臣请:史官非秦记皆烧之;非博士官所职,天下敢有藏诗、书、百家语者,悉诣守、尉杂烧之;有敢偶语诗书者弃市,以古非今者族,吏见知不举者,与同罪;令下三十日不烧,黥为城旦。所不去者,医药、卜筮、种树之书。若欲有学法令,以吏为师。”制曰:“可。”(同上)——秦始皇三十四年,即公元前二一三年,……丞相李斯说:“尧舜以前的五帝,并不是一代一代相恢复的；禹、汤、文、武，也不是相承袭走老路的。他们各自根据怎样的治理，并不是故意相违反，而只是随着时代的变异罢了。现在您陛下创造统一全中国的大业，建立留传万世的功勋，这本来不是一般愚昧的儒者所能理解的。而且象那个博士淳于越所说的，只是关于夏、商、周三代分封诸侯的制度，现在还有什么可以倣效的呢！过去战国时候，诸侯并列互相争夺，各自用优厚的礼遇招收一些游学之士和说客。现在不同了，天下全部平定了，法令出于皇帝一人，一般百姓当家的就尽力务农做工，士子们就学习各种法令和那些要避免及禁止的。可是这些儒生还是不肯师法当世，一味学习古代，用来排斥现在，迷惑淆乱老百姓的心理。我丞相臣李斯冒犯死罪来上陈：过去时候，天下又分散又混乱。没有能够统一起来，所以诸侯并列相争，所说的都是颂扬古代用来排斥当世，粉饰空话用来迷乱事实，许多人士都称道各自私家的学派，用来訾议国君创立和建树的事业。现在不同了，皇帝并合了全中国，辨别了各家学说的是非，只尊崇了一家。可是私家学派还是共同排斥法制和教令，他们一听到号令下来，就各自依据他们的学说来议论；在家则心怀种种不满，出外就在街头纷纷议论；他们用浮夸的言语欺骗主上来博取名誉，故意建立异趣与众不同来表示自己的高超，率领一群人士来造谣诽谤。这样的情况如果不加以禁止，那么，主上的威势就要从上面降落下来，不同的党派就要在下面树植起来了。禁止了妥当。我臣请求：把史官所藏不是秦国的（别国的）史记统统烧掉，凡是不在博士官的职守以内而在民间敢有收藏《诗经》《书经》等的儒家经典以及诸子百家的学术著作，统统拿到郡县的长官所在一起烧掉。此后敢有相对私语称说《诗经》《书经》的人就在闹市执行死刑，称说古代用来排斥当世的人全家抄斩，官

> 吏察知了而不加检举的，就与犯人同罪；号令下来之后三十天还没有烧书的，就处墨刑，并罚四年修筑长城的劳役。不烧掉的，是关于医药、卜筮、种树的书。如果有要想学习法令的，就拜官吏做老师。”皇帝下令说：“好。”

这里的“守”“尉”，是秦朝地方长官的名称：“守”，管理地方政治；“尉”，管理地方军事。“黔首”，秦时指平民，老百姓，或说，秦尚黑色，平民用黑布包头，所以叫“黔首”，应当属于阶级同行语。又“弃市”“族”“黥”“城旦”，都是刑法方面的专门用语：“弃市”，在闹市上执行死刑，并将尸体露暴街头；“族”，即“族诛”，不但要杀本人，而且诛戮全家，以至族人、亲戚；“黥”，即“墨刑”，脸上刺字，并在刺字处涂墨；“城旦”，处墨刑外，又流配到边界，罚充四年期的劳役，白天守卫，晚上修筑长城。这些都是在某种特殊领域里所应用的，不是一般日常生活所必不可缺少的，都是专门用语。

词汇应用的领域问题，除了不同的行业关系以外，也包括着不同的时代关系和地区关系。从时代的观点来说，和一般的基本词相对的，又有“古语词”，即从古代语言中遗留下来，在较古的文献中应用的。词汇随着社会的发展而发展，古语词有很多流传下来，有些作为后代语的基本词，或者作为后代语的构词成分，有些只是较古的文献中应用的。不过古今的时代关系，只是相对地来说，周汉时代的作品，当然其中有很多词语在现代语文里已经成为“古语词”了；而殷周以前的作品，也有很多词语到周汉文献中成为“古语词”了。因之我们所谓“古汉语”，在词汇方面“古”的程度也有深浅的差异，有人说“文言”，也有“头号”“二号”等的分别。例如《书经》《史记》这两部书，同是古代语文的作品，但是《书经》比《史记》更古，《史记》里有些翻译《书经》里的言语，把其中较古奥的词语翻作较浅近的了。如《史记·五帝本纪》里的“能明驯德”“合和万国”

“信饬百官”“众功皆兴”“负命毁族”“旁聚布功”“慎和五典”“如丧父母”等句，就是《书经》里“克明俊德”“协和万邦”“允釐百工”“庶绩咸熙”“方命圮族”“方鸠僝功”“慎徽五典”“如丧考妣”等句的译文。从这样译文的对照当中，可以见得“克”（能够）、“协”（和合）、“允”（诚信）、“釐”（饬理）、“庶”（众多）、“绩”（功业）、“咸”（全部）、“熙”（兴起）、“方”（违背）、“圮”（毁坏）、“鸠”（聚集）、“僝”（显现，分布）、“徽”（协和）、“考妣”（父母）等，在汉代作《史记》的时候已经认为是“古语词”须要加以翻译了（下文要讲到的《经籍籑诂》，有以诂训代正文之例，即指此类）。

从地区关系的观点来说，和一般的基本词相对的，又有“方言词”，即流行于某个区域内的词语，不是全民族所普遍应用，而是显然有地方性的。有时古书上直接指明是某个地区的方言词，如《左传·宣公四年》：“楚人谓乳谷，谓虎於菟”，说当时楚国的方言把“喂乳”叫做“谷”，“老虎”叫做“於菟”。又如《史记·陈涉世家》里解释“夥颐，涉之为王沉沉者”（译文见上节）那句中的“夥”，说：“楚人谓多为夥，故天下传之，‘夥涉为王’，由陈涉始。”说是楚国的方言把“多”说成“夥”，所以大家流传着“好多呀，涉做了王”这句口头语，这是关于陈涉的典故。有时古典作品里引用方言词，虽然没有直接加以指明，而古代字书和注解中却加以指明了。例如《史记·留侯世家》：“步游下邳圯上”，《集解》：“徐广曰：圯，桥也，东楚谓之圯”；《说文》：“圯，东楚谓桥为圯”；《水经注》：“水上有桥，徐泗间以为圯。”可见把“桥”说成“圯”，是徐泗一带所谓东楚的古代方言。在阅读古典作品的时候，我们不但要注意其中方言词的解释，而且要看到古代词汇上因方言纷歧所产生的“同实异名”的现象，即同一事物而有许多不同的名称。例如《说文》：“聿，所以书也，楚谓之聿，吴谓之不律，燕谓之弗”；又：“笔，秦谓之筆”；《尔雅·释器》：“不律谓之筆”；可见“筆”和“聿”“弗”“不律”，是因方言纷歧而产生的“同实异名”。

这种“同实异名”的现象，不但产生在古今语的变迁和方言的纷歧当中，而且也在不同民族语言的关系当中看到。由于不同民族之间的互相接触，汉语里也从别的民族语言中吸收了一些词语进来，这种吸收进来的词语就叫做“外来词”。例如：

> 后月余，单于出猎，独阏氏、子弟在。虞常等七十余人欲发，其一人夜亡，告之。单于子弟发兵与战。缑王等皆死，虞常生得。单于使卫律治其事。张胜闻之，恐前语发，以状语武。武曰：“事如此，此必及我。见犯乃死，重负国。”欲自杀，胜、惠共止之。虞常果引张胜。单于怒，召诸贵人议，欲杀汉使者。左伊秩訾曰：“即谋单于，何以复加？宜皆降之。”……（《汉书·李广苏建传》“苏武传”）——经过了一个多月之后，有一天，匈奴的君长单于出去打猎了，独独匈奴王后阏氏和单于的子弟在家。虞常等七十多人正想发动起事〔准备劫夺阏氏，射杀卫律〕，当中的一个人夜里逃去告发了。单于的子弟就发兵来同他们打。缑王等都打死了，只有虞常被活捉去。单于派卫律办理这件案子。张胜晓得了，怕前时和虞常讲的一些话被发觉，就把实在的情况告诉了苏武。苏武说：“事情到这个地步，这一定要牵涉到我。等我受到了侮辱再去死，那更对不起祖国了。”便想自杀，张胜和常惠共同劝止他。后来虞常果然招供攀引到张胜身上。单于发怒，召集许多贵族大臣商议，要想把汉朝派来的使者苏武等统统杀掉。匈奴侯王左伊秩訾说：“（现在他们还只是谋杀卫律，）假如他们谋杀单于，再用什么重刑加给他们呢？还是叫他们投降吧。”……

这里的“单于”（君王）、“阏氏”（王后）、“左伊秩訾”（侯王）等，都是汉时的匈奴语词传到中国来的。又如：

> 昨夜见军帖，可汗大点兵，军书十二卷，卷卷有爷名。（《木兰诗》）——昨天晚上看见征兵的名册，可汗大规模地征兵，名册共有十二卷，每卷里都有父亲的名字。

这里的“可汗”，是古代西北一带少数民族对君主的称呼，输入汉语里，也是外来词。又下文：

> 归来见天子，天子坐明堂。策勳十二转，赏赐百千强。可汗问所欲，“木兰不用尚书郎，愿借明驼千里足，送儿还故乡。”（同上）——从军回来朝见天子，天子坐在举行大典礼的殿堂上。记功簿上要我升十二级，赏赐我钱百千贯。可汗问我要做什么官，我答道：“木兰不愿做尚书郎的官，只要求给我一匹日行千里的明驼快马，一下送我木兰回到了故乡。”

这里的“天子”和“可汗”，似乎是“同义词”，同是指“君主”，但是前者是汉语自有的，后者却是从别的民族语中吸收过来的。

从词汇的各种成分看来，古汉语已经是一种很发达很丰富的语言了。我们在一些古典文学作品里，就可以看出古汉语有了极丰富的基本词汇作为一种语言基础，特别是那些具有极强的构词能力的根词，为当时以及后代孳生出许许多多的复合词，此外，还包含着各行各业特殊领域内应用的形形色色的专门用语，又保存和吸收了更古时代流传下来的古语词，各个地区范围内流行的方言词，从别的民族语言输入的外来词，因之古汉语里的“同义词”和“近义词”有日益增多的趋势了，语言上不论怎样微细差异的意义，总有准确的词语来表示了。

（三）词的意义及其发展

词有实词和虚词的分别。实词用来代表概念，虚词用来表示关系和语气；实词所代表的概念，有实体、名物、性质、状态、动作、变化、数目等类，我们往往叫这些做词汇的意义，但是实际也联系到语法的意义，虚词用来表示这些概念之间的关系和说话者的情感、态度，我们叫做语法的意义。关于语法的意义和虚词的用法待下章论述之，这里只讲词汇的意义。

词所代表的概念，并不是一成不变，完全固定的，而是依据社会上的应用，常常有发展变化的，这叫做词义的引申转变。举些例子如下：

引　《说文》："引，开弓也。"从弓，"丨"表示把弓弦拉长。在"引而不发，跃如也"那个句子里的"引"，就是用"开弓"的本义，这句说："把箭放在弦上，拉开了弓，却没有射出去，只是做着跳跃的姿态。""开弓"是"把弓弦拉长"，所以转变为"延长"的意义，因之有"引延""引申"的意义；"把弓弦向后拉"，因之又转变为"引导""引退""牵引""引演""引诱"等义。这个词原来指"开弓"的动作，引申为其它相关联、相类似的动作意义。

向　《说文》："向，北出牖也。"古文作，象房子壁间的窗口，本义专指朝北的窗口。《诗经·豳风·七月》："塞向墐户。"（把朝北的窗户堵塞起来用泥涂上。）《史记·秦始皇本纪》："南至北向户"（南边一直到那个窗户都向北开的"北向户"地方），都是用"向"的本义，由"北向"的意义引申为一切"朝向"义，再引申为"方向"义。由实体的概念转变为动作的，再由动作的转变为实体的。

劝　《说文》:“劝,勉也。”本义为“勉励”“教使用力”。如《荀子·劝学》:“学不可以已。”说“学习不可以停止的”,敦劝我们用力于学习。由“劝勉”义引申为“劝教”“劝告”“劝解”等义,都是表示动作的概念。

绳　本义为“绳索”。又为“绳墨”的绳,《荀子·劝学》:“木直中绳”,又:“木受绳则直”,说“直的木料是合乎绳墨的”;“木料受了墨线弹过就成为直的了”。所以引申为“正直”义,又引申为“纠弹”义,把“曲”纠正为“直”,所以又有“惩办”义。《史记·秦始皇本纪》:“今上皆重法绳之”(现在您皇上对这些儒生都用重刑来惩办他们)这句里的“绳”,就是用这种引申义。由实体的概念转变为状态、动作的概念。

兵　《说文》:“兵,械也。”本义当为“兵器”,《史记·秦始皇本纪》:“收天下兵,聚之咸阳,销以为钟、鐻、金人十二,重各千石,置廷宫中。”(把天下所有兵器都收集过来,积聚在都城咸阳地方,并把这些兵器销融铸成钟、鐻等乐器及十二个大金人,每个都重千石,放在朝廷或皇宫当中。)这里的“兵”,就是用它的本义。由“兵器”义引申为“执兵器”的“士兵”,《战国策·赵策》“触詟说赵太后”:“必以长安君为质,兵乃出。”(一定要用赵太后的小儿子长安君作为抵押,齐国的士兵才会出来。)再由“士兵”义引申为“军队”“军权”“军政”等义,《史记·项羽本纪》:“兵未战而先见败征,此可谓知兵矣。”(军队还没有打仗,就预见到兵败的征兆,这可以说是懂得用兵之道了。)这里是用“军队”义。《左传·隐公三年》:“公子州吁,嬖人之子也,有宠而好兵。”(卫国的公子州吁,是卫庄公嬖妾所生的儿子,为卫庄公所宠爱,喜欢玩弄军权。)又《隐公四年》:“夫州吁阻兵而安忍,阻兵无众,安忍无亲,众叛亲离,难以济矣。夫兵犹火也,弗戢,将自焚也。”(那州吁依靠军政大权,征伐不已,残暴地对待人民,所以群众背叛他,亲属也离开他;众叛亲离,很难成事了。玩弄那军权,等于玩火一样,不停止的话,就要烧到自己身上来的。)这里是用的"军权""军政"义。又由"士兵""军队"等义引申出"战争"的意义,《孙子·计篇》:"兵者,国之大事,死生之地,存亡之道,不可不察也。"(战争是国家的大事,关系到军民的生死,国家的存亡,是不可以不认真研究的。)又《史记·秦始皇本纪》:"天下共苦战斗不休,以有侯王。赖宗庙,天下初定,又复立国,是树兵也,而求其宁息,岂不难哉!"(过去战国时候,因为有好几个侯王对立,大家都苦于战斗不休。幸亏靠了祖宗在天之灵,灭了六国,天下刚刚平定下来,如果再回转来,又要实行封建诸侯,建立许多邦国,这是树起战争的;而想要求安息宁静,岂不困难吗!)这些地方用的,正是"战斗""战争"义。"兵"这个词的引申意义有多种,而都属于实体的概念。

去 "凵""去""笶"当为同字,本义为"饭器"。《说文》:"凵,凵卢,饭器";"凵""去"两部列在"皿"部之后,"皿,饭食之用器也";又"卢,饭器也";字亦作"筥""篆"。《方言》:"篆,南楚谓之筲,赵魏之郊谓之笶篆";郭注:"盛饭筥也"。"去篆"就是"凵卢",也就是"凵""去"或"卢""筥"的"慢声"。"慢声为二,急声为一",即"合音词"的构成关系。"凵"是象形字加上盖子""(不是"大"字)即为"去"字,再加竹头,即为"笶"字。"去"本义既为"饭器",所以引申为"收藏"义,器具用来存藏,"去"亦训"藏",即为"藏弆"的"弆"。《汉书·李广苏建传》"苏武传":"武既至海上,廪食不至,掘野鼠去屮实而食之。"(苏武到了北海上去牧羊之后,匈奴供应的粮食没有送到,他就掘取野鼠收藏草果来作食品。)这里用的就是"存藏"义。由实体的概念转变为动作的概念。这个"藏弆"意义的相反方面,就是

"离去""弃去""除去"等义,依据"反训"之例,如"乱"为"治","徂"为"存"之类,"藏去"字因之又有"离弃"义。《论语·微子》:"微子去之,箕子为之奴,比干谏而死。"(〔商纣昏乱残暴,〕微子离弃了他,箕子〔假装疯癫〕做他的奴隶,比干向他谏劝而被杀。)又《颜渊》:"子贡问政。子曰:'足食,足兵,民信之矣。'子贡曰:'必不得已而去,于斯三者何先?'曰:'去兵。'子贡曰:'必不得已而去,于斯二者何先?'曰:'去食,自古皆有死,民无信不立。'"(子贡问怎样办理政事。孔子说:"充足粮食,充足军备,百姓对政府有信心了。"子贡说:"如果迫于不得已,在粮食、军备和人民的信心三者当中要丢弃一项,要先丢弃哪一项呢?"孔子说:"丢弃军备。"子贡说:"如果迫于不得已,在粮食和人民的信心两者当中要丢弃一项,又要先丢弃哪一项呢?"孔子说:"丢弃粮食。〔没有粮食,人民不免死亡,〕自古以来都免不了死亡;如果人民对政府没有信心,国家根本就站不起来的。")这里用的便是"存藏"的反面意义"废弃""离开""除去"了。至于来去的"去",用来代替来往的"往",大概是比较晚后产生的;作为"趋向动词"的"去"的形成,更是晚后的了。

从上面所举的例子看来,词义的引申转变,一方面根据于社会上实际应用的需要,另一方面也根据于反映客观事物的人们心理上联想的规律。由"开弓"的"引"转变为"引延""牵引""引导"等义,由"绳墨"的"绳"转变为"纠弹""惩办"等义,由"窗户"的"向"转变为"朝向""方向"等义,这是根据于联想的"类似律",采取类似的事物来作比喻。由"劝勉"的"劝"转变为"劝教""劝说""劝解"等义,由"兵器"的"兵"转变为"士兵""军队""军事"等义,这是根据于联想的"接近律",应用接近的事物来替代。由"藏弃"的"去"转变为“离弃”“废除”“去掉”等义，这又是根据于联想的“对比律”，用正面意义的词语来表示反面的意义，这叫做“相反为训”。“反训”之例，也可以应用到复合词的构造方面来，上文讲过，有些联合式的复合词包含了相对相反的意义的并列词素，却变为相类相同的意义，这使得原来包含两方面的意义变成单方面的意义，叫做“复词偏义”之例。“去”和“来”，一般是认为“反义词”，但是用作并列词素构成了“去来”这个复合词，往往只是表示单方面的意义“来”。“归去来兮”，应当解释为单方面意义“归来兮”。

词义发展的结果，使得词的一种意义引申转变为多种不同的意义，在构词方面，用这样词义的分化作为基础，把一个单音词与其它意义上相类相关或相对相反的一些单音词结合起来，构成许多双音词；在词汇的应用方面，又随着这样词义的分化扩大应用的范围，“多义词”的产生就是使一个词当作几个词来应用，无形之间又使词汇本身的丰富性成倍成倍地增长。词汇的这种丰富性，表现在许多方面，最显著的是：第一方面，上文所说词的形式和构造的多样化；第二方面，上文也说过词汇来源和成分的复杂化；第三方面，多义词的产生使一词作数词之用；还有第四方面，词义的引申转变，又使得“同义词”和“近义词”增多起来。大家知道，同义词、近义词的增多是词汇丰富性的一种重要的表现，但是同义词、近义词之所以增多，间接也是由于词义引申转变的结果。

多义词是“同词异义”，就是“一词数义”，同义词、近义词是“同义异词”，就是“一义数词”，看起来这两者是相反的，而实际上是相成的，在产生的过程上有互相促进的作用。因为词义的发展，使得一词产生数义，而在几个词同时各自产生的数义当中，有一义相同或相近的，这几个词便成为同义词或近义词。所以同义词、近义词的产生，间接也是由于词义发展的结果。这里用《尔雅》开头一条里的几个词来作说明的例子。《尔雅》一类的书，可以说是古汉语的“同义词典”，书中大部分是把古典作品中应用的许多同义词、近义词一条一条地归纳起来，叫做“同意相受”，正跟“据形系联”的《说文》和“同音类聚”的《广韵》鼎足而三，即“形、音、义”三种排比标准的字典、词书。《尔雅》第一篇《释诂》所列第一条“始也”，开头一个词是“初”。《楚辞·离骚》：“摄提贞于孟陬兮，惟庚寅吾以降；皇览揆余初度兮，肇锡余以嘉名。”（正在那寅年开始的寅月，在庚寅那一天我降生了；我父亲在我初生下来的时候，就把我仔细打量一番，就赐给我一个美好的名字。）这里“初度”的“初”，表示“开始”的意义，正是表示《尔雅》所解释“始也”的意义。可是在文字上“初”在“刀”部，“从刀衣”，本义是指“裁衣”，“裁”是“制衣”的开始，所以引申为“始也”。其次是“哉”“首”“基”等。“哉”是个假借字，用来代替“才”这个词的，“才”古文作“”，指地下有土，栽植树木，原义为“栽植”的“栽”，引申为“木材”“人才”等义；“栽植”为“树木成材”的开始，也引申为“始也”。“首”，篆字作“”，象“人头”，人的头是“身体”的开始，也引申为“始也”。“基”，“从土，其声”，“地基”是它的本义，为“筑墙”的开始，也引申为“始也”。从文字上来看，“首”是象形字，本义为“人头”；“才”是指事字，本义表示“栽植”；“初”是会意字，本义为“裁衣”；“基”是形声字，本义为“地基”：这四个词，原来意义各不相同，由于引申转变，而同训“始也”。这是“同意相受”之例。由此可见词义的发展，直接使得多义词的产生，间接也促成同义词、近义词的增多。

同义词、近义词的增多，表示词汇随着社会的发展而日益丰富。我们从古典作品里常常看见很多同义词、近义词，可以知道古汉语已经是很发达的语言，它的词汇是很丰富的。例如《诗经·魏风·伐檀》：“寘之河之干兮”，“寘之河之侧兮”，“寘之河之漘兮”（译文见上两章）这三句里的“干（岸）”、“侧”“漘”三个词，都是指“水边”；刘禹锡《酬乐天扬州初逢席上见赠》：“沉舟侧畔千帆过，病树前头万木春。”(沉没了的船,它的旁边却有千千万万的帆船行驶过;病枯了的树,它的前头却有千千万万的树木滋长着。)“侧”“畔”也是指“水边”“旁边”。《诗经·秦风·蒹葭》:“所谓伊人,在水之涘。”(所指的那个人,正在水的旁边。)这里的“涘”也是指“水边”。柳宗元《送薛存义序》:“河东薛存义将行,柳子载肉于俎,崇酒于觞,追而送之江浒,饮食之。”(河东人士薛存义,要离开这里走了,我柳子把肉放在俎上,把酒充满在大杯里,追奔上去,到江边送他,请他饮食。)这里的“浒”,也是指“水边”。《诗经·小雅·北山》传:“滨,涯也”;疏:“浒、滨、涯、浦,皆水畔之地,同物而异名也。”可见“干(岸)”、“湄”“侧”、“畔(泮)”、“涯(厓)”、“涘”“浒(汻)”、“滨”“浦”等都是“同实异名”的同义词、近义词。

这样的同义词、近义词,往往有微细的差别,在阅读古典作品的时候,应加以慎重的审察,不能含混过去。例如《左传·庄公十年》“曹刿论战”:“下视其辙,登轼而望之。”(下了车子细看齐军战车行过的轨迹,又登上车前的横木——或说:登上车子,凭着车前的横木——远望了一回。)又:“吾视其辙乱,望其旗靡,故逐之。”(我察看了齐军战车行过的轨迹零乱,远远望见他们的军旗也倒下去,齐军是真正打败了,所以下令追击。)《左传·僖公二十八年》“晋楚城濮之战”:“请与君之士戏,君冯轼而观之,得臣与寓目焉。”(希望跟您的士兵作打仗的游戏,您凭靠着车前横木来注意地观看,我得臣也在那里参加过目吧。)又:“晋侯登有莘之虚以观师,曰:‘少长有礼,其可用也’。”(晋文公登上有莘氏国的废墟来观察晋国的军队情况,说:“我看军队里少小的、长大的都懂得礼节,该是可用的吧。”)《荀子·劝学》:“吾尝跂而望矣,不如登高之博见也。”(我曾经翘起两脚来远远地望,却不及登上高地时所看到的广博。)《诗经·魏风·伐檀》:“不狩不猎,胡瞻尔庭有县貆兮?”(你们不打猎,不获兽,抬头怎么看见你们院子里挂着野兽呢?)以上所举“视”“望”“观”“见”“瞻”等词，都是表示“看”，但“看”的情形、姿态有各种各样，“视”是“仔细地看”，所以构成“视察”“审视”“省视”等复合词；“望”是“远远地望”，所以构成“瞭望”“企望”“盼望”等复合词；“观”是“注意地看，向各方面看”，所以构成“观察”“观测”“观光”等复合词；“见”是“看到”，指看的结果，所以构成“看见”“见闻”“见世面”等复合词；“瞻”是“抬头地看”，所以构成“瞻仰”“观瞻”“瞻望”等复合词。它们都是同义词、近义词，在应用上有微细的差异，因之在阅读和解释作品时也必须留意这种用词上微细的差异。

同义词、近义词的反面，是“反义词”。两个或两个以上的词，具有相反的意义的，就是反义词。例如：

> 天行有常，不为尧存，不为桀亡。应之以治则吉，应之以乱则凶。强本而节用，则天不能贫；养备而动时，则天不能病；循道而不贰，则天不能祸。……本荒而用侈，则天不能使之富；养略而动罕，则天不能使之全；倍道而妄行，则天不能使之吉。……受时与治世同，而殃祸与治世异，不可以怨天，其道然也。(《荀子·天论》)——自然界运行有一定的规律。这种规律，不为着尧这样的人而存在，不为着桀这样的人而消亡。遵循规律，采取正确措施，就得到好的结果；违反规律，采取错误措施，就得到坏的结果。加强农业生产而又节约开支，那么自然界也不能使人贫穷；生活资料齐备而又时常运动，那么自然界也不能使人生病；遵循礼义之道而又专心不动摇，那么自然界也不能使人遭殃。……相反，农业生产荒废，又享用奢侈，自然界也不能使人富裕；生活资料缺乏，又不肯多活动，自然界也不能使人健全；违背礼义之道，胡作非为，自然界也不能使人得到好结果。……所处天时条件，与太平时期没有什么两样，但是遭受的灾难却与太平时期大不相同。这不能埋

> 怨客观自然界，而是自己主观上的原因所造成，道理是这样的。

这里的“存”和“亡”，“治”和“乱”，“吉”和“凶”，“强本”与“本荒”，“节用”与“用侈”，“贫”和“富”，“备”和“略”，“时”和“罕”，“病”和“全”，“循”和“倍(背)”，“不贰”与“妄行”，“祸”和“吉”，“同”和“异”，等等，都是反义词或意义相对相反的用语。

毛主席在《矛盾论》里教导我们说：“事物的矛盾法则，即对立统一的法则，是唯物辩证法的最根本的法则。”语言中的反义词和词义相对相反的现象，就是反映客观事物相矛盾相对立的实质。古典作品中，往往应用反义词来组成排偶的句法和其它联合结构，用来准确地反映客观事物的实际，同时也增进语言的鲜明性、生动性。例如：

> 一鼓作气，再而衰，三而竭，彼竭我盈，故克之。(《左传·庄公十年》“曹刿论战”)——第一次擂鼓时，战士们鼓足了勇气；第二次擂鼓时，勇气就有些减弱；第三次擂鼓时，勇气就全部消失了。齐国他们的勇气已消失，我们鲁国的勇气正充沛，所以打败了他们。
>
> 原田每每，舍其旧而新是谋。(《左传·僖公二十八年》“晋楚城濮之战”)——高平的土地上，草长得很茂盛，去掉了旧草根，打算播新谷种(借指抛弃楚君的旧恩惠，谋求晋国的新霸权)。
>
> 如受君币，而借吾道，则是我取之中府而藏之外府，取之中厩而置之外厩也。(《谷梁传·僖公二年》“晋献公假途灭虢”)——如果虞公受了我们送去名马美玉的礼物，而借给我们去伐虢的路途，那么，就等于我们把美玉从里面的仓库取出

来藏到外面的仓库，把名马从里面的马房取出来放到外面的马房一样。

出不入兮往不反，平原忽兮路超远。（《楚辞·九歌·国殇》）——出来作战，不再回去了，一往直前，义无反顾，在风尘迷漫的平原上，奔驰着遥远的路程。

此其近者祸及身，远者及其子孙。岂人主之子孙则必不善哉？位尊而无功，奉厚而无劳，而挟重器多也。（《战国策·赵策》"触詟说赵太后"）——这些人近的本身就灭绝了，远的到子孙也灭绝了，难道是这些王侯的子孙一定不好的吗？因为他们地位高而没有功勋，俸禄厚而没有劳绩，又拥有象征权力的宝器太多了。

木直中绳，輮以为轮，其曲中规，虽有槁暴，不复挺者，輮使之然也。（《荀子·劝学》）——本来直的木料合于直的墨线，可是用火熏了使它弯曲，用来制造车轮，它也弯曲得合于圆规了，虽然有些地方干枯露出火熏的痕迹，但终于不能再挺直了，这是火熏使它弯曲所造成的。

民勇于公战，怯于私斗，乡邑大治。（《史记·商君列传》）——人民对于国家的战事很勇敢，对于私人的争斗却很胆怯，各乡各县都很有秩序。

这些句子里，"作气"和"衰竭"，"竭"和"盈"，"舍弃"和"谋求"，"新"和"旧"，"中"和"外"，"出"和"入"，"往"和"反（返）"，"近"和"远"，"位尊"和"无功"，"奉（俸）厚"和"无劳"，"直"和"曲"，"挺"和"輮"，"中绳"和"中规"，"公"和"私"，"勇"和"怯"，等等，都是用来反映事物矛盾对立的关系。

上面讲过，原来的反义词，依据"反训"之例，可以转化为同义词。《礼记·内则》"佩容臭"注："容臭，香物也"；正义："臭谓芬芳”，这里“臭”变为“香、芬、芳”的同义词了。《周礼·天官·大宰》：“以扰万民”注：“扰犹驯也”；疏：“扰则驯顺之义也”，这里“扰”变为“驯、顺”的同义词了。依据社会应用的需要，依据反映客观事物的联想“对比律”，同义词和反义词可以互相转化。反义词，正跟多义词、同义词一样，都是词汇的丰富化和词义的发展过程中产生的，增多的。

（四）《尔雅》和《经籍籑诂》

上文讲到同义词的时候，提起《尔雅》一类的书是用古汉语的词义来做排比标准的字典词书，也是我国古代流传下来最早的一种阅读古典作品的工具书，是我国关于古代语文的“训诂”方面的代表著作。《尔雅》之于“训诂”，犹如《说文》之于“文字”同样的重要。所谓“训诂”，就是解释词义。解释词义有两种方法：一种是用现代普通话的词来指明古语词、方言词等的意义，这叫做“诂”；另一种是说明各词的定义、应用范围及其和别的同义词、近义词的分别，这叫做“训”。例如上文举过的《尔雅·释诂》篇里第一条“始也”下面的郭璞注：“此所以释古今之异言，通方俗之殊语”；这就是说“初、哉、首、基”等实际都是古语词或方言词，用当时普通话的“始”来指明它们就是这个的同义词，那么，用着它们的古典作品，在阅读时就可以了解了。“诂”就是“古言”，以今语释古语，古语就可以通了；同样，以“通语”“凡语”（普通话）释方言，方言也可以通了，所以说：“释古今之异言，通方俗之殊语。”又如：上章举过“一岁一枯荣”的“荣”，在《尔雅》里是指“草上的开花”，《释草》篇末了一段：“華，荂也；華，荂，荣也；木谓之華，草谓之荣，不荣而实者谓之秀，荣而不实者谓之英。”这是说“華、荂、荣”是同义词，“荂”是指一般的“开花”，“華”是指“树木上”的开花，“荣”是指“草上”的开花，所以“枯荣”的“荣”用来指“草”，是很贴切的；它们和“秀”“英”也是近义词，不开花（或者开了花看不出来）而结果的叫做“秀”，开了花而不结果的叫做“英”，这里的“英”也就是上章举过的《楚辞·九章·涉江》“登昆仑兮食玉英”（登上昆仑山，吃了玉石般的花朵）的“英”。这就是说明各词的定义、应用范围，并且确定一些同义词、近义词之间的微细差别，使得我们在阅读古典作品时对于其中应用的词语都有了明确的概念。“训”是“训释”，就是解释词语的“涵义”，说明词义的“内包”，“训”和“诂”，表明两种解释词义的方法，并举对言，往往有别；但单举混言，也可以互相概括。《尔雅》分《释诂》《释言》《释训》为三篇，段玉裁《说文解字注》“诂”字下面说：“《尔雅》析‘故’‘训’‘言’为三，三而实一也。”

《尔雅》这部书的名称，一般解释，说是“尔”是“昵近”“依据”的意思，“雅”是指“雅言”“普通话”“标准语”，古典作品里有许多古语词、方言词及其它一般不通行的词语，要依据当时所谓“雅正之言”来解释，至于说明各词的涵义，辨别同义词、近义词等，也要应用一般通行的话来讲。现在留存的《尔雅》是东晋（第三、第四世纪时）郭璞的注解本，分十九篇：《释诂》《释言》两篇，类集古汉语中常见的代词、动词、形容词及虚词等，以见于《诗经》《书经》里的为多；《释训》一篇，解释《诗经》中的迭音词、重迭词或整个语、句；其下关于“亲”（亲属）、“宫”（宫室）、“器”（各种器物）、“乐”（音乐、乐器）、“天”（包括年岁、四时、节气、天文、气象、祭祀、狩猎等）、“地”（地理及各地物产）、“丘”（丘陵）、“山”（山岳）、“水”（泉名、水名及和水有关联的事物）、“草”“木”“虫”“鱼”“鸟”“兽”“畜”（家畜）十六篇，解释各种领域的名词，包括普通名词、特别名词、专门用语等。这样词义的分类，并不是很科学的，而且同一个词语、各篇之间、或每篇之中，层见迭出，不一而足。例如上面举出过《诗经·十月之交》里的“山冢崒崩”一句用词，《尔雅·释山》加以解释，说：“山顶冢，崒者厜㕒”；指明“冢”就是“山顶”，“厜㕒”就是由“崒”这个单音词引衍而成的双音联绵词，也就是“崔嵬”的“异文”。可是《诗经·周南·卷耳》里：“陟彼崔嵬”，“陟彼砠矣”；也用了这个词以与“砠”对言，《尔雅·释山》又加以解释，说：“石戴土谓之崔嵬，土戴石为砠。”“崔嵬”和“厜㕒”，文字写法不同，实在同是一个词，《尔雅》在同篇里却把它分成两处而加以不同的解释。又如上面举出过的“岸”“漘”“涘”“浒”等同义词，《尔雅·释丘》：“望厓洒而高岸，夷上洒下漘”（“漘”字上有“不”字，或谓发声，或谓衍文，今不照录）；又“重厓岸，岸上浒，……涘为厓”；在同篇里分做两处来解释了。又《释水》：“浒水厓”，这里又重见了。这样同一词语而重复出现的很多，说明《尔雅》是春秋战国到汉初几百年间儒家学派许多人先后编写，递相附益而成，最后也没有经过整理的。相传“《释诂》一篇盖周公所作，《释言》以下，或言仲尼所增，子夏所足，叔孙通所益，梁文所补”，这是儒家学者为这部书表彰的话，并不可靠。

《尔雅》这部训诂的书，几乎完全为着儒家经典而设置的，特别是《诗》《书》《礼》中的词语作为全书解释的中心对象，所以郭璞《尔雅序》说它是“九流之津涉，六艺之钤键”，它自身也成为为封建统治阶级服务的“十三经”之一。它是为“尊孔读经”而作，成书也一定在春秋以后儒家经典成型了的时候。郭璞说它“兴于中古，隆于汉氏”；这里所谓“中古”，是指周代，说《尔雅》的产生，大约在周汉之际，也表明它与儒家经典的密切关系。例如《释训》篇，很多用来解释《诗经》中的迭音词和整个辞句。关于《小雅·六月》里“张仲孝友”一句，说：“善父母为孝，善兄弟为友”；和《毛传》的解释相同。关于《卫风·淇澳》这篇里的辞句说：“如切如磋，道学也；如琢如磨，自修也；瑟兮僩兮，恂慄也；赫兮烜兮，威仪也；有匪君子，终不可以谖兮，道盛德至善，民之不能忘也。”这段话与《礼记·大学》里所引的相同，全是用来宣扬封建思想，吹捧当时的统治阶级的。

《尔雅》里这样借着解释词句的意义，来传播的封建性糟粕，必须要加以批判。

至于《尔雅》一书之所以成为我国训诂学的始祖，决不是因为它的大部分为着解释儒家经典的词语而本身也成为儒家经典之一，而是因为它是古汉语词汇学、词义学的发端。上面讲过，《尔雅》是古汉语“义书”的首创者，一方面把许多同义词、近义词类集起来，表明它们之间“同意相受”的关系，同时也确定一些同义词、近义词之间的微细差别，使得我们对于各个词语都有了明确的概念；另一方面又表明“同词异义”的现象，往往把同一词语分列不同意义的各条，例如《释诂》篇“始也”一条有“肇”“基”两词，而“谋也”一条也有“肇”“基”两词，疏谓“作事谋始”；又如“往也”一条有“徂”这个词，而“存也”一条也有“徂”这个词，注谓“诂训义有反覆旁通，美恶不嫌同名”，即“反训”之例，这又使得我们明了词义的引伸转变，造成一词多义的现象。多义词的产生和同义词、近义词的增多，以及这两方面相互的关系，《尔雅》里都给我们以明确的启示。上面又讲过，《尔雅·释诂》注说：“此所以释古今之异言，通方俗之殊语”；可见《尔雅》这种“同义词典”，从词汇的成分来看，它是类集古汉语里基本词、古语词、方言词和许多专门用语而编成；同时它也搜罗当时的一些外来词，例如《释天》篇所列的“天干地支”的名目，“阏逢(甲)”、“旃蒙(乙)”、“困敦(子)”、“赤奋若(丑)”等等，当是从别的民族语中输入的。又从词的形式和构造来看，《尔雅》里不但汇集许多单音词，也搜罗了不少双音词、多音词，包括各种复合词和联绵词，特别是《释训》一篇的前半部分，包罗了《诗经》中的迭音词，足以见得当时也根据了声音的形式来排比词汇的。总之，《尔雅》一书足以显示古汉语词汇的丰富性，揭示了我国词汇上和词义上各种问题研究的端倪，继承它而作的训诂书，都不能轶出它的范围之外。

继承《尔雅》的训诂书，最著名的有三种：《方言》《释名》《广雅》。这三种书，以《广雅》最为晚出，可是我们为着叙述的便利起见，把它先来交代。《广雅》是三国魏太和年间的博士张揖所撰，依据卷首所载张揖《上广雅表》，原来分上、中、下三卷，唐以后分成十卷，共一万八千字。其书篇目次序完全因袭《尔雅》，博采汉人笺注、《三苍》、《说文》、《方言》诸书，增广《尔雅》所未备，所以叫做《广雅》。这种书只是《尔雅》的续编，体例性质没有什么变革。《方言》就不同了，完全是从方言词的角度来解释古今的同义词。这种书是西汉末年扬雄所撰，根据扬雄和刘歆来往的书信，原来有十五卷，今本只有十三卷；所记载各地区的方言词，有的根据于古代的典籍和历朝流传下来的采访记录，有的根据于作者当时直接向各地人访问调查的结果，把同义的方言词一条一条地类集起来，用当时的"普通话"加以解释，并分别注明各个方言词流行的区域。今本的末两卷里，这样流行方言区域的注明，大部分漏略了，似乎此书是扬雄历久没有完成的著作。因之后来一段期间里流传不广，直到东汉末年才显著起来。晋时郭璞除了作《尔雅注》外，又作《方言注》，注释此两书，常常应用晋代的方言来解释古语词，可见他是深受扬雄这种方言观点的影响的。方言词汇的流行区域，一般是比较不固定的。上面举出过《史记·陈涉世家》所说"楚人谓多为夥"，可见"凡物盛多"在汉初的楚地方言叫做"夥"；而扬雄在《方言》卷一里说："凡物盛多……齐宋之郊楚魏之际曰夥。"又可见到了扬雄作《方言》时，"夥"这个词的流行区域已经和汉初不同了。郭璞《方言注》中所举的晋代方言，其流行地区也往往和扬雄书里所说不同。由于方言词汇在地区上的流动性和当时调查技术的限制，扬雄就感到如答刘歆书中所谓"语言或交错相反"，他作这样的"方言词典"是相当艰巨的，其书历二十七年还没有完成的原因或许在此。从《尔雅》的"同义词典"引衍而为"方言词典"，它是《尔雅》的一个分支。至于刘熙《释名》已经成为古汉语“语源学词典”了,是不是《尔雅》的又一个分支呢?这里须要对于《尔雅》的内容再加以补充说明。

《释名》,东汉末年刘熙撰,共八卷,分二十七篇,体例仿效《尔雅》,而专用音同或音近的字来解释,推究事物命名的由来,所谓以同声相谐,推论称名辨物之意。我们在上章里举出“邦”和“封”两字,在上古音里读成双唇音声母“b-”,《释名》里正是用“封”字来解释“邦”的意义;同样,“尾”“微”“末”三字,在上古音里都读成双唇鼻音声母“m-”,《释名》里也正是用“微”“末”两字的意义来解释“尾”字。其它如“迩”和“暱(昵)”,“中”和“当”“值”等在上古音里是双声字,在意义上又相贯通。《释名》这种书就是把这样音义并通的字类集起来,可以供我们辨证古音和古义,也用来探求语源。因为有“音同义通”关系的词,是用同一音素来表示同一意念,语言学上叫它们做“同源词”,认为它们由同一语源派生的。在训诂学上,用这种“同源词”来相解释,就是用音同或音近的字为训,形成了一种训释词义的方法,叫做“音训”。实在《尔雅》当中这种“音训”之例是很普遍的。这里举出《释诂》《释言》两篇中的例子:

“诰,告也”;“古,故也”;“干,扞也”。(以上是声旁字和形声字相训释)

“胎,始也”;“陪,闇也”;“畛,殄也”;“幕,暮也”。(以上是同声旁的形声字相训释)

“崇,充也”;“崇,重也”;“晋,进也”;“徂,在,存也”;“迓,迎也”;“逆,迎也”;“圮,败,覆也”;“复,返也”;“竟,疆也”;“顁,题也”;“颠,顶也”;“贸,买也”;“贻,遗也”;“並,并也”;“樊,藩也”;“逼,迫也”;“燬,火也”。(以上是音同或音近字相训释)

这种“音训”之例，周汉间的训诂家是常用的。《说文》的说解中所见也不少，如“羊，祥也”；“马，武也”；等等。可见《释名》一书，不但体例模仿《尔雅》，它所专用的“音训”方法也是源出于《尔雅》的。汉语的语源研究，应当以《尔雅》《释名》等书为重要的资料。

但是《尔雅》一类的“义书”，根据词义来分类排次，最不便于查检，很不宜于作为一般的工具书。为着便于查检，一般人总是喜欢采用“音书”和“形书”，即依据部首或韵目来编排的字典词书。即使关于古典作品里的双音词，一般人也不惯于应用那种仿效《尔雅》体例的象明朝朱谋㙔所作的《骈雅》，而是喜欢应用近人朱起凤所作依据诗韵编排的《辞通》和符定一所作依据部首编排的《联绵字典》。1949 年后科学出版社出版的周祖谟所撰《方言校笺》，附有吴晓铃主编的《方言校笺通检》，对于扬雄此书的研究和查考，给予不少的便利；只是编制通检时，汉语拼音方案和简体字表似乎没有公布，所以只有外文拼音检字和繁体字笔画索引，还是有待于以后的补充和修正。至于查考《尔雅》《释名》《广雅》中的词语和解释，我们现在只能借助于那部汇集古代训诂的巨编《经籍籑诂》了。

《经籍籑诂》是清代一个大官僚阮元（一七六四——一八四九）视学浙江时所主编的，他延请了臧镛堂等数十人，收集唐代以前古书中的训诂和注解，按平水诗韵一百零六部编排而成的一部字典。以一个韵部为一卷，全书共一百零六卷，出版于清嘉庆三年（一七九八年）。全书的体例，把古书中的训诂和注解汇集在各字下面，又把各字列在各个韵部中，同一韵中各字先后，是按照《佩文韵府》来排列的；钱大昕序文中说它“即字而审其义，依韵而类其字”；臧镛堂后序又说是“分籍籑义，依韵归字”。按照诗韵编排字体，这完全是依据当时一般读书人的习惯，现在看来，很觉不便，但是比起《尔雅》一类的“义书”来，却是还有办法可以查检。世界书局版，书前附有一个按笔画排列的目录索引，我们又可以利用这个索引进行查阅，更增加便利了。我们现在要查考《尔雅》《广雅》等书里对某个字的解释，就可以利用这部《经籍籑诂》来检寻，其它古代的训诂和各种古书的注解，也同样借用此书来查考。王引之序文当中说它“检一字而诸训皆存，寻一训而原书可识”。所以《经籍籑诂》这部书本身就是我国古代训诂学资料的索引，对于古汉语词汇学、词义学的研究提供不少便利，对于我们阅读唐朝以前的古书也有很大帮助。

《经籍籑诂》不仅收集解释单字（代表单音节的词、词素等）的资料，在各个单字之下也搜罗有关的各种双音词的解释。它把《尔雅》等书和古书传注中所解释的种种双音词也列入单字之下，凡是双音词中原来把各个音节分开来解释的，就分列于各字之下；一般的迭音词、联绵词，两字同义，不可分训，就是不能拆开来解释，就隶属于第一个字（或称“字头”）下面。“凡例”中关于“分韵归字”的有一条说：“归字以所训之字归韵，如‘逑，匹也’，归入‘尤’部。双字如‘窈窕’，‘美容曰窈，美心曰窕’，分系‘篠’部‘窈’‘窕’二字下；‘参差’则归于‘侵’部‘参’下，‘崔嵬’则归于‘灰’部‘崔’下。”依据这个条例的规定，上面举出的“斯须”这个词，我们在上平“四支”的“斯”字下看到它所收录的《礼记・祭义》注和《汉书・礼乐志》注，其中解释说：“斯须，犹须臾也。”“须臾”这个词，我们在上平“七虞”的“须”字下看到它所收录的《文选・北征赋》注，其中解释说：“须臾，少时也。”这样把“字”和“词”结合起来收集古代的训诂的资料，确实对我们阅读古书给了不少的帮助。又在字典、词书的体例上，这样以“字头”带双音词之例，再由双音词扩大到“成语”“熟语”等词组、句子以及各种专门术语的范围，都可以从它们当中的第一个字来检寻，这就成为现今《辞源》《辞海》等的编制体例了。

《经籍籑诂》最突出的一点就是包含有“尊孔读经”的目的。它在包罗古代训诂的资料当中，从先后排列的次序上来体现尊崇儒家经典的观念。它这种排列的次序，又是深受那种儒家训诂学经典《尔雅》的影响的。首先依据它所谓各字的“本义”“引伸义”“假借义”来排次，而每一种字义下所引据的古籍，又首先按照儒家经典的排次，再轮及其它。阮元所手订的“凡例”中有两条说：“诂以本义前列，其引申之义展转相训者次之，名物象数又次之；其诂训繁多名物丛积者，先后之次，略依《尔雅》十九篇之目”；“引用群经，仿陆氏《释文》之次，先《易》《书》《诗》，次《周礼》《仪礼》《礼记》，次《左氏》《公羊》《谷梁》，次《孝经》《论语》等”。以表示所谓“尊经”之意。清代所谓“乾嘉学派”研究文字训诂，其主要目的就是在“尊孔读经”，以为封建统治阶级服务。这种基本的反动观念，首先应当加以批判。

又《经籍籑诂》所收集古书中的训诂，很多是一些经生有意附会不合原文的解释。例如上面几章里举过的《伐檀》诗，内中所说“彼君子兮，不素餐兮！”这是反问的语气，“君子”是指那些贵族老爷们。可是《毛传》解释“素”字，说“空也”，因之孔颖达《疏》谓“彼伐檀之君子，终不肯而空餐兮”，这样把原文的意思弄颠倒了，完全是由于附会《毛传》错误的训诂而起。又如《硕鼠》诗里“三岁贯女”的“贯”，明明是“豢”字的假借，说多年豢养了那些大老鼠，那些剥削者。《毛传》却把“贯”字解释做“事也”，怎么说是“服事大老鼠”了呢？显然这样附会的解释是属于剥削阶级的儒者们所杜撰出来的，《经籍籑诂》都把这些训诂学上所包含的封建主义糟粕搜罗进去，我们现在当然要加以严格的鉴别。

又其次，《经籍籑诂》所谓“以本义前列”，引申义、假借义后列，实际它所前列的字义，多是一般的常用义，不是文字上的本义。例如“元”字，我们讲到《说文解字》这部书的时候，指出了它的本义应当是“人首”，《尔雅》《说文》等书解释做“始也”，这是它的引申义；《经籍籑诂》上平“十三元”里“元”字，以“始也”的解释放在前列，其后再列“首也”一义。又它所指的本义，不依据于《说文》，关于《说文》的说解，仅列入“补遗”中。例如下平“八庚”里的“兵”字下面，首列“防也”一义，把“军事”“军政”“军备”“战争”等义放在前列，而后再列“兵器”义。又“凡例”的一条说：“诂以声相近者前列者，如‘一东’：‘东，动也’，‘风，氾也’，‘衷，中也’；‘三肴’：‘爻，效也’，……”这就是指用同音字来解释的“音训”放在前列，实际就是认为“本义”。可见此书注重“音义”，而忽略“形体”，所以不讲究文字上的本义。总之，《经籍籑诂》这种书，我们作为考查古代训诂和阅读古典作品的工具，必须要加以批判和整理，才能适合我们的需要。

《辞源》《辞海》，是近几十年来最通行的两部工具书。《辞源》，由商务印书馆编印，出版于一九一五年；《辞海》，由中华书局编印，出版于一九三六年。《辞源》又于一九三一年出过一本续编，一九三九年，正编、续编合为一整册印行。这两部书都用部首笔画排列法，单字查阅与《康熙字典》大致相同；多音词和词组等系于它们当中第一字（也叫“字头”）的后面，并按照字数的多少及第二三个字的笔画数目分列先后，少的列前，多的列后。这两部书解释字、词等的体例亦大致相同。先解释单字的读音和意义，注音用反切、直音并注明所属诗韵韵部；解释字义，大体上首列出各字通行的本义，次列引申义等，如“兵”字，先列“兵器”义，再列“战士”义等。其次再解释双音词、多音词、词组、句子等的意义和用法，一般是在词条下先释意义，然后引例证明。古典作品中一般应用的字、词，都有解释引证，往往引有古书里句子。例如《辞海》“兵”字下，第一种意义：“械也，见《说文》‘収’部。按《世本》‘蚩尤以金作兵’。”这样引用古书作证，对于阅读古书也有帮助。

《辞源》《辞海》对于单字这样先注音，后释义，释义时引用古书作证，一定是受有《康熙字典》的影响的，在编制时也一定参考了

《康熙字典》。但是《辞源》《辞海》远远比那些以单字为解释的字典，用处要多得多。它们不仅解释了单字，而且还解释了大量的多音词、成语典故、古今名物制度、古今人名地名，以及现代社会科学和自然科学方面的名词术语。我们在阅读古典作品的时候，碰到难懂的多音词或词组，可以查阅这两部书。又它们对于近二百年来清代学者对词义研究的成果，也有所吸收。例如《辞海》"终"字下第四种意义："既也。《诗・邶风・燕燕》：'终温且惠'。"（《辞源》"终"字第九种意义同）这是采取王念孙的研究成果的。《辞海》"终风"条下第二种意义："西风也。见《诗・邶风・终风》释文引《韩诗》。王念孙释'终'为既，'终风且暴'谓既风且暴也，于义较长。"《辞源》《辞海》这种比较确当的解释，对我们阅读古书，了解古语词义，实在比《康熙字典》《经籍籑诂》有更大的用处（《康熙字典》没有解释"终风"；《经籍籑诂》录《韩诗》"西风"的解释，又录《毛传》"终日风"的解释）。又就单字的解释来说，《康熙字典》等只是照抄前人的解释，仅仅做到材料的堆积，没有经过恰当的安排。《辞源》《辞海》则在一个字具有几种意义的地方都用数目字标出，而且往往用作者自己的话来解释各种字义，这样就使读者更容易了解。这是《辞源》和《辞海》的优点。

《辞海》的编印，比《辞源》要后二十年，在体例上内容上都有比《辞源》改进的地方。最显著的是引书注明篇名，这样就便于核对原书；其次释文比较通俗，也便于普及；又解释字、词的意义也往往比较恰当。例如"社稷"的条目下，《辞源》把这个词的意义分成"土谷之神"和"国家之代称"两种意义来解释；《辞海》则合成一种意义来解释，说："社土神，稷谷神，为天子诸侯所祭。……古之有国者必立社稷，以社稷之存亡示国家之存亡。……"把第一种意义作为这个词的语源和构造来说明第二种意义形成的由来，实际应用上只是后者而不是前者。这样的处理，《辞海》是比较妥善的。又引据古书作例证，注明出处，《辞海》也往往比《辞源》注得详明，这也是《辞海》后来居上的。

但是这两部书，都是在几十年前编印的，虽然它们在条目取舍上可以互相补充，在释文内容上也可以择长去短地来应用，而毕竟都成为“老书”，远不能适合形势发展的要求；特别是1949年以来，全国各方面都起了翻天覆地的变化，人民群众的文化普遍地迅速地提高，对于各种工具书的需要是极其强烈的，对于各种工具书的要求也是极其严格的，这两部“老书”也日益暴露了内容上形式上的种种错误和缺点，不但在立场观点方面，即在编制、注释、引证等的体例上都存在着不少的问题。当然，它们都有加以重新修订和改编的必要。又为着辞书的分工，《辞海》已决定改编做百科中型辞书，《辞源》已决定改编做古典文学的中型辞书。

四、语　　法

（一）古汉语的词类和结构

上章里讲起过，汉语的词可以分做“实词”和“虚词”两大类。实词，主要的是用来表示词汇的意义，代表实体、性质、状态、动作、变化、数目等的概念。虚词，是用来表示语法的意义，就是表示各种关系和语气，包括反映客观事物的各种概念之间的关系，以及说话人对于听话人的要求，对于说话内容的态度和情感等。例如：

李斯者，楚上蔡人也。年少时，为郡小吏，见吏舍厕中鼠，食不洁，近人、犬，数惊恐之。斯入仓，观仓中鼠，食积粟，居大庑之下，不见人、犬之忧。于是李斯乃叹曰：“人之贤不肖，譬如鼠矣，在所自处耳！”乃从荀卿学帝王之术。（《史记·李斯列传》）——这个李斯，是楚国上蔡县的人。他年少的时候，做县里郡区的小官，看见官房厕所当中的老鼠，吃了污秽的东西，又近旁有人、狗，常常惊吓它们。李斯又进了仓库，观看仓库里的老鼠，吃了积存的粮米，居住在大廊檐下面，毫不受到人、狗的惊吓。于是李斯就慨叹地说：“一个人有没有出息，正象老鼠一样了，只是在于他自己所居处的地方罢了！”他就跟荀卿去学习帝王治理天下国家的法术。

这里的“李斯”“楚”“上蔡”“荀卿”等，是属于实体的人、地等的专名，我们叫做“专有名词”；“人”“郡”“吏”“舍”“厕”“鼠”“犬”“仓”“粟”“庑”“帝”“王”“术”等，是代表一般的实体概念的，我们叫做“普通名词”；“年”“时”等，是代表时间概念的，我们叫做“时间名词”；“中”“下”等是代表方位概念的，我们叫做“方位名词”：以上代表实体的概念的，总称为“名词”。又“少”“小”“洁”“近”“大”“贤”“不肖”等，都是代表性质、状态的概念的，总称为“形容词”。“为”“见”“食”“惊恐”“入”“观”“积”“居”“忧”“叹”“曰”“譬如”“处”“学”等，都是代表动作、行为、变化的概念的，总称为“动词”。又“食不洁”的“不”，“数惊恐之”的“数”等，是表示否定、时间、程度、范围等的意义，用来修饰动词、形容词的，称为“副词”。又“数惊恐之”的“之”，是用来代替“老鼠”的，这样用来指称人、物，代替名词、动词、形容词等的，称为“代词”。名词、动词、形容词、副词、代词，还有一种代表数目概念的“数词”（例如同篇“此万世之一时也”一句里的“万”“一”），我们把这些词都归入于实词，因为它们在意义上都是代表实在的概念，在功用上又作为一般语言结构里的成分，叫做“结构成分”。至于这里的“者”“也”“矣”“耳”等，不代表实在的概念，只是用来表示语气：“者”在这里表示提顿，“也”表示断定事态的“本然”，“矣”表示断定事态的“已然”，“耳”表示断定事态的“仅然”（仅仅如此而已）（下文再当说明）。“于是”“乃”“在”“从”以及“大庑之下”等的“之”，“在所自处”的“所”等，也不代表实在的概念，而是用来表示“承接”“处所”“从由”“修饰”“受事”“对象”等的关系（下文再当说明）。表示各种语气的，叫做“语气词”；表示各种关系的，叫做“关系词”。它们不是作为一般语言结构里的成分，而只是用来表示语法的意义，或者在语言结构中显示一些组织的功用,所以它们归入于虚词的大类当中。

关于古今词类的分别,有一点引起我们注意的,就是古汉语里“量词”的运用不显著,就不应当把它列成一类。大概真正的量词到中古时期才开始普遍地应用,在上古的汉语里只有度量衡的单位名称和借用名词作为计量的单位,没有真正的量词“个”等。例如:

一车炭重千余斤,宫使驱将惜不得。半匹红纱一丈绫,系向牛头充炭值!(白居易《卖炭翁》)——一车子的木炭重一千多斤,被皇宫里派出来的太监们赶走了,虽然舍不得也没有办法。太监们用半匹红纱、一丈绫子作为炭钱,老翁不肯接受,他们就把纱和绫挂在牛角上走了。

两个黄鹂鸣翠柳,一行白鹭上青天。(杜甫《绝句四首》)——两个黄莺儿在翠绿的柳树中歌唱,一行白鹭鸟飞上了青天。

这些地方的“一车炭”“千余斤”“一丈绫”“一行白鹭”,还是上古汉语表示数量的方法;至于“半匹红纱”“两个黄鹂”,就是现代汉语的用法了。因此我们可以断定唐人诗句中所应用的量词,已经接近于现代汉语了。有的训诂家把古典作品里“一介书生”的“介”认为就是“个”,似乎上古时期已经应用了“个”这个量词。《书经·秦誓》“如有一介臣”,《礼记·大学》引作“若有一个臣”(有那样的一个臣子),可见“介”就是“个”。其实“一介”的“介”,显然有“微小”“轻贱”的意味,与后代“个”这个量词大不相同。例如:

君有楚命,亦不使一介行李告于寡君,而即安于楚,君之所欲也,谁敢违君?寡君将帅诸侯以见于城下,唯君图之。

(《左传·襄公八年》)——你郑国的君主,既然遭到楚国人的征讨,也不派遣一个跑腿的人来到晋国向我寡君告诉一下,就安心跟楚国人讲和,这正是你郑国君主本来所希望的,哪一个敢违背了你?我晋国寡君准备率领诸侯的军队到郑国去和你在城下相见了,请你打算打算。

这里的"一介行李",跟"一介书生"一样,含有轻微的意味。所以只说"一介",不说"二介""三介"等,不象"个",可以说"一个",也可以说"二个""三个"等。又上古汉语里也不常用"动量词","动量"的意义一般只是包含在数词或其它表示数量的词当中。例如:

夫战,勇气也。一鼓作气,再而衰,三而竭。(《左传·庄公十年》。译文见上章)

说"一次"只是用个"一",说"三次"或"好几次"也只是用个"三";这里更要注意的,说"二次"或"第二次",不用"二",而用"再",可见表示动量的意义,当时是作为副词的性质来看待的,也可见上古时期量词应用不发达的一种现象。

关于古汉语词类问题的处理办法,在实词方面,我们除了不立"量词"一类,只是把它归属于名词当中以外,与一般语法书上的分类相仿;在虚词方面,则大大地要求简化,只把它们分列成"语气词""关系词"两类。虚词的两类,连实词的六类:名词、形容词、动词、数词、代词、副词,共为八类。一般语法书上,注重虚词的用法,这是很对的,但是因此而把虚词作烦琐的分类,不切于实用,便与原来的意旨背道而驰了。我们认为一般所谓"叹词",象"感叹""呼唤""应答"等的声音,是一种纯粹的语气词;所谓"语气助词"和"语气副词",既然都是表示说话的语气,就不应该分为两类;至于所谓

"判断词",也是由于实词虚化的结果,用来表示断定的语气,它们的作用也是贯穿全句,不是仅仅和句中某词发生修饰的关系。说是"语气副词"只是用来修饰句中的动词、形容词,"判断词"也是受副词或其它状语的修饰等,这样认识是不符合汉语的实际,更是不符合古汉语的实际。我们又认为所谓"介词"和所谓"连词",在汉语当中并没有截然可以划分为两类的理由;又所谓"结构助词""连接副词",也和所谓"连词""介词"的划分有很多纠缠不清的事例。例如古汉语的"以",依据一般语法书的标准,有些地方认做"介词",有些地方认做"连词",实在只是令人困惑;又如"而",一般都归入"连词",实际有很多属于"结构助词"的性质(这里是指"以""而"最常见的用法,下文当再说明)。又如上面举的"于是李斯乃叹曰"和"乃从荀卿学帝王之术"的"乃"这个词,可以作"就""遂"讲,也可以作"于是""然后"讲,依据一般语法书的分类标准,可以归入于所谓"连接副词",也可以归入于所谓"连词"。那样好象"细密"的分类,结果还是混淆不清,徒然耗费学者的脑力,这是不是应当及时改革了呢?原来一般语法书上关于词类问题之所以有那样烦琐的分法,实在是因为受了西洋语法体系和语法理论的影响,碰到说不通的地方,就斡旋补缀,东添一点,西补一点,于是造成那样臃肿的词类体系。现在进行教育革命和教学改革,一方面要坚持洋为中用的原则,一方面又要大刀阔斧地精简教材。关于古汉语语法的词类问题,在虚词方面,暂作如下的调整和简化:

叹词 语气助词 语气副词 判断词	语气词
介词 连词 结构助词 连接副词	关系词

经过这样的调整和简化,至少得到下列的一些好处:第一,分类似

乎简略一些，但切合于实用，便于群众学习；第二，根据语法的意义来分别虚词，是符合科学的分类，因为虚词是一种“语法成分”；第三，在词类问题上，革除了过去蒙受西洋语法学的种种影响，如所谓“介词”和“连词”的划分，所谓“叹词”的独立一类，所谓“判断词”的附属于动词等等，都一扫而空；第四，同时也革除了许多不合理的分法，如所谓“助词”一类中包括“语气助词”和“结构助词”，副词一类中除了表示否定、时间、程度、范围等的副词以外，又包括所谓“语气副词”和“连接副词”，这种种不合理的现象也一扫而空；第五，把所谓“语气副词”和“连接副词”从副词中抽出来归入于虚词，而把副词归入于实词，认为副词用来表示否定、时间、程度、范围等，就是关于实在概念的区分，所以作为一般的“结构成分”（一般作为“状语”，少数用作“补语”），这样实词和虚词的划分，在于意义上代表不代表实在的概念，功用上能不能作为一般的结构成分，不是一清二楚了吗？

汉语语法上一般的结构成分，共有六种：“主语”“谓语”“宾语”“定语”“状语”“补语”。这六种成分，许多语法书里称为“句子成分”，我们要把“句子”和“结构”严格地分开来，要把句子认为是语言交际中表达意思的单位，具有一定的语气，因而声音上具有一定的“句调”的，把“结构”认为是语言构造的单位，用来表示一定的关系，而并没有一定的语气和一定的“句调”的，这样才符合于汉语的实际（下文当再举例说明），所以我们要把这六种称为“结构成分”。“主语”是指叙述和说明的对象，一般是用名词或名词性的词语来充当的；“谓语”，一般是在主语的后面用来叙述和说明主语的，除了副词以外的一切实词和实词性的词语都可以充当；宾语，一般是在动词的后面作为动作支配的对象，一般是用名词或名词性的词语来充当的；定语，一般是在名词的前面用来修饰名词的，除了副词以外的一切实词和实词性的词语都可以充当；状语，一般是用在动词或形容词的前面用来修饰动词或形容词的，包括副词在内的一切实词和实词性的词语都可以充当；补语，一般是用在动词、形容词或“动宾结构”的后面作为补充说明的，包括个别副词在内的一切实词和实词性的词语都可以充当。例如：

往古之时，四极废，九州裂，天不兼覆，地不周载。（《淮南子·览冥训》“女娲补天”）——很远的古代时候，天的四边倾塌下来，九州的土地崩裂开来，天不能统括地笼盖地面，地不能周全地容载万物。

这里的“四极”“九州”“天”“地”，都是名词作主语；“废”“裂”，是动词作谓语；“不兼覆”“不周载”，是“偏正结构”作谓语，其中的“不”是副词作状语，“兼”是动词作状语，“周”是形容词作状语。又如：

昔者，共工与颛顼争为帝，怒而触不周之山，天柱折，地维绝。（《淮南子·天文训》“共工头触不周山”）——从前的时候，共工跟颛顼两个人相争，竞争做帝王，共工发怒起来，用头触不周山，支撑天的柱子折断了，拴住大地的绳子断绝了。

这里的“争为帝”，是动宾结构作谓语，其中的“为帝”也是一种动宾结构，作为动词“争”的宾语，而“帝”又是名词作为动词“为”的宾语。“触不周之山”，也是动宾结构作谓语，其中的“不周之山”是一种偏正结构，作为动词“触”的宾语，而“不周”又是“专有名词”作定语，用来修饰名词“山”（这里的“之”，是表示“修饰关系”的“关系词”）的。又如：

褒禅山亦谓之华山。唐浮图慧褒，始舍于其址，而卒葬之；以故，其后名之曰褒禅。（王安石《游褒禅山记》）——褒禅山，也叫它做华山〔花山〕。唐朝的一个和尚慧褒，开始筑庙定居在这个地方，死后就葬在这里；因此，后来也称它做褒禅山。

这里的“谓之华山”，“名之曰褒禅”，也都是一种偏正结构作谓语，其中的“谓之”“名之”是动宾结构，“之”是代词作为“谓”“名”（这里作动词用，作称谓解）的宾语的；“华山”是名词作补语，“曰褒禅”是动宾结构作补语，是用来补充说明“谓之”“名之”的。

一般的“结构成分”，是实词或实词性的词语进到语法结构当中，与别的成分相结合来表示一种组织关系的时候成立起来的。所以“结构成分”是语法上的一种制成品，与作为语言建筑材料的各种词类有密切联系，互相牵涉，但不能混为一谈。有些语法书上所列出的“合成谓语”“复合谓语”等名目，是不合理的。因为所谓“合成谓语”“复合谓语”等，在实际语法结构当中，往往不是作为谓语来应用的。谓语一定要和主语相结合来表示一种“表述关系”：主语是代表“表述”的对象，谓语是用来“表述”主语的；例如上面所举“与颛项争为帝，怒而触不周之山”“亦谓之华山”，是用来表述“共工”“褒禅山”的，如果在一个语法结构中不一定是用来这样“表述”主语的一种成分，只是因为具有复合动词的性质而名之曰“合成谓语”“复合谓语”，实在是名不副实，要引起学习者的误会的。有些语法书上还有所谓“无主句”的名目，也是不合理的。因为这是沿袭西洋语法书上把主语和谓语认为是“句子”的“主要成分”这种错误的观念而来，实际汉语中“主谓结构”并不是句子构成的条件，更不是句子构成的主要的条件。对于某一个词句，既然不能确定它有个主语，怎么能够确定它原来是个谓语而称它是“无主句”呢？主语和后面的谓语，是在一个具有“表述关系”的共同体中相互依存的，这个共同体叫做“主谓结构”。同样，宾语也一定要依附于支配它的动词而存在，它和前面具有支配作用的动词相结合，组成一个具有“支配关系”的“动宾结构”；如上面所举“争为帝”“触不周之山”“谓之”“名之”“曰褒禅”等。定语也一定要依附于后面它所修饰的名词或名词性的词语而存在；如上面所举的“不周之山”的“不周”。状语也一定要依附于后面它所修饰的动词等而存在；如上面所举的“不兼覆”“不周载”的“不”“兼”“周”。定语、状语各自和它后面的中心词等相结合，分别组成具有“修饰关系”的“偏正结构”。补语也一定要依附于它前面所补充说明的动词或形容词等而存在；如上面所举的“谓之华山”“名之曰褒禅”的“华山”“曰褒禅”。补语和它前面的中心词等相结合，组成具有“补充说明关系”的“偏正结构”。这样的语法结构，往往互相包含而分出大小的层次。例如“天不兼覆”“地不周载”，都是主谓结构；它们的谓语部分“不兼覆”“不周载”，都是偏正结构里包含着偏正结构“兼覆”“周载”的。又如“共工与颛顼争为帝”，是主谓结构；它的谓语部分“与颛顼争为帝”又是偏正结构里包含着动宾结构“争为帝”；而“争为帝”这个动宾结构里，又包含着动宾结构“为帝”。又如“其后名之曰褒禅”是个状语式的偏正结构，却包含着一个补语式的偏正结构“名之曰褒禅”；而这个补语式的偏正结构，又包含着两个动宾结构“名之”“曰褒禅”。

以上所说主谓结构、动宾结构以及三种偏正结构（定语式、状语式、补语式），内中的成分或词语，相互之间都是直线的关系，是不同等的关系。此外，还有一种“联合结构”，内中的成分或词语，相互之间是横线的关系，是同等的关系。这样的同等关系，又可以分做“并列关系”和“顺递关系”。例如：

天倾西北，故日月星辰移焉；地不满东南，故水潦尘埃归焉。（《淮南子·天文训》“共工头触不周山”）——天向西北方倾斜，所以日月星辰都移向那里〔西北方〕；地的东南部分陷落，所以水潦泥沙都往那里〔东南〕流。

这里的“西”和“北”，“东”和“南”，“日”“月”和“星辰”，“水潦”和“尘埃”，都是并列关系，因而构成了联合结构。又如：

王使宰孔赐齐侯胙，曰：“天子有事于文、武，使孔赐伯舅胙。”齐侯将下拜。孔曰：“且有后命。天子使孔曰：‘以伯舅耋老，加劳，赐一级，无下拜。’”对曰：“天威不违颜咫尺，小白余敢贪天子之命无下拜！恐陨越于下，以遗天子羞。敢不下拜！”下、拜、登、受。（《左传·僖公九年》）——周天子派了宰孔送祭肉给齐桓公，说：“我们周朝天子向文王、武王历代祖宗办过祭祀，使我宰孔特来把祭肉送给大舅父〔异姓诸侯〕。”齐桓公就要下堂去拜一拜。宰孔说：“天子后面还有命令。他叫我宰孔传话：‘因为您大舅父六七十岁年纪了，特加优待，赐进一等，不要下堂去拜’。”齐桓公回答说：“天子的威严鉴察，就在面前，不离开我们颜面有咫尺之远，我小白哪敢放肆地完全接受天子优待的命令，不下堂去拜一拜呢！因为恐怕我在天子下面，犯错误，越礼节，因而跌了跤子，把羞耻留给天子了。哪敢不拜呢！”就下堂去，拜了，再上来，接受祭肉。

这里的“下、拜、登、受”，是顺递关系，因而也构成了联合结构。一般所谓“排偶”句法，多数是指“并列关系”的词句；如“四极废”和“九州裂”，“天不兼覆”和“地不周载”等等；所以“排偶句”，本身就是一种“联合结构”。又如：

宋人有耕田者，田中有株，兔走触株，折颈而死，因释其耒而守株，冀复得兔；兔不可复得，而身为宋国笑。(《韩非子·五蠹》)——从前宋国人有个耕田的，他的田里有一个树株，恰好一个兔子跑来触着树株，折断了颈子死了，那个耕田的就放下农具专心看守着树株，希望再获得兔子；兔子是终究不可再获得了，他自己却成为宋国人的一个笑柄。

这里的“走触株，折颈而死”和“释其耒而守株，冀复得兔”，有些语法书上叫做“连动式”，其实就是“顺递关系”的联合成分，前后的动词或动宾结构，依据“顺递关系”组成一个“联合结构”。有些人以为联合结构只是表示并列关系，实在并列关系和顺递关系往往不能勉强地区分。例如：

苍天补，四极正，淫水涸，冀州平，狡虫死，颛民生。(《淮南子·览冥训》“女娲补天”)——苍天补好了，四边摆正了，泛滥的洪水干涸了，中原的冀州平定了，凶猛的害虫死去了，善良的人民能够生活了。

上面所举的排偶句，似乎是表示中间的并列关系，实际也是表示其间各种事情发生先后的“顺递关系”。又如我们历数朝代一类的名称，如“唐虞夏商周”“尧舜禹汤文武”等等，实际上也往往应用这样表示顺递关系的联合结构。这种名词的联合结构，既然可以表示这样时间先后的顺递关系，那么，动词或动宾结构的联合结构，更可以用来表示时间先后的顺递关系了。我们把当前一些语法书上所谓“连动式”并入于“联合结构”当中，就可以简化掉一个名目了。这里把上面所说几种一般的语法结构总括说明如下表：

一般的语法结构	主谓结构	主——谓	表述关系
	动宾结构	动——宾	支配关系
	偏正结构	定——名	修饰关系
		状——动(形)	修饰关系
		动(形)——补	补充说明关系
	联合结构	同等的词语或词句相联合(包括词性相同或结构性质、层次相同)并列或顺递关系	

又上面所举的“小白余敢贪天子之命无下拜”这句里的“余”，有的训诂学家解释作为“疑问语气词”，相当于现代语的“什么”“啥”；“余敢”，就是“何敢”；这种说法，有古音上的根据，《说文》：“余，语之舒也，从八，舍省声。”但是一般的解释，还是把这里的“余”作为“自我之称”；《尔雅·释诂》：“余，我也”；又“身也”；《左传》杜注同。《说文》段注：“余之引伸训为我，诗、书用予不用余，左传用余不用予。”依据一般作为“予我字”来解释，这里的“余”，相当于现代语的人称代词“我”，而和“小白”（齐桓公的名字）的关系，正跟上面所举的“唐浮图慧褒”中间一样，是一种“同位关系”，有互相注释的作用。就其间的注释作用来说，很象修饰关系或者补充说明的关系，但是偏正结构里不是同等的词语，而这里的却是同等的词语。就其间的同等关系来说，又很象联合成份，但是联合成份所指的不是同一的人或事物，而这里所指的却是同一的人或事物。“小白”所指就是“余”，“余”所指就是“小白”；“唐浮图”所指就是“慧褒”，“慧褒”所指就是“唐浮图”。所以由这种同位关系所组成的结构，既不是偏正结构，也不是联合结构，而是特殊的语法结构当中的一种，叫做“同位结构”。

这里再举《荀子·天论》中的几个文句作为分析语法结构的例子：

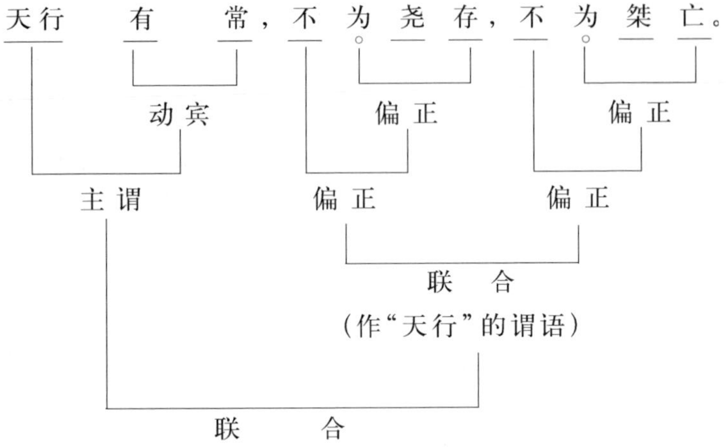

（译文见上章）

附说明：

① 实词用下面横画表示，虚词用下面圆圈表示，一个词一画或一圈。

② 结构分大小层次，大结构包含小结构，外层大，内层小。分析结构，应从内到外，即从小到大（因为阅读时，即可进行分析）。最外层的应认是句子的整体结构。

③ 结构层次完全相同的辞句，可以重迭起来分析。如：

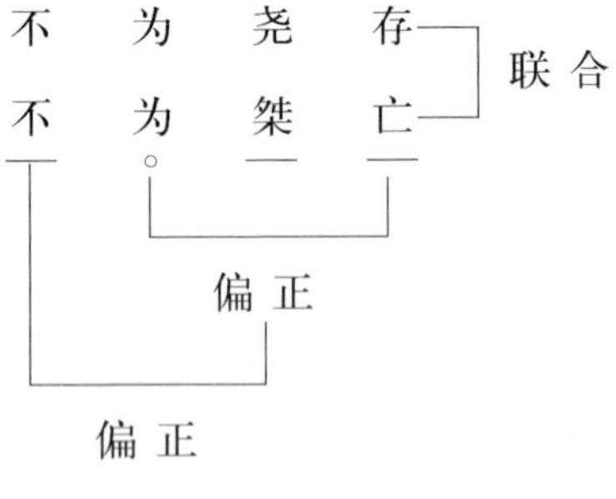

④ 作为别的词语的谓语的（承上或接下），与主谓结构同等看待，可与之组成联合结构。

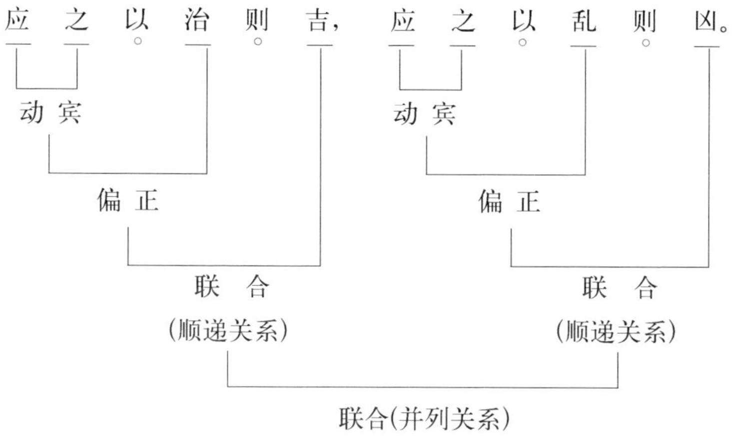

（译文见上章）

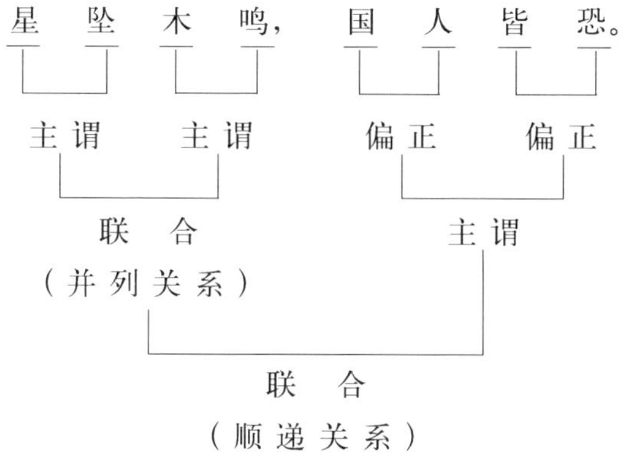

（译文：天上的陨星坠落了，社里的树木发出了声响，地方上的人都惊惶恐惧。）

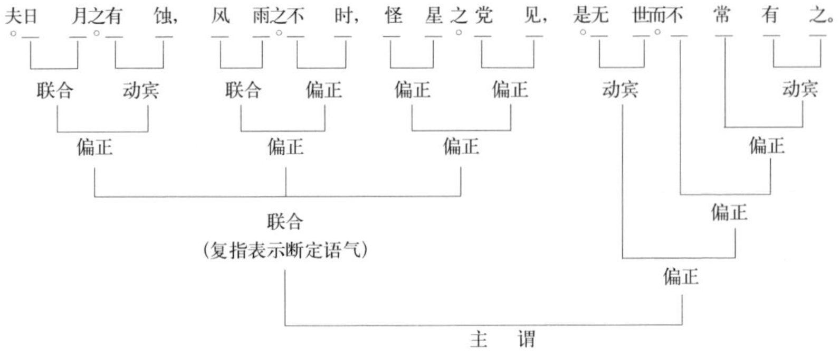

（译文：日蚀、月蚀的有时发生，刮风、下雨的不合季节，怪星的偶然出现，这是没有一个朝代不曾有过的。）

附说明：这里"日月之有蚀，风雨之不时，怪星之党见"三个词组，都是"偏正化的主谓结构"，详见下面第三节论到"之"这个关系词。在分析结构时，它们就作为一般的偏正结构来看待。

再举《盐铁论·论儒》第一段中的几个文句来分析它们的语法结构：

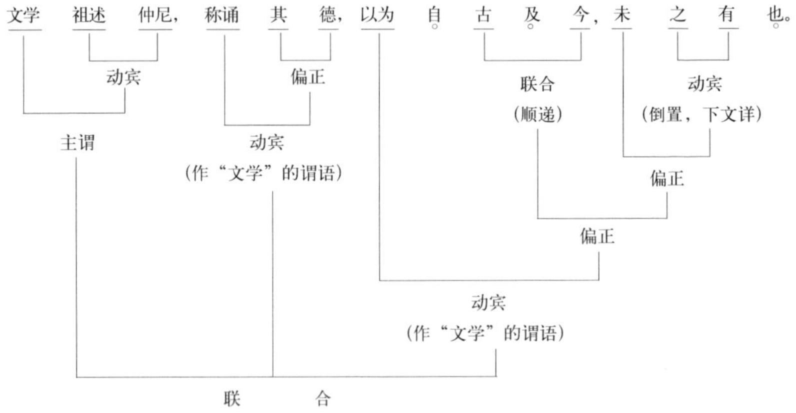

（译文：你们这些"文学"，把孔丘当做教祖，专门赞扬他的道德，以为从古到今，没有超过他的。）

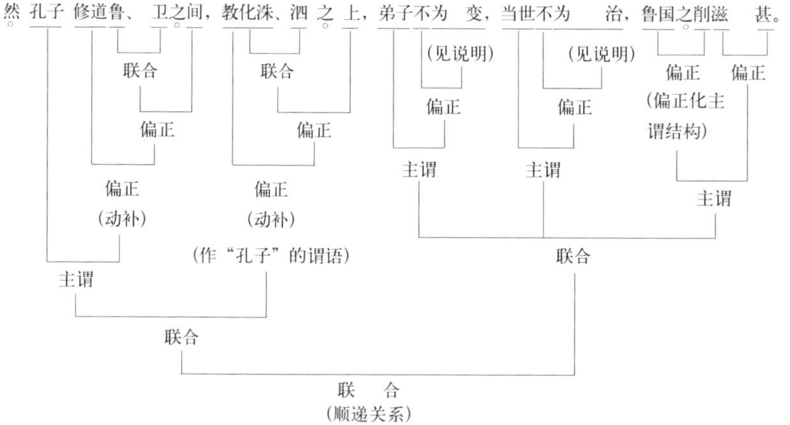

（译文：但是孔丘在鲁国、卫国一带自己修行，在洙水、泗水上面施行教化，可是他的弟子们并不因而转变思想，当时社会也并不因而治理得好，只是鲁国〔孔丘的本乡〕受到侵略更加厉害了。）

附说明：这里“弟子不为变，当世不为治”里面的“为变”“为治”，实际是“为之变”“为之治”，作“因而转变思想”“因而治理得好”来解释，不用“之”这个代词，可以说是一种紧缩式的偏正结构，在分析语法结构时，也可以作为一个单位来看待。详下面第三节论到“为”这个关系词。

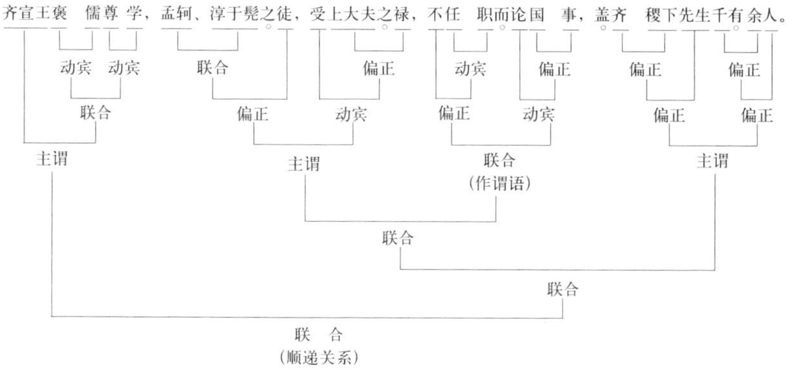

(译文：齐宣王奖励儒家，尊崇儒学，因之孟轲、淳于髡那些人，受了上大夫那样高级的俸禄，不担任什么职务，却议论国家大事，这样在齐国稷下地方养起来的先生们，大约有一千多人。)

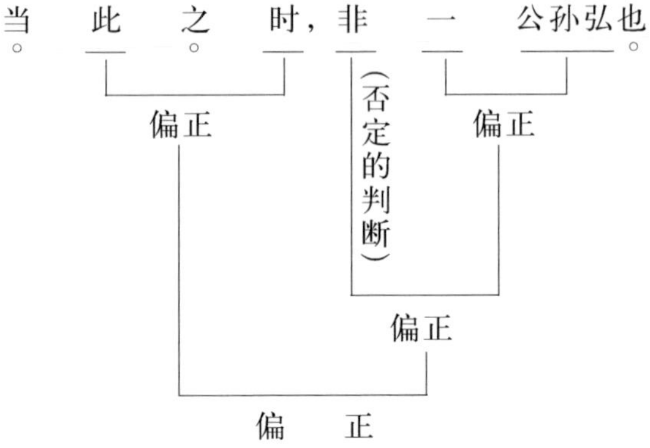

(译文：当齐国这个时候，实在不是只一个公孙弘那样的儒者呀。)

附说明：这里的“非”，表示断定语气，又表示否定，分析时作否定副词看待。“当此之时”是时间状语，修饰下面的整个结构“非一公孙弘也”。

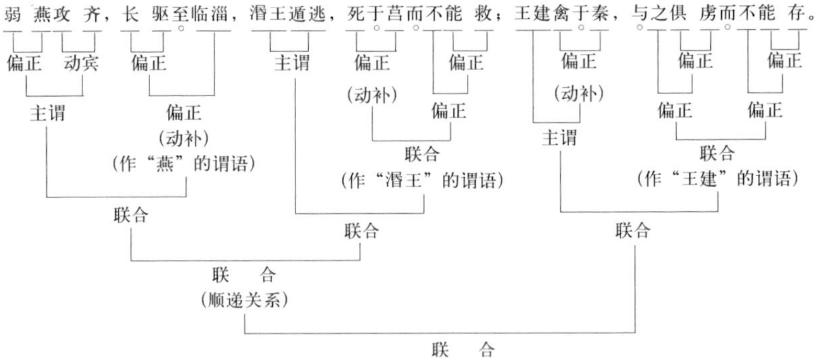

(译文：可是一个弱小的燕国，攻到了齐国，兵马长驱直入到齐国都城临淄，齐湣王只得逃走了，就死在莒的地方，没有人去救

他；最后一个齐国君主王建又被秦国的军队擒去了，和这些儒生们都做了俘虏，也没法生存了。）

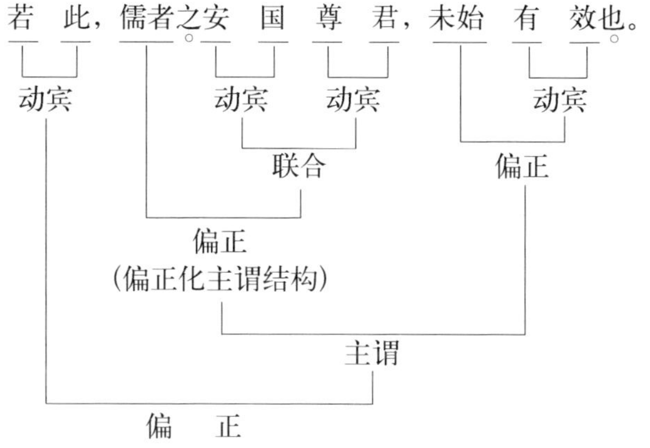

（译文：象这样来看，可见儒生们的安定国家，尊崇君主，原来并没有什么效果的。）

关于动宾结构，古汉语里有几种特殊的情况，即关于宾语的倒置问题。宾语一般是在动词的后面作为动作支配的对象，可是在古汉语里有几种宾语倒置的情况：第一，在否定副词的后面，代词作宾语的，往往放在动词的前面。例如：

硕鼠硕鼠，无食我黍！三岁贯女，莫我肯顾。（《诗经·魏风·硕鼠》。译文见“引论”。这里“无食我黍”的“无”是否定副词，但是名词“黍”作宾语；“三岁贯女”里代词“女”作宾语，但又不是在否定副词的后面；只有“莫我肯顾”，既是在否定副词的后面，又是代词“我”作宾语，所以宾语放在动词“顾”的前面。）

世溷浊而莫余知兮，吾方高驰而不顾。（《楚辞·九章·涉江》）——世道这样地浑浊，没有人了解我，我要离开人世间向着天界奔驰，不再回顾了。（这里的“莫余知”的“莫”是否定副词，其中代词“余”作宾语，放在动词“知”的前面。）

不患人之不己知也，患不知人也。（《论语·学而》）——不担心别人不了解我，却担心我不了解别人。（这里“不己知”的“不”是否定副词，其中代词“己”作宾语，放在动词“知”的前面。又《论语·宪问》：“莫我知也夫！”〔没有人知道我吧！〕这里“莫我知”的“莫”是否定副词，其中代词“我”作宾语，也是放在动词“知”的前面。）

第二，疑问代词作宾语，也往往放在动词的前面。例如：

客何好？（《战国策·齐策》）——这个客人爱好什么的？

沛公安在？（《史记·项羽本纪》）——沛公刘邦在哪里？

大王来，何操？（同上）——您来的时候，拿着什么〔准备赠送他们〕？（这里“何”“安”都是疑问代词作宾语，放在动词“好”“在”“操”的前面。又王充《论衡·问孔》：“孔子妻公冶长者，何据见哉？”〔孔丘要把女儿嫁给公冶长这件事，见有什么根据呢？〕这里的“何据”是用疑问代词“何”组成的偏正结构作为宾语，放在动词“见”的前面。）

这样倒置的情况，在古典作品中常常见到有例外的事实。例如：

知我者谓我心忧，不知我者谓我何求。（《诗经·王风·黍离》）——知道我的人说是我有心事，不知道我的人以为我寻求什么。（这里的“不知我者”，并没有作“不我知者”。又《论语·宪问》：“何为其莫知子也？”〔为什么这样没有人知道您呢？〕这里的“子”，相当于现代语的“您”，是个代词；“莫知子也”，并没有作“莫子知也”。）

可见动词和宾语倒置的句法，在古代语里已经有逐渐归于消亡的趋势，显示出汉语语法上词序固定化的规律。最显著的例子是上面所举《论语·宪问》篇里“莫我知也夫！”这个句子，在《史记·孔子世家》里作“莫知我夫！”可以见得词序发展的趋势是如此。此外还有第三种情况，即在前置的宾语和动词之间，放进一个关系词“之”或“是”。例如：

《诗》曰：“天作高山，大王荒之；彼作矣，文王康之”；此之谓也。（《荀子·天论》）——《诗经》里说：“天造出了岐山，太王把它开辟出来；由此造出来的基业，文王又把它安定下来”；就是说明这个“人定胜天”的道理呵（这里的“此之谓也”实际就是“谓此也”〔就是说明这个道理呵〕。因为要加重“此”这个宾语的意义，就把它提前，同时又加上关系词“之”来作为这种倒装的标志）。

原田每每，舍其旧而新是谋。（《左传·僖公二十八年》。译文见上章。这里的“舍其旧而新是谋”，实际就是“舍其旧而谋其新”。为着强调“新”这个宾语的意义，就把它提前，同时又加上关系词“是”来作为这种倒装的标志。“新是谋”形式上倒装了，依然是个动宾结构，所以它和那种一般的动宾结构“舍其旧”组成了并列关系的联合结构；反转来，这也证明了“新是谋”和“舍其旧”，形式虽然不同而都是动宾结构。）

劳之不图，报于何有？（《左传·僖公二十八年》）——不计虑到我们从亡的劳绩，还谈什么报答别人的小惠？（这里的“劳之不图”，也就是“不图劳”，而加重了宾语“劳”的意义。又《商君书·更法》：“前世不同教，何古之法？帝王不相复，何礼之循?”〔前代的政教各不相同，该效法哪一个古代呢？过去的帝王并不走重复的道路，该依照哪一个帝王的旧礼呢?〕这里的“何古之法”“何礼之循”，也就是“法何古”“循何礼”，因为反问句中强调宾语“哪一个古代”“哪一个帝王的旧礼”的意义，所以用关系词“之”来构成这样宾语前置的形式。)

这种为着强调宾语的意义而把宾语提前的结构，现代语中也没有用“之”“是”一类的关系词来组成的。

关于动宾结构，除了宾语的位置问题以外，还有它和补语的关系问题，也是值得我们注意的。在单独动词后面的补语，我们知道是用来补充说明动词的，但是在动宾结构后面的补语，就有两种不同的情况：一种是和单独动词后面的补语一样，用来补充说明动词的；另一种却是用来补充说明整个动宾结构的。前者是采取“动·补”式，就是许多语法书上所谓偏正结构中的一种“动补结构”，在这种结构中的补语很多可以提前改作状语，意义上没有很大差异。例如：

胥后令邯郸。(《史记·廉颇蔺相如列传》)——在邯郸都城里等待后来命令处理。

这里的“邯郸”是补语，用来补充说明动词“胥”的；“(在)邯郸胥后令”和原来的“胥后令(于)邯郸”，意义上没有多大差异。后者却是采取“动宾·补”式，因为补语是用来补充说明整个动宾结构的，所以不能任意提前，一般限定在宾语后面说出的。例如：

乃尊怀王为义帝。(《史记·项羽本纪》)——〔项羽〕就推崇楚怀王做名义上的皇帝。

这里的“为义帝”本身是一个动宾结构，又是作为前面“尊怀王”这个动宾结构的补语，一定要在“怀王”这个宾语后面说出。下面再举出《史记·项羽本纪》里的三个句子，一一分析结构来作为说明的例子：

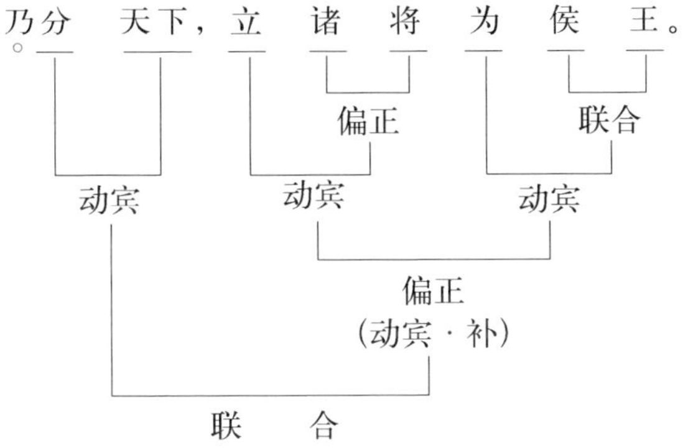

（译文：就把全国分裂开来，并把那些将官封立做侯王。）

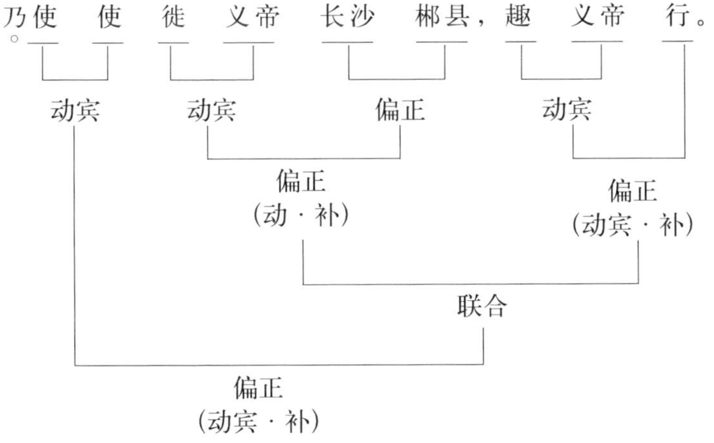

（译文：就派遣使者把义帝迁徙到长沙郡的郴县地方，并催促义帝快走。）

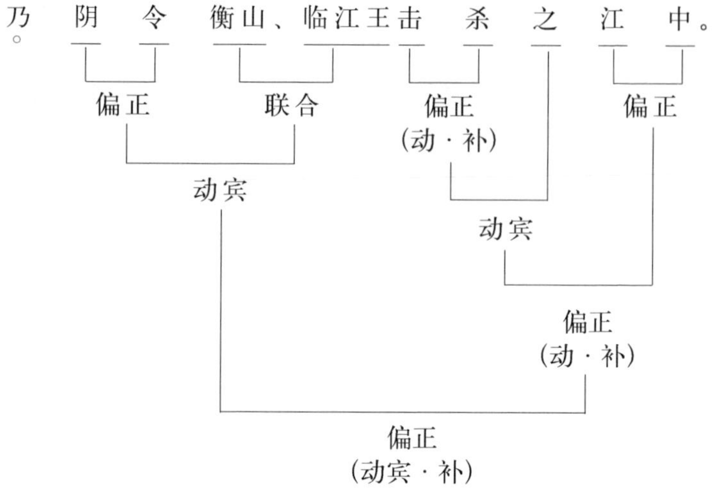

（译文：就暗中叫衡山王吴芮和临江王共敖把他［义帝］在水路上打死。）

又再举出《列子·汤问》“愚公移山”里的一个句子，分析其结构，来作为说明的例子：

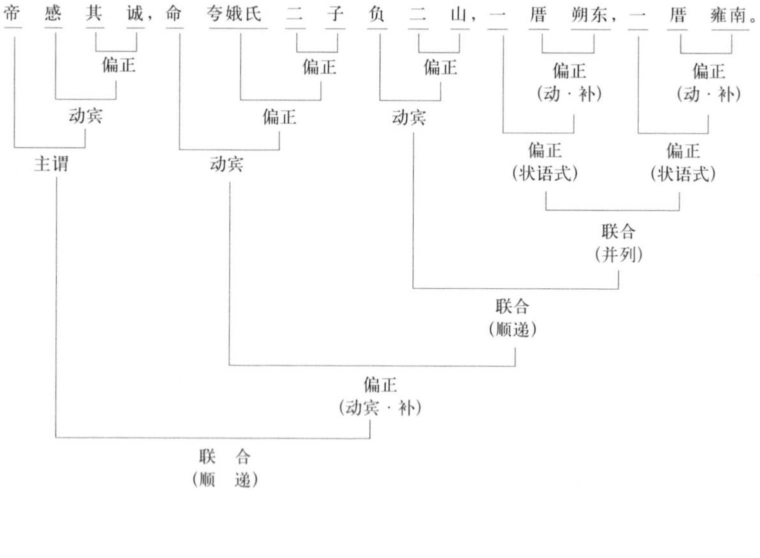

（译文：上帝为他[愚公]的诚心所感动，叫夸娥氏的两个勇士把两座山背走，把一座放在朔方东部，一座放在雍州南部。）

这种用来补充说明整个动宾结构的补语，不但可以用动词或动宾结构来充当，也可以用形容词或形容性的词语来充当。下面举出《老子·道德经》里几个句子里的结构作为例子：

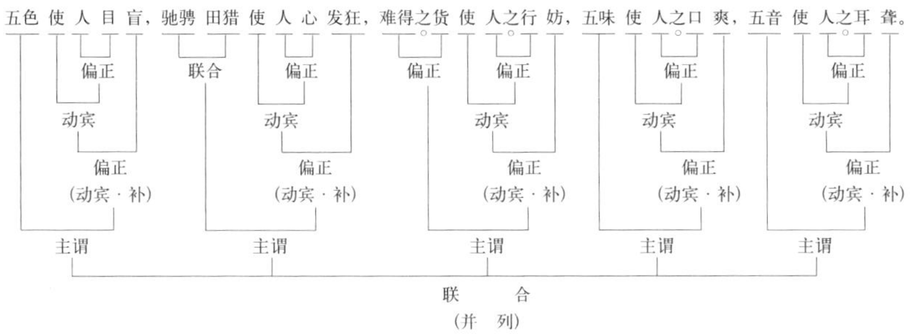

（译文：各种彩色徒然使得人们的眼睛昏花看不见，在马上奔驰打猎徒然使得人们心上发狂起来，稀奇难得的货物徒然使得人们的德行受到妨害，各种好吃的东西徒然使得人们的嘴巴烂掉，各种好听的音乐徒然使得人们的听官昏聩失聪。）

这里的"盲""发狂""妨""爽""聋"，都是形容词或形容性的词语作为"动宾·补"式里的补语的。

这样"动宾·补"的结构，许多语法书上叫做"递系式"或者"兼语式"，认为后面的补语是个"谓语"，它前面的宾语也兼作"主语"，所以这样的结构是由一个动宾结构和一个"主谓结构"套在一起组成的，前面动宾结构里的宾语兼任后面"主谓结构"里的"主语"，因之叫做"递系式"或"兼语式"。这样处置是不合理的：一方面在语法体系上，使名目繁多，陷于烦琐，徒然增加学习上的困难；另一方面在实际意义上，把后面的补语认为是个"谓语"，它前面的宾语也兼作"主语"，如果认为是中间有发出动作的关系或具有性质状态的关系，那么这种发出的动作或具有的性质状态，正是由前面那个动词的意义所产生的结果；如果认为是中间有表述和说明的作用，那么这种表述和说明也正是用来补充说明前面的动词对宾语的支配作用。例如“趣义帝行”（促使义帝迁〔到郴县去〕），如果把这里的“行”认为是个“谓语”，它前面的“义帝”也兼作“主语”，认为是“行”这种动作是由“义帝”发出的，那么这种发出的动作不正是由于前面动词“趣（促使）”所产生的结果吗？如果认为“行”对“义帝”有表述和说明的作用，那么这种作用也正是用来补充说明“趣”这个动词对宾语“义帝”的支配结果。说是“趣义帝”和“义帝行”套在一起的“递系”，说是“义帝”作前一动词“趣”的宾语，后一动词“行”的“主语”这样的“兼语”，都是由于把“趣义帝行”这样“动宾·补”的整个结构割裂开来解释的后果，显然与实际意义不合的。同样，“使人目盲”一类用形容词作补语的“动宾·补”结构，也不能说是“使人目”和“人目盲”套在一起的所谓“递系”，不能说是“人目”作前一动词“使”的宾语，后一形容词“盲”的主语所谓“兼语”。又从古汉语以及现代汉语（大都是书面语）当中“使之……”这种结构的用法上来看，更可以断定“递系式”“兼语式”这类的名目在语法理论上是根本无法成立的。古汉语“使之……”这种结构的用法，例如“使之闻之”（故意使他听到），到了现代语的书面语中常常用到。这样“使之……”里的“之”，大家知道是古汉语里的代词，这种代词只限定用作宾语，绝对没有用作主语的。如果我们把“使之……”这样结构认为是“递系式”或者“兼语式”，那么就把“之”认为是兼任“主语”，就把“之……”认为是“主谓结构”，在古汉语的事实上，在现代书面语的事实上，怎样说得过去呢？在语法理论上也怎样说得通呢？

因之，我们对于所谓“递系式”或“兼语式”的名目，应当同所谓“连动式”一样，毫不吝惜地把它们从语法教材中精简掉。我们把所谓“连动式”并入表示顺递关系的联合结构当中，再把所谓“递系式”或“兼语式”也并归于“动宾·补”的一种偏正结构当中，这是符合于精简的原则的。

（二）古汉语里的词性活用

识别了各种语法结构，才可以讲各种实词和各种虚词的用法。

上章里说过，实词是用来表示词汇的意义，但也牵涉到语法的意义，例如主语和宾语总要联系到名词，副词总要联系到状语等。哪一种词，经常充当语法结构中的哪一种成分，是比较固定的，这就说明了词有“常性”。但有些词往往在实际的语法结构中临时充当别的成分，和它们经常的用法不合的，这叫做“词性活用”。词在实际语法结构中的“活用”，一定要影响到它的意义，使它原来的意义有一些变化。这样由于“词性活用”所引起的词义变化，与上章里所讲的词义引申转变，也常常发生相互的影响。词义的引申转变，有时也就是词性的变化；一些词在实际语法结构中的多次“活用”，以至经常化而把它们的“变性”固定下来，这往往就是词义的引申转变。但是两者毕竟不是一回事，词义的引申转变，是使语言中形成“同词异义”的现象，产生了大量的“多义词”，属于词汇学、词义学的范围；“词性活用”则是实际语法结构中的临时运用，一离开结构，那种用法就不存在，所以是属于语法学的范围。这种“词性活用”的现象，在古汉语里是普遍存在的，是阅读古典作品时所应当注意的重要语法现象之一。在现代汉语里，就比较少见，不能任意“活用”，而有种种限制。我们看中古以来语言里“词性活用”的逐渐减少，可以认定实词词性的固定化是汉语语法发展的一种趋向。我们阅读古典作品时，应当从分析词句的语法结构入手，在结构中认定词性及其“活用”的现象，从而解释词语的意义。

古汉语里“词性活用”的现象，主要的可以分做下列的六种来说：

1. 名词用作动词

这又有几种情况：最普通的是名词在一个动宾结构中不作宾语而作动词用的。例如：

于是太子犯法。卫鞅曰："法之不行，自上犯之。"将法太子。太子，君嗣也，不可施刑，刑其傅公子虔，黥其师公孙贾。(《史记·商君列传》)——这时候太子犯了法。商鞅说："新法令的不能实行，是由于上层犯法的缘故。"要想对太子依法惩办，但是太子是继承王位的人，不可在他身上施加刑罚，就对他的师傅公子虔施加刑罚，对他的老师公孙贾施加墨刑。

这里"太子犯法"的"法"，"法之不行"的"法"，一个是作宾语，一个是作主语(在一个"偏正化的主谓结构"里作主语，下文当有说明)，都是"法"这个名词的经常用法，可是"将法太子"的"法"，在宾语"太子"的前面，又在状语"将"的后面，又找不到另外的动词，"法"就充当作动词了，原来"法令"的意义就临时变做"照法令来惩办"的意思了。这就是名词活用作动词。"不可施刑"的"刑"是在"施刑"这个动宾结构中作宾语的，是"刑"这个名词的经常用法，可是"刑其傅公子虔"的"刑"，在"其傅公子虔"这个宾语的前面，也找不到另外的动词，"刑"就充当作动词了，原来"刑罚"的意义就临时变做"施刑"(施加刑罚)的意思了。又如：

公子虔之徒告商君欲反，发吏捕商君。商君亡至关下，欲舍客舍。客人不知其是商君也，曰："商君之法，舍人无验者坐之。"(同上)——后来公子虔这班人诬告商鞅想要造反，秦惠王就发遣官吏去拘捕商鞅。商鞅逃走到了边境的一个关口，想要投宿于旅馆。旅馆里的客人不知道他就是商鞅，说："商鞅颁布过法令，让客人来旅舍居住，如果没有证明的，我们主人就要承担罪责。”

这里的三个“舍”字，代表一个词的三种用法：第二个“客舍”的“舍”，是指“馆舍”，这里作补语用，是这个名词的经常用法；第三个“舍人”的“舍”，作“让来居住”解，在宾语“人”的前面，就活用作动词了；第一个在“客舍”这个补语前面的，又在状语“欲”这个能愿动词后面，这个“舍”也活用作动词了，原来“馆舍”的意义，就变做“居住”“投宿”等的意思了。又如：

此二士弗业，一女不朝，何以王齐国，子万民乎？（《战国策·齐策》“赵威后问齐使”）——锺离子、叶阳子这两个贤士没有使他们成就功业，婴儿子这一个女人没有受封号上朝廷，怎么做齐国的君王，抚育万民呢？

这里的“子万民”是个动宾结构，其中的“子”是名词作动词用，作“抚育”解。至于“王齐国”的“王”，读去声，已经由名词变作动词了，不在名词活用作动词之例。

其次是一个名词在一个补语的前面，而又找不到另外的中心词，这个名词也就活用作动词了。如上面所举《史记·商君列传》里的“欲舍客舍”，作“想要投宿于旅馆”解，其中的“客舍”是个补语，在它前面的“舍”是名词作动词用。又如上面第一节里举出王安石《游褒禅山记》“唐浮图慧褒，始舍于其址而卒葬之”的“舍”，在“于其址”这个补语的前面，又在“始”这个状语的后面，也活用作动词，作“筑舍定居”讲。再举两个例子：

师还，馆于虞，遂袭虞，灭之。（《左传·僖公五年》）——

晋国的军队灭了虢国回来，在虞国地方投宿，就趁着机会对虞国突然袭击，灭了虞国。

凡吏于土者，若知其职乎？（柳宗元《送薛存义序》）——所有在地方上做官的，你知道他们的职责吗？

这里的“馆于虞”“吏于土”，都是偏正结构当中的“动补结构”，“虞”（国名）、“土”（地方上）都是用来补充说明动作的处所，“于”是表示“处所关系”的关系词，这里找不到另外的动词，所以它们前面的“馆”“吏”临时充当作动词了。这里“馆”作“居住、投宿”解，“吏”作“做官、担任官吏”解。古典作品中，这种表示“处所关系”的补语，可以直接放在动词的后面，不用“于”这一类的关系词来表示；例如上面所举“欲舍客舍”，实际就是“欲舍于客舍”。再举一个例子：

晋军函陵，秦军汜南。（《左传·僖公三十年》“烛之武退秦师”）——〔晋国、秦国的军队去包围郑国，〕晋国的军队驻扎在函陵地方，秦国的军队驻扎在汜南地方。

这里两个“军”，在表示处所的“函陵”“汜南”两个补语的前面，活用作动词，作“驻军，扎营”讲。

又其次是一个名词在一个状语的后面，而又找不到另外的中心词，这个名词也就作动词用了。例如：

宫之奇以其族行，曰：“虞不腊矣！在此行也，晋不更举矣。”（《左传·僖公五年》）——〔宫之奇谏虞公假道于晋，虞公不听。〕宫之奇就带着家族离去了，说：“虞国过不了年终，不能举行腊祭了！灭亡就在这一回了，晋国用不着再次举兵了。”

这里的“腊”是“年终祭祀的名称”，是个名词；这里用在否定副词“不”作状语的后面，活用作动词，作“举行腊祭”讲。又如：

齐景公问政于孔子。孔子对曰：“君君，臣臣，父父，子子。”公曰：“善哉！信如君不君，臣不臣，父不父，子不子，虽有粟，吾得而食诸？”（《论语·颜渊》）——齐景公向孔子问政治。孔子回答说：“君主要象个君主，臣子要象个臣子，父亲要象个父亲，儿子要象个儿子。”齐景公说：“对呀！果真若是君主不象君主，臣子不象臣子，父亲不象父亲，儿子不象儿子，即使粮食很多，我能吃得着吗？”

这里上文“君君，臣臣”这一类的词语，很不容易解释；看到下文“君不君，臣不臣”一类的词语，根据“状语后的名词作动词用”的规律，作为“君不象君”“臣不象臣”一类的解释，那么“君君，臣臣”一类的词语，就连带地可以作为“君象个君”“臣象个臣”一类的解释了。除了否定副词之外，能愿动词和其它一切词语作状语的都可以发生这种作用。例如：

循道而不贰，则天不能祸。（《荀子·天论》）——遵循一定的规律去做而又坚定不移，那么，自然界也不能使人遭到祸害。

这里的“祸”在“能”这个能愿动词的后面，作“使之遭祸”解，即状语后的名词活用作动词。又如：

睹其一战而胜，欲从而帝之，是使三晋之大臣，不如邹鲁之仆妾也。（《战国策·赵策》“鲁仲连义不帝秦”）——你们看

> 见秦王打了一次胜仗，就要顺从而推尊他为帝，这是使得韩、赵、魏这样大国的大臣，反而不及邹、鲁那样小国的小民有骨气的。

这里的“欲从而帝之”，是个偏正结构，其中的“欲”是个能愿动词作状语，用来修饰“从而帝之”的；而“从”又是动词作状语，用来修饰“帝之”这个动宾结构的。这里的“帝”是名词作动词用，作“推尊为帝”解（“从而帝之”的“而”，是表示“修饰关系”的一种关系词，详本文的四（三））。又这里的“帝”，一方面在“欲”“从”两个状语的后面，另一方面又在“之”这个宾语的前面，这是两重关系促使它名词活用作动词。上面举过《史记·商君列传》“将法太子”的“法”，也是这样两重关系，介于状语“将”和宾语“太子”的中间，促使它名词活用作动词。又如：

> 左右欲刃相如。（《史记·廉颇蔺相如列传》“渑池之会”）——侍立在秦王左右的人要想动用兵器杀害蔺相如。
>
> 今者无故诱致敌使，以诏谕江南为名，是欲臣妾我也，是欲刘豫我也。（胡铨《戊午上高宗封事》）——现在王伦又毫无道理地引诱来敌国的使者，让金人打着诏谕南宋王朝的旗号，想要把我们人民当作奴隶，把我们君主当作傀儡皇帝刘豫一样来看待。

这里的“刃”“臣妾”“刘豫”，也是介于状语“欲”和宾语“相如”“我”的中间，这样两重关系促使它们由名词活用作动词，作“用兵器杀害”“当作臣妾一样看待”“当作刘豫一样看待”来讲解。同样，上面举过《商君列传》“欲舍（于）客舍”的第一个“舍”和《游褒禅山记》“始舍于其址”的“舍”，又是介于状语“欲”“始”和补语“客舍”“其址”的中间，也是两重关系促使它们由名词活用作动词的。

根据上面所说名词用作动词的几种情况，我们归纳得下列的三条关于词性活用的规律：

（1）宾语前的名词，别无动词时，即作动词用；

（2）补语前的名词，别无动词时，即作动词用；

（3）状语后的名词，别无动词时，即作动词用。

2. 形容词用作动词

最普通的情况也是在一个动宾结构中，居于宾语前面的形容词不作定语而作为动词。这在现代语里也常常见到，例如“密切军民的联系”“巩固无产阶级专政”等，其中“密切”“巩固”等是形容词，在宾语前面不作定语而作动词用的，有“使得密切”“使得巩固”等的意思。但是现代语里这样的活用，仅仅限于双音的形容词；古代语里则单音的形容词也很普遍地这样活用。例如：

我方先君后臣，……（《史记·商君列传》）——我刚才以君主的利益放在前头，以臣下的利益放在后头，……

吾所以为此者，以先国家之急而后私仇也。（《史记·廉颇蔺相如列传》）——我所以对廉将军这样退让的，是因为以国家的急事放在前头，而以私人的恩怨放在后头的缘故。

这里的“先”“后”是形容词，可是在动宾结构里，居于宾语的前面而不作定语，同时又找不到另外的动词，它们就权充作为动词来应用了，作“以为先”“以为后”解。

故吾以强国之术说君，君大说之耳。（《史记·商君列传》）——因此我就拿使得国家强盛的计策向君主进说，君主就大加欣赏了。

是以圣人苟可以强国，不法其故；苟可以利民，不循其礼。（同上）——因此，所谓圣贤的君主只要能够使国家强盛，就不必沿用旧制度；只要可以使人民有利，就不必遵守老规矩。

这里的“强”“利”是形容词，在“强国”“利民”这样的动宾结构里，它们不作定语，而作动词用的，解释做“使强盛”“使有利”。从上面的例子看来，形容词作动词用，大致可以分成两种意义来解释：一种是“致使性”的，用“使成式”来解释，如“强国”解作“使国强盛”，“利民”解作“使民有利”；一种是“意谓性”的，用“以为式”来解释，如“先君后臣”解作“以君为先，以臣为后”。这里再把这两种意义分别举例说明如下：

暗其天君，乱其天官，……以丧天功，夫是之谓大凶。圣人清其天君，正其天官，……以全其天功，……（《荀子·天论》）——如果把心搞昏暗，把官能搞紊乱，……那么，势必要使人们的自然功能全部丧失，这就叫做巨大的灾祸。所以圣贤的人，总是使心保持清醒，使官能正确使用，……这样就使得人们的自然功能全部保存着，……

令媪尊长安君之位，而封之以膏腴之地，……（《战国策·赵策》“触詟说赵太后”）——现在您老太太使得长安君的地位这样尊贵，又封给他这样肥沃的土地，……

阙秦以利晋，唯君图之。（《左传·僖公三十年》“烛之武退秦师”）——徒然损害了秦国来使晋国有利，还请您考虑一下吧。

令尹子兰闻之大怒，卒使上官大夫短屈原于顷襄王。顷襄王怒而迁之。（《史记·屈原列传》）——楚国的令尹子兰听到屈原对他曾经劝令怀王入秦而发出嫉恨的声音，大怒，让他的同党上官大夫向顷襄王那边说屈原的坏话，顷襄王也发怒把屈原流放到江滨。

以上所举例子中，“暗”作“使昏暗”解，“乱”作“使紊乱”解，“清”作“使保持清醒”解，“正”作“使正确使用”解，“全”作“使保全”解；“尊”作“使尊贵”解；“阙”（缺）作“使短缺”解，“利”作“使有利”解；“短”作“使短缺，说坏话，诋毁”解：都是形容词在动宾结构中作“使动”用，即作为“致使性”的动词用，实际意义等于一个“使成式”。

大天而思之，孰与物畜而制之？……因物而多之，孰与骋能而化之？（《荀子·天论》）——以为自然界伟大而仰慕它，哪比得上把它同万物一样地畜养而控制着呢？……因为万物众多而赞美它，哪比得上施展才能促使它化育呢？

君人者，隆礼尊贤而王，重法爱民而霸。（同上）——作为一个统治者，尊崇礼义又尊敬贤人，就可以称王；重视法治又爱护百姓，就可以称霸。

余悲之，且曰：“若毒之乎？……”（柳宗元《捕蛇者说》）——我对他表示悲伤，而且说：“你怨恨蛇的毒吗？……”

君将哀而生之乎？……（同上）——您的主张是哀怜我因而要使我活下去吗？……

以上所举例子中，“大”作“以为伟大”解，“多”作“认为众多、美好、赞美”解，“隆”作“认为高大，尊崇”解，“尊”作“认为高尚，尊敬”解，“重”作“认为重要，重视”解，“悲”作“认为悲哀，悲伤”解，“毒”作“认为毒，怨恨”解，“哀”作“认为悲哀，哀怜”解：都是形容词在动宾结构中作“意动”用，即作为“意谓性”的动词用，实际意义等于一个“以为式”。

有时形容词在一个能愿动词作状语的后面，也可以作动词用，仍然是分做“使动”和“意动”两种用法。例如：

> 强本而节用，则天不能贫；养备而动时，则天不能病；……（《荀子·天论》）——加强农业生产而又节俭省用，那么，自然界也不能使人贫穷；生活资料充足而又进行适合天时的活动，那么，自然界也不能使人生病；……

这里的“不能贫”，是“不能使人贫穷”的意思；“不能病”，是“不能使人生病”的意思；“贫”和“病”，都是形容词在“能”这个能愿动词的后面作为“使动”用法。这在《荀子·天论》下文：

> 本荒而用侈，则天不能使之富；养略而动罕，则天不能使之全；……——荒废农业生产而又享用奢侈，那么自然界也不能使人富裕；营养不足而又很少活动，那么，自然界也不能使人健全；……（这里的“使之富”“使之全”，也就是上文所说“动宾·补”式的偏正结构，是用形容词“富”“全”作补语。）

其中的“不能使之富”“不能使之全”，正可以用来对照作证。“不能贫”，即“不能使之贫”；“不能病”，即“不能使之病”。又如：

> 今虽死乎此，比吾乡邻之死则已后矣。又安敢毒邪？（柳宗元《捕蛇者说》）——即使我现今给这种毒蛇咬死，跟我乡邻比起来，也死得晚后一些了。还哪里敢怨恨蛇的毒呢！

这里的“安敢毒”，是“哪里敢认为是毒”即“哪里敢怨恨蛇的毒”的意思；“毒”是形容词在“敢”这个能愿动词的后面作为“意动”用法。至于上面所举“苟可以强国……苟可以利民……”这句当中的“强”

和“利”，一方面在宾语的前面，一方面又在“可以”这个能愿动词的后面，这样活用作动词，可以说是具有两重关系的条件了。

根据上面所说形容词用作动词的情况，我们又归纳得两条关于词性活用的规律：

(1) 宾语前的形容词，不作定语而又别无动词时，即作动词用，表示“使动”或“意动”。

(2) 状语后的形容词，别无动词时，也可以作动词用，表示“使动”或“意动”。

3. 数词用作动词

数词在一个动宾结构中，居于宾语的前面，不作定语而作为动词，表示“使动”的意义。例如：

孟子见梁襄王，出，语人曰：“望之不似人君，就之而不见所畏焉。卒然问曰：‘天下恶乎定？’吾对曰：‘定于一。’‘孰能一之？’对曰：‘不嗜杀人者能一之。’……”(《孟子·梁惠王上》)——孟子谒见了梁襄王，出来以后，告诉人说：“远远望去，不象个国君的样子；走近他，也看不到有什么威严所在。他突然问我：‘天下要怎样才会安定？’我答他：‘天下归于一统，就会安定。’他又问：‘谁能够统一天下呢？’我答他：‘不喜欢杀人的国君，就能够统一天下。’……”

这里的“一之”，是一个动宾结构，“一”在宾语“之”的前面，不作定语而作动词用，作“统一”讲。又如：

凡用兵攻战之本，在乎壹民。(《荀子·议兵》)——一切用兵攻伐战争的根本道理，在于统一人民的意志。

所谓壹刑者，刑无等级。(《商君书·赏刑》)——所谓统一刑罚，就是不分贵贱等级，有罪的一律受刑罚。

这里的“壹民”“壹刑”，也都是动宾结构，“壹”在宾语“民”“刑”的前面，不作定语而作动词用，作“使一致，使划一”讲。又如：

女也不爽，士贰其行；士也罔极，二三其德。（《诗经·卫风·氓》）——我这个女人是没有差失的行为，他那个男子汉却使得他的行为歧异多端；他那个男子汉呀，真是没准儿，没约束，忽彼忽此，三心两意。

楚人恶君之二三其德也，亦来告我曰：……（《左传·成公十三年》“吕相绝秦”）——楚国人也愤恨你们秦君忽彼忽此，反覆无常，也来向我国告发说：……

其学者则称先王之道以藉仁义，盛容服而饰辩说，以疑当世之法，而贰人主之心。（《韩非子·五蠹》）——那些学者们口口声声讲什么先王之道，依据着所谓仁义道德来进行说教，讲究衣服容貌，修饰辞令，用来淆惑当今的法令，动摇人主的心意，使他犹豫不定。

这些地方的“贰”“二三”，也都是用在宾语的前面，当作动词用，作“使歧异”“使反覆”“使淆乱”“使得三心两意”等的意义来讲。又如：

彼苍者天，歼我良人；如可赎兮，人百其身！（《诗经·秦风·黄鸟》）——那苍苍在上空的天哪，穆公哪，杀尽了我们善良的人，〔用来殉葬了，〕如果这个可以用别人来赎买替代，那么，我们国人都愿百死其身来赎买替代！

这里的“百其身”，是一个动宾结构，《郑笺》谓“一身百死犹为之”，可见其中的数词“百”，不是作定语，而是用作动词的。总起来说，关于数词用作动词的情况，我们也得出一条活用的规律：宾语前的数词，不作定语而又别无动词时，即作动词用，表示“使动”。此外，在状语后或补语前的数词，也往往作动词用；例如上文所举《荀子·天论》“循道而不贰”的“贰”，下节所举《左传·僖公三十年》“以其无礼于晋，且贰于楚也”的“贰”，作“使意志游移，使心不专壹”讲。

4. 形容词、动词和数词的名物化用法

形容词、动词和数词，一般不用作主语和宾语，如果用作主语和宾语，则带有名词性，在意义上也近于实体的概念，这叫做“名物化”的用法。例如：

> 天不为人之恶寒也辍冬，地不为人之恶辽远也辍广，君子不为小人之匈匈也辍行。（《荀子·天论》）——自然界并不因为人们厌恶寒冷便取消了冬季，大地也并不因为人们厌恶辽远便限制了广阔，君子也并不因为小人的吵吵嚷嚷便改变了自己的行为。

这里的“寒”，作为“恶”这个动词的宾语，应解作“寒冷的气候”；“辽远”，也作为“恶”这个动词的宾语，应解作“辽远的路程”；“广”，作为“辍”这个动词的宾语，应解作“广阔的范围”：都是形容词的名物化用法，带有名词的性质。又如：

> 夫星之坠，木之鸣，是天地之变，阴阳之化，物之罕至者也。（同上）——天上星星的殒落，社庙树木的声响，只是天地、阴阳变化反常的现象，事物中少有发生的现象。

这里的“坠”“鸣”，作为主语用，应解作“殒落的变动”“发出的声响”，是动词名物化的用法，也带有名词的性质。又这里的“坠”“鸣”一方面作为全句的主语，一方面也作为定语“星”“木”的中心词，受它们的修饰，更显出自身的名词性（这里的“之”是表示修饰关系的虚词）。因之形容词、动词等虽不作主语、宾语用，而本身作为定语的中心词，受了定语的修饰，也就可以为名物化的用法，带有名词性。例如“天地之变”的“变”，“阴阳之化”的“化”，“小人之匈匈”的“匈匈”等，应解作“变化反常的现象”“吵吵嚷嚷的样子”等（这里“物之罕至者也”当中的“者”，有指代的性质，已经有名物化的作用，作“现象”解）。又如：

其始，太医以王命聚之，岁赋其二。（柳宗元《捕蛇者说》）——开始的时候，太医官根据皇帝的命令来征集这种毒蛇，每年征收它两次。

曩与吾祖居者，今其室十无一焉；与吾父居者，今其室十无二三焉；与吾居十二年者，今其室十无四五焉。非死则徙尔，而吾以捕蛇独存。（同上。译文见本文的二）

这里“岁赋其二”的“二”，作宾语用，又受“其”这个代词作定语的修饰，“其二”解作“这种毒蛇的两次”。这里的“十无一焉”，其中的“十”作主语用，“一”作宾语用，解作“十户没有一户在这里了”；同样，“十无二三焉”“十无四五焉”，其中的“十”作主语用，“二三”“四五”作宾语用，解作“十户”“二三户”“四五户”。这些都是数词名物化的用法，在意义上都带有实体的概念。我们也可以把这种名物化的用法归入于词性活用的事例当中。其规律是：形容词、动词和数词，作主语、宾语或一个定语的中心词用，即带有名词性。

5. 自动词用作他动词

一般的动词分做“自动词”和“他动词”两个小类：“自动词”也

叫“不及物动词”，只有自身的活动，没有动作的对象，一般是不带宾语的；“他动词”也叫“及物动词”，除了自身的活动以外，又有动作的对象，可以带有宾语的。自动词和他动词，在意义上、词性上都有显著的区别：自动词只有主动的方面，没有受动的方面，所以不能组成“被动式”；他动词既有主动的方面，也有受动的方面，所以可以组成“被动式”。例如：

星坠木鸣，国人皆恐。（《荀子·天论》。译文见上）

大天而思之，孰与物畜而制之？……因物而多之，孰与骋能而化之？（同上。译文见上）

这里的“坠”“鸣”，作“陨落”“发出声响”解，都是自动词；“思”“畜”“制”“化”，作“思慕”“养畜”“控制”“化育”解，都是他动词，都带有宾语代词“之”。前者不能组成“被动式”，后者则可以组成被动式。例如：

吾闻先即制人，后则为人所制。（《史记·项羽本纪》）——我晓得，抢先发动就可以控制别人，落后了就要被别人控制了。（《史记·索隐》在这里注解说：“谓先举兵能制得人，后则为人所制。”故荀子曰：“制人之与为人制也，相去远矣。”）

“制”这个他动词，可以组成主动式和被动式，即“制人”和“为人制”或“为人所制”这样“主动”和“受动”两个方面。所以他动词，在主动式中常常带有宾语，自动词则一般不带宾语。

但是，也有一种情况，自动词带有宾语的时候，就作为他动词来应用。例如：

君将哀而生之乎？（柳宗元《捕蛇者说》。译文见上）

秦时与臣游，项伯杀人，臣活之。（《史记·项羽本纪》）——过去秦朝时候，项伯同我（张良）常常往来，他杀了人，依法得死罪，我设法使他免除死罪，保全性命。

自矜功伐，奋其私智而不师古。谓霸王之业，欲以力征经营天下，五年，卒亡其国，身死东城，尚不觉寤，而不自责，过矣。乃引"天亡我，非用兵之罪也"，岂不谬哉！（同上）——〔项羽〕自己夸耀以为有了不起的功劳，逞弄他个人的小聪明，却不肯师法和学习古来成功的经验，还以为凭着霸王的基业，想要专用武力征伐来统治天下，打仗打了五年，结果使自己的国家归于灭亡，自己的身体也死在东城地方；可是到死还是不觉悟，不肯自己承认错误，那真错了。可是还要说"这是老天爷要使我归于灭亡，并不是因为我不会用兵打仗"，难道不是很荒谬吗！

焉用亡郑以陪邻？邻之厚，君之薄也。（《左传·僖公三十年》"烛之武退秦师"）——为什么要把郑国灭掉徒然来增益您的强邻晋国呢？强邻晋国土地的增多，就是显得您秦国土地的减少呀。

这里"生之"的"生"，作"使得活下去"解；"活之"的"活"，作"使存活，使保全性命"解；"亡其国""亡我""亡郑"的"亡"，作"使归于灭亡，灭掉"解。它们都是自动词而在动宾结构中放在宾语的前面，所以活用作他动词，大都用来表示"使动"。关于动词的这种情况，我们也可以从中得出一条词性活用的规律：自动词一般不带宾语，如果带有宾语，那就用作他动词。

6. 名词用作状语和补语

在动词前面的名词，不作主语而作为状语；在动词后面的名词，不作宾语而作为补语：这两种情况，实际的意义都是名词前有关系词来表示其间的关系；在不用关系词的时候，名词直接作状语和补语，我们一定要按照其间的关系来理解。例如：

秦孝公据崤、函之固，拥雍州之地，君臣固守，以窥周室，有席卷天下、包举宇内、囊括四海之意，并吞八荒之心。（贾谊《过秦论・上篇》）——秦孝公占据了崤山、函谷关那样险固的地方，拥有了雍州、关中那样肥沃的土地，君臣上下坚固地防守着自己的根据地，暗中窥伺周朝天下，打算夺取周朝政权，野心勃勃地要想把天下象卷席子那样地全部卷了去，把海内象用包布那样地整个包了去，把四海各处象用袋子那样地一起装了去，把八方土地整口整口地吞了去。

率罢散之卒，将数百之众，转而攻秦；斩木为兵，揭竿为旗，天下云集响应，赢粮而景从；山东豪俊，遂并起而亡秦族矣。（同上）——〔陈涉〕他们率领了疲弱散乱的兵卒，统帅了几百个群众，起义来反抗秦朝的暴政，斩削树木作为兵器，高举竹竿作为旗帜，天下人民象风云那样地集合拢来，象回响那样地应声而起，输送着粮食，接连不断地象影子跟着形体那样奔来；崤山、函谷关以东的诸侯和起义军首领，就一同起来把秦族灭掉了。

豕人立而啼。（《左传・庄公八年》）——那个野猪象一个人那样地站起来狂叫。

少时，一狼径去，其一犬坐于前。（《聊斋志异・狼》）——一忽儿过去了，一只狼直捷走开了，另一只狼象狗一样坐在前面。

这里“席卷”的“席”，“包举”的“包”，“囊括”的“囊”，“云集”的“云”，

"响应"的"响","景(影)从"的"景(影)","人立"的"人","犬坐于前"的"犬",都是名词在动词前面直接作状语,用来表示"比喻关系"。"席卷",解作"象卷席子那样卷了去";"包举",解作"象用包布那样包了去";"囊括",解作"象袋子那样装了去";"云集",解作"象风云那样聚集拢来";"响应",解作"象回响那样应声而起";"景从",解作"象影子跟着形体那样奔来";"人立",解作"象一个人那样站起来";"犬坐于前",解作"象狗一样坐在前面"。都是"比喻关系",而没有明显地用适当的关系词,如"象""如同"等来表示,可以说是应用修辞上的"隐喻法"。又如:

> 君为我呼入,吾得兄事之。(《史记・项羽本纪》)——请您替我招呼他进来,我应当按照对兄长的礼仪对待他。
>
> 齐将田忌善而客待之。(《史记・孙膑列传》)——孙膑到了齐国之后,齐国的将军田忌对他很好,用客礼看待他。

这里的"兄""客"等名词,也是在动词前直接作状语,有"以兄礼""以客礼"的意思(表示"依据某种礼仪""按照某种身分"等),而这种"依据关系",也没有用关系词"以"等来表示。又如:

> 卒廷见相如,毕礼而归之。(《史记・廉颇蔺相如列传》)——秦王终于在朝廷上和蔺相如行相见礼,礼节完毕了之后才送他回赵国。(这里的"归",是自动词用作他动词。)
>
> 夫以秦王之威,而相如廷叱之,辱其群臣。(同上)——象秦王那样的威风,我蔺相如还要在朝廷上叱骂他,并且辱弄他那一群臣子,……

这里的"廷"也是名词在动词前面直接作状语,解作"在朝廷上",可是这种“处所关系”，也没有用关系词表示出来。又如：

秦惠王车裂商君以徇，曰：“莫如商鞅反者！”（《史记·商君列传》）——秦惠王叫用车子来分裂商鞅的尸首，并且拿来示众，说：“别象商鞅那样造反的啊！”

事不目见耳闻而臆断其有无，可乎？（苏轼《石钟山记》）——事情不亲眼看见耳朵听到就凭主观想象来断定它有没有，这是要得的吗？

这里的“车”“目”“耳”也是在动词前的名词直接作状语，解作“用车子”“用眼睛”“用耳朵”，可是这种“使用关系”（指“工具”“官能”等），也没有用“以”等关系词来表示。至于“方位名词”“时间名词”，更是经常直接用作状语，不加关系词了。例如：

魏居领阨之西，都安邑，与秦界河而独擅山东之利，利则西侵秦，病则东收地。……魏不支秦，必东徙。东徙，秦居河山之固，东乡以制诸侯，此帝王之业也。（《史记·商君列传》）——现在魏国居于山岭险要地方的西面，都城在安邑，同秦国以黄河为界，而独自专占着“山东”的便利；条件有利时，则向西侵略秦国；条件不利时，也可以向东扩展土地。……魏国支持不住秦国的进攻，一定向东退徙。魏国向东退徙了，秦国就进而占据河山险固的地区，专自朝东来控制各国诸侯，这是帝王的事业啊。

良庖岁更刀，割也；族庖月更刀，折也。今臣之刀十九年矣，所解数千牛矣，而刀刃若新发于硎。（《庄子·养生主》）——比较优秀的厨工要一年换一把刀，因为不按腠理来割肉；一般普通的厨工便要一个月换一把刀，因为硬是用刀斫断骨头。我现在这把刀用了十九年了，所杀掉解剖的牛有几千头了，可是这把刀的锋口正象刚刚从磨刀石上磨出来一样。

这里“西侵秦”的“西”，“东收地”的“东”，“东徙”“东乡（向）”的“东”，都是方位名词作为后面动词的状语，解作“向西”“向东”“朝东”等的意义，而都是不用“向”“朝”等关系词来表示的。“岁更刀”的“岁”，“月更刀”的“月”，都是时间名词作为后面动词的状语，解作“每一年”“每一月”，或者“按年”“按月”的意义，也都是不用关系词来指明的。又如：

今亡亦死，举大计亦死，等死，死国可乎？（《史记·陈涉世家》）——现在逃跑也是死，进行起义办大事也是死，同样是死，为国家大事而死好不好？

这里的“死国”，解作“死于国”，“为国而死”；其中的“国”，是名词在动词后面不作宾语，而作为补语的。同样，上节里举出《史记·项羽本纪》“阴令衡山、临江王击杀之江中”的“江中”，《廉颇蔺相如列传》“胥后令邯郸”的“邯郸”，是在动宾结构的后面，也是不作宾语而作为动词的补语的。它们实际的意义是指“处所关系”“目的关系”等，而不用关系词来明显地表示；它们是直接对前面的动词作补充说明的。

有些语法书当中，把副词和状语混合起来说，因之把这种名词直接用作状语的现象认为是名词带有副词性或者称为“副位”，这是把语言建筑材料和语法结构成分混为一谈了。但是并不因此而否认这种名词用作状语和补语的现象也是属于词性活用的范围。于是我们把这种情况归纳得一条规律：在动词前的名词不作主语而作状语用，在动词后的名词也不作宾语而作补语用，其间不用关系词来表示某种关系时，一定要按照某种关系来理解。

以上列举的词性活用六种情况，是古汉语里关于实词的用法。至于古汉语里虚词的用法，应当把关系词和语气词分别来叙说。

（三）古汉语里的关系词和结构形式

关系词是放在一种结构成分的前头或后面，或者放在两种结构成分的中间，一方面用来显示其间的某种关系，另一方面也在语法结构上起了组织的作用。古汉语里，在一般的语法结构中所常用的关系词，有“于（於）”“以”“而”“之”“为（wèi）”“与”“且”“则”“然”“虽”等。这里把这些比较常用的关系词逐一说明其用法如下：

“于（於）”作为关系词的“于”，在古典作品里很多写作“於”，有人把《左传》里的“于”“於”分做两个不同用法的词，用来证明《左传》这部书的真实性，这种说法并没有确凿分明的证据，不能轻信。我们仍照向来的看法，认为“于”和“於”是音近通用的字，虽然它们在《广韵》里是不同的“声类”（参看本文的二），正如这个关系词有时也常写作“乎”一样，应认为它们是音近通用的同词异字。例如：

> 今取人则不然，不问可否，不论曲直，非秦者去，为客者逐。然则是所重者，在乎色乐珠玉，而所轻者，在乎人民也。（《史记・李斯列传》“谏逐客书”）——现在对于用人却不是这样，不问他好坏，不论他对不对，只要不是秦国的人，一概不用；凡是一切客人，都加以驱逐。那么，这里所重视的，是在于女色、音乐、珠玉一类的东西；所轻视的，是在于人民了。

这里的“在乎”，写作“在于”或“在於”都是一样。

“于”一般放在一个补语的前头，动词、形容词或动宾结构的后头，表示补充说明的关系。其间表示“时间”的关系的，例如：

今有构木钻燧于夏后氏之世者，必为鲧、禹笑矣；有决渎于殷周之世者，必为汤、武笑矣。然则今有美尧、舜、鲧、禹、汤、武之道于当今之世者，必为新圣笑矣。(《韩非子·五蠹》)——如果在夏朝时候，还要在树上筑巢居住和钻木取火的人，一定要被鲧、禹所耻笑；如果在殷周时代，还要把疏通河道排泄洪水当作最急迫事务的人，也一定要被商汤、周武所耻笑。那么，在今天如果还要赞美尧、舜、鲧、禹、汤、武的政治妄想加以实行的人，一定要被今天的新圣人所耻笑。

繁启蕃长于春夏，畜积收藏于秋冬，是又禹、桀之所同也；禹以治，桀以乱，治乱非时也。(《荀子·天论》)——农作物在春天繁荣地开花，在夏天茂盛地滋长，在秋天收获聚积，在冬天收藏贮存，这一切在夏禹的时候和在夏桀的时候都是相同的，可是禹使天下太平，而桀使天下大乱。可见社会的治乱并不是四时节气的变化造成的。

这种表示时间关系的“于”，与现代语里的“在”，用法不完全相同：“在”现代语里一般放在时间状语的前头，“于”在古代语里多数放在补语的前头。表示“处所”的关系的，例如：

令既具，未布，恐民之不信，已乃立三丈之木于国都市南门，募民有能徙置北门者，予十金。(《史记·商君列传》)——商鞅把各种法令定好了，还没有公布，他怕一般人民不相信法令要真正实行，不久就在国都市场的南门竖立一条三丈长的木头，招募人民中间如果有能把这条木头搬移放置到北门的，便给他十金。

居三年，作为筑冀阙宫庭于咸阳，秦自雍徙都之。（同上）——再过了三年，商鞅在咸阳地方经营建造宏伟的魏阙门楼宫室庭院，秦国就从雍的地方迁都于此。

这种表示处所关系的“于”，与现代语里的“在”，用法也不完全相同：现代语里的“在”一般放在状语的前头，而古代语里的“于”多数放在补语的前头。又这里的“徙置北门”“徙都之”，实际等于“徙置于北门”“徙都于此”；这样用法的“于”，因为紧接前面“徙”（搬迁，移徙）一类的动词，应当译成现代语的“到”（“从南门搬到北门”“从雍迁都到咸阳”）。可是现代语里这样的关系词就不能不用，而古代语里却往往不用，使补语直接联结于前头的中心词。我们对于这种情况，不能轻易地说是“省略”，所谓“省略”，是在不能不用的情况下而因为某种条件可以付之缺如；象古汉语里表示处所一类的关系，本来可以不用“于”，只是用了之后可以更加明显罢了，这样不用而说是“省略”，实在是错误的。表示“对向”或“从由”的关系的，例如：

民勇于公战，怯于私斗，乡邑大治。（《史记·商君列传》。译文见上章）

上古竞于道德，中世逐于智谋，当今争于气力。（《韩非子·五蠹》）——上古时候人们向道德方面互相争胜，中世时候人们向智谋方面互相竞争，现在时候人们向气力方面比赛强弱。

所志于天者，已其见象之可以期者矣；所志于地者，已其见宜之可以息者矣；所志于四时者，已其见数之可以事者矣；

所志于阴阳者，已其见和之可以治者矣。(《荀子·天论》)——从自然界方面所认识的，是为了观测到的天象可以作为根据来推测可能发生的变化；从土地方面所认识的，是为了土地条件可以作为根据来繁殖各种的农作物；从四时季节所认识的，是为了春耕、夏长、秋收、冬藏的规律可以作为根据来进行农事；从阴阳方面所认识的，是为了调和的道理可以作为根据来治理万物的生长。

这种表示对向关系、从由关系的“于”，与现代语里的“对”“向”“从”等，用法也不完全相同：现代语里的“对”等很多放在状语的前头，而古代语里的“于”一般放在补语的前头。表示“给予”的关系的，例如：

居五年，秦人富强，天子致胙于孝公，诸侯毕贺。(《商君列传》)——过了五年之后，秦国富强起来了，周朝的天子送了祭祀用的胙肉给秦孝公，各国诸侯也都来庆贺。

魏惠王兵数破于齐秦，国内空，日以削，恐，乃使使割河西之地献于秦以和。(同上)——魏惠王的军队屡次被齐国、秦国的兵所打败，魏国内部空虚，土地日益削减，魏惠王心里害怕，就派了使者把河西的地方割了献给秦国，来和秦国讲和。

这种表示给予关系的“于”，与现代语里的“给”等相当。表示“被动”的关系的，例如这里所举“魏惠王兵数破于齐秦”这句里的“于”，与现代语里的“被”，用法不同的地方，也是在于“被”放在状语的前头，“于”放在补语的前头。表示“比较”的关系的，例如：

在天者莫明于日月，在地者莫明于水火，在物者莫明于珠玉，在人者莫明于礼义。（《荀子·天论》）——在天上，没有比日月更光明的了；在地上，没有比水火更光明的了；在万物中，没有比珠玉更光明的了；在人类中，也没有比礼义更光明的了。

尧之王天下也，……虽监门之服养不亏于此矣。禹之王天下也，……虽臣虏之劳不苦于此矣。（《韩非子·五蠹》）——尧统治天下的时候，……即使现在看门的人吃穿也不会比他要差了。禹统治天下的时候，……即使现在奴隶的劳动也不会比他要苦了。

这种表示比较关系的“于”，与现代语里的“比”，用法也不相同：古代语的“于”一般放在补语的前头，现代语的“比”一般放在状语的前头。从上面所说“于”这个关系词的各种用法看来，可见由它所组成的偏正结构的形式，多数是“动（形）——补”的形式，一经翻译成为现代语，往往就变做“状——动（形）”，这就是古今语法结构形式的差异。但是古汉语中，也有少数把“于”放在状语的前面的例子：

吾于天下贤士功臣，可谓亡负矣。（《汉书·高帝纪》）——我对于天下的贤士和功臣，可以说是没有什么对不起了吧。

这样把“于”放在状语的前头，似乎有强调状语的作用，在这种情况下，“于”也不能不用。

“以”作为关系词的“以”，很多放在状语的前面，表示各种修饰的关系。其间表示“使用”（工具等）的关系的，例如：

梁惠王曰:"寡人愿安承教。"孟子对曰:"杀人以梃与刃,有以异乎?"曰:"无以异也。""以刃与政,有以异乎?"曰:"无以异也。"(《孟子·梁惠王上》)——梁惠王〔对孟子〕说:"我很高兴听到您的指教。"孟子回答说:"用木棒打死人和用刀子杀死人,有什么不同呢?"梁惠王说:"没有什么不同。"孟子又说:"用刀子杀死人和用政治害死人,有什么不同呢?"梁惠王说:"没有什么不同。"

这里"以梃与刃""以刃与政"的"以",就是表示"使用"的关系。又如:

故吾以强国之术说君,君大说之耳。(《史记·商君列传》。译文见上节)

臣以神遇而不以目视,……(《庄子·养生主》"庖丁解牛")——这时候,我只用精神接触着牛,不必用眼睛看,……

这种表示使用关系的"以",意义上相当于现代语里的"用""拿"等。表示"依据"的关系的,例如:

有军功者,各以率受上爵;为私斗者,各以轻重被刑大小。……明尊卑爵秩等级,各以差次名田宅,臣妾衣服以家次。(《史记·商君列传》)——在战争中立了军功的人,按照规定的标准和比率来授予爵位;从事私人争斗的,也按照事情轻重来施加大小的刑罚。……按军功大小确定爵位的尊卑和俸禄的高低,依据等级次序来占用田宅,该有多少奴婢,该穿什么样的衣服,也依据各家等级来决定。

这种表示依据关系的"以",相当于现代语里的"按""依照""依据"等。表示"原因"或"从由"的关系的,例如:

以其有功也,爵之,而卑其士官也;以其耕作也,赏之,而少其家业也;以其不收也,外之,而高其轻世也;以其犯禁也,罪之,而多其有勇也。(《韩非子·五蠹》)——因为他有功劳,给了他官爵,却又认为做官的人是卑鄙的;因为他耕种好,给了他赏赐,却又轻视他的家业;因为他不肯被录用,疏远了他,却又推崇他蔑视世俗的荣利;因为他触犯了禁令,判了他罪,却又称赞他有勇气。

明法度,定律令,皆以始皇起。(《史记·李斯列传》)——建立秦朝的政治制度,定出当时的法律条文,都是从秦始皇开始的。

这种表示原因关系或从由关系的"以",相当于现代语里的"因为""由于"或"由""从"等。上面所说"以"这个关系词,都是放在状语的前面,表示各种修饰关系的;但是也有不少把它放在补语的前面,用来表示补充说明的关系,特别是表示"结果"和"目的"关系的,常常放在补语之前。举例如下:

晋侯复假道于虞以伐虢。(《左传·僖公五年》"宫之奇谏假道")——晋献公第二次又向虞国借路用来侵略虢国。

焉用亡郑以陪邻?(《左传·僖公三十年》)——怎么把郑国灭掉,拿来扩大你的强邻晋国呢?

阴遣谋士,持金玉,以游说诸侯。(《史记·李斯列传》)——暗中派遣了谋士,携带着金银玉帛,用去游说列国君主。

会韩人郑国来间秦，以作注溉渠；已而觉。（同上）——恰逢一个韩人郑国到秦国来当间谍，说是为了修建引水灌溉的河渠，不久被秦国发觉了。

今乃弃黔首以资敌国，却宾客以业诸侯，……今逐客以资敌国，损民以益仇，内自虚而外树怨于诸侯，……（同上）——现在秦国却是丢弃人民用去帮助敌国，驱逐宾客拿去辅助别国君主，……现在驱逐宾客拿去帮助敌国，减少本国人口用去增加敌国人力，对内使自己陷于虚弱，对外又和各国君主结了许多怨仇，……

古者天下散乱，莫能相一，是以诸侯并作，语皆道古以害今，饰虚言以乱实；人善其所私学，以非上所建立。……入则心非，出则巷议，非主以为名，异趣以为高，率群下以造谤。（同上）——古时候，实行分封制，天下散乱，不能彼此统一，所以列国君主并起，各自为谋，议论都援引古事用来否定现实，粉饰空谈用来惑乱实际；人人都认为自己的学说最完善，用来反对朝廷所制定的法令制度。……在家独处时心怀不满，出外便在街头巷尾批评议论，反对君主用来炫耀自己的声名，故意和朝廷政见立异用来夸示自己的高明，率领着一群同党用来造谣诽谤。

这种表示结果关系和目的关系的“以”，意义上相当于现代语里的“用去”“用来”“拿去”“为了”等（词性并不完全相当）。也有放在谓语之前，意义上相当于现代语里的“因而”“因此”的，例如：

孝公用商鞅之法，移风易俗，民以殷盛，国以富强……（《史记·李斯列传》“谏逐客书”）——秦孝公任用了商鞅实行变法，革除秦国旧的奴隶制风俗，以利于封建生产关系的发展，人民因而殷实兴盛，国家因而富裕强大。

夫耕之用力也劳，而民为之者，曰：可得以富也；战之为事也危，而民为之者，曰：可得以贵也。（《韩非子·五蠹》）——耕种是要用劳力的，人民却愿意去干，说：可以因此得到富足；战争是很危险的事，人民却愿意去打仗，说：可以因此得到显贵。

又表示使用等的关系，“以”也有时放在补语的前面，例如：

晋侯秦伯围郑，以其无礼于晋，且贰于楚也。（《左传·僖公三十年》“烛之武退秦师”）——晋文公和秦穆公率领军队包围郑国，因为郑国曾经对晋文公无礼过，又曾经向楚国依附过。

诸侯名士可下以财者，厚遗结之；不肯者，利剑刺之。（《史记·李斯列传》）——列国君主下面的知名之士，可以用财物来收买的，就用丰厚的馈赠笼络他们；不肯被收买的，就用利剑刺杀他们。

还有为着强调状语，把状语提到“以”这个关系词的前面的，例如说“夜以继日”，实际意义与“以夜继日”差不多，为着强调“夜”这个状语，就把它提到“以”的前面来。又如：

楚战士无不一以当十，楚兵呼声动天，诸侯军无不人人惴恐。（《史记·项羽本纪》“巨鹿之战”）——楚国的战士没有不是一个用来抵当十个的，楚国的兵士呼声震动天地，各地诸侯的兵士在军壁上观看的，大家没有一个不惊惶恐惧。

这里“一以当十”，实际意义与“以一当十”差不多，为着强调“一”这个状语，就把它提到“以”的前面来。由此可见，从“以”这个关系词所组成的结构形式和它的用法，是多种多样的。就上面所说，除放在谓语之前的一种形式以外，它可以放在状语前，补语前，也可以放在状语后，又可以不用。例如上文所举的“厚遗结之”“利剑刺之”，原来是不用“以”这个关系词的，我们可以把它们说成下列的三种形式：

1．“以”放在状语前，“以厚遗结之”，“以利剑刺之”；

2．“以”放在补语前，“结之以厚遗”，“刺之以利剑”；

3．“以”放在状语后，“厚遗以结之”，“利剑以刺之”。

“而”作为关系词的“而”，很多放在联合成分之间，表示并列或顺递的关系。但是由“而”所组成的联合结构，其中的联合成分，都是表示性质、状态或动作、变化的概念的，没有表示实体的概念的；换句话说，用“而”这个关系词来联合的词语，都是形容词性或动词性的，没有名词性的。表示并列关系的“而”，放在形容词性或动词性的联合成分中间，有的表示“同义”的并列关系，有的表示“反义”的并列关系。分别举例如下：

强本而节用，则天不能贫；养备而动时，则天不能病；循道而不贰，则天不能祸。（《荀子・天论》。译文见上）

君子博学而日参省乎己，则知明而行无过矣。（《荀子・劝学》）——君子广博地学习而又每日对自己省察检验，那就智虑聪明，行为也没有过失了。

向使四君却客而不内，疏士而不用，是使国无富利之实，而秦无强大之名也。（《史记・李斯列传》“谏逐客书”）——从前如果这四个君主驱逐宾客，不容纳他们，疏远游士，不任用他们，那就使得秦国不会有富利的果实，也不会有强大的威名了。

这种表示同义并列关系的，意义上相当于现代语的“而且”“又”“也”等。又如：

不事力而养足，人民少而财有余，故民不争。是以厚赏不行，重罚不用，而民自治。……大父未死而有二十五孙，是以人民众而货财寡，事力劳而供养薄，故民争，虽倍赏累罚而不免于乱。（《韩非子·五蠹》）——古时候人口少，不费力耕织，可是供养充足，人民少，财物就有多余，所以人民之间没有争夺。因此，不用厚赏，不用重罚，人民却自然安定。……现在人口多了，祖父还没有死，却已经有了二十五个孙子了，因此人民多了，财物却缺少了，费尽劳力耕织，可是不够供给吃用，所以人民之间发生争夺，虽然加倍地奖赏，屡次地处罚，但还不免有纷乱。

有后而无先，则群众无门；有诎而无信，则贵贱不分；有齐而无畸，则政令不施；有少而无多，则群众不化。（《荀子·天论》）——只有退后的一方面，却没有向先的一方面，那么群众就没有前进的门径了；只有委屈的一方面，却没有伸张的一方面，那么贵和贱就无法分别了；只要求整齐的一方面，却不顾参差的一方面，那么国家的政令就无法实行了；只认识人情少的一方面，却不认识人情多的一方面，那么群众就不能得到教化了。

这种表示反义并列关系的，意义上相当于现代语的“可是”“但”“却”等。表示顺递关系的“而”，有的表示“承接”的关系，有的表示“转折”的关系，也分别举例如下：

是故质的张而弓矢至焉；林木茂而斧斤至焉；树成荫而众鸟息焉；醯酸而蜹聚焉。(《荀子·劝学》)——所以箭靶射的张挂起来，弓箭就向它射来了；树林长得茂盛，砍树的刀斧也就到这里来了；树木长成庇荫，于是许多鸟雀到这里来游息了；醋醯发酸了，于是许多小蚊子到这里来聚集了。

这种表示承接关系的"而"，是用来标志前后事理相因，语意连贯，相当于现代语里的"就""便"等。至于表示转折关系的，也往往标志前后事理的相因，可是在语意上却有一个转折，相当于现代语里的"却""可是""反而"等。如：

青，取之于蓝而青于蓝；冰，水为之而寒于水。(同上)——青的颜料，是从蓝草里取出来的，可是比蓝草还要青；冰块，是水凝结起来的，却比水还要冷。(这里的三个"于"，前一个是表示从由关系，后两个是表示比较关系。)

上面讲过，一些语法书上所谓"连动式"，实际就是表示顺递关系的一种联合式，可以归并到联合结构当中去，不必另立名目。这种表示顺递关系的联合结构，中间也往往应用"而"来组成，也可以分做表示承接关系和表示转折关系两种。例如：

南方有鸟焉，名曰蒙鸠。以羽为巢，而编之以发，系之苇苕。风至苕折，卵破子死。巢非不完也，所系者然也。(同上)——南方那里有一种小鸟，叫做蒙鸠。用羽毛来作巢窠，可是用了发丝把它编织起来，又悬挂在芦苇的苇花上。风吹来了，苇花断了，鸟卵坠碎了，没有孵出的小鸟死了。蒙鸠所造的巢窠，并不是不完好，只是因为悬挂的地方不牢。

宋人有耕者。田中有株，兔走触株，折颈而死；因释其耒而守株，冀复得兔，兔不可复得，而身为宋国笑。（《韩非子·五蠹》。译文见上）

这里的“而编之以发”“折颈而死”当中两个“而”，正是所谓“连动式”中用来表示顺递关系的，但前者表示转折，后者表示承接。又“因释其耒而守株”“而身为宋国笑”，当中的两个“而”，也是用来表示顺递关系的，但前者表示承接，后者表示转折。表示承接关系的“而”，可以译成“就”“便”；表示转折关系的“而”，可以译成“可是”“却”等。表示转折关系的“而”，不但可以放在联合成分之间，也可以放在主语和谓语之间，例如：

先生独未见夫仆乎？十人而从一人者，宁力不胜，智不若耶？畏之也。（《战国策·赵策》“鲁仲连义不帝秦”）——您先生难道没有见过那些奴仆吗？十个人反而服从管他们的一个人，难道是力气敌不过他，智虑抵不上他？实在是因为怕他的缘故。

相鼠有皮，人而无仪。人而无仪，不死何为？（《诗经·鄘风·相鼠》）——看看那老鼠还是有皮的，可是那人却没有威仪。人却没有威仪，不死了做什么呢？

这里的“十人而从一人”，实际的意义是：“十个人应该可以抵当一个人，现在反而服从一个人。”“人而无仪”，实际的意义是：“人总是要有威仪的，可是人却没有威仪。”与“人而无信”“人而无恒”“人而不仁”“君子而不仁”“君而知礼”“管仲而知礼”等句法一样，在主语和谓语之间，有个转折的关系，是用“而”来表示的。有些训诂和语法学者把这样句法里的“而”认为是“如”字的假借，表示“假设”的意义，解作“人如果没有……”“管仲如果知礼”，这样解释是有相当的根据的。但是我们阅读古典作品的时候，往往是在词语一般用法通不过去的情况下，才应用文字的假借来另作解释。现在用它来表示转折关系来解释，实在比用假借作“如”来解释要恰当得多，《相鼠》诗的第一句“人而无仪”，把它解释作“人如无仪”是不妥当的。所以我们还是坚持“而”在这里是它本来的用法。同样，表示承接关系的“而”，不但可以放在联合成分之间，也可以放在偏正结构里状语和它的中心词之间，例如：

吾尝终日而思矣，不如须臾之所学也。（《荀子·劝学》。译文见本文的三）

夫山居而谷汲者，膢腊而相遗以水；泽居苦水者，买庸而决窦。（《韩非子·五蠹》）——住在山上要到底下溪谷去打水的人，逢年过节就都用水作为礼物互相赠送；住在洼地饱受水涝灾害的人，却要雇工买力来开沟排水。

这里的“终日”“膢腊”，都是时间状语，即时间名词作状语用，与“五世而斩”这句里的“五世”用法相同。“买庸”，是动宾结构作状语用，与上节所举《战国策·赵策》“欲从而帝之”里的“从”用法相类（“帝”是状语后的名词活用作为动词）。有的语法学者把这种偏正结构中介在两个动词之间的“而”，与上面所说放在补语前面的“以”认为用法完全相同，认为“公入而赋”“姜出而赋”（《左传·隐公元年》）和“余折以御”（《左传·成公二年》），句法及关系词的用法完全相同。这是把偏正结构里“而”和“以”两个关系词的用法混同起来了，实在它们是有区别的。用“而”的地方，中心词在后一个动词上，表示前一个动词只是后一个动词的手段和条件；用“以”的地方，重心是在前一种动作上，表示后一种动作只是前一种动作的目的和结果。“公入而赋”“姜出而赋”，应当译成“庄公进到隧道里的时候就唱着”，“姜氏从隧道里出来的时候就唱着”；“余折以御”，应当译成“我张侯把贯穿着我手臂的那只箭折断了，用来（为着是）继续驾战车”。所以“买庸而决窦”里，“买庸”是状语，“决窦”是中心词，语意上注重“决窦”；如果改做“买庸以决窦”便成为“动补结构”，意义上注重“买庸”了。总起来说，作为关系词的“而”，由它组成的结构形式，主要的有三种：

1．联合结构，“而”放在联合成分的中间，表示并列的关系的，有同义的并列，又有反义的并列；表示顺递的关系的，有的表示承接的关系，有的表示转折的关系。

2．主谓结构，“而”放在主语和谓语之间，带有转折的意味。

3．偏正结构，“而”放在状语和中心词之间，带有承接的意味；中心词一般是动词，作状语的可以是名词、动词，也可以是数词，如“再而衰”“三而竭”；也可以是形容词，如“莞尔而笑”“率尔而对”“勃然而起”等。

“之”作为关系词的“之”，大多数是放在定语和它的中心词之间，组成一种偏正结构，表示修饰关系。这种修饰关系，又可以分为两类：一类是“领属”关系，定语是代表“领属方面”，中心词是代表“被领属”的人或事物；一类是一般对人或事物的修饰关系，定语是用来表示人或事物的内容、性质、状态、作用、数量、时地、范围等。分别举例如下：

商君者，卫之诸庶孽公子也。（《史记·商君列传》）——商鞅这个人，原来是卫国的许多贵族旁支中一个公子。

痤之中庶子公孙鞅，年虽少，有奇才，愿王举国而听之。（同上）——我公叔痤的家中管事员公孙鞅，年龄虽然很轻，却是有奇才，希望您魏惠王拿国家政事付托给他。

彼王不能用君之言任臣，又安能用君之言杀臣乎？（同上）——那个魏惠王既然不能用您的话重用我，又怎么能用您的话杀掉我呢？

公孙鞅闻秦孝公下令国中求贤者，将修缪公之业，……（同上）——公孙鞅听到西边秦国的君主孝公特别下令征求贤能的人，准备恢复秦穆公的霸业，……

子之客，妄人耳，安足用邪？（同上）——你的客人，只是个无知乱来的人，怎么可用呢？

相秦六七年，而东伐郑，三置晋国之君，一救荆国之祸。（同上）——〔五羖大夫百里奚〕做秦国的宰相六七年，曾经出兵向东去讨伐郑国，三次把晋国的君主安置好，一次把楚国的战祸阻挡住。

孝公用商鞅之法，移风易俗，……（《史记·李斯列传》。译文见上）

惠王用张仪之计，拔三川之地，……（同上）——秦惠文王用了张仪的计策，攻占韩国三川的土地，……

此四君者，皆以客之功。（同上。译文见上）

始皇可其议，收去《诗》《书》百家之语，……（同上）——秦始皇批准了李斯的建议，把《诗经》《书经》以及诸子百家的言论书籍统统搜集起来烧掉，……

以上所举这些用关系词“之”表示“领属”关系的例子，我们可以从中看出定语是代表“领属方面”，如人、国家、地方等，所以一般是用名词或名词性的词语来充当的，中心词是代表“被领属”的人或事物，也必定是名词或名物化的动词、形容词等。至于用关系词“之”来表示一般对人或事物的修饰关系的，其中的定语很多是用动词、动宾结构、形容词、数词以及代表时地范围等的名词来充当。

例如：

故吾以强国之术说君，……（《商君列传》。译文见上）

以卫鞅为左庶长，卒定变法之令。（同上）——秦孝公用商鞅为左庶长的官，终于制定变法的政令。

……已乃立三丈之木于国都市南门，……（同上。译文见上）

此皆乱化之民也。（同上）——这些都是扰乱教化的人。

久处卑贱之位，困苦之地，……（《史记·李斯列传》）——长久处在卑贱的地位，困苦的境遇，……

……割膏腴之壤。（同上）——〔东边〕……割取肥沃的土地。

向使四君却客而不内，疏士而不用，是使国无富利之实，而秦无强大之名也。（同上。译文见上）

秦王乃除逐客之令，复李斯官，卒用其计谋，……使秦无尺土之封，不立子弟为王，功臣为诸侯者，使后无战攻之患。（同上）——秦王就取消了逐客的命令，恢复李斯的官职，终于采用他的计策和谋画，……使得秦国没有尺寸的土地作为分封的，不立子弟做王，功臣做诸侯的，这样就使得后来不再有相互攻战的祸患。

毛先生以三寸之舌，强于百万之师。（《史记·平原君虞卿列传》）——您毛遂先生只用三寸的舌头，可是比百万的军队还要强。

今日之事何如？（《史记·项羽本纪》）——今天的事情怎么样了？

以上所举这些用关系词“之”表示一般修饰关系的例子，我们也可以从中看出定语是用各种词语都可以充当，中心词一定是用名词或名词性词语来充当，或者是动词等的名物化的用法，如“尺土之封”里的“封”是指“封地，用来分封的土地”。关系词“之”，不但在偏正结构中可以放到定语和它的中心词之间，也有在主谓结构中放到主语和谓语之间，一方面使主语带有“领属”的意味，另一方面也使谓语具有名物化的意义，我们把这种结构叫做“偏正化的主谓结构”。因为主语和谓语之间没有加进“之”，依然是主谓结构的形式；加进了“之”，便成为“偏正化的主谓结构”了。单独动词或形容词作谓语的，加上了“之”，显然成为名物化的用法；动宾结构或动补结构等作谓语的，加上了“之”，也作为一种事态来看待。例如：

人之贤不肖，譬如鼠矣，在所自处耳！（《史记·李斯列传》。译文见上）

法之不行，自上犯之。（《史记·商君列传》。译文见上）

秦之乘胜役诸侯，盖六世矣。（《史记·李斯列传》）——秦国的利用威力来指挥列国诸侯，大概经过了六代君主了。

这样的“偏正化的主谓结构”，把其中谓语所代表的性质、状态、动作、变化等，作为一种事态来看待，隶属于主语所代表的人或事物，所以有侧重谓语意义的作用。这样谓语所表示的事态，不仅用来突出有关别种动作、状态的时间、条件、对象等，有时也独立地用来突出那种事态的本身，表示一种感叹的语气。例如：

医之好治不病以为功！（《韩非子·喻老》）——那些医生总是喜欢医治那种本来无病的人来夸示自己的功劳啊！

宰我出。子曰：“予之不仁也！子生三年，然后免于父母之怀。夫三年之丧，天下之通丧也，予也有三年之爱于其父母乎！”（《论语·阳货》）——宰我退了出来。孔子说：“宰予真不仁呀！小孩子生下地来，过了三年才能完全脱离父母的怀抱。替父母守孝三年，这是天下通行的礼，宰予难道没有从父母那里得到过三年怀抱的爱护吗？

天乎！予之无罪也！（《礼记·檀弓上》）——天哪！我没有什么罪过吧！

有些关于古汉语语法书上，说是把这样的“之”加进主语和谓语之间，便取消那种主谓结构的独立性；又说是象“医之好治不病以为功！”那样只是没有完结的半句话，这些看法都是不合事实的。此外，还有第三种情况，即把关系词“之”放在前置的宾语和动词之间，组成一种倒装的动宾结构，有强调宾语意义的作用。这在上文讲到宾语的位置问题时，已经举例说明了。总起来说：作为关系词的“之”，由它组成的结构形式，计有三种：

1. 偏正结构，“之”放在定语和中心词之间，又可分为两类：一类是表示“领属”关系，定语是名词或名词性的词语；另一类是表示一般的修饰关系，定语多为形容词、动词、数词或其他修饰性的词语。这两类的中心词，大都是名词或者动词、形容词等名物化的用法。

2. 偏正化的主谓结构，“之”放在主语和谓语之间，使主语带有“领属方面”的意味，又使谓语的意义作为一种事态来看待，有侧重谓语意义的作用。

3. 倒装的动宾结构，“之”放在前置的宾语和动词之间，有加重宾语意义的作用。“之”也常常写作“是”。

“为”（wèi）　作为关系词的“为”，多数是放在状语的前面，表示原因、目的、对象等的关系。

天行有常,不为尧存,不为桀亡。(《荀子·天论》。译文见上)

天不为人之恶寒也辍冬,地不为人之恶辽远也辍广,君子不为小人之匈匈也辍行。(同上。译文见上)

司寇行刑,君为之不举乐;闻死刑之报,君为流涕。……且夫以法行刑而君为之流涕,此以效仁,非以为治也。(《韩非子·五蠹》)——司法机关执行刑法的时候,君主因此而停止奏乐;听到判决死刑的要处决,君主也因之伤心得掉眼泪。……而且按照国法执行刑罚,君主却因此而掉眼泪,这只是以此表示仁爱之心,不是要用来治理国家的。

"为"这样的关系词,常常单独地和中心词相结合,就可以表示原因、目的等的关系。如"君为流涕",实际就是"君为之流涕";正如本章第一节里举过的"弟子不为变,当世不为治"(他的弟子们并不因而转变思想,当时社会也并不因而治理得好)那样的句法一样,同是一种紧缩式的偏正结构。固然这是由语言中的节缩作用而起,但已经成为一种通行的结构形式,不能轻易地说是"之"的省略,更不能任意地给加上一个代词的"之"。陈奇猷《韩非子集释》谓"流涕上当有'之'字;……无'之'字,句不通"(上海人民出版社1974年7月版,1053页)。这是不明古汉语的结构形式因而误说原著里"句不通"了。这里再举出几个例子:

每至于族,吾见其难为,怵然为戒,视为止,行为迟,动刀甚微。(《庄子·养生主》)——凡是遇到筋骨交错聚结的地方,我总战战兢兢地因而保持警惕,视力因而集中到一点,行动因而缓慢下来,运用牛刀也就很微细的了。

今有不才之子,父母怒之弗为改,乡人谯之弗为动,师长教之弗为变。(《韩非子·五蠹》)——现在有个不成器的儿子,父母生他的气,他并不因之悔改;乡邻责骂他,他也毫不因之动心;老师管教他,他也毫不因之改变。

这样用关系词单独地和中心词(多数是动词)相结合的形式,所以说是一种"紧缩式"的偏正结构。由于这样应用的关系词带有粘附性,在进行语法分析时,似乎不必把它拆开来,只认定这样的形式而作为一个单位来看待也可以(现代语里,"被"这个关系词单独地和动词相结合,用来表示被动的关系,如"被剥削"等,这种现象也可以按照这样办法处理)。

"与"　作为关系词的"与",一般有两种用法:一种是放在联合成分的中间,用来表示并列关系,组成联合结构;一种是放在状语的前面,用来表示修饰关系,组成偏正结构。这两种用法,在实质意义上没有多大差别,都是表示"连与"关系,但是在结构成分之间,"与"所处的重心,一种是前后均衡的,一种是显然有主次之分,所以前者组成联合结构,后者组成偏正结构。兹分别举例如下:

行也,怀与安,实败名。(《左传·僖公二十三年》"晋公子重耳出奔")——还是走吧,怀恋着一个地方,又贪图安乐,这两件事实在是败坏功名的。

是时曹公从容谓先主曰:"今天下英雄,惟使君与操耳!本初之徒,不足数也。"(《三国志·蜀志·先主传》)——那时,〔刘备正依附于曹操,〕在闲暇中,曹操随便地对刘备说:"现今天下的英雄,只是您和我两个人罢了,象袁绍这些人,算得了什么!"

在这样联合结构中,"与"所联合的词语,一般是名词或名词性的,如果用动词、形容词等来充当，也应当是名物化的用法，如“怀与安”应作“怀恋不舍和贪图安乐的事”来解释。这和上面所说“而”等关系词的用法恰恰相对，“而”等是用在动词性、形容词性的联合成分之间，“与”是用在名词性或名物化的词语之间。

告奸者与斩敌首同赏，匿奸者与降敌同罚。（《史记·商君列传》）——〔当时商鞅颁布的新令，斩敌首一级，赐爵位一级；降敌者本人处刑，家口没入为奴婢。〕告发坏人的，和斩敌得到同样的奖赏；藏匿奸情不告的，和降敌的罪受到同样的处罚。

秦之与魏，譬若人之有腹心疾，非魏并秦，秦即并魏。何者？魏居领厄之西，都安邑，与秦界河而独擅山东之利。（同上）——秦和魏的关系，譬如一个人有了脏腑中致命的疾病那样，不是魏国吞灭秦国，便是秦国吞灭魏国。为什么呢？因为魏国处在〔中条山一带〕山岭险要地方的西边，建都在安邑，同秦国隔着黄河为界，却独自占有中条山以东的富利。

在这样偏正结构中，“与”和现代语中的“跟”“同”等用法相同，也包括各种关系的意义。如“秦之与魏”，这个关系词不仅表示连与关系，也包括了对向关系，和“秦之于魏”（秦对于魏的关系）意义相同；这样偏正结构的中心部分也没有说出来，也是一种“紧缩式”，包含“与魏利害冲突，矛盾激化，势不两立”等等的意思。这种偏正结构所包含的状语和中心词两部分，或者中心词没有说出来，或者状语没有说出来，即关系词单独和中心词或状语相结合的形式，都同样是“紧缩式”的偏正结构。“与”和“为”一样，都可以单独地和中心词相结合而组成一种紧缩式。例如：

今操已拥百万之众，挟天子而令诸侯，此诚不可与争锋。孙权据有江东，已历三世，国险而民附，贤能为之用，此可与为援而不可图也。(《三国志·蜀志·诸葛亮传》“隆中对”)——现今曹操已经拥有百万的军队，政治上又用汉王朝的献帝做傀儡，向着各地割据势力来发号施令，这实在是一时不可以同他较量。孙权占据有全江东的地方，经历了三代了，国家地势险要，民众又归附他，贤能之士多被他所任用，这也只可以跟他相帮助，不可以打他的主意。

这里的“与争锋”“与为援”，实际就是“与之争锋”“与之为援”，但是已经成为一种通行的结构形式，不能轻易地说是“之”的省略；又从修辞的角度来看，采用“紧缩式”来表示的意义，也是比较含蓄和委婉的。

“且”　作为关系词的“且”，一般是用在联合成分之间，表示并列事物中的递进关系。上面讲过，在联合结构中表示并列关系的，有“而”，有“与”。“与”是放在名词性的词语（或者动词、形容词的名物化用法）之间，“而”是放在形容词性或动词性的词语之间；在这一点上，“且”的用法和“而”相近，所以复合的关系词当中有了“而且”这个词。不过单独的“而”表示并列关系的，有“同义”“反义”两种，“且”一般只是表示“同义”的并列关系，不仅表示“同义”，还有“深进一层”的意思。例如：

进言者皆曰天下已安已治矣，臣独以为未也。曰安且治者，非愚则谀，皆非事实知治乱之体者也。夫抱火厝之积薪之下而寝其上，火未及燃，因谓之安，方今之势，何以异此！（贾谊《治安策》）——对国事发表言论的人，都说现在天下已经安定、已经大治了，我却单独以为还没有安定大治。他们说天下安定而且大治的，不是愚昧无知，便是阿谀逢迎，都是违背事实,不知道天下治乱的本质的。现在的形势,正象拿了火种放置在堆积的干柴下面,就睡在上面的一样,火还没有马上烧起来,就以为安稳似的;现在的形势同这种危险的情况,有什么两样呢!

这里的“安且治”,是表示“同义”的并列关系,同时也包含有深进的意思。又如:

将戮力而攻秦,久留不行。今岁饥民贫,士卒食芋菽,军无见粮。乃饮酒高会,不引兵渡河,因赵食,与赵并力攻秦,乃曰“承其敝。”夫以秦之强,攻新造之赵,其势必举赵,赵举而秦强,何敝之承!且国兵新破,王坐不安席,埽境内而专属于将军,国家安危,在此一举。今不恤士卒,而徇其私,非社稷之臣。(《史记·项羽本纪》)——〔项羽指责宋义〕说:正要合并力量去攻打秦军,却是长久逗留不进。现在年岁饥荒,百姓穷困,兵士只吃芋艿和豆类,军中没有存贮的粮草。〔宋义〕可是〔亲自送他儿子到齐国去〕摆起酒食,大宴宾客,不带领军队渡过黄河,利用赵地的粮食作为军粮,同赵国合并力量去攻打秦军,却是说:“利用秦军攻赵经过战争而显出疲困的机会。”那秦军凭着它的强盛,去攻打新近建立的赵国,势必至于打下赵国,赵国打下了,秦军更强盛了,还有什么疲困的机会可以利用!而且楚军新近被秦军攻破于定陶地方,怀王迁到彭城恐慌不安,把国境之内所有的兵马钱粮悉数交给你将军一个人调派,楚国的安危存亡,就看这一着了。现在你竟然不体惜士卒的劳困,却只是图谋私人的利益,不是国家可以信任的臣子。

这里“且国兵新破”以下，是表示“深进一层”的意思。在程度上表示深进，在事态上就是表示“兼而有之”，所以“且”这个关系词，和“又”的用法相通。如“安且治”，和上文“已安已治”一个意思，可以解作“又安又治”，也可以说成“既安又治”。同样，《诗经・郑风・叔于田》：“洵美且仁”，也就是说：“真是又美又仁的啊！”或者“真是既美又仁的啊！”“既……又……”这样的联合结构，在《诗经》里常常作“终……且……”，其中的“且”也作“又”，“终”有时写作“众”。上章里提起过，“终风且暴”，应当解释做“既风且暴”，其它如“终温且惠”，“终窭且贫”，“终和且平”，“终善且有”，“终其永怀，又窘阴雨”，“众稚且狂”等，都应当解释作“既……且……”或“既……又……”（参看王引之《经传释词》卷九）。“且”在事态上表示“兼而有之”，因之在行动上也用来表示“同时并进”，如《史记・李将军列传》：“且引且战”，意指“引退和战斗同时并进”，可以翻译成“边引退，边战斗”。由此可见，“且”在联合结构中所表示的“递进”“兼并”等的关系，都是属于并列的范围。古典作品里，各段文辞之间的“递进”关系，常常用“且夫”来表示。例如：

……且夫天下非小弱也，雍州之地，殽、函之固，自若也。陈涉之位，非尊于齐、楚、燕、赵、韩、魏、宋、卫、中山之君也；鉏櫌棘矜，非铦于钩戟、长铩也；谪戍之众，非抗于九国之师也；深谋远虑，行军用兵之道，非及乡时之士也。然而成败异变，功业相反也。（贾谊《过秦论上篇》）——……想起那个秦朝的天下并没有缩小和变弱，雍州的地势和殽山、函谷关的险固还是和过去一样。陈涉的地位，并没有比齐、楚、燕、赵等国的君主要尊贵些；锄头和戟、矛的柄，并没有比钩戟和长矛要锋利些；被派去防守边塞的陈涉等几百人，远没有齐、楚、燕、赵等九国军队那么的强大；陈涉他们的深谋远虑和行军用兵的方法，也远远不及齐、楚、燕、赵等国从前时候的那些谋士。可是成败却是大异，功业完全相反。

这里"且夫"的用法，一方面表示"递进"，另一方面也表示"指示性的发端"，把"夫"这个指示性发端词的语气强化了。"且夫"，可以说是"且"这个关系词在扩大范围的应用。

"则"　作为关系词的"则"，最常用的是放在两种表明事态的词语中间，用来表示前后事态的顺递关系，大都在它前面的是表明"条件"或"原因"，在它后面的是表明"结果"。例如：

故木受绳则直，金就砺则利，君子博学而日参省乎己，则知明而行无过矣。（《荀子·劝学》。译文见上章和本章上文）

强本而节用，则天不能贫；养备而动时，则天不能病；循道而不贰，则天不能祸。（《荀子·天论》。译文见上）

它的作用，和"乃""于是""故"等相类，可以译成现代语的"就""便""所以"等，显然是表示前后事态承接的关系和一定的顺序。例如：

彼裕民故多余，裕民则民富，民富则田肥以易，田肥以易则出实百倍。……不知节用裕民则民贫，民贫则田瘠以秽，田瘠以秽则出实不半，……（《荀子·富国》）——那些使老百姓充裕了，所以有多余；老百姓充裕了，他们就富有；老百姓富有了，田地里就肥料充足，管理得好；田地里肥料充足，管理得好了，谷类的生产就提高百倍。……不知道省吃俭用，使老百姓充裕，老百姓就贫困；老百姓贫困了，田地里就荒芜不治，肥料也缺乏；田地里荒芜不治，肥料缺乏，谷类的生产就不到一半了，……

从这样的词句当中，可以见得“则”这个关系词是用来表示“原因”“条件”和“结果”前后相承和递进的顺序。但是也有少数地方把“原因”“条件”放在“则”的后面的，这个关系词又可以解作“因为”“由于”等。例如：

若是，故奸邪不作，盗贼不起，而化善者劝勉矣。是何邪？则其道易，其塞固，其政令一，其防表明。（《荀子·富国》）——能够那样，所以奸伪不正的人没有发生了，反对政府的人也不会起来了，又改过迁善的人也得到鼓励了。这是什么缘故呢？因为这样的道理平易可行，人心的满足很稳固，政令统一而不偏，防范的标准也很明确。

云罢雾霁，而龙蛇与螾蚁同矣，则失其所乘也。贤人而诎于不肖者，则权轻位卑也。不肖而能服于贤者，则权重位尊也。（《韩非子·难势》）——〔龙蛇是凭借着云雾来飞行的，〕云开雾散，龙蛇简直同蚯蚓蚂蚁一样地不能飞行，由于失了它们的凭借了。贤能的人有时屈服于那种无用的人，由于贤能的人权力微小，位置卑下的缘故。无用的人有时竟会服从贤能的人，由于贤能的人权力很重，地位很高的缘故。

无论是“由因及果”，或者“从果推因”，“则”这个关系词，总是用来表示前后事态的顺递关系，因而由它组成的结构，其中前后的成分多数是重心均衡，不能分别主从的，只能认为是联合的成分。但是，如果前后的成分不是重心均衡，显然有主次之分，前者是表示条件或其它意义的状语，后者是中心词语，那么，放在中间的“则”这个关系词就表示了修饰的关系而组成一种偏正结构了。例如：

故以义则仲尼不服于哀公；乘势则哀公臣仲尼。（《韩非子·五蠹》)——所以根据所谓仁义道德来讲,孔丘不应该服从鲁哀公;如果凭借权力,鲁哀公就可以使得孔丘臣服于他。

不必害,则不释寻常;必害手,则不掇百镒。(同上)——不一定有害时,就是十几尺布帛也舍不得丢掉;一定要烧伤手时,就是两千两黄金也不去拿。

所以"则"有两种用法:一种是表示顺递关系,组成联合结构;另一种是表示修饰的关系,放在状语和它的中心词语之间,组成一种偏正结构。

"然"　作为关系词的"然",一般用来表示转折的关系。例如:

吾不能早用子,今急而求子,是寡人之过也。然郑亡,子亦有不利焉!(《左传·僖公三十年》)——我深悔自己早先不能任用您,现在危急了再来请求您效劳,这是我寡人的过错。但是郑国果真灭亡,对您本人也没有什么好处啊!

这样的用法,和"然而"并没有什么差异。原来"然",只是表示"如此""若是"等的意义,就是现代语的"这样""这个样子",本身只是称指某种事态的代词。代词应用的虚化,就转变成为关系词,用来表示承上起下的关系。"如此",承接上文所说某种事态,加以称指,很近于同一句内的"复指成分",下文如果是逆转,可以用"而"来表示,就凝结成为"然而";下文如果是顺接,可以用"则"来表示,就凝结成为"然则"。由"然"的分化,表示承接关系的,应该用"然则";表示转折关系的,应该用"然而"。例如:

夫垂泣不欲刑者,仁也;然而不可不刑者,法也。(《韩非子·五蠹》)——流泪而不想用刑罚,这是君主的仁爱;可是不能不用刑罚，这是国家的法律。（这里用“然而”表示转折的关系，可以译成“但是”“可是”。）

辛垣衍曰：“先生独未见夫仆乎？十人而从一人者，宁力不胜，智不若耶？畏之也。”鲁仲连曰：“然梁之比于秦，若仆耶？”辛垣衍曰：“然。”鲁仲连曰：“然则吾将使秦王烹醢梁王！”（《战国策·赵策》）——辛垣衍说：“……（译文见上）”鲁仲连说：“这样梁国跟秦国来比，竟然象奴仆吗？”辛垣衍说：“对，是这样。”鲁仲连就说：“那么，我就要叫秦王把梁王烹杀剁成肉酱！”（这里的“然”，正是“如此”“这样”的意思；这里的“然则”，表示承接的关系，可以译成“那么，就……”。）

“然”，本来应该包括“然而”“然则”两种不同的用法，可是古典作品里，经常是用来表示转折的关系，代表“然而”的。

“虽”　作为关系词的“虽”，一般用来表示“推拓”的关系，就是把语意推开一层，再拉回来；或者退让一步承认相反的事实，再转过来说出正意，所以也叫“让步”的关系。例如：

如是者，虽深，其人不加虑焉；虽大，不加能焉；虽精，不加察焉：夫是之谓不与天争职。（《荀子·天论》）——既然如此，作为“至人”，他的思虑尽管深远，也不能把自己的思虑强加于自然；他的能力尽管广大，也不能把自己的能力强加于自然；他的辨察尽管精细，也不能把自己的辨察强加于自然：这就是不与自然争职能。

子张问：“十世可知也？”子曰：“殷因于夏礼，所损益，可知也；周因于殷礼，所损益，可知也。其或继周者，虽百世，可知也。”（《论语·为政》）——子张提出问题：“今后十代〔的礼仪制度〕可以预先知道吗？”孔子说：“殷朝沿袭夏朝的礼仪制度，所废除的，所增加的，那是可以知道的；周朝沿袭殷朝的礼仪制度，所废除的，所增加的，也是可以知道的。那么，假使有继承周朝当政的，即使是以后一百代，也是可以预先知道的。”

这里的“虽”，可以译成现代语的“虽然”“即使”“纵使”“尽管”“哪怕”等，下面常用一些表示转折的关系词来拉回到正意，如“也”“可（可是）”“却”“而”等，有时也用“然（然而）”。但是单独用“然”，往往放在联合成分之间，组成整个的联合结构；而“虽”这个关系词，经常是放在状语的前头，和下文正意所在的词语组成一种偏正结构。

从上面所论述的一些关系词看来，我们不但要注意它们表示的各种关系的意义，更重要的，尤其要注意它们在语法结构上的组织作用，有些关系词，它们的主要作用就是在组成某种结构，如上面所列的“之”，在组成偏正结构和“偏正化的主谓结构”中，“之”或“是”在组成倒装的动宾结构中那样。此外，还有用关系词组成的几种特殊的结构，最常见是“所字结构”和“者字结构”。“所”，原来是指“处所”的意义，放在动词的前头来表示这种动作所在的地方。例如：

晋人御师必于殽。殽有二陵焉：其南陵，夏后皋之墓也；其北陵，文王之所辟风雨也。（《左传·僖公三十二年》）——〔蹇叔对他儿子说：〕晋国的人一定要在殽山这个险要地方阻击我们的军队。殽山地方，在那里有两个高大的土山：南边的那个，是夏朝君主皋的坟墓所在；北边的那个，就是周文王躲避过风雨的地方。

人之贤不肖，譬如鼠矣，在所自处耳！（《史记·李斯列传》。译文见上）

由“处所”的意义，经过实词虚化，转而指称一切人或事物，带有指称作用的代词性质；因为和动词连用，同时又成为这种动作所施予的对象，所以“所”在结构里是表示这种动作的对象，就是“受事”的关系。例如：

鱼，我所欲也，熊掌亦我所欲也；二者不可得兼，舍鱼而取熊掌者也。生亦我所欲也，义亦我所欲也；二者不可得兼，舍生而取义者也。生亦我所欲，所欲有甚于生者，故不为苟得也；死亦我所恶，所恶有甚于死者，故患有所不辟也。（《孟子·告子上》）——鱼是我所喜欢的，熊掌也是我所喜欢的；如果两者不能并有，就丢弃鱼，取了熊掌。生命是我所喜欢的，正义也是我所喜欢的；如果两者不能并有，就丢弃生命，取了正义。生命自然是我所喜欢的，但是还有比生命更为我所喜欢的，所以我不干苟且偷生的事；死亡自然是我所厌恶的，但是还有比死亡更为我所厌恶的，因之有的祸害不愿避开。

这里和动词“欲”“恶”等连用的“所”，构成一种“所字结构”。其中的动词“欲”“恶”等，有两方面的意义：对“所”代表的人或事物来说，是表示受事关系，如“欲”对“鱼”“熊掌”“生”等；“恶”对“死”等；对前面发出的动作的人或事物来说，又是表示施事关系，如这里“我所欲”“我所恶”的“我”。“所欲”“所恶”，应当解释为“被喜欢的东西”“被厌恶的东西”，是受事关系；但是“我所欲”“我所恶”，又应当解释为“我喜欢的东西”“我厌恶的东西”，又是施事关系了。不过“所字结构”本身，一般总是表示动作的对象，就是受事关系。它相当于现代语中由他动词所组成的“的字结构”而带有被动意义的。至于“者字结构”，相当于现代语“的字结构”的全部，实际应用的范围还要广泛。“者”，原来也是具有指称作用的代词，《说文》

“白”部：“者，别事词也”，许多学者认为现代的“这”字，就是用来代替古汉语的“者”。大概它是由指称作用的代词，经过实词虚化，逐渐转变成为“者字结构”组织中的关系词，再进而为表示提顿的语气词，但是始终还是带有指称的代词性质。“者”和“所”的情况不同：“所”只限于和动词连用，“者”则可以和任何词语、任何结构相连用；“所”放在动词的前面，“所字结构”很和倒装的动宾结构相近似，“者”放在连用词语或结构的后面，很和“定语式”的偏正结构相近似。例如：

告奸者与斩敌首同赏，匿奸者与降敌同罚。（《史记·商君列传》。译文见上）

僇力本业，耕织致粟帛多者复其身；事末利及怠而贫者，举以为收孥。（同上）——全家合力从事农业，耕种纺织而生产谷米布帛很多的，免除本人的劳役；从事工商业或者因为懒惰而致贫困的，统统拘捕来做奴婢。

故君子敬其在己者，而不慕其在天者；小人错其在己者，而慕其在天者。（《荀子·天论》）——所以，君子只是讲求自己的工作，不去追求那些属于天道范围的事；小人却对自己的工作不去讲求，而只去追求那些属于天道范围的事。

显然这些“者”字，有的是代表人的，有的是代表事物的。再举《论语》中的一些例子：

知者不惑，仁者不忧，勇者不惧。（《子罕》）——聪明人不会疑惑，有仁德的人不会悲观，勇敢的人无所畏惧。

有德者必有言，有言者不必有德。仁者必有勇，勇者不必有仁。（《宪问》）——有道德的人一定能说出有价值的言语，但是能说出有价值言语的人不一定有道德。有仁德的人一定勇敢，但是勇敢的人不一定有仁德。

已矣乎！吾未见好德如好色者也。(《卫灵公》)——完了吧！我未曾看见过象喜欢美貌那样地喜欢美德的人呀。

这些“者”字都是代表人的。又如：

益者三乐，损者三乐。乐节礼乐，乐道人之善，乐多贤友，益矣。乐骄乐，乐佚游，乐晏乐，损矣。(《季氏》)——有益的快乐三种，有害的快乐三种。以得到礼乐的调节为快乐，以宣扬别人的好处为快乐，以交了很多有益的朋友为快乐，就有益了。以骄傲为快乐，以游荡无度为快乐，以饮食荒淫为快乐，就有害了。

凤兮凤兮！何德之衰？往者不可谏，来者犹可追。(《微子》)——凤凰呀，凤凰呀！为什么这样倒霉？过去的事不能再挽回，未来的事还可以赶得上。

这些“者”字，都是代表事物的。又如：

苟有用我者，期月而已可也，三年有成。(《子路》)——假使用我主持国政的话，一年就差不多了，三年就会有很大的成效。

这里的“者”，又是代表“条件关系”。又如：

莫春者，春服既成，冠者五六人，童子六七人，浴乎沂，风乎舞雩，咏而归。(《先进》)——暮春三月，春天的衣服都穿定了，我陪同五六位成年人，六七个小孩，在沂水旁边洗洗身，在舞雩台上吹吹风，一路唱唱歌，一路走回来。

这里的“者”，又代表“时间关系”。从《论语》上这些例子看来，“者字结构”的应用范围是很广的。此外，也可以代表“原因关系”。例如：

一夫作难，而七庙隳，身死人手，为天下笑者，何也？仁义不施，而攻守之势异也。（贾谊《过秦论上篇》）——等到陈涉一个人起来造反，秦朝的宗庙全部毁灭，〔二世为赵高所杀，子婴为项羽所杀〕身体死在别人手里，被天下的人所讥笑的原因，究竟是什么呢？因为不施行仁义的政治，攻守的形势和从前不同的缘故啊。

由此可见“者字结构”，比起现代语的“的字结构”，应用的范围还要广泛；“所字结构”，则只限于其和他动词相连用的部分。从结构的形式和性质来讲，从实际应用的范围来讲，“者字结构”和“所字结构”这两者都有很大的不同。但是它们之间也有一个共同点，就是共同地具有“名词性”。它们的应用范围尽管有大小的不同，而都是和现代语的“的字结构”性质相同，在语法结构中也都和名词或名词性的词语作用相同。象“所欲有甚于生者”“所恶有甚于死者”这样词句里的“所字结构”和“者字结构”，都和一般名词的用法一样，也都可以译成现代语的“的字结构”。不过“者字结构”当中和名词或名词性的词语相连用的部分，并不与现代语的“的字结构”相当。例如：

夫三子者之言何如？（《论语·先进》）？——这三位同学

讲的话怎么样呢？

项籍者，下相人也，字羽。(《史记·项羽本纪》)——项籍这个人，是下相地方的人，字叫羽。

爵者，上之所擅，出于口而亡穷；粟者，民之所种，生于地而不乏。(晁错《论贵粟疏》)——爵位这样东西，是上面君主所专有，只要君主开开口，就可以无穷尽地封给人家；粟米这样东西，是老百姓种植出来的，从地上生长不会匮乏。

古之学者，必有师。师者，所以传道、受业、解惑也。(韩愈《师说》)——古时候求学的人，必定要有教师。教师这种人，是用来传授道理、教授业务、解答疑难的。

这种由名词或名词性词语所构成的“者字结构”，不但是表示提顿语气，而且有强调指示和复指的作用，不应当只用现代语的“的字结构”来翻译。“三子者”，应译成“这三位同学”；“项籍者”，应译成“项籍这个人”；“爵者”“粟者”，应译成“爵位这样东西”“粟米这样东西”；“师者”，应译成“教师这种人”。由于“所字结构”不是真正的动宾结构，“者字结构”也不是真正的偏正结构，两者具有共同的名词性这个特点，所以两种结构常常结合起来应用，更加强它们的名词性这个特点。例如上面所举的“所欲有甚于生者”“所恶有甚于死者”，译成为“还有比生命更为我所喜欢的”“还有比死亡更为我所厌恶的”。又如：

所志于天者，已其见象之可以期者矣；所志于地者，已其见宜之可以息者矣；所志于四时者，已其见数之可以事者矣；所志于阴阳者，已其见和之可以治者矣。(《荀子·天论》。译文见上)

这样两者的结合体，一般还是可以译成现代语的“的字结构”。

上面讲到“之(是)”、“所”“者”等关系词，都带有指称作用的代词性质，是由代词逐渐虚化的结果，因此我们见到一部分关系词的形成是由代词转化而来的。此外，还有代词和关系词或语气词相结合而凝成的一种虚词，就是虚词当中的“合音词”；有的语法书上叫做“兼词”，是指一个音节而代表两个或三个词的凝结。例如“之于”“之乎”为“诸”，“于其间”(于是，于斯)为“焉”，“之焉”为“旃”等等。这里举出古书上应用这种合音词的几个例句：

狄人伐廧咎如，获其二女叔隗、季隗，纳诸公子。(《左传·僖公二十三年》)——〔晋公子重耳，因为晋国人要害他，逃到狄国，〕狄国人侵略了一种少数民族廧咎如，抢虏到两个女子，名叫叔隗、季隗，把她们送给晋公子做妻妾。

舍旃舍旃，苟亦无然，人之为言，胡得焉？(《诗经·唐风·采苓》)——别人造谣言，把它丢开吧，把它丢开吧，如果对它不马上相信，不以为然，那么，别人造谣言，对我们有什么相干？

文王之囿方七十里，有诸？(《孟子·梁惠王下》)——听说周文王有一处狩猎场，纵横各长七十里，真有这回事吗？

人皆谓我毁明堂，毁诸？已乎？(同上)——别人都建议我把明堂毁掉，还是毁掉它呢？还是算了呢？

这里的“纳诸公子”，就是“纳之于公子”；“胡得焉”，就是“胡得于我”；“舍旃”，就是“舍之焉”；“有诸”“毁诸”，就是“有之乎”“毁之乎”。这种合音词，在意义上解释的时候，应作为“兼词”，分析做两个或三个词来讲；在语法上应用的时候，往往当做单个的虚词来用。“诸”作“之于”讲的，应当认为是关系词；作“之乎”讲的，应当认为是语气词；“焉”“旃”，一般都认为是语气词。

（四）古汉语里的语气词和句子类型

一句话的语气，表示说话人对于听话人的要求，对于说话内容的态度和情感等。语言学上所谓“句子”，和一般的概念并不完全相同：一般人所谓“一句话”，只是指说话中间可以用停顿来划分的单位，“句”字就是“勾”字，句子只是指书面上可以用一勾来作标记的单位（勾识是古代的句读符号），象诗歌当中的“四言”或“五言”“七言”，就是指四个字一句或五个字、七个字一句，也就是指四个字一个停顿或五个字、七个字一个停顿。这样单是用停顿来做划分句子的标准，而不管语气的完结与否，把一个停顿就算一句，这是不合科学的。因为“句子”是实际语言交际当中用来表达意思的基本单位，具有一定的语气，因而在声音上具有一定的语调，即“句调”，在书面上也可以用“句号”一类标点来作记号。一句话的语气没有完结，因而在声音上不是一个完整的句调，在书面上也就不能用“句号”等标点。有些语言学家认为句子的定义是“能表达一个完整的意思”；但是表达意思的完整不完整，要看特定的语言环境，往往在这里认为不完整的，在那里却认为是完整的；所谓完整不完整，不在乎意义的本身，而在乎语气的有没有完结，在乎有声语言中是不是一个完整的“句调”。由于一句话具有一个完整的语气，在声音上具有一个完整的句调，所以句子和句子中间有一个较大的停顿，书面上也就用“句号”一类的标点来作记号。这样说来，语气和语调实在是构成句子的重要因素，是语言交际当中必不可缺少的成分，所以语气词的运用，应当是区别句子类型的重要表征。

上面讲过，我们要把“句子”和“结构”严格地分开来，很多语法学家把句子类型的问题和语法结构的组织问题搅混在一起，这是很不妥当的。如果依据结构上的简单和繁复来区分句子的类型，那么，从“独词句”到所谓“多重复句”，都是语言交际中表达意思的基本单位，都是具有一定的语气和一定的句调的，中间可以分出许许多多的差别，而且分来分去，还是离不了结构本身的繁简问题，对于句子的各种特性并没有显示出什么来。如果依据所谓“主谓结构句”和“非主谓结构句”来把句子区分为两大类，那么，表面上似乎利用结构的不同来区分句子的性质，实际这种理论本身是陷于自相矛盾、不可救药的地步。原来把主谓结构认作句子的特征，这是西洋语法学的基本理论；西洋语法体系当中，用“verb”作为句子的中心，而“verb”必定包含一个主语，象古拉丁语的语法中那样，动词本身就包含一个主动者，这样的结构就作为句子的中心。汉语语法学由于受到西洋语法理论的影响，结果使得动词和谓语的概念纠缠不清，使得句子和主谓结构的概念混合在一起。由于动词和谓语的概念纠缠不清，就产生了“合成谓语”“复合谓语”等的名目，这在上文已经讲过了。由于句子和主谓结构的概念混合在一起，就连词汇和语法的界限也搞不清楚，把许多词汇成分，象熟语、成语等（例如“百花齐放”“百家争鸣”），凡是用主谓结构组成的，一概认为是句子。抱持着这种错误的观念，面对着汉语的客观事实，终究不能不承认汉语里许多“非主谓结构句”的存在；所以“主谓结构句”和“非主谓结构句”的划分，就是根据西洋语法学的理论来观察汉语语法现象的结果。认为主谓结构就是句子，把这种观念作为理论基础，终究觉得不合于汉语的实际，就不得不应用这样的划分来弥缝和补缀中间的矛盾。对于这种理论和实践的矛盾，许多语法书里这样弥缝和补缀的工作是做得很不彻底的。一方面既承认“非主谓结构句”的存在，另一方面却又认为所谓“复合句”里的“分句”一般都是“主谓结构句”，这是自相矛盾的。一方面既认为所谓“复合句”里的“分句”一般都是“主谓结构句”，另一方面却又承认“紧缩句”的存在，把所谓“紧缩句”（例如“不破不立”“不平则鸣”）认为是“复合句”的一种紧缩的形式，这也是自相矛盾的。又所谓“复合句”，许多语法书上分做“等立复句”（或称“联合复句”）和“主从复句”（或称“偏正复句”）两大类，前者本身是一种联合结构，后者本身是一种偏正结构，这样关于“复合句”的概念，也是和句子就是主谓结构的主张自相矛盾的。总之，把“句子”和“结构”两方面的问题搅混起来，把结构上的分类用到句子类型的划分上去，结果不是毫无意义，便是矛盾重重，不能自拔。所以我们必须要把“句子”和“结构”严格地分开来；为着精简当前所应用的语法学教材，我们又必须取消一切应用结构来区分句子种类的各色各样的名目（如“单句”“分句”“复句”“子句”“包孕句”“单部句”“双部句”“简略句”“无主句”“紧缩句”等等），而专用语气和语调作为区分句子类型的标准。

声音上语调的构成，是比较复杂的，包括长短音、轻重音、高低音的变化；句子中间有停顿的也包括停顿的长短关系。我们知道，句子中间，某部分读重读长，某部分读轻读短，哪里要停顿以及停顿的或长或短，都是和句子语意、语气的显示密切联系的。但是语调构成的最重要的因素是高低音的升降变化。因为句子本身有长有短，在长句子里，长短音、轻重音、高低音的变化以及停顿的关系，固然同样地显著；可是在短句子里，就只有高低音的升降变化比较显著了。在极短的句子，象单音节的独词句里，它的语调的构成，实在只凭高低音的升降变化。所以高低音是语调构成的最重要的因素。这里有一点须要注意的，语调是指“句调”，绝不能和单个字的“字调”相混。一个单字可以代表一个独词句，但是成为句子之后，它的调子就往往不是原来的“字调”，而是表示一定语气的“句调”了。一般语法书上所谓“叹词”，往往在实际语言中用作“独词句”；这样构成独词句的所谓“叹词”，从其写出的文字来看，似乎应该读成它原来的"字调"，可是在实际语言里，一定要依据句子的语气而读出表示情感色彩的"句调"。例如"嘻"这个字，现代语里读阴平（高平调，读 xī），古代是"清平"；但由这个词所构成的独词句，却必须依据它所表示的语气来读出各种不同的"句调"。无论是字调或句调，古典作品里所反映的古代语言中，我们现在应该读出怎样的"调值"，由于资料的限制，很难作出确凿的断定；只是依据现代语音里各种句调的"调值"来推测，"嘻"这个词所构成独词句的调子，至少可能有下列的四种形式：

1. 降升调（"嘻"↗），表示惊喜和赞叹，例如：

苏代自燕来，入齐，见于章华东门。齐王曰："嘻！善！子来！……"（《史记·田敬仲完世家》）——那个游士苏代从燕国来到齐国，进齐国都城，同齐湣王在章华东门相见。湣王说："咳！好哇！您来呀！……"

文惠君曰："譆！善哉！技盖至此乎！"（《庄子·养生主》。"譆"，同"嘻"）——梁惠王〔看了庖丁解牛之后〕说："咳！好极了！技术怎么达到这个地步啊！"

2. 高降调（"嘻"↘），表示召唤和命令，例如：

从者曰："嘻！速驾！……"（《左传·定公八年》）——跟着阳虎的徒众说："嘿！赶快套上车子！……"

子反曰："嘻！退！酒也。"（《韩非子·十过》）——〔正在跟晋军打仗激烈的时候，楚国的司马子反渴了，竖谷阳就送酒给他喝，〕子反说："嘿！拿回去！这是酒呀。"

3. 升降调（“嘻”↗↘），表示悲伤和厌恶，例如：

庆父闻之，曰：“嘻！此奚斯之声也！”（《公羊传·僖公元年》）——〔奚斯从汶水的南岸，向北面哭着，〕庆父听到了，说：“唉！这是奚斯的哭声呀！”

辛垣衍怏然不悦，曰：“嘻！亦太甚矣，先生之言也！”（《战国策·赵策》）——〔辛垣衍听到鲁仲连说要使秦王烹醢梁王的话，〕他就很不高兴的样子表示厌恶地说：“唉！也说得太过分了，您先生的话呀！”

大夫曰：“嘻！诸生阘茸无行，多言而不用，情貌不相副。……”（《盐铁论·利议》）——御史大夫桑弘羊说：“唉！你们这些儒生，卑鄙恶劣，品行败坏，夸夸其谈不中用，内心外表不相合。……”

4. 高升调（“嘻”↗），表示惊疑和惶惑，例如：

初，邕在陈留也，其邻人有以酒食召邕者，比往，而酒以酣焉。客有弹琴于屏，邕至门，试潜听之，曰：“憘！以乐召我，而有杀声，何也？”遂反。（《后汉书·蔡邕传》。“憘”即“憙”，这里借作“嘻”）——当初，蔡邕在他本乡陈留的时候，一次他有个邻人请他去喝酒作乐，到蔡邕去的时候，他们已经在那里畅快地喝酒了。其中有个客人在屏风下面弹琴，蔡邕到了门口，就试试偷听一下，说：“咦！他们本来叫我来喝酒作乐的，可是有杀气的声音，这是什么的啊？”就急急回身走了。

由此可见“句调”和“字调”两者不可相混：单个字的“字调”，一般有表示词义的作用；而整个句子的“句调”，无论是在长句子或短句子里，主要的是用来表示语气和全句的感情色彩。但是两者也有个共同点，“句调”在声音上的构成，和“字调”一样，都是以高低升降的变化作为最重要的因素。

同时我们也可以认定一般语法书上所列的“叹词”，实际是一种纯粹的语气词。由于单独可以表示一种语气，所以它们有时活用作表示某种语气的动词性质。例如：

秦王与群臣相视而嘻。（《史记·廉颇蔺相如列传》）——秦王和旁边的许多臣子〔听到蔺相如已经把璧玉送回赵国去了，〕你看我，我看你地发出惊怒的声音。（司马贞《索隐》在这里说："音希，嘻乃惊而怒之辞也。"还是作为语气词来解释，实际这里已经活用作动词的性质，指发出惊怒的声音。如果作为独词句，应当属于上列的第三种形式；这里既然活用作动词，不作独词句，所以《索隐》说是音"希"，应读原来的"阴平 xī"。）

这是表示惊怒的声音而作为发出惊怒的声音来解释。又上面所列“嘻”这个词构成的四种句调形式，也并不都是表示感叹的语气，如第二种表示召唤和命令的，就近于祈使的语气；第四种表示惊疑和惶惑的，也包含有较多的疑问语气；它们也都是“叹词”所包括不了的。这些词的性质，既然“叹词”这个名称所不能包括的，既然都是纯粹表示语气的，那么，为什么一定要仿效西洋语法体系来列出“叹词”这个名目，而不把它们一概列入语气词当中呢？

又所谓“叹词”，在一段话里，可以放在别的句子的开头，也可以放在别的句子的中间或末了。例如：

戒之哉！嗟乎！无以汝色骄人哉！（《庄子·徐无鬼》）——儆戒吧！呔！别凭你美色来向人骄傲吧！

民言无嘉，憯莫惩，嗟！（《诗经·小雅·节南山》）——人民没有好话，你怎么不知道儆戒哟，哦！

这样放在别的句子的中间或末了，很容易和所谓"语气助词"相混，因为作为独立的独词句来看，是所谓"叹词"；如果作为依附于别的句子用来表示语气的来看，那就是所谓"语气助词"了。我们试体会下列一类句子的语气：

嗟乎！燕雀安知鸿鹄之志哉！（《史记·陈涉世家》）——唉！你们这些燕雀，哪里知道我这样鸿鹄的志愿哟！

呜呼！孰知赋敛之毒有甚是蛇者乎？（柳宗元《捕蛇者说》）——啊哈！哪里知道征敛赋税对人民的毒害比这种毒蛇还要厉害的啊？

呜呼！彼以其饱食无祸为可恒也哉！（柳宗元《永某氏之鼠》）——啊哈！那些老鼠以为它们吃得饱饱的没有灾祸可以永久保持下去吗！

这一类句子里，前面独立的所谓"叹词"和后面依附的所谓"语气助词"，是互相呼应的，用来表示的语气也是相互统一的。从词源学的角度来看，我们很可以测定所谓"语气助词"是由纯粹表示语气的所谓"叹词"发展变化而来，是由"叹词"放在别的句子的中间和末了而逐渐消除其独立性的结果。象"呜呼"和"乎"，"嗟乎"和"哉"，等等，在语音上认为是"同源词"是可以肯定的。因之，所谓"叹词"和"语气助词"，无论从哪方面说，都是应该把它们归并列入语气词当中。至于所谓"语气副词"和"判断词"，它们表示语气的作用，都是贯穿全句的，也应当归入于语气词，这在上文已经指明了。

语气词很多是用来表示全句的语气，因而与句调的分别有直接的联系的；我们既然用语气和语调作为区分句子类型的标准，所以关于各种语气词的用法，正可以和句子类型的区分结合起来讲。根据语气和语调来区分句子，粗略的可以列出如下的六种类型：

1. 直陈句　说话人对于听话人告诉一件事，表示一种断定的语气，无论是肯定或否定，都不带有特殊的情感色彩，经常采用"低降"的语调。例如：

> 太史公曰："唯唯，否否，不然。……"（《史记・太史公自序》）——司马迁〔听到壶遂对于他要效法《春秋》来作《史记》的主张提出异议，〕说："阿阿，不不，不是这样。……"（裴骃《集解》在这里引晋灼说："唯唯，谦应也；否否，不通也。"这里的"唯唯""否否"都是纯粹的语气词，表示答应、承认或不答应、不承认。它们可以独立成为直陈句。不是感叹语气。"唯""否"这样只是表示应对的，顾名思义，不应该隶属于所谓"叹词"。这也是"叹词"应该归并于语气词的理由。）

这种直陈句，常常在句尾应用"也""矣""耳""焉"这些语气词来作标志。例如：

> 良庖岁更刀，割也；族庖月更刀，折也。（《庄子・养生主》。译文见上）
>
> 无伤也，是乃仁术也，见牛未见羊也。（《孟子・梁惠王上》）——不要紧呀，这正是您仁德的表现呀，〔您爱惜牛，不爱惜羊，〕因为您见到牛，没有见到羊呀。
>
> 吾尝终日而思矣，不如须臾之所学也；吾尝跂而望矣，不

如登高之博见也。(《荀子·劝学》)——我曾经用尽整天的工夫来思考，却不及一个短时间学习所得的效果大；我曾经踮起脚尖来远望，却不及登上高山所看到的境界广。

项籍者，下相人也，字羽。(《史记·项羽本纪》。译文见上)

胥人者，去其几也。(《史记·李斯列传》)——坐等待着人家的人，是要错过机会的。

人有亡铁者，意其邻之子。视其行步，窃铁也；颜色，窃铁也；言语，窃铁也；动作态度无为而不窃铁也。(《列子·说符篇》)——有人丢了一把斧子，心里怀疑是邻居的儿子偷去了。因此，看他走路的姿势，象是偷斧子的；看他脸上的表情，象是偷斧子的；听他讲话，象是偷斧子的；看他一举一动，种种态度，没有一样不象是个偷斧子的。

神即形也，形即神也，是以形存则神存，形谢则神灭也。(范缜《神灭论》)——精神是和形体相结合的，形体是和精神相结合的；因此形体保存住，精神就会保存；形体衰败了，精神就要消灭。

师者，所以传道、受业、解惑也。(韩愈《师说》。译文见上)

凡是用“也”这个语气词作为直陈句的标志时，都是断定事态的“本然”，就是说本来这样，现在还是这样，表示事态相对的固定性，可以说是表示一种“静态”，和“矣”所表示的“动态”不同。例如：

今有构木钻燧于夏后氏之世者，必为鲧、禹笑矣；有决渎于殷周之世者，必为汤武笑矣。然则今有美尧、舜、鲧、禹、汤、武之道于当今之世者，必为新圣笑矣。(《韩非子·五蠹》。译

文见上）

……公私之相背也，乃苍颉固以知之矣。（同上。译文见上第一章）

身为宰相，人臣之贵已极，意望已过矣。（曹操《让县自明本志令》）——我自己做了宰相，做人家臣子的已经贵到极点，已经超过了自己心中的希望了。

凡是用“矣”这个语气词作为直陈句的标志时，大都是断定事态的“已然”，就是说本来不是这样，现在却已经这样了，表示事态的变化，可以说是表示一种“动态”。所以这个表示“已然”的语气词，经常和时间副词“已经”的“已”等连接起来应用。例如这里所举“固以知之矣”这句中的“以”，是借作“已”，应作为“已经”来解释。又如上面所举《荀子·劝学》篇“吾尝终日而思矣，……吾尝跂而望矣，……”等句中的“尝”，应作为“曾经”来解释。这样的时间副词，和“矣”这个语气词连用，更显示出事态的“已然”。又这个语气词所表示的事态变化，不但指过去和现在的关系，也包括现在和将来的关系（表示事态的“将然”），包括说话人意想中的变化（表示意想当中的“必然”“忽然”“了然”等）。这里所举的“必为新圣笑矣”等句的语气，是断定事态的“将然”和思想认识的变化。古典作品里的“矣”，大致相当于现代语的“了(le)”；可是“也”这个语气词，在现代语里就很难找到和它相当的词。“可也”和“可矣”的语气不同：“可矣”可以译成现代语的“好了”，“可也”却只能译成“好”或“好的”，“可也”的否定，是“不可”；“可矣”的否定，却是“未可”（还没有好）。《左传·庄公十年》“曹刿论战”那一段里，有两个“未可”（“公将鼓之，刿曰：‘未可’”；“公将驰之，刿曰：‘未可’”）又分别接上两个“可矣”，最后又分别说明从“未可”到“可矣”的缘故。这两个“可矣”的用法，很能够帮助我们了解“矣”是断定事态变化的语气词。至于“耳”和“焉”，我们在上文和第二章里讲过，它们都是虚词当中的“合音词”。“耳”是“而已”的合音，在语音上相当于现代语里的“呢”（参看本文的二），但是在用法上大都是和“罢了”相当。表示事态的“仅然”，就是说仅仅如此，只是如此。例如：“不可，直不百步耳，是亦走也。”（《孟子·梁惠王上》）“天下匈匈数岁者，徒以吾两人耳！”（《史记·项羽本纪》。译文俱见上第二章）再举几个例子如下：

小人之学也，入乎耳，出乎口，口耳之间则四寸耳，曷足以美七尺之躯哉！（《荀子·劝学》）——一般小人的学习，〔不用心思，〕从耳朵里听进去，又从嘴巴里说出来，耳朵和嘴巴之间的距离，只是四寸罢了，这样学习怎么能够美化整个七尺的身躯呢！

人之贤不肖，譬如鼠矣，在所自处耳！（《史记·李斯列传》。译文见上）

内自图之，从此却去二十年，待天下清，乃与同岁中始举者等耳。（曹操《让县自命本志令》）——〔和我同一年被举为孝廉的，有的年纪五十岁了，还没有称老。〕我自己在家里想想，自己还年青，从今退去二十年，等那时天下清平，〔再去做官，〕也只是和我同一年开始称举的人差不多年龄罢了。

有些用“耳”的地方，不是表示事态的“仅然”，而是为了加强语气，提醒注意，却与现代语的“呢”相当。例如：

淮阴屠中少年有侮信者，曰：“若虽长大，好带刀剑，中情怯耳。”（《史记·淮阴侯列传》）——淮阴屠市场中少年有个欺侮韩信的，说：“看你样子好象很长大，喜欢佩带刀剑，内心实在胆小得很呢。”

这样用法，很与“也”“矣”“焉”相近。上面讲过，“焉”原来是“于其间（于是，于斯）”的合音词，表示断定语气之外，又隐隐之间充当一个补语的作用，有表示“处所”“对向”“被动”“比较”等关系的意味。例如上面所举的“胡得焉”，即“胡得于我”。又如：

晋人御师必于殽。殽有二陵焉：……必死是间，余收尔骨焉！（《左传·僖公三十二年》“蹇叔哭师”）——晋国的人一定要在殽山这个险要的地方阻击我们的军队。殽山地方，在那里有两个高大的土山：……你必定死在这中间，我到那里去收取你的尸骨吧！

圣人非所与熙也，寡人反取病焉。（《晏子春秋·内篇杂下》）——象晏子这样精明通达的人，实在不可以随便跟他开玩笑的，我寡人反而为了跟他开玩笑而自讨没趣。

善哉！吾闻庖丁之言，得养生焉。（《庄子·养生主》）——好极了！我听到庖丁讲的话，从其中懂得了养生的道理啊。

自此，冀之南，汉之阴，无陇断焉。（《列子·汤问》“愚公移山”）——从此以后，冀州的南面，汉水的南面，都没有山脉在那里阻隔了。

曰：“……以若所为求若所欲，犹缘木而求鱼也。”王曰：“若是其甚与？”曰：“殆有甚焉。缘木求鱼，虽不得鱼，无后灾。以若所为求若所欲，尽心力而为之，后必有灾。”（《孟子·梁惠王上》）——孟子〔对齐宣王〕说：“……以您那样的作法来满足您那样的欲望，这好象爬到树上去捉鱼一样。”宣王说：“竟然有那样的严重吗？”孟子说：“恐怕比那样还更严重呢。爬上树去捉鱼，虽然捉不到，后来还没有祸害。以您那样的作法来满足您那样的欲望，如果用尽心力来干，〔不但达不到目的，而且〕一定有祸患在后头。”

灵公心怍焉，欲杀之。于是使勇士某者往杀之。勇士入其大门，则无人门焉者；入其闺，则无人闺焉者；上其堂，则无人焉。俯而窥其户，方食鱼飧。勇士曰：“嘻！子诚仁人也！吾入子之大门，则无人焉；入子之闺，则无人焉；上子之堂，则无人焉；是子之易也。子为晋国重卿，而食鱼飧；是子之俭也。君将使我杀子，吾不忍杀子也。虽然，吾亦不可复见君矣。”遂刎颈而死。（《公羊传·宣公六年》）——晋灵公〔看出那个卿相赵盾知道他干了很多坏事〕对赵盾心里感到很惭愧，想把赵盾杀掉，就派了一个勇士叫某某的去杀他。那个勇士进入赵盾家的大门，却没有人在那里守门的；进入了他的内室，却也没有人在那里看守的；登上了他家的堂，却也没有人在那里。那个勇士就伛身窥探他的窗户，看见赵盾正在吃残余的鱼饭。勇士就慨叹地说：“唉！您真是个仁人呀！我进入您的大门，那里却没有人；进入您的内室，那里也没有人；登上您家的堂，那里也没有人；这是您的节约呀。您做了晋国首要的卿相，却吃残余的鱼饭，这是您的省俭呀。灵公要派我来把您杀掉，我是不忍把您杀掉的。可是，〔我违背了君主的命令〕我也不能再去见灵公了。”那个勇士就自己刎颈而死。

这里所举的“焉”，隐隐之间都包含一个指代性的补语，似乎兼有表示种种关系的作用，而实质上正足以增强它断定的语气，就是断定事态的实在性。因之，“焉”不属于关系词，更不属于代词，而是表示直陈语气的语气词。

2. 测度句　说话人对于听话人告诉一件事，表示一种怀疑的语气，无论肯定或否定，总是不能断定或者不能完全断定的，所以具有一种迟疑不决的感情色彩，显示所告诉的内容只是揣测之辞，须待和听话人共同来验证或论定。这类句子的语调，一般比较直陈句要舒缓，前后也比较平衡，可以说是一种低平调。常常在句首或句中应用“其”“盖”“似”“若”等(在句尾有时用“乎”“云”等)这些语气词来作标志。例如：

舜目盖重瞳子，又闻项羽亦重瞳子。(《史记·项羽本纪赞》)——听说虞舜的眼睛里大概是两个眸子，又听说项羽也是两个眸子。

余登箕山，其上盖有许由冢云。(《史记·伯夷列传》)——我曾经登上过箕山，上面似乎有个许由的坟墓。(这里的“云”，表示舒缓的语气。)

言之，貌若甚戚者。(柳宗元《捕蛇者说》)——〔那个捕蛇人蒋氏〕讲起来，样子好象很悲痛似的。

子曰：“道不行，乘桴浮于海。从我者，其由与!”(《论语·公冶长》)——孔子说：“〔我的〕主张行不通了，我想坐个木簰到海外去，跟从我的，或者只有仲由吧!”

微管仲，吾其被发左衽矣。(《论语·宪问》。译文见上第二章)

谚所谓“辅车相依，唇亡齿寒”者，其虞、虢之谓也。(《左传·僖公五年》)——俗话说过：“颊骨和牙床，是相互依靠的；失了唇，牙齿就要发冷。”这句话，应该就是对虞国和虢国的关系来说的。

美哉禹功，明德远矣。微禹，吾其鱼乎!(《左传·昭公元年》)——伟大啊，夏禹的功劳啊!他的恩德，留得长远啊!没有夏禹的话，我辈就早该成为鱼鳖了啊!(这里的“其”，都是表示揣测的语气，和“也”“矣”等连用，带有直陈句的意味；和“与(欤)”、“乎”等连用，就带有疑问的意味。但这种表示疑问，只是传疑的性质，不可误认为疑问句。）

这样的测度句，有些由于带有怀疑或感叹的情感很浓厚，在书写上有时标着一个疑问号或感叹号，但是还是保持着测度的性质，我们不能把它们读成疑问句或感叹句。它们的语气和语调，应当和疑问句、感叹句有区别的。

3．疑问句　说话人对于听话人要求回答一个问题，是“疑而又问”，和测度句的“疑而不问”不相同。疑问句，在感情上不但表示怀疑，而且希望解答；不但提出问题，而且要求解决问题；所以叫做“疑问句”，或者简称“问句”。疑惑和要求答案的心情迫切的，现代语里常用高升调来表示，象上面所举的第四种“嘻”的句调似的。例如：

齐王使使者问赵威后。书未发，威后问使者曰：“岁亦无恙耶？民亦无恙耶？王亦无恙耶？”（《战国策·齐策》“赵威后问齐使”）——齐王建派了一个使者去访问赵惠文王后。那递上的国书还未发封，威后就问齐国的使者说：“贵国的年岁好吗？没有祸害吗？百姓好吗？国王也好吗？”

这种疑问句，不但平常对话当中常常用到，即使议论文当中也很多应用，就是“一问一答”的“问答法”。例如：

天地果无初乎？吾不得而知之也。生人果有初乎？吾不得而知之也。然则孰为近？曰：有初为近。孰明之？由封建而明之也。（柳宗元《封建论》）——自然界果真没有个开端吗？我不能知道。人类果真有个开端吗？我不能知道。那么，有开端和没有开端，哪一种说法比较接近事实呢？我认为：有个开端这种说法比较接近事实。从什么来证明这一点呢？从分封制就可以证明。

这里是“一问一答”，一个疑问句随接着一个直陈句。古典作品中，有些沿用下来的篇名就是“问”，它们篇中包含的“问句”也特别多，例如王充《论衡·问孔》篇等。王充《论衡·问孔》篇里，“问句”的形式多种多样，包括疑问句的三类形式。例如：

关于“孟懿子问孝”的问题：“懿子听孔子之言，独不嫌于无违志乎？”（孟懿子听到孔丘的话，偏偏不会误解为“不要违背父母的意志”吗？）“樊迟不晓，懿子必能晓哉？”（连樊迟也弄不明白的道理，孟懿子就一定能够明白吗？）

关于“富与贵，是人之所欲也”的问题：“如谓得富贵不以其道，则不去贫贱邪？”（如果说富贵不是用正当的方法取得的，那么就不丢弃贫贱了吗？）

关于“佛肸召，子欲往”的问题：“孔子言此言者，能解子路难乎？”（孔丘讲这两句话，能够解答子路的疑难吗？）

这些是“是非问”，要求听话人作出肯定或否定的回答；这类问句的重要标志是句尾的语气词“乎”“哉”“邪（耶）”等（相当于现代语的“吗”）。又如：

关于“公冶长可妻也”的问题：“据年三十可妻邪？见其行贤可妻也？”（是根据他年纪已经三十岁到了可以娶妻的年龄了呢？还是因为他的德行好可以把女儿嫁给他呢？）

关于“孔子欲居九夷”的问题：“谓修君子之道自容乎？谓以君子之道教之也？”（这是说他自己要修养君子的道德礼义

去找个容身的地方呢？还是说用君子的道德礼义去教化他们呢？)

关于"宰我昼寝"的问题："使下愚之人，涉耐罪之狱，吏令以大辟之罪，必冤而怨邪？将服而自咎也？"(假使一个愚昧无知的人犯了小罪，官吏却判以大罪，执行死刑，那么，他一定大呼冤屈而表示怨恨呢？还是服服帖帖地自己怪自己呢？)

关于"赐不受命"的问题："夫人富贵，在天命乎？在人知也？"(人的富贵是由天命决定的呢？还是由人的聪明才智决定的呢？)

这些是"选择问"，要求听话人在两种不同的答案中选取一种；这类"选择问"句的重要标志是在摆出两种不同的答案，组成一种联合结构，往往在两种或一种联合成分的末了加上"邪(耶)"、"乎"等疑问语气词(相当于现代语的"呢")。又如：

关于"公冶长可妻也"的问题："孔子妻公冶长者，何据见哉？"(孔丘把女儿嫁给公冶长这件事，是根据什么理由的呢？)

关于"汝与回也孰贤"的问题："今孔子出言，欲何趣哉？"(现在孔丘说出这话，究竟是出于什么动机？)

关于"凤鸟不至，河不出图"的问题："凤鸟、河图，审何据始起？……夫致瑞应，何以致之？"(凤凰和河图，究竟根据什么条件才会出现呢？……瑞应的出现，用什么来招致它呢？)

关于"孔子欲居九夷"的问题："孔子欲之九夷者，何起乎？"(孔丘要到九夷的地方去，这件事的动机究竟是什么呢？)

这些是"特指问"，要求听话人解答问题的内容；这类"特指问"句的主要标志是句中应用的疑问代词"何"等；往往在句尾加上"乎"

"哉"等疑问语气词(相当于现代语的"呢")。以上所说三类疑问句,都是要求听话人作出答案,不仅仅是提出问题而已。有些语法书上说是疑问句的目的在于"提出一个问题",这是不很正确的。上面讲过"测度句",告诉一件疑惑的事,实际就是提出一个问题。即使是"感叹句"和"直陈句",有时也有提出问题的效用,这从《论衡·问孔》篇中也看到不少的例子:

> 关于"蘧伯玉使人于孔子"的问题:"孔子之言'使乎'何其约也!"(孔丘所说的"使者呀",是何等的简略啊!)
>
> 关于"佛肸召,子欲往"的问题:"阳货欲见之,不见,呼之仕,不仕,何其清也! 公山、佛肸召之,欲往,何其浊也!"(阳货要见孔丘,他不见,叫他做官,他不做,是多么清高啊! 公山和佛肸邀请他,他就想去,又是何等的污浊啊!)

这样的感叹句,在表示感叹当中,实在暗示着提出问题,"何其约也!"实在是"怎么这样简略呢"的意思;"何其清也!""何其浊也!"实在是"那时为什么那样清高""这时又为什么这样污浊"的意思。又如:

> 关于"哀公问弟子孰谓好学"的问题:"一死一病,皆痛云命,所禀不异,文语不同,未晓其故也。"(对于一个死的、一个生病的,孔丘都沉痛地谈到"命",他们所禀受的自然资质并没有差别,而孔丘所用的辞语却不一致,不知道是什么缘故。)
>
> 关于"孔子见南子"的问题:"誓子路以'天厌之'终不见信,不见信,则孔子自解,终不解也。"(用"老天爷诛灭我"的话对子路发誓,终于不会被子路相信的,既然不会被相信,那么孔丘为自己辩解,终于不能解人疑惑。)

关于“赐不受命”的问题：“孔子知己不受贵命，周流求之不能得，而谓赐不受富命，而以术知得富，言行相违，未晓其故。”（孔丘自己知道没有贵命，周游列国去追求也捞不到什么好处，可是说子贡没有禀受富命，却用聪明手段发财致富，孔丘的言行相矛盾，实在令人难理解。）

这样的直陈句，在告诉事实当中，指明问题所在，也就是提出问题，“未晓其故”（不知道是什么缘故）实在就是要问什么缘故；“终不解也”（终于不能解人疑惑）实在就是要问究竟孔丘的用意何在。由此可见王充《论衡·问孔》篇里应用的“问句”形式是多种多样的，除了应用三类的疑问句以外，又应用直陈句、感叹句等来责难孔丘；同时我们也可以了解疑问句的主要目的是要求听话人作出答案，不仅仅是提出一个问题；其他句型，如直陈句、感叹句等，也可以用来提出问题，特别是“反问句”，更明显的是向听话人提出问题而并不一定要求作出答案。

4. 反问句　说话人对于听话人要求同样作出断定，可是不用直陈句或祈使句，而用疑问句的形式来对听话人反问一下，这样更加增强了断定的语气，用反面的问题来激发出正面的答案。反问句是“不疑而问”，并不一定要求听话人作出答案，而只是强烈地要求承认答案。例如上面所举《论衡·问孔》等篇，其中责难的“问句”，有很多实在是“反问句”。这里举《战国策·齐策》“赵威后问齐使”这一篇里的几个反问句来作例：

使者不说，曰：“臣奉使使威后，今不问王而先问岁与民，岂先贱而后尊贵者乎？”威后曰：“不然。苟无岁，何以有民？苟无民，何以有君？故有问，舍本而问末者耶？”——使者不高兴了，说：“我是奉了齐王使命来聘问威后的，现在威后不先问起齐王，却先问起年岁和老百姓，难道是把卑贱的放在首位，而把尊贵的放在次位吗?”威后说:“不对。如果年岁收成不好，怎么还有老百姓？如果没有老百姓，怎么还有君主呢？所以要有问，难道丢了根本的事不问而先问枝叶的事吗?”

反问句不但在对话当中常常应用，也普遍应用于议论文当中。例如：

大天而思之，孰与物畜而制之？从天而颂之，孰与制天命而用之？望时而待之，孰与应时而使之？因物而多之，孰与骋能而化之？思物而物之，孰与理物而勿失之也？愿于物之所以生，孰与有物之所以成？(《荀子·天论》)——盲目地推崇自然而仰慕它，哪比得上把它同万物一样地畜养而控制起来呢？顺从自然而赞美它，哪比得上掌握它的发展规律而运用它呢？想望时机和坐待时机，哪比得上应时制宜和使用时机?依据物类的繁多而赞赏它，哪比得上施展才能来促使它化育呢？空想万物而要加以使用，哪比得上调理万物不让它失掉作用呢？想望着万物产生的由来，哪比得上掌握它的生活规律来帮助促进它成长的原因呢?

反问句里，除了应用疑问代词“何”“孰”等与疑问句相同以外，放在句尾的语气词“乎”“哉”“耶”等也与疑问句相同；它们相当于现代语的“吗”“呢”；至于句首或句中的语气词，却是有些是反问句里所特有，如“岂”“宁”“得毋”“无乃”“不亦”等，并不是表示疑问的语气的；它们相当于现代语的“难道”“不是……吗?”。再举几个例子如下：

王侯将相,宁有种乎?(《史记·陈涉世家》)——王侯将相,难道是天生成有种的吗?

无乃不可乎?(《左传·隐公三年》)——不是不行的吗?

一之谓甚,其可再乎?(《左传·僖公五年》)——一次已经是过分的了,难道还可以来第二次吗?

今民生长于齐不盗,入楚则盗,得无楚之水土使民善盗乎?(《晏子春秋·内篇杂下》)——现在这个人是生长在齐国的并没有做盗贼,一到了楚国便做盗贼了,这不是楚国的水土使人民善于做盗贼吗?

孤岂欲卿治经为博士邪?但当令涉猎见往事耳。……如卿二人,意性朗悟,学必得之,宁当不为乎?……光武当兵马之务,手不释卷;孟德亦自谓老而好学;卿何独不自勉邪?(“孙权谕吕蒙读书”,见《三国志》裴松之注引虞溥《江表传》)——我难道要你们专门研究经学去做博士的官吗?只是要你们浏览一些书籍懂得一些古代历史罢了。……象你们二人〔吕蒙、蒋钦〕,禀性聪明,善于领悟,如果学习,一定有很多心得,难道应当不这样做吗?……光武帝刘秀在行军作战当中,手不离书本;曹操也自己说老来越喜欢读书;你们为什么偏偏不自己勉励呢?

……并作国士,不亦休乎!(同上)——都做一国中有杰出才能的人,不是很好吗!

这里的“不亦休乎!”又是用反问句的形式来表示感叹的。

5. 感叹句　用反问句的形式来表示感叹,这是语言中一种普遍的现象。例如上面所举“燕雀安知鸿鹄之志哉!”“孰知赋敛之毒有甚是蛇者乎?”“彼以其饱食无祸为可恒也哉!”这些句子,实际都是感叹句而采用反问句的形式来表达的。但是感叹句也有很多采用直陈句、疑问句的形式的，例如“技盖至此乎!”“涉之为王沉沉者!”因之感叹句的特征，往往不是在词句的形式上，而是在语气和语调上显示出来。感叹句的主要目的，是在抒发说话人的感情，要求听话人表示同情。感叹句大致可以分做两大类：一类是表示惊喜和赞叹，例如“不亦休乎!”另一类是表示悲伤和厌恶，包括愤怒和憎恨，例如“何其浊也!”感叹句有时和祈使句相连接，象“速驾!”“退!”等句里祈使的语气比较显著。又如：

楚王叱曰:“胡不下！吾乃与而君言，汝何为者也?”(《史记·平原君虞卿列传》)——楚王对毛遂呵斥着说:“怎么不下去！我正在同你的主人说话，你来干什么的啊?”

这里的“胡不下!”象似采用反问形式的感叹句，实际有很显著的祈使语气。

6. 祈使句　说话人对于听话人要求实行一件事，做某种动作，或者不去实行、不去做。希望听话人去实行、去做的，就是表示请求和命令；希望听话人不去实行、不去做的，就是表示劝阻和禁止。祈使句的语气，一般比直陈句要急促。古汉语里常常用“唯”“愿”“其”“请”等放在句首或句中，用来表示请求、命令或劝阻、禁止的语气。例如：

阙秦以利晋，唯君图之。(《左传·僖公三十年》)——损害秦国，用来增强晋国，希望您打算一下吧。

唯大王与群臣孰计议之。(《史记·廉颇蔺相如列传》)——还请您大王和一班臣下仔细地考虑商量吧。

臣有客在市屠中，愿枉车骑过之。(《史记·魏公子列传》)——〔侯生又对信陵君说:〕我有个客人，住在市区屠场当中，希望委屈一下车辆驾马去过一过。

公子有德于人，愿公子忘之也。（同上）——〔有个公子的客人向公子进说：……〕您公子对于别人有恩德的事，希望您把它忘记掉。

吾子其无废先君之功。（《左传·隐公三年》）——您该别废弃了先君推举贤人的功德。

吾其还也。（《左传·僖公三十年》）——我们还是回去吧。

曹操的政令、军令当中很多用“其”来表示祈使语气，如：

河北罹袁氏之难，其令无出今年租赋，重豪强兼并之法。（《蠲河北租赋令》）——河北地方遭受袁绍父子制造分裂的战祸，该叫老百姓别再交纳今年的租税，并且对豪强大地主的兼并土地加重法律制裁。

二三子其佐我明扬仄陋，唯才是举，吾得而用之。（《求贤令》）——诸位该辅助我把贤才从卑贱的地位中选拔出来，只要有才能，就加以荐举，我也就能够任用他们了。

其选明达法理者，使持典刑。（《选军中典狱令》）——该推选那些通明法理的人，叫他们执守法律，担任司法工作。

其各举所知，勿有所遗。（《举贤勿拘品行令》）——你们该推举一切所知道有才能的人，不要有所遗漏。

又如：

使城入赵，而璧留秦；城不入，臣请完璧归赵。（《史记·廉颇蔺相如列传》）——假使十五城果真给了赵国，那璧玉就留在秦国了;如果十五城不给赵国,那么,请允许我把璧玉保全归还赵国。

璧有瑕,请指示王。(同上)——这块璧玉有个缺点,请让我指点给您大王看。

寡人窃闻赵王好音,请奏瑟。(同上)——我听说赵王会奏乐,请您奏一下琴瑟吧。

赵王窃闻秦王善为秦声,请奉盆缻秦王,以相娱乐。(同上)——我们赵王也听说过秦王善于奏秦国的音乐,请让我捧个盆缻给大王敲击一下,以相娱乐吧。

秦之群臣曰:"请以赵十五城为秦王寿。"蔺相如亦曰:"请以秦之咸阳为赵王寿。"(同上)——当时秦王下面的一班臣子说:"请用赵国的十五城给秦王送礼。"蔺相如也说:"请你们用秦国都城咸阳来给赵王送礼吧。"("请"作为表示祈使的语气词,有两方面的意思:一方面是叫听话人有所行动,如"请奏瑟";一方面是说话人表示自己有所行动,有"请让我""请允许我"的意思,如"请指示王""臣请完璧归赵"等。由此可见祈使句里表示行动的实行或做的方面,不必是属于第二人称,有时是属于第一人称,也有时包括第二人称在内,如"吾其还也"等。因之许多祈使句里没有把实行或做的主动者方面说出来的,也不一定是第二人称代词,也有属于第一人称的。由此可见多数祈使句省略主语那种说法,是不可靠的。)

"请""愿"等大概是由动词虚化而为表示祈使的语气词;又一些能愿动词,也往往虚化成为表示祈使的语气词,如"当""宜"等(上面所举"其"作句首、句中语气词的,大概也是由"应该"的"该"虚化而来)。例句如下:

卿今并当途掌事，宜学问以自开益。（“孙权谕吕蒙读书”见《三国志》裴松之注引虞溥《江表传》）——你们现在都当权管事了，应当学习问难用来自己启发补益。

宜急读《孙子》《六韬》《左传》《国语》及三史。（同上）——你们应当赶快读古代兵书《孙子》《六韬》和古代的历史书《左传》《国语》以及《史记》《汉书》《东观汉记》三史。

今与为对，当有单复以乡待之。（同上）——现在跟关羽这样的人作为对手，应当有正规作战和出奇制胜各种兵法策略来对付他。

上面列出的六种句子类型，是根据语气和语调来作区分的标准；所以哪种句子属于哪种类型，在古典作品中，常常用语气词作为重要的标志。不论放在句首、句中或句尾，语气词的作用是贯穿全句的，决定句子的性质的。同一种类型的句子，由于所用语气词的不同，在语意上就有微细的差别；在语气上也有轻重缓急的区分。例如上面所讲表示直陈语气的“也”“矣”“耳”“焉”等，应用语气词的不同，可以使得直陈句当中又分做一些小类。这里有一个问题，各类语气有互相混杂的，在古典作品里也常常有不同语气词的连用现象，究竟我们怎样来确定它们的句型和同一句型中语意的差别呢？细细考究起来，不同语气词的连用，是有一定的规律的。上面讲到语法结构有分明的大小层次，外层的大结构包含内层的小结构；最外层的大结构可以说是句子的整体结构，其它处于内层的较小结构，都可以说是句子的局部结构。这样分明的大小层次，在语气和句调方面也有类似的情况。不同语气词的连用，就是表明语气和句调的层次；在同一句型中，也表明语意的层次。例如下列这个句子：

臣之壮也,犹不如人,今老矣,无能为也已。(《左传·僖公三十年》)——当我强壮的时候,还不及人家有用,现在老了,更是不能有所作为的了。

这里的"已",就是"矣",表示断定事态的"已然",放在最后,是指明这个句子的"外层总调";前面的"也",表明事态的"本然",是指明"内层的基调";这就是说:"原来是不能有所作为的"(内层),"现在更是不能有所作为的了"(外层)。又如"寡人之于国也,尽心焉耳矣"。(《孟子·梁惠王上》)(我寡人对于国家呀,在那里尽我的心而已了。)这个句子前半段的"也",是表示语气的停顿;后半段的"焉耳矣"三个语气词连用,是指明三个层次:最内层用"焉",断定事态的"实在性",说:"在那里尽我的心";内层用"耳",断定事态的"仅然",说:"在那里尽我的心而已";最外层用"矣",断定事态的"已然",说:"在那里尽我的心而已了(罢了)。"由此可见,在直陈句当中,表示"静态"的往往属于内层,表示"动态"的往往属于外层;最外层是指明全句的"总调",换句话说,"静态"是包括在"动态"当中。这是与相对的"静"包括在绝对的"动"当中的原理相符合的。至于直陈句型和其它句型混杂起来,总是以直陈语气作为"内层的基调",而以别的各类语气为"外层总调"。例如:

是余之罪也夫!是余之罪也夫!身毁不用矣!(《史记·太史公自序》)——这是我的罪孽啊!这是我的罪孽啊!身体残毁没有用了!

晏子立于崔氏之门外,其人曰:"死乎?"曰:"独吾君也乎哉!吾死也?"曰:"行乎?"曰:"吾罪也乎哉!吾亡也?"曰:"归乎?"曰:"君死安归?……"(《左传·襄公二十五年》)——〔齐国的大夫崔杼在他家里杀了齐庄公,〕晏子站立在崔家的门外，〔准备进去哭吊，〕他的随从人员问晏子："你要为君主死吗？"晏子说："难道是我个人的君主啊！我要为他死吗？"又问他："那么，要走吗？"晏子说："难道是我的罪责啊！我要逃走吗？"又问他："那么，回去吗？"晏子说："君主死了怎么可以回去？……"

这里的"是余之罪也夫"，有两层：内层"是余之罪也"是直陈句，外层加个表示感叹的语气词"夫"（有时"夫"表示祈使的语气，略等于现代语的"吧"）。"独吾君也乎哉""吾罪也乎哉"这样的句子，有三层：内层用"也"煞尾，是直陈句；次外层用"乎"煞尾，是反问句；最外层用"哉"煞尾，使全句成为感叹句了。句尾语气词的连用，以最后的那个作为"外层总调"的标志；句首或句中语气词的连用，却是以最前的那个指明全句的"总调"。例如"孤岂欲卿治经为博士邪？""宁当不为乎？"这两句里："欲卿治经为博士""当不为"，都是祈使句的"反说法"（内中的"欲""当"，都表示祈使的语气），可是前面加上"岂""宁"等表示反问的语气词（句尾又有"邪""乎"等），就使全句成为反问句了。又如上面所举《左传》里"吾死也""吾亡也"等句，形式上明明是直陈句，句首和句中、句尾都没有表示反问的语气词，怎么断定它们是反问句呢？当然我们阅读古典作品，必须具有整体观念，对于各个词句的解释和标点，一定要关照它们的上下文。这里"吾死也""吾亡也"等句，是紧接着上文"独吾君也乎哉""吾罪也乎哉"等句之后，它们都是包含有反问语气的；又对于"其人"的三问："死乎""行乎""归乎"，都是用反问句来作答，我们看到下文"君死安归"这样的反问句，也就可以断定这里"吾死也""吾亡也"等句子的性质了。这是因为疑问句、感叹句等带有特殊的感情色彩的句子，一般都用直陈句来作"内层的基调"；就是说，用直陈句作底子，加上特殊的感情色彩，就成为疑问、感叹句等，不另加特殊的语气词也可以。这样语气上的内外层次，和结构上的情况，有一些相类似，外层包括内层，直陈句总是处于别种语气的句子的内层。

我们主张把“结构”和“句子”严格地分开来，单用语气和语调作为区分句子类型的标准，只是因为要打破主谓结构就是句子和动词就是谓语等的错误观念。至于语法结构的变化和句子类型的区分，当然相互间有密切的联系。我们把直陈句的一般结构作为底子来看别的语气的句子结构，就可以知道语言上往往利用结构的变化来表示特殊的语气和感情色彩。例如上面所举“退！”“速驾！”是单独的动词或动宾结构作为句子的，其中没有把动作的“主动者”说出来；这样的结构形式就不同于一般的直陈句，就是用来表示强烈的命令语气的。又如上面所举“亦太甚矣，先生之言也！”这样的句子，是把主语和谓语两部分的位置颠倒起来；这样的结构也不同于一般的直陈句，就是用来表示强烈的感叹语气的。主语和谓语两部分，如果不颠倒，我们说成“先生之言也，亦太甚矣！”那样的句子，也表示感叹的语气，但没有象原来颠倒起来的那样强烈。又上文讲到关系词和结构形式，由“之”这个关系词所构成“偏正化的主谓结构”，在单独成立一个句子的时候，也表示一种感叹的语气；象“予之不仁也！”这样的句子，也可以说是用语法结构的变化来表示一种特殊的语气的。又由“之”这个关系词构成“宾语前置的动宾结构”，在宾语包含一个疑问代词的时候，也加强了疑问的语气。例如：

夫晋，何厌之有？（《左传·僖公三十年》。译文见上第二章）

使孔子对懿子极言“毋违礼”，何害之有？（王充《论衡·问孔》）——假使孔丘对孟懿子毫无保留地说明“不要违背礼义”，那有什么害处呢？

这里的“何厌之有”“何害之有”，是一种倒装的动宾结构，宾语“何厌”“何害”倒置在动词“有”的前面，而中间加进了关系词“之”；这样的结构形式，其实际意义与“有何厌乎？”“有何害乎？”并没有差别，只是疑问或反问的语气，比“有何厌乎？”“有何害乎？”更为强烈罢了。表示疑问或反问的语气，有一些特殊的结构形式。象“何也”式、“何哉”式，例如：

一夫作难，而七庙隳，身死人手，为天下笑者何也？（贾谊《过秦论上篇》。译文见上）

违周公之志，攻懿子之短，失道理之宜，弟子不难，何哉？（王充《论衡·问孔》）——这样违背周公〔小才敕，大才略〕的意思，抨击孟懿子的短处，违反了正常的道理，弟子却不提出责难，为什么呢？

诸如此类，都是应用特殊的结构形式来表示特殊的语气和情感色彩。所以我们区分句子类型，一方面要坚持以语气和语调做标准，另一方面也要参考句子整个的结构形式；语气词的应用，固然是全句语气和语调的重要表征，而句子的结构形式有时也是语气和语调的标志。总之，关于虚词的用法，不论是关系词或语气词，多少总要牵涉到句子的结构形式问题。过去讨论古汉语虚词用法的著作，往往只从训诂学上来解释虚词的意义，不从语法学上去观察虚词在句子结构中的组织功用，因之讨论虚词的用法，没有联系到整个句子的结构形式，对于一般阅读古典作品的人帮助不大，这是已往讨论虚词用法的著作的一个大缺点。

（五）几种讨论古汉语虚词用法的著作述评

专门讨论古汉语虚词用法的著作，有刘淇《助字辨略》、王引之《经传释词》、杨树达《词诠》、裴学海《古书虚字集释》等。虚词的运用，是古汉语语法上的一种重要现象，所以这一类关于古汉语虚词用法的著作，也是我们阅读古典作品的重要工具书。这里给它们大略地加以介绍和评论如下：

刘淇的《助字辨略》，开始奠定古汉语虚词研究的基础，提供古汉语语法学的不少资料。刘淇，字武仲，号南泉，清康熙年间确山人。卷首载自序及卢承琰序，卢序作于康熙五十年（公元一七一一年），当时其书已刊行。又据乾隆己亥（公元一七七九年）国泰序，乾隆年间又重为刊行；国序叙述刘淇的生平大略说："《助字辨略》者，确山刘老人所著也。老人世为济宁人，博闻强记，生平喜著书。性恬澹，不妄与人交，然亦以此见重于世，当世士大夫莫不知有刘老人者。"似乎没有应过科举，也不曾做过官，只是以著书闻名。他所谓"助字"，就是指一般所谓虚词。自序里说："既取虚用，故'之'训'往'，'而'、'若'训'汝'之属，虽虚犹实，悉无载焉。"他很强调虚词在语文当中的重要性以及实词和虚词的区别。其书博采唐宋以前古书、古文及诗词中的虚词四百多个，依据四声编排，分为上平、下平、上、去、入五卷；他把虚词分析成三十类，并且列出训释的方法六种：正训、反训、通训、借训、互训、转训，可以说是用训诂学方法来解释虚词意义的巨大述作。他所分析的虚词三十类，虽然近于烦琐，其中有些分类是很恰当的。例如以"也""矣"等认为是"断辞"，即表示直陈句的断定语气；以"乎""哉"等认为是"疑辞""咏叹辞"，即表示疑问的语气和感叹的语气；以"容""或"等认为是"或然之辞”，即表示测度的语气；以“者”“也”等认为是“顿挫之辞”，即表示语气的提顿；以“是故”“然则”等认为是“承上”，以“然而”“抑又”等认为是“转下”，即表示承接关系和转折关系；以“虽”“纵”“使”“借”等认为是“设辞”，即表示推拓关系和假设关系，等等。又他在“诶”字下，把“感叹声”和“应对声”加以区别：

> 《汉书·韦贤传》：“在予小子，勤诶厥生。”注云：“诶，叹声，许其切。”杨升庵云：“《方言》：楚谓然曰诶。《说文》云：譍也；《离骚》：欸秋冬之绪风；《说文》云：欸，譍也；二字音义并同，实一字耳，皆楚辞也。”愚案：《汉书》之诶，《离骚》之欸，并是叹声；《方言》之诶，乃答辞也，义各不同。《说文》训譍者，从乎《方言》而为辞，非训《汉书》《离骚》也。

他把“叹辞”和“答辞”区别开来，也就是把对答的词划出于所谓“叹词”的范围之外，因为两者是代表不同的语气的。由此可见刘淇当时已经很注意于虚词所表示的意义是语气和关系两方面的现象，各种虚词就是用来表示各种不同的语气和关系。钱泰吉《曝书杂记》里曾经评述此书说：“引据该洽，实为小学书之创例。……近时王伯申尚书著《经传释词》十卷，其撰著之意略同此书，诂训益精密。然创始之功，不能不推刘君也。”刘淇此书又重刊于清咸丰五年（公元一八五五年），杨绍和跋文说其书“倡专训助字之例”；刘毓崧《通艺堂集》所载的跋文也说此书“详赡而不入于芜，博洽而不流于杂。后之人，诚能循其条目，触类旁通，则东汉以后、宋元以前之书，其词气异同，均能洞悉”。近人杨树达又于一九二五年重刻此书，跋文谓“吾人生当训诂学大明之后，而刘氏生于清学初启之时，筚路蓝缕，其功甚钜”。一般语法学者总是认刘淇为我国虚词研究的创始奠基人。

正因为刘淇此书是讨论古汉语虚词用法的草创的著作，其中当然不免有许多缺点和错误。这里举出显著的几点来说：首先是关于虚词和实词的界限问题。刘淇虽然很重视虚实的区别，实际却往往把一些实词参进他所谓“助字”之列。例如卷首开头列出的“通”“中”两字，训“皆”、训“共”和所谓“总举之辞”的“通”，训“堪”和所谓“正适之辞”的“中”，是属于“范围”“程度”的概念，不当列入虚词。又如自序中所列“先”“初”等“原起之辞”，“毕”“卒”等“终竟之辞”，“稍”“略”等“仅辞”，“绝”“悉”等“极辞”，也属于“时间”“程度”“范围”等的副词，不当列入虚词。因为这些词是作为结构的成分，不是在结构当中起连接的作用，也不是贯穿全句表示语气的。其次是关于迭音词和复合词的区别问题。一般所谓“重言迭字”，是指迭音词，多数用作形容词，即所谓“重言形况字”；刘淇《助字辨略》里却用“重言”来指同义复合词（或同义词的连用），如“唯独（独唯）”、“庸讵”等，这固然可以说是名称的不当；但他有时却用复合词来解释迭音词，例如“颐”字下说：

> 《史记・陈涉世家》：客曰：“夥颐，涉之为王沉沉者！”《索隐》云：“楚人谓多为夥；颐者，助声之辞也。”……愚案：《汉书・陈涉传》省颐字，盖夥颐者，惊叹之声，并有声无字，夥之馀声，便是颐，故《汉书》省去也；有颐字，其声舒；无颐字，其声促。又应劭以“沉沉”为宫室深邃之貌，非也。陈蔡光黄间人，言如此则云“正样”，其呼正字，如沉去声。盖客惊叹涉之富贵至于如此也。

刘淇用近代方言俗语“怎样”“怎么”等来解释“沉”在这里的用法，当然可用以备一说；但他没有注意到“沉沉”这个词的迭音形式，多数用作形容词，“沉沉”就是“覃覃”（参看本文的二），应劭所说“深邃之貌”，是符合于迭音词的一般用法的。可见刘氏只是偏重于文字音义的解释，而很少从词和词句的结构形式上去考虑。又其次关于虚词用法的确定和意义的解释问题。由于解释词义不从词和词句的结构形式上去考虑，所以不免有许多误解之处；杨树达跋文谓“刘氏书亦有偶不审核，至于误解者”。这里摘取其中所举的两例如下：

如卷一引张曲江文：“以诚告示，其或之归”；韩文：“学者不之能察”；此二之字皆代字，乃“其或归之”“不能察之”之倒文，而刘氏谓二之字并语助辞。

《晋书·谢道韫传》：“尝讥谢玄学植不进，曰：‘为尘务经心，为天分有限耶？’”二为字义与因同。而刘氏乃云：“二为字并是抑辞。”《汉书·扬雄传》：“譬若江湖之雀，勃解之鸟，乘雁集不为之多，双凫飞不为之少”；此二为字，义亦与因同，而刘氏乃云“不为之，犹云不以为”。

这里的“之”，是倒置的动宾结构里的宾语，作代词用，刘淇却认为是无义的虚词；这里的“为”，是表示原因的关系词，用在联合结构或偏正结构中，刘氏却以前两个认为是表示转折关系的“抑辞”，后两个又认为是“以为”的“为”（作动词用）。这不但是对于虚词意义的误解，而且把实词误认做虚词，把虚词误认做实词了。症结所在，就是不从辞句结构的组织当中去确定各个虚词的用法，而只是偏重于文字音义的解释，所以难免有许多的误解了。最后关于语气词的用法问题。刘淇有时把语气词的运用和整个辞语所具有的语气混同起来，例如在“矣”字下，解释“甚矣”这个辞句说：“甚矣者，深叹之也。”好象说“矣”也有表示感叹语气的作用。其实“矣”，只是表示一种直陈的语气的，由于“甚矣”这个辞句是以直陈语气作为“内层基调”的感叹句，就容易使人误解为“矣”这个语气词也有表示感叹的作用。这样把语气词的运用和整个辞句的语气混为一谈，乃是近代讲虚词用法的学者的一个通病（下文当提及），也由刘淇开其端了。

至于刘淇此书与王引之《经传释词》的比较，刘毓崧跋文里曾经详细讨论过，说：“《经传释词》所言，往往与此书暗合”；“此书所推阐引证，有较《释词》更详，可补其未备者”；（杨树达跋文亦谓：“此书与王氏《释词》相较，自有逊色。然亦有精审过于王氏之处。”）“若夫同一援据旧文也，《释词》必举其最初，而此书不必尽从其朔。同一发明通假也，《释词》能穷其究竟，而此书未能获其源。此则草创之阔疏，不及大成之美备”。从两书体例上来看，似乎王书远较精密，而且能穷源竟委；实质上，却是两书的目的性不同。刘毓崧跋文里有一段话很值得我们注意：

> 至于《释词》所述者，上自《九经》《三传》，下迄周秦西汉之书，而东汉以还，则概从其略。此书所述者，自经传、诸子、史、汉以外，旁涉近代史书、杂说、文字、诗词。盖《释词》以经、传为主，故采录不多；此书以助字标名，故胪陈较广。缘体裁小异，斯去取有殊耳。

两书取材的范围大不相同，实在不仅是“体裁小异”，而是由于根本的目的不同。《助字辨略》述作的目的，只是为了一般学习古文，使读者懂得一些“构文之道”；而《经传释词》显然是为了尊孔读经而作，为少数人钻研儒家经典而作。两者性质是不同的。

《经传释词》的作者王引之（一七六六——一八三四年），字伯申，江苏高邮人，嘉庆时进士，做过侍郎和工部尚书等官；继承其父王念孙的音韵训诂之学，世称高邮王氏父子。《释词》之外，还著有

《经义述闻》等。他作《释词》，据嘉庆三年（一七九八年）写的自序说，开始于乾隆庚戌年间（一七九〇年间）：

> 引之自庚戌岁入都，侍大人质问经义，始取《尚书》廿八篇紬绎之，而见其词之发句、助句者，昔人以实义释之，往往结鞴为病；窃尝私为之说，而未敢定也。及闻大人论《毛诗》"终风且暴"、《礼记》"此若义也"诸条，发明意指，涣若冰释，益复得所遵循，奉为稽式，乃遂引而伸之，以尽其义类。自《九经》《三传》及周、秦、西汉之书，凡助语之文，遍为搜讨，分字编次，以为《经传释词》十卷，凡百六十字。前人所未及者补之，误解者正之，其易晓者则略而不论。非敢舍旧说而尚新奇，亦欲窥测古人之意，以备学者之采择云尔。

经过七八年作成，又过了二十年左右才刻出来。嘉庆二十四年（一八一九年）的阮元序文里说：

> 高邮王氏乔梓，贯通经训，兼及词气。昔聆其"终风"诸说，每为解颐，乃劝伯申勒成一书；今二十年，伯申侍郎始刻成《释词》十卷。元读之，恨不能起毛、孔、郑诸儒而共证此快论也。

王引之是清朝中叶封建统治阶级里的一个官僚，他的身世和所处时代，与刘淇是很不相同的。当乾嘉年间，清朝封建统治势力逐渐趋于衰颓时期，封建统治者拼命要提倡经学和孔孟之道，妄图借此来挽救这种衰颓的局势。于是当时所谓士大夫阶层，很多推崇《尔雅》《说文》一类的书，钻研声音训诂之学，作为探究儒家经传，"窥测古人之意"的工具。高邮王氏父子是其中的佼佼者，《释词》等书也就是这样时代产物的代表作品。因之《释词》所取材的范围，只限于西汉以前的古书，主要的是《九经》《三传》，特别是《尚书》二十八篇，他自序说研究“助语之文”是从《尚书》的研究开始的；不象《助字辨略》那样包括中古的诗词和近代的方言俗语。又《释词》里对于各个虚词的通常用法，说是“常语”，一概从略，所谓“其易晓者则略而不论”，而只是用来补正前人缺漏和误解的地方；也不象《助字辨略》那样包括各种虚字的常用和非常用的意义，更便于一般学习古文之用。所以《释词》一书，不宜于作为一般阅读古书的工具。又《释词》十卷里所搜讨的百六十字“分字编次”，是依据于中古时声母部位的序次来排列的。第一到第四卷是属于喉音声母的字，第五卷是属于牙音声母的字，第六卷是属于舌音声母的字，第七卷是属于半舌、半齿，第八、第九两卷是属于齿音声母的字，第十卷是属于唇音声母的字。宋元以来一般所谓“读书人”，为了撰作近体诗文，惯于应用《平水诗韵》，而对于韵图中的“三十六字”，往往不去讲究，形成风尚，遂致“迭韵易知，双声难明”；所以《助字辨略》依据诗韵韵目来分卷编排，与《佩文韵府》及后来的《经籍籑诂》等一样，在当时是比较通俗的，不象《释词》依据声母部位编排，实在只供少数专门学者之用。我们拿《助字辨略》来跟王氏《释词》比较，更可以显出王书是为尊孔读经的目的而作，要与毛(毛亨)、孔(孔安国)、郑(郑玄)诸儒相抗衡。

但是，高邮王氏父子关于训诂的书，虽然目的是在尊孔读经，而他们那种通语言而达义理的方法，却是比较符合科学精神，能够解决训诂学上的问题的。他们探讨的结果，有一些不但纠正毛、郑诸儒迂曲的解释，而且可以供作批判孔孟唯心史观的资料。例如《释词》在“不”字下，引证大量的材料来说明《玉篇》：“不，词也”之训，纠正毛、郑诸儒的许多错误的解释；引证《诗·大雅·思齐》里“不闻亦式，不谏亦入”两句，下面加注说：

《传》云："言性与天合也。"《正义》云："毛以为言文王之圣德自生知，无假学习；不闻人之道说，亦自合于法；不待臣之谏诤，亦自入于道。"案不，语词；不闻，闻也；不谏，谏也。式，用也；入，纳也。言闻善言则用之，进谏则纳之。《宣二年·左传》曰："谏而不入，则莫之继也。"是纳谏为入也。《传》说失之。《笺》又云："有仁义之行而不闻达者，亦用之助祭；有孝悌之行而不能谏诤者，亦得入。"其说尤疏。"亦"字亦语词。岂谓闻固式，不闻亦式；谏固入，不谏亦入邪？

王氏这里指出毛《传》所谓"性与天合"的谬论，正是根据"天命论""先验论"等唯心史观来附会解释《思齐》这篇歌颂周文王的诗，实际就是用来印证孔子"生而知之""上智下愚""天纵之圣""文王既没，文不在兹乎"一套的说教。孔颖达《正义》引申了毛《传》的曲解，后来朱熹也根据它来解释这两句诗。朱熹《集传》里说：

虽事之无所前闻者，而亦无不合于法度；虽无谏诤之者，而亦未尝不入于善；《传》所谓"性与天合"是也。

可见这种唯心史观谬论的影响之大。直到王氏把"不"解释做"语词"，这里是作为"足句"（凑成四字为句）之用，没有否定的意义，两句原义是"闻即用，谏即纳"。这样，根据正确的训诂来"窥测古人之意"，恢复《思齐》诗句的原义，不但纠正毛、郑以来解释《诗经》的曲说，而且超出原来尊孔读经的目的，反转来供作批判孔孟之道的资料。正确的"训诂"，就是正确的"义理"之所从出。钱大昕《经籍籑诂序》里有这样的话：

有文字而后有诂训，有诂训而后有义理。诂训者，义理之所由出，非别有义理出于诂训之外者也。

这句话，很可以用来说明王氏关于《思齐》这段解释的效用和影响。

缘高邮王氏父子之所以获得许多正确的结果，是由于他们对于古汉语研究的科学精神，这大略地可以分作下列的三点来说：第一点，考虑到古汉语发展的客观事实。虚词用法的逐渐确定，这是汉语发展史上一个重要规律，越古的语文，其中虚词的用法越不确定；《释词》一书所搜讨的范围，是在周、秦、西汉的古书，是虚词用法很不确定的时期，其中实词虚化的现象比较复杂，“同词异类”和“同类异用”的情况也特别多。例如否定副词的“不”，一般用作实词的意义，而《诗》《书》等古书中，往往作为无义的虚词或承接的关系词（写作“否”“丕”），“或即以实义释之，遂使其文扞格，而意亦不明”（参看《释词》自序）。又《经义述闻》卷三十二有“语词误解以实义”一例，也是阐明古书中这种实词虚化的现象，过去的解释很多采取一般实词的意义，因而发生误解。“又如‘如’，若也；而又为词之‘而’，与‘乃’，与‘当’，与‘与’。‘若’，如也；而又为词之‘其’，与‘而’，与‘此’，与‘惟’。……”（《释词》自序）这些就是古汉语中“同词异类”和“同类异用”的情况。《释词》中所解释的，大部分是符合于古汉语的这种客观事实和汉语发展的历史情况的。第二点，根据“辞例”（就是辞句的结构）来推究各个虚词的用法和意义。例如上文第三节里曾经引到“终风”的“终”，在《诗经》里常常作“已然”的“既”字用，这种认识是从“终（既）……且（又）……”这样的“辞例”（联合结构）推究出来的。“终”“既”“竟”“已”等都是音义相通的同义词，“已止之已曰终，因而已然之已亦曰终。故曰词之既也”。（《释词》卷九）这就是指实词虚化的现象，可是“《诗·终风》：‘终风且暴’，毛《传》曰：‘终日风为终风’，《韩诗》曰：‘终风，西风也。’此皆缘词生训，非经文本义。”（同上）又“《载驰》曰：‘许人尤之，众稚且狂’；‘众’读为‘终’。……毛公不知‘众’之为‘终’，而云‘是乃众幼稚且狂’，许之大夫，岂必人人皆幼邪?”(同上)毛《传》这样用实词的意义来解释虚词，就引出了许多笑话，而我们之所以断定它们是虚词，是根据辞句结构来推究的。又如“不”“否”“丕”等之所以断定是无义虚词或表示承接的关系词，也多半是从辞句结构上来推究的。王引之说：

> 后世解经者，但知“不”之训“弗”，“否”之训“不”，“丕”之训“大”，而不知其又为语词。于是强为注释，而经文多不可通矣。“三危既宅，三苗丕叙”；“厥既命殷庶，庶殷丕作”；“既诞，否则侮厥父母”，皆先言“既”而后言“丕”，其为承上之词，显然明白。而《史记·夏本纪》乃云：“三苗大叙”，则知三代语言，汉人犹难遍识，愿学者“比物丑类”以求之。(《释词》卷十)

这里“既……丕(否)……”的“辞例”，也就是一种表示顺递关系的联合结构，所以其中“丕”等是表示承接关系的。这样用类比的方法来识别辞句的结构，更从结构的组织中来探求虚词的用法，是可以获得科学的论断的。第三点，运用类比的方法，不但可以把语法结构和虚词用法两者的研究结合起来，而且可以把校勘学和语法学的研究结合起来。王引之《释词》一书，很多是用校勘上的比证来解释虚词的意义。这里引述钱熙祚跋文里的一段作为例子如下：

> 其释词之法有六：有举同文以互证者，如据《隐六年·左传》“晋、郑焉依”，周《语》作“晋郑是依”，证“焉”之犹“是”，据《庄二十八·左传》“则可以威民而惧戎”，晋《语》作“乃可以威民而惧戎”，证“乃”之犹“则”。有举两文以比例者，如据赵

《策》“与秦城何如不与”，以证齐《策》“救赵孰与勿救”，“孰与”之犹“何如”。有因互文而知其同训者，如据《檀弓》“古者冠缩缝，今也衡缝”，《孟子》“无不知爱其亲者，无不知敬其兄也”证“也”之犹“者”。有即别本以见例者，如据《庄子》“莫然有间”，《释文》本亦作“为间”，证“为”之犹“有”。有因古注以互推者，如据《宣六年·公羊传》何注“焉者，于也”，证《孟子》“人莫大焉无亲戚君臣上下”之“焉”亦当训“于”；据《孟子》“将为君子焉，将为小人焉”赵注“为，有也”，证《左传》“何福之为”“何臣之为”“何卫之为”“何国之为”“何免之为”诸“为”字皆当训“有”。有采后人所引以相证者，如据《庄子》引《老子》“故贵以身于天下，则可以托天下；爱以身于天下，则可以寄天下”，证“于”之犹“为”；据颜师古引“鄙夫可以事君也与哉”，李善引“鄙夫不可以事君”，证《论语》“与”之当训“以”。（钱跋作于辛丑年，当为道光二十一年，即公元一八四一年）

这里列举王氏解释虚词的六种方法，其中“两文比例”“互文同训”“古注互推”三种是关于辞句结构的异同，“同文互证”“别本见例”“引文相证”三种又是关于版本的校勘问题，这两方面都不外乎运用类比的方法，就是王氏所说“比物丑类”以求之，是比较符合科学精神，能够掌握语言的客观事实，因而获得比较正确的诂训和义理。

可是王氏又受阶级和时代的局限，不免有许多片面的见解。王氏纠正毛、郑诸儒把虚词误解作实义之弊，又掩盖着另一种倾向，有时鲁莽灭裂，走到另一个极端，即把原来应当是实词也误解做虚词了。章炳麟《太炎文录》里有《王伯申新定助词辩》一文，谓“其改易旧说，亦有可已而不已者矣”。今人裴学海作《古书虚字集释》，各条注中很多纠正《释词》的错处；书末又附有《经传释词正误》一篇，内中属实词误解作虚义之例，与章氏所辩相类。例如《诗》《书》中的“诰繇”“诰猷”“告犹”“猷告”等，是个同义复合词，即“告道”“教导”之义，其中的“繇(猷)(犹)”，古训“道(导)”，原来实义是对的，王氏改训“于也”，反而改错了。章氏等所举之外，如《诗·商颂·长发》：“幅陨既长”，其中“幅陨”即“幅员”，言幅员既广大；王氏却把“陨”释作“云”，说是“语助”，这也是将一个复合词的成分误解作虚义。又如《诗经》中的“逝”字，多借作“誓”，《硕鼠》：“逝将去女”言“誓将去汝”，表示坚决之意(参看上文“引论”)。朱骏声《说文通训定声》“逝”字下说：

> 假借为“誓”，按《诗·硕鼠》“逝将去女”，《日月》“逝不古处”，《桑柔》“逝不以濯”，皆要约之辞。

王氏《释词》却把这样的“逝”说是“皆发声，不为义也”。这也是将实词误解作虚义之例。其它关于文字的假借通用(如“于”之训“为”，“为”之训“有”等都可以说是音近通假)，词义的引申转变(如“以”有“以为”义，故得训“为”；“焉”有“于是”义，故得训“于”，训“是”)，以及引申、假借的递相为用(如“以”训“为”，故又得训“谓”；“焉”训“于是”，故“安”也得训“于是”)等，都是使得语文上“同词异类”和“同类异用”产生的原因；王氏《释词》中往往只罗列这样虚词用法不确定的现象，没有给我们一一推阐其原因。因此见得所谓穷源竟委之功，王氏《释词》实在还没有做到的，我们用它作为重要的参考资料，应当根据批判继承的原则，加上刊谬补缺的工作。

王引之《释词》之后，有孙经世的《经传释词补》和《再补》，吴昌莹的《经词衍释》，都对《释词》加以增广和补充。有些虚词的用法，在汉语史上是很重要的现象，却为王氏所忽略。例如孙《补》里“一”字下有“一旦”的一种用法：

一，犹“一旦”也。秦《策》：“王一善楚而关内二万乘之主注地于秦”；言一旦善楚便如此也。

这里所举的“一”字用法，从结构上“一……而……”来看，便是现代汉语里“一……便(就)……”当中“一”的来源，原来是一个时间状语，虚化而成为表示连接的关系词；这种用法的例子虽然不多，在汉语历史的发展上却是很值得注意的。可是王氏《释词》略而不载。又孙《补》《再补》中引据的范围较《释词》原书为广，所采取的例证有不少出于东汉时代的书，如《白虎通》《东观汉记》《风俗通》以及桓谭《新论》、王符《潜夫论》等；特别是王充的《论衡》中《儒增》《问孔》《刺孟》《实知》等篇有关的例证采取很多。当今研究《论衡》和东汉以后的作品，应当注意这种参考的资料。孙经世的书，名为增补，实际是对王氏以“经传”为主的《释词》在研究范围上，给了一个扩充。

继承《经传释词》之作，又博采近代关于虚词研究的成果，详细地加以订补而汇集成书的，当推今人裴学海的《古书虚字集释》。此书在一九三二年由商务印书馆印行，一九五四年又由中华书局重印。他的初版自序里说：

夫周秦两汉之书，所以不可以今人之文法读之者，要由其虚字之用法，与今不尽同耳。其不尽同之处，在刘淇《助字辨略》，王念孙《读书杂志》，王引之《经传释词》《经义述闻》，俞樾《群经平议》《诸子平议》《古书疑义举例》，杨树达《词诠》《高等国文法》《古书疑义举例续补》诸书中，皆已详乎其言之；且均多精确之发明，堪为定谳者。然千虑一失，智者不免，故刘、王、俞、杨四家之书，虽皆大醇而不无小疵。……然则古书之虚字，固尚有研几之必要矣。学海素服膺高邮王氏父子，喜研

> 声音训诂之学；……爰不揣梼昧，剌取周秦两汉之书，采用刘、王、俞、杨之说，分字编次，以为《古书虚字集释》十卷，凡二百九十字。前修及时贤之未及者，补之；误解者，正之；是而未尽者，申证之。

又他所列出的凡例中，也说此书是继承《释词》而作。编次的体例，依据《释词》的十卷，以喉、牙、舌、齿、唇五音的次序来编排；所收录的字二百九十个，较《助字辨略》《词诠》为少，而包括《释词》所收；各字下所列的义训，也尽量采用王氏所释。同时他一方面博采近代其它各家对虚词研究的创获，用来增广王氏书；另一方面又订正《释词》里一些误收和误解的字。例如《释词》中有将实词误作虚词的（如“祁寒”的“祁”，《释词》误作“祈”，并训为“是”；“祁”当训为“大”，《集释》不收）；有将虚词用法误解的（如《诗经》中“于以采蘩”的“于以”，《释词》在“于”字下误训作“聿以”；《集释》根据杨氏《词诠》，在“以”字下训为“于何”）；有将一个虚词的同一种意义误分做两条的（如《释词》“如”字下，有“当也”一条，又有“将也”一条，实在都是表示测度的语气词，《集释》并为“当也”一条；《释词》“且”字下，有“若也”一条，又有“借也”一条，实在都是表示假设的关系词，《集释》并为“若也”一条）；有将一个虚词的两种不同意义误并做一条的（如《释词》“讵”字下，将“岂也”“何也”两种表示疑问或反问的不同意义合成一条，《集释》里把它们分拆开来）。这些错误的地方，《集释》里很多加以订正。《集释》对于王氏书的匡正，还有值得我们注意的，是在确定古书中一些同义复合词（不应当称为“成语”）的用法。如“诰繇”“猷告”“羞告”之外，又如《左传》引夏《书》中的“允出”，是“进行”的意思，《释词》误解“允”为“用”；《书》《诗》中的“率服”“率俾”“率从”，是“遵从”的意思，《释词》又误解“率”为“用”等，《集释》末附《经传释词正误》里加以指出纠正。《集释》又继承王氏应用类比的方法；无论是关于辞句结构的比较或版本异同的校勘，上文所说的六种方法，《集释》里都充分加以利用。同时又指出这样类比方法的本身局限性，《集释》末附《类书引古书多以意改说》一文，指出"别本见例""引文相证"等方法应该有所选择地审慎应用。此外，关于"同词异类"和"同类异用"产生的原因，《集释》卷末又附有《本书说解述要》一文，谓"实词有本义与引申、假借之义，虚词亦然"。就是依据引申、假借两种途径来推寻同一个虚词而有多种用法的原因。又谓"关于引申之义则联以意，关于假借之义则通以声"，这也是补《释词》一书之所未备。由此可见《古书虚字集释》对于王氏书加以增广之外，又多所匡正，在继承中有刊谬补缺之功；我们阅读古书的，应当把它和《释词》一样地作为重要的参考资料。

但是《集释》中，也有很多可以商榷的地方。第一点，关于说解的方法。我们依据引申和假借两种途径来推究各种虚字用法形成的由来，应该从语言与文字的矛盾当中去认定这样说解方法的本身局限性。虚词在文字上，只有极少数的几个用其"本义""本字"的（如"只""哉""矣""兮""乎""乃"等），其它绝大多数是由引申、假借的结果，依据这两种途径来推究，有的可以求出"本义""本字"，有的便不可以强求。《集释》末附的《说解述要》里说：

> 其为引申之义者，如"抑"为"按"，按则有所转，引申之则为转词；"亦"为"人之臂亦"，臂亦有所承，引申之则为承上之词；皆是也。其为假借之义者，如"为"训"用"，则借为"以"；"也"为决词，则借为"兮"；"焉"为语已词，则借为"矣"；"耳"为语终词，则借为"尔"；"虽"为推拓之词，则借为"推"；"将"为几及之词，则借为"傍"；……

这样的说解，很容易流入于牵强附会，而且在实际应用方面，并无多大的意义。因为一般为阅读古书而要求知道的，是各个虚字的一般用法及其形成的由来。如“抑”在古汉语里的用法，相当于现代语的“或者”“还是”，“抑”与“或”音近，与“还”是古音平、入的关系，都得相通用；“亦”与“又”“则”“祇”等声音相近（“亦”古音近“迹”，“又”即古“肘”字），所以得相通用；“也”“矣”“焉”“耳”等字的一般用法，它们相互间的语气区别，“焉”是“于其间”的合音，“耳”是“而已”的合音，等等（本章里上文讲过了一些）。至于各个虚字的特殊意义或一些偏僻的用法，似乎一般人并不注意，再还要将这些偏僻的意义来追究它们在《说文》中的“本字”“本义”，那更要走上烦琐主义的路上去了。第二点，是墨守王氏书的成规。王氏《释词》依据喉、牙、舌、齿、唇五音编排虚字，非今非古，对于文字的通假既无助于古音说明，对于近代一般人的查检又不通俗，何以《集释》要把这种体例继承过来，殊不可解。又关于说解中仍沿用《释词》的成法和旧训。如《硕鼠》“逝将去女”的“逝”，王氏谓“发声，不为义”，《集释》里解作“斯也，兹也”，这里的“逝将去女”，译成“兹将去女（这时将要离开了你）”，没有表示坚决的意思，辞气很不顺当（参看上文）。《集释》在这里之所以把“逝”训为“斯，兹”，自注中说：

> 以《诗·桑柔》篇“逝不以濯”，《墨子》引“逝”作“鲜”证之，知“逝”与“斯”通（“鲜”与“斯”同），故“逝”可训“斯”。（同时在“斯”字下说：“‘斯’，此也，……字或作‘鲜’。”自注：“‘斯’与‘鲜’一声之转，古字通用。”引《诗·蓼莪》篇：“鲜民之生”，自注：“此阮元说。”）

《集释》虽然明知古时“引文多以意改”之例，却在这里仍然墨守王氏所用“别本见例”“引文相证”等的成法，依据《墨子》引《桑柔》“逝”作“鲜”，就把《硕鼠》“逝将去女”等句里的“逝”一并改做“鲜”字来解释，没有参考朱骏声“逝”假借为“誓”的说法；而对于“鲜”字又墨守当时的旧训，据《诗》“鲜民之生”里“鲜”训作“斯”，就将《桑柔》《硕鼠》等篇里的“逝”一并用“斯”字的意义来解释；可是“斯”字又有“而”“此（兹）”等义，于是把《桑柔》句作为“而不以濯”来说（《集释》“逝”字下引《桑柔》句的注中，引《孟子·离娄》：“是犹执热而不以濯也”一句以证“逝”作“而”，实则与《桑柔》原句辞气并不相同，《孟子》里将《桑柔》两句中有逗的连成为一句，又将原来反问语气改为直陈句，象解《诗》者的话，并不足以证明“逝”等于“而”），把《硕鼠》句作为“兹将去女”来说，这样展转凑合，支离牵引，结果还是解释得不顺当。这是由于墨守成法和旧训之过。其实即使依据《墨子》所引《桑柔》句，“逝”作“鲜”，就把《硕鼠》等句的“逝”一律用“鲜”字来解释，“鲜”字义也不必定要按照《蓼莪》篇里“鲜”作为“斯”字来解释，读上声的话，除一般“鲜少”的意义以外，还有一种“完尽”的意义（《易·系辞上》“故君子之道鲜矣”传，《释文》引师说：“鲜，尽也。”），把《诗》句中的“逝”解释作“尽”，也与“誓”字义比较相近，比解释做“而”“兹”等要顺当些。因此知道《集释》里有些解释，还是须要重新加以审订的。第三点，是虚词研究中的复古思想。《集释》自序里首先引俞樾《古书疑义举例》叙的话：

夫周秦两汉至于今远矣！执今人寻行数墨之文法，而以读周秦两汉之书，譬犹执山野之夫，而与言甘泉、建章之巨丽也。

接着自己说：

> 韪哉言乎！夫周秦两汉之书，所以不可以今人之文法读之者，要由其虚字之用法，与今不尽同耳。

十足地表露了厚古薄今的思想。古书里虚词用法和后代语文中不同的要点，是在古书里虚字用法未经确定化，“同词异类”和“同类异用”的现象特别多，实词虚化的情况也比较复杂；我们知道语法现象的规则化，是一般语言发展的趋势，虚词用法的逐渐趋于确定，也是汉语发展的一个重要规律；怎么能够把后代语文比较规则化的现象比做“山野之夫”，而把古代语文中那种繁复错综的情况说是“巨丽的宫殿”呢？无怪乎《集释》里增广《释词》，罗列古书中各个虚词的用法，在同一个虚词里有多至十几种、几十种的用法，只是用来反映古代语文那种繁复错综的现象，而不加以系统的整理，就是不让读者能得欣赏一下那“巨丽的宫殿”而已。《集释》里复古的思想，也表现在运用的训释方法上。其中对各个虚词的解释，同《释词》一样，几乎全部沿用《尔雅》那种“以词训词”的方法，象“爰，于也，曰也；粤，曰也，于也”那样用一个虚词来训释另一个虚词，很少利用现代语法学的知识，结合辞句的结构来作语法功用的描写；所用“语助”“发语词”及“某某之词”等术语，也比较抽象，只能使读者了解大意，不能把握各个虚词的各种功用。因之大量地“以词训词”，而每词往往具有歧义，又只得看下面的例句来求得理解；一般读者原来对于所引例句是很少能理解的，那么对于所训释的虚词用法也未免要茫然不解了。厚古薄今的结果，必然是离开群众的需要。由于上面所举出的三点，《集释》一书，同《释词》一样，只适宜于专门研究古汉语词汇、语法的人作为重要的参考资料，而不是给一般人作为阅读古书的工具书。

近今对于古汉语的虚词，一方面博采过去训诂学上的创获，一一训释其意义，另一方面又利用现代语法学的知识，结合其在辞句结构中的功用来给以语法的描写，把训诂学和语法学这两方面的解释综合起来，编成一部比较通俗的工具书的，当推杨树达的《词诠》。杨树达（一八八五——一九五六）字遇夫，湖南长沙人。曾留学日本，历任北京师范大学、清华大学、湖南大学汉语言文字学教授。《词诠》之外，还著有《古书疑义举例续补》《高等国文法》《论语疏证》《汉书窥管》《积微居小学金石论丛》《积微居小学述林》《文言修辞学》等。《词诠》初版于一九二八年，原由商务印书馆印行；新中国成立后，由中华书局印行。作者在初版时所写的序例中，首先申明虚词的研究，应当属于语法学的范围。自谓"少读王氏书而好之。弱冠游日，喜治欧西文字；于其文法，颇究心焉。归国后，乃得读马氏书，未能尽慊；既颇刊其误，复为《文法》一书以正之。顾文法自有界域，不能尽畅其意，因仿《经传释词》之例，辑为是书"。这就是说，同时又把虚词的研究越出语法学的界域，兼采训诂学的方法，使得"凡诸词义，鰓理务密，畅言无隐"；也就是把语法学和训诂学这两方面的解释综合起来。《词诠》所收的字，比《集释》还多，约共五百三十字，一些古书里常用的虚词之外，还采录一部分的代词、副词等。序例里说关于各词用法的说明，"首别其词类，次说明其义训，终举例以明之"；这就是用来反映古汉语里"同词异类"和"同类异用"的客观情况，使读者依据语法上词类的分别来把握各种虚词在辞句结构中的功用，比之纯粹沿用老的训诂方法所解释的，界划要明显得多了。又王氏《释词》，对于各个虚词通常的用法，说是"常语"，便"略而不论"，表示他这种著作是为少数专门研究古书的人服务的，不是作为一般大众阅读古书的工具。《词诠》的作者，态度显然不同，序例里说：

王氏《经传释词》，于词之通常用法略而不说；此编意在便于初学，不问用法为常为偶，一一详说。

这实在不只是其书便不便于初学的问题，而是关于作者有没有群众观点的问题。对于所收五百多字的编次，《词诠》采用当时通行的“国音字母”的序次，序例里说：

《经传释词》用唐释守温三十六字母为次，今用“国音字母”为次，师王氏之意也。虑有不习字母者，别编部首目录，详载卷数叶数，以便寻检。

这里所谓守温字母，就是指喉、牙、舌、齿、唇五音的序次（实则守温字母只有三十个，“三十六字”系宋人所定；又其次序也不完全遵照喉、牙、舌、齿、唇之次）。这里所谓“师王氏之意”，是指依据王氏采取“音序”排列的方法，但是不用“五音”，而用“国音字母”为次。当时所用“国音字母”，又沿用“老国音”的系统，《词诠》里有“万、广”两母的字，还有“ㄗ、ㄘ、ㄙ”三母齐、撮呼的字，不是完全以北京语音为标准音。尽管这样的排列和各字的注音，有一些不合于现今普通话的读音；但是当时杨氏为编制这种阅读古文的工具书，毅然决然采取这样比较通俗的“音序”排列法，以便于一般人的应用，这也是他的群众观点，很值得表彰的。

《古书虚字集释》成书在杨氏《词诠》《高等国文法》之后，因之《集释》中有一些训释是汲取杨氏研究的成果的。例如“以”训“于”，不但可以表示时间关系，也用来表示对向关系。《集释》得到杨氏书的启发，因而订正了《经传释词》里对《诗·小明》“式谷以女”的误解（《集释》“‘以’犹‘于’也”下注云：“训见《词诠》”；又引《诗·小明》篇：“神之听之，式谷以女”下注云：“言用善于汝也，《经传释词》训‘以’为‘与’，失之。”）又如“以”训“何”，《集释》对于《诗·采蘩》等篇里“于以”的解释，也完全依据杨氏解作“于何”之说。（《集释》引《诗·采蘩》篇，下注云：“杨君谓‘以’与‘台’通，

‘台’训‘何’，故‘以’亦训‘何’。其说甚毽，然其意实袭于孔氏《正义》。……是孔氏以‘往何处’三字解经文之‘于以’二字。惟‘于’当训‘於’，孔氏从《笺》说训‘往’，失之。”可见杨氏书不但对于古汉语语法方面有所贡献，在训诂学方面也有所发明。但是其中也有误解之处。《集释》自叙里曾经指出《词诠》“侯，何也”这一条中所引《法言·先知篇》“法无限，则庶人田侯田，处侯宅，食侯食，服侯服”这句里的“侯”字，“杨氏《词诠》不知‘侯’为‘公侯’之‘侯’，而训‘侯’为‘何’”，以致把《法言》原来的直陈句误标为疑问句。又上文讲过的《书经》中的“诰繇”“告猷”等是同义复合词，为“教导”的意思，杨氏在“繇”“猷”等字下，仍然沿用王氏之说，把“繇”“猷”等训作“于”，重蹈“误实为虚”之弊。因之我们阅读古书时，一方面运用《词诠》作为解释虚词的工具，另一方面还是要参考刘、王诸书及《集释》来互相比照，择善而从。

至于杨氏在语法学方面的观点，更有许多是错误的。这里举出主要的几点来说：第一点，没有把“字”和“词”区分开来。《词诠》一书，以解释“词”为名，却仍然是“字典”式的编制，把“同字异词”的现象扭在一起，把不同的词归在一个“字”下面来解释。例如“薄”字下，把“厚薄”的“薄”和《诗经》“薄言采之”的“薄”列为两条；“何”字下，把“负荷”的“何”和“如何”“何事”“何物”等的“何”列为各条，等等；这样与一般的字典没有什么两样，只是对每一条的意义标出它在词类上的名称而已。杨氏所写的序例有说：

> 习用之词，今偶及其实义：如“则”训“法”，乃名词；“如”训“往”，乃动词。本书以治虚为主，而复及此类实义者，盖欲示学者以词无定义，虚实随其所用，不可执著耳。

这里所举“法则”的“则”和表示承接、转折等关系的“则”，“往及”的“如”和表示假设、比喻等关系的“如”，正和“薄”“何”等字下面所列的一样，它们都是完全不同的词，只是声音形式上相同而已，在词汇上是“同音词”，在文字上得假借通用；我们可以说“字”无定义，虚实随其所用，就是说同一个“字”可以用来代表实词，也可以用来代表虚词；而实词、虚词都各有一定的用法和意义，怎么能够说“词”无定义呢？可见杨氏在这里是没有把“字”和“词”区分开来。又古书所用虚词当中，有不少是同义复合词，如“庸讵（庸何）”、“犹尚（尚犹）”之类，刘淇《助字辨略》中所谓“重言”的现象，杨氏没有指出说明；《词诠》所收五百多字，都是作为“单字”来看待的。第二点，没有把“实词”和“虚词”严格地区分开来。《词诠》里列出的词，有名词、动词、形容词、代词、副词，虽说是“本书以治虚为主”，而在虚词当中参杂许多这样的实词，当然使读者对于实词和虚词的界限难以划清。又序例中说：

字以引申而义变，义变而用法歧。本书为欲便于初学，于词之用法之异者，固不惜详为分析。然江流万派，同出岷山，学者既知其所以分，又能知其所以合，则可谓心知其意者矣。

这段话似乎是指许多虚词及其各种用法的形成，是由实词词义引申转变的结果，即由实词虚化而成；如果一切虚词用法都是源出于实词，那么“既知其所以分，又能知其所以合”，虚词可以隶属于实词，两者可以并为一谈了。事实上，虚词中表示关系的意义以外，还有一部分表示语气的意义的，语气词的来源终究不能说是与实词意义有关。所以无论在理论上，在实用上，都必须把实词和虚词两者严格地区分开来。第三点，没有把语法上的结构成分和词类区分开来。由于杨氏把语法上的结构成分和词类的分别牵合在一起，所以说“词无定义，虚实随其所用，不可执著耳”。这里所谓“词无定义”，就是指“词无定类”；“随其所用”，就是指“用来充当辞句结构中的哪种成分”；杨氏完全依据各个词在语法结构中所充当的成分来区分词类：作主语、宾语用的就叫它做名词，作定语用的就叫它做形容词，作状语用的就叫它做副词，等等。例如“何”“安”“曷”“孰”“恶(wū)”等，我们认为是古汉语里的疑问代词，可以充当主语、宾语、定语或状语的；杨氏却把它们中的每一个都分做“疑问代名词(指代名词的代词)”“疑问形容词”“疑问副词”等，因为它们有时作主语或宾语用，有时作定语用，有时作状语用，等等。这样，同是一个词，忽而作名词，忽而作形容词，忽而作副词，等等，随它在辞句结构中充当的成分来定，这就是“词无定类”。我们认为语言有相对的稳定性，词有一定的意义，上文讲过，词有常性，就是说词有一定的“类”。词类的分别，和词所充当的结构成分固然有一定的联系，但是终究不能把这两方面混为一谈。“词无定类”的结果，在实用上也对各个虚词发生烦琐主义的解释；因为每字下分类繁复，每类下又有不同用法和不同意义，分条解释就不能不繁多了。《词诠》里，“以”字下的解释，有二十二条之多；“於”字下的解释，也有二十条。杨氏自己说：“凡诸词义，鳃理务密，畅言无隐。”恰恰是自承烦琐不合于实用。第四点，没有把结构和句子区别开来。我们在上文讲过，一定要把结构和句子两种概念严格地分开来。杨氏是把主谓结构认为“句”或“子句”，把其他的结构(包括偏正化的主谓结构)认为“兼词”(大概是指词和词连接而成的除主谓结构以外的一切词组)。这样把语法结构和句子的概念混同起来，我们在上面讨论过，是根据西洋语法体系来说明汉语的句子的，不能解决汉语的句子类型的问题。同时对于虚词的解释，这种错误的观念也使得实用上扞格难通。《词诠》里所谓“助词”，范围是很不确定的，而且种类纷繁，难以使人捉摸；它对于“助词”的解释，至少有三种不同的分类法混合在一起：一种是依据所在的位置，有“语首助词”“语中助词”“语末助词”之分；又一种是依据有义和无义，无义的助词之外，有义的助词又分为表决定、表疑问、表感叹等；还有一种是依据助词所依附的结构来分，说助词有助“词”的，助“兼词”的，助“子句”的，助“句”的。这样烦琐的分析，是根据于《词诠》作者错误的语法观点而来的。最后第五点，是滥用语言中“省略”的规律。语言中的“省略”，有一定的环境和条件，我们应该审慎地来确定；特别是古代语文比较简练，如果用后代的或外国的语法来较量，认为应该有而没有的，一概说是“省略”，那么就误以“简”为“省”，把本来“不用”的说是“省略”，这是违背历史观点的。杨氏《高等国文法》中关于名词、代词、动词等实词的“省略”问题，很多误解，这里不一一讨论。其中有的因为虚词用法解释错了，就误认是“省略”。例如：

景公问于晏子：“治国何患?”对曰：“患夫社鼠。夫国亦有焉，人主左右是也。”(《晏子春秋·问篇》)

这里杨氏误谓有省文，他说：

本当云：“夫国亦有社鼠”，承上省去。下文云：“夫国亦有猛狗，用事者是也”；“猛狗”二字即不省。(《高等国文法》第二章，即“名词之省略”)

裴学海《古书虚字集释》自叙里指出其误，说：

杨氏《高等国文法》，不知“焉”训“之”，指“社鼠”言，而谓“焉”字上省去“社鼠”二字。

“焉”原来有指代的作用，下文没有“焉”字，所以“猛狗”二字不省。又古书中对于虚词，无论是关系词或语气词，很多地方是“不用”的；杨氏《高等国文法》中关于各种虚词的“省略”问题，更是有很多错误的见解。例如：

秦惠王车裂商君以徇。（《史记·商君列传》）

诸侯名士可下以财者，厚遗之；不肯者，利剑刺之。（《史记·李斯列传》）

这样的句子里，《高等国文法》中都说有个关系词的省略，似乎应当说成“以车裂商君”“以利剑刺之”等才对，难道古汉语里的名词本来没有单独用作状语、补语的说法吗？杨氏又对古书中不带煞尾的语气词“乎”“哉”等那样的疑问句、感叹句、反问句，也一概说是“语末助词”的省略。例如《老子》里“功成而不居，其不欲见贤？”这样的句子，明明是用直陈句作底子的一种反问句，杨氏却说是“贤”字下面省去“乎”字（《高等国文法》第九章末“句末助词之省略”）。这是由于杨氏没有了解直陈句的形式可以作为疑问句、感叹句、反问句等的“内层基调”，不带煞尾的“乎”“哉”等语气词，也同样可以具有感叹、疑问等的语气和语调。正是由于杨氏等没有了解直陈句的形式可以作为感叹、疑问这些句子的底子，他们就把原来表示直陈语气的“也”“矣”等（因为包含在感叹、疑问这些句子当中）也误认做可以“表感叹”“表疑问”等。这是一种语法上的“错觉”。从上面所列的五点来看，我们要对于各种虚词用法得到正确的解释，就必须要纠正语法学方面的许多错误观点。

音韵学

例　　言

一、本书编制的目的，在使读者对于中国音韵学的内容与源流，得到一个统体的概念。

二、本书根据西洋语音学、语言学学理，将中国过去音韵学上的材料，加以剖析说明。

三、本书为叙述便利起见，将中国音韵学分做四部分：(一) 关于《广韵》的研究；(二) 关于古音的研究；(三) 关于等韵学；(四) 关于国音学。

四、本书共分五篇：

第一篇，讨论音韵学的名称、术语及研究方法，并关于过去音韵学演进的大概。

第二篇，讨论《广韵》的体例、韵部、声类，并关于韵书的源流。

第三篇，讨论各家古音学说，关于古韵、古声及古音通转种种问题。

第四篇，讨论等韵学的内容，如韵摄、等呼、字母、清浊等各种问题，及诸等韵家所根据的语音系统。

第五篇，讨论国音系统的来源、中国注音方法的进步，以及国音字母的价值。

五、其各篇前后有关联处，则注明参看或详见某篇某章等字样。

六、各篇主要参考书,均附列于各篇后。

七、本书可供高中以上学校,关于语文学科的参考书或教本。

1931年12月,张世禄志

一、音韵学总论

（一）音韵及音韵学的名称

我们要解释“音韵学”这个名辞的意义，当然先要知道这种学科所研究的对象是什么。我们应该先来解释音韵的名称。

通常所谓“音”，是指整个的字音，“声”是指字音起首的部分，“韵”是指字音收尾的部分。音相当于西洋语音学上“音缀”(syllable)这个名辞。“声”是起音，或者叫做发声(initial)；“韵”是收音，或者叫做收韵(final)；和语音学上“辅音”(consonant)和“元音”(vowel)这两个名辞，却不相当。因为元音和辅音在音缀上的位置，没有固定：辅音可以放在元音的前面，也可以放在元音的后面。而声和韵，前者必定放在韵的前面，后者必定放在声的后面。又元音和辅音，在语音学上都以音素(sound element)为单位；声和韵却不必以音素为单位：一个声或一个韵可以包含有两个或多个的音素。举例说明之如下：

“ㄐ”“ㄑ”“ㄓ”“ㄔ”“ㄗ”“ㄘ”六个声母，实际上都包含有两个辅音。“ㄐ”“ㄑ”相当于国际音标的〔$\widehat{cj}$〕〔$\widehat{cç}$〕；“ㄓ”“ㄔ”相当于国际音标的〔$\widehat{tʒ}$〕〔$\widehat{tʃ}$〕；“ㄗ”“ㄘ”相当于国际音标的〔$\widehat{tz}$〕〔$\widehat{ts}$〕。这种在语音学上叫做合成摩擦音(affricates)，事实上，他们也

> 都只当做一个声母看待。
>
> “ㄞ”“ㄟ”“ㄠ”“ㄡ”四个韵母，也都包含有两个音素，是由两个元音结合成功的。“ㄞ”“ㄟ”相当于国际音标的〔ai〕〔ei〕；“ㄠ”“ㄡ”相当于国际音标的〔au〕〔əu〕。名义上，他们叫做复合韵母，事实上也都只当做一个韵母看待。
>
> “ㄢ”“ㄣ”“ㄤ”“ㄥ”四个韵母，也都包含有两个音素；元音的后面附着一个辅音。“ㄢ”“ㄣ”相当于国际音标的〔an〕〔ən〕；“ㄤ”“ㄥ”相当于国际音标的〔ay〕〔aŋ〕。名义上他们叫做附声韵母，而事实上也都只当做一个韵母看待。

这样用外国的元音、辅音或母音、子音等的名辞来代表中国语的“韵”和“声”，实在是不对的。声是起音，韵是收音，两者连合成为字音。明代西人金尼阁因以谓：声为父，韵为母，音为子；所以后来注音符号上有声母和韵母的名称。

起音相同的字，从前叫做“双声”；收音相同的字，从前叫做“叠韵”。双声、叠韵的名辞，大概起于六朝的时候。（《南史·谢庄传》：“王玄谟问谢庄：‘何谓双声叠韵？’答曰：‘玄、护为双声，璈、碻为叠韵。’”因为王玄谟和桓护曾经统军北伐，败于璈、碻之间；所以谢庄用此来戏弄他。）把双声的字聚集在一起，从中取出一个字做标目，叫做声类；把叠韵的字聚集在一起，从中取出一个字做标目，叫做韵类。韵书上依照收韵，把字音归入各部；所以又有韵部的名称。韵部的标目，也称韵目。唐末守温所定三十六字母，就是三十六种声类；所以称为字母的，是由于袭取梵文的字母而来，很不妥当。钱大昕、陈澧曾经辩驳过，说他是“用中华之字，而加以佛书之名；诚所谓名不正，言不顺。”（见陈氏《切韵考·外篇》卷三）因为中国文字根本不是拼音的字母，而三十六字母又专指声类；所以陈澧《切韵考》改称声类。李汝珍说：

母者，子之所由出也，母不异乎子，子不异乎母；乃子母相因，其为一类之义也。《庄子》云："同类相从"；《老子》云："既得其母，以知其子"；其字母之谓乎。韵者，音之所由聚也，韵不离乎音，音不离乎韵，乃音韵同萃，其应如响之义也。《庄子》云："同声相应"；《老子》云："音声相和，前后相随"；其音韵之谓乎？（《李氏音鉴》卷二）

李氏所谓"同类相从""子母相因"，可以用来解释声母或声类这两个名辞。至于字母，中国现今根本没有拼音字母的文字；即近今注音字母也改称为注音符号了。李氏所谓"音韵同萃，其应如响"，也可以用来解释韵母和收韵的意思。

从上面看来，知道"音""声""韵"三个名辞，应当分别清楚。不过"音"字，普通又用来指一切的语音（language sound）；范围很广，可以指音缀说，也可以指发声和收韵说，也可以指元音和辅音说，所以"音"可以概括字音和声、韵。我们中国向来对于名辞的意义，多不确定；"声"和"音"，常常互相混同。

《毛诗序》曰："情发于声，声成文谓之音。"《老子》曰："大音希声。"陆贾《新语》曰："声以音相应。"荀悦《申鉴》曰："嘉音以章，谓之和声。"应劭《风俗通》曰："声本、音末也。"毛诗《邶风传》曰："音、声也。"徐铉《说文注》曰："声、音也。"这些话当中，有以声和音分别的，也有以声和音混同的。

至于"声""音"和"韵"，大都从来就有分别：

顾野王《玉篇》云："声音相和曰韵。"《文心雕龙》云："异音相从谓之和，同声相应谓之韵。"声、音和韵，性质范围都不同的。

所以只说“韵学”，不足以概括音韵学的全体；而说“音学”，或说“声韵学”，就和音韵学的名辞，都可以相称了。

声或叫做“纽”，或叫做“体”，韵或叫做“势”。纽是取声音枢纽的意思；孙愐《唐韵序》有“纽其唇、舌、齿、喉、牙、部”的话。体和势的名称，乃是沿用梵文字母“体文”和“声势”而来。章炳麟《音理论》谓：“收声称势，发声称体，远起自齐、梁间。”

（二）中国音韵学的源流

西汉以前，中国实在没有音韵学；时人只有偶然间谈到发音的事实。什么“开口、阖口”（《管子·小问》篇）；什么“内言、外言”（《公羊·宣八年传》），“长言、短言”（《公羊·庄二十八年传》）；什么“徐呼、疾呼”（《韩非子·外储说右上》）；什么“横口、蹴口”（刘熙《释名·释天》）；什么“舌头、舌腹”（《淮南子·修务训注》及《释名·释天》）这一类的话，很难使人明了；而且只是一些谈片，不能说是音韵学。江永以为《周官》里载有“谕书名、协辞命”的专员，就说“当有其书，今不存”（《音学·辨微引言》），以为那时有音韵学的专书，终未免过信古人，当然不能认为考证得来的史实。颜之推说：

> 郑玄注六经，高诱解《吕览》《淮南》，许慎造《说文》，刘熹制《释名》，始有譬况、假借，以证音字耳。而古语与今殊别，其间轻重、清浊，犹未可晓；加以外言、内言，急言、徐言，读若之类，益使人疑。（《家训·音辞篇》）

可见周、汉人关于音韵的谈片，只是一些含糊疑混的话。我们要推究中国音韵学的创始，只能从反切和韵书发生以后讲起。

中国音韵学的萌芽和发展，与梵文拼音学理的输入，有密切的关系。周、汉文辞当中，常常应用双声、叠韵的联绵词（见钱大昕《音韵问答》），已经有所谓“二合”之音（见刘师培《正名隅论》）；反切之理，也可说是在古代已经具有了。但是一般注字解经，大都只用“譬况”“读若”的直音方法，不是用二个字来切成一个音。反切的方法，总是到了汉代末年，才形成，才发达。当时许多儒士，喜欢谈谈佛法，因之有深通音理的。佛教的传播，梵文拼音的学理也因之输入。这种情形，和明清时代基督教士传入西洋的语音学理，正是一样。中国反切的起源，实在是受了梵文拼音学理的影响（详吴稚晖《国音沿革序》）。颜之推说：

> 孙叔然创《尔雅·音义》，是汉末人独知反语。至于魏世，此事大行。……自兹厥后，音韵锋出。（《家训·音辞篇》）

反切的发明，虽然不一定是孙炎：有说毛、郑注经，已经应用反切了（刘师培《正名隅论》）；有说是起于王肃、应劭的（章炳麟《音理论》）；也有说是起于卫宏的（马国翰《玉函山房辑佚书》卷六十，卫宏《古文官书》）；总之，反切的方法，到了东汉以后，才风行于世。自从反切风行之后，有人就把音切相同的字，类集起来，做成韵书。颜之推所说“厥后音韵锋出”，就是指李登《声类》、吕静《韵集》，以及两晋南北朝诸家的韵书而说。

韵书里用四声来分别韵部。中国四声的由来，也是在汉、魏之间。封演《闻见记》说：“李登以五声命字”；《魏书·江式传》说：“吕忱弟静，仿李登之法，作《韵集》，宫、商、角、徵、羽，各为一篇。”这里所谓宫、商、角、徵、羽，就是指平、上、去、入四声。大概宫、商是平，徵是上，羽是去，角是入（徐景安《乐书》有此说）；因为那时还没有平、上、去、入的名目，就借用宫、商、角、徵、羽五个字来分别。所以四声并不是起于沈约(赵翼《陔余丛考》有《四声不起于沈约》一则)。不过到了沈约那时,开始应用四声的音理来作诗、作文罢了;他就是声律论的创造者,他做了一部《四声谱》。封演《闻见记》说:

> 永明中,沈约文辞精拔,盛解音律,遂选《四声谱》。时王融、刘绘、范云之徒,慕而扇之。由是远近文学转相祖述;而声韵之道大行。

四声的名目和应用,大概到了这时,已经渐渐的确定。后来隋朝陆法言作《切韵》,所分隶的四声,和沈约诗文上所用的,很多吻合,足以见得沈约《四声谱》,在往后的韵书上,实在有绝大的势力(本纪昀《沈氏四声考》)。

陆法言《切韵》一书,是综合魏、晋、南北朝诸家的韵书而成,又开唐、宋韵书的始祖;在中国音韵学上,是很占一个重要的地位。唐代王仁煦的《刊谬补缺切韵》、孙愐的《唐韵》、李舟的《切韵》,以及宋代陈彭年等的《广韵》,大都依照陆氏《切韵》的体例,略加以修整、增广罢了。所以覆宋本《广韵》卷首,还注明"陆法言撰本"。现今陆氏原书以及《唐韵》等,统统亡佚了。最近发现有唐写本《切韵》(敦煌石室本)、唐写本《唐韵》(蒋氏藏本)以及《刊谬补缺切韵》(清内府本)等的残卷,总非完书,只可以常做我们参考的一种资料,我们现在要研究隋唐韵书的,仍不得不以《广韵》为主体。《广韵》以后,如《集韵》《礼部韵略》《五音集韵》《韵会举要》《韵府群玉》《佩文诗韵》等书,虽然编制方面略有变更,根本上只是受《切韵》的支配,可以叫做《切韵》一系的韵书。这一系的韵书,音韵学上叫做"今音"。所谓今音,并不是指现代的音。段玉裁说得好:

> 古今者,不定之名也。三代为古,则汉为今;汉、魏、晋为

古，则唐、宋以下为今。（《经韵楼集》卷八，《王怀祖广雅注序》）

所谓今音，只是指魏、晋、唐、宋间的语音；以周汉为古，就以魏、晋、唐、宋为今。还有一层关系，唐、宋、明、清间，文人所作"近体"的诗歌，以及政府考试的功令，都以《切韵》一系的韵书做标准。陈彭年等校定《广韵》，只是为了"设教崇文，悬科取士，考核程准"。我们晓得，旧文学上，有古体和近体的分别（诗有古诗、律绝诗的分别，赋有古赋、律赋的分别），作古体的要依照古韵；作近体的，要依照今韵，就是依照《切韵》一系的韵书。古音和今音的名目，原来在文学史上有相当的关系。文学是代表语言的，语音一有变迁，文学上也就发生一个革命；和文学、语言都有关系的韵书，当然也不能不发生一个变化，这就是戏曲文学和北音韵书出来的缘故。

和《切韵》一系相对立的，就是北音韵书。这一系的韵书创始者，是元代的周德清。周氏作《中原音韵》一书。他说："欲作乐府，必正言语；欲正言语，必宗中原之音。"（《中原音韵自序》）可见《中原音韵》一书，是预备作北曲之用的，是依照那时中原之音的；中原就是那时帝都所在的北平一带。后来的《中州音韵》《词林韵释》《洪武正韵》《韵略易通》《韵略汇通》《五方元音》等书，都是属于这一系的。他们和《切韵》一系的韵书，有最重要的两点不同：

一、《切韵》一系是隋、唐时综合古今南北语音而作；陆法言说："论南北是非，古今通塞"（《切韵序》）；是混合多种语音系统于一书，内容是很复杂的。北音韵书，大都是依照近代的北音所作，在语音系统上，是比较单纯的。

二、宋代《广韵》《集韵》以后的这一派韵书，可以说都是纸上空谈，和当时实际的活语，并没有什么关系。文人口中所

> 说的话，和他们所作的诗歌，完全是不相干的；所以周德清说他们是“板行谬语”，说他们是“年年依样画葫芦”。(《中原音韵自序》)至于北音韵书，是依照那时北方的音，和近代最流行的语言可以两相符合。

北音一系的韵书，在现代历史上，实在占一个很重要的地位。现今国语，以北平的音做标准。国语势力的形成，就在元、明、清这三个时代。我们要推迹近代“国语统一运动”的历史，我们要考证注音符号的来源，都应当以北音一系的韵书做主要的材料。

中国韵书，分做二个系统，上面说过了。韵书的体例，除以四声分韵之外，又于各字下注明反切。虽然他们四声的系统，彼此有异同，注明反切的方法，也有些出入，而这种体例，总是一致的。我们再来讲反切的道理。反切方法，总不外“上字取其声，下字取其韵”。韵书上依据各字的收韵，分成许多韵部，而且有《东》《冬》《锺》《江》等的标目。至于各字的发声，从前没有依据归类成为一书的。因之过去音韵学上有“叠韵易知，双声难明”的话。到了唐末守温，才制定三十六字母，为双声的标目。到了宋代，才有人把韵书中的字，依字母的次第，排列成许多图表。陈澧说：

> 自汉末以来，用双声、叠韵为切语；韵有《东》《冬》《锺》《江》之目，而声无之。唐末沙门始标举三十六字，谓之字母。至宋人乃取韵书之字，依字母之次第而为之图；定为开合四等，纵横交贯，具有苦心；遂于古来韵书切语之外，别成一家之学。(《切韵考·外篇自序》)

实在等韵学上所讲的，只是反切的方法。他们以为韵书上所注明的反切，不很明显，于是利用守温的字母，作声类的标目，依据韵书上的韵目，把字音一纵一横的排列起来，就是用一声一韵，各各拼切，合成各个的字音。他们列成音图，叫做“等韵表”。这种实在并非于韵书切语之外，别成一家之学；只是用另外一个方式，把韵书上的切语，解释得更精密，更明显罢了。三十六字母的由来，也是梵文字母转变成功的(参看吴稚晖《国音沿革序》)。应用梵文的拼音学理，把当时中国语的发声，分析为三十六类，就用《见》《溪》《群》《疑》等三十六个汉字来代表(详陈澧《切韵考》卷六)。这样看来，等韵学只是第二步的应用梵文拼音学理，来讲明反切罢了。

等韵学上，对于三十六字母，大概分做“七音”，就是几组的声类；每一组的声类，后来又有“清浊”“声等”的分别。对于许多韵部，不但有四声的区别，又把他们分做几个“呼等”，有一等、二等、三等、四等的不同。综括四声、呼等，列成一个图；从中取出最主要的韵素，用一个字来代表，这就是“韵摄”。等韵学上最重要的部分，就是在各等的分别。近人高元的《国音学》里有一篇《辟等呼论》，把等韵学分做宋、元派和明、清派。郑樵的《七音略》以及《韵镜》《切韵指掌图》《四声等子》《切韵指南》等书，属于宋、元派。《康熙字典》前面的《切字要法》以及《华梵字谱》《等韵一得》等书，属于明、清派。宋元派分析呼等，是用韵素的基本音调来做标准；明、清派的分析呼等，是用圆唇和不圆唇来做标准。前者并且可以有八等的分别；后者则限定开、齐、合、撮四等。我的假设，所谓宋、元派的等韵学，要合于《切韵》一系的韵书，所以他们的分等，比较的复杂。所谓明、清派的等韵学，是要接近北音的系统；所以他们的分等，很合于现今注音符号上结合韵母的拼音。前者可以说是今音派，后者可以说是北音派。不过明、清时代，也有今音派的等韵学，单分析今韵，如江永的《四声切韵表》。又，戴震的《声类表》，更用来包罗古音了。至于《音韵阐微》，虽依今韵分部，而用开、齐、合、撮四等来分的。

宋后等韵家，大都对于三十六字母，总是抱着遵守的态度，以为“不可增减，不可移易”。但是后来方音的转变，总觉得和三十六字母有枘凿不相入的地方——尤其是北音。戴震《声类表》里改做四十类；李氏《音鉴》里，又建立三十三字母。至于《韵略易通》的早梅诗二十字，《五方元音》的二十字母，都是接近于北音的。劳氏《等韵一得》虽然仍沿用三十六字母，可是把喉音另列一类，不当做纯粹的声类看待；又把其中《晓》《匣》二母归入《见》《溪》一组当中，天然的和注音符号上“ㄍ”“ㄎ”“ㄏ”“ㄫ”一组符合了。总之，近代等韵家分析呼等和所列字母，多少总渐渐趋向于注音符号上的系统。这又是国语统一运动史上应注意的一点。

依照从前的旧观念，小学本来是经学的附庸；音韵学又是小学中的一部分（自从《隋书·经籍志》到了《四库总目》，都把音韵的书籍，附入“经”类）。可是“附庸蔚为大国”，自从韵书的发生，到了等韵学的成立，只是使人不至有“读书难字过”的苦，而和经学的研究，愈趋愈远，几乎完全是两条路了。从前经学的研究，第一步就是教人读经；对于经书上文字的音读，就发生了问题。觉得用后代的韵书来读古书，总有许多地方扞格不通，于是悟到“古音”的系统和今音的不同，就一变“协句”“合韵”之说，专门来做古音的研究。从吴棫、郑庠、陈第，到了顾炎武，正式宣告古音学的成立。嗣后，江永、戴震、段玉裁、钱大昕、孔广森、王念孙、江有诰，以至最近的章炳麟、黄侃，数十家陆续起来修订；真所谓“前修未密，后出转精”。他们最主要的工作，就是在建立古音的韵部和声类；这种工作的主要目的，只是在经学和音韵学的联络。他们研究的成绩，虽然不能认为满意，可是在文字训诂及校读古书上，已经有很大的贡献。他们考证古音的材料，大部利用《诗经》《楚辞》及其他古书上的韵语；又取径于《说文》等书里形声字的系统，旁及于假借、读若、音训之类；最后又应用今音韵书上的韵部和声类，来和古音参证。

因为上面说过，陆法言《切韵》一书里，包含有古今、南北之音；我们也可以用今音韵书上所保存的古音，作为考证古音的材料。

从古音的研究，可以晓得周、汉时代的语音，和隋、唐不同；所以有古音和今音的分别。现存《广韵》一书，可以为今音的代表。陈澧作《切韵考》，从《广韵》中所录切语，考求古音的声类，并且分析二百零六韵部。黄侃、钱玄同又加以修正，定音为四十一声类，三百三十九韵类；又将三百三十九类综合为二十二韵摄（见黄侃《音略》、钱玄同《文字学音篇》）。此种考证的结果，可因以知道宋、元等韵家所列的图表，和隋、唐韵书又不是统统相符合的。陈澧说等韵学"自为法以范围古人之书，不能精密也"（《切韵考·外篇自序》）。原来陈澧的书，"以考据为准，不以口耳为凭"（见《切韵考序》）。和以"审音"自命的等韵学，自然不免有出入的地方。因之陈氏又作《切韵考·外篇》，谓："以《广韵》切语上字考三十六字母，以二百零六韵考开、合四等；箸其源委，而指其得失；明其本法，而祛其流弊。"（《切韵考·外篇自序》）本来是用《广韵》上切语考证的结果，以订正等韵学的。可是，黄侃、钱玄同又根据明、清派开、齐、合、撮的四等，来分析三百三十九韵类，根据七音和声等来分析四十一声类；更把韵类分析的结果，综合为二十二韵摄。这正是陈澧所说"自为法以范围古人之书"，谁也不能断定是真的合于今音系统。而黄侃利用这种材料所考定的古声十九类，古韵二十八部，也就根本的发生疑问了。因为要考证历代音读的变迁，必须根据语音学学理，采用确实的材料，才有相当的成绩。他们凭着明、清派等韵家的学说，以分析隋、唐时代的语音，当然不能有确信的结果。而且近今《切韵》《唐韵》等残卷的发现，足以证明《广韵》的二百零六部，和内中所录的切语，并不是陆法言本来的面目。（详王国维《观堂集林》卷八）那末，考证今音系统，也不当以《广韵》为唯一的根据。

从上面所讲，我们把中国过去音韵的研究，可以总括为三种：一种是以古音为中心，一种是以《广韵》为中心，第三种就是等韵学。劳乃宣说：

> 有古韵之学，探源六经，旁征诸子，下及屈、宋，以考唐、虞、三代、秦、汉之音，是也。有今韵之学，以沈、陆为宗，以《广韵》《集韵》为本，证以诸名家之诗，与有韵之文，以考六朝、唐、宋以来之音，是也。有等韵之学，辨字母之重轻、清浊，别韵摄之开合、正副，按等寻呼，据音定切，以考人声自然之音，是也。古韵、今韵以考据为主，等韵以审音为主，各有专家，不相谋也。(《等韵一得序》)

从前音韵学家，把"考古"和"审音"分做二重工夫。江永批评顾炎武说："考古之功多，审音之功浅。"(《古韵标准例言》)所以必须把二者兼备，才能满足。不过，往时等韵学上辨别种种声韵，现在用西洋的语音学理来校量，不合科学的地方很多；劳氏当时认为审音的学问，在现今看来，也不过供我们一种考古的材料罢了。

现今要考正中国历代语音的变迁，不但须以考据为准，也当以口耳为凭；这就是考古和审音兼备的工作。例如，考明隋唐时代的语音，只是根据过去等韵的学说，以分析《广韵》切语的音素，实在很不完备，很不妥当。我们应当以西洋的语音学学理做基础，并且采用许多确实的材料：除出韵书切语及宋元人的等韵表以外，还可以利用现代各地的方音，和唐、宋以前许多外国名辞的译音。因为各地方言里，往往保存着古时流行的语音；正可利用他们来和韵书及等韵表上的系统，比较参证。唐、宋以前中国语上的外国名辞，以佛典释音最为重要；外国语上的中国语词，以日本汉音、吴音及高丽译音、安南译音最为重要。古代梵语，有梵文字母的记载；

日本、高丽和安南，在隋、唐时，就有音标文字；正可以利用他们来考定当时中国语上的音读。现今采取这种方法来研究的，国内学者汪荣宝、钱玄同、林语堂、唐钺诸人，曾经发表过讨论的文辞。而这种方法的发现，不能不归功于近代一般西洋的学者，如钢和泰（Staël-Holstein）、马伯乐（H. Maspero）、高本汉（B. Karlgren）等。其中最著名而研究最有成绩的，应当推高本汉。他的名著，是《中国音韵学研究》（*Etudes sur la phonologie Chinoise*）、《中文解析字典》（*Analytical Dictionary of Chinese*）二书。他对于中国周、汉时代的古音，也曾经有几度的试探，以为中国过去古音的研究，运用材料，实在笨拙得很，现今应当重新的来做一番考证。他对于隋、唐以后的语音，已正式的建立几个系统。高本汉研究的结果，固然还未能完全可信任；但是，单举他所应用方法的细密而说，已经可以推为现今最进步的中国音韵学了。

西洋拼音学理输入中国，大概也是经过一般基督教士的介绍，开始于明朝末年。金尼阁《西儒耳目资》一书，就是这种趋势的端绪。清代中叶以后，传教的事业更形发达，西洋教士要学习中国语，常用罗马字母来拼切中国各地的语音；更有许多关于中国语言文字的著作。当时国内一般智识分子，也感觉到平民教育的不普及，和汉字认识的不易；于是从简字拼音的试验，进而制定"注音字母"，从读音统一会进而设立国语统一筹备会。近几年中，又规定"国语罗马字母"以为国音符号的第二式；并且引用"注音符号"来拼切各处的方音。此种国语统一运动，和拼音字母的产生，实在是开中国历史上的一个新纪元。现今国语，以北平的音为标准。而当制定注音字母的时候，还是综集大多数人的音读，以规定一种"国音"，又以为统一读音，不过改良反切；所以注音符号的形式，仍是采取简笔的汉字；而种种说明和应用，仍不脱往时等韵家的旧习。十几年来所谓国语的工作，大部只是在改正这几种错误：一方面，尽量的应用西洋语音学学理，以为国语音素和注音符号的说明；高元《国音学》、汪怡《国语·发音学》等书，实在是建设国音学的始基。另一方面，又有所谓“新国音”运动，采用一种最有势力的实际的活语，正式定为全国的标准者，就是现今北平的方言。我们看注音符号和国际罗马字母，在应用上的差异点，就足以表明新旧国音和他们在学理上的不同。而在第三方面，又有调查各地方音的工作，运用西洋科学的方法和学理，以表明各处方音音素的纷歧和语调的变化。现今国内学术机关，很多要想在这方面努力进行；而少数学者所发表的几种报告，如刘复的《四声实验录》、赵元任的《现代吴语研究》，已经有很可惊异的成绩。这种调查方面的工作，在统一国语上，因比较参证的结果，可以得到不少的便利；对于历代语音的考证，也可以供给我们以许多确实的材料。

总之：将来研究中国音韵学，无论在那一方面，总当以西洋的语音学学理和科学的方法为基础。从这个基础上，努力的进行，可以把中国音韵学建立为大家所公认的一种科学。近代西洋学理的输入，好像在汉、唐时代，要考明音读，必须应用梵文拼音学理，以成立切语、字母等等，情形正复相类。音韵学史本为学术史上、文化史上的一部分，当然和整个学术、整个文化的演进，有同一的趋势。

（三）研究中国音韵与西洋语音学学理

凡是稍为读一点中国古书的，自然晓得研究中国音韵的必要。凡是稍为看一点中国音韵方面的书籍的，也自然觉得中国音韵这一门，实在不容易懂！这种不容易懂的原因，我以为有下列的几点：

1. 中国的文字，是一种意符；在过去音韵学上，也只是用意符的文字，来代表声类和韵部，没有利用拼音的符号。文字的音读，既然随着时代变迁的，而各处地方的音读，也不统一；从前人所标明的声类和韵部，大半就失其效用了。例如，《广韵》的一《东》和二《冬》，究竟有什么分别，已经成为千年来莫解之谜；守温三十六字母《见》《溪》《群》《疑》等，究竟怎样的读法，现代也没有确实一致的考定。这是因为当时不用拼音符号的缘故。

2. 中国音韵学上的名辞，各家书上所引用的，很不一致。往往同是一个名辞，而两书上所指示的意义，完全不同；也有同是一种意义，而两书上所采用的名辞又不类似；因之使读者增加许多迷乱。例如宫、商、角、徵、羽五音的名目，在六朝、隋、唐韵书上，常用来代表平、上、去、入四声，而在宋、元的等韵学上，又用来代表喉、牙、舌、齿、唇五音。三十六字母里的《影》《晓》《喻》《匣》四母，和《见》《溪》《群》《疑》四母，有许多书上称前四者为喉音，后四者为牙音；有许多书上称前四者为牙音，后四者为喉音；也有称前四声为深喉音，后四者为浅喉音。这是因为所引用的名辞，不相统一，以致于混乱如此。

3. 从前人分析音韵，并不一定都是能合于科学的；因之看了他们所讲述的，很有许多自相矛盾的解释，很有许多惝恍迷离的说法。这又是使我们迷惑的一个原因。

我们要解除第一个困难，自然须采取一种完备的拼音符号：或者就利用国语上的注音符号，和国语罗马字母，或者就采取"国际音标"；凡是从前音韵学上已经考明确凿的音读的，都可用符号标记出来。至于怎样考证过去的音读，固然是音韵学家专门的工夫，而和上面所举第二个、第三个困难，却都有密切的关系。

我们要解除第二个、第三个困难，只有采取西洋的语音学学理做个标准，来考释从前音韵书上所讲的词语，来规定他们所引用各种名辞的涵义，来判别他们所分析的究竟合不合于科学。这样，一方面就可以明了他们的内容，一方面就可以判定他们的价值了。近年来，要推广国语，因为利用了西洋的语音学学理，所以无论在学习上或研究上，都得到不少的便利；而同时国音学上的原理，又成为研究中国过去音韵最简捷的一种工具。所以高元《国音学》、汪怡《国语发音学》等书，即在中国过去的音韵学上，也有绝大的贡献。

用西洋语音学理来研究中国音韵的，我现在试举出几个实例：

1. 依据声母发音的部位，来解释往时"五音"和"七音"之说：

《玉篇》末附有《五音声论》，《广韵》末也附有《辩字五音法》，把声类分为喉、牙、舌、齿、唇五种。孙愐《唐韵序》里，也有"纽其唇、齿、喉、舌、牙部件而次之"的话，可见隋、唐以前，已经有五音之说了。宋、元等韵家把三十六字母分为七组。五音之外，又有半舌、半齿，于是有七音之说：

牙音　《见》《溪》《群》《疑》。

舌音　舌头，《端》《透》《定》《泥》；舌上，《知》《澈》《澄》《娘》。

唇音　重唇，《帮》《滂》《并》《明》；轻唇，《非》《敷》《奉》《微》。

齿音　齿头，《精》《清》《从》《心》《邪》；正齿，《照》《穿》《床》《审》《禅》。

喉音　《晓》《匣》《影》《喻》。

半舌音　《来》。

半齿音　《日》。

对于三十六字母，后人曾有加以增减；而对于七音之说，始终未曾有人非议过。我们要是根据语音学上声母发音的部位，来解

释这种学说,就可以晓得他们所分析的,有许多地方不对:

(1) 半齿的《日》,无论读为舌前音的〔j〕(就是“ㄒ”的浊音),或是读为舌叶音的〔ʒ〕(就是注音符号的“ㄖ”),或是读为舌尖音的〔ɹ〕(注音符号的“ㄦ”,英语里的“r”音)都不应当有半齿的名称。

(2) 半舌的《来》,读为〔l〕(就是注音符号的“ㄌ”),是舌尖音,也不应当有半舌的名称。

(3) 牙音和喉音的名称,根本不对;语音学上,有舌根音(〔K〕〔g〕〔X〕〔g〕,就是注音符号上“ㄍ”“ㄎ”“ㄏ”“ㄫ”一组),小舌音(如〔R〕〔g〕等),声门音(如〔ʔ〕〔h〕等)的区别。

(4) 重唇和轻唇的分别:一种是双唇音(〔P〕〔Pʻ〕〔bʻ〕〔m〕,就是注音符号上“ㄅ”“ㄆ”“ㄇ”一组);一种是唇齿音(〔f〕〔v〕,就是“ㄈ”“ㄪ”一组),由于发音部位的不同,并不是所谓轻、重的分别。

(5) 齿头和正齿的分别:一种是前舌叶音(〔t͡z〕〔t͡s〕〔d͡s〕〔s〕〔z〕,就是注音符号上“ㄗ”“ㄘ”“ㄙ”一组);一种是后舌叶音(〔t͡ʒ〕〔t͡ʃ〕〔d͡ʃ〕〔ʃ〕〔ʒ〕,就是注音符号上“ㄓ”“ㄔ”“ㄕ”“ㄖ”一组),并不是齿上的分别。

2. 依据声母的带乐音与否,来判定“清、浊”:

三十六字母上清、浊的分别:如《见》《溪》为清,《群》《疑》为浊;《端》《透》为清,《定》《泥》为浊,等等,而从前未曾定有确实的界说。有以清音如妇人、小子的音,浊音如男子、大人的音;那末,妇人、小子只能发《见》《溪》《端》《透》等母,而男子、大人只能发群、疑、定、泥等母了。他们不晓得清、浊的分别,就在声带上的作用;清、浊和音调的高低,虽然有密切的关系,可是清、浊的区别,只在声母的带乐音和不带乐音。清声母发音时,声带不振动,就不带乐音;浊声母发音时,声带振动,就带乐音。

3. 依据气程阻碍的程度,以及流音的原理,来解释“声等”之说:

宋人《切韵指掌图》里把三十六字母分做全清、次清、全浊、不清不浊等类；明、清的等韵家说他不对，于是有发声、送气、收声的分别。到了清末，劳乃宣又分做戛、透、轹、捺四类，如以《见》《端》等为戛类，《溪》《透》等为透类，《晓》《来》等为轹类，《疑》《泥》等为捺类，这种叫做“声等”。他们这种分别，在语音学上，只是声母气程阻碍和流音的关系。戛类和透类(例如“ㄍ”“ㄉ”和“ㄎ”“ㄊ”)，前者是不送气的音，后者是送气音；送气音是带着气流的，不送气音是带着音流的。戛类和透类，应当是全阻的暴发音；轹类(例如“ㄏ”“ㄌ”)应当是半阻的摩擦音和边音；捺类(例如“ㄫ”“ㄋ”)乃是鼻音(鼻音也是属于全阻，不过气自鼻出，没有暴发)。因此可以晓得声等的内容和价值了。

4. 依据唇舌的位置、形状和音素的固有音调，来分析“开”“合”“洪”“细”：

所谓开口音和合口音，从前大概以唇的形状为标准。例如“ㄚ”“ㄧ”“ㄨ”“ㄩ”四音，“ㄚ”音的两唇不圆，舌体又往下，所以叫他做开口音；“ㄧ”音的两唇放扁，舌体向上，也叫他做开口音；“ㄨ”和“ㄩ”，两唇都收圆，舌体都向上，所以都叫做合口音。又开口音的“ㄚ”和合口音的“ㄨ”，发音时舌体向后，口腔里空气的容量比较大，他们的固有音调比较低，所以叫他们做洪音。开口音的“ㄧ”和合口音“ㄩ”，发音时舌体向前，口腔里空气的容量比较小，他们的固有音调比较高，所以叫他们做细音。这样一说，就可以晓得“开”“合”“洪”“细”这几个名辞的意义了。

5. 依据结合韵母的关系，来区分“呼等”：

往时等韵家常把呼等分做“开”“齐”“合”“撮”四种，例如安(ㄢ)、烟(ㄧㄢ)、弯(ㄨㄢ)、渊(ㄩㄢ)四音。所谓开口呼，只是声母韵母接合处，没有“ㄧ”“ㄨ”“ㄩ”介在中间的；所谓齐齿呼，只是“ㄧ”和其他韵母的结合音；所谓合口呼，只是“ㄨ”和其他韵母的结合音；所谓撮口呼，只是“ㄩ”和其他韵母的结合音。他们这种“呼等”的分别，在语音学上，实在没有什么深奥的道理，实在没有什么可贵的价值。

6. 依据附声韵母和音长的关系，来说明“阴”“阳”“入”通转之理：

从前韵母上所谓阴声、阳声、入声的分别：阴声是非附声的韵母，阳声是附有鼻音（“ㄇ”“ㄋ”“ㄫ”）的韵母，入声是附有暴发音（“ㄆ”“ㄊ”“ㄎ”）的韵母，讲古音和《广韵》的，说阴、阳、入三种音（例如《东》部、《侯》部和《屋》部），彼此可以通转。这种通转的道理，在语音学上，只是附声和音长的关系；因为暴发音是很短促的，鼻音是可以延长的；所以入声和阳声，虽然都是附声韵母，而入声附有暴发音，比较短促；阳声附有鼻音，比较迂缓；阴声正在两者之间。我们把阳声读得很短，就变做入声的音；再把入声读长，又失去所附的暴发音，就变做阴声了。反之，把入声读得很长，就变做阳声的音；再把阳声略略读短，又失去所附的鼻音，也就变做阴声了。因为这个道理，所以“阴”“阳”“入”，彼此可以通转。

7. 依据音缀组成的原理，来解释“双声”“叠韵”和“反切”的方法：

中国的字音，依他们的组织，可以分做“起”“舒”“纵”“收”四部。例如“庄”字（注音符号上拼做“ㄓㄨㄤ”，就是“ㄓㄨㄚㄫ”；在国际音标上是〔t͡ʒuaŋ〕），其中的“ㄓ”（〔t͡ʒ〕），是起部，“ㄨ”（〔u〕）是舒部，“ㄚ”（〔a〕）是纵部，“ㄫ”（〔ŋ〕）是收部。有许多字音，没有起部的，如“王”字（注音符号上，拼做“ㄨㄤ”，在国际音标上是〔uaŋ〕）；也有许多字音，没有起、舒两部的，如“哀”字（注音符号上是“ㄞ”，在国际音标上是〔ai〕）。凡是起部相同，或无起部而舒部相同的，叫做“双声”，如“民”和“眠”（“ㄇㄧㄣ”〔miən〕和“ㄇㄧㄢ”〔mian〕），“因”和“烟”（“ㄧㄣ”〔iən〕和“ㄧㄢ”〔ian〕）。凡是纵部和收部相同的,叫做“叠韵”,如“民”和“新”(“ㄇㄧㄣ”〔miən〕和“ㄙㄧㄣ”〔siəh〕),“哀”和“台”(“ㄞ”〔ai〕和“ㄊㄞ”〔t‘ai〕)。反切是将两个字合成做一个字音,从前所讲“上字取其声,下字取其韵”,就是采取上字的起部或舒部,采取下字的纵部和收部(有时也采取下字的舒部),用来合成做另一个字音。这样,用语音学理来解释,不是更加明白了吗?

8. 依据音调和音长的变化,来分别四声:

实际上,各种方言里四声的系统,各不相同。国语上所谓四声,乃是“阴”“阳”“上”“去”(这里所讲的阴、阳,是阴平、阳平,指音调而说;和前面所讲阴声、阳声,指韵母而说的,完全不同;不要相混)。这是用北平的音调为标准;往时或者又加上西南的入声,就成为五声了。从前讲平、上、去、入的分别,说什么“平声平道莫低昂,上声高呼猛烈强,去声分明哀远道,入声短促急收藏”。依这种话,也可以晓得平声是前后高低,没有变化的,入声比较短促;但是对于上、去,就很难明白了。又不知道他这话所指的,是何地的四声。所以从前读书,分别四声,实在很不容易。现在根据语音学理来分析:国语的四声,阴平前后高低平衡,阳平先低后高,上声是先高,中低,后再高,去声是先高后低。至于西南的入声,就是平、上去的短音。这样一说,就很容易明白了。

我们从上面所举的八个实例看来,就可以晓得:应用西洋语音学学理,能够使从前音韵学上含混的名辞,解释清楚,能够使不合科学的学说,成为科学化,能够使专门学者神秘式的授受物,成为一般普通平民读书识字的工具。我这里更要申述的:中国音韵学和西洋语音学学理,并不是两件事。不过前者是旧的、粗疏简陋的,后者是新的、精密完备的;我们应当以后者做个根据,把从前的音韵学说,重新的整理,以建立一种中国音韵的科学。

本篇参考书举要

《颜氏家训·音辞篇》

封演《闻见记》

赵翼《陔余丛考》

顾炎武《音论》

江永《音学辨微》《四声切韵表》《古韵标准》

戴震《声韵考》《声类表》

钱大昕《音韵问答》

《李氏音鉴》

陈澧《切韵考》《切韵考·外篇》

李光地等《音韵阐微》

刘师培《正名隅论》

章炳麟《国故论衡》

黄侃《音略》

钱玄同《文字学音篇》

高元《国音学》

汪怡《国语发音学》

劳乃宣《等韵一得》

北京大学《国学季刊》一卷二号、三号

唐钺《国故新探》

高本汉《中国音韵学研究》《中文解析字典》

刘复《四声实验录》《比较语音学概要》

赵元任《国际音标国语正音字典》《现代英语研究》

方毅《国音沿革》

张世禄《中国声韵学概要》《中国古音学》《广韵研究》《国语外国语对照语音学》

二、关于广韵的研究

（一）广韵体例和作述的由来

中国过去音韵学的研究，最重要的书籍，就是《广韵》。因为《广韵》以前的韵书，大都无存于世。现今发见的唐写本《切韵》《唐韵》以及王仁煦《刊谬补缺切韵》，都是残缺不全，只能当做一种参考比较的资料，我们要考证魏、晋、隋、唐间今音的系统，还是应以《广韵》为主体。不但这样，汉、魏以前，无所谓韵书，近代研究周、汉时代的古音的，一方面从《广韵》韵部的离合，以建立古音的系统；一方面又利用《广韵》里所保存的古音，来相参证；所以《广韵》一书，也可以说是古音学的阶梯。宋、元以来的等韵家，把韵书中的字，依字母的次第，纵横排列，成为等韵表；我们要明了等韵学的内容，也要先懂得韵书的组织。《广韵》是现存韵书最古的一种，又是今音韵书惟一的代表；等韵学的发生，也是以《广韵》做原始的基础。这样看来，《广韵》是中国音韵学入门的第一部书。我们这里先来讨论《广韵》，再轮到古音和等韵。

《广韵》是承袭陆法言的《切韵》以及唐代许多韵书作成的。唐、宋韵书，多沿用《切韵》这个名称，或者称为“广切韵”，或者就简称做“《广韵》”。例如孙愐的《唐韵》，依他的《序》里所说：“取《周礼》之义，名曰《唐韵》”；而有许多书上称他为《切韵》，或《广韵》，或

《广切韵》。因为唐、宋韵书是依据陆氏《切韵》，而加以增广的；所以正式的名称，应当是“《广切韵》”；“《切韵》”和“《广韵》”，都是他们的简称（详王国维《观堂集林》卷八，《唐广韵宋雍熙广韵》条）。《广韵》并不是一书的专名，我们现在通行的《广韵》，正式应当说是《大宋重修广韵》，指宋景德祥符时所重修的《广韵》而说。

宋时重修《广韵》的，究竟是什么人？此书卷首，也没有注明；我们从王应麟《玉海》、丁度《集韵》、陈振孙《书录解题》以及《宋史·艺文志》等书里，才知道是陈彭年、邱雍等。他们校定广韵的目的，一方面固然是要审辨音韵；一方面也是为时人撰作诗文之用。陆法言《切韵序》里说：“欲广文路，自可清浊皆通；若赏知音，即须轻重有异”；知音和作文，都离不了韵书。而且当时考试，以诗赋取士，更不能不定一种韵书以为标准，这也是唐、宋间一种时代的产品。

现在通行的《广韵》，有三种本子：第一种是张氏泽存堂本，字数较多，注亦较详；前面载有景德祥符《敕牒》，和陆《序》、孙《序》，第五卷末附有《双声叠韵法》等。第二种是明内府本，就是顾亭林刻本，字数较少，注亦较略；卷首仅有孙《序》，又缺“论曰”以下一段，第五卷末，也没有附录。第三种是曹楝亭本，就是扬州局刻本，前四卷和张氏本相同，末卷注较略，而又和明内府本不同。第一种大概是祖于南宋时的刻本，《古逸丛书》里有覆宋本《广韵》，可以证明。第二种是祖于元本，《古逸丛书》里有覆元泰定本《广韵》，可以证明（商务书馆《四部丛刊》本《广韵》，是借海盐张氏涉园藏宋本景印，内容和张氏本相同；不过卷首无陆《序》、孙《序》。卷末附录，依张氏本补）。至于曹楝亭本，前四卷是祖宋，后一卷配元本。各本韵目所注“同用”“独用”，有许多彼此出入的地方。张氏本独用、同用各部，都不相连属；明内府本则同用各部相连属。那末，我们现在要看《广韵》，究竟应当采取那一种本子呢？《广韵》卷首说：“诸家增字,义理训释,悉备载卷中。”因此可以知道陈彭年、邱雍等所校定的,必定是一种字数较多、注解较详的。不过当时以为疑混繁冗,不便于应用,别有略本流行于世(本王应麟《玉海》卷四十五)。所以现今也有详本和略本二种,而详本和陈、邱等原来所校定的,比较接近。但是都不是景德、祥符时本来的面目;现今所存宋本、元本《广韵》,都经过景祐以后的窜改。这种,就可以从韵目上同用、独用之例看出来。我们要考定《广韵》原来所定的同用、独用之韵,必须把宋、元各本参互比较。顾炎武《音论》卷上,《论唐宋韵谱异同》,已经说过许多;戴震《声韵考》就完全考定《广韵》四声各部的同用、独用。钱学嘉《韵目表》更把《广韵》和《集韵》等的韵目来比较。我们因此可以晓得现今所存《广韵》的各种本子,都是景祐以后依据《集韵》韵目改窜过的。所以我们要研究《广韵》,必须把宋、元各本同时参校。兹录戴氏《考定广韵独用同用四声表》如下:

上平声	上　声	去　声	入　声
《东》一独用	《董》一独用	《送》一独用	《屋》一独用
《冬》二锺同用	湩䳋等字附见肿韵	《宋》二用同用	《沃》二烛同用
《锺》三	《肿》二同用	《用》三	《烛》三
《江》四独用	《讲》三独用	《绛》四独用	《觉》四独用
《支》五脂之同用	《纸》四旨止同用	《寘》五至志同用	
《脂》六	《旨》五	《至》六	
《之》七	《止》六	《志》七	
《微》八独用	《尾》七独用	《未》八独用	
《鱼》九独用	《语》八独用	《御》九独用	

续 表

上平声	上　声	去　声	入　声
《虞》十模同用	《麌》九姥同用	《遇》十暮同用	
《模》十一	《姥》十	《暮》十一	
《齐》十二独用	《荠》十一独用	《霁》十二祭同用 《祭》十三 《泰》十四独用	
《佳》十三皆独用	《蟹》十二骇同用	《卦》十五怪夬同用	
《皆》十四	《骇》十三	《怪》十六 《夬》十七	
《灰》十五咍同用	《贿》十四海同用	《队》十八代同用	
《咍》十六	《海》十五	《代》十九 《废》二十独用	
《真》十七谆臻同用	《轸》十六准同用	《震》二十一稕同用	《质》五术栉同用
《谆》十八	《准》十七	《稕》二十二	《术》六
《臻》十九	𧤛龀字附见隐韵	龀字附见焮韵	《栉》七
《文》二十独用	《吻》十八独用	《问》二十三独用	《物》八独用
《欣》二十一独用	《隐》十九独用	《焮》二十四独用	《迄》九独用
《元》二十二魂痕同用	《阮》二十混很同用	《愿》二十五恩恨同用	《月》十没同用
《魂》二十三	《混》二十一	《恩》二十六	《没》十一
《痕》二十四	《很》二十二	《恨》二十七	
《寒》二十五桓同用	《旱》二十三缓同用	《翰》二十八换同用	《曷》十二末同用
《桓》二十六	《缓》二十四	《换》二十九	《末》十三
《删》二十七山同用	《潸》二十五产同用	《谏》三十裥同用	《黠》十四鎋同用
《山》二十八	《产》二十六	《裥》三十一	《鎋》十五

续　表

下平声	上　声	去　声	入　声
《先》一仙同用	《铣》二十七狝同用	《霰》三十二线同用	《屑》十六薛同用
《仙》二	《狝》二十八	《线》三十三	《薛》十七
《萧》三宵同用	《筱》二十九小同用	《啸》三十四笑同用	
《宵》四	《小》三十	《笑》三十五	
《肴》五独用	《巧》三十一独用	《效》三十六独用	
《豪》六独用	《晧》三十二独用	《号》三十七独用	
《歌》七戈同用	《哿》三十三果同用	《个》三十八过同用	
《戈》八	《果》三十四	《过》三十九	
《麻》九独用	《马》三十五独用	《祃》四十独用	
《阳》十唐同用	《养》三十六荡同用	《漾》四十一宕同用	《药》十八铎同用
《唐》十一	《荡》三十七	《宕》四十二	《铎》十九
《庚》十二耕清同用	《梗》三十八耿静同用	《映》四十三诤劲同用	《陌》二十麦昔同用
《耕》十三	《耿》三十九	《诤》四十四	《麦》二十一
《清》十四	《静》四十	《劲》四十五	《昔》二十二
《青》十五独用	《迥》四十一独用	《径》四十六独用	《锡》二十三独用
《蒸》十六登同用	《拯》四十二等同用	《证》四十七嶝同用	《职》二十四德同用
《登》十七	《等》四十三	《嶝》四十八	《德》二十五
《尤》十八侯幽同用	《有》四十四厚黝同用	《宥》四十九候幼同用	

续 表

下平声	上　声	去　声	入　声
《侯》十九	《厚》四十五	《候》五十	
《幽》二十	《黝》四十六	《幼》五十一	
《侵》二十一独用	《寑》四十七独用	《沁》五十二独用	《缉》二十六独用
《覃》二十二谈同用	《感》四十八敢同用	《勘》五十三阚同用	《合》二十七盍同用
《谈》二十三	《敢》四十九	《阚》五十四	《盍》二十八
《盐》二十四添同用	《琰》五十忝同用	《艳》五十五㮇同用	《叶》二十九怗同用
《添》二十五	《忝》五十一	《㮇》五十六	《怗》三十
《咸》二十六衔同用	《豏》五十二槛同用	《陷》五十七鉴同用	《洽》三十一狎同用
《衔》二十七	《槛》五十三	《鉴》五十八	《狎》三十二
《严》二十八凡同用	《俨》五十四范同用	《酽》五十九梵同用	《业》三十三乏同用
《凡》二十九	《范》五十五	《梵》六十	《乏》三十四

我们要推迹《广韵》这书的来源，自然须考证陆法言《切韵》以及唐人的韵书；我们要明了《切韵》一书的由来，也须略略知道魏、晋、六朝人分部的大概情形。自从汉朝末年，四声的分别和反切的应用，风行于世；于是时人把反切分别部居，列成许多韵部，又从各部中取一字以为标目，就发生许多韵目。更用四声来分别韵部，就成为韵书。中国韵书以李登《声类》、吕静《韵集》为始祖。嗣后有周研的《声韵》（就是周思言《音韵》）、张谅的《四声韵林》、段弘的《韵集》、阳休之的《韵略》、李概（就是李季节）的《音谱》、刘善经的《四声指归》、夏侯咏（覆宋本误作夏侯该，唐写本《切韵》不误）的《韵略》、杜台卿的《韵略》等书（这些书名见于《隋书·经籍志》和陆法言《切韵序》）。这就是《颜氏家训》所谓“音韵锋出”。这些书都已经亡佚了，陆氏说他们“各有乖互”，可见他们彼此很有出入的地

方，而且和陆氏《切韵》的分部也有些不同。《颜氏家训·音辞篇》说：“《韵集》以成、仍、宏、登，合成两韵，为、奇、益、石，分作四章；皆不可依信。”今《广韵》、成在十四《清》，仍在十六《蒸》，宏在十三《耕》，登在十七《登》，是分作四韵的；为、奇同在五《支》，益、石同在二十二《昔》，是合成两韵的；恰好和《韵集》相反。因此可以知道魏、晋、六朝的分部和隋、唐韵书颇有不同，而颜氏这里所说“不可依信”的话，就是陆法言作《切韵》所依据的。又唐写本王仁煦《刊谬补缺切韵》上平目录注：

二《冬》　阳与《锺》、《江》同，吕、夏侯别，今依吕夏侯。

八《脂》　吕、夏与《微》韵大乱杂，阳、李、杜别，今依阳李。

十八《真》　吕与《文》同，夏侯、阳、杜别，今依夏、阳、杜。

十九《臻》　吕、阳、杜与《真》同韵，夏别，今依夏。

从这几条注文，我们可以窥见吕(静)阳(休之)李(季节)夏侯(咏)诸家，“各有乖互”的大概，又可因以知道陆法言作《切韵》，是博考诸说，杂采众长的。又魏、晋、六朝韵书所录的切语，现今散见于他书，经后人辑得的，和《广韵》里切语比较，也有异、有同。陆氏《切韵序》里说：“取诸家音韵，古今字书而定”；因为陆氏的《切韵》所录切语，也是杂采诸家，所以有同于此而异于彼的，也有异于此而同于彼的。

陆法言的《切韵》，作于隋朝开皇、仁寿之间，他自序里说刘臻、颜之推、魏渊、卢思道、李若、萧该、辛德源、薛道衡论及音韵，萧、颜多所决定。所以《广韵》卷首注明刘臻、颜之推等八人同撰集；《切韵》里分部的大纲，是依据这八九人所讨论决定的。《切韵序》里所说“论南北是非，古今通塞”，和颜氏《音辞篇》里“共以帝王都邑，参校方俗，考核古今，为之折衷”的话，大旨很相符合。从前学者，以为《广韵》里分二百零六部，就是陆氏本来的面目；自从唐写本《切韵》和唐写本《唐韵》发见以后，才知道《广韵》里的分部，和《切韵》《唐韵》原来并不相同。唐写本《切韵》残卷有三种：第一种只存上声一小部分，第二种存陆法言《序》、长孙讷言《序》及上平一部分，第三种所存平声、上声、入声，中间也稍有缺佚，而全缺去声。这三种残卷，依据现代人考证的结果：说第一种是陆氏原书，第二种是长孙讷言笺注本。关于第三种，有好几家不同的论断：一说是长孙讷言笺注的删节本，一说是郭知玄笺本，又一说是孙愐《唐韵》的初稿。《切韵残卷》实在并非统统是法言原书（详王国维《书巴黎国民图书馆所藏唐写本切韵后》，及董作宾、丁山《切韵残卷跋》，载中央研究院《语言历史研究所集刊》第一期，中山大学《语言历史学周刊》第二十五期）。可是，无论怎样，现今所留存的隋、唐韵书，总当推此为最古了；中间的部目和序次，无论是否和陆书完全相同，也必定是和陆书最接近的。所以现今要研究《广韵》和陆氏《切韵》的关系，总当以此种残卷为惟一的根据。

《切韵》残卷上平二十六韵，下平二十八韵，共五十四韵；和《广韵》不同的所在：合《谆》于《真》，合《桓》于《寒》，合《戈》于《歌》。上声五十一韵，没有《准》《缓》《果》三韵，又合《俨》于《范》。入声三十二韵，没有《术》《曷》二韵。去声全缺，用平声、上声的部目来推定，当为五十六韵，没有《稕》《换》《过》三韵，又合《酽》于《梵》。平、上、去、入四声，共计为一百九十三韵，和《广韵》二百零六部之数不同。此外又和《广韵》相异的：《切韵》韵部序次，《覃》《谈》二韵既在《阳》《唐》之前，《蒸》《登》二韵却在《盐》《添》之后，阳声收“ㄣ”和收“兀”二系，凌乱失序；这点也和《广韵》不同。《切韵》入声的序次，和平、上、去三声多不相应。《广韵》里《药》《铎》和《阳》《唐》相配，《合》《盍》和《覃》《谈》相配，《叶》《怗》和《盐》《添》相配，《职》

《德》和《蒸》《登》相配，秩然不紊；《切韵》残卷里却对于这些序次，完全淆乱；这点也和《广韵》不同。这样看来，陆氏《切韵》和宋代《广韵》的不同，不但是在文字的多少和注解的详略，也是在韵部的分合和序次。从陆氏《切韵》演进到了宋代的《广韵》，中间还经过唐人韵书几次的蜕变；而从前人说《广韵》二百零六部就是陆氏本来的面目，于此更可以晓得事实上原来不是那样的。

陆氏《切韵》据封演《闻见记》所说，只有一万二千余字，而长孙氏所加六百字还是在内的：《切韵》原书实在只有一万多字，和《广韵》所录二万六千一百九十四字，字数比较，相差不只一倍了。陆氏原书是很简略的，唐人的韵书，固然也是为陆书修整部目而作，而大半却是因为陆书过于简略，不得不有增字和加注的工作；所以《广韵》卷首也注明王仁煦、孙愐诸家增加字。今得见清内府藏唐写本王仁煦《刊谬补缺切韵》，卷首有王氏序，说陆法言《切韵》"字少，复阙字义；可为《刊谬补缺切韵》"，可见他这书是为补正陆氏书而作的。现今所存王氏此书，平声上、下及上声当中有缺佚，去声和入声完存。内中分部和《切韵残卷》大同小异：平声也是五十四韵，不过上、下平通连为一；于此我们可以知道上、下平的分列，完全是因字数的关系分成上、下二卷，并不是音理上有什么差别。上声五十二韵，较《切韵残卷》多《俨》韵；去声五十七韵，较《切韵残卷》多《酽韵》，入声也是三十二韵。但是韵部的序次，和《切韵残卷》大异，如《阳》《唐》在《锺》《江》之后，《登》在《文》《欣》之后；这和《广韵》也不相同的。而入声的序次，更是凌乱，和平、上、去不相应。又全书中前后体例颇不一致；因之有人疑现存写本曾为写书者所乱，非王氏原书如是。不过无论如何，现存写本对于音韵学上总有很大的贡献，例如，把《覃》《谈》二韵放在《盐》《添》之后，和《广韵》上阳声收"ㄇ"收"兀"二系的分析，颇相符合。又上平韵目注，可因以窥见六朝人分部的大略；去、入二声完存，也可以供我们研究陆书及孙愐《唐韵》的佐证。

孙愐的《唐韵》在唐、宋间写本很多，传写者不免以意自为增损；因之各家所见到的，各书所引据的，颇有异同。如夏竦作《古文四声韵》，徐锴作《说文篆韵谱》，（冯敬亭十卷本）部目都是依据孙氏之书，而不免略有参差。现在要考证《唐韵》的分部，除蒋氏藏唐写本《唐韵》以外，还有魏了翁《鹤山全集》里《唐韵后序》，卞令之《式古堂书画汇考》所录《唐韵序》及部目总数，可以供给我们一点材料。据王国维的考证，孙愐《唐韵》的底稿有二种：第一种是开元时的初稿，第二种是天宝时的改定本。卞氏《汇考》所录项子京藏本，是属于《唐韵》开元本，魏鹤山藏本和现今所存《唐韵残卷》，是属于天宝本。所以孙氏《唐韵序》也有二篇，卞氏《汇考》所录项本只有第一序，而《广韵》卷首所载，把二篇序文合成为一（本王国维说）。孙氏开元时所作的《唐韵》，分部和《切韵残卷》、王氏《刊谬补缺切韵》相同。平声也是五十四韵，上平二十六，下平二十八。上声五十二韵，较《切韵残卷》多《俨》韵；去声五十七韵，较《切韵残卷》多《酽》韵，而和王氏《刊谬补缺切韵》相同。入声也是三十二韵。至天宝时所作的《唐韵》，据今存《唐韵残卷》去、入一部分：入声三十四韵，有《术》《曷》二韵；去声五十九，没有《酽》韵，而《个》后有《过》韵。因此可以推知平声有《谆》《桓》《戈》三韵；上声有《准》《缓》《果》三韵，而没有《俨》韵；去声有《稕》《换》二韵。又据魏氏《后序》，平声《齐》后有《栘》韵（《古文四声韵》和《篆韵谱》也都有《栘》部），因此又可以知道平声有五十八韵，上声有五十四韵。宋代校定《广韵》，除了无《栘》部又增《俨》《酽》二部依《唐韵》开元本外，其余统统是依照《唐韵》天宝本的。孙氏《序》后有“论曰”一段，说明以五音清、浊分析韵部；五音大约是指四声的，清、浊也疑是指开、合、呼等，例如《齐》和《栘》，《真》和《谆》，《寒》和《桓》，《歌》与《戈》的分列，大概就是因为清、浊的区别。不过当时所谓清、浊，是否和后代等韵家所说的开、合呼等适相符合，现今很难考定。总之，孙氏对于《切韵》的分部，很多变更，为宋代《广韵》所根据。至于韵部的序次，如入声《药》《铎》《职》《德》四韵，放在《叶》《怗》和《业》《乏》之间，还是和《切韵残卷》相同的。那末，变更陆氏《切韵》部目的序次，开《广韵》部次的基础，又不能不归功于李舟《切韵》了。

李舟作《切韵》的年代，大约在唐朝代宗、德宗之世。他在孙愐之后，所以能把孙氏的《唐韵》加以更正。李氏书见于徐铉所改定的《说文篆韵谱》。《篆韵谱》有二种：一种是冯敬亭十卷本，是小徐的原本；徐铉《序》所谓"以《切韵》次之"，就是依照孙愐《唐韵》的部次，所以和《唐韵》及夏竦《古文四声韵》相同。一种是现今五卷本，是大徐的改定本；《序》里所谓"疑者以李氏《切韵》为正"，就是依照李舟的《切韵》加以补正的。李书的分部，和《唐韵》《广韵》多同，上平二十七，以《痕》韵附于《魂》；下平二十九，多一《宣》部，而没有凡部；上声五十五，去声六十，入声三十四。至于李书韵目的叙次，和《广韵》相同，而和《唐韵》大异。魏了翁所说："今韵降《覃》《谈》于《侵》后，升《蒸》《登》于《青》后，升《药》《铎》于《麦》《陌》《昔》之前，置《职》《德》于《锡》《缉》之间"，实在是源于李舟的。李舟对于韵部叙次上的贡献，第一，使阳声收"ㄫ"和收"ㄇ"二系不相混，使入声收"ㄋ"和收"ㄆ"二系不相混；第二，使四声相配的序次不相乱。以《职》《德》承《蒸》《登》，以《药》《铎》承《阳》《唐》，《广韵》四声相配的序次，是依据李舟的（详王国维《李舟切韵考》）。我们从此可以晓得宋代《广韵》的作述，是以陆法言《切韵》为蓝本，而以唐人韵书为参考，分部依据于孙愐的《唐韵》，叙次依据于李舟的《切韵》，更会合诸家的增字加注而成的。唐人依陆书增字加句而作韵书，不下有数十家；《广韵》可说是集隋、唐韵书之大成的。

《广韵》分韵，是依据于陆、孙兼蓄并包主义，具有历史的和地理的两方面意义，正所谓“酌古沿今”。而陆《序》里说“分别黍累，剖析毫厘”；对于各部实际的音读，在音理上当然自己能够一一的分析。所以向来说《广韵》二百零六部有“音同韵异”的，实在是不对的。陆、孙诸韵是混合多种语音系统于一书，和根据当时一处地方语音的韵书，如陈廷坚《韵英》、张戬《考声切韵》等，当然有相出入的地方。一般不明了陆、孙分部的宗旨的，如李涪《刊误》等，就发生了非议之辞；后代人乃应用“音同韵异”的话，勉强来解释《广韵》上二百零六部；于是陆、孙分韵的宗旨，更不易明了了。

（二）广韵韵部的研究

陆法言的《切韵》，既然用来兼赅古今、南北的语音，所以主张用一处地方的语音做标准的，当然和他的意见不对。李涪主张以当时洛阳的语言做标准音，所以《刊误》里说《切韵》为“吴音乖舛”；实在李涪只依据《切韵》里所包含的南音而说。朱彝尊说同撰《切韵》的八人，仅萧该为南人；陆氏自己也是北方人，《切韵》当然不是纯粹吴音的韵书。瑞典学者高本汉，主张《切韵》音是北方音和日本汉音、高丽译音相合，而和日本吴音不合；不过高氏所推定的《切韵》音，多根据现代北方的方言，和《切韵》的真际，也未必能相符。陆氏作《切韵》既然承袭六朝诸家的韵书而来，也必定兼采南音的。所谓“论南北是非，古今通塞”，所谓“酌古沿今”，可见《切韵》一书是博采当时南北方音，又参考一部分古音，具有地理和历史的两方面意义。嗣后唐代诸家继作，如孙愐的《唐韵》、李舟的《切韵》，对于陆氏此书，虽然部目有增减，序次有移动，而于陆氏这种兼蓄并包主义，未尝稍有变更。因为中国人的心理，最喜欢博大，陆氏这种兼赅古今南北的韵书，最适合于中国人的心理；所以唐代诸家，大都以陆氏的书作蓝本。有人也主张以洛阳的音做标准的，也有以秦音做标准的;可是他们的势力很微,到了宋末,几乎没有人理会他们。宋人《切韵》一书,既然是承袭陆《韵》《唐韵》而作,而宋后《广韵》一系的韵书,在千余年间的社会上,也占有绝大的势力。正因为这一系的韵书,取兼蓄并包主义,和中国人喜欢博大的心理相迎合的缘故。我们要研究《广韵》的分部,也须懂得这个道理。

我们骤然看到《广韵》分部的繁多,当然要发生惊疑:这二百零六韵部,究竟应用什么方法分析出来呢?这里,我们可以根据音理和事实两方面来解释。二百零六部在音理方面,有许多是以四声分的,有许多是以阴、阳分的,有许多是以开、合呼等分的;在事实方面,有许多是以古、今音分的,有许多是以南、北方言分的。近代研究《广韵》的,或注意于音理,而不顾事实,或又注意于事实的偏面,而不能有统体的观察,都各有缺点。我们现在应当集合过去研究的结果,更引用许多新材料,把《广韵》分部的理由,重新做一番破析的工夫。

《广韵》分部最明显的,是四声的区分。二百零六部里,平声有五十七韵(上平二十八、下平二十九),上声有五十五韵,去声有六十韵,入声有三十四韵。平声五十七韵,而上声只有五十五韵的缘故,是因为平声里《冬》《臻》二韵,上声字少,不另立他们的韵目,所以少了二韵。去声有六十韵的缘故,是因为平声里《臻》韵,没有他的去声韵目,而去声里《祭》《泰》《夬》《废》四韵,没有他们的平声和上声,所以减一加四,得了六十。平声有五十七,而入声只有三十四;要解释这个缘故,就须讲到阴、阳声的分别了。平声五十七韵里,有二十二韵,如《支》《脂》《之》《微》等(举平以赅上、去),又加上去声的《祭》《泰》《夬》《废》四韵,这二十六部是阴声韵,戴震所谓"无入之韵,如击石成声,如气之阴"(见戴氏《与段若膺论韵书》)。其余平声《东》《冬》《锺》《江》等三十五韵,是阳声韵,戴震所谓"有入之韵,如击金成声,如气之阳"。阳声韵有入,阴声韵无入,阳声韵有三十五，而入声只三十四，因为《痕》韵的入声字少，不另立韵目的缘故。我们从戴震的《考定广韵独用同用四声表》上看来，平、上、去三声，可以合并做六十一部：平声五十七韵，加上去声《祭》《泰》《夬》《废》四韵：这六十一部中，三十五部是阳声有入之韵，二十六部是阴声无入之韵。至于戴震所谓击石成声为阴，击金成声为阳，这是因为阳声为附有鼻音的附声韵，阴声为不附鼻音的纯韵。如《支》《脂》《之》《微》等都是纯韵，而《东》《冬》《锺》《江》等，都是附有鼻音的韵母。《广韵》以入声配阳声；入声短促，不能附有鼻音，只收暴发音。阳声韵有收"兀"收"ㄋ"收"ㄇ"三系，入声韵也有收"ㄎ"收"ㄊ"收"ㄆ"三系；例如《东》《冬》诸韵是收"兀"的音，所以他们的入声《屋》《沃》诸韵，都是收"ㄎ"的音；《真》《谆》诸韵是收"ㄋ"的音，所以他们的入声《质》《术》诸韵，都是收"ㄊ"的音；《侵》《覃》诸韵是收"ㄇ"的音，所以他们的入声《缉》《合》诸韵，都是收"ㄆ"的音。现今闽、广地方的方言，以及佛典译音、日本汉音、吴音等，还可以用来作这种语音系统的实证。这样看来，《广韵》里以入声配阳声，在音理和事实两方面，都是很自然的。

可是，《广韵》里虽然以入声配阳声，而从古音上的研究，往往发现入声字和阴声字相系属；于是顾炎武作《古音表》，关于入声的分配，大变《广韵》的组织。江永、戴震继顾炎武而起，要想调和古韵和《广韵》入声的分配，就发明了阴、阳、入通转的道理。后来讲古韵的，有"异平同入"和"阴阳对转"之说，就是渊源于此（详本文的三）。阴、阳入的通转，在音理上既然可以成立；于是《广韵》里的入声，也可以兼承阴声；近人黄侃、钱玄同所作《广韵入声分配阴阳表》（见钱氏《声韵学讲义》），就是依据这个道理。

二百零六韵里，除了以四声和阴、阳分别之外，其余如《东》《冬》《锺》之类，《支》《脂》《之》之类，究竟彼此分别何在？那就要讲到开、合呼等的问题了。清代应用等韵的方法，研究《广韵》分部的，以江永《四声切韵表》、戴震《声类表》最为详密；说“依古二百零六韵条分缕析，别其音呼等第”。江氏、戴氏以为《文》和《殷》，《魂》和《痕》，《寒》和《桓》之类，都是开口和合口的不同；《萧》《宵》《肴》《豪》之类，是等呼的不同，《萧》《宵》《肴》《豪》四韵，都是开口呼：《豪》一等，《肴》二等，《宵》三等，《萧》四等。江氏说开合的分别，在唇聚和唇不聚，而四等的分别，在音的洪、细；所谓“一等洪大，二等次大，三、四皆细，而四尤细；学者未易辨也”。江氏既然说学者不易分辨，于是后代人都以为只有二等：开口二等，合口二等；除出开、合、齐、撮之外，并无所谓开口四等，合口四等（章太炎、黄季刚都这样主张）。但是近人高元说江氏洪、细之说，正合于宋、元等韵派“以韵素固有音调的高低为分等的标准”；和明、清等韵派纯粹“用唇的形状分别开、齐、合、撮”的，正是观点上有所差异；不能说没有开口四等、合口四等的分别（详本文的四）。可是宋、元等韵家，虽然分等比较详密，仍不足以用来解释广韵上各韵的差别。戴震说：“呼等同者，音多无别”；例如一《东》内一等字和二《冬》无别，六《脂》内三等和八《微》无别，十七《真》、十八《谆》三等字合口呼和二十《文》都无别，等等。因此可以知道，即使用后代的极详密的分等方法，仍不足以解释《广韵》上分韵的道理。所以江氏、戴氏这种研究的结果，只落得一个慢骂，说“陆氏定韵，有意求密，用意太过，强生轻重”。这种慢骂，也只是宣布自己研究的失败罢了。

后来的陈澧，看清江氏、戴氏研究失败的原因所在，他以为《广韵》二百零六韵，是依据隋、唐人所定的；等韵上的分等方法，是出于宋、元人的创制。宋、元人用自己所创的分等方法来解释隋、唐的韵书，总不免“自为法以范围古人之书，不能精密也”。音韵学上有考古与审音二个途径：考古是以考据为准，审音是以口耳为凭。应用等韵学理来分析《广韵》韵部，纯粹用审音工夫，总是要取巧而不免于失败；所以陈澧作《切韵考》，自己宣布道“以考据为准，不以口耳为凭;必使信而有征,故宁拙而勿巧”。陈氏把《广韵》切语下字,系联“同用”“递用”“互用”的各为一类,因之考定二百零六部为三百十一类。陈氏说等韵学上所分等第,和《广韵》上的韵类并不相合;例如《鱼》《虞》《模》三韵,都是一类,共只三类,而等韵上以《模》为一等,《鱼》《虞》分为二等、三等、四等,《东》《冬》《锺》三韵,《东》有二类,《冬》《锺》各一类,共只四类,而等韵上《冬》一等、《锺》三等,《东》韵则析为一、二、三、四等。陈氏又说:“陆氏分二百零六韵,每韵又有二类、三类、四类者,非好为繁密也,当时之音,实有分别也。”陈氏以为三百十一类,当时定音切,在音读上当然是有分别的;不过后来应用宋、元人的分等方法来考释,并不能完全适合;因为自己不能考释出来,就说当时之音,没有分别,实在太武断了。陈氏这种虚心和客观的态度,最足以为现今提倡科学方法的人所取法。

江氏、戴氏是等韵的《广韵》学,陈氏是反切的《广韵》学,两者所取的途径和方法完全不同。江、戴偏于审音,陈氏偏于考据;近人黄侃对于广韵的研究,也要想审音和考音兼备,于是把这两方面调和起来。不过黄氏不承认有开口四等、合口四等的区别;他一方面依据陈氏所考定之韵类,一方面又用开、齐、合、撮四个等呼,将三百十一类并析为三百三十九类。例如《支》韵,陈氏考定为四类,而只有齐、撮二呼,于是并为二类;《戈》韵,陈氏考定为二类,而有合、齐、撮三呼,于是析为三类;《麻》韵、陈氏考定为三类,而有开、齐、合、撮四呼,于是析为四类(详钱玄同《文字学音篇》)。黄氏考析韵类的开、齐、合、撮,是依据于李元《音切谱》所注《广韵》二百零六部的开合、正副。可见他是用明、清派分等的方法,来考析隋、唐韵书,恐怕也不见得能一一密合罢!而且各韵类里“呼等相同,音多无别”也依然成问题呢。如《锺》韵撮口呼一类,和《东》韵第二类撮口呼究竟有没有分别?《支》韵齐、撮呼二类,和《脂》韵齐、撮呼二类，究竟有没有分别？《佳》韵开、合呼二类，和《皆》韵开、合呼二类，究竟有没有分别？要应付这些问题，似乎也要慢骂陆氏分韵，强生轻重了；可是黄氏摇身一变，拿出古音学上的证据，来解释《广韵》分部的道理，把江戴等韵的《广韵》学，陈澧反切的《广韵》学，一变而为古音的《广韵》学了。

黄氏以为《广韵》上所列各韵各类，完全是用来表明古音、今音的变异；这种主张，也是启发于江氏、戴氏；到了黄氏，竟然把《广韵》二百零六部、三百三十九类，那一个是古本韵，那一个是今变韵，一一的分开来了。他先从《广韵》上切语的声类，考定了十九类古本声和二十二类今变声（详本文的二（三）），凡韵部中切语但有古本声的，就认定为古本韵，其余杂有今变声的，就认定为今变韵。依这种方法考得古本韵三十二部，其余都是今变韵。例如，《东》韵第一类为古本韵，《锺》韵为《东》韵的变韵，由《东》韵合口呼变为撮口呼；《唐》为古本韵，《江》韵为《东》韵的变韵，由《东》而变同《唐》韵的合口呼。《灰》和《齐》都为古本韵，《脂》为《灰》的变韵，由《灰》而变同《齐》韵。又以为古音只有平、入，没有上、去，所以上、去二声，皆今变韵（详钱玄同《文字学音篇》）。黄氏这种学说的根据，当然是宋、明以来几十家的古音学；如古音上的韵部，以及入声分配问题，古音上的四声问题，古音上的声类问题，自从吴棫、郑庠经过了顾炎武、江永、段玉裁、戴震、钱大昕、王念孙、章炳麟诸家，屡次修正，渐有完满解决的希望（详本文的三）。黄氏一方面更从《广韵》上切语的研究，以建立古音的体系；一方面又应用古音研究的结果，来分析《广韵》上的韵部。中国过去学者讲音韵的，总算以他说得最圆妙了。

可是，黄氏以古、今音变来解释《广韵》的分部，而他自己缺乏了历史的观念：第一，他把《广韵》里各部各类定出开、齐、合、撮的等呼，又归并成为二十三摄；纯粹依据明、清等韵派的学理以及近代人的音读，来规定说明，当然和隋、唐时代实际的语言，不能适合。现今国内学者从事古读的考证，已经足以证明他所以假定的有许多错误了。第二，我们承认语言的演变，是渐渐的，从古音变到今音，又变到近代的音，中间流转的过程，必定有很复杂的现象；黄氏所说由某音变为某音，完全不顾及此层，好像古、今的音变，数千年间，只是一种很简单、很齐整的步骤。这种和历史的事实，当然不对。从这两点看来，就可以晓得黄氏的学说，无论怎样的圆妙，只是一些空中楼阁；对于后代人《广韵》的研究，不但没有什么辅助，恐怕反而因此多出一种膜障。我们再从黄氏学说的本身上也可以看出许多缺点。他所定各部今变韵里，如《脂》为《灰》的变韵，《微》之一部也是《灰》的变韵，而都是由《灰》变同《齐》韵；《幽》为《萧》的变韵，《尤》之一部也是《萧》的变韵，而都是由《萧》变同《侯》韵的齐、撮呼；于是黄氏又定为一例，以为合数本韵为一变韵的，又别于一本韵的变韵。但是他们所由变来的本韵，和变成的某韵，都纯粹相同，当时定韵，正可以拼合为一；何必要这样故意的参差呢？又如《皆》韵为《灰》的变韵，由《灰》而变同《咍》韵，《佳》韵为《齐》的变韵，由《齐》而变同《咍》韵，当然承认《皆》《佳》和《咍》，在陆氏定韵时，发音相同，他们分列为各部的，完全因为要表明古今音的变异罢了。《脂》为《灰》的变韵，由《脂》而变同《齐》韵，《微》为《灰》《痕》《魂》的变韵，由《灰》《痕》《魂》而变同《齐》韵，当然承认《脂》《微》和《齐》发音相同，分列为异部的，也只是为表明古、今音的变异。其余如《鱼》和《虞》，《尤》和《幽》之类，都是同例。他单是用古、今音的变化来说明《广韵》的分部，所以根本不能不承认《广韵》里各部有许多是"音同韵异"的。但是我觉得向来对于《广韵》音同韵异这个观念，有许多地方和事实不对：第一，陆氏《切韵序》里说："剖析毫厘，分别黍累"；《支》《脂》，《鱼》《虞》，《先》《仙》，《尤》《侯》，大都由于轻重清浊之异。可见当时分韵定切，实在有分别的。不过,怎样的分别?因为中国文字根本不是音标,很不容易一一的把他们考证出来。第二,《颜氏家训·音辞篇》里说:"北人以庶为戍,以如为儒,以紫为姊,以洽为狎,如此之类,两失甚多。"当时北方的音,《御》《遇》(《鱼》《虞》的去声)不分,《鱼》《虞》不分,《纸》《旨》(《支》《脂》的上声)不分,《洽》《狎》(《咸》《衔》的入声)不分,颜氏说是北人之失;《切韵》对于这些韵一一的分列,是依照颜氏所决定的。而这些韵在当时音读上,定韵的人,自己必定能够区别。第三,《广韵》上有一种"又音"与"互见"的例,把一字两音的,分隶于各韵里,以表明他们音读的纷歧。例如,街,《皆》韵,古佳切;《佳韵》,又音佳。薇,《脂》韵,武悲切;《微》韵,又音微。杉,《尤》韵,居由切;《幽》韵,居纠切。蘧,《鱼》韵,巨居切;《虞》韵,共俱切。假使分韵的时候,承认《佳》和《皆》,《脂》和《微》,《尤》和《幽》,《鱼》和《虞》在音读上完全没有区别,那末,这些字正何必要分隶两韵呢?我们承认这些字是有异读的,才分隶于两韵,那就不能不承认这两部的音读,应当有分别的。从这几点看来,《广韵》里各部,在隋、唐音韵家,必能一一的分别读出;后来人不知道他们的读法,就说内中有许多是音同韵异的,或且慢骂"陆氏定韵,用意太过,强生轻重";这岂是科学研究的态度所容许的吗?音同韵异之说,既然不能成立,那末,黄氏这种古本韵和今变韵的假定,完全失去根据了。因为纯粹用古音学上的证据,来观察《广韵》的分部,实在不能得到陆氏的原意。陆氏说:"论南北是非";"江东取韵与河北复殊"。可见他的分韵,大部尚因南、北殊音之故。我们应该另用地理的眼光来研究。

《切韵》既然不是纯粹吴音的韵书,所以内中各部,是参合各地的方音,择长取短,斟酌列定的。《颜氏家训·音辞篇》说:"古今言语,时俗不同;著述之人,楚、夏各异。"《切韵》以前的韵书,多半是依照著书者自己的方音而作;《切韵》这书,一方面综合魏、晋、六朝人的分部，一方面就是兼蓄并包，把南、北各地的方音，荟萃于一书。慧琳《一切经音义》上的注音，是根据于元廷坚《韵英》及张戬《考声切韵》，是以当时秦音为标准的；现今有人把慧琳所注的切语，系联归类起来，其中的韵部，很可以供我们研究《广韵》分部的参考和比较（见《国学论丛》二卷二号，黄淬伯《〈一切经音义〉反切考韵表》）。又慧琳所注各地方音的纷歧，在《广韵》上，往往收入于又音和互见当中。例如，“猫，莫包反，江外吴音以为苗字”。又“厌，伊琰反，山东音，伊叶反”。今《广韵》猫字在《肴》韵，为莫交切，是依据于秦音的；在《宵》韵，为武瀌切，是依据于吴音的。厌字，在《琰》韵，为于琰切，是依据于秦音的，在《叶》韵，为于叶切，是依据于山东音的。《广韵》上参合各地的方音，于此等处也可以考证出一个大概。陆氏分别各部，把隋以前的韵书择长去短，一方面参考一部分的古音，以表明古、今音读的变化；一方面又以当时各地的方音做个实证。例如，一《东》和二《冬》的区别，大概因为保存古音的关系；而举当时河北的方音，也可以作证。《颜氏家训・音辞篇》说：“河北切攻为古琮，与工、公、功三字不同。”颜氏虽说这种是僻音，可是陆氏终究把他们分开来；正是于古有所本，于今亦有所据；长孙氏说：“酌古沿今，无以复加”，就是指此。

后代觉得《广韵》分部过于繁密，就发生“音同韵异”之说，乃是为一处方音所囿；在定韵时，取证于各处方音，各部在音读上当然能一一的分出。现在要考证《广韵》上各部的音读，就可以利用现代各处相异的方音，做参互比较的资料。高本汉的研究，虽然不无偏颇的地方，而他是应用这种方面最为努力（详高氏《中国音韵学研究》）。此外，隋唐时音译之外国语，如佛典译音之类，以及外国传述之隋、唐语，如日本译音、高丽译音之类；宋、元等韵表上所保存之隋、唐音，如《切韵指掌图》之类，也都是考证《广韵》音读的重要材料（参看高氏《中国语言学研究》）。又从阴、阳、入各部的通转,及语音变化的趋势上,我们也可以得到许多辅助,以推测《广韵》里各部分的音读。

(三)广韵声类的研究

《广韵》上韵部,有《东》《冬》《锺》《江》等的标目;至于声类,向来没有标目。我们现在要研究《广韵》上的声类,不得不拿守温的三十六字母来做基础。因为《见》《溪》《群》《疑》等三十六字,是中国声类最早的标目。守温三十六字母,是依据梵文的字母,而参酌中国唐、宋间一种普通的语音,因以制定的。据近人的考证,《广韵》卷末附录的《辩十四声例法》,就是六朝、隋、唐以来所传的"十四音";由十四音而变成三十六字母,则因烟、人然等三十类《切字要法》实为中国过渡的枢纽。由三十类《切字要法》变成为舍利三十字母;守温又参合当时反切上的声类,增补成为三十六字母。(见吴稚晖《国音沿革序》)不过这三十六母。究竟依据当时那一种方言制定的?或者综合多种方言上普通的音素而制定的?现今还未能确断。后代等韵家有根据一地方音增减三十六字母的,也有以为此三十六母,足以包括古今、各地的音切,不可加以增减的(详本文的四)。但是据我们现在看来,守温字母也只有时代上的价值,只可以代表唐末、宋初间一种最普通的语音,既然不足以概括宋后语音的变迁;而隋、唐以前的语音,也当然和三十六字母具有不同的系统。《广韵》是包赅隋、唐以前历代各地的语音,我们可以将三十六字母和《广韵》切语的声类比较一下。

陈澧《切韵考》所考定的《广韵》四十类,较之三十六字母,多出《于》《庄》《初》《山》《神》五类,又《明》《微》二母合为一类。黄侃、钱玄同又分析《明》《微》二类(见钱玄同《文字学音篇》),定今韵声类为四十一:

《见》《溪》《群》《疑》《端》《透》《定》《泥》
《知》《澈》《澄》《娘》《帮》《滂》《并》《明》《非》
《敷》《奉》《微》《精》《清》《从》《心》《邪》
《照》《穿》《神》《审》《禅》《庄》《初》《床》《山》
《影》《于》《喻》《晓》《匣》《来》《日》

这四十一类,究竟能否合于陆氏《切韵》的真际?要解答这个问题,又须把陈澧考定《广韵》声类的方法讨论一下。陈氏将《广韵》里四百五十二切语上字,系联他们"同用""递用""互用"的;其间两两互用,不能相系联的,陈氏又应用"又音"和"互见"的切语来考定。所以陈氏所考定的四十类,其中反切的正文,原来相系联的,只有三十;而应用"又音"和"互见"的切语,以证明他们的同类的,共有十处(见《国故》第一期张煊《求进步斋音论》)。但是,陈氏的考证,还不很周密;要是我们再把广韵里的切语重新审查一番,更应用《切语残卷》及王仁煦《刊谬补缺切韵》所录的切语来校量,就可以晓得《帮》《滂》《并》《明》和《非》《敷》《奉》《微》,《端》《透》《定》《泥》和《知》《澈》《澄》《娘》,《照》《穿》《禅》《心》和《庄》《初》《神》《山》,《喻》和《于》,依照又音和互见的例,也应当一一的合并。那末,今音四十一类,只剩得二十八类;较之三十六字母,反少了《非》《敷》《奉》《微》《知》《澈》《澄》《娘》八类了(见罗常培《切韵探赜》,载《语言历史学周刊切韵专号》)。

但是,陆氏《切韵》所以包罗古今、南北的语音,混合多种系统于一书;切语上的"又音"和"互见",正所以表明古今方国之殊音。"本音"的切语上字,可以依照同用、递用、互用的例系联起来;其中不可以系联的,正是语音系统上本来不相混合的,自然不能依据又音,把他们勉强的合并。这样说来,陈氏依照"又音"和"互见"的例,以证明同类的十处,反不如一一顺他们本然的材料,让他们分离的为好；不但《照》《穿》《床》《审》和《庄》《初》《神》《山》，《喻》和《于》等应当分析，即在《见》《溪》，《清》《从》等类当中，也应当依据本音的切语，加以分析。那末，今音声类，又不止四十一类了（本黄淬伯《讨论切韵的韵部与声纽》，载《语言历史学周刊》第六十一期）。

这种分析，在音理上可以用宋、元等韵家分辨字母的等呼，来作一个旁证。因为等呼的分辨，虽然属于收韵的问题；可是，同是一种声类，以下面所缀的元音，在固有音调上有点变化，也可以影响到上面的发声部分，而产生歧异的状态。所以开、合，洪、细的分别，并非单是韵部上的事情。宋、元等韵家，把守温三十六字母排列成为二十三行，每行可分四等。如《见》《溪》《群》《疑》《影》《喻》《晓》《匣》《来》诸母，是四等兼具的；《日》母是只有三等的，各成一行。而《端》四母、《精》五母有一等、四等，无二等、三等，《知》四母、照五母有二等、三等，无一等，四等，两两相补，各成一行；《非》四母只有三等，无一等、二等、四等，《帮》四母虽四等兼具，而在三等无字的地方，就用《非》四母来相补，也各成一行（详陈澧《切韵考·外篇》）。今音四十一类，较守温三十六母多出《庄》《初》《神》《山》《于》五类，这五类的分出，就是由于这种呼等的关系；《庄》类是《照》母的二等字，《初》类是《穿》母的二等字，《神》类是《床》母的三等字，《山》类是《审》母的二等字，《于》类是《喻》母的三等字。这样看来，后代等韵家的学理，虽然和隋、唐韵书中，未必完全适合；可是两者有翕然相契的地方，我们当然可以用此以为证彼的一种资料。同属一行，而分为异等的，正是他们分别声类的一种方法，在音读上必有差异。不但《端》四母和《知》四母，《帮》四母和《非》四母，应当分列；即《照》《穿》《床》《审》和《庄》《初》《神》《山》，《喻》和《于》的分列，也因为音读上本来有差异的。陈澧《切韵考》把这五类分出来，正是他没有应用“又音”和“互见”的切语之良好的结果。

黄侃、钱玄同又将《明》《微》二类，仍行分列。可见分析《广韵》切语上字，纯当以本音的材料为根据，不能应用“又音”和“互见”的例，来并合；而在音理方面，可以引宋、元字母的分等来作证。又如《见》《溪》二类里，其本音都有不相系联的两系。据赵元任所定《广韵反切上字表》，《见》类三等，都是居、九、俱等字；其他数等，都是古、公、佳等字，显然各自成系。《溪》类三等，都是去、丘、岂等字，和苦、康、枯等，也有明显的分界。大概《见》类二系，《溪》类二系，在当时发音上，本有不同，以致后来发音部位上也发生歧异（就是“ㄍ”“ㄎ”和“ㄐ”“ㄑ”两系的差别）。陈澧于此等地方，都应用“又音”和“互见”的切语，把他们一一的合并。无论在考据上、音理上，都是很可怀疑的（本黄淬伯《讨论切韵的韵部和声纽》）。这样说来，今音四十一类，其中有很多可以依照“本音”来重行分析，还未能认为定论。

孙愐《唐韵序》有“纽其唇、齿、喉、舌、牙、部件而次之”的话，《广韵》卷末也有《辩字五音法》。大概宋以前分声类为唇、齿、喉、舌、牙五音，到了宋时，等韵家才把三十六字母分做七音，五音之外，又增加半舌、半齿二音。陆、孙所谓清、浊，大概指开、合呼等而说，《广韵》卷末所附《辩四声轻清重浊法》，今人也不能知道是怎样的解说。不过，我们可以断定他们所谓清、浊并不是指声类的，并不是陈澧四十声类里，清声二十一类，浊声十九类的分别。宋人等韵家，把三十六字母分做全清、次清、全浊、不清不浊等的名目，乃是将清、浊和声等混合起来说。明、清以来，才把声类的清、浊，和声类的发、送、收分开来，作为分别字母的两种方法。陈澧谓《照》《穿》《床》《审》和《庄》《初》《神》《山》，《喻》和《于》本来各自分别，而在三十六字母上，都并合为一，乃是勉强使清、浊分配整齐的结果（陈澧《切韵考·外篇》卷三）。这句话恐怕未必，因为三十六字母和《广韵》声类的系统，既然彼此不同；从《广韵》声类演成为守温的三十六字母，在语音的变迁上，应当有极复杂的现象，决不是陈澧所说那样简单的。

宋、元等韵家，觉得《广韵》里的反切，有许多和三十六字母的系统不相符合，于是强立种种门例，以自圆其说。例如"音和""类隔"等等的名目，本来是无中生有的。三十六字母里，同母、同等相切的，叫做"音和"。至于重唇音和轻唇音相切，舌头音和舌上音相切，齿头音和正齿音相切，叫做"类隔"。因为这些音，虽然在二十三行当中，是属于同行的，但是非属同母、同等，所以叫做类隔。《广韵》上平、下平、上、去四卷的末尾，都附有《新添类隔今更音和切》一条，把类隔的反切，改做音和。那知道古音上这些音，本来是没有分别的；《广韵》里这些切语，正是保存古音的地方（详本文的三）。把轻唇切做重唇，舌上切做舌头，正齿切做齿头，在宋、元时代，当然觉得不适合了。元、明以来更创立种种"门法"。因为宋后的语音，和隋、唐韵书里的切语，不相符合，他们不懂得古、今音变的道理，勉强设立种种名目来解释，实在是无中生有。我们知道了等韵家"音和""类隔"以及种种"门法"的设立，是杜撰的；我们就可以知道《广韵》反切上的声类，也所以兼赅古音和今音。

近人黄侃依据钱大昕、章炳麟考证古音声类的结果，把今音的四十一类，分做古本声十九类，今变声二十二类。以为今音四十一类，都是由古本音十九类演变而来（详本文的三）。黄氏并且应用古本声和今变声的分别，来证成《广韵》上古本韵和今变韵的分别。凡古本韵上的反切，只含有古本声，不杂有今变声；今变韵上的反切，都杂有今变声；所以三十二古本韵里的切语，只含有这十九类的古本声，古韵、古声，可以两相证明。黄氏这种古音的《广韵》学，可以说是讲得十分圆通了。但是要承认古声十九类，不能不先承认古韵二十八部；而古韵二十八部的设立，现在尚为学术界商榷的问题，未能遽行认为定论。要承认《广韵》上古本音和今变声的分别，不能不先承认《广韵》上古本韵和今变韵的分别，自然就归结到了“音同韵异”之说。上章说过，“音同韵异”之说，已经发现有许多谬误；那末，黄氏这种古本声和今变声的假定，也就根本上发生疑问了。

因为黄氏完全用古音学上的证据来解释《广韵》，只是应用古音和今音的变异来说明《广韵》上的声类，只是具有偏面的真实性。《颜氏家训·音辞篇》所谓“参校方俗、考核古今”，陆氏《切韵序》里所谓“论南北是非，古今通塞”，可以见到《广韵》上的声类，除出古、今音变异之外，还包含着当时南北方音的纷歧。所以对于《广韵》的声类，尤须应用地理的眼光来考察。慧琳《一切经音义》所注反切，根据于隋、唐时代的秦音；其中的声类，依黄淬伯所考定（见语言历史研究所《集刊》第一本第二分），和《广韵》相较，有同有异；足见得《广韵》上的声类，也包含有许多方言的。《慧琳》所注秦音以及他处之音，常见于《广韵》上又音和互见的切语当中；于此又可以见得《广韵》又音和互见的切语，是包含有多种不同的方音的。此外《颜氏家训·音辞篇》里论到南音和北音的得失，也可以作为从地理上研究《广韵》声类的一种资料。

至于《广韵》上各种声类的音读，后人也应用宋、元以后等韵家说明字母的读法来相比附。黄侃《音略》里论到今音声类，将江永《音学辨微》的《辨七音法》加以说明，并且分析《庄》《照》二系，和《喻》《于》二类的读法（见黄氏《音略》）。黄氏所谓《庄》《初》《床》《山》是正齿音，《照》《穿》《神》《审》是舌齿间音等，恐怕也只是依据后人的音读，并不是严密考证得来的结果。高本汉《中文解析字典序文》里列一个《切韵》时代的声类表，用音标一一的注出来，当然比较的显明确凿；内中也只有齿上和腭音两种，并没有舌齿间音。总之：《广韵》的声类和他们的音读，尚须我们经过一番详密的考定。至于各种声类的序次问题，也和音读的考明有密切的关系。宋人所列三十六字母之次第，现今也觉得有许多违失的地方（见刘复《守温三十六字母排列法之研究》，载《国学季刊》一卷三号）。我们要是能得他们确凿的音读，那末，依照发音部位和清、浊，声等的分别，来排列，自然容易得到一个完美的序次。

（四）广韵一系的韵书

从《广韵》韵部和声类的分析，就可以晓得这部书的内容，是包罗隋、唐以前历代各地的语音系统，是很复杂的。而且含有审辨音韵的原理，后来讲等韵字母之学的，常用此书做根据。考证周、秦古音和隋、唐音的，也用他来做材料。音韵学上无论考古方面和审音方面总离不了《广韵》一书；在这门学问当中，《广韵》实在占有一种中心势力，正不但是今韵韵书上一部首要著作而已。从宋、元到了现在，语音的变迁很为剧烈。北音的势力日事扩张，戏曲文学和北音韵书也代替诗韵而兴起，以至现今的国语统一运动。可是，清末以前千余年间，实际的口语虽然发生了变化，而一般文人学士，撰作诗文，政府考试的功令，还是遵用《广韵》一系的韵书。所以《广韵》不但在学术上占有中心势力，在近代政治上、文学上，也有一种特殊的地位。近代的韵书，只是《广韵》一系和北音一派的势力彼此消长。现今定北音为全国标准音，就是对于久居正宗地位的今韵，宣告革命的成功。

宋景德时校定《广韵》，后来又颁行《韵略》一书，就是《广韵》的删节本，专备礼部科试之用，也是出于丘雄等之手。到了景祐年间，觉得《广韵》繁略失当，《韵略》也有很多疑混的地方；于是令丁度等刊修《广韵》成为《集韵》，刊修《韵略》成为《礼部韵略》。而《礼部韵略》的颁行，实是在《集韵》之前，又定为礼部科试的标准，不像

《广韵》《集韵》那样繁冗，不便于应用；所以宋代最通行的韵书，是《礼部韵略》。这书也经过后人几番的修改；现今所传的，是南宋初年毛晃的增修互注本（参看戴震《声韵考》）。《礼部韵略》的部目，也是二百零六韵；不过丁度等刊定的时候，依贾昌朝言，窄韵十三，许附近通用；就是将《广韵》十三处独用的，改并为同用。这十三处的改并，不但在同用、独用之例，即中间的部次，也稍有变更。可以参看钱学嘉《韵目表》所附《改并十三处表》；大家都说是《集韵》改并《广韵》的十三处。照录如下：

考定《广韵》旧第		《集韵》改并
（一）	二十《文》独用 二十一《欣》独用	二十《文》与欣通 二十一《欣》
（二）	二十四《盐》添同用 二十五《添》二十六《咸》衔同用	二十四《盐》与沾严通 二十五《沾》二十六《严》
（三）	二十七《衔》 二十八《严》凡同用 二十九《凡》	二十七《咸》与衔凡通 二十八《衔》 二十九《凡》
（四）	十八《吻》独同 十九《隐》独同	十八《吻》与隐通 十九《隐》
（五）	五十五《琰》忝同用 五十一《忝》 五十二《豏》槛同用	五十《琰》与忝俨通 五十一《忝》 五十二《俨》
（六）	五十三《槛》 五十四《俨》范同用 五十五《范》	五十三《豏》与槛范通 五十四《槛》 五十五《范》
（七）	十八《队》代同用 十九《代》二十《废》独用	十八《队》与代废通 十九《代》二十《废》
（八）	二十三《问》独用 二十四《焮》独用	二十三《问》与焮通 二十四《焮》

续 表

考定《广韵》旧第		《集韵》改并
（九）	五十五《艳》桥同用 五十六《桥》五十七《陷》鉴同用	五十五《艳》与桰验通 五十六《桰》五十七《验》
（十）	五十八《鉴》 五十九《酽》梵同用 六十《梵》	五十八《陷》与鑑梵通 五十九《鑑》六十《梵》
（十一）	八《物》独用 九《迄》独用	八《物》与迄通 九《迄》
（十二）	二十九《叶》帖同用 三十《帖》 三十一《洽》狎同用	二十九《叶》与帖业通 三十《帖》 三十一《业》
（十三）	三十二《狎》 三十三《业》乏同用 三十四《乏》	三十二《洽》与狎乏通 三十三《狎》 三十四《乏》

《集韵》成于宝元年间，所以有宝元《集韵》之称，较《广韵》尤繁，增字二万七千余，注释多本于许慎《说文》。后代学者说《集韵》有类字书，繁略之间，尚出《广韵》之下。可是，《集韵》一出，和《礼部·韵略》并行，《广韵》和《韵略》的势力日就衰微。景祐以后一般重刊《广韵》的人，常误据《集韵》来校订他，于是把原来的部次以及同用、独用之注，有所窜改（详戴氏《声韵考》）。因此现今所存的《广韵》各种本子，都不是景德、祥符间本来的面目。《集韵》又将《广韵》里"类隔"的切语改做"音和"，以适合当时的口语；这点对于唐、宋语音的变迁，却是给我们以很好的考证资料。

等韵之学，本是应用三十六字母和等呼的道理，来说明韵书里的反切（译第四篇）。后来等韵学发达，就于韵书的编制上，参会一些等韵的学理。这种首创的，当推金韩道昭《五音集韵》。这书和道昭父亲韩孝彦所著的《四声篇海》，合称《篇韵类序》。《篇》是指《玉篇》，《四声篇海》是依据玉篇的分部，而用四声和三十六字母来排列各字的。《韵》是指《广韵》，《五音集韵》是依据《广韵》的分部，而用五音、三十六字母以及四声，来排列各字的（见《四库提要》）。道昭此书《自序》说："陈其字母，序其等第，以《见》母牙音为首，终于《来》《日》字。"内中所收的字，以《广韵》《集韵》为蓝本；不过《广韵》《集韵》里诸字先后，凌乱无序；而此书则用七音、三十六母以及四等，整然的排列；于韵书的体例上别开生面，于语音的研究上，也有很大的辅助。这书又把二百零六韵并合为一百六十部，在韵部上又变更《广韵》的面目。《集韵》虽有改并，只是把十三处独用的，许令附近通用罢了；到了《五音集韵》，乃把四十六处同用的各各合并：

平声　《支》《之》合于《脂》，《佳》合于《皆》，《臻》合于《真》，《删》合于《山》，《仙》合于《先》，《萧》合于《宵》，《耕》合于《庚》，《幽》合于《尤》，《谈》合于《覃》，《添》合于《盐》，《衔》合于《咸》，《严》合于《凡》。

上声　《纸》《止》合于《旨》，《蟹》合于《骇》，《潸》合于《产》，《铣》合于《狝》，《篆》合于《小》，《耿》合于《梗》，《黝》合于《有》，《敢》合于《感》，《忝》合于《琰》，《槛》合于《豏》，《俨》合于《范》。

去声　《寘》《志》合于《至》，《卦》《夬》合于《怪》，《裥》合于《谏》，《霰》合于《线》，《啸》合于《笑》，《敬》合于《诤》，《幼》合于《宥》，《阚》合于《勘》，《栝》合于《艳》，《鉴》合于《陷》，《酽》合于《梵》。

入声　《栉》合于《质》，《黠》合于《鎋》，《屑》合于《薛》，《麦》合于《陌》，《盍》合于《合》，《帖》合于《叶》，《狎》合于《洽》，

《业》合于《乏》。

所以今韵韵书上合并韵部的，当推始于韩道昭，并不是始于《平水韵》的。至于《五音集韵》的部次，虽然不尽依照《广韵》原来的次序，也不是根据于《集韵》所改定的序次；因之后代重刊《广韵》的错误，以及《集韵》所改并的十三处，还可以利用此书把他们考订出来。

《平水韵》大家都说是指南宋末年刘渊的《壬子新刊礼部韵略》，因为黄公绍《古今韵书》里曾经提及江北平水刘渊。后来就把《广韵》二百零六部的并合为一百零七部，完全归咎于刘渊。刘氏书将《广韵》《集韵》同用的各部，都加以并合，又将不同用的《径》《证》《嶝》并为一韵；所以上平十五韵，下平十五韵，上声三十韵，去声三十韵，入声十七韵，共计一百零七部。兹录一百零七部韵目如下：

上平　一《东》　二《冬》　三《江》　四《支》　五《微》　六《鱼》　七《虞》　八《齐》　九《佳》　十《灰》　十一《真》　十二《文》　十三《元》　十四《寒》　十五《删》

下平　一《先》　二《萧》　三《肴》　四《豪》　五《歌》　六《麻》　七《阳》　八《庚》　九《青》　十《蒸》　十一《尤》　十二《侵》　十三《覃》　十四《盐》　十五《咸》

上声　一《董》　二《肿》　三《讲》　四《纸》　五《尾》　六《语》　七《麌》　八《荠》　九《蟹》　十《贿》　十一《轸》　十二《吻》　十三《阮》　十四《旱》　十五《潸》　十六《铣》　十七《篆》　十八《巧》　十九《晧》　二十《哿》　二十一《马》　二十二《养》　二十三《梗》　二十四《迥》　二十五《拯》　二十六《有》　二十七《寝》　二十八《感》　二十九《琰》　三十《豏》

去声 一《送》 二《宋》 三《绛》 四《寘》 五《未》 六《御》 七《遇》 八《霁》 九《泰》 十《卦》 十一《队》 十二《震》 十三《问》 十四《愿》 十五《翰》 十六《谏》 十七《霰》 十八《啸》 十九《效》 二十《号》 二十一《个》 二十二《祃》 二十三《漾》 二十四《敬》 二十五《径》 二十六《宥》 二十七《沁》 二十八《勘》 二十九《艳》 三十《陷》

入声 一《屋》 二《沃》 三《觉》 四《质》 五《物》 六《月》 七《曷》 八《黠》 九《屑》 十《药》 十一《陌》 十二《锡》 十三《职》 十四《缉》 十五《合》 十六《叶》 十七《洽》

《广韵》承袭隋、唐部目,一方面为审音而设,一方面又以供时人应试作文之用。可是韵书上而冠以"礼部"两个字,完全成为考试的官书了;又因为语音变迁的结果,从前一种审音定韵的意旨,渐渐消失。韵书上各部的通用,风行日久,成为习尚;结果,为应用的便利起见,就把同用的各部加以合并,即使不同用的窄韵,也把他们合并起来。这种实在是因乎时势,顺乎自然,不能归咎于刘渊的。而且刘氏书不传于世,刘氏究竟是何地人?平水是什么地方?一百零七部之目,究竟是否创始于刘氏?还是成为问题。

钱大昕得见元本王文郁《平水韵略》,又考定平水就是平阳,王文郁做了金平水书籍之官,所以他的书叫做《平水韵》(见钱氏《平水韵跋》)。王文郁书只分一百零六部,刊行在刘渊书之前,足以证明并合韵部,并非起于刘氏的。其实王文郁和刘渊的书,都有所因袭;我们看了《山西通志书目》,还有一种毛麾的《平水韵》,麾是平阳人,又在王文郁之前。大概承用这种韵部的,当时都说是《平水韵》;黄公绍《韵会》既然称刘渊书为《平水韵》,又说刘氏是江北平水人,其实江北和平阳距离很远,恐怕是因书名而误传其人了。王国维又得见金张天锡《草书韵会》。其书刊行的年代,和王文郁《平水韵略》很近,决不是彼此因袭的;而张天锡书也分一百零六部。王氏于是断定二百零六部的并合为一百零七或一百零六,乃是金人官韵如是,并非始于王文郁,更不是始于刘渊(见《观堂集林》卷八)。大概金人传入宋朝的文化、考试制度和用韵也多模仿宋人。不过为应用的便利起见,把宋人的《礼部韵略》里通用的各韵,和不通用的窄韵,加以合并罢了;因之发生一百零七部或一百零六部之目。金代的平阳,也许是当时北方文物荟萃的地方,所以设有书籍之官。通行的官韵,或者曾经平水人或平水书籍所刊定;此等韵书,遂有《平水韵》之称。

刘渊书不存于世,他的一百零七部之目,为黄公绍《古今韵书》所遵用。黄氏《韵会》是集合古今字书、韵书的大成,卷帙浩繁;所以熊忠另外做成《古今韵会举要》一书。熊氏书里的部目,就是刘渊的一百零七韵。各部里诸字的次序,又依韩道昭《五音集韵》的方法,用七音、四等、三十六母来排列;所谓"字纽遵韩氏法,部分从刘氏例,兼二家所变而用之;而韵书旧第,至是尽变无遗"。他们应用等呼的道理来分析今韵的分部,有很多扞格难通的地方;因之认定有二韵混为一韵的,有一韵分为二韵的。又排斥今韵为江左吴音(见《韵会举要韵例》)。即此足以见得《韵会》于音韵学上,并没有何等贡献;不过对于后来研究文字训诂的,不无补助罢了。

从王文郁《平水韵略》出世之后,我们才晓得一百零六部之目,把上声《拯》韵并入《迥》韵,并非起于元阴时夫《韵府群玉》。阴氏《韵府》本是一种类书,专备作诗作赋和押韵用的;对于一般文人是很合用,所以明清时代,非常通行。后世所流行的《诗韵》,就是从此书里录出;清康熙时所作的《佩文韵府》,也以此书为蓝本。大概自从阴氏《韵府》通行以后,金、元以前押韵之书,渐渐无人过问。所以只知一百零六部之目,是起于此书的。又常常误以《诗韵》为沈约所撰，或指阴《韵》即系刘渊的《平水韵》；一般文人见识之陋，于此可以想见了（本邵长蘅《古今韵略》）。而今韵韵书，也全靠这般文人的拥护，和政府的势力，勉强维持他正统的地位，再过了数百年。

《广韵》一系的韵书，在元、明时代，已经到了末路，专供文人作诗赋之用。部目妄自合并，当然和实际的口语，不能符合，因之依据此种韵书所作的诗文，也仅成为纸上的死语。这时提倡文学革命的，必以一种最有势力的方言做标准，更用来另订定一种韵书；这就是北曲文学和北音韵书兴起的缘故。北曲文学是对于近体诗赋起一个革命，北音韵书就是对于《广韵》一系的韵书，起一个革命。北音韵书的创始而最重要的，当推元周德清的《中原音韵》和明初乐韶凤等的《洪武正韵》。这种北音韵书的制作，不但是为北曲文学而设，也是要正言语，宗中原之音。他们所谓中原，就是现今的北音区域。他们以为今韵出于六朝江左，是闽、浙之音；文人学士墨守今韵韵书，以至“不独中原，尽使天下之音，俱为闽海之音”了。其实《广韵》里的语音，综括古今、南北，当然不只包含吴音一种。因为今韵里混合多种方言于一书，所以分部很觉得繁复；北音韵书只依据一种方言的系统，又近代北音里的音素，本较南音为简单；所以北音韵书里的分部，特别简单（参看本文的五）。《中原音韵》只列十九部；上去二声不另立部目，又将平声分阴、阳，八声派入三声，只有阴、阳、上、去。这种显然和今韵里的系统，完全不同了。《洪武正韵》虽属北音韵书，而有很多迁就今韵的地方；分七十六韵，合平、上、去三声计之，为二十二部，又列入声十韵。入声的分配，也大体依照今韵的系统；可见《洪武正韵》并不是纯粹依据于一种方言的。不过我们可以借此来窥探明代较普通的语音罢了。后来兰廷秀作《韵略易通》并韵部为二十，又归并三十六母为《早梅诗》二十字。明末毕拱辰作《韵略汇通》，把韵部减为十六。

清樊腾凤作《五方元音》，更减为十二，声类也并为二十（均详本文的五）。声类的分析，日趋于简单，和现今的国音系统，渐相符合。这一派韵书，和《广韵》一系处于对抗的地位，而为近代国语统一运动的始基；从现今和将来的趋势看来，实在有很大的价值。

可是北音的势力，虽渐渐发展，而一般文人，仍奉《广韵》一系为韵书的正宗。讲音韵的，也每每遵用今韵的韵部。例如，明吕维祺作《音韵日月灯》，以三十六母及四等分析字音，而仍用一百零六部之目。清李光地等作《音韵阐微》，也依三十六母的次序，并且排列各字的等呼，又利用满文"十二字头"，以改良反切；分析字音，最为明显（详本文的五）。而其部目，仍为一百零六韵。此等韵书，实在由黄公绍《古今韵会》演进而来，所以也属于今韵一系。《广韵》传统势力的造成，由于习俗和政治的势力，循环相应，以致学术上也有部分的融合进去。因为《广韵》这书是集合六朝、隋、唐诸家而成，包含有古今、南北多种的语音系统；他的应用，在学术上，文艺上，政治上，都发生绝大的关系。韵书当中，算是一种最富有涵盖性和调和性的，最适合于中国人好古喜博的心理，所以能保持正统的地位于千余年之久。直待近今国语统一运动萌芽，《广韵》的势力始渐渐成为过去。

本篇参考书举要

唐写本《切韵残卷》

唐写本《唐韵残卷》

唐写本王仁昫《刊谬补缺切韵》

明内府本《广韵》

覆宋本《广韵》

曹楝亭本《广韵》

《集韵》

《礼部韵略》
熊忠《韵会举要》
阴时夫《韵府群玉》
王应麟《玉海》卷四十五
邵长蘅《古今韵略》
吕维祺《音韵日月灯》
李光地等《音韵阐微》
周德清《中原音韵》
《颜氏家训·音辞篇》
《隋书·经籍志》
谢启昆《小学考》
徐锴《说文篆韵谱》
夏竦《古文四声韵》
李涪《刊误》
封演《闻见记》
顾炎武《音论》
戴震《声韵考》《声类表》《戴东原集》
江永《音学辨微》《四声切韵表》
钱学嘉《韵目表》
陈澧《切韵考》《切韵考·外篇》
章炳麟《国故论衡》卷上
王国维《观堂集林》卷八
黄侃《音略》《与友人论治小学书》
钱玄同《文字学音篇》《声韵学讲义》
吴稚晖《国音沿革序》
方毅《国音沿革》
中山大学《语言历史学周刊》第二十五、二十六、二十七期，《切

韵专号》

中央研究院《语言历史研究所集刊》第一本、第一分

张煊《求进步斋音论》(《国故》第一期)

黄淬伯《慧琳一切经音义反切声类考》(语言历史研究所《集刊》第一本、第二分) 《一切经音义反切考韵表》(《国学论丛》二卷二号) 《讨论切韵的韵部和声纽》(《语言历史学周刊》第六十一期)

高本汉《中国音韵学研究》《中文解析字典》《中国语言学研究》(贺昌群译)

高元《国音学》

胡朴安《文字学研究法》

张世禄《广韵研究》

三、古音学上的问题

（一）古音学的源流及其研究方法

上面讲过《广韵》以及韵书的源流，我们知道韵书的发生，是在魏、晋以后，而现今所完存的，又只是唐、宋以后的韵书。魏、晋、唐、宋间属于“今音”的范围；至于魏、晋以前的，乃是“古音”的时代。古音时代既然没有韵书，那末，我们可以应用什么方法来研究呢？古音时代也有一千数百年之久，中间当然包含着许多音变。郑康成笺《毛诗》云：“古声，填、寘、尘同”；他注旁的经书，也常说“古者声某某同”“古读某为某”之类。又如刘熙《释名》说：“古者曰车，声如居；所以居人也。今曰车，声近舍。”因此可以晓得汉代的音读，和经书上，已经有古今之判了。我们要研究古音，究竟以那种材料为主体？《论语》里说：“子所雅言；诗、书、执、礼，皆雅言也。”据近人的考证，雅言就是当时中夏之音，为周代的标准语；孔子校定《六经》，大概依据于这种标准音；所以《诗》《书》韵语上的系统，自已很划一的（本章炳麟、钱玄同说）。而且这种雅言的通行，也有几百年之久。直到战国时，周代的政治，演成分化的现状，雅言的势力也渐渐的倒退，因之有“言语异声”的情形。汉代词赋用韵，比较《诗经》《楚辞》里宽放得多，可见两汉时音韵混杂，标准语通行的势力远不及周代。至于周以前的语音，现今可以依据的材料，更觉稀少。因为从群经诸子中研究音韵，总是关于周代的为多。所以我们古音的研究，以周代的标准音为主体，而以汉代为附属，总称曰：周、汉的古音学。

汉时注经家说古声某某同，某读为某之类，解释古今音读的变异，实在是后代考求古音的嚆矢。到了六朝、隋、唐一般注疏家，凡是遇见古书上用韵不合的，往往改读字音，以求谐合。如沈重《毛诗音》里“协句”之例，徐邈《毛诗音》里“取韵”之例，在陆德明《经典释文》里，叫做“协韵”，颜师古《汉书注》里又叫做“合韵”。所谓“协”“合”，都是用当时之音来读古书，觉其不协不合，就勉强把字音改读，使之协合；对于古书上本来的音读怎样，他们便置之不顾了。这种协句、合韵之说，实在是宋后“叶韵”之所自出（见钱大昕《音韵问答》）。不过同时陆德明又有“古人韵缓不烦改字”的话，以为古书上用韵，不及后人的苛细，他已经明明指示古今韵部的不同。这句话虽然似乎简陋得很，可是，说古韵宽疏，开宋后古韵通转之例的始基，又为近代古音研究发轫的所在（本陈振孙《书录解题》及戴震《声韵考》）。可惜陆氏之后数百年，没有人了解这句话的意思，竟然发生改经的陋习。如唐明皇改《书·洪范》“无偏无颇”的颇字为陂，谓颇字不能和下文“遵王之义”的义字协读；这种改经的陋习，成为唐代的风气。结果，正如顾炎武《答李子德书》所说“古人之音亡，而文亦亡”了。宋代的学者也晓得这种改经的不当，绝对不依附唐人的陋习；一派是采取陆氏韵缓不烦改字之说，把今韵韵部通合并用，以求古音；一派仍转而采取协句合韵之例，复唱“叶韵”。前者以吴棫的《韵补》为代表，后者以朱熹的《诗集传》为代表。

自来谓朱子叶韵之说，是本于吴棫的《毛诗补音》，于是就以叶音归咎于吴氏。吴氏《补音》已经不存于世；我们现在考吴氏说古音的地方，多与朱子所注明的叶音不相符合。因此证明朱子作《诗集传》，并非尽用吴氏之说。钱大昕《韵补跋》更谓叶音非出于吴才老。

因为叶韵是用后代的语音勉强合于古书中，和研究古音的根本观念相背谬；后人既然认吴才老是古音学创始的一人，便可以断定他并不是提倡叶韵的。明代杨慎、陈第诸人竭力斥叶韵的谬误；王夫之《船山遗书》里，也有《诗经叶韵辨》一篇。至于元戴侗的《六书故》、明焦竑的《笔乘》，以及陈第的《毛诗古音考》，更谓叶韵就是古人本音，所谓叶，实在是古韵不合于今读的地方；古书上的用韵，都是依据古人本来之音，并不曾有故意强叶的事实。钱大昕《十驾斋养新录》里，也有"协句即古音"一则。总之，凡属古音学家，大都是反对叶韵的。

吴才老《韵补》一书，把《广韵》二百零六部注明"古通某""古转声通某"，这种韵部通转的例，正所以证实陆德明"韵缓不烦改字"之说。不过吴氏所采取作证的书籍，过于混杂，韵部分合之间，也很多疏舛。后来顾炎武作《韵补正》一书，一面所以补正吴氏学说的缺点，一面所以表彰吴氏在古音研究上的功绩。因为吴氏书里，虽多疏陋，但是他所说明韵部通用，除根据于古书用韵以外，也取证于《说文》形声字的偏旁，并且间有审辨音韵的话。近代古音学的雏形，实始具于此。杨慎的《转注古音略》《古音丛目》《古音略例》等书，也是为增补吴氏《韵补》而作的。陈第作《毛诗古音考》《屈宋古音义》，从《诗经》《楚辞》的韵语上，考订古音，各字注明古读，又以其他经书子书上的用韵为旁证。《读诗拙言》里谓《说文》形声字当中，很多可以和《毛诗》的音相印证。陈氏又竭力主张古今语音尝有变迁，抱着语音历史的观念，所以他能破除叶韵，直言古音。后来顾炎武、江永诸人的古音研究，实陈第为他们开除先路。

顾炎武是清代学术界的首领，也是奠定古音学始基的人。他以三十年的搜讨工夫，作《音论》《诗本音》《易音》《唐韵正》《古音表》五种，叫做《音学五书》。他所采证的资料，除《诗》《易》及他种经传以外，也多取于《说文》形声字的偏旁。他能够把《广韵》里的组织离析出来，重行分配。他所列的古音十部以及入声的分配，多变更《唐韵》的组织，开后来无穷的门径。不过顾氏复古的思想太重，要想用古音来纠正六朝、唐、宋的违失。和语言的历史观念不相符合。又江永说他“考古之功多，审音之功浅”；因为他分合之间，多不是依照音理，而是纯粹根据于古书上证据的。顾氏同时有毛奇龄作《古今通韵》，创立“五部”“三声”“两界”“两合”诸例，不合条例者仍旧谓之叶音；他想用通转叶韵之说来驳难顾氏的书，不但无损于顾氏的豪末，而适足以显示顾氏学说证据之强，只可以把他修整，不能把他打破。江永作《古韵标准》，他自己说是“取陈第、顾炎武而复补正其讹阙”；依据音理，把顾氏的分部加以修整；并说明音韵转变的由来，又应用方音的比较，来考求古今音变的大略。因为江氏兼长于今韵、等韵（详本文的四）；所以研究古音而不废今韵之学，和顾氏一味复古的，见解上颇有不同。江氏之后为戴震、段玉裁。段氏作《六书音均表》，为他《说文解字注》的附录。他说明各字的古读，及意义的转变，都根据于这《音均表》，他把《说文》上所示的古音，和群经参证，所以很能补正顾、江的疏漏。戴震本是段氏之师，而代表他古音研究的《声类表》一书，作成在段氏之后。戴氏分析音韵也常常依于音理，不但有古书上的证据。他在清代音韵学上，正和江永的地位一样，无论古音和今韵的研究，都有承前启后之功。钱大昕作《音韵问答》，盛倡双声假借之说；他《养新录》里几篇文辞，发明古今声类有异。孔广森作《诗声类》，严可均作《说文声类》，对于古音也有发明。章炳麟说：“审纽莫辨乎钱，定韵莫察乎孔”；可以晓得论古音，应当所适从的了。同时洪亮吉作《汉魏音》，可为研究汉魏语音的取资。姚文田作《说文声系》《古音谐》，和孔、严诸家，有很多立异的地方。江有诰作《诗经韵读》《群经韵读》《楚辞韵读》《子史韵读》《汉魏韵读》《二十一部韵谱》《二十一部谐声表》《入声表》《唐韵再正》《古韵总论》十种，叫做《音学十书》。王念孙的古音学说，见于王引之的《经义述闻》里（卷三十一），现在王氏音韵书已出世；王国维《观堂集林》有《叙录》一篇，说三百年古韵的研究，到了王、江二氏已经进步到了极点。夏炘作《诗古韵表》《二十二部集说》，就是依据于王、江二家的。丁以此的《毛诗正韵》、黄以周的《六书通故》、张惠言及其子成孙的《说文谐声谱》，也大体依照王、江之说。至于朱骏声的《说文通训定声》，多采取段玉裁的主张；刘逢禄拟作《诗声衍》，则和戴东原之说相类似。

集清代古音学之大成的，是近人章炳麟。章氏的古音学说，见于《小学略说》《二十三部音准》诸篇及《文始》等书，在韵部、声类以及阴、阳通转这些问题上，都能融合前人的学说，而加以特创的见解。章氏的弟子黄侃更依据陈澧《切韵考》中所考定的声类，分为古本声和今变声二类；又从《广韵》各部中，考得古本韵和今变韵二类（详本文的二）。他既然承接三百年来古音学家的研究，又从《广韵》切语上得着新证据，所以黄氏之说，最能得一般人的信从。黄氏之说，见于他的《音略》及钱玄同的《文字学音篇》。近人应用科学方法的研究，和黄氏所分析的，发现有点异同（详高本汉的《谐声说》及《中国上古音当中的几个问题》，载《国学论丛》中央研究院《语言历史研究所集刊》中。《国学季刊》二卷三号，载有敖士英《关于研究古音的一个商榷》）。但是，这些只是开辟后来研究的新途径；至于承袭三百年古音学说的，不能不推黄氏这一种为归束。

最近又有古音读法的考证。关于《歌》《戈》《鱼》《虞》《模》的古读问题，曾引起汪荣宝、钱玄同、林语堂诸人的讨论（见《国学季刊》一卷二期、三期）。从前只知道古音上声类和韵部的分合；对于各部各类究竟应当怎样的读法，并没有确凿的证明。最近西洋的学者，高本汉、马伯乐、钢和泰等，从唐宋以前中国语上的外国名辞，以及外国语上的中国语词，来考证隋唐时代的语音系统。因为古代梵语，有梵文字母的记载；日本、高丽和安南，在隋、唐以前，就有拼音字母；我们正可以利用佛典译音,以及日本汉音、吴音、高丽译音、安南译音来证明中国当时的音读。汪荣宝谓"唐、宋以上,凡《歌》《戈》韵之字,皆读〔a〕音,不读〔o〕音;魏、晋以上,凡《鱼》《虞》《模》《韵》之字,亦皆读〔ȧ〕音,不读〔u〕音,或〔y〕音"。汪氏这种结论,未免失之笼统;因为从中国语上的外国名称,和外国语上的中国语词来考明古读,材料的取证,只能及于隋、唐时代,至多也只及于魏、晋(见唐钺《歌戈鱼虞模古读管见》)。所以我们对于周、汉时代音读的研究,不能纯粹依据于这种材料的考证,而可以利用这种材料所考证的结果做个基础;更依语音变迁的原理,来推测古音的读法。总之,今后古音研究的趋势,一方面固然要广求新材料,一方面尤须处处以科学作根据。

(二)古音的韵部问题

现今所完存最古的韵书,只是宋人的《广韵》,包含有魏、晋、隋、唐时代的语音,为今音的代表。至于周、汉时代的古音,当然没有韵书;我们只能"从今韵离、合,以求古音"。今韵里的某部和某部,在古音上应当合,今韵里的某部,在古音上应当分,这是近代研究古音最主要的问题。

古音学的创始,首推宋代的吴才老;不过吴氏只于《广韵》部目上,注明通转,没有正式的分列各部。郑庠作《古音辨》,始分《阳》《支》《先》《虞》《尤》《覃》六部(本戴震《六书音均表序》)。所以研究古音的分部问题,应当推始于郑庠。郑氏《古音辨》一书,现今殆已亡失;他的六部之说,只戴震、段玉裁等,偶然谈及;丁履恒《形声类编》里,曾载其目。又他的分部过于简略,江有诰说他"专就《唐韵》(这里所谓《唐韵》,就是指《广韵》)求其合,不能析《唐韵》求其分"。到了顾炎武始离析《唐韵》以求古音。《古音表》里列为十部。夏炘《古韵表集说》:

郑氏《东》《阳》,《庚》《蒸》不分,顾氏析而四之;又《鱼》《歌》不分,顾氏析而二之;故得十部。又《屋》《沃》,《觉》《药》等韵,一析半入《鱼》,一析半入《萧》;《梗》《映》等韵,一析半入《阳》,一析半入《庚》。江君晋三所谓能离析《唐韵》以求古音也。

江永《古韵标准》分十三部。夏氏《古韵表集说》:

江氏于《真》以下十四韵,析《真》《谆》《臻》《文》《殷》《魂》为一韵,《元》《寒》《桓》《删》《山》《仙》为一韵,又分《先》之半两属之。《侵》以下九韵,析《侵》为一韵,《添》《严》《咸》《衔》《凡》为一韵,分《覃》《谈》《盐》以属之。又析《萧》《宵》《肴》《豪》为一韵,《尤》《侯》为一韵,故得十三部。

段玉裁《六书音韵表》分十七部。段氏《寄戴东原书》云:

忆《古韵标准》所称《元》《寒》《桓》《删》《山》《先》《仙》七韵,与《真》《谆》《臻》《文》《欣》《魂》《痕》七韵,《三百篇》内分用;不如顾亭林、李天生所云,自《真》至《先》,古为一韵之说;与舍弟玉成取《毛诗》细绎之,果信。又细绎之,《真》《臻》二韵,与《谆》《文》《欣》《魂》《痕》五韵,《三百篇》内分用,而江氏有未尽也。《萧》《宵》《肴》《豪》与《尤》《侯》《幽》分用矣;又细绎之,则侯与《尤》《幽》,《三百篇》内分用,而江氏有未尽也。《支》《脂》《之》《微》《齐》《佳》《皆》《灰》《咍》九韵,自来言古韵者,合为一韵;及细绎之,则《支》《佳》为一韵,《脂》《微》《齐》《皆》《灰》为一韵,《之》《咍》为一韵,而顾氏、江氏均未之知也。又绎其平、入之分配,正二家之踳驳;移《书》《诗》所用字,区别为十七部。

戴震《声类表》分九类二十五部。将段氏十七部里的《尤》和《侯》二部,仍合为一,《真》和《谆》二部仍合为一,又将《脂》《祭》分为二部,再加上入声九部,共得二十五部。孔广森《诗声类》分阴声九部、阳声九部,共十八部。于段氏十七部里的《真》《谆》二部,也并合为一,而分列《东》《冬》二部,又另立入声《缉》《合》以下九韵为《合》部,共得十八部。严可均《说文声类》并《冬》于《侵》,又将孔氏的《合》部附于《谈》部,共为十六部。江有诰于段氏十七部,从戴氏分列《脂》《祭》二部,从孔氏分列《东》《冬》二部,又另立入声《叶》《缉》二部,共得二十一部。王念孙《东》《冬》不分,而另立《至》部,所以也是二十一部。夏炘《古韵表集说》定为二十二部,就是依江有诰的二十一部,而加以王氏的《至》部。丁以此《毛诗正韵》也分二十二部。至于黄以周《六书通故》的十九部,实际就是二十一部,《东》《冬》之分,依于孔氏,《真》《文》之分,依于段氏,不过《缉》《盍》并合为一部,和王氏不同。朱骏声《说文通训定声》分十八部,大致依据于段氏,而参酌于王念孙之说。张成孙《说文谐声谱》本于张惠言,分二十部,除《叶》《缉》二部相并外,其余尽和江有诰之说相同。刘逢禄《诗声衍表》分二十六部,实以戴氏的学说为主,而参以段氏、孔氏之说。以上是清代诸家对于古韵分部的大概,正如章炳麟所说"大抵前修未密,后出转精"。

章炳麟集三百年古音学的大成。他的二十三部,以王念孙的二十一部为基础,并参以孔氏《东》《冬》分部之说,又从《脂》部分出《队》部。其实他把平、上韵和去、入韵完全分开,颇采取戴氏的理论,而分析还没有澈底。于是他的弟子黄侃根据他的学说,更从《广韵》里考定三十二部古本韵,其中《歌》《戈》,《曷》《末》,《寒》《桓》,《痕》《魂》八韵,认为今韵中以开、合分者,各各合并,共得二十八部：

阴声八：《歌》《灰》《齐》《模》《侯》《萧》《豪》《咍》

阳声十：《寒》《先》《痕》《青》《唐》《东》《冬》《登》《覃》《添》

入声十：《曷》《屑》《没》《锡》《铎》《屋》《沃》《德》《合》《帖》

近今讲古韵分部的，多以黄氏这二十八部为定论。其实从《广韵》上去分析古今音，黄氏这种结论，可以致疑的地方很多（见上篇第一章、第二章）。我们只能说三百年来古韵分部的研究，可以推黄氏这二十八部最为完密罢了。黄氏自己说二十八部的设立，“皆本昔人，未曾以臆见加入”（见《音略》）。兹录其所本如下：

《歌》顾炎武所立	《寒》江永所立	《曷》王念孙所立
	《先》郑庠所立	《屑》戴震所立
《灰》段玉裁所立	《痕》段所立	《没》戴所立
《齐》郑所立	《青》顾所立	《锡》戴所立
《模》郑所立	《唐》顾所立	《铎》戴所立
《侯》段所立	《东》郑所立	《屋》戴所立
《萧》江所立		
《豪》郑所立	《冬》孔广森所立	《沃》戴所立
《咍》段所立	《登》顾所立	《德》戴所立
	《覃》郑所立	《合》戴所立
	《添》江所立	《怗》戴所立

兹以黄氏二十八部为标准，和顾、江、戴、段、孔、王、章诸家分部比较，列表如下（表里有括弧的，是黄氏的部目）：

顾氏十部	江氏十三部 附入声八部	段氏十七部	戴氏二十五部	孔氏十八部	王氏二十一部	章氏二十三部
第一(东冬) 第二(齐灰哈)(锡屑没曷德) 第三(模侯)(铎屋) 第四(魂寒先) 第五(萧豪屋)(沃) 第六(歌) 第七(唐) 第八(青) 第九(登) 第十(覃添)(合怗)	第一(东冬) 第二(齐灰哈) 入声第五(锡) 入声第六(德) 第三(模) 入声第四(铎) 第四(魂先) 入声第二(没锡) 第五(寒) 入声第三(曷) 第六(豪) 第七(歌) 第八(唐) 第九(青) 第十(登) 第十一(萧侯) 入声第一(屋沃) 第十二(覃) 入声第七(合) 第十三(添) 入声第八(怗)	第一(哈)(德) 第二(豪) 第三(萧)(屋沃) 第四(侯) 第五(模)(铎) 第六(登) 第七(覃)(合) 第八(添)(怗) 第九(东冬) 第十(唐) 第十一(青) 第十二(先)(屑) 第十三(魂) 第十四(寒) 第十五(灰)(没曷) 第十六(齐)(锡) 第十七(歌)	阿(歌) 乌(模) 垩(铎) 膺(登) 噫(哈) 亿(德) 翁(东冬) 讴(侯萧) 屋(屋沃) 央(唐) 夭(豪) 约(铎) 婴(青) 娃(齐) 戹(锡) 殷(魂先) 衣(灰) 乙(屑没) 安(寒) 霭(曷) 遏(曷) 音(覃) 邑(合) 醃(添) 谍(怗)	原(寒) 丁(青) 辰(魂先) 阳(唐) 东(东) 冬(冬) 绶(覃) 蒸(登) 谈(添) 歌(歌) 支(齐)(锡) 脂(灰)(没曷屑) 鱼(模)(铎) 侯(侯)(屋) 幽(萧)(沃) 宵(豪) 之(哈)(德) 合(合)(怗)	东(东冬) 蒸(登) 侵(覃) 谈(添) 阳(唐) 耕(青) 真(先) 谆(魂) 元(寒) 歌(歌) 支(齐)(锡) 至(屑) 脂(灰)(没) 祭(曷) 盍(怗) 缉(合) 之(哈)(德) 鱼(模)(铎) 侯(侯)(屋) 萧(萧)(沃) 宵(豪)	歌(歌) 泰(曷) 队(没) 脂(灰) 至(屑) 支(齐)(锡) 鱼(模)(铎) 侯(侯)(屋) 幽(萧) 之(哈)(德) 宵(豪)(沃) 寒(寒) 谆(痕) 真(先) 青(青) 阳(唐) 东(东) 侵(覃) 缉(合) 冬(冬) 蒸(登) 谈(添) 盍(怗)

（三）古韵通转及入声分配问题

古韵分部既然和今韵不同，那末，今韵上四声的分别，是否古韵上所具有的呢？吴才老的“四声互用”、程迥的“三声通用”，都以为古无四声的分别。陈第也有四声通韵之说，不过他的书里，每每仍泥一声，加以注释，未免两歧之见。顾炎武谓古音四声的分别不严，平仄可以通协。但是顾氏又谓入为闰声，古代也有入声，一面用入声的分配，变更今韵的组织；一面又承认入声为平声的短音，开阴、阳、入对转说之先河（参看本文的二（二））。毛奇龄的《古今通韵》，虽然和顾氏的学说反对，可是他定有入和无入两界，又以有入之入和无入之去得互相通转，也是阴、阳声通转说之所本。江永不赞成顾氏四声一贯之说，不过他主张入声与去声最近，古多通用；后来分平、上与去、入两界，实江氏开其端绪。段玉裁《六书音均表》把他的十七部分为六类，异部异类的也得互相通转，叫做“合韵”；又以异平同入为合韵的枢纽，所以他在实际上很主张阴、阳、入通转之说，不过还未建立这种名辞罢了。段氏说：“古四声不同今韵，犹古本音不同今韵也。考周、秦、汉初之文，有平、上、入而无去。洎乎魏、晋，上、入声多转而为去声，平声多转而为仄声。”又说：“古平、上为一类，去、入为一类；上与平一也，去与入一也。”（《古四声说》）把平、上和去、入分为两界，到了段氏就完全成立了。戴氏《声韵考》也说：“古人用韵，未有平、上、去、入之限，四声通为一音。”他的《声类表》里，把《广韵》中有入诸韵（除《侵》以下九韵以外）和无入诸韵，各得他们的入声，两两相配。他只承认古音上有阴、阳、入之分。他说：“有入者，如气之阳，……无入者，如气之阴。”又说：“有入之入与无入之去近。”（《答段若膺论韵》）阴、阳相配，因入声可以通转。因为顾炎武变更《广韵》的组织，把入声多配于阴声诸韵；江戴诸人要想把《广韵》里的组织与古韵融合起来，就产生异平同入，阴、阳对转之说（参看本文的二（二））。戴氏又立“正转”“旁转”之例，以“相配互转”“联贯递转”以及“同类相转”，属于正转。所以清代讲古韵通转的，当首推戴氏。

继承戴氏学说最主要的一人，是孔广森。《诗声类》里分阴、阳两类，两两相配，可以对转。孔氏谓古音无入声，入声只是去声的短音，所以把入声诸部附丽于阴声。只有《缉》《合》诸韵是闭口急读的音，不能长言，没有平、上、去三声；而《侵》《谈》诸韵，无阴声可配，就不得不用《缉》《合》诸入声韵，当做阴声来和他们相配。又孔氏说明阴、阳所以对转，仍以入声为枢纽；他的学说，很有含糊矛盾的地方。大概孔氏讲阴、阳声的对转，承认戴氏“有入之入与无入之去近”的话；而一方面又以入声归于去，乃是依据于段氏“平、上为一类，去、入为一类”的话。后来章炳麟的《成均图》，大都采取孔氏这种学说，而又参以严可均的主张。严可均《说文声类》分十六部，本来用以弥缝《诗声类》而作，他的十六部，纯粹分做阴、阳两类。阴、阳各部得互相对转，又因比近得相通，因比近的对转也得相通。章炳麟立正转、旁转诸例，远则承于戴氏，近即袭取严氏的。

对于古音的四声问题，段、孔以前诸家，或以为古无去声，或以为古无入声，大抵都主张古音上四声不具。到了江有诰，却以为古音四声完具，不过各字所读的声和今韵不合；他于是作《唐韵四声正》一书，规定古音上各字的四声。又江君以为古韵上非每部鉴定四声，有几部有平、上、去而无入声的，有几部有去、入而无平、上的，有只有平声而无上、去、入的，有只有入声而无平、上、去的。江君关于入声的分配，一以《九经》用韵及形声偏旁为依据，他说：“此部之入，他部不能假借”；不赞成戴、段异平同入之论。所以他对于阴、阳、入对转之说，不很主张。但是也立着通韵、合韵、借韵诸例，将段氏合韵之说，加以修正；在应用上，仍不能废弃古韵的通转。

王念孙也主张古有四声的分别，把他的二十一部分为二类：一类是皆有平、上、去而无入，一类是或四声都完备，或有去、入而无平、上，或有入而无平、上、去；就是一类是有入声的，一类是无入声的。所以王氏虽然没有讲阴、阳两声相配，而分无入之韵和有入之韵为两类，正和孔广森的学说暗相呼应。夏炘《古韵表集说》也依照江君，说古有四声。黄以周《六书通故》上四声的分配，和王氏也什九相同。至于张惠言，说古音本无四声的区分，所谓轻重长短，只是求一时的谐和；和顾炎武古时四声一贯，平仄通押之说相合，而反对王念孙、江有诰古时四声分别固定的主张。张氏入声各部的分配，和王、江略同，而关于四声的意见，却大大相反。张氏又有"正纽""反纽"之说，以为入声短促，引而长之，就成为平声，这叫做反纽；平声延长，急收其音，便成为入声，这叫做反纽（见刘逢禄《诗声衍条例》）。他以为平、入的分别，完全在音长的关系，以正纽、反纽来定平、入的分配，就是异平同入的原理，也是合韵、转音之所由发生的。所以张氏很推崇段氏合韵之说，而为阴、阳声对转之论助长声势。刘逢禄《诗声衍条例》竭力主张古有四声，他自己说"辨孔氏无入之误""辨段氏古无去声之误"，古韵四声区分，自有疆界，不同今韵，和王念孙、江有诰之说，颇相类似。刘氏的分部，虽然很近于戴氏，而对于入声各韵的分配，多归于阴声；阳声除《侵》《盐》外，都是无入声的；和顾炎武的主张相合，而和戴氏阴、阳二声同入分配之论异趣。不过刘氏也赞成段氏合韵之例，以为异部相通，不外同入合用的道理；则和王念孙、江有诰的入声分配，固定不移的论调，又不相同。大抵清代古音学家，对于古韵四声及入声分配问题，可分两派：一派是顾炎武，把入声诸韵分配于阴声；王念孙、江有诰张其旗帜，而主张古有四声；刘逢禄亦主是说。另一派是戴、段异平同入之论；孔广森就依据他们，分成阴、阳两类，而以入声为两者对转的枢纽。近人章炳麟、黄侃是属于戴、孔一派；而王国维的五声说，是属于王、江一派。王国维谓："阳声自为一类，有平而无上、去、入"；"阳声一与阴声平、上、去、入四，乃三代、秦、汉间之五声"。他以为古音四声完具，只是属于阴声；阳声不但没有入声，并且没有上、去。他自己说："余之五声说，及阳声无上、去、入说，不过错综戴、孔、段、王、江五家，而得其会通，无丝毫独见参于其间。"其实王静安这种说法，和戴、孔的学说相差很远，和王、江二家比较接近；他不过把古音完具四声，和阳声无入的主张，加以进一步的推阐罢了。又清代古音学家把古音的四声，也只看做音调和音长上的区别；尤其平、入的相转，大都认为由于音长的变化。其实音调和音长，只是音理上相对的分析，不很显著；古音上究竟是否具有这种区别，也很难确断。至于阴、阳、入的相异，乃由于音缀上附声的不同，属于音理上绝对的分析，比较显著（参看本文的一（三））。因音色的不同，而发生音长的差异；在古音上说是有了这种分别，这是很明确的。况且古音的研究，历来总以《广韵》一书为基础；依据《广韵》的音理来推断古音，不能不承认戴震《声类表》里所说为比较的可信。所以我们与其说古音上有四声，或五声，不如说古音上有阴、阳、入之分，较为平易确切。

章炳麟的二十三部，虽然大体依照王念孙，而分为阴、阳二类，讲古韵通转之理，却根据于孔广森、严可均二家。章氏认定古音去、入韵和平、上韵堑截两分，平、上韵无去、入，去、入韵亦无平、上。二十三部里，既然分出平、上韵和去、入韵两类，又平、上韵里有阴、阳声的分别，去、入韵里也有阴、阳声的分别。章氏也承认阴、阳声的分别，完全为收声的关系；不过他只认定古音入声只有收"ㄆ"的一类，没有收"ㄎ"、收"ㄊ"二种；所以说："《泰》《队》《至》者，阴声去、入韵也；《缉》《盍》者，阳声去、入韵也。"以为《缉》《盍》收唇，舒而为去，和《侵》《谈》同收，所以叫做阳声去、入韵，《泰》《队》《至》收喉，和《寒》《谆》《真》收声不同，所以叫做阴声去、入韵。

又章氏以只有《阳》部为独发鼻音，以《东》《冬》《蒸》为撮唇鼻音，《青》为上舌鼻音；他以为古韵上只有《阳》部是收“兀”的，其余《东》《冬》《蒸》《侵》《谈》都是收“冂”的，《青》《寒》《谆》《真》都是收“厶”的。这种说法，当然和《广韵》上的音理大相背谬；胡以鲁《国语学草创》规定古韵各部的音读，完全依据于章氏。这种假定，虽然也可以有一二事实上的证明，可是和江戴以来审音的学说，完全立异。我们对于章氏的古音研究，这点却应注意的地方。章氏又依他自己所分析的音列成一个《成均图》，把二十三部分为阴侈、阴弇、阳侈、阳弇四列，以《鱼》《阳》二部为中轴之音，兼揽弇、侈；兹录各部的序次如下：

阳弇	《寒》	《歌》《泰》	阴弇
	《谆》	《队》《脂》	
	《真》	《至》	
	《青》	《支》	
阳轴	《阳》	《鱼》	阴轴
阳侈	《东》	《侯》	阴侈
	《侵》《缉》《冬》	《幽》	
	《蒸》	《之》	
	《谈》《盍》	《宵》	

各部的通转，章氏立出许多名目：二部同居的，叫做近转；阴阳相对的，叫做正对转；同列相近的，叫做近旁转；同列相远的，叫做次

旁转；又从旁转而成的对转，叫做次对转。《鱼》《阳》二部和阴侈、阳侈、阴弇、阳弇诸部，各得成次旁转，次对转；所以说“兼揽弇、侈，与之交捷”。章氏又立了交纽转和隔越转二个变例，凡不是同列的各部，也得相转。可以见得他立例很为繁琐，而于事实上仍不能尽驭音义的转变；所以正例之外，又有变例。江有诰和段氏论合韵云：“近者可合，以音相类也；远者亦谓之合，则茫无界限，失分别部居之本意矣。”至于姚文田《说文声系自叙》更反对合韵和对转之说，以为：“里巷歌谣，天籁自发，音谐则用，讵识部居？……乡曲一隅，唇吻互异，惟变所适，众类佥同。”与其立例繁琐，而结果仍旧是茫无界限，自然还不如不立例为妙。姚氏反对合韵和对转，谓一切音变，毫无轨迹可寻，固未免说得过分一点；不过用他的话来矫正严氏、章氏之失，正是很适当的。

黄季刚《音略略例》说：“古无去声，段君所说；今更知古无上声，惟有平、入而已。”平声分阴、阳两类；平、入之分，就是阴、阳入之分。上面说过，平、上、去的区别，大体只是音调上的差异；阴、阳、入的区别，却关于音缀的本身，比较显著。所以说古有四声，不如说古有阴、阳、入，比较明确。黄氏对于二十八部的分配，多依据于戴氏的《声类表》；不过戴氏立着正转、旁转诸例，而黄氏却只承认阴、阳对转一例，其余章氏所列种种通转之例，都可以双声、叠韵来赅括。《音略略例》说：“古音通转之理，前人多立对转、旁转之名，今谓对转于音理实有；其余名目，皆可不立。以双声、叠韵二理，可赅括无余也。”钱玄同《文字学音篇》也说：“古音言语之转变，由于双声者多，由于叠韵者少。不同韵之字，以同纽之故，而得通转者，往往有之；此本与韵无涉，未可偏据以立旁转之名也。”于此可以见得古韵通转，妄立名目，愈繁琐反而愈混乱；自不如用双声、叠韵之理来赅括音变，比较简明。

不过古音上的音缀，是否只有阴、阳、入三种，尚属疑问。依据

《广韵》上的分析，阴声是纯韵，阳声是附有鼻音“ㄇ”“ㄋ”“ㄫ”的，入声是附有暴发气音“ㄆ”“ㄊ”“ㄎ”的。近人从语音学理上研究，以为古音上还有其他许多种音缀。高本汉假定古音上还有附暴发浊音（如〔b〕〔d〕〔g〕）的字。又有人以为古音韵部，可分为下面的五类：

1．阳声类，附有〔m〕〔n〕〔ŋ〕的。

2．入声甲类，附有〔P〕〔t〕〔L〕〔K〕的。

3．入声乙类，附有〔F〕〔f〕〔ɸ〕〔ç〕〔cç〕〔s〕〔t͡ʃ〕〔h〕的。

4．阴声类，附有〔u〕〔j〕〔w〕的。

5．纯韵类，附有〔ʔ̩〕〔ɸ〕的。

实在比后代的音繁复得多（见魏建功《古阴阳入三声考》，载《国学季刊》二卷二号、四号）。这种是属于古音各部的读法问题。不过要了解阴、阳、入的通转，和考证古音的读法，彼此当然有密切的关系。总之，今后关于古音韵部和通转的问题，关于古音声类的问题，都应当以音读的考证做全部的基础。

（四）古音的声类问题

清代古音的研究，自顾炎武以来，大都只注重韵部的分析；讲古音通转的，也只是在韵部上立出许多例子，所以大家称为古韵学。戴震作《转语》二十章，始用双声之理，说明语音自然的转变和字义的比类相通；可惜此书不传于世。到了钱大昕的《音韵问答》，立双声假借一例，凡是用韵部的通转讲不明白的，概用双声之理来解释。章炳麟承二家之学，作《文始》一书，又作《古双声说》。他说：“诸同纽者，为正纽双声；诸同类者，为旁纽双声；深喉、浅喉，亦为同类，舌音、齿音、鸿细相变。”所谓同纽，就是属于同一声母之字；所谓同类，就是母不同而发音部位相同之字。又说：“类隔舌、齿，有时旁转”；“喉、牙二音，互有蜕化”。因为喉音和牙音，舌音和齿音，在发音部位上很相近；古音里或者同属一音，或者可以相通转的。不过章氏在韵部上既然有正转、旁转诸例，于双声又有正转、旁转诸例，名目过于繁琐。黄季刚、钱玄同就只承认阴、阳对转一例，其余概用双声或叠韵来概括。要明了双声相转的道理，就须讲到古音的声类问题。

清初古音学家未曾论到古今声类的异同。江永很尊信守温的三十六字母。戴震《声类表》列着四十声位，和守温略有异同；依他的意思，似乎古音的声类，也有四十。到了钱大昕，始发明古今声类有异，说古音无舌上，无轻唇。《音韵问答》里有云：“凡今人所谓轻唇者，汉、魏以前，皆读重唇；知轻唇之非古矣。”《十驾斋养新录》卷五有《古无轻唇音说》，以明古音《非》《敷》《奉》《微》四母，皆读入《帮》《滂》《并》《明》四母。又有《舌音类隔之说不可信》一篇，谓：“古无舌头、舌上之分，《知》《澈》《澄》三母，以今音读之，与《照》《穿》《床》无别也。求之古音，则与《端》《透》《定》无异。”又谓：“古人多舌音，后来多变为齿音；不独《知》《澈》《澄》为然。”钱氏又说古音《影》《喻》《晓》《匣》四母，多相混无别，又和《见溪》诸母，并无显然的区分。章炳麟论古音声类及双声相转，多本于钱氏，所以他说：“审纽莫辨乎钱。”

章炳麟承钱氏之说，更谓古无《娘》《日》二母，作《古音娘日二母归泥说》一篇。又谓正齿、齿头，古亦不分，说：“《精》《清》《从》《心》《邪》本是《照》《穿》《床》《审》《禅》之副音。”于是章氏断定古音仅有喉、牙、舌、齿、唇、半舌六类。《古双声说》：

> 古音纽有舌头，无舌上，有重唇，无轻唇，则钱大昕所证明。《娘》《日》二纽，古并归《泥》，则炳麟所证明。正齿、舌头，虑有鸿、细，古音不若是繁碎，大较不别。……疑于类隔齿舌，

有时旁转;钱君亦疏通之矣。此则今有九音,于古则六,曰喉、牙、舌、齿、唇、半舌也。

黄季刚继承章氏之学,又从广韵上所考得之四十一类,分为今变声和古本声;又从古本声考得三十二古本韵,更从这些古本韵考定古音声类十九(参看本文的二(三))。章氏《菿汉微言》说此是音学上一个发明:

黄侃云:《歌》部音本为元音;观《广韵》《歌》《戈》二韵音切,可以证知古纽消息;如《非》《敷》《奉》《微》《知》《澈》《澄》《娘》《照》《穿》《床》《审》《禅》《喻》《日》诸纽,《歌》《戈》部中皆无之,即知古无是音矣。此亦一发明。

兹录黄氏所定十九类古本声、二十二类今变声(谓:凡旁注者,古音所无)之表如下:

喉　音	牙　音	舌　音	齿　音	唇　音
《影》为喻 《晓》 《匣》	《见》 《溪》群 《疑》	《端》知照 《透》彻穿审 《定》澄神禅 《泥》娘日 《来》	《精》庄 《清》初 《从》床 《心》邪山	《帮》非 《滂》敷 《并》奉 《明》微

黄氏所定古声十九类,一面以证明钱氏、章氏所考证的无误,一面又以补足二家考证的未备;因之国内讲古音声类的,多以黄氏这种学说为定论。

但是据近人从古书上的材料,考得古音声类,并没有十九,只有十六:《晓》《匣》应当并合于《见》《疑》,《从》应当并合于《精》。其他各类并合之迹,也和黄氏所列的,颇有异同(参看敖士英《关于研究古音的一个商榷》)。又高本汉从形声字的研究,发见现今喉音的字,在古音上本来带有牙音,或舌音、齿音、唇音的,后来把牙音或舌音等丧失了,因之成为喉音的字。这种学说,足以打破章炳麟《古双声说》里牙贯穿诸音,而与之通转的理论。章氏说:“喉、牙足以衍百音,百音亦终驯复喉、牙”;以为今音喉、牙的字,往往和舌音、齿音、唇音的字,可以相通,就假定喉、牙为人生的元音,舌、齿、唇诸音,有时乃敛为喉、牙,喉、牙有时也发舒为舌、齿、唇。要是我们认定现今喉、牙音的字,在古音上本来是带有舌音,或齿音、唇音的,章氏这种理论就根本不能成立了。总之:古音的声类,和双声相转的问题,现在也是开始研究的时期,当然不能认过去的假定,就为满足了。

本篇参考书举要

吴棫《韵补》

陈第《毛诗古音考》《读诗拙言》《屈宋古音义》

顾炎武《音论》《诗本音》《易音》《唐韵正》《古音表》《韵补正》

江永《古韵标准》

段玉裁《六书音均表》《经韵楼集》

戴震《声类表》《戴东原集》《声韵考》

钱大昕《音韵问答》《十驾斋养新录》

洪亮吉《汉魏音》

孔广森《诗声类》

严可均《说文声类》

姚文田《说文声系》《古音谐》

江有诰《诗经韵读》《群经韵读》《楚辞韵读》《先秦韵读》《汉魏韵读》《廿一部韵谱》《谐声表》《入声表》《四声韵

谱》《唐韵四声正》

夏炘《诗古韵表二十二部集说》

王引之《经义述闻》三十一

黄以周《礼书通故》《六书通故》

朱骏声《说文通训定声》

张成孙《说文谐声谱》

刘逢禄《刘礼部集》卷七

王国维《观堂集林》

章炳麟《国故论衡》《文始》《新方言》十一《菿汉微言》

黄侃《音略》《与友人论治小学书》

钱玄同《声韵学讲义》《文字学音篇》

汪荣宝《歌戈鱼虞模古读考》(《国学季刊》一卷二号)《论阿字长短音答章太炎》(《华国》二期九册)

钱玄同《〈歌戈鱼虞模古读考〉附记》(《国学季刊》一卷二期)

林语堂《读汪荣宝〈歌戈鱼虞模古读考〉书后》(《国学季刊》一卷三期)

唐钺《歌戈鱼虞模古读管见》(《东方杂志》二十二卷一号)

赵元任译《高本汉的谐声说》(《国学论丛》一卷二号)《中国上古音当中的几个问题》(载中央研究院《语言历史研究所集刊》中)

魏建功《古阴阳入三声考》(《国学季刊》二卷二号、四号)

敖士英《关于研究古音的一个商榷》(《国学季刊》二卷三号)

张世禄《中国古音学》

四、等韵学的内容

（一）等韵学的源流及其价值

等韵学是吾国往时一种审音的工夫，要考明古今的音读，当然以审音为基础。因为韵书里用反切为注音，反切的原理及其运用方法，往时是靠等韵学来说明的。劳乃宣《等韵一得・序》云："古今之韵得反切而后易明，反切之理得等韵而后易解；则等韵又古韵、今韵之阶梯矣。"江永《古韵标准・例言》说陈第"但长于言古音，若今韵之所以分，喉、牙、齿、舌、唇之所以异，字母清、浊之所以辨，概乎未究心焉"。又谓顾炎武"考古之功多，审音之功浅"。江氏以为"音学须览其全，一处有阙，则全体皆病"。古音和今音的研究，自然须有等韵学的基本工夫，才可以着手。因为考证古今音读的变迁，必先明了发音的原理和方法。各家等韵学上所讲的，虽然和现今语音学理不能完全符合，而在吾国往时，都当他们做发音的学术看待，实在是过去音韵学上最重要的部分。

吾国自来讲音读的方法，由双声、叠韵进而为字母和韵目，由字母和韵目构成了等韵表，无非是要说明反切之理。劳乃宣《等韵一得・外篇》云："反切始于魏世，在双声、叠韵之前。双声、叠韵始于六朝，在等韵之前。由反切而为双声、叠韵，由双声、叠韵而为等韵；渐推渐密，皆以明反切之理。故等韵之学，为反切设也。”案双声、叠韵之名，虽起于六朝，而双声、叠韵及反切之理，自古已具（本顾炎武《音论》及钱大昕《音韵问答》）。到了汉末以后，印度梵文拼音学理输入中国，于是发生反切，发生韵书和字母。应用等呼和字母来说明反切，就产生了等韵之学。陈澧谓“自魏、晋、南北朝、隋、唐但有反切，无所谓等韵。唐时僧徒依仿梵书，取中国三十六字，谓之字母。宋人用之以分中国反切韵书为四等，然后有等韵之名。溯等韵之源，以为出于梵书，可也。至谓反切为等韵，则不可也。反切在前，等韵在后也”（《切韵考》卷六）。其实等韵学，不过是进一步应用字母来讲明韵书上的反切罢了，是“由切语之学所变而成”（亦陈澧语）的。所以我们要推迹等韵学的来源，自然要讲到反切和字母。《玉篇》卷末所载神珙《五音声论》四十字：

东方喉声　何、我、刚、鄂、歌、可、康、各。
西方舌声　丁、的、定、泥，宁、亭、听、历。
南方齿声　诗、失、之、食，止、示、胜、识。
北方唇声　邦、龙、剥、雹，北、墨、朋、邈。
中央牙声　更、硬、牙、格，行、幸、亨、客。

和广韵《辩字五音法》的十字，意义相同，实则五音、七音之说所自始。《玉篇》里又载有三十类《切字要法》：

（一）因烟　（二）人然　（三）新鲜　（四）锡涎　（五）迎妍　（六）零连　（七）清千　（八）宾边　（九）经坚　（十）神禅　（十一）秦前　（十二）宁年　（十三）寅延　（十四）真毡　（十五）娉偏　（十六）亭田　（十七）澄缠　（十

八）平便 （十九）擎虔 （二十）轻牵 （二十一）称燀 （二十二）丁颠 （二十三）兴𤏸 （二十四）汀天 （二十五）精笺 （二十六）民眠 （二十七）声膻 （二十八）刑贤 （二十九）如风字，方中切（或作芬番） （三十）如微字，无非切（或作文𢷇）

也是双声法的始祖，为反切声类进到守温三十六字母中间之枢纽。（见本文的二（三））神珙又有《四声五音九弄反纽图》，以说明反切的方法；其中罗列着正纽、傍纽、正韵、傍韵等名目，也不外双声、叠韵的道理，和《广韵》的双声、叠韵法性质也相同。兹录江有诰《释神珙五音图》（见《等韵丛说》）之言如下：

正反，居隆宫，言居隆切，乃宫字也。到反，宫间居，言宫间切，乃居字也。正叠韵、居间，言居与间，皆《鱼》韵字也。傍叠韵，宫隆，言宫与隆，皆《东》韵字也。正到双声、居宫，言居与宫，皆同《见》母也。傍到双声、间隆，言间与隆，皆同《来》母也。后四图，仿此。

正纽，真整正只，四声顺数也。傍纽，真征𩕳之，同一《照》母，下一字傍行也。叠韵，真盈之怡，以真盈叠韵，之怡叠韵；又真之同母，盈怡同母也。罗文，真轸𩕳职，平、上顺行，去、入转纽也。绮错，真正折志旨劘，不循四声之常，而互相交错也。傍韵，真引征以，言真引切为轸字，征以切为止字也。正韵，真寅之怡，言真寅切，仍是真字，之怡切，仍是之字也。双声，真整真旨，言真盈切，仍是整字，真旨切，仍是旨字也。反音，真之寅反，言之寅反为真字也。后七图，仿此。

依宋人的传说，神珙是元魏时入中国（见魏了翁《师友雅言》）。

而据神珙自序，引《元和韵谱》；因之戴震、钱大昕断定神珙为唐僧，他的学说，是出于元和以后的（见《声韵考》及《养新录》）。但是现今所存解释反切方法，和分析声类的，总算以此说为最古了。

等韵学的发生，既然由于反切的说明，反切的方法不外一声一韵并合之理。汉魏间反切通行之后，就产生韵书上四声的韵目（见本文的二（一））。韵书上的分部，当然已经具有等呼之理。戴震《声韵考》云："呼等亦隋唐旧法。"钱大昕《音韵问答》云："一、二、三、四之等，开口、合口之呼，法言分二百零六部时，辨之甚细。"不过隋、唐时所分的等呼，究竟和宋、元以后等韵家所讲的，能完全适合与否？现今未能确断（见本文的二（二））。又叠韵的标明，有《东》《冬》《锺》《江》之目，而那时双声没有标目。所以郑樵七音《略序》说："江左之儒，知纵有平、上、去、入四声，而不知衡有宫、商、角、徵、羽、半徵、半羽为七音。"因为隋、唐以前，只知道反切的双声法，不知道字母的运用。钱大昕《养新录》及陈澧《切韵考・外篇》以《华严字母》及《一切经音义》所载《大般涅槃经文字品》字音十四字、比音二十五字，和守温三十六字母相配，很可以见得大同小异；因以断定字母的发生，是依仿《华严》《涅槃》，参以中华音韵而去取之。《涅槃》的十四字，就是六朝以来的十四音。《隋书・经籍志》谓："自后汉佛法行于中国，又得西域胡书，能以十四字贯一切音，文省而义广，谓之婆罗门书。"这十四字也就是《玉篇》《广韵》末附的《辨十四声法》。不过这十四音当中所讲的，兼及于声和韵，而且依据发音的部位和动作来解释，内容比较复杂。唐季僧徒，一方面沿袭梵书的字母，一方面又采取《五音声论》上发音部位的分类，把隋、唐以前的双声法，制定了字母。《切字要法》的三十类，在守温三十六字母上，所缺为《知》《彻》《娘》《床》《非》《奉》。吴稚晖《国音沿革序》谓：其有《澄》无《床》，实即有《床》无《澄》，亦即全缺《知》

《彻》《澄》《娘》四母；以此四母，当时不善读出。《非》《奉》和《敷》《微》，当时大概也没有分别。吕维祺《同文铎》谓“大唐舍利创字母三十，后温首座益以《娘》《床》《帮》《滂》《微》《奉》六母”。此所谓《娘》《床》《帮》《滂》《微》《奉》，当为《娘》《床》《知》《彻》《非》《奉》之讹。舍利三十字母，实在就是将《切字要法》化双为单，又沿袭梵书字母，采取往时五音的分类，一经整理，就成为三十字母。守温又参考当时之音，和反切上的声类，增进舌上的《知》《彻》《澄》《娘》，及轻唇的《非》《奉》，就成为三十六字母。字母产生之后，于是合韵书上的四声、等呼，一纵一横的排列，就成为等韵表。郑樵《七音略序》谓“四声为经，七音为纬”；“纵成经，衡成纬；经纬不交，所以失立韵之源”。所以等韵学是“取韵书之字，依字母之次第而为之图，定为开、合四等，纵横交贯；用进一步的方式来解明韵书上的反切罢了”。

郑樵《七音略序》谓“七音之韵，起自西域，流入诸夏。梵僧欲以其教传之天下，故为此书”。郑氏《艺文略》亦谓“切韵之学，起自西域，旧所传十四字贯一切音，谓之婆罗门书”。陈澧《切韵考》卷六，说郑氏此语，是指等韵、字母之学：“沈存中《笔谈》有云，音韵之学，自沈约为四声；及天竺梵学入中国，其术渐密。渔仲之说，实依仿于此。”大概唐、宋间人据旧有的反切，更应用梵文字母拼音的学理，加以缜密的解释，就产生了字母和等韵之学。所以等韵学的创始，不能不归功于梵僧。郑氏《七音略序》云：“臣初得《七音韵鉴》，一唱三叹；胡僧有此妙义，儒者未之闻！”遵义黎氏刊《古逸丛书》，有《韵镜》一种，首载张麟之识语，及序文各一篇，原注“旧以翼祖讳敬，故为《韵鉴》，今迁祧庙，复从本名”。序中又有“得故枢密杨侯倓校刊《切韵心鉴》，徐而谛之，即所谓《洪韵》，特小有不同。旧体以一纸列二十三字母为行，以纬行于上，其下间附一十三字母；杨变三十六，分二纸肩行而绳引”等语。又直引郑氏《七音略序》。郑氏《七音略》大概依据于胡僧的《七音韵鉴》；而他的四十三图和《韵镜》的四十三图，几乎完全相同。只图中韵位，较《韵镜》常有误移之处；又三十一图以下，颠乱《韵镜》的原次。我们因此可以断定，《韵镜》就是《洪韵》，就是《切韵心鉴》，也就是《七音韵鉴》。一书而数名，辗转互相剿袭，所以面目不能不有更易（本顾实《重刻韵镜序》）。现今所存宋人等韵书，以《韵镜》及郑氏的《七音略》（载《通志》中）为最可靠、最首要的著作。清代讲等韵反切的，如江永、戴震、陈澧以至于劳乃宣，都未曾见到《韵镜》一书，而惟以《切韵指掌图》《四声等子》为最古。至于陈澧，又疑等韵家之等呼论，盖出于沈括（宋仁宗时人）之后。《切韵考·外篇》卷三：

> 字母出于僧守温，守温又有《清浊韵钤》一卷，见《宋史·艺文志》。北宋时有洛僧鉴聿，为《韵总》五篇，推子母轻重之法，欧阳文忠为之序；今已亡矣。今世所存者，《切韵指掌图》，相传以为司马温公作；《四库提要》已疑之。近者邹特夫征君考定为杨中修所作；有孙觌《序》，见孙觌《内简尺牍》，确凿可据。《四声等子》无撰人姓名；《玉海》有僧宗彦《四声等第图》一卷，盖即此书。等韵之名，盖始于此。《切韵指南》，熊泽民《序》云：“古有《四声等子》，为流传之正宗。”此序作于后至元丙子岁；所谓古者，盖不过北宋时耳。《梦溪笔谈》云：“纵调之为四等，帮、滂、傍、茫，是也。”此所云四等，非等韵家之四等；则等韵家之四等，出于沈存中之后欤。总而论之，此学萌于唐末，而行于宋、金，至元时，始有乖误；其大略如此也。

沈氏《笔谈》的帮、滂、傍、茫，大概是指字母的全清、次清、不清不浊，以至发、送、收而言，和韵部上的等呼无涉；我们不能因此就断定沈氏当时还没有呼等之说。《切韵指掌图》向来以为是司马光所作，用以解释《集韵》的。经邹特夫据孙觌《内简尺牍》考定之后，才知道《指掌图》原书出于杨中修。邹氏又说："孙《序》称著为十条，为图四十四，而今《指掌》为图二十。疑南宋流传，改并失真，乃昌温公名以求售。"（见邹特夫《切韵指掌图跋》）可见今本《切韵指掌图》又出于南宋以后人的伪作；原书应当有四十四图，和《七音略》《韵镜》的数目差不多。《四声等子原序》里有"近以《龙龛手鉴》重校"和"以此附《龙龛手鉴》之后"等语，因而有人疑《四声等子》也是出于辽僧行均的，即属《龙龛手鉴》后的《五音图式》（顾实《四声等子书后》）。陈澧又以为《四声等子》即属僧宗彦的《四声等第图》。这些都是推测之辞，未能确信。不过等呼之名，大概是始于此书的。

我们现在从音理上立论，现今所存的等韵书籍，当推《七音略》和《韵镜》为最早。因为分图比较详细，又以入声专配阳声韵，和隋、唐韵书的系统比较接近。《四声等子》和今本《切韵指掌图》，分图都只二十，又以入声兼承阴、阳声，和明、清音韵的系统渐相符合。钱玄同说："《指掌图》以《庚》《蒸》合并，《青》《清》合并，流于晚俗，也是伪本之一证。"（见高元《国音学》第三章）清《四库总目四声等子提要》有云："刘鉴之《指南》十六摄图，乃因此书而革其《宕》摄附《江》，《曾》摄附《梗》之误。"所以我们现在只能承认《四声等子》和今本《切韵指掌图》是元刘鉴《经史正音切韵指南》之前的书，不能确定二书必出于北宋时代。此外，宋时又有邵子《皇极经世声音图》，在等韵学上不很重要。在《切韵指南》以前的，是《韵镜》《七音略》《四声等子》及今本《指掌图》。在《切韵指南》以后的，有《康熙字典》卷首所附的《字母切韵要法》及《等韵切音指南》前后二书。劳乃宣说："后一书二十四图与刘氏《切韵指南》二十四图，大略相同，惟次序不同；与刘氏为一家之学。前一书则定摄列等，与刘氏殊异，别为一家之学。……《字典》采此两书，以明等韵，而未著作者时代姓名，其为何时何人所撰，今不可考。以意度之，后书为习刘氏真空诸家书者所辑。前书虽非刘氏之学，而所列歌诀，亦有见于《贯珠集》《玉钥匙》者，则亦必在彼二书之后。《贯珠集》《玉钥匙》作于明宏治、正德间；大抵此两书俱为正德以后，康熙以前人所作。"（《等韵一得·外篇》）此外又有梅膺祚《字汇》所附的《韵法图》。嗣后讲等韵最重要的，有江永的《四声切韵表》《音学辨微》，戴震的《声类表》，李光地等的《音韵阐微》以及潘耒的《类音》，《同文韵统》里《华梵字母合璧谱》（简称《华梵字谱》），清末劳乃宣的《等韵一得》。元、明以后，关于等韵学的书籍，劳氏著录之尚备。兹举其言如下：

> 古今言等韵之书，……见于《四库》存目者，有元杨桓《书学正韵》。明赵撝谦《声音文字通》，章黼《韵学集成》，兰廷秀《韵略易通》，濮阳涞《韵学大成》，李登《书文音义便考私编》，无名氏《并音连声字学集要》，袁子让《字学元元》，叶秉敬《韵表》，吕维祺《音韵日月灯》，陈荩谟《皇极图韵》《元音统韵》，桑绍良《青郊杂著》《文韵考衷》《六声会编》，马自援《马氏等音外集》《内集》。国朝杨庆《佐同录》，耿人龙《韵统图说》，徐世溥《韵表》，熊士伯《等切元声》，仇廷谟《古今韵表新编》，顾陈垿《八矢注字图说》，钱人麟《声韵图谱》，王植《韵学臆说》《韵学》，樊腾凤《五方元音》，江永《四声切韵表》，龙为霖《本韵一得》，潘咸《音韵源流》，王祚祯《音韵清浊鉴》，潘遂《声音发源图解》诸书。其书或存或佚，未能全见。其是非得失，则《四库提要》已有定论。后出之书，愚所见者，有戴震《声韵考》《声类表》，洪榜《四声韵和表》《示儿切语》，皆精核可据。又有李元

> 《音切谱》，亦颇正当。惟皆以古音为重，未能兼及时音。其言时音者，世俗盛传《容谷传声》《李氏音鉴》二书。《空谷传声》为全椒吴杉亭、江云樵旧谱，汪氏增损之者。……《李氏音鉴》为大兴李汝珍撰。……其书文辞辩博，征引浩繁，类有学者所为；故浅人多为所震，其实未窥等韵门径。（《等韵一得·外篇》）

其他关于字母等韵之学的书籍，劳氏所没有举到的，如方以智的《切韵声原》、方中履的《切字释疑》、黄廷鉴的《字母辨》、王起鹏的《音学全书》、汪曰桢的《四声切韵表补正》、陈澧的《切韵考·外篇》、吴遐龄的《切韵指归》、江有诰的《等韵丛说》、胡垣的《古今中外音韵通例》、林本裕的《声位》。总之：从宋、元以后，不但是讲反切的，即属古音的研究、今音的分析，以及近代音韵转变的说明，每每是根据于字母和等呼之学。近代音韵学的发达、著述的宏富，就是因为这种审音进步的结果。

近人高元的《国音学》里，第三章第八节《辟等呼论》，依照等呼的分法，把《七音略》《韵镜》《切韵指掌图》《切韵指南》《等韵切音指南》《切韵要法》《华梵字谱》《等韵一得》等书，分为"宋、元学派等呼论"和"明清学派等呼论"。他说：中间以《等韵切音指南》《切韵要法》为界。《等韵切音指南》以上，和《切韵要法》以下，两者内容截然不同。前者分等，以韵之固有音调为标准，后者分等，以韵之唇的形状或作用为标准。清代讲等呼的，不知道用韵之固有音调分等的方法，所以如江永、戴震等专门从纸面上做工夫，不能验诸口舌。而讲究实验的人，却以北音区域内简单的音韵为征信，就说宋、元学派所分等第，空有名无其实；不但是潘耒、劳乃宣是这样见解，即最近章太炎、黄季刚也排斥宋、元等呼论的破碎。其实用明、清派分等的道理，来观察宋、元人的书籍，因分等的标准不同，当然要茫然不解。高元只用分等的方法来判别宋、元学派和明、清学派;我以为不如用语音系统的观点,来看各家等韵学理的根据。所谓宋、元学派,大都是根据于“今音”的系统,音韵比较繁复,所以和现今南部的方言很多符合。所谓明、清学派,大都根据于“北音”的系统,音韵比较简单,和国语注音符号上的系统,渐行接近。明、清时代固然也有讲今音的等韵家,可是他们大概是北部和中部的人,不能将繁复的系统验诸口舌,就只在纸面上做工夫了。我以为宋、元和明、清的等韵家,不但呼等上可以分做今音和北音的两大派,即在四声清浊上,字母上,韵摄上,也常因所根据的语音系统不同,就显示着这两派的大别。

高元说各派的等韵学,分别呼等,在音理上不无相当的价值。不过等韵表上,都不免有割裂和混杂的弊病;因之他们所排列的顺序,虽然各自有标准,而不合于科学的地方很多。高元举出等呼论所以发生此种谬误的原因,有二:1. 他们未能分析音素,每将单独的音素和复合的音相混。2. 整齐的观念太深,以为无论什么总应该配成一个四方形。我以为过去等韵学自命为审音的,往往凭着各人的主观分析音韵,用现今语音学理来校正,当然觉得有很多牵强的地方。不但是分析等呼上是如此,即对于字母、韵摄及其他种种的说明,也是如此。等韵学本来是要说明反切的原理和方法,就利用字母来和韵书相合,列成纵横的图表。可是他们没有运用纯粹的音标,没有科学的学理做依据,因之简单的反切,反而使人不易了解了。后来三十九个注音字母产生,而也有很多从等韵学上遗传得来的错误。所以等韵学的价值,只是对于现今研究中国音韵者,供给一些语音变迁史上的资料罢了。

（二）韵摄与等呼四声

等韵学上对于反切方法的说明，往往利用字母，又总括四声、等呼，排列成许多图表，图上纵、横交叉处，就是表明所切成的字音。图上大都分四层，每层切成四个音。每一个音，凡是有字的就注明这个音的字；无字的，“点窠以足之，谓之寄声”。图上的四层或以四声分，或以等呼分。用四声分的，一层中或为平，或为上、去、入，都包含有四呼；用等呼分的，一层中或为一等、二等，或为二等、三等，都包含有四声。所以依理纵列的一行，可以有十六音。同母的列成一行，异母的列成另一行。把同母、异母之字，总括四声等呼，依据他们主要的韵素相同的，归成为一图或数图；而用一个字来代表的，叫做韵摄。钱玄同《文字学音篇》谓：“刘鉴《切韵指南》分为十六摄，又以《通》《江》《止》《遇》《蟹》《臻》《山》《效》《果》《假》《宕》《曾》《梗》《流》《深》《咸》十六字标目，为名韵摄有标目之始。”但是，在刘氏《指南》以前的《四声等子》，已有韵摄之名，所谓“以《深》《曾》《止》《宕》《果》《遇》《流》《通》括内转六十七韵，《江》《山》《梗》《假》《效》《蟹》《咸》《臻》括外转一百三十九韵”。其图中所列内摄的《通》《止》《遇》《果》《宕》《曾》《流》《深》，外摄的《江》《蟹》《臻》《山》《效》《麻》《梗》《咸》，也大致和《指南》相同。可见韵摄标目，并不是起于刘鉴的。

宋、元等韵表大都用来解释今韵韵书，所以图上所列韵目，几乎全是《广韵》的二百零六韵。大概和今韵最接近的，分列图摄，也最繁复；因为今韵是包括隋、唐时代古今南北之音，分韵比较近代简单的北音系统繁复得多。所以《七音略》和《韵镜》都分四十三图，今本《切韵指掌图》便并合为二十。刘氏《切韵指南》和《等韵切音指南》的十六摄，可以说是由今音系统到了北音系统中间过渡的东西。至于《字母切韵要法》分十二摄：

> 《迦》《结》《冈》《庚》《械》《高》《该》《傀》《根》《干》《钩》《歌》

把《指南》的《深》《咸》二摄除去，就是因为北音里没有收“ㄇ”这种韵的缘故。劳乃宣说明《要法》和《指南》分摄的不同，完全从音变上立论。劳氏云：

> 《要法》合而《指南》分者三：《冈》与《江》《宕》，则《要法》从今音（此所谓今音，是指现代的北音），以《江》《阳》为一；《指南》从古音（指今韵韵书上的音），以《江》《阳》为二也。《庚》与《梗》《通》，《裓》与《止》《遇》，则《要法》以开口该合口，《指南》以《通》《遇》两合口别为韵也。《要法》分而《指南》合者二：《迦》《结》与《假》，则《要法》从今音分《麻》与《车》《遮》为二，《指南》从古音合为一也。《该》《傀》与《蟹》，则《要法》从北音分《佳》《灰》为二，《指南》从南音合为一也。《指南》列摄，而《要法》附列者三：《曾》与庚则以《蒸》与《庚》，古分而今合，《指南》从古别《曾》于《庚》，《要法》从今附《庚》于《庚》也。《深》与根，《咸》与干，则以古音《侵》异于《真》《文》《元》《覃》《咸》异于《元》《寒》《删》《先》，而今音相近；《指南》从古分列，《要法》从今附列也。（《等韵一得·外篇》）

劳氏《等韵一得》又不以纯粹现代的北音为根据，他说：“《麻》与《车》《遮》，时音虽分为二，而古音不别；故《要法》不列于图内;则《要法》的《迦》《结》可并。"又谓:"《侵》《覃》《盐》《咸》之于《真》《文》《元》《寒》《删》《先》,今闽广音尚分,则《要法》之根干当列摄,《指南》之《深》《咸》当存。"所以劳氏列着《阿》《厄》《馁》《埃》《额》《敖》《欧》《昂》《鞥》《安》《恩》《谙》《䶈》十三摄,自己说是"天造地设,不可移易"。又加上《伊》《乌》《俞》三音,以尽等呼之变。其实劳氏列着《谙》《䶈》二音,最足以混乱北音和今音的系统。其他如吕坤的《交泰韵》所列二十一韵:

一、《东》　二、《真》　三、《文》　四、《寒》　五、《删》　六、《先》　七、《阳》　八、《庚》　九、《青》　十、《支》　十一、《齐》　十二、《鱼》　十三、《桓》　十四、《皆》　十五、《灰》　十六、《萧》　十七、《豪》　十八、《歌》　十九、《麻》　二十、《遮》　二十一、《尤》

既然分列《麻》和《遮》,也不列《深》《咸》二音。马檠什《等音》所列的十三韵,《李氏音鉴》所列的二十二"同音",胡垣《古今中外音韵通例》所列的十五韵,虽分合略有异同,而大都以近代北部、中部的音为根据,没有收"ㄇ"的音。这些都可以说是和北音韵书接近(参看本文的五),而促进注音字母的发生。

从分韵上看,《韵镜》《七音略》是代表今韵的;《切韵指掌图》和刘鉴《切韵指南》《等韵切音指南》,都是代表今韵至近代北音中间过渡的音;《字母切韵要法》是代表近代北音的。我们把这些书里图摄的分合,参互比较,可以表示唐、宋至今,语音演变的大概:

今韵韵目	韵镜	七音略	切韵指掌图	四声等子	切韵指南	等韵切音指南	字母切韵要法
东	第一开	内转第一	第二独	通摄	通摄独合	通摄合	（庚摄）
冬锺	第二开合	内转第二					
江	第三开合	内转第三	第十三开	（宕摄） （江摄）	江摄开合	江摄开	（冈摄）
支	第四开合	内转第四	第十八开 第十九合	止摄	止摄开合	止摄开合	祴摄 傀摄
	第五合	内转第五					
脂	第六开	内转第六					
	第七合	内转第七					
之	第八开	内转第八					
微	第九开	内转第九					
	第十合	内转第十					
鱼	第十一开	内转第十一	第三独	遇摄	遇摄合	遇摄合	（祴摄）
模虞	第十二开合	内转第十二					
咍皆齐	第十三开	内转第十三	第十七开 第二十合	蟹摄	蟹摄开合	蟹摄开合	该摄
灰皆齐	第十四合	外转第十四					
佳	第十五开	外转第十五					
	第十六合	外转第十六					

今韵韵目	韵镜	七音略	切韵指掌图	四声等子	切韵指南	等韵切音指南	字母切韵要法
痕臻真	第十七开	外转第十七	第九开	臻摄	臻摄开合	臻摄开合	根摄
魂谆	第十八合	外转第十八	第十合				
欣	第十九开	外转第十九					
文	第二十合	外转第二十					
山元仙	第二十一开	外转第二十一	第七开	山摄	山摄开合	山摄开合	干摄
	第二十二合	外转第二十二	第八合				
寒删仙先	第二十三开	外转第二十三					
桓删仙先	第二十四合	外转第二十四					
豪肴宵萧	第二十五开	外转第二十五	第一独	效摄	效摄独开	效摄开	高摄
宵	第二十六合	外转第二十六					
歌	第二十七合	内转第二十七	第十一开	果摄（麻摄）	果摄开合（假摄）	果摄开合（假摄）	歌摄
戈	第二十八合	内转第二十八	第十二合				结摄
麻	第二十九开	外转第二十九					迦摄
	第三十合	外转第三十					
唐阳	第三十一开	外转第三十四	第十四合	宕摄	宕摄开合	宕摄开合	冈摄
	第三十二合	外转第三十五					

今韵韵目	韵镜	七音略	切韵指掌图	四声等子	切韵指南	等韵切音指南	字母切韵要法
庚清	第三十三开	外转第三十六	第十六开	曾摄（梗摄）	梗摄开合	梗摄开合	庚摄
庚清	第三十四合	外转第三十七	第十五合				
庚清青	第三十五开	外转第三十八					
庚青	第三十六合	外转第三十九					
侯尤幽	第三十七开	内转第四十	第四独	流摄	流摄独开	流摄开	钩摄
侵	第三十八合	内转第四十一	第六独	深摄	深摄开	深摄开	（根摄）
覃咸盐添	第三十九开	外转第三十一	第五独	咸摄	咸摄开合	咸摄开	（干摄）
谈衔严盐	第四十合	外转第三十二					
凡	第四十一合	外转第三十三					
登蒸	第四十二开	内转第四十二	（第十六开）	曾摄	曾摄开合	曾摄开合	（庚摄）
登蒸	第四十三合	外转第四十三	（第十五合）				

至江永的《四声切韵表》取宋人分等方法，以配合二百零六韵；而于入声的分配，则依他的古音学说。戴震《声类表》更以综合古音和今韵韵书。吴遐龄的《切韵指归》，以韵法四十四位，隐括《洪武正韵》《中原音韵》二书，而实则仍依今韵系统，非属于近代北音的范围；此等书当为研究古音及《广韵》者所当参考；他们分韵分图，于研究宋、元以后的音，没有什么价值（黄侃、钱玄同所定今音二十三摄，只是将《广韵》里各部、各类，定出开、齐、合、撮，而加以并合；于《广韵》实际的语音，未必适合。参看本文的二（二））。

我们研究中国的音韵，最要紧的，应当把各家所根据的语音系统分别清楚。近代等韵学上，不但是对于韵摄的分列，有今音派和北音派的分别，即关于分等的方法，也因为所根据的语音系统不同，就发生分别等呼的两种标准。这就是高元所说宋、元学派等呼论，以韵的固有音调为标准；明、清学派等呼论，以唇的形状为标准。前者可以列出开、合八等，后者则固定为四等。宋、元学派的等韵图，一般解释总以为开、合各四，共有八等。所谓开、合，大都指"开口唇不聚，合口唇聚"，就是以两唇的收圆与否为标准。而宋、元学派对于开、合的分列，不很注意。例如《韵镜》的第一、第十一图，有开而无相对之合；第二十八、第四十一图，有合而无相对之开。又第二、第三、第四、第十二图，更以开、合共为一图（《七音略》虽不注明开合，而列图和《韵镜》同）。《指南》《江》摄承《韵镜》第三图而来，且以同一图同一等里、注明兼有开、合的分别，所以宋、元派等韵学上，并不能说是开、合各四，必为八等。因为以韵素的固有音调为标准，最有关于舌的动作。大抵一、二两等属于后元音，或中元音，舌体总没有前进，或且有向后的趋势；三、四两等属于前元音，舌体有向前的趋势。而一、四两等舌体的位置，又比较二、三两等为高。江永说："一等洪大，二等次大；三、四皆细，而四尤细。学者未易辨也。"后元音和中元音，固有音调比较低，所以叫做洪音；前元音比较高，所以叫做细音（参看本文的一（三））。这种洪、细的分辨，和两唇的收圆与否无甚关系，比较隐微，因之学者不容易区别。而宋、元派的等韵表上，往往同一图，或且同一等里，也注明开、合的分别，就是这个缘故（本高元《国音学》）。高元根据广东西南台山等县的方音，并参酌客家语及海南语，来考证《韵镜》《七音略》的语音，将四十三图的四等，用音标一一的注明出来。虽然未见得十分密合，可是现今广东一带的方音，比较复杂，保存古音也比较多，和隋、唐韵书的系统很接近，自然可以用来证明今韵派的等韵学。陆法言、孙愐等清、浊分韵之理，以及《广韵》末附的《辩四声轻清重浊法》，现今还未能有确实的解释；江永、戴震应用洪、细之说，来考明二百零六部的分析，也未能达于成功的地步。我们现今固然不能确定宋、元派的等呼论，完全足以说明隋、唐分部之理（参看本文的二）。但是，宋元派这种分等的方法，和今韵的分部比较接近，这是可断说的。近人黄季刚、钱玄同依据李元《音切谱》所列的开合、正副，来分析《广韵》上的韵类（见本文的二（二））；这是用北音派的分等方法来说明今韵韵书了。江、戴虽然在纸面上做工夫，还是依据于宋、元学派的，没有把语音系统那样的混淆。因为在分别等呼上看，宋、元学派是接近于今韵的，明、清学派是出于北音的，正由两者所根据的语音系统不同。

不过宋、元学派这种分等的方法，到了明、清时代，学者每每用北部和中部的音来评判，来分析；不但不能了解他们，并且直斥“诸家之谱，立法未善，非字音果有八等也”；如潘耒《类音》和劳乃宣《等韵一得·外篇》所闹出的一段笑话。章太炎的《音理论》也以为开、合八等，空有名而无其实。大都认定一、二两等，三、四两等，全无区别；黄季刚也这样主张。黄氏更用他的古本韵和今变韵之说来解释，以为一、四为古本韵之洪、细，二、三为今变韵之洪、细。钱玄同《声韵学讲义》更举出《切韵指掌图》的第七图和第八图为证。

第七图开，干(《寒》韵)、奸(《删》韵)、犍(《元》韵)、坚(《先》韵)；第八图合，官(《桓》韵)、关(《删》韵)、勬(《仙》韵)、涓(《先》韵)。以为干、奸同为开口呼，犍、坚同为齐齿呼，官、关同为合口呼，勬、涓同为撮口呼；他们所以分列的，就是因为一、四两等为古本音，二、三两等为今变音。但是，黄氏在《广韵》上所分的古本音和今变音，既然根本发生疑问(参看本文的二(二))，我们对于这种等韵表上的假设，也只是认为偶然巧合的事实。黄氏谓："等韵之弊，在于破碎。……顾其理有暗与古会者，则其所谓一等音，由今验之，皆古本音也。此等韵巧妙处。其他则缤纷连结，不可办理。"(《与友人论治小学书》)可见黄氏认定等韵的价值，只是在他们足以和《广韵》的分部相征验处。我们也认定宋、元的分等，也大都用来解释今韵韵书上的反切。不过《广韵》上的分部及宋、元人的分等，都和后代所分的开、齐、合、撮四等，内容根本不同。在语音系统上，前者比较繁复，和现今南部的方音有相合处；后者是根据于现今的北音，比较简单。在语音学理上，前者以韵素的固有音调为标准，后者则以韵素的唇化为标准。

由隋、唐的今音到了元、明以后的北音，所用的音素大形减少；关于韵摄，既然加以并合；对于所分的等呼，也渐渐把开、合和洪、细合为一谈。宋、元学派所谓洪、细，是指韵素的固有音调而说；这种繁复的区分，不适合于现代简单的北音系统。于是等韵学上就起一个大变化，把关于洪、细的舌之动作，也加以并合。大抵由一、二等或一、二、三等合并为后韵或中韵，由三、四等或二、三、四等合并为前韵。又将宋、元学派所不很注重的开、合问题，变为分等的重要标准。首分开口、合口两等，即关于两唇的收圆与否；再各分正、副两等，即关于舌的前进或后退。再察看唇的形状，开口音当中的后元音或中元音，往往为自然唇韵；开口音当中的合前元音，往往为平唇韵；又合口音当中的后元音，和合口音当中的前元音，也有不同。于是叫开口洪音为开口呼，叫开口细音为齐齿呼，叫合口洪音为合口呼，叫合口细音为撮口呼。这种演进，我们从《切韵字母要法》的四等，到了潘氏《类音》及《华梵字谱》的四呼，可以看出来。后来劳乃宣的《等韵一得》，更用《阿》《厄》《伊》《乌》《俞》五字来说明：呼《阿》字《厄》字，必开其口，故曰，开口；呼《伊》字必齐其齿，故曰，齐齿；呼《乌》字必合其口，故曰，合口；呼《俞》字必撮其口，故曰，撮口。又谓开口必生于《阿》《厄》，齐齿必生于《伊》，合口必生于《乌》，撮口必生于《俞》(见《等韵一得·外篇》)。不但没有把单独的音和复合的音加以区分，而且不管内容的音素如何，总加以这四呼的分配。一九一二年注音字母上立着“介母”的名称，把“一”“ㄨ”“ㄩ”三母分列出来，就是承袭劳氏之说的。

李光地《音韵阐微》仍采用今韵的韵目，而每韵中注明等呼，则取开、齐、合、撮。大概到了清代，等韵家依据于通行的北音，只能分此四等。总之，宋、元学派所分等呼，以韵素的固有音调为标准；到了北音势力发展，语音由繁复化为简单，就并合开合、洪细(胡垣《通例》云：“开口呼狭而圆，合口呼阔而扁；正呼声高，副呼声低。”)，而以唇的形状为标准了。至于因等呼的不同，而牵涉于声母的，等待下章再讨论。

各家等韵表上所注明内转、外转，广通、局狭，及重声、轻声，大都和开、合等呼有关，不过现今还不能有确实的解释。陈澧《切韵考·外篇》谓《四声等子辨内外转例》，只是分四等字之全与不全，和审音无涉；《辨广通局狭例》亦只说第三等、第四等字之多少，或相通和不相通，甚属无谓。至于轻声、重声，自从《七音略》《四声等子》，到了戴震的《声类表》，解说都无凭据，可置之不论。因为这种名辞的涵义，各家所引用，也许有同有不同，现在不妨暂付诸缺疑。

等韵学上所论的四声，有承袭韵书中而不加以细辨的，也有各是根据一处的方音来解释的。对于这些，我们也应当以语音系统的眼光来观察；但是他们所分别的理由，总不外于音调和音长变化的关系(参看本文的一(三))。劳乃宣《等韵一得·外篇》云:“四声之辨,可各以方音求之。其音不必强同,其理自无不同也。”大概承袭今韵韵书,及兼采中部、南部方音的,仍沿用平、上、去、入的名目;又因声母的清、浊,影响于音调的高低,就把四声各分清、浊,便得八声了。近代北音里入声既然失去,浊音又渐渐减少。所以周氏《中原音韵》,只分阴平、阳平、上、去(详本文的五);因为浊上、浊去多并入清音中,只有平声分阴、阳,尚留有一点清、浊的遗迹。但是入声存在的区域,现代还是很广;不过和今韵韵书里入声的实质,未必完全相同罢了。所以《字母切韵要法》以及潘氏的《类音》、劳氏的《等韵一得》,仍用平、上、去、入为标目。而调和二者之间的,就是五声之说。方以智《通雅》定啌平、嗤平、上、去、入五声;马槃什《等音》定为平、上、去、入全,以全声为阳平。林本裕《声位》改为开、承、转、纵、合五声,避去五声之名,而用其实。胡垣《通例》谓“从李松石《音鉴》,用《中原音韵》阴、阳二平声,配上、去、入三仄声,如衣、移、倚、意、乙五字连读”。就是平声阴、阳,仄声上、去、入的五声。一九一二年,国语上所定的五声,就是采取北音的阴、阳、上、去,加上中部及西南的入声;和今韵韵书上,实在另是一个系统。

今韵韵书上以入声分配于阳声韵(即收有“ㄇ”“ㄋ”“ㄫ”鼻音的韵)。顾炎武研究古音,把入声分配的组织变更一下,大部分的入声,配于阴声韵(即不收鼻音的韵)。后来江永、戴震要想调和《广韵》和顾氏的学说,遂倡异部同入之说(详本文的二(三))。江氏的《切韵表》,戴氏的《声类表》,其中入声的分配,就是依据于这种见解。不过江、戴所谓入声,实质上仍属今韵韵书上的系统,是收有“ㄆ”“ㄊ”“ㄎ”的。近代音韵的转变,国内大部分所具有的入声(除出闽、广一部分方音外),已经不是今韵韵书上原来的面目,失去了“ㄆ”“ㄊ”“ㄎ”的收音了。早先国语上所谓五声里的入声,只是阴声韵的一种短音。这种转变的倾向,也可以从各家等韵表上看出来。《韵镜》和《七音略》是纯粹今韵派的等韵学,所以阳声韵有入,而阴声韵无入。至于今本《指掌图》《四声等子》《切韵指南》,则阳声韵有入,阴声韵也有入。大概元、明以后,入声早已失去了收音,依照音理,应该隶属于阴声韵;不过等韵家多迁就韵书的组织,也仍把入声分隶于阳声韵。《等韵切音指南》说《通》《江》《臻》《山》《宕》《梗》《曾》《深》《咸》九摄有入,其余《果》《假》等摄所以有入声的字,只是"借入"。《字母切韵要法》却说"《迦》《结》《裓》《歌》四声全";其余《冈》《庚》《根》《干》四摄,是附有鼻音的韵,《高》《该》《傀》《钩》四摄,是复合韵母,都应该没有入声,图里所以具有入声的字,也是由于"借入"的。我们从这种入声的分配,也可以看出等韵学上,宋、元今韵派和明、清北音派的大别。至于劳氏《等韵一得》也以入声分配于阳声各韵,说:"韵部所隶入声,洵合自然之音。"而他又取于异部同入之说,谓收声于《阿》《厄》的,当以鼻声之入(即收"丂"的音)为其入;收声于《伊》的,当以舌齿声之入(即收"𠫓"的音)为其入;收声于《乌》的,当以唇声之入(即收"夂"的音)为其入。乃是根据于今韵韵书上的入声观念,而依附江、戴之说;不过自己更用音理来说明罢了。

(三)字母与清浊声等

守温的三十六字母,为宋、元等韵家所遵用。大概这三十六字母,和唐、宋时一种普通的语音,比较的适合;虽然和《广韵》切语上字的系统,未必完全相同(参看本文的二(三)),而唐、宋人说明反切声类的,总以此为唯一的代表。到了明、清时代,还有许多抱持遵守的态度,如江永所谓"不可增减,不可移易"。劳乃宣《等韵一得·外篇》云:

> 三十六母传于今者，以司马温公《切韵指掌图》为最古。郑渔仲《通志·七音略》、刘鉴《经史正音切韵指南》，及《康熙字典》所引《字母切韵要法》《等韵切音指南》，皆同。考诸《广韵》《集韵》诸书音切，无不符合，实足以括一切有字之音。后世诸家删之、并之，皆非也。

近代音韵的转变，声母方面也趋于简单。大家都承认三十六字母的系统，和今韵韵书比较接近，而完全不合于近代的北音。所以用等韵方法，参杂于韵书上的：今音派大都遵守三十六母，而北音派则往往把三十六字母加以删并（参看本文的二（四）及五）。等韵学上纯粹依据于北音，或趋重于北音的，也很有几家删并三十六母。例如方以智《通雅》并为《见》《溪》《疑》《端》《透》《泥》《帮》《滂》《明》《精》《从》《心》《知》《穿》《审》《晓》《敷》《微》《来》《日》二十母。马𥬏什《等音》删为《见》《溪》《疑》《端》《透》《泥》《帮》《滂》《明》《精》《清》《心》《照》《穿》《审》《晓》《影》《非》《微》《来》《日》二十一母。胡垣《通例》定为二十二母，就是《见》《溪》《晓》《影》《端》《透》《来》《娘》《照》《穿》《审》《日》《精》《清》《心》《耶》《帮》《滂》《明》《微》《非》《喻》。上章说过，近代北音里浊音渐渐减少，所以三十六字母里，《群》《定》《并》诸母，渐渐并合于清音当中，就显然减少了字母的数目（《李氏音鉴》定为三十三字母，因为分出粗、细的缘故，所以数目比较多）。诸家删并字母的，正是因乎时势；何得以“故步自封”的见解，来批评他们是“不知妄作”呢？可是宋、元以来，还有一派依据音理增列字母的，以为一母可分清、浊，依理，清、浊当分配均齐；而三十六字母里，有有清无浊的，有有浊无清的。要是一一的增列，便当为五十母。所以潘耒《类音》列着五十字母。劳乃宣《等韵一得·外篇》云：“如皆并列，则当为清、浊各二十五母，邵康节《皇极经世声音图》以二十四音分列四十八行，即此意也。惟邵氏并

《娘》于《泥》，删《敷》，而于轻齿增比类重齿《日》字之一音，与古稍异。详考之，其并与删则非，其增则是。”江永的《音学辨微》，也以为声母应当有五十，不过有音有字的，只三十六，所以说“不可增，不可减”。黄廷鉴作《字母辨》，也大致依据江氏之说。他以为增母、减母，皆囿于方音之故。五十字母之说，虽为有理，而中土有音有字的，只有三十六，增母之说大可不必；至于减母的，都由于不辨字母音读的缘故。至于戴东原的《声类表》列声位四十，是一方面删并三十六母，一方面又配全他们的清、浊，用来包罗古今音，因之和守温及北音的系统，又趋于异途。又有一派，以为三十六字母足以兼赅现今南北的方音，《群》《定》诸母，兼承《见》和《溪》，《端》和《透》等，非仅为《见》《端》等之浊，也非仅为《溪》《透》等之浊。李光地《等韵辨疑》说：“《群》，北方为《溪》浊声，南方为《见》浊声；《定》，北方为《透》浊声，南方为《端》浊声；……”章炳麟更畅发其说，谓：

> 《群》《定》等字，扬气呼之，为《溪》《透》之浊；抑气呼之，为《见》《端》之浊。今北音多扬，南音多抑。又北音平、去，亦有抑、扬之异，如呼群皆扬如《溪》之浊，呼郡则抑气如《见》矣。呼亭皆扬如《透》之浊，呼定则抑气如《端》矣。同此一母，而平、去异贯；则知曩日作字母者，本以《群》承《见》《溪》，《定》承《端》《透》；非谓《群》专为《溪》之浊，《定》专为《透》之浊。然据例，自当二清、二浊，故潘耒《类音》为之补苴焉。（《国故论衡·音理论》）

其实他们也承认近代北音里浊音的减少，和阴、阳平的分列，而又欲回护三十六字母的成说，因之不赞同减母，也不很以增母为然，就发生一种折衷的论调。

依发音部位来类别声母的，隋、唐以前有五音之说；到了宋代，用七音分析三十六字母。郑氏《七音略序》所谓"江左之儒，识四声，而不识七音"；"知纵有平、上、去、入为四声，而不知衡有宫、商、角、徵、羽、半徵、半商为七音"。大抵七音的分析，是宋时才完成的（参看本文的一（三）及二（三））。于喉、牙、舌、齿、唇五音以外，又增加半舌、半齿二音。半舌、半齿又名舌齿、齿舌。《韵镜调韵指微》云："舌中有带齿声，齿中有带舌声者，古人立《来》《日》二母，各具半徵、半商，乃能全其秘。若《来》字，则先舌后齿，谓之舌齿；《日》字则先齿后舌，谓之齿舌。所以分为二，而通五音曰七音。"至于以宫、商、角、徵、羽来配合五音，宋、元各家所列，有不同的地方。如《切韵指掌图》以角、牙，徵、舌，羽、唇，商、齿，宫、喉相配；《四声等子》则以角、牙，徵、舌，宫、唇，商、齿，羽、喉相配。沈氏《梦溪笔谈》所说和《七音略》所配，也有异同。因为那时借用宫、商、角、徵、羽等的名目来表明五音和七音，虽略有出入，并无关于宏旨，可置之不论（本陈澧《切韵考·外篇》卷三）。宋、元等韵家又于舌音分为舌头、舌上，于唇音分为重唇、轻唇，于齿音分为齿头、正齿（《韵镜》首列《三十六字母图》《切韵指掌图序》及《四声等子》中《七音细目》并同）。又常把半舌、半齿，并为舌齿音，合牙音、舌头音、舌上音、重唇音、轻唇音、齿头音、正齿音、喉音共为九音，因又有九音之说。又牙音的《见》《溪》《群》《疑》，喉音的《影》《晓》《匣》《喻》，沈括、晁公武所名，适得其反；韩道昭则更名之为深喉、浅喉（劳乃宣依照《性理精义》改称牙音为鼻音，又依唇音的轻、重，改称舌头、舌上为重舌、轻舌，正齿、齿头为重齿、轻齿）。此等名目上虽略有出入，大抵于发音方法，没有多大关系，也可置之不论。依据发音部位来解释字母读法的，有江永《音学辨微》里的《辨七音法》，黄季刚作《音略》，并加以案语。黄廷鉴《字母辨》又将混呼诸母，如《知》《彻》《澄》之于《照》《穿》《床》，《泥》之于《娘》，非之于《微》，《匣》之于《喻》，《禅》之于《日》等，详加辨析。江有诰《等韵丛说》又有《辨七音十类粗细》及《辨字母误读》二则。这些用现今西洋的语音学理来比较，实在他们所解释的，都不很透彻（参看本文的一（三））。而且唐、宋时代对于这三十六字母的制定，究竟怎样算是确凿的音读，还未经过详密的考订，也不能轻信任何一家的话。

至于字母的序次问题，也和音读的考明有密切的关系。《指掌图》《切韵指南》首列牙音的《见》《溪》《群》《疑》；而《韵镜》《七音略》首列唇音的《帮》《滂》《并》《明》。劳乃宣以为字母应当以喉音《影》《喻》为先，谓"人声之发，自内而外，始于喉，次鼻（案此是指牙音），次舌，次齿，而终于唇，此自然之序也"（《等韵一得·外篇》）。陈澧又以为宋、元等韵家的《影》《晓》《匣》《喻》和《晓》《匣》《影》《喻》，次第皆谬；依清、浊及发、送、收的音理，应当为《影》《喻》《晓》《匣》（见《切韵考·外篇》卷三）。这种比江永对于字母"不可移易"的观念，进步得多了。近人刘复将三十六字母重行排列，其序如下：

《见》《溪》《群》《疑》《端》《透》《定》《泥》《知》《彻》《澄》《娘》《帮》《滂》《并》《明》《非》《奉》《敷》《微》《精》《清》《从》《心》《邪》《照》《穿》《床》《审》《禅》《晓》《匣》《来》《日》《影》《喻》。（《守温三十六字母排列法之研究》）

将《敷》和《奉》对换，并将《影》《喻》移于《来》《日》之后，以为《奉》是《非》之浊，而《影》《喻》为半元音，不是纯粹的声类。其实字母排列的先后，应当以考明的音读为根据。要是得到他们确凿的音读，自然容易有个完美的序次（参看本文的二（三））。

宋、元等韵家大都以清、浊和发、送、收混合以言。《韵镜指微》将三十六字母分为清、浊、次清、次浊四类。邵光祖《切韵指掌图检例》列一《三十六字母图》，将横排各行分为全清、次清、全浊、不清不浊等，第一行《见》《端》诸母为全清；第二行《溪》《透》诸母为次清，只《来》《日》二母为不清不浊；第三行《群》《定》诸母为全浊；第四行《疑》《泥》诸母为不清不浊，只《心》《审》二母为全清；第五行《斜》《禅》二母为半清半浊。《四声等子》中《七音细目》所列的，和此相同。明、清时代渐觉这种分类的混淆；又因北音的发展，浊音渐渐减少，单用清、浊的程度来分析声类，当然不适合于实际的语音。于是方以智的《通雅》废去清、浊而为发、送、收，因为他偏重北音，遂创此声等之说。江永的《音学辨微》仍用最清、次清、最浊、次浊的名目，就是因为他遵信三十六字母，而趋重今音派的缘故。大概浊音失去了之后，声等的分别益形显著，因之近代的等韵家，多不以宋、元清、浊之说为然。陈澧以为宋、元人所指的清、浊，实在就是发、送、收的声等。但是陈氏要分析《广韵》切语上的声类，不能不承认潘耒和江永清、浊相配，三十六母共为五十位之说。所以他的《切韵考·外篇》兼用清、浊和发、送、收来分析字母：以《见》《端》《溪》《透》和《群》《定》《疑》《泥》等母分为清、浊，又以《见》《端》等母为发声，《溪》《透》等母为送气，《疑》《泥》等母为收声。声等的分别，关于声母气程阻碍的程度，和清、浊之关于声带的振动与否，为近代分别声母的两种方法（参看本文的一（三））。而因北音发展的结果，分析声等，尤为进步。劳乃宣以为发、送、收三类，不甚整齐；《见》《端》和《溪》《透》等属于发声、送气之别，诚为至当，至以鼻音的《疑》《泥》诸母和边音摩擦音的《来》《日》等，都归入收声一类，总是勉强。劳氏就把发、送、收三类改为戛、透、轹、捺四类，现今注音字母上二十四个声母，其中的各组，如“ㄍ”“ㄎ”“ㄏ”“ㄫ”，“ㄉ”“ㄊ”“ㄌ”“ㄋ”等，都可用劳氏这四类来解释。劳氏云：

音之生，由于气。喉音出于喉，无所附丽，自发声至收声，始终如一，直而不曲，纯而不杂，故独为一音，无戛、透、轹、捺之别。鼻（即指牙音）、舌、齿、唇诸音，皆与气相遇而成。气之遇于鼻、舌、齿、唇也，作戛击之势而得音者，谓之戛类；作透出之势而得音者，谓之透类；作轹过之势而得音者，谓之轹类；作按捺之势而得音者，谓之捺类。(《等韵一得·外篇》)

兹录劳氏所分配的《字母谱》如下：

<table>
<tr><th colspan="2"></th><th>清声</th><th>浊声</th><th></th></tr>
<tr><td colspan="2">喉</td><td>《影》</td><td>《喻》</td><td></td></tr>
<tr><td rowspan="4">鼻</td><td>戛</td><td>《见》</td><td>《群》</td><td rowspan="4">一名牙音</td></tr>
<tr><td>透</td><td>《溪》</td><td>○</td></tr>
<tr><td>轹</td><td>《晓》</td><td>《匣》</td></tr>
<tr><td>捺</td><td>○</td><td>《疑》</td></tr>
<tr><td rowspan="4">重舌</td><td>戛</td><td>《端》</td><td>《定》</td><td rowspan="4">一名舌头音</td></tr>
<tr><td>透</td><td>《透》</td><td>○</td></tr>
<tr><td>轹</td><td>○</td><td>《来》</td></tr>
<tr><td>捺</td><td>○</td><td>《泥》</td></tr>
<tr><td rowspan="4">轻舌</td><td>戛</td><td>《知》</td><td>《澄》</td><td rowspan="4">一名舌上音</td></tr>
<tr><td>透</td><td>《彻》</td><td>○</td></tr>
<tr><td>轹</td><td>○</td><td>○</td></tr>
<tr><td>捺</td><td>○</td><td>《娘》</td></tr>
<tr><td rowspan="3">重齿</td><td>戛</td><td>《照》</td><td>《床》</td><td rowspan="3"></td></tr>
<tr><td>透</td><td>《穿》</td><td>○</td></tr>
<tr><td>轹</td><td>《审》</td><td>《禅》</td></tr>
</table>

<table>
<tr><th colspan="2"></th><th>清声</th><th>浊声</th><th></th></tr>
<tr><td>重齿</td><td>捺</td><td>○</td><td>《日》</td><td>一名正齿音</td></tr>
<tr><td rowspan="4">轻齿</td><td>戛</td><td>《精》</td><td>《从》</td><td rowspan="4">一名齿头音</td></tr>
<tr><td>透</td><td>《清》</td><td>○</td></tr>
<tr><td>轹</td><td>《心》</td><td>《邪》</td></tr>
<tr><td>捺</td><td>○</td><td>○</td></tr>
<tr><td rowspan="4">重唇</td><td>戛</td><td>《帮》</td><td>《并》</td><td rowspan="4"></td></tr>
<tr><td>透</td><td>《滂》</td><td>○</td></tr>
<tr><td>轹</td><td>○</td><td>○</td></tr>
<tr><td>捺</td><td>○</td><td>《明》</td></tr>
<tr><td rowspan="4">轻唇</td><td>戛</td><td>○</td><td>○</td><td rowspan="4"></td></tr>
<tr><td>透</td><td>《敷》</td><td>○</td></tr>
<tr><td>轹</td><td>《非》</td><td>《奉》</td></tr>
<tr><td>捺</td><td>○</td><td>《微》</td></tr>
<tr><td></td><td></td><td colspan="2"></td><td></td></tr>
</table>

不过劳氏所谓轹类和捺类的分别，似乎还没有十分透彻；如《日》母和《微》母是摩擦音，应当归入轹类的，而劳氏归入捺类；这点是和现今语音学理不合的地方。劳氏遵用三十六母，并依潘耒、江永

清、浊相配五十音之说，把《群》《定》属于《见》《端》的浊音，好像依据近代的南音。可是实际上他所列的声等，确是根据于近代的北音系统来分析。如把半舌音的《来》母归入于舌头音轹类，把半齿音的《日》母归入于正齿音的捺类，和注音字母上的“ㄉ”“ㄊ”“ㄋ”“ㄌ”，“ㄓ”“ㄔ”“ㄕ”“ㄖ”两组的声母，正相符合。劳氏又把喉音的《晓》《匣》，归入于牙音的轹类，只将《影》《喻》二母归入喉音，使《见》《溪》《群》《疑》《晓》《匣》为一组，天然的和注音字母上“ㄍ”“ㄎ”“ㄫ”“ㄏ”的系统相合了。

声母的分别，除了五音、七音和清、浊声等以外，还有呼等的关系。即属同一声类，因为后面所缀元音的不同，声母的本身也就发生歧异的状态；所以开合洪细的差别，在声母上也受了影响，随着区分呼等。关于三十六字母，宋、元等韵家常把他们平列为二十三行，因为有许多字母是四等兼具的，有许多是四等不兼具的；等韵家把这些四等不完具的字母，两两相补，遂排成二十三行。陈澧《切韵考·外篇》云：

> 《切韵指掌图》字母平列三十六行，《七音略》《四声等子》则置《知》《彻》《澄》《娘》于《端》《透》《定》《泥》之下，置《非》《敷》《奉》《微》于《帮》《滂》《并》《明》之下，置《照》《穿》《床》《审》《禅》于《精》《清》《从》《心》《邪》之下，为二十三行而已。《端》四母、《精》五母有一等、四等，无二等、三等；《知》四母、《照》五母有二等、三等，无一等、四等；遂以相补。《非》四母，但有三等，无一等、二等、四等；《帮》四母，虽四等俱有，而遇三等无字之处，则以《非》四母相补；可谓巧矣。

这种呼等的差别，可以用来解释《广韵》切语上的声类(参看本文的二(三))，或且用以证成一、四两等为古本音，二、三两等为今变音之说。因为从古声的研究,《端》《精》《帮》等母,适为古本声,《知》《照》《非》等母,适为今变声(参看本文的二(三)及三(四))。这种有关于古音及《广韵》上的声类问题,我们可以分别讨论。不过从等韵学上立论,字母等呼的差别,正是因乎语音的自然;他们把三十六母排成二十三行,每行列成四等,也是语音上确有分别;绝非如劳乃宣所云,徒"欲令疏密适中,于是以第一、第四等为上层,《见》《溪》至《来》《日》二十三母之位,第二、第三等为下层,《知》《彻》至《审》《禅》十三母之位"(《等韵一得·外篇》)。劳氏用开、齐、合、撮四等来分别宋、元人的等呼,根本上已陷于绝大的错误(详本文的四(二))。又以为各韵或者四等不兼具的,宋、元人以纵列三十六母三十六行则太密,横列二等则太疏,好像列成二十三行,完全是等韵家的弄巧。他实在不知道韵母上等呼的差别,足以影响于声母的本身,使语音上也发生歧异的现象。从五音变为七音,又将舌音中分为舌头、舌上,齿音中分为正齿、齿头,唇音中分为重唇、轻唇,由混趋析;这种变迁的由来,就可用呼等的关系来解释。因为声母后面所缀的元音,舌前、舌后的变化,足以使声母的发音部位,也随着发生变异。《见》《溪》《群》《疑》一组,变为近代北音的"ㄍ""ㄎ""ㄫ"和"ㄐ""ㄑ""ㄬ"两组;我们用语音学上"同化作用"的原理来观察,就是由于呼等的关系。所以宋、元人把三十六母排成二十三行,每行列成四等,在研究语音的变迁史上,实在供给我们以很好的一个启示。又《李氏音鉴》有《切分粗细论》《字母粗细论》二篇,江有诰《等韵丛说》也有《辨七音十类粗细》一则;这种粗、细的分别,正由于声母呼等的关系。江君注云:"一二等为粗音,三四等为细音";虽然和宋、元人所讲的未必相合;而因呼等的影响,使发音部位发生差别,也为近代等韵家所公认;即此可见了。

三十六字母的系统,只是代表唐、宋间一种普通的语音,当然不足以赅括隋、唐以前切语的声类,当然不足以范围古音和今音的变异。可是等韵学惟一的职务，在解释韵书上的反切；反切不合于等韵学的系统和原则，这时等韵家只得创立“音和”“类隔”及其他种种门例，来勉强的说明。即如所列的二十三行里，《精》五母无二等、三等，《照》五母无一等、四等，和韵书上的切语很多不合；于是设了“振救门”“正音凭切门”“《精》《照》互用门”“寄韵凭切门”等种种门法。这是等韵家最牵强附会的地方，为近代人所指斥（详陈澧《切韵考·外篇》卷三，参看本文的五（二））。但是我们不能就把等韵学的价值，一概的抹煞；其中很多和隋、唐韵书及语音变迁的原理相契合的地方，也应该平心静气的把他们表彰出来。

本篇参考书举要

元本《玉篇》
宋本《广韵》
《韵镜》
《四声等子》
《切韵指掌图》
《通志·七音略》
刘鉴《经史正音切韵指南》
《康熙字典》卷首
吕维祺《音韵日月灯》
马槃什《等音》
吕坤《交泰韵》
顾炎武《音论》
江永《古韵标准》《音学辨微》《四声切韵表》
戴震《声韵考》《声类表》
钱大昕《音韵问答》《十驾斋养新录》
潘耒《类音》

劳乃宣《等韵一得》《等韵一得·外篇》

陈澧《切韵考》《切韵考·外篇》

李光地《音韵阐微》《等韵辨疑》

江有诰《等韵丛说》

林本裕《声位》

胡垣《古今中外音韵通例》

章炳麟《国故论衡》卷上

顾实《重刻韵镜序》《四声等子书后》(《国学丛刊》一卷一期)

黄侃《音略》《与友人论治小学书》

高元《国音学》

胡朴安《文字学研究法》

钱玄同《文字学音篇》《声韵学讲义》

刘复《守温三十六字母排列法之研究》(《国学季刊》一卷三号)《明沈宠绥在语音学上的贡献》(《国学季刊》二卷三号)

五、国音字母和国音系统

（一）国音系统及其来源

要推究国音的来源，自然须追溯到北音韵书的发生。中国的韵书，自从魏李登的《声类》、晋吕静的《韵集》，经过六朝诸家的制作，体例渐渐的完成。到了隋陆法言，集魏、晋、六朝韵书的大成，撰《切韵》一书。唐代如孙愐《唐韵》、李舟《切韵》，大抵以法言之书作蓝本。到宋时陈彭年等更集合隋、唐韵书，作成《广韵》，遂开宋后今韵韵书一派。从宋代经元、明、清，千余年间，文人作诗作赋，以及政府考试的功令，都以《广韵》一系的韵书作标准。要晓得《广韵》这书所依据的语音，是由陆法言《切韵序》里所说："论南、北是非，古、今通塞"而来，包含隋、唐时代古、今、南、北各种不同的系统。因此《广韵》里的韵部和声类，是很繁复的；和宋后任何一种方音，总不能完全适合（参看本文的二（四））。所以宋后千余年间文人所作的诗赋，都是纸上的死语，和他们实际的口语完全趋于两途。金、元以来，政治中心渐移于黄河流域诸省，北音的势力也渐渐发展。北音里的系统比较简单，正和今韵里繁复的声韵，两相对抗。近代提倡新文学的，提倡国语统一运动的，就用这种最有势力的北音做标准。这就是北曲文学和北音韵书所以发生的缘故。北曲的文学是对于诗赋的旧文学，起一个革命，北音韵书，就是对于

《广韵》一系的今韵韵书，起一个革命。彼此相扶而行，更足以促进北音势力的发展，而建立国语统一运动的基础。

北音韵书的创始者，是元周德清。他作了一部《中原音韵》，一方面是为作曲而设，一方面也是为要达到"正音"的目的。他自序里说："欲作乐府，必正言语；欲正言语，必宗中原之音。乐府之盛、之备、之难，莫如今时；其盛则自缙绅及闾阎歌咏者众，其备则自关、郑、白、马，一新制作；韵共守自然之音，字能通天下之语。"他所谓乐府，就是指那时的戏曲文学；这种文学依据那时最通行的北音所作，所以说：韵共守自然之音，字能通天下之语。北音区域是那时政治中心所在的地方，所以叫做中原之音，也或叫做中州之音，周氏书，依虞集《序》文里说，也称《中州音韵》。周氏书原始固然为北曲文学而作，可是对于音韵学上有极大的贡献。毛先舒《声韵丛说》：

> 或以周德清《中原音韵》，不过写北方土音耳。不知此书，专为北曲而设，故往往与北人土音相合。至其斟酌声韵，宛转喉吻，则具有精微焉。

他对于北音系统的分析，独具创见，毫不落今韵韵书的窠臼。因为他认定北音已经有统一全国的趋势，一般文人墨守今韵的，都是不通时变。《中原音韵正语作词起例》说：

> 余尝于天下都会之所，闻人间通济之言。世之泥古非今，不达时变者众。呼吸之间，动引《广韵》为证，宁甘受鴂舌之诮而不悔。亦不思混一日久，四海同音，上自缙绅讲论治道，及国语翻译、国学教授言语，下至讼庭理民，莫非中原之音。

他以为今韵韵书起于六朝江左，是南方鴂舌之音，持论虽不免偏激和失当，可是他想矫正一般文人“故步自封”的观念，要把当时最通行的北音，做全国的标准。他这种正音的主张，实在是韵书上的一个革命家，实在是近代国语运动的首创者。

《广韵》的二百零六韵，我们把平、上、去、入四声合起来计算，也有六十一部，可以见得今韵系统的繁复了。至于周氏的《中原音韵》里，只列着十九部，因为他是依据于简单的北音之故。周氏以入声派入三声，而于上、去二声，不另立韵目，不像今韵韵书里，四声都立韵目；这是和现今注音符号上韵母的系统，渐相符合的地方。周氏既然以入声派入三声，又将平声分为阴、阳二声。《中原音韵自序》里说：

> 声分平、仄者，谓无入声，以入声派入平、上、去三声也。……字别阴、阳者，阴、阳字，平声有之，上、去俱无。上、去各止一声，平声独有二声。

因为北音里没有入声，而平声分阴、阳，所以周氏分析音调，一变平、上、去、入而为阴、阳、上、去，和现今国语的标准音相合。这点也是显然和今韵韵书不同的地方。至于他所列的十九部：

> 一、《东》《锺》　二、《江》《阳》　三、《支》《思》　四、《齐》《微》　五、《鱼》《模》　六、《皆》《来》　七、《真》《文》　八、《寒》《山》　九、《桓》《欢》　十、《先》《天》　十一、《萧》《豪》　十二、《歌》《戈》　十三、《家》《麻》　十四、《车》《遮》　十五、《庚》《青》　十六、《尤》《侯》　十七、《侵》《寻》　十八、《监》《咸》　十九、《廉》《纤》

《东》《锺》就是注音符号的“ㄨㄥ”；《庚》《青》就是“ㄥ”；《寒》《山》，《先》《天》，《桓》《欢》就是“ㄢ”“ㄧㄢ”“ㄨㄢ”；《真》《文》就是“ㄣ”；《江》《阳》就是“ㄤ”；《皆》《来》就是“ㄞ”；《萧》《豪》就是“ㄠ”；《歌》《戈》就是“ㄛ”；《家》《麻》就是“ㄚ”；《车》《遮》就是“ㄝ”；《尤》《侯》就是“ㄡ”；《支》《思》就是“ㄖ”“ㄙ”“ㄦ”；《鱼》《模》就是“ㄩ”“ㄨ”；《齐》《微》就是“ㄧ”“ㄟ”。其中除《支》《思》一部，注音符号上只立“ㄦ”母；《鱼》《模》和《齐》《微》二部，注音符号都分做二个韵母；此外，大体和注音符号的韵母系统，很相符合。日本石山福治著有《考定〈中原音韵〉》一书，证明《中原音韵》和中国现今标准语音，几乎完全相合。不过十九部里，还有《侵》《寻》，《监》《咸》，《廉》《纤》三部，这是收“ㄇ”的附声韵母，现在国语上都归入“ㄢ”“ㄣ”二母了。周氏《正语作词起例》里说：

> 《广韵》入声《缉》至《乏》，《中原音韵》无合口。派入三声亦然。切不可开、合同押。

他所谓合口，就是指附有双唇音的韵母。《广韵》入声《缉》至《乏》，都是收“ㄅ”的音。《中原音韵》既然以入声派入三声，就没有收“ㄅ”的音，所以说无合口。不过那时平、上、去三声韵当中，大概还有收“ㄇ”的音，和“ㄤ”“ㄥ”“ㄢ”“ㄣ”这些收“ㄫ”、收“ㄋ”的音，不能同押，所以说“切不可开合同押”。那末，那时北音里大概还有收“ㄇ”的《侵》《寻》，《监》《咸》，《廉》《纤》三部，这是和现今国音系统不同的地方。

到了明朝初年，乐韶凤等作《洪武正韵》。他们也以为今韵韵书是出于六朝江左，韵部分合之间，不适于当时通行的口语。宋濂《序》里说：

> 韵学起于江左，殊失正音：有独用当并为通用者，如《东》《冬》，《清》《青》之属；亦有一韵当析为二韵者，如《虞》《模》，《麻》《遮》之属；若斯之类，不可枚举。

他们指斥今韵韵书是吴音，清《四库总目提要》已辩正这种观念的错误。不过今韵韵书传统的势力太大，宋濂《序》里说今韵成为官书之后，“遂至毫发弗敢违背。……纵有患其不通者，以不出于朝廷，学者亦未能尽信”。他们也想用朝廷的势力来打倒这种传统的势力，依据那时通行的语音，来纠正今韵韵书的违失。这种“正音”的意思，和周德清的宗旨正相吻合，所以《洪武正韵》也是韵书革命上一种重要的著作。他们把《广韵》的二百零六韵合并为七十六韵：平、上、去三声各二十二韵，又入声十韵。我们把四声合起来计算，得二十二部：

	平	上	去	入
（一）	《东》	《董》	《送》	《屋》
（二）	《支》	《纸》	《寘》	
（三）	《齐》	《荠》	《霁》	
（四）	《鱼》	《语》	《御》	
（五）	《模》	《姥》	《暮》	
（六）	《皆》	《解》	《泰》	
（七）	《灰》	《贿》	《队》	
（八）	《真》	《轸》	《震》	《质》
（九）	《寒》	《旱》	《翰》	《曷》
（十）	《删》	《产》	《谏》	《辖》
（十一）	《先》	《铣》	《霰》	《屑》
（十二）	《萧》	《篆》	《啸》	

（十三）《肴》《巧》《效》
（十四）《歌》《哿》《个》
（十五）《麻》《马》《祃》
（十六）《遮》《者》《蔗》
（十七）《阳》《养》《漾》《药》
（十八）《庚》《梗》《敬》《陌》
（十九）《尤》《有》《宥》
（二十）《侵》《寝》《心》《缉》
（二十一）《覃》《感》《勘》《合》
（二十二）《盐》《琰》《艳》《叶》

这二十二部和《中原音韵》的十九部比较起来，大致相同。只把“ㄠ”母分列为《萧》部和《肴》部；“ㄧ”“ㄟ”二母，分列为《齐》《灰》二部；“ㄩ”“ㄨ”二母，分列为《鱼》《模》二部，所以《洪武正韵》也算是一种北音韵书。不过当中很有迁就今韵的地方，因为七十六韵里，除平、上、去三声以外，还列着入声十韵。四声都列着韵目，这是和注音符号上韵母的系统不同的地方。还保存着入声，这又是和《中原音韵》的北音系统不合的地方。至于《洪武正韵》把入声《屋》《质》《曷》《辖》等韵，隶属于《东》《真》《寒》《删》诸部，配列于收鼻音“ㄇ”“ㄋ”“ㄫ”的阳声韵之下；那末，就是承认入声十韵，也有分做收暴发音“ㄆ”“ㄊ”“ㄎ”的三系了。周德清明明说《广韵》入声《缉》至《乏》，《中原音韵》无合口；而《洪武正韵》平、上、去三声，既然列着《侵》《覃》《盐》三部，入声又列着《缉》《合》《叶》三韵，乃是明明承认有收“ㄆ”的音了。这点显然是《洪武正韵》迁就今韵，而和当时北音系统相违背的地方。又《洪武正韵》里各字下的切语，也和《中原音韵》颇有异同（本石山福治《考定中原音韵》）。因此可以晓得《洪武正韵》总不免是当时文人杂采古今韵书，调和新旧主张的著作，不像《中原音韵》那样纯粹属于北音系统。

北音的韵部既然和唐、宋的韵书上不同；至于声类，也当然和唐、宋两样的。唐、宋声类的代表，就是守温的三十六字母；近代简单的北音里，没有这样繁复。明正统间，兰廷秀作《韵略易通》，归并三十六字母为《早梅诗》二十字：

东风破早梅，向暖一枝开；冰雪无人见，春从天上来。

《冰》《破》《梅》《风》就是“ㄅ”“ㄆ”“ㄇ”“ㄈ”；《东》《天》《暖》《来》就是“ㄉ”“ㄊ”“ㄋ”“ㄌ”；《枝》《春》《上》《人》就是“ㄓ”“ㄔ”“ㄕ”“ㄖ”；《早》《从》《雪》就是“ㄗ”“ㄘ”“ㄙ”；《见》《开》《向》就是“ㄐ”“ㄍ”，“ㄑ”“ㄎ”，“ㄒ”“ㄏ”；至于《一》《无》二字，大概就是“ㄧ”“ㄨ”“ㄩ”诸音，并非声母。总之，和注音符号上的声母系统很相接近了。《韵略易通》的韵部，大致和《中原音韵》及《洪武正韵》相同，分平声为二十部，三声随而隶之，其目如下：

(一)《东》《洪》　(二)《江》《阳》　(三)《真》《文》　(四)《山》《寒》　(五)《端》《桓》　(六)《先》《全》　(七)《庚》《晴》　(八)《侵》《寻》　(九)《缄》《咸》　(十)《廉》《纤》　(十一)《支》《辞》　(十二)《西》《微》　(十三)《居》《鱼》　(十四)《呼》《模》　(十五)《皆》《来》　(十六)《萧》《豪》　(十七)《戈》《何》　(十八)《家》《麻》　(十九)《遮》《蛇》　(二十)《幽》《楼》

首列《东》《洪》等十部，是有入声的，后列《支》《辞》等十部，是无入声的。除“ㄩ”“ㄨ”二母，分做《居》《鱼》，《呼》《模》二部外，其余和《中原音韵》完全相同。不过此书各部韵目，把阴平、阳平一一配列，较《中原音韵》的韵目尤为整齐；曲韵中如范氏的《中州全韵》、沈氏的《韵学骊珠》，虽分部略有异同，而韵目上一阴、一阳分列，都是采取这种办法。至于《韵略易通》仍列着入声，又把二十部分为阳声韵十部，阴声韵十部；入声十部也各隶属于阳声。阳声韵是附有“ㄇ”“ㄋ”“ㄫ”的；那末，入声也是认为有收“ㄆ”“ㄊ”“ㄎ”的三系了。这点和《广韵》及《洪武正韵》相同，不合于北音系统的地方。

后来濮阳涞作《韵学大成》，分韵二十部，也和《韵略易通》相同。大概明末以前的北音韵书，都列着《侵》《寻》，《监》《咸》，《廉》《纤》三部，或者那时北音里还保存着收“ㄇ”的音，就是词曲家所谓闭口音。到了明万历年间，毕拱辰作《韵略汇通》，才减去了这三部闭口音，列为十六部：

(一)《东》《洪》　(二)《江》《阳》　(三)《真》《寻》　(四)《庚》《晴》　(五)《先》《全》　(六)《山》《寒》　(七)《支》《辞》　(八)《灰》《微》　(九)《居》《鱼》　(十)《呼》《模》　(十一)《皆》《来》　(十二)《萧》《肴》　(十三)《戈》《何》　(十四)《家》《麻》　(十五)《遮》《蛇》　(十六)《幽》《楼》

和《中原音韵》比较起来，“ㄩ”“ㄨ”二母分做《居》《鱼》，《呼》《模》二部，“ㄢ”“ㄨㄢ”合做《山》《寒》一部，而没有《廉》《纤》等韵，分部更较简单。除“ㄨㄥ”和“ㄥ”、“ㄧㄢ”和“ㄢ”，因等呼的关系，各分为二部，及“ㄧ”“ㄟ”仍合为一部以外，和注音符号上的韵母，几乎完全相同了。

清初樊腾凤作《五方元音》，更减韵部为十二：

（一）《天》　（二）《人》　（三）《龙》　（四）《羊》　（五）《牛》　（六）《獒》　（七）《虎》　（八）《驼》　（九）《蛇》　（十）《马》　（十一）《豺》　（十二）《地》

除《地》部含有“ㄧ”“ㄩ”“ㄟ”，“ㄦ”“ㄖ”“ㄙ”诸母的音，以代替《齐》《微》，《支》《思》，《居》《鱼》等韵以外，其余完全和注音符号的韵母相合了。《四库提要》说他“纯用方音，不究古义，如《覃》《盐》《咸》之并入《天》，《庚》《青》《蒸》之并入《龙》，其变乱韵部，又甚于《洪武正韵》矣”。我们用语音变迁的历史眼光来观察，这种对于旧韵部的变乱愈多，愈合于实际的语音；所谓纯用方音，就是依据于现代的北音系统，《覃》《盐》《咸》并入《天》，《庚》《青》《蒸》并入《龙》，正是和注音符号上韵母相合的地方。《五方元音》的声类，也分为二十：

《梆》《匏》《木》《风》《斗》《土》《鸟》《雷》《竹》《虫》《石》《日》《翦》《鹊》《系》《云》《金》《桥》《火》《蛙》

其中如《云》《蛙》，就是《韵略易通》的《一》《无》二字，属于注音符号的“ㄧ”“ㄨ”“ㄩ”等音；其余也和《韵略易通》完全相同。除没有“万”“ㄫ”“兀”三母及“ㄐ”“ㄑ”“ㄒ”和“ㄍ”“ㄎ”“ㄏ”各合为一类外，其余也和注音符号的声母完全相同。所以一九一二年三十九个注音字母的制定，《五方元音》实在是个最重要、最切近的根据。《五方元音》各部，分上平、下平、上、去、入五声，以上平、下平代替阴平、阳平；一九一二初年规定国音上有五声，恐怕也是蓝本于樊氏罢。因为此书里的入声诸字，都是附于《驼》《蛇》《马》诸部；《天》《人》《龙》等阳声韵虽有入声的名目，而无其字；和今韵韵书上的入声，当然根本不同。

一九一二初年，制定颁布了三十九个“注音字母”，声母二十四个：

ㄅ、ㄆ、ㄇ，ㄈ、万，ㄉ、ㄊ、ㄋ、ㄌ，ㄍ、ㄎ、兀、ㄏ，ㄐ、ㄑ、广、ㄒ，ㄓ、ㄔ、ㄕ、ㄖ，ㄗ、ㄘ、ㄙ。

韵母十五个：

ㄧ、ㄨ、ㄩ，ㄚ、ㄛ、ㄝ，ㄞ、ㄟ、ㄠ、ㄡ，ㄢ、ㄣ、ㄤ、ㄥ、ㄦ。

二十四个声母，依照发音的部位来分析：“ㄅ”“ㄆ”“ㄇ”是双唇音；“ㄈ”“万”是唇齿音；“ㄉ”“ㄊ”“ㄋ”“ㄌ”是舌尖音；“ㄍ”“ㄎ”“兀”“ㄏ”是舌根音；“ㄐ”“ㄑ”“广”“ㄒ”是舌前音；“ㄓ”“ㄔ”“ㄕ”“ㄖ”是后舌叶音；“ㄗ”“ㄘ”“ㄙ”是前舌叶音。十五个韵母，依照韵母的性质来分析：“ㄧ”“ㄨ”“ㄩ”，“ㄚ”“ㄛ”“ㄝ”“ㄦ”是单纯韵母；“ㄞ”“ㄟ”“ㄠ”“ㄡ”是复合韵母；“ㄢ”“ㄣ”“ㄤ”“ㄥ”是附声韵母。这种声母和韵母的系统，是依据国内大多数人所发的普通语，就是近代实际口语上最有势力的北音。所以注音字母虽然面目上是一种纯粹的音标，而语音系统，却和过去北音韵书里所分的韵部和声类有密切的关系。现在列两个表，把他们比照如下：

又当时所定的阴、阳、上、去、入五声，是采取北方的阴、阳、上、去，及西南的入声合成的，实际上就是参照《中原音韵》和《五方元音》二书所定的音调系统。所谓入声，只是阴声韵的短音，不像《洪武正韵》还用入声配列于阳声韵；所以这种入声的观念，并非今韵韵书上附有“ㄆ”“ㄊ”“ㄎ”的音。

注音字母	《五方元音》	《韵略汇通》	《韵略易通》	《洪武正韵》	《中原音韵》
一	地	灰微	西微	齐	齐微
ㄨ	虎	呼模	呼模	模	鱼模
ㄩ	(地)	居鱼	居鱼	鱼	
ㄚ	马	家麻	家麻	麻	家麻
ㄝ	蛇	遮蛇	遮蛇	遮	车遮
ㄛ	驼	戈何	戈何	歌	歌戈
ㄞ	豺	皆来	皆来	皆	皆来
ㄟ	(地)	灰微	西微	灰	(齐微)
ㄠ	獒	萧肴	萧豪	(萧肴)	萧豪
ㄡ	牛	幽楼	幽楼	尤	尤侯
ㄢ	天	先全	先全	先	先天
		寒山	山寒	寒	寒山
			端桓	删	桓欢
ㄣ	人	真寻	真文	真	真文
ㄤ	羊	江阳	江阳	阳	江阳
ㄥ	龙	庚晴	庚晴	庚	庚青
		东洪	东洪	东	东锺
(ㄖ)(ㄙ)(ㄦ)	(地)	支辞	支辞	支	支思
(近今北音归入于ㄢㄣ等母)			缄咸	覃	咸监
			廉纤	盐	纤廉
			侵寻	侵	寻侵

注音字母	《五方元音》	《韵略易通》
ㄅ	梆	冰
ㄆ	匏	破
ㄇ	木	梅
ㄈ	风	风
ㄪ	(风)	(风)
ㄉ	斗	东
ㄊ	土	天
ㄋ	鸟	暖
ㄌ	雷	来
ㄍ	金	见
ㄎ	桥	开
ㄫ	(蛙)	(无)
ㄏ	火	向
ㄐ	(金)	(见)
ㄑ	(桥)	(开)
ㄬ	(鸟)	(暖)
ㄒ	(火)	(向)
ㄓ	竹	枝
ㄔ	虫	春
ㄕ	石	上
ㄖ	日	人
ㄗ	剪	早
ㄘ	鹊	从
ㄙ	系	雪
(一ㄩ)	云	一
(ㄨ)	蛙	无

我们可以晓得注音字母的系统,并非纯粹依据于一种实际的方音,乃是各种方言中认为最通行的语音;所以事实上要推行国语,不能不趋重于北音里最有势力的北平方言。国语统一筹备会采取北平音,把“ㄛ”母分析为“ㄛ”和“ㄜ”二母,说是以“ㄜ”母专拼入声字,这种只认为有入声的名目,而没有入声的实际了。因为北平的方言里,只有阴、阳、上、去,没有入声的。注音字母增为四十个,就是起于此时的。又议“ㄦ”母也得用为声母,和西文的“r”母相当(国际音标的“ɹ”)。因此注音符号上,可以说有二十五个声母了。

注音字母上的系统,虽然有所改进,可是对于国音的观念,总是以国内大多数的人所通行的语言做标准,并没有澈底的解决。直到最近国语统一筹备会,又制定了“国语罗马字母”;经政府正式的公布认为国音字母的第二式。在音标的形式上,固然和注音字母的面目不同,而在实际的语音方面,对于注音字母的系统也有不少的改进。现在把这两种国音字母的对照表录出来:

ㄅ	ㄆ	ㄇ	ㄈ	ㄪ	ㄉ	ㄊ	ㄋ	ㄌ	ㄍ	ㄎ	ㄫ	ㄏ
b	P	m	f	v*	d	t	n	l	g	k	ng*	h
ㄐ	ㄑ	ㄬ	ㄒ	ㄓ	ㄔ	ㄕ	ㄖ	ㄗ	ㄘ	ㄙ		
j	ch	gn*	sh	j	ch	sh	r	tz	ts	s		
ㄖㄙ	ㄧ	ㄨ	ㄩ	ㄚ	ㄛ	ㄜ	ㄝ	ㄞ	ㄟ	ㄠ	ㄡ	
y	i	u	iu	a	o*	e	e*	ai	ei	au	ou	
ㄢ	ㄣ	ㄤ	ㄥ	ㄦ								
an	en	ang	eng	el								

国语罗马字母,是用西文的字母来注国音;这里所谓国音,又是一种实际的方言,就是用北平的音来做标准。所以国语罗马字母的颁布,不但在音标的应用上,增多一种形式,而且在实际的语音方

面，又确定了标准音的系统。看上面这个表里，“万”“兀”“广”“ㄛ”“ㄝ”诸母，都注明“＊”的符号；就是因为这些音，是在北平方音上所不用或少用的。又把注音字母上的音素，一一分析出来，所谓复合韵母、附声韵母，包含有二个以上的音素的，都用二个以上的字母来表明。因之从前注音字母上注音含混的地方，在国语罗马字母里，更加以明晰的区别。例如，“ueng”和“ong”，实在是两种音，而注音字母上都用“ㄨㄥ”来表明，国语罗马字母上才加以分别。“ㄣ”是“en”，而“ㄧㄣ”却并不是“ien”，只是“in”；“ㄥ”是“eng”，而“ㄩㄥ”却并不是“iueng”，只是“iong”；同样，“ㄩㄣ”并不是“iuen”，只是“iun”；这些，国语罗马字母上，北音韵书上，《支》《思》韵里大部分的字，注音字母上不另立韵母，只用“ㄖ”“ㄙ”来代替；国语罗马字母里，才另立“y”母。又“ㄦ”母用来替代西文的“r”，这种声母的性质，在标准语里，用处很少；所以国语罗马字母里只认他是韵母，用“el”来表示，就是一种舌尖元音。此外国音上所定的五声，和北平音的系统不合；所以国语罗马字拼音，只认为有阴、阳、上、去四声，不承认还有入声；而且用字母的拼法来表示音调的变化。这样一说，就可以知道国语罗马字母，在音素方面、拼法方面，以及音调方面，对于注音符号的系统，都加以不少的改进。而国音的意义，也因此有个确实的标准，不像往时那样空泛了。

（二）中国注音方法的进步

中国大部分的文字，他们形体的构造，大概到了秦、汉时代停止着演化；现今所通行的字体，除了书写的形式上略有变更以外，他们构造上的组织，大概就已经固定于这个时代（详高本汉《中国语与中国文》）。而文字上注音的应用，也开始于此时。因为文字的形体，一经固定，形声字里表音的部分不足以显示语音的转变，所以那时一般注经家和文字学家，要指示古书上各个文字的音读，要解释文字的意义和音韵的关系，不能不有一种注音的方法。自然，最早的注音方法，是很粗陋的，他们没有把一个字音里的音素分析出来，只是将整个的字音当做语音的单位，所以那时只用一个字音来注明另一个字的音读。例如“音某”“读若某”“读如某”“读与某同”之类，叫做“直音”的方法。《颜氏家训·音辞篇》里说：“郑玄注《六经》，高诱解《吕览》《淮南》，许慎造《说文》，刘熙制《释名》，始有譬况、假借，以证音字耳。”他们是用一个字音来譬况另一个同音的字。这种方法的效用，只依据于许多同音的文字，只是使我们知道某个字和某个字在音读上有点相同罢了。假使没有同音的字，这种直音的方法就不能应用了；假使同音的字是不很普通、不易认识的，这种方法也就很难奏效了。反切的发生，正所以改良这种笨拙的方法。陈澧说得好：

古人音书，但曰读若某，读与某同；然或无同音之字，则其法穷；虽有同音之字，而隐僻难识，则其法又穷。孙叔然始为反语，以二字为一字之音，而其用不穷；此古人所不及也。（《切韵考》卷六）

反切发明以后，直音的方法就渐渐归于淘汰，如梁顾野王的《玉篇》、隋陆法言的《切韵》、唐孙愐的《唐韵》，这些书里都是用反切来注音，很少用直音的方法。后代要是有人仍旧应用直音来注音，大家就认他谬误不通音韵。这里我可以举江永批评陈第《毛诗古音考》做一个例子：

陈氏但长于古音；若今韵之所以分，喉、牙、舌、齿、唇之所以异，字母、清、浊之所以辨，概乎未究心焉。故其书皆用“直

音”；直音之谬，不可胜数。（《古韵标准例言》）

自从《颜氏家训》说：“孙叔然创《尔雅音义》，是汉末人独知反语；至于魏世，此事大行”（《音辞篇》）；于是大家都以为孙炎是创作反切的人。章炳麟的《国故论衡》，说东汉时王肃、应劭已经应用反切了（《国故论衡》卷上）。又刘师培的《正名隅论》说汉代毛、郑诸家的注经，都已经有反切之音了（见丙午《国粹学报》）。至于马国翰说卫宏的《古文官书》里，每字下注明反音甚详，足以证明东汉初年已经有切音了（《玉函山房辑佚书》卷六十）。这样看来，反切并不一定是起于汉末的孙炎。要晓得世界上无论那种变迁，或大或小，总是“渐”的，不是“顿”的。从直音的方法进化到了反切，中间当然也要经过很长的期间。所以严格说起来，反切的注音方法，并不是起于汉末；不过到了汉末，才风行于世。东汉时代虽然间或有应用反切的，可是普通一般人，还是大多数应用譬况、读若的方法；所以颜之推说：“汉末人独知反语；至于魏世，此事大行。”

反切所以到了汉、魏间开始风行的缘故，大概由于受印度梵文拼音学理的影响。那时佛教东来，僧徒要想用汉语来翻译佛经，不能不研究梵文的拼音。《高僧传》里说：“曹植深爱声律，属意经音，……传声则三千有余，在契则四十有二。”（齐释《慧忍传》）这四十二契，大概是当时所用的声类和韵目；传声三千有余，就是指拼切得来的字音。这种拼音的学理，输入了一般学者的脑中；所以同时的孙炎等就大倡反切。因为应用反切的方法，晓得把一个字音分做两部分：起首部分叫做“发声”，末尾部分叫做“收韵”；用切语上字来表示发声，用切语下字来表示收韵，上、下拼合而为整个的字音。这种方法的发生，显然是受梵文拼音学理输入的影响。

反切对于直音方法的改进，在于把整个的字音分析为发声和收韵两个原素；用两字合成一音；中国有了拼音方法，当然只能推始于反切。直音的方法和形声字里表音的分子，都是应用整个的字音来表示另一个同音的字。近来林语堂先生所举《汉字中之拼音字》，如嚭、厘、訾、钦等，说是这许多文字的构造上，已经应用拼音的方法来表示音读（开明书局出版《中学生》第十一号）。但是他所举的例子很少，至多我们只能认为偶然巧合的事实，不能认为形声字当中，已经有了拼音的一法。“反切”这两字，是反复摩切的意思，或叫做“反”，或叫做“翻”，或叫做“切”，并没有分别；后代勉强从这几个字义上发生了许多曲解，都不足以相信的。反切的方法把两个字音反复摩切，吸取上字的发声、下字的收韵，使合成为一个字音；切成的音，和上字为“双声”，和下字为“叠韵”。所以反切的方法，和双声、叠韵的原理，暗相符合。

双声、叠韵的名目，大概起于六朝的时候。《南史·谢庄传》：“王玄谟问谢庄，何者为双声？何者为叠韵？答曰：玄、护为双声，璈、碻为叠韵。”因为王玄谟和桓护曾经率师北伐，败于璈、碻之间；谢庄就用此来嘲笑他。玄、护属于《匣》母，当时都是读舌根音；璈、碻属于《萧》韵，读“幺”的音。不过，古代诗文当中，常常引用双声或叠韵的复合语词，例如流离、黾勉、章皇、支离之类。胡以鲁的《国语学草创》里说：“双声、叠韵，为中国国语发展之一程序，其意或求明了，或表丁宁，多改单节为双节（是指单音缀改为双音缀）。”又“一字重音”当中，也都是双声或叠韵的关系。如蟋蟀、本来是悉蛰，蛰字具有蟋、蟀二音。越也叫做于越，越字的音本来有于、越二音的。古语上又有所谓“二合之音”，如何不为盍，不可为叵，蒺藜为茨，胡芦为壶之类；一个字可以包含有两个音，两个字可以拼成一个音。这种事实，和反切的道理，也可以相通。因之有人说反切的方法，是出于双声、叠韵的；钱大昕的《音韵问答》，就是这种主张的代表。他以为诗书经传上多载有双声、叠韵的辞语，后人也不过用以来制定反切，而双声、叠韵之理，也更因以显明了。但是，我们要晓得双声、叠韵，仅仅是语词形式上一种转变的原则，而反切却更进一步用来注明文字的音读，在效用上当然是异趣的。隋、唐时代常常应用双声、叠韵来讲明反切，如神珙的《五音九弄反纽图》以及广韵末尾所附的《双声》《叠韵法》；当时看做秘传的法宝，其实不外表示反切的方法，上字为双声，下字为叠韵罢了（参看本文的四（一））。

反切的方法，既然和双声、叠韵的原理相合，于是类集双声或叠韵之字，分别部居；又从各部各类中取出一字以为标目，这就是"韵目"和"三十六字母"的起源。韵目是往时用来代表各类反切下字的，三十六字母是用来代表各类反切上字的，所以韵目和三十六字母的发生，乃是反切风行以后一种自然的结果。

有了韵目之后，韵书的体例，也就正式的成立。中国的字典，大致可以分做三大类：第一类是训诂的辞书，如《尔雅》《释名》之类，是用意义来隶属的。第二类，是通常据形系联的字书，自从《说文解字》到了《康熙字典》，都是用部首来部勒文字的。第三类，就是韵书，现今所存的，除了《切韵》和《唐韵》的残卷以外，以《广韵》《集韵》为最古，一方面用平、上、去、入等四声来分别韵部，一方面又用《东》《冬》《锺》《江》这些韵目来部勒文字；又各个文字下，大都注明反切，我们可因以知道他们音读的分类（参看本文的一（二））。所以韵书乃是依据反切的注音方法所编成的音韵字典，和义书、形书正相对立。

字母本来应当叫做"声类"，当时因为袭取梵文字母的名目，就称为字母。唐僧舍利曾经依据梵文的拼音学理，参酌魏、晋、六朝以来的反切上字，制定三十字母；守温又增益之制定为《见》《溪》《群》《疑》等三十六字母（详本文的四）。这三十六字，就是代表反切上字的三十六声类。我们有了韵部和声类的标目，对于反切的方法，可以得着一个很明白的解说。但是当时对于注音方法的本身，并没有多大的进步；因为韵目和三十六字母产生之后，在实际的注音上，并没有把反切上字和下字全般的整理一下，使拼切的方法，成为简单化。

应用三十六字母和韵书来解说反切，最精切的就是宋、元以来的等韵学。等韵学上把三十六字母分析七音和清、浊，更把韵部定为开、合四等；将韵书里的字，依字母的次第，纵横交贯，排列成许多等韵表。等韵表上，以字母为纬，以韵等为经，将发声相同的隶于一母，收韵相同的列为各等，两两拼切，自然能得各个字的音读。从前把双声、叠韵看得很神秘似的，我们从等韵表上看来，同属一母的是双声，同属一韵一等的是叠韵，真是很平淡无奇了。从前把反切看得很难懂似的，我们从等韵表上看来，也只是将一声、一韵，各个拼合，有什么深奥的道理？所以等韵学并非如陈澧所说："于韵书切语之外，别成一家之学。"（《切韵考·外篇序》）其实只是把韵书上的切语解释得更精密、更明显罢了（详本文的四）。等韵学上声和韵的分析，从过去的眼光看来，当然不能不认为精细；可是目的只在解说韵书里的反切，使反切的方法容易了解，容易应用；而对于这种方法的本身，并没有加以改进。并且因为根据他们的学理来解释过去的切语，有许多扞格不通，就创立种种"门法"以勉强自圆其说；结果，等韵学自身，反而使人不易了解。

我们晓得，语音是随时随地要发生变化；往时韵书上所录的切语，当然和后代的口语不能完全符合。宋、元等韵家所分析三十六字母的七音、清、浊以及韵部的等呼之类，和隋、唐以前的切语也未必能相适合。当时没有想到音变的道理，就创立种种门法勉强来解释。例如声类上，舌头音和舌上音，重唇音和轻唇音，在古代语音当中，往往没有分别。所以《端》《透》《定》《泥》和《知》《彻》《澄》《娘》，《帮》《滂》《并》《明》和《非》《敷》《奉》《微》，在隋、唐以前的切语上，常常互相通用。这正是表明古今音变的地方。宋、元等韵家以为这些切语和当时的口语以及他们所分析的音理不能符合，遂创立种种门例，以为同母相切的叫做"音和"，舌头和舌上、重唇和轻唇相切的，叫做"类隔"。此外又有所谓"广通局狭例""内外转例""振救门""正音凭切门""寄韵凭切门"。到了元、明时代，设例更较繁密了。这些总是因为旧时反切用字，不能合于等韵学上所定的原则，于是设立种种名目，强为解释；那知道旧时所作的反切，和后代的口语、后起的等韵，不能一一的吻合，正是由于古、今的音变。等韵学上解释韵书里的反切，遇到这种难通的地方，就创立种种门例，以自圆其说，而实则无中生有。方中履的《切字释疑》说："详其所以立门法者，乃见孙愐切脚不合，而不敢议之，故强为此就迁之说。"陈澧的《切韵考·外篇》说："作门法者，本欲补等韵之病，而适足以显等韵之病。"可以见得等韵学上设立种种门法来解释韵书上的反切，是等韵家的牵强附会；而语音有转变，切语也自然应当随着语音的变化，而加以更改。

宋、元等韵家，只求解释韵书上的反切，而不想在反切方法的本身上加以改良。反切最大的弊病，就是用字太繁。汉、魏以来的切语用字，各家既彼此不相划一，而且数目很多。现今一查《广韵》里的反切上字，有四百多个；下字，有一千多个；合共约有一千五百个。我们要应用《广韵》上的切语，必须先认识这一千五百个切语用字的音读。我们既然认定反切上字为声类的标目，下字为韵部的标目，那末，应当每一声类中各取一字，每一韵部中各取一字；凡属同声、同韵的，都用这种规定的字来拼切。这样，所用的字简单，学习的人就比较的容易了。等韵家只依据三十六字母和韵目来解释反切的方法，没有更进一步利用字母和韵目来确定切语用字。假使当时把反切上字只采取三十六字母，反切下字只采取《广韵》韵目，删去旧时繁复的切语用字，那末，反切的方法就简易得多了。

反切第二种的弊病，在上、下二字不易合读。因为在学理上，上声、下韵，拼为一音，而反切当中，上字往往声下有韵，下字往往韵上有声，中间介杂着无用的音素，以致于所切之音，不能贯读即得。所以反切是要反复摩切，从中吸取上字的发声、下字的收韵，才能得到拼合之音。因为要改良这种弊病，江永的《音学辨微》有一种“借韵转切法”。例如，德红切东，读做“德丁颠东”；户工切红，读做“户形贤红”。这种方法，在连读不同韵的双声字，使口腔习于发声的部位，而下一字不再读出，只意念中预存一个叠韵字，使口腔的作势与之相合；这样，于不知不觉中，就会读出所切之音，而可以避去切字合读的困难了。潘耒的类音，和李光地的《音韵阐微》，还有一种“合声反切法”。他们以为反切所以不容易了解，由于发声和收韵之间，口腔里的部位须常常变更；变更愈多，切成一字，也愈困难。合声反切法，使上一字统用《支》《微》《鱼》《虞》《歌》《麻》诸韵的字，下一字统用各韵中《影》《喻》二母的字；因为《支》《微》《鱼》《虞》《歌》《麻》诸韵，都是所谓收喉音的阴声韵，就是纯韵母；《影》《喻》二母，等韵学上也叫做喉音，其实也是一种元音；所以把这两种字合读起来，可以省去了中间无用的音素，避免口腔里部位的变换；这样拼切起来，自然比较容易了。可是，这种方法也有困难的地方。因为《支》《微》《鱼》《虞》《歌》《麻》诸韵的字，并非每种声类都有的；影、喻二母的字，也并非每个韵部里都有的；因之不能不出于借用，或者要用僻字，在实际的注音上，仍旧有不适切或难辨识的弊病。

李光地这种改良反切的方法，自己说：“此法启自国书（指满文）十二字头。”（《音韵阐微凡例》）反切的应用，和拼音文字的字母比较起来，自然觉得很笨拙、很繁难了；他们得着拼音文字的启示，自然要想在反切的方法上加以改良。不过他们这种改良，没有放弃汉字而另外采取一种简易的拼音符号，当然是不澈底的。因为中国文字是衍形的，形式繁密，而且各个字都具有整个的音缀；所以用来做注音的工具，虽然在应用和说明上试谋改进，总不免有许多困难。而且切字的音读，漫无标准，也随着古今语和方音而转变；在某个时代所作的切语，就不能通用于别个时代；在某个地方所作的切语，也不能适合于别个地方。所以反切的弊病，必定要等到正式的拼音符号产生之后，才能扫除净尽。汉代末年，梵文的拼音学理输入了中国，大家晓得应用反切，在注音方法上，固然得着一点进步；而韵目和三十六字母的产生，对于语音的分析，和反切的说明，也有许多启示。可是，只利用汉字来注明汉字的音读，没有采取正式的拼音符号，以专注中国的语音。所以反切发明之后，经过了一千几百年，实际在注音方法的本身上并没有多大的进步。直到明、清时代，西洋文化向东方传播，基督教士也进到中国来传教。他们要学习中国语，要研究中国的音韵，就用罗马字母来注汉字的音读，而且根据西洋的拼音学理来整理反切和等韵之学。这种运动的创始，当推利玛窦和金尼阁。利玛窦的罗马字注音，分声母为二十六，韵母为四十四，还有几种音调的符号（见于《程氏墨苑》）。金尼阁著有《西儒耳目资》一书，又进而分析中国语里的音素，分为“自鸣”“同鸣”“不鸣”三种：自鸣就是元音，同鸣就是辅音，不鸣是指“他国用，中国不用”的音等。由音素构成声和韵；金尼阁叫声做“字父”，叫韵做“字母”（这个字母的意义，是专指韵母而说，和普通拼音字母的意思不同，和三十六字母所指的恰恰相反）。由声和韵拼成的字音，叫做“字子”。金尼阁的学说，虽然有许多迁就旧反切的地方，可是把音素分析得很精细，反切上的种种困难和弊端，自然解除无遗了。此后中国音韵的分析研究，更有进步；而罗马字的拼音试验，就从此开端了。这些就是西洋教士贡献最大的地方（详可参看中央研究院《语言历史研究所集刊》第一本，罗常培《耶苏会士在音韵学上的贡献》）。

自从西洋文化输入中国之后，中国人大受激刺，大家以为方言的庞杂,和教育的不普及,大半由于汉字不易认识的缘故,总觉得西洋的拼音文字,比较中国的衍形文字简易整齐得多;即日本的假名字母,也比汉字易记易认。我们要救济汉字认识的困难,自然需要有适当的拼音符号来注音,而一般急进的人们,并且要主张废去汉文,改用拼音文字了。我们中国的文字,究竟有没有存在的价值?这是另一个问题。不过这种衍形的文字,不适合于注音之用,以致发生读音的不统一和识字的困难,这是无可讳言的。所以西洋教士为学习中国语文的便利起见,常常应用罗马字来注音:有些专拼官话,如《五车韵府》《官话指南》等,专为外国人学习国语之用;又有些随地拼各处方音,如宁波白、厦门白、上海白等,以备教士传道于不识字者之用。教会所出,不下有百种,因之罗马字拼音,在当时社会上,颇占有一部分的势力。

同时中国人也制造各种字母,以为改良文字的试验。字母的形式,有直用罗马字的,有借用汉字偏旁,如日本假名的,有用点画撇钩如速记术的。其中最著名的,当推王照的《官话字母》,专取汉字的偏旁,制定官话五十母,十二韵;当时曾流行于旧都及附近一带。后来劳乃宣将王照的官话字母加以修正,作《简字谱》一书;除京音(北京音)的官话字母以外,又依随地拼音之例,制定宁音(南京音)五十六母,十五韵;吴音(苏州音)六十三母,十八韵;闽、广音(福建广东音)八十三母,二十韵。当光绪年间,南北各省曾将此等“简字”推行传习。但是劳氏这种简字,不但用来拼切各处语音,并且有改革汉文的意思,很引起一般保守者的反对。所以注音字母产生之后,这种简字的势力就衰歇了。但是注音字母的产生,确是受了这种简字拼音的影响。

前清末年,一般智识界感于国家的内忧和外患,要进行种种改革,而国语的不统一,实为改革的障碍,于是发起一种国语统一运动。宣统时代,已经有施行国语教育的筹备,采用音标的讨论。到了一九一三年，教育部召集读音统一会，制定了三十九个注音字母。当时的目的，只是在统一文字的音读，字母的形式也只取于简笔的汉字。而在新派的人看起来，很符合于拼音文字的效用，可以为统一国语的工具；在旧派的人看起来，很适合于双声、叠韵的原理，可以用来改良反切的弊病。所以注音字母的推行，颇能得全国人的赞助。到了一九一八年，又经过教育部正式的公布。我们在注音上有了一种正式的音标，这算是中国历史上的一个创举。

注音字母的系统，合于声、韵拼合的原理，和外国的拼音文字可以两相比照，而仍旧保存汉字原来的面目，可说是一种“沿今酌古”之作。但是当制定注音字母的时候，并不是用一种纯粹的方言做根据，以地理上和历史上的情势而言，当然应当以往时旧都北平的音做全国的标准；制定注音字母，既然以统一读音为号召，那末，内中的系统，应当以这种“标准音”为依据。可是，那时因为要调和各派的心理，不得不采取多数表决的方法，规定了所谓普通官话的“国音”，以致注音字母的本身以及注音的内容，并非纯粹一种方言的系统。而阴、阳、上去之外，还承认入声的存在，这显然是和北平的方音不相符合的地方。一九二〇年，教育部开国语统一筹备会，将注音字母加以修正，分析“ㄛ”母为“ㄛ”“ㄜ”二母，以“ㄜ”母专拼韵书上的入声字；这样，只认有入声的名目，没有入声的实际，显然是趋重北方方音的结果。现今四十个“注音符号”，就是成立于这时；不过当中如“万”“兀”等母，在北平的语音上，可以不用，或者很少用得的。注音字母的系统，既然不是纯粹依据于标准音，于是最近一二年来，更用来试拼各地的方音，又觉得字母这个称呼的不对，就正名为注音符号了。再根据音理上来说，注音符号的应用，只在声母和韵母上的分析，没有把元音和辅音的音素一一显示出来，所以我们认定注音符号只是从反切中演化出来的东西。

我们从注音字母的发生和经过看来，可以晓得这种注音的目的，始终在改良反切和统一读音。因为上面说过，反切的注音方法有种种弊病。切语用字过于繁复，学习的人很觉得不便；而注音符号的数目，只有四十；学习的人只要记得二十四个声母的符号，和十六个韵母的符号，就能拼切各个字音了。切语用字，本身的音读，漫无标准，所以应用的人觉得很困难；至于注音符号的形式虽然仍旧是简笔的汉字，而依据双声、叠韵的方法，分别确定声母和韵母的性质，所以各个符号所代表的音素是固定的。我们现在呼读二十四个声母，常常附带着一个韵母，使他们能够显现于听官；但是声母和别个韵母拼合的时候，就须把附带的韵母除去，这是拼音字母里所具有的一种普通情形。例如，干是“ㄍㄢ”，并不是“ㄍㄜㄢ”；郎是“ㄌㄤ”，并不是“ㄌㄜㄤ”。所以注音符号的拼音，不像反切那样声、韵中间，还介杂着无用的音素。总之，应用了注音符号，从前反切上的种种弊病，完全可以免除了。注音符号，乃是承接等韵和三十六字母的学说，融合现今西洋拼音文字和语音学学理，更因时势趋迫而产生的一种记音工具。

注音符号固然是因反切而加以改进的；可是，在应用上和反切有根本不同的地方：

1. 反切的通例，是用两个字来切成一个音，上字为声，下字为韵；而没有声母的字音，也用两个字来拼切。因之属于《影》《喻》之字，大家都认为没有声母的字音，就是字音当中只包含有韵母的。而《影》《喻》二母，也只认为一种元音，等韵学上叫做喉音，实在和普通声母的性质不合。注音符号上却有单独注音的一例，只包含有韵母的字，常用一个韵母的符号来注音。例如，乌是“ㄨ”，哀是“ㄞ”。而且有时为简便起见，有许多字可以单独用一个声母的符号来注音。例如希，可以单注“ㄒ”，无须注“ㄒㄧ”；兹，可以单注“ㄗ”，无须注“ㄗㄙ”（“ㄙ”

本来是“ㄙ”的浊音，注音符号上常用来代表、兹、此、思等字的韵母）。这种和反切板定为两字切成一音的道理，根本不合。

2. 反切虽然也或用三字来拼切的，可是不很普通。而注音符号上，凡是声母下面随着结合韵母的，都用三个符号来注音。例如，中是“ㄓㄨㄥ”，虽是“ㄙㄨㄟ”。

3. 反切的方法，上字为声，下字为韵，所以用上字来定清、浊，用下字来定四声、等呼。关于等呼的分别，在反切上最没有显明的表示，只用下字的等呼来定所切之字的开、齐、合、撮（在宋、元等韵学上，往往兼用上字来定等呼）。假使我们对于切语用字读得不很准确，那就根本没有办法来辨别了。注音符号上却利用“一”“ㄨ”“ㄩ”三个符号来显示等呼：含有“一”的，为齐齿呼；含有“ㄨ”的，为合口呼；含有“ㄩ”的，为撮口呼；没有“一”“ㄨ”“ㄩ”三个韵母的字音，却是开口呼。用这种方法表示等呼，就很显明的了。

4. 反切的注音，对于四声的音调，也不很显明，只用下字来定所切之字的平、上、去、入。各字所隶的四声，我们在韵书上虽然可以考查出来，可是，我们并不能从反切注音的本身上，得到明显的指示。注音符号上，通常要表明四声，就另外加上阴、阳、上、去的标记。例如“一”是指阴平，“ˊ”是指阳平，“ˇ”是指上声，“ˋ”是指去声。这种表明四声的方法，虽然也有不便的地方，可是，比较反切之用下字定四声的，实在明显得多了。

从上列四点看来，可以晓得反切和注音符号，在应用上有许多地方不同。不过，在音理上，注音符号也只是把声母和韵母分析出来，仍旧依据于反切上声、下韵的习惯，并没有将声母和韵母里所包含的音素，再加以分析。例如“ㄞ”“ㄟ”“ㄠ”“ㄡ”这几个复合韵母，

“ㄢ”“ㄣ”“ㄥ”“ㄤ”这几个附声韵母，明明是包含有两个音素的，可是都只用一个符号来代替。于此也可以见得注音符号的本身，还不能算是一种完备的记音工具。

当一九一二年制定注音字母的时候，并没有定出一种纯粹的方言，以为全国的标准音；而且在注音上，很多迁就从前等韵的学说；字母的本身，也脱不了旧时反切的习气。十几年来所谓国语统一运动，大部分的工作，就是在补正这种缺憾。国音之中，又有所谓新国音和旧国音；新国音运动是要纯粹采取现今北平的方音做全国的标准。近几年所颁布的《国语罗马字拼音法式》，从效用上看来，固然足以统一罗马字母译名的拼法，更利外国人的学习国语，辅助注音符号的推行；而其主要的目的，积极方面，就是提倡新国音；消极方面，就是补正注音符号的缺点。

国语罗马字的拼音，从明朝以来，作家很多，不过没有一致的标准。在译名方面流行最广的，当推英人威德（T. F. Wade）所作的威德式（Wade System）和现今邮电所用的邮政式（Postal System）。美国长老会曾经发布一种《官音罗马字母标准拼音》（*The Standard System of Mandarin Romanization*）。到了注音字母制定以后，国内学者如高元、钱玄同、赵元任辈，就把罗马字母和注音符号来对照应用，也未能完全一致。一九二六年时，国语统一筹备会规定《国语罗马字拼音法式》，才有一个统一的标准。一九二八年，又经国民政府大学院正式公布，定为国音字母的第二式。几百年来罗马字拼音的试验，到此方才有个确定的结果。而因为中国衍形文字不便于注音，就应用外国的字母来拼中国音，居然得到了全国人民正式的承认，也算是中国历史上的一个创举。

上面说过，国语罗马字母的规定，所以补正注音字母上的缺点。现在把国语罗马字母对于注音符号改进的地方，列举如下：

1. 确定国语的标准音　从前注音字母的系统，并没有依据一种纯粹的方音；现在国语罗马字母的拼音，完全以北平的语音为标准。如“万”“广”“兀”“ㄛ”“ㄝ”这许多符号，在北平音里所不用或少用的，《国语罗马字拼音法式》上都加以注明。近今新国音运动，因此就得着一个凭借了。

2. 分析音素的详密　国语罗马字母的系统，是根据西洋的语音学理来分析国语的音素，就用西洋相当的字母来代表；比较注音符号上只分做声母和韵母两大类，当然详密得多了。例如：知、资等字的元音，注音字母上没有另外定个韵母，单用“ㄓ”“ㄗ”等来注音；有时用声母的“ㄖ”“ㄙ”来代表；国语罗马字母用“y”来表示。又如结合韵母的“ㄞ”“ㄟ”“ㄠ”“ㄡ”，附声韵母的“ㄢ”“ㄣ”“ㄥ”“ㄤ”，在国语罗马字母里，拼做“ai”“ei”“au”“ou”“an”“en”“eng”“ang”。这样，对于元音和辅音的分析，显然细密得多了。

3. 校正从前注音的错误　注音字母上的注音，有很多错误的地方，国语罗马字母里，把他们统统改正转来。例如“ㄥ”和“ㄨㄥ”，“ㄧㄣ”和“ㄧㄣ”，本来都是两个音，前者是国语罗马字母的“eng”“en”，后者是国语罗马字母的“ong”“in”；其中所包含的元音，彼此不同。注音符号上都把他们合并，现在分出来了。

4. 采用简省的符号　国语罗马字母分析音素，虽然比较的细密，而采用符号有时却比注音符号要简省。例如“ㄓ”“ㄔ”“ㄕ”和“ㄐ”“ㄑ”“ㄒ”，是声母当中的两系，所以注音符号上用两类符号来代表；可是国语罗马字里，只用“j”“ch”“sh”一类的符号来代表这两系的声母。因为这两系的声母，同用一类的符号，并不会相混；在国语里，凡是“ㄓ”“ㄔ”“ㄕ”这一系的，都是属于开口呼和合口呼的字；凡是“ㄐ”“ㄑ”“ㄒ”这一系的，都是属于齐齿呼和撮口呼的字。注音符号上，用六个符号来表明的，国语罗马字里，就利用这种自然的区别，节省做三个符号了。

5. 避免繁复的标记　现今国语罗马字母上的拼音，最令人注意的一点，就是利用字母来表明四声的音调。注音字母上要表明阴、阳、上、去的分别，须另外加上符号；虽然比较的明显，可是书写上既不方便，排印时又极困难。现今国语罗马字就改用字母的拼法来表示阴、阳、上、去。例如：阴平是用基本的形式，不过声母为“m”“n”“l”“r”时，就加上一个“h”，如貀“mhan”，拉“lha”。阳平的开口音，加上一个“r”，如茶“char”，孩“hair”。上声的元音双写，如起“ohii”、反“faan”。去声的元音下面加上一个“h”，如器“chih”，大“dah”（详可参看《国语罗马字拼音法式》）。这样利用字母本身的拼法来显示四声，就避免了许多繁复的标记。

从上面这几点看来，可以晓得国语罗马字母在注音上比较注音符号要进步得多了。因为国音字母的第一式还保存着汉字原来的形式，仍旧脱不了反切和等韵上的习气，使我们觉得中国衍形的文字，总不适于注音之用。国音字母的第二式乃是采取世界上一种最有势力的拼音文字，在形式方面，很接近于国际的统一性；在音理方面，更合于西洋的科学化。我们把过去所运用的注音方法，作一番历史的观察，不能不承认国语罗马字母是现今最进步的一种工具了。

关于汉字的注音，原始是用直音的方法，因为受梵文拼音学理的影响，产生一种反切；后来要把反切加以改良，并参合西洋的拼音文字和科学学理，就成为现今国音字母的第一式和第二式。这种注音方法的进步，可以分做下列二点来说：

1. 从形式上看：最初是用一个汉字来注另一个同音的汉字，后来利用两个汉字来切成一个音。到了注音字母里，才应用简笔的汉字，定为正式的音标。至于国语罗马字母，更废弃了汉字注音之用，完全采取外国的拼音文字，以为中国语上注音之用。

2. 从音理上看：最初是以整个的字音为注音的单位。后来把整个的字音分析为声和韵两个元素；再把各类的声和韵，综合整理，应用韵目和三十六字母来说明。到了注音字母里，才分析国语上的音读，正式定为声母和韵母的符号。最近根据西洋的语音学理来解释，又把各个声母、韵母里所包含元音和辅音的种种音素，再加以反析，就规定了国语罗马字的拼音。又从前所根据实际的语音，并没有显然一致的标准；到了现在，进行国语统一运动，就渐渐采取一种最有势力的方言，立为全国的标准音。

本篇参考书举要

周德清《中原音韵》

石山福治《考定〈中原音韵〉》

乐韶凤等《洪武正韵》

樊腾凤《五方元音》

谢启昆《小学考》

江永《音学辨微》《古韵标准》

陈澧《切韵考》《切韵考·外篇》

潘耒《类音》

李光地等《音韵阐微》

刘师培《正名隅论》

章炳麟《国故论衡》卷上

马国翰《玉函山房辑佚书》卷六十

《颜氏家训·音辞篇》

方毅《国音沿革》
吴稚晖《国音沿革序》
胡以鲁《国语学草创》
黎锦熙《国语学讲义》
罗常培《耶稣会士在音韵学上的贡献》(《语言历史研究所集刊》第一本)
高元《国音学》
汪怡《国语发音学》
高本汉《中国语与中国文》(张世禄译)
钱玄同《文字学音篇》
《国语罗马字拼音法式》
北京大学《新生周刊》十卷八期,《国语罗马字运动特刊》
《官音罗马字母标准拼音》
赵元任《最后五分钟》
陆衣言《国语罗马字使用法》
张世禄《中国声韵学概要》《国语外国语对照语音学》

朱翱反切考

例　言

一、徐锴《说文解字系传》中之反切，为朱翱所制；本篇即欲据以考明朱翱反切中之声韵系统。

二、朱翱身世，莫得其详。《系传》各卷首与徐锴并列，同官而俱称臣；钱大昕《说文系传跋》与王鸣盛《蛾术编"说文反切"条》，皆断为南唐人，可无疑也。是则其所制反语，或可为五代时南唐音读之代表；今欲据以考明其音韵系统，正可用唐宋间各种音系为比证之资。

三、本篇考证朱翱反切之音系，即取切字系联之法。案此法创自陈澧《切韵考》；其缺点所在，即为切字之有同用、互用、递用者，固可认为相系联而合成一类，或两类而有通连之迹，其两两互用不相系联者，即难断定其孰为应分，孰为应合。陈氏欲依据一字两音互注之切语，将不相系联者亦归为同类，此在广韵中切语之研究，已觉有合其所不当合者。尤其于《系传》等书中注明说文正字之切语，本无一字两音互注之例；又今本《系传》残缺既多，故本篇并合不相系联之切语，及关于各类之分列，不能不以三十六字母与《广韵》等书声韵之系统为佐证。

四、今所传《系传》各传本，残缺及讹误过多；本篇所据，以祁刻本为主，而以述古堂本及马氏龙威秘书本为参订之资。

五、今本《系传》反切中，有显系后人据大徐本（徐铉校定）《说文》所录反切窜补者，悉作残缺论。

六、今本《系传》反切中讹误之处，有可因其字之音类而加以改正者。例如“眼”字下，“儒盏反”，改正为“偶盏反”；“雨”字下“于补反”，改正为“于甫反”等；凡此等改正之切字，加括弧标明之。

七、今本《系传》反切中讹误之处，有可因其同音字之比证而推知之者。例如“单”字下，今本系传：“待干反”，以“单”之同音字“箪”等作“得干反”推之，则知“待干”系“得干”之误；“丞”字下，今本《系传》：“视登反”，以“丞”之同音字“承”等作“视澄反”推之，则知“视登”系“视澄”之误。凡于此等处亦径加改正，而于改正之切字，加括弧标明之。

八、《系传》反切中所用切字，原为《说文》所无，或今本《系传》残缺者，或在大徐本新附字中者，皆注曰，缺。其音类认为与篆韵谱及《广韵》等书之切语相合者，姑依彼等之切语为定，间或以同音字类推方法以为比证。如认为不相合者，仅能以同音类推方法定之。例如“闽”字，今本《系传》缺，《广韵》：“武巾切”，而以“闽”之同音字“忞”“旻”“珉”“鍲”等推之，系传盖作“眉均反”。

九、切语上字或下字有不见于说文正文而见于重文中者，其音类与正文下之切语相谐者，仍之；否则，亦注曰，缺。例如“其”为“箕”之重文，“箕”，系传：“居而反”而以“其”字为切者，当从《广韵》：“渠之切”之音。“朋”为“凤”之重文，“凤”系传：“符贡反”，而以“朋”字为切者，当从《广韵》：“步崩反”之音。凡此所以云“缺”者，以其音为系传反语中所未载也。又如“眠”为“瞑”之重文，《系传》：“民咢反”，于考证声类时，固可取其音；于考证韵类时，则必须取篆韵谱：“武延反”之音。

十、反切之大病，正在所用切字，其本身无确定之音读。故遇有一字两音或数音者，当引用系联方法时，尤须细加检别；否则，即易蹈胶柱鼓瑟之弊。盖有时本字下注明此音，而用作切字时，则又必须读为彼音。例如“混”字,《系传》:“古论反”,而用在切语中,则又须从“胡本切”之音;“别”字,《系传》:“鄙辍反”,而用在切语中,则又须从“皮列切”之音。凡此之类,本字下既不载其音,故亦注曰,缺。又有在此用本读而在彼用别读者。例如“更”字在去声,固取其“干净反”之音,而在切平声字时,则又须从篆韵谱:“古行反”之音。

十一、今本《系传》中所载切字,有系说文正字之俗体或别体者,本篇即径书其俗体或别体,惟于案语中说明“某说文作某”,或“篆作某”。

十二、本篇分上下两编:上编为声类考,下编为韵类考。各类之分列,大都以《广韵》等书中之声韵部类相比证;在《系传》切语中既形分析,而又有他书作比证者,方分列之。故本篇所列各类,大都依于“与其过而分之,毋宁过而合之”之主张。又各组之间,又常以类比方法而取合并之主张者。例如照穿两母字,在《系传》切语中亦可有二、三等之分,以床审二母字中无此分,故俱合之。平声佳皆两韵在《系传》切字亦可析为二类,以上去之蟹骇,卦怪,无此分,亦仍合之。或不免蹈于粗疏,尚乞从事此道者加以缜密焉。

十三、声类考中分为“舌根音”“喉音”“舌面前音”“舌尖后音”“舌尖音”“舌尖前音”“双唇音”“唇齿音”等各组,依于假定之发音部位也。韵类考中分为平上去入四纲,四声系统间有与广韵诸书不合者,大都于案语中注明之。

十四、每类中取其所见次数最多之一字,以为标目;韵类中标目如遇有与声类中相同者,则改取一同音字。如平声于类,改称纡类,上声古类改称诂类,入声勿类改称沕类。

十五、每类所属各切语上字与下字,加一括弧,分别注明其所见之次数;《系传》残缺部分,自不计及焉。

十六、上编之首，列一“朱翱反切声类与三十六字母及《广韵》声类之比较表”，以作声类之总目；下编之首，列一“朱翱反切韵类与《广韵》韵部之比较表”，以作韵类之总目。

1943年10月，于重庆中央大学，张世禄志

一、声类考

朱翱反切声类与三十六字母及广韵声类之比较表

朱翱反切声类	宋人三十六字母	广韵四十七声类
古	见	古 居
苦	溪	苦 去
其	群	渠
五	疑	五 鱼
呼	晓	呼 许
户	匣	胡
乌	影	乌 于
于	喻	于 以
陟	知	陟
丑	彻	丑
直	澄	直

女	娘	女
侧	照	侧 之
昌	穿	初 昌
时	床	食
	禅	时
式	审	式
而	日	而
得	踹	都
他	透	他
徒	定	徒
奴	泥	奴
勒	来	卢 力
子	精	子
七	清	七
自	从	昨
息	心	藩
似	斜	徐
补	帮	博 方
匹	滂	普 芳
步	并	蒲 符

莫……………………明……………………{莫 武}

甫……………………{非 敷}

符……………………奉

勿……………………微

(一) 舌根音及喉音

古类

古(一五八)【昆睹】 昆(一六)【古论】 家(一六)【古牙】
孤(一〇)【古乎】 姑(三)【古呼】 骨(二三)【古没】
固(一)【古路】 个(三)【古贺】 贡(一)【古弄】
角(三)【古捉】 国(二)【古或】 干(九)【骨安】
更(七)【干诤】 讲(八)【干项】 笱(一)【讲吼】
狗(一)【讲吼】 笴(四三)【讲吼】 根(三二)【狗痕】
庚(一)【根横】 各(一)【根莫】 梗(七)【根杏】
句(一〇)【梗尤】 钩(一)【梗尤】 沟(二九)【梗尤】
江(六)【沟降】 格(二七)【钩索】 构(一)【格沤】
奸(九)【个山】 艮(四)【奸恨】 谷(一)【孤速】
"古"以下三十字相系联。
互(二)【古邓】 闲(一〇)【互闲】 加(七)【巴闲】
解(七)【加买】
"互"以下四字相系联。
案"互"为"柜"之重文,今本《系传》:"都互反",盖系"古邓反"之讹,篆韵谱:"古邓反"。
居(七三)【坚疏】 坚(四一)【激贤】 激(九)【坚历】

击(一)【坚历】　均(一)【坚邻】　弓(一)【坚终】
鞠(一)【坚祝】　饥(一六)【居希】　几(一一)【居希】
机(八)【居希】　屈(一)【居屈】　橘(一)【居律】
久(一)【机柳】　斤(五)【几欣】　讫(八)【几迄】
涓(一一)【弓玄】　鴡(八)【涓寂】　汲(一)【饥泣】
据(一)【饥御】　鸠(四)【饥酬】　己(四二)【讫耳】
谨(五)【己忍】　举(一)【己吕】　几(一)【谨美】
九(一八)【机柳】　瞿(一五)【九遇】　郡(一)【瞿运】
“居”以下二十七字相系联。
俱(五四)【卷于】　卷(一〇)【俱究】　矍(一)【俱缚】
君(四)【俱勋】　公(四)【君聪】　工(一〇)【君聪】
“俱”以下六字相系联。
经(一二)【缺】　吉(三)【经栗】　见(一二)【经砚】
“经”以下三字相系联。
案“经”今本《系传》缺,《篆韵谱》:“古零反”。
纠(二)【紧黝】　紧(二)【纠忍】
“纠”“紧”两字相系联。
结(三)【缺】
案“结”今本《系传》缺,《篆韵谱》:“古屑反”。
矩(一九)【缺】
案“矩”《说文》所无,《广韵》:“俱雨切”。
上古类反切上字凡七十四。

苦类

苦(六〇)【口鲁】　口(一四)【恳走】　恳(八)【缺】
困(二六)【苦闷】　阔(三)【苦末】　宽(二)【苦桓】
坤(二)【苦敦】　睽(一)【苦圭】　溪(一三)【苦兮】

枯（二）【困乎】	库（六）【宽步】	夸（五）【坤爪】
犬（二）【睽睽】	契（一二）【溪细】	弃（四）【契利】
牵（一七）【弃妍】	曲（三）【牵六】	轻（五）【牵并】
掣（二）【轻节】	诘（一）【轻质】	

“苦”以下二十字相系联。

案“恳”属大徐本新附字，《篆韵谱》：“康狠反”。

吃（三）【缺】	遣（一〇）【吃善】	祛（一）【遣如】
欺（一）【遣之】		

“吃”以下四字相系联。

案“吃”大徐本新附字，《篆韵谱》：“苦击反”。

悭（九）【缺】	客（一）【悭革】	刻（三）【悭黑】
渴（一）【刻曷】	看（五）【刻干】	肯（五）【看等】
楷（一）【肯解】	可（九）【肯我】	弬（三）【可留】

“悭”以下九字相系联。

案“悭”《说文》所无，《广韵》：“苦闲切”。

起（一七）【气以】	气（四）【却利】	气（一）【却利】
却（七）【丘逆】	穹（三）【丘弓】	岂（一〇）【丘里】
骞（二）【岂虔】	丘（一五）【起秋】	邱（一）【起秋】
羌（五）【邱香】	去（二四）【气恕】	倾（四）【去营】
器（三）【气至】	驱（一）【器于】	区（一三）【器于】
劝（一）【区怨】	阙（一）【区越】	

“起”以下十七字相系联。

恳（一）【缺】

案“恳”大徐本新附字，《篆韵谱》：“康狠反”。

揩（一）【缺】

案“揩”《说文》所无，《广韵》：“口皆切”。

袴（一）【缺】

案"袴"篆作"绔"，今本《系传》缺，《篆韵谱》："苦故反"。

上苦类反切上字凡五十三。

其类

其（五二）【缺】　健（六）【其献】　虔（二六）【其延】

件（一）【其辇】　极（二）【其息】　暨（二）【其冀】

具（七）【健于】　忌（一）【健侍】　群（一一）【具分】

倦（三）【具选】　期（一）【虔之】　求（一）【虔柔】

虁（二）【求讦】　巨（四三）【求许】　衢（九）【群讦】

权（七）【衢员】　颀（一）【巨希】　岐（四）【巨伊】

骑（一）【巨离】　渠（六）【巨居】　近（一）【渠遴】

翘（五）【岐边】

"其"以下二十二字相系联。

案"其"为"箕"之重文，《系传》："居而反"，与此声类不谐，《篆韵谱》又有"渠之及"一音，为《系传》所不载，故亦云，缺"求"为"裘"之重文，"岐"为"郊"之重文，音相谐。故仍之。

强（三）【缺】　伎（一六）【强倚】　技（一）【强倚】

勤（五）【伎殷】

"强"以下四字相系联。

案"强"今《本系》传缺，《篆韵谱》："巨良反"。

虬（四）【缺】　揆（二）【虬癸】　葵（六）【揆惟】

"虬"以下三字相系联。

案"虬"今《本系》传缺，《篆韵谱》："巨幽反"。

蘧（一）【缺】

案"蘧"《说文》所无，《广韵》："强鱼切"。

上其类反切上字凡三十。

五类

五(六〇)【隅古】 崖(一)【五佳】 偶(二六)【五斗】
顽(五)【五还】 午(一)【偶古】 岸(一)【偶旰】
眼(一)【偶盏】 御(一)【午虑】 研(一一)【御坚】
鱼(四〇)【研余】 疑(一九)【研之】 言(二〇)【疑袁】
御(二)【疑举】 语(一四)【疑举】 迎(三)【疑卿】
隅(二)【元无】 愚(二)【元无】 虞(四)【元无】
元(二〇)【宜袁】 宜(五)【拟机】 倪(一)【拟西】
彦(一)【拟线】 阮(五)【拟远】 吴(一)【阮孤】
吾(五)【阮孤】 拟(一八)【牛以】 牛(一三)【逆求】
睨(一)【逆桂】 逆(一一)【言碧】 银(一九)【言陈】
颜(二一)【言关】 迓(二)【颜咤】 我(二)【颜左】
额(一)【颜客】

“五”以下三十四字相系联。

案“眼”字下今本《系传》:“儒盏反”,盖系“偶盏反”之讹;《广韵》:“五限切”。“迓”为“讶”之重文,音相谐。

牙(三)【缺】

案“牙”字下,今本《系传》,反语脱略,以“芽”等同音字推之,当作“五加反”。

上五类反切上字凡三十五。

呼类

呼(四九)【虎乌】 虎(二三)【忽五】 忽(一二)【呼兀】
晓(三)【呼咬】 荒(三)【呼光】 火(二一)【呼朵】
显(三)【呼衍】 欢(四)【呼宽】 馨(二)【显青】

“呼”以下九字相系联。

喧(一二)【缺】　勖(二)【喧六】　昏(二)【喧盆】
兄(一)【喧京】
“喧”以下四字相系联。
吼(一一)【缺】　海(一)【吼乃】
“吼”“海”字相系联。
案“吼”《说文》所无,《广韵》:“呼后切”。
咍(四)【缺】　蒿(二)【咍牢】
“咍”“蒿”两字相系联。
案“咍”大徐本新附字,《篆韵谱》:“呼来反”。“蒿”“薅”等字《篆韵谱》俱为“呼毛反”,今本《系传》作“治牢反”,盖系“咍牢反”之讹。
吁(一九)【况于】　讦(一)【况予】　况(一四)【诩诳】
勋(三)【诩君】　诩(八)【训柱】　训(二)【吁暗】
毁(二)【吁■】　麾(三)【毁为】
“吁”以下八字相系联。
案“麾”篆作■。
许(三三)【欣巨】　阋(一)【许壁】　颀(七)【希斤】
忻(二二)【希斤】　献(二)【希建】　诃(一)【献他】
呵(一)【献他】　轩(一五)【忻元】　虚(一三)【忻余】
香(八)【轩良】　享(四)【轩庚】　亨(三)【轩庚】
歇(一)【纡■】　■(一)【歇宅】　翾(五)【虚全】
喜(四)【虚己】　希(一九)【缺】
“讦”以下十七字相系联。
案“享”“亨”说文并作“亯”“希”《说文》所无,《广韵》:“香衣切”;若以“蓶”“稀”等同音字推之,《系传》当作“忻祈反”。
笏(一)【缺】
案“笏”大徐本新附字,《广韵》:“呼骨切”。

隳(一)【缺】

案“隳”《说文》所无,《广韵》:“许规切”。

赩(一)【缺】

案“赩”《说文》所无,《广韵》:“许极切”。

上呼类反切上字凡四十五。

户类

户(九九)【桓土】　桓(六)【户寒】　豢(一)【户惯】

回(一)【户■】　痕(一七)【户根】　浑(六)【户昆】

魂(一〇)【户昆】　乎(七)【魂能】　胡(五〇)【魂徒】

■(七)【胡■】　寒(四)【痕安】　侯(二八)【寒豆】

贺(一)【侯范】　闲(二一)【侯艰】　衡(三)【闲横】

行(六)【闲横】　荷(一)【闲仪】　何(四)【闲俄】

河(二)【明俄】　猴(二)【何沟】　侯(五九)【何沟】

恨(五)【侯产】

“户”以下一十二字相系联。

案“回”字下,祁刻本作“户环反”应依述古堂本改正在“户环反”。

遐(九)【缺】　恨(四)【遐艮】　很(四)【遐恳】

旱(四)【遐缓】　後(三)【旱斗】

“遐”以下五字相系联。

案“遐”大徐本新附字,《篆韵谱》:“乎加反”。

霞(一)【缺】　下(一一)【霞假】

“霞”“下”两字相系联。

案“霞”大徐本新附字,《篆韵谱》:“乎加反”。

萤(一)【缺】　玄(一二)【萤先】　荧(一)【玄经】

“萤”以下三字相系联。

案“萤”《说文》所无，《广韵》：“户扃切”。

回(八)【缺】

案“回”《说文》所无，《广韵》：“古恢切”，以“回”等同音字推之，《系传》亦尝作“户坏反”。

缓(二)【缺】

案“缓”今本《系传》缺，《广韵》：“胡管切”。

混(二)【缺】

案《系传》：“混古论反”，而用混字为切者，“闳”“谹”二字(混耕反)《广韵》皆为“户萌切”，则用之于切语者，皆取《广韵》“胡本切”之音也。段玉裁《说文注》“混”字下云：“盛满之流也。孟子曰：‘源水混混’；古音读如衮，俗字作‘滚’。山海经曰：‘其源浑浑泡泡’，郭云：‘水渍涌也，衮泡二音’，渲浑者假，借‘浑’为‘混’也。今俗读‘户衮’‘胡困’二切，训为水浊，训为杂乱，此用‘混’为‘溷’也。”是“混”之本读属古类，而用之于切语，则又依俗读，属户类，系传不载“胡本切”之音，故亦云缺。

上户类反切上字凡三十五。

乌类

乌(五三)【宛都】　宛(一七)【蔚远】　坞(八)【宛古】

迂(二九)【宛乎】　蔚(三)【迂胄】　冤(一)【迂言】

郁(三)【迂拂】　酝(二)【迂郡】　蕴(二)【迂吻】

委(三)【酝累】　弯(二)【乌关】　汪(一)【乌光】

屋(一)【乌谷】　汙(一)【屋怖】

“乌”以下十四字相系联。

案“坞”《说文》作“隖”，“蕴”《说文》作“薀”。

鷖(四)【缺】　阿(一)【鷖何】

“鷖”“阿”两字相系联。

案"鷃"《说文》所无,《广韵》:"乌茎切";以"莺"等同音字推之,《系传》亦当作"恩行反"。

恩(三五)【爱根】　莺(一)【恩行】　欧(九)【恩斗】

爱(一)【晏再】　■(四)【晏索】　晏(一七)【殷讪】

秧(一)【殷强】　喝(二)【殷介】　乙(二二)【殷笔】

倚(七)【乙彼】　意(三)【乙记】　殷(二七)【意斤】

遏(一〇)【乲渴】　安(二)【遏塞】　恶(一)【遏泊】

哀(一)【遏开】

"恩"以下十六字相系联。

於(五四)【缺】　应(一)【於陵】　郁(五)【於六】

渊(一)【於莲】　衣(八)【於机】　忧(五)【於尤】

依(二三)【於几】　抑(一)【忧仄】　隐(四)【依■】

"於"以下九字相系联。

案"於"为"乌"之重文,《篆韵谱》又有"央居反"一音,为《系传》所不载,故亦云缺。

伊(四二)【因之】　因(二)【伊申】　一(一五)【伊质】

烟(一)【伊山】　咽(二)【伊田】　幽(六)【伊虯】

"伊"以下六字相系联。

萦(三)【缺】　抉(一)【萦节】

"萦""抉"两字相系联。

案"萦"今本《系传》缺,《篆韵谱》:"于营反"。

腕(一)【缺】

案"腕"《说文》所无,《广韵》:"乌贯切"。

呕(三)【缺】

案"呕"说文所无,《广韵》谱:"乌侯切"。

鸦(一)【缺】

丫(一)【缺】

案“鸦”“丫”，并《说文》所无，《广韵》：“于加切”。

斸(一)【缺】

案“斸”大徐本新附字，《广韵》：“一九切”。

上乌类反切上字凡五十四。

于类

于(八三)【员须】	员(一二)【于专】	宇(九)【于矩】
位(一)【于醉】	王(四)【于光】	雨(五)【于甫】
羽(一八)【于甫】	永(一)【雨■】	为(二)【雨随】
荣(二)【永兵】	云(四)【羽文】	垣(一)【羽元】
爰(二)【羽元】	尤(四)【羽秋】	

“于”以下十四字相系联。

案“云”为雲之重文，音相谐。“雨字下”，今本《系传》：“于补反”，盖系“于甫反”之误。

延(五七)【以然】	炎(一)【延占】	犹(七)【延秋】
又(二)【延救】	矣(一)【延尔】	有(三)【延九】
拽(一)【延世】	羊(五〇)【犹良】	挟(二)【羊怗】
俞(一)【羊朱】	焉(二)【有连】	剡(一)【有敛】
也(二)【拽世】	以(四九)【移里】	易(四)【移尺】
亦(一一)【移赤】	逸(一)【移七】	移(三〇)【以支】
弋(一二)【以即】	余(一九)【以徐】	融(九)【以弓】
舆(一)【以虚】	引(二)【以矧】	翼(二)【以即】
养(一)【以像】	营(二)【余并】	欲(一)【余足】
异(一三)【余吏】	胤(一五)【异印】	炀(一)【胤亮】
寅(一六)【翼真】	夷(一〇)【寅支】	豫(二)【养遇】

“延”以下三十三字相系联。

案“拽”《说文》作“抴”，“冀”《说文》作“虆”。

与(五二)【尹汝】　掾(一)【与绢】　匀(一二)【与因】
尹(三)【与准】　于(三)【尹汝】
“与”以下五字相系联。
贤(一四)【由■】　形(八)【贤星】　兮(一)【贤迷】
由(一)【缺】
“贤”以下四字相系联。
案“由”《说文》所无,《广韵谱》:“以周切”。
�(一)【缺】
案“筠”大徐本新附字,《广韵》:“为■切”。
预(四)【缺】
案“预”大徐本新附字,《篆韵谱》:“羊茹反”。
上于类反切上字凡五十八。

(二)舌面前音及舌尖后音

陟类

陟(四六)【竹力】　竹(一二)【陟祝】　屯(一)【陟伦】
贞(三)【陟情】　胝(二)【陟尼】　咤(二)【陟驾】
辄(一)【陟聂】　展(三)【陟衍】　中(一)【陟红】
珍(八)【陟陈】　张(六)【竹阳】　谪(一)【张伯】
知(一八)【珍移】　徵(二)【知冰】　智(一)【展避】
转(一)【智前】　追(一)【转推】
“陟”以下十七字相系联。
案“竹”字下,祁刻本“陟竹反”,依述古堂本改正为“陟祝反”。
“咤”《说文》作“吒”。“智”《说文》作“𥏼”。
诛(一七)【辍须】　辍(一七)【诛劣】
“诛”“辍”两字相系联。

上陟类反切上字凡十九。

丑类

丑(三八)【敕纽】 抽(二)【敕留】 耻(九)【敕以】
敕(三三)【畅陟】 畅(六)【缺】 楮(一)【抽暑】
褚(四)【抽暑】
“丑”以下七字相系联。
案“抽”《说文》作“搯”。“畅”《说文》所无,《广韵》:“丑亮切”。
上丑类反切上字凡七。

直类

直(四六)【陈力】 除(一)【陈诸】 驰(一)【陈知】
陈(二四)【值辰】 值(一)【直志】 柱(二)【直主】
篆(一)【直选】 宅(九)【直摘】 宙(二)【直宥】
长(九)【宙良】
“直”以下十字相系联。
缠(一四)【缺】 迟(一三)【缠伊】 椽(一)【缠专】
澄(四)【缠凌】 泽(一)【澄赫】
“缠”以下五字相系联。

案“缠”今本《系传》缺,《篆韵谱》:“直连反”。以“椽”作切者,为“躅”字;“躅”字下,今本《系传》:“掾曲反”,盖系“椽曲反”之讹;《广韵》:“直录切”。“澄”篆作“澂”。

茶(三)【缺】
案“茶”《说文》所无,《广韵》:“宅加切”。
池(一八)【缺】
案“池”《说文》所无,《广韵》:“直离切”。
著(一)【缺】

案“著”《说文》所无,《广韵》:“直略切”。

上直类反切上字凡十八。

女类

女(三九)【尼举】　尼(一一)【女咨】　聂(一)【女慑】

“女”以下三字相系联。

上女类反切上字凡三。

侧类

侧(五五)【斋食】　斋(六)【侧皆】　邹(三)【侧留】

事(二)【侧字】　臻(二)【侧诜】　壮(一)【侧浪】

阻(九)【侧所】　滓(三)【阻史】

“侧”以下八字相系联。

案“邹”字下,今本《系传》:“则留反”,盖系“侧留反”之讹。

以用“邹”字作切之“跧”邹牷反《广韵》: 庄缘切。“髽”邹茶反,《广韵》: 庄华切。“茁”邹滑反,《广韵》: 邹滑切三字,皆应属此类。又以“邹”之同音字“驺”“齺”“陬”“菆”“棷”并作“侧丘反”推之,“邹”应为“侧留反”,而“聊”字下今本《系传》:“则侯反”,亦应作“侧侯反”也。

之(四六)【真而】　只(一九)【真彼】　脂(一)【真夷】

酌(一)【真若】　勺(一)【真若】　正(五)【真性】

隻(一一)【真石】　真(四二)【止邻】　止(一六)【只耳】

战(四)【正彦】　周(四)【隻留】　章(一六)【周良】

振(四)【章信】　支(一五)【章移】　职(二二)【章直】

旨(六)【职美】　掌(三)【职想】　诸(一)【掌于】

煮(二)【诸与】　遮(四)【之巴】　毡(七)【遮延】

准(四)【之闵】　专(一一)【准旋】　朱(四)【专扶】

独(一)【专玉】　　拙(二)【独悦】　　主(三)【拙庾】

“之”以下二十七字相系联。

案“煮”为“鬻”之重文，音相谐。“准”今本系传：“王闵反”，盖系“之闵反”之讹；《篆韵谱》：“之尹反”。

上侧类反切上字凡三十五。

案侧类又可分为侧、之两类，合于照母二等与三等之分；惟因床、审二母，系传切语中，二等与三等已有混合之趋势，不能强分，故仍合为一类。昌类之于穿母，亦准此。

昌类

昌(二二)【丑将】　　丑(一)【称肘】　　称(一)【齿仍】

瞋(四)【齿真】　　齿(七)【赤里】　　处(一)【瞋伫】

叱(八)【瞋密】　　川(三)【叱专】　　啜(一)【昌蹶】

赤(一二)【昌夕】　　充(三)【赤风】　　唱(三)【赤快】

尺(一六)【昌夕】　　出(一)【尺律】

“昌”以下十四字相系联。

测(一八)【察色】　　察(二)【叉札】　　叉(四)【初牙】

初(一三)　　篡(一)【测惯】

“测”以下五字相系联。

楚(一一)【衬许】　　衬(二)【缺】

“楚”“衬”两字相系联。

案“衬”《说文》所无，《广韵》：“初覲切”。

上昌类反切上字凡二十一。

时类

时(三一)【神持】　　石(一一)【神隻】　　食(一五)【神隻】

射(三)【神隻】　　甚(一)【神朕】　　楠(一)【神息】

神(一五)【是邻】　是(二四)【善纸】　氏(一)【善纸】
视(三)【善旨】　善(八)【石遣】　辰(四)【石伦】
市(一三)【辰止】　谁(一)【市佳】　船(六)【市缘】
实(二)【市日】　寔(三)【市职】　十(二一)【实史】
韶(三)【士逊】　殊(五)【船区】　常(一八)【射强】
涉(一)【常出】　秫(三)【常出】　树(二)【时遇】
上(一)【时怏】　示(一〇)【时至】　禅(一)【时绢】
成(二)【示征】

“时”以下二十八字相系联。

案“涉”篆作“𤃬”,“秫”为“朮”之重文,音俱相谐。

助(一二)【床诅】　俟(一)【床史】　岑(三)【助吟】
床(三)【乍庄】　乍(一)【愁亚】　愁(二)(蝉)【搜】
鉏(六)【蝉于】　仕(四)【鉏里】　蝉(四)【缺】

“助”以下九字相系联。

案“愁”今本《系传》:“烨搜反”,盖系“蝉搜反”之讹。“蝉”今本《系传》缺,《篆韵谱》:“市连反”。

上时类反切上字凡三十七。

式类

式(三七)【申力】　申(一五)【式人】　伤(一)【式阳】
水(一)【式癸】　书(五)【式鱼】　手(一)【式九】
赊(三)【式车】　诗(一二)【式其】　世(一)【诗袂】
失(二〇)【诗必】　矢(六)【失止】　庶(三)【失箸】
升(二)【失称】　施(一一)【申而】　收(五)【申邱】
尸(五)【申离】　饰(一)【申力】　识(一)【申力】
师(一五)【申之】　所(三〇)【师阻】　瑟(一)【讫师】
史(一一)【瑟耳】　髟(一)【所咸】　叔(四)【尸竹】

输(六)【施迁】 设(二)【施孑】

"式"以下二十六字相系联。

色(三三)【疏忆】 疎(八)【色居】 疏(四)【色居】

山(九)【色闲】

"色"以下四字相系联。

数(三)【率武】 率(三)【缺】

"数""率"两字相系联。

案"率"今本《系传》缺,《篆韵谱》:"所律反"。

上式类反切上字凡三十二。

而类

而(四四)【忍伊】 忍(六)【耳引】 闰(二)【耳酝】

耳(九)【柔以】 柔(五)【然尤】 乳(五)【然柱】

然(二〇)【仁迁】 仁(八)【尔申】 人(五)【尒申】

热(三)【尔绝】 尔(六)【而俾】 尒(一七)【而俾】

日(一)【而吉】 輭(五)【而兖】 汝(五)【輭许】

儒(七)【輭区】 如(一五)【热除】

"而"以下十七字相系联。

案"輭"即俗"软"字,篆作"輭"。

上而类反切上字凡十七。

(三)舌尖音及舌尖前音

得类

得(四一)【外则】 恒(一)【多幹】 多(一〇)【兜戈】

旦(一)【兜散】 兜(一三)【单头】 单(五)【寿干】

当(五)【得郎】 覩(一一)【得古】 丹(五)【得干】

登(一)【丹增】

"得"以下十字相系联。

案"单"字下,今本《系传》:"待干反",盖系"得干反"之讹;其同音字"簟""殚""郸""匰"等,俱作"得干反"。"靚"为"睹"之重文,音皆谐。

的(三九)【颠历】　端(一)【颠欢】　颠(二〇)【的烟】

丁(二九)【的冥】　都(二七)【丁沽】

"的"以下五字相系联。

上得类反切上字凡十五。

他类

他(八八)【缺】　吐(一〇)【他鲁】　惕(二)【他狄】

摘(一)【他狄】　汀(一)【他宁】　听(七)【他宁】

秃(二)【他哭】　逷(四)【他历】　忒(五)【他得】

偷(一四)【忒娄】　吞(四)【逷痕】

"他"以下十一字相系联。

案"他"《说文》所无,《篆韵谱》:"托何反"。"逷"为"逖"之重文,"偷"说文作"媮",音俱相谐。

土(一八)【缺】　通(二)【土蒙】　汤(一)【土郎】

"土"以下三字相系联。

案"土"字下,今本《系传》反语脱略,《篆韵谱》:"他古反"。

透(二)【缺】

案"透"大徐本新附字,《篆韵谱》:"他候反"。

趯(一)【缺】

案"瑱"《系传》:"胤略反",而用"趯"字为切者,仅"环"字下一见;"趋",《系传》:"躍练反",《篆韵谱》:"他甸反",《广韵》同,应归属于本类。盖"躍"字,《广韵》有"他历切"一音,系传中依之作切,而于本字下不载其音，故亦云缺。

上他类反切上字凡十六。

徒类

徒(六九)【田吾】　田(五九)【笛前】　豆(四)【笛奏】

笛(二九)【田溺】　敌(一五)【田溺】　狄(三)【田溺】

地(三)【田至】　庭(八)【田丁】　亭(一四)【田丁】

图(二)【田庐】　荼(一)【田吾】　杜(一六)【徒土】

道(一〇)【徒讨】　稻(三)【徒讨】　脱(一)【徒活】

定(二)【徒宁】　滕(一)【徒崩】　腾(二)【徒朋】

达(一)【腾剌】

"徒"以下十九字相系联。

特(五一)【头墨】　头(八)【特娄】　投(二)【特娄】

大(九)【特奈】　隋(一)【特妥】　但(一)【特坦】

度(一)【特路】

"特"以下七字相系联。

犆(二)【缺】

案"犆"《说文》所无，盖即"特"之异文，《集韵》："敌德切"。

陀(一二)【缺】

驼(六)【缺】

案"陀""驼"俱《说文》所无，《广韵》并作"徒河切"。

上徒类反切上字凡二十九。

奴类

奴(二七)【内都】　内(三)【能未】　奈(一)【能大】

能(一一)【奈登】　挼(一)【奴戈】

"奴"以下五字相系联。

案“掗”说文作“摆”。

乃(七)【年亥】 佞(一)【年径】 年(一三)【泥贤】

泥(六)【祢倪】 宁(二)【祢丁】 祢(六)【缺】

寍(一)【乃丁】 那(四)【乃多】

“乃”以下八字相系联。

案“宁”今本《系传》:“弥丁反”,盖系“弥丁反”之讹。“祢”大徐本新附字,《广韵》:“奴礼切”。

狞(六)【缺】

案“狞”《说文》所无,《广韵》:“乃庚切”。

上奴类反切上字凡十四。

勒类

勒(八四)【郎忒】 郎(二〇)【鲁当】 鲁(三〇)【勒古】

阑(三)【勒滄】 落(八)【勒托】 娄(二五)【勒兜】

劳(四)【阑刀】 莲(五)【落研】 罗(一)【娄何】

来(一五)【娄才】 稜(一)【娄登】

“勒”以下十一字相系联。

案“稜”篆作“棱”。

卢(一六)【论孤】 论(一三)【卢屯】

“卢”“论”两字相系联。

力(六九)【留直】 略(二)【留脚】 虑(一)【留御】

律(七)【留笔】 留(一五)【里由】 辇(二)【里典】

黎(一)【里西】 邻(一五)【里神】 里(五五)【六矣】

李(一六)【六矣】 六(六)【栗邻】 栗(六)【力必】

龙(一)【力锺】 蒌(四)【力殊】 令(一)【力聘】

柳(一七)【力九】 礼(一)【力体】 吕(一五)【力女】

良(一九)【吕寝】 连(六二)【邻延】 廉(一)【连兼】

厅(一)【连于】 历(一)【连的】 黎(一二)【连脂】
零(一)【连丁】 利(九)【柳■】 梁(一)【柳昌】
粱(一)【柳昌】 笼(六)【梁充】
"力"以下二十九字相系联。
录(七)【劣束】 劣(四)【录设】
"录""劣"两字相系联。
恋(二)【缺】
案"恋"《说文》所无,《广韵》:"力卷切"。
上勒类反切上字共四十五。

子类

子(八六) 姊(五)【津矣】 精(七)【津贞】
资(一)【津司】 津(二三)【将亲】 醉(一)【将遂】
将(六)【十长】 峻(一)【十闰】 箭(三)【子眷】
进(一)【子印】 赞(六)【子旦】 晋(一)【子印】
"子"以下十二字相系联。
案"峻"为"𡾊"字重文,音相谐。
煎(三二)【即然】 即(三五)【煎弋】 节(七)【即血】
泲(一)【即洗】
"煎"以下四字相系联。
踪(一)【缺】 遵(二)【蹂民】
"踪""遵"两字相系联。
案"踪"《说文》所无,《广韵》:"即容切"。
则(三三)【遭德】 左(一)【则个】 走(一五)【则口】
增(一)【走稜】 憎(一)【走稜】 臧(一)【走张】
卒(一)【臧勃】 作(七)【憎托】 祖(一九)【作睹】
遭(一)【祖叨】 尊(一)【祖存】 租(三)【尊吾】

"则"以下十二字相系联。

组(一)【缺】

案"绩"今本《系传》缺,《篆韵谱》:"则古反"。

绩(一)【缺】

案"绩"今本《系传》缺,《篆韵谱》:"则历反"。

上子类反切上字凡三十二。

七类

七(七六)【秋日】 秋(五)【七牛】 妻(一)【七低】
刺(二)【七赐】 窃(一)【七屑】 铨(一)【七沿】
次(一)【七恣】 迁(一)【七先】 且(九)【七贾】
猜(三)【七开】 亲(六)【七邻】 切(一)【七屑】
倩(一)【七县】 千(一六)【千先】 此(二四)【七里】
取(三)【七矩】 湌(一)【倩丹】 清(一)【亲贞】
趋(一)【切于】 仓(六)【切阳】 苍(一)【切阳】
蔡(一)【苍大】 雌(一)【千思】 造(三)【雌报】
操(三)【雌报】 翠(一)【此醉】

"七"以下二十六字相系联。

案"湌"系"餐"之重文,音相谐。

邨(四)【麤孙】 麤(一一)【邨呼】 忽(一)【麤中】

"邨"以下三字相系联。

醋(二)【缺】

案"醋"《系传》:"才各反",而用"醋"字为切者,有"滜""漼"二字,《系传》:《广韵》:"醋馁反","千罪切",应属此类。盖其子《广韵》又有"仓故切"一音,为系传所不载,故亦云缺。

上七类反切上字凡三十。

自类

自(三六)【慈四】	疾(一四)【慈悉】	字(三)【慈伺】
慈(九)【秦思】	秦(六)【自人】	情(一)【自成】
齐(二)【自兮】	歬(八)【自先】	钱(三)【自僊】
贱(三)【自见】	残(一一)【自阑】	昨(一七)【自莫】
在(五)【前采】	存(二)【在坤】	材(一)【钱来】
才(八)【钱来】	寂(二〇)【才狄】	墙(六)【贱忘】
贼(一)【残忒】	族(四)【昨木】	全(六)【族延】
泉(二)【族延】	徂(六)【全徒】	粗(二)【全鲁】

“自”以下二十四字相系联。

案“前”《系传》:“子善反”,与“歬”字音不谐。今本《系传》以“歬”字为切者,多书作“前”,如“醮”前昭反,《广韵》:昨焦切,“咀”“祖”前吕反,《广韵》:慈吕切,“嗷”前狄反,《广韵》:前历切,等字下,俱借“前”为“歬”也,“寂”为“宗”之重文,“全”为“仝”之重文,“徂”为“退”之重文,音俱相谐。

就(二)【绝僦】	绝(一)【缺】

“就”“绝”两字相系联。

就“绝”今本《系传》缺,《篆韵谱》:“情雪反”。

上自类反切上字凡二十六。

息类

息(五九)【消式】	消(二)【息超】	思(三六)【息兹】
修(三)【息抽】	脩(二)【息抽】	宣(三)【息铅】
司(一)【息慈】	小(一)【息沼】	悉(三)【息逸】
斯(一三)【息移】	星(五)【息形】	仙(六)【息迁】
削(一)【息雀】	辛(八)【息因】	枲(一)【辛子】

桑(三)【斯郎】 相(一九)【修祥】 宵(三)【相邀】

耸(一)【思奉】 昔(二)【思益】

“息”以下二十字相系联。

案“星”篆作“曐”,“仙”篆作“僊”。

苏(二七)【孙呼】 速(五)【孙卜】 孙(六)【素昆】

素(一九)【缺】 四(一二)【素次】 散(一)【四旦】

叟(三)【苏走】 巽(一)【苏困】 先(二八)【苏前】

私(一四)【先兹】

“苏”以下十字相系联。

案“先”今本《系传》:“蒐前反”,盖系“苏前反”之误。“素”今本《系传》缺,《广韵》:“桑故切”。

赐(二)【丝义】 丝(一)【缺】

“赐”“丝”两字相系联。

案“丝”今本《系传》缺,《篆韵谱》:“息兹反”。

虽(一)【缺】

案“虽”今本《系传》缺,《篆韵谱》:“息移反”。

询(二)【缺】

案“询”大徐本新附字,《广韵》:“相伦切”。

上息类反切上字凡三十二。

似类

似(四二)【详纪】 详(七)【似羊】 徐(三)【似虚】

松(一)【似逢】 从(七)【松用】

“似”以下五字相系联。

辞(六)【夕兹】 词(二)【夕兹】 衺(二)【辞牙】

夕(二五)【辞易】 席(一)【辞尺】

“辞”以下五字相系联。

祠(一)【涎兹】　涎(一)【缺】

“祠”“涎”两字相系联。

案“涎”《说文》所无,《广韵》:“夕连切”。

续(六)【缺】

案“续”今本《系传》缺,《篆韵谱》:“似玉反”。

上似类反切上字凡十三。

(四)双唇音及唇齿音

补类

补(三四)【伯普】	伯(三)【不白】	巴(四)【不奢】
逋(四)【不吾】	不(一七)【缺】	本(八)【补忖】
北(一四)【补或】	贝(一)【补每】	邦(二)【北江】
八(二)【北拔】	彼(二一)【邦是】	博(六)【本泊】
鄙(七)【博美】	笔(六)【碑乙】	碑(一)【彼移】
罴(一)【彼彩】	彬(一)【彼困】	冰(二)【彬仍】
碧(一)【彼力】	兵(二)【彼平】	

“补”以下二十字相系联。

案“不”《系传》:“甫柔反”,若依此音为之系联,则本类与唇齿音之甫类混而为一。就今所知,《系传》反切中唇音轻重之区别殊严,绝无其他混合之迹。则“不”字音在《系传》切语中所用有,常以韵会:“逋没切”之音为定。盖“不”字在《广韵》中有“甫鸠”“甫九”“甫救”“分勿”四读,皆与此不谐,以《广韵》切语系统,唇音轻重二组尚未完全分析也。据此可知朱翱为《系传》作切语时,轻重唇已完全分析,而“不”字已有重唇一读。王鸣盛《蛾术编论“不字音”一条》,所引孙氏《示儿编》,陈正敏《遁斋闲览》二家说皆以“逋骨切”为古,而独谓“‘■不’读‘卜’北宋以前无此音”,殆不然矣。惟《系传》于本字下不载此音,故云：缺。“碑”字下今本《系传》“披移反”,盖系“彼移反”之讹。“彬”为“份”之重文,音相谐。“冰”为“凝”之重文,在切语中,借作“仌”。

哺(七)【缺】　　栢(一)【哺限】　　跛(一)【哺颗】

“哺”以下三字相系联。

案“哺”《说文》所无,《广韵》:“博孤切”,与“逋”字音同。“栢”今本系传:“脯限反”盖系“哺限反”之讹。

邠(一)【布巾】　　布(七)【奔污】　　奔(三)【布坤】

“邠”以下三字相系联。

边(五)【辟涓】　　辟(九)【畀僻】　　畀(一五)【宾而】

宾(七)【必人】　　扁(一)【必撚】　　必(九)【毕聿】

毕(五)【畀聿】

“边”以下七字相系联。

逼(五)【缺】

案“逼”大徐本新附字,《篆韵谱》:“彼即反”。

上补类反切上字凡三十四。

匹类

匹(二八)【篇七】　　僻(八)【篇石】　　篇(七)【僻连】

翩(一)【僻连】　　譬(一)【匹寄】　　片(一)【譬现】

“匹”以下六字相系联。

普(二二)【拍户】　　溥(一)【拍户】　　浦(一三)【拍户】

拍(二)【普百】　　坏(三)【普坏】　　潘(六)【浦漫】

坡(三)【浦何】　　滂(一)【坡良】　　披(一〇)【坏畀】

“普”以下九字相系联。

案“拍”说文作“拍”。

铺(一一)【喷模】　　喷(一)【铺奔】　　破(一)【铺卧】

判(一)【铺唤】

"铺"以下四字相系联。

上四类反切上字凡十九。

步类

步(四四)【盘怖】　部(一一)【盘五】　盘(一〇)【别安】

别(一二)【缺】　陪(二)【步雷】　盆(一二)【步门】

白(五)【陪陌】　彭(二)【白事】　薄(八)【盆各】

蒲(二一)【盆乎】　傍(一)【薄荒】　旁(二)【薄茫】

辨(四)【蒲宽】　备(三)【辨利】　平(八)【备明】

被(一)【平义】

"步"以下十六字相系联。

案"盘"为"槃"之重文,音相谐。"别"字下,《系传》:"鄙辍反",与本类音不谐;《广韵》有"皮列切"与"彼列切"二读,《系传》切语上,即取"皮列切"之音;《篆韵谱》:"平列反";《系传》,于本字下不载此音,故亦云缺。

频(三一)【婢民】　便(一)【婢篇】　婢(一三)【频旨】

萍(一)【频宁】　脾(五)【频移】　并(一)【频静】

鼻(六)【频至】　毗(五)【鼻宜】　避(四)【便詈】

"频"以下九字相系联。

疲(一)【弼悲】　贫(三)【弼巾】　弼(三)【皮密】

皮(一六)【贫知】

"疲"以下四字相系联。

屏(二)【比郢】　并(七)【比令】　比(一九)【并止】

"屏"以下三字相系联。

朋(四)【缺】

案"朋"为"凤"之重文,"凤"《系传》:"符贡反",与本类音不谐,依《广韵》“朋”字下“步崩切”之音为定;《篆韵谱》:“步崩反”,《系传》不载此音,故亦云缺。

上步类反切上字凡三十三。

莫类

莫(七三)【莫度】　脉(二)【莫获】　迷(一)【莫低】
梅(三)【莫堆】　牟(一)【莫浮】　谋(一〇)【莫浮】
母(一四)【莫厚】　门(三一)【莫魂】　蒙(一)【母东】
满(一)【门罕】　毛(一)【门高】　木(二)【门逐】
谟(一)【门胡】　模(一)【门胡】　磨(二)【模卧】
梦(四)【木空】　没(二八)【谋骨】　摩(一)【没讹】
墨(一)【没黑】

“莫”以下十九字相系联。

案“脉”篆作“衇”,“磨”篆作“礳”。

眠(五)【民甹】　民(一三)【弥邻】　名(一四)【弥并】
沔(一)【弥兑】　灭(一)【弥悦】　弥(二二)【眠伊】
米(一)【名洗】

“眠”以下七字相系联。

案“眠”为“瞑”之重文,韵不谐而声谐,故仍之。又“弥”篆作“镾”。

面(三)【弭钏】　弭(四)【面侈】

“面”“弭”两字相系联。

免(一三)【缺】　闷(五)【免困】　尨(二)【免江】
美(一三)【免鄙】　冕(一)【美选】　密(二)【美弼】

“免”以下六字相系联。

案“免”字,《说文》所无,《广韵》:“亡辨切”,《广韵》轻重唇尚未完全分析也;以“免”之同音字“冕”“勉”“挽”“鮸”等推之,《系传》当作“美选反”。

闽(一〇)【缺】　　　眉(二一)【闽之】　　　明(二)【眉平】

“闽”以下三字相系联。

案“闽”今本《系传》缺,《广韵》:“武巾切”,《广韵》轻重唇尚未完全分析也;以“闽”之同音字“忞”“旻”“珉”“鍲”等推之,《系传》当作“眉均反”。

忙(八)【缺】

案“忙”《说文》所无,《广韵》:“莫郎切”。

上莫类反切上字凡三十八。

甫类

甫(三五)【分武】　　　分(三一)【翻文】　　　翻(四)【缺】

拂(一)【分勿】　　　弗(一九)【分勿】　　　芳(七)【弗商】

府(一一)【芳武】　　　悲(一)【府眉】　　　方(一五)【府昌】

付(四)【方娶】　　　秘(一)【悲利】　　　敷(七)【甫夫】

飞(一)【甫肥】　　　孚(四)【甫殳】　　　夫(五)【甫殳】

福(三)【夫木】

“甫”以下十六字相系联。

案“翻”大徐本新附字,《篆韵谱》:“孚元反”。

飘(一)【缺】

案“飘”今本《系传》缺,《篆韵谱》:“抚招反”。

上甫类反切上字凡十七。

符类

符(一)【凡无】　　　扶(二二)【凡无】　　　凡(五)【符芰】

伐(一〇)【扶月】　　　服(三)【伐六】　　　复(一九)【伐六】

樊(一)【复喧】

“符”以下七字相系联。

房(四)【浮长】 防(一)【浮长】 斧(九)【浮甫】

父(六)【浮甫】 浮(一四)【附柔】 附(一三)【房绣】

“房”以下六字相系联。

二、韵 类 考

朱翱反切韵类与广韵韵部之比较表

朱翱反切之韵类	《广韵》韵部	朱翱反切之韵类	《广韵》韵部
平		上	
红	东 冬	动	董
封	锺	恐	肿
江	江	项	讲
之 归	支 脂 之 微	止 委	纸 旨 止 尾
居	鱼	吕	语
纡	虞	武	■

案“附”字下，祁刻本作“房绱反”，述古堂本误作“户绱反”，盖系“房绱反”之误。

上符类反切上字凡十三。

勿类

勿(二三)【无弗】　闻(四)【无云】　文(九)【无云】

武(七)【文甫】　无(九)【文区】　舞(三)【勿抚】

亡(一〇)【勿强】　尾(六)【亡斐】

“勿”以下八字相系联。

上勿类反切上字凡八。

朱翱反切之韵类	《广韵》韵部	朱翱反切之韵类	《广韵》韵部
去		入	
贡	送、宋	六	屋、沃
重	用	烛	烛
降	绛	角	觉
利、位	寘、至、志、未		
御、遇	御、遇		
孤	模	诂	姥
兮	齐	米	荠
皆	佳、皆	买	蟹、骇
堆	灰	浼	贿
来	咍	亥	海
伦	真、谆、臻、欣	引	轸、准、隐

云………………文
喧………………元
昆………………魂
痕………………痕
安………………{寒 桓
关………………删
闲………………山
延………………{先 仙
挑………………萧
昭………………宵
代………………代
喙………………废
刃………………{震 稕 焮
间………………问
怨………………愿
寸………………■
恨………………恨
玩………………{翰 换
患………………谏
苋………………撊

粉………………吻
远………………阮
本………………混
很………………很
旱………………{旱 缓
绾………………潸
限………………产
件………………{铣 狝
了………………筱
沼………………小
必………………{质 术 栉 迄
沕………………物
月………………月
兀………………没
末………………{曷 末
八………………黠

砚	霰、线	列	鎋、屑、薛
吊	啸		
妙	笑		
交	肴	卯	巧
高	豪	抱	晧
何	歌、戈	果	哿、果
加	麻	雅	马
良	阳、唐	向	养、荡
行	庚、耕	永	梗、耿
丁	清、青	屏	静、回
陵	蒸		拯
增	登	等	等
柔	尤、侯	酒	有、厚
虬	幽	纠	黝
林	侵	甚	寝
南	覃、谈	感	感、敢
廉	盐、添	检	琰、忝、俨

咸……………… 咸 衔 严 凡

号……………… 号

卧……………… 个 过

夜……………… 祃

唱……………… 漾 宕

命……………… 映 诤

性……………… 劲 径

证……………… 证

亙……………… 嶝

救……………… 宥 候

幼……………… 幼

任……………… 沁

阚……………… 勘 严

念……………… 艳 㮇 ⿰阝嚴

减……………… 雅 槛 范

各……………… 药 铎

白……………… 麦 陌

的……………… 昔 锡

力……………… 职

忒……………… 德

摄……………… 缉

合……………… 合 盍

帖……………… 叶 怗

剑……………………陷、鉴、梵

甲……………………洽、狎、业、乏

(一) 平 声 上

红类

红(一七)【缺】	空(五)【口红】	东(一二)【得红】
中(九)【陟红】	聪(一五)【粗中】	洪(一)【员聪】
工(一)【君聪】	公(九)【君聪】	农(一)【奴聪】
冬(五)【都农】	宗(一)【子冬】	琮(一)【粗宗】
翁(一)【乌公】	蒙(七)【母东】	通(三)【土蒙】
忠(二)【珍蒙】	冯(一)【房忠】	

“红”以下十七字相系联。

案“红”今本系传缺;《篆韵谱》:“户工反”。

风(八)【缺】	充(一〇)【赤风】	童(一)【田风】

“风”以下三字相系联。

案“风”今本《系传》缺,以同音字“枫”等推之,当作“府通反”;《篆韵谱》:“方戎反”。

弓(八)【坚终】	终(一)【缺】	融(一)【以弓】
穷(二)【巨弓】	戎(三)【如融】	

“弓”以下五字相系联。

案“终”今本《系传》缺,以同音字“■”等推之,当作“隻公反”;《篆韵谱》:“职戎反”。

蚣(一)【缺】

案“蚣”今本《系传》缺，以同音字“公”等推之，当作“君聪反”；《篆韵谱》：“古红反”。

上红类反切下字凡二十六。

封类

封（一三）【敷容】　峰（一）【敷容】　恭（二）【矩容】

■（一）【鱼容】　容（九）【弋雍】　雍（一）【宛封】

邕（一）【宛封】

“封”以下七字相系联。

案“雍”篆作“雝”。

龙（三）【力锺】　锺（三）【之松】　逢（四）【附松】

松（六）【似逢】

“龙”以下四字相系联。

蛩（五）【缺】

案“蛩”今本《系传》缺；《篆韵谱》：“渠容切”。

上封类反切，凡十二。

江类

江（一一）【沟降】　降（去声降类）　洚（二）【侯邦】

邦（六）【北江】　双（一）【所江】　龙（五）【免江】

“江”以下六字相系联。

案“江”今本《系传》：“沟降反”，或系“沟洚反”之误。盖“降”系传：“艮巷反”，属去声降类，不能据此以联合平去为一类；“降”别字有平声一读，广韵：“下江切”，“江”字下，系传：“沟降反”，若非刊本之讹，或即取此音欤？

上江类反切下字凡六。

之类

之(五五)【真而】　卑(四)【宝而】　其(一六)【居而】
持(六)【直而】　甾(一)【侧持】　而(二〇)【忍伊】
迟(一)【缠伊】　伊(一七)【因之】　离(一七)【邻之】
欺(七)【遣之】　疑(一)【研之】　眉(六)【闽之】
离(四)【丑离】　奇(四)【巨离】　肌(一)【斤离】
玑(一)【几离】　祈(四)【近离】　悲(三)【府眉】
兹(一六)【则欺】　滋(三)【则欺】　私(三)【先兹】
思(一〇)【先兹】　司(二)【息兹】　资(一)【津司】
茨(二)【疾兹】　咨(八)【子思】　慈(一)【秦思】
尼(一)【女咨】

"之"以下二十八字相系联。

案"其"为"箕"之重文,两字韵相谐,故仍之。

淄(一)【缺】

案"淄",说文所无,广韵:"侧持切",与"甾"音同。

移(二八)【以支】　夷(四)【寅支】　脂(二)【真夷】
支(一九)【章移】　斯(一)【息移】　脾(一)【频移】
知(一五)【珍移】　皮(三)【贫知】

"移"以下八字相系联。

希(二一)【缺】　沂(一)【鱼希】　饥(一)【居希】
几(一)【居希】　机(五)【居希】　宜(二八)【拟机】
觜(二)【则宜】　跬(二)【倾觜】

"希"以下八字相系联。

案"希"《说文》所无;《广韵》:"香衣切",若以"稀""■"等同音字等推之,系传当为"忻祈反"。"跬"《说文》作"趌",《广韵》属上声纸韵。

上之类反切下字凡四十五。

归类

归(一七)【举韦】　　韦(一〇)【宇归】

“归”“韦”两字相系联。

虽(一六)【缺】　　逵(一)【权虽】

“虽”“逵”两字相系联。

案“逵”为“馗”之重文，音相谐。“虽”今《系传》缺；《篆韵谱》：“息移反”，盖系“息遗反”之讹。

追(七)【转推】　　推(堆类)　　惟(三)【与追】

唯(七)【与追】　　琟(二)【与追】　　隹(九)【专惟】

谁(一)【市隹】

“追”以下七字相系联。

案“追”今本《系传》：“转推反”，或系“转惟反”之误。盖“推”《系传》：“土回反”，属堆类，不能据此以联合归堆为一；“推”字在《广韵》别有“叉住切”一读，属脂韵，“追”字下《系传》：“转推反”，若非刊本之讹，或即取此音欤？

为(一三)【雨随】　　规(三)【坚随】　　随(四)【似吹】

垂(九)【是吹】　　■(一)【直垂】　　吹(二)【叱为】

危(一)【虞为】

“为”以下七字相系联。

非(四)【甫肥】　　飞(一)【甫肥】　　肥(一〇)【符非】

“非”以下三字相系联。

龟(二)【缺】

案“龟”今本《系传》缺；《篆韵谱》：“居追反”。

上归类反切下字凡二十二。

案之类相当于广韵支脂之微四韵之开口呼，归类相当于支脂微三韵之合口呼，仅少数例外，且大都属于唇音字，如“眉”“悲”等，合口混入开口而已。上去二声准此。

居类

居(一五)【坚疏】　疏(六)【色居】　渠(八)【巨居】

“居”以下三字相系联。

余(九)【以徐】　徐(二)【似虚】　虚(一一)【忻余】

鱼(七)【研余】

“余”以下四字相系联。

除(四)【陈诸】　如(五)【热除】　诸(六)【掌於】

庐(一)【连於】　於(研)【缺】

“除”以下五字相系联。

案“於”为“乌”之重文：“乌”字下，《系传》：“宛都反”，属孤类与此“於”字音不谐；《篆韵谱》“於”“央居反”，《系传》不载此音，故云缺。

上居类反切下字凡十二。

纡类

于(三二)【员须】　须(九)【四于】　雏(三)【善于】

讦(五)【况于】　吁(八)【况于】　区(二〇)【器于】

俱(三)【卷于】　殳(一一)【船区】　无(一四)【文区】

孚(一)【甫殳】　夫(六)【甫殳】　迂(一)【宛孚】

输(二)【施迂】　虞(二)【元无】　扶(四)【■无】

朱(二〇)【专扶】　殊(四)【市朱】　蒌(一)【力殊】

“于”以下十八字相系联。

纡(二)【缺】

案“纡”今本《系传》缺;《篆韵谱》:“忆俱反”,以“靬”“雩”等同音字推之,《系传》当作“员须反”。

上纡类反切下字凡十九。

孤类

孤(一七)【古乎】　沽(二)【古乎】　乎(一五)【魂徒】
狐(一)【魂徒】　胡(六)【魂徒】　模(三)【门胡】
都(一〇)【丁活】　乌(一一)【宛都】　呼(一〇)【虎乌】
吾(一四)【阮孤】　吴(二)【阮孤】　徒(一〇)【田吾】
逋(一)【不吾】

“孤”以下十三字相系联。

上孤类反切下字凡十三。

兮类

兮(一九)【贤迷】　奚(一)【贤迷】　■(一)【匀迷】
鸡(六)【古兮】　齐(八)【自兮】　圭(一八)【涓兮】
唬(一)【敌圭】　奎(一)【穹圭】　迷(一七)【莫低】
西(一八)【斯低】　霓(一)【拟西】　倪(四)【拟西】
泥(五)【祢倪】　低(一一)【缺】

“兮”以下十四字相系联。

案“低”大徐新附字;《篆韵谱》:“都兮反”,以“氐”大“奃”等同等字推之,《系传》当作“的齐反”。

繄(一)【缺】

案“繄”今本《系传》缺,《篆韵谱》:“乌稽反”。

上兮类反切下字凡十五。

皆类

皆(九)【古谐】　谐(八)【痕皆】　斋(一)【侧皆】
埋(一)(门)【皆】　淮(三)【户埋】
"皆"以下五字相系联。
案"埋"篆作"薶",今本《系传》:"闰皆反",盖系"门皆反"之误。
乖(四)【骨排】　排(一)【参乖】
"乖""排"两字相系联。
揩(一)【缺】
案"揩"《说文》所无,《广韵》:"口皆切"。
佳(五)【古膎】　柴(三)【士佳】　厓(二)【五佳】
■(一)【候钗】　钗(三)【缺】
"佳"以下五字相系联。
案"叙"大徐本新附字,《篆韵谱》:"楚佳反"。
娲(一)【古蛙】　蛙(一)【缺】
"娲""蛙"两字相系联。
案"蛙"篆作"鼃",今本《系传》缺,《篆谱韵》:"于佳反"。
牌(一)【缺】
案"牌"《说文》所无,《广韵》:"薄佳切"。
上皆类反切下字凡十六。

案《广韵》佳皆二韵,于此亦可析为二类;惟依上声蟹,骇及去声卦、怪俱相通连之列,亦合为皆类。

堆类

堆(九)【都魁】　雷(四)【来堆】　梅(二)【莫堆】

魁(二)【库摧】　枚(五)【莫摧】　隈(四)【于枚】
梧(三)【脯隈】　摧(五)【徂回】　灰(一)【乎回】
雀(三)【昨回】　推(一)【土回】　恢(三)【库推】
环(二)【公恢】　回(五)【户环】
“堆”以下十四字相系联。
案“堆”篆作“𠂤”,“环”为“傀”之重文,音俱相谐。
上堆类反切下字凡十四。

来类

来(一一)【娄才】　开(七)【渴才】　猜(三)【七开】
孩(一〇)【候猜】　垓(一)【苟孩】　该(四)【苟孩】
“来”以下六字相系联。
案“孩”为“咳”之重文。
台(一)【田哈】　咍(九)【缺】
“台”“咍”两字相系联。
案“咍”大徐本新附字,《篆韵谱》:“呼来反”。
上来类反切下字凡八。

伦类

伦(三六)【力辰】　轮(一)【吕辰】　陈(八)【值辰】
辰(六)【石伦】　巡(二)【续伦】　囷(一)【牵轮】
“伦”以下六字相系联。
真(七)【止邻】　民(九)【弥邻】　神(七)【是邻】
亲(四)【七邻】　均(八)【坚邻】　寅(三)【翼真】
遵(一)【踪民】　邻(一七)【里神】
“真”以下八字相系联。

人(一九)【尒申】 因(二)【伊申】 巾(三)【已申】
邠(一)【布巾】 宾(五)【必人】 申(一五)【式人】
匀(五)【与因】
“人”以下七字相系联。
斤(一〇)【几欣】 欣(一)【希斤】 忻(一)【希斤】
殷(九)【意斤】
“斤”以下四字相系联。
诜(六)【所臻】 臻(八)【侧诜】
“诜”“臻”两字相系联。
莘(一)【缺】
案“莘”《说文》所无,《广韵》:“所臻切”。
上伦类反切下字凡二十八。

云类

云(一七)【羽文】 分(一〇)【翻文】 群(四)【具分】
文(一五)【无云】
“云”以下四字相系联。
案“云”为“雲”之重文,音相谐。
勋(二)【诩君】 君(五)【俱勋】
“勋”“君”两字相系联。
上云类反及下字凡六。

喧类

喧(一五)【缺】
案“喧”《说文》所无,《广韵》:“况袁切”,以“吅”等同音字推之,《系传》作“吁袁反”。

袁(一三)【羽元】 轩(四)【忻元】 元(二)【宜袁】

言(六)【凝袁】

“袁”以下四字相系联。

翻(一)【缺】

案“翻”大徐本新附字,《篆韵谱》:“孚元反”。

上喧类反切下字凡六。

昆类

昆(一四)【古论】 论(一一)【卢屯】 屯(一)【缺】

孙(一)【素昆】 浑(一)【户昆】 魂(五)【户昆】

门(七)【莫魂】 盆(六)【步门】 昏(四)【喧盆】

敦(三)【得昏】 坤(三)【苦敦】 存(三)【在坤】

奔(四)【布坤】

“昆”以下八字相系联。

案“屯”《系传》:“陟伦反”;别有“徒魂反”一读(见《篆韵谱》,《广韵》:“徒浑切”),《系传》不载此音,故亦云缺。

上昆类反切下字凡十八。

痕类

痕(三)【户根】 恩(一)【爱根】 根(三)【狗痕】

“痕”以下三字相系联。

上痕类反切下字凡三。

安类

安(二五)【遏寒】 丸(二)【户寒】 桓(六)【户寒】

寒(一四)【痕安】 官(四)【古安】 干(一三)【骨安】

看(一)【刻干】 丹(一三)【得干】 宽(六)【苦桓】

■(四)【呼宽】 端(一)【颠欢】 餐(湌)(七)【情丹】

阑(五)【勒湌】 兰(二)【勒湌】

“安”以下四字相系联。

团(一一)【杜酸】 酸(四)【素攒】 攒(三)【缺】

“团”以下三字相系联。

案“攒”说文所无,《集韵》:“徂官切”。

銮(四)【鲁剜】 剜(八)【缺】 湍(一)【士銮】

“銮”以下三字相系联。

案“剜”大徐本新附字,《篆韵谱》:“一丸反”;以“眢”“■”等同音字推之,《系传》当作“宛桓反”。

上安类反切下字凡二十。

关类

关(七)【古还】 还(三)【户删】 删(四)【师关】

“关”以下三字相系联。

班(一)【■蛮】 ■(三)【潘蛮】 蛮(三)【缺】

“班”以下三字相系联。

案“■”为“艸”之重文,音相谐。“蛮”今本《系传》缺,《篆韵谱》:“莫还反”。

上关类反切下字凡六。

闲类

闲(一五)【候艰】 艰(七)【五闲】 閒(四)【互闲】

山(六)【色闲】

“闲”以下四字相系联。

上闲类反切下字凡四。

(二) 平 声 下

延类

延(二八)【以然】　乾(二)【其延】　虔(八)【其延】
联(一)【邻延】　连(一七)【邻延】　牷(一)(族)【延】
全(三)【族延】　绵(三)【名连】　焉(一)【有连】
篇(五)【僻连】　然(六)【仁迁】　仙(二)【息迁】
迁(七)【七光】　千(八)【七光】　歬(五)【自先】
玄(五)【萤先】　伭(一)【形先】　笺(一)【则千】
先(一九)【苏歬】　田(五)【笛歬】　煙(烟)(六)【伊田】
涓(七)【弓玄】

“延”以下二字相系联。

案“歬”或通作“前”。“全”为“仝”之重文。“仙”篆作“僊”，“牷”今本《系传》“旋延反”，盖系“族延反”之误。

员(一二)【于专】　川(七)【叱专】　专(五)【准旋】
旋(八)【似沿】　沿(一一)【与川】　铅(二)【与川】
捐(一)【与川】

“员”以下七字相系联。

年(一)【沱贤】　坚(六)【激贤】　贤(八)【由坚】
研(一)【御坚】　妍(四)【御坚】　莲(六)【落妍】

“年”以下六字相系联。

缘(七)【缺】

案“缘”今本《系传》缺，《篆韵谱》：“与专反”；以“沿”“铅”等同音字推之，《系传》当作“与川反”。

眼(一)【缺】

案“眼”为“瞑”之重文,韵不相谐;《篆韵谱》:“武延反”。

蝉(一)【缺】

案“蝉”今本《系传》缺,《篆韵谱》:“市连反”。

上延类反切下字凡三十八。

桃类

挑(二〇)【土彫】　彫(六)【睹挑】　雕(一)【睹挑】

辽(八)【梨挑】　聊(一)【梨挑】

“挑”以下五字相系联。

萧(五)【先么】　箫(一)【光么】　么(八)【于尧】

尧(三)【研枭】　枭(四)【坚萧】

“萧”以下五字相系联。

凋(一)【都僚】　僚(一)【缺】

“凋”“僚”两字相系联。

案“僚”《系传》:“力小反”;别有平声一读,《广韵》:“落萧反”,为《系传》所不载,故亦云缺。

上挑类反切下字凡二十二。

昭类

昭(一九)【真遥】　招(一)【真遥】　揲(二)【于遥】

焦(四)【煎昭】　乔(二)【伎昭】　侨(一)【伎昭】

媟(七)【殷乔】　遥(一五)【缺】

“昭”以下八字相系联。

案“遥”大徐本新附字,《篆韵谱》:“今招反”,以“摇”等同音字推之,《系传》当作“延朝反”。

超（五）【耻朝】　摇（一）【延朝】　朝（一八）【知潮】
潮（一）【直超】　消（二）【息超】　嚣（一）【欣消】

"超"以下六字相系联。

案"潮"篆作"淖"。

宵（一）【相邀】　邀（二）【缺】

"宵""邀"两字相系联。

案"宵"今本《系传》："相邀切"，恐系后人窜入者；以"消"等同音字推之，当作"息超反"。"邀"说文所无，《广韵》："于霄切"。

上昭类反切下字凡十六。

交类

交（二五）【加肴】　肴（一五）【侯交】　包（五）【北交】

"交"以下三字相系联。

茅（三）【梦梢】　梢（三）【毡巢】　巢（四）【士抛】
抛（二）【缺】

"茅"以下四字相系联。

案"抛"大徐本新附字，《篆韵谱》："匹交反"。

上交类反切下字凡七。

高类

高（二〇）【家豪】　豪（一八）【行高】　刀（七）【得高】
曹（残）【残高】　毛（二）【门高】　■（五）【阑刀】
劳（一二）【阑刀】　叨（一九）【偷劳】

"高"以下八字相系联。

案"叨"为"饕"之重文，音相谐。

上高类反切下字凡八。

何类

何(一八)【闲俄】　　俄(三)【偶和】　　歌(三)【更和】
哥(一)【更和】　　和(一八)【户歌】　　禾(一)【户哥】
科(三)【苦何】　　罗(三)【娄何】　　阿(一)【莺何】
颇(一)【滂阿】　　鞾(一)【豆科】
“何”以下十一字相系联。
戈(七)【古多】　　多(八)【兜戈】
“戈”“多”两字相系联。
他(九)【缺】
案“他”《说文》所无,《广韵》:“托何切”。
陀(五)【缺】
案“陀”《说文》所无,《广韵》:“徒河切”。
讹(四)【缺】
案“讹”《说文》所无,《广韵》:“五禾切”。
靴(四)【缺】
案“靴”篆作“鞾”,大徐本新附字,《篆韵谱》:“许戈反”。
上何类反切下字凡十七。

加类

加(一八)【闲巴】　　遮(二)【之巴】　　巴(一六)【不奢】
奢(四)【申嗟】　　嗟(一)【走嗟】　　枒(一)【五加】
车(五)【称枒】
“加”以下七字相系联。
瓜(九)【古华】　　华(二)【呼华】
“瓜”“华”两字相系联。

牙(八)【缺】

案“牙”今本《系传》反语脱略，以“芽”等同音字推之，当作“五加反”。

茶(四)【缺】

案“茶”《说文》所无，《广韵》:“宅加切”。

上加种反切下字凡十一。

良类

良(二六)【吕张】　张(五)【竹阳】　商(九)【式阳】

畺(一)【九商】　阳(一二)【犹良】　香(一)【轩良】

羊(七)【犹良】　长(六)【宙良】　章(二)【周良】

祥(一)【似良】　将(二)【十长】　昌(一七)【丑将】

方(二)【府昌】　匡(八)【区昌】　光(一六)【国昌】

荒(一四)【忽光】　皇(一)【户光】　王(二)【于光】

霜(一)【色方】　庄(一)【侧羊】　翔(三)【似羊】

康(六)【彊庄】　箱(二)【修翔】

“良”以下二十三字相系联。

案“康”为“穅”之重文，音相谐。

常(六)【射强】　忘(四)【勿强】　芒(一)【勿强】

泱(一)【殷强】　央(一)【殷强】　强(一四)【缺】

“常”以下六字相系联。

案“强”今本《系传》缺，《篆韵谱》:“巨良反”；以“彊”等同音字推之，《系传》当作“其央反”。

当(一三)【得郎】　汤(三)【土郎】　郎(一五)【鲁当】

卬(三)【颜当】

“当”以下四字相系联。

茫(一)【缺】

案“茫”《说文》所无,《广韵》:“莫郎切”。

藏(一)【缺】

案“藏”大徐本新附字,《篆韵谱》:“昨郎反”。

上良类反切下字凡三十五。

行类

行(一四)【闲横】　耕(一一)【根横】　庚(一二)【根横】

羹(一)【根横】　更(二)【缺】　横(一〇)【户更】

生(二)【色庚】　亨(六)【轩庚】　彭(八)【白亨】

萌(四)【没彭】　宏(二)【乎萌】　莺(一)【恩行】

“行”以下十二字相系联。

案“羹”为“鬻”之重文。“亨”篆作“亯”。“更”《系传》:“于诤反”,属去声命类;别有平声一读,《篆韵谱》:“古行反”,与“庚”音同,而《系传》不载此音,故曰缺。

平(六)【备明】　卿(一)【起明】　迎(三)【疑卿】

明(六)【眉平】　兵(二)【彼平】　英(三)【又平】

京(四)【己英】

“平”以下七字相系联。

莺(一)【缺】

“莺”《说文》所无,《广韵》与“莺”“鹦”音同,《系传》亦当作“恩行反”。

上行类反切下字凡二十。

丁类

丁(四二)【的冥】　冥(四)【民甹】　甹(六)【篇丁】

宁(九)(祢)【丁】	零(一)【连丁】	灵(一)【连丁】
廷(一)【田丁】	亭(一)【田丁】	泓(四)【乌亮】
争(三)【则泓】	听(一)【他宁】	枨(一)【宅争】

"丁"以下十二字相系联。

案"宁"今本《系传》:"弥丁反",盖系"祢丁反"之误。

名(八)【弥并】	营(四)【余并】	倾(一)【去营】
并(六)【缺】	征(一〇)【真名】	成(八)【示征】
呈(二)【直成】	盈(一)【以成】	情(三)【自成】
贞(八)【陟情】	清(二)【亲贞】	婴(一)【伊贞】

"名"以下十二字相系联。

案"征"为"延"之重文,音相谐。"并"《系传》:"比令反";别有平声一读。《篆韵谱》:"府盈反",《系传》不载此音,故云缺。

经(一三)【缺】	青(一)【仓经】

"经""青"两字相系联。

案"经"今本《系传》缺,篆韵谱:"古零反";以其同音字"泾""到"等推之,《系传》当作"坚丁反"。

形(四)【贤星】	星(八)【息形】

"形""星"两字相系联。

上丁类反切下字凡二十八。

陵类

陵(九)【力膺】	凌(一)【力膺】	澄(四)【■凌】
丞(二)【视澄】	承(二)【视澄】	兴(二)【香澄】
膺(七)【倚冰】	冰(九)【彬仍】	仍(五)【而冰】
称(三)【齿仍】		

"陵"以下十字相系联。

案“澄”篆作“澂”。“冰”篆作“仌”“丞”今本《系传》:“视登反”,以“承”等同音字推之,盖为“视澄反”之误。

上陵类反切下字凡十一。

增类

增(八)【走梭】　梭(五)【娄澄】　能(二)【柰登】

登(四)【丹增】

“增”以下四字相系联。

滕(一)【徒崩】　崩(一)【补弘】　弘(四)【户朋】

朋(四)【缺】

“滕”以下四字相系联。

案“朋”为“凤”字重文,音不相谐;《篆韵谱》:“步崩反”。

上增类反切下字凡八。

柔类

柔(二七)【然尤】　尤(二一)【羽秋】　邱(一)【起秋】

丘(六)【起秋】　秋(二六)【七牛】　牛(九)【逆求】

求(一〇)【虔柔】　仇(一)【虔柔】　浮(八)【附柔】

酬(六)【市柔】　矛(三)【莫浮】　收(九)【申邱】

钩(一)【梗尤】　沟(八)【梗尤】　候(三)【河沟】

“柔”以下十五字相系联。

案“求”为“裘”之重文,“酬”为“醻”之重文,音俱相谐。

由(一六)【缺】　酉(三)【字由】　流(一)【里由】

留(一三)【里由】　锢(一)【隻留】　舟(一)【隻留】

周(二)【隻留】　■(二)【色酉】　抽(四)【敇留】

脩(一)【息抽】　羞(一)【息抽】

"由"以下十一字相系联。

案"由"《说文》所无,《广韵》:"以周切"。"流"篆作"流"。"抽"篆作"搯"。

头(四)【特娄】　　娄(一〇)【勒兜】　　兜(九)【单头】

"头"以下三字相系联。

上柔类反切下字凡二十九。

虯类

呌(七)【缺】　　幽(三)【伊虯】　　彪(三)【彼虯】

"虯"以下三字相系联。

案"虯"今本《系传》缺,《篆韵谱》:"巨幽反"。

上虯类反切下字凡三。

林类

林(一六)【力寻】　　寻(七)【似侵】　　侵(五)【七林】

钦(五)【却林】　　吟(一一)【银钦】　　音(二)【郁吟】

任(八)【尔音】　　禽(二)【巨任】　　心(五)【昔任】

沈(二)【池心】　　箴(一)【止沈】　　斟(三)【止沈】

今(一五)【居斟】　　金(二)【居斟】　　琴(四)【巨今】

参(五)【师今】

"林"以下十六字相系联。

上林类反切下字凡十六。

南类

南(一五)(奴)【甘】　　谙(一二)【恩甘】　　甘(一二)【沟堪】

堪(三)【悭南】　　覃(二)【田南】　　谈(一)【杜南】

“南”以下六字相系联。

贪(一一)【吐含】 含(三)【候贪】

“贪”“含”两字相系联。

三(一一)【仙蓝】 蓝(二)【笼三】

“三”“蓝”两字相系联。

上南类反切下字凡十。

廉类

廉(二四)【连兼】 添(四)【土兼】 兼(九)【结添】

盐(一二)【羊廉】 阎(一)【羊廉】 嫌(五)【贤廉】

占(七)【之廉】 炎(九)【延占】 苫(二)【设炎】

潜(一一)【秦苫】 淹(九)【殷潜】 ■(二)【于潜】

“廉”以下十二字相系联。

案“添”《说文》作“沾”。

廉类类反切下字凡十二。

咸类

咸(一二)【候彡】 嗛(三)【候彡】 衔(四)【候彡】

簟(一)【定嗛】 彡(八)【所咸】

“咸”以下五字相系联。

案“嗛”“簟”广韵属上声忝韵。

监(四)【奸岩】 岩(一)【语腌】 严(二)【语醃】

帆(一)【符严】 凡(一)【符芟】 芟(一)【所监】

嵒(四)【五监】 腌(二)【缺】

“监”以下八字相系联。

案“腌”《说文》所无,《广韵》:“于严切”。

缄(二)【缺】

案"缄"今本《系传》缺,《篆韵谱》:"古咸反"。

上咸类反切下字凡十四。

(三)上　　声

动类

动(二)【待总】　　总(一)【缺】

"动""总"两字相系联。

案"总"今本《系传》缺;《篆韵谱》:"作孔反"。

蠓(二)【缺】　　孔(一)【苦蠓】

"蠓""孔"两字相系联。

案"蠓"今本《系传》缺;《篆韵谱》:"莫孔反"。

上动类反切下字凡四。

恐类

恐(一四)【劝重】	重【去声重类】	踊(一)【与恐】
甬(一)【与恐】	勇(六)【与恐】	垄(一)【吕恐】
奉(八)【附恐】	宠(一)【丑垄】	竦(七)【恩奉】
冗(二)【人勇】	拥(一)【宛冗】	搴(一)【补冗】

"恐"以下十二字相系联。

案"重"《系传》:"柱用反",属去声用类,不能据此以联合上去为一类;盖此字别有上声一读,《篆韵谱》:"直陇反","恐"字下,《系传》:"劝重反",殆取此音欤?

悚(一)【缺】

案"悚"《说文》所无,《广韵》:"息拱反",与"竦"音同。

上恐类反切下字凡十三。

案动恐两类颇有相通之迹。“搴”广韵属董韵，而“总”之同音字“熜”等，《系传》：“子■反”；若据此系联之，则《广韵》之董肿二韵，于此当合为一类也。兹依平声红封两类之分，去声贡重两类之分，仍将动恐析为二类。

项类

项(二)【限蚌】　蚌(二)【缺】　讲(一)【干项】

“项”以下三字相系联。

案“蚌”今本《系传》缺，《篆韵谱》：“步项反”，以其同音字“棓”等推之，《系传》亦当作“步项反”。

上项类反切下字凡三。

止类

止(一六)【只耳】　史(八)【瑟耳】　耳(一二)【柔以】
起(一)【气以】　以(一〇)【移里】　此(六)【七里】
岂(六)【丘里】　里(一六)【六矣】　履(一)【六矣】
姊(一)【津矣】　子(四)【津矣】　矣(一三)【延尔】
迤(三)【以尔】　尔(三)【而俾】　尒(六)【而俾】
俾(五)【边弭】　弭(四)【而侈】　侈(三)【昌婢】
婢(五)【频旨】　旨(五)【职美】　指(一)【职美】
儿(五)【谨美】　鄙(六)【博美】　洧(二)【荣美】
美(一二)【免鄙】　比(四)【并止】　七(二)【卑履】
雉(四)【陈七】

“止”以下二十八字相系联。

氏(二)【善纸】　是(二)【善纸】　纸(六)【缺】

彼(一二)【邦是】　倚(九)【乙彼】　妓(一)【强倚】
豸(二)【池倚】
“氏”以下七字相系联。
案“衹”今本《系传》缺;《篆韵谱》:“诸氏反”。
似(二)【详纪】　巳(三)【详纪】　纪(六)【缺】
“似”以下三字相系联。
案“纪”今本《系传》缺;《篆韵谱》:“居拟反”。
紫(一)【缺】
案“紫”今本《系传》缺;《篆韵谱》:“蒋此反”。
上止类折切下字凡三十九。

委类

委(二一)【酝累】　箠(二)【职累】　累(一七)【力委】
毁(四)【吁委】　鬼(四)【矩毁】
“委”以下五字相系联。
案“累”篆作“絫”。
水(一五)【式癸】　癸(六)【见水】　诔(二)【柳水】
“水”以下三字相系联。
尾(一〇)【亡斐】　斐(四)【斧尾】
“尾”“斐”两字相系联。
虺(四)【缺】
案“虺”即“虫”,今本《系传》缺;《篆韵谱》:“许伟反”。
上委类反切下字凡十一。

吕类

吕(一六)【力女】　女(二)【尼举】　语(二)【疑举】

举(一一)【己吕】　　暑(二)【叔吕】

“吕”以下五字相系联。

许(一六)【欣巨】　　巨(三)【求许】　　汝(四)【輭许】

与(一四)【尹许】　　序(二)【夕与】

“许”以下五字相系联。

处(六)【嗔伫】　　注(五)【支处】　　伫(一)【缺】

“处”以下三字相系联。

案“处”为“処”之重文,音相同。“伫”大徐本新附字,《篆韵谱》:“直吕反”,以“宁”等同音字推之,《系传》当作“直与反”。

所(二)【师阻】　　阻(三)【侧所】

“所”“阻”两字相系联。

上吕类反切下字凡十五。

武类

武(一五)【文甫】　　父(一)【浮甫】　　羽(二)【于甫】

雨(一)【于甫】　　禹(一)【于甫】　　甫(一四)【分武】

抚(八)【分武】

“武”以下七字相系联。

案“雨”今本《系传》:“于补反”,盖系“于甫反”之误。

主(五)【拙庾】　　柱(七)【直王】　　庾(四)【匀取】

取(九)【此矩】　　宇(一)【于矩】　　矩(四)【缺】

乳(七)【然柱】　　诩(一)【训柱】

“主”以下八字相系联。

案“矩”《说文》所缺;《广韵》:“俱雨切”。

上武类反切下字凡十五。

诂类

古(二四)【昆覩】 覩(一二)【得古】 五(四)【偶古】

伍(二)【偶古】 午(一)【偶古】 鲁(五)【勒古】

苦(一)【口鲁】

"古"以下七字相系联。

案"覩"为"睹"之重文,音相谐。

土(七)【缺】 户(五)【桓土】 蒼(一)【拍户】

"土"以下三字相系联。

案"土"字下,今本《系传》切语脱略;《篆韵谱》:"他■■"。

上诂类反切下字凡十。

米类

米(一〇)【名洗】 济(一)【即洗】 洗(五)【息米】

"米"以下三字相系联。

案"洗"篆作"洒"。"济"《广韵》属去声霁韵。

启(六)【溪祢】 祢(五)【缺】

"启""祢"两字相系联。

案"祢"系大徐本新附字,以其同音字等推之,《系传》当作"宁洗反"。

体(一)【士礼】 礼(五)【力体】

"体""礼"两字相系联。

上米类反切下字凡七。

买类

买(五)【忙戒】 戒【去声卖类】 解(三)【加买】

楷(一)【肯解】　　骇(二)【候楷】

"买"以下五字相系联。

案"买"今本《系传》:"忙戒反",而"戒"属去声卖类,不能因此通连上去为一,故于去声卖类外,又列上声买类。

蟹(二)【缺】

案"蠏"今本《系传》缺,《篆韵谱》:"乎买反"。

上买类反切下字凡六。

浼类

浼(五)【梅礧】　　每(三)【梅礧】　　贿(四)【虎每】

贝(一)【补每】　　猥(四)【坞贿】　　罪(三)【造贿】

礧(三)【缺】

"浼"以下七字相系联。

案"贝"《广韵》属去声秦韵。"礧"《说文》所无,《广韵》:"落猥切";以"磊"等同音字推之,系传当作"落浼反"。

漼(一)【醋馁】　　馁(二)【那漼】

"漼""馁"两字相系联。

案"馁"篆作"餧"。

上浼类反切下字凡九。

亥类

亥(七)【候乃】　　海(六)【吼乃】　　乃(四)【年亥】

"亥"以下七字相系联。

上亥类反切下字凡七。

引类

引(一九)【以弞】 弞(二)【矢引】 冈(四)【眉引】

轸(一)【支引】 忍(一四)【耳引】 准(九)【■冈】

尹(三)【与准】 允(九)【与准】 谨(四)【己忍】

牝(四)【毗忍】 陨(四)【雨牝】 隐(四)【依谨】

"引"以下十二字相系联。

上引类反切下字凡十二。

粉类

粉(七)【弗吻】 蕴(三)【迂吻】 恽(一)【迂吻】

吻(四)【武吻】 忿(二)【敷粉】

"粉"以下五字相系联。

案"蕴"篆作"薀"。

上粉类反切下字凡五。

远类

远(二〇)【于阮】 阮(一)【拟远】 苑(一)【■远】

"远"以下四字相系联。

反(一)【府晚】 晚(三)【武反】

"反""晚"两字相系联。

上远类反切下字凡五。

本类

本(一〇)【补忖】 损(七)【思忖】 衮(五)【孤损】

忖(五)【缺】

“本”以下四字相系联。

案“忖”大徐本新附字,《篆韵谱》:“仓本反”。

上本类反切下字凡四。

很类

很(二)【遐恳】 恳(二)【可很】

“很”“恳”二字相系联。

上很类反切下字凡二。

旱类

旱(七)【遐缓】 缓(一)【缺】 浣(二)【胡旱】

“旱”以下三字相系联。

案“缓”今本《系传》缺,《广韵》:“胡管反”。“浣”为“澣”之重文,或作“澣”,音俱相谐。

但(四)【特坦】 坦(四)【他但】

“但”“坦”两字相系联。

满(二)【门罕】 罕(四)【亨侃】 侃(二)【缺】

“满”以下三字相系联。

案“侃”今本《系传》:“肎肝反”,疑系“官肝反”之误;“旰”属去声玩类,《广韵》:“侃”除“苦肝切”外,别有“苦旱切”一读,《系传》不载此音,故亦云缺。

断(一)【都伴】 伴(二)【蒲畹】 畹(三)【缺】

“断”以下三字相系联。

案“畹”《说文》所无,《广韵》属阮韵。

纂(三)【缺】 算(一)【苏纂】

“纂”“算”两字相系联。

案"纂"今本《系传》缺,《篆韵谱》:"作管反"。

管(四)【古短】　短(三)【都款】　款(一)【苦暖】

暖(一)【奴短】　椀(四)【乌管】

"管"以下五字相系联。

案"暖"篆作"煗","椀"篆作"盌"。

卵(一)【缺】

案"卵"今本《系传》缺,《篆韵谱》:"卢管反"。

上早类反切下字凡十九。

绾类

绾(六)【缺】　版(四)【补绾】

"绾""版"两字相系联。

案"绾"今本《系传》缺,《篆韵谱》:"乌版反"。

右绾类反切下字凡二。

限类

限(一〇)【候产】　产(三)【所限】　盏(一)【阻限】

简(六)【良限】　眼(三)【偶盏】

"限"以下五字相系联。

案"盏"篆作"醆"。"眼"今本《系传》:"儒盏反",盖系"偶盏反"之误。

上限类反切下字凡五。

件类

件(一八)【其辇】　浅(二)【刺件】　剸(三)【职件】

辇(三)【里典】　铣(四)【思典】　典(九)【颠腆】

腆(三)【听铣】

“件”以下七字相系联。

案“剸”为“䡡”之重文,音相谐。

善(一)【石道】 遣(八)【吃善】 阐(五)【昌善】

“善”以下三字相系联。

卷(三)【俱兖】 褊(三)【比兖】 輭(二)【而兖】

隽(一)【自褊】 兖(六)【缺】

“卷”以下五字相系联。

案“輭”篆作“輭”。“兖”《说文》所无,《广韵》:“以转切”。

衍(一一)【余羡】 鲜(一)【息衍】 展(四)【涉衍】

显(八)【呼衍】 殄(二)【徒显】 泫(一)【预显】

捻(二)【泥泫】 羡(去声砚类)

“衍”以下八字相系联。

案此组与去声有通连之迹。

选(六)【思篆】 篆(二)【直选】 倦(一)【具选】

勉(一)【美选】

“选”以下四字相系联。

案“倦”《广韵》属去声线韵。

畎(一)【激犬】 犬(五)【睽畎】

“畎”“犬”两字相系联。

岘(一)【缺】

案“岘”《说文》所无,《广韵》:“胡典切”。

缅(三)【缺】

案“缅”今本《系传》缺,《篆韵谱》:“未兖反”。

免(一)【缺】

案“免”《说文》所无,《广韵》:“亡辨切”。(“辨”字在《广韵》有去声裥韵与上声弥韵两读。）

上件类反切下字凡三十二。

了类

了（一七）【吕晓】　杳（三）【倚子】　乌（四）【都了】

皎（三）【坚乌】　晓（四）【呼皎】　■（一）【易杳】

“了”以下六字相系联。

上了类反切下字凡六。

沼类

沼（一七）【止少】　夭（一）【依少】　眇（五）【弥少】

少（九）【失沼】　小（一〇）【息沾】　杪（一）【弥小】

表（二）【彼眇】

“沼”以下七字相系联。

上沼类反切下字凡七。

卯类

卯（九）【免狡】　爪（一）【侧狡】　狡（四）【根卯】

“卯”以下三字相系联。

巧（二）【肯饱】　饱（二）【补巧】

“巧”“饱”两字相系联。

上卯类反切下字凡五。

抱类

抱（一八）【缺】　皓（七）【候抱】　浩（二）【候抱】

老（一一）【勒抱】　保（八）【补老】　讨（六）【他老】

好(一)【蒿老】　草(五)【自保】　考(三)【刻保】

道(二)【徒讨】　早(四)【于草】

“抱”以下十一字相系联。

案“抱”为“桴”之重文,“捊”系传:“步候反”,与此不相谐。“抱”《广韵》:“薄浩切”,《系传》不载此音,故亦云缺。

上抱类反切下字凡十一。

果类

果(一三)【骨朵】　火(四)【呼朵】　朵(六)【兜果】

祸(三)【户果】　埵(一)【兜果】

“果”以下五字相系联。

颗(三)【苦堕】　堕(二)【缺】

“颗”“堕”两字相系联。

案“堕”《说文》所无,《广韵》:“徒果切”。

可(六)【肎我】　我(一)【颜】(ナ)　坐(六)【徂可】

ナ(一)【则可】

“可”以下四字相系联。

案“我”今本《系传》:“颜左反”,盖系“颜ナ反”之误;“左”在《广韵》有上去二读,《系传》:“则个反”,只录去声一读。

娜(一)【缺】

案“娜”《说文》所无,《广韵》:“奴可切”。

妥(七)【缺】

案“妥”《说文》所无,《广韵》:“他果切”。

上果类反切下字凡十三。

雅类

雅(九)【牙买】 且(四)【七卖】 买(三)【公雅】
假(一)【格雅】 下(三)【霞假】 夏(一)【恨且】
“雅”以下六字相系联。
也(三)【拽者】 者(五)【煮也】 写(二)【悉也】
把(五)【补写】
“也”以下四字相系联。
寡(一)【古瓦】 瓦(五)【五寡】
“寡”“瓦”两字相系联。
鲊(一)【缺】
案“鲊”《说文》所无,《广韵》:“侧下切”。
上雅类反切下字凡十三。

向类

向(一一)【许丈】 敞(五)【赤丈】 障(二)【向止】
仗(一)【直向】 丈(三)【直敞】 爽(二)【色敞】
罔(二)【文爽】
“向”以下七字相系联。
案“仗”篆作“杖”,“罔”为“网”之重文,音相谐。
掌(一)【职想】 赏(三)【式掌】 想(二)【息仰】
仰(二)【鱼两】 往(五)【又两】 两(七)【里养】
养(三)【以像】 像(一)【似奖】 象(一)【似奖】
奖(四)【十两】
“掌”以下十字相系联。
案“奬”篆作“奨”。

莽(三)【谋晃】　晃(三)【胡莽】

“莽”“晃”两字相系联。

沆(三)【解党】　党(三)【登沆】　广(七)【姑沆】

“沆”以下三字相系联。

上向类反切下字凡二十二。

永类

永(一〇)【雨省】　省(二)【息永】　丙(三)【鄙永】

炳(一)【鄙永】　皿(五)【美丙】　冷(一)【鲁皿】

猛(六)【梅冷】　杏(五)【根猛】　耿(二)【根杏】

“永”以下九字相系联。

上永类反切下字凡九。

屏类

屏(六)【比郢】　颍(一)【余郢】　郢(六)【以井】

领(一)【里井】　请(四)【七井】　井(四)【即顷】

顷(一)【缺】　回(四)【余请】　颈(一)【居颍】

“屏”以下九字相系联。

案“请”今本《系传》:“七并反”,盖系“七井反”之误。“顷”今本《系传》:“去营反”;别有上声一读,以“檾”等同音字推之,当作“去挺反”;而《系传》不载此音,故云缺。

挺(六)【■鼎】　廷(三)【他挺】　鼎(一)【颠茗】

顶(四)【颠茗】　茗(四)【缺】

“挺”以下五字相系联。

案“茗”大徐本新附字。《篆韵谱》:“莫回凡”。

静(六)【寂逞】　逞(三)【丑静】

“静”“逞”两字相系联。

上屏类反切下字凡十六。

等类

等(一)【■肎】　肎(一)【看等】

“等”“肎”两字相系联。

上等类反切下字凡二。

酒类

酒(一四)【津酉】　酉(三)【夷酒】　臼(一)【伎酒】

“酒”以下三字相系联。

九(一〇)【■柳】　久(一)【几柳】　柳(六)【力九】

首(一)【式九】　友(三)【延九】　有(九)【延九】

狃(一)【女有】

“九”以下七字相系联。

丑(七)【较纽】　缶(一)【付丑】　负(二)【复缶】

纽(一)【缺】

“丑”以下四字相系联。

按“纽”今本《系传》缺,《篆韵谱》:“女久反”。

帚(四)【职受】　受(二)【常帚】

“帚”“受”两字相系联。

吼(一一)【蒿厚】　斗(一三)【都厚】　厚(七)【旱斗】

偶(四)【五斗】　垢(一)【讲吼】

“吼”以下五字相系联。

案“吼”《说文》作“呴”。

走(九)【则口】　口(一)【恳走】

“走”“口”两字相系联。

上酒类反切下字凡二十三。

案酒类依《广韵》有厚之分，可析为二类；兹以平声尤候二韵合为柔类，故仍合之。去声准此。

纠类

纠（四）【紧黝】 黝（二）【伊纠】

“纠”“黝”两字相系联。

上纠类反切下字凡二。

甚类

甚（一二）【神朕】 朕（四）【直赁】 赁（去声任类）

“甚”以下三字相系联。

案此组与去声任类有通连之迹。

荏（三）【而沈】 衽（三）【而沈】 锦（一）【九沈】

蕈（一）【夕衽】 沈（一五）【缺】

“荏”以下五字相系联。

案“沈”《系传》：“池心反”，属平声林类；别有上去二读；《广韵》上声寝韵：“式荏反”（依段玉裁手校本），去声沁韵：“直禁反”；俱为《系传》所不载，故云缺。又“衽”《广韵》亦属去声沁韵。似此组与去声亦可通连。

上甚类反切下字凡八。

感类

感（五）【苟坎】 撼（一）【候坎】 坎（一四）【口参】

参（四）【息感】 晗（二）【他感】 惨（一）【此喰】

“感”以下六字系联。

案“糁”为“糂”之重文，“撼”《说文》作“揻”，音俱相谐。

敢（九）【构■】　　菼（一）【忒敢】　　澹（二）【徒敢】

暂（二）【租澹】

“敢”以下四字相系联。

案“菼”为“薍”之重文，音与谐。“暂”《广韵》属去声阚韵。

淡（二）【稻槧】　　槧（一）【自淡】

“淡”“槧”两字相系联。

上感类反切下字凡十二。

检类

检（九）【其闪】　　俭（三）【其闪】　　俨（五）【牛俭】

贬（三）【悲俭】　　夹（一）【收俨】　　冉（三）【柔检】

染（五）【柔检】　　琰（四）【延检】　　敛（二）【留琰】

渐（七）【就冉】　　奄（一）【依渐】　　闪（三）【施渐】

“检”以下十二字相系联。

点（四）【多忝】　　忝（二）【透点】

“点”“忝”两字相系联。

上检类反切下字凡十四。

案检类赅《广韵》之琰忝俨三韵，与平声廉类仅赅盐、添二韵者不同；盖此已开琰、忝、俨三韵同用之先河矣。

减类

减（八）【古黯】　　黯（一）【欧减】　　斩（一）【侧减】

湛（一）【宅减】

“减”以下四字相系联。

槛(七)【寒犯】　犯(二)【浮槛】　范(一)【浮槛】

“槛”以下三字相系联。

上减类反切下字凡七。

(四) 去　声

贡类

贡(一〇)【古弄】　■(一)【忙弄】　弄(七)【鲁栋】

栋(二)【得贡】　洞(二)【头贡】

“贡”以下五字相系联。

控(四)【宽宋】　讽(一)【付宋】　宋(四)【苏综】

综(一)【缺】

“控”以下四字相系联。

案“综”今本《系传》缺,《篆韵谱》:“子宋又”。

统(一)【缺】

案“统”今本《系传》缺;《篆韵谱》:“他综反”。

上贡类反切下字凡十。

重类

重(一一)【柱用】　从(二)【松用】　用(四)【余俸】

俸(一)【缺】

“重”以下四字相系联。

案“俸”《说文》所无;《广韵》:“扶用切”。

其(二)【具纵】　纵(一)【缺】

“其”“纵”两字相系联。

案“纵”今本《系传》缺;《篆韵谱》:“足用反”。

上重类反切下字凡六。

降类

降(三)【艮巷】　巷(二)【恨降】

“降”“巷”两字相系联。

案“巷”系“䢽”之重文,音相谐。

绛(一)【缺】

“绛”今本《系传》缺;《篆韵谱》:“古巷反”,以其同音字“降”等推之,《系传》当作“艮巷反”。

上降类反切,下字凡三。

利类

利(二三)【柳嗜】　嗜(三)【嗜利】　气(六)【却利】

备(一)【辨利】　弃(二)【契利】　致(六)【陟利】

吏(五)【连致】　稚(二)【直致】　厕(一)【测吏】

“利”以下九字相系联。

至(二二)【战媚】　肄(一)【羊媚】　媚(一六)【密室】

二(一)【仁至】　庇(一)【必至】　器(四)【气至】

示(七)【时至】　冀(五)【讫示】

“至”以下八字相系联。

四(五)【素次】　次(七)【七恣】　恣(一)【则四】

“四”以下三字相系联。

义(八)【鱼智】　翅(三)【叱智】　智(一一)【展避】

避(五)【■詈】　詈(二)【力豉】　豉(一)【时翅】

赐(一)【丝义】　刺(四)【七赐】

“义”以下八字相系联。

案“豉”为“叔”之俗字。

寘(一)【缺】

案“寘”大徐本新附字《篆韵谱》:“支义反”。

意(一一)【乙记】　芰(一)【巨记】　寄(九)【坚芰】

记(五)【居意】　既(八)【居意】

“意”以下五字相系联。

字(二)【慈伺】　寺(一)【辞伺】　笥(一)【息寺】

伺(三)【缺】

“字”以下四字相系联。

案“伺”大徐本新附字,《篆韵谱》:“相吏反”。

侍(七)【食志】　志(五)【铗】　饵(一)【然侍】

“侍”以下三字相系联。

案“志”《说文》所无,《篆韵谱》:“职吏反”。“饵”为“鬻”字重文,音相谐。

上利类反切下字凡四十一。

位类

位(一九)【于醉】　遂(六)【夕醉】　谇(一)【星醉】

翠(一)【■醉】　醉(八)【将遂】　季(四)【见翠】

类(一)【恋位】　贵(九)【矩位】　未(四)【勿贵】

味(一)【勿贵】　胃(一)【云贵】　尉(一)【迂胃】

“位”以下十二字相系联。

惴(一)【支瑞】　瑞(五)【时惴】

“惴”“瑞”两字相系联。

上位类反切下字凡十四。

御类

御(六)【午虑】　虑(二)【留御】　据(二)【饥御】

“御”以下三字相系联。

絮(二)【缺】　遽(二)【伎絮】

“絮”“遽”两字相系联。

案“絮”今本《系传》缺,《篆韵谱》:“息倨反”。

去(三)【气恕】　恕(二)【大箸】　庶(一)【失奢】

箸(三)【直助】　助(一)【床诅】　诅(二)【即趣】

趣(遇类)

“去”以下七字相系联。

案此七字又系联于遇类,详下文。

上御类反切下字凡十二。

遇类

遇(一三)【疑豫】　豫(三)【养遇】

“遇”“豫”两字相系联。

预(一)【缺】

案“预”大徐本新附字与“豫”音同。

孺(七)【闰务】　务(三)【勿赴】　富(一)【福赴】

赴(七)【弗孺】　仆(一)【弗孺】　裕(二)【與孺】

戍(三)【失俗】　聚(一)【寂戍】　煦(五)【勋戍】

竽(二)【云煦】　具(二)【健芋】　驻(二)【陟具】

娶(二)【七驻】　趣(一)【七驻】

“孺”以下十四字相系联。

洳(一)【而住】　住(一)【缺】

“洳”“住”两字相系联。

案“洳”说文作“拏”。“住”《说文》所无,《篆韵谱》:“持遇反”。

喻(一)【缺】

案“喻”《说文》所无;《广韵谱》:“羊戎切”以“谕”等同音字推之,《系传》当作“玄遇反”。

上遇类反切下字凡二十。

案御遇类,若通连为一;切语上既相系联,又“预”“遇”互切,“洳”“住”相牵。则《广韵》御遇二韵,在《系传》似可合并矣。兹依平声居纡之分,上声吕武之分为例,仍析为两类。

故类

故(一〇)【骨渡】　渡(一)【特路】　度(六)【特路】

兔(三)【十路】　妒(七)【得兔】　慕(一)【莫度】

路(四)【勒妒】

“故”以下七字相系联。

怖(五)【判库】　库(一)【宽步】　步(三)【盘怖】

汙(二)【屋怖】　布(三)【奔汙】　怒(三)【乃布】

“怖”以下六字相系联。

案“怖”为“悑”之重文,音相谐。

忤(二)顽【互】　互(二)【恽素】　素(六)【缺】

“忤”以下三字相系联。

案“忤”《说文》作“牾”;今《本系》传:“顽五反”,盖系“顽互反”之误。“素”今本《系传》缺,《篆韵谱》:“桑故反”。

祚(二)【缺】

案“祚”《说文》所无,《广韵》:“作故切”。

计(二八)【已惠】　桂(一〇)【古惠】　戾(二)【娄惠】

惠(一三)【回桂】　闭(五)【辟桂】　翳(一)【伊闭】

弟(八)【笛计】　替(六)【他计】

“计”以下八字相系联。

细(五)【缺】　契(五)【溪细】

“细”“契”两字相系联。

案“细”今本《系传》缺,《篆韵谱》:“苏计反”。

帝(九)【的例】　滞(二)【直例】　袂(八)【弭例】

祭(一)【子例】　例(一五)【里曳】　曳(一二)【延世】

制(一三)【正曳】　世(一一)【诗袂】　棁(五)【输袂】

“帝”以下九字相系联。

岁(一四)【相芮】　芮(七)【汝岁】　卫(二)【于岁】

“岁”以下三字相系联。

上计类反切下字凡二十二。

最类

最(一七)【则外】　外(四)【五会】　会(一四)【户兑】

兑(二)【杜会】　桧(二)【古最】　祋(一)【丁最】

“最”以下六字相系联。

柰(三)【能大】　蔡(六)【苍大】　大(五)【特柰】

带(二)【当柰】　赖(一)【力带】

“柰”以下五字相系联。

盖(五)【沟艾】　艾(七)【丑盖】

“盖”“艾”两字相系联。

上最类反切下字凡十三。

卖类

卖(一六)【母戒】　戒(五)【苟差】　介(一二)【苟差】
差(一三)【缺】　瘵(三)【侧介】　械(一)【恒介】
坏(二)【胡介】　拜(六)【贝坏】　败(四)【步拜】
怪(二)【古卖】　夬(六)【古卖】　隘(一)【乙卖】
快(一)【苦夬】

“卖”以下十三字相系联。

案“差”今本《系传》:“初加反”,属平声;《广韵》在卦韵,又有“楚懈切”一读,《系传》不载此音,故亦云缺。“隘”为“䶣”之重文,“拜”为“㨃”之重文,音俱相谐。

上卖类反切下字凡十三。

配类

配(一〇)【蒲妹】　佩(三)【蒲妹】　退(三)【土妹】
内(七)【能妹】　妹(六)【莫队】　队(六)【徒佩】
块(五)【苦配】　悔(五)【虎配】　对(二)【得悔】

“配”以下九字相系联。

案“内”今本《系传》:“能未反”,殆系“能妹反”之误;盖“未”属位类,苟非刊本之误,则《广韵》队韵之字混入位类矣。抑此与彼已有相通之迹耶?

上配类反切下字凡九。

代类

代(一五)【■再】　■(一)【晏再】　再(一二)【则代】
载(一)【则代】　耐(二)【奴代】　菜(三)【此载】

戴(一)【都爱】

"代"以下七字相系联。

案"耐"为"耏"之重文,音相谐。

上代类反切下字凡七。

喙类

喙(六)【诩乂】　　乂(三)【偶喙】　　废(二)【方喙】

"喙"以下三字相系联。

吠(一)【扶秽】　　秽(一)【缺】

"吠""秽"两字相系联。

案"秽"《说文》所无;《篆韵谱》:"于废反",以其同音字"薉"等推之,系传当作"迂废反"。

上喙类反切字凡五。

刃类

刃(一二)【介吝】　　仞(一)【介吝】　　吝(九)【里刃】

傧(三)【比刃】　　遴(一)【里刃】　　近(一)【渠遴】

"刃"以下六字相系联。

震(五)【章信】　　振(二)【章信】　　信(四)【思震】

"震"以下三字相系联。

进(一)【子印】　　晋(四)【子印】　　慎(二)【时印】

胤(一)【异印】　　印(九)【伊镇】　　镇(二)【缺】

"进"以下六字相系联。

案"镇"《系传》:"陟陈反",属平声,与此不合;《篆韵谱》有"陟刃反"一读,《系传》不载此音,故亦残缺。

仅(二)【其衬】　　衬(四)【缺】

“仅”“衬”两字相系联。

案“衬”《说文》所无,《广韵》:“初觐切”。

上刃类反切下字凡十七。

问类

问(一〇)【亡运】　郡(六)【瞿运】　运(三)【于问】

顺(三)【殊问】　训(三)【吁问】　靳(五)【居郡】

酝(一)【迂郡】　闰(六)【耳酝】　峻(一)【子闰】

“问”以下九字相系联。

案“峻”为“陖”之重文,音相谐。

上问类反切下凡九。

怨类

怨(九)【迂券】　券(二)【区怨】　劝(一)【区怨】

愿(一)【鱼怨】

“怨”以下四字相系联。

宪(一)【希建】　献(六)【希建】　健(一)【其献】

建(五)【机献】

“宪”以下四字相系联。

万(五)【舞■】　饭(三)【服万】　贩(三)【方万】

“万”以下三字相系联。

上怨类反切下字凡十一。

寸类

寸(四)【粗巽】　顿(三)【都巽】　巽(二)【苏困】

困(二)【苦闷】　闷(四)【免困】　溷(一)【胡顿】

钝(一)【徒寸】
“寸”以下七字相系联。
上寸类反切下字凡七。

恨类

恨(一)【■艮】　　艮(一)【奸恨】
“恨”“艮”两字相系联。
上恨类反切下字凡二。

玩类

玩(一三)【五汗】　　汗(一)【候玩】　　翰(一一)【候玩】
灌(一)【古翰】　　贯(一)【古翰】
“玩”以下五字相系联。
岸(九)【偶旰】　　旰(一二)【根岸】　　幹(二)【根岸】
换(一)【户岸】　　怛(一)【多幹】
“岸”以下五字相系联。
案“幹”《说文》作“榦”。
彖(三)【吐半】　　乱(五)【鲁彖】　　半(五)【晡幔】
幔(二)【闷半】
“彖”以下四字相系联。
案“半”今本《系传》:“腩慢反”,殆系“晡慢反”之误。
粲(一)【仓赞】　　赞(四)【子旦】　　炭(一)【他旦】
散(五)【四旦】　　旦(一〇)【兜散】
“粲”以下五字相系联。
判(三)【铺唤】　　唤(一)【缺】　　涣(一)【苏判】
“判”以下三字相系联。

案“唤”大徐本新附字,《纂韵谱》:“呼贡反”。

焕(一)【缺】

案“焕”大徐本新附字,与“唤”音同。

漫(三)【缺】

案“漫”《说文》所无,《广韵》:“莫半切”。

上玩类反切下字凡二十四。

患类

患(一〇)【户惯】 惯(六)【缺】 讪(三)【史患】

晏(二)【殷讪】

“患”以下四字相系联。

案“惯”《说文》所无,《广韵》:“古患切”。

谏(三)【沟雁】 涧(一)【沟雁】 雁(六)【迎谏】

“谏”以下三字相系联。

上患类反切下字凡七。

苋类

苋(四)【闲袓】 幻(一)【户袓】 袓(三)【宅苋】

辨(一)【蒲苋】

“苋”以下四字相系联。

案“苋”今本《系传》:“闲旦反”,盖系“闲袓反”之误。

上苋类反切下字凡四。

砚类

砚(一二)【鱼见】 贱(一)【自见】 见(六)【经砚】

甸(四)【庭砚】 电(六)【庭砚】 片(二)【譬砚】

“砚”以下六字相系联。

遍（二）【比荐】　荐（一）【子遍】　便（六）【婢遍】

券（二）【俱便】　眷（六）【俱便】　箭（四）【子誉】

转（一）【智箭】

“遍”以下七字相系联。

案“便”今本《系传》：“婢篇反”，盖系“婢遍反”之误。

战（二）【正彦】　羡（四）【之彦】　彦（三）【拟線】

線（三）【缺】

“战”以下四字相系联。

案“線”为“线”之重文；今本《系传》缺，《篆韵谱》：“私箭反”。

茜（六）【七县】　县（八）【缺】

“茜”“县”两字相系联。

案“县”系传：“胡涓反”；别有去声一读，《篆韵谱》：“黄绚反”，《系传》不载此音，故亦云缺。

面（一）【弭钏】　钏（五）【缺】

“面”“钏”二字相系联。

案“钏”大徐本新附字，《篆韵谱》：“尺绢反”。

变（四）【秘恋】　恋（七）【缺】

“变”“恋”两字相系联。

案“恋”《说文》所无，《篆韵谱》：“力券反”。

扇（一）【诗掾】　掾（二）【与绢】　绢（七）【缺】

“扇”以下三字相系联。

案“绢”今本《系传》缺，《篆韵谱》：“吉掾反”。

练（一）【缺】

案“练”今本《系传》缺，《篆韵谱》：“郎甸反”。

现（一）【缺】

案“现”《说文》所无,《广韵》:“胡甸反”。

上砚类反切下字凡二十八。

吊类

吊(一〇)【的糴】　　耀【二】他吊　　　叫(五)【见吊】

“吊”以下三字相系联。

料(五)【缺】　　　掉(一)【地料】

“料”“掉”两字相系联。

案“料”《系传》:“梨桃反”;则有去声一读,《篆韵谱》:“力吊反”,为《系传》所不载,故亦云缺。

上吊类反切下字凡五。

妙类

妙(一四)【名肖】　　肖(二)【思妙】　　　召(六)【迟妙】

醮(一)【十妙】

“妙”以下四字相系联。

照(七)【止要】　　　要(七)【缺】

“照”“要”两字相系联。

案“要”《系传》:“于消又”;别有去声一读,《篆韵谱》:“于笑反”,“笑”“私妙反”,为《系传》所不载。故亦云缺。

上妙类反切下字凡六。

教类

教(六)【角效】　　　豹(一)【晡效】　　　效(五)【侯教】

“教”以下三字相系联。

“孝”“罩”两字相系联。

上教类反切下字凡五。

号类

号(二一)【缺】　耗(一)【吼号】　报(七)【朴号】

操(四)【雌报】

“号”以下四字相系联。

案“号”《系传》:“行高反”;别有去声一读,《篆韵谱》:“侯到反,为系传所不载,故亦云缺。

到(九)【都告】　奥(六)【乙告】　告(三)【古奥】

诰(三)【古到】

“到”以下四字相系联。

上号类反切下字相系联。

卧类

卧(六)【吴货】　播(三)【补货】　货(四)【毁过】

过(二)【缺】　破(四)【铺卧】

“卧”以下五字相系联。

案“过”《系传》:“古多反”;别有去声一读,《篆韵谱》:“古卧反”,为《系传》所不载,故亦云缺。

左(四)【则个】　佐(二)【则个】　贺(一)【侯个】

个(四)【古贺】

“左”以下四字相系联。

案“佐”篆亦作“左”。

上卧类反切下字凡九。

夜类

夜(七)【羊舍】　舍(二)【诗夜】　跨(四)【苦夜】
卸(一)【苏夜】　化(六)【呼跨】　霸(六)【奔化】
“夜”以下六字相系联。
乍(七)【愁亚】　骂(二)【闷亚】　亚(四)【恩骂】
稼(一)【斤乍】　驾(一)【干乍】　吒(一)【陟驾】
讶(五)【颜吒】
“乍”以下七字相系联。
上夜类反切下字凡十三。

唱类

唱(七)【赤怏】　尚(一)【时怏】　上(三)【时怏】
怏(二)【隐唱】　诳(五)【句唱】　况(二)【诩诳】
妄(二)【闻诳】　访(二)【去妄】　状(三)【侧上】
“唱”以下九字相系联。
旺(一)【于放】　放(一)【弗旺】
“旺”“放”两字相系联。
案“旺”篆作“暀”。
旷(一)【困盎】　盎(四)【晏亢】　亢(六)【缺】
“旷”以下三字相系联。
案“亢”《系传》:“格康反”;别有去声一读,《广韵》“苦浪切”,为《系传》所不载,故亦云缺。
饷(二)【式亮】　亮(八)【缺】
“饷”“亮”两字相系联。
案“亮”《说文》所无,《广韵》:“力让切”。

浪(一)【缺】 宕(一)【地浪】 腺(四)【勒浪】

“浪”以下三字相系联。

案“浪”《系传》:“勒当反”;别有去声一读,《篆韵谱》:“来岩反”,为系传所不载,故亦云缺。

上唱类反切下字凡十九。

命类

命(七)【眉庆】 庆(一)【丘病】 病(一)【疲柄】

柄(三)【鄙命】 竞(三)【渠命】 竟(二)【居竞】

敬(二)【居竞】

“命”以下七字相系联。

更(二)【于净】 净(一)【侧迸】 迸(一)【缺】

“更”以下三字相系联。

案“迸”属大徐本新附字,《篆韵谱》:“北净反”。

上命类反切下字凡十。

性类

性(九)【息令】 令(四)【力聘】 聘(一)【匹并】

并(四)【必正】 径(四)【居正】 正(四)【真性】

宁(三)【年径】 定(五)【徒宁】

“性”以下八字相系联。

上性类反切下字凡八。

证类

证(五)【酌应】 应(一)【于证】 孕(五)【以证】

应(三)【缺】

“证”以下四字相系联。

案“应”今本《系传》:“于陵反”;别有去声一读,《篆韵谱》:“于证反”;而《系传》不载此音,故云缺。

上证类反切下字凡四。

亙类

蹬(三)(古)【邓】　赠(一)【昨邓】　懵(一)【莫赠】
邓(一)【徒亙】

“亙”以下四字相系联。

案“亙”为“恒”之重文,今本《系传》:“都邓反”盖系“古邓反”之讹;《篆韵谱》:“古邓反”。“懵”篆作“”。

上亙类反切下字凡四。

救类

救(一七)【见岫】　岫(五)【席又】　究(一)【己又】
又(五)【延九】　狩(九)【诗救】　旧(二)【其救】
宥(五)【尤旧】　■(二)【羊狩】

“救”以下八字相系联。

秀(一三)【息就】　溜(二)【良秀】　就(四)【绝僦】
僦(二)【缺】

“秀”以下四字相系联。

案“僦”大徐本新附字,《篆韵谱》:“即就反”。

透(一二)【缺】　诟(一)【呵透】

“透”“诟”两字相系联。

豆(一三)【笛奏】　奏(四)【则沤】　遘(五)【格沤】
沤(一一)【安斗】　斗(一)【当豆】　漏(一)【勒豆】

购(一)【工豆】　候(八)【寒豆】　凑(一)【滄候】

“豆”以下九字相系联。

上救类反切下字凡二十三。

幼类

幼(一)【伊谬】　谬(一)【明幼】

“幼”“谬”两字相系联。

上幼类反切下字凡二。

任类

任(八)【缺】　沁(四)【七任】　荫(一)【衣任】

禁(二)【居荫】　浸(一)【进沁】　赁(三)【女沁】

鸩(二)【直贫】

“任”以下七字相系联。

案“任”《系传》:“尔音反”;别有去声一读,《篆韵谱》:“汝鸩反”,《系传》不载此音,故亦云缺。“赁”字下,今本《系传》“女心反”,恐系“汝沁反”之讹;《广韵》:“乃禁切。”

上任类反切下字凡七。

阚类

阚(三)【苦滥】　滥(一)【卢阚】

“阚”“滥”两字相系联。

暗(二)【欧淦】　闇(二)【欧淦】　淦(二)【沟暗】

“暗”以下三字相系联。

案“闇”字下,今本《系传》:“欧钦反”,盖系“欧淦反”之误。

勘(一)【缺】

案“勘”大徐本新附字,《篆韵谱》:“苦绀反”。

绀(一)【缺】

案“绀”今本《系传》缺,《篆韵谱》:“古暗反”。

上阚类反切下字凡七。

念类

念(一一)【宁店】　店(一)【缺】

“念”“店”两字相系联。

案“店”《说文》所无,《广韵》:“都念切”。

验(二)【鱼窆】　窆(一)【方验】　堑(一)【七验】

“验”以下三字相系联。

右念类反切下字凡五。

剑类

剑(四)【居欠】　欠(二)【丘剑】

“剑”“欠”两字相系联。

陷(一)【寒蘸】　蘸(三)【缺】

“陷”“蘸”两字相系联。

案“蘸”大徐本新附字,《篆韵谱》:“斩陷反”。

梵(二)【缺】

案“梵”大徐本新附字,《篆韵谱》:“扶泛反”。

鉴(一)【各撕】　撕(一)【缺】

“鉴”“撕”两字相系联。

案“撕”《说文》所无,《广韵》:“楚鉴切”。

上剑类反切下字凡七。

（五）入　　声

六类

六（四〇）【粟菊】　菊（一一）【居逐】　木（一二）【门逐】

■（一）【隻逐】　祝（九）【职六】　逐（一九）【陈六】

曲（五）【牵六】　育（二）【融六】　郁（三）【于六】

复（一）【伐六】　伏（九）【伐六】　卜（七）【乜伏】

速（三）【孙卜】　谷（二一）【孤速】　屋（三）【乌谷】

禄（二）【勒谷】　独（一）【阤谷】　竹（九）【陟祝】

叔（八）【尸竹】　肉（三）【而叔】　目（七）【莫叔】

“六”以下二十一字相系联。

督（一）【得酷】　酷（八）【阔毒】　哭（一）【阔毒】

毒（九）【特沃】　仆（五）【盘沃】　沃（二）【剜毒】

“督”以下六字相系联。

案“沃”篆作“[illegible]”。

上六类反切下字凡二十七。

烛类

烛（一三）【章玉】　粟（一）【相玉】　旭（一）【喧玉】

玉（八）【虞局】　局（一）【瞿束】　錄（五）【劣束】

束（六）【施录】　足（五）【节粟】　欲（四）【余足】

“烛”以下九字相系联。

续（一）【缺】

案“续”今本《系传》缺，《篆韵谱》：“似玉反”。

上烛类反切下字凡十。

角类

角(二〇)【古捉】　朔(五)【色捉】　嶽(岳)(一七)【逆捉】

学(六)【遐岳】　朴(二)(匹)【岳】　捉(一〇)【■岳】

卓(一六)【竹角】　渥(五)【乙卓】　握(一)【乙卓】

“角”以下九字相系联。

案“学”为“斅”之重文,音相谐。“朴”字下,今本《系传》“于岳反”,盖系“匹岳反”之讹。

璞(二)【缺】

案“璞”《说文》所无,《广韵》:“匹角切”。

上角类反切下字凡十。

必类

必(一五)【毕聿】　毕(二)【卑聿】　聿(一五)【与必】

栗(一)【力必】　失(一)【诗必】　吉(六)【经栗】

日(九)【而吉】　质(五)【之】　七(九)【秋日】

匹(五)【篇七】　逸(四)【移七】　悉(一)【息逸】

疾(四)【慈悉】　一(二)【伊质】　诘(一)【轻质】

■(三)【尸质】

“必”以下十六字相系联。

黜(一)【敕密】　弼(四)【皮密】　密(一一)【美弼】

帅(四)【疏密】

“黜”以下四字相系联。

朮(一)【常出】　述(一)【常出】　出(一〇)【尺律】

橘(一)【居律】　律(四)【留笔】　笔(七)【碑乙】

乙(六)【殷笔】

"朮"以下七字相系联。

栉(一)【阻瑟】　瑟(二)【师讫】　讫(二)【几迄】
迄(三)【缺】
"栉"以下四字相系联。
案"迄"大徐本新附字,《篆韵谱》:"许讫反"。
气(一)【缺】
案"气"《说文》本作"气",此当从《广韵》"去讫切"之音。
上必类反切下字凡三十二。

勿类

勿(二二)【无弗】　弗(一一)【分勿】　拂(二)【分勿】
沸(一)【分勿】
"勿"以下四字相系联。
屈(四)【居屈】　欻(一)【诩屈】
"屈""欻"两字相系联。
沕(一)【缺】
案"沕"《说文》所无,《广韵》:"文弗切"。
上沕类反切下字凡七。

月类

月(一二)【元伐】　发(二)【方伐】　伐(八)【扶月】
"月"以下三字相系联。
越(九)【干厥】　厥(九)【俱越】　蹶(一)【俱越】
"越"以下三字相系联。
谒(二)【忧歇】　歇(八)【轩谒】
"谒""歇"两字相系联。
上月类反切下字凡八。

兀类

兀(一二)【吾忽】 忽(七)【呼兀】 突(一)【他兀】
咄(六)【都突】 勃(一)【步咄】 卒(一)【臧勃】
"兀"以下六字相系联。
骨(一〇)【古没】 没(七)【谋骨】 嗢(一)【乌骨】
讷(五)【奴嗢】 猝(一)【村讷】
"骨"以下五字相系联。
上兀类反切下字凡十一。

末类

末(二四)【门拨】 拨(七)【北末】
"末""拨"两字相系联。
捋(八)【鲁掇】 掇(一)【都撮】 撮(一)【村夺】
夺(一)【徒活】 括(四)【古活】 活(一六)【古活】
"捋"以下六字相系联。
遏(九)【厄渴】 渴(二)【刻曷】 割(四)【格曷】
葛(五)【格曷】 曷(五)【衡葛】 獭(三)【他割】
"遏"以下六字相系联。
枿(一)【缺】
案"枿"《说文》所无,《广韵》:"五割切"。
上末类反切下字凡十五。

八类

八(八)【北拔】 拔(二)【彭札】 察(三)【義札】
戛(四)【根察】 轧(一)【尼戛】 札(五)【测滑】
滑(八)【胡劼】 锴(五)【胡劼】 劼(三)【起八】

"八"以下九字相系联。

上八类反切下字凡九。

列类

列(二四)【良舌】 舌(一一)【时哲】 哲(一)【知舌】

薛(二)【私列】 屑(四)【私列】 雪(五)【相屑】

切(五)【七雪】 说(三)【失雪】 铁(一)【听切】

截(四)【情铁】 撷(一)【羊截】 颉(一)【截羊】

刮(一〇)【古撷】

"列"以下十三字相系联。

穴(一五)【乎决】 决(五)【■穴】 缺(二)【倾穴】

"穴"以下三字相系联。

劣(八)【录设】 设(七)【施孑】 孑(五)【经节】

挈(二)【轻节】 节(一四)【即血】 血(六)【■迭】

迭(五)【亭结】 噎【咽】(一〇)【伊结】

结(一〇)【缺】 惙(二)【诛劣】 别(一)【鄙■】

"劣"以下十一字相系联。

案"结"今本《系传》缺,《篆韵谱》:"古屑反"。

拙(一)【烛悦】 灭(七)【慨悦】 悦(八)【缺】

"拙"以下三字相系联。

热(五)【尒绝】 绝(四)【缺】

"热""绝"两字相系联。

案"绝"今本《系传》缺,《篆韵谱》:"情雪切"。

上列类反切下字凡三十二。

各类

各(一七)【根莫】 铎(一)【腾莫】 莫(一四)【缺】

■（一）【盆名】　　鄂（三）【五各】

“各”以下五字相系联。

案“莫”《系传》：“莫度反”，与此韵不谐；《篆韵谱》：“簒各反”，为《系传》所不载，故云缺。

落（八）【勒托】　　作（一二）【憎托】　　托（一三）【他作】

郭（七）【古落】　　霍（五）【呼郭】　　廓（一）【呼郭】

“落”以下六字相系联。

案“霍”篆作“”，“廓”篆作“”。

恶（五）【遏泊】　　博（六）【本泊】　　泊（九）【缺】

“恶”以下三字相系联。

案“泊”《说文》所无，《广韵》：“傍各切”。

略（一五）【留脚】　　脚（一）【己药】　　药（二）【胤略】

“略”以下三字相系联。

雀（六）【即约】　　谑（一）【虚约】　　若（九）【如约】

削（七）【真若】　　灼（三）【真若】　　勺（二）【真若】

却（一）【期灼】　　约（九）【缺】

“雀”以下八字相系联。

案“约”今本《系传》缺，《篆韵谱》：“于略反”。

虐（一）【■芍】　　醵（一）【其虐】　　芍（三）【缺】

“虐”以下三字相系联。

案“芍”字下《系传》：“坚乌反”；别有入声一读，《广韵》：“市若切”，系传不载此音，故亦云缺。

缚（六）【缺】

案“缚”今本《系传》缺，《篆韵谱》：“符矍反”。

戄（一）【■■】

案“戄”《说文》所无，《广韵》：“许缚切”。

络（一）【缺】

案“络”今本《系传》缺,《篆韵谱》:“卢各反”。

上各类反切下字凡三十一。

白类

白(一九)【陪陌】　百(二)【博陌】　伯(三)【不白】

追(三)【滓白】　陌(四)【缺】

“白”以下五字相系联。

案“陌”《说文》所无,《篆韵谱》:“莫白反”。

索(二)【缺】　格(一)【钩索】　戹(七)【晏索】

革(六)【讲戹】　隔(四)【沟戹】　客(六)【悭革】

责(一)【侧革】　頟(一)【颜客】

“索”以下八字相系联。

案“索”《系传》:“思落反”;《广韵》别有“山责切”一韵,为《系传》所不载,故亦云缺。

获(一二)【户麦】　册(二)【测麦】　麦(一〇)【莫获】

“获”以下三字相系联。

上白类反切下字凡十六。

的类

的(一二)【颠历】　逷(一)【他历】　激(七)【坚历】

击(一)【坚历】　历(一三)【连的】　璧(二)【并激】

锡(三)【星激】

“的”以下七字相系联。

案“逷”为“逖”之重文,音相谐。

尺(一二)【昌夕】　赤(四)【昌夕】　亦(三)【移赤】

夕(八)【辞易】　易(一一)【移尺】

“尺”以下五字相系联。

昔(五)【思益】　益(七)【伊昔】

“昔”“益”两字相系联。

狄(二〇)【田溺】　溺(一二)【泥觅】　觅(六)【缺】

摘(一)【他狄】　宅(一)【直摘】　赫(五)【歇宅】

寂(二)【才狄】

“狄”以下七字相系联。

案“觅”《说文》所无,《广韵》:“莫狄反”。

石(一〇)【神隻】　䠶(四)【神隻】　隻(六)【真石】

僻(一一)【篇石】　辟(九)【卑僻】　壁(二)【卑僻】

役(五)【与辟】

“石”以下七字相系联。

上的类反切下字凡二十八。

力类

力(一五)【留直】　职(一)【章直】　直(五)【陈力】

陟(六)【竹力】　碧(三)【彼力】　式(一〇)【申力】

息(一)【消式】　逆(七)【言碧】　戟(一)【己逆】

“力”以下九字相系联。

弋(五)【以即】　翼(一)【以即】　即(一五)【煎弋】

“弋”以下三字相系联。

测(二)【察色】　色(一五)【疏憶】　憶(七)【缺】

“测”以下三字相系联。

案“忆”《说文》所无,《广韵》:“于力切”。

抑(四)【忧仄】　或(五)【干抑】　北(六)【补或】

国(一)【古或】　仄(一)【齐食】　侧(一)【齐食】

昃(一)【斋食】　食(六)【神隻】　隻【的类】

“抑”以下九字相系联。

案此组与的类有通连之迹。

逼(一)【缺】

案“逼”大徐本新附字,《篆韵谱》:“彼即反”。

上力类反切下字凡二十五。

忒类

忒(一〇)【他得】	得(二)【多则】	德(一)【多则】
则(四)【遭德】	勒(二)【郎忒】	黑(六)【亨勒】
墨(二)【没黑】	特(二)【头黑】	

“忒”以下八字相系联。

上忒类反切下字凡八。

摄类

摄(一六)【伊入】	习(四)【似入】	十(二)【常入】
入(一二)【而集】	集(六)【墙揖】	执(二)【之习】
湿(一)【伤执】	邑(四)【应执】	戢(二)【臻邑】
泣(七)【羌邑】	汲(三)【饥泣】	急(二)【饥泣】
及(三)【其急】	立(九)【里汲】	吸(二)【希立】

“摄”以下十五字相系联。

上摄类反切下字凡十五。

合类

合(三二)【后閤】	沓(九)【道合】	锴(一)【他合】
腊(四)【卢合】	閤(四)【苟合】	杂(一)【自合】
盇(六)【候腊】	蹋(二)【徒盇】	榼(三)【枯蹋】
帀(四)【子答】	答(二)【都锴】	

“合”以下十一字相系联。

上合类反切下字凡十一。

帖类

帖(一五)【遏辄】　烨(二)【筠辄】　箑(一)【山箑】
挟(七)【羊帖】　辄(一)【元帖】　侠(四)【羊帖】
辄(一〇)【陟聂】　慑(五)【真聂】　捷(六)【疾聂】
聂(一五)【女慑】
"帖"以下十字相系联。
接(一一)【节摄】　涉(四)【常摄】　摄(二)【失涉】
拓(一)【入涉】　摄(一)【齿拓】　叶(二)【亦接】
厌(一)【伊叶】
"接"以下七字相系联。
上帖反类切字下凡十七。

甲类

甲(一〇)【讲呷】　呷(四)【呼甲】
"甲""呷"两字相系联。
业(六)【疑怯】　劫(一)【几怯】　怯(四)【羌胁】
胁(三)【虚业】
"业"以下四字相系联。
案"怯"为"狜"之重文,音相谐。
洽(五)【候夹】　夹(三)【苟掐】　掐(六)【缺】
"洽"以下三字相系联。
案"掐"大徐本新附字,《篆韵谱》:"苦夹反"以"■"等同音字推之,当作"刻洽反"。
乏(五)【符法】　法(一)【方乏】
"乏""法"两字相系联。
上甲类反切下字凡十一。

张世禄全集

第五卷

5

Lexicology, Language Teaching

词汇学·语言教学

张世禄 著　申小龙 编

中国出版集团　東方出版中心

编辑凡例

一、本书收录的著作，在语言、文字和标点符号上，尽可能保留原文的风格。

二、本书收录的著作，其内部标题序号，依照其与全书统一序号的对应，作了调整。

三、由于历史文献辑佚的困难，本书对文献中难以辨认的文字，作了打黑码处理。对已经辨认的文字中可能存在的误读，尽可能联系上下文酌定。

四、本书收录的著作，个别在章节、体例和标题内容上做了适应出版的整合工作。

五、本书收录的译文，部分在译者手稿中出现注释缺损，现据相关出版文献订补。

六、本书对旧版文字成例之取舍尊重独立的字义，并适当照顾历史习惯：

1. 不改动的词语(示例)

辨说　科白　旁驸　语意　苍颉　名辞　展转　那末　峙躇
辨论　免强　色采　贯串　透切　蕃殖　反覆　沈重　参杂
颚化　孳生　蕃衍　为着　对向　成份　太形　甚么　记念
愈益　傅会　笔划　推重　特出　邱陵　阑入　偶而　洗炼
真象　真相　纪录　掉换　引伸　借贷　从新　薰灼　弯屈
原素　原泉　澈底　没煞　厌足　便易　凭籍　纷歧　倣效
策勳　涵义　直截　抵当　工夫　惟一　慢骂　赅括　遗流
二个　致疑　发见　揉合　偏面　起原　参进　暂短　委宛
仓猝　骗诈　驾御　疏理　畺界　映象　原于　愤闷　附合
各各　各别　交插　纪载　吸受　激刺　包晕　联接　接联
表显　施予　检察　薰染　地土　已往　画象　媚妩　答理
跌交　接合　排泻　隄防　筹画　策画　谋画　藩著　连络
连系

暴发音　哗喇喇　以致于

赤首圜题　训诂之指　信而有证　莫明其妙　由博反约
穷源竟委　智识分子　混然一体

一日千里之概

斯干的纳维亚(斯堪的纳维亚)

普通(副词)　象(动词)　成功(及物动词)　的(状语、补语助词)

2. 不改动的标点(示例)

总之：　　总而论之：

3. 改动的词语(示例)

如左→如下	右设→下设	两傍→两旁
意像→意象	岐异→歧异	部份→部分
供献→贡献	了望→瞭望	蹓跶→溜达
钞成→抄成	偁→称	会总→汇总
豫告→预告	份子→分子	简炼→简练
沿习→沿袭	原流→源流	浅鲜→浅显
表章→表彰	迭韵→叠韵	纪录品→记录品
恰如其份→恰如其分		

目　　录

现代汉语·词汇章

普通话词汇

小学词汇教学基本知识讲话

汉字改革的理论和实践

小学语法修辞

现代汉语·词汇章

一、词的构造

（一）词和词素

1. 词是语言中最小的独立运用的单位

词汇是语言的建筑材料，是许多词的集合体。“词汇”这一术语，可以指一种语言或方言的整个词汇系统，也可以指一个人所掌握的或者一篇文章里所使用的词的总和。语言里个别的词，不能叫做词汇。

词是构成词汇的基本要素，它是语言中代表一定的意义、具有固定的语音形式、可以独立运用的最小的结构单位。通常说出来的一句句的话，都是运用一个个的词来构成的。因此，在掌握和运用语言的时候也都是以一个个的词来作为意义解释和语法分析的基本单位的。例如：

> 我应该感谢母亲，她教给我生产的知识和革命的意志，鼓励我以后走上革命的道路。（朱德《母亲的回忆》）

在这个句子里，“我”“应该”“感谢”“母亲”等等一系列的单位都是词；应该作为一个单位来解释意义，不能把它们所由组成的成分，象“感谢”里的“感”和“谢”，“鼓励”里的“鼓”和“励”等等拆开来

解释。同时，在对句子进行语法分析时，象“我应该感谢母亲”这个分句，也必须把它分析成“我”“应该”“感谢”“母亲”这样的四个词，再一一认定它们在句子结构上的功能，不能把它分析成“我”“应”“该”“感”“谢”“母”“亲”等七个单位，也不能只分析成“我”“应该感谢母亲”等两个单位。因为语言中的句子是运用一个个的词组织起来的，对句子进行语法分析时，也应该以一个个的词为句子分析的基本单位；不必进一步分析各个词里的成分；也不能仅仅分析到某些由词构成的更大的结构单位（词组）。前一种分析会破坏“应该”“感谢”“母亲”等各个词的意义和功能上的完整性；后一种分析，则没有找出句子真正的结构单位，也无法确定所分析出的各个成分的意义和功能。

作为语言建筑材料的一种最小的独立运用的单位，词具有一定的意义、形式和功能上的特点，以区别于其他的语言结构单位。现代汉语中词的这种特点表现在以下几个方面。

第一，在意义上，每一个词都具有确定的词汇意义，这也就是说，每一个词经常表示一个确定的、完整的、和其他词相对立的概念。例如“母亲”这个词，表示“有子女的女子”这样一个明确的概念；它不同于另外一些语言单位，如词素“母”和“亲”，或词组“感谢母亲”等。词素“母”和“亲”虽然也有一定的意义，但并不表示明确、完整的概念。“母”这个词素在“母亲”“祖母”“伯母”“母校”“母音”等词中就具有不完全相同的意义，把它单独抽出来，意义就不明确、稳定。同样，在“母亲”“亲爱”“亲切”“亲信”“亲手”“亲王”等等词中，“亲”也有一定的意义；但很难说它代表着什么明确的概念。词组“感谢母亲”虽然意义很明确，但并不是表示一个概念，而是两个概念的结合。

第二，在形式上，每个词都具有完整、固定、不因情况不同而改变的语音结构形式；同时，在这个语音结构中，一般在它的末尾（而

且仅仅是末尾)容许停顿。根据词的这些语音形式上的特点,同样可以把词同词素或词组区别开来。词素也有一定的语音形式,但并不固定;它往往随着结合条件的不同而产生变化。例如“瓜”这个词素,在“瓜子”和“西瓜”两个词中语音形式就很不相同,前者念[kua]阴平;后者念如[kuə]轻声。同时,任何词素,只有当它处在一个词的末尾时,才容许停顿,它本身是不容许停顿的。词素的这一特点,从一些合音词可以看得更清楚。例如“您”(nin)这个词中的“你”和“们”,“俩”(lia)这个词中的“两”和“个”、“仨”(sa)中的“三”和“个”,它们的语音形式都不同于作为独立的词的“你”“们”“两”“三”“个”的语音形式。这是词和词素的不同。同样,词组在语音形式上也不同于词。词组的语音形式也不是很固定的,并且它的内部也容许停顿。这一点,比较一下作为词的“东西”(意为“物件”)和作为词组的“东西”(意为“东边和西边”)就更清楚。词“东西”(dongxi)的语音结构是固定的,只有一个重音(在“东”上面),只有在末尾才允许停顿,而词组“东西”的语音结构则不甚固定(它也可以说成 dong he xi),并且有两个重音,中间也允许停顿。

词的这种语音结构形式的特点,在方块汉字中没有得到充分的反映。而在拼音文字中,则具体地表现在词的连写上面。拼音文字里,构成词的词素连写在一起,词和词之间则用空格隔离开来。

第三,在结构功能上,词可以作为句子的结构要素(实词单独充当句子成分,虚词则同实词结合在一起充当句子成分),同时每一个词都是作为最小的独立的单位充当句子的一个结构要素的。例如,在前面所举的句子里,“我”“应该”“感谢”“母亲”等等都是这样的结构要素。在这一点上,词同词素或词组也不相同。词素,如“应”“该”“感”“谢”等等都不是句子结构中可以独立的最小单位。

而词组"感谢母亲""生产的知识"等等,虽然也是句子的结构单位,但并不是最小的、单一的结构单位,分析上面句子的时候,"感谢母亲"就可以分析为谓语和宾语两个成分,"生产的知识"则分析为定语和宾语两个成分。

显然,这三方面的特点是统一的。把它们统一起来看,我们不妨说:词就是语言中代表一定意义、具有固定的语音形式,同时可以独立运用的最小的结构单位。

2. 词素是构词的成分

词是语言中代表一定意义、具有固定的语音形式,同时可以独立运用的最小的结构单位,但并不是语言的最小的具有意义的结构单位。语言中最小的具有一定意义的结构单位是词素。

词是由词素构成的。例如"应该"一词是由"应"和"该"两个词素构成的;"感谢"一词是由"感"和"谢"两个词素构成的。现代汉语中,所谓词素,一般就相当于语言结构中具有表意作用的音节,如"gan"(感)、"mu"(母)、"sheng"(生)等等。但有时也可以由一个音节来表示两个词素,如"nin"(您)这个音节所表示的是"你"和"们"两个词素,"beng"(甭)表示的是"不"和"用"两个词素,"huar"(花儿)表示"花"和"儿"等。同时,也有一个词素由两个或两个以上的音节表示的。如"bianfu"(蝙蝠)、"xishuai"(蟋蟀)、"suwei'ai"(苏维埃)、"bu'er-shiweike"(布尔什维克)等。

每一个词素都表示一定的意义。但是,在词的结构中,词素的表意作用并不完全相同。先比较下列五组词:

第一组

人民　军事　语言　动员　提高　美丽

第二组

教员　海员　学者　工作者　人民性　创造性　军事化

集体化

第三组

可怜　可笑　反科学　反革命　非法　非常　不法　不良

第四组

桌子　胖子　花儿　活儿　木头　石头　看头　想头　苦头

第五组

老师　老头　老虎　阿姨　阿哥　初一　初二　第一　第二

第一组词的每一个词素所表示的都是具体的词汇意义，而不单独表示语法意义；它们在每一个词中都是作为一个词的主要成分，由它们所构成的词的语法意义只能从整个词体现出来，而不是由某一个词素体现出来。在第二组词中，除了每一个词的前一部分词素（如“教”“海”“学”“工作”“人民”等）和第一组词的词素具有相同的性质之外，其最后的一个词素，如“员”“者”“性”“化”等，则一方面表示比较抽象概括的词汇意义，同时又表示一定的语法意义，每一个词的语法意义就直接体现在它们上面；这一类词素经常附加在前一类词素上面，在构词上是一种附加的辅助成分。第三组词中词素“可”“反”“非”“不”等等所表示的意义和构词上的作用同前一组相近，它们也表示一种比较抽象的词汇意义，但一般不表示什么语法意义，也是一种构词上的附加辅助成分；第四组词的词素“子”“儿”“头”和第五组的词素“老”“阿”“初”“第”所表示的都是特定的语法意义，没有明确的词汇意义，在构词上，也是一种附加的辅助成分。

由此，可以根据词素所表示的意义和它在构词中所起的作用，首先把词素分成主要成分和附加成分两种，主要成分是词的核心部分，也叫做词根；附加成分是词的辅助部分，也叫做词缀。同时，根据附加成分在词中所处的地位，可以把它分成前加成分（又叫前

缀）和后加成分（又叫后缀）两种；根据它们所表示的意义和在构词中所起的作用，又可以把它们分成表示词汇意义的词缀和表示语法意义的词缀两种。上面的例子中，第一组词的词素都是词根；第二组词的词素“员”“者”“性”“化”等是后缀，它们既表示词汇意义，也表示语法意义；第三组词的词素“可”“反”“非”“不”和第五组词的词素“老”“阿”“初”“第”等都是前缀，但第三组表示的是词汇意义，第五组表示的是语法意义；第四组词的词素“子”“儿”“头”则是单纯的表示语法意义的后缀。

3. 词、词素和字的关系

词和词素都是语言结构的单位，它们在口语中通过一定的语言形式表现出来，在书面语中则通过一定的书写形式表现出来。但是，由于汉语的书写形式——汉字——不是以表音为基础的，它往往不能直接从形式上表现出汉语的结构单位——词和词素来。因此，必须弄清楚词、词素和字的关系。

先看词素和字的关系。

一个汉字一般是代表一个音节的。因此，单音节的词素就用一个汉字来代表；例如上面所举的“人”“民”“军”“事”“员”“者”“性”“子”“头”等等都是。在这种情况下，词素和字是一致的。但是，如果词素是多音节的，就必须用几个汉字来表示，如“蝴蝶”“葫芦”“逻辑”“凡士林”等等。在这种情况下，词素和字是不一致的，在标记这些词素的一组字中间，每一个字都不包含任何固定的意义。因此，一个汉字，在词的结构中，有的是有意义的，有的是无意义的，应该分清不同的情况，把字和词素区别开来，以免产生望文生义的毛病。

词和字的关系从这里也可以得到清楚的说明。由一个单音节的词素所构成的词，就用一个汉字来代表，如“我”“你”“来”“去”等等；这时，词和字也是一致的，但是，由复音节的词素所构成的词，

或者由几个词素合成的词，就要用几个汉字来代表，如“逻辑”“逻辑学”“社会主义”等等；这时，字和词就不一致了，必须清楚地把它们区别开来。

（二）词 的 形 式

1. 单音词和复音词

每一个词都有固定的语音形式。根据每个词的语音形式的不同，可以把现代汉语的词分为单音词和复音词两种。单音词就是由一个音节构成的词。例如：

天　地　人　牛　马　走　吃　大　红　一　二

复音词则是指由两个或两个以上的音节构成的词。如：

艺术　讨论　问题　运动　见解　实际　出发　定义
语言学　大跃进　候选人　人民性　喷气式　生产力
共产主义　物理学家　布尔什维克　马克思列宁主义

在现代汉语的词汇中，两个音节构成的词占多数。请看下面一段文章：

但是　自由主义　取消　思想　斗争，主张　无原则　的
和平，结果　是　腐朽　庸俗　的　作风　发生，使　党
和　革命　团体　的　某　些　组织　和　某　些　个人
在　政治　上　腐化　起来。（《毛泽东选集》，第二卷 347 页）

在这段短短的由三十四个词组成的文章中，两个音节的词就有十

八个，余下的，单音节的词十四个，三个音节的词一个，四个音节的词一个。

如果从发展来看，现代汉语词汇的这一特点就更为明显。在现代汉语的发展过程中，许多单音词都逐渐变为双音词；许多三个音节以上的词或词组也紧缩为双音词。例如：

民—人民　学—学习　友—朋友　虎—老虎　虽—虽然
安石榴—石榴　苏维埃社会主义共和国联盟—苏联
土地改革—土改　作家协会—作协

所以，双音节词占优势乃是现代汉语词的语音形式上的一个重要特点。

如果进一步研究现代汉语双音词的语音形式，可以发现它们中间有几种特殊的形式，就是叠音、双声和叠韵等。

叠音词就是由两个相同的音节重叠而成的双音词。例如：

猩猩　馍馍　往往　纷纷　惶惶　隆隆　潺潺　孜孜

双声词是由两个声母相同的音节构成的双音词。例如：

仿佛　忐忑　蒙昧　参差　澎湃　伶俐　恍惚　玲珑

叠韵词是由两个韵母相同的音节构成的双音词。例如：

叮咛　徜徉　汹涌　浪荡　堂皇　模糊　窈窕　从容

这些具有特殊形式的双音词，在语音表达上，往往能够使作品

具有音乐美，从而达到更加良好的效果。例如，毛主席在“问苍茫大地，谁主沉浮”（《沁园春·长沙》）一句中，就连续用了一个叠韵词“苍茫”和一个双声词“大地”，使诗句的节奏更加鲜明，也使全诗更富有感人的力量。这种表现手法，在民歌和其他格律诗中也是很常见的。

2. 单纯词和合成词

根据每个词的内部结构形式的不同，还可以把现代汉语的词分成单纯词和合成词两类。由一个词素单独构成的词叫做单纯词。例如：

人　少　向　芙蓉　疙瘩　马达　白脱　托拉斯　法西斯　潘查希拉　普罗列塔利亚

由几个词素组合构成的词叫做合成词。例如：

意义　胖子　拖拉机　脚踏车　反革命分子

汉语里的合成词，多数是由两个词素构成的，也有是由两个以上的词素构成的。在由两个以上的词素构成的合成词中，各个词素之间的关系往往不同。它们是由不同的词根和词缀按不同的组合关系逐层构成的。例如“群众性”一词，是由一个并列结构的词根“群众”加上词缀“性”构成的；“说明书”一词是由一个偏正结构的词根“说明”加上另一词根“书”构成的；“缝纫机”一词则是先由“缝”和“纫”构成一并列结构的词根，然后加上另一词根“机”构成的。弄清楚合成词中各个词素之间的关系，有助于正确地理解词义，例如“老人家”不等于“老的人家”，“反现实主义”不等于“反对现实的主义”，“外科学”不等于“外的科学”，等等。

单纯词和单音词、合成词和复音词是根据不同标准划分出来的；它们的关系可以用下表来表示：

单纯词	天、地、人、走	单音词
	芙蓉、葡萄、托拉斯、布尔什维克	复音词
合成词	意义、语言、胖子、桌子、拖拉机	
	逻辑学、法西斯主义	

（三）合成词的构成方式

现代汉语词汇中，合成词不仅在数量上占绝大多数，而且有多种多样的构成方式。其中最重要的有下列几种。

1. 词根连接词缀构成的合成词

由词根连接词缀构成的合成词，其中心部分是词根，词缀是附加部分，只表示某种附加意义。它可分为两类：

（1）词根加前缀构成的

现代汉语的前缀，有“老”“阿”“初”“第”“可”“反”“非”“泛”“超”“无”“打”等等。其中大部分是表示词汇意义的，有些同时也表示语法意义。例如：

老鹰　老粗　老乡　阿姨　阿爷　阿哥　初一　初二
第一　第二　可变　可靠　反帝　反迷信　反法西斯
非党　非正式　非重点　泛神　泛灵论　泛美主义
超时代　超声波　超音速　无常　无穷　无条件　打算
打扮　打交道

（2）词根加后缀构成的

现代汉语的后缀比较丰富。主要的有“子”“儿”“头”“性”“者”

“员”“家”“手”“师”“士”“巴”“化”等等。它们既表示一定的词汇意义，又表示一定的语法意义。例如：

桌子　胖子　兔子　活儿　鸟儿　错儿　斧头　听头　苦头
独立性　阶级性　创造性
学者　作者　劳动者　学员　职员　情报员
作家　画家　思想家　旗手　歌手　坦克手
医师　教师　工程师　护士　博士　辩护士
尾巴　嘴巴　同化　异化　人格化　军事化

除了前缀和后缀之外，汉语中还有一些类似中缀的成分，即“里”“得”“不”等。用“里”构成的词如：

傻里傻气　土里土气　糊里糊涂　古里古怪

用“得”“不”构成的词如：

吃不消　来不及　对不起
吃得消　来得及　对得起

这里，应该把这类词中的“得”和“不”同偏正词组中的“得”和“不”区别开来。在偏正词组中，“得”和“不”是个独立的词。例如“搞得好”“看得懂”“打不破”“弄不坏”等词组，当中的“得”“不”可以拿掉。上面的各个词中，“得”和“不”则成了整个词的组成部分，把它们拿掉，就不成词。

(3) 词根加前缀和后缀构成的

这类合成词现代汉语中也不多。如：“反法西斯主义者”“可靠

性”等等。

由词根加词缀构成合成词，是现代汉语中一种出现较多的现象。正确地理解这类词对掌握现代汉语是有帮助的。以下几点很值得注意：

第一，现代汉语的词缀大都是由过去独立的词或词根变化而成的，是具有实在意义的词或词根虚化的结果。它和原来具有实在意义的词或词根有密切的联系，同时也有根本的区别。由于它是一种处在发展中的现象，有的还在形成过程中，虚化程度各有不同，因此必须注意把它同一些并未虚化，而形式上同某些词缀相同的词根区别开来。例如：

“老鹰”的“老”不等于“老调”的“老”
“打算”的“打”不等于“打倒”的“打”
“绿化”的“化”不等于“变化”的“化”
“桌子”的“子”不等于“棋子”的“子”
“初一”的“初”不等于“初级”的“初”
“创造性”的“性”不等于“男性”的“性”
“木头”的“头”不等于“香烟头”的“头”

词根同词缀的区别就在于：作为词缀的成分，其意义是比较抽象、概括的，有时仅仅表示语法意义，而作为词根的成分，意义则比较具体，都表示一定的词汇意义。

第二，尽管词缀所表示的意义比较抽象、概括，有些词缀仍然带有一些词汇意义。例如，前缀“阿”经常带有亲热的感情色彩（试比较“姨妈”“姨姨”和“阿姨”，“哥哥”和“阿哥”，“老大”和“阿大”）。

第三，由于词缀所表示的意义经常是比较抽象、概括的词汇意义，或只表示语法意义，它们在构词中经常具有类化的作用。例如

凡是带有后缀"头""子"的词都是名词,凡是带有后缀"化"的词,一般都是动词,凡是带有后缀"性"的词,都是表示抽象意义的名词,以及其他等等。认识了这一点,对于确定现代汉语各个词的词性有重要的意义。

2. 词根相互融合构成的合成词

由不同的词根相互融合起来构成的合成词,就是一般所谓的复合词。这类合成词是现代汉语中最主要、最能产的构词格式;汉语的合成词绝大部分是由这一形式构成的。

按照这类合成词中词根结合方式的不同,可以把它分为如下的几个类型。

(1) 联合式

由两个词根并列融合而成。根据两个词根的意义关系的不同,它还可以分为两类,一类是同义词根的联合,一类是反义词根的联合。前者例如:

第一组

语言　智慧　思想　群众　图画　源泉　形态　真实

学习　生产　斗争　迷惑　舍弃　脱离　阅读　掩饰

第二组

江湖　手足　领袖　线索　山水　笔墨　眉目　皮毛

第三组

国家　妻子　质量　人物　窗户　树木　岁月

从意义上说,这一类词的两个词根的意义经常是并列的、平等的。但也有不同的情况,象第一组词的两个词根在意义上完全并列,可以互相说明、注释;第二组词则是由两个词根结合起来表示一种同它们的原义有关,但更抽象、概括的意义。这类词不能从词根的字

面意义来解释；第三组词的意义则经常以其中的一个词根为基础，另一词根的意义或者完全消失，或者只起附加、衬托作用。

反义词根联合构成的词。例如：

矛盾　早晚　始终　东西　利害　往来　伸缩　教学
长短　是非　反正　横竖　好歹　收发　动静　褒贬

这类词的意义一般都比较抽象，不能直接从词根上看出来。应用和理解上要注意避免望文生义。

(2) 附加式

词根之间有附加修饰的关系。这一类词经常是用前一个词根来修饰、限制后一个词根，而在整个词义的构成上，则以后一个词根为主。例如：

红旗　草图　壁画　内部　罪行　火车　单干　狂欢
粗心　热爱　笔谈　晚会　深入　春耕　秋收　四季

从意义上说，这类词的第一个词根可以从不同的角度来修饰、限制第二个词根。例如可以表示性质（“红旗”）、领属（“牛角”）、状态（“狂欢”）、方式（“单干”）、数量（“四季”）、程度（“深入”）、时间（“春耕”）以及其他等等。

(3) 补充式

词根之间有补充说明的关系。这一类词经常是用后面的词根来补充说明前一词根，在整个词义的构成上，以第一个成分为主。例如：

第一组

认清　说明　改正　打倒　提高　抓紧　看透　变成

降低 推翻 煽动 缩小 放大 打动 走进 跑出

第二组

船只 枪支 房间 书本 物件 人口 花朵 马匹

第一组词都是动词，前一成分表示动作，后一成分表示动作的结果或趋向。它们中间的一些词在应用上往往可以插进“得”以表示可能，插进“不”以表示不可能。第二组词都是表示不定量的名词，前一词根表示物件，后一词根原是物件的计量单位。

(4) 陈述式

词根之间有陈述和被陈述的关系。这类词的前一词根是被陈述的对象，后一词根则是陈述部分。例如：

头痛 眼花 心虚 胆怯 心细 性急 年轻 地震

(5) 支配式

词根之间有支配和被支配的关系。这类词的前一词根表示动作或行为，后一词根表示动作或行为所支配的对象。例如：

带头 示威 签名 耐劳 动员 举重 伤心

吹牛 知己 监工 司令

以上五种类型，是从最简单的、双音节的合成词进行分析所得的结果。由于现代汉语的双音节合成词占绝大部分，因此这五种形式的合成词也有其典型的意义。但是，在两个词素以上的复音节合成词中，词内部的各个成分之间的关系要复杂得多，它们往往是按多种方式逐层逐层地构造起来的，可以说是一种“综合式”的合成词。对于这一类词，就必须逐步按不同的结构关系来进行分

析。例如："试验田"一词，首先是由"试"和"验"两个词根结合构成联合式的复合词根，再同"田"结合构成附加式的合成词。"上层建筑"一词，则是由"上"和"层"两个词根结合构成附加式的复合词根，由"建"和"筑"结合成联合式的复合词根，再由这两个复合词根组合成附加式的合成词。我们必须按不同的构词格式逐步分析，才能弄清楚它们的结构层次关系。

（四）词和词组的区别及关系

1. 词和词组的区别

词是语言中最小的独立运用的单位；词组则是由两个以上的实词构成的不成为完整句子的语言单位。把这两者区别开来，对于语言的分析和运用都有重大的意义。但是，由于现代汉语的词汇中由两个以上的词根融合构成的合成词占绝大多数，它们的词根又都有比较明确的实质意义，这些词根有时候独立起来也就是词；同时它们的构成方式又同词组的构成方式很相近，这就使有些词和词组不易区别开来。例如："黑板"和"白花"都是附加式的复合结构；"骨肉"和"血肉"、"心肠"和"肠胃"都是联合式的复合结构；"打场"和"打虎"都是支配式的复合结构；"头痛"（伤脑筋）和"手痛"都是陈述式的复合结构，如何确定哪些是词，哪些是词组呢？

词和词组的区别，最重要的就在于它们内部各构成成分之间的结合关系是不同的。

从结合关系上来看，合成词的各个成分之间的结合是紧密的，它不容许随便拆开来，或随意加进什么成分，例如"长短"（"长度""意外的变故"或"是非"之意）不能拆开，也不能说成"长和短"；而词组的情况则不同，作为词组的"长短"则可以拆开，也可以加进另

一些词。同样作为词的“东西”不能拆开变成“东和西”,“语言”不能说成“语和言”,“山水”不能说成“山和水”等等。这跟有同样结构格式的词组是不同的。

除了结合关系之外,词和词组在概念的表达上也有一定的差别。一般说来,词所表达的概念是比较单纯、固定的,因此合成词的词素所表示的意义在它里面是融合在一起的,而不是简单地相加的;词组则不同。举例来说:“黑板”不等于“黑的板”,是词;“白花”却等于“白的花”,是词组;“骨肉”不等于“骨和肉”,是词,“血肉”却等于“血和肉”,是词组;同样地,“打场”不等于“打场地”,“打虎”却等于“打老虎”;作“伤脑筋”解的“头痛”不等于“头部疼痛”,“手痛”却等于“手部疼痛”。这些都可以从意义上区别开来。

此外,词的音节特点也可以作为区别词和词组的参考条件。从音节的多少来看,汉语的词多数是双音节的。因此,在一定条件下,可以把双音节的结构看做是词。但是,不能把这一特点看成是绝对的,因为并不是一切双音节结构都是词。应用的时候,应该把它和其他方面的特点结合起来看。

2. 词和词组的关系

词和词组有本质的差别,也有密切的联系。词和词组的联系表现在它们之间经常可以互相转化上。这可以从以下两个方面来考察。

(1) 词组的缩减和凝结

现代汉语中作为事物名称的词组,往往可以抽出其中的几个成分构成简称;这是由词组变成词的过程。例如:

整顿作风→整风　扫除文盲→扫盲

安全理事会→安理会　少年先锋队→少先队

简称的形式,常见的有以下几种。

a. 从全称中取专名，如：

中国人民解放军→解放军　人民公社→公社
中国共产党→党

b. 两个并列的附加成分共用一个中心词。如：

贫农雇农→贫雇农　工业农业→工农业　理科工科→理工科

c. 抽取词组中某些词的成分。如：

全国总工会→全总　镇压反革命→镇反　文化教育→文教
归国华侨→归侨　人民代表大会→人代会　经济委员会→经委会　五月四日→五四

d. 标数概括。如：

反贪污、反浪费、反官僚主义→三反
身体好、学习好、工作好→三好
包工、包产、包成本→三包
官气、暮气、阔气、骄气、娇气→五气

词组的缩减和简称的构成，对于语言的表达有一定的方便。但是，必须按照需要和明确、约定俗成的原则来进行。不能只图个人方便而任意生造。例如把“马列主义基础”缩减成“马基”、把“文化程度”缩成“文程”、“战斗英雄”缩成“战英”、“社会科学”缩成“社科”等等，都会增加表达和理解的困难，造成交际的麻烦和语言的

混乱。这是应该坚决反对的。

(2) 词的拆散或分裂

在具体运用中,某些合成词往往也可以拆开,在中间插进别的词构成词组。例如:

理发→理一次发　革命→革反动派的命　鞠躬→鞠个躬

看见→看得见、看不见　打倒→打得倒、打不倒

把词拆散开来,插进别的词构成词组,并不是词的本质特点。因此不是每一个词都可以这样拆散的,它的范围极其有限,只是少数的支配式和补充式的合成词才容许这样,而且插进去的词也有限制。正因为如此,必须坚决反对任意把词割裂开来,例如不能把"决议"说成"决个议"、"动员"说成"动一次员"、"立正"说成"立一下正"、"驾驶"说成"驾一次驶"等等。

思考与练习

1. 什么叫做词、词素和词组?这三者各有什么特点?

2. 下文中哪些结构单位是词组,哪些是词?

自由主义者以抽象的教条看待马克思主义的原则。他们赞成马克思主义,但是不准备实行之,或不准备完全实行之,不准备拿马克思主义代替自己的自由主义。这些人,马克思主义是有的,自由主义也是有的:说的是马克思主义,行的是自由主义;对人是马克思主义,对己是自由主义。两样货色齐备,各有各的用处。这是一部分人的思想方法。(《毛泽东选集》,第二卷 349 页)

3. 什么叫做词根和词缀?在上题所引的一段文章中,哪些词是由词根和词缀构成的?

4. 现代汉语中,词、词素同字的关系怎样?

5. 什么叫做单音词和复音词？现代汉语的词在音节结构上有什么特点？

6. 什么叫做叠音词、双声词和叠韵词？试各举出五个例子加以说明。

7. 什么叫做单纯词和合成词？单纯词、合成词同单音词、复音词的关系怎样？

8. 现代汉语合成词的构成方式有哪几种？

9. 上面所引的一段文章中，哪些词是合成词？它们在构词上属于哪一类型？

二、多义词和同音词

（一）词的音义关系的矛盾性

词是由一定的语音形式和意义内容构成的一种语言单位，它的声音和意义是相互联系的、统一的。但是，就语言的本质来说，某一特定的语音形式同特定的意义内容之间并没有必然的联系，同一语音形式可以用来表示不同的意义内容，不同的语音形式也可以用来表示相同的意义内容，这种情况是由社会的习惯来决定的。因此，词的声音和意义是词的两个方面，它们是统一的，又是矛盾的。

词的语音形式和意义内容的这种矛盾性，就使它们相互之间构成了各种复杂的关系；同时在语言中造成了各种复杂的现象。用相同的语音形式表示不同的意义内容，就造成了词的多义现象和同音现象，即造成了多义词和同音词；用不同的语音形式表示相同的意义内容，则造成词的同义现象，产生了同义词。

多义词、同音词和同义词的存在，是一般语言的现象，在语言的历史发展过程中，它们往往会不断地发展、变化。分析和研究多义词、同音词和同义词，对于了解词的意义、掌握各种词的特点，具有重大的意义。

(二) 词的多义性

1. 单义词、多义词和多义词产生的原因

每一个词都具有一定的意义，一个词的意义可以是单一的，也可以是多种的。根据词所包含的意义多寡的不同，可以把词分为单义词和多义词两种。单义词如：

元音　电子　元素　函数　血压　针灸　黄河

实际上，语言中象这样的单义词是不多的，其中绝大部分都属于科学术语、专有名称、新产生的词和外来词，不是词汇的主要部分。词汇中更多的则是多义词。例如“头”这个词，主要有以下几种意义：

(1) 人体最上部或动物最前部长着口、鼻、眼等器官的部分；如“人头”“牛头”；

(2) 物体的顶端或末端；如“笔头”“墙头”；

(3) 事情的起点或终点；如“这事情没个头儿”；

(4) 物品的残余部分；如“铅笔头”“布头”“香烟头”；

(5) 头目；如“土匪头”“他是这一帮人的头儿”；

(6) 方面；如“两头都不讨好”；

(7) 第一；如“头等”“头号”；

(8) 用在量词结构前面，表示次序在前的；如“头半本”“头几个”；

(9) 用在“年”或“天”前面，表示在某个时间以前的；例如“头天”(上一天)、“头年”(上一年或去年)；

(10) 量词；如“一头牛”“两头羊”；

又如“打”“班”“板”“代”“冲”“白”“抄”“场面”“操纵”“问题”

“手法”“特写”“同胞”“推进”等等，也都有两种以上的意义。所以说，多义性是词义的特点之一。

词的多义性是语言历史发展的必然结果。一个词在新出现时总是单义的。但是，由于语言中的词同客观事物比较起来，数量总是有限的；随着客观事物的发展和人们对客观事物认识的深化，不可避免地要用原有的一些词来表示有关的其他一些事物，这就造成了词的多义现象。也正因为如此，语言词汇中一些越是古老的基本词，其意义往往也就越多；而一些新造的词，其意义则常常是单一的。

2. 基本意义和引申意义

从应用上来看，多义词的几个意义并不是完全相等的。其中总有一个意义是最常用的，基本的；其他意义则是由这个意义转化、发展出来的。前一种意义叫做基本意义，后一种意义叫做引申意义。前面所举的例子中，表示动物躯体的头部这一意义是“头”这个词的基本意义，其他意义是它的引申意义。

词的基本意义往往就是它的最初的意义（本义）。但这两者也有不一致的情况。例如，“兵”这个词最初的意义是“兵器”，而其基本意义则是“兵士”；“走”最初的意义是“跑”，而其基本意义则是“步行”；因此，所谓基本意义，是就词的应用来说的，而不是就它的来源说的，这两者有联系，但不能混淆起来。

引申意义就是由基本意义直接发展引申出来的派生意义。例如“先生”这个词的引申意义有“老师”“丈夫”“医生”及对一般知识分子的称呼等等，这些引申义，都是由这个词的基本意义“尊称”通过词义缩小的途径，直接引申出来的。“老”这个词的引申义有“陈旧”“经常”“长久”“原来的”“历时久”“死亡”等等，也是从它的基本意义“年岁大”直接滋生转移引申出来的。其他如“告”的引申意义有“控诉”“检举”“请求”“声明”“宣布”等等；“化”的引申意义有“融化”“消除”“烧化”“死亡”等等，也是由它们的基本意义“诉说”和

“变化”直接引申出来的。

有些词的引申意义，是通过词的比喻用法产生出来的，这种引申意义，也叫做“比喻意义”。比喻意义和一般的引申意义不同，它不是直接从基本意义转化而来的，而是通过基本意义的借喻而形成的。例如“铁”的比喻义“坚硬”（如“铁拳”）、“确定不移”（如“铁的意志”）是由其基本意义“一种坚硬的金属”借喻转化而成的，“香”的比喻义“舒服”“受欢迎”，“鬼”的转义“不光明”“不可告人的勾当”“恶劣”“机灵”，“花”的比喻义“种类错杂”“模糊迷乱”“不真实”“精华”“受的伤”，“包袱”的比喻义“负担”“思想负担”，“搁浅”的比喻义“停顿”，“酝酿”的比喻义“商量准备”，“复没”的比喻义“溃败”等等，也都是由借喻用法发展而成的。

这里，应该把词的比喻义和词在修辞上的比喻用法区别开来。比喻义是词的一种已经固定下来的意义，修辞上的比喻用法则是不确定的，在特定的上下文中间才应用的，例如“北京是中国的心脏”里的“心脏”，就是修辞上的比喻，“心脏”并没有转化出固定的“首都”的新义。自然，这两者也有联系，比喻义在历史上是由比喻用法发展而来的，但也有区别，不能混淆。

一个词可以有多种的引申意义，包括比喻意义。同时一个引申意义，也可以再通过引申和借喻再派生出其他的引申意义。因此在语言的发展过程中，词的转义往往会越来越多。

3. 词的单义性和多义性的关系

单独地看，一个词经常是多义的。但是在具体的运用中，一次却只能采用词的一种意义。因此，在具体的上下文中，每一个词则经常是单义的；只有在不同的场合，词才容许有多义性。

词在具体运用中的意义，可以靠具体的语言环境——上下文来确定。因此，多义词的存在一般并不影响对意思的准确表达和理解。例如“问题”这个多义词，在“我有两个问题要问你”“你学习

俄文有没有问题”“工作中存在许多问题”以及“时间有问题”等等具体的句子中，意义就很明确，并不会产生误解。

在某些情况下，也可以在同一个地方应用一个词的数种意义，以达到一定的表达效果。这就是修辞上的多义双关。

（三）词的同音现象

1. 同音词和同音词产生的原因

从词的语音形式上看，现代汉语中有许多词意义完全不同，而其语音形式（包括声、韵、调等各个方面）却完全相同。这样的词就叫做同音词。例如：

第一组

“别”bié（分别）——“别”bié（插挂）——“别”bié（不要）；

“搪”táng（抵挡）——“搪”táng（涂抹）——“搪”táng（用搪床对机器零件的钻孔进行加工切削）；

“管”guǎn（中空的圆柱体）——“管”guǎn（管理）——“管”guǎn（介词，把）；

第二组

“班”bān——“斑”bān；

“娇气”jiāo qì——“骄气”jiāo qì；

“仙人”xiān rén——“先人”xiān rén；

“公式”gōng shì——“公事”gōng shì——“攻势”gōng shì——“工事”gōng shì；

第一组词语音相同，书写形式也相同，是一种“同音同形词”；第二组词语音相同，书写形式不同，可称为“同音异形词”。另外有

些词虽然书写形式相同，而语音却不相同，如“中”zhōng 和“中”zhòng，“好”hǎo 和“好”hào，“重”zhòng 和“重”chóng，“长”cháng 和“长”zhǎng，不能算做同音词。

同音词在语言中，也是一般的现象。造成同音词的直接原因，有以下几点：

(1) 造词时语音形式偶合

语言词汇是由不同时代、不同地区、不同的人们在原有的语言基础上共同创造的。这就很难避免所创造的词在语音形式上出现偶合现象。语言中绝大部分的同音词，都是这样造成的。如“骄气”和“娇气”、“油船”和“邮船”等等，都是如此。

(2) 语音演变的结果

语音的演变和意义的变化是不平衡的。因此，有些古代不是同音的词，由于语音的发展变化，到现代也变成了同音词。这类同音词在现代汉语中也占很大的一部分，如“后”和“厚”、“青”和“清”在以前都并不是同音词(“后”和“厚”，古代声调不同，“青”和“清”，古代韵部不同，等等)，而现在却变成同音词了。

(3) 意义演变的结果

有些同音词是由意义演变的结果造成的。这些同音词在古代还是一个词，只不过是一个多义词而已。后来，随着历史的发展，这个词的原来几个意义逐渐分化解体，失去了原有的联系，但它的语音形式却没有产生相应的变化，就造成了同音词。例如现代汉语的同音词“刻”(计时的单位)和“刻”(刻字的刻)，在过去是一个词，现在却变成为没有意义联系的同音词了。“副”(正副的副)和“副”(量词)，“管”(中空的圆柱体)和“管”(管理的管)等等，也都是由同样原因造成的。

(4) 借用外来词的结果

汉语借用外来词，经常把外来词的语音形式汉化，这就使借词

的语音形式和某些原有的汉语词的语音形式相同，造成了同音词。例如借蒙古语的“jam”这个词汉化成“站”（车站的站），就同原来的词“站”（站立的站）同音；借用英语的词“metre”汉化成“米”，就同“大米”的“米”同音；其他如“瓦”（电的功率单位）和“瓦”（砖瓦的瓦），“听”（计量单位）和“听”（动词）等等，也都是由同样原因造成的同音词。

2. 同音词在语言中的作用

同音词在语言中可以用来构成同音双关的修辞手法，增强语言的生动形象的表达能力。例如毛主席的《蝶恋花》一词中：

> 我失骄杨君失柳，
> 杨柳轻扬，
> 直上重霄九。
> ……

第二句的“杨柳”，表面上写的是杨花柳絮轻轻飘扬，直上到九重云霄之外，实际上则是指杨开慧烈士和柳直荀烈士，说他们的忠魂升天，永垂不朽。这里就是运用同音双关的修辞手法，思想感情表达得非常含蓄，寓意深长。

再如韬奋在杂文《惩汤呼声中的推究》中，愤怒地叙述了军阀汤玉麟在日寇进攻的面前拔腿逃跑，国民党反动政府迫于民愤、不得不下令逮捕惩办一事后，写道：

> 惩汤似乎是一件不成问题的事情，不过我们不要弄错了，以为这仅是汤个人的罪孽，其实他不过是一般军阀们的“代表”，他所演的各幕活剧，都是一般军阀们的“代表作”，而且谁做了他的模范，谁容许他放手干去，这都成了问题。倘若“换

汤不换药”，这一碗奇臭不可向迩的“汤”就算去了，只要仍是军阀们做政治的中心，这种奇臭不可向迩的“汤”，仍要东一碗西一碗请中国的大国民尝个痛快！

这里，作者巧妙地运用了军阀汤玉麟的姓“汤”和成语“换汤不换药”的“汤”两个词的同音，痛快淋漓地揭露了国民党反动统治的卖国事实和“换汤不换药”的虚伪面目，收到了很好的修辞效果。

但是，过多的同音词存在，有时会引起意义上的混淆，影响思想表达，甚至造成误解。例如，在谈到“三风五气”时，“娇气”和“骄气”这两个同音词的存在就使人感到为难；教学上谈到“期中考试”和“期终考试”时，往往也不免要费唇舌来加以说明。象这一些，显然都不能满足表达的明确、简练和流畅的要求，是一种消极现象。

一般说来，这种情况终究还是个别的，并不是现代汉语中的普遍现象。因为绝大部分的同音词，在具体的言语中，其意义都可以靠上下文确定下来。例如，在“这地方 shùmu 很多”这个句子中，“shùmu”指的必然是“树木”，而不会是“数目”；“yùjiàn 了一位朋友”的“yùjiàn”，也必然是“遇见”，不会是“预见”，象这些都不会造成表达的困难。

同时，从另外一方面说，如果遇到消极的同音现象，现代汉语中也有许多方法可以补救：

第一，在现代汉语的发展过程中，许多单音节词都向双音节制发展，因此，有些单音节的同音词，变成双音节时，就不是同音的了。比如，单音节的“优”“忧”是同音词，它们的双音节形式“优良”“忧愁”就不是同音词了。

第二，汉语有丰富的意义相同的词根可以在适当的情况下相互替代，这也可以帮助避开消极的同音现象。例如可以把“骄气”改成“傲气”以区别于“娇气”，把“期终”改成“期末”以区别于“期

中”，把“遇见”改成“遇到”或“碰见”以区别于“预见”，等等。

第三，汉语有丰富的同义词可以互相替代，以避免同音混淆。例如可以用“食用油”代替“食油”以区别于“石油”，用“海里”代替“浬”以区别于“里”，用“出口处”代替“出口”以区别于“（对外）出口”，等等。

由此可见，尽管就一个个的字的读音看来，汉语的同音现象似乎很多，实际上，现代汉语中真正的同音词并不多。在《汉语拼音词汇》（初稿）所收的二万零一百三十三个词中，同音词只有二千一百多个，占总数的10%；再加上绝大部分的同音词的意义可以从上下文确定下来，造成意义混淆的同音现象就很少了。

（四）同音词和多义词的界限

多义词和同音词都是一种用同一语音形式来表示不同意义内容的语言现象。它们在性质上有一定的共同点，但相互之间也有很大的区别。这就是：多义词指的是一个词具有不同的意义，而同音词则是几个词具有相同的语音形式。因此，多义词的几个意义之间是有明显的、必然的联系的，它们都是从一个基本意义派生出来的，有共同的基础。而同音词则不同，它们相互之间虽然语音形式相同，但意义上缺乏联系，缺乏共同的基础。例如，在“打人”“打水”“打井”“打草鞋”这些语言结构中，“打”虽然具有各种不同的意义，但这些意义之间有联系，它们都是从“打击”这一基本意义派生出来的，因此是一个多义词。而在“打今儿起”这个结构中，“打”这个词和上面的“打”虽然形式上完全相同，意义上却完全没有联系；它们就不是一个词，而是两个同音词了。

自然，这两种语言现象也不是完全没有联系的。由于它们都是以同样的音来表示不同的意义的，在语言的历史发展过程中，它

们相互之间有时可以转化。如前面所述,有些同音词就是多义词解体的结果。多义词的进一步发展,往往就构成同音词。因此,看待这两种现象,也必须用历史的观点。

思考与练习

1. 什么叫做多义词？为什么现代汉语的词许多都是多义的？

2. 什么叫做词的基本意义、引申意义和比喻意义？

3. 分析下列各词所包含的不同意义,并指出这些不同意义之间的相互关系。

强　上　浓　长短　材料　气象

4. 什么叫做同音词？以下各组词是不是同音词？为什么？

班——板　(部)长——(不)长　好(人)——好(学)

中(间)——(打)中　重(量)——重(复)

打(人)——(一)打。

5. 举例说明同音词产生的原因。

6. 同音词在语言中有什么作用,跟多义词有什么不同？试举例说明。

7. 现代汉语中同音词是不是特别多？它们的存在对文字改革有没有重大影响？

三、同义词和反义词

（一）什么是同义词

1. 同义词的性质和范围

语言中用不同的语音形式来表示相同或相近的意义，就产生了词的同义现象。凡是意义相同或相近的词，就叫做同义词。例如：

第一组

演讲——讲演　衣服——衣裳　肥皂——胰子

自行车——脚踏车　维他命——维生素

玉米——包米——包谷——棒子

第二组

拿——取　赠——送　叫——喊　吃——食

企图——打算　繁华——繁荣　优良——优秀

骄傲——自豪——自满　医生——大夫——郎中

迎合——逢迎——阿谀——奉承——谄媚——阿附

以上第一组同义词，意义几乎完全相同，在一般情况下可以任意互相替代，是一种完全的同义词（或称“等义词”）；第二组同义词同第

一组不同，它们虽然意义相同，但并不完全相等，有种种细微的差别，应用上也不能任意替换，是一种不完全的同义词（或称“近义词”“条件同义词”）；一般所说的同义词，包括上面这两种。

有一些词，它们在意义上虽然也有某种联系，应用时在某些条件下也可以互相替代，但所表示的概念并不相同，不能看做是同义词。例如：

牲口——马　作家——诗人　警卫员——保镖
劳动——苦干　制服——学生服　文人——文豪

这些词，有的是分别代表相互联系的“种”概念和“类”概念，有的分别代表两个有联系的简单的概念和复杂的概念，有的则分别代表着属于不同的社会制度的事物，都不是同义词。

在上述的两种同义词中，第一种同义词，即意义完全相同，应用上可以任意互相替换的等义词，为数是很少的。这种同义词不能区别不同的意义，也没有特殊的表达功能。它们的存在，除了徒然造成累赘，增加使用者的负担之外，并没有什么积极的意义；因此是语言规范化工作的对象，应该限制它们的存在和发展。语言中更多的是第二种同义词。这种同义词的存在有其积极的意义和作用，是词汇学研究的重要对象。

2. 同义词在语言中的作用

上述的第二种同义词，即意义相同或相近而有细微差别的同义词，可以帮助人们细致地区别客观事物或思想感情的细微差别，从而使思想表达更加精确、严密，使语言更加明朗、显豁，它是人们思维长期发展的成果，也是语言发达、词汇丰富的重要标志。

汉语是世界上最发达的语言之一。它的无比的丰富和高度的发展，也具体地体现在它的数量极为众多的同义词上面。现代汉

语中,同一个事物,同一个概念,往往可以用几个、十几个、以至于几十个同义词表现出来。例如表示“看”这一动作的,就有六十多个同义词。其中有表示一般的看的,如“看”“瞧”“瞅”;表示已经看到的,如“见”“看到”“看见”“见到”“睹”;表示向远处看的,如“望”“眺”“眺望”“瞭望”“瞩”;表示向上看的,如“瞻仰”“仰视”“仰望”;表示向下看的,如“鸟瞰”“俯视”;表示回头看和向四方看的,如“顾”“张”“张望”;表示偷偷地看的,如“窥”;表示集中注意地看的,如“盯”“瞄”“注视”;表示张大眼睛、愤怒地看的,如“瞪”“瞠”;表示略略一看的,如“瞟”“瞥”“望”“浏览”;表示仔细地看的,如“察”“观察”“相”“察看”;表示下级看上级的,如“觐”“省”;表示上级对下级看的,如“鉴”“视察”“检阅”;表示所看的对象场面大的,如“观”“观看”“阅”;表示看的对象是文字的,如“览”“阅”“阅览”“阅读”;表示亲自看到的,如“目击”等等。再如,表示“拉”这一动作的,也有“拉”“牵”“拖”“拽”“抽”“扯”“揪”“拉扯”“牵引”“拖拉”“曳”“拔”等十几个不同的词。

丰富的同义词存在,对于交流思想、增强语言的表达能力,有相当大的积极作用。

第一,同义词能精细地反映出事物之间的细微差别,表达人们对客观事物的各种不同的感情态度。因此大量的同义词存在,就有助于选择最恰当的语词来表达思想感情。例如,作家老舍就曾谈到:

> 比方写一个长辈看到自己的一个晚辈有出息,当了干部回家来了,他拍着晚辈的肩说:“小伙子,‘搞’的不错呀!”这地方我就用“搞”,若不相信,你试用“做”,用“干”,保准没有用“搞”字恰当、亲切。假如是一个长辈夸奖他的子侄说:“这小伙子,做事认真。”在这里我就用“做”字,你总不能说“这小伙子,‘搞’事认真”。要是看见一个小伙子在那里劳动的非常卖

力气，我就写："这小伙子，真认真干。"象这三个字："搞""做""干"都是现成的，并不谁比谁更通俗，只看你把它搁在哪里最恰当，最合适就是了。[1]

与此相反，如果同义词掌握得少了，就无法准确地表达思想，就会"语言无味，象个瘪三"。例如有的人说话，满口离不了个"搞"，"搞工作""搞翻译""搞数学""搞语言""搞文学""搞尖端""搞劳动""搞食堂""搞副食品""搞恋爱""搞小家庭"……，似乎在全部现代汉语词汇中，只有一个动词"搞"，这就无法区别各种"搞"法的不同了。舍弃丰富的词汇不用，只会使自己的词汇枯竭，干瘪无味。

第二，同义词可以帮助避免用词重复，从而使一篇作品的语言更加生动而富有变化，达到更好的修辞效果。例如下面的一段文章：

我们以我们的祖国有这样的英雄而骄傲，我们以生在这个英雄的国度而自豪。（魏巍《谁是最可爱的人》）

这里，"骄傲"和"自豪"就是同义词并用，如果改成一样的"骄傲"或"自豪"，就显得重复了。再如，鲁迅的《故乡》：

这只是我的心情改变了，因为我这次回乡，本没有什么好心绪。

这里，"心情"和"心绪"也是同义词并用，如果改成一样，就会减色不少。

第三，同义词可以满足修辞上的讳饰、婉曲的需要，构成"委婉

[1] 老舍《关于文学的语言问题》，见《题材、人物及其他》，第124页。

语”或“禁忌语”。例如“落后”和“后进”,“受伤”和“挂彩”,“死”和“去世”“升天”,“箸”和“筷”等等都是同义词,在为了避免伤害对方的自尊心,或避免“犯忌触讳”的情况下,就可以用后面的一个词,构成“委婉语”或“禁忌语”,这对思想表达的圆满,也有很大帮助。

第四,同义词连用可以加重语气,达到修辞上的强调的目的,有的则进而构成具有特殊色彩的成语。例如“家喻户晓”“东奔西走”“谨小慎微”“并驾齐驱”“轻描淡写”“流言蜚语”“摧枯拉朽”“左顾右盼”“花言巧语”等等成语,都是这样形成起来的。

同义词在语言中的作用并不限于上述几个方面,在其他方面,如构成不同的语体风格、表达不同的感情色彩等等,也经常起着积极的作用。

(二)辨析同义词的方法

要掌握更多的同义词来丰富个人的词汇,首先必须学会辨析各个同义词之间的细微差别,这才能真正发挥同义词的积极作用。一般说来,可以从以下几个方面来辨析同义词。

1. 从词义的性质和范围上来辨析

(1)词义的褒贬

某些同义词所包含的基本意义完全相同,而其感情色彩则不同。有的词表达了说话者对该事物的肯定赞许的感情,包含有褒义;有的词则表达了说话者对同一事物的否定贬斥的感情,含有贬义;有些词不表示说话者对该事物的褒贬,则是一种中性词。例如“顽强”“坚定”“顽固”“固执”和“坚持”这一组同义词,所表示的都是“坚持不变”这一概念,而“顽强”和“坚定”则含有褒义,指的是对正确的信念或正义事业的坚持不变的态度;“顽固”和“固执”则含有贬义,表示所坚持的是不正确的、错误的东西;“坚持”则是个中

性词,没有明显的感情意味。类似的例子如:

鼓动——煽动　果断——武断　保护——庇护
成果——后果　含蓄——含混　依靠——依赖
抵抗——抗拒　团结——勾结　技巧——伎俩

以上这些都是褒义和贬义相对的。它们一般也都有中性词,这里不列举了。应该注意的是,这里所举的是比较典型的,实际上每一组中,不管是褒义词或贬义词,都可以不止一个,在一系列褒义词中或贬义词中,褒贬的程度也有差别。同时,并不是每一组同义词都有褒义、贬义和中性词三种,有的可能只有褒义词和中性词,如"教诲"和"教训",有的则只有贬义词和中性词,如"症结"和"关键"。

除了上面所说的词义的褒贬之外,同义词还有其他方面的感情色彩上的差别。因为人们的感情是多种多样的,这种差别也就有各种不同的情况,如"生日"和"诞辰""寿辰","客人"和"来宾""宾客","死"和"逝世"是一般的感情色彩和庄重的感情色彩之分;"人"和"家伙"、"漂亮"和"时髦"是一般感情色彩和轻蔑色彩之分;"肥"和"胖"指人时,有讽刺、诙谐意味和一般之分;等等。

(2)语意的轻重

有些同义词的细微差别表现在语意的轻重上面。它们所表示的事物概念虽然相同,但在表现其某种特征或程度方面,则有轻重的差别。例如"损坏""毁坏""破坏"所表示的是同一行为动作,而"损坏"的语意轻些,"毁坏""破坏"重些。说一个人"损坏公物""毁坏公物"或"破坏公物",显然有程度上的差别。类似的例子如:

优良——优异　揭发——揭穿　固执——顽固
爱好——嗜好　鄙视——蔑视　请求——恳求

（3）范围的大小

有些同义词所指的虽然是同一种事物，但其中有的所指范围大，有的范围小，各不相同。例如“性质”和“品质”所代表的都是“属性”这一概念，但“性质”可以指一切事物的属性，“品质”则仅指人的一种精神修养上的特性，范围大小各不相同。类似的例子如：

事情——事件——事故　房屋——房子——屋子
时代——时期　期间——时间　灾难——灾荒
战争——战役　局面——场面

（4）具体和概括

有些同义词虽然都是指同样的事物，但某些词所指的是具体的、个别的，有的则专指概括的、或集体的。例如，“树木”和“树”指的是同一种事物，但“树木”所指的是概括的、一切的树（如“这地方树木很多”），“树”指的则往往是具体的、个别的（如“苹果树”或“这棵树”）。类似的例子如：

河流——河　家庭——家　马匹——马
信件——信　船只——船　纸张——纸
布匹——布　花卉——花　湖泊——湖

（5）对象的不同

有些同义词，虽然所代表的概念相同，但其适应的对象，却有上、下，内、外等等之分。也就是说，它们往往同说话者所处的地位有关。例如，“爱护”和“爱戴”所表示的基本概念相同，但“爱戴”只适用于对上，“爱护”则适用于对下。“表达”和“传达”基本意义也

相同,但"表达"往往适用于对自己(如"表达自己的思想感情"),"传达"则适用于对他人。类似的例子如,"改正"往往用于对消极的事物,"改进"则用于对积极的事物;"保护"的对象是一般的事物,"保卫"的对象则是重大的事物。"充足"多用于说明具体事物,"充分"则多用于说明比较抽象的事物;"热诚"多用于对人,"热心"则既用于对人,亦用于对事;"侵蚀"多用于由外及里的过程,"腐蚀"则可用于由里及外的过程;等等。

2. 从词的用法上来辨析

(1) 词的配合关系不同

这一类同义词,虽然所表示的意义完全相同,但在具体运用中,有些词往往只能和固定的某些词配搭,其他的词则经常和另一些词配搭,不允许混淆。例如"维持"和"保持"的基本意义完全相同,但"维持"经常同"生活""秩序""状况""状态"等词配搭,"保持"则常与"清洁""卫生""健康""传统""记录""光荣"等词配搭。其他的例子如:

{交换——意见、礼物、资料
{交流——思想、经验、物资

{担任——工作、职务
{担负——责任、任务

{侵占——土地、财产、领土
{侵犯——主权、利益、领空、自由、权利

{履行——条约、诺言、义务
{执行——命令、任务、协定

{繁华——都市、摆设
{繁荣——经济

应该指出，这种区别并不是绝对的，随着事物的发展，原来不能配搭在一起的一些语词，也可能变成可以配搭的。

（2）词性和句法功能不同

有的同义词，虽然意义相同，但词性不同，句法功能也不同。例如，“充分”和“充满”，前者是形容词，后者是动词；“刚毅”和“毅力”，前者是形容词，后者是名词；“勇敢”和“勇气”，前者是形容词，后者是名词。这是词性不同。有的，虽然词性相同，句法功能却不一致。这些，在应用上也是必须严加区别的。

3. 从语体风格上来辨析

表现不同的语体风格，也是同义词的作用之一。因此某些同义词之间的细微差别，可以从语体风格上来辨析。有的同义词只适应于某一种语体风格，有的同义词则适用于另一种语体风格，各不相同。例如，“夫人”“妻子”“老婆”这组同义词，“夫人”适合于比较庄重的场合，“老婆”则适用于比较土俗的场合，“妻子”适合于一般的场合，其所带有的语体风格色彩各不相同。

现代汉语的语体风格很多，因而同义词的语体风格上的差别也各式各样；这里，仅就较常见的几种举例说明如下。

（1）口头语和书面语的不同

有些词多适用于口头语，同时带有通俗的语体色彩；另一些词则适用于书面语，同时带有庄重的风格色彩。例如：

爸爸——父亲　妈妈——母亲　吓唬——恐吓
溜达——散步　剃头——理发　怎么——如何
走——步行　信——函　在——于

自然，这两者的界限并不是绝对的，口头语也可用于书面语，但有些书面语在口语中则很少用。

（2）普通用语和特殊用语的不同

有些词往往只适用于某一种语体，别的语体中不用，这就构成了普通用语和特殊用语的区别。下列这些词，是普通用语和文艺作品的特殊用语不同的例子：

飞——飞翔　走——行走　心——心灵
静——寂静　光亮——晶莹　大海——海洋
寂寞——寂寥　好——美好　好意——美意

有的是属于普通用语和公文特殊用语的不同。例如：

给——给予　现在——兹　办法——措施
安排——部署　私下——擅自　这——此

其他如“黎明”和“拂晓”、“爬行”和“匍匐”，则是普通用语和军事特殊用语的不同。

除此之外，语体风格的特点还表现在普通话语词和方言语词、专业语词和一般语词等等的差别上面。

辨析同义词的方法，除了上述的几种从各个词本身的意义、用法和语体风格的特点来进行之外，还应该注意到各个同义词和其他一些多义词和反义词的交叉关系，从它们和这些词的关系来确定其精确的意义。

（三）反义词及其在语言中的作用

1. 反义词的性质和范围

语言中词汇意义互相矛盾、对立的词，就是反义词。反义词在

意义上经常是互相排斥、互相对立的。例如：

大——小　长——短　高——低　好——坏
浪费——节约　吝啬——慷慨　拥护——反对
痛苦——快乐　谦虚——骄傲　平坦——崎岖

反义词的存在，是客观事物矛盾对立的反映。但是，反义词是一种语言现象，并非一切矛盾对立的事物、概念都通过反义词表现出来。因此，象“好”与“不好”、“快”与“不快”这一类概念上相对立的词和词组就不是反义词。相反地，有一些词，其意义并没有严格的矛盾对立关系，但在语言中却经常并举对比的，也是反义词。如“春”与“秋”、“黑”与“白”等等。这都是由语言习惯来决定的。

2. 反义词在句子中的作用

反义词由于其所表达的是成对的相互矛盾对立的概念，经常更能够鲜明地揭示出矛盾事物的两个对立面，更清楚地暴露矛盾事物的对立性，因此在语言表达上，常有其特殊的修辞功能。

这表现在句子上面，就是反义词经常被用作修辞上对比、映衬的手段，从而使文章具有更加鲜明的色彩和更加强烈的说服力。例如：

虚心使人进步，骄傲使人落后，我们应当永远记住这个真理。（毛泽东《中国共产党第八次全国代表大会开幕词》）

一切只顾个人不顾社会，只顾局部不顾全体，只顾眼前不顾将来，只顾权利不顾义务，只顾消费不顾生产的观点和行为，都是必须反对的。（周恩来《政府工作报告》）

我们的痈疽，是它们的宝贝，那么，它们的敌人，当然是我

们的朋友了。(鲁迅《我们不再受骗了》)

真的、善的、美的东西总是去同假的、恶的、丑的东西相比较而存在,相斗争而发展的。(毛泽东《关于正确处理人民内部矛盾的问题》)

事物的发展规律总是由小到大,由低级到高级,由普及到提高。(《人民日报》,1958年8月8日)

旧社会把人逼成鬼,新社会将鬼变成人。(贺敬之等《白毛女》)

这些,都是利用反义词构成对比,从而使所论述的真理更加清楚、明朗、更有说服力。正因为如此,我国过去的一些谚语或格言中,常常用反义词来做它的表现手段。例如:

失败为成功之母。
满招损,谦受益。
当局者迷,旁观者清。
远水不救近火。

其次,在句子中,反义词连用,往往可以构成一种表面上矛盾,实际上含着更深刻的哲理的语句,这种语句表现得更加含蓄,同时也更富有感染力。例如:

世界上最快而又最慢,最久而又最短,最易被人忽视而又最易令人后悔的,就是时间。(《恐惧与无畏》)

后方的前线(篇名)
平凡的伟大(篇名)
典型形象——熟悉的陌生人(篇名)

再次，由于反义词现象的存在，在特定的语言环境中，就允许利用类比新创一个反义词，构成一种特殊的修辞手法，这种表现方法往往带有幽默、嘲弄的意味。例如：

有人说，这是阴谋，我们说，这是阳谋。因为事先告诉了敌人。(《人民日报》社论《文汇报的资产阶级方向应当批判》)

读者定会觉得这是一条"新闻"吧，其实却是一条旧闻。(《毛泽东选集》，第三卷 907 页)

咱们都是大老粗，好好学习，变他个老细。(西虹《家》)

最后，由于反义词现象的存在，在文章中还可以利用其意义的矛盾对立，来构成"反语"的修辞手段。例如用含有贬义的反义词来代替原来相应的褒义词，往往能表示更加亲昵、深刻的感情意味。比如，过去用"冤家""可憎"来称呼所爱的情人，用"小丫头""小鬼头"来称呼所喜爱的小孩子，就要比用"亲家""可爱""小宝贝"等等更富有表情意味。相反地，如果用含有褒义的反义词来代替原来的贬义词，则构成一种更深刻的否定和讥讽的感情意味。例如：

我们的亲爱的国民党先生们，可否把你们的这种什么"蒙汗药"或"定身法"给我们宣示一二呢？(《毛泽东选集》，第三卷 907 页)

这件事，经过杜鲁门总统，马歇尔幕后总司令，艾奇逊国务卿(即经手发布白皮书的一位可爱的洋大人)和司徒雷登滚蛋大使们一"鼓励"，据说中国的"民主个人主义终于会再显身手"。(《毛泽东选集》，第四卷 1493 页)

也有解散辫子，盘得平的，除下帽来，油光可鉴，婉如小姑娘的发髻，还要将脖子扭几扭。实在标致极了。(鲁迅《藤野先生》)

这里,“亲爱的”“可爱的”“鼓励”“标致”等词,实际上所取的都是它们的反义。这样应用构成的“反话”,显然含有更深刻的意味;具有更生动、鲜明的表现力。

3. 反义词在词语中的作用

反义词在语言表达中的这种特殊作用,同时反映在语词结构中间。现代汉语中,经常把一些反义词根结合起来,构成一种既抽象概括、又生动具体的合成词。例如:

横竖　东西　早晚　动静　甘苦
来往　贵贱　是非　多少　冷暖

这些词,从它们的词素看来,非常具体,仿佛就是两个矛盾对立的事物的复合,但就其含义来说,却非常概括,它们正是从矛盾对立的统一中来显示出某些抽象意义的真实含义,因此更加清楚、明了。

某些反义词连用构成的成语,表意上往往比单用的更丰富。例如:

深入浅出　弃暗投明　取长补短　厚今薄古
此起彼伏　悲欢离合　无独有偶　苦尽甘来

另一些成语,由反义词和同义词交叉复合构成,表意极为丰富、生动。例如:

横冲直撞　生离死别　东摇西摆　长吁短叹
博古通今　争长论短　瞻前顾后　天昏地暗

(四)词义的交叉现象及其在辨析词义中的作用

在现代汉语中,词的多义现象、同义现象和反义现象经常是同时并存的。大量的多义词、同义词和反义词的存在,构成了现代汉语词汇系统中复杂的词义交叉现象。由于一个词经常是多义的,它可以有一系列不同的同义词,同时也可以有不同的反义词;反过来说,由于许多词经常在其某一意义上是相同的,因此一个词可以是许多词的同义词,同时又是许多词的反义词。词汇系统中的每一个词,经常就处在一个复杂的意义关系之中,同其他许多词的意义相互联系,相互制约。

举个例说,现代汉语的"深"这个词,当它指的是"由上到下的距离大"时,它的同义词就是"高"(比较"高山深谷"中的"高"和"深");当它指的是"由里到外或由此到彼的距离大"时,同义词是"远"(如"深远""深入沙漠几十公里"等);当它指的是"颜色深"时,同义词是"浓";当它指的是"感情深"时,同义词是"厚";而当它作为状语表示程度时,其同义词则又是"很""十分"。这样,同是"深"这个词,在其不同的意义上,就有"高""远""浓""厚""很""十分"等等不同的同义词,同时,与此相应地,它也可以在各种不同的意义上和"浅""近""淡""薄"等等构成反义词。这样,在这复杂的词义交叉关系中,"深"这个词也跟一系列不同的词联系起来,构成不同的关系了。

词义的这种交叉关系,对于辨析每个词的意义有很大帮助。确定词义,可利用以下几种方法。

第一,利用同义词来确定多义词的不同意义。多义词的意义不易准确掌握。如果把它的不同的同义词联系起来看就较清楚了。例如了解到"开"这个词有"打开""建造""张罗""解除""发动或操纵""开拔""开办""开始""举行""发付""沸腾"等同义词,就不

难了解“开”的各种用法和意义了。

第二，利用反义词来确定多义词的不同意义。多义词的不同意义，常有不同的反义词和它相应，因此利用不同的反义词，也可以确定多义词的不同意义。例如了解到“薄”这个词可以和“厚”“肥沃”“浓”“深”等构成反义词，就能确定它的各种不同意义。当说“酒太薄”时，它的反义词是“浓”，这里的“薄”是“淡”的意思；说“地太薄”时，它的反义词是“肥”或“肥沃”，它在这里的意思是“贫瘠”，等等。

第三，利用反义词来确定同义词词义上的细微差别。许多同义词虽然在其相同的意义上有相同的反义词，但在其意义的细微差别的基础上，也可以有不同的反义词；因此，借助于不同的反义词，也可以看出同义词之间的细微差别来。例如“果断”和“武断”是同义词，但“果断”可以和“迟疑”构成反义词；而“武断”则可与“审慎”构成反义词；从“迟疑”和“审慎”的意义上的差别，也可以看出“果断”和“武断”这组同义词的细微差别。

由此可见，在语言词汇中，词和词之间、词义和词义之间是互相联系，互相制约的，它们的关系也是复杂的。这种复杂的相互关系就使词汇构成一个完整的系统。因此，要准确地确定词的意义、功能和用法，就必须把它放在同其他词的联系中来考察。

思考与练习

1. 什么叫做同义词?

2. 为什么说同义词的存在是语言词汇丰富的重要标志? 同义词在语言中有什么作用?

3. 同义词的细微差别表现在哪些方面? 如何辨析?

4. 说明以下各组同义词的同异。

广阔——宽阔——辽阔　厌恶——讨厌——厌烦

铲除——拔除——根除　帮助——赞助——援助

接受——接收　鼓励——怂恿　纠正——改正

夸大——夸张　摧毁——摧残　商量——商榷

5. 下列句子中哪些词用得不妥当？请指出并加说明、改正。

(1) 他带着繁重的思想包袱来出席小组的讨论。

(2) 今天天气很开朗，大家的心情也都很舒服。

(3) 大家决心继续发挥艰苦朴素的作风，努力攻克困难，争夺更大的成就。

(4) 运动员踏着强健的脚步，举着五彩缤纷的旗子，穿过了检阅台。

(5) 我筹划明天早上把作业做完，免得受到同志们的训斥。

6. 列举十组同义词，并说明各组中各个词之间意义上的细微差别。

7. 什么叫做反义词？反义词在语言中有什么特殊作用？

8. 为什么说词汇系统中每一个词经常都处在一个复杂的意义关系之中？如何利用词义的交叉关系来辨析词的意义？

四、词汇的构成部分

（一）基本词和新造词

1. 基本词的性质

普通话词汇的构成部分，依据不同的性质，可以分做基本词汇和一般词汇；一般词汇的成分，依据不同的来源，又可以分为新造词、古语词、方言词以及来自别的民族语言及社会习惯语中的词。分述如下：

普通话词汇里，有些词是全民族使用得最多的，一般的生活当中最必需的，意义最明确，为一般人所共同理解，几乎用不着什么解释的。这样的词是词汇当中最主要的成分，叫做基本词。例如：

关于自然界的事物名称："地""山""水""天空""太阳""树木""牛""羊"等。

关于人体各部分的名称："人""手""头""身体""脑子""牙齿"等。

关于亲属关系的名称："爸爸""妈妈""姐姐""哥哥""丈夫""妻子""爱人"等。

关于劳动工具及生活用品的名称："刀""房屋""锄头""笔""门""窗子""饭""菜"等。

关于方位、处所和时间的名称："上面""外头""东边""今天"

"去年""上午""秋天""以前"等。

关于事物一般的行动和变化的词:"走""说""吃""喝""打""来""起来""变化""喜欢"等。

关于事物一般的性质和状态的词:"好""高""小""轻""红""美丽""勇敢""快乐""辛苦"等。

关于数量的词:"一""三""十""千""个""只""斤""尺""次"等。

关于指称和代替的词:"我""他""你们""这""哪儿""谁""什么"等。

关于表示程度、范围、关联、语气及情感作用等的词:"就""很""都""太""和""跟""或者""因为""吗""了""呢""呀""啊"等等。

这些基本词,有的是实词,有的是虚词,都是一般人所共同理解,实际生活中所必不可缺少的,在普通话里使用最频繁,占着常用词汇的主要部分。斯大林说:"语言的词汇中的主要东西就是基本词汇,其中包括所有的根词,成为基本词汇的核心。基本词汇是比语言的词汇窄小得多的,可是它的生命却长久得多,它在千百年的长时期中生存着并给语言构成新词的基础。"[①]这些基本词的性质,可以归纳为三种:全民性,稳固性,作为构造新词的基础。

凡是要用汉民族共同语来进行交际的人,必须掌握普通话里的基本词;不论是哪个阶层,哪种行业,总不能不经常使用这些在生活中必需的,在语言组织中不可缺少的词。这就是基本词的全民性。

许多基本词所表明的事物,不但在一般生活中极端重要,而且在社会和语言的历史上有长时期的稳定性;这些事物本身的稳定性,就使得表明它们的基本词也在千百年长时期中生存着。普通话的基本词汇里,存在着一些最古老的词。象"火""山""地""人"

---

① 《马克思主义与语言学问题》,人民出版社,1953年,第21页。

“马”“牛”“大”“小”“上”“下”“走”“在”等等，是从极古的汉语里一直继承下来而成为现代普通话词汇中的主要成分。从来源说，它们是很古老的，可是在实际运用中，一般人毫不觉得它们是古老的东西。因之，这种自古相传的基本词，同那些现代语上很少用而只在古典作品里见到的古语词，显然有区别。这就是基本词的稳固性。

普通话词汇里由于反映社会的发展和需要，不断地产生许多新词；新词的构造，常常用这些原有的基本词来做构词成分。例如用“人”来做词根，把它同别种成分结合起来，就造出“人民”“人类”“人物”“人口”“人才”“人力”“人生”“人权”“人道”“人事”“人工”“工人”“新人”“生人”“熟人”等词。用“地”来做词根，把它同别种成分结合起来，就造出“土地”“地方”“地理”“地势”“地基”“地球”“地震”“地雷”“地平线”“地下室”等词。这就是基本词作为构造新词的基础。

有许多构词能力最强的基本词，它们本身是独立的词，同时，又经常作为各种合成词的词根，如“人”“地”“工”“大”“打”等，叫做根词。普通话里用这些根词来做核心，又带动和吸收其他的许多成分，随着社会的发展和需要，把许多新词构造出来，并且把它们逐渐地积累起来；结果，在这样纷繁、丰富的汉语词汇里，产生一族一族的环绕着这些根词周围的许许多多合成词，同时也就形成了一个以这些根词来做核心的完整的词汇系统。

这三种性质，并不是每个基本词都具备的。例如一些虚词的常用性和稳固性很显著，但构词能力不强。这三种性质又是有相互的联系的。全民性是指一般人的经常使用，常用不常用，就要看社会的条件。稳固性并不是固定不变，基本词汇也有发展变化。基本词的构词能力，实际是由于它的常用性和稳固性而产生的，当然也要随着社会的条件而变化。例如“党”这个词，过去是不属于

基本词汇的，到了现代具有一种特殊的新意义，用来指“共产党”，就成为我们生活上必需的词，有了显著的全民性，同时它的构词能力也显著地加强了。如“党性”“党龄”“党课”“党校”“党费”“党委”“党员”“党组织”等，都是由“党”这个词根构成的。因此，在现代普通话词汇里，“党”不但应当归入于基本词汇，而且已经成为基本词汇核心的根词了。这是由于社会发展的结果。

基本词有作为构成新词的基础的能力，同时构造出来的许多新词，也有一些进到基本词汇里。例如“民主”“工厂”“机器”“飞机”“轮船”“火车”“汽车”“铁路”“公路”等，都是在现代进入普通话基本词汇的合成词。又如“原子”“电气”“拖拉机”等，也逐渐成为一般人经常使用的词了。普通话的基本词汇是有发展变化的。

2. 新词构成的条件

近年来，普通话里出现了大量的新词；这些新词的产生，不仅反映了我国人民政治、经济、文化生活的迅速发展，同时也扩大并丰富了语言词汇，增强了语言表现力。例如：

关于政治和思想方面的：“总路线”“少先队”“共青团”“右派”“左派”“大跃进”“整风”“促进派”“务实”“务虚”“红领巾”“决心书”“评比”“鸣放”“交心”“神仙会”等。

关于农业方面的：“互助组”“生产队”“劳动日”“试验田”“水库”“工分”“社员”“饲养员”等。

关于工业方面的：“青工”“土钢”“洋钢”“土高炉”等。

关于科学技术方面的：“火箭”“飞船”“导弹”“原子能”“半导体”“喷气式”“电气化”“土专家”等。

关于生活及娱乐方面的：“文化宫”“居民组”“军属”“烈属”“敬老院”“服务员”“劳卫制”“电视”“宽银幕”等。

这种新造的合成词，必定是以一些基本词来作为它们产生的基础的。它们的构造，不但要应用原有的材料，而且必须符合现代

汉语的构词规律。这就是新词构成的要素。至于新词的产生和成立,必须根据于语言词汇规范化的原则,这就是:第一,为一般人所普遍使用的。新词不断地产生,一定要通行开来,才能算成立。第二,适应社会实际的需要,反映当前社会的发展的。第三,能够明确地表达意义,为一般人所懂得的。

随着新词大量的产生,近年来在书面语里又有滥造新词的现象。所谓滥造新词,就是任意凑合词素来生造合成词。这种生造的词,由于汉语词汇双音化的发展趋势,多数也是双音节的。例如"盖罩""丰奢""疵病""葱茂""头额""鸣响""念记""打问""疑思"等,都是由近义的双音词里各取一个词素硬凑起来,或者由两个单音词硬凑成双音词的。这样硬凑起来的合成词,在事实上并没有使用开来,也不是语言上所需要的,而且意义很不明确;它们是不具备新词产生和成立的条件的。为着维护祖国语言的纯洁和健康,必须反对滥造新词。

新造词,除了一部分进入基本词汇之外,都是进到一般词汇里的。语言词汇当中除了具有基本词汇的性质的以外,都是属于一般词汇的范围。在发展的过程中,基本词汇和一般词汇又是密切相联系的。

一般词汇是充实基本词汇的无尽基地,基本词汇又是一般词汇不断丰富的源泉,它给语言以构成新词的基础。语言词汇的日益丰富与纷繁,一方面是由于不断地制造新词,另一方面又是由于不断地吸收古语词、方言词、别的民族语言及社会习惯语中的词。

(二) 古 语 词

1. 古语词的性质

古语词是指现代语中不用或者很少用而只在古典作品里看到

的词。因为它们是从许多文言文中流传下来的,所以也叫做文言词。

有些古语词,是代表历史上的事物的,到了现代只是在一些叙述历史事实的作品里偶尔用到,可以叫做历史词语。例如“庶人”“天子”“诸侯”“丞相”“太守”“朝廷”“宗庙”“社稷”“单于”“可汗”“干戈”“弓矢”“庭燎”“虎贲”“鼎”等等;这些词语,同现代社会生活很少有联系,在普通话里是很少用到的。

又有些古语词,在形式上或者在内容意义上,已经不适合于现代社会的应用,如果不通过修辞的手段而就用到普通话里,显然觉得陈旧过时了的。例如“众庶”“黎民”“冠盖”“缙绅”“俸禄”“廪食”“鄙夫”“稼穑”“不佞”“稽首”“温、良、恭、俭、让”等等;这些词语,很少有现代生活的气息,在普通话里也是很少用到的。

还有些古语词,在现代口语中已经不用,只是在书面语里,为着要表示某种特殊的感情色彩才用到的。例如“余”“吾”“尔”“汝”“甚”“俾”“如此”“而已”“焉”“哉”“乎”“也”“邂逅”“契阔”“惆怅”“贲临”“拨冗”“迎迓”“盘桓”等等;这些词语,虽然还具有一些现代生活的气息,但是在普通话的口语中一般是不用的。

由此可见,古语词是过时的,陈旧的,一般只见于书面语中,同现代普通话口语里的词相对立的。但是书面语,一方面服从于口语,一方面又对口语产生很大的影响。由于古典文学和文言作品传播的影响,现代普通话常常把古语词吸收进去,并且利用古语成分作为构词的材料。所以,我们要学习古人语言中有生命的东西,要继承古代语里好的仍然有用的东西,应该有选择地从古典作品和文言作品中去研究,去吸收。

2. 怎样吸收古语词

现代汉语吸收古语词的方式,是多种多样的;这里举出下列的几种来说:

（1）采取古语词来丰富现代语的同义词

古语词的吸收，常常使得现代普通话词汇具有很多意义相近而有细微差别的同义词来反映客观现实当中各种特殊的情况。例如：同“早晨”意义相近而有差别的，有“黎明”“拂晓”；同“准备”“制造”意义相近而有差别的，有“酝酿”；同“希望”“期待”意义相近而有差别的，有“企图”“觊觎”等等。这些同义词的丰富，正是吸收古语词的结果。

（2）利用古语词来表示讽刺、庄严等的意义

现代普通话常常采用一些历史词语或陈旧的词来表示讽刺的意义。例如“土皇帝”“小朝廷”“老爷式”“钦差大臣”“衙门”“钦定”“御用”“公子”“绅士”“温、良、恭、俭、让”等等，用到现代语里，都带有讽刺的意义。

现代普通话又常常采用一些古语词来表示庄重、严肃的情感色彩。例如“诞辰”“朝觐”“参拜”“晋谒”“衷诚”“铭记”“遵循”“典范”“陵寝”“逝世”“哀悼”“志哀”等等，用到现代语里，都是表示庄严的意义的。

（3）采用古语词作为现代书面的词语

有些古语词，实际比现今意义相当的口语词流行得更普遍，就用来作为现代普通使用的书面词语。例如“父母”“父亲”“母亲”等，实际比“爸”“妈”“爷”“娘”“爹”“娘”等流行更为普遍；我们在书面上写着“父子关系”等，也不必在口头上说做“爸爸和儿子的关系”等。实际上，这样的书面词语，有很多流传到现代口语词汇里来了。

（4）沿用文言文里的一些代词和虚词

文言文里一些代词和虚词，在现代语的许多特殊结构中，仍然应用下来。例如“几乎”“不在乎”当中的“乎”，“几分之几”“之所以”当中的“之”，“其次”“其余”“及其”当中的“其”，“以为”“以便”“以资”当中的“以”等等，都是在现代语一些结构中保存着的文言虚词。

（5）利用古语词作为构成新词的材料

古代语里的基本词，有很多到现代语里不是独立运用的词，而只作为构成新词的词素了。例如古代语的“民”“首”“目”“非”“无”等，到了现代语里，都不是独立运用的词，而只作为词素来构成一些新词，如“民主”“公民”“首先”“首都”“目录”“目标”“非常”“非法”“非卖品”“无故”“无效”“无产阶级”等等。这样利用古语成分来作为构词的材料，也是继承古代语言的一种重要方式。

（6）应用古话或熟语中的古代词语来构成新词

一些由古话或熟语中流传下来的古语词，经过一定时期的结合使用，有很多构成了现代语里很通行的新词。例如“琢磨”（《诗经》，“如琢如磨”）、“一贯”（《论语》，“一以贯之”）、“启发”（《论语》，“不愤不启，不悱不发”）、“矛盾”（《韩非子》，“以子之矛攻子之盾”）等，都是由一些古话或熟语中的古语词结合起来的。在流传很广的古话或熟语中所包含的古语词，也往往随着这种古话或熟语保存到现代语里；例如“一失足成千古恨”中的“失足”，“饮水不忘掘井人”中的“饮水”“掘井”等等。

从上面列举的现代语吸收古语词的种种方式来看，可以了解现代语词汇对于古代语的继承性，书面语在词汇发展当中对于口语的反影响，以及现代普通话词汇怎样继续不断地吸收古语词来充实和丰富自己。同时，又必须认定现代语和古代语的区别，必须充分合理地利用古代语中一些具有生命力和表现力的词语，坚决反对滥用已经死去的陈旧词语。所以吸收古语词，必须是有条件的。

（三）方 言 词

1. 方言词的性质

方言词是指普通话里不用而只在某个地区里的人所共同使用

的词。方言的地区,有大有小;在很狭小的地区里所使用的方言词,也叫做土语词,例如上海话的“白相”(玩)、福州话的“目睭”(眼睛)、广州话的“靓”(漂亮)等。方言词或土语词,有地区的限制,没有全民族的共同性,是同普通话的词相对立的。又各个不同的方言地区,在使用词语方面,常常有分歧的现象。例如:

“太阳”,很多地方叫“日头”,湖北的一个地方叫“日亮”,北京土话里也有叫“老爷儿”的。

“月亮”,广州话、客家话都叫“月光”,福州话叫“月”。

“下雨”,上海话、广州话、厦门话都说成“落雨”,福州话说成“坠雨”,客家话又说成“落水”。

“厨房”,福州话说做“灶前”,吴语方言里很多说做“镬灶间”或“灶间”。

“煤油”,上海话叫做“火油”,福州话叫做“洋油”,广州话又叫“火水”。

“肥皂”,福州话叫“胰皂”,广州话叫“番枧”,客家话里有些叫做“洋碱”。

“他”,广州话说成“佢”,上海话、福州话、厦门话都说“伊”,客家话又说“其”。

“什么”,上海说做“啥”,广州话说做“乜(mie)野”,客家话又说做“乜介”。

对于这种用词分歧的现象,普通话词汇里首先应采取北方话方言中最通行的词来做基础。例如:普通话里说“他”,不说“伊”“佢”“其”;说“做什么”,不说“做啥”“做啥子”;说“今天”“明天”,不说“今旦”“明旦”,“今朝”“明朝”;说“公鸡”“母鸡”,不说“雄鸡”“雌鸡”,“鸡公”“鸡婆”,等等。普通话词汇从北方话里接受了许多主要成分,因而扩大了它自己的共同性。可是,同时又从其他方言土语当中吸收了许多适用的和需要的成分来充实和丰富自己。

2. 怎样吸收方言词

普通话词汇以北方话的方言词汇为基础，又以其他方言词汇作为它的滋养源泉，在它形成和发展的过程中，吸收了许多方言词。吸收的方式，大致有下列的几种：

(1) 集合各地的方言词作为意义相近而有细微差别的同义词

例如：有些地方只说“行”，不说“走”，如广州话；有些地方又只说“跳”，不说“跑”，如浙东一些方言；普通话里把“行”“走”“跑”“跳”集合起来，作为有细微差别的同义词：“行军”用“行”，“走路”用“走”，“跑马”用“跑”，“跳绳”用“跳”。又如：有些地方只说“睏”，不说“睡”；有些地方又只说“鼾”，不说“眠”；普通话里把“睡”“眠”“睏”“鼾”集合起来以表示有细微差别的意义：“入睡”用“睡”，“失眠”用“眠”，“睏倦”用“睏”，“鼾声大作”用“鼾”。这样集合方言词来作为有差别的同义词，是吸收方言词的一种方式。

(2) 把方言中表示某些特殊意义的词吸收进来以补充语言词汇

例如：“搞”“垮”“坍台”“把戏”“搭档”“瘪三”“名堂”“陌生”“蹩脚”“别扭”等等，用来表示那些特殊的意义，确实是生动活泼切实有力的词语。那些特殊的意义，在普通话里没有适当的词语来表示，所以把这些方言词吸收进来以补充语言词汇；这又是一种方式。

(3) 为着表示人物的生动形象或地方性事物的特征而使用方言词

有些意义，虽然普通话里有适当的词语可以代表，但没有象方言词那样表现得形象生动、切合实际，这时也须要使用方言词。有时为着传达人或事物的地方性的特征，也须要应用方言词。例如：“不带劲”(情绪低落)(谷峪《三十张工票》：“她越捉摸越不带劲。”)，“门儿、门道”(办法、秘诀)(吴运铎《把一切献给党》：“快点，

快点，有门儿了！”赵树理《小二黑结婚》：“她才慢慢看出门道来，才知道人家来了学的是小芹。”），“比画”（做手势）（杨朔《平常的人》：“回身拉开扇板门，比比画画，让我进屋。”）等等，在文艺语言中应用的结果，逐渐通行开来，就进到普通话里词汇里了。这也是吸收方言词的一种方式。

（4）把方言词作为构词的成分

有些方言词，普通话不作为独立的词而只作为构词的成分来吸收；例如“台（枱）”，吴语方言里用来叫“桌子”；普通话没有单独地说“台”或“台子”的，而说“台布”“台面”“台球”“写字台”等。这种现象一方面也是吸收古语词。因为古语词有很多保存在方言土语中，现代普通话利用了这些古语词来作为构造新词的材料，实际也就是吸收了一些保存古语的方言词。例如厦门话把“没有”说成“无”，把“站着”说成“企”；广州话把“喝”说成“饮”，把“刀很快”说成“刀很利”；普通话里没有把“无”“企”“饮”“利”作为独立的词来吸收，而把它们作为构词的成分来利用，如“无线电”“企望”“饮料”“锋利”等等。这样在构词的材料上，一方面利用古语词，另一方面也是吸收方言词；这又是一种方式。

从上列几种吸收方言词的情况来看，可以知道普通话词汇的丰富、严密而具有极强的表现力，是由许多方言词汇集中统一的结果。但是，普通话对于方言词的吸收不是毫无限制的，而是有适当的标准的；在文艺作品里，也必须防止滥用方言土语，以免缩小作品的影响范围。

（四）外 来 词

1. 外来词的性质

外来词是指本民族语言从外国或其他民族语言里吸收过来的

词。由于不同的民族互相交际，本民族语言往往要从别的民族语言的词汇里借用过来一些需要的成分。所以外来词的吸收，也叫做词语的借用；外来词也叫做借词。现代汉语里借用进来的外来词，主要的有三种形式：

1. 译音的外来词

把借用的外国或不同民族语言的词，按照它们的声音形式翻译过来，这叫做译音。在进行译音的时候，由于语音系统的不同，不可能翻译得同原来词语的声音一模一样，常常只能用一些近似的形式来代替。例如“苏维埃”“布尔什维克”“潘查希拉”“奥林匹克”“托拉斯”“歇斯底里”“马达”“沙发”“柠檬”“扑克”“普特”“加仑”“卢布”“磅”“吨”“哈达”“戈壁”“喇嘛”等等。

2. 译音兼表义的外来词

译音词当中，也有兼表意义的，这是音义双关的译音词；例如“俱乐部”“引擎”“幽默”“逻辑”“乌托邦”“维他命”等。还有在译音词上增加表义成分的，这是译音兼表义的一种最通行的形式；例如“拖拉机”“卡片”“卡车”“啤酒”“冰淇淋”“芭蕾舞”“霓虹灯”“法兰绒”“卡宾枪”“沙丁鱼”“道林纸”“香槟酒”“新西兰”“南斯拉夫”“白俄罗斯”等。

3. 从日本文中吸收过来的借词

近代日本文里，有很多用汉字书写的新造或译意的词；汉语就按照汉字的形式把这样的词借来应用，这是一种从日本来的借词。例如“场合”“服务”“克服”“集团”“积极”“消极”“目的”“手段”“具体”“抽象”“手续”“景气”等等，都是直接从日本文当中借来的。

至于纯粹用译意方法来仿造别种民族语言的新词，虽然代表着新的概念，而仍用汉语的构词成分和构词方法造出来的，严格地讲，不是真正的外来词。例如“飞机”“马力”“蜜月”“自由港”“劳动日”“地中海”“冰岛”“好望角”“备忘录”“最后通牒”“集体农庄”等

等，都只能叫做“仿译词”，不是“借词”。在汉语词汇的发展上有一个特点，就是当外来词输进来以后，往往开始产生借词，后来又产生仿译词并且代替了借词。例如：“习明纳尔”后来改成“课堂讨论”；“哀的美敦书”改成“最后通牒”；“瓦斯弹”改成“毒气弹”；“康拜因”改成“联合收割机”等等。

2. 怎样吸收外来词

外来词进到汉语里来，往往受汉语的融化，逐渐变成接近汉语的词语形式，就是适合于普通话的语音系统和词汇双音化的趋势。有些借词改变成为仿译词，也是由于繁复音节的双音化的结果；例如“德谟克拉西”改变成“民主”，“烟士披里纯”改变成“灵感”等等。有些双音的借词，就没有改变成为相当的仿译词；如“帮浦”“沙发”“马达”“逻辑”等。

无论是借词或仿译词，都是由于汉语同别的民族语言相互接触而产生的，都使得普通话词汇更加充实和丰富起来。毛主席指示我们：“要从外国语言中吸收我们所需要的成分。我们不是硬搬或滥用外国语言，是要吸收外国语言中的好东西，于我们适用的东西。”[①]如果某些事物在我们语言里已经有适当的词语来代表，就不必搬用别的民族语言的成分了。硬搬或滥用外国语言，是会损害我们祖国语言而造成它的混乱的。所以吸收外来词，一方面要求词语形式的调和，另一方面又必须根据于语言规范化的原则。

（五）社会习惯语

1. 社会习惯语的性质

社会习惯语包括专门术语和行业语等。

---

① 《毛泽东选集》，第三卷，第838页。

专门术语是科学技术上应用的术语，作为科学研究和讨论的重要工具。各门的科学，各有一些特别应用的术语。例如：

天文学上的术语："行星""光年""回归线"等。

地理学、气象学上的术语："海拔""盆地""纬度""雨量""气压"等。

数学、物理学上的术语："微积分""短波""共鸣""原子能"等。

化学上的术语："氧化""饱和""元素"等。

生物学上的术语："宿主""温床""变种""年轮"等。

医学、生理学上的术语："抗生素""血型""网膜"等。

哲学和各种社会科学上的术语："一元论""世界观""政体""通货""仲裁""照会""编年体""通史""元音""辅音""传奇""乐府""旋律""素描""浮雕"等。

行业语是各种行业上应用的词语，作为各种职业和某些特殊生活的专门用语。职业性的行业语，很多是在进行生产斗争当中产生的。例如：

工业上的用语："成品""废品""加工"等。

农业上的用语："调茬（轮作）""保墒""疏株"等。

商业、银行业上的用语："市场""销路""破关""出笼"等。

此外，还有特殊生活中所产生的用语，如宗教生活中宗教用语，特殊阶级所用的阶级同行语，秘密团体所用的各种秘密语，也都属于社会习惯语。

行业语及其他用语同科技上的专门术语是有区别的。专门术语有全民族的共同性，有些更是国际性的，通行于全世界。行业语及其他用语大抵为一定的集团服务，不是全民性的。不过有些职业性的行业语，是由生产斗争当中产生的，往往变成为科技上的术语；例如"平炉""加工""密植"等，在科学研究中也常常用到。

行业语和专门术语也有相同的性质。它们都跟方言词不同，因为专门术语是具有普遍性的，不受地区的限制，行业语也有超地域性，不同地区可以有某种共同的行业语。术语和行业语又都是依附于民族共同语而存在的，都不能发展成为独立的语言。术语和行业语又都是专门性的，每一个词语总有一个特定的意义；它们都跟一般词语的多义性不同，而趋向于单义性。

2. 怎样使用社会习惯语

社会习惯语，由于具有单义性的特点，必须精确地了解它们的意义，才可以使用。在各门科学技术和各种行业的自己系统内，每个术语或用语都有一种严格规定的意义；但在一般语言中，常把它们作为一般的词语来使用，往往又具有一种意义推广的用法。因之，社会习惯语，又可以逐渐变成为一般的词语。例如：

"麻痹""感染""瘫痪""消化"等，原来是医学、生理上的术语，在一般语言里也用来说明思想、行为、知识等方面的情况。

"进军""看齐""突击""掉队""战线""基地"等，原来是军事上的专门用语，一般也常用来说明行动、工作、思想、政策等方面的情况。

"加工""提炼""规格"等，原来是工业上的用语；"讨价""还价""市场"等，原来是商业上的用语；"上台""下台""揭幕""闭幕"等，原来是戏剧界中的用语；这些在一般语言里都有意义推广的用法。

"比重""偏重""水平""反射""顶点"等，原来是物理学上的术语；"渗透""腐蚀""反应""化合"等，原来是化学上的术语；这些在一般语言里也都有意义推广的用法。

这种意义推广的用法，使得专门性的变成为一般性的词语。因之，社会习惯语也是普通话词汇丰富化的一个源泉。但是在一般语言里使用专门性的术语或用语，必须防止混乱和误用，也必须根据语言词汇规范化的原则。

(六) 词汇吸收各种成分的原则

1. 普遍性的原则

古语词的进入现代语里，方言词的集中为民族共同语的词，外国语词或别的民族语词的借到汉语里，以及专门性的术语或用语的一般化，都使得普通话词汇更加丰富起来。但是普通话词汇吸收和采用古语、方言、别的民族语、社会习惯语的各种成分，必须是有标准的，有条件的。这正跟新词的创造和产生一样，必须根据词汇规范化的原则。

首先是根据普遍性的原则。

普遍的使用或逐渐的普遍化，这是现代语采用古语词的一个重要条件。如果一些古语词在现代社会生活中能够通行开来，它们就逐渐脱去陈旧的和书面的性质，进到普通话的口语里来了；反之，如果通行不开来，它们就是死的、没有生气的东西。例如：采用“来临”，不用“莅临”；采用“老百姓”，不用“黎民”；采用“拂晓”“黎明”，不用“昧爽”；采用“琢磨”，不用“切磋”等等。

方言词的采用不采用，也应该以它的普遍性大不大来作重要的标准。例如“搞”“垮”“尴尬”等，用来表示某些特殊的意义，又有普遍使用的事实和趋势，所以成为普通话的词。在北方话的区域当中，有同时使用几个意义完全相同的词语，普通话里也采取其中一个最普遍通行的，而不取偏僻的或者过于土俗的。例如：取“馒头”，而不取“馍馍”“蒸馍”等；取“蚜虫”，而不取“腻虫”“蚁虫”“蜜虫”“油虫”“旱虫”等。北京土话的“老爷儿”(太阳)、“肉杠子”(猪肉铺)、“格涩”(与人不同)等，也是过于土俗而没有被采用的。其他方言区里不很通行的方言词，没有特别必要，更不应该采用。

吸收别的民族语言的词，往往有借词和仿译词同时并用的，有

一个借词而有几种不同的写法的，没有重复的必要，就须要选择一个词，或者选择一种写法的来作规范。选择的主要标准之一，就是要看哪一个词、哪一种写法使用的普遍性最大。例如：取“水泥”，不取“洋灰”“水门汀”；取“保险”，不取“燕梳”；取“汽水”，不取“荷兰水”；取“邮票”，不取“士坦”；取“商标”，不取“唛”；取“暖气管”，不取“水汀”等等。又如：取“米”，不取“密达”“米突”“米达”；取“尼龙”，不取“呢隆”；取“法兰绒”，不取“佛兰绒”；取“巧克力”，不取“巧古力”“巧格力”“朱古力”等等。

至于社会习惯语，无论是作为专门性的术语或用语，或者在一般语言中的意义推广的用法，都是须要使用一般最普遍地通行的，以求术语或用语的统一。

2. 需要的原则

其次是根据需要的原则。

适当地运用古语词，是为着表示特殊意义的需要，象在表示有差别的意义、庄严或讽刺的意义以及叙述历史的事实的时候那样；当然并不是为着提倡复古而采用古语词的。因之，有些人只喜欢用“抵京”“莅校”“购物”“从事”等，而不用“到京”“来校”“买东西”“进行（做）”等，这样，在表意方面不但没有必要，反而使得意义暗晦了。

一切作品，除了专门为着特殊地区人民的需要来写作的方言文学以外，总应当使用普通话的词来写。普通话里吸收方言词，是为了表示特殊的、有差别的意义的需要。例如普通话词汇里，吸收了上海土话的“瘪三”“噱头”“拆烂污”“象煞有介事”等词语；而不取“白相”（玩）、“打烊”（商店休息）、“辰光”（时候）、“汰浴”（洗澡）、“写字间”（办公室）等，因为这些意义在普通话里已经有适当确切的词来表达，就没有使用方言词的必要了。

我们要从别的民族或外国语言里吸收我们所需要的成分，吸

收对于我们适用的东西;同时我们坚决反对硬搬和滥用外语词。例如“喔开”(行、好)、“派司”(通行证)、“司的克”(手杖)、“乃木温”(第一号,工头)、“刚伯度”(买办)、“赛因斯”(科学)、“拉司车”(末班车)等等,如果让这样的借词充塞在语言中,就会败坏我们的语言,所以必须要加以清洗的。只有确实需要的,而往往是在某种程度内已经变成了国际性的词,才会稳固地进入我们祖国的语言中。例如“逻辑”“苏维埃”“奥林匹克”等,都是国际性的词,我们是吸收了的。总之,应该不应该吸收,要看需要的情况来决定。

至于专门性的术语和用语,除了经过意义推广的用法而转变成为一般的词语以外,在一般语言中应当在必要的时候才使用它们。

3. 意义明确的原则

第三是根据意义明确的原则。

普通话里所普遍地使用的古语词,常常是意义明显,为一般人所了解的;反之,很生僻的古语词,常常是意义暗晦,为一般人所不懂的。例如“璀璨”“葳蕤”“嶒嶝”“夭夭”等等,当然不应当采用。

普通话里所采用的方言词,一定要求意义明确的。为了避免误解和混乱,不应当采取意义不明显、不确切的方言词。例如:采取“电车”,不取方言词的“磨电”;采取“轮船”,不取方言词的“火船”“电船”“车船”等等。

汉语中对于别的民族语词的吸收,往往原来是借词,后来改做仿译词,这虽然有一部分是由于受汉字性质的影响,主要原因还是在要求词义表达的明确。但是如果没有适当的仿译词,或者仿译词的表义不很确切,那末还是采用借词;例如:用“逻辑”,不用“论理学”“名学”;用“托拉斯”,不用“企业合同”等等。又仿译词当中,含有生僻字的,往往改用普通熟悉和意义明显的字;例如:用“照相机”,不用“摄影机”;用“燃烧弹”不用“烧夷弹”等等。同一外语词的几个仿译词当中,也往往采取一个意义上最确切的;例如取

“劳动日”，不取“劳动时间”；取“金融寡头”，不取“财政寡头”；取“经济危机”，不取“经济恐慌”；取“宿命论”，不取“定命论”等等。

至于专门性的术语和用语，当然要准确理解它们的意义，才适当地使用它们。

（七）熟　　语

1. 熟语的范围和惯用语的性质

词汇当中，除了许多独立运用的词以外，还有一些现成的词组，为一般人所经常使用的，也作为语言的建筑材料和词汇的一种构成部分，这些总称熟语。熟语的范围相当广，包括惯用语、成语、歇后语、谚语、格言等，其中以惯用语和成语的用法最值得注意。

惯用语是一般人所熟悉和经常使用的词组，常常作为完整的意义单位来运用。但是有时可以拆散开来，插进一些别的词语，它们的固定性并不很强。例如“碰钉子”“打游击”“一边倒”“一场空”“磨洋工”“钻空子”“开倒车”“触霉头”“拆墙脚”等等。它们的结构并不很紧密，如“碰钉子”，可以说成“碰了一个大钉子”；“钻空子”，可以说成“钻我们的空子”等等。可是惯用语有很大的精炼性，多数是表义准确、形象生动的。例如“磨洋工”，用来表示“拖延时间”；“开倒车”，用来表示“向后倒退”；“一边倒”，用来指“在对立的两种政治立场或两种不同的主张、意见中间毫不犹豫地站在其中的一边”等等。因之，对于惯用语的使用，也必须根据语言规范化的原则。方言性过浓的或有庸俗意味的，应该少用或不用。同时，也应当准确理解其意义和用法，才适当地使用它们。

2. 成语的性质和构造

成语是一种现成的固定词组，同惯用语的性质相近，也常常作

为完整的意义单位来运用，而比惯用语更为稳固。一般成语，结构紧密，不能任意更换其中的成分，也不象惯用语那样可以拆散开来插进一些成分。成语又不同于那些作为事物名称的固定词组，如“学生会主席”“共产主义青年团”“我的一家”“青春之歌”等等；因为这样的固定词组，是反映社会发展当中所产生的事物而作为它们的适当的名称，虽然也不能任意拆散和随便换字，但不是现成的话，所以跟成语有区别。成语多半是有典故性的，在社会习惯上有深厚的基础；可是又不同于那些有典故性的合成词。例如：“自相矛盾”是个成语，而“矛盾”是个词；“一字推敲”是个成语，而“推敲”是个词等等；因为成语虽然结构紧密，在实际运用上作为词来看待，但是还没有凝结成为词，还是一种固定词组。

成语的来源是多种多样的，主要的可以分做从书面上得来的和从口头上传下来的两大类：

从书面上得来的，例如“完璧归赵”“负荆请罪”“破釜沉舟”“草木皆兵”等等，是从古代历史事实中得来的；“刻舟求剑”“渔翁得利”“滥竽充数”“望洋兴叹”等等，是从古代寓言中得来的；“一鼓作气”“未雨绸缪”“水落石出”“山穷水尽”“隔靴搔痒”“虎头蛇尾”“胶柱鼓瑟”“迭床架屋”“粉身碎骨”“赴汤蹈火”“前仆后继”“奴颜婢膝”等等，是从古典作品及古代流传的辞句中得来的。

从口头上传下来的，例如“七手八脚”“改头换面”“南腔北调”“得过且过”“一不做二不休”等等。还有很多是群众按着成语构造的规律制造出来的，例如“呆头呆脑”“昏头昏脑”“东摇西摆”“东拼西凑”“欢天喜地”“咒天骂地”“有条有理”“无知无识”等等。

无论是从书面上或口头上传下来的，成语总是有很强的固定性，但也不是一成不变的。对于原有的成语，有时由于其中包含生僻或晦涩的字，一般人不容易懂得，就把它们变换一下，也是必要

的；例如原来的“屡戒不悛”，改变成为“屡戒不改”；原来的“揠苗助长”，改变成为“拔苗助长”等等。原有的成语，为了修辞的需要，也可以翻新和改造，用来表示新意义；例如“走马观花”，改做“下马观花”；“知难而退”，改做“知难而进”；“能者多劳”，改做“劳者多能”；“举一反三”，改做“举一反十”等等。同时，随着社会的发展和形势的要求，也出现了许多词组具有成为新成语的趋势的；例如“政治挂帅”“鼓足干劲”“红透专深”“大破大立”“兴无灭资”“分秒必争”“虚实并举”“两条腿走路”等等。成语的创造，也是词汇丰富化的一个源泉。

成语的构造也是多种多样的，大致可以分做联合式和非联合式两大类：

非联合式的成语又是多种多样的。例如：“胸有成竹”“名副其实”“狐假虎威”“人心大快”“笑容可掬”“坐立不安”“啼笑皆非”“左右为难”“老少无欺”等等，都是属于陈述式的结构。“好为人师”“视为畏途”“别开生面”“饱经风霜”“莫衷一是”“莫名其妙”等等，都是属于支配式的结构。“勃然大怒”“恍然大悟”“百折不挠”“层出不穷”“一孔之见”“一得之愚”“不劳而获”“不约而同”等等，都是属于附加式的结构。

联合式的成语更是多种多样的。大致又可以分做陈述的联合式、支配的联合式、附加的联合式三类：

陈述的联合式，就是由两个陈述式的词语联合而成的；例如“天翻地覆”“烟消云散”“兴高采烈”“风平浪静”“瓜熟蒂落”“苦尽甘来”等等。支配的联合式，就是由两个支配式的词语联合而成；例如，“提纲挈领”“耀武扬威”“发号施令”“指天画地”“有条有理”“贪小失大”“弃暗投明”“避重就轻”“畏首畏尾”“患得患失”“惩前毖后”等等。附加的联合式，就是由两个附加式的词语联合而成；例如“深谋远虑”“暴风骤雨”“左顾右盼”“前思后想”“一暴十寒”

“千山万水”“四分五裂”“四通八达”“千秋万岁”“昏天黑地”“半生半熟”“昏头昏脑”“一日千里”“一发千钧”“九牛一毛”等等。

从成语的构造来看，可以知道汉语中的成语具有两个特点：第一，汉语中的成语有多种多样的类型，而绝大多数都是由四个字组成的，就是采取四个音节的形式的。这是由于汉语词汇里双音词增多的结果。汉语的词多数是双音节的，其次是单音词；用四个单音词或两个双音词，就组成这种四个音节的整齐形式。词汇里，词的双音化和成语四音化，正是汉语的一种特色。第二，成语类型的丰富多彩，正是说明汉语词汇是极其丰富的，汉语里的修辞手段也是极丰富和发达的。这也是汉语的特点之一。

3. 怎样运用成语

运用成语是一种重要的修辞手段，因为成语具有极强的表现力；有许多成语原来是用比喻、形容、夸张等修辞手段来构成的，它们本身就具有准确性、鲜明性、生动性。例如：用“雪中送炭”和“锦上添花”来说明文化“普及”和“提高”两种工作的关系；用“闭门造车”“自作聪明”来说明“主观主义”的作风，等等。运用成语，又可以造成语言的经济，一个简单的词组就可以表现出丰富复杂的意义。例如：“装腔作势，借以吓人”这句话里的“装腔作势”，充分表达出“内心怕人家来批驳，装样子来吓人，故意夸耀自己来欺骗人家，只要把人家一时骗过去，吓住了，就算成功”等的意义。成语的形式有较强的固定性，所以跟惯用语的效用相同；往往同样的意义，用一般词组表示出来的，远不如用成语形式来表示的给人家印象那样深刻。例如说“眼界很狭”，不如说“一孔之见”来得鲜明、生动；说“极端的辛苦”和“奇怪的形状”，也不如说“千辛万苦”和“奇形怪状”来得印象深刻。成语有这样的修辞功用，所以必须审慎地加以正确的运用。

成语是历代群众中集体智慧所创造出来的一种语言财富，必

须根据语言规范化的原则采取一般所喜闻乐见的形式来使用。成语中绝大部分是生动活泼的，应当大量吸收。有些已死的典故和粗俗的成语，应当反对使用它们。例如："二三其德"（三心二意）、"杀头便冠"（削足适履）、"望衡对宇"（居处相邻近）、"管窥蠡测"（所见很狭小）等，这样陈腐冷僻、词义深奥的成语，用了会使人难以理解的。还有一些很粗俗的成语，如"狗不吃屎"（无此事实）、"屁滚尿流"（急迫万状）等，也应当避免使用。

在运用成语时，又必须注意下列几点：

首先必须理解成语的意义。要了解成语的意义，又应当分析其结构，并且推究其来源以及意义的变化。例如："满城风雨"和"水落石出"，原来在古典作品里是描写秋天和冬天的景色的，可是一般用来表示"闹得人人皆知"和"终于真相大白"，在意义上加以扩大和变化了。

其次必须认定成语的用法。有些成语字面上相差不多，可是在意义上和感情色彩上却有很大的区别。例如："无微不至"和"无所不至""无孔不入"，在意义及感情色彩上是截然相反的。"无微不至"，指"爱护照顾的周到"；"无所不至"和"无所不为"相近，表示"什么都干得出来"；"无孔不入"，表示"什么空子都要钻"。此外，如"相顾失色"和"相形见绌"，"红光满面"和"面红耳赤"等等，都不能相混互用，必须加以辨认。

又其次必须采用成语的一般通行的形式。在运用成语时，必须注意它的定型性，采用合于规范的形式，不能任意地加以拆散和变动。例如："弄假成真"，不能说成"弄伪成真"；"眼明手快"，不能说成"眼精手快"；"排难解纷"，不能说成"排难解非"；"佳话频传"和"废话连篇"，不能凑合成为"佳话连篇"，等等。

最后还必须注意成语的写法。要规范地运用成语，还必须把其中的各个字写得正确，以避免引起误会或闹笑话。例如：把"变

本加厉”里的“厉”写做“利”，“提纲挈领”里的“挈”写做“结”，“焕然一新”里的“焕”写做“换”，“故步自封”里的“故”写做“固”，“滥竽充数”里的“竽”写做“芋”，“病入膏肓”里的“肓”写做“盲”，等等。这些都要小心地加以防止。

4. 关于其他熟语的应用

同成语性质最相近的是歇后语，它可以说是另一种形式的成语。实际这是把一个成语的意义分做前后两部分来说出的，前一部分是个比喻或隐语，后一部分是意义的解释。平常说话时，可以把它的前一部分比喻成隐语单独说出，而把后一部分解释省去，让人家去体会、猜测；所以叫做歇后语。依据修辞的方法来分，歇后语主要的有比喻的和双关的两类。比喻的例子：

老鼠过街——人人喊打。
懒婆娘的裹脚——又长又臭。
千里送鹅毛——礼轻人意重。
猫哭老鼠——假慈悲。
黄鼠狼给鸡拜年——没安好心。
茶壶里煮饺子——肚里有，嘴上倒不出。
热锅上的蚂蚁——走投无路。
低栏干——靠不住。

双关的例子：

四两棉花——弹（谈）不上。
孔夫子搬家——净是书（输）。
老鼠爬秤钩——自己秤（称）自己。
外甥打灯笼——照舅（旧）。

歇后语往往很形象，用得恰当，就能使人感到生动有趣；但用得太滥，也会使人厌倦。有些歇后语，带着封建意味、迷信色彩、庸俗的低级趣味，应当剔除不用；还有一些地方色彩过于浓厚的，也应当根据语言规范化的原则来选择使用。

惯用语、歇后语和成语，在实际语言中，一般作为语言建筑的材料，充当句子里的成分，不成为独立的句子。熟语当中，成为独立的句子来说明一种意思的，就是谚语和格言。谚语是一般人在口头上流传的通俗的话；格言，同谚语的形式没有多大区别，也是一般人所流传使用而又作为行为的规范，多数是有教育意义的。谚语和格言中，有很多是劳动人民的精炼的语言，形象的比喻，总结阶级斗争和生产斗争的经验的话；例如：

百姓齐，泰山移。
人心坚，石山穿。
单丝不成线，独木不成林。
庄稼不认爹和娘，深耕细作多打粮。
穿靠棉，吃靠田。
滴水凑成河，粒米凑成箩。
勤耕苦作般般有，好吃懒做样样无。
只与人家赛种田，莫与人家比过年。
吃不穷，穿不穷，不会打算一世穷。
生产好似摇钱树，节约犹如聚宝盆。

还有一部分是反映封建思想和落后意识的，如“命里穷，总是穷，拾着黄金要变铜”等等，应该加以批判。同时，也应该根据语言规范化的原则来对待谚语和格言，避免使用其中已死的典故和过于土俗的成分。

思考与练习

1. 找出《聪明人和傻子和奴才》(鲁迅)一篇里的基本词。

2. 近年来,普通话词汇里出现了大批的新词,对它们应当采取怎样的态度?

3. 现代语词汇,为什么对于古代语词汇既要有继承,又要有变革?

4. 书面语和口语在词汇上有没有差异?它们相互之间的关系和影响怎样?

5. 北方话和普通话在词汇上的关系怎么样?

6. 现代普通话词汇对于方言词的吸收和对于古语词的继承,这两方面有没有相互交叉的现象?

7. 借词和仿译词是怎样产生的?对它们为什么有区别的必要?

8. 就汉语词汇的情况来看,外来词有没有地区性的?它跟方言词的关系怎么样?

9. 社会习惯语对于一般词汇的丰富化有什么作用?

10. 国际性方面的外来词同专门术语,相互关系怎么样?试就现代汉语举例说明。

11. 试分析下列成语的结构:

百花齐放　取长补短　可歌可泣　克勤克俭　开门见山
人心所向　巧夺天工　水到渠成　包罗万象　百废俱兴
按劳分配　足智多谋

12. 在《改造我们的学习》这篇论文里,找出各种熟语,并加以解释。

五、词典、字典、现代汉语词典

（一）词典和字典的类型

1. 词典和字典的分别

词典和字典是学文化的必要读物，也是进行汉语规范化的重要工具。一般人在学习过程中，总觉得有一些字和词的读音、写法、意义不大清楚，需要查考词典和字典，把正确的读音、写法、意义弄清楚；这样，一方面解决学习上的困难，一方面也就起了语言规范化的作用。所以从总的功用来说，词典和字典都是学习文化和进行语言规范化的必要工具书。从总的体例来说，词典和字典是把语言中的词和所用的字，按照一定的原则，有系统地编纂起来，并逐条加以注释和说明的。因之，关于词典、字典的编纂法，有选目的问题，排检的问题，注释和说明的问题等。词典和字典的分别以及各种词典的不同，都是由于对这些问题的处理不同而产生的。

由于汉字的特性，字和词之间有矛盾，因而字典和词典都各有其特点。字典以字为收集的对象，主要的功用也是为着查字，所以注释的重点在讲明各字的读法、写法、意义及用法，以供学习语文时的查考。在有些字典中，也收集一些词语，不过只作为附带的条目，为着说明各字的意义及用法而引据词语罢了。词典以词语为

收集的对象，主要的功用也是为着查考词语；因为语言里运用的单位既然是词，不是字，一般人所需要掌握的主要也是词语，所以字典的功用远不及词典的功用大。

不过以往一般所使用的词典，如《辞源》《辞海》《国语词典》等，实际是混合字典和词典两种性质的。因为其中所收集的，不管一个字是不是单音词，先列出来作为"领头字"，再把有关的词语列在下面。所以使用词典的，同时也在使用字典。又对于学习语文，字典实在是一种必要的工具书。字典的功用，还是不能忽视的。

我国文化悠久，语言文字学的发达很早，字典和词典的种类特别丰富、繁多，编排的方法也是多种多样的。大抵可以分做三大类：《尔雅》以下，属于"义书"，是依照字或词的意义来排列的；《说文》以下，属于"字书"，是依照字的形体结构来排列的；《切韵》以下，属于"音书"，是依照字或词的读音来排列的。这里不能一一地详细讨论，只把现代几种通行的字典简单地介绍如下：

《康熙字典》　这是清朝康熙年间张玉书、陈廷敬等人奉命编纂的。1710 年到 1716 年间编成。全书分十二集，按子、丑、寅、卯等为序，每集分上、中、下三卷。共收集四万七千多字，依据部首及笔划来编排，分列二百十四个部首。每字下注唐宋以来所定的反切，解释字义亦引证古代文献。因其收集字数超过以前的字书，一般字典中不易查到的字往往此书可以查到，内容较为丰富；但错误及遗漏亦甚多。清道光时，王引之作《字典考证》已正其错误之处有 2 588 条之多。

《中华大字典》　1916 年，由徐元诰、欧阳溥存等人编纂，中华书局出版。名叫字典，收集的主要是古语词。每字用反切注音，释义较为详尽，引用古代文献以为说明，对于阅读古典作品理解词义有相当帮助。编排亦用部首制。

《新华字典》　新华辞书社编纂。1953 年 10 月，人民教育出

版社初版；1957 年 11 月，根据汉语拼音方案重新修订；1959 年 7 月再修订重版，由商务印书馆印行。主要是供一般具有初中文化程度的学生和干部使用。目的是使读者对汉语的语词能得到正确的理解，从而在书面上口头上都能正确运用。收字，包括异体字在内共八千多个；并附有插图三百数十幅。用音序和部首两种方式编排，音序初依据注音字母的顺序，后改依拼音字母。以音序编排的，后附有笔形部首检字表；以部首编排的，后附有音序检字表。两种检字法配合使用，读者称便。

《同音字典》　北京师范大学中国大辞典编纂处编。1955 年 2 月北京初版。主要是供中等文化程度的人使用。收集一万多个字，同音的字类集在一起；每字下又附有词语，收集词语共三万多个，较为丰富完备。依据音序编排，初依据注音字母的顺序，后改依汉语拼音方案。开头附有笔划检字表，即以字形起笔检字法来做索引。对于读者理解各字的读音、意义和写法以及有关词语的使用很有帮助。

从上面举出的几种字典看来，可知字典是学习语文用的。至于词典，有许多种类，不限于学习语文的目的。

2. 词典的种类

从不同的用途来分，词典有语文词典和专科词典两大类。专科词典，也叫专业或专门词典，收集专有名词和学术上的专门术语，以供研究、学习某些专业知识的查考。专科词典和语文词典，不仅收集的词目不同，即在同一词目下，解释的意义也有区别。例如"直线"这个词，在语文词典中，可以解作"平直、不弯曲的线段"；如果在数理科学的术语词典中，就须要给以一个精确的定义。

专科词典，又依据其所包括科学技术的门类多少，大致分为单科词典和百科词典两类。单科词典只收集某一科学、技术部门或

某一专门活动范围的用语，以供专业工作者的查考：例如《哲学辞典》《文艺辞典》《教育大辞典》《中华医学大辞典》《中国历史地理名辞辞典》等等。百科词典是包罗各种学科用语的综合辞书，不但收集自然科学、哲学、社会科学中经常应用的术语，又包括习见的词语和人、地、朝代、著作等的专名；既可供专业工作者的参考，又为一般读者学习文化的工具。例如旧的《辞源》《辞海》等，都是给读者以关于各科的必需的基本的知识。此外，还有一种叫做百科全书，例如《苏联大百科全书》，一般是大型的各科知识系统的汇编，给读者以各科精深的全面的知识。

语文词典，供学习、研究语文的应用；又依据其学习、研究的对象，大致分为单语言词典和多语言词典两类。一般的对译词典，即属于多语言词典，就是以某一种语言的词作标准，来解释别一种或几种语言的词。例如《俄华大辞典》等，大都是供学习外国语文的应用的。国内几种不同民族词汇的对照以及方言词和普通话的对照，也可以编成一种对译词典，不过不一定是属于多语言词典。单语言词典，大都就本民族语言的词语来相互解释；依据解释的方法，又可分为历史的和描写的两种不同性质的词典。历史的语文词典，以供查考古语和词源为主；描写的语文词典，有的只供查考现代词语，有的不仅是供查考，还有指明语文规范的作用。现代汉语的词典，应该是这种语文规范性的词典，并且为汉语规范化工作的现阶段的总结。

这里把几种比较通行的词典简单地评介如下：

《康熙字典》和《中华大字典》　这两种字典，在解释字义时，也引征古语词，并引用古代文献，指出其来源。所以名叫字典，实则兼具有历史的语文词典的性质。

《辞源》和《辞海》　这两部词书，都是以收集词为主而兼收熟语的，原来都是百科词典而包括语文词目的。《辞源》，1915

年，商务印书馆出版发行，由陆尔奎、方毅等五十多人编纂的。1931 年，又出版一本续编，以补充正编的不足。全书以汉字做领头，每字下引证词语，详加解释，有时引用古典文献，或者附有插图。《辞海》体例相同，1938 年，中华书局出版发行，由舒新城、沈颐等五十多人编纂的。共收词语十万余条，收集范围较广，解释亦较详细。两书都以反切为注音，释义有很多太陈旧了，还有不少错误。两书都正在重编。新的《辞源》，以收集古汉语的词语为主，并包括原《辞海》中关于文史的条目，将为一种较完备的历史语文词典，并为阅读古籍用的专科词典。新的《辞海》，将以原书为基础，使成为具有中等文化水平的人学习社会科学、自然科学和文化知识的普通工具书，是一种较完备的百科词典而包括语文词目的。

《汉语词典》　这是 1946 年出版的《国语词典》的删节本，1957 年 12 月改编完成的。中国大辞典编纂处编。原书收罗古今词语较多，改编时，删去其中人地名及部分专门用语，保存大部分一般词语和注解。在每个"领头字"下，收集有关的词语。按注音字母的顺序编排，复音节的词逐一注出，轻读和儿化都有标志。词目约十万条；词义解释比较详细，有注明出处或引证文献来说明的必要时，则分列举出，加深对词义的解释。1959 年 1 月重印时，在后面增加注音字母和拼音字母对照索引。为近十余年来一般人应用的较完备的规范性语文词典。只是旧词收得太滥，新词多未及收，有些词义解释得不妥或错误。

《四角号码新词典》　商务印书馆编辑，1950 年初版。共收单字八千个，复音词和成语两万条。单字下，用注音字母、拼音字母及同音汉字注音。词义的解释通俗浅显易懂。单字以四角号码的顺序编排。供一般人学习文化时的参考，有相当价值。

《学文化词典》　中华书局辞海编辑所编辑，1958 年 11 月初

版。共收单字三千六百多个，单字下附有一般通行的词及熟语，解释简单，明白。用拼音字母及同音汉字注音。单字以笔划多少及起笔种类来编排。对一般劳动人民学习文化，最为方便。

上面所举几种较通行的词典，各有其特点及用途，也各有其缺点，都不是完美的。一部现代汉语词典，应当有两大用途：一是记录和解释现代汉语丰富多彩的词汇，以作学习、研究语文的有效工具，一是确定读音、词汇和语法的规范，以实现汉语规范化，推广普通话，因而促进社会主义文化的发展。1956 年 2 月 6 日，《国务院关于推广普通话的指示》第九条里说："为了帮助普通话的教学，中国科学院语言研究所应该……编好以确定词汇规范为目的的中型的现代汉语词典。……"为了完成这个任务，为了使得这部现代汉语词典能够完美地反映汉语规范化工作的现阶段的总结，就有内容和形式上一些问题，须要得到适当的解决。

（二）现代汉语词典的内容和形式

1. 关于词典里字和词的选录问题

现代汉语词典应该是记载"现代的"汉民族共同语的词语的、从语言观点出发以词为对象的词典。但是，这种词典一方面仍然是使用汉字来记载汉语的词，另一方面又是为汉字的根本改革和汉语拼音文字的产生作准备的。为了确定词汇的规范，词典的选词，应以现代普通话的词汇为主；对于古语词、方言词、外来词及专门性的用语等，词典里要不要收入，是以它们同普通话的关系怎样来决定的；除词以外，也可以兼收构词能力很强的词素，以及非词而经常使用的成语、惯用语。

当前还在使用汉字记录汉语的时期，一个汉字可能是一个单音词，也可能是构成复音词的一部分——或者代表复音词的一个

音节，或者表示合成词中的一个词素。有些作为词素的字，例如“友谊”的“谊”，虽然在现代普通话中已经失去独立使用的资格，但它本身原来存在的字义，还是跟它所构成的词有意义上的联系；而且，这些富于活动力的词素，对于新造词的产生，经常不断地起着作用。所以，在词典中应当选收一些构词能力很强的词素。又见于成语、惯用语中的单字，例如“慭前毖后”的“毖”，也应当作为词素的例来收录。

单字当中，有字形和意义都相同而读音不同的，例如“剥开”的“剥”和“剥削”的“剥”；有字形相同而读音及意义都不相同的，例如“声调”的“调”和“调和”的“调”；这种情况，在词典里，可以分作两条。至于字形、读音都相同而意义不相同的，它们意义之间有联系的，不必分列条目；如果它们意义之间已经失去联系的，例如“花朵”的“花”和“花费”的“花”，词典里应分列作两条。

2. 关于字形和词形的规范问题

词典里所用汉字形体，应当以中国文字改革委员会规定的为标准。每字只有一个正体，其余都是异体。已简化的，以简体字为正体，繁体字为异体；没有规定的字体，以通行较广的一个字体为标准，而把普遍性较小的附于其下。同字异词，就是同一个词而用不同的汉字写出来的，例如“仿佛”“彷彿”“髣髴”等，也应以通行较广的为正式，而把普遍性较小的附于其下。

现代汉语的词，在目前还是使用汉字来记载的时候，要受着汉字形体的限制。词典有确定各个词的形式的作用；有些不同的词形究竟认为是同一个词还是不同的词，词典里也要有启示的作用。例如同义的合成词里，有一些汉字相同而字序不同的，就是词素颠倒的合成词，只要在词义色彩和用法上有细微差别的，象“斗争”和“争斗”，“算计”和“计算”等，词典里可分做不同的条目。如果词素颠倒的两种结构在词义和用法上完全相同的，词典里应根据普遍

性的原则加以选择；但是如果两种结构在书面语和口语里都相当普遍，词典里则可以兼收，象“考查”和“查考”，“和缓”和“缓和”等等。

连接后缀“子”“儿”等的合成词，有些连接“子”“儿”等以后，在意义上没有变化的，词典里不必给它们列为词条。如果词素必须跟“子”“儿”等相接才成为词的，或者附加“子”“儿”等以后在意义上有变化的，象“桌子”“今儿”等，词典里应当把它们列为词条，也就是认为独立的词形。

重叠形式的词，有很多是在同类词素中自由推广的，象“看看”等，词典里不必给它们分列词目，也就是认为不是独立的词形。但是，如果重叠的形式在同类中不能自由推广的，象“偏偏”等；或者只有采取重叠的形式才成为词的，象“往往”等，词典里应当把它们分列词目。

此外，词典在注音的时候，用字母来拼写的形式上，应当把词的单位观念体现出来；音节连写的就是认为复音词；分写的就是认为词组；音节和音节中间加短横的，就是认为结合较松的复音词。

3. 关于词典里注音、释义等的问题

词典里的注音以受过中等教育的北京人的语音为标准；北京话中某些过土的读法，词典中不应收入。每条都应当依照汉语拼音方案的规定，用拼音字母注音；有异读的字，读音取舍根据普通话审音委员会的决定。个别异读音在一般人的口语中使用极广的，例如“谁”，又读为“shéi”，酌予保留。某字的一种读音只见于某复音词或成语中，或者只用于姓氏或地名的，例如“蚌”在“蚌埠”这个地名里念“bèng”，应在注解后另加说明。

词中某一个词素，轻读的时候，除了照本音变做轻声之外，如果还有几种变音，就以本音的轻声为标准。变调及儿化变音，一般都是有规律的，应在词典的开头凡例中讲明其规律，不必再在各条

目当中一一地注出。普通话所吸收的方言词，照普通话字音注音；但是普通话中如果已经采用方言字音，也照方言字音来注；例如"拆烂污"的"拆"，注"ca"，不注"chai"。

现代汉语的词义是非常丰富的。多义词是词典里词义分析的主要对象。词典里分析词义，首先应确定一个词在现代汉语中含有几个词义，其次就考察这几个意义相互之间的关系，并在可能范围内指明某些词的现存词义之间的发展关系。各个词的词义，在词典里应分项排列，大体上把相关的几项意义连接起来；虽然不必严格考求词义孳乳的先后，总应当把基本的或常用的放在前边，引申的特殊的放在后边。

分析某些词的意义，宜于采取比较的方法。凡是具有同义词或反义词的词，就把它和它的同义词或反义词放在一块来观察。通过全面的比较观察，就可以更确切地了解一个词的意义，并且对一个词和它的同义词或反义词真正的区别充分地理解了。词典里，反义词一般不要用来解释，有时可在释义后用括号来说明；例如"变态"，注明其跟"常态"相对。

词的使用范围和意义色彩，应在词典里加以注明。因为专门性或特殊性的词语，是词汇在发展和丰富的过程中的必然产物，使得语言在任何场合有表达各种特殊内容或情调的充分力量。这样的词语，既然在范围上有所限制，在词典里就不仅要说明它们意义的本身，同时还要注明它们的使用范围；这也是扩大普通话词汇规范的影响的一个重要途径，同时，也使读者因而更能正确地掌握这些词语的用法。

4. 关于编排的问题

现代我国通行的字典、词典的编排方法，有部首、笔划、笔形、音序四大类型，细分起来有几十种；前三个类型都注重汉字的形体，后一个类型注重汉字的读音，各有各的优点和缺点。

过去字书，主要是用部首制来编排的，对汉语词典编纂上的影响很大。但是，部首制存在不少缺点：所有的字应当建立多少部首，很难确定；部首至少有两百或一百多，不便记忆掌握；某字入某部，有些并没有一定的标准；有些字在字形上认不出应当属于哪一部；认定属于哪一部，还要计算笔划，又是一个困难；尤其在大力简化汉字的今天，有很多字典上还是照繁体来算笔划、定部首的，不合实际要求。这就使得学习的人不得不另想检字的办法。

笔划检字法，可以用起笔检字法来做代表。这是把所有的字先按笔划多少排列出次序，少的在前，多的在后。笔划相同的字，再按起笔的几种笔形来排列。优点是：不必记汉字的部首或掌握烦琐的号码，只根据笔划多少和笔形就可以找到要查的字了。缺点是：有些汉字笔划多少不容易确定；有些汉字的起笔，也没有明确规定，即使有规定也不是每个人都已掌握了。这也给使用的人带来不少困难。

笔形检字法，可以用四角号码检字法来做代表。四角号码检字法，是把每个汉字分成四个角，每个角确定一个号码，再把所有的字按着四个号码的顺序来编排的。这种办法的好处是：用来编制图书索引等，卡片比较简单，而且容易找；对不懂汉字笔划组织或没有掌握汉字部首的人，比较容易查到要找的字。缺点是：在确定一个字的号码时，必须把它一笔不苟地写出来，如果写错了一笔就找不到它了；字数多，笔划组织相类似的字也较多，因之四个号码相同的也不少，检起字来就不免费事；规定笔形号码的条例太繁，有些字本来没有四个角的，也硬按上四个号码，因之检字法本身不容易掌握。此外，汉字简化以后，简体字和繁体字就需要有两套号码，这也给使用的人一些麻烦。

音序的编排方法，在各种拼音文字的字典里都是用这种音序检字法；过去汉语字典、词典，如《同音字典》《新华字典》等，按注音

字母的次序来排列。汉语拼音方案公布之后，音序编排的方法得到了很大的方便。为了适应汉语拼音化的趋势，现代汉语词典宜按拼音字母次序编排，以词为排列单位，把词和选收的词素、词组、成语等，依据同一的"领头字"集合成为一组。这样编排的方法，可以使使用的人对词的观念有较深刻的认识，并逐渐熟习汉语拼音方案的体系，为汉语拼音化创造更好的条件；同时也使得没有掌握标准音的人逐渐掌握标准音，加速语音的规范。

所谓按"领头字"来排列，就是一种分音节而又适当照顾汉字字形的编排方法。这种方法，不是按整个词拼音的字母次序排列，而是先按第一音节的字母和声调次序排列；如果词的第一音节相同，先把头一汉字同形的（即同一的"领头字"）集合为一组，汉字笔划少的组在前，笔划多的组在后；再把同组的词、词组等，按第二音节以后的拼音次序和声调次序排列。这种排列方法，当还在使用汉字的现阶段，对于检词和了解词义，有相当的便利。

但是，音序检字法，在没有实行拼音文字之前，也还有使用上一定的困难。因为按音序来查字，必须先知道要查的字的读音，并学会它的拼法，然后按字母、声调次序来查。因此，现在许多按音序检字的读物里，总是跟部首或笔划等检字法配合着使用，就是按音序来编排之外，再有按部首或笔划排列的副本或索引。

对现代汉语词典的内容和形式，有了适当的理解，当然也就知道怎样使用它，同时也就能认定怎样进行词汇规范化的工作以及怎样把词汇和语音、文字、语法等的规范化工作联系起来进行了。

思考与练习

1. 试就手头所有的字典和词典找出其中的几个条目以及它们的注解，相互比较一下。

2. 就现在通行的几部词典找出其中的几条释义，看看它们的思想性怎样。

3. 一部现代汉语词典的选目、注音、释义，同词汇规范化工作有什么关系？

4. 词的连写规则对于词典里确定词形有什么作用？

普通话词汇

一、普通话、普通话词汇

（一）什么叫做普通话

学习汉语普通话的词汇，是学习汉语的一件很重要的事情。什么是普通话的词汇？这应该从什么叫做普通话来讲起。

普通话是全民族共同理解、共同使用的民族统一语。它是代表全民族的，不是地方性的；所以它首先不同于只在一个地区里通行的方言和土语。它是属于现代语言的范围，是指现代的民族共同语；所以它又不同于在古代通行过而在现代不通行或很少通行的古代语。现代汉语普通话是代表汉民族的，它当然也不同于其他民族的语言。普通话又是指一般人民所共同理解、共同使用的，因之它又不同于那些专门性的行业语。

普通话跟方言土语、古代语、其他民族语、行业语等，一方面是有区别的，另一方面又是有相互的密切的联系的。民族共同语是在一种重要的方言的基础上发展起来的，民族共同语里的许多主要成分就是由于承受着这种“基础方言”而来的；同时它又从其他各种方言或土语当中吸收了一些有用的成分，来充实和丰富自己。因之，普通话比起任何一种方言或土语来，总是要丰富得多、精炼得多。不但这样，民族共同语在它的发展过程当中，又继续不断地从古代语里，从其他不同的民族语言里，从各种专门性的行业语

里，吸收了许多它所需要和适用的成分来充实和丰富自己，以担负起作为全民族交际、斗争和交流思想的工具的重大任务。

由于民族共同语的形成有多种多样语言成分的来源，由于它的发展的历史跟各种方言土语、古代语、一些其他民族语、各种行业语等有相互的密切的联系，由于它所包含和吸收的语言成分是这样丰富而复杂，因此，它在实际运用当中，在语文教学的实施当中，必定要求有一种明确、具体的规范。尤其在目前，我国正在进行伟大的社会主义建设，更需要使用这种全民族交际、斗争和交流思想的工具的时候，我们更迫切地要求民族语言的规范化。

语言包括语音、词汇、语法三种要素，我们从这三方面来确定汉民族语言的规范。现代的汉民族共同语，明确、具体地说，“就是以北京语音为标准音，以北方话为基础方言，以典范的现代白话文著作为语法规范的普通话”。[①] 这种普通话是在近代北方话的基础上发展起来的；北方话的核心地点就是我国现在的首都北京，所以普通话的语音方面以北京语音为标准音。近代北方话本身的发展，使它成为我国的一种最重要的方言，就是官话方言；[②]近代白话文著作的绝大部分是根据这种官话方言来写的，所以普通话的语法方面以典范的现代白话文著作为规范。普通话的词汇方面，也以官话方言的词汇为基础，又从其他各种方言土语里、古代语里、一些其他民族语里、各种行业语里吸收了许多有用的成分；普通话的词汇，包括着汉语当中的已经或即将发展成为全民族所共同理解、共同使用的词汇。

下面专门来讨论关于普通话的词汇问题。

---

① 《国务院关于推广普通话的指示》，见《现代汉语规范问题学术会议文件汇编》，科学出版社，1956 年，第 249 页。

② 官话方言是指普通话的基础方言，除了北方官话以外，还包括西南官话和下江官话。

（二）普通话的词和词汇

普通话的词汇，以官话方言里所使用的词来做基础，举例说明如下：

我们说“今天下雨”这句话，包含有“今天”“下”“雨”三个词；普通话里使用的这三个词，实际就是从北方话里来的。这句话，在各种非官话区域的方言里说起来是：“今朝落雨”（苏州话，代表“吴语”方言），“今日落雨”（广州话，代表“粤语”方言），“今旦坠雨”（福州话，代表“闽北话”方言）。现在普通话里说“今天”，不说“今朝”“今日”“今旦”；说“下雨”的“下”，也不说“落”“坠”。

我们说“喝茶”，也是从北京话来的。上海话（代表“吴语”方言）把“喝茶”说成“吃茶”，广州话说成“饮茶”，福州话说成“食茶”；普通话对于“茶”说“喝”，不说“吃”“饮”“食”。

又如北京话里“洗脸”的“脸”，上海话说成“面”；北京话里“走路”的“走”，广州话说成“行”；普通话说“洗脸”“走路”，不说“洗面”“行路”。

我们从这些例子，可以看出普通话词汇里许多词，主要是采用官话方言的。

为什么普通话的词汇以官话方言里的词来做基础呢？

第一，因为官话方言比起国内其他方言来，使用的地域最广，人口最多，在同一方言区域里通用的程度也最大；这些词，在官话区域里共同理解、共同使用，在全国方言当中，也有极大的普遍性。新中国成立以来，全国空前统一，政治、经济高度集中，文化、教育加速普及，各地人民交接来往频繁，官话方言的词，使用得更加普遍，传播得更加广泛了。

第二，因为近代的六七百年当中，用白话文写的文艺作品，大

多数是根据官话方言，有的就完全是根据北京话；这样以北京话为核心的官话，进入了书面语言里，经历了长久的提炼，影响了全国人民的语言；最近几十年来，它又通过报纸、杂志、广播、话剧、电影等各种不同的方式，更广泛、深入地传播到全国各地。这样书面语和口头语的交互影响，自然使得官话方言里的许多词，随同汉语诸法的规范，通行于全国各地了。

第三，因为北京是近代政治、经济、文化的中心，是现在我国的首都，实际上全国人民久已公认了以北京语音做普通话的标准音，因此，和北京语音有密切关系的北京词汇里的词，基本上也就被一般人民选择使用。

这样看来，以北京话为核心的官话方言，在词汇方面作为民族共同语的基础，正是符合于我国语言和社会发展的趋势的。

但是，我们又必须知道，普通话词汇只是以官话方言里的许多词来做基础，并不是把官话方言里所有的词不加选择的都承受过来。民族共同语的各种要素并不等同于它的基础方言所有的因素。作为官话方言核心的北京话里有些词，是在一般书面语里很少见的，而且地方色彩太浓，不容易为全民族所了解，就不应该承受来作为普通话的词。例如北京话里把"疟疾"说成"摆子"，把"老鼠"说成"耗子"，把"火柴"说成"取灯儿"，把"步行"说成"步辇儿"等，这样的词并没有通行全国而进入普通话词汇的趋势。由此可见，官话方言里的词，虽然很多发展成为普通话词汇的词，但只是限于那些已经或容易为全民族所共同了解和接受的词。

普通话的词汇并没有把官话方言里所有的词都承受过来，可是它比任何一种方言的词汇要丰富得多、精炼得多；这是由于它还吸收了基础方言以外的许多词，同时还把吸收来的许多词都加以提炼而成为民族共同语的材料。普通话把一些非官话区域的方言的词，也吸收过来，变成全民族使用的词。例如上海话的"垃圾"

“瘪三”“尴尬”“名堂”等，因为用来表示特殊的意义，时常在书面语里出现，就逐渐转移到一般人民的口头语里来了。

同样，现代普通话又吸收一些古代语的词，使它们也变成现代汉语的成分；例如“企图”“酝酿”“累积”“矛盾”等。普通话又把一些外来词，例如“干部”“逻辑”“手续”“拖拉机”等，变成本民族语里的成分。同时，它又使一些专门用语成为一般使用的词；例如“战线”“突击”“堡垒”“进军”等，这些原来是军事上的专门用语，现在词义起了变化，成为一般人民通常使用的词了。

总之，普通话词汇的成分是丰富而复杂的，它们的来源是多种多样的，可是一经成为全民族所共同理解、共同使用的词，就成为普通话的建筑材料，不再是原来那样没有全民族共同性的东西了。普通话词汇，就是这许许多多具有全民族共同性的词的总和。

我们要讨论普通话词汇怎样地构成，必须要用历史发展的观点来分析它的各种成分的性质和来源。

（三）语言的发展和词汇的构成

汉语的系统化的词汇知识，大致可以分做下列三个部分：

1. 汉语里构词法的知识，就是关于单音词和多音词、单纯词和合成词的分别以及各种合成词的构成方式。

2. 汉语的词义学的知识，就是关于词义的种类和变化以及同义词、反义词、多义词等的现象。

3. 汉语普通话的词汇学的知识，就是关于普通话词汇当中各种成分的性质和来源，普通话在词汇方面和方言土语、古代语、其他民族语、各种专门用语的关系，以及词汇的变化发展的内部规律，及其和社会发展的关系。

这里要讨论的词汇的构成，就是属于这第三个部分。这个部

分的知识，可以使我们了解现代汉语里这样丰富多彩和简练优美的许多词怎样地形成。这对于学习词汇是有很大的帮助的。

毛主席曾经给我们指示了三条学习语言的途径。他说：“语言这东西，不是随便可以学好的，非下苦功不可。第一，要向人民群众学习语言。人民的语汇是很丰富的，生动活泼的，表现实际生活的。……第二，要从外国语言中吸收我们所需要的成分。我们不是硬搬或滥用外国语言，是要吸收外国语言中的好东西，于我们适用的东西。因为中国原有语汇不够用，现在我们的语汇中就有很多是从外国吸收来的。……第三，我们还要学习古人语言中有生命的东西。由于我们没有努力学习语言，古人语言中的许多还有生气的东西我们就没有充分的合理的利用。当然我们坚决反对去用已经死了的语汇和典故，这是确定了的，但是好的仍然有用的东西还是应该继承。”①这三条学习语言的途径，也就说明了现代汉语的词汇怎样地构成和它所以成为这样丰富、精炼的原因。人民群众的语言里的词，就是指一般人民口头上日常应用的基本词和一些成语，以及普通话词汇所吸收的方言词、行业语等。从外国或不同民族语言中吸收过来的有用的成分，就是指我们词汇里的一些外来词。古人语言中有生命的东西，就是指我们词汇里所使用的一些文言词和从古代语言流传下来的一些生动的成语。由此可见，我们要学习语言，必须认识语言词汇里具有多种多样的成分。从这些途径学习词汇，正是符合语言的发展和民族共同语的产生的途径。

语言的发展，促使民族共同语的产生。关于民族语言产生的不同的途径的问题，马克思、恩格斯曾经写道：“在任何现代发达的语言中，自发地产生的话提升为民族语言的原因，一部分是由于语

① 《毛泽东选集》第三卷，人民出版社，1953 年，第 858～859 页。

言从准备好的材料中历史地发展起来，……一部分是由于各民族的交配和混合，……一部分是由于经济、政治的集中所决定的各方言集中为统一的民族语言。”①这里所指出的民族语言的产生和发展的途径，也说明了民族共同语的词汇的各种成分的性质和来源。语言材料中历史地发展起来的部分，在词汇方面，就是指从古以来相传的许多“基本词”和现代语里沿用的一些“古语词”以及由一些“古语成分”所构造出来“合成词”。各民族的交配和混合的部分，在词汇方面，就是指本民族语言里从其他民族语里输进来的一些“外来词”。各方言集中为统一的民族语言的部分，在词汇方面，就是指民族共同语里从它的基础方言当中承受过来的许多词，以及从其他方言和各种行业语当中吸收过来的一些“方言词”“专门用语”。由此可见，民族共同语的词汇的构成，是民族语言从各种不同的途径上产生和发展的结果。

我们应用历史发展的观点来分析词汇的构成，这不但对于学习词汇方面有极大的帮助，而且对于推广普通话和促进汉语规范化，也有重大的现实意义。

（四）现代汉语词汇的规范化

民族共同语的词汇，在发展和形成的过程当中，把各种不同来源的成分集中起来，吸收过来，同时又加以提炼，使自己成为一种又丰富又精炼的词汇。所谓“集中”和“吸收”，决不是兼蓄并包，而是经过适当的选择和取舍。词汇规范化的意义，就是根据这种客观发展的事实和趋势，适当地用人为的方法来规定一些选择和取舍的标准。社会对于客观的法则并不是无能为力的。对于现代汉

① 转引自契科巴瓦《语言学概论》第一编，高等教育出版社，1956年，第96页。

语词汇的规范化工作，一定要通过周密的调查和研究，根据语言的发展规律，选定哪些词把它们归进到普通话词汇里来，而舍弃另外一些词。这种规范化工作，对于语言的发展影响很大，使得普通话词汇更趋于丰富和精炼。

关于现代汉语的词的选择和取舍标准，主要可以归纳为下列三个原则：

第一，普遍性的原则。一般普遍应用的词，或者使用频率比较高的词，应该采用到普通话词汇里来。现代民族共同语的词汇，既然以官话方言为基础，所以在规范化的工作当中，首先应该选定基础方言当中最普通的词。例如在官话区域里，“馒头”这个词，有“馍、馍馍、蒸馍”等意义完全相同的词；因为“馒头”的普遍性较大，就采用为普通话的词，而舍弃“馍”等词。“玉米”，也有“苞米、棒子、包谷”等不同的名称；也因为“玉米”的普遍性较大，选定它为普通话的词。官话方言里有些地方色彩很浓的词，应该加以舍弃。[①]有些古语词，只在文言文里应用而在现代语里已经成为死词了，例如“黎民”（人民）、“昧爽”（早上）、“莅临”（来临）、“俾”（使）、“疵”（毛病）、“迎迓”（迎接）等，应该加以舍弃。对于一些外来词，也要采取最通行的，而舍弃方言性译名或不很普通的译名；例如我们取“汽水”而不取“荷兰水”，取“水泥”而不取“洋灰、水门汀、士敏土”等等。普通话的词，总是已经或即将为一般人民所普遍使用的词。

第二，需要的原则。为着表达上的需要，普通话除了从基础方言里接受许多主要的词以外，还必须采取一些方言词、古语词、外来词、专门用语等。例如上海话的“尴尬”，有它的特殊的意义，它跟“狼狈”“棘手”“窘”“可怜”等的意义都不完全相同，所以采取到普通话词汇里来。又如“觊觎”这个古语词，跟“希望”“盼望”“期

---

① 参看郑奠《现代汉语词汇规范问题》，见《现代汉语规范问题学术会议文件汇编》，第72～80页。

待”“企图”“羡慕”等的意义都不相同，不但在书面语里应用，而且也逐渐进到一般口头语里来了。[①] 同样，普通话里要采用的一些外来词、专门用语及成语等，也都是在表达意义和表现实际生活方面所不可缺少的。当然，我们要坚决反对滥用方言词、古语词、外来词等；因为滥用的结果，不但不适合于我们的需要，而且会造成语言的混乱，损害民族语言的纯洁和健康。普通话里的词，总是适用于一般人民的生活的。

第三，意义明确的原则。为了要使得人们容易了解，不致发生误会，普通话里要采用意义明确的词。例如“轮船”，在各地方言里又有“火船”“车船”“电船”等不同的名称；普通话里采用“轮船”，不但是因为它的普遍性较大，而且它在表达意义方面也是最为明确。又如“摄影机”和“照相机”，“烧夷弹”和“燃烧弹”，“论理学”和“逻辑”，“劳动时间”和“劳动日”等等，都是同一事物的不同的名称，我们选定“照相机”“燃烧弹”“逻辑”“劳动日”等作为普通话的词，而舍弃“摄影机”“烧夷弹”等，也是从意义表达的明显和确切程度比较而来。我们反对在普通话里滥用方言土语、硬搬外来语，反对引用生僻的古语词和已经死了的典故，就是根据普遍性的原则和意义明确的原则来确定的。

上面所说的关于词汇规范化的三种原则，不仅适用于词的选择和取舍标准，也适用于“简称”“破词”“造词”等方面。例如“劳动模范”可以简缩做“劳模”，可是“战斗英雄”不能简缩做“战英”“战雄”。“土地改革”可以简缩做“土改”，可是“生产救灾”不能简缩做“生救”。“鞠躬”“洗澡”，可以容许破开，说成“鞠了一个躬”“洗了一次澡”；可是“报告”“会议”，就不容许有“报了一个告”“会了一次议”的说法。又如“盖罩”“丰奢”“古久”“疵病”“帮翼”等这样硬造

① 参看中国文字改革委员会中国大辞典编纂处：《同音字典》，五十年代出版社，1955 年，第 337 页。

的生词，也不应该使用。这是因为普通话里所使用的词汇一定要求符合于一般人民的习惯，适合于实际生活的需要，并且能够明确地表达意义的。

根据词汇规范化的原则来规定词的选择和取舍标准，并且把选取的结果付诸实施，这就是词汇规范化的工作。这种工作的实施，不是采用强迫命令的方法，而是因势利导，使用扩大影响的方法。例如编纂规范性的现代汉语词典，审订普通教育上应用的语文教材，订定政府机关以及新闻界、出版界的语文审查制度，大力推广普通话等，都是关于词汇规范化的工作。我们要进行这种工作，必须具备关于词汇的构成和发展的知识，必须用历史发展的观点来分析现代汉语词汇里所包括和吸收的基本词、古语词、方言词、外来词、专门用语和一些成语的性质。

二、基本词、基本词汇

（一）什么叫做基本词

根据上面举出的词汇规范化的三个原则来说，普通话词汇里有些词是全民族共同使用得最多的，一般的生活当中最必需的，意义最明确、为一般人民所共同理解、几乎用不着什么解释的。这样的词是语言词汇当中最主要的词，是属于语言的一种基础、一种特点的本质。我们把这样的词划入基本词汇的范围，叫它们做基本词。

哪些词是普通话的基本词呢？举例如下：①

关于自然界的事物和现象的，如“地”“天空”“山”“水”“风”“雨”“云”“太阳”“月亮”“星”“树木”“花”“草”“虫”“鱼”“鸟”“牛”“羊”“马”“鸡”“老虎”等。

关于人体各部分的名称，如“人”“身体”“手”“头”“脑子”“脚”“嘴”“脸”“耳朵”“鼻子”“骨头”“眼睛”“眉毛”“牙齿”“皮肤”“肌肉”“肚子”“腿”“臂膀”“肩膀”等。

关于亲属关系的名称，如“父亲”“母亲”“兄弟”“姊妹”“儿子”“女儿”“丈夫”“妻子”“爱人”“朋友”“伯父”“叔父”“爸爸”“妈妈”“姐姐”“哥哥”“舅舅”“婶婶”“祖父”“孙子”“儿媳”等。

---

① 这里只是举出一些例子，并不是讲基本词的种类。

关于劳动和防御的工具以及生活的用品的，如“刀”“房屋”“枪”“犁”“锄头”“笔”“纸”“碗”“杯子”“门”“窗户”“书”“桌子”“椅子”“床”“饭”“菜”“茶”“灯”等。

关于方位、处所和时间的名称，如“上面”“下面”“前头”“后头”“里面”“外头”“中间”“东边”“西边”“今天”“早晨”“今年”“去年”“上午”“晚上”“春天”“秋天”“明天”“从前”“以后”“北方”“南方”等。

关于事物通常的行动和变化的，如“走”“念”“写”“说”“吃”“喝”“拍”“打”“拉”“拔”“看”“扯”“开”“关”“写作”“阅读”“观察”“来”“去”“有”“死”“活”“起来”“下去”“变化”“发展”“愿意”“喜欢”“想”“肯”“敢”等。

关于事物一般的性质和状态的，如“好”“坏”“高”“低”“大”“小”“轻”“重”“黑”“白”“红”“绿”“青”“黄”“美丽”“难看”“勇敢”“活泼”“快乐”“悲哀”“暖和”“热”“冷”“辛苦”“光荣”“伟大”“优秀”“适当”等。

关于事物的数量的，如数词的“一”“二”“三”“四”“十”“百”“千”“万”“单”“双”等，量词的“个”“只”“位”“条”“座”“匹”“斤”“尺”“分”“秒”“次”“回”“趟”等。

还有用来指称和代替事物的代词，如“我”“你”“他”“他们”“这”“那”“谁”“哪”“哪儿”“怎样”“什么”等。

还有判断词的“是”，介词的“从”“往”“把”“向”“被”“到”等，副词的“很”“都”“再”“就”“常常”“太”“最”“更”“不”等，连词的“和”“跟”“或者”“但是”“因为”“所以”“并且”“而”等，助词的“的”“吗”“了”“呢”“吧”“呀”等，以及叹词的“啊”“唉”“嗯”“喂”等。

这些基本词，有的是属于实词，有的是属于虚词，都是一般人民所共同理解、实际生活当中所必不可缺少的，在普通话里使用的频率最高、普遍性也最大。它们是属于汉民族语言的一种基础，不

但不能用别的民族语里一些词来代替，也不能用本民族语里别的一些词来代替；所以这些基本词是普通话词汇当中最主要的词。

普通话是以北方话为基础方言，它的这些主要的基本词，很多是和官话方言相同而和其他方言不同的，也就是说，其中许多是从官话方言里承受过来的。因此我们可以认识，近代官话方言对于普通话词汇的形成和发展起了很重要的作用。

但是，我们又必须知道，普通话里的基本词，有许多是从古代语言里继承下来的，还有一些是随着社会和语言的发展而产生的。

（二）基本词汇的性质

基本词汇有三种主要的性质：第一，全民性；第二，稳固性；第三，有作为构造新词和词组的基础的能力。

上面所举关于基本词的许多例子，依据这些词的意义来说，它们所代表的事物都是在一般人民生活当中最重要的，它们所表现的功能也都是在实际语言里所不可缺少的；因之这些基本词，在我们的语言里使用最频繁，占据着我们“常用词汇”的主要部分。凡是要用汉民族共同语来进行交际的人，必须掌握普通话里的这些基本词；因为不论他属于哪个阶层，干哪种行业，他总不能不经常使用这些在一切生活中最必需的词，在语言组织中不可缺少的词。这就是基本词汇的全民性。

斯大林说：“语言的词汇中的主要东西就是基本词汇，其中包括所有的根词，成为基本词汇的核心。基本词汇是比语言的词汇窄小得多的，可是它的生命却长久得多，它在千百年的长时期中生存着并给语言构成新词的基础。”[1]因为许多基本词所代表的事

---

① 斯大林《马克思主义与语言学问题》，人民出版社，1953 年，第 21 页。

物，不但在一般生活中有极端的重要性，而且在社会和语言的历史上也有长时期的稳定性；这些事物本身的稳定性，就使得代表它们的这些基本词也在千百年的长时期中生存着。所以普通话的基本词汇里，存在着一些最古老的词，从上古一直使用到现在。例如"男""女""父""母""马""牛""羊""鸟""虫""鱼""水""火""土""木""日""月""大""小""来""受""一""二""十""千""我""其""不""在"等字，在甲骨文里已经见到了。这些字所记录的词，大概从汉民族和民族语言的产生的时候起，就一直存在着，使用着。这就是基本词汇的稳固性。

斯大林说："譬如：把'水''地''山'……等等不叫做水、地、山等等，而叫做旁的名称，又有什么必要呢？……在历史上，没有特别必要的时候，决不会作什么重大改革的。"[①]语言里词汇的发展和变化，是反映着社会的发展和需要的。基本词汇的稳固性，是反映着客观现实事物当中一部分稳定的现象，同时也是为着维持语言本身历史的连续性。因为语言的发展和变化，是在人们实际运用和相互传习当中进行的，所以语言词汇里的许多基本词在许多历史时期当中很好地保存和使用着，就使得语言在社会上一代一代地连续下去，继承下去，不致有一个时期会发生相互交际中断的现象。

不但如此，许多基本词由于经常地广泛地使用着并且长时期地生存着，又给了语言构造新词的基础，因此更促进了语言词汇整个的发展。语言词汇里由于反映社会的发展和需要，不断地产生许多新词；新词的构造，常常用这些原有的基本词来做根据。例如用"人"这个词来做根据，把它跟别的词或别种成分结合起来，就造出"男人""女人""人民""人类""人种""人物""人口""人才""人力"

---

① 斯大林《马克思主义与语言学问题》，人民出版社，1953年，第6～7页。

"人手""人生""人事""人情""人选""人权""人道""人格""人工""人家""工人""生人""熟人""新人""好人"等词。又如用"地"这个词来做根据,把它跟别的词或别种成分结合起来,就造出"土地""地位""地方""地理""地图""地址""地势""地震""地雷""地层""地基""地球""地平线""地中海""地心吸力""地下工作""地大物博""地动山摇"等这些词或词组。[①] 这就是由于基本词汇有作为构成新词和词组的基础的能力。

基本词汇里有许多构词能力最强的词,一方面是独立的基本词,另一方面又经常作为各种合成词的基本的构造原素,如"人""地""水""打""工""大"等,叫做"根词"。语言里用这些根词来做基础,造出了许多合成词,再根据合成词又造出了许多别的合成词。例如从"人"构成了"人道",又从"人道"构成了"人道主义";从"地"构成了"地球",又从"地球"构成了"地球仪"。语言随着社会的发展而发展下去,把这样构造出来的新词逐渐地积累起来;结果,在我们纷繁的、丰富的汉语词汇里,产生着一族一族的环绕着一些基本词周围的许许多多合成词,同时也就形成了一个以这些根词来做核心的完整的词汇系统。由此可见,基本词汇作为构成新词的基础,它的这种作用,不但使语言连续不断地发展,而且使得词汇的变化也具有极显著的系统性。

同时,我们又必须认识,基本词汇的本身也是在继续不断地发展着。

(三) 基本词汇的范围和发展

基本词汇和一般语言词汇之间,并没有截然固定的分界,因为

① 参看中国文字改革委员会中国大辞典编纂处《同音字典》,五十年代出版社,1955年,第119页。

整个语言词汇和基本词汇本身都是处在不断改变的状态中。

上面所说基本词汇的三种主要性质，并不是指每个基本词都具备的。例如有些虚词，构词能力并不很强，但它们是最常用的词，又具有极大的稳固性；所以应当把它们归入基本词汇的范围。所谓稳固性，决不是固定不变的意思，有些极稳定的事物，也在逐渐变更它们的名称。至于常用不常用，就要看社会的条件。过去最常用的词，现在有些变成生僻的词了；古代不常用的词，有些又成为现在最常用的基本词了，现在常用的词，有些将来也可能会变成生僻的词。所以全民性这个特点，是随着社会的发展、变化而发展、变化的，因此，我们不能机械地依据基本词汇的三种主要性质来断定哪个词是、哪个词不是基本词，我们必须根据语言发展的事实和社会历史的条件来划分。

斯大林说："现代语言的要素还在奴隶时代以前的远古时期就已奠下基础了。那时语言是不复杂的，基本词汇是很贫乏的，……"①现在普通话的基本词汇，是经历了千百年代的发展变化，逐渐地充实起来、丰富起来的。关于基本词汇的发展变化，大致有下列几种情况：

1. 原有事物名称的变更。例如古时候说"面"，现在说"脸"；古时候说"足"，现在说"脚"；古时候说"饮""食"，现在说"喝""吃"；古时候说"卧"，现在说"睡"或"躺"等等。这样变更名称，大概也是逐渐的过程，不能说是什么重大的改革。

2. 把原来的单音词变做复音词。例如古时候说"耳"，现在说"耳朵"；古时候说"舌""鼻"，现在说"舌头""鼻子"；古时候说"木"，现在说"树木"或"木头"；古时候说"林"，现在说"树林"或"森林"；古时候说"月"，现在说"月亮"；古时候说"窗"，现在说"窗子""窗

① 斯大林《马克思主义与语言学问题》，第24页。

户”或“天窗”等等。

3. 一方面变更名称，一方面又把单音词变做复音词。例如古时候说“目”，现在说“眼睛”；古时候说“日”，现在说“太阳”；古时候说“物”，现在说“东西”；古时候说“冠”，现在说“帽子”，等等。

4. 古代很通行的词，由于事物本身的变化，到了现在废弃不用了。例如古代社会里，有个时期曾经分做“天子”“诸侯”“大夫”“士”“庶人”这几个等级，后代社会变了，这些名称也逐渐不用了。又如古代的武器“干、戈、弓、矢”等，古代的农具“耒、耜”等，后代也逐渐不用这样的名称了。又如“跪拜”“顿首”等，也是过去常用的词，现代习俗变了，也逐渐地废弃了。

5. 过去原来是一般的词，由于社会发展成为基本词了。例如“党”这个词，过去一般不属于基本词汇的范围，到了现在具有一种特殊的新意义，用它来指“共产党”，就成为我们生活上必需的词，有了显著的全民性，同时它的构词能力也显著地加强了。如“党性”“党龄”“党课”“党校”“党章”“党证”“党费”“党史”“党日”“党委”“党员”“党中央”“党支部”“党组织”等，都是把它作为词素构造出来的合成词。因此，在现代普通话词汇里，“党”不但应该归入于基本词汇的范围，而且成为基本词汇的核心的根词了。

6. 由于社会的发展，大批新造的用来代表新事物的词，也有很多进为基本词汇。例如“民主”“工厂”“机器”“飞机”“轮船”“火车”“铁路”等，都是在近代进为普通话基本词汇的合成词。又如“电气”“原子”“拖拉机”等，也逐渐成为一般人民经常使用的词了。在基本词汇里，这样添加的新词的数量，比消失了的旧词要多得多。

现代汉语的基本词汇，是经过许多年代发展、变化成功的，可是它在远古时期就已奠下基础了。所以现在普通话里的基本词，有许多是从上古的语言里继承下来的。

我们再来讨论现代语的词汇和古代语的关系。

三、文言词、怎样对待文言词

（一）什么叫做文言词

有一些文言词，在现代普通话里已经不用或很少用了，只在许多古典作品当中可以见到。这些词，是从许多文言文作品里流传下来的，所以叫做文言词。例如："予"（我）、"甚"（很）、"俾"（使）、"遁"（逃走）、"黎民"（老百姓）、"迢迢"（遥远）、"悠悠"（长久的祥子）、"萋萋"（茂盛的样子）、"婆娑"（摇摇摆摆）、"侘傺"（不得意的样子）、"叱咤"（发怒时的呼喊）、"苗裔"（后代的子孙）、"拨冗"（腾出工夫来）、"贲临"（光临）、"迎迓"（迎接），等等。

这些文言词，决不能把它们跟那些从古代一直沿用到现在的基本词混为一谈。现代语的词汇里，有一大部分的词是继承着古代语而不变的；最显著的，就是像"火""山""水""地""人""牛""羊""大""小""上""下""走""来""在"等基本词。它们是属于民族语言的基础之列，是现代语和古代语所共同的，是从古代语里保存下来而成为现代普通话词汇里的最主要的东西；虽然从来源方面说，它们是很古老的，可是在实际运用方面，现代社会上毫不觉得它们是古老的东西。

至于这里所讲的文言词，不但不属于现代语的基本词汇，而且也不属于现代语的一般词汇。因为它们在现代普通话里已经不用

或很少用,偶尔在书面语里见到,也觉得它们不是现代语言的词了。我们就来分析这种词的性质。

(二) 文言词的性质

文言词的性质,可以分做下列三方面来说:

第一,历史性的。有些文言词,它们所代表的事物到了现在已经成为历史的陈迹,而它们本身的意义仍旧不变。它们被运用在一些文言文和一些叙述历史事实的作品里,成为历史性的词。例如:"庶人""天子""诸侯""丞相""太守""朝廷""阙下""明堂""宗庙""社稷""单于""可汗""干戈""弓矢""剑""匕首""鼎""圭"等等;这些词和现代社会生活很少有联系,在现代普通话里是很少用的。

第二,陈旧的。有些文言词,虽然它们所代表的事物到了现在还是存在,或者和现代社会生活还有一些联系,可是在词的形式上,或者在一些内容的意义上,已经不适合于现代社会的应用了,如果不是为着修辞上的特殊必要而就使用到现代普通的口头语或书面语里,就会觉得太陈旧、不相称,所以说它们是陈旧的词。例如:"君子""小人""冠盖""缙绅""黎民""众庶""俸禄""廪食""不佞""稽首""鄙夫""稼穑""温、良、恭、俭、让"等等;这样的词,很少有现代生活的气息和意味,在现代普通话里也是很少用得着。

第三,书面性的。还有些文言词,在现代口头语里已经废除不用了,偶尔在书面上见到,所以叫书面性的词。例如:"予、余、吾""尔、汝""甚""俾""如此""而已""岂""焉、哉、乎、也""朝夕""盘桓""婆娑""邂逅""契阔""惆怅""瑕疵""行役""饥馑"等等。这样的词,和现代普通话口头语里意义相近的词,除声音或书写形式上不同外,还有一些情感色彩上的分别,所以当需要用它们来表示这种特殊的情感色彩的时候,也可以把它们吸收到书面语里来。它们

虽然还具有一些现代生活的气息和意味，[①]而在一般的口头语里总是不用或很少用的。

根据上面所说文言词的三方面的性质，我们就可以把这些词跟现代普通话词汇里的词区别开来。但是，现代语和古代语并不是绝对地可以划分的，现代语的词汇不但有一大部分是直接继承了古代语的基本词和其他词的，而且经常不断地吸取有用的文言词来充实、丰富自己的。

现代语的词汇里包含有许多文言成分，这常常是因书面语对实际口头语所产生的影响。因为记录语言的工具是文字，书面语当然要有口头语来做根据；但是文字的产生和应用，书面语的流行和传播，“都使语言发展起着重大的变化”。[②] 文言词常常是在古典文学和文言作品当中见到的，现代语的吸收文言词并且利用文言成分作为构成新词的材料，常常是由于这种古典文学和文言作品的传播的影响。所以我们学习古人语言，要学习这些语言中有生命的东西，要继承古代语里好的仍然有用的东西，应该有选择地从这些古典文学和文言的作品当中去研究，去吸收。

（三）怎样吸收文言词

现代汉语里采用文言词的过程，是多方面的，大致可以举出下列几点来说：

1. 现代普通话往往由于语言环境、客观事物和文体本身的复杂多样化，需要有各种意义相近而又有差别的词来反映各种特殊的情况，这时候常常适当地把一些文言词吸取过来，并且逐渐使它们成为现代普通话的词。例如：和“呼号”近义而有差异的，有“呼

---

① 因为有时候在书面里还用到它们。

② 参看斯大林《马克思主义与语言学问题》，第 24～25 页。

吁”；和“准备”“制造”近义而有差异的，有“酝酿”；和“谣言”近义而有差异的，有“流言”“谰言”；和“早晨”近义而有差异的，有“黎明”“拂晓”；和“希望”“期待”近义而有差异的，有“企图”“觊觎”等等。可见文言词的吸收，是使得现代普通话词汇里具有更多的意义相近而有微细差别的“同义词”，来反映客观现实当中各种各样的特殊情况。

2. 现代普通话又常常采用一些历史性的或陈旧的词或词组来表示讽刺的意义或其他特殊的情感色彩。例如：“土皇帝”“小朝廷”“党八股”“党老爷”“钦差大臣”“老爷式”“衙门”“钦定”“御用”“秀才”“公子”“绅士”“文质彬彬”“温、良、恭、俭、让”等等。这些，都是吸收历史性的或陈旧的词或词组来表示特殊意义的一种方法。

3. 现代普通话又常常利用一些文言词作为表示庄严的意味的。例如：“诞辰”“朝觐”（如“教徒朝觐圣地”）、“参拜”“衷诚”“铭记”“遵循”“典范”“昭著”“陵寝”“陵墓”“逝世”“哀悼”“吊唁”“志哀”“与世长辞”“永垂不朽”等。这样的文言词或词组，常见于一些古典作品当中，很少在现今日常的口头语里使用。现在这些词被利用作为表示庄重、严肃的情感色彩的词，往往使我们感到有一些“典雅”意味。文言书信里一些表示敬意的词和词组，如“谨”“幸希”“承教”“惠存”“奉陪”“恭贺”“阁下”“足下”等，也在一定场合被使用着。这是利用文言词来表示特殊意义的一个方面。

4. 有些文言词包含在相沿应用的成语或流传很广的古话中，这些词也就随着这种成语或古话保存到现代普通话里来。例如：“缘木求鱼”里的“缘木”，现在还不能任意改做“爬树”；“负荆请罪”里的“负荆”，也不能任意改做“背了棍子”；“足”“口”两个文言词，在“手足无所措”“一失足成千古恨”“口是心非”“口耳相传”等古语或成语里，也还不能完全按照现代口语词汇改做“脚”“嘴”。同样，在“饮水不忘掘井人”这句古话里的“饮水”“掘井”，还不能改做“喝

水”“开井”。这也是现代语里包含文言词的一种情况。

5. 一些由古话或成语中流传下来的文言词，经过一定时期的使用，竟然形成了现代语里很通行的新词。例如：“学习”，是从《论语》里“学而时习之”这句话形成的；“启发”也是从《论语》里“不愤不启，不悱不发”这句话形成的；“一贯”也是从《论语》里“一以贯之”这句话形成的；“矛盾”是从《韩非子》里“以子之矛攻子之盾”这句话和“自相矛盾”这个成语形成的。从流传很广的一些古话或成语当中保存着一些文言词，再利用它们来构成一些现代语的新词，例子是很多的。

6. 一些书面性的文言词，有时比意义相当的一些口语词反而流行得普遍，被运用来作为现代普通话的书面词。例如：“父”“父亲”，比“爸、爹、爷”等词反而流行得普遍，书面上写着的“父子关系”，就不必依照口语改写做“爸爸和儿子的关系”；“妻、妻子、夫人”，比“老婆、媳妇儿”等通行，书面上写着的“夫妻关系”，就不必改换做“老公和老婆的关系”；不但如此，像“父亲”“母亲”“父母”“子女”“夫妻”“夫妇”“妻子”“丈夫”“夫人”等，又从书面上回转到口头语里来了。书面语给了口头语很大的影响，使得很多文言成分从书面上流转到现今普通话的词汇里来，这也是吸收文言词的一种方式。

7. 文言文里一些代词和虚词，仍然留存在现代语的许多特殊结构当中。例如：“几乎”“不在乎”等词和词组里的“乎”，“几分之几”“光荣之家”“……之所以”等词和词组里的“之”，“其次”“其余”“大谈其文章”等词句里的“其”，“以为”“以便”“以资”等词和词组里的“以”，“善于”“有利于”“不同于”“见于”等词和词组里的“于”，“为……而……”“不是……而是……”等语句里的“而”，等等。又有许多书面性的语句结构，由于普遍的使用，也逐渐进到口头语里来。例如：“以……为首”“以……为基础”“在……领导之下”

“在……情况之下”“从……基础之上”“掀起……高潮”，等等。这些也是书面语影响于口头语的一种情况。

8. 一些现代语利用了文言词来作为构成新词的材料。基本词汇是在不断的发展变化的。古代语里的许多基本词，到了现代已经不成为独立运用的词，而只是作为构词的原素；可是它们作为构成新词的基础的能力，始终是很强的。例如：文言词的“民”，现在已经不独立运用了，但是现代语里有许多由“民”构成的合成词，如“人民”“公民”“农民”“民主”“民族”“民俗”等；文言词的“目”，现在已经不独立运用了，但是现代语里有许多由“目”构成的合成词，如“目的”“目标”“目力”“目录”“节目”“项目”等。又如“企望”的“企”和“图谋”的“谋”，现代语里也都不是独立运用的词了，而相互合成了“企图”这个词。“斩伐”“砍伐”的“伐”，也不是现代语里独立的词了，而用它来构成“伐木”“伐木场”等词。还有“非”“无”等，一般认为是文言词，而现代语用它们来构成的词和词组却很多，如“非常”“非正式”“非法”“非卖品”“无故”“无效”“无罪”“无原则”“无线电”“无产阶级”“无缝钢管”等。利用文言词来构造新词，这确实是现代语继承古代语和吸收文言成分的重要方式之一。

从上面所列举的现代语吸收文言词的许多种方式来看，我们可以了解古今词汇的连续性，书面语在词汇发展当中对于口头语的反影响，现代语这样吸收文言词的必要性。现代普通话词汇，为了使自己更充实、更丰富，还在继续不断地吸收和利用文言词。但是我们必须注意现代语和古代语的区别，不应该滥用和乱用这种历史性的、书面性的和陈旧的词和词组。

（四）运用文言词的条件

我们要充分合理地利用古代语中许多还有生气的东西，而坚

决反对去用已经死了的词和词组，所以吸收和运用文言词，必须是有条件的。怎样才是适当的吸收和运用，这是关于现代汉语里词和词组的选择和取舍的标准问题。我们也根据前面所说的词汇规范化的三个原则来谈：

第一，根据普遍性的原则来选用文言词。书面性的文言词，在现代语里还有没有生命，必须看它们在实际生活当中使用的频率，看它们在现代语言里普遍性大不大。如果一些文言词在现代社会生活当中能够通行开来，它们就逐渐脱去陈旧的和书本的气味，转进到现代普通话的口头语里来了；如果通行不开来，那它们就是死的、没有生气的东西。例如：我们用了“来临”不用“莅临”；用了“老百姓”，不用“黎民”；用了“拂晓”“黎明”，不用“昧爽”；用了“琢磨”，不用“切磋”等等。普遍的使用或者逐渐的普遍化，这是运用文言词的一种重要的条件。

第二，根据需要的原则来选用文言词。适当地采用文言词是为着表示特殊意义的需要，当然不是为着用文言而用文言。例如：说“抵京”“莅校”“购物”“从事”等，而不说“到京”“来校”“买东西”“进行(做)”等，在表示意义方面又有什么必要呢？不但没有必要，反而使得意义暗晦起来了。又如不说“悲惨”“喜爱”“毛病”“帮助”等，偏要说“悲凄”“喜嗜”“疵病”“帮翼”等。这样任意地采取文言成分来生硬地配合构成新词，而并没有表示特殊的新意义，是我们所应该坚决反对的。历史性和陈旧的词和词组，除了在叙述历史事实或表示讽刺意义、庄严意味等有特殊作用的时候以外，也应该反对运用。

第三，根据意义明确的原则来选用文言词。普遍使用的词或词组，常常是意义明显，容易为一般人所了解的；反转来，生僻、生硬的词或词组，常常是意义暗晦，为一般人所不懂的。例如“璀璨”“葳蕤”“嶒嶝”“夭夭”等，这样陈旧的和书面性的词，现在一般人是

用不着的，也是一般人所不懂的，当然不要采用。我们不是古代文人学士的学生，写文章要给老百姓看的，除了一些用来表示特殊的庄严意味的以外，当然不应该故意地舍弃现成的口头词，而运用意义反而较为暗晦的文言词。还有一些现象是自己对于一些文言词语不很了解，而就随便使用。例如说“冠盖全球”，原意大概是指“冠于全球”，可是“冠盖”是指“帽子和车伞”；说“教益人民”，原意大概是指“教育人民”，可是“教益”是指受到的教育和帮助（文言书信里常用的名词）。这样的随便使用，是不好的，应该注意避免。

总之：古代语和现代语在历史的发展当中并不是可以分割开来的。现代普通话词汇里所吸收的文言词，是普通话词汇本身所不可缺少的一种构成部分，是使得普通话词汇成为丰富和精炼的一个重要因素。但是，为了保持普通话词汇的纯洁和健康地发展，我们必须坚决反对滥用和乱用文言词。

我们再来讨论普通话词汇和方言的关系。

四、方言词、怎样对待方言词

（一）什么叫做方言词

方言词是指流行于某个地区而没有在民族共同语里普遍通行的词。方言词所流行的地区，有比较广大的，也有比较狭小的。在很狭小的地区里流行的方言词叫做“土语词”，例如上海话的“白相”（玩），福州话的“目睭”（眼睛），广州话的“靓”（漂亮），北京话的“取灯儿”（火柴）、“洋刺子”（玻璃瓶子）等。有些方言词，虽然流行的地区比较广大，例如吴语方言的“侬”（你），粤语方言的“佢”（他），“客家话”方言的“其”（他）等，但是并没有为全民族所共同了解、共同使用，就不应该归入普通话词汇的范围。因之，方言词是只有方言地区内的共同性，而没有全民族的共同性的词。

方言词既然受了地区的限制，所以各个不同地区的方言词汇，它们的相互之间以及它们和普通话词汇之间，都常常有纷歧错杂的现象。这种现象，大致可以分做下列的三方面：

1. 同词异音——同一个词而语音不同。汉语方言的歧异，在语音方面是很显著的。例如同是“我”这个词，北京话的音是[uo]，[①]上海话是[ŋu]，广州话是[ŋo]，福州话是[ŋuai]，厦门话是

① 用方括弧标出的音标，是国际音标。

[gua]。又如"鸟"这个词,北方话是"niǎu"的音,南方很多地方是"diǎu"的音。[①] 又如广州话和客家话都把"荒唐"说成"方糖"(有ㄈㄤ而没有ㄏㄨㄤ),潮州话恰恰相反,把"方糖"说成"荒唐"(有ㄏㄨㄤ而没有ㄈㄤ)。[②] 福州话里也没有[f]、[ㄈ]这种唇齿摩擦音,所以"发动"容易听做"花动","浪费"容易听做"浪会","奋斗"容易听做"混斗","地方"容易听做"地荒",等等。[③] 又如吴语方言地区里,有很多人把"乌龟"说成"乌居"(ʮy),把"归来"说成"居来",等等。像这样语音差异的现象,很容易使我们误会为词本身的纷歧;所以现在研究普通话词汇和方言词汇的关系,首先应该注意这种"同词异音"的关系。

2. 同词异义——同一个词而所表明的意义不同。同一个词,在各处方言之间,常常有涵义纷歧的现象。例如上海话的"吃",北方话里分为"吃""喝""吸(抽)",所以上海话里把"吃饭、喝茶、吸烟"说成"吃饭、吃茶、吃烟"。又如客家话的"食",涵义很广,例如"食饭、食水、食烟";而在官话方言里,"食"一般只当做名词用(例如"肚里没食")。又如广州话的"讲",实际等于官话方言的"讲"和"说";广州话的"爱",大略等于官话方言的"爱""要""喜欢";广州话或厦门话的"肥",大略等于官话方言的"肥"和"胖";福州话的"汤",大略等于官话方言的"汤"和"热水";官话方言的"快",大略等于广州话或福州话的"快"("飞快"的快)和"利"("快刀"的快,说成"利",锋利的意思);官话方言的"瘦",大略等于苏州话的"瘦"("瘦子"的瘦)和"精"("瘦肉"的瘦,说成"精",和"肥肉"的肥相对);等等。像这样词义纷歧的现象,在普通话词汇和方言词汇之

---

① 参看周祖谟《汉语词汇讲话(十三)》,《语文学习》1956年11月号。

② 参看王力《广东人怎样学习普通话》,文化教育出版社,1956年,第150页。

③ 参看高名凯、林焘《福州人怎样学习普通话》,文化教育出版社,1956年,第23～24页。

间的关系，就是“同词异义”的关系。我们研究和学习普通话词汇，必须特别注意这种现象，以防止词义上的误会和混乱。

3. 同义异词——所表明的意义相同而所使用的词不同。同一种事物或意义，在各处方言之间，常常应用各异的词来代表或指明。例如：“太阳”，很多地方叫做“日头”，湖北的一个地方叫“日亮”，北京土话里也有叫“老爷儿”的。“月亮”，广州话、客家话都叫“月光”，福州话叫“月”。“下雨”，上海话、广州话、厦门话都说“落雨”，福州话说“坠雨”，客家话又说是“落水”。“白天”，广州话说“日间”，福州话说“日中”。“冷天”，福州话说“冻天”。“厨房”，福州话说“灶前”，吴语方言里很多说“镬灶间”或“灶间”。“煤油”，上海话说“火油”，福州话说“洋油”，广州话又说“火水”。“肥皂”，福州话说“胰皂”，广州话说“番枧”，客家话里有些说“洋碱”。“伞”，广州话、客家话都叫做“遮”。“筷子”，南方的很多地区叫“箸”。“他”，广州话说“佢”，上海话、福州话、厦门话都说“伊”，客家话说“其”。“什么”，上海话说“啥”，广州话说“乜(mie)野”，客家话又说“乜介”，等等。像这样用词纷歧的现象，在普通话词汇和方言词汇之间的关系，就是“同义异词”的关系。一般所谓方言词汇的歧异，主要是指这种现象。

从上面举出的三种歧异的现象——同词异音，同词异义，同义异词——看来，就会产生一个问题，就是在这样纷歧错杂的各处方言词汇里面，怎么会产生一个具有全民族共同性的普通话词汇出来？

（二）方言词汇的集中化

前面讲过，民族语言产生的一个重要途径，是由于经济、政治的集中所决定的各方言集中为统一的民族语言。在各种方言集中

化的过程当中，基础方言对于民族共同语的产生是起了决定性的作用的。现代汉语普通话词汇的形成和发展，也是由于官话方言在这种集中化的过程中起了主要作用。这也可以分做下列三个方面来说：

第一，对于语音纷歧的现象，有了北京语音来做统一的标准音。前面讲过，北京是我国近代政治、经济、文化的中心，也是官话方言地区的核心地点；所以普通话里许多词的读音，以北京语音为标准。在北京话的读音当中，尤其以受过中等教育的北京人的语音来做具体的标准，不采取对某些词的过于土俗的读法。[①] 所以现代北京的读书音，是普通话词汇在语音方面的唯一的规范。例如："把"（"把书拿来"的把），应当以北京读书音的"bǎ"做标准音，而不采取口语音的"bǎi"；"谁"，也采取北京读书音的"shuéi"，而不采取口语音的"shéi"；"颜色"，也采取北京读书音的"jánsè"，而不采取口语音的"jánshái"；等等。[②] 不但许多在官话方言里的词，要依据这种标准音，而且有些从其他方言土语里吸收过来的词，也要照着北京音来念，而不采取原来方言土语的读法。例如"垃圾"在普通话里的音是"laɥi"，而不是"lese"了；"尴尬"，在普通话里的音也应当是"gangà"，而不是"gɛgà"等等。[③] 这是针对着各种方言之间许多同词异音的关系，而使它们的语音趋向于集中化的。

第二，对于词义纷歧的现象，也以北京话或官话方言里习用的涵义来做标准。普通话词汇之所以以官话方言里的词来做基础，就是因为官话方言的词有极大的普遍性；因之，同样的词，在其他方言地区所用来表示的意义和官话方言里所通行的涵义不相一

① 参看郑奠等《中型现代汉语词典编纂法》第二章《注音》，见《中国语文》1956 年 8 月号，第 39 页。

② 同上。

③ 同上书，第 40 页。"ɛ"是代表国际音标的〔ɛ〕，较〔e〕要开的元音。

致，就不应该采用，免得引起语义上的混乱。基础方言，在民族共同语的词汇方面所起的作用，不但供给了许多主要的词，而且把许多词确定了它们的音读，又确定了它们的意义和用法。例如“食”，在官话方言里只当做名词“食物”用，普通话里就不采取它像客家话里那样（说“食饭、食水、食烟”）作为动词的用法。又如广州话的“走”，是“跑”的意思；广州话的“喊”，是“哭”的意思；福州话的“笛”，是指“箫”；而福州话的“箫”，又是指“笛”；此外，“奶奶”跟“妈”，“奶奶”跟“媳妇”，“媳妇”跟“儿媳妇”，“房”跟“屋”，“馄饨”跟“饺子”，“馒头”跟“包子”，“苍蝇”跟“蚊子”，“脏”跟“马虎”，“盘”跟“碟”，“壮”跟“肥”，“叫”跟“哭”，“芋头”跟“白薯”，“听”跟“闻”（用鼻子嗅），“米粉”跟“米粉条”，等等，有些地方是相混的；关于这样的词义区别，大都以官话方言或北京话里通行的意义来做标准。这又是针对着各种方言之间许多同词异义的关系，而使它们的语义趋向于集中化的。

第三，对于用词纷歧的现象，普通话词汇里首先采取官话方言当中最通行的词来做基础。前面讲过，普通话里的许多基本词，是从官话方言里接受过来的。例如：普通话里说“今天”“明天”，不说“今旦”“明旦”，“今朝”“明朝”，“今日”“明日”；说“吃”“喝”，不说“食”“饮”；说“脸”，不说“面，面孔”；说“鼻子”，不说“鼻头”“鼻哥”“鼻公”；说“嘴，嘴巴”，不说“口”“口嘴”；说“很好”，不说“蛮好”“好好”“尽好”；说“你”，不说“侬”“汝”；说“他”，不说“伊”“佢”“其”；说“来了”，不说“来哉”；说“做什么”，不说“做啥”“做啥子”；说“怎么”，不说“咋”；说“公鸡、母鸡”，不说“雄鸡、雌鸡”“鸡公、鸡婆”“鸡公、鸡乸（na）”等等。凡是同样的事物，在官话方言和其他方言地区使用了不同的词来表明的，普通话里首先总是采用官话方言或北京话的最通行的词。这是针对着各种方言之间许多同义异词的关系，而使得应用的词也趋向于集中化的。现代普通话词汇里的

主要成分，是根据它的基础方言——北方话——而来，这是方言词汇集中化的过程当中最重要的一个步骤。

从上面所说三方面的现象来看，我们可以断定官话方言对于普通话词汇的构成，是起了核心作用的。但是，我们所谓方言词汇的集中化，包含有两种主要的意义：一种是促进民族语言的标准化，使得我们在这种基础上进行语音、词汇等规范化的工作；另一种是增进民族语言的丰富性，使得普通话词汇更加丰富和精炼，因而加强语言的表达力。所以，现代普通话词汇除了从官话方言里接受了许多主要成分，因而扩大了普通话词汇的共同性以外，又从各种方言土语当中吸收了许多适用和需要的成分，来充实和丰富自己。

（三）怎样吸收方言词

毛主席指示我们："要向人民群众学习语言。人民的语汇是很丰富的，生动活泼的，表现实际生活的。我们很多人没有学好语言，所以我们在写文章做演说时没有几句生动活泼切实有力的话，只有死板板的几条筋，像瘪三一样，瘦得难看，不像一个健康的人。"[①]我们必须从各种方言土语当中去吸收一些生动活泼切实有力的词，来丰富我们的词汇，加强我们语言的表达力。关于"文学语言"和方言的关系，契科巴瓦说："文学语言甚至在它形成的时候就多少要超出基础方言（这是它的主要的营养动脉）的范围。在继续发展的过程中，它也利用其他方言的材料。……方言词汇补充文学语言不足的地方，把文学语言丰富起来。……文学语言的发展是与诸方言的发展不一致的，然而方言口语就充当它的滋养源

① 《毛泽东选集》第三卷，第858页。

泉。”[①]所以普通话词汇，在它的形成和发展的过程当中，一定要吸收许多方言词。

关于普通话里吸收方言词，大致有下列的几种方式：

1. 普通话里把各地方言当中所使用的词集合起来，作为意义相近似而有微细差别的“同义词”。例如：“行”“走”[②]“跑”，普通话里都用得着：“行军”要用“行”，“走路”要用“走”，“快跑”要用“跑”。“作”“干”“搞”，也都用得着：“他作事很好”这一句里要用“作”，“你要好好的干！”这句里要用“干”，“他把事情搞垮了”这句里又要用“搞”。[③] 同义词有丰富语言词汇的作用，就是由于各种现实事物和语言环境的变化，需要意义相近似而有差别的词来反映。各地方言里常常使用的不同的词，普通话就利用了方言词的集中化来把它们作为同义词，以增进语言的丰富性和严密性。例如“睡”“眠”“睏”“鼾”这些词，在各地方言里很多是相混的，而在普通话里用来表示有微细差别的意义：“入睡”用“睡”，“失眠”用“眠”，“睏倦”用“睏”，“鼾声大作”用“鼾”。这是吸收方言词的一种方式。

2. 普通话里常常吸收方言当中有特殊意义的词，来表明那种特殊的意义。例如：“搞”“垮”“坍台”“二流子”“里手”“把戏”“搭档”“垃圾”“尴尬”“瘪三”“噱头”“名堂”“啥”“蹩脚”“陌生”“扯皮”“拆烂污”，等等，都是生动活泼切实有力的词或词组，普通话里把它们吸收过来，以表示各种特殊的意味。这又是一种方式。

3. 原来是同一个词，由于方言的歧异，发生单音和复音的不同，普通话里把它们两种不同的形式，作为不同的词，用来表明特

---

① 契科巴瓦《语言学概论》第一编，高等教育出版社，1956 年，第 108 页。

② 这样的词一方面也是从古代语上继承下来的。因为古代语里的词原来有些是古代方言集中化的结果，而有很多保存在现代方言当中的，所以方言的集中化和继承古语词及吸收文言词，有不少相互交叉的现象。

③ 参看老舍《谈用字》，见《语文学习》创刊号，第 9～10 页。

殊的意义。例如："壶"跟"葫芦"，"孔"跟"窟窿"，"巷"跟"胡同"，"角"跟"角落"等等，一般都认为是由于方言的区别，声音有缓急长短的不同，就使得"一字之音，读若二字相承之音"。[①] 就是由同一词分化做单音和复音两种形式，可是到了现代普通话里，把它们作为不同的两个词，用来表明特殊的意义。这也是吸取方言词的一种方式。

4. 在文艺语言中，为着表示人物的生动的形象，或者为着传达地方性事物的特征，使用了一些方言土语的词。例如"磨"（"咱们就这样跟他磨"），"猫"（"他们猫着腰前进"），"冒炮"（"你也不打听打听，就在这儿冒炮"），"卖呆儿"（"还站在这里卖呆儿"），"带劲儿"（"她越捉摸越不带劲儿"），等等。契科巴瓦说："假使基础方言中适当的词已经被利用了，同时又需要新的术语来表达新的概念，那末许多具体概念的名称就可以自由地由某种方言加入文学语言的词汇中来。"[②]使用方言词来突出人物形象或传达地方色彩，其实也是由于用新术语来表达新概念的需要而来。如果文艺作品的影响很大，它所引用的方言词就可能通行开来而转进到普通话词汇里来。所以这也是吸收方言词的一种方式。

5. 古语词和文言词有很多保存在方言土语当中，现代普通话利用了一些古语词来作为构造新词的材料，实际也常常就是吸收了一些保存古语的方言词。例如厦门话里"没有"说是"无"，"站着"说是"企"；广州话里"喝"说是"饮"；上海话里"脸"说是"面"等；这些都是古语词和文言词保存在方言土语当中的。现代普通话里，把"无""企""饮""面"等来作为构词的原素（例如"无产阶级""无线电"等词里的"无"，"企望""企图""企业"等词里的"企"，"饮料""饮食""饮水""冷饮"等词里的"饮"，"面子""面目""面向""表

---

① 刘师培《正名偶论》。

② 契科巴瓦《语言学概论》第一编，高等教育出版社，1956 年，第 108 页。

面”“面积”等词里的“面”，等等），一方面是运用古语和文言词，另一方面也是吸收方言词。这又是一种方式。

6. 有些方言词，普通话不作为独立的词来吸收，而只作为构词的材料来吸收。例如：普通话里不像闽语、粤语方言里那样说“刀很利”，但是可以说“锋利”“利刃”等①；普通话里也不像吴语方言里那样说“台”“台子”，但是可以说“台布”“台面”“台球”“写字台”等。这也是吸收方言的一种方式。

从上列几种吸收方言词的情况看来，我们可以知道，普通话词汇必定要以方言土语做它的滋养源泉，使它成为丰富多彩而具有细致和严密的表现力。但是，普通话对于方言词的吸收不是毫无限制的，而是有适当的标准的；在文艺作品当中，也要防止滥用方言土语，以免人工地缩小作品的影响范围。

（四）吸收方言词的标准

关于吸收方言词的标准，怎样才是适当的，我们对这个问题，也就根据前面所说的词汇规范化的三种原则来作论断：

第一，根据普遍性的原则来采用方言词。前面讲过，普通话词汇里首先采取官话方言当中最通行的词或词组，例如：取“馒头”，而不取“馍馍”“蒸馍”等；取“蚜虫”，而不取“腻虫”“蚁虫”“蜜虫”“油虫”“旱虫”等。有些只在官话方言里个别的地区应用，很不普通的词或词组，例如：东北地方的“非……不解”（不行）、“牤子”（公牛），山西一带的“地板”（地）、“工夫”（时候）、“婆姨”（老婆），以及北京土话的“老爷儿”（太阳）、“肉杠子”（猪肉铺）、“格涩”（与人不同）等等，在普通话里有适当的词可以代替的，当然不采用了。

① 这也可以说是现代语继承古语词的。

其他方言地区里不很通行的方言词，没有特别的必要，更不应该采用。至于“搞”“垮”“尴尬”“瘪三”等，用来表示特殊的意义，又有普遍使用的事实或趋势，所以变成为普通话词汇里的词。普遍性的大不大，这是对方言词取舍的一个重要的标准。

第二，根据需要的原则来采用方言词。在文艺作品当中，也必须根据需要的原则来吸取方言词（当然“方言文学”要作别论），首先要看看民族共同语里有没有适当确切的词可以代替地方性的概念，如果共同语里已经有适当确切的词，就没有引用方言词的必要；其次当利用方言词来传达地方性事物的特征的时候，也要看看这些关于地方性事物的传达是不是在作品当中占据很重要的地位，使用方言词是不是必要的。因为一切作品，除了专门为特殊的地区人民来写作的方言文学以外，总应当依据普通话来写。普通话词汇吸收了方言词，总是为了表示特殊和差别的意义的需要。例如现代普通话吸收了上海话的“瘪三”“噱头”“拆烂污”“像煞有介事”等词或词组，而舍弃了“白相”“打烊”（商店休息）、“辰光”（时候儿）、“淴浴”（洗澡）、“写字间”（办公室）等[①]。又过于粗俗、一般不使人爱听的口头词，也没有必要把它们加进到普通话词汇里来。所以需要不需要，这也是对方言词取舍的一个重要标准。

第三，根据意义明确的原则来采用方言词。普通话词汇为了避免引起误解和混乱，不采取意义上不明显、不确切的方言词。例如：采取“电车”，不取方言词的“磨电”；采取“轮船”，不取方言词的“火船”“电船”“车船”，等等。有些外来词，也带有方言性的，例如上海话里的“荷兰水”（汽水），广州话里的“恤衫”（衬衫）、“士坦”（邮票）等；这样的词，普通话词汇加以舍弃，因为它们不但没有普遍性，而且它们的意义也不明确。所以意义要求明确，也是采用方

---

① 参看《现代汉语规范问题学术会议文件汇编》，第 74 页。

言词的一个重要标准。

总之,普通话词汇和方言词汇,这两方面并不是绝然相对立的,而是在不断地相互联系、相互影响着。普通话词汇必须要把方言土语的成分作为它的滋养料,而方言土语里的词一经吸收到普通话里,也就逐渐磨掉了它们的地方色彩,逐渐成为民族共同语的词了。我们为了保持民族共同语的纯洁和健康,必须掌握上面所说的三种规范化的原则来正确地处理方言词的问题。

我们再来讨论民族共同语的词汇和外来语的关系。

五、外来词、怎样对待外来词

（一）什么叫做外来词

外来词是指本民族语言从外国或其他民族语言里吸收过来的词。外来词的吸收是语言词汇里的一种“借用”；[①]由于不同的民族相互交际，本民族语言从外族语的词汇里借用过来一些所需要的成分。所以外来词也叫做“借用语”或“借贷词”。外国或别的民族语言从汉语借用过去的词，从古到今，实在是很多的；例如“丝”“茶”等词，输进到世界上许多国家的语言里。我们这里所要讨论的，只是关于汉语词汇当中借用其他民族语的外来词。

从借用的方式来看，汉语词汇里的外来词，大致可以分做下列的几种：

1. 音译的外来词。这就是把借用的外国或不同民族语言的词，按照它们的声音形式翻译过来的。在进行音译的时候，由于不同的语言有不同的语音系统，音译所用的形式不可能完全符合于外来词原来的音读，所以常常只用一些比较近似的形式来代替。它们和那些原来的音读，无论近似的程度怎样，总是用音译的方法借用过来的外来词。例如“苏维埃”“布尔什维克”“奥林匹克”“托

① 彭楚南编译《语言学名词》第一辑，东方书店，1955年，第59页。

拉斯”“雷达”“马达”“歇斯底里”“沙发”“凡士林”“咖啡”“柠檬”“哔叽”“加仑”“瓦特”“卢布”“阿斯匹林”“磅”“吨”“听”(一听)、“打”(一打)等。

2. 意译的外来词。这就是运用汉语的构词成分和方法造出一些新词,来代表其他民族语里的词或词组所代表的概念。意译的方法当中,有一种是所谓“直译”,把其他民族语的词或词组里每个成分,用适当的汉语材料代表出来;例如“五年计划”“共产主义”“劳动日”“社会主义竞赛”“自我批评”“自由港”“蜜月”“马力”“牛津”“冰岛”“地中海”“好望角”“珍珠港”等,这些可以叫做“拟造语”。[①] 还有一种是纯粹的“意译”,只采取原词或词组所代表的概念而完全用汉语的材料和形式来构成一些新词;例如“原子”“电子”“科学”“民主”“电话”“汽车”“扩音机”“打字机”“基地”“水泥”“干部”“备忘录”“最后通牒”等,这些可以当作汉语自己造出来的新词。严格说起来,这样纯粹意译的词或词组,可以不必认为是真正的外来词。但是近代汉语里有许多从日本输进来的“转译”词,就是日本语里用汉字意译别国语言的词而流传到汉语当中来的,例如“积极”“消极”“具体”“抽象”“手段”“手续”“目的”“场合”“景气”等,正是这样纯粹意译的外来词。因此,我们不能说应用意译方法的词或词组不是外来词。

3. 音译兼意译的外来词。这就是音义双关的音译而兼表意义的外来词。例如“俱乐部”“爱美的”“引擎”“幽默”“逻辑”“乌托邦”“维他命”“拖拉机”“台风”“苦力”等;有人对于这样的译名,很加以欣赏,实在它们容易引起“望风生义”的毛病,不宜于多用。

4. 音译加意译的外来词。这就是一部分用音译而另一部分用意译或增加表意成分的词或词组。例如“卡片”“卡车”“啤酒”“冰

---

① 参看布达哥夫《语言学概论》第一章第九节,《词汇中的外来语》,时代出版社,1956年,第104页。

激凌”“芭蕾舞”“霓虹灯”“法兰绒”“坦克车”“法西斯主义”“浪漫主义”“爱克斯光”“奎宁丸”“可可糖”“香槟酒”“新西兰”“南斯拉夫”“白俄罗斯”等;这些也可以说是半音译半意译的外来词。

5. 加“洋”“番”“胡”“西”等字来标明的外来词。这就是把汉语里事物的名称加上“洋”“番”“胡”“西”等字,用来表明其他民族语里一些词或词组所代表的事物。例如“胡桃”“胡椒”“胡琴”“胡萝卜”“洋皂”“洋碱”(肥皂)、“洋葱”“洋火”(火柴)、“洋油”(煤油)、“洋灯”(煤油灯)、“洋车”“洋灰”(水泥)、“洋芋”(马铃薯)、“番茄”(西红柿)、“番菜”(西菜)、“番薯”等;实际上这些词也可以说是用意译方法构成的一种外来词。

6. 意译和音译并存而各有特殊意义的外来词。原来用意译方法吸收过来的外来词,并没有变更原语的意义,可是再用音译方法吸收进来的,就另有特殊的意义了。例如“模型”“现代的”“传奇的”等,原来是符合于原语的意义的,可是再用音译方法吸收过来的“模特儿”“摩登”“罗曼斯”“浪漫的”等,就具有一种讽刺的和其他特殊的意味了。

以上是就外来词的借用方式来分类,以下再说这些借用词或词组的来源。

(二) 外来词的来源

关于外来词的来源,布达哥夫说:“在各种语言中,外来语的来源各不相同。……外来语有直接的与间接的两种,直接的外来语就是从一种语言直接渗入另一种语言中;间接的外来语就是一种语言的词通过第三种语言的中介而间接地渗入到另一种语言中的。”①

① 布达哥夫《语言学概论》,第 103 页。

汉语的词汇当中有经过古代中央亚洲的语言而来自西亚古伊兰语的词，例如“葡萄”“狮子”等，这些可以说是间接的外来词。又近代汉语里从日本转译的西洋“名辞”，也可以说是一种间接的外来词。至于汉语词汇里直接的外来词，那就更多了。

从汉语的历史来看，汉民族和别的民族的交配和往来，是很广泛而复杂的；词汇上输进借用词的来源，也是很繁复的。这里只按着历史的顺序，举出这些来源的几个重要方面说一说：

1. 汉代和西域的交往。古代的西域，是指甘肃西部、新疆和苏联境内的几个加盟共和国地方，就是中央亚洲。从汉朝张骞通西域那时候起，汉语吸收了古代中央亚洲几种语言的一些词。除了来自古伊兰语的“葡萄”“狮子”等以外，还有“安息香”“石榴”“琵琶”“胡椒”“胡琴”等，都是从中亚语言里输进来的。

2. 从东汉到唐宋间和印度的来往。从公元第一世纪到第十世纪，我国和印度来往，整整有一千年的历史。在这个期间，我国社会，除了佛教关系以外，各方面都受了印度的影响。汉语词汇里吸收了很多很多的印度词和词组；例如“苹果”“忏悔”“刹那”“檀香”“茉莉花”“夜叉”“钵”“阎王”“菩萨”“罗汉”“和尚”“尼姑”“塔”“劫”（劫数）、“袈裟”“琉璃”“玻璃”等等。

3. 元明以来和国内外各民族的关系。元明以来和各民族来往的事实，在汉语词汇里反映出来的，例如伊斯兰教的教长，叫做“阿訇”，出自回语；车站的“站”，出自蒙古语；“喇嘛”是西藏语，等等。近代汉语还曾经吸收了阿拉伯语、西班牙语等的词，例如“阿芙蓉”（就是鸦片）是阿拉伯语，“淡巴菰”（烟草）是西班牙语，“金鸡纳霜”也是出自西班牙语。其他如上海话的“荷兰水”（汽水），广州话的“荷兰薯”（马铃薯）等，像后来的“英尺”“英里”“英磅”等一样，也是受了外国语的影响而来。

4. 近代从英语输入的词和词组。鸦片战争以后，汉语词汇里

输入的外来词,从英语传来的音译词特别多。这些词有各种不同的情况,有些是带有半殖民化的意味的,有些是具有进步的意义的,有些是法语、俄语或国际性的词语通过英语而传到汉语来的。例如“安那其主义”(无政府主义)、“德谟克拉西”(民主主义)、“狄克推多”(独裁者)、“布尔乔亚”(资产者)、“普罗列塔利亚”(无产者)、“法西斯主义”“纳粹”“苏维埃”“哀的美敦书”(最后通牒)、“摩托卡”(汽车)、“司的克”(手杖)、“德律风”(电话)等等。

5. 近代受日本转译的影响。日本自从明治维新以后,大量地吸收了西洋资本主义的文化,常常用汉字意译的方法来借用欧美各国语言的词。由于我国和日本邻近,又同是用汉字,汉语词汇当中也就输入了很多这样由日本转译的外来词。其中有些是按照汉字原来意义可以解释的,例如“环境”“目的”“分析”“综合”“绝对”“相对”“肯定”“否定”“改善”“服务”等;有些是按照汉字原义不容易了解的,例如“手续”“支配”“场合”“取缔”“见习”“不景气”等。

6. 十月革命以来从俄语输入的新词语。十月革命的伟大的世界意义,使得俄语对于世界各民族语言的影响也随着民族解放范围的扩大而扩大。我国 1949 年以前,汉语词汇里已经有不少直接从俄语里输进来的新词;1949 年以后,全国掀起了学习苏联的高潮,当然从俄语里借用的词或词组更加增多了。例如“工农联盟”“集体农庄”“拖拉机”“收割机”“布尔什维克”“孟什维克”“列宁主义”“共产主义青年团”“少年先锋队”“斯达汉诺夫运动”“劳动竞赛”“习明纳尔”(课堂讨论)等等。

从上面所说外来词的来源方面,我们可以看出汉民族和别的民族相互交际的长期历史和广大范围,可以看出汉语词汇受了其他民族语影响的巨大,吸收其他民族语成分的众多。我们再可以看看汉语词汇怎样把其他民族语成分变成为自己的一种滋养源泉。

（三）外来词的汉语化

汉语把吸收得来的其他民族语成分变成为自己词汇里的词或词组，是经过了融化过程的。所谓融化，就是要使外来词服从于汉语的内部规律。“借词进了某种语言之后，服从于它的内部规律，并不损害该语言，反而丰富了它，加强了它，改善了它的表达手段，而不剥夺它的民族独特性。”[①]汉语之所以能够把历代吸收的外来词成为它词汇的一种滋养源泉，就是由于它具有强大的融化力量。

汉语词汇的发展，有一种很显著的双音化的趋势。外族语里许多音节繁复的词或词组，一经借用到汉语里来，就常常缩减成为双音词；例如：“菩提萨埵”，缩减成为“菩萨”；“塞颇胝加”，缩减成为“玻璃”；“加罗沙曳”，缩减成为“袈裟”；等等。近代有许多原来音译的音节繁复的外来词，改变成意译的双音词；例如：“德谟克拉西”，改变成“民主”；“烟士披里纯”，改变成“灵感”；“斯达汉诺夫运动”改变成“先进工作者运动”（由几个双音词构成的一个词组），等等。有些音译的双音词，就保持着没有改变成意译词；例如“帮浦”“逻辑”“沙发”“马达”等等。

汉语词汇的发展，也受了一些单音节的方块汉字的反影响，因而使得有许多原来音译成为复音的词又缩减为单音；例如“米突”成为“米”，“立特”成为“立升”等。近代化学上许多原素的名称，采用单个特制的汉字来代表，例如“镁”“锑”“锰”“钙”“铝”“硼”“镭”等，也是由于受了汉字单音化的影响而产生的。

由于这样融化的作用，外来词的来源虽然是很广泛而复杂的，可是它们进入了汉语词汇里，就逐渐成为汉语的词或词组形式，并

---

① 彭楚南编译《语言学名词》第一辑，东方书店，1955年，第62页。

且按照汉语内部的发展规律发展下去。这样受了汉语化的外来词，使用得久了，一般也就不觉得是外来词了，例如“葡萄”“琵琶”等；还有一些甚至进入我们普通话的基本词汇当中，例如“玻璃”“站”(车站)等。至于那些应用汉语的构词方法和自己原有的材料来意译的外来词，例如“民主”“科学”等，更是和我们原有的词或词组“水乳交融”，毫不觉得是外来词了。我们在这里可以拿斯大林论俄罗斯语言的话来论我们的汉语：“当然俄罗斯语言的词汇由于从其他语言中取得了许多词而充实起来了，但是这不仅没有使俄罗斯语言削弱，相反地，使它丰富和加强起来了。”①汉语也正是如此。

但是，我们不要硬搬或滥用外来词，我们应该适当地吸收和使用外来词。

(四) 怎样适当地吸收和使用外来词

毛主席指示我们：“要从外国语言中吸收我们所需要的成分。我们不是硬搬或滥用外国语言，是要吸收外国语言中的好东西，于我们适用的东西。因为中国原有语汇不够用，现在我们的语汇中就有很多是从外国吸收来的。”②如果某些事物或意义在我们自己的语言里已经具有适当的名称或词来代表，当然用不着再搬用外族语的成分。而且硬搬或滥用外国语言，会损害祖国的语言而造成它的混乱。“停留在所谓语言的表面而不加入语言的体系中的词，以及被滥用的、在本国语言中有意义完全相同的同义词的外来词，会弄脏语言，会增加了解的困难。”③因之，普通话词汇对于外

---

① 斯大林《马克思主义与语言学问题》，第28页。
② 《毛泽东选集》第三卷，第858～859页。
③ 彭楚南编译《语言学名词》第一辑，第63页。

来词的吸收和使用,不但要有融化作用,还要有清洗作用。

怎样适当地吸收和使用外来词,关于这个问题,我们也应当根据词汇规范化的三种原则来处理:

第一,根据普遍性的原则来对待外来词。前面讲过,对于许多外来词,普通话里要采取普遍性较大的,而舍弃方言性的或不很通行的;例如:取"水泥",不取"洋灰""水门汀"等;取"保险",不取"燕梳";取"汽水",不取"荷兰水";取"邮票",不取"士坦";取"商标",不取"唛";取"暖气管",不取"水汀";取"经济危机",不取"经济恐慌";等等。

第二,根据需要的原则来对待外来词。我们要吸收外族语里对于我们适用的好的东西,坚决反对硬搬或滥用。例如"喔开""派司""司的克""乃木温"(第一号,工头)、"刚伯度"(买办)、"赛因斯"(科学)、"拉司车"(末班车)等等,像这样的词,如果充塞在语言中,会把语言弄脏而使广大的人民群众不容易了解的。列宁在《论清洗俄国语》一文中写道:"我们在败坏俄国语言,滥用外来语,用得又不正确。……难道现在还不是我们向滥用外来语的现象宣战的时候吗?"①所以根据需要的原则来吸收和使用外来词,这是必要的。布达哥夫说:"只有确实需要的,而往往是在某种程度内变成了国际概念的外语的词,才会稳固地进入我们祖国的语言中。正因为如此,所以,我们应当分别外来语和国际的词汇,而在外来语的范围内则应分别业已生根和未生根的,需要的和不需要的外来语。"②例如"逻辑""苏维埃""奥林匹克"等,是国际性的词,我们是要吸收的;至于其他外国语的词,应不应该吸收,要看需要的情况来决定。

第三,根据意义明确的原则来对待外来词。前面讲过,普通话

---

① 见1951年6月6日《人民日报》第三版。

② 布达哥夫《语言学概论》,第106页。

里对于外来词的取舍，要看词义表达方面明显和确切的程度。汉语对于外族语成分的借用，多采用意译的方法，这虽然有一部分是由于受了汉字性质的影响，可是主要的原因还是在要求词义表达的明确。这里有下列几点值得我们注意的：

（1）汉语里的外来词，原来用音译的，后来通行意译的形式了。例如："德谟克拉西"，改成通行的"民主"；"哀的美敦书"，改成"最后通牒"；"瓦斯弹"，改成"毒气弹"；"麦克风"，改成"扩音机"；"康拜因"，改成"收割机"；等等。

（2）没有适当的意译的，或者意译不很确切的，才用音译。例如：通行"逻辑"，不通行"论理学"或"名学"；通行"托拉斯"，不通行"企业合同"；等等。

（3）意译的词或词组当中含有生僻字的，改用普通熟悉和意义明显的字。例如："摄影机"改成通行的"照相机"；"烧夷弹"，改成通行的"燃烧弹"；等等。

（4）意译的外来词当中，采用意义上最确切的。例如：取"劳动日"，不取"劳动时间"；取"金融寡头"，不取"财政寡头"；取"宿命论"，不取"定命论"；等等。

从上面举出的几点现象看来，可以知道外来词的意义明确不明确，和普遍通行的程度有关；而外来词的普遍性大不大，又和实际生活上的需要不需要有关。因此，我们在普通话里，只有根据词汇规范化的这三种原则来吸收和使用外来词，才是适当的。

这里需要加以说明的，外来词的普遍性和专门性，并不是绝然相对立的。有些专门术语，正是属于上面所提到过的一种国际性的词或词组，虽然一般人民或许不容易了解，可是在科学技术方面有了极大的普遍性。下面就来讨论专门用语的问题。

六、专门用语、怎样对待专门用语

（一）什么叫做术语，什么叫做行业语

专门术语就是科学技术上应用的术语，常常作为学术上研究和讨论的重要工具。各门的科学，各有特殊的研究对象，也各有一些特别常用的术语。例如："行星""光年""回归线"等，是天文学上的术语；"海拔""盆地""纬度""雨量""气压"等，是地理学、气象学上的术语；"微积分""短波""共鸣""原子能"等，是数学、物理学上的术语；"氧化""饱和""元素"等，是化学上的术语；"宿主""温床""变种""年轮"等，是生物学上的术语；"抗生素""血型""网膜"等，是医学、生理学上的术语；"桥头堡""制高点""鹿砦""火箭炮"等，是军事学上的术语；"政体""通货""仲裁""照会"等，是社会科学上政治、经济、法律、外交等方面的术语；"一元论""世界观""编年体""通史""元音""辅音""传奇""乐府""旋律""素描""浮雕"等，是哲学、史学、语言学、文学和艺术等方面的术语。

行业语就是各种行业上应用的词、词组或语言，常常作为各种职业和某些特殊生活的特别用语。俗话说："隔行如隔山"；不但是因为行业不同、生活不同的人们彼此不熟悉职业业务和生活习惯的本身，而且也常常相互地不了解那些职业上和某些生活上特别应用的词或词组。职业性的行业语，很多是为着进行生产斗争的

需要，在进行生产斗争的过程当中自然地产生出来的；例如：农民改进了耕作方法，就产生了“调茬”（轮作）、“保墒”“疏株”“密植”等词和词组；火车司机改进了驾驶技术，也就产生了“满载”“超轴”等词和词组。又如工业上有“成品”“废品”“加工”“返工”等词；商业上有“市场”“销路”“讨价”“还价”等词；银行业方面有“破关”“透支”“出笼”“银根”“头寸”等词；戏剧界方面有“角色”“主角”“配角”“扮演”“台步”“行头”“道具”等词。有些行业词，是从特殊的生活当中产生出来的；最显著的例子，是关于宗教崇拜或宗教生活的许多用语，如“施主”“住持”“衣钵”“活佛”“道场”“阿訇”“神父”“洗礼”“弥撒”等等。

行业语是属于社会习惯语的一种，代表各种职业团体和生活集团在社会当中的分化，所以只是为一定的集团服务，不是全民性的。社会习惯语，除了“行话”之外，还有阶级同行语和私密语等几种。阶级同行语是社会上一些特殊阶级的人所引用的；所谓“雅语”“客套话”等，就是属于这一种同行语。过去在文言书信当中，常常引用客套话，例如“府上”“造府”“劳驾”“命驾”“速驾”“驾临”“郇厨”等词或词组，是带有封建士大夫阶级的气味的。秘密语也叫做“黑话”“切口”或“隐语”，过去帮会和其他秘密团体常常造出一套来为自己服务。又如过去的投机事业以及赌博、算命、卜卦等，都各自有一套的专门用语，也是属于社会习惯语之列。总之，凡是社会习惯语，都只是为一定集团服务，没有全民族的共同性，所以也叫做“社会方言”。①

因此，我们可以知道行业语和专门术语不同。专门术语不但具有全民族的共同性，而且有些是国际性的，为全世界所通行，只要懂得某一门的科学和技术，就会了解和使用属于这一门的术语。

① 参看高名凯《普通语言学》上册，东方书店，1954 年，第 79～89 页。

行业语是一种社会习惯语，除了已经被普通话所吸收的以外，都是普遍性很小的。但是行业语和术语也有相互类似的性质。

（二）术语和行业语的性质

专门术语和行业语有相同的性质，可以举出下列三点来说：

第一，术语和行业语都不是地方性的，都不像方言词那样局限于某一地区的。科学技术上的术语，本身是一种普遍性的东西，当然没有地区的限制。行业语是代表各个职业团体在社会当中的分化，所以同一个地区可以有好几种行业语，但是不同的地区也可以只有一种共同的行业语。

第二，术语和行业语都是依附于民族共同语而存在的，都不像方言那样有自己的基本词汇。科学技术上的术语，虽然有许多很专门的知识，不是一般人民所常用的，实际却应该归入于普通话词汇里的；因为术语都是在原来普通话词汇的基础上产生出来，随时可以根据需要的情况来供一般人民的使用。例如“平方”“立方”“原子”“马力”“瓦”（电学术语）、“变压器”“爱克斯光”“沸点”“碘”“铝”“镁”等，已经成为一般人民通常应用的词了。行业语是一种社会习惯语，也是在民族语言的基础上产生出来的。“习惯语和同行语只是全民的民族语言的支派，不成其为独立的语言，并且是注定不能发展的。”[①]术语和行业语都不像方言那样有自己本身的基本词汇，“因此，它们无论如何不能发展成为独立的语言”。[②]

第三，术语和行业语都是专门性的，每一个词都有它的特定的意义。布达哥夫论到术语的特征时说：“虽然多义性是广泛地渗透到最纷繁的现代语言的词汇中，可是在术语的系统内，多义性一般

---

① 斯大林《马克思主义与语言学问题》，第 11 页。

② 同上书，第 43 页。

说来是消灭了。术语趋向于单一的意义，即趋向于单义性。”[1]行业语的系统也是这样，每一个行业的专门用语，通常也只有一个严格规定的意义。因此，术语和行业语，同属于专门用语。

由于专门用语的单义性，我们必须精确地了解它们的意义，才可以使用。而且专门用语虽然不受地区的限制，但是究竟是专门性的，有很多不是一般所常用，所以它们不像一般常用的词那样容易掌握，必须审慎地加以使用。

（三）怎样使用专门用语

关于使用这些专门性的术语，布达哥夫说：“如果说准确地理解术语，就会帮助我们更深入到某种专门知识领域中去，……那末，不正确地使用术语或堆砌不必要的一些术语，只会使我们离开科学越远及堵塞了我们走向知识的途径。”[2]在一般语言当中，我们也应当根据词汇规范化的三种原则来使用术语和行业语：第一，根据普遍性的原则，应该使用一般语言里比较通行的，例如“生产力”“原子”“碘”“行头”“布景”“铇床”“渔汛”“战略”“战术”“否决权”“辩证法”等。第二，根据需要的原则，在一般语言当中应该在必要的时候才使用专门性的术语，没有必要的时候不要用。第三，根据意义明确的原则，就是一定要准确地理解所要使用的专门用语，才适当地加以使用，意义了解得不很清楚的不要用。

术语和行业语还有一种意义推广的用法，就是把专门用语作为一般的词来使用。术语和行业语，在各门科学技术和各种行业自己的系统以内，当然具有单义性，就是每一个用语都有一个严格

---

① 布达哥夫《语言学概论》，第 20 页。

② 同上书，第 24 页。

规定的意义。但是在一般语言当中，由于修辞上“比喻”“借代”等的用法和词义本身的变化，专门性的词常常成为一般词汇里的东西。例如：“麻痹”“感染”“瘫痪”“毒素”“腐化”“消化”等，原来是医学、生理学上的术语，在一般语言里常常用来说明思想、行为、知识等方面的情况。“进军”“看齐”“突击”“掉队”“死角”“俘虏”“战线”“基地”等，原来是军事上的专门用语，一般也常常用来说明行动、工作、思想、政策等方面的情况。其他如工业上的用语“加工”“提炼”“规格”等，商业上的用语“讨价”“还价”“市场”等，物理学上的术语“比重”“偏差”“水平”“反射”“顶点”“折光”等，化学上的术语“渗透”“腐蚀”“反应”“成分”“化合”等，戏剧界的用语“上台”“下台”“揭幕”“闭幕”“捧场”等，还有其他等等，都有意义推广的用法。这些有意义推广的用法的，一般在普通话里总觉得并不是专门性的词，而是一般性的了。因此可知，专门用语也是使得普通话词汇丰富起来的一个源泉。

普通话词汇，在它的发展和形成的过程当中，吸收了多种多样的成分。上面所讲的基本词、文言词、方言词、外来词、专门用语等，是注重在普通话词汇里所包括的“词”来说的；它的成分当中，还有一种“固定词组”，也是值得注意的。

七、成语、怎样运用成语

（一）什么叫做成语

成语是一种现成的“固定词组”，每一个成语作为一个完整的意义单位来运用的。原来关于成语的定义，有广义的和狭义的两种。广义的是指社会上流行很广或流传很久的现成话，所指定的范围比较宽，把一般的“习用语”和通常说的“谚语”“格言”都包括在内，甚至把典故性的合成词，如“推敲”“矛盾”“一贯”“琢磨”之类，也都包括在内。我们这里所要讨论的，是指狭义的一种。现在把这种成语的范围的规定做下列几点来说明：

第一，成语是一种“现成”的固定词组，不同于一般用来作为事物名称的固定词组。例如“中华人民共和国”“苏维埃社会主义共和国联盟”“卓娅和舒拉的故事”“学生会主席”“社会主义建设者”等等，是反映社会发展当中所产生的事物而用固定词组来作为它们的名称的，不算是现成话；所以这样的固定词组不应当属于成语的范围。

第二，成语是一种“定型化”的词组，不同于一般的习用语。“成语与比较活动的和较少稳固性的词组不同，它是不可分割的和有机的整体。”①“成语中的个别词的位置通常是不能移动的，不能

① 布达哥夫《语言学概论》，第96～97页。

从中增加或取掉某个部分。”[1]一般的习用语，例如“对不起”“来不及”“碰钉子”“看不起”“吃得消”等等，是比较活动而稳固性较少的；如“对不起”，可以说成“太对你不起了”；“碰钉子”，可以说成“碰了一个大钉子”；等等。成语的稳固性很大，通常不能把内中的词语加以任意的更换和增减。所以一般的习用语，结构不是那样紧密的，也就不应当属于成语之列。

第三，成语是作为一个意义的单位来运用，在语言中的功用是等于一个词的，不同于用来说明一种意思的谚语和格言。谚语和格言，在形式上也是比较固定的，但是都是表出了一个“命题”，可以看出思想性来；例如：“人为万物之灵”；“三个臭（巧）皮匠，抵过诸葛亮”；“富家一席酒，穷汉半年粮”；“谦受益，满招损”；“虚心使人进步，骄傲使人落后”；“由俭入奢易，由奢入俭难”；“不入虎穴，焉得虎子”；等等。成语是一种特殊的语言建筑材料，通常只是作为构成句子的成分，不是句子的本身。所以谚语和格言，通常都是独立完全的句子，也就不应当属于成语的范围。

第四，成语是一种固定词组，不是词，不同于那些有典故性的合成词。例如：“自相矛盾”是个成语，而“矛盾”是个词；“越俎代庖”是个成语，而“代庖”是个词；“一字推敲”是个成语，而“推敲”是个词；等等。成语的结构是很紧密的，但是没有凝成为词，还是认为由几个词组成的词组。所以像“矛盾”“代庖”“推敲”等的合成词，不能说是成语。

第五，成语是一个完整的意义单位，是一个不可分割的和有机的整体，所以不像一般词组可以用别种语言来“直译”和“拟造”。“一般词组是用自己个别成分的力量和词组的总的意义发生作用的，而成语则首先是取得整个意思的。正是因为这样，一种语言的

① 布达哥夫《语言学概论》，第97页。

成语往往不能逐字地译成其他一种语言，而一般词组则比较容易移译。”[①]例如：相当于汉语“小题大做”的一个俄语的成语，直译起来，是“杯水中的风波”；相当于汉语“寸步难移”的一个法语的成语，直译起来，是“穿上了小鞋”；相当于汉语“酩酊大醉”的一个德语的成语，直译起来，是“现出了猴子形”；相当于汉语的“大雨滂沱”或“倾盆大雨”的一个英语的成语，直译起来，是“天上落下了许多猫和狗”；等等。这样的事实又说明了成语和一般词组的区别。

从上面所说的几点看来，我们可以认定成语这个概念，是一种现成的固定词组，在语言里作为一种特殊的建筑材料的单位的。这里所谓“现成”的意思，是指成语当中多半是有典故性的，或者在社会习惯上有深厚的基础的，这是有关成语来源的问题。

（二）成语的来源

成语的来源是多种多样的，主要的可以分做下列几方面来说：

1. 从古代历史的故事当中来的。例如“完璧归赵”“负荆请罪”“破釜沉舟”“四面楚歌”“退避三舍”“一字千金”“风声鹤唳”“草木皆兵”等等。

2. 从古典作品里所记载的寓言当中来的。例如“狐假虎威”“刻舟求剑”“渔翁得利”“滥竽充数”“闭门造车”“望洋兴叹”“坐井观天”“叶公好龙”等等。

3. 从古典作品的辞句当中来的。例如“一鼓作气”“未雨绸缪”“曲高和寡”“草菅人命”“左右逢源”“水落石出”“山穷水尽”“近水楼台”等等。

4. 从古来流传的比喻语当中来的。例如“隔靴搔痒”“囫囵吞

---

① 布达哥夫《语言学概论》，第 98 页。

枣”“虎头蛇尾”“斩钉截铁”“随风转舵”“叠床架屋”“胶柱鼓瑟”“落花流水”等等。

5. 从古来流传的形容语当中来的。例如“怒发冲冠”“粉身碎骨”“肝脑涂地”“赴汤蹈火”“前仆后继”“俯首贴耳”“奴颜婢膝”“苟延残喘”等等。

6. 民间口头流传的。例如“信口开河”“改头换面”“东摇西摆”“南腔北调”“粗枝大叶”“乌烟瘴气”“粗心大意”“泥塑木雕”等等。

从成语的这几方面的来源看，就可以明白，多数成语的形成必定是在民族历史或社会习惯上有深厚的基础的。现代普通话里所使用的成语，都是在语言实践当中经过长期的提炼的，因而具有特殊的稳固性和精炼性。这又是关于成语性质的问题了。

（三）成语的性质

成语的结构紧密，不能任意地加以拆开或更动。例如：“去伪存真”，不能说成“去假存真”；“弄假成真”，也不能说做“弄伪成真”；“南辕北辙”“南腔北调”里的“南”和“北”，不能互换，也不能改做“东”和“西”；“东倒西歪”“东摇西摆”里的“东”和“西”也不能互换，不能改做“南”和“北”；“外强中干”，不能说成“表强中干”“外强内干”“外强中弱”等；“色厉内荏”，也不能说成“外厉内荏”“色厉内弱”“色厉中荏”等。这样的事实也就说明了成语具有极大的稳固性，多数是在历史上或习惯上很早就已经定型化而成为一个个不可分割的有机的整体。

但是，所谓成语的稳固性，决不是要我们“死守古人语言，限制了新的创造，和发展社会的新语言成了矛盾。”[①]实际上，我们根据

① 参看朱剑芒《成语的基本形式及其组织规律的特点》，见《中国语文》1955年2月号。

生活的需要，可以按着成语构造的规律来创制一些成语；例如“呆头呆脑”“昏头昏脑”“东摇西摆”“东拼西凑”“欢天喜地”“咒天骂地”“有条有理”“无知无识”等，都是人民大众随时根据需要来创制的。对于原有的成语，“有时正由于原来的字面晦涩，为了使大家懂得，变换一下，也是必要的”。[①] 例如：“屡戒不悛”里的“悛”字，“揠苗助长”里“揠”字等，一般人民觉得太生僻，意义暗晦，就改变成为“屡戒不改”“拔苗助长”等；这样改变了的成语，意义浅显明白，社会上更容易流行了。由此可见，成语的结构紧密，稳固性很强，只是说通常不能任意地加以拆散和改动，而决不是一成不变的。我们可以根据词汇规范化的三个原则——普遍性的、需要的、意义明确的——来改动一些古成语里个别的词，来创制一些合于构造规律的、容易为现代人民接受的新成语。

以上是讲关于成语的稳固性，现在我们再来讲成语的精炼性。

“成语具有很大的表现力。成语中所含的词也像整个成语那样，通常具有形象的、譬喻的意义。”[②]这里可以举出下列的三点来说：

第一，成语的运用，造成语言的经济，就是用简单的词或词组来表达出丰富的意义。例如：“其结果，把几千年封建地主的特权，打得个落花流水。”这一句话里的“落花流水”，这样简单的一个成语，表明了“打败之后，没有复活的可能”“封建统治阶级，整个打垮了”“封建统治的时代，永远地消逝了”，等等的意义。又如：“装腔作势，借以吓人”这句里的“装腔作势”，也充分表达出“内心怕人家来批驳，装样子来吓人”“故意夸耀自己来欺骗人家”“只要把人家一时地骗过去，吓住了，就算成功”等等的意义。

---

① 参看朱剑芒《成语的基本形式及其组织规律的特点》，见《中国语文》1955 年 2 月号。

② 布达哥夫《语言学概论》，第 100 页。

第二，成语是用比喻、形容、或夸张等的修辞手段，使得语言表现得生动和确切。例如：用“雪中送炭”和“锦上添花”来说明文化“普及”和“提高”两种工作的关系；用“闭门造车，自作聪明”来说明“主观主义”；用“鼠目寸光”和“沾沾自喜于一得之功和一孔之见”来说明那些目光短浅、没有远大前途的“庸俗事务主义者”。

第三，成语的运用，本身就是一种修辞的手段，使听者和读者得到深刻的印象；换句话说，一般词组的成语化就发生加深印象的作用。例如：我们说“极端的辛苦”，不如说“千辛万苦”来得印象深刻；说“奇怪的形状”，不如说“奇形怪状”来得印象深刻；说“很伟大”“很平静”，不如说“惊天动地”“风平浪静”来得印象深刻；说“到了末路”“完全不见了”，不如说“日暮途穷”“烟销云散”来得印象深刻；等等。

由于成语有这些修辞上的功用，有这样的精炼性，我们必须极端审慎地加以正确的使用。我们要学会正确地使用成语，又必须研究成语是怎样地构造成功的。

（四）成语的构成

成语是一种词组。词的构成，词组的构成，是多样性的，因之成语的构造也是多样性的。这里把成语的构造分做联合式和偏正式两大类来说明：

偏正式的成语是多种多样的。例如：“胸有成竹”“名副其实”等是一种类型；“狐假虎威”“猫哭老鼠”等也是一种类型；“人心大快”“笑容可掬”等也是一种类型；“坐立不安”“啼笑皆非”等也是一种类型；“左右为难”“老少无欺”等又是一种类型；这些都是“主谓式”的结构。又如：“好为人师”“视为畏途”等是一种类型；“勃然大怒”“恍然大悟”等也是一种类型；“别开生面”“饱经风霜”等也是一

种类型;“莫名其妙”“莫衷一是”等也是一种类型;“一孔之见”“一得之愚”等也是一种类型;“百折不挠”“层出不穷”等也是一种类型;“不劳而获”“不约而同”等也是一种类型;这些又是“附加式”“动宾式”等的结构。

联合式的成语也是多种多样的。例如:“天翻地覆”“烟消云散”等是一种类型;“兴高采烈”“风平浪静”等是一种类型;“瓜熟蒂落”“苦尽甘来”等也是一种类型;这些都是主谓式的联合结构。又如:“提纲挈领”“耀武扬威”“发号施令”等,这是动宾式的联合结构,利用同义词来构成的;“推三阻四”“颠三倒四”等,这是动宾式的联合结构,利用同义词和数词来构成的;“指天画地”“谈天说地”等,这是动宾式的联合结构,利用同义词和“天”“地”来构成的;“无知无识”“无影无踪”“有条有理”“有声有色”等,这又是一种动宾式的联合结构,利用“有”“无”和同义词来构成的。又如:“贪小失大”“弃暗投明”“避重就轻”“欺软怕硬”等,这是动宾式的联合结构,利用反义词和反义词的相间来构成的;“畏首畏尾”“有始有终”“患得患失”等,这是动宾式的联合结构,利用一个动词和反义词的相间来构成的;“瞻前顾后”“惩前毖后”等,这也是一种动宾式的联合结构,利用同义词和“前”“后”来构成的。

联合式的成语当中,属于附加式的联合结构的,更是多种多样。例如:“深谋远虑”“暴风骤雨”“粗枝大叶”“胡思乱想”“胡言乱语”等,是用同义词和同义词的相间构成的;“东张西望”“左顾右盼”“前思后想”“横冲直撞”“长吁短叹”等,是用反义词和同义词的相间构成的;“横七竖八”“朝三暮四”“七东八西”“七手八脚”“一暴十寒”“千山万水”等,是用反义词和数词的相间构成的;“三翻四复”“三心两意”“四分五裂”“四通八达”“千秋万岁”“千变万化”“千差万别”等,是用数词和同义词的相间构成的;“不知不觉”“不痛不痒”“不屈不挠”等,是用“不”和同义词的相间构成的;“自暴自弃”

“自私自利”“自斟自酌”等，是用“自”和同义词的相间构成的；“昏头昏脑”“土头土脑”“没头没脑”等，是用形容词之类和“头”“脑”的相间构成的；“昏天黑地”“惊天动地”“欢天喜地”等，是用形容词之类和“天”“地”的相间构成的；“半推半就”“半生半熟”“半吞半吐”等，是用“半”和反义词的相间构成的；“一日千里”“一发千钧”“九牛一毛”“千篇一律”等，又是利用数词多和少的相对来构成的。

上面所说关于偏正式和联合式的一些成语，只是举出几种例子来说明成语构造的规律和形式是很繁多的，当然其他的种类还很多。我们认识这些构造的规律和形式，对于学习和使用成语是有很大的帮助的。我们再来讨论怎样学习和使用成语的问题。

（五）怎样学习和使用成语

关于学习和使用成语的方法，大致可以举出下列的几点来说：

1. 分析结构。上面所说偏正式和联合式的成语，有多种多样的类型，而绝大多数都是由四个字组成的，就是采取四个音节的形式的。汉语的成语不是四个音节的，如“急来抱佛脚”“换汤不换药”“一蟹不如一蟹”“不管三七二十一”等，毕竟占据少数。这是由于汉语的词多数是双音节的，“用四个单音词或是一对双音词并合起来，那就是口语中最整齐的形式。这种整齐形式的口语，不但讲起来顺口，听起来清楚，还有便于模仿学习的作用”。[①]“双音化”是汉语词汇发展的一种主要趋势，汉语里成语的“四音化”也是一种很显著的倾向。我们学习成语，首先要在这种四个音节的基本形式当中分析出各种各样的结构，来了解每个成语的内容和意义。

2. 了解意义。我们要正确地使用成语，首先必须了解成语的

① 朱剑芒《成语的基本形式及其组织规律的特点》，见《中国语文》1955年2月号。

意义。而要了解意义，一方面必须分析成语的结构，另一方面还必须推究成语的来源；尤其是关于那些具有典故性的成语，我们如果能够懂得它们所由产生的原来的古典作品和历史故事等等，那对于了解意义一定是有很大的帮助的。可是，我们又必须知道，人民大众对于语言的创造有至高无上的权力，这可以从一些具有典故性的成语的表意作用上看出来。人民大众常常把一些从古典作品当中产生出来的成语，在意义上加以扩大和变化。例如："出尔反尔"，原来是"做出什么的便要得到什么的报复"的意思，可是一般用来表明"违反自己从前所说的话"的意思；"不求甚解"原来是指"读书不作烦琐的解释和考证"，可是一般用来表明"不作深刻的研究和浅尝即止"的意思；"满城风雨"和"水落石出"，原来是描写秋天和冬天的景色的，可是一般用来表明"闹得人人皆知"和"终于真相大白"的意思；"不亦乐乎"，原来意思是"不是很快乐的吗？"可是一般用来表明"痛苦或痛快得很"的意思。由此可见，人民大众不但能够创制许多成语，而且能够把著名作家所创造出来的美妙辞句加以特别的运用，使它们具有特殊的意义。

3．注意用法。分析结构和了解意义，也是为着认识成语的用法。成语里所包含的词或词组，常常有特殊的意义和作用，不能任意地加以移用。例如："冠盖京华"里的"冠盖"，是指"帽子和车伞"，用来代表"做官的人"；如果把"冠于全球"说成"冠盖全球"，那就把"冠盖"用错了。"短兵相接"的"接"，是指"相交和接触"，表明"双方用短兵相斗"；如果把"短兵相接"说成"短兵相见"，那就完全失去了原意了。"丰衣足食"里的"丰衣"，必定要和"足食"相配合，如果把它独立起来，说什么"丰衣的远景"，那就不合于现代普通话的用法了。每一个成语总有它的特殊的意义和用法，如果把甲成语用在应该用乙成语的地方，那不但意思表达错了，而且还要闹笑话。例如："无微不至"和"无所不至"；"相顾失色"和"相形见绌"，

“孤注一掷”和“一掷百万”,“红光满面”和“面红耳赤”等等,彼此决不能相混而互用。

4. 注意写法。我们在写作的时候,不但不应该用错成语,而且须要把成语里的各个字写得正确;如果把里边的字记错了,写了别字或错字,那也容易引起误会,甚至闹笑话。例如:把“变本加厉”里的“厉”写作“利”,“提纲挈领”里的“挈”写作“结”,“焕然一新”里的“焕”写作“换”,“故步自封”里的“故”写作“固”,“滥竽充数”里的“竽”写作“竿”,“病入膏肓”里的“肓”写作“盲”,“实事求是”写作“实是求事”,“发扬光大”写作“法扬广大”,等等,都须要审慎地加以防止。

5. 不用已死的典故和粗俗的成语。有些成语在古代作品里常用而在现代书面和口头语里不流行的,例如“二三其德”“糟糠不厌”“裋褐不完”“杀头便冠”等;我们依据普遍性的原则,不应该加以采用。又在口头上有些人使用很粗俗的成语,例如说“头”,叫做“脑袋瓜子”;形容“急迫”,说是“屁滚尿流”;还有使用其他一些不堪入耳的粗俗词语的,更是不必要的;我们根据需要的原则,并且为着保持祖国语言的纯洁和健康,不应该把这样粗俗的词语引到普通话词汇里来。

总之,学习和使用成语,正跟学习和使用文言词、方言词、外来词、专门用语等一样,也必须根据词汇规范化的普遍性的、需要的、意义明确的这三个原则,使得普通话词汇更加丰富起来、精炼起来,同时更向着纯洁和健康方面发展。

八、词汇的发展、变化及其规律

（一）词汇发展和社会发展的关系

斯大林说："词汇反映着语言发展的状态，词汇越丰富、越纷繁，那末语言也就越丰富、越发展。"[①]可见词汇的发展是代表语言发展的最显著的一方面。我们从上面所讲词汇的构成来看，就可以知道，现代普通话词汇的形成是由于语言经过长期发展的结果；词汇里的各种成分，在很长久的历史当中，逐渐地被接受、吸收、提炼、融化而成为现代普通话词汇的这样丰富、纷繁和精炼的状态。我们既然须要用历史发展的观点来分析普通话词汇的构成，那末对于词汇的这种发展的状态及其规律，当然更须要加以注意了。

"要了解某种语言及其发展的规律，只有密切联系社会发展的历史，密切联系创造这种语言、使用这种语言的人民的历史，去进行研究，才有可能。"[②]词汇的发展是代表语言发展的最显著的一方面，也是反映社会发展和需要的最灵敏的一方面。"语言，主要是它的词汇，是处在差不多不断改变的状态中。工业和农业的不断发展，商业和运输业的不断发展，技术和科学的不断发展，就要求语言用工作需要的新的词和新的语来充实它的词汇。语言也就

① 斯大林《马克思主义与语言学问题》，第 21 页。
② 同上书，第 20 页。

直接反映这种需要，用新的词充实自己的词汇，并改进自己的文法构造。”①词汇在语言的发展当中，和社会的一切方面的发展是最直接的、最为敏感的。

斯大林论到最近三十多年中俄语变化的情况，说：“俄罗斯语言的词汇有了某种程度上的变化，这就是说，由于发生了新的社会主义生产，出现了新的国家、新的社会主义文化、新的社会精神、新的道德，以及由于技术和科学的发展，添加了一大批新的词和语；有许多词和语的意思改变了，获得了新的意思；有一些陈旧了的词在词汇中看不见了。”②汉语词汇在近代的变化，也有相同的情况。近代汉语里，同样由于社会的发展、变化，添加了一大批新的词和语，例如“电视”“无线电”“托儿所”“记工员”“半导体”“拖拉机”“原子”“原子武器”“氢武器”“爱国主义”“国际主义”“反殖民主义”“自我批评”“战争贩子”“和平阵营”等。有些陈旧的词和语，也由于事物的消失而在词汇中消失了；例如“老爷”“钦差大臣”“马褂”“跪拜”等，除了用来表示特殊的意义以外，一般词汇中看不见了。还有些事物虽然继续存在，而由于社会的发展、变化，它们的名称也随着变更了。例如：从前叫“茶房”“听差”“仆人”的，现在称为“工友”；从前叫“老妈子”“娘姨”的，现在称为“女工”“保姆”；从前叫“伙伕”或“厨子”的，现在叫“炊事员”；从前叫“薪俸”“俸禄”的，现在叫“工资”，等等。还有许多词和语的意义，也随着社会的改变而改变了；例如“劳动”“工人”“组织”“党”“爱人”等，都已经获得了新的意义或新的感情色彩。

新的词的增加，旧的词的消失，事物名称的变更以及词义的改变，这是词汇变化的四种方式。在语言发展当中，这四种变化的方

① 斯大林《马克思主义与语言学问题》，第8页。
② 同上书，第2页。

式并不是彼此相均衡的，新词的产生常常比旧词的废止在数量上要多得多。这样新词的大量增加，就造成语言词汇丰富化的一般趋势。这种情况，尤其在社会主义社会里显现得更为突出。苏联《语言学问题》杂志创刊号社论里说："各社会主义民族语言的词汇丰富化的一般趋势和规律性问题变得更加尖锐了。走进了或者正在走进全民词汇中的专门术语层的容量和界限已经有了历史性的变化。它们是视国家的文化、技术、经济的发展水平为转移的。社会主义工业和农业的神速的增长，对于苏维埃技术成就和伟大的共产主义建设的巨大的共同的注意，各共和国和自治省中科学和文化的发展，引起苏联各族语言的词汇的丰富化和不断的变化。"①由于社会主义社会的文化、技术、经济的发展，各种科学的专门术语大量地引进到一般词汇里，就引起语言词汇的特别显著的丰富化。

同时，语言词汇通行的范围，也随着社会组织的扩大而扩大。"语言的继续发展，从氏族语言到部落语言，从部落语言到部族语言，从部族语言到民族语言，在所有这一切阶段上，作为人们在社会中交际的工具的语言是全社会统一的，共同的。"②现代的民族语言的词汇，由于经过各历史阶段的发展，经过许多民族相互之间的交配，更由于经济、政治和文化的高度的集中，除了保存下来许多基本词以外，又集中和吸收了许多文言词、方言词、外来词、专门用语等来不断地丰富自己，同时不断地扩大了它的全民性的和共同性的范围。社会主义民族语言的词汇，这种丰富化和扩大化的现象更加显著了。"各苏维埃社会主义民族语言是以合作和——

① 苏联《语言学问题》创刊号社论，引自《语言学论文选译》第二辑，科学出版社，1956年，第34页。

② 斯大林《马克思主义与语言学问题》，第9页。

常常是——相互丰富的方式来发展的。”[①]我们当前普通话词汇的发展情况正是如此。

以上所讲的是关于词汇发展和社会发展的相互联系，以下再来讲语言词汇本身的发展规律。

（二）词汇发展的内部规律

我们必须知道，语言是随着社会的发展而发展的，但是语言本身又有它的发展规律，就是语言发展的内部规律。关于词汇发展的规律性，可以举出下列的几点来说：

第一，长时期的变化当中的积累作用。斯大林说：“事实上语言的发展不是用消灭现存的语言和创造新的语言的方法，而是用扩大和改进现存语言基本要素的方法。”[②]现代普通话词汇是在语言历史当中许许多多词逐渐地产生和积累的结果。词汇的变化，“不是用废除旧的、建设新的那种方法来实现的，而是用新词去充实现行的词汇的方法来实现的，……虽然通常从语言的词汇中消失了一些已经陈旧的词，可是添加的新词的数量却要多得多”。[③]新词产生的数量大大地超过了旧词的废止的，这样一代一代地积累下去，自然造成语言词汇丰富化的一般趋势。

第二，历代发展当中的相互继承性。语言的发展、变化，是在社会上传习和运用当中进行的，所以许多基本词的保存下来，许多文言词或古语词的沿用不废，都是为着维持语言历史的连续性。“既然基本词汇能在许多历史时期中很好地使用着，那就没有任何必要去消灭它。更不要说，把千百年积累起来的基本词汇消灭掉

① 见《语言学论文选译》第二辑，第34页。
② 斯大林《马克思主义与语言学问题》，第25页。
③ 同上书，第23页。

了,又不可能在很短期间内创造新的基本词汇,那就会使语言瘫痪,使人们完全丧失相互交际的可能。"[①]前面讲到基本词汇的稳固性,就是使得语言在社会上一代一代地继承下去,不致发生相互交际中断的现象。许多新词都是在旧词的基础上创制出来的。又所谓旧词的消失,也不是绝对的死亡;一些陈旧的或历史性的文言词,有时为着表示特殊的意义和叙述历史中的事实,也要使用或提到它们。社会和文化的历史是连续不断的,所以语言的词汇具有历史的继承性。

第三,各种成分的相互转化。前面讲过,语言的词汇包含有各种不同来源的成分;在词汇的发展和形成的过程当中,各种不同的成分常常是相互地转化的。基本词和行业语、专门术语常有互相转化的情况;例如:"阴"和"阳",是指一座山的北面和南面,就是指阴暗的一面和明朗的一面,它们原来是两个基本词;过去的"阴阳家",把这两个词用来代表世界上的两种基本原素,它们也就成为专门用语了;"阴阳家"以"太阳"指"日"、"太阴"指"月",现代普通话里的"太阳"又成为基本词了。("太阴"还是一个专门用语,不过简体字的"阳""阴",恐怕也是受了这种用语的影响而造出来的。)"世"和"界"是指时代和界画,它们原来也是两个基本词;佛家把这两个词用来代表时间和空间,它们也就成为专门用语了;[②]时间和空间合起来说,就有"世界"这个专门用语,现代普通话里的"世界"又成为基本词了。前面讲过,外来词受了汉语的融化,也有一些进到普通话的基本词汇里的,如"玻璃""站"(车站)等;利用基本词构成的一些外来词,如"拖拉机""发电机"等,将来也有成为一般常用的基本词的可能。原来的方言词,有些成为现代的基本词,有些成

① 斯大林《马克思主义与语言学问题》,第23页。

② 佛经里说"世为迁流,界为方位";又有"三世"(过去,现在,未来)和"三界"(欲界,色界,无色界)之说。

为文言词；例如：《方言》里说："党，晓，哲，知也。楚谓之党，或曰晓，齐宋之间谓之哲。""党"就是懂得的"懂"，"晓"就是晓得的"晓"，"哲"是明哲的"哲"，"知"是知道的"知"。方言词和文言词，实际上有些是不能区别的；前面讲过，文言词有许多保存在方言土语当中，例如"饮""食""日""月""无"等；这些原来是古代语里的基本词，现代普通话里只用来作为构词的材料了。至于基本词和一般词汇里的词的相互转化，更是常见的现象。阿热戈夫说："基本词汇是词汇丰富底不断的源泉，它'给语言以构成新词的基础'。而词汇呢，转过来又是充实基本词汇的无尽基地。"①由此可见，词汇里各种不同成分的相互转化，也是词汇发展的内部规律之一。

最后，词汇变化的各种方式的相互作用。上面说过，旧词的废止并不是绝对的死亡，不但语言里有时还要引用旧词，而且许多新词的创制也常常利用一些废止了的旧词来作基础和材料。又词义的变化，使得旧词作为新词之用似乎是节制着新词的产生的，实际正是促进了新词的产生。这样相互之间的作用，也是代表词汇发展的一种规律。我们把这个问题再提出来讨论一下。

（三）词汇变化的方式及其相互的作用

上面讲过词汇变化的四种方式，有些是和社会制度的发展、变化有直接的联系的，但是也有一些不一定是和社会制度的发展、变化有直接的联系。这里再把它们分别说明如下：

1. 新词的产生，大都是反映着社会的发展和需要的。这样产生的新词和词组，除了纯粹用音译方法借入的外来词以外，大都是按照汉语构词的方式和利用原有的构词材料来创制的。例如："争

---

① С.И.阿热戈夫《词汇与基本词汇问题》，见《科学通报》，1952 年 7 月号。

取”“联系”“检讨”“鼓舞”“系列”“标志”“自报公议”等，是属于联合式的；“墙报”“单干”“单干户”“突击”“突击队”“水库”“记工员”“电视”“半导体”“原子能”“协商”“自我批评”“民主评定”“先进经验”“雇佣观点”“总路线”等，是属于附加式的；“翻身”“整风”“带头”“扎根”“动员”“掉队”等，是属于动宾式的；“说服”“带动”“提高”“肃清”“加强”等，是属于补充式的；“能动性”“原则性”“形象化”“公式化”“雄辩家”“工作者”等，是属于用辅助成分构成的。

2. 陈旧的词和词组的消失，也大都是反映着社会发展的结果和原有事物的衰亡而来的。例如“员外”“庄主”“东家”“伙计”“公子”“丫环”“租界”“巡捕”“买办”“洋行”“经纪人”“包头”“掮客”“明盘”“暗盘”等。历史性的文言词，如“俑”“圭”“觚”“甲胄”“钦差”等，也属于这一类。

3. 事物名称的变更，就是关于同一的事物，把陈旧的词和词组改变做新鲜的词和词组。这样名称的变更，有些是直接反映着社会制度的发展、变化的，例如把“薪俸”改称为“工资”，把“仆人”改称为“工友”，把“嫁娶”改称为“结婚”等；有些是由于人们注意力的变更，也可以说是和社会制度的发展有关联的；例如从前把“公牛”叫做“牡”，“母牛”叫做“牝”，“小牛”叫做“犊”；把“公羊”叫做“羝”，“母羊”叫做“牂”，“小羊”叫做“羔”，等等，大概原来是由于反映游牧社会的生活情况，对于家畜有详细的名称。还有一些不一定和社会制度的发展、变化有直接的联系，例如从前说“叟”，现在说“老头儿”；从前说“侏儒”，现在说“矮子”；从前说“弈”，现在说“下棋”；从前说“须臾”，现在说“一会儿”；从前说“冠”，现在说“帽子”；从前说“履”，现在说“鞋”；从前说“目”，现在说“眼睛”；从前说“足”，现在说“脚”，等等。前面讲到基本词汇的发展、变化，很多属于这种方式。

4. 词义的变化，就是使得原有一些词获得新的意义或新的感

情色彩。这样词义的改变,有些是直接反映社会制度的发展的,例如“人民”“革命”“劳动”“组织”“工人”“爱人”“对象”“运动”“活动”等,它们的新的意义可以说是反映新社会里一般的思想感情的。还有一些也不一定和社会制度的发展变化有直接的联系,例如“闻”,从前是代表“听”的,现在却改变做代表“嗅”的;“脚”,从前是“小腿”的意义,后来用来代表“足”的意义;“人”这个词,由于使用的结果,有了“人体”“人类”“人民”“人为”“人家”(别人)、“人道”等几种意义;“工”这个词,也有了“工人”“工作”“工程”“人工”等几种意义,等等。

由于语言词汇的变化,有些现象并不一定是和社会制度的发展有直接的联系,所以语言发展的规律并不等同于社会发展的规律,语言本身有它自己的发展的内部规律。

上面所讲词汇变化的四种方式,它们彼此之间要发生相互的作用,这是词汇发展的内部规律之一。词义的变化,可以促进新词的产生;例如:“组织”这个词,有了“生理上的组织”的意义,又获得了“社会上的组织”的意义;因此用它构成的新词,除了“组织疗法”等以外,又有“组织上”“组织法”“组织关系”“组织生活”等。又如:“劳动”这个词,有了新的意义,因之用它构成的新词,也有“劳动者”“劳动人民”“劳方”“劳模”(劳动模范)、“劳保”“劳卫制”“劳动节”“集体劳动”“劳动纪律”“劳动观点”“劳动竞赛”等等。消失了或被更换的一些旧词,常常用来作为构造新词的材料;例如“嗜好”的“嗜”,“放肆”的“肆”,“企图”“企望”“图谋”的“企”“图”等,原来都是单音词,到了现代普通话里只作为复音的合成词里构词的原素了。又如:“面”,现在说做“脸”,而“当面”“面子”“面目”“面色”“面熟”“表面”“面孔”“面具”“面貌”等等,仍然是用“面”来构成的;“足”,现在说做“脚”,而“足球”“足迹”“足趾”“足尖”“远足”“画蛇添足”“三分鼎足”等,还是用“足”来构成的。又如“老爷”“朝廷”

“钦差”等，是已经死亡的历史性的词了，可是“老爷式”“党老爷”“小朝廷”“钦差大臣满天飞”等这些具有特殊意味的词和词组，还是应用它们来构成的。许多新词，大都是在原有的许多旧词的基础上创制出来的。由此可见，词汇变化的各种方式相互作用的规律，又是和词汇变化的积累作用，历代的继承性，各种成分的相互转化，这几种规律互相关联的，同是造成了语言词汇丰富化的一般趋势。

以上所讲是偏重于一般语言里词汇发展的规律性，我们再来讨论汉语词汇特殊的发展的内部规律。

（四）汉语词汇里双音化的趋势

汉语词汇的发展当中最显著的一种现象，就是双音化的趋势。前面讲到基本词汇的发展和外来词的汉语化，都已经提到这种双音化的现象。现代普通话词汇里，双音词占据了多数。康拉德在《论汉语》里说：“拒绝汉语词汇的单音节观点是今天苏联汉学家们对汉语的看法的特点。我们已经谈过龙果夫。他关于汉语词类的著作《现代汉语语法研究》证明这点。奥沙宁也在他的博士学位论文《汉语的词和词类》中用自己的方法提出汉语词汇的多音节性的根据，他的著作的头一章就说到汉语的多音节词。奥沙宁追溯了汉语发展的历史途径，跟坡里瓦诺夫一样，认为双音节词是构词形态学的标准。”[①]这已经是公认的事实了。彭楚南说：“奥沙宁等人已经指出，汉语形式词以双音节为构词形态学的标准。大家的感觉也是这样，从数字也可以证明这是符合事实的。……据速记月报社的统计，《论共产党员的修养》一书中 22 882 个词儿（次数）中有双音词 12 190 个，占 53.3%。如果是个数的统计，比例当会更

① 康拉德《论汉语》，中华书局，1954 年，第 34 页。

大。”[①]这种双音化的现象是由于下列两个方面发展的结果：

一方面是从单音词变为复音词。因为单音词如果占了优势，词汇里就要产生大量的同音词而不免有意义混淆的弊病；如“工”，原来有“弓”“公”“功”“宫”“肱”“恭”等同音词，必须加以复音化，才容易互相区别。又词义变化的结果，常常同一个词分化而成为多种不同的解释，如果不把单音词改变成为复音的合成词，也就有意义混淆的弊病；例如：实际语言里，单说一个“工”字，实在不够，必要时候一定说成“工人”“工作”“工程”“人工”等；单说一个“人”字，有时也会觉得意义不够明确，而说成“人类”“人们”“人民”“人为”“人家”“人情”等。前面讲到基本词汇的发展，有许多基本词由单音变为复音的，如“耳”，说成“耳朵”；“林”，说成“树林”“森林”；“冠”，说成“帽子”，等等，都是有区别同音词和分析多义词的作用。这种复音化的主要方式，就是在词汇里构成许多合成词：联合式的，如由“诚”构成“诚实”“诚恳”“忠诚”等；偏正式的，如由“工”构成“工人”“人工”“工程”等；由辅助成分构成的，如“帽子”“鼻子”“老虎”“老鼠”“木头”“石头”等。

另一方面是从多音的词语缩减为双音词。因为复音化的结果难免使得词的音节繁多、冗长而难读，于是又有缩减作用。林汉达说：“汉语的特点如果只在把单音节改为双音节，那末两个双音节就会变成四个音节，那就不是向着又精简又顶用的方向发展了。汉语的特点（也就是双音节语的特点）是在：为了分化同音词，单音节词发展而为双音节词；为了语言的精简，四音节词又能发展而为双音节词。”[②]现代普通话里的合成词，有许多是由多音节的词组凝缩而成的双音词，例如：“衣服架子”，说成“衣架”；“摇摆的椅

① 彭楚南《两种词儿和三个连写标准》，见《中国语文》1954年4月号。
② 林汉达《汉语是不是单音节语》，见《中国语文》1952年11月号。

子”,说成“摇椅”;“适合心意”,说成“合意”;“看得中意”,说成“看中”;“手工的艺术”,说成“手艺”,等等。可见双音节词是汉语构词形态学的标准;有时对于“词”和“词组”的分别,也以这种形式上是不是采取双音节来做标准的。前面讲到汉语里成语的结构,四个音节的形式是成语的基本形式;而双音词又是构词形态的标准,所以从成语变为一个词,常常是由四个音节凝缩而为双音节的过程。例如:“自相矛盾”是成语,而“矛盾”是一个词;“越俎代庖”是成语,而“代庖”是一个词;“渔翁得利”是成语,而“渔利”算是一个词;“如琢如磨”是古典作品里的一句话,而“琢磨”算是一个词,等等。这样缩减的作用,对于许多借入的外来词也很显著。前面讲到外来词的汉语化,常常把一些多音节的外来词缩减为双音词,或改为意译的双音词;例如“菩提萨埵”缩减成“菩萨”;“德谟克拉西”,改译成“民主”,等等。固然汉语里也有再把双音缩成为单音的,如“不用”缩成“甭”,“不要”缩成“别”等,毕竟是少数;又如化学上许多原素的名称,用单音的特制的汉字来代表的,像“锑”“锰”“铀”“镭”等,这是由于受了单音制的汉字的影响而来的。一般说起来,汉语词汇发展的双音化的趋势,总是很显著的。

上面所讲汉语词汇双音化的现象,是由单音变为双音和由多音缩成双音这两方面会合而成的。因此这样构成的许多双音词,表明意义又明确,形式又精简而经济。但是“如果为了音节的精简而牺牲了词儿的明确性,我们就不受双音节的限制,比方:‘国家的旗子’称为‘国旗’,但是‘国际主义’不能称为‘国主’;‘工人的联合会’称为‘工会’,但是‘工人阶级’不能称为‘工阶’;‘劳动模范’可以简称为‘劳模’,‘战斗英雄’可就不能缩成‘战英’。这就是又要精简又能顶用的例子”。[①] 同样,我们也反对硬造双音词,如“疵

① 林汉达《汉语是不是单音节语》,见《中国语文》1952年11月号。

病”“帮翼”“盖罩”“丰奢”等，是规范性的普通话词汇里所不容许有的。总之：单音词不能生硬地改变成双音；双音不够用的时候，也还要用三音或四音的。词汇双音化的趋势，也是在符合着词汇规范化的普遍性的、需要的、意义明确的这三种原则的条件之下发展着的。

这种特殊的发展规律，也造成了现代普通话词汇的丰富性和精炼性。

（五）普通话词汇为什么会这样丰富和精炼的

总起来说：以北方话为基础方言的普通话之所以具有这样丰富和精炼的词汇，一方面是由于它在发展的历史当中接受和吸收了各处方言成分、文言成分、外来语成分以及各种专门用语等而加以提炼和融化；一方面也是由于它随着汉民族发展的历史，按着一般的和特殊的词汇发展的内部规律，逐渐地形成的。康拉德说："就词的数量来说，汉语是世界上最丰富的语言之一。"[①]又说："这种非常发达的词汇和语法构造使汉语能够表达出达到文化最高阶段的人民的任何意思。"[②]

---

① 康拉德《论汉语》，第40页。

② 同上书，第48页。

小学词汇教学基本知识讲话

序　　言

这本书是供小学语文教师参考的。内容是讲一些词汇的基本知识并讨论一些词汇教学的问题。

词汇教学是语文教学中的一个重要项目。如果能够把词汇教学的工作做好，在语文教学中必然可以收到很大的成果。

因为，词汇是语言的材料，词汇经过语法规则的支配，就组织成为表达意思的语言。如果儿童不懂得各个词的意义和用法，就不能了解语言的意思。

又，语言在书面上是用文字来代表的。要讲各个字的作用，必须联系到各个词的意义和用法；不通过词汇教学，就不能进行识字教学。

语言又是和思维直接联系的。语言里的词，把反映客观现实的概念表达出来；儿童认识了各个词的意义和用法，就能发展自己的思维能力，并且运用正确的语言把自己的思想、感情表达出来。

所以，语文教学中的许多方面，从识字、阅读以至叙述、作文，都需要把词汇教学贯串在它们当中。

语言教学的任务，在培养儿童说、听、写、读的能力，同时贯彻着爱国主义教育、共产主义道德品质教育。我们通过词汇教学，使儿童认识祖国语言的丰富和严密，认识各个词语精确的意义和用法，因而培养他们对祖国的热爱，培养他们具有辩证唯物主义世界

观的基础。

我们怎样来完成这种任务呢？怎样来做好词汇教学的工作呢？

我们要具备一些关于词汇的科学知识，尤其要掌握马克思主义语言学关于词汇的基本理论，再把这些正确的理论和知识适当地运用到实际教学中去。

这本书就是供我们教师在这方面参考的。内容分六讲：第一讲到第五讲，偏重于词汇的科学知识和基本理论；第六讲，专门讨论词汇教学中的一些问题。

作者能力有限，经验不够，书中一定有许多缺点，希望读者们随时指正，以便再版时修改。

这本书在编写过程中，承华东师范大学教育系沈百英教授为作者审阅文稿，并给了很多指正和帮助，特此致谢。

张世禄

一九五五年九月上海

一、词 和 词 汇

（一）词汇是构成语言的建筑材料

为什么我们要说话？为什么我们要能够说，能够听？因为我们要互相交际，要交流思想，要达到互相了解，所以必须有能力来运用语言这种工具。

为什么语言这种工具，可以使我们互相交际，交流思想，达到互相了解呢？首先我们要了解语言这种工具是怎样构造成功的。语言的构造，必定要有大家共同运用的规则和共同运用的材料；有了共同运用的规则和共同运用的材料，才能构成共同的语言。

如："身体好，学习好，工作好"；这三个句子，我说来，你听得懂，你说来，我也听得懂，是大家共同了解的。为什么大家会共同了解呢？因为这三个句子，都是用"好"来说明"身体""学习"和"工作"，都是把"好"放在后面，而把被说明的部分"身体""学习""工作"放在前面；这就是这些句子构成的共同运用的规则。又，"好""身体""学习"和"工作"都是大家说来听得懂的，这些就是我们构造语言的共同运用的材料。

语言的构造，好象我们建造房屋，首先必定要有砖头、木料、瓦片等这些建筑材料；有了这些建筑材料，再把它们依据一定的规则适当地支配起来，才能建筑成一所房屋。如果没有建筑材料，就根

本不可能建筑房屋。同样,如果没有“词汇”,任何语言都是不可想象的。

用建筑的材料来作为语言里词汇的比喻,这是很恰当的。我们建筑房屋,就需要有一批一批的建筑材料,任我们来选择和运用。同样,我们造个句子,说一段话,就要运用许多个词;我们要把话说得好,使它具有很强的表达力,当然也要有成批的词给我们来选择和运用。词汇教学的任务,不但要使学生懂得各个词的意义,认识各个词的用法,而且要使学生丰富他们语言里所运用的词汇,来加强他们语言的表达力。

词汇这个名称,它的意思就是指词的汇集,就是语言里所运用各个词的总和。因此,我们不能用“词汇”这个名称来指个别的词;如说:“这句里,这个词汇用得好,那个词汇用得不妥当。”这样说法是不妥当的,应该把“词汇”都说成“词”,因为这里所说的都是指个别的词,不是指许多词的集合体。至于我们说:“这一篇文章的词汇”,那是指这一篇文章里一切运用的词。这样说法是通的。

(二) 词是语言里意义和运用的单位

上面说过,词汇是指词的汇集,那末,“词”是什么呢? 这也可以用建筑材料来作比喻。

一种建筑材料,如一块砖头、一根木头、一片瓦等,都有它本身的质料,又都有它在建筑物当中的功用。一个词也正是这样。

词的质料,就是声音形式和意义两方面结合的总体。斯大林说:“有声语言或词底语言始终是人类社会唯一的能作为人们完善的交际工具的语言。”所以,词,必定有说出来的声音作为表达的形式。斯大林又说:“语言是工具、武器,人们利用它来互相交际,交流思想,达到互相了解。”所以,词,必定有表达出来的内容,这就是

关于交流的思想，关于互相了解的意义。语言里的思想意义，一般是用语句（就是“词组”）的形式表达出来的；我们对于语句的解释，往往把它分成各个词来进行。所以词是语句里解释意义的单位；如解释“可爱的祖国”这个语句，一定要把它们分析为“可爱的”“祖国”两个词来进行；懂得了“可爱的”“祖国”两个词的意义，自然可以明了这个语句的意义了。

我们运用词作材料，依据语法规则支配材料，就构成语句。如我们运用“可爱的”这个词来修饰“祖国”这个词，就构成了“可爱的祖国”；我们也可以运用“可爱”来说明“祖国”，就构成了“祖国最可爱”。我们构造这样的语句，不能再把“可爱”拆做“可”跟“爱”；同样“祖国”不能拆做“祖”跟“国”来运用，因为拆开后它们就不能再表达一个完整的意思，就不是独立运用的单位，因此，也不能在语句当中产生它的建筑功用了。

我们进行语言教学，首先就要建立词的单位的观念。因为语言教学，离不了语句意义的解释和语句构造的分析；而意义的解释和构造的分析，都要以词来做单位。首先要在语句当中认定一个一个的词；如果没有这种词的单位的观念，就要在运用语言和教学语言的时候，发生许多错误。

最显著的一种错误，就是把一个词拆开来随便乱讲；如把“桌子”的“子”字拆出来作为“儿子”的意思来讲，一听就知道不通；如把“老师”的“老”字拆出来作为“老年”的意思来讲，当然也是不通的。如把“东西”这个词作为“东方和西方”，把“干净”这个词作为“干燥和清净”的意思来解释，那也是错误的。还有人把“殖民地”三个字，解释做“繁殖人民的地方”那就是大错而特错了。一个词是一个意义的单位，它的整个的意义，必须从实际生活和语言实践当中去体会，才能获得正确的解释。如果单单依据字面来分析，把整个的词随便拆开来讲，就要犯错误了。

还有一种显著的错误，就是把一个词随便拆开来乱用。如："我们级上远了一次足""向您致最崇最高的敬意"；这两个句子里的错误，就是由于把"远足""崇高"两个词拆开来乱用而发生的。一个词是一个意义的单位，也是一个运用的单位，一般是不能拆开来用的；如果语言习惯上允许拆开来运用的；如："吃了一次大亏"的"吃亏"，"上了他的大当"的"上当"等，就应该作为"成语"的性质来看待。成语是语言发展中形成的一种固定的"词组"，还没有凝结做一个词。

还有一种显著的错误，就是任意拼合，乱造新词。一个词所以是一个意义和运用的单位，这是社会的习惯形成的，人民大众所决定的，不是个人能够任意地制造出来的；个人制造出来的新词，也必定要通过社会的习惯，通过大众的意志，才能成立。如我们说"喜欢"，说"爱好"，却不能说"喜好"；我们说"颜色花白"，却不说"花黑"；因此，我们要反对生造除自己之外，谁也听不懂的新词。因为乱造出来的新词，没有通过社会大众的决定，当然是只有自己懂而别人不懂的了。

上面所说乱讲、乱拆、乱造等毛病的发生，都是由于没有建立起词的单位的观念。而词的单位的观念所以没有建立起来，又是由于没有认识到什么叫做词。同时，也是由于通常书写和印刷的形式，没有把语言里各个词的单位明确地表示出来，没有把"词"和"字"加以分别。因此，我们往往把一个一个的字误认做意义和运用的单位。这是必须加以纠正的。

（三）词和字的分别

照理说，我们写的一个一个"字"，应该代表着一个一个"词"；可是，事实上，现在写的一个一个"字"，并不一定代表一个一个

“词”；如“工作”是用两个字代表一个词；“共产党”是用三个字代表一个词；“无产阶级”是用四个字代表一个词；“布尔什维克”是用五个字代表一个词。

现在我们所用文字的一种特点，就是它的形体的单位不一定跟意义和运用的单位相一致，而却跟音读的单位相一致。一个一个字体，一般总是代表着一个一个音读的单位。

什么是音读的单位呢？

有声语言，是用我们发出来的声音作为表达的形式。通常一个语句，或语句里的一段，在表达形式方面，就是一连串起伏变化的声音。这一连串起伏变化的声音，往往是依据气息力量的断续，分做一节一节发出来，听起来，也是一节一节刺激我们的听官的。这种一节一节的声音，叫“音节”。多数的音节，分析起来，又往往是由两个或几个“元音”“辅音”联缀成功的，所以音节也叫“音缀”。如，“我有手”是三个音节，“我”这个音节是由ㄨ——ㄛ两个元音缀成的；“有”这个音节是由ㄧ——ㄛ——ㄨ三个元音缀成的；“手”这个音节是由ㄕ——ㄛ——ㄨ一个辅音和两个元音缀成的。不管音节里所包含的元音或辅音有多少，在音读方面和听感方面，总是用一个一个的音节作单位，而不是用从音节里分析出来的元音、辅音作单位。如“我有手”是三个音节，“中华人民共和国”是七个音节，“我们中华人民共和国的人口很多”是十四个音节；我们也说这样的语句有三个音，七个音，十四个音，当然不是拿它们当中所包含的元音、辅音来计算的。因此，我们要认定音节是音读的单位，是听感的单位。

现在我们所用的文字，它的形体的单位，正是跟这种音读和听感的单位相一致的；这就是说，一个一个写的字体，总是代表着一个一个读的音节。也有少数的词语，写的是两个字体，可是读起来是一个音节；如“词儿”是两个字，只作为一个音节来念，其中的

“儿”字不是独立的一个音节。这大概是由于音读的节缩作用所形成的一种现象，我们不能根据这种极少数的现象，来否认现在文字上一个字体代表着一个音节的原则。因此，说现在我们所用的文字是采取“单音节”的制度，这样的提法是正确的。

但是，文字尽管是采取单音节的制度，汉语绝不能说是“单音节”的语言。汉语里的“词”，固然有不少是单音节的，可用一个字代表的；如“我”“有”“手”三个字是三个形体和三个音节，也代表着三个不同的意义。这样单音节的词叫“单音词”。可是，汉语里还有很多的词，是包含着两个、三个或更多个的音节的，必定要用两个、三个或更多个字来代表；这样多音节的词叫“复音词”。现代汉语的词汇里，以双音词为最多，就是说，包含两个音节的复音词占据多数；其次是一个音节的单音词；再其次是三个以上音节的复音词。现代汉语里的词汇，确实是有向着复音化发展的趋势。

要真正认识一个字，必定要达到“四会”，就是能“读”，能“写”，能“讲”，能“用”。我们可以根据这四方面来分别“字”和“词”。我们写出来的是一个一个的形体，读出来的是一个一个的音节。汉字的一个形体，现在只是代表着一个音节，所以单从现在所用的文字里去认识字，就是说，只从形体的单位和音读的单位上去认识字，那末，只能达到“读”“写”两会，决不能算是真正地识字。要真正地识字，必须要联系到语言里的“词”，必须要认定这个字所代表的是哪个词或哪个词里的哪一部分，这样，才能知道它的意义和用法，才能“讲”，才能“用”。

我们在语文教学中确立了词的单位的观念，不但可以避免乱讲、乱用的毛病，而且对于文字改革的进行也是有利的。因为我们在语文教学中，既然不用一个一个的“字”来讲来用，而要依据词的单位来讲来用，那末，我们必定要用一个一个的“词”来念。我们既然要依据词的单位来念，就必须要求打破现在一般书写和印刷的

形式，要用一个一个的“词”分开来写。因为文字改革的主要目的之一，就是要求书写上形体的单位跟语言里意义和运用的单位相一致；如果我们把现在书写和印刷的形式改变一下，使它能把各个词的单位也表示出来，那自然是有利于文字改革的进行的。至于怎样依据词的单位来书写，这就是词的连写问题了。

（四）词的连写问题

所谓词的连写问题，也就是词和词的分写问题。要在书写和印刷的形式上显示各个词的单位，只有把词的各部分连起来写，而把词和词中间隔离开来。把词的各部分连起来写，就是“词的连写”；把词和词分隔开来，就是“词的分写”。如：“身体　好，学习　好，工作　好”；这样把“身体”的“身”和“体”连起来写，因为它们不是两个独立的词，而只是一个词的两部分；“学”和“习”，“工”和“作”，同样地要把它们连起来写。另一方面，又把“身体”和“好”分隔开来，这样表示它们是两个独立的词；“学习”“工作”和“好”，同样需要把它们分隔开来。

这种连写的办法，在语文教学中，对于确立词的单位的观念，有很大的帮助。在我们一般书写和印刷的形式当中，还没有应用这种连写的办法把语句里所包含的各个词分隔开来；但我们在教学生阅读的时候，一定要指导他们照着这种连写办法所显示出来的词的单位来念、来讲、来认识各个词的用法，不要把词的各部分拆开来乱念、乱讲以至于乱用。如：《可爱的祖国》（初语六）这课里的一段话，我们把它写成：“我们　有　伟大的　共产党　和　毛主席。　在　共产党　和　毛主席　的　领导　下，　我们　已经　建立了　人民　做主　的　国家。　除了　反动分子，　人人　都　是　国家的　主人。”这样，学生念起来，又好听，又容易

懂，他们自己运用这些词的时候，也不会用错了。有一种坏的念书习惯，总是一个字或两个字一哼，又不好听，又不懂念的是什么。这种坏习惯的产生，就是由于不用词的连写办法来显示意义和运用的单位，而只是依据形体和音读的单位来念书的缘故。

词的连写在语文教学中，对于确立词的单位的观念既然有很大的帮助，但怎样断定哪些字要连写，哪些字要分写呢？也就是说怎样认定哪些字是代表着词的各部分，哪些字是代表着各个独立的词呢？

第一，我们要认定词是解释意义的单位。有些复音词，我们一看就可以断定它们都是一个意义的单位；如“蚂蚁”“苍蝇”“蒲公英”等。其他如“教室”“地图”等，都很容易认定它们是一个意义的单位，这些词都可以毫不迟疑地把它们所包含的字加以连写。至于“红旗”“黑板”“小朋友”“战斗英雄”等，似乎它们内中的某些部分可以拆开来解释，其实拆开来解释并不能表达出它们丰富的内容，或者完全失去了它们原来的意义，所以也须连起来写。还有一些临时接合起来的词：如“一件”“两只”“第一”“我们”“它的”“左边”“帮着”“听见了”“三年级”“园子里”等，实际也都是代表着一个意义的单位，不能拆开来解释的，因此也要把它们接合的各部分连起来写。

第二，我们要认定词是独立运用的单位。所谓独立运用的单位，就是在语句构造中作为一件完整的材料来运用的。如“黑板”“飞机”之类，它们内中的各部分，既然不能拆开来解释，自然也不能在语句构造中拆开来运用。如“我们”“同志们”等的“们”字，是属于词的“后缀”成分，用来表明集体多数的意义；可是，单独一个“们”字，就不能作为一个运用的单位，一定要依附于“我”“同志”等词而存在，因此“们”字的自身不是一件完整的建筑材料，一定要跟前面的词连起来写。如“拿着”“想着”等的“着”字，也是属于“后

缀”成分，用来表示动作正在进行持续的意义；但是，它离开了“拿”“想”等词，便不能作为一个独立运用的单位，不成为一件完整的材料，所以也一定要跟前面的词连起来写。还有“伟大的 共产党 和 毛主席”“共产党 和 毛主席 的 领导”里的“的”字，有时作为词的后缀成分，有时作为独立的运用单位。这种“的”字是表示修饰作用的；如果它依附于单个的词，就作为词的后缀成分来连写；如果它承接于一个“词组”（词和词组成的语句），就作为独立的运用单位而把它分开来写。如“伟大的”“的”字，是依附于“伟大”的，就把它连写；如“共产党 和 毛主席 的”“的”字，是承接于“共产党 和 毛主席”的，就把它分写。

第三，我们要认定词是有一定的声音形式的。一个意义和运用的单位，也往往在声音形式上表示出来；因为两个或多个音节联缀起来代表着一个词，在语音方面也往往构成一个整体来表示这种关系。所以我们有时也可以从语音方面的现象来断定哪些字该连写，哪些字该分写。如“老师”“孩子”这两个词，都包含有两个音节，都有一定的轻重音。“老师”的重音在“师”字上，“老”字读轻音；“孩子”的重音在“孩”字上，“子”字读轻音。这种在音节和音节的联缀中具有一定的轻重音的，就是语音上构成的一个整体，我们应当把它连写。又如“妈妈”“天天”“家家”“看看”“红红的”“笑嘻嘻”等，它们当中重叠的音节，也都是在语音上构成的一个整体，我们应当把它连写。现代汉语的词汇里，以双音词为最多；它在向着复音化发展的趋势当中，也特别以双音节化的现象最为显著。如“说明”“洗净”，我们都作为一个词来连写；可是“说 明白”“洗刷 干净”，又都应作为两个词来分写。汉语词汇里双音节化的现象特别显著，这是使它向着复音化趋势发展时，不致产生很多音节繁冗的词；所以现代汉语词汇里，三音节以上的复音词还是不多。五个以上音节的词更少，可以说它是不合于汉语习惯的。因此，“中国”

是一个词，而“中华　人民　共和国”却要作为三个词来分写；“苏维埃　社会主义　共和国　联盟”作为四个词来分写，而“苏联”却要作为一个词来连写。这是依据声音形式来决定的。

我们根据词的意义、用法和声音形式，综合各方面的语言事实，来划分语句当中各个的词，来解决词的连写问题；这不但在语文教学中，对于确立词的单位的观念，有很大的好处，而且对于文字改革的工作，也有重要的贡献。

二、词 和 语 音

（一）词和音节的关系

如我们说："拔　萝卜"；用了三个字代表三个音节，可是只有两个词。又如说："我们　要　做　毛主席的　好孩子"；用了十一个字代表十一个音节，可是只算是五个词。我们讲过，词是意义和运用的单位，音节是音读的单位，词和音节的单位并不一致。"拔""要""做"是单音词，就是用一个音节来作为它表达的形式。"萝卜""我们""好孩子"是复音词，就是用两个和三个音节来作为它表达的形式。

但是，无论是单音词或复音词，词的表达形式，总是由音节组成的。我们要说明一个词的声音形式，比较各个词的音读异同，总以音节的分析研究来做基础。如"萝卜"的注音是ㄌㄨㄛ　ㄅㄛ，这个词是由后面部分相同的两个音节组成的（它们后面部分都是ㄛ）。"拔"的注音是ㄅㄚ，这个词的音节，正跟"萝卜"的"卜"前面部分相同的（它们前面部分都是ㄅ）。

关于音节的分析研究，就要讲到"元音"和"辅音"。很多音节是由元音和辅音联缀成功的。如"拔"是由一个辅音ㄅ和一个元音ㄚ联缀成功的。又如"们"是由一个辅音ㄇ，一个元音ㄜ和一个铺音ㄋ联缀成功的。我们把元音和辅音认为是组成音节的原素，叫它们"音素"。

有时一个音素可以成为一个音节。如“一、二、五”这三个字音，都只包含一个元音(ㄧ、ㄦ、ㄨ)。但是，多数的音节总是包含着两个或更多个的音素。如“三”(ㄙ——ㄚ——ㄋ)，“六”(ㄌ——ㄧ——ㄛ——ㄨ)，“七”(ㄑ——ㄧ)。

通常我们把一个字音(就是一个音节)里起首的辅音叫做“声”，如“三”这个字音里的ㄙ，“六”这个字音里的ㄌ，“七”这个字音里的ㄑ。又如“拔”和“萝卜”三个字音里ㄅ、ㄌ、ㄅ。没有起首辅音的音节，叫做“无声母”的字音，如“啊”(ㄚ)，“呀”(ㄧㄚ)，“哇”(ㄨㄚ)，又如“我”(ㄚㄛ)，“要”(ㄧㄠ)等。

一个字音里，除了起首的辅音以外，其余的部分都是属于“韵”的范围。如“三”这个字音里的ㄚ——ㄋ，“六”这个字音里的ㄧ——ㄛ——ㄨ，“七”这个字音里的ㄧ，都是韵的部分。又如“拔”这个字音里的ㄚ，“们”这个字音里的ㄜ——ㄋ，也都是韵的部分。

韵的部分，可以分做“韵头”“韵腹”“韵尾”三种。如“三”这个字音里，没有韵头，有ㄚ作为韵腹，有ㄋ作为韵尾；“们”这个字音也是这样，没有韵头，有ㄜ作为韵腹，有ㄋ作为韵尾。如“六”这个字音里，ㄧ是韵头，ㄛ是韵腹，ㄨ是韵尾；“要”这个字音，除了没有声母以外，也是这样，ㄧ是韵头，ㄚ是韵腹，ㄨ是韵尾。如“七”这个字音里，没有韵头和韵尾，只有ㄧ作为韵腹；“拔”这个字音，也是这样，没有韵头和韵尾，只有ㄚ作为韵腹。

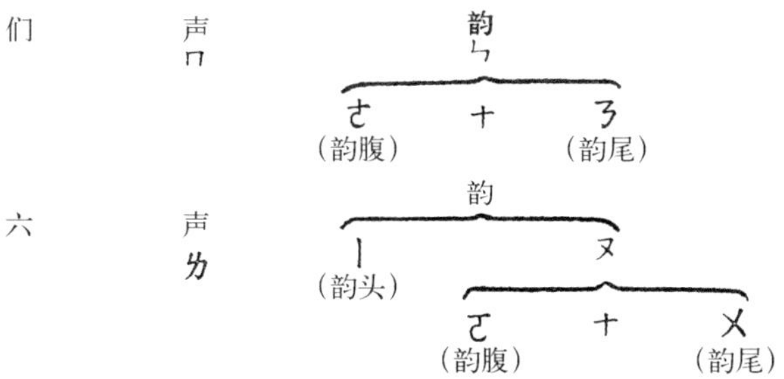

现代汉语的音读，以北京音作为标准。在字音里，可以当作起首的声的，是所有的辅音；当作韵头的，是一、ㄨ、ㄩ三种元音；当作韵腹的，是所有的元音；当作韵尾的，是ㄋ、ㄫ两种辅音和ㄧㄨ两种元音。

两个字音比较起来，如果它们有相同的起首辅音的，就是它们的声母相同，叫“双声”；如“单”（ㄉㄢ）和“独”（ㄉㄨ），“宽”（ㄎㄨㄢ）和“阔”（ㄎㄨㄛ）。两个没有声母的字音，如果它们的韵头相同，也可以说是前面部分相同的双声关系；如“永”（ㄩㄥ）和“远”（ㄩㄢ），“悠”（ㄧㄡ）和“扬”（ㄧㄤ）。两个字音，如果它们的韵腹相同，或者更有相同的韵尾的，就是它们的韵母相同，叫“叠韵”；如“刚”（ㄍㄤ）和“强”（ㄑㄧㄤ）收韵都是ㄤ，“源”（ㄩㄢ）和“泉”（ㄑㄩㄢ）收韵都是ㄢ。

通常所谓这个字音跟那个字音的分别，首先是指音节里声母或韵母上的种种分别。如“工”（ㄍㄨㄥ）、“空”（ㄎㄨㄥ）、“东”（ㄉㄨㄥ）、“通”（ㄊㄨㄥ）这四个字音的分别，就是关于声母的ㄍ、ㄎ、ㄉ、ㄊ的分别。又如上面所举“啊”“呀”“哇”三个字音，它们之间的分别，就是由于韵头的不同：“啊”是没有韵头的，“呀”是有ㄧ作为韵头的，“哇”是有ㄨ作为韵头的。又如“哇”（ㄨㄚ）跟“窝”（ㄨㄛ）的分别，“坳”（ㄠ）跟“欧”（ㄡ）的分别，就是由于韵腹不同：“哇”和“坳”都是有ㄚ作为韵腹的（ㄠ就是ㄚ——ㄨ），“窝”和“欧”都是有ㄛ作为韵腹的（ㄡ就是ㄛ——ㄨ）。又如“干”（ㄍㄢ）跟“刚”（ㄍㄤ）的分别，“根”（ㄍㄣ）跟“耕”（ㄍㄥ）的分别，就是由于韵尾的不同：“干”和“根”都是有ㄋ作为韵尾的（ㄢ、ㄣ就是ㄚ——ㄋ、ㄜ——ㄋ），“刚”和“耕”都是有ㄫ作为韵尾的（ㄤ、ㄥ就是ㄚ——ㄫ、ㄜ——ㄫ）。

其次，各个字音之间的分别，是关于“声调”的分别。有时几个字音，它们的声母部分和韵母部分都完全相同，可是读起来，听起来，觉得有差异；这是由于汉语的字音，还有声调的分别。如“窝”

(ㄨㄛ¯)、"我"(ㄨㄛˇ),"真"(ㄓㄣ¯)、"枕"(ㄓㄣˇ)、"振"(ㄓㄣˋ),"巴"(ㄅㄚ¯)、"拔"(ㄅㄚˊ)、(把)(ㄅㄚˇ)、"霸"(ㄅㄚˋ)。

总起来说:音节的分析研究,主要的是关于各个字音里包含着的元音和辅音的分析,就是关于各个字音里声母部分和韵母部分的考察;其次,再注意到各个字的声调区别。我们要说明一个词的声音形式,比较各个词的音读异同,就要从音节的分析研究着手。因为,无论是单音词或复音词,词所表现出来的形式,总是由音节组成的。

(二)单音词和复音词

词在声音形式方面,最显著的分别,是在包含音节的多少,也就是单音词和复音词两大类的分别。

所谓单音词,就是包含一个音节的"单词"。如"人""手""我""你""冷""凉""大""小""黑""白""再""要""都"等,这些都只用一个音节就可以把意义表达出来。

复音词当中,又分为两类:一类是复音的单词,是纯粹的复音词;另一类是由单词合成的复音词,叫"合成词",或者叫复音的"复词"。

如象声词当中的"叮当""啊呀"以及模仿鸡叫的"ㄍㄜ　ㄍㄜ　ㄍㄜ""ㄐㄧ　ㄐㄧ　ㄐㄧ",模仿打钟声音的"ㄉㄤ　ㄉㄤ　ㄉㄤ"等,是纯粹复音词的一种。

又如"萝卜""蜻蜓"等,是天生的复音词,两个字分开来就得不到解释的。有许多形容词,如"仿佛""从容""糊涂""尴尬"等,大都是用双声或叠韵的方法所构成的,也是天生的复音词。

还有一些复音词,是从许多别的民族语里吸收过来的,叫"外来语"。有的是在古代吸收过来而传到现在的;如"玻璃""菩萨"

“琵琶”等。有的是在现代吸收过来的；如“逻辑”“马达”“沙发”“凡士林”等。这种外来语，既然是别的民族的语言，当然不能分开来解释，所以也是纯粹复音词的一种。

还有重叠音节的“叠音词”，除了象声的叠音词以外，又把原来的单音词加以重叠而在意义上没有变化的；如“爸爸”“妈妈”等。这种也是纯粹的复音词。至于把单音词加以重叠而在意义上有变化的；如“家家”是“每一家”的意思，“人人”是“任何人”的意思，“看看”是“看一看”的意思，这却是合成的复词了。

又如“老虎”，是由单词“虎”加上一个“前缀”成分“老”而构成的；“房子”，是由单词“房”加上一个“后缀”成分“子”而构成的。这些用接合的方法产生出来的复音词，应该是属于合成词的一种。

合成词当中最显著的一种，就是一般所谓“复合词”；如“工人”“公园”“课本”“劳动”“解放军”“红领巾”等；凡是现在可以知道它们是由单词结合起来构成的，都可以归属于复合词。

从上面所说的各种复音词来看，纯粹复音词和合成词，实在没有截然分明的界限。天生的复音词和一般所谓复合词，这两种可以说是处于两个极端，作为复音的“单词”和“复词”两类最显著的代表。它们中间，尽可以有许多两属的例子；如“卡片”“冰淇淋”等，一方面是外来语，一方面也是复合词。

又这里所讲纯粹复音词和合成词，它们的分别，主要是就构成方法的不同来辨别，并不是从实际的应用来说。在实际应用上，无论是单词或复词，总是作为意义和运用的单位。所谓合成词，虽然在构成方法上是由单词合成的，似乎可以分开来解释；可是实际上单词一经合成复词，就起了“化合”作用，在语言实践当中形成了一种特殊的意义，就不能再把它拆开来讲了。如“萝卜”和“好孩子”，同是语言上的一个意义和运用的单位。我们似乎觉得“萝卜”不能拆成为“萝”和“卜”，而“好孩子”是可以拆成为“好的”“孩子”来讲。

实际上，如果我们把“好孩子”三字拆开来讲，多少就要失却它原来的意义了。

（三）叠音词

用相同的音节来组成复音词，就是“叠音词”。上面讲过，叠音词分做纯粹的和合成的两类。这里再举些例子来把这两类叠音词说明一下：

纯粹的叠音词是一种“单词”，用重叠的音节作为表达形式的；如“呜呜”“哨哨”等，是象声的叠音词。这种词的形式，完全是由于模仿重叠的声音而成；因为是模仿声音的，所以有时为着教学的便利，可以用注音或拼音字母来代替所写的字。如象鸡声的“ㄍㄜ　ㄍㄜ　ㄍㄜ”“ㄐㄧ　ㄐㄧ　ㄐㄧ”，象钟声的“ㄉㄤ　ㄉㄤ　ㄉㄤ”等。

又如“馍馍”“猩猩”“往往”等，是天生的叠音词，不能缩短成为单音，可以说是一种最纯粹的叠音词。

至于“妈妈”“爸爸”等，实在是单音词的重叠而意义上没有变化的。这种词的大部分，可能是从幼儿的语言里发展形成的；幼儿语言的习惯，常常把单音词重叠起来讲。如把“糕”说做“糕糕”，把“饭”说做“饭饭”，实际意义上是跟原来的单音词没有什么分别的。

一个词重叠起来，意义上跟原来的词有分别的，那就是合成词了。如：“家家打扫，户户清洁”“条条道路通向共产主义”；这些句子里的“家家”“户户”“条条”，都是有“每一”“一切”的意思。其他如“天天”“日日”，就是“每天”“每日”的意思；“人人”“个个”，就是“大家”“不论哪一个”的意思。这种合成词是由于“名词”的重叠；在现代汉语里，有一种趋势，就是这种重叠的方法只限于表明单位的名词（或者称为“量词”，或者称为“副名词”）上应用的。又只限于单音的名词，可以应用这种重叠的方法；复音的名词就不能用这

种方法来构成重叠词。

单音的形容词重叠起来构成复词，常常用来表示程度的深浅变化：如“高高的”“低低的”“大大的”“小小的”等，都是比原来单词所形容的要加深程度，或减低程度，也可以说是有加强修饰性的作用。

两个意义上相反的单音形容词，把它们重叠起来并且连在一起，构成了一种反义重叠复词，往往用来表明“各色各样”“多种多样”的意思；如“高高低低的路”“大大小小的工具”等。

复音形容词的重叠，一般也是用来加强修饰性；如“老老实实”“痛痛快快”等。我们在这里可以看出复音形容词的重叠，是采取一种“叠字法”的。

复音形容词的部分重叠，也同样有加强修饰性的作用；如“冷冰冰”“冰冰冷”，“香喷喷”“喷喷香”等，也都是采取叠字法的。

复音形容词的部分重叠，有时中间又加进一个“哩”音；如“马哩马虎”“糊哩糊涂”“疙哩疙瘩”“古哩古怪”等。这不但加强修饰性，而且带有憎恶的感情色彩。

单音的动词重叠起来构成复词，常常用来表示“一次”或“暂时”的动作；如“试试”是“试一次”的意思，“开开门”就是“开一下门”等。

但是两个意义上相关的单音动词，把它们重叠起来并且连在一起，构成了一种类义或反义的重叠复词，却用来表明“重复”或“长时”的动作。如“说说笑笑”是“说而又笑，笑而又说”的意思；“哭哭啼啼”是表示“啼哭不休止”的意思等。

复音动词的重叠，也常常用来表示“一次”或“暂时”的动作；如“收拾收拾”是“收拾一下”的意思，“打扫打扫”是“打扫一次”的意思等。我们在这里可以看出复音动词的重叠，是采取“叠词法”的，就跟复音形容词重叠起来的采取“叠字法”有分别。因此，“端端正正的态度”里，“端端正正”是形容词；而“端正端正你的态度”里，

"端正端正"却是动词了。

从上面所说的看来，音节的重叠，在构词方法上是用来产生一些重叠词，在声音形式的转变上也是用来表达意义的变化。

用声音的转变来表达意义变化的方式，除了音节的重叠以外，还有声母、韵母和声调的变化。

（四）声音和意义的关系及同音词的产生

在语言教学中，教师常常遇到一种困难的现象，就是一个字往往有几种不同的解释，又有几种不同的读法。

用不同的音来表示不同的意义，最显著的方式是音节里声母、韵母和声调的变化。如："乐"ㄩㄝˋ是"音乐"，ㄌㄜˋ是"快乐"；这是声母和韵母的变化。"行"ㄒㄧㄥˊ是"行走"，ㄏㄤˊ是"行列"；这是声母和韵母的变化。"长"ㄔㄤˊ是"长远"，ㄓㄤˇ是"生长"；这是声母和声调的变化。"朝"ㄔㄠˊ是"朝代"，ㄓㄠˉ是"早上"；这是声母和声调的变化。"恶"ㄜˋ是"过恶"，ㄨˋ是"憎恶"；这是韵母的变化。"读"ㄉㄨˊ是"诵读"，ㄉㄡˋ是"句读"；这是韵母和声调的变化。"好"ㄏㄠˇ是"美好"，ㄏㄠˋ是"爱好"；这是声调的变化。从这些例子，我们知道用声音形式的转变来表达不同的意义，就产生了一个字有几种意义，也有几种读法的现象。

但是，声音和意义之间的联系，并不是必然的固定的。相同的意义不一定要用同样的声音来表达，同一种事物可以有不同样的名称。反转来，不同的意义也可以用同样的声音来表达，不同的事物也可以有同样的名称。

一个字的意义转变了，或者它所代表的词不同了，可是音读没有变化，还是一样的读法。如：

"服"ㄈㄨˊ 有"衣服"的意义，又有"服从"的意义和"服务"的意

义。“短”ㄉㄨㄢˇ有“短小”的意义，又有“缺少”的意义。

我们在进行识字教学的时候，要注意一字数音数义的现象，同时也要注意一字一音数义的现象。

因为声音和意义之间，没有必然的固定的联系，所以声音形式上的异同，不一定跟意义上的异同相一致；汉语里有不少“同音词”；它们的产生，就是由于这个缘故。

同音词就是不同的词而用同样的音节来组成的。汉字是采取单音节的制度，往往不同的字而代表着同样的音节，所以有“同音字”众多的现象。但是，我们不能因为看到同音字众多，就误认为同音词也众多。字和词既然要加以区别，同音字和同音词也自然不能混为一谈。如“道”“导”“倒”“稻”四个字都是“ㄉㄠ”，是同音字，可是它们组成“道理”“领导”“跌倒”“稻子”四个词，就不是同音词了。

由于汉语的词有复音化的趋向，其中一些单音的同音词，如“高”和“糕”（“ㄍㄠˉ”），“割”和“搁”（“ㄍㄜ”）等，逐渐地减少了。把单音词化为复音词，复音词的数量逐渐增加，复音的同音词也有不少出现了。如：“异姓”“异性”“预言”“寓言”“预见”“遇见”“战友”“占有”等。

这些复音的同音词，我们在运用时，因为有上下文和说话时情境的帮助，不大会发生混淆而妨碍交际的作用。

不过，通常在写作当中，往往由于这种同音词而发生书写上的“别字”。如把“必须”写做“必需”，把“一斑”写做“一班”或“一般”，把“一辈子”写做“一背子”等。这是我们在语文教学中应该随时注意和纠正的。

和同音词相对的是“同义词”，同音词是“异词同音”，不同的词用相同的声音来表达不同的意义；同义词却是“异词同义”，不同的词用不同的声音来表达相同的意义，这就要讲到词和意义的关系了。

三、词 和 意 义

（一）词和概念的关系及词类的分别

每个词的意义，都有一种概括作用，用来指明它所概括的一切具体的事物；如“书”这个词，就概括了一切具体的书。“花”这个词，就概括了一切具体的花。一切具体的书和花都是客观存在的，而“书”和“花”却是一个抽象的概念。

同时，词的意义，还有一种区别作用。就是把它所概括的范围以内和其余外界的事物区别开来；如“书”和“花”只是指书和花，而不能指别的东西。这样，每个词的意义，就都有它的明确性。

我们在语文教学中，首先要认定词义的明确性；解释一个词或运用一个词的时候，必定要认定这个词所概括的范围；只有这样，才可以免除“张冠李戴”的毛病。

概念的产生，就是词的意义的成立，词要靠了概念才能构成；而概念也靠了语言的词才能表达出来，没有语言的词，思想就不能产生和存在。斯大林说：“语言是直接与思维联系的，它把人的思维活动的结果，认识活动的成果，用词及由词组成的句子记载下来，巩固起来，这样就使人类社会中思想交流成为可能的了。”语言和思维，词和概念，都有不可分割的关系。

但是，我们不能把词和概念两者等同起来看。它们两者有密

切的联系,也有显著的区别。概念既然是从客观存在的事物上抽象概括所获得的成果,所以它跟客观存在的事物有直接的联系;可是词是用来代表概念的,受着社会的制约,作为事物的口头标记,它跟客观存在的事物只有间接的假定的联系。因此词和概念也没有必然的固定的关系,同一个词可以代表几个不同的概念,同一种概念可以用几个不同的词来代表。我们在语文教学中常常遇见“同词异义”和“同义异词”的现象,就是由于这个原因。

如“小花狗”的“花”和“一朵花”的“花”,意义不同。我们说“花的”,是和“白的”“黑的”等相对的;而“花草”“花木”的“花”,是和“草”“树木”等相联系的。这就是同词异义的现象;同一个词代表着几个不同的概念,我们叫“歧义词”。如“做工作”,可以说“干工作”,也可以说“搞工作”;“做”“干”“搞”意义相同。这就是同义异词的现象;几个不同的词代表着一种相同的概念,我们叫“同义词”。歧义词和同义词的产生,就是由于词和概念两者不是同一的东西,两者之间的分配也不是完全一致的。

词和概念虽不是同一的东西,但彼此有密切的联系;因此概念的分类,词的意义的分类,跟词类的分别,都是密切相关的。

如“树木”“学生”“工厂”等,都是表明一种实在东西的;我们把这一类词的意义叫做“实体”的概念。有些抽象的东西,如“科学”“文化”“规律”等,也属于实体的概念。大多数的名词就是表明这种实体概念的词。又如“大”“小”“黑”“白”“高”“低”“长”“短”“光明”“干净”等,都是表明实在东西的性质和状态的;我们把这一类词的意义叫做“德性”的概念。大多数的形容词就是表明这种德性概念的词。又如“做”“吃”“看”“听”“检查”“布置”等,都是表明实在东西的行为和动作的;我们把这一类词的意义叫做“行动”的概念。大多数的动词就是表明这种行动概念的词。

实体、德性、行动,这三类概念是反映客观存在的事物,都有一

种实质的意义。名词、形容词、动词都是表明实质的意义的，所以叫“实词”。

如“我”“我们”“这”“那”“大家”“谁”“什么”“那样”“这里”等，这些词的本身没有实质的意义，只是用来称指和替代实词的叫“称代词”，因为运用起来，跟实词有同样的功用，也可以隶属于实词当中。

如“也”“为”“和”，是用来表明各种实质意义之间的关系的，叫“副词”“介词”“连接词”，大都是用来表明关系的意义的。如“吗”“呢”“吧”等是用来表明对话人之间的关系的，如说话的人对于听话的人发出疑问，提出要求等，叫“语气词”。但是表明这种“关系”的概念的，都可以归属于“虚词”。

“虚词”是一种语法成分，它们所表明的各种“关系”的意义，也是最抽象最概括的意义；虚词的产生，是人类思维长期抽象化工作的成果。

关于虚词的用法，是要在汉语教学的“语法”部分里着重地讲的；这里“词汇”部分，要着重在实词的分析。关于实词的分析，首先要讲到“同义词”问题。

（二）同义词和反义词

所谓同义词，并不是说意义的绝对相同；解释相同，用法相同，连感情色彩等也相同的同义词，是任何语言里所少有的。因此所谓同义词，实际只是“类义词”，在基本概念上它们有共同相类的解释罢了。同义词之间，彼此有共同相类的解释，又必定有特殊的微细的差别。这种特殊的微细的差别，很显著地表明出语言词汇的丰富性和严密性。

如“做”“干”“搞”这三个同义词，虽然可以有相类的解释，但是

各有各的用处，不能完全相互代用。如“你做事很好”；“做”不能改作“干”。“这事给你搞垮了”；“搞”也不能改作“做”。因为在哪一种情况适用于哪一个词，大都有确定的习惯，不能任意地把它更换。我们要求用词正确，必定要从辨别同义词方面去下工夫。

在语言教学中，如果对于辨别同义词能多多注意，那就不但可以使学生词语用得正确，而且可以使他们的词汇也逐渐丰富起来。因为，辨别同义词，是我们运用语言和学习语言的一个重要关键。

辨别同义词的方法，是多种多样的：

第一，从词的意义范围来辨别。如“房屋”“房子”“屋子”这三个词，“房屋”的范围最广，是指一切居住的房屋类的建筑物；“房子”的范围次之，是用一所一所来计算的；“屋子”的范围最狭，是用一间一间来计算的。（南方方言里，把一所一所的叫做“屋”，把一间一间的叫做“房”，和普通话相反。）又如“结合”和“团结”，“结合”可以适用于人和物，而“团结”只适用于人和人之间。又如“性质”“品质”“品性”三个词，“性质”可以指人，也可以指物；“品质”只可以指人；“品性”又只可以指人的道德修养。

第二，从词的意义的程度来辨别。如“良好”“优良”“优异”“杰出”四个词，显然有程度上的差别。“看”“视”“观”“察”四个字的意义，也有程度上的不同：“视”是注意地看，“观”是多方面地看，“察”又是仔仔细细地分析了。

第三，从词的意义的性质来辨别。有些词的意义比较抽象，有些词的意义却比较具体；如“树木”和“树”，“花卉”和“花”，“飞禽”和“鸟”，“书本”和“书”，“食欲”和“饭量”，“发育”和“长大”等；前者比较抽象，后者比较具体。

第四，从习惯上应用的广不广来辨别。如“少”“稀”“罕”三个词，都有稀少的意义，“少”是最常用的，“稀”不很常用，“罕”最不常用。“开”“启”“揭”三个词，显然是同义而习惯上应用的广度不同；

因之由这三个词所构成的复合词，也大有意义上的差别，如“开发”“启发”“揭发”等。

第五，从语法运用上来辨别。如“规则”和“规矩”，“智慧”和“聪明”，前者只可以作名词用，后者又可以作形容词用。“灵活”和“活动”，意义相似，而“灵活”只可以作形容词用，“活动”又可以作动词用。又如“疑问”“疑惑”“怀疑”三个词，意义相似，而“疑问”是名词，“疑惑”是形容词，“怀疑”是动词。

第六，从词的意义的“美”“恶”来辨别。词的意义，有的虽很相似，可是有专指好的一面，叫“美词”；有专指坏的一面，叫“恶词”；我们要加以严格的区别。如“坚决”和“固执”，“顽强”和“顽固”，“详细”和“烦琐”，“含蓄”和“含糊”，“热爱”和“热中”，“抵抗”和“抗拒”等。

总之，我们必须辨别同义词之间特殊的微细的差别，正是由于实际表达的需要。因为从客观存在的事物所反映出来的意义，是有各种差别的，所以没有丰富严密的材料，语言就要失去它的表达作用。我们在语言教学中注意同义词的辨别，就是要丰富学生的语言词汇，同时也加强学生的语言表达力。

上面讲的“美词”和“恶词”，意义上相似而只在感情色彩方面相反，还是同义词。如果意义上是相反的，那就叫“反义词”。如“强”和“弱”，“出”和“入”，“黑”和“白”，“胜利”和“失败”，“革命”和“反动”等。反义词是代表着两个互相对立的比较的概念，并不是肯定和否定的关系，而是正面和反面的关系。如“好”和“坏”是反义词；可是“好”和“不好”，“坏”和“不坏”都只是肯定和否定的关系，就不是反义词了。

我们在语文教学中，使学生多多认识反义词，依据对比的意义来学习词汇，很容易使他们巩固和记忆。如我们看到“光明”这个词，就很容易想起“黑暗”这个词；看到“幸福”这个词，就很容易想

起“苦难”这个词；看到“建设”这个词，就很容易想起“破坏”这个词。这样应用对比的方法来学习词汇，不但能使学生把所学的词记住，而且能帮助他们回想起已经学过的词，对于词汇的学习，有很大的帮助。

对于反义词的学习，如果跟同义词的学习结合起来，更可以丰富我们的词汇。同义词既然实际上是类义词，我们就可以依照相类似的联想，来学习同义词；依照相反的联想，来学习反义词；这样两方面结合起来，更容易扩充我们运用词汇的范围。如“强”和“弱”是反义词，和“强”意义相似的，有“坚”“大”“高”“富”等；和“弱”意义相似的，有“脆”“软”“小”“薄”“贫”等。我们再把这些单词结合起来，一方面我们得到“坚强”“强大”“高强”“富强”等词，另一方面我们又得到“脆弱”“软弱”“弱小”“薄弱”“贫弱”等词。这样把同义词和反义词的学习结合起来，把意义上相似的词和相反的词互相扩充，自然可以使我们的词汇丰富起来。

反义词的学习，又可以增进我们语言的表达力。我们要说明、叙述或描写一种事物，如果应用了对比的方法，就可以使听者和读者获得深刻的印象。如我们说新中国的“强大”，就拿旧中国“贫弱”来对比；说新中国的“幸福”，就拿旧中国的“苦难”来对比。这样应用反义词两相对照，相互衬托，自然好坏分明，使听者和读者有强烈的印象。

学习反义词，对于同义词的辨别和意义的分析及解释，也有很大的帮助。如“和平”和“平和”是同义词，似乎意义不容易分清楚；如果用它们的反义词来对比：“和平”的反面是“战争”或“武力”，“平和”的反面是“猛烈”或“急躁”。这样，就很容易看出这两个词的确切意义。如“怀疑”的反面是“相信”，“疑惑”的反面是“坚定”，那末，对于这正反四个词的意义和用法，也自然容易掌握了。

一个词不限定只有一种意义和用法。因为同一个词可以代表

几个不同的概念,它的意义很多,我们只有从上下文来看出它是什么意思。我们在语文教学中,对于有多种意义的词,也可以用反义词来解释。如“骄傲”这个词,有“自满”和“自豪”两种不同的意思;“自满”的反面是“谦虚”,“自豪”的反面是“自卑”。这样对照起来解释,学生就很容易明白这个词的意义。又如“老”这个词,基本的意义是“少”或“幼”的对称;由年老的意义“引申”出来一些次要的意义,我们分别用反义词来解释,就容易明白:如“老房子”的“老”是和“新”的意义相反的,所以是“旧”的意思;“菜老了”的“老”,是和“嫩”的意义相反的,所以有“坚硬”的意思;“老手”的“老”,是和“生疏”的意义相反的,所以有“熟练”的意思。总之,我们要分析“同义异词”和“同词异义”的现象,都必须认识反义词。

(三)词的多义性和歧义词的产生

词所代表的概念,有它一定的范围,可以用来概括事物,又可以用来区别事物;所以它用在每一种具体情况下,都有它的明确性和确定性。但是,自然界和社会是发展变化的,反映客观事物的概念,当然也是发展变化的,因此,词的意义也不是固定不变的。随着客观事物的发展,和人对客观事物的认识不断地深化,词义也就随着发展和改变。如“革命”“解放”等词在新社会里,都有了新的意义和新的感情色彩,和旧社会对于这些词的解释有本质上的不同。又如“交通”“经济”等词,现在所表示的意义,也跟从前的概念不同。又如“洋火”“番茄”“胡琴”等词所指的,现在已经不是从外国及别的民族输进来的东西了,而仍旧沿用“洋”“番”“胡”等字来称它们,可见这些词的实际意义已经变更了。

词的意义一方面有灵活性,另一方面又有累积性。一个词的意义变化,是从旧意义中产生出新的意义;可是新意义的产生并不

意味着旧意义的废止，而往往是保持着旧意义，使新旧并存。如“花”这个词，从“花草”的“花”产生出“花色”的“花”，这个词的不同意义可以并用。这样新旧的意义相累积，同一个词就可以代表多种不同的概念，这就是词的多义性。

词的多义性，使得语言当中产生了很多的“歧义词”。同一个词既然可以有多种不同的解释和用法，所以歧义词的产生，就使得词的应用途径扩大起来，在语言里，不必等待新词的创造，不一定要有词的数量的增加，而也能表达出新的意义；所以歧义词的产生，正跟新词的创造和增加，同样地重要，同是语言发展当中用新材料来充实现存的词汇的方式。

一个歧义词，必定有它的基本的意义，又有它的一些次要的意义。次要的意义，大都是从基本的意义上引申变化出来的；因此基本的意义，叫“本义”，次要的意义，叫“引申义”。如“手”这个词，“人用双手劳动”的“手”，是它的本义。由用双手劳动引申为“行动”的意义，有“入手”“着手”的“手”；由行动引申为“亲手”的意义，有“手稿”的“手”；由亲手引申为“近旁”的意义，有“手头”的“手”；由近旁引申为“轻便”的意义，有“手册”“手折”的“手”；由劳动引申为“技艺”和“有技艺的人”，有“能手”“生手”“熟手”的“手”，有“选手”“歌手”“射手”的“手”；再由劳动引申为“工作”和“工作的人”，有“副手”“助手”“水手”“旗手”的“手”；由行动引申为“行动的人”，有“凶手”“打手”的“手”等等。

我们在语文教学中，对于一个字的解释，必定要看它所代表的词；对于一个词的解释，必定要看它所代表的概念，并且认定这个概念是属于它的本义还是引申义。因为本义和引申义之间是有一定意义上的联系的。如果我们看到一个字的几种意义当中，有一种和本义或它的引申义已经失去联系，那末，就该决定这一种意义是属于另一个词。如“花”这个字，除了用在“花色”的意义以外，还

有用在“雪花”“花筒”“天花”“眼花”“花样”等地方，这些意义都是跟“花”这个词的本义有联系的，我们可以认为是它的引申义，或“花”这个词的歧义。至于“花费”的“花”，如说“花了多少钱”，这种意义和“花朵”“花草”“花木”等丝毫没有关联，就该把它认为是另一个词。“歧义词”只是表明“同词异义”的现象，不能包括“同字异词”的现象。我们要把词和字加以区别，也应该把“同词异义”和“同字异词”两种现象分别清楚。

一个词的歧义，依据它的本义和引申义之间的关系，可以分做三类：1. 是相接近的歧义，即本义和引申义之间是相接近的关系。如“闻”的本义是“听见”，引申为“嗅到”。2. 是相类似的歧义，本义和引申义之间是相类似而可以相比喻的关系。如“张”本义是“开弓”，“紧”本义是“紧束”，“紧张”是用来比喻工作行动等的紧张状态。3. 是相对比的歧义，本义和引申义之间是相反的关系。如“乖”原来本义是“违背”，可是“小羊儿乖乖”的“乖”是“驯良”的意思，正和原义相反。总之，这三类的歧义，都是由于意义上引申转变的结果。

（四）词的意义转变的规律

一个词的歧义的产生，是从它的本义变出一种引申义，或者从一种引申义变出另一种引申义。这种意义上的引申转变是有一定的规律的。如“书”这个词，它的原来的本义，是“书写”以及书写出来的东西；所以“楷书”“草书”是指写字的“书体”，“证明书”“申请书”是指写好的“文件”，“上毛主席书”是指写好的“书信”。这个词的意义范围原来是很广的，现在说“一本书，两本书”，单说“书”的时候，是专指“成本的著作”，比原来的本义缩小了范围。这是依据于词的意义转变的“缩小律”的。如说：“到菜市场上去买肉”；这个

词原来的意义是泛指一切的肉类，而这里是专指“猪肉”，也比它原来的本义缩小了范围。

如“雌”“雄”，它们原来的本义是专指鸟类的雌雄，现在用来泛指一切生物的阴性和阳性。又如“只”“双”，它们原来的本义也是专指鸟类的，现在用来泛指一切事物的“单个”和“成对”。这种意义的转变，又比原来的本义扩大了范围，是依据于词的意义转变的“扩大律”的。

意义的扩大和缩小，只是就意义范围的变化来说。至于从这种事物的代表名称变做代表别种事物，那是属于所指对象的变化，是意义性质的变化了。如“理”这个词，原来是专指“治理玉器”的意思，引申做一切“整理”“治理”的意思；“整理”“治理”，就是使得具有“条理”，所以有“条理”的意义；再由“条理”引申做“道理”“理论”等意义。这种意义所指事物的变化，是依据于“转移律”的。如“苦”这个词，原来是指一种“有苦味的草”，引申为“苦味”的意思，再转变为“劳苦”“辛苦”等意义。这些都是依据于意义变化的转移律而来的。

大概相接近的歧义和相类似的歧义，都是依据于转移律变化的结果；相类似的歧义，又是依据于扩大律或缩小律转变的结果。至于词的意义为什么会“扩大”“缩小”“转移”，那是由社会的发展和社会的需要所决定的。

四、词汇的变化和社会的发展

（一）词汇的变化和积累

斯大林说:“语言,主要是它的词汇,是处在差不多不断改变的状态中。”社会的经济、文化、科学不断地向前发展,自然而然要求语言和语言的材料也跟着发展,来适应工作和生活的需要。如“拖拉机”这个词,过去语言词汇里是没有的。现在由于有了这种生产工具,所以词汇里要增加这个新的词。又如“劳动”“工人”这两个词,虽不是新造的,但由于社会制度、文化和道德精神的变更,这两个词的涵义也变了,应该和“光荣”“进步”“幸福”“革命”“先进的阶级”等的意义相联系着讲了。又如“皇帝”“老爷”等词,除非在故事里或历史课本上讲到,一般词汇里已经不用了。因为它们所代表的事物现在已经不存在了。由此可见词汇的变化,有三种主要的方式:第一是新词的创造,第二是词义的转变,第三是旧词的消失。

词汇变化的三种方式,是有相互密切关系的。有些新词的创造,是以旧词做基础,给予一种新的意义。如“互助组”这个新词是由原有的“互助”等字制造出来的,“爱国主义”是由原有的“爱国”等字制造出来的。还有些词,并不是为了事物的消失而不用,只因为旧的意义不合于现在的生活,所以必须用一个新词来代替。如

过去叫“伙夫”，现在叫“炊事员”；过去所谓“薪俸”，现在称为“工资”等。

因此，随着社会的发展，新词的制造就越来越多，词汇的数量也随着增加了。斯大林说：“词汇反映着语言发展的状态，词汇越丰富、越纷繁，那末语言也就越丰富、越发展。……语言的词汇的变化……不是用废除旧的、建设新的那种方法来实现的，而是用新词去充实现行的词汇的方法来实现的，这些新词是由于社会制度改变，由于生产、文化、科学等等发展的结果所产生的。同时，虽然通常从语言的词汇中消失了一些已经陈旧的词，可是添加的新词的数量却要多得多。”

由此可见，现代语言能有这样丰富的词汇，是由历代逐渐积累起来的。我们学习丰富的词汇，不是一朝一夕所能成功，必须日积月累慢慢地增加起来。毛主席曾经给我们指示了三条学习语言的途径。他说：“语言这东西，不是随便可以学好的，非下苦功不可。第一，要向人民群众学习语言。人民的语汇是很丰富的，生动活泼的，表现实际生活的。……第二，要从外国语言中吸收我们所需要的成份。我们不是硬搬或滥用外国语言，是要吸收外国语言中的好东西，于我们适用的东西。因为中国原有语汇不够用，现在我们的语汇中就有很多是从外国吸收来的。……第三，我们还要学习古人语言中有生命的东西。由于我们没有努力学习语言，古人语言中的许多还有生气的东西我们就没有充分的合理的利用。当然我们坚决反对去用已经死了的语汇和典故，这是确定了的，但是好的仍然有用的东西还是应该继承。”这三条学习语言的途径，也就说明了现代语言词汇的丰富的来源：1. 人民群众的语言，一部分词汇是指“方言词”和“行业语”；2. 从外国语言中吸收过来的成分，就是“外来语”；3. 古人语言中有生命的东西，就是现在应用的“古语词”。

（二）古语词和方言词

现代语言的词汇，大部分是承袭古代语而来。有许多“基本词”，如“人”“手”“山”“水”“草”“木”等，是从古代一直沿用到现在的；现代很多创造出来的新词，也以古语词作为基础。此外，还有一些古语词，是现代一般口语里所不用或不常用，大概直接从书本上或文言中吸收过来的。如文言中常用的“之”字，似乎在现代口语里不用了；可是我们说“……之上”“……之下”“……之一”“几分之几”“光荣之家”等，还是用到它。文言中常用的“其”字，我们现在说“其他”“其余”“其次”“尤其”“莫名其妙”“大吃其亏”等，还是用到它。采用古语词的数量并不多，但在现代语里另外一种特殊的结构或者参杂在相沿的成语当中的，统计起来还是不少。

我们课文里的词语，也有一些是文言的或者近于文言的。如《英勇不屈的赵一曼》（初语六）这课里，“英勇不屈”“掩护”“突围”“阻击”“血战”“审讯”“威胁利诱”“残酷”“拷打”“吐露”“线索”“坚定不移”“耐心说服”“监视”等词，都是古语词中仍然有用的东西。

从古语里相沿应用的成语，我们要懂得它们的意义和用法，不可乱讲、乱用。因为这种成语，沿用已久，各自凝结成为一个固定的词组，我们应该把它们作为运用的单位来看待，不可随便乱拆、乱改。如“混为一谈”不能改成“混为一语”；“莫名其妙”，不能误做“莫明其妙”；“短兵相接”，不能错成“短兵相见”。

除了古语词以外，我们还要从方言词里去吸收好的词。方言土语，虽有地方性的限制，但其中有不少是人民群众的语言，内容生动活泼，能够表现实际生活的，我们应该多多把它吸收过来。因为方言土语的词汇，是民族统一语的源泉。现代语言丰富的词汇，是经过历代吸收和融合各种方言土语的词汇而成的。有的方言词

语,已经融合在民族统一语中,失去了原来的地方色彩;有的正在吸收,正在融合成民族统一语。如“搞”这个词,用来表明“做”或“干”的意思,现在几乎完全共同化了。“啥”这个词,用来表明“什么”的意思,“垮”这个词,用来表明“失败”的意思,也都有共同化的趋势。可是这些词的方言色彩,至今还可以看出来。至于“搭档”,用来表示“同伴”的意思;“工夫”,用来表明“时候”的意思;“运道”,用来表明“运气”;“棒子”,用来表明“玉米”;“围脖”,用来代表“围巾”等;这些方言词,大都是为了要使内容表达得更逼真、生动,或者为了增加地方色彩,才应用到它们。在某些文学作品里,常常可以见到这种方言词。我们在向学生讲解的时候,就要指明它们是方言词,因为它们还没有被融化在民族统一语里,并不是都合于规范的。

总之,古语词的沿用和方言词的吸收,都是为着社会实际的需要,用来丰富我们的词汇,加强我们的语言表达力;如果没有这种需要,任意地引用古语和方言,那不但要缩小语言影响的范围,而且违背了语言发展的共同化的趋势。

(三)行业语和外来语

语言的发展,除了依据地方不同而产生方言土语以外,还有依据社会阶层和职业集团的分化而产生的行业词汇及专门术语。各种职业和各种科学技术,大都为着进行生产斗争、阶级斗争及其他活动的需要,各自形成一套专门的用语。如农民改进了耕作方法,就产生了“小株”“密植”等词;火车司机改进了驾驶技术,就产生了“满载”“超轴”等词。行业的词汇,有许多是生动活泼的,表现实际生活的,所以也是经常不断地丰富民族统一语词汇的一个源泉。

现在民族统一语里有些词语,就是从专门行业语推广应用而

来的。如原来工业上的专门用语，现在已经成为一般性的，有“加工”“提炼”“规格”等。原来军事上的专门术语，现在已经成为一般应用的，有“战线”“进军”“堡垒”“据点”等。原来医药卫生上的专门术语，现在已经成为一般应用的，有“麻痹”“传染”“腐化”等。有些行业语和专门术语，原来就是从外国或别的民族语言里吸收过来的“外来语”。如科学技术上的用语，有许多就是从外国语里翻译过来的。

翻译外国或别的民族语言的词汇，有“意译”和“音译”两种方法。意译，就是依据原语的意义，跟我们旧有的词相结合而构成一个新词。如“汽车”“干部”“拖拉机”“工农联盟”“无产阶级”“共产主义”等；这类意译的新词，和我们自己创造出来的新词同样地得到广泛的流传。又日本人用汉字意译别国语言的词，也有很多流传到汉语里来；如“积极”“企图”“手段”“场合”等。一般人并不觉得这样的新词是翻译过来的。所以用意译方法吸收过来的新词，一般人也往往当作自己创造的新词；严格说来，可以不当作真正的“外来语”。

用音译方法吸收过来的词语，一般才认为是真正的外来语，也叫“借贷词”，因为引用了外国和别的民族语言的声音形式，正象是借贷过来的词语。不过有些是古代吸收过来，沿用已久，也渐渐失去“外来”的感觉。如“葡萄”“石榴”“狮子”等，原来是从古代中央亚洲的许多民族语言里输进来的。如“袈裟”“夜叉”“菩萨”“玻璃”以及“茉莉花”的“茉莉”等，是从古代印度语言里输进来的。其他如车站的“站”，原来是蒙古语；“喇嘛”，是西藏语；这些都是借贷词。

近代语言里的借贷词就更多了。如“苏维埃”“布尔什维克”“雷达”“托拉斯”“几何”“柠檬”“奎宁”等。借贷的关系，以音译方法为主；也有音译而兼表意义的，如“引擎”“幽默”“维他命”等。有

人很欣赏这种“音兼义”的译法，实在容易引起“望文生义”的毛病，我们不宜多采用。

还有用合成的方法，在借贷词上增加表明意义的词；这种“音加义”的方法，古来已经常用了，如“苹果”“檀香”“忏悔”等。现代用这种方法构成新词的，也不少；如“卡车”“吉普车”“冰淇淋”“啤酒”等。而“苏联”“美国”“英国”等，也是由这种“音加义”的方法所构成的。

有时吸收外来语，同时并用意译和音译两种方法；于是原语的一个词，产生出意译和音译的两个或三个名称来。如“逻辑”和“名学”或“论理学”，“马达”和“发电机”，“康拜因”和“联合收割机”，“麦克风”和“传声器”或“扩音机”，“维他命”和“维生素”，“德谟克拉西”和“民主主义”，“狄克推多”和“独裁者”，“哀的美敦书”和“最后通牒”，“安那其主义”和“无政府主义”等。这样原语的一个词而有两个三个译名的，也是“同义词”产生的一种原因。

由于意译和音译名称不同而形成的同义词，我们有时也必须加以细心的辨别。如意译的“模型”或“标本”和音译的“模特儿”，在意义范围上大有区别，后者是专指人体写生所用的模型。又如意译的“现代的”和音译的“摩登”，在感情色彩上也大有区别，后者具有强烈的讽刺意味。

（四）词的感情色彩

讲到词的意义和用法，也往往包括它的感情色彩来说。我们的工作和生活，常常对于语言的刺激作用，在各种不同的性质和程度上发生各种不同的要求；为着满足我们的要求，就必须在词汇中具备有各种不同感情色彩的词。

对于古语词，我们虽要坚决反对用那已经死了的语汇和典故，

但要采用一些有生气的为一般人所能了解或习用的古语词。这些古语词常常以古老的风格来表示现在仍然存在着的意义，因此显现出一种特殊庄严的意味。又如上面所举的“英勇不屈”“坚定不移”等词，我们用来叙述抗日民族英雄赵一曼，显然是有一种庄严的感情色彩。又如我们说人民解放军“不取人民一针一线”，说人民志愿军“爱护朝鲜的一山一水，一草一木”；这里用“一针一线”“一山一水，一草一木”这样文言的结构，也有庄严的意味。一般所谓“庄严词”，如“崇高”“神圣”“无比”“惠存”“哀悼”“逝世”“永垂不朽”等，在一定的情况下，还是要用到它们。

又有一些“修饰词”，也是运用同义词来加强或减轻刺激作用的。如我们说国民党反动派“腐败透顶”“臭名昭著”等，这里的“透顶”“昭著”一类的词，都有加强刺激的作用。我们有时也要引用一些成语来夸张形容，如用“一日千里”来说进步很快，用“血海深仇”来说仇恨很深。这种叫“夸饰语”，如果用得恰当，可以增强表达的感情。

至于为着减轻刺激作用的，有“忌讳语”和“婉说语”。说出来使人难受的，或者要触犯人家忌讳的，就常常要用间接委婉的词语来说，使听者领会意思而不感到强烈的刺激。如我们常把“疾病”说成“不适意”“不舒服”，把战士受伤，说成“带花”“挂彩”；这些都是忌讳或婉说的词语，用来缓和刺激作用的。

还有一种“反说语”，也是属于讳饰词，大都也有减轻刺激的作用。如我们有时说这个人“太老实”“太忠厚”，实际就是说他“懦弱”“无能”“没有用”。我们有时说“对不起！”，实际就是说“不客气了”。这种讳饰词有一个特点，就是运用反义词来构成反说语。这种反说法，也是使得一个词有相反的歧义（例如“好家伙”的“好”是“坏”的意思）的一种原因。

上面所说的庄严词和讳饰词，它们的运用，大都是关于语言刺

激作用的强烈程度的变化。至于意义上相类相近，而语言刺激作用的性质不同，就是属于同义词里“美词”和“恶词”的辨别，也就是词的“褒”“贬”意味的区分。词的褒贬意味，表示词的感情色彩上最显明的分别，也表示说话的人对于所说的事物的基本态度——肯定的或是否定的，爱好的或是憎恶的，歌颂的或是讽刺的，赞许的或是贬斥的等。如“效法”和“效尤”，“怒气”和“火气”，“撤退”和“逃跑”，“秘密”和“鬼鬼祟祟”等，都是有“美”“恶”或“褒”“贬”的不同感情。有时同一个词，由于意义的分歧，也具有相反的两种感情色彩；如“骄傲”这个词，作“自满”讲，是“恶词”；作“自豪”讲，却是“美词”了。

对于各种不同感情色彩的词，我们需要有敏锐和精细的辨别力；这种敏锐和精细的辨别力，是在语文教学及语言实践中逐步培养和磨炼出来的。

从上面各节所讲，我们可以知道，由于社会发展的结果，汉语的词汇一天一天丰富起来，它正适合社会实际的需要，来反映我们民族丰富的生活。汉语词汇的主要来源，一是历代词汇的积累以及古语词的沿用，二是方言词的溶入于共同语民族统一语以及行业语的推广应用，三是一些外来语的输入；所以我们要学习人民群众的语言，要学习古人的语言，也要吸收外国语言中我们所需要的成分。有了这样丰富的来源，我们再加以创造和变化，就使汉语词汇里具备有各种不同意义和用法的词，各种不同感情色彩的词。至于讲到原来词汇的创造和变化，那又是关于基本词汇和构词规律的问题了。

五、基本词汇和构词法

（一）基本词汇的性质和范围

语言词汇虽是随着社会的发展而变化的，可是有许多词，从古代保存到现在，一直没有变过，我们把这些词总称为“基本词汇”。如“拖拉机”这个词，是以“拖”“拉”作为它构成的基础；“手段”“手续”“手术”“手法”“手工业”等词，显然是以“手”做基础的；“拖”“拉”“手”是我们原有的旧词，属于保存下来的基本词汇。

斯大林说：“语言的词汇中的主要东西就是基本词汇，其中包括所有的根词，成为基本词汇的核心。基本词汇是比语言的词汇窄小得多的，可是它的生命却长久得多，它在千百年的长时期中生存着并给语言构成新词的基础。”“这也是很可理解的。既然基本词汇能在许多历史时期中很好地使用着，那就没有任何必要去消灭它。更不要说，把千百年积累起来的基本词汇消灭掉了，又不可能在很短期间内创造新的基本词汇，那就会使语言瘫痪，使人们完全丧失相互交际的可能。”因为语言的发展，是在社会上实际运用和相互传习中进行的，所以语言词汇里的基本词汇经过长时期的保存和使用，就使得语言在社会上一代一代地连续下去，继承下去，不使有一个时期会发生相互交际中断的现象。

如单音的名词“马”“牛”“羊”“鸡”“狗”“猫”“地”“风”“山”“路”“人”“头”“手”“花”“草”“菜”“稻”“米”等，单音的动词“听”“说”“看”“吃”“坐”“笑”“拔”“提”“拉”“走”“跑”“追”“洗”等，单音的形容词“好”“多”“大”“小”“红”“黑”“黄”“白”“香”“冷”“硬”“新”等，和单音的称代词“这”“那”“我”“你”“他”“谁”等，单音的副词、连接词“又”“再”“也”“都”“只”“就”“和”等，这些都是经过长时期的保存和使用的。如果我们不想用这些词，而想另外造出一些来代替它们，那不但没有什么必要，而且也是不可能的。因为语言随着社会的发展而发展，必定有它的连续性；如果不运用这些基本词，就要使得语言交际中断，就要使得一切新词的创造完全失了根据。所以说基本词汇是语言的基础。

基本词汇有三种主要的性质：

第一，稳固性。基本词汇之所以能够在千百年的长时期中生存着，这是由于其中许多词是代表稳定的事物。这些事物的稳定性，就造成语言里基本词汇的稳固性。代表这些事物的概念的，如关于自然界的事物和现象，“山”“地”“风”“雨”“花”“草”“虫”“鱼”“兽”等；关于人体的各部分，“人”“头”“手”“脑”“眼”“鼻”等；关于亲属的名称，“父”“母”“子”“女”“兄”“弟”“姊”“妹”等；关于劳动和防御的工具，“家”“屋”“刀”“枪”“锄”“锤”“纸”“笔”等；关于事物的一般性质，“高”“低”“大”“小”“轻”“重”“黑”“白”等；关于事物的通常行动，“行”“走”“进”“退”“提”“放”“推”“拉”等；关于时间和方位的名称，“日”“夜”“春”“秋”“东”“西”“上”“下”等；都具有极大的稳固性。其他如称代词、数量词以及许多表明关系的虚词，都是经历长久，不容易起变化的。

第二，全民性。按照基本词汇里许多词的意义来说，它们所代表的概念是最重要的，因此它们是一切生活所必需的词。凡是要用汉语来进行交际的人，必须掌握汉语里的基本词汇；不论他属于

哪个阶级，不管他是干什么行业，他总不能不运用基本词汇来进行交际。他可以不懂许多行业词语、专门术语、古语词、方言词和外来语，但他却不能不完全懂得，不能不完全掌握语言里的基本词汇。否则他就没有办法进行交际。因为这些基本词具有全民性，它占据着我们“常用词汇”的主要部分；我们要使学生掌握全部或大部的常用词，首先必须注意这些基本词的教学。

第三，构词的能力。基本词汇不仅是语言词汇里的稳定部分和主要部分，而且是给语言构成新词的基础。一切新词的创造，必定要以语言中原有的这些基本词来做根据。如用“人”这个词和别的词来做根据，就造出“男人”“女人”“人民”“人类”“人种”“人物”“人口”“人才”“人力”“人手”“人生”“人事”“人情”“人选”“人权”“人道”“人格”“人工”“人家”等词；用“地”这个词和别的词来做根据，就造出“土地”“地位”“地利”“地理”“地势”“地图”“地震”“地雷”“地主”“地狱”“地球”“地心吸力”“地平线”“地中海”等词。语言一代一代地发展下去，把这样造出来的新词一次一次地积累起来；结果，在我们纷繁的、丰富的汉语词汇里，就形成了一族一族的环绕着这些基本词周围的许许多多“派生词”。基本词构成了许多派生词，派生词又可以构成别的派生词；如从“人”构成了“人道”，又从“人道”构成了“人道主义”；“地”构成了“地球”，又从“地球”构成了“地球仪”。而这种派生的关系，和词义的转变及分歧，有密切的联系。如“人”一个基本词，有“人身”的意思，所以造出“人体”“人力”“人象”等；有“人民”的意思，所以造出“人权”“人道”等；有“别人”的意思，所以造出“人家”等；有“人工”的意思，所以造出“人造丝”“人造冰”等。因此，汉语的词汇，虽然极其纷繁，但是可以依据许多词的派生关系，以基本词为中心，看出它们构成的系统。

上面说到基本词汇的三种主要性质，但并不是说每个基本词

都具备这样的三个条件。如副词的“都”“最”“太”“更”等，连接词的“和”“且”“但”“而”等，以及一些称代词、语气词等，构词能力虽很弱，但是我们必须把它们归属于基本词汇里；因为它们已经具有全民性和稳固性两个重要条件了。又语言词汇随着社会的发展而变化，基本词汇同样也跟着它发展和变化。如“党”这个词，过去一般不属于基本词汇的范围，可是到了现在，它有了一种特殊的新意义，它的构词能力也跟着加强了；如“党性”“党龄”“党课”“党校”“党章”“党证”等，都是由它造出来的新词。这是由于社会的发展，使得“党”这个词具有显著的全民性的缘故。

基本词汇里当然不限定都是单音词，只要具备相当的条件，一些派生出来的复音词也同样可以作为基本词。如“人民”“革命”“国家”“土地”“政治”“法律”“思想”“劳动”“自然”“机器”“工厂”“学校”等，都是全民性的。其中有些是古代就有的，有些却是新造出来的，有些也是有构词能力的。由此可见基本词汇和其它词汇的划分，不能有固定的界线，既不能看单音和复音的形式，又不能看派生和非派生的分别，而要看各种条件，尤其是社会的条件。基本词汇和其它词汇的范围，彼此都有发展和变化，又有相互的密切联系。基本词汇是语言词汇丰富的不断的源泉，而语言词汇，转过来又是充实基本词汇的无尽的基地。

古代语和现代语，其间基本词汇的变化，除了用新词充实以及把旧词废止的两种情况以外，还有一种更换名称的情况，就是同一事物而古今用来代表的词不同。如古时说“饮”，现在说“喝”；古时说“食”，现在说“吃”；古时说“寝”“卧”，现在说“睡”“躺”等。又因为汉语词汇的变化，有一种复音化的趋向，原来单音的基本词，就有很多更换成复音的。如古时说“目”，现在说“眼睛”；古时说“口”，现在说“嘴巴”；古时说“日”，现在说“太阳”；古时说“月”，现在说“月亮”等。其中有些是单音和复音现在还可以并用的，这正

是表明词汇向复音化发展的趋势。

从词汇的派生关系和复音化发展的趋势中，我们又可以看出词汇里原始最基本的词，如“人”“地”“手”“刀”等，有很多确实是单音的。这种原始最基本的词，就成为基本词汇的核心，我们叫它“根词”。基本词汇的范围比语言词汇窄小得多，而“根词”又是基本词汇的核心，生命最长久，也是构成新词基础的基础。要解释根词的意义，就须讲到“词素”和构词的关系。

（二）词素和词的构成

新词的创造，一定要有熟悉的材料作为根据，才可以成立。有时一个新词，就用原有的旧词作为它构成的材料。这种构成新词的材料，除了原有独立的词以外，还有不能独立运用而只作为构词应用的原素；如“一下子”“一会儿”“第二天”“别的”等，这些词里的“子”“儿”“第”“的”等，都不是独立的词。不过从构成的新词来说，凡是制造它的材料，不论原来是独立的或不是独立的词，都作为它构成的原素了。词的构成的原素，叫“词素”。

词素分做主要的和次要的两种：主要的词素是“词根”，次要的词素是“前缀”和“后缀”。词根在词的构成中，是表明主要意义的部分，也都是用来表明这个词的基本概念的。独立的词，可以作为构成别的词的词根的，就是“根词”。换句话说：根词是独立的词，不过它的形式和构成新词的词根形式相一致罢了。如“人民”这个词，是由“人”和“民”这两个词根合成的；“人”和“民”都是汉语里原有的旧词，可是到了现在，“人”是独立运用的词，而“民”只能作为构词应用的词根，不是独立运用的词了；因此，我们断定“人”是一个根词。至于“人力”这个词里“人”和“力”两个词根，同时都是独立运用的词。如说“用一点力”“有没有力”等，所以“力”也是

根词。由“力”构成的派生词，还有“力量”“力气”“体力”“目力”“水力”“电力”“马力”“生产力”等。根词是基本词汇中构词能力最强的。

词根或根词，是构词的一种最小的原素，不能再分割为含有意义的构成部分，在汉语里多数是单音的。这或许是过去汉字所以形成单音节制的主要原因。但是词汇的发展既然有复音化的趋势，由单音的词根或根词派生出来的，是很多很多合成的复音词，所以文字为着要把这些复音词适当地代表出来，必须从事改革，以克服“字”和“词”的矛盾。

“前缀”和“后缀”在构词中是接合的成分，在前头的是前缀，在后头的是后缀。它们在词的构成中不是用来表明主要的意义，而只是依附于词根，表明一些附带的意义，或者只作为词的性质和用法的一种标记。如“第一”的“第”，是表明序数的前缀成分。又如“老二”“老三”等的“老”，原来用来表明“熟悉”（大概由“年老”“成熟”的意义转变而来）的意义，也逐渐消失，而只作为名词性质的标记了（“老二”“老三”的“老”也带有排行的意思）。这里的“老”也是一个前缀成分，和“老人”“老年”等的“老”作为词根的显然不同。又如“被剥削”“被告”的“被”，已经形成为表明“被动”的动词前缀成分了。

后缀成分最显著的例子，如“豆子”“稻子”“桌子”“帽子”的“子”，“石头”“木头”“骨头”“指头”的“头”，“花儿”“鸟儿”“画儿”的“儿”，都是用来标明名词的性质（“儿”还有一些指小的作用）。又“怎么”“多么”的“么”，是副词和指称词的后缀成分。“他们”“我们”的“们”，是称代词和人称名词表明集体及复数的后缀成分。其他如“人民性”“阶级性”“党性”的“性”，是标明名词性质；“工业化”“科学化”“集体化”的“化”，却是标明动词化了。动词的后缀成分，如“听了”“摘了”的“了”，是表示行动的“完成”；“笑着”“看着”的

"着",是表示行动的"进行";"记得""认得""懂得""觉得"的"得",是表示行动的"可能"。又如"大的""小的"的"的","教育工作者"的"者",是有称代作用的后缀成份("的"还有表明修饰的作用,有些写作"地"字的,是表明修饰动词或形容词的;写作"底"字的,是表明领属的修饰语)。

在汉语里,"中嵌"成分很少见。重叠复音形容词的嵌音"哩",如"糊哩糊涂""古哩古怪",用来表明憎恶的感情色彩的,可以作为一个例子。

总之,接合的成分,本身没有或者逐渐失去了实质的意义,所以一定要依附于词根,才能显示它们在构词中的作用。在构成的复音词里,接合成分无论是在前或在后,一般总是读"轻声"的。因此"老子",指"父亲"的,"子"要读轻声;如果"子"读重音,那是春秋时代的一个人名"老子"或者指一部古书"老子"了。又"莲子"的"子",读重音,"帘子"的"子",读轻声;因为前者是词根,后者是后缀成分。

在汉语里,词的构成,不但是由词根和词根相结合以及由前缀、后缀依附于词根的合成词,而且又有由合成词再相结合的,或者由前缀、后缀再依附于合成词的。如"人民""教育"都是合成词,再由它们构成了"人民性""人民事业""人民教育""教育工作""教育工作者"等。这样不断地派生,语言词汇里音节繁复的词,应该是越来越多了。但是,在复音化的发展中,又有一种双音化的趋向。一方面复音化,使得单音词发展为复音词;另一方面双音化,使得三个四个以上音节的词义往往缩减为双音词。这种缩减的作用,不但使得词汇里双音词增多,而且有些词组也往往因此凝结成为意义单位的词。如"首都",可能是由"首要的都市"凝结而成;"国徽",可能是由"国家的徽章"凝结而成。由此可见,汉语里词的构成,有两条相反相成的路途:一条是由词素的结合,一条是由词

组的缩减。我们要说明构词法,必须讲到合成的规律和缩减的规律。

(三)汉语的构词法

词汇里的派生关系,是指由同一个词根产生出许多个词。如“宽”和“阔”,“等”和“待”,“空”和“旷”等,声音相近而意义相通的,可能原来是由同一个词根转变出来;这也促使词汇的繁殖,当然是一种派生的现象。不过一般所谓派生词,总是指由词根应用合成方法所产生出来的词。

汉语里合成词的产生,有三种主要的方法:

第一,接合法。即由词根或词接合着前缀、后缀,用这种方法构成的,叫“接合词”。如“燕子”“鱼儿”“老鹰”“阶级性”“机械化”“被剥削者”等;这种词里的主要成分和次要成分显然是有分别的。

第二,重叠法。即由同样的词根或词重叠起来,用这种方法构成的,叫“重叠词”。重叠词和纯粹的叠音词,应该加以区别:纯粹的叠音词不是用音节的重叠来表示意义的变化,仍然属于“单词”,如“妈妈”“馍馍”等;重叠词正是应用重叠的变化来表示不同的意义,就属于一种“合成词”。名词、形容词和动词,都各自应用重叠的变化来表示特殊的意义,因而构成各种不同的重叠词,如“个个”“细细”“看看”等。复音的名词不能应用重叠的变化;复音形容词的重叠,要应用“叠字法”,如“整整齐齐”;而复音动词的重叠,要应用“叠词法”,如“整理整理”;都有一定的规律。上面所说重叠复音形容词接合着一个中嵌成分的,如“马哩马虎”等,也可以作为兼用重叠法和接合法来构成派生词的例子。

第三,复合法。即由不同的词根或词相结合,用这种方法构

成的,叫“复合词”。如“开学”“学习”“好学生”等;这种词里一定有两个或多个主要成分,在词的构成中,都是和表示基本概念有关的。

上面所举的这三种合成方法,都是根据词素的结合来构词;通常所谓构词法,主要就是指这三种方法。

其实有些词的构成,不单单是由于结合的过程,而且中间还有缩减的过程。单单是结合的过程,不免要使得构成的词,在形式上过于繁复冗长,不便应用;所以中间还需要有缩减过程,以节制形式无限的扩大。

客观事物的发展,反映到我们头脑里,就产生一个一个的新概念;这些概念在语言上的形式,有些是单个的词,有些却是词和词组成的词组。用词组来代表一个概念的,往往为着语言的经济,把词组缩减成简单的形式,或者凝结成一个词。如“苏维埃社会主义共和国联盟”凝结成“苏联”,“鞍山钢铁公司”凝结成“鞍钢”等;一般所谓“简称”,有许多就是由一个词组经过缩减而成的词。

关于这种缩减的原则,我们可以提出下面几点来说明:

第一,常用的原则。在语言实践中,经常应用的词语,如果形式上过于繁冗,那末,为着语言的经济,往往要受缩减。如“普选”“苏联”“鞍钢”等简称的成立,也是由于常用的缘故。不常用的词语,一般不应任意缩减。

第二,意义明确的原则。语言上的缩减,应当以不损害意义的明确为原则。如果对于任何两个字以上的名称都任意缩减,如把“美帝国主义”缩减成“美帝”,把“生产救灾”缩减成“生救”,这样不但损害了意义的明确,而且引起了语文混乱的现象;这是我们要注意纠正的。

第三,双音化的趋向。汉语词汇的一个特点,就是双音节的

词越来越多了。词在声音形式上的划分，也逐渐以双音节作为一个重要的标准。所以音节繁冗的词语，它们的缩减过程，往往以双音的形式作为进行的目标。如“消灭和防备火灾”缩减成“消防”，“衣服的架子”缩减成“衣架”等。由此可见，汉语词汇的发展，一方面是离心的推动，就是把反映现实的概念用词组标志出来；另一方面是向心的控制，又把三个四个以上音节的词语缩减成双音的形式。

第四，要以语法规则来做基础。词语的缩减，既然要保持意义的明确，又往往以双音的形式做目标，所以在缩减的过程中，省略的部分必定是其中的次要成分，留存的部分必定是其中主要的成分；又留存的主要成分的排列，必定是按原来词语组成的语法规则。如“衣服的架子”，缩减成“衣架”，“衣”和“架”是原来词语里最主要的成分，“衣”代表“衣服的”，“架”代表“架子”；用“衣”来修饰“架”，也正是代表着“衣服的”和“架子”的修饰关系。因此，我们要解释“衣架”这个词的意义，可以按照语法上这种修饰关系的序次规则来分解，并且还原做“衣服的架子”以说明它构成的经过。每一个复合词的组成部分，都要按照一定序次的规则来排列；这种序次的规则，是依据于它们的内部相互关系在造句法的背景上建立起来的。

总之，构词的方法，无论是采取结合的过程或缩减的过程，都和语法规则有密切的联系。我们可以依据语法规则来看许多复合词的组织。

（四）复合词的种类

复合词的内部组织，一般是包含两个主要成分，它们的排列又是按照语法上序次的规则。我们依据这种组织的关系，首先把许

多复合词分成两大类：一类是内部的两个主要成分处于并列的关系，叫“并列的复合词”，如“人民”“语言”等；另一类是内部的两个主要成分处于相属的关系，叫“相属的复合词”，如“好人”“公民”等。

并列的复合词，又可以分做两类：一类是并列的两个成分属于同义词的性质，叫“同义的”并列复合词，如“人民”“语言”“学习”“启发”等；另一类是并列的两个成分属于反义词的性质，叫“反义的”并列复合词，如“多少”“异同”“得失”“始终”等。

同义的并列复合词，再可以依据它们实际的意义，分成下列的几种：1.整个意义不能分开讲的，因为词义已经抽象化，不能再把内中的成分拆开来解释了；如“领袖”“基础”等。2.偏于一方面的意义，两个同义的成分并列，而实际只偏重其中的一个意义；如“国家”，偏于“国”的意义；“人物”，偏于“人”的意义，“寻思”，偏于“思”的意义。3.两种成分合成一个意义，因为词义已经概括化，不能再把内中的成分拆开来解释了；如“人民”“儿童”“声音”等。4.两种成分合成一个意义而可以改为倒式的，因为并行的成分排列先后，对于意义上没有多大差别；如“语言”和“言语”，“士兵”和“兵士”，“别离”和“离别”，“欢喜”和“喜欢”等，意义没有多大差别。也有改为倒式，意义上就有差别的，如“斗争”和“争斗”，“道路”和“路道”等；“斗争”“道路”，有庄严的意义，而“争斗”“路道”却有讽刺的意味。5.一种具体名词和单位名词(量词)合成的，也有单位名词自相合成的，一般表示可以计算或者用来计算的东西；如“人口”“房间”“纸张”“枪支”“土方”“架次”等。

反义的并列复合词，也可以依据它们实际的意义，分成下列的几种：1.整个意义不能分开讲的，如“矛盾”(表示“冲突”)，“春秋”

(表示“年龄”),“是非”(表示“纠纷”),“东西”(表示“事物”)等。2.偏重于正面的或反面的一种意义,如“异同”偏于“异”的方面,“得失”偏于“失”的方面等。3.有并列的正反两义存在的,如“呼吸”“出纳”“收发”“开关”“买卖”等。4.有“总括”的意义,表示“不论哪一方面总是……”,如“反正”“横竖”“好歹”“早晚”“迟早”“始终”等。5.表示大约的数量,如“左右”“上下”等(“二十斤左右”“十岁上下”等)。6.表示数量、分量、重量、长度、深度、距离、面积和体积等,如“多少”“轻重”“长短”“深浅”“远近”“大小”等。

至于相属的复合词,种类很多,这里只依据它们内部组织上的语法关系,分做下列的四类来说:1.主谓式复合词。内中两个成分,正是主语和谓语的关系,也依照语法上主语在谓语前头的次序来排列;如“胆大”“年轻”“性急”“面熟”等。2.附加式复合词。内中两个成分,正是附加的修饰语和被修饰语的关系,也依照语法上修饰语在被修饰语前头的次序来排列;如“立场”“轻视”“牙刷”“手套”“剪刀”“抹布”等。3.动宾式复合词。内中两个成分,正是动词和宾语的关系,也依照语法上宾语在动词后头的次序来排列;如“动员”“革命”“带头”“开会”等。4.补充式复合词。内中两个成分,正是动词和补足语的关系,也依照语法上补足语在动词后头的次序来排列;如“提高”“肃清”“抓紧”“完成”等。

词在构成中的意义,和它实际应用的意义,并不一定相一致;复合词既然成为一个意义和运用的单位,我们就应该依据它们在语句里怎样的应用来教学,当然不能乱拆、乱讲以至于乱造。但是,我们在词汇教学中,如果对于许多词怎样的构成能多多留意,也自然可以获得教学上不少的帮助和便利。

现在将上面所讲的构词方法总括成一个简表如下:

- 汉语构词法(合成词的产生)
  - 构词的材料——词素
    - 词根——主要成分,表示词的基本概念;如“人民”的“人”“民”。
    - 独立的词,作为别的词的词根的——根词;如“电灯”的“电”“灯”。
    - 前缀、后缀——次要成分,依附于词根,表示附带的意义,或只作为一些性质和用法的标记;如“老鹰”的“老”,“燕子”的“子”。
    - (中嵌成分,汉语中很少)
  - 词素的结合
    - 接合法——词根或词加上接合成分构成接合词
      - 词根接合前缀
        如“老鹰”“老虎”“第一”“第二”。
      - 词根接合后缀
        如“燕子”“鸭子”“木头”“指头”。
    - 重叠法——词根或词的相重叠,构成重叠词
      - 重叠名词——单音名词重叠;如“人人”“家家”。
      - 重叠形容词——单音形容词重叠;如“快快”。
      - 复音形容词重叠,用“叠字法”;如“整整齐齐”。
      - 重叠动词——单音动词重叠;如“看看”“笑笑”。
      - 复音动词重叠,用“叠词法”;如“整理整理”。
    - 复合法——词根或词的相结合,构成复合词
      - 复合词的种类
        - 并列的复合词主要成分处于并列关系
          - 同义的并列复合词;如“基础”“国家”。
          - 反义的并列复合词;如“矛盾”“多少”。
        - 相属的复合词主要成分处于相属关系
          - 主谓式复合词;如“胆大”“年轻”。
          - 附加式复合词;如“工人”“立场”。
          - 动宾式复合词;如“动员”“鼓掌”。
          - 补充式复合词;如“肃清”“扩大”。
  - 词组的缩减
    - 常用的原则
      常用的词组,要受缩减;如“苏联”。
    - 意义明确的原则
      不得任意缩减,妨害意义的明确;如“生救”(生产救灾)。
    - 双音化的趋势
      缩减以双音的形式为标准。
    - 以语法组织的规则为基础
      内中成分依照语法上的序次规则。

六、词汇的教学

（一）词汇教学的目的和内容

小学教育的目的，是在以社会主义思想和现代科学知识教育儿童，培养他们成为社会主义社会全面发展的成员。语文是小学的一种主要学科；语文教学的任务，就是在小学教育的这个总目的之下对儿童进行：1. 祖国语言的教学，训练儿童使能理解和运用祖国语言，具有阅读和表达的能力，并培养他们对祖国语言的爱好；2. 祖国文学的教学，训练儿童使能领会和欣赏适合儿童阅读的文学作品和民间创作，并培养他们对祖国文学的爱好；3. 在初级小学阶段还要进行科学知识的教学，教给儿童关于自然、地理和历史的初步知识，培养他们对科学的爱好；4. 通过文学作品、科学知识等教学，树立儿童社会主义的政治方向，培养儿童辩证唯物主义世界观的基础和共产主义的道德。从语文教学的各项任务来看，词汇教学是有重大意义的。词汇教学似乎只是语言教学中的一个项目，实际它是和识字、阅读、写字、叙述、作文、语法、修辞的教学，和文学教学及科学知识的教学，以至和贯彻政治思想教育、道德品质教育，都有密切的关联。

因为，我们进行词汇教学，有下列几种主要目的：

第一，使儿童能理解语言。我们知道词汇是语言的建筑材料；

儿童对于课文和其他阅读的作品，如果其中有一个词的意义及用法不懂，就会使全句以至全篇意思的理解发生困难。所以重视词汇教学，是要使儿童了解课文和其他作品的内容，从而深刻体会到作品的精神实质。

第二，使儿童能运用语言。理解语言和运用语言是密切关联着的；学生越是能理解语言，掌握语言，也就越能运用语言。我们知道词是意义和运用的单位；要提高儿童在口头和书面上的表达能力，必须使他们深刻认识怎样用一个一个的词来反映客观事物的概念，怎样用一个一个书写的字来代表口说的词或词的部分。所以重视词汇教学，就是要使儿童能掌握丰富的词汇，来准确地叙述客观事物，来明白地表达自己的思想感情，并且掌握书面语上各个字的正确写法和用法，进而使我们的语言、文字能充分发挥交际工具的作用。

第三，发展儿童的思维。因为语言和思维是密切联系的，进行词汇教学是发展儿童语言和思维的手段。儿童掌握语言，是跟儿童视界的扩大和视界的丰富相联系着的。人们用语言来思想，而词汇又是语言的材料；所以儿童掌握的词汇越多，说起话来就越有教养，思考问题就越敏捷。我们知道，每一个词代表着一个明确的概念，儿童掌握了一个生词，就是对于客观事物进行了一次概括和区别，因而获得了一个新概念，也就扩大了自己的知识领域。

第四，贯彻政治思想教育。一个词往往有它的特殊的意义和感情色彩，词汇的运用正是思想的真实的表现。我们在词汇教学中，必须适当地贯彻政治思想教育。如《听妈妈的话》(初语二)这课里，讲到小山羊从“小山羊乖乖”和“小羊儿乖乖”的不同，听出狼的假话来。因为“小羊儿”这个词表示有亲热的感情，而“小山羊”就没有这种感情色彩。我们进行这样用词的比较，正可以启发儿童能够从语言上来辨别好人和坏人。又从这种用词的比较，使儿童

认识了祖国语言词汇的精密和丰富,因而培养他们热爱祖国的思想。因为祖国的语言、文字,是把握人民文化宝藏和培养人民热爱祖国的有力工具。

为了达到这些目的,我们进行词汇教学时,必须注重下列三方面:

第一,注重口说语言和书面语言的关联性。儿童进了小学,开始识字,把口头上所说的词,跟书写上的字形联系起来,他们渐渐地从识字而能够阅读,再从阅读中巩固和丰富他们的词汇,因而增进了语言的表达能力。所以儿童在识字以后的语言发展,是由口说语言和书面语言交互促进的。我们在识字教学和阅读教学的整个过程中,都要贯串着词汇的教学。要使儿童建立词的观念,认识词和字的分别及字跟词的联系;并要他们能够把所识的每个字"形""音""义"三者连贯起来,一方面从分析笔画、形体来识字形,另一方面通过词汇的解释来了解字义,而用准确的读音作为这两者之间的连锁。但要使儿童能够把字跟词联系起来,能够使得自己的口说语言和书面语言有相互促进的作用,全靠字音的掌握来做基础。因此,词汇教学的第一个内容,必须是据字定音,进行正音的教学。

第二,注重语言和思维发展的关系。词是用声音形式来代表概念的,儿童理解词义的过程就是思维发展的过程。但声音和意义,词和概念,其间的分配并不是完全一致的,因此有同音词、同义词、反义词和歧义词的产生。词汇随着社会的发展而变化,新词的创造,词义的变更和古语词的留存,都能使词汇的积累越来越多;同时更吸收了一些方言词、行业语及外来语,词汇就一天一天地纷繁起来,丰富起来。我们如果教儿童能辨别各种各样的词,并知道它们的用法,就能使他们认识祖国语言的丰富多彩,并从中了解词汇的生动性和准确性,因而培养了他们对于复杂事物的观察和表

达能力,也就发展了他们的思维能力。因此,词汇教学的第二个内容,必须是解释词义,分辨同音词、同义词、反义词及歧义词。

第三,注重构词的方法。汉语词汇的严密和丰富,不仅是由于语言发展的结果,也是由于多种多样的构词方法造成了形式和意义的许多变化;如"小羊儿乖乖,把门儿开开"。这里的"小羊儿""门儿"是由后缀"儿"接合起来的,"乖乖""开开"是由重叠方法构成的。"乖乖"是重叠形容词,"开开"是重叠动词。又"小羊儿"和"小山羊"意义的不同,也是由构词法上表示出来。"小羊儿"是"接合词","小山羊"是复合词。又如《狗、公鸡、狐狸》(初语四)这课里,有"公鸡好汉子,大红的冠子,金黄的爪子,油亮的脖子"这样的句子,正给儿童学习构词法很好的启发:"公鸡""好汉子""大红""金黄""油亮"等都是复合词,"汉子""冠子""爪子""脖子""豆子""虫子""傻子""谷子""车子""架子""轮子"等都是由后缀"子"构成的接合词。除了学习构词法以外,还可以教儿童适当地运用相沿的成语,如"坚定不移""苦心钻研""毫不犹豫""毫不迟疑"等;这样的成语在语句中的作用,往往相当于一个词,具有极强的表现力。所以词汇教学的第三个内容,是说明常见的构词法,如重叠法、接合法、复合法等,以及一些常用成语的意义。

(二)怎样指导儿童读音

前面已经讲过,词是意义和运用的单位,而字是书写和读音的单位。所以要教儿童学会字形和读音,就要以字为单位。一般情形,一个字是代表一个音节的,教儿童学会读音,就是使他们知道怎样用文字来代表语言,怎样把书面上的字形跟口说语言的声音联系起来。儿童学会读音是他们学会字形的先决条件,所以对于课文中的生字,首先要教他们怎么读,再教他们怎么写。有的虽不

必要求马上会写，但一定要会读。

对于生字，不单单要求会读，而且要求发音正确、清晰，进而合于标准的语音。所以读音的教学，现在还是需要用注音或拼音字母来做正音的有力工具。过去很多教师曾经利用注音字母来进行教学，创造了不少的经验，而且取得了很大的成绩。根据一九五五年七月十三日，教育部发出关于举办小学语文教师标准语语音训练班的通知，指出："中央决定今后要在全国范围内大力推行以北京语为基础的标准语，使各地人民逐渐学会一种共同的语言，彼此能够充分交流思想，没有隔阂。在推行标准语的工作里，学校的语文教学，尤其是小学语文教学，负有重大的责任。推行标准语，要求语音、语汇、语法三个方面都做到规范化。语音是最根本的，也是各地方言分歧最厉害的一个方面，所以应该先从语音规范化入手。要使语音规范化，得有一种正音的工具，在中国文字改革委员会拼音方案制定以前，就用注音字母。为了推行标准话，新编的小学语文课本第一册开头就是注音字母的教材。这个第一册课本，一九五五年秋季先在一部分小学试教，一九五六年秋季要在全国小学使用。"根据这个通知，小学语文教学必须用标准语音教学。这样，教师自己当然必先学会注音或拼音字母，才能依照注音准确地读出标准音，并纠正儿童错误的读音。

指导儿童读音，首先是教他们学会注音或拼音字母。教学注音字母的方法是多种多样的，主要的有三种：1.用实际生活中经常听到的声音来跟字母的读音联系。例如"ㄅ"象拨开的声音，"ㄆ"象泼水的声音，"ㄈ"象吹气的"ㄈ！ㄈ！"，"ㄛ"象"ㄛ！ㄛ！"孩子的哭声，"ㄠ"象大猫的叫声，"ㄟ"象着急时发出的声音等。2.用实际生活中经常接触到一些事物的名称来跟字母的读音联系。如"ㄅ"就是"玻璃"的玻，"ㄆ"就是"山坡"的坡，"ㄇ"，就是"摸索"的摸，"ㄈ"就是"佛手"的佛，"ㄉ"就是"得到"的得，"ㄊ"就是"特别"

的特，“ㄍ”就是“鸽子”的鸽，“ㄏ”就是“喝水”的喝，“ㄐ”就是“机器”的机，“ㄑ”就是“欺骗”的欺，“ㄘ”就是“雌雄”的雌，“ㄙ”就是“蚕丝”的丝等。3. 用字母形象上所表现出来一些事物的名称来跟字母的读音联系。如“ㄅ”象“包裹”的形状，“包”字的声母就是“ㄅ”；“ㄆ”象“手拿工具轻轻地打击”的形状，“ㄆ”的读音就象“扑扑”的打击音；“ㄇ”象“帐幕”的掩盖，“ㄇ”的读音就象“幕”；“一”就是“一、二、三”的一；“ㄨ”就是“交互”的互；“ㄩ”就是“盂钵”的盂；“ㄚ”就是“桠杈”的桠等。

学习注音字母时，可以依照这几种学习的方法或字母的次序，编成一段生动有趣的故事，或者一首便于念唱的歌诀，使儿童自己应用，以增进学习的效果。有人曾经把几个形象上容易相混的字母编成一首歌，据说实验的结果很好；照录如下：

上口ㄩ　下口ㄇ　旁边开口就念ㄈ
带盖ㄞ　没盖ㄌ　不出头的念成ㄉ
ㄎ象5　ㄋ象3　ㄛ是ㄎ字反一反
ㄑ字长　ㄥ字扁　ㄙ是ㄥ字添一点（见《语文学习》第十四期）

将来拼音方案确定了以后，当然教学的方法也要改进。

学会了注音字母，再教儿童拼音。教学拼音时，首先要使儿童认识一个一个的字母不是代表整个的字音，而只是代表构成字音的成分，一般字音是由声母和韵母拼成的。儿童树立起拼音的观点之后，就要使得他们略略知道声母、韵母和介母的性质和分别：声母是字音起首的部分（辅音），韵母是韵腹部分（元音）或韵腹附有韵尾部分（元音或辅音中的鼻音），介母除了自己单独作为韵腹部分以外，也可以拼在别的韵母前面作为韵头的（元音）。声母除了几个可以单独注音的（实际是有韵母而没有把韵母注出来）以

外，总要和韵母相拼。在相拼时，声母要读轻读短，如“ㄅㄚ”不要读成“ㄅㄛㄚ”，“ㄉㄨ”不要读成“ㄉㄜㄨ”。过去关于成人识字教学中讲到拼音要领时，曾经流行过一句口诀：“前音轻短后音重，两音相连猛一冲”；就是讲声母和韵母的拼音方法，我们也可以用来教儿童。

声母、介母、韵母三拼音，一般有两种不同的方法：一种是先把第二、第三音即介母和韵母拼成“结合韵母”，再上拼第一音声母，这是声母连结合韵母的拼音法；另一种是先把第一音声母跟第二音介母拼成“结合声母”（或者称为“声介合母”），再下拼第三音韵母，这是结合声母连韵母的拼音法。这两种方法各有优点，也各有缺点。为着要兼取这两种方法的优点，我们教儿童把北京音里二十二个结合韵母和三十三个结合声母（实际其中“ㄅㄨ”“ㄆㄨ”“ㄇㄨ”“ㄈㄨ”四个，后面不再跟韵母相拼，应该除去，共只二十九个）念得很熟，而用结合声母和结合韵母连读、快读的方法。如拼读“瓜”音，将“姑”“蛙”两音连读、快读（ㄍㄨ——ㄨㄚ＝ㄍㄨㄚ）；拼读“挑”音，将“梯”“腰”两音连读、快读（ㄊㄧ——ㄧㄠ＝ㄊㄧㄠ）；拼读“捐”音，将“居”“鸳”两音连读、快读（ㄐㄩ——ㄩㄢ＝ㄐㄩㄢ）。

开始教学声调时，不要告诉儿童什么叫第几声或“阴平”“阳平”“上声”“去声”等的名称，因为这种概念太抽象了。开始只要随着四声符号的形象读出“高”“扬”“起”“降”四种调子；如“早”（ㄗㄠˇ），读出往下沉再向上提的调子；“上”（ㄕㄤˋ），读出高音往下降的调子等。又用声韵相同的字，分四声来念；如“巴”“拔”“把”“霸”等。这样习惯了，儿童就可以在具体语音中明确四声的概念，自然会正确分别四种调子，一一地读出来了。儿童懂得了四声，就可以让他们自己划声（就是定四声）；如教“稻”字时，在字旁加上注音ㄉㄠ，然后读：“ㄉㄠˉ——ㄉㄠˊ——ㄉㄠˇ——ㄉㄠˋ”，让儿童自己分辨，待他们认为是第四声时，再加上去声的符号。各字连接时声调变化的现象。如“学习”的“学”变为阴平（ㄒㄩㄝˊㄒㄧˊ变为ㄒㄩㄝˉ

ㄒㄧˋ），“粉笔”的“粉”变为阳平（ㄈㄣˇㄅㄧˇ变为ㄈㄣˊㄅㄧˇ）等，在儿童能够分辨声调时，也需要特别指出，使他们注意。

指导读音，反复的次数不宜太少，尤其对于低年级的儿童要多次反复，如用范读、领读、试读、个别读、分组读、集体读等多种多样的方法。教学复音词时，要先介绍整个的词，然后把内中的字分开来教正确的读音，再合起来教整个词。这样，才能使儿童咬清字音，读准词语。在复音词里，要注意轻重的分别，如“一点儿”的“点”要读得轻，“一点钟”的“点”要读得重。又作为词里的接合成分的，一般都读轻声。读轻声的字，就失了它原来的调子，一般很象阴平，有时用小圆点来标明；如“椅子”（ㄧˇㄗ·）。读轻声的字，有时在声韵上也起了变化；如“目的”的“的”是ㄉㄧ，“我的”的“的”是ㄉㄜ。这也是一字异读所以发生的原因，对于这种现象，在教学读音时需要特别指明。

（三）怎样解释词义

笔音是字形和词义两者之间的连锁。由于读音的不准确，书写上就往往产生别字；如“平生”误做“平身”，“欣赏”误做“兴赏”（ㄣㄥ不分），“终于”误做“总于”，“职权”误做“责权”（ㄓㄗ不分），“贩卖”误做“贩买”（ㄇㄞˊㄇㄞˇ不分），“警惕”误做“惊惕”（ㄐㄧㄥˇㄐㄧㄥ¯不分）等。我们要纠正这样的别字，必须注意字音的分别，但尤须辨明意义上的不同。前面我们讲到同音词，因为音读不分而在书写上相混的，如“必须”和“必需”，“一般”和“一斑”；还有由于这样的同音关系而产生别字的，如“兴趣”误做“性趣”，“推销”误做“推消”，“提纲”误做“题纲”等。我们要纠正这样的别字，自然应当注重词义的分析。又字形和词义及读音的联系，有许多是很显著的；如“花”“菜”“菊”等，都有“艸”字头，都属于“艸”类，而和“化”

"采""匊"等音相近;"鸡、鸭、鹅"等,都有鸟字旁,都属于鸟类,而和"奚""甲""我"等音相近。儿童对于所识的每个字,要把形、音、义三者连贯起来,如果词义方面能够完全了解,那末对于字音和字形也自然容易分辨得清楚了。

总之,就识字、写字、阅读、叙述和作文来说,都应当以了解词义为基础。所以词义的解释,不应当集中在同一个时间内来做。有些生词应在讲解课文之前就提出来解释,有些是在讲解时结合着课文内容的分析来进行解释,有些是在讲解以后预备复习阅读时,提出来重申说明的,这要看生词的性质、教材的内容以及儿童接受的程度等来决定。低年级的课文比较短,有时可以把其中的生词集中起来解释,其他一般的情况,总是以分散在各个教学步骤中进行为适宜。因为集中在一个时间内解释生词,总要脱离课文,就词解词,这样就有许多不容易讲清楚;在儿童方面,也难以记忆和接受。

有些特别名词、专门术语以及对于儿童很生疏或抽象难懂的词语,应该在讲解课文以前,或在"启发谈话"中,就提出来解释。如《斯大林的学生时代》(初语三)这课里的"高加索""约瑟夫""毡帽""骄傲"等;《有名的人》(初语四)这课里的"劳动人民""劳动模范""文化宫""光荣榜""羡慕""建设事业"等;这些词语,必须预先提出解释,以便于疏通课文中的困难字句,增进讲解课文的便利。

有些生词比较容易懂,就可以结合课文内容讲解,不必预先提出来解释。如《太阳山》(初语四)这课里的"贪心""嘱咐"等,在讲解课文时,儿童领会了课文内容的意义,自然容易理解。还有一些词语,不应当离开课文来解释,如果单独提出来讲,反而会失去课文内容的连贯性。如《祖国的河山》(初语七)这课里的"西北群峰插云"和"西南高冈戴雪"两句,其中的"插"和"戴",我们就不应该特别提出来讲,只把它们随着课文讲下去,说西北的许多山峰就象插秧那样插在云上,西南高冈就象戴帽子那样戴着雪,这样就可以使

儿童获得深刻的印象，很自然地理解这两个词义。

课文中有些词语，需要对儿童反复解释的，不但在讲解课文时要把它们特别指出，而且在讲解课文后，还要再加以说明。这类词语大都是有修辞色彩或语法关系的，如“泛起”“怒放”“钻研”“凝固”“静悄悄”“果然”“还是”“既不……也不”“刚……就”“只有……才”“不但……而且”等。有语法关系的词语，在讲解课文后对全文进行总结时，最好能用适当的补充例句加以说明，就会加深儿童对用词的理解，减少儿童在作业中的一些错误。

提出生词的方法也有多种多样。除了在讲解课文以前特别提出的以外，也有结合课文内容用提问法提出的；如讲《狐狸和乌鸦》(初语三)这课，问儿童：“乌鸦嘴里有什么？”(叼着一片肉)那末，就提生词“叼”和“肉”。还可用实物、模型、标本及图片等来提示生词；如观察实物棉花和蝴蝶标本，就提出“棉花”和“蝴蝶”两个词。也有从实际动作和谈话中提出生词，如去喂小鸡或做喂小鸡的样子，就提出“喂”这个词；讲《猴子捞月亮》的故事，就提出“捞”这个词。还有在其他活动，如音乐、体育、手工劳动中提出。提出生词的顺序，一般是依据生字在课文中出现的先后；有时也可以依据科学系统的知识来定提出的先后，以培养儿童系统的研究能力。

至于解释词义的方法，更有多种多样，我们要根据教材特点，灵活地运用，使儿童容易理解。通常运用的解释方法，大约有下列几种：1. 用实物直观。如解释“指南针”“地球仪”等，最好能利用实物来讲，用标本或模型也可以。哪些词要用实物来解释，哪些词可以不用，这要看生词在课文中是不是占很重要的地位，也要看儿童对于生词意义接受的能力。一般对于低年级儿童，要多用实物来解释，高年级可以少用。2. 利用图片来解释。利用图片的教学效果，跟实物模型相同，如“国徽”“弧形”“冰坝”等生词，如果不运用图片来解释，儿童就不容易理解。即使不能用彩色的挂图，就用

黑板草图也好;同时要充分发挥课本中插图的效用。插图是教材的一部分,利用插图,不仅便于讲解课文和解释生词,而且能发展儿童注意、观察和思考的能力。有时还可以结合字形来解释词义,如讲到“田”“门”“爪”等,可以说明这些字形,跟“田”“门”“爪”等实物的图形很相类似。这样,不但使儿童懂得词义,而且了解汉字结构的规律,有利于对字形的掌握。3. 利用动作和姿态来解释。有时利用姿势和表情的方法,就会给儿童一个明确的概念。如“擎起”“蹲下”等直接表示姿态的词,应该用动作来解释;又如“欢喜”“发愁”等表示情态的词,用动作表情来解释,也往往容易使儿童深切体会,比用语言注释,效果要好得多。但是这种方法不宜滥用,也要看生词的性质和儿童的接受能力,适当地运用表情和手势,才能取得良好的效果。以上三种方法,都是运用直观原则来施行的。

解释词义的方法,还有以下几种:1. 利用儿童已熟习的同义词来解释。如用“好象”来解释“似乎”,用“打算”来解释“计划”。2. 利用意义相近的词来比较它们的异同。如“侵略”“侵害”“侵占”等,从比较当中,更可以使儿童了解各个词的意义和用法。3. 利用儿童已知道的反义词来作对比的解释。4. 把概念归类:如说“麻雀”是“鸟类”,“乌鸦”也是“鸟类”;如用“青蛙”等来说明“两栖类”这个词的意义等。5. 用合成词的构造方式来解释。如“肚子”是接合词,“兜肚”是动宾式复合词,“尖尖的”“悄悄儿的”又是重叠词构成的;用构词的方式来解释,可以使儿童深刻的理解词义。6. 引用例句来解释。如有连接作用的副词“还”“也”“又”等,必须举些例句,才能加以说明。如“他会读书,会写字,还会做算术”“又黑又小的蚕姑娘,……不吃也不动……”其他有语法关系的词语,都要结合课文中的句子,或者再加上补充例句,才能说出它们正确的用法。7. 从感情色彩来解释。如“光荣”“壮烈”“自我牺牲”“人民英雄”等词语,都有崇敬的、歌颂的、赞美的意味。词的感情色彩分出

美恶褒贬，解释词义时要加以辨别。以上这几种方法又大都是以词义来解释词义的。

此外，还可以用描述性的谈话来解释。有些抽象的词语，既不能用实物直观，也不能用词义解释词义的方法使儿童透彻地了解，如“庄严”，我们把它解释做“端庄严肃”，儿童还是不懂。这时就可以生动地描述一下国庆节举行庆祝典礼时的盛况，然后概括地告诉儿童，象那样的情景是很“庄严”的。这种解释的方法，对于低年级儿童特别有用。但要注意用这种方法解释词义时，不要拉扯得太远，以至影响了课文的讲解。

又在解释词义时，还要注意歧义词的分辨。一个词有几种意义和用法的，为了使儿童进一步地理解词义并且能正确地运用，就须在解释时加以适当的分辨。如《检查身体》(初语四)这课里："身体有毛病的小朋友，要纠正自己的毛病”，这里的“纠正”就是下文“应该医治的就去医治”的意思；和在别的场合，象“老师纠正我的错误”这样句子里，要作为“改正”“指正”的意思来讲的不同。当然歧义词的解释，目的在使儿童更深刻地了解课文中的生词，不宜牵连过广，以致陷于烦琐。还有一个字代表着几个不同的词，如“小蝌蚪有一条长尾巴”“小蝌蚪长了两条后腿，”两句中同是一个“长”字，音义却不相同，在讲解课文时，也应该指出来加以分辨。

解释词义，有时要讲到“成语”的来源。如“揠苗助长”“卧薪尝胆”“完璧归赵”“渔翁得利”等，必要时，应结合课文或引用历史故事、相传寓言来作通俗的解释。这样解释词语的来源，可以培养儿童爱好祖国语言和爱好祖国历史的思想感情。

对儿童解释词义，必须尽量地结合着政治思想教育和道德品质教育。如讲到《狐狸和乌鸦》(初语三)这课里“奉承话”这个词，就可以说一些人爱听奉承话以致上了大当。讲到《狐狸和白鹤》(初语三)这课里的“狡猾”这个词，就可以说一些反革命分子的狡猾行

为，促使大家提高警惕。至于课文中内容直接关于政治思想教育和道德品质教育的，我们在解释词义时更应当加以发挥。把学习的词汇和实际的行动思想密切地联系起来，这也是使得儿童巩固词汇的方法。

（四）怎样指导儿童丰富和巩固词汇

凯洛夫在《教育学》中指出："为了解语言起见，首先需要掌握丰富的语汇。所以，增加儿童的语汇，是学校最重要的任务。不仅应当在国语课程中实现这个任务，并且要在一切其他各门学科底课程中实现这个任务。"毛主席指示我们学习语言的途径，就是丰富我们词汇的来源。因此我们要丰富儿童的词汇，不是单靠语文课就能达到目的，必定要结合其他各种学科的教学来进行。同时因为儿童掌握词汇，一般都要经过客观事物的概括，所以我们必须让儿童多多接触自然和社会实际，培养他们经常注意观察客观事物的习惯，并随时帮助他们进行分析、综合，使他们对某一客观事物，能在思想上起概括作用。其次，要教育、启发、鼓励他们经常注意日常口语中的词汇，启发他们向人民群众去学习语言；并多多阅读书报。这样日积月累，他们的词汇自然会逐渐丰富起来了。上面所讲的固然是丰富儿童词汇的基本办法，但教师如果能够把词汇学的一些理论知识，适当地运用于实际指导中，更可以收到丰富儿童词汇的效果。如前面说过的指导儿童辨别"同义词"和"反义词"，不但能使他们了解词义，也扩充了他们的词汇。其他如"歧义词"的解释，使儿童掌握了一个词就获得了几个词的应用；如"同音词"的类集，使儿童从同一的声音形式掌握了意义不同的词；这些也都是丰富词汇的办法。另外也可指导儿童依据构词的方法来扩充词汇。

教师掌握了词汇学的一些理论知识，除了用来对儿童进行指导以外，也应当用来丰富自己的语言词汇。教师是儿童的榜样，在教学中起着示范和感染的作用。教师的讲话中如果词汇丰富、正确，儿童的说话和写作，就会进步得很快。所以教师既要钻研教材，掌握教材里生动活泼的词汇，以教给儿童，同时又要自己不断地下苦功学习语言，以丰富自己的语言词汇。许多教师都有这样的经验：儿童新学得的词汇，如果教师在讲课或谈话的时候能多多拿来运用，对儿童来说就是一个很具体的示范教育，同时也自然能达到巩固教学的目的。

巩固和丰富儿童的词汇，这两件事是不可分割的；因为儿童所学得的生词，如果不能巩固，也就不能达到丰富词汇的目的。儿童，尤其是低年级的儿童，学得的生词很多，而按他们的年龄特征，即使理解了的词语，也往往会遗忘的。所以巩固儿童所学的生词，也是一件艰巨而细致的工作。巩固的方法是多种多样的，大约可以分做下列三方面来说：

第一，边教边巩固。我们教儿童识字和词的读音、意义、用法的时候，就已经开始了词汇教学的巩固过程了。因为我们要使儿童认识字和词的联系，读的时候，一定要认清字形；讲的时候，一定要联想到读音和字形；写的时候，一定要认清字形，联想到读音；用的时候，又一定要联想到词义和读音。所以教学生字和生词的时候，能利用字形、读音和词义等的联系，就能收到巩固的效果。

第二，从经常复习中来巩固。多次的复习是巩固词汇的一种主要方法。在讲课的前后或讲课的中间，随时都可以进行词汇复习；甚至是一年前学过的词语，有时也需要提出来复习一下。复习的次数要多，每次的时间不要过长，方法要多样化，才能提高儿童学习的兴趣。如看实物，看图片，做动作，讲故事，比较词义等，凡是用来解释词义的方法，都可以转变为复习的方法。

第三，从作业练习中来巩固。练习的方法也是多种多样的，大约可以举出下列的几种：(1) 默写词语。可以巩固词的记忆，熟练字的写法。(2) 诵读练习。朗读、熟读或背诵的过程，是使儿童记住词语的有效方法；因为他们这样记住的，不仅是个别的单词，而且还有语句的结构，这对于词汇的应用更有帮助。(3) 口头练习。由教师提出一系列有启发性的问题，引导儿童在回答中使用某一类的词语。又在概述课文内容、描述人物形象等的口语中，指导儿童多多运用课文里的生词。(4) 听写练习。由教师读一篇或一段短文，或者讲一个短的故事，要儿童听写。重要的词语必须写得正确。(5) 造句练习。从课文中提出一些新接触到的词语，叫儿童把这些词语恰当地编写成句或段。这样的作业练习可使儿童掌握词的用法，并且可以使他们在运用中细致地辨认词义。(6) 选词填充。提出一些句子，其中留出空白，同时提出一些意义相近的词语，让儿童选择，填进空白里去。这种练习可以加深儿童对词义的辨认。(7) 改错练习。从习作中提出用词错误或不当的例句，要儿童改正。一般性的错误，可以在一定时间写在黑板上，共同订正。(8) 词汇辨异。把词义相近、相同或相反的词分组编列出来，要儿童分辨它们的涵义，比较它们的用法，或做各种选词的练习。(9) 考查字典或词典。高年级的儿童，可以教他们查字典或词典；在讲课前把应该掌握的生字、生词提出来，叫儿童先查字典，并在讲课后连同句子抄入词语小本中。这种抄词语和翻字典的过程本身就能大大地帮助儿童对生词的记忆。(10) 写作讲评。对于高年级的儿童，在作文讲评时，要总结他们已经能够运用恰当的词语，使获得进一步的巩固。又摘出作文中错误的例子，共同订正，也是一种辨认词义、巩固词汇知识的一种方法。

为了巩固教学效果，词汇游戏也是一种可行的课外辅导方法。游戏的方式很多。如事先做好一些纸条，条上写好一两个词，揉成

小团,大家围成圈子,把每个纸团传递,一面唱歌。歌声停止时,纸团落在谁手里谁就用条上的词造句,或是解释,或是举出同义词、反义词。不会作或作错了的就罚他表演。诸如此类的做法,生动有趣,容易启发儿童学习兴趣,并使他们能巩固所学的词汇。

要想明白儿童对于学得的词汇是不是巩固,必须进行考查。考查的方式,可分口头考查和书面考查两种。通常在低年级里多用口头考查,到中年级逐渐加多书面考查,高年级里则更多用书面考查。口头考查的内容比较简单,除了问答、谈话的方法以外,还有口头造句、复述课文内容等。书面考查的方法种类更多,上面所讲练习词汇的方法,如默写、改错、造句、辨异、填充等,属于书面作业的,都可以转为书面考查的方法。此外,还有看图选词(一个词的旁边,有几个相似的图,让儿童选定一个),看词选图(一个图的旁边,有几个意义相类的词,让儿童选定一个),补填空白(如写出一个"强"字,叫儿童在它旁边或下面的空白处填进一个反义词"弱"),删去冗词(一个句子里有多余不需用的词,叫儿童删去),提问笔答(教师口头提问,儿童用书面作答)等。其实,教师不用特别考查方法,只从儿童的阅读和写作练习中,也可以看出他们对于学得的词汇是不是透切了解,是不是完全能够运用。

(五)怎样指导儿童运用学得的词汇

了解词义和运用词语,这两者是密切联系的。我们对儿童解释词义,不仅要使他们获得词语所表达的概念,而且要使他们能够辨别意义相类或相近的词语,注意各个词的语法关系和感情色彩,掌握各个词的最恰当的用法。所谓词的恰当用法,就是它在整个句子以至整段、整篇话当中对于整个意思的表达,要处于恰当的地位。所以在字和词的教学方面,必须掌握字不离词、词不离句、句

不离文的原则。我们不能离开了词来孤立地教单字,也不能离开句子和课文的内容来孤立地讲解一个词的意义。因为,只有密切地联系句子和课文内容来解释一个词的意义,才能使儿童透切了解,并掌握这个词的用法。如解释“狗、公鸡、狐狸”这课里的“夺回”这个词,可以这样讲解:“狗夺回公鸡,原来狗和公鸡住在一起,后来公鸡被狐狸抓走了,狗又把它抢回来。”这样根据词所组成的句子和课文内容来解释词义,实际也就是指导儿童怎样地用词。

因为,用词的恰当不恰当,完全是从词在句子或整段话中所处的地位看出来。如说“田里的农作物长得非常丰富”,这句里的“丰富”用得不恰当,应该改做“茂盛”,“茂盛”的意思才和“农作物的生长”相配合。又如说“敌人的军队殉难了很多”,这句里的“殉难”不恰当,“殉难”不是用来表示“敌人”的死亡,应该改做“死伤”。又如说“我们必须提高政治学习”,“多看书报,增加自己的政治理论水平”,这两句里的词语都有配合不当的毛病:“学习”不能“提高”,只能“加强”“加紧”或“重视”;“水平”不能“增加”,只能“提高”。所以单举出一个词来孤立地讲,就无从断定它用得对不对,只有从它在句子里跟别的词相配合的关系上才可以断定。

因此,讲解词义,必须跟用词造句的教学结合起来进行,使儿童知道哪些词可以跟哪些词配合起来组成句子。在低年级里,教师解释词义之后,接着就做范句,要求儿童口头造句;尤其着重演进语的练习,一方面以丰富和巩固儿童学得的词汇,另一方面启发儿童的思维,培养儿童运用学得的词语来表达思想感情的能力。如用“喝”造句,儿童说:“喝茶。”教师问:“谁喝茶?”儿童答:“小明喝茶。”“小明喝了多少茶?”“小明喝了一杯茶。”“小明怎样把茶喝下去的?”“小明慢慢地喝了一杯茶。”这就由“喝”这一个词逐渐扩张,以至组成这样一个比较完整的句子来了。这种扩张造句的方法,就可以在朗读课文时教给儿童。如教《狼》(初语三)这一课,提

出了“夏天”“狼”“饱”“饱饱的”这些词语以后，教师即板书“夏天，狼总是吃得饱饱的”这一个句子。当教过读音，解释词义之后，教师领读：“饱”“饱饱的”“吃得饱饱的”“狼吃得饱饱的”“狼总是吃得饱饱的”“夏天，狼总是吃得饱饱的”。这样教法，就体现了词不离句、句不离文的原则。通过这样反复朗读，不但能帮助儿童深刻地理解，牢固地记住这些词句的意义，而且读的时候从一个词逐渐扩张，以至组成一个比较完整的句子，无形中就进行了语法教学，使儿童懂得词和句子的关系：句子是由词组成的。

和这种“扩张法”相反就是“缩减法”。用缩减法把一个比较完整的句子逐渐减少缩短；以至还原为一个词。如把“许多小朋友在休息的时候唱歌”这个句子缩减做“小朋友唱歌”，再还原为“唱歌”；这样也可以巩固儿童学得的词汇，并且启发他们，使他们懂得句子是由词组成的。朗读课文时，如果把扩张法和缩减法参合起来应用，如由“饱”逐渐扩张成“夏天，狼总是吃得饱饱的”，再由这个句子逐渐缩减以至还原为“饱”，那末更可以使得儿童明确各个词的用法。

在高年级里，我们又可以应用“删除法”来指导儿童运用词语。当讲解课文时，设想把课文里原句中的词删去几个，看看结果，以显示这些词的用法。如教《优秀队员王振华》(初语七)这课，在分析王振华“学习很努力，上课的时候专心听讲，按时复习功课，还经常阅读书报。他的成绩很好”这一段课文的时候，可以提出：“在这里把‘专心’‘按时’‘经常’这几个词删去，好不好呢?”儿童答：“不好。”“为什么?”“因为删去了这几个词就表现不出王振华的学习努力了。”采用这种方法，可以使儿童体会某些词语、某些成分在句子组织和整个意思的表达当中有什么作用。填充法的练习题目，多半是由这种删除法构成的。

和删除法相反的，有一种“增加法”，故意在原来的句子上增加

一些不必要的冗词，甚至因此造成不通的语句，交给儿童去删改。如说“非要加紧学习，才能提高政治、文化水平不可”，这句里的“才能”是要删去的，“非要……不可”这一形式，中间不能再插上“才能”；或者把这句里的“非要”换成“只有”，而把“不可”删去。这样教儿童去删改，可以使他们懂得“非要……不可”“只有……才能……”这些词语和格式的用法。

有时应用增加法，故意把两个意义相反的词连用起来，造成不通，这样使儿童更明确各个词语的用法。如《优秀队员王振华》一课“同学有不懂的功课，拿去问他，他总是很耐心的回答”这句里，如果在“总是”的前面增加一个“有时”，说成“他有时总是很耐心的回答”，意思就讲不通了。“总是”是经常的意思，和“有时”的只有几次的意思相矛盾。这样教儿童法删改，就可以使他们明确各个词的意义和用法，并能深切地认识词语间的配合关系。删去冗词的考查或练习方法，就是由这种增加法构成的。

此外，还可以采取“比较法”和“更换法”来指导儿童运用词汇。比较法就是由教师提出一些相类似的词句，让儿童进行比较，去辨别它们的性质，确定它们的用法。如“严格”“严厉”“森严”“威严”“庄严”等，这些词有什么不同的意义和不同的配合关系？更换法就是把原来句子中的词语，试用相类似的词语来替代，看看是不是适合。如教《优秀队员王振华》一课时，教师可以把“他有团结友爱的精神，肯帮助别人”一句提出来，问儿童：“把‘肯’字换成‘能’字，说成‘能帮助别人’怎么样？”儿童应该答：“‘能’字只是表明‘有帮助别人的能力’，不一定是‘有团结友爱的精神’。”教师又可以把其中“他总是很耐心的回答”一句提出来，问：“‘耐心’是什么意思？”儿童答：“‘耐心’就是不嫌烦的意思。”又问：“如果把‘耐心’改为‘细心’，行不行呢？”儿童答：“不好。因为‘耐心’是表明不怕麻烦地回答同学问他的功课，‘细心’是很小心、很细致的意思，不能说

明不怕烦地帮助人。”教师又可以把“这些同学，由于他的热心帮助，都有了进步”这句提出来，问儿童：“把‘由于’换成‘为了’，说成‘为了他的热心帮助’，行不行呢？”儿童应该答：“不行。”“为什么不行呢？”“‘由于’是表明原因，‘为了’是表明目的，这两个词的作用不同。”这样用比较和更换的方法来明确词语的意义和用法，也是上面所说词汇练习和考查工作中的许多方法，如默写、改错、造句、辨异、填充等的根据。

指导儿童运用词汇，不但是跟词义的解释和词汇的练习作业等分不开，而且必须要跟语法的教学结合起来进行。确定各个词语在句子中的地位，也就是从它们的配合关系来辨别词性；如“需要”是动词，后面可带宾语，“必须”是助动词（或者归入于副词），不能直接带宾语，常常用在另外一些主要动词的前面。尤其是许多虚词的作用和职能，一定要在语法教学中进行指导和讲解。许多虚词可以表达事物和现象的各种联系，在语法构造中占着重要地位。如“因为”“所以”表示因果关系，“不但”“而且”表示推进一步的关系等。虚词用法的指导和讲解，可以使儿童认识事物的联系，认识词和词、句和句、以至文章各段之间的逻辑关系，因而对于他们思维能力的锻炼和发展，起了极大的作用。

斯大林指示我们说：“当语言的词汇接受了语言文法的支配的时候，就会有极大的意义。文法规定词的变化规则及用词造句的规则，这样就使语言具有一种有条理的可理解的性质。……语言的文法构造和基本词汇是语言的基础。”所以要进行词汇教学，发展儿童的语言，同时就必须教给他们语法的基本规律。

汉字改革的理论和实践

引　言

——批判唐兰先生关于文字改革的文章

文字改革是我们当前一个重大的迫切的现实问题。我们要进行国家社会主义的建设，必须提高人民文化知识水平，使得大家都能够胜利地完成生产和斗争的任务。我们要学习文化和科学知识，首先又必须学会掌握文字工具。毛主席曾经指示过："我们的工农干部要学理论，必须首先学文化。没有文化，马克思列宁主义的理论就学不进去。学好了文化，随时都可以学习马克思列宁主义。"[①]我们要学好文化，首先必须学会掌握文字。可是，我们现在通行的汉字，不是拼音文字，结构很复杂，字数又很繁多；汉字本身的性质，就造成了识字教学方面很不容易克服的困难。识字教学上的困难，也就直接影响到我国教育的普及和人民文化的提高。所以我们要增进文化教育的效力，减除儿童和成人识字教学的困难，彻底地扫除所有的文盲，只有进行文字的根本改革。因此，文字改革的问题，是当前直接关系到全国人民文化生活和国家社会主义建设的一个重大问题。

我国的文字改革运动，在六十多年以前就已经开始进行了。过去几十年当中，许多次提出的文字改革的要求和文字改革的方

---

① 毛泽东《整顿党的作风》，《毛泽东选集》第三卷，人民出版社 1953 年 2 月版，第 840 页。

案，由于政治上遭受了反动统治的阻挠和破坏，都没有能够达到实现的目的。[①] 因为反动统治者不但对于人民文化事业漠不关心，而且惧怕广大劳动人民掌握文化的武器，所以对于文字改革的运动存心加以阻挠和破坏。过去几十年间，文字改革运动之所以不能成功，完全是由于在那个时代，政治上不可能有实现文字改革的条件。如果因此就以为汉字不可能加以改革，而说“王照、劳乃宣的失败是没有吸取日本、朝鲜的经验，而五四以后国语罗马字和拉丁化新文字的失败是硬要把民族文字的体系改变为欧洲文字的体系”；[②]那是泯没事实和本末倒置的说法，我们应该首先加以澄清和驳斥的。

中国共产党是向来重视文字改革的工作的。毛主席 1940 年在《新民主主义论》里，早就指出：“文字必须在一定条件下加以改革，言语必须接近民众。”[③]在共产党领导的人民革命取得了伟大的胜利以后，文字改革的工作，在政治上、经济上、文化上都具备了胜利地进行的条件。同时文字改革的工作也有了明确的方向和目标。毛主席在 1951 年又曾经指示过我们：“文字必须改革，要走世界文字共同的拼音方向。”[④]这几年来“中国文字改革委员会”所进行的一系列的工作以及 1955 年 10 月间召开的“全国文字改革会议”的决议，都是依据毛主席这样指示的方向和目标的。这样有领导、有组织、有计划、有步骤地来进行，我国文字改革，当然不只是我们的一种愿望和理想，而是目前正在实现和即将实现的一件关

---

① 参看罗常培《从历史上看中国文字改革的条件》，载《中国语文》1952 年 8 月号，第 3 页。

② 唐兰《论马克思主义理论与中国文字改革基本问题》，载《中国语文》1956 年 1 月号，第 39 页。

③ 毛泽东《新民主主义论》，《毛泽东选集》第二卷，人民出版社 1953 年 2 月版，第 680 页。

④ 参看马叙伦《中国文字改革研究委员会成立会开会辞》，载《中国语文》1952 年 7 月号，第 4 页。

于国计民生的大事了。

同时我们又必须认识，文字改革本身是一种群众性的运动，必须要获得广大劳动群众，尤其是语文工作者和教育工作者的热烈支持和实际参加，才能够很快胜利地实现。如果群众当中还有一些人对于文字改革有关的许多基本问题，没有得到正确的了解，那就要影响到他们拥护和参加这样一种重大改革运动的热忱，也就使得这种改革工作的本身遭受了损失。所以我们现在有必要使得群众当中个个对于文字改革的意义和步骤，对于文字改革有关的一些基本问题，都有深切、明确的认识和了解。

首先我们要问：文字究竟是不是可以改革的？唐兰先生发表了文章，讨论"中国文字改革的基本问题"，①他首先把文字和语言混为一谈，说："文字跟语言性质是相同的。"②因之认为语言的发展既然不采取爆发的方式，文字也就不能加以根本的改革。我们必须认定文字和语言是有密切的关系的，但是也必须要把它们不同的本质区别开来，文字不像语言那样对于社会生活有它的全面性，也不像语言那样是代表民族形式的，文字只是一种书写的记号体系，可以在相当时期内加以更换。我们再从一般文字发展的趋势和社会本身发展的历史来看，断定了文字不但是可以改革的，而且有时在一定条件之下必须要加以改革。

其次，我们要问：汉字发展到了目前的阶段应不应当加以改革？这里就要讲到汉字的性质和它的优缺点的问题。唐兰先生的文章就是提出反对废除汉字的口号来反对文字改革的，他说："五四运动以来，各种对汉字的错误看法，业已深入人心，不易消除。说汉字不好，就根本不去考察汉字的好处，说除了废除汉字，另造

---

① 唐兰《论马克思主义理论与中国文字改革基本问题》，《中国语文》1956 年 1 月号。

② 见《中国语文》1956 年 1 月号，第 29 页。

新字，没有其他道路，……”[①]很明白地认为汉字的优点在目前还是超过了它的缺点，所以主张保存汉字。我们必须认定，文字的使用是适应着社会的发展和需要的，汉字在过去长期的封建社会里，给我国人民保存了无比丰富的文化遗产，对于汉民族和民族语言的形成、发展，也曾经起了很大的作用；但是它和现代通行的各种文字比较起来，就显露出它的落后、保守的性质和复杂、繁难的弊病；尤其到了现今新中国的社会里，一切在飞速地前进，汉字不足以适应当前我国进行着的伟大的社会主义建设事业的需要，更是显然的了。所以汉字发展到了目前的阶段，必须要加以改革。

再其次，我们要问：进行文字改革，究竟应该采取怎样的步骤？我们依据毛主席所指示的方向，为实现文字的拼音化而奋斗，一方面积极进行拼音化的研究和准备工作，又大力推广普通话，给文字拼音化铺平道路，另一方面把汉字加以整理和简化，以利目前的应用，并且作为文字根本改革的前奏。这样稳步的前进，丝毫没有采取一下子消灭旧的，建立新的那种方式。唐兰先生的文章，错误地把文字的根本改革认为是一种突然的爆发，他说：“很多文字改革工作者保持着一种传统的观点，认为文字改革就是一下子消灭旧的，建立新的，认为这是唯一的方法。他们认为汉字是陈旧的、不能发展的、不好的文字，必须废除掉而根据汉族语言来重新创造文字；因之，中国文字改革必须通过爆发方式。”[②]汉字的拼音化，当然就是根据汉民族语言来创造拼音文字；而当汉语的拼音文字产生以后，必定有一个新旧文字并用的时期，事实上既没有采取一下子消灭旧的、建立新的方式，而且文字的根本改革只是记号体系的更换，丝毫谈不到所谓爆发。所以在进行拼音化工作的同时，

---

① 见《中国语文》1956年1月号，第34页。

② 同上书，第29页。

又进行汉字的整理和简化工作；把这样的步骤竟然说是爆发的方式，那只是借此来反对文字的根本改革罢了。

最后，我们又要问：汉字本身的发展，还是只能走向简化，还是也能够发展成为拼音文字？汉字的简化和文字的拼音化，究竟这两方面有怎样的关系？我们从汉字发展的历史来看，它一方面趋向于简化，并且加强了音符性，可是另一方面又趋向于繁复化，并且增进了意符性的成分，这样就形成了它的意符和音符混杂的制度；因此可以知道，汉字如果不加以根本改革，它自身的发展不能走向拼音化的道路。汉字的整理和简化工作，只是在实现拼音化以前，为着便于应用，并且作为实现文字根本改革的前奏；所以汉字简化也是文字改革进行当中的一个重要步骤，可是决不能把它来跟文字本质变化的拼音化混同起来。唐兰先生的文章，把汉字简化和拼音化这两方面的事情混而为一，他说："在汉字简化的基础上进行拼音化，将是民族形式的中国拼音文字的发展过程，没有简化基础不能达到拼音化，没有拼音化是简化尚未成功，这是一个运动的两个阶段，不能把它们独立地看成为两件事情。"①又说："认为从简化汉字的基础上进行拼音化是完全可以使中国文字转化为新的拼音文字，同时还可以保持着并进一步发展它的一切主要优点的。"②他为着要保持和发展所谓汉字的主要优点，主张在汉字简化的基础上进行拼音化，就把汉字简化和拼音化混合做一件事情，那就是叫我们取消了拼音化工作，也就是反对汉字的根本改革。因此我们又必须认定汉字的简化和文字的拼音化，这两种工作是进行文字改革的有计划的先后的实施步骤，彼此互相联系，可是决不能把它们混而为一。

以上所举出的有关文字改革的一些问题，本书想把它们归属

---

① 见《中国语文》1956 年 1 月号，第 37 页。
② 同上书，第 29 页。

于下列的两个标题之下：

其一，为什么必须进行文字改革？

其二，文字改革要采取怎样的步骤？

本书的编制，就按照这两个标题的解说内容，分做第一、第二两篇；每一篇当中，又按照几个中心的论点，分做几节来说明。本书编制的目的，是希望帮助读者对于文字改革，这样一个关于全国人民文化生活和国家社会主义建设的重大问题得到深切、明确的认识和了解。希望读者因此而不致为一些片面性的、不正确的说法或者一些故意歪曲的理论，像唐兰先生那样的文章所迷惑。希望读者因此而对于这个伟大的改革运动，更热烈地拥护，更踊跃地参加。同时更希望读者对于本书的内容和编制，多多地提出批评。

1956年4月，于上海

（同年12月重校）

一、为什么必须进行文字改革

（一）文字和语言的关系

我们要讨论文字改革的问题，首先需要了解文字是什么；而要说明文字的性质，又必须讲到文字和语言的关系。

我们口头说出的一句一句的话，可以用书写的文字记录下来，固定下来；这样，也就可以传达到遥远的地方，可以保存到很久的时代。比如，国家和地方政令的传达，新闻报纸和书籍的发行，历代文化遗产的流传，亲属或朋友之间书信的往还，凡是这些都是需要依靠文字的力量。语言的主要功用，是在人们社会当中作为相互交际和交流思想的工具，而文字在这方面所起的作用，更有了时间的长久性和空间的广阔性。文字是用来代表和记录口说的语言，用来增进语言的传达效力，扩大语言的影响范围的。

文字既然是代表语言、记录语言的工具，文字必定是从属于语言，依赖于语言，不能离开口说的语言而独立存在的。例如一幅图画，里面绘出的人或事物的形象，如果只能用语言来解释，并不是直接代表口说的语言的，那只能算是通常的图画，不能算是文字。又如日常生活和各种科学当中运用的一些符号，例如路线的指标，标点符号，以及数学上的加、减、乘、除等的符号，都不是用来直接记录具体的语言，也不能算是文字。所以文字成立的基本条件是

代表语言、记录语言。

文字既然是用来增进语言的传达效力，扩大语言的影响范围的，那末，文字对于口说语言的推广和传播，必定要起了很大的作用，对于语言本身的发展，也必定要发生很大的影响。例如："目"这个词，现代一般都不用，而改说做"眼睛"了，可是许多由"目"合成的词："目标""目光""目力""目的""目击"等，大都是从书面的语言推广到口语里来的。又如"企望"的"企"和"图谋"的"图"，在现代普通口语里也已经不用了，可是由"企"和"图"合成的"企图"，又从书面语上传播到口语里来。其他如"光明""光荣""伟大""改革""改造""建设""矛盾""借镜""掀起……热潮""以……为首"等，这些词语的传播，也是靠了文字的力量。我们的实际口语里，不但有很多从文字记载当中传播进来的词语，而且有很多语法构造，也是由于书面语的作用逐渐地严密起来，固定起来的。因之有文字的民族的语言，比之没有文字的民族的语言，要丰富得多，精密得多。应用文字有长久历史的民族的语言，比之应用文字没有长久历史的民族的语言，也往往要丰富得多，精密得多。汉语应用文字来记载，有了极长久的历史；这是一种重要的因素，使得汉语成为世界上最丰富、最精炼的语言之一。

文字对于语言的规范化，也起了极大的作用。应用文字有长久历史的民族的语言，就往往有它极好的规范化的历史基础。民族的语言，往往靠了文字的记载和传播，使它的共同性和全民性在历史上逐渐地巩固起来，扩大起来。现今的汉民族共同语，就是以北京语音为标准音，以北方话为基础方言，以典范的现代白话文著作为语法规范的全国通行的普通话；它的形成、巩固和扩大，固然是由于近世历史上政治、经济集中的结果，同时也是由于这八百年来通俗小说的流行和近代白话文的运动所造成的。由此可见，文字的产生和应用，必定对于语言本身的发展起着极大的作用，使它

发生极大的变化。

从上文说来，文字和语言彼此密切地联系着：文字是从属于语言，依赖于语言的，同时又促进了语言的推广和传播；文字对于语言本身发生了巨大的反影响，使语言的发展起着重大的变化。可是，我们不能把这两样东西等同起来，把它们相互间的区别掩没掉；尤其当讨论文字改革问题的时候，我们必须要把文字和语言的不同本质分别开来，这样才不至于把文字的改革来跟语言的发展混为一谈。

我们就生活的关系来说：语言是和人的生活一切方面都有直接的关系；我们如果没有语言，就不可能有社会的生活，也就不可能有个人的生活。从有社会存在的时候起，就有了语言的存在，也就有了人的生活的存在。文字的性质不同，文字本身只是代表语言、记录语言的一种记号体系，它必定要通过口说的语言，才能为广大的群众服务。所以文字对于社会生活的关系，并不是一种基本的、主要的，而只是一种附加的、辅助的交际手段。有些民族，因为受了历史条件的限制，到今还没有创造文字来代表他们的语言；同时有文字的许多民族当中，也有一些人，因为受了社会条件的限制，还没有能够掌握文字这种工具。这就可以说明文字和社会生活的联系，在某些情形之下，也只是局限于部分的，不像语言那样有它的全面性。

我们再就各种民族的分别来说：语言的共同性是民族的一种重要特征，重要标志。民族的语言代表着民族文化的形式。文字的性质不同，某种文字不必一定是某种民族的特征和标志。文字必须通过它所代表的语言，才能成为民族文化的形式；至于它的书写的外表，不能作为分别民族的根据。不同的民族可以使用相同的文字形式，不同的语言也可以应用相同的书写的记号体系来代表。例如，汉语和日本语代表着两种不同的民族，而日本的文字就

是属于汉字的体系。日本的“假名”字母,也是从汉字变化成功的。反转来,相亲近的民族,在语言方面可以认为是从同一个“基础语”上发展分化而来的,这叫做有亲属关系的语言,可是在文字方面往往使用了不同的书写的记号体系。例如,汉族和藏族在语言方面是有亲属关系的,可是汉字和藏文是属于不同的体系。藏文是一种标音文字,它的字母是从印度的梵文字母变来的。而藏语和印度梵文所代表的语言,毫无亲属的关系。又如越南的语言,是倾向于泰语和汉语的,①一般认为是属于汉藏语系。越南的文字原来在一千几百年以前,仿照汉字构造的方法所造成的一种注音字,叫做“字喃”;这种文字,笔划繁多,书写不便,所以经过文字改革,现在已经不再使用,而为拉丁化文字所代替了。② 由此可见,文字的改革,并没有影响到民族的特征和标志。

我们再就历史发展的方式来说:语言的历史发展只有逐渐的变化,没有突然的爆发,没有现存语言的突然死亡和新语言的突然创造。历史上从来没有过,将来也不会有,用很短的时间来改变一种民族语言的事实。这就是说,要用仅仅几年或几十年的工夫,来消灭一种现存的民族语言和创造一种新的民族语言,都是不可能的。语言发展的过程,无论是统一的过程或分化的过程,都需要有几百年或千余年的时间来完成。文字的性质和语言不同,只要在一定的条件之下,它是可以在一个短时期内加以改革或建立的。原来有某种文字的民族语言,可以在一个相当时期内,更换做另一种文字来代表,来记录。没有文字的民族语言,也当然可以在一个短时期内,造出一种文字来代表,来记录。我们看到这几年来祖国内部几种兄弟民族的文字改革或建立,近几十年来苏联境内许多

① 参看契科巴瓦《语言学概论》下册,高等教育出版社 1955 年 2 月版,第 221 页。

② 参看陈文彬《汉字影响下的一些东方民族的文字》,载《中国文字改革问题》,中华书局 1954 年 1 月修订版,第 95～96 页。

少数民族的文字改革或建立，以及蒙古人民共和国两次的文字改革，越南民主共和国的文字改革：这些事实都可以证明文字发展的方式和语言不同。我们不能因为认定语言的发展没有突然的爆发，就认为文字也不可以改革。而且文字的改革，也只是一种书写的记号体系的更换，丝毫谈不到所谓爆发的方式。

（二）文字的发展和改革

我们从一般文字发展的历史上，又可以看出文字有时由于社会发展的结果，必须要加以改革的。因为文字的改革，总是由于原来的文字不符合于实际语言的发展，不能适应社会上群众的要求，而提出来的；文字改革的目的，也是在于要求文字的发展与实际语言相一致，要求文字能够便于大众的学习和使用。所以文字需要不需要改革并不取决于少数人的主观愿望和少数人对于原来文字的爱好和憎恶，而是取决于文字本身的性质，文字本身发展的趋势对于实际语言和社会要求适合不适合。

上文讲过几点关于文字和语言的关系及区别，这里再就文字的发生、发展的历史来说明它有时必须要加以改革的原因。既然语言是和社会生活的一切方面都有直接的联系，所以语言的产生是和人类社会的形成同样久远的。从有社会存在的时候起，就有语言存在。历史上没有任何一个人类社会，没有自己的口说的语言。人种学上也没有发现一个部落或部族，即令是最落后的或最原始的，没有自己的口说的语言。[①] 由此可见，语言发展的历史是和社会发展的历史同样久远的。可是，文字的创始却是在人类社会发展的历史上比较晚出的东西。人类历史上最早的一段很长久

---

① 根据斯大林《马克思主义与语言学问题》，人民出版社 1953 年 1 月版，第 20、46 页。

的时期，是只有口说的语言作为交际的工具，而没有书写的文字来代表、记录语言的。因为原始的氏族社会里，生产力很低，社会的组织和范围也很简单、很狭小，并不需要有文字来记录语言，并不需要有这种书写的工具来增进口说语言的效力。斯大林告诉我们："生产往前发展，出现了阶级，出现了文字，出现了国家的萌芽，国家进行管理工作需要有条理的文书，商业发展了，更需要有条理的来往书信，出现了印刷机，出现了出版物，——所有这一切都使语言发展起着重大的变化。"[①]可见文字到了阶级社会里才逐渐地创造出来，到了国家形成之后才逐渐广泛地使用起来的。文字的创造和使用，扩大了语言影响的范围，又使语言发展起着重大的变化；这是属于社会发展的某个必然的阶段。文字既然在社会发展的一定条件之下产生出来，使用起来，也自然可以，或必须在一定条件之下加以改革。

文字的创始，大都出于绘画的图形。绘画的产生，在人类的文化史上是比较早的；远在旧石器时代已经有了很好的绘画作品。当时不但利用绘画的图形来帮助记忆，而且也用来表达意思。后来这种图形逐渐跟语言结合起来，就形成了图画文字。埃及、巴比仑和我国的古代文字，都是从图画文字发展而来的。我国殷商时代的甲骨卜辞和先后间的一些铜器铭文，内中还保留着许多生动的图画的遗迹，因此可以断定当时文字是直接从图画文字变化成功的。现今我国云南边境么些民族（拿喜族）的文字，还有一部分是应用图画文字的。原始古老的文字由于接近绘画的图形，结构繁复，写作起来往往需要有专门的技巧，就很容易为少数统治阶级的人所垄断。古代文字只是掌握在少数"巫""史"的手里。鲁迅说过："文字在人民间萌芽，后来却一定为特权者所收揽。……待落

① 斯大林《马克思主义与语言学问题》，人民出版社 1953 年 1 月版，第 24～25 页。

到巫、史的手里的时候，更不必说了，他们都是酋长之下、万民之上的人。”①当时这种巫、史是办理祭祀、祈祷、卜筮和记事的，实际就是给统治阶级专门来垄断文字的。造成这种情况的主要原因，固然是由于当时社会上形成了阶级和国家的萌芽，进一步发展成为剥削的制度，以致多数人的文化权利也被剥夺了；但同时也是由于图画文字本身的性质不便于大众的掌握和应用，很容易为少数统治阶级的人所垄断的缘故。

图画文字是用一个个结构繁复的图形来表达语言当中一个个完整的句子。例如绘出一个整体的山羊的图形，在写作者的意思，是用来表明“这是一次打猎得来的山羊”，或者“这里是有山羊的地方”等等整个的句子。后来为着适应社会发展的需要，文字的使用逐渐地加广、加多了。这种繁复的图形，由于经常的书写，逐渐脱离了绘画的性质而趋向于简易化，不但在笔势上要失去图画的形象性，在结构上也很多部分简省掉了。例如羊的图形，不必绘出一个整体的羊的形象，而只是写出羊的头角，就可以用来表达意思了。这种简易化的图形，由于经常的书写和使用，又趋向于定型化，同时在意义方面也逐渐地明确起来；于是原来表达完整句子的图形，变做一个个的字体，用来表达语言里一个个完整的词了。这就是从图画文字转变做表意文字的过程。

表意文字是应用字体来表达语言里完整的词，在形体上趋向于简易化，在意义上趋向于明确化；所以比起图画文字来，它是较容易为一般人所掌握，也是较密切地和语言相结合，因之文字本身的效用也增进了许多。表意文字由于脱离了绘画形象的局限性，使得同一个字体可以用来表达好几个意义上相关联的词。例如一个“长”字，原来是绘出一个“长老”的形象：一个人的头上有着长

① 见鲁迅《且介亭杂文·门外文谈》。

长的头发，手里拿着拐杖。这个代表“长老”的字体，逐渐在应用当中发生变化，不但形体上脱离了绘画的形象性，而且进一步和语言相结合，增进了字体本身的效用；我们又可以拿它来代表“长短”“长远”“生长”等的词语了。这样，同一个字体可以用来代表好几个不同的词。

又由于语言里有同音词的关系，表意文字更利用了“假借”的方法，就是同音替代的方法，使得同一个字体可以用来代表好几个声音相同的词。例如一个“求”字，原来是绘着一件皮裘的形象，而借来代表“祈求”“请求”“要求”等词。这种同音替代的方法，名义上是假借，实际上却带有标音的性质，使得文字更进一步地和语言密切相结合，把字体完全作为整个的词或词里的某部分（音节）的记号了。这样，更增进了文字的效用，并且使得文字更容易为一般人所掌握了。

但是，表意文字虽然利用了同音替代的方法来跟语言密切相结合，可是缺乏统一的规划，有时同一个词可以用好几个不同的字体来代表；例如“你”这一个词，在古书里用了“尔”“而”“若”“乃”“汝”“女”等字来代表，并没有规定专门用一个形体上比较简单的字体来代表。这样，仍然是字体繁多，笔画复杂，不便于大众的应用。而且，为着表明意义的区别，有很多竟然在这种借字标音的旁边，增加另一个字体来指明它所代表的那个词的意义；例如原来形象上指一件皮裘的“求”，借来代表“祈求”“要求”“请求”等词，而为着要表明皮裘的意义，就在它的下面增加一个“衣”字来做意符，拼成了一个“裘”字。这样由音符增加意符所构成的“形声”字，在字体的构造方面又是趋向于繁复化，并且使得文字的性质仍然停留在意符的范围以内，没有进一步来跟语言紧密地相结合。所以表意文字还不能尽量发挥它的代表语言、记录语言的效用。如果把同音替代这种方法的运用，加以统一的规划，专门从标音的效用方

面来使文字跟语言紧密地结合起来，那末，表意文字进一步的发展，就成为标音文字了。

从表意文字变做标音文字，就是从整个语词的表达，进而为语词音读的分析，再把分析出来的各种音读成分，规定各个形体来代表，并且用来拼切语词的音读，这样就造成为拼音的字母了。文字发展到了这种标音的阶段，可以说是能够完全发挥它的代表语言、记录语言的效用。而且这种拼音字母，把原来表意文字里繁复杂乱的字体，简括做几十个代表音读成分的符号，当然最容易为人民大众所掌握，不再为少数人所垄断了。由此可见，标音文字是属于文字发展的最进步的阶段，也是最适合于人民大众的需要的。

我们把上面所讲一般文字发展的历史总结起来说：文字源出于图画，后来逐渐跟语言相结合，从表达整个句子的图画文字，进而为语词记号的表意文字，再进而为标明音读的字母符号；一般文字发展的趋势，是脱离了原始绘画的形象性，逐渐减少它的显示意义的作用，而增强它的记录语言和标明音读的效能。所以文字越发展，越要远离于图画，也越要紧密结合于语音；换句话说，越要减弱它的意符性而加强它的音符性。这种发展的趋势，正是说明一般文字发展的规律，也正和整个社会发展的大众化的方向，密切地相联系的。

斯大林告诉我们说："语言的创造不是为了满足某一个阶级的需要，而是为了满足全社会的需要，满足社会所有各个阶级的需要。正是因为如此，所以创造出来的语言是全民的语言，对于社会是统一的，对于社会所有组成员是共同的。因此，语言作为人们交际工具的服务作用，不是替一个阶级服务而损害另一个阶级，而是一视同仁地替全社会服务、替社会所有各个阶级服务。"①文字这

① 斯大林《马克思主义与语言学问题》，人民出版社 1953 年 1 月版，第 4 页。

种书写的记号体系,既然是用来代表语言,当然要求它尽可能表达人类语言的全部特征;代表某一种具体语言的文字,当然也要求它尽可能表达这种具体语言的特点。文字不但是仅仅为着记录语言,而且通过语言的记录用来扩大口说的语言的影响;所以它一定要跟着它所代表的口说的语言来替全社会服务,一定要对于社会所有组成员是共同的、统一的。文字的发展,越接近于全民的语言,越跟它所代表的口说的语言紧密地相结合,它就越能满足全社会的需要,越能够发挥它替全社会服务的效用,因而它也越是进步的。

由此可见,文字正常的发展是走着大众化、全民化的方向,而且依靠它所代表的口说的语言来跟社会生活密切相联系。文字应该用来促进社会的发展,促进社会文化教育的发展。如果社会不断地发展,而文字的性质还是停留在某一个阶段,不能跟着民族语言的发展而发展,那末,这种文字再不能满足人民大众的要求,并在一定的历史阶段上,不能促进群众文化的迅速提高,从而阻碍群众文化和教育的普及,阻碍人民和国家经济、文化、政治各方面的发展了。这就是由于文字和语言的发展脱节,也就和大众化、全民化的方向相违背;这种文字总是要让位给另一种比较进步的文字,明白地说,就是需要加以改革了。

现在汉字的需要改革,就是由于汉字的性质和民族语言的发展发生矛盾,和大众化、全民化的方向也相违背,不能适合目前社会主义建设的需要。

(三)汉字的性质及其优缺点

我们要讨论汉字的性质,就要从它的构造方法讲起。汉字的构造当中,有些成分是从图画文字上发展而来的。例如“木”字,原

来就是绘成一株树木的形象，上面有树枝，下面有树根。这种构造的方法是用绘画的形象来表明语词所指的实物，叫做“象形”字；其他如“艸”“马”“鸟”“人”“口”“刀”等，也都是由这种象形的方法构成的。又如“刃”字是在“刀”字当中加上一点，用来指明刀的锋口；“本”字是在“木”字下面加上一画，用来指明树木的根本；“旦”字是在一个太阳下面加上一画，象征着地，用来表示太阳从地平线上出来；“只”字是在“口”字下面加上“八”，象征着分出的气息，用来表示一句话说完了，有气息从口里出来。这些字的构造，又是利用符号来指明语词所代表的意义，叫做“指事”字。还有一种构造方法，用象形或指事的字体互相配合，来表示语词和代表的意义，叫做“会意”字。例如“休”字，是把“人”字和“木”字会合起来，表明一个人在树木旁边休息的意思；“鸣”字，是把“鸟”字和“口”字会合起来，表明鸟叫的意思；“分”字，是把“八”字（象征着分别）和“刀”字会合起来，表明分析的意思；“解”字，是把“刀”字和“牛”“角”会合起来，表明解剖一头牛的意思。象形、指事、会意这三种构造的方法，都是从图画文字里发展而来的。但是实际上，由这三种方法所构成的字体，虽然原来接近于绘画的图形，而经过书写应用，趋向于简易化，逐渐脱离绘画的形象性，习惯上也只是把它们认为各个词的记号，并不追究原来的形象了。所以汉字的构造当中，虽然保留着一些图画文字的遗迹，而在本质上已经进到表意文字的范围。

在另一方面，汉字的构造里又有趋于标音文字的倾向。因为字体既然用来做词的记号，就采取同音替代的方法，把原来代表这个词的字体，借来代表另一个和它同音的词了。在汉字发展的历史上，这种假借的方法很早就广泛地应用了。由于广泛地应用假借的结果，往往同一个字体代表了好几个意义上不同的词。为着辨别意义上不同的词，又往往在这种假借的旁边，另加上一个字体来表明词义；这样就把原来的假借字作为音符，而把增加进去表明

词义的字体作为意符，构成了音符加上意符的“形声”字了。汉字当中，用这种方法所构成的音符和意符相混合的形声字，占着绝大的多数。不过这种字体里音符和意符的配置，没有一定的规则。有很多是左边意符、右边音符的，如“江”“河”等，“水”是它们的意符，“工”“可”等是它们的音符。也有不少的是左边音符、右边意符的，如“鸠”“鸽”等，“鸟”是它们的意符，“九”“合”等是它们的音符。还有一些是上面意符、下面音符的，如“花”“草”等；也有一些是上面音符、下面意符的，如“煎”“熬”等（下面四点是一个“火”字）。还有一些是外面意符、里面音符的，如“闺”“阁”等；也有一些是外面音符、里面意符的，如“闻”“问”等。此外，还有一些是意符和音符相互夹杂起来的，如“雜”（“衣”是意符，“集”是音符），“徒”（“辵”是意符，“土”是音符），“裹”（“衣”是意符，“果”是音符），“哀”（“口”是意符，“衣”是音符）等等。大概构制和书写的时候，既然没有预先定出严密的条例，又随着历代书体的演变而演变，最多只要求成为一个个方方正正的形式，并不为着辨别字体上音符和意符的便利而设法，就使得它们在各个方块形体里的配置没有一定的规则，显出了这种文字构造的复杂性。

又“假借”和“形声”，虽然包含着标音的成分，而因为字体的构造有强固的保守性，不能反映实际音读的发展变化。构成的字体已经固定化，所以内中包含的音符，往往不能表明实际变化了的音读。例如“江”字里的“工”，“哀”字里的“衣”，“闻”“问”等字里的“门”，“坡”“波”等字里的“皮”，这些音符实在只有一种极隐微的标音作用了。而且这种音符，在标音方法上，也只是应用整个字体来标明另一个字或词的音读，没有把其中所包含的音读成分加以分析。所以汉字没有发展成为拼音文字，而仍是属于词语记号的表意文字的范围。

汉字很早就发展成为词语记号的表意文字，当时为着适合古

代汉语里单音词众多的现象，也很早就形成了单音的制度，就是每一个方块字体只包含一个音节。可是，实际语言当中，还是有不少复音的词语；文字上对于这种复音词，就只得应用两个或多个字体来代表一个词。例如“科斗”“吴公”“夫容”“昆仑”等，原来只是应用各个字体来标明词语里的各个音节，后来却又在这种音符上增加意符，就构成了“蝌蚪”“蜈蚣”“芙蓉”“昆仑”等的形声字。这种字体，每一方块，实际上不是代表一个词，而只是代表词的一部分（音节）。所以汉字的复杂性和无规则的现象，不但表现在构造方面，而且也从应用方面显示出来。有些字体是用来代表一个词的，有些字体是用来代表几个不同的词的（例如“花”字，既代表花朵字，又代表花费字；“好”字，既代表美好字，又代表爱好字，等等），而另有些字体却是只用来代表词里的一个音节的（例如“蝌蚪”“芙蓉”等）。字数既然这样繁多，而各个字的用法又那样复杂，自然造成一般人学习文字的困难。

从汉字的构造方法和一般文字发展的阶段来看，汉字这种表意文字的性质，正是介于图画文字和标音文字两个极端的中间。一方面，汉字已经脱离了图画文字的范围，而还留存一些象形文字的遗迹；另一方面，它又有趋于标音文字的倾向，可是没有分析音读和拼音的作用。所以汉字的构造和应用，都是采取意符和音符混杂的制度；这种制度的性质，使得字体的结构很复杂，笔画很繁复，字数又众多，各个字的用法又不明确，自然产生学习上难认、难写、难记、难用的弊病。

有人说：汉字有它的优点，它的方方正正的形体，使得看的人引起了庄严美丽的感觉。我们知道，文字是要适合于大众的使用，不是专门供少数人玩赏的东西；汉字的形体果真是美丽的话，却因此而不合于实用，那就违反我们大众的要求，正是它的缺点所在。

又有人说：汉字包含着表意的成分，可以使人从意符上引起

联想作用,因而感到文字形体本身就具有一种表达的力量。例如“江、淮、河、海”等字,都有“水”字作意符,自然引起滔滔流水的感觉;“崇山峻岭”四个字,也自然引起山岭的印象;诸如此类,可以见得,汉字形体本身就有表达意义的效用。我们要知道,抱持着这种见解的,正是不理解一般文字发展的趋势。上面说过,文字的发展是从绘画的图形进到语词的记号,再进而为标音的符号,这是文字进步的趋向;文字的表达力,是要通过它所代表的语言而发挥出来的,不是从它构造本身所具有的形象性上产生出来。例如“美麗”两个字是从“羊”和“鹿”构成的,我们从羊和鹿的表意成分上很难看出这种美丽的意思。“莊嚴”两个字也是如此,如果没有考明“莊”字是原来指草木的壮大,“嚴”字是原来指大岩石,单从形体上就看不出庄严的意思了。又如“欺骗”两个字,我们从“欠”和“马”的意符上也当然看不出欺骗的意思。所以文字不跟语言相结合,就要失去它的表达作用;汉字的带有意符性,正是它的落后的一面。

又有人说:汉字所包含的表意成分,可以用来考证古代社会的现象;例如“資”“財”“貨”“寶”等字,都是用“貝”字来做意符,可见很古的时候是用贝壳来作货币的。又如“男”字是“致力于田”,“婦”字是妇女“执箕帚”的意思,“家”字是指房屋里有个猪(许慎《说文解字》里说“家”字从豭省声,不很可靠),大概养猪是当时家庭的副业等等;这些字都可以供作研究古代历史的资料。因之认为应用汉字可以使得我们养成历史的观念。我们知道,应用文字,不是为着考证历史;从古代文字上考证历史,这是少数人研究古代文字的目的之一,不是一般人的任务。一般人所需要的文字,是跟语言紧密地相结合而便于学习和使用的文字,不是为着便于考古和研究历史的。所以汉字里的表意成分,可以供作考古的材料的,不但不是它的优点所在,而且正是表明它在发展阶段上的原始性。

又有人说：汉字的单音制度，很适合于古代汉语里单音词众多的现象。这是不符合于事实的。上文讲过，古代汉语里实际也有不少复音词，而且汉语词汇的发展有很显著的双音化的趋势，可是汉字仍旧保持着单音制，使得文字和语言之间造成不可克服的矛盾。文字的主要功用是代表语言，从而扩大语言影响的范围。汉字单音制的形成，实在是由于受了方块形式的限制，不是由于适应古代语言里单音词众多的现象，而发展的结果，使得文字跟语言脱了节；所以这也正是汉字的一种缺点。

又有人说：汉字形体包含有表意成分，可以用来区别一些同音词；因为汉语里有分别的音节，为数有限，而应用的词是很多的，把有限的音节分配到很多的词里，当然要发生一些同音词；这些同音词大都在书写方面可以用文字的形体来分别的。认为汉字有区别同音词的功用，这种看法是把书写上的字和语言里的词混为一谈了。现代以北京音为标准的普通话里，所应用的有分别的音节，约共四百几十个，再加以声调的区分，可以有一千多个；而常用的字总有三千到五千之数，把这一千多个的音节分配到四五千个的字体里，当然有不少同音字，就是书写上有分别而音读上相混同的字。但是，我们要知道，这种同音字并不一定是语言里的同音词。现代汉语里的词，复音的占着多数，实际就是用复音化的作用来避免同音字的混淆。所以同音字不等于同音词。例如“一”“衣”“依”“医”等是同音字，而在实际语言里，往往说成“一个”“衣服”“靠依”“医药”等，是用复音化的作用来区别的，不会发生同音混淆的弊病。再有单音或复音的同音词，也在实际语言里靠了语言环境和上下文关系，会自然地区别开来。所以区别同音词的问题，是口说的语言里自己能够解决的，不是靠了文字来解决的。而且汉字应用了同音替代的方法，借用一个字体来代表别的音读相同的词或字，这正是它倾向于标音文字的所在，代表它的进步的一面。认为

汉字可以用文字的形体来区别同音词，这并不完全符合于事实；汉字当中有不少是用一个字体来代表不同的词。例如“花朵”和“花费”同用一个“花”字来代表；“竹管”和“管理”同用一个“管”字来代表，等。标音文字的原则，就是依据实际的音读来确定文字的形式，语言里的同音词到了文字里，原则上正应该是同形字。世界上任何一种拼音文字，总包含不少的同形字，在实际应用当中用来代表一些同音词，并没有发生什么困难。一般拼音文字里用不同形的字代表同音词的，倒反而认为是文字和语言脱节的现象了。这样说来，汉字有应用书写形体来区别同音词的地方，也正是代表它的落后的一面。

此外，还有人说：汉字是表意文字，不像标音文字那样要跟随实际语言音读的变化而变化，所以几百年前以至几千年前的文书留传到现在，同样可以理解；尽管不能读出古代作品原来的声音，却可以从这种文字所写出来的来了解它的意思。所以认为汉字对于保存历代的文化和史料，实在有很大的用处，这正是汉字的优点所在。我们要知道，汉字在我国的产生和使用，有了五千年以上的历史；给我国人民保存了无比丰富的文化遗产，流传了无可估价的文献史料，这是汉字的伟大功绩。汉民族文化，数千年来，直系相承，未曾中断，这也是由于这种表意性质的文字起了一定的传习作用。汉字对于古代文化的流传以及汉民族在历史上的形成，确实是有很大的贡献。但是，我们究竟不能把汉字这种历史上的功绩认为是它本身的优点。文字的主要功用，当然是作为代表语言和增进语言效力的一种工具，而不是单为着保存和传播古代的文化。所以文字本身的优点，应该是和语言紧密地相结合，便于人民大众的使用，因而使得大众的教育和文化迅速地提高。汉字有强固的保守性，不能反映实际语音的变化，这种性质在过去长期的封建社会里起过很大的作用的，正足以说明它和现代社会主义的社会不

相适应的所在。而且文字拼音化以后，汉字还是有人学习，有人使用；文字改革并不意味着汉字的废止。我国古代的文化遗产和文献史料，一部分将来可以改写做代表现代语的拼音文字，以便更广泛的流传；其他部分仍旧有认识汉字的人来负责整理，负责保管。所以文字的改革，对于古代文化和史料的保存，不会有什么影响的。

最后，还有人说：汉字这种表意的性质，不跟随语音的变化而变化，使得各处方言不同的人，可以利用它来交际；因为汉民族从古以来经略的土地，就很广大，又长期处在封建统治之下，内部交通不便，方言分歧，口说的语言不容易通达，而用汉字写出来的书报文件，可以通行于各个方言不同的地区。汉字的使用，只要求书写方面意义的互相通达，并不讲究读音方面的彼此统一；因之同一个辞句，在各地的读音尽管不同，并不妨碍于它的意义的了解，这似乎应该认为是汉字的一个优点了。我们要知道，过去长期封建社会里，民族内部方言不统一，而文字能够维持统一的局面；又近代以北方话为基础的普通话里，应用的词汇和语法的构造具有了统一的条件，成为现今民族共同语的推行的重要根据；这些情况可以说明汉字这种表意的性质，对于汉民族和汉民族语言的形成及发展，确实起了很大的作用。但是，我们究竟也不能把汉字这种历史上的功绩认为是它本身的优点。近代由于资本主义文化的输入，我国的社会曾经起了急剧的变化，汉字和现代各国通行的文字比较起来，也显露出它的落后、保守的性质和复杂、繁难等等的弊病，所以最近这几十年当中有不少爱国人士提出了文字改革的要求和各种改革的方案。尤其到了现今新中国的社会里，一切在飞速地前进，汉字不足以适应当前我国进行着的伟大的社会主义建设事业的需要，更是显然的了。从前在封建统治下内部散漫的国家，有些地方是靠了汉字来维持统一的；现在到了这样的社会主义

国家里，经济、政治高度地集中，教育文化迅速地普及，语言规范化的工作也在积极地展开，这时候还需要再靠这种落后、保守的文字来维持统一的局面吗？所以汉字表意的性质，具有超离语言的作用，在过去长期封建社会里起过很大的作用的，也正足以说明它和现代我们的新中国不相适应的所在。

根据上面所讲汉字的性质及其优缺点，就可以断定汉字演进到了目前的阶段，实在有加以改革的必要。

（四）汉字必须加以改革

这里把汉字必须加以改革的理由，列举出来说明如下：

第一，汉字构造的原则是很复杂的，使学习上遭遇许多不容易克服的困难，因之它是不适合于作为普及教育文化的工具的。上面讲过，汉字构造的方法，不是根据于一种单纯的原则，而是根据于几种复合的原则。就象形、指事、会意、形声、假借这几种原则来说：汉字当中，有的是留存图画的形象性的，有的是利用简单的符号来表明意义的，有的是利用图画和符号的配合来表明意义的，有的是完全表明语词的意义的，有的是用来标明语词的音读的，又有的是用一部分来表明意义而用另一部分来标明音读的。这样把音符和意符混杂起来的构造方法，使一般人在学习上很容易造成类推的错误；例如"休""沐""牀"三个字，似乎形式相同，而实际它们的半边"木"字的作用并不相同："休"字里"木"和"人"都是意符，"沐"表示沐浴的意思，"水"是它的意符，"木"是它的音符，"牀"字里"木"是意符，而"爿"（读如"牆"字的音）却是它的音符。又如"蜼""推""雜"三个字，似乎形式也很相近，而它们的构造当中各部分的配合也并不相同："蜼"字里，"虫"是意符，"唯"是音符（"蜼"字原来是一种虫的名称，而"唯"又是以"隹"来做音符），"推"字里，

“手”是意符，“隹”是音符；“雜”字里，“衣”是意符，“集”是音符（而“集”字指小鸟在树木上，以“隹”“木”来做意符）。汉字这样难以记忆和辨认，就使得人民大众的文化水平的提高受到很大的阻碍。在过去，汉字实在为少数的统治阶级的人所垄断，从古代的“巫”“史”到后来所谓属于封建地主阶级的“士大夫”，都是垄断文字的集团；直到现在还有大多数的人民属于文盲，这固然是过去长期封建势力的统治和近代帝国主义的残酷压迫所造成的，而汉字本身构造的原则和形体的结构，繁复错综，不便于大众的学习和使用，也是一个主要原因。毛主席老早指示我们过：“从百分之八十的人口中扫除文盲，是新中国的一项重要工作。”[①]可是，就这种繁难的汉字来进行扫盲工作，究竟效率太低。“一个文盲的人要学习 400 到 450 个小时，才能够学会 2 000 个汉字，而越南民主共和国改用拼音文字后，一个文盲的人只要学习 100 多个小时，就可以阅读通俗书报了。用业余时间来算，我们需要两年左右的时间来扫除一个人的文盲，而使用拼音文字的国家只要三个到四个月的时间就够了。”[②]所以真正要彻底解决人民大众的识字教学问题，必须把这种繁难的汉字改做拼音文字，这是汉字需要改革的第一点理由。

第二，汉字字数繁多，而且一个字还有几种写法的，也有几种读法的，这样，更增加了学习和记忆的困难。详细完备的汉字字典，可以收录到四五万个字体；供初中学生和初中文化程度的干部使用的《新华字典》，也收录到了六千多个字体，[③]中央教育部在 1952 年 6 月间公布的《常用字表》，列出常用字和补充常用字共

---

① 毛泽东《论联合政府》，《毛泽东选集》第三卷，人民出版社 1953 年 2 月版，第 1106 页。

② 根据韦悫《拥护第一次全国文字改革会议的决议，大力宣传文字改革的方针和步骤，积极推行简化字和以北京话为标准的普通话》，载《中国语文》第 40 期，第 4 页。

③ 参看《新华字典・凡例》，人民出版社 1953 年 10 月版。

2 000 个。[1] 由此可见，一般最常用的字至少有二三千个，而这二三千个常用字当中，又有一些“异读字”和“异体字”。关于异读字的例子，如一个“着”字，有 zhuo（ㄓㄨㄛ）、zhao（ㄓㄠ）、zhe（ㄓㄜ）等几种念法，“着手”的“着”，读 zhuo（ㄓㄨㄛ），“用不着”的“着”，读 zhao（ㄓㄠ），“读着书”的“着”又读 zhe（ㄓㄜ，轻声）。又如一个“了”字，有 liao（ㄌㄧㄠ）、la（ㄌㄚ）、le（ㄌㄜ）等几种念法，“了解”的“了”读 liao（ㄌㄧㄠ），在一个句子的末了，用来表示决定的语气的，读 la（ㄌㄚ，轻声），“读了书”的“了”读 le（ㄌㄜ，轻声）。关于异体字的例子，如一个“拿”字，还有“舒、拏、挐”等的写法，一个“鬥”字，还有“鬪、鬭、鬬”等的写法，这样的异体字已经有一大批经过整理，要加以废除了。[2] 因此在识字教学的过程当中，要对于这些字的写法、念法等一个个地加以辨认并且能够记住，就必须耗费整个教学时间的一大部分。“我们的小学校，在 6 年中间，只能学习 3 000 个左右的汉字，而且未必能巩固得了，更说不上完全了解。”[3]“因为这样，我国现行学制，需要 12 年才能修完普通教育的学科，比许多国家的学制要延长两年。我们曾经试办过三年制的工农速成中学，也曾经想把小学改为五年一贯制，事实证明有很大的困难。虽然这不完全由于汉字的难学、难认和难记，但是汉字本身存在的缺点，确实成为儿童教育、成人教育和扫盲工作的沉重负担。”[4]汉字不但形体复杂，而且字数繁多，就造成了识字教学方面不容易克服的困难，这是需要加以改革的第二点理由。

第三，汉字的笔画多数是繁杂的，笔画的种类以及它们互相的配置，也都没有一定的规则，不但难认、难记，而且难写；这也使得

---

① 参看《中国语文》创刊号，第 21～25 页。

② 参看中国文字改革委员会：《第一批异体字整理表》。

③ 根据吴玉章《文字必须在一定条件下加以改革》，《中国语文》第 41 期，第 7 页。

④ 同上。

学习和使用上费了更多的时间和精力。如果不加以简化，多数的字体笔画繁复；“单拿中央教育部公布的 2 000 个常用字来说，平均每字有 11.2 笔，其中 17 笔以上的就有 221 个字”。[①] 这些繁复的笔画又没有一定的配置的规则，多数的字体是由“横、竖、撇、捺、点、勾”等各种各样的笔画杂乱地排列组合而成，所以不但笔画繁多的字体，难认、难记又难写，即使笔画较少的，也是如此。例如：“己”“巳”“已”三个字，“盲”“肓”“育”三个字，“戊”“戌”“戍”“戎”四个字，凡是这样难以辨别的字体，也往往容易写错。由此可见，汉字的难写是从多方面表现出来的，除了笔画繁多和结构复杂的以外，也包括难以辨认的字体。“由于这种情形，学习汉字比学习任何一种拼音文字耗费更多得多的时间，”[②]“要是保持汉字的现状不加改革，就会严重地妨碍人民文化教育的普及和提高，对于国家工业化和国民经济的发展也是十分不利的。”[③]这是汉字需要改革的第三点理由。

第四，汉字的形体和笔画不能表示实际的音读，致使文字跟语言脱了节。汉字这种表意的性质，只是把字体作为习惯上语词的记号，在各种方言不同的人们应用起来，也只是要求书写方面意义的互相通达，并不讲究读音方面的彼此统一。因此，汉字具有了这种脱离实际语言的倾向，就不能利用文字来作为“正音”的工具，就不能靠汉字来遏止方音的分歧和推进音读的统一。现在我们比较各处方言的异同，总以语音上的分歧现象最为突出；关于汉语规范化的工作，也以语音方面的标准化和一致化的工作来做重点；这种情况之所以形成，确是受了汉字性质的影响。如果我们不运用标

① 根据吴玉章《文字必须在一定条件下加以改革》，《中国语文》第 41 期，第 7 页。
② 同上。
③ 引 1955 年 10 月 25 日《人民日报》社论：《为促进汉字改革、推广普通话、实现汉语规范化而努力》。

音字母来作统一语音的工具，而仍旧只靠这种表意性质的文字来使方言不同的地区互相通达，长此因循，那末，分歧的方言就不容易达到统一，民族共同语也很不容易发展了。汉字由于字形的保守和固定，不能反映语音的发展、变化，所以过去历史的发展也造成文字跟语言脱节的现象。汉字的构造和应用，确实内中包含着一些标音的成分，像形声、假借的原则，已经有了进到标音文字的倾向；可是，因为字体的结构有强固的保守性，内中一些标音的成分，大都到后来只有极隐微的效用，或者完全失去了标音作用。例如："移"是用"多"来做音符的，"等、待"都是用"寺"来做音符的，"欧、呕"都是用"区"来做音符的，"唾"是用"垂"来做音符的；像这样的字体结构，大概在 2 000 年（秦汉间）以前，就已经固定了的，往后大都只有一些笔势上的变化，使得书写方面趋向于简易化罢了。因之，两千多年来，语音方面已经有了多种多样的变化，而这些字体，大部分还是保持着原来的结构，内中包含的音符，自然也大都失去了标音的效用。由于文字跟语言脱了节，要掌握每一个汉字的结构、意义和读音，也就必须经过一个很复杂的学习过程。这是汉字必须加以改革的第四点理由。

第五，汉字是采取单音节的制度，不能适应语言上语词复合化和复音化的趋向。上文我们讲到汉字的性质，说过：汉字为着适合古代汉语里单音词众多的现象，很早形成了单音的制度；可是实际语言里还是有不少复音的语词，汉字对于这种复音语词，只得应用两个或多个字体来代表一个语词，这样就形成了文字应用上的复杂性，以及书写字体和口说语词两方面的不一致性。我们在上文又讲过：文字上的同音字并不一定是语言里的同音词；由于语音历史的发展变化，文字上有很多原来音读不同的字体，到了现代北京音里变为同音字了，可是实际口说的语言里，并不因此而增加同音语词的数量。因为实际语言里，有很多是靠了语词复合化和

复音化的作用来避免同音语词混淆的弊病的。汉语词汇发展的历史,有一个主要的趋向,就是为着避免同音混淆的弊病,往往把原来的单音词加以复合化或复音化。例如古代语里一个“道”字,代表了一个单音词,到了现代语里需要说成“道理”或“道德”“道义”“道路”等;古代语里“语”和“言”都是独立的单音词,到了现代语里需要说成“语言”或“言语”等。除了复合化的词语以外,还有用增加“前缀”或“后缀”来合成的复音词;例如“燕子”“鱼儿”“老虎”等。可是,汉字既然有一种表意的性质,在书写上大多数的字体是可以用一个单字来代表一个词的“词根”(词根是构成词的主要部分:“燕子”里的“燕”是词根,“子”是后缀,“老虎”里的“虎”是词根,“老”是前缀;“道理”是“道”和“理”两个词根合成的复合词),所以往往只写了单字就可以表达意思,不必照着口说的语言把复音词或复合词里的各个成分一个个地写出来。这样,文字上的单音制度又和语言上的复音化作用,形成了一种尖锐的矛盾。郭沫若先生曾经说到文章和语言脱离的原因,是在汉字不能适应语言的复音化。“旧文言文固不用说,五四以来的新文言文也不用说,近来的理论文字和文艺作品又显然有新新文言的倾向了。主要恐怕依然是汉字在作怪,用汉字来表达,总想要少写几个字以求效率的提高,因而有意无意之间便不免和语言脱离了。”①可见汉字的单音制,不便于记录实际的语言,不但使得文字跟语言脱了节,而且对于语词复音化的发展起了反作用。这是汉字需要改革的第五点理由。

第六,汉字字数繁多,结构复杂,形体和笔画又不能表示实际的音读,因之字典里编排字体的体例和次序,都得不到一个妥善的办法。汉字字典的编制,有多种不同的方法,可是没有一种是完善无缺的。从前有的字典是依据于语词意义的解释来分类编排的,

---

① 郭沫若《爱护新鲜的生命》,1952 年 5 月 31 日新华社北京电。

例如《尔雅》之类，当然不能获得一个正确的标准；因为分类的大小和哪些字该隶属于哪一类，都不容易有确实的根据。有的字典根据“韵目”来分部而加以排列的，叫做“韵书”，在实际音读转变之后，也就很少人能够了解而加以利用了；因为汉字形体没有正确读音的表示，所以按照读音来编排的字典，如果我们不认识一个字的读音，就没有办法利用这种字典来查字。近年来依照注音字母的音序来排列的字典，也就感到有这种缺点；我们对于那些未曾确实知道音读的字，只得去翻查这种字典末了附载的一个按照字形编排的检字表或索引。至于依据字的形体来编排的，传统的方法就是按照字体结构里的意符来分归各部的“部首制”，再结合笔画多少顺序来排列字体。部首制的最大缺点，是有许多字不容易一看就知道是在哪一部；所以依照这种部首制所编制的字典，大都也附载一个笔画检字表。其他各种检字法，例如四角号码检字法、笔画顺序检字法等，也都各有它的缺点；我们可以说一句，没有一种检字法是合于理想的，这是受了汉字形体的限制，没有办法的。检查字典的不方便，自然也增加了学习和使用方面种种的困难。这是汉字需要改革的第六点理由。

第七，由于编排和检查字典没有妥善的办法，其他应用汉字来编制的各种目录和索引等，如图书目录、文件目录，名辞索引、电话簿等，都随着得不到妥善的办法。又收发电报、传达信号等，由于我们不能够按照汉字的笔画来做，我们就要把汉字翻译为号码或者改用拼音文字，才能进行；这样，就要浪费很多时间。“在日内瓦会议和亚非会议的期间，各国的发言稿可以马上用电报机直接拍发，而我国的发言稿要经过一道翻译，必须好几个小时以后才能够发出去；收到后，又要翻译为汉字。”①这样因为汉字检查不方便，

---

①　根据韦悫《拥护第一次全国文字改革会议的决议，大力宣传文字改革的方针和步骤，积极推行简化字和以北京话为标准的普通话》，《中国语文》第40期，第4页。

浪费了很多的人力、物力，又影响了科学、文化及其他一切方面的进步。这是汉字需要改革的第七点理由。

第八，由于字体繁多，结构复杂，编排没有妥善的办法，在实际使用的各个方面都随着发生困难。如书写、记录、打字、印刷等，比起使用拼音文字的情况，要耗费更多的劳动力，并且无法利用现代科学技术的最新成果。“汉文打字和排字的工作也是很繁重的。比如英文打字每分钟最快能打 90 个字，而汉字打字每分钟最快只能打 32 个字。又如汉字排字一般要用 88 个字盘，而拼音文字只用两个字盘就够了，这是因为排汉字要调用好几千个汉字，而排拼音文字只调用 20 几个到 30 多个字母就行了。又如拼音文字可以用打字排铸机（又叫打浇机），比用手工排字要快五分之二左右，而排印汉字就无法使用这种机器。”[①]这种情况，当然也造成人力、物力的浪费，并且给了科学、文化及其他一切方面的进展以不利的影响。这是汉字需要改革的第八点理由。

第九，汉字形体繁复，又采取单音制，每一个音节就要用一个方块的字体来代表，所以用汉字来翻译外国或别种民族语言的名辞、术语，如果直接用音译的，就有很多的不便。往往同是一个译名，有很多种不同的写法；例如“阿拉伯”，有的译做“亚拉伯”，有的写做“阿剌伯”。又因为字体本身不能表示正确的音读，即使同一种写法，在各个时代和各处地方，可以有各种不同的读法，以致跟原来的语音相差很远；或者更因而“望文生训”，发生了一些可笑的牵强附会的解释；例如帝国主义者要把“哈利逊”改译做“海立胜”之类。汉字这种表意文字不宜于用来代表“外来语”和“借贷词”的形式，这使我们发生了许多麻烦，而对于先进科学、文化、技术的吸收也受到相当的阻碍；这又是汉字需要改革的第九点理由。

---

① 根据韦悫《拥护第一次全国文字改革会议的决议，大力宣传文字改革的方针和步骤，积极推行简化字和以北京话为标准的普通话》，《中国语文》第 40 期，第 4 页。

第十,汉字性质的特殊和学习的困难,使得我们在国内各民族之间的交际,对外在国际间的来往,都受到了很大的障碍。"我们是多民族的国家,少数民族除掉本民族的言语文字之外,为了同汉民族交往,也还须得尽可能地学习汉语和汉字。而汉字的学习,在少数民族的兄弟们是有更难以言喻的困难了。中国在国际事务中在发挥着愈来愈重大的作用,但在国际间的交往,特别在文化交流上,汉字也是显著地成为很大的障碍。例如,国际普通使用的科学名词,在我们就必须另外制一套,而我们的研究成果,如果不翻成外文,别国学者也就几乎无法接近。"[①]汉字到了现代,已经成为我们对内对外的交际的障碍,这又是应该加以改革的第十点理由。

以上举出的十点,总起来说:汉字的发展,跟语言的发展,两方面有了不可克服的矛盾;汉字的发展,很显著地违反了大众化、全民化的方向;它的落后的保守的性质,和繁难、复杂等等的缺点,不但不能适应当前新中国的需要,而且很显然地对于我们伟大的社会主义建设事业的进展,有着不利的影响。所以汉字必须加以改革。毛主席 1940 年在《新民主主义论》里,早已经指示我们:文化"应为全民族中百分之九十以上的工农劳苦民众服务,并逐渐成为他们的文化。……为达此目的,文字必须在一定条件下加以改革,言语必须接近民众,须知民众就是革命文化的无限丰富的源泉"。[②] 到了 1951 年,毛主席更进一步指出汉字改革,"要走世界文字共同的拼音方向"。[③] 这就是说,我们必须有组织,有计划,有步骤地把汉字改革成为拼音文字。

---

① 根据郭沫若《为中国文字的根本改革铺平道路》,《中国语文》第 41 期,第 11～12 页。

② 见《毛泽东选集》第二卷,人民出版社 1952 年 3 月版,第 679—680 页。

③ 见马叙伦《中国文字改革研究委员会成立会开会辞》,载《中国语文》1952 年 7 月号,第 4 页。

二、文字改革要采取怎样的步骤

(一) 汉字改革的道路

文字改革的最后目标,就是把现在通行的汉字改做一种拼音文字,而在这种拼音化的目标实现以前,必须把汉字加以整理和简化。所以现今关于文字改革的工作,大致可以分做两方面来进行:一方面是关于拼音化的各项研究和准备工作,另一方面就是汉字的整理和简化工作。这就是现今进行汉字改革的道路。①

关于文字拼音化的准备工作,首先是推广"以北京语音为标准音,以北方话为基础方言,以典范的现代白话文著作为语法规范的普通话"(见1956年2月6日《国务院关于推广普通话的指示》)。这里所谓普通话,就是指"以北方话为基础方言,以北京语音为标准音的普通话——汉民族共同语"。推广普通话,本身是适应全国人民迫切要求和国家社会主义建设需要的一种政治任务,当然它的首要的意义是在加强汉民族政治、经济、文化的统一,并不只是为了文字改革的准备:实际文字的拼音化也并不必要等待全国方言统一以后才能实现。但是我国方言分歧的情形,确实是实现文字拼音化的一重障碍,为了减少文字根本改革的这种障碍,当然也

① 参看吴玉章《中国文字改革的道路》,载《文字改革》第49期,《光明日报》1956年1月18日副刊。

需要大力推广普通话。所以推广普通话的工作，也是进一步发展汉语和准备文字拼音化的必要步骤。

1955年6月，教育部曾经向各省、市、自治区教育厅、局发出关于举办小学语文教师普通话训练班的通知。10月间，全国文字改革会议决定了“重点推行，逐步普及”这一个推广普通话的方针。后来教育部又发出了《关于在中、小学和各级师范学校大力推广普通话的指示》。[①] 同时中国人民解放军总政治部也向全军发出了关于推行简化汉字和推广普通话的指示。目前关于推广普通话首先要做的事情约有四项：第一是建立机构，就是在中央和各省、市、自治区都建立推广普通话工作委员会，以领导推动这个工作；第二是训练师资，在一定时期内，使中小学校和师范学校的语文教师受到普通话的训练；第三是编印教材，编印关于教学普通话的课本、词典等，并灌制教学普通话的留声机片等；第四是加强普通话的语音、词汇、语法方面的研究工作。[②] 此外，还应该充分运用各地广播电台在社会上大力宣传和教学普通话。关于以上所说的这些工作，1956年2月6日，国务院发出的《关于推广普通话的指示》，已经有全面的明确的规定了。[③]

和文字拼音化直接有关的工作，就是拟订汉语拼音方案。近年来，中国文字改革委员会做了不少关于汉语拼音方案的研究工作，并先后收到全国各地和国外寄来的六百多种拼音方案。1955年2月，设立了拼音方案委员会，专门从事拼音方案的讨论和拟订工作。到了1956年1月，汉语拼音方案的草案拟订完成，经中国文字改革委员会全体会议通过。这个拼音方案是根据下列的三个原则拟订的：1. 语音标准，拼写的是以北京语音为标准音的普通

---

① 参看《文字改革》第46期，《光明日报》1955年12月7日副刊。

② 参看吴玉章《中国文字改革的道路》，《文字改革》第49期。

③ 1956年2月10日新华社北京电。

话——汉民族共同语；2. 音节结构，采用“音素化”的音节结构，就是用一个字母代表一个音素——语音的单位；3. 字母形式，采用国际通用的拉丁字母，加以必要的补充。[①] 2 月间，中国文字改革委员会发表了这个拼音方案和“几点说明”，并且经国务院同意，送请中国人民政治协商会议全国委员会和各省、市、自治区政治协商委员会从 2 月到 3 月分别组织座谈讨论。中国文字改革委员会将根据讨论中各方面所提的意见，对这个方案作必要的修改，再提请国务院公布。[②]

这个拼音方案还不是“拼音文字方案”。有了拼音方案，将来就有可能根据这个拼音方案来拟订拼音文字方案。[③] 所以拼音方案的主要用处，可以列出如下的几点：1. 首先用来给汉字注音，以帮助教学汉字，识字不多的人也可以依靠拼音字母来认字；2. 用来作为普通话教学的工具，有了拼音字母，就可以通过普通话的拼音读物来学习普通话；3. 用来作为科学上和技术上的符号，特别是打电报、打旗语、打信号、编索引等，用起来很方便；4. 用来试验汉语拼音文字，使拼音字母拼写的普通话逐步发展成为完善的拼音文字；5. 用来作为各少数民族制定拼音文字的字母基础。[④] 可见从拼音方案到拼音文字的成立，中间必须经过试用和试验，并且结合着研究和逐步改进的一个过渡时期。

其次，关于拼音化的准备工作，就是提倡推广印刷和书写的横排横写。报纸期刊的横排是我国出版物形式的一项重大改革，也是汉字根本改革的一种准备的步骤。在 1955 年中，报纸期刊采用横排的逐渐增多。从 1956 年 1 月起，全国性的报纸已经全部改为

---

① 参看中国文字改革委员会《关于拟订汉语拼音方案（草案）的几点说明》。

② 1956 年 2 月 10 日新华社讯。

③ 参看吴玉章《关于汉语拼音方案（草案）》，在中国人民政治协商会议全国委员会常务委员会第十八次会议（扩大）上的报告。

④ 参看中国文字改革委员会《关于拟订汉语拼音方案（草案）的几点说明》。

横排,大多数的省报也已经改为横排;全国性的期刊,除了一两种仍用直排外,也已经全部改为横排。这一两年来,图书采用横排的也在逐渐增多。教育部曾经在1955年11月21日发出《关于在各级学校推行简化汉字的通知》当中第二条的规定说:"各级教育行政部门和各级学校的公文、函件、出版物、印刷物等应该逐步地使用简化汉字,并且应该逐步地横排、横写。学生的作业本、试卷等也应该尽量横排、横写。"[①]横排、横写的形式,对于阅读和编辑都有方便,对于将来推行拼音文字也具备了有利的条件,今后当然应该继续提倡和推广。[②]

汉字的根本改革,目前还是在积极进行研究和准备的阶段;将来正式拼音文字方案产生以后,也还要经过一个试行和试验的时期;即使在开始实行拼音文字之后,也必定有一个相当长久的新旧文字并用的过渡时期。在这个时期里,依据毛主席的指示,又必须对于汉字加以整理和简化,以利于我们的应用。1954年底,中国文字改革委员会根据几年来的调查和研究,拟订了《汉字简化方案草案》,于1955年1月间印发全国各地,组织讨论,广泛征求意见。这个草案,经过全国文字学家,各省、市学校的语文教师以及部队、工会的文教工作者约20万人参加讨论,提供意见,再经10月间全国文字改革会议通过,并由国务院汉字简化方案审订委员会审订完毕。这个简化方案,已经于1956年1月28日国务院全体会议通过,31日由国务院公布分批推行。[③] 这个简化方案分三部分:第一部分就是汉字简化第一表所列简化汉字共230个,应该在全国印刷的和书写的文件上一律通用,原来的繁体字在印刷物上停

① 见《文字改革》第46期。

② 参看吴玉章《中国文字改革的道路》,《文字改革》第49期。

③ 见国务院《关于公布汉字简化方案的决议》,《汉字简化方案》,人民教育出版社1956年2月版。

止使用;第二部分即汉字简化第二表所列简化汉字 285 个和第三部分即汉字偏旁简化表所列简化偏旁 54 个,先行公布试用,征求各方意见,作必要的修正后,再正式分批推行。[①]

这是第一次的汉字简化方案。这里除第一表和第二表所列简化汉字五百多个以外,一般通用的汉字当中包含有第三表所列 54 个简化偏旁的字又有 1 200 个上下;所以实行这个简化方案,实际得到简化的汉字可以达到 1 700 多个,预定在 1957 年夏季以前全部推行完毕。在一般日常应用的六七千个汉字当中,除这第一次简化方案里所包括简化汉字 1 700 多个以外,初步估计还有一千多个字也应该加以简化的。此外,群众还将继续创造新的简字;现今中国文字改革委员会正在搜集并公开征求新的简字,准备在一二年内提出第二次的汉字简化方案。预定在今后三年内使得日常应用的六七千个汉字当中,有半数得到简化,这样才算是完成汉字字形的简化工作。[②]

关于异体字的整理,中国文字改革委员会已经征集各方的意见,在 1955 年 10 月间作出了《第一批异体字整理表草案》,并经全国文字改革会议通过。根据这个整理表,将有 1 055 个异体字被淘汰,这对于汉字的教学和使用,减除不少的困难。这个整理表,列有八百十组异体字,每组最少 2 字,最多 6 字,从中选用了一个而废除其他,这对于汉字字形的规范化,也起了一定的作用。《第一批异体字整理表》,已经由文化部和中国文字改革委员会联合发布,从 1956 年 2 月起在全国出版、印刷界实行。至于第二批异体字整理表,已经拟出初稿;公布日期现在还不能预定。[③]

---

① 见国务院《关于公布汉字简化方案的决议》,《汉字简化方案》,人民教育出版社 1956 年 2 月版。

② 参看吴玉章《中国文字改革的道路》,《文字改革》第 49 期。

③ 同上,又参看中国文字改革委员会《第一批异体字整理表》。

其他关于整理汉字的工作，中国文字改革委员会所计划进行的，还有下列几项：1. 拟订通用汉字表，把目前通用的字和已经不通用的字划清界限；2. 刻制汉字标准铜模，和有关机关共同研究汉字的印刷字体，拟定标准的印刷字体来刻制铜模；3. 研究改进汉字的检字法，把现有的各种检字法加以研究改进，或者重新拟制一种比较简便的汉字检字法。[①]

从上面所说汉字改革所进行的道路看来，可以知道汉字这方面的整理和简化工作，实在是跟那方面拼音化的准备工作相互联系的，在步骤上也是相互衔接的。吴玉章先生说："因为我们并不主张现在马上就实行拼音文字。如果有人主张现在就立刻用拼音文字代替汉字，那种主张是不现实的。……我们主张改革汉字，但是并不主张废除汉字。汉字是会永远存在的，永远有人学习，永远有人使用。即使将来实行拼音文字之后，汉字也还是存在的，还要有人学习，有人使用。"[②]可见汉字改革并不是等于完全废除汉字，将来拼音文字通行之后，汉字仍然有人要学习和使用。在目前和今后一个时期，一般人民大众也仍然把汉字作为必要的使用工具。所以在汉字实现拼音化以前，必须要把现在所应用的字体加以适当的整理和简化，使它尽可能减少在教学、阅读、书写和使用上的困难，以适应着这个时期内人民大众的需要。这正是衔接着文字拼音化的步骤的。

在文字改革的步骤当中进行汉字的整理和简化，这又说明了我们所采取的道路是稳步前进的，绝对不是采取一下子消灭旧的、建立新的那种方式。拼音化的工作是适应着一般文字发展的规律和趋势的，汉字简化的工作又是由顺应汉字内部发展的规律和趋势而来的；把这两方面相互配合起来，正是防止改革过程当中突然的爆发，所以这是最正确的道路。

---

① 参看吴玉章《中国文字改革的道路》，《文字改革》第49期。

② 见吴玉章《关于汉语拼音方案（草案）》的报告。

（二）汉字的发展和简化

为什么说，汉字的简化是顺应它内部发展的规律和趋势的呢？这就是指汉字内部音符性的发展和字体的简化作用、单纯化作用，使它本身倾向于大众化和全民化的进步性的一面。

汉字的发展是要服从一般文字发展的规律的。可是由于汉民族社会历史的特殊性，汉字的发展也有它的特殊的现象。毛主席说过："中国虽然是一个伟大的民族国家，虽然是一个地广人众，历史悠久而又富于革命传统和优秀遗产的国家；可是，中国自从脱离奴隶制度进到封建制度以后，其经济、政治、文化的发展，就长期地陷在发展迟缓的状态中。这个封建制度，自周秦以来一直延续了三千年左右。"[①]在这个封建制度延续的三千年当中，汉字也长期地陷在发展迟缓的状态中。它在演化当中的某一些成分是有进步性的，符合于一般文字发展的趋势的，可是另一些成分又是落后的，违背了前进的趋势的，以致彼此相互冲淡，相互抵消，使它发展迟缓。

汉字的演化当中，属于进步性的一面，符合于一般文字发展的规律的，可以举出下列的四种现象：

1. 字体的定型化。这就是由分歧不同的形体变成整齐统一的形体。古文字接近于图画的形象，随时随地，由各人创造，有时一个字产生了几个不同的形式，甚至有几十个形式，同时在社会上通行着。因为当时根据事物的形体来造字，像绘画一样，在创造过程中，只要求形象上的相似，不要求写法的统一，所以产生歧异的字形。例如一个"羊"字，有的写出整个羊的形象，有的只写出一个羊头；写出羊头的，也有的写出两角和两眼的，有的却只写出两角的。

---

① 毛泽东《中国革命与中国共产党》，《毛泽东选集》第二卷，人民出版社 1952 年 3 月版，第 593～594 页。

一个"刀"字,有的把刀的形状用填实的肥笔写出来,有的用轮廓的勾描曲线写出来,有的写得刀口朝上或朝下,有的写得刀口朝左或朝右。其他如"马"字、"车"字、"月"字、"鸟"字等,也都是原来有繁简不同、向背不同、空白和填实不同等各色各样的形体。后来文字逐渐脱离了绘画的形象,各个字的写法逐渐有一致的定型,而把其他不一致的形式逐渐淘汰了。这样,文字离开了图画的性质而趋向于记录语言,使得异体字逐渐减少了,也便利于大众的使用了。这是汉字演化当中有进步性的第一方面。

2. 笔画的减少。这就是由繁复的笔画和结构变成简单的笔画和结构。自从文字的使用发达以来,就有了这种简化的趋势,因而古代就产生了简体字。例如城郭的"郭"字,古文原来象四星相对,中间有庭院的形状,古代简体省了两旁,只剩有上下两面的屋子了。又如保卫的"卫"字,原来它的古文象一座围城,外面四周都有足迹,这些足迹代表很多的人在包围或保卫一个城堡,古代简体省了两旁,只剩有上下两个足迹了。又古代所谓"省声"和"省形",就是当时简体字的突出的例子,为了减少笔画,把形声字的音符或意符不完全写出,省去了一部分。例如"疫"字从疒,役省声,"甯"字从用,寧省声,"憲"字从目从心,害省声,"屨"字从履省,婁声;这就是说,在构成的时候,"疫"字省去了"彳","甯"字省去了"罒","憲"省去了"口","屨"字省去了"复"。这些虽然笔画不算少,实在是当时的简体字。① 后代由于"行书""草书"的流行,字体笔画的简化,更是有多种多样的方式。后代简化的方法,大致可以总括成两种主要的:一种是省略的方法,就是"删繁为简",把原来笔画繁复的字体删去了一部分或省略了一些笔画,以便于书写使用。例如"聲"作"声","醫"作"医","縣"作"县","奮"作"奋","開"作"开",

① 参看善国《从汉字发展史上看汉字的简化》,载《东北人民大学人文科学学报》1956年第1期,第116页。

“關”作“关”等。另一种是变化的方法，就是“化繁为简”，把原来笔画繁复的字体变化成为简体。这种变化的方法当中主要的，是“更换偏旁”的方法，把原来字体里笔画繁复的偏旁改换做比较简单的，也就是为了笔画的简化而另造“会意”字或“形声”字。例如“體”作“体”，“竈”作“灶”，“雙”作“双”，“筆”作“笔”等，就是采用新会意的方法来简化的；“遷”作“迁”，“遠”作“远”，“燈”作“灯”，“擬”作“拟”等，就是采用新形声的方法来简化的。其次变化的方法，还有采用古文本字的，如“萬”作“万”，“爾”作“尔”，“與”作“与”，“貌”作“皃”，“從”作“从”，“電”作“电”，“處”作“处”等；采用草体字的，如“爲”作“为”，“學”作“学”，“東”作“东”，“時”作“时”等；采用同音字或异体字的，如“圓”作“元”，“鬥”作“斗”，“讐”作“仇”，“穀”作“谷”，“號”作“号”，“黏”作“粘”等。[①] 总起来说，简体字是很早就产生的，决不是一般所想像那样只有楷书才有简体字。简体字的产生，对于促进文字的发展起了极大的作用，使得字体更远远地离开了图画的形象而密切地跟语言相联系，又使得它更容易为大众所掌握，适合于大众的需要了。所以笔画的减少也是汉字演化当中有进步性的第二方面。

3. 笔势的便利化。这就是由难以书写的笔势变成比较容易书写的笔势。汉字的发展，不但字体的笔画有从繁到简的趋势，而且在笔势上也倾向于书写的便利，以节省一般使用文字的时间和劳力。在小篆以前的文字，许多是随着实物的形象的曲线画出来的，笔画自然参差不齐。到了小篆，把这些参差不齐的笔画一律改为匀圆齐整，使得具有绘画性的形体变成单画曲线的文字。这种笔势的匀圆化，齐整化，就是促进书写的便利化。同时隶书又根据横平竖直的标准，把古文变为方整，形成了两千年

① 参看陈光尧《简化汉字》，通俗出版社 1955 年 9 月版，第 17～20 页。

来的方块字。[1] 这在当时的文字书写方面，也有促进便利化的作用。又物质生活的发展，书写工具的变化，例如甲、骨、竹、木等刻写，以及笔的用刀、用毛，墨的用铅、用漆、用烟等，都是跟文字体势的变更在在有关。从古文转变为小篆，再从小篆转变为隶书、楷书、草书、行书，在形体逐渐简化的过程当中，书写上的笔势也随着书写工具的变化而变化。大抵从古文一直到了楷书、行书，文字的笔势是由匀圆和方整两种的互相转变以至于互相结合。这些笔势的变化都是使得书写上增进便利，以适合于大众的要求的。这也是汉字演化当中有进步性的第三方面。

4. 同音替代法的运用。同音替代的方法就是向来所谓“假借”。语言上词语纷繁，势不能在这种表意文字里给每一个词语都造出字体来代替，所以必须要运用这种同音假借的方法，把原来代表这个词的字体，借来代表另一个和它同音的词。例如：皮裘的“求”，借来代表祈求的求；来麦的“来”，借来代表行来的来；须髯的“须”，借来代表必须的须；然烧的“然”，借来代表然而的然。我们因此可以知道，文字的使用发达以后，究竟不能完全用表意或象形的方法来制造字体，而必须密切和语言相结合，依据声音来代表语言里的词，才能够充分表达意思。而且，这种同音假借的方法，可以用来节制字体的繁殖，使得字数不至于过多，而又不怕语言代表不出来，这自然也是使文字趋于简易的一种极好的办法。这种办法又扩大运用的范围，使得已经造出的字体也依据同音的关系而得互相通用，彼此替代。这种同音通用的办法，后代往往说是“写别字”，实在是向来通行的，并不足为怪。而且，这正是为了省去我们记忆的劳苦而运用的一种简易方法。因为文字是用来记录语言

---

① 参看善国《从汉字发展史上看汉字简化》，载《东北人民大学人文科学学报》1956年第1期，第114页。

的，每个字的音读和语言直接联系，我们对于语音的记忆自然比字形要容易得多；一般使用汉字的，常常写别字，这正是字形比语音难以记忆的明证。所以同音通用的方法，如果运用得好，可以减少我们对于繁多字数的记忆的负担，而且可以用笔画比较简单的字体来代替笔画繁多的同音字，这样也同时简化了字体的笔画了。例如“豐”作“丰”，“後”作“后”，“麵”作“面”，“裏”作“里”，“鬥”作“斗”，“穀”作“谷”，“薑”作“姜”，“鬆”作“松”，“醜”作“丑”，“疊”作“迭”等。总之，同音替代的方法，可以用来限制字体的滥造，节省过多的字数，又同时简化字体的笔画，更使得文字和语言密切地相结合，加强文字内部的音符性，因而使得文字的发展符合于大众化的方向；所以这种方法的运用是汉字演化当中最有进步性的第四方面。

上面所举出的四个方面的现象：字体的定型化，笔画的减少，笔势的便利化，同音替代法的运用，都是在汉字演化当中起了向前推进的作用的。现在关于汉字的整理和简化工作，实际就是顺应着这四个方面发展的现象而来的；像废除异体字，改造形声字，运用同音替代法，推行简笔字等的措施，都是使汉字内部加强音符性和单纯化作用，以减少它在教学、阅读、书写和使用上的困难，使它本身倾向于大众化和全民化。这也就是利用汉字发展当中有进步性的一些成分，来使它较好地为我们服务。

但是，我们又必须进行汉字的根本改革。因为如果完全顺应着汉字内部发展的规律和趋势，它不可能把自身摆脱了表意文字的性质而走向拼音化。所以汉字简化的工作和文字拼音化的工作，不能混合做一件事情；我们也不能希望在简化汉字的基础上来进行拼音化就可以使它转化为拼音文字。

（三）汉字不能自身发展为拼音文字

为什么说，完全顺应汉字内部发展的规律和趋势，它不可能走

到拼音化的道路上来呢？因为汉字的演化当中，虽然有一些成分是有进步性的，符合于一般文字发展的趋势的，可是另有一些成分又是落后的，违反于一般文字发展的趋势的，以致二三千年来它还是停留在表意文字的阶段，不能跟着民族语言的发展而发展，不能随着社会的发展来满足人民大众的要求。

汉字在演化当中落后的成分，违反于一般文字发展的规律的，又可以举出下列的四种现象：

1. 字体的繁复和字数的冗多。我们所谓文字的“字”，原来是“养育儿子”的意思。因为汉字利用了偏旁的结构，把意符和音符互相增加，构成许许多多的合体字；这种合体字里，以音符和意符相混合的“形声”字占据绝大多数。由几百个基本字相互地配合、再配合，就构成了几千几万的合体字，这好像由少数的几个蕃殖、滋生出千万个来，所以叫做“字”。这许多字体当中，原来有不少只是“同字异体”，就是由同一个字分化成为异体。例如“或”和“域”，“台”和“怡”，“采”和“採”，“莫”和“暮”，“前”和“剪”，“然”和“燃”，“須”和“鬚”，“效”和“効”，“饕”和“叨”，“雅”和“鸦”，“豪”和“毫”，“識”和“幟”，“弦”和“舷”，“綿”和“棉”等，原来都是“同字异体”。它们原来都只是一个字，由于从原来的字上增加偏旁，或者更换偏旁，成为了各异的结构，就从一个字分化为异体；又因为这些异体字往往有各异的用法，也就在习惯上成为了各异的字。这样，字体分化，字数增多，展转地蕃殖、滋生，从古代三千字左右以至成为后代五万字上下的庞大的字汇。[①] 现代还是有许多新字体仍然在层

---

① 根据《说文解字》序文所说，秦朝的字书《苍颉篇》，只有 3 300 字，到了西汉末年的《训纂篇》，有 5 340 字。到了东汉许慎编的《说文解字》（公元 121 年完成），有 9 353 字。梁朝顾野王的《玉篇》原本公元第六世纪时，据考证，有 16 917 字，到了宋代的《大广益会玉篇》（公元第十一世纪时）已经增到二万二千多字了。宋代的《广韵》（第十一世纪时），有 26 194 字，稍后的《集韵》有 53 523 字。明代初年的《洪武正韵》（第十四世纪末年）有 32 254 字。清代的《康熙字典》及《补遗》（1716 年完成），有 49 030 字。

出不穷地产生出来，例如“咖啡”“哔叽”“氢”“氧”“锌”“铀”“铝”“泵”等。又有许多异体字还是从原来的字上增加偏旁来构成的，如“水果”的“菓”，“波菜”的“菠”，“豆腐”的“荳”，“念书”的“唸”，“嘗味”的“嚐”等。[①] 实际我们最常用的字只有两三千个，一般应用的字数也不会超过五六千个；那样庞大的字汇里的绝大部分是不用或很少用的。字数的繁多本来是词汇丰富的表现；可是汉字的字数繁多并不是完全如此，汉字当中有很多的字体实在是没有必要地存在的，对于实际语言的表达方面并没有什么需要的。这些很多的不必要的字体，收录在字典里，只是使我们感到臃肿不便，徒然增加我们记忆的负担和学习上的困难。所以字体的繁复和字数的冗多是在汉字演进当中起了繁复化作用，使得我们增加学习和使用的困难，正和大众化的方向相违背的。这是汉字发展当中使得它落后的第一种现象。

2. 加重意符的作用。由意符和音符相互配合而构成的形声字，其中大部分原来是运用同音替代法而来的假借字，后来再增加意符来区别或表明它的意义的。例如“作”字，原来只写“乍”；“位”字，原来只写“立”；“在”字，原来只写“才”；“祖”字，原来只写“且”；“彩”字原来也只写“采”；“蜈蚣”“蝌蚪”，原来也只写“吴公”“科斗”；“崑崙”“崆峒”原来也只写“昆侖”“空同”。汉字里，以形声字占着大多数，而形声字当中又以这种由假借的音符加上意符所构成的，占着大多数；因之汉字里意符性的成分也占着很大的比重。这种意符性成分的加强，使得文字里所包含的音符性减弱了，使得文字的发展不专向于标音文字的道路，始终不脱离了表意文字的范围。一般使用汉字的人特别注重它的表意作用，以至于有些字体里原来是为着标明音读的音符，也往往作为一种意符来加以牵

① 参看陈光尧《简化汉字》，通俗出版社 1955 年 9 月版，第 11 页。

强附会的解释。因为，大部分的形声字，它们的构造已经固定化，其中有些音符由于实际音读变化而只有一种极暗晦的标音作用了；例如“闻”“问”等字里的“门”，“波”“坡”等字里的“皮”，原来是音符，可是也不免有人把它们作为意符来解释，说成“从门缝里听到”“隔着门相问”“水的皮”“土的皮”等。即使有些音符的标音作用还是很明显的，也竟然有人把它们作为意符来看，例如把“诗”字里的“寺”，“郊”字里的“交”都认为意符，说成“诗为寺人之言，与邑交则曰郊”。① 这固然是一种解释的错误，可是所以会造成这样的错误，也正是由于汉字本身注重表意的作用而来的。一般人在学习汉字的时候，往往特别注意于各个字里的意符，以为利用意符可以看出或区别各个字的意义；例如知道了三点水，见了三点水的字，像“江”“河”“波”“浪”“深”“浅”等，就知道这些字都跟水有关联的；又如“採”“彩”“睬”“踩”等字都是念“采”的，看了它们有不同的意符，就知道它们不同的意思。② 实际这只是片面的看法。有很多的字，经过应用上的发展和变化，它们通常表示的意义已经跟字体里所包含的意符没有直接的关联了。例如方法的“法”，生活的“活”，凑巧的“凑”，“交涉”的“涉”，好汉的“汉”等，用“水”来做意符，现在看来是很难理解的。又如积极的“极”，简单的“简”，特别的“特”，骄傲的“骄”等，各自用“木”“竹”“牛”“马”等来做意符，现在看来也是不容易理解的了。③ 又这种为着表示或区别字体意义的意符，只是代表古代时候对于世界事物的分类观念，反映着一种保守的落后的思想体系，在字体的构造当中固定下来，就很不容易随着社会的发展和科学技术的进步而加以更改。例如“資”“財”“貨”“寶”等字都是用“貝”来做意符，因为古代曾经有一个时期把

① 见宋王安石《字说》，参看丁福保《说文解字诂林》卷首，《自叙》三页。
② 参看林汉达《文字改革是怎么回事》，工人出版社1956年3月版，第6～8页。
③ 同上，又参看陈光尧《简化汉字》，通俗出版社1955年9月版，第4～6页。

贝当作货币和宝贝；当然这是不适合于后代的社会情况的。又如“机”“礮”“彈”“紙”“筆”等字，各自用“木”“石”“弓”“糸”“竹”等来做意符，也跟现代生活的实际情况不完全相适合了。[①] 汉字发展的迟缓状态，固然是有它的社会的因素，而也是由于它本身所包含的这种意符性的凝固作用，阻碍了它的推进。而且，这种代表事物分类的意符不是很有系统的，当然不是代表科学的分类；例如“豺”“狼”“虎”“豹”都是凶猛的野兽，可是在文字的意符上分做“豸”（虫豸的“豸”，原来是野兽行走的意思）、“犬”、“虍”（《说文》：“虎文也。”）三类；“猿”“猴”属于“犬”类，而“貓”“貍”属于“豸”类。又同一样东西，可以在文字的意符上归属于不同的种类；例如“蝦”“鰕”同字，可以属于“虫”类，也可以属于“魚”类，“蛙”“鼃”同字，可以属于“虫”类，也可以属于“黽”类（黽是蛙一类，而鼋鼈等也算是黽一类）。所以利用这种意符性的成分来学习或认识汉字，往往造成了类推的错误，有时不但没有减少困难，反而会引起一些迷惑。从文字的发展上看来，这样加重意符的作用，也使得构造方面增加复杂性，同时也使得字体繁复，字数冗多，又违反了一般文字接近于语言的趋势。这是汉字演化当中使得它落后的第二种现象。

3. 书写形体上的巧饰。文字起源于绘画的形象，最初是带有一些美术的意味的，但是既然成为文字，终究应该以代表语言作为它的主要作用，不应该把它纯粹作为巧饰和玩好的东西。文字越进步，越要远离于图画而接近于语言，也就是越要加强它的实用性而减少它的美术意味。把文字作为装饰品，或者为了防止一般人的“仿造、作伪”，就故意把文字弄出许多花体，这实在是跟古代统治者和所谓“文人学士”的有闲阶级，有密切关系的。从前用来“摹印”“书幡信”的“缪篆”“鸟虫书”等，[②]原来是当时统治阶级用来统

① 参看林汉达《文字改革是怎么回事》，工人出版社 1956 年 3 月版，第 8～9 页。
② 见许慎《说文解字叙》，参看段玉裁《说文解字叙注》。

治人民的一种工具,不是写给老百姓看的。(“摹印”是说按照印的大小和字的多少来摹刻,“书幡信”是说写在旗帜和符节上面的,“缪篆”是说写绸缪屈曲的一种篆字体,“鸟虫书”是指在形式上弄花样,成为像鸟和虫一般的字体。)要写给老百姓看,就不应该在文字形体上弄花样;毛主席已经指出过“工人”两个字不应该有巧饰的写法。毛主席说“工字第二笔不是写的一直,而是转了两个弯子”,“人”字“在右边一笔加了三撇”,写成这样的,是“古代文人学士的学生”,“大概他的意思也是发誓不要老百姓看”的。① 这种形式上的巧饰对于文字的发展又起了繁复化的作用;例如“上”“下”两个字,原来都只是写做两画的,“丄”“丅”,因为篆字上有它们的两个花体,后来再简化,就成为现在这样一个字三笔了。由此可见,书写形体上的巧饰,是减低了文字的实用性,不符合于人民大众的要求的,而且促使笔画加繁,异体增多,对文字起了繁复化的作用。这是汉字演化当中使得它落后的第三种现象。

4. 假借用字的混杂。同音替代的方法,上面说过,可以使得文字和语言密切地相结合,使得文字本身趋于简易化;如果运用得好,正可以使得汉字的发展大大地推进一步。可是,实际上,这种方法没有加以好好的运用。原来它的运用范围是很广泛的,用来替代的字,不必一定要求它跟所替代的词或字在音读上完全密切相合;有的在书写或记录当时只觉得它们之间的音读有一点类似,就可以用来替代了。运用这种“假借”方法的时候,实在没有确定一致的标准,再加上实际音读的转变和分歧,因之同一个词语,在甲时甲地所用来代表的字往往和乙时乙地所用的不同。例如古书里用了“尔”“而”“若”“乃”“汝”“女”等字,来代表“你”这个词。现代也往往有口语里同一个词语,而在书面上表现着多种多样的写

① 毛泽东《反对党八股》,《毛泽东选集》第三卷,人民出版社 1953 年 2 月版,第 857 页。

法;例如"溜达""蹓达""蹓跶""遛达";"仿佛""方弗""彷彿""髣髴";"模糊""马虎""猫虎""麻胡"等等。[1] 这就是假借用字混杂的现象。反转来,同一个字体,往往甲时甲地用来代表这个词语的,乙时乙地却又用来代表另一个词语;这样,又使得同一个字有多种不同的用法。例如一个"若"字,在古书里,除了代表"你"这个词以外,又可以用来代表"假使""如果"的意义,又可以用来代表"那个""那样"的意义等。这就是所谓"同言异字,同字异言"(见《经典释文》叙录)的现象。本来假借的方法,要使文字和语言密切相结合的,可是由于运用的时候,缺乏统一的规划,反而造成文字和语言之间一种极复杂错综的状态。这不但使得一般在读书识字上要遭到困难,而且容易"望文生训",发生一些附会的纠缠。例如用"马虎""猫虎"来代表"模糊""麻胡"等,就很容易使人发生误解。又,假借用字既然没有严格的确定的标准,所以在任意采取同音字来相互替代的时候,就往往有用笔画较多、结构较繁的字,或者一般比较生疏的字来代替比较简单的,或者比较常用的;这样又反而使得字体的应用增加繁难和复杂了。例如从前有些书里用"蚤"字来替代早晨的"早",用"鼂"字来替代朝夕的"朝";后代也有些用"彀"字来替代能够的"够",用"纔"字来替代方才的"才"等。由此可见,假借用字的混杂,没有加以有系统的整理,使得汉字的发展不能发挥内中所包含的音符性的效用,而且造成字体应用的繁难化和复杂化,违反了大众的要求。这是汉字演化当中使得它落后的第四种现象。

上面所举出的四种现象:字体的繁复和字数的冗多,加重意符的作用,书写形体上的巧饰,假借用字的混杂,又都是使得汉字的发展向后倒退的,使得几种有进步性的趋势受着阻遏而陷入了

---

① 参看林汉达《文字改革是怎么回事》,工人出版社 1956 年 3 月版,第 13 页。

发展迟缓的状态。所以,如果让汉字自流地发展,那末,在最近期间也不过产生一些“俗体字”以替代原有的一些所谓“正体字”,一部分简化了,一部分又加繁,不会有多大的进步以使它更适合于大众的需要。汉字的整理和简化工作,也就是使它不再这样自流地发展下去,暂时只是把它这几种落后的现象和繁复化的成分的作用,加以适当的控制,给我们在应用和学习上获得一些便利罢了。这不能使得汉字变为拼音文字,因为汉字里这几种落后的现象,违反了一般文字发展的趋势,使得它在过去二三千年的长时期当中停留在表意文字的范围。汉字自身不能发展成为拼音文字。如果对于汉字不加以根本改革,而只是顺应着它的内部发展的规律和趋势,它不可能走到拼音化的道路上来。所以汉字的简化工作和拼音化工作,是进行改革先后衔接的两个步骤,不能把它们混为一谈。

(四)汉字简化和文字拼音化的关系

上面说过,现今关于文字改革的工作,大致分做两方面来进行:一方面是拼音化的研究和准备工作,另一方面是汉字的整理和简化工作。拼音化工作是对于汉字进行根本改革,简化工作好像只是对于汉字的一种改良,这两方面的关系,究竟是怎样的呢?

我们必须认定汉字的简化和文字的拼音化,这两种工作是整个文字改革的道路当中相互衔接的步骤,是整个文字改革的计划当中先后实施的程序。如果认为简化和拼音化两种工作是不相联系的,甚至是相互冲突的,那就是把这两个步骤分割开来,不从它们先后衔接的关系上看出彼此的依存性。有些人认为既然汉字简化了,就可以不要再拼音化了;这种看法是错误的,他们没有认识到人类文字发展的一般规律和趋势。文字的发展,总是要走着大

众化的方向，要跟口说的语言密切地接近，就是要走向拼音化的道路。又有些人认为既然汉字必须根本改革，必须要拼音化，就不必再要加以整理和简化，这就是说，可以不必多此一举了；这样的看法也是不对的，他们又没有看到汉字发展的历史的一些特殊现象。汉字从二三千年以前到现在，始终停留在表意文字的阶段，势不能在很短促的期间内完成它的根本改革；所以在实现拼音化以前，还必须对汉字加以整理和简化。我们必须要把世界文字发展的一般法则来跟中国的实际情况以及汉字发展的特殊现象结合起来，以决定文字改革的计划和进行的步骤；我们必须认定文字是可以改革的，汉字是需要加以改革的，不过在准备拼音化的同时，还必须要进行汉字的简化工作。

上面说过，关于汉字的整理和简化工作，实际就是顺应着汉字内部发展的规律和趋势，发挥它的进步性的成分，控制它的落后性的成分，使它加强音符性和单纯化作用，不再注重意符性和趋向于繁复化。像废除异体字、改造形声字、规定假借字、推行简笔字等的措施，都是利用汉字有进步性的那一面的发展，以减少它在教学、阅读、书写和使用上的困难，使它较好地为人民大众服务。这种工作的意义，可以举出下列的三点来说：

第一点，文字改革的目标是在把我们现在通行的汉字改做一种拼音文字，但是在进行准备拼音化工作的时期以及在新旧两种文字交替的过程当中，汉字仍然是一般人民必要使用的工具；所以把现在应用的字体适当地加以整理和简化，是适应着目前和今后一个相当长时期内人民大众的需要的。

第二点，现在把汉字适当地加以整理和简化，固然是汉字的一种改良，可是同时也使得一般人认定文字的发展有极强的人为性，认定汉字是可以而且必须加以改革的。汉字简化工作的顺利的进行，自然使得一般人对于文字是可以用人为的方法来改革的信心，

更加坚定起来了；这也是为着文字的根本改革准备有利的条件。

第三点，汉字的简化工作，既然是限制它的一些落后的繁复化的成分的作用，而加强它的另一些进步的和单纯化的成分的发展，那末，在它的内部控制住一些意符性成分的增加，而推进着一些音符性成分的成长，这也就是顺着一般文字发展的规律和趋势，倾向于前进的道路了。汉字的简化，实在使得一般人对于文字趋向于标音阶段的这种观念，多少获得助长的作用；所以简化的工作，在这种意义上，不仅仅是汉字本身的改良，而也是作为实现文字拼音化的前奏。

从上面所说的三点看来，可以知道汉字简化的工作和拼音化的工作，这两方面是相互密切地联系的彼此有不可分割的关系。但是我们决不可以把它们混合做一件事情。

我们决不能把汉字简化和拼音化这两方面的事情混为一谈，也决不能希望在汉字简化的基础上来实现拼音化；其理由可以分做下列的三方面来说：

首先从文字本身的性质来说。汉字是采取意符和音符混杂的制度，始终没有摆脱表意文字的性质；在字体构造方面，有图画文字的遗迹，也有趋于标音的倾向，所以它的性质是很复杂的。在构成的字体当中，有属于“象形”“指事”“会意”“形声”等，而以音符和意符相混合的形声字占着绝大的多数。汉字的整理和简化，主要的目的是减少它在教学、阅读、书写和使用上的困难，还是保存原来的一些字体和运用原来的构造字体的方法。现今经过整理和简化的汉字，其中的所谓“新形声字”“新会意字”（例如“藝”作“艺”，“廳”作“厅”，“遼”作“辽”，“豈”作“岂”等，是用形声的方法来改造的；“滅”作“灭”，“陰”“陽”作“阴”“阳”，“筆”作“笔”等，是用会意的方法来改造的），当然还是表意文字。至于其中用同音替代的方法所产生的“新假借字”（例如“蔔”作“卜”，“醜”作“丑”，“徵”作“征”

等)，使得文字内部增进了一些音符性成分；但是它们也和从前一样地以整个字体来代表另一个字的声音，没有把内中所包含的音读成分加以分析。所以简化和整理的工作，还是仍旧把汉字作为词语的记号，保持着它的表意文字的性质；如果不加以根本改革，就不可能使它转变为拼音文字。因之，我们不能希望在汉字简化的基础上来实现拼音化。

其次从文字的形式来说。“汉字形式的基本特点是方块形式，而组成方块形式的主要线条是横跟竖线。汉字的基本笔画可并为七种，就是‘横、竖、撇、捺、点、左勾、右勾’，其中最常用的笔画，也就是最基本的笔画，是横笔跟竖笔，尤其是横笔。”[①]“横笔跟竖笔是汉字笔画中最基本的笔画，最占优势的是横笔，而横竖交叉是不便于从左到右连写的。……从左到右连写的拼音文字跟横笔竖笔交叉搭成的汉字形式是不相容的，因此，中国拼音文字没法儿采用横竖交叉的汉字形式。”[②]现在对于汉字的整理和简化，既然只是废除异体字、改造形声字、规定假借字、推行简笔字等的措施，并没有改变这种横笔竖笔交叉搭成的形式，仍然不便于从左到右的连写。我们要实现文字的拼音化，当然必须制定一套拼音字母；我们对于拼音字母的形式，有两个主要的要求：“第一，为了阅读的方便，拼音字母的笔画要简洁，面目要清楚；第二，为了书写的方便，拼音文字要能横写，要从左到右一笔连写。”[③]汉字的简化工作，还是保持着汉字构造的方法和形式的特点；如果不加以根本改革，就不可能使它转变为拼音文字的形式。所以，从文字的形式来说，我们也不能希望在汉字简化的基础上来实现拼音化。

---

① 林涛《论中国拼音文字的民族形式》，《中国语文》第 33 期(1955 年 3 月号)，第 4 页。

② 同上书，第 5 页。

③ 林汉达《文字改革是怎么回事》，工人出版社 1956 年 3 月版，第 35 页。

最后从社会发展的形势来说。文字改革是为着适应当前社会主义建设的需要，制定和推行一种拼音文字来增进文化教育的效力，减除儿童和成人识字教学的困难，彻底地扫除所有的文盲。我们说过，汉字对于我们中国有很大的历史上的功绩，可是到了现代，和各国最通行的文字比较起来，就显露出它的落后，保守的性质和复杂、繁难的弊病；尤其到了现今新中国的社会里，一切在飞速地前进，汉字不能适应当前的需要更是显然的了。如果把文字改革认为是从简化汉字逐渐过渡到拼音汉字，那就是设想回复到汉字历史的道路上来扭转它的发展的趋势，不但不可能适应当前社会发展的形势，而且这种理论的本身也就成为违背现实的空想主义了。又我们要制定和推行一种拼音文字，目的就是在提高人民文化和知识水平，使大家在国家社会主义的建设当中都能够胜利地完成生产和斗争的任务；因之我们对于这种拼音文字的要求，不但是在形式上的笔画简单、面目清楚和便于书写，而且在实际应用上也必须是便于学习现代文化、现代科学的利器。我们根据当前社会发展的形势来看，我们的拼音文字字母要采取国际化的形式，正是符合于国家建设的需要和人民大众的希望的。所以现今拟定要作为将来“拼音文字方案”的基础的“汉语拼音方案”，它的字母形式是采用国际通用的拉丁字母。“拉丁字母是现在世界上最通用的字母。”[①]而且它“在中国已经有相当长久的历史传统。……拉丁字母在中国的历史基础和群众基础，使我们今天采用它有因利乘便的好处”。[②]“拉丁字母是现代科学里所不能不用的。……在不用拉丁字母作为文字的国家，中等以上学校的学生也得学习拉丁字母。”[③]“拉丁字母笔画简单，构形清楚，在阅读和

---

① 中国文字改革委员会《关于拟订汉语拼音方案(草案)的几点说明》。

② 同上。

③ 同上。

书写上都方便。”[①]从这几点看来，我们文字的拼音化和字母形式的采取拉丁字母，都是由于中国社会的发展和当前国际上的形势所决定的。我们也因此断定了汉字简化和文字拼音化决不可以混合做一件事情。

总起来说：汉字是必须要加以改革的。汉字的改革并不是完全废除汉字。改革的进行，又必须是有计划、有步骤的，绝对不是采取所谓爆发的方式。所以在实现拼音化以前，必须简化汉字，以利目前的应用；汉字简化和文字拼音化，这两种步骤是前后相互衔接的，但是决不可以把它们混合做一件事情。这是进行汉字改革的道路，也就是关于文字改革的理论和实践的统一。

① 中国文字改革委员会《关于拟订汉语拼音方案(草案)的几点说明》。

小学语法修辞

序　　言

这本书是供小学语文教师参考的。内容是讲语法、修辞的基本知识。语法、修辞是语文教学中的语言因素的重要部分。要完成语文教学的任务，提高语文教学的质量，要在语文教学当中贯彻爱国主义教育、共产主义道德品质教育，首先教师自己必须对于祖国的语言有正确的认识和深厚的感情。因之，语法、修辞的基本知识是语文教师所必须掌握的。本书编写的目的，就是在这方面适应教师参考的需要。

为着适应小学语文教学的需要，本书所采用的关于语法、修辞的术语、体系等，尽量要求符合于目前一般中学的语文教学上所采用的。作者认为这样做，可以使得小学的语文教学容易和中学相衔接，也可以使教师在参考各种语文教材时得到不少的便利。

为着适应小学语文教学的需要，本书对于语法、修辞各部分知识所叙说的先后次序，不完全依据过去初中“汉语”课本里那样；它们相互间的比重，也加以适当的变动，对于语法部分比较地缩小，对于修辞部分比较地扩大了。（本书分做十章，除了第一章是引论的性质，第十章是讲标点符号的以外，从第二到第五章是讲语法的，从第六到第九章是讲修辞的。）作者认为这样做，似乎更能够切合于目前小学语文教学的实际情况，更能够使得教师便于掌握这些部分的知识而在实际教学中运用它们。

为着适应小学语文教学的需要，本书对于语法、修辞各种现象所用来分析和说明的例句等，完全是从这一二年里小学语文课本中采集得来的。不过从开始编写到审稿、定稿的一段时间里，小学语文课本已经有很多的修改，因之，本书对于所用课文里的例句等，只注明课文的篇目，没有注明第几册第几页。作者认为这样做，虽然教师和读者们用课本来比照的时候，似乎不大方便，但是本书和实际教学的相配合，就因此灵活得多了。

以上所说，只是表明作者的一些主观愿望。究竟这样的主观愿望是不是符合于实际的情况和要求，有待于教师和读者们根据实践来判定。作者能力有限，经验不够，本书在内容上、编制上或者提法上一定有很多缺点，甚至于错误，衷诚地盼望教师和读者们随时提出批评。

张世禄

1959 年 8 月，上海

一、语法、修辞是什么，为什么要学习语法、修辞

儿童们念了下面这段课文，一定容易明白它的意思，而且喜欢再念，念起来也觉得很好听：

弯弯的月儿小小的船。
小小的船儿两头尖。
我在小小的船里坐，
只看见闪闪的星星蓝蓝的天。（《小小的船》）

又读了《团结》这一课，阿才拿十支箭来比喻他的十个儿子，给他们讲团结的道理："这十支箭好比你们十个弟兄。只要你们团结起来，敌人就不敢来欺负你们了。"儿童们也不但容易明白它的意思，而且一定觉得印象很深刻。

还有，读了《我们是接班人》这一课，象如下的一段，儿童们不但理解里面的意思，而且一定深深地受了感动，欢欣鼓舞地觉得前途无限光明：

亲爱的朋友！
那是多么灿烂的时光，

祖国成了鲜花的世界，
照着永不落山的太阳。(《我们是接班人》)

这是什么缘故呢？首先是由于这些课文内容，有正当的思想、健康的感情和丰富的想象力来感召儿童。同时也是由于课文的语言，依据了语法的规律，运用了修辞的技巧，所以使得儿童们能够理解，又能够受感动。

语法是什么？

语法是语言结构的规律。大家按照这种共同依据的规律来说话，彼此就能够互相理解。例如："敌人不敢来欺负你们"这个句子，里面包含着"敌人""不""敢""来""欺负""你们"这些词。这些词必须按照这样的次序排列起来，才构成这样的句子。如果把它们乱排一下，说成"敢不来欺负敌人你们"，"欺负来不你们敢敌人"，或者"来你们欺负敢不敌人"，那末，人家就不懂得这是什么意思了。又如："这十支箭好比你们十个弟兄"这个句子，里面的"箭""弟兄"两个词，从词的结构上来看，"箭"不能加上"们"，"弟兄"可以加上"们"，说成"弟兄们"。但是，"弟兄们"又不能放在数量词的后头，我们只能说"弟兄们十个"，不能说"十个弟兄们"。因之，象上面举出的这个句子，如果把它说成"这十支箭们好比你十个弟兄们"，那就不通了。在实际语言里，有些话只能这样说，不能那样说，这就是语言结构的规律。如果不依据规律来说话，那就说出来不通或者使人家不懂了。语言有了语法的支配，才能够成为可以理解的东西，才能够成为人们相互交际和交流思想的工具。

修辞是什么？

修辞是语言表达的手段。语言既然是人们相互交际和交流思想的工具，所以我们说话，不但须要依据语法，使得人家能够理解，而且还要说得明白些，准确些，使得人家容易有正确的理解；更进

一步，还要把话说得鲜明些，生动些，使得人家得到深刻的印象，或者受到很大的感动。例如：拿捆在一起的十支箭来比喻团结起来的十个弟兄，这多么准确和鲜明；又如：《林边问答》这一课里的一段：

啄木鸟已经敲过头遍鼓，
它比我们起得还要早。
你看松鼠翘起大尾巴，
正在杉树枝上做早操。

这也是描写得很生动的。又如：把“弯弯的月儿”当做“小小的船”，也很确切生动，内中包含着多么丰富的想象力！又把“弯弯的”“闪闪的”“蓝蓝的”等词连串起来应用，念起来觉得声音很和谐。至于象“祖国成了鲜花的世界，照着永不落山的太阳”这样的句子，更是准确、鲜明、生动有力，不但使得我们有深刻的印象，而且受到极大的感动。因此我们知道语言里运用了修辞的手段，可以使得思想感情充分地表达出来，使得语言本身充分地发挥它的交际和交流思想的功能。

语法和修辞的关系怎样？

语法和修辞两种知识各自的范围以及相互之间的关系，也是我们应该认识清楚的。修辞的知识既然是关于语言表达的技巧方面，所以它的运用，应该是语言结构的规律正确掌握以后再进一步的事情；换句话说，修辞的学习是应该在语法的正确学习的基础上进行的。事实上，我们常常要运用语法的知识来达到修辞的目的。语法上合于规律的几种不同的结构，可以供修辞上运用表达手段的时候的采择。不过，语法研究的对象，常常只限于“词”“词组”和句子内部的结构；无论是关于词形变化或者用词造句的规律，语法

研究的范围，总是从“词素”“词”“词组”“单句”以至“复句”为止。至于修辞的范围，包括全部语言的形式；从选用恰当适切的词和词组，造成生动有力的句子，以至安排成为有条理、有层次的段落篇章，都是修辞学上所要讨论的。

我们为什么要学习语法、修辞？关于这个问题，可以从一般的生活和工作方面来说，也可以从语文科的教学任务方面来说。一般人要说话、写文章，一定要把话说得合于语法规律，说得清楚、明白、生动有力，这不仅是为了表达自己的意思，为了达到自己说话、写文章的目的；更重要的，还是为了对听话或者看文章的人尽到责任。说话、写文章，当然首先需要有正确的立场、观点，需要对事物有正确的观察能力和分析能力，这样，才能够有正当的思想、健康的感情和丰富的想象力；但是，如果用来表达的语言有语法上的错误，或者说得含糊不清、松懈无力、枯燥无味，就使得听者、读者摸不着头脑，或者感到厌倦，那就得不到传达的效果了。掌握了语法、修辞的知识，就能够自觉地发现语言里语法上的错误和修辞上的缺点，并且能够自觉地加以改正和克服。知其然，而又知其所以然，这在担任语文教学工作的人，显得特别地需要。因为要担任语文教学的工作，不但须要运用语言来表达自己的意思，还须要通过自己的语言来直接给学生一种良好的影响，来指导学生怎样地理解语言和运用语言；所以教师比一般人更需要有语法、修辞的知识。

小学语文科的基本任务，是发展儿童的语言，也就是提高儿童理解语言和运用语言的能力。要完成这项任务，须要从两方面来进行工作：一是教儿童从语言丰富的表现方面学习；一是教儿童从语言的规律方面学习。在理解语言的基础上，指导儿童运用语言来表达自己的思想。教儿童从语言的规律方面学习，来提高儿童理解和运用语言的能力，这就需要有语法方面的基本知识。教

儿童从语言丰富的表现方面学习，来提高儿童理解和运用语言的能力，这就需要有修辞方面的基本知识。所以我们要做好语文教学的工作，必须具备关于语言结构的规律和语言表达的手段的基本知识。

至于小学语文科的教育任务，是：1. 树立社会主义的政治方向；2. 树立辩证唯物主义世界观的基础；3. 培养共产主义道德；4. 培养爱美的情感和审美的能力；5. 培养对祖国语言的热爱。语言是思想感情的直接表现，是跟思维过程不可分离地联系在一起的。提高儿童理解和运用语言的能力，也就是发展儿童的思维。语文科本身的特点，在进行教学工作的时候，使得我们最便于达成它的教育任务。我们在把语法和修辞的知识运用到语文教学当中的同时，必须依据它的教育任务来选择最适合于儿童学习语言的教材，以培养儿童正当的思想、健康的感情和丰富的想象力。因之，我们要把党的教育为无产阶级的政治服务、教育与生产劳动相结合的方针贯彻到语文教学当中来，自己也必须具备关于语法和修辞的基本知识。

二、说话的目的和句子的分类

我们说的话，可以分成长长短短的许多句子。**句子是人们在说话当中用来表达完整意思的单位。**人们利用语言来互相交际，交流思想，达到互相了解，所以必须把它一句一句地说出来，才能把一个一个完整的意思表达出来。因之，每一句话必定有它的作用和目的。

句子的作用和目的，大致可以分做下列的四种：

1. 为着告诉一件事情，或者回答一个问题；

2. 为着发出一个疑问，或者提出一个问题；

3. 为着提出一个要求，或者发出一个命令；

4. 为着表示一种感情，或者发出一个感叹。

我们说出来的句子，也可以按照这四种不同的作用和目的，分做下列的四大类：

（一）陈 述 句

按照告诉事情或者回答问题这种目的而说出来的句子，叫做陈述句。举例如下：

他是人民大救星。（《东方红》）

他是我们的带路人。(《东方红》)
列宁是伟大的革命大师。(《列宁怎样学习》)
眼睛、耳朵、鼻子、舌头、皮肤都是感觉器官。(《感觉器官》)
七月七日这一天就是太阳瓜成熟的日子。(《太阳瓜》)
(今天值日生是谁?)我和马新民。(《你们做得好》)

以上这些句子,是用来说明人或者事物的,可以成为陈述句当中的一个小类。

你们做得好。(《你们做得好》)
大家都有更幸福的明天。(《九九歌》)
我决不辜负国家对我的培养。(《三封信》)
红领巾从来不离开我。(《少先队员魏良》)
下了一夜大雪。(《大雪》)
谢谢你。(《让给孩子们吃》)

以上这些句子,又是用来叙述事情的,也可以成为陈述句当中的一个小类。

我心里真快乐。(《我比去年更快乐》)
大家都很高兴。(《罗文应的故事》)
这天成绩很不错。(同上)
北京的秋天是美丽的。(《北京的秋天》)
为革命受苦是光荣的。(《朱德的扁担》)

以上这些句子,又是用来描写人或者事物的,也可以成为陈述句当中的一个小类。

陈述句是语言交际当中的最常用的句子，上面所说陈述句当中的三个小类，是代表三种不同的陈述内容，而都是用陈述句的语调说出来的。第一类用来说明人或者事物的，一般应用判断词“是”来表明判断的意思。第二类用来叙述事情的，一般不用判断词“是”。第三类用来描写人或者事物的，一般也不用判断词“是”，如果用了“是”，就采取“是……的”的格式。

（二）疑 问 句

按照发出疑问或者提出问题这种目的而说出来的句子，叫做疑问句。举例如下：

孩子们，有什么事吗？（《拔草》）
小宁，你喂过小鸡啦？（《小宁》）
孩子，你念过书吗？（《我要读书》）
革命不就是为你们的幸福吗？（《我羡慕你们》）
四周围黑洞洞的，还不容易碰壁么？（《我的伯父鲁迅先生》）

以上这些句子，都可以用“是”或者“不是”来给它们做简单的回答，一般末了有“吗”（“么”）这个助词，应该成为疑问句当中的一个小类。

苹果树会不会结出梨来呢？（《米丘林怎样创造梨苹果》）
喜欢不喜欢念书？（《我要读书》）
咱们一块儿住，好不好？（《狗找同伴》）
你们说这孩子可爱不可爱呢？（《在风雪里》）

以上这些句子，都是用肯定和否定的重叠来构成的，末了可以加上“呢”，不能加上“吗”。回答这样的疑问句，就是在肯定和否定之间择取其一。它们也应该成为疑问句当中的一个小类。

这是什么呀，是梨呢还是苹果？（《米丘林怎样创造梨苹果》）

是红旗要紧，还是任务要紧？（《两面红旗》）

您扮武松还是扮老虎？（《你们幸福了》）

以上这些句子，都是由两方面的陈述而用“还是”连系起来的，末了也可以加上“呢”。回答这样的疑问句，就是在“这样还是那样”两者中间择取其一。它们也应该成为疑问句当中的一个小类。

什么叫集体？（《什么叫集体》）

为什么得不到五分呢？（《我的妈妈》）

什么时候出发呀？（《在风雪里》）

有谁会说这孩子不可爱呢？（同上）

这是谁告诉你们的？（《西门豹》）

它们从哪儿进去的？（《修篱笆》）

以上这些句子，是应用疑问代词“什么”“谁”“哪儿”等来构成的，末了也可以加上“呢”。回答这样的疑问句，就是在用疑问代词的地方，依据实在的意义来填进其他相当的“实词”。它们也应该成为疑问句当中的一个小类。

上面所说疑问句当中的四个小类，是代表四种不同的疑问方式，而都是用疑问句的语调说出来的。疑问句当中，有些是用疑问的方式来加强陈述的语气的；实际上这样的句子，不是为着发出疑

问、提出问题，而是为着强调告诉的事情，通常叫做“反问句”。例如上面所举出的“革命不就是为你们的幸福吗？”“你们说这孩子可爱不可爱呢？”“是红旗要紧，还是任务要紧？”“有谁会说这孩子不可爱呢？”等。

（三）祈使句

按照提出要求或者发出命令这种目的而说出来的句子，叫做祈使句。举例如下：

走，咱们俩也去捡！（《捡稻穗》）
请你快去快来。（《西门豹》）
你把这刀给李师傅送去！（《两面红旗》）
大家静一下！（同上）
叔叔，你千万让我跟着你们走吧。（《在风雪里》）
开门，开门，快快的！（《千锤百炼的第一次》）

以上这些句子，都是肯定式的祈使句；除了用祈使句的语调以外，常常把句子开头的“你”“你们”等省去不用，有时也在句子的末了加上“吧”等。这是祈使句当中的一个小类。

不用捞啦！（月亮在天上呢。）（《猴子捞月亮》）
不要辜负了毛主席的慈心，不要忘了祖国的恩惠。（《我羡慕你们》）
别害怕！（《千锤百炼的第一次》）
别再耽误了时间。（《罗文应的故事》）
别管它！（同上）

以上这些句子，又都是否定式的祈使句；除了用祈使句的语调以外，也常常把句子开头的“你”“你们”等省去不用，末了也可以加上“吧”等。不过应用了副词“不”“别”等，实际上不是为着要求或者命令去做，而是为着阻止或者禁止去做，所以这是祈使句当中的另一个小类。

（四）感 叹 句

按照表示情感或发出感叹这种目的而说出来的句子，叫做感叹句。举例如下：

（老师，我懂了，）这就是集体啊！（《什么叫集体》）
万岁，共产党！万岁，毛主席！（《国庆》）
（沉住气，）不要紧的！（《千锤百炼的第一次》）
永远跟着共产党走啰，往后年年更丰收！（《丰收的歌》）

以上这些句子，似乎和陈述句的结构相同，但都是用感叹的语调说出来的，有时也在句子的末了加上“啊”“呀”等。它们是感叹句当中的一个小类。

流了那么多血，该有多疼啊！（《千锤百炼的第一次》）
希望我成为一个养猪的能手，这是多么光荣的任务哇！（《三封信》）
吕老师，这是多么快乐的事啊！（同上）

以上这些句子，又是用“多”“那么”“多么”等来构成的，除了用感叹语调说出来以外，也常常在句子的末了加上“啊”等。这也是

感叹句当中的一个小类。

上面讲过的陈述句、疑问句、祈使句、感叹句四大类以及各类当中的几个小类，依据它们的内容和构成方法，列表总括说明如下：

依据说话的目的来分别句子

- 1. 陈述句，为着告诉事情，用陈述的语调说出：
  - (1) 用来说明人或者事物的，常用判断词“是”来表明；
  - (2) 用来叙述事情的，一般不用判断词“是”；
  - (3) 用来描写人或者事物的，一般不用判断词“是”；如果用“是”，就用“是……的”的格式。
- 2. 疑问句，为着发出疑问，用疑问的语调说出；有时实在不是为着发出疑问，而是为着强调告诉事情的，叫做反问句：
  - (1) 末了常有“吗”，可以用“是”或者“不是”来做简单的回答；
  - (2) 用肯定和否定的重叠来构成，末了可以加上“呢”；回答时，在肯定和否定之间择取其一；
  - (3) 陈述的两方面，用“还是”连系起来，末了也可以加上“呢”；回答时，也是在两方面中间择取其一；
  - (4) 应用疑问代词“什么”“谁”“哪”等来构成，回答时，就是用实在的意义来解答疑问词。
- 3. 祈使句，为着提出要求，用祈使的语调说出；常常把句子开头的“你”“你们”等省去，有时末了加上“吧”等：
  - (1) 肯定式的祈使句；
  - (2) 否定式的祈使句，用了副词“不”“别”等，实际是表示禁止的意思。
- 4. 感叹句，为着表示感情，用感叹的语调说出；常常在末了加上“啊”等：
  - (1) 和陈述句的结构似乎相同；
  - (2) 用“多”“那么”“多么”等来构成。

从上表看来，可以知道各种各样的句子，都是应用词来构造成功的。三类陈述句，代表着三种不同的陈述内容，大体上也就是由于它们用来陈述的话里包含着三类不同的词：用来说明人或者事

物的陈述句,大概用来陈述的话里包含有个名词;用来叙述事情的陈述句,大概用来陈述的话里包含有个动词;用来描写人或者事物的陈述句,大概用来陈述的话里包含有个形容词。又,用不用判断词"是",对于各类陈述句的构成也有很重大的关系。各类句子肯定式和否定式的构成,是由于用不用副词"不"等。表示疑问的"什么""谁""哪儿"等,是一种代词;表示感叹的"多""多么"等,是一种副词;表示疑问的"吗""呢"等,表示祈使的"吧"等,表示感叹的"啊"等,又都是属于助词的范围。从这些现象看来,可以知道我们要讲句子的构成,必须研究词的分类。

三、语言的建筑材料——词和词类

句子是由词或者词组构造成功的。**词是语言建筑材料的单位，在词组或句子的组织当中作为最小的独立运用的成分。**例如："今天是五一节"这个句子包含有"今天""是""五一节"三个词；"你们幸福了"这个句子包含有"你们""幸福""了"三个词；"工人爱机器"这个句子包含有"工人""爱""机器"三个词。这些词当中，有的只具有一个音节的，如"是""了""爱"等；有的具有两个音节的，如"今天""你们""幸福""工人"等；有的具有三个音节的，如"五一节"。在句子的组织当中，它们都是最小的独立运用的成分。因为，把它们再分析下去，所得到的音节或词素，在现代语文当中，有很多是不能独立运用的；例如"五一节"这个词里的"节"，"你们"的"们"，"幸福"的"幸"和"福"，"机器"的"机"和"器"等，到了现代语文里，都不是独立的词；虽然有些是在过去留传下来的成语、熟语当中还有独立性的，但只是例外的现象。（例如"幸灾乐祸"的"幸"，"不成器"的"器"，"机不可失"的"机"等。）

词不但是用来分析句子结构的最小的单位，而且是用来解释句子意义的最小的单位。我们解释一个句子，通常不是按照用汉字书写的一个一个"字"来解释，而是用"词"来作为解释意义的单位。例如"幸福""机器""五一节"等，都不能拆开来说；如果拆开来说，人家反而不明白了。汉字是书写上代表音节的单位，常常和实

际语言里的“词”不相一致;有些字是代表着词或词素的,例如“机”“器”“节”“是”等;有些字只是代表着无意义的音节,例如“那个萝卜长得很大很大”(《大萝卜》)这个句子里的“萝”字,“这是刚摘来的苹果”(《吃吧,小猫》)这个句子里的“苹”字等,只是无意义的音节。我们要分析句子的结构,要解释句子的意义,必须知道“词”和“字”的分别,必须建立词的观念。尤其我们要提高儿童理解和运用语言的能力,首先必须使儿童建立词的单位的观念。

多音节的词,包含着有意义的或者无意义的音节。有意义的音节,叫做词素。词素是有表示意义的作用的,例如“你们”的“们”,“机器”的“器”,“五一节”的“节”等;但是这种表示意义的作用,不是独立的,不能离开词的内部结构而存在。例如“们”“器”“节”等,不能离开“你们”“机器”“五一节”这些词来表示它们的意义,因为它们在现代语文当中不是独立的词。当然,一个词里的词素,同时也可以是独立的词;不过当它作为词素而存在于一个具体的词当中的时候,它总不是独立表示意义的。例如“工人”这个词里“工”和“人”不是代表两个概念,而是相互结合起来代表着“工人”的一个概念。所以我们通常分析句子,解释意义,总是用一个一个的词来作为最小的单位。

词素是词的内部结构的成分,在词的构成当中有表示意义的作用。按照词素在词的构成当中的作用,可以分做**基本成分和辅助成分**两种。作为构词的基本成分的,例如“机器”里的“机”和“器”,“幸福”里的“幸”和“福”等。作为构词的辅助成分的,例如“老虎”的“老”,“可爱”的“可”,“月儿”的“儿”,“鼻子”的“子”,“舌头”的“头”,“多么”的“么”等。从这种构词的辅助成分上,有时可以看出词类的分别;例如“老虎”“鼻子”“舌头”“月儿”等是名词,“可爱”是形容词,“集体化”是动词等。

词类是词在语法上的分类。分别词类的主要依据,是看词在

词组和句子的结构当中相互组合的能力和作用，这在下面讲到词组的结构和句子的成分时候要讨论到。不过，词在词组和句子的结构当中的组织功能，总是和词的意义有密切联系的，因之，一般讲语法的，对于“名词”“动词”“形容词”“数词”“量词”“代词”等所下的定义，还是依据各类词所包含的意义来说的。这里把各类的词一一地说明如下：

（一）名　　词

名词是表示人、事物、处所、时间的词。例如“列宁”“罗文应”“工人”“孩子”等是表示人的名词；“眼睛”“耳朵”“红领巾”“任务”“成绩”“祖国”等是表示事物的名词；“北京”“今天”等是表示处所、时间的名词。表示人的名词，可以在后头加上“们”来表明集体和多数的意义，例如“弟兄们”“孩子们”等。

表示方位的词，叫做**方位词**，也应当属于名词当中的一个小类；例如：“（河啊湖啊都冻了，）上面盖着冰。”（《冬老太太生气了》）这个句子里的“上面”。方位词又可以和别的名词结合起来成为一种**方位结构**；例如：“有时太阳走到云里，可是它的光线还从云里透射下来，直射到水面上。”这个句子里的“云里”“水面上”，都是方位结构。

应用重叠的名词来表示“每一”或“全部”的意义的，到了现代语里逐渐地少用了；例如：“家家歌颂共产党，人人热爱毛主席。”（《春联》）这里的“家家”“人人”，实际上已经具有量词的性质了。

（二）动　　词

动词是表示人或者事物的动作行为、发展变化和心理等的活动的词。例如“做”“坐”“走”“告诉”等是表示动作行为的动词，“成

为”“变做”等是表示发展变化的动词,“爱”“害怕”“羡慕”等是表示心理活动的动词。又如:“黄大成当值日生。”(《值日生》)这个句子里的“当”,是表示动作行为的;“菜园里的蔬菜都长大了。”(《熊妈妈收菜》)这个句子里的“长大”,是表示发展变化的;“小妹妹最喜欢月亮。”(《中秋节的晚上》)这个句子里的“喜欢”,是表示心理活动的。

由于动词是用来叙述人或者事物的动作、变化的,它的后头可以加上“着”“了”“过”来表示时态。一个动词加上“着”,表示动作、变化还在继续进行,例如:“老婆婆拉着老公公,老公公拉着大萝卜。”(《大萝卜》)这个句子里的“拉着”,是一种表示进行时态的结构;一个动词加上“了”,表示动作、变化已经完成,例如:“有个老公公,种了个萝卜。”这个句子里的“种了”,是一种表示完成时态的结构;一个动词加上“过”,表示动作、变化已经过去,例如:“我吃过他的肥母鸡,他早就吓唬过我了!”(《狼和猫》)这个句子里的“吃过”“吓唬过”,是一种表示过去时态的结构。

有些动词重叠起来,用来表示动作的“一下”或“试试”的意思。例如:“小猫闻闻这个,闻闻那个,一样也不吃。”(《吃吧,小猫》)这个句子里的“闻闻”。重叠动词的中间,可以加进“了”来表示“一下完成”的意思。例如:“伯父摸着胡子,笑了笑,说:……”(《我的伯父鲁迅先生》)这个句子里的“笑了笑”,就是“笑了一笑”;“他又看了看封面。”(《罗文应的故事》)这个句子里的“看了看”,就是“看了一看”;实际后面一个动词是量词的性质。如果重叠的动词不是用来表示“一下”或“试试”的意思,那末它们中间必须应用别的词来隔开。例如:“拔啊拔,拔啊拔,拔起来了。”(《大萝卜》)

“来”“去”“上”“下”“过”“回”“进”“出”“开”“起”等,都是具有“趋向”的意义的动词,它们可以自相结合,或者和别的动词相结合,成为一种趋向结构。例如:“豆角裂开了,三颗豆子都跳出来

了。”(《三颗豆子》)这个句子里的“裂开”“跳出来”;“挑来挑去,大成挑了张‘和平鸽。’”(《年画》)这个句子里的“挑来”“挑去”;“她走进去了。”“(椅子太高,)她还没有爬上去就摔下来了。”(《三只熊》)这些句子里的“走进去”“爬上去”“摔下来”。“来”和“去”也可以放在另外一个动词的前头,表示行动的趋向,这样也成为一种趋向结构。例如:“你快去求求老石吧,他最善良。”“还有谁来保护你呢!”(《狼和猫》)这些句子里的“去求求”“来保护”。

动词可以依据它所表示的意义分做**自动词**和**他动词**两类。自动词所表示的行动、变化是不以什么人或者事物来做对象和结果的;他动词所表示的行动、变化是以某些人或者事物来做对象和结果的。例如:“公园里菊花开了”“弟弟要摘花”。这里的“开”是自动词,“摘”是他动词。

此外还有**能愿动词**和**判断词**,也可以隶属于动词。能愿动词,一般是放在动词的前头,用来表示“可能”“必要”“愿意”等的意思。例如:“你们再想想:为了尊重别人的劳动和休息,还应该注意些什么?”“在人家工作或是休息的地方,不可以大声说话、笑、唱歌、跑……总而言之,不可以吵闹。”(《什么是礼貌》)这些句子里的“应该”“可以”;“要做糕,先要和面。”“从种麦子到磨成面,要经过多少人的手?”(《千人糕》)这些句子里的“要”;“是的,一篮咸菜是可以用数字来计算的,一个共产党员爱党的心怎么能够计算呢?一个党员献身的精神怎么能够计算呢?”(《党费》)这些句子里的“可以”“能够”;“羊吃草,狗看着,狼不敢来了。”这个句子里的“敢”,等等。能愿动词,和一般动词不同,不能重叠,不能加上“着”“了”“过”来表示时态。

“判断词”的“是”,有表示判断和强调说明的作用。例如:“这是米,这是豆子,这是白菜,这是刚摘来的苹果。”(《吃吧,小猫》)这里的“是”,都是表示判断的。又如:“是的,加沃先生,看样子是要

进攻。”(《四个小鼓手》)这里的“是”,又是用来强调说明的。判断词也和一般动词不同,不能重叠,不能加上“着”“了”“过”来表示时态。这里暂且把判断词和能愿动词列为动词的附类。

(三) 形 容 词

形容词是表示人或者事物的性质、形状,或者表示动作、行为的状态的词。例如:“弯弯的月儿小小的船。小小的船儿两头尖。”这里的“弯弯”“小小”“尖”都是表示形状的;又如“快乐”“高兴”“光荣”“伟大”等,都是表示性质的;“爸爸的鼻子又高又直,你的呢,又扁又平。”(《我的伯父鲁迅先生》)这里的“高”“直”“扁”“平”,也都是表示形状的;“我们勤劳,我们勇敢。”(《歌唱祖国》)这里的“勤劳”“勇敢”,也都是表示性质的。又如:“一粒种子昏昏沉沉的睡在泥土里。”“春风轻轻的吹着。”“大家一看见它,就很亲热的跟它说话。”(《一粒种子》)这些句子里的“昏昏沉沉”“轻轻”“亲热”,都是用来表示动作行为的状态的。

形容词可以重叠,用来表示性质、状态的程度的加深,例如“弯弯”“小小”“蓝蓝”“轻轻”“昏昏沉沉”等。形容词的重叠,不但和重叠动词所表示的意义不同,而且重叠的方式也有区别。双音的动词,采取叠词的方式来重叠;双音的形容词,却用叠字的方式来重叠。例如:“他这才站起来,朝着凤凰走,摇摇晃晃的,大口袋压得他走不稳了。”(《太阳山》)这个句子里的“摇摇晃晃”就是用叠字方式的重叠形容词;如果改用叠词的方式,那就成为“摇晃摇晃”,便是重叠的动词了。形容词还有用部分的叠字方式来重叠的;例如:“早上,白茫茫的一片大雾。”(《初冬》)“满天的云,黑沉沉的压下来。”“池塘里水满了,明晃晃的象面大镜子。”(《雷雨》)这些句子里的“白茫茫”“黑沉沉”“明晃晃”,都是部分重叠的形容词;应用这样

的形容词，也有使得描写更加深刻的作用。

形容词的后头，也可以加上“了”“起来”等，用来表示变化、形成的意思。例如：“豆角黄了，豆子也黄了。”（《三颗豆子》）“下了一夜大雪。地上白了，树上白了，房子上也白了。”（《大雪》）“再过两三秒钟，那匹马大起来了，马腿伸开了，马脖子也长了，一条马尾巴可不见了。”（《火烧云》）这些句子里的“黄了”“白了”“大起来了”“长了”等，有变成了黄的、白的、大的、长的等等的意思。

（四）数词和量词

数词是表示数目的词。数词当中，有的是表示基本的数目，例如“七加八等于十五。”这个句子里“七”“八”“十五”；有的是表示次序的数目，例如：“一九四九年十月一日，中华人民共和国中央人民政府成立，在首都北京举行典礼。”（《开国大典》）这里“一九四九年十月一日”所包含的数词是表示序数的。通常的序数，用数词前头加上“第”来表示，例如“第一”“第九”等。此外，还有表示分数的，例如：“昨天晚上，三个钟头的工作比平常多做了三分之一。”（《少年笔耕》）这个句子里的“三分之一”。

量词是表示人和事物单位或动作单位的词。例如：“有一次，一个剧团在延安演戏。”（《毛主席在戏院里》）这里的“一次”是表示动作单位的，“一个”是表示事物单位的。什么事物或者什么动作要用什么量词来计数，大都有一定的习惯，不能乱用。例如：“‘拍拉拉！’又一阵响，千百颗星星变成千百朵鲜花，红的、绿的、黄的、白的……天空出现一幅美丽的图画。”（《礼花》）这里的“一阵响”要用“阵”，可以用“次”，而不能用“一顿打”的“顿”；“一幅图画”要用“幅”，可以用“张”，而不能用“一本书”的“本”；“千百颗星星”“千百朵鲜花”，不能说成“千百朵星星”“千百颗鲜花”。

数词和量词连起来应用，合称**数量词**，例如“十支箭”的“十支”，“三封信”的“三封”，“十个弟兄”的“十个”，“一块地”的“一块”等。数量词用“一”数的时候，“一”常常省略；例如：“大成挑了张‘和平鸽’。”（《年画》）。单独量词的重叠，和数量词的重叠，表示的意义不同。单独量词的重叠，表示“每一”或“全部”的意思，例如“个个”“家家”“户户”等。数量词的重叠，表示“逐一”或“渐次”的意思，例如：“我们一步一步向前进。”（《我们要做毛主席的好孩子》）这句里的“一步一步”。数量词的重叠，用“一”数的时候，后一个“一”可以省略；例如：“黄黄的绒毛，就象一个个的绒球。”（《孵小鸡》）这里的“一个个”，就是“一个一个”。

（五）代　词

上面说的名词、动词、形容词、数词、量词，它们所表示的意义，在实际语言里都可以用代词来代替，所以代词是用来代替名词、动词、形容词或者数量词的词。代词按照它们不同的作用，可以分做**人称代词**、**疑问代词**、**指示代词**三个小类。

代替人或者事物名称的，叫做人称代词，例如“你”“我”“他”（“她”代表女性，“它”代表事物），表示多数用“你们”“我们”“他们”等。“您”是“你”的敬称，后面不能加上“们”。“咱们”“咱们俩”是包括“我”“你”在内的。（“咱”是“自家”的意思。）此外，“自己”“人家”“大家”也是人称代词。

疑问代词是用来提出问题的代词。上面讲到疑问句当中的一类，是应用疑问代词构成的。疑问代词的用途很广：“谁”“什么”“哪”等，是关于人或者事物的疑问；“哪里”“哪儿”“几时”等，是关于处所、时间的疑问；“怎么”“怎样”等，是关于性质、状态、行动的疑问；“几”“多少”等，是关于数量的疑问。名词、动词、形容词、数

量词以及人称代词、指示代词,几乎都可以应用疑问代词来替代。疑问代词又可以用来表示不确定的人、事物等和概括一切的意义。例如:“一九一七年十一月七日,这个日子谁也不能忘。”(《十月革命节》)这里的“谁”,有任何人的意思;“共产党,象太阳,照到哪里哪里亮。哪里有了共产党,哪里人民得解放。”(《东方红》)这些句子里的“哪里”,有一切地方的意思。

指示代词是用来区别人或者事物等的代词。指示代词的用途也很广:“这”“那”,是关于人或事物的指示;“这里”“这会儿”“那里”“那会儿”等,是关于处所、时间的指示;“这样”“那样”等,是关于性质、状态、行动的指示;“这么些”“那么些”,是关于数量的指示。不过,在区别人或事物等的时候,只分做近指和远指两种。近指的用“这”,远指的用“那”。所以指示代词,只包括“这”“那”和由“这”“那”构成的一些词。

疑问代词的“哪”“几”,指示代词的“这”“那”,常常跟数量词合用。例如:“这几天父亲很忙,很少象今天这样得空和我们讲话。”“我们走出那座漆黑的大铁门。回到住处,天已经全黑了,站在这座寂静冷落的门前,感到说不出的生疏。”(《十六年前的回忆》)这些句子里的“这几天”“那座”“这座”,都是指示代词和数量词连用的。

名词、动词、形容词、数词、量词,都是用来表示实在的意义的;在词组和句子的结构里,这些词类也是作为语言建筑材料的实质部分,所以归于实词的一个大类当中。代词虽然本身没有表示实在的意义,而在词组和句子的结构里,用来代替名词、动词、形容词、数量词,和实词处于同等的地位,所以代词也归于实词当中。至于“副词”“介词”“连词”“助词”“叹词”五类,不是用来表示实在的意义,而是在词组和句子的结构里用来表示关系或者情感的,作为语言建筑材料的表示关系或者表示情感的部分。它们应该归于虚词的一个大类当中。

四、虚词的用法和词组、句子的结构

虚词是在词组或者句子的结构当中，用来表示关系或者情感的词；除了叹词以外，一般虚词都不能离开词组或句子的结构来单独地表示意义，通常也不能用来单独地回答问题。例如："学习，学习，再学习。"（《列宁怎样学习》）"他为人民谋幸福。"（《东方红》）"玩和读书同样重要。"（《你们幸福了》）"爸爸妈妈也说我比以前勤快了。"（《我更爱劳动了》）这些句子里的"再""为""和""也""比""了"等，一般是不能离开它们所存在的词组或句子的结构，来单独地表示意义的。这里把各类虚词的作用一一地说明如下：

（一）副　　词

副词是用来表示行动、变化、性质、状态的时序、范围、程度以及否定等意义的，所以副词常常跟动词、形容词等连用，而不跟名词连用。例如："她那车间每个月都超额完成计划，常常得到红旗。""妈妈原来不识字。后来，她进了夜校，不到两年就学会看报写信了。现在她正在学习初中的功课。""妈妈老是很快乐。我看见妈妈就高兴。"（《我的妈妈》）"我比去年更快乐。"（《我比去年更快乐》）这些句子里的副词，"常常""正在""老"等是表示时序的意

义的，“都”是表示范围，“很”“更”是表示程度，“不”是表示否定，“就”是表示强调的语气和关联的作用。

(二) 介　词

介词是把人或者事物、事情连系到行动、变化、性质、状态等，来表示关于处所、时间、方向、方式、原因、对象、目的、关联、比较等的意义的。介词的后头，总是跟着名词、代词或代表事物、事情的其他的词、词组；这样就组成一个介词结构，用来修饰或补充动词、形容词等的意义。例如：

一群小鸡在小河边上找虫吃。(《小鸡和小鸭子》)

我悄悄地摸进了庄子，按着魏政委告诉的记号，从东头数到第十七座窝棚，蹑手蹑脚地走到窝棚门口。(《党费》)

我自从“并村”以后好几个月也没缴党费了，你带给政委，积少成多，对党还有点用处。(同上)

一个孩子朝那位不相识的娘看了一眼。(《幸福是什么》)

秋生他们一伙人好象专门跟她开玩笑。(《田寡妇看瓜》)

我被一阵歌声吵醒了。(《北大荒好地方》)

锯把木头锯成板。锤子把铁打成刀。剪子把纸剪成花。(《大家都有本领》)

但是王米毛自己却由于用力过度，失去了知觉，再也不能起来了。(《舍己救人》)

这些句子里，由“在”“从”“到”“朝”等组成的介词结构，是表示处所和方向的；由“自从”组成的介词结构，是表示时间的；由“由

于"组成的介词结构,是表示原因的;由"给""对""跟""把"等组成的介词结构,是表示对象和关联的;由"按着"组成的介词结构,是表示方式的。又如:"为了建设新中国,领导我们向前进。"(《东方红》)这句里的介词结构("为了……")是表示目的的;"我比去年更快乐。"(《我比去年更快乐》)这句里的介词结构("比……")是表示比较的。

(三) 连　词

连词是用来表示词和词或者词组中间、词组和词组或者句子和句子中间的连接关系的。上面讲过的副词和介词,虽然也有表示连接关系的,但是它们的主要作用是在修饰或补充动词、形容词等的意义;副词和由介词组成的介词结构,都有修饰或补充的作用。连词却只有连接的作用,没有修饰或补充的作用。例如:"俄国的工人和农民举起了红旗,举起了枪。领导他们前进的是列宁和他的党。赶走了地主和资本家,夺回了土地和工厂。"(《十月革命节》)这些句子里的"和",是用来连接词和词或者词组的。又如:"看书写字的时候,眼睛要跟书或者纸离开一尺左右,不然,也会近视。"这里的"或者"是用来连接词和词的,"不然"是用来连接词组和词组的。"虽然您不愿意破坏秩序,可是我有权利跟您换换班次。"(《列宁在理发室里》)"要是容许他拿一拿小提琴,哪怕只有一次,他也够满意的了。"(《小音乐家扬科》)"只要能有一个小提琴,他真愿意用自己的一切去交换。"(同上)这些句子里的"虽然""可是""要是""哪怕""只要"等,是用来连接句子和句子或者词组和句子的。又,形容词和形容词在意义上相并立的,往往不用连词,而用两个副词"又"来表示连接的关系。例如:"早晨,太阳慢慢的从东方升起来,又大又红。"

(《日出和日落》)“这匹小马又结实,又聪明,又听话,明年就可以到生产队里去参加工作了。”(《小马》)

(四) 助　　词

助词是用来表示词组或者句子的结构、时态、语气的。

上面讲到动词的时态,由动词和它后头的“着”“了”“过”可以组成进行的、完成的、过去的三种时态结构。“着”“了”“过”,叫做**时态助词**。

表示结构的关系的,叫做**结构助词**。最常用的结构助词“的”,是用来表示修饰或者补充的关系的。表示修饰名词的意义的,在书面上,常常写做“的”;表示修饰动词或形容词的意义的,常常写做“地”;表示补充动词或者形容词的意义的,常常写做“得”。例如:“二虎笑嘻嘻地说:‘不这么办,怎么能叫屋里的地晒到太阳? ……’说着,举起锄头还要再刨,急得剥皮老爷连连摇手……”(《剥皮老爷》)这里的“笑嘻嘻地说”,是用“笑嘻嘻”来修饰动词“说”的;“屋里的地”,是用“屋里”来修饰名词“地”的;“急得剥皮老爷连连摇手”,是用“连连摇手”来补充形容词“急”的。表示修饰名词意义的助词“的”,有时后头的名词不说出来,这样就成为一种**“的”字结构**。这种结构具有表示人或者事物的名称的作用,相当于一个名词。例如:“这里还有别种科目的分数:有五分的,有四分的,也有三分的。这些分数都是他自己的,应该得的。惟有这个五分不是他自己的。”(《米嘉的五分》)这里的“五分的”“四分的”“三分的”“他自己的”等,都是具有名词性质的“的”字结构。

“的”“了”又可以用来表示决定的语气。例如:“五分不是随便批的。”“现在这分数是我自己的了!”(《米嘉的五分》)“流了血汗的

人都会收到好果实的。”(《太阳瓜》)“菜园里的蔬菜都长大了。”(《熊妈妈收菜》)这里的“的”“了”一般放在句子的末了,是**语气助词**。“的”表示事情本来的情况,“了”表示事情变化的情况。表示疑问语气的“吗”“呢”,表示祈使语气的“吧”等,表示感叹语气的“啊”等,上面讲到疑问句、祈使句、感叹句的时候已经举过例子,它们都是语气助词。

(五)叹　词

叹词是表示情感或者应答声音的词。一般虚词不能离开词组或句子的结构来单独地表示意义;叹词正好相反,它不跟别的词发生组合的关系,只是单独地来表示情感或应答的声音。例如:“啊,我一定要出去!”(《一粒种子》)“哼! 没有!”(《狗又咬起来了》)“嘿,这不就是‘暗八路’吗?……噢,刚才那一枪就是他放的呀!”“哎,小鬼,快开门哪!”(《千锤百炼的第一次》)这些句子里的“啊”“哼”“嘿”“噢”等,都是叹词。一个叹词可以独立成为一种单词的句子——独词句。

这里把上面所说的实词各类和虚词各类总括起来列成一个表如下页。

从下表看来,实词是用来表示实质的意义的,虚词是用来表示词组或者句子的结构关系和情感作用的。所以词和词的组合成为词组或句子,成为表达意思的结构,必定以实词来做基本成分。上面在词类里讲过的几种结构,不但方位结构和趋向结构是由名词、动词组成的,其他如时态结构也是以动词来做基本成分,介词结构和“的”字结构也是以名词、代词或别的实词来做基本成分的。实词是词组或句子的结构当中的骨干,虚词只是用来表示其中的关系和情感的。

- 词类——语言的建筑材料
  - 实词　表示实质意义的部分
    - 名词——表示人、事物、处所、时间的词；附方位词和方位结构。
    - 动词——表示动作、行为、发展、变化和心理等的活动的词，有自动词、他动词之分；附趋向动词和趋向结构，能愿动词，判断词。
    - 形容词——表示性质、形状和状态的词。
    - 数词——表示数目的词 } 合起来成为数量词。
    - 量词——表示单位的词 } 合起来成为数量词。
    - 代词——用来代替名词、动词、形容词的词。
      - 人称代词
      - 疑问代词
      - 指示代词
  - 虚词　表示关系和情感的部分
    - 副词——用来修饰动词或形容词，表示行动、变化、性质、状态的时序、范围、程度、否定等的意义。
    - 介词——和后头跟着的名词、代词或代表事物、事情的其他的词、词组等，组成介词结构，用来表示关于处所、时间、方向、方式、原因、对象、目的、关联、比较等的意义。
    - 连词——在词和词或词组中间，词组和词组或者句子和句子中间，用来表示连接的关系。
    - 助词——用来表示词组或者句子的结构、时态、语气的。
      - 时态助词
      - 结构助词
      - 语气助词
    - 叹词——单独表示情感和应答的声音，可以成为一种“独词句”。

词和词按照语法规律组合起来，成为一个表达意思的单位的，都可以叫做**词组**。如果一个词组在实际语言当中作为独立的表达完整意思的单位，那末，它就是句子了。词组和句子的区别，实际上不是从结构的种类或组织的方式来划分，而是要看它在说话当中是不是作为表达完整意思的单位的。例如：“他又看见飞机在天上飞，他想还是人有办法。”(《还是人有办法》)这里是两个句子，它们内部所包含的“飞机在天上飞”“还是人有办法”却是两个词组，因为在这里不是作为表达完整意思的单位，而只是作为句子的成分的。又如：“啊，多暖和呀！是春天了吧？”(《春天》)这里的“多暖

和呀!”“是春天了吧?”是两个独立的句子。(这里的“啊”是一个独词句,不过它是附着在“多暖和呀!”这句上的。)

实词和实词的组合,按照一定的排列的次序,或者靠着一些虚词的作用,成为词组的结构,并且把其中相互的关系表示出来。结构是指内部成分的组织关系,不限定是指词组;包含有两个以上词素的词,包含有两个以上词的句子,也都是有它们的结构的。依据词组结构的内部关系,可以把主要的词组分为下列的四种:

1. **联合结构**　这种词组的内部关系是并立的关系;换句话说,它的结构里的基本成分是相互并立的。例如:“工人和农民”;“玩和读书”;“狐狸跟白鹤交朋友。”(《狐狸和白鹤》)这句里的“狐狸跟白鹤”;“月亮……露出又圆又大的脸。”(《中秋节的晚上》)这句里的“又圆又大”;“不管你马多好多快,朝这个方向走,是到不了楚国的!”(《南辕北辙》)这句里的“多好多快”。

2. **偏正结构**　这种词组的内部关系又可以分为两种:

一种是修饰或限制的关系,它的结构里是用一个成分来修饰或限制另一个成分的。用来修饰或限制的词,通常叫做**附加成分**;被修饰或限制的词,也叫做**中心成分**。例如“蓝蓝的天”这个词组里,“蓝蓝”是附加成分,“天”是中心成分;“笑嘻嘻地说”这个词组里,“笑嘻嘻”是附加成分,“说”是中心成分。又如:“毛主席给你们带来无限的幸福,伟大的祖国养育着你们。”(《我羡慕你们》)这里的“无限的幸福”“伟大的祖国”都是这种偏正结构;“我和妹妹愉快地换上了新的夹衣。”“母亲微微点了一下头。”(《十六年前的回忆》)这两句里的“愉快”“微微”都是附加成分,用来修饰“换上了”“点了”。

另一种偏正结构的内部关系是补充叙说的关系,它的结构里是用一个成分来补充叙说另一个成分的意义的。用来补充的,可以叫做**后补成分**;被补充叙说的词,总是动词或者形容词,也就是

这种结构的中心成分。例如："你们做得好。"（《你们做得好》）"父亲的脸上显得十分严肃。""母亲也哭得瘫在地上。"（《十六年前的回忆》）"周扒皮……一头就钻进鸡屋里，吓得拉了一裤筒子屎。""伙计们乐得直想笑，又不好笑出来。"（《半夜鸡叫》）这些句子里的"做""显""哭""吓""乐"等，都是有后补成分的。后补成分和附加成分不同，附加成分总是放在中心词的前头，后补成分总是放在中心词（动词或者形容词）的后头。

3. **动宾结构**　这种词组的内部关系是动词和它的宾语的关系；它的结构里包含着动词和一个成分，就是用来表明行动、变化所归宿的人或者事物。

上面讲到词类，动词分做自动词和他动词两种。他动词常常用那种表示行动、变化的对象和结果的词或者词组来做它的宾语，就是表明它的行动、变化所归宿的人或者事物。例如："他们一块儿学习：读书，算算术，画画。他们一块儿劳动：打柴，提水，种花。"（《两个书包》）这里"读书""算算术""画画""打柴"等的动宾结构，内中的宾语是表示行动、变化的对象的。又如："我拿木头块搭成一座桥。""我又搭一座房子。"（《搭房子》）这里"搭成一座桥"等的动宾结构，内中的宾语是表示行动、变化的结果的。自动词也可以带有宾语，不过它的宾语一般是表示行动、变化的处所或者表示出现、消失的事物。例如："一个星期日的早晨，我们搬进康乐村。"（《我们搬进康乐村》）"天空里出现一匹马，……忽然又来了一条大狗。"（《火烧云》）这里"搬进康乐村""出现一匹马"等的动宾结构，内中的宾语是表示处所和出现的事物，就是以处所和出现的事物作为行动、变化的归宿的。

宾语，一般是放在动词的后头。有时为了加重语气，把宾语提前；这种情况，下面讲造句的方法时要讨论到。

4. **主谓结构**　这种词组的内部关系是陈述的关系；它的结构

里包含着两个成分：一个成分是表示陈述的对象，就是主语部分；另一个成分是表示用来陈述的话，就是谓语部分。这两部分的相互关系，在形式上一般是用前后的次序来表示的：主语部分常常放在前头，谓语部分常常放在后头。**主语部分里的中心词或词组，叫做主语；谓语部分里的中心词或词组，叫做谓语。**在意义上，主语是谓语陈述的对象，指明谓语所陈述的是“谁”或者“什么”；谓语是对主语所指明的加以陈述，表示是“谁”“什么”或者“做什么”“怎么样”。例如：“请你告诉我们，幸福是什么啊？”“你们可知道这十年我做过什么？”（《幸福是什么》）“你知道我父亲……怎样了？”（《十六年前的回忆》）这些句子里的“幸福是什么”“我做过什么”“我父亲怎样了”，都是主谓结构的词组。

上面所说的四种词组的结构，究竟通常的句子中最多的是采取哪一种结构呢？我们知道，通常句子的结构有很多是采取主谓结构的，就是内中包含着“陈述的对象”和“用来陈述的话”两个成分。所以通常的句子很多是包含着主语部分和谓语部分的，我们把这样的句子称为**双部句**。我们可以在它们的两个部分中间画两条竖线来标明。举例如下：

> 它们‖走到白菜地里，熊妈妈‖拔了一棵白菜。小熊‖就要吃白菜的根。熊妈妈‖说：“你‖记住。白菜的根‖不好吃，它的叶子‖才好吃呢！”（《熊妈妈收菜》）
>
> 一根铁棍‖容易折，拧成的麻绳‖拉不断，中华各民族‖团结紧，‖保卫我们的自由、幸福、和平！（《举杯祝福毛主席》）

这里举出的句子当中，象“保卫我们的自由、幸福、和平！”这样省略了主语的，或者不具备主语和谓语两个部分的，我们可以把它

们称为**单部句**。单部句的应用的情况，大致有下列的三种：

（1）在对话当中，或者由于上下文的关系，有一个部分省略了的。祈使句的开头，省略了“你”“你们”“我们”等，就是属于这种情况。又如：“留斯金，你去探望父亲吗？”“（我）每星期（去探望）一次。（我）给他送纸烟。……”（《留斯金》）这样的句子，可以叫做**简略句**。

（2）在习惯上常常不说出主语的部分，或者在句子的意义上自然明白，不用说出主语的。例如：“谢谢你。”（《让给孩子们吃》）“来了一只猫。”（《小马车》）“下了一夜大雪。”（《大雪》）“惜衣有衣穿，惜饭有饭吃。”（《谚语》）这样的句子，可以叫做**无主句**。

（3）在一定的环境当中，只用一个部分或者一个词就成为句子，而且这个部分或者这个词很难断定是主语还是谓语的。例如：“（突然，董存瑞惊叫起来：）‘血！’”（《千锤百炼的第一次》）“一粒谷，七担水。”（《谚语》）这样的句子，或者叫做**独词句**。

在这三种情况下所应用的单部句，实际上也是一样地作为表达完整意思的单位，我们也并不因此不把主语和谓语当作组织句子的主要的基本成分。

五、句子的成分和单句、复句的构成

我们在分析句子结构的时候,常常把主语和谓语作为主要的句子成分,认为具备着主语部分和谓语部分的双部句,总是比单部句为完全的。这是根据于逻辑的理论而来的。因为一个判断,总是包含着陈述的关系,也必须具有陈述的对象和用来陈述的话两个成分。所以通常的句子总是采取主谓结构的比较多。但是,逻辑的理论,毕竟跟语法的规律不能混为一谈。我们的语法上是容许单部句的存在的。

通常的句子里,很多用名词和代词来做主语。例如:"红公鸡就变成金的了。"(《火烧云》)"他常常得满分和奖章。"(《列宁在学校里》)这里的"公鸡"和"他"是主语。数量词也可以做主语;例如:"谁也不做声,一个个都偷偷的溜走了。"(《老鼠开会》)这句里的"一个个"。形容词、动词以及由形容词、动词所构成的联合、动宾等的词组,也可以做主语;例如:"饥和寒,屈服不了英雄汉。"(《铁脚团长》)"独立自由是我们的理想。"(《歌唱祖国》)"养鱼是种顶好的生产,不费工夫,不化本钱,只要喂点儿碎草就行了。"(《劳动能手》)这些句子里的主语"饥和寒""独立自由"是联合结构,"养鱼"是动宾结构。

前面讲过,陈述句依据它所用来陈述的话里包含着的词,可以分做下列三种类型。

用名词来做谓语的中心词的，大都是有说明的作用，说明主语所指的是谁或者什么；例如："蒙族的兄弟们都是英雄。"（《草原到北京》）"鞍山，是钢铁的城市。"（《鞍山》）这里的谓语是"英雄""城市"。这种类型的句子，是名词作谓语的，常常要应用判断词"是"。

用动词或由动词所构成的动宾词组等来做谓语的，大都是有叙述的作用，叙述主语所指的做什么或者怎么样变化；例如："太阳升。"（《东方红》）"红公鸡就变成金的了。"（《火烧云》）这两句里的"升""变成金的"。这种类型的句子，如果用他动词作谓语的，而它的主语所指的又正是行动、变化的对象或结果，那末，它就包含有被动的意思；例如："故事讲完了。""（钢鞭抽打他，）他的雪白的身体被打得皮开肉绽。"（《罂粟为什么开红花》）这里的"讲完"是被讲完的意思；"打"是动词谓语，加上"被"字，意思更为明显了。

用形容词来做谓语的中心词的，大都是有描写的作用，描写主语所指的是怎么样；例如："爸爸的鼻子又高又直，你的呢，又扁又平。"（《我的伯父鲁迅先生》）这里的"高""直""扁""平"，都是形容词谓语。又用主谓结构作谓语的，大都也有这样的描写作用；例如："我国东北的虎，身体很大，皮毛很好看，样子很威武。"（《虎》）这个句子里的"身体很大"等都是主谓结构做谓语的。

句子的连带成分，就是**宾语**、**补语**、**定语**、**状语**。我们把主语和谓语作为主要的句子成分，所以把动宾结构里的宾语，偏正结构里的补语（后补成分）、定语和状语（附加成分）都作为连带的句子成分。

动词可以连带**宾语，用来表明行动、变化所归宿的人或者事物。**通常句子里，很多用名词和代词来做宾语；例如："我们学校里成立了少年先锋队。""红领巾从来不离开我。"（《少先队员魏良》）这两句里的宾语是"少年先锋队""我"。动词、形容词也可以做宾语；例如："我们不怕冷，（唱着歌上学去。）"（《大雪》）"我们学会了

唱歌。”(《我们要做毛主席的好孩子》)这里的“冷”“唱歌”是作为宾语的。主谓结构也可以做宾语;例如:“他又看见轮船在水上走,他想还是人有办法。”(《还是人有办法》)这里“轮船在水上走”“还是人有办法”两个主谓结构是作“看见”“想”的宾语的。有一些动词还可以带有两个宾语;例如:“提起党和政府的关怀,我还要告诉你们一件事情。”(《要珍惜幸福的学习生活》)这里的“你们”靠近动词“告诉”的,可以叫做**近宾语**;“一件事情”指“告诉”的事物的,可以叫作**远宾语**。宾语有时为着表示强调,可以放在动词的前头;例如:“我的妻子是个乡下人,我的孩子们年纪都小,可以说他们什么也不懂。”(《十六年前的回忆》)这里的“什么”是“懂”的宾语而提前的。又如:“我连你也不认识。”(《列宁和卫兵》)这句里的“你”,也是提前的宾语。

补语就是后补成分,用来补充叙说动词或者形容词的意义的,在动词或者形容词的后边用来回答“怎么样?”或者“多少?”“多久?”之类的问题的。

除了形容词、动词、副词之外,数量词、介词结构,也可以用在动词或者形容词的后头作为补语。例如:“光光彩彩地回答一次,也不难。”“又有一只小船在岸边等着你的时候,坐在家里可不容易。”“头脑会清醒一点儿的。”(《古丽雅》)这里的“一次”“一点儿”“在家里”都是补语。

动词、形容词以及由动词、形容词所构成的词组作为补语的时候,它的前头一般要加上“得”。例如:“他为自己想得少,为别人想得多。”(《我的伯父鲁迅先生》)“小朋友们都看得很起劲,(鲁迅也很起劲地看。)”(《鲁迅和他少年时候的朋友》)“这时候,我真气得眼睛都发黑了。”(《少先队员魏良》)这些句子里“少”“多”“很起劲”等在“得”的后头的,都是补语。也有少数不用“得”的,例如:“古丽雅讲海讲了很久。”(《古丽雅》)这里的“很久”是“讲了”的补语。补

语前头的“得”，也有写做“的”的，例如：“汽车哇地叫了一声，吓的它们一仰脖子跑了。”（《北大荒好地方》）带有补语的动词，常常后头也带有宾语的，可以用“把”这样的介词结构把宾语提到前面来。例如：“好好学习，还要把身体锻炼好。”（《罗文应的故事》）这里可以说“还要锻炼好身体。”当中的“好”是补语，“身体”是宾语。

偏正结构的附加成分，有定语和状语两种：**定语是以名词作中心词的，在名词前边回答“谁的？”“怎么样的？”“多少？”这类问题的；状语是以动词或者形容词作中心词的，在动词、形容词前边回答“怎么？”“多少？”这类问题的。**例如：“一天的黄昏，呼呼的北风怒号着，天色十分阴暗。街上的人都匆匆忙忙地赶着回家。”（《我的伯父鲁迅先生》）这里的“一天”“呼呼”“街上”等是定语，“十分”“都”“匆匆忙忙”是状语。作定语的词，一般是名词、代词、形容词、数量词等；作状语的词，一般是形容词、副词或者表示时间、处所的词。定语和状语，在需要用结构助词的时候，一般是用“的”来表示定语，用“地”来表示状语。也有把表示状语的结构助词写成“的”的，例如：“红霞慢慢的淡下去，黑夜慢慢的来了。”（《日出和日落》）这里的“慢慢”是状语。

以上所讲的主语、谓语、宾语、补语、定语、状语六种主要的和连带的句子成分，都需要实词来充当和组织。虚词当中，只有副词多数是用作状语，少数用作补语。例如：“好得很！好得很！好极了！”（《古丽雅》）这里的“很”和“极”都是补语。“很”用作补语，前头要加“得”；“极”用作补语，前头不加“得”。

我们再来讲各种**句子成分的复杂化**的现象。

例如：“常见的指南针是一个有玻璃盖的圆盒。”“早在两千年以前，我们的祖先发现一种奇怪的石头。”（《指南针》）这里的“常见”是“指南针”的定语，“我们”是“祖先”的定语；“一个”“有玻璃

盖”都是“圆盒”的定语，“一种”“奇怪”都是“石头”的定语。又“有玻璃盖”是一个动宾结构，“玻璃盖”是宾语，而“玻璃”又是“盖”的定语。“早在两千年以前”是一个偏正结构作为“发现”的状语的，这个偏正结构是以介词结构“在两千年以前”来做补语的，而这个介词结构又包含着一个方位结构“两千年以前”。从这样的例子看来，就知道定语和状语都可以是各种词组的结构，同时又可以各自包含各种结构，所以定语和状语都可以复杂化。

不但定语和状语可以复杂化，其他的各种句子成分都可以复杂化。因为各种句子成分，都可以是各种结构，同时又都可以包含各种结构。它们也可以递加、连续或者延伸。

动词当作谓语的，更有许多种复杂的结构。例如：

有个叫匡衡的，他在墙壁上凿了个窟窿，让邻居的灯光射进来，他拿书就着灯光读。(《几个苦学生》)

这里的“让”是动词谓语而以“灯光”做它的宾语的，它的后头还有动词“射”，对这个宾语“灯光”又有所陈述，同时对谓语“让”也有所补充。这就是谓语的延伸。“拿书就着灯光读”里的“拿”“就”“读”，三个动词连用。这又是谓语的连续。在这样的连续中间，前头的动词，常常表明后头的动词所指的方式或者手段；后头的动词，常常表明前头的动词所指的目的。又，“拿书……读”，这里的“读”，除了表明“拿”这种动作的目的以外，又以前头的宾语“书”来做对象的。又如：

今天是你们的节日，我没有什么礼物送给你们，就只送给你们上面的几句好话吧。在这儿，我祝你们健康、快乐！(《我羡慕你们》)

这里的“没有”是动词谓语而以“礼物”做它的宾语的，它的后头还有动词“送”，对这个宾语“礼物”又有所陈述和补充说明（说明“礼物”是“送”这种动作的对象）；这里“祝”也是动词谓语而以“你们”做它的宾语的，它的后头还有形容词“健康、快乐”，对宾语“你们”也有所陈述，同时对谓语“祝”也有所补充（补充说明动作的结果或者目的）。这些都是复杂的谓语。

除了这些复杂化的结构以外，句子里还可以包含有**复指成分**和**独立成分**。

复指成分是两个词或者词组，用来指同一的人或者事物，在句子结构里也作为同一个成分的。例如：“大高个儿八路同志出来了。”（《千锤百炼的第一次》）“青年工人洛班诺夫同志守卫着斯莫尔尼。”（《列宁和卫兵》）“好多年前，福禄村住着一个地主张百万。”（《太阳瓜》）这里的“大高个儿”和“八路同志”，“青年工人”和“洛班诺夫同志”，“一个地主”和“张百万”都是复指成分。

独立成分是在句子里被加进的一个成分，用来表示强调或特殊的意义；这个成分不作为句子的成分，既不跟别的成分发生结构关系，它自身也不是用来表示结构关系的。例如：“您瞧，是这么回事？”（《老实话》）“同志，你不知道，跟党断了联系，就跟断了线的风筝似的，真不是味儿啊！”（《党费》）“叔叔，我相信，做成这块糕，真要经过上千人的手呢。”（《千人糕》）这里的“您瞧”“你不知道”“我相信”是被加进在句子里的独立成分。（从全句的意思看来，“我相信”等都不是句子的主要部分）

一个句子的结构，尽管可以复杂化，尽管可以应用主谓结构等来构成各种成分并且可以加进一些独立成分，它还是一个单句，还只是一个表达完整意思的单位。以下我们来讨论**复句**。

两个或者两个以上的单句，可以合起来构成复句。复句里的每一个单句都不作另一个单句的任何成分；所以单句和复句的区

别，是从组织的成分上来看：构成单句的成分是词或者词组，构成复句的成分是单句。复句里的单句，叫做**分句**。分句和分句，在意义上有一定的联系，常常用连词或者一些有关联作用的副词等来表示它们之间的联系。由于几个分句连在一起，有的前后几个分句要用同一个词或词组，就可以只在一个分句里用，而在另外的分句里省去不用。例如："人说一寸光阴一寸金，其实，比黄金要贵上千万倍。"(《时光老人的礼物》)这里第二个分句的主语"光阴"省略了。又如："打开成绩表一看，父亲得意地微笑了。"(《红领巾》)这里的第一个分句的主语"父亲"省略了。有时候，不但把其中的成分省略了，而且把两个分句紧缩成为一个似的；例如："就这么间房子，要翻还不翻到阁楼上来？"(《党费》)这里的"要翻"，实际也是一个分句。

依据分句和分句之间的关系，我们可以把复句分做两类：一类是分句和分句之间属于平等关系的，叫做**联合复句**；一类是分句和分句之间属于偏正关系的，叫做**偏正复句**。例如："小孩子拉着老婆婆，老婆婆拉着老公公，老公公拉着大萝卜。"(《大萝卜》)"老虎的脚印很象猫的脚印，可是比猫的脚印大。"(《捉老虎》)"战士们很敬爱朱总司令，不好意思拿他的扁担。"(《朱德的扁担》)这些复句是联合复句。

又如："要是不下这些工夫，萝卜也长不了这么大！"(《萝卜怎么长得这么大呀》)这里是表示假设的关系的。"要取得时间，就要创造新的工作方法，就要推广新的工作方法。"(《怎么样取得时间》)这里是表示因果的关系的。"吕老师，我觉得不管做什么工作，只要能钻进去，就会越干越有兴趣。"(《三封信》)这里是表示条件的关系的。"艾戈尔卡逢到假期从学校回家来，总喜欢跟他父亲一块儿去，就是遇着狂风暴雨的时候他也要去。……他虽然是个游泳的能手，可是风暴一来，翻江倒海的，谁也保不住不发生什么

意外。”（《红领巾》）这里前边的是表示假设的关系的，后边的是表示转折的关系的。这些复句都是偏正复句。偏正复句里有一个分句是正句，其他分句是偏句，用来表示假设、条件、转折、因果等的关系的。

复句的组织，可以是多重的。一个复句里的分句，它的本身也可以是复句，这就是**多重的复句**。例如：“不管做什么工作，只要能钻进去，就会越干越有兴趣。”（《三封信》）这里的“只要……就会……”是里头的一重，“不管……只要……”又是外头的一重。又如：“艾戈尔卡逢到假期从学校回家来，总喜欢跟他父亲一块儿去，就是遇着狂风暴雨的时候他也要去。”（《红领巾》）这里的“就是……他也……”是里头的一重，“艾戈尔卡……总喜欢……”又是外头的一重。又如：“既然说下了老实话，就不管怎么样都照着做，那怕玩也是一样。”（《老实话》）这里的“既然……就……”是外头的一重，“不管……都……”又是中间的一重，“哪怕……也……”又是最里头的一重。所以从句子的组织和结构方面来看，复句也可以复杂化。

再从句子的作用和目的来看，复句里的分句固然可以是陈述句，也可以是疑问句、祈使句、感叹句。例如：“假如我走了，北京的工作留给谁领导？”（《十六年前的回忆》）“要是美国强盗打到我们的祖国，我们祖国那些可爱的孩子，会变成怎么样的情形呢？”（《在风雪里》）这是复句里包含一个疑问句的。“不要把红领巾取下来，再隔一点（钟）还有一艘轮船要从这儿经过呢。”（《红领巾》）“我们做了一件多么小的事，可是我们给别人带来多么大的好处啊！”（《幸福是什么》）“园里还有，你要吃就打发孩子去担一些，往年光叫我吃你的啦！”（《田寡妇看瓜》）这是复句里包含一个祈使句或者感叹句的。

这里把上面所讲的词组和句子的结构以及单句和复句的构成，总括起来列表如下：

- 词组和句子的结构
  - 单句（由词或者词组构成）
    - 独词句——单独用一个词或者一个部分构成的。
    - 句子的成分
      - 主要的句子成分
        - 主语——陈述的对象，多用名词或者代词，其他各种实词或者词组都可以做主语。
        - 谓语——用来陈述的话
          - 说明主语所指的是谁或者什么——用名词做谓语；
          - 叙述主语所指的做什么或者怎么样变化——用动词做谓语；
          - 描写主语所指的怎么样——用形容词做谓语；
          - 主谓结构做谓语——有描写的性质。
      - 连带的句子成分
        - 宾语——表示行动、变化所归宿的人或者事物，多用名词或者代词，其他各种实词或者词组都可以做宾语，有两个宾语的，分为近宾语和远宾语两种。
        - 补语——就是后补成分，用来补充叙说动词或者形容词的意义的，除名词以外，其他的实词或者词组都可以做补语，少数副词也可以做补语。
        - 定语——以名词做中心词的附加成分，各种实词或者词组都可以做定语。
        - 状语——以动词或者形容词做中心词的附加成分，各种实词或者词组都可以做状语，副词一般做状语。
      - 各种成分的复杂化和复杂的谓语——各种句子成分，都可以递加或者用联合结构，它自身可以是一种结构，又可以包含各种结构；动词谓语又可以连续或延伸。
    - 复指成分——两个词或者词组，用来指同一的人或者事物。
    - 独立成分——被加进的成分，用来表示强调或特殊的意义。
  - 复句（由单句合成）
    - 复句里的分句——复句里的单句，就是分句；分句的部分可以省略，分句又可以相互紧缩。
    - 复句的种类
      - 联合复句——分句之间是平等关系；
      - 偏正复句——分句之间是偏正关系，用来表示假设、条件、转折、因果等。
    - 复句的多重化——复句里的分句，本身也可以是个复句。
    - 复句的作用和目的——可以包含陈述句或者疑问句、祈使句、感叹句。

六、怎样运用词和词组

语言里的句子既然是用词或者词组来构成的，所以要造好句子，首先必须在句子里把词或者词组用得正确；我们要把文章写得准确、鲜明、生动，首先必须把各个句子里的词或者词组运用得准确、鲜明、生动。因之，使得儿童了解怎样正确地运用词或者词组，正是我们在语文教学当中的一个重要任务。关于这方面应该注意的几点，一一举出说明如下：

（一）用词要符合于一般的习惯

关于词的意义和用法，我们一定要根据于一般的习惯，就是根据于"普通话"词汇里的意义和用法，不是以一处地方的方言土语来做标准的。例如："一只狗，两头牛，三匹马"；（见初小语文第一册）"一寸铁管，一颗钉子，一块焦炭，他都不放过。"（《孟泰仓库》）这里所用的数量词，都是符合于一般的用法。我们不能说"一匹牛，两头狗"等等。又如："四月初，我趁星期天有工夫，就把那块地刨了。"（《种豆种瓜》）"要是不下这些工夫，萝卜也长不了这么大。"（《萝卜怎么长得这么大呀》）这里用的"工夫"这个词，是指"时间"或者"在一定的时间里所化的力量"，也是符合于普通话上所代表的意义。我们不能把"工夫"这个词用来代表"时候"。例如："我没

有工夫，现在不是玩的时候。”(《罗文应的故事》)这里所用“工夫”和“时候”两个词，正是有区别的。

还有一些方言土语里的词，已经为一般人所通用，实际已经成为普通话里的词了。例如：“到今天想起来，我还觉得怪委屈的。”(《我羡慕你们》)“干活儿倒挺起劲，力气也大。”(《饲养员赵大叔》)“小明年纪小，可是挺坚决，挺有胆量，又挺机灵。”(《张小明》)“这是谁家的孩子？居然把一帮小孩子管得住，还怪有精神的！”(《我要读书》)这些句子里的“怪”和“挺”这两个词，用来代表“很”的意义的，已经为一般人所通用了。又如：“可是这孩子叫敌人害得多苦哇！”(《在风雪里》)“但是，董存瑞没有叫他唬住。”(《千锤百炼的第一次》)这些句子里“叫”这个词，用来代表“被”的意义的，也已经为一般人所通用了。

还有一些**熟语**，原来也是由方言土语里的词所构成的，也逐渐成为普通话里惯用的词组了。例如：“看他就象没事儿似的，真棒！”(《千锤百炼的第一次》)“真棒！你这是从哪儿来的？”(《军用小刀》)“不管能吃不能吃的都要吃，连那掉在它脚边的烟头啦，火柴啦，纽扣啦，钉子啦，木片啦，也会一古脑儿吞下去。”(《鸵鸟毕加》)“两只手不拿东西也打哆嗦。”(《我要做一个木碗》)这些句子里“真棒”“一古脑儿”“打哆嗦”，都已经成为普通话里的熟语了。

至于还没有成为一般应用的方言词，可不可以教给儿童来运用呢？

（二）可以适当地运用一些方言词

普通话的词汇，常常是由于吸收方言土语里的有用成分而逐渐丰富起来的。我们在说话、写文章的时候，为着更确切地传达某种实在的事情，或者为着一定的目的而需要表现地方色彩和人物

特点，就可以适当地采用一些方言土语里的词和词组。下面是课文里关于这方面的几个例子：

捂　“‘我们怕！’董存瑞捂着发烧的脸和耳朵回答。”（《千锤百炼的第一次》）这里的“捂”，是“遮盖，掩蔽”的意思。

偎　“猫跟小松鼠睡在一块儿，让自己的身子偎着它。”（《猫和松鼠》）“董存瑞从来没有这样害怕过；他紧紧地跟娘和姐姐偎在一起。娘儿三人互相偎着，谁也没说话。”（《千锤百炼的第一次》）这里的“偎”，是“亲热地靠近”的意思。

掖　“咱们自个儿为了争红旗，就把样板刀掖起来不借给人，你说，这叫啥？”（《两面红旗》）这里的“掖”，是“隐藏”的意思。

一码事　两码事　“这是两码事。”“一码事。怎能说两码事？”（《两面红旗》）这里的“一码事，两码事”，是“一回事，两回事”的意思。

顶毛　“这一下子可把保长和狗腿子们顶毛了。”（《狗又咬起来了》）这里的“顶毛”，是“恼火”的意思。

归着　“你自个儿的书总不归着好。”（《好妈妈》）这里的“归着”，是“收拾”的意思。

胡串游　“我叫小明找了你半天，你一没事就在村里胡串游，缸里没有水你也不管。”（《张小明》）这里的“胡串游”，是“乱跑去游戏”的意思。

搭拉　“有个孩子坐在河沟边上，搭拉着两条腿。”（《小夜莺》）这里的“搭拉”，是“挂着”的意思。

这档子事　“为了这档子事，好些有女儿的人家都搬走了，城里头的人就越来越少了。”（《西门豹》）这里的“这档子事”，是“这件事”“这样的事”的意思。

上面举出的一些方言性的词和词组，使得人和事物的描写、叙述格外地生动，同时它们本身的意义也很明确。如果这样的方言

词，意义不很明确的，宁可少用。因为方言词的吸收，可以丰富我们的词汇；但是决不可以滥用。

用词要求意义的明确，不但对于一般不常用的生僻词应该这样，即使对于最常用的词，也要加以辨别和分析。

（三）应该辨别意义类似和相近的词

语言当中，有不少意义和用法上相互类似或者差别不大的词。它们彼此之间，有时可以通用，有时却不能通用，有时虽然可以通用，而又有微细的差别。对于这样的词，我们应该在适当时期教儿童加以辨别和分析，以养成正确用词的习惯。这里就课文当中举出几个最常见的意义相近的词来做例子：

做、当、为　这三个词，“做”的应用范围最广。它不但有“担任”“成为”“当作”等意义，也可以作为“结成”来解释；例如：“他和维加做了好朋友，亲兄弟还比不上他们俩。”（《两个书包》）至于“当”，一般只用来代表“担任”“当作”的意思；例如：“黄大成当值日生。”（《值日生》）“妈妈在厂里干活干得好，当了劳动模范，才戴上大红花呢。”（《大红花》）“为”，一般也只用来代表“成为”“作为”的意思；例如：“为了表扬罗盛教同志，中国人民志愿军总政治部给他追记特等功一次，并追赠他为一级爱民模范和特等功臣，中国新民主主义青年团中央委员会追认他为模范团员。”（《他永远活在朝鲜人民的心里》）可见“为”和“当”不能通用，而都可以用“做”来代替；可是用“做”的地方，不一定可以用“为”和“当”的。

又、再、更、还　这四个词，有许多地方可以互相通用。“又”的主要用法，是表示行动的反复；“再”的主要用法，是表示“又一次”的意思；例如：“两只手抓着粗毛竹，身子往上一耸，两条腿随即把粗毛竹夹住。两只手再移上一截，身子又往上一耸，两条腿又随即

夹住。只要这样六七下子，就爬到房顶上了。”(《你们幸福了》)可见“又”和“再”意义相近，而有区别。“再”又可以用来表示先后行动的程序，例如：“背完东西再给钱。”(《留斯金》)“又”又可以用来表示各种情状的并列，例如：“舅舅家里的房子又小又破，可是地主的房子又大又漂亮。”(《解放以前农民的生活》)这是“再”和“又”不能通用的地方。“更”的主要用法，是表示情状的比较，有“越发，尤其”的意思；例如：“你一定比过去长得更高更结实了。”(《两封信》)“不要这样吩咐他，更不要对他大声大气的嚷。”(《列宁和卫兵》)“更”的这样用法，有时可以用“还”来代替，有时也可以用“再”来代替；例如：“我们的老工人把布机间叫做‘蒸笼’。这话可说是再恰当也没有了。”“他们知道细纱间确实比布机间还热。”(《车间里的春天》)“还”又可以用来代替“又”；例如：“六月里还得上一次肥料。”(《春天的苹果园》)“还”的主要用法，是表示“仍旧”的意思；例如：“扬科最后一次听了那村庄的演奏，树皮做的小提琴还躺在他的身边。”(《小音乐家扬科》)“还”又可以用来表示程度上“够得上”的意思；例如：“这样嘛，还象个社员的样子。”(《小五更》)这些地方是不能用“再”“又”“更”来代替的。总起来说，“还”的应用范围是最广的。它的“仍旧”一种意义又和“老”“直”意义相近。

还、老、直　这三个词，都可以用来表示情状的继续，可是也有区别。“直”只是对于一种行动表示“不停止的”情状；例如：“有一天，饿得直哭。”(《李春花的话》)“八路同志的右臂上，一片鲜红的血已经渗透了衣服，滴滴答答地顺着手臂往下直滴。”(《千锤百炼的第一次》)“老”是表示“总是，常常”的意思；例如：“第二只兔子老也不来。”(《守株待兔》)“有个学生姓侯，有些同志老叫他猴子。”(《什么是礼貌》)“他一年到头在地里干活儿，还老是吃不饱，穿不暖，租子交不够。”(《太阳山》)可见“老”和表示“仍然”意思的“还”，是有区别的。

关于词、词组的意义和用法的分析，也就是为着寻求一个一个最确切的字眼，使我们对于实际事物叙说或者描写得准确、鲜明、生动。

（四）须要选用切合实际的词

所谓最确切的字眼，就是在叙说和描写当中最切合于实际事物的词。指导儿童正确地用词，也须要教他们怎样选用最确切的字眼。我们在课文当中，就可以看到这样用词的方法，应该随时举出来作为榜样。这里举出几个例子：

叼　是"用嘴咬住"的意思；例如："它找着一片肉，把肉叼回来，站在窝旁边的小树枝上，很得意。""狐狸叼起肉来，一下子就钻到洞里去了。"（《狐狸和乌鸦》）"要是不把它赶回去，说不定就会在夜里叫狼叼走。"（《合作社的羊》）这里用的"叼"，是最确切的，不能用"咬""含""吞"等来代替。

趴　是"头和身体伏下"的意思；例如："趴在桌子上，脊柱就向前弯曲。"（《人的骨骼》）"县大队的同志趴在这里，是准备打敌人的。"（《张小明》）"他急忙关上大门，回身搬过一段木头，靠在墙根，爬上去，趴在墙头往外看。"（《千锤百炼的第一次》）这里用的"趴"，也不能用别的动词来代替。

甩　是"挥出去"的意思；例如："没想到我刚一松劲，它就把角一甩，我身子一晃，仰面朝天摔了一跤。"（《合作社的羊》）"小孩有时候学夜莺唱，有时候学杜鹃叫，胳膊一甩一甩的打路旁的树枝，……"（《小夜莺》）"两个人站在床上，乱拉乱扯的，把衣服都甩在地下了。"（《好妈妈》）后面的一个"甩"，又包含有"抛弃"的意思。这里它的用法也是最现成、最确切的。

罩　是"从上面遮盖下来"，**涌**是"从下面或者旁边冒出来"，这

两个动词有它们特殊的意义；例如："树木和草全都罩上了昏暗的颜色。怪难看的乌云从西边的天空涌过来，很快的遮没了乡村和树林的上空。"（《暴风雨之前》）这里它们的应用也是最确切的。

有时为了叙说和描写的确切，须要应用重叠的动词或者重叠的形容词，这就关于重叠词的运用了。

（五）须要适当地运用重叠词

适当地运用重叠的动词和重叠的形容词，不但可以帮助我们对于实际的事物叙述、描写得准确，而且使得语言生动化。这在课文当中是常见的，举例如下：

它搓搓手，抹抹嘴，一点儿办法也没有，哪儿也找不着吃的。（《苍蝇》）

这里的"搓搓""抹抹"，都是重叠的动词。

狐狸围着罐子直转，转到这边舔舔，又转到那边闻闻。饭很香，可是一点儿也吃不着。（《狐狸和白鹤》）

这里的"舔舔""闻闻"，都是重叠的动词。

"坐下，坐下。"副社长还是笑眯眯的跟我说，"瞧瞧这个。"他把一本小书举到我跟前。我摸不清怎么回事。"念念这个，再给我讲讲。"副社长说。……我出汗了。副社长"啊"了一声，说："学生，给我讲解讲解吧。"我啊啊了半天，也不敢讲，……（《小五更》）

这里的“瞧瞧”“念念”“讲讲”“讲解讲解”等，也都是重叠的动词。

> 微风象是最初的报信者，从树林那边轻轻的吹过来，吹拂在急急跑路的人们的脸上，吹过树叶微微抖动的树梢。地上的尘土被轻轻的吹起来，又悄悄的落到树丛里。（《暴风雨之前》）

这里的“轻轻”“急急”“微微”“悄悄”等，都是重叠的形容词。

> 望望鹿冲的梯田，已经干得冒烟了。她狠狠地向鱼坪吐了一口唾沫。……她揉揉眼睛，再仔细一看，不是青郎是谁呢？青的头带，青的衣服，圆圆的脸，宽阔的肩膀。……慢慢地，慢慢地，花姐也化成石头——一块花花绿绿的大石头。（《双钢石》）

这段课文里的“望望”“揉揉”等，都是重叠的动词；“狠狠”“圆圆”“慢慢”“花花绿绿”等，都是重叠的形容词。

还有一种部分重叠的形容词，也可以使得描写生动，形象鲜明。例如：

“这地方的火烧云变化极多，一会儿红堂堂的了，一会儿金洞洞的了，……”（《火烧云》）这句里的“红堂堂”“金洞洞”；“哥什提亚只好把亮晶晶的小钥匙交给娃丽。”（《信箱》）这句里的“亮晶晶”；“城楼上的八盏大红宫灯亮堂堂的，垂在它下面的黄色流苏在微风里飘动。”（《欢乐的首都国庆节之夜》）这句里的“亮堂堂”；“突然，轰隆隆的雷声震动了天空，压没人们喧噪的声音。”（《暴风雨之前》）这句里的“轰隆隆”；“一个严寒的早晨，到处盖着白茫茫的

雪。”(《西胡卡》)这句里的“白茫茫”;“岸上的田里乌油油的,都是结实的罗汉豆。”(《鲁迅和他少年时候的朋友》)这句里的“乌油油”;“静悄悄的,一点儿声音也没有。黑洞洞的,一点儿亮也没有。”(《狼》)这两句里的“静悄悄”“黑洞洞”。

最确切的词和词组,常常是最现成的。“成语”就是一种长时期内形成的固定词组。我们讲到用词的方法,也须要了解怎样运用成语。

(六) 须要引用恰当的成语

引用恰当的成语,一方面使得我们对于实际的事物,能够叙说和描写得准确、鲜明、生动,另一方面又能够用简练的词组来表示丰富的意义,达到语言经济的地步。

原来有许多成语是用比喻、夸张等手法来造成的,而且经过社会上的传习和使用,经过群众的创造和选择,具有极强的表现力和显著的精炼性。汉语里绝大多数的成语是由四个字组成的,就是采取四个音节的形式。这种四个音节的形式,是和汉语的性质相适应,为我国人民所喜闻乐见的。在这样四个音节的形式里,又不只包含一个词,而是几个词紧密的结合,组成为一个整体,用起来好象是一个词,所以觉得特别简练。因之,引用成语,本身就是一种极重要的修辞手段。这里只从课文当中举出几个例子:

人山人海——“天安门广场上人山人海,到处都是红旗。”(《五一节》)

兴高采烈——“就在这一个个的圆圈当中,大家兴高采烈的唱歌、跳舞。”(《欢乐的首都国庆节之夜》)

满不在乎——“你尽管站在它背后讲话,吹哨子,拍手,敲石

子，它都满不在乎。”（《蝉》）

漠不关心　心满意足——“你，一个班主席，难道对这样的事可以漠不关心吗？自己得了五分就心满意足啦？”（《优等生》）

翻来复去——“吃完饭，尼奥丽收拾桌子，洗刷碗碟，心里老是翻来复去的想这事。”（同上）

千里迢迢——“人家还千里迢迢地来帮助咱们建设；……”（《两面红旗》）

有条有理——“有个学生，学习的时候很专心，注意力都集中在功课上，有条有理地一步一步学下去。”（《怎么样取得时间》）

坐立不安　摇头叹气——“这一天，门外的狗又咬起来了。我爹竖耳一听，就坐立不安，摇头叹气了。”（《狗又咬起来了》）

低声下气——“我爹低声下气地向他们哀求着。”（同上）

狐假虎威　举手动脚——“我爹平常最恨那些穿灰皮的狗腿子，今天一见他们狐假虎威举手动脚地嚷着，忍不住火了，……”（同上）

罪大恶极　欺压良民　兴风作浪——“罪大恶极的巫婆，欺压良民的土豪，利用迷信，搜刮人民的钱财，杀害他们的女儿。你们这些人，不去教导人民也就罢了，怎么反倒兴风作浪，助长这种野蛮的风俗？”（《西门豹》）

安居乐业　五谷丰登——“人民安居乐业，五谷丰登。”（同上）

理直气壮——“这是真的，娘说得很理直气壮。”（《千锤百炼的第一次》）

不管三七二十一——“赵铭不管三七二十一，把杨克的椅子搬过来就坐下了。”（《桌椅委员》）

所谓恰当的词和词组，不但在内容意义上，同时也在感情色彩上，切合于实际的事物。所以用词还须注意感情色彩。

（七）必须注意词和词组的感情色彩

词和词组，由于内容意义上的差异，有些是带有喜爱、尊敬等的感情的，我们可以叫做**美词**；有些是带有憎恨、讽刺等的感情的，我们可以叫做**恶词**。在运用的时候，不但要求意义上的切合，还须要注意这种感情上的“美、恶”“褒、贬”的分别。这里举出几个例子：

刘胡兰就这样英勇的牺牲了。……在敌人面前英勇不屈，表现了共产党员高贵的品质。（《刘胡兰》）

生的伟大，死的光荣！（同上）

他提起两个手雷，带着两个战士，勇敢的走出坑道口。（《英雄黄继光》）

黄继光壮烈牺牲了。（同上）

这些句子里的“英勇”“不屈”“高贵”“伟大”“光荣”“勇敢”“壮烈”“牺牲”等，带有尊敬和赞美的感情的，都是美词。

滚开，别在这儿捣乱！（《好事情》）

狡猾的狐狸这次可碰上对手了。（《狐狸和白鹤》）

孩子，你别饶了那些坏蛋！（《蔡小》）

从侦察来的情况知道，对岸敌人有一个团，他们妄想凭借乌江天险堵住我们。（《冲破乌江天险》）

他这才用他的大红鼻子狠狠地哼了一声，象瘟神似的迈出门去。（《千锤百炼的第一次》）

一听到街上狗咬，常常是国民党的保丁窜到村子里来了，他们逼粮要款，一进门就吹胡子瞪眼的，那种凶神恶煞的样

子，实在怕人。（《狗又咬起来了》）

这些句子里的“滚开”“捣乱”“狡猾”“坏蛋”“妄想”“哼一声”“瘟神”“窜”“吹胡子瞪眼”“凶神恶煞”“怕人”等，带有憎恨和讽刺的感情的，都是恶词，或者属于贬义的词组。

你们国民党是什么东西？一伙凶恶的强盗！一伙无耻的卖国汉奸！一伙屠杀工农的刽子手！……（《方志敏烈士》）

这里的“什么东西”“凶恶”“强盗”“无耻”“卖国汉奸”“屠杀”“刽子手”，都是表示极端憎恨的词或词组。

大家都说：小明年纪小，可是挺坚决，挺有胆量，又挺机灵。（《张小明》）

这里的“坚决”“有胆量”“机灵”，都是表示赞美的词或词组。

感情色彩上的区别，正是根据于内容意义上的区别而产生的。在词或者词组彼此相互配合的时候，一定要注意这种区别。带有喜爱感情的词，总是不能和带有憎恨感情的词相互配合的；例如我们不能说“凶恶的英雄”“有胆量的卖国汉奸”“坚决的刽子手”等等。词和词的配合关系，不但在意义上、色彩上要求符合于实际事理和一般习惯，有时并且在读音上也要讲究整个句子里声音的和谐。这就要讲到协调读音的问题了。

（八）讲究词的配合在读音上的关系

词有单音和复音的分别。单独一个单音词，一般说来，它的读

音无所谓好念不好念，或者好听不好听。复音词当中，象叠音词、重叠词等，由于内部的字音相同，容易引起和谐的感觉，比较地好念也好听。至于几个词或者许多词相互配合在一个句子里或者一段话里，如果在用词的读音上配合得和谐，就更使人觉得念起来好念，听起来又好听。所以读音的协调，也能够增进表达的效果；尤其在诗歌一类的文体当中，更要讲究声音的配合关系。诗歌一类的文体当中，协调读音最显著的一种现象是“押韵脚”，就是在各句或者隔句之间，末了一个字音的“韵母”相同。其次是多采用读音成分相同的词。例如：

弯弯的月儿小小的船。
小小的船儿两头尖。
我在小小的船里坐，
只看见闪闪的星星蓝蓝的天。(《小小的船》)

这里的“船”“尖”“天”是押韵的；又这些句子里使用的叠音词和重叠词很多，象“弯弯”“小小”“闪闪”“星星”“蓝蓝”等；还有“弯弯”“闪闪”“蓝蓝”都和“船”“尖”“天”韵母相同的。所以觉得这一段好念又好听，特别和谐。

此外，应用重复的词，再加上读音成分相同的词，或者应用重复的结构，也可以使得声音和谐。例如下面这两段里的句子：

头遍采茶茶发芽，
手提篮子头戴花。
姐采多来妹采少，
采多采少早回家。(《采茶歌》)

从那天起，
我家门前的水一年比一年绿，
我家屋后的山一年比一年青，
我家田里的庄稼呀，
一年比一年更茂盛！（《寄给解放军叔叔的诗》）

前一段里，应用五个“采”，两个“多”，两个“少”；又两个“茶”，和“芽”“花”“家”韵母相同。后一段里，用三个“我家”，三个“一年比一年”。这样应用重复的词和重复的结构，使得各句之间读音和谐，不但是关于用词的方法问题，也是属于造句法的范围了。

七、怎样造好句子

句子是语言里传达完整意思的单位，一段话里常常包含有好多个句子；所以造好句子，是使我们说话、写文章能够达到准确、鲜明、生动的境地的一个主要步骤。使儿童了解怎样造好句子，也是我们搞好语文教学工作的一个重要环节。不过所谓造句，必定要包括两个方面：一个方面是指各个句子内部的组织，另一个方面又是指一段话里各个句子之间的相互关系。因之，要造好句子，不但须要使得各个句子里的组织成分有适当的安排，还须要使得一段话里的各个句子有很好的配置。关于造句的几个主要问题，都是包括句子的组织成分和句子之间的相互配合关系的；这里举出说明如下：

（一）关于句子成分的配合关系

造好句子和正确地运用词、词组，是相互密切联系的。因为运用词或者词组来充当句子里的各个成分，相互配合起来构成句子，句子又相互配合起来构成一段话，所以要造好句子，必定要求句子成分的配合得当。前面讲到词和词组的运用，在实际意义和感情色彩的区别方面，在读音的协调方面，都要求相互配合得当；尤其在内容意义上，当然特别地要求各个句子的组织成分有适当的配

合。例如：

夜里，延安城四面的山上，一排排窑洞的窗子上，一层层的灯光闪亮。你站在延安城头，向四面山上望去，直觉得四面都是万丈高楼。(《延安》)

这里第一句里的主语“灯光”和谓语“闪亮”，是承接着状语“夜里”来的；不是夜里，当然不会有灯光，更看不出闪亮。第二句里的宾语是“四面都是万丈高楼”，又是承接着“四面山上”这个方位结构以及上句里“一排排”“一层层”等的定语来的；“直觉得”这个谓语，也是承接着上句的状语“夜里”来的。同样的例子：

我们从心里爱着那耸立着井架的山野，
也深深地爱着矿区的灯火辉煌的夜晚。(《油矿之夜》)

这里第一句是指白天的，“耸立着”这个由动词组成的时态结构，和“井架”，和“山野”相配合。第二句是指夜晚的，所以用“也”这个副词连接第一句；“灯火辉煌”这个定语，当然要和“夜晚”这个宾语相配合。

这种意义上配合的关系，从集合的一些相类的或者相关的句子来看，更显出它的重要性。例如：

大家都过快乐的新年，
大家都有更幸福的明天。(《毛主席惦记着我们》)

大家都同意了，就各自从身上拔下最好的羽毛送给寒号鸟。……大家都来拜访它，跟它做朋友。(《寒号鸟》)

两个人都不说话，我也没话可说。沉默，大家都沉默。

(《军用小刀》)

这时候,大伙儿都责备那个拿她取笑的同学。为什么大伙儿都不满意拿别人取笑的行为呢?(《什么是礼貌》)

我们看见的这一切,都是我们祖国的。(《这一切都是我们祖国的》)

一切都收拾妥当,他才愉快的离开刨床。(《王崇伦和他的机器》)

制度对一切人都是一样的。(《列宁和卫兵》)

没有例外,每一个人都把自己的通行证给洛班诺夫看一看。(同上)

每一条河都有河源、河床、河口、河岸。(《河》)

谁也不做声,一个个都偷偷的溜走了。(《老鼠开会》)

个个人都是喜气洋洋,抽着烟,愉快地说笑着。(《饲养员赵大叔》)

他作文的时候,把所有准备好的材料,都仔细整理,仔细安排,……(《列宁在学校里》)

从这些句子看来,"都"这个副词,有"全称"的意思,所以常常和"大家""大伙儿""一切""所有""每一""个个"等表示"全称"意义的词配合运用。又如:

他在地里干活,一休息就拿出书来读。(《毛主席小时候怎样学习》)

熊爸爸拿起自己的碗,一看,就说:"有人喝过我的粥了!"(《三只熊》)

大家还是坐原来的坐位吧,一动,秩序就乱了。(《毛主席在戏院里》)

一放学我就得回家。(《这样做很好》)

大人干活儿的时候,一想到什么,就扔下不干了,那行吗?(《我想妈妈了》)

你怎么一想妈妈就要走呢?(同上)

松鼠一看见松树,立刻就爬上去了。(《猫和松鼠》)

幸亏一过沙漠就得到当地牧民的帮助,……(《万里赶羊》)

一不注意就会把弱小的羊撞伤,挤死。(同上)

他们一进教室,就急忙找坐位,坐下去就用起功来了。(《夜校》)

这些句子里的“一”和“就”都是副词,它们配合起来,表示两件事情先后发生的紧接关系。“一”是“一经”“刚刚”的意思,“就”是“立刻”“很快”的意思。它们意义上各自相类似的词,也可以同样地配合起来,表示事情的这种紧接的关系。

由此可见句子成分在意义上的配合关系,对于句子的构成是怎样地重要了。

(二)关于句子成分和句子之间的排列次序

句子里的几个成分,或者一段话里的几个句子,它们先后排列的次序,正和相互配合的关系一样,要求符合于实际事理和一般习惯。

句子里的并列成分,或者一段话里并列的句子,它们在语法结构上似乎可以不分先后,但是在传达作用上,为了要求切合于实际的事物,也须要讲究排列的次序。例如:

这些可爱的孩子,一个个都长大成人了。他们有的是炼

钢工人，有的是勘探队员，有的是农业生产能手，有的是解放军战士，还有几个已经为革命牺牲，成为光荣的烈士了。（《我们的老师》）

这里并列了几个“有的是……”的分句，先说工人、工程队员，次说农民，后说战士和烈士，大致是依照“工、农、兵”的顺序来排列的。又如：

今天晚上，月光格外明亮。山上，树上，房顶上，墙上，院子里，处处都好象涂上一层银。（《中秋节的晚上》）

这里几个并列的方位结构，先说山、树，次说房顶、墙，后说院子，显然是按照空间上“从远到近”的次序来排列的。又如：

一会儿，太阳落到山背后去了。天空出现了火一样的红霞。红霞慢慢的淡下去，黑夜慢慢的来了。（《日出和日落》）

这里是三个并列的句子，最后一句里又包含两个并列的分句；先说日落，次说红霞，后说红霞淡下去，黑夜来了，显然是依照时间上“从傍晚到夜里”情景变化的次序来排列的。又如：

她走进前面一间，看见桌子上有三个碗，一个大的，一个小一点的，一个顶小的。（《三只熊》）

这里对于三个碗的叙说，是依照形状“大小”来排列次序的。又如：

她除抚养儿辈外，要做一般农妇所做的事情——做饭，拾柴，纺棉，缝补和浆洗……（《一个诚实的孩子》）

这里对于农妇所做的事情一件件地叙说，大致是依照“烧饭，做衣服，洗衣服”这样的次序的。又如：

我天天看它们，有时候给它们拔草，松土，上肥。（《种豆种瓜》）

这里也是几个并列的动宾结构，先拔草，次松土，后上肥，是依照工作和行动的程序来排列的。又如：

专心，有条理，有良好的工作习惯，这些都是取得时间的条件。（《怎么样取得时间》）

这里几个并列的主语，先说专心工作，次说工作方法，后说工作习惯，这样的次序是有一定的根据的；又从词和词组的形式上看，先短后长，也是使得句子好念的一种修辞方法。

属于并列关系的句子成分，须要依照事理来安排序次；至于不属于并列关系的，它们先后的配置，除了要求切合于实际事物以外，当然要依据于语法上序次的规律。一般的序次是先说主语，后说谓语；先说动词，后说宾语；先说补语所叙说的中心词，后说补语；先说定语、状语，后说定语、状语所修饰的中心词等等。有时为着要求更切合于实际的事物，或者为着增进传达的效果，我们可以把这些序次的规律加以灵活的运用。灵活运用的方法有两种：一种是运用不同的序次规律，另一种是变更序次；分别举例说明如下：

所谓运用不同的序次规律，就是对于同样或者相类的事物，可

以用不同的语法关系的方式来表现，也就是由这一种序次改换做另一种序次，而同是符合于一般的规律的。例如："这一天，我永远忘不了。"(《少先队员魏良》)这个句子里的"这一天"原来应该是"忘不了"的宾语，应该放在后边。可是，由于加重语气，并且强调"这一天"的重要意义，就把原来的宾语提前，改充作主语，而把"我永远忘不了"这个主谓结构作为全句的谓语了。同样，"赵简子的权势，谁不知道！"(《东郭先生和狼》)也是原来的宾语提前，改充作主语的。又如："要死就死，我什么也不知道。"(《刘胡兰》)"我连你也不认识，还得看看你的通行证！"(《列宁和卫兵》)这样的句子里，只是为了加重语气，把宾语提前，而用"连""也"等词来配合表示的。又如："这是我一生最大的光荣，和伟大的领袖坐在一起。"(《举杯祝福毛主席》)"'这是老天的保佑！'她只说了这么一句。"(《十六年前的回忆》)这样的句子里，又是利用复指成分的提前或者放后，来强调某一部分的重要意义的。

运用不同的序次规律，也可以适用于**主动句式**和**被动句式**相互变化的情形。在句子里，主动者不必一定是主语，被动者也不必一定是宾语；我们为了突出主语，强调被动者的重要意义，常常采用被动句式。例如："(刘胡兰)十四岁申请加入中国共产党，被接收为候补党员。""和刘胡兰一起被捕的农民，一个一个的被敌人用铡刀铡死了。"(《刘胡兰》)"那时候，鞍钢遭到蒋军惨重的破坏，炼铁厂的高炉破坏得一塌糊涂。"(《孟泰仓库》)在被动句里，如果要说出主动者，就用"被字结构"(例如"被敌人铡死")或者其他结构(例如"遭到蒋军的破坏")。同一件事情，有时用主动句式来表示，有时用被动句式来表示，可以同样地符合于一般序次的规律，但是两种句子的语气和它们意义上的重点，是大不相同的。因为句子里各个词所充当的成分不同，次序也变了。

至于变更序次，就是句子的结构不按照一般的序次而改成特

殊的序次，用来表示特别的语气和感情的。例如："起来，不愿做奴隶的人们！"（《中华人民共和国国歌》）"怎么回事呀，这是？"（《罗文应的故事》）这两句都是把谓语放在前边的，后一句又把判断词"是"也和主语"这"一起放在后边。它们所表示的感情虽然不同，而都是强调谓语部分，所以先着重说出谓语，再说出主语部分。又如："剩下的两个鬼子只得扔了枪，举起手，被县大队的同志捉了活的。"（《张小明》）这个句子里的"捉了活的"，是把状语放在动词的后边，和"活捉了"或者"活活的捉了"比较起来，显然变更序次是有强调状语的作用。又如："全给念完！一下子！明天呢？"（《古丽雅》）这里也是把状语"一下子"放在后边而加以强调的。又如："如同是自己的家乡，我们热爱玉门油矿，爱它繁荣的现在，更爱它彩虹似的明天。"（《油矿之夜》）这句里的"如同是自己的家乡"，一是"热爱"的一个补语部分，把它提到前边来，又是为着强调宾语"玉门油矿"的意义的。可见句子的结构改变做特殊的次序，常常表示强烈的感情，并且有强调某个成分的作用。结构的变化和用词的不同，都使得语气上发生差别。

（三）关于语气的表示方法

句子成分的配合关系、排列次序和句子本身的性质，都可以用来表示语气。我们按照句子的作用和目的，把句子分做陈述句、疑问句、祈使句、感叹句四类；这四类句子，各有一定的结构和配合关系，并且用不同的语调来表示不同的语气。有时句子里的次序，稍为一变化，就使得句子的性质和语气都随着变化；例如："你听见吗，狼叫！"（《在森林里过夜》）这个句子是感叹句，显然是从"你听见狼叫吗？"这样的疑问句上变化来的。由此可见表示语气的方法，是多种多样的，而且彼此又密切联系着。

有时,两种句子表示的意思很相近,可是由于句子本身的性质不同,它们的语气有很大的差别。例如:“凤仙花出来了,我们多高兴啊!”“鲜艳的凤仙花开了,……我们都很高兴。”(《窗台上的花》)前一句里的“我们多高兴啊!”是感叹句,后一句里的“我们都很高兴”是陈述句。初次看到种的凤仙花出芽,多么高兴,比之后来看到凤仙花开的时候,感情还要激动,所以前一句的语气比后一句要强得多。又如:“跟你们一块儿玩玩吗?我没有工夫。我忙着做饭呢。”“什么,我没有活儿干?……我要干这么多活儿,哪有工夫跟你们玩呢!”(《在树林子里》)前一段里多用陈述句,语气比较轻,感情也比较缓和;后一段里多用反问句,语气很重,感情也很激烈。这是用不同性质的句子来表示不同的感情和不同的语气。

有时,同样性质的句子,甚至是同样一个句子,由于语言环境和其他句子配合关系的不同,也表示出不同的感情和不同的语气。比较下列的三段话:

> 同志们,回去吧!明年春天我们再来。(《冬耕》)
>
> 好,你回去吧,谢谢你和你们的队!明天早晨我们就绑着土匪回来。(《鹿走的路》)
>
> 唉!回去吧。回去以后什么都会知道的。(《十六年前的回忆》)

这三段里同样有“回去吧”一句,可是由于语言环境和其他句子配合关系的不同,第一段里的“回去吧”是表示兴奋快乐的,第二段里的是表示兴奋感谢的,第三段里的却是“一种哀伤的口吻”。还有同一个人,用同样性质的句子来表示同样的意思的,也由于先后在语言环境上的差异,就用配合关系上的变化来表示轻重不同的语气。比较下列的三段话:

我走了,公鸡弟弟,你别开门,也别在窗口望,小心狐狸强盗把你抓走。(《狗、公鸡、狐狸》)

明天我还要出去打猎。公鸡弟弟,你可要小心!千万别听狐狸的话,别往窗口看。你要不听我的话,狐狸把你抓走,就把你吃了。(同上)

明天我还要出去打猎。公鸡弟弟,你可真要小心啦!千万别听狐狸的话,别往窗口看,你要不听我的话,狐狸把你抓走,就把你吃了。我走远了,你大声叫,我也听不见了。(同上)

这三段话,第一段最简略,语气最轻;第二段,比较详细了,语气也重了;第三段最详细,语气最重。这样的差别,是用句子成分和句子的配合关系的变化来表示的;如"小心""可要小心""可真要小心啦"等的词句里,可以看出逐步加详和加重语气的变化。并比较下列的三段话:

这是一条熏鱼,请你收下吧。(《让给孩子们吃》)

这是我特地带来送你的,一定要请你收下!(同上)

你无论如何要把它收下。你收下我才快活。(同上)

这三段话,也是用配合关系的变化来表示语气轻重的差别;如"请你收下吧""一定要请你收下""你无论如何要把它收下"等的句子里,也可以看出逐步加详和加重语气的变化。

这样语气轻重的变化,又可以应用配合关系和句子性质两种的变化结合起来表示。例如下面这些句子的比较:

六月里还得上一次肥料。(《春天的苹果园》)

小英看那个小孩子急着要上学,又怕狗咬,她不能不送送

他。(《小英后悔了》)

我们一两天就要打仗的呀!(《在风雪里》)

志愿军怎么能把一个小姑娘带到火线上去打仗呢?(同上)

打仗? 怕什么! 我不能打,我还不能看? ……(同上)

这里举出的句子,又是关于肯定句和否定句的分别。第一句是肯定的陈述句(还得……),第二句是双重否定的陈述句(不能不……),第三句是肯定的感叹句(就要……!),第四句是肯定的反问句(怎么能……?),第五句是否定的反问句(还不能……?)。大概说起来,肯定的陈述句语气较轻,双重否定的陈述句语气较重,肯定的感叹句和反问句语气更重,否定的反问句语气最重。

语气除了轻重的差别以外,还有缓急的差别。语气的缓急,也是和句子的意义、感情、语调等的变化密切联系的。例如:"好啊!你就跟我走吧。"(《狗找同伴》)语气比较舒缓;"走,咱们俩也去捡!"(《捡稻穗》)语气较急;"对,快往回摇!"(《母女俩》)语气很急。我们在教儿童念书的时候,一定要把这种轻重缓急的差别念得对;在教儿童说话、写文章的时候,也一定要把这种差别表示得恰当。

(四) 关于句式的选择标准

所谓句式,从说话的方式来看,可以有"主动、被动""肯定、否定"等的分别,这在上文关于句子的结构和语气的表示这些问题当中,已经大略说过;还有从句子组织的形式来看,又可以有"长、短""整、散""单式、复式"等的分别,这里要讨论这方面的问题。

在说话、写文章的时候,究竟应该采用哪一种句子的组织形式:长句子好,还是短句子好? 整句好,还是散句好? 单式的好,

还是复式的好？主要的选择标准，就是看实际的需要，看我们所叙说、描写的内容和实际所要求的传达效果来决定。

长句子，一般是指内容和结构比较繁复，包含的成分也比较多的句子。**短句子**，可以短到只包含一个词的独词句。长句子和短句子各有优点：大抵短句子比较合于口头语，容易表现得明确、生动；长句子适合于说明事理，可以把事物关系表现得细致严密。这里举出几个长句子的例子：

他们不是首先参加体力劳动，而是一开始就想当什么员、什么长来指挥农民，不能和农民打成一片，结果也得不到农民的信任和拥护。有的是抱有很大理想，想改造这，发明那，热情很高，可是不能切合实际，结果到处碰钉子，后来就悲观失望，感到农村没有发展前途，不安心在农村生产。还有的是受家长思想和社会舆论的影响掉队的，这些学生的家长受旧社会影响很深，认为子女参加农业劳动没出息，丢人败兴，加上青年自己不坚定，就背上了包袱，思想动荡不安，总想另找出路。(《欢迎中小学毕业生回到农村来》)

上面的三个句子，是比较长的，内中包含并列的分句和并列的成分比较多。还有一种长句子，它所包含的并列的分句，在结构上是相类似的，或者是重复的；例如：

在每个人的肩头上再也看不见湿毛巾了；在水龙头旁边再也看不见女工们抢着绞毛巾了；车间里的茶箱，一个个都是端端正正的，再也看不见一个颠倒的了；送茶的工友，再也没有人向他吵着嫌茶太热或是太少了；吃过饭的休息时间，再也看不见走道口一大群一大群乘凉的人了。(《车间里的春天》)

这几个“再也看不见”“再也没有”，组成这样几个重复结构的并列分句。这样重复结构的句子，是一种复式句。

复式句和单式句的分别，是要看前后各句的结构有没有类似，有没有重复。前后各句结构相类似或者相重复的，叫做复式句；否则，叫做单式句。这和语法上单句、复句的分别不可相混。语法上单句、复句的分别，是根据于句子结构的性质来作绝对的区别。这里的单式和复式的分别，是就前后各句结构形式的比较来说，是相对的区别。至于整句和散句的分别，只要看前后各句是不是一样地长短。**前后各句里字数或者音节的多少是一样的，叫做整句；否则，叫做散句。**整句和散句当中，都可以是复式的，或者单式的。复式的整句当中，两句结构类似而又词义一一地相对的，叫做**对称句**，或者叫做**偶句**，“对子”“对联”就是这种偶句；例如：

祖国河山大
人民力量强(《春联》)
加强中苏友好
保卫世界和平(同上)

复式句当中，长短不一定相同，而用重复的结构，或者相类似的结构的，叫做**排比句**，或者叫做**排句**；例如：

草原上的人们千万个，
哪一个不在想念你；
草原上的鲜花千万朵，
哪一朵都想送给你；
知心的话千万句，
哪一句都想带给你。(《草原到北京》)

排比句和对称句，夹杂起来应用，可以使得一段话里词句匀称，读音和谐；例如：

> 草原到北京能走多少天啊，
> 草原到北京能有多少里啊！
> 跨上红通通的枣骝马，
> 穿上白生生的羊毛衣，
> 山啊岭啊哪能挡得住，
> 江啊河啊我们要跨过去。（《草原到北京》）

复式句当中，前后句完全一样的，叫做**重叠句**，或者叫做**迭句**；例如："好得很！好得很！好极了！"（《古丽雅》）"你对不起我！你对不起我！"（《东郭先生和狼》）"好啊！妈妈当了模范了！妈妈当了模范了！"（《大红花》）

总起来说，复式句可以分做对称句、排比句和重叠句三种。重叠句的作用，是在特别强调一句话的意思，把那句话反复地讲，使听的人得到深刻的印象。排比句和对称句的作用更多，不但强调意思，而且利用前后各句在结构上的类似和重复，把同样的相关联的或者相对比的事物更突出地表现出来。例如：

> 春风轻轻的吹着，春雨淅沥淅沥的下着。（《春天》）
>
> 不久，一个个又绿又嫩的豆角长出来了，一条条又绿又嫩的丝瓜也长出来了。（《种豆种瓜》）
>
> 列宁的旗帜在飘扬，
> 到处是新的工厂，
> 到处是新的农庄，
> 到处照着幸福的光。（《十月革命节》）

这朴实优美的歌声，是在歌唱共产党和毛主席的功劳，歌唱劳动的愉快，歌唱美好的生活，歌唱幸福的爱情。(《延安》)

这些句子是用对称或者排比的形式来表示相关联、相类似的事物的。又如："人不吃饭干活没劲，机器不上油就不灵活。"(《王崇伦和他的机器》)这更是用来表示比喻的意思了。再象下列的这些句子：

脚印翻过山岭，他们也翻过山岭。脚印进了密林，他们也进了密林。(《捉老虎》)

红霞慢慢的淡下去，黑夜慢慢的来了。(《日出和日落》)

秋天是个美丽的季节，秋天的北京更是个美丽的城市。(《北京的秋天》)

春天夏天不下雨，庄稼就会发黄，就会枯死。收获的时节，雨下得太多，庄稼就会发潮，就会腐烂。(《为什么要知道天气》)

起初，我是低下头去看它们的，现在，我必须抬起头来看它们了。(《松树为什么不生长》)

骆驼很高，羊很矮。……骆驼说："我做一件事情，可以证明高的好。"羊说："我做一件事情，也可以证明矮的好。"(《骆驼和羊》)

这些又是用对称或者排比的形式，来表示事态的逐步发展、意思的逐渐深进以及不同事物的相互比照。可见复式句的用途是很广的。但是在日常应用的口头语当中，总是单式句比较多；如果语言内容和实际需要，只消应用单式句就够了，那就不应该勉强来凑成复式句。

关于长、短、整、散种种形式的选择，也是如此。在日常口头语

当中，总是用短句子比较多，用长短不齐的散句比较多；所以语言内容和实际需要，如果不必应用很长的句子，不必应用整齐的句式，那就应该用短句，用散句。

这里再把以上两章所讲关于用词造句方面应该注意的几点，总括说明如下表：

- 关于用词造句应该注意的几点
  - 关于运用词和词组
    1. 要符合于一般习惯——根据普通话词汇里的意义和用法，同时普通话也正在吸收方言里的词和熟语；
    2. 适当地运用一些方言词——运用方言性的词，可以更确切地传达某种实在的事物，但不可滥用；
    3. 辨别意义相类相近的词——意义和用法上有微细差别的词，要加以辨别和分析；
    4. 选用切合实际的词——在叙说和描写某种事物的时候，选用最确切的字眼；
    5. 适当地运用重叠词——适当地运用重叠动词和重叠形容词，可以使得语言生动化；
    6. 引用恰当的成语——成语用得恰当，不但使说话说得确切，而且达到语言经济的地步；
    7. 注意词和词组的感情色彩——注意词的美恶区别和褒贬作用，在配合关系上要避免词义及感情色彩上的矛盾；
    8. 讲究词的配合在读音上的关系——要协调声音，可以应用重复的结构及读音成分相同的词。
  - 关于造好句子
    1. 关于句子成分的配合关系——要求词和词组在句子里和句子之间有适当的意义的配合；
    2. 关于句子成分和句子之间的排列次序——句子里的成分和一段话里的句子，它们排列的次序都要依据于实际事理和一般习惯；有时为着增进传达效果，可以灵活运用序次规律；
    3. 关于语气的表示方法——句子里不同的配合关系，句子结构的变化，不同性质的句子，都可以根据叙述描写内容和要求表达的效果进行选择。

八、怎样把话说得生动有力

关于用词造句的方法，我们不但要从词句本身的意义、结构和配合关系、组织形式等方面来讲，还要从说话的方式和表达的手段方面来讲。我们说话写文章，首先须要有正确的思想内容，其次也须要讲究表达的形式，掌握语言的技巧。为着要增进传达的效力，使得听话或者看文章的人有深刻的印象，或者受到很大的感动，我们必须看对象，讲究说话的方式和表达的手段，把我们的话说得很明确，并且生动有力。毛主席在《反对党八股》一文中说："共产党员如果真想做宣传，就要看对象，就要想一想自己的文章、演说、谈话、写字是给什么人看、给什么人听的，否则就等于下决心不要人看，不要人听。"又说："如果一篇文章，一个演说，颠来倒去，总是那几个名词，一套'学生腔'，没有一点生动活泼的语言，这岂不是语言无味，面目可憎，象个瘪三么?"毛主席的话值得我们很好地体会。

在小学语文课本中，有不少生动活泼的语言。例如："她上前一看，孵出好几只小鸡来了。黄黄的绒毛，就象一个个的绒球。"(《孵小鸡》)"'金皇后'吃得又肥又壮，全身的毛一片金黄，亮得象一匹黄缎子。"(《饲养员赵大叔》)这里用一个个的绒球来比喻小鸡，用黄缎子来比喻马身上光亮的黄毛，读起来自然感到印象深刻。又如："几百公尺高的大山，壁立两岸，活象用刀切过似的。江

面足有一百公尺宽，滔滔的江水不时地翻起白浪，发出呼呼的吼声。”（《冲破乌江天险》）这里用刀切过的样子来形容两岸山壁的陡峭，又用发出吼声的样子来形容江面上水浪的汹涌，读起来也自然觉得乌江天险的情景好象就在眼前。这样一些表达的手法，不但在文章作品当中需要应用，就是在日常谈话当中也时时用到。这里把几种主要的表达手法一一地说明如下：

（一）比　　喻

“比喻”就是“打比方”的说法。用具体明显的相类的事物来作比方的叙说、描写，可以使人家容易理解，容易感受。有时应用一个简单浅显的比喻，不但可以节省许多词句，而且更增加了传达的作用，使得我们的语言达到经济的地步。比喻的说法，有的是明明说出用比方的，常常应用“象”“似的”“好比”“般”“一样”等词，这样叫做明喻。例如下列句子里所用的：

我们流了一脸的汗，沾了一脸的灰。我们用手去抹，越抹越脏，就象戏里的大花脸。（《扑灭野火》）

草拔得多了，他们的手都绿了，好象在绿的染缸里泡过一样。（《拔草》）

扬科的母亲是个穷苦的短工，过了今天，还不知道明天会在哪里，好象寄居在人家屋檐下的燕子。（《小音乐家扬科》）

更夫点了点头，挟着扬科，象挟着一只小猫似的，把他带到一个小木棚里。（同上）

一群群肥壮的牛羊，珍珠般的撒在象海一样的草原上。（《呼伦贝尔草原上的歌》）

稻穗弯弯象金钩，个个金钩映日头。（《丰收的歌》）

唱起山歌没尽头，好比江河水长流。(《丰收的歌》)

河水上照见我的影子，头发乱蓬蓬的就象个乱草堆，脸上一条条小河沟，汗顺着河沟流。(《小五更》)

这太阳象负着重担似的，慢慢儿一步一步地，努力向上面走来，……(《海上的日出》)

如果你仔细看那些细小的脚，你会想起图画上蛟龙的爪子。(《爬山虎的脚》)

我的疟疾讨厌极了。开始发颤，牙齿打架，象仙鹤啄东西一样……(《留斯金》)

小姑娘看见教导员要带她走，高兴得蹦蹦跳跳的，小脸儿笑得象开了花似的。(《在风雪里》)

这种明喻的说法，在有些情景需要描写出来的时候，几乎是不能不用的；这可以引下面一段课文来做例子：

突然，砰砰砰砰……五光十色的礼花升起来了。有的象无数个红红绿绿的发光的气球，一齐飞上夜空，落下去的时候，各自画成一道弧形的光线。有的象一颗浅黄色的小圆珠，射上高空，砰的一声，好象跟天碰了一下似的，炸开了，变成了一朵秋天里怒放的菊花，金黄色的花瓣从花心里努力往外伸展着。有的象一条衔着明珠的蛟龙，扭动着身体，钻向夜空的深处，看不见了。(《欢乐的首都国庆节之夜》)

比喻的说法，有的不明说是用比方的，就是不用“象”“好比”等词的，这样叫做隐喻。例如下列句子里所用的：

毛主席，爱人民，他是我们的带路人。(《东方红》)

党中央和毛主席住在延安，延安就成了中国的心脏，成了中国革命的司令部，成了胜利的发源地。（《延安》）

红一抹，蓝一抹，谁画的这天空中的彩图？一颗颗，亮晶晶，谁装的这草叶上的珍珠？（《秋天的早上》）

苹果树上，挂着一个小小的摇篮，里头睡着一群小黄鹂，……（《黄鹂和山雀》）

每一个卵都是一个透明的小圆球，里面有个黑点。（同上）

几千年以来，骆驼是沙漠里唯一的交通工具。……所以人们就把它叫做“沙漠里的船”。（《骆驼》）

难道这也算是牛吗？这不过是一只青蛙！（《饲养小牛的秀英》）

这种是比喻而不明说是比喻的隐喻法，在说明某些重大的事理的时候，是很有表达力的；这也可以引下面一段课文来做例子：

……可是我知道这看来阴森森的村庄里还埋着星星点点的火种，等这些火种越着越旺，连串起来，就会烧起漫天大火的。（《党费》）

这就是用“星星之火，可以燎原”这一句成语来说明革命事业中一天一天地成长着的新生力量。由此可见，隐喻法是在不用说是比喻而自然明了的情况下应用的，实际比明说出来的更为强调比喻的意义。但是如果在不说是比喻就不容易明了的情况下，还是要应用**明喻法**。

上面讲到复式句的时候，说过比喻的意思可以用复式句来表示。大抵上下两句，上句表示比方，下句说出真正的意思。这里再举几个例子：

> 东方太阳正在升起，人民共和国正在成长。(《歌唱祖国》)
>
> 发了芽的榆树，得了雨水更茂盛；孩子见了母亲，怎么能不亲近！(《举杯祝福毛主席》)
>
> 一根铁棍容易折，拧成的麻绳拉不断；中华各民族团结紧，保卫我们的自由、幸福、和平！(同上)

如果没有下句说出真正的意思，而只有上句打比方的，这就是**歇后语**这个名称的来源。把下句的解释省去，让听的人自己去体会，原来这样才叫做歇后语；这里举出几个例子：

> ……可是也有人说什么“新官上任三把火！”(《三封信》)
>
> 兽医带着怀疑的神情，瞪了孩子们一眼，说：“俗话说：七个保母照看不了一个孩子……”“但是还有一个说法，说大家拾柴火焰高呢！”费多尔反驳说。(《西胡卡》)

现在一般把下一句的解释不省掉的也作为歇后语，例如：“雷公打豆腐，拣着软的欺”；“没骨头的伞——支撑不开”；等等。又，如果用来比喻的是一个完整的故事的形式，有头有尾，而说这故事的目的，并不在于说故事，而是用这故事去暗示一种道理，这就成为**寓言**。例如“守株待兔”“狐假虎威”等。

比喻在修辞上是用得最广的，其他一些表达的手法有很多是和比喻相联系的。

(二) 借　　代

“借代”的说法就是“改换名称”。这实际是用事物的特征来代替事物的名称，使听的人不但知道所指的那种事物，而且连带想到

它的特征，这样自然地得到深刻的印象。借代的说法，有些是和比喻相通的；例如骆驼，向来作为“沙漠里的船”，这也是它的一个特征，我们就把它叫做“沙漠里的船”。再举出几个例子：

……但是他最关心的是那匹母马“金皇后”。(《饲养员赵大叔》)

传来啄木鸟的声音。我们的领队用棍子指着那边说：“你们愿意到跟前去看一看那位森林的鼓手吗？”(《森林的鼓手》)

一点儿没有关系，乐师们还是照常奏它们的乐，没有一个表现出受到什么惊扰，声音的质和量都没有些微的改变。(《蝉》)

我们原来是准备打白鼻子狼用的，现在给你们打黑心肝狼用上了。(《鹿走的路》)

这些句子里，把一匹金黄色的母马叫做“金皇后”，把啄木鸟叫做“森林的鼓手”，把蝉叫做“乐师”，把土匪叫做“黑心肝狼”等等，一方面是确切的比喻，一方面也是恰当的名称了。还有一些借代的说法，是采取事物形象上的某一部分或者某个特点来作为它的名称的；例如：

因为我小的时候，一听到街上狗咬，常常是国民党的保丁窜到村子里来了，……这些“灰皮”挨门挨户地窜，村里的狗就不肯远也不敢近地追着直咬。……我爹平常最恨那些穿灰皮的狗腿子，……(《狗又咬起来了》)

这里是把穿灰皮的保丁、狗腿子们叫做“灰皮”的。又如：

“你们当家的呢，嗯？”一个鬼子说。董存瑞这才看清楚他的鼻子又红又大。……“这个的有没有，嗯？”大红鼻子用手比

了个八字，紧盯着董存瑞。……大红鼻子眯起眼睛，皱着鼻子，看着董存瑞，同时又拍拍席子卷。(《千锤百炼的第一次》)

这里是把那个鼻子又红又大的鬼子叫做“大红鼻子”的。借代的说法，既然是用事物的特征来代替事物的名称，所以为了便于人家的了解，常常需要在上下文里交代清楚。

(三) 夸　张

“夸张”的说法就是故意地“言过其实”，突出地表达自己的思想感情，使人家获得更深刻的印象。人家也知道我们的夸张是语言的一种表达方式，不从表面的词句来理解，而从精神实质上去体会，所以得到的感受最深。有些比喻和借代的说法，实际也就是夸张的说法；例如说一头很小的牛“这不过是一只青蛙”，把一匹金黄色的母马叫做“金皇后”等等。所以夸张的说法有很多是和比喻、借代相通的。例如下列句子里所用的：

我们的事情还很多，譬如走路，过去的工作只不过象万里长征走完了第一步。(《铁脚团长》)

站在高处一看，到处都是树。整个北京城就象一片绿的海。(《北京》)

到了正午，这人民广场上，队伍已经挤得满满的，成了一个人海，红旗翻动，象海上的波浪。(《开国大典》)

屋里，我是主人；门外，蝉是最高的统治者。”(《蝉》)

“把猪圈修成金銮殿，猪也变不成公主！”李玉清就说过这一类的俏皮话。(《三封信》)

蔺相如手下的人看到这种情形，大抱不平，觉得相爷怕廉

将军，象老鼠见了猫，多么可耻！(《将相和》)

还有一些夸张的说法是用比较的方式来表达的，例如："在我们的美妙语言里，再没有什么比你的名字更加动听；……在我们这里，把从你身边传来的一个纸片看得比爱人的信还亲。"(《致北京》)"说啥开天辟地是盘古王，盘古王今天才出现。"(《命令秦岭让开路》)还有用其他的方式来表达的；例如下面的一段话：

有一次，女会计秀梅开玩笑说："赵大叔被牲口精迷住了！"这话并不算太夸张。(《饲养员赵大叔》)

这里所说"被牲口精迷住了"，是把牲口人格化的一种说法，这也就是"拟人"。

(四) 拟　人

"拟人"的说法就是把一切事物都作为人来看待。由于说话的人有强烈的感情，把一切有生命的和无生命的东西都作为人来看待，觉得人以外的事物也有人那样的思想感情；这样说出来的话，如果切合于事物的特点和人的心情，自然使听的人得到鲜明生动的印象，得到格外亲切的感受。拟人的说法，有很多是和比喻、借代、夸张相联系的；例如把一匹金黄色的母马叫做"金皇后"，一方面是比喻、借代，一方面也是一种拟人的说法；把乌江的水浪形容出来，说是"发出呼呼的吼声"，一方面是比喻，一方面也是把它作为有生命的东西来看待。这里再举出一些例子：

一粒种子昏昏沉沉的睡在泥土里。它忽然醒了，觉得很

暖和，就把身子挺一挺。(《一粒种子》)

种子仔细一听，外边真热闹。春风在唱歌，泉水在唱歌，小鸟在唱歌，小朋友也在唱歌。(同上)

天黑了，拖拉机还在星星下面工作，睁着两只大眼睛，突突突的来回开动。(《春耕》)

葡萄熟了，枣树上的枣儿也红着半边脸。(《北京的秋天》)

高炉吃下了铁矿石，吐出生铁来。(《鞍山》)

这样一来，永定河再也不敢横冲直撞了，全让人给治服了……(《官厅水库》)

应该先祝贺我的刨床，因为它从来没麻烦过我。(《王崇伦和他的机器》)

风把她的头发吹乱了，好象是在和她开玩笑似的。(《饲养小牛的秀英》)

空旷的花园里，烧焦的树木垂头丧气地弯着腰。(《小夜莺》)

深蓝的天啊，低低地垂着，好象是我们顶大的篷帐，风吹白杨树哗啦啦响，好象有许多话儿要跟我们讲。营火照红了我们的脸，也照亮我们年轻的心；火焰也学习我们跳舞，星星也含笑闪着眼睛。(《八月的营火》)

拟人的说法，还有很多是用对话的方式来表达的；这种方式也是在课文当中常见的，这里只举出几个例子：

太阳瓜，都滚到自己主人跟前去吧！(《太阳瓜》)

祖国正在迈着大步走向社会主义。每个地方都发出一个声音：给我们钢铁！钢铁！钢铁！鞍山，就响亮的回答：有！有！有！它把钢铁送到全国每一个需要钢铁的地方去。(《鞍山》)

每一次见到你的名字，都会引起我们的激动；你甚至还常常出现在我们劳动后的甜梦中。在我们谈心的时候，谁对谁也不隐瞒自己的感情：哪怕是能在你的怀抱里住上一天，这就是我们一生里最大的光荣！（《致北京》）

喜马拉雅山在天里面，巴颜喀喇山是上天梯，都朝着秦岭高声喊，风送喊声千万里："你在英雄人民的面前，还不赶快把头低！"（《命令秦岭让开路》）

上面讲的几种表达的手法，比喻、借代、夸张、拟人等，大都是应用相类似或者相关联的事情，来比拟、比较的；如果是应用相对相反的事物来比照，那就成为"对比"的说法了。

（五）对　　比

"对比"的说法，是用形象上、性质上或者其他方面的相对相反的事物来两两比照，这样表达出来的意思更觉得鲜明而突出了。在上章讲到复式句子的作用，曾经说过不同事物的相互比照，可以用对称或者排比的形式来表示。这里再举出几个例子：

舅舅家里的房子又小又破，可是地主的房子又大又漂亮。（《解放以前农民的生活》）

爸爸的鼻子又高又直，你的呢，又扁又平。（《我的伯父鲁迅先生》）

许多快乐的小鸟在树上唱着很好听的歌，可是小英心里沉甸甸的，很难过。（《小英后悔了》）

这个世界上的东西都是富人的，穷人什么也没有。（《煤的对话》）

对比的意思，也可以用偏正复句或其他组织的形式来表示，不必一定是用并列的句子和相类似的结构的。象下面所举的几段里，都不是并列的句式，而都是采用对比的手法：

富人正为了使自己什么都不做，而且能够过着很舒服的生活，才叫穷人们那样一刻不停地工作的。(《煤的对话》)

你未必知道，那天晚上，矿工的死尸躺在小屋里，他们的妻子儿女围着哭的时候，那胖绅士的家里正在开盛大的跳舞会呢！(同上)

有一天，妈说送我上学。我听了高兴得跳起来。想起从前，看见地主家的孩子上学，我不能上学，只能给地主家打杂，心里很不平。现在，压迫农民的地主打倒了，不合理的事情没有了，我多高兴啊！(《李春花的话》)

(六) 警　　句

所谓“警句”，就是用一些组织严密而意味深长的精炼的句子来作为一篇或者一段话里意思的综合，使听的人有深刻的体会，并且再作进一步的思索的。警句有很多是应用排比、对称的形式，或者更采用了对比的手法；这里举出几个例子：

毛主席曾经题了八个字纪念她，这八个字是：“生的伟大，死的光荣！”(《刘胡兰》)

他常常说：“我们不能等待大自然来恩赐，我们的任务是向大自然索取。”(《米丘林怎样创造梨苹果》)

是的，一篮咸菜是可以用数字来计算的，一个共产党员爱

党的心怎么能够计算呢？一个党员献身的精神怎么能够计算呢？(《党费》)

的确，伯父就是这样一个人：他为自己想得少，为别人想得多。(《我的伯父鲁迅先生》)

至于不用排偶句式或者对比手法的警句，象下面所举的句子：

“你们三个人都明白了：幸福要靠劳动，要靠很好地尽自己的义务，做出对人们有利的事情。”(《幸福是什么》)这里是不用对比手法的。

“由此可见，力气小的聪明的人胜过力气大的愚蠢的狮子。”(《克雷洛夫寓言》)这里是用对比手法而不用排偶句式的。

警句有很多是放在一篇的末了，作为整篇意思的结语的；也有放在一段话的末了的，例如：“这句话只有我明白，‘听妈妈的话’，妈妈，就是党啊！”(《党费》)这是一段文章的结语。警句的运用，一方面是属于词句表达的方式，一方面也是关于篇章结构的组织。

这里把几种主要的修辞方式，列表总括说明如下：

几种主要的修辞方式

- 1. 比喻——打比方的说法
  - 明喻——明说是用比喻的；
  - 隐喻——不明说而实际上是比喻的；
  - 歇后语——上句打比方，下句的解释有省去了的，也有不省去的；
  - 寓言——说故事来暗示一种道理。
- 2. 借代——就是改换名称，用事物的特征来代表事物。
- 3. 夸张——故意地言过其实，突出地表示真切的思想感情。
- 4. 拟人——把人以外的事物作为人来看待。
- 5. 对比——用相对相反的事物来比照。
- 6. 警句——用精炼、意味深长的句子来作为一篇或者一段的意思的综合。

九、怎样划分段落和组织篇章

我们在前面讲到句子成分的配合关系和排列次序的时候，也说明一段话里的好几个句子，它们相互之间必须有适当的配置。这是因为每一段话都必定有它的一个中心意思，一段话里的句子也都要环绕着这个中心意思来说，这样才能够使得前后各句互相配合，互相联贯。同样，一篇文章里的几个段落，也必须有适当的安排。因为一篇里的各段话，也都要围绕着全篇的主要意旨来说，这样也才能够使得全篇条理分明，首尾联贯。要把我们的话说得准确、鲜明而有力量，也必须注意篇章结构的组织。要使儿童能够正确地运用语言，当然必须教他们说话、写文章要有条理，要有中心意旨；所以怎样划分段落，怎样组织篇章，也是我们语文教学工作当中所应当解决的问题。关于这方面要注意的几点，一一举出说明如下：

（一）关于全篇的主题

一篇的主要意旨，就是一篇的**主题思想**。说一句话，必定有一句话的内容和说话的目的。同样，一篇文章里所描述的主要内容，作者对内容的看法、所作的评价，以及作者所要灌输给读者的思想，这一切相互结合，也就构成了这一篇文章的主题思

想。说话、写文章，首先要明确实际的需要和自己的要求，所以必须把一篇的主题思想突出地显示出来。这里举出两篇课文来做例子：

一篇是《骆驼和羊》。这篇的主题，是告诉读者不但要知道自己的好处，更重要的还要知道自己的缺点。开头叙说骆驼和羊各说自己的好处，一个说身体高的好，一个说矮的好；中间三段叙说证明了“高和矮都有好处，也都有缺点”。最后用老牛的话，把主题思想明白地说出来：“只觉得自己好，不知道自己的缺点，是不对的。”

还有一篇是《怎么样取得时间》。这篇的主题，是告诉读者不但应该爱惜时间，而且应该努力取得更多的时间。开头提出怎么样取得时间这个问题；接着用好多段，依次来说明制造和使用工具，创造和推广新的工作方法，以及专心、有条理地学习，都是可以取得时间的。最后一段也把主题思想明白地说出来：“说爱惜时间，……还有消极的说法。应该从积极方面着想，努力取得更多的时间。”

有许多篇并不一定象这样把主题思想明白地说出来，而只是让读者去体会的，由于它们整篇的意旨有很明显的表示，也很容易体会得到。例如《狐狸和乌鸦》一篇，是说爱听奉承话的人就要吃亏；《狗、公鸡、狐狸》一篇，是说对敌人麻痹大意就要丧失性命；《太阳山》一篇，是说贪心不足的人没有好结果；《寒号鸟》一篇，是说骄傲的人要被群众所抛弃，等等。这样一类的“寓言”，多半是没有明白地说出主题思想，可是给人家的感受，比明白说出来的还要深刻。因为读者不但能够体会文章的中心意思，而且同时又了解文章的内容、题材正是为着说明这样的中心意思来配置的。总之，文章的主题思想，无论有没有明白说出来，内中各段的话和各段的划分、安排，都是要围绕着这个中心。

(二)关于段落的划分

一篇有一篇的中心意思。为着要说明这个中心意思,必须要把围绕着它的各个部分一一地交代清楚。因为一种事理,必定有它所包括的几个方面;一种事态,也必定有它的变化过程当中的几个步骤;一种情景,也必定有它所包含的几个层次。文章的内容、题材越丰富,需要这样交代的部分也越多,同时各个部分的内容也越丰富。但是,文章的内容、题材不是任意地堆积起来的,而是根据客观事物的内部联系,经过整理、安排、剪裁,使它的各个部分都围绕着一个主题,这样才能够成为条理分明、首尾联贯的文章。文章的条理是根据于客观事物本身的条理和我们思想的条理而来的。如果我们的思想正确地反映了客观事物的条理,那么,我们的思想也就有了条理,写成文章也就可能有条有理。所以我们要把文章写得有条有理,根本办法就是在于研究客观事物来掌握它的内部联系。毛主席《反对党八股》里说:"文章是客观事物的反映,而事物是曲折复杂的,必须反复研究,才能反映恰当;在这里粗心大意,就是不懂得做文章的起码知识。"

对于文章内容、题材的整理,首先须要把它的各个部分一一划分出来,于是再看各个部分和主题思想的关系重要不重要,而加以剪裁。关系重大的,留下来,或者留多些;关系不大的,留少些,或者去掉。最后,把留下来的每个部分都依据客观事实给它树立起一个中心意思,以作为划分段落的基础。每一个段落必定只包含着一个中心意思;如果需要树立两个中心意思的,就要分成两个段落。这里举出两个例子来说:

《团结》一篇,分做六段。第一段说阿才有十个儿子;第二段说阿才叫十个儿子折箭,一个人折一枝;第三段说十支箭都很容易地

折断了;第四段说阿才又把十支箭捆成一把,再叫儿子们折;第五段说儿子们都折不断;最后第六段用阿才的话来说明大家要团结起来,才可以抵挡敌人。这六段都很短,但是每一段都表明一个中心意思。

《一粒种子》一篇,本来应该分做五段。第一段叙说种子睡在泥土里,忽然醒了,把身子一挺;第二段叙说喝了水,又把身一挺;第三段叙说听到春风,向蚯蚓问起外边的情形,想钻出去,又把身子一挺;第四段叙说听到外边唱歌,决心钻出去,又把身子一挺,钻出来了;第五段叙说钻到光明的世界里,看到自己和很多同伴。可是课本里并不完全按照这样五个中心意思分做五段,而是分得更细,在第三段里,把种子和蚯蚓两次问答的话也分列四段;在第四段中间,又把"啊,我一定要出去!"一句独立成为一段。这样,第三段里分成五段,第四段里又分成三段了。

由此可见,一个段落包含着一个中心意思,这只是划分段落的基础。每一个中心意思,不必只列成一段。对话里的问一次、答一次,都可以独立成为一段。这是因为通常书写的作品里,为了使得对话醒目些,往往把问答的话分列各段。再举一个例子:

> 1947年1月12日,蒋军包围了云周西村,把刘胡兰抓去,在村边的大庙里拷问。
>
> 敌人问:"你叫刘胡兰?"
>
> 刘胡兰说:"我就是刘胡兰。"
>
> 敌人狡猾的说:"已经有人供出你是共产党员。"
>
> "我就是共产党员。"
>
> "村里还有谁是共产党员?"
>
> "就是我一个。"
>
> "你认得谁是八路军?"

“谁也不认得。”

敌人气坏了,拍着桌子叫喊:“你小小年纪,好嘴硬!你不怕死吗?”

刘胡兰说:“要死就死,我什么也不知道。”(《刘胡兰》)

一段中间特别重要的句子,为着要强调它的意义,也常常把它独立起来成为一段。《一粒种子》这篇里的“啊,我一定要出去!”这一句,是需要加以强调的,所以独立成为一个段落。又如《小侦察兵》一篇里的“这个牧童就象真正的侦察兵一样行动起来了”。这个句子,独立成为一段,也是为着强调作用的。

此外,还有用分段来表示过渡作用的,就是在两个大段落中间插进一个小段落,以表示连接关系。例如《党费》一篇里的这一段:

缴党费,不缴钱缴实用的东西,看她想得多周到!可是谁知道事情就出在这句话上头呢!

这实在是处在前后两大段中间有承前启后作用的一个桥梁。

(三)关于各段之间的联系和顺序

一篇里的各段话,既然是围绕着全篇的主题思想来说的,所以各段之间有相互的内在联系,并不是单靠有连接作用的词句或者段落来表示。这种内在的联系,也可以从各段话的内容、题材上看出来,这正反映着一种事理的各个方面,一种事态变化的各个步骤,或者一种情景前后的各个层次的相互联系。例如《一粒种子》这一篇里,除了最后一段说种子和它的同伴钻出了泥土以外,前面各段都说种子把身子一挺,都是用来叙说种子发芽生长的经过,叙

说种子经历了不同条件下的各个步骤才钻出了泥土。又如《怎么样取得时间》一篇里，开头两段就说到制造工具；接着说比方造缝纫机，比方造铁路，列成两段；再说制造工具和使用工具的关系；随后用换个比方，再换个比方，来说要创造和推广新的工作方法，要有良好的工作习惯，这样又列成四段；除了最后一段点明主题思想以外，这些段落都是用来说明怎么样取得时间的各个方面。可见一篇里的各个段落之间，是有相互区别，又有密切联系的。

这种内在的相互联系，从各个段落之间的排列顺序上也可以看出来。因为文章的条理，应当把客观事物本身的条理恰如其分地反映出来，所以一篇文章里各段之间的顺序，也应当反映客观事物相互间有密切联系的配合关系。这里举出几篇来做说明的例子：

《苍蝇》一篇，分做五段。头一段说苍蝇想找东西吃；第二段说飞到正在做饭的小菊家里，被赶跑了；第三段说飞到正在做菜的小红家里，也被赶跑了；第四段说飞到桌子上放着菜的小林家里，又吃不着罩着的菜；末了一段说被小林拍死了。主题思想是说苍蝇应该是被打死的；各个段落，说各家从做饭、做菜到了桌子上放着菜，说苍蝇从想找东西吃、被赶跑到了被打死；这样的顺序，反映着相互联系的各个步骤。

《早晨的阳光》一篇，分做六段。主题是说早晨阳光推动大家都出来活动。除头一段先提出太阳升起和阳光射出的情景以外，以下五段，依次说阳光射到鸡笼上，蜂房上，小白兔身上，金鱼缸上，窗户上；又依次说鸡叫了，蜜蜂飞起来，兔子跳出来，金鱼游上来，孩子起来做早操；这样叙说，从室外到室内，从鸡叫和蜜蜂飞去有声音可以听见的，到了兔子跳动和金鱼游出有形象可以看见的，最后到了孩子起来，也正是反映着自然配合的顺序。

《日出和日落》一篇，分做五段。主题是说日出和日落在一天当中景象的变化，很好看，也可以用来辨别方向。头一段就点明喜

欢看日出和日落。从第二段到第四段,说太阳从东方升起,再偏西,以至于落下去;时间上也是从早晨,过了中午,到傍晚,以至于黑夜。这样时间上的顺序,也反映着一天景色的变化。末了一段又进一步说明日出、日落和空间上辨别方向的关系。

《这一切都是我们祖国的》一篇,分做八段。主题是说祖国伟大、可爱。头两段说到在山顶上向四面看祖国的大地;从第三段到第六段,就把东、南、西、北四个方面所看见的城市、田野、森林、高山、河流等加以叙说,这显然是按照空间上的方向来分段、来排列的。末了两段,说祖国大地上,还有很多没有看见的,使读者进一步想到祖国的伟大、可爱。

《小马》一篇,分做九段。主题是叙说一匹小马从初生到成长以至学会生产工作的经过,也说明了饲养员训练小马工作的程序。第一段说小马的初生,第二段说初生后几天的情形,第三段说它和小牛小羊一块儿玩了,第四段说长大断奶了,第五段说戴上笼头了,第六段说它成长后拴在木桩上,第七段说训练背鞍子,第八段说训练给人骑了,第九段说学会了参加生产工作;时间上,也是说从去年春天,经过秋天,再经过今年春天,暑假,到了秋天,有一年半以上。各段这样排列的顺序,也正反映着一种事态发展的历程。

《海上的日出》一篇,分做五段。主题是描写在海上所看见的太阳升起和从云雾中出来的景象。第一段说在船上早起要想看日出;第二段说找到天边日出的所在;第三段说看到红日慢慢升起,又忽然发出光亮;第四段说有时太阳走到云里,而光线还是透射下来;第五段说有时太阳被黑云遮没,还是把它的光芒放射出来,后来终于冲破黑云,使得一切成了光亮的。各段这样的顺序,也是根据日出景象变化的过程来排列的。

文章里各段之间的相互联系,不但可以在各段排列的顺序上看出来,也可以从一篇开头和结尾两相照应的地方看出来。

（四）关于一篇的开头和结尾

所谓首尾联贯，就是说篇中各段，从头到尾，都贯串着主题思想；有时候在一篇的开头和结尾，有几句话是相互照应的，这样的联贯性更是明显的了。例如：

《信箱》这一篇，叙说一个信箱原来给哥什提亚（哥哥）管的，后来由于娃丽（妹妹）能够帮助别人，就给娃丽管了。全篇有五个大段，第一大段末了的一句话："爸爸把亮晶晶的小钥匙交给哥什提亚。"正和第五大段末了的一句话："哥什提亚只好把亮晶晶的小钥匙交给娃丽。"两相照应。

《米丘林怎样创造梨苹果》这一篇，叙说米丘林创造"梨——苹果树"和其他许多奇怪的植物的经过。开头的部分说米丘林的理想："米丘林要创造自然界从来没有过的东西。他相信人类可以按照自己的意志来改造自然。"这几句话，正和全篇末了的话："我们不能等待大自然来恩赐，我们的任务是向大自然索取。"两相呼应。

《车间里的春天》这一篇，叙说解放以后，工厂成为工人的家，车间有了冷风装置。开头的一段："一年四季，春秋两季最好，不冷不热，我们劳动人民都喜欢这两季。"也正和末了的一段："真的，如果你一辈子不出车间，你会以为世界上没有冬天，也没有夏天，一年四季都是春天。"两相照应。

开头和结尾，能够互相照应，更可以把主题思想突出地显示出来。所以说话、写文章，不但要把整个内容、题材安排妥当，使之条理化，还必须把开头和结尾的话说得有力。

开头的话，如果说得有力，不但可以吸引人家的注意力，而且可以创造出一种气氛，把人家的心情融合到文章的内容里来。一种主要的说话方法，就是在开头就把全篇最重要的意思简单明了

地说出来。这里举出几个例子：

《官厅水库》这一篇的头一段，就是这么一句："官厅水库是咱们中国目前最大的一个水库。"

《鞍山》这一篇的头一段，也就是这么一句："鞍山，是钢铁的城市。"

《十六年前的回忆》这一篇的开头一段，是："一九二七年四月二十八日是我永远不忘的一天，那是我父亲李大钊烈士的被难日。离现在已经十六年了。"

《冲破乌江天险》这一篇的开头一段，是："一九三五年一月二日，红军先遣团渡过了乌江天险。"

关于开头的话，还有一种方法，是对于有关主题而需要加以解释的问题，就在开头加以交代。例如《军用小刀》这一篇，主题是叙说孩子有了小刀，受到教育之后，不再乱用小刀了。可是这把小刀是怎样来的，需要加以交代，所以开头就从"战争结束了，我们都等待爸爸回来"讲起，于是说从前线回来的爸爸把这把小刀送给孩子。再还有一种方法，是把一篇文章里讲的故事的背景，就在开头加以介绍。例如《西胡卡》这一篇，主题是叙说孩子们把一匹受伤的马共同细心地救护，后来给它医治好了；这匹马原来是倒在雪地上的，所以开头从雪地讲起。第一段的话是：

> 一个严寒的早晨，到处盖着白茫茫的雪。炮车的轮子把雪辗得格吱吱的响。马蹄把冰块踏碎，又把它踢得带着雪滚到前面去。大路上热闹起来了。

这样在开头交代事实，介绍背景，虽然没有直接讲到主题，而对于创造气氛是很有作用的。

结尾的话，如果说得有力，不但可以使人家留下深刻的印象，

而且可以启发人家的心思，进一步地去发现问题，去寻求解决问题的途径。一般所应用的结尾的方法，是把全篇最重要的意思或者最重要的事实，做一个归纳性的总结，使听的人和读的人能够得到一个清楚的概念。例如《你们幸福了》这一篇，是把旧社会里给孩子们的教育和现在对孩子们所用的教育方法比较起来，显然现在孩子们幸福了。这篇结尾的话是：

> 从前先生要学生好，现在先生也要学生好，这是一样的。从前先生认为只有读书好，现在先生除了教学生读书，还引导学生尽量地玩，认为玩和读书同样重要，这是不同的地方。从这不同的地方看，你们幸福了。

还有一种做结尾语的方法，是把全篇所叙述的事态发展的结果，就作为一个重要的结论，使人家从这个事实上得到借镜。例如《军用小刀》这一篇，是叙述孩子受了良好的教育，有了良好的结果，从此不再乱用这把小刀了。它的结尾语是：

> 我用我的小刀削铅笔，开墨水瓶，裁纸，做风筝架子，做木板飞机，做芦苇哨子。总之，用它做它应该做的事。我也做我应该做的事。

再还有一种做结尾语的方法，就是应用上章所说的“警句”，把一二句精炼的意味深长的话来做全篇综合性的结语，使听的人和读的人不但有深刻的体会，而且受到感动，更作进一步的思索。例如《党费》这一篇结尾的话：“一个共产党员爱党的心怎么能够计算呢？一个党员献身的精神怎么能够计算呢？”这里再可以举《祖国的泥土》一篇的结尾语来做例子：

那撮泥土，就是怀念祖国的心哪！

应该怎样开头，怎样结尾，必须根据文章的内容、题材来确定。不同的内容，就要用不同的说话方法。从用词造句以至组织篇章的结构，都是要看具体的内容来采取适当的方法。以上所讲关于修辞方面的一些方法，只是一般所认为最主要的，可以作为儿童学习语言的基础，并不是一成不变的东西。这是我们在语文教学当中应该强调指出的。

关于分段和组织篇章应该注意的几点，附表总括说明如下：

关于分段和组织篇章应该注意的几点

- 1. 关于主题思想——文章所描述的主要内容、作者对内容的看法、评价以及作者所要灌输给读者的思想，这一切相互结合，构成主题思想；要把主题思想突出地显示出来；
- 2. 关于段落的划分——文章内容、题材的整理是根据客观事物的内部联系来分析、剪裁，最后划分段落；
  - 分段的标准（根据客观事实）
    - 各段的中心意思，
    - 对话问答的各句，
    - 表示强调作用，
    - 表示连接关系；
- 3. 关于各段之间的联系和顺序——各段之间的联系，关于各段的排列；
  - 各段排列的顺序（根据客观事物的内部联系）
    - 事态的发展，
    - 事物自然的配合，
    - 时间的先后，
    - 空间的各个方向，
    - 景物变化的层次；
- 4. 关于开头和结尾——开头和结尾的话常常要相互照应；
  - 开头的主要方法
    - 突出主题，
    - 交代事实，
    - 介绍背景；
  - 结尾的主要方法
    - 总结内容，
    - 说明结果，
    - 应用警句。

十、怎样使用标点符号

前面几章里，讲过了各种词、词组、句子的性质和作用以及它们的结构。在实际口头语当中，词、词组、句子的性质和结构，常常应用停顿和语调来表示；连续说出的一篇话，中间有很多的停顿，而且停顿有长有短，每句话又有一定的语调，这样才能把说话的意思明白表示出来。实际口头语里的种种停顿和语调，在书面语当中，又有大部分是用标点符号来表示的。

“标点符号”是帮助文字更好地记录语言的工具，用来标明各种词、词组、句子的性质和作用，或者表示语言里的停顿所在、停顿的长短或说话的语调。文字的记录语言，要求跟实际的口头语基本上一致，但是，文字有它的局限性，不能把实际语言里轻重、高低、快慢、断续等曲折变化的现象统统表示出来。又文字是书写的传达方式，不是当面的说话，没有对话时候的那种情景来做依据，也不能运用手势、姿态等来作为传达的辅助手段。所以，为着弥补文字的这些缺点，我们一方面要讲究书写当中分段、分行等的格式，另一方面尤其要运用这些标点符号，使得文字的记录语言更为精密而生动。

这些标点符号，不但可以用来帮助文字记录口头语，而且有时可以替代文字，节省语言，形成一种很经济而有效的修辞方式，使得书面语更为简练而富于表现力。有些意思，在实际口头语里往

往需要许多话才说得清楚的，而在书面语里只要用一个简单的符号，就能够明显地表示出来。所以标点符号是文章当中一种极重要的成分，是书面语里的有机的部分，也可以说是另一种形式的虚词，用来表示各个词、词组、句子相互之间的分合和连接关系，表示它们在语言交际当中的意义变化和感情色彩。

总起来说，标点符号是书面语的"眉目"。我们在语文教学当中，应当指导儿童怎样运用标点符号，怎样依据标点来分析课文里的句子结构，并且划分各种结构的层次，又怎样依据标点来确定各个词、词组、句子的性质和作用，并且读出它们适当的语调和适当的停顿。在指导写作的时候，也应当养成儿童随写随标点的习惯，就是把标点符号和代表词句的文字一起写下去，不是象所谓"加标点"那样从外面加上去。

现在书面语里通用的标点符号，共有下列的十五种：

1. **句号**　"。"，是表示一句话完了以后的停顿；

2. **逗号**　"，"，是表示一句话中间的停顿；

3. **顿号**　"、"，是表示并列的词、词组之间的停顿；

4. **分号**　"；"，是表示复句里并列的分句之间的停顿；

5. **冒号**　"："，是表示提示语之后的停顿；

6. **问号**　"？"，是表示一个疑问句完了以后的停顿；

7. **感叹号**　"！"，是表示一个感叹句完了以后的停顿；

8. **引号**　"“　”‘　’《　》〈　〉"，是表示文章当中引用的部分；

9. **括号**　"（　）〔　〕"，是表示文章当中注释的部分；

10. **破折号**　"——"，是表示后面的话是补充、中断或有突然转进的意思；

11. **省略号**　"……"，是表示文章当中省略的部分；

12. **着重号**　"."，是表示文章当中特别重要的词句，放在文

字的底下的(有时用“○ ⊖ ⊙”或直线、曲线)；

13. **音界号**　和着重号相同,不过音界号放在字和字的中间;翻译外国人名时用来分别姓名的音界；

14. **专名号**　“____”,是表示人、地、团体等特有的名称,放在文字的底下的(现在多用引号来代替)；

15. **书名号**　“﹏﹏”,是表示书名、篇名之类,放在文字的底下的(现在多用引号的“《　》”来代替)。

以上这些符号,可以依照它们的主要用途分做两大类:句号、逗号、顿号、分号、冒号、问号、感叹句七种,主要是用来表示种种停顿的;其他的八种,是用来标明词、词组、句子的性质和作用的。这样区分的两大类,我们要加以灵活的运用,不要看做机械的划分。句号、问号、感叹号,这三种符号一方面表示停顿,一方面也是表示句子的性质和作用的。陈述句完了以后用句号,疑问句完了以后用问号,感叹句和一部分祈使句完了以后用感叹号,分别表示陈述、疑问、祈使、感叹四种不同的句子。其他的各种表示停顿的符号,也多少有表示结构及组织成分的性质和作用。同样,很多种标明性质和作用的符号,也都兼有表示停顿和划分组织的作用。总之:一种符号的用途,不是单一的,而是有灵活性和多样性的。

表示停顿的符号,依据它们包括范围的大小,大致可以排成这样的顺序,就是句号、问号、感叹号大于冒号,冒号大于分号,分号大于逗号,逗号大于顿号。(有时候,冒号也可以包括句号。)在一段文章当中,同时运用这些符号,就可以看出大小结构层层相套的次序,因而很容易了解整个语言组织的意思。这里举出下面的两段课文来做例子:

> 听我说,沙什克!从前世上有许多皇帝、王公、地主和各式各样的财主,可是我们现在比那些皇帝、王公、财主还幸福。

> 凭良心说，真比他们幸福。可是这都是因为什么呢？你知道吗，孩子，田野里的罂粟为什么开红花呢？（《罂粟为什么开红花》）
>
> 造成浪费粮食的原因：（一）有些人不了解节约粮食的重大意义；（二）食堂管理得不好，用粮计划订得不精确；（三）工会没有向大家进行节约粮食的教育，没有及时想办法节约粮食。（《学习作记录》）

从这两段的课文来看，就可以知道顿号包括的范围是最小的，也表示最短的停顿；句号包括的范围是最大的，也表示最长的停顿。冒号和分号，比句号的范围小，也表示比句号短的停顿。逗号又比冒号和分号的范围小，停顿较短。它们之间的关系，大致如下表：

- 句号（。）
  - 冒号（：）
    - 分号（；）
      - 逗号（，）
        - 顿号（、）
        - 顿号（、）
      - 逗号（，）……
    - 分号（；）……
  - 冒号（：）……

顿号用来划分一句话里并列的词、词组；在并列的词、词组中间已经用了连词的，就不用顿号。例如上面所举那段课文里的“从前世上有许多皇帝、王公、地主和各式各样的财主”。顿号也用来表示序数词后面的停顿。例如：

> 写新闻通讯要注意以下四点。
>
> 第一、要决定写什么。……
>
> 第二、要着重写具体事实。……
>
> 第三、要注意真实性和正确性。……

第四、注意时间性。……(《学习写新闻通讯》)

如果序数词已经加了括号,就不用顿号。例如上面所举那段课文里的“造成浪费粮食的原因：(一) ……(二) ……(三) ……”。

逗号的用途比较多。主要的有这几种用途：第一,句子里各种成分,如很长的主语和复指成分等,它们之间不容易分析清楚的,就要用逗号来划分;例如:“今年政府指示今后要让大批中小学毕业生回农村参加农业生产,这一英明措施,我们农民是拍手欢迎的。”(《欢迎中小学毕业生回到农村来》)第二,放在句子开头的状语,常常用逗号来划分;例如:“晚上,妈妈给小菊缝棉衣。”(《缝棉衣》)“不久,另一个女政治犯,也是父亲的一个学生,被捕到警察厅来了。”(《十六年前的回忆》)第三,独立成分和句子里意义着重的成分,常常用逗号来划分;例如:“这一天,我永远忘不了。”(《少先队员魏良》)“你看,我们的生活怎么样?”(《罂粟为什么开红花》)第四,有些连词也用逗号来表示它的连接作用;例如:“可是,父亲仍旧伏在床边上等儿子睡着了。”(《少年笔耕》)第五,一般复句里的分句,中间用逗号来划分;例如:“他做完学校里的功课,还读许多文学作品。”(《列宁怎样学习》)双重的复句里,第一重的分句之间用逗号,第二重的分句之间是并列关系的,就用分号来划分;例如:“他常常跟别人讨论这些作品;如果别人没读过,他就讲给他们听。”(同上)

分号的主要用途,是把复句里包含有逗号的并列的分句划分出来;例如:“也许你站在雪封的山林,保卫着祖国的边疆;也许你生活在海边,巡视那绿波滚滚的海洋。”(《我们是接班人》)在冒号下面并列的词句,中间也常常用分号来划分;例如:“今后要为节约粮食进行的工作：(一) 向全厂职工进行教育;(二) 协助管理食堂的干部做好管理伙食的工作,准确地订出每月的用粮计划。”(《学

习作记录》)

冒号的主要用途,是放在提示性的话之后,用来表示总括和引起下文。例如:“他教导我们说:‘学习、学习、再学习。’”(《列宁怎样学习》)又如:“挑战书上要写明:1.和人家竞赛什么;2.参加竞赛是哪些人;3.竞赛的条件怎样;4.请哪些人评判。”(《挑战书和应战书》)

句号、问号、感叹号,这三种符号的基本用途,是表示一个意思完整的句子后面的停顿。句子,有的是双部句,有的是单部句,有的是很短的独词句,有的是很长的多重的复句,总之是意思完整的语言单位。现在一般写作里的倾向是句号用得太少,逗号用得太多。主要的原因是从句子结构的形式上不能断定句号要不要用。其次,也由于一段文章意义上的连贯,不容易从中切断,就不敢用句号来表示两个句子中间的停顿。其实,一段文章里的前后各句,在意思上总是连贯的。可是相互连贯的各个句子,又各自有一个作用和目的,并且有一定的语调来表示。每句话把它的作用和目的表达得清楚的,就是一个意思完整的语言单位,就应当在它的后面加上句号或者问号、感叹号。陈述句、疑问句、祈使句、感叹句四种不同的性质和不同的语调,就是分别用句号、问号、感叹号表示出来的。这里再举出几段课文来做例子:

> 上课的时候,我们问老师:“什么叫集体?”(《什么叫集体》)
>
> 一个同学说:“人多力量大。大家合起来多好啊!”一个同学接着说:“老师,我懂了,这就是集体啊!”(同上)
>
> “沉住气,不要紧的!鬼子来了,一问三不知!”席子里象猜着董存瑞的心事似的,给他稳住了架。(《千锤百炼的第一次》)

上面讲的几种表示停顿的符号，其中的问号、感叹号等，显然兼具有标明性质的作用。引号、括号、破折号、省略号，这四种标明性质的符号，也都兼有表示停顿和划分组织的作用。引号的主要用途是表示引用的现成的词句；例如：“我看到报上用头号字登着‘李大钊等昨已执行绞刑’，我立刻感到眼前蒙了一团云雾，晕倒在床上了。”（《十六年前的回忆》）引号有单引号和双引号的分别，引号里面再要用引号的，大致外面一层用双引号，里面一层用单引号。括号的主要用途是表示注释的或者增补的话；下面一段课文可以做例子：

韶山冲的人们到现在还都传说着这些故事。“润芝（毛泽东同志的号）先生从小就是很讲礼性（讲理）的。”他们说。（《一个诚实的孩子》）

破折号也可以用来表示注释和补充的话；例如：“我的舅老爷——父亲的舅父打开了大门，……”（《十六年前的回忆》）破折号又可以用来表示意思上突然转到别处的话；例如下面一段里的引文：

妈妈叹口气说：“好吧，等我完了事，赶着给你洗，可是不一定干得了——你怎么又过队日了？我今天下午有事，还指望着你给我看小弟小妹呢。”（《好妈妈》）

破折号有时也可以用来表示说话里声音的延长和停顿；例如下面一段里的引文：

我反而不好意思了，我红着脸低着头说：“从今天起，我要天天帮您做事了，好——妈——妈。”（《好妈妈》）

破折号占两个字的地位,另有一种破折号只占一个字的地位,例如“伏尔加—顿运河”,这是表示两件事物的关联的。这种符号在小学语文课本里很少用到。

省略号,除了表示省略的或者删节的词句以外,也可以用来表示说话声音的延长和停顿;例如下面两处课文里的用法:

有一回,先生可改变了调子,不说“你们不要好”,只是朝我们“好……好……好……”地说了一连串的“好”。(《你们幸福了》)

“妈,妈,……我们在这里。”我们是用那样可怜的声调在母亲的耳边喊着。(《十六年前的回忆》)

至于着重号、专名号、书名号,这三种标记的符号,都是放在文字的底下的,比较少用;在课本里,它们有时用引号来代替,或者不用符号;例如:“你托李二叔给我带来的‘中国寓言’,收到了。”(《文元和金生的信》)又如《在风雪里》一课里题目下面的注解:

这篇文章是从人民出版社出版的《谁是最可爱的人》里节选的,作者魏巍。

音界号在小学课本里很少用到。例如斯大林同志的全名是“约瑟夫·维萨里奥诺维奇·斯大林”,简写成“约·维·斯大林”。音界号则用来分开姓、名、父名的音界。

标点符号是帮助文字记录语言的一种重要的工具,用来点断词句,表明语调,分清组织的层次,标明词句的性质和作用,有时还可以用来替代文字,节省语言,作为书面语上造成简练文体的一种修辞手段。我们一定要指导儿童掌握这些符号的用法。这里把各种符号的主要用途总括说明如下表:

标点符号的用途是（帮助文字记录语言，有时替代文字节省语言）

- 主要用途在表示停顿和停顿的长短的：
  - 顿号（、）——划分一句话里并列的词或词组；
  - 逗号（，）——划分句子里不容易分析清楚的各种成分，在句子开头的状语，句子里的独立成分，意义上着重的部分以及有独立性的连词；
  - 分号（；）——划分复句里包含有逗号的并列的分句；
  - 冒号（：）——表示总括或者引起下文；
  - 兼表示一定的语调：
    - 句号（。）——表示一个陈述句或者祈使句以后的停顿；
    - 问号（?）——表示一个疑问句以后的停顿；
    - 感叹号（!）——表示一个感叹句或者祈使句（带有情感的）以后的停顿；
- 主要用途在标明各种词句的性质和作用的：
  - 引号（“　”）——表示引用或者实际的词句；
  - 括号（（　））——表示注释的或者增补的话；
  - 破折号（——）——表示补充、中断或者意思突然转进的话；
  - 省略号（……）——表示省略的话或者说话声音的延长和停止；
  - 放在文字的底下，有时不用符号或者用引号来代替：
    - 着重号（.）——表示重要的词句；
    - 专名号（____）——表示人、地、机关等的特有名词；
    - 书名号（﹏﹏）——表示书名、篇名等；
  - 音界号（·）——翻译外国人名时，用来分别姓名的音界；放在姓、名、父名的中间。

张世禄全集

第六卷

6

Collected Writings I

论文集（上）

张世禄 著　申小龙 编

中国出版集团　東方出版中心

编 辑 凡 例

一、本书收录的著作，在语言、文字和标点符号上，尽可能保留原文的风格。

二、本书收录的著作，其内部标题序号，依照其与全书统一序号的对应，作了调整。

三、由于历史文献辑佚的困难，本书对文献中难以辨认的文字，作了打黑码处理。对已经辨认的文字中可能存在的误读，尽可能联系上下文酌定。

四、本书收录的著作，个别在章节、体例和标题内容上做了适应出版的整合工作。

五、本书收录的译文，部分在译者手稿中出现注释缺损，现据相关出版文献订补。

六、本书对旧版文字成例之取舍尊重独立的字义，并适当照顾历史习惯：

1. 不改动的词语(示例)

辨说　科白　旁驸　语意　苍颉　名辞　展转　那末　峙躍
辨论　免强　色采　贯串　透切　蕃殖　反覆　沈重　参杂
颚化　孳生　蕃衍　为着　对向　成份　太形　甚么　记念
愈益　傅会　笔划　推重　特出　邱陵　阑入　偶而　洗炼
真象　真相　纪录　掉换　引伸　借贷　从新　薰灼　弯屈
原素　原泉　澈底　没煞　厌足　便易　凭籍　纷歧　倣效
策勳　涵义　直截　抵当　工夫　惟一　慢骂　赅括　遗流
二个　致疑　发见　揉合　偏面　起原　参进　暂短　委宛
仓猝　骗诈　驾御　疏理　疆界　映象　原于　愤闷　附合
各各　各别　交插　纪载　吸受　激刺　包晕　联接　接联
表显　施予　检察　薰染　地土　已往　画象　媚妩　答理
跌交　接合　排泻　隄防　筹画　策画　谋画　藩著　连络
连系

暴发音　哗喇喇　以致于

赤首圜题　训诂之指　信而有证　莫明其妙　由博反约
穷源竟委　智识分子　混然一体

一日千里之概

斯干的纳维亚(斯堪的纳维亚)

普通(副词)　象(动词)　成功(及物动词)　的(状语、补语助词)

2. 不改动的标点(示例)

总之：　　总而论之：

3. 改动的词语(示例)

如左→如下	右设→下设	两傍→两旁
意像→意象	岐异→歧异	部份→部分
供献→贡献	了望→瞭望	蹓跶→溜达
钞成→抄成	偁→称	会总→汇总
豫告→预告	份子→分子	简炼→简练
沿习→沿袭	原流→源流	浅鲜→浅显
表章→表彰	迭韵→叠韵	纪录品→记录品
恰如其份→恰如其分		

目　录

1923 年

1924 年

1925 年

1926 年

1929 年

1930 年

1931 年

1933 年

1934 年

1935 年

1936 年

1937 年

1938 年

1939 年

1940 年

1941 年

1942 年

1943 年

1944 年

文字上之古代社会观

居今日而欲知茫昧之古代社会，史策既无征考，则惟有求诸古来之余形遗迹，俾可想见其一斑而已。例如考化石而知生物之递嬗，察地层而识地壳之胎成，皆其类也。世界言象形文字者，必推吾国，则此文字者，诚有史以前，先民遗迹之所留，曷借之以窥其政俗之梗概，以补史策所未及者乎。

人类社会之演进，大都由渔猎而畜牧，由畜牧而耕稼。然必也与其地理之相宜与否，有密切之关系，吾国乌能外是。试以文字上之构造证之。

吾国西北多山，宜于猎牧，故特有尚武精神。西戎之戎，从十，从戈，十即甲也。狄者，身旁携一犬也。貊，亦在北方，身衣毛裘，如猛兽形，故从豸。今以社会进化之程序推之，吾知吾先祖必为狩猎之野人也。自西北山地降于平原，地宜栽植，故变易其猎牧之习而从事耕稼。于文，东即农郊，《尧典》所谓“平秩东作”也，盖自西徂东而为农也。此吾民族西来之一证。歺，列骨之残形也。《淮南子》曰：“西方有形残之尸。”山谷之民好杀，此亦吾族西来之一证。地施古今字，尾也。《遁甲开山图》曰“地皇氏兴于熊耳龙门山”，是居东南最下之地尾者，曰地皇。《庄子·秋水》注亦以东海为尾闾。故熊耳龙门一带，不过为彼时舆图之东南尾闾而已。此吾民族西来之又一证。卤，西方盐地也，西北山地多盐。此又其一证也。然

既西来，即改猎牧民族为农业社会，吾国农业所以发达甚早者，虽曰人事之进化，岂非地理使然哉。

虽然，渔猎畜牧之风，固未泯也。凡禽兽字义，多借以言人事。如“笃”，本训“马行顿迟”，而以为人之笃实。“特”，本为牛父，而以为人之奇特。“群”，本为羊群，而以为人群。“哭”，本为犬嗥，而以为人哭。此外如“狱”，从“二犬”。“杀”，古文作“㣻”，亦即“𧰨”，修豪兽也。古文“肆”，即“𧰲”，亦即“𦃟”，故义同杀也。“它”即蛇，今作他，以称彼。“習”，从羽，盖《礼记·月令》曰：“鹰学习也。”“隶”，取鸟兽之倒毛，追逐及之也。“瞿”为注视。“雠”为俦偶。“乌”为呼叹。“羊”者，祥也。“求”，即裘，兽皮也，而含求得之义。“異”，本为“翼”，而作“異同”之“異”。“朋”，鸟也，而名人之同游。“能”，兽也，而以名才能之能。“爲”，猴属也，而以名“作爲”之“爲”。凡此者，皆一切行动作事之名，取诸禽兽也。必以猎牧民族，处大鸟大兽之世，日与为伍，故喜假之以为名。而分别智慧，又得自兽蹄鸟迹。则“釆”之一字，所以为人禽间之纪念字也欤。或者，本人类始由鸟兽进化，犹“闽”“蛮”字之从“虫”，以其身图龙蛇，近于虫也。“贝”者，海介虫也，以之为币，故“货”“贾”等字从“贝”，贵贱亦称人，则人物混矣。数物曰“员”，从“贝”，今作“吏员”之“员”矣。“毌”“串”一字，聚两贝而贯以一也。“禮”，即“豊”，即“蠡”，其时礼器盖用蛤利，犹丽之用为俪皮也。“皮”，古文作“𠳋”，“革”，古文作“𠦫”，从“又臼”，皆象以手剥兽皮状。凡此皮革贝蛤之所以如此通行者，非渔猎社会之现状而何？是以以佃以渔之风，于今犹存遗迹也。“物”从“牛”，“牛为大物”也。“件”从“牛”，其时社会盖以牛为易中，今蒙古青海犹有然者。至印非黑人，则以牛为易妻之俪皮，此即条件之所由起欤？“牵”，从“牛”，“天地之数，起于牵牛”，其重视牛如此者，畜牧社会之特色也。而牛又为耕稼所需，则亦已进为农业欤。“有”，从“月”，从“𠂇”，畜养犬马，取食其肉之意也。而

“血”，从“皿”，血在皿也，其殆茹毛饮血之风乎。“王”，古文作“𤣩”，火在上也。以发明火者为王，犹灯中之火主之为主也。“父”，或说即“㝹”，宀下执火也，然则发明熟食取火之法者，为熟番之始祖，故以父王目之。此燧人氏之所以为人皇也欤？盖已由渔猎而畜牧，由生食而熟食，再进则为耕稼民族矣。

社会之蜕变也，以渐不以顿，其时虽存渔猎畜牧之习，而同时不害其农业之发展也。猎牧民族多与鸟兽虫鱼之类为伍，转而为耕牧时代，则与植物相处矣。故人事动作之名，多取义于草木。“华”，花也，而以为吾族之名。“帝”，花蒂也，而以为人民至尊之称。“民”，萌也，象萌芽形。氏亦与民同意，故亦象出芽，遂以名民族姓氏。《诗》称“烝民”，《书》有“苍生”，“烝”即“林蒸”，“苍”亦苍苍之草也。古之以草木称人者，正多多矣。他如“老”，金文作“耂”，从“毛”，从“匕”，头上生草毛也。“苗”，草木未开花者之称，而以为苗裔之苗。称人曰“箇”，即“个”，半竹也。其所以然者，盖以人仰生于草木，故不知不觉间，以人称纪念草木者乎？数竹亦曰“个”，犹数木曰“梃”，曰“枚”，而亦以数物者矣。此亦证其重视草木也。“食”，从“亼”，从“皀”，以黍稷之馨香为食也。“香”，从“禾”，从“甘”，“稼穑作甘”之义。非谷食之，明证欤？是以午臼之用也甚早。“晨”为“辰”之别字，从“臼”者，叉手动作之象，作于辰者，“日出而作”，其耕农之民风欤？他如“齊”，禾麦吐穗，上平也，而以名齐物之齐。“落”，物落也，从“艸”。“莩”，亦训物落，即“荾”，亦从“艸”。“才”，“人才”之“才”，而象草木初生形。“生”，草木初出也，而训民生之生。“菐”，从“丵”，言烦僕僕，如草木丛生也。“秉”“兼”，均从“禾”，执禾也，今作所谓秉权兼职之秉兼。“因”者，茵也，而作“相因”之“因”。“甲”，象果实裂壳形，而作甲胄之甲。“由”，颠木生芽也，而作“由来”之“由”。“屯”，草木难生形，而作“困屯”之“屯”。“耑”，物初生之题也，象草木之枝根两端。

“束”，从“口”，从“木”，围木也。《诗》所谓“束薪”“束楚”者，其森林业之发达也欤？“来”，麦之属，天所来也。故为来去之来。凡此者，皆农业社会之特征也。渔猎民族，惟重鸟兽畜牧，则以牛羊恃草木以为生，故已稍重草木。至耕稼则专以植物为资生之具矣。此其造字之所以多取义于草木也。耕稼既兴，蚕桑纺织之业，亦随以起。“叀”，即“塼”，纺甎也，《诗》所谓“载寝之瓦”，“瓦”，即叀属也。二糸为丝，恐此亦为嫘祖时之遗迹也。半糸为幺，小也。二幺为𢆶，训微。今“丝忽”之“丝”亦训微。其取义于兹者，以“集腋成裘”，寓女红艰难之意也。由此更可观吾国农业发达之早且备矣。盖自西北降于东南，由山瘠之地而适于平原沃土，故即弃猎牧而从事耕稼，《诗》所谓“我疆我理，南东其亩”者，孰谓非地理使然哉？

农业之发达也如此，政俗诸端，固不能不受农业之影响。此其立国根本上所以有特殊之色彩也。试列举如下：

一、尊天之思想特富　“天”，金文作“𠀘”，人虽大，天临其上也。“示”，天垂象，见吉凶，所以示人也。从“二”，三垂，日月星也。观乎天文以察事变，此日月星云雷电诸象形字之所由来也。故“示”，训神事也，福禄祯祥之名，皆关于神，神所赐者，即天所赐也。“社会”“社稷”之“社”，亦土神也。农民者，本于天与土而已。风雨旱晴，皆与农作有关，凡此谷粒，皆天所赐，安得不云“昊天罔极”，与夫“天生烝民”者乎？祭，从月，从又示，持月以祭神，祭神者，祭天也。

二、宗法社会与大家庭制度之发达　“家”从“豕”，盖耕稼不废畜牧，唯不如游牧者之逐水草而居也。古者以女为奴，使女养豕于家，盖“家起于牧猪奴”也。故曰“男有室，女有家”。“男”者，力田也。女作坐形，则正位乎内也。“安”训静，从“女”，亦安静于内之意。“夫”，从一，从大，一象顶上之发簪，为家之大人也。婦从女在帚旁，所谓“愿为执箕帚”者也。盖大家庭制度，重男轻女，夫为妇纲，其风即兆乎农业社会初起之时。意者，女子体弱，不适于力

田故也。，古文父，手执朴也，“朴作教刑”，其为一家之长乎。母，古文作，两乳垂以哺子也。子，即，象孩提之形。，从口，从儿，奔走呼号，苦口胝足，从事于家业也。弟，即弟次于兄也。则固俨然一大家庭之写照也。身，《汗简》有，云，“古文身，当作俜”，女子亦人也，有孕则腹彭彭然，故从人而象其大腹形。古注亦即孕，《诗》曰，“大任有身”，《礼记》曰：“身也者，亲之枝也。”又曰：“身也者，父母之遗体也。”故身之引伸义为我。胤，从八，从月，分祖父之遗肉，子孙相继续之意。倒子为至者，重视嗣子也。盖农民保守之念独重，故乐其家族相传绵远。祖宗诸字，从示，以神事之也。祀，从示，民不祀非族。此宗法社会之所以特盛也欤？

三、重民政治之特著　王，天下所归往者，以其发明火食而利“民”，犹火主之为主也。“帝”，花蒂也，盖植物之花果，以蒂托之，明其为国之表面人物，以总其成也。若民则为萌，民固邦本也。“君”，古文作，象拱己而坐，所谓“恭己南面”“无为而治”者也。否则，必为劳民兴役之暴君矣。“臣”，反“”也，象俯首扶服之形，《庄子》曰：“擎跽曲拳，人臣之礼也。”《左传》曰：“臣，治烦去惑者也。”所谓“曲躬尽瘁，死而后已”。故臣君者，“岂为其口实”，将以为民也。臤，古贤字，从又，从臣，亦训劳，盖惟贤者，乃能为民治国，可以膺臣之任也。史，执中也，中帐古今字，记事者无大小贵贱，不问在朝在野，掌内掌外，统名之曰史也。自后世愚民政策尽行，于是才必马班，官必翰林，乃得为史，而史亦几欲绝迹于天壤，岂知虽今司事之职，尽皆古史之流哉。又史狱同官。故“骨”从“冎”，从“月”，冎者，凌迟之酷刑也。他如“吕”“己”“心”“胃”诸字，皆肖其形。其所以然者，尊史也，亦尊狱也。如后世之生杀予夺，萃诸一人者，迥不侔矣，殆所谓司法独立者欤？“司”，从反“后”，后者，君也。君道无为，臣道有为，故反君之所为，以司事于外，为民治国也。“烝”，林烝也，植物也。《诗》云“天生烝民”，民以植物为

生，古人所以“毋失农时”，以裕民食也。从即民碞之碞，盖“众志可以成城”，所谓“畏于民碞”也。凡此者，皆吾国政治重民之特征，以农业民族性多仁厚而尚平等，孰谓吾国乃适宜于专制政体者哉？

四、崇和爱而不失尚武　依动物通则，肉食者性残忍，草食者性和爱。吾祖自变猎牧为耕稼，故去其残暴之性，而归于仁厚礼让之风。“人”，金文作[illegible]，似表亲昵谦恭有礼节也。“殷”，从反身，为“㐆”，训殷勤于待人持己也。“匕”，从反人，亦表亲近于人意。“臣”，亦从反身，亦伛偻俯服为礼者也。故“卧”从臣，从人，训俯服于几也。“邑”，从口，卩，礼节也，国家为礼法所立也。则中国已早至人文之境矣。然而农者，以土为重，重从东，东即农郊，《史记·货殖传》所谓“地重”，务农则重之意也。故虽尚和平而常执干戈以守其国也。國即或，从戈，《左传》曰“止戈为武”，一即土地也，口即表其国之封疆也。亦执干戈以守社稷之意也。要，古文作[illegible]，象人持腰，尚武之形也。鬥，两士相对，兵杖在后。《孝经》释文曰“二士对戟”，所谓持戟之士，益以见尚武精神，较之欧史有武士之风，正相仿佛也。是以弓、矢、干、戈、[illegible]之属，所持以守其国者，于今犹存遗迹。盖农民虽不长于进取，不喜侵略他人，而善于保守，故亦决不让他人之有其国，谁谓吾民族乃孱弱之夫，其土地固可强占而有也乎？

以上诸端，盖为谈吾国政俗者所亟欲研究，吾惟以管窥蠡测，陈其愚者之一得而已。造字之间，似甚散漫无纪，而仔细紬绎，尚且彰彰不可掩如此。世之言上古文化者，或且欲吐弃一切，并文字之不知谓何，吾又乌睹其可哉？

（东南大学《国学丛刊》1923 年第 1 卷第 2 期）

《诗经》篇中所见周代政治风俗

章实斋曰："后世竹帛之功，胜于口耳；而古人声音之传，胜于文字。"是以六艺以《诗》教为最广；秦人禁诗书，书阙有间，而《诗》篇无有散失。古者太史陈诗以观民风；欲考其时政治之得失，俗尚之美恶，自莫尚乎《诗》。《诗》篇有风、雅、颂之殊体；政治风俗亦因时地而异趋。顾亭林《日知录》："《周南》《召南》，南也，非风也；《豳》谓之《豳》诗，亦谓之雅，亦谓之颂，而非风也。南豳雅颂为四诗，而列国之风附焉。"故自南豳雅颂，可考见有周一代政俗情形；而于列国之风，亦足以窥诸国各地社会之一斑云。

凡一代之兴衰，必有其时代精神相与终始；有周一代，其政治风俗之特色，盖有五点：

一、敬农业也　男务耕种，女任蚕职，吾国农业社会民生状况，殆固定于周时。周室之兴，基于农业。后稷之起，在教民稼穑。

《生民》：诞后稷之穑，有相之道，茀厥丰草，种之黄茂，实方实苞，实种实褎，实发实秀，实坚实好，实颖实栗；即有邰家室。卬盛于豆，于豆于登，其香始升，上帝居歆，胡臭亶时，后稷肇时，庶无罪悔，以迄于今。

《思文》：思文后稷，克配彼天，立我烝民，莫匪尔极，诒我来牟，帝命率育，无此疆尔介，陈常于时夏。

《閟宫》：赫赫姜嫄，其德不回；上帝是依，无灾无害，弥月不迟，是生后稷，降之百福，黍稷重穋，稙稚菽麦，奄有下国，俾民稼穑，有稷有黍，有稻有秬，奄有下土，缵禹之绪。

自邰迁豳，公刘修后稷之业，务耕种，行地宜，太史公谓周道之兴，自此始。

《公刘》：笃公刘，匪居匪康，迺埸迺疆，迺积迺仓，迺裹糇粮，于橐于囊，思辑用光。

《七月》：七月流火，九月授衣。一之日觱发，二之日栗冽。无衣无褐，何以卒岁？三之日于耜，四之日举趾。同我妇子，馌彼南亩，田畯至喜。七月流火，九月授衣。春日载阳，有鸣仓庚。女执懿筐，遵彼微行，爰求柔桑。春日迟迟，采蘩祁祁。女心伤悲，殆及公子同归。九月筑场圃，十月纳禾稼。黍稷重穋，禾麻菽麦。嗟我农夫，我稼既同，上入执宫功。昼尔于茅，宵尔索绹。亟其乘屋，其始播百谷。

太王迁岐，亦以其地宜于农耕也。

《緜》：周原膴膴，堇荼如饴，爰始爰谋，爰契我龟，曰止曰时，筑室于兹，迺慰迺止，迺左迺右，迺疆迺理，迺宣迺亩，自西徂东，周爰执事。

迄于文武之世，上下男女，皆尊农事。

《葛覃》：葛之覃兮，施于中谷，维叶莫莫，是刈是濩，为絺为绤，服之无斁。

《采蘩》：于以采蘩，于沼于沚，于以用之，公侯之事。方玉润《诗经原始》谓蘩乃生蚕之物，此夫人亲蚕事于公宫之诗也。

《甘棠》：蔽芾甘棠，勿翦勿伐，召伯所茇。《诗经原始》：人之所以珍重爱惜而独不忍伤此甘棠树者，必其当日劝农教稼，或尽力沟洫时，尝出而憩止其下；其后农享其利，人乐其庥，每思召伯而不得见，唯此树尚幢幢然繁阴茂叶，葱倩如故，故不觉睹树思人。

成王时诗，如《臣工》一篇，实叙亲耕籍田之事。

《臣工》：嗟嗟保甲，唯莫之春，亦又何求，如何新畬，於皇来牟，将受厥明，明昭上帝，迄用康年，命我众人，庤乃钱镈，奄观铚艾。

郑笺谓《月令》天子亲载耒耜，措之于参保介之御间。莫，晚也，周之季春，于夏为孟春。

《意嘻》《载芟》之诗则春夏祈谷社稷也。

《意嘻》：成王既昭，假尔率时农夫，播厥百谷，浚发尔私，终三十里，亦服尔耕，十千维耦。

《载芟》：载芟载柞，其耕泽泽，千耦其耘，徂隰徂畛，侯王侯伯，侯亚侯旅，侯疆侯以，有喰其馌，思媚其妇，有依其士，有略其耜，俶载南亩，播厥百谷，实函斯活，驿驿其达，有厌其杰，厌厌其苗，绵绵其麃，载获济济，有实其积，万亿及秭，为酒为醴，烝畀祖妣，以洽百礼，有飶其香，邦家之光，有椒其馨，胡考之宁，匪且有且，匪今斯今，振古如兹。

《丰年》《良耜》之诗，则秋冬以报也。

《丰年》：丰年多黍多稌，亦有高廪，万亿及秭，为酒为醴，烝畀祖妣，以洽百礼，降福孔皆。

《良耜》：畟畟良耜，俶载南亩。播厥百谷，实函斯活。或来瞻女，载筐及筥，其饟伊黍。其笠伊纠，其镈斯赵，以薅荼蓼。荼蓼朽止，黍稷茂止。获之挃挃，积之栗栗。其崇如墉，其比如栉。以开百室，百室盈止，妇子宁止。杀时犉牡，有捄其角。以似以续，续古之人。

其尊视农业，可云至矣。下迨厉王，人事不修，天灾横至，农田污莱，农民顿困。

《十月之交》：抑此皇父，岂曰不时？胡为我作，不即我谋，彻我墙屋，田卒污莱。曰予不戕，礼则戕矣。

《雨无正》：浩浩昊天，不骏其德。降丧饥馑，斩伐四国。

《小宛》：交交桑扈，率场啄粟。哀我填寡，宜岸宜狱。握粟出卜，自何能谷。

《桑柔》：天降丧乱，灭我立王。降此蟊贼，稼穑卒痒。哀恫中国，具赘卒荒。靡有旅力，以念穹苍。

宣王中兴，为民禳旱。

《云汉》：倬彼昊天，昭回于天，王曰，於乎何辜今之人，天降丧乱，饥馑荐臻，靡神不举，靡爱斯牲，圭璧既卒，宁莫我听。　旱既大甚，黾勉畏去，胡宁瘨我以旱憯，不知其故，祈年孔夙，方社不莫，昊天上帝，则不我虞，敬恭明祀，宜无悔怒。

伐徐则言毋害农事。

《常武》：王谓尹氏，命程伯休父，左右陈行，戒我师旅，率彼淮浦，省此徐土，不留不处，三事就绪。　郑笺：王又使军将豫告淮浦徐土之民云：不久处于是也。女三农之事，皆就其业；为其惊怖，先以言安之。

考室则不忘女红。

《斯干》：乃生女子，载寝之地，载衣之裼，载弄之瓦。毛传：瓦，纺专也。郑笺：明当主于内事纺专，习其所有事也。

考牧则占有丰年。

《无羊》：牧人乃梦，众维鱼矣，旐维旟矣；大人占之，众维鱼矣，实维丰年，旐维旟矣，室家溱溱。

幽王嗣世，政事失纪，饥馑流行，人民散亡；而夫人不与蚕织，此诗人之所以刺时也。

《苕之华》：牂羊坟首，三星在罶。人可以食，鲜可以饱。

《召旻》：旻天疾威，天笃降丧。瘨我饥馑，民卒流亡。我居圉卒荒。

《瞻卬》：如贾三倍，君子是识。妇无公事，休其蚕织。

毛、郑谓《楚茨》《信南山》《甫田》《大田》诸诗，为其时思古之作。

《楚茨》：楚楚者茨，言抽其棘。自昔何为，我蓺黍稷。我黍与与，我稷翼翼。我仓既盈，我庾维亿。以为酒食，以飨以祀。以妥以侑，以介景福。

《信南山》：信彼南山，维禹甸之。畇畇原隰，曾孙田之。我疆我理，南东其亩。上天同云，雨雪雰雰。益之以霡霂，既优既渥，既沾既足，生我百谷。

《甫田》：倬彼甫田，岁取十千。我取其陈，食我农人。自古有年。今适南亩，或耘或耔。黍稷薿薿，攸介攸止，烝我髦士。　曾孙之稼，如茨如梁。曾孙之庾，如坻如京。乃求千斯仓，乃求万斯箱。黍稷稻粱，农夫之庆。报以介福，万寿无疆。

《大田》：大田多稼，既种既戒。既备乃事，以我覃耜。俶载南亩，播厥百谷。既庭且硕，曾孙是若。　有渰萋萋，兴雨祁祁。雨我公田，遂及我私。彼有不获稚，此有不敛穧。彼有遗秉，此有滞穗，伊寡妇之利。

所言政俗情形，以较幽王之世，诚不啻霄壤，朱晦庵以其辞气不类，更疑为正雅之篇，有错脱在此者，谓毛郑无辞以说之，故不得不创为伤今思古之论。今未能断其是否。然即此益以见农业之兴衰，足以窥觇国运焉。王室既重农如此，侯国必受其感化。东迁而后，诸侯犹有知重农者，如卫文公、鲁僖公，其著例也。

《定之方中》：灵雨既零，令彼倌人。星言夙驾，说于桑田。　郑笺：文公于雨下命主驾者，雨止为我晨早驾，欲往为辞，说于桑田，教民稼穑，务农急也。

《有駜》：有駜，有駜，駜彼乘駽，夙夜在公，在公载燕，自今以始，岁其有，君子有谷诒孙子，于胥乐兮。　郑笺谓君臣和乐，以有丰年。

农兴国亦兴，农衰国亦衰；盖农业者，非徒为人民衣食所从出也。“以开百室，百室盈止”，则又所以合宗族也。“为酒为醴，烝畀祖妣，以洽百礼”；则又所以备礼物也。“于以用之，公侯之事”；《诗经》原始谓即赋《祭义》世妇卒蚕奉茧，夫人缫以黼黻文章一事。则又与政事有关者矣。《緜》之诗曰：“迺立冢土，戎丑攸行。”毛传：“冢土，大社也；起大事，动大众，必先有事乎社而后出。”则作民兴军，固亦与农有关矣。农业者，非徒为人民衣食所从出也。顾不重乎？农作关乎天年，“天降丧乱，饥馑荐臻”；“上帝不临，耗斁下土”；饥馑由于天降，故“敬天之怒，无敢戏豫；敬天之渝，无敢驰驱”；诗人畏天尊天之思想，特富；亦以其重农业故也。

二、尊礼乐也　周代盛倡礼乐，固非特于《周礼》《仪礼》《礼记》诸书见之也。于三百篇中，尤可想见当时种种仪式之盛。与夫尊重威仪之意，《诗》称文王为人举动辞色之间，无不合于礼仪；当时臣民，受其感化；后世邦国，取为法则。

> 《文王》：世之不显，厥犹翼翼。思王多士，生此王国。王国克生，维周之桢。济济多士，文王以宁。　穆穆文王，於缉熙敬止。　上天之载，无声无臭，仪刑文王，万邦作孚。
>
> 《思齐》：雝雝在宫，肃肃在庙，不显亦临，无射亦保。肆戎疾不殄，烈假不瑕。不闻亦式，不谏亦入。肆成人有德，小子有造。古之人无斁，誉髦斯士。
>
> 《我将》：仪式刑文王之典，日靖四方。
>
> 《棫樸》：追琢其章，金玉其相。勉勉我王，纲纪四方。

文王时，礼乐已备，其仪式之盛，如《关雎》《鹊巢》《采蘋》之于昏嫁。

《关雎》：参差荇菜，左右采之。窈窕淑女，琴瑟友之。参差荇菜，左右芼之。窈窕淑女，钟鼓乐之。

《鹊巢》：维鹊有巢，维鸠居之。之子于归，百两御之。《诗经原始》谓昏礼告庙词也。

《采蘋》：于以奠之，宗室牖下；谁其尸之，有齐季女。《诗经原始》谓女将嫁而教之，以告于其先也。

《旱麓》《天保》《棫樸》之于祭祀。

《旱麓》：瑟彼玉瓒，黄流在中；岂弟君子，福禄攸降。清酒既载，骍牡既备，以享以祀，以介景福。

《天保》：吉蠲为饎，是用孝享。禴祠烝尝，于公先王。君曰卜尔，万寿无疆。

《棫樸》：济济辟王，左右奉璋，奉璋峨峨，髦士攸宜。　郑笺：璋，璋瓒也，祭祀之礼，王祼以圭瓒，诸臣助之，亚祼以璋瓒。

《鹿鸣》《伐木》之于燕会。

《鹿鸣》：呦呦鹿鸣，食野之芩；我有嘉宾，鼓瑟鼓琴，鼓瑟鼓琴；和乐且湛，我有旨酒，以燕乐嘉宾之心。

《伐木》：伐木许许，酾酒有藇，既有肥羜，以速诸父，宁适不来，微我勿顾。于粲洒扫，陈馈八簋，既有肥牡，以速诸舅，宁适不来，微我有咎。伐木于阪，酾酒有衍，笾豆有践，兄弟无远，民之失德，乾糇以愆；有酒湑我，无酒酤我，坎坎鼓我，蹲蹲舞我，造我暇矣，饮此湑矣。

《露台》之于游观。

《露台》：虡业维枞，贲鼓维镛，于论鼓钟，于乐辟廱，于论鼓钟，于乐辟廱，鼍鼓逢逢，矇叟奏公。

周之尚文，盖已开于文王之世；文王娶太姒，已有纳币亲迎之礼。

《大明》：文王嘉止，大邦有子，大邦有子，伣天之妹，文定厥祥，亲迎于渭，造舟为梁，不显其光。

上有好之，下必有甚焉者，南国之化，可概见矣。《汉广》无思犯礼。

《汉广》：南有乔木，不可休息，汉有游女，不可求思。汉之广矣，不可泳思，江之永矣，不可方思。

《行露》不惧相逼。

《行露》：谁谓雀无角，何以穿我屋，谁谓女无家，何以速我狱。虽速我狱，室家不足。谁谓鼠无牙，何以穿我墉，谁谓女无家，何以速我讼。谁速我讼，亦不女从。

《野有死麕》恶无礼相诱。

《野有死麕》：野有死麕，白茅包之，有女怀春，吉士诱之。林有朴樕，野有死鹿，白茅纯束，有女如玉。舒而脱脱兮，无感我帨兮，无使尨也吠。

《葛覃》归宁，必告师氏。

《葛覃》：言告师氏，言告言归，薄污我私，薄澣我衣，害澣害否，归宁父母。

《摽有梅》嫁娶得以及时。

《摽有梅》：摽有梅，其实七兮，求我庶士，迨其吉兮。

此皆当时男女重礼之明证也。武王之世，礼乐亦备，《执竞》言其祭仪。

《执竞》：钟鼓喤喤，磬筦将将，降福穰穰。降福简简，威仪反反。既醉既饱，福禄来反。

《鱼丽》言其物盛礼备。

《鱼丽》：鱼丽于罶，鰋鲤。君子有酒，旨且有。物其多矣，维其嘉矣。

镐京作都，行辟廱之礼。

《文王有声》：镐京辟廱，自西自东，自南自北，无思不服，皇王烝哉。

王姬下嫁，持肃雝之容。

《何彼秾矣》：何彼秾矣，唐棣之华。曷不肃雝，王姬之车。

亦可想见其时文物之盛，周代礼乐，文武时，必已备具，迨周公制作，益见宏肆，是以成王之世，蔚然为巨观焉。其祭祀之仪，如《有瞽》之诗，则始行祫祭也。

《有瞽》：有瞽有瞽，在周之庭。设业设虡，崇牙树羽。应田县鼓，鞉磬柷圉。既备乃奏，箫管乃举。喤喤厥声，肃雝和鸣，先祖是听。我客戾止，永观厥成。

《载见》之诗，则诸侯入朝，始助祭于武王庙也。

《载见》：载见辟王，曰求厥章。龙旂阳阳，和铃央央。鞗革有鸧，休有烈光。率见昭考，以孝以享。以介眉寿，永言保之，思皇多祜。烈文辟公，绥以多福，俾缉熙于纯嘏。

《振鹭》言二王之后，亦来助祭。

《振鹭》：振鹭于飞，于彼西雝，我客戾止，亦有斯容。

《凫鹥》之诗，则绎祭也。

《凫鹥》：凫鹥在泾，公尸来燕来宁。尔酒既清，尔肴既馨。公尸燕饮，福禄来成。

其燕会之仪，则《行苇》之诗，所以养老也。

《行苇》：肆筵设席，授几有缉御。或献或酢，洗爵奠斝。醓醢以荐，或燔或炙。嘉肴脾臄，或歌或咢。　曾孙维主，酒

醴维醹。酌以大斗，以祈黄耇。黄耇台背，以引以翼。寿考维祺，以介景福。

《常棣》之诗，燕兄弟也。

《常棣》：傧尔笾豆，饮酒之饫，兄弟既具，和乐且孺。

《彤弓》《既醉》《湛露》诸诗，则宴诸侯群臣也。

《彤弓》：彤弓弨兮，受言藏之。我有嘉宾，中心贶之。钟鼓既设，一朝飨之。

《既醉》：既醉以酒，既饱以德，君子万年，介尔景福。

《南有嘉鱼》：南有嘉鱼，烝然罩罩；君子有酒，嘉宾式燕以乐。

《湛露》：湛湛露斯，匪阳不晞。厌厌夜饮，不醉无归。

当时君臣，皆有威仪；互相摄佐，以纲纪天下。

《既醉》：朋友攸摄，摄以威仪。威仪孔时，君子有孝子。

《卷阿》：颙颙卬卬，如珪如璋，令闻令望，岂弟君子，四望为纲。

《湛露》：其桐其椅，其实离离；岂弟君子，莫不令仪。

《菁菁者莪》：菁菁者莪，在彼中阿；既见君子，乐且有仪。

《假乐》：威仪抑抑，德音秩秩。无怨无恶，率由群匹。受福无疆，四方之纲。

《九罭》《狼跋》，美周公也，可想见其仪采。

《九罭》：九罭之鱼鳟鲂。我觏之子，衮衣绣裳。

《狼跋》：狼跋其胡，载疐其尾，公孙硕肤，赤舄几几。

上下莫不以礼仪相尚，孔子曰："服周之冕。"周初，文物之盛，殆吾国历史上所未有也。下迄懿厉间，侯国渐有不奉周礼者。如《素冠》之刺不能三年。

《素冠》：庶见素冠兮，棘人栾栾兮，劳心慱慱兮。　庶见素韠兮，我心蕴结兮，聊与子如一兮。

《著》之刺不亲迎。

《著》：俟我于著乎而，充耳以素乎而，尚之以琼华乎而。

而其臣下，亦有以威仪自持者，则余风固未沬矣。

《柏舟》：我心匪石，不可转也；我心匪席，不可卷也；威仪棣棣，不可选也。

召公凡伯作诗，警戒厉王，皆以威仪为言。

《民劳》：民亦劳止，汔可小息。惠此京师，以绥四国。无纵诡随，以谨罔极。式遏寇虐，无俾作慝。敬慎威仪，以近有德。

《板》：天之方懠，无为夸毗，威仪卒迷，善人载尸。

卫武公自警警王，亦言敬慎威仪，以为民则。

《抑》：抑抑威仪，维德之隅。　敬慎威仪，维民之则。敬尔威仪，无不柔嘉。　淑慎尔止，不愆于仪，不僭不贼，鲜不为则。

《小宛》一诗，贤者自箴箴王，亦云敬仪，以保天命。

《小宛》：人之齐圣，饮酒温克。彼昏不知，壹醉日富。各敬尔仪，天命不又。

厉王虽暴虐，臣下仍尊礼不替，宣王中兴，必也刷新礼乐，《韩奕》一时，为韩侯入觐归娶之记载，可想见当时仪式。

《韩奕》：韩侯入觐，以其介圭，入觐于王。王锡韩侯，淑旂绥章，簟茀错衡，玄衮赤舄，钩膺镂锡，鞹鞃浅幭，鞗革金厄。韩侯取妻，汾王之甥，蹶父之子，韩侯迎止，于蹶之里。百两彭彭，八鸾将将，不显其光。诸娣从之，祁祁如云。韩侯顾之，烂其盈门。

《烝民》一诗，吉甫美仲山甫，即以仪色为言。

《烝民》：仲山甫之德，柔嘉维则，令仪令色，小心翼翼，古训是式，威仪是力，天子是若，明命使赋。

幽王大坏，迭来灾患，盖朝廷无人有威仪也。

《瞻卬》：天何以刺，何神不富。舍尔介狄，维予胥忌。不吊不祥，威仪不类。人之云亡，邦国殄瘁。

《桑扈》一诗，序谓君臣上下，动无礼文，刺幽王之作。

《桑扈》：交交桑扈，有莺其羽，君子乐胥，受天之祜。郑笺：喻君臣以礼法威仪升降于朝廷，王者乐臣下有才，知文章，则贤人。在位，庶官不旷，政和民安，天予之以福禄。

士大夫目击礼文扫地，因以伤今思古焉。如《楚茨》《甫田》之思古时祭祀，不愆仪礼。

《楚茨》：献酬交错，礼仪卒度。　我孔熯矣，式礼莫愆。礼仪既备，钟鼓既戒。孝孙徂位，工祝致告。　神具醉止，皇尸载起。鼓钟送尸，神保聿归。

《甫田》：我田既臧，农夫之庆，琴瑟击鼓，以御田祖。以祈甘雨，以介我稷黍，以穀我士女。

《裳裳者华》之思古明王，有礼文法度。

《裳裳者华》：裳裳者华，芸其黄矣。我觏之子，维其有章矣。维其有章矣，是以有庆矣。郑笺：章，礼文也。言我得见古之明王，虽无贤臣，犹能使其政有礼文法度，政有礼文法度，是则我有庆赐之荣也。

《采菽》之思古明王，能锡命诸侯以礼。

《采菽》：采菽采菽，筐之筥之。君子来朝，何锡予之。虽无予之，路车乘马。又何予之，玄衮及黼。

《瓠叶》之思古之人，不以微薄废礼。

《瓠叶》：幡幡瓠叶，采之亨之。君子有酒，酌言尝之。

《采菽》：赤芾在股，邪幅在下，彼交匪纾，天子所予。

《都人士》之怀昔日都邑人物仪容之美。

《都人士》：彼都人士，狐裘黄黄。其容不改，出言有章，行归于周，万民所望。

言古时之盛，适以见今世之衰。而其尊礼乐威仪之意，固犹在人心未或泯也。《宾之初筵》一诗，卫武公饮酒悔过，正箴幽王之荒淫无度，面亦不外于礼仪之相规也。

《宾之初筵》：籥舞笙鼓，乐既和奏。烝衎烈祖，以洽百礼。百礼既至，有壬有林，锡尔纯嘏。　宾之初筵，温温其恭，其未醉止，威仪反反，曰既醉止，威仪幡幡。舍其坐迁，屡舞仙仙。其未醉止，威仪抑抑。曰既醉止，威仪怭怭，是曰既醉，不知其秩。　既醉而出，并受其福，醉而不出，是为伐德。饮酒孔嘉，维其令仪。

东迁而后，礼教渐衰，侯国多有不能奉周礼者，《匏有苦叶》刺男女礼义澌灭也。

《匏有苦叶》：有瀰济盈，有鷕雉鸣，济盈不濡轨，雉鸣求其牡，雝雝鸣雁，旭日始旦，士如归妻，迨冰未泮。

《相鼠》刺无礼也。

《相鼠》：相鼠有皮，人而无仪；人而无仪，不死何为。相鼠有体，人而无礼；人而无礼，胡不遄死。

然君主中亦有尊礼乐慎威仪者，如鲁僖公之修泮宫，复庙宇，诗人是以美之也。

《泮水》：思乐泮水，薄采其芹，鲁侯戾止，言观其旂，其旂茷茷，鸾声哕哕，无小无大，从公于迈。　鲁侯戾止，在泮饮酒。既饮旨酒，永锡难老，顺彼长道，屈此群丑。穆穆鲁侯，敬明其德，敬慎威仪，维民之则，允文允武，昭假烈祖，靡有不孝，自求伊祜。

《閟宫》：周公之孙，庄公之子，龙旂承祀，六辔耳耳，春秋匪解，享祀不忒，皇皇后帝，皇祖后稷，享以骍牺，是飨是宜，降福既多，周公皇祖，亦其福女。秋而载尝，夏而楅衡，白牡骍刚。牺尊将将，毛炰胾羹，笾豆大房，万舞洋洋，孝孙有庆。

而诸国人民间，亦有抗俗自拔之士女。如《将仲子兮》讽世以礼自持。

《将仲子兮》：将仲子兮，无逾我里，无折我树杞，岂敢爱之。畏我父母，仲可怀也。父母之言，亦可畏也。

《山有枢》刺世俗俭不中礼。

《山有枢》：山有枢，隰有榆，子有衣裳，弗曳弗娄，子有车

马，弗驰弗驱，宛其死兮，他人是愉。

盖周初盛倡礼乐，其流风余韵，至春秋犹有存者，诚以当时大至朝纲国纪，人伦道德；小至衣服饮食之彻，步履视听之间，举莫不有关于礼乐，故礼乐之兴衰，即世运之消长系焉，此周代之所以尊礼乐也。

三、尚武功也　殷尚质，自汤以来，极重武力。

《长发》：武王载伐，有虔秉钺。如火烈烈，则莫我敢曷，苞有三蘖，莫遂莫达，九有有截，韦顾既伐，昆吾夏桀。

《殷武》：挞彼殷武，奋伐荆楚，罙入其阻，裒荆之旅，有截其所，汤孙之绪。

周承其后，似偏重文治，然亦不废武力，考周室之兴，在戎狄之间，尤非尚武不足以竞生存，《公刘》迁豳，整其师旅，设其兵器，开道而行。

《公刘》：弓矢斯张，干戈戚扬，爰方启行。

太王避狄，去豳，邑于岐山之下，爰立冢土，有用大众之意义存焉。

《緜》：迺立冢土，戎丑攸行。

文王光大其绪，威德并著。

《緜》：肆不殄厥愠，亦不陨厥问，柞棫拔矣，行道兑矣，混夷駾矣，维其喙矣。

王往征伐，盖以六师。

《棫朴》：淠彼泾舟，烝徒楫之，周王于迈，六师及之。

伐密作崇，作邑于丰。

《皇矣》：密人不恭，敢距大邦，侵阮徂共，王赫斯怒，爰整其旅，以按徂旅，以笃于周祜，以对于天下。　帝谓文王，询尔仇方，同尔兄弟，以尔钩援。与尔临冲，以伐崇墉。临冲闲闲，崇墉言言，执讯连连，攸馘安安，是类是祃，是致是附，四方以无侮，临冲茀茀，崇墉仡仡，是伐是肆，是绝是忽，四方以无拂。

《文王有声》：文王受命，有此武功，既伐于崇，作邑于丰，文王烝哉。　王公伊濯，维丰之垣，四方攸同，王后维翰，王后烝哉。

皆所以奠基业，威四方也。《出车》之诗，载南仲伐猃狁城朔方之事。

《出车》：王命南仲，往城于方。出车彭彭，旂旐央央，天子命我，城彼朔方。赫赫南仲猃狁于襄。

《诗序》谓文王之时，西有昆夷之患，北有猃狁之难，命将率遣戍役，以守卫中国，故当时多行役勤事之诗。

《四牡》：四牡骓骓，周道倭迟，岂不怀归，王事靡盬，我心伤悲。

《皇皇者华》：皇皇者华，于彼原隰，駪駪征夫，每怀靡及。

《杕杜》：有杕之杜，有睆其实，王事靡盬，继嗣我日，日月阳止，女心伤止，彼夫皇止。

《卷耳》：采采卷耳，不盈顷筐，嗟我怀人，置彼周行。《诗经原始》谓此诗当是妇人念夫行役，而悯其劳苦之作。

《汝坟》：遵彼汝坟，伐其条枚，未见君子，惄如调饥。序谓君子行役之诗。

《草虫》：喓喓草虫，趯趯阜螽，未见君子，忧心忡忡。《集传》谓诸侯大夫行役在外，其妻独居，感时物之变，而思其君子。

《殷其靁》：何斯违斯，莫敢或遑，振振君子，归哉归哉。小序谓大夫远行从政，不皇宁处，其室家闵其勤劳之作。

而武士之盛，猎士皆足以卫国。

《兔罝》：肃肃兔罝，椓之丁丁，赳赳武夫，公侯干城。

是周室之兴，虽由文德之盛，亦由武威之烈；《诗》称武王“无竞维烈”，言其克商之功业大也。

《执竞》：执竞武王，无竞维烈。

《武》：于皇武王无烈。

而武王之伐殷纣，定天下，实多借其武力。

《大明》：笃生武王，保右命尔，燮伐大商。殷商之旅，其会如林，矢于牧野，维予侯兴。上帝临女，无贰尔心。牧野洋洋，檀车煌煌，四骠彭彭。维师尚父，时维鹰扬，凉彼武王，肆

伐大商，会朝清明。

《武》：允文文王。克开厥后，嗣武受之，胜殷遏刘，耆定尔功。

《桓》：天命匪解，桓桓武王，保有厥士，于以四方，克定厥家。

天下既定，兵不复用，盖止戈为武，非偃武而修文也。

《时遇》：明昭有周，式序在位，载戢干戈，载橐弓矢，我求懿德，肆于时夏，允王保之。

成王时，周公东征，诛武庚，平淮夷。

《东山》：我徂东山，慆慆不归。我来自东，零雨其濛。我东曰归，我心西悲。制彼裳衣，勿士行枚，蜎蜎者蠋，烝在桑野，敦彼独宿，亦在车下。

《破斧》：既破我斧，又缺我斨。周公东征，四国是皇。哀我人斯，亦孔之将。

益以见当时经营天下，非纯恃文德也。厉王时，周室中衰，卫武公犹以修武威蛮为言。

《抑》：修尔车马，弓矢戎兵，用逷蛮方。

宣王中兴，大张武事，北伐猃狁，则有吉甫。

《六月》：四牡修广，其大有颙，薄伐猃狁，以奏肤公，有严

有翼，共武之服，共武之服，以定王国。　戎车既安，如轾如轩，四牡既佶，既佶且闲，薄伐玁狁，至于太原，文武吉甫，万邦为宪。

南征荆蛮，则有方叔。

《采芑》：蠢尔荆蛮，大邦为雠，方叔元老，克壮其犹，方叔率止，执讯获丑，戎车啴啴，啴啴焞焞，如霆如雷，显允方叔，征伐玁狁。荆蛮来威。东平淮夷，则有召虎。

《江汉》：江汉汤汤，武夫洸洸，经营四方，告成于王，四方既定，王国庶定，时靡有争，王心载事，江汉之浒，王命召虎，式辟四方，彻我疆土，匪疚匪棘，王国来极，于疆于理，至于南海。

又自将伐徐。

《常武》：王命卿士，南仲大祖，大师皇父，整我六师，以修我戎，既敬既戒，惠此南国。　赫赫业业，有严天子，王舒保作，匪绍匪游，徐方绎骚，震惊徐方，如雷如霆，徐方震惊。

会诸侯于东都，因田猎而选车徒。

《车攻》：田车既好，四牡孔阜，东有甫草，驾言行狩，之子于苗，选徒嚣嚣，建旐设旄，薄狩于敖，驾彼四牡，四牡奕奕，赤芾金舄，会同有绎。

此皆可见宣王之重武也。下迄幽王，四夷交侵，中国背叛，师旅并起，行役不均，故怨声沸腾。

《渐渐之石》：渐渐之石，维其高矣。山川悠远，维其劳矣。武人东征，不皇朝矣。

《何草不黄》：何草不玄，何人不矜，哀我征夫，独为匪民。

《北山》：大夫不均，我从事独贤。四牡彭彭，王事傍傍，嘉我未老，鲜我方将，旅力方刚，经营四方。

而思古之明王贤臣，能修武备，赏善罚恶。

《瞻彼洛矣》：瞻彼洛矣，维水泱泱，君子至止，福禄如茨，靺韐有奭，以作六师。

《黍苗》：我徒我御，我师我旅。我行既集，盖云归处，肃肃谢功，召伯营之，烈烈征师，召伯成之。

以见当时君臣不能称其职焉，东迁以后，王纲失坠，征戍无定，卒士多怨。

《君子于役》：君子于役，不知其期，曷至哉，鸡栖于埘，日之夕矣，牛羊下来，君子于役，如之何勿思。

《扬之水》：彼其之子，不与我戍申，怀哉怀哉，曷月予归哉。

桓王时，序谓诸侯背叛，构怨连祸，王师伤败，君子不乐其生。

《兔爰》：有兔爰爰，雉离于罗，我生之初，尚无为。我生之后，逢此百罹，尚寐无吪。

盖大司马九伐之法，自此不正矣，其时诸侯能修武备者，如秦襄公之讨西戎。

《小戎》：小戎俴收，五楘梁辀，游环胁驱，阴靷鋈续，文茵畅毂，驾我骐馵，言念君子，温其如玉，在其板屋，乱我心曲。

鲁僖公之平淮夷。

《泮水》：明明鲁侯，克明其德，既作泮宫，淮夷攸服，矫矫虎臣，在泮献馘，淑问如皋陶，在泮献囚，济济多士，克广德心，桓桓于征，狄彼东南，烝烝皇皇，不吴不皇，不告于讻，在泮献功，角弓其觩，束矢其搜，戎车孔博，徒御无斁，既克淮夷，孔淑不逆，式固尔犹，淮夷卒获。

一则始命有田狩之事，园囿之乐。

《驷铁》：驷铁孔阜，六辔在手，公之媚子，从公于狩。

一则能复周公之绪宇。

《閟宫》：公车千乘，朱英绿縢，二矛重弓，公徒三万，贝胄朱綅，烝徒增增。戎狄是膺，荆舒是惩，则莫我敢承。泰山岩岩，鲁邦所詹。奄有龟蒙，遂荒大东，至于海邦，淮夷来同。莫不率从，鲁侯之功。保有凫绎，遂荒徐宅。至于海邦，淮夷蛮貊。莫不率从，莫敢不诺，鲁侯是若。

故诗人美之，益足以见周代之尚武功矣。

四、重家族伦理也　吾国自古政治与家族伦理关系甚深，所谓“国之本在家”，“九族既睦平章百姓”，“亲亲而仁民”，其视一国组织，犹一家族之扩大而已。在上者，必使人民各安其家室，而亦

先齐家亲族以为人民模范；其于政治上之影响，似微实巨，周诗中，尤可显见此旨。后稷之起，实有部家室。

《生民》：即有部家室。

公刘居豳，《诗》所谓“君之宗之”；为之君，为之大宗也。

《公刘》：君之宗之。毛传，为之君，为之大宗也。

太王迁岐，为民立有家室。

《緜》：古公亶父，陶复陶穴，未有室家。　迺召司空，迺召司徒，俾立室家。

西周之兴，亦由内有贤后。

《大明》：挚仲氏任，自彼殷商，来嫁于周，曰嫔于京，乃及王季，维德之行。大任有身，生此文王。　天监在下，有命既集。文王初载，天作之合，在洽之阳，在渭之涘。　文王嘉止，大邦有子。大邦有子，伣天之妹，文定厥祥，亲迎于渭。不显其光。　有命自天，命此文王，于周于京，缵女维莘，长子维行，笃生武王，保右命尔，燮伐大商。

《思齐》：思齐大任，文王之母，思媚周姜，京室之妇；大姒嗣徽音，则百斯男。

故刑于之化，先自夫妇，次于兄弟，而后及于家邦。

《思齐》：刑于寡妻，至于兄弟，以御于家邦。

《论语》谓:“人而不为《周南》《召南》,其犹正墙面而立。”盖以二南所咏,多夫妇宫闱之词,为人伦始基,当时邦国政事所由出也。

《诗经原始》:二南所咏,皆夫妻词,为人伦始基,古来圣帝明王,其发始事业,莫不肇端宫闱,……故人不能行于家庭之际,即不能行于闾里之间,不能行于闾里之间,即不能行于邦国之内,谓之正墙面而立也,不亦宜哉。

当时君子得配淑女。

《关雎》:关关雎鸠,在河之洲,窈窕淑女,君子好逑。

女子亦能宜其室家。

《桃夭》:桃之夭夭,灼灼其华,之子于归,宜其室家。

夫妇既顺,子孙自能循良不替。

《螽斯》:螽斯羽,诜诜兮;宜尔子孙,振振兮。

《麟之趾》:麟之趾,振振公子,于嗟麟兮。

《既醉》:威仪孔时,君子有孝子,孝子不匮,永锡尔类,其类维何,室家之壸,君子万年,永锡胙胤。其胤维何,天被尔禄,君子万年,景命有仆。其仆维何,釐尔女士,釐尔女士,从以孙子。

内既安其家室,外又敦和兄弟,亲睦九族。

《常棣》:常棣之华,鄂不韡韡,凡今之人,莫如兄弟,死丧

之威，兄弟孔怀，原隰裒矣，兄弟求矣。　妻子好合，如鼓瑟琴，兄弟既翕，和乐且湛，宜尔室家，乐尔妻帑，是究是图，亶其然乎。

《伐木》：伐木于阪，酾酒有衍，笾豆有践，兄弟无远，民之失德，乾糇以愆，有酒湑我，无酒酤我，坎坎鼓我，蹲蹲舞我，迨我暇矣，饮此湑矣。

《行苇》：戚戚兄弟，莫远具尔，或肆之筵，或受之几。

此周初政俗，注重家族伦理之大概也。西周之末，此道衰歇，厉王时，已不能亲睦其宗族，失其宗族之依助，亦适以自坏而已。

《板》：价人维藩，大师维垣，大邦维屏，大宗维翰，怀德维民，宗子维城，无俾城坏，无独斯畏。

宣王之世，虽有兄弟式好之文。

《斯干》：秩秩斯干，幽幽南山，如竹苞兮，如松茂兮，兄及弟兮，式相好兮，无相犹兮。

而睦婣之政，已不能复文武成康之旧，故多室家忧乱之诗。

《沔水》：沔彼流水，朝宗于海，鴥彼飞隼，载飞载止，嗟我兄弟，邦人诸友，莫肯念乱，谁无父母。

《黄鸟》：黄鸟黄鸟，无集于栩，无啄我黍，此邦之人，不可与处，言旋言归，复我诸父。

《我行其野》：我行其野，蔽芾其樗，昏姻之故，言就尔居，复我邦家。　我行其野，言采其葍。不思旧姻，求尔新特，成

不以富，亦祇以异。

迨幽王宠褒姒，西周之亡，即由此也。

《十月之交》：艳妻煽方处。

《正月》：赫赫宗周，褒姒灭之。

于是黜宜臼，废申后，故有《小弁》《白华》之怨。

《小弁》：维桑与梓，必恭敬止，靡瞻匪父，靡依匪母，不属于毛，不离于里。

《诗经原始》：追思父母，沉痛迫切，如泣如诉，亦怨亦慕，与舜之号泣于旻天，何异。千载下读之，犹不能不动人以属毛离里之思，则以亲亲之仁许之也，抑又何怪。

《白华》：白华菅兮，白茅束之，之子之远，俾我独兮，鸳鸯在梁，戢其左翼，之子无梁，二三其德。

内既不亲其妻子，外又不协于宗族兄弟。

《頍弁》：有頍者弁，实维在首，尔酒既旨，尔肴既阜，岂伊异人，兄弟甥舅，如彼雨雪，先集维霰，死丧无日，无几相见，乐酒今夕，君子维宴。

《角弓》：骍骍角弓，翩其反矣，兄弟昏姻，无胥远矣。此令兄弟，绰绰有裕；不令兄弟，交相为瘉。

王室之乱，由于宫闱之不正，故当时士大夫思得淑女，以配君子。

《车舝》：闲关车之舝兮，思娈季女逝兮，匪饥匪渴，德音来括，虽无好友，式燕且喜。

《蓼莪》一篇，序谓民人劳苦，孝子不得终养之作。

《蓼莪》：蓼蓼者莪，匪莪伊蒿，哀哀父母，生我劬劳。南山律律，飘风弗弗，民莫不谷，我独不卒。

足见周代人伦之道，虽迄衰世，犹有未泯者，东迁以还，侯国间，多不合伦理之举，如郑庄公之纵叔段恃勇以致乱。

《叔于田》：叔于田，巷无居人，岂无居人，不如叔也，洵美且仁。

《大叔于田》：叔于田，乘乘马。执辔如组，两骖如舞。叔在薮，火烈俱举。襢裼暴虎，献于公所。将叔无狃，戒其伤女。

齐襄公之通文姜。

《南山》：南山崔崔，雄狐绥绥，鲁道有荡，齐子由归，既曰归止，曷又怀止。

《敝笱》：敝笱在梁，其鱼鲂鳏。齐子归止，其从如云。

《载驱》：载驱薄薄，簟茀朱鞹。鲁道有荡，齐子发夕。

卫宣公之纳伋妻。

《静女》：静女其娈，贻我彤管，彤管有炜，说怿女美。

《新台》：新台有泚，河水汵汵。燕婉之求，籧篨不鲜。

卫宫淫乱，诗人所以刺之。

《君子偕老》：副笄六珈，委委佗佗。如山如河，象服是宜。子之不淑，云如之何。

《鹑之奔奔》：鹊之强强，鹑之奔奔。人之无良，我以为君。

《墙有茨》：墙有茨，不可扫也；中冓之言，不可道也；所可道也，言之丑也。

刑于之化，盖至此始荡然矣。是以当时诸国，民间有互为淫乱者。

《桑中》：爰采唐矣，沫之乡矣。云谁之思，美孟姜矣。期我乎桑中，要我乎上宫，送我乎淇之上矣。

《溱洧》：溱与洧，方涣涣兮，士与女，方秉蕑兮，女曰观乎。士曰既且，且往观乎。洧之外，洵讦且乐。维士与女，伊其相谑，赠之以勺药。

有室家相弃者。

《中谷有蓷》：中谷有蓷，暵其乾矣。有女仳离，嘅其叹矣。嘅其叹矣，遇人之艰难矣。

《氓》：桑之落矣，其黄而陨。自我徂尔，三岁食贫。淇水汤汤，渐渐惟裳。女也不爽，士贰其行，士也罔极，二三其德。

有七子之母，不能安其室者。

《凯风》：凯风自南，吹彼棘心。棘心夭夭，母氏劬劳。睍睆黄鸟，载好其音。有子七人，莫慰母心。

有父母强女使再嫁者。

《柏舟》：泛彼柏舟，在彼中河。髧彼两髦，实维我仪。之死矢靡他，母也天只，不谅人只。

有去其乡里家族而流离失所者。

《葛藟》：绵绵葛藟，在河之浒。终远兄弟，谓他人父。谓他人父，亦莫我顾。

其时政俗之纷乱，实由于家族伦理之菲薄，则周代国运之兴衰，盖与之相为终始者。

（未完）

（《史地学报》1924 年第 4 卷第 1 期）

文字学上所见古代女子之地位

地位云者：立于何方，列于何地，据相对者以言也。

《说文》：地，万物所陈列也。位，列中庭之左右谓之位。立，住也。从大，立一之上。徐铉曰：大，人也；一，地也；《周礼》，小宗伯注，郑司农云："立读为位"；古者，立位同字。古文《春秋经》，公即位，为公即立，考金文位作。

故女子之地位，大都对男子以言。自来研究文字者，多主吾国古代重男轻女之说；其所持证据，盖有三端：

一、女子所以服事人者也。

《说文》："婦，服也；从女，持帚洒扫也。"考金文或作帚，所谓为君执箕帚也。段玉裁曰："妇，主服事人者也。"刘师培《中国历史教科书》："妇女亦与奴婢相同；奴，古文作，象女械系之形，婢字亦从女卑。"《说文》：奴婢皆古罪人。

二、女子所以牧猪者也。

《说文》："家，尻也，从宀，豭省。"段注："此字为一大疑案；豭省声读家，学者但见从豕而已；从豕之字多矣，安见其为豭省耶？"案家，金文作，从宀，下象豕形；"男有室，女有家"；家畜惟豕宜于女牧，所谓"家起于牧猪奴"也。

三、女子为财产之一而已。

《说文》：妃，匹也。帑，金币所藏也。《左·文六年传》，宣子

使臾骈送其帑：注，妻也。刘师培曰：俪皮之礼，即买卖之俗也；故视妇女为财产之一，如妃字本义为布帛，帑字本义为库藏。

然此三说，皆未足尽信；试一一辨正之如下：

一、妇字实得声于母，为养牧之义。

章炳麟《文始》：《说文》：母，牧也，从女，象褢子形。一曰：象乳子也。此合体象形也。孳乳为腜，妇胎孕腜兆也，为楳，楳，怃也，怃者，爱也；亦双声相转，然母者，妇道之通称，《说文》，牝训畜母，雌训鸟母，故母又孳乳为妇，服也。《列女传》曰，魏曲沃负者，魏大夫如耳之母也。《汉高帝纪》曰"常从王媪。武负贳酒"；如淳曰："俗谓老大母为阿负。"负即妇字，是老母，亦称妇矣。母又孳乳为姆，女师也，他书亦作傅母，母与姆，犹父与傅。其牧训养牛人，则母姆通得孳乳也。

则妇字固未可仅据形体以为说也。属女子之奴婢妾嫇诸字，与属男子之臣仆童俾等对称。

《说文》童下云："男有罪曰奴，奴曰童，女曰妾。"

《易・旅》得童僕贞。《礼记・既夕》童子执帚，皆许所本也。妾下云，有罪女子给事之得接于君者。

僕，给事者。古文作𦠆，从臣。

《文始释诂》："俾，从也。"《说文》一曰，门侍人，侍人与女屮卑者称婢，声义又取卑，侍人当听从也。《方言》曰："养马者谓之娠；官婢女厮谓之娠。"即以齿音转为臣也。然本音固，如铿，故孳乳为臤，其训事君者，复从臣妾引伸为义，则犹宦训仕宦，亦为宦女宦官，秦汉人或自称臣，称仆，称走，《唐西域记》载高昌王与突厥可汗书，自称曰奴，昔日满洲大吏，奏疏自称奴才，又况上古简质，语无嫌忌，则以臣为事君之称，固未足怪。《春秋传》曰："男为人臣，女为人妾。"《书》曰："臣妾逋逃。"《易》曰："畜臣妾。"臣妾对言。臧从臣，本谓藏获，臣本音如铿，牵亦如铿。在女为嫇，女隶也。与臣为

支真次对转，古之学者，以吏为师，亦曰，宦学。《鲁诗》言三岁官女，《春秋传》言妾为宦女；然则宦学亦兼给事也。

《曲礼》："自世妇以下，自称曰婢子。"《春秋传》："君夫人自称曰小童。"他如自称曰妾，曰奴，曰奴家；犹男子之自称曰臣，曰仆，曰奴，曰奴才，初无二致也。乌得仅据"奴""婢"诸字，片面之证，遂谓古代重男轻女之习乎？则女子所以服事人之说，未足尽信也。

二、案豕亥古同字。

《说文》亥下云："从二。"二，古文上字也。一人男，一人女也。从乚，象裹子咳咳之形也。，古文亥；亥为豕，与豕同；亥而生子，复从一起。

朱骏声曰："按古文当作，即豕之古文，字加尾；亥豕一字，古作，作，篆作，作，皆从古文小变耳。"

疑家亦即从亥；一人男，一人女，裹子咳咳之形，一家庭之现象也。许氏谓家从宀，豭者。豭，牡豕也，秦会稽《刻石碑》："夫为寄豭，杀之无罪。"古者多以禽兽代表人物，如羌之从羊，物之从牛，是也，疑豭亦所以代表男人，家从豭者，当亦取义于豭。所谓女有家，即女有男人之意。段氏不察其意，遽疑许书，亦过矣。由此以言，家从豕，谓家起于牧猪奴，即女子牧猪之证，亦未足引为确信也。

三、帑非仅言妇女也，盖亦概括子孙而言，考帑即奴，盖罪人子孙之称。引伸凡言妻子皆为奴耳。

《礼记·中庸》："乐尔妻帑。"注："古者，谓子孙曰帑。"

《太元》：众丈人摧孥。注：子弟也。

《左·襄》："以害鸟帑。"疏："于人则妻子；于鸟则为鸟尾，曰帑。"

段玉裁曰："《诗·小雅·棠棣》传曰，帑，子也。此叚帑为奴，《周礼》曰，其奴男子入于罪隶，女子入于舂稾；本谓罪人子孙为奴。引伸之，则凡子孙皆可称奴。又叚帑为之，鸟尾曰帑；亦其意也。"

则亦未可据以为轻女之证也。"妃"字从对偶之义而来。

《文始》："妃，匹也。"变易为媲，妃也，牝为畜，雌为鸟。母皆从匕声，又妃，媲之孳乳也，父之妃，己之母也，则曰"妣"。《释亲》父为考，母为妣。对，《说文》训应无方，义与雔同。故为匹偶之称；《释诂》："妃，合、会、对也。"《左传》："嘉耦曰妃。"

布匹盖其引伸之义，其本义，乃言对耦也，故谓女子即财产之一，亦未足据也。

由上而言，则不得谓吾国古代有重男轻女之习，盖亦彰彰明甚。是以《昏义》"所以合体同尊卑，以亲之也"。夫妇既同尊卑，故曰"匹耦"。

《说文》耦下云：耦广五寸为伐；二伐为耦。段注："长沮桀溺耦而耕"；此两人并发之证；引伸为凡人皆耦之称，俗称"偶"。

《文始释诂》：匹，合也。《诗》传：匹，配也，夫妇之道，《素问》所谓隐曲，故从ㄑ，引伸乃训四丈；孳乳为嫔服也。《释亲》，嫔，妇也。与匕属之妃媲相转，或亦本一语也。

曰伉俪。

《说文》：伉，人名。段注：《左氏》施氏妇曰，"不能庇其伉俪。"杜注：伉，敌也；俪，偶也；人名二字，非许书之旧。

俪，棽俪也，段注：《左传》"伉俪"杜云："偶也。"《士冠礼·聘礼》"俪皮"，郑云："俪，犹两也。"古文俪为离，《月令》："宿离不贷。"郑云："离读为俪，偶之俪。"许但取枝条棽俪之训，不及其他；于从人之义，未合于全书大例，未符；恐非许书之旧。

俪又取连附之义，恋慕字亦由斯而来。

《说文》："丽，旅行也。"《礼》："俪皮纳聘，盖鹿皮也"段注："《周礼》丽马一圉，八丽一师。注曰：丽，耦也。《礼》之俪皮，《左传》之伉俪，《说文》之骊驾，皆其义也。两相附，则为丽。《易》曰：离，丽也，日月丽乎天；百穀草木丽乎土，是其义也。丽则有耦可观。"

《文始》：俪，棽俪也。在人为伉俪；丽古作丽，对转寒丽又孳

乳为连。辇，联，孳。反丽之义，当为誃。离，别也。对转寒孳乳为变，慕也，即今“恋”字。

则俪皮之礼，正所以表对耦恋慕之意，后人不察，乃谓为买卖妇女之遗俗；妻者，妇与己齐者也，齋训等；侪，训等辈；皆同其音义也，婚媾之义，亦取和解对交。

《文始》：“冓，交积材也。”《易》曰“男女觏精”亦对交也。又孳乳为媾，重婚也，为講，和解也。《诗》曰，见此解觏。传曰，解觏，解说之貌，然则婚媾即和解矣。

夫妇皆得称良人。

《文始》：“良，善也。”引伸训夫，《士昏礼》曰：“媵衽良席在东。亦为君，《少仪》：“负良绥。”注：“良绥，君绥也；亦为妇。”《诗》：“如此良人何?”传曰：“良人，美室也。”

妇妒夫曰妒；夫妒妇曰媢；初非有歧视也。女子亦人也，故从人字，多通言男女。间亦有专指女者。例如：

巫，祝也，女能事无形以舞降神者也。案巫从工，亦从玉。古工王通，篆作[illegible]，象两人在玉中；人即巫也，喻玉之大且多；故两巫在玉中也。

身，汗简有[illegible]，云：“古文身当作‘㐆’。女子亦人也，有孕则腹膨膨然；故从人而象其大腹形；中注亦即孕；《诗》曰：大妊有身。”《玉篇》曰：“㐆，妊身也。”

此皆男女平等之证也。考太古之时，知有母而不知有父：实重女轻男者也。其证有四：

一、考为凡老之称，而妣则含有亲密之意。

案考，《说文》：“老也。”上古离婚，一女子之夫，亦众矣。故凡考老皆父。及宗法确定，而考乃为考妣字，老乃凡老之称，然父老之称，仍不废也。匕，相与比叙也。比，密也。妣，籀文作妣，亲之爱子，莫甚于母。故从比，从匕；比昵，亲密之意也。

此古代亲母不亲父，其证一也。

二、始，女之初也。从女。而即以为肇始字；谋亦有始义，古文作㖼，母、每古同字媒、娒、毓、诲，音义亦从母每。

《文始》：巳乙相变，则为胎；妇，孕育也，孳乳为始，女之初也。腜又孳乳为谋，古文作㖼，《说文》，但训虑难曰，谋，释诂肇皆训始，亦训谋；然则谋亦有始义；犹言经始，臣锴曰：腜，犹谋也。始，谋也。斯义甚允，谋又孳乳为媒，谋也。谋合两姓者也。娒，女师也。孳乳为诲，晓教也。《易》卦上体曰“毓”，下体曰“贞”。贞者，卜问；毓者，晓教；毓宜孳乳于诲。

秉教必始于母；此古者重母不重父之证二也。

三、嫡，孎也。从女，而以为嫡传之嫡。姓，人所生也。亦从女，《春秋传》曰：“因生以赐姓。”许书言姓，大都在女部。

《说文》：“姓，人所生也。”古神圣人母感天而生子，故称天子，因生以为姓。（案古人知有母，不知有父，因谓感天而生。）姜神农凥姜水，因以为姓。姬，黄帝凥姬水，因水为姓。姞，黄帝之后，鯈姓也。嬴，帝少皞之姓也。姚，虞舜凥姚虚，因以为姓。妫，虞舜凥妫汭，因以为氏。妘，祝融之后姓也。姺殷诸侯为乱，疑姓也。嬿，人姓也。玫，人姓也。娸，亦人姓也。

自女部外，罕有言人姓者。

《说文》：“偁，人姓。”段注：“此篆必浅人所增，许书自女部外罕有言人姓者。”

此古代重女不重男之证，三也。

四、古文民字，与母、女，形体相仿。

《说文》：“民，众萌也。”从古文之象；古文作；《三体石经》：“直作，与古文女同。”臣锴说：“古文字，上为髻形。”

朱骏声曰：“古文，从母；民从古文之象；从母，取蕃育也，上下众多意。”

疑古者即以母女代表民众;《易》拇,《荀》作母;将指为拇,此其重女不重男,重母不重父之证四矣。

意者,渔猎时代,男女群行,初无分别;人知有母,不知有父;迨乎农业既兴,服田力穑,为男子专业;男子之名起,而男女分矣。

《说文》:“男,丈夫也。从田力,言男子力于田也。”考龟甲文,男作,钟鼎文作。

《礼记大传》曰:“男女有别,不可得而变革。”考其所以别之理,盖有三端:

一、职业上之别　女子既不力田,家居席地,别有所持;殆专司家政女红。

,金文作,象席地坐而敛衽形。妻,从女,从。从又,又持事妻职也,声;,古文妻,从肖。肖,古文貴字。蒉,《说文》,草器也。古文作臾,此初文也。孳乳为匮匣也。遗贵等偏旁,亦作臾,人象所系以儋荷者。

,《小雅·斯干》传:“纺专是也。”今或以竹为之,《斯干》释文曰砖,本又作专,砖、专古字通也。《朱子语录》载潘时问《诗》,载弄之瓦。朱子曰,瓦,纺时所用之物。

或养育子女。

《说文》:“,牧也。”从女中有两点,象人乳形,乳子为母也。案,每、母、牧音义相同。今《书》牧野,《诗》《礼》作坶野,许书作坶野,育,养子使善也。从云,《虞书》曰,教育子,,育或从每。

男女在家庭中,实互相侑助;故曰媍者,耦也。母既养育子女,故妪、姁、媪、姑诸字,皆从小儿呼声转来,而复具顾复之义。

《文始》:亲爱相呼,效婴儿之慕父母。酉,属有。考,老也。父为考;不称老者,以丂为小儿呼声。丂音同考也。而呼母,亦自此转。丂旁转侯,浅喉,得妪,母也。变易为姁,妪也。妪复还幽,则变易为媪,母老称也。媪本从谆部之昷得声;奥亦本在寒部;孳

乳为威姑也。汉律，妇告威姑；其妪字，引伸，复有顾复之义。《乐记》曰："煦妪覆育万物。"注："以气曰煦。以体曰妪。还幽则曰燠休。"服虔曰："小儿痛，父母以口就之，曰燠休，则复与丂同呼，旁转入宵。"

婴儿或曰，嫛婗，皆从女。

《说文》："嫛，嫛婗也。"段注："嫛婗合二字为名，不容分裂。"《释名》："人始生曰婴儿，或曰嫛婗；嫛，是也，言是人也；婗其啼也。"《杂记》："中路婴儿，失其母焉。"注："婴犹鷖弥也。"按鷖弥即嫛婗，语同而字异耳。

盖以婴儿必为妇女所育养；此则职业上之有别也。

二、生理上之别　女子体质，大都较男子为弱；躯格亦较小。

朱骏声曰：女，妇人也，《诗·候人》季女斯《饥》传。民之弱者，《荀子》，此夫身女好而头马首者与？注：女好，柔婉也。说文女部诸字，多柔弱细小之意。

姌，弱长儿。嫋，姌也。婉，一曰弱也。姑，小弱也。嬬，弱也。孅，兑细也。媟，一曰媟媟小人儿。嫢，秦、晋谓细嫢。婁，妇人小物也。妓，妇人小物也。窶，短面也。娋，小小侵也。

是以男子对女子，须服保卫之责；此士婿之所以必尚武士道也。考士，从古文甲。

《说文》：士，事也。壻，夫也。《诗》曰"女也不爽，士贰其行"，士者，夫也。案士从十，即古文甲；从一以指之，士卒之卒，从衣，以丿指之，正同例；古者，士、卒并称也。士，金文作，与汗简作正同；从，即古文甲字，吉字，亦从士；书曰，其克诘尔戎兵，吉诘古今字，壮从士；士者，强壮也。壿从士，壿壿，舞貌，有勇力。壻，胥声，从士；女子择婿，亦以壮士为得人。此士当从古文甲之证也。

女子必受保卫；故干女为奸，为姦；害女为妨；乱女，为妄；侮女

为婺，为嫚；止奸为毋；士毋为毐。

《文始》：入一为干，入二为羊，姦者，私也。奸者，犯淫也，并孳乳于干。

朱骏声曰："《说文》姦，私也，从三女；悬，古文姦，，籀文姦；《国语》云：女三为粲。岂粲姦古同字欤？古文从旱声，籀文从人中，作，与娄形似。上体非，亦非古文篑，据患之古文。，疑古文母声，字亦作姧。"

《说文》：妄，乱也。妨，害也。嫚，侮傷也。婺，侮傷也。毋，止之词也，从女一；女有姦之者，一禁止之令勿姦也。毐，士之无行者。从毋士。

女必须有以保卫之者，其生理使之然欤？此又其有别者也。

三、传统上之有别也　刘师培曰："古人从母得姓，自禹锡土姓，其所谓姓，始不从母而从父。"盖自后稷教民稼穑，农业社会，渐臻固定，男女既判，姓族又分，娶妻不娶同姓；于是男系相承，奕世不改，室从宀，至，倒子为至。"男有室"，所生子女，必归男也。是以适人为嫁，女嫁为妇；取女为娶，娶妇以昏；因婿为姻，往嫁为于，从人为如。

《说文》："嫁，女适人也。"《白虎通》曰："嫁者，家也，妇人外成以出，适人为家。娶，取妇也。"段注："取彼之女，为我之妇。妇，女嫁也。毛传：妇人谓嫁为妇。婚，妇家也。娶妇以昏时。姻，婿家也。女之所因，故曰姻。"

《文始》："《诗》传，于，往也。孳乳为嫁，女适人也。"《释诂》《方言》皆曰："嫁，往也。"

朱骏声曰："如《说文》从，随也，女子从人者也，《广雅·释诂》，往也，《小尔雅·释诂》，适也。"

以男为主；女为从，《说文》从女之字，多顺从之意。娽，随从也。媛，顺也。婉，顺也。嫛，婉也。娓，顺也。委，随也。

盖传统既以男系相承，女惟有因男为家，从男所适。《礼运》所谓“男有分，女有归”者也。此则自然之趋分，又男女之别也。

然此职业上、生理上、传统上男女有别，三者要皆非思想上人格之歧视，与夫伦理之偏畸；不特无所歧视，无所偏畸，古人且认女子有其特别之德性。

一、美好之德性　女子爱美，出诸天性；《说文》女部诸字，多具仪容美好之意。

媄，色好也。姝，好也。好，媄也。㜎，好也。㚾，好也。姣，好也。嫚，好也。娧，好也。媌，目里好也。㛹，静好也。婠，体德好也。娙，长好也。嬻，白好也。妗，一曰善笑貌。嫙，好也。嬥，直好貌。姦，美也；三女为姦。媛，美女也。媄，巧也。《诗》曰“桃之媄媄”，女子美貌。嫖，好貌。㚺，美女也。妭，美妇也。娶，美也。妍，技也。《方言》，“自关而西，秦晋之故都谓好曰妍。”婉，《郑风》传曰，婉然，美也。《齐风传》曰婉，好眉目也。婏，宴婏也。《西京赋》，宴婏，美好之貌。

《文始》：“秦晋谓好，曰娙娥，孳乳为义，己之威仪也。”贾子《道德说》曰：“有义，德之美也，宜皆烝之变音。孳乳舜妃娥皇；本取㽱义，威仪可象，亦谓其庄丽也。”

二、安乐之德性　女子居家持政，男人遂得各有所安焉。从女之字，亦多具燕安悦乐之意。

《说文》：“安，静也。”从宀，女，案女在宀下，正位乎内之意。晏，安也。宴，安也，从宀，晏声。按，宴也，从人，安声。朱骏声曰：“晏，疑即安之古文，《诗·葛覃》‘以晏父母’，毛本作归宁父母。”媚，说也。妩，媚也。嫱，媚也。嫡，嫱也。嬹，说也。娶，说乐也。娱，乐也。媅，乐也。案甚，《说文》，尤安乐也，从甘，匹。甘者，饮食，匹者，男女。

《文始》：“燕者，请子之侯，人道于是通也。亦引伸训通，训嘉，

训美，训好；与孔同类。凡云燕好，燕乐，燕昵，皆是也。其晏、安二字，皆从女变为宴侒，亦同训，皆由此孳乳也。又孳乳为婉，宴，婉也。安对转歌，变易为宜。所安也。宜又孳乳为谊，人所宜也。”

益可见古者对女子毫无轻蔑卑视之心理，乃今人染于后代习俗，遂据一二文字片面之证，谓吾国古代已有重男轻女之风；一若女子地位，自古即已卑于男子。吾故引述诸文以辨正之而明其真相云。

十四年，四月，于集美女子师范。

（《妇女杂志》1925 年第 20 卷第 4 号）

日本藤原氏与春秋世族之比较

国之形成，本出于家庭之扩大。而宗法盛行之国，其家庭色彩，尤为显著。如中华、日本两国，无怪乎其自古相传之历史，似不过为数姓之谱系而已。日本古代，大氏、小氏，及氏上等制，犹吾国之宗法。其承嗣天日之皇族，不啻如吾国周代王室之称为宗周也。荀子《正论》所谓天子，天之嗣子，天下之宗室也。大化维新，虽废部民之制。然其遗迹，留存于政治于社会者，历数千百年，方未有已。研究日本古代史所当知者，即其家与国结合而形成一种宗族政体。如《诗》所谓君之宗之者也。与吾国周代可相考较焉。《周官·小宗伯》："其正室皆谓之门子，掌其政令。"程子曰："宗子之法，不立，则朝无世臣。须起自一二巨公家，宗法立，则人人各知来处。"〔礼论〕藤原氏自平安朝以后，世占太政大臣，摄政，或关白诸职位。与春秋卿大夫之族相似者甚多，试比较之。比较云者，在观其相似，而尤宜考其所以相异。藤原氏自平安朝后，一面占摄关诸职，而一面更为天皇之外祖伯舅。对皇族以世臣而兼外戚。春秋诸世族不然，对君主有世臣，有世卿，亦有世世相为婚媾。然无以外戚而兼世臣者。春秋王室列国，数百年间，实不见外戚专政之祸。吾尝考其故矣。

一、周代慎重昏礼，而严上下之名分也。自纳采以至亲迎，定为六礼。《小戴昏义》曰："昏礼者，将合二姓之好，上以事宗庙，而

下以继后世也，故君子重之。”又曰：“所以敬慎重，正昏礼也。”夫所谓伉俪云者，男女实同其尊卑。《昏义》：“共牢而入，合卺而饮，所以合体同尊卑以亲之也。”夫妇既同尊卑，则昏媾之事，宜与其地位相若者行之。异姓诸侯，相为婚媾。如齐之于鲁，秦之于晋。在鲁，母夫人大都世为姜氏。在晋则多为嬴氏。此周代有世相为婚姻之证也。若天子尊无与敌。《左传》襄公十二年，“灵王求后于齐。齐侯问对于晏桓子。桓子对曰：‘先王之礼，有之。天子求后于诸侯，诸侯对曰：夫妇所生若而人，妾妇之子若而人。无女而有姊妹及姑姊妹，则曰：先守某公之遗女若而人。’齐侯许昏。”此又严上下名分之证也。故天子娶后于诸侯，或王姬下嫁于诸侯，则使同姓诸侯为之主。例如，《春秋》：“桓公九年，春，纪姜归于京师。”《庄公十一年》：冬，王姬归于齐。”皆鲁为王室主婚主嫁者也。诸侯内女下嫁于异国大夫者，则亦以同姓大夫为主。例如：“庄公二十七年，莒庆来逆叔姬。”汪克宽曰：“庄公自为之主，其不君甚矣。”一面所以重婚姻之礼，一面所以严尊卑之分，使上下之序，无相凌乱。故既为婚媾，则必地位相若，无相君臣之礼。姻戚不相君臣，自不至有外戚之臣，故无外戚专政之渐。此其一也。

二、王室列国之世卿，多与君主同姓同族者也。春秋世卿，可分为二类。一以国君之支庶起者。一以国家之功臣起者。顾栋高《春秋大事表》谓：“世卿之制，先王亲亲报功之典，于是乎在。《仪礼·丧服》，传曰：‘亲亲故尊祖，尊祖故敬宗。’又曰：‘大宗者，收族者也，不可以绝。’《戴记》谓：‘别子为祖，继别为宗。’有自卑而别于尊者，则国君之支庶，别为大夫。所谓大夫不得祖诸侯者，是也。有自尊而别于卑者，则单寒之庶姓，积功劳用为卿。子孙世世宗之者，是也。”前者必与王公同姓同族。而后者不必与王公同其姓族者也。春秋之初，阶级甚严。单庶之跃为卿大夫者，甚少。故卿大夫，大都皆王公支庶之族。如在周，则周召祭原毛甘诸氏。在鲁，

则季孙、叔孙、臧孙等。在晋，则栾、祁、韩、郤、狐等。推其原，皆姬姓所分之氏。在齐，则国高崔隰等。皆姜姓所分之氏。故王室列国，卿相之族，大都各与其王公同姓。至如楚之令尹，则多以亲公子为之矣。周道同姓，不相为婚。《礼记大传》曰："系之以姓，虽百世而婚姻不通者，周道然也。"故《左氏》云："男女辨姓。"君主与卿相既多同姓，同氏，不能相为婚媾，于是永不能为其君主之外戚。故春秋王室列国，每多庶孽之祸。如周王子颓、王子带、王子朝，齐五公子，鲁庆父，晋夷齐、卓子，卫州吁，诸祸乱，其显著者也。而永无外戚专政之事。此其二也。

以上二者，考诸日史则无之。《日本历史》："其名分严正，如此。故天下之人，视天皇如神，非常人可比。知神器严重，无敢觊觎者。"是名分未尝不严重也。然婚姻苟且，姓氏之别不正，尊卑之序又乱。《日本历史》："但求相配适宜，即为合度。故有以晚辈而娶姑姨者；有姊妹并嫁一人者；有夫死而再醮者。不避同姓，不分尊卑。"一观历代天皇皇后表，如弘文帝皇后，为天武帝皇女。孝德皇后，为钦明皇女之类。其婚姻之苟且，可概见矣。《诗·关雎》毛传："夫妇有别，则父子亲。父子亲，则君臣敬。君臣敬，则朝廷正。"婚姻苟且，姓氏无别，宜其朝廷不正。臣下之女，得为皇后。外祖外舅为大臣，于是彼乃得凭其势以张其威权。《日本历史》："故藤原氏欲固其权，纳其女于后宫，而立所生为东宫。"夫春秋周室称齐为伯舅之国。例如：襄公十四年传"昔伯舅太公"，"繄伯舅是赖"，"率舅氏之典纂"，虽《王制》"同姓谓之伯父，异姓谓之伯舅"，容有定制。而不臣之意，宛在也。故吾谓周无外戚之祸者，重婚姻，严姓氏之故也。彼婚姻苟且，姓氏不严。无怪乎朝廷不正，而开外戚专政之渐。《日本历史》："不比等之女，宫子娘为文武帝夫人，生圣武帝。安宿瑗又为圣武帝夫人，生孝谦帝。自是臣下之女，得为皇后。而藤原氏凭外戚之势，专权擅政，亦兆于斯。"由是

以言，中日两国，从历史上观，谓为皆具宗族政治则可。谓为同重礼教之邦，则非也。一较藤原氏与春秋世族，故觉其相似中，实有相异者存焉。列举如下：

一、世系之传统　吾国古时，既以宗法立国，日本亦然。故彼时卿大夫之传统，大都皆严守宗法。《左传・昭公二十六年》："无适则择立长。年钧以德。德钧以卜。王不立爱。公卿无私。"大都以适子相承为正。次则兄终弟及焉。试举例以明之：《春秋大事表》卿大夫世系，周甘氏自甘昭公至甘简公皆以嫡嗣相承。《左传・昭公十六年》："甘简公无子，立其弟过。"鲁，叔孙氏自叔孙僖叔至叔孙侨如，成公十六年传："叔孙侨如出奔，召叔孙豹于齐而立之。"考《日本历史》藤原氏世系表，自良房历基经忠平赖忠皆父子相传。任太政大臣，关白或摄政。其兄终弟及者，盖在圆融朝以后。而亦重嫡嗣焉。《日本全史》："兼家疾，问有国惟仲谁可以嗣职。有国与道兼善，曰：君之得立非三郎君之力乎惟。仲曰：嫡子有何罪，而废之。乃立道隆。"即此可见其严守宗法之意。此与春秋世族相似者也。大凡权门世族，其始也大都严守宗法。而历久相传，则公卿难免无私。或至兄弟阋墙，以争传统。世序遂不能不以凌乱。观春秋世族系传，此等事例甚多。试举鲁三家以明之。《左传・襄公二十三年》："季武子无嫡子，公弥长而爱悼子，欲立之。"遂立悼子。又："孟孙卒，公钼奉羯立于户侧。季孙至。曰：秩焉在。公鉏曰：羯在此矣。季孙曰：孺子长。公鉏曰：何长之有，惟其才也。且夫子之命也。"遂立羯。杜注："羯，孟庄子之庶子，孺子秩之弟，孝伯也。"同年传："初，臧宣叔娶于铸，生贾及为而死。继室以其侄，穆姜之姨子也。生纥长于公宫。姜氏爱之，故立之。"又："乃立臧为，臧纥致防而奔。"藤原氏在圆融朝时，兼通兼家兄弟争权。〔详《日本历史》〕一条天皇时，伊周咒道兼。道兼薨，又咒道长。〔详《日本全史》〕《日本国志》："忠通摄政，其弟赖长欲取

而代之。”《日本历史》谓：“藤原氏兄弟争权。叔侄相恶。彝伦紊坏，政事纪纲益乱。”争夺扰攘，世族之末路，大抵若斯。此又其相似者也。虽然，考藤原氏之由起，实以有功。《日本全史》：“评曰：藤原氏之为名家，固不待言也。天儿屋根辅佐皇祖，经理天下。而胜海以异端害神教，排斥之，不顾其死。镰足恶奸贼觊觎神器，首谋以诛戮之。此藤原氏之所以为基础也。”与春秋第二类世族之以国家功臣起者，正相同也。然其兴盛也，全凭借天皇外戚之势。故其传统，虽曰依守宗法。而实则常随皇后皇子为转移。自冬嗣以下，莫不以外祖外舅秉朝政。《日本历史》：“冬嗣以其女为仁明帝之女御。良房又纳其女于文德帝，生清和帝。又纳长良之女，于天皇之宫，生阳成帝。”其任朝廷大臣之位，实以皇后皇子而益固。积久成俗，世世为皇族之外祖，外舅，即世世任摄关诸职位。《日本历史》：“兼通意在心得摄关，以弟兼家妨己进取，心衔之。于是窃就其妹索手书，兼通奉书，天皇览母后手迹，怆然有戚容。终以难违遗命，先听内览。天延二年，以为氏长者，拜太政大臣。叙正二位。听辇车，关白万机。”即此可见摄关之传，实以皇后为左右者也。春秋世族，既不为其君主之外戚，故凭借外戚之威势，依皇后皇子以兴族，以秉政者，实未有闻。此则其相似中之相异者，一也。

二、权势之扩张　孔子曰：“天下有道，则礼乐征伐，自天子出。”又曰：“天下有道，则政不在大夫。”世臣专权之渐，实始自王公之不竞。终至威权富有，侔于君主，或超过之。顾栋高曰：“《春秋》讥世卿。世卿之祸，淫侈越法，陨世丧宗。或族大宠多，权逼主上。”《汉书·游侠传序》曰：“桓文之后，大夫世权。”山节，藻棁，塞门，反坫，八佾舞庭，旅于泰山，富过周公。〔详《论语》〕“齐景公待孔子曰：若季氏则吾不能。”当时世臣厚遇，可想见一斑。藤原氏亦然。《日本历史》：“冷泉帝以后，政归外戚。天子惟垂拱仰成，曾无设施，皇室渐衰矣。”其起也，固亦由皇室之衰落。《日本国志》：

“良房以太政大臣摄政，相门自此专权。”《日本史纲》：“人臣为太政大臣，自良房始。”《日本全史》：“基经敕万机，关白始此。”又有阿衡之争。〔详《全史》〕是后藤原氏之言，致动诏敕。〔《日本历史语》〕《日本历史》：“兼通堀河第，屋宇壮丽，拟禁阙。时人呼之曰：今内里。其奢僭如此。”兼爱与其子道兼且给华山天皇逊位归佛。〔详《日本全史》〕至伊周乃敢劫法皇，咒太后。〔详《日本全史》〕与季孟之攻昭公，而困之于乾侯者，〔《左传·昭公二十五年》〕正相类也。生杀予夺之权，尽存掌握，致残害忠良。季桓子受女乐，而孔子去鲁。赵简子杀窦鸣犊舜华，而孔子不入晋。〔《史记·孔子世家》〕此与藤原氏之贬谪管原道真，黜降源高明，阻遏源兼明者，正复可相比拟也。《日本全史》：“藤原氏对策为博士，始自佐世。文章博士都香良曰：藤原氏之盛，何求不得。而藤原氏为博士，吾曹何处生活。”其专肆致妨及士路，此与春秋贵族阶级之严，正复相似。顾栋高曰：“鲁之欲去三桓，非一世矣。一发于归父，再发于侨如，三发于南蒯，至平子登台之请，而凡四矣。每一发不胜，则三家之声望益隆，国人之属仰益切。”此与宇多华山诸帝，屡欲遏抑藤原氏而不能，且为所制者，正相似也。其威权富盛，固可两相比较也。虽然，藤原氏之贵显，实依外戚之故，以成其势，而张其焰也。清和以前，太政大臣常为阙官，大抵以亲王知太政大臣。良房实以外祖，开人臣为太政大臣摄政之渐。《日本历史》：“藤原氏欲固其权势，纳其女于后宫。而立所生为东宫，凭外舅外祖之势，以张其威权。”又：“高子〔长良女良方侄女〕遂入宫，外戚之权益固。”更举例以明之：一条帝时，伊周以罪贬于外。《日本全史》：“召还藤原伊周，伊周妹定子生皇子故也。”可见其族之声势、威权，实皇后皇子之亲有以致之。故族内相争，往往以中宫东宫为中的。《日本历史》：“兼通女媓子之充中宫也，兼家亦欲进女诠子侍天皇。兼通曰：我女既为中宫矣，彼亦进女胡为乎。自是嫌隙益甚。”又：“冷泉天皇女

御超子，兼家之女也。既生三条帝。兼通益不悦，曰：院女御育皇子，当阶之图后福矣。”亦可征其威富之隆，实以东宫中宫为凭借。春秋世卿，既非王公之外戚，自不得有如是凭借。此其相似中之不同者，二也。

三、君主之废立　孟子“贵戚之卿，君有过，则谏。反覆之，而不听，则移位。”盖身系社稷之存亡，（如《左传·襄公十六年》：“鲁之有季孟，犹晋之有栾范也。政令于是乎成。”又：“则夫二人者，鲁国社稷之臣也。若朝亡之，鲁必夕亡。”）自不得不当废立大事。虽然，“有伊尹之志，则可。无伊尹之志，则篡也。”世臣威权，既凌驾主上。大位之废立，遂得肆意所欲。其果以社稷为念，而不以己之作威作福为惟一目的者，则尚不以幼弱之君主为自利也。《左传·文公七年》，晋人以难故，欲立长君。赵盾以灵公幼弱，而外求君。迎公子雍于秦。《日本全史》：“光仁之末，太子被废，储贰未定。百川以为嗣续者，国家之重事，而安危之所系也。遂犯帝言，以拂女主。折滨成言，以废孱子。而贤明之君，得居震位。”又：“桓武帝之立。百川曰：太子之立，可论其德之厚薄，而不可论其母之贵贱焉。”此足见其立君，亦有以社稷为念。而不以己之威福为重者。此其相似之一端也。晋灵公不君，宰夫胹熊蹯不熟，杀之。赵盾谏，恶之。更欲杀赵盾。故赵穿攻灵公于桃园。《日本历史》：“阳成天皇长而昏狂，手刃杀人。基经深忧之。欲废帝。会公卿议，纷纭不决。藤原诸葛按剑曰：今日之事，宜悉从太政大臣处置。有敢违者，吾斩之矣。议遂决。”废阳成，立亲王时康。此与汉时霍光之废昌邑，实不相上下。是则以君主之无道，而行废立者也。如孟子所谓贵戚之卿，谏之不听，则移位。此春秋世卿，与藤原氏又其相似者也。其以作威作福为目的者，则尝欲立幼弱之君主。而己乃得安全专擅朝政。《日本历史》：“清和天皇立，甫九岁。良房摄政。”又：“宇多天皇由基经立，委政基经。诏万机巨细之事，皆须关

白太政大臣。关白之称，始此。是后主幼，大臣摄政。年长还政者，皆称关白。”以主幼可以专政，故每以立幼主为自利。兼家道家父子，绐华山逊位归佛，以一条甫七岁立之。兼家得专其权势。鲁昭公之立，《春秋》书“公即位”。家氏铉翁曰：“襄公诸子，有年长当立者。季氏利昭公之幼弱，乃立耳。”此又其相似者也。虽然，藤原氏既以外戚而张威权，既依皇后皇子之势而传世统。故对于君主之废立，有一成见，即凡藤原氏所出者，乃欲立之。否则，不但不尝欲立之，且尝欲排废之也。《日本全史》评曰：“今举藤原氏专制之迹，言之。冷泉羸弱，不能久堪位，村上以兄弟之序，欲立为平为储贰。实赖以其为源氏婿，遂排摈之。代以其弟圆融也。花山虽妙龄，求贤纳谏，诏下之日，盗贼弃其兵杖，实有为之君也。及其丧幸姬，眷恋不已。兼家乃使花山遁世逊位，而以其外孙一条代之也。三条恶道长骄横，欲夺其权力，未能制焉。适有眼疾，使医误治，以失明。遂逼之让位于后一条。而后一条之立敦明为东宫，盖出于一条之意也。道长以敦明非其出，待一条崩而废之。以立后朱雀。藤原氏之所为，大抵如斯。其故何也，盖出于倾王家以营私门矣。故纲纪废弛，士民不得其所，恝无所关其意。所谓秦人见越人之肥瘠也。”《日本历史》：“承和九年，嵯峨上皇崩，会有谗春宫带刀，伴健岑等以下，贬窜者数十人。但马权守橘逸势亦以党与连坐，不服罪。乃流之。当此时，预鞫讯者，皆藤原氏之党。盖藤原氏欲倾恒贞，而立其所出也。朝夜悲之。八月，道康亲王为皇太子。〔母顺子，冬嗣女。〕”又：“花山天皇立，圆融长子怀仁亲王为皇太子。兼家之女所生也。兼家疾怀义之专权，欲令太子早即位，即己可早得势。”于是道兼绐帝归佛传位焉。《日本历史》：“初，道长逼三条帝禅位，以拥立其外孙。又立敦明为储贰，以悦三条帝之意。一旦升遐，陵土未乾，又夺其位而立其外孙。”此其事例昭昭者也。春秋诸世族，与王公无外戚之关系，自不至有帝嗣必归己出之主见。且多

与王公同其姓氏，更不至有君主为己外孙之事例。此与藤原氏相似中之相异者，三也。

四、兴替之关键　春秋世族之所以兴起，与夫藤原氏之所以隆盛，虽皆由帝室王公之衰弱。然其末也，春秋世族，竞争甚烈，或归灭亡。孔子谓："自大夫出，五世希不失矣。陪臣执国命，三世希不失矣。"故三桓之子孙，四世而微者也。或则势权张大，并吞君主。陈氏篡齐，三家分晋，藤原氏不然，《日本全史》评曰："或曰：藤原氏无道，何不灭亡。曰：藤原氏贪权，而非有反逆之心也。况祖宗之余德，其或有所存欤。"世世能承其宗祧，而无怀反逆之异心，此与春秋世族末路之所以相异，其相似中之不同者，四也。吾尝考其兴替存亡之迹，究其所以然之故。实非纯由日人帝王神权思想之盛，有以致之。乃在彼武功兵力之有无为之关键也。春秋王室之衰弱，实原于昭王南征不反，而成于犬戎之祸。大司马九伐之法，不正，则征伐自诸侯出。寖而至大夫，得滥专征伐，如季氏伐颛臾之类，世臣执兵柄矣。日本皇室衰乱之原，实起于敕诸国罢兵。《日本历史》："桓武时，敕罢诸国兵。"《日本国志》："王政废弛，藤原氏世相于内。源平氏世将于外。"考春秋世族之兴盛，虽因与王公有宗族之关系。而泰半亦原于武功。如前所举第一类世族，而兼有第二类世族之原素者也。试举鲁季氏为例，《僖公元年》："莒人以庆父故，求赂于鲁。鲁人不与，为是兴民而伐鲁。公子友败诸郦。获莒子之弟笔公。赐季友汶阳之田，及费。"王锡爵曰："自此私门之强，遂蔓延数十世，不可拔。"考三家之所以能分晋者，实起于世臣为将军之制度也。《左传》"桓公六年，申缟曰，晋以僖侯废司徒"。杜注："僖侯命司徒，废为中军。"顾栋高《春秋大事表》曰："晋自文公以后，世主夏盟。诸卿皆以军将为号。而司马，司空，仅以军将为号。"所以晋国天下莫强焉者，其在斯乎。而三家之所以能分晋者，亦在斯乎。藤原氏之兴起，虽或起于有功，而其威

势之大成，实不外凭借姻戚之关系。《日本全史》评曰："据舅祖之戚，居冢宰之职，以专制朝政。则公卿大臣，安得容喙于其间乎。虽天子，亦将束手仰其成也。"其所以不致覆灭者，虽曰：由其未怀反逆之志。实则因其手无兵柄。无兵柄，则外无武功。人民之信仰未孚，不能行篡夺之事也。观藤原氏世系表，大都皆占太政大臣关白摄政，及左右大臣，无将军之职权者。呜呼！此吕后之所以令产禄将南北军。而王氏之所以以大司马篡汉也。兵柄不在掌握，故一遇强刚独断之君主，即随风而靡，无以复振。《日本国志》："后三条天皇，刚健严明。痛抑藤原氏，关白赖道兄弟皆敛迹。"《日本历史》："后三条帝在位五年，欲于院中决政。让位白河天皇。白河刚决果断，政出宸衷，相门敛手。既而让位堀河天皇，听政院中。四十余年，天子垂拱，大臣关白备员而已。天下形势自是一变。"洎乎源平二氏起，握兵柄，大权尽为所擅。藤原氏益衰矣。《日本全史》评藤原氏曰："盗贼起而边陲不安。辄曰：兵者，武官所职，而宰相何预焉。是以将门之反，贞盛诛夷之。忠常之乱，赖信镇定之。兵马之权，遂归于源平二家。而藤原氏衰颓不能振也。"《日本国志》："自是朝廷拥虚器，如弁髦。藤原氏虽更为关白，而其进退，不关天下事，大权独在将军，阴图恢复，而不就。盖白河以下，积重难返矣。"自身既日就衰颓，惟依附贵戚以自生存，更何能行篡夺之事。或曰：后之幕府，莫不擅有兵柄。而不见有行篡夺者，何耶？曰：帝王神权思想，于武臣何有哉？彼武臣所以不至篡夺者，武功不足故也。武功之未足，则对人民之威望未隆，仍不足觊觎天位。元时文永弘安二役，北条氏实侥天幸。而其畏元之心，久而未已。丰臣与明构兵，有平壤之败。秀吉尝自叹："不幸生于小国，兵力不足，不克遂耀武八表之志。"至忧惧而死。临卒有云："国家自古未曾受外辱，及我而辱国，吾所深耻。"又曰："勿使我十万兵为海外鬼。"至德川氏，徇英美葡荷诸国之要求，致起尊王攘夷之风焉。而

幕府之运以终。即此可见对外武功之不足，而对内实难行篡夺之事。质之吾国历史，窦太后令窦固征匈奴，勒燕然，以树声势，擅大权。刘裕恢复长安，即行篡晋。桓温篡晋之未成，未始非枋头之败，有以挫其威信之故。诸如此类，益足见存亡兴替之关键，在此而已。是以藤原氏与春秋世族，其兴替之现状有殊。而其兴替之关键，不外武力之有无而已。此则又可相较者也。

总上四者以观，春秋世族，与藤原氏之所同者，在世世为卿相，而藤原氏独以皇后皇子之传统，以为其摄关大臣传统之所由来。其威权富盛殆相若，而藤原氏独凭借其外祖外舅之尊亲，以张大其气焰。其君主之任其废立，亦无不同，然藤原氏则当首问君主之为其外孙否也。是则其所同者世臣也，而其异者，藤原氏独恃外戚之势，以兴盛其族。所谓以外戚而兼世臣者也。无其与皇家姻戚之关系，则其族势力威权，吾可必其在春秋诸世卿之下。然惟恃其姻戚之关系，而对内无实力，对外无武功。故仅足以虚夸于平静之朝廷，生存于单纯之国内。彼苟处春秋列国，诸族竞争剧烈之世界。吾可必其早归灭亡矣。而春秋世族之绵远，尚不逮藤原氏，盖列国并争，时有外患，日本则无之也。

吾于此，更有一感想。即家族政治之维持与发达，固赖名分。而名分之提倡，则在礼教与宗教二者。（帝王神权思想，吾国与日本古代，皆甚兴盛。而日本殆尤过之。若崇奉礼教，则日本无论何时代，固远逊于周代者也。）然苟无兵力与武功，仍不足以维持发达其家族在政治上之势力，此实力之所以可贵也。抑有进者，立宪政治之工具，在法律。法律之根本，在公理。而公理之保障，在强权。吾国国内实力之支配若何，国外实力之扩充若何。一观中外历史上之事例，益知所当注意者矣。

（《史地学报》1925 年第 3 卷第 5 期）

金石骨甲文字学者疑许书古文平议

文字之体势，随物质文明而变更。龟甲金石，竹木纸帛，与夫笔之用刀用毛，墨之用漆用烟用铅，皆在在有关。（详庄绶甲《释书名》及章炳麟《驳中国用万国新语书》）而文明之递嬗，至繁复错综，仅能推量其大势，而不能强分其限界。故文字体势之变迁，亦同其现象。

例如，上古泰山之上，有刻石，后世立碑之权舆也。《大戴礼·保傅》言："素成胎教之道，书之玉版。"《素问》言："著之玉版，每旦读之，名曰玉玑。"玉者，石之精英，便于执持讽诵，后世石经之所自昉也。崔豹《古今注》曰："蒙恬始作秦笔。"而武王铭笔已云"毫毛茂茂"矣。此时间上递嬗之错综也。文字亦然。隶作于程邈。而证以现在六国时之鼎彝，则隶书之由来远矣。《史籀》十五篇，汉人谓周宣太史作，且以试学僮者。今王静安《史籀篇叙录》谓其多行于秦。

开龟有金契木契之殊。（详孙诒让《周礼正义》）缣贵帛重，不妨同时并用。（见《后汉书·蔡伦传》）铸金契龟，同见西周《诗》《书》。《初学记》："古者以缣帛依书长短，随时截之，名曰幡纸。故其字从糸。贫者无之，或用蒲写书，则路温舒截蒲是也。"纸虽作于后汉，今西陲出古简札，大不过二三寸。其书迹在魏晋以后。至李柏（西城长史）乃用大幅，足征当时一般人得纸之不易也。此空间上之繁复也。文字亦然。秦有八体，新莽六书，是也。

善夫马衡君之言曰："古今文字之不同也，有渐变，无改造。"又

曰:“文字之兴,孳乳浸多,随时地而变。”(北京大学《国学季刊》第1期)夫随时而变者,即时间上递嬗之错综也。随地而变者,即空间上变化之繁复也。故渐变云者,自其不变者观之,则八卦、六书,有相通之迹。河图、洛书,实同出一源。证以金石,则三代文字之变迁,无多也。而籀文实行于秦,秦篆即承古籀,古籀篆不可分也。自其变者观之,则古籀篆皆可分别言之。班固所谓《史籀篇》者,与孔子壁中异体。而古文复更有古文之异体也。要之,仅能推量其大势,而不能强分其限界。

近人以金石龟甲文校许书古籀,多所差异。遂谓许书古籀乃战国时诡更变乱之文。(吴大澂、罗振玉、王国维等说)其初似有偏面之征,一经深考,实则未明乎文字变化自然之迹,宜不与事实同符矣。

夫古籀之不分,已成不可争之事实。

班志谓《仓颉》诸篇文字,多取史籀。又谓《仓颉篇》多古字。盖秦灭古文,其文字仍不能不有所本。盖自太古以来,乐不相沿,礼不相袭,大都变其名而不变其实。

段氏《说文注》言:“小篆因古籀而变者,甚多也。”

张行孚《说文发疑》更进谓古籀篆不分。

罗振玉曰:“大篆乃述古文,非史籀所创造。”“许书、六经皆古文,乃兼大篆言之。取《史籀》大篆或颇省改乃兼古文言之。”

又曰:“相斯所罢者,皆列国诡更正文之文字,所存多仓史之旧文。秦之初,虽僻在西戎,然密尔西周之旧都,文化流风犹未沫。其文字固应胜于列国。”其以小篆得古籀之真,可见矣。

王国维曰:“古籀篆多同。”

孟康《汉书·王莽传注》曰:“《史籀》所作十五篇,古文书也。”孟说极韪。盖秦焚古文,而《史籀》为其所用,故不谓之古文,而谓之大篆耳。故王新以古文包《史籀》。古籀均先秦旧文。

盖小篆既本《史籀》,而《史籀》即古文。三者所以不分也。是

以《史记》言秦拨去古文，虽典籀荡焉无存，而文字实无以拨去之也。乃今人以金石龟甲文字同于篆文者，十五六。合于许书所载之古籀，十仅二三，因疑许书古文。不知其同于篆文之十五六者，即同于古籀者也。其合于古籀十仅二三者，特古籀之异体耳。故《说文叙言》："宣王太史籀箸大篆十五篇，或与古文异。"或，有古字通。则其不异者多也。又言："李斯作《仓颉》篇，……皆取《史籀》大篆，或颇省改，所谓小篆也。"则其大体无所省改可见。古籀篆，大体从同。《许书》自瞭。奈何今人不之思，而辄攻《许书》也。

夫古文有古文之异体，亦不可争之事实。

《许书》特著籀文者，或为籀文之异体，为篆文所不取者，或为篆文所未省改者。所著古文，或为古文之异体，为籀篆所不取者，或为籀篆所未省改者。王国维曰："《说文》所录籀文，才二百二十余字。盖著其特异者耳。"

罗振玉曰："许书所载之籀文，所谓与古文或异者，乃就当世仅存之《史籀》九篇，以校壁中古文而异耳。"

又曰："《史篇》之文与壁中书或异者，非籀与古之异，乃古文自异也。古文行用之期甚久，许书所云，孳乳而浸多。又云，五帝三王之世，改易殊体。此古文不能无同异之证也。"故班氏谓"《史籀篇》者与壁中古文异体"。

王国维《殷墟书契考》谓古人书体，已有繁简二种。

试再以汲冢古文证之，而可益明。

卫恒《书势》曰："汉武帝时，鲁恭王坏孔子宅，得《尚书》《春秋》《论语》《孝经》……太康元年，汲县人，盗发魏襄王冢，得册书十余万言。按敬侯所书，犹有仿佛。古书亦有数种，其一卷论楚事者，最为工妙。"

张怀瓘《十体书断》曰："晋咸宁五年，汲郡人，得册书十余万言。或写《春秋》《经传》《易经》《论语》《夏书》《周书琐语》《大历》

《梁邱藏》《穆天子传》及魏史，于是古文备矣。甄丰删定旧文，制为六书。一曰，古文，即此也。周幽王制时，又有省古文者，今汲冢书中，多有是也。”

是则先代书体多异，奚必如许叙所谓“至七国而殊，文字异形”者哉。《管子·中庸》皆言同文书。惟其不同，所以同之也。不然者，何以金石龟甲文之不见于许书者颇夥。而其自相歧异者，更不知凡几也。吾尝考其故矣。

一、作书者之多也。

仓颉者，非一人。而造字者，不止于名仓颉其人也。（详顾氏惕森《中国文字学》）《许叙》仓颉初造书契之言，未足深信。

至《世本》称：“黄帝之史沮诵仓颉作书。”则虽黄帝之世，造书者，非仓颉一人。

《荀子·解蔽篇》：“好书者众矣，仓颉独传者，壹也。”

二、改易殊体者之多也。

许叙：“以迄五帝三王之世，改易殊体。封于泰山者，七十有二代，靡有同焉。”

《史记·封禅书》：“管仲曰：‘古者，封泰山禅梁父者，七十二家。而夷吾所记者，十有二焉。’”

桓谭《新论》：“泰山之上，有刻石，凡千八百余处。而可识者，七十二。”

司马贞补《史记·三皇本纪》引《韩诗外传》：“自古封泰山禅梁父者万有余家。仲尼观之，不能尽识。”荀卿子曰：“后王起，必将有循乎旧名，有作于新名。”后世如武则天之流，每多造作新字。其迹尚存，于古亦可想见一斑矣。

三、同文字之难也。

改易殊体者多，于是不得不以政治势力出而统一之。然大势所趋，虽大力者，亦有莫可如何者。同文字之严者，莫秦若矣。而

秦世仅数十年间，自后人观之，由籀而篆，由篆而隶，已三易书体矣。段氏《说文叙》注曰："秦禁挟书，而张苍身为秦下史，遂藏《左氏》，至汉弛禁而献之。亦可见秦法之不行矣。"

《史记·万石君传》："万石君奏事，误书马字，与尾当五，而四不足一。惶恐惧谴死。"汉世正字之严，可见矣。然班志曰："博学者，又不思多问阙疑，碎义逃难，便辞巧说，破坏形体。……"

《后汉书·儒林传》："……亦有私行金货，定兰台桼书经字，以合其私文。"

夫秦汉为中央集权政治，犹不足以厉行同文书而收效，况封建政治乎。况近于部落时代者乎。则班、许所谓"古制，书必同文，至于衰世，人用其私"云云者，未尽然也。

四、事实上之关系，书体得随意写作也。

由篆而隶，由隶而正，而草，皆人事变化，有以促其变化也。

章炳麟《订文》曰："自太古以至今日，解垢益甚。则文以益繁，亦势自然也。民志日以孟晋，虽欲文字之不孟晋，不可得也。"文以益繁者，异体亦以多也。唐代佛经，每书以奇字。人事变化，文亦欲其变化也。古代岂能外是哉。

罗振玉曰："古人文字肖形以示意，而不拘于一笔一画。逮后世拘于笔画，形失而意反晦。于吉金文字，尚可窥见此恉，而于卜辞尤明。"

上四者，皆不外空间上与时间上之综错变化。则古文之有异体者，更昭昭矣。况物质文明之递嬗繁复，文字体势，亦系之而同其现象者哉。考秦之八体，如刻符虫书摹印署书殳书等，新之六书，如鸟虫书缪篆等，大都以所施之器物不同，而异其趋。班固曰："六体者，皆所以通知古今文字也。"则古亦同今之用。因此可知古之铸金，刻石，开龟，契甲，或以美术上之弄巧，或自各有异体，以与笔于竹帛者异涂也。文字之变化，固不能离物质文明者，于此更可

见矣。今人乃以许书古文，与金石龟甲诸文，偶有参差，因之疑窦丛生。抑何其未知文字与物质文明之关系也。并以区区单纯物质上之一见，而欲推翻古文公案。得毋所谓大惑不解者欤。

且也，文字既随世运以急变。孔子生于周衰，其言曰："吾犹及史之阙文也，今亡矣夫。"又曰："文王既没，文不在兹乎。"又曰："先进于礼乐，野人也。后进于礼乐，君子也。如用之，则吾从先进。"故信而好古，变文反质，甘为先进之野人，以自成一王法。所谓损益继周之事业者，其文字亦自宜不尽同者欤。或谓："壁简藏自孔鲋。鲋生秦世，羼杂七国时文字，自所不免。"不知姬汉人传学，家法甚严。（六艺诸子传授皆称家）况孔子之垂一王法，鲋也安得以时俗之文字，变乃祖之成法哉。则谓壁简多诡更之文，实非孔子之旧简者，亦未为笃论。

又或以为许书古籀，已经传写失真者，故与金石龟甲文不同也。

吴大澂曰："许氏之书，至宋始箸，自多失真。"

潘祖荫曰："《说文》所载重文，后人或有增加，真伪参半。"

王国维、罗振玉辈亦谓其传写失真。

此说则颇合文明变化，文字传写亦随之而异之意。且证以卫恒之言，以弥觉可信。

《晋书·卫恒传·四体·书势》云："汉武帝时，鲁恭王坏孔子宅，得《尚书》《春秋》《论语》《孝经》古文。汉世秘藏，希得见之。魏初，传古文者，出于邯郸淳。正始中，立三体石经，失淳法。因科斗之名，遂效其形。"考今存魏三体残石余字，皆丰中锐末，与科斗之头粗尾细者，略近。则所谓因科斗之名，遂效其形者，此其是矣。而恒谓其转失淳法。然则邯郸淳所祖之孔壁古文，体势亦必不如是也。是故今《说文》所载古文籀文，皆丰中锐末，就书写之体势言，已失其真。

文字体势，既以传写而变换。则字形之构造，当然亦受莫大之

影响。故据今日之许书，以疑本来之古文，益未见其可。而疑许书者，可废然返矣。

吴大澂谓："许书籀书，则多不如今石鼓。古文则多不似今之古钟鼎。亦不说某为某鼎字。必响拓以前，古器无毡墨传布，许氏未能足征。"云云。罗振玉辈从而和之。虽明知物质文明，于文字体势，所关甚巨。然其说不足据。许叙："群国亦往往于山川得鼎彝，其铭即前代之古文，皆自相似。虽叵复见远流，其详可得略说。"潘祖荫曰："知许君参稽金刻为多。"是也。盖遂人《河图》刻于石。(《易纬通卦验》)太古《占候灵文伏羲》时镌诸玉。(《内经天元纪大论》王冰注)黄帝之史孔甲《垂盘盂铭》王应麟《汉书艺文志补注》引《七略》是五帝遗器文字，汉世犹及见之也。况三代乎。盘盂者，钟鼎也。《汉书·田蚡传》言学盘盂诸书。岂必响拓毡墨未发以前，而士大夫殆无法以得之乎。盖物质文明之递嬗，固甚繁复错综者。故章炳麟《文始叙》曰："《仓颉》《爰历》《博学》三篇，财三千三百字。《凡将》《训纂》继之；纵不增倍，已轶出秦篆外。盖古籀及六国时书，骎骎复出。而班固尤好古文。(《叙传》自述曰《正文字》)作十三章，网罗成周之文，及诸山川鼎彝，盖众。《说文》最字九千，视秦篆三之矣。非有名器之刻，遗佚之文，诚不足以致此。"章君之言，盖韪矣。至若浅妄之徒，因疑许书古文者之说，而持以为壁经伪造之佐证，则不容辨矣。

(《国学丛刊》1926 年第 3 卷第 1 期)

印度前后弥曼萨派思想进化之比较

弥曼萨者，训释吠陀之谓也。婆罗门传说，吠陀皆梵天所演是以继吠陀而成之典籍，亦名为梵书。奥义书为吠陀之究竟[redacted]亦属于广义之梵书。前后弥曼萨派继承梵书与奥义书，其思考之取材，仅限于吠陀之圣典；斤斤株守，无怪乎其进步较迟；虽创始于数论诸派之前，而成立于数论诸派之后。此前后弥曼萨之所同也。

两派既皆以训释吠陀，即或能自创新义，亦惟因依故典，有所发挥，而必曲引吠陀之言，以证成其说，期其见容于婆罗门耳。至若佛法之出，不由吠陀，乃故与吠陀乖违，而反对婆罗门者。是以前后弥曼萨皆与佛法为对立，此又两派之所同也。

虽然，前后弥曼萨成立，虽皆在数论诸宗之后，而前派成立在先，后派在后，故有前派后派之名。且印度哲学之兴，虽曰起于吠陀；而潮流之变化，已不一而足。前弥曼萨派，殆承正统婆罗门与有神的两潮流者；后弥曼萨派，则承正统哲学的潮流者。此两派之不同也。

前弥曼萨派基于梵书，以理论研究祭祀之事，即根于尊重教权思想，主仪式之说明及保存，为阿利安人种所用。后派则限于思想家所用，基于奥义书，以研究梵我之问题。梵我问题者，即大宇宙原理之梵与个人原理之我，于其本性皆可视为同一也；此

实为印度哲学思想之渊源。弥曼萨经之开端曰:“从今开始,法之研究。”《吠檀多经》之初章曰:“今由梵之思索始。”此又可见两派之不同也。

是以两派于研究广义之梵书上,虽为同系,而前弥曼萨以吠陀之业分为主,后弥曼萨以其智分为主。梵书之言婆罗门祭式义务之实行方面,为吠陀之业品,其论大我小我关系之哲理方面。如奥义书,则为吠陀之智品。前弥曼萨以业品为主,故又称业弥曼萨派,而成祭式之系统;后弥曼萨派以智品为主,故又称梵弥曼萨派,遂以成吠檀多系。此又可见其不同者也。

前后弥曼萨既有其共同与别异,是以对于宇宙及人生之见解,亦固有其出入之点;试就下列诸点一一比较之:

一、关于宇宙之本质及现象

前后弥曼萨皆所谓一元主义也;佛典中谓之一因论。吠陀本视神之作;然其思理之进,有到达万有本源,绝对独立之趋势。故《吠陀邬波尼煞昙》之属,以颂说梵天为主。所称婆罗门者,即梵常赞之以无初无终,始形万物,为一切之因。婆罗门本义为祈祷,而吠陀作者,乃以当造化之本源,形色所自出;以之为一切之本体,即自身之本体。故奥义书有“我即梵”之语。前弥曼萨虽重祭祀,而最后目的为上天,且以言说为生主或梵之表号。此皆以梵天为宇宙惟一之本体,两派所同也。特后弥曼萨尤所发挥尽致耳。梵经曰“彼之生等所以存”;盖言梵者万物生之所从,住之所在,灭之所归也。以梵为唯一之实在,永恒妙乐,绝体自由;万有之生灭,特梵之一波澜而已。满多俱耶颂,立瓶空之喻,以明小我制限为幻影,而根柢实为普遍实在之大我。商羯罗就俗谛立上梵下梵之不同,而真谛中则梵一而已;种种征象,皆非实有。此皆一元主义之甚显著者前弥曼萨派专就业分言,无如是之畅达,而固有其肇端矣。此两派之所同也。

其不同者,《吠檀多经》以宇宙之种种变化,梵为其动力因,亦为其质量因,谓出于梵之游戏。至满多俱耶颂商羯罗诸书,则以梵变化成宇宙,而归因于误谬之认识;如火轮之譬,主观客观之误认;宇宙现象,乃无明之力也。故吠檀多派以现象与梵有异也。若弥曼萨主声常住,其斯波大常住说以寻常之言语,皆梵心中恒存常住之观所发现;以吾人所有之概念与名称,皆梵自身一一表现之结果。则以吾人所认识之一切现象,即梵自体之结果;此与后弥曼萨以宇宙现象为认识之幻者异。此两派之不同也。

二、关于知识之本源及效力

弥曼萨人以构成吠陀祈祷之言语,认为有无限常住之神秘力。其声常住论者,主持圣教量也;故圣教量或名声量。吠檀多人亦专以吠陀为宗,所引以自证信者,唯圣典耳。吠陀圣典自为其证,不须他证,如日之光,实是其光,色形现见,更何求证。前后弥曼萨,皆以圣教量为知源,此其所同也。

然前后弥曼萨以此圣教量为论理推究之方法,应用时亦兼用他量;故一切见集中所散见之量,有现比等六量。若后弥曼萨则现比等量悉在废弃;商羯罗谓一切思维之凭现比量者,虽于事或明白有謚;乃至把握于手者,犹且无逃于无稽之斥;奥妙如宇宙之原因,使无圣典,则非此所知;以无形相名义为现量与比量得故。可知理之存于觉官以论证夫现前世间者非实。所谓现比量者,亦但在圣教量中,不在其外。现量何以为知源,以其为梵所默示故;比量何以为知源,以其出于传承故。后弥曼萨以天启及传承为主,与立他量之前派异,此其所不同也。

三、关于宗教上之观念

前弥曼萨以祭之由来,基于神之天启;吾人所以用祭为目的与义务者,皆基于神之命令与约束。认吠陀以来之神;斯为真正之信神派,乃一种超神观也。后弥曼萨亦有超神观;如罗马奴撒

奉毗纽笯梵天为至高神，以为有智力仁诸德，满中慈爱，为万有之质料因，而又为作者及有情之支配。此其超神观甚箸；似前后两派之相同者。

惟前弥曼萨重视祭之本身，以之得随意之果报，俨然有必然之制约；祭典果报之间，复有一定业力为之结合；祭之果报，为自然法则之一。至于神之随意活动，已不认有，以神为从位，其自发活动主义已不可复睹，则固又近于无神观矣。至满多俱耶颂与商羯罗，富于泛神之意味，而以观念之方法出之，其神格销融于宇宙本体处，即泛神论之发挥。其说宇宙为现象，而现象由于迷误之认识，即观念论之谬用。商羯罗且设为俗谛即下梵，为有人格与意志，造作世间，宰制有情，则更将超神一义摄入泛神观矣。盖因以上梵为不可拟量，德无能名；而众生之差别，自己及客观之世间，皆为无实也。其思理之进，则厌多神一神而达于泛神，与前弥曼萨之由超神以趋近于无神不同。此其神之观念，两派亦有异也。

四、关于人生之修行解脱

前后弥曼萨皆我执甚强：前弥曼萨以业为连络祭祀与所得果报之用，其业名曰无前；所获无前之用：一为享现世之福，一为求死后生天。后弥曼萨解脱之道：吠檀多经谓身亡后，灵魂上天道，止于梵界享无量福。盖两派皆我见甚深：所谓“彼即汝，我即梵”；宇宙唯是一梵，一梵唯是一我。其解脱无非为我，为自身之福利，或由小我进入大我而已。此修行解脱由我见而来，与佛法之破我执以求菩提，正相违背。此前后弥曼萨之所同也。

惟商羯罗分解脱为渐解脱与真解脱：上天享无量福，为渐解脱；此来自下梵之信仰者。反之上智解脱为真解脱，无身解脱，即归于梵。所谓“悟梵本性，通过现未，为非作者食者，而予实为此梵”。其解脱之彻底，固非前弥曼萨派所能企及也。

观上所举数端,可知两派思想之同异矣。总之弥曼萨前后两派,虽皆根据于吠陀圣典,前派重仪式,后派重哲理,其性质既不同,故其进化亦有先后,姑列出之以供研究印度哲学者一考焉。

（《东南论衡》1926年第1卷第27期）

《文心雕龙·明诗篇》书后

毛诗序“在心为志，发言为诗；情动于中，而形于言。”是以诗之为诗，外有其形，内有其质。所谓“诗有恒裁，思无定位”；裁者，诗之形；思者，诗之质也。质虽不离乎形，而思不为体所囿。

发乎情，止乎礼义：此思之极则也。故曰：“诗者持也，持人性情。三百之蔽，义归无邪。”诗之为教，敦厚温柔；可兴可观，可群可怨，事父事君；其用既大，其质必正。葛天乐辞，载民敬常，达功依德，迁之贤善，莫不咸听。尧歌《大唐》，民事以得。舜造南风，心乐声泰。《祈招》诗云：“形民之力，而无醉饱之心。”盖将顺其美，匡救其恶。四始彪炳，六义环深；无非在正得失，美教化者也。夫发乎情，民之性也；止乎礼义，先王之泽也。自王泽殄竭，礼义衰亡，世风日下，诗亦随之；喜怒哀乐，罕有发而中节者矣。汉代古诗，婉转附物，怊怅切情。冠冕之作也。韦孟讽诗，匡谏之义，继轨周文。至于建安，世积乱离，风衰俗怨，志深笔长，慷慨任气，磊落使才，则专以气骨擅胜者矣。迨夫正始，诗杂仙心，何晏浮浅，阮籍峻深；要皆开玄风之先路者矣。是以应璩《百一》，辞谲义贞，独立之遗直也。降及《元康》，旨缛力柔，有辞人淫丽之尤矣，有晋中兴，玄风独振，为学穷于柱下，博物止乎《七篇》，自建武暨乎义熙，历载将百，波属云委，莫不寄言上德，托意玄珠；儒术清俭，诿为鄙俗；蔑弃礼义，莫甚于此。沈约谓叔原始变太玄之气。然叔原委蛇宋世，卒婴

刑祸，篇什流传绝妙。晋宋之英，其陶公乎？贞志不休，安道苦节，寄迹在酒，与道隆污，辞兴婉惬；盖原出于应璩也。是时玄风渐息，而佛图迭盛。元嘉以后，词人大都耽心内典，而山水放情。所谓“老庄告退，山水方滋”，极貌写物，穷力追新，而先王礼义之陈迹，益复邈不可睹。持情之义，既已不彰；敦厚之教，亦归隐灭。所谓一铺观列代，情变之数可鉴者也。此诗之当明者一。

挚虞《文章流别》曰：“古之诗有三言、四言、五言、六言、七言、九言，古诗率以四言为体，而时有一句二句杂在四言之间，后世演之，遂以为篇。”准此以论：则后代各体，悉已兆具于三百篇中。汉初四言，韦孟首唱，实则继轨周文。五言之体，周代已具，亦非创自李陵。举凡二六杂言，联句共韵，离合所发，回文所兴，惟能渐次循其所自，而不能断其创始何人。是以《古诗》结体散文，直而不野，为五言之冠冕。严马之徒，属辞无方，盖以体无所承故也。建安驱辞逐貌，惟取昭晰，亦惟腾踊于五言耳。太康枿文以为妙，流靡以自研；元嘉穷力追新，俪采百字之偶，争价一句之奇，而要皆罕出五言四言体制之囿。诗有恒裁，恒者，常也。体有渐变，而无特异。此所谓“撮举同异，而纲领之要可明”者矣。今者每言创作新体，夫体不能以强作，形固无以自成，必也有其渐变之迹，而后具生生之象。此诗之当明者，又其二也。

彦和谓“四言正体，雅润为本；五言流调，清丽居宗”，质固不离于形也。然华实异用，惟才所安；随性适分，鲜能通圆；则思不必为体所囿矣。总之，体有所承，思必己出；苟情发乎中节，言合于通裁；斯乃所谓摭实佩华，质形兼美者矣。

（《东南论衡》1926 年第 1 卷第 24 期）

国语叹词的研究

一、叹词在语言学上的价值

人类语言的原起,最初是由于一种直接的反应作用。当我们感受到强烈的刺激,全身肌肉,就立刻起了收缩的现象;喉头里的声带,也跟着紧闭,气息泄出,一种浑沌的语音,就自然而然的发出来了。这种原始的语音,是含糊不清楚、没有节制作用(Inarticulate)的;和其他语音性质不同:其他语音,多少总包含着理智的应用,所以一种语音的发出,对于客观方面,总伴着一点辨别的意识。其他语音,总经过社会环境的洗礼,要受它的同化;所以各个民族或各个人群,各有它的语音系统。只有这种原始的语音,完全出于生理上自然的反应,是纯粹的主观方面情感所激发的。而且超出社会同化力的支配,不受一种语音系统的范围的;我们语言当中,和这种直接反应的语音,性质最接近的,只有叹词;所以叹词在人类语言上,很有一种普遍的价值。①

比较各国的叹词,虽然也有差异的地方;例如,表明痛声,英语用 ouch,德语用 ɑu,但是他们韵元总归于 ɑ、o 等母,大体上总相类似的。中国古时所用的叹词,依近人汪荣宝的考证,如于、吁、呜呼等,应当读做 ɑ、ɑhɑ 的音。② 和现代的唉、啊等正相吻合;和欧西

---

① 参看 Leonard Bloomfield, *The Study of Language*, Chap. IV。

② 见《国学季刊》第 1 卷第 2 号。

诸民族的叹声,也多类似。胡以鲁《国语学草创》里,说中国古代的叹声,都属闭口音;又说开口的叹声,是南方的音,和北方不同。这种误解,是因为信从顾亭林以来"古无麻音"之说,未曾考明鱼虞模古读而发生的。黎锦熙《国语文法》里,已经有一段话驳斥过了①,这里不必赘说。

各种民族的语言,各有它的语音系统;只有这种感叹词,常是超出民族的界划,不受语音系统的限制的。例如双唇的震颤声,西文里往往写做 brrr;北部欧洲用来表示厌恨的心理,或者感受到十分寒冷,也发这音。可是这种音在他们普通语音里,是见不到的。又如吹放气息的音,写做 Whew! 用来表示惊骇以及酷热的感觉;这种音,在他们语音系统里,也是没有的。② 因为叹词的音,大都出于直接的反应的作用,根据于人类生理上共同的现象;所以不受社会环境的支配、语族系统的限制,而有人类相通的价值。

东西民族,固然各别,古今语言,又是不同;只有这种叹词的音,不因地域而变化,不随时代而变迁的。《马氏文通》里说:"叹字者,所以鸣心中猝然之感发,而为不及转念之声也。斯声也,人籁也,尽人所同,无间乎方言,无别乎古今,无区乎中外。"说叹字是猝然感发不及转念的语音,所以有普遍的价值,这几句话是很透切的。可惜马氏接着说:"今英法诸国之方言,上稽其罗马希腊之古语,其叹字,大抵哑、呵、哪之类,开口声也。而中国伊古以来,其叹字不出呼、吁、嗟、咨之音,闭口声也。"③不知道中国古代吁、呼等字,正是读开口声,和泰西语族叹声正是不约而同的。

---

① 参看黎氏:《国语文法》第十八章。

② 参看 Bloomfield, *The Study of Language*, Chap. IV。

③ 《马氏文通》卷九。

把国语里叹词的发音，各各分析一下，就可见得它们的转变分化，很合于人类语音共同的趋向。

二、国语叹词的分类

叹词在语句当中，和旁的词类是不生连接的关系，所以没有定位可拘。[①] 普通的文法学，也不过依照它们所表示情感的性质，略略说明罢了。叹词的音，既然出于生理上直接的反应作用；我们要研究叹词，只有根据语音学的原理来分析它们的音素。

国语里叹词，依照它们发音形状，可归并做两大类：

（一）重音在韵元的，[②]如啊！呵！哇！嗳！啊呀！啊哈！……

（二）侧重辅声的，如呸！啐！哓！呒！哼！……

第一类，发音的主要作用，在声带的振动，以及口腔或鼻腔的共鸣作用。是ɑ、o等的单纯韵母的音，或者由ɑ、o等转变成了复韵、复音或者带舌根摩擦声的单音或复音。[③] 第二类，发音的主要作用，在口腔里气程的阻碍。“呒！”只是双唇阻的鼻声m；“哼！”实际上只是舌尖阻或舌根阻的鼻声n或x；“呸！”“啐！”等，它们的p、ts这些声母，要读重些。

古代的“恶！”“於！”“乌乎！”“於戏！”相当于现在的“啊！”“啊哈！”，古代的“噫！”“噫嘻！”相当于现在的“唉！”“唉哈！”[④]，古代的“嘻！”“嚄！”“吓！”相当于现在的“哈！”“欸！”，这些都是属于第一类。古代的“嗟！”“啨！”“兹！”相当于现在的“啐！”，古代的“咄！”“叱！”相当于现在的“哓！”[⑤]，这些都是属于第二类。《史记·淮阴

---

① 参看《马氏文通》卷九。

② 一个音缀里，重音大都是在韵元；中国单音缀的字，大多数也是重音在韵元的。这里所以特别加以说明的，不过表示和第二类侧重辅声的音区别罢了。

③ 详下文。

④ 嘻、噫等字在“之”部，古代和“咍”部同音。

⑤ 古代没有舌头和舌上的区别，叱、咄等字都属舌头音。

侯传》“噫嘻叱咤”,《汉书》作“意乌猝嗟”。段玉裁说:“噫嘻言其未发也,叱咤言其已发也。”[①]其实应当说:噫嘻的音重在收韵,叱咤的音重在发声,两类叹声的发音作用是不同的。

西文里的叹词,也可依样的分做二类:

(一) Oh! Ha! Alas! ……这类重音在韵元的。

(二) Hush! bosh! tut-tut! Pish! Posh! ……这类重音在 sh、t、P 等的辅声。[②]

从这点也可见得叹词很有人类相通的价值。

把第一类叹词的音,再加以分析,又可分做下列的几种:

(一) 啊! 阿! 哦! 咦! ……这种单音是 ɑ、o、i 等单纯韵母所成的。

(二) 唉! 哎! 呀! 哇! 呦! 哟! ……这种单音是 ɑi、iɑ、uɑ、io 等结合韵母所成的。

(三) 喝! 嘿! 呵! 哈! 咳! ……这种是 ɑ、o 等的单纯韵或 ɑi 等的复合韵,和舌根阻的摩擦声 x 相拼的单音。

(四) 啊呀! 阿呀! 喔唷! 哦哟! 嗳呀! 哎呀呀! ……这种是复音,ɑ、o 等单纯韵的音和 ɑi、iɑ、io 等复合韵的音所结合的。

(五) 啊哈! 哦呵! 嗳咳! 咳呀! ……这种也是复音,ɑ、o、ɑi 等的音和 xɑ、xo、xɑi 等的音所结合的。

(六) 哈哈! 呵呵! 嘻嘻! ……这种是 xɑ、xo 等的复音。

以上六种感叹词,都是重音在韵元的。要是把它们细细考究一下,就可知道这六种的成立,其实不过第一种单纯韵的转化罢了。ɑ、o 等单纯韵的音,怎样会变做复韵、复音以及带舌根阻的音出来,我可以应用斯韦特氏(Henry Sweet)所讲的流音和重音的道理来解释。

---

① 段氏《说文》注“叱”字下。

② 参看 Nesfield, *English Grammar Series Book IV*, Chap. IX。

三、韵元的转变和流音

一个韵母,发音的起首,要是声带慢慢的紧合;还没有发乐音以先,已经有一口气息跑出;这种语音的前流,要是加以重读,就变做声带阻的摩擦声 h 了;ɑ 的音就转变做 hɑ 了。① "啊!""哦!""咦!"会转变做"哈!""呵!""咦!"就是这缘故。一个韵母,发音的末尾,要是声带慢慢的弛开;发了乐音以后,还有一口气息要泄出的;这种音的后流,要是加以重读,也就变做声带阻的摩擦声 h 了;ɑ 的音就转变做 ɑh 了。② h 其实就是不带乐音的韵母,它的音依照气息的状态而变化的;③ɑh 要是加以升读——重音在后——就很容易变做 ɑhɑ 的音了。"啊!""哦!"所以会转变做"啊哈!""哦呵!"就是这理由。

注音字母里的厂母,通常都用国际音标的 x 母来替代;所以哈,呵,咳这些字,拼作国际音标的 xa、xo、xai……④其实中国厂母的音,比 x 的舌根位置,还要下些。现在国语罗马字母,就直用 h 来替代厂母了。⑤ 中国中部和南部地方,下颚节制的角度大,本来有声门阻的 h 音;北部下颚角度小,h 音就近于 x 的音了。⑥ 注音字母以北部做标准的;所以用国际音标的 x 来拼厂母。若是依据中部和南部的口语,仍应当读做 h 音。向来讲三十六字母的,都以影、晓、喻、匣四母,同属于喉音一类⑦;从这一点,我们可以推知古

---

① Sweet, *A Primer of Phonetics*, p.117, 118.

② 同上, p.121, 122。

③ Rippmann, *Elements of Phonetics*, p.28, 74.

④ 参考赵元任:《国际音标》《国语正音字典》。

⑤ 参看北大《新生》第 1 卷第 8 号,钱玄同《关于国语罗马字母的选用及其他》。

⑥ 参看高元:《国音学》第五章。

⑦ 宋元以来的等韵家,都以影、晓、喻、匣归为一类;只有清朝末年的劳乃宣《等韵一得》里,以影、喻独列为喉音,而以晓、匣归入见、溪等的牙音一类;这是因为劳氏根据近代北音的缘故。

代晓母也是 h 音;哈、呵、咳等字,本来应当读做 hɑ、ho、hɑi。所以 ɑ、o 等音,因为流音和重音的关系,转变做 hɑ、ho 或 ɑh、oh;就是“啊!”“哦!”等变做“哈!”“呵!”或“啊哈!”“呵哦!”等的理由。

“啊!”“哦!”会转变做“哈!”“呵!”也就是“啊哈!”“哦呵!”会转变做“哈哈!”“呵呵!”的理由。

复韵母里所包含的 i、u、y(l、x、ㄩ),不是自成音缀的;所以这种韵母颇有声母的价值,语音学上也叫做流韵(glide vowel),[①]就是其他韵母流音的意思。iɑ 是一个升读式的复韵,重音在 ɑ,i 就是 ɑ 的前流;[②]ai 是一个降读式的复韵,重音在前面 ɑ 的部分,i 就是 ɑ 的后流。[③] 因为 ɑ 母的发音,它的起首要是趋重舌前的作用,ɑ 就变做 iɑ 了;它的末尾要是趋重舌前的作用,ɑ 就变做 ai 了;“啊”“哦”等字所以会转变做“呀”“呦”或“唉”“哎”等字,就是这理由。

复音和单音的分别,在气息上就是音势断续的关系。[④] 一个长韵母,要是先用降读式,后再用升读式,[⑤]例如 ɑi,这种音就可以当做两个音看待。复韵 ɑi,本是降读式的单音,要是再加以升读,ɑi 就很容易变做 ɑiɑ 的复音了。“啊、哦”所以会转变做“啊呀、哎呀、哦哟”,就是这缘故。

这样看来,凡是着重韵元的叹词,原始只是 ɑ、o 等单纯韵的音;其他复韵、复音或加上 h 的音,都是从 a、o 等转化出来的。下面再把中国古文辞上所引用的叹词或叹声[⑥]叙述它们互相转化的

---

① 参看 Sweet, *A Primer of Phonetics*, p.114,153。

② 参看 Rippmann, *Elements of Phonetics*, p.160。

③ 中国本来没有 a 音。a 音是 ɑ(丫)音后流趋重舌前的结果。

④ 参考 Sweet, *A Primer of Phonetics*, p.105。

⑤ 升读、降读就是重音在后或在前的区别。中国文字的意义,和音高、音长、音势的变化,都有密切的关系;叹词表示情感,也常常跟着这种关系而变化的。这里乃是说明叹词音素的转变,由于音势的变化。“唉”既然会转变做“咳”,“哎呀”自然会转变做“咳呀”了。

⑥ 表明叹声的字,如“欷”“歔”等,自身虽不当作叹词用,和叹词的音相类似的,也可备作研究叹词的旁证。

痕迹，来做一个例证：

“歍”，《说文》：“心有所恶若吐也。”字亦作“呜”，《释名》：“呜，舒也，气愤懑，故发此声以舒写之也。”或作“乌”，《说文》引孔子曰：“乌，盱呼也，取其助气。”《诗・文王》：“於！昭于天。”传：“叹词也。”或又作“恶”，《荀子・法行》：孔子曰：“恶！赐，是何言也？”注：“犹言乌。”哀泣声则作“歔”，《说文》：“欷也。”《离骚》：“曾歔欷余郁邑兮。”注：“惧貌，或曰‘哀泣之声’。”字亦作“嘘”。应声则作“俞”；《礼记・内则》：“男唯女俞。”笑声则为“哑”，《说文》：“笑也。”《易・震卦》：“笑言哑哑。”由“呜”转变为“呼”。《礼记・檀弓》：“曾子闻之，瞿然曰呼！”或作“吁”“評”“謼”“嘘”“歑”并同。又转变为“呜呼”；《法言》：“呜呼！天先秋而后春乎？”注：“骇叹之声。”或作“歍歔”“歍歑”“於乎”“於戏”“乌虖”“於赫”皆同。由“歍”转变作“歍唈”；《淮南・览冥》：“歍唈流涕。”注：“失声也。”或作“於邑”“怏唈”“於怏”，鱼阳对转也。由“恶”转变作“吓”“嚄”；《庄子・秋水》：“仰而视之曰：吓！”《史记・外戚世家》：“嚄！大姊，何藏之深也？”

“欸”，《说文》：“訾也。”《楚辞・涉江》：“欸！秋冬之绪风。”注“叹也”。亦作“唉”，《史记・项羽纪》：“唉！孺子不足与谋！”《索隐》：“叹恨发声之字。”亦作“诶”，《说文》：“可恶之词也。”朱骏声谓与欸同字。字或作“噫”“意”；《论语》：“噫！天丧予！”包注：“痛伤之声也。”或作“意”，《庄子・在宥》：“意！治人之过也。”《释文》本作“噫”。由噫转变作“譆”，《说文》：“痛也。”《庄子・养生主》：“譆！善哉！技盖至此乎！”或作“憘”“嘻”“熙”皆同。又转变作“噫嘻”，《诗》：“噫嘻！成王。”《传》：“叹也。”或作“譩譆”。又转变作“噫乎”，《汉书・沟洫志》：“噫乎！何以御水？”

“咦”，《说文》：“南阳谓大呼曰咦。”朱骏声谓“大息之声”。或作“懿”，《诗・瞻卬》：“懿！厥哲妇。”亦作“噎”，《方言》：“凡怒而噎

噫，谓之胁阋。”字或作“唈”“咽”“欭”“嗌”并同。应声则为“唯”，《说文》：“诺也。”《广雅·释诂》：“唯，譍也。”或作“惟”。由“咦”转变作“唏”，《说文》：“笑也。”“一曰哀痛不泣曰唏。”《史记·十二诸侯表》：“纣为象箸而箕子唏。”亦作“欷”，《说文》：“歔也。”《广雅·释诂》：“欷，悲也。”或作“悕”。

由“猗”转变作“猗兮”，《晋语》：“猗兮，违兮。”注：“叹也。”又转变作“猗与”，《诗·那》：“猗与，那与。”传：“叹辞。”转变作“诃”字，亦作“呵”“嗬”，《广雅·释训》：“呵呵、嗬嗬，笑也。”由“诃”转变作“夥颐”，《史记·陈涉世家》：“夥颐！涉之为王沈沈者！”

以上所举的例证以外，还有一点应注意的：中国古代表明感叹的音以及其他的发声，[①]常常用“见”母或“溪”母的字；“见”“溪”是舌根阻的爆发声。例如：

“嘅”，《说文》：“叹也。”《诗·中谷有蓷》：“嘅其叹矣！”字亦作“慨”，《楚辞·怨思情》：“慨慨而长怀兮！”注：“叹皃。”“喟”，《说文》：“太息也”，“或从贵声。”《论语》：“喟然叹曰。”《集解》：“叹声也。”“叽”，亦假为欷；《淮南·缪称》：“纣为象箸，而箕子叽。”“呱”，《说文》：“小儿嗁声。”“嗷”，《说文》：“一曰呼也。”《公羊·昭二十五年传》：“昭公于是嗷然而歌。”注：“敫然，歌声。”“謷”，《说文》：“痛呼也。”“歊”，《说文》：“所歌也。”段玉裁注谓：“当作歊，楚歌也。《上林赋》：‘激楚悲风。’文颖曰：‘楚地风气，本自漂疾，歌乐者犹复依激结之急风为节，其乐促迅哀切也。’”“叫”，《说文》：“嘑也。”“哓”，《说文》：“楚谓儿泣不止曰哓。”“噱”，《说文》：“大笑也。”

这种，我们也可用流音和重音的道理来解释。一个韵母，发音的起首，要是声带立刻紧闭；还没有发乐音以先，气息一点没有走漏出的。这种音的前流，要是加以重读，就变做声带阻的爆发声？

① 表明发声的字，虽不一定是感叹的音；但是出于情感所激动的，如“嗷”“呱”“噱”之类，也可作叹声的旁证。

了;ɑ 的音就变做 ʔɑ 了。[①] 声带阻的 ʔ 会和舌后阻的 k 相混,正是同 x 会和 h 相混的理由一样的。中国古代见、溪四母和影、晓四母,常常互相转换;章太炎所说的"喉牙二音,互有蜕化";[②]我以为中国表明叹声的字,常常属于见、溪二母,就是这缘故。这种字音,也是从单纯韵的音转变出来的。

四、叹词侧重辅声的作用

至于第二类的叹词,因为侧重辅声,常常是纯声母单独成一个音缀的。欧美各国有 Sh、Pst 这等叹词,用做一种要人静默或者公众场里一种呵斥或反对的表示。[③] 这种音缀里,是 S、T 等清声母作领音用的。中国也有这类叹词,注音字母用"ㄙㄩ——""ㄒㄩ——""ㄕ""ㄔ"注音[④]。这种音在通常语音上是很特别的。叹词是超出民族语音系统的,这也可当作一个例证。

侧重辅声的叹词,依照声母的种类,又可以分做两种:

(一)属于口声的,如"哇!""啐!""呸!"……。

(二)属于鼻声的,如"哼!""亨!""呒!"……。

这两种在感情的表示上,没有什么差异;在语气上,或者稍有点缓急的区别。《说文》:"呻,吟也。""吟,呻也。"两字互训。段玉裁说:呻者吟之舒;吟者呻之急。但是"唯""诺"二字,《说文》互训;朱骏声根据《礼记·玉藻》"父命呼唯而不诺"说:缓应曰诺,疾应曰唯。这样看来,口音和鼻音,语气缓急的区别,也不能有固定的条例可寻。

总之,侧重辅声的叹词,大都以表示愤懑或反对的心理或者种

① Sweet, *A Primer of Phonetics*, p.117,118.
② 章氏:《国故论衡·古双声说》。
③ 参看 Bloomfield, *The Study of Language*, Chap. IV。
④ 见黎锦熙:《国语文法》第十八章。

种“猝然之感”“勃发之怒”，所以注重唇、舌、齿等部位气息的阻碍，或者气息转从鼻腔发舒出来，这是语音上自然的作用。

我再用中国古文辞里所引用的这类字音，来做例证：

（一）属于口声的：“嗟”，《说文》：“咨也。”字本作“䒹”。《广雅·释诂》：“嗟，吟也。”《易·离》：“大耋之嗟。”注：“忧叹皃。”“叹”，《说文》：“吟也。”《楚辞·九叹序》：“叹者，伤也。”“叹”，《说文》：“吞叹也，一曰太息也。”“呻”，《说文》：“吟也。”“唸”，《说文》：“唸呎，呻也。”“呎”，“唸呎也。”《诗》曰：“民之方唸呎！”毛本作“民之方殿屎”；《释诂》：“殿屎，呻也。”“咨”，《诗·荡》：“文王曰，咨！”传：“叹也。”“嗞”，《说文》：“嗟也。”“咈”，《说文》：“违也。”“否”，《说文》：“不也。”“嗙”，《说文》：“謌声，嗙，喻也。”“叱”，《说文》：“诃也。”“喷”，《说文》：“吒也。”“吒”，《说文》：“喷也，叱怒也。”“啐”，《说文》：“惊也。”“唇”，《说文》：“惊也。”“谇”，《说文》：“让也。”“啧”，《说文》：“大呼也。”朱骏声谓当训争言也；《左氏·定公四年传》：“啧有烦言。”“诋”，《说文》：“苛也。”《汉书·刘向传》注：“诋，毁也。”《广雅·释言》：“呵也。”“呧”，《一切经音义》引《说文》：“呵也。”“谪”，《说文》：“罚也。”《方言》：“谪，怒也。”《广雅·释诂》：“谪，责也。”“诘”，《说文》：“问也。”《广雅·释诂》：“诘，责也。”“谏”，《说文》：“数谏也。”“咄”，《说文》：“相谓也。”段注：“谓欲相谓而先惊之之词；凡言咄嗟、咄啃、咄咄怪事者，皆取猝乍相惊之意。”“唌”，《说文》：“唌，叹也。”

（二）属于鼻声的：“诺”，《说文》：“应也。”“应”，《说文》：“语声。”《方言》：“欸，然也。”①“嗸”，《说文》：“众口愁也。”“吟”，《说文》：“呻也。”“嚴”，《说文》：“呻也。”

“嗟”字含有鄙斥惊怪的意义；如《礼记·檀弓》：“不食嗟！来！之食。”反面，就是赞美惊叹；如《诗经》里：“嗟嗟！烈祖！”“于嗟！

① 古代“日”母，读做“泥”母的音。

麟兮!”等句,都是赞叹的意义。又如“啧”字,“啧有烦言”的啧,是鄙斥的意义;“啧啧!”便为称羡的意义。中国文字,本来有“相反为谊”的公例;[①]这也是同一字音而包含有正反两种意义的。

声母的前流和后流,各有清浊的分别。[②] 声母的浊流,要是加以重读,就象另外附带一个韵母或浊音似的。《诗·绸缪》:“子兮!子兮! 如此良人何?”毛传:“子兮,嗟兹也。”《猗嗟》:“猗嗟! 昌兮!”传:“叹辞。”《驺虞》:“于嗟乎! 驺虞!”传:“于嗟者,美之也。”这些“兮”“于”“乎”“猗”,在“嗟兹”等字的前后的,依我的推测,并不是单独的叹词,乃是“嗟兹”等字的浊流转变成功的。这也是叹词的分化,由于流音和重音的关系。

五、结论

国语叹词的两大类,把它们所包含的音素,加以分析,和他国民族感叹的音比较,很有类似的性质,再和古文辞上所引用的感叹字音对照,更没有出入的地方。即使偶然有点差异——例如古时表明叹声的字,多属见、溪二母的,现在是很少的——也可用语音上自然的趋向——流音和重音的关系——来解释的。从这点,我们可以看出叹词在语言上的普遍价值。

各种叹词,它们互相转化,也合于人类语音自然的趋向;而且痕迹是很明显的。不比旁的词类里音素的纷歧错杂,很难把人类语音转化的共同轨迹一一寻出来。但是依照叹词的理论(interjectional theory),叹词是人类原始的语音,旁的词类,都是从叹词的音转变出来。这样,我们正可应用这叹词的研究,来做一般语言研究的基础。

(《暨南大学中国语文学系期刊》1929 年 1 月第 2 号)

---

① 见章炳麟:《小学答问》。

② Sweet, *A Primer of Phonetics*, pp.56 - 61.

从日本译音研究入声韵尾的变化

一、日本译音与研究中国古音

日语汉字的音读，最早的有吴音、汉音两种：汉音为七世纪时中国北方的语音，吴音为五六世纪时中国南方的语音。此外还有一种俗音，也称唐音或惯用音，乃是十世纪后传入日本的。我们从这几种译音上，可以考见中国语音演变的大略。高本汉说："我们考查中古音的演化，于韵书及反切之外，须推四种译音为最重要。这四种就是高丽译汉字音，日译吴音，日译汉音及安南译音。"①

至于研究中古以后语音的演化，这宋后传入日本的俗音，当然也应作为重要的参考资料。

二、汉音、吴音与切韵音的对照

我们试把《广韵》里入声诸韵的字和日译汉音、吴音对照，就可见到下面所说的事实：

凡是屋、沃、烛、觉、药、铎、陌、麦、昔、锡、职、德诸韵的字，大都是带着ク或キ的。例：

韵目	屋	屋	屋	沃	沃	沃	烛	烛
汉字	育	畜	木	沃	督	毒	足	局

① 《答马斯贝罗论切韵之音》，林语堂译，见北京大学《国学季刊》第1卷第3号。

汉音	イク	キク	ボク	ヨク	トク	ドク	シヨク	キヨク
吴音	ヨク	コク	モク	ヨク	トク	ドク	ソク	コク

韵目	烛	觉	觉	觉	药	药	药	铎
汉字	辱	角	学	悫	掠	著	若	莫
汉音	ジヨク	カク	カク	カク	リヤク	チヤク	ジヤク	バク
吴音	ノク	コク	ゴク	コク	リヤク	ヂヤク	ニヤク	マク

韵目	铎	铎	陌	陌	陌	麦	麦	麦
汉字	各	恶	逆	宅	客	获	脉	扼
汉音	カク	アク	ゲキ	タク	カク	クワク	バク	アク
吴音	カク	アク	ギヤク	タク	キヤク	ギヤク	ミヤク	ヤク

韵目	昔	昔	昔	锡	锡	锡	职
汉字	赤	石	碧	觅	戚	析	直
汉音	ヤキ	ヤキ	ヘキ	ベキ	ヤキ	ヤキ	チヨク
吴音	ジヤク	ジヤク	ヒヤク	ミヤク	シヤク	シヤク	ヂキ

韵目	职	职	德	德	德
汉字	即	弋	得	贼	克
汉音	シヨク	ヨク	トク	ソク	コク
吴音	ソク	イキ	トク	ソク	コク①

ク和キ属于カ行,是用来代表韵尾k的。

凡是质、术、栉、物、迄、月、没、曷、末、黠、鎋、屑、薛诸韵的字,大都是带着ツ或チ的。例:

韵目	质	质	质	术	术	术	栉	栉
汉字	吉	失	日	述	律	出	栉	蝨
汉音	キツ	シツ	ジツ	シユツ	リツ	シユツ	シツ	シツ
吴音	キチ	シチ	ニチ	ジユチ	リチ	シユチ	シチ	シチ

韵目	栉	物	物	物	迄	迄	迄	月
汉字	瑟	勿	拂	跋	乞	迄	讫	曰
汉音	シツ	ブツ	フツ	フツ	キツ	キツ	キツ	ヱツ
吴音	シチ	モチ	ホチ	ボチ	コチ	コチ	コチ	ヲチ

① 以上依松平圆次郎《汉和字典》,下仿此。

韵目	月	月	没	没	没	曷	曷	曷
汉字	越	伐	勃	骨	讷	曷	闼	剌
汉音	エツ	ヘツ	ホツ	コツ	ドツ	カツ	ダツ	ラツ
吴音	ヲチ	ボチ	ボツ	コチ	ノチ	ガチ	タチ	ラチ

韵目	末	末	末	黠	黠	黠	鎋	鎋
汉字	末	拨	捋	札	八	戛	刮	辖
汉音	バツ	ハツ	ラツ	サツ	ハツ	カツ	クワツ	カツ
吴音	マチ	ハチ	ラチ	サチ	ハチ	ケチ	クワチ	グチ

韵目	鎋	屑	屑	屑	薛	薛	薛
汉字	刹	结	铁	咽	列	切	舌
汉音	サツ	ケツ	テツ	エツ	レツ	ヤツ	ヤツ
吴音	ヤチ	ケチ	テチ	ユチ	レチ	ヤチ	ゼチ

ツ、チ属于タ行，古时的音值为 Tu、Ti，不是现在的 Tsu、Chi（参看 Karlgren's *Analytic Dictionary of Chinese*，Introduction），这也可用汉字的音读来证明。例如：队、通、土、地、坻等字，他们的声母都是 T，而汉音为ツ、ト、ウ、ト、チ、チ；吴音为ヅ、ツ、ツ、ヂ、ヂ，这可见得ツ、チ古时读 Tu、Ti，不是 Tsu、Chi，所以译音用ツ、チ来代表韵尾 T 的。

凡是缉、合、盍、葉、帖、洽、狎、业、乏诸韵的字，大都带着フ的。例：

韵目	缉	缉	缉	合	合	合	盍	盍
汉字	执	十	及	合	纳	踏	阖	塔
汉音	シフ	シフ	キフ	カフ	ダフ	タフ	カフ	タフ
吴音	シフ	ジフ	ギフ	ゴフ	ノフ	トフ	ゴフ	トフ

韵目	盍	葉	葉	葉	帖	帖	帖	洽
汉字	榻	叶	接	聂	帖	挟	堞	劄
汉音	タフ	ヤフ	ヤフ	デフ	テフ	ケフ	テフ	タフ
吴音	トフ	ヤフ	ヤフ	ネフ	デフ	ゲフ	デフ	テフ

韵目	洽	洽	狎	狎	狎	业	业	业
汉字	扱	恰	押	甲	压	业	劫	胁

汉音	サフ	カフ	カフ	カフ	アフ	ゲフ	ケフ	ケフ
吴音	ヤフ	ケフ	ケフ	ケフ	エフ	ゴフ	コフ	コフ

韵目	乏	乏
汉字	乏	法
汉音	ハフ	ハフ
吴音	ボフ	ホフ

フ古时的音值为Pu，不是现在的Hu（参看Karlgren's *Analytic Dictionary*，Introduction.），这也可用汉字的音读来证明。例如不、布、普、补等字，它们的声母都是P，而汉音为フウ、ホ、ホ、ホ；吴音为フ、フ、フ、フ；这可见得フ古时读pu，不是hu。所以译音用フ来代表韵尾p的。

三、《切韵》入声系统的证据

《广韵》里入声诸韵，分收k、收t、收p三种。宋明以来，都无异说。因为：第一层，《切韵》时代的入声，是和阳声相配的；阳声有收ŋ、收n、收m三种，所以入声也有收k、收t、收p三种：屋、沃诸韵和东、冬等相配；曷、末诸韵和寒、桓等相配；缉、合诸韵和侵、覃等相配。第二层，现在闽广音可以作旁证。

现在用日译汉音、吴音来对照，凡是屋、沃诸韵的字都收k，曷、末诸韵的字都收t，缉、合诸韵的字都收p；又可作为《切韵》音入声系统的一种证据了。我这里再引高本汉驳西门（Simon）教授的话；他是用反证方法说明《切韵》入声韵尾为k、t、p的：

-t→-d的转化，纯是一地方的现象（当然是指北方的一种方音），不是普遍的情形；这我们用日本汉音和日本吴音可以证明的。这两种译音都明白的表示：他们所译的汉字，是根据-p、-t、-k的形式，不是-b、-d、-g的。一经对照，就可证明了。日本古语是没有-ng的音，所以他们译汉字“刚”kâng做kagu（→kâu→ko）。要是当时日本人听到一个“各”kâg的音，他们决定要用

kagu译它，而不用kaku；但是现在我们看吴音、汉音“各”都是kaku；所以他们听到的一定是个kak，不是个kâg。日译的对照，又表明古代日本人听到“割”是kât，“蛤”是kâp；因为要是听到的是kâd和kâb，那依理一定要译做kadu和kabu，而不是现在的katu和kapu了①。

我们因此更可以得下面的一个结论：《切韵》音的系统，究竟是根据当时哪几种方音而组织的，以及后来通行的程度究竟怎样，我们姑且不论；至于《切韵》时代，中国南北入声字的音，大都是带有韵尾，而且分带k、带t、带p三种，这是可以断定的。因为日本汉音是代表那时的北方音，吴音是代表那时的南方音；而二者入声的收尾和《切韵》上的系统，都是完全一致的。

四、近代入声演化的几个解释

《切韵》时代过去以后——大约十世纪以后——这种系统就发生变化了，以至演成现代入声复杂的现象：有些地方失去韵尾，而仍旧保存着短音（如西南和东南部的入声）；有些地方失去韵尾，并且变做平、上、去的长音（如北部）；有些地方虽然保存着韵尾，而并不一定依照《切韵》的系统（闽广等处常常有这种情形）。这种现象的发生，我们从日本译音上，也可找出几条理由来：（一）音长和音调相互的变化；（二）异化作用与同化作用；（三）韵尾变化和收音i、u的关系。

五、音长和音调相互的变化

四声的分别，固然以音调为第一种要素，但是音调之外，音长的差异当然也是很重要的。入声是最短促的音，入声和平、上、去

---

① *Problems in Archaic Chinese*. 见 *Journal of the Royal Asiatic Society*, 1928, Oct.。

的区别，最显明的就是音长的不同(参看刘复《四声实验录》结论)。现在中国西南和东南的入声，失掉 k、t、p 的韵尾，还是保留着短促的音，因此可以推想古时入声韵原来是个短音。它带着的爆发声 k、t、p 语尾本身是短声不能延长的。而 k、t、p 又都是清声。依照语音学的原理，凡是清音以前的韵母，一定有急促的趋势；如英文 seat 和 seed 两个字里，同是包含 iː 音；而读起来，seat 里的 iː 几乎要短促一半。[1] 所以古时带 k、t、p 的入声韵，都是短音；后来失掉韵尾，而它的韵母，还可以看得见短促的痕迹。

至于入声失掉韵尾又会变做平、上、去的缘故，高本汉讲中国上古音时，曾经说：这完全由于入声的降音调变化出来的。高氏以为中国去声既然是最后分出的音调，去声原来也归于入声一类，带着 k、t、p 的语尾的；后来因为这种入声读做降音调，就失去韵尾，变做降音调的去声了。高氏一九二三年的学说，以为古代入声还有收 g、收 d、收 b 三种；g、d、b 是浊声，比 k、t、p 音调低；这种带着 g、d、b 的字后部音比较低，渐渐变为降音调，就失去韵尾做了去声了。例如“列”lịät'→“例”lịäd`。到了一九二八年，高氏把他的学说改变了；他说：他从前的学说是因果倒置的；去声本来也是带着 k、t、p 的，完全因为降音调的关系，就变为收 g、收 d、收 b 的音，并且失去韵尾变做去声了。例如，“列”lịät'→lịäd`→“例”lịäi。[2] 高氏这种解释，当然很有理由；不过他只讲音调的变化，似乎没有注意到同时音长也发生变化的。lịät' 变做 lịäd`，一方面固然是音调变化的阶段；而一方面音长也已经发生差异了；因为在 d 前的韵比在 t 前的韵音读要长呢。我们从日本译音上，更可见得这种音长变化

---

① 参看 Sweet's *A Primer of Phonetics*, p.46；Rippmann's *Elements of Phonetics*, p.106。

② 参看高本汉：《谐声说》，清华研究院《国学论丛》第 1 卷第 2 号，赵元任译，及 *Problems in Archaic Chinese*. *Journal of Royal Asiatic Society*, 1928 Oct.。

的重要。缉、盍以下九韵的字，汉音吴音都带着フ；这フ古时读 pu，现在却读做 u 了。大概因为 p 是双唇阻，u 是合唇韵；pu 和 u 两种音相互变化是很自然的。u 音在日语ア段、ウ段、オ段后的，是“长音便”的记号，所以：

答	タフ トフ	读做	ト——，	卅	サフ ソフ	读做	ソ——，
甲	カフ	读做	コ——，	法	ハフ ホフ	读做	ホ——。

u 音在イ段、エ段后的，是“变音便”的长音记号，所以：

妾	ャフ	读做	シヨ——，	邑	イフ	读做	ユ——，
拾	シフ	读做	シユ——，	帖	テフ	读做	チヨ——。

从日语的音读，可见本来收 p 的汉字，现在都变做长音了。这也许是日本语言史上的特种现象，但以入声的短音而会变做平、上、去的长音，也因此可以得一种解释了。

六、异化作用与同化作用

语音的转变，常是朝着节省劳力的方向走的。同化作用，就是音素的趋同；异化作用，就是音素的趋异；两者似乎相反，其实都是要免除说话发音的困难。入声韵尾的变化，也可应用这公例来解释。

高本汉讲古音，说中国合口字有避唇音韵尾的倾向，“比方‘风’字，从凡（biwɐm），上古音 pi̯um 里的 u、m 两唇音不好念，所以由异化作用就变成古音的 pi̯ung。同样‘法’字的古音是 piwɐp，现在广州音也由异化作用读做 fāt 了”。[①] 从日本译音里，也可见到这种事例。细查汉音吴音里凡是带着フ的，都不是ウ段的字母。

① 高本汉：《谐声说》，赵元任译。

ウ段里ク、ス、ヌ(ku、su、nu)诸母都包含着合口呼的 u，和フ(pu)的唇音要起异化作用；译音时竟然会顾到这层呢！

再比较几种日本译音，又可见到：吴音读音里，イ段和エ段诸母带着フ的，在俗音里常常变做带ッ的。例如：

汉字	执	湿	隰	十	唼	接	葉	摄
汉音	シフ	シフ	シフ	シフ	ヤフ	ヤフ	ヤフ	ヤフ
吴音	シフ	シフ	シフ	ジフ	ヤフ	ヤフ	ヤフ	ヤフ
俗音	シッ	シッ	シッ	ジッ	ヤッ	ヤッ	ヤッ	ヤッ

汉字	縶	蛰	立	捻
汉音	チフ	チフ	リフ	デフ
吴音	チフ	チフ	リフ	ネフ
俗音	チッ	チッ	リッ	ネッ

日语音读的变迁，因音长的演化，把韵尾フ都读做ウ；而这些字又把フ变做ッ。这种事实，我可应用同化作用的原理来解释。イ段、エ段诸母，都是包含着舌前韵的，和舌头阻的 t 很接近；舌前韵带个 t 当然比较带个 p 要省力多。所以从シフ变シッ，ヤフ变做ヤッ是合于语言变迁的常例的。我这里又可引用同类的事例来证明，把广东音和客家音比较一下，就可见到广东音里舌前韵收 k 的字，在客家音里大都变做收 t 的。例如：

汉字	亦	值	偪	僻	幂	冽	剔	力
广东音	yik	chik	pik	phik	mik	lik	tik	lik
客家音	yit	tshit	pet	phit	met	let	thit	lit

汉字	即	域	脊	臆	色	却	易	激
广东音	tsik	wik	tsek	yik	shik	kwik	yik	kik
客家音	tsit	wet	tsit	yit	set	hit	yit	kit①

还有舌后韵变做舌前韵，同时收 k 也变做收 t，例如：

① 以上材料依 C. A. Kollecker's *Aussprache und Tonbezeichnungen der Kontoner und Hakka-Mundart*，下仿此。

汉字	侧	刻	则	勒	北	匹
广东音	chak	hak	tsak	lak	pak	pak
客家音	tset	khet	tset	let	pet	phet

汉字	国	责	贼	赫	陌	革
广东音	kwek	chak	tsak	hak	mak	kak
客家音	kwet	tsit	tshet	het	met	ket

从这些事例当中,可以知道舌前韵和 t 很接近,所以因同化作用的结果,收 k、收 p 的都变做收 t 了。

k、t、p 这三种爆发声:k 是舌根阻,t 是舌尖阻,p 是双唇阻;所以从口腔的位置说,k、t 是内部爆发声,p 是外部爆发声。大部韵母,无论舌前韵和舌后韵,大都着重内部作用,发音部位自然和 k、t 比较的接近。日本译音里,也有本来ア段音收フ的变做收ツ的。例如:

汉字	甲	阖	合	飒	杂	压
汉音	カフ	カフ	カフ	サフ	ザフ	アフ
吴音	ケフ	ゴフ	ゴフ	ソフ	ゾフ	エフ
俗音	カツ	カツ	ガツ	サツ	ザツ	アツ

这也可说是同化作用的结果吧!只有合唇韵,如合口呼的 u,外部作用比较显著,和 p 是很接近的。可是合口呼的字,常常依异化作用,有避免唇音韵尾的倾向。这样看来,收 p 的音,乃是最不容易保存的了。

四年前,唐擘黄先生曾经发表《入声演化和词曲发达的关系》一文(载《国故新探》卷二),其中说:“入声的收声,大约最后完全丢掉的是闭口收声,即 p。而 k 与 t 的亡失比较地早得多。”其实唐先生这说法,不过是对于毛先舒《唐人韵四声表》谓阳声只闭口韵有入,其余入声都与阴声相配(见《韵学通指》)一种附会的解释,毫无实证,且于语音学理不合。唐先生的意见,以为 t、k 是内爆声(内部爆发声),发音低小,不易觉察;p 是要闭口才能发音,所以比较

明显;这样就断定 p 的收声比较 t、k 不容易失掉了。其实发音的明显不明显,不在乎口部的内外;以韵母说,合唇韵的作用着重外部,谁也不能说比开口韵发音明显。我们觉得收 p 的音比较的显著,这正是它发音的时候比较收 k、收 t 要费力些的缘故。依照语音学上节劳的公例,自然收尾 k、t 低微的音容易保存,而这收 p 显著的音反容易失掉。以阳声的收尾而论,侵覃诸韵收 m 的音,现在除闽广一带外,统统变做收 n 了。我们觉得发收 m 的音也是比较显著而要费力;这也可为收 p 的音不容易保存的一个旁证。再从日本译音上看,现在读收 k、收 t 的音,依然不变,而收 p 的音统统变做收 u 的了;这虽然可说是日语的特别情形,但收 k、收 t 的音比较收 p 有保存的可能性,也因此多得了个证明。至于毛先舒的《唐人韵四声表》,纪氏《四库提要》已经说他"多无依据,以意为之";我们更不能断定他是根据当时本地音而作的。顾炎武作《古音表》变更《唐韵》之组织,以入声配阴声,独侵覃诸部仍配缉合;王念孙也曾经非议过他,说他两歧之见(见王引之《经义述闻》二十九)。总之:近代讲入声分配问题,自以戴东原阴阳同入之说最为圆通。戴氏以入声兼承阴阳,惟谓缉合诸韵,声气最敛,不能有其无入之韵(戴氏所谓无入之韵,即阴声;见《与段若膺论韵》);所以声类表缉合只承侵覃。最近黄季刚先生讲他的二十八部分配,大部依照戴氏之说(见《音略》)。唐先生又说:"真支的入声都是质,也是因为入声的收声不显著的缘故。"唐先生的意思是:质的收声不显著,与纯韵的阴声支最接近,所以能阴阳同入;至于缉合诸韵,收声显著,与纯韵的阴声太隔绝,所以只承侵覃而没有阴声相配。但是依照语音学上同化作用的原理,音素有互相趋近的倾向;和纯韵太隔绝的收尾,当然最容易起变化或丢掉的。所以唐先生的结论,和他的举证正是适得其反。我这意见对不对,还要请唐先生以及读者指教。

七、韵尾变化和收音 i、u 的关系

高本汉的《谐声说》里有几句话说："在这类谐声字里头，那些在古音没有辅音韵尾的字，大都是以-i 或-u 收尾的。……拿这些例跟现代北方官话入声字的读法一比较起来，就不难看出古时候的韵尾辅音变了-i、-u，跟近代的韵尾辅音变了-i、-u，完全是一类的事情了。"又说："韵尾-d 的变化，倒是很简单了，就是总变成-i；例如'敝'bied→biei。可是韵尾的-g 有三种变法：'乍'dzag →dza，'阨'ag→ai，'告'kag→kâu。这一定是韵尾的-p 有三种稍微不同的读法：'阨'字的-g 最前，所以有 i 的倾向，'乍'字的-g 居中，没有特别影响，'告'字的-g 最后，所以有 u 的倾向。"高氏这学说，我又可应用日本译音来解释的。汉字一字两读的事例，用来解释入声的变化是最便利的。高氏说韵尾收 t 的大都变做收 i，从日本译音一字两读当中，也可以看到这种事实：

汉字	喝		契		漆		切	
汉音	アイ	カツ	ケイ	ケツ	シ	シツ	ヤイ	ヤシ
吴音	エ	カツ	カイ	ヤツ	シ	シツ	サイ	ヤツ

汉字	噎		杀		质		哲	
汉音	エイ	エツ	サイ	サツ	シ	シツ	ヤイ	ヤツ
吴音	アイ	エツ	ヤ	サツ	チ	シツ	サイ	ヤチ

依我的推测，韵尾的 t 至少也有 ti、tu 这两种稍微不同的读法，因为日本译音里，用ウ段的ツ和イ段的チ两种音译它们的。但是舌尖音的 t 和舌前韵的 i 比较最接近，所以韵尾失去之后，统统变做 i，而没有收 u 的音。至于韵尾 k 的变化，就比较复杂了。日本译音用ク和キ译韵尾的 k，所以 k 也至少有 ki、ku 两种稍微不同的读法。收 ku 的，后来变做收 u，收 ki 的变做收 i；从日本译音一字两读当中，也可看到这种事例：

汉字	恶		畜		乐		祝	
汉音	ヲ	アク	キウ	チク	ラウ	ラク	シウ	シエク
吴音	ウ	アク	ク	キク	ロウ	ラク	シユ	シエク

汉字	易		刺		积		辟	
汉音	イ	エキ	シ	ヤキ	シ	ヤキ	ヘイ	ヘキ
吴音	イ	エキ	シ	ヤキ	シ	ヤキ	ハイ	ヘキ

这个对于高本汉的学说,总算是一种有力的证据了。大概入声韵尾 k、t、p 三种,t 是和舌前韵最容易起同化作用,所以失去 t 之后,常常变做收イ的音。p 是双唇阻,总是闭口音,和合唇韵的 u 最容易同化,所以现在日本译音里,凡是收フ的音统统读做收ウ了。只有 k 的音,兼有这两种倾向,所以韵尾失去之后,有变做 u 的,也有变做收 i 的。

八、结论

总之,《切韵》入声的系统,和《切韵》时代以后入声种种的变化,我们从日本译音里可以寻出许多解释、许多证据的。

(《国立中山大学语言历史研究所周刊》
1929 年第 9 集第 99 期)

中国语的演化和文言白话的分叉点

一、中国语的特性

我们要明了中国语言演化的历史，必须要知道中国语言具有什么性质？它和世界上别种语言比较起来，有什么特异的地方？它在中国的其他方面，发生了什么影响？

中国语最显著的特性，有二点：

（一）“孤立的”（isolating）；

（二）“单音缀的”（monosyllabic）。

因为中国语具有这两种特性，所以在语言学上称它为孤立语，或单音缀语。

怎样叫做孤立语？我们晓得，语言上的单位，是各个独立的语句（sentence），构成语句的原质，是各个独立的语词（word）。许多语词在语句上有各种不同的功用，彼此相互间也有各种不同的关系；这就是文法里种种词性（如“名词”[noun]、“代名词”[pronoun]、“形容词”[adjective]、“动词”[verb]、“副词”[adverb]等）和种种规例（如“人称”[person]、“数目”[number]、“性别”[gender]、“位格”[case]等）所由发生的。这里，我们可用英语来和中国语比较。英语上有[good]（形容词）和[goodness]（名词）两个语词，而在中国语上，只有一个[xau]（好）。英语上有[transgress]（动词）和[transgression]（名词）两个语词，而在中国语上，只有一个[kuo]

（过）。中国语上[ʐ̧ən]（人）这个语词，可以代表英语上的[man]、[men]、[man's]、[men's]等。中国语上[ʂ̧ə]（射）这个语词，可以代表英语上的[shoot]、[shoots]、[shooting]、[shot]等。英语里，凡是语词在语句上的功用，文法上的各种关系，常用许多不同的"形式"（form）来表示；而在中国语里，则没有这种"形式变化"（inflection）。例如下面这个语句：

"他娘昨天打他"[t'a niaŋ zuo t'ian ta t'a]

在英语里，一定要说做：

"His mother thrashed him yesterday."

"他娘"的[t'a]，是属于领位，相当于英语的[his]，"打他"的[t'a]是属于宾位，相当于英语的[him]；"他"这个代名词两种不同的位格，在英语上是用两种不同的形式来表示，而在中国语上只是一个[t'a]。"昨天"的"打"和"现在"的"打"不同，前者相当于英语的[thrashed]，后者相当于英语的[thrash]或[thrashes]；"打"这个动词两种不同的时间，在英语上也用两种不同的形式来表示，而在中国语上只是一个[ta]。在英语上决不能说：

"He mother yesterday thrash he."

而在中国语上，只是说：

[t'a niaŋ zuo t'ian ta t'a]

因此我们可以得着一个结论：英语里，语词在语句上的功用，或各种文法的关系，常用语词本身形式的变化来表示；所以英语是属于"变形语"（inflective）的一种。反之，中国语里没有这种形式变化，语词在语句上的功用，或各种文法的关系，在它们本身形式上，完全看不出来，好象是彼此孤立的，所以中国语叫做"孤立语"。

怎么叫做单音缀语？语词可以分做两类："单纯语词"（simple word）和"复合语词"（compound word）。单纯语词是代表独立意义的各个原质，如中国语的[tɕin]（金）、[t'ie]（铁）之类；复合语词，

是由两个以上独立的单纯语词所组织成功的，如中国语的[tɕin piau]（金表）、[ɕi t'ie ʂʅ]（吸铁石）之类。单纯语词又可以分做两类："语根语词"（stem word）和"转成语词"（derivatives）。语根语词是不能分析为各个部分的，如英语的[act][shoot]等；复合语词是由语根语词再加以"附添语"（affix）①，因而转变成功的，如英语的[actor][shooting]，其中-or、-ing 都是附添语，可以分析为 act-or、shoot-ing 两个部分的。转成语词和复合语词不同：前者所包含的附添语，自己不能独立表明意义的；后者所包含的，却都是独立的单纯语词。中国语上没有如英语里那种转成的附添语，因此中国语上没有转成语词。英语的转成语词，假使在中国语上不能用语根语词表现出来的，大概就须采用复合语词。所以中国语的语词是很简单的，只有单纯的语根语词和复合语词两种。换一句话，中国语的单纯语词，都可说是语根语词。而这种语根语词，都是单音缀的。② 英语上的单纯语词，如[window][kitchen][leanness][unbearable]等，常包含有两个以上的音缀，所以英语可说是"复音缀的"（dissyllabic or polysyllabic）。反之，中国语上没有这种复音缀的单纯语词；所以中国语叫做单音缀语。

这里可以节引德国语言学家芬克（F. N. Finck）氏的话，③来做这段的结论："中国语有两种特性共同存在着，于是使这种语言的组织上显出很奇异的状态。一方面中国语的语词，极大多数只包含着单个的音缀；另一方面，这许多单音缀的语词，对于语句全

---

① 附添语有加在语词的起首的，叫做"接头语"（prefix），如英语的[unkind][bespeak]，其中 un-、be-是加在 kind、speak 的起首的。有加在语词的末尾的，叫做"接尾语"（suffix），如英语的[actor][shooting]里的-or、-ing，是加在 act、shoot 的末尾的。

② 事实上，中国语里也有复音缀的单纯语词，如[xu lu]（葫芦）、[ɕi ʂuai]（蟋蟀）之类；可是在一般人的心理上，总是当它们为复合语词看待，这是由于中国文字的性质影响于语言，下文当论及之。

③ 见芬克氏：《言语组织概论》（*Die Haupttypen des Sprachbaus Leipzig*，1910）。

体的关系，不是用语词本身上某种标帜表明出来，而是用固定的序次和附加的辞语表明。”

二、中国文字和语言的关系

上文说过，中国语有两种特性：一种是孤立的，各个语词没有语首和语尾的变化；一种是单音缀的，各个语词都包含着单音缀，也不容有语首和语尾的变化。语言上这种“纯一”(uniformity)的性质，遂使书写上具有一种特异的文字。世界上最古的文明国家，如埃及、巴比伦都曾采用象形文字，到了后代渐渐变为拼音文字了；现今西洋的拼音字母，原于腓尼基，而出自埃及和巴比伦。现在世界各国大都采用拼音文字，只有我们中国还是保存着象形文字原来的性质，没有进到拼音的境界。这不能归咎于中国人顽固的保守性，实在由于中国的语言，天然和这种文字适合的缘故。

中国文字的构造，最初是简单的图象，例如[ʐʅ](日)这个语词，就画了一个太阳的形象来代替，；[ye](月)这个语词，就画了一个月亮的形象来代替，；[mu](木)这个语词，就画了一棵树木的形象来代替，；[niau](鸟)这个语词，就画了一只鸟的形象来代替，。还有许多抽象的语词，不能用具体的图画表明出来，就用简单的符号来表明，如[i](一)这个数目，就用一画来代替；[ɚ](二)这个数目，就用二画来代替；他如[ʂaŋ](上)、[ɕia](下)，就用丄、丅的符号来表明。这许多都是“单体字”(simple character)。后来这种简单的图象不敷应用，第二步就以这些单体字互相配合，组成许多复合的图象，就是所谓“合体字”(compound character)。例如[miŋ](鸣)这个语词，就用“鸟”和“口”两个图象的配合来表明，；[ɕiou](休)这个语词，就用“人”和“木”两个图象的配合来表明，。这种造字的方法，虽然很巧妙，可是需要创制的心思太巨，未免过于繁难；于是第三步不能不采取标音的方法。最初要表

明一个语词，就假借另一个音读相同或相似的图象来代替。例如“萬”这个图象，本来是指一种毒螫，，就借来代替十千的[uan]；“來”这个图象，本来是指一种麦芒的植物，，就借来代替行来的[lai]。但是这种声音假借的方法，不很妥当；一个文字，用来代替许多语词，容易有含混不清的弊病。于是再把这种方法修正一下，就发生另一种合体字，其中一部分是标音，一部分是表意。例如一个“方”字，用来表示方正的[faŋ]；假使纯粹采用声音假借的方法，那末，“方”也可以用来代替纺纱的[faŋ]（纺），街坊的[faŋ]（坊），访问的[faŋ]（访），木枋的[faŋ]（枋）等等，就有些含混不清了；所以“纺”字的旁边有个“糸”，“坊”字的旁边有个“土”，“访”字的旁边有个“讠”，“枋”字的旁边有个“木”，用来表明纺纱、街坊、访问、木枋的意思，而其中的“方”都变为“纺”“坊”“访”“枋”等字的音标。应用了这种标音的方法，造出许多合体字；中国字里十之八九，都是属于这一类的。但是这种标音字，始终未曾脱离表意的性质，它们的表音作用是很微弱的。因为：

（一）是用整个的字音当做语音的单位，没有加以分析的。“方”这个字，只足以表示“纺”“坊”“访”“枋”等字的音缀，和“方”字的音相同或相似的，没有象西洋那样把语词的声音拼缀一一表示出来。

（二）这种表音字，一经固定，不能随着语音的演化加以更改。如“工”[kuŋ]字在“扛”[kaŋ]、“江”[tɕiaŋ]等字里，从前是用来表示“扛”“江”等字的音读，可是因为语音变迁的结果，到了现代国语上，只有一种极暧昧的表音作用。现在我们诵读各种文书，大都依照各自方言里的读法，可以不顾一切音读的变迁和纷歧，而仍能了解文书的意义。

因此我们晓得中国文字的性质，始终是表意的，还没有脱离象形文字的阶段。这种原因，可以从中国语的本身上去推求；因为

文字原来所以代表语言，语言上某种性质，常常对于它的文字发生特别的影响。上节所说中国语的特性，正和这种文字有相契合的地方：

（一）因为中国语的语词是孤立的；所以代替语词的文字，不必要表示语首和语尾的变化；中国语里语词的性质是很纯一的，所以中国文字，除了书体的变迁以外，总不失它固定的方块的形象。

（二）因为中国语的单纯语词是单音缀的，而大部分的文字，都是代表各个独立的语词，因之每个字只含有一个单独的音缀。[①]而最初中国人分析音韵，以整个的音缀为单位，是可以用一个形象来表明的，所以不觉得有字母拼音的需要；因而制定所谓一形一音的文字。

一方面，语言上单音缀的性质，使文字上演成为一字一音的制度；而另一方面，文字上的一字一音，使一般人的心理中，也只觉得语言里的语词都是单音缀的。因为无论是复合的或复音缀的语词，在书写上，只列成二个或多个独立的字体。

三、中国语演进的趋势

上文说过，中国文字的形体，一经固定，不能随着语音的变迁而加以更改。中国文字的构造，大约当公元前数百年间（周秦间），已经臻于成熟的境地，而书体的演进，到了公元后一二百年时（汉代末期），也已经停滞不前了。但是，语音的变迁和纷歧，时时刻刻在那里进行。原来文字的保守性，总是比语言为强。即在西洋拼音文字里，各个字的拼法，也不能和现今的口语完全吻合；况且中国的表意字，它的性质，根本对于语音的流动，无所显示。所以公

---

① 大概古代也有一字兼具二个音缀的，如“蝨”字兼有“悉”“蝨”二音，“侥”字兼有“焦”“侥”二音等等；可是到了后代，凡是二音的字都变为二个字了。参看章炳麟《国故论衡》“一字重音说”。

元后五六世纪(隋唐时代)的文字,和现今并没有什么两样;而以当时的语音,和现代比较一下,就可以晓得有很大的变迁了。

最近三四百年间,学者群致力于音韵之学;古音唐音的研究,遂成为考证学上很重要的部分。从顾炎武、江永、戴震、段玉裁,一直到了现今的章炳麟、黄侃,不下二十家;关于这方面的著述很多。可是他们所运用的方法,还未周密,所根据的材料,也很缺乏;因之他们考证的成绩,很多不能认为满意。现今西洋的汉学家,如钢和泰(Staël Holstein)、马斯贝罗(Maspero)、高本汉(Karlgren)辈以为:隋唐时代的语音,可以依据当时的韵书、等韵表,以及外国的种种译音,再从现代方言的比较研究,把当时各个字的音读,一一考出来;至于隋唐以前的语音,研究的材料缺乏,现今还不能从事确切的考证。我们现在试把高本汉所说隋唐时代的语音系统,①和现今略略比较一下,以明了这一千四百年间中国语演化的经过。

当公元后五六世纪时,中国语所包含的"音素"(sound elements),②比较现代要复杂得多。可是那时各种音缀的构成,在拼缀的原则上,已经很简单了。列举二点如下:

(一)语词的起首,不容有两个以上的"子音"(consonants)。③如英语的[strong][break][try]等字,起首都包含着两个以上的子音;这种情况,在那时中国语上,已经没有了。

(二)语词的末尾,总是以一个"母音"(vowel)或 p、t、k、m、n、ŋ 六种里的一个子音,做它们的收音。如英语的[if][far][short][lamp][as]等字的音,也是那时中国语上所没有的。

---

① 详看高本汉:《中国音韵学研究》(*Études sur la Phonologie Chinoise*)。

② 音素分为子音和母音两种,由这两种音素拼合成各种音缀;所以子音和母音,是语音的要素。

③ 合成摩擦音,如 tɕ、tɕʻ、tʂ、tʂʻ、ts、tsʻ等音里,可以分析为两个音素,但是在语言学上,只当它们作一个音素看待。

中国语里，既然每个语词只包含着单音缀，而音缀的拼法，在当时已有这样的限制，音缀的种类，就因之减少，在这样丰富的词汇里，同音的语词，当然也因之增多。例如[kau]这样一个音缀，当时已经是代替“高”“膏”“糕”“羔”这许多意义上、语源上绝不相同的语词了。

从那时到现在，一方面音缀构成的原则愈趋于简单，而另一方面，音素的种类，又渐趋于减少，例如语尾收 p、收 t、收 k 的音，只有闽、广的一部分还保存着，其余各种方言里都已经亡失了，语尾收 m 的音，只有闽、广的一部分还保存着，其余的地方都已经变做收 n 的音了，又语首的“带声爆发音”(voiced stops)，如 b、d、g 的浊音，只有东南诸省的方言里还保存着，其余的地方都已经变做 p、p‘、t、t‘、k、k‘了，中国语上这种演进的趋势——拼法的限制加深，音素的种类减少——可以总括说为“语音的单纯化”(sound-simplification)。

这种单纯化的趋向，并非各处地方完全一致；因此从隋唐迄今，又产生了许多不同的方言，大抵东南和南方一带，语音单纯化的进行比较的迟缓；所以这些地方的方言，很接近于古。长江以北诸省以及中部西南地方，语言比较的统一，我们认为“官话区域”的，这种单纯化的进行，比较的急切，所以那些地方的语言，是很现代的。其中尤以北平的方言，更为先进，我们现在用它做为国语的标准，也是因为它是中国最现代的一种方言。

四、语音单纯化的结果

上面说过，语音单纯化的趋势，进行愈剧烈，语言上音缀的种类愈形贫乏，而同音语词的数量，也愈以增进。现今的北平语是中国方言里一种最现代的，也是一种最可怜的。隋唐时代，已经有很多的同音语词，足以使口语的了解发生障碍；至于现今北平语上，

同音语词更是激增，这种含混的弊病，更是显著。这是因为：

（一）隋唐时代，语词的末尾，有收 p、收 t、收 k 的音，所以“歌”（收母音）、“蛤”（收 p）、“割”（收 t）、“各”（收 k）四个语词，当时还是分辨得很清楚的。到了现今北平语里，收 p、收 t、收 k 的音，统已亡失了；于是“歌”“蛤”“割”“各”四个语词，都同为[kə]的音。

（二）隋唐时代，语词的末尾，有收 m 的音，所以“南”（收 m）和“难”（收 n）两个语词，当时还是分辨得很清楚的。到了现今北平语里，收 m 的音统已变为收 n 了；于是“南”和“难”二个语词都同为[nan]的音。

（三）隋唐时代，语词的起首，有爆发浊音，所以“到”（清）和“盗”（浊）两个语词，当时还是分辨得很清楚的。到了现今北平语里，“到”和“盗”都同为[tau]的音。

（四）此外，母音的部分，也有很多受了单纯化的影响，隋唐语里，如“狸”读为[li]，“离”读为[liɛ]，“礼”读为[lie]，这几个语词，是很有区别的。到了现今北平语里，却都读为[li]的音了。

同音语词的增多，使口语的了解上，发生了很大的困难。北平语里的音缀，总共只有四百二十种，而通常的单纯语词，不下四千多个；平均每一种音缀，须要代表十个语词。这四千几百个语词，当然不是平均分配于这四百二十种的音缀里。例如读[ʐuən]的，只有“闰”“润”两个语词；而读[i]的，有“衣”“医”等六十九个；读[ʂʅ]的，有“诗”“师”等五十九个；读[ku]的，有“孤”“姑”等二十九个。上文说过，中国语是单音缀的，又是孤立的，语词的本身，不容有语首和语尾的变化，所以在声音形式上，对于意义和词性的显示，毫没有作用。而因语音单纯化的结果，即此单音缀的种类，又是很贫乏的；语词音读的相同或相似，在口语的了解上，发生了绝大的障碍。

五、中国语上的音调

语音的单纯化，使同音语词更形增多，使口语上发生含混的弊病，当然不能不有补救的方法。

上文所说中国语词的形式，不能依着意义和词性的歧异而发生变化，这句话，并不是绝对的。中国语上，还有一种特别的性质，常用“音调”(tone)[①]的变化，来显示各异的意义和词性；这种现象，是英语上所没有的。标准国语里，共有四种音调：

(一)“阴平”，是先后平衡的，可以叫做平调，用“-”表示；

(二)“阳平”，是先低后高的，可以叫做升调，用“ˊ”表示；

(三)“上声”，是先高中低后再高，可以叫做降升调，用“ˇ”表示；

(四)“去声”，是先高后低的，可以叫做降调，用“ˋ”表示。

这种音调的变化，可以显示意义和词性的不同；把同音语词分析为四种各异的音调，例如一个[tʂu]的音，读为阴平，所说是“猪”，读为阳平，所说是“竹”，读为上声，所说是“主”，读为去声，所说就为“住”。一个[xau]的音，读为上声，是美好的“好”；读为去声，是爱好的“好”。这种固然足以补救语言上含混的弊病。我们通常说话时，不能把音调读错。例如问一声[kùi kuo]，要是读错为[kǔi kuo]，那“贵国”就变做“鬼国”了。

但是，音调的变化，显然不是一种完美的补救方法；因为国语上同音语词过多，仅仅只有四种音调，实在不敷分配。上文说过[i]音的语词，有六十九个，平均每个音调里，仍须有十七个语词。当然这六十九个语词，并不是平均分配于这四种音调之下：

读阴平[ī]的，“一”“衣”“依”“医”等，有七个语词；

---

① 音调就是通常所谓“四声”，赵元任先生称它为字调；见《科学》第7卷第9期。

读阳平[í]的,“夷”“胰”“疑”“移”等,有十七个语词;

读上声[ǐ]的,“椅”“已”“蚁”“以”等,有七个语词;

读去声[ì]的,“意”“异”“义”“邑”等,有三十八个语词。

譬如说个“意”,单是发出一个[ì]音,就要和其余三十七个同为[ì]音的语词“异”“义”等相混了。所以现代国语里同音语词在口语的了解上所发生的障碍,单是四种音调的分辨,还是不足以资补救。

而且,音调的种类,大概也随着单纯化的趋向,日就减少;现今中国方言里,性质最古的语言,音调的种类最多。广东语里,不下九种音调,江、浙地方,也有七种或八种。[①] 公元后五六世纪的语言里,大约有八种音调:平、上、去、入四调,又各分为高调和低调,所以有清平、浊平、清上、浊上、清去、浊去、清入、浊入八种。到了现代国语里,清浊的分辨已经亡失,[②]只有平声的分阴阳还留存着一点清浊的遗迹,至于入声,早已并归于平、上、去三声之内。这里,我们不必比较各地音调的种类的实质的纷歧,[③]单是从语言演化的历史上看,也大概可以断定:音调的分辨,也是随着语音的单纯化渐趋于含混的;并不是为了语音单纯化所发生含混的弊病,就特别应用音调的分辨来补救的。

六、语言原料实际的改造

中国语里,单音缀的语词,假使所包含的音素是很复杂的,拼缀的方法是无限制的,音调的种类是很繁多的,那末,彼此在口语上,还能应用语音的差异以互相识别,可是因为语音单纯化的结果,同音语词既然激增,音调的种类又形减少,要想在口语上免除

① 参看高元:《国音学》第四章。

② 大概也是因为浊音失去的缘故;上文说过,爆发浊音在国语上,已经没有了。

③ 可看刘复:《四声实验录》。

含混的弊病，自然须把语词的组织根本改造一番；语言的原料，就因之起了急剧的变迁。其中最显著的二点是：

（一）单纯语词大半变为复合语词；

（二）单纯语词上，附加以表白的辞语。

第一点，最显著的，是把意义相同或相似的单纯语词，连合在一起，就组成所谓“同义复合语词”（synonym-compound）。例如发出一个[ì]音，是说“意”，但是和其他同为[ì]音的语词“异”“义”等，容易相混；发出一个[sī]音，是说“思”，但是和其他同为[sī]音的语词“司”“私”等，容易相混；要想在口语上免除这种含混的弊病，就把“意”和“思”连接一起，成为[ìsī]（意思）这个复合语词。[ìsī]这个音，可以表明“意”，也可以表明“思”，而和其他[ì]音和[sī]音的语词，不会相混了。其他如“看见”“游戏”“道理”“娱乐”“赌博”等复合语词，都是用同样的方法构成的。还有一种复合语词，是由单纯的动词和它们所固有的宾词连接成功的。例如发一个[tɕí]音，是说“骑”，但是和其他同为[tɕí]音的语词“其”“歧”等，容易相混。要想免除这种含混的弊病，就把“骑”这个动词的下面，接着它所固有的宾词“马”，不说[tɕí]，而说[tɕímǎ]。同样，不说“读”，而说“读书”，不说“写”，而说“写字”；不说“走”，而说“走路”等等。

第二点，最显著的，是把[tou]（头）、[tsɿ]（子）、[ɚ]（儿）等，附加在单纯的名词之后。例如我们发一个[tʂ]音；是说“指”，但是和其他同为[tʂ̌]音的“旨”“纸”等，容易相混；要想在口语上免除这种含混的弊病，就把“指”的下面接着一个“头”，说做[tʂ̌tóu]，这样，和“宗旨”“纸张”的[tʂ̌]，不会相混了。大概上面名词所代替的实物，有突出的部分的，总用“头”来表明的；但是这个[tóu]的音，是附着于其他名词的，本身意义不象单独的“头”那样显明。我们晓得复合语词的各个分子，它们本身的意义都是很显明的；这种附加的表

白辞语，本身意义不很显明，好象转成语词上的附添语。同样，[ɚ]（儿）的意义，包含有细小的意味，例如“风儿”意思是说“微风”；这个[ɚ]的音，本身的意义，当然没有象儿子的“儿”那样显明。又[tsɿ]（子），几乎纯粹变为名词的附添语了；例如“桌子”[tʂuotsɿ]。上文所说中国语里没有转成语词上的附添语，这句话并不是绝对的。中国语里，因为语音单纯化的结果，迫着语言原料的改造，使它向着新的途径上走；将来也许渐渐把这种附添语发达起来，而把中国单音缀的孤立语，完全变更它的特性，这也未始不是一个端倪呢！此外，还有一种表白的词语，是放在单纯语词之前的，假使一个名词要用数目形容词或指示代名词、疑问代名词来限制它的时候，常把这种辞语放在它们的中间。我们单说[īʂān]，究竟是说“一山”呢？还是说“一衫”呢？很难明了。要想在口语上免除这种含混的弊病，把“一山”说做[ītsuòʂān]（一座山），把“一衫”说做[ītɕiànʂān]（一件衫），那末，听者就很明了了。因为“座”“件”这一类辞语，是用来表明名词意义的性质，包含有类别的作用。凡是一座一座的，都加上“座”这个辞语，如“一座城”“一座塔”等；凡是一件一件的，都加上“件”这个辞语，如“一件袍子”“一件礼物”等。同样，我们不说“那山”“这山”，而说“那座山”“这座山”；不说“那衫”“这衫”，而说“那件衫”“这件衫”。又如“一位先生”“一条绳”“一口瓶”“一管笔”“一顶帽”等等，内中“位”“条”“口”“管”“顶”这许多辞语，都有类别的作用。这实在是中国人一个语言上很巧妙的发明，为英语及他种语言上所没有的。

总之，从单纯语词转变为许多复合语词，又加进了许多表白的辞语；都是因为语音单纯化的结果，同音语词的激增，使口语的了解，发生了极大的困难；所以实际上不能不有这几种补救的方法，就把语言的原料，根本改造一番。现在我们可以把中国语演化的情形，总括为下列几点：

（一）根据中国语的历史事实，在音素、拼音、音调的任何方面，总是趋向于单纯化的。

（二）要免除单纯化的语言在口语上含混的弊病，就把语词的组织，由单纯而进于复杂：一方面，复合语词的增加；另一方面，表白辞语的应用。

（三）复合语词，将来渐渐失其复合的感觉，就会当做一个单纯语词看待。同样，表白的辞语，将来也会当做纯粹的附添语看待，而失去其固有的独立的意义；于是中国语上就有了复音缀的语词，就有了转成的附添语，他那种孤立的单音缀的特性，也许会渐渐的丧失。

七、文言与口语的分离

上文说过，文字的保守性，总是比语言要强；尤其是中国的文字，二千年来，并未曾改变过。因为中国文字是表意的，不能随着语音的变化加以更改；文字的构造，一经固定，可以脱离语言上的演变，而能单独表明意义。上节所说语言演化的情形，对于中国文字，不但直接方面没有相随扶进的事实，而间接方面，转使它更趋于固定的地位，使它与口语分歧，另发生一种特异的文体。这种文体，脱离口语的作用，而事实上足以补助口语的缺点，就是所谓“文言”。

中国文字，不论古今的音读怎样的变迁，各处的方言怎样的分歧，而它的表意作用总是存在。中国表意字的性质，完全是“目诉”的，不象拼音文字包含有“耳诉”的作用。无论那个字，不管你依照那种方音去读，它的意义总没有变更；所以文字能脱离实际的口语，不受它演变的影响。在口语上，因为语音单纯化的结果，定须把[ì]说做[ìsī]，才能使听者懂得所说的是“意思”；而文字上，只须写着一个“意”字，就完全把“意思”表明出来了。在口语上，定须把

[ìṣān]说做[ītsuòṣān]，或说做[ītɕiànṣān]，才能使人明了所说的是“一座山”或是“一件衫”；而在文字上，只须写着“一山”或“一衫”，就很明白。口语上，同音语词固然很多，而中国文字都能把它们个个分辨得很清楚。国语里，“意”“邑”“异”“义”等三十八个同为[ì]音，而在书写上，就具有三十八个明晰的字体，决不至于相混。所以在实际的口语上，因为语言的演变，必须把语词的组织改造一番；而在书写上并没有觉得改造的必要。口语里为要了解起见，必须把许多单纯语词变为复合语词，必须于单纯语词上附加许多表白的辞语；而在书写上，只须写着代表单纯语词的各个字体，不但意义方面没有含混的弊病，而且书写时，有一种简明便捷的利益。因此，中国人在说话时，尽管把语词的组织由单纯而趋于复杂，在书写上，仍是保存着简明的文体。这两方面的离异，就是“文言”和“白话”的分叉点。书写上的文言，单用于目诉的，看起来很明白，读起来却听不懂，和口语上的白话，用于耳诉的，完全趋于两途。

我们要晓得文言和白话的歧异，不单是“之、乎、者、也”和“的、吗、了、呢”的不同，其中最重要的，是许多语词的组织，在文言里比较的单纯，在白话里，比较的复杂。① 因为中国文字，不受语音单纯化的影响；文言是基于文字，没有把语词的组织改造了的。

八、文言的价值

中国从前的文人有一种好古的习气，凡是古代的杰作，总刻意的摹仿，以求维肖；所谓“文必秦汉，诗必盛唐”，以古代的文辞做述作的标准。一般自命为文人的，总是鄙弃白话文学，凡是依据当时口语所写的，以为都不过供给一般村夫俗子的欣赏，如宋、元戏曲，明、清小说，实不足以“登大雅之堂”。于是文言的性质，愈趋于保

---

① 此外，文言和白话的歧异，在语词序次上也有许多不同的地方。语词序次，对于中国语言是一个很重要的问题，当另为文研究。

守，与实际的口语相去愈远。文言在文学上的价值如何，这里无暇深论；我们试一探究文言在国民日常生活上大概是怎样的情形。

中国过去文化的记载，大部分都是用这种文言写的；彼此来往的公文、书信以及报章杂志，到今天还有许多应用这种较简炼的文体。中国人虽然不知道古今语的演变，一经学会了文言，就可以了解数千百年前的文书。中国地土这样广大，方言这样分歧，彼此要互相通达意志，全靠着这种表意文字的功用；文言在这方面的贡献，却也不少。北方人所发表的文辞，南方人尽管用自己的方言去诵读，对于意义的表达，仍是和北方人一致的。古代的文书，现代人尽管用各处的方言去诵读，除了少数例外的辞句，大致总不会失去文书的原意。这样看来，文言实在是中国保存文化和维系统一的一种重要工具。

现在大家主张在书写上废止文言，采用白话，是要避免学习的困难，节省青年宝贵的光阴，而另一方面以促进言文的合一；这固然是必要之举。但是，同时中国应该怎样的统一语言？应该怎样的保持过去文化的基础？这又是我们青年人所当认为目前急切的问题。

（《学生杂志》1930 年第 17 卷第 11 期）

高本汉的中国语言学说

瑞典高本汉先生(B. Karlgren,一译珂罗倔伦)是现今西洋最著名的汉学家。他的专门研究是中国语言学;他曾经把中国隋唐时代的语音系统,做过一番缜密的考证,又进而解决中国语言文字上的各种问题。近代应用西洋科学学理来研究中国语言文字的,应当推高本汉为巨擘。他的名著有《中国音韵学研究》(E'tudes sur la Phonologie Chinoise)、《中文解析字典》(Analytic Dictionary of Chinese)等书。最近他又出一种《中国语言学研究》(Philology and Ancient China),将他过去所得的结果,作一个总括的报告。我们要窥见他的学说,就以读此书最为便利;我现在更将此书的内容,做一个提要,姑且作为高本汉学说的介绍:

一、中国语的特性

中国语是一种单音缀语。大多数的语词,只包含有一个音缀,而且音缀的拼法,是很单纯的。现在北京语里,语词的语音,没有带声的暴发音,和带声的合成摩擦音;没有两个或多个的子音;语尾总是母音或-n、-ng,没有其他的音素做收音的。拼法上既然有这许多限制,所以北京语里,约略只有四百二十个不同的音缀;因音调的不同,也不过可以增至一千二百个。各个语词又没有形式变化,没有转成作用上的首语和尾语。虽然有了少数的助词和尾

词，和形式变化，转成作用颇有相近的价值，但是有时可以省去不用，并不像西洋语言上那样固定的。所以一般都说中国语是孤立的，没有形态学上的关系。广州语里，语词的语尾除了用母音或-n、-ng作收音以外还可用-m、-p、-t、-k 作收音的；上海语里，语词的语首，也有带声的暴发音和带声的合成摩擦音；这些是和北京语不同的地方。但是广州语、上海语里，语词的语首，也不能有两个或多个的子音；各个语词，也没有形式变化，和转成作用上的首语尾语；仍是单音缀的孤立语；这几点是中国各种方言的普遍现象。中国语具有这样单纯的性质；因之十九世纪的学者，多说他还是在原始的状态，没有演进到了印度欧洲语那样富于形式变化和转成作用，那样富于多音缀的语词。

二、中国语演变的趋势

但是，往时以中国语为原始语言的论调，不久，便起了一种相反的学说：以为中国语在上古的时候，或者也有较丰富的音缀，语词的语首，或者也有两个或多个的子音，许多语词或者也是多音缀的，也有形式变化和转成作用的；不过到了后代，逐渐减退而遗失，以至现在这样的单纯了。不过我们要研究中国上古时代的语言却是一件很繁难的工作，中国保存有耶稣纪元前二千年来的书籍，虽然是很丰富的，可是中国象形文字，是一种意符，不是音标的字母文字；我们决不能完全从古代的文辞上，窥探上古语言的现象，我们只能利用别种语言来参互比较，以求得共同的趋向。印度欧洲语，如英语、法语、瑞典语等，常常有语尾本不相同的语词，而在现代实际的音读上，把他们不同的语尾失去了的，也有本来多音缀的语词，到了现在，演变而为单音缀的，尤其是英语里，把从前繁复的形式变化和转成作用，多数都变成单纯的现象。现在中国语为单音缀的孤立语，而且音缀的拼法，具有极端的单纯性，也许由从前

繁复曲折的状态逐渐进化而来。我们再把几种和中国语有关系的语言加以研究：如暹罗语，也是一种单音缀的孤立语，但是语词的语首，往往含有两个子音。推知中国语的单音缀制，在很古的时代，已经成立了，从中国古诗上音律的研究，又可以证明这句话的不错。更从另一方面说，中国文字所以始终是象形文字，没有变成音标的字母文字，也大半是受了语言单音缀和孤立性的影响，所以只用一种固定的形体来代替一个完全的意义。总之：我们可以断定，中国语的声音和形式，在古代已经达到极单纯的局势，语言上这种现象足以助成文字结构的特性，而文字上这种特性，后来又影响于语言的发展。

三、中国文字与语言的关系

中国的文字，完全是中国人自己所发明的，所以具有特别的性质。现在中国所存最古的文字有二种：一种是残缺的金石文，一种是近数十年新出土的龟甲文。我们可以根据这两种材料，以及许慎《说文解字》等书来考察中国文字演化的历史。中国最古的文字，是简单的文字画，像具体实物之形，后来觉得这种文字画，不能表明抽象的意义，就利用象征作用，把表明具体实物的形象，当做抽象观念的符号。但是简单的象形字，终究是不敷用的，于是不能不另外想出新方法来造作文字。第一种的方法，是把原有的象形字互相结合，以代表一种新意义，第二种的方法，是将原有的象形字，依声音的相同或相似，以代替另一种意义，于是一个文字分化而为几种意义，而且表意的性质，逐渐变为表音的效用，再进一步便于表音的字体上加上一个字体，以指示分化出来的意义，前一种造字的方法，比较繁难；后一种的方法，比较简便；所以现在中国文字里，一部表音，一部表意的字体，占了最大多数。中国文字，从龟甲文、金石文、篆文，到了隶、楷、真、草，只是为了政治上种种原因，

和书写工具的变迁，因之发生这种书体的变迁；而对于几种造字的方法，始终未曾更改。近代龟甲文的发现，供给古文字上许多研究的资料，也可因以窥见这几种造字的方法，在很古的时代，已经开始应用了。中国文字构造上所以具有这种特性，完全是依据于语言上的单音缀制，没有形式变化，和音缀拼法的单纯现象，所以只成一种固定的形体；在过去历史上，始终未曾受音标字母文字的影响。

四、语音单纯化的结果

中国文字，既然不是音标的字母文字，所以古代的音读，几完全不能从文字上表示出来；充其量，文字里表音部分，也不过因以知道古代某字和某字音读的相同或相似罢了。中国文字，只是习惯上代表观念的符号，和实际上的口语，常有分离的趋势；因为文字的形体，一经固定，不能随着语音的变迁，而加以更改。后代人诵读古书，只能各自依照后代方言上的读法；但是，在写作文辞上，却是摹仿书本上的语言，并不是依照后代方言的形式；结果，就发生文言和口语的分离。我们试把现代北京音，和古代的语音比较一下，就可以晓得古代语音的繁复，现在总是趋向于单纯化的。例如古代语词的语尾，可以有-m、-p、-t、-k 的收音，为现代北京音里所没有的（广州音里还保存着），因语音单纯化的结果，就产生许多同音语词，因之古代语里的种种组织，在实际口语上，不能不有一番改造。例如复合语词的加多，助词和尾词的应用，种种文法组织的变更，都是现代口语上的新现象。

五、文言与白话的分岐

中国文字，既然是意符，不足以表明古代的语音，也不能随着语言的演变，语言起了极大的变化，而文人写作文辞仍是一味摹仿

古代，所谓“文必秦汉，诗必盛唐”，看着后代俗语的文学，只是供村妪老妇的欣赏，不足以登大雅之堂。在口语上，必须增进许多复合语词，必须应用许多助词和尾词，必须将文法组织改造一下，而在文辞上，还是保持着简炼古奥的文体。因为语音单纯化的结果，同音语词的增多，在口语上必须加以更改，而对于中国的象形文字毫不发生影响。于是实际上所应用的口语，和书写上所应用的文辞，趋于两途；文辞的发展和语言的演化，两不相干，就发生文言和白话的分歧。书写上的文辞，纯粹是表意的，各地的人只用各地的方言去诵读，而总不会丧失了表意的效用，这是因为中国文字具有独特性质的缘故。适于视官的文字，当然和口耳上的语言。要起分离的现象。

六、文字与口语交互的影响

但是文辞与口语，彼此交互的影响，仍是存在的。中国人有一种好古的习气，不但要摹仿古代的文辞，而且古代文辞上的单字和成语，一经引用，便保住不失；这是和西洋的情形完全两样。中国文字上，因语言的演化，和新语词的增加，自然须添造许多文字，但是基本字体的产生，在耶稣纪元前时（周、汉时代），已经达于最高率；大多数都是一部表音，一部表意的字体。后来因实际上需要所造出的字体，大家都认为俗字，在严正的文辞里，往往不能应用的。因为中国造字的方法，到了那时已经固定，文字的构造，也停滞着不再前进；所以语言上意义的分化对于文字的影响，后来却不甚显著。西洋的文辞变迁，常随着语言的演进，所以固有的语词常废弃不用，而新出的语词，继续不断的供给；因为西洋各国标准语的势力，可以驾驭各种方言，使之同时演进。中国的情形，却不是这样，各个区域里，常发展各自的方言，独立自成一个语音系统，没有一种方言，可以凌驾其他各种方言之上，直到现在才有一种国语统一

运动。中国的情形,正如古代希腊地方,有各种独立的方言。又文字的性质,不是表音的,对于各个字的读法,字典上大都只注明某字读同某字罢了;因之各种方言里,语音上的系统既然不同,而对于文字的音读,又发展成为各个系统,往往同是一种方言里,语音和读音,又分为两种或数种。古代文字上的单字和成语,常引用于实际语言中,而在各种方言里的读法,各不相同;所以文辞上的形式,是各处普遍的,而实际上的音读,彼此分化,演成极端歧异的现象。中国文字的特性,一方面使古代文辞,变为语言上的新材料,而一方面又使各种方言,独立成为各个不同的系统。

七、考证中国古音的途径

现在中国人诵读古书,只是依照各自方言上的读法,对于历代音读的变迁,毫不顾问,因之中国古音的研究成为很困难的问题,近代的学者,虽然有探究古音的工作,可是所应用的方法,很迟钝,没有多大的成绩。而这种工作本身的价值,实占支那学上的首席;无论在历史上、文化上、文学上,以及古书的考订上,都是十二分的重要的。耶稣纪元后数百年间,中国已经有一班研究音韵、训诂的,后来韵书发生,把字音分解为两个音素,上半为发声,下半为收韵,用另外两个字来代表,合成为一个音,这就是"反切"。韵书里,将各个字音,依照收韵及音调的变化,区分为各类。我们从韵书反切上,可以得到许多启示,可因以明了古语上发声和收韵的种类。不又久有音韵表的发生,把各个字音,依照他们发声和收韵的异同,纵横排成许多表;实在是研究中国音韵最宝贵的材料。假使我们再进一步要考证中国古代确凿的音读,还有两种材料:第一种是现代各地的方音;第二种是古代中国语上许多外国名辞的译音,和外国语上许多中国古字的译音,因为各地方言里,常保存有古音,古语到了现今,在某处地方,尚保存着不变,而在他处地方,已

经发生了变化。例如上海语里，有 b-、d-、g-的发声，广州语里有 -m、-p、-t、-k 的收音，为现在北京语上所没有的；我们正可利用他们来和韵书及音韵表上的系统，参证比较。古代中国语上的外国名辞，以佛典译音最为重要；外国语上的中国古字，以日本译音，高丽译音，安南译音最为重要。古代梵语有梵文字母的记载；日本，高丽和安南，在七世纪以前，就有了音标文字，正可以利用他们来考定中国古语上的音读。例如“歌”“多”“罗”等字，在现在中国各地的方言中，都不是读-a 的收音，而在佛典译音、日本汉音、吴音、高丽译音、安南译音里，都是收-a 的音，因此可以知道这些字古文原来是读为收-a 的音，到了现代的方言上，都发生变化了。我们根据这几种材料来研究古音，要是应用得法，便可以求得六世纪时中国的语音系统（即隋唐时代的语音），能把各个字的音读，统用音标表示出来；结果，较之印度欧洲比较语言学上所求得各个语词抽象的表式，尤有具体真实的价值。依此考明出来音读的韵，也许属于六世纪时中国一种最有势力的方言，现在各地的方言，大多数都是从这种语言上演变出来的；而当时和这种不同的方言，也可以应用上面所说的方法，以考知其一二。至于六世纪以前（隋唐以前）的语音，则在研究的途径上有许多困难；最重要的，就是关于古书上所供给语言材料的问题。

八、关于上古语言的材料问题

中国文字的起源很早，我们在河南发现的龟甲文上，可以看出当时的书写已经是很技巧了；那末，中国上古的书籍也应当有很多保存到现在的，可是，事实上使我们大失所望。这是因为上古书籍，常常在历史上遭过恶运的缘故，约当纪元前二百年时，秦始皇一番焚书之后，丧失几尽。汉代竭力搜求遗书，考订古籍，往时的文献，暂时重复光明。原来上古的书籍，是用竹木缣帛书写的，到

了耶稣纪元时，就有造纸的发明；书写的工具，固然较前便利，较前低廉；可是中国印刷术，到了第十世纪才流行。这种情形和西洋恰好相反。欧洲古代的书籍，多用羊皮写的，到了十三世纪以后，才从东方传入造纸术，不到一二百年，印刷术就很风行了。柔软的纸张，容易损坏，必须有印刷术的应用，才能使书籍充满于社会，才能使书籍不绝的保存于后代。中国造纸的发明很早，经过了一千年光景，才应用印刷术；这是中国文献上一件不幸的事情。兼以中国政治上迭次纷乱，战祸相循，焚烧掠夺，将中国丰富的图书，摧残殆尽，只有考古家在西北发见的几种罢了。中国上古的书籍，既然经过这样长久的厄运，即使能流传到现在，也必有很多残缺可疑的地方。试举《尚书》做个例子。孔子所删订《尚书》的真本，曾经在西元前五百年后通行于世；经过秦火之后，只有两种传本：一是伏生的二十九篇，一是孔安国的《古文尚书》。随后伏生的学派中绝，孔氏书亦失传。约当纪元后三百年时，于是有伪孔安国《古文尚书》的出现，是依据伏生之本，窜改增构而成；复经后人搀入许多伪古文。到了七世纪后，又把此书中的古文字改为通行的书体，所以现在的《尚书》本，已经不是伪孔《尚书》的真面目了。至于汉代的伏生本，和孔安国古文本，更难考见。中国上古的书籍，经过这样恶劣的遭过；那末，我们研究上古语言的，对于这许多书籍上的材料，应该怎样的运用？第一步自然应当想方法来辨别古籍的真伪。

九、从语言研究上考证古书的真伪

中国的古书，一方面是供给语言研究的材料，一方面又可以利用语言研究来辨别这种材料本身的真伪。中国有好古的习气，文人一味摹古，使后人所作的文辞，和古代几难辨别。但是语言学者假使仔细的考察，总有一些线索可寻。例如《左传》一书，从前都说是孔子同时，一个鲁人左邱明所作；近代觉得这种传统的说法，不

可信，于是有主张是孔子自己所作的，有主张是孔子以后的人所作的，也有主张是秦汉后总集成功的，聚讼纷纭。现在试举一个语言的现象，来探究《左传》的作者和年代。把《左传》上“於”“于”二个字的用法统计一下，就可以晓得这两个字，在文法上和意义上极有区别；所以当纪元后六世纪时，这两个字的音读，还是分得很清楚的。《书经》里统用“于”字，没有用“於”字的；而《论语》和《孟子》里，几乎都用“於”字，而不用“于”字的，我们因此可以知道《左传》决不是孔子所作，也不是同时的鲁人左邱明所作；因为在当时鲁国的方言当中，统用“於”字，和《书经》的方言统用“于”字的既不同，和《左传》分用“于”“於”两字的又不同。《左传》也不是秦汉以后的作品，因为秦汉以后的文辞，把“于”“於”两字，完全变为相同的意义，在文法上，没有区别了。中国人古书的传授，以诵读为主，语音虽有变迁，而原有的音读并不因以完全丧失；所以古语里本来有区分的音，往往随后有存留着的。因之“于”“於”两字，在六世纪的语音上还有分别。这种问题，虽然很琐细，很隐微，但是在语言研究上，却有很大的价值，对于处理语言研究本身的材料，又是一个最切实的方法。

十、研究上古语音的方法

我们对于上古语言的材料，既然下了一番考证的工夫，就可以用纪元后六世纪的语音，做个根据，进而研究上古的语音系统了。中国的文字，虽然不是音标的字母，但是从一部表音，一部表意的字体当中，可以考见周秦时代的语音，表音的部分相同，字音就相同，当时实在依据于很严格的规则；后来音读变迁，往往本来同音的字变而为异音的，于是那种表音的效用，逐渐遗失；但是我们正可以利用这种音变的结果，把上古的语音推究出来。例如“甬”字是“通”字里的音部分，在六世纪时，彼此音读上就有点差异了；

"甬"字的语首,不带字音的,而"通"字的语音,却有个舌尖暴发音t-。原来上古时,"甬"字的语首,带着一个舌尖暴发音 d-,后来把这个 d-失去了。"白"字是"怕"字里的表音部分,在六世纪时,音读也有点不同:"白"字的语尾,带着一个舌根暴发音-k,"怕"字却没有这种收音。原来上古时,"怕"字的语尾,也带着一个舌根暴发音-g,后来把这个-g 失去了,在语首语尾的 d、g 等音,常常失去,这是语言上的普遍现象;在欧洲语言中,也有许多这种例子。中国上古语里,原来也有不送气的带声暴发音,到了六世纪时,只有送气的带声暴发音了;所以上古语里兼有 d、g 等音,而在六世纪时,只有 d'、g',等音了。从文字表音部分的研究,就可以发现这种现象。中国往时学者,又从《诗经》等韵语上,去考求上古的音韵;但是,这种方法,困难的地方很多:第一点,《诗经》等书,包含有各地的诗歌,杂有当时各种不同的方言,第二点,古代诗歌用韵,并不是很严格的,收韵略同的字,便可以相叶。所以这种方法,并不是很周密的,只可以为应用别种方法所考得结果的辅助。近代还有许多学者,把上古的语根,和其他印度支那语系里的语言——如西藏语等——互相比较,以窥见上古语言的情形;应用这种方法,虽然可以发现很多巧合的事实,但是只依照彼此声音的相同,没有其他确凿的证据,很容易有附会的论断。中国象形文字,虽然不能表明实际的语言现象,而对于语根上的推求,较之音标文字,尤为便利,因为何种是原始的意义,在文字的形体上,表现得很显明的。但是只依照声音的相同,将中国的语根和他种语言比合,即使对于印度欧洲语,也可以侥幸成功,所以应用这种方法,我们须要采取极端的谨严态度,我们再来讨论中国语与亚洲各种语言的关系。

十一、中国语与亚洲其他各种语言的关系

上面说过,我们研究中国古音,可以利用许多译音。因为中国

在文化上、政治上，很早已经和亚洲其他诸国发生了关系，但是根据这种译音的材料，也只能用来考证纪元后五世纪以后的语言。至于中国上古的语言，和亚洲各国的关系怎样？也是值得研究的问题。在这许多译音还未发生以前，彼此语言上交流的现象，也可以看出一点。我们试举日本做个例子。日本民族的起源，现在虽然还没有定论，大家都公认日本人是一种混合民族，由海外各地移殖而来，或者从北方高丽迁入的，或者从南方中国东南部及南洋群岛迁入的；总之：中国和日本的关系，早已发生在五世纪以前，在语言上，我们还可以看出一些痕迹。除了日译的汉字外，现在所认为纯粹的日本语词，我们也不难从这些语词当中，考见中国语输入的情形。关于中国语词输入日本的研究，我们第一步，须把许多音变的公例归纳出来，再根据这些公例，比较日本语词和中国古语的异同，其间意义和声音很适合的，或者就可说是从中国上古语中输入日本的。不过我们此地还须谨慎一点，凡得到这种事例，又必须表明他们在别种语言中，更没有这样适合的情形，才可以确实的断定。所以研究中国语和日本语的关系，同时对于和日本语相联属的各种语言，也必要有一番周密的考察。关于西亚、北亚诸国的语言，也可以应用同样的方法，得到同样的结果，我们不难举出许多例证，以表示他们和上古中国语有一种密切的关系。

十二、中国新文字问题

最后要论到中国文字的改革问题。中国文字有数千年的历史，为东亚文化和中国精神所寄托的，可是时到今日，也起了改革的声浪，主张把音符的象形文字废去，要另外制定音标的字母文字。中国这种改革的进行，可以用日本的情形做个借镜。日本吸受中国的文明，为时已久，尤以纪元后七世纪时为最盛。中国大批的文字，也输入日本，就是日译的汉字。他们把汉字应用得不很巧

妙；一个汉字在日本发生许多种音读，又用汉字来代表纯粹的日本语词。一个日本语词，又每每引用许多同义异形的汉字；有时更用许多汉字所组成的成语，以代表一个日本语词。把组织很整齐的中国音读系统，变为紊乱无序了。日本的语言，具有繁复的形式变化，和中国语的性质，本不相同，所以中国文字输进之后，就利用中国字的偏旁，造出五十个“假名”字母，以代表日本的语音。不过这种假名，在正式的文辞上大都只用来表示形式的变化；至于主要的语词，仍是用汉字来代表的。日本文辞上所以不完全采取假名字母的缘故，正因为语言中参杂有许多日译汉字的缘故。纯粹的日本语词，彼此很容易辨别，不会有相混的弊病；而日译汉字中，从中国古音经过了历代的变迁，日趋于单纯化，因之同音字的增进，比较现在的北京语，还要利害。日本语里，由汉字组成的复合语词，也有很多是音读相同的。假使统统改为假名字来书写这些日译汉字，便无法处置了。还有一层，近代西洋学术上、文化上许多名辞，他们不用日本语词来代替，还是应用汉字来翻译。日本人现在感觉到这个错误，限制学生应用汉字，但是对于这些新出的西洋术语，应当采取音译的方法，将原来的形式，用假名拼写，或者纯粹用日本语词翻译；这样才不至和现在的趋向，有矛盾的现象。中国人要废止汉文，采用罗马字母，也有同样的困难。中国如果要改革文字，第一步就须废止文言的应用，因为中国的文言，只适合于表意的象形文字，而和实际上的口语完全分离的。我们要实行言文合一，使书写上的文辞，诵读起来，也可以听得明白，而把中国过去的书籍，译述为口语，使中国文学完全建设于现代口语之上。第二步要规定一种标准语，就是采取国内一种最有努力的方言，利用政治的努力，和文学的宣传，把他通行于国内。这种标准语，也可以容纳各种方言的分子，不过总是一种实际上应用的语言，不是用人为的力量勉强造成的。又对于各种文化上、学术上的名辞，最好采取

国际间通行的形式，不必定要使之本国化的。最后讲到新文字本身的组织问题，中国如果要采取罗马字母，便须应付中国语上实际的需要，不必定要依照西洋语上的用法，或语音学符号的系统。一方面要顾到实用的便利，一方面也不能和语言的真实性离开太远。例如现在中国语上音调的变化，还没有妥当的表示的方法。这个，须经过许多艰苦和试验，才能有美满的效果，而同时又需要伟大的思想家，向前指导提倡，才能达到成功的地步。我深信中国文学的将来，在新的方面，定会放出极灿烂的光明，给我们来欣赏！赞欢！

（《暨南大学文学院集刊》1930 年第 1 集）

中国音韵学史之鸟瞰

讲起音韵学，是多么的专门，中国音韵学史的内容，又多么的复杂！对于这个地域里，我只把我从高塔的顶尖上所看到的东西，来和本志的读者谈谈。也许有讲得不对的，便当做我看得不周罢了！

二十年，四月十二，禄附志。

一、古代的音韵谈屑

西汉以前，中国实在没有音韵学；时人只有偶然间谈到发音的事实。什么“开口，阖口”（《管子·小问》）；什么“内言，外言”（《公羊·宣八年传》）；“长言，短言”（《公羊传·庄二十八年》）；什么“徐呼，疾呼”（《韩非子·外储说右上》）；什么“横口，踧口”（刘熙《释名·释天》）；什么“舌头，舌腹”（《淮南·修务训》注，及《释名·释天》），这一类的话，很难使人明了；而且只是一些谈片，不能说是音韵学。江永以为《周官》里载有“谕书名，协辞命”的专员，就说“当有其书，今不存”（《音学辨微引言》）。以为那时有音韵学的书籍，终未免过信古人，当然不能认为考证得来的史实。颜之推说：“郑玄注六经，高诱解《吕览》《淮南》，许慎造《说文》，刘熙制《释名》，始有譬况、假借，以证音字耳。而古语与今殊别，其间轻重清浊，犹未

可晓；加以外言，内言，急言，徐言，读若之类，益使人疑。”（《家训·音辞篇》）可见周汉人关于音韵的谈片，只是一些含糊疑混的话。我们要推究中国音韵学的创始，只能从反切和韵书发生以后讲起。

二、反切的起源

中国音韵学的萌芽和发展，与梵文拼音学理的输入，有密切的关系。周汉文辞当中，常常应用双声叠韵的联绵词（见钱大昕《音韵问答》），已经有所谓“二合”之音（见刘师培《正名隅论》）；反切之理，也可说是在古代已经具有了。但是一般注字解经，大都只用“譬况”“读若”的直音方法，不是用二个字来切成一个音。“反切”的方法，总是到了汉代末年，才形成，才发达。当时许多儒士，喜欢谈谈佛法，因之有通音理的。佛教的传播，梵文拼音的学理，也因之输入；这种情形，和明清时代基督教士传入西洋的语音学理，正是一样。中国反切的起源，实在是受了梵文拼音学理的影响（详吴稚晖《国音沿革序》）。颜之推说：

> 孙叔然创《尔雅音义》，是汉末人独知反语，至于魏世，此事大行。……自兹厥后，音韵锋出。（《家训·音辞篇》）

反切的发明，虽然不一定是孙炎，有说毛、郑注经已经应用反切了（刘师培《正名隅论》）；有说是起于王肃、应劭的（章炳麟《音理论》）；也有说是起于卫宏的（马国翰《玉函山房辑佚书》卷六十，卫宏《古文官书》）。总之，反切的方法，到了东汉以后，才风行于世。自从反切风行之后，有人就把音切相同的字，类集起来，做成韵书。颜之推所说“厥后音韵锋出”，就是指李登《声类》、吕静《韵集》以及两晋南北朝诸家的韵书而说。

三、四声的分别和韵书的发生

韵书里用“四声”来分别韵部。中国四声的由来，也是在汉魏之间。封演《闻见记》说：“李登以五声命字。”《魏书·江式传》说：“吕忱弟静放李登之法，作《韵集》，宫、商、角、徵、羽，各为一篇。”这里所谓宫、商、角、徵、羽就是指平、上、去、入四声，大概宫商是平，徵是上，羽是去，角是入(徐景安《乐书》有此说)。因为那时还没有平、上、去、入的名目，就借用宫、商、角、徵、羽五个字来分别。所以四声并不是起于沈约。赵翼《陔余丛考》有“四声不起于沈约”一则。不过到了沈约那时，开始应用四声的理论来作诗作文罢了，他就是声律论的创造者，他做了一部《四声谱》。封演《闻见记》说：

> 永明中，沈约文辞精拔，盛解音律，遂撰《四声谱》。时王融、刘绘、范云之徒慕而扇之。由是远近文学转相祖述，而声韵之道大行。

四声的名目和应用，大概到了这时，已经渐渐的确定。后来隋朝陆法言作《切韵》，所分隶的四声，和沈约诗文上所用的，很多吻合。足以见得沈氏《四声谱》，在往后的韵书上，实在有绝大的势力(本纪昀《沈氏四声考》)。

四、《切韵》一系的韵书

陆法言《切韵》一书，是综集魏晋南北朝诸家的韵书而成，又开唐宋韵书的始祖；在中国音韵学上，是很占一个重要的地位。唐代王仁煦的《刊谬补缺切韵》，孙愐的《唐韵》，李舟的《切韵》，以及宋代陈彭年等的《广韵》，大都依照陆氏《切韵》的体例，略加以修整增广罢了。所以覆宋本《广韵》卷首，还注明“陆法言撰本”。现今陆

氏原书以及《唐韵》等，统统亡佚了。最近发现有唐写本《切韵》（敦煌石室本）、唐写本《唐韵》（蒋氏藏本）以及《刊谬补缺切韵》（清内府本）等的残卷，总非完书，只可以当做我们参考的资料。所以现在要研究隋唐韵书的，仍不得不以《广韵》为主体。《广韵》以后，如《集韵》《礼部韵略》《五音集韵》《韵会举要》《韵府群玉》《佩文诗韵》等书，虽然编制方面略有变更，根本上只是受《切韵》的支配，可以叫做《切韵》一系的韵书。这一系的韵书，音韵学上叫做"今音"。所谓今音，并不是指现代的音。段玉裁说得好：

> 古今者，不定之名也。三代为古，则汉为今，汉魏晋为古，则唐宋以下为今。（《经韵楼集》卷八《王怀祖广雅注序》）

所谓今音，只是指魏晋唐宋间的语音；以周汉为古，就以魏晋唐宋为今。还有一层关系，唐宋明清间，文人所作"近体"的诗歌，以及政府考试的功令，都以《切韵》一系的韵书做标准。陈彭年等校定《广韵》，只是为了"设教崇文，悬科取士，考核程准"。我们晓得，旧文学上，有古体和近体的分别（诗有古诗、律绝诗的分别，赋有古赋、律赋的分别）。作古体的，要依照古韵，作近体的，要依照今韵，就是依照《切韵》一系的韵书。古音和今音的名目，原来在文学史上有相当的关系。文学是代表语言的，语音一有变迁，文学上也就发生一个革命，和文学语言都有关系的韵书，当然也不能不发生一个变化，这就是戏曲文学和北音韵书出来的缘故。

五、北音韵书派别

和《切韵》一系相对立的，就是北音韵书。这一系韵书的创始者，是元代周德清的《中原音韵》。周德清说："欲作乐府，必正言语，欲正言语，必宗中原之音。"（《中原音韵自序》）可见《中原音韵》

一书，是预备作北曲之用的，是依照那时中原之音的。中原就是那时帝都所在的北平一带。后来的《中州音韵》《词林韵释》《洪武正韵》《韵略易通》《韵略汇通》《五方元音》等书，都是属于这一系的。它们和《切韵》一系的不同最重要的有两点：

（一）《切韵》一系是隋唐时综合古今南北语音而作，陆法言说："论南北是非，古今通塞。"（《切韵序》）是混合多种语音系统于一书，内容是很复杂的。北音韵书，大都是依照近代的北音所作，在语音系统上，是比较单纯的。

（二）宋代《广韵》《集韵》以后的这一派韵书，可以说都是纸上空谈，和当时实际的活语，并没有什么关系。文人口中所说的话，和他们所作的诗歌，完全是不相干的，所以周德清说他们是"板行谬语"，说他们是"年年依样画葫芦"（《中原音韵自序》）。至于北音韵书，是依照那时北方的音，和近代最流行的语言，可以两相符合。

北音一系的韵书，在现代历史上，实在占一个很重要的地位。现今国语，以北平的音做标准。国语势力的形成，就在元明清这三个时代。我们要推迹近代"国语统一运动"的历史，我们要考证"注音符号"里音素的来源，都应当以北音一系的韵书做主要的材料。

六、字母和等韵的由来

中国韵书，分做二个系统，上面说过了。韵书的体例，除以四声分韵之外，又于各字下注明反切。虽然它们四声的系统，彼此有异同，注明反切的方法，也有些出入，而这种体例，总是一致的。我们再来讲反切的道理。反切方法，总不外"上字取其声，下字取其韵"。韵书上依据各字的收韵，分成许多韵部，而且有东、冬、鍾、江等的标目。至于各字的发声，从前没有依据归类成为一书的。因之过去音韵学上有"叠韵易知，双声难明"的话。到了唐末守温才制定"三十六字母"，为双声的标目。到了宋代，才有人把韵书中的

字，依字母的次第排列成许多图表。陈澧说：

> 自汉末以来，用双声叠韵为切语；韵有东、冬、鍾、江之目，而声无之。唐末沙门始标举三十六字，谓之字母。至宋人乃取韵书之字，依字母之次第而为之图，定为开合四等，纵横交贯，具有苦心，遂于古来韵书切语之外，别成一家之学。（《切韵考外篇自序》）

实在等韵学上所讲的，只是反切的方法，他们以为韵书上所注明的反切不很明显，于是利用守温的字母作声类的标目，依据韵书上的韵目，把字音一纵一横的排列起来，就是用一声一韵，各各拼切，合成各个的字音。他们列成许多音图，叫做“等韵表”；实在并非于韵书切语之外，别成一家之学；只是用另外一个方式，把韵书上的切语解释得更精密、更明显罢了。“三十六字母”的由来，也是梵文字母转变成功的（参看吴稚晖《国音沿革序》）。应用梵文的拼音学理，把当时中国语的发声分析为三十六类，就用见、溪、群、疑等三十六个汉字来代表（详陈澧《切韵考》卷六）。这样看来，等韵学只是第二步的应用梵文拼音学理，来讲明反切罢了。

七、等韵学的流别

等韵学上，对于“三十六字母”，大概分做“七音”，就是几组的声类，每一组的声类，后来又有“清浊”“声等”的分别。对于许多韵部，不但有四声的区别，又把他们分做几个“呼等”，有一等、二等、三等、四等的不同。综括四声、呼等，列成一个图；从中取出最主要的韵素，用一个字来代表，这就是“韵摄”。等韵学上最重要的部分，就是在各等的分别。近人高元的国音学里，有一篇《辟等呼论》，把等韵学分为宋元派和明清派。郑樵的《七音略》以及《韵镜》

《切韵指掌图》《四声等子》《切韵指南》等书，属于宋元派；《康熙字典》前面的《切字要法》以及《华梵字谱》《等韵一得》等书，属于明清派。宋元分析呼等，是用韵素的基本音调来做标准，明清派的分析呼等，是用圆唇和不圆唇来做标准。前者并且可以有八等的分别，后者则限定开、齐、合、撮四等。我的假设，所谓宋元派的等韵学，要合于《切韵》一系的韵书；所以他们的分等，比较的复杂。所谓明清派的等韵学，是要接近北音的系统；所以他们的分等，很合于现今注音符号上结合韵母的拼音。前者可以说是今音派，后者可以说是北音派。不过明清时代，也有今音派的等韵学，如江永《四声切韵表》、李光地《音韵阐微》（《音韵阐微》也只用开、齐、合、撮来分各部）。至于戴震的《声类表》，更用来包罗古音了。

八、近代声类和三十六字母的异同

宋后等韵家，大都对于"三十六字母"，总是抱着遵守的态度，以为"不可增减，不可移易"。但是后来方音的转变，总觉得和三十六字母有枘凿不相入的地方——尤其是北音。戴震《声类表》里，改做四十类；李氏《音鉴》里，又建立三十三字母。至于《韵略易通》的《早梅诗》二十字，《五方元音》的二十字母，都是接近于北音的。劳氏《等韵一得》虽然仍沿用三十六字母，可是把喉音另列一类，不当做纯粹的声类看待，又把其中晓、匣二母归入见、溪一组当中，天然的和注音符号上ㄍ、ㄎ、ㄏ、ㄫ一组符合了。总之，近代等韵家分析呼等和字母，多少总渐渐趋向于注音符号上的系统。这又是国语统一运动史上应注意的一点。

九、三百年来古音的研究

依照从前的旧观念，小学本来是经学的附庸，音韵学又是小学中的一部分（自从《隋书·经籍志》到了《四库总目》，都把音韵的书

籍附入"经"类)。可是"附庸蔚为大国",自从韵书的发生,到了等韵学的成立,只是使人不至有"读书难字过"的苦,而和经学的研究,愈趋愈远,几乎完全是两条路了。从前经学的研究,第一步就是教人读经,对于经书上文字的音读,就发生了问题。觉得用后代的韵书来读古书,总有许多地方扞格不通,于是悟到"古音"的系统和今音的不同,就一变"协句""合韵"之说,专门来做古音的研究。从吴棫、郑庠、陈第到了顾炎武,正式宣告古音学的成立。嗣后,江永、戴震、段玉裁、钱大昕、孔广森、王念孙、江有诰以至最近的章炳麟、黄侃,数十家陆续起来修订,真所谓"前修未密,后出转精"。他们最主要的工作,就是在建立古音的韵部和声类;这种工作的主要目的,只是在经学和音韵学的联络。他们研究的成绩,虽然不能认为满意,可是在文字训诂及校读古书上,已经有很大的贡献。他们考证古音的材料,大部利用《诗经》《楚辞》及其他古书上的韵语;又取径于《说文》等书里形声字的系统,旁及于假借、读若、音训之类,最后又应用今音韵书上的韵部和声类,来和古音参证。因为,上面说过,陆法言《切韵》一书里,包含有古今南北之音;我们也可以用今音韵书上所保存的古音,作为考证古音的材料。

十、今音系统的考证

从古音的研究,可以晓得周汉时代的语音,和隋唐不同;所以有古音和今音的分别。现存《广韵》一书可以为今音的代表。陈澧作《切韵考》,从《广韵》中所录切语,考求今音的声类,并且分析二百六韵部。黄侃、钱玄同又加以修正,定今音为四十一声类,三百三十九韵类,又将三百三十九韵类,综合为二十二韵摄(见黄侃《音略》,钱玄同《文字学音篇》)。此种考证的结果,可因以知道宋元等韵家所列的图表,和隋唐韵书又不是统统相符合的。陈澧说等韵学"自为法以范围古人之书,不能精密也"(《切韵考外篇自序》)。

原来陈澧的书，“以考据为准，不以口耳为凭”（见《切韵考序》）。和以“审音”自命的等韵学，自然不免有出入的地方。因之陈氏又作《切韵考外篇》，谓“以《广韵》切语上字考三十六字母，以二百六韵考开合四等；著其源委，而指其得失；明其本法，而祛其流弊”（《切韵考外篇序》）。本来是用《广韵》上切语考证的结果，以订正等韵学的。可是黄侃、钱玄同又根据明清派开、齐、合、撮的四等，来分析三百三十九韵类，根据七音和声等来分析四十一声类；更把韵类分析的结果，综合为二十二韵摄。这正是陈澧所说：“自为法以范围古人之书。”谁也不能断定是真正的合于今音系统。而黄侃利用这种材料，所考定的古声十九类，古韵二十八部，也就根本的发生疑问了。因为要考证历代音读的变迁，必须根据语音学学理，采用确实的材料，才有相当的成绩；他们凭着明清派等韵家的学说，以分析隋唐时代的语音，当然不能有确信的结果。而且近今《切韵》《唐韵》等残卷的发现，足以证明《广韵》的二百六部和内中所录的切语，并不是陆法言本来的面目（详王国维《观堂集林》卷八）。那末，考证今音系统，也不当以《广韵》为唯一的根据。

十一、过去音韵学内容的分析

从上面所讲，我们把中国过去音韵的研究，可以总括为三种：一种是以古音为中心，一种是以《广韵》为中心，第三种就是等韵学。劳乃宣说：

> 有古韵之学，探源六经，旁征诸子，下及屈、宋，以考唐虞三代秦汉之音是也。有今韵之学，以沈、陆为宗，以《广韵》《集韵》为本，证以诸名家之诗与有韵之文，以考六朝、唐、宋以来之音是也。有等韵之学，辨字母之重轻清浊，别韵摄之开合正副，按等寻呼，据音定切，以考人声自然之音是也。古韵、今韵

以考据为主，等韵以审音为主，各有专家，不相谋也。（《等韵一得序》）

从前音韵家把“考古”和“审音”分做二重工夫。江永批评顾炎武说：“考古之功多，审音之功浅。”（《古韵标准例言》）所以必须把二者兼备，才能满足。不过，往时等韵学上辨别种种声韵，现在用西洋的语音学理来校量，不合科学的地方很多。劳氏当时认为审音的学问，在现今看来，也不过供我们一种考古的材料罢了。

十二、最近考证古读的方法

现今要考证中国历代语音的变迁，不但须以考据为准，也当以口耳为凭，这就是考古和审音两方面兼备的工作。例如，考明隋唐时代的语音，只是根据过去等韵的学说，以分析《广韵》切语的音素，实在很不完备，很不妥当。我们应当以西洋的语音学学理做基础，并且采用许多确实的材料，除出韵书切语及宋元人的等韵表以外，还可以利用现代各地的方音和唐宋以前许多外国名辞的译音。因为各地方言里，往往保存着古时流行的语音，正可利用它们来和韵书及等韵表上的系统，比较参证。唐宋以前中国语上的外国名辞，以佛典译音最为重要；外国语上的中国语词，以日本汉音、吴音，及高丽译音、安南译音最为重要。古代梵语，有梵文字母的记载；日本、高丽和安南，在隋唐时，就有了音标文字，正可以利用他们来考定当时中国语上的音读。现今采取这种方法来研究的，国内学者汪荣宝、钱玄同、林语堂、唐钺诸人曾经发表过讨论的文辞。而这种方法的发现，不能不归功于近代一般西洋的学者，如钢和泰（Staël-Holstein）、马斯贝罗（Maspero）、高本汉（B. Karlgren）等。其中最著名而研究最有成绩的，应当推高本汉。他的名著是《中国音韵学研究》（*Études sur la Phonologie Chinoise*，1915）、《中文解

析字典》(*Analytical Dictionary of Chinese*, 1923)二书。他对于中国周汉时代的古音,也曾经有几度的试探,以为过去中国学者古音的研究、运用材料,实在笨拙得很,现今应当重新的来做一番考证。他对于隋唐以后的语音,已正式的建立几个系统。高本汉研究的结果,固然还不能完全的信任,但是,单举他所应用方法的细密而说,已经可以推为现今最进步的中国音韵学了。

十三、西洋语音学理的输入和国音学的建设

西洋拼音学理输入中国,大概也是经过一般基督教士的介绍,开始于明朝末年。金尼阁《西儒耳目资》一书,就是这种趋势的端绪。清代中叶以后,传教的事业更形发达,西洋教士要学习中国语,常用罗马字母来拼切中国各地的语音,更有许多关于中国语言文字的著作。当时国内一般知识分子,也感觉到平民教育的不普及和汉字认识的不易:于是从简字拼音的试验,进而制定"注音字母",从读音统一会,进而设立国语统一筹备会。近几年中,又规定"国语罗马字母",以为国音符号的第二式,并且引用"注音符号"来拼切各处的方音。此种国语统一运动,和拼音字母的产生,实在是开中国历史上的一个新纪元。现今国语以北平的音为标准。而当制定注音字母的时候,还是综集大多数人的音读,以规定一种"国音",又以为统一读音,不过改良反切;所以注音符号的形式,仍是采取简笔的汉字;而种种说明和应用,仍不脱往时等韵家的旧习。十几年来所谓国语的工作,大部只是在改正这几种错误:一方面,尽量的应用西洋语音学学理,以为国语音素和注音符号的说明;高元《国音学》、汪怡《国语发音学》等书,实在是建设国音学的始基。另一方面,又有所谓"新国音"运动,采用一种最有势力的实际的活语,正式定为全国的标准音,就是现今北平的方言。我们看"注音符号"和"国语罗马字母"在应用上的差异点,就足以表明新旧国音

和他们在学理上的不同。而在第三方面,又有调查各地方音的工作,运用西洋科学的方法和学理,以表明各处方音音素的纷歧,和语调的转变。现今国内学术机关,很多要想在这方面努力进行;而少数学者所发表的报告,如刘复的《四声实验录》、赵元任的《现代吴语研究》,已经有很可惊异的成绩。这种调查方音的工作,在统一国语上,因比较参证的结果,可以得到不少的便利;对于历代语音的考证,也可以供给我们以许多确实的材料。

十四、结论

总之:将来研究中国音韵学,无论在那一方面,总当以西洋的语音学学理和科学的方法为基础。从这个基础上努力的进行,可以把中国的音韵学建立为大家所公认的一种科学。近代西洋学理的输入,好象在汉唐时代,要考明音读,必须应用梵文拼音学理以成立切语字母等等情形相类。音韵学史本为学术史上文化史上的一部分,当然和整个学术,整个文化的演进,有同一的趋势!

(《东方杂志》1930 年第 28 卷第 11 期)

从“反切”到“国语罗马字母”

一、中国衍形的文字

大家都晓得中国文字是一种象形文字，和外国的拼音文字不同。这种象形文字，虽然并不是个个都象图画那样，把物体的形象显示出来；虽然也有所谓“形声”字，内中包含有表音的分子；可是，归根结底，只是习惯上一种意义的符号罢了。例如，日、月、鸟、鱼等字，日月会变做长方形，鸟鱼会变做四只脚，这当然和物体的形状不符合了。又如江、杠、功、红等字里，都有个“工”字做它们表音的分子，现今国语上读起来，自然有点音读的差异，不过我们因此可以知道在构造这几个文字的时候，本来彼此音读相同，或者极端相似的。而且中国文字里，这种形声字占了绝大的多数。这样说来，中国文字似乎并非完全是“衍形”的，也可以说大部分是“衍音”的。但是，实际上，中国文字的本身，对于音读的显示作用，总是很微小的：

第一，我们读古书上的文字，通常都是依照现代人的读法；对于古代作书的人究竟怎样的读法，往往置之不问，可是在意义的了解上，并没有太大的妨碍。

第二，同是一种书籍，各处地方的人，大都依照各自的方音去诵读，在彼此方言不同的人读起来，往往不能了解，而看起来，仍旧不失意义的显示作用。

第三，文字的形体，不能随着语音的转变而转变。江、杠、功、红等字里“工”的表音部分相同，到了现今国语上，它的表音作用，却很暗昧了。我们从这许多文字的形体，可以得到它们的意义，而它们在音读上曾经过怎样的变化，通常可以置之不问。

所以中国文字的性质，究竟是一种“目治”的意义符号，并不是“耳治”的声音符号。拼音文字的本身，是一种音符，可以说是语言直接的记录，而中国文字的本身，在形体的组织上，往往得不到原来确凿的音读，又不能随着语音的转变加以改造。因此我们可以知道中国文字只是习惯上的一种意符，它的本身并没有显著的表音作用，这就是和拼音文字根本不同的地方。

二、文字注音的重要

现今世界上各国所通用的拼音文字，虽然和各国实际的语音并不能完全符合，可是文字的本身，确是一种记音的工具。拼音文字和实际的语音也有相出入的缘故，乃是由于文字的变化过于迟缓，不能象语音的变化那样神速，这正是记音工具本身的缺点。在通用拼音文字的国家，尚且有改造文字的运动，尚且要制定种种音标来表明实际的音读；我们中国文字，既然和语音趋于两途，文字的本身既然没有显示音变的效用，那末，要表明各个文字是怎样的读法，自然需要有适当的注音方法，要推行标准音以谋国语的统一，当然在文字之外，需要有适当的记音工具。上面说过，在形声字里，我们可以依据它们的表音部分，推知某个字和某个字本来是同音的。但是这种字体的构造，一经固定，大部分就不能再加以组织上的变化，于是语音的转变和文字的形式完全趋于两个途径上；我们要想在文字形体上窥见后代语音转变的情形，几乎是不可能的了。所以要表明各个文字的音读，不能不另外想出一种注音的方法。

三、反切以前的直音方法

中国大部分的文字，它们形体的构造，大概到了秦汉时代停止了演化，现今所通行的字体，除了书写的形式上略有变更以外，它们构造上的组织，大概就已经固定于这个时代。而文字上注音的应用，也开始于此时。因为文字的形体一经固定，形声字里表音的部分不足以显示语音的转变，所以那时一般注经家和文字学家，要指示古书上各个文字的音读，要解释文字的意义和音韵的关系，不能不有一种注音的方法。自然，最早的注音方法，是很粗陋的，他们没有把一个字音里的音素分析出来，只是将整个的字音当做语音的单位；所以那时只用一个字音来注明另一个字的音读。例如"音某""读若某""读如某""读与某同"之类，叫做"直音"的方法。《颜氏家训·音辞篇》里说："郑玄注六经，高诱解《吕览》《淮南》，许慎造《说文》，刘熙制《释名》，始有譬况、假借，以证音字耳。"他们是用一个字音来譬况另一个同音的字。这种方法的效用，只依据于许多同音的文字，只是使我们知道某个字和某个字在音读上有点相同罢了。假使没有同音的字，这种直音的方法就不能应用了。假使同音的字是不很普通、不易认识的，这种方法也就很难奏效了。"反切"的发生，所以改良这种笨拙的方法。陈澧说得好：

> 古人音书，但曰读若某，读与某同；然或无同音之字，则其法穷；虽有同音之字，而隐僻难识，则其法又穷。孙叔然始为反语，以二字为一字之音，而其用不穷，此古人所不及也。（《切韵考》卷六）

反切发明以后，直音的方法就渐渐归于淘汰，如梁顾野王的《玉篇》、隋陆法言的《切韵》、唐孙愐的《唐韵》这些书里都是用反切

来注音，没有用直音的方法。后代要是有人仍旧应用直音来注音，大家就认他谬误不通音韵。这里，我可以举江永批评陈第《毛诗古音考》做一个例子：

陈氏但长于古音，若今韵之所以分，喉、牙、舌、齿、唇之所以异，字母、清浊之所以辨，概乎未究心焉，故其书皆用直音，直音之谬，不可胜数。（《古韵标准例言》）

四、“反切”的起源

自从《颜氏家训》说“孙叔然创《尔雅音义》，是汉末人独知反语，至于魏世，此事大行”（《音辞篇》）；于是大家都以为孙炎是创作反切的人。章炳麟的《国故论衡》说东汉时王肃、应劭已经应用反切了（《国故论衡》卷上）。又刘师培的《正名隅论》说汉代毛、郑诸家的注经都已经有反切之音了（见丙午《国粹学报》）。至于马国翰说卫宏的《古文官书》里每字下注明反音甚详，足以证明东汉初年已经有切音了（《玉函山房辑佚书》卷六十）。这样看来，反切并不一定是起于汉末的孙炎。要晓得世界上无论那种变迁，或大或小，总是“渐”的，不是“顿”的。从直音的方法进化到了反切，中间当然也要经过很长的时间。所以严格说起来，反切的注音方法并不是起于汉末；不过，到了汉末，才风行于世。东汉时代虽然间或有应用反切的，可是普通一般人，还是大多数应用譬况、读若的方法，所以颜之推说：“汉末人独知反语；至于魏世，此事大行。”

反切所以到了汉魏间开始风行的缘故，大概由于受印度梵文拼音学理的影响。那时佛教东来，僧徒要想用汉语来翻译佛经，不能不研究梵文的拼音。《高僧传》里说：“曹植深爱声律，属意经音，……传声则三千有余，在契则四十有二。”（齐释《慧忍传》）这四

十二契大概是当时所用的声类和韵目，传声三千有余，就是指拼切得来的字音。这种拼音的学理，输入了一般学者的脑中，所以同时的孙炎等就大倡反切。因为应用反切的方法，晓得把一个字音分做两部分：起首部分叫做发声，末尾部分叫做收韵；用切语上字来表示发声，用切语下字来表示收韵，上下拼合而为整个的字音。这种方法的发生，显然是受梵文拼音学理输入的影响。

五、反切和“双声”“叠韵”的原理

反切对于直音方法的改进，在把整个的字音分析为发声和收韵两个原素，用两字合成一音，中国有了拼音方法，当然只能推始于反切。直音的方法和形声字里表音的分子，都是应用整个的字音来表示另一个同音的字。近来林语堂先生所举《汉字中之拼音字》，如聒、鳌、訾、钦等，说是这许多文字的构造上，已经应用拼音的方法来表示音读（开明书局出版《中学生》第 11 号）。但是他所举的例子很少，至多我们只能认为偶然巧合的事实，不能认为形声字当中，已经有了拼音的一法。“反切”这两字，是反覆摩切的意思，或叫做“反”，或叫做“翻”，或叫做“切”，并没有分别。后代勉强从这几个字义上发生了许多曲解，都不足以相信的。反切的方法把两个字音反覆摩切，吸取上字的发声，下字的收韵，使合成为一个字音，切成的音，和上字为“双声”，和下字为“叠韵”。所以反切的方法，和双声、叠韵的原理暗相符合。

双声、叠韵的名目，大概起于六朝的时候。《南史·谢庄传》：“王玄谟问谢庄：‘何者为双声？何者为叠韵？’答曰：‘玄、护为双声，璈、碻为叠韵。’”因为王玄谟和桓护曾经率师北伐，败于璈、碻之间，谢庄就用此来嘲笑他。玄、护属于匣母，当时都是读舌根音；璈、碻属于萧韵，读“幺”的音。不过，古代诗文当中，常常引用双声或叠韵的复合语词，例如流离、黾勉、章皇、支离之类。胡以鲁的

《国语学草创》里说:“双声叠韵为中国国语发展之一程序,其意或求明了,或表丁宁,多改单节为双节(是指单音缀改为双音缀)。”又“一字重音”当中,也都是双声或叠韵的关系,如“蟋蟀”本来是“悉蛰”,“蛰”字具有蟋蟀二音。“越”也叫做“于越”,“越”字的音本来有于越二音。古语上又有所谓“二合之音”,如“何不”为“盍”,“不可”为“叵”,“蒺藜”为“茨”,“胡芦”为“壶”之类,一个字可以包含有两个音,两个字可以拼成一个音,这种事实,和反切的道理也可以相通。因之有人说反切的方法,是出于双声叠韵的,钱大昕的《音韵问答》,就是这种主张的代表。他以为诗书经传上多载有双声、叠韵的辞语,后人也不过用以来制定反切,而双声、叠韵之理,也更因以显明了。但是,我们要晓得,双声、叠韵仅仅是语词形式上一种转变的原则,而反切却进一步用来注明文字的音读,在效用上当然是异趣的。隋唐时代常常应用双声、叠韵来讲明反切,如神珙的《五音九弄反纽图》,以及《广韵》末尾所附的《双声叠韵法》,当时看做秘传的法宝,其实不外表示反切的方法上字为双声、下字为叠韵罢了。

六、“韵目”和“三十六字母”

反切的方法,既然和双声、叠韵的原理相合,于是类集双声或叠韵之字,分别部居。又从各部各类中取出一字以为标目,这就是“韵目”和“三十六字母”的起源。韵目是往时用来代表各类反切下字的,三十六字母是用来代表各类反切上字的,所以韵目和三十六字母的发生,乃是反切风行以后一种自然的结果。

有了韵目之后,韵书的体例,也就正式的成立。中国的字典,大致可以分做三大类:第一类是训诂的辞书,如《尔雅》《释名》之类,是用意义来隶属的。第二类是通常据形系联的字书,从《说文解字》到《康熙字典》,都是用部首来部勒文字的。第三类就是韵

书，现今所存的，除了《切韵》和《唐韵》的残卷以外，以《广韵》《集韵》为最古；一方面用平、上、去、入四声来分别韵部，一方面又用东、冬、鍾、江这些韵目来部勒文字。又各个文字下，大都注明反切，我们可因以知道它们音读的分类。所以韵书乃是依据反切的注音方法所编成的音韵字典，和义书、形书正相对立。

字母本来应当叫做声类，当时因为袭取梵文字母的名目，就称为字母。唐僧舍利曾经依据梵文的拼音学理，参酌魏晋六朝以来的反切上字，制定三十字母，守温又增益之，制定为见、溪、群、疑等三十六字母。这三十六字就是代表反切上字的三十六声类。我们有了韵部和声类的标目，对于反切的方法，可以得着一个很明白的解说。但是当时对于注音方法的本身，并没有多大的进步，因为韵目和三十六字母产生之后，在实际的注音上，并没有把反切上字和反切下字全盘的整理一下，使拼切的方法，成为简单化。

七、"等韵学"和反切的关系

应用三十六字母和韵书来解说反切，最精切的就是宋元以来的"等韵学"。等韵学上，把三十六字母分析"七音"和"清浊"，更把韵部定为"开合四等"，将韵书里的字，依字母的次第，纵横交贯，排列成许多等韵表。等韵表上，以字母为纬，以韵等为经，将发声相同的隶于一母，收韵相同的列为各等，两两拼切，自然能得各个字的音读。从前把双声、叠韵看得很神秘的，我们从等韵表上看来，同属一母的是双声、同属一韵一等的是叠韵，真是很平淡无奇的了。从前把反切看得很难懂似的，我们从等韵表上看来，也只是将一声一韵，各各拼合，有什么深奥的道理？所以等韵学并非如陈澧所说："于韵书切语之外，别成一家之学。"(《切韵考外篇序》)其实只是把韵书上的切语解释得更精密、更明显罢了。等韵学上声和韵的分析，从过去的眼光看来，当然不能不认为精细，可是，目的只

在解说韵书里的反切,使反切的方法容易了解,容易应用,而对于这种方法的本身,并没有加以改进。并且因为根据它们的学理来解释过去的切语,有许多扞格不通,就创立种种“门法”以勉强自圆其说,结果,等韵学自身,反而使人不易了解。

八、古今的音变和“门法”的设立

我们晓得,语音随时随地要发生变化,往时韵书上所录的切语,当然和后代的口语不能完全符合。宋元等韵家所分析三十六字母的七音、清浊以及韵部的等呼之类,和隋唐以前的切语也未必能相适合。当时没有想到音变的道理,就创立种种“门法”勉强来解释。例如声类上,舌头音和舌上音,重唇音和轻唇音,在古代语言当中,往往没有分别。所以端、透、定、泥和知、彻、澄、娘,帮、滂、並、明和非、敷、奉、微,在隋唐以前的切语上,常常互相通用。这正是表明古今音变的地方。宋元的等韵家以为这些切语和当时的口语以及他们所分析的音理不能符合,遂创立种种门例,以为同母相切的叫做“音和”,舌头和舌上、重唇和轻唇相切的,叫做“类隔”。此外又有所谓“广通局狭例”“内外转例”“振救门”“正音凭切门”“寄韵凭切门”。到了元明时代,设例更较繁密了。这些总是因为旧时反切用字不能合于等韵学上所定的原则,于是设立种种名目,强为解释,那知道旧时所作的反切,和后代的口语,后起的等韵,不能一一的吻合,正是由于古今的音变。等韵学上解释韵书里的反切,遇到这种难通的地方,就创立种种门例,以自圆其说,而实则无中生有。方中履的《古今释疑》说:“详其所以立门法者,乃见孙愐(作《唐韵》的人)切脚不合,而不敢议之,故强为此迁就之说。”陈澧的《切韵考外篇》说:“作门法者,本欲补等韵之病,而适足以显等韵之病。”可以见得等韵学上设立种种门法来解释韵书上的反切,是等韵家的牵强附会,而语音有转变,切语也应当随着语音的变化而

加以更改。

九、反切的弊病及其改良

宋元等韵家，只求解释韵书上的反切，而不想在反切方法的本身上加以改良。反切最大的弊病，就是用字太繁。汉、魏以来的切语用字，各家既然彼此不相划一，而且数目很多。现今一查《广韵》，里面反切上字，有四百多个，下字有一千多个，合共约有一千五百个；我们要应用《广韵》上的切语，必须先认识这一千五百个切语用字。我们既然认定反切上字为声类的标目，下字为韵部的标目，那末，应当每一声类中各取一字，每一韵部中各取一字，凡属同声同韵的，都用这种规定的字来拼切。这样，所用的字简单，学习的人就比较的容易了。等韵家只依据三十六字母和韵目来解释反切的方法，没有更进一步利用字母和韵目来确定切语用字。假使当时把反切上字只采取三十六字母，反切下字只采取《广韵》韵目，删去旧时繁复的切语用字，那末，反切的方法就简易得多了。

反切第二种的弊病，在上下二字不易合读。因为在学理上，上声下韵，拼为一音，而反切当中，上字往往声下有韵，下字往往韵上有声，中间介杂着无用的音素；以致于所切之音，不能贯读即得。所以反切是要反覆摩切，从中吸取上字的发声，下字的收韵，才能得到拼合之音。因为要改良这种弊病，江永的《音学辨微》有一种“借韵转切法”。例如“德红”切“东”，读做“德丁颠东”，“户工”切“红”，读做“户形贤红”。这种方法在连读不同韵的双声字，使口腔习于发声的部位，而下一字不再读出，只意念中预存一个叠韵字，使口腔的作势与之相合；这样，于不知不觉中就会读出所切之音，而可以避去切字合读的困难了。潘耒的《类音》和李光地的《音韵阐微》还有一种“合声反切法”。他们以为反切所以不容易了解，由于发声和收韵之间，口腔里的部位须常常变更，变更愈多，切成一

字,也愈困难。合声反切法,使上一字统用支、微、鱼、虞、歌、麻诸韵的字,下一字统用各韵中影、喻二母的字,因为支、微、鱼、虞、歌、麻诸韵,都是所谓收喉音的“阴声”韵,就是纯韵母,影、喻二母,等韵学上也叫做喉音,其实也是一种元音,所以把这两种字合读起来,可以省去了中间无用的音素,避免口腔里部位的变换,这样拼切起来,自然比较容易了。可是,这种方法也有困难的地方。因为支、微、鱼、虞、歌、麻诸韵的字,并非每种声类都有的,影、喻二母的字,也并非每个韵部里都有的,因之不能不出于借用,或者要用僻字,在实际的注音上,仍旧有不适切或难辨识的弊病。

十、西洋教士对于音韵学的贡献

李光地这种改良反切的方法,自己说:“此法启自国书(指满文)十二字头。”(《音韵阐微凡例》)反切的应用和拼音文字的字母比较起来,自然觉得很笨拙、很繁难了。他们得着拼音文字的启示,自然要想在反切的方法上加以改良。不过他们这种改良,没有放弃汉字而另外采取一种简易的拼音符号,当然是不彻底的。因为中国文字是衍形的,形式繁密,而且各个字都具有整个的音缀。所以用来做注音的工具,虽然在应用和说明上试谋改进,总不免有许多困难。而且切字的音读,漫无标准,也随着古今语和方音而转变,在某个时代所作的切语就不能通用于别个时代,在某个地方所作的切语,也不能适合于别个地方。所以反切的弊病,必定要等到正式的拼音符号产生之后,才能扫除净尽。汉代末年,梵文的拼音学理输入了中国,大家晓得应用反切,在注音方法上,固然得着一点进步,而韵目和三十六字母的产生,对于语音的分析和反切的说明,也有许多启示。可是,只利用汉字来注明汉字的音读,没有采取正式的拼音符号,以专注中国的语音。所以反切发明之后,经过了一千几百年,实际在注音方法的本身上并没有多大的进步。直

到明清时代，西洋文化向东方传播；基督教士也进到中国来传教。他们要习中国语，要研究中国的音韵，就用“罗马字母”来注汉字的音读，而且根据西洋的拼音学理来整理反切和等韵之学。这种运动的创始，当推利玛窦和金尼阁。利玛窦的罗马字注音，分声母为二十六，韵母为四十四，还有几种音调的符号（见于《程氏墨苑》），金尼阁著有《西儒耳目资》一书，又进而分析中国语里的音素，分为“自鸣”“同鸣”“不鸣”三种：“自鸣”就是元音，“同鸣”就是辅音，“不鸣”是指“他国用、中国不用”的音素。由音素构成声和韵，金尼阁叫声做“字父”，叫韵做“字母”（这个“字母”的意义，是专指韵母而说，和普通拼音字母的意思不同，和三十六字母所指的恰恰相反）。由声和韵拼成的字音，叫做“字子”。金尼阁的学说，虽然有许多迁就旧反切的地方，可是把音素分析得很精细，反切上的种种困难和弊端，自然解除无遗了。此后中国音韵的分析研究，更有进步；而罗马字的拼音试验，就从此开端了。这些就是西洋教士贡献最大的地方。①

十一、“简字”和“罗马字”拼音的试验

自从西洋文化输入中国之后，中国人大受刺激，大家以为方言的庞杂和教育的不普及，大半由于汉字不易认识的缘故，总觉得西洋的拼音文字，比较中国的衍形文字简易整齐得多；即日本的假名字母，也比汉字易记易认。我们要救济汉字认识的困难，自然需要有适当的拼音符号来注音，而一般急进的人们，并且要主张废去汉文，改用拼音文字了。我们中国的文字，究竟有没有存在的价值，这是另一个问题。不过，这种衍形的文字，不适合于注音之用，以致发生读音的不统一和识字的困难，这是无可讳言的。所以西洋

① 详可参看中央研究院出版的《语言历史研究所集刊》第一本，罗常培的《耶稣会士在音韵学上的贡献》。

教士为学习中国语文的便利起见，常常应用罗马字来注音：有些专拼官话，如《五车韵府》《官话指南》等，专为外国人学习国语之用；又有些随地拼各处方音，如宁波白、厦门白、上海白等，以备教士传道于不识字者之用。教会所出，不下于百种；因之罗马字拼音在当时社会上颇占有一部分的势力。

同时中国人也制造各种字母，以为改良文字的试验；字母的形式，有直用罗马字的，有借用汉字偏旁，如日本假名的，有用点画撇钩，如速记术的。其中最著名的，当推王照的“官话字母”，专取汉字的偏旁，制定官话五十母，十二韵；当时曾流行于旧都及附近一带。后来劳乃宣将王照的官话字母加以修正，作《简字谱》一书；除京音（北京音）的官话字母以外，又依随地拼音之例，制定宁音（南京音）五十六母，十五韵；吴音（苏州音）六十三母，十八韵；闽广音（福建广东音）八十三母，二十韵。当光绪年间，南北各省曾将此等“简字”推行传习。但是劳氏这种简字，不但用来拼切各处语音，并且有改革汉文的意思，很引起一般保守者的反对。所以“注音字母”产生之后，这种简字的势力，就衰歇了。但是注音字母的产生，确是受了这种简字拼音的影响。

十二、“注音字母”的产生

前清末年，一般知识界感于国家的内忧和外患，要进行种种改革，而国语的不统一，实为改革的障碍，于是发起一种国语统一运动。宣统时代，已经有施行国语教育的筹备，采用音标的讨论。到了民国二年，教育部召集读音统一会，制定了三十九个注音字母。当时的目的，只是在统一文字的音读，字母的形式也只取于简笔的汉字。而在新派的人看起来，很符合于拼音文字的效用，可以为统一国语的工具；在旧派的人看起来，很适合于双声、叠韵的原理，可以用来改良反切的弊病。所以注音字母的推行，颇能得全国人的

赞助。到了民国七年，又经过教育部正式的公布，我们在注音上有了一种正式的音标，这算是中国历史上的一个创举。

注音字母的系统，合于声韵拼合的原理，和外国的拼音文字可以两相比照，而仍旧保存汉字原来的面目；可说是一种“沿今酌古”之作。但是当制定注音字母的时候，并不是用一种纯粹的方言做根据，以地理上和历史上的情势而言，当然应当以往时旧都北平的音做全国的标准；制定注音字母，既然以统一读音为号召，那末，内中的系统应当以这种“标准音”为依据。可是，那时因为要调和各派的心理，不得不采取多数表决的方法，规定了所谓普通官话的“国音”；以致注音字母的本身以及注音的内容，并非纯粹一种方言的系统。而“阴、阳、上、去”之外，还承认入声的存在，这显然是和北平的方音不相符合的地方。民国九年，教育部开国语统一筹备会，将注音字母加以修正，分析ㄛ母为ㄛ、ㄜ二母，以ㄜ母专拼韵书上的入声字；这样，只认有入声的名目，没有入声的实际，显然是趋重北方方音的结果。现今四十个“注音符号”，就是成立于这时；不过当中如万、兀等母，在北平的语音上，可以不用或者很少用得着的。注音字母的系统，既然不是纯粹依据于标准音，于是最近一二年来，更用来试拼各地的方音，又觉得字母这个称呼的不对，就正名为注音符号了。再根据音理上来说，注音符号的应用，只在声母和韵母上的分析，没有把元音和辅音的音素一一显示出来，所以我们认定注音符号只是从反切中演化出来的东西。

十三、“注音符号”和反切的比较

我们从注音字母的发生和经过看来，可以晓得这种注音的目的，始终在改良反切和统一读音。因为上面说过，反切的注音方法有种种弊病。切语用字过于繁复，学习的人很觉得不便，而注音符号的数目只有四十，学习的人只要记得二十四个声母的符号和十

六个韵母的符号，就能拼切各个字音了。切语用字，本身的音读，漫无标准，所以应用的人，觉得很困难；至于注音符号的形式虽然仍旧是简笔的汉字，而依据双声、叠韵的方法，分别确定声母和韵母的性质，所以各个符号所代表的音素是固定的。我们现在呼读二十四个声母，常常附带着一个韵母，使它们能够显现于听官；但是声母和别个韵母拼合的时候，就须把附带的韵母除去，这是拼音字母里所具有的一种普通情形。例如“干”是“ㄍㄢ”，并不是“ㄍㄜㄢ”；“郎”是“ㄌㄤ”，并不是“ㄌㄜㄤ”。所以注音符号的拼音，不象反切那样声韵中间，还介杂着无用的音素。总之，应用了注音符号，从前反切上的种种弊病完全可以免除了。注音符号乃是承接等韵和三十六字母的学说，融合现今西洋拼音文字和语音学学理，更因时势趋迫而产生的一种记音工具。

注音符号固然是因反切而加以改进的；可是在应用上，和反切有根本不同的地方：

（一）反切的通例，是用两个字来切成一个音，上字为声，下字为韵；而没有声母的字音，也用两个字来拼切。因之属于影、喻之字，大家都认为没有声母的字音，就是字音当中只包含有韵母的。而影、喻二母，也只认为一种元音，等韵学上叫做喉音，实在和普通声母的性质不合。注音符号上却有单独注音的一例，只包含有韵母的字，常用一个韵母的符号来注音；例如“乌”是“ㄨ”，“哀”是“ㄞ”。而且有时为简便起见，有许多字可以单独用一个声母的符号来注音；例如“希”，可以单注“ㄒ”，无需注“ㄒㄧ”；“兹”，可以单注“ㄗ”，无需注“ㄗㄙ”（“ㄗ”本来是“ㄙ”的浊音，注音符号上常用来代表兹、此、思等字的韵母）。这种和反切板定为两字切成一音的道理，根本不合。

（二）反切虽然也或用三字来拼切的，可是不很普通。而注音符号上，凡是声母下面随着结合韵母的，都用三个符号来注音。例

如“中”是“ㄓㄨㄥ”,“虽”是“ㄙㄨㄟ”。

（三）反切的方法,上字为声,下字为韵,所以用上字来定清浊,用下字来定四声、等呼。关于等呼的分别,在反切上最没有显明的表示,只用下字的等呼来定所切之字的开、齐、合、撮(在宋元等韵学上,往往兼用上字来定等呼)。假使我们对于切语用字读得不很准确,那就根本没有办法来辨别了。注音符号上却利用ㄧ、ㄨ、ㄩ三个符号来显示等呼:含有ㄧ的,为齐齿呼;含有ㄨ的,为合口呼;含有ㄩ的,为撮口呼;没有ㄧ、ㄨ、ㄩ三个韵母的字音,都是开口呼。用这种方法表示等呼,就很显明了。

（四）反切的注音,对于四声的音调,也不很显明,只用下字来定所切之字的平、上、去、入。各字所隶的四声,我们在韵书上虽然可以考查出来,可是,我们并不能从反切注音的本身上,得到明显的指示。注音符号上,通常要表明四声,就另外加上阴、阳、上、去的标记;例如“ˉ”是指阴平,“ˊ”是指阳平,“ˇ”是指上声,“ˋ”是指去声。这种表明四声的方法,虽然也有不便的地方,可是,比较反切之用下字定四声的,实在明显得多了。

从上列四点看来,可以晓得反切和注音符号,在应用上有许多地方不同。不过,在音理上,注音符号也只是把声母和韵母分析出来,仍旧依据于反切上声下韵的习惯,并没有将声母和韵母里所包含的音素再加以分析。例如ㄞ、ㄟ、ㄠ、ㄡ这几个复合韵母,ㄢ、ㄣ、ㄥ、ㄤ这几个附声韵母,明明是包含有两个音素的,可是都只用一个符号来代替。于此也可以见得注音符号的本身,还不能算是一种完备的记音工具。

十四、“国语罗马字母”的规定

当民国初年制定注音字母的时候,没有定出一种纯粹的方言,以为全国的标准音,而且在注音上,很多迁就从前等韵的学说;字

母的本身,也脱不了旧时反切的习气。十几年来所谓国语统一运动,大部分的工作,就是在补正这几种缺憾。国音之中,又有所谓新国音和旧国音;新国音运动,是要纯粹采取现今北平的方音做全国的标准。近几年所颁布的《国语罗马字拼音法式》,从效用上看来,固然足以统一罗马字母译名的拼法,便利外国人的学习国语,辅助注音符号的推行;而其主要的目的,积极方面就是提倡新国音,消极方面就是补正注音符号的缺点。

国语罗马字的拼音,从明朝以来,作家很多,不过没有一致的标准。在译名方面流行最广的,当推英人威德(T.F.Wade)所作的威德式(Wade System),和现今邮电所用的邮政式(Postal System)。美国长老会曾经发布一种《官音罗马字母标准拼音》(*The Standard System of Mandarin Romanization*)。到了注音字母制定以后,国内学者如高元、钱玄同、赵元任辈就把罗马字母和注音符号来对照应用,也未能完全一致。民国十五年时,国语统一筹备会规定《国语罗马字拼音法式》,才有一个统一的标准。民国十七年,又经国民政府大学院正式公布,定为国音字母的第二式。几百年来罗马字拼音的试验,到此方才有个确定的结果。而因为中国衍形文字不便于注音,就应用外国的字母来拼中国音,居然得到了全国人民正式的承认,也算是中国历史上的一个创举。

十五、国语罗马字母对于注音符号的改进

上面说过,国语罗马字母的规定,所以补正注音字母上的缺点。现在把国语罗马字母对于注音符号改进的地方,列举如下:

(一)确定国语的标准音。从前注音字母的系统,并没有依据一种纯粹的方音;现在国语罗马字母的拼音,完全以北平的语音为标准。如万、广、兀、ㄜ、ㄝ这许多符号,在北平音里所不用或少用的,《国语罗马字拼音法式》上都加以特别的注明。近今新国音运

动，因此就得着一个凭借了。

（二）分析音素的详密。国语罗马字母的系统，是根据西洋的语音学理来分析国语的音素，就用西洋相当的字母来代表，比较注音符号上只分做声母和韵母两大类，当然详密得多了。例如“知”“资”等字的元音，注音字母上没有另外定个韵母，单用ㄓ、ㄗ等来注音；有时用声母的ㄖ、ㄙ来代表；国语罗马字母用 y 来表示。又如结合韵母的ㄞ、ㄟ、ㄠ、ㄡ，附声韵母的ㄢ、ㄣ、ㄥ、ㄤ，在国语罗马字母里，拼做 ai、ei、ao、ou、an、en、eng、ang，这样，对于元音和辅音的分析，显然细密得多了。

（三）校正从前注音的错误。注音字母上的注音，有很多错误的地方，国语罗马字母里把它们统统改正转来。例如ㄥ和ㄨㄥ，ㄣ和ㄧㄣ，本来都是两个音，前者是国语罗马字的 eng、en，后者是国语罗马字的 ong、in；其中所包含的元音彼此不相同的，注音符号上都把他们合并，现在分出来了。

（四）采用简省的符号。国语罗马字母，分析音素，虽然比较的细密，而采用符号有时却比注音符号要简省。例如ㄓ、ㄔ、ㄕ和ㄐ、ㄑ、ㄒ，是声母当中的两系，所以注音符号上用两类的符号来代表；可是国语罗马字里，只用 j、ch、sh 一类的符号来代表这两系的声母。因为这两系的声母，同用一类的符号，并不会相混；在国语里，凡是ㄓ、ㄔ、ㄕ这一系的，都是属于开口呼和合口呼的字；凡是ㄐ、ㄑ、ㄒ这一系的，都是属于齐齿呼和撮口呼的字。注音符号上用六个符号来表明的。国语罗马字里，就利用这种自然的区别，节省做三个符号了。

（五）避免繁复的标记。现今国语罗马字母上的拼音，最令人注意的一点，就是利用字母来表明四声的音调。注音字母上要表明阴、阳、上、去的分别，须另外加上符号；虽然比较的明显，可是书写上既不方便，排印时又极困难。现今国语罗马字就改用字母的

拼法来表示阴、阳、上、去。例如：阴平是用基本的形式，不过声母为 m、n、l、r 时，就加上一个 h，如“猫”mhau，“拉”lha。阳平的开口音，加上一个 r，如“茶”char，“孩”hair。上声的元音双写，如“起”chii，“反”faan。去声的元音下面加上一个 h，如“器”chih，“大”dah（详可参看《国语罗马字拼音法式》）。这样利用字母本身的拼法来显示四声，就避免了许多繁复的标记。

从上面这几点看来，可以晓得国语罗马字母在注音上比较注音符号要进步得多了。因为，国音字母的第一式还保存着汉字原来的形式，仍旧脱不了反切和等韵上的习气；使我们觉得中国衍形的文字，总不适于注音之用。国音字母的第二式乃是采取世界上一种最有势力的拼音文字，在形式方面，很接近于国际的统一性，在音理方面，更合于西洋的科学化。我们把过去所运用的注音方法，作一番历史的观察，不能不承认国语罗马字母，是现今最进步的一种工具了。

十六、结论

关于汉字的注音，原始是用直音的方法，因为受梵文拼音学理的影响，产生一种反切；后来要把反切加以改良，并参合西洋的拼音文字和科学学理，就成为现今国音字母的第一式和第二式。这种注音方法的进步，可以分做下列二点来说：

（一）从形式上看。最初是用一个汉字来注另一个同音的汉字，后来利用两个汉字来切成一个音。到了注音字母里，才应用简笔的汉字，定为正式的音标。至于国语罗马字母，更废弃了汉字注音之用，完全采取外国的拼音文字，以为中国语上注音之用。

（二）从音理上看。最初是以整个的字音为注音的单位。后来把整个的字音分析为声和韵两个原素；再把各类的声和韵，综合整理，应用韵目和三十六字母来说明。到了注音字母里，才分析国

语上的音读，正式定为声母和韵母的符号。最近根据西洋的语音学理来解释，又把各个声母、韵母里所包含元音和辅音的种种音素，再加以分析，就规定了国语罗马字的拼音。又从前所根据实际的语音，并没有显然一致的标准；到了现在，进行国语统一运动，就渐渐采取一种最有势力的方言，立为全国的标准音。

我们青年和学生界；既然认定目前国语问题的重要，那末，对于这种国语记音的工具以及它的应用，是怎样进化而来的，当然也有注意的必要。

二十年，七月，十八，于沪上

（《学生杂志》1931年第18卷第11期）

研究中国音韵与西洋语音学学理

凡是稍为读一点中国古书的，自然晓得研究中国音韵的必要。凡是稍为看一点中国音韵方面的书籍的，也自然觉得中国音韵这一门，实在不容易懂。这种不容易懂的原因，我以为有下列的几点：

一、中国的文字，是一种意符，在过去音韵学上，也只是用意符的文字，来代表声类和韵部，没有利用拼音的符号。文字的音读，既然随着时代变迁的，而各处地方的音读，也不统一。从前人所标明的声类和韵部，大半就失其效用了。例如，《广韵》的一东和二冬，究竟有什么分别？已经成为千年来莫解之谜；守温的三十六字母中的见、溪、群、疑等究竟怎样的读法？现代也没有确实一致的考定。这是因为当时不用拼音符号的缘故。

二、中国音韵学上的名辞，各家书上所引用的，很不一致。往往同是一个名辞，而两书上所指示的意义，完全不同；也有同是一种意义，而两书上所采用的名辞，又不类似；因之使读者增加许多迷乱。例如宫、商、角、徵、羽五音的名目，在六朝隋唐的韵书上，常用来代表平、上、去、入四声；而在宋元的等韵学上，又用来代表喉、牙、舌、齿、唇五音。三十六字母里的影、晓、喻、匣四母，和见、溪、群、疑四母，有许多书上称前四者为喉音，后四者为牙音；有许多书上称前四者为牙音，后四者为喉音；也有称前四者为深喉音，后四者为浅喉音。这是因为所引用的名辞，不相统一，以致于混乱如此。

三、从前人分析音韵，并不一定都是能合于科学的；因之看了他们所讲述的，很有许多自相矛盾的解释，很有许多惝恍迷离的说法。这又是使我们迷惑的一个原因。

我们要解除第一个困难，自然须采取一种完备的拼音符号：或者就利用国语上的“注音符号”，和“国语罗马字母”，或者就采取“国际音标”；凡是从前音韵学上已经考明确凿的音读的，都可以用符号标记出来。至于怎样考证过去的音读，固然是音韵学家专门的工夫；而和上面所举第二个第三个困难，却都有密切的关系。

我们要解除第二个，第三个困难，只有采取西洋的语音学学理做个标准，来考释从前音韵书上所讲的词语，来规定他们所引用各种名辞的涵义，来判别他们所分析的，究竟合不合于科学。这样，一方面就可以明了他们的内容，一方面就可以判定他们的价值了。近年来要推广国语，因为利用了西洋的语音学学理，所以无论在学习上，或研究上，都得到不少的便利；而同时国音学上的原理，又成为研究中国过去音韵最简捷的一种工具。所以高元《国音学》汪怡《国语发音学》等书，即在中国过去的音韵学上，也有绝大的贡献。

用西洋语音学理来研究中国音韵的，我现在试举出几个实例：

一、依据声母发音的部位，来解释往时“五音”和“七音”之说：《玉篇》末附有《五音声论》，《广韵》末也附有《辩字五音法》，把声类分为喉、牙、舌、齿、唇五种。孙愐《唐韵序》里，也有“纽其唇、齿、喉、舌、牙部，仵而次之”的话，可见隋唐以前，已经有“五音”之说了。宋元等韵家把三十六字母分为七组。五音之外，又有半齿、半舌；于是有“七音”之说：

牙音，见、溪、群、疑。

舌音、舌头，端、透、定、泥；舌上，知、彻、澄、娘。

唇音、重唇，帮、滂、並、明；轻唇，非、敷、奉、微。

齿音，齿头，精、清、从、心、邪；正齿，照、穿、床、审、禅。

喉音，晓、匣、影、喻。

半齿音，来。

半舌音，日。

对于三十六字母，后人曾有加以增减；而对于七音之说，始终未曾有人非议过。我们要是根据语音学上声母发音的部位，来解释这种学说，就可以晓得他们所分析的，有许多地方不对：

（一）半舌的“日”，无论读为舌前音的[j]，（就是ㄒ的浊音）或是读为舌叶音的[ʒ]，（就是注音符号的ㄖ）或是读为舌尖音的[ɹ]，（注音符号的ㄦ，英语里的 r 音）都不应当有半舌的名称。

（二）半齿的“来”，读为[l]，（就是注音符号的ㄌ），是舌尖音，也不应当有半齿的名称。

（三）牙音和喉音的名称。根本不对；语音学上，有舌根音，（k、g、x、ŋ，就是注音符号上ㄍ、ㄎ、ㄏ、ㄫ一组）小舌音，（如 R，ʁ 等）声门音（如 ʔ、h 等）的区别。

（四）重唇和轻唇的分别，一种是双唇音，（p、p‘、b‘、m，就是注音符号上ㄅ、ㄆ、ㄇ一组）一种是唇齿音，（f、f‘、v、m‘，就是注音符号上ㄈ、ㄪ一组）由于发音部位的不同，并不是所谓轻重的分别。

（五）齿头和正齿的分别，一种是前舌叶音，（tz、ts、ds、s、z，就是注音符号上ㄗ、ㄘ、ㄙ一组）一种是后舌叶音，（t͡ʒ、t͡ʃ、d͡ʃ、ʃ、ʒ，就是注音符号上ㄓ、ㄔ、ㄕ、ㄖ一组）并不是齿上的分别。

二、依据声母的带乐音与否，来判定“清、浊”：

三十六字母上清，浊的分别：如见、溪为清，群、疑为浊；端、透为清，定、泥为浊等等，而从前未曾定有确实的界说。有以清音如妇人小子的音，浊音如男子大人的音，那末，妇人小子只能发见、溪、端、透等母，而男子大人只能发群、疑、定、泥等母了。他们不晓得清浊的

分别,就在声带上的作用;清浊和音调的高低,虽然有密切的关系,可是清浊的区别,只在声母的带乐音和不带乐音。清声母,发音时,声带不振动,就不带乐音;浊声母,发音时;声带振动,就带乐音。

三、依据气程阻碍的程度,以及流音的原理,来解释"声等"之说:

宋人《切韵指掌图》里把三十六字母分做全清、次清、全浊、不清不浊等类,明清的等韵家说他不对,于是有发声、送气、收声的分别。到了清末,劳乃宣又分做戛、透、轹、捺四类,如以见、端等为戛类,溪透等为透类,晓来等为轹类,疑泥等为捺类,这种叫做"声等"。他们这种分别,在语音学上,只是声母气程阻碍和流音的关系。戛类和透类,(例如ㄍ、ㄉ和ㄎ、ㄊ)前者是不送气音,后者是送气音:送气音是带着气流的,不送气音是带着音流的。戛类和透类,应当是全阻的暴发音;轹类(例如ㄏ、ㄌ)应当是半阻的摩擦音和边音;捺类(例如ㄫ、ㄋ)乃是鼻音,(鼻音也是属于全阻;不过气自鼻出,没有暴发。)因此可以晓得"声等"的内容和价值了。

四、依据唇舌的位置,形状和音素的基本音调来分析开、合、洪、细:

所谓开口音和合口音,从前大概以唇的形状为标准。例如,ㄚ、ㄧ、ㄨ、ㄩ四音,ㄚ音的两唇不圆,舌体又往下,所以叫他做开口音;ㄧ音的两唇放扁,舌体向上,也叫他做开合音;ㄨ和ㄩ,两唇都收圆,舌体都向上,所以都叫做合口音。又开口音的ㄚ,和合口音的ㄨ,发音时,舌体向后,口腔里空气的容量比较大,他们的基本音调比较低,所以叫他们做洪音。开口音的ㄧ,和合口音的ㄩ,发音时,舌体向前,口腔里空气的容量比较小,他们的基本音调比较高,所以叫他们做细音。这样一说,就可以晓得开、合、洪、细,这几个名辞的意义了。

五、依据结合韵母的关系来区分呼等:

往时等韵家常把呼等分做开、齐、合、撮四种;例如安、(ㄢ)烟、(ㄧㄢ)弯、(ㄨㄢ)渊、(ㄩㄢ)四音。所谓开口呼,只是声母韵母接合

处，没有一、ㄨ、ㄩ介在中间的；所谓齐齿呼，只是一和其他韵母的结合音；所谓合口呼，只是ㄨ和其他韵母的结合音；所谓撮口呼，只是ㄩ和其他韵母的结合音。他们这种“呼等”的分别，在语音学上实在没有什么深奥的道理，实在没有什么可贵的价值。

六、依据附声韵母和音长的关系，来说明阴、阳、入通转之理：

从前韵母上所谓阴声、阳声、入声的分别：阴声是非附声韵母，阳声是附有鼻音（ㄇ、ㄋ、ㄫ）的韵母，入声是附有暴发音（ㄆ、ㄊ、ㄎ）的韵母。讲古音和《广韵》的，说阴、阳、入三种音，（例如东部、侯部和屋部）彼此可以通转。这种通转的道理，在语音学上，只是附声和音长的关系；因为暴发音是很短促的，鼻音是可以延长的；所以入声和阳声，虽然都是附声韵母，而入声附有暴发音，比较短促；阳声附有鼻音，比较纡缓。阴声正在两者之间。我们把阳声读得很短，就变做入声的音；再把入声读长，又失去所附的暴发音，就变做阴声了。反之，把入声读得很长，就变做阳声的音；再把阳声略略读短，又失去所附的鼻音，也就变做阴声了。因为这个道理，所以阴，阳，入彼此可以通转。

七、依据音缀组成的原理，来解释“双声”“叠韵”和“反切”的方法：

中国的字音，依他们的组织，可以分做起、舒、纵、收四部。例如庄字，（注音符号上拼做ㄓㄨㄤ，就是ㄓㄨㄚㄫ；在国际音标上，是[t͡ʐuaŋ]）ㄓ（[t͡ʐ]）是起部，ㄨ（[u]）是舒部，ㄚ（[a]）是纵部，ㄫ（[ŋ]）是收部。有许多字音，没有起部的，如王字；（注音符号上拼做ㄨㄤ，在国际音标上，是[uaŋ]）也有许多字音没有起舒两部的，如哀字。（注音符号上是ㄞ，在国际音标上是[ai]）凡是起部相同，或无起部而舒部相同的，叫做“双声”，如民和眠（ㄇ一ㄣ[mien]和ㄇ一ㄢ[mian]），因和烟（一ㄣ[iən]和一ㄢ[ian]）。凡是纵部和收部相同的，叫做“叠韵”，如民和新（ㄇ一ㄣ[mien]和ㄙ一ㄣ[siən]）

哀和台(ㄞ[ai]和ㄊㄞ[t‘ai])。“反切”是将两个字音合成做一个字音,从前所讲“上字取其声,下字取其韵”,就是采取上字的起部或舒部,采取下字的纵部和收部,(有时也采取下字的舒部)用来合成做另一个字音。这样用语音学理来解释,不是更加明白了吗?

八、依据音调和音长的变化,来分别四声:

实际上,各种方言里四声的系统,各不相同。国语上所谓四声,乃是阴、阳、上、去。(这里所讲的阴阳,是阴平、阳平,指音调而说,和前面所讲阴声、阳声,指韵母而说的完全不同,不要相混。)这是用北平的音调为标准,往时或者又加上西南的入声,就成为五声了。从前讲平、上、去、入的分别,说什么“平声平道莫低昂,上声高呼猛烈强,去声分明哀远道,入声短促急收藏”。依这种话,也可以晓得平声是前后高低没有变化的,入声比较短促;但是对于上、去就很难明白了。又不知道他这话所指的是何地的四声。所以从前读书,分别四声,实在很不容易。现在根据语音学理来分析;国语的四声,阴平前后高低平衡,阳平先低后高,上声是先高、中低、后再高,去声是先高后低。至于西南的入声,就是平、上、去的短音。这样一说,就很容易明白了。

我们从上面所举的八个实例看来,就可以晓得:应用西洋语音学学理,能够使从前音韵学上含混的名辞,解释清楚,能够使不合科学的学说,成为科学化,能够使专门学者神秘式的授受物,成为一般普通平民读书识字的工具。我这里更要申述的:中国音韵学和西洋语音学学理,并不是两件事,不过前者是旧的,粗疏简陋的,后者是新的,精密完备的,我们应当以后者做个根据,把从前的音韵学说,重新的整理,以建立一种中国音韵的科学。

二十年,四月十八,于沪寓

(《学生杂志》1931 年第 18 卷第 5 号)

编辑者工作和兴趣的问题

我们寄托在上海这种社会里，日常只感到物质的压迫和引诱；我们要想寻求一点内心的快乐和安慰，总是十二分的困难。我自己深深的惭愧，我的学问很浅薄，居然也厕足在著作界里，自己承认是个“编辑者”了！可是，也没办法，我是为了“混饭吃”而来，也不得不如此！说什么“名山事业”，说什么“文化和教育的责任”。我们的工作是编辑，工作的目的只是在维持生活；归根结底，总不外物质的压迫和引诱罢了！

话虽这样讲，我并不是个唯物论者。暂且不管工作的目的怎样，我们这种工作的本身，也许可以给我们一点精神上的报酬。编译所的同事们有许多正可以出去做官，当大学的教授，充公司的老板，却承愿埋头过这种沉静的生涯，干这种清苦的事业，不论各人的性情和环境怎样，大都总因为感觉到编辑工作本身的兴趣，所以不肯放弃这种“鸡肋”的风味。

即使极呆板的工作，也可以发生浓厚的兴趣。况且我们编辑上的事情，不像其他机械式的工作，要随着机轮的流转。我们工作的进行，只是在兴趣的波浪起伏之中。兴趣的提高，就是工作效率的增进；兴趣的倒退，就是工作效率的减少。所谓“乘兴而往，败兴而反”这两句话，可以用来做编辑工作的比论。公司要我们大量的生产，我以为不必空讲什么“科学管理法”，只须在可能范围以内，

切实的设法来引起大家的兴趣，那就很够了。

这里，我且举出编译所上几个实际的问题。和大家谈谈：

一、工作的支配问题　什么人是适合于什么一种工作，当局们当然应该详细审察各人的能力和兴趣，以为工作支配的标准。可是我们编译所里，常有“学非所用，用非所学”的事实。一位学农业的也许会请他编史学方面的东西。我承认，兴趣是可以转变的；但是那种转变，乃是由于各个人心理方面自然的倾向，不能因为种种牵制，就这样“削足适履”的支配起来。

二、限制参考书问题　编辑工作最重要的设备，就是参考书；借书的限制，就是工作兴趣的阻碍。什么绿条限定几本，白条限定几本，不但是事实上的不便，理论上的不通，简直是限制我们工作兴趣的发展。记得有位同事，要想参考“善本室”里某种“秘笈”，费了几次的奔走请求，终于不可能！

三、精神的团结问题　依我的直觉，编译所现今一切的进行，只是“事对事”，不是“人对人”，只是彼此一种官场式的敷衍，不是出于各个人内心的责任。编辑的工作，既然不是机械的性质，那末，我们聚集在一起。应该彼此有人格的和学问的吸引作用。我记得本馆通讯录王云五演讲科学管理法专号里，有一段讲到把编译所变成研究学术机关的拟议，只是要我们精神的连络。但是，事实上，目前公司当局的措施究竟怎样？

四、编辑者的身分问题　我不愿意旁人说我们编辑者是“先生们”，应当特殊的看待；可是，我也不愿意，公司只当我们作机器一般的看待。令命式的调动，当然使同人感到不快。公文式的通告，看到了，也足以使我们停着笔来叹口气。

诸如此类的问题，和什么“稿费”“月薪”以及其他种种物质上的供给，并没有多大关系，可是在我们编辑工作的兴趣和效率方面，足以发生很强烈的影响。我希望公司当局们对于这些问

题，也能够切实的注意，使我们编辑者，从工作的本身上得到一点精神的快乐和安慰，使我们编辑者也不至时时刻刻在物质的压迫和引诱之中！

（《编辑者》1931 年第 1 期）

等韵学派系统的分析

一、概说

(一) 整理音韵学史料应注意的几点

在讨论本题以前,我觉得研究中国音韵学应该注意的几点,先要约略的说一说:

第一,过去音韵学的书籍,是归在“小学”一门里,当做文字学上的一部分;好象只是在文字音读的研究,并没有认定它们是言语学上主要的材料。这种观念,最足使音读的研究陷入晦暗和混乱的境地。因为中国文字始终未曾跳出“意符”的范围,自身具有绝大的固定性;语音演变的痕迹——尤其是秦汉以后——在文字上几乎没有什么反应。所以处理音韵学上的材料,应该尽量的脱离文字观念的牵制,专门从言语学的立场上把它们表彰出来。

第二,读音和实际的口语,虽然在现今许多方言当中应该分别的考察;可是言语的演变,总是和读音系统互为表里的。过去关于音韵一类的书籍——直接或间接显示着音读的——都可以看做各种语音系统的缩影。我们须要应用比较和历史的方法推求它们异同的所在,窥探各种系统演化的痕迹。这样,才能明白它们学说的根据和真实的价值。

第三,过去那些音韵学家的著作,都应该当做一般的史料来看

待：有些是关于学术史上的问题，有些是关于言语变迁史上的问题。在学术史上，是要观察它们分析语音和说明学理的方法，区别它们所属的各种学派。在言语史上，又须追究它们所分析的对象是那几种语音系统，彼此所根据说明的有怎样的异同。中国音韵学的研究，只不过一些史料的整理。而要整理这宗史料，须具有言语学的智识和学术史的方法，才能寻求出一个条理来。

本篇所讨论的范围，只不过中国音韵学史上的一部分——等韵学的一部分。要想依据实际的语音系统，把过去各种等韵学的重要著作，加以分析和整理；就是应用上面所说几点的一种尝试。

(二) 考古和审音

江永批评顾炎武道："考古之功多，审音之功浅。"(《古韵标准例言》)以为音韵学家必须兼具有"考古"和"审音"两重工夫。所谓考古就是根据古书上的材料，考证各个时代韵部和声类分合的大概；这种是纸面上的工夫。所谓审音，就是根据音理，分析各种音读，并说明读音的方法；这种是口耳上的工夫。江永又批评陈第，说他："但长于言古音；若今韵之所以分，喉牙舌齿唇之所以异，字母清浊之所以辨，概乎未究心焉。"(《古韵标准例言》)江氏所谓辨析喉牙舌齿唇和字母清浊，以及韵部之所以分，是属于审音之事；所谓说明古今音的分别，是属于考古之事。从前把等韵学上所讲的，当做一种审音的学术，而和古韵之学、今韵之学相对而言。劳乃宣说：

有古韵之学，探源六经，旁征诸子，下及屈、宋，以考唐、虞、三代、秦汉之音是也。有今韵之学，以沈、陆为宗，以《广韵》《集韵》为本，证以诸名家之诗与有韵之文，以考六朝唐宋以来之音是也。有等韵之学，辨字母之重轻清浊，别韵摄之开

合正副，按等寻呼，据音定切，以考人声自然之音是也。古韵、今韵以考据为主，等韵以审音为主，各有专家，不相谋也。（《等韵一得序》）

等韵之学，大都是口耳上的工夫，所以以审音为主。但是过去等韵家辨析音读的各种学说，现在用语音学学理来校量，并不能一一符合。所以我们万万不能当它们为审音的科学。国音里，从前所谓"介母"这个名辞，就是因袭等韵学上等呼的分别而来。高元《国音学》第三章第八节《辟等呼论》说："现在的国音里头，一般学者还不是奉等呼论为莫上之神秘，因而把甚么叫做辨别等呼的不通的介母视为枕中秘宝么？因为他们这种迷信，就把几个复韵及声随的韵瞎拼一番，弄到把学者的耳目都紊乱了。……他们把那荒唐的学说奉为至宝，还要变本加厉，在错误之上更加上一重错误。在当时负制作责任之人已经错了，后来讲学者又从而蹈其覆辙。"但是过去等韵家审辨音韵，虽然有许多不合科学的地方，我们终究不能否认他们在学术史上的地位。而且他们审辨音韵，往往以实际的语音系统为根据；从前当做"审音"之学的，现今又是我们用来"考古"的一种资料了。

（三）所谓等韵学

从前既然以等韵为审音之学，所以当做研究一切音韵的基础。劳乃宣《等韵一得序》里说："古今之韵，得反切而后易明；反切之理，得等韵而后易解；则等韵又古韵今韵之阶梯矣。"等韵学的兴起，原来所以解释反切的原理和方法。陈澧《切韵考外篇自序》里说：

自汉末以来，用双声叠韵为切语；韵有东、冬、锺、江之目，而声无之。唐末沙门始标举三十六字，谓之字母。至宋人乃

取韵书之字，依字母之次第而为之图；定为开合四等，纵横交贯，具有苦心；遂于古来韵书切语之外，别成一家之学。

等韵学的发生，乃是韵书发达和字母产生后一种自然的结果。他们所列成的音图，叫做等韵表。利用了守温的字母，作声类的标目，依据韵书的韵目，把字音一纵一横的排列起来。就是用一声一韵，各各拼切，合成各个的字音；所以说是“由切语之学所变而成”（亦陈澧语）的。至于所以另列等韵之名，那是因为于四声之外，又定为开合四等。郑樵《七音略序》说：“江左之儒，知纵有平、上、去、入四声，而不知衡有宫、商、角、徵、羽、半徵、半羽为七音。”他们在韵部上既然分析四声等呼，又在声类上区别七音。而属于同一种音的字母，又依清浊发送的分别，更有所谓四等。陈澧谓这种声类上的四等，非等韵家之四等；又以为等韵家所分的等呼，是出于北宋之后。《切韵考外篇》卷三说：

字母出于僧守温；守温又有《清浊韵钤》一卷，见《宋史·艺文志》。北宋时有洛僧鉴聿，为《韵总》五篇，推子母轻重之法；欧阳文忠为之序，今已亡矣。今世所存者，《切韵指掌图》，相传以为司马温公作；《四库提要》已疑之。近者邹特夫徵君考定为杨中修所作；有孙觌序，见孙觌《内简尺牍》，确凿可据。《四声等子》，无撰人姓名；《玉海》有僧宗彦《四声等第图》一卷，盖即此书。等韵之名，盖始于此。《切韵指南》，熊泽民序云：“古有《四声等子》，为流传之正宗。”此序作于后至元丙子岁；所谓古者，盖不过北宋时耳。《梦溪笔谈》云：“纵调之为四等，帮、滂、傍、茫是也。”此所云四等，非等韵家之四等；则等韵家之四等，出于沈存中之后欤？总而论之：此学萌于唐末，而行于宋金，至元时始有乖误，其大略如此也。

沈氏《梦溪笔谈》大约作于宋仁宗时候(1023—1063)。陈澧因以怀疑当时还没有韵部上的分等。其实韵书上分部,当然已经具有等呼之理。戴震《声韵考》里说:"呼等亦隋唐旧法。"钱大昕《音韵问答》里说:"一二三四之等,开口合口之呼,法言分二百六部时,辨之甚细。"我们虽然不能完全肯定宋后等韵家所分析的,统统符合于隋唐韵书上的分部;可是,隋唐分韵时,总已经具有等呼之理了。沈氏《笔谈》里所举帮、滂、傍、茫的四等,大概韵部上已经有了等呼的分别,也就在字母的清浊发送上配列成四等;这个正是那时等韵家审辨音韵日趋于详密的确证。不能因此就说那时还没有等呼的区别,还没有所谓等韵家之四等。不过等呼的名称,或者到北宋时才立定的。正如双声叠韵之理自古已具,而双声叠韵的名目到六朝方才风行同样的事实。

(四) 等韵学的由来

我们晓得中国古代语言,大都依照双声叠韵的规则发展出来;在反切未曾发生以前,这种道理,古人早已心知其意了(本顾炎武《音论》、钱大昕《音韵问答》)。后来反切的应用日广,于是正式立出双声叠韵的名目来解释反切。韵书和字母就是从中演化出来的。再进一步构成了等韵表,无非是要说明反切的原理和方法。劳乃宣《等韵一得外篇》里说:

> 反切始于魏世,在双声叠韵之前。双声叠韵始于六朝,在等韵之前。由反切而为双声叠韵,由双声叠韵而为等韵,渐推渐密,皆以明反切之理。故等韵之学,为反切而设也。

我们可以知道,由反切的方法,进到等韵学的中间,还有一种双声叠韵法。《玉篇》里载有三十类《切字要法》和神珙的《五音声论》,以及《广韵》里的《辩字五音法》,这种东西发生在六朝隋唐之

间，既然为字母和七音的始祖，也就是一种双声法。双声法和韵书上的切语并合起来，又有所谓双声叠韵法。《玉篇》所载神珙《四声五音九弄反纽图》，和《广韵》里的双声叠韵法性质相同，其中罗列着正纽、傍纽、正韵、傍韵等等名目，总之不外双声叠韵的道理。江有诰《等韵丛说》和杨垣《古今中外音韵通例》里，都有一段话以解释神珙的《五音图》。依宋人传说，神珙是元魏时入中国(见魏了翁《师友雅言》)。而据神珙自序引《元和韵谱》，因之戴震、钱大昕断定神珙为唐僧，他的学说是出于元和以后(见《声韵考》及《养新录》)。不过现今所存解释反切的方法和分析声类的学说，总算以此为最古。双声叠韵法为等韵表的权舆；因之大家就以神珙为等韵学的鼻祖了。

大概当时以为双声叠韵法，还不足以尽反切的义蕴；因为只能示明上字为双声，下字为叠韵，而发声和收韵中间，尚有等呼的差别。往往等呼不同的，韵书上也归入同部，而用同部之字来拼切，有时不能谐适。于是“四声为经，七音为纬”之外，又加上四个等呼；“纵成经，衡成纬”，把四声等呼和七音字母经纬相交，才能不“失立韵之源”。由双声法进而区别七音，由叠韵法进而分析等呼；等韵学就于此宣告成立了。

我们既然知道反切和字母的发生和应用，都是受了梵文拼音学理输入的影响；所以追溯等韵学的创始，也不得不归功于一班僧徒。陈澧《切韵考》卷六：“自魏晋南北朝隋唐，但有反切，无所谓等韵。唐时僧徒依仿梵书，取中国三十六字，谓之字母。宋人用之以分中国反切韵书为四等，然后有等韵之名。溯等韵之源，以为出于梵书，可也。至谓反切为等韵，则不可也。反切在前，等韵在后也。”郑樵《七音略序》谓：“七音之韵，起自西域，流入诸夏。梵僧欲以其教传之天下，故为此书。”郑氏《艺文略》亦谓：“切韵之学，起自西域，旧所传十四字贯一切音，谓之婆罗门书。”陈澧说郑氏此语，

是指等韵字母之学:“沈存中《笔谈》有云,音韵之学,自沈约为四声;及天竺梵学入中国,其术渐密。渔仲之说,实依仿于此。”其实从汉代印度文化传入中国之后,中国音韵学上的改进,没有一件不受梵文字母的影响。唐宋间人,更据旧有反切,加以缜密的解释,就产生了字母和等韵之学。这种也不过进一步应用梵文拼音学理来说明反切罢了。

(五)韵书和等韵学上的两个系统

等韵学正式的成立,总在唐末宋初之间。唐宋以后,语音的变迁,最显著的有两个不同的系统。这两个系统表现于韵书上的,就是“今音”和“北音”。自从陆法言作《切韵》,唐人韵书,如孙愐的《唐韵》、李舟的《切韵》等,加以修正;到了宋代,陈彭年、邱雍等承袭隋唐旧作,校定《广韵》一书,遂开宋人韵书一派:如丁度等的《集韵》《礼部韵略》,韩道昭的《五音集韵》,刘渊的《壬子新刊礼部韵略》,黄公绍的《古今韵会》;以至元代阴时夫的《韵府群玉》,为后代诗韵的蓝本。其间虽然部目有增损,字数有多寡,编制的体例也不无变更;可是根本上都受了陆法言《切韵》的支配,可以总称为《切韵》一系的韵书。以其足以代表隋唐宋时代较普通的读音,也可称为“今音”一派的韵书。和“今音”韵书对立的,就是“北音”一派韵书,起于元代。大概宋元之间,语音上起了极大的变化,北音势力渐渐广布。于是“北音”韵书,应运而起。创始者为周德清的《中原音韵》。明初乐韶凤等所作《洪武正韵》,虽然当中有迁就今音韵书的地方,而大体和北音很接近;或者可以代表今音、北音两个系统中间过渡的东西。往后如兰廷秀的《韵略易通》,毕拱辰的《韵略汇通》,以至清初樊腾凤的《五方元音》,愈趋近于北音了,和现今注音符号上的系统渐相符合。因为这一派的韵书,是代表中国黄河流域的读音,就是明清时代官话的音,可称为“北音”韵书。

今音派的韵书，到了元代以后，已经成为纸上死语。当时政府考试功令和文人作诗作赋，虽然还是沿用勿替，可是和实际的口语两不相干；所以周德清说他们是“板行谬语”，是“年年依样画葫芦”。至于北音韵书，是依照现代北方的音而作，可以代表全国一种最普通的语音。所以北音韵书代替今音韵书而兴起，乃是唐宋以来语音系统变迁自然的结果。我们从语音系统上观察这两派韵书，有最重要的二点不同：

1.《切韵》一系的韵书，原是陆法言等几个学者综合古今南北语音而作成的。陆氏《切韵序》里说：“论南北是非，古今通塞。”内中不只一种单纯的语音系统，所以分析韵部，很为繁复。北音韵书大都依照近代北音而作，分韵比较简单。

2. 今音时代，入声诸韵尚留存语尾；所以《广韵》等书的入声，都分配于阳声诸韵，而阴声诸韵没有入声。到了近代，入声的语尾渐渐失落，更读长变为阴声了。所以北音韵书里的入声，往往“派入三声”。

宋后等韵学的发展，和韵书是相辅而行的。或者有些书里，名虽韵书，而实兼等韵表之用。所以等韵学也随着语音系统的变迁，显示着“今音”和“北音”的两大派别。高元《国音学·辟等呼论》依照等呼的分法，把《七音略》《韵镜》《切韵指掌图》《切韵指南》《等韵切音指南》《切韵要法》《华梵字谱》《等韵一得》等书，分为“宋元学派等呼论”和“明清学派等呼论”。他说，中间以《等韵切音指南》《切韵要法》为界。《等韵切音指南》以上和《切韵要法》以下，两者内容截然不同。前者分等，以韵之固有音调为标准，后者分等，以韵之唇的形状或作用为标准。清代讲等呼的，不知道用韵之固有音调分等的方法，所以如江永、戴震等，专门从纸面上做工夫，不能验诸口舌。而讲究实验的人，却以北音区域内简单的音韵为征信，就说宋元学派所分等第空有名，无其实；不但潘耒、劳乃宣是这样

见解，即最近章太炎、黄季刚也排斥宋元等呼论的破碎。其实用明清派分等的道理，来观察宋元人的书籍，因分等的标准不同，当然要茫然不解。高氏只用分等的方法来判别宋元学派和明清学派；我以为不如用语音系统的观点，来看各家等韵学理的根据。所谓宋元学派，大都是根据于“今音”的系统，音韵比较繁复，所以和现今南部的方言很多符合。所谓明清学派，大都根据于“北音”的系统，音韵比较简单，和国语注音符号上的系统，渐行接近。明清时代固然也有讲今音的等韵家，可是他们大概是北部和中部的人，不能将繁复的系统验诸口舌，就只在纸面上做工夫了。我以为宋元和明清的等韵家，不但呼等上可以分做今音和北音两大派，即对于四声清浊的区别、入声各韵的分配、字母和韵摄的排列增减，也常常因为他们所根据的系统不同，就显示着这两派的大别。中间固然也有互相迁就和混乱的学说，可是我们在客观的立场上，把他们仔细的抽绎，总不难看出他们事实上的根据。现在应用比较和历史的方法，把几种重要的等韵书，一一叙述在下面。

二、《七音略》和《韵镜》

（一）《七音略》和《韵镜》的来源

现今所存宋人的等韵，以《韵镜》（在《古逸丛书》中）和《七音略》（在郑樵《通志》中）为最可靠、最首要的著作。可以完全当做今音等韵学派的代表。清代讲等韵反切的，如江永、戴震、陈澧以至于劳乃宣，都未曾见到《韵镜》一书，而只以《切韵指掌图》和《四声等子》为最古。因为《切韵指掌图》向来以为是司马光所作，用以解释《集韵》的。经邹特夫据孙觌《内简尺牍》考定之后，才知道《指掌图》原书出于杨中修；而今本《切韵指掌图》又是南宋以后的人所伪作。原书应当有四十四图，和《七音略》《韵镜》的数目差不

多；而今本《指掌图》仅有二十。又内中入声分配于阴阳二声，也和《七音略》《韵镜》单分配于阳声的不同；显然和今音的系统渐渐隔离了。所以现今所存纯粹今音派的等韵书，只是《七音略》和《韵镜》二种。

《七音略》和《韵镜》的来源，也是出于僧徒的作品。《韵镜》首载张麟之识语，说是神珙所撰，序中谓“即所谓《洪韵》”；又说“俗误呼洪为珙尔”。这种原书是否出于神珙之手，或者是另一个僧徒的作品而后人假托神珙之名；现在很难考定了。不过《韵镜》和《七音略》两书，同出于一种蓝本，那是可以断定的。郑氏《七音略序》里说：“臣初得《七音韵鉴》，一唱三叹；胡僧有此妙义，儒者未之闻。”《韵镜》原注：“旧以翼祖讳敬，故为《韵鉴》，今迁祧庙，复从本名。”又张麟之序里说：“得故枢密杨侯倓校刊《切韵心鉴》，徐而谛之，即所谓《洪韵》。特小有不同，旧体以一纸列二十三字母为行，以纬行于其上，其下间附一十三字母；杨变三十六，分二纸肩行而绳引。”郑氏所谓胡僧，未明指神珙；《七音韵鉴》是否即《切韵心鉴》，现今未能断定。不过我们从《七音略》和《韵镜》两书的内容上，可以窥见他们辗转剿袭和更改的痕迹，可以知道两书是出于一种蓝本。《七音略》的四十三图和《韵镜》的四十三图，几乎完全相同；只是图中韵位稍有差异。而三十一图以下，序次也有彼此颠倒的。这两书既然有点异同，那末，究竟那一书在前，那一书在后呢？它们虽然同出于一种蓝本，可是因年代的先后，更改和承袭的地方，也不无可以判别之处。《七音略》和《韵镜》二书，是用来解释《广韵》这一派韵书上的切语，固然是无可疑的。但是，这两书所根据的韵目和序次，原来是否为宋代的《广韵》，抑仍用唐人韵书的旧本？现在《切韵》残卷、《唐韵》残卷出现于世，正可以利用它们来作一个比照的研究。

高元《辟等呼论》以广州西南台山等县的读音和《韵镜》各图互

相对照。高氏原来用以证明宋元派的分等，以韵之固有音调为标准。但是他所以采取台山等县一系的音读的，以为这些地方的人民，是宋时迁来。他说："当以台山音最近《广韵》，客语失之太早，海南失之太晚，亦间有足资考据之处。"高氏似乎以《广韵》的音完全是代表宋初的；遂谓"客语失之太早"。我觉得这点大有商榷之余地。因为从韵书的变迁史上看来，《广韵》承袭唐人而作（详拙著《广韵研究》第二章），而《韵镜》《七音略》二书所根据的，也是唐人韵书，并非宋代的《广韵》。所以考证《韵镜》《七音略》的音读，与其用宋初的音或《广韵》一书为根据，不如用唐人韵书或现今所测定的隋唐音为根据。

（二）《七音略》《韵镜》和今韵读音的对照

瑞典学者高本汉著《中国音韵学研究》（*Études sur la Phonologie Chinoise*）和《中文解析字典》（*Analytic Dictionary of Chinese*）二书，根据近代各地的方音，隋唐时代各种中国语外国语对照的译音，并参证韵书等韵学上种种材料，考定了《切韵》的音读。虽然其中还有几点可以怀疑的地方，而大体上我们总可以为进一步研究的依据。现在把高本汉所测定的隋唐音和《七音略》各图比照列一个表如下；并将高元用台山等音证明《韵镜》的附入表内（高本汉的注音，他自己立有一个系统，表内用国际音标相同的音值注在后面）：

今韵韵目	《七音略》	等呼	高本汉所测定之隋唐音	《韵镜》	等呼	高元用以证明之台山等地方音
东	内转第一重中重	1. 东 2. 东 3. 东 4. 东	1.2. ung [uŋ] 3.4. iung [iuŋ]	第一开		1. [öŋ] 2. 3. [öŋ] 4.

续　表

今韵韵目	《七音略》	等呼	高本汉所测定之隋唐音	《韵镜》	等呼	高元用以证明之台山等地方音
冬 鍾	内转第二 轻中轻	1. 2. 3. 4.	冬 uong [uoŋ] 鍾 ⎫ i^{w}ong [i^{w}oŋ] 鍾 ⎭	第二开合	1. 2. 3. 4.	[öŋ] [iöŋ] [iöŋ]
江	内转第三 重中重	1. 2. 3. 4.	 江 ång [ɔŋ] 	第三开合	1. 2. 3. 4.	 [ɔŋ]
支	内转第四 重中轻内重	1. 2. 3. 4.	 支 ⎫ 支 ⎬ i̯e [ĭe] 支 ⎭	第四开合	1. 2. 3. 4.	 [ïll] [ei] [i]
支	内转第五 轻中轻	1. 2. 3. 4.	 支 ⎫ 支 ⎬ ^{w}ĭe [^{w}ĭe] 支 ⎭	第五合	1. 2. 3. 4.	 [ɸi] [ɸi]
脂	内转第六 重中重	1. 2. 3. 4.	 脂 ⎫ 脂 ⎬ i [i] 脂 ⎭	第六开	1. 2. 3. 4.	 [ïll] [ei] [i]
脂	内转第七 轻中重内轻	1. 2. 3. 4.	 脂 ⎫ 脂 ⎬ ^{w}i [^{w}i] 脂 ⎭	第七合	1. 2. 3. 4.	 [ɸi] [ɸi]
之	内转第八 重中重内重	1. 2. 3. 4.	 支 ⎫ 支 ⎬ i [i] 支 ⎭	第八开	1. 2. 3. 4.	 [ïll] [ei] [i]

续　表

今韵韵目	《七音略》	等呼	高本汉所测定之隋唐音	《韵镜》	等呼	高元用以证明之台山等地方音
微	内转第九 重中重	1. 2. 3. 微 4.	 ẹi　[ĕi] 	第九开	1. 2. 3. 4.	 [ei]
微	内转第十 轻中轻内轻	1. 2. 3. 微 4.	 ʷẹi　[ʷĕi] 	第十合	1. 2. 3. 4.	 [uei]
鱼	内转第 十一 重中重	1. 2. 鱼 3. 鱼 4. 鱼	 i̯ʷo　[ĭʷo] 	第十一开	1. 2. 3. 4.	 [c] [i] [i]
模 虞	内转第 十二 轻中轻	1. 模 2. 虞 3. 虞 4. 虞	uo　[uo] iu　[ĭu] 	第十二开合	1. 2. 3. 4.	[u] [c] [i] [i]
哈 皆 齐	内转第 十三 重中重	1. 哈 2. 皆 3. 皆 4. 齐	âi　[ɑi] ai　[ai] iäi　[iɛi]	第十三开	1. 2. 3. 4.	[ɔi] [ɑi] [ɔi]
灰 皆 齐	外转第 十四 轻中重	1. 灰 2. 皆 3. 4. 齐	uâi　[uɑi] ʷai　[ʷai] ʷäi　[ʷɛi]	第十四合	1. 2. 3. 4.	[uɔi] [uɑi] [uei]
佳	外转第 十五 重中轻	1. 2. 佳 3. 4.	 āi　[a:i] 	第十五开	1. 2. 3. 4.	 [ɑi]

续　表

今韵韵目	《七音略》	等呼	高本汉所测定之隋唐音	《韵镜》	等呼	高元用以证明之台山等地方音
佳	外转第十六重中轻	1. 2. 3. 4.	 佳　^{w}ai　[^{w}ai] 	第十六合	1. 2. 3. 4.	 [uai]
痕臻真	外转第十七重中重	1. 2. 3. 4.	痕　ən　[ən] 臻} 真} i̯ĕn　[ĭen] 真}	第十七开	1. 2. 3. 4.	[ən] [ön] [in] [in]
魂谆	外转第十八重中轻	1. 2. 3. 4.	魂　uən　[uən] 谆} uĕn　[uen] 谆} 谆　ĭuen　[ĭuen]	第十八合	1. 2. 3. 4.	[un] [yən] [yən]
欣	外转第十九重中轻	1. 2. 3. 4.	 欣　iən　[ĭən] 	第十九开	1. 2. 3. 4.	 [in]
文	外转第二十重中轻	1. 2. 3. 4.	 文　iuən　[ĭuən] 	第二十合	1. 2. 3. 4.	 [yən]
山元仙	外转二十一重中重	1. 2. 3. 4.	 山　an　[an] 元　iɐu　[ĭʌn] 仙　i̯än　[ĭɛn]	第二十一开	1. 2. 3. 4.	 [an] [en] [en]
山元仙	外转二十二轻中轻	1. 2. 3. 4.	 山　^{w}an　[^{w}an] 元　i̯^{w}ɛn　[i̯^{w}ʌn] 仙　i̯^{w}än　[i^{w}ɛn]	第二十二合	1. 2. 3. 4.	 [uɑn] [yən] [ün]

续　表

今韵韵目	《七音略》	等呼	高本汉所测定之隋唐音	《韵镜》	等呼	高元用以证明之台山等地方音
寒 删 仙 先	外转二十三 重中重	1. 2. 3. 4.	寒　àn　[ɑn] 删　an　[an] 仙　iän　[ĭɛn] 先　ien　[ien]	第二十三开	1. 2. 3. 4.	[ɔn] [ɑn] [en] [en]
桓 删 仙 先	外转二十四 轻中轻	1. 2. 3. 4.	桓　uân　[uɑn] 删　^{w}an　[^{w}an] 仙　i̯^{w}än　[ĭ^{w}ɛn] 先　i^{w}en　[i^{w}en]	第二十四合	1. 2. 3. 4.	[uɔn] [uɑn] [yɔn] [yɔn]
豪 肴 宵 萧	外转二十五 重中重	1. 2. 3. 4.	豪　âu　[ɑu] 肴　au　[au] 宵　i̯äu　[ĭɛu] 萧　i̯eu　[ĭeu]	第二十五开	1. 2. 3. 4.	[öu] [ɑo] [iau] [iau]
宵	外转二十六 重中重	1. 2. 3. 4.	 宵　i̯an　[ĭau]	第二十六合	1. 2. 3. 4.	 [iau]
歌	外转二十七 重中重	1. 2. 3. 4.	歌　â　[ɑ]	第二十七合	1. 2. 3. 4.	[o]
戈	内转二十八 轻中轻	1. 2. 3. 4.	戈　uâ　[uɑ] 戈　iuâ　[iuɑ]	第二十八合	1. 2. 3. 4.	[uo] [φ]
麻	外转二十九 重中重	1. 2. 3. 4.	 麻　a　[a] 麻 } i̯a　[ĭa] 麻 }	第二十九开	1. 2. 3. 4.	 [ɑ] [e] [ie]

续　表

今韵韵目	《七音略》	等呼	高本汉所测定之隋唐音	《韵镜》	等呼	高元用以证明之台山等地方音
麻	外转三十轻中轻一作重	1. 2. 3. 4.	 麻　ʷa　[ʷa] 	第三十合	1. 2. 3. 4.	 [uɑ]
覃咸盐添	外转三十一重中重	1. 2. 3. 4.	覃　àm　[ɑm] 咸　am　[am] 盐　iäm　[ĭɛm] 添　iem　[iem]	第三十九开	1. 2. 3. 4.	[ɔm] [ɑm] [iɔm] [iɑm]
谈衔严盐	外转三十二重中重	1. 2. 3. 4.	谈　âm　[am] 衔　am　[am] 严　i̯ɐm　[ĭʌm] 盐　i̯əm　[iəm]	第四十合	1. 2. 3. 4.	[ɔm] [ɑm] [iɔm] [iɑm]
凡	外转三十三轻中轻	1. 2. 3. 4.	 凡　i̯ʷɐm　[ĭʷʌm] 	第四十一合	1. 2. 3. 4.	 [ɑm]
唐阳	内转三十四重中重	1. 2. 3. 4.	唐　âng　[ɑŋ] 阳 } 阳 } i̯ang　[ĭaŋ] 阳 }	第三十一开	1. 2. 3. 4.	[ɔŋ] [ɑŋ] [iëŋ] [iëŋ]
唐阳	外转三十五轻中轻	1. 2. 3. 4.	唐　ʷâng　[ʷɑŋ] 　[ĭʷaŋ] 阳　i̯ʷang 	第三十二合	1. 2. 3. 4.	[uɔŋ] [uɔŋ]
庚清	外转三十六重中重	1. 2. 3. 4.	 庚　ɐng　[ʌŋ] 庚　iɐng　[iʌŋ] 清　i̯äng　[ĭɛŋ]	第三十三开	1. 2. 3. 4.	 [ŋɑ] [ɪŋ] [ɪŋ]

续　表

今韵韵目	《七音略》	等呼	高本汉所测定之隋唐音	《韵镜》	等呼	高元用以证明之台山等地方音
庚清	内转三十七 轻中轻	1. 2. 庚 3. 庚 4. 清	 ^{w}ɐng　[^{w}ʌŋ] i̯^{w}ɐng　[ĭ^{w}ʌŋ] i^{w}äng　[i^{w}ɛŋ]	第三十四合	1. 2. 3. 4.	 [uɑŋ] [uɪŋ] [uɪŋ]
耕清青	外转三十八 重中重	1. 耕 2. 清 3. 青 4.	ɐng　[ʌŋ] iäng　[iɛŋ]（2、3）	第三十五开	1. 2. 3. 4.	 [aŋ] [ɪŋ] [ɪŋ]
耕青	外转三十九 轻中轻	1. 2. 耕 3. 4. 青	 ^{w}ɐng　[^{w}ʌŋ] ^{w}əng　[^{w}əŋ]	第三十六合	1. 2. 3. 4.	 [uaŋ] [uɪŋ]
侯尤幽	内转四十 重中重	1. 侯 2. 侯 3. 尤 4. 幽	ə̯u　[ə̆u] i̯ə̯u　[ĭə̆u]（2、3） i̯ə̯u　[iə̆u]（4）	第三十七开	1. 2. 3. 4.	[ou] [æu] [æu] [iu]
侵	内转四十一 重中重	1. 2. 侵 3. 侵 4. 侵	ĭəm　[ĭəm]（2、3、4）	第三十八合	1. 2. 3. 4.	 [ʌm] [im] [im]
登蒸	内转四十二 重中重	1. 登 2. 蒸 3. 蒸 4. 蒸	əng　[əŋ]（1、2） ĭəng　[i̯əŋ]（3、4）	第四十二开	1. 2. 3. 4.	[ʌŋ] [iŋ]
登蒸	内转四十三 轻中轻	1. 登 2. 3. 4.	^{w}əng　[^{w}əŋ]	第四十三合	1. 2. 3. 4.	[uʌŋ]

去声祭、泰、夬、废四韵，高本汉测定读为 iäi[ĭei]、ai[a：i]、ʷai[ʷa：i]、iʷai[iʷʌi]。因为这四韵，据戴震考定，是没有平、上的，《七音略》和《韵镜》就把它们附入第十三、十四、十五、十六各图。《韵镜》且于每图注明"去声寄此"；可见这四韵是和咍、皆、灰、齐、佳诸韵很近的。

（三）轻重和开合

图中所谓内转外转，陈澧《切韵考外篇》卷三说是只在分别四等的全不全，和审音没有多大关系：

> 渔仲作《七音略》，凡四十三图，各标以内转外转而不明言何为内转？何为外转？《四声等子·辨内外转例》，乃明言："内转者，唇、舌、牙、喉四音，无第二等字，唯齿音具足。外转者，五音四等都具足。"如此，内转外转，但分列四等字之全与不全，与审音无涉也。

今考《七音略》里，第十三图、第四十图、第四十一图等，不仅齿音有二等字，而亦标明内转。至于第十七、第十八等图里，也仅齿音有二等字，而亦标明外转。那末，内转和外转，不只是用来分别四等字的全不全，还应当有其他的关系。不过我们现在从实际语音上，很难考明它们分别的所在。

《七音略》各图没有标明开合，只标明轻重。大概六朝隋唐以来，所谓轻重清浊，是用来区别等呼的。陆法言《切韵序》里说："支、脂、鱼、虞，共为一韵，先、仙、尤、侯，俱论是切；欲广文路，自可清浊皆通，若赏知音，即须轻重有异。"我们看了上面这个表内，高本汉所测定的音，支为[ĭe]，脂为[i]，鱼为[ĭʷo]，虞为[ĭu]，先为[ien]，仙为[iɛn]，尤为[iəu]，侯为[ou]，分别显然。可见那时所谓轻重清浊，完全是指呼等的差别，注重在舌体升降的程度。宋后渐

渐注重于唇的形状：圆唇化的，说是合；无圆唇化的，说是开。《韵镜》各图就标明开合了。《七音略》里所谓重中重，大都就是指开；所谓轻中轻，大都就是指合。虽然分图和《韵镜》相同，而仍沿用轻重的名目。从这点看来，《七音略》的面目，实在较《韵镜》尤为近古。

《韵镜》各图所注明的开合，和高本汉所测定的音，不相符合的，有第十一图鱼韵，第二十六图宵韵，第二十七图歌韵，第四十图谈、衔、严、盐四韵，第三十八图侵韵。而这些除了十一图鱼韵以外，《韵镜》注明合的，《七音略》都标明重中重，和高本汉的考证相符。关于第十一图，最近罗常培以为这里高本汉的注音有点错误(《历史语言研究所集刊》第二本第三分《切韵鱼虞之音值及其所据方音考》)。原来高本汉分别开合，自己说是以《经史正音切韵指南》为根据，而实际取准于《等韵切音指南》，并不依据于《七音略》和《韵镜》，因之和唐宋的音偶然有相左之处。现在引罗君的话如下：

> 《韵镜》成书年代，虽无明文可考，然张麟之的初刊本，成于宋高宗绍兴三十一年辛巳(1161)，适与郑樵《通志》的完成同时。那末，无论如何，它是南宋以前的产物，至少要比《切韵指南》的成书(元顺帝至元二年丙子，1336)，早着一百七十五年。从去古之远近说，自然《韵镜》也比《切韵指南》较为可靠。高本汉对于鱼、虞两韵音值的考订，既然从汉音吴音里得到很充分的证据，却无端为清初的《等韵切音指南》所误，读鱼韵为合口，反倒说《韵镜》所定的开口合口有些混乱的地方，岂不是很可惜的事么；所以我对于高氏所考，虽然大体承认，可是主张照《韵镜》定鱼韵为开，而删 $ji^{w}o$ 中间的小 ^{w}，结果如下：鱼韵 jio，虞韵 jiu。

《七音略》这图也是标明重中重，可以断定鱼韵原来并非圆唇

化的。《韵镜》第二十七图歌韵，第四十图谈、衔诸韵，高元只用圆唇的后韵来证明（四十图又并非完全是圆唇韵），却没有注意到《七音略》里标明这两图是重中重，所以不能断定这两图是非圆唇化的。至于第二十六图宵韵和第三十八图侵韵，高元对于这两图，注云："他处也没读圆唇的"；"何以是合，不能解"。要是他比对了《七音略》所标明的重中重，那就可以恍然自解了。

（四）各等间的区别

我们看了上面那个表里高本汉的注音，《七音略》和《韵镜》两书，各图所列四等间的差别，正是和高元所推定"以固有音调为分等标准"的那个原则相吻合。由一等到四等，大体总是"或由较合的后韵，经过较开的后韵，及较开的前韵，到较合的前韵；或由中韵经过较开的前韵，到较合的前韵"。至于一等和二等之间，二等和三等之间，三等和四等之间，彼此的区别所以不能显然表示出来的缘故，这是因为根据固有音调来分别等呼，只是程度上比较的差异，并非绝对的；当时分列等第，偶尔的混乱，乃是不能避免的事实。但是，高元用台山等县的读音所不能证明的十九图，他说由于后代变乱混同的，现在我们用高本汉所测定的隋唐音来比照，可加以解释和补正的地方很多。例如《韵镜》第一图和第三十二图里，一等和三等，正是有分别的。又如《韵镜》第十七图，一等和二等间，次序并没有混乱。《韵镜》第十八图、第二十一图、第二十三图、第二十四图、第二十五图、第三十三图、第三十四图里，三等和四等之间，现在也可以看出彼此的区别，正是合于高元自己所推定的那个原则。因此我们可以确实证明今音派分等的方法，又可以知道《七音略》和《韵镜》二书是根据于隋唐韵书而作，很合于现今所测定的隋唐音。要是用我们所假定宋代的音读——如高元所用台山等县的音——来相对照，总未免失之太晚了。

高元又说："《七音略》除三十八图耕系与《韵镜》第三十五图耕

系一二等换位外，其余皆同，但以粤音考之，似《七音略》有误。”原来一等和二等间，没有显然的区别；那末，关于这图一二等的换位，在事实上并没有多大的差别。不过以前后各图互相比对，似乎应当以《韵镜》所列比较的整齐。这是因为两书同出于一种蓝本，所列等第，先后互有校正。或者前人所列，后人逐渐加以改进，或者后人剿袭前人之作，而故意和他违乱：除非偶尔传写的错误，二者必居其一。但是，依我的推测，总以前者比较的近于事实；必非原本如是而《七音略》加以误移的。因为两书同出于一种蓝本，一种未加改正，而另一种已加以改正，我们就可以认定前一种的面目较为近古。关于这个问题，我们再从这两书各图的序次上来研究一下。

（五）值得注意的一个序次问题

近今《切韵》残卷、《唐韵》残卷等出现之后，又经王国维的一番考证（详《观堂集林》卷八），关于韵书沿革的历史，我们所抱的观念已经不是从前的了。《唐韵》残卷，虽缺平上二声，可是根据所存入声韵目的序次，可以断定平声韵目的序次和陆氏《切韵》同，而和宋代《广韵》异。所谓覃、谈次于歌、麻之后，蒸、登列于咸、衔之前，这是陆氏《切韵》和孙愐《唐韵》的序次。等韵表上，因排列等呼的关系，不能不把韵书的目次稍加颠倒；可是它们究竟是根据那一种韵书而作的，也可以从序次上看出来。《韵镜》和《七音略》为何都把蒸、登二韵放在最末尾的两个图内？为何《七音略》把属于覃、谈诸韵的各图和属于阳、唐韵各图放在一起？因此可以断定《韵镜》《七音略》两书，它们原来的根据，并不是宋代的《广韵》，而是孙氏的《唐韵》。现在把《唐韵》《广韵》韵目的序次，和《韵镜》《七音略》二十七以下各图比对如下：

今《广韵》序次：

7 歌，8 戈，9 麻，10 阳，11 唐，12 庚，13 耕，14 清，15 青，16 蒸，

17 登，18 尤，19 侯，20 幽，21 侵，22 覃，23 谈，24 盐，25 添，26 咸，27 衔，28 严，29 凡。

《唐韵》原次：

7 歌，8 戈，9 麻，10 覃，11 谈，12 阳，13 唐，14 庚，15 耕，16 清，17 青，18 尤，19 侯，20 幽，21 侵，22 盐，23 添，24 蒸，25 登，26 咸，27 衔，28 严，29 凡。

《七音略》序次：

27 歌，28 戈，29 麻，30 麻，31 覃、衔、盐、添，32 谈、衔、严、盐，33 凡，34 唐、阳，35 唐、阳，36 庚、清，37 庚、清，38 耕、清、青，39 耕、青，40 侯、尤、幽，41 侵，42 登、蒸，43 登、蒸。

《韵镜》序次：

27 歌，28 戈，29 麻，30 麻，31 唐、阳，32 唐、阳，33 庚、清，34 庚、清，35 耕、清、青，36 耕、青，37 侯、尤、幽，38 侵，39 覃、咸、盐、添，40 谈、衔、严、盐，41 凡，42 登、蒸，43 登、蒸。

魏了翁《唐韵后序》说："今韵降覃、谈于侵后，升蒸、登于青后。"足以见得宋人韵书是如此，而和《唐韵》原次不同。《七音略》三十四图以上的序次，覃、谈在歌、麻之后，是依据于孙氏《唐韵》的。又把盐、衔、严、凡升上来，乃是为了排列等呼和配置开合的关系，不得不如此。《韵镜》把侵、覃以下九韵排在三十九图以下，显然是依据于魏氏所谓"今韵"加以改排的；可是，蒸、登二部排在最后，仍留了一个不可磨灭的痕迹。我们从这韵部序次上观察，一方面可以断定，《七音略》和《韵镜》两书同出于一种蓝本，而与其说是为《广韵》而作，不如说它们原来都是为《唐韵》而作。另一方面又可以断定，《韵镜》的面目是经过多次修改的结果，《七音略》一书的面目反较为近古的呢！

（《暨南大学文史丛刊》1933 年第 1 集）

汉语在世界上之地位

一、民族间轻视的心理

古代文化发达的民族，往往对于国外的异族，具有一种轻视的心理。中国古代因为文化超出于四裔，自称为华夏之族，而叫四裔的民族为东夷、南蛮、西戎、北狄。古代的希腊人也自以为是最优秀的民族，而称外来的人为 Barbaros，这个字就是英语的 Barbarians（蛮族），足以见得古代一般轻视外族的心理。因为那时国际的交通未曾发展，民族间很少有接触融合的机会，都抱着“非我族类，其心必异”这种疑忌的态度；同时又因为自视太高，总以为本国的文化是超绝的、优越的，外国的民族是卑劣的、野蛮的，于是养成了民族相轻的恶习，国际间只以傲慢的、残暴的手段互相对待。这种恶习当然应该抛作历史上的陈迹。无论那种民族，都应该平等相待，而具有相事相敬的心理；这样，世界的和平才有实现的希望。不料十九世纪的欧洲人和二十世纪东亚的某种民族还是沿着太古的遗俗，或且变本加厉，由轻视而引起仇视，由相轻而至于相杀。这种恶习要是没有消除净尽，不特世界的和平没有实现的希望，各处文化的交流也受了无形的阻碍，终究没有完全沟通的一天，于是影响于学术界，就脱离不了武断、矛盾、晦暗和谬误的境象。因为研究学术，要是参杂了一些民族相轻的心理，就完全失去客观的态度，把自己民族的偏见作为前提，不惜将科学的事实勉强来“削足适

履”,这样学术界还有光明的一天吗?我这里姑且举出语言学上的一种学说作个例证。

二、民族的优劣和语言的优劣

语言是人类表达情感思想的一种工具,依着民族社会习惯的分歧和变异,演成错杂不同的现象;凡是两种并立的语言,无论在语音的形式上、词句的组织上、意义的内容上,总不能绝对的一致。世界上可认为一种国语的,就现今一般的统计,已经有八百多种;再将过去的死语合并计算,那就不知有多少种了。语言的种类既然这样繁多,语言学家从事比较研究的,自然而然要发生一个问题:究竟那一种语言可说是属于优等,那一种可说是属于劣等的呢?在普通的眼光看来,文化较优的民族所用的语言,自然比文化较劣的民族所用的,内容来得丰富,词句来得完备。但是语言优劣的问题,应该取决于这种工具自身的适用与否,应该以这种工具性质上的差异为标准,不能根据使用它的民族文化来评判它的高下。因为语言虽然是社会习惯的一种,而和政治法律以及其他社会的制度不能同样的看待;语言是不能随着民族的意志可以自由加以改革的,语言习惯的养成,往往出于民族的不自觉。一种语言的形成,好象是主发于社会的全体,可是它的生长和演化,正大半是一种自然的现象,往往不能用人力来强求。民族的兴替和文化的盛衰,在历史上比较的显著,速率也比较大,至于语言演变的现象,速率比较小,也比较的隐微。语言演变的原动力是介于自然和人为之间,民族文化的高下和语言本身的优劣是两件事。说我们所用的国语,是世界上最劣等的,我们的民族固然不必因此而自馁;说我们所用的国语,是世界上最优等的,我们也不能因此而自豪。我们学过德语的人,就可以知道德语里对于名词阴性、阳性、中性的区别,最不合于理论,最不合于科学;我们当然不能因此断定德国

人是不合于理论和科学的。语言本身的性质和民族文化的高下，在学理上绝对不能混为一谈。

三、世界上语言的分类和系统

人种和语言究竟有怎样的关系？这是学术界上争论而未解决的问题。不过我们既然发现有异人种而同语言，或同人种而异语言的事实，就可以知道完全依据人种来区分语言是不应当的。这点就可以证明民族的优劣和语言根本无关。其他根据国别和地域来区分语言，更是不妥当；因为政治的演变和语言的分合，并非如形影之相随；地域上民族往来迁徙，语言方面更多交流融合的机会，所以对于世界上的语言，应该以各种语言自身的特性和生长的历史作分类的标准；因之系统的分类法为现今一般人所采用，就是依据各种语言之语根、语法、形态等，更参证于历史的事实，分析世界上各种语言为几大语族，又于各语族的下面列出许多语系。近代语言学家应用比较的研究法，将世界上各种语言归纳为八大语族：

（一）印度日耳曼语族（Indo-Germanic Family）；
（二）含闪语族（Hamito-Semitic Family）；
（三）乌拉尔阿尔泰语族（Ural-Altaic Family）；
（四）印度支那语族（Indo-Chinese Family）；
（五）马来坡里尼西亚语族（Malayo-Polynesian Family）；
（六）班图语族（Bantu Family）；
（七）德拉维达语族（Dravi Dian Family）；
（八）亚美利加语族（American Family）。

这八大语族的下面，又分成许多语系，如印度日耳曼语族，内分印度伊兰语系、希腊语系、拉丁语系、日耳曼语系、波罗的海斯拉

夫语系等，印度、波斯及欧洲各国语大都归属于这些语系当中。又如乌拉尔阿尔泰语族，内分芬兰语系、阿尔泰语系，现今芬兰语、匈牙利语以及土耳其语、蒙古语等都归属于这两语系。又如印度支那语族，内分西藏、缅甸语系，汉、暹罗语系，西藏语、缅甸语、汉语、暹罗语都属于这两语系。至于纯粹依照词句的组织来区分语言，另外有种形态的三分法，把世界上的语言分做下列三种：

（一）变形语（inflective）。语词里有语尾等的变化，语根和语尾等紧密的联接，不能显然的分别；而且语根的本身也常常发生变化。语词的品性，在形式上显示出来，所以语词在语句中的次序，可以随意改动，而不会发生意义上的变乱。印度日耳曼语族里的各种语言大都属于这种变形语；而尤以古代印度的梵语、古代的希腊语、拉丁语最为显著。至于现代的英语，已经渐渐失却变形语的性质了。

（二）接合语（agglutinative）。语词里有语尾等的变化，而且语句上语法的关系以及其他种种区别的意义，专靠语尾等的变化来表明；语尾等虽然不能自己独立，而和语根本身显然容易分别，语根本身也没有变化。乌拉尔阿尔泰语族，德拉维达语族，马来坡利尼西亚语族等所属的语言，大致都是这种接合语，而尤以土耳其语最为显著。至于亚美利加语族的各种语言，又常称为合体语（incorporating）或复综语（polysynthetic），乃是接合语趋于极端的。

（三）孤立语（isolating）。语词里没有形式的变化，语词在语句上的关系，专视其地位而定；语法关系或其他种种区别的意义，不用语根本身或语尾等的变化来表明，而以语词的序次和各种助词来显示。语词单独的时候，它的品性是看不出来的。印度支那语族里的各种语言，大都属于这种孤立语，尤以汉语、暹罗语最为显著。至于西藏语、缅甸语，语词的形式也有几种变化，并非纯粹的孤立语。

上列三种语言，纯依语词的形态来区别，虽然不很精密，可是

现今还没有更好的分类来替代，所以一般人仍旧采用这种三分法。

四、综合语和分析语

上面所说的变形语、接合语、孤立语三种，又可以概括为综合语、分析语两种。孤立语里，一个语词只包含一个意义，词和意义相对相当，凡是两种意义，必定分析为两个语词；所以可称为分析语（analytical language）；汉语就是这一类分析语的标本。反之，一个语词包有两种以上的意义的，其中复合的意义，只用语词形式的变化来表明，而没有分析为各个独立语词；这种称为综合语（synthetical language），因为两种以上的意义包含在一个语词之内的。变形语和接合语大都属于综合语。不过分析语和综合语的区分，只是程度上的差异，没有绝对的界限。例如拉丁语 erit，在英语里便须用两个语词来表明：he is，拉丁语 erat，在英语里便须用三个语词来表明：he will be。所以英语和拉丁语比较起来，拉丁语为综合语，英语则近于分析语。一样的意义，在分析语里表明出来，常为两个以上语词联属的关系；在综合语里表明出来，常为一个语词形式的变化。亚美利加语族的抱合语、复综语，乃是极端的综合语；我们的汉语就是极端的分析语。至于英语本来也是一种综合语，现今却有进于分析语的趋势。

五、三段进化论

我们说过，民族的文化和语言的优劣是两件事，不能混为一谈，在事实上常常有语言的性质相近而文化的程度相悬殊的，也有文化不分高下而语言的性质完全异趣的。北美土人的语言和古代的梵语、希腊语、拉丁语，都应隶属于综合语的范围。埃及、巴比伦、印度和中国都是古代的大文明国，而所用的语言或属于综合，或属于分析。可以见得语言的性质和民族文化的高下是不相干

的。可是十九世纪西洋一般语言学家，因为他们自己是属于印度日耳曼族，习用这种语言，就认定它是高等民族所用的。又因为汉语的性质和印度日耳曼族的变形语，正相反对，就以为汉语没有形式变化，乃是初等民族所用的。司奈赫（August Schleichen）一派主张形态三分法的，就以为这三种语言就是表示语言进化的三个阶段：孤立语里的语词，在语句上各个独立，纯为无机的结合；变形语里的语词有形式来显示语句上的地位，是有机的结合；接合语介于两者的中间。孤立语最初等，变形语最高等，接合语介在中间，这是“三段进化论”的主张。司奈赫之外，如希勒格（Friedrich Von Schlegel）、波普（Franz Bopp）、米勒（Max Müller）等都是这种学说的主张者。他们这种学说的由来，就是出于一种民族相轻的心理，把民族的观念和语言的分类混在一起。以民族心理上的成见来假定语言的优劣，同时又以语言上假定的优劣，来表示自己民族的优秀，而贬斥和他们不相类的为卑下。所以三段进化论，乃是印度日耳曼人一种民族自夸的心理所凝结而成，他们说是孤立语为家族生活的民族所用的，接合语为游牧生活的民族所用的，变形语乃是有国家组织的民族所用的；既然把汉语列为初等，同时又把中国人列为家族生活，尚未开化的民族，把中国数千年开化的历史一概抹煞，说中国的文化和语言，都是停留着太古幼稚的状态。但是他们也自己觉得这种学说和实际的事实有很多的矛盾，于是又把人类语言的演进划成两个时期：人类未有历史以前，语言是依着这三段而进化的，一到了历史时期，语言便有颓败和堕落的趋势；三段进化论就一变而为“言语退化论”了。

六、原始汉语为变形语说

我们现在试来观察汉语演变的历史，果真汉语是停留着太古的状态吗？原始的汉语究竟是同现今一样属于孤立语吗？汉语和

藏语同属印度支那语族，我们可以用古代的藏语来和汉语比较，以窥见这语族原始的性质和状态。我们很幸运，六七世纪以来，藏语已经有拼音文字记录出来。当时的藏语确也是一种变形语，并非孤立语；我们很有理由可以推想汉语和藏语未经分离以前，原来也是一种变形语，后来汉语逐渐发展为现今孤立的性质。据瑞典高本汉研究的结果，古代汉语里的代名词，确实保存着形式变化的现象。他把《论语》里吾、我、尔、汝等字作一番统计，以为《论语》是代表古代鲁国的一种方言，原始汉语的残迹，在他种方言上已经泯没了的，在这种方言里或许还遗留着。他的结论是：

主位的“吾”，相当于英语的 I，六世纪时，读为 nguo；

宾位的“我”，相当于英语的 Me，六世纪时，读为 nga；

主位的“汝”，相当于英语的 Thou，六世纪时，读为 ńịo；

宾位的“尔”，相当于英语的 Thee，六世纪时，读为 ňịa。

上古汉语的音读，现在未曾完全考证明白，但是根据已经考出的六世纪的音读来作比证，就可以知道上古汉语某种方言，把吾和我、汝和尔分别应用，即为一种变形语的残迹。因为吾、我等字，在现代的音读上虽然看不出形式变化的现象，在前六世纪的音读上，就显然表示出来了。① 原始汉语既然是一种变形语，那末，现今汉语孤立的性质，正是几千年来演变的结果，并非停留着不进，更非停留在太古的状态。据汉语演变的现象，正是由变形语进向于孤立语，事实上正是和三段进化论所假定的步骤适得其反。

七、言语退化论

我们再来观察印度日耳曼语演变的历史，果真也有同样的趋

---

① 高本汉原文登载《亚细亚杂志》(*Journal Asiatique*)，题为《原始汉语为变形语说》(*Proto-Chinois Langue Flexionnelle*)；曾为冯承钧君译成中文，登载《东方杂志》第26卷第5期。

势吗？世界语言的变迁，其倾向大都由综合语而趋于分析语，因为语言的应用，在思想表现的明确；分析语的表现手段，比较显明简单，没有错杂纠纷的弊病，所以世界上语言有趋于分析的趋势；这在印度日耳曼语族里最为明显。例如英语，到了现代已经大半成为分析语了；现代英语有许多原来的语尾，已经演成为独立的语词，如 Less、Full、Ship，渐由语词上的融合而化成为分立了。现今表示过去时的动词，单数、复数并没有分别，例如 I Found，We Found，而在十三世纪的古英语上，是有分别的，例如 ic Found，We Foundon。又古英语上，名词的格位，形式上有间接、直接的区别；现在统已消失了。动词名词的形式日趋于简单，种种意义的表明，常用两个以上语词的联接来替代，如宾词的间接位，用介词 to 来表明，这种就是趋于分析的倾向。不但英语上是这样，即从前的梵语和较后的希腊语、拉丁语，往时的拉丁语和现代的法语、意语，两两相较，印度日耳曼语的变迁，无不有趋于分析语的途径：一方面语词形式的变化日就减少，一方面语句上语词的序次日形重要。可以见得印度日耳曼语演变的趋势，也是由综合进趋于分析，由变形进趋于孤立，事实上也正是和三段进化论所假定的步骤适得其反。主张三段进化论的学者看见这种事实和他们所持的学说有矛盾的现象，于是另外立出一种言语退化论，想设法以自圆其说。他们以为语言的发展，是到了人类历史创始时期就停止了，因为历史创始，语言就有记录，有了记录，语言的发展就停止着前进。有史以后的语言，实为颓败堕落时期；他们以为印度日耳曼语的变迁史，是一部语言退化史，无非零落凋残的状态；真是慨乎言之，一似毫无疑义了。至于他们为何以变形语认为最高等的语言？始终未曾有明确的解释；他们所以创立这种学说，始终只是出于民族心理上的偏见。他们因为要尊重自己的民族，就推举印度日耳曼语为最高等，而贬斥和它性质相反的汉语为最初等，又见到事实和学说

的矛盾,就不惜将全世界的语言归于退化的过程中。

八、言语进步论

从古代语演变为现代语,究竟是进步的现象呢? 还是退化的现象呢? 耶斯柏孙氏(Otto Jesperson)首创《言语进步论》(*Progress in Language*),一变十九世纪以来谬误的观念。耶氏以为古代语和现代语各有特别的性质,因此推求语言变迁的倾向;据理推断,这种变迁是进于有利益的方面;所以语言进步论绝不是欺人的话。综括现代语的优点:(一)语词的形式比较简短,学习所需的时间和精力比较古代语就要减少。(二)形式的变化简单,记忆的负担就要减轻。(三)语词形式既然变化很少,就近于有规则的了。(四)语句的组织比较有固定的原则。(五)语词离开语尾等而独立,意志的表现更觉得便利,从前造句的困难,现代多已减除了。(六)综合语里的语词,多笨拙累赘,现代语上多已废除。(七)语词有固定的序次,发言者和听受者之间意义容易了解。各种语言里虽然进步迟速不等,而文法简省,形式单纯,实在为世界语言共同的倾向。凡有历史可稽的语言,都以应用便利、表现显明而日趋于简单化的。近来语言学家以为古代语布置比较周密,现代语比较疏漏;但是周密疏漏,必以意义的表现适可而止;现代语的疏漏,往往有他种较便利的方法来补救;两者相较,还是近代语比较合于实用。从耶氏的话看来,可以知道语言由综合而进于分析,乃是进步的现象;十九世纪的学者所说孤立语最初等,正是适得其反。我们应当说合体语复综语最初等,变形语次之,纯粹的接合语又次之,而孤立语最高等。

九、汉语的价值

世界上的语言,既然有趋于分析的趋势,而且这种趋势是语言

进步的现象;汉语是分析的极则,可说是世界上最进步的语言。从前学者以为汉语的形式,没有人称、时间、数目、性别、位格等的差别,没有形式的变化,块然不变,好像生物的原形质,就说汉语为太古语的标本。其实他们还没有知道汉语的特性,只就语言的外表上观察,所以他们的结论错误。汉语名为孤立语,而实际上语词在语句中,正是有机的结合,决非各个孤立的。语词的品性和意义在全句的总意义上自然显现;没有时间、数目、性别、位格、人称等的差别,决不致于含糊相混。胡以鲁《国语学草创》谓此种作用,乃是“借联想或类推作用,彼此相连,或彼此相限,起关系上包晕之感”。种种形式变化,在汉语上看来,真是画蛇添足,无存在的必要;因为汉语没有形式变化,所以语句上语词的序次非常重要。如“春风风人”“夏雨雨人”“推食食我”“解衣衣我”两个相同的语词叠用,品性上的区别自然在序次上看出来。古代汉语上,尚有语词的序次颠倒错乱的,如“室于怒,市于色,野于饮食”等等句法,现在统已涤除净尽了;这也是一种进步的现象。现代英语也很有和汉语相近的趋势;于此可以知道世界上语言进化的倾向,汉语在这种进化上处于何等的地位了。他们看汉语孤立的状态,就列汉语为最初等,实在没有明白汉语的真价值;而孤立、接合、变形三段进化说,也就不攻自破了。但是无论列汉语为高等或初等,我们的民族正不必以此自豪或自馁;因为语言的优劣和民族的优劣是两件事。

(《大学》杂志 1933 年第 1 卷第 3 期)

日本民族和文化的来源

一、小引

关于日本民族和文化的来源，大家都知道是历史上的问题，可是古代的史实，往往缺乏了确实的记录，历史本身的范围，就很难确定了；因之考古学上，人类学上，人种学上，民俗学上以及语言学上的一切，都成为组织古史的基本材料。日本正式文字的产生，只是在西元后第四或第五世纪时：大家都知道，中国文字由高丽输入日本之后，日本的“假名”才正式成立。从那个时期以后，通常才把日本称为“中国化”的国家；而尤其是第五世纪和第八世纪之间——当中国六朝隋唐之际——为日本的“中国化”最盛时代。那时日本人非常仰慕中国的文化，因之语言上也特别受中国语的影响；大批的中国语词输入了日本，就是汉字的日本译音（Sino-gapanese）。日本译音最主要的有两种：一种是“吴音”（Go-on），是第五和第六世纪时，由中国东部和南部输入日本的；一种是“汉音”（Kan-on），是第七和第八世纪时，由中国北部输入日本的。因文化的传布，同时也使语言的广播；看着这种事实，也可以知道历史学和语言学彼此深切的关系了。汉字的日本译音，现今研究语音的，常常利用它们作为考证中国古音的一种资料；因为中国第六第七世纪——即隋唐时代——的音读，到了现在已经受过了许多变迁，而在这些外国的译音上，仍旧保存着可贵的残迹。根据考得

的隋唐的古音，再来研究中国第四第五世纪以前的上古音，并且把中国上古的语言来和日本、高丽、南洋等语言相比较，可因以测定东亚各国民族和文化彼此间深浅的关系。这些问题，当然不仅属于本篇的范围；本篇所要讨论的，只是这些问题当中的一部分罢了。

我们现在所要提出的问题，就是日本历史上所谓"中国化"时代以前，他们固有的文化，究竟和中国有无关系？中国六朝隋唐间的文化和语言，传播于日本，固然大家显见的，而在第四第五世纪以前，中国究竟有没有移殖人民于日本的事实，对于日本固有文化的建立，有怎样的关系？要解答这个问题，古史上片段的和神话式的记载，仅仅不过供我们来推想当时情形的大略，考古上人种上的根据也只是给予我们一些佐证，我们要根本上求得一个断案，那自然须采取语言学的途径了。本篇的主要部分，就是根据日本的固有语词和中国上古音的两相比照，来考察古代日本语上所包含中国语的成分，以推测上古的中国，在日本正式的"中国化"以前，已经有传布文化于日本的事实。日本语和中国语，据现今研究的结果，并不能认为亲属的语言；所以日本的民族，我们不能证明，说是和中国人有何等血统的关系。因之日本语上所包含中国语的成分，也只能认为是一些借贷语词(loan-words)，不能认为有亲属语词(cognate words)的性质。从这些借贷语词上，可以推想当时民族和文化相接触以及语言交流的情形，而始终不能因以完全断定中国人和日本人是同出于一个老祖宗的。现在我们先来探究日本这种民族的来源，其次讨论到交通和文化的关系，最后归结于语言学上的许多论证。

二、日本的古史

大概日本人，现今所公认的，总是一种混合的民族，是从海外各地移殖于日本境内的。关于这种民族的来源，日本古史上仅有很模糊的记载。日本最古的神话史，固然是西元前各种传说所集

成的缩影，但是现今留存着的，只有两种：一种叫做《古事记》，成于西元后七一二年；一种叫做《日本书记》，成于七二〇年，都是第八世纪时的产物。这两种神话，在地域上观察，可以扫原于三个中心的区域：一在日本本岛北部的沿海，一在本岛南部的沿海，又一则在极西南的九州岛。就中的居民以北部的出云系和在西南部九州岛的为最古远。据古史上的传说，现今日本皇系的始祖，神武天皇，于西元前六六〇年从九州岛带了一支军队，来到本岛，收其地为领土，这里便成为日本国发展的策源地。这些传说表示日本民族在北部有个最初的历史区域，在西南部岛上又有个区域；并且提示着北亚的部落，曾有从高丽渡海移殖于九州的。推想当时就由这些部落大概融合成为现今的日本人，逐渐繁殖起来；其中当然有被同化的虾夷人在内。虾夷人在上古时必定是据有日本本岛的大部分；现今只有一种残余的民族，散处极北部及库页岛而已。我们要证实这些推想，就须借助于考古学，人种学以及语言学等的研究了。关于语言学上，我们须考明日本语是否和亚洲大陆之任何一种语言有亲属的关系，或者和南洋语言之任何一种有亲属关系，或者竟为两方语言的混合语。

三、日本语与东亚其他各种语言的关系

但是在研究的途径上，有许多困难；因为日本民族，姑且不管从什么地方移殖而来，总之和原来的同种人，至少已经隔离了二千年之久。经过这样一个长久的期间，各种语言都起了剧烈的变化。我们对于日本语，有了一种拼音文字——假名——的记载，因此能够确实知道一千多年以前语词音读的形式。但是大多数北亚和南洋的语言，我们所能见到的，只是一些近代语词的形式，很难把它们来和日本古语作比较的研究。至于高丽语，虽然有许多学者得着一些微薄的证据，以断定它和日本语有密切的关系，可是我们连它在高

丽地方行用了多少年代，也未曾知道。大约二千年前，高丽地方盘据着许多小国家，我们关于这些小国的民族和语言，所知道的很少。现今的高丽语是否即在杳远的古代已经行用于高丽地方，或者由后来亚洲别种民族迁来之后，才输入的，我们现在都不知道。总之，我们对于东亚各种语言，须经过一番精密的比较的研究，把它们的各种母语完全考明之后，才能明白它们相互间有怎样的关系。对于南洋的各种语言，也须进行同样的步骤，或者至少把它们当中主要各系——如印度尼西亚系（Indonesian），美拉尼西亚系（Melanesian），坡里尼西亚系（Polynesian）等——的母语考证出来。于是，我们才能将日本古语和亚洲大陆及南洋的各种语言来相比较，这样或许我们对于日本民族的来源这个问题，可以得着圆满的答案。

四、从语言学上考察日本民族和文化的由来

这种研究虽然途径上有许多困难，可是语言学家在某种范围内已经作了几度的尝试。尤其对于中国和日本，在民族和上古的文化上，怎样关系的问题，一般人所最感兴趣的。中国人和日本人同为蒙古利亚人种，固然是无疑义，而九州岛和中国地方很为密近。因此我们很容易推想最初中国人由南方移殖于日本，是以九州岛为根据地；换一句话，就是日本西南部的移民，可以假定是中国人。一八八〇年，英国有个“支那学”家派克氏（E. H. Parker）想要证明这种说法，归纳了许多中国和日本的语词，以为在音读上和意义上可以相通的，就断定中国人和日本人有亲属的关系。可惜他的方法陷于错误了，他所引证的音义相通的语词，根据过于薄弱；他的论证实在靠不住，曾经被一个“东方学”家张伯伦氏（B.H. Chamberlain）所驳斥。因为这种比较的研究，那时还没有成熟；他们从事于这种研究的，缺乏中国古代语言和文字的智识，对于中国第六世纪的古音和第四世纪以前的上古音，没有做过缜密的考证，所以这种研

究，不能有何等成绩。到了现在，知道利用种种材料以考证中国的古音，并且也有根据来推测中国的上古音，因之中国语和日本语比较的研究，也很有成功的希望了。

从纯粹语言学的立场上来观察中日两国的语言，可以断定是没有亲属的关系的。它们彼此间文法的体系，语词的组织等等，差异性显然很大。如果九州的移民在日本语言发达的过程占有优越的地位，而且是日本民族中的一个主要分子，那末，九州的移民就可以断定不是中国人了。但是中国和日本的民族虽然没有亲属的关系，并不能因以否认上古中国文化原有影响于日本的事实；中国和日本的语言，虽然不是同一系族，并不能因以阻止日本语上包含中国语的成分，输入和借贷中国的语词。从第五世纪以后，日本竭力吸受中国的文化，初则由高丽转入，继则直接输进，在政治及社会生活上都蒙绝大的影响；这个就是所谓"中国化"的时代。我们现在所要提出的问题，并非关于第五世纪以后的事实，乃是在正式的"中国化"时代以前，如《古事纪》及《日本书纪》里所叙述的，日本已经具有相当的文化，这种文化究竟完全由于日本民族内在的发展而来呢？还是因为和中国交通吸收了若干文化的成分呢？假如中国上古时和日本交通，果真有这么一回事，那末，在语言上或者其他事实上总可以寻出一些证据来。

五、上古中国与日本的交通

一般历史家叙述日本初期史事的时候，总要想到上古中国和日本有交通的可能，而苦于没有确实的例证。据现今所存文书上的记载，中国文化传播于日本的路线，最初是经过高丽的。从高丽输入中国的文字，《古事纪》和《日本书纪》上记述此事颇详：说是高丽一个学士王仁渡海入日本，随带中国经典数种，教授日本人，遂开日本文字的先河。此事发生的年代，据《日本书纪》所纪，大约

在西元后四〇五年，或许更早日本已经有了通行的书体，不过这一种方才被认为正式的文字。又这一类的记载很明白的显示着：当第六第七世纪时，为日本的“中国化”最盛时代，大部分的文物制度——尤其是关于物质的文明——由高丽人和中国人传入；就中以技术家为最多，他们迁徙到了日本诸岛，便将技艺教授于日本人。传说上都以为中国人的迁徙于日本，完全由高丽绕道渡海而来，这个却未必尽然。即使京都已经成为日本政治中心之后，九州岛仍旧还是文化的根据地。九州岛上曾发现西元后五〇年时的一颗金印，为日本和中国交通最古的遗迹。因为现今上海一带的陆地，正和九州岛遥遥相对，好像希腊南部遥对着西西利岛，彼此之间往来航行，是很容易实现的。日语上所谓“黑潮”，就是从菲列宾一带向北而来的一股海流，势道很猛烈，直冲九州岛的南岸；中国的航海者偶然离开海岸过远，很容易被这股海流冲发到九州来。所以我们很有理由，可以断说：中国东南沿海一带和日本九州岛必定曾有直接的交通，其时代较之由高丽间接进入日本的也许还要古远，或者在西元前时已经开始了。

六、日本语里所包含中国语的成分

当“中国化”最盛时代，中国语词成千成百被借贷入于日本语里，所以日语字典中，所包含汉字的日本译音，占了极大的百分数。这类中国语词既然大批的搀进入于日本语里成为文学上的借贷语词，它们的借贷又是依照固定的原则的，所以到了现在，即使遭受了日本境内音读的变化，也很容易认明，它们和日本语上所谓真正的固有语词显然可以辨别的。可是，我们上面刚才说过，中国和日本的直接交通，在很早时期或许已经实现了，果真中国的文化，在第五世纪以前，即已辅助日本奠定它古代文明的基础，那末，我们也应当能于汉字的日本译音之外，从真正所谓日本的固有语词里，

寻出一些直接借贷得来的中国语词，这类语词很可以和上古的中国语音互相比照。可是我们寻求这类例证的时候，有一件不可忽视的事实：凡是一种语言借贷他种语言的语词，必定把借贷得来的语词，在音读的形式上，多少变动一下，以适应这种语言自已通行的形式。例如英语上借贷拉丁或法语的语词，常常把原来的音读改变以适合英语的语音系统。这种情形叫做“语音的替代”(sound substitution)，已经成为语言交流现象中的公例了。我们对于日本语上输入的中国语词，不妨从因果关系上推定这种“语音的替代”是怎样进行的；一方面我们只须从较后的汉字日本译音上加以考察研究，他方面又从日本古语的音韵材料——如《古事记》等所载者——上推测，我们便可以归纳几条原则出来。

七、日本借贷中国语词几条“语音替代”的原则

现在把归纳所得的，日本借贷中国语词时所应用的几条语音替代的原则列举如下：

（一）增加“附从元音”　中国语词，凡是韵尾上带有-p、-t、-k 的音，到了日本语里，必须再加上一个“附从元音”(Parasitevowel)，例如：

中国语的“puk”，到日本语里，便成为“puku”；

中国语的“kat”，到日本语里，便成为“katu”；

中国语的“ket”，到日本语里，便成为“ketu”或“keti”。在汉字的日本译音上是如此，古代日本语的借贷中国语词也应当是如此。因为我们查考《古事纪》中所载古代的日本语，竟然没有一个语词是用辅音为收尾的；所以对于中国语词韵尾带有辅音的——如-p、-t、-k 等——必定在后面再加上一个附从元音——如-u、-i 等。

（二）变暴发声音为气音　语词起首带有暴发声音 b-、d-、g- 或 b‘-、d‘-、g‘-中国古代语言上是很通行的，现今东南一带方言里还保存

着，可是在纯粹的日本语词上没有这种音，因之汉字的日本译音上常用暴发气音 p-、t-、k-来替代暴发声音。只有日译吴音中，把中国古音的 b-、d-、g-改译为 b-、d-、g-，仍旧是暴发声音，这是因为文学上的借贷语词，为一般文人所译成，和通常口语借入译成的有点特殊的情形。至于极早时代，日本人对于输入的中国语“ba”“da”“ga”，便自然而然改变为“pa”“ta”“ka”；这是因为在他们自己的语言中，只具有 p-、t-、k-，而没有 b‘-、d‘-、g‘-的缘故。

（三）复辅音的单纯化　古代日语的拼音里，没有两个以上相连的辅音——就是复辅音（Consonant-group）——或者原有这种复辅音，早已受了单纯化。中国上古音中，确有这种复辅音，到了古音时代，已经被单纯化了。所以上古中国语的“klam”到日本语里必定转变为“kam”，或“ram”（因为日语里没有 l-的音，所以用 r-的音来替代）。

（四）复元音的单纯化　中国语里 i 和 u 等和其他元音连拼组成为复元音的很多。可是输入日本语里，便把 i 或 u 省去，只留存着其他的元音，例如：

中国古音的“ki̯at”，到日本译音里，便成为“ketu”。
中国古音的“tuân”，到日本译音里，便成为“tan”。

也有把其他元音省去而留存着 i 或 u 的，例如：

中国古音的“ki̯ĕn”，到日本译音里，便成为“kin”。
中国古音的“ki̯u̯ən”，到日本译音里，便成为“kun”。

这些原来的复元音，都是在借贷的时候自然而然被单纯化的。

（五）用相近的音来替代　有些元音为中国语里所行用而为

日本语里所没有的。这类元音，在日本译音中，便用其他相近的六音来替代；例如ᴠ、ə 等为日语里所没有的，于是：

中国古音的“kɐk”，到日本译音里便成为“kaku”。

中国古音的“kən”，到日本译音里便成为“kon”。

这是用 a、o 来替代相近的音ᴠ、ə。

上列几条原则，既然从中国语和日本语的关系上归纳得来，我们根据着它们，便可以考察日本固有语词里所借贷的上古中国语。

八、语言上的许多例证

一种语言输入了他种语言的语词，不但在音读的形式上要加以更动，在内容的意义上也往往起了变化。不过意义方面，或是扩大，或是缩小，或是转移，我们总可以依据一般语言上语词内容变迁的原理，来测定它们彼此相通的由来。日本语词里，除了汉字的日本译音以外，普通所认为日本的固有语词，其中还包含有上古中国语的成分；这些就是日本在正式的“中国化”以前，早已由中国借贷得来的语词。这里姑且举出十几个语词来作例证；为说明的便利起见，列个表如下：

汉字	中国国语音	中国古音	日语现代音	日语古音	意　义	附　注
邑	i	i̯əp	ie	ipe	中国语为“城市”“村镇”之意，日语为“房屋”之意。	日语加上附从元音-e，而省去ə音。此字本义“二十四家为一邑”，故可通作“村镇”“城市”，转以指人民所居之“房屋”。

续　表

汉字	中国国语音	中国古音	日语现代音	日语古音	意　义	附　注
室	shı	siě̯t 由上古音 śiă̯t 变来	sato	sato	中国语为“房屋”之意，日语则为“村镇”之意。	日语加上附从元音-o，而省去 i 音。本义为“房屋”，为“家族”所居，故又可用作“家族”及“家族”之居留地，即“村镇”。
筑	chu	ţi̯uk	tsuku	tuku	中国语与日语皆为“建筑”之意。	日语加上附从元音-u，而以 t 替代 ţ，又省去 i 音。
槅	ko	kɐk	kaki	kaki	中国语为“隔离物”“遮蔽物”之意，日语为“篱墙”之意。	日语加上附从元音-i，而以 a 替代 ɐ。
析	si	siak 由上古音 siak 变来	saku	saku	中国日语并为“剖析木材”之意。	日语加上附从元音-u，而省去 i 音。
阈	ü	ū iək	yuka	yuka	中国语为“门限”之意，日本语为“地板”之意。	日语加上附从元音-a，而省去 ə 音，以 yu 替代 i^{n}。古时日本，原无地板，yuka 一语，本以指“墙边木制之脚凳”，后推广其义以指“地板”与“门限”意义原属相通。
绢	kuan	u kiän	kinu	kinu	中国语日语皆为“丝制品”之意。	日语加上附从元音-u，而以 i 替代 $\hat{i}^{n}$。

续 表

汉字	中国国语音	中国古音	日语现代音	日语古音	意 义	附 注
秈	si̯en	si̯an	ine	sine	中国语日语皆以指一种“米”。	日语加上附从元音-e,而省去ä音。
竹	chu	t́i̯nk	take	take	中国语日语之义并同。	日语加上附从元音-e而以t替代t'。此字在中国上古音中或含有较开之元音,故日语得转为a音。
泾	shı	i̯śəp	shio	sipo	中国语为“潮泾”“水泽”之意,日语为“盐”之意。	日语加上附从元音o而省去ə音。古者煮海为盐,日语取“水泽”之语以指“盐”,盖自“盐池”之意转来者也。
郡	kùn	g̀juən	kuni	kuni	中国语为“郡省”之意,日语为“候国”之意。	日语加上附从元音-i,而省去i和ə二音,又将暴发声音g'变为气音k。其意义并相通。
盆	ṕ'ên	b'uən	fune	pune	中国语为“盆器”之意,日语为“船舟”之意。	日语加上附从元音-e,而省去ə音。“舟”形如“盆”,英语“vessel”一字兼有“舟”“盆”二义,可用以解释此例。
镰	lien	lam由上古音 kliam 或 klam 变来	kama	kama	中国语日语并为“刈钓”之意。	日语加上附从元音-a,且亦将复辅音kl-单纯化而为l-。

续　表

汉字	中国国语音	中国古音	日语现代音	日语古音	意　义	附　注
热	jê	ńzi̯at 由上古音 ńi̯at 变来	natsn	natu	中国语为热冷之“热”日语则为“夏天”之意。	日语加上附从元音-u，而省去 i 音，又以 n 替代 n'。“夏天”与“热”义有关。

上面所举出的语词，虽然只有十几个，内中却有关于建筑的、农业的、工业的，以及社会和政治制度的，已经足以窥见全部文明的一斑了。这些语词音读的形式和内容的意义，从中国语和日本语比较的考察，我们自然不能否认它们彼此的关系而只承认日本语上这些所谓固有语词乃是从中国语上借贷得来的。它们输入日本的年代，虽然不能完全确定，有些或者很晚后，晚后到“中国化”时代的初期；可是有些，根据语音历史上观察，如在下列的几个式子里看来：

(室)中国上古音 śi̯ăt { 日语古音 si̯ăt ／ 中国古音 sato }

(热)中国上古音 niat { 日语古音 natu ／ 中国古音 ńzi̯at }

(镰)中国上古音 kli̯am { 日语古音 kama ／ 中国古音 li̯ām }

我们很确实的断定它们是在中国上古时——第四世纪以前——输入日本的。中国上古语言既然把许多语词借贷于日本，那末，日本古代文化原有的基础，当然也是和上古的中国文化接触之后，才奠定的。换句话说：日本文化的来源和上古中国的关系是不能否认的。

九、上古时日本吸受中国文化的路线

但是，上古时日本对于中国的文化究竟是完全由中国直接输入的呢？还是有一部分经过他种民族的介绍，间接输入的呢？我们在上文说过一段"上古时中国与日本的交通"，永认很早的时候，中国人和日本人已经有直接接触的事实。不过我们现在还没有把东亚各种民族的历史和语言以及它们相互的关系，统统研究得着明确的断案，我们始终只能认为是一种假设。上面所列出的许多语言上的例证，固然可以用来推想上古中国文化和日本的关系，可是我们并不能因此就断定这些文化和语言的成分完全是直接从中国输入的。因为从语言上我们要求得绝对的证据，我们在消极方面必须表明绝对没有他种语言——这些或者和日本语有亲属关系的——是具有如中国语或较中国语为适宜的现象，以解释古代日本语的。我们试把东亚其他语言上的语词来和中国的日本的比较，却也很容易寻得语音和意义上相通的许多例子。这里姑且举出一个"熊"字来说：

"熊"，中国现代音读 hiung，中国古音读 yiunǵ；古音的 yi̯ung 是由更古的 ğiung 变来；而这个 ği̯uug，更由上古音的 ği̯um 变来。现今汕头方音中，这个字读 him，可以为上古音的佐证。其音读演变的形式如下：

ği̯um→giung→yi̯ung→hiung。

这种演变的现象——就是由收-m 的音变为收-ng 的音——在中国语上，是因为受元音 u 的影响而发生双唇的"异化作用"(dissimilation)，很常见的。例如"风"字，古音读 pi̯ung，也是由上古音的 pi̯um 变来，可以和"熊"字的音读相比证。"熊"这个语词在日本语上，古音读为 kuma。依据语音替代的原则，日语的 kuma

把中国上古音ǧi̯um 的暴发声音变为气音，又加上了附从元音-a，而省去了 i 音。此外，又在意义上完全相同，我们当然可以断定这个语词也是日本在上古时从中国语上借贷得来的。不过我们再来考察东亚的另一种语言——高丽语——和中国这个语词有怎样的关系。高丽语上，这个语词作 kom，和中国上古音ǵium 的关系较之日本语上似乎更为密切了。我们现在或者可以断定高丽语呼“熊”为 kom，日本语为 kuma，二者是同出于一个语源，就是中国上古音的ǧrum。但是这里所要提出的问题：日本语的 kuma，究竟是中国上古语上直接借贷得来的呢？还是从高丽语的 kom 转变而来的呢？假使二者同出于中国上古语的ǧi̯um 这个前题我们认为不错的，那末，下列二个式子当中，必须拣择了一个：

（一）中国上古语ǧi̯um ⎧高丽语 kom
　　　　　　　　　　　⎩日本语 kuma

（二）中国上古语 g'ium→高丽语 kom→日本语 kuma

我们似乎以采取第二个式子比较的自然，就是认定这个语词，日本人不是从中国上古语上直接借贷得来，而是间接从高丽语上输入的。

就这个例子上，就可以知道日本语里所包含中国语的成分，连那日本所谓固有语词当中，也不必定是直接从中国语上借贷得来的语词，或者还经过了他种语言，间接输入日本的，我们上面所举出的例证，只能因以测定上古中国文化对于日本的影响，其本身上并不足以确实证明中国和日本直接交通的事实，并不足以显示上古中国文化传布于日本的路线。总之：上古时日本吸受中国的文化，或者是由中国直接输入的，或者是由东亚其他民族——如高丽等——的介绍，间接输入的，我们还没有把东亚各种民族的历史和语言——和日本有亲属或他种深切关系的——加以周密的研究，暂时当然不能作固定的断案。

十、结论

把上文总括起来说：日本人是一种混合的民族，这是从历史的记载上来推测的；不过究竟和东亚其他的种族有怎样的关系？这个问题，我们应该从比较语言学上去寻求答案。从比较语言学上观察，中国人和日本人并没有亲属的关系，日本的民族并非由中国移殖而来。不过日本文化原有的基础，确是受了上古中国的影响；或者日本人和中国文化接触之后，才发生他们古代的文明。因为日本语的固有语词当中，已经包含有许多中国上古语的成分。在事实上，上古中国和日本的交通，也是可能的。但是中国上古的文化，是否完全直接的输入日本？是依照怎样的路线传布于东亚各国？这个问题也要等待比较语言学上来解决。总之：我们要推究日本民族和文化的来源，我们须把历史的记载以及人类学上，考古学上，人种学上，民俗学上种种考察的结果总集起来，测定一个大概，再取决于东方语言的研究，才可以得到确实的断案。我们也因此可以知道历史学和语言学彼此深切的关系了。

注：高本汉(B. karlgren)的 Philology and Ancient china，这书第六章叙述中国语和亚洲各国语言的关系。本篇大部分的材料就是从这章摘译出来，而另加编次的。内中所用的音标，也是依照高本汉的系统。这层应该对读者特别的声明，并且对高本汉先生表示深深的感谢。民国二十二年八月十日，张世禄附志，于暨南大学。

(《大学杂志》1933 年第 1 卷第 2 期)

中国文学史概要

一、导言

文学史的意义　历史是叙述人类过去一切活动的事实的。文学是人类活动当中的一部分，文学史也只是历史全体上的一方面。某国的历史是叙述某个地域内某一些民族过去活动的事实；某国的文学史就是叙述这一些民族过去在文学方面的创造，改进和成绩。我们要研究文学史，必须要具备许多条件：第一，须明了文学本身的原理。文学是什么东西？它的范围是怎样？那许多作品才算是文学？文学上的要素是什么？我们怎样去鉴赏和批评它们？我们认定了研究的对象，明白了对象本身的价值，于是我们叙述的时候，才能够捉住事实的中心，才能够免除个人的偏见，才能够客观的将事实的历史意义显示出来。第二，又须具有考证的工夫。民族时代和环境，这三项是文学的背景。一种文学作品的产生，我们必须根据这三方面来考察；我们必须把它经过了一番缜密的考证，才能够辨别它的真伪，才能够排定各种作品年代的次序，才能够正确的显示各种作品产生的由来。第三，又须采取历史的方法。文学史的内容，并不单是对于各种作品鉴赏和批评的集合体，也不仅是过去文学家传纪和年谱的集合体。文学史的最大目的，在使我们明了历代文学演进的事实和它们变迁的原因。我们对于各种作品，辨明真伪和排定年代之后，还要推究它们先后间交互的影

响，它们彼此间所发生因果的关系，我们才能够把各种文学递嬗交替的现象显示出来。我们具备了上面所说的几种条件，才可以研究中国的文学史。

文学的界说　关于文学这个名辞的定义，西洋文学界里还没有得到一个确切不移的答案。不过我们根据普通一般所公认的学说当中，大致文学作品所必具的要素，可以举出下面的几点：（一）用一种语言或文字为表现的工具；（二）在形式方面，具有社会上所公认的一种体格，而在音律和辞彩上能够引起读者的美感。（三）在实质方面，具有高尚的情感，丰富的想像，深切的意义。（四）在效力方面，能够引起一般人的兴趣，能够感动一般人的心理，并非少数人的玩弄品，也不是专门家的私有物。我们明白了文学所必具的要素，就可以规定文学的范围，更可以从这种范围当中品第它们的高下。我们中国向来对于文学没有确定的见解，常常依着一时或个人的好尚来议论文学，因之所抱的观念总不免有多少错误。《韩非子·六反篇》里说："学道立方，离法之民也，而世尊之曰文学之士。"又《史记·儒林传》里说："齐鲁之间，于文学自古以来其天性。"可见周汉人引用文学这个名辞，义界是很广泛的，和唐宋"古文"家"文以载道"之说，大略相吻合。他们似乎认定文学应当以儒家的主义为中心，而总括一切经、史、子、集的。近人章炳麟的《文学总略》说："文学者，以有文学著于竹帛，故谓之文，论其法式，谓之文学。"这种文学的定义，更是广泛了，凡是有文字著于竹帛的，不必出于感情，想像和兴趣的作用，而且大部分为学术思想直接的说明，统统包括于文学的范围。这种观念和我们所抱的见解根本不同。中国过去还有一派，对于文学的义界，又似乎定得太窄，这就是六朝人所谓"文""笔"之分。刘勰《文心雕龙》引征当时的论调，说："有韵为文，无韵为笔。"以为文辞具有情彩声律的，才算是文，没有情彩声高的，只得称为笔，不能说是文学。萧统在《昭明文

选序》里说自己没有把经、史、子选录进去，只采取“综缉辞采，错比文华，事出于沉思，义归于翰藻”的文章。阮元《书文选序》后加以解释：“昭明以为经、史、子非可专名之为文也，专名为文，必沉思翰藻而后可。”这一派似乎以诗歌词赋之类为文学的主要部分，比较和我们所抱的见解切近一点。不过所谓有韵无韵的分别，太偏重于文辞的形式。假如没有高尚的情感，丰富的想像和深切的意义，即使辞藻华丽，音律和谐，那种作品，我们也只是屏弃于文学之外。又如近代名家所著的小说戏剧，大都用散体或语体文写的，并不必是有韵之文，可是它们总不失为文学的上乘。我们因此可以知道单是以诗歌词赋属能文学的范围，也是不对的。总之：中国过去对于文学的见解，总不免有多少错误，因之他们所定文学的义界，或失之太宽，或失之太狭。我们应该根据文学的原理，纠正从前旧观念的谬误，规定了一个正确的界说，于是我们研究中国文学史的时候，才有个正确的标准。

中国文学的演变　文学既然是人类整个活动的一方面，自然要随着历史的全体而演变的。文学的演变就是新旧文学不绝的交替，而由历史上其他许多方面的变动促成这种新陈的代谢。例为《诗经》之后，为什么有《楚辞》这种文学发生？我们从地理上观察，因为周代末年，黄河流域的文化扩张到了长江流域，《楚辞》对于《诗经》的变弁，可以从这两大流域境环的不同来分析的。再从民族上观察，《楚辞》这种文学的发生，可以说是由于荆楚民族和中原交通往来吸受中原的文化而来的，增添了一种新兴的民族，常常要产生一种新文学。又从时代的习尚来观察，周代末年因为政治和风俗上的变动，就成了所谓纵横时代，游说和雄辩的风气自然受产生辞赋一类的作品。又语言上音乐上雅言和雅乐的衰歇，楚语和楚声的兴起，有了这种原因，自然而有《诗经》变为《楚辞》的结果。我们因此可以知道一种文学的发生。必定有它的历史的背景，文

学是随着整个的历史而演变的。历史上的事实绝对没有一成不变的,新旧交替是历史上必不可避免的事实,也就是历史所以成立的基础。焦循的《易余籥录》,内中有一段论到文学的演变,说我们中国各个时代各有它的代表的作品。就是说一代有一代的新文学。《诗经》是周代文学的代表,楚骚是周末战国文学的代表,赋是汉代文学的代表,五言古诗是魏晋五朝文学的代表,律诗是唐代文学的代表,词是五代两宋文学的代表,曲是金元文学的代表,八股是明代文学的代表。焦氏这一段话,很合于文学史的意义,他说人是后代的人摹仿从前人的作品的,都只是追逐前代的余气游魂,总不能超出旧文学的范围,结果,自己不能有新奇的创作,并且违背了历史进化的意义。他说:“夫一代有一代之所胜,舍其所胜,以就其所不胜,皆寄人篱下者耳。”我们现在要提倡新文学,就是要创出一种代表现代的作品,不至于寄托古人的篱下。历史所告诉我们的,我们应该站在时代的前面,共同努力于人类的进化。过去文学的研究,也只是使我们明了将来文学的趋势,而鼓励我们创造的勇气。

文学演变的公例　上文所举焦氏的话:“一代有一代之所胜。”足以见得文学是随着时代而演变,乃是一种必然的公例。不过我们研究文学史的人,要把历代的代表作品,一一推举得很适当,这却是一件不容易的工作。因为一个人很难得没有偏见,论断的轻重,就往往不能持着平衡;我们应该采取历史家客观的态度,竭力的把这种偏见排除净尽,然后将过去文学的现象统统加以归纳的说明才行。例如焦氏推举八股为明代文学的代表,就未免有点失当。依我们的眼光看来,明代一班复古派的文学家,固然是寄托古人的篱下,追逐古人的游魂,不值得我们的一顾,但是当时那些镂心刻骨于八股的士人,虽然自己能够另辟门户,不落前人的科臼,而竭尽文学技艺的能事,不过这种文学究竟具有何等的价值。现在很难确定。而且从事于八股文的,大都受了专制帝皇的利用,所

谓“天下英雄，尽入吾彀中矣”。要是对于功名利禄很淡泊的人，恐怕不肯加意的钻研，尤其在一般普通的平民当中，能够享受和领会的更少。明清时代的文学实在应该以小说当作代表。章回体的白话小说，起源于宋朝，兴盛于元明，而完成于清代；这种文学是宋以前所未曾有过的。而且一般社会直接受它的影响实在很大，这种文学也就依着社会上自然的趋势发展起来。我们把历代的代表作品确定了以后，再观察它们彼此间递嬗交替的现象，而归纳成功几条公例来说明。现在姑且把中国文学演变的显著的公例列举于下：

（一）“渐进”的公例——历史上一切的演进，是“渐”的，不是“顿”的，文学也当然不能例外。凡是某一时代的某种文学正发达的时候，后一时代的另一种文学必定早早已经伏有发动的萌芽了；而一种新起的文学发展到了成熟的时候，过去的旧文学却还未曾归于完全的衰退和消灭。例如六朝的古诗，正当兴盛的时候，已经具有唐代律绝诗的倾向了，到了唐代律绝诗兴盛的时候，古诗的势力却还未曾归于衰歇。宋代词体最发达，可是明清的小说，在宋代已经伏有萌芽了。元明戏曲正盛行，可是小说的发展，那时也已经成熟了。

（二）“过渡”的公例——凡是一种文学演进到了他种的时候，中间往往要发生另外一种过渡的作品；因为新旧的交替，既然是渐渐的移动，当移动的中间，自然要发生介于新旧两种文学中间的过渡物。这种过渡物是兼具有新旧两种文学的特质和要素的。例如荀卿的诗赋，就是由《诗经》进到骚赋中间的过渡物，汉初骚体的诗歌，又是楚骚进到古诗中间的过渡物，挡弹词，鼓子词就是由宋词进到元曲中间的过渡物，弹词小说又是近代戏曲和小说中间的过渡物。

（三）“承前”的公例——凡是一种新文学的产生，必定包含过去许多旧文学的要素和特质，这好像生物的遗传，子孙承袭了父祖

的气质，领受了前代的赋予。所以新文学是融合许多旧文学的要素和特质而产生的；文学的演进，固然不是由于绝对的模仿，可是也并非由于绝对的创造，乃是从旧文学的模仿当中，制造出新文学的。例如宋词的取材和制作，实在是融合汉魏隋唐的诗歌乐府的，元曲的内容和形式，实在是包含周汉以来的诗歌词赋小说的。一种新文学绝对不是凭空的产生，乃是由旧文学的母体当中脱胎而成的。

（四）"启后"的公例——一代的文学就是往后各代种种新文学产生的因素。因为后来的新文学既然要包含从前种种旧文学的性质，所以某种文学的出现，随后产生的，无论直接或间接，多少总要受它的影响。例如《楚辞》，大家都知道是汉赋的泉源，可是内中《天问》《九歌》诸篇，又开后来神怪小说的先河。汉魏六朝的叙事诗，大家都知道是杜甫、白居易这班人作品的根据，可是内中描摹各种人物的口吻，实在又是元明戏曲小说的鼻祖。

（五）"生长"和"衰退"的公例——一种文学正像一种生物，生长成熟之后，体格固定，生长力就渐渐的衰退，以至于死亡。一种文学由生长到了成熟的期间，形式日趋于扩大，而渐渐的成为定型，于是格律方面日趋于细密，工力方日就于纤巧，这种现象就是由衰退进到死亡的表征。例如汉赋，到了魏晋时代已经渐渐的僵化，六朝、唐、宋人只加以声律和对偶，成为律赋这就是宣告赋的死刑。古诗经过六朝，也渐渐的僵化，到了唐朝成为律诗，古诗也就衰亡了。唐五代的小令，到了宋代，变为长调慢词，这就是形式的扩大，词到了南宋，意境渐趋狭隘，格律日趋细密，这就是显示词体的末运。由四折的元曲演进到了明清数十折的传奇，这就是形式的扩大。往后只拘守元明的成式和律调，这就是元明戏曲衰亡的表征。近代小说由短篇而长篇而章回，这就是形式的扩大，现今的人已经觉得这种章回小说的板滞可厌，要设法加以改革，而

别创一种新体。

上面所列举的几条公例，既然是从中国文学史上归纳得来的，我们就可以根据它们来推论过去文学演变的迹象，并且测定今后文学演变的趋势。

本书各节总目 本节是总论文学和文学史的意义，以及中国文学演变的大略。往后各节大致依照文学演变的时代顺序，论述太古时代的文学《诗经》《楚辞》，汉赋，中古的诗歌，宋词，元曲，明清小说，以及今后文学的趋势。

二、太古时代的文学

中国文学的起源 根据人类学社会学上研究的结果，文学最早的形式，可以断定是一种抒情诗。因为人类不能没有情感，受了外界的刺激，内部就发生了感动，而自然想方法表现出来，这就是诗歌发生的原因。我们看了鸟兽一类的动物，常常显露它们歌舞节奏的状态，也就可以知道人类的初生，已经具有创作文学的本能。这里可以引沈约的话来作证：

> 民禀天地之灵，含五伦之德，刚柔迭用，喜愠分情，夫志动于中，则歌咏外发。六义所因，四始似系，升降讴谣，纷披风什。虽虞夏以前，遗文不睹，禀气怀灵，理无或异。然则歌咏所兴，宜自生民始也。（见《宋书·谢灵运传》）

郑康成《诗谱序》说："诗的兴也，谅不于上皇之世。"只是依据于文书上没有记载下来而说，并不能因此就断定太古人民是没有诗歌的。因为麦肯基（A.S. Mackenzie）曾经说过，原始时代文学的特征是口头传述的。例如希腊的荷马诗，本来是零碎断片的集合品，经过了历代多种的口头传述，再用文字记载下来，又经过几

次的修正和润饰，才演成现在这样面目。所以文学的起源，可以说是和语言的发生同时的，远在文字发生以前。我们也可以知道文书载籍是文学发达以后才流传于世。最初文学的发达并不是和文字的应用相关联，而是和音乐舞蹈并行发展的。诗歌和音乐舞蹈这三种在太古时代是合一不能分离的。麦肯基叙述诗歌的起源，以为感情是有韵律性的东西，在某种状态中，为了自己增长快感，减少痛苦，往往用各种冲动的肉体运动或呼声来表白，这些运动及呼声，是唤起身体和声音自发的动作的准备，而为韵律所支配的时候，就是舞蹈，音乐和诗歌成立的基础。我们中国当然不在例外，诗歌的起源也是和乐舞有关系的。这里也可以引古书上讨论纯文学的几句话来作证：

> 诗言志，歌永言，声依永，律和声。（《虞书》）
>
> 诗者，志之所之也：在心为志，发言为诗，情动于中，而形于言，言之不足，故嗟叹之；嗟叹之不足，故咏歌之；咏歌之不足，则不知手之舞之，足之蹈之也。（《诗大序》）
>
> 诗，言其志也，歌，咏其声也，舞，动其容也，三者本于心，然后乐器从之。（《乐记》）

乐舞和诗歌既然同出于之原，我们看了古书上记载中国古代乐舞的发达——如《通典》谓黄帝作《咸池》，少皞作《大渊》，颛项作《六英》之类，《汉书·艺文》谓自黄帝下至三代，乐各在名。——就可以想见中国古代文学兴盛的一斑了。

上古传疑的诗歌　太古的诗歌，既然是口头的传习，没有确实的记载，因之我们虽然明知道当时文学的兴盛，——大概当时最流行"民歌"(Ballab)一类的作品——可是我很难得到古代确实的作品，我们要真正从文学上窥见太古民族社会的情形，也是很困难

的。例如《列子》所载的尧时《击壤歌》《尸子》和《孔子家语》所载的舜时《南风歌》,我们看《击壤》近于老庄的思想,《南风》很像《楚辞》的句读,究竟这种作品是周汉以后的人所追记的？还是假托的。我们很难草率的断定。至于《礼记》所载的伊耆氏的《蜡辞》,是当时农民祭祀时候所用的祷告文,我们中国最重农业和祭祀,所以民间有这一类的作品。《吴越春秋》所记的《断竹歌》,大概是原始民族守尸时候所唱的挽歌,不必定如《文心雕龙》所说是黄帝时候的作品,因为太古没有衣衾棺椁,陈尸于旷野之间,恐怕被鸟兽所吞食,所以手执弓弹,帮助孝子来守尸。这种作品,在我们推想起来,和中国原始民族社会的情形很相符合,我们或者就可认定它们为原始时代文学的代表。不过这种流传下来的诗歌,即使可信,也只是一些零简断片,当然不能算是伟大的作品。我们这里自然要引起一种疑问,我们看了印度的《马哈巴拉泰》(*Mahabharata*)、《拉马聊那》(*Ramayana*),腊希的《依里亚特》(*Iliad*)、《奥特赛》(*Odyssey*),他们古代口头传述,集成这样长篇的巨著,为何我们中国却缺乏了这种巨大的诗歌？我们要晓得诗歌的作品,依照体裁和内容,可以分做两种：一种是短篇的抒情诗,如《诗经》里大部分的作品是。一种是长篇的叙事诗,我们中国不很多见。抒情诗以发舒情感为主要的作用,情感不能持久,所以抒情诗不宜于长篇大著。叙事诗以叙述事实或想像为主要的作用,务取其曲折详尽,所以叙事诗不宜于短章小什。而古代叙事诗并非纯粹用来叙述事实,必定参杂有丰富的想像,方足以适合初民的心理而得有广播的流传。所以古代叙事诗形成的要素,必定包含有一种拟人的多神观念。我们看了《马哈巴拉泰》《拉马耶那》《依里亚特》《奥特赛》这些叙事的长篇,可以知道它们是由印度希腊古代的多神观念所凝结而成,所以一方面,用来叙述事实,——或者是国族间的纷争,或者是英雄的遇险,等等,——而一方面仍旧带有神话的色彩。我们

中国古代没有这类长篇的诗歌流传下来，这是因为中国的民族性和所处的环境，有一种特殊的情形，印度土地肥沃，生物百备，而地气酷热，不宜工作，最不合于现世人生的活动；所以人民常有神灵幽渺的思想。希腊地处半岛，天朗气清，山明水秀；所以人民性情活泼，心思敏锐，也具有丰富的想像。我们中国人上古所占领的地土，以黄河流域为根据，地质虽然宜于耕种，而必定要勤于操作，才能有所收获，所以中国的民族思想，常以发挥实践躬行为准的，不尚虚无缥缈的想像。古代的哲学家和历史家，多趋重于日用常行，不喜为怪力乱神之谈，凡具有偶象具体的神话，都被排弃。因之文学上也偏重于实际的人生，而同时记载和收集民间歌谣的，也大都以切合现实的生活为标准。我们中国并非没有神话的流传，只是到了文书载籍盛行的时候，多神观念，已经洗炼锐变，而达于至高抽象的一神，确立了天道的观念。所以中国古代没有印度希腊所有的一类叙事诗，而只是流传给我们一些抒情诗。《诗经》里大部分就是这种短篇的民歌的总集。

三、《诗经》的文学

诗经作述的由来　我们说过，古代的文学原来是口头传述的，是零碎断片的集合品，经过了历代的传述和修正，才著之于文书。《诗经》的产生，也不外此例。《诗经》里各篇，多数是不能指出它们作者的姓名；在诗篇当中，自述姓名的，如《小雅·节南山》的家父，《巷伯》的寺人孟子，《大雅·崧高》和《烝民》的吉甫，固然可以确定是谁作的。至于《书经》里说“周公作鸱鸮”。《左传》里说“许穆夫人赋《载驰》”，那是作者的姓名见于别种古书上，也大都可以依据。此外：后人所指定的，如共姜作《柏舟》。庄姜作《绿衣》《燕燕》《终风》《日月》之类，便不是完全可以信任的了。总之：《诗经》三百篇，正如《古诗十九首》，很难断定各篇的作者，而且大部分是民间

流行的歌谣，是代表全社会的，不能指定是某人的作品。我们看三百篇当中，彼此互有重复的章句，如《王风》的《扬之水》和《郑风》的《扬之水》就是显著的例证。其他如《周南》的《樛木》和《小雅》的《南山有台》，《郑风》的《风雨》和《小雅》的《隰桑》之类，彼此或者诗意相同，或者辞句相同。这种大概是由一篇演变为二篇或三篇，因为它们流行的地域和应用上的不同，所以彼此不免有增减、歧异的地方。可是它们虽然互有转变。终究不能混没彼此间在口头传述时相因袭的痕迹。章炳麟《检论·正名杂义》说："韵文弦诵相授，素繇耳治。久则音节谐熟，触激唇舌；不假思虑，而天纵其声。是故后代新曲，往往袭用古辞。"因之各地的民歌重复相似的很多。关于孔子删《诗》的事情，《史记·孔子世家》里有一段话，说："古诗三千余篇，及至孔子，去其重，取可施于礼义；……三百五篇，孔子皆弦歌之。以求合《韶》《武》《雅》《颂》之音。"这里所说"去其重"。就是指删去这种重复类似的篇章。后代人很不以孔子删诗之说为然。孔颖达《左传疏》谓："《季札》歌诗。《风》有十五国。其名皆与《诗》同。惟次第异。则仲尼以前，篇目完具；其所删削，盖亦无多。《史记》云：'古诗三千余篇，孔子取三百五篇。'盖马迁之谬。"古代诗歌的篇目，是否为三千的总数，固然不能确定，但是说原来只有这三百篇，也是不可信。我们要知道古代民间传述的诗歌，在数量上必定很多，在品质上必定有重复参差的篇目，而当时流传最广，讽诵最多的，大约也不过三百之数。这三百五篇的面目，或者是经过许多人的删修编次，大约孔子就是最后审定的一人。

诗经文辞和音乐的关系　诗经修辞的方法，分做"赋""比""兴"三类，刘氏《文心雕龙》解释这三种，说："赋者，铺也；铺采播文，体物写志也。"(《诠赋篇》)"比者，附也；附理者，切类以指事。"(《比兴篇》)"兴者，起也；起情者，依微以拟议。"(《比兴篇》)这三种当中，赋是直陈的方法，最为简单；比是譬喻的方法，比较委婉；兴

是托事于物，最为隐晦。修辞上注重委婉隐晦，忌直陈，故《诗经》的比兴之旨最足为后代文学家所取法。刘氏《文心雕龙·比兴篇》里有一段话讲到《诗经》比兴的方法，可以引来参看：

> 观夫兴之托谕，婉而成章；称名也小，取类也大。《关雎》有别，故后妃方德；尸鸠贞一，故夫人象义。……且何谓比？盖写物以附意，飏言以切事者也。故锡金以喻明德，珪璋以譬秀氏，螟蛉以类杀诲，蜩螗以写号呼，澣衣以拟心忧，席卷以方志固；凡斯切象，皆比义也。至于麻衣如雪，两骖如舞；若斯之类，皆比类者也。

至于《诗经》各篇的体制，有"风""雅""颂"的分别。我们从《诗序》里所说的解释，风就是表示各地的风俗，为民间的歌谣；雅是表示国家的兴衰，为政治文学；颂所以颂扬功德，为赞美文学。无论那种体制，在当时都可以歌唱；我们看了《左传》季札观乐一段，就可以知道风、雅、颂都可以入乐的。章炳麟《葑汉微言》说："诗者，被之管弦，用韵独严。"从明清以来，研究古音的，都要考明《诗经》用韵的方法，并且认定《诗经》就是古代的韵谱。最近丁竹筠作《毛诗正韵》，分部二十二，以为《诗经》的用韵不是专在韵尾，又有"经韵""纬韵""间句韵"等等的名目；可以见得用韵的严格，和音乐实在有密切的关系。我们看了风、雅、颂的分别，固然由于体制的不同，也是因乎音节上的差异。惠士奇说："风、雅、颂以音别也。《乐记》：师乙曰：'广大而静，疏达而信者，宜歌《大雅》；恭俭而好礼者，宜歌《小雅》。'据此则《大小雅》宜以音乐别之。"三百篇当中，属于风、雅的诗，章节很多重复，雅诗章节并不重复，而且很多没有韵的，如《清庙》《时迈》《昊天有成命》这些篇里，全不用韵的。王国维说风、雅之诗用韵的，其音促；颂不用韵

的，其音缓。我们就辞句上，也可以知道风、雅、颂的分别，也是由各音节上的差异；诗和乐既然有密切的关系，所以孔子说："吾自卫反鲁，然后乐正，雅颂诗得其所。"删修《诗经》，又所以正乐，所以说："恶郑声之乱雅乐也。"当时《诗经》的流传，和雅乐的推行，两者是相辅而行的。

诗经和周代政治社会的关系　我们上面说过，《诗经》各篇大多数不能指定它们作者的姓名，因之它们作于何时，也是多数不能确定。商颂五篇指为殷朝的作品，罗振玉《殷商贞卜文字考》说卜辞当中关于祭祀和田猎的，几乎占着大半；尚武力，重祭祀实在是殷代政俗上主要的精神。商颂虽然只有五篇，也足以表见这二种精神，如《长发》《殷武》之于尚武，《那烈祖》之于祭祀。商颂五篇以外，其余大抵可指为周诗，如《文王》《大明》《绵》《思齐》《皇矣》《文王有声》《鸱鸮》等篇，可以确定为周初的作品；《崧高》《烝民》等篇，可以确定为周宣王中兴时候的作品；如《正月繁霜》《雨无正》等篇，可以确定为周室东迁以后的作品，此外如《关雎》《麟趾》《棫樸》《旱麓》《行苇》《凫鹥》等篇，大都为和平安乐，赞扬咏叹的文辞，可以指为周代太平时的诗歌。至于《节南山》《十月之交》《小旻》《巧言》《大东》《北山》《召旻》等篇，大都是怨旷流离，悲愤感慨的文辞，可以指为周代衰乱时的诗歌。从这些诗篇当中，可以看出周代政俗上的重要精神；第一点就是封建的政治，第二点就是农业的社会，第三点就是宗族的伦理，第四点就是礼乐的注重。我们从南豳、雅、颂这些诗篇里，处处可以看出这四种精神，周代的兴衰，也是和这四种精神相为终始。而于列国风诗当中，又可以窥见当时各地的风俗，所谓"移风易俗，莫善于乐"；诗乐和地方风俗，关系最深。班固《汉书·地理志》就是根据《诗经》来说明各国的风俗。如秦风、豳风，"迫近戎狄，修习战备，高上气力，以射猎为先"；唐风、魏风，"其民有先王遗教，君子深思，小人险陋"；郑风、陈风、卫风"土

狭而险，山居谷汲；男女亟聚会，故其俗淫”。齐风“其地负海写卤，五谷少而人民寡，乃劝以女工之业，通鱼盐之利，故其俗弥侈”。《诗经》三百篇，我们实在可以当做周代政治社会的史料来看待。

（《大学杂志》1933 年第 1 卷第 2 期、第 3 期，
1934 年第 2 卷第 2 期）

言语学简述

一、言语学之范围

言语学既然是以言语为研究的对象的一种学科，所以我们要了解言语学的性质与范围，须先说明言语是一种什么东西。通常所谓言语，就是指我们人类的一种表现行动，在表现的形式方面，主要的是语音；在表现的内容方面，就是种种意义。语音形式和意义内容之间，并不是自然的固定的联合，而是依据于社会的习惯，发生一种联想的关系；所以何种语音代表着何种意义，只是社会上自由选择的结果，由社会上的各个人彼此互相假定而形成为一种共同的习惯。言语本身也只是一种习惯，而为社会的产物；各个人互相组成了社会，就需要言语做一种共同的交通工具，各个人都可以或必须引用它，而绝对不能据为私有。言语的发生和流变都是随着社会习惯而进行，各个人也都可以或必须参与其间，但是不能认为完全出于他个人的力量。个人即使有创作新语言的——如创作各种国际语之类——可是事实上仍当以社会固有的习惯做个基本的成素，而他方面新语言尤须靠了社会上的引用和传播，才能正式的成立。我们懂得了言语这种本性——社会习惯——才可以明了言语学上种种现象之所以发生，种种问题之所以成立。

言语既然是社会的一种习惯，所以言语的纷歧与变迁，只是依据社会本身的纷歧与变迁。古代语和现代语的不同，这种民族的

语言和那种民族的语言不同，而同是一种民族语言里，又包含有各种不同的方言，归根结底也只是由于社会习惯的不同。一种语言分化成为许多种语言或许多种方言，也就是社会习惯本身的分化；反转来说，许多种不同的语言或方言，彼此交流融合而有统一的趋势，也只是因为社会习惯本身的交流和融合。因之言语学的范围，包罗着古今中外各种语言上繁复错杂的现象。这些现象，我们为研究的便利起见，可以分做下列的三方面来观察：

（一）语音的形式方面。各种语言各有它所用的音素，拼音的方法，以及音调、音长、音势等变化的情形；这就是各种语言各有它的语音系统。因各个社会习惯的不同，各种语音系统彼此间就具有纷歧错杂的现象。这些现象的研究，属于“语音学”（phonetics）的范围。

（二）意义的内容方面。各种语言里的语词——语词就是意义的单位——各有它的涵义。这种语言里所引用的某个语词和别种语言里所引用的，意义上往往不能完全吻合。有时在这里所引用的某个语词和在别处所引用的，意义上也常有参差出入。有的取义于此，有的取义于彼；有的涵义较广，有的涵义较狭。这又是因为社会习惯的关系，使意义上发生这种繁复错杂的现象。这些现象的研究，属于“意义学”（semantics）的范围。

（三）言语的组织方面。言语上的语词和语句，是由语音形式和意义内容两方面的结合所组成的。因为社会的习惯不同，使各种语言里语词和语句的组织，各有不同的材料和方法。除了词源上的关系以外，在语法上也有纷歧和变迁的现象。试举拉丁语和汉语来做个例子。汉语为“孤立语”，拉丁语为“变形语”，汉语里语词在语句上的功用和意义上的变化，大都用语词联属的关系或排列的次序来表明，拉丁语里却常用语词组织本身的形式变化来表明。关于语词本身组织的研究，属于“形态学”（morphology）的范围，

关于语词和语词联属关系的研究，属于“措词学”(syntax)的范围。

上列这三方面的现象，我们无论对于那一种或那几种语言的研究，都须加以考察的——考察它们的语音系统，各个语词的涵义，以及语词和语句的组织。

二、研究言语的途径

人类的言语，既然依据社会的习惯具有纷歧错杂的现象，那末，我们研究的时候，究竟应当以一种语言为主体，还是以多种语言为主体呢？关于研究言语的途径，加布楞士(Gablenz)曾经把言语学分做下列的三种：

（一）各国语的研究。就是专门考察某一国语言的语音、词类、语法等，以明了这种民族的言语精神。例如中国国语学、英语学等。这种研究叫做“特殊言语学”(special linguistics)。

（二）系统的历史的研究。就是应用比较的方法，依据某许多语言的词源、语法和语音形式的流变等，并且参考其他历史的事实，以考明它们彼此间的关系和演化的系统。例如印、欧比较言语学，就是把印度日耳曼语族里的许多语言——如希腊语、拉丁语、印度伊兰语、日耳曼语等——加以比较的研究，以考明它们是由同一种母语——印欧母语——演化出来的。这种研究叫做“比较言语学”(comparative linguistics)。

（三）一般的研究。就是根据特殊言语学和比较言语学上研究的结果，进而考察人类言语怎样的产生，怎样的构成以及组织的种类，演变的情形。这种研究叫做“一般言语学”(general linguistics)或称为“言语的科学”(linguistic science or science of language)。内中所研究的并非关于某种或某几种语言的特殊事实，而是类集特殊的事实，认明它们的因果关系，以推求言语现象上的普遍的原则。

加布楞士所说这三种研究，似乎是互相并列的，其实彼此间有

密切相联的关系。特殊言语学虽然专注重某国语言的研究，但是某国的语言，必定是由某种民族历代传习演变而成的；我们要考见某种民族的言语精神，势必要追迹它发达的历史。又一国的语言并不是孤独的发展，必定和别国的语言有种种的关系；假使我们没有把它和别种语言来比较，我们就不能明了它的特性和它发达的由来。所以各国语的研究必须要牵涉到系统的历史的研究，而比较言语学也必须等待特殊的几种语言情形明了之后，才可以着手研究。在我们现今研究的程序上，对于言语的科学里一些普遍的原则，先有一种基本的认识，再来从事特殊言语学和比较言语学，自然事实上便利得多。但是一般言语学上的许多问题，也必须先明了世界上多种语言的情形，才可以进求解决。我们更从言语学发达的历史上看来，我们所谓言语科学的成立和进步，必定是特殊言语学和比较言语学发达以后的事。因为科学的进展，是必经分析的考察而后才有综合的结果的。

三、言语学之历史的发展

言语的科学既然要等到许多语言个别的或比较的研究发达之后，才正式的产生，所以一般言语学的成立，是在十九世纪以后；而要追究它的来源，却又必须溯诸古代。因为言语的研究，在古代文明发达的国家，已经具有萌芽了。大都最初研究言语的动机，是由了解一种远古流传下来而具有宗教上或艺术上价值的文书；因为那种文书里所代表的语言已经和当时人的口语发生变异，他们要想了解它的内容，自然去寻求语法上的规则。例如公元前第四世纪时巴尼尼（Panini）著有梵文典，公元前第二世纪时色雷斯（Thrax）著有希腊文典，公元二世纪时多那忒（Donatus）著有拉丁文典，他们的目的，都是在诵读古代的经典。又如犹太人因为要研究《旧约全书》而编纂希伯来文典，亚拉伯人要研究《可兰经》

而编纂亚拉伯文典。那时言语的研究，当做诵读经典的一种工具，所以言语学原来只是“文献学”的一个附庸，这种情形正和中国人研究字书、音韵、训诂以诵读古经的很相类似。近代欧洲人还是有很多沿守从前的习惯，称言语学为 philology，philology 这个语词，原于希腊语 philoslogos，是“爱思辨”“求道”之义，凡是对于往古流传文学思想的研究，都可以概括在内，颇有文献学的意味，和现今言语学的性质，实大有区别。不过当古代的时候，言语学和文献学实在彼此不能分离。那时除了分析古书上的文法以外，还有解释词义和探寻词源的；也有讨论到言语本身的性质起源等的问题，可是因为缺乏科学的方法和比较的资料，当然得不到确实的答案。

到了中世纪时，拉丁古文和当时流行的口语益趋纷歧，拉丁的古典文学不但为欧洲北部日耳曼民族诸国所不能了解，即南部拉丁民族诸国也不能通晓。于是他们深切的需要拉丁文的研究，他们要想窥探古典的文学，必须诵读拉丁古文。这种风气渐渐的普遍于欧洲，理论的文法认为是学习古语必由的途径，一般学子必须能够背诵全部拉丁文法的内容以后，才得允许诵读古代的文学。这种教学的方法应用于现代语上，就是为现今欧美学校里教习语法一门的始基。总之，近世纪以前，科学未曾发达，言语的研究既然认为文献学的一种工具，又不能运用精密的方法，又没有其他科学智识的辅助，即偶然知道比较的研究，而范围总是很狭隘的，所以未能建立为一种言语的科学。

到了近世，梵文输入了欧洲之后，言语学的研究，就很迅速的发达起来。因为自从近世纪初年，世界上的交通渐渐发展，欧洲人往来于印度的也渐渐增多，并且吸收印度古代的文化。他们把梵语和欧洲各种语言来比较，就产生印、欧比较言语学。创始者为威廉・琼斯（William Jones），于一七八六年著有《梵语与欧语之关系》，列举梵语和希腊语、拉丁语组织上很多类似的地方，以证明这

三种语言是同出一源的。从此研究梵语和印、欧比较言语学的风气日益兴盛。希勒格(Schlegel)更说梵语、希腊语、拉丁语和波斯语以及德语等都有直接的关系,并且说明世界上言语组织所以分出种种的原因,正是由于它们本源的不同。到了十九世纪,波普(Bopp)、格黎牧(Grimm)、勒斯克(Rask)三人出世,印、欧比较言语学就完全成立了。原来梵文在印度本地的情形,正像拉丁文之在欧洲,同为一般青年诵读古代文献的必需的工具。不过在印度地方,因为要保持数千年前经典上原来的音读形式,对于拼音学理和语词组织的研究特别发达。这种学识早已随着佛教的传播输入了中国,促进中国音韵和文法的研究,可是没有其他科学的辅助,不能正式产生语音和言语的科学。到了近世的欧洲,梵文拼音学理和语词组织的研究,得到西洋其他科学的辅助,就成立西洋的语音学和词源学。这两种学科是和比较言语学相辅而发展的。波普氏著有《印欧语比较》,以梵语为中心,说明印度、日耳曼族的各种语言是同出于一种母语,原为居住某地的一种民族所行用,分散于各地,于是演化而成印度、波斯和欧洲各国的语言。波普后又著《比较文法》,将印、欧各种语言里语词组织上形式的转变详细比较,以表明它们各种语法关系演成的由来。这种研究又经过坡特(Pott)、司奈赫(Schleicher)诸人的修整和推衍,奠定了印、欧比较言语学的基础。后来格黎牧著《日耳曼语文法》,又应用历史和比较的方法,说明印、欧语族当中日耳曼语演变的现象,从语音形式上观察日耳曼语和其他印、欧语变异的由来,制定所谓"格黎牧法则"。依照格黎牧这种方法,第次(Diez)、崔斯(Zeuss)、密克罗稷赤(Miklosich)又分别来研究拉丁语、克勒特语、斯拉夫语演变的情形。勒斯克氏更扩大这种研究的范围,除印度、日耳曼语族之外,又研究芬普语等,另一方面又探讨原始时代的言语。

波普、格黎牧、勒斯克等大都偏重比较言语学,到了洪保德

(Humboldt),更从比较的研究进到言语哲学方面。他综合世界各种语言的现象,申说言语组织纷歧的由来以及对于精神发展上的影响。此后言语学界就发生两种趋向:其一,个别研究和比较研究的范围推广到了全世界,分别考察西亚、东亚、北亚古今的语言,并及于南洋、美洲、非洲各处土人的语言。其二,根据这种分析研究的结果,又参合其他科学的知识,综成为一种言语的科学,例如斯泰因塔尔(Steinthal)根据心理学来解释言语的构成,米勒(Max Müller)根据社会学来观察言语的性质和内容,辉特尼(Whitney)根据历史学和生物学来说明言语演变的现象。我们因此可以知道十九世纪后半期一般言语学正式产生的原因:一方面固然由于言语个别的和比较的研究发达的结果,另一方面,又因为其他各种科学同时并进,言语学的成立也很多得它们的辅助。最近科学的进步既然有一日千里的趋势,言语的研究上也当然时时有新奇的发现。现在把言语科学上的几个重要问题以及最近关于它们的解答略述于后。

四、关于言语的起源和本质问题

言语在人类史上怎样产生,怎样发展成功呢?对于这个问题,从来有许多种学说,当中最重要的,就是"摹声说""叹词说"和"身势进化说"三种。摹声说为古代斯多葛派(Stoics)和十八世纪时赫特尔(Herder)所主张,他们以为言语上的各种语词是起源于自然音的模仿的,近代米勒氏也主张人类所发的语音,合于事实的本性,语音和意义间有一种自然的调和。叹词说为古代伊壁鸠鲁派(Epicureans)和十八世纪时卢骚(Rousseau)所主张,他们以为言语的起源由于纯粹表现情感的叹词,后来各种语词总离不了情感的作用。摹声说和叹词说都具有事实上的根据,但是自然音的模仿和出于生理上反应的叹词为何会发展成为现在的语言,他们还未曾加以解答。我们认定语音和意义之间,并没有直接

的固定的联合，言语既然要随着社会的习惯起了纷歧错杂的现象，言语在人类社会上既然不是普遍一致的，那末，言语的发展成功，并不是完全出于自然音的模仿和生理上反应的音了。现今对于言语起源问题，以身势进化说最为一般人所信认。帕泽特（Richard Paget）、贝克脱拉夫（Bekhterev）、卡勒脱（Charels Callet）以及那些接近温德氏（Wundt）学派的人都主张这种学说，他们以为人类所发的语音，原来只是随伴着身势的表现运动而起的，一种表现运动，乃是生理上全部的行动，不知不觉间影响于语音机关，因之身势的表现，同时也发出语音，于是语音的应用渐渐从身势的表现而和实际的经验发生联想的关系，更进而演成一种特别显著的形式，又依据于社会的进化，发展成为言语的习惯。

近年来因为人体学的进步，于心理学和言语根本的观念上发生一种变更。旧派的人体学中或许以萨坡儿（Sapir）和他的关于言语的著作最为著名了。可是近年来人体学在言语学上最大的贡献，却是马利诺斯基（Malinowski）对于奥格登（Ogden）和吕嘉慈（Richards）的《意义的意义》的补编。此书说明言语在原始功用上只是某种情形组合当中一种行动的方式，并非思想的暗号。因之引起杜威（Dewey）、德拉居拿（De Loguna）和其他美国心理学家陆续作了关于言语心理学的书。这是依照行为心理学派的观点的。对于言语的旧观念，如斯韦特（Sweet）的《言语的历史》、泰勒（Taylor）的《原始文化》，和辉特尼的书里，都是以为内部的思想用外部的语音为表现的工具，这是依据于生理和心理的二元论上的。行为派学者瓦特孙（Watson）持论却与之相反，他说我们所谓思想只是内部的言语，或者言语程序当中一种初起的行动，语音并不是思想的记号，而只是个人在社会上所养成的一种习惯的方式。罗素（Russell）的《哲学纲要》里虽不必和这种见解相同，也赞成用贯彻的行为派方法从事言语的研究，也认定言语只是人类一种身体的习惯。

五、关于言语的构成和组织问题

言语是怎样构成的呢？我们从语音学上研究语音机关怎样的构成各种音素和音素拼合的情形，以及强弱、轻重、高低变化的现象；而且应用一种科学的符号，作为一切语言满意的记录。又从解剖学和生理学上研究语音机关和听觉机关的组织。现代许多神经科医生，如约克生（Jackson）、赫德（Henry Head）等，他们的著作以及对于失语症和其他言语障碍的调治，使我们关于言语神经中枢的效用更加明白。尼格斯（Negus）著有《喉头机械论》一书也是这方面很有贡献的作品。同时物理学上各种器械的发明，更足以促语音研究的进步，如浪纹计、口盖机以及活动电影机、留声机片等，使我们对于各种音素的特性以及音长、音调等变化的情形得有客观的精细的考察。因之五十年来，实验语音学使我们在语音和各种语言的音读上的知识，增加了不少。鲁斯罗特（Rousselot）、斯克里普吉尔（Scripture）、迈尔（Moyer）、柏罗特（Poirot）和琼斯（Jones）等，建立了这种研究方法的基础；现今伦敦、巴黎、汉堡、纽约和其他各处的大学里还是在前进和发展之中。

语音所以成为言语上的应用而具有意义的价值，自然是依据于社会的习惯的，由于各个人在社会上积合过去的经验而成的。本世纪中，应用社会的观点来解释言语的构成，最著名的就是贝莱教授（Professor Balley）。他在一九一三年时说过："将来言语学的问题是言语的社会功用的实验的研究。"正常言语的行为是一种二人或二人以上团体行为的标本。言语习惯的建立，和社会团体有连锁的关系，引用某种语言的人，只是某个社会习惯相同的集团里的一分子，他把这个集团里一切现在和过去的人互相联合起来。言语的发生传达的效用，既然须要经过社会的陶冶，所以社会学和民族心理的研究，使得我们对于言语的意义问题有个切实的解答。

许多看护学校和一切儿童教养机关里具有相当训练的观察者，也能够增加我们关于言语习惯怎样组成的知识。因社会习惯的纷歧，各种语言在形态学和措词学上就各有不同的组织。世界上言语组织的种类，布兰飞德（Bloomfield）在《言语学概论》里颇有论列，可以供我们研究语言的人们参考。

六、关于言语的分类和演进问题

言语既然依据社会习惯而纷歧，世界上就演成各种不同的语言。现今二十万万人口当中，所行用的，不下于一千五百种；此外还有历史上已经消灭或废弃不用的许多古语。这些语言究竟应当分做几类呢？依照形态学的分类法，有所谓“变形语”“接合语”“孤立语”等名目；十九世纪时司奈赫、希勒格等都是这样的主张。但是这种形态学的分类过于粗简，于实用上很多不便。而我们通常根据人种、政治和地域来分别语言，也不合于科学的标准。于是从各种语言演化的历史上，把许多有关系的语言综合为几种语族或语系；这就是根据比较言语学上研究的结果，把世界上的语言归纳成为几个系统，叫做系统的分类法。系统的分类法并没有执持单一的标准来区分语言，而是精细辨别各种语言许多方面的异同，划定他们所属的系统。凡是同属一族或一系的语言，彼此间就有一种亲属的关系，就是现在所测定由同一种母语分化出来的。要是不同族或不同系的语言，彼此间虽然也有交流融合的现象，可是我们只能认为借贷的关系，不能认为亲属的关系。这样的分类，还可以使我们明了各种语言演化的历史，不过现今对于世界上的语言，究竟它们所属何族何系，还未曾完全的清楚。因之有许多语言，现今还不能决定它们的系统；日本语、朝鲜语以及巴斯克语就是显著的例。所以比较言语学的研究，仍须不断的进行。

各种语言既然可以分做几类或归纳成为几个系统，那末，我们

究竟认定是那一类或那一种语言最为进步的呢？我们从各种语言演变的事实上看来，语音的形式和词句的组织大都有趋于单纯和简省的情形。这个我们可以从古代梵语、希腊语、拉丁语和现代英语、法语等的比较上知道。十九世纪学者如司奈赫、希勒格等都以为这种演变的趋势，是退化的现象。他们认定了变形语是最高等的语言，接合语次之，孤立语最初等；于是就以为由繁复错杂的形式和组织变做孤立单纯的状态，是向着退化的。一九二八年，帕泽特在皇家学会关于语言的演说，还是抱着这种见解。耶斯拍孙(Jesperson)氏持论却与之相反。他以为语言的演变总是向着更便利的方面进行。耶斯拍孙著有《言语进步论》和《言语》等书，竭力阐明此旨；他相信语言的比较的估价，并且认定现代英语是人类史上最前进的语言。高本汉(Karlgren)研究汉语，以为原始汉语也是一种变形语，后来依据言语演变的趋势，成为极端的孤立语；又因语音的单纯化，使同音语词增加，而促进现代语里复合语词的产生，这种也正是进步的现象。现代英语和汉语在语法和组织的形式上颇有互相接近的趋势；而创作国际语的，虽然大都采用拉丁语的词汇，也总以汉语的语法为极则。近代学术深受达尔文主义和进化论的影响，言语学界也是如此。这种观念使得一般言语学家坚信他们所用的历史的方法，并且引起他们作生物学的比论。各种语词都是有历史的，是相竞而生存的，各种语言是有机体的，是生长而演化或死亡的。因之耶斯拍孙的书上常用“言语的生物学”这个术语，并且说：“现在觉得语言学上显著的情形是它历史的性质。”因此断定世界语言演变的历史，正是一种进化的现象；不过有的比较进步得更快，所以在分类上不能不加以区别。

七、结论

从上文看来，可以知道言语学上这些问题，包含着生理、物理、

心理的现象，以及人类社会历史的事实。言语的科学实在是一种组合的科学。一方面固然要根据人类语言实际现象的考察——就是特殊言语学和比较言语学上研究的结果；一方面尤须得着其他许多自然科学和社会科学的辅助，随着这些科学知识的进步而开展研究的途径，充实它的内容。因为言语学的对象，本身是一种人体的行动，同时又是一种社会的习惯。

本文参考书举要

Max Müller：*Lectures on the Science of Language*.

Whitney：*Life and Growth of Language*.

Article on "Philology" in Encylopaedia Britannica.

Bloomfield：*The Study of Language*.

Sweet：*History of Language*.

Kent：*Language and Philology*.

Sapir：*Language*.

Tucher：*Natural History of Language*.

Jesperson：*Language, Its Nature Development and Origin*.

Firth：*Speech*.

小林英夫译：《言语学原论》。

新村出：《东方言语史丛考》。

安藤正次：《言语学概论》。

胡以鲁：《国语学草创》。

张世禄：《言语学概论》。

（《新中华》杂志1934年第2卷第19期）

言语演变的原则

言语演变的原因动力　言语是民族社会上的一种习惯，人类文化生活的一种成分，言语的本身，自然离不了历史的变迁。我们看了周汉人所作诗赋上的韵语，很不合于唐宋时候的韵书，唐宋时候的韵书和“三十六字母”，也不合于现今的国语标准音。我们看古书上所用的字义和现今通行的字义有很多不同了，文言上词句的组织和现今白话上的也有许多不同了。我们再把近世英语和中世及古代的英语比较一下，就可以知道它们各个语词的音读和涵义以及语法的结构，彼此间都有很大的变异。我们再从地域上去观察，同是属于汉语，北平地方音读和上海地方、广州地方的音读有很大的差别。同是属于英语，伦敦地方的音读和纽约地方也有很多的差异。可是我们这里所说的还是显著的例子。实际上言语是无时无地不起变化的。有许多变化，我们没有留心观察；或者没有确实的记载，未曾引起大家的注意，我们常置之度外不管——实际也管不了许多。但是我们总要知道，言语正和人类的生命一样，随时随地有死亡，有生长，随时随地要起新陈代谢的作用。我们千万不要把言语看做固定不移的东西。我们所谓死语（dead languages）和活语（living languages）只是一种相对的名辞。经典（classics）上所记载的文辞可称死语了。而现代的欧洲人和中国人常常掇拾希腊拉丁古语、中国古语来表现新奇的事物。即使现代新出的词语，

或许因时移境换，不久也就成为明日黄花了。所以世界上无论那一种言语，我们从整个的系统上看来，总不是绝对的固定的，而是秉着历史的遗传，常常在迁流不息之中。

言语的形成，既然出于民族社会上各个人间的模仿作用，语音和意义两者间能够产生了一种密切的联想关系，是由于各个民族社会当中彼此互相仿效而形成为一种习惯。可是模仿是不能完全精确的，模仿是要迁就社会大群的公共趋向，而另一方面总难免不受各个人的偏性或各个小群的特殊情形的牵制。同时民族社会当中各种人物一代一代的新陈代谢；应用言语的人民也正在不绝的新旧交替。所以言语的向心力和离心力同时并存；言语的保守性固然存在，而言语变异的进行也无时或已。或者创作一些新语词，或者对于某些语词发出特殊的音读，或者对于某些意义具有特殊的表现形式：这类就是言语的新变化。假使这种新变化只是出于个人或某种团体的冲动，不能迎合民族、社会的趋势，不能得到大多数人的附和，那末，这种变异的进行，也就倏起倏灭，对于言语的演化上并无何等影响。反之，假使这种新变化很能得到民族社会上的欢迎，大多数人居然常常引用而形成为一种联想的新习惯，那末，这种言语上的变化就成立了。例如英语 stone 一类字里的“ō”（长“o”），中世英语本是读 ɔ：到了近世纪初年，渐渐读成 o：，现今已变为 ow 了。可见英语里 ō 音的变迁，是依着合口的倾向进行的。当时读 ō 的，或稍开，或稍合，具有许多种变化，可是只有稍合的音很受多数人的欢迎；于是英语里 ō 音合口的倾向最足以迎合社会的心理，这种变化也就显现出来了。言语上大多数的变化，最初总是很隐微的，偶然间产生的，积久渐成显著的、确定的习惯。“作始也简，将毕也巨”，这是历史上一切演变的公例。

从上文看来，社会上不论那个人都可以有促进言语演化的力量，同时也有力量足以保守固有的习惯，阻止言语的变迁。不过有

一部分的人物，他们的力量影响于言语演化是比较显著的，如教师、演说家、著作家、戏剧家等。但是言语上无论那种变化终究不是单靠个人的力量所能办到的，必须要经过民族社会的承认，得到群众的附和，才能成立。言语演变的原动力，总是出于民族社会的全体。某种变化的产生，决不单是由于个人或少数的冲动，而必须经过民族社会融化的程序；因之言语演变的进程总是渐渐的，不是急剧的。言语的演变，在个人的心理上总是随着民族社会习惯而迁移；除出几个观察力极强的以外，大多数的人总是处于不自觉的地位。

语音的演变　我们现在举出英语 university 这字做个例子，这字正式的读法是 juniversiti 可是实际上常读为 jevrsti，比较简单得多。平素也不大觉得，久而久之，也许这种读法认为正式的了，于是这字的音读形式就变化成功了。我们说过，言语是用音读来表现意义的，音读是言语的形式，意义是言语的内容。言语的演变或者单是音读形式上的变化，不关于意义的；或者单是意义内容的变化，不关于音读的；或者又因上意义上类比的关系，使音读演变相似的形式。我们就根据这三方面来说明言语演变的现象。

语音的变迁(phonetic change)　是言语演化的历史上一种最显明的事实；可是单属于发音习惯和音读形式的一方面，对于意义的变化有没有同时并进，总是处于各不相干的地位；对于意义上显示的效用发生怎样的影响，也没有顾虑到。我们推究这方面演变的原因，可以得到下列两类：

一、言语既然是人类表现的一种工具，这种工具当然是愈简单愈便利的愈合于实用。在音读上也必定向着劳力和时间的经济一条路上走，或者使冗长的形式化为简单，或者使难读的字音变做易读；可以说是语音之单纯化或简易化(simplification or easing)。

二、言语既然是民族社会的一种习惯，习惯的迁移，当然也可

以从语音系统里各种演变的倾向上看出来。语音系统上由某几种音变成另外几种音，有时我们不能根据一般言语的趋势来说明，我们只能认定某种言语的倾向是如此的；这可说是某种言语的发音习惯（pronunciation-habits）。

因发音习惯的倾向所发生音变的现象，属于某种言语整个系统上的变化，比较齐整有规律的，往往可以归纳成功几种条例来说明，就是通常所谓语音法则（phonetic laws）。至于因语音趋向于单纯简易而发生的变化，乃是一般言语普遍的趋势，并非某种语音系统上特殊的倾向，随时遇合于需要的情形，随时可以发生的。我们可以把这两类的语音变化分开来说，但是有一点应该注意的，这两类的变化并非分离隔绝的，常常是互相影响、互相促进的。例如英语 bishop 这个语词是从希腊语 episke-pos 那个语词变来的，因为英语的发音习惯，常常重读起首的音缀，所以把重读音缀以前的第一个音失落了。（这个语词法语为 eveque，因为法语的发音习惯常常重读末尾的音缀，没有把第一个失落。）这可以说是语音的单纯化由于某种发音习惯促成的。又如国语上古、公、过、各等字，属ㄍ母；居、九、吉、纪等字，属于ㄐ母。前一类属于舌根音，后一类属于舌前音。可是这些字从前同属于三十六字母里的见母，都应当属于舌根音 k；因为后一类的字里包含有 j、y 的前母元音（就是所谓"齐齿呼""撮口呼"的字），使舌根音归于同化，而变为舌前音［tɕ］。所以国语上ㄍ ㄎ ㄏ ㄫ诸母的字，都是没有 j、y 的前元音的（就是所谓"开口呼""合口呼"的字）；ㄐ ㄑ ㄒ ㄬ诸母的字，都是包含有 j、y 的。原来，同是一种音，因为一部分受了前母元音 j、y 的同化作用，就变做二种音；这又可说是语音的简易化促成了某种发音习惯的。

语音的单纯化或简易化，又可以分做下列的几种来说：

一、音素和音缀的失落。音素和音缀的失落就是语词形式的

节缩作用(syncopation),把繁复冗长的音读化做简单。例如英语knight,原来读knigt,现在读为naĕt,把当中k、g二音失去了。在末尾的辅音或元音更容易失落,例如法语末尾的f、b、p、d、s、z常常不读出的。英语末尾的e也常常没有音的。汉语入声韵诸字本来是收有p、t、k的,现今除一部分方言中还有保存着以外,统已遗失了。轻读的音缀也容易失落,例如国语“干甚么啊”?(ㄍ ㄢ ㄕ ㄣ ㄇ ㄛ ㄚ)节缩成为“干么”?(ㄍ ㄚ ㄇ ㄚ),因为当中“干”“么”比较重读,所以没有受了缩减,其余轻读的音都失去了。这种情形对于语源学的研究上非常重要。如拉丁语histcria hydropsis变成英语的story drotpsy,把第一个轻读的音缀失去了。

二、邻近音的趋同。邻近音的趋同就是音素的同化作用(assimilation),把原来相异的变做相同。因为音素的互相拼合,彼此要是发音的部位和情状过于相异,就觉得费力不容易读出;这时要节省发音的劳力,也可以把部位或情状相异的变做相同。例如德语ich,原来是读ʔjx,当中的x因为受前部母音j的同化,就变做g,所以现今读为ʔig了。又如英语stones,现今读为stownz,因为受n音的同化把原来的s变做z了。这种情形在语源学上也很重要,如英语原来的wifmen变成wimmen,又变成现今的women;拉丁语nutrire变成现今法语的nourrir,把当中原来相异的音变做相同了。

三、邻近音的趋异。邻近音的趋异就是音素的异化作用(dissimilation),把原来相同的音失去或变做相异。因为拼合的音素要是彼此发音的部位和情状过于相同,连续在一种部位或情状上发音,也觉得费力不容易读出。例如英语Peter piper picked a peck of pickled peppers这一类的语句,容易变成Peterpi—cked ...或者Peter piker ticked ...这也是所以节省言语的劳力的。异化作用正和同化作用相反,一种是使相异的音素趋于相同,一种

是使相同的音素趋于相异;但是要免除发音的劳苦,正是一样的效用。例如古代希腊语 Amphiphoreus 变成后来的 Amphoreis,古代拉丁语 Stipipondinm 变成后来的 Stipendium,这是把当中相同的音失去的(这种或者也叫做 haplologies)。又如古代希腊语 thèthnabe 变成后来的 téthnéke,拉丁语 peregrinus 变成后来的 pelegrinus 这是把相同的变做相异的。

四、邻近音的颠倒。邻近音的颠倒就是音素位的转换(metathesis),把音素原来的位置交换一下。因为精确的模仿总是要费一番劳苦,于是只取得发音的相似,足以表示意义就算了,无意间把音素原来的位置交换一下,也毫不在意。这种也可说是发音的疏懈(phonetic looseness),也是由于劳力经济的原因。例如英语上从前的 ax 变成现今的 ask,从前的 waps 变成现今的 wasp,从前的 thridda 变成现今的 third。这种情形在坡里尼西亚语里很为普通;例如 namu(毒蛇)变成 manu,ualaau(叫唤)变成 lavaau,都是把音素原来的位置调换过了。

五、音素的增加。音素的增加就是流音的发展(development of glide-sounds);所谓流音就是两种相异的音素拼合时候中间流转的过渡音;流音的增加,乃是因为两种拼合的音素过于不同,发音机关的某个部位或某种情状流转到另一个部位或另一种情状,也觉得十分劳苦,于是把介于这两个部位或两种情状的过渡音,插入它们的中间,可以减少一些流转时候所费的气力。例如从前希腊语的 anres 变成后来的 andres;从前拉丁语的 genre、tenre、cenre 变成法语的 gendre、tendre、cendre。又如从前英语 humle 变成后来的 humble,从前的 getimre 变成后来的 getimbre,中世纪 thunre 变成现代的 thundre。这些增加的音素,原来都是拼合两音中间变流音,因为这拼合的两音很难读出,增加了这两音中间的过渡音,就把难读的变为易读的了。

以上所举的五种音变，都是语音的单纯化或简易化，都是由于发音上时间经济或劳力经济的原因。可是这些现象我们所认为是合于人类语音变迁一般的公例的，并非某种语音系统上特殊的倾向。还有许多音变的现象，我们往往不能根据这种公例来解释，由某音变为某音，我们只能认为是某种言语的发音习惯是如此的。例如英语里的长元音 ā、ō、ī 等，都有复音化（diphthongization）的倾向，原来是单个的长音，现今都已经变成复音了，这个可以用下表来说明：

中世英语	近世初期	十八世纪	现今英语	
naxmc	nɛːm	nexm	nejm	nāme
drɛːm	dreːm	drjːm	drijm	drēam
stɔːtu	stɔːn	stoːn	stown	stōne
moːn	moːd	muːd	muwd	mōōd
wiːn	wejn	wɛjn	waēn	wine
haːs	hows	hɔws	haōs	house

又如汉语，从前的 b‘、d‘、g‘等爆发浊音（就是三十六字母里並、定、群诸母），除了一部分方言里还保存着以外，现代汉语里统已变做 p、t、k 或 p‘、t‘、k‘等爆发清音（就是注音符号上的ㄅ、ㄉ、ㄍ或ㄆ、ㄊ、ㄎ诸母）了。这类情形，我们在某种言语的系统上看来，似乎是很有规律的；因为某一类音变的倾向，已经成为某种言语的习惯了。我们对于这种语音系统上的倾向，往往可以归纳为几个条例来说明。

语音法则　这一类的条例，言语学叫做语音法则（phonetic laws），是用来说明语音系统上变迁的倾向的。语音法则这个名辞，我们千万不要误会，以为是具有普遍性的；一种法则，只是在某种言语里某一类的音，而且在某种情形之下，通常所发生演变的现象一种说明罢了。例如上文所举英语里长元音复音化的情形，只限于英语里是如此，别种言语里并不定须有这种习惯；而且英语里

也只限于长元音上是如此，短元音上并没有这种变化。格黎牧氏研究印度欧洲语言的系统，发现着几个音变的规则，以为原始印欧语 p、t、k 的音，在日耳曼语变做 f、θ、x；原始印欧语的 b'、d'、g'变成日耳曼语的 b、d、g；又印欧语的 b、d、g 变成日耳曼语的 k、t、p；这几条就是著名的格黎牧法则（grimins law）。我们再从日耳曼语的系统上来考察，又可以知道格黎牧氏这种法则，它们适用的范围是很有限制的。第一，言语上有许多摹音的语词（onomatopoetic words），是直接从自然的音摹仿得来的，并不受语音法则的支配；例如英语的 cuckoo、bow-wow 等。第二，日耳曼语上这几种辅音变迁的法则，并不适用于辅音和辅音拼合的情形中；例如拉丁语的 stare 就是英语的 stand，拉丁语的 specio 就是英语的 spy，拉丁语的 hostis 就是英语的 guest；当中第二个辅音 t、p 等仍旧保持着不变。第三，在重音以前的辅音，也没有依照这种法则的变化，例如原始印欧语的 klut'os，希腊语的 klut'os，拉丁语的 clutus，在日耳曼语上并不是 hluth 而是 hlud（就是英语的 loud）；这是因为原来 t 音在重读音缀以前的缘故。第四，有许多后来借贷的语词（borrowed words）也不受语音法则的支配；例如英语的 pain、dish、canble，是后来从拉丁语上 poena、discus、puteus 借贷得来的，并不是原来日耳曼语里固有的语词，所以起首那个辅音并没有变化。第五，格黎牧法则只是适合于某个时期，后来继续的音变，往往不能适用原来的规则，例如印欧语的 teg、ueg，变成古代英语的 thak、wak，可是后来又变为 thatch、watch 了。第六，又如原始印欧语的 kluto's dek m，变成日耳曼语的 hlud、德语的 zehn；可是现代英语上又把 h 音失落，成为 loud、ten 了。因为语音的变迁，除了依据语音系统上习惯的倾向以外，有时还要依据着一般变迁的原则，使音读归于单纯或简易的。我们从上文看来，可以知道语音法则的应用，只是限定于某种言语里，在某个时期，而且在某种情形之下，用来说明

几种音变的规则的。在比较言语学上，我们可以根据它们来说明各种语音系统变异的由来，而证实同族言语分离的情形；我们切不可误认为普通的法则，而把它们作为科学的律例来看待。因为某种发音习惯的倾向，也只是历史的一种事实罢了；某种事实的归纳的说明，跟一般普遍的原则，在应用的范围上总应当区别的。所以我在上文把语音的单纯化或简易化和某种发音习惯的倾向分做两方面来叙述。

类比的演变　语音法则这个名词虽然不很妥当，可是能够给我们一个很好的启示，就是这些变迁的现象只是关于语音的，并不关于意义的内容。假使语词形式上因意义的关系所起的音变，我们就称为类比的演变(analogic change)，不称为语音的了。所谓类比的演变，乃是因意义上的类比作用，使语音的形式上发生类似的趋向；言语上"义通音同"的原则，也是根据于这种类比作用的，因意义上相关联的影响，使语音形式上也发生联想的同化。因为在言语心理上，总是用相同的形式来表现相同的意义，所以类比作用对于种种言语组织的构成，是具有绝大效用的。例如英语上 cow 和 book 的复数形式从前本是 kine 和 bee，因为其他名词表明复数的时候，大多数是语尾加-s 或-es 的，于是由类比作用，也变成了 cows 和 books。不但语词的形态上有这种类比的演变，即在措辞上也可以寻出同样的例子。英语里 He were 本来是假设的语式，现在通常只说 He was 和直叙的语式完全相同了。古汉语里有时把宾语放在动词的前面，如《左传》："予取予求，不汝疵瑕也。"到了后代受其他语句的同化，宾语总是放在动词的后面，于是这种倒装的句法就不用了。章炳麟说："上世国语亦有次第颠倒者，若云'室于怒，市于色，野于饮食'，汉魏以来，涤除殆尽。"(《国语学草创序》)把不合常规的组织涤除净尽，正是由于类比的演变的结果。

言语上类比演变的现象，可以分做三种来说：一、沾染作用

(contamination),某个语词形式的变迁是受了另一个意义上相关的语词形式的影响的。例如英语 ye 认为是 you 的复数式,是受了 we 的沾染的。又如拉丁语 nocte(夜里)的变成 noctu,是受了 diu(日里)的沾染的。二、迎合作用(adaptation),某个语词形式的变迁是受了其他许多意义相类的语词形式的影响的。例如法语 rendre 是由拉丁语 reddre 变来的,其中 d 音的变为 n 所以迎合其他一类 endre 的语词,如拉丁语的 prehendere 变成法语的 preudre,拉丁语的 vendere 变成法语的 vendre 等。又如英语 egoism 的变成 egotism,是所以迎合 despotism、nepotism 这一类语词的形式的;shine 的构成 shimmer 也是所以迎合 flimmer、glimmer 这一类语词的形式的。三、比例作用(proportion),某个语词和另一个语词在音义上所演成的关系,等于其他两个语词间音义的关系;这种可以用比例的方式来表明。例如英语上 quash 和 squash,plash 和 splash,mash 和 smash 这些语词彼此间在音义上的关系,好像已经成为一种固定的方式,因此推知 quench 也可以变成一个 squench。这种现象可以用比例式来表明:

∵plash∶splash=quash∶squash=quench∶x,

∴X=squench

这三种类比变迁的现象,都是因为意义上类似的关系,使语音的形式上发生类似的倾向;所以必定是由两个以上意义上相关联的语词互相比照而起的。

类比的演变,第一种的结果足以增进语音和意义两方面密切的联合。所谓义通音同的原则,就是类似的观念在言语上常用一种相同的形式来表示。刘熙《释名序》里说:“名之于实,各有义类。”刘氏《释名》这书就是“即物名以释义”。例如说:“车古者曰车,声如居,言行所以居人也;今曰车,声近舍,行者所处若车舍也。”他就是根据言语上的类比作用来解释“车”和“居”,“车”和

"舍"音义上的相关,并且说明"车"字音读演变的由来。第二种的结果使语法的条例,语词的组织渐趋于单纯化、规则化;把不合常规的组织渐归于淘汰。这种结果也足以节省言语的劳力,使言语易于学习、易于记忆,不致有繁复错综的弊病。第三种的结果,从外国输入或借贷得来的语词因此可以化成为本国的语词。例如德语的 waltz,日本语的 hara-kiri 输入英国之后表明过去时,也用英语过去的形式,变成 waltzed、hara-kiried。西洋科学上和度量衡一类的名词,如化学上的铝、锑、钙、镁、锰等以及码、咪、吨、磅、竔等,输到中国之后,也化成中国语词的形式了。第四种的结果,言语里又可因以构成许多新语词。例如英语里把状词加上-en 便可以构成许多动词,如 fetten、moisten、shorten 等;把动词加上-er 便可以构成许多名词,如 teacher、preacher、advertiser、driver 等。汉语里有许多复合语词,也是由于类比的演变所产生的。这里我可以引高本汉的话来作证:"有许多复合语词,是由类比作用构成的,我们刚才已经说过的'先生'(sien-shêng),是指'主人''教员'等等。因'先生'这个语词,第一步就组成和它相关的一个语词'学生'(hüe-shêng);第二步更以'先生''学生'这两个语词的类比作用,便成了各种有'生'(shêng)字的语词,如'医生'(i-shêng)等等。"(拙译《中国语与中国文》)这样看来,类比作用对于言语上种种组织的构成,实在具有绝大的效用。

词义的演变　类比的演变是因意义的关系,使音读的形式上发生新组织;至于单是意义内容的变化,和音读的形式两不相干的,那是词义的演变(semantic change)。言语上用某个语词代表某个观念,只是一种联想的习惯,实际上的经验常新生不绝,心理上观念的内容也自然免不了变化;联想的习惯既然随着社会的主观迁移无定,语词意义的范围自然有时而缩小,有时而扩张,有时更要转动的。我们对于词义的演变,可以分做下列的三类来说:

一、词义的缩小(specialising or narrowing)。语词意义的范围有广狭的不同,就是事物的名称,有“共名”“别名”的区分。《荀子》说:“物也者,大共名也;鸟兽也者,大别名也。”所谓大和小,共和别,也只是语词意义的范围比较上的差别。词义的缩小,就是由广义变为狭义,也就是由共名变为别名。例如英语的 deer 原是一切“野兽”的通称,现今专指“鹿”一种了;meat 原是一切“食物”的通称,现今专指“肉”一种了;wife 原是“妇女”的通称,现今专指“妻子”了。汉语里“金”字原是一切“金属”的通称,现今专指“黄金”一种了。“文”字原是一切“文画”的通称,现今专指“文字”一种了;“名”字原为一切“语词”的通称,现今专指“名号”了。

二、词义的扩张(generalising or widening)。语词意义的范围,由狭小的变为广大的,就是由别名变为共名。例如英语上 dog 原是专指“猛犬”一种,现今变为“犬类”的通称了;pen 本是专指“毛笔”一种,现今成为一切“笔”的通称了(法语的 plume 也有“毛羽”的意义);fee 本是专指“家畜”一种,古代大概当做交易的媒介,现今就成为“钱财”的通称了(和德语的 vieh 可以对看)。汉语里“州”字本是专指“水中地可居”,后来成为“陆地”的通称了;“牢”字本是专指“牛牢”,现已经成为“牢圈”的通称了;“奸”字本是专指“干犯女人”的行为,现今成为一切“奸伪”的通称了。

三、词义的转移(shifting or transference)。亚里斯多德(Aristotle)说:“事物的名称,或为其所自有的,或由其他事物上所转移而来的。”(A name of anything is either its own name or one transferred to it from something else.)例如我们叫天上的“明星”,这是自有的名称;某种技术上特出的人才,也叫“明星”,这就是转移的名称了。大概名称的转移,由修辞学上隐喻语(metaphor)的引用所造成的;原来因为意义上有点相类或者相关的,就用别个事物的名称来隐比这种意义;后来引用惯了,比喻的意义渐渐消失了,

于是原来别个事物的名称，好象看做这种意义所自有的了。有句格言说："言语是消失了的隐喻之陈列所"，就是说言语上有许多本来是比喻的意义变成通常的意义了。日本姊崎正治有句话："若言雨降(案：降，下也，本谓人自陵阜而下)风吹(案：吹，嘘也，本谓人口出气急)，皆略以人事表象。由是进而为抽象思想之言，则其特征愈著。若言思想之深远，度量之宽宏：深者所以度水，远者所以记里，宽宏者所以形状空中之器，莫非有形者也；而精神现象以此为表矣。"(章炳麟《訄书》引)我们再可以举出几个例来说明：如英语 marshall constable 本是指一种"马夫""厩卒"，现在用来称"将军""统帅"了；understand 原来是"立在其中"的意义，现在变成"懂得"的意义了；feel 原来是"手掌"这个语词演化而成的，现在用作"觉得"的意义了。又如汉语里，"止"字本来是"足迹"的止，后来用作"静止""阻止"的意义了；"元"字本来是指"人首"而用作"元始"的意义；"宣"字本指"宣室"，从前一种"布政之所"，现今用作"宣布"的意义了。有时人物的专名也转移成为某种事物的通称，例如英国从前有个受了人家抵制的 boycott(杯葛)，现今成为一切抵制方法的通称了。杜康本是古代一个善于制酒的人名，后来成为"酒"的别号了。monēto 本来是古代罗马一个寺院的名称，因为那时这寺近旁有个造币局(mint)，于是变为"钱币"(money)的通称了。

这样看来，词义的演变可以使社会上能够自由运用固有的语词，不必另外造作许多新语词，而新生的意义也自然能够表现出来；这也是言语发展上一种自然的趋势。

(《文学期刊》1934 年第 1 卷第 1 期)

释礼义廉耻

一、释礼

礼之本义原为事神之意。

王国维《释禮》:“《说文·示部》云:禮,履也,所以事神致福也。从示、从豊,豊亦声。又豊部:豊,行礼之器也。从豆,象形。……许君不知丰字即珏字,故但以从豆象形解之,实则豊从珏在凵中,从豆乃会意字,而非象形字也。盛玉以奉神人之器谓之豊、若豊,推之而奉神人之酒醴亦谓之醴,又推之而奉神人之事通谓之礼。”按礼,古文作禮,亦象人拜神之形。由事神之礼引申而为一切礼仪之称。

徐灏《说文注》长笺:“礼之言履,谓履而行之也。礼之名起于事神,引申为凡礼仪之称。”

礼仪非徒具文而已,恃于吾人之实践,故礼有履行之义。

《荀子·大略》:“礼者,人之所履也。”《尔雅·释言》:“履,礼也。”注:“礼,可以履行。”《白虎通礼乐》:“礼者,人当履而行之。”又:“礼之为言履也。”《礼记·祭义》:“礼者,履此者也。”仲尼燕居:“言之履之,礼也。”

履行即为事之体,故礼又有体行与体察之义。

《释名·释言语》:“礼、体也,得事体也。”《广雅·释言》:“礼、体也。”《礼记·礼器》:“礼也者,犹体也。”《大戴记·曾子大孝》:“礼也者,体此者也。”《论语》皇疏:“礼者,体其情也。”《淮南子·齐

俗》:“礼者,体也。”又:“礼者,体情制文者也。”

体行体察必依乎理。故礼仪必有分理,必有节理。

《管子·心术》:“礼者,谓有礼也。”又:“礼者,因人之情,缘义之理,而为之节文者也。”《荀子·乐论》:“礼也者,理之不可易者也。”《礼记·仲尼燕居》:“礼也者,理也。”《白虎通·情性》:“礼义者,有分理。”《贾子·道德说》:“礼者,体德理而为之节文,成人事。”《汉书·公孙宏传》:“进退有度,尊卑有分,谓之礼。”

有分理,有节理,于是一切差别与限制,因之以起。

《荀子·致仕》:“礼者,节之准也。”《韩非子·解老》:“礼者,所以情貌也,群义之文章也。君臣父子之交也,贵贱贤不肖之所以别也。”《后汉书·荀爽传》注:“礼者,尊卑之差,上下之制也。”《北堂书钞》引《六艺论》:“礼者,序尊卑之制,崇敬让之节也。”

此种差别与限制,非人群内阶级之分,乃因乎情理,所以防止淫乱侈靡,使其行动,无逾越范围者也。

《周礼·大司徒》注:“礼者,所以节正民之侈伪,使其行得中。”《礼记·坊记》:“礼者,因人之情而为之节文以为民防者也。”又:“夫礼者,所以章疑别微,以为民防者也。”《礼记·乐记》:“礼者,所以缀淫也。”《鹖冠子·学问》:“所谓礼者,不犯者也。”《淮南子·本经》:“礼者,所以救淫也。”《白虎通·礼乐》:“礼,所以防淫佚,节其侈靡也。”

知乎礼则一切行动莫不中节,可因以为立身持己之标准。

《荀子·修身》:“礼者,所以正身也。”《家语正论》:“礼,人之干也。”《左氏·成十三年传》:“礼,身之干也。”《昭七年传》:“礼,人之干也。”

推而广之,又为国家政事法令之基础。

《礼记·礼运》:“礼者,君之大柄也。”《说苑·修文》:“礼者,所以御民也。”《国语·晋语》:“夫礼,国之纪也。”《大戴记·哀公问于

孔子》:"礼者,政之本与?"《荀子·大略》:"礼者,政之挽也。"《荀子·劝学》:"礼者,法之大分,群类之纲纪也。"《左氏·庄廿三年传》:"夫礼,所以整民也。"《僖十一年传》:"礼,国之干也。"《襄廿一年传》:"礼,政之舆也。"《僖廿八年传》:"定人之谓礼。"《昭廿五年传》:"礼,上下之纪,天地之经纬,民之所以生也。"《昭五年传》:"礼,所以守其国,行其政令,无失其民者也。"

盖民族之兴衰,关于一国之纲纪,而一国纲纪之存在与否,系于人民生活之能否整齐,清洁,俭朴。苟人民颓唐成性,奢侈成习,淫佚是务,礼之不存,国于何有?此崇尚礼仪所以为吾国民族之美德,而为当今救亡之急务也。

二、释义

义之本义,原指吾人之威仪与礼仪。

《说文》:"義,己之威仪也。从我从羊。"段氏注:"古者威仪字作义,今仁义字用之。仪者,度也,今威仪字用之。谊者,人所宜也,今情谊字用之;郑司农注《周礼·肆师》:古者书仪但为义,今时所谓义,为谊。是义为古文威仪字,谊为古文仁义字。"又:"威仪出于己,故从我。董子曰:仁者人也。义者我也。谓仁必及人,义必由中制断也。从羊者,与善美同意。"林义光《文源》:"按威仪也,从美省,我声。"

威仪礼仪必取其合宜,故义又引申为仁义之义。

《管子·心术》:"义者,谓各处其宜也。"《韩非子·解老》:"义者,谓其宜也。"《广雅·释言》:"义者,宜也。"《礼记·祭义》:"义者,宜此者也。"《盐铁论》:"义者,事之宜也。"《法言·重黎》:"事得其宜谓之义。"

取其合宜,即依于理,故由义可以明是非,定可否。

《荀子·大略》:"义,理也。"《贾子·道德说》:"义,理也。"又:

“义者,德之理也。”《荀子·议兵》:“义者循理。”《淮南子·齐俗》:“义者,循理而行宜也。”《汉书·公孙宏传》:“明是非立可否谓之义。”

是非既明,可否既定,一切行事自能合于正道,故义为吾人必由之正路。

《释名》:“义,正也。”孟子:“义,路也。”“义,人路也”,“义,人之正路也”。

是非既定,可否既定,知之矣,必有以行之者;故义亦所以救失除暴,而为国家政事法令所取准焉。

《管子·侈靡上》:“义以禁暴。”《淮南子·本经》:“义者,所以救失也。”《礼记·解经》:“除去天地之害谓之义。”《汉书·魏相传》:“救乱除暴谓之义兵。”《易·系辞下》传:“理财、正辞、禁民为非曰义。”《礼记·表记》:“义者,天下之制也。”《左氏·宣十五年传》:“君能制命为义。”

依于义而后行,则凡事各得其宜,于是有大利可图,故吾人必本于义以谋利。

《墨经》:“义,利也。”《大戴记·四代》:“义,利之本也。”《孝经注》:“利物为义。”

此所谓利,乃指民族大众之利,非指一己之小利。苟惟一己之小利是图,则患得患失,不显是非曲直,行事不合于正轨,损人即所以害己;义之不存,利于何有?此崇尚正义所以为利己利人而振兴民族之道也。

三、释廉

廉本为廉隅之廉,原为侧边之义。

《说文》:“廉,仄也。”段氏注:“此与广为对文,谓逼仄也。廉之言敛也,堂之边曰廉。……堂边有隅有棱,故曰,廉,廉隅也。又曰,廉,棱也。引申之为清也,俭也,严利也。”

侧边取其平正修洁，而又棱角峭利，故由廉隅之义，引申而为人品之清高廉洁。

徐灏《说文注长笺》："仄谓侧边也。廉有收敛义，故《释名》曰：廉，敛也。堂廉之石，平正修洁，而又棱角峭利，故人有高行谓之廉，其引申之义为廉、直，为廉能，为廉静，为廉洁，为廉平。"

因之有清廉、洁廉等义。

《广雅·释语一》："廉，清也。"《鬼谷子》："廉者，洁也。"《周礼·小宰》疏："廉者，洁不滥浊也。"

清廉洁廉为贪污之反面。吾人欲免除贪污之行为，必先将自身生活成为整洁俭朴之习惯，所谓"俭以养廉"也。故廉亦具有自行检敛之意。

《释名·释言语》："廉者，敛也，自检敛也。"

吾人生活能自检敛，庶不至放肆，而能合乎正义，故曰"见得思义"。不贪污，不放肆，即为正直之行为，是以廉又有正直之意。

《国语·晋语》注："廉，直也。"

贪污与放肆，足以偾事，足以害人，小之身败名裂，大之灭家亡国。故尊重廉洁，亦为振兴民族之要务也。

四、释耻

耻为耻辱之义。

《说文》："耻，辱也。"《广雅·释诂三》："耻，辱也。"

吾人知有耻辱，方能有自觉之心，方能自知是非。

《易·系辞下传虞》注："不耻不仁。"《穀梁·襄廿九年传》注："无耻不知藏否。"

能有自觉心，则非礼与不义之事，自所不为。

《论语》："行己有耻。"孔注："有耻者有所不为。"

而贪污暴乱之事，亦可以自免矣。此对己之不可不有耻也。

至于人之以非礼与不义加诸我者，我必思有以抵抗之，亦即知耻之心所激发也。故曰："知耻近乎勇。"人苟凌辱我，侵害我，而我惟怯懦畏惧。不敢自申，此即自示无勇，亦即无耻也。

《说苑·说丛》："耻辱者，勇之决也。"

一己之无进步，不能奋发有为，不能与人抗衡，此一己之可耻。一国之无进步，不能奋发有为，不能与他国抗衡，此一国民族之可耻。可耻而不知耻，是谓无耻。

《左氏·昭五年传》："耻，匹夫不可以无备，况国乎?"杜注："言不可辱也。"

"士可杀不可辱"，况一国民族而可任人凌辱乎？一国民族受人凌辱而可恬然不知耻乎？吾人欲振兴民族，必自激发人民知耻之心始，而人民知耻之心，亦必须由各自生活中时时激励也。

（《前途杂志》1934年第2卷第5号）

论中国民族与文学

一、文学与民族性

个人是民族团体里一分子，同一团体里个人和个人间生活的态度虽然偶有不同的倾向，各自有个性的存在，但是个人不能离开团体而生活，个性必定要适合民族全体的倾向，方能表现出来。所以各个人在一种民族团体里的生活，必定有一种共同的倾向，就是所谓民族性。文学是用来表现人类生活的现象和态度的表面上虽然常常为个人的创作物，而综合各个人的创作物，观察它们相同或相异的倾向，就足以显示各种民族团体生活的现象和态度，也就是各种民族性的表现。

我们认定了民族团体是分析人类生活的单位，各种民族的特性，也就足以显示各种生活态度的方式，各种民族的文学作品也就可以认为是表现这些方式的特征。依据德国研究文学的纳德勒(Goseph Nadler)的说法，民族已经是不能再分析的肉体和心灵的单位，民族的特性常常和它文学的创作者同样的表现出来，文学的分析就是民族性的分析，要明了一种文学，必须先要明了它所根据的民族的特质，而同时又须要研究构成民族特质的种种要素。

构成民族特质的要素，最重要的，就是民族所处的环境，以及民族主体的迁移流动，并且它和别种民族接触上所受的影响，前者是地理的关系，后者是历史的关系。因为地理的环境是供给人类

生活资料的场所，生活的资料彼此不同，生活的现象和态度就有各异的倾向。历史是人类生活上适应环境的过程，可以表示民族生活前进的程度和方式。各种民族性大都就在这许多时和地的关系上构成的，而都反映在文学作品的上面。我们要研究中国的文学，必须要了解中国民族的特质，必须要检解中国民族所处的环境和构成这种民族性的种种历史的因素。

二、原始的中国文化和文学

关于中国人种的来源问题，现今有许多的争论；大致我们可以相信的，中国民族原来是西北高地的游牧部落，历次沿着黄河迁徙于中国北部，渐渐变为定居的农民了。我们要知道中国人的迁徙，正和别处种族的流动一样，好像潮水的前进，倏起倏落，是前后的推移，并非一次的涌入。所以中国古史上还可以看出迭次民族战争的事实，结果往往前次迁来已经变为定居的农民，受后来迁入的游牧民族的压迫，再向中国东南部迁徙。经过一次战争，种族上就增进一次的融合和同化，地土上就多得一次的开拓。这样看来，中国的民族并非绝对单纯的，而是由许多部落或许多种族融合而成。但是，中国人古代的住处，总是以黄河流域一带的平原为中心，原始文化的发展也以黄河为策源地。我们要推究中国民族性的形成，也应当观察黄河流域地理的环境。我们看黄河沿岸的地质是一种第四纪的水成岩，畇畇膴膴，大部分都是可以耕植的，所以中国人发展成功一种农业的文化。但是土质并非十分肥沃，只宜于种植黍稷菽麦之类，不勤劳操作，便不能有所收获。而河水又常常泛滥为灾，所谓“下民昏垫”，非抵抗自然，便无以生存。所以中国民族的心理，常常以发挥实践躬行为准则，不喜为怪力乱神之谈，就没有具体拟人的多神观念。我们中国到了有史时代已经确立了至高抽象的一神观念，就是所谓“天道”，虽然有时把天看做具有人

格的，而没有附会做具体的偶象。中国人既然具有这种现实的人生观，因之表现于文学上，也离不了日用常行的途径，而排却虚而无渺的想像。

原始中国的文学，只有古书上所记载歌谣一类的作品，或许是周汉以后的人所假托的。并非真正原始社会所创作的。但是我们也可以从它们当中推想原始中国民族生活的情形和态度。例如《礼记》所载伊耆氏《蜡辞》之类，分明是农业社会里的歌谣。我们这里应当发问的，为何中国古代没有如印度的《马哈巴拉泰》（*Mahabharata*）、《拉马耶那》（*Ramugyana*），希腊的《依里亚特》（*Ibiad*）、《奥特赛》（*Odyssey*）一类伟大的作品统传下来？我们要解答这个问题，必须要考究中国民族心理和印度希腊的异同。印度土地肥沃，生物百备，人民不要劳作，就可以生存；而且气候炎热，不宜于作工。因为民族所处的环境，不适合于现世人生的活动，所以具有神灵幽渺的思想。希腊是处于半岛，天朗气清，山明水秀，人民以通商为业，海阔天空，胸襟开拓，经济充裕，没有生活的忧虑。所以希腊人性情活泼，心思敏锐，具有丰富的想像。这样看来，中国民族现实的人生观和印度希腊根本不同，他们具有多神的观念，所以能够产生神话式的叙事诗，我们中国人的天道观念，只能产生短篇的农民社会上所流行的民歌。中国古代文学最确实的材料只是《诗经》的三百篇，内中大部分都是平易近情的抒情诗和写实诗，很少参杂虚无怪诞的神话，这种正是中国民族性的表现。

三、殷民族的文学

中国的信史，现在只能从商朝讲起，到了商朝，才有确实可据的史料。根据近年安阳发掘所得的甲骨古物，知道商代时候，中国民族活动的区域，只是黄河中流沿岸一带，就是现今河南、山东的北部，以及河北山西的南部。大概那时国家的基础还没有十分确

定，对外当然有许多民族的竞争，对内又须开辟农田，充裕民生，而那时天道观念和宗法思想也渐渐形成了。罗振玉《殷商贞卜文字考》说甲骨文辞上所载的，几乎祭祀和田猎两件事占着大半。其次也有关于征伐的事情。因为须有民族的竞争，和土地的开辟，不得不注重尚武精神，而表白天道观念和宗法思想最重要的，就是祭祀。《诗经》三百篇当中，标明《商颂》的，只有五篇，虽然不必定是商代的作品，而可用以窥见商代民族的性质，例如，《长发》："武王载旆，有虔秉钺。是火烈烈，则莫我敢曷！"《殷武》："挞彼殷武，奋伐荆楚！"可以见得那时的崇拜武功。又如《那烈祖》二首里，叙述祭祀仪式的隆重，也可以想见那时民族尊重祭祀的一班。

四、周民族的文学

殷民族衰败之后，周民族便从西方侵入中原，建立周朝。他们用当日强悍的精神，实行农业的生产方法，从事各方面的建设，我们中国的农业文化于此时大大的发展。不过周民族也时时受外族的侵凌和压迫，他们不得不秉承殷代尚武的遗风，从事征伐。我们看《诗经》当中有很多篇，关于征战的文学。他们对于异族一方面用挞伐的方法，一方面又采取融化的政策，所以有"攘夷"和"兼夷狄"的口号。他们的天道观念和宗法思想更比殷民族为显明，制定了种种礼乐。我们从《诗经》里可以推见当时礼乐文物的盛况，如《关雎》《鹊巢》之于婚嫁；《旱麓》《天保》《棫樸》《执芟》之于祭祀；《鹿鸣》《伐木》《行苇》《彤弓》之于燕会，《灵台》之于游观；《韩奕》之于朝觐。由宗法思想而崇尚宗族的伦理，我们也可以从《生民》《大明》《思齐》这些诗里看出来；他们又把政治作为一种宗族的扩大，如《板》之诗："大邦维屏，大宗维翰，怀德维宁，宗子维城。"当时封建政治实在是出于宗族思想。宗族思想又是出于农业文化，我们从《生民》《公刘》《七月》《思文》《閟宫》这些诗里，就可以看出周民

族的兴起，完全是根据于农业。又从《臣工》《意嘻》《载芟》《良耜》这些诗里，也可以推见当时恩农的意旨。农业的衰落就足以显示民族衰歇的现象，如《召旻》之诗："民卒流亡，我居圉卒荒。"《瞻卬》之诗："妇无公事，休其蚕织。"土地荒芜，妇人不事蚕织就是表示周民族的末运了。

从文学上还可以窥见各地的风俗，如《诗经》国风里这些诗，足以见得周代各地的民风？例如郑风陈风卫风这些诗，多关于男女声色，其地多淫。唐风魏风多关于死生奢俭的思虑，所谓"君子深思小人俭陋"。秦风多关于车马田狩的事情，其俗尚武。从文学上可以窥觇民俗的厚薄民性的刚柔，又可以预卜民族的盛衰和兴亡。周代对于各族的征服和融化，当然未曾完成，如秦国的西戎楚国的荆蛮，当时还作为异族看待，等到周民族衰弱之后，他们便有骎骎凌驾中原之势，其他如齐俗的侈靡。郑卫的淫荡，已经深中了亡国的病症，当然不能和新兴的秦楚民族抗衡。中国史上自从春秋战国到了楚汉之争这一段混乱的期间，实在是秦楚新兴的两种民族和周垂亡的民族，竞争和融合的时期，其他各地的民族，只是在中间凑凑热闹，并非主要的角色。秦国人民定有很多西戎的成分，所以很具有尚武的精神，因之并吞了六国。但是六国当中，楚国的民族最为强盛，虽然一时被秦所灭，终究起而亡秦所谓"楚虽三户，亡秦必楚"所以周民族以后，最值得我们注意的，是楚民族。

五、楚民族文学

古代常常把楚夏对称，足见当时楚民族和中夏是对立的，楚族大概当时所认为最难同化的人民，"居夏语夏，居楚语楚"，言语上已经演成各别的系统。这种情形，我们从地理上也可以推究它的原因。《汉书·地理志》说楚国有江汉川泽山林的富饶，江南地广食物常足。和黄河流域浊水土山，非操作无以生存的，风土自然迥

异。楚在春秋的时候，被视为蛮夷之邦，后来渐渐和中原文化接触，于是中国民族上添进一个初长的新分子，而文化上也放一种异彩。这里我们就可以看出中国文化渐渐从黄河流域扩长到了长江流域，地土的扩张就是代表民族融合的力量。于是在文学方面，就产生一种楚辞，楚辞就是南方文学的代表。我们这里可以引日本盐谷温的一段话来作证：

> 《楚辞》者，楚国之文学也。古代汉族之文明，先发自黄河沿岸；所谓中原之地，文教早开。然南方之扬子江流域，王化所及甚迟；故《诗经》十五国风之中，无楚风。考楚之文学实始于战国时，屈原为之祖。然凡物之起，必有原因。如《楚辞》之雄丽文学非突然而出。必因鬻熊在数百年前，所莳之种子，久已萌芽，文教渐开；复由左史倚相等培养之，遂出屈宋之大文豪。

屈原的文学实在原出于《诗经》，所谓“国风好色而不淫，小雅怨诽而不乱；若《离骚》者，可谓兼之。”可是《离骚》有独特的色彩，正不但是文体上和《诗经》不同。《汉书·地理志》说楚国的风俗“信巫鬼，重淫祀”，因为长江流域，山川奇丽，人民爱美的情感特别显著；山泽富饶，没有饥寒冻馁的忧虑。所以民俗信巫尚鬼，神话发达，有闳伟窈渺的理想。一方面既然有了这种神秘的意识，一方面又和中原旧民族现实伦理的文化相接触，自然会产生《离骚》一类的文学。《离骚》的伦理观念制然源出于《诗经》，可是内中包含有丰富的想像，和《诗经》写实之文，语语不离日用常行之间，它们的旨趣自然不同。《离骚》上所寄托的，很可以使我们想见那“瑰意奇行，超然高举”的气概，例如缥马阆风，骖漓西极之类，实在觉得作者的情绪，杳冥恍惚，汪洋恣肆逍遥涵泳于想像界，而超出于人间世。《楚辞》这种文学开中国浪漫派的先河，后来神话小说之类，

就是出于《天问》《九歌》等篇。这种文学是原始黄河流域的民族所未曾产生的。

《楚辞》的文学虽然有特异的色彩，可是伦理的思想和《诗经》并没有什么两样，内中所包含的丰富想像，也不过引类譬谕，兼“六义”之旨。所以这种文学的作者，人生观仍是积极的。又《楚辞》的文学，流行于秦汉之间，因之发扬了楚国的民族精神。我们看秦汉间一班英雄豪杰，如项羽刘邦之徒，大都曾经受了《楚辞》文学的薰陶，如项羽的《垓下歌》，刘邦的《大风歌》，可因以想见那时楚声诗歌的风行，楚国民族的气概。所以《楚辞》文学对于后来的影响，实在唤起了楚国的民族和秦人抗衡，而夺得中国的统治权，同时又使楚民族和中国其他民族完成其同化，而融合为中国的汉族，发展为汉代的文化。《楚辞》的影响在文学上又开辟汉代词赋一派。

六、汉代的文化和文学

中国国家的基础，奠定于秦朝，因为秦民族凭借他们的武力，统一中国，封建制度从此消灭，就是表示各地民族融合成为一个国家。可是秦朝的法制，约束各地人民过于严酷，于是不久各地仍旧奋起民族精神来反抗秦人的压迫，酿成了楚汉间的争乱。当时最倔强的就是楚民族，倾覆秦朝的主要人物，大都出于南方的楚国。到了汉朝，秦楚以及诸夏各民族才完全融合成为一种汉族，中国的国土范围也就完全确定了。汉初北方的异族也常常侵略边境，当时因为内部未曾充实，只是采取怀柔的政策。到了汉武帝时，已经有了七十多年的休养生息，社会上已经趋于安定富厚了，史书上记载当时太仓之粟，红腐不可食，可以见得国家和农村的富裕。汉民族到这时势力就大大的向外澎涨，虽然说是汉武的好大喜功，也是汉族勃兴一种自然的超势。当时东服朝鲜北降匈奴，又通西域，开辟闽越、云贵、两广、安南这些地方，使中国的土地范围，更形扩大，

而同时使中国文化也传播于僻地的异族；这时汉族的兴盛，可以说是达于极点了。

文学的发达与否，关于民族势力的消长。希腊文学到了它战胜波斯之后，才蓬勃；罗马文学和它帝国的盛衰，相为终始。汉代的文学，以词赋为代表，词赋当中所铺陈刻画的，大的宫室都邑，小的一名一物，描写得穷形尽相，从文学上瑰伟宏丽的气概，也可以想见那时民族的强大和国势的兴盛。原来赋的体裁也是出于诗的，班固所谓“赋者，古诗之流”，刘勰所谓“六义附庸，蔚为大国”。楚骚和汉赋都是源出于《诗经》，最重要的就是内中包含有讽谏的意义，而这种讽谏的意义，又是根据原始伦理的思想，就是儒家的人生观。汉代词赋以汉武帝朝最为发达，当时表彰六经，乡学发达儒生和文士，或讲学，或善为文辞，成为一时的风会；所以严助、朱买臣、吾丘、寿王、司马相如、东方朔、邹阳、枚乘等都出于当时。刘勰说：“孝武崇儒，润色鸿业，礼乐争辉，辞藻竞骛……遗风余采，莫与比盛。”可见汉代词赋的兴盛，正当文化发达到了高潮的时候，其中所包含伦理的思想，固然出于周民族的余风，而宏博富丽的文体，又是秉承楚民族的遗业。在血统上既然融合秦楚和诸夏这些民族的成分，在文化上又是容纳前代的积蕴，于是发挥在文教上自然产生这种铺张扬厉的体格。把诗扩大为骚，扩大为赋，正足以表示民族气魄的伟大。现代谈文学的往往以汉赋当中多艰深靡丽的辞句，就斥为士大夫和贵族的文学，并非代表平名的作品。但是我们一看见它们包罗的宏富，体格的瑰伟，不能不推想当时民族强大的情形，也不能不以汉赋为当时汉族伟大国民性的表现。

七、印度文化输入后的文学上

中国民族到了汉代已经融合异族及过去的文化，发展特殊的文明，所以文学上能够表出一种伟大的气概——就是汉赋。盛极

必衰，乃是自然的公例。晋代末年政治和社会趋于混乱的状态，于是辞赋的体制，失去了强大国民性的运用，流而为晋宋绮靡的文体。司马相如论赋说："合纂组以成文，列锦绣而为质；一经一纬，一宫一商，此赋之迹也，赋家之心，赋包括宇宙，总览人物；斯乃得之于内，不可得而传。"（见《西京杂记》）因此可以知道汉赋所以成为伟大文学，在形式上固然是经纬纂组，宫商谐叶，在内容上尤必须是包括宇宙，总揽人物。魏晋以后民族趋于衰弱，所以当时的词赋失去它们的内容。专门在形式上做工夫，所谓"如宋画吴冶，刻形镂法；丽句与深采并流。偶意共逸韵并发"（《文心雕龙·丽辞篇》）。文章成为偶丽的骈体，文气也日趋于卑弱。这种趋势对于诗歌方面有怎样的影响，我们试把汉魏和六朝文学上变异的地方比较一下。就可以知道了。《古诗十九首》以至建安时的诗歌，大都是抒情诗，此外有许多记事写实的作品，如蔡琰的《悲愤》诗，文词质朴而情意沉痛，开唐人杜甫一派如《庐江小吏妻》诗。是中国长篇叙事诗的代表。内中叙述十几个人的口吻，开唐人白居易一派。到了晋宋以后，隋唐以前，这种写实记事的作品绝少，大都利用俪词偶句来描写景物，正是和文辞的由散而趋骈，有同一的趋向。刘勰《文心雕龙·明诗篇》里说："老庄告退，山水方滋，俪采百事之偶，争价一句之奇；情必极貌以写物，辞必穷力而追新。"我们要追究这种诗歌所以发生的原因，可以得到了二点。第一点，当时经过五胡八王之乱，国家社会的纷扰和异族的侵凌。当然是以促进一般人的厌世思想，而把自己意识寄托于自然界的美景当中。第二点是印度佛教和声律论的输入于文艺界。这两种原因互相助长！然产生了六朝时一种近于律体的写景诗。

八、印度文化输入后的文学中

五胡乱华的意义，就是许多异族侵入了中国，在未曾归于融化

以前，有一番迁徙和混乱的情形。同时中国和西北的交通更加繁密，佛教文化的输入，也渐渐的增多。六朝写景诗的发生和当时一般人的思想很有密切的关系。汉代尊崇儒家，魏晋以下，崇尚道家；儒家注重现实，道家注重理想；绝对的理想不能实现，要求它和理想界比较接近的，只有自然界里的美景。不过当时所谓道家和原来老庄的思想并不完全相同。老庄所谓"无为"之旨，不以物欲扰乱心情，不以私意蔑没真理，"无所为"罢了。魏晋时代一般清谈家，乃是任情放达，视人世如尘垢，只是一种厌世思想，或陷于颓废，或进求超脱，并非老庄原来的思想，而已经参杂了佛教"小乘"的道理了。这种思想的流行，不能不说是汉族中衰的表征，佛教传入中国的初期，如"成实宗""三论宗"之类，大都偏于小乘一派，解脱思想恰好和老庄的玄风相融合；我们从魏晋的历史上看来，一般释子很多研究老庄的学术，而清谈的士丈夫也常常和释子周旋。当时人崇尚虚无，鄙弃人世，实在是取老庄的面貌，融合佛教的思想；这种对于文学上所发生的直接影响，就是产出两种诗歌：

（一）玄谈诗　《文心雕龙·明诗篇》里说："正始明道，诗杂仙心，何晏之徒，率多浮浅。……江左篇制，溺乎玄风，嗤笑徇务之志，崇盛亡机之谈。"又《时序篇》里说："自中朝贵玄，江左称盛；……诗必柱下之旨归，赋乃漆园之义疏。"钟嵘《诗品叙》里也说："永嘉时贵黄老，称尚虚谈，于时篇什，理过其辞，淡乎寡味。爰及江左，微波尚传，孙绰，许洵，桓庾诸公，诗皆平典似道德论，建安风力尽矣。"我们因此可以知道这种诗歌是用阐明那时的哲理的，可以称为玄谈诗。

（二）颓废诗　《乐府·观题》说："《短歌行》，魏武'对酒当歌，人生几何？'晋陆机'置酒高堂，悲歌临觞'；皆言当及时行乐也。"又说："古辞云：'出西门，步念之。'始言醇酒肥牛，及时为乐，次言'人生不满百，常怀千岁忧，昼短苦夜长何不秉烛游？'终言贪财惜费，

为后世所嗤。又有《顺东西门行》，为三七言，亦伤时顾阴，有此于此。”又如魏文帝《大墙・上蒿行》：“人生居天壤间，忽如飞鸟栖枯枝。”“适君身体所服，何不恣君口腹所尝？”这种诗歌，都是表现着鄙弃现世，而陷入颓废的思想的。唐代李白一流的诗歌，尚理想虚无，所谓飞升远举之谈，就是得之于魏晋人的。

这两种诗歌，不足以激励民族的精神，而尤其是后一种，影响于后代的文学和人心，增进了民族颓唐的习惯。这种遗毒，固然是国家社会纷乱时代所容易感受的，可是也是受印度小乘思想的影响。我们提倡民族文学的，对于这一点应该切实的注意。

哲理的诗，近于抽象，或为时人所不欢迎。章炳麟《国故论衡・辨诗》说：“江左遗序，好语玄虚，孙许诸篇，传者已寡。……讫于宋世，小说杂传禅家方技之言，莫不征引。昔孙许高言庄氏，杂以三世之辞，犹《风骚》体尽；况乎辞言友纪，弥以加厉者哉？”可以知道诗歌并不是用来直说理想的。绝对的理想，也不能直接的表现，也定要寄托于自然界具体的景物，而后成为文学化。所以说：“老庄告退，山水方滋。”这种就是写景诗所以发生的原因。佛教传入中国以后，思想也大都由小乘趋于大乘；南朝已经有“净土宗”的兴起，当时士大夫也渐渐趋近于自然界的美景。又处在江南佳丽之地，士大夫大都放浪山水，漱流枕石之徒，学术文艺当然也受这种环境这种人生的影响，而归于同化。如郭璞的《山海经注》《水经注》（今所存的为郦道元注）等，然是显著的例子，而山水画派也是那时兴起的。《名画录》里说宗炳画山水于壁，以供卧游。诗和画又互相联合，所谓王维画中有诗，诗中有画，实在是渊源于南朝的。我们这里更可以引章炳麟的话来作证：

玄言之杀。语及田舍；田舍之隆，旁及山川云物，则谢灵运为之主，然则风雅道变，而诗又几为赋。颜延之与谢灵运深

浅有异。其归一也。(《辨诗》)

所谓诗几为赋,就是指这种描画山水的歌诗。这种山水的写景诗所以发生,一方面由于词赋华丽,骈文、工整的趋向;而另一方面又是因佛教思想融合老庄的结果。南朝文人如谢灵运、颜延之、张融、沈约、徐陵、庾信这些诗文大家,大都是研究佛典而有心得的。梁朝那些皇帝,又多皈依佛教,因之寄托于文辞上,而表现出他们的思想,即在诗歌上也间接受很深的影响。

九、印度文化输入后的文学下

上面所说,只就文艺思潮上叙述中国民族思想受印度佛教的变化,因之产生六朝的文学。我们再从当时文学的形式上立论,为何会有骈文和律诗这种体制的产生。这里也可以说是受印度文化的影响。原来骈文和律诗的作法,要使二句之间,长短相同,字义又■比对,更依音理排定右字的次序,合于音乐上抑扬相间的原则。阮元《文韵说》:"八代不押韵之文,其中奇偶相生,顿挫抑扬,咏叹性情,皆有合于音韵宫羽者,诗骚而后,莫不皆然,而沈约矜为创获。"乃是说汉魏文字的声律,暗合于无心,到了沈约以后,"四声八病"之说兴起,就有意来协韵定律,而成为一定的规矩。因为魏晋以后,异族侵入,杂居内地的很多,中国语言上曾经引起大变化。这里我们可以引陈第的话来作证:

说者谓:自五胡乱华,驱中原之人入于江左,而河淮南北,间杂夷语;整音之变,或自此始。(《辞诗·拙言》)

而同时恰好遇到佛经的翻译,和印度梵文拼音的学理一起传入中国。于是促进中国音韵的整理,学者的研究渐渐增多,如魏李登作

《声类》，晋吕静作韵集以及六朝诸家韵书的锋起，就是显著的例。至于“四声”的分别，通常往往以为是起于齐梁；实在沈约以前已经具有四声之说。赵翼《陔余丛考》里说：

> 今按《隋经籍志》，晋有张谅撰《四声韵林》二十八卷，则四声实起晋人，……《南史·陆厥传》云：“约等文皆用宫商相宣，将平上去入四声，以之制韵。”沈约作《宋书·谢灵运传》后论之甚详，教乃为书辨之，以为历代众贤，未必都暗此处也。此又约之前，已有四声之明证。即与约同时者，周颙有《四声切韵》行于时，刘善经有《四声指归》一卷，夏侯咏有《四声韵略》十三卷，王斌有《四声论》，皆齐梁间人。（卷十九，《四声不起于沈约说》）

四声的实质，早已具于齐梁以前。不过依据四声的音理应用于文辞，而创成声律论的，应当推始于沈约的《四声谱》。《南史·庾肩吾传》里说：“齐永明中，王融、谢朓、沈约，文章始有四声，以为新变，至是转拘声律。”《陆厥传》里说：“永明末，盛为文章，吴兴沈约，陈郡谢朓琅琊王融，以气类相推毂。汝南周颙善识声韵。约等文皆用宫商，以平、上、去、入，为四声，以此制韵，不可增减，世呼为永明体。”封演《闻见记》里说：“沈约文辞精拔，盛解音律，遂撰《四声谱》。时王融、刘绘、范云之徒，慕而扇之，由是远近文学，转相祖述，而声树之道大行。”所以四声的发明虽然不是起于沈约，不过应用四声来谐叶诗文音韵，而倡声律论的，那是应当推始于沈约，骈文完成于那时，律诗也是起源于那时的。这里又可以引刘师培的话来作证：

> 音律由疏而密，悉本自然，非由强致。试即南朝之文审

> 之，四六之体。粗备于范晔、谢庄，成于王融、谢朓。而王谢诗亦复渐开律体：影响所及，迄于隋唐，文则悉成四六，诗则别为近体：不可谓非声律论开其先也。(《中古文学史》)

我们因此可以知道中古文艺思潮是直接受印度文化的影响，因之产生玄谈诗，写景诗等的派别。而同时印度的音韵学理输进了中国，因之又发明一种声律，中国文学的形式上就产生一种新体制——就是骈文和近体诗这种现象可以表明那时中国民族感受异族的文化，在民族血统上经过一度迁徙和融合，在文化和文学上也增进了一种新成分。

十、南北朝民族和文学的异趣

五胡乱华以后，中国成为四分五裂的局面，最大的区分就是南朝和北朝，南朝所辖地方大都是原来的汉族退守的区域，北朝所辖地方却是异族侵入了中国所占有的区域。历史上所谓南北朝，也就是中国原有的汉族对于异族抵抗竞争而渐臻于融化的时期。我们看《颜氏家训》里记载当时南北礼制、风俗、语言、习惯很多不同，这种情形固然也是由于政治上分裂，而地理和民族的分界，实在是个大原因，因此在文学上也各有特异的色彩。这里我们又可以引证《北史》里一段叙述：

> 自汉魏以来，迄于晋宋，其体屡变，前哲论之详矣。暨永明天监之际，太和天宝之间，洛阳、江左，文雅尤盛；彼此好尚，雅有异同。江左宫商发越，贵于清绮，河朔词义贞刚，重乎气质。气质则理胜其辞，清绮则文过其意，理深者便于时用，文华者则宜于咏歌，此其南北词人得失之大较也。(《文苑传序》)

北朝文学是重质实的，南朝文学是尚浮华的。我们上面所说写景诗，所说绮靡的文体，乃是指南朝的文学；北朝并不如此。南朝诗歌，宋齐有山水派，梁陈又有所谓“宫体”诗，描写景物，正是以艳丽相尚，至此北朝的诗歌，如长篇纪事的《木兰辞》，是南朝所没有的。庾信到了北周以后，和在梁时所作的完全不同；如《咏怀》廿七首，也是悲愤时事而作，属于悲愤的一派。至于民间的歌谣，如《企喻歌辞》：“男儿可怜虫，出门怀死忧，尸丧夹谷中，白骨无人收！”《琅琊王歌辞》：“新买五尺刀，悬著梁间柱；一日三婆娑，剧于十五女。”这里豪侠爽直的气概，和南朝《子夜歌》《华山几》等的柔和婉转不同。因此就可以看出南北民族性的异趋，也可以知道那时经过了民族的迁徙和纷争，还没有归于完全的融合和同力；这种融合和同化的工作，定须待隋唐时政治上统一之后，才始完成。凡是文化和血统上不同的民族，一经结合相融，文学上必定要放一异彩。前此，战国时文学的兴盛，后此，元明戏剧的发达。正和隋唐文学的特起，可以同归在一个公例当中。

十一、唐代民族和文学的发达

异族纷扰于中国，到了隋唐间，又已经归于融化，而形成统一的局面。于是民族上更超过汉代的伟大气象，表现于文学上，也极尽他的宏博富盛。唐代的文学实在是集前古的大成，开后来的宗派，可以说是中国文学史上的一个枢纽。我们只要举诗、赋、文和小说四项来说：

诗　唐诗的数量，只是依照清乾隆时敕撰的《全唐诗》来说，共有九百卷，二千三百余家，四万八千九百余首。其间湮没不传的，更不可胜计了。我们再以诗式来说，五七杂家，古今各体，以至乐府歌行，无所不备。再以诗格来说，圣、神、仙、凡、妖、艳、鬼、怪各品，无所不有。再以诗调来说，飘逸，雄浑，精深，博大。绮丽，幽

遽，清奇，纤冶，奥峭等，宋后所模仿的，都不能超出它的范围。再以内容来说，除出上面所说的写景写实二派以外，也有说宫闺的，也有说神仙的，也有说边塞征伐之事的；民族上既然混合宇内，文学上当然兼承南朝北朝的诗歌。

赋　唐朝的赋体，古赋、徘赋、律赋、文赋，无所不具，也是总合前朝的众轨，而开后代的支流的。

文　唐代的散文，有陈子昂、元结、独孤及、韩愈、柳宗元等，承北朝下，开风气的而宋元明清的古文派。唐代的骈文，有初唐四杰，盛唐燕、许，晚唐温、李，承魏晋六朝的风气，而下开宋西昆体一派。

小说　唐人小说，大部和当时诗歌当中记事的一派彼此有密切的关系，也是各种体制都有，有记载史外的逸闻的，有记载剑侠的，有记载神怪之事的，有叙述艳情的，上继汉晋小说，而下开宋元明清的弹词、戏曲、小说。

此外，唐代的小词，如李白、韦应物、白居易、温庭筠诸家所作，为五代两宋词的蓝本，上继乐府诗下开词曲歌剧。我们因此可以知道唐代实在是中国文学史上的一个大枢纽，凡是唐代以前，唐代以后所有的一切文学，在这时便无所不包，这时文学的发达，也可以想见一班了。

我们要推究这时文学为何会这样的发达？当然不只是一种原因。最主要的，就是我们刚才所说唐代统一南北民族，融合南北文化，因之表现于文学上，自然宏富万状，无所不包。我们再从当时政治社会和文化上分析出下列的几个原因：

（一）当时国族的强盛。隋唐时代又是中国民族由衰落趋于强盛的时代，当时已经融合了异族而产生一种强大的民族，在政治上统一了南北，又向外发展势力，北方征服突厥薛延陀西方平定吐谷浑高昌，东方讨伐高丽，西方臣服西域，扩大中国的领土；历史上

所称大唐,中国民族自称唐人,正是和大汉,汉族后先媲美。凡是一种民族势力的扩大,文学上亦随着发达。汉代和唐代文学的兴盛。都是伟大国民性的表现。

（二）社会生活的丰富。唐代到了开元、天宝间,威振四夷,承累世的积聚,府库充实,长安极其繁华,于是建筑,雕刻,绘画,音乐这些艺术,都盛极一时,表现于文学上也极其宏博富丽。

（三）宗教和思想的复杂。唐代融合了异族和前代的文化,所以唐代为各种宗教汇集的时期。唐初尊崇儒教,提倡经术,而又皈依教佛,尊崇道教。三藏玄奘赍译佛经一千三百余卷,太宗、高宗都信仰它,释徒因之大盛;又特尊老子为太上玄元皇帝,道教也因此广播。历代君主,虽常有偏信,而少有专崇一教的,所以唐代有三教汇合的现象。此外还有景教,祆教,回教,摩尼教等,也流行于当时的社会。思想这样的复杂,所以表现于文学上,自然有千门万户之观。

（四）当时政治上的提倡。唐代的君主,大都能诗文,而以政治的力量来提倡。如唐太宗设宏文馆,招致文学之士,谈论文艺。宪宗读白居易讽谏诗,召为学士。穆宗喜元稹歌诗,征为舍人。文宗好五言诗,特设学士七十二人。这种情形,正和汉武帝之于汉代词赋相仿,君主仔尚,足以造成一般的风气。那时的考试制度,以诗赋取士,一般士大夫以及第为荣,努力于诗赋,因之唐代的诗赋特盛。

上面几个原因,都是和唐代融合南北民族,政治上归于统一,间接直接有关系的。民族上有一番同化,表现于文学上,自然有一种宏伟的气象,唐代文学的发达,就是唐民族强大的表征。（未完）

（《大学杂志》1934 年第 2 卷第 1 期）

在东京参观各学校及文化机关记略

张世禄寄自东京

我这次东考渡察，在东京约住了一个半月。承本国公使蒋作宾先生介绍给日华学会；由日华学会派，领导前往各学校各文化机关参观。日华学会设在东京神保町，是一个办理对华文化事业联络的机关。凡是到日方考察教育和文化的，该会都可以派人招待；会所里面也可以供住宿。现在该会的常务理事是砂田实君，另外还有几个职员也能够通中国语的。我们只须把要参观的学校和机关先期通知这个学会。该会便会给我们排定日程，并且预先通知各机关，以便他们准备招待。这次给我排定的日程。照录如次：

暨南大学教授张世禄氏参观日程

十月二十九日礼拜一

上午　东京帝国大学　下午　帝国大学图书馆

三十日礼拜二

上午　帝国图书馆　下午　东洋文库

三十一日礼拜三

上午　东京女子高等师范学校及附属小学幼稚园

下午　东方文化学院研究所

十一月一日礼拜四

上午　千代田小学　下午　府立第一中学

日华学会制

第一天　上午，我和日华学会的主事中川义弥君以及几位留东的同学愿意加入参观的，同到本乡区帝国大学。由帝国大学总部的一个职员出来招待。并且分给我们一张图表，说明该校的概况、校舍结构、内部组织生员人数以及沿革大略等等。帝国大学的地面很广阔，范围也很大；除总部之外，有法学部、医学部、工学部、文学部、理学部、农学部、经济学部以及其他附设的机关、各医院、天文台、地震研究所等等。每部几乎要费了半天工夫的参观。我们为时间所限，只能拣定文学部的各研究室先往参观。于是由文学部总办公室的职员导往。文学部共有■几个研究室，每个研究室由一个主任教授总管，此外还有几个助教授及助手帮同办理。日本语文学（日人称为国语文学），中国文学哲学（日人称为支那哲文学），英国文学，德国文学法国文学、梵文学、言语学、考古学等都设有研究室。研究室内大约陈列专门书籍和有关某种研究的材料，以供某科学生的参考，研究生的专门研究。几乎每个研究室可以成立一个专门的图书馆。考古学研究室并附有标本陈列室。我们每到一个研究室，必有助教授助手出来指示解释，或由主任教授亲自接谈。他们的姓氏，预先已经由文学部分给我们一本帝大文学部一览，内中详细记载着，此地不必叙述。考古学标本陈列室里所收集的关于日本朝鲜中国及西亚的古物特多。最近所得东四省（日人称为满洲国）的大宗考古材料，大部分堆积包裹着，尚未整理陈列出来。中国哲文学研究室陈列中国旧书颇多，除经籍、子籍以外，关于中国旧文艺的材料，似乎他们注意于戏曲小说，而于诗词方面的陈列很少。中国哲文学研究室里并附设一个汉学会，每季刊行汉学会杂志一厚册。他们阅读中国古书非常认真，我看见了几个研究生正在阅读古经注疏，用各本逐字校对，而用红朱笔逐句

圈点。这种精神似乎在国内大学里是很少见到的。

下午，我们到了帝国大学附属图书馆。帝大原有的图书馆在大正大震灾时全部被毁，这个是震灾后重行建设的。十年工夫，不特恢复了旧观，并且大大扩充了。据说：单是建筑费一项已费去三百万元。该馆筑筑成一方堡形，极伟大坚固。下层为事务室，报章杂志室及一大纪念堂。纪念堂里陈列旧有图书馆烧毁后种种践迹和捐赠款项图书者的肖像，以及该校许多老教授少年求学时的成绩。上数层为目录室，书库及各大阅览室、食堂、休息室等。教授阅览室和学生是分开来的。阅书者限于帝大学生及教职员，一切手续须遵照帝大图书馆规则和图书馆利用者案内二书。书库内所陈列，依照该馆图书分类表一书。都有印刷品分送给我们。目下藏书已有八十万册。登图书馆屋顶可俯瞰全校，屋顶上也没有坐椅，可坐而阅书。据该校文学部学生说：他们在学校里听讲很自由，只有各科演习时必须出席，他们大部分的时间都消磨在图书馆里。而各科演习室也大都附设在图书馆内。可以见得该校的图书馆，是教学实施的一处重要的中心有了这样的图书馆，自然能够吸引和养成人材，而蔚为全国最高的学府。

次日上午，往上野公园参观帝国图书馆。（上野公园是东京市社会教育机关集中的地方，历史博物馆、科学博物馆、动物园、美术馆、规模都很伟大，也都设在这个公园的范围里。我先几天已经个人逐一往参观过了。历史博物馆内分设中国部南洋部等。科学博物馆里所陈列的各种仪器和标本，一进去，可以自由去实验考察，并且有人在旁边解释，也有南洋资料的一部。这时美术馆里适举行帝国美术展览会。作品极为富丽精美。这时日本全国生产教育展览会也在上野公园举行。会所里除了陈设各职业学校的模型照片等以外，还有各种学校的产品出售，并且有许多学生当场在那边制作，供人观览。）帝国图书馆是日本国内最大的图书馆。当日由

该馆的司书官林繁二君出来招待,并且送赠该馆纪念照片,该馆平面图以及各种章程的印刷品。该馆事务方面的组织分为三部,其一为分类,其二为编目,其三为关于阅览的事务。每年经费约二十万元,职员约一百五十人。该馆建筑分为四层。地下一层系食堂、休息室、贮藏室等。地上三层,第一层系事务室和假书库,新置图书尚未编目的,存在假书库,而将书名用小木牌揭示在墙壁上。第二层系目录室,普通阅览室,妇女阅览室,第三层系特别研究室。书库分九层,各层大小相若,惟书架形状不一,各依图书形状而设置,且都系旧式木架。藏书在八十万册以上。图书的分类有二种:一种系目录上的分类,一种系书库里的分类,各有记号及数码。据说:该馆创始于明治五年,震灾时未遭损失;每年增书约有二万册。日本所出图书,该馆都有存藏,各书局所出图书,须送呈二份于文部省,由文部省拨交该馆一份。该馆并未附设儿童图书馆,除十五岁以下的儿童外,只须出钱三分,都可以入内在普通阅览室阅书,要进特别研究室的,须出钱七分,一次借出图书数量也较多。此外还有馆外借出的办法。妇女阅览室内可容一百五十人,普通阅览室内可容六七百人,特别研究室内可容三四百人,每日进馆阅书的,平均有一千五百人,学生居于半数。此外并附设一装订所,专为该馆装订或补书之用,内中工人约有三十人。还有一个摄影室,阅览者要是对于某书或当中的几页需留在影片的,便可照章出资令馆内摄影,新购德国摄影机,十分钟内可得数片云云。

下午,往本乡区参观东洋文库。东洋文库是以莫利逊图书馆为基础,而加以扩充的。莫利逊(Dr. G.E. Morrison)系英人,为泰晤士报驻中国之名记者,生于西元一八六二年,卒于一九二〇年。曾任巴黎和会中国代表团顾问。他住在北平时,收罗图书甚富,尤以西洋古本为多,大抵关于中国及亚洲其他各地的材料。一九一七年,莫利逊以其所藏售于日本三菱公司主人岩崎氏,从北平搬到

东京。更加以岩崎氏私人所藏和后来的添置，目下已达三十万册。当日由该库主事岩井大慧君出来招待，并分送给我们该馆的许多出版物。东洋文库的概况和史略（Rough History and Discription of the Oriental Dibrary）是用英文写的。关于东洋文库的出版物，有刊行物目录一小册，内分东洋文库论丛，东洋文库丛刊，东洋文库图书馆部目录诸类。东洋文库是私人所创设的文化机关，组织了一个委员会专司管理的事务，委员共有十人。该库的工作，可分为添购书籍，便利专门学者的研究，发行专门研究的刊物，举行演讲会以及公开展览等项。该库里所陈列的书籍，西文方面是依照地域分类的，各关于中国、印度、南洋、蒙古、西藏、波斯以及西亚各古国等，各别的陈列。中文的书籍，大都仍依照中国四部的旧法分类。岩井君曾给我一张阅书证，使我暇时得往该库阅书。

第三日上午，我们到小石川区参观东京女子高等师范学校。这个学校在日本是很著名的，创设于明治初年，现在已经有六十年的历史了。我们去参观的那一天，正值该校六十年创校纪念日的第二天，日本的皇后曾经亲自来参加创校纪念的典礼。校中派来招待我们的，频频指点某处是皇后来看过的，某处是皇后休息的地方，路上铺设的木板是备皇后行走的。我前几天到明治神宫里观览壁画，记得有一幅尚未着笔的，是要画明治皇后亲临该校行启的事迹；足以见得日本政府提倡女子教育的用意。该校的校舍非常整齐，中间是一个大的礼堂，旁边两行和横列的一行是各教室，仪器标本室，和事务室，成为一个山字形。利用屋顶作为冬天下雪时候的运动场，身体衰弱的也叫他们在屋顶上作业。我们在屋顶上看见了许多学生在空地上整理杂草，据说，该校的校工约有三十人，凡是可以给学生劳动的机会，并不必要校工来办。关于该校内部的组织，有一册很详细的一览分给我们参看。现在教职员约有二百四十人，学生一千余人，内中中国的女生只有二人。该校的设

备很完全，最引起我们注意的，是一个音乐练习室，一个作法教室，一个割烹教室和一个保育实习室。音乐练习室里分成四十个小间，每一个小间里陈列钢琴等乐器，各小间彼此隔离使音浪不至互相混杂。作法教室里又分为西式的和日本式的两个，是训练应接的礼貌的场所。我们到了日本就觉得他们一般人特别的注重礼貌，这种习惯大概是在学校里训练出来的。日本的女子教育，很注重家事学，所以该校的割烹室和保育实习室里的设备很整齐充实。此外还有几个裁缝教室。每一种科目的教室，必定有个预备室，陈列图书仪器等等，史地，生物和理化的预备室里设备尤为齐全。学生的成绩陈列室里，裁缝的成绩最有特色。此外又陈列着许多图表，如六十年来学生服装变迁的照相，卒业生服务地域表，结婚百分数表等等。山字形校舍的旁边是宿舍，体育室和运动场。体育室的旁边还附设游泳池及沐浴室。运动场距离宿舍很近，地位较低而很空旷。宿舍里，我们也去参观过，每八人一组，每组卧室两间，自习室一间，一切陈设布置，很整齐而朴素毫没有看出一点脂粉气。学生待人礼貌尤极周至。宿舍的旁边有一条长廊，是学生练习射击的地方。我们又去看过她们的食堂，内容非常清洁，各人的坐次有一定，用具也各人固定，每人的筷子藏在桌上的一小匣子里，匣子上面刻着姓名、食堂的旁边有一条走廊，上面设着葡萄架，下面就是旷大的运动场，空气很清新。

该校的范围里，还有一个附属小学和一个幼稚园。我们去参观附小的时候，由该校教授兼附小主任掘七藏君招待，我们和他谈话，约有一小时之久。谈话的内容，可以综括为下列的几个问题：

一、关于日本小学里学习文语和口语的问题。小学第一二年级完全用口语，第三年以后，渐渐增入文语。中学校里学生发表的文章，有时用口语，有时用文言，小学校里则专用口语。据说在小学校里教授文语并无如何困难。（大概是因为日本口语和文语的

区别，不像我们中国文言白话那样相差之远。）

二、关于小学国语课本的教材问题。小学国语课本的内容最初以关于自然科的智识最多，以后逐年增进历史上的故事和智识，以唤起学生的民族观念。课本上鸟言兽语之类，也并不完全避免。小学的教科书是由文部省编制和规定的，全国统一。

三、关于该校的纳费问题。小学本来是一种义务教育，全国的人民从六岁到十四岁为规定的学龄，必须读小学，所以全国百分之九十九都已经受过小学教育。小学生本来无须纳费，不过本校为女高师所附设，系试验的性质，和旁的小学情形不同，规定每人每个月缴费三元。

四、关于中学教授汉文的问题。小学校里并没有纯粹教汉文的科目。中学第一年级也只有四点钟日文。到了第二年级才教授汉文，每周三点钟日文，二点钟汉文。第三年级日文三点钟，汉文三点钟。第四年和第三年同。第五年，日文汉文各二点钟，第六年和第五年同。汉文课的教授，采取于《大学》《论语》等书里最多。

谈话完了，再导往我们到各教室参观。我们看见许多学生俯在地上揩地板，据说：养成劳苦的习惯，是日本小学的特殊精神，学教育的目标，是培植普通一般能耐劳苦的国民。教室里关于理科方面的设备最为完全。裁缝、家政手工、体操、音乐各有特别教室。音乐的教室里用五线谱的黑板。各年级有时男女同教室上课，有时男女分开来教授，因为在课程的支配方面，男生和女生并不完全相同。日本小学里很注意习字，该校成绩陈列室里习字的成绩特多。图画的成绩当中，有忠君故事的图画，如关于乃木大将、高山彦九郎、菅原道真、楠公樱井等忠君的故事。手工的成绩当中，有学校的模型，飞机、坦克车、大炮等的模型。裁缝的成绩品也不少。此外最值得我们注意的，就是学生成绩室里附列着许多南洋岛民的制作品。该校体育和卫生的设置也很完全。卫生室里

有专门医治牙齿的设置和医生。随后我们再到幼稚园。幼稚生的分组是利用门窗上玻璃的图画来标明的。例如森组,门窗上就画着森林;川组,门窗上就画着河流。该校幼稚生的衣饰极其整齐;所备玩具及沙地特多。

下午,我们往参观附近的东方文化学院。东方文化学院分为东京研究所、京都研究所和古书复制事业部三部,由东京京都两帝国大学和日本其他研究东方文化的著名学者所发起组织的;经费由外事省供给,每年三处约共二十万。东京研究所所长是服部宇之吉先生。我们去参观的那一天,服部先生恰好外出,由主事多田寅松君出来招待。分送给我们该院的一览和其他的印刷品。该院的规程、人员姓名、工作的计划,以及出版物的目录等等都详细载在一览当中。该院的研究员、指导员、助手等,由是由理事会推荐的;现任的理事长也是服务先生。研究员并不收用中国人。研究的计划以及刊行的图书,以关于东亚、中额、西额的史学、考古学、言语学为最多。刊行的图书有很专门的论著,此外还有一种东方学报,目下已刊行到第四册。古书复制的事业,大约是专门翻印汉文的旧籍。内中所藏的图书,不及东洋文库那么多,只有十余万册;可是收藏的比较精,不少中国的古本书。并且可以自由去阅览,订有外来阅览者图书阅览规程。此外每礼拜还举行一次讲演,请专家来院讲演专门的问题,但不是公开的,演讲厅的布置并不很大。

第四天往参观千代田小学,当日由该校校长武见五作君出来招待,先分给我们一张该校的平面图,以及其他印刷品。千代田小学是东京市内一个很著名的小学。当日我们和该校校长谈话约有一小时之久。据说,该校除了小学部之外,附设幼稚园、图书馆,晚上还附设商业专修学校。小学部共分十八班,有一千三百多学生,教员只有二十一人,除了十八个级任以外,校长一人、裁缝特别教师二人、幼稚生一百五十人、教育四人。附设的图书馆里职员共有

九人，阅书的位置共有九十，外面每日来阅书的，平均有三百人；图书的性质，关于商业和娱乐方面的最多。东京市里市立的大图书馆有五个，而这样附设在学校里的约有三十个。该校小学生，每名每年需费四十五元，幼稚生需费四十元，都由市府和区所供给，每名由市府给三分之二，区所给三分之一。小学的建筑费由市府供给，其他的经常费由区所供给。学生完全免费，不过由学生家属组织一个后援会，出资以备学校购置各种设备，每人每年平均约出十元之数，东京市小学的教员，女的最少月薪四十五元，男的五十五元，最多不得超过二百十五元；按年加薪，少的五元，多的十五元或二十元。教员平均月薪数约八十元，校长月薪不得超过二百十五之数，平均约一百七十元。关于师资问题，以师范学校毕业生为合格，中学毕业须自修而经过考试后，方得为小学教员，大学毕业生也必须是专修教育科的才可当小学教师。东京市里小学生共有五十万，教师有一万五千，约有一万是师范学校毕业的。关于该校男女分班问题。该校十八班：每一年级共有三班，大约一班是男，一班是女，另一班是男女同学的。这种分法完全是依据于旧有的习惯，并无何种试验的用意。分校并不完全依照技能的高低，因为优材生的一班，常有欺负低能生一班的事实发现，所以只略略依照年龄，并不依技能分班。本来依照规程，每班不得超过七十人。该校系特别情形每班约有八十人。男生和女生虽然有同班的，但是女的，裁缝和手工的工课较多，课程的支配上也并不相同。该校特别注重卫生与体育，有本校之体育与卫生一厚册分给我们，详细说明该校体育和卫生设施的情形。该校的卫生室里，有专门牙医用的设备，有太阳灯。医生两名，其中一个是牙医。此外又有卫生妇一人。身体衰弱的，由学校备给鱼肝油糖。该校的运动场，就是千代田公园。运动室里的设备很完善，又挂着很大的镜子，使学生可以照见自己的姿势。该校的校舍是费了四十几万的经费建筑的。成

半个四方形,包围着千代田公园。内分三层,屋顶是屋上运动场。第一层是事务室、图书馆、屋内运动室及手工中室。手工教室内设有各种机器,以辅助学生的作业,手工教员之外,还有一个助手,以辅导学一点钟内制成一种物件。第二层是屋内运动室和各种教室及标本室,第三层是大礼堂和各种教室。理科的教室和准备室里,陈列各种仪器标本,颇为完备。音乐教室里,也有各种乐器及五线谱的黑板。图画教室里的设备也很完善。裁缝用具装在一小匣里,此外还陈列着各种缝纫机。其他各科的成绩和标本,往往利用走廊旁边的墙壁做很大的玻璃柜来陈列,观览很觉便利。该校幼稚园的校舍,尚未建筑完竣,暂借用大礼堂。幼稚生的衣饰有一律的制服,很简单而朴素。

随后我们到麹町区参观东京府立第一中学。该校创立于明治十一年,而新校舍的完成到今不过四五年,规模也很大。当时由该校的一个教员沓挂斧次郎君出来招待,分给我们该校的一览一厚册,内中详细载易该校的沿革,各种统计,各种规程,以及教职员学生的姓名等等。该校现在学生共有一千五百,每一年级分五班,每班约五十人。五年毕业后,又特设里惯班。教员五十二人。教员的月薪平均约一百二十五元,学生每月的学费五元。该校的校舍大约成为一个凹字形。内分四层,地下一层是学生休息室、剑道场、柔道场,及博物标本室。地上第一层是教员室、事务室和教室。第二层第三层是各种教室及标本室。屋顶是屋上庭园及日光浴室。大讲堂很高,括有三层。屋内运动场也很大,括有两层。该校的理科标本室,设备很完善。于体育和军事教育的设置,尤为注重。据说:该校课程,除日文、汉文之外,最初注重德文,现在英文德文并重。每日全校学生。总要举行一次定期的集会,很有严格的纪律。

此外,我又曾参加其他的团体或私人来参观朝日新闻社,帝国

大学医学部、女子医学专门学校、陆军士官学校、早稻田大学、帝国美术院等处，这里不及详记。总之：我这次考察所得的印象，可以综括为下列的几点：

一、日本政治早上轨道，社会又很安定。各学校和文化机关，不轻易更动人员，使服务的认为终身的职务。自然容易显出成绩。

二、各学校和文化机关除了本身的努力以外，又和政府及社会取得切实的联络，自然进行上很顺利。

三、日本中小学很注重体育和卫生，使国民的健康运动成为普遍化。

四、日本的学校教育有一定的方针，幼稚园是在培养活泼而健康的儿童，小学是在培养耐劳而具有常识的普通国民，中学是在养成健全的军国民，大学是在养成专门特殊的人材。

五、社会教育方面的设备和其他增进国民智识和健康的事业，政府总给以竭力的提倡和辅助。

六、中小学的校训，可以总括为“忠孝”二字。全国的国民，大致已具有一种普遍的中心思想，对于皇室和帝国，已成为神圣的偶像。

七、中小学的教育，很注重纪律和礼貌，所以到了社会上能为一个遵守礼法的国民。

八、政治的力量较我们中国为集中，政府很有精神来辅导教育和文化事业。国民的程度也比较高，教育也比较普及，一切文化事业自然容易发达。

民国二十三年，十一月，张世禄记于东京。

（《暨南校刊》1935 年第 117、118 期）

中国语音系统的演变

一、关于语音系统的意义

在未曾讨论到本题以前，应该预先说明“语音系统”这个名词的意义。所谓语音系统，简单的说，就是实际语言上的发音习惯。我们所认为的一种语言，必定具有它的一种发音习惯，而自己成为一个系统，和别种语言来比较，必定有一些差异，不过其间差异的程度，有远近大小的不同罢了。各国的国语以至于同一国语内各种方言的差异，最显著的地方，就是在语音系统上彼此间的区别。同是一种语言，在历史上的演化，最显著的事实，也是在发音习惯上的变迁。所以不论对于那一种语言的研究，首先应当注意于它的语音系统。[1] 不论对于那一种语音系统，都可以分做下列的三方面来观察：

（一）应用的音素　音素就是组成字音的种种元音和辅音。各种语言上所应用的音素，它的种类虽然有多有少，总是有限制的，绝对不是统统完具的，有的音素用，有的音素不用。在语音系统上的观察，就是分辨某种语言上所应用的是那几种元音和辅音。在这种语言上所具有的音素，并不一定为别种语言所应用。例如英语上所用的 θ、ð 这两种辅音，是现今中国的标准音——现今中国的国语，以北平的方音做标准；所谓国语的标准音，就是北平的

---

① 参看 I. Bloomfield, *Introduction to the Study of Language*, Chap. II。

方音，或者可以简称国音——上所没有的。现今国音上所用的ʅ、ɿ两种元音，[①]又是英语上所没有的。又如b、d、g这一类浊音，为上海方音上所应用，可是为国音系统上所不用。

（二）拼音的情形　某种语言既然具有它自己所应用的音素，而这些音素又大都有一定的拼法；某一种音拼在什么地方，在某种语言里，也大都有一定的习惯。例如英语里ŋ这种音，只是拼在字音或某音缀的末尾，没有拼在字音的起首的。国音里m这种音，只是拼在字音或某音缀的起首，并没有放在末尾的；可是在广州方音当中，却有m放在字音末尾的一种拼法。又两个以上的辅音连拼在一起，就是所谓复辅音的拼法，在欧洲各国语言上是很普通的，而在现今中国的各种方音上，并没有这种复辅音的拼法。[②]

（三）音势·音量·音调的变化　音势、音量、音调的变化，就是指强弱、长短、高低在字音上的差别。这种差别，在各种语言当中，因习惯的关系，常具有一种固定的形式。例如英语的字音当中，各个音缀的强弱，常有固定的读法，元音也有长短的区别；日本语里也有长音促音的分别；但是各个字音，都没有固定的音调变化，这是和汉语不同的地方。汉语上各个字音常常具有一种固定的调子，就是所谓四声，据现今科学的研究，四声的主要分别，在于音调上高低的变化。[③]

综合前列的两方面来观察中国的语音系统，就是音韵学上“声纽”和“韵类”的问题。根据后列的一方面来观察汉语的语音系统，就是音

---

① 参看北京大学《国学季刊》第1卷第3号徐炳昶译《对于“死”“时”“主”“书”诸字内韵母之研究》。

② 中国语里有几种合成摩擦音，在语音学上虽然说是由一种爆发音和一种摩擦音合成的，而在语言学上只是认为单个的音素，不是复辅音。参看拙译《中国语与中国文》第三章。

③ 参看刘复：《四声实验录》，又《科学》第7卷第9期赵元任《中国语字调的实验研究法》。

韵学上"声调"的问题。中国音韵学的内容,虽然很复杂,而在研究上最主要的元素,总不外声、韵、调这三种东西。[①] 我们考察分析中国历代的语音系统,就是依据历史的眼光来比较古今声、韵、调的种类;从古今声、韵、调种类的比较,就可以看出汉语语音演变的趋势。

二、现代的国音系统

中国现代的国语,以北平音做标准。四十个注音符号上所列着的,有声母二十四个、韵母十六个。而在北平方音中,实际上所应用的声纽,只有二十一种。万、兀、广三母(代表 v、ŋ、ȵ 这三种辅音)已经为现今北平音中所不用,实在这三种声纽的废去,至迟在明代的中叶已经开始了。[②] 现在把国音系统上的二十一声纽用国际音标对照列如下:[③]

ㄅ[b][④]	ㄆ[p']	ㄇ[m]	ㄈ[f]
ㄉ[d]	ㄊ[t']	ㄋ[n]	ㄌ[l]
ㄍ[g]	ㄎ[k']	ㄏ[x]	
ㄐ[tɕ]	ㄑ[tɕ']	ㄒ[ɕ]	
ㄓ[tʂ]	ㄔ[tʂ']	ㄕ[ʂ]	ㄖ[ʐ]
ㄗ[ts]	ㄘ[ts']	ㄙ[s]	

韵母十六个,还须加上一个空韵ㄭ,所谓空韵就是之、蚩、尸、日、孜、雌、私等字的韵母,在注音符号上通常用单独的声母注这些字音,有时就用ㄖ、ㄙ来代表;[⑤]所以注音符号上的韵母,实际应当

---

① 参看《东方杂志》第 33 卷第 1 号罗常培《旧剧中的音韵问题》。

② 参看《韵略易通早梅诗》的二十字。

③ 依据国语统一筹备会制定的《注音符号总表》。

④ ㄅ、ㄉ、ㄍ三母,国际音标严格的注音,是属于中性的 b、d、g,既不是浊音的 b、d、g,也没有 p、t、k 读得那末紧。参看商务印书馆出版的《国际音标国语正音字典》中西拼音对照说明。赵元任又曾提议采用 b̥、d̥、g̊ 这三个符号,参看中央研究院《历史语言研究所集刊》第二本第三分赵元任《用 b̥、d̥、g̊ 当不吐气清破裂音》。

⑤ 就是 ʅ、ɿ 这两种音,注音符号上不另列韵母符号,往时常用ㄖ、ㄙ来代表,参看高元《国音学》。

是十七个。[1] 这十七个韵母当中，ㄞ、ㄟ、ㄠ、ㄡ四母为复合韵，是包含有两个元音的；ㄢ、ㄣ、ㄤ、ㄥ四母为附鼻音的韵，就是元音之后附有鼻音的 n 或 ŋ 的。所应用的音素既然很有限，而由它们所拼成的韵类也很简单。我们把这十七个韵母以及由ㄧ、ㄨ、ㄩ三母所拼成的结合韵合并计算起来，也不过四十韵类。现在把国音系统上的四十韵类用国际音标对照列如下：[2]

(帀)	[ʅ][ɿ]	ㄧ	[i]	ㄨ	[u]	ㄩ	[y]
ㄚ	[a]	ㄧㄚ	[ia]	ㄨㄚ	[ua]		
ㄛ	[ɔ]	ㄧㄛ	[iɔ]	ㄨㄛ	[uɔ]		
ㄜ	[ə]						
ㄝ	[ɛ]	ㄧㄝ	[iɛ]			ㄩㄝ	[yɛ]
ㄞ	[ai]	ㄧㄞ	[iai]	ㄨㄞ	[uai]		
ㄟ	[ei]			ㄨㄟ	[u(e)i]		
ㄠ	[au]	ㄧㄠ	[iau]				
ㄡ	[ou]	ㄧㄡ	[i(o)u]				
ㄢ	[an]	ㄧㄢ	[iɛn]	ㄨㄢ	[u(a)n]	ㄩㄢ	[yan]
ㄣ	[ən]	ㄧㄣ	[in]	ㄨㄣ	[u(ə)n]	ㄩㄣ	[yn]
ㄤ	[aŋ]	ㄧㄤ	[iaŋ]	ㄨㄤ	[uɑŋ]		
ㄥ	[əŋ]	ㄧㄥ	[iŋ]	ㄨㄥ	[uəŋ]		
				ㄨㄥ	[oŋ]	ㄩㄥ	[ioŋ]
ㄦ	[ɚ][3]						

这四十韵类当中，[ɛ][iɔ]二类只用来代表少数的感叹词，没有正式的字音，所以实际上，现今国音系统里所应用的韵类，通常不过三十八。[4]

关于国音系统上的声纽韵类以及它们的拼法，这里还须加以申说的，有下列的几点：

---

① 参看赵元任：《新国语留声片课本》第一课。

② 依据《注音符号总表》，排列依赵元任《新国语留声片课本》第一课《韵母全表》(ㄆ)。

③ 参看赵元任：《新国语留声片课本说明》。

④ 同上。

（一）现代国音系统上，清浊相配的声母只有 ʂ、ʐ 二母，可以说没有正式的浊音声母。v、ŋ、ɲ 三母的废去不用，也是代表浊音消失和鼻音声母减少的趋势。

（二）ʅ、ɿ 和 ɚ 这二种音，是古音系统上原来所没有的，而是由古音系统演变的结果所产生的，[①]所以这二种音，也可以说是现今国音系统的一种特征。

（三）上面所列的四十韵类，因 i、u、y 这三种介音的关系，可以分做开、齐、合、撮四大类：其他韵母，没有 i、u、y 同它们结合的，叫做“开口呼”；i 母或者由 i 母所拼成的结合韵，叫做“齐齿呼”；u 母或者由 u 母所拼成的结合韵，叫做“合口呼”；y 母或者由 y 母所拼成的结合韵，叫做“撮口呼”。在语音学上，i、y 这两种介音，有舌前化的作用；u、y 这两种介音有圆唇化的作用。[②]

（四）在国音系统上，应该注意的，那一种的声纽拼合于那一种的韵类，常常有限定的规则。tʂ、tʂʻ、ʂ、ʐ 一组没有和舌前化的韵类相拼合的，就是这一组声母之后，没有 i 或 y 同它们拼合的；所以这一组的声母没有齐齿呼、撮口呼的字。k、kʻ、x 一组和 ts、tsʻ、s 一组也是这样，没有齐齿呼、撮口呼的字。tɕ、tɕʻ、ɕ 一组恰好和它们相反，只有齐齿呼、撮口呼的字，而没有开口呼、合口呼的字，就是这一组声母之后，必定有 i 或 y 和它们拼合的，必定是舌前化的韵类。[③]

（五）在现今国音系统上，各个字音的收尾，或者是元音，或者是鼻音的 n、ŋ，不能有其他的收尾音。[④] 所谓“卷舌韵”，就是 ɚ 母跟上字相连成为一个音缀的韵，好像也有 ɹ 音当做收尾；其实卷舌

---

① 参看中央研究院《历史语言研究所集刊》第二本第二分王静如译《中国古音之系统及其演变》。

② 参看拙著《语言学概论》第三章。

③ 参看方宾观：《国音常用字一览表》。

④ 参看贺昌群译：《中国语言学研究》第一章。

韵的应用，具有意义上和文法上的功效，并不足以代表一种字音的正式拼法，所以也不足以打破收尾音的那种拼法上限制的规则。[①]

上列的五点，乃是关于国音系统上音素和拼法这两方面值得我们注意的地方，就是声韵和拼音上的问题。至于论到音调、音量等的变化，现今国音系统上没有短促的入声，只有阴平、阳平、上声、去声四调。凡是过去所谓入声的字，都已经归并于阴、阳、上、去四调当中，所以现今国音里，没有绝对的长短音的差别。各字大都依阴、阳、上、去四调各有一定的读法，只是实际口语上，读成轻音的字以及上声一调，常有显著的变化。[②]

我们根据上面所说的国音声、韵、调三项种类的简单，以及拼音上的种种限制，就对于这种系统得到一个总概念：应用的音素、拼音的情形以及声调的种类，在现今国音系统上，都显出一种单纯的现象。我们就现在所知道的中国各地方言拿来相比较，音素和音调的种类，实在没有再比国音系统上的那样简单，拼音的情形，也没有再比国音系统上的那种严格的限制。无论是上海方音、广州方音或其他，都比现今国语标准音——北平方音——繁复得多。现今中国方言的调查，虽然尚在进行之中，未曾到了完成的地步，但是我们这里已经可以断定，中国任何地的方音，并不曾见到有现今国音系统上那种单纯的现象。[③] 我们进一步又可以断定现今的国语标准音，实在是代表中国语言演化史上最先进的一种方言。我们要证实这句断语，就须追究这种国音系统演成的由来。我们在这里应该把现代国音系统和古音系统作一番比较的叙述。

---

① 参看赵元任：《新国语留声片课本说明》。

② 参看赵元任：《新国语留声片课本》第五课。

③ 参看贺昌群译：《中国语言学研究》第一章。

三、中国古今语音系统的比较

中国语音演变的历史，通常为着研究的便利，把它划分做三个时期，就是所谓上古音、古音和现代音。现代音就是指上面所述以近今北平方音为标准的国音系统。考证古音系统，以《广韵》等书所记载的为主要的根据。至于考证上古的音读，我们只有利用《诗经》一类的韵语和谐声字体等等作为研究的材料。所以中国语音演化的历史，它的全部的节目，总离不开下列的三个中心：

周　音——《诗经》音

隋唐音——《切韵》音

现代音——现今国语标准音

现今对于隋唐音的考证，利用许多新材料和比较的方法，大致已成就确凿的结果。[①]《切韵》各部的分列，可以应用音标注明它们的音读，从前对于《广韵》的分部，不能辨别它们在音读上的差异，因而发生"韵异音同"的假设，现在已经知道这种观念的根本错误了。[②] 在声纽和其他方面的考证，也有类似的创获。我们现在对于隋唐音的系统，可以说是大部分已经得到明了了。[③] 所以依照现在研究的程度，我们很可以把隋唐古音和国音系统作一番比较的叙述。

在未曾叙述这两种系统的关系以前，这里还须略略说明语音演变的几种原则。关于语音演变的事实，我们可以归纳为两种原则来说明：其一，是依据于人类语音演变的一般趋势，就是语音"简易化"的这种原则。其二，是依据于某种语音系统上对于某音特有的倾向；在某种语言当中，有时某一种音的演变，是因为它自身发音习惯

---

① 参看 B. Karlgren, *Études sur la Phonologie Chinoise* 一类的书。

② 参看拙著《简韵研究》第三章。

③ 参看 B. Karlgren, *Analytic Dictionary of Chinese*。

上具有一种独特的倾向,不必合于简易化的原则的。所谓语音的简易化,就是使原来复杂难读的音,变成比较简单易读的音,最显著的为音的“失落”、音的“同化”、音的“异化”。[①] 一一举例说明如下：

音的失落　例如古音入声字的收尾音 p、t、k 的失落;古音疑母的字,现在已失去它的起首音 ŋ。又如古音齐韵 iei 的字变成现代的 i 音。[②] 这种音的失落,就是使繁复的变成简单。

音的同化　例如古音见、溪、晓诸母齐齿呼、撮口呼的字,因为 i、y 舌前化的作用,使声纽 k、k‘、x 的音变成舌前音的 tɕ、tɕ‘、ɕ;精、清、心诸母齐齿呼、撮口呼的字也是如此。只有 tʂ、tʂ‘、ʂ、ʐ 一组的声母,舌叶有向后作用,避去 i、y 的舌前化,所以现在完全是开口呼、合口呼的字。又如古音麻韵 ja 音的字,变成现今的 iɛ 音;古音戈韵 iuɑ 音的字变成现今的 yɛ 音。[③]这种避去相异的音,使连接的音变成相同或相近,就是使难读的变成易读。

音的异化　例如 b、p‘、m、f 这一组唇音声母的字,往往避去合口呼、撮口呼的圆唇化,如古音魂韵的 uən 音、文韵的 iuən 音,现在属于 b、p‘、m、f 这一组唇音声母的,都变为开口呼的 en 音了。[④]这种避去相同的音也是使难读的变成易读。

至于古今音的演变,属于语音系统上某种独特的倾向,未必合于上面所说那种简易化的原则的,例如歌韵 ɑ、戈韵 uɑ 的音变成现今的 uo 或 ə,乃是由于这些字音里的元音具有一种上升或合口的倾向。又如並 b‘、定 d‘、群 g‘这些浊音的声纽,都归并于现今国音的 b、p‘、d、t‘、g、k‘这些清音声母当中;侵、覃诸韵具有收尾音 m 的字,都并入于现今 an、ən 收尾于 n 的韵母,也可以说是语音系统上的某种倾向。[⑤]

---

① 参看拙著《语言学概论》第六章。

②③④⑤ 参看王静如译:《中国古音之系统及其演变》。

现在把国音系统的二十一声组和隋唐古音的声组对照如下：[①]

现代音的声组	隋唐古音的声组	演变现象的说明
[b][pʻ][m][f]	帮[p] 滂[pʻ] 並[bʻ] 明[m] 非[f] 敷[fʻ] 奉[v] 微[ɱ]	浊音失去，并入清音。 又古音明母变成微母的字，因简易化失去声母，变成合口呼的u音一类。
[d][tʻ][n][l]	端[t] 透[tʻ] 定[dʻ] 泥[n] 娘[nj] 来[l]	浊音失去，并入清音。 又泥、娘二母合并。
[g][kʻ][x]	见[k] 溪[kʻ] 群[gʻ] 疑[ŋ] 晓[x] 匣[ɣ]	现今都是开口呼、合口呼的字。 浊音失去，并入清音。 疑母的字除少数变成n母外，因简易化失去声母。
[tɕ][tɕʻ][ɕ]	见[k] 溪[kʻ] 群[gʻ] 疑[ŋ] 晓[x] 匣[ɣ] 精[ts] 清[tsʻ] 从[dzʻ] 心[s] 斜[z]	现今都是齐齿呼、撮口呼的字。 本来是两组声纽，而因受舌前化作用，都变做舌前音。 浊音失去，并入清音。 疑母的字，又失去声母。
[tʂ][tʂʻ][ʂ] [ʐ]	知[ȶ] 彻[ȶʻ] 澄[ȡʻ] 照[tɕ][tʂ] 穿[tɕʻ][tʂʻ] 床[dʑʻ][dʒʻ] 审[ɕ][ʂ] 禅[ʑ] 日[ȵʑ]	现今都是开口呼、合口呼的字。 二组声纽都变成后舌叶音，而避去舌前化作用。 古音日母本是鼻兼摩擦音，失去鼻音变为摩擦音。 有一部分更失去声母变为ɚ母的字。 浊音失去，并入清音。 但是现代国音上具有一个浊母ʐ，乃是由古音上鼻音的转变，非原来真正的浊音声母。所以我们可以说古音系统里的浊音声纽，到了现代都并入清音声母当中了。

① 参看王静如译《中国古音之系统及其演变》附录赵元任《国音古音的比较》（中央研究院《历史语言研究所集刊》第二本第二分。）

续　表

现代音的声纽	隋唐古音的声纽	演变现象的说明
[ts][ts‘][s]	精[ts]　清[ts‘]　从[dz‘] 心[s]　斜[z]	现今都是开口呼、合口呼的字。 浊音失去，并入清音。 知、彻、澄和照、穿、床、审这些声纽的字也有一部分变入这一组。

我们看了这个对照表，就可以知道现代国音系统上的声纽，依照简易化的原则和语音系统上某几种倾向演变的结果，比较隋唐音的声纽，特别的简单。鼻音有减少或失落的趋势，浊音又并入清音，所剩留的，只是ʐ母的一个遗迹罢了。至于声纽和韵类的拼法，在现代国音系统上也大受限制，g、k‘、x 的一组、tʂ、tʂ‘、ʂ、ʐ 的一组和 ts、ts‘、s 的一组必定是开口呼、合口呼的字；声纽的后面不能有 i、y 的介音。tɕ、tɕ‘、ɕ 的一组必定是齐齿呼、撮口呼的字；声纽的后面必定有 i、y 的介音。在隋唐古音的拼法上，是没有这样单纯的规则的。

关于韵类，这种差异的现象，尤为显著。隋唐古音的韵类是很繁复的，我这里不必一一把它们列举出来，以和国音系统上的韵类对照，只要举出几个特别显著的例子——属于 i、ɔ、an、ən 四母的韵类——就足以为说明之助了。也同样的列个对照表如下：①

现代音的韵类	隋唐古音的韵类	演变现象的说明
[i]	脂[i]　之[iː] 支[iĕ]　微[ĕi] 祭[iæi]　废[iɐ] 齐[iei] 入声　质[ĭet]　昔[ĭæk] 职[ĭək]　缉[ĭəp] 等部	这些繁复的韵类，除了一部分变为别种韵类之外，大都并入 i 母。 [tʂ、tʂ‘、ʂ、ʐ]一组和[ts、ts‘、s]一组的字变为[ʅ、ɿ]。 古音日母的字失去声母的变为ɚ母。 入声诸韵失去韵尾的[k]、[t]、[p]变为单纯韵母。

① 参看赵元任：《国音古音的比较》。

续　表

现代音的韵类	隋唐古音的韵类	演变现象的说明
[ɔ][uɔ]	歌[ɑ]　戈[uɑ] 入声 曷[ɑt]　末[uɑt] 铎[ɑk]　薛[iwæt] 没[uət]　德[ək] 陌[ɐk]　麦[wɐk] 等部	这些繁复的韵类，除了一部分变为别种韵类之外，大都并入[ɔ、uɔ]。入声诸韵失去收尾音，变为纯韵。薛韵变为[ɔ、uɔ]，只限于[tʂ、tʂ‘、ʂ]一组的字。 没、德诸韵变为[ɔ、uɔ]，也只限于[b、p‘、m、f]一组的字。 [ɑ]音变为[ɔ]是因元音上升或合口的倾向。
[an][iɛn] [uan][yan]	寒[ɑn]　桓[uɑn] 山[an]　删[an] 仙[ĭæn]　元[ĭɐn] 先[ien]　覃[ɑm] 谈[ɑm]　咸[am] 衔[am]　盐[iæm] 严[ĭɐm]　添[iem] 凡[iwɐm]	这些繁复的韵类都并入[an、iɛn、uan、yan]四类当中。 覃、谈等韵的收尾音 m 变为收尾音的 n，所以也并入于 an 音诸类。
[ən][in] [uən][yn]	痕[ən]　魂[uən] 真[ĭěn]　谆[ĭuěn] 欣[ĭən]　文[iuən] 侵[ĭəm]	这些繁复的韵类都并入[ən、in、uən、yn]四类当中。 侵韵的收尾音 m 变为收尾音的 n，所以也并入于[ən]音的诸类。

我们看了这四个例子，就可以知道隋唐古音的韵类，比较现代国音系统上繁复得多；不但 m、p、t、k 四种收尾音为现代国音系统上所不容有，而各韵类当中所包含的音素种类，也比现代国音上所用的元音为繁多。我们所认为现代国音系统的特征，ʅ、ɿ 和 ɚ 母，乃是由于古音上依着简易化的原则自然而产生的——古音脂、支、之、微诸韵的字变为 i 音，而 tʂ、tʂ‘、ʂ、ʐ 这一组的声纽和 ts、ts‘、s 一组的声纽，避去舌前化作用，在拼法的限制上都不能和 i 音拼合，因而变为 ʅ、ɿ 音；同时原为日母的字，因声纽失落变为 ɚ 母的

音——这两种音的产生，并不足以代表语音系统上一种增进繁复的趋势。所以无论就声纽、韵类以及拼音情形这几方面说，由隋唐古音演成现代的国音，依据简易化和其他倾向演变的结果，总是向着单纯化的路上进行的。

隋唐古音上的声纽，既然有清音、浊音的相配，因而平、上、去、入四调，依声纽的清浊又分为八调：清平、清上、清去、清入是高一调的四声，浊平、浊上、浊去、浊入是低一调的四声。演进到了国音系统上既然有浊音消失并入于清音的倾向，所以浊音四调也自然渐渐并合于清音的四调，所剩余的，现今只是阳平的一种遗迹。① 又入声诸韵 p、t、k 的收尾音既然失落，元音的后面，没有跟着一个爆发音以缩短它们的音量，于是不能保持短促的音读，也渐渐变为长音而并入于平、上、去的三调当中。大致古音平声清音的字变为阴平，浊音的字变为阳平；古音上声的浊音字，一部分变为现代国音的去声。② 古音入声的字，除了失去收尾音之外，大都变为现代国音的阳平和去声。③ 原为八调而变为四调，其最大的原因，就是在浊音消失，并入清音和入声韵尾失落，变为长音这两种演变的结果，所以这种声调种类的单纯化，也是依着简易化和其他变动的倾向自然而演成的。

上面把古今语音系统作一种比较的叙述，看到隋唐古音的系统远比现代的国音为繁复，因而断定了汉语语音的演变是沿着单纯化的趋势上进行的。不过这里便要发生一个疑问：我们所谓隋唐的古音，是根据《广韵》等书所记载而考证出来的；陆法言作《切韵》的宗旨，混合南北的方音，杂采古今的语言，萃集在一书里。④ 所以《广韵》一类的书，并不是代表隋唐时代一处地方的语音，包含

---

① 参看高元：《国音学》。

② 参看赵元任：《国音古音的比较》。

③ 参看白涤洲：《国语中入声的演化》，《国语旬刊》第 1 卷第 6、7 期。

④ 参看林语堂：《语言学论丛》，第 193、194 页。

有多种的语音系统，因之内中所记载的关于声韵的分析，当然特别的繁复。[①] 我们把混合多种系统的古音来和现代单独的一种系统两相比较，于事理上既不相称，而又从此就断定了汉语语音单纯化的趋势；这种结论可有准确性吗？我们要解答这个疑问，首先须要审定《切韵》一类的书是否具有代表隋唐古音的资格？陆法言所说"论定南北是非，古今通塞"，固然是萃集多种语音系统而加以一番审择折衷的功夫；所谓"捃选精切，除削疏缓"，"剖析毫厘，分别黍累"，当时人如李涪《刊误》等固然也有嫌他过于苛细的；但是《切韵》成书之后，居然能够风行了几百年，到处能够受人的欢迎，编纂韵书的大都用它做蓝本，撰诗作赋的，也采取这一类的书做标准。所以内中所分析的声韵，或许不合于并时同地的口语，但是也不能绝对说它不符于实际。内中所记载的，或许不免有少数偏僻的音读，[②]但是我们不能便否认它代表当时普通音的资格。当时的普通音，依现今的推测，必定以三个地方作中心的标准：《颜氏家训・音辞篇》曾经提出金陵和洛下两种方音作为当时的折衷语；此外在政治文化的势力上，长安的方音也颇有做标准语的资格。陆法言《切韵序》里曾经提起吴楚、燕赵、秦陇、梁益以及河北、江东这些地方的语音，必定把这三个都会方音上的重要成分采录进去。隋唐时代的秦音，现今学者颇有研究过，[③]根据他们所考得的，在语音系统上，也可以看出比现代的国音系统繁复得多。所以我们把《切韵》音来代表隋唐古音的复杂系统，在理论上并无不正当的地方。更就现今方言学的眼光看来，东南沿海的方音区域，通常是对着北部和中部的官话区域而说的，在这些地方，凡是愈具有保守

---

① 参看中山大学《语言历史学周刊》第六十一期，黄淬伯《讨论切韵的韵部和声纽》。

② 参看拙著《广韵研究》第三章第八节。

③ 参看罗常培：《唐五代西北方音》，黄淬伯《慧琳一切经音义反切考》。

性的方言，它们的语音系统就愈接近于《切韵》音，在声、韵、调以及拼法方面，而愈具有繁复的现象。所以我们断定由隋唐古音演进为现代的国音，是依据于语音系统上单纯化的趋势，这种结论是不会错的。我们为要证实这种结论的准确性，须再进一步说明上古音的系统和隋唐古音的关系。

四、汉语语音系统演进的趋势

上面所叙述的，只是隋唐古音和现代国音系统的比较，至于从上古音的系统演进到了隋唐古音，中间经过的情形如何，我们也亟须知道。不过现今对于上古音的考证，还未到了完全成熟时期。它的系统，我们现在所认识的还是很模糊；因为印度支那语族比较的研究，既然不曾发达，现在可以便利我们考证上古音读的材料，远不如隋唐古音上的丰富。[①] 尤其对于上古音声纽和声调的种类，我们所能窥见的更为微薄；因为《诗经》等书里的韵语和谐声字体这两种主要的材料，它们所能交互证明的，自然是偏重于韵部的分合方面。[②] 三百年来的古韵学家，研究上古音的成绩，也是以属于这方面的为最佳，他们论到上古声调种类的地方，只是一些臆测之谈，至于声纽方面的考证，从钱大昕到章太炎、黄季刚等，也只知道各类的所以合，而不知道它们的所以分。[③] 所以根据现在研究的程度，我们暂时还不能把上古音的系统来和隋唐古音作一种详细的比较。不过就现今对于上古音上所发现的，已经有下列的几点值得我们的注意：

（一）上古音上所考定的韵部，每一韵部并不只限于一种读法；换句话说，古韵学家所分列的韵部，每一部当中或许包括了几

---

① 参看中央研究院《历史语言研究所集刊》第一本第三分赵元任译《上古中国音当中的几个问题》。

② 参看拙译《汉语词类》。

③ 参看林语堂：《语言学论丛》，第 45 页。

种韵类。因为押韵和谐声有时只依据两音的相似，并不很密切的取其相同。[①] 所以无论是段玉裁的十七部，或是综合王念孙、江有诰两人的二十二部，总之不是说上古音上只有十七或二十二韵类。

（二）上古音当中有已经遗失了的声母，为往时古音学家所未曾注意到的。[②] 所以我们现在至少可以说上古音的声纽实在不只十九类。

（三）上古收尾音的种类远比隋唐古音上的为繁多，除了 m、k、t、p 这几种收尾音之外，还有 g、ɹ 等音当作字音的收尾的。[③]

（四）上古字音的起首，确有复辅音的拼法，如 pl-、kl-等，为汉语后代语言上所没有的，却在藏语、暹罗语里得到确实的证明。[④]

（五）从上古音演变到了隋唐古音，有许多事例，我们要得到确切的解释，不能不假定长短的差别和高低的变化，原来在上古音的系统上是占着很重要的成分。[⑤]

我们根据上列的五点，在消极方面可以打破往时所认为的“古音简，今音繁”这种谬误的观念，在积极方面可以断定汉语上古的语音——至少就拼音的情形而说——原来具有一种很繁复的系统；由周音系统演变到了隋唐古音，也是依着单纯化的趋势进行的。由上古音变成古音，由古音变成现代音，必定是随着同一的方向在那里演进；演进最先进的方言，它的语音系统上单纯的现象也是最显著。我们现今国语标准音的那种系统，是经过数千年语言演变的结果而产生出来的。

（《暨南学报》1936 年第 1 卷第 1 号）

① 参看林语堂：《语言学论丛》，第 64—65 页。
② 参看林语堂：《语言学论丛·古音中已遗失的声母》。
③ 参看 B. Karlgren，*Shï King Researches*。
④ 参看拙译《汉语词类》、林语堂《语言学论丛·古有复辅音说》。
⑤ 参看 B. Karlgren，*Shï King Researches* 及拙译《汉语词类》。

国语上轻唇音的演化

一、近代轻唇音一组的演变

钱大昕《养新录》里《古无轻唇音》一文，开首一句道："凡轻唇之音，古读皆为重唇。"[①]因此见得，轻唇音是后来语言上演化出来的。所谓轻唇音，就是指等韵家所常用的"三十六字母"里非、敷、奉、微的一组，和重唇音的帮、滂、並、明一组相并列的。三十六字母上，轻唇音有非、敷、奉、微四个字母，可是我们看看现代的国音字母上，和这一组的音相适合的，只有[f][v]二个字母。[②] 实际上国语的标准音又把[v]母废去不用，所剩得的只有一个[f]了。我们在这里要提出的问题：

第一，古代语上本没有轻唇的音，何以到后代会产生轻唇音这一组出来？

第二，轻唇音非、敷、奉、微一组共有四个字母，何以到现代国音上只剩得一个[f]？

我们先来解释第二个问题。如果我们暂时假定非、敷、奉、微也是象现代国音字母的[f]读为唇齿音的，那末，这一组的发音状态正如下表所列：[③]

---

① 《皇清经解》第五十四种《十驾斋养新录》卷三。

② 参看本报第一卷第一号拙著《中国语音系统的演变》。

③ 参照中央研究院《历史语言研究所集刊》第二本第二分王静如译《中国古音〈切韵〉之系统及其演变》第 186 页《〈广韵〉声纽表》。

字母名称	国际音标	发音的部位和方法	等韵上所说的部位和清浊
非	[f]	唇齿摩擦音，不带乐音，不送气。	轻唇，全清。
敷	[f‘]	唇齿摩擦音，不带乐音，送气。	轻唇，次清。
奉	[v]	唇齿摩擦音，带乐音。	轻唇，全浊。
微	[ɱ]	唇齿鼻音。	轻唇，次浊。

从前的这四种音，到了现代只剩留着一个[f]的音。这便显示着从三十六字母的系统演成为现代国音的系统，在轻唇音这一组里，就具有下列三项的演变现象：

（一）全浊并合于全清和次清。就是奉母归并于非、敷二母。带乐音的也变成不带乐音的：[v]→[f][f‘]。

（二）次浊音消失，成为无声母的音。就是微母的消失。唇齿鼻音变成圆唇元音的：[u][ɱ]→([u])。[①]

（三）全清和次清在这组里又并合为一。就是非、敷两母的合并。不带乐音的唇齿摩擦音又失去了送气和不送气的分别：[f][f‘]→[f]。

经过了这三项演变的结果，自然非[f]、敷[f‘]、奉[v]、微[ɱ]这四种音，到了现在只剩得[f]一种音了。再把这三项演变的现象逐一说明如下：

关于(一)项，全浊并合于全清和次清，这不但是这一组里的奉母如此，别组里的全浊音统是如此。浊音的并合于清音，是中国近代整个语音系统上演变的一种规则，可以说是一种很显著的"音律"(sound law)。所以奉母归并于非、敷两母，正和並母归并于帮、滂，定母归并于端、透，群母归并于见、溪，匣母归并于晓等等，是同样的

① 参看拙著《中国语音系统的演变》。

依着这种倾向的变化。[1] [v]→[f][f‘]这种演变的现象，在别组里有很多同样事实的比照，例如[b‘]→[p][p‘]；[d‘]→[t][t‘]；[g‘]→[k][k‘]；[ɣ]→[x]等等。所以关于浊音的并合于清音，是近代整个语音系统上的问题，不应当单单在轻唇音的一组上讨论。我们观察几种代表元明时代的声类系统，可以见得並、奉诸母早已分别归并于帮、滂和非、敷诸类当中了。[2] 我以为浊音并合于清音，在元明以前，必定还有几种过渡的现象可以推寻的，我们在这里姑且放着不谈。

关于(二)项，次浊音的消失，这也不仅是这一组里的微母如此，在别组里，次浊音的演化也有几个相类似的可以比照。关于微母演变的历史，我们应当根据几种代表元明时代的声类系统来说明。大概当元明时代，微母已经由唇齿鼻音的[ɱ]变为唇齿摩擦音的[v]。[3] 因为由唇齿鼻音的[ɱ]，失去辅音的性质，而成为现代的圆唇元音[u]，中间必定要经过摩擦音[v]的一种阶段，这种过渡的现象，从方音的比较上看来是很显著的。[4] 元明时代微母的存在，也正是现今注音符号上[万]母的性质，可以认为是代表微母消失以前的一种过渡的现象。所以微母“元音化”(vocalisation)的完成，乃是明清以来三四百年内的事情。我们所说过的(一)(二)两项的演变现象，在时代上看来，(二)项的演化是比较晚后的。大概微母的[ɱ]，未曾变成[v]以前，奉母的[v]早已变为不带乐音的[f]，归并于非、敷当中了；因为在元明时代的声类系统里，只见到奉母和非、

① 参看王静如译：《中国古音〈切韵〉之系统及其演变》，第 187 页；拙著《中国语音系统的演变》。

② 参看中央研究院《历史语言研究所集刊》第二本第四分罗常培《中原音韵声类考》第 437 页《中原音韵声类源流表》。

③ 参看罗常培：《中原音韵声类考》第 437 页《中原音韵声类源流表》。

④ 参看中央研究院历史语言研究所单刊甲种之十二罗常培《唐五代西北方音》，第 160 页。

敷的合并，而不曾见到奉、微两类的混乱。这种事实，我们可以用另外一个“半齿音”日母的演变历史来相比照。日母原来在隋唐古音上是一种鼻兼摩擦音的[ȵʑ]，[①]到元明时代变为一种舌叶摩擦音的[ʐ][②]，再到现在国音字母上，除一部分已经成为[ɚ]母的音以外，所留存的[ʐ]母，也具有[r]音的倾向了。[③] 日母“元音化”的趋向是很显明的，中间也必定要经过一种摩擦音[ʑ]的阶段。日母的这种演化，也是发生在全浊音归并于清音之后；我们看照、穿、床、审、禅一组的演变，从元明以来，也只见到审、禅两母的合并，而不曾见到日和禅二类的混乱。[④] 这也是显示着(二)项的演变，在时代上是比较晚近的。又我以为疑母的消失，或许也经过[ŋ̊]一类摩擦音的变化。[⑤] [ŋ]→[ŋ̊]→(○)；[ȵʑ]→[ʑ]→[ɚ]；疑母和日母这种演化的现象很可以用来比照微母演变的历史：[ɱ]→[v]→([u])。几种鼻音声母的消失或元音化，我们认为是依据于语音“简易化”的原则的，[⑥]也是近代语上一种演变的现象，并非单是轻唇音一组里微母所特有的情形，我们在这里也不必加以详细的讨论。

最值得我们注意的，(三)项全清和次清的合并为一类，只有轻唇音的一组里是如此。在三十六字母的其他各组里，只有浊音并合于清音，而没有全清和次清的并合。换句话说：送气和不送气的分别，在隋唐古音和现代音两种系统上，是同等的重要的。凡是隋唐古音上原来各组里并列着送气音和不送气音的两种，到了现代音上还是保持着它们的分别，并没有加以混同。可是只有在轻

① 参看王静如译：《中国古音〈切韵〉之系统及其演变》，第188页；拙著《中国语音系统的演变》。

② 参看赵荫棠：《中原音韵研究》(商务印书馆出版)，第102页。

③ 参看拙著《中国语音系统的演变》。

④ 参看赵荫棠：《中原音韵研究》，第102页。

⑤ 参看赵荫棠：《中原音韵研究》，第93—95页。《中原音韵》的声类，疑母一、二等或者也可假定读为[ŋ]的音，不必定是[○]的音；当待另撰专文讨论。

⑥ 参看拙著《中国语音系统的演变》。

唇音的一组里,非、敷两母的合并。例如帮和滂,见和溪,端和透,照和穿,精和清等,都是全清和次清的分别,在现代语上也都保持着它们两种音的分别,何以只在非、敷两母上加以混同?[①] 因此我们可以设想,非、敷这两类的音,并不是在现代音的系统里才加以混同,或许在隋唐古音当中已经合并了的;因为现代音上既然没有把别组里的全清和次清加以混同,如果这一组里原来也有这样的分别,自然也会保持着不变。

我们再进一步细察三十六字母各组里所谓全清和次清的分别——就是关于送气、不送气的分别——只是在破裂音、破裂兼摩擦音上具有的,例如帮和滂,见和溪,端和透,照和穿,精和清等;如果在各组里纯粹的摩擦音上,那末,只有清浊的分别,例如审和禅,晓和匣,心和邪等;清音当中,再没有所谓全清、次清的分别了。可是,在非、敷两母上却注明着全清和次清的分别。因此我们又可以设想非、敷两母最初并不是纯粹的摩擦音,原来不是读[f][f‘],而是读别种音的;因为全清和次清的分别,照通例是不应该在纯粹的摩擦音上具有的,现在非、敷两母既然注明是全清和次清的分别,那末,我们就不应该假定它们原来是唇齿摩擦音的[f][f‘]。如果非、敷不读[f][f‘],那末,奉、微原来也不当读[v][ɱ]。

所以关于(三)项演变现象的说明,我们为着要推究非、敷两母合并的由来,我们第一步还须考明非、敷两母分合的原因,同时也要测定轻唇音这一组在音读上演变的原委。这样,就须论到轻唇音这一组发生的历史,那又关于前面所列第一个问题的解答了。

二、轻唇音和重唇音分离的由来

轻唇音这一组怎样从重唇音的一组上分离出来?高本汉已经

① 参看拙著《中国语音系统的演变》。

很明白的说过。我这里举出他《分析字典·引论》上的一段话:"还在唐朝初年的时候,旧时的双唇(重唇)音,在某种情形之下,就变成了唇齿音(轻唇音)[f][f‘][v][ɱ]了(其中最末的,后来又失去了)。这种现象是当着[j]化作用的重唇音受了[u][w]的影响出现的(有某种例外)。"①

帮[p]、滂[p‘]、並[b‘]、明[m]这四种双唇音,所以会分化出轻唇音的一组,是因为一部分双唇音的字,在跟着的韵类上,具有舌前化的作用(或称附颚作用,即[j]化作用),同时又具有圆唇化的作用(即[w]化作用);②于是起头的双唇音因同时受了这两种影响,自然发生一种音变。这种音变是由于韵类上所缀元音的性质影响到声类上辅音的变化,使复杂难读的音变成比较简单易读的音,也是依据于语音简易化的原则的。③ 我们现在看见宋人所传的几种等韵书,如《七音略》《韵镜》之类,是很接近于隋唐古音系统的;④内中各图里对于韵类等第和字母排列的方式,很足以显示这种音变的由来。这一类的等韵书上,把三十六字母列成二十三行,非、敷、奉、微四母放在帮、滂、並、明之下。"非四母具有三等,无一等、二等、四等;帮四母虽四等具有,而遇三等无字之处,则以非四母相补。"⑤这八个字的排次如下式:

一等	二等	三等	四等
帮	帮	帮非	帮
滂	滂	滂敷	滂
並	並	並奉	並
明	明	明微	明

① 参看王静如译:《中国古音〈切韵〉之系统及其演变》,第187页。
② 参看拙编《语言学概论》(中华书局出版)第三章,第57页。
③ 参看拙著《中国语音系统的演变》。
④ 参看拙著《音韵学》(商务印书馆出版)第四篇。
⑤ 引据陈澧:《切韵考外篇》卷三。

这三等字的一部分用非四母拼切的，正是属于兼具舌前化和圆唇化两种作用的韵类；这种韵类，大致就是所谓“三等合口呼”，具有[ĭw]或[ĭu]作为介音的。非四母所拼切的这种韵类，就是使得它们从帮四母上分化出来的。我们再来看《广韵》上所用的反切上字，属于帮、滂、並、明四母的，大都是用来切一、二、四等字，属于非、敷、奉、微四母的，大都只用来切三等字。[①] 更可以见得轻唇和重唇这两组的分化，是由于韵等的关系。

高本汉说轻唇音这一组在唐代初年已经从重唇音上分离出来了，例如：[②]

“分”古音[pĭuən]→唐音[fuən]→现代音[fən]；

“方”古音[pĭwaŋ]→唐音[fwaŋ]→现代音[fɑŋ]。

如果在唐代初年，轻唇音这一组已经读为纯粹的唇齿音[f][f‘][v][ɱ]，那时便是轻唇和重唇这两组的分化完全成立了。我们现在看到敦煌唐写本守温《韵学》残卷里的三十字母[③]和唐人的《归三十字母例》，[④]唇音只有不、芳、並、明四母，没有轻唇音的非、敷、奉、微，可见唐人所作字母，还没有把轻重唇两组加以区别。但是我们却不能因此就断定唐代实际语言中没有这两组的区别。因为守温作此字母，一方面参对梵、藏体文，于华音有而梵、藏没有的，多付缺如；另一方面又只是类集《切韵》的反切上字，多少也有点存古的性质，并不一定很密切的合于当时的音读。我们再看守温《韵学》残卷里第三截最末一段《辨声韵相似归处不同例》，所举四十九组一百五十三字皆属非、敷两母，又《归三十字母例》里不、芳、並、明四母下的例字，末列着“夫、敷、符、無”四字；也可以窥见

① 参看《女师大学术季刊》第2卷第1期白涤洲《广韵声纽韵类之统计》。

② 参看王静如译：《中国古音〈切韵〉之系统及其演变》，第187页。

③ 见刘复：《敦煌掇琐》下辑，第421页。

④ 见滨甲耕作：《东亚考古学研究》，第315页。

当时语音实际上有轻重唇的分别了。[①] 至于《切韵》的声类系统，现在根据《广韵》反切上字的系联归类和分等统计，虽然可以把唇音声类分做两组，[②]而轻唇和重唇之间，尚未有明确的分界。黄淬伯在他所著《慧琳一切经音义反切考》曾论《切韵》声类未有轻重唇的分别。现把他的话节录于下：

> 嘉定钱氏谓轻唇之音，古读皆为重唇，所引以为证者，都为汉魏前之记载。……轻唇音之蜕化，盖谓始于六朝，故引《切韵》诸条，只言方俗音之存古，而不道《切韵》间犹无轻重之分也。然其间音切，如鄙读方美切，卑读府移切，鄙方卑府，其声同类；丕读敷悲切，披读敷羁切，丕披与敷，声亦无殊；皮读符羁切，便读房戎切，皮符便房，未见龃龉；美读無鄙切，眉读武悲切，美无眉武，正复谐比；凡此类切声，在等韵则为类隔，在《切韵》则正切也。由是观之：法言《切韵》无轻重唇音之别矣。[③]

原来《切韵》这书是“取诸家音韵古今字书以前所记者定之”，[④]长孙讷言说它是“酌古沿今”的制作，[⑤]当然有很多传述六朝以前的语音的，所以《切韵》的声类系统，还是接近于六朝旧时的古读，和唐宋以下实际的口语并不完全密合。《切韵》的系统既然不把轻重唇两组加以明确的分别，守温之徒根据它来撰定字母，所以

---

① 本中央研究院《历史语言研究所集刊》第三本第二分罗常培《敦煌写本守温韵学残卷跋》，第254页。

② 参看白涤洲《广韵声纽韵类之统计》。

③ 中央研究院历史语言研究所专刊之六黄淬伯《慧琳一切经音义反切考》卷二，第32页。

④ 见宋本《广韵》卷首陆法言序。

⑤ 见宋本《广韵》卷首长孙讷言序。

只列着不、芳、並、明四母，没有轻唇音的一组。但是字母上尽管承袭过去的系统，而实际音读上已经有了轻重唇的分别，于是运用反切的时候，在此等不和音读相密合的地方，就不得不设法另立名目来说明、来解释。我们最要注意的，敦煌本守温《韵学》残卷里第三截第二段《声韵不和切字不得例》竟然立着"类隔切"的名目，而且详细的加以解释。开头说："夫类隔切字有数般，须细辩轻重，方乃明之，引例于后。"所举重唇字用轻唇作切的例子。

方美切鄙　　芳逼切堛　　苻巾切贫　　武悲切眉

谓"此是切轻韵重隔"；至于轻唇字用重唇作切的，如所举"疋问切忿"之类，又是"切重韵轻隔"了。[①] 随后又引着诗句来譬喻："在家疑是客，别国却为亲。"[②]可见轻重唇的分别，对于唇音和喉牙舌齿诸音的区界上，虽然不很重要，好象俱是一家，而在唇音的本组里，当时已觉得是别国相亲，应该有主客之分了。我们认定唐人的"三十字母"，撰作时是受着《切韵》一类韵书上反切的影响，多少带一点存古的性质；可是守温《韵学》残卷里已经明白指明韵书上的切语，有很多不合当时语音演变的实际，而名之曰"类隔切"，从这个类隔切的名目上，我们在唇音方面，就可以推断轻重唇两组的分化，当守温初作字母时，已经有显然离析的现象，轻唇音的一组，在当时即使未曾变成纯粹的唇齿音，而确已渐渐离开双唇的部位，和重唇音一组趋于分化了。所以唐人的"三十字母"和等韵上的"三十六字母"，表面上似乎是一种只列着唇音四母，一种却分别轻重唇二组，也不过相差一间，实际上并无多大的异同。

三、唇音类隔切改为音和切

陈澧《切韵考外篇》谓："……非四母字，古音读如帮四母，切语

---

① 见刘复：《敦煌掇琐》下辑，第 425 页。

② 同上书，第 425、426 页。

上字有沿用古音者，宋人谓之类隔；《广韵》每卷后有“新添类隔今更音和切”一条，《四声等子》遂立门例。……”[①]我们从守温《韵学》残卷里已经看到这种类隔的门例，可见这并不是宋人所创立，而是随着实际的音变产生出来的。这种门例，在等韵学上虽然是因为“见孙愐切脚不合，而不敢议之，故强为此迁就之说”，[②]可是对于我们考察语音的变迁，却可认为当时声类分化的一种显著的迹象。唐时已经觉得韵书上沿用的切语不合当时的音读，“声韵不和，切字不得”，就立着类隔切的名目；唇音字当中认为有类隔切的时候，便是轻唇和重唇两组分化的开始显现。唐宋间凡是属于《切韵》一系的韵书，所注切语大都沿袭陆法言的旧制，保守的意味太浓厚，自然会觉得不切合于实际的变化，于是起初则立着“类隔切”等等的名目来解释，好象认这一类切语仅为拼切方法当中的变例；后来声类的分化完成，区别更加显明，不得不把变例取消，统统改做常例，以符合实际的音读。《广韵》每卷末所载“新添类隔今更音和切”只是举出一些例子罢了。到了《集韵》遂公然采用当时的读音，把认为是类隔的反切，统改正为本字，《集韵韵例》云：“旧以武代某，以亡代茫，谓之类隔，今皆用本字。”我们看白涤洲的《集韵声类考》里所附《集韵》反切上字类隔改用音和一览表，[③]内中大部分是属于“重唇改轻唇”的，因此可见轻唇和重唇的分化，在唐宋间实在认为是古今变异的一种重要现象。

如果那时作切注音的，纯粹依据于实际的音读，不受《切韵》等书所用旧时切语的影响，那末，当然是用双声字来作切，不必再有类隔更换音和的一种举动了。慧琳《一切经音义》景审序里

---

① 《切韵考外篇》卷三。

② 《切韵考外篇》卷三引方素北《古今释疑》。

③ 中央研究院《历史语言研究所集刊》第三本第二分白涤洲《集韵声类考》，第234—236页。

说："古来音反，多以旁纽为双声，……至武与绵为双声，……若斯之类，盖所不取。"慧琳《音义》所用音切，大抵采自天宝时元廷坚所作的《韵英》，是以当时的秦音为根据的。[①] 当时此种方音里已经把轻唇和重唇二组分别清楚，正和《切韵》的系统不同。黄淬伯《慧琳一切经音义反切考》云："按《经音义》切音声类之异于《切韵》者，厥为重唇之变为轻唇。……法言《切韵》无轻、重唇音之别矣；降而至《经音义》所据韵，方、扶、武三类，斠然与重唇有鸿沟之隔。此隋唐间音变之又一端也。"《切韵》等书的切语中，轻唇和重唇尚未有明显的分界，例如以"武"和"绵"为双声之类，在慧琳时，已经认为应当分做两组，一是轻唇，一是重唇。所以前时认这两类为双声，到此时便说是旁纽，说是类隔了。因此我们从慧琳《音义》上所采取的《韵英》切语当中，可以窥见在唐代天宝年间（公元七四二——七五五年）的秦音里轻唇和重唇两组已经分化完成了。又罗常培所著《唐五代西北方音》中曾证明，第八世纪至第十世纪间的西北方音里也有轻重唇分离的现象，[②]后此的《广韵》和《集韵》是第十一世纪初年所编撰的；当时自然觉得隋唐韵书上切语沿用"古来音反，多以旁纽为双声"，有不得不加以更换的趋势了。

我以为第十一世纪以前，还有一种朱翱在《说文系传》上所作的反切，也足供研究唐宋间语音的一种材料。朱翱的事迹，史传上不见有记载；我们只看到《说文系传》每卷上首题徐锴传释，朱翱反切。钱大昕《跋说文系传》云："翱与小徐同为秘书省校书郎，姓名之上皆系以臣字，当亦南唐人也。"[③]又《系传》卷一"一"字下注云："当许慎时，未有反切，故言读若，此反切皆后人之所加，甚为疏朴，

① 参看黄淬伯：《慧琳一切经音义反切考》，第12页。
② 《唐五代西北方音》，第16—18页，第76、77页。
③ 见丁福保：《说文诂林》第二册，前编上，第22页。

又多脱误，今皆新易之。”钱大昕《跋徐氏系传》云：“此数语当出于翱，今系于臣锴注之下，似失之矣。”[①]当时指《说文》旧本上的音切，疏朴脱误，我们现在根据毕沅《说文旧音》和胡玉缙《说文旧音补注》上所辑录的来推测，[②]觉得《说文》旧本上的音切，除脱漏及一部分仍用直音以外，大都是采取六朝以前的旧音，当然不合唐五代时的音读；朱翱所谓疏朴的切语，或许只是指不能密合于当时的音读，故曰“今皆新易之”。朱翱所新易的反切，至少可以认为是唐五代时某处方音的一种代表。大徐本《说文》所用的孙愐音切，是属于《切韵》一系的，大都沿袭陆法言的旧制；我们把大徐本的孙愐音切来和小徐本的朱翱音切比较，也可以见得唐五代时一种音读演变的现象。最值得我们注意的，孙愐音切上轻重唇不分的，朱翱音切大都加以分别。钱大昕《跋说文系传》谓朱翱反切“与孙愐切字多异，孙用类隔者，皆易以音和”。[③] 朱翱作切时，并不一定根据孙愐音切而加以更改，可是，我们正可以利用这两家切字的相异处，来窥探那时音变的现象。最显著的，就是关于唇音的演变。我现在只消举出下列的几十个字，就够作为比较说明的例子了：

		孙愐音切	朱翱音切
属于帮、滂两母的：	褊	方沔切	比兖反[④]
	栟	府盈切	比令反
	熛	甫遥切	彼消反
	碑	府眉切	披移反
	贬	方敛切	悲俭反

① 见《说文诂林》前编上，第22页。

② 均见《说文诂林》中。

③ 见《说文诂林》前编上，第22页。

④ 孙愐音切，依《四部丛刊》影宋本，《说文解字》朱翱音切依祁刻本《说文系传》。

	镖	抚招切	片妖反
	铍	敷羁切	杯卑反
	愊	芳逼切	坡式反
	媥	芳连切	僻连反
	慓	敷沼切	匹眇反
属于並母的：	频	符真切	婢民反
	贫	符巾切	弼巾反
	皮	符羁切	贫知反
	疲	符羁切	弼悲反
	弼	房密切	皮密反
	比	房脂切	鼻宜反
	苹	符兵切	备明反
	辯	符蹇切	皮缅反
	摽	符少切	频小反
	𩞄	符逼切	皮抑反
属于明母的：	旻	武巾切	眉均反
	媄	無鄙切	免鄙反
	靡	文彼切	眉彼反
	鸣	武兵切	眉平反
	萌	武庚切	没彭反
	苗	武镳切	眉昭反
	秒	亡沼切	弥小反
	楣	武悲切	闽之反
	緜	武延切	名连反
	宀	武延切	灭仙反
	搣	亡列切	弥悦反
	冕	亡辩切	美选反

所谓“孙用类隔者，易以音和”，就是指上列的这一类切语。孙愐音切正是《切韵》的声类系统，没有区别轻唇和重唇，所以“以武緜为双声”；在朱翱作切时，就觉得这一类“以旁纽为双声”的切语，是疏朴不合于实际的音读，所以都用正纽本字；在我们现今看来，就以为孙愐用类隔切的，朱翱都改为音和了。因此也就知道朱翱音切所根据的语言当中，轻唇和重唇两组，显然有分别，正和前此慧琳《音义》反切所根据的秦音有相似的情形。

总上所述，我们从唐宋间各家音切及其他方面的观察，可以简括的下一个断语：中国轻唇音和重唇音两组的分化，或许在第七世纪以前已经开始，而必定是在第八世纪至第十世纪间完成了的。所谓轻重唇分化的完成，就是指轻唇音一组从原来双唇音的部位上移转成功纯粹的唇齿音。这种移转在何时完成？我们又可以依据非、敷两母分合的历史来推断。

四、非敷两母合并的原因

我在上文已经指明：在“三十六字母”的其他各组里，所谓全清和次清的分别——就是清音送气和不送气的分别——只是在破裂音或破裂兼摩擦音上具有的；如果在纯粹的摩擦音上，就只有清浊的分别，清音当中，再没有所谓全清和次清的分别了。我以为轻唇音的一组也不当居于例外。如果非、敷两母是读为纯粹摩擦音的[f][f‘]，那末，这两种音在发音上很不容易区别，极有相混的可能，早就应该合并为一类了。这理由是很简单的：送气和不送气的分别，在于后面“流音”(glide)上的带乐音与否；所以各组里的清音，有没有全清和次清的分别，也只要看这种音的性质，它的“后流”(off-glide)是否处于重要的地位，破裂音的性质，阻碍失了之后，方才发音，音的本身是很短促的，所以它的后流，在音的辨别上处于很重要的地位。后流带乐音或不带乐音，就成为送气、不送气

的分别，这种对于破裂音上的辨别，是特别显著的。[①] 在破裂兼摩擦音上也是如此，它的后流也处于重要的地位，因为破裂兼摩擦音的前半部，正是破裂音的性质；后半摩擦音的部分，可以说是前半部破裂音的后流。[②] 至于纯粹的摩擦音，它的性质正和破裂音相反，阻碍构成，音就发出；阻碍除去，音就停止；所以音的本身和它的后流没有明确的界限。后流在摩擦音的辨别上不很重要，摩擦音的送气或不送气，区别就不很显著了。[③] 因之摩擦音上重要的分别，在于它本身的带乐音与否，而不在于送气和不送气。“三十六字母”的各组里，在破裂音或破裂兼摩擦音上，除了清浊的分别以外，清音当中又分别全清和次清，在摩擦音上只有清浊的分别，而清音当中不再分别全清和次清。理由只是在[p]和[p‘]等等的两种音，彼此是最容易辨别的，至于[f]和[f‘]等，彼此不容易区分，极有相混的可能。因此我断定非、敷两母在“三十六字母”上所谓全清和次清的分别，只是在轻唇音一组和重唇音的分化尚未臻于完成之际所具有的分界；一经到了变成纯粹的摩擦音，就是在两组分化完成的时候，这非、敷两母就相混同，合并为一类了。因为轻唇和重唇两组的分化，在非、敷两母上的进行，从发音的部位方面说，是由双唇音移转到了唇齿的部位；从发音的方法方面说，又是由破裂音转变成功摩擦音（奉母上也是如此，只有微母上单是部位的转变，初分化时，还是鼻音）。这两方面转变的成功，同时也就是非、敷两母的合并，所以反转来，我们又可以依据非、敷两类分合的历史，来推断轻唇音蜕化完成的年代。

我在上文说过，唐人所用的“三十字母”，多少带着一点存古的性质。我们看守温的《韵学》残卷那时轻唇和重唇确有分离的现

---

① 参看拙著《语音学纲要》（开明书店出版）第十章，第66、67页。

② 参看拙著《语音学纲要》（开明书店出版）第五章，第30页。

③ 同上书，第十章，第66页。

象，字母上虽然只列着不、芳、並、明四母，可是那时已经顾虑到非、敷两母分别的情形了！我们看《韵学》残卷第三截末一段《辨声韵相似归处不同例》，所举都是非、敷两母的字；[①]可见这两类的音，守温当时已经觉得疑似不容易分辨了。我以为宋人所用的“三十六字母”，也只是把原来的“三十字母”略加分析，存古的性质依然没有改观；宋人沿用它，于当时实际语音并不能完全密合。非、敷两类在“三十六字母”上还是分列着，没有把它们合并起来，这就是一个很确实的证据。

非、敷两类在元明时代，毫不见有分析的痕迹，读者可以参看罗常培的《中原音韵声类考》[②]和刘文锦的《洪武正韵声类考》[③]两种著作，我这里不必细述。我们追溯到了北宋时代，邵子《皇极经世声音图》已经把非、敷两类合并了。我们再追溯到唐五代时，在西北方音中，非、敷两类确有合并的现象。[④] 慧琳《一切经音义》所据当时的秦音当中，竟然也把这两类混同；已为黄淬伯所考明。[⑤]黄君考得慧琳《音义》上的声类，属于唇齿音的有方、扶、武三类。[⑥]他说：“扶、武与奉、微相当，非、敷则兼并为一。”[⑦]我最近考明五代时朱翱在《说文系传》中所作的音切，也是非、敷二类通合为一，可以为慧琳音的佐证。现在把朱翱音切中属于轻唇音一组的反切上字分述于下：

非、敷类十六字相系联：

方府昌 付方娶 府芳武 芳弗商 弗分勿 拂分勿 脯分武 栝脯限 分翻文 翻（缺切）甫分武 飞甫微 孚甫殳

---

① 见《敦煌掇琐》，第426—427页。

② 见《中原音韵声类考》，第424页。

③ 中央研究院《历史语言研究所集刊》第三本第二分，第247—249页。

④ 参看罗常培：《唐五代西北方音》，第76页，第163页。

⑤ 《慧琳一切经音义反切考》卷二，第21、22页。

⑥ 同上。

⑦ 同上书，第32页。

敷[甫夫]夫[甫殳]福[夫木]

案："翻"为大徐本《说文》新附字，《系传》所无，故注云缺切。

奉类十三字相系联：

扶[凡無]符[凡無]凡[符芰]伐[扶月]服[伐六]復[伐六]樊[復喧]附(房绣)浮[附柔]父[浮甫]房[浮长]防[浮长]斧[浮甫]

案："附"祁刻本："户绣反。"《四部丛刊》影述古堂本："户经反。"当系"房绣反"之误。

微类八字相系联：

武[文甫]無[文区]文[文云]闻[()云]勿[無弗]亡[勿强]舞[勿抚]尾[亡斐]

案："闻"祁刻本、述古堂本皆"(　)云反"，反切上字脱文，当系"無云反"。

再把这三类和黄君在慧琳音上所考得的方、扶、武三类列个表对照如下：①

慧琳音声类	朱翱音声类	三十六母
(方)方昉放黼夫甫分缶肤府非匪贩蕃反坂发芬番嬔斐潘拂麸抚敷覆豐孚蜂峰妃纷幡福枫	(方)方付府芳弗拂脯栝分翻甫飞孚敷夫福	(非)　(敷)
(扶)扶蕃烦伐饭樊肥愤坟焚辅伏奉缝附房缚分汾浮範	(扶)扶苻凡伐服复樊附浮父房防斧	(奉)
(武)武無舞网罔芒忘刎吻文问望韈萬晚尾微	(武)武無文闻勿亡舞尾	(微)

我们根据上面的叙述，就可以断定非、敷二类的合并，在第八世纪至第十世纪间的语言当中，已经成为普遍的现象，这二类的合并，便是显示着：此时非、敷的音在本质上都成了纯粹唇齿的摩擦音，以致送气和不送气的分别，渐觉不重要而使两类归于混同了。非、敷既然在此时都读成唇齿摩擦音：[f][f‘]→[f]，

① 参看《慧琳一切经音义反切考》卷二，第 31 页。

那末，此时奉母也是读唇齿摩擦音的[v]，微母也是读唇齿鼻音的[ɱ]了。这又是显示着：在第八世纪至第十世纪间，轻唇音一组已经完全由重唇音上分化出来，独立成为唇齿的音了。此时轻唇音一组，因为是读唇齿音，实际上只有三类，非、敷为一类，奉为一类，微为一类。由此可以推断"三十六字母"把轻唇音一组分做非、敷、奉、微四母的，并不是代表第八世纪以后的语音，而是直接和《切韵》的声类系统相承，是代表轻唇和重唇两组正在分化而尚未完成的一种阶段。所以我说唐人的"三十字母"和等韵上的"三十六字母"都是受着《切韵》一书的影响，实际上都是代表第六世纪或第七世纪时的语音，两者间并无多大差异。第十世纪以后的宋元等韵家，大都沿用"三十六字母"，也不过用它来说明或整理《切韵》一系韵书当中的切语，并不是认定它完全和后代实际的音读相吻合的。①

五、非敷奉微四类音读的推测

"三十六字母"上轻唇音一组列着非、敷、奉、微四母，非、敷二母又注明全清和次清的分别，这种系统显然不是代表唐末宋初间的语音的。因为唐末宋初间早已把非、敷读为纯粹的摩擦音，混同无别了。因此断定"三十六字母"上轻唇音一组非、敷、奉、微四母，照它的系统，并不应该读为纯粹的唇齿音[f][f‘][v][ɱ]；从非、敷两母上看来，全清和次清的分别，既然不应该在纯粹的摩擦音上具有，所以非、敷两母不是读[f][f‘]而是读别种音。上文说过，"三十六字母"列着非、敷、奉、微四母，是代表第七世纪间轻唇和重唇两组正在分化而尚未完成的一种过渡音；我的测定，正如下表所列：

---

① 参看拙著《音韵学》第二篇、第四篇。

字母名称	国际音标	发音的部位和方法	等韵上的部位和清浊
非	[pf]	双唇又唇齿,破裂兼摩擦音,不带乐音,不送气。	轻唇 全清
敷	[pf‘]	双唇又唇齿,破裂兼摩擦音,不带乐音,送气。	轻唇 次清
奉	[bv‘]	双唇又唇齿,破裂兼摩擦音,带乐音。	轻唇 全清
微	[mɱ]	双唇又唇齿,鼻音。	轻唇 次清

因为当时轻唇和重唇已经开始分化,既不是双唇的破裂音或鼻音,而非、敷两母还有全清和次清的分别又不是唇齿的摩擦音或鼻音,所以测定为“双唇兼唇齿”的破裂兼摩擦音或鼻音。全清和次清的分别,照通例是在破裂兼轻唇音上可以具有的,这样才可以解释非、敷在当时所以分别为两母的原因。

我现在把历代关于轻唇音一组演化的大略,排列为下面的一个总表,以作此篇的结论:①

	第六世纪以前	第六第七世纪间	第八第十世纪间	第十一第十二世纪间	第十三第十六世纪间	现代
非	[p(ǐw)] →	[pf] →	[f] →	[f] →	[f] →	[f]
敷	[p‘(iw)] →	[pf‘] ↗				
奉	[b‘(ǐw)] →	[bv‘] →	[v] →	[v(f)] ↗		
微	[m(ǐw)] →	[mɱ] →	[ɱ] →	[ɱ(v)] →	[v] →	[(u)]

(《暨南学报》1936 年第 1 卷第 2 号)

---

① 参照罗常培:《唐五代西北方音》,第 163、164 页。

高本汉与中国语文

瑞典高本汉先生（Bernhard Karlgren）生于一八八九年，自一九〇九年在大学毕业后，就来中国研究中国的语文，一九一二年又到巴黎去研究。他关于中国语文的重要著作，都是一九一五年以后所刊布的。在一九一八年时，他到哥腾堡大学（Gothenberg University）担任中国语文学教授；继任该大学的校长。现任远东古物陈列馆馆长。在西洋研究东方学术的著名团体，他参加的很多；我国的中央研究院历史语言研究所也曾经聘他做通讯研究员。他对于中国历史和文化的探讨，都感到兴趣；尤其在语言音韵方面，有很多特殊的贡献。数百年来，东西洋交通渐渐发达，西洋人来到中国传教通商的也渐渐增多，就引起了他们对于中国语文的研究；起初是利用罗马字母来分析并注明汉字的音读，后来更运用西洋的学理和方法把汉语作语言学的研究。他们对于中国语文的研究，在态度方面比较的客观，所采用的材料和工具也比较的精确；因之他们的成绩竟能超过了中国过去的学者，他们的学说有很多可以供我们的借镜。高本汉先生是集西洋人的中国语言音韵学的大成的；他的著作，我们应该多多阅读，他的学说，尤其应该加以深切的认识。

要明了高本汉学说的大概，可以先读下列两种他的比较浅显的书：*Sound and Symbol in Chinese*（一九二三年出版，有商务印

书馆印行的张世禄译本，书名《中国语与中国文》)；*Philology and Ancient China*（一九二六年出版，有商务印书馆印行的贺昌群译本，书名《中国语言学研究》)。他首先认定了中国语言和文字的特性以及这两者间在实际演化上所发生的影响。他也赞成一般西洋语言学家关于汉语的学说，认定汉语是一种单音缀的孤立语。以为大多数的单纯语词(和复合语词对言的)，只包含有一个音缀，音缀的拼法上又有许多限制，例如各个语词的起首和末尾，在现在任何一种方音上，都不容有复辅音的拼法，缀在末尾的辅音也只限于极少数的几种。而且各个语词没有形式变化和转化作用上的接头语、接尾语；虽然具有少数的助词或语尾词，有时也可以省去不用，并不象西洋语法上那样固定的。所以从语词的形态上看来，汉语确是具有极端单纯的性质，一方面是单音缀语，一方面又是孤立语，没有种种复杂的变化。语言上这种性质的演成，确是在很古的时期；文字的结构未曾演化完成以前，语言上早已具有了这种单纯的性质，所以文字受了语言的影响而演成为一种表意的字体。世界上无论那种文字都是源出于图画的，后来因形体的演变，图画的色彩渐渐消失，并且和语言结合的结果，常常借用字体来表明语词的音读，就演进成为标音的字母。可是中国文字始终未曾脱离表意文字的范围以进到标音文字的阶段，那是因为受了语言上这种性质的影响的。因为汉语是一种单音缀的孤立语，使文字上也演成一种单音缀制，一个字体也只包含一个音缀，而且应用一个字体已经足够代表整个的语词，无需再用其他的记号以表明语词上的形式变化和接头语、接尾语等等；结果中国的字体，虽然在书写的形式方面有演变，而在结构上，始终未曾受标音字母的演化。又因为语言上具有这种单纯的性质，音同或音近的语词特别众多，文字上正可以借用一个字体来代表另一整个的语词，不必再分析那个语词的音读，于是字体只成为习惯上表明观念的记号，不能随着音

读的演变和分歧而变更它的结构。字体的结构一经固定，就趋重于表意的性质，不管实际音读的一切演变和分歧，于是中国字体的本身并不具有确定的音值。因为这种文字性质的关系，使得书写上的文辞和实际的口语并不必要密切的相符合，就演成了一种只适宜于手写眼看而不适宜于口读耳听的文言文。于是文字愈趋于保守，语言也愈趋于分歧，因为文字既然是超离语言而独立的，就无法利用文字来制止实际语言的流动和变异。这种文字的性质也就影响于语言，以致现今中国各地的方言，发展成为各种不同的读音系统。

要记录中国的方言，要表明各种方言的读音系统，如果还是用这种表意的字体来做工具，就没有方法把它们详细的记明，也无从使人了解它们的内容。所以中国现今方言分歧的情形，过去还是一般西洋的教士较国人明了得多，因为他们利用了罗马字母把各种方音上的读法分别注明，著成许多书。高本汉也是这样，大概他是在中国的时候，最留心观察中国歧异的方音，或许也做过调查方言的工作（他住在山西的时候最多，所以关于山西地方的各种方音，他记录得最详细）；他一方面有了西洋人记录中国方言的著作做参考，一方面又受过龙德尔（J. A. Lundell）教授的训练，能够利用很精密的瑞典式方言字母来分析中国现代的方音。他的最主要的著作是：*Etudes sur la Phonologie Chinoise*（《中国音韵学研究》，一九一五年至一九二六年间陆续刊行的，听说中央研究院的赵元任、李方桂、罗常培已经合译成汉文，不久可以由商务印书馆出版。）这书里的后面一部分就是中国的方音字汇，前面还有一部分是描写现代中国方音的内容。高本汉还有一种重要的著作：*Analytic Dictionary of Chinese and Sino Japanese*（《汉语分析字典》，一九二三年出版）。这部字典里，每个字的下面除了注明古音的读法之外，又注明官话音和广东音。但是高本汉对于中国方音

的研究，并非要建立中国的比较方言学，他的最大的目的，乃是根据方音比较的研究，以拟构中国的古语。高本汉在中国语文学上最大的贡献，就是测定了《切韵》一书里音读的系统（他认为是代表中国公元后第六、七世纪时的古音）。上面所举的两种重要的著作，当中最精彩的地方，也就是这种拟构的工作和结果。

中国文字既然是表意的字体，本身没有确定的音值，我们要测定某个字在古音上的读法，如果单是依据于书本上所注的反切和所列的韵部，也只能得到这个字和另外一些字的音同或音近的关系，而不能确定它在某个时期真实的音值。我们要拟构某个字在古语上的音值，在工具方面，必须要采用一种标音的字母；在材料方面，除了根据于反切等等以外，还须从现代各种方言上着手。因为现代的各种方言，都是从古代的语言上演变分化出来的；根据现代方音比较的研究，可以综合为古代的语言而拟构它的音读系统。这种研究的方法，正是从印欧比较语言学上得来的，根据各种印欧语言的比较研究，可以拟测原始印欧母语的音读形式，从中国现代方音上的材料以拟构《切韵》的音系，也正象这种比较语言学上的研究方法。但是所得的结果又比印欧语言学上所构成的种种母语形式还要更明显可靠，因为在中国音韵学上，除了应用书本里的反切等等来相比证，又可以有另外许多重要的材料。公元后数百年间，中国人受印度拼音学理的影响，把那时的字音排列成为许多音韵表，这些音韵表对于古代语音的研究，有很大的价值。又公元前后的千年间，中国人和西亚、中亚的民族发生了密切的关系，中国的名辞，外国民族用拼音文字记录下来；外国的名辞，中国人也用汉音直译出来；这些译名，对于古代语音的考证，也给予以许多重要的启示。公元后第一千年间，中国文化渐次输入于日本、高丽、安南，中国语音和成语也大批的输入于这三国语言中，而各用拼音文字记载下来；所以我们又可以利用日本译音、高丽译音、安南译

音来考证古代汉字的音读。高本汉的《中国音韵学研究》里主要的部分，就是参用这些材料交互证明以测定《切韵》的音系。后来又发表一篇：*The Reconstruction of Ancient Chinese*（《中国古音的拟测》，是一九二二年在《通报》上发表的；林语堂有译文，名为《答马斯贝啰论切韵之音》，载在开明书店出版的《语言学论丛》当中）。这篇文章虽然是为着答覆马伯乐（H. Maspero）而作，可是也受了马伯乐著作的影响，对于他在一九一九年所拟定的《切韵》音系有一些重要的修正；《汉语分析字典》里所注的古音就是这种拟构的结果；这部字典叙论的第二段又论述《切韵》音系到官话音系的演变（有王静如译文，载中央研究院《历史语言研究所集刊》第二本第三分）。高本汉这种拟构的结果，后来他讨论到上古音系的时候，有很多地方自己加以改订；西洋和日本的学者以及国内的林语堂、罗常培等，也曾经有不少批评和商榷的议论。可是大体上总可以用他的拟构作为根据：一方面公元后第六、七世纪的中国古音可得详细的窥见；一方面更因此而得进窥公元前第一千年间的上古音；又因为历代音系的拟定，可以用来解释古代文法和其他语文上的现象，更进而为考订文献和史实的工作。

高本仅关于研究中国文法和考订文献的论文，有下列的几篇：*On the Authenticity and Nature of the Tso-Chuan*（《左传真伪考》，一九二六年在哥腾堡刊布的）；*The Authenticity of Ancient Chinese Texts*（《中国古书的真伪》，一九二九年在远东古物陈列馆《集刊》上发表的）；*The Pronoun Kue in the Shu-King*（《书经中的代名词厥字》，一九三三年在哥腾堡刊布的；以上几篇论文，陆侃如有译文，载在商务印书馆印行的《左传真伪考及其他》）；*The Early History of Chou-Li and Tso-Chuan*（《周礼和左传的渊源》，一九三一年在《远东古物陈列馆集刊》上发表的）。此外还有一篇：*Le Proto-Ghinoise Langue Flexionnelle*（《原始中国语为变化语说》，

一九二〇年在《亚细亚杂志》上发表的，冯承钧有译文，载在《东方杂志》二十六卷第五期）；更是从文法的研究窥探中国上古的某种方音里，尚有形式变化的遗迹，因而假定原始中国语原来也是一种变化语，古代语词的形式也并不象现代的那样单纯。他测定了中国古音的系统，就以古音时期的语词形式做个基础，根据语言演变的历史来观察，以窥探上古语言的实际情形；一方面从比较文法的研究以为可以成立考订古代文献的一种标准，另一方面又从上古音系的探测更进而为建树东方比较语言学的企图。

要以中国语为本位来建树东方比较语言学——就是印度支那语的比较研究——必须先考明中国上古语里语词的形式，第一步尤须先测定中国上古音的系统。要测定上古音的系统，必须以《切韵》音系做基础，再进而处理文字上的谐声字体和上古诗文上的韵语两种重要的材料，而同时就须进行印度支那语的比较研究，以为上古音系的比证。高本汉的《汉语分析字典》也就是他着手探测上古音的开始的著作，全书收集了一千三百余套的谐声字，并且在叙论的第三段，讨论《谐声字的原则》（有赵元任译文，载清华研究院《国学论丛》第一卷第二号）。一九二八年发表了一篇 *Problems in Archaic Chinese*（《上古中国音当中的几个问题》，在《亚细亚杂志》上发表的，有赵元任译文，载《历史语言研究所集刊》第一本第三分），又是他正式拟构上古音系的开始作品。从此以后到一九三五年，大概他的主要工作，就是在考定中国的上古音，中间很多受了西洋的几个学者和中国的李方桂、林语堂等的影响，迭次改进和修正了他的学说。他在这期间最重要的著作：*Tibetan and Chinese*（《藏语与汉语》，是一九三一年在《通报》上发表的，有唐虞译文，载《中法大学月刊》第四卷第三期）；*Shi-King Researches*（《诗经研究》，是一九三二年在远东古物陈列馆《集刊》上发表的）；*The Poetical Parts in Lao-Tsi*（《老子韵考》，是一九三二年在哥腾

堡刊布的，张世禄译，载《说文月刊》第1、2、3期）；*Word Families in Chinese*（《汉语词类》，是一九三四年在远东古物陈列馆《集刊》上发表的，有张世禄译本，在商务印书馆印行）；*The Rimes in the Sung Section of the Shi-King*（《颂诗韵考》，是一九三五年在哥腾堡刊布的）。

在这些作品上，可以知道他以测定的《切韵》音系为基础，根据语音演变的事理，并且充分利用清代古音学家考证的结果，同时又应用藏语、暹罗语和其他与汉语有关系的语言当中的现象来相比证，以拟构中国的上古音系统。这种拟构的结果，虽然没有象《切韵》音系那样的详备可靠，但是他的种种假定，很足以使我们窥见中国上古语词比较繁复的形式，并可以供中国语源研究的根据了（因为经过了单纯化的形式，在语源的研究上就不容易正确）。

高本汉对于中国语文的研究，他的最后的目的，大概是在建立印度支那比较语言学；他的著作当中常常指示着东方语言比较研究的方法，尤其在《藏语与汉语》一篇里可以看出来。又《汉语词类》一书里，前面的一部分是讨论几种上古音当中的问题，可以认为是他对于上古音研究的最近的总结论；后面的一部分是依着拟定的上古音，把中国语的许多语词一类一类的分列，以表明同属一类的语词，在语源学上可认为是有亲族关系的，这一部分可以说是中国语源学的研究。高本汉以为要建树印度支那比较语言学，势必至于要研究中国语源学，那末，第一步的工作，还须在考定中国的上古音系；依着上古音系当中比较繁复的语词形式，以及语词意义的分化和演变，来分列中国语词的族类，而推求它们语源学上的关系，这就是奠定印度支那比较语言学的基础。所以《汉语词类》一书是代表他从中国音韵学的研究而转向为语言学的研究了。我们对于中国语文学有兴趣的，应该要阅读此书。往年我晤到赵元任先生，谈及《汉语词类》一书，赵先生竟把章太炎的《文始》来和它

比对；不错，《文始》和《汉语词类》两书确实都是由古音韵学研究的结果进为中国语源的研究，可是两书又恰是代表两个时代。旧式的音韵学，因为工具、材料和方法的缺陷，并且没有科学的学理做基础，结果自然只能产生《文始》一类的著作；《文始》上所谓中国语源的研究，只是古典式的，拘牵于汉字的字型的，内中种种结论也只是主观的，武断的，还是一团糟的材料，并没有经过科学的整理。《汉语词类》却一层一层的以科学为基础，处处和中国旧时代的学术相反照。

高本汉对于中国文字形体方面的研究，并没有象音韵方面那样有特殊的贡献；但是他解释中国文字的原始和构造，很能打破"六书"的陈见，又说明中国文字的演变，把小篆以后和甲骨金石上的刻文分做两个系统，也很值得我们的参考；《汉语分析字典》里叙论的第一段是讨论中国文字形体的演变的（有张世禄译文，载暨南大学出版的《语文学丛刊》第一期），每个字下面，也论到汉字形体的结果。高本汉近年因为和瑞典的远东古物陈列馆（Museum of Far Eastern Antiquities，Stockholm）常川合作研究，对于中国的考古学也很有兴趣；他从语言文字的研究进而考订中国的古史。一九三〇年至一九三五年，在该馆《集刊》上发表的：*Some Fecundity Symbols in Ancient China*〔有卫聚贤译文，名为《原始祖神之崇拜》，未曾刊出〕，*Early Chinese Mirror Inscriptions*（《古代铜镜上的铭文》），*On the Date of Piao-Bells*（《骉羌钟之年代》，有刘叔扬译文，载考古学社《考古》第 4 期）。这些论文好象并没有象他的纯粹关于中国语言音韵的著作那样引起国人的注意。

总之，高本汉的主要的研究工作是在中国语文学，尤其在语言音韵方面有很多特殊的贡献。他从现代研究的方音，进而拟构中国古音的系统，更进而测定中国的上古音，于是由语词形式的研究用来探求语源，以为建立印度支那比较语言学的基础；至于考订文

献和古史等等，只是他研究中国语文的结果的那方面应用罢了。我们切不可忘记，他是把中国语文学成为科学化的最大的功臣，在这个新时代里他最足以代表西洋研究中国语文学的专家。

又关于中国新文字的问题，他也有自己的主张，请读者参看他的 *The Romanization of Chinese*（一九二八年出版）一类的书，这里无暇详细介绍了。

民国二六，四，十三日

（《语文月刊》1937 年第 1 卷第 5 期）

世界语和中国语

我们要想促进世界的和平，无论从那一方面努力，总得要顺着人类活动的自然演进的趋势。世界语运动，就是从语言方面促进世界和平的一种努力；我们要认识这种运动的意义，还须要知道世界语的产生，正是依据人类语言自然演进的趋势创造出来的。

世界上的交通，日渐便利，各处民族往来接触也日渐繁密，语言上也发生着交流融合的现象。因之某一些字汇，已经不是某个民族或某种国语所专有，而成为国际化了。同时因各种语言的互相比较，也显出人类语言演进的一种自然的趋势；西方的英语和东方的中国语，在文法组织上具有简单化和规律化的现象，就公认为世界各种语言当中最先进的了。世界语的文法组织，正是包含着这种优点，不仅仅是采取国际化的字汇而已。

中国人学习外国语，觉得繁难，学习世界语，便很容易。这是因为世界语具有其他的优长以外，还适合着中国语里自然的文法组织。世界语是根据西方的语言创造出来的，同时也包含着东方中国语的优点，正足以表明世界语是顺着人类语言演进的自然趋势而产生的。我们也因此可以认识世界语运动确是促进人类和平的一种努力，这种努力的结果，也确是有实现世界和平的可能，因为世界语的创造，正是顺着人类的活动的自然趋

势，而并没有泯没世界上任何一种语言的优点。同时更从这种运动的意义上可以促进世人的反省：要实现世界的和平，决不能泯没了中国的优点。

（《语文》1937 年第 2 卷第 2 期）

识字的方法

一、识字和用字的关系

文字既然是社会生活上一种传达的工具，所以一个字体的形成和它怎样的用法，是依据于社会的习惯而来的。它怎样的写法，怎样的读法，和它所代表的那一种意义，可以说都是社会的习惯所给予的。我们要问：某个字何以现在要这样写？要这样读？何以用来代表某种观念？我们也只得回答：这都是由社会习惯上演成的，都是具有历史的因素的。我们对于文字的应用，必须依据于社会的习惯，否则，便要减损传达的效用，或竟要失去传达的效用。所谓书写的错误、诵读的错误，以及误解、误用之类，就是违背了一般的习惯，和社会上所认为正当的生活不相符合。所以文字的应用，正和语言一样，都是要符合于社会行为的习惯，不能由个人随意的来标新立异。即使偶然的有些标新立异，也必须经过社会的公认，才能发生它的效用，才能正式成为传达的工具；而经过了社会的公认，便是某种社会行为的习惯，并非个人的私有物了。因为传达的工具，决不是属于单方面的；一经应用，便产生了“主”“受”的两方面，就是传达者和被传达者的两方面。在文字的应用上，就是写作的和阅读的两方面，两者之间预先有一种默契，大家利用约定俗成的字体来通达情意。各个字体的写法、读法和用法，已经成为作者和读者两方面的一种共同的习惯，于是在社会生活上应用

起来,自然能够彼此通达无碍。我们要参与这种社会的生活,我们要应用这种传达的工具,我们就该先养成了一种社会上已有的共同的习惯;我们在识字上有了基本的正确的训练,就是对于应用的字体学得了社会上共同的通行的写法、读法和用法。我们要免除书写和诵读的错误,要免除误解和误用的弊病,也只得向社会方面所公认的正确的写法、读法和用法上力求符合,使得我们自身的应用文字的行为,和某个社会的习惯融合为一体。这样,我们对于人家所写作的,才能看得懂,读得明白,而且还可以认出内中所应用的字体或有失当和错误的地方而加以纠正。我们自己所写作的,也才能使人家看得懂,读得明白,而且也可以渐渐免除了应用字体上的种种错误和弊病。这样,我们在应用字体上获得了和社会公众相同的一种行为习惯,那末,无论是处于写作的或阅读的方面,总可以收取传达的效果了。各个字体的作用,是在代表语言上的各个语词,语词是用声音来代表意义的,再用文字代表出来,便是书写上的各个字体。所谓识字,也就是从书写上的各个字体来分别认定它们所代表的各个语词,所以不但要知道它们的写法,尤其要知道它们的读法和用法。我们要读书,第一步要识字,认定了各个字体所代表的语词,因而懂得读物当中所写出来的语言,因而明了作者所发表的情意。我们要作文,第一步也要识字,认定了那些字体是用来代表那些语词的,于是用手写来代替口说,使读者懂得了我们的语言,便能了解了我们的情意。似乎读者的心理是重在识字,作者的心理是重在用字,其实用字和识字是分不开的。惟其能识字,才能用字;惟其能用字,才算识字。因为识字的目的,就是在认识了各个字体所代表的语词,从书写的字体上认定了它们的读法和用法。写法的错认和不正,固然要引起误读,误解和误用等的弊病,可是仅仅知道了写法,不曾辨别读法和用法,终于得不到文字的效用。这好像是仅仅记得了电报的号码,没有翻成实际的

语文，终于得不到它的用处的。文字离不了语言，从书写上的字体认定了它们所代表的语词，这是识字的第一要义；无论是为着写作，或为着读解，总得预先要下着这一步的基本工夫，以认明各个字体在语言上的如何应用。我们知道文字和语言关系的密切，便可以知道识字和用字两者是不能分离的。文字和语言的本身都是一种社会行为的习惯；我们在识字方面下了工夫，就是初步的养成这种习惯，要想在语言之外，更获得了一种书写的传达的工具，以参与那更进步的复杂的社会生活。

二、字体上所包含的要素

字体是用来代表语言上的语词的，而语词又是用声音来代表意义的。字体是语词的符号，语词又是以音读为意义的符号，因之文字有“符号之符号”（symbol of symbol）的称呼。何以某个字体用来代表某个语词？何以某种音读用来代表某种意义？换句话说：何以某个符号具有某种价值？这都是由社会的习惯所给予的，而且也不是一朝一夕所形成的，必定各有历史的因素，由积渐的演化而来。我们认识某种符号，除了记认符号的本身以外，尤须辨明各个符号所具有的价值；例如学习语言，要记取一些语词，除了学得它们的发音以外，最重要的还在认识它们所包含的意义。识字也正是如此，记得各个字体的写法，书写出来的是怎样的形象，同时又认定形象所具的价值，读出来是怎样的声音，想起来是怎样的意义，就是形象所代表的是什么语词。因之我们对于一个字体的认识，必定要把捉它所包含的三种要素：第一种的要素就是书写出来的“形”，这是符号的本身；第二种的要素就是诵读起来的“音”；第三种的要素就是心理上所想的“义”，这两种要素合拢来便是它所代表的语词，也就是符号所具的价值。形、音、义三者，缺其一，便不成为字体。因为意义的本身，是心理上一个一个的观

念，必定要有形和音把它们一一的代表出来；但是只有形和音而无义，那就只是符号的本身，或者只是通常所谓音读的符号，没有内容的意义，便根本不能产生传达的效用。如果只有音和义而无书写的形，那便是语言上的语词而不是字体。如果只有形和义而无诵读的音，那也只是普通的图画和符号之类，不是正式的文字。正式的文字必定是一方面有了书写的形体，一方面又用来代表语言上的语词，所以字形本身之外，又具有音读和意义。我们如果对于字形抱着生疏而不正确的印象，那末，在读书和作文的时候，便要发生误认和误写的弊病；如果对于字音和字义没有明确的认识，就不能规定字体所属的语词，那末，在读书和作文的时候，也要发生误读、误解和误用的弊病。而且这些弊病在事实上是互相连贯的，因误写而致误认，因误认而致误读、误解，因误解而致误用；反之，因误用而亦致误解，因误解而亦致误读、误认，因误认而亦致误写等等。总之，应用字体的种种错误，使得读书和作文上发生种种弊病，以致减损了或失去了传达的效用，而违背了应用文字的经济的原则。根本的原因，就是在识字上缺乏了基本的正确的训练，对于字体的写法，读法和用法，未曾努力以求符合于社会行为的共通的习惯。我们要具有写作和阅读的能力，必须要在识字上先有基本的正确的训练，就是对于应用字体的形、音、义三种要素，都加以深切明确的认识。经过了这一步的工夫，于是在读书的时候，自然看到某个字体，立刻会知道它所代表的是那个语词；在作文的时候，也自然用到某个语词，立刻会想到那个应该代表它的字体；在字形和音义之间，成为一种不可分离的联系。原来语言和文字都是一种社会行为的习惯，语词上以口说的声音来代表意义，字体上以书写的形象去代表语词，都是社会的习惯所给予的；因之符号的本身和符号的价值，两者间，成立了一种联想的习惯。听到某个声音，看到某个字形，就想到某种意义；同样，发生了某种观念，也就发出

某个声音,写出某个字形。这种联想的习惯,如果是社会上共通的,就是语言文字成立的基础;我们如果养成了这种社会上共通的联想的习惯,那就获得了应用语文的基本的能力。我们要读书和作文,必先识字,就是在字体和语词之间,先具有了一种不可分离的联想;这种联想又不是个人的偶尔的独具,而是符合于社会行为的共通的习惯。于是在阅读的时候,由字形以认识语词,由语词以获得印象,终以了解作者的情意;在写作的时候,由自己的情意产生了心理上种种的观念,由各种观念联想到语言上的各个语词,再写出了各个字体。在读者和作者之间,对于字形和音义的关系,先具有了一种共同的联想的习惯,才能获得传达的效果,才能符合于应用文字的经济的原则。所以要认识一个字体,必须要把它所包含的形、音、义三种要素,看到字体,别忘了语言,使我们对于字形和音义之间,养成了和社会行为相符合的一种联想的习惯。我们对于字体的写法,读法和用法,一方面要认识得正确,一方面又要辨别得敏捷,才算是达到识字的目的。正确就是符合于社会上共同的行为,敏捷由纯熟而来,就是深切的养成了一种行为习惯。读书和作文,固然应当以识字为基础,而多读、多看、多作,使得我们认得多,用得多,也可以对于字体上形、音、义三种要素的辨认,达到正确和敏捷的条件。

三、关于中国文字的性质

识字的第一要义,既然是认明各个字体在语言上的如何应用,识字的主要目的,也就是在养成字体和语词之间一种联想的习惯;所以我们要判别各种文字认识的难易,要评定某种文字的价值,并不必根据于字体组织的简单和复杂,文字形式的轻便和繁重;最要紧的,还是看这种文字和它所代表的语言彼此相密合的程度,看它各个字体和语词之间是否有显明和正确的联系。换句话说:我们

对于一种文字的估价,不应注重符号本身的记认的难易问题,而要注重符号和它的价值内容间如何引起联想的问题。讲到这里,我们就来讨论中国文字的性质了。世界上无论那种文字,都是源出于图画的,所以文字愈古,愈接近于图画或和图画性质类似的东西。古代的中国、埃及、巴比伦,这些文明发达最早的地方,都曾流行一种"图画文字"(pictograph);中国的图画文字,演变成为后代的"表意文字"(ideograph),就是现今所通行的汉字;埃及和巴比伦的图画文字,流而为腓尼基字母和波斯字母,就演成为后代欧洲和西亚各国的"标音文字"(phonograph)。现在世界上最通行而最为一般人所注目的文字,除了西洋的罗马字以外,要算我们中国的汉字了。罗马字和汉字,恰是现今流行的标音文字和表意文字两种最佳妙的代表。标音文字是用拼音的字母来表明语词音读的组织的。学会了字母的拼音,就能够依据各个字体的拼音形式来诵读各个语词的声音,因而认识由文字记录出来的语言;或者依据语言中各个语词的音读组织,来拼写各个字体的形式,因而把通达情意的语言记录出来。表意文字,是用单独的字体或由单独的字体互相结合来代表整个的语词的。字体的效用,不是表明语词音读的组织,而是代表整个语词的意义;在字体当中,有单体字和合体字的分别;无论单体字或合体字的成分,都不是拼音的字母;合体字的成分,也只是一些单体字,包含在合体字当中的这些单体字,便是组成它的"偏旁"。因之应用表意文字的时候,可以无需详细分析语词音义的组织,可以无需详细考究拼音的方法,只消辨认各个字体所代表的语词,在习惯上是用来表明那一些观念的。在读书的时候,看到某个字体,联想到某个语词的观念,因而得到了某种印象。至于作者原来对于这个字体究竟怎样的读法,是否和此时此地的完全相同,我们似乎可以姑且置之不管的。在作文的时候,由自己的情意产生了种种的观念,因而依据观念和语词以及

语词和字体间联想的习惯，写出了一个一个的字体。至于自己对于这些字体的音读组织，既然可以不必加以详细的分析，而在字体的形式上也无从显示出来，所以无庸把确实的音读告诉读者，而读者也自然能够领略我们的情意。这正是应用中国文字的一种普通的情形，凡是应用汉字的人，都会觉得：靠了这种字体的形式，可以不管实际音读的纷歧和演变，而自然能够收取传达的效果。因为字体形式的本身，具有直接显示意义的很多的效用，这种直接显示意义的效用，当然是从古代的图画文字上脱胎而来的。到了后代虽然经过几度的省略和递变，失去了图画和类似图画性的原形，而依据于原有的习惯，还是保持着很多的效用，就是字形的本身直接足以引起字义的联想，并且把这种效用扩大起来，以为许多语词意义的范畴的显示。中国文字构造的方法，大致可以分做象形、指事、会意、形声四种。单体的图象是纯粹由象形、指事两种方法构造成功的，通常谓之单体字，这种单体字，一方面是独立的字体，代表自身所属的语词；另一方面却又可以为其他字体的成分，彼此互相结合组成另外的许多字体，以代表另外的许多语词。这种单体字，在文字学上称之为“文”，许慎《说文叙》所谓“依类象形谓之文”，就是说它们是用象形、指事两种方法构造成功的；又谓“文者，物象之本”，就是说它们又可以用作构造其他字体的基本成分的。由单体字所组成的合体字，或更由合体字所组成的另外的合体字，这就是依据会意、形声两种方法构造成功的。合体字当中所包含的成分，叫做偏旁，偏旁可分“形旁”和“声旁”两种：声旁是原来用以表明语词的音读的（表明了整个语词的音读，而非音读组织的分析），形旁就有直接显示语词意义的效用；如果合体字当中的偏旁，都是形旁，都有显示意义的效用的，那便是会意字；如果当中的偏旁，有一个是声旁，除了显示意义的形旁以外，还有一个用来表明音读的，那便是形声字。这样组成的合体字，在文字学上称之为

“字”，许慎所谓“形声相益谓之字”，就是说它们是由声旁和形旁或形旁和形旁互相结合而构成的；又谓“字者言孳乳而寖多也”，就是说它们以单体字为基本成分，或更以组成的合体字为第二成分，孳乳不绝的产生出来的；这样由数百的单体字产生了数万的合体字；中国的字体当中，以形声的合体字占绝大的多数。无论是形声字或会意字，它们形体的结构当中，总至少各包含有一个形旁，足以把它们所属的意义的范畴显示出来；例如“山”字旁的，总属于山的一类，或是意义上和山有关系的；“水”字旁的，总属于水的一类，或是意义上和水有关系的；同样，“人”字旁的，“木”字旁的，“鸟”字旁的，“鱼”字旁的，等等，依此类推。我们因此可以知道要认识中国的文字，最好具有一点文字学的智识，能够解剖多数合体字的结构，能够从字形上溯源沿流的探究一些重要单体字的“本义”；如果能够这样，至少对于各个字体原来所具的观念，原来所代表的语词的种类，初步的，而且是基本的，引起了一种正确的联想。这可说是中国传统的，也是不易的，一种正当的识字方法。中国这种文字，和标音文字比较起来，在字体的形式上，固然组织的复杂和简单，记认书写的轻便和繁重，不可同日而语，但是因为中国字形的本身，可以直接显示字体原来所属的意义，字体的形式便可以引起语词意义的联想，所以各个字体和它原来所代表的语词，直接在观念上具有一种正确显明的联系，不必像标音文字那样完全要凭借于语词音读的间接的媒介。从这点上看来，中国文字自有它的独特的价值，字形表意的这种效用，正可以弥补形体上复杂繁重的缺憾。又标音文字，在学习和应用上，首先必须要分析各个语词音读的组织，换句话说，就是对于那一种语言必须先要发音正确，而且先要具有分析音读的基本能力，至于中国文字并不必要斤斤于此，说汉字的认识，定比标音文字来得困难，怕的也是偏面的理论吧！我们再进一步来讨论中国文字和语言的关系：中国

字体的构造，根本不是字母拼音的制度，固然在字形上无从表示语词音读的组织，不能反映实际语音的纷歧和演变，一般人就以为中国文字有超杂语言的趋势；其实，中国这种表意文字的形成，正是适应着中国语言的特性的。中国语在语言学上说来，有两种特性：一种是所谓“单音缀语”(monosyllabic language)，就是大多数的“单纯语词”(simple words)——非指由单纯语词而组成的“复合语词”(compound words)——大都只包含一个音缀的。一种是所谓“孤立语”(isolating language)就是各个语词的音读形式，没有依照文法和别种意义的转变而加以变化的，如词性、位格、数目、时间、性别等等，在语词音读的形式上没有什么显示。因为单音缀语的特性，在文字上也演成单音缀的字体，现今汉字，总是一个字体只包含一个音缀的，语言中有一些复音缀或多音缀的语词，也只得用两个或多个的字体来代表。而在大体上总是以单个的字体来代表整个的语词，所谓一形、一音、一义，正是中国语文的特殊的单纯现象。既然用一个字体可以代表整个的语词，所以无庸分析语词音读的组织，无庸把分析音读的结果加以详细的显示，而在语词和字体之间，自能彼此契合。因为孤立语的特性，使得文字上也无需变成字母拼音制，一个字体已经完全代表了一个观念，不必再在这个字体上因文法和意义上的某种转变而增加或变化音读的记号。中国这种表意文字，正是由适应语言的特性而演成的，中国文字虽非语音的记录，而和中国的语言仍是彼此极相密合。我们不否认中国语的特性，正何必要对中国文字的价值，发生怀疑呢？我们要做一件事，必须先有一种坚定的信仰。然后能够支持到底，坚决的干下去，然后能够希望成功，能够有结果，有成绩。尤其是关于识字，是要养成一种联想的习惯，是要获得一种运用工具的基本能力，需要有相当时间的训练，需要自己下一番切实的工夫，更需要继续不断的用心的复习，自然先得对于那种文字本身的价值，具

有一种坚定的信仰，这种信仰，绝对不是盲目的因循守旧，而是从了悟了这种对象本身的性质自然而然产生出来的。同时从文字性质的了悟当中，更获得了简捷正确的识字的方法。

四、字形的分析和识字的效率

我们明了了中国文字的性质，就可以知道对于汉字的认识，在方法上，和对于拼音文字的注重点，很有不同的地方。我们要学习一种拼音文字，必须要注重语言上各个语词的音读；在普通拼音文字当中，虽然有许多字母的拼法和实际的音读不相符合，这只是因为书写的形式比较固定，不能像实际音读的变化那样剧烈的缘故，而大体上总是语音的记录。至于表意文字上，字形的本身既然还有很多显示意义的效用，所以对于各个字体的认识，除了辨别它们在语言上的如何应用以外，尤须要注重形体结构的分析。我们知道了大部分中国的字体，是由二个以上的偏旁结合成功的；而这种合体字所包含的偏旁当中，至少有一个是形旁，足以显示合体字所属的意义的范畴。所以我们对于这种合体字认识的方法，第一步应该把它当中所包含的偏旁一个一个的分析出来，使偏旁还原为各个单体字；第二步又分别认定这些单体字在那合体字的整个组织当中所具有的效用。我们不能把形旁误认做声旁，也不能把声旁误认做形旁；就是把某个偏旁，认定了它在某个合体字当中是具有显示意义的效用呢？还是单具有表明音读的效用呢？或者是两种效用兼具的呢？如果是具有显示意义的效用，认定了它是那个合体字的形旁，或者是声旁而兼形旁的，那末，我们就可以依据这个已经认识了的单体字，以测定那个合体字原来在意义上应该是用来代表那一类的语词的，至少也可以因此引起心理上的一种联想作用，以得到那个字体的意义内容的启示。因为中国大部分的字体是用形声，会意两种方法造成的合体字，是结合了二个或多个

的单体字以构成的，同时它们所包含的单体字当中，至少有一个是具有显示意义的效用的；所以要认识它们，自然必须注重偏旁的分析。但是从合体字里所分析得来的偏旁，既然是一些原来各自独立的单体字，这些单体字又是那许多合体字的基本的成分：因之我们要分析合体字的结构，首先又必须对于一些重要的单体字，有了基本的认识。我们可以说：在字形的组织上，中国文字里的这些单体字，正如标音文字里的拼音字母那样的重要。学中国文，先念“人、手、足、刀”，正像学西文，先念“a、b、c、d”一样。“文”是对“字”而言，是“字”的基本成分，有了这些单体的“文”，于是“孳乳寖多”，才有许多合体的“字”，正像标音文字里，有了拼音字母，才有各个拼出来的字体一样。所以在中国文字里，“文”也可以说是“字”之母。不过表意文字和标音文字的性质既然根本不同，要认识中国文字的所谓“字”母，自然也和学习拼音文字的字母所注重的两相异趣。一则以字母为语音里几种元素的符号，所以在学习的时候，必须注重音读的准确，和拼音的方法；一则却以这些单体字为表意文字的基本成分，它们在合体字的组织当中常常具有显示意义的效用，而自身又是独立的字体，原来也是用字形来直接显示意义的，所以在记认的时候，还是要注重形体上点画的辨别，或且要追究它们书写的原形。这些单体字本来是用象形指事两种方法造成的，经过了书写上形体的演变，失去了图画文字的原形；可是大部分还是保存着原来的意义，在字形和意义之间，还是具有一种不可分离的联系。这种字形上显示意义的效用，正是沿着图画文字时代的习惯而来，我们既然不否认中国文字的价值，仍旧要沿用这种社会行为的习惯，并不因其保存着太古时代的遗迹而加以废弃，那末，我们也何妨采取历史的方法，寻流溯源，从字形上的追究，使一般应用文字的确认了意义上联想的习惯，以增进他们识字的效率。我们知道应用文字只是一种行为的习惯，为了读书和作

文，固然必先要识字，可是为了养成应用文字的技能，又须时时要读书和作文；识字和用字既然不能分离，所以讲到识字的根本方法，仍不外是“多读、多写、多作”，从习惯的养成当中自然而然获得一种能力。但是，因为中国文字性质的特殊，不像标音文字上字母拼音的那样形式的简单，要识一个汉字，必须要记认它特殊的形体，这种形体又大都是复杂的、繁重的，如果单是靠着训练和复习的工夫，没有利用字形和意义间直接联想的作用，那末，学习的人就要感到许多困难而减少他的兴趣了。所以我们在上面说过，中国字形直接表意的效用，正可以弥补形体上复杂繁重的缺憾，我们也正可以利用这种特点，来增进识字的效率。总之：对于中国字体的认识，无论是单体字或合体字，总得要注重字形结构的分析，或者还要采取历史的方法，追究原来书写上足以直接显示意义的形体，所谓“剖析穷根源”，“知其一点一画有何意焉”（本是《颜氏家训》里批评许氏说文的话）。要追究各个字体一点一画的所以然，这固是文字学上的工作；我们也并不希望一般读书和作文的，都是文字学家，都曾经研究过《说文解字》一类的书的，但至少我们可以肯定：关于中国文字本身的知识，足使我们对于各个字体有正确深切的认识，同时也足以增进我们识字的效率。因为对于字形的分析，绝不能像“俗儒鄙夫”那样“向壁虚造”，绝不能像拆字先生那样牵强附会，所以必须具有一点真正文字学的智识，才能于字体的认识上获得正确和敏捷的效果。

五、同字异义和同义异字的现象

要认识汉字，固然要注重字形，可是我们还须记得：文字是一种社会行为的习惯，又是用来代表语言的。习惯是历久积渐而成，也要随时而有变迁，认字的主要目的，既然在养成字体和语词之间一种联想的习惯，我们依据字形的分析和探原，只能引起字体和原

来所代表的语词之间的联想，并不能确定后来的语言上的如何应用，所以我们要完全达到识字的目的，除了认识字体原来的意义以外，还须知道后来的联想习惯上的如何转变。字体总有它所代表的语词，语词又是以声音来代表意义的，所谓联想习惯的转变，可以分做两种：一种是发生在声音和意义之间的，就是语词本身意义的纷歧和变化；一种是发生在字体和语词之间的，就是字体所代表的语词的纷歧和变化。这两种转变的现象，都足以使同一个字体具有各种不同的用法，或且使字形上直接显示意义的失了效用。我们依据字形的分析和探原，所推知某个字体原来代表的意义，在文在上叫做本义。由"本义"而联想到另外一种有关系的意义，在文字学上叫做"本义"。由本义而联想到另外一种有关系的意义，因而另成一种联想的习惯，这种变成的意义，叫做"引申义"。如果不是由本义上联想出来，而只是因为两个语词音读的相同，借用这一个语词的字体来代表另一个语词，于是这个字体和那个语词之间，又成为一种联想的习惯，因而变成了另一种意义，这种意义叫做"假借义"。引申义是和本义有直接联想的关系的，假借义是接的媒介和本义无关，而只是因为同音语词的关系，由音读间，就另成一种联想的习惯的。同一个字体，除了它所固有的本义以外，又可以因联想习惯的转变，而产生引申义和假借义。这样同一个字体具有各种不同的用法，就是同字异义的现象。例如"日"联想到时日的"日"，在语言上既然仍用"日"字的音来表明"时日"的意义，所以在文字上这个原来太阳的图画也就具有"时日"的这种引申义了。又如"或"字，原来是"国家地域"的意思，因为语言上有"或者"的"或"，这个语词，音读相同的，就借用"国域"的"或"字来代表，于是积久成了习惯，"或"字就具有"或者"的这种假借义了。这种假借的方法，乃是用这个语词的字体来代表另一个性质依然不同。标音文字的字体，是拼音的符号，它的价值只是音读；表意文字的

字体，乃是观念的符号，它的价值，是整个的语词，无论是否为假借，除了音读的关系以外，总离不了表意的效用。不过我们须要分别它在某处所表明的，是否为它的本义罢了。字体既然并不限定用来表明它的主义，于是字体的应用，有时很可以自由，不必拘执于形体上的关系了。字体本身的转变和同音字体的借用，一方面使得同一个字体具有各种不同的用法，而另一方面却又使得同一种用法可以有各种不同的字体。因为字义本身依据联想的习惯而转变，所以在意象上相类或相通的字体，就可以用来表明一种相同的观念。例如“衣之始也”的“初”字，“草木之始也”的“栽”字，依假借又可用“栽”字来替代“身之始也”的“首”字、“地，始也”的“基”字等等，都可以用来表明“始”这个观念，这就成为同义异字的现象了。因为同音的字体可以借用，只要音读的相类似，不必限定借用同一个字体来代表同一个语词，而且音读本身难免随时随地要起变化，于是此时此地所用来代表某一个语词的字体，和彼时彼地所用来代表的又不相一致，这样同一个语词可以用多个不同的字体来代表；例如“卬”“我”“台”“予”等字都可以和“吾”字通用，“爰”“那”“都”“繇”“於”等字都可以用来代表“于”；这也就成为同义异字的现象了。总之：同字异义和同义异字的现象，都是由联想习惯的转变演成的，使得字体的应用，不拘束于字形的结构，而依附于语言上的实际关系；所以在文学上，除了指事、象形、形声、会意四种造字的方法以外，还有“转注”和“假借”两种用字的方法。（关于转注的解释，可参看吴敬恒《说文诂林补遗叙》，载《说文诂林补遗》第一册）我们讲求认字的，尤其要知道这两种用字的方法。在读书和作文的时候，更须注意这种现象。现在举出论语里的两段文辞来做说明的例子：

“子路有闻，未之能行，惟恐有闻”。（上“有”字，乃有无之“有”，下“有”字，乃“又”字也）——同字异义的例。

“臧文仲其窃位者与！知柳下惠之贤有不与立也”。（此“立”字当读为“位”，不与立即不与位，言知柳下惠之贤而不与之禄位也。上文窃位字作“位”，下文不与位字作“立”。——同异义字的例。）

我们如果不明了中国语文的这种现象，如果不懂得转注和假借两种用字的方法，就难得把这两段文辞读通了。至于我们在写作的时候，更须要知道用字的方法，所谓“凡为文辞，宜略识字”，识字不仅是从字形上去探求意义，尤须认识字体在语言上的如何应用。因为识字和用字两者是分不开的呵！

六、用字和修辞文法的关系

识字的要点，既然是辨别字体在语言上的如何应用，所以我们对于某个字体的用法，应注意于它在某句里修辞及文法的关系。因为“积字而成句”，字是语句或文句里的成分，依某种相互的关系构成了一个句子。我们对于某个字体的认识，应注意它在某个语句或文句里如何的应用，它和同一句内别的字体有何种的关系。一个字体的应用，不是固定的，而是随着实际情形变动的。我们一方面要知道这个字体所具有的意义，一方面还须明白它在某个句子里怎样用法。普通字典所告诉我们的，只是一些字体通常具有的几种意义，不能把它们修辞及文法的关系统统指示出来。我们要知道字体的应用，不是固定的，而是随着情形变动的。我们在读书和作文的时候，一方面固然要明了各个字体所具有的意义，另一方面尤须知道它在某句里如何的应用，就是它在某句里修辞及文法的关系，这种关系是随着实际情形而变动的。如果某种变动的情形，很普通的应用，渐渐成为社会上一种新的联想习惯，就促进了字义的转变。亚理斯多德曾经说过：

> 某种事物的名称，或者是属于它自己的，或者是由别种事物上转移而来的。（A name of anything is either its own name or one transferred to it from something else.）

所谓事物的名称，在口说当中就是语词，在书写当中就是字体，由代表这一种事物的语词和字体转移到别一种事物上面，这就是字义的演变。例如“苦”字原来是一种“苦草”的名称，现在用来表明“劳苦”“苦味”的意思；“内”字原来是“进入”的意思（就是“纳”字的意思），现在用来表明“里头”“里向”的意思。这种字义转变的现象，我们要推究它所以发生的原因，或者是由于修辞的作用，或者是由于文法上的活用。“苦”字原是“苦草”，可以用来譬喻一切“苦味”的东西，也可以用来表明一切“劳苦”的状态，这就是因修辞的作用而起的；“内”字原是“进入”的意思，由“进入”联想到“里头”“里向”，就用它来表明这种新的意义了；由“进入”这个动词，变成为“里头”“里向”的形容词，这也就是因文法上的活用而起的。不过像这样转变得来的意义，已经用得很普通，并且已经成为比较固定的习惯，甚至把原来的“本义”忘失，而通用这种转变得来的“引申义”了。我们在普通字典里，对于某字所查考得来的注释，大都属于一般通行的意义，就是在社会联想习惯上比较固定的。但是在实际的应用当中，仍是很活动的。例如一个“金”字，是“金属”的意思，又可用来代表各种金属所制成的物品，如“抽矢扣轮去其金”，这句里的“金”字是指“矢镞”；“为外刑者金与木也”，这句里的“金”字又是指“刀锯斧钺”；“怀金垂紫”，这句里的“金”字又是指“金印”；“功绩铭乎金石”，这句里的“金”字却又是指“钟鼎”之属。这就是以一种物质的名称来代替制成的物品的例子。还有以事物的状态来代替事物的，如“老弱转乎沟壑”，这句里“老”“弱”二个字是指“老人”“弱者”；“后宫佳丽三千人”，这句里“佳丽”二个字是指

“美人”的。此外还有一种譬喻的方法，如“雪肤花貌”里的“雪”和“花”，乃是说“像雪那样的白”，“像花那样的美丽”；“弟子骏作”里的“骏”字，乃是说“像骏马那样的快”；诸如此类，便和普通的用法不同，在意义上也有几许的变化。因意义上的变化，而使各个字体的词性也不能确定；如“入其门，无人门焉者”，第二个“门”字是“看字”的意思；“门其三门”，第一个“门”字是“攻破”的意思；而都和“门”字原来的意义有很大的差别，在词性上也起了变化，由名词而变成动词了。再拿几句英语来做例子：

To hand a book（拿一本书）
To head an army（带领一支军队）
To stone a dog（以石子投犬）

这几句里“hand”“head”“stone”这几个名词都是作动词用的。凡是这类变动的现象，都是由于修辞的作用和文法上的活用，因之我们要识字，必须要注意这类变动的现象，不但是明了各个字所具有的意义，还要辨别它在某句里修辞及文法的关系。因为字是句的成分，应用字体的时候，决不是各个分开的，而是包含在各句当中的，所以我们不可不细心观察各句里各字间彼此的关系。字体是代表语词的，语词是表明观念的；而我们要发表自己的情意的时候，决不是各个独立的观念，而是一些整个的概念。表明整个概念的，就是语言文字上整个的语句或文句。所以我们要作文，不单是要知道各个字体所代表的观念，还须要明了某个字体在表明某种概念时所发生的效用。同样，我们要读书，也不仅是要知道各个字体所代表的观念，还须要了解某个字体在某句里修辞及文法的关系，依据这种关系以领受这句所表明的概念。讲到这里，我们还要知道字体和语词的单位，两者间并非完全一致的，并不一定是一个

字体代表一个语词的，有时也用两个或数个字体代表了一个语词，以表明一个观念。例如人名、地名以及其他复音缀的语词，还有复合语词及成语之类，在中国文字上都是用两个或数个字体来代表的，而实际上所表明的，只是一个观念。王念孙在他的《读书杂志》上曾经说过：

> 凡连语之字皆上下同义，不可分训，说者望文生义，往往穿凿而失其本指。

又王国维与友人论诗书中成语也说过相类的话：

> 古人颇用成语，其成语之意义与其单语分别之意义又不同；若但合其中之单语解之，未有不龃龉者。

例如《汉书》里"留落不耦"这句当中的"留落"二个字，如果依照颜师古注那样分开来解释，说"留谓迟留，落谓坠落"，便是望文生义，不能得著者的真意了。"留落"就是"流落"，也就是"牢落""落落"，形容寡合和不遇的状态。（"不耦"就是"不遇"）不但是读古书应当知道这种道理，即使对于现代的文书，也要注意到各个文句里语词的单位，以免穿凿附会的弊病。中国文字既然依音读相同，得相通假，所以我们对于各个字体的认识，必须要辨别它在语言上的如何应用。各个字体所以能够发生传达的效用，就是因为它是代表语言上的一个语词的。语词乃是真正组织语句的成分的单位；语词在语句里，方始发生彼此间文法和修辞的关系。因此我们可以知道要造句，固然先要识字，可是要识字，也得要懂一点造句的方法。

（《学生时代》1938 年第 3—6 期）

造句的方法

一、语句组织的成分

我们知道语言上的语词，除了单纯语词之外，还有复合语词及连语、成语等，所以字体在实际上的应用，并不必定和语词的单位完全一致，有时也用两个或数个字体来代表一个语词，以表明一个观念。因之在语句组织的成分上，我们应当以表明观念的语词为组成语句的单位，而不应以书写形式上的字体为单位。语句是表明整个的概念的，我们可以从这整个的概念当中分析出几个观念；而每一个观念，在语言上总是用一个语词表明出来，在书写的文字上，却不必定是一个独立的字体。我们在读书的时候，为着要了解文书的内容和作者的情意，不能不把字句上所表明的观念一一加以辨别和领略，所以除了认定读物当中各字所代表的语词之外，还须要明了各字彼此相互间的关系，怎样的把那些语词联缀起来以表明某个概念。我们在写作的时候，为着要发表自己的情意，要描写或叙明某种事物，也不能不把情意和对于那种事物当中所含有的观念一一分析出来，以充实表达的内容，所以除了审择所应用的字体以外，还须要知道各字间彼此联缀的效用，怎样的把分析出来的概念一一显示出来。例如“这本书是有字的”，这一句是表明着一个概念，内中包含着“书”“有”“字”等等这些观念，就是须要有这些语词把它们表明出来的，而这些语词又必须依着某种联缀的关

系,才能使它们在表明那个概念时发生效用,才能共同的组合起来以表出那种完全的意义。如果那些语词没有依着某种联缀的关系,没有连结配置为一个语句,那就只是一些散漫的独立的观念,在意义的传达上仍得不到多大的效果。所以无论在读书和作文的时候,我们除了识字以外,都需要懂得造句的方法。各个字体是用来代表语词的,而各个语词的功用,就是在表明某个概念里所属有的概念,就是某个语句组织上的一种成分,彼此并不是分离的独立的,而是互相结合成为一个有机体的组织。因之某个字体在一个句子当中,正像某点某画在一个字体当中,正像某些材料在一种艺术品当中,是和其他部分不能分开的;它在传达的效用上只是表明整个概念时的一种成分,一经离开了其他成分,便只是具有一个独立的观念。字体在实际上的应用,决不是单独的表明一个观念,而是代表某个语句里的语词,连合代表其他语词的字体,共同的来表明某一整个的概念。所以我们对于各个字体的应用,无论是处于写作的或阅读的方面,都得要认定它在表明某个概念时所属的语句组织当中的那种成分。语句组织的成分可以分为主要的和附属的两类:(一)主要的成分,又有两种:1.“主词”(subject);2.“表词”(predicate)。(二)附属的成分,又有“加词”(adjunct)、“宾词”(object)、“补足词”(complement)等。无论那一个语句,总具有主词和表词的两种成分,缺了一种,就不能成为语句,所以通常的语句,至少包含有二个语词,一个是作主词用,一个是作表词用,除非那种极端“综合”的语言,把主词和表词包含在一个语词当中,只是用一个语词组成完全的语句的(例如北美土人语及拉丁语等,拉丁语的“edo”,这个语词就等于“我食”这个语句,内中包含有“食”和“我”两个观念的)。例如“花”一个观念和“开”一个观念都不能组成一个概念,必须要把“花”和“开”两个字联缀起来,才能表出一个完全的意义,“花”是要表出的主体,所以

在这句里为主词;“开”是用来表明“花”的动态的,所以在这句里为表词。单是“花”这个观念,没有“开”来表明它,就不能组成“花开”这个概念,单是“开”这个观念,没有“花”这个要表出的主体,也就不能成立语句。因为主词和表词在表明一个概念时所不可缺少的,所以称为语句组织上的主要成分。但是有了主词和表词之后,如果在意义上仍是不完全的,仍是不能表明一个完全的概念,那就要添上宾词或补足词了。例如:“我们要抵抗”“桑田变”并未曾成立完全的句子;“抵抗”什么?“变做”什么?在意义上仍未完足,所以必定要说“我们要抵抗敌人”“桑田变沧海”加添了“敌人”这个宾词,“沧海”这个补足词,才完足了意义,才可算完全的句子。又如“花”这个观念还是很广泛的,究竟是“红”的“花”?是“白”的“花”?是“大”的“花”?是“小”的“花”?在形状上并没有限制。究竟是“一朵花”?还是“许多花”?在中国语文当中语词形式的本身也没有数目的表明。这时我们如果要限制“花”这个观念,便得要利用其他的观念,添上一些加词了。同样“开”这个观念也是如此,要表明怎样的“开”法,也须用加词来限制它的意义。例如说“群花盛开”,“群”是“花”的加词,“盛”是“开”的加词;这样表出来,较之“花开”那个概念要具体而显明得多了,又加词本身也可以用其他的加词来限制;例如说“很红的花开得十分茂盛”,“很”“十分”,便是“红”和“茂盛”的加词,便是加词的加词。加词的增添愈多,在概念的表明上也愈显明而具体;例如说“园里的一群小红花很茂盛的开了”,较之“群花盛开”一句又更进一层了。不过加词和宾词,补足词,在表明某个概念时,虽然也是需要的,或且不可缺少的,而只是作为增进明显的程度和完足未了的意义之用,都可以划入主词或表词的范围之内,所以称为语句组织的附属成分。除了这几种成分以外,还有一些关系词和助语词,它们的效用,乃在表明各种主要的和附属的成分彼此间互相联系的情形,以及整个语句发出时

的动机和情态。这种关系词和助语词，似乎在语句的组织上处于次要的地位，偶尔有时也可以省去不用，因为它们本身大都没有实质的意义，只是为着辅助表明实质的意义而被应用的，但是实际上它们对于语句的构成和传达的作用，有极大的助力，尤其在中国这样特别性质的语文当中。中国语上的语词和语句里其他语词的关系，本身的形式方面既然没有明确的显示，而整个概念表出时的动机和情态，除了应用助语词以外，也没有别种表白的方法，因之要指示整个概念里许多观念互相联属的关系和全句发出时的语气等等，这种关系词和助语词的应用，就有很大的功效。如果它们是被误用或错认了，那不但在整句意义的传达上要发生障碍，或且要影响到了全段全篇的意义。刘淇《助字辨略自叙》里说过：

> "一字之失，一句为之蹉跎；一句之误，通篇为之梗塞"，刘氏所谓一字之失以致使通篇梗塞，也就是指他的书里所列的"助字"而言。我们在读书或作文的时候，为着要适应中国语文的性质，除了认别各句里几种组织的成分以外，还须要注意这种关系词和助语词的用法。

二、语言的性质与语句的组织

我们所谓文句，就是字体的连结配置，以表明某一整个概念的，因为文字是代表语言的，字体怎样连结配置以构成一个句子，这又是根据于各种语言的语句组织的习惯。我们要懂得某一种语文里的造句方法，自然须先知道这种语文的根本的性质。世界上的语言，依语词表示意义的方法来观察，大致可以分为"综合语"(synthetical language)和"分析语"(analytical language)两大类。所谓综合语，就是意义上的某几种观念，没有分析为各个独立的语

词，而往往把它们包含在一个语词以内，因之意义的变化，只用语词形式的变化来表明。例如拉丁语的“edo”（我食）、“edis”（你食）、“eait”（他食）；“我”“你”“他”这些观念是用动词里形式的变化来表明的，因之主词也包含在表词当中了。其他如一个语词的形式当中，凡有“位格”（case）、“数目”（number）、“性别”（gender）、“时间”（tense）等等的规定的，都是合于综合语的性质的。所谓分析语，就是意义上的几种观念，已经分析为几个独立的语词，大抵只是以一个语词表明一个观念，意义的单位和语词的单位两相吻合。（所谓语词的单位，在上文已经明白说过，并不必要书写上字体的单位相一致的。）因之意义的变化，不是用语词形式的变化来表明，而是用各异的语词彼此联缀的关系显示出来的。中国语就是极端分析语的代表。中国语里的语词，总是以一个语词来表明一个观念、数目、性别时间等等，在语词本身的形式上没有什么显示。语词在语句里和其他语词的关系，也只是从语词彼此间怎样的联缀上看出来。例如英语里“he”“his”“him”三种形式，是表明“他”的三种位格的，“he”是属于主位，大都用主词，“his”是属于领位，大都用作加词，“him”是属于宾位，大都用作宾词，无论和其他语词怎样联缀起来，位格总是不变。同样，“I”“my”“me”三种形式是表明“我”的三种位格的，也是如此。因之，像英语里这样的二句：

I beat him（我打他）
He beats me（他打我）

在这两句里，语词联缀的次序无论怎样的变换，意义总是一样。如果把第一句变做“Him beat I”，也还是“我打他”；如果把第二句变做“Me beats he”，还是“他打我”。在中国语上就绝对不能这样随

便的颠倒了，如果颠倒转来，两句的意思都恰恰和原来的相反了。我们因此可以知道在综合语里常常利用形式变化来显示语词在语句里的关系，以及其他包含的意义，而在分析词里只利用各个语词联缀的情形表明出来。我们要懂得某种语言的造句方法，须先审定这种语言的性质；在综合词里语句的组织要注重在语词本身形式的变化，在分析词里便要注重语词彼此间联缀的关系。中国语既然是一种极端的分析语，所以在语句组织上，各种成分怎样的连结配置，各个语词怎样的联缀，对于全句的意义和整个概念的表明，非常重要。在中国语里，如果要分别数目、性别、时间等等，便利用增添的加词来特别标明某种意义，或者从前后语句的意义上自然显现出来。中国语上的关系词和助语词，有时似乎很近于综合词的形式变化；例如表明领位的“的”字，似乎很像英语里的“'s”（apostrophes）和其他领位的形式，如“他的家”就是“his home”，“人的心”就是“man's heart”。但是这种关系词和助语词的应用，并非规定如此，在文法方面并无明白的约束，事实上如果对于意义的传达没有感到什么缺陷，也可以把它们省略不用；例如说：“他家在那儿？”“人心不古”；“他家”和“他的家”并没有两样；“人心”和“人的心”并没有两样；可是在英语里绝对不能说“he home”，也不能随便说“man heart”。所以我们不应把中国语上的一些关系词和助语词误认为综合词里的某种形式变化。因当它们的应用是为着辅助表明实质的意义，并不像综合词里语词的某种形式包含着某几种观念，如果词句组织上各种成分的连结配置，本身已经可以得到传达的效果，已经足够了明显的程度，它们自然可以无需应用。这样看来，中国语句的组织，依据这种语言的性质，须特别注重各种成分怎样的联缀，须特别注重各个语词前后的次序；从语词的次序上自然而然显出彼此联属的关系，因而把全句的意义和整个的概念表示出来。

五[①]、变式的句法

我们从上文所说，可以知道中国语里语词的序次常有固定的规则，如果把这种通常的序次颠倒了，那必定是为着表明情感上或意义上着重某个语词的。因为通常的序次，只是表明通常的情感和意义，把通常的序次变化了，便足以表明某种特别的情感和意义。这就是变式句法的效用。在写作的时候，因此表出了某种特殊的程序，在诵读的时候，也因此发生了某种特殊的感觉。变式的句法，可以依照各种序次的变化分做下列的数种：

（一）主词放在表词之后的。例如“大雪纷纷下”一句，可以说做“纷纷下大雪”，“雨下”，也可以说做“下雨”，这种大概是习惯上用来表明天气的变化的。至于像下面的两个句子：

> 好快呀，这汽车！
> 现在怎么样了，那个人？

乃是为表明惊叹和疑问的情感的迫切而把表词置在主词之前的，和《论语》里的“孝哉，闵子骞！”《檀弓》里的“谁与，哭者？”句式相同。又如：

> 这里有一个人。
> 树上开着一朵花。
> 外面走进一个人来。

乃是因着重方位的意义，把表明方位的副词置在句首，就把表词列

---

① 本文三、四部分阙如。

在主词之前的。

（二）宾词放在动词之前的。这种变式的句法，大都是因意义上着重了宾词，而把它倒置在前的。又可以分为宾在动前和宾在句首两种。例如："我把这本书读完了。""这本书我已经读完了。"上面的一句并且在宾词前加上一个特别的介词。也有不用特别的介词而把宾词直放在动词之前的，例如："他酒不喝，牌不打，烟也不吸。"正和《史记》里的"臣死且不避，卮酒安足辞？"句法相同，也有宾词移在句首而在宾位填充了一个代名词的，例如："这本书，我很爱它。""那种人，你应当看重他。"这种句法在古书里是很常见的；例如《论语》："夏礼，吾能言之。"《诗经》："窈窕淑女，钟鼓乐之。"等。

（三）宾词放在介词之前的。这种变式的句法，也大都是因着重宾词的意义而发生的。在古代文书当中，常可以看见这种句法，例如《论语》："礼以行之，信以成之。"《孟子》："夜以继日。"《诗经》："歌以讯之。"在现代语里便很难看到。在现代语里如果要把宾词倒置在介词之前，便须在介词后的宾位上填充了一个代名词。例如："这点小事，我为它费了很多工夫。"

（四）补足词放在表词之前的。这种变式的句法，大都因表明决定的口气或着重补足词的意义而起的。例如《论语》："君子哉，若人！"《吕览》："子邪，言伐莒者？"和现代语里"好学生呵，这个人！"句法相同。

（五）加词放在名词或动词之后的。这种句法在古代文书里偶然可以见到。例如论语："迅雷风烈"，就是"迅雷烈风"的意思；《书经》："祗台德先。"就是"先敬我德"的意思。至于现代语里，只有数量形容词或副词，因为要注重数量的意义，可以放在名词或动词的后面。例如"今天我喝了不少的酒"，可以说做"今天我喝了酒不少"，或"今天我酒喝了不少"。"我吃了三个苹果"，可以说做"我

吃了苹果三个”,或“苹果,我吃了三个”。又如李密《陈情表》:“臣密今年四十有四,祖母刘今年九十有六。”在现代语里也可以有这样的说法。又现代语里,否定的副词可以放在一个相属的复合动词的中间,以表明“不能”的意思,例如:“拿去”“走开”“说完”“打倒”,说做“不拿去”“不走开”“不说完”“不打倒”,只是通常否定的意思;说做“拿不去”“走不开”“说不完”“打不倒”,便有“不能”的意思了。我们因此也可以见得语词序次的变化,在表明特殊的意义上的效用了。

以上所说的几种变式的句法,除了某几种习惯上的关系以外,大都可以归入修辞学的范围。原来修辞的作用,无非要使我们以文字来表情达意时得到较大的效果,所以把通常的语词序次变化一下,成为一种特殊的句法,以表明某种特殊的情感和意义,也可以隶属于修辞的作用。

六、附论短语与子句

上面说过,语词在语句里是作为语句组织的某种成分的,由各个观念组成了一个概念,在语文上就是由二个以上的语词连结配置构成了一个句子。如果由语词结合未成句或已成句,而又为其他语句里的某种成分,那末,这种语词的结合,无论是否表明了一个完全的概念,只是作为其他语句里单个的语词看待的,这种语词的结合,叫做“短语”或“子句”。短语的种类,也往往依它们在语句里的文法功用来分别,就是我们把几个语词结合起来,作为语句里的某种成分,同时又要看它在语句里充作那一种成分之用。例如下列几个语句里的短语:

“‘种花’是一件快乐的事”,是作主词用的。

“农夫只知道,‘种田’”,是作宾词用的。

"太繁琐的礼节是'作伪'",是作补足词用的。

"他'笑着'说话",是作加词(副词)用的。

"那个'来的'人是谁?"是作加词(形容词)用的。

这样依据它们在语句里的功用,可以把它们分为名词短语、形容词短语、副词短语等。短语和复合语词的分别,原来没有绝对的界限,例如上面所举的"种田""种花""笑着""来的"等等,也可以认为复合语词。不过复合语词不能随意的加以扩充,而短语却可以依着表现的显明和具体的程度,随意的加以扩充。例如"'种花'是一件快乐的事",可以扩充为下面的一句:

"在自己的一个小花园里,按着时令,种各种的鲜花",是一件很快乐的事。

因之一个短语里可以包含许多复合语词或且许多其他的短语,而通常所谓复合语词,大都只是包含着几个单纸语词的,这便是短语和复合语词的区别所在。至于短语和子句的分别;子句既然自身成为语句,至少必定包含主词和表词两种成分;短语是未曾完具这两种的主要成分的,所以本身是未成句的。子句也可以依据它们在其他语句里的文法功用,分为名词子句、形容词子句、副词子句等。例如下列的几个子句:

"君能制命"为义,"臣能承命"为信。(《左传》)

作主词用的,是名词子句。

孰谓"邹人之子知礼"乎?(《论语》)

作宾词用的，是名词子句。

“仲子所居”之室，“伯夷这所筑”与？抑亦“盗跖之所筑”与？（《孟子》）

作加词及补足词用的，是形容词子句。

是日“微樊哙奔入营，谁让项羽，沛公几殆”。（《史记》）

作假设的加用词的，是副词的子句。

“宋殇公之即位也”，公子冯出奔郑。（《左传》）

作记时的加词用的，是副词的子句。

“秦以不蚤定扶苏”，令赵高得以诈立胡亥，使自灭祀。（《史记》）

作因果的加词用的，是副词的子句。

从此看来，所谓短语和子句，也和单词一样。只是表明整个概念时所应用的一种成分，也可以说是由单词所表明的那个观念扩充而成，或更扩充而为一个其他概念所附属的概念。原来文字的功用，是为表达情意的，表达得具体和显明与否，就是要依据于概念分析得细密和精详与否。一个概念可以分析为许多概念或观念，就是一个单句，可以扩充为复句，内中得包含许多子句以及短语等。我们再进一步，一个总概念，也可以分析为许多概念，就是一个短短的题目，可以扩充为一段文辞，再可以扩充

为长篇或且整部的著作。我们阅读文书，也要从字句所表明的观念和概念以把捉一章一篇或全书的总概念。这里就要讨论篇章的问题了。

（《学生时代》1938年第7与第8期合刊、1939年第10期，本文第三、四部分佚失）

因文法问题谈到文言白话的分界

关于中国文法的问题，最近本刊的几期里发表了望道、东华、兆梓、光焘诸位先生互相讨论的文章，我读了之后，感到无限的愉快。中国过去文法家过于因袭西洋，以致普通流行的文法书上有很多削足适履的地方；我们应该依据中国语文“特殊”的性质和现象，重新来建立中国文法的体系。数年前，我读了兆梓先生的《国文法之研究》和刘半农先生的《中国文法通论》等书，就觉得他们的意见很合于我的心向。后来王力先生又寄给我《清华学报》的抽印本《中国文法学初探》一文；这次我又看到东华先生所提出的一种新体系，以及望道先生在本刊第 22 期《读后感》一文里所介绍的“革新派”当中其他诸位先生的学说，我更相信中国的文法现象有重新整理的必要。不过我现在只觉得“《马氏文通》派”的应该打倒，以上所说的诸位先生都应引为同调；因为忙于别的事情，又自省读过语言学的书太少，知道的中国语文现象也不多，我并没有什么积极的意见可以提供于诸位先生及读者之前。这次因为东华、望道两先生的殷勤敦促，不得不为本刊写出一点儿。

我觉得这几次诸位先生所发表的文章，当中包含的问题似乎太复杂一点，或许使读者不易寻出头绪。可否把我们所要讨论的一一地归纳为几个主要的问题，分做几次来共同讨论？各个问题当然有彼此互相牵涉的地方，不过我们把讨论的中心，每一次聚集

在一个问题上，这样，似乎较有获得结果的可能。我把这个意见向望道先生当面提出过，望道先生当时亦以为然；不知东华、兆梓、光焘诸先生以为如何?

我这次先来提出两个问题：

第一，研究中国文法应该注重中国语文上的那一种现象？这就关于中国语言的性质问题。

第二，文言和白话的文法体系，究竟可以合一与否？这就关于古代语和现代语的异同问题。

关于中国语言的性质，西洋的语言学家已经有很多的讨论。我以为中国语是否为单节语，这个问题在文法学上并不很重要；最重要的还是在综合语(synthetical language)和分析语(analytical language)的分别。中国语为分析语的代表，这是语言学界所公认的。例如英语的“I go.”“I went.”这两句表行动的时间观念，包含在“go”“went”这两个形式当中；而在中国语里，只是说“我去”，如果要表明时间观念，必得用副词附加语，例如说“我去过”“余曾往”，才知道是过去的时间。因此我们可以断定中国语上的文法现象，属于形态学(morphology)的关系比较少，属于措辞学(syntax)的关系比较多。某种意义或某种文义的关系，在综合语里用语词形态的转变表明出来的，在中国语里往往要用语词和语词的联接关系，才能表明出来(这里所谓形态，是指语词声音的形式，并非广义的形态)。我们研究中国的文法，自然要注重措辞学方面的现象，就是从中国语中语词和语词的联接关系上去建立范畴。形态学上的现象，可分为“变形”(inflection)和“派生”(derivation)两种(我从前曾经把这两个术语译做“变形作用”和“转化作用”)。变形是依文法范畴所规定的一个语词的几种形式，例如英语里的名词依数目的范畴有单数、多数二种形式(梵语里有单数、双数、多数三种)，英语里的代名词依位格的范畴有主位、宾位、领位三种形式

（德语里有四种，宾位又分为直接的间接的两种）等等。现代中国语里究竟有没有这种变形作用？因为所得的各种方言调查的材料不多，还未可绝对的断定；我们暂时姑且依照一般的说法，否定中国语为变形语。至于中国古代的语言，依高本汉的研究，在上古时代还留有变形语的遗迹。他依《论语》等书里"吾""我""尔""汝"等字的用法，测定中国原始语为变形语，在上古某种方言里尚有遗存着的。[①] 就在这一点看来，我们如果要讲中国的求知的"科学的文法"，便不得不假定古代和现代文法体系的不能合一。至于派生的作用，乃是语词形态的转变，并不依据于文法范畴的。副词、形容词下面加个的、地，即使把它们认为是接尾语，等于英语上的"tive""ly"，也只是派生作用上语词组织的成分罢了，况且有时可以省略不用。又如"桌子"的"子"，"指头"的"头"，与其说它们是标识名词的接尾语，不如说它们是为显明意义效用（大都为避免同音语词而增加的）的语尾词（particle），因为在意义很显明的时候，就用不着它们。例如说"放在桌子上"，也可以说"放在台桌上"；说"人有十个指头"，也可以说"人有十个手指"。这种语尾词的用法，正待研究。每个究竟有几种用法？我们要加以详密的调查，才能明白。例如："儿"字在国语里，除了副词下面常常应用的（例如"好好儿走"的"儿"）以外，据我所知，还有下列的几种用法：

一、微小之义："风儿""短裙儿"等；

二、具体名词抽象化："到头儿""外皮儿""压根儿""日儿"等；

三、动词名词化："锅贴儿""没救儿"等；

四、形容词名词化："今儿""拐曲儿""亮儿"等。

上面所举的例子当中，如"口儿"是指"任何开口的地方"，"亮

---

① 参看高氏《原始中国语为变形语说》*Le Proto-Chinois, langue flexionnelle*，载1920年《亚细亚杂志》；《东方杂志》第26卷第5期，有冯承钧译文。按高氏此说，曾为耶斯柏孙氏《言语，它的本质演变及起源》一书所采用。

儿”是指“亮光”;“没救儿”是指“没有救的可怜虫”等等。由“口”变成“口儿”,由“亮”变成“亮儿”,由“没救”变成“没救儿”等,都是派生作用。同样,由“桌”变成“桌子”,由“指”变成“指头”,虽然在意义上没有变化,我们也可说是派生作用上的一种形态转变。或者竟依由“桌”变成“台桌”,由“指”变成“手指”的例,把它们归入复合语词(compound words)的一类,也可以说得通。总之,我们如果能够尽量的破除这种方块字的障碍,采用“词类连书”的方法,那末,由语尾词所组成的派生语,都可以归入训诂学上和语源学上去研究,不必把它们在文法学上看做很重要的一种现象。因之我认为现在研究中国文法,不妨把形态学上的关系暂时撇开,而专心注重在措辞学上的关系,才可以达到“建立范畴”和“构成体系”的目的。措辞学上的表现方法,和中国语有关系的,第一种是“声音的节奏”(modulation)。音读的长短高低轻重,在意义的表现上是很重要的,不过,在文字上除了应用几种句读符号以外,简直没有办法可以表示出来,我们研究文法的只得置之不论。第二种是“相互的适应”(concord or congruence)。这是指语词的联属,在声音的形式上或习惯的观念上须互相适应的。中国语里最显明的例子,是名词和指示词或数目词联合应用的时候,各种名词各有适当的“数量词”(或称为“陪伴词”,名辞的对不对,暂时不管)以适应名词在习惯的观念上的区别,如有圆口之物,须说“一口井”之类,长形之物,须说“一条街”之类,堆积之物,须说“一座山”之类,管形之物,须说“一管笔”之类等等。这种数量词的应用,在各种方言里的习惯并不一致,有时也无理由可说,例如:“一座山”在江浙方言里是说“一块山”,和“一块墨”“一块铁”等同类;“一个学校”在上海方言里却是说“一只学堂”,居然和“一只狗”“一只猫”等同类了。这种现象正是我们研究文法时应当注意的,光焘先生在本刊第28期《体系与方法》一文里曾经提起过。不过我认为措辞学上的相互的

适应，在中国语里还是不很重要。最重要的是第三种“语词先后的序次”（word-order）。英国的文法书，多因袭于拉丁文典，而现代的英语，确有进入分析的趋势，语词在语句中的序次，已成重要的现象了。英语上，大概主语在述语之前，宾语在动词之后，补足语在述语之后，形容词附加语，如不甚长，总在名词之前，只有副词附加语，或在前，或在后，没有十分固定的，除了疑问语里要把主语和动词或助动词的序次颠倒，以及表示某种特殊的情感时偶尔颠乱的以外，总是依照这种序次的。中国语里，语词序次大致和英语里的相同，而较英语尤为固定，在措辞的表现上尤为重要。中国语里的疑问语，用了疑问的助词或代名词，或他种疑问的语式，便无需把序次颠倒了。东华先生在本刊发表的《新体系的提议》和《新体系的总原则》二文里说：“词类之分须视其在句中之职务而定”，“词不在句中便不能分类。”这是指示我们从词在句中的位置来定它的职务，从它的职务再来定它的意义或词类。这种方法在中国语文教学上很有用处，王念孙的《读书杂志》里把《左传》“今灭德立违”的“违”解作“奸回”，“恶之易也，如火之燎于原”的“易”解作“延易”，《庄子》“井蛙不可语于海者，拘于虚也”的“虚”解作“所居”的“虚”，《逸周书》“力争则力政，力政则无让”的“政”解作“征伐”的“征”之类，都是从字在句中的位置上来确定它的意义的。东华先生再把这种方法扩大起来，应用到全部国文教学上，必定有很好的成绩。又他所提出的新体系，着重在“析句”（analysis）的工作，也正符合于中国这种“列位语”（position language）的特性。例如“花红”和“红花”，“水流”和“流水”，它们的分别，就是在序次上看出来：述语在主语之后，形容词附加语在名词之前，所以认定它们，一个是属于“表述作用”（predication），一个是属于“限制作用”（modification）。我们研究中国文法的，正是要注重这种现象——语词在语句中的位置，语词联接上先后的序次。光焘先生在《体系

与方法》一文里曾经用“广义的形态”一辞来概括形态学上和措辞学上的现象，他说“凭形态而建立范畴，集范畴而构成体系”。我为求符合于中国语文的特性，想把光焘先生的话应用到中国文法学上，而说：“凭语序而建立范畴，集范畴而构成体系。”望道先生在本刊第 26 期《文法革新的一般问题》一文当中，曾经提起“普遍性和特殊性的关系”的问题；我以为要讲中国文法，当然要主张“国化的”，我们正因为反对“《马氏文通》派”的模仿文法而起来大家讨论；不然，何以有中外之分？我们用来研究的方法和根据的原理，尽管“普遍”，可是现象——研究的对象——不能不因“时”“地”而有“特殊”，不过所谓特殊，彼此间也有“大异小同”“大同小异”的各种程度罢了。光焘先生要凭广义的形态来研究文法，这是就普遍性的原理和方法而说，我要凭语序来研究中国的文法，便是要适合中国语文的特殊性的。可是同在中国语里，各种方言的语序，又彼此互有大同小异的地方。例如说：“你到那里去？”在南方方言里便常说：“你去那里？”（这个例子是林语堂在他的《语言学论丛》里举过的。）至于古代语和现代语，当然在语词序次上有很多重要的差别，我们看中国上古的文书里，句中的词序实比后代的语文里为自由。章炳麟《国语学草创序》里说：“上世国语亦有次第颠倒者，若云‘室于怒，市于色’‘野于饮食’。汉魏以来，涤除殆尽。”照我的推想，我们暂时假定高本汉“原始中国语为变形语说”的可信，那末，上古语序的比较自由，便是他这一说消极方面的证据了。从印欧语族的历史看来，愈具有综合语的性质的，语序愈不固定，反之，愈接近于分析语的性质的，语序也愈趋于固定。我们正不妨引用古拉丁语和现代英语的关系来比例中国古代语和现代语。我们要研究文法，第一步当然是为着满足求知欲。我们既然要想在现代各种方言当中从大同求其小异，那末，古代语和现代语的差别，当然是要为我们所极端注意的。这里就要讨论到第二个问题了。

关于古代语和现代语的异同，我们实在不能作一种很详密的比较。因为中国文字是一种表意文字，不是采取字母拼音的制度。古代语的种种现象，从这种文字上所能窥探的究竟有多少，我实在不敢下确切或满意的断语。我们对于中国古代语的认识，自然万万不及西洋人对于古希腊语、古拉丁语的那样深切明白。还有一层，中国字体的笔画繁多，书写困难，而古代书写的工具又那样笨拙；因之写作的时候，常常要力求简省，不但引起书体上的演变，并且造成一种简炼的文体。譬如一个语句，完全写出来，需要用十个字体的，往往只拣择了其中关于实质的意义的五六个或六七个，把它们写出来，虚字（包括助词、介词、连词等）可以省略不用的，自然在写作时常把它们省去；还有复合词、复音词等，只消写出一个字体就可以表明意义的，也便不把它们所应用的字统统写出来了。这种情形，我想在中国文书当中必定很多。因为写作的时候，只求利用这种汉字来表达意义，使读者能够了解就算了，正不必要和实际语言的现象完全符合。文言文所以比语体文要简炼，这实在是个大原因。我们通常以为文言是代表古代语言的，白话是代表现代语言的，其实文言究竟和古代实际的语言相合的程度如何？是否等于白话的代表现代语？还须加以细密的考究。即使退一步而言，我们承认文言和白话的关系，等于古代语和现代语的关系，那末，文言和白话的区别，只是在中国语言演进史上时代的划分而已。普通研究历史的，往往会觉得历史时代划分的困难，因为一切事物的演进，总是渐变，不是顿变，前一时代的事物和后一时代的事物并没有绝对的界限。中国语言的演进，当然也不在例外，古代语和现代语之间，并没有绝对的分界。文言和白话的区别，也自然很难加以严格的说明。

不过，文言文和白话文既然成立为两种文体，我也不妨依据它们的代表作品，而用语言学的眼光来分析比较它们的异同点，借以

审定两者间的文法体系可否合一。

一、就音读演变的关系上看来，文言和白话当中意义相同或相类的语词，它们所用来代表的字体，显然因音读上的变异而分别的。这是因为中国文字的应用，多取假借的方法，读音系统一有变化，所用的字体也随着变更。例如“尔”“汝”“若”“而”“乃”等字，在文言里作为第二人称的代名词用的，在白话里便用“你”字；《孟子》：“尔何曾比予于管仲？”在白话里便要说：“你怎么比我于管仲？”（“曾”字应依《方言》“曾，何也”的解释。）《史记》：“吾翁即若翁，必欲烹而翁，则幸分我一杯羹！”《汉书》作“必欲烹乃翁”，翻成白话，便是说：“我的老子就是你的老子，必定要烹杀你的老子，那末，……”我们如果懂得一点古代音读的情形（古音“娘”“日”二母归“泥”），便可以知道古书上“尔”“若”“而”“乃”等字的这种用法，为何会变成白话当中的“你”字。同样，《史记》：“若虽长大，好带刀剑，中情怯耳！”我们只消把这句改了二个字，“你虽长大，好带刀剑，中情怯呢！”便近于白话了。在文言里“耳”字这种用法，所以在白话里要写“呢”字，也正和“若”字这种用法在白话里要写“你”字的理由相同。又如《论语》：“莫我知也夫！”和《礼记》：“三年之丧，亦已久已夫！”的“夫”字，在白话里要写作“罢”或“吧”；唐人诗句“画眉深浅入时无？”和“能饮一杯无？”的“无”字，在白话里要写作“吗”；懂得了古今音读演变的情形（古音轻重唇不分），也自然知道这种分别的理由。光焘先生在《体系与方法》一文里说：“‘去’字、‘往’字上面，在文言里，都可加‘未’字，但在白话里却不说‘未去’。”就以为这个“未”字，正是白话里的“没有”或“没”。在白话里不能说“未去”，而可说“没去”或“没有去”（“没有”疑是“未”字的复音化）。这些都是音读演变的关系，并不关于文法上的差异。我们认定文言里所应用的字体，是代表古代的音读系统的，白话里所应用的，是符合于现代的音读系统的，音读只是语言的外表，所应用

的字体虽异，而实际的语词仍相同；正象现代的各种方言，因音读系统的歧异，各个语词用文字代表出来，就不能不有分别了。所以我们依据这种音读演变的关系来区别文言和白话，只是外表的，并不关于文法体系的差异。

二、就词义演变的关系上看来，往往同一语词，而在文言和白话里意义各别，因之它的用法也各不相同。这是无关于音读方面的现象，而只是词义本身的变异。我这里就举“去”和“往”两个字来作例子。“去”字在古书当中，最重要的用法如下：

“扫除”的意义，例如，《吕氏春秋》：“去其帝王之色。”《汉书·董仲舒传》：“扫除其迹而悉去之。”

“遗去”的意义，例如，《国策》：“处女相与语，欲去之。”

“杀灭”的意义，例如，《孟子》：“则去之否乎？”

“离弃”的意义，例如，《国策》：“今三国之兵且去楚。”《吕氏春秋》：“昼夜随之而弗能去。”（依丁声树先生的研究，“弗”系“不……之”的省文。）

“避去”的意义，例如，《左传》：“武子去所。”

大多数是作外动词用的。“来去”的“去”，大概是后来才应用的。至于“上来”“下去”，表示动作方向的，更是后来发生的意义了。“往”字在古书上大都作内动词用的，《诗经·小明》笺疏：“往者，从此适彼之辞。”所以常和“来”字对言，如“熙攘往来”“憧憧往来”等语；又如：《论语》“不保其往也”，《左传》“取而臣以往”，《礼记》“大夫有所往”等语里的“往”字，便有现代语里的“去”或“到那里去”的意思。此外又有下列比较重要的用法：

“往后”的意义，例如，《论语》：“禘自既灌而往者。”

“过去”的意义，例如，《荀子》：“不慕往。”《公羊传注疏》：“凡人谓方至为来，已过为往。”“死了的”也可以称“往”，例如《左传》：“送往事居。”

"行去"的意义，例如，《国语》："吾言既往矣。"《吕氏春秋》："愿因请公往矣。"

"亡去"的意义，例如，《管子》："无以畜之，则往而不可止也。"

这些意义，到了现代国语里，大都不用了。只有表示方向的意义，才用到的，如"往前""往后""往那里去"的"往"。所谓"来往"已经成为复合语词了。所以文言里的"往"，有时等于白话里的"去"；而古书里的"去"，和现在白话里所用的，意义绝不相同。这种词义的转变，正象现代的各种方言里，因习惯的分歧，致同一语词在意义上发生错综的现象。所以我们依据这种词义演变的关系来区别文言和白话，只能就某个语词在实际的应用而言，并不关于文法体系的差异。

三、就语词组织变异的关系上看来，在文言当中用单词的，在白话当中常改用复词。有并行的复合语词（其中有分为同义的复合语词，如夜晚、方法、信仰、坚固、倘若等；重叠的复合语词，如哥哥、妹妹、常常、缓缓、看看等；对待的复合语词，如父子、呼吸、兄弟、多少、来往等诸类）；相属的复合语词（其中可分为名词和名词相属的复合词，如母鸡、书架、酒缸等，形容词和名词相属的复合词，如红花、绿豆、小孩等；数词或指示词和量词相属的复合词，这个、一件、一只等；动词和名词相属的复合词，如起货、扫地、照常等；动词和动词相属的复合词，如催眠、叫卖等；加语尾词的复合词，如桌子、你们、对了、外头等诸类）；由复合词和其他单词所构成的相属复合语词（如机器匠、委任状、救生船、抵押品、水鸭子、手指头等）；复合词互相结合的相属复合语词（如由"股票"和"东家"结合成为"股东"，由"看察"和"中意"结合成为"看中"等）各类。因为在白话里须应用复合语词，如古书上的"以众逆女"的"众"，"以小事大"的"小"和"大"，"道路以目"的"目"，"大天而思之"的"大"之类，到了语体文当中，必须要加以变更。复合语词的组织，使单词

变为复词，在音读方面，就是把单音变为复音，再在这复音上加以轻重音的变化（如“红花”两字，重读“花”，就是红的花，重读“红”，便是一种药名；“流水”两字，重读“水”，就是流的水，重读“流”，便是一种账簿），可以避免同音语词的混淆；在意义方面，不啻于单词上加一注解的词语或表白的成分，又可以解除歧义字的困难。例如同一“道”字，有“道路”的“道”，“道理”的“道”、“道德”的“道”等；同一“经”字，有“经线”的“经”、“经营”的“经”、“经用”的“经”、“经书”的“经”、“经过”的“经”等，只用单词，很容易引起淆惑，改用了复词，便把某种意义显示出来了。高本汉以为由古代语演进到了近代语，因为音读系统的简单化，使同音语词大大的增加，为了避免同音语词的混淆，遂不得不把语词组织加以变更，可是在书写的文言当中，表意文字仍可资以分别，不必加以变更（即不必应用复合语词），因此就造成言文分离的现象了（参看拙译《中国语与中国文》）。我当初很相信他的说法，后来觉得高氏的话也不尽然。古书上也有很多用复合语词的，例如《左传》吕相绝秦的一段当中：“申之以盟誓，重之以婚姻。”“躬擐甲胄，跋履山川，逾越险阻。”“殄灭我费滑，散离我兄弟，挠乱我同盟，倾覆我国家。”“阙翦我公室，倾覆我社稷，荡摇我边疆。”“芟夷我农功，虔刘我边陲。”又如《孟子》：“麒麟之于走兽，凤凰之于飞鸟，泰山之于丘垤，河海之于行潦。”我想这些辞句里的复词，并不一定为修辞上整齐句法及加重语气才应用的，也许当时实际言语原是如此。我再举出一个显明的例子。文言当中说“一人”，白话当中要说“一个人”，这似乎是文言白话的区别，实在古书上用到“一个”的，也不少，姑且把我尚未发表的《方言考释》里的一段抄出来：

《说文》：介，画也，从八从人，人各有画。介有分画与间隔之义，又有独特之义，因而为个别之称。古无个字，个即介

字。《书·泰誓》:“如有一介臣。”《大学》引作“若有一个臣”。《礼·檀弓》:“国君七个,大夫五个。”《北堂书钞》中部上引作“国君七介,大夫五介。”又《左·襄八年传》:“亦不使一介行李。”《吴语》:“一介嫡男。”与《左·襄八年传》:“亦不使一个告于寡君。”《昭二十八年传》:“亦不使一个辱在寡人。”文义并同,是一介即一个也。今通语以箇或个为之。

我们因此可以知道应用复合语词与否,并不足以为文言白话的分界,在实际语言当中,并非仅因音读系统的简单化,为了避免同音的语词,才把单词改成复词的。我的假设,古代语里,实际上应用复词的和现代语里相差不远,不过为着书写上的种种繁难,不得不另有一种简炼的文体,遂造成后来专供“眼看”,不供“耳领”的文言文。就事实上观察,我这一说或许要比高氏所论较为正确。但是,无论如何,语词组织上的单复,对于我们区分文言、白话的文法体系,并无何等重大的关系。我们只有从语词联接的先后序次上来寻取文言白话的分界。

四、就语句组织变异的关系上看来,显然文言当中的语词序次和白话当中的有很多区别。例如否定句里要把宾语放在述语之前,在古书当中已成常例,在白话里绝无此例。又如白话当中下列的四句:

你得去。
你不得去。
你去得。
你去不得。

前二句是“必定”与否的分别,后二句是“可以”与否的分别。

又如：

我做到。
我不做到。
我做不到。

后来二个否定句，一是“做不做”的问题，一是“能做不能做”的问题。照我所见，在文言当中并没有用此种序次的关系来分别它们的。光焘先生所谓：“‘去’字底下可接‘过’字，而‘往’字底下却不能接‘过’字。”这正是文言白话分界的所在。我以为我们应当从这方面的现象——语词联接先后的序次——来区分文言和白话，来分别建立中国各“时”各“地”语言的文法范畴。

我的话说得太多了，怕占据本刊篇幅过多，只得就此结束。我这种意见——凭语序来建立范畴，以适合中国语的特性——不知望道、东华、兆梓、光焘诸先生和读者们以为然否？

（《语文周刊》第30、31、32期，
1939年2月6日、13日、20日出版）

向哪儿去开辟中国文法学的园地

——敬答光焘先生

这次关于中国文法的讨论，我最初本来不愿参加，终因受了东华、望道两先生的督促，就在本刊过去三期里发表了一篇《因文法问题谈到文言白话的分界》。我为大家讨论的简单化起见，在这篇里提出了两个问题，希望暂时作为讨论的中心，不料光焘先生在本刊过去一期里回答我一篇，以为我所说的话，反而把问题复杂化了。其实细细把光焘先生对我提出的疑难之点审查一下，他那一篇依然还是离不了那个中心问题："研究中国文法，应该注重中国语文上的哪一种现象?"

光焘先生说："文法学假如专以研究这六种成分的排列的次序为惟一目的，那末文法的园地，恐怕要日就荒芜，将会变成不毛之地呢!"光焘先生主张"凭形态而建立范畴"，又想把隶属于 syntax 部门里的句子构造论抽出来建立一个"句子论"。句子论，依光焘先生所说，是不属于文法学的范围的，同时他又把我所说的"语序"，也竟然推入这个句子论的陷阱当中，使你不得出头，何从来开辟文法园地？这好象是对我说："你所说的语序，是属于我所说的句子论，我所说的句子论，是要划出文法学的范围之外的，那末，你所说的语序，当然不属于我所划定的文法学的范围。"

可是光焘先生前面又说："我以为语序不过是一种形态，单凭

‘语序’这种形态来研究中国文法，实在是不够的。”我竟不明了光焘先生所谓语序和我所说的语序有何异同。现在再把我所主张“凭语序来建立中国的文法体系”，举个例子申说一下。我们可以说“打倒”“不打倒”“打不倒”；也可以说“拥护”“不拥护”，却不能说“拥不护”；因此而分别“倒”和“护”的词性，或者分别“打倒”和“拥护”两个语词的形态。光焘先生如果以为用这样方法来研究中国文法是不够的，那末，我们便要反问一句：要用什么方法才够？换句话说，我们应该向那儿去开辟中国文法学的园地？研究中国文法究竟应该不应该注重“语序”？

学术上的术语，大都为便利说明而应用的，没有绝对的境界线。光焘先生说：“西洋文法家根据传统，把文法分为 morphology 和 syntax 两大部门，虽然不很合理，却也有实际的效用。”真可谓一语破的！我最赞成这句话，因为我认定其他学术上的术语，大都是同样的“虽然不很合理，却也有实际的效用!”说中国语是单节语，是分析语，是“没有词尾的”，这是语言学界一般的说法（参看拙译《中国语与中国文》第二章）。我们现在的问题，就是曾否发现了中国语的实际现象，足以打破这种一般的说法？我们现在即使承认“子”“头”是一种词尾，是否因此就可以否认中国语为单节语？恐怕还有讨论的余地吧！我以为说中国语是单节语，是分析语，是没有词尾的，本来是由程度比较上而肯定，并非绝对的。这样，“却也有实际的效用”，就是使得我们研究中国文法的，晓得了应该注重中国语文上哪一种现象。

关于 morphology 和 syntax 的区分，原来是不很合理的，因为单词里形态转变的形式的成分，单词里的接头语、接尾语等，复合语词里的单词，成语里的单词，以及语词和语词的联接，也是程度上等级的差别，彼此间并没有绝对的界线。至于光焘先生所说：“我们若论动词与他词的联接关系，就不得不涉及动词变化的各种

形式。”我不知道中国语文上有没有某种实际的现象可以供这个理论的例子？如果没有，那末，对我们现在讨论中国文法的，便没有多大实际的效用。我所以引用 morphology 和 syntax 的区分，就是因为有点实际的效用，可以使我们知道研究中国文法应该注重中国语文上的哪一种现象。

光焘先生说过，建立文法体系应该以民众的“共同意识”为基础(本刊第 28 期《体系与方法》)。文法范畴就是从民众的意识上看出来，例如英语里的名词，有单数、多数两种形式，我们因此知道英语民众的共同意识里对于名词有两种数目的范畴。在意识上由范畴而规定语词形式，可是研究文法的人，却是由语词形式来看出意识上的范畴；因之我所说“语词形式为文法范畴所规定”，和光焘先生所说“凭形态而建立范畴”，毫无冲突。但是说英语的名词，依据数目的范畴，有单数、多数二种形式，这句话也不是绝对的合理的，因为还有少数的名词，如 deer、sheep 等是例外的。我们不能因这少数的例外而否认英语里名词的数目范畴，正像我们不能因少数“头”“子”等的语尾词和少数的复音语词而否认中国语为单节语的一样。

派生语的词尾和复合语里的单词，我在上面说过，本来没有绝对的境界线；至于我把“桌子”“指头”等，没有完全断定它们是属于派生语，或是属于复合语，这是因为我现在还没有把“子”“头”的性质研究明白，究竟“谈头”“看头”等的“头”和“手指头”“脚趾头”的“头”，两者间是否性质相同，是否属于同一种用法？前者加上“头”，词性或意义上有变化；后者便没有变化，省略了不用，也无关意义上的区别。例如说“有什么听头？”似乎等于“有什么好听”；而说“弄什么花头？”便是等于“弄什么花样？”关于这种问题，总离不了训诂学上语源学上的研究吧！西洋各国语上所谓词尾，照例是不能省去不用的。“皮袍子”“大汉子”等的“子”，实在可以省去不

用;省不省,于意义上毫无分别,因此我现在不能断定它是词尾。我们把“皮袍子”改说“皮袍”,即使认为是语词形态的转变,于文法上有何关系?我为求讨论的简单化起见,主张把这些问题暂时撇开,暂时把“子”“头”等所由组成的——不论认它们是复合语,或派生语——认为整个的语词,先从它们和别的语词“联接关系”上去研究,再来确定“子”“头”等的性质。所以我的结论是“从语词联接先后的序次来建立中国各时各地语言的文法范畴”。如果光焘先生不以为然,尽管提出中国语文上较语序尤为重要的现象,“子”“头”等确为词尾的证据,确较语序尤须注意的理由,我自然要虚心的接受,或且要推翻我自己原来的主张。但是这样的讨论,我始终认为离不了那个中心问题:“研究中国文法,应该注重中国语文上的哪一种现象?”讨论的问题也并没有因此复杂化。

高邮王氏父子的著作,光焘先生说是注释或释义的绝好范例(我在过去三期里所发表的那一篇文章里,单举一种《读书杂志》,这是我的失检之处)。释义实在离不了“词例”的考校。一个疑义语词的发生,必定要在上下文的关系上通不通得过去的情景之下。因为中国文字的应用,“引申”“假借”的范围太广,单是一个字,实在无从解释。例如举一个“政”字,决不会就想到它是“征伐”之“征”,单举一个“虚”字,决不会就想到它是“丘墟”之“墟”;必定要在“力争”和“力政”,“语于海”和“拘于虚”这种“词例”相互校量之后,才可假定,而引用到别的音韵上训诂上的证据。“文法学者”的定义究竟怎样?我们这里姑且不谈,不过定要说王念孙不会想到“字在句中的位置”,在他脑子里,不会有语序观念,这倒未免太看轻他了。《文心雕龙·章句篇》里说:“置言有位,……位言曰句。”字在句中的位置(“言”就是指“字”)早就为中国一般文人所重视了。因此,我们也可以想见中国语文上最引人注意的是哪一种现象了。

对于中国文法的研究，我以为我们目前的工作，最重要的不在消极的破坏，而在积极的建设；如果我们建立了一个新体系，较“《马氏文通》派”为进步的，适合于中国语文的特性的，则“《马氏文通》派”不打倒而自打倒。而要从事建设的工作，必定要先认清中国语文的特性，以决定我们所取的途径。光焘先生主张“凭形态而建立范畴”，而对我们研究中国文法的要注重哪一种形态，在光焘先生过去所发表的几篇文章里似乎没有明白的说，这是我不感满意的地方。光焘先生如果决定把我的主张“凭语序而建立中国文法范畴”，认为不对，我们便要向光焘先生请教：

“究竟向哪儿去开辟中国文法学的园地?”

万一光焘先生以为中国语文的特性现在还未能认识清楚，那末，我们又须得先从考查中国语文的实际现象入手，所谓“临渊羡鱼，不如退而结网之为愈也”。

（《语文周刊》第33期，1939年2月27日出版）

研究中国文字的方法

一、中国文字的特性

要研究中国的文字，须先知道这种文字所具有的特性，中国文字和其他各国的文字比较起来，有怎样的异同？它在世界文字的区分上应该属于那一类？审察了它所具有的特性，才能规定研究它的方法。原来文字的成立，必定包含着三种要素，就是书写出来的形体、诵读起来的声音，和心理当中的观念；世界上无论那一种文字，凡是成为一个字体的，必定是可以写、可以读，同时也可以想的，这就是文字的形、音、义三种要素。这三种要素，如果缺了一种，就不能成为字体。因为文字的所以发生，原来用以代表语言；文字上的各个字体，就是代表语言上的各个语词。文字和语言，都是人类社会上传达的工具，所以在内容方面必定包含有意义。语言是用声音来代表意义的，而文字又是用书写上的形体来代表语言上的语词的；所以每一个字体，除了内容上所包含的意义之外，必定有书写的形体和由语言所赋予它的音读，文字和非文字的区别，就是在这形、音、义三种要素的完具与否。不过这三种要素彼此间有怎样的相互关系？怎样用形体来表示语言，来传达意义？又要看某种文字的性质而异。世界上各国的文字，依它们的性质，大致可以分做下列的三类：

（一）图画文字，如埃及、巴比伦、墨西哥、克利地等处的古代

文字，中国古器物上的字体也很多属于此类；

（二）表意文字，中国现行文字，所谓汉字，就是属于此类；

（三）标音文字，如古时的梵文、希腊文、拉丁文以及现今欧美各国的文字，又日本假名，中国注音符号等，凡是采用字母拼音制度的，都可以归入此类。

上列的三类文字当中，图画文字是代表人类文明初期的产品，也是世界文字演进史上必经的阶段。因为中国现行的文字和其他各国的拼音字母，要溯它们的远祖，都是源出于绘画或类似绘画的符号的。初期的象形文字，就是直接从绘画当中脱胎而来，以形体显示意义的，我们也可以从字形的结构上得到传达的效用，不必再认识它所代表的何种语言。可是由图画文字演进到了标音文字的阶段，就完全借用图形作为音读的符号了；我们从这种符号的拼音形式上认识了它所代表的语言，因而获得意义的传达作用。图画文字和标音文字两者的性质，可以说正是处于两个极端：前者是用字形来直接显示意义的；后者却是用字形来代表音读，再从语言上间接得到意义。我们对于图画文字的研究，自然要偏重于形体的结构；对于标音文字的研究，当然要注重字音的读法和各个语词的形式。至于表意文字的性质以及研究的方法，就不象图画文字和标音文字那样简单了。它也是从图画文字的阶段中演化而来的，所以一部分的字体原来也是用字形来直接显示意义；可是同时又具有标音文字的趋向，所以又依据实际的语言，常利用字体来表明音读。因此，我们可以知道表意文字的性质，最为复杂，一方面，它固然脱离了图画文字的范围，但是在形体上仍有一部分直接显示意义的效用；另一方面，它虽然未曾进到标音文字的阶段，可是在字体的构造和应用上，也常和语言上的音读系统发生密切的关系。我们对于表意文字的研究，自然也不能偏重于形体方面或音读方面，而要形、音、义三种要素并重。中国文字正属于表意文字

的一类；中国文字学上有“六书”的条例，属于“指事”“象形”“会意”诸例的，便是用形体来显示意义的，我们要从形义方面来研究；属于“形声”“转注”“假借”诸例的，便有标音文字的趋向，我们又要从音义方面来研究。而六书的条例，彼此间又并非各自独立的，有很多相互的关系，所以对于中国文字的研究，必须要形、音、义三方面并重。

二、形音义三方面的现象

因为对于中国文字的研究，形、音、义三方面都不可偏废，所以向来为着研究的便利起见，往往把中国文字学区分为下列的三个部门：

（一）“体势”与“偏旁”之学，就是专门研究字形的构造和流变的。中国的字形，依据构造的方法来说，可分为单体的和合体的两种：单体的叫做“文”，合体的叫做“字”。许慎《说文解字自叙》里说：“依类象形谓之文，形声相益谓之字。”又说：“文者，物象之本，字者，言孳乳而寖多也。”例如“日”“月”“上”“下”等，属于象形、指事二例的，都是单独的字体，不能再加以分析，因为整个字体的本身或为单纯的图画，或为意义的符号，只是一种事物的形象。又如“江”“河”“武”“信”等，属于形声、会意二例的，都是由二个或几个单体字会合组成的，可以分析为二个或几个偏旁。偏旁就是合体字组织的成分；这种组织的基本的成分，就是那不可分析的“文”。文和文互相会合，就产生出许许多多的“字”。合体字当中的偏旁，又可以分为“形旁”和“声旁”二种：形旁就是在它的合体字当中有表明意义的作用的，声旁就是在它的合体字当中有表明音读的作用的。属于会意一例的，便是形旁和形旁相加的合体字，例如“止戈为武”“人言为信”。属于形声一例的，便是形旁和声旁相加的合体字，例如“江，从水，工声”“河，从水，可声”。中国的字体，除了几

百个单体字以外，都是由这种“形声相益”的方法——形旁和形旁相益或形旁和声旁相益——构造成功的。因之研究字形的构造的，可以称为偏旁之学。文字既然源出于绘画或类似绘画的符号，所以某种文字，它的时代愈古，愈接近于图画，也愈没有固定的形体。许叙所谓“五帝三王之世，改易殊体”，正是事实上的趋势使然，并非故意的标奇立异，不知道经过了多少次的整理和统一，才渐渐形成比较固定的结构。同时又因为书写工具的更替，人事的日趋简易，以及书法艺术上的弄巧和创作，更有种种书体的发生；从“古文”而发生“篆”“隶”“正”“草”等等，也是因乎时代的趋势和事实的需要的。研究这种书体的流变的，可以称为体势之学。

（二）“音韵”之学，就是专门研究字音的组织和转变的。中国的字音，依据于中国语的“单音缀的”和“孤立的”两种特性，也演成为“一字一音制”，和一种特别单纯的组织。从前研究音韵的，往往把字音的组织分为“发声”和“收韵”两部分，字音的起首部分叫做“声”，收尾部分叫做“韵”；因之字音方面的研究，也称为声韵学。把各个字音的组织，加以比较的研究，其中起首部分彼此相同的，叫做“双声”，收尾部分彼此相同的，叫做“叠韵”；中国往时的反切、韵书、字母、等韵表以及现今的注音符号等的制作，都是根据于双声、叠韵的原理的。各个字音的组织，也正和字形方面的现象一样，并不是固定的，而是因乎时势转变的；各个时代里有各种方言的读音系统，彼此当然有很多的异同。因此我们研究字音，不能不注意它的转变的现象，而在文字上表明出来的音读，又大都属于周汉时代的古音系统，我们尤其要知道古今音变的种种条例，方才能够明了文字结构上表音的效用，以及其他音读方面的关系。所谓古今音变的条例，也是过去的音韵学家从文字和别种事实上归纳得来，用以说明音变的现象的：例如，我们知道了“古音东、江二韵不分”，才明了“江”字所以“从工声”；知道了“古音麻韵一部分的字

归入鱼、模”，才明了“孤”字所以“从瓜声”，“华”字所以“从于声”；知道了“古音轻重唇不分”，才明了“朋”“凤”二字所以原为“重文”，“悲”字所以“从非声”，以及“匪”字也可以作“彼”字用的理由（如《诗经》里的“匪风发兮”就是“彼风发兮”，“匪直也人”就是“彼直也人”等例）。所以我们对于字音方面，应该研究它的组织和转变的现象。

（三）“训诂”之学，就是研究字义的种类和演化的。训诂两字，原来是释明字义的意思，张揖《杂字说》谓：“诂者，古今之异言也；训者，谓字有意义也。”（《尔雅·释诂》释文引）又《诗·周南·关雎诂训传疏》：“诂者，古也。古今异言，通之使人知也。训者，道也，道物之貌以告人也。”诂是通诂，训是训释，都是为着释明字义而起；要释明字义，必须先知道字义的种类和演变的现象，所以训诂之学，就是关于字义方面的研究。字义的种类，可以依照各字的用法和内容上所包含的观念来分别。中国向来有“虚字”和“实字”的分别，而虚字和实字的界限，各家所分，并不一致，大抵一种说法，以名词、代名词为实字，而以动词、状词、副词、介词、联词、助词、叹词等都归入虚字当中；另一种说法又以名词、代名词、动词、状词、副词为实字，而以介词、联词、助词、叹词为虚字：这两种说法，似乎以后一种比较的妥当。我们如果纯粹依照各字所表明的观念来区别，可以分做下列的四类：1. 表明实体的，叫做“实体语词”，如名词、代名词之类；2. 表明性质和状态的，叫做“性状语词”，如状词、副词之类；3. 表明动作的，叫做“动作语词”，如动词之类；4. 表明关系的，叫做“关系语词”，如介词、联词、助词之类。除此四类以外，如叹词及一部分的助词，又是为传达情感之用，在意义上更是没有实质性了。上面所列的四类当中，第一类最为具体，第四类最为抽象；又第一类的实体语词，第二类的性状语词和第三类的动作语词，大抵和佛书上所分的“实”“德”“业”三类也很相近。例

如“人者，仁也”，“马者，武也”，“火者，毁也”，“金者，禁也”。这些句里“人”“马”“火”“金”都是实体语词，就是所谓“表实之名”；“仁”“武”是性状语词，就是所谓“表德之名”；“毁”“禁”是动作语词，就是所谓“表业之名”。至于第四类，就是所谓虚字，一般认为是没有实质的意义的。各字所属意义的种类，和它所包含的观念，也正和形、音两方面的现象一样，并不是固定的，而是有演变分化的。因为字义的演变分化，就使得一个字体不限定只表明一个观念，一个字体也可以用来代表几个各异的语词，因之中国文字之应用，产生了同字异义和同义异字的现象。根据某一个字体来说，就有它的“本义”和“别义”的分别；根据某一种意义来说，就有“本字”和“别字”的分别。所谓本义，就是那个字体原来造出来的时候所表明的某个观念，一到那个字体移转到别个观念上去，或是代表了另外一个语词，就发生了它的别义了。所谓本字，就是那种意义原来所属的某个字体，一到那种意义用另一个本非同义的字体来代表，就成为它的别字了。所谓别字，也可以说就是“假借字”，借用某一个字体来代表另一个音读相同的语词，于是这个字体对于那个语词成为它的假借字了。例如“令”字，原来是“发号施令”的意思，却又因为和“良”字的音读相近，就可用来表明“良善”的意思，如说“令色”“令德”之类，就成为“良”的假借字了。“令”字的本义是“发号施令”，原是一个动词，所谓表业之名，又可作为“良”字用：“良善”便是它的别义，变为一个状词，所谓表德之名了。又所谓别义，却可分为两种：一种是“假借义”，因同音语词的借用字体而起，例如“令”字可作“良善”的意义用。一种是“引申义”，更由意义本身的联想作用而起，例如“令”字，由“发号施令”的意思，联想到了“一道命令”的“令”，更联想到了“发号施令者”的“县令”，于是动词又可以作名词用了，就是表业之名又可以作为表实之名了。一个字体原来只有它的一种本义，而所以演化出几种别义，不外“假借”和

“引申”两途(据吴稚晖《说文诂林补遗叙》;“引申”就是六书当中的“转注”一例)。而训诂的所以发生,也正是因为字义方面的这种演变分化的现象。

三、形音义综合的研究

上面所说的体势和偏旁之学、音韵之学、训诂之学这三个部门,是把文字上形、音、义三方面的现象分析开来研究的。实际上只是为着探讨的便利起见,才这样分析开来,而各部门彼此间仍有密切的关系;讲到形体,就牵连到音义;讲到音义,当然也不能离弃形体。王筠《说文释例自叙》说:

> 夫文字之奥,无过形、音、义三端,而古人之造字也,正名百物,以义为本,而音从之,于是乎有形。后人之识字也,由形以求其音,由音以考其义,而文字之说备。

又段玉裁《说文解字叙注》说:

> 许君以为音生于义,义箸于形,圣人之造字,有义以有音,有音以有形;学者之识字,必审形以知音,审音以知义。

这些话就是指示我们研究中国文字,须要把形、音、义三方面的现象综合起来,才可称为完全的文字学。文字原来所以代表语言,书写上的形体就是代表语言上的语词,而语词又是以声音来代表意义的;所以关于文字上音、义两方面的研究,就是研究语言上语词的形式和内容。而音和义在文字上又是靠着形体表示出来的。我们从上文所说中国这种表意文字的性质,就可以知道中国文字的形体,并非纯粹用来表明语词的音读,也不是完全用来直接

显示内容的意义；而是一部分表明音读，一部分又有直接显示意义的效用。因之中国文字上形、音、义三者间的关系，是比较复杂的；我们研究起来，一方面是从形体上窥探各字的本义，另一方面又是从形体上考明各字的古音，再从音读上推究各字意义演化的由来。我们对于图画文字的研究，只是从字形上窥探意义，至于各字的音读，须待明了这种文字所代表的语言之后，才能知道；所以研究图画文字的程序，正如下式：

形→义（音）

我们对于标音文字的研究，又只是从字形上知道各个语词的音读，至于内容的意义，须待认识它所属的语言之后，才能了解；所以研究标音文字的程序，又如下式：

形→音（义）

中国现行文字既然不是图画文字，又不是标音文字，在研究的程序上，自然不能象它们那样简单。中国现行文字所以隶归于表意文字的一类，因为一部分的字体是从图画文字的阶段当中蜕变而来，另一部分，却同时又具有演进到标音文字的趋向：固然形体和音读，意义方面都有种种的转变，字形上已经失去了图画文字的原形，而且表明音读的效用也不很显明了，但是各个字体总是习惯上各种观念的代表，始终不失它的表意作用。因之研究中国文字，须得如下式：

所谓完全的中国文字学，不是把形、音、义三方面的现象分析开来研究的，而是从偏旁和体势之学、音韵之学、训诂之学三者当中探讨得来的结果，再加以综合的研究。除了研究的程序问题以

外，还有一个对象的问题，对于中国文字，依研究的对象，可以分做单字的研究和一般的研究，但是无论属于那一种研究，总须形、音、义三方面并重，总须把这三方面的现象加以综合的研究。

四、单字的研究和一般的研究

单字的研究，就是以某一个字体作为研究的对象。我们对于一个字体的认识，要知道它的写法、读法，而最重要的，要知道它的用法。一个字体的用法，不限定只是一种，除了它的本义之外，又或有引申义、假借义等。通常所谓识字，以及一般流俗的字典所告诉我们的，也只是通常的写法、读法和几种用法；并没有对于某个字体的意义当中什么是它的本义，什么是它的引申义、假借义，再加以细细的考较和判别。我们研究各个字体，却是以这种考较和判别为主要的职务；我们要应用六书的条例，并且要探究形体、音韵两方面演变的现象，主要的宗旨也是在考较和判别各字的本义、引申义、假借义。我们从字形构造上的分析——就是关于六书当中的象形、指事、会意、形声四例——和原始字形的探究——就是关于甲骨、金石古文等等的探讨——以考明各个字体最初所表明的本义。又从形声字偏旁的关系和文字上以及文学上的其他佐证，以窥测各字在古音里所属的部类；更从转注、假借二例以及古音的部类上，观察各字意义演变和分化的由来。这样，把各字形、音、义三方面综合的研究，才能了解各个字体怎样的演成，怎样的用来代表各个语词。也惟其是这样，才能超出通常所谓识字的范围，而得到学术的研究的结果。不仅是知其然，而且明了其所以然。单字的研究，主要的职务和宗旨，可以说就是在考明各字的本义。江沅《说文解字注后叙》说：

段先生（玉裁）作《说文解字注》。……许书之要，在明文

> 字之本义而已，先生发明许书之要，在善推许书每字之本义而已矣。经史百家，字多假借；许书以说解名，不得不专言本义者也。本义明而后余义明，引申之义亦明，假借之义亦明。

而考明各字本义的方法，也只是形、音、义三方面综合的研究，所谓形、音、义三者互相求。本义就是原始制作的本义；我们要考明各字的这种原始制作的本义，也只有从形体方面来作“字原”的研究，从音韵方面来作“语原”的研究，字原和语原交互的证明，自然能够确定它的原意。所谓字原的研究，就是由现代的写法追溯到篆文，再追溯到金石、甲骨古文上的结构，这样循流溯源，以窥见各字形体演变的迹象，便可以从原始的结构上推测造字的本意。所谓语原的研究，就是由现代各字的读法，依据历史的音韵学，测定古代各个语词的音读形式，再依它们“音同义通”的关系，用比较分类的方法，求出它们的“语根”，知道了某个字体在音义上的关系，再从原始形体的结构上得到显示，自然可以决定它的本义。因为语词是以声音来代表意义的，在声音和意义之间，常有一种语言习惯上的联想关系，因之声音相同或相近的语词，往往包含着某种相类或相关的观念，这就是我们研究文字时，音和义两方面可得互相证明的理由。例如“王”字，在金石、甲骨古文上是“从火”的，取义于“火光”，并非如许氏《说文》所谓“一贯三为王，三者，天地人也，而参通之者，王也”（《说文》所录的古文，下面一画弯上，也不是“一贯三”的形体）。所以我们研究字原，须从许氏《说文》以上推甲骨金石的古文，才能窥见各字的原形。“王”字取义于火光，所以有“旺盛”的意思，由“旺盛”引申为“盛大”，又由“盛大”的意思引申为“君主”的称号，更由“王”字和“光”“晃”“煌”“旺”等字在音义上的关系，便可以知道这些语词在语原上同出于一个语根，更可因以断定“王”字原来是取义于火光的。由“火光”的本义，演化为“旺盛”

“盛大”“君主”的引申义，我们也就知道了它意义演化的由来，这就是所谓“本义明而余义明”了。这样看来，单字的研究，要从形体方面考明本义，又从音韵方面认识这个字体所代表的语词，更推究音、义两方面的关系。音和义互相证，形和义互相证，同时考明古音也须从形体的分析入手；这样把形、音、义打成一片，才可称为完全的文字学，也就是所谓综合的研究。

至于一般的研究，就是以关于中国文字上一般的问题为对象。换句话说，一般的研究，不是研究某一个字体，而是研究关于中国文字的几个主要的问题，例如中国文字是怎样发生的？怎样构成的？怎样演变到现在的状态？对于民族社会有怎样的影响？现在是否要废止而别创新文字？这些问题，就是普通文字学上所应该讨论的。我以为要讨论这些问题——不管是关于中国文字的起源、构造演变或价值等等的问题——都要注意到中国语言上的现象。中国文字的这种特性，所谓表意文字，它的存在是以中国的语言为背景的，因之我们要解决中国文字上的任何问题，一方面固然要论到形体方面的现象，另一方面尤须注意中国语言的特性，以及它和文字演进的关系。而要研究中国的语言，又离不了文字上音、义两方面的现象。因为文字用以代表语言，语言又是以声音来代表意义的。所以要解决关于中国文字上一般的问题，也须把偏旁和体势之学、音韵之学、训诂之学三者当中所由探讨得来的结果，加以综合的研究。无论研究的对象怎样，总是要依据那种对象本身的性质，来规定研究它的方法。

（《学生杂志》1939 年第 19 卷第 2 期）

中国新文字问题

一、文字的演进和语言的关系

世界文字的演进，可以分做三个阶段：第一个阶段为图画文字。原来文字的形式，都是起源于绘画或近似绘画的一种符号，所以文字愈古，愈接近于图画。世界各国的文字，无论现今已经演进到了什么一种性质，而把它们的历史推究起来，总是原出于图画文字。第二个阶段为表意文字。就是由绘画土的图形进而为语言上语词的记号，在图画文字的阶段当中，各个图形已经和语言上的语词发生了联想的作用而具有本身的音读，后来因为文字的应用日广，字形方面因书写上的便利，不能不有变更，字义方面也因联想的作用而有迁移和转变，遂使各个图形脱离了绘画性，而和语言的关系日益密切，所以它们不是绘画上的形象而是语言上语词的记号了。第三个阶段为标音文字。就是由语词的记号再进而为拼音的字母。在表意文字的阶段当中，各个字体成为语词的记号之后，因为语言上的同音语词，常常借用这一个语词的字体来代表另一个同音的语词，中国六书当中的“假借”和“形声”二科，就是依据这种借字表音的方法而成立的。如果再进一步规定了某个字体专门用来代表语言上的某个音读，同时又用这种代表音读的字体来拼切语言上的语词，那就成为拼音的字母了。我们从文字演进的这三个阶段看来，就可以知道文字最初只是一种图画，渐渐用来代表

语言,最后成为语音的记录。文字愈进步,愈不能离开语言的习惯。现代所通行的各国文字,必定和它们所代表的语言,在本性上各自有密切的关系。因为文字既然用来代表语言,那一个国家通行了那一种文字,必定和它的语言互相适应,我们要推究某国何以会通行某种文字,自然先要明了某国语言的性质;我们要审定某国所通行的文字的价值,也自然须用它和所代表的语言相适合的程度来评量;我们要改造某国文字的形式,要把某国的旧文字废止了,而另外采用一种新文字,也自然须要注意到某国语言的特性和语言分布的实际情形。

二、汉字和中国语的性质

现在我们来讨论中国的语文问题,中国现行的文字,就是大家所称为汉字的。现今有许多热心改革之徒,以为这种汉字的结构太复杂了,不容易认识和记忆,实在为普及教育的障碍,应当把它废止了,而另外推行一种新文字。同时他们又以为这种汉字是每一个字体只包含一个音缀,所谓一字一音的,并不适宜于代表现今实际的语言,因为现今通行的口语当中,有很多是复音缀的语词(所谓复音缀的语词,是概括大部分由单纯语词组成的复合语词而言),照语文合一的原则,应该是每一个语词只用一个字体来代表,而现行的汉字就无法做到这一层,所以为着要适应中国现今实际的口语,也得要废止汉字而另外采用一种新文字,他们主张废止汉字的所持的这两种理由,我们可以分开来讨论,关于第一种的理由,以为汉字的认识和记忆的困难,这是事实上所不能否认的。汉字的笔画和偏旁组织的繁复,当然不及拼音文字的字母那样易记易认。不过我们还须要注意到这种艰深的汉字居然会数千年来沿用而未曾变更,是否在民族社会的实情上还有存在的需要?是否和中国语的性质以及各处方言分布的情形,另有相适合的因素?

关于第二种的理由，以为汉字不足以代表现今实际的口语，这在口语上引用许多复音缀的语词看来，固然也是不能否认的事实，原来笔写的文字总不能和口说的语言完全符合，尤其是汉字为表意文字的性质，当然不便于实际语言的记录。可是我们把中国语的各种性质和现象综合起来看，这种表意文字所以保存到了现代而未曾演进为标音文字，也自然另有彼此相适应而存在的原因。汉字的所以称为表意文字，就是因为各个字体在不同的读音系统之下，始终不失它的表意的效用。各个字体代表了各个语词，重要的作用不在标明语词音读的组织，而在使人记认语词意义的内容。所谓"假借""形声"当中所包含的借字表音的方法，也只是利用同音语词，以这个语词的字体来代表另一个语词或标明另一个字体的音读，始终未曾分析语词音读的组织，像拼音文字的那种办法，而且所具有的表音的效用，极其隐微，实际音读一经转变，所用来标音的字体和字体的结构，早已形成了固定的习惯，就无从跟着转变。所以我们可说中国现行文字为现今世界上表意文字的代表，未曾进到标音文字的阶段。我们现在要推问：世界各国的文字，大都已经由表意绘画和符号，进而为标音的字母，中国文字发达为时极早，而现今还未曾脱离了表意文字的范围，究竟是为着什么缘故？第一我们必须要讲到中国语的性质问题。第二再讲到中国民族社会的情形。中国语，据一般语言学家的说法，是"单音缀"语，又是"孤立"语。中国语里原来单音缀的语词，虽然到了现代，多数改用了复音缀词，而所谓复音缀的语词，大部分是属于由单纯语词组成的复合语词；那种原来的单纯语词多数只包含着单个的音缀，所以谓中国语为单音缀语的这种说法，至今还是可以成立的。又所谓孤立语的性质是对"变形"语而言的。变形语要表明语词在语句当中的文法关系以及他种意义，常用两种的"形式变化"：一种是"接头语"或"接尾语"上的变化，一种是"语根"本身上的变化。

中国语的语词，大都为“语根语词”，本身上既不容有变形，也没有接头或接尾的变化，所以可称为孤立语。中国语的这两种性质，使文字的演进受着绝大的影响。因孤立语的特性，使文字结构上不采用拼音制，因为语词上既无接头接尾的变化，语根本身也不容有变形，用文字代表出来，就可以专用一个字体来代表一个语根语词，不必再用别的形体来表示语词本身或接头接尾的变化，所以无需应用纯粹的标音字母。因单音缀的特性，使得文字上也演成单音缀制，就是每一个字体只包含一个音缀，文字上这种单音缀制确定了之后，字体彼此间音读相同的很多，在文字的结构当中，也就利用同音的字体来相标明，不再从语词音读组织的分析上着想了。这样看来，中国到了现代还是通行一种表意文字——就是汉字，未曾演进到了标音文字的阶段，正是受了这种文字所代表的语言性质的影响，也可以说是由于适应中国语单音缀和孤立的两种性质而演成文字上的这种情形的。

三、汉字和中国的民族社会

现代中国语上复音缀语词增多的趋势，是否会使语言本性上转变而接近于多音缀的变形语，这是语言学上值得研究的问题。如果因复音缀语词的增多，使得中国单音缀的孤立语真真的向着那多音缀的变形语上转变，那末，我们也自然可以测定语言上的这种趋势，会逼迫中国这种表意文字演进而成为标音文字的一天。但是，事实上，即使中国语文演变的趋向是如此，而民族社会的实际情形是否容许现行汉字的废止，而另外一种新的标音文字的推行，这又是一个必须考虑的重要问题。因为中国版图这样辽阔，至少在二千年前已经形成一个统一的国家，土地既然这样广大，自然不免有许多纷歧错杂的方言，现今在中国语的区域内，大略的可以分做官话音系、吴音系、闽音系、粤音系、客家音系这五大类，而每

一大系又可以分为数小系，每一小系又可以分为若干支派，甚至邻近的甲乙两村，它们的语音可以大同小异，或且同在一个村庄当中，也可以容许两大系方音——例如粤音和客家音——的存在。像这样复杂的方音，实在全靠这种表意文字来做维系统一的工具。因为表意文字趋重于"目治"，字体的结构比较的具有固定性，不像标音文字那样要随着语言而流动转变的。如果中国要采用拼音文字，必须先行统一语言，推广国音，否则原来"书同文"的国家，也要引用了不统一的文字了。章太炎在《国故论衡》里曾经说过："常行之字，中土不可一用并音，亦诚有以。盖自轩辕以来，经略万里，其音不能不有楚夏。并音之用祇局一方；若令地望相越，音读难明，语则难晓。今以六书为贯，字各归部；虽北极渔阳南暨儋耳，吐言难谕，而按字可知。"他更用欧洲各国和亚洲的印度的语文情形来作一个反证："海西诸国，土本狭小，寻响相投，媮用并音，宜无壹碍。至于印度，地大物博，略与诸夏等夷，言语分为七十余种，而文字犹守并音之律；出疆数武，则笔札不通，梵文废阁，未逾千祀，随俗学人，多莫能晓；是以古史荒昧，都邑殊风。"因之他的结论是："并音宜于小国，非大邦便俗之器明矣。"同时我们还须知道中国文化的久远和文献的丰富，从古以来，直系的传授，一线相承，未曾中断，也未始不是汉字的功劳，所以有个历史学家韦尔斯，在他的《世界史纲》里曾经说中国人一经认识了文字，就能够诵读三四千年以前的文书，对于古代的文化也极能明了和尊崇，这是世界各国所绝无仅有的。中国人这种崇拜古代文化的心理，使得思想上、文学上具有一种伟大的传统势力，而养成民族的强固的保守性，这固然有一部分可以訾议的地方，但是如果就因此而要把中国整个文化的遗产废弃了，以迎合近代西洋的新文化，这不但是矫枉过正，而且容易使中国民族受外国无形的侵略而泯没它的国家观念。如果中国的旧文化毫无精粹可言，那末把这种保持和传播中国文化的惟

一的工具废止了，自然也毫无足惜，否则假使大部分的中国人只引用了一种简易的新文字，不能诵读中国过去的文书，他们便无从了解本国的文化，更无从引起尊敬本国文化的心理了。这样说来，汉字的应否废止，须看汉字在中国民族社会的实际情形当中，是否还有存在的需要，如果中国的民族社会还需要汉字来维系，那末，我们就不该贸然唱着废止汉字的论调。

四、中国新文字的形式问题

我们再退一步来说，汉字一方面不便于认识和记忆，另一方面又不合于语言的实际的记录，同时又假定了这种古旧艰深的文字在中国民族社会上根本无存在的需要，我们毫无迟疑的把它废弃了，而另外采用一种新文字。到这里，我们却遇着了一个更难解决的问题。这个问题就是：中国的新文字究竟应该采取那一种的形式？中国现今要推行一种新文字，自然一方面必须要合于语文演变的趋势，另一方面又须便于接受世界的新文化。为着前者，当然要用一种标音的字母，为着后者，又应当以采取罗马字母为最佳。因为我们果然把中国的旧文化废弃了，必须要用西洋的文化来替代；为着要接受西洋的文化，引用西洋学术上的名辞的便利，自然要采用世界上最通行的拼音字母来拼切中国语，以作为中国新文字的形式，那末，除了罗马字母以外，便没有更适合的一种了。可是问题所在，就是：怎样应用罗马字母的拼切的习惯，才可以适合于实际中国语的性质和现象？因为中国语一方面是单音缀的孤立语，一方面又是“声调”语：在中国，无论那种方言当中，每一个语词——在文字上可以说每一个字体——总是具有一个固定的声调——中国通常所谓“四声”。这种声调的分别，在中国语当中，确是占着一个最显著的要素；往往不管“声母”“韵母”上有无分别，各个语词实质的意义，就用声调的变异来表示的。现代中国语上复音缀语词增

多的趋势，在理论方面似乎可以使得在单音缀的孤立语转变而为多音缀的变形语的时候，语词上声调的分别也转变而为一种微弱的现象；可是在事实方面，复音缀的语词尽管增多，而声调分别的重要性，并不因之而减少，因为大部分复音缀的语词，既然是属于单纯语词组成的复合语词，在复合语词里所包含的单纯语词，仍需要声调来分别意义。而且语言上的实际现象，并不必定为表明意义的效用而存在，有时也属于一种自然的习惯。在中国语的习惯当中，我们不能否认声调的分别是它的重要的现象。所以我们要不把中国文字变成标音字母就罢了，如果要废止现行的汉字，而另外采用一种记录实际语言的标音字母，那末，如何可以把这种声调语的重要现象表示出来，确是一个困难的问题。要把汉字拉丁化，关于“元音”“辅音”的符号的使用，已经有许多实际的困难，再加上这种分别声调的重要现象，根本西洋各国语言当中原来所没有的，如何用罗马字母拼切的习惯来表明？这是过去注音家所感到最棘手的。过去用罗马字母来拼切中国语音的，对于声调的分别，或用数目的号码，或用标明的符号以为表示，这当然是不通的；国语统一筹备会所制定的国语罗马字母乃改用字母拼法的变化以表明声调，高本汉说这样的办法也未免离开了语音的真实性太远了。（参看 B. Karlgren：*Philology and Ancient China*，chap. VII）最近所创拉丁化的新文字，就把声调的分别置之不理，以为从此中国的文字可以和西洋各国同属于一个系统之下，并且将全国的方音划成几个区域，依不同的方音来规定字母而拼成字体。这样在不同的方音区域之间，文字无从统一，直令“书同文”的国家变成了“出疆数武，笔札不通”的现象了；同时又和中国语的实际相离太远，把中国语上某种重要的现象认为无标明的必要，更有“削足适履”的嫌疑，名义上是标音文字，而仍不足以完全代表实际的口语。因之我们可以得到一个结论：汉字虽然是一种表意文字，不足以为实际

语言的记录，但是汉字废止了以后，在事实上反遇着更重大的困难，同时又不易得到一种适当的新文字来代替。那末，我们不能不承认汉字的存在，对于中国民族社会有某种的需要，对于中国语的性质和语言分布的情形另有相适合的因素。我们不能贸然泯没了汉字对于现代中国的价值。至于汉字的不及拼音文字那样易记易认，尤其不便于普及平民的教育，这应该在文字的教学方法上力谋改进，以求识字效率的增加，不应该在文字的本身性质上由怀疑而贸然加以人工的改造。因为语文是一种民族团体的习惯，有它们的历史的和社会的背景的。

（《社会科学》1939 年第 1 卷第 2 号）

论中国文字之孳乳

吾国文字之演化，大都由一字衍为数义，因异义而造成异体，因异体而析为异字，此字体之所以蕃衍孳殖者也。观乎古今字书所录，后者必递增于前，初仅千余字耳，继乃盈万，终则五六万矣。其始也，盖以一字兼数字之用，继则一字而具有数种。由混趋晰，遂一分而不可复合，依其异体异用而习为异字矣。是以金石甲骨所见者，如“祖”之为“且”，“姓”之为“生”，“诸”之作“者”，“伯”“仲”之作“白”“中”，“各”“狢”相通，“命”“令”无别，凡此之类，一若后世偏傍假借之例，实则同字而异用者也。许氏《说文》所记重文一千一百余中，如“汇”“蝟”同为刺蝟，而今则“汇”为聚类字矣；“捊”“抱”同为捊聚，而今则“抱”为抱负字矣；“磬”“硁”同为乐石，而今则“硁”为坚硁字矣；“咳”“孩”同为小儿笑声，而今则“孩”为孩提字矣。他如“於”之于“鸟”，“朋”之于“凤”，“栖”之于“西”，“凝”之于“冰”，“毓”之于“育”，“犹”之于“猷”，凡此之类，原为体异字同，今则形义俱异，析而为二矣。许书通例，重文类聚在正文之下，然又有不相类聚而亦为重文者，如“儿”为古文“人”，因有“兀”“儿”“允”“兄”等字，立为“儿”部，“介”为籀文“大”，因有“奕”“庄”等字，立为“介”部，凡此者，乃因有从属之字，不得不别立部首。“屮”为古文“艸”，而“屮”“艸”相分；“页”为古文“首”，而“页”“首”各属，皆此例也。古文原以肖形为主，不拘笔画之移易，偏旁之增损，后人亦每

以形体不同,习为异字。若夫音义无别,同语异文,虽各列正字,不言为重,而实亦为重文者,在许书中尤为常见。王筠《说文释例》所目为"同部重文""异部重文"者,皆其属也。王氏因而解之曰:"此乃古今人用字之界,大为之别,所以适用也。所目为重文者,据当时仍合为一也;所不目为重文者,据当时已分为二也"。是则字体之分析,系乎时代之先后;古者字数少而异体多,后世因其异体而别虽为异字,重文递减,而字数滋繁矣。习俗移人,变本加厉,一往而不复,吾国文字演化之趋势,盖有若是者。

善乎许君之言曰:"仓颉之初作书,盖依类象形,故谓之文,其后形声相益,即谓之字。文者,物象之本,字者,言孳乳而寖多也"。初文类皆独体,偏旁相益,乃成合体之字;字体之孳生,多因乎偏旁相益之法,故合体之字,类皆后起也。夫一字化为异体,重文演成异字,仅系乎时之先后而已;故就重文异体之中,可观字体孳乳之述。偏旁有形旁,声旁之殊,合体字之孳生,又有"更易"与"增益"二途。试就《说文》类聚之重文观之:"球"之与"璆",声旁之更易者也;"朊"之与"玩",形旁之更易者也;若"饕"之与"叨",则形旁与声旁俱更易者也;"域"之于"或",形旁之增益者也;"厈"之于"厂",声旁之增益得也;至若"撲"(攀)之于"𠬜",则形旁与声旁俱增益而又俱更易者也。其偏旁增益者,初文与后起字间孳乳之道也,其偏旁更易者,又复起字与复起字间孳乳之道也,更依其道以观《说文》不相类聚之正字,如"趚"之与"趚",“裯”之与"祷","苹"之与"蓱",声旁之更易者也;"趯"之与"躍","窥"之与"闚","覞"之与"睒",形旁之更易者也,至若"攺"之与"抚","恫"之与"痛","耽"之与"覞",则声旁与形旁俱更易者也。"秾"之与"來","派"之与"𠂢","逮"之与"隶",形旁之增益者也;"羕"之与"永","龚"之与"共","圆""物""园"之于"口",声旁之增益者也;至若"隐"之于"ㄣ","颠"之于"天","抴"之于"𠂆","萌"之于"民","斧"之于"戊","含"之于

“甘”，凡此之类，实皆偏旁增益而又更易，复起字与初文绝异者也，凡许书不相类聚之正字，察其本义，既足比侔，审其古读，又相符合，不明言重文而实为同字异体者也。同字之化为异体，不外偏旁之“增益”与“更易”二途；其称吾国文字之构造为偏旁之学者，即以字体之孳乳，皆循斯二途也。

文字之作，原以表义，各字皆有其本义，因分申假借，遂生别义；古代字数既少，故一字得兼数字之用。及后所以造成异体者，或以本义不显而加偏旁以表之，或以其字为别义所夺，遂加偏旁以别之。如“臣”之为“颐”，“斗”之为“料”，“勺”之为“杓”，“毌”之为“贯”，“叕”之为“缀”，“乇”之为“毤”，“𠃋”之为“亢”为“肱”，“亩”之为“廪”，“彗”之为“篲”，凡此之类，皆益形旁于声旁以显示其本义者也。又如“午”为子午字，遂另造“杵”字以明“午”之本为杵臼字；“新”为新旧字，遂另造“薪”字，以明“新”字之本为薪樵字；“乙”为甲乙字，故另有“鳦”字，以明“乙”之本义为玄鸟；“匡”为匡正字，故另有“筐”字，以明“匡”之本义为饭器，凡此之类，皆益形旁于声旁，以示其本义而别于余义者也。或且原有形旁，更增一形旁以显示其本义者，如“莫”日且冥也，本从日，俗又加日作“暮”；“詹”多言也，本从言，俗又加言作“譫”；“采”，取也，从爪，爪犹手也，俗又加手，作“採”；“前”，齐断也，俗又加刀，作“剪”；久而相翫，习非成是，虽俗而不以为俗矣。至由本义引申，虽变作别义，而仍与本义有关，遂加形旁以别之；此等字，在许书中有言“亦声”者，有不言“亦声”而声实兼义者。如“句”，曲也，而“拘”“笱”“鉤”皆有句曲义；“丩”相纠缭也，而“鬥”“纠”皆有纠缭义；“贫”“岔”皆分声而有分义；“苷”，从甘声，而训甘艸也；“剂”从齐声而训齐也；故许书之言“亦声”者，声而兼义也。又有其义已明，故不必言“亦声”，而由声得义自显然者，如“祐”训助也，即取右助之义；“侪”训等辈也，即取等齐之义；“禷”从类声，而训以事类祭天神也；“娶”获取声，而训取

妇也,“嫁”从家声,即取“女有家”之义,“婚”从昏声,即取“娶妇以昏时”之义;“姻”训女之所因也;“婢”训女之卑者也;凡此虽不言“亦声”,而声之兼义,在说解中自可见者,声之兼义,皆有声旁字之本义引申,转为他义;不得不加形旁以别之,其与本义有别,而仍与本义相关者也。若夫原初本为假借,依声始得托事,复乃增益形旁以资区别者,如《溪书》“犹武夫之与美玉也”之“武夫”,今作“碔砆”或“珷玞”;《春秋传》“于思于思”之“思”,俗作“顋”或“腮”;《史记》“涕满匡而横流”之“匡”,俗作“眶”;《说文》之“旁光”,俗作“膀胱”;《庄子》之“空同”,俗作“崆峒”;《楚辞》之“杜衡”,俗作“杜蘅”;《尔雅》之“科斗”,俗作“蝌蚪”;《广雅》之“吴公”,俗作“蜈蚣”;凡此之类,声旁字原作假借之用,复乃增益偏旁以资识别,其与声旁字之本义固不相关者也。吾国字体,形声十居八九,大抵由声旁字之增益形旁而成者。其加形旁以表其本义者,以示其引申义者,皆以声旁字为“本字”也;其加形旁以示其假借义者,非以声旁字为“本字”也;然皆由一字化成数义,义之所分,形斯由析;此固孳乳寖多之较著者也。

至若“冂”为网罟本字,加声旁而为“罔”,“罔”又为罔极字,遂又加形旁而为“网”矣;“𠀠”为箕帚本字,加声旁而为“其”,“其”又为彼其字,遂又加形旁而为“箕”矣。声形递增,演成异体,义有所属,遂习为异字矣。又若“雅”“鸦”同字,今则“鸦”为乌鸦字,“雅”为雅正字矣;“毫”为“豪”之俗体,今则“豪”假作豪杰字,而毫毛字专作“毫”矣;“识”“帜”音义并同,今则“识”为智识字,“帜”为标帜字矣;“効”为“效”之俗体,今则效验字作“效”,报效字作“効”矣;义有专属,异字滋多,又符于偏旁更易之例矣。且如“凵”为饭器,字又作“笶”,而又变作“筥”,作“簇”;“辛”为罪过,又变作“愆”作“遥”;凡此之类音义相同,形变滋多,固不嫌字体之众繁矣。更有如“乙燕不殊,亢胡无别,但裼羸裎,一义而声转,幽窔杳晻,同类而

语殊”(语本章炳麟《文治略例》)。义类相通，音读小变，即造成异字；斯又文字之孳乳，系于语言之转变也。夫形以表义，义有所分，形亦随之，此为文字孳乳之正例；亦有音义并同，既造异文，异语相关。更别为殊体者，字数之蕃息增多，不亦宜乎？

虽然，同音之字，例可通假，形虽有分，有固无别，如“淫”为浸淫字，“婬”为淫逸字，今皆用“淫”矣；“落”，草木下也，“霝”，雨下也，今皆用“落”矣；“戮”为杀戮字，“勠”为戮力字，今皆用“戮”矣；“幖”为标识字，“標”，木也，今皆用“標”矣；此偏旁虽更易而仍得混用者也。“匕”为变化字，“化”为教化字，今皆用“化”矣；“旨”为甘旨字，“恉”为宗旨字，今皆用“旨”矣；“耑”为端始字，“端”为端正字，今皆用“端”矣；“厶”为自营，“私”为田禾，今皆用“私”矣；此偏旁虽增益而仍得混用者也。至若“勥”，读若豪，今勥杰字皆作“豪”；“勼”，读若鸠，今勼聚字皆作“鸠”；“亼”读若集。今亼合字皆作“集”；“扶”读若伴，今扶侣字皆作“伴”；则《说文》读若之字大部为假借者也，又如宴昵字作“燕”，嬉谑字作“戏”，媅乐字作“耽”，艴怒字作“勃”，虽义各有属，而经传则常用假借；义有声衍，固不限形体之别异也。夫以形表义，由混趋晰，所以滋文字之孳乳者也；依音表义，由晰趋混，又所以节文字之孳乳者也。史事递演，有其正者，必有其“反”，迹似矛盾，而实正反相生。明乎此，始可与窥吾国文字之奥妙矣。

(《文学研究》1939 年第 1 期)

研究中国方音的方法

一、语言现象与语音系统

语言的现象,可以分做“语音”“语词”“语法”这三方面来观察。语音是语言的外表,是用来代表内容的意义的。意义就是心理上的种种观念和概念,在语言学上称为“语像”。语音和语像两相结合就成为语词。语词又依据固定的习惯,利用形式上的成分或相互的配置来显示意义,这就成为语法上的规则了。语言本身原来是一种社会行为的习惯,“语音”“语词”“语法”这三方面的现象,在各种实际的语言里,都是代表着各个社会的行为。我们对于世界上各种语言的区分乃至同一种语言里许多方言的区分,也就是依据因于它们所发的语音,所用的语词和它们词句的结构上互相比较得来的。为语言的现象,也正和其他各种社会行为的习惯一样,在事实上不能不有彼此的异同,而异同的程度,又有各种的等差,有些是大同小异的,有些是大异小同的。语言学上许多“语族”“语系”以至各种国语。各种方言的区分,都是根据这种异同的程度等差来规定的。不过,在区分的时候,要把它们彼此间的异同加以比较的观察,而在比较观察时所注重的某一方面的语言现象,又有各种的差别。大概世界上各大语族的区分,总是依据于它们彼此间所用语词的分别来规定的。例如梵语、希腊语、拉丁语、日耳曼语、斯拉夫语等,要归入于印度日耳曼语族;中国语、暹罗语、西

藏语、缅甸语等，要归入于印度支那语族；凡此之类，大都是依据于它们所用许多“基本语词”（以和“借贷语词”或“外来语词”对言）的比较上规定出来的；许多基本语词的“语根”，彼此相同的，便可以归入于同一的语族；否则，便是异族语了。至于同一语族里许多语系的区分，又大都偏重于语法和语音两方面的现象来规定的，同一语系里各种国语的区分，也是如此，不过对于语音方面的现象，更要注重了。例如印度支那语族里，可以分为西藏缅甸语系和中国暹罗语系。因为中国语和暹罗语、缅甸语，在语法和语音两方面比较起来，彼此都较为相近。西藏缅甸语系的语言，它们的名词动词等有着语尾的变化；中国暹罗语系的语言便没有这种变形的性质，所以“孤立语”的性质特别显著。而中国暹罗语系里的中国语和暹罗语，虽然在语法方面的现象上同具有孤立语的性质，可是在语音方面的现象上又有很大的差异；暹罗语里有复辅音的拼法，中国语里——至少是中国现代语里——便没有复辅音的拼法，这就是显著的例。再讲到同一国语里各种方言的区分，那更要着重于语音方面现象的观察了。例如苏格兰的英语和伦敦的标准英语对于一个“r”母，就分出了两种读法，前者读为 r（滚），后者读为 ɹ（擦）。中国各种方言的区分，最显著的，当然是在语音方面现象的差异；它们语法上的规则，虽然多少有不同的地方，而大体上总是具有同一种词句结构的模型。它们所引用的语词，似乎有很多的出入。往往同是一种意义，在某处方言里用了某个语词表明出来，而在别处方言里却用了另一个语词来表明；可是这种各异的语词，如果从它们发生的历史上分别推究起来，（除了一些借贷语词或外来语词之外）又都隶属于同一种“母语”之下。所以各种方言彼此间最重要的分别，总是属于语音方面的现象。从上面所说，我们可以知道语言的分析愈细密，语音方面现象的观察就愈见得重要；方音的研究，实在是语言学上的一种基本的工作。因为语音

是语言的外表，最足以显示它们所具有的特征，最足以显示它们彼此间的异同；凡是在语词和语法这两方面的现象上得不到它们的区分的，——像通常的两种方言——便可以在语音方面的现象上得到它们的区分。因此我们更可以知道语音学实在是语言学的基础，正像数学之于天文物理；我们要研究语言，必须先要养成观察语音现象的基本的能力。本篇所论关于研究中国方音的方法，就是要做一个根据语音学来研究语言的说明的例。应用语音学的智识于实际语言现象的观察，研究各地的方音也便是这种的最切近而最基本的练习。

上面说过，语言本身只是一种社会行为的习惯；语音现象的变异，在各种实际的语言里，正是代表着各个社会发音习惯的异同。同是一个语词，而在各处地方往往发生读音的变异，这便是由于各处地方发音习惯的不同，就是通常所称为“方音”。我们要研究各种方音，必须从语音学上观察它们的发音习惯，必须注意于它们“语音系统”的分别。所谓语音系统，就是实际发音习惯从语音学的观察上一种归纳的结果；可以分做下列三方面来说明：

（一）所用的“音素”。各种音素的分别，是关于“音色”上的差异的；因发音部位和状态的变化，就发生各种“元音”“辅音”的分别。可是又因社会习惯的变异，某种方音里所用的音素和别种方音里所用的便有许多不同。例如北平方音里有b̥、d̥、g̥，（就是注音符号的“ㄅ”“ㄉ”“ㄍ”）而没有 b、d、g 的音，有 p‘、t‘、k‘（就是注音符号的“ㄆ”“ㄊ”“ㄎ”）而没有 p、t、k 的音。上海方音里有 p、t、k，又有 p‘、t‘、k‘和 b‘、d‘、g‘，只是没有 b、d、g 的音。

（二）拼音的形式。拼音就是指音素的互相联缀，有时所用的音素相同，而联缀的方法和次序不同，就发生了各种拼音的形式。上文说过，中国语里没有复辅音的拼法，就是说没有像英语里“play”“strong”“clock”“crack”等字那样拼音的形式——两个以

上的辅音联缀在一起的。又中国各处方音里所用 m 和 p、t、k 这几种的音素，大都拼缀在字音的起首；只有闽广一带的方音兼又把它们拼缀在字音的末尾；可是所用的 f、s、l 等音也同样的不拼缀在字音的末尾。

（三）语调的种类，所谓语调，是指关于"音高""音强""音长"的各种变化的形状。这种变化的形状又依据于各个社会的习惯而各自分成为几类。中国各个字音大都各有一个固定的语调，可以称为"字调"（中国向来称为"四声"）。字调种类的区别，主要的关于那个字音音高变化的形状。中国各处方言里所具有字调的种类，彼此大有出入。例如北平方音的字调种类，可分"阴平""阳平""上声""去声"四调；上海方音的字调种类，可分"阴平""阳平""阴上""阴去""阳去""阴入""阳入"七调；广州方音的字调种类，可分"阴平""阳平""阴上""阳上""阴去""阳去""阴入""中入""阳入"九调，而字调的名称并非固定的代表真正的音值：这里所举调类的名称，或有彼此相同的，而实际的调值往往不相一致。例如北平的阳平，和上海及广州的阳平，它们所代表的实际音高变化的形状，并不相同。又各字所属的调类，在各处方言里，更有许多出入。

我们要研究中国方音，必须分别它们的语音系统，必须从上列的三方面现象来观察各个方音系统的异同。中国的字音大都可如分做起首的"声"和收尾的"韵"两部分，各种方音里声韵的种类：就是关于所用的音素和拼音的形式两方面的现象。声和韵拼切成为字音，每个字音又大都有它一个固定的"调"，这就关于语调方面的现象了。中国的音韵学就是研究中国字音里的声、韵、调三种要素的，现代方音的研究，可以归入中国音韵学的范围，而且和中国古音的考证有很密切的关系。（详下文）所以对于现代各个方音系统的声、韵、调的考察，也就是用来组织中国音韵学里一部门，或充实它的全部的材料。而要考察现代各种方音的声、韵、调的现象，

必须先具备语音学的智识和训练，为着要精确详细的表明或记录各种方音的声、韵、调的现象，又须有一种细密而合于科学条件的标音工具。

二、语音学与国际音标

现今语音学上因考察语音现象的方法不同，可分为“实用的语学”和“实验的语音学”两种：前者偏重于语音的生理方面的现象，后者则大都依据于语音的物理方面的现象来考察。原来语音这个名词，包含有机关的和听感的两种意义：前者是从发音的机关上说，是依据筋肉的自觉，用发音机关的喉、舌、齿、唇等的部位和动作，来考察语音的现象的；后者是从听官的感受上说，是依据听官所感受的气程激动的结果，来考察语音的现象的。我们研究方音，自然须具备这两方面的意义。当一个人发出某种方音的读法，应该忍耐细心的听察，以得到一种听感上正确的效果。再将得到的听感，用来试行我们发音机关的动作：要照这种读法，我们发音机关上究竟应在那一个部位？究竟应成怎样的形状？把听官上所受到正确的效果和发音机关上自觉的作用联合起来以研究方音的，这就叫做实用语音学的方法。其实我们通常分析语音，学习语言，总离不了这种听官和发音机关并用的方法。这种方法只凭我们主观的感觉来考察，如果不是感觉特别灵敏而语音学又很精明的人，结果就很不可靠。所以近几十年来，尝利用种种器具来测量发音机关在发某音时的位置和形状，考察某音在空气里波动的状态，应用这种方法的，称为实验语音学。因为语音，除了生理方面机关的和听感的意义之外，在物理方面，它又是空气里的音浪，所以可用机器把它来实验。用实验的方法来研究方音，是最科学的，最客观的，无论是谁，经过了相当的训练之后，都能研究得很准确。但是实验的器具，现在还没有到了十分完备和大家通行的境地，应用起

来，也比较的费时间和手续。所以现在的实验语音学只是应用器具的功效来补进我们感觉所不及，以更得有一种精密的观察罢了。我们要研究方音，仍当以实用语音学的方法为主要的。不过我们一方面须具备语音学的智识，至少须知道发音器官的机构，和音色、音高、音强、音长构成的原理；另一方面在听觉上须经过长期的训练，以养成一种精细辨别的能力。因为凭了听觉去研究方音，完全是一种习惯。例如我们能凭听官去辨别某音为 ɐ，而非 ɑ 或 a，因为我们从前听见了些 ɐ 是这样的，又因为从前听见了些 ɑ 和 a 或其他的元音都不是这样的，所以我们断定这是一个 ɐ，养成这种辨别的能力，须要经过长期的训练，并且要具有一种细密审察的习惯。而辨别之后，还要精细的描写下来，就非有很深的语音学智识不可了。描写就是对于方音的记录，记录切忌模糊，不模糊才可以和细密审辨的结果相符合。所以我们要研究方音，除了养成上述的科学基础之外，还须能够使用一种完备的标音符号。

完备的标音符号，必须是细密而合于科学条件的。就是每一音标只许代表一个音素，每一音素只许以一个音标为代表。（这只是原则如此，有些地方略可变通。例如"塞擦音"本系一个音素，因为它含有闭塞和摩擦的两种性质，就不妨用两个音标来代表。而且还有许多附加的符号，可附加于一个音标上面以代表另一个音素。详下文。）因此，西文的二十六个字母很不够用。而英法德的拼音法更不合用。我国曾经规定一般应用的《国母字母》——共有二式：第一式是《注音符号》，第二式是《国语罗马字母》。——都是为一地的方音而设的。（所谓"国音"，就是以某地的方音来做全国的标准音）而且只足以代表语音的大概，不足以为专门研究的工具。所以当我们研究方音的时候，应该采用《国际音标》。《国际音标》的好处，简单的说起来，就是每一音标只能代表一个音素，而每一音素也只能有一个音标。它是国际语音学会所制定，并经过几

次修订的；为现今科学界中最通行的正确的音标。不过它未免有偏重于欧洲语音而对于中国语音隔膜的地方，所以采用《国际音标》以为记录中国方音的工具，还须加以一番的增订。兹将赵元任译的《国际音标》（修改至一九三二年）（教育部国语推行委员会制）照录于后，以供研究中国方音者的参考：

		两唇	唇齿	尖龈	尖腭	腭龈	龈腭	中腭	后腭	小舌	喉壁	喉门
辅音	塞	pb		td	td		{ed}	cf	kg	qG		ʔ
	鼻	m	m	n	n		{ne}	s	Ŋ	N		
	边 擦			qB								
	边 无擦			l	s			ʎ				
	滚			r						R		
	闪			ɾ	y					R		
	擦	XB	fv	θt　sz　r	○	sɜ	○	ɟ j	xɤ	X ʁ	h ʎ	hh
	无擦通音及半元音	w　y	v	s				j(y)	(w)	ɹ		
元音	关	([ɥy] yu)		{ɾ}	{○}			前　央　后 iy　iu　wu				
	半关	(ɸo)						eo　ɤo ə				
	半开	(oe)						ɛɐ　aɔ əe　ɐ				
	开	(ɐ)						a　də				

（括弧中符号表示发音副作用）

{　}号中的音标表示国际音标或此表原文所缺的。——译者。其他音——腭化音：j、ɖ 等。加舌根作用的辅音：t、đ，ƶ 等。挤喉辅音（喉部和其他部同时造成的塞音）：p'、t'等。缩气的浊辅音：b、d 等。r 擦滚音：ϱs（圆唇的 ɵð 或 s、z），ʅ、ξ（圆唇的 ʃ、ʒ{或 ξ、ʐ}）。ɟ、c、b（搭嘴音 Zulu 的 c、q、x），ɹ（r 和 l 之间的一个音）。ʍ（清 w 理）。I、Y、ʋ（较低一点的 i、y、u），ɜ（一种之 ə）。ɵ（ø 与 o 之间的音），{A（中性的 a）}、{E（中性的 e）}。

塞擦音通常用两个辅音代表（ts、tʃ、dʒ 等），但遇必要时，连在

一块儿(ts、tʃ、dʒ 等),或加‿或˘号(t͡s或 tʂ 等)。c,于有时可代 tʃ、dʒ {或 tɕ、dʐ}用。送气塞音:ph,th 等。

长度,重音,调——ː(全长)。ˑ(半长)ˈ(重音,放在所标音节之前)。ˌ(副重音)。⁻(高横调);₋(低横调);因须避免“平”字,故曰“横”。——译者。ˋ(高升),ˎ(低升),ˊ(高降),ˏ(低降),^(升降),ˇ(降升)。看 Ecriture Phonetique Internationale, p.9.

形容者——鼻化。清音化(L=清音的 L)。v 浊音化(s=z)。在 p、t,等后轻度送气。特关的元音(e=一种很关的 e)。c 特开的元音(e=一种挺开的 e)。ω 圆唇化(n=圆唇的 n)。˔ 齿化(t=舌尖抵齿的 t)。·腭化(z=ʐ)。γ 舌略升高。T 舌略降低。˘唇更圆一些。˛唇更开一些。央元音 ï(=ɨ),ü(=ʉ),e(=ə{ə}),ö(=ɵ),ɛ{=ɜ},ɔ{=ɵ}。ˌ(例如n̩)当韵母的辅音。˘当辅音的元音。ʃs 一种像 s 的 ʃ 音,余照样。

附记——译者。g 原作 ɡ(1936 修改)。ɿʮ、ʅʯ 尖舌元音(apical vowels)。ɣ 卷舌元音(retroflow vowel)。标准元音(cardinal vowels):1. i;2. e;3. ɛ;4. a;5. ɑ;6. ɔ;7. o;8. u。上小字(superscript)表示附加性。下小字(subscript)表示形容性。

有了语音学的基础,并且能够使用了细密的记音工具,才可以着手研究方音。第一步,当然是调查各处地方的音读,分别观察它们的语音系统。第二步,再把调查所得的结果汇集起来,以比较它们语音系统的异同,而区分中国方音的种类。第三步,又分别推究各种方音发生的历史,把现代的各个方音系统来和过去的古代的音读系统相比较;一方面可以用此作为测定古代音值的途径,另一方面又可因以明了现代各种方音纷歧演变的由来。经过了这三步的研究,我想中国方言学上的语音现象的部分,就不难组织成功了;而全部的中国方音学也因此确立了一个强固的基础;同时中国音韵学的内容,在质和量的两方面,也都因此大大的增进了。现在

把这三步的研究方法逐一叙述于下。

三、调查方音的方法

所谓调查一处的方音，就是要把那处地方的语音现象观察得详细明白；所以当观察的时候，一方面应把要调查的区域缩小得越狭窄，便越细密，因为这样才能使注意力集中；另一方面，又须把这个区域的地理，如山脉、河流等及邻近为何种区域，加以审察。因为在调查的进行中，除了我们自己所生长的方音区域以外，对于别的区域，须寻求几个发音的人，而对于这几个发音的人，又须先审查他们的语言环境，他们或许已经受过别种语言的影响，尤其容易受到邻近区域的语言的影响。所以当着他们读出内部不一致的读音，我们便要注意到这种关系。赵元任的《现代吴语研究》（清华大学出版），很可供我们调查方音的做榜样，中间有一段讲到选择发音的人和处理他们的方法；照录如下：

> 到一处地方，先物色可以发音的人，大都是找各处学界中人帮忙的，但是也有别界中人。假如可能的时候，总是先找好几个人发音，先审查他们过去的语言环境，再在第三第四方式表选些字给他们念。大概语言不杂者，他的读音是内部一致的；受过别种语言的影响的，见了字容易会踌躇，或是即不踌躇，也会读出内部不一致的读音。这末样先约略试了一刻或半点钟，就在这几个人当中挑选一个人或两个人，再从头详细问到底。问的时候，大致从最匆促者只花两个钟头到比较的最详细者花三四天。因为时间多少的不同，所得材料的份量也不同，最详的什末都问，最简的就只取声调的音值，跟第三第四方式表（单字表）的一部分代表字。至于没有到的地方，只能就找得的当中选人，有时候也没有选的余地，但是从内部

的征状上也可以看得出发音者是不是太受过别处的影响。

在选择发音的人以前，还须预备着几个单字表，或一些调查的表格，以为分别那一处方音里声、韵、调的种类之用。我们可以仿效赵元任的《现代吴语研音》里的几个表来做，或竟采用他的《方音调查表格》(中央研究院历史语言研究所印行)。这种单字表，大抵是依照古音的声、韵、调的种类(《广韵》的系统)，分别举出一些代表字来排列的。我们就根据这种单字表分别记出某处声母、韵母和声调的音值，就可以知道它们的种类。赵元任的《现代吴语研究》，也讲到关于记录声、韵、调的音值和分辨它们的种类的方法，可以供我们的参考，兹照录如下：

> 记单字声调音值的方法是用一个渐变的音高管(sliding pitch-pipe)让发音者将一类的字一个一个的读，同时用音高管一头儿吹一头儿移动着摹仿他的声调，摹仿对了，就看音高管上是从什么音到什么音，再到什么音，用五线谱记下来；至于时间的比例。只可以约略估一估，也用乐谱的音符记它。试拟的调类共有阴阳的平、上、去、入八类，假如有阴去分为两类或阴入一部变入阳入等等现象，在试音值时就可以发现。等到听熟了哪一调类是怎么一个腔调之后。就可以判断某字读(该处之)上声。某字归(该处之)某声了。
>
> 声母韵母的音值是用最严式的国际音标注的。但不必每字都注。例如“巴邦比半”等字的声母是[p]，只须在声母行头注一次，以后遇见不合例的特别注出，其余的就打一个 v (“check”)号就是“合例”的意思。韵母也是一样的办法。有时候表格中暂拟为同一类的在某处并不是同一类，就须在行头注出条件，比方某处“布都孤苏”等字的韵，看声母发音

部位不同而异其读法，就得把条件注出。如果调查时临时看不出原则来，那就逐字用音标记下来，等带回来才慢慢的做归纳”。

我们对于某处的方音，要分别声、韵、调的种类，并且规定何字属于何类，须应用异同法来细细的比较。关于这种异同法的应用，赵氏现代《吴语研究》里也有明白的指示，照录如下：

声调声音或韵母，三素之中有一素遇到难分辨的时候，就用异同法来解决。例如某处的全浊母的上去（如“待代”，“是事”“动洞”“范饭”之类），好像分好像不分，就找些这类的字叫发音者自己辨它的异同。假如他说能辨而调查者不相信时，就有两种试法。一个是叫一个别的本地人（也相信能辨者），把“代待”两个字随便唤着读（可由调查者背着第一个人指给第二个人读），叫那个人辨得出是哪一个，再试“动洞”“范饭”等字。假如每次能辨得出就是有两类，假如平均十回只对五回，那就是只有一类。还有一个法子是把许多声母、韵母都同的字（如“俟士柿市是示侍逝”）写成小字块儿，叫发音者归成两类，调查者把他的两类抄了下来把字块弄乱了再叫他分，看前后分的一致不一致。同样，遇到声母或韵母有问题的时候也可以用这两种方法。但是最要紧的是比字的时候，声、韵、调三素之中除掉有问题的那一素，其余的两素都要（在该地方音中）完全相同，方能用异同的方法。因为同音不同音是一个极浅显的观念。谁都能辨的。假如问“代”“怒”，是否同声调，或甚至“代”“害”是否同声调，那就须得假定答者有一种作抽象分析的本事，这是很难有结果的，或是结果会很靠不住的。

我们要分辨某处方音的声、韵、调的种类，就是要观察它的语音系统。不过在中国各处地方，往往文言音和白话音（即读书音和说话音）分成两个系统；同是在一处地方，对于某字，常常有两种或两种以上的读法。在北平方音里，文言和白话的差异，比较少见；大概只有古入声字具有文言和白话两种读法，例如“李白”的“白”读[po]，“白菜”的“白”念[pai]，又往往只在韵母上有分别。至于上海苏州一带的吴语区域，文言音和白话音很为显著；例如苏州方音，一个“五”字，读书时为[u]，说话时为[ŋ]；一个“学”字，读书时为[hioʔ]，说话时为[hoʔ]；一个“家”字，读书时为[təia]，说书时为[ka]；一个“黾”字，读书时为[kuɛ]说话时为[tɛy]，一个“鸟”字，读根时为[niæ]，说话时为[tiæ]；一个“争”字，读书时为[tʃən]，说话时为[tʃa]；一个“问”字，读书时为[vən]，说话时为[mən]等等。在闽音区域和客家话里，文言音和白话音的区别，比吴音更为显著。至在广州等处的粤音区域里，文言音和白话音的分别，大都在声调其在声母或韵母上分别者很少，对于这种现象，我们调查方音的时候，应该特别加以注意。当发现着文言音和白话音有差异时，须分别记明，再归纳它们的声、韵、调的种类，切不可把两种或两种以上各异的系统互相混杂。致使语音现象的观察，得不到精确的结果。因为虽然同属于一处地方的方音，而对于某个字，居然有两种不同的读法，在全体的观察上又可以归成为两种不同的系统，必定是由于两种不同的来源，或曾经受过各异的影响的。

我们依照上面所述调查方音的方法和调查时应注意的几点，把各处地方的语音现象昭示出来，使人家明了各处地方的语音系统；于是可以再进一步来作比较的研究。

四、方音的比较的研究

我们把各处地方的音读调查清楚，并且用归纳的方法求得了

它们声韵调的种类，于是进一步可以作比较的研究。所谓比较的研究，就是要把各处地方的语音现象求得它们彼此间的“同”“异”之点，以作中国方音的分类上的根据。中国各地方音上的共同点就是从中国各类相别异的方音当中求得的相类相通的所在，以代表中国语音系统的特征，而和他族语或他国语相别异的。我们可以说中国语音系统的特征，至少有下列的几点。

（一）除了塞擦音 tʂ、tʃ、tɕ 等和它们的送气音 tʂʻ、tʃʻ、tɕʻ等之外，没有复辅音的拼法。（塞擦音虽然在《国际音标》上用两个符号来代表，而在事实上只是单个的音素。）（参看上文）

（二）没有用擦音 s、f、ɕ、x 等或边音 l 等来作字音的收尾的，所以没有像英语里“beef”“kiss”那样的字音。

（三）每一个字音总有它一个固定的声调，所以字调的区别，也是中国语音的特征。

上面所说的三点，是中国各处方音所共同具有的；凡是不具有这几种特征的，便可以划出中国语的范围之外。同样，中国的各类方音，也各有它的特征，就是从每一类的许多方音当中求出几个共通点，以别于其他各类的。例如赵元任的《现代吴语研究》从江浙三十三处的方音当中求得它们的一个共同点——“吴音有並、定、群、澄、床、从等浊音，平、（上）、去、入皆跟清音有别，合古音分类，不合国音。”于是吴音的区域可以因此划定它的范围，而吴音的这一类方音，在科学上也就可以成立了。赵元任说：“吴语范围的大小，要跟着吴语的定义而定的，吴语的定义，又是要看跟着哪个点或哪几个同变的点而定的。现在暂定吴语为江苏、浙江当中並、定、群等母带音或不带音而有带音气流的语言。这样，就包括这次所写的三十三处方言，不过在这一点上，丹阳要算在边界上了。”（《现代吴语研究》）其他各处地方的方音，都可以用同样方法分别求出它们各自的共同点，以为彼此间区别的明证，而作中国方音分

类上的依据。关于中国方音的种类，历来尚未有一致的成说。章炳麟的《检论方言篇》里分为九种，黎锦熙的《国语教学法》里分为十三系。在全国方音的调查工作未曾完成以前，我们不能断说中国方音共有几种。不过就现在所知道的依照语音系统的比较的结果，大致可以分为下列的五大系：

（一）官话音系　包括河北、山西、陕西、甘肃、山东、河南、湖北、湖南、四川、云南、贵州，又江苏北部、江西北部、广西北部。这一系的特征：1. 没有 b、d、g、v、z 等的浊音；2. 没有-m、-p、-t、-k 的韵尾，后者字调至多为六类。

（二）吴音系　包括江苏的苏州、常州、无锡、常熟、昆山、上海、松江、宜兴、溧阳、金坛、丹阳、江阴等处，以及浙江的宁波、嘉兴、湖州、杭州、诸暨、金华、衢州、温州等处。这一系的特征：1. 有浊音 b‘、d‘、g‘、v、z，而且和古代的浊音系统——即並、定、群等母所包括的字——相当；2. 没有-m、-p、-t、-k 的韵尾；3. 字调至少有六类，去声有两类。

（三）闽音系　包括福建的大部分，以及潮州、汕头、琼州等处，在南洋也最占势力。这一系的特征：1. 没有 f、v 的唇齿音（旧称轻唇音）；2. 有[-m][-p][-t][-k]的韵尾；3. 字调至少有七类；4. 古音浊母平声的读为不送气；5. 知、彻、澄诸母的字，多读为 t、t‘等的塞音。

（四）粤音系　包括广东的大部分以及广西的南部，在美洲的旧金山等处也很占势力。这一系的特征：1. 没有 b、d、g、v、z 等浊音；2. -m、-p、-t、-k 的韵尾；3. 字调也至少有七类。

（五）客家音系　包括广东的梅县、大埔、惠阳、兴宁等处，福建的汀州，江西的南部；又渗入广东高钦廉一带及广西南部；在南洋荷属的东印度，最占势力。这一系的特征：1. 没有 b、d、g、z 的浊音，而且古音浊母的字，无论平仄，都读为送气，和官话音系不

同;2.有-m、-p、-t、-k 的韵尾;3.韵母和官话音系颇相近似,只是没有撮口呼——就是说韵母当中不包含有[y]的元音的;4.字调的种类,较闽音、粤音、吴音为简单,上去声只有一类,平入声各分两类。

我们从上面所说五大音系的特征上看来,可以知道方言的分类,完全是要依据于彼此间同异的比较而来的。各大音系的区别,必各有其相异的所在;例如官话音系没有 b、d、g、v、z 的浊音,便是它和吴音系的分别所在;没有-m、-p、-t、-k 的韵尾和字调种类的简单,又是它和闽音系、粤音系最显著的分别的地方。又如客家音系和闽音系粤音系,都是有-m、-p、-t、-k 的韵尾的,而客家音的字调种类较为简单,韵母系统和北方音又很相似,便是它和闽粤音特异的地方。闽音系没有有唇齿音的 f、v,也是它和其他各音系别异的所在。我们往往可以应用这种异同之点来审定某人所说的话属于某音系。例如某人说话很近北音,可是常常有-m、-p、-t、-k 等的韵尾从他说话中流露出来,那末,我们说他是客家,大致不会错的。不过这五大系,也只是大概的把中国语言划成五个大区域罢了。如果再需要详细的分类,自然也可以用同样的比较方法,依着各地方音彼此间异同的程度,把每一大系分为数小系,每一小系又分为若干支派。总之:我们从各处方音的比较上,可以见到它们彼此之间,有些是大同小异的,有些是小同大异的;这种异同的程度,可以分做许多种等级;因之我们在方音的分类上,大略的可以划为上面所说的五大音系的区域,详细的又可以分做数百种以至数千种,而总不外乎要应用比较异同的方法。同时我们要注意的:所谓方音的区域,并不是在地理上可以绝对的划分的,因为习俗的互相趋异,有时邻近的两村,在语音上也分出了两种,或且同一村落之中,也有方音的差异。有时更因人民往来流徙的结果,一县、一乡或一村之中,竟然也容许两大系的方音存在(例如粤音和客家音)。所以我们对于方音的比较的研究,须从实际流行的语音现象或语音

系统本身上着眼，不必拘拘于地域的划分。

又为着研究的便利起见，不妨就每一系或每一类的方音当中，举出某一种或某一处的来做代表，以和其他各系或各类相比较，例如官话音系，可以用北平的方音来做代表，吴语音系，可以用苏州的方音来做代表。闽语音系可以用厦门的方音来做代表，粤语音系，可以用广州的方音来做代表，客家话音系，可以用梅县（嘉应州）的方音来做代表。同样，每一大系当中的各小系，每一小系当中各支派，也可以各自举出某一种或某一处的方音来做代表，以为相互比较的标准。现在把五大音系的声类，韵类，调类列个对照表如下。以为比较研究的示例：

音系	官话音 北平音	吴音 苏州音	闽音 厦门音	粤音 广州音	客家音 梅县音	例字 附注
声类	b̥	p	p	p	p	“巴”“布”“悲”“宾”等字，（官话音“伴”“病”等字），（闽音“飞”“放”等字）。
	pʻ	pʻ	pʻ	pʻ	pʻ	“怕”“铺”“譬”“匹”等字，（官话音“旁”“病”等字）。
			b			（闽音“马”“微”“無“文”等字）。
		bʻ				（吴音“琵”“婆”“陪”“袍”等字）。
	m	m	m	m	m	“满”“门”“茂”“梅”等字。
	f	f		f	f	“法”“费”“福”“富”等字，（粤音“花”“虎”等字），（官话音“符”“房”等字）。
		v				（吴音“伐”“伏”“微”“扶”等字）。
	d̥	t	t	t	t	“多”“都”“当”“笃”等字，（闽音“长”“陈”等字），（官话音“动”“荡”等字）。

续　表

音系	官话音 北平音	吴音 苏州音	闽音 厦门音	粤音 广州音	客家音 梅县音	例　字 附　注
	tʻ	tʳ	tʻ	tʻ	tʳ	“天”“土”“通”“太”等字,(闽音“虫”“丑”等字),(官话音“同”“唐”等字)。
		dʻ				(吴音“逃”“图”“坛”“同”等字)。
	n	n	n	n	n	“奈”“农”“乃”“难”等字,(官话音“年”“娘”等字)。(闽音“两”“篮”等字)。
	l	l	l	l	l	“兰”“龙”“里”“路”等字,(闽音“人”“南”等字)。
	tʂ	ts			ts	“左”“诈”“紫”“尖”等字,(吴音“租”“周”等字)。
	tʂʻ	tsʻ			tsʻ	“错”“雌”“在”“尽”等字,(吴音“痴”“春”等字)。
	s	s			s	“斯”“三”“酸”“水”等字(吴音“诗”“新”等字),(客家音“沙”“师”等字)。
		z				(吴音“虫”“蚕”“遂”“俗”等字)。
	tʂ		tʃ	tʃ	tʃ	“走”“才”“周”“注”等字,(粤音“左”“兹”等字)。
	tʂʻ		tʃʻ	tʃʻ	tʃʻ	“车”“处”“彻”“称”等字,(粤音“秋”“深”等字)。
	ʂ ʐ		ʃ	ʃ	ʃ	“书”“甚”“善”“身”等字。 “人”“日”“然”“忍”等字。
			dʒ			(闽音“儿”“如”“然”“忍”等字)。
	tɕ	tɕ				“剑”“坚”“基”“结”等字,(官话音“酒”“俊”“件”等字)。

续　表

音系	官话音 北平音	吴音 苏州音	闽音 厦门音	粤音 广州音	客家音 梅县音	例　字 附　注
	tɕʻ	tɕʻ				“欠”“牵”“欺”“巧”等字，（官话音“千”“取”“求”等字）。
		dʑʻ				（吴音“强”“求”“局”“勤”等字）。
	ɕ	ɕ				“希”“休”“欣”“香”等字。
		ɲ			ɲ	（吴音“牛”“疑”“年”“娘”等字），（客家音“染”“二”“吟”“软”等字）。
	k	k	k	k	k	“公”“高”“孤”“谷”等字，（官话音“共”“蛩”等字），（闽音“强”“件”等字），（粤音“交”“九”等字）。
	kʻ	kʻ	kʻ	kʻ	kʻ	“空”“康”“苦”“笑”等字，（官话音“狂”“隑”等字），（闽音“勤”“牵”等字），（粤音“强”“梁”等字）。
			g			（闽音“牙”“牛”“严”“遇”等字）。
		gʻ				（吴音“狂”“共”“葵”“拔”等字）。
		ŋ	ŋ	ŋ	ŋ	“误”“偶”“五”“鹤”“傲”“梧”等字。
	ʔ	ʔ	ʔ	ʔ	ʔ	“汪”“爱”“翁”“衣”“威”“妖”等字，（官话音“遇”“宜”“吾”“偶”等字）。
	x	h	h	h	h	“海”“虾”“花”“虎”等字，（闽音“风”“分”等字），（粤音“可”“开”等字）。
		ɦ				（吴音“河”“恨”“孩”“豪”等字）。

续 表

音系	官话音 北平音	吴音 苏州音	闽音 厦门音	粤音 广州音	客家音 梅县音	例 字 附 注
韵类	ɿ	ɿ、ʅ			ɿ	"知""迟""世""资""斯""四"等字。
		ʮ				(吴音"水""柱""吹""书"等字)。
	y	y		y		"愚""余""女""居""雨"于"等字。
		øY				(吴音"刘""有""九""周"等字)。
	i	i	i	i	i	"衣""西""希""迷""奇""杂"等字,(闽音"支""四""齿""鱼"等字),(粤音"知""雌""诗""使"等字),(客家音"如""去""虚""语"等字)。
		ie				(吴音"仙""天""连""坚"等字)。
	ɛ	ɛ	e	ɛ	e	(官话音里少数感叹词"谈"等),(吴语"雷""山""攀""淡"等字),(闽语"飞""皮""洗""火"等字),(粤语"嘅"等字),(客家语"鸡""细""系"等字)。
	iɛ			iɛ		(官话音"皆""结""泄""也""耶"等字),(粤音"车""夜""者""且"等字)。
		uɛ				(吴音"关""还""奎""怀"等字)。
	yɛ					(官话音"觉""怯""雪""学"等字)。
		æ				(吴音"老""稻""造""好"等字)。

续 表

音系	官话音 北平音	吴音 苏州音	闽音 厦门音	粤音 广州音	客家音 梅县音	例 字 附 注
		iæ				(吴音“萧”“小”“笑”“妙”等字)。
			a	a		(闽音“巴”“马”“拉”“沙”等字),(粤音“花”“家”“雅”等字)。
			ia			(闽音“借”“车”“奇”“爹”等字)。
			ua	ua		(闽音“天”“瓜”“外”“蛇”等字),(粤音“华”“寡”“挂”等字)。
	A	a			A	“拏”“沙”“巴”等字,(吴音“家”“加”“排”“摆”“买”等字),(客家音“花”“话”“车”等字)。
	iA	ia			iA	“加”“卡”“狭”“下”“鸦”等字,(吴音“皆”“且”“耶”等字)。
	uA	ua			uA	“瓜”“花”“瓦”“娃”等字,(吴音“坏”“怪”“快”“拐”等字)。
		ø				(吴音“安”“满”“蚕”等字)。
		uø				(吴音“宣”“桓”“贯”等字)。
	o	o	o			“波”“婆”“玻”等字,(官话音“末”“迫”“魄”等字),(吴音“马”“爬”“车”等字,闽音“帽”“刀”“科”等字)。
	io	io	io			(官话音“唷”字),(吴音“靴”等字),(闽音“表”“票”“笑”“小”等字)。
	uo					(官话音“桌”“若”“我”“国”“火”等字)。

续　表

音系	官话音北平音	吴音苏州音	闽音厦门音	粤音广州音	客家音梅县音	例字附注
			ɔ、ɔ̂	ɔ		(闽音“布”“呼”“故”等字,及“五”“火”“我”等字)。(粤音“波”“哥”“罗”等字)。
				uɔ		(粤音“过”“禾”“和”等字)。
		ɜu				(吴音“多”“哥”“我”“古”等字)。
				œ		(粤音“靴”字)。
	u	u	u	u	u	“乌”“补”“父”“布”等字。
	ə					(官话音“哥”“何”“得”“勒”“车”“宅”等字)。
	ai		ai	ai	ai	“排”“拜”“带”“孩”等字。
	uai		uai	uai	uai	“怪”“坏”“怀”“快”等字。
	iai					(官话音“厓”“啀”等字)。
	ɛi			ɛi		(官话音“给”“黑”“这”“贼”等字),(粤音“几”“皮”“利”“希”等字)。
	uɛi					(官话音“追”“吹”“谁”“灰”“鬼”“为”等字)。
			oe			(闽音“配”“会”“鞋”等字)。
				ɔi	ɔi	(粤音客家音“开”“海”“哀”“害”等字)。
				ɐi		(粤音“挥”“危”“礼”等字)。
				uɐi		(粤音“鬼”“威”“贵”等字)。
				øy		(粤音“雷”“推”“碎”“追”等字)。
				iøy		(粤音“锐”“蕊”等字)。
			iu	iu	iu	(闽音客家音“柔”“牛”“休”“忧”等字),(粤音“骄”“表”“小”“料”等字)。

续　表

音系	官话音 北平音	吴音 苏州音	闽音 厦门音	粤音 广州音	客家音 梅县音	例　字 附　注
	ao		au ãŭ	au	au	“高”“包”“茅”“爪”等字,(闽音“厚”“口”等字)。
	iao		iau iãŭ		iau	“鸟”“小”“跳”“骄”等字。
	ou			ɐu	ɛu	“侯”“口”“偶”“狗”等字。
	iou			iou		“优”“丘”“幼”“友”等字。
				ou		(粤音“高”“保”“毛”“母”等字)。
	iŋ	iŋ	ieŋ	Iŋ ɛŋ		“精”“各”“性”“轻”“迎”“定”等字。
	əŋ	ã	ã	aŋ	aŋ	“朋”“争”“亨”“猛”等字,(闽音“怕”“骂”等字)。
	uəŋ	uã	uã	ua	uaŋ	“横”等字,(闽音“半”“潘”等字)。
		iã	iã		iaŋ	(吴音“阳”“强”“祥”“良”等字),(闽音“听”“正”“请”等字)。
				ɐŋ		(粤音“肯”“更”“行”等字)。
	iaŋ		iŭ iaŋ iəŋ	œŋ iœŋi	iəŋ	“娘”“良”“凉”“张”“伤”等字,(闽音“中”“从”“雄”等字)。
	aŋ	ã	əŋ	əŋ	əŋ	“郎”“忙”“刚”“汤”等字,(闽音“农”“红”等字)。
	uaŋ	uã		uəŋ	uəŋ	“光”“狂”“王”“皇”等字,
	oŋ	oŋ		uŋ	uŋ	“公”“红”“空”“童”等字。
	ioŋ	ioŋ		iuŋ	iuŋ	“凶”“兄”“雄”“用”等字。
			ī			(闽音“天”“见”“院”等字)。
	in	iən	in	in iɐn	in	“金”“斤”“禁”“银”等字。(闽音“浅”“眩”等字),(粤音“运”“仙”“然”“烟”等字)。

续　表

音系	官话音 北平音	吴音 苏州音	闽音 厦门音	粤音 广州音	客家音 梅县音	例　字 附　注
	ən	ən	un	ɐn	en	“吞”“恩”“陈”“根”“分”等字。
	uən	uən		nɐn	un	“昆”“滚”“魂”“温”等字。
	yn	yən		øn iøn	iun	“春”“君”“闰”“董”等字。
	an		an ãi	an ən	an ən	“山”“难”“汉”“安”等字,(闽音“宰”字)。
	ian		ian		ien	“元”“仙”“天”“袁”等字。
	uan		uan uãũ	uan un	uɔn uan	“官”“弯”“还”“欢”等字。
	yan			yn		“渊”“官”“酸”“全”等字。
			im	im	im	(闽音客家音“今”“琴”“针”“深”“寻”等字),(粤音“俭”“渐”“兼”等字)。
			am	am	am	(“南”“三”“男”“甘”等字)。
			iam		iam	(闽音客家音“盐”“俭”“渐”“严”等字)。
				ɐm iɐm		(粤音“今”“琴”“淫”“音”等字)。
		m̩		m̩	m̩	(吴语白话音“呒”“姆”等字),(粤音客家音“唔”等字)。
		n̩				(吴语白话音“唔”等字)。
		ŋ̍	ŋ̍	ŋ̍	ŋ̍	(闽音“光”“黄”“装”“糖”等字),(吴语白话音“五”等字),(粤音客家音“五”“吴”“梧”等字)。
	ə	ə				“儿”“二”“耳”等字。
			iək	ulk lk ɛk		(粤音“石”“益”“尺”“隻”等字),(闽音“百”“壁”“色”“力”等字)。

续 表

音系	官话音 北平音	吴音 苏州音	闽音 厦门音	粤音 广州音	客家音 梅县音	例字 附注
			ak iak	ak uak	ak iak	(闽音"北""乐""曝""木"等字),(粤音"百""拍""格""白"等字),(客家音"客""伯""壁""尺""隻""石""额"等字)。
				ɐk uɐk		(粤音"刻""黑""墨""测"等字),
				œk iœk		(粤音"脚""削""略""药"等字)。
			ɔk ɔk	ɔk uɔk	iɔk ɔk uɔk	(闽音"北""木""哭""国""六""肉""玉"等字),(粤音"各""恶""诺""博""国""学"等字),(客家音"阁""恶""薄""若""略""削""郭"等字)。
				uk iuk	uk iuk	(粤音"谷""禄""卜""独""速""曲""肉""狱""育"等字),(客家音"穀""哭""卜""绿""畜""肉""玉"等字)。
			it	it	it	(闽音"匹""一""七""日""乞"等字),(粤音"杰""折""舌""别""结"等字),(客家音"吉""一""日""积""食""力"等字)。
				yt		(粤音"捋""脱""血""越""夺""劣"等字)。
			at iat uat	at uat	iat at uat	(闽音"别""力""实""列""节""切""夺""月""法"等字),(粤音"法""八""拔""刮""滑"等字),(客家音"乏""末""八""拔""月""血""活""刮"等字)。

续　表

音系	官话音 北平音	吴音 苏州音	闽音 厦门音	粤音 广州音	客家音 梅县音	例　字 附　注
					iet et uet	(客家音"克""得""格""客""色""列""跌""绝""国""域""铁"等字)。
				ɐt iɐt uɐt		(粤音"侄""七""毕""匹""吉""一""日""骨""郁"等字)。
				øt		(粤音"卒""出""术""律"等字)。
			ut	ut	ut iut	(闽音"佛""骨""屈""忽"等字),(粤音"阔""活""没""末""勃""泼"等字),(客家音"骨""突""出""没""物""屈""郁"等字)。
				ɔt	ɔt	(粤音"葛""渴""曷""割"等字),(客家音"拙""渴""割""说"等字)。
			ip	ip	ip	(闽音"立""执""缉""习""入"等字),(粤音"猎""妾""叶""业"等字),(客家音"立""习""及""色""急""十"等字)。
			ap iap	ap	ap iap	(闽音"答""合""粒""帖"等字),(粤音"纳""答""塔""甲""劄"等字),(客家音"合""杂""甲""涉""妾""狭""贴"等字)。
				ɐp iɐp		(粤音"急""及""十""立""合""盍"等字)。
		iʔ	iʔ			(吴音"雪""节""跳""列""劣"等字),(闽音"鳖""裂""缺""物"等字)。

续　表

音系	官话音 北平音	吴音 苏州音	闽音 厦门音	粤音 广州音	客家音 梅县音	例字 附注
			ɵʔ uɵʔ			（闽音“白”“册”“月”“八”“笠”“节”等字）。
		aʔ iaʔ	aʔ iaʔ			（吴音“白”“尺”“格”“拍”“脚”“削”“略”等字），（闽音“百”“拍”“甲”“赤”“食”等字）。
		aʔ iaʔ uaʔ yaʔ				（吴音“搭”“达”“法”“侠”“甲”“刮”“滑”“曰”等字）。
			uʔ			（闽音“吸”等字）。
			oʔ ioʔ			（闽音“薄”“落”“阁”“学”“石”“尺”“俗”等字）。
		əʔ iəʔ uəʔ yəʔ				（吴音“拨”“勒”“则”“葉”“结”“活”“骨”“忽”“月”“血”等字）。
		ɔʔ iɔʔ				（吴音“北”“宿”“哭”“本”“谷”“莫”“学”“曲”“育”等字）
			ĩʔ ãʔ ẽʔ auʔ ũaĩ			（闽语白话音中常用此等音）。
调类	（阴平） ꜓	（阴平） ꜓	（阴平） ꜓	（阴平） ꜓꜔	（阴平） ꜔꜓	“秋”“方”“江”“清”“多”“声”“中”“栖”等字，（闽音“饮”“甜”等字），（客家音“淡”“语”“上”等字）。
	（阳平） ꜔꜒	（阴平） ꜕	（阳平） ∧	（阳平） ꜖	（阳平） ꜔꜒	“平”“名”“年”“羊”“云”“牛”“虫”等字，（闽音“高”字），（官话音“独”“木”“国”“足”等字）。

续　表

音系	官话音 北平音	吴音 苏州音	闽音 厦门音	粤音 广州音	客家音 梅县音	例　字 附　注
	(上声) ˨˩˦	(阴上) ˥˨	(上声) ˥˧	(阴上) ˧˥	(上声) ˧	"反""等""好""小""短""井""水""影"等字。
				(阳上) ˩˧		(粤音"远""五""忍""晚""雨""野"等字)。
	(去声) ˥˩	(阴去) ˨˦	(阴去) ˦	(阴去) ˦	(去声) ˥˩	"夜""半""送""爱""放""笑""到""跳"等字,(闽音"衣""层"等字)。
		(阳去) ˨˧˩	(阳去) ˧	(阳去) ˨		("凤""旧""滥""贺""面""类""段"等字),(闽音"低""五""吠""鼻"等字)。
		(阴入) ˦	(阴入) ˦	(阴入) ˦	(阴入) ˦	("谷""出""不""碧""北""竹""足""吉""黑"等字)。
				(中入) ˨		(粤音"革""百""客""角""卓""国""血"等字)。
		(阳入) ˨	(阳入) ˨	(阳入) ˨	(阳入) ˨˦	("别""月""入""食""物""日""木""绝""佛"等字)。

从上面这个表里,可以看出这五大类方音彼此间声,韵,调的种类的异同;它们所以析为各类的,就是由于语音系统上的这种差别。而这种差别的发现,也就是因乎比较研究的结果。我们如果再进一步把现代的各种方音来和古代的音读(以《切韵》音为代表)系统相比较,以窥见中国语音演变和纷歧的现象,那就成为历史的研究了。

五、方音的历史的研究

所谓历史的研究,也不外应用比较的方法,就是用古代的语音来和现代的方音比较;不过我们既然认定现代的各种方言都是从古

代语上演变而来，那末，古今语的比较，正是要追究现代这样纷歧错杂的方言怎么会从古代语上发生出来，所以可称为历史的研究。现代各处的方音虽然似乎是很纷歧错杂，要是从古音系统上追究它们发生的历史，就可以觉得它们演变的由来是极有系统，极有修理的。因为某字由某音变为某音，凡和此字同系的字也都变为类似的音；这叫做音变的规律。我们从方音的历史的研究，可以分别求出它们音变的规律；就是先测定了古音的音值，再把现代的各种方音来和古音系统相比较，从古今音系的异同上求出演变的规律。现在把北平的方音和古音系统列几个对照表，以明其分合变迁之迹：

声类演变表

古音声类	古音等呼及声调	北平音等呼	例　字	古音	北平音
见类		开合 齐撮	干、公 基、居	k	g̥ tɕ
溪类		开合 齐撮	堪、空 牵、劝	kʻ	kʻ tɕʻ
群类	平 仄 平 仄	开合 齐撮	狂 共 求 件	gʻ	kʻ g̥ tɕʻ tɕ
疑类		开 合 齐 撮	偶 吾 牛、倪 严、宜 遇	ŋ	ʔ ʔu n ʔi ʔy
晓类		开合 齐撮	好、虎 希、虚	x	x ɕ
匣类		开合 齐撮	孩、胡 嫌、穴	ɣ	x ɕ

续　表

古音声类	古音等呼及声调	北平音等呼	例　字	古音	北平音
影类		开 合 齐 撮	爱 汪 烟 怨	ʔ	ʔ ʔu ʔu ʔy
喻类		合 齐 撮	王 羊、夷 有 雲、餘 远、悦	（元音）	ʔu ʔi ʔy
端类			当、丁	t	d̥
透类			通、梯	t‘	t‘
定类	平 仄		同、唐 动、盪	d‘	t‘ d̥
泥类			乃、年	n	n
来类			兰、林	l	l
知类			张、中	ȶ	tʂ
彻类			超、痴	ȶ‘	tʂ‘
澄类	平 仄		陈、茶 直、浊	ȡ‘	tʂ‘ tʂ
娘类			女、尼	nj	n
精类		开合 齐撮	灾、宗 酒、俊	ts	ts ʨ
清类		开合 齐撮	餐、村 千、取	ts‘	ts‘ ʨ‘
从类	平 仄 平 仄	开合 齐撮	残 字 墙 匠	ʥ‘	ts‘ ts ʨ‘ ʨ

续　表

古音声类	古音等呼及声调	北平音等呼	例　字	古音	北平音
心类		开合 齐撮	三、酸 相、宣	s	s ɕ
邪类		开合 齐撮	遂、似 详、徐	z	s(tsʻ) ɕ
日类			人	ȵʑ	ʐ
照类	二等 三等		庄、争 支、周	tʂ tɕ	tʂ(ts) tʂ
穿类	二等 三等		初、疮 吹、昌	tʂʻ tɕʻ	tʂʻ(tsʻ) tʂʻ
床类	二等 平 仄 三等 平 仄		查 助 事 乘 绳 食	dʐʻ dʑʻ	tʂʻ tʂ ʂ tʂʻ ʂ ʂ
审类	二等 三等		山、生 少、书	ʂ ɕ	ʂ、s ʂ
禅类	平		成、时 树	ʑ	tʂʻ、ʂ ʂ
日类			儿	ȵʑ	æ
帮类			巴、兵	p	b̥
滂类			怕、聘	pʻ	pʻ
并类	平 仄		旁、贫 伴、病	bʻ	pʻ b̥
明类			民、茫	m	m
非类			夫、方	f	f

续 表

古音声类	古音等呼及声调	北平音等呼	例 字	古音	北平音
敷类			副、费	fʻ	f
奉类			房、伏	v	f
微类			無、文	ɱ	ʔu

韵类演变表

古韵类	古等呼	古声类	北平声类	例 字	古 音	北平音
歌		舌齿唇 喉牙		多、罗、左 何、歌	ɑ	uo、o ə
戈	合一等 合三等	舌齿唇 喉牙		妥、坐、坡 戈、和、果 靴	uɑ i̯wɑ	uo、ə yɛ
麻	开二等 开三等 开四等 合二等	舌齿唇 喉牙 照系 端精影系		拏、沙、巴 鸦、家 车、蛇 邪、嗟、也 瓜、华	a i̯a wa	A iA ə iɛ uA
鱼			ㄓㄔㄕㄖ 其他	诸、除、如、书 居、徐	i̯wo	u y
虞			ㄓㄔㄕㄖ ㄈㄨ 其他	朱、厨、殊、儒 夫、无 拘、区、虞、趋 俞、屡	i̯u	u y
模				孤、枯、吾、都 奴、租、胡、母	uo	u
萧 宵			ㄓㄔㄕㄖ 其他	昭、超、烧、饶 骄、苗	i̯eu iæu	ɑo iɑo
肴			ㄐㄑㄒ 其他	交、敲、肴 包、嘲	au	iɑo ɑo

续　表

古韵类	古等呼	古声类	北平声类	例　字	古　音	北平音
豪				高、刀、毛、曹、劳	ɑo	ɑo
尤 幽		轻唇	ㄅㄓ系 其（仄声） 他（平声）	谋、周、收、柔 有、就 丘、修、由、休 妇、浮、富 否、蜉	i̯ə̯u i̯ə̯u	ou io iu u ou
侯		喉牙 唇齿 唇音		钩、蜉、侯、欧 母、亩	ə̯u	ou u
支脂 之微 齐祭	开口 合口 （无之 韵字）	喉牙 舌齿 唇半舌	ㄓㄔㄕ ㄖ（平） （仄） ㄗㄘㄙ 其他	知、迟、时、世 儿 二 资、慈、斯、四、 比、基、奇、希、夷 妻、艺 归、奎、毁、卫 追、吹、岁 悲、飞、类	ie̯、i e̯i、iei i̯æi wie̯、wi、 we̯i iwei、i̯wæi	ʃ æ ɐʿ ʅ i uɛi ui ɛi
灰 泰 废	合口	喉牙 舌齿 唇半舌		恢、会、秽 崔、碎、最 杯、肺、梅、雷	uɑi uei i̯wei	uɛi ui ɛi
佳	开口 合口		ㄐㄑㄒ 其他 喉牙 唇音	佳、解、崖 柴、牌 蛙、卦、画 派	ȧːi wȧːi	iɛ ai uA ai
皆夬	开口 合口		ㄐㄑㄒ 其他	皆、诫、谐 牌、埋、骇 乖、怀、快	ȧːi、ai waːi、wai	iɛ ai uai
咍泰	开口	唇音 喉牙舌齿		贝、霈、倍 该、胎、乃、来、蔡	ɑi aːi	ɛi ai
废	开口			刈、乂	i̯ɐi	i

续　表

古韵类	古等呼	古声类	北平声类	例　字	古　音	北平音
东 冬 东 锺	合 一等 二等 三等 四等	唇音 喉牙 其他	唇音 （元音） 其他	蓬、梦 翁、瓮 公、通、攻、农 风、逢 融、穷、邕、胸 戎、中、从、龙	uŋ uoŋ i̯uŋ i̯woŋ	əŋ uəŋ oŋ əŋ ioŋ oŋ
江		见系 帮系 知照系		江、腔 邦、庞 椿、窗、双	ɔŋ	iɑŋ ɑŋ uaŋ
阳	开三等 开二等 合三等	正齿 喉牙	ㄅㄓ系 其他	方、张、昌、商 姜、良、香、将 庄、创、床、霜 王、匡、狂	iaŋ	ɑŋ iɑŋ uɑŋ
唐	开口 合口	唇音 喉牙		冈、当、仓、郎 帮、傍 光、汪、黄	ɑŋ uɑŋ	ɑŋ ɑŋ uɑŋ
庚 耕 登	开 一等 二等 合 一等 二等			庚、盲、生、耕 争、登、朋、恒 肱、宏、薨 弘、轰、觥	ɐŋ ɛŋ əŋ wɐŋ wɛŋ uəŋ	əŋ oŋ
庚清 清蒸	开 三等 四等		ㄓㄔㄕㄖ 其他	徵、称、呈、升、仍 惊、迎、轻、名 丁、宁、陵	i̯aŋ、i̯æŋ i̯eŋ、i̯əŋ	əŋ iŋ
庚清 青	合 三等 四等	唇音 喉牙		兵、明 兄、琼、回、扃 荣	i̯wɐŋ、i̯æŋ iwəŋ	iŋ ioŋ
真臻 欣	开口		ㄓㄔㄕㄖ 其他	珍、真、臻、人 陈、神 巾、贫、勤	i̯ěn、i̯ɛn i̯ən	ən in

续　表

古韵类	古等呼	古声类	北平声类	例　字	古　音	北平音
文	合口	唇音 喉牙		分、文 云、君	i̯uən	ən yn
痕	开口	喉牙 舌头		根、恩 吞	ən	ən nən
真 谆	合口		ㄗㄑㄒ 其他	囷、均、旬、俊 春、唇、遵、笋	i̯wĕn i̯uĕn	yn uən
魂	合口	唇音 喉牙 舌齿		盆、门 昆、魂 村、论	uən	ən uən uən
元	开 合	喉牙 唇音 喉牙		言、建、献 翻、烦 元、袁、鸳、喧	i̯ɐn i̯wɐn	iɛn an yan
寒	开			单、安	ɑn	an
删山	开	喉牙 其他		颜、奸、闲 删、山	an aːn	iɛn an
桓 删 山	合	唇音 其他		潘、蛮 端、还、鳏	uɑn waːn wan	au nan
先 仙	开 合		ㄓ系 其他 ㄓ系 其他	缠、然 乾、仙 穿、船 选、权	ien i̯æn iwen i̯wæn	an iɛn uan yan
侵			ㄓㄔㄕㄖ 其他	斟、沈、深、任 金、侵、心、音	i̯əm	ən in
盐添 严			ㄓㄔㄕㄖ 其他	詹、谄、陕、染 兼、严、尖、潜	i̯æm iem i̯ɐm	an iɛn
覃 谈				甘、坎、眈、探 谈、惭、三 蓝	ɑm ɑːm	an

续　表

古韵类	古等呼	古声类	北平声类	例　字	古　音	北平音
咸 衔 凡			ㄐㄑㄒ 其他	缄、喦、衔、剑 欠 谗、衫、斩、凡	am aːm i̯wɐm	iɛn an
屋沃	合一等			木、酷	uk uok	u
屋 浊		喉牙 其他	（文言） （白话）	育、局 福、肃、足、绿 粥、熟、肉 绿、六	i̯uk i̯wok	y u ou y、io
觉			ㄐㄑㄒ 其他（文言） （白话）	觉、確、学、岳 剥、朔、渥 角、学、壳 剥、雹	ɔk	yɛ uo iɑo ɑo
药	开 合		ㄓㄔㄕㄖ （文言） 其他 （白话）	灼、绵、芍、若 爵、鹊、削、略 嚼、脚、雀、鹊、削 着、杓、芍、弱 缚	i̯aŋ i̯wak	uo yɛ iɑo ɑo u、uo
铎	开 合	喉牙半齿 其他		各、咢、落 铎、诺、索 郭、霍		ə uo uo
陌 麦 职	开二等		（文言） ㄅㄓ系 （白话）	客、策、色、测 拍、白、百、柏 宅、择、折、色	ɐk ɛk ək	e ai
陌 麦	合二等		（文言） （白话）	虢、获 麦、脉	wɐk wɛk	uo ai
职	开三等 合三等		ㄓ系 其他	职、食 即、极 域、洫	i̯ok i̯wək	ʃ i y

续　表

古韵类	古等呼	古声类	北平声类	例　字	古　音	北平音
德	开 合	唇音 其他	(文言) (白话)	北、恧 则、德 北、得、勒、黑 贼、塞 国、或	ək	uo ə ɛi uo
陌 昔 锡	开 三等 四等 合 三等 四等		业系 其他	隻、尺、释 戟、逆、昔、益 壁、觅 碧、役、疫 阒	i̯ɐk iek i̯æk i̯wɐk iwæk iwek	ʃ i i y
质 栉 迄	开口		业系 其他	姪、叱、蝨、日 吉、必、乞	i̯ĕt i̯ət i̯ɛt	ʃ i
物	合口	唇音 喉牙		弗、物 郁、屈	i̯uət	u y
术	合口		ㄐㄑㄒ 其他	橘、恤、戌、聿 出、术、卒	i̯uĕn	y u
质	合口			率、帅	i̯wĕt	uai
没	合口	唇音 其他		勃、渤、没 骨、窟、突 卒、忽、笏	uət	uo u
曷	开口	喉牙 其他		葛、渴 达、捺	ɑt	ə A
月	开 合	喉牙 唇音 喉牙		讦、谒、歇 发、伐 厥、月、越	i̯ɐt i̯wɐt	iɛ A iA
黠 镨	开 合	喉牙 其他		黠、瞎、辖 八、技、杀 滑、刮、刷	aːt at waːt、wat	yɛ A uA

续　表

古韵类	古等呼	古声类	北平声类	例　字	古　音	北平音
屑 薛	开 合		ㄓ系 其他 ㄓ系 其他	哲、热 节、别 辍、说 穴、绝	iet i̯æt iwet i̯wæt	ə iɛ uo yɛ
末	合			阔、夺、拨、活	uɑt	uo
缉			ㄓ系 其他	执、湿、十 及、习、揖、吸	i̯əp	ʃ i
叶 帖 业			ㄓ系 其他	轧、詟、涉、摄 妾、猎、协、劫	i̯æp iep i̯ɐp	ə iɛ
合 盍		喉牙 其他		阁、合、盍 答、纳、杂、腊	ɑp ɑ:p	ə A
洽 狎 乏			ㄐㄑㄒ 其他	夹、恰、鸭、狎 札、插、霎、法	ap a:p i̯wɐp	iA A

调类演变表

古音声调	古音清浊	附　　注	北平音声调
平声	清音	（即清音之声类）	阴平
	浊音	（即浊音之声类）	阳平
上声	全清	（即清音声类之不送气音）	上声
	次清	（即清音声类之送气音）	
	次浊	（除塞音及塞擦音之浊音声类）	
	全浊	（塞音及塞擦音之浊音声类）	去声
去声	清 浊	（一切声类）	去声

续　表

古音声调	古音清浊	附　　注	北平音声调
入声	全浊	（塞音及塞擦音之浊音声类）	阳平
	次浊	（除塞音及塞擦音之浊音声类）	去声
	其他	（即清音之一切声类）	阴上 隔去

我们从上面的几个对照表看来，可以知道由古音系统演变为现代北平的方音，实在是依据于两种基本的原则的：其一，是依据于人类语音演变的一般的趋势，就是语音"简易化"的这种原则。其二，是依据于某种语音系统上对于某音特有的倾向。在某种音读系统当中，有时某一种音的演变，是因为自身发音习惯上具有一种独特的倾向，不必合于简易化的原则的。所谓语音的简易化，就是使原来复杂难读的音，变成比较简单易读的音。最显著的，为音的"失落"，音的"同化"，音的"异化"这三种现象。现就上列几个对照表里所显示的举出几种事实来分别说明：

音的失落　例如古音疑母微母的字，现今北平方音里失去了它们的起首音 ŋ 和 ɱ。古音日母的字，由 ȵʑ 简化而为现今北平音的 ʐ 或 æ。古音支、脂、之、微、齐诸韵的字，由 ie̯、e̯i、iei、i̯æi 等音简化而为 ʅ、ɿ、i、æ 等音。古音入声字的收尾音 p、t、k 在现今北平音里都失落了。这些都是使繁复的音变成简单的例子。

音的同化　例如古音见、溪、晓诸母齐齿呼，撮口呼的字，在现今北平音里因为 i、y 舌前化的作用，使声纽 k、kʻ、x 的音变成舌前音的 ȶɕ、ȶɕʻ、ɕ；精，清，心诸母齐齿呼，撮口呼的字，也是因为 i、y 舌前化的作用，使声纽 ts、tsʻ、s 的音变成舌前音的 ȶɕ、ȶɕʻ、ɕ。只有 tʂ、tʂʻ、ʂ、ʐ 一组的声母，舌叶有向后的作用，避去 i、y 的舌前化，所以现今北平音里，完全是开口呼，合口呼的字。又如古音麻韵 i̯a

一类的字，到了现今北平音里，变为 iɛ 的音；戈韵 i̯wa 一类的字，变为 yɛ 的音；这也是因为 i 音舌前化的作用，使得后面的 a 和 ɑ 都变为 ɛ，而不变为 A 呼 o。这种避去相异的音素，使连接的音变为相同或相近，就是使难读的变成易读。

音的异化　例如现今北平方音里 b̥、p‘、f、m 这一组唇音声母的字，往往避去合口呼，撮口呼的圆唇化，如古音魂韵 uən 的音，文韵 i̯uən 的音，到了现今北平音里，凡是属于这一组唇音声母的，都变为开口呼的 ən 音了。这种避去相同或相近的音，使连接的音变成相异，也是使难读的变成易读。

至于由古音系统演变为现今北平音，属于语音系统上某种独特的倾向，未必合于上面所说那种简易化的原则的，例如歌韵 ɑ，戈韵 uo 的音变为 uo 或 ə，乃是由于这些字音里的元音具有一种上升或合口的倾向。又如麻韵 a 的音变为 A，乃是由于这些字音里的元音具有一种前进的倾向。又如群 g̥、匣 ɣ、定 d̥、从 dz‘、邪 z、床 dʐ、禅 ʐ、并 b‘、奉 v 等，这些浊音的声纽，到了现今北平方音里。都归并于清音的声纽当中，变为 k、k‘、x、t、t‘、ts、ts‘、s、tʂ、tʂ‘、ʂ、b̥、p‘、f 这些音了。又如侵、监、添、严、覃、谈、咸、衔、凡诸韵具有收尾音 m 的字，在现今北平方音里，都并入于以 n 为收尾的韵母了。这些都可以说是由于某种语音系统上独特的倾向演化成功的。

依照简易化的原则和语音系统上某种倾向演变的结果，使得现今北平方音里声，韵，调三方面的现象，比较原来在古音系统里的都要简单得多。在声纽方面最重要的演变，就是鼻音的声纽有减少或失落的趋势，浊音的声纽又并入于清音（现代北平方音里具有一个浊音声纽 ʐ 的音——就是《注音符号》上的“日”母——乃是由古音上原来一个鼻音转变而成，并非本为真正浊音的声纽）。而且声纽和韵类的拼法，在现今北平方音的系统里也大受限制，g̥、k‘、x 一组的起首辅音，tʂ、tʂ‘、ʂ、ʐ 一组的起首辅音，以及 ts、ts‘、s

一组的起首辅音，必定是属于开口呼，合口呼的字；就是它们的后面，没有和 i、y 的元音相拼合的。tɕ、tɕ‘、ɕ 一组的起首辅音，必定是属于齐齿呼，撮口呼的字；就是它们的后面，必定有 i、y 的元音相拼合的。在古音的拼音形式上是没有这样限制的规则的。至于现今北平音的韵类，更比古音系统里要简单了。不但 m、p、t、k 四种收尾音为现今北平音里所不容有，而各韵类当中所包含的元音也比古音系统上的简单得多。古音上的声纽，既然有清音，浊音的相配，因而平、上、去、入四调，实际可分为清平、浊平、清上、浊上、清去、浊去、清入、浊入八调。演进到了现今北平方音的系统上，既然浊音消失并入于清音，所以浊音四调也自然并合于清音四调，所剩余的，只是阳平的一个遗迹罢了。又入声诸韵 p、t、k 的收尾音既然失落，元音的后面，没有跟着一个闭塞音以缩短它们的音长，于是不能保持短促的音读，也渐渐变为长音而并入于平、上、去的三调当中。因之古音的八调变为现今北平音的阴，阳，上，去四调了。由古音系统演变为现今北平的方音，是依据于这些音变的规律而使然的。我们从这两种系统的比较上，也可以知道两者间的演变，无论在声、韵、调的那一方面，都是向着语音“单纯化”的路上进行的；而且在演变的过程当中，这三方面的现象也常有相互的关系。

我们再来观察其他各处的方音怎样从古音系统上演变出来。其他各处的方音，虽然它们单纯化的趋势没有像北平方音里的那样显著，可是总离不了语音简易化的原则，和它们语音系统上各自具有的独特的倾向。我们要知道这两种音变的原则，并不是绝对的，必然的，而只是从实际语音演变的事实当中，引出许多例子，作为一种规纳的说明罢了。所谓“语音法则”（phonetic laws），并非自然科学里定律，须绝对遵守的。因之某种音变的规律，在这处是如此，而在他处未必是如此；在某种方音里依照它演变，在别种方

音里并不必依照它演变；在某种方音里具有了某种音变的倾向，在别种方音里并不一定具有这种倾向。所以现代各处的方音，同是由古代语上发生出来的，而各自歧异，演成为各种不同的系统。例如官话音里把古音见、溪、晓诸母齐齿呼，撮口呼的字，变为 ʨ、ʨʻ、ɕ 等音，在吴音里也是如此，这在上面说过，是由声纽后面 i、y 元音舌前化的作用，使得原来 k、kʻ、x 等音变为 ʨ、ʨʻ、ɕ 的。但是在闽音、粤音、客家音里并没有发生同样的音变的事实；在这些方音里，见、溪、晓诸母齐齿呼，撮口呼的字，仍旧保持着原来的舌根音，并没有变为舌前音。（参看上文五系方音对照表，下仿此）又如精清心诸母齐齿呼，撮口呼的字，在官话音里也因为 i、y 舌前化的作用，把古音的 ts、tsʻ、s 也变为 ʨ、ʨʻ、ɕ，而在吴音里却并不如此，仍旧保持着 ts、tsʻ、s 的音。又古音群、匣、定、並、奉、床、禅、从、斜诸母的字，原来是属于浊音声纽的，在官话音，闽音，粤音，客家音里都各自并合于清音声纽当中，而在吴音里却并不如此，仍旧保持着 gʻ、ɣ、dʻ、bʻ、v、dzʻ、z 等的浊音。在官话音里，鼻音声纽有减少或失落的趋势；而在吴音客家音，粤音里却并没有这样显著的倾向；只是闽音里把一部分微母的字转为 b 的音，一部分疑母的字转为 g 的音罢了。又古音照、穿、审一组和精、清、心一组，在官话音和客家音里，大都能够分别；而在吴音里，把照、穿、审一组混合于精、清、心一组当中，闽音及广州一带的音却又把精、清、心一组混合于照、穿、审一组当中。在粤音里又把古音溪母 kʻ音的字，大多数开口呼、齐齿呼、撮口呼的变为 h 的音，大多数合口呼的，变为 f 的音，这又是这种语音系统里一种独特的倾向。大概在粤音里，最初把原来 kʻ音送气的情形读得特别显著，使 kʻ变为 kh，后来 h 占了优势，再由 kh 变为 ^{k}h，最后，就摆脱了 k，变为简单的 h 了。其中合口呼的字，又很多受了圆唇化的作用，再由 h 变为 f 的音。又有许多合口呼的字，声母由 h 变了 f，后来它们再变为开口呼，把 u

的元音弃去了。例如粤音的“科”“快”二字，我们可以测定它们演变的历程如下：

“科”　(古音)k‘ua→k‘uo→khuo→^{k}huo→huo→fuo→(今粤音)fo

“快”　(古音)k‘uai→khuai←^{k}huai→huai→fuai→(今粤音)fai

这种由 h 音变为 f 音，同时由合口变为开口，在闽音里又得到了一种恰好相反的事例。古音非、敷诸母的字，在闽音里大都由 f 音变为 h 音，同时也有很多由合口呼变为开口呼；这正是依着上面所说相反的历程演变的结果。至于韵的方面，在官话音和吴音当中，把侵覃诸韵收尾音的 m 都变做 n，而在闽语、粤语、客家话当中，仍旧保存着 m 的收尾音；在吴音当中并且把 ŋ 的收尾音也很多混入于 n 的收尾音。在官话音和吴音当中，把入声诸韵的 p、t、k 这些收尾音失落了，而在闽语、粤语、客家话当中，大多数仍旧保存着 p、t、k 的收尾音；这种入声字，在北平一带的方音当中，并且因收尾音的失落而变为长音了。又如“凡”“法”二字，在古音系统里是以 m、p 为收尾的，这种收尾音既然在现今粤音里保存着，那末，它们的收尾音照例仍旧应该是 m、p，可是现今粤音“凡”字读为 fan，“法”字读为 fat。这是因为受声纽 f 这种唇音的异化作用，使唇音的收尾音 m、p 变为 n、t，它们演变的历程，可以渐定如下：

“凡”　(古音)pjiwɐm→fjwɐm→fɐm→fam→(今粤音)fan

“法”　(古音)pjiwɐp→fjwɐp→fɐp→fap→(今粤音)fat

但是这种变化，在客家音里却并不如此：“凡”字，客家音读为 fam，“法”字，客家音读为 fap，并未曾发生异化作用。因此我们可以知道语音演变的规律，并无必然性，而只是具有一种相对的可能性。例如在吴语里，因保持着清浊音的分别而区为阴阳调类；在官

话音和客家音里，因清音归并于浊音，也不分阴阳调；在粤语及闽语里浊音虽归并于清音，而阴阳调类仍能分别。某种音变的规律，在某处依着它变，在别处往往并不如此；因此在这一处的方音里发生了某种变化，而在别一处的方音里往往并不发生。所以中国各处纷歧的方音，同是由古音系统上演变出来的，而各自具有特征，不能一致。但是，无论怎样纷歧错杂的现象，从它们演化的历史上看来，总是不出乎语音简易化和语音系统上特殊倾向的两种原则。而就各种方音一般演进的趋势以言，虽然单纯化的程度并不一致，总是向着这路途上进行的。

此外，还有两种情形不能用音变的规律来解释的。第一是受别处方音的影响。例如北平音的“贞”字，照例应该是读为 tʂəŋ̆，不应该读为 tʂən，因为这个字在古音里是以 ŋ 为收尾的，而-ŋ 和-n 的分别，在现今北平音里仍旧保存着。可是“贞”字，今北平音竟然变为 tʂən；把 ŋ 的收尾音变为 n，所以单独在这个字上发生的，大概是因为受了南方官话的影响。又如“开”字，在客家话里，通常读为 k‘oi，因为古音里的 k‘，在现今客家音里仍保持着不变；但现今广西南部的客家话，竟然读“开”字为 hoi，把 k‘的起首音变为 h，所以单独在这一处的客家话里发生的，显然是因为受了粤音的影响。又依粤音的通例。古音里 k‘的起首音大都变为 h，只是“揩”“亏”“坤”“旷”“启”“却”“窍”“驱”“缺”等，这些可算是文言里的字，独独读为 k‘，没有变为 h，这大概又是受了官话音的影响而使然的。在中国各处的方音当中，官话音的势力最大，别处地方所受它的影响也最为显著。因为官话音在数百年来，凭借着政治的力量，扩张它的势力，大家以此为读音的标准，尤其是士大夫阶级首先受它的影响。因之在吴语闽语等的音读当中，往往可以分做两种系统：一种是士大夫口里的文言音（或称读书音）也就是受了官话影响以后的音；另一种是一般人口里的白话音（或称说话音），也就是未受官

话影响以后的音。例如吴语“问”字的文言音为 vən，白话音为 mən；“鸟”字的文言音为 niæ，白话音为 tiæ 等等，这些在上文关于“调查方音的方法”的一节上，已经约略的提举过了。同是在官话音里，也偶然见到读书音和说话音的歧异，例如上文所举的“白”字北平的文言音读为 po，白话音读为 pai；这大概又是受了南方官话的影响的。至于第二种情形不能用语音演变的规律来说明的，就是所谓借贷语词（或称为外来语）。因为这一地方的方言当中本来没有这个语词，有时引用着别处方言或竟别国国语里的语词，也连带着读为别处方言或竟别国国语的音。例如“他”字，在吴语里本来应该读为 t‘o，不读为 t‘a，因为吴语白话里用不着“他”字，偶然在书报上看见，就顺便依照官话音读为 t‘a 了。又吴语“像煞有介事”这个成语，引用到官话当中，也依照吴语白话音读“介”为 kæ，不读为 tɕie 了。又如“咖啡”的“咖”字，依北平音的通例，应该读为 tɕia，不应读为 ka，但是因为它们是英语“coffee”或法语“cofé”的译音，所以这个字在北平音里，也渐倾向于把它读成了 ka 的音。这就是借贷语词不受语音演变规律的影响的例子。我们依据音变的规律和这些例外的情形来观察现代各种方音怎样从古代语上发生出来，就可以知道它们彼此间虽然似乎是很纷歧错杂，而从古音系统上演变出来的历程，是极有系统，极有条理的，而且可以推寻各种现象发生的由来。

六、方音研究与中国音韵学

我们所谓方音历史的研究，就是把现代的各个方音系统来和过去的古音系统相比较，以明了现代各种方音纷歧演变的由来；在这里我们就要发生一个问题；现代各处地方的音读，固然可以应用调查的方法，以观察它们的语音系统而比较彼此间的异同；至于古代语上各字的音读，中国文字根本不是音标字母，我们怎样来测定

它们？怎样知道了古代的音读系统？对于这个问题的解答，我们就从现代方音的研究推进到了中国音韵学的范围了。原来方音比较的研究，直接的目的固然是在明了各处音读系统的异同，而区分它们的种类；间接的结果，又可以用来和韵书等韵表里所显示的各种读音系统相印证，以测定古代的“音值”。这里姑且举出高本汉的话来作一个说明：

西洋语言的科学，根据许多亲属的语言，考求它们所从发展的原始语，已经成功了。原始印度欧洲语，就是梵语，希腊语，拉丁语，德语，俄语，这许多各异的语言所从发生的，它的几种重要现象已经考明出来了，它是怎样的纷变而为这许多各异的语言，也已经发现出来了，这是语言学上一件最得意的事。中国地方既然有许多种方言存在着，它们彼此的差异举个例，正如北德意志方言和南德意志方言那样差异，言语学者在这里的工作是和西洋很相像的；那末，关于古代中国语，我们从各种方言的比较究研上，引出许多结论，当然是可能的。这许多方言本身上的证据，更可加上别方面的证据。佛教传入中国，是在西元后最初几百年间，那时许多印度的梵僧到中国来。那些梵僧是古时高等的专精语言学家，他们教授中国人依着文法来研究中国的语言。于是发生一种结果，中国的学者开始来排列中国语上音韵的部类：在字典中，把发声相同的语词以及收韵相同的语词聚集在一起；又把其中取出许多语词做标本，列成为几个总表；表中就是依照语词彼此发音上的关系，来归成许多部类，（例如某一类的语词有 t-、t‘-、d‘-、n-的音，另一类的语词有 p-、p‘-、b‘-、m-的音等等）。古代学者这种语言学上的工作，对于现代的学者是很有价值的。（拙译《中国语与中国文》第 16—17 页）

关于这种测定古音的方法，就是由方音比较研究的结果以和中国音韵书上所显示的来相印证，我可以举出最重要的几点来做例子：

（一）隋唐古音上清浊声纽和清浊八调的分别，我们从现今吴语里清浊音及阴阳调的分别得到一种确实的证明。

（二）官话音系虽然是代表现代最单纯的一种方音，而“知”类字和“资”类字的分别，韵尾-n和-ŋ的分别，在他种方音系统里已经泯没或混同了的，却也可以用来和古音系统相比证。

（三）古音系统上韵尾-m和-n的分别，从闽语，粤语，客家话当中，就可以得到显著的证据。

（四）古音系统上入声韵尾-p、-t、-k的存在，从闽语，粤语，客家话里也可以得到大部分的证据。

（五）至于等呼的分别，在各种方音里，因演变纷歧的结果，往往有许多字古属彼呼，今属此呼的。例如真侵两韵在古代是属于齐齿呼的，在官话音和吴音当中就有一部分变入开口呼，粤音里则完全变成了开口呼。而在闽音和客家音里，这两韵却完全保存了齐齿呼，和隋唐古音可相比证。

（六）至于韵素当中元音的性质，演变和纷歧的现象，更是繁杂；往往某一韵的字，在古音原来属于某一种元音的，从现代各地方音当中很少可以看出它的遗迹，而只在某一处的音读里还保存着它的性质，我们便可以用来做一个古音的比证，例如歌，戈韵的字，在古音里读为ɑ，在现今各种方音里却多数读为o或u或ə；我们却在现今厦门方音里看见了这些字的古音读法的遗迹。

我们依据这种比较方音的方法来构拟古音的音值，因为我们认定现今各处纷歧的方音，都是从古音系统上演变出来的。古音的遗迹，在某种方音里已经泯没了的，在另一种方音里却还保存着；我们自然可以利用这些实际活语的现象，参互综合起来，以构

拟过去的“死语”音系。同时我们还须知道这种构拟的方法，除了应用方音的比较和韵书等韵表所记载的来相比证之外，还有其他很可宝贵的材料。一种就是六朝隋唐时候音译的外国语；这种材料以佛典译音为主。我们可以用梵文的拼音字母来和当时的音译对照，以反求原语的发音。另一种就是外国所传述的魏晋唐宋间的中国语。这种材料，以日本的汉音、吴音、高丽译音，安南译音等为主：我们可以用这些音标字母上所表明的音切，来观察那时原语的发音。依据了方音的比较和韵书等韵表上的比证，再参合这些宝贵的材料，于是构拟成为一种古音的系统，测定了古代各个字体的音读。例如“Buddha”这个语词，翻做中国的“佛”字，现今官话音读为 fu 或 fo，我们依据方音比较的研究，可以得到了下面一个结论：这个字在中国古音上，原是读为 b‘juət（以某种古方言上是读为 b‘juəd），它和原文的“Buddha”就觉得很适合了。又如“劫”这个语词，官话音读为 tɕie，粤音读为 kip 等等，我们依据方言的比较及中国音韵书上的材料，可以有理由相信这个语词在古音上是读为 kiɛp；这个便可以应用日本译音来证明。日本译音上，这个语词现在读为 kio，但是古代原来的拼音形式是 kefu，而在一千五百年前，这个 kefu 输入日本的时候，原来是读为 kepu（-u 是寄从的元音）的。日本音的演化是 kepu→kefu→$ke^{w}u$→keu→kio。于是我们考明了这个语词在古代的音读，可以从日本原来的音读形式上，得着一个强有力的证据了。我们所测定各个字体的古音音值，所构拟的古音系统，一方面固然有了中国音韵书上的记载做个间架，一方面尤须凭借了这种外国译音的宝贵的启示，可是，无论如何，在研究的程序上，必定要以现代方音的比较研究做个基础。第二步再以这样构拟得来的古音系统做个阶梯，依据古书上或文字上所搜得的证据和比较方音学上所供给的佐证，更应用世界上许多语音演变的事实来相类比，以测定上古音的读法，而构拟

那时的一种系统。这就是现今中国音韵学上最主要的一种工作，所以现代中国方音的研究，由调查、比较、分类，以至历史的研究，不但因之建立了中国方言学的强固的基础并且对于中国全部音韵学，也有不少的供献和促进，使它在质和量的两方面都随着大大的进步和扩展。

（《新科学》1939 年第 1 卷第 5、6 期，
1940 年第 2 卷第 6 期）

中国音韵之研究

吾国音韵之学，自来隶诸文字范围，以与形体训诂相对立者也。盖文字为词言之符，声寄于形，而义由声出。小学以讽诵为始事，六书以音韵为大纲；欲明文字，音读固不可不办也。

惟吾国造字之例，不据拼音，形声假借诸科，亦仅譬况字音，以示彼此有同似之读而已。固非规定“音值”，分析“音素”，如彼字母拼音之所为也。夫一字之音，始发为“声”，收尾为“韵”；声韵从同，或“调”有变异。故字音之学，常分“声”“韵”“调”三者以资考校。乃于吾国字例之条，仅以知字与字间或属双声，或属叠韵，或属同调；固不能定其读为何纽，何韵，何调也。

又时有古今，地有南北，习俗相变，一嗃一吱，呼读固不能无殊。字无一定之音值，惟据时地以为断。字音组织既非简单，呼读转变，又极繁杂；是以吾人于字学之中，辄谓辩形较易，而审音维难者，诚非偶然之故也。兹推论之如下：

汉字之用，偏重示义，而难谕声音。吾国自来素乏标音之具；故四声韵纽，名目虽具，亦惟以区分界画，无以指明音值。彼之所音，或异于此之所读，诚有所谓“指马之喻，未知孰是”者然。此音韵之所以难解者，一也。吾国科学未盛，音理不尽明，分析类别，每失其定准；兼以术语淆乱，名实相混，遂致纷纭难以究诘。例如“五音”“七音”之辨，未臻精确，“清浊”“洪细”之分，颇难相谕。又如

“阴阳”一辞，或以“韵”言，或以“调”言；以韵言，则阴阳与入声鼎立，以调言，则阴阳与上去分界。稍或不审，即难免流于扪烛扣盘者矣。此音韵之难明者二也。时地不同，“音系”有殊，此疆彼界，不容混杂；乃撰次“韵书”“等韵”者，每多迁就成说，与实际睽离。如言近代官话音，竟有纽类遵守三十六母，韵目沿用一百六部者，周冕胡服，不伦之至。初学未察，以为字有定音，音有定类，举其“板行之谬语”，泯没音系之区分，衡诸口耳，自多扞格难通。此音韵之不明者，三也。吾国记音之书，以四声为纲，韵目为经者，为韵书，以韵目为经，字母为纬者为等韵；编次体例，或分篇章，或取图表；注音方式，或用直音，或采切语。而要之足供吾人窥察之资；其分合异同之间，即示所据音系之别异也。或者不明于此，竟抱入主出奴之见，或藐视太甚，或计值过高，遂致泯其真价。如宋人《广韵》，蓝本于隋唐韵书，乃或竟以上稽姬汉；元代《中原音韵》，所以载当时北音，而驳斥其不合于古。权衡失宾，歧误滋多，而迷惑愈甚。此又音韵之不明者，四也。

是以吾人欲研究音韵，必袪此四弊，爰得下列四术焉：一曰，采用标音符号，以显示字音之现象；二曰，根据发音学理，以类别音读之异同；三曰，区分语音系统，以观察古今各地之音变；四曰，审定音书价值，以确指研究之途径。盖吾国注音，由一字直音转作二字之切语；于是类别切语下字，以成韵书之韵目，类别切语上字，以成等韵之字母。虽声韵分析，日趋显豁，而仍以汉字注汉字之音，其确凿之音值，固末由指明也。晚近国音字母出，厥有二式：一为《注音符号》，一为《国语罗马字母》，亦惟取准于近代北音，不足以驭古今方国。故欲显示音读组织，必得一周详符号，使音有定符，符有定值，放诸四海而皆准；则《国际音标》（亦名《万国语音学字母》）尚矣。此研究音韵之宜采用标音工具者也。一音之发，其关于“元音”“辅音”之种类者为“音色”，其关于“乐音”之高低者为“音

调”,其关于气息之强弱者,为“音势”,其关于时间之长短者为“音量”。苟此之不明,何以分析音读组织而别其异同焉?何以窥察字音现象而尽其变异焉?何以究诘混淆之名辞而得其实义焉?此研究音韵之必以西洋发音学理为基础也。吾国读音,依时代之序,可分为周汉间之上古音,魏晋唐宋间之古音,元明以来之现代音三大系统。上古音,以诗骚韵语,形声假借等为研究之资,即世所称为“古音”学者也。隋唐古音,以《广韵》及宋元等韵为研究之资,即世所称为“今音”之学也。至现代音,则以元明以来之北音为标准,并有北音韵书及明清诸家等韵可为研究之资,即世所称为“国音”学者也。若依地域区分读音,则北音及中部西南之音可划入官话音系,东南沿海一带又可分为吴音、闽音、客家音、粤音诸系。允宜依其声韵调之种类,各取特征,以考较异同,而究明纷变迁移之迹焉。此研究音韵之须分别语音系统者也。音系既区分明晰,则何者足为研究何时何地之音,自可分别规定。盖自来记音之书,虽难免有迁就旧说,混杂音系之处,而统体以观,总不离时地之背景,而具有其特征。固宜汰沙取金,存真去伪,估资料之真价,而定研考之门径焉。此研究音韵之宜审定音书价值者也。

上列四术,皆所以研究中国音韵,而须相辅并行,缺一不可。何则?不用周详之音标,则字音无以记录,研究即失其凭借;不明发音学理,则音读无以分析,音标亦无以使用;不具音变之观念,则音系无以分别,研考之资料亦即无由处理;不定音书之价值,则所向无指,取径无从,学终无以成焉。江永云:“音学须览其全,一处有阙,则全体有病。”(《古韵标准例言》)即此之谓矣。

(《文学研究》1939 年第 1 卷第 1 期)

中国语音的演变与音韵学的发展

一、语文的现象和语文的研究

无论那一种学术，总是随着一般文化的演进而发展的，一般文化上发生了某种剧烈的变动，各种学术也自然依着这种变动而各自地进展。因为一般文化上的某种剧变，往往对于某种学术，也增进了它的必需的基本智识，供给了它所应用的新工具，扩大了它所采取的材料和门径，以敦促它的进境和发展。所以我们要窥探某种学术演进的情形，我们必须要注意到一般文化上的几次大变动，和这些变动所给予这种学术的影响。可是，学术的本身又离不了研究的对象，某种学术就是对于某方面现象的探讨和说明，因之这种现象本身所具有的性质，往往足以影响于学者的心理，而使这种学术也形成了某种特殊的状态，现象的本身发生了某种变化，学术上也随着适应这种变化而应起了一些动态。所以我们要考察某种学术的如何发展，同时尤须注意到它所研究的对象，在本身上具有怎样一种性质，经过怎样的演变，以及怎样的影响于这种学术的发展。中国语文本身的现象，影响于中国语文学的发展，便是一个显著的实例。

我这里要叙述中国音韵学的发展和中国语音演变的关系，便是要表明语文本身的现象对于语文研究所给予怎样的影响，以及一般文化上的变动怎样的促进这种学术的发展。所谓中国音韵学

就是分析汉字或汉语当中所包含的“声”“韵”“调”三种元素，而说明它们的发音和类别，并推究它们的相互关系和古今流变的一种学术。我们要把中国语文上音读的现象加以分析，并且说明它们的类别和发音状态，固然须有发音学的基本智识；再要推究它们的相互关系和古今流变，那末，除了具有基本的发音学智识之外，尤须运用适当的工具和方法，并且根据于丰富正确的材料。这种发音学的智识和研究时所运用的方法，所根据的材料，自然是随着一般文化的演进而有进步和发展的；可是，无论如何，总离不了研究的对象。中国语文本身上所具有的性质，常常足以影响于研究语文者的心理，使他们在考察和分析音读方面的现象的时候，也适应着这种语文的性质，而采取了一种特殊的方式。

中国语通常说是“单音缀语”或“孤立语”，在语词形态的变化上，双声、叠韵的关系最为显著；又每字有固定的声调，字调的区别也很占重要的地位。所以中国音韵学最初的建立，就是在语音上声、韵、调三种元素的分析。因为中国语的这种性质，使文字上也演成了一种单音缀的“表意的”字体，它的本身上没有确定的音值。过去学者受了这种文字的洗礼，虽然把字音里所包含的元素分析出来，而总是沿用着汉字注汉字的方法。反切和读若、直音的分别，在注音的效用上，也只是反切以两个字体来表明所注字的双声叠韵的关系，或者更用下一个字体兼表字调的种类。由叠韵的关系总括得来韵书上的韵目以至等韵表上的韵摄，由双声的关系归纳而成的字母，仍旧用通行的汉字来作标目。因之在过去许多关于音韵学的书籍当中，我们只能窥知当时所认为某种同音字的系统，而不能确定各个字的音值和调值；各个韵部和各组字母彼此间的分别以及等韵上各等各呼的分列，在后代，或且当时，也往往难以明了它们的所以然。过去中国音韵学上所以形成这种特殊的状态，正是由于它所研究的对象，就是中国的语文，具有了特殊的性

质，而使音韵的研究上也受了这种性质的影响。

研究的对象既然足以影响于学者的心理，所以中国的音读现象上发生了某种变化，学者也随着适应这种变化而使音韵学上成立了某种建树和改革。我这里应该先来叙述中国古今音读演变和纷歧的大略。

二、中国音读的演变和方音分布的区域

中国历代的音读演变，现今为研究的材料所限制，只能大略的分做下列的三个系统来说：

（一）上古音系统，代表周汉间的语音，以《诗经》《楚辞》等韵语及文字上的“形声”“假借”为研究的根据。

（二）古音系统，代表六朝唐宋间的语音，以《广韵》等书为研究的根据。

（三）现代音系统，代表元明以来的语音，以“北音”韵书及现今北平方音为研究的根据。

这三个系统，再说得狭隘一点，上古音就是指《诗经》音；古音就是指《切韵》音；现代音就是指国语标准音。其他书本上所见或考证得来的系统和上列的三者有出入的，可以认为是这三者间的过渡音，或因当时受了某种特殊方音的影响而然的。我们只要把上列的三种系统比较一下，就可以明了中国古今语音演变的大势。

依据现今研究的结果，古音系统当中的声、韵、调三种现象，比较现代国音当中的要繁复得多。现代国音里声纽二十一类，较之隋唐古音里的四十七类，特别的简单，除了属于影、喻二母的四类归入了韵母以外，最重要的变迁，就是鼻音的声纽有减少或失落的趋势，“浊音”的声纽，又并入于“清音”，所剩留的，只是“日”母的一个遗迹罢了。而且声纽和韵类的拼法，在现代国音系统上也大受限制，“ㄍ”“ㄎ”“ㄏ”的一组，“ㄓ”“ㄔ”“ㄕ”“ㄖ”的一组和“ㄗ”“ㄘ”

“ㄙ”的一组必定是开口呼、合口呼的字；声纽的后面不能有“ㄧ”“ㄩ”的介音。“ㄐ”“ㄑ”“ㄒ”的一组必定是齐齿呼、撮口呼的字；声纽的后面必定有“ㄧ”“ㄩ”的介音。在隋唐古音的拼法上，是没有这样单纯的规则的。至于隋唐古音里的韵类更比现代国音里的要繁复了。我们一看《广韵》等书的分部和由反切归纳得来的韵类，较之现今国音上的四十韵类，自然繁复得多；不但 m、p、t、k 四种收尾音为现代国音系统上所不容有，而各韵类当中的“音素”种类，也比现代国音上所用的元音为繁多。隋唐古音上的声纽，既然有清音，浊音的相配，因而平上去入四调，依声纽的清、浊又分为清平、浊平、清上、浊上、清去、浊去、清入、浊入八调。演进到了国音系统上既然有浊音消失并入于清音的倾向，所以浊音四调也自然并合于清音四调，所剩余的，只是“阳平”的一种遗迹。又入声诸韵 p、t、k 的收尾音既然失落，元音的后面，没有跟着一个“破裂音”以缩短它们的“音量”，于是不能保持短促的音读，也渐渐变为长音而并入于平、上、去的三调当中。大致古音清平的字变为“阴平”，浊平的字变为“阳平”；古音浊上的字，一部分变为现代国音的去声；古音入声的字，除了失去收尾音之外，大都变为现代国音的阳平和去声。因之古音系统里的八调变为现今国音的四调了。我们从隋唐古音系统和现代国音系统的比较上，可以知道两者间的演变，无论在声、韵、调的那一方面，都是向着语音“单纯化”的路上进行的；而且在演变的过程当中，这三方面的现象常有相互的关系。

现今对于周汉上古音的拟测，虽然还未曾达到完全确定的地步，可是就研究所得的结果，已经有下列的几点值得我们的注意：

（一）近代许多古韵学家所考定的上古音里的韵部，每一韵部并不只限于一种读法，每一部当中或许包括了几种韵类。因为押韵和形声，假借有时只依据两音的相似，并不很密切的取其相同。所以无论是段玉裁的十七部，或是综合王念孙、江有诰两人的二十

二部，总之不是说上古音里只有十七或二十二的韵类。

（二）过去古音学家依据形声、假借来并合声纽，以为上古音当中的声纽不及后代的繁多，这是很错误的见解；因为形声、假借，往往只取两音的相似，并不必取其相同，过去古音学家所认为同类的字，实际上也往往属于各异的声纽。而且上古音当中有已经遗失了的声母，为往时古音学家所未曾注意到的。

（三）上古收尾音的种类远比隋唐古音里的为繁多，除了 m、p、t、p 这几种收尾音之外，还有 g、r 等当作字音的收尾的。

（四）上古字音的起首，确有复辅音的拼法，如 pl、kl 等，为中国后代的语音系统上所没有的；关于这一点，我们可以从西藏语，暹罗语里得到确实的证明。

（五）从上古音演变到了隋唐古音，有许多事例，我们要得到确切的解释，不能不假定长短的差别和高低的变化，原来在上古音的系统当中占着很重要的成分。

我们从上列的五点看来，就可以知道往时所认为“古音简，今音繁”这种观念乃是谬误的，中国上古的语音原来具有一种很繁复的系统；由这种系统演变到了隋唐古音，也是依着单纯化的趋势进行的。

在上文所述古今语音系统的演变当中，我们必定要发生一个疑问：中国字体本身既然没有确定的音值，后代语音的演变在字体上自然没有显现出来，我们从韵书、等韵表和过去许多音韵学家的学说当中，也只能窥知当时所认为某种同音字的系统；那末，我们应用什么方法来测定过去对于某个字体确凿的音读？我们要解答这个问题，第一自然要注重现今方音的调查，根据现今各种方音的比较来构拟这些歧异的音读所由演成的古音系统。这种比较方音的方法，较之西洋学者在印欧比较语言学上所构拟的印欧语系的“母语”，其结果更为可靠。因为一方面应用实际的“活语”来相

比较,他方面更有留存的古书或他种材料可以用来相互的参证。因此,我们应当认明现代方音学的智识在中国音韵的研究上实在有莫大的价值。现今中国内地各处的方音,因为调查工作未曾完成,还未能十分确定它们的种类,大致可以分为下列的五大系:

(一) 官话音系,又可以分为:(1) 冀鲁系(包括河北、山东、辽宁、吉林、黑龙江等处),(2) 晋陕系(包括山西、陕西、甘肃等处),(3) 豫鄂系(包括河南、湖北),(4) 湘赣系(包括湖南东部、江西西部),(5) 徽宁系(包括徽州、宁国等处),(6) 江淮系(包括扬州、南京、镇江、安庆、芜湖、九江等处),(7) 川滇系(包括四川、云南、贵州、广西北部、湖南西部)。

(二) 吴语音系,又可以分为:(1) 苏沪系(包括苏州、上海、无锡、昆山、常州等处),(2) 杭绍系(包括杭州、绍兴、湖州、嘉兴、余姚、宁波等处),(3) 金衢系(包括金华、衢州、严州等处),(4) 温台系(包括温州、台州、处州等处)。

(三) 闽语音系,又可以分为:(1) 闽海系(包括福州、古田等处),(2) 厦漳系(包括厦门、漳州等处),(3) 潮汕系(包括潮州、汕头等处),(4) 琼崖系(包括琼州、文昌等处)。

(四) 粤语音系,又可以分为:(1) 粤海系(包括番禺、南海、顺德、东莞、新会、中山等处),(2) 台开系(包括台山、开平、恩平等处),(3) 高雷系(包括高州、雷州等处),(4) 钦廉系(包括钦州、廉州等处),(5) 桂南系(包括梧州、容县、贵县、郁林、博白等处)。

(五) 客家话音系,又可以分为:(1) 嘉惠系(包括嘉应州、惠州、大埔、兴宁、蕉岭等处),(2) 粤南系(散布台山、电白、化县等处),(3) 赣南系(在江西南部),(4) 闽西系(散布福建西北一带),(5) 广西系(散布广西东部、南部各县),(6) 川湘系(散布四川、湖南等处)。

上列方音分布的区域,只是粗略的说法,不过我们就现今所知

道的方音纷歧的现象，已经可以用它来和韵书、等韵表里所显示的各种读音系统相参证，而测定了隋唐古音的音值。这里暂且举出重要的几点来做例子：

（一）隋唐古音上清浊声纽和清浊八调的分别，我们从现今吴语音系里，正可以供给一种确实的证明。

（二）官话音系虽然是代表现代的语音系统，而“知”类字和“资”类字的分别，韵尾 n-、-y 的分别，在他种方音系统里已经泯没或混同了的，却也可以用来和古音系统相比证。

（三）隋唐古音里韵尾 m、n 的分别，从闽语、粤语、客家话当中就可以得到显著的证据。

（四）隋唐古音里入声韵尾-p、-t、-k 的分别，在闽语、粤语、客家话里也可以得到大部分的证据。

（五）至于“等呼”的分列，在各种方音里，因演化的不同，往往有许多字古属彼呼，今属此呼的。例如真、侵两韵在古代是属于“齐齿呼”的，在官话音和吴语音当中就有一部分变入“开口呼”，粤语音里则完全变了开口呼。而在闽语和客家话里，这两韵，却完全保存了齐齿呼，和隋唐古音可相比证。

（六）至于韵素当中元音的性质，演变和纷歧的现象，更是繁杂；往往某一韵的字，在古音原来属于某一种元音的，从现代各地方音当中很少可以看见它的遗迹，而只在某一处的音读保存了它的性质，便可以用来做一个古音的比证。例如歌、戈韵的字，在古音里读 a，在现今各种方音里多数读为 o 或 u 或 e；我们却在厦门方音里，看见了这些字的古音读法的遗迹。

我们依据这种比较方音的方法来构拟隋唐古音的系统，因为我们认定现今各处纷歧的方音，都是从隋唐古音上演变出来的。从隋唐古音演化为现今各种方音系统，都是依着语音单纯化的原则进行的；这种单纯化的趋势，在官话音系里最为显著，所以我们

可以把现今国语标准音认为中国语音演进史上一种最先进的方音。不过无论如何，古音的遗迹，在某种方音里已经泯没了的，在另一种方音里却还保存着；我们自然可以利用这些实际活语的现象，参互综合起来，以构拟过去的"死语"音系。同时我们还须知道这种构拟的方法，除了应用方音的比较和韵书、等韵表上的来相比证之外，还有其他很可宝贵的材料。一种就是六朝隋唐时候音释的外国语；这种材料，以佛典译音为主。我们可以用梵文的拼音字母来和当时的音译对照，以反求原语的发音。另一种就是外国所传述的魏晋唐宋间的中国语；这种材料，以日本的汉音、吴音、高丽译音、安南译音等为主；我们可以用这些音标字母上所表明的音切，来观察那时原语的发音。依据了方音的比较和韵书、等韵表上的比证，再参合这些宝贵的材料，于是构拟成为一种隋唐古音的系统，测定了当时各个字体的音读。第二步，再以隋唐的古音系统做阶梯，依据古书上或文字上所搜得的证据和比较方音学上所供给的佐证，更应用外国语音演变的事实来相类比，以测定上古音的读法，而构拟那时的一种系统。依据现今研究的结果，我们可以知道由中国上古音演化成为古音，由古音演化成为现代音，在语音系统的变迁上，都是向着单纯化的路上进行的。

三、中国音韵学的发展及其内在的和外来的因素

中国音韵学的发展，一方面也是随着这种语音演变的事实而来的；因为研究的对象足以影响于学者的心理，语音现象上发生了某种变化，学者也随着适应这种变化而使音韵学上成立了某种的建树和改革。我们在上文说过，中国语词形态的变化上，双声、叠韵的关系最为显著，次之就是字调的区别；因之中国音韵学最初的建立，就是在语音上声、韵、调三种元素的分析。可是我们要推究这种分析的由来，一方面固然要注意到整个文化史上的变动，另一

方面还须考察音读本身演变的事实。这种分析，也可以说是由于实际语音的演变所促成的。因为音读变迁的结果，文字上形声、假借的系统渐渐和实际的语音分离，于是由譬况、读若附带着训诂性质的注音，进而辨别音读；更由纯粹注音的直音方法，进而应用两字切成一音的反切了。反切的应用，可以说是音韵学成立的开端，因为把字音里声和韵的两种元素完全分析开来了。又收尾辅音的种类既然逐渐减少，字音起首复辅音的拼法也受了单纯化的影响而趋于简单；这种变异的现象是和字调区别的日趋显著互为因果的。因为字调的区别渐渐显著，于是由包括“音色”差异的“五音”命字进而建立了纯粹属于“音长”“音调”等变化的“四声”名目。反切风行之后，韵书自然锋起；四声的名目成立了以后，就用字调来做区分韵部的纲领。韵部上等呼的差异，有时固然足以促进声纽的分化，可是因语音单纯化的结果，韵部很多发生混同，入声韵的收尾音也失落或且转而并于平、上、去；于是韵书上并韵的结果，更把四声相属的各韵合为一部，等韵表上也把“等”并合于“呼”，把“转”并而为“摄”。同时声纽上浊音并合于清音，于是由清浊音的分别，进而立为“阴、阳平”的名目，另一方面也促成了“字母”的删并。反之，反切、韵书、字母、等韵不合于古代实际的音读，于是又转而从事上古音的考证。这些现象，正足以表明古今音变上声、韵、调三种元素相互的关系，而古今音变的现象，又正是中国音韵学演进史上种种动态所以发生的一种主要的直接的原因；学术离不了研究的对象，实际音韵的现象上发生了某种变化，音韵学上也随着产生了某种的改进。所以我们要明了中国音韵学的源流和发展的情形，自然须推究这种学术上所以形成特殊的状态和它推衍进步的由来，于是不得不把中国语文本身的性质和音读演变的事实，认作为一种内在的因素。

可是，我们又不能忘记音韵学本身是一种学术，它的发展是要

受着一般文化演进的影响的。我们知道中国在一般文化上曾经发生过两次的大变动，一次受了印度文化的影响，一次就是由于西洋文明的输入。这两次文化的变动，使得国人对于音读分析的智识大大的增进，在研究的方法和工具上也知道加以改良，同时对于运用的材料和所取的途径也渐渐的加以扩充；因之过去中国音韵的研究，无时不在推衍进步当中，以至于有现阶段这样的智识。过去中国音韵的研究，很多是受了印度文化的影响。例如反切的注音方法，把字母里声和韵的两个元素分析出来，显然是由梵文拼音学理输入的缘故。“四声”名称的成立，使得“字调”的区分有正式的标目，也是受了“转读”佛经的影响而自然产生的。韵书和等韵表的体例，也是由于依仿梵文的拼音字典和“音缀表”而成立的。最显著的，尤其是字母的建立和排比；当时依仿梵藏“体文”来整理中国双声的现象，把各类双声的字当中分别举出一个字来代表，就沿用了“字母”的名称，更依仿梵藏体文的排列方法，把“字母”分做几组，于是成为“五音”“七音”以至“九音”之说，而每组当中，又依着“全清”“次清”“全浊”“次浊”等的次序来排比；直至现今《注音符号》上的“声母”，还是采用着这种排列的方法。他如等韵上“呼”“转”“摄”等的名称，都是直接由佛教文化而来。过去中国音韵学的建树和演进，不能不归功于印度文化的输入。

元明以来，东西洋交通渐渐发达，西洋语文也输进了中国；明末传教士很多用罗马字母来注明汉字的音读。到了清季，海禁大开，通商传教，在在需用西文来和汉字音对译；一般教士为了传教并学习中国语文的便利，竞起研求罗马字拼音法式，并且用以注明各地的方音；一方面增进国人对于现代各种方音的认识，因而对于各种语音系统的分别，具有了明确的观念；一方面又使汉字音读上声、韵、调三种元素的分析，益臻显豁，因此而感到过去注音方法的简陋。同时又因为满文字头的推行，更觉得应用拼音字母来注汉

读，实在简明易晓，不像反切的那样繁难；于是字母和等韵的学理，既容易表白于世，反切的方法，也觉得有改良的必要。但是只图反切的改良，没有正式规定拼音字母，终究脱离不了汉字的约束和障碍，于是由于简字的拼音进而制定《注音字母》。《注音符号》上只以声、韵为单位，对于音读的分析，尚未严密；于是根据罗马字的拼音，制定了《国语罗马字母》，才以“音素”为单位，并且利用拼法的变化来表明字调的种类。中国的注音方法也随着国语统一运动而发生这样的改革和进步；这固然是由于语言演进上自然的结果，而西洋文化和外国拼音文字的输入，实为其主要的原因。近代科学的进步，日新月异，使中国音韵的研究，也向着多方面发展：第一方面，尽量应用西洋语音学学理，以为国语现象和《注音符号》的说明，就建立了现今的“国音学”。第二方面，运用科学的方法和工具，更将各地的方音作精深正确的调查。第三方面，根据语音学、语言学学理以及比较方音学的智识，并且运用许多汉字以外的材料，由整理等韵进而拟构《切韵》的读音系统，由隋唐古音进而探测上古的音读，更进而为建立东方比较语言学的企图。这几方面的研究，所以到了现今的地步，又不能不归功于西洋科学学理和方法的采用，以及外国的许多学者所给予的借镜和启示。

总之：中国音韵学的发展，一方面是依据着中国语文本身的性质和音读演变的事实而逐渐的演进；另一方面又是受了两次外来文化的影响，以达到现在这样的进境。语文本来是一种文化的现象，语文研究也是文化史上的一部分，当然和整个文化的演进有着同一的趋向。

文言白话的区别

通常所谓语体文，大概就是指白话文，意思好像是说白话文是代表现代的语言的，所以称为语体。而文言所以和语体对立的缘故，也就是因为现代人写作的时候，尽管常常沿用旧体，而和实际所说的语言却并不两相符合。那末，文言究竟和语言有没有关系呢？和现代的语言究竟区别在那里？我们所写的文字，原来所以代表语言，文言文当然和语言也有密切的关系，不过它所代表的，不合于现代的语言，而只是合于或近于古代的罢了。那末所谓语体的“语”和白话的“话”，都是指现代的语言，和文言所代表的古代语言正两相对立。这样说来，文言和白话的区别，只是在中国语言演进史上时代的划分而已。普通研究历史的，往往会觉得历史时代划分的困难；因为一切事物的演进，总是以“渐”不以“顿”，前一时代的事物，和后一时代的并没有绝对的界限，中国语言的演进，当然也不在例外，古代语和现代语之间，并没有绝对的分界，文言和白话的区别，也自然很难加以严格的说明。

不过，文言文和白话文既然成立为两种文体，我们也不妨依据它们的代表作品，而用语言学的眼光来分析比较它们的异同点：

一、就音读演变的关系上看来，文言和白话当中意义相同或相类的语词，它们所用来代表的字体，显然是因音读上的变异而分别的。这是因为中国文字的应用，多取假借的方法；读音系统一有

变化,所用的字体也随着更改。例如“尔”“汝”“若”“而”“乃”等字,在文言里作为第二人称的代名词用的,在白话里便用“你”字;孟子:“尔何曾比予于管仲?”在白话里要说:“你怎么比我于管仲?”(“曾”字应依《方言》“曾何也”的解释)《史记》:“吾翁即若翁,必欲烹而翁,则幸分我一杯羹!”《汉书》作“必欲烹乃翁”,翻成白话便是说:“我的老子就是你的老子,必定要烹杀你的老子,那末,……”我们如果懂得一点古代音读的情形,(古音娘日二母归泥)便可以知道古书上“尔”“若”“而”等字的这种用法,为何会变成白话当中的“你”字。同样,《史记》“若虽长大,好带刀剑,中情怯耳!”我们只消把这句改了二个字,“你虽长大,好带刀剑,中情怯呢!”便近于白话了。在文言里“耳”字这种用法,所以在白话里要写“呢”字,也正和“若”字这种用法在白话里要写“你”字的理由相同。再推而广之,《论语》:“莫我知也夫!”和《礼记》:“三年之丧,亦已久矣夫!”的“夫”字在白话里要写作“罢”或“吧”;唐人诗句:“画眉深浅入时无?”和“能饮一杯无?”的“无”字,在白话里要写作“吗”;懂得了古今音读演变的情形(古音轻重唇不分),也自然知道这种分别的理由。文言里所应用的字体,是代表古代的音读系统的;白话里所应用的,是符合于现代的音读系统的,音读系统只是语言的外表,所应用的字体虽异,而实际的语词仍相同,正像现代的各种方言,因音读系统的歧异,各个语词用文字代表出来,就不能不有分别了。所以我们依据这种音读演变的关系来区别文言和白话,只是外表的,并无关于意义的内容和词句的组织。

二、就词义演变的关系上看来,往往同一语词,而在文言和白话里意义各别,因之它的用法也各不相同。这是无关于音读方面的现象,而只是词义本身的变异。我这里就举“去”和“往”两个字来作例子。“去”字在古书当中,最重要的用法如下:

“扫除”的意义,例如,《吕氏春秋》:“去其帝王之色。”《汉书·

董仲舒传》:“扫除其迹而悉去之。”

“遣去”的意义,例如,《国策》:“处女相与语,欲去之。”

“杀灭”的意义,例如,《孟子》:“则去之否乎?”

“离弃”的意义,例如,《国策》:“今三国之兵且去楚。”《吕氏春秋》“昼夜随之而弗能去。”(依丁声树先生在中央研究院历史语言研究所《集刊外编》所发表的《释》否定词“弗”“不”“弗”系“不……之”的省文。)

“避去”的意义,例如,《左传》:“武子去所。”大多数是作外动词用的。“来去”的“去”大概是后来才应用的。至于“上来”“下去”表示动作方向的,更是后来发生的意义了。“往”字在古书上大都作内动词用的,《诗经·小明》笺疏“往者,从此适彼之辞”,所以常和“来”字对言,如“熙攘往来”“憧憧往来”等语;又如《论语》“不保其往也”,《左传》“取而臣以往”,《礼记》“大夫有所往”等语里的“往”字,便有现代语里的“去”或“到那里去”的意思。此外又有下列比较重要的用法:

“往后”的意义,例如,《论语》:“自既灌而往者。”

“过去”的意义,例如,《荀子》:“不慕往。”《公羊传注疏》:“凡人谓方至为来,已过为往。”“死了的”也可以称“往”,例如,《左传》:“送往事居。”

“行去”的意义,例如,《国语》:“吾言既往矣。”《吕氏春秋》:“愿因请公往矣。”

“亡去”的意义,例如,《管子》:“无以畜之,则往而不可止也。”

这些意义,到了现代国语里,大都不用了;只有表示方向的意义,才用到的,如“往前”“往后”,“往那里去”的“往”。所谓“来往”,已经成为复合语词了,所以文言里的“往”,有时等于白话里的“去”;而古书里的“去”,和现在白话里所用的意义绝对不同。这种词义的转变,正像现代的各种方言里,因习惯的纷歧,致同

一语词，在意义上发生错综的现象，所以我们依据这种词义演变的关系来区别文言和白话，只能就某个字，或某个语词在实际的应用上而言，并不足以代表古代语和现代语整个体系的差异。而且这种词义的演变，也是逐渐迁移，由微至显，很难因此而划分确实的时代的。

三、就语词组织的变异上看来，文言当中应用单词的，在白话当中往往改用复词。因为语词有单纯语词和复合语词两大类；所谓复合语词，就是由两个以上的单纯语词结合成功，而只是用来表明一个观念的。例如“学校”“工课”之类。白话当中所应用的复合语词，依单词结合的方法，又可分为并行的复合语词和相属的复合语词两种。兹举例分述之如下：

（一）并行的复合语词，又可分为：

1. 同义的并行复合语词：

名词类：“处所”“方法”“夜晚”“土壤”“号令”“地方”，等；

动词类：“包围”“信托”“吐露”“尊敬”“吸引”“收受”等；

形容词或副词类：“坚固”“严密”“细小”“寒冷”“强健”“高尚”“匆忙”等；

其他词类：“究竟”“倘若”“假使”“能够”等；

2. 重叠的并行复合语词，例如“哥哥”“妹妹”“常常”“缓缓”“看看”等；

3. 对待的并行复合语词，例如“父子”“呼吸”“兄弟”“多少”“来往”等。

（二）相属的复合语词，又可分为：

1. 名词和名词相属的复合语词，例如“母鸡”“书架”“酒缸”等；

2. 形容词和名词相属的复合语词，例如“红花”“绿草”“小孩”等；

3. 数词，或指示词和量词相属的复合语词，例如“这个”“三件”

“一只”“二块”等；

4. 动词和副词相属的复合语词，例如“走开”“打倒”“吃完”等；

5. 动词和名词相属的复合语词，例如“看报”“扫地”“起货”等；

6. 动词和动词相属的复合语词，例如“催眠”“叫卖”等；

7. 加语尾词的复合语词，例如“桌子”“花儿”“对了”“外头”等。

以上两种复合语词，彼此或各自又可以互相结合，构成另一个相属的复合语词。例如：

机器——机器匠　工程——工程师
抵押——抵押品　委任——委任状
建筑——建筑物　鸭子——水鸭子

上面所举同义的和重叠的并行复合语词，在文言当中往往用单词的；例如“处所”，只写作“处”或“所”；“尊敬”，只写作“尊”或“敬”；“坚固”，只写作“坚”或“固”；“倘若”，只写作“若”；“常常”只写作“常”之类。相属的复合语词，在文言当中，也往往写作单字；例如“良马”，只用一个“骏”或“骁”字就够了；“钝马”，只用一个“驽”或“骀”字就够了；“父牛”“母牛”，只用一个“牡”“牝”也就够了。又如说：“三个人走路。”在文言当中，只作“三人行”；“一张桌子，一把椅子”，在文言当中，也只作“一桌一椅”。这种语词组织的单复，似乎足以代表文言和白话区别；但是实际上属于例外的很多。古代文书当中，我们也不少见到应用复合语词的；例如，《左传》吕相绝秦的一段里：“申之以盟誓，重之以婚姻”；“躬环甲胄，跋履山川，逾越险阻”；“殄灭我费滑，散离我兄弟，挠乱我同盟，倾覆我国家”；“阙翦我公室，倾覆我社稷，荡摇我边疆”；“芟夷我农功，虔刘我边陲”；像这些辞句里的复词，并不定为修辞上的整齐句法及加重语气才应用的。又如，《书·秦誓》：“如有一介臣。”《大学》引作“若有一个

臣”。《礼记·檀弓》:“国君七个,大夫五个。”《北堂书钞》车部上引作“国君七介,大夫五介”。又《左传》里:“亦不使一介行李。”“亦不使一个告于寡君。”“亦不使一个辱在寡人。”《国语》里:“一介嫡男。”比对了这些文句,便可以知道“一介”就是“一个”,在白话里的“一个”“几个”,也可以应用于文言当中的。又如,《孟子》:“存乎人者,莫良于眸子,眸子不能掩其恶。”《说文》“矑,卢童子也”,“矃,目童子精也”,“盲,目无眸子”。《史记·项羽本纪》:“舜目盖重瞳子,又闻项羽亦重瞳子。”《集解》引《尸子》曰:“舜两眸子,是谓重瞳。”也可因以见得古文辞里的语词,也有加“子”等语尾词。我们因此,可以晓得语词组织的单复,并不足以代表文言白话两种文体间的绝对的区别:只是白话里的应用复合语词,比较的众多罢了。那末,所用语词的单复,也只是两者间程度上的差异罢了。

四、就语句组织的变异上看来,显然文言当中的语词序次和白话当中的有很多的区别,例如否定句里的一个代名词的宾词(object)放在动词之前,在古代文辞当中,已成常例。《论语》的“莫我知也夫”,《左传》的“以不女违”,“莫之敢背”,在白话当中,就不能有这种说法,必定要作“没有人知道我”“不违背你”“没有敢违背它”,又如文言当中,宾词也可以放在介词的前面:《论语》的“礼以行之,信以成之”,《孟子》的“夜以继日”,《诗经》的“歌以讯之”,在白话当中也不能有这种说法,必定要说作“以信来成它”,“以夜来继日”等等。又白话当中,可以把一个否定副词放在相属的复合动词(就是动词和副词等相属的复合语词)当中,以表明“不能”的意思。例如:

“说完”(肯定)	“走开”(肯定)	“打倒”(肯定)
“不说完”(否定)	“不走开”(否定)	“不打倒”(否定)
“说不完”(不能)	“走不开”(不能)	“打不倒”(不能)

在文言当中，就没有用这种序次的关系来区别普通的“否定”和“不能”的意思。这种语句组织上的异同，语词序次的变异，可以认为文言和白话两种文体的区别所在。不过，我们在上文说过，文言所以和语体对立的缘故，只是文言为古代语的代表，而语体为现代语的代表罢了。两者在时代上的划分，既然不能得到一个绝对的分界，那末，语句组织上语词序次的异同，也只能认为是相对的比较的差别。例如“莫之敢背”一句，写作“莫敢背之”，我们也不能便否认它是文言中的句子。

这样看来，我们要区别文言和白话，应该把音韵字义词类，语句组织各方面的异同点综合起来观察。语文的演进，既然以“渐”，不以“顿”，或者这一方面的现象变异了，而那一方面的现象仍保持着不变；或者那一方面变了，而这一方面不变，现今一般所写作的文体，往往有文白混杂的情形，或许就是因此之故，所以我们要得到文言和白话的分界，须综合上面所列几方面的异同点，来规定它们区别的标准。

（《社会科学》1939 年第 1 卷第 3 期）

文言白话的异同问题

对于文言和白话，现在讨论的人很多，不过所讨论的，大都关于我们应该提倡那一种的问题；就是我们写作的时候，应该写文言文呢？还是应该写白话文？究竟文言写起来便当呢？还是白话写起来便当？究竟学习文言文比较容易呢？还是学习白话文比较容易？我以为这一类问题暂且要慢一步再来谈；先决的问题，还是：

第一，什么是文言？什么是白话？

第二，文言和白话的分界究竟在那儿？

通常所谓语体文，大概就是指白话文，意思好像是说白话文是代表现代的语言的，所以称为语体。而文言所以和语体对立的缘故，也就是因为现代人写作的时候，尽管常常沿用旧体，而和实际所说的语言却并不两相符合。那末，文言究竟和语言有没有关系呢？和现代的语言究竟区别在那里？我们所写的文字，原来所以代表语言，文言文当然和语言也有密切的关系，不过它所代表的不合于现代的语言，而只是合于或近于古代的罢了。那末，所谓语体的"语"和白话的"话"，都是指现代的语言，和文言所代表的古代语言正两相对立。这样说来，文言和白话的区别，只是在中国语言演进史上

时代的划分而已。普通研究历史的,往往会觉得历史时代划分的困难;因为一切事物的演进,总是以“渐”不以“顿”,前一时代的事物和后一时代的并没有绝对的界限。中国语言的演进,当然也不在例外,古代语和现代语之间,并没有绝对的分界;文言和白话的区别,也自然很难加以严格的说明。

不过,文言文和白话文既然成立为两种文体,我们也不妨依据它们的代表作品,而用语言学的眼光来分析比较它们的异同点:

一、就音读演变的关系上看来,文言和白话当中意义相同或相类的语词,它们所用来代表的字体,显然是因音读上的变异而分别的。这是因为中国文字的应用,多取假借的方法;读音系统一有变化,所用的字体也随着更改。例如“尔”“汝”“若”“而”“乃”等字,在文言里作为第二人称的代名词用的,在白话里便用“你”字;孟子:“尔何曾比予于管仲?”在白话里便要说:“你怎么比我于管仲?”(“曾”字应依《方言》“曾何也”的解释)《史记》:“吾翁即若翁,必欲烹而翁,则幸分我一杯羹!”《汉书》作“必欲烹乃翁”,翻成白话,便是说:“我的老子就是你的老子,必定要烹杀你的老子,那末,……”我们如果懂得一点古代音读的情形,(古音娘日二母归泥)便可以知道古书上“尔”“若”“而”等字的这种用法,为何会变成白话当中的“你”字。同样,《史记》:“若虽长大,好带刀剑,中情怯耳!”我们只消把这句改了二个字,“你虽长大,好带刀剑,中情怯呢!”便近于白话了。在文言里“耳”字这种用法,所以在白话里要写“呢”字,也正和“若”字这种用法在白话里要写“你”字的理由相同。再推而广之,《论语》:“莫我知也夫!”和《礼记》:“三年之丧,亦已久矣夫!”的“夫”字,在白话里要写作“罢”或“吧”;唐人诗句:“画眉深浅入时无?”和“能饮一杯无?”的“无”字,在白话里要写作“吗”;懂得了古今音读演变的情形(古音轻重唇不分),也自然知道这种分别的理由。文言里所应用的字体,是代表古代的音读系统的;白话里所应

用的，是符合于现代的音读系统的。音读系统只是语言的外表，所应用的字体虽异，而实际的语词仍相同，正像现代的各种方言，因音读系统的歧异，各个语词用文字代表出来，就不能不有分别了。所以我们依据这种音读演变的关系来区别文言和白话，只是外表的，并无关于意义的内容和词句的组织。

二、就词义演变的关系上看来，往往同一语词，而在文言和白话里意义各别，因之它的用法也各不相同。这是无关于音读方面的现象，而只是词义本身的变异。我这里就举“去”和“往”两个字来作例子。“去”字在古书当中，最重要的用法如下：

“扫除”的意义，例如，《吕氏春秋》：“去其帝王之色。”《汉书・董仲舒传》：“扫除其，迹而悉去之。”

“遗去”的意义，例如，《国策》：“处女相与语，欲去之。”

“杀灭”的意义，例如，《孟子》：“则去之否乎？”

“离弃”的意义，例如，《国策》：“今三国之兵且去楚。”《吕氏春秋》：“昼夜随之而弗能去。”（依丁声树先生在中央研究院历史语言研究所《集刊外编》所发表的《释否定词》“弗”“不”“弗”系“不……之”的省之。）

“避去”的意义，例如，《左传》：“武子去所。”

大多数是作外动词用的。“来去”的“去”，大概是后来才应用的。至于“上来”“下去”表示动作方向的，更是后来发生的意义了。“往”字在古书上大都作内动词用的，《诗经・小明》笺疏：“往者，从此适彼之辞。”，所以常和“来”字对言，如“熙攘往来”“憧憧往来”等语；又如，《论语》：“不保其往也。”《左传》：“取而臣以往。”《礼记》：“大夫有所往。”等语里的“往”字，便有现代语里的“去”或“到那里去”的意思。此外又有下列比较重要的用法：

“往后”的意义，例如，《论语》：“自既灌而往者。”

“过去”的意义，例如，《荀子》：“不慕往。”《公羊传》注疏：“凡人

谓方至为来，已过为往。”“死了的”也可以称“往”，例如《左传》：“送往事居。”

“行去”的意义，例如，《国语》：“吾言既往矣。”《吕氏春秋》：“愿因请公往矣。”

“亡去”的意义，例如，《管子》：“无以畜之，则往而不可止也。”

这些意义，到了现代国语里，大都不用了；只有表示方向的意义，才用到的，如“往前”，“往后”，“往那里去”的“往”。所谓“来往”，已经成为复合语词了。所以文言里的“往”，有时等于白话里“去”；而古书里的“去”，和现在白话里所用的，意义绝不相同。这种词义的转变，正像现代的各种方言里，因习惯的纷歧，致同一语词，在意义上发生错综的现象。所以我们依据这种词义演变的关系来区别文言和白话，只能就某个字或某个语词在实际的应用上而言，并不足以代表古代语和现代语整个体系的差异。而且这种词义的演变，也是逐渐迁移，由微至显，很难因此而划分确实的时代的。

三、就语词组织的变异上看来，文言当中应用单词的，在白话当中往往改用复词。因为语词有单纯语词和复合语词两大类；所谓复合语词，就是由两个以上的单纯语词结合成功，而只是用来表明一个观念的。例如“学校”“工课”之类。白话当中所应用的复合语词，依单词结合的方法，又可分为并行的复合语词和相属的复合语词两种。兹举例分述之如下：

（一）并行的复合语词，又可分为：

1. 同义的并行复合语词：

名词类：“处所”“方法”“夜晚”“土壤”“号令”“地方”等；

动词类：“包围”“信托”“吐露”“尊敬”“吸引”“收受”等；

形容词或副词类：“坚固”“严密”“细小”“寒冷”“强健”“高尚”“匆忙”等；

其他词类："究竟""倘若""假使""能够"等；

2. 重叠的并行复合语词，例如"哥哥""妹妹""常常""缓缓""看看"等；

3. 对待的并行复合语词，例如"父子""呼吸""兄弟""多少""来往"等。

（二）相属的复合语词，又可分为：

1. 名词和名词相属的复合语词，例如"母鸡""书架""酒缸"等；

2. 形容词和名词相属的复合语词，例如"红花""绿草""小孩"等；

3. 数词或指示词和量词相属的复合语词，例如"这个""三件""一只""二块"等；

4. 动词和副词相属的复合语词，例如"走开""打倒""吃完"等；

5. 动词和名词相属的复合语词，例如"看报""扫地""起货"等；

6. 动词和动词相属的复合语词，例如"催眠""叫卖"等；

7. 加语尾词的复合语词，例如"桌子""花儿""对了""外头"等。

以上两种复合语词，彼此或各自又可以互相结合，构成另一个相属的复合语词，例如：

机器——机器匠　工程——工程师
抵押——抵押品　委任——委任状
建筑——建筑物　鸭子——水鸭子

上面所举同义的和重叠的并行复合语词，在文言当中往往用单词的；例如"处所"，只写作"处"或"所"；"尊敬"，只写作"尊"或"敬"；"坚固"，只写作"坚"或"固"；"倘若"，只写作"若"；"常常"只写作"常"之类。相属的复合语词，在文言当中，也往往写作单字；例如"良马"，只用一个"骏"或"骁"字就够了；"钝马"、只用一个"驽"或"骀"字就够

了;“父牛”“母牛”,只用一个“牡”“牝”也就够了;又如说:“三个人走路”,在文言当中,只作“三人行”;“一张桌子,一把椅子”,在文言当中,也只作“一桌,一椅”。这种语词组织的单复,似乎足以代表文言和白话的区别;但是,实际上属于例外的很多。古代文书当中,我们也不少见到应用复合语词的;例如,《左传》“吕相绝秦”的一段里:“申之以盟誓,重之以婚姻”;“躬环甲胄,跋履山川,逾越险阻”;“殄灭我费滑,散离我兄弟,挠乱我同盟,倾覆我国家”;“阙翦我公室,倾覆我社稷,荡摇我边疆”;“芟夷我农功,虔刘我边陲”;像这些辞句里的复词,并不定为修辞上的整齐句法及加重语气才应用的。又如《书·秦誓》:“如有一介臣。”《大学》引作“若有一个臣”。《礼记·檀弓》:“国君七个,大夫五个。”《北堂书钞》车部上引作“国君七介,大夫五介”。又《左传》里:“亦不使一介行李。”“亦不使一个告于寡君。”“亦不使一个辱在寡人。”《国语》里:“一介嫡男。”比对了这些文句,便可以知道“一介”就是“一个”,在白话里的“一个”“几个”,也可以应用于文言当中的。又如,《说文》:“矊、卢童子也。”“瞦,目童子精也。”“盲,目无牟子。”《史记·项羽本纪》:“舜目盖重瞳子,又闻项羽亦重瞳子。”《集解》引《尸子》曰:“舜两眸子,是谓重瞳。”也可因以见得古文辞里的语词,也有加“子”等语尾词的。我们因此,可以晓得语词组织的单复,并不足以代表文言白话两种文体间的绝对的区别;只是白话里的应用复合语词,比较的众多罢了。那末,所用语词的单复,也只是两者间程度上的差异罢了。

(四)就语句组织的变异上看来,显然文言当中的语词序次和白话当中的有很多的区别。例如否定句里的一个代名词的宾词(object)放在动词之前,在古代文辞当中,已成常例。《论语》的“莫我知也夫”,《左传》的“以不女违”,“莫之敢背”,在白话当中,就不能有这样说法,必定要作“没有人知道我”“不违背你”“没有敢违背它”。又如文言当中,宾词也可以放在介词的前面;《论语》的“礼

以行之；信以成之”，《孟子》的“夜以继日”，《诗经》的“歌以讯之”，在白话当中也不能有这样说法，必定要说作“以信来成它”，“以夜来继日”等等。又白话当中，可以把一个否定副词放在相属的复合动词（就是动词和副词等相属的复合语词）当中，以表明“不能”的意思。例如：

“说完”（肯定）	“走开”（肯定）	“打倒”（肯定）
“不说完”（否定）	“不走开”（否定）	“不打倒”（否定）
“说不完”（不能）	“走不开”（不能）	“打不倒”（不能）

在文言当中，就没有用这种序次的关系来区别普通的“否定”和“不能”的意思。这种语句组织上的异同，语词序次的变异，可以认为文言和白话两种文体的区别所在。不过，我们在上文说过，文言所以和语体对立的缘故，只是文言为古代语的代表，而语体为现代语的代表罢了。两者在时代上的划分，既然不能得到一个绝对的分界，那末，语句组织上语词序次的异同，也只能认为是相对的比较的差别。例如“莫之敢背”一句，写作“莫敢背之”，我们也不能便否认它是文言中的句子。

这样看来，我们要区别文言和白话，应该把音韵、字义、词类、语句组织各方面的异同点综合起来观察。语文的演进，既然以“渐”，不以“顿”，或者这一方面的现象变异了，而那一方面的现象仍保持着不变；或者那一方面变了，而这一方面不变。现今一般所写作的文体，往往有文白混杂的情形，或许就是因此之故。所以我们要得到文言和白话的分界，须综合上面所列几方面的异同点，来规定它们区别的标准。

（《学生杂志》1939 年第 19 卷第 8 号）

介绍高本汉先生

瑞典高本汉先生(Beruhard Karlgren)生于一八八九年,自一九〇九年在大学毕业后,就来中国研究中国的语文,一九一二年又到巴黎去研究,他的关于中国语文的重要的著作,都是一九一五年以后所刊布的。在一九一八年时,他到哥腾堡大学(Gothenburg University)担任中国语文学教授;继任该大学的校长。现任远东古物陈列馆馆长。在西洋研究东方学术的著名团体,他参加的很多;我国的中央研究院历史语言研究所也曾经聘他做通讯研究员。他对于中国历史和文化的探讨,都感到兴趣;尤其在语言音韵方面,有很多特殊的贡献。数百年来,东西洋交通渐渐发达,西洋人来到中国传教通商的也渐渐增多,就引起了他们对于中国语文的研究;起初是利用罗马字母来分析并注明汉字的音读,后来更运用西洋的学理和方法把中国语作语言学的研究。他们对于中国语文的研究,在态度方面比较的客观,所采用的材料和工具也比较的精确。因之他们的成绩竟能超过了中国过去的学者,他们的学说有很多可以供我们的借镜。高本汉先生是集西洋人的中国语言音韵学的大成的,他的著作,我们应该多多阅读,他的学说,尤其应该加以深切的认识。

要明了高本汉学说的大概,可以先读下列两种他的比较浅显的书:*Sound and Symbol in Chinese*(一九二三年出版,有商务印

书馆印行的张世禄译本，书名《中国语与中国文》)；*Philology and Ancient China*(一九二六年出版，有商务印书馆印行的贺昌群译本，书名《中国语言学研究》)。他首先认定了中国语言和文字的特性以及这两者间在实际演化上所发生的影响。他也赞成一般西洋语言学家关于中国语的学说，认定中国语是一种单音缀的孤立语。以为大多数的单纯语词(和复合语词对言的)，只包含有一个音缀，音缀的拼法上又有许多限制，例如各个语词的起首和末尾，在现在任何一种方音上，都不容有复辅音的拼法，缀在末尾的辅音也只限于极少数的几种。而且各个语词没有形式变化和转化作用上的接头语，接尾语；虽然具有少数的助词或语尾词，有时也可以省去不用，并不像西洋语法上那样固定的。所以从语词的形态上看来，中国语确是具有极端单纯的性质，一方面是单音缀语，一方面又是孤立语，没有种种复杂的变化。语言上这种性质的演成，确是在很古的时期；文字的结构未曾演化完成以前，语言上早已具有了这种单纯的性质；所以文字受了语言的影响而演成为一种表意的字体。世界上无论那种文字都是源出于图画的，后来因形体的演变，图画的色彩渐渐消失，并且和语言结合的结果，常常借用字体来表明语词的音读，就演进成为标音的字母。可是中国文字始终未曾脱离表意文字的范围以进到标音文字的阶级，那是因为受了语言上这种性质的影响的。因为中国语是一种单音缀的孤立语，使文字上也演成一种单音缀制，一个字体也只包含一个音缀；而且应用一个字体已经足够代表整个的语词，无需再用其他的记号以表明语词上的形式变化和接头语，接尾语等等；结果：中国的字体，虽然在书写的形式方面有演变，而在结构上，始终未曾受标音字母的演化。又因为语言上具有这种单纯的性质，音同或音近的语词特别众多，文字上正可以借用一个字体来代表另一整个的语词，不必再分析那个语词的音读，于是字体只成为习惯上表明观念的记号，不

能随着音读的演变和纷歧而变更它的结构。字体的结构一经固定，就趋重于表意的性质，不管实际音读的一切演变和纷歧，于是中国字体的本身并不具有确定的音值。因为这种文字性质的关系，使得书写上的文辞和实际的口语并不必要密切的相符合，就演成了一种只适宜于手写眼看而不适宜于口读耳听的文言文。于是文字愈趋于保守，语言也愈趋于纷歧，因为文字既然是超离语言而独立的，就无法利用文字来制止实际语言的流动和变异。这种文字的性质也就影响于语言以致现今中国各地的方言，发展成为各种不同的读音系统。

要记录中国的方言，要表明各种方言的读音系统，如果还是用这种表意的字体来做工具，就没有方法把它们详细的记明，也无从使人了解它们的内容。所以中国现今方言纷歧的情形，过去还是一般西洋的教士较国人明了得多，因为他们利用了罗马字母把各种方音上的读法分别注明，著成许多书。高本汉也是这样，大概他是在中国的时候，最留心观察中国歧异的方音，或许也做过调查方言的工作（他住在山西的时候最多，所以关于山西地方的各种方音，他记录得最详细）；他一方面有了西洋人记录中国方言的著作做参考，一方面又受过龙德尔（J. A. Lundell）教授的训练，能够利用很精密的瑞典式方言字母来分析中国现代的方音。他的最主要的著作是：*Etudes sur la Phonologie Chinoise*（《中国音韵学研究》，一九一五年至一九二六年间陆续刊行的，听说：中央研究院的赵元任、李方桂、罗常培已经合译成汉文，不久可以由商务印书馆出版）。这书里的后面一部分就是中国的方音字汇，前面还有一部分是描写现代中国方音的内容。高本汉还有一种重要的著作：*Analytic Dictionary of Chinese and Sino Japanese*（《汉语分析字典》，一九二三年出版）。这部字典里，每个字的下面除了注明古音的读法之外，又注明官话音和广东音。但是高本汉对于中国方音

的研究，并非要建立中国的比较方言学，他的最大的目的，乃是根据方音比较的研究，以拟构中国的古语。高本汉在中国语文学上最大的贡献，就是测定了《切韵》一书里音读的系统（他认为是代表中国西元后第六、七世纪时的古音）。上面所举的两种重要的著作，当中最精彩的地方，也就是这种拟构的工作和结果。

中国文字既然是表意的字体，本身没有确定的音值，我们要测定某个字在古音上读法，如果单是依据于书本上所注的反切和所列的韵部，也只能得到这个字和另外一些字的音同或音近的关系，而不能确定它在某个时期真实的音值。我们要拟构某个字在古语上的音值，在工具方面，必须要采用一种标音的字母；在材料方面，除了根据于反切等等以外，还须从现代各种方言上着手。因为现代的各种方言，都是从古代的语言上演变分出来的；根据现代方音比较的研究，可以综合为古代的语言而拟构它的音读系统。这种研究的方法，正是从印欧比较语言学上得来的，根据各种印欧语言的比较研究，可以拟测原始印欧母语的音读形式；从中国现代方音上的材料以拟构《切韵》的音系，也正像这种比较语言学上的研究方法。但是所得的结果又比印欧语言学上所构成的种种母语形式还要更明显可靠；因为在中国音韵学上，除了应用书本里的反切等等来相比证，又可以有另外许多重要的材料。西元后数百年间，中国人受印度拼音学理的影响，把那时的字音排列成为许多音韵表；这些音韵表对于古代语音的研究，有很大的价值。又西元前后的千年间，中国人和西亚、中亚的民族发生了密切的关系，中国的名辞，外国民族用拼音文字记录下来；外国的名辞，中国人也用汉音直译出来；这些译名，对于古代语音的考证，也给予以许多重要的启示。西元后第一千年间，中国文化渐次输入于日本、高丽、安南，中国语音和成语也大批的输入于这三国语言中，而各用拼音文字记载下来；所以我们又可以利用日本译音、高丽译音、安南译音来

考证古代汉字的音读。高本汉的《中国音韵学研究》里主要的部分，就是参用这些材料交互证明以测定《切韵》的音系。后来又发表一篇：*The Reconstruction of Ancient Chinese*（《中国古音的拟测》，是一九二二年在《通报》上发表的；林语堂有译文，名为《答马斯贝啰论切韵之音》，载在开明书店出版的《语言学论丛》当中）。这篇文章虽然是为着答覆马伯乐（H. Maspero）而作，可是也受了马伯乐著作的影响，对于他在一九一九年所拟定的《切韵》音系有一些重要的修正；《汉语分析字典》里所注的古音就是这种拟构的结果；这部字典《叙论》的第二段又论述《切韵》音系到官话音系的演变（有王静如译文，载中央研究院《历史语言研究所集刊》第二本第三分）。高本汉这种拟构的结果，后来他讨论到上古音系的时候，有很多地方自己加以改订；西洋和日本的学者以及国内的林语堂、罗常培等，也曾经有不少批评和商榷的议论。可是大体上总可以用他的拟构作为根据：一方面西元后第六、七世纪的中国古音可得详细的窥见；一方面更因此而得进窥西元前第一千年间的上古音；又因为历代音系的拟定，可以用来解释古代文法和其他语文上的现象，更进而为考订文献和史实的工作。

高本汉关于研究中国文法和考订文献的论文，有下列的几篇：*On the Authenticity and Nature of the Tso-chuan*（《左传真伪考》，一九二六年在哥腾堡刊布的）；*The Authenticity of Ancient Chinese Texts*（《中国古书的真伪》，一九二九年在远东古物陈列馆《集刊》上发表的）；*Pronoun Kue in the Shu-King*（《书经中的代名词厥字》，一九三三年在哥腾堡刊布的）；以上几篇论文，陆侃如有译文，载在商务印书馆印行的《左传真伪考及其他》；*The Early History of Chou-Li and Tso-chuan*（《周礼和左传的渊源》，一九三一年在远东古物陈列馆《集刊》上发表的）。此外还有一篇：*Le Proto-Ghinoise Langue Flexionnelle*（《原始中国语为变化语说》，

一九二〇年在《亚细亚杂志》上发表的，冯承钧有译文，载在《东方杂志》第 26 卷第 5 期）；更是从文法的研究窥探中国上古的某种方音里，尚有形式变化的遗迹，因而假定原始中国语原来也是一种变化语，古代语词的形式也并不像现代的那样单纯。他测定了中国古音的系统，就以古音时期的语词形式做个基础，根据语言演变的历史来观察，以窥探上古语言的实际情形；一方面从比较文法的研究以为可以成立考订古代文献的一种标准，另一方面又从上古音系的探测更进而为建树东方比较语言学的企图。

要以中国语为本位来建树东方比较语言学——就是印度支那语的比较研究——必须先考明中国上古语里语词的形式，第一步尤须先测定中国上古音的系统。要测定上古音的系统，必须以《切韵》音系做基础，再进而处理文字上的谐声字体和上古诗文上的韵语两种重要的材料，而同时就须进行印度支那语的比较研究，以为上古音系的比证。高本汉的《汉语分析字典》也就是他着手探测上古音的开始的著作，全书收集了一千三百余套的谐声字，并且在《叙论》的第三段，讨论《谐声字的原则》（有赵元任译文，载清华研究院《国学论丛》第 1 卷第 2 号）。一九二八年发表了一篇：*Problems in Archaic Chinese*（《上古中国音当中的几个问题》，在《亚细亚杂志》上发表的，有赵元任译文，载《历史语言研究所集刊》第 1 本第 3 分），又是他正式拟构上古音系的开始作品。从此以后到了一九三五年，大概他的主要工作，就是在考定中国的上古音；中间很多受了西洋的几个学者和中国的李方桂、林语堂等的影响，迭次改进和修正了他的学说。他在这期间最重要的著作：*Tibetan and Chinese*（《藏语与汉语》，是一九三一年在《通报》上发表的，有唐虞译文，载《中法大学月刊》第 4 卷第 3 期）；*Shi-King Researches*（《诗经研究》，是一九三二年在远东古物陈列馆《集刊》上发表的）；*The Poetical Parts in Lao-Tsi*（《老子韵考》，

是一九三二年在哥腾堡刊布的，张世禄译，载《说文月刊》第123期）；*Word Families in Chinese*（《汉语词类》是一九三四年在远东古物陈列馆《集刊》上发表的，有张世禄译本，在商务印书馆印行）；*The Rimes in the Sung Section of the Shi-King*（《颂诗韵考》，是一九三五年在哥腾堡刊布的）。

在这些作品中，可以知道他以测定的《切韵》音系为基础，根据语音演变的事理，并且充分利用清代古音学家考证的结果，同时又应用西藏语、暹罗语和其他与中国语有关系的语言当中的现象来相比证，以拟构中国的上古音系统。这种拟构的结果，虽然没有像《切韵》音系那样的详备可靠，但是他的种种假定，很足以使我们窥见中国上古语词比较繁复的形式，并可以供中国语源研究的根据了（因为经过了单纯化的形式，在语源的研究上就不容易正确）。

高本汉对于中国语文的研究，他的最后的目的，大概是在建立印度支那比较语言学；他的著作当中常常指示着东方语言比较研究的方法，尤其在《藏语与汉语》一篇里可以看出来。又《汉语词类》一书里，前面的一部分是讨论几种上古音当中的问题，可以认为是他对于上古音研究的最近的总结论；后面的一部分是依着拟定的上古音，把中国语的许多语词一类一类的分列，以表明同属一类的语词，在语源学上可认为是有亲族关系的，这一部分可以说是中国语源学的研究。高本汉以为要建树印度支那比较语言学，势必至于要研究中国语源学，那末，第一步的工作，还须在考定中国的上古音系；依着上古音系当中比较繁复的语词形式，以及语词意义的分化和演变，来分列中国语词的族类，而推求它们语源学上的关系，这就是奠定印度支那比较语言学的基础。所以《汉语词类》一书是代表他从中国音韵学的研究转向而为语言学的研究了。我们对于中国语文学有兴趣的，应该要阅读此书。往年我晤到赵元任先生，谈及《汉语词类》一书，赵先生竟把章太炎的《文始》来和它

比对；不错，《文始》和《汉语词类》两书确实都是由古音韵学研究的结果进为中国语源的研究，可是两书又恰是代表两个时代。旧式的音韵学，因为工具、材料和方法的缺陷，并且没有科学的学理做基础，结果自然只能产生《文始》一类的著作；《文始》上所谓中国语源的研究，只是古典式的，拘牵于汉字的字型的，内中种种结论也只是主观的，武断的，还是一团糟的材料，并没有经过科学的整理。《汉语词类》却一层一层的以科学为基础，处处和中国旧时代的学术相反照。

高本汉对于中国文字形体方面的研究，并没有像音韵方面那样有特殊的贡献；但是他解释中国文字的原始和构造，很能打破"六书"的陈见，又说明中国文字的演变，把小篆以后和甲骨金石上的刻文分做两个系统，也很值得我们的参考；《汉语分析字典》里《叙论》的第一段是讨论中国文字形体的演变的（有张世禄译文，载暨南大学出版的《语文学丛刊》第 1 期），每个字下面，也论到汉字形体的结果，高本汉近年因为和瑞典的远东古物陈列馆（Museum of Far Eastern Antigvities, Stockholm）常川合作研究，对于中国的考古学也很有兴趣；他从语言文字的研究进而考订中国的古史。一九三〇年至一九三五年，在该馆《集刊》上发表的：

Some Fecundity Symbols in Ancient China（有卫聚书译文，名为《原始祖神之崇拜》未曾刊出）；

Early Chinese Mirror Inscriptions（《古代铜镜上的铭文》）；

On the Date of Piao-Bells（《骉羌钟之年代》，有刘叔扬译文，载考古学社《考古》第 4 期）。

这些论文好像并没有像他的纯粹关于中国语言音韵的著作那样引

起国人的注意。

总之：高本汉的主要的研究工作是在中国语文学，尤其在语言音韵方面有很多特殊的贡献。他从现代研究的方音，进而拟构中国古音的系统，更进而测定中国的上古音，于是由语词形式的研究用来探求语源，以为建立印度支那比较语言学的基础；至于考订文献和古史等等，只是他研究中国语文的结果的那方面应用罢了。我们切不可忘记，他是把中国语文学成为科学化的最大的功臣，在这个新时代里他最足以代表西洋研究中国语文学的专家。

（《说文月刊》1939 年第 1 卷第 4 期）

文字学与文法学

文字是用书写上的图符来代表语言的，而普通所谓语言，是用声音来代表意义的；因之无论那一种文字，总是具有形体、音读和意义这三种要素。不过这三种要素怎样的配合，又要看文字的性质不同而各有区别。某一种文字是用形体来直接显示意义的，各个字体虽具有音读，而形体本身并非作为记录语音的工具，并且有直接显示意义的效用，例如埃及、巴比仑、中国及墨西哥、克利地的古代文字，我们称为“图画文字”。另一种文字是用形体来作声音的记号的，各个字体是由几个语音符号——就是拼音字母——拼切成功的，从字体上得到了音读因而认识所代表的意义，例如梵文、藏文、满文、蒙文、日本假名及欧美各国的文字，我们称为“标音文字”。图画文字和标音文字，正是处于两个极端：前者利用形体的结构来显示意义，后者只用形体作为语音的记号；对于前者的研究，自然要偏重于形体的要素，对于后者的研究，就要注重于声音的要素了。还有一种文字，可以说是介于图画文字和标音文字这两者中间的；在这种文字当中，有一部分的字体是由图画文字上脱胎而来的，如果我们追溯这些字体原来的写法，或者分析它们形体的结构，便可以知道它们原是用形体来直接显示意义的。可是，其中另有一部分的字体，在结构和实际应用上，却已经有进到标音文字的趋向了。这种文字，我们称为“表意文字”。我们从这种文字

的性质和演化的历史上看来，一方面还保持着一些图画文字的遗迹，另一方面却又具有很丰富的标音成分；但是我们对于这种文字的应用，既不能纯粹从形体上看出意义，又不能完全依据字体的分析以得到确凿的音读，而只是把许多字体作为习惯上各种意义的符号罢了，所以称为表意文字。中国现行的文字——汉字——就是现今世界上表意文字唯一的代表。因之我们要研究中国文字，不能象对于图画文字那样偏重于形体，也不能象对于标音文字那样注重于音读，而须把形体、音读、意义三种要素并重，所以在中国文字学上，一方面固然要探讨各个字体的构造方法和书写上形式的演变，另一方面也须注意于音读和意义的转变现象；中国文字学上所以要把形体、音韵、训诂三门并重，就是由于这种研究的对象——中国文字——本身的性质使然的。

我们为什么要研究文字学？研究文字学的主要目的何在？原来语言文字都是一种表情达意的工具，如果没有意义的内容，便失了它们成立的作用；各个字体原来所以代表语言上的语词，除了书写上的形体和诵读上的声音以外，必定具有了内容的意义，就是所表示的观念。我们对于各个字体的研究，也正和通常的识字教育抱着同样的目的，就是在明了各个字体的意义，认明它们所表示的观念；不过在文字学上的研究，比较普通的识字，更为精深详尽罢了。一个字体并不限定代表一种意义，一种意义也并不只是用一个字体代表出来。在这种一字数义和一义数字的情状当中，我们须依据文字学上研究的结果，以分别各个字体的本义、引申义、假借义，分别各种意义的本字、假借字；在本字当中，又有初文和后起字的分别。所谓本义，就是原始制作某字时所要表示的观念，后来从这种本义上的联想作用发生了一种或几种引申义，或者把这个字体借来代表其他的同音字或同音语词，因而发生了一种或几种假借义。例如一个“止”字，现今通常用来代表静止、阻止、禁止、终

止、举止等义;实在它的本义是"足趾",由"足趾"联想到"地址"(足趾所在),因而发生"地址"这种引申义(《说文》"止,下基也")。再由"地址"联想到静止、终止等义(大概因为地址是静止的,流动所终止的)。再联想到阻止、禁止等义(使其静止,使其终止)。所以现今这个"止"字所代表的静止、阻止、禁止、终止、举止等义,实在都是它的引申义。又如一个"之"字,它的本义实在是"草出土益大"(依《说文》),而通常在文言当中的用法,却和"的"字(如《论语》:"夫子之文章,可得闻也。")"到"字(如《孟子》:"许行自楚之滕。")"这"字(如《诗经》:"之子于归。")"它"字(如《论语》:"学而时习之,不亦说乎?")等同义,这是因为"之"字和"的""到""这""它"等音读相同或相似,就发生了这些假借义。普通一般人的识字,往往只认一个字体的通常用法就算了,没有分别它的本义、引申义、假借义;而在文字学上却必须要追究它的本义是什么?通常它所代表的意义究竟是它的本义呢?还是它的引申或假借义呢?这就是文字学上的研究比较普通识字为精深详尽的所在。所以文字学的主要目的,可以说是从一字数义的现象当中,推求各个字体的本义,以分别它所代表的几种观念孰为本义?孰为引申义或假借义?本义既然明了,余义的所以发生,也就自然会明了了。许氏《说文》一类的书所以在文字学上具有很大的价值,非普通的字典可比,就是由于这一类书的要旨,在阐明各字之本义。许氏《说文》当中所说的各字本义以及关于其他方面的说解,虽然不免有很多的错误,但是书中要旨的所在,我们不能一概抹杀。我们现在所以能指摘其中的错误(例如上文所举"止"字,《说文》训"下基也",误以"地址"为它的本义),乃是因为我们的研究比较从前进步的缘故,并非许书的宗旨和我们有异趋。江沅《段氏说文解字后叙》里说:

许书之要,在明文字之本义而已。先生发明评书之要,在

> 善推评书每字之本义而已矣。经史百家,字多假借;许书以说解名,不得不专言本义者也。本义明而后余义明,引申之义亦明,假借之义亦明。形以经之,声以纬之。凡引古以证者,于本义,于余义,于假借,于引申,于形于声,各指所之,罔不就理。

这几句话正是切中《说文》一类书的要点,也说破了我们研究中国文字学的主要目标所在,就是推求各个字体的本义,以考明它种种余义——引申义或假借义——的所以发生。

因为要推求各个字体的本义并且因以考明种种余义的所由生,我们就不能不探讨各个字体原始的结构和形式,古今形体的源流和变迁,各个字体构造的原则,意义演化的情形以及历代音读转变对于字形字义的关系。因之中国文字学所包含的材料,特为复杂;除了《说文》一类书及关于六书的讨论之外,又须研究金石甲骨的古文,篆文以后的种种书体,以及音韵学训诂学上的种种现象。例如上文所举的一个“止”字,何以知道它的本义是“足趾”?我们依据这个字原始的结构和形式并且参照文字构造的方法,知道了它原来是一个“足趾”的图画(在六书里合于“象形”一科,可说“止”字象足趾之形),后来变成为现今的这个“止”字,形体和意义都和原初不同了。请看下列的演变形状:

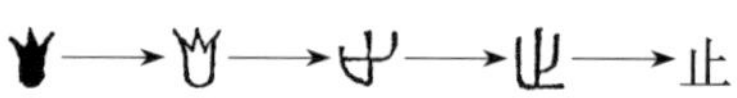

由“足趾”义引申为“地址”义,再由“地址”义引申为现今通用的静止、终止、阻止、禁止、举止等等的意义。因为这个字,用作静止、终止、阻止、禁止、举止等义了,于是要表明原初的“足趾”那种意义,稍后的“地址”那种意义,就造出了“趾”“址”二个字来分别表明(加上的偏旁有显示和区别意义的效用)。我们就“足趾”的意义来说,“止”是初文——就是说原初表明这种意义的字体,“趾”是后

起字——就是说后来才造出来表明这种意义的字体。就“地址”的意义来说，也可以说“止”是初文，“址”是后起字。又如上文所举的一个“之”字，何以说它的本义是“草出土益大”？因为这个字原始的结构和形式，大概是“㞢”，其中的屮，就是古代的草字，其中的一画，是代表地土，所以这个“之”字原来是表明“滋生”的意义，可以说是这种意义的本字。后来因书写上形体的变迁，演成为现今这个“之”字的形式；又因为“之”字的读音，古时在舌头，和“抵”“到”“的”“它”等原来是双声的关系，所以可借来表明“的”字、“到”字、“这”字（“这”字大概古语上也象“敌”字的声音，在舌头的部位）、“它”字等的意义，“之”字也就成为这些意义的假借字了。所谓本字，就是本来代表这种意义的字体，所谓假借字，乃是因同音关系借来代表这种意义的字体。我们要分别代表某种意义的本字和假借字，再在本字当中分别初文和后起字，又须先考明了各字的本义，同时注意到形体的构造以及各个字体间音读的关系。总而言之：中国文字学的主要工作，在“就字以求其本义，依义以求其本字（如有本字可求）”。本义既然明了，余义的所以发生，也自然会明了了。求得了本字，其余的假借字自然会认明，初文和后起字的分别，也自然会知道了。我们着手这种工作，必定要把形体、音韵、训诂三方面的现象综合起来以互相推求，互相证明。这种研究的方法是对于中国这种表意文字上才可以实施的。如果对于古代的图画文字，那末，研究起来，只是字原上和形体构造上的考察；如果对于古今各种的标音文字，那末，研究起来，只是语源上和语词形式上的探究，或者关于几个字母书写形体的校量；当然不必象中国文字学上那样要形、音、义三者并重，要应用一种参互错综的方法。

我们从上文看来，可以知道中国各个字体在实际语文当中的应用，并不是固定的。各字都有它的本义，但是在实际的辞句当中，并不必定要用它的本义，往往用它的引申义或假借义。而各字

的引申义、假借义，又不限定只是一种，往往可以有许多种。因之各字在实际辞句里的文法功用，也自然不能固定。例如一个“止”字，既然有“静止”的意义，也可以有“静止之物”和“使静止”的意义；所以在《庄子》“惟止能止众止”这句里，便具有两种“止”字的用法：第一个和第三个“止”字是名词，第二个“止”字是动词；因为前者表明“静止之物”，后者表明“使静止”。又如一个“之”字，在“夫子之文章”“之子于归”“自楚之滕”“学而时习之”“得之不得曰有命”等等的辞句中，意义不同，词性也随着各异。语言文字既然用以传达意义，字体的应用和辞句的组织，都是依据于语文的习惯来显示意义的，所以各字在辞句组织当中的功用——就是词性——当然要看它所代表的意义而定。不过在中国字体本身的结构上，我们只能依据文字学的研究，以推知它原初制作时所代表的本义，而因以明了其他余义的所以发生。至于在实际的各个辞句当中，它所表明的究竟属于何义？究竟它是属于那一种词性？就须从辞句的组织和全部的总意义上来辨认和规定。因为根据中国语文的性质和习惯，各个字体的结构，只显示着原来造作时所属的本义，并没有什么可以为表明文法功用和分别词性的指标。这就是中国文字学和文法学两者间的界划所在：文字学是属于各字本体的研究，而文法的研究，却须注重于各字在实际辞句当中连结配置的相互关系。各字的本义在文字学上可以推求出来；而各字在实际语文当中的应用，并不必定为其本义，很多是属于它的引申义或假借义；依据文字学上推求本义的结果，我们固然可以明了各字在实际应用的由来，却不能就此规定了它们各种应用的方式。因此我们可以说文字学的研究注重于字体各种应用的原因，文法学的研究注重于字体各种应用的结果；前者为各字本体的研究，后者为各字功用的研究，彼此绝不能相混。各字的本义是固定的，从形体结构上来推定，而依据推定的结果来分类，这是文字本体上的分类。至

于各字在实际语文里的应用,因为引申假借的范围很广,余义的发生,很是流动的;文法学上加以分类和说明,乃是从各字应用的这种流动的现象上归纳得来,因之文字学上对于各个字体的类别,和文法学上的区别,不相一致。我们也不必故意的把这两方面的研究牵合在一起。因为两者研究的对象不同,文字学是属于各字本体的研究,其目的在说明文字构造和应用的原则;文法学是属于字句组织的研究,其目的在说明各字在实际辞句当中的功用。中国过去文字学家所发明的六书,无论原来的名称和定义怎样,无论各家的说法怎样不一致,总不外乎文字构造应用的原则。至于各字的词性和在辞句当中的文法功用,乃是我们由各字彼此间连结配置的情形上归纳得来的;我们自然不能应用六书里文字构造的原则来规定各个字体的用法。只是引申、假借的原则,可以为同一字体而具有各种用法——就是一字数义的现象——说明其所以然的原因罢了。各字的词性,既然依据其所代表的意义而定,而一字数义的现象又是依据于引申、假借的原则而发生的;所以文法学上的现象,往往有一字具有相异的词性。六书里文字应用的原则,正可以为各字所以具有各种用法的说明;关于这一点,文字学对于文法的研究,也不无资助。而文法学上各字用法的归纳的说明,也可以和文字应用的原则互相参证。文字学和文法学在研究的过程当中,自然可以相辅而行的。

(《学术杂志》第2辑,1940年3月出版)

训诂学与文法学

训诂学，通常大都以为是属于字义方面的研究，往往拿它来作字义学的别名，以与音韵之学、形体之学对称。实在依据过去中国训诂学的性质看来，与其说它是字义学，不如说它是解释学；中国训诂学过去并非纯粹属于字义的理论的研究，而是大部分偏于实用的研究，实际上，可以认为是读书识字或辨认词语的一种工具之学。所以，它和“意义学”(semantics)的性质不同。让我先来解释“训诂”这两个字的意义。《说文》：“训，说教也。”本为教训之训；“训”“顺”古字通，说教必顺其理以为说释，故又为训释之训。《说文》：“诂，故言也。”“诂”“古”“故”古字通，故言即“十口所识前言也”；引申以今语释古语，乃至以普通语释方俗语亦谓之诂。《尔雅・释诂篇》郭璞注云：“此所以释古今之异言，通方俗之殊语。”《汉书》注云：“故者，通其指意也”；“诂谓指义也”；“训者，释所言之理也。”又张揖《杂字》云：“诂者，古今之异语也；训者，谓字有意义也。”我们可因以知道解释字义的方法有二种：一种是通译的方法，就是用来解释古今各地的语言的，这叫做“诂”；一种是规定各字的意义，释明各字的内容，就是定义的方法，这叫做“训”。但是“诂”“训”这两个字，析言有异，混言无别。《公羊解诂释文》：“诂，训也”；王筠《说文句读》：“诂训同意义。”《尔雅》有《释诂》《释言》《释训》三篇，段玉裁《说文注》云：“《尔雅》析故、训、言为三，三而实一

也。”总之：解释字义的方法虽有通译和定义两种的不同，而都不外用以释明实际辞句里各字各语的意义。所以训诂是一种工具之学，目的在实用，而所谓理论的部分，也只是解释字义的方法论罢了。

训诂学之所以发生，最主要的原因就是在处理中国文辞当中同字异义和同义异字的现象以及这种现象所造成的种种困难。因为中国语词的音读形式非常单纯，因之语言中所包含的同音语词特别众多。文字又不是采取拼音的制度，而只是应用一种借字表音的方法，只要音读形式上相近似，就可以借用这个字体来代表别个语词。而各字的音读不能不有变化，此时此地所用来表音的字体，和彼时彼地所用来表音的又不相一致：例如卬、吾、台、予等，就都有“我”的意义了。同时字义本身也可以转移，原来表明这种观念的字体，因心理上联想的作用，可以转来表明别种相类或相通的观念；因之在意象上相类或相通的字体，常可互用；例如初、哉、首、基等，就都有“始”的意义了。这就是中国语文里引申和假借的两种方式；这两种应用得很广大，使得同字异义和同义异字的现象日益显著。所以在《尔雅》一类的书里，有“文同训异”例：

怿、悦、愉，乐也；怿、悦、愉，服也。妃，合也；妃，匹也；妃，对也；妃，媲也。

“文异训同”例：

皇、王同训君；假、嘏、景、京、壮、将同训大。

“训同义异”例：

训同义异即一训兼二义，亦即二义合为一条。例如：爰、粤、于、都，於也；爰、粤、于之训於者，语辞也；都之训於者，叹辞也。台、朕、赉、畀，予也；台、朕之训予者，予我之予也；赉、畀之训予者，推予之予也。

“训异义同”例：

豫、康，安也；豫、康，乐也。按，安、乐同义。俶，始也；俶，作

也；按，始、作同义。《说文》："作，起也。"卒，尽也；卒，已也；卒，终也；卒，死也；按，尽、已、终、死同义。

这些都是显示着同字异义和同义异字的现象。因之在古书里往往有些辞句所用的字体相同而意义各异的，有些辞句所用的字体各异而意义相同的。例如《论语》里："子路有闻，未之能行，惟恐有闻。"按上文"有"字，乃有无宅有；下文"有"字，乃又字也；此同文而异义。

"臧文仲其窃位者与？知柳下惠之贤而不与立也。"按此"立"字，当读为"位"，不与立即不与位，言知柳下惠之贤而不与之禄位也。上文窃位字作"位"。下文不与位字作"立"：此异文而同义。[①]

因为有这种现象，我们在读书识字时就要遇着种种的困难；训诂学的所以发生，以及古书里文辞的所以需要解释，大都就是因乎此。

为着要处理古书的读解的困难，在训诂学上就不能不讲求文字应用的方法。中国文字的应用，依据引申和假借的两种方式，使得表明此义的字体转而表明彼义；所以要解释实际文辞当中所应用的字体，必须先有文字学、音韵学的训练。我们明了了"有""又"两字的同音可以通假，才能辨认《论语》里"惟恐有闻"的"有"字应作"又"字解；我们明了了古文"立""位"原是同字，才能辨认《论语》里"不与立"的"立"字应作"位"字解。但是我们尤须知道文字的应用，必定是各字的互相连结以组成辞句，才能显示意义。积字而为句，积句而成篇章；各字的应用，不能离开辞句而独立的显示意义。所以对于一个有疑义的字句，必须求得一种解释，在全篇全章或全句的总意义以及上下文的关系上都通得过去的，才可称为精确妥当。否则便有望文生义和穿凿附会的弊病。例如，上文所举的《论

---

① 说本俞樾：《古书疑义举例》。

语》两个辞句里，因为见到了“子路有闻”，才知道“惟恐有闻”的“有”，不应作有无的“有”字解，而应作“又”字解；因为见到了“窃位”一句，才知道“不与立”的“立”，不应作“建立”字解，而应作“禄位”字解；这就是从全部辞句的总意义以及上下文的关系上得到了一种解释，更参合文字学、音韵学上的佐证因而断定的。我们因此可以知道要校读古书而能怡然理顺，涣然冰释，除了文字学、音韵学的训练以外，同时必须具有文法学的学识，至少也必须能够心知其意。这里姑且举高邮王氏父子的《读书杂志》《经义述闻》等书里的数条来做例：

《读书杂志》卷一：“《逸周书·度训篇》：‘力争则力政，力政则无让。’念孙按：政与征同。力征，谓以力相征伐。《吴语》曰：‘以力征一二兄弟之国。’《大戴记·用兵篇》曰：‘诸侯力政，不朝于天子。’是也。孔注云：‘政者，征伐之政’，则误读为政事之政矣。”按王氏所以把“政”解作征伐之“征”，除了文字音韵上及古义的证明以外，必定由于“力政”和“力争”对比的结果，断定了“政”字不是名词，而是动词。

《经义述闻》卷十九：“《左传·隐六年》：‘《商书》曰恶之易也，如火之燎于原，不可乡迩，其犹可扑灭！’杜解‘恶之易’曰：‘言恶易长。’家大人曰：杜读‘易’为难易之‘易’而以长字增成其义，殆失之迂矣。案：易者，延也；谓恶之蔓延也。《大雅·皇矣篇》：‘施于孙子。’郑笺曰：‘施犹易也，延也。’《尔雅》：‘弛，易也。’郭注曰：‘相延易。’”按王氏所以把“恶之易”解作“恶之延易”，除了音韵训诂的根据以外，也是由于“恶之易”和“火之燎于原”对比的结果，断定了“易”字不是形容词或副词，而是动词。

又“《桓二年》：‘今灭德立违。’杜注曰：‘谓立华督违命之臣。’家大人曰：违，邪也。与回邪之回，声近而义同。立违，谓立奸回之臣。”按王氏所以把“违”解作回邪字，也是由于“灭德”和“立违”

对比的结果,断定了“违”不是动词,而是形容词。

又《读书杂志》:“《庄子·秋水篇》:‘井蛙不可以语于海者,拘于虚也。’崔注拘于虚曰:‘拘于井中之空也。’按崔训虚为空,非也。虚与墟同。《广雅》曰:‘墟,居也。’《文选·西征赋》注引《声类》曰:‘墟,故所居也。’凡经传言邱墟者,皆谓故所居之地。言井蛙拘于所居,故不知海之大也。”按王氏所以把“虚”解作“墟”,除了文字、声训及其他古书上的根据以外,也是由于“拘于虚”和“语于海”对比的结果,因而断定了这里所用的“虚”字不是形容词而是名词。

我们从上面所举的几条看来,可以知道训诂家必须具有文法观念,才能把许多疑义的字句解释得怡然涣然,才能把前人许多增字为释的弊病和结𨟻难通的解释扫除廓清。我们绝对不能否认清代许多训诂学家已经具有了文法观念,绝对不能否认他们具有了文法观念才能得到了这样的成绩。王氏父子以后,如王筠、朱骏声等注释《说文》,常用“动字”“静字”一类的名目以说明各字的意义;虽然没有像现今文法学上那样的精深细密,而确是已经开了文法学的先河。这也是不容否认的事实。①

俞樾《古书疑义举例序》上说:“夫周秦两汉至于今远矣!执今人寻行数墨之文法,而以读周秦两汉之书,譬犹执山野之夫而与言甘泉建章之巨丽也。”这可见得训诂家要解释古书,必须先考明辞例,因而对于文法学,便有直接的贡献。再就研究的方法来说,考明辞例和分别词性,都不外应用比较归纳的方法。例如王氏《经传释词》释明《毛诗》“终风且暴”的“终”字为“既然”的“既”,就是从《毛诗》里“终窭且贫”“终温且惠”“终和且平”“众稚且狂”“终其永怀,又窘阴雨”等句里互相对比,因而发现了“终”字常和“且”字连用,正和“既然……而且……”的辞例相合,就断定了这里“终”字应

① 说本杨树达:《高等国文法》第一章“总论”。

该作“既”字解。现今解释字义和分别词性，都要应用这种对比的方法。杨树达释明“于以采蘩”“于以采蘋”“于以用之”“于以盛之”“于以求之”等句里的“于以”为“于何”，一方面固然根据于“夏罪其如台”“今王其如台”的“台”就是“何”字的意义。一方面也就“于何从禄”“于何不臧”“于焉逍遥”等等句式的比照，因而断定“于以”就是“于何”的意义。① 丁声树释明古书上的“弗”字常为“不……之”的连合省文，也是就下列这些辞句比对的结果：②

《孟子》："以是为不恭，故弗却也。"

《左传》："辞顺而弗从，不祥。"

《礼记》："父之仇，弗与共戴天；兄弟之仇，不反兵。"

《吕氏春秋》："治而攻之，不祥莫大焉；乱而弗讨，害民莫甚焉。"

又："贤主察之，以为不可，弗为；以为可，故为之。"

《礼记》："虽有嘉肴，弗食，不知其旨也；虽有至道，弗学，不知其善也。"

所以训诂学和文法学，两者的目的一在解释辞句里各字的意义，一在说明各字在辞句组织里的功用，所以都要应用比较归纳的方法来考校辞例。

因为明白了辞句里各字的意义，自然能够确定各字的用法；确定了各字在辞句组织上的功用，也自然因此了解了各字的意义；而都要就各字彼此间的连结配置和上下文的关系上来推断。所以训诂学和文法学两者常互相为用，互相助长，具有不可分离的趋势。近今校读古书的进步，一方面固然因为比较的材料日益丰富，一方面也因为西洋文法学输入，可以用来作为研究中国语文的参考，促进了文法学的知识，就是使得训诂的方法更加精密，训诂的工具更

---

① 参看杨氏：《词诠》《高等国文法》《古书疑义举例续补》。

② 参看丁声树：《释否定词弗不》，载前中央研究院《历史语言研究所集刊外编》。

加完备。胡适《我们今日还不配读经》一文里说：

> 前人说经，都不注意古文语法，单就字面作诂训，所以处处“强为之说”，而不能满人意。王念孙、王引之父子的《经传释词》，用比较归纳的方法，指出许多前人误认的字是“词”（虚字），这是一大进步。但他们没有文法学的术语可用，只能用“词”“语词”“助词”“语已词”一类笼统的名词，所以他们最大的努力还不能使读者明了那些做古文字的脉络条理的“词”在文法上的意义和作用，况且他们用的比较的材料绝大部分还是古书的文字，他们用的铜器文字是绝少的。这些缺陷，现代的学者刚刚开始弥补：文法学的知识，从《马氏文通》以来，因为有了别国文法作参考，当然大进步了；铜器文字的研究，在最近几十年中，已有了长足的进展；甲骨文字的认识又使古经的研究添出了不少的比较的材料。所以今日可说是新经学的开始时期。①

这就是表明了文法学的发达足以促成训诂学的进步，而训诂学上比较的材料日益增多，同时也扩大了文法学研究的范围。近今古书的整理，和金石甲骨文字的研究，也使得我们对于中国古代文法的认识日益进展。我以为过去训诂学和文法学的研究以及两者互相助长的趋势，还未免太拘囿于校读古书或竟为学习属文的目的；《马氏文通后叙》里说：“斯书也，因西文已有之规矩，于经籍中求其所同所不同者，曲证繁引，以确知华文义例之所在，而后童蒙入塾，能循是而学文焉。其成就之速，必无逊于西人。”这未免太偏于实用的目的了。过去所谓训诂学，目的只是在读书，文法的研究，目的也只是在学文；工作的范围，也大都只是在校理古书。因

---

① 见《胡适论学近著》第一集下册，第544—545页。

之一般只是认训诂学和文法学都为一种工具之学，用它们为读古书、古文的捷径罢了。我们现在应该把研究的范围扩大，一方面应该注重现今方言俗语的整理，使过去训诂学和文法学两者相助长的情形，移来作为现代方言学的基础；另一方面，应该注重历代语言演变的实际情形，使训诂学的目的不仅在读古书，而尤在发现古今语言上运用语词的异同；使文法学的目的，自然也不仅在学习古文的便利，而尤在发现古今语法的差异。这样，才能由实用的研究趋向于理论的研究，才能由训诂学和文法学两者的互相助长，以达到建立中国语言学的目的。

（《学术杂志》第3辑，1940年4月出版）

复我光荣洁白之身躯

溯禄居沪，忝任教职，十载于兹。平日不喜谈政治，冀以专力于教育与文化，俾有裨于国家社会。洎乎抗战兴起，国军西撤，沪上因地位特殊，各校林立，敌人势力，侵迫未甚，尚得安心教学。年来所任课务，尤极殷繁，而友人中凡以学问相谘询者，莫不乐与往来。奈自汪精卫抵沪，在敌人包庇之下，倡导所谓“和平运动”以后，为之奔走者，专事胁诱沪上知识分子，以供其驱使，而我神圣之教育界，遂直接受其侵凌压迫矣！去秋即有某等以研究学术为名，诱禄投稿于某种刊物，旋即散播流言，故使受人疑虑，致有外埠某报误载禄亦受汪方委托主编某种杂志之事。终乃施以离间与恫吓，使无法声辩。总之，必欲推之“下水”而后已。斯时悟其奸计，即欲飘然离去，以示与彼辈决绝，卒以各校当局挽留，师生同处，尤称相得，未忍遽离。因循忍受，彼辈更视为柔弱可欺，竟委以某种名义，请参加某种集会，及按期投稿，一不虚与委蛇，即疑为“重庆方面之间谍”，生命濒于危殆。或密探四布，行动几失自由。在此特殊形势之下，内外煎迫，愤痛欲绝。转思事已至斯，不如顺水行舟，乘机细探其究竟，默察此种“和平运动”之理论与真相，所谓“百闻不如一见”，静待以所见之一二，昭告于国人。同时对于各校所任之教课，仍努力如前，迄未因此稍有荒怠，此则堪以与各校当局及同学相告者也。

夫汪氏所谓“和平运动”之意义若何，自　蒋委员长以下在位诸公，迭有声讨，社会人士洞烛其奸，加以斥责，大抵已揭发靡道，固毋庸鄙人之哓哓，惟觉即就汪方之立场以言，对于下列诸问题，汪氏及其左右实始终无以解答。

一、汪氏果真认定必须和平而后可以救国，则世界各处皆可有其活动之余地，何以必须投入日人之怀抱，然后可以言和平言救国？

二、试问汪氏有否自主之能力，如不能自主，则如何可以与日人折冲关于和平之条件，试问汪氏自身与民四时袁世凯之力量比较若何，二十一条者非当时声势赫赫之袁世凯所画诺乎？

三、姑不问日汪密约或默契之内容如何，即令日汪所自诩为宽大之条件，俟汪氏登台之后，日方若改行提出稍苛刻之条件，待后又提出更苛刻之条件，汪氏能否坚持不画诺？

四、汪氏对于“满洲国”是否准备承认，如今日承认“满洲国”明日依“日韩合邦”之例，迫令汪氏承认“日满合邦”，汪氏又能否坚持不承认？

五、又明日依“日满合邦”之例，宣布“日支合邦”，汪氏又能否坚持不承认，如此，今日之“和平”，非明日之“合并”乎？

六、汪氏既以“和平救国”为口号，汪氏组织“新政府”就绪之后，如日方令其至前线与国军作战，则汪氏仍否投入中央政府之怀抱，以与中央政府言和平乎，抑依日方之命令而放弃“和平”之素旨，以与国军作战乎？

七、汪氏又以“反共”为口号，托庇日方以树立“政府”，抵制苏联，假令一旦日方以德意之欺日者欺汪氏，转与苏联携手，汪氏是否仍高竖其“反共”之旗帜？

八、再就汪氏之自身利害以言，今日仰日人之供给，在日人严密“保护”之下，以从事“和平运动”以树立“政府”，一旦日方不喜其所为或不用其为傀儡，挟之令其闲居于东京，彼时汪氏是否尚有引

决自裁，以表其节志之权？

九、再就眼前事实以言，今日所谓南京之“新政府”，表面上暂时融合南北傀儡于一炉，日方如忌汪氏权力过大，另制一二傀儡与之对抗，汪氏及其部下有何法以制止之？

十、敌方内部党派纷歧，主张不一，汪氏专奉承日人之某一党某一派乎，抑同时讨好于各党各派乎？窃恐借日人之财力武器以欺压同胞者易，而所以应付多头之主子者，诚难乎其难矣。

汪氏及其左右如对于上列所提出之问题，果真有一二分适当圆满之解答，则我亦何尝不可为其“同志”，亦何尝不可甘心供其驱使，否则，无论对我物质之引诱与威武之胁制若何，不但丝毫不能减却我内心上对　蒋委员长之信仰与崇拜，丝毫不能摇惑我内心上抗战建国之意志与决心，且适足以增进我对　蒋委员长之信仰与崇拜，适足以坚定我对抗战建国之意志与决心耳！须知柔弱之民众，如余之赤手空拳者，固可以受欺蒙压束于一时，而欺蒙压束后所生之反感，正与彼施与者所期望，结果适得其反。禄一介书生，无心政治。然自问爱国，不让人先。其素性淡泊，未尝萦情于利禄，向为我亲友所熟谂。此次不慎，致罹奸计，亦曾为知我所鉴原，或且代禄多方辩护，俾数月来仍得努力于我神圣之教职。惟禄既踏文人失节之嫌，自不能长此隐没，而无以自表白之举。乃一经表白，即易遭汪氏爪牙所嫉忌，区区一命，为国牺牲，是所本怀，惟尚须求牺牲所得更大之代价耳。是以决然离沪，中途辍教。对所授课之各校，自不免慊然于怀，而多年相聚之师友，朝夕往还之亲朋，一旦相舍，能不依依！尤其对于羁留孤岛上纯洁有为之无数青年同学，抱无限凄怆之感，深望为汪氏奔走者，于其卖力间接为敌方工作时，勿过分肆行其狐假虎威之手段，为沪上教育界稍留一点干净土，以容我如许青年同学得有呼吸之余地，而遗存国家民族之一线生机，其功德当无量也。

余之所言，纯本于国家民族之立场，毫无个人之私怨存乎其间，目前在汪方工作之某等，曾迭为我生命感受威胁时设法庇护，余在私交上始终感德。又审知沪上友人中同余此等之遭际者，不在少数，甚望速速自白，余深幸遇此“新政府”开演之机，正当“冠盖京华”“弹冠相庆”之际，在沪“防务”松弛，使余得从容料理书卷，收拾行装，往海上之新鲜空气中一抒其数月来之积愤，涤荡其满面之污垢，而复我光荣洁白之身躯！

（《建国月刊》40年代第1期）

联 合 政 府

编者足下：这次改组政府，目的是在容纳各党各派；本来是一党专政，现在要还政于民，先来一个容纳各党各派的联合政府，以为实施党政的准备；不失为一种应有的步骤。听说改组政府，还有一个副目的：政府要向外国借一笔六亿美元的款子，而人家要待我们组成联合政府之后，才答应借给这笔款子；所以政府急急要改组，而其他党派之所以乐于参加者，也为着成全这件好事。“君子成人之美”，我们对于这次参加政府的“异党”人士，原来无可非议。不过有一点值得我们注意的：在宪法未曾施行以前，政府的各个机关，本身的废设和内中人员的增损，实际并无明文规定，所谓组织法既然可以随时修正，一切措置，自然可由“专政者”自由伸缩。名义上是要组织“联合政府”，实际上则不免大开幸进之门。因为“异党”“异派”，可以说是被容纳了，而对于所谓“本党”“本派”，不特可以使之无损，且可以随着增进；名为改组，实为扩大。扩大起来，如果为着“集思广益”，为着“众擎易举”，原无可厚非；不过际兹民生凋敝，财政困窘，又正值大倡裁员减政之余，扩大政府组织，是否相宜？国帑虚耗，已须节制，而名器之滥，尤应防止。前次为制定宪法，召开国民大会，用去一百万万以上，代表名额之多，史无前例，现在各国国会亦望尘莫及。后来立法院、监察院、参政会、行政促进会，也容纳各党各派参加，一方面增进“异党”分子，一方面又

有一批“本党”的人员同时跟着进来。现在国府委员的名单公布了，各部会也快要改组了；恐怕改组其名，扩大其实。这样，介杂一个“私”的念头，调成了一碗膨胀的和合汤，聊以飨客，恰如左列譬喻：

主人请了一位财主的客人，自要百般恭敬。主人只有一碗咸味汤飨客；客人却定要和合汤。于是主人不得不在咸味汤上，加上一调羹的糖，和一调羹的醋；却又不愿改变它的咸味，又只得再加上一调羹的盐，同时再加些水进去；端上来，勉强算得和合汤吧。那位客人体谅主人这般苦心，勉强承认味道不错。也幸亏那位客人同样厌恶辣味，不然，如果定要主人加上辣味，又不知需要再加若干的盐，才能中和它，再加若干的水才于冲淡它，又不知这碗和合汤膨胀到了什么程度。

这次改组政府，是各党各派成全政府之“美”，但是这些参加政府的党派人们。终不免在那膨胀了的和合汤当中，显得渺小，究竟能够发生什么作用？他们始终不能使调味的那位主人取消了“不愿改变咸味”的念头，徒然使国帑虚耗，名器日滥，在目前既无法使得国家免除内乱，在将来能否实现民主，也就不问可知。他们果真不为自身的幸进，也应当在本心上有啼笑俱非之感。

张世禄　四月十七日　南京

（《观察杂志》40 年代）

太平洋局势

一、前奏曲

战云弥漫着的太平洋，随着急剧变化的国际情势已达最紧张的阶段；酝酿已久的暴风雨，在将要来临。的确，现阶段的太平洋形势，已成为世界问题底焦点，它是人类悲剧表演的最大舞台，同时也是帝国主义底坟墓啊！

自上次欧战后，英美称霸其间已有二十余年，而虎视眈眈的日寇，自和德意缔结军事同盟后，对南进政策尤为火急，与英美角逐日益尖锐化，在这里很明显的，日寇南进政策，其目的是在驱逐英美势力出太平洋范围之外，以继续英美底霸权，实现所谓东亚新秩序。依其国力与领土之需要，逐步的由中国越南、缅甸、新加波、澳洲，夏威夷群岛以及荷属印度、驱逐欧美各国的势力。日寇去年进兵越南，便是其积极南进底先声，所以现在欧美在太平洋底地位确是到了最危险的关键。为着制止日寇的暴行，于是有英美澳荷联防之成功。现在英美各国已增援太平洋上的力量，布置太平洋各海港的防御工事，准备予日寇致命底打击。

二、日寇南进政策透视

南进政策与大陆政策同是日寇几十年来所做的美梦，在欧战扩大的现阶段，野心勃勃的日寇。对此幻梦底实现，尤为积极，它

底国策在目前已成为轴心国的一环，由经济的侵略而变成政治与军事侵略，在这里，吾人要明白在日德意缔结同盟之前，日寇已筹划着进兵南洋的计划了，其目的在波波法败，便趁机占领越南，做军事南进的据点，但其后以希特拉迫其履行三国同盟的任务，牵制英国在远东的兵力，呼应德国在欧洲的攻势，于是不得不变换战略，拟先攻占英国的新嘉波，企图斩断英海航线，使英不得不牺牲太平洋上之殖民地底利权，同时威胁美国的夏威夷及菲律宾，牵制美国、使美援英的力量减少。是的，日寇认为现在南进是最难得的之时机，千载难逢的机会。

但是日寇的对华战争，目前已陷于极端困难的阶段，这是日寇最大苦闷，然而它在南洋资源刺激与轴心国怂恿下，说不定它将不惜以其国运作孤注一掷，因此，结束中日事件便为目前日寇惟一的谋题，而其方法，或者是撤退一部据点，缩小占领区域，然后分兵南进，或诱致中国讲和，而撤兵南进。

现在随着欧战底演进，英向美大求援日益迫切，为了支持战争与集中力量应付德国，对于英美远东联防更日益成熟，假使英美在南太平洋能切实联合澳洲及荷印，将新加波、菲律宾、荷印、澳洲关岛、夏威夷等地，联成西南太平洋中牢不可破的战线，则可制日本海军的死命，诚然，日寇除谋打英在轴心国提携之下，趁英疲于对德之际，英美澳荷未实现联防之前，占领越南缅甸及泰国，掠夺荷属印度，以构成其东亚共荣圈内自足自给底经济机构，进而攻占新加坡，以控制印度洋，把英美在太平洋力量，可以击破，与地中海轴心国相呼应。

三、美对日寇南进的答覆

自德国在欧燃起侵略烽火与日寇准备南进以后，美对战争底准备尤为积极，现在美以三千五百万金元，扩充太平洋上的菲律宾，萨摩亚西，威尔斯，夏威夷等岛之防御，并且又将美海军舰队分驻太平

洋各重要据点，这是美对日寇南进之具体答覆，故目前美在太平洋上之设备，以阿拉斯加的料的亚克岛和阿尔纽玚群岛作军事建设，联西岸诸重要军港与巴拿马的要塞地区，而联成一条最坚固基本底防线，以作对倭战争守势线，并且又将夏威夷建设作大舰队对付日寇作战攻势外线的大海军据点；当然战争发动后，既可由此出动大量飞机群炸倭国各大都市与军事据点，又可监视寇舰活动，同时又在威克特威各岛炸军事建设，联络关岛，菲律宾成为中央作战之线，而获得了与英共同使用费尼克斯诸岛中的康顿息特比利两岛，与摩阿岛，澳洲纽西兰联络起来，以便控制太平洋，此外由于欧战延长与扩大，使轴心国已成为英美共同大敌，这样便促进了英美在太平洋上底联防的早日实现，而美更能以新加坡作轴心，东临婆罗洲，与菲律宾，香港，而成为南太平洋底控制线，而向东扩大到夏威夷，成东南大封锁线，更以西方比兰尼，科布尔群岛的军事设备，而形成控制印度洋战线，美对太平洋更可以操持如意。随时都有封锁寇之经济，如此东亚共荣圈上最有力的一环，马上崩溃，这可想而知了。

四、英美在太平洋联防

美向来虽不愿意卷入战涡，尤其是在其扩军计划未能全部实现前，但是，现在欧洲底新史台示它德国进攻的方位，将由巴尔干向近东推进，占领苏彝士运河，控制地中海沿岸近东殖民地，无疑地，日寇便趁机劫取英远东殖民地，并占领新加波以牵制英在南太平洋实力，与地中海上盟军呼应，在此情况之下，若美再不以军事援助，英将要向德屈膝，那时倭寇底东亚共荣圈便得建立，进而与美争太平洋上霸权，同时轴心国瓜分英遗产后，拥有非欧雄厚底物资，便向美伸出侵略的魔手，故美当然不能坐视英失败，而为■心进步的侵略底对象，而美将要怎样呢？无疑将起来以战争屈服战争，在这可能趋势下，美将因自身安全受到威胁，和维持其国家威严，而当然不辞

一战。同时美在太平洋防线过长,易受寇之侵犯,非得共使英远东之海军根据地不可,不然不但不能控制日寇,并且将要遭倭舰队的袭击。

诚然,英老早知在欧战烽火紧张之际,倭寇必对英的远东殖民掠夺,故英早已充实其远东实力,以使防御倭寇侵略。然而,这样仍不能阻止日寇底南进野心,如意地保持其远东利益安全,故英依然恳切地与美使用新嘉波为条件,期待着英美澳荷联防早望实现,这不特可以减轻日寇在太平洋进攻底忧虑,并可将太平洋印度两军防御责任,一并付美,好集中力量在欧洲与德作战。

五、战争的展望

的确,日美互相间底矛盾已达到剑拔弓张,一触即发的阶段,依着战争底新史实所决定,日美战争是无法避免的,虽然在日美大战爆发之前夕,美仍希望能以实力加紧援英援华及扩大禁运范围,能毁灭纳粹于欧洲,粉碎暴日于中国,但在轴心国战争范围一天天扩大的今天,日寇南进步步逼压的现阶段,倭实不能让美从容,使用其高明政策,在此情势之下,日美战争使命运注定地不可避免了。

但是日美战争的性质是怎样呢?据作者的观点,日美战争不是全面战,而是扰动战,断断续续的和破碎的海战与空战,以舰队活动于日本,与中国海等地,而决战将在太平洋上发生,这是日美未来的影子,然而最后究竟是谁胜谁败,还待以后事实作据。

六、尾声

太平洋上的战云实在是很浓厚了,狂风暴雨的太平洋,不特是日美霸权从新决定底场所,而且是这次世界大战争胜负的阵地。

一九四一、二五

(贵阳初中期刊 1941 年)

语言之演变与训诂

字义之演化与习俗之关系　字义之引申转变，致使一义扩张或缩小，或且由此及彼，辗转而成他义。因之同是一名，而所指或异；亦有名称各别，而所指实同：故有同名而异实，亦有同实而异名。取义既随乎好尚之不同，名称自亦因习俗而纷变：常有所指相同而因习尚有殊，取义各别，名称亦因之歧异者。试举《尔雅》中一条为例：

《尔雅》："载，岁也。夏曰岁（郭注：取岁星一次），商曰祀（郭注：取四时一终），周曰年（郭注：取禾一熟），唐虞曰载（郭注：取物终更始）。"郝懿行《尔雅义疏》："此释年岁之名。所以代必异名者，《书·尧典》正义引李巡云：各自纪事，示不相袭也。载，岁也者，《左氏·昭七年》正义引李巡曰：载，一岁莫不覆载也。孙炎曰：四时一终曰岁，取岁星行一次也。《说文》云：岁，木星也，越历二十八宿，宣遍阴阳，十二月一次。然则夏曰岁者，主于占星纪事。《夏小正》云：初岁祭耒。是也。祀者，《说文》曰：祭无已也。《书》正义引孙炎曰：祀取四时祭祀一讫也。然则商曰祀者，商人尚鬼，以祀为重。《书·洪範》：惟十有三祀。盖为箕子作也。年者，《说文》云：穀熟也。《书》正义引孙炎曰：年，取年穀一熟也。然则周曰年者，周以稼穑与年穀为重，《春秋》书大有年是也。载者，《释名》云：载生物也。《白虎通》云：载之言成也。载成万物终始言

之也。邢疏引孙炎曰：载，始也，取物终更始。郭注俱本孙炎。唐虞曰：载者，以更始为义。《书》云：九载，绩用弗成。三载考绩，是也。”

同为一物之名，或取义于此，或取义于彼，或以通言浑同，或以晰言区别。盖风尚因时地而有殊，语言亦随方俗之流变；苟此而通之，可以“类离词之指韵，明乘途而同致”；此扬子“方言”一书所由作也。

郭璞《方言序》：“考九服之逸言。标六代之绝语，类离词之指韵，明乘途而同致；辨章风谣而区分，曲通万殊而不杂。真治见之奇书，不刊之硕记也。”

兹举其中一条为例：

《方言》：“鹂黄，自关而东谓之鸧鹒。（郭注：又名商庚）。自关而西谓之鹂黄（郭注：其色黧黑而黄，因名之）。或谓之黄鸟，或谓之楚雀。”钱绎《方言笺疏》：“《尔雅》：鵹黄，楚雀。郭注：即仓庚也。又仓庚、商庚，注即鵹黄也。又仓庚，鵹黄也。注：其色黧黑而黄，因以名云。《夏小正》：二月，有鸣仓庚。仓庚者，商庚也；商庚者，长股也。《豳风·七月篇》毛传：仓庚，鵹黄也。《月令》郑注：仓庚，离黄也。李善注《高唐赋》引《方言》作黧黑。鵹、黧、离并与鹂同，仓庚与鸧鹒亦同。《说文》：离黄，仓庚也。鷅，鷅黄也，一曰楚雀。其色黧黑而黄，是许以离黄为仓庚，以鷅黄为楚雀，与此异义。《周南·葛覃篇》《邶风·凯风篇》《秦风·黄鸟篇》《豳风·东山篇》，传、笺具不言鹂黄。此云，或谓之黄鸟者，盖方俗语言偶同，非《诗》所谓黄鸟也。而《葛覃》正义引陆玑疏曰：黄鸟，黄鹂留也；或谓之黄栗留。一名仓庚，一名商庚，一名鵹黄，一名楚雀，浑而一之，非也。”

又有取义相同而所用以名之之本字则不一：如同取义于“明”以名“知”者，或谓之党，或谓之晓，或谓之哲。

《方言》:“党,晓,哲,知也,楚谓之党(郭注:党,朗也,解寤貌),或曰晓,齐宋之间谓之哲。”钱绎《方言笺疏》注:“党朗。叠韵字。《广韵》:爣朗,火光宽明也。爣与黨同。解寤谓之黨,昏昧亦谓之曭;《说文》:曭,无精直视也。光明谓之黨朗,不明亦谓之儻朗;潘岳《射雉赋》徐爰注:儻朗,不明之皃,亦以相反为义也。《说文》:晓,明也。《列子·仲尼篇》:智者之言,固非愚者之所晓,是晓为知也。《说文》:哲,知也。《大雅·下武篇》郑笺,《楚词·离骚》王逸注并同;知誓一声之转,应劭《汉书·五行志》注:哲,明也。明谓之哲,知亦谓之哲;知谓之晓,明亦谓之晓;知谓之党,犹明谓之堂也。《广雅》:堂,明也。”

同取义于“小”以名鸟者,或谓之鷦鷯,或谓之过鸁,或谓之懱爵,或谓之鸰鸠。

《方言》:“桑飞,(郭注:即鷦鷯也,又名鷦莺),自关而东。谓之王爵。或谓之过鸁,或谓之女鴎(郭注:今亦名为巧妇,江东呼布母。)自关而东谓之鸋鴂(郭注:按《尔雅》云:鸰鸠鸱鸮,非此小雀明矣)。自关西谓之桑飞。或谓之懱爵(郭注:言懱截也)。钱绎《方言笺疏》:“鷦鷯懱爵,皆以小为义,此鸟体极微小,因以为名。爵犹鷦也。亦小之义也。《说文》:雀,依人小鸟也,读与爵同。《庄子·逍遥篇》:日月出矣,而爝火不息。《释文》:爝本亦作燋。一云燋火。小火也。《玉篇》:穱,小也,亦作穛。是从爵从焦之字多通也。鷦鷯之犹言蛁蟟也。《广韵》:蛁蟟,茅中小虫也。懱之训小,详卷二木细枝谓之蔑下。过鸁女鴎鷯鸠亦以小为义,《众经音义》十六引《声类》云:锉镰,小釜也。下卷十一,蠭其小者,谓之蠮螉。《释虫》:果鸁,蒲,卢。郭注:俗呼为蠮螉,是蠭之小者为果鸁也。《吕氏春秋·审时篇》高诱注:穖,禾穗果鸁是也。穖从幾声,当训为微。《说文》:嘰,小食也。《众经音义》卷九引《字林》:玑,小珠也,义与穖近,是禾穗之小者为果鸁,亦当以小为义也。

《释木》：女桑，桋桑。郭注：今俗呼桑树小而条长者为女桑树。《释名》：城上垣曰女墙。言其卑小，比之于城，若女子之于丈夫也。下卷十一，蝉其小者谓之麦蚻。郭注：如蝉而小，今关西呼麦䘃。《夏小正》：四月鸣札。札者，宁县也，札蚻同。《广雅》：蛥蚗，蚻也。《说文》：蚞蚗，蟧蟟也。《释虫》：䘃，茅蜩。注：江东呼为䖡䘃，䖡䘃与茅截同，犹言麦䘃，亦蝉类之小者。蜩蟧，犹蟧蟟也。是麦䘃，宁县、蛥蚗、蟧蟟、茅截、蜩蟧，皆蝉小之异名。郭注此懱爵云：言蔑截也，盖言其蠛截然。……小虫谓之蟧蟟，犹小雀谓之鴇鹩也，木细枝谓之蔑，小铤谓之鑖，小骨谓之髋骱，小石谓之礣砎，小虫谓之蠛蠓，犹小雀谓之懱爵也。小斧谓之锉鑹，小鑫谓之果蠃，禾穗谓之果蠃，犹小雀谓之过蠃也。小桑谓之女桑，城上小墙谓之女墙，犹小雀谓之女鴎也。《玉篇》：醮，面焦枯小也。醵，面小也。小面谓之醮，又谓之醵，犹小雀谓之鴇鹩，又谓之懱爵也。小蝉谓之蟧蟟，又谓之蜩蟧，又谓之宁县，又谓之蛥蚗，又谓之茅截，又谓之麦䘃；犹小雀谓之鴇鹩，又谓之鷯鸠，又谓之懱爵，又谓之懱截也。注家因其一名女鴎，目为巧妇，或为巧女，因其一名懱爵，字变为韈。言其紩麻如刺韈，然皆附会之说也。”

此即古今各地事物称呼之所以歧异也。习俗不同，言语亦因之歧异，故必有训诂以通其隔阂。训诂之功，实同翻译。

陈澧《东塾读书记》：“诂者，古也，古今异言，通之使人知也。（此《毛诗·周南·关雎诂训传第一》孔疏语。《尔雅》邢疏袭用之。《尔雅·释宫》郭注云：通古今之异语，又孔疏所本也。）盖时有古今，犹地有东西，有南北，相隔远，则言语不通矣。地远则有翻译，时远则有训诂。有翻译则能使别国如乡邻，（方言，即翻译也。）有训诂，则能使古今如旦暮，所谓通之也，训诂之功大矣哉。”

是以比较古今各地语言之异同，阐明其演变之迹象，以显示各语各辞之意旨，亦训诂学上所有事也。

语言演变之原因　历代各地之人民，处于不同之环境，受有不同之影响，其习俗趋异，语言亦渐次差别，故语言之演变，终不离历史与地理之因素。

林语堂《闽粤方言之来源》："方言之所以成立，简略言之，可说有两大原因：（一）由于民族之播迁，（二）由于异族之杂处。大概民族播迁，使各族处于不同环境，受不同影响，所以渐次差别。如印欧系语言之纷歧，即以此解释。异族杂处则或甲学乙语言，或乙学甲语言，其语言皆易生变化。"

语言既因时因地而生变化，于交流融合之中，仍有错杂纷歧之象，故有往时别语而成为通语者，方言所谓"古雅之别语，今则或同"是也。

《方言》："假络（郭注：古格字）怀摧詹戾艐（郭注：古届字。）至也。邠唐冀兖之间，曰假，或曰格，（郭注：邠，今在始平漆县，唐，今在太原晋阳县。）齐楚之会郊（郭注：两境之间。）或曰怀，摧，詹，戾，楚语也；（郭注：先祖于摧，六日不詹，鲁侯戾止之谓也，此亦方国之语，不专在楚也。）艐，宋语也。皆古雅之之别语也。（郭注：雅谓风雅）今则或同。"

亦有往古语言留存于方言俗语中者，《方言》所谓"旧书雅记故俗语不失其方"是也。

《方言》："敦、豐、厖、夰、幠、般、嘏、奕、戎、京、将，大也。凡物之大貌曰豐，厖，深之大也。东齐海岱之间曰夰，或曰幠；宋鲁陈卫之间谓之嘏，或曰戎；秦晋之间，凡物壮大谓之嘏或曰夏；秦晋之间，凡人之大谓之奘，或谓之壮；燕之北鄙、齐楚之郊，或曰京，或曰将，皆古今语也。（郭注：语声转耳。）初别国不相往来之言也，今或同；而旧书雅记故俗语不失其方。（郭注：皆本其言之所出也，雅，尔雅也。）而后人不知，故为之作释也。"林语堂《前汉方音区域考》："故俗语与绝代语，古今语同释；方音中常保存古音古语是极

明的道理，旧书雅记辞字不同系乎时，而故俗殊语不同系乎地，其原一也。前人不得其解故有很勉强的解释，惟郭注得其真义。戴氏释‘雅’为‘常’，谓‘旧书常记故俗之语不失其方，……郭注皆误’，句法未稳，卢氏读为‘（旧书雅）记（载）故（训故）俗（语）’，虽一读法，亦未见尽顺。丁氏（杰）释‘故’如‘诗鲁故韩故’之‘故’，与‘诂’同；雅当如郭氏解为尔雅，实与下节‘古雅之别语’辞气不合。雅为普通名词，有风雅之雅，有古雅之雅，有尔雅之雅，雅有言之雅，固不必专指尔雅。郭注：‘而后人不知故为之作释也。’句云：‘释诂释言之属’最得真义，释诂即释旧书雅记，释言即释当代俗语也。”是以事物之名称，必须从其方土之语以定其义。

陈澧《东塾读书记》：“释诂、释言、释训，既通之使人知，则至今知之矣。至草木虫鱼鸟兽，《尔雅》虽已释之，后世又有不知者。如以王雎释雎鸠，后世又不知王雎为何物；诸儒解说虽多，澧皆未敢信；此必求之陕西、河南，有鸟常集于河洲，而雌雄有别者，乃可定为雎鸠耳。（《释木》：栎其实梂。邢疏云：《诗·秦风》云：山有苞栎。陆玑疏云：秦人谓柞栎为栎，河内人谓木蓼为栎；玑以为此秦诗也，宜从其方土之言，柞栎是也。澧谓雎鸠，宜求之陕西、河南者，亦以其方土故也。）”

同一字也，本为某义，而在某方所习用，往往另成一义。许氏作《说文》，常引方言以著一字之别义。

马叙伦《说文解字研究法》“说文说解以方言为别义”谓《说文》：“有引方言以著别义者。如逞下曰，通也，楚谓疾行为逞，讶下曰，诡讹也，齐楚谓信曰讶。鬻下曰，鼎实，惟苇及蒲，陈留谓键为鬻。矔下曰，目多精也，益州谓瞋目为矔。瞷下曰，戴目也，江淮之间谓眂曰瞷。……伦按讶下曰，一曰朝鲜，谓卢童子曰盱。篇下曰，一曰关西谓㑥曰篇。溇下曰，一曰汝南谓饮酒习之不醉为溇媞下曰，二曰，江淮之间谓母曰媞。以许书大例言之，凡一曰云云，为

别著一义。逞讦謍曨瞷篝倩僭獡诸文下所引方言，虽不著一曰，而例同讦篇漤媞，则为别著一义无疑也。”

常有方言上所习用之字，已成为通义；故许书亦间以方言证明字义。

马叙伦《说文解字研究法》：“许书说解有以方言证明字义者。如逆下曰迎也，关东曰逆。谲下曰权，诈也，益梁曰谬欺天下曰，谲。聿下曰所以书也，楚谓之聿。箱下曰饭筥也，秦谓筥为箱。杇下曰所以涂也，秦谓之杇。是其例也。”

示有显然为一方所引用之字，惟有方言可证明其义；盖文字之孳乳寖多，亦语言之演变使然也。

马叙伦《说文解字研究法》：“许书有以方言为说解者。如咺下曰，朝鲜谓儿泣不止曰咺，踱下曰，楚人谓跳跃曰踱。謍下曰，凉洲谓謍为裘。瞷下曰，吴楚谓瞋目顾视曰瞷。叡下曰，楚人谓卜问吉凶曰欶。膢下曰益州鄙言人感讳其肥谓之膢。……圯下曰，东楚谓桥下曰圯。是其例也。观齐人谓臞为脙，则知脙膢臞之双声转注字。观齐谓麦为秣，则知来为禾麦之麦，麦为来往之来；以来麦收音同出于喉而分浅深，故或读麦为禾麦之麦，读来为来往之来；而齐音犹谓麦为秣，秣即来之后起字。观膢慍圯圣诸文，知其字因方俗言语而造。盖文字之起，固由于方言之需求也。”

各本方言，造为异字，常有一事一物，因历代各地称呼，纷歧不一，遂依原有之名，而从此土之音，为之别造一字；此亦一义数字所由来也。故雁，鹅，驾，鴚与猪。豨，豕、豭之类，实皆同为一物，而因时因地造为异字。

《方言》：“雁，自关而东谓之鴚鹅，南楚之外谓之鹅，或谓之仓鴚。”戴震《方言疏证》：“案《广雅》：鸭鹅仓鴚，雁也；本此。鳭即鴚，亦作驾，《汉书·扬雄传》：岂驾鹅之能捷。”又《方言》：“猪，北燕朝鲜之间谓之豭，关东西或谓之彘，或谓之豕，南楚谓之豨，其子

或谓之豚,或谓之貕,吴扬之间谓之猪子,其槛及等曰橧。”

其不造为异字者,则又各依他字之引申假借以为名;然用字虽异,其所称指实同,在语言上亦往往为一音之转变而已。兹举王念孙、陈澧之言为:

陈澧《东塾读书记》:“《尔雅》训诂,同一条者,其字多双声。郝兰臯义疏云:凡同声,声近,声转之字,其义多存乎声(卷一)。澧谓此但言双声,即足以明之矣。有今音非双声,而古音双声者,可以其字之谐声定之;又可以古无轻唇音,及古音不分舌头舌上定之。(钱辛楣说。见《养新录》卷五)郝氏所谓声近声转,即指此也。如大也一条,内弘、宏、洪三字,双声,介虾假京景简六字,双声,溥不二字,双声,讦憮二字,双声,皈废二字双声,弈宇淫三字,双声,至也一条,内艐格二字,双声,到吊二字,双声,来戾二字,双声。又大也一条,内廓字,以郭为声;古音读如郭,则与介嘏诸字双声,坟字今轻唇音,古读重唇音,则与皈双声,(《释文》:皈,訦旋,蒲板反,施乾,蒲满反。)至也一条内,詹与至双声,古音不分舌头舌上,则詹读如儋,与到吊双声。凡同在一条内而双声者,本同一意,意之所发,而声随之,故其出音同,惟音之末不同耳。音末不同者,盖以时有不同,地有不同故也;其音之出则仍不改,故成双声也。(《方言》:虔儇,慧也,秦谓之谩,晋谓之懇。幏,陈魏之间谓之帔,自关而东,或谓之襬。床,齐鲁之间谓之箦,陈楚之间或谓之笫。簿,宋魏陈楚江淮之间,谓之苖,或谓之麴。郭注云:此直语楚声转也。观于《方言》,则尔雅益明矣。)”

陈氏以古音双声为说,王氏则又以叠韵为说,以其所定二十一部,证明《尔雅》同一条内多属叠韵字。

是历代各地语言之演变,又可以语原及音韵之理推寻其迹象也。

训诂学与方言学之关系　自来注释音义者,常各本其方音以诠说古书。

王氏遗书：雅诂表

			一部	二部	三部	四部	五部	六部	七部	八部	九部	十部	十一部	十二部	十三部	十四部	十五部	十六部	十七部	十八部	十九部	二十部	廿一部
第十七表	第十七部	始									元								哉	初		首	肁
											與权								基	祖		俶	
																			胎	落			
																				权與			

钱大昭《说文统释自序》:"熊安生河朔人,其反切多北音;陆德明吴县人,其音释多南音(见宋沈括《补笔谈》)。公羊子齐人,其传春秋如(隐元年)昉(隐五年),怴累(并桓五年),化我(桓六年),樵之(桓七年),脰(庄十二年),漱浣(庄三十一年),踊(僖十年),诈(僖三十三年),党(文十三年),笋(文十五年)梏,(成二年),殆(襄五年),于诸(哀六年)之类,皆齐语。郑康成,北海人,其注三礼,全菹为芋(《士丧礼》),祭为堕(《士虞礼》);麴麸日媒(《媒氏》),疾为戚(《考工记》),麋为獐(《书绘》),沤日涹(㡃氏),终葵为椎(《玉人》)手足掔为骰(《弓人》),题肩为击征(《月令》),愲曰髓(《内则》),无法为秃楬(《明堂位》),穰为相(《乐记》)般声如衣(《中庸》),祈之言是,至之为资,(并缁衣)之属,皆齐语。"

《说文》等书常引俗语以证字音:

王筠《说文释例》卷十一:"龘下二,读若春麦为龘之龘;自大徐以非异文为疑,后人莫不疑之,王煦欲改为龘,余亦谓然,由今思之,殊不达也。《说文》主于分别,固是眼学,然当时口授,亦兼耳学,春麦为龘,乃当时谚语;谚语在人口中,未尝著于竹帛,许君欲人以口中之音,识目中之字,本无可疑。特杂于引经本义之中,遂谓之眯耳。"又:"夫以俗语正读而不易本字者,所以晓同世之人也,

人皆习熟此语，则以耳中之语，识目中之字，其音必不误矣。且此法不自许君始也，亦不自许君止也。……可知汉儒家法，经由口授，其正读也，趣于近之，而又无反切之法；其于经子有征者，引以明之；其无文者则以俗语明之而已。”

现今研究语言者，可借此种古书音释及所引谚语以考明古代方言区分之梗概。

林语堂《前汉方音区域考》：“要知道古代方言区分的梗概，并不是不可能的事，尤其是汉晋，因为这时代是经音家昌盛时期，如康成的笺诗注礼，慈明仲翔的注易，何休的注《公羊》，司农的《周礼》，或如刘熙的《释名》，子云的《方言》，许慎的《说文》及注《淮南》（见洪亮吉《汉魏音序》）都包含许多关于当日方言种类的材料。……大概郭璞多江东语，刘熙多青徐语，许慎多汝南语，何休康成多齐语，《汉书》注多陇西秦语；若能合而观之，加以精细系统的研究，很可以使我们看出当时方言种类的大概。”

古语既常有留存于后代方言之中；若将今日俗语与古书中词类曲引旁通，又可以认明古今用字之沿革关系。

林语堂《研究方言应有的几个语言学观察点》：“《章氏丛书》中的《新方言》一书（书末并附有《岭外三州语》一卷），可以做我们一切研究方言人的参考。古语之亡于文言而反存于俗语的现象，不但是中国语言如此，实各国语言都如此，（即所谓 Dialectic Survivals）因为所谓古语也不过多半是古俗语所通用的话，在俗语中传袭至今本非奇事。我们研究这些不但是可为训诂学一臂之助实可于中国话的‘词原学’（Etymology）有所发明；若单单知道今日俗语，而不能于古书中的词字曲引旁通，何能认出古字与今字沿革关系。”

不宁唯是，语言之演变，不仅在词类与音读之纷歧变迁，犹有句法上之异同，各词各字在语句中之位置，亦因历代各地语言而有歧异；此在现今方言中可举例证者也。

林语堂《研究方言应有的几个语言学观察点》:“应考求句法的同异——北京,‘你那儿去?’上海‘侬舍地方去?’的去字在后,而福建广东话却不是如此说法,星说‘你去那里’句法本是文法关系所寄,在中国话尤为惟一表明文法关系工具,丹麦语言学家说中国话简直是逻辑的现身,(Pure Afflied Logic)就是因为这个缘故(见 Jespersen *Growth And Structure Of The English Lauguage*. P.13)。”

更考之古书中,如“倒句”“倒文以成句”“句中用虚字”诸例,又可以明古今句法之不同。

俞樾《古书疑义举例·倒句例》:“古人多有以倒句成文者,顺读之,则失其解矣。僖二十三年《左传》:其人能靖者与,有几。昭十九年:谚所谓室于怒,市于色者。皆倒句也。”又《句中用虚字例》:“虚字乃语助之词,或用于首尾,本无一定,乃有句中用虚字而实为变例者。如螽斯羽,言螽羽也:兔斯有,言兔首也。毛传以螽斯为斯螽,郑笺以斯首为白首,均误以语词为实义,辨见王氏《经传释词》。”刘师培《古书疑义举例补》:“古人属词往往置实词于语端,列语词于语末,如《书·禹贡》:祇台得见先,是。是为倒文之例,周代之文亦然。如《诗·崧高》云:谢于诚归。谢为申伯之邑,即上文所谓邑于谢也,则谢于诚归,犹言诚归于谢,不过倒词以叶韵也。又《十月之交》曰:以居徂向。郑笺云:择民之富有车马者,以往居于向,则以居徂向,犹言以徂居向,此非叶韵而亦倒文者也。又《左传·僖九年》云:入而能民,土于何有。土于何有者,犹言何有于土也。昭十三年云:“我之不共,鲁故是以。”以训为因,犹言因鲁之故也。此皆古籍倒文之例,先实词而后语词,与今日本之文略同。”杨树达《古书疑义举例续补》:“俞氏书卷一,有倒句例,然其所举之例,自《礼记·檀弓篇》,盖殡也,问于卿曼父之母,及《诗·桑柔篇》:有空大谷二例外,皆倒文或成句之例,非倒句也,

故今补之。《礼记·檀弓篇》云：伯鱼之母，死期而犹哭。夫子闻之，曰谁欤，哭者？按此文顺言之，当云，哭者，谁欤？而云，谁欤哭得，倒句也。”

此文释明字义者所应注意及之也。

（《文讯》1942 年第 3 期）

中国文字孳乳例

吾国文字之演化，大都由一字衍为数义，因异义而造成异体，因异体而析为异字。此字体之所以蕃衍孳殖者也。观乎古今字书所录，后者必递增于前，初仅千余字耳，继乃盈万，终则五六万矣。其始也，盖以一字兼数字之用，继则一字而具有数体，由混趋晰，遂一分而不可复合，依其异体异用而习为异字矣。是以金石甲骨所见者，如“祖”之为“且”，“姓”之为“生”，“诸”之作“者”，“伯”“仲”之作“白”“中”，“各”“格”相通，“命”“令”无别，凡此之类，一若后世偏旁假借之例，实则同字而异用者也。许氏《说文》所记重文一千一百余中，如“汇”“蝟”同为刺蝟，而今则“汇”为聚类字矣；“桴”“抱”同为桴聚，而今“抱”为抱负字矣；“磬”“硁”同为乐石，而今则“硁”为坚硁字矣；“咳”“孩”同为小儿笑声，而今则“孩”为孩提字矣。他如“於”之于“乌”，“朋”之于“凤”，“栖”之于“西”，“凝”之于“冰”，“毓”之于“育”，“犹”之于“猷”，凡此之类，原为体异字同，今则因形义俱异，析而为二矣。许书通例，重文类聚在正文之下，然又有不相类聚而亦为重文者，如“几”为古文“人”，因有“兀”“儿”“允”“兄”等字，立为几部。“介”为籀文“大”，因有“奕”“奘”等字，立为介部，凡此者，乃因有从属之字，不得不别立部首“屮”为古文“艸”，而“屮”“艸”相分；“页”为古文“首”，而“页”“首”各属，皆此例也。古文原以肖形为主，不拘笔墨之移易，偏旁之增损，后人亦每以形体

不同，习为异字。若夫音义无别，同语异文，虽各列正字，不言为重，而实亦为重文者，在许书中尤为常见。王筠《说文释例》所目为同部重文，异部重文者，皆其属也。王氏因而解之曰："此乃古今人用字之界，大为之别，所以适用也。所目为重文者，据当时仍合为一也；所不目为重文者，据当时已分为二也。"是则字体之分析，系乎时代之先后；古者字数少而异体多，后世因其异体而别为异字，重文递减，而字数滋繁矣。习俗移人，变本加厉，一往而不复，吾国文字演化之趋势，盖有若是者。

善乎许君之言曰："仓颉之初作者，盖依类象形，此谓之文，其后形声相益，即谓之字。文者，物象之本，字者，言孳乳而寖多也。"初文类皆独体，偏旁相益，乃成合体之字，字体之孳生，多因乎偏旁相益之法，故合体之字，类皆后起也。夫一字化为异体，重文演成异字，仅系乎时之先后而已，故就重文异体之中，可观字体孳乳之迹。偏旁有形旁声旁之殊，合体字之孳生，又有更易与增益二途。试就说文类聚之重文观之："球"之与"璆"，声旁之更易者也；"贬"之与"玩"，形旁之更易者也；至若"饕"之与"叨"，则形旁与声旁俱更易者也；"域"之于"或"，形旁之增益者也；"厈"之于"厂"，声旁之增益者也；至若"攀"（攀）之于"𠬜"，则形旁与声旁俱增益而又俱更易者也。其偏旁增益者，初文与后起字间孳乳之道也；其偏旁更易者，又后起字与后起字间孳乳之道也。更依其道以观说文不相类聚之正字，如"越"之与"⿺走炎"，"裯"之与"祷"，"苹"之与"萍"，声旁之更易者也；"趯"之与"躍"，"窥"之与"闚"，"覢"与之"谈"，形旁之更易者也，至若"改"之与"抚"，"恫"之与"痛"，"耽"之与"眈"，则声旁与形旁俱更易者也；"⿰禾来"之于"来"，"派"之与"𠂢"，"逮"之于"隶"，形旁之增益者也；"羕"之于"永"，"龚"之于"共"，"圆""圜""园"之于"口"，声旁之增益者也；至若"隐"之于"乚"，"颠"之于"天"，"抴"之于"乚"，"萌"之于"民"，"斧"之于"戊"，"含"之于

“甘”，凡此之类，实皆偏旁增益而又更易，后起字与初文绝异者也。凡许书不相类聚之正字，察其本义既足比侔，审其古读，又相符合，不明言重文而实为同字异体者也。同字之化为异体，不外偏旁之增益与更易二途；其称吾国文字之构造为偏旁之学者，即以字体之孳乳，皆循斯二途也。

文字之作，原以表义，各字皆有其本义，因引申假借，遂生别义；古代字数既少，故一字得兼数字之用。及后所以造成异体字，或以本义不显而加偏旁以表之，或以其字为别义所夺，遂加偏旁以别之。如“叵”之为“颐”，“斗”之为“料”，“勺”之为“杓”，“毌”之为“贯”，“叕”之为“缀”，“”之为“”，“厶”之为“厷”为“肱”，“㐭”之为“廩”，“彗”之为“篲”，凡此之类，皆益形旁于声旁以显示其本义者也。又如“午”为子午字，遂另造“杵”字以明“午”之本为杵臼字；“新”为新旧字，遂另造“薪”字，以明“新”字之本为薪樵字；“乙”为甲乙字，故另有“鳦”字，以明“乙”之本义为玄鸟；“匡”为匡正字，故另有“筐”字，以明“匡”之本义为饭器，凡此之类，皆益形旁于声旁，以示其本义而别于余义者也。或且原有形势，更增一形旁以显示其本义者，如“莫”日且冥也，本从日，俗又加日作“暮”；“詹”多言也，本从言，俗又加言作“譫”，“采”取也，从爪，爪犹手也，俗又加手作“採”，“前”，齐断也，俗又加刀作“剪”；久而相玩，习非成是，虽俗而不以为俗矣。至由本义引申，虽变作别义，而仍与本义有关，遂加形旁以别之；此等字在许书中有言“亦声”者，有不言“亦声”而声实兼义者。如“句”，曲也，而“拘”“笱”“鉤”皆有句曲义；“丩”相纠缭也，而“茻”“纠”皆有纠缭义；“贫”“岔”皆分声而有分义；“苷”，从甘声，而训甘艸也；“剂”，从齐声而训齐也；故许书之言“亦声”者，声而兼义也。又有其义已明，故不必言“亦声”，又由声得义自显然者，如“祐”训助也，即取右助之义；“侪”训等辈也，即取等齐之义；“禷”从类声，而训以事类祭天神也；“娶”从取声，而训取妇也，“嫁”

从家声，即取“女有家”之义；“婚”从昏声，即取“娶妇从昏时”之义；“姻”训女之所因也；“婢”训女之卑者也；凡此虽不言“亦声”，而声之兼义，在说解中自可见者。声之兼义，皆由声旁字之本义引伸，转为他义，不得不加形旁以别之，其与本义有别，而仍与本义相关者也。若夫原初本为假借，依声始得托事，后仍增益形旁以资区别者，如《汉书》“犹武夫之与美玉也”之“武夫”，今作“碔砆”或“珷玞”；《春秋传》：“于思于思”之“思”，俗作“顋”或“腮”；《史记》：“涕满匡而横流”之“匡”，俗作“眶”；《说文》之“旁光”，俗作“膀胱”；《庄子》之“空同”，俗作“崆峒”；《楚辞》之“杜衡”，俗作“杜蘅”；《尔雅》之“科斗”，俗作“蝌蚪”；《广雅》之“吴公”，俗作“蜈蚣”；凡此之类，声旁字原作假借之用，后乃增益偏旁以资识别，其与声旁字之本义固不相关者也。吾国字体，形声十居八九，大抵由声旁字之增益形旁而成者。其加形旁以表其本义者，以示其引申义者，皆以声旁字为“本字”也；其加形旁以示其假借义者，非以声旁字为“本字”也。然皆由一字化成数义，义之所分，形斯由析；此固孳乳寖多之较著者也。

至若“门”为网罟本字，加声旁而为“罔”，“罔”又为罔极字，遂又加形旁又为“網”矣；“甘”为箕帚本字，加声旁而为“其”，“其”又为彼其字，遂又加形旁而为“箕”矣。声形递增，演成异体，义有所属，遂习为异字矣。又若“雅”“鸦”同字，今则“鸦”为乌鸦字，“雅”为雅正字矣；“毫”为“豪”之俗体，今则“豪”假作豪杰字，而毫毛字专作“毫”矣；“识”“帜”音义并同，今则“识”为知识字，“帜”为标识字矣；“効”为“效”之俗体，今则效验字作“效”，报效字作“効”矣；义有专属，异字滋多，又符于偏旁更易之例矣。且如“乙”为饭器，字又作“笠”，而又变作“筥”，作“篪”；“辛”为罪过，又变作“愆”，作“侃”；凡此之类音义相同，形变滋多，固不嫌字体之众繁矣。更有如“乙燕不殊，亢胡无别，但裼赢裎，一义而声转，幽衾杳晻，同类而

语殊”（语本章炳麟《文始略例》），义类相通，音读小变，即造成异字；斯又文字之孳乳，系于语言之转变也。夫形以表义，义有所分，形亦随之，此为文字孳乳之正例；亦有音义并同，即造异文，异语相关，更别为殊体者。字数之蓄息增多，不亦宜乎？

虽然，同音之字，例可通假，形虽有分，用固无别，如“淫”为浸淫字，“婬”为淫逸字，今皆用“淫”矣；“落”，草木下也，“零”，雨下也，今皆用“落”矣；“戮”为杀戮字，“勠”为戮力字，今皆用“戮”矣；“慓”为慓识字，“標”，木也，今皆用“標”矣；皆偏旁虽更易而仍得混用者也。“匕”为变化字，“化”为教化字，今皆用“化”矣；“旨”为甘旨字，“恉”为宗旨字，今皆用“旨”矣；“耑”为端始字，“端”为端正字，今皆用“端”矣；“厶”为自营，“私”为田禾，今皆用“私”矣；此偏旁虽增益而仍得混用者也。至若“勢”，读若豪，今勢杰字皆作“豪”；“勼”，读若鸠，今勼聚字皆作“鸠”；“亼”读若集，今亼合字皆作“集”；“扶”读若伴，今扶侣字皆作“伴”；则说文读若之字大部为假借者也。又如宴昵字作燕，嬉谑字作戏，媅乐字作耽，艴怒字作勃，虽义各有属，而经传则常用假借，义由声衍，固不限形体之别异也。夫以形表义，由混趋晰；所以滋文字之孳乳者也；依黄表义，由晰趋混，又所以节文字之孳乳者也。史事递演，有其正者，必有其反，迹似矛盾，而实正反相生，明乎此，始可与窥吾国文字之奥妙矣。

（《东方文化》1942 年第 1 卷第 4 期）

注意几个字眼

“凡为文辞，宜略识字”这句话，现在还是复选用的。问题所在，只是怎样才算做“识字”？仅仅知道某个字该怎样写，该怎样读，懂得了它大概的意义；这还不能算是完全的“识字”。必得要明了它的用法，把它使用得确切妥当，恰恰和我们所要表现的意义“相合无间”，这样，能够应用这个字了，才可以说是认识了这个字。

原来文辞怎样才算“好”？这是不容易讲的。我们要规定“好”文辞的标准，还是先用一种消极的方法。我们觉得它没有什么缺点，没有什么毛病，没有可以指摘的地方，没有可以更动的地方，没有可以删节或增加的字句，没有……那末，便觉得它是“好”了。不多不少便是恰到好处；不长不短，便是适得其可；所谓“增之一分则太长，减之一分则太短”，用来形容我们所写作的，那便是绝妙好辞了。刘勰《文心雕龙》里有几句话，告诉我们要把文辞写得好，必得要“字不乱用”。它的原文是：

> 夫人之立言，因字而生句，积句而成章，积章而成篇。篇之彪炳，章无疵也；章之明靡，句无玷也；句之清英，字不妄也。

“篇”“章”由“句”联缀而成，“句”由“字”联缀而成；要把一篇文辞写得好，必得要各章没有毛病，要把一章写得好，必得要各句没有

缺点；要把一句写得好，必得要各字不乱用。这里所谓“彪炳”“明骚”“清英”，都是“好”文辞积极方面的形容词，要使它能够和这些形容词相称相符，必得要内中的成分，都具备了一些消极方面的条件，就是所谓“无疵”“无玷”“不明”。而“字不妄也”，尤其是一种基本的条件；所谓“字不妄也”，就是“字不乱用”。所以要把文辞写得“好”，必须要把各字不乱用，就是要把各字用得完全确切妥当。

过去往往说我们的作文为“属文”，为“属辞”，“属”是联缀的意思，就是联缀字以成句，以成篇章。如果把字乱用了，便是所用的字不确切，不妥当，不能和文义或语意相合相称，于是使整个辞句的意义不能通达，而影响到了全章，影响到了全节。刘淇《助字辨略自序》里曾经说过：

一字之失，一句为之蹉跎；一句之误，通篇为之梗塞。

因为用字的失错，就足以使全句，以至于全篇，意义不能通达，就是所谓“蹉跎”“梗塞”；这样，那里来的“好”文辞？因此我们可以知道用字是作文的基础；我们能够用字，才可以算得“识字”，才可以说能够“属文”，能够“属辞”了。同时，我们明了各字的用法，才可以读书，才可以批评人家所写作的好坏，才能够懂得某些文辞的好处，究竟在那儿？总之：我们无论是为“读书”，为“作文”，必须要注意几个字眼。

以上所讲的，未免太偏于理论，似乎应该举出一些实例来说明。我们就用《史记》里的《项羽本纪》这一篇来做例子吧。这一篇文章是属于传纪体。内中有许多复杂而重大的事实。可是，我们在国文一科的立场，对于这些史实以及这些史实所关的人物，地理，时代背景等等的讨论和考证，不必过于详细，不必过于专内。

我们讲读这一篇文章，目的既然在增进国文方面的修养，那末，关于史地或其他学科的问题，只须用来帮助我们了解这一篇文章的内容，已经够了，固然不必加以烦琐的讨论和考证。例如：

秦和六国的形势怎么样？
楚是包括那许多地带？
当时的齐、赵是现在的那许多地方？
所谓关中是指那许多地方？
那时的江东是指那许多地方？
秦并吞了六国，六国人民的情绪怎样？
秦始皇曾经采取怎样的手段来压束人民？
秦始皇死了之后，赵高怎样的弄权？
陈涉是怎样一个人物？
沛公是谁？
张良何以要从沛公？
淮阴侯是谁？
彭越是怎样一个人物？
楚汉相持最久的，在那一些地方？
当时后方的补充，汉是否优于楚？
项羽怎样会成为被包围的形势？
粮食的供给和用兵有什么关系？
项羽的失败和秦的灭亡，有没有相同的原因？
当时的人心，何以不归附项羽，而趋向于汉高祖？
汉高祖的征讨项羽，有什么可以借口？

我们对于这一类的问题，当然应该有了相当的了解，才可以诵读这一篇《项羽本纪》。可是我们在国文一科的立场，主要的目的，并不

是在这一些或类似问题的解答；而是在靠了这一类问题的相当了解，使得我们诵读的时候，对于这一篇文章的内容，不至于有什么隔膜，对于内中所叙述的史实，不至于感觉太生疏，因而深切认识了作者支配材料的方法，剪裁和联结的手段，描写和记叙的技术等等。我们要研究这一篇的作者——太史公司马迁——怎样把许多复杂的史实，归到这个中心人物的身上，而使它们联串在一起？怎样使得首尾相应，处处衔接？怎样使得头绪分明，有条不紊？怎样使得详略得当，轻重合宜？怎样能够把许许多多有关系的人物一一交代清楚？怎样能够把他们描写得个个如活，有声有色？怎样能够使我们几千年后的人读起来，居然有这种深刻的印象？怎样……？我以为最大的得力处，最在太史公能够运用几个字眼！你们如果要问：何以这篇文章会那么"好"？"好"究竟在那里？我可以回答一句：主要的好处，就是在《文心雕龙》所谓"字不妄也！"固然内中对于许多史实，去取的得当，排比的合宜，也是一个重要的条件；但是，把各个片段，各个辞句，联缀融合成为这样一个紧密的结构，还是要靠了几个字眼的运用。最明确的，是那些承接词，转接词或有同样效用的其他词类。例如：

"于是……"
"乃……"
"于是……乃……"
"遂……"
"于是……遂"
"以故……"
"以是……"
"以此……"
"由是……"

“故……”
“因……”
“夫……”
“然……”
“且……”
“当此时……”
“当是时……”
“是时……”
“……即……”
“……则……”
“……已……”
“初……”
“及……”
“前……”
“方……”
“至今……”
“今……”
“今者……”
……

这些词语的效用,在使各段各片,各辞各句凝结成为一体,这是大家容易明了的。有些是为承上起下,有些是为另起一节,有些是为补充说明,有些是为转接上文,有些是为承接上文的另一段,……我在这里可以不必详细的解释。

我们最要注意的,有些字眼并不是联接词,也不是联接而应用,可是在上下文的衔接和联贯当中,非常重要,无论如何,省略不得,更换不得。例如这里所举的“又”字、“再”字:

项籍少时，学书不成，去学剑，“又”不成。……于是项梁乃教籍兵法：籍大喜，略知其意，“又”不肯竟学。

两个“又”字把项羽学书、学剑、学兵法这三件事联串在一起，表示他都不肯用心，十足的显出他少时一种粗豪放浪的个性。

项梁……引兵攻亢父，与齐田荣，司马龙且军救东阿，大破秦军于东阿。……项梁使沛公及项羽别攻城阳，屠之，西破秦军濮阳东。……去，西略地，至雝丘，大破秦军，斩李由。……项梁起东阿西北，至定陶，“再”破秦军，项羽等“又”斩李由，益轻秦有骄色。

一个“再”字和一个“又”字，把项梁和项羽等双方几次打败秦军的经过，联串起来，同时，又表明了项梁所以更加轻敌，疏于防备的原因，随着他在定陶一次的败死，以及宋义的抬头。又如这里所举的“果”字：

秦“果”悉起兵益章邯，击楚军，大破之定陶。

这个“果”字，承接上文，“宋义谏项梁”及“论武信君军必败”二段，开了下文“高陵君显见楚王”及“王召宋义与计事”二段。

汉“果”数挑楚军战；楚军不出；使人辱之五六日。

这个“果”字又是承接上文“项王谓海春侯谨守成皋”一段，开了下文“海春侯军败”一段。我们要知道：普通讲文法的，总是以句为本位，所谓“句本位”的文法学，只注意到各字或各词在一句当中的

功用，因而区别它们的词性。我们在这里讲用字的方法，不仅要认识各字的词性，以明了它们在文句组织上的功用，尤其要研究各字或各词在全句以至全章全篇的总意义的表现上，发生什么效力。所谓“内义脉性”（见《文心雕龙》），就是指各字之间，息息相关，互相融合，互相凝结，以成为一句，一段以至于一篇。我再举出下列各句里的“悉”字：

> 秦果“悉”起兵益章邯，击楚军，大破之定陶。
> 陈余复请兵，项羽乃“悉”引兵渡河。
> 项羽“悉”引兵击秦军污水上，大破之。

“悉”字在这里是“尽”的意思，就是说“尽数的起兵”“尽数的引兵”。秦的增援章邯，既是不留余卒，后来项羽的渡河救赵以及这击秦军，也都是尽其全力。这三个“悉”字，一方面使我们见得秦军对项梁，和项羽对秦军，在这几次的打仗，才是“全力”的交锋；另一方面，又足以暗示当时关中已经空虚，项羽也无暇西顾，遂使沛公得乘虚西入，而独居灭秦的首功。也可以说下面“鸿门之宴”“楚汉相争”这几大段文章，都是从这几个字眼上发展出来。

其他如这一篇里的“皆”字、“莫”字、“无”字、“具”字、“独”字等等都是如此。这里恐怕说得过于烦琐，我将另外做一篇文章来专门讨论它们。总之：我们诵读这一篇《项羽本纪》的时候，如果着眼在任何一个字的应用上，便觉得它是绝不可少，而且是极端重要的。所谓“一字千金”，不能更易，不可增减的“好”文辞，就是指此。而所谓“一字之师”，也只要我们诚心诚意的向这种“好”文辞当中去寻求，可以不必再去请教什么人。

以上所说，只是举出《史记·项羽本纪》这一篇文章当中的几个字眼，来作我们应该怎样“用字”，怎样“识字”的例子罢了。我认

定：我们如何果要增进国文方面的修养，必得要一字一字的“推敲”，必得不厌求详的审察各字的用法，必得要仔细认明各字在一句以至一章一篇当中所发生的效力。我们不仅要从文法学上去辨别各字的词性，尤其要从文章学上去审定各字和全句以至全章全篇的关系，审定它们在意义的表现上究竟具有什么作用。用字好像是下棋：一个棋子的下定，便关于全局的得失。这可拿来比喻一字的应用，关于全篇的好坏。我们如果能够这样用心研究，细细咀嚼，不但不会觉得国文一科的繁杂或枯燥，而且必定会有无穷的趣味发生。结果，写作起来，就可以达到“字不乱用”的境地，诵读文辞，也能够懂得真正的好坏。总之，注意几个字眼，是国文教学的中心，也是我们修习国文的捷径。

卅二年一月抄写于袜林

(《国文杂志》1942 年第 1 卷第 6 期)

为病者的呼吁

立字据包治瘰疬
把病者看成一块肥肉

到了深秋的季节，夜里的时间渐渐显得长了，笔者把头放在枕上，只是不能成寐，可不是像骚客诗人的悲秋，下意识不由自主把白昼所见闻的两件稀奇事，又在脑海里浮起，因于医界同仁道德上，有相当关系，所以不惜放弃了香甜的睡眠毅然坐起，剔亮了昏暗的菜油灯，持起秃笔，把他记下来，阅者诸君，请原谅我没有遣词造句的手段，这两件事迹，不能生动的把它透彻写出：

笔者在本月六日的清晨，应了某村病家的请求，乘着自行车，如同驾云似的，随着来请的人前进，才至该村的街口，迎面遇一妇人，颜面黧黑，颈项炎肿，在转瞬间乘车驰过并未十分注意，至病家，与病者诊断处方毕，早餐时，病者的家长，有话料了，当新闻一般似的讲说，“敝村某家妇，患眼疮，前天来一位先生，年岁很轻，自言是什么医院的大夫，专职恶疮及各种大病，适遇某家妇在门前站立，他自己介绍着说，你嫂嫂所患的疮，部位与年岁，皆很重要，将来怕有危险，你如肯豁出钱，再破三个月的工夫，我准能包你好，但是得立给我字据，三个月以里不许别人治，有病谁不愿意好呢？所以听了他的话，当时让至家中，殽馔纷陈，霎时杯罄狼藉，他闹了个

酒足饭饱，找人把字据写好，现在已经治了好几天了，也没见怎样，也不是治的好治不好？”他这一串话，我听了，虽是答与未答划等号，但是我的印象，比较听见任何事都深刻，怎么治病还用立字据呢？我自己在疑问着，哦，这一定是独有经营，恐怕别人侵占吧，笑话，这真是破天荒第一遭听到的事，我在痴痴凝神思索，（但是筷和碗，在动作着呢？）忽然想起，在进街时，遇着的妇人，很像是以上这片话的联系人，于是就问我的同行者，巧极了，我自信还有这点聪明，真猜着了，饭毕，告辞登车返家。

正在中途急驰，脑际还在萦回着方才听的这件事，从斜路上突然来了某某同道，行色匆匆，自行车后携带药箱，此人早与笔者认识，所以先打招呼，“由那来呀？”笔者在问；“某村某庄，”他答着；“事由好吧，”问；“哈好极了，比开药铺强的多，”我们就这样一问一答的，自行车减低了速度徐徐前进，他面上呈现着极得意的神气说；“前两天，我在某村挣五拾元钱，”“是什么病呢？”笔者问，“病原极复杂，嗓子肿痛，兼带失音，等等症候，我与他注射一针，又吃点丸药，”他答着；“好没好呢？”笔者问；“嘿；我那有这把握，如能治的好病者花两千也愿意，真是块肥肉，我与病者早有认识，不然的话，……”他说至此咽住了，真奇怪，以病者当块肥肉，这名词真新颖，假设不认识呢？更不堪设想了，“都经过谁医治呢？”笔者问；“吓，经人很多，大绿票已经花千余元了，在我以前治的某先生，共总吃三五剂药，就三百二十元，我去的时候，已经要两次账了，病人的哥哥本不打算给，又怕病者着急，结果，经人说合，给二百六十元了结，大票十元一张的，二十六张，用手帕包走了，听说某先生与介绍者夥吃了，”他答着；这话说的真是如入五都市精彩再没有了，卖野药的，或许可以如是，怎末皇皇然以济世为怀的中医，同时家中开着药铺，也摹仿赶集跑香火庙的一流手腕呢？但是所谈尚无段落，故而继续再问；“那末现在谁

治呢?”“又换了某先生,他也挣一百余元了”他答着;“阁下合这几位先生,怎么全是一样思想,惟钱是问? 为了什么道理,一定要这样作呢?”笔者很疑问的又向他说;“唉,他深深的出了一口气,接着说,人生在世吃穿花用,那一样不用钱,上至伟人,下至市民,一天奔波劳碌的目的,无非全是钱之一字,就以我们谈的病者来说,假设这个时期不合他要,将来他到好了的时候,好了疤就忘了疼,你有什么办法? 或者不幸他死了,他们必定说,人都死了,你们还要钱,背篙赶船那才是傻事呢? 我们全是过来人,为什么你还不明白这个道理?”他带着一种谴责意思答着,这一套话,说的完全近理,实际真有这样病家,但是这样取钱的方法,也未免过于残忍了,我们问答至此,眼前分路已届,彼此道着再见而别,他走后我又想起,在某村病家也曾谈过邻村某人患失音,某医与治,病家要求出点声音,某医谓,有钞票出声音不难,我当时很觉诧异,现在由两方证实,这话是不假,综观以上这几位先生,有的迈步钞票,动手洋钱,惟利是图,幸灾乐祸,有的设好圈套,安下香饵,不怕你病者不上他的钩子,钞票也是随手可得像他们这类挂羊头卖狗肉,打着救人的招牌,而施行骗子手段的冲医生,(合冲纺绸冲……似的)不能不说是医界里一种怪现像吧!

李涛先生有一篇中国医学道德观乘危苟取戒,笔者把他摘录下来,以戒来者,“苟取已属非义,乘危尤为祸枢,总具补天浴日之功,一有此疵,则掩其善面为不善矣,每见事非意料,未不由此,以其信口随手,非功即过也,然功之所在,取亦无伤,取之病者悦,则取之,取之而病者不悦,则勿收,取与勿取,固有定分,而乘危苟取,恐非仁人所宜,即使千箱盈积,一旦非常,后世能守其业而振箕裘者,未之闻也,是以古谚有名医无后之说,信夫,”吾侪每怀以上的戒语,必不致有如前的包治,和把病者看成一块肥肉的这种离奇事态,笔者拉杂的写了一大堆,虽明知空言无补但是摇旗呐喊,也是

小卒应尽的责任，写至此处，科睡虫儿钻进笔者的鼻孔，不由像烟客似的呵欠连连，精神瞟迷，于是放下笔，吹灭灯，合衣而卧，如无晨鸡的报晓，还不知东方之既白。

（《新武周刊》1942 年 12 月 4 日）

朱翱反切声类考

例言

一、徐锴《说文解字系传》中之反切，为朱翱所制，本篇即欲依之以考明朱翱反切中之声类系统。

二、今所传《系传》各本残缺及讹误过多，本篇所据，以祁刻本为主，而以述古堂本马氏龙威秘书本为参订之资。

三、今本《系传》反切中，有显系后人据大徐本《说文》所录孙愐反切窜补者，悉作残缺论。

四、本篇考证朱翱反切之声类，即取切字系联之法。案此法创自陈澧《切韵考》，其缺点所在，即为切字之有同用、互用、递用者，固可认为相系联而合成一类，其两两互用不相系联者，即难断定其孰为应分，孰为应合。陈氏欲依据一字两音互注之切语，将不相系联者亦归为同类，此在《广韵》中切语之研究，已觉有合其所不当合者。尤于《系传》等书中注明《说文》正字之切语，本无一字两音互注之例。又今本《系传》残缺既多，故本篇并合不相系联之切语，仅能以《广韵》诸书与三十六字母之系统为佐证。

五、今本《系传》反切中讹误之处，有可因其字之音类而加以改正者。如“眼”字“儒盏反”，改正为“偶盏反”，“蒿”字“治牢反”改正为“咍牢反”，凡此改正之切字，加括弧以为标明。

六、今本《系传》反切中讹误之处，有可因其同音字之比证而

推知之者。如"邹"字今本《系传》"则留反",以"邹"之同音字"驺""陬""鄹""菆"等并作"侧丘反"推之,则知"则留"系"侧留"之讹。又如"单"字,今本《系传》"待干反",以"单"之同音字"箪""殚""郸""匰"等并作"得干反"推之,则知"待干"得"系干"之讹。凡此亦径加改正,而于改正处加括弧以为标明。

七、《系传》反切中所用切语上字,原为《说文》所无,或今本《系传》残缺者,皆注曰"缺"。其声类认为与《广韵》等书中相合者,姑依《广韵》等书为定。否则,以同音字类推方法定之。例如"闽"字,今本《系传》缺,《广韵》"武巾切",而以闽之同音字"忞""旻""珉""鍲"等推之,《系传》"盖"作"眉均反"。

八、切语上字有见于《说文》重文中者,其声类与正文下之反语相谐者仍之。如"眠"为"瞑"字重文,韵虽不谐而声类相谐,姑仍之。否则亦注曰"缺"。例如"其"为"箕"字重文,"箕"《系传》"居而反"。而以"其"字为切者,当从《广韵》"渠之切"之音。"朋"为"凤"之重文,"凤",《系传》"符贡反",而以"朋"字为切者,当从《广韵》"步崩反"之音。凡此所以云"缺"者,以其音为《系传》反语中所未载也。

九、反切之大病,正在所用切字,其本身无确定之音读。故遇有一字两音或数音者,当引用系联方法时,尤须细加检别,否则易陷于胶柱鼓瑟之弊。盖有时本字注明此音,而用作切字时则又必须读为彼音。例如"混"字,《系传》"古论反",而用在切语中,则又须从《广韵》"胡本切"之音;"不"字,《系传》"甫柔反",而用在切语中,则又须从《韵会》"逋没切"之音"别"字,《系传》"鄙辍反",而用在切语中,则又须从《广韵》"皮列切"之音。凡此之类,本字既不载其音,故亦注曰"缺"。

十、今本《系传》中所载切语上字,有系《说文》正字之俗体或别体者,本篇即径书其俗体或别体,惟于案语中说明"某,《说文》作某",或"篆作某"。

十一、朱翱身世尚不得其详。《系传》各卷首与徐锴并列,文

官而俱称臣；钱大昕《说文系传跋》及王鸣盛《蛾术编》"《说文》反切"条皆断为南唐时人，可无疑也。是则欲考明其所制反语之音系。正可用现今已考定，唐宋间各种音系为比证之资。本篇于陈澧《切韵考》之外，亦多取证于近人所作；如于喻母别出于类，于照穿床审四母别出庄初伸山四类。又神禅之混合，以及非与敷、泥与娘之不分，实多符合于黄淬伯《慧琳一切经音义反切声类考》、白涤洲《集韵声类考》等篇中之结论。

十二、本篇考得朱翱反切中之声类为三十八，暂依假定之发音部位分列为八组。每类中取其所见次数最多之一字以为标目。而于各切语上字之下，加一括弧分别注明其所见之次数。八组三十八类之目如下：

（一）"舌根音" 古 苦 其 五 呼 户

（二）"喉音" 乌 於 延

（三）"舌面前音" 陟 丑 直 之 昌 时 而 式

（四）"舌尖后音" 侧 测 助 色

（五）"舌尖音" 得 他 徒 女 勒

（六）"舌尖前音" 子 七 自 息 似

（七）"双唇音" 补 匹 步 莫

（八）"唇齿音" 甫 符 勿

上所列各类及其隶属之字，与现今考得之唐宋间其他音系，尚有异同出入之处，详细校论，与夫本篇内容之补订，姑俟诸异日。

民国三十年十一月三日于粤北中山大学

第一组 舌根

古类

古(一五八)昆靚　　昆(一六)古论　　家(六)古牙　　孤(一〇)古乎

姑(三)古呼	骨(三)古没	固(一)古路	箇(三)古贺
贡(一)古弄	角(三)古捉	国(二)古或	干(九)骨安
更(七)干诤	讲(八)干项	笱(二)讲吼	狗(一)讲吼
苟(四五)讲吼	根(三二)狗痕	庚(一)根横	各(一)根莫
梗(七)根杏	句(三)梗尤	鉤(一)梗尤	沟(三九)梗尤
江(六)沟降	格(二七)钩索	构(一)格沤	姦(九)箇山
艮(四)姦恨	觳(■■)孤速		

“古”以下三十字相系联。

亘(二)〔恒木〕〔亘邓〕	閒(一〇)互闲	加(七)间巴	解(三)加买

“亘”以下四字相系联。

案“亘”为“栕”之重文，今本《系传》“都亘反”，盖系“亘邓反”之讹，《广韵》“古邓切”。

居(七三)坚踈	坚(六一)激贤	激(九)坚历	击(一)坚历
均(一)坚邻	弓(一)坚格	鞠(一)坚祝	饥(一六)居希
幾(二)居希	机(八)居希	屈(一)居屈	橘(一)居律
久(一)幾柳	斤(五)幾斤	讫(八)幾迄	涓(二)弓玄
鶪(八)涓寂	汲(一)饥泣	据(一)饥御	鸠(四)饥酬

已(四二)讫耳　谨(五)己忍　举(一)己吕　幾(一)谨美

九(一八)机柳　瞿(一五)九遇　郡(一)瞿运

“居”以下二十七字相系联。

俱(五四)卷于　卷(一〇)俱定　矍(一)俱缚　君(四)俱勋

公(四)君聪　工(一〇)君聪

“俱”以下六字相系联。

经(一二)(缺)　结(三)经栗　见(一二)经砚

“经”以下三字俱系联。

案“经”今本《系传》缺,《广韵》“古灵切”。

纠(二)紧黝　紧(二)纠忍

“纠”“紧”二字相系联。

结(二)(缺)

案“结”今本《系传》缺,《广韵》“古屑切”。

矩(一九)(缺)

案“矩”说文所无,《广韵》“俱雨切”。

上古类反切上字共七十四。

舌类

苦(一〇)口鲁　口(一四)恳走　恳(八)(缺)　困(六)苦闷

阔(三)苦末　宽(二)苦桓　坤(二)苦敦　睽(一)苦圭

豁(三)苦兮　枯(二)困乎　库(六)宽步　誇(五)坤瓜

犬(一)睽畎　契(一一)溪细　弃(四)契利　牵(一七)弃妍

曲(三)牵六　轻(五)牵并　挈(一)轻节　诘(一)轻质

“苦”以下二十字相系联。

案“垦”系大徐本新附字,《广韵》“康很切”。

喫(三)(缺)　遣(一〇)喫善　祛(一)遣如　欺(一)遣之

“喫”以十四字相系联。

案“喫”系大徐本新附字,《广韵》“苦系切”。

悭(九)(缺)　客(一)悭堇　刻(二)悭黑　渴(一)刻曷

看(五)刻干　肯(五)看等　楷(一)肯解　可(九)肯我

彄(三)可留

“悭”以下九字相系联。

案“悭”《说文》所无。《广韵》“苦闲切”。

起(一七)气以　气(四)郤利　氣(一)郤利　郤(七)丘逆

穹(三)丘弓　岂(一〇)丘里　骞(二)岂虔　丘(一五)起秋

邱(一)起秋　羌(五)邱香　去(一四)氣恕　倾(四)去营

器(二)气至　驱(一)器于　区(一三)器于　劝(一)区怨

阙(一)区越

“起”以下十七字相系联。

垦(一)(缺)

案“垦”《说文》所无,《广韵》“康很切”。

揩(一)(缺)

案“揩”《说文》所无,《广韵》“口皆切”。

袴(一)(缺)

案“袴”《说文》所无,《广韵》“苦故切”。

上苦类反切上字共五十三。

其类

其(五二)(缺)	健(六)其献	虔(二六)其延	件(一)其辇
极(二)其息	暨(二)其冀	具(七)健芋	忌(一)健侍
群(二)具分	倦(三)具选	期(一)虔之	求(一)虔柔
虡(二)求许	巨(四二)求许	衢(九)群讦	权(七)衢员
颀(一)巨希	岐(四)巨伊	骑(一)巨离	渠(六)巨居
近(一)渠遴	翘(五)岐遥		

“其”以下二十二字相系联。

案“其”为“箕”字重文,《系传》“居而反”,与此声类不谐,《广韵》又有“渠之切”一音,为《系传》所不载,故亦云“缺”。至“求”为“裘”字重文,“岐”为“郊”字重文,其音相谐,故仍之。

强(三)(缺)	伎(一六)强倚	技(一)强倚	勤(五)伎殷

“强”以下四字相系联。

案“强”今本《系传》缺,《广韵》“巨良切”。

蚪(四)(缺)	揆(二)蚪癸	葵(六)揆惟

“虯”以下三字相系联。

案“虯”今本《系传》缺，《广韵》“渠幽切”。

蘧(一)(缺)

案“蘧”《说文》所无，《广韵》“强鱼切”。

上其类反切上字共三十。

五类

五(六〇)隅古	崖(一)五佳	偶(二六)五斗	顽(五)五还
午(一)偶古	岸(一)偶旰	眼(一)(偶)盏	御(一)午虑
研(二)御坚	鱼(四〇)研余	疑(一九)研之	言(二〇)疑袁
禦(二)疑举	语(一四)疑举	迎(三)疑卿	隅(二)元無
愚(二)元无	虞(四)元无	元(二〇)宜袁	宜(五)拟机
倪(一)拟西	彦(一)拟线	阮(五)拟远	吴(一)阮孤
吾(五)阮孤	拟(一八)牛以	牛(一三)逆求	睨(一)逆桂
逆(一一)言碧	银(九)言陈	颜(二一)言关	迓(二)颜咤
我(二)颜左	頟(一)颜客		

“五”以下三十四字相系联。

案“眼”字下，今本《系传》“儒盏反”，盖系“偶迳反”之讹，《广韵》“五限切”，“迓”为“讶”字重文，音相谐，故仍之。

牙(三)(缺)

案“牙”字下，今本《系传》反语脱略，《广韵》“五加切”。下五类

反切上字共三十五。

呼类

呼(四九)虎乌	虎(二三)忽五	忽(一二)呼兀	晓(三)呼皎
荒(三)呼光	火(三)呼朵	显(三)呼衍	欢(四)呼宽
馨(二)显青			

“呼”以下九字相系联。

吼(一一)(缺)	海(一)吼乃

“吼”“海”两字相系联。

案“吼”《说文》所无,《广韵》“呼后切”。

咍(四)(缺)	蒿(二)(咍)牢

“咍”“蒿”两字相系联。

案“咍”系大徐本新附字,《广韵》“呼来切”。“蒿”“薅”等字,《广韵》并为“呼毛切”,而今本《系传》为“治牢反”,盖系“咍牢反”之讹。

吁(一九)况于	訏(一)况于	况(一四)诩诳	勳(三)诩君
诩(八)训柱	训(二)吁问	喧(三)吁袁	毁(二)吁委
麾(三)毁为	昻(二)喧六	昏(二)喧盆	兄(一)喧京

“吁”以下十二字相系联。

案“喧”《说文》作“咺”。“麾”篆作“摩”。

许(三三)欣巨	阋(一)许壁	欣(七)希斤	忻(二二)希斤
献(三)希建	诃(一)献他	呵(一)献他	轩(一五)忻元

虚(一三)忻余	香(八)轩良	享(四)轩庚	亨(三)轩庚
歇(一)轩谒	赫(一)歇宅	翾(五)虚全	喜(四)虚己

希(一九)(缺)

“许”以下十七字相系联。

案“享”“亨”《说文》并作“言”“希”说文所无,《广韵》“香衣切”。

笏(一)(缺)

案“笏”系大徐本新附字,《广韵》“呼骨切”。

隳(一)(缺)

案“隳”《说文》所无,《广韵》“许规切”。

赩(一)(缺)

案“赩”《说文》所无,《广韵》“许极切”。

上呼类反切上字共四十五。

户类

户(九九)桓土	桓(六)户寒	豢(一)户惯	回(一)户環
痕(一七)户根	浑(六)户昆	魂(一〇)户昆	乎(七)魂徒
胡(五〇)魂徒	恒(七)胡譍	寒(四)痕安	候(二八)寒豆
贺(一)侯箇	闲(二一)侯艰	衡(三)闲横	行(六)闲横
荷(一)闲俄	何(四)闲俄	河(二)闲俄	猴(二)何沟
侯(五九)何满	限(五)侯产		

“户”以下二十二字相系联。

案“回”字下,祁刻本作“户環反”,应依述古堂本改正为“户

瓌反”。

遐(九)(缺)　　恨(四)遐艮　　很(一)遐恳　　旱(四)遐缓

后(二)旱斗

“遐”以下五字相系联。

案“遐”系大徐本新附字,《广韵》“胡加切”。

霞(一)(缺)　　下(二)霞假

“霞”“下”两字相系联。

案“霞”系大徐本新附字,《广韵》“胡加切”。

萤(一)(缺)　　玄(一二)萤先　　荧(一)玄经

“萤”以下三字相系联。

案“萤”今本《系传》缺,《广韵》“户扃切”。

迴(八)(缺)

案“迴”《说文》所无,《广韵》“户恢切”,与“回”音同。

缓(一)(缺)

案“缓”今本《系传》缺,《广韵》“胡管切”。

混(二)(缺)

案《系传》“混,古论反”,而用“混”字为切者,“闭”“谹”二字,混耕反《广韵》皆为“户萌切”,则用之于切语者,乃依《广韵》“胡本切”之音也。段玉裁《说文注》“混”字下云:“盛满之流也。《孟子》曰:源泉混混,古音读如衮,俗字作滚。《山海经》曰:‘其源浑浑泡泡。’郭云:‘水濆涌也,衮、咆二音;浑浑者,假借浑为混也。今俗读户衮、胡困二切,训为水浊,训为杂乱,此用混为溷也。”是“混”之本读属古类,而用之于切语,则又依俗读,属户类;《系传》不载“胡本切”之音,故亦曰“缺”。

上户类反切上字共三十五。

第二组　喉音

乌类

乌(五三)宛都	宛(一七)蔚远	坞(八)宛古	迂(二九)宛孚
蔚(三)迂胃	冤(一)迂言	鼈(三)迂拂	酝(二卷)迂郡
蕴(二)迂吻	委(三)酝累	弯(三)乌关	汪(一)乌光
屋(一)乌谷	汙(一)屋怖		

“乌”以下十四字相系联。

案“坞”《说文》作“隖”。“蕴”《说文》作“薀”。

莺(四)(缺)	阿(一)莺何

“莺”“阿”两字相系联。

案“莺”《说文》所无，《广韵》“乌茎切”。

恩(二五)爱根	莺(一)恩行	欧(九)恩斗	爱(一)晏再
戹(四)晏索	晏(一七)殷讪	秧(一)殷强	喝(二)殷介
乙(二二)殷笔	倚(七)乙彼	意(三)乙记	殷(二七)意斤
遏(一〇)戹湿	安(二)遏寒	恶(一)遏泊	哀(一)遏开

“恩”以下十六字相系联。

於(五四)(缺)	应(一)於陵	郁(五)於六	渊(一)於莲
衣(八)於机	忧(五)於尤	依(二三)於幾	抑(一)忧仄

隐(四)依谨

“於”以下九字相系联。

案“於”为“乌”字重文,而《广韵》又有“央居切”之音,《系传》不载,故亦曰“缺”。

伊(四二)因之　因(一)伊中　一(一五)伊质　烟(一)伊田

咽(二)伊田　幽(六)伊虯

“伊”以下六字相系联。

萦(三)(缺)　抉(一)萦节

“萦”“抉”两字相系联。

案“萦”今本《系传》缺,《广韵》“于营切”。

腕(一)(缺)

案“腕”《说文》所无,《广韵》“乌贯切”。

呕(三)(缺)

案“呕”《说文》所无,《广韵》“乌侯切”。

鸦(一)(缺)

了(一)(缺)

案“鸦”“丫”并《说文》所无,《广韵》“于加切”。

剜(一)(缺)

案“剜”系大徐本新附字,《广韵》“一丸切”。

上乌类反切上字共五十四。

于类

于(八三)员须　员(一二)于专　宇(九)于矩　位(一)于醉

王(四)于光　雨(五)于(甫)　羽(一八)于甫　永(一)雨省

为(二)雨随	荣(二)永兵	云(四)羽文	垣(一)羽元
爰(二)羽元	尤(四)羽秋		

“于”以下十四字相系联。

案“云”为“雲”字重文，今音相谐，故仍之。又“雨”字下今本系传：“于补反”，应作“于甫反”，详《韵类考》。

筠(一)(缺)

案“筠”系大徐本新附字，《广韵》“为赟切”。

上于类反切上字共十五。

延类

延(五七)以然	炎(一)延占	犹(七)延秋	又(二)延救
矣(一)延尔	有(三)延力	拽(一)延世	羊(五〇)犹良
挟(二)羊帖	俞(一)羊朱	焉(二)有连	剡(一)有敛
也(二)拽世	以(四九)移里	易(四)移尺	亦(一一)移赤
逸(一)移七	移(三〇)以支	弋(三)以即	余(一九)以徐
融(九)以弓	舆(一)以虚	引(二)以矧	翼(二)以即
养(一)以像	营(二)余并	欲(一)余足	异(一三)余吏
胤(一五)异印	炀(一)胤亮	寅(一六)翼真	夷(一〇)寅支
豫(二)养遇			

“延”以下三十三字相系联。

案“拽”说文作“抴”,“翼”说文作“𩙺”。

与(五一)尹汝　　掾(一)与绢　　勻(一二)与因　　尹(三)与凖

予(三)尹汝

“与”以下五字相系联。

贤(一四)由坚　　形(八)贤屋　　兮(一)贤迷　　由(一)(缺)

“贤”以下四字相系联。

案“由”《说文》所无,《广韵》“以周切”。

预(四)(缺)

案“预”系大徐本新附字,《广韵》“羊洳切”与“豫”音同。

上延类反切上字共四十三。

第三组　舌面前音

陟类

陟(四六)竹力　　竹(一二)陟祝　　屯(一)陟伦　　贞(三)陟情

胝(二)陟尼　　咤(二)陟驾　　辄(一)陟聂　　展(三)陟衍

中(■)陟红　　珍(八)陟陈　　张(六)竹阳　　谪(一)长伯

知(一八)珍移　　徵(二)知冰　　智(一)展避　　转(一)智箭

追(一)转推

“陟”以下十七字相系联。

案“竹”字下,祁刻本“陟竹反”,应正■述古堂本改正为“陟祝反”。“咤”《说文》作“吒”。“智”说文作“𣉻”。

诛(一七)辍须　　辍(一七)诛劣

“诛”“辍”两字相系联。

上陟类反切上字共十九。

丑类

丑(三八)敕纽　　抽(二)敕留　　耻(九)敕以　　敕(三三)畅陟

畅(六)(缺)　　楮(一)抽暑　　褚(四)抽暑

“丑”以下七字相系联。

案“抽”说文作“榴”“畅”说文所无,《广韵》“丑亮切”。

上丑类反切上字共七。

直类

直(四六)陈力　　除(一)陈诸　　驰(一)陈知　　陈(二四)值辰

值(一)直志　　柱(二)直主　　篆(一)直选　　宅(九)直摘

宙(二)直宥　　长(九)宙良

“直”以下十字相系联。

缠(一四)(缺)　　迟(一二)缠伊　　椽(一)缠专　　澄(四)缠凌

泽(■)澄赫

“缠”以下五字相系联。

案“缠”,今本《系传》缺,《广韵》“直连切”。又“属”《广韵》“直录切”,而今本《系传》:“椽曲反”,盖系“椽曲反”之讹。又“澄”篆作“澂”。

茶(二)(缺)

案“茶”《说文》所无,《广韵》“宅加切”。

池（一八）（缺）

案“池”《说文》所无，《广韵》“直离切”。

著（一）（缺）

案“著”《说文》所无，《广韵》“直略切”。

上直类反切上字共十八。

之类

之（四六）真而	只（九）真彼	脂（一）真夷	酌（一）真若
勺（一）真若	正（五）真性	隻（二）真石	真（四二）止邻
止（一六）只耳	战（四）正彦	周（四）隻留	章（一六）周良
振（四）章信	支（一五）章移	职（二二）章直	旨（六）职美
掌（二）职想	诸（一）掌於	鬻（二）诸与	遮（四）之巴
毡（七）遮延	準（四）（之）闵	专（二）准旋	朱（四）专扶
烛（一）专玉	拙（二）烛悦	主（三）拙庾	

“之”以下二十七字相系联。

案“鬻”为“鬻”字重文，今音相谐故仍之。“準”今本《系传》“王闵反”，盖系“之闵反”，讹。

上之类反切上字共二十七。

昌类

昌（二二）醜将	丑（一）称肘	称（一）齿仍	瞋（四）齿真
齿（七）赤里	处（一）瞋伫	叱（八）瞋密	川（三）叱专

啜(一)昌厥	赤(一二)昌夕	充(三)赤风	唱(三)赤怏
尺(一六)昌夕	出(一)尺律		

"昌"以下十四字相系联。

上昌类反切上字共十四。

时类

时(三一)神持	石(一一)神隻	食(一五)神隻	射(三)神隻
甚(一)神朕	植(一)神息	神(一五)是邻	是(二四)善纸
氏(一)善纸	视(三)善旨	善(八)石遗	辰(四)石伦
市(一三)辰止	谁(一)市隹	船(六)市缘	实(二)市日
寔(三)市职	士(二一)实史	韶(三)士遥	殊(五)船区
常(一八)射强	涉(一)常出	秫(一)常出	树(三)时遇
上(二)时怏	示(一〇)时至	禅(一)时绢	成(二)示征

"时"以下二十八字相系联。

案"涉"篆作"𣻳","术"为"秫"字重文,音俱相谐。

上时类反切上字共二十八。

式类

式(三七)申力	申(一五)式人	伤(一)式阳	水(一)式癸
书(五)式鱼	手(一)式九	赊(三)式车	诗(一二)式其
世(一)诗袂	失(二〇)诗必	矢(六)失止	庶(三)失箸

升(二)失称　施(一二)申而　收(五)申邱　尸(五)申离

饰(一)申力　识(一)申力　师(一五)申之　所(三〇)师阻

瑟(一)师讫　史(二)瑟耳　髟(一)所咸　叔(四)尸竹

输(六)施迂　设(二)师孑

"式"以下二十六字相系联。

数(三)率武　率(三)(缺)

"数""率"两字相系联。

案"率"今本《系传》缺,《广韵》"所类切"。

上式类反切上字共二十八。

而类

而(四四)忍伊　忍(六)耳引　闰(二)耳酝　耳(九)柔以

柔(五)然尤　乳(五)然柱　然(二〇)仁迁　仁(八)尔申

人(五)尔申　热(三)尔绝　尔(六)而俾　余(一七)而俾

日(一)而吉　如(一五)热除

"而"以下十四字相系联。

汝(五)软许　儒(七)软区　软(五)(缺)

"汝"以下三字相系联。

案"软"《说文》所无,《广韵》"而兖切"。

上而类反切上字共十七。

第四组　舌尖后音

侧类

侧(五五)斋食	斋(六)侧皆	邹(三)(侧)留	事(二)侧字
臻(二)侧诜	壮(一)侧浪	阻(九)侧所	滓(三)阻史

"侧"以下八字相系联。

案"邹"字下今本《系传》作"则留反"，盖系"侧留反"之讹。因所切"跧"邹牷反。《广韵》：庄缘切"髽"邹荼反。《广韵》：庄华切。"茁"邹滑反。《广韵》：邹滑切。三字，皆应属此类。又以"邹"之同音字"驺""齱""陬""菆""棷"等并作"侧丘反"推之，"邹"应为"侧留反"，而"聊"字今本《系传》"则侯反"，亦应作"侧侯反也"。

上侧类反切上字共八。

测类

测(一八)察色	察(二)叉扎	叉(四)初牙	初(一三)测居
篡(一)测惯			

"测"以下五字相系联。

楚(二)衬许	衬(二)(缺)

"楚""衬"两字相系联。

案"衬"《说文》所无，《广韵》"初觐切"。

上测类反切上字共七。

助类

助(一二)床诅	俟(一)床史	岑(三)助吟	床(三)乍庄

乍（一）愁亚　愁（二）（蝉）搜　钼（六）蝉於　仕（四）钼里

蝉（四）（缺）

“助”以下九字相系联。

案“愁”今本《系传》“燀搜反”盖系“蝉搜反”之讹。“蝉”今本《系传》缺，《广韵》“市连切”属于时类，则是否因此而即将本类归并于时？固须待考证之问题也。

上助类反切上字共九。

色类

色（三三）疏忆　疏（八）色居　疏（四）色居　山（九）色闲

“色”以下四字相系联。

上色类反切上字共四。

第五组　舌尖音

得类

得（四一）多则　怛（一）多幹　多（一〇）兜戈　旦（一）兜散

兜（一三）单头　单（五）（得）干　当（五）得郎　覩（一一）得古

丹（五）得干　登（一）丹增

“得”以下十字相系联。

案“单”字下，今本《系传》：“待干反”，盖系“得干反”之讹，以其同音字“箪”“殚”“郸”“匰”等俱作“得干反”推知之也。又“覩”为“睹”字重文，音相谐。

的（三九）颠历　端（一）颠欢　颠（二〇）的烟　丁（二九）的冥

都(二三)丁沽

“的”以下五字相系联。

上得类反切上字共十五。

他类

他(八八)(缺)　吐(一〇)他鲁　惕(二)他狄　擿(一)他狄

汀(一)他宁　听(七)他宁　秃(二)他哭　逷(四)他历

忒(五)他得　偷(一四)忒娄　吞(四)逷痕

“他”以下十一字相系联。

案“他”篆作“它”，今本《系传》缺，《广韵》“托何切”。“逷”为“逖”字重文，“偷”说文作“婨”，音并相谐。

土(一八)(缺)　通(二)土蒙　汤(一)土郎

“土”以下三字相系联。

案“土”字下今本《系传》反语脱略，《广韵》“他鲁切”。

透(二)(缺)

案“透”系大徐本新附字，《广韵》“他候切”。

趯(一)(缺)

案“趯”《系传》“胤略反”，而用“趯”字为切者，仅“瑱”字下一见，“瑱”，《系传》“趯练反”，《广韵》“他甸切”应归属于本类。盖“趯”字，《广韵》有“他历切”一音，系传中依之作切，而于本字下不载其音，故亦云“缺”。上“他”类反切上字共十六。

徒类

徒(六九)田吾　田(五)笛前　豆(四)笛奏　笛(二九)田溺

敌(一五)田溺　狄(二)田溺　地(三)田至　庭(八)田丁

亭(一四)田丁　图(二)田庐　荼(一)田吾　杜(一六)徒土

道(一〇)徒讨　稻(三)徒土　脱(一)徒活　定(二)徒宁

滕(一)徒崩　腾(二)徒朋　达(一)腾剌

“徒”以下十九字相系联。

特(五一)头墨　头(八)特娄　投(三)特娄　大(九)特奈

隋(一)特妥　但(一)特坦　度(一)特路

“特”以下七字相系联。

犆(二)(缺)

案“犆”说文所无,盖即“特”之异文,《集韵》“敌德切”。

陀(三)(缺)

驼(六)(缺)

案“陀”“驼”俱说文所无,《广韵》并作“徒河切”。

上徒类反切上字共二十九。

女类

女(三九)尼举　尼(二)女咨　聂(一)女慑

“女”以下三字相系联。

乃(七)年亥　佞(一)年径　年(一三)泥贤　泥(六)祢倪

宁(二)(祢)丁　祢(六)(缺)　宁(一)乃丁　那(四)乃多

“乃”以下八字相系联。

案“宁”今本《系传》“弥丁反”盖系“祢丁反”之讹。“祢”系大徐本新附字，《广韵》“奴礼切”。

奴(二七)内都　内(三)能未　奈(一)能大　能(二)奈登

挼(一)奴戈

“奴”以下五字相系联。

案“挼”《说文》作“捼”。

狞(六)(缺)

案“狞”《说文》所无，《广韵》“乃康切”。

上女类反切上字共十七。

勒类

勒(八四)郎忑　郎(二〇)鲁当　鲁(三〇)勒古　阑(三)勒滄

落(八)勒托　娄(二五)勒兜　劳(四)阑刀　莲(五)落研

罗(一)娄何　来(一五)娄才　稜(一)娄登

“勒”以下十一字相系联。

案“稜”篆作“棱”。

卢(一六)论孤　论(一三)卢屯

“卢”“论”两字相系联。

力(六九)留直　略(二)留脚　虑(一)留御　律(七)留笔

留(一五)里由　辇(二)里典　黎(一)里西　邻(一五)里神

里(五五)六矣　李(一)六矣　六(六)栗菊　栗(六)力必

龙(一)力鍾	蒌(四)力殊	令(二)力聘	柳(一七)力九
礼(一)力体	吕(一五)力女	良(一九)吕张	连(六二)邻延
廉(一)连兼	庐(一)连於	历(一)连的	梨(三)连脂
零(一)连丁	利(九)柳嗜	粱(一)柳昌	梁(一)柳昌
笼(六)梁充			

“力”以下二十九字相系联。

录(七)劣束	劣(四)录设

“录”“劣”两字相系联。

恋(二)(缺)

案“恋”《说文》所无,《广韵》“力卷切”。

古勒类反切上字共四十五。

第六组　舌尖前音

子类

子(八六)津矣	姊(五)津矣	精(七)津贞	资(一)津司
津(二三)将亲	醉(一)将遂	将(六)子长	峻(一)子闰
箭(三)子卷	进(一)子印	赞(六)子旦	晋(一)子印

“子”以下十二字相系联。

案“峻”为“陵”字重文,音相谐。

煎(三二)即然	即(三五)煎弋	节(七)即血	泲(一)即洗

“煎”以下四字相系联。

踪(一)(缺)　　遵(二)踪民

“踪”“遵”两字相系联。

案“踪”《说文》所无,《广韵》“即容切”。

则(三三)遭德　　左(一)则箇　　走(一五)则口　　增(一)走稜

憎(一)走稜　　臧(一)走张　　卒(一)臧勃　　作(七)增托

祖(一九)作靓　　遭(一)祖叨　　尊(一)祖存　　租(三)尊吾

“则”以下十二字相系联。

组(一)(缺)

绩(一)(缺)

案“组”今本《系传》缺,《广韵》“则古切”。“绩”今本《系传》缺,《广韵》“则历切”。

上子类反切上字共三十二。

七类

七(七六)秋日　　秋(五)七牛　　妻(一)七低　　刺(二)七赐

窃(一)七屑　　铨(一)七沿　　次(一)七恣　　迁(一)七先

且(九)七贾　　猜(三)七开　　亲(六)七邻　　切(一)七屑

倩(一)七县　　千(一五)千先　　此(二四)七里　　取(三)七矩

滄(一)倩丹　　清(一)亲贞　　趋(一)切于　　仓(六)切阳

苍(一)切阳　　蔡(一)苍大　　雌(一)千思　　造(三)雌报

操(三)雌报　　翠(一)此醉

(七)以下二十六字相系联。

案(滄)系餐字重文音相谐。

邨(四)麤孙　　麤(二)邨呼　　忽(二)麤中

“邨”以下三字相系联。

醋(二)(缺)

案“醋”《系传》“才各反”，而用“醋”字为切者，有“滜”“漼”二字。《系传》：醋馁反。《广韵》：千罪切。应属此类。盖《广韵》又有“仓故切”一音。系传不载，故亦云“缺”。

自类

自(三六)慈四　　疾(一四)慈悉　　字(三)慈伺　　慈(九)秦思

秦(六)自人

情(一)自成　　齐(二)自兮　　歬(八)自先　　钱(三)自仙

贱(三)自见　　残(二)自阑　　昨(一七)自莫　　在(五)前采

存(二)在坤　　材(一)钱来　　才(八)钱来　　寂(二〇)才狄

墙(六)贱忘　　贱(一)残忒　　族(四)昨木　　泉(二)族延

全(六)族延　　徂(六)全徒　　粗(二)全鲁

“自”以下二十四字相系联。

案“前”《系传》“十善反”，与“歬”字音不谐。今本《系传》以“歬”字为切者，多书作“前”。如“樵”前昭反，《广韵》：昨焦切。“咀”

"祖"前吕反,《广韵》:慈吕切。"⿰口叔"前狄反,《广韵》:前历切。等字下,盖借"前"为"歬"也。又"寂"为"宗"字重文。"全"为"仝"字重文,"徂"为"𨑰"字重文,音俱相谐。

就(二)绝僦　　绝(一)(缺)

"就""绝"二字相系联。

案"绝"今本《系传》缺,《广韵》"情雪切"。

上自类反切上字共二十六。

息类

息(五九)消息	消(二)息超	思(三六)息兹	修(三)息抽
脩(二)息抽	宣(三)息铅	司(一)息兹	小(一)息沼
悉(三)息逸	斯(一三)息移	星(五)息形	仙(六)息迁
削(一)息雀	辛(八)息因	枲(一)辛子	桑(一)斯郎
相(一九)脩祥	宵(二)相邀	耸(一)思奉	智(二)思益

"息"以下二十字相系联。

案"星"篆作"曐""仙"篆作"僊"。

苏(二七)孙呼	速(五)孙卜	孙(六)素昆	素(一九)(缺)
四(一二)素次	散(一)四旦	叜(一一)苏走	巽(一)苏困
先(二八)(苏)前	私(四)先兹		

"苏"以下十字相系联。

案"素"今本《系传》缺,《广韵》"桑故切"。"先"今本《系传》"蒐

前反”盖系“苏前反”之讹。

赐(二)丝义　　丝(一)(缺)

“赐”“丝”两字相系联。

案“丝”今本《系传》缺,《广韵》“息兹切”。

虽(一)(缺)

询(二)(缺)

案“虽”今本《系传》缺,《广韵》“息遗切”。“询”系大徐本新附字,《广韵》“相伦切”。

上息类反切上字共三十四。

似类

似(四二)详纪　　详(七)似羊　　徐(三)似虚　　松(一)似逢

从(七)松用

“似”以下六字相系联。

辞(六)夕兹　　词(二)夕兹　　衺(二)辞牙　　夕(二五)辞易

席(一)辞尺

“辞”以下五字相系联。

案今本《系传》以“邪”字为切者,本当作“衺”。

祠(一)涎兹　　涎(一)(缺)

“祠”“涎”两字相系联。

案“涎”《说文》所无,《广韵》“夕连切”。

续(六)(缺)

案“续”今本《系传》缺,《广韵》“似足切”。

上似类反切上字共十四。

第七组　双唇音

补类

补（三四）伯普	伯（二）不白	巴（四）不奢	逋（四）不吾
不（一七）（缺）	本（八）补忖	北（一四）补或	贝（一）补每
邦（二）北江	八（二）北拔	彼（二一）邦是	博（六）本泊
鄙（七）博美	笔（六）碑乙	碑（一）（彼）移	罴（一）彼移
彬（一）彼困	冰（二）彬仍	碧（一）彼力	兵（二）彼平

“补”以下二十字相系联。

案“不”《系传》:“甫柔反”,若依此音为之系联。则本类与唇齿音之“甫”类混而为一。就今所知,《系传》反切中唇音轻重之分别殊严,绝无其他混合之迹。则“不”字音在《系传》切语中所用者,当以《韵会》:“逋没切”之音为定。盖“不”字在《广韵》中有“甫鸠”“甫九”“甫救”“分物”四读,皆与此不谐;以《广韵》切语系统,唇音轻重二组尚未完全分析也。据此可知朱翱为《系传》作切语时,轻重唇已完全分析,而“不”字已有重唇一读。王鸣盛《蛾术编》论“不字音”一条所引孙氏《示儿编》陈正敏《遁斋闲览》二家说皆以逋骨切为古,而独谓“‘不’读‘卜’,北宋以前无此音”者,殆不然也。惟《系传》于本字下不载此音,故亦云:“缺”。又“碑”字下今本《系传》“披移反”盖系“彼移反”之讹。“彬”为“份”字重文,音相谐。“冰”为“凝”字重文,在切语中,借作“∧∧”也。

晡（七）（缺）	桮（一）（晡）隈	跛（一）晡颗

"晡"以下三字相系联。

案"晡"《说文》所无，《广韵》"博孤切"与"逋"字音同。

"梧"今本《系传》"脯限反"盖系"晡限反"之讹。

邠(一)布斤　布(七)奔污　奔(三)布坤

"邠"以下三字相系联。

边(五)辟涓　辟(九)卑僻　卑(一五)宾而　宾(七)必人

扁(一)必撚　必(九)毕聿　毕(五)卑聿

"边"以下七字相系联。

逼(五)(缺)

案"逼"系大徐本新附字，《广韵》"彼侧切"。

上补类反切上字共三十四。

匹类

匹(二八)篇七　僻(八)篇石　篇(七)僻连　翩(一)僻连

譬(一)匹寄　片(一)譬现

"片"以下六字相系联。

普(二二)拍户　溥(一)拍户　浦(一三)拍户　拍(一)普百

坏(三)普坏　潘(六)浦曼　坡(三)浦何　滂(一)坡良

披(一〇)坏卑

"普"以下九字相系联。

案"拍"，《说文》作"栢"。

铺(一)喷模　喷(一)铺奔　破(一)铺卧　判(一)铺唤

“铺”以下四字相系联。

上匹类反切上字共十九。

步类

步(四四)盘怖	部(二)盘五	盘(一〇)别安	别(三)(缺)
陪(二)步雷	盆(一二)步门	白(五)陪陌	彭(二)白亨
薄(八)盆各	蒲(三)盆手	傍(一)薄荒	旁(二)薄茫
辨(四)蒲苋	备(三)辨利	平(八)备明	被(一)平义

“步”以下十六字相系联。

案“盘”为“槃”之重文，其音相谐。“别”字下，《系传》“鄙辍反”，与本类音不谐；《广韵》有“皮列切”与“彼列切”二读，《系传》之切语上，即依“皮列切”之音也；而于本字下不载，故亦云“缺”。

频(三一)婢民	便(一)婢篇	婢(一三)频旨	萍(一)频宁
脾(五)频移	並(一)频静	鼻(六)频至	毗(五)鼻宜
避(四)便詈			

“频”以下九字相系联。

疲(一)弼悲	贫(二)弼巾	弼(三)皮密	皮(一六)贫知

“疲”以下四字相系联。

屏(二)比鄙	并(七)比令	比(一九)并止

“屏”以下三字相系联。

朋(四)(缺)

案"朋"为"凤"字重文,"凤"《系传》"符贡反",与本类音不谐,当依《广韵》"朋"字下"步崩切"之音为定。《系传》不载此音,故亦云"缺"。

上步类反切上字共三十三。

莫类

莫(七三)莫度	脈(一)莫获	迷(一)莫低	梅(三)莫堆
牟(一)莫浮	谋(一〇)莫浮	母(一四)莫厚	门(三一)莫魂
蒙(一)母东	满(一)门罕	毛(一)门高	木(二)门逐
谟(一)门胡	模(一)门胡	磨(二)模卧	梦(四)木空
没(二八)谋骨	摩(一)没讹	墨(一)没黑	

"莫"以下十九字相系联。

案"脈"篆作"衇","磨"篆作"䃺"。

眠(五)民粤	民(一三)弥邻	名(一四)弥并	污(一)弥究
■(一)弥悦	弥(二二)眠伊	米(一)名洗	

"眠"以下七字相系联。

案"眠"为"瞑"字重文,韵不谐而声相谐,姑仍之。又"弥"篆作"[illegible]"。

面(三)弭钏	弭(四)面侈

"面""弭"两字相系联。

免(一三)(缺)	闷(五)免困	龙(二)免江	美(一三)免鄙
勉(一)美选	密(二)美弼		

“免”以下六字相系联。

案“免”字《说文》所无，《广韵》“亡辨切”；《广韵》轻重唇未完全分析也。姑以“免”之同音字“冕”“勉”“俛”“絻”等推之，《系传》当作“美选反”。

闽(一〇)(缺)　眉(三)闽之　明(二)眉平

“闽”以下三字相系联。

案“闽”今本系传缺。《广韵》“武巾切”：《广韵》轻重唇尚未完全分析也；姑以“闽”之同音字“忞”“旻”“珉”“鍲”等推之，《系传》当作“眉均反”。

忙(八)(缺)

案“忙”《说文》所无，《广韵》“莫郎切”。

上莫类反切上字共二十八。

第八组　唇齿音

甫类

甫(三五)分武　分(三一)翻文　翻(四)(缺)　祓(一)分勿

弗(一九)分勿　芳(一)弗商　府(一一)芳武　悲(一)府眉

方(二五)府昌　付(四)方娶　祕(一)悲利　敷(七)甫夫

飞(一)甫肥　孚(四)甫殳　夫(五)甫殳　福(三)夫木

“甫”以下十六字相系联。

案“翻”系大徐本新附字，《广韵》“孚袁切”。

飘(一)(缺)

案“飘”今本《系传》缺，《广韵》“抚招切”。

上甫类反切上字共十七。

符类

符(二九)凡无	扶(二二)凡无	凡(五)符芠	伐(一〇)扶月
服(■)伐六	樊(一)复喧		

“符”以下七字相系联。

房(四)浮长	防(一)浮长	斧(九)浮甫	父(六)浮甫
浮(一四)附柔	附(一五)房(绣)		

“房”以下六字相系联。

案“附”字下，祁刻本作“户绣反”，述古堂本误作“户经反”，盖系“房绣反”之讹。

上符类反切上字共十三。

勿类

勿(二三)無弗	闻(四)無云	文(九)無云	武(七)文甫
無(九)文区	舞(三)勿抚	亡(一〇)勿强	尾(六)亡斐

“勿”以下八字相系联。

上勿类反切上字共八。

(《中山大学研究院文科研究所集刊》1943年第1期)

新生活运动与中国民族

一、民族的生活力

人类不能离开团体而生活，离开团体就没有个人，个人是随着团体共存共荣的。人类团体的单位就是民族。各个人的生活，就是民族全体生活的缩影；民族全体的生活，就是各个人生活的扩大。因为各个人生活的方式，总离不了血和土的关系，一种是根据于民族血统上的特质，一种是受着地理环境的影响。从血统和地土的关系上彼此共谋生存和发达，就形成为一个民族。一个民族的力量就是各个人力量的总和。民族生活的增进就是表示各个人生活力的强盛。反之，民族生活力的减退，就是表示各个人生活力的衰弱。个人生活和民族团体间既然有这样的关系，所以各个人生活所应采取的方式，应该以增进民族团体的力量为依归。而且这种方式是共同的，在同一团体当中，不论是何种人物，不论担任何种职业，必须要采取这种同一的生活方式，才能够使民族全体达到了共存共荣的目的。这种同一的生活方式，可以说是某个团体或某个民族的公约；这种公约就是道德和法律的基础。我们平常所谓道德和法律，总是有一种约束人群的效用，就是要民族团体当中采取一种共同的生活方式，使个人能够随着团体共同的生存和发达，共同的增进生活的力量。

这种共同的生活方式，在各个人的立场看来，一方面是为着维

持自己生活的力量，不得不约束自己以遵守这种公约。一方面是为着顾全团体当中其他各个人的生存和发达，也不得不约束自己，使大家的生活同时纳于正轨。所以各个人的生活，处处要对团体负责任，要集中力量来维护团体和个人的生活力。我们不能不依附于团体而生活，我们的生活要适应团体的情形和自然的环境，从中选择一个适当的标准。这个标准要是能够维护团体和个人的生活力，能够增进民族生活的力量的，就是生活的好的方式，就是民族的美德。

二、中国民族固有的美德

中国民族有五千年以上的历史，它能够维持生命到了现在，必定有一种极好的生活方式来维系团体和个人的生活，必定有一种适当的标准，以为数千年来道德和法律的基础；这种生活的标准，我们可以说是中华民族的美德。这种美德是我们民族所固有的，是过去适应团体的情形和地理的环境，并且积合旧有的经验自然而然产生的。

中国民族最初是以黄河流域为根据地，黄河地域的地土大部是可以耕种的。而且处于温带，气候适宜于农作。所以中国民族最早就产生一种农业的文化。农产是由天时和地利凑泊而来的，中国人因此最早就具有尊天的观念；业农的民族必定是定居的，在一处地方蕃殖子孙，因之对于血统非常重视，自然而具有敬祖的思想。尊天的观念和敬祖的思想很发达，所以最早就很注重祭祀的仪式。由祭祀的仪式推广到了人群上的应用，自然就成为礼仪之邦了。礼字原来是事神的意义。《说文》："礼履也，所以事神致福也。"本是用玉帛笾豆之类来祭神，对待天和祖宗以礼，于是扩充到了人群，实践起来，也自然相待以礼了。所以礼最重履行，《荀子》："礼者，人之所履也。"《白虎通》："礼者，人当履而行之。"礼仪的

实践和应用，可以防止淫乱侈靡，使我们的生活处处中节，不致逾越范围。所以《礼记》里说："礼者，因人之情而为之节文，以为民防者也。"这个礼字中国人很崇尚它，这就是中国民族的第一种美德。

农产的收获固然是应当适合于天时和地利，可是我们不能不劳而获，必定是各人耕种和操作而后得的；经过我们的劳作，才有收获，这便是我们所应当得的财产。要是不应当得而得，那不是抢夺，便是偷窃；抢夺和偷窃的行为就是横暴，就是贪污。所以农业的人民很知道注重正义和廉洁。农业的主要根据是田土，田土必定是有疆界，就是旁人和自己的界限；凡是属于自己田土里的产获，不能让别人来收取，因为这种产获是经过我们的操作才有的；所以我们不能让别人把抢夺和偷窃的行为加于我们，假使有加于我们的，我们应该有正义的表示。所以《淮南子》说："义所以救失也。"《管子》说："义以禁暴。"《易·系辞下传》说："理财，正辞，禁民为非曰义。"正义的表示就是禁止抢夺和偷窃的行为，禁止横暴和贪污的行为；使个人和个人间，团体和团体间都是依于义而行，才能够共同的生存和发达。这个义字，中国人向来很注重，这就是中国民族的第二种美德。

凡是属于旁人田土里的产获，并没有经过我们的劳作，我们所不应当获得的，我们便不应该去收取。我们应该约束自己，检敛自己，使自己没有抢夺和偷窃的行为，使自己没有横暴和贪污的行为，这就是清高廉洁的人品。所以《释名》里说："廉者，敛也，自检敛也。"假使旁人有非礼和不义的行为，我们不应该同流合污，随波逐流，我们自己应该保持自己的人格，保持正直的行为。所以《周礼·小宰疏》："廉者洁不滥浊也。"《国语·晋语注》："廉直也。"这个廉字，可以使大家安分守己，可以使团体当中都能有高尚的生活；中国人向来很注重它，这就是中国民族的第三种美德。

农业生活的人民最注重礼义和廉洁，因之大家能安居乐业，以达到共存共荣的目的，同时自然会发展一种自觉心，自己判别是非的能力。我们要检点自己，使自己没有侵夺偷窃的行为，使自己没有横暴贪污的行为；假使有了，便自己觉得可耻。假使旁人对我们有非礼和不义的行为，我们应该共同的有一种正义的表示，才可以说是“守望相助”的生活。假使我们没有抵抗旁人的横暴，没有禁止旁人的贪污，只是怯懦畏惧，不敢向前，这也是可耻。可耻而不知耻，就是无耻。所以《论语》说：“行己有耻。”孔注：“有耻者，有所不为。”又《论语》说：“知耻近乎勇。”《说苑》里说：“耻辱者，勇之决也。”农民要是颓唐懒惰，便于自己田土里没有丰富的产获，不及旁人，这是农民的可耻。我们对于事业，不能奋发有为，对于国家社会，不能促进它的发展，不能和别个民族团体抗衡，这便是我们的可耻。知耻的心可以振作我们的精神，可以砥砺我们的人格，可以坚强我们的志气。可以使我们的民族国家不至受人凌辱侵害。所以《左传》里说：“耻，匹夫不可以无备，况国乎？”这个耻字，中国向来也很注重，这就是中国民族第四种的美德。

以上所说礼义廉耻四种美德，乃是中国民族依据团体的情形和自然的环境并且积合过去的经验，从实际生活当中综合归纳得来的。这四种美德，是中国民族极好的生活方式，中国人应该当做信条来遵守，应该当做道德和法律的基本的标准，以增进我们个人和团体的生活力。

三、中国人现今生活的一般观察

我们从中国历史上看来，就可以知道中国民族的兴衰，关于礼义廉耻这四种美德的消长。国力的衰退和增进，大家都知道是关于社会风俗的厚薄和人民有没有自觉心。所谓“四维不张，国乃灭亡”。四维的维就是维持国家民族的生活力。人民生活要是离开

了正轨，就不能集中力量来维持民族的生命，民族的生活力就渐渐减退以至于灭亡。我们不必再从历史上多举例证，只消就目前看一看中国人生活的情形，合不合于中国固有的美德；我们就可以推究到国家社会紊乱和国际地位低落的原因。

近代因为东西洋文化的输入，中国物质文明的落后，一般人就把中国固有生活的方式抛弃，而蔑视从前的美德，于是旧道德失了社会的信仰，新生活的标准没有建树，大家茫无所从，自然，民族生活的力量由涣散而至于减退，由减退以趋近于灭亡。我们看一看现今中国社会一般人虚伪险诈的心术，淫靡奢侈的风气，苟安颓废的习惯，谄谀卑鄙的行为，以至奸盗事案，层见迭出，淫书邪说畅销风行；真所谓礼义扫地，廉耻道丧了。因此都市的罪恶一天一天的增张，农村的经济一天一天的衰落，社会的秩序一天一天的感着不安宁；大家都以为中国国力的衰退，由于帝国主义的侵略和压迫，实在根本的原因总是人民生活的标准没有建树，一般人的习气太坏；以致于国民步伐不能整齐，生产的效率不能增进，无谓的消耗和滥费反而加多。社会的元气受了无形的损害，民族自然不能长进。

四、新生活运动与民族复兴

我们现在要挽救中国的危亡，自然须要集中全国人的力量，把内部团结一致，以增进民族的生活力。我们要民族生活力的增进，就须各个人具有整齐，清洁，朴素，敏捷的习惯，提倡中国民族固有的美德，使人民生活重复纳于正轨。无论衣食住行，都是以礼义廉耻为依归，用礼字来防止淫靡和懒散的习惯，用义字来破除暴乱和苟得的心理，用廉字来消灭贪污和卑鄙的行为用耻字来免除懒惰和苟安的风气。于是民族团体当中各个人的生活都合于正当的方式，都有了正当的标准；国民的步伐整齐，生产的效率增进，无谓的

消耗和滥费减少，自然能够恢复社会的元气而增长民族的生活力。所以新生活运动乃是复兴中华民族的基本事业；中国民族有没有复兴的希望，就是看我们对其新生活运动的努力不努力。

（《大学杂志》1943 年第 2 卷第 4 期）

读书和作文

一、社会上一件重要的工具

在我们日常的生活当中，除了属于衣、食、住、行的事物以外，还有一件，几乎天天也要和它接触的，这就是文字。文字在现代社会上，已经成为一种极重要的工具，为我们日常所不可缺少的。因为一个人总不能够离开社会而生存；社会愈进化，愈复杂，文字的应用也觉得愈需要，我们和文字接触的机会也愈增多了。

我们所穿的衣服，所吃的食物，所住的房子，所走的道路，所乘的车子等等，那一件不是靠了这种社会的组织来彼此互相供给的？社会的组织愈进步，愈复杂，个人和个人之间的交接也愈紧密。我们在这样繁密的交接之间，当然要有一种彼此传达的工具。这种工具，最通行的，是语言；可是，语言的效力，大都只能及于当时当地发言者和听受者的中间；要把语言的传达作用扩大起来，非要有书写的文字不行。文字是用来代表语言，而同时足以增进语言的效力，补救语言的缺点的。自从文字产生之后，各时各地的人都可因此互相交接而通达情意。一个通告，可以广播各处地方，使人人能够知道；一种记载，可以流传到几千百年之后，使人人能够诵读；一本薄薄的日记，便可以防备数年数月后的遗忘；一个短短的契约，便可以使双方有遵守的根据；一封小小的书信，便可以和远远相离的亲友通些消息；凡是这一类的事实，都足以显示文字的功

用,都足以表明文字在社会上确已成为一件极重要的传达工具了。

因为社会的进化,使得文字不能不产生出来,以应付实际的需要,使得我们在社会上生存的人,也不能不应用它来作传达的工具;同时也因为文字的产生和应用,使得社会本身的组织更趋于复杂,使得我们在社会上彼此的交接,更趋于繁密了。所以文字效力的增进和社会本身组织的繁密和扩大,是互为因果的。换一句话说:社会的文明愈进步,文字的应用也愈广,也愈足以促进衣、食、住、行及其他种种方面的改善。我们看现代社会的文明,精益求精,岂不是由于用文字来传播智识而得有此进步吗?因此,我们更可以明了文字在社会上的重要了。

处于现代这种社会当中,文字的应用既然这样广,不识字的人,不会应用文字的人,正像活活的瞎子,所以叫做"文盲";又像聋哑者不能应用语言一样的可怜。

二、读书和作文的一种解释

我们所谓应用文字,不外两个方面:一方面是写作的,也可以说是发表的;一方面是读解的,也可以说是看受的。文字的应用愈广,我们在社会上,在日常生活当中,和文字接触的机会也愈多;这就是说,我们所写作的和所阅读的也愈丰富。例如一封信,写信的人是处于发表的方面,要把自己的情意和想说的事情表达出来,使对方明白或知道的。收信的人是处于读解的方面,要把来信的意思和内容彻底的明了,以认识对方给我说的那些话的。又像一页日记,写作的时候是处于那一方面,翻阅的时候又是处于这一方面,同是一个我,可是在两个时候,也可以分做应用文字的两方面的。

无论是处于写作的方面,或处于读解的方面,都是我们和文字接触的机会;这两方面的机会,在社会上又常常互相增进,互相扩大的。所写作的愈多,自然使阅读的机会也愈多;要阅读的愈广,

也自然会使写作的产量愈增加；譬如朋友间书信的往还愈密，收发愈勤，自然写信的时候和阅读函件的时候一起增多。在个人方面，也何尝不是如此。例如今天想要做一篇文章，便想要翻阅许多杂志，参考许多书籍；这便是因写作而增广阅读的机会。明天又看报了，翻书了，遇到有什么新奇的事实和意义，或者自己发生了一种什么感想，便要提起笔来把它们记录或表示出来，这又是因阅读而增广写作的机会。

我们进了学校，大家都知道主要的目的，是为着读书而来；自然进了学校，得到读书的机会比较多；但是我们千万不要只认为捧着几本教科书，和翻阅一些课外参考书，才算是读书。其他如看报，看布告，看书信，看小说等等；即使出了校门，凡是眼看到了写着的文句，能够加以口读而了解其中的意义的，都何尝不是我们读书的机会？所谓书，原来是“著于竹帛”的意思，就是指写着的字句；古代还没有纸张，写字用竹简或布帛。我们不要只认为进了课堂，进了图书室，才算是得到读书的机会；在广大的社会当中，读书的机会，也正多着哩！让我们自己留心，向着这无尽藏的应用文字的场所当中去寻求吧！

学校里又设着作文一课，先生往往出一个或几个题目，以使我们依着题旨来发抒自己的情意；这固然是我们正式练习写作的机会。但是我们也不应该只认为在作文班里算是作文；其他如平常写一封信，作一篇日记，出一张条子等等，又何尝不是我们练习作文的机会？我们即使不在作文班上，即使不在学校当中，而在日常生活里，凡是要我们连缀字句来表达自己的情意，或者代表人家来表达的，也都正是练习写作的好机会。我们切不要忘记文字是社会上一种传达的工具，我们要写作是为着要应付社会的生活，而同时也是属于社会生活里的一部分。我们不应该认作文是单为应付学校的功课的；先生在我们作文簿上所批示的成绩，只是表示我们

写作的能力，长进到了某种程度，某种地步；我们更不应该认这种批示的分数，便是我们作文的目的所在。我们的眼光，切不可拘囿于学校的一个小圈圈当中，而要深深的体会作文和社会生活的关系的重要。

总之：读书和作文这两件事，都应该用社会生活的意义来解释；读书和作文是在社会生活上应用文字的两方面：作文是处于发表的方面，读书是处于看受的方面。

三、应用文字的能力和习惯

文字既然是社会上一种传达的工具，应用文字又是属于社会生活的一部分，所以文字的系统，或为社会行为的一种习惯。我们要学习一种语言，例如儿童的学习本国语，成人的学习外国语，就是要养成某一种社会行为的习惯。文字的产生，既然是由于扩大语言的效力，而用来代表语言的，所以文字和语言有同样的性质；我们学会了一种文字，也就是养成了一种社会行为的习惯。我们所谓应用文字的能力，就是从这种学养的工夫上得来的；我们和文字接触得愈多，应用得愈惯，熟能生巧，自然在写作和阅读两方面的能力随之俱进。从前有人指导我们要做好文章，只有多读，多看，多作；多多的阅读，多多的写作，除非那种天赋特别差的人，自然会从行为的习惯当中生出技巧来。好像学习某一种语言，听得多了，说得多了，听惯了，说惯了，自然听觉灵敏，口齿纯熟，毫不觉得困难了，余非那种本能有缺陷的人，总会从习惯当中生出能力来。

读书和作文既然是应用文字的两方面，也就是在那种行为习惯上的两方面的作用，所以读解的能力和写作的能力都是由学养而得。读书多了，自然对于比较艰深的字句也能够了解了；写作多了，自然对于不易表白的情意也能够显明的表白出来了。我们为什么要读书？读书的目的，固然有种种，但是总离不了为读书而读

书的意义；因为读书本身的作用，就是在训练我们读解的能力呀！为什么要作文？我们要写作的目的，当然也不只一种，可是总离不了为写作而写作的意义；因为作文的本身，就是在练习我们发表的技能呀！多读，多看，多作，可以使得我做好文章，也可以使得我们读常人所不易读的书。

在学校里设着国文一科，主要的宗旨，就是在养成我们应用本国文字发表的技能，和训练我们对于本国文字读解的能力。设着外国文一科的主要宗旨，也是在训练我们读解或写作外国文的能力。我们进了学校，受着这种正式形式的训练，能够以极大的教育效率来进展我们应用文字的能力，固然是我们的幸运呵！但是，我刚才说过，我们处在这种应用文字很广的社会当中，在日常生活里，即使不在学校里上语文的功课，我们也可以时时得着练习读解的和写作的能力的好机会，只要不把它们轻轻的放过就是了。我又说过，应用文字的两方面——读解的和写作的——机会是互相增进的，互相扩大的；因之我们在阅读的时候，便可以得到练习写作的机会；同样，在写作的时候，也往往敦促了我们发生阅读的动机。这样彼此交互的促进，自然使得我们学养愈深，能力愈厚。

又根据学习的经验来说：我们要写作，自然先要多多的阅读；因为在阅读的时候，一方固然增加了读书的经验，另一方面，却又无形中长进了写作的能力。反转过：我们要阅读人家的作品，也得要提起笔来常常的写作，才能增进了解和批评的能力。这好像做诗的，绘画的，常常自己制作，当然对于人家的诗画作品，欣赏起来，批评起来，比不会做诗绘画的，自然要深切得多。又正像是学习一种语言，听得多了，自然会说得出；说得熟了，自然也会听得惯。所以我们无论为着作文，为着读书，总得要多读，多看，多作。这两方面的经验和能力，都是互相长进的。因为文字的应用，它的本身是一种行为的习惯；能力是从习惯的养成上产生出来的，经验

愈深,能力也自然愈厚了。

四、应用文字的经济的原则

我们为着要应付社会的生活,既然不能不应用文字来作传达的工具,那末,应用文字的时候,无论是处于写作的或阅读的方面,总是要想得到传达的效果的;目的所在,都是要想从这种工具上获得互相通达的效用。在写作的时候,总是要把自己的情意利用文字尽量的表达出来;在阅读的时候,总是要把作者的情意和读物的内容,从文字上充分的加以了解,并且获得一种深刻的印象。讲到这里,我们就要提出经济学上所谓“以最少的消费获得最大的效果”的原则,用来说明这种意义。所谓最少的消费,并非不消费;所以在应用文字的时候,必定有消耗去的时间和精力等等;只要这种消耗的时间精力等等,是值得的,而且是必要的,那就符合最经济的原则了。所谓最大的效果,就是在应用文字的时候,务须求其有充分的传达的作用,这样,才能使消耗的时间,精力等等成为值得的必需的。

在上文所说由于学养得来的应用文字的能力,它的高下,强弱,大都也就是依据写作和阅读的时候,符合于这种经济原则的程度来判别的。写作的能力愈高,表达的手段愈妙,自然愈能运用极经济的方法来显示自己丰富的情意。同样,阅读的能力愈高,对于文字上的困难愈少,自然也愈能以极少的时间和精力,深切了解了作者的情意和读物的内容。上面又说过,读书和作文两方面的能力是互相增进的;多读,多看,多作,可以使得我们在写作和阅读两方面的能力都提高了,就是在写作和阅读的时候,减少了所消耗的时间精力等等,以符合于经济的原则;也可以说是使得我们所认为难读的变为易读,所认为难作的变为易作。本来在作文和读书上所谓难易,并非绝对的区别,而是要看自己的经验和技能上的差

异；同是一个作题或者同是一种读物，在能力较差的人所认为难作或难读的，往往在能力较强的人并不以为难作或难读，在应用文字上所谓难和易，大都也就是看写作或阅读的时候所消耗的时间和精力的多少。我们要想在应用文字上使难者不以为难，而使易者更易，一方面凭着教师得法的指导，一方面尤须自己从学养上用工夫，努力提高自己的能力，以求渐渐符合于经济的原则。

我们还要知道，依据这种经济的原则来观察，阅读的和写作的两方面，常常有一种“互惠”的现象，就是读者和作者之间，都应该互相节省对方所消耗的时间，精力等等。我们所写作的，是要给人家阅读的，务求简洁明了，切忌烦冗晦涩；为的是要节省读者的劳力，减少阅读时候的困难。我们在阅读的时候，更须对读物负责任，用心探讨作者的原意，并且要融会贯通，切忌囫囵吞枣和穿凿附会；为的是要不辜负作者的苦心，体谅作者在文字上表现的困难。总之：读者要对作者负责，作者又须为读者着想，共同的相互的来节省所消耗的时间、精力等等，互相体谅，互相负责，正是“忠恕之道”。如果在文字上能得忠恕之道，那就自然能够符合于经济的原则了。

文字既然是社会上一种传达的工具，又是用来代表语言的，社会生活当然离不了社会环境的关系。所以我们在应用文字的时候，应该先了解一些社会环境的情形，尤须注意于当时当地的语言习惯。作者要为读者着想，当写作的时候，必先决定所写作的是给谁看的，是给谁读的，最重要的，须了解阅读的人所具有的语言习惯；否则，便要减损传达的效用。例如写给小学生阅读的文书，当然用不着艰深古奥的字句和文体。如果作者没有顾到读者的语言习惯，便要增加读者时间精力等等的消耗，或者简直就失去了传达的作用。读者也应该对作者设身处地的着想，对于作者所处的环境和当时当地的语言习惯，总得有些明了，然后对于读物的内容，

不致发生什么误解，并且可以增进通悟的程度，终于获得传达的效果。例如读古书，总得对于古代文句的结构，所用的字，辞，成语等，和现今语言有什么异同，了解了一些，才可以读得通。

总之：我们无论在读书或作文的时候，总该对作者或读者负责，处处为对方着想，为对方体谅，如此方能合于忠恕之道，而和应用文字的经济的原则相符了。

五、读书和作文在心理上的程序

写作的时候，要为读者着想：阅读的时候，要为作者着想；所以我们还要知道读书和作文这两件事在心理上的程序。文字是一种传达的工具，可以说是写作的和阅读的两方面中间的媒介。作者靠了这种媒介物把自己的情意传达给读者；读者也靠了这种媒介物把作者的情意领受过来；一方面是向外发表的，一方面是向内吸收的。

因之处于写作的地位，必先自己具有了情意和要发表的内容，其次把这些内容的事实和要说明的情意综合起来，再排着一个大体的先后的次序；于是依次连缀字句，一层一层的，或者一段一段的写出来，最后，再加以校改和修饰的工夫。处于阅读的地位，又必先分析了读物上的字句，仅得了各字各句的意思，然后逐层逐段的加以解释，于是对于全篇或全书的要旨方才能够领会。所以依据文字上的形式来观察，在作者的心理上，先有了各篇各章的大意，而后有连缀字句的工作；要把情意表达出来，要把已得的印象描写出来，所以是由篇章而到了字句的。在读者的心理上，眼看到读物上的各字各句，了解了各个字句的意义，而后才能通悟各章各篇的内容和意旨；要获得印象，要领取作者的情意，所以是由字句而到了篇章的。

譬如绘画和建筑，在艺术家和工程师的心理上，常常是先有了

一个画图和建筑物的轮廓或大意，然后运用了种种材料。在欣赏画图或建筑物的人，又必先接触了种种配置的材料，然后才能够明了全体的结构。写作和阅读的两方面，在心理上进行的程序正是相反的；可是双方的目的，又同是从应用文字上获得传达的效果。不善于应用这种工具的，或者应用文字的能力过差的，无论是处于发表的或读解的方面，总是要损害传达的作用，或者得不到传达的效果的。我们学习读书和作文的目的，也就是在使我们具有或提高了运用这种工具的能力，以收得互相通达的效果。

因之在学习的进程上，无论是为着写作的或阅读的，又都得从字句上先下工夫。学习阅读的，固然第一步要识字，懂得各字的意义和用法，再辨明各句的如何构造，于是由各个字句的认识，窥见了全部读物的内容。学习写作的，却也是第一步要识字，能够正确的用字了，再连缀适当的句子，于是由各字各句的结合，表明了自己的情意。如果不知道各个字的用法，不会构造句子，即使有好的意思，也无从表述出来了。所以应用文字的时候，在作者和读者心里的程序上，固然有区别；而在学习的进程上，无论是处于那一方面，总是要先识字，后造句，再连结篇章。

总括起来说：我们在社会生活上应用文字，就是我们练习读书和作文的机会；我们要利用这种机会，来提高运用工具的能力。这种工具，就是文字，所以第一步要在识字上有一种基本的正确的训练。如果没有用过这一步的工夫，就根本得不到这种工具的传达的效用，更谈不上所谓应用文字的经济了。

（桂林《国文杂志》1943 年第 2 卷第 2 期）

读了“中学国文教学法的出路”以后

我读了吴先生这篇文章，发生许多感想；这里姑且归纳为下列的两个问题来说一说：

第一，关于教师的责任问题。目前教育的成绩，无论是好是坏，当教师的，是否应该负完全的责任？大概学生的年龄愈少，在身心方面直接所受教师的影响愈大；因之在中学当教师的，对于学生所负的责任，实在比大学教师要大过几倍。所以中学师资的培养，是教育的基本事业，而中学教师的选聘，也是教育行政上的重大事件。吴先生在这篇文章里曾经提出改良教育的三条大原则：（一）“国家培养良师”，（二）“学校选择良师”，（三）“教师运用良法”；以为我们要为目前教育求出路，只有在这三大原则之下，共同努力。我却以为还须再加上一条，就是：“社会供养教师”。我国一般教师生活的清苦，在抗战以后，更是穷形极相。目前当教师的，几乎不能维持个人的最低生活，实在无法供养自己的子女，无法使自己的子女有受教育的机会。社会上瞧不起教师，教师如何瞧得起自己？如何能够安心教学？如何能够“乐此而不疲”？如何心甘情愿，坐此冷板凳？这样，社会不供养教师，如何能够“尊师”？能够“重道”？国家辛苦经营培养出来的教师，如何能够使他们意志坚定，不改属别业？学校千方百计延读得来的教师，如何能够使他们死心塌地，不见异思迁？这种社会的病态，如果再蔓延下去，势

必至于教育园地，冷落荒芜；教师一职，也就虚位久悬，无人问津了。但是，要根治这种病态，要纠正社会的观念，要振起一般的人心，还得要从教育入手。当教师的，对学校，对学生，固然是教师，对国家，对社会，也是一份子；自己尽了教师的责任，切不可忘记，切不可放弃对国家，对社会的责任。在学校当中，就自己所担任的学科，力谋教学方法的改进，以求教学效率的增加，学生兴趣和程度的提高，这固然是教师自尽职责的大道。此外，我以为当教师的，还应该时时留心教育制度本身的改良，积极的辅助国家教育政策的成功，策动社会上各种新兴的事业，而谋取教育界的领导社会的权力。当教师的，切不可以因为待遇的菲薄，生活的窘迫，就怨天尤人，一味的诅咒社会，以自己放弃“学校以外”的责任；甚至怀疑起自己的职位和使命，以致减低教学的兴趣和效率，无形中也就耗损了国家的力量。吴先生这篇文章是就“教师运用良法”这一条原则上立论，再缩小一点，就国文一科的教学方法上立论；他本着自身的经验和心得，指示一般中学的国文教师应如何运用教学的良法，以尽他们的职责。内中有许多确切和具体的指示，即在别一部门的教师，也应该用来作宝贵的借鉴。就这一点而论，确是教师们要“尽其在我”的，所当深切注意的。不过，我在这里要补充说明的，教师们除了勤于自修和设法增进教学的效率以外，还得要注意“学校以外”的环境，要注意国家社会的问题，一方面固然要谋自身学业的深邃，另一方面还须要把自己所负责任的范围扩大起来；这样，才能立脚得稳，不为社会的恶势力所卷去，才能安心教学，使自己和青年学子们蒸蒸日上。“做了一天和尚，撞一天钟”；做了教师，就要和尚那样的撞钟，就要想法怎样把钟撞得响亮，好听些；吴先生这里所指示的，就是撞钟的方法。我却再进一步奉劝大家把和尚庙里的钟，搬出来做国家社会的警钟，贯彻着一般民众的心耳吧！尤其是国文教师们应该这样，也容易办。

第二，关于教学的支配问题。这和教学的方法问题彼此相关，也可以说是二位一体；如果支配失当，即使有好的教学方法，也无从实施。吴先生也曾注意到这个问题，在这篇文章以前，已经发表过一篇中学国文教学的分工合作制，很值得教育家和学校当局们参考。不过他所提出的，是就教师的兴趣和各己的特长来说法支配，是偏于[redacted]和课程的“性质”方面；我这里再要提出的，又是关于学生的“数量”和“态度”方面，想在国文或其他语文的课程，尽量采取“分级教授”的办法，以使教学的良法容易实施，教学的效能容易增进。普通中等学校，在国文等科教学的实施，每每苦于各班学生人数的过多；因此教师们在课堂上的讲授，精力已经不容易贯注，对于作文的批改，也自然不能够精细，至于课外阅读的指导，更无余力顾到了。通常每班学生人数，往往有四十，五十之多，或且有超过此数的；而每一位国文教师，担任了两班或三班，或且还要担任几点钟别的课。这样的支配，试问教师们有什么方法可以教得好？单就作文一项来说，每班至少要两周作一次，这位教师要批改的，每周便有四五十本卷子。而对于每本卷子，必得要细细看过，看清楚了那位学生所要表达的意思，才可以动手批改。批改的时候，也必得要逐字，逐句，逐行的审查，究竟某处应否改动，应否加批；应改了，应批了，又得要想出怎样才改得好，批得对，怎样才使学生看了有签处。批改完了，还要覆看一遍，应该重新校改的，也得校改。这样才完了一本，于是登记了那位学生这一次的作文成绩，第二本卷子又要开始了。数年前，我在上海某大学教书，和几位同事分任各班一年级的基本国文，其中一位是周予同先生。他说：当每次批改作文卷子，总要神经失常，对家人狂吼乱骂起来。又说：人家的文章，我只读了一遍；自己的文章，作的时候一遍作好了一遍，读了两遍；而学生的文章，至少必得要读了三遍；批改前一遍，批改时一遍，批改好了，又通读一遍。当时每一位同事

只担任一班，每班学生的人数，三十左右，可是已经有了这样的感觉。在中等学校里，国文教师既然要担任两班以上，每班人数又那么多；因此每一位教师，每周总有四五十本卷子要批改；平均每本卷子需要半点钟去应付，那么，每周便须有二三十个钟头放在批改作文卷子上；每周整个工作的时间，以五十至六十小时计，单是批改卷子的时间，便占去了大半。所剩余的，要预备讲课，要上堂讲授，最好把批改了的卷子，也要分别讲解一下，使得各个学生了解批改的用意。每题上课的时间，以十小时至十二小时计，也需要二三十个钟头去应付。试问：还有什么时间去指导学生课外的阅读，去监督学生的自修，去辅助训导的工作，去参加学校的行政会议？试问：还有什么余闲，以供自己的进修，以和家人朋友通讯，以留心国家的大事，以参加社会上各种积极的活动？所以，我主张在国文或其他语文的课程，每班学生人数，凡是超过卅之数的，必须分做两组来教授，而每一位教师，至多只可以担任两组；这样，才可以使教师得运用教学的良法，才可以把吴先生在这篇文章里所指示的一切，付诸实施；否则，徒然活生生的把整个教师埋藏于其中，即使教师自己也心甘情愿，试问对于学生究竟有什么好处？我奉劝教育行政当局们，不要因为经费的困难，教师的难请，而遂反对这种分组教授的办法；总之：单可限制收取学生，绝不应大班教授国文。其次，如果一班当中，学生的程度过于参差，也足以使教师们感到头痛，也足以影响教学的效能，而使良决无从实施。在这种情形之下，也只有采取分组教授的办法，依据学生程度的高下，兴趣的差别来分配于各组。这样，使得教师们对于教材的选择，就容易有取舍的标准，而在讲授课本和指导作业的时候，也就容易把握住学生的心理，使处处适合他们的需要。吴先生这篇文章所指示的，是关于教学的方法，说得很周详；我以为在目前一般中学生的实际情形，必须还要采取一种分组教授的办法，才可以不致辜负

这种良好教学的指示;就是参酌各班学生的数量和程度,再分为各个小组来教授,才可以使教师们得运用这种教学的良法。因为教学的方法和支配问题,彼此相关,要为教育求出路,都是应该加以注意的。

上面所说,不能算是正式提供的意见。只可以算是读了吴先生这篇文章以后发生的几种感想,和原文的内容"似不相干而却有点相干"的罢了。吴先生对中国语言文学有很深刻的研究,原文所谓"头脑有条理,谈吐很晓畅,又能自学不厌的"理想中的国文教师,他本人自己就是一个完全的榜样:他现在正从事教育的研究,同时又注意其他国家社会的问题;我想吴先生在国文教学的许多方面,必定还有很宝贵的指示。

卅二年一月抄于桂林师范学院

(《国文月刊》1943年第24期)

学生的作文和思想问题

一、作文应该形式和内容双方并重

学校里设了作文一课，其目的在使学生锻炼思想和养成他们发表思想的能力。思想是作文上所发表的内容，词句篇章是用来发表的工具和形式。我们对于作文教学的实施，应该思想的内容和词句篇章的形式双方兼顾。评判学生作文的成绩，也应该这两方面并重。平常作文有几个基本的原则要遵守的：在内容方面，文意要切题，理论要正确，见解要适合于现实人生的正鹄；在形式方面，词语要确当，段落要分明，结构要谨严，体制要适合。大概从前旧式的教学方法，多注重形式方面，作文上只是讲究一些句法笔法之类，而往往把内容上的几个原则忽略了。因之多数学生只能做一些空洞的文章，或且充上一些陈腐的思想。这种弊病实在是受了从前八股家和古文派的遗毒。自从新文化运动和科学教育发达之后，这种陈旧的教学方法自然渐渐归于淘汰了。大家唱着思想解放的口号，以为从前拘拘于文章法度，只是桎梏学生的思想，阻塞学生的发表力。于是一反从前的旧习惯，在作文上只任学生自由发挥，而往往忽略形式方面的限制，和思想方面的正轨。矫往过正，自身也就陷于偏失。结果：一方面既然不必斤斤于词句篇章的形式，修辞，文法和文体等等也不必琐细的计较。语不成辞，文不成体，也都漫不经意，或且错字乖句也可以忽略，而只求内容

的充实。可是在另一方面,既然任学生自由发表思想,于是各种主义各种问题,都拿来讨论,各种思潮都拿来介绍宣传,纷然淆乱,习非成是,不但失去了作文教学的本意,而且使学生心理上得不到一种中心的信仰。流弊所及,恐怕连全部教育的宗旨也要泯没。这种趋势的危险真是不堪设想。

二、作文教学上应该建立一种中心思想

我们要补救这种流弊,在作文教学上必须于形式和内容两方面同时并重,使学生对于用字造句,连结篇章和运用各种体制,这些基本的训练上,下一点切实的工夫。而在内容上尤须树立一种中心的思想,使学生立意遣词有一种依据的标准,使他们解剖问题和观察事物,处处能够合于现实人生的正鹄,而不至发生偏激的论调。人生既然离不了民族社会的团体,各个人的思想和行为,当然应该趋向于民族社会共存共荣的目标,应该有共同遵守的正轨;所以一个民族社会里,必须大家有一种中心的信仰。教育的宗旨,就是依据于此而订定的。学校里所设的各种学科,并不是彼此完全独立的常常互相关联的,而尤其是作文的内容方面,可认为各种学科研究心得的总汇。所以作文教学实施的方针,当然和全部教育的宗旨,应该互相吻合。要是学生作文的内容方面,没有一种中心思想,那末,就失去了教育一定的宗旨,也就全部教育当中一种混乱的状态;这种对于青年和民族社会前途的影响是非常危险的。所以我们在作文教学上应该依据教育的宗旨建立一种中心的思想。

三、目前学生思想的一般观察

学生平常对于一切学理的探讨和事实的辨证,固然容有自由发挥之余地;可是言论和思想当中,还须有归缩所在,使他们纳于轨物之中。我眼看了目前学生作文的成绩,窥探他们思想的内容,

实在还免不了混乱和复杂的现象。还没有完全合于正轨;这是我们应该加以切实纠正的。这次上海市举行中学毕业会考,当局们叫我担任国文一科的阅卷工作。作文试题当中有一个“夏夜纳凉记”,这个题目只是叫他们作一篇记叙的文辞,本用不着大发议论。可是我看了有许多卷子上,竟然讨论到夏天时候贫富两种阶级苦乐悬殊的情形。说一些有钱阶级人们在暑天时享乐的情形,说一些劳工苦力在炎日下工作的状态,东拉西扯总要归到社会革命和阶级斗争的思路上来。不但是文意不切题,体裁不适合,违背了作文的基本原则,而且可以看出他们平素不免受了普罗文艺读物的影响,遂致不合正轨的思想流露于字里行间。这种情形恐怕国内各处的学生界都还未曾免除,我们负有教育与文化的使命的,应该极端的加以注意。

四、作文教学与三民主义的教育

我们认定了三民主义的文化运动,是目前中国救亡图存和民族复兴的大道,提倡三民主义的教育,就是使一般青年的言论思想和行动纳于正轨,处处合于现实人生的正鹄,以达于民族社会共存共荣的目标,教育的宗旨既然要根据三民主义来规定,那末,作文教学上也应该以三民主义作为学生思想内容的中心。这样,才可以使全部教育的宗旨始终贯彻,才可以免除学生思想上混乱复杂的情形,才可以使他们不合正轨的思想归于消灭净尽。

(《大学杂志》1943 年第 2 卷第 6 期)

中国历史语音学之方法

音韵之学，为修习文字训诂之首事，亦为读书明经之始基。顾炎武云："读九经自考文始，考文自知音始，以至诸子百家之书莫不皆然。"段玉裁云："音韵明而六书明，六书明而古经传无不通。"从学之士，盖可知其所先后矣。

欲考音韵，必先习发音学理：西洋之语音学一科，不特欲修外国语文者所应研讨，即治中国音韵，亦应首先探究之。盖其精密之工具与条理，吾人正当运用之也。

语音学一科，可区分为三部：一曰、普通语音学；二曰、描写语音学；三曰、历史语音学；吾人之于中国音韵，亦当循其途径，依次研习之。

普通语音学之效用，其一，可使吾人能运用记音之工具也。盖吾国文字，非取标音制度，古今各地之读音，又漫无定准；其不适于记音之用者甚明。如韵书东冬之目及守温字母之类，当时所标正确之读音，后世罕能臆测。工欲善其事，必先利其器。是以今之治语言音韵者，多以万国语音学字母，所谓国际音标者为尚，或采取类似之符号，以为记音之具焉。其二，可使吾人能区别语音之现象也。语音之现象，可括为音色、音调、音势、音量四种；各音既自有其特质，又间以高低、轻重、长短之差，偶一淆混，察别斯难；科条既明，区理方易。此种种分别之原则，即语音学中所讲求者。其三，

可使吾人能究明音变之原理也。时有古今，地有南北，音读之纷歧演变，似呈错综复杂之象，而自有井然不紊之轨迹，可供吾人推寻者。简言之，不外转移之原则与经济之原则而已。转移之原则者，即谓由近似之音，依次渐变，愈趋愈远；作始也简，将毕也巨；虽其末也，堂庑几更，面目已非，而循流溯源，过渡之迹，显然可寻。经济之原则者，即谓由繁复难发之音，变而为简单易读；如音之失落，音之同化，音之异化诸端，皆所以节时省事；美其名曰经济，而实则好逸恶劳，舍难就易，准诸常情者也。描写语音学与历史语音学之研究，皆须利用记音符号，分别语音现象，并深明音变之理，方可从事；故普通语音学者，尤称根本之学。

描写语音学，所以考察实际语言，细别其音读之种类，详审其发音之异同，以区分各地方言，而为比较研究树一巩固之基础焉。近今实验语音学之进步，一日千里，借科学仪器及类似之工具，以识别实际音读之现象，常足补正耳力所未及，觉察所未周。故描写语音学之效用，可使吾人熟悉千差万别之语音现象，明辨错杂纷歧之方言种类，并为历史语音学之阶梯。

语言有活语死语之别：现今行用，尚留存于口耳间者，谓之活语；否则，仅恃书本之记载以推知之者，谓之死语。盖古人之语言，已随其人而死亡，邈焉不可复矣；吾人对之，实有可望而不可即之慨，将若何研究之？夫实际之活语，虽在穷乡僻壤，犹行用于人世间者，固无不可依描写语音学之方法，一一考察而识别之。至于已往之死语，某字也何读？某语也何音？既不能起古人于地下而问之，又将何以知之？此历史语音学之方法所以不得不讲求者也。

历史语音学者，即据书本中所记载之古语，依音变之原则，以测定历代之音读也。吾国文字，既不足以显示古代确凿之读法，又难借以探究音读演变之迹象；故欲考明吾国语音之历史，必须具备三事：其一，熟习普通语音学，深究发音之原理，以明演变递嬗之

轨迹。其二，收集记载古音之资料，网罗足为比证古读之用者，以奠定考证之基础。其三，考察现今歧异之方言，观其分化之由来，层层上溯，推寻流别，以识其源之所自。盖现今方言者，即为古语之遗裔，借描写语音学研究之所获，更加以综合之观察，不啻自流传后代之血统，以识其祖宗之面目。故欲研究吾国历史语音学，不特须考古与审音兼备，尤当运用近代比较语音学之方法：自身须并具历史学与语音学之基本知识也。

其从事研究之步骤，可得而言焉：

一曰，划分时代。历史时代之划分，固难得确定之界限，而为从学者之便利，或且因研究资料之限制，实有不得已者存焉。史学之研究，最忌时代之混乱，尤其在音读之考证，关于系统之区别，不容忽视时代之观念。吾国音韵学，尝以研究之材料与对象为中心，并用为考证历代音读之标准。如以《诗经》韵字及谐声系统为周汉间上古音之代表；以陆法言《切韵》为六朝唐宋间中古音之代表；以北音韵书及国音字母为元明以来现代音之代表。时代之划分，即以区别历代之读音系统，并为考明现今各地方音历史之关系。故若时代一经混乱，即系统无由分明，行将治丝益紊，考证失其准绳矣。例如宋人三十六字母，由守温《韵学》残卷中所录三十字母演化而来，足为唐末宋初间声类系统之表征；乃江慎修竟谓其“天造地设，不可增减，不可移易”。宋初《广韵》集合隋唐韵书而成，可用为考证陆、孙诸韵之依据；而陆氏《切韵》又集六朝韵书之大成，其自序所云“论南北是非，古今通塞”；充其量亦仅网罗魏晋以迄开皇间各地之异读而已。乃竟有以《广韵》一书兼括周秦上古音之系统，而将二百六韵区为古本韵、今本韵二类，复以周秦古纽强为比附。凡此皆混乱时代与音读系统之过也，学者切宜戒之。

二曰，处理材料。时代与系统之观念既明，于是依据音读系统以处理考证之资料：中古音以下，具有直接之资料，如反切、韵书、

等韵、字母之类，并有佛典译音及多种域外译音，可作比证。吾人当区分而类别之，一一依其本身之作用而还复其价值。例如《七音略》与《韵镜》二书，可与唐宋间《切韵》一系之韵书相比证；而《华梵字母合璧谱》与《字母切韵要法》之类，其中分等立摄，又近合于现代之官话音系。又如曲韵之中，非纯属北音韵书，周氏《中原音韵》一书，固可认为元代燕京方音之代表，而明初《洪武正韵》，即不免迁就唐宋韵书，并杂有当时南方音系之成分焉。吾人应以时代与地域之眼光，分别规定其作用。关于上古音之考证，现今仅具有间接之资料；盖仅能从《诗经》韵字及《说文》谐声偏旁以窥探周汉间之音读，旁及于群经、诸子、楚辞、汉赋并取证于假借、读若、声训以至双声叠韵之谜语，总之，何种材料足以显示何种系统，应分别处理之，不容稍有紊乱者也。

三曰，审定名辞。吾国关于音韵学之名辞术语，向不统一；因之处理音韵之材料，每以名辞之混淆，而迷失内中之意义，致泯没材料本身之价值；初学者，尤感斯困。吾人既修习普通语音学，正可用实际语音之识别，以审定名辞之内容，庶不致因同名异实与同实异名而生淆惑。例如“阴、阳”二名，有以指声调之差别，有以指韵尾鼻音之有无；而同是指声调分别之阴平、阳平，有以“上平、下平”为名，有以“啌平、嗺平”为名，有以“开、承、转、纵、合”之开、承为名，有以“平、上、去、入、全”之平、全为名。又如关于辅音之发音状态，有分为出、送、收三类者，有更名为发、送、收者，又有分为发、送、外收、内收四类者，有更名为戛、透、轹、捺者，又有分为戛、透、拂、轹、揉五类者。此同实而异名之例也。又如五音“宫、商、角、徵、羽”之名，或以指声类，或以表四声，或以指元音之别。又如清、浊之名，六朝隋唐之际，或以分调，或以分韵；宋元以来，则又属声母之别。此又异实而同名之例也。凡此之类，宜皆本诸实际之语音现象以为识别，不以歧名而失实，不以名淆而混同；庶能抉其意

旨，明其底蕴，以理董旧书，商榷得失云。否则资料虽富，处理或当，而扪烛扣盘，仍无补于考证之用。

四曰，考求规律。所谓规律者，实近于西洋语言学中之语音法则。惟因汉字本身无确凿音读之表征，吾人仅就其音同或音近关系，为之区分类别；如言古者某某应属一类、应属一部，某某非属一类或一部也。盖有直接之材料者，部类既明，其间递嬗之迹较显，规律亦易求。至若仅有间接之材料者，惟恃材料之处理与相互间之比较得之。所谓“古音无韵书，就今韵离合以求古音”。离合云者，此之所分，常为彼之所合，此之所同，常为彼之所异。例如言上古音“明微不分”“东江同部”“麻韵一部归歌戈，一部入虞模”之类，皆就中古之韵书所列比较得之；亦即所谓古今音变之规律也。盖历史之考证，在明古今变异之迹，以推寻其源流曲折而已。苟处理材料有失当失实之处，固不能据以为考证之资；然若无比较方法以运行其间，则虽尽得材料之用，仍不足以明古今递嬗变迁之迹。音变之规律者，即由运用比较方法得之；有清一代，古音学以大明，亦即因乎此。

五曰，推寻演变。吾国音韵学中所谓音变之规律，实则各字所属之部类，古今相互间有离合异同而已；而其所以有此离合异同之由，则又须进而推求其所以致此音变之故。清代古音学家大都仅就古今字类分合之中，力求细密，而于所以有此分合之原因，则多未明。段玉裁析上古音支脂之为三，而未明其所以分析之故。他如东之于冬，江之于阳，鱼之于虞，凡此今之所混古则有异者；幽之于萧，东之于江，虞之于侯，凡此今之所分，古则混杂者；苟不依语音演变之原理，以推寻其分合异同之由，自难说明其所以然。现象之发见，考古之事也；原因之说明，审音之事也。审音而不依于考古，则失之妄；考古而不依于审音，则失之固；清代以来，不失于固者常失诸妄。盖未明语音演变之原理，而妄为推断者也。由已往

古音之研究，进而为现今之历史语音学，即依据语音学所列音变之原理以说明发见之规律也。例如江韵，现代音同于阳，别于东，中古音则与东阳析而为三，上古音则又混于东，别于阳；如以东韵原具有合元音，阳韵原具有开元音，则江韵之元音，必由较合而渐开，以至于全开。此则依于转移之原则者也。又如明微二母，上古音混而为一，中古音则于明母之下，列出三等合口呼，标为微母；现代音且由轻唇重唇之分，进而为微母消失之倾向矣。其间演变之原因，必由双唇音撮口呼之字，难以发音，变而为唇齿音之合口呼，更因合口呼而消失其声母者也。此则音读转移之中，又寓有经济之原则焉。此种推寻演变之方法，由现代至中古以至于上古，循流溯源，层层推上，亦即由近及远，因已知以推未知，而渐次化未知为已知。历史语音学之步骤，实以此为中心焉。

六曰，拟测音读。吾人考求音变之规律，并依语音学理，说明其演变之所以然；志趣所在，即欲测定历代确凿之音读，使死语之复活，旧基之再造。盖吾国文字，既非取拼音制，难以显示音读之变迁；字形之更易，恃目治而较著，音读之递嬗，经口耳而益晦；或且字体构造，尚存数千余年之旧，音读更改，却已一再至于三四，面目全非矣。然若准诸可征之材料，寻绎其条理，依据音变之常轨，由枝叶末流，以推溯其根源，则古读之面目虽改，未尝不隐约可见；昔日之堂庑几更，未尝无旧迹可寻。数千年前之读式，似泯没不可复者，在今日竟能重构之，且以详密显豁之音标明示之；不可谓非科学学理与方法之大造于吾国音韵学也。夫吾人日常行用者为今读，而今读为古音之遗裔，由古读之系统转变而成者也。古读系统中部类之分合，固不必符合于今之世，而其源流曲折之间，自显有脉络条理可以寻究者。吾人就此变异之迹，循其演化之所以然，依次构筑，以达于最上层。其始也，不妨于欲构之古读，作种种之假定；于是从中抉择其一之可信者。所谓可信者，即通诸左右而咸

宜，揆诸上下而皆准，自可规为定式也。其稍有不信者，则弃之而他求；或似两俱可信者，则又须寻求佐证，以择定其一焉。观乎今世之比较语言学，常就亲属语言之留存于后代者，相互比拟，综合构成其先世母语或祖语之形式；今兹所构拟之古读，不特就后代歧异之方音综合比较已也，且有种种直接间接之材料，预示其演变之规律，以确定其范围，而彼此相为印证焉。是则中国历史语音学之创获，实较仅由比较语言学之方法所构拟者，尤可确信无疑；以彼方此，吾人所事，实较胜一筹也。

上所述研究之步骤，如能体察力行，始终不懈，则于吾国历代语言之现象，未有不能洞悉其底蕴者。于是转而为文学之研究，古今诗歌，音节之谐和，押韵之自然，未有不能鉴赏与批评；而于历代体制之蜕变，句法之更易，种种问题，亦可迎刃而解矣。或进而为语言之探讨，由音义之相联以追寻语源；由域外语言之较量，更奠定东方比较语言学之基础焉。他如古籍之校雠，真伪之考订，于整理文献，究明史实，尤为资助。正不独通文字，识假借，存义理于训诂之中，为吾人读书明经始事已也。

（《中国文学》1944 年第 1 卷第 1 期）

杜甫诗的韵系

唐宋以来研究和整理杜甫诗的，可谓代不乏人。但是专从音韵学的立场，用它来作考证的资料的，就很少见了。清朝乾隆时，周春曾经编纂杜诗双声叠韵谱括略一书，①他的自序里说：

> 杜集之编，自樊润州始也；杜之有注，自赵次公始也；杜之有评，自刘须溪始也；杜诗之编年，自鲁冷斋始也；杜诗之分类，自陈浩然始也；杜之有年谱，自吕汲公始也；而以杜诗之双声叠韵创为一书，则自此始。

不过周春此书之内容，只是把杜甫诗句的属辞用字当中，有符合于双声叠韵的原理的，再旁及其他名家，分列出许多条例，来显示杜诗的“律切精深”②罢了。这和杜甫自己所说“晚节渐于诗律细”③的律细，庶几得其近似；而对于杜诗的用韵系统，固然没有什么关系。又康熙时汪文伯所纂的杜韩诗句集韵，④他的自序说：“取少陵昌黎诗句，编入四声，备巾箱展玩。”那又只是依照诗韵韵目来排

① 艺海珠尘本，其自序作于清乾隆五十四年 。
② 语出《新唐书传赞》。
③ 杜诗《遣闷 · 戏呈十九曹长》。
④ 古香楼校刊，清光绪壬午来青阁刻本，其自序作于康熙三十五年。

比杜韩二家的诗句，以供一般词章家押韵时的取法，和音韵之学更是漠不相涉。

宋明以来，考证周汉古韵的许多古音学家，间或以杜诗来作佐证。吴棫《韵补》[①]以后，郑庠分古韵为六部，论者谓其说“合于汉魏及唐之杜甫韩愈所用，而于周秦未能合也”。[②] 至于段玉裁的《六书音均表》，曾经援据杜甫的近体诗，以作古韵支脂之区分的旁证。他说：

> 唐初功令，盖沿陈隋之习，而不师古。然如支与脂之同用，则唐以前，上自商颂，下至隋季，未见有一篇蹈此者。唐之杜甫，熟精文选及庾信诸家，故所为近体诗，用五支韵者凡二十七首，不杂脂之一字，其意盖以许敬宗所定未善也。[③]

其实段氏所举支韵独用的二十七首里，有赠崔十三评事公辅一首，正以脂韵的“谁”，之韵的“疑”等字押入支韵当中的。我再把杜甫诗的韵字通查一下，在近体诗当中，支之通用的有一首，支和脂之通用的有三首。[④] 段氏所援据的例证，并不很精确；可是，段氏以为杜甫近体诗里支，和脂之有分用的趋势，我却认为合于事实（详见下文）。只是他引用杜甫近体诗来作周秦古韵的旁证，未免失却他的谨严的态度。因为周秦古韵和杜甫诗，尤其是近体诗，属于截然两种不同的系统。

我曾经把杜甫诗里的韵字，分作古体和近体两部分，统统依照《广韵》的部目，分别记录出来，编成一部杜甫诗韵谱，用以显示杜诗里古体和近体两种不周的用韵系统。我在编杜诗韵谱的时候，最初

① 陈振孙书录解题：“棫取古书自易书诗而下，以及本朝欧苏，凡五十种，其声韵与今不同者皆入焉。”

② 见段玉裁《六书音均表》“今韵古分十七部表序言”。

③ 段氏《六书音均表今韵》“古分十七部表今韵同用独用未允说”。

④ 参看段氏今韵同用独用未允说小注，及拙著《杜甫诗韵谱》下卷“近体诗之部”。

原想只把这两部分韵字的不合于《广韵》分部及所注独用、同用之例的记录出来，后来才觉得非全体录出不可。因为有时某韵的字，偶尔的押入别韵当中，是否可以认定彼此间的混并？或者有时某韵和某韵合用，有时分用；在这种情形之下，我们只能依据它们所见次数的多少来作决定。就是看它们的相押，在全体当中，占着总数的百分之几，以决定彼此间的从违并析。例如东冬锺三韵的关系，从那种记录出来的结果，可以把它们所见的次数，列出一个表如下：

韵　目	古体诗中所见独用或同用之次数	近体诗中所见独用或同用之次数
东独用	一六	五二
东冬同用	一	一
（上声董肿）同用	（四）	
东冬锺同用	三	
东锺同用	二	
（去声送用）同用	（二）	
冬锺同用	（无）	
（去声宋用）同用	（一）	
锺独用		
全体总数	二五	六一
冬锺两韵所见总数		八

在古体诗里，这三韵所见的次数总共为二十五，而东和冬及锺通用的，共有六见，占着总数的百分之二十四，更证以上声董肿通用的四见，去声送用通用的二见，可以断定杜甫古体诗里东冬锺三韵的混合。在近体诗里，近三韵所见的次数总共为六十一，而东和冬通用的只一见，占有总数的百分之一・六四，我们便不能因以断定杜

甫近体诗里东和冬鍾的混合了。至于近体诗里冬鍾二韵的关系，所见总数为八，通用的一见，占着总数的百分之一二·五，便可以认为有合用的痕迹。(我这里统计的标准，大约以超过所见总数百分之十的，才可以认为彼此有混合的趋向。)因此这三韵的关系，在古体诗里，东冬鍾同用；在近体诗里，东独用，冬鍾同用。

又如支脂之微齐这五韵的关系，在古体诗里，它们所见的次数，可列为下表：

韵目平声	古体诗中所见独用或同用之次数	(上声所见次数附注)	(去声所见次数附注)
支独用	七		
支脂之微同用	六	(纸旨同用)　(一) (纸旨止同用)(三) (纸旨止尾同用)(一)	(寘至志未同用)(二)
支脂微同用	三		(寘至未同用)(一)
支之同用	二	(纸止同用)(二)	
支之微同用	一	(纸止尾同用)(一)	
支之微齐同用	一		
脂同用			(至独用)(二)
脂之同用	七	(旨止同用)(九)	(至志同用)(八)
之独用	一	(止独用)(一)	(志独用)(一)
微独用	六		(至志未同用)(二) (志未同用)(一)
齐独用	八	(荠独用)(二)	(霁独用)(二)
(齐皆咍)同用	(一)		(霁祭同用)(四) (霁祭怪同用)(一) (霁祭废同用)(一)
全体总数	四		

我们一看，就可以知道古体诗里支脂之微四韵的混用；更证以上去二声纸旨止尾及寘至志未各自相通的事例，更可以断定杜甫古体诗里这四韵确是不分的。至于这四韵和齐混用的，仅见到了一次，在总数四十三次当中，只见了一次，上去二声又无佐证，当然不能认为通用的了。同样，齐韵独用的八见，咍韵独用的二见，灰咍同用的十二见，而齐和咍相通的只一见，①我们也不能认为齐和灰咍相混。因此，在古体诗里，支脂之微同用，齐独用。

在近体诗里，支脂之三韵不但和微和齐没有混用的事例，而支和脂之，也确有分析的趋向。我可以依据记录出来的结果，把这三韵所见的次数列表如下：

韵　　目	近体诗中所见独用或同用之次数
支独用	二六
支脂之同用	三
支之同用	一
脂之同用	三八
之独用	九
全体总数	七七

支和脂之通用的共见，而只占着总数的百分之五·七强，因此我们可以断定杜甫近体诗里：支独用，脂之同用。段氏《六书音均表》说杜甫近体诗里支和脂之的区分；虽然所举的例证不很正确，而他的见解，却是符合于事实的。（参阅上文）

同样，关于鱼虞模三韵，在古体诗里是混而不分的，可是在近体诗里，应当认为鱼独用，虞模同用。如下表的证据：

① 参看拙著《杜甫诗韵谱》上卷“古体诗之部”。

韵目	古体诗中所见同用独用次数	古体诗中所见次数（平）	附注	（去声附注）
鱼独用	二六	五	（语独用）（三）	
鱼虞同用	二	一	（语麌同用）（二）	
鱼虞模同用		六	（语麌姥同用）（一）	（御遇暮同用）（二）
虞独用	二			
虞模同用	二六	一〇	（麌姥同用）（一）	（遇暮同用）（一〇）
模独用	三	无	（姥独用）（二）	
全体总数	六〇	二三		

古体诗里鱼和虞模通用的共七见，占着总数的百分之三十·五，更证以上去二声语和麌姥，御和遇暮的通用，可以断定这三韵的混合。在近体诗里，鱼和虞模同用的共三见，仅占着倒数的百分之五，所以不能因此便认为鱼和虞模的混用。

《广韵》的二十一欣，在杜甫诗里所见，几乎全是和真谆臻三韵同用的，毫不见有独用的痕迹。

我们应用上文所说的方法，先把杜甫近体诗部分的用韵，求得一个结案。

上平　东（独用）　冬锺（同用）　江（独用）　支（独用）　脂之（同用）　（《广韵》所注：支脂之同用）　微（独用）　鱼（独用）　虞模（同用）　齐（独用）　灰咍（同用）　真谆臻欣（同用）　（《广韵》所注：欣独用）　文（独用）　元魂痕（同用）　寒桓（同用）　删山（同用）

下平　先仙（同用）　萧宵（同用）　肴（独用）　豪（独用）　歌戈（同用）　麻（独用）　阳唐（同用）　庚耕清（同用）　青（独用）　蒸登（同用）　尤侯幽（同用）　侵（独用）　覃谈（同用）　盐添（同用）　（其他诸韵无征）

和《广韵》所注独用同用的条例比较起来，两相出入的，只是真谆臻和欣合用以及支脂之有分析的趋向而已。这种用韵的系统，是否完全足以代表当时的功令如此？抑或参杂有杜甫个人用韵的习惯的因素？这个问题，须待把唐代其他名家的作品，也应用同样的方法，分别求出他们的用韵系统之后，再加以比较的研究，或者才可以得到一种可靠的决定。不过就目前所知道的来推论，杜甫近体诗里的用韵，既然和《广韵》所注独用同用的条例，相差不远，那末，唐代的功令和宋初所遵守的，也不至于有多大的出入。

近人马宗霍著《音韵学通论》，内有“唐人用韵考”一节[①]举出唐人的用韵“与《广韵》同用独用之注相违戾者凡二十余处，而有意摹古者不与焉”；用以证明“《广韵》定于宋人，其同用独用之注，出自丘雍”，非唐代的官书如此。我们看他所举出的例证，仍是很多采自古体诗。这里只列出他所举的关于杜诗方面的例证：

“东与冬锺通　杜甫野望，岁晏行二首。”

案野望为雨晴之误；岁晏行为古体诗。

“支脂之与微通　杜前送高三十五书记、水槛、幽人、咏怀、魏六丈佑少府之交广五首。”

案所举五首皆为古体诗，又咏怀一首里，齐韵“啼”字亦押入支之微诸韵中。

“鱼与虞模通　杜甫草堂一首。”

案草堂为古体诗。

“真谆臻与殷通　杜甫大云赞公房、别蔡十四著作、暇日小园散病将种秋菜督勒耕牛兼书触目，崔氏东山草堂四首。”

---

① 商务印书馆出版，马宗霍《音韵学通论》第四，二十九页至三十八页。

案大云寺赞公房等三首为古体诗，仅崔氏东山草堂为近体；杜诗当中，欣韵不见有独用的。

"咸衔与凡通　杜甫魏将军歌一首。"

案此首亦属古体。

"麻与佳通　杜甫柴门喜晴二首。"

案此二首皆属古体。

看他所举的例证，所谓"有意摹古者不与焉"，实在还不曾定出一种确实的标准。据我的意见，要考察唐人用韵的情形，须分别各家各体，第一步须分别作者，第二步须分别体制。就我所记录的材料看来，杜甫一家的诗，应该严格的分别近体和古体，才可以显示他两种不同的用韵系统。

现在根据我记录的结果，把杜甫古体诗的用韵系统求得一个结案，并分别论列如下：

平声	上声	去声
东冬锺（同用）	董肿（同用）	送宋用（同用）

（江韵无征，上去亦如之。）

支脂之征（同用）	纸旨止尾（同用）	寘至志未（同用）
鱼虞模（同用）	语麌姥（同用）	御遇暮（同用）
齐（独用）	荠（独用）	霁祭废（同用）

（关于上列诸韵，上文已经讨论过了。）

灰咍〔皆〕（同用）	〔贿海骇〕（同用）	泰队代〔怪〕（同用）

（案皆韵与咍通者一见，怪韵与霁祭通者一见，而与泰队通者亦一见，今姑定皆与灰咍，怪与泰队代有相通的趋势。凡加括弧之韵目，表明其性质未经确定或尚无征验者，下文准此。）

(1)	真谆臻欣	通用	轸準隐	通用	震稕(焮)	通用
(2)	文		(吻)		问	
(3)	元魂痕		阮混(很)		愿慁恨	
(4)	寒　桓		(旱缓)		翰　换	
(5)	删　山		(潸产)		(谏裥)	
(6)	先　仙		铣　狝		霰　线	

(案真谆臻文欣元魂痕寒桓删山先仙诸韵,系据它们彼此间通用的多寡,显然可分为上列的六组。而各组相互间又有通用的趋势。依照统计方法的结果,可以把它们并合为一部。同时这些韵的入声,自五质至十六薛,在杜甫古体诗中,也可并合为一大部。——下文详论之)宋郑庠分古韵为六部,以真文元寒删先入声质物月曷黠屑为一部,后人谓其说合于唐之杜甫,[①]盖指此而言欤?

萧屑(同用)　篠小(同用)　啸笑(同用)

肴豪(同用)　巧皓(同用)　〔效号〕(同用)

(案肴和豪通用的一见,巧皓通用的亦一见,杜诗古体中未见有肴韵独用的,故并入于豪。)

歌戈(同用)　哿果(同用)　箇过(同用)

麻(佳同用)　马(蟹同用)　祃(卦同用)

(案杜甫近体诗里以支佳两属的"涯"字押入麻韵的共有四见;这固然可以用一字两读的例来解释,不必认为支和麻或佳和麻的相通。[②] 可是在古体诗里佳韵的"佳""涯""柴"等字和麻韵相押的,有二处;上去二声无征,姑且假定以佳附麻。)

阳唐(同用)　养荡(同用)　漾宕(同用)

庚耕清青(同用)　梗耿静迥(同用)　映〔诤〕劲径(同用)

---

① 见段氏《六书音均表》"今韵古分十七部表序言"。

② 参看拙著《杜甫诗韵谱》下卷"近体诗之部"。

(案古体诗中,庚耕清和青通用的,三见,今照统计方法的结果,更证以上去二声里它们通用的事例,可以断定它们的混并。)

蒸登(同用)	〔拯等〕(同用)	證(嶝同用)
尤侯幽(同用)	有厚〔黝〕同用	宥候〔幼〕(同用)
侵(独用)	〔寝〕(独用)	〔沁〕(独用)

(覃谈无微,上去亦如之。)

〔盐添咸〕衔〔严凡〕(同用)

〔琰忝豏槛俨凡〕(同用)

艳㮇〔陷鉴酽梵〕(同用)

(案杜甫古体诗中,用盐添以下诸韵者甚少见,姑以入声叶怗洽狎业通用一例推之,假定如上。)

和近体诗里的用韵系统比较起来,显然古体诗里的宽得多了。像东和冬鍾的通用,支脂之和微的通用,鱼和虞模的通用,肴豪的通用,庚耕清和青的通用,以及真谆至先仙这十余韵混并的趋向,似乎都是依据近体诗的用韵系统再加以并合的结果。原来切韵唐韵诸书的分部,为着"赏知音"而设,如果要"广文路",自然可加以并合;[1]所以唐初就"苦其苛细"而有"合而用之"的建议。[2] 杜甫近体诗里的用韵系统,我们现在可以断定,大体上是遵照当时的功令,或者一般所认为"时文"上用韵的普通的规律。这种用韵的系统,实际上就是从切韵唐韵的分部并合而来,以至由《广韵》《集韵》演成为平水诗韵。可是,古体诗里的用韵系统,更就近体诗里的加以并合。依据我记录的结果,杜甫诗的用韵,可以说是有"严式"和"宽式"的两种。因为只有近体诗里所能分,而古体诗里所不能分

① 参看陆法言《切韵序》。
② 见封演《闻见记》。

的韵部，并没有发见与此相反的事实。古体诗在词句的形式和格律上，既然比较的自由，像歌行之类，可以不拘定式，文人用韵的时候，或者因摹古的类推，或者因方音上的混同，自然也随意的加以并合：所以古体诗的用韵，显然宽得多了。

我们再来看杜甫古体诗里关于入声的用韵，又比平上去三声为宽：

屋沃烛职德（通用）

（案职德韵在杜甫古体诗里，未和他韵混用的十三见，和陌麦昔锡通用的一见，而和屋沃烛通用的有十见，故将职德并合于屋沃烛。）

质术栉物月没曷末黠鎋屑薛（通用）

（案质术至屑薛十二韵，杜甫古体诗里似乎也可以分质术栉为一组，月末为组，屑薛为一组等；而各组彼此间又显然有混用的趋势，正和平、上、去三声两相对照。）

药铎〔觉〕（通用）

（案觉韵在杜甫古体诗里，独用的一见，和屋烛通用的一见，和药铎通用的亦一见，姑以觉附于药铎。）

陌麦昔锡（通用）

缉（独用）

（合盍无征）

叶怗洽狎业〔乏〕（同用）

（案缉韵十见，无有与他韵通用者；葉怗以下通用者二见，故定如上；正可与平、上、去三声对照。）

杜甫古体诗里，东冬鍾和蒸登不见有通用的痕迹，而入声屋沃烛和职德却可以并合为一；可见入声的用韵尤比平、上、去为宽。

总之，依据杜甫诗用韵的研究，可以断定近体诗的韵部，是就切韵唐韵并合的结果，古体诗的韵部又是从近体诗上的并合的结果；我们固然偶尔见到少数例外的韵字，但是这种少数的例外，总不能泯没全体的趋向。[①] 无怪乎初期的古音学家，把周秦古韵分得很简单，所谓“专就唐韵求其合，不能析唐韵求其分，宜无当也”[②]。这实在是他们兼取证于杜甫这一类古体诗的用韵的结果。

读音本身是一种行为的习惯，诗人的用韵，就是这种读音习惯的代表。而同是一个作者，可以具有两种或两种以上的用韵习惯。作者依文体来区别用韵，正像我们依着环境而操异语的情形一样。章太炎先生以为唐代的功令，兼赅古近诸体，非专为近体而设。[③] 至少就杜甫诗用韵的研究，可以断定他所说的不确。杜诗当中，确是依古体近体分做“宽式”和“严式”两种不同的用韵系统。

我们现在所要讨论的问题，就是杜甫诗上这两种用韵系统，在当时实际的读音上究竟有什么的根据？其次，对于他这种用韵的规律，在古体诗和近体诗上，部还有少数例外的事实，它们究竟是怎样发生的？

切韵一类的书，原是兼赅古今南北而作，所以分部最为详密。[④] 在当时任何一种实际的方音，总没有像这样详密的韵部。不但是为着作文的便利，要依据它来合并，而就当时某种方音来比对它的韵部，也应该是并合的多而分析的少。尤其因为诗文上的押韵，只取主要元音和韵尾的相同或相近，便可相押，不必顾虑到其他音素上的差别；所以为着严格的审音而作的韵书，内中的

---

① 参看拙著《杜甫诗韵谱》上卷及下卷。

② 见江有诰《音学十书凡例》。

③ 马宗霍《音韵学通论》卷首载“除杭章太炎先生来书”云：“唐初功令就陆韵而加同用之例，以便属文之士。若谓此例只施于近体，则唐初纯律未兴。且四声各有独用同用，明兼赋与古近诸体言之，亦非专为近体设也。”

④ 参看陆法言《切韵序》。

分部总比诗文上所应用的为细密。例如冬鍾；灰咍；真谆臻；元魂痕；寒桓；先仙；萧宵；歌戈；阳唐；庚耕清；尤侯幽；盐添之类，原来是六朝诗文上所不分而切韵唐韵析为异部的。[①] 又这些韵部在现今所能考见的六朝诸家的韵目当中，原来也有很多把它们混合的。[②] 因在可以知道杜甫近体诗的用韵系统，大体上是就切韵诸书加以并合，无论是否完全依据于当时的功令，总因为它在已往有些根据，并非恣意混合者可比，所以才采用它的。不过这样合并的结果，未必合于唐代普通的音读。在当时某种实际的方音当中，或许对于这种诗文上的韵部，还是觉得过于细密。于是应用到了形式和格律比较自由的诗文上，自然更加以放宽。同时又因中国文人具有好古的习气，在用韵上也由摹古类推的结果，再把通行之韵部，加以第二次的合并了。这样，就产生了诗文上的“严式”和“宽式”两种用韵的系统。《切韵》一系的韵书，在唐代不但是一般文人“苦其苛细”，揆诸当时普通的音读，也有许多觉得内中具着不少“字同一声，分为两部”的现象，而訾议它是“妄别声律”了。[③] 所以诗文上的并韵，实在唐朝时候已经开始成为一种自然的趋势，杜诗当中，无论是宽式或严式的用韵系统，都是从这种并韵的趋势上自然演成的。

我们现在看杜甫古体诗里的用韵，像真谆至先仙十余韵，入声质术至屑薛十余韵的各自通用，以及入声屋沃烛和职德的合并，显然是由摹古类推的结果。至于东冬鍾和入声屋沃烛的各合为一部，支脂之微的合成一部，鱼虞模的合成一部，齐韵去声的包并祭废，皆韵的混入于灰咍，佳韵的混入于麻韵，庚耕清青和入声陌麦昔锡的各自合并，以及侵韵和入声缉韵的各自独用；这一类的情

---

① 据王力《南北朝诗人用韵考》（载清华学报第11卷第3期）第56页。

② 参看商务印书馆出版拙著《中国音韵学史》上册第五章第一节。

③ 本李涪判误。

形，很多符合于现今考明了的唐代秦音或西北方音。[1] 杜甫先世原居于巩，后来徙居于长安附近的杜陵，长安是那时的京都。因此我们可以推想杜甫的古体诗里，既然用韵比较的自由，至少应该受有一部分秦音或西北方音的影响。不过究竟参杂方音的成分有多少？这个问题，也要等到唐代其他名家的用韵系统考明之后，再加以比较的研究，或者才会明了一点儿。

上面所说杜甫诗里严式和宽式的两种用韵系统，可以当做两种用韵的规律。我们还看见有少数不合于这两种规律的韵字，只得归诸例外。如果要推究这些例外的韵字之所以发生，那又只得归纳于下列的两种原因：

一、两种韵系彼此交互的影响　同是一个作者，具有两种用韵的习惯；有时竟会发生交互的影响，在古体诗里参杂了一些近体诗韵的色彩；反之，近体诗里也竟偶然沿用了古体诗上用韵的习惯。例如真谆至先仙的十余韵，在古体诗里可以混合为一部，而依照它们通用的多寡，显然可分为真谆臻欣一组，文一组，元魂痕一组，寒桓一组，删山一组，先仙一组；入声质术至屑薛的十余韵，也是同样的。（参看上文）他如古体诗里，东和冬鍾，鱼和虞模，庚耕清和青，以及入声屋沃烛和职德等，都有混中带分的痕迹。这种情形，显然是受了近体诗的用韵习惯的影响的。反之，在杜甫近体诗里有时却发见了严中带宽的情形。例如在用先仙韵的七十余次当中，偶然的一次把一个元韵的“骞”字押入先仙韵里；在用青韵的二十余次当中。偶然的一次把一个清韵的“清”字押入青韵里。[2] 像这样的事例，在近体诗的用韵系统上固然算是“出韵”，或称为偶然

---

① 参看黄淬伯《慧琳一切经音义反切考》（中央研究院历史语言研究所专刊之六）罗常培《唐五代西北方音》（中央研究院历史语言研究所单刊甲种之十二）。慧琳《一切经音义》所据反切，取自元廷臣韵英，为秦音韵书。

② 参看拙著《杜甫诗韵谱》下卷“近体诗之部”。

的“合韵”，而在古体诗的用韵系统上，却正是合于规律的。我以为这种事例的发生，是因为受了古体诗里用韵习惯的影响的。依此来推论，东和冬的偶然一次相押，支和脂之的偶然三次相押，鱼和虞模的偶然三次相押，在杜甫的近体诗里，可以说只是偶见的严中带宽的实例罢了。又我在《杜甫诗韵谱》所录韵字下注明的各本异文，有许多和所属的韵部不合的，在未经作过详审的版本考订的工作以前，固然不容许有什么涉于推测的论断。不过像近体诗里，在许多用微韵当中，偶然押入一个支韵的“麾”字；在许多用删山韵的当中，偶然押入一个寒韵的“阑”字；这样的事例，在当时作者本人，并不是不可能的事。因为正是符合于他在古体诗里的用韵习惯的。

二、受实际音读的影响　从上文看来，可以知道杜甫诗里的两种用韵系统，都是从切韵等书上并合的结果；切韵等书的分部和注音，既然是一种“酌的古沿今”的作品，[①]而杜甫诗上的用韵，也是介杂着“摹古”和“从今”的成分；它们的性质都不是纯粹的。这种兼赅古今的韵部，一经应用到了实际的诗文上，就不免有单字出入或偶然合韵的事例；尤其当某种文艺的创作，尚在蓬勃的生长，未经体格僵化以前，最容易受实际语音的影响，就使用韵上和固定的规律不免有出入。例如杜甫近体诗里，支佳两属的“涯”字，都押入麻韵当中，如果仍认麻韵在近体诗里为独用，那又不得不认“涯”字在当时普通音读上，原来也有麻韵的一读。恰好现今考明了的唐代秦音当中，此字也作“五家切”。[②] 这可说是单字出入因受了实际音读的影响而发生的。又如古体诗里，齐韵“泥”字偶然一次和皆咍相押，“啼”字偶然一次和支之微相押，入声觉韵的“浊”字一次和屋烛相押，职德韵的“黑”“息”等字一次和陌麦昔锡相押，凡是

① 见长孙讷言《切韵序》。
② 参看黄淬伯《慧琳一切经音义反切考》卷三，第37页。

此等违背于上文所述杜甫古体诗里用韵的通例的，却往往和现今所考明的唐代西北方音，颇有相适合或相近似的现象。① 又像杜诗别本：尤韵“牟”字一次押入鱼模韵，蒸韵“冰”字一次押入青韵，职韵“逼”字一次押入陌麦昔锡，②也可用实际音读的相似来解释这类事例发生的可能性。此外有几个四声相押的事例：像去声谏韵的“患”字押入于平声的删，山入声辖韵的“帕”字押入于去声的“祃”韵；这样的事例，或许足以启示当时“秦陇则去声为入，梁益则平声似去”，③那种调类和调值都不相一致的情形。我们应当注意的，上声和去声通押的事例，在杜甫古体诗里，见到的特别多；像去声的“至”字和旨止韵相押，“计”字，“泥”字和荠韵相押，“佐”字和哿果韵相押，上声的“柱”字“武”字“主”字和遇暮韵相押，“改”字和泰怪韵相押，以及“稳”字押入于慁，“旱”字“暖”字押入于翰换，“静”字押入于劲等等，几乎可以推想上去二声的混同了。现经考明的唐代西北方音里，确是具有这种现象，尤其是浊上变为去声，最为明显。④ 又入声韵尾的混杂，在杜甫的古体诗里，也见到几个事例，如锡韵的“析”押入于质术，薛韵的“折”押入于葉韵；这种情形，足以显示当时实际的音读上，入声韵尾虽然还未曾失落，却已经开始衰微，⑤大概也只是具着一种“内发音”，彼此的分别并不很显著，因而发生这种混杂的事例。这种用韵规律上偶然所见的例外，实在是供我们窥见当时实际音读的一种很可宝贵的隙穴。

总之：我们这种用韵的研究，一方面用以明了当时诗文上所遵守的一种规律，一方面又足以窥探作者读音上的真实情形。要

---

① 参看罗常培《唐五代西北方音》，第 30—65 页，及末附《五种汉藏对音韵母比较表》(甲)(乙)(丙)。

② 参看拙著《杜甫诗韵谱》上卷“古体诗之部”。

③ 见陆法言《切韵序》。

④ 参看罗常培《唐五代西北方音》，第 122—129 页。

⑤ 参看拙译高本汉《诗经研究》。

研究唐代的文学和语言，必须要把唐诗上各家各体的用韵系统考明出来，必须要把演成这些用韵的规律和例外事实的许多原因推求出来，才算完成一部分的工作。

（《国立中央大学文史哲季刊》1944 年第 2 卷第 1 期）

新文字商榷

一、引论

语言与文字为人类社会中通达之工具：其演成之由来，亦因乎人类社会自然之传习。故语言与文字皆属集团行为之习惯。某一集团行用某一语言或文字，则此种语文必有其历史与社会之背景。吾人如欲从事于语文之改革，自不能忽视此种语文根本之性质。近今有所谓中国新文字问题者，吾人对之究应取何态度乎？窃以为一面须注意于吾国语言之实际情形，一面又须考察吾国民族社会之背景，如是始可获得正确之解答。否则，妄事纷更，徒耗人力，不特无裨于事实，抑且有淆惑人心之嫌焉。

二、文字之演进与语言之关系

世界文字之演进。有三阶段焉：其一为图画文字。原文字之形式，莫不起源于图画或类似图画之符号，故文字愈古，愈接近于图画；世界各国之文字，不论其现今演成何种状态，而推究其历史，固莫不原出于图画文字者。其二为表意文字。即由绘画上之图形进而为语言上语词之记号，原在图画文字中，书写之图形，业与语言上之语词发生联想作用而具有音读矣。迨后因文字之应用日广，在字形上以就书写之便利，自不能无所变更，在字义上亦因心理之联想作用而有引申转变，遂使书写之图形离弃其绘画之性质，

而与语言之关系日益密切;故不复为绘画上之形象,而成为语言上语词之记号矣。其三为标音文字。即由语词之记号再进为拼音之字母。因在表意文字中,字体既成语词之记号,又因语言上具有音同或音近之语词,遂以此一语词之字体借为代表别一同音语词之用;此即借字表音之法也。中国六书中之"假借"与"形声"二科,即依此种借字表音之法而成立者。如更进而规定某一字体专用以代表语言上之某一音读,同时又以此种代表音读之形体用为拼切语言上之语词,是即成为拼音之字母矣。吾人由此文字演成之三阶段以观,可知文字原初仅属图画,渐用以代表语言,末后成为语音之记录;文字愈益进步,愈不能离语言之习惯而独立。现今各国通行之文字,必与其所代表之语言,在本性上互相吻合。盖文字既用以代表语言,何种民族通行何种文字,必与其所用语言之性质彼此相适应。如欲推究某国之何以通行某种文字,固必先明了某国语言之性质;而欲审定某国文字之价值,亦须依其与所代表之语言,彼此相适合之程度以评量之;吾人果欲改革文字,欲将通行之旧文字废止之而采用一种新文字,自亦须细心体察所操语言之特性与夫语言分布之实际情形也。

三、汉字与中国语之性质

中国自来奉行之汉字,历数千年而勿替。今乃有热心改革之徒,以为汉字之结构过于复杂,不便于认识与记忆,实为教育普及之障碍,亟应废止之而推行一种新文字。同时又以为汉字之一字体仅含一音缀,即所谓一字音制,并不适合于现行实际之语言,因现今通行之口语中,有甚多复音或复合之语词,为欲求语文之合一,自应一语词仅用一字体以为代表,而今汉字固不能如是者,故为适应中国现行实际之口语计,亦须废止汉字而采用一种新文字。夫彼辈所持废止汉字之主张,不外依据于上述之两种理由耳。试

就彼辈所持第一种理由言之：汉字笔画与偏旁组织之繁复，固不似拼音文字之简易，其对于初学者辨识之繁难，自亦为事实上所不能否认者。然吾人如何能使中国现行文字便于初学，此乃中国语文教育上之问题，不应与汉字本身之应否存在问题混为一谈。吾人当前所须注意者，即所谓此种艰深之汉字，数千字来竟沿用而勿替，其于中国民族社会之实情，是否有存在之必要？其与中国语之性质以及各处方言分布之情形，是否有相适合之因素？更就彼辈所持第二种理由言之：以为汉字不足以为现今实际口语之代表，此自现代中国语上引用多数复音之语词以言，固亦为不能否认之事实；原笔写之文字，即在他国之取拼音字母制者，总亦不能与口说之语言全相一致；因文字之递嬗，总不及语音演化之急遽；尤其汉字为表意文字之性质，本非为记录语言之用，自与实际之口语不免有所分歧。然若综合中国语之各种性质与现象观之，此种表意文字之特性所以保持至今而未演为标音文字者，固与语言上自有其互相适应之原因。

盖汉字之所以称为表意文字者，即因其字体在各异之读音系统中，始终不失其表意之效用；字体之代表语词，其主要作用不在标明语词音读之组织，而在使人记认语词意义之内容。所谓“假借”与“形声”二科，其所依据借字表音之法，亦仅利用同音之语词，以此一语词之字体代表别一语词或标明别一字体之音读，其于音读之形式，始终未曾加以分析，有如标音文字之所为者。且其所具表音之效用，仅及于某一时期，往往实际音读一经转变，所用以标音之字体与字体偏旁之结构，业已形成固定之习惯，不复随音读之转变而多所纷更。故中国现行之汉字，可谓当今世界上表意文字唯一之代表。所当推问者：世界各国文字，大都由图画文字进而为标音之字母，中国文字之发达，由来已久，而至今尚未脱离表意文字之范围者，其故何欤？吾人欲解答此问题，首须注意于中国语

之特性，次论及中国民族社会之实情。

据一般语言学上之学说，中国语为“单音缀语”，又为“孤立语”。所谓单音缀语音：实则所谓复音缀之语词，大部分乃属由单纯语词组成之复合语词，而此种复合语词所包含单纯语词之成分，则多数仍为单音缀者。故中国语为单音缀语之说，迄今仍自能树立为于世。所谓孤立语者，即指其性质别于“变形语”而言。变形语中为显示语词在语句上之文法关系或其他意义之区别，常用两种“两式变化”：一为“接头语”或“接尾语”等之变化。一为“语根”本身之变化。中国语之语词，其语根本身既不容有变形，又无接头接尾等之变化，其单纯语词可称为“语根语词”，此即所谓孤立语之现象也。中国语所具此两种之特性，遂使文字之演进受其绝大之影响。因孤立语之特性，使其字体之结构不采拼音之制，因其语词无接头接尾之变化，语根本身亦不容有变形，一经书写为文字，即可专用一字体代表一语根语词，不必再用其他符号以示语言本身上原未具有之变形，故无需采用纯粹之标音字母。因单音缀之特性，使其文字亦演成单音缀制，即一字体仅含一音缀，于是语言上众多之同音语词，即为文字上之同音字体，其在字体之结构中，亦即利用此众多之同音字体递相标明音读，固无需更用拼音之字母以分析语词音读之形式。由此以言，中国至今仍通行一种表意文字，未将汉字改革为标音文字者，正以受文字所代表语言本身性质之影响而致此也，亦可谓汉字之不能改革，正由适应中国语上单音缀与孤立之两种特性使然也。

四、汉字与中国民族社会

惟现今中国语上复音缀语词增多之趋势，或可使语言本性之转变而接近于多音缀之变形语；此在语言学上殊有研究之价值。果因复音缀语词之增多，使中国单音缀之孤立语诚转向于多音缀

之变形语，则吾人自可测定语言上之此种趋势，终有逼使中国文字演成为标音文字之一日。然而，揆诸事实，纵使中国语文演变之趋向果如所云，而民族社会之实际情形，究否容许现行汉字之废止与一种新文字之推行；此又吾人所必须郑重审察者也。

吾国版图辽阔，二千年前，早已形成统一国家，而因地土之广，自不免方言之错艺。现今汉语之区域内，约可分为官话音、吴音、闽音、粤音、客家音五大系，而每一大系又可分为数小系，一小系中又可分为若干支派；甚或邻近之甲乙两村，其语音亦有歧异，或且同一村镇，亦容有两大系方音，如粤音与客家音者并存其间。如此复杂之方音，再加以词汇等之纷歧，自不免口语上之隔阂，若非此种表意文字，将何以彼此通达而维系国家之统一？由国内闽粤等地移殖南洋美洲及其他各处之侨民，亦大都各自沿用其祖国本土之方语，不有汉字，更何所借以与祖国之联系？盖表意文字之性质。不过重于"耳治"，而偏向于"目治"，字体之笔画与结构较为固定，不似标音文字之须依随语言而流动转变。中国诚欲采用拼音文字，自必先谋国语之统一；若国语之推行尚未臻于完成之时，即欲改用拼音文字。势必至于"随地增撰字母"，同文之盛，不可复见矣。章太炎先生曾在《国故论衡》上言之，兹节录如下：

> 常行之字，中土不可一用并音，亦诚有以。盖自轩辕以来经略万里，其音不能不有楚夏。并音之用，只局一方；若令地望相越，音读虽明，语则难晓。今以六书为贯，字各归部，虽北极渔阳，南暨儋耳，吐言难谕，而按字可知。海西诸国，土本狭小，寻响相投，媮用并音，宜无疐碍。至于印度，地大物博，略与诸夏等夷，言语分为七十余种，而文字犹守并音之律。出疆数武，则笔札不通；梵文废阁，未逾千祀，随俗学人，多莫能晓；

是以古史荒昧，都邑殊风。此则并音宜于小国，非大邦便俗之器明矣。

抑有进者，中国文化悠久，文献丰富，自古以来，直系传授，一线相承，迄未中断。此亦汉字之功也。历史学家韦尔斯曾于所著之《世界史纲》中，谓中国人“一识文字，即能读三四千年前之文书，于古代文化亦极能认识与尊崇；此世界各国所绝无仅有者也”。国人此种崇拜古代文化之心理，使其思想上文学上具有一种伟大之传统势力，而养成民族强固之保守性，其为利为弊，诚未易质言。然若欲将中国之旧文化整个废弃，以迎合现代世界之新潮流，则易泯没其国家观念，丧失其民族思想，祸患所至，固有不可胜言者。果因吾国自来文化之遗产毫无精粹可言，则将此种保持与传播文化之唯一工具废止之，自亦不足惜。不然者，即不能贸然唱新文字之说。由此以言，汉字之价值，须视其在中国民族社会之实际情形中，尚有存在之必要与否；如中国之民族社会尚需汉字以维系之，则欲废比汉字者，亦可以已矣。

五、新文字之形式问题

姑让一步言之：汉字一方不便于记认，一方又不合于实际之口语，同时更假定此种古旧艰深之文字在中国民族社会中根本无存在之必要，吾人自废弃之毫不犹豫而须径行采用一种新文字矣。至此，却更有一困难之问题横于吾人之前，即中国之新文字究应采取何种形式乎？现今中国果欲推行一种新文字，一方固必须使其合于语文演变之趋势，一方又必须使其便于接受世界之新文化，为前者计，自须采用一种标音字母，而为后者计，尤应采用拼音文字中之罗马字母。盖吾人果欲将中国旧文化废弃之，自必用西洋之文化以为替代；为欲接受西洋之文化，引用西洋学术名辞之便利，

自须采用世界上最通行之拼音字母以拼切中国语，而作为中国新文字之形式。则除罗马字母以外，固无有更适合者。此即汉字拉丁化之主张所由来也。今所当问者：如何应用罗马字母拼切之习惯，以适合于实际中国语之性质与现象？中国语一方为单音缀之孤立语，而一方又为“声调语”。因中国无论何种方言中，各语词或各字体，莫不有其固定之声调，即中国所谓“四声”之区别也。声调之区别实为中国语中最显著之要素：语词之间，往往不论其“声”“韵”上之混同，而惟用声调之变异以认别其实质之意义。现代中国语上，复音缀语词增多之趋势，依据理论，或可使单音缀之孤立语转向于多音缀之变形语，同时声调之区别亦或渐成为一种微弱之现象；然在事实上，复音缀语词之增多并未使声调之区别减少其重要性。盖所谓复音缀语词，大部分既属于单纯语词所组成之复合语词，其中所包含单纯语词之成分，仍需用声调以区别意义。且一般语言上之实际现象，有时竟为一种自然之习惯，固不必为区别意义之效用方始存在者也。中国语之习惯中，以声调之区别为其重要之现象。此又吾人所不能否认者也。是以吾人不欲将中国文字变为标音文字则已；如果欲将汉字拉丁化，以彼之履，适吾之足，如何能将此种声调语之重要现象表白无遗：此实一极端困难之问题也。

明季以来，西洋教士为学习中国语之便利，常作罗马字拼音之试验及后中西交通频繁，外交与商业上之往来亦日密，中西人士亦多为中国语规定罗马字拼音系统，以迄于近今国语统一筹备会制定国语罗马字拼音法式。根据已往之经验，以拉丁字母拼切汉字，关于“元音”“辅音”符号之使用，已感有多处之困难，尤其此种区别声调之重要现象，本为西洋各国语中所罕有者，如何用罗马字拼音之习惯得一明白妥切之表示，此实为已往注音家所感最棘手者也。已往以罗马字拼切中国语音者，或用数目号码，或用特定标记以示

声调之区别，此与初制定注音字母时所用之“点声制度”，在书写上印刷上同感不便，无待详论。国语罗马字母之产生也，其最大功用亦正如注音字母以注明汉字之标准音读，乃改用字母拼法之变化以显示声调之区分。夫以字母拼法之变化分别声调，在吾国注音方法之历史上虽为别开生面之举，然其与语音之真实性及西文之拼音习惯，彼此相距，终未免过巨。至最近所见创作拉丁化之新文字，遂将声调之区分概置不理，以为从此中国文字可与西洋各国隶于同一系统之下；并将全国方音，划成数区，依各异区域分别规定字母而拼成字体。姑不出中国方音区域，交互参杂，犬牙相错，绝不能有适当之划分，而此种随地撰定字母之计议，终使各方音区域之间，文字任其歧异：直令“同文”之国，一变而为“出疆数武，笔札不通”之象。更将中国各种方言中所共有声调区分之重要现象，概认为无标明之必要，自蹈“削足适履”之讥而不以为异，变文字为音标而仍不足以代表实际之口语。此所谓“闭户造车”“顾名而不思义”者也。

六、结论

总上以言：汉字为表意文字，虽不足以为实际语音之记录，惟果将汉字废止之，在民族社会上既遗有无穷之祸患，而复无适当之新文字以为替代，是则吾人终不能泯没汉字对于现代中国之价值，其于中国之民族社会自有必然之需要，其于中国之性质与语言分布之情形自有相适合之因素。吾人当前之急务，唯在就现行之语文，力谋教学方法之改进，如推行注音符号以便利平民之识字，同时使字体的应用趋于简化，以减省常人记认之繁，如此方为切实有效之举。何乃舍近而弗为，竟贸贸然倡彼迂曲难行之改革？其亦思语文为异族集团自然之习惯，有其历史与社会之背景者乎？或以现今土耳其改革文字之实效作为汉字拉丁化主张之护符；殊不

知土耳其原有其本国文字，嗣为阿拉伯文所侵占。今彼之所改革者，即以拉丁文字替代阿拉伯文，固非废止其本国文字之举也。此与汉字之于吾国情形，大相径庭，不可相提并论。

（《中国文学》1944年第2卷第1期）

字义略说

欲读书，先明训诂；欲明训诂，先考文字声韵，于《说文》《尔雅》诸书必窥其崖略；此小学之所以为学术之始基也。

吾人一阅《说文》《尔雅》诸书，即见吾国语文之中，一字常有数义，一义亦常有数字。骤视之，纷纭错杂，一若字之于义，毫无准则。细寻之，则知其间脉络条理，井然不紊；彼一字之化为数义与夫一义之演成数字，固莫不循乎一定之轨迹。

许书以说解为名，每字必著其本义。然其说解中，亦有一字数训之例。如“肆”，极、陈也。《左传》“穆王欲肆其心”，即极之义；《诗》“肆筵设席”，即陈之义。孳，汲汲、生也。《孟子》“孳孳为善”，即汲汲之义；《书》“鸟兽孳尾”，即生之义。至若《尔雅》《广雅》诸书，文同训异者，尤为常见。如“烝”之一字，训君也，即《诗》“文王烝哉”之“烝”；又训“进也”，即《诗》“是烝是亨”之“烝”；又训“众也”，即《诗》“天生烝民”之“烝”。如“悦”，训乐也，又训服也，于以见《孟子》“中心悦而诚服”之义。其所以致此者，不出引申、假借两途。盖一字必有其一本义，依六书中象形、指事、会意、形声四科，可识其本义，或竟上推金石甲骨古文，以探其制作之原，更因音同义通之理，以寻其语言之本；则字之本义不明者鲜矣。本义明而余义明，引申之义亦明，假借之义亦明。由其本义牵联于他义遂作他义之用者，引申也。与其本义无关，而仅依音之近似，借作他字或

他语之用者，假借也。文字有体有用，即体以定其本义，即用以知其别义之所由生。如淫，本浸淫字，浸淫则过于其时，故又有过义，过则滥，滥则放，故又有放纵及过甚之义；是以言之过于其实者曰淫文，刑罚之滥用者曰淫刑，威之甚者曰淫威。又淫借作霖字用，故为淫雨之淫，字亦作霪；又借作婬字用，故为淫乱之淫，一字演化为数义，不外引申、假借两途也。

有本一字而文互异者，如《说文》"恤""卹"，皆训忧也；"倞""勍"，皆训彊也；"姝""姣"，皆训好也；"趦""踣"，皆训僵也；"過""愆"，皆训过也；凡此之类，后世常别为异字，在古则视同重文，文虽异，实一字也。王菉友《说文释例》遂立"同部重文""异部重文"二例；盖其间古音及本义并属相同者，固可识其为一字。至其本义原不相同而得通用者，亦引申、假借使然也。《尔雅》"假""嘏""景""京"，皆训大也。盖"嘏"，大远也，"假""嘏"声同，假亦因有大义；"京"，丘之大也，故京得训大；"景""京"声同，"景"亦因有大义。又如"初"为裁衣，衣之始也；"才"为"栽"之初文，草木之始也；"首"为人首，身之始也；"基"为地基，地之始也；又"才""哉"声同，"哉"可作"才"字用：故《尔雅》"初""哉""首""基"，并训始也。又"卬"为卬首字，"台"为台悦字，"予"为推予字，"余"为语之舒也，而《尔雅》"卬""台""予""余"与"吾"，并训我者，五方言语不同，音有小变，随声借字，录诸经典，遂成同语异文。此又一义演成数字之所由来也。

明乎吾国语文中之一字数义与一义数字，考诸文字声韵，以推其所以致此之由，则于小学之道，思过半矣。夫依声托事，有无本字可求者，有有本字可求者；有其本字而借用他字，训诂家遂别立通假一例。于通假中求本字，于异字中考重文，俱当比合声与义以为之。王念孙云："训诂之旨，本于声音，故有声同字异，声近义同，虽或类聚群分，实亦同条共贯。"即此之谓也。顾亭林尝言："读九

经自考文始，考文自知音始，以至诸子百家之书莫不皆然。”学者亦当知所问津矣。

（《中国文学》1944 年第 1 卷第 4 期）

中国文法论

编作者　何容　发行者　独立出版社

卅三年四月初版　渝版全一册共一百四十页

定价　二元一角　全书　首列自序，下分八章：

一、文法浅说　二、论中国文法的研究　三、论词类区分　四、论语句分析　五、论所谓词位　六、论复句与连句　七、马氏文通的句读论　八、助词语气与句类

本书与其名为“中国文法论”，不如说它是“中国文法学评论”，或者更适切一点，可称为“现代中国文法学综合之批判”。读者对此书不妨当作一部“中国文法学”——新的或未来的——当中的“引论”来看待。

作者在第一章第[redacted]节里说：“文法是语言的表意方法；考察出这可表意方法而将以正统的说明，就成为文法学”。全书论列的中心，正是《马氏文通》以来几家的文法学，并非作者自己建立起中国文法的新系统。这个主旨，作者在自序里也明白的说过：“先把自己所知道的关于文法学的这些常识讲一讲；再把马氏文通以来的文法著作中‘理论’检讨一下，使读这些著作的人明了它的真象。……这样，对于重新记录中国语言的文法现象的人。多少应能有些帮助”。现在我们如果真正要了解中国的文法现象，真正要建立中国的文法科学，当然要把近今关于中国文法的著作，用严正的批评的眼

光，一一检讨它的理论的根据。这正是作者自序里所说的“初步工作”，也实在是一种“基本工作”■作者，这一点动机，是值得我们推赞的。

而要做这种检讨或批评的工作，当然又须自己先要立着一个标准，以检点近今著作里所包含的学说“合”跟“不合”。这类标准，也就是作者说的“自己所知道的关于文法学的一些常识”。本书的第一章和第二章，可以说是全书的大前提；以下的几章，便是列出了分类、析句以及词位、复句、助词等这些重要的问题，各依着这里所谓的基本常识，来检讨近今文法学的关于这些问题学说。所以第一章和第二章是代表作者对于中国文法学的整个的主张，现在用来批评已往的文法著作，将来也应认为可作建立中国文法新系统的基础。

第一章讲一般文法的现象；文法的现象可分两方面来看：一方面是表意的方法，另一方面是方法所表的意。例如词的顺序，在中国语上所认为重要的表意方法，在拉丁语里便不是重要的了；音的转换，在别国语上所认为最重要的，在中国语里却未必是当作一种表意的方法。又如别国语上关于“数目”“位格”“性别”等等的分类，往往为中国语里所没有的。如果因别国语之所有，而竟将中国语之所无者，亦谓之有，这便是无中生有。《马氏文通》以来文法著作，很多犯着这种毛病，往往应用西洋语言的文法系统来说明中国语的文法现象。作者举出一个显明的例：“中国语言里的名词，根本无所谓格的分别（古代语里的代名词也许有），文法学里的三格（或三位）就是莫须有的类了”。我们要推究这种毛病所以发生的原因，还是在已往所运用的研究方法，并非纯粹比较的，归纳的，而是很多类推的，演绎的。作者把持着这一点，来检讨马氏以下的几家著作，实在很有中国文法学革新的趋向。

第二章讲中国文法学的萌芽及马氏文通以来中国文法学界的

情形，末了再讲到文法学的方法和系统。作者很痛快的指明马氏以下几家的著作，彼此虽有些出入，实则同是“一邱之貉”，——在下面几章里常用“半斤和八两”来比例它们——这里可用分类和析句的问题来总括的说一说。关于分类的问题，他说：“以欧洲文法里的类为先天的假说，来研究中国文法，是这些著作的一致的见解，和共同的方法”。关于析句的问题，他说：“讲到句法，虽然也各有不同的讲法，可是这种种不同的讲法，就更是建立在一个共同的基础上了；因为中国文法学里的句法部分，只是给语句的构造一种逻辑的说明，共同的基础就是逻辑”。再关于研究的方法，他在这里也总括的说：“自马氏文通以来的中国文法学，恐怕大部分通则，甚至于整个的基础，是用演绎的研究法建立起来的”。所谓演绎法，就是“以别种语言的文法里的通则为假设的大前提，再从我们的语言里来找例”；这也可以说是类推的方法，以别种语言，如拉丁语英语的文法通则本类推中国语的文法现象；推出来的结果，往往不足以表明中国语的真实的现象。作者这种勇敢的批评的精神，是值得钦佩的；尤其从方法上批评，更可以使人著出几种著作的立说的根据与背景，而容易了解它们的真象。至于研究中国语文法的正确方法，作者又引据林语堂所■出的“独立的语言学上的研究”，就是林氏所谓“不为西洋（特别英文）文法的模范所拘”，而“取较平正的眼光，由普通语言学方■观察文法现象”。从今以后，应该是西洋语言的或马氏文通派的中国文法学的结束，而有客观的应用语言学方法的中国文法学出世与开展，这最是作者所想要的。

以下的几章，大都是本着上面所说的理论和主张，就各个中国文法上的重要问题，加以推阐与说明，就马氏文通等的几种著作里举出许多实例或学说，分别加以批判。作者在批判当中，能将各家的学说处处找出它们在西洋语的文法学说上的根据与背景，这是此书最大的特色；读者自会领略，不必细述。

此书的主旨和价值，上面已经说过大概；只可惜它的出版期太晚了一点。据作者自序，说是二十四年的讲稿，直到三十一年才整理出来，以致到了最近方与读者见面。如果此书在二十二三年间即能出世，那末，十年来的几种革新派的文法学著作，如潘尊行、王力、吕叔湘诸位的，以及陈望道等的讨论文法革新的文章，必定会多少受它的影响。

此外，我还有几点意见，此书批评的对象，主要的是《马氏文通》，刘复的《中国文法通论》，陈承泽的《国文法草创》，黎锦熙的《新著国语文法》等。这几种当然是现代出版的中国文法学的重要著作；不过此外是否应该"等诸自郐"，就我所知，如章士钊的《中等国文典》、金兆梓的《国文法之研究》等，在过去也很重要，本书并没有详细的论列，则果真是综合的批评，似乎应当把对象再扩大一些。

其次关于普通语言学及一般文法学的原理，以作批评的标准和建立新系统的依据的，假乎萨皮尔、布沦飞德及耶斯拍孙的论著之外，如法人索绪耳，日人小林英夫等的书，似乎也需要参考；则关于文法学的基本常识，还要再充实一些。

又次关于中国文法的现象，是否应将古代的和现代的分开来论列？如文言的文法系统和白话的系统为几种著作所包括的，是否应该混合起来批评。中国古代的文法现象，虽然因文字的障碍，研究起来不免有很多困难，而自马氏文通以来大部分的著作，竟注重于文言文法的研究。此在当时固然为一般实际学习作文的便利计，但是如果真正要建立中国的文法科学，那末，对于古今各地方言的文法比较，似乎不能不加以提倡；则在历史的和地域的研究，还该注重一些。

以上几点，又是我个人对此书"求全"的微意而已。

张世禄　三十三年七月于沙坪坝

（《书评副刊》1944 年第 6 号）

语言与文学

我们今天的这次座谈会，所讨论的题目，性质和以前的几次，稍微有些两样，以往我们多半是以一个文学家，或是一部文学作品作讲题。今天却是以一个问题为中心，较偏于理论一方面，我愿提供我的意见，供大家参考。今天的问题，是语言与文学，我先提出两点，第一，怎样研究文学，尤其是怎样研究中国文学；第二，中国文学，将来的趋势如何？前者是讲研究的方法，后者则讨论一种新的理论。

讲研究文学的方法，以往多是在文学以外的立场，如政治、经济、社会、地理、民族、文化、艺术等等方面来看文学，今天我试以语言学的立场，来探讨这个问题，因为语言经记录之后，便成文学，艺术化之后，便成文学的作品，所以语言，就是文学的素材，等于颜料之于画图，声音之于音乐一样。不过中国有一种特别现象，就是语言和文学，并不一致，这在外国，问题较小，因为他们用的是拼音文字，语言变，文字也跟着变，汉文却是一种表意的文字，可以用眼看，就明了它的意义，不必要晓得它的读音，所以中国语言一变，而文字仍停滞不变，结果即使文字离语言而独立，就有所谓文言与白话之分。这种情形，就好的方面说：一、书既同文。能使方言不同，而写出来，能彼此了解，对于中国的统一，有很大的贡献。二、保存固有文化，在外国两三千年前的作品，不是专家，简直读不通，而中国的

文言作品，阅读起来，并不那样费力。但是如此，往往成功一种流弊，每每语言变了，而文学仅从古代文献中找材料，不吸收演变了的语言，只讲文字的技巧，讲形式的齐整，弄得生气毫无，成功所谓死文学，与现实生活的背景，相去未免太远。

我们晓得语言的性质，在横的方面讲，有“统一”与“分化”的作用，在纵的方面讲，有“保守性”与“创造性”。所以“死”与“活”，也并没什么绝对的界线。譬如一些方言中，仍保存古代的语言，四川话的“啥子”，就是孟子中“舍皆取诸宫中而用之”的“舍”字，这等于我问你，祖宗死了没有呢？其实他并没有全死，一部份细胞，仍存留在我们身体内，语言也是如此，不过，大致看起来，有大部份语言，是已经僵化了，我们认识了语言的性质，再可以谈到文学的体制。

文学的体制，不外乎谈话与唱歌两方面，我们今日的座谈会，主要是用谈话发表我们的意思，但语言有时而穷 ，有些说不出来的意思，就发而为诗歌。《诗序》说的：“言之不足，故咏歌之，咏歌之不足，故嗟叹之，嗟叹之不足，不知手之舞之，足之蹈之也。”所以无论是谈话，是唱歌，或是跳舞，都是我们表达意义的语言。然而哭要哭得动人，笑要笑得美感，才能使人接受。于是在文学的体制上，就产生了韵文，韵文要节奏，又要有格律，这本是文学的一种进步，但一经变本加厉，就专注意于技巧。六朝时所说的“情文、声文、形文”，三分之二是讲形式与技巧的。它的条件，第一是要“整”。四个字一句，或五个七个字一句。看起来好看，读起来好听。实际上，语言那里有四个、五个、七个字一句，整整齐齐的话语呢？第二是要“韵”，使上一句的韵，和下一句相叶。第三是要“谐”，抑扬相间，平仄调和。第四是要“偶”，一对对、一双双，在文章上有骈文，在诗中有律诗，格式重重，所以作文言有三重拘束：

一、要把语言翻成文字。

二、要把现代语翻成古代语。

三、还要把古代语纳成一定的形式。

艺术的价值，有自然与生动两个主要条件，旧文学有这样的拘束，当然不容易自然，不容易表现得生动。我看中文系许多同学，能作很好的古诗文，的确有了不少的工夫，才能得此成绩，实在佩服。因为这种种的拘束，而产生“古文运动”。古文运动的口号是“文以载道”，实在就是对形式加以解放，但可惜守桐城义法的古文家们，虽然不可用六朝俳语，不可用汉赋中的板重字法，不可用南北史中的佻巧语，却反对吸收活的语言，就是不用语录中语，及诗歌中隽语，因此他们革命的对象，只是对六朝文体的一部份。

自从文学加了这种种约束，使它专门化以后，便和大众脱了节，未免成了少数人的玩意儿。然而民间，也有他的文学，于是形成贵族文学与大众文学的对垒，民间文学的产生，古诗乐府可以为代表，而在应用中，如宣传一种主义，演说一种学说，还是用大众语言，于是有变文，有语录，有评语。而所谓能代表一代的文学者，产生伟大的作品的文学家，他们往往是采取民间文学大部，作为他的材料，因为用话语写成的文学，富于创造性，没有创造性的文学，就不能放光彩。譬如唐诗，愈近乐府歌诗的，价值愈大，取民间的材料，加以文学的剪裁，材料与技术，两种拼合起来，才能产生伟大的作品，《诗经》的材料，十之八九，来自民间，再经过学者的删订，而后成立。《楚辞》中的《九歌》，也都是民歌，或谓也经过屈原等的整理，就成为伟大的作品，这几成了文学史上的公例，而所谓一代代表作者，全是如此作成。

这可用三方面来观察：一、音韵　凡是古代的音读，和现代不相通协的，那我们就不用。如“哀”字从口衣声，“哀”与“衣”有什么关系？现代人怎么也读不出来，然而在古代，两字是一韵。诗经《采薇》“昔我往矣，杨柳依依”，最后一句，“我心伤悲，莫知我哀！”一直到曹子建“明月照高楼，流光正徘徊，……愿为西南风，长逝入

君怀,君怀时不开,贱妾当何依!”还是通呼。隋唐以后,才分成齐微与灰咍两部,其次讲到平仄问题,古代清音浊音分开,四声就有八调,而现代标准音,却只有阴阳上去四调,平仄现在几乎分不清了,有个笑话,从前卢冀野先生说:他教学生记平仄,全是死记,某字是平,某字是仄,随时盘问,如是数月,而始庶几。况且平仄的本质,不过是诗歌中的长短律。(王光祈以为是在歌中的轻重律)看诗歌中,平声长读,仄声不能延长,便可证明。现在既由长短律变为高低律,原有的平仄,就不必死用了,曲词中注意阴阳,实大有道理。二、词汇　文凡是一种语词,都有它的历史和特性,文和诗中字不同,诗和词中又不同,尽管那意思是一样。譬如白话讲“去”,而文言讲“往”,然而“坐下去”决不能说“坐下往”。“去妻”不可说“往妻”。因为去是外动词,而往是内动词,用法是不同的。三、文法　我们还要知道,古今语句的结构,的确古代文法,与现代文法,大为两样,如《诗经》形容词可以放在“有”字下面,像“有饳其香”“有莺(莺是光亮之意)共明”“有鹭雉鸣”之类,又有放在“彼”字上面的,如“洌彼下泉”“蓼彼萧斯”作古文这一点最难,往往模拟得不到家,就成了假古董,再像《离骚》当中,副词放在句首:“纷吾既有此内美兮。”“耿吾既得此中正”的“纷”字“耿”字都是副词。如果今日我们仍这样作,便不自然,就不生动了!当然模拟也不是不可成为艺术品,但只供自己的欣赏,不是大众的文学。

最后,我们谈到第二个问题,将来中国文学,究竟走向那方面?在历史的教训下,我以为,第一,新中国的文学,是统一性的国语文学。国语运动,是民国肇造以来,就展开了,更有数百年来官话音作为基础,不必要文言作统一的工具了。在平仄方面,不妨就改为高低调,而韵律也不必去看诗韵含英之类,自有中华新韵在。第二,词汇方面,没有死的古代语言,以及融化了的方言俗语及外来语,都不妨采用。第三文字的写法和语言,尽力求其一致。如“模

糊”一词，元曲丽春堂等剧写作“慕古”，许多新文学家，写成马虎，这都是要不得的。第四在写作方面，还是要顾到简洁和雅正，近代白话文的拖沓支离，和满纸“妈的”等俗语，也是很大的毛病。

末了我提出“国语文学”的口号为创作新文学的理论基础，庶乎语言和文学不致相差得太远。

（《中国文学》1944 年第 1 卷第 4 期）

文学与语言

现今文学界当中有许多争执的问题，我以为单是就文学的范围来讨论，往往得不到圆满的解决。我们有时从文学外的立场来处理这些问题，反而容易获得正确的判断，反而能够使双方彼此易于信服。譬如双方赛球，评判员定要站在球场外边的一个高台上，居高临下的来注视两队球员的一举一动，才能够始终抱着“旁观者清”的态度，以求取公平的判断。否则，评判员本身还是某一队的球员，他自己也要混在球场里，为着这一场向那一场出打；这样如何能够有公平的评判？我所谓就文学范围以外的立场来处理文学上的问题，也就是因为这个理由。我这里试用语言学的眼光来分析文学上各种的现象，根据语言本身的性质和各种语言的特征来批评各派对于文学的主张，来估量各种文学作品的价值；这样，或许对于目前争执的许多问题，可以得到比较圆满的公平的解决。

因为文学本身是一种语言的艺术。文学作品里所要表现的思想情感事实等等，就是语言的内容；文学的作品除了代表实际的语言之外，还得要加以镕铸、剪裁、润饰，使它具有美感，使它具有浓厚的兴味，使它表现得更深刻和真切；这便是文学家的手段所能施用的地方。文学必须是一个艺术品，可是它总不能够离开了他的基本的语言材料。譬如“有璞玉于斯”，固然“使五人雕琢之”之后，才能够成为一个供人玩赏的玉器；这个玉器的价值，一方面固然要

看那个玉人雕琢的技术，而另一方面却尤须要看那块璞玉本身的原料。语言之于文学，好像璞玉之于雕琢品，不但它的质料的好坏关于制成以后的■格，而它的大小形状和份量等等，也都足以为制作的基础。如果原料的本身毫无足取，那末，无论艺术家的手段如何高强，总不能够用它来制成上等的作品；如果那一篇或那一段的话，根本不足取，那末，无论文学家施用什么手段，也没有方法可以给它构成一个好的作品。所以文学家的创作，首先要运用心思的地方，就是在如何收集，选择和利用语言上的材料。因为文学的内容，就是寄托于语言当中的思想、情感、事实等等，我们所谓思想、情感、事实等等，多数是不能离开语言而显示传达出来的。文学的效用，就是把这种语言的显示和传达作用加以美化和深刻化而已。所以语言是文学产生的基础，某种文学必定是由于某种语言当中产生出来的。因之某种文学的作品，它的内容和形式，总离不了它所根据的那种语言的背景；它的材料，既然从那种语言上采取得来，它的体制、格调和其他形式上的特征，也自然依据于那种语言的特殊的表现方法。我们要欣赏或进而批评某种文学的作品，必须以它根据的那种语言的了解和认识为基础。我们要讨论文学上的种种问题，必须先从事于语言的研究；然后依据语言研究的结果，来求它们的解答，我以为，必定可以获有圆满的正确的答案。我试举出以下列的几个问题来和本刊的读者谈谈：

一、新文学与旧文学

关于新旧文学的争执，到了今日还是很剧烈的；一般依然“从吾所好”的各是其所是，不肯从客观上去寻求正确的判断。许多青年也只是随声附和，或且从“新”和“旧”的名片上来斤斤校量；以为“旧”只是“陈腐”“衰朽”等等的代名辞，“新”是包含有“生气的”“活泼的”等等的观念；于是新者以新自居而沾沾自喜，旧者亦以被人

指斥为旧而不自认其为旧。这样下去，从何得到正确的结论？我们要知道文学上所谓新和旧，只是“时代”的对象不同，正与“古”和“今”的意义相仿。古文学和今文学各有其时代的价值，并没有绝对的是非，“是古非今”的和“是今非古”的都未曾懂得文学是有时代性的这个理论。而文学之所以有古今或新旧的分别，正是由于它们所代表的语言不同：旧文学是由古代的语言上产生出来的，所以它是代表古代语的；新文学是由现代的语言上产生出来的，所以它是代表现代语的。语言既然因乎时代而演变，文学也自然有各个时代的代表作品。古今语言的分别，可以分做下列的四点来观察：

（一）读音系统　（二）语词意义　（三）语词组织　（四）语句结构

语言上在这四方面转变的现象，就在文学的作品里反照出来，于是形成了新旧文学的分野。兹分别论列如下：

（一）因为古今音读系统的变异，就使古代文学上的用字和现代文学上的发生许多差别。语言里的语词，在文字上要用字体来代表；古文当中用来代表某个语词的字体，一到了现代，各字的音读有许多发生转变了，于是用来代表那个语词的字体，为求语文音读的适合，也不得不加以更换了。例如“之”“乎”“者”“也”四个字，大都在现代文体上要改做：

“之”→“的”　如：“夫子‘之’文章”，→“夫子‘的’文章”；

“乎”→“呵”　如：“善哉，言‘乎’！”→“善哉，言‘呵！’”“不亦乐‘乎’？”→“不亦乐‘呵’？”；

“者”→“的”　如：“老‘者’，安之”；“少‘者’，怀之”；→“老‘的’，安之”；“少‘的’，怀之”；（这里的“之”字，又须改“他”）。

“也”→“呀”　如：“贤哉，回‘也’！”→“贤哉，回‘呀’！”“无伤‘也’，是乃仁术‘也’，见牛未见羊‘也’！”→“无伤‘呀’，是乃仁术

‘呀’，见牛未见羊‘呀’！”

因为古音上的读法，原来“之”字和“的”相近，“乎”字和“呵”相近，“者”字也和“的”相近，（“者”字，古音读如“都”“睹”“覩”“堵”等，）“也”字和“呀”相近；古文上的用字原来也和语言相吻合的。到了后代，音读转变，便觉得古文上的用字和语言离异了；于是为求适合于现代语起见，不得不改做这样的一套。其他如：

“耳”→“呢”　“矣”→“了”“啦”　“夫”→“吧”等等。

都可以类推。只要我们略略留意于古今音读系统的变异，就可以知道新旧文体上用字的不同，正是由于古今语的区别。

（二）因为古今语上语词和意义的变异，就使新旧文学上，有时同一语词而所指的事物并不完全相同，有时是同一种意义而所用的语词又彼此各别的。例如古书上：“徯我后，后来其苏。”这里所用的“后”字，是指某个侯王（商汤）；当时这个语词的意义，可以概指男女的诸侯，不像后来专用以称“天子之妃”了，又如：“抽矢扣轮去其金。”这里所用的“金”字，也绝对不是现在“金银”的金字的意思。这些就是同一语词而意义各别的例子。又如：“数逾十祀”的“祀”字，在现代文里必须要用“年”字：“庠序之教”在现代文里也必须用“学校教育”的字样。凡是这些用“祀”来表明“年”，用“庠序”来表明“学校”之类，在古文上算是典雅的，一到了新文学上用起来，便觉得肉麻了。其实不过是由于古今所用的语词各别的缘故，在意义上并没有什么差别。关于这种同义异词和同词异义的现象，是我们做文言白话对译的工作和练习的时候所最要注意的。因为古今语之间，语词和意义的变异，反照在新旧文学的作品当中，也是一种很显著的现象。

（三）所谓古今语上语词组织的变异，最显著的，就是由单词进而用复词的一种现象。我们从古今文辞比较的研究，就可以知道古语里用单词的地方，在现代语里，往往改用由两个以上单词组

成的复词。复词大致可以分为下列的两大类：

1. 并行的复词　如果是同义的或重叠的并行复词，那不但其中的两个单词在文法上的地位相同，而在意义上也没有什么差别。例如："敬人者，人恒敬之。"这一句，在现代语文上，便要说："尊敬别人的，别人常常尊敬他。"

内中的"尊敬""常常"，便是并行的复词；又如上文所举的："不亦乐乎"的"乐"，"无伤也"的"伤"，在现代语文里要说做"快乐"、"伤害"，也是由单词改做并行的复词的例子。

2. 相属的复词　非并行的复词，就是其中的两个单词，在文法上并不处于同等的地位的。例如："三人行。"这一句，在现代语文上要说："三个人走路。""三个"是数目"形容词"跟"量词"所组成的复词，"走路"是"动词"跟用作宾语的"名词"所组成的复词，它们都是相属的复词。又如上文的："徯我后"的"我"→"我的"，"敬人者"的"人"→"别人"，"是乃仁术也"的"是"→"这个"等等。

也都是由单词改做相属的复词的例子。

这种同单词改用复词的现象，就是现代语对于古代语上语词组织的改变；一方面使得听感上音缀的数目增多，用文字配载出来，书写上的字体也因之增繁；另一方面使得意义上的表现格外明显，而各个语词的词性也比较的确定。往往旧文学上所可称为简练整洁的辞句，便是新文学运动家所指斥为含糊疑混的地方，大概就是因为这个原因。

（四）开于语句的结构，在中国语上，最注重语句当中各个语词的序次；各个语词依着相互间的关系来连结配置，在语句当中先后的序次，大都有一定的规则。这种规则，古今语的文法上便有些出入。例如：宾语在外动词之后。

这一个规则，在古代语文里便有两个极端重要的例外：否定句中，宾语为代名词时，则置在动词之前；宾语为疑问代名词时，亦

置在动词或介词之前。

到了现代语文当中，这两个例外，便取消了。例如：

“不我知”→“不知我”（不知道我）（同时注意语词的组织）

“莫之敢背”→“莫敢背之”（没有人敢违背他）

“我毋尔虞”→“我毋虞尔”（我不要防备你）

“尔毋我诈”→“尔毋诈我”（你不要欺骗我）等等。

说明现代语文当中宾语总是置在动词之后的。又如：

“先生将何之”？→“先生将之何所？”（先生将往那儿？）

“奚冠”？→“冠（作动词用）何物？”（头上戴什么？）

“头上何所有？背后何所见？”→“头上所有何物？背后所见何物？”（头上有的什么？背后见的什么？）

“吾将谁欺？”→“吾将欺谁？”（我将欺骗谁？）

“奚为不自织？”→“为何不自织？”（为什么不自己织布？）

是现代语文当中疑问宾语也置在动词或介词之后的。现在我们如果要学做古文，便须注意于这种古今文法的异同所在。因此可知新旧文体上句法的不同，也是由于古今语的区别。

上面所举的用字语词及辞句的四点，是古今语言区分的所在，也是新旧文学划分的基本原因；这四点除第二点和内容的表现有关以外，都是属于语言的形式方面的，新旧文学的递嬗，主要的也正是在形式上的演变。推广起来说：文学上形式上的新陈代谢，没有不和语言息息相关；例如诗歌上由四言、五言、七言以至于长短句，我以为正和上面所举的第三点，语词组织上由单词衍成复词的这种趋势，有极重要的关系。其他文学史上骈散问题，押韵问题，平仄问题等等，那一项没有和读音系统及词句的形式有关。假使读音系统及词句的形式依随着时代而演变了，那末，文学上的某种体式必定要归于衰亡，而另一种体式也必定会发生，会兴起，所以一时代有一时代的文学。某种体式假使是代表某个时代的，我

们便不能否认它的时代的价值。所以新文学和旧文学的作品，在文学史上，正如古代语和现代语的在语言历史上，都是要平等看待的。

新文学运动就是适合现代语的文学运动；文学的作品要出于现代的口语当中，要以现代的语言为原料，才能够适合于现代的社会和人生。所以新文学运动，在消极方面，主张不拘泥于古代语的形式以及由古语上所发生的体制格调等，这便是形式的解放；在积极方面，又主张以现代社会为背景的语言用来做文学的原料，不必专从故纸堆中去吸收，这便是内容的充实。如果只做到形式的解放，没有做到内容的充实，便不能说是新文学的成功。现今有人反对新文学，把古代成功的作品来和现代新文学未成功的作品相比对，以为这便是新文学不能成立的证据，那未免太不公平了。把现代不够标准的作品拿来和古代文学极好的标本相比较。当然要觉得相形见绌；这种错觉的发生，正是由于缺乏时代的整个的观念。怎样叫做时代的整个的观念？就是要把某个时代里的东西，加以统体的观察，然后对于它才能有真切的认识。例如唐人的诗，我们平常只接触了当时几个名家的集子或选本，当然要觉得唐人诗是好的；可是我们看了《全唐诗》中所录，有几首简直是屁诗，简直不成话，而居然也会遗留到现在。我们怎么便可以拿这几首来作批评唐诗的根据呢？“后之视今，亦犹今之视昔”；将来的时代必定也会觉得我们这时所谓新文学的作品都是好的。只要现今的作家和从事于新文学运动者，一方面依据于现代语的特征，来作创立新文学体式的努力，另一方面又尽量搜集现代语的材料，以使新文学的内容充实和扩大；这样，才可以说不负这时代的使命。

文学的作品，就它艺术的本身的价值来说，也可以说是超时代的。所谓“文学是常新的”（Literature is always modern）乃是指那些上等的作品而言。因为它是使人爱好的艺术品，它具有美感，

具有浓厚的兴味，能够搔到人生的痒处，只要语文了解的程度不相隔太远，自然百代之后，也令人百读不厌。所谓不朽，是指作品本身的价值，足以垂传于后；后人也因为爱好这种作品，而竞相模拟，就成为文学上许多宗派，因之现在新文学运动尽管热烈得很，旧文学的作品，也可以继续发生，也可以和新文学的作品并行不悖。但是后人纯粹模拟古人的作品，总是古人的余气游魂，不是代表他本身的时代的，何以故？因为语言已经变了。

二、活文学与死文学

文学既然是代表语言的，而语言又随着时代的演变；语言有“死语”“活语”的分别，因之文学上也有死文学和活文学两个称呼了。“死语”（dead language）是指过去的语言，现今口语上已经废去不用，而只有文字的记载的；“活语”（living language）是指现今所应用的言，而且还在生长当中的。凡是上文所举音读、语词及辞句的组织四点，古代语上和现今所行用不同的，都得称为死语。或者古语的某种音读，某种语词，某种辞句的组织，到了现在只是在一种方言当中还保存着，而和现代语的标准不合的，这也只能算是某区域内活语的成分。严格说起来，现今语言里各种的成分，定必和现代标准的国语大致相合的，才可以说是普通性的活语；否则，只能说是方言性的活语。因之现代的新文学，依照它所根据的语言，也可以有普通性的和方言性的两种。古代的文学作品，凡是根据于当时的活语制成的，也都多少带着方言性。所以无论语言和文学，都得应用“时”“地”的观念来区分，来细细考察，才能够定其所谓“死”和“活”；而中间成分的多少，程度的高下，又并无绝对的界限。例如上文所举第一点，关于读音系统的，在元明时代的活语文当中，还有“闭口韵”的存在；到了现今，这种成分已经死了，可是还保存于粤语粤讴等等当中。又如第二点关于所用的语词，“年”

“岁”“载”“祀”是同义异词的，在现今口语上，“年”“岁”是活的语词，“载”“祀”是死的语词，而“载”字在普通文言上，也还用到。总之：死文学和活文学的区分，是依据于死语和活语的区分而定；又须依据于时地的观念来细细分别。

后人纯粹模拟古人的作品，不是代表他本身的时代的，就好像活人学说死语，学起来，总是有点矫揉造作，不很自然。现在我们如果要学做旧诗文，第一个问题便是做得像不像，而不是真不真；做得像那真的一样，便是达到了那极顶的标准。因为过去的文学作品，不但各有各的体式，而且各有各的用语，古文和骈文，以及诗赋词曲等，不但彼此体制格调等各不相同，而且各自有一套的用语，甚至某一家某一派有它自己所惯用的字句。模拟的工夫，便在这些地方的揣摩熟练；大都离开了我们实际的活愈远的，模拟起来便愈不容易相像，愈容易显出那矫揉造作的状态。艺术的价值不仅在于美化，而尤其在于真切；模拟古人的作品，最难做到真切的地步；因为离开了自己的语言背景，以追赶前人的语言背景，离开愈远的，自然追赶愈难了。一种语言又具有它自己的整个的系统；在上面所举的音读、语词以及辞句组织的四点上，都得要符合于某种系统，才能算是模仿得到那种语言；如果一部分模仿到了，而遗漏了另外一些成分，那就露出了狐尾巴：假古董的被察看出来，就是因为这种漏洞的难以弥缝。所以模拟前人的作品，最容易露出丑态，“天不怕，地不怕，最怕活人说死话”。再退一步说，即使模拟得到家，它的价值，总不能超过前人；假古董，即便造得逼真，也不过混充一起出售罢了。因之，我想到文学上所以会有一种退化观念，如所谓汉魏不如周秦，唐宋不如汉魏，元明更不如唐宋之类的论调，就是由于这种模拟作品不及前人的事实所造成的。因之纯粹的模拟文学，不但劳而无功，并且足以阻碍文学的生长和进步，只能加以死文学的称呼。

三、大众文学与贵族文学

文学和语言，都是要表现思想、情感及事实等等，都得要为感受者的那一方面着想。我们说出来的话，要使听者能够了解，能够听得懂，才可以达到我们传达的目的。我们制造出来的文学，不但要使读者能够了解，而且还要使他们能够欣赏，能够受我们的感动，能够把作品当中的内容完全接受过去，这样，才不失我们制作的意义。如果说话不依照普通一般的标准，当然要减却，或竟失去传达的效用；如果文学作品不根据于当时实际的口语，或者和当时通行的语文隔离太远了，那末，它如何能够使当时一般人都会了解，会欣赏。会把作品的内容接受过去？这不是失了它表现的根本的意义吗？所以文学必须要大众化，要使一般人会了解，会欣赏，作者必须要以站在大众面前说话的态度来制作，所以必须要采取当时通行的语文为工具，必须要从实际的语言方面去寻求材料；一种作品的出来，虽不必定能够使“老妪皆解”，“有井水处皆唱”，而作者本人总要抱着“普渡众生”的理想，要使作品的效力普及于众人，所以至少要使它所根据的语言背景，不和实际的一般标准相隔离。大众文学的意义，就是在此。

上面所说的模拟文学，往往要追赶古人的语言背景，以致离失了作者自己的语言背景；作者既然要对古语上的音韵、语词、文法等等，下一番揣摩熟练的工夫，才可以着手这种模拟的工作，那末，一般同时的读者未必对于古代的语文下过一点工夫，便只好被摒诸门外，只好面墙而咨嗟。俞樾《古书疑义举例自序》上说：

> 夫周秦两汉，至于今远矣！执今人寻行数墨之文法，而以读周秦两汉之书，譬犹执山野之夫而与言甘泉建章之巨丽也。

文法的现象是如此，其他关于音韵语词等等也是如此。我们须得略略通解古代的语言，才可以诵读古书，才能够欣赏一些旧文学的作品，才能够探望得到一些“甘泉建章之巨丽”。还有一层，旧文学的各种体制格调等，是由过去时代语言的上各种特征所描衍而成的。后代人递相模拟，递相推衍，形式日趋于固定，格律日趋于细密，工力也日趋于技巧，于是各种制作，演成为一种专门的技艺，渐使读者日少，而作者更少。因为形式成为专门化之后，作者专从文字和声律的技巧上用工夫，就和后代实际的语言愈趋愈远，和普通自然的语文隔离愈甚。这种作品当然只供少数人的领略，只作为优闲阶级的一种奢侈品，是大众社会所不能享受的，所以有贵族文学的称呼。

因此我们知道所谓旧文学、死文学、贵族文学，都是因为文学的作品和实际的语言分离而发生的。不过旧文学的名称，是由于时代的转变而来；死文学的名称，是就作者的立场，因模拟旧文学而起；贵族文学的名称，是就读者的立场，因难以领略旧文学而[redacted]，实际上，主要的关系，都是属于语言的问题。

四、国语文学与方言文学

再就地域的观点，来考察语言和文学转变的现象。语言一方面是随着时代的演变的；另一方面在演变的过程当中，又依着地域和其他的关系，而有“统一”和“分化”的两种相反的作用。统一作用就是由数种相异的语言，交流融合而渐成为一种相同的；分化作用就是由同一种语言离异分歧为数种不相同的。统一作用可以使一种方言传布扩张，以成为一种国语；同时又消纳了其他许多方言上的成分，使它隐然为这许多方言的代表。分化作用可以使一种国语分离为几种各具特征的方言；又因方言的歧异，可以使一国国土之内隐然划分为几个区域。因此我们有了国语之后，仍旧不免

有方言；上文说过，文学的作品，依照它所根据的活语，也可以有普通性的和方言性的两种。但是，国语本身也是一种方言，不过是其中最有势力的罢了；一方面，它又消纳了其他方言的成分；另一方面，因为它扩张的区域很广，仍不免包含有分化的作用。所以依据实际的活语来制造文学，结果总多少带着方言性的；所谓普通性的文学和方言性的文学，只是程度上的差异，只是比较的相对的差别。因此我们可以知道国语文学和方言文学两种的分别，并没有绝对的界限，都是根据于实际的活语的。问题只是在那种活语所展布的区域广阔不广阔，或者它的区域性浓厚不浓厚罢了。

上文所说，凡是根据于当时实际的活语制成的文学作品，总多少带着方言性的。后来渐渐会觉得过去时代的作品，所带的方言性并没有那么浓厚，或者竟没有带着方言性的；这是因为那几种作品已经成为后代人模拟的对象，或者成为经典化（classical）了，因之竞相仿效，原来方言性的部分也渐渐变成普通性了。这种模拟文学的对象，它们内中的成分，又互相交流融合，隐然成为一种普通性的书写语，或者可称为书写的统一语（written espereto）。这种向来称为“文言”；大家都知道文言不是现代的国语文学，也不是指某一时代的国语文学或方言文学，而是由于过去历代的文学作品集合凝结而产生的。所以文言，并不能确实指定那一时代的语言是它所依据的，而只是大体上和古时的语言相符合罢了。因之，文言可以为古代语文一种综合性的代表，也可以说是旧文学上一种通行的体式。文言不但和现代的语言两相隔离，并且对过去，也不是全代表任何时代的实际的活语。它始终是书写上的死语，它的作用的存在，正是由于它离开了实际的活语。而依附于中国这种表意的文字当中的。它是具有书写上极端的普通性，它是超区域性的，所以不同方言区域的人，可以用它来做书写上一种传达的工具。我们通常所谓“国文”包括了两方面：

（一）语体文　代表实际的口语的，多少带着方言性的。

（二）文言文　离开实际的口语的，超区域性或方言性的。

这两方面当然没有绝对的界划，而且只就地域的观点来作相对的分别。要是从发生的历史上推究起来，实在没有一种文字的记载是绝对脱离了语言的。文言文所以会产生出来。也何尝不是由于许多极有价值的方言性的文学上，一种统一作用的结果。

五、民族文学和世界文学

语言的分化作用和统一作用，使得一种国语离异为各种方言，或者由各种方言融合为一种国语。再扩大起来看看，现今世界上各国的国语，最初原来是由几种“母语”纷歧演变而来的；例如古代的拉丁语，现今分裂为法意西葡等国的国语。同时各国的国语，又因为互相接触而发生一种融合的趋势；例如英语过去和法语多多接触，现今英语里有许多语词是从法语上输进来的。凡是从别种语言上输入本国语言的语词或辞句，都叫做“外来语”；例如中国，在中古时候，输入许多梵语的语词，现代又输入许多西洋的语词。这种外来语的输入，便是语言上交流融合的一种最显著的现象；不过外来语输入了本国之后，往往依照本国语的形式，[redacted]成为本国国语化的词句。印度和西洋的语词，一经输入了中国，便受了中国语单音缀制的影响，使原来多音的变为复音，再变为单音。例如“加罗沙衣”输入了中国，变成为“袈裟”；“米突”“立特”输入了中国，变成为“咪”“竔”。这种把输进来的外国语加以本国语的形式，便是语言的世界化和民族化两种现象的交错；可以表明世界上的语言，在统一作用的进程当中，仍是包含有分化作用。因之根据这种语言情形来制成的文学，也自然在世界化的趋势当中，而仍旧保持民族的精神和色彩。所谓民族文学，确切说起来，并不是关于民族主义或国家政策的宣传的作品，而只是根据于本国的语言背景，而具

有民族的精神和色彩的。因为语言本身便是民族最显著的一种表征，我们不能离开了本国的语文以产生民族文学。

因为，语言的性质，譬如生物的生长，天天在那里演进，有时并且吸收外来的成分，以充实自己生命的内容，而同时又具有极强烈的遗传性。前一代的语言经过了传习，就递嬗为后一代的语言，所以后一代必定保持着前一代的成分，必定以前一代为生长的基础。两者之间，并非一种突变，而只是生长过程当中阶段的划分而已。我们在上文说过，文学是有时代性的，可是还有一种极重要的历史性；正如生物的遗传，代代相承，后来的必定包含着前代的性质。它跟随着时代，无论怎样的演变，总脱离不了历史的背景；它和别国语言文学的接触，无论怎样的影响，总仍旧保持着一贯的习性；这就是以表示民族的精神和色彩。因之各民族间文学的发展，无论在形式上，在内容上，都各具有特征。往往本国文学作品里所具有的美感情趣等等，一经翻译为别国的语文，便会减退或竟丧失了。这就是因为语言和文学都是具有历史的背景，都是具有强烈的遗传性的缘故。

总结起来说：我们固然反对模拟文学，可是终究不能完全抛弃旧文学的基础；我们固然要吸收外来的材料，可是总不能脱离了历史的背景；我们固然要提高文学的价值，可是总不能和大众社会脱节；我们固然要任方言文学的发展，可是总不能遗失了民族的统一性。我们必须要依据语言的性质和本国语文的特征来创立新文学的理论。语言的研究，实在是文学研究的基础。

（《文讯》1944年第4卷第6、7期合刊）

国语与国文的离合

一、怎样把意思表达出来?

我们现在要想把国文学得很好,试问应该用什么方法?我以为就用说话的原理来学习国文,一定会有好的结果。说话的目的,就是在表达意思,把意思表达得清楚明显,这就算具有了说话的能力。我们要学习国文,目的也就是在获得表达意思的能力;只是说话用口来讲,文字用手来写罢了。古人有句话:“辞,达而已矣”;这就是说:我们做文章,只是要能够表达就好了。可见做文章的目的,和说话并没有什么两样,都是想把我们的意思表达出来。说话和作文的目的,既然一样,学习的原理,当然也并无二致。

我们平常口说用“国语”,手写用“国字”;这是因为我们是中华民族的一分子,身处在这中国的社会当中,要把我们的情意通达于本国的人民,要把我们自己和本国的社会联合成为一体,自然要应用本国的语言和文字。本来,我们学会了国语,具有了说话的能力,便可以和本国的人民,本国的社会通达情意。而所以除了能够口说国语之外,还要学习写字作文的缘故,这又是因为语言通达的效力,不及文字的广大。文字表达的效用,可以及于异时异地。我们必须获得了应用本国文字的能力,才可以在本国的社会上有所作为,才能够对我们的民族国家有大的贡献。从事实上讲,国字只是国语的记号,国文也只是用来代表国语的;不过一经用这种记号

把国语代表出来,便增进了通达的效用,便可以把它留传到后代,把它传达到远地。

因此,我们对于国语和国文,不应当把它们分作两件东西;我们应当把国文认作手写的国语。应用手写的国字来替代口说的国语,这便是国文。在理论上,应如此看法;在实际的学习上也应当抱持着这种原则:“语”和“文”两者要合而为一。我们学习国文,就应当作学说话或练习国语那样的看待。说话要发音正确,要把每个语词的读音合于一般的标准;那末,写起字来,也要笔画清楚,也要把每个字体的结构合于一般的写法。说话要把语词运用得当,要把各个语词连缀成为合于文法的句子;那末,我们写作的时候,也要把各字用得妥帖,各句合于文法。说话要有条理,要层次分明,要把各句或各段的意思都凝聚在一个中心的意旨上;我们写作的时候,对于篇章的结构,也正是要如此。总之:说话要好的条件,正是我们做文章所需要的条件;我们在说话时所应注意的地方,便是我们在作文时所应守的规则。所以国文和国语,在实际的学习上,要合作一件事,要互相联贯,不应分别看待。因为说话和作文,同是用来表达我们的意思的。

怎样才能够把我们的意思表达出来?如果需要我们写作,首先便要想出我们所要说的话,我们所应当说的话;话应当这么说,就照着这么写。如果写得不对,便是说得不对;矫正了我们的语言,便是修改了我们的文辞。凡是用字的错误,文句的不通,上下文的失联,以及全篇意旨的不明,文不对题等等,作文上的弊病,都是出于语言上的种种缺点。如果把这些足以妨害我们表达作用的缺点,纠正弥补过来,便是完整了我们的语言。依着完整的国语来写作,没有不能产生完整的国文的。所以我们写作的时候,必须要把我们的意思演绎成为完整的国语,并且注意着各个字体所代表的相当的语词:于是照着说出来的话,依次逐字逐句的写下来,这

样决不会感到写作的困难。

二、说话容易写作难

通常我们总是说运用语言比较文字来得容易;因为说起话来,总是觉得很轻便;如果要叫我们来作文,便不免有点难色。这种畏难的心理,便是我们学习国文的大障碍,也是我们练习写作得不到好结果的基本原因;我们非要把它祛除不可。固然语言用口说,文字用手写,两者表达的方式不同,但是它们的本身上,并没有可以区分难易的所在。一般能够写作的人,实在并没有觉得"笔谈"替代"口语"的一些困难。只是我们平常应用口语的机会较多,练习写作的时间较少,说话惯了,而写作未惯,语言纯熟了,而文字未经纯熟,因此发生了彼此有难易的区分的一种错觉。

或者以为写作时所费的时间和精力,总比平常口语所耗费的来得多,便可以作为说话容易的一种证据。因为用手来写,替代了用口来说,就是变换了一种表达的工具;在手写的这种工具本身上,已经比较口语要费时吃力,同时又要把语言翻作文字,更增多了一重转接。这固然是实际的情形;但是,通常所谓写作的困难,并不在手写的费时吃力,并不在表达中间转接的多少,而在不知道怎样把语言翻作文字,不知道口说当中的语词,应该写成那些字体来代表才是惬当的。所感觉的困难,还是在他自己写作的不惯,由于他运用文字的未经熟练。

手写的这种工具,有时反而比口说来得便利。因为日常的口语,总是要当面的说出:在表达的工具上固然较为轻便,可是正因为过于轻便了,往往自己不必用心加以调整,而无意之间发生着重复,累赘,支离,破碎种种不简洁的弊病。甚至有把日常口语上容易发生的这些弊病,自己不留心矫正,因而养成了坏的语言习惯的。又因为语言匆遽的说出,而对着要听受的人,反而容易有说不

出，达不出的情状；或且未经考虑而轻易的说出，即使不至于到了那种“驷马难追”的严重的境地，而要反覆的声明改正，就不免使听受的人感到一些疑惑和迷乱。在写作的时候，便可以免除这些弊病和困难；正因为写作时所费的时间和精力较多，可以容许我们有从容思考和修正的机会；写作也不必要当众匆遽的写出，可以容许我们细心支配辞句的次序，详密校量用字的正确，或者你要逐字“推敲”一下，也未尝不可以。所以我们平常写出来的文辞，比真正说出来的语言，往往要简洁，容易有条理，而且，有时还要表达得更深切。这样说来：说话固然有说话的便利，写作也有写作的便利所在；说话并不容易，写作也并不难。

所谓写作的难，便是说话的不易所在。说语的不易，就是在怎样使得我们的意思演绎成为清楚明白的语言，怎样使得我们所用的词语和所要表达的意思恰恰相当；这就关于语言的技术问题，纯熟的技术，是由我们不断的练习和随时的矫正而渐渐获得的，并非可以“一蹴而就”。写作的难，也就是在此，要把我们所要说出的话，写成简洁而有条理的文章，要把我们说话里的词语写出恰恰相称的字句；当然也需要相当时期和不断的训练，才能够渐渐养成习惯，才可以“熟能生巧”。我们要知道，我们自从幼小时候呀呀学语到了现在，自然具有了说话的能力；我们现在学习写作，就可以无需像学说话时的那么长久的期间，也并不像幼童学说话时的那么多的困难；这正是因为我们利用具有了的语言能力来作练习写作的基础的缘故。如果我们已经能够操着完整的国语，那有不能学好国文之理？就我们学习的过程上来说，倒反是写作容易说话难了。

写作实在并不难，只要我们学习的得法。只要我们以完整的语言为基础，熟认了各个语词适当的代表的字体，并且把捉着日常练习写作的机会；如果使得我们应用文字的机会，和日常说话的那么多，自然不会感到写作的困难。总之：我们不要把“语”和“文”

分开来，不要预存写作繁难的心理，我们要沟通国语与国文，要把两者打成一片，这便是我们学习国文的捷径。

三、怎样阅读？怎样对付“文言”？

我们要把写作认为说话，同时也把阅读认为听讲。听讲的目的，在从发言者的言论当中，听取他所要发表的意思；阅读的目的，也是一样，也是靠了读物，以获取作者的意思。听讲是利用听官，阅读是利用视官，而都是在吸受外界的印象。我们在读物上目睹的文字，就是作者写成的语言；作者既然以手写来代替口说，我们也就用眼看来代替耳听。我们必须从眼看的文字当中，认识各个字体所代表的语词，再从字句的联接上以认识作者的语言；了解了他的语言，便懂得了他的意思。如果不依据语言的原理来读书，便把“语”和“文”分离开来，只眼看了纸面的文字，而没有深切认明作者利用文字记录出来的语言；这样，即使能解，也只是曲解，决不能符合作者的原意。所以我们在阅读的时候，也要把国语和国文打成一片：眼看着写成的文字，便要当作听取作者的说话。这样的阅读，才可以发生兴趣，才可以有心得，才可以解除一切读书的困难。

我们在阅读当中所遭遇的困难，最重要的就是难解的字句；所谓难解的字句，便是字体所代表的语词不易确定，句子里所包含的成语不很普通，句子里语词间配置的文法关系不很简单。这些都是关于语言上的问题；如果我们应用语言的原理采取听讲的方法来阅读，把读物上的文辞当为作者实际的说话，懂得了他的说话，那末，这些阅读的困难，一切都可以迎刃而解了。通常都说是听讲容易阅读难；其实也不尽然。阅读既然是用眼看来替代耳听，时间可以由读者自由的支配。我们可以静心抽绎读物的内容，可以反覆推寻作者的原意；不像在真正听讲时那样要匆遽的领会。我们利用了这种阅读的便利，并且运用语言的原理来解除阅读的困难，

自然可以达到我们读书的目的。

上面所说学习国文的方法，要把国语和国文联合为一体，似乎是偏重于语体文而言；你或许要问：学习语体文，自然可以把写作当为说话来看待，把阅读当为听讲来看待，至于学习文言文，怕不是这样的了？实在，语体文固然是代表现代的国语，文言文也何尝能够离开语言而存在？不过它所代表的，不是现代的国语，而是古代的国语，或者接近于古代的国语罢了。这里，我们须要把“国语”的意义扩大起来说，凡属于中国语的系统，为某时代多数人所能了解的，并不限于小小的区域内通用的，方言的色彩并不很浓厚的，都可以认为在某时代有做“标准语”的资格。文言文当中，固然有些体式过于整齐，人工的雕琢过多，因而失却语言的自然状态；但是，无论如何，总不能完全离开自然的语言而独自成立的。所以文言文，大体上可以认为古代国语的代表。

古代语和现代语的中间，固然有许多的差异；因为语言是随着时代而演变的，如音读、词义、语词组织、文法结构等等的演变，使得它们的代表作品，也有许多的差异。我们具有了现代语言的习惯，自然学习现代的语体文，比较容易些。但是，习惯是可以渐渐养成的；起初■习文言或古文，当然不免有生疏之感，等到看多了，读多了，或常常练习写作文言，自然会惯了，自然能够化艰深为浅易。所以我们对付文言文，第一，要祛除文言难学的心理。

又，文言文既然是代表古代语言的，古今的分别，并没有绝对的界限，并没有天然的鸿沟；我们要学习文言或古文，不妨就用我们具有的现代语文的习惯来做基础，由近及远，避重就轻，先学好了和现代语比较接近的，依次以及于比较隔远的。这种循序渐进的逆溯方法。是依据于语言演变的原理的，在它的本身是递嬗而下，在我们学习的进程上却要层层推上。所以我们对付文言文，第二，要采取语言习惯的移转的方法。

又，文言文和语体文的分别，既然是依据于古今语言的差异而来，我们就可以利用这种语言上差异的所在来作学习文言的根据。例如古今语言上音读有差异，遂发生用字的区别：文言用“之”，语体用“的”；文言用“也”，语体用“呀”；文言用“耳”，语体用“呢”等等。又如古今语言上语词组织有差异，遂发生单字复字的区别：文言上单写“这”或“理”，语体上写“道理”；文言上单写“意”或“思”，语体上写“意思”等等，其他关于词义、文法等，都可以寻出它们彼此间的差异点。我们就依据古今语言上这些显著的差异点，来作为“文白对译”的标准，更用来作为学习国文的方法，文言自然可以学得成功。所以我们对付文言文，第三，要应用语言比较的方法。

总之：我们学习国文，别忘了国语；我们应用文字，不能离开语言。国语与国文两者，正是“合则两全，离则两伤”；我们为着国文教学的前途，应该来一个“国语教育的扩大运动”！

（《国文杂志》1944 年第 3 期第 1 期）

怎样学习国文

我们是中国人，我们身处在中国的社会当中；我们必定要适应这种环境，必定要谋自己的生存和发展，同时要为我们的国家社会做一番事业，要想对于我们的国家社会有极大的贡献。我们首先必须要获得一种传达的工具，必须要有运用这种工具的能力；以使我们能够和社会和国家相接触，以使我们能够深入于社会国家当中，以使我们的生活和社会和国家打成一片。

这种传达的工具是什么？大家都知道，通常应用最广的是语言，是我们的国语。如果我们不会应用语言，我们的意志思想等等便不能传达给人家，同时人家的意志、思想等等，我们也无从了解。如果我们不会应用国语，那末，我们在中国的社会当中，便好像哑吧，好像聋子那样的可怜。试想，我们日常的生活能不能够离开了语言？语言的应用，可以分成两方面：一方面是表达的，就是说话，使得我们的意志、思想表达出来；另一方面是接受的，就是听讲，使得我们听取人家的意志、思想等等。我们要学习国语，就是要获得应用国语的说话和听讲两方面的能力。

但是，我们只会说话，只会听讲，自然觉得不够。因为语言的效力是有限制的，只可以及到并时同地，不能够达到远地，也不能够传到后代。所以除了应用语言这种工具之外，必定还需要有一种文字；文字就是用来代表语言，同时又足以扩大语言的效力的。

我们如果只会应用国语，而不会应用国文，那末，我们即使能够生存于国家社会当中，也决不能为国家社会做一番大事业，对于我们的国家社会，也决不能有很大的贡献。所以我们除了学习国语之外，必须要学习国文。

通常指不识字的人为文盲，就是说，不会应用文字的人好像活活的瞎子，对于复杂的社会不能应付，对于各种智识也不能接受，实际和不会应用语言的人一样的痛苦。学习国文的重要，大家很容易知道的，我可以不必多说；我们这里的问题，就是怎样来学习国文？怎样使得我们获有应用国文的能力？怎样学习起来才比较容易有效果。

文字既然是用来代表语言的，所以文字的应用，也和语言一样，可以分成两方面：一方面是写作，就是用来发表的；另一方面是阅读，就是用来接受的。我们学习国文的目的，就是要养成对于国文写作和阅读这两方面的能力。我们能够写作，便和能够说话一样，可以使我们的意志、思想等等在文字上表达出来；我们能够阅读，便和能够听讲一样，可以使我们在文字上了解了人家的情意，接受了一切的智识。文字固然足以扩大语言的效力，而在传达作用的这两方面，文字和语言始终是一致的。国文所以代表国语，没有国语，便不会有国文；我们在学习国文的时候，不要忘记了国语，不要把语和文分开来，把它们看做两件东西。

通常总以为说话容易写作难，听讲容易阅读难；这种错误的观念，应该赶快的加以纠正。所谓学习的方法，最要紧的就是在纠正错误的学习心理，而养成一种良好的心理习惯。我们要认定文字只是语言的记号；学会了国语，就是奠定了学习国文的基础。写作的不通，便是说话的不通；写得不对，便是说得不对。读得不懂，便是不能了解读物当中所说的话。我们在写作的时候，应该想出我们所要说的话，话应该怎么说，就照着一字一字的写出来好了。我

们在阅读的时候，应该认识作者在文辞上所说的话，话是怎么说，就照着怎么解释好了。写作便是把语言变成文字，用手写来替代口说；阅读便是把文字还原为语言，用读书看书来替代听讲。我们如果认为写作困难，阅读困难，那末，也应该认为说话和听讲都一样的困难；反之，如果认为说话和听讲都是容易的，那末，当然也应该认为写作和阅读都并非难事。我们要认定国文和国语，原来是一而二，二而一的东西。我们要学习国文，首先必定要抱着这种心理，必定要养成这种习惯，就是认国文和国语原来为我们学习的同一的对象。

我们要以国语的眼光来看待国文，同时也应当用语言学的方法来学习国文。国文教学上的问题，就是关于识字、造句、修辞、分段、联篇这几项；我们对于这几项，如果运用语言学的方法来处理，我以为不但可以使学生祛除畏难的心理，而且容易使他们获有正确和敏捷的效果。现在把这几项分开来说明如下：

一、关于识字的问题。我们讲过，文字就是语言的记号；语言上的语词，在书写上代表出来，便是各个的字体。一般人以为我们的国字是一种表意文字，由象形文字演化成功的；各个字体只是意义的符号，不足以表明语言。这种观念也不是完全正确的。中国文字固然不是采用拼音的制度，但是和语言仍有深切的关系。各个字体固然不是用来记录音读的，但是也要晓得读法，才可以认识它，才可以明了它的结构。因为中国大部分的字体，是由两个或两个以上的偏旁构造成功的，往往其中的一个偏旁是用来表明音读；如果我们不懂得语言上的读法，不晓得一点中国国音古今的沿革变迁，而只是从意义上来推求，那就不能了解各个字体里偏旁的效用，不能认识各个字体构成的原则。我们识字，一方面必须知道字体的造法，另一方面尤须知道字体的用法。所谓用法，就是某个字在语言上怎样的应用，在语言上究竟用来代表那一个语词的。我

们对于某个字体，知道它的造法和用法，才可以说是认识这个字了。我们在写作的时候，固然要知道各个字体是应该怎样的写，同时尤须明了它是应该怎样的用；我们所要说的话，内中包含有许多语词，这许多语词是可以用那许多字体来代表，就把它们一一的写出来。我们在阅读的时候，看到了各个字体，便要辨明它所代表的语词；于是从读物当中的许多字体，认识了代表出来的语词，那便可以了解内中所说的话。我们要知道中国文字应用的原则，不必从字体的写法上来固定意义，通常很多就照着语词的音读来选定所用字体；如果某个语词和这个字体的音读互相类似，往往不管字形所表明的意义合不合，也便用这个字体来代表它。所以我们对于国字，假使不懂得语言上的读法，不晓得一点国音古今的沿革，就无从知道它如何的应用。我们要学习国文，必定要在识字上有一种基本的训练；对于许多字体，除了写法上求其正确敏捷以外，尤须熟悉它们所代表国语上的语词。因之，第一步必得要认定国字只是国语上语词的记号，语和文是不能分离的。

二、关于造句的问题。语言上的各个语词，并不是分开来单独的应用，而是互相结合来表明某种意义的；这种由语词的互相结合来表明某种意义，就是通常所称为语句。把整个的语句用文字写出来，就是文句。中国的语文上，一个句子至少需要有两个语词或两个字体才能够构成；而表现意义的方法，就是着重在句子里这两个以上的语词或字体如何的配置，如何的联接。所谓造句的方法，也就是怎样使得句子里的语词或字体配置联接起来，以表明那种意义。因之中国语的文法，最要注重语词在语句当中先后的次序；往往次序一经变动，意义上也就要发生变化，或者成为完全不同的意义。所谓中国语的文法，实际上就是指一些关于语词次序的规则；某一种意义，必定要依照某一种次序的规则来排列语句当中的语词，才能够表明出来。如果违背了那种次序的规则，便要失

去了传达的效用，也便是文法上的错误。我们要造句，只是把各个句子，依照语言上这种自然的次序写出来，便不会有文法上的错误发生。我们在写作的时候，预先认定了代表各个语词的字体，于是依照语言上各句里许多语词的自然的次序，把那些字体写出来，便构成了各个文句。我们在阅读的时候，也依照各个文句里许多字体先后的次序，来认识读物当中所代表出来的语句，来认定各句里许多字体所代表的语词。因为中国文字的用法，每个字体并不限定只有一种意义，并不限定同一个字体只是代表同一个语词。我们必得要依据语言上那种次序的规则，必得要依据某个字体在文句当中的位置，以及和同句内别些字体的关系，来认定它的用法，来认定它所代表的那个真实的语词；才可以完全了解内中的意义，才能够对于各个文句，获得自然的解释。不过古今文辞上的用字既不相一致，而古今文法的规则，也有很多差异的地方。俞樾《古书疑义举例自序》里说：

> 夫周秦两汉至于今远矣！执今人寻行数墨之文法，而以读周秦两汉之书；譬犹执山野之夫，而与言甘泉建章之巨丽也。

所以我们要学习国文，必定要留意于古今方法的差异；因为古今语言的变迁，不但音读上用字上发生变异，而辞句当中语词的次序也有些不同；我们熟悉了古语的文法，才可以诵读古书。因之关于文句的问题，我们也必得要认定文字只是语言的记号，各个字体互相联接结合以构成辞句，就是依据语言上配置语词的自然次序的。

三、关于修辞的问题。把字体或语词联接成为句子，本来就可以表明种种意义了；可是，有时在字句上还须加以修饰，加以变换，才能够把意义充分的表达出来，才能够使听者或读者具有深刻

的印象。通常以为修辞是一种变格的语言;因为语言和文字当中完全采用正常普通的说法,有时觉得过于平凡,不能使听者或读者获得深刻的印象;于是不得不加以变化,而演成为一种变格的说法。但是,在修辞上所谓这种变化,并非故意的违背了用字和造句的普通的规则,来构成一种特殊的说法;而只是就原有的用字和造句的基层上,加以深刻化,以促成表达的技术的进步罢了。所以修辞,实际上只是一种语言和文字的技巧,使话说得更巧妙,便是使意思表达得更深切;使得语言艺术化,便是使得听者爱听,读者爱读,而能够受语言和文字的感动。这种修辞的技术,并非少数的文学家所独具;也并非由少数的文人,专事字句的雕琢所能够造出来的;而是依据一般语言的背景和语文进步的趋势,自然而然产生的。修辞的技术,正是大众的语言当中所具有;或者大部分蕴积在大众的语言当中,而仍旧随时要不自觉的透露出来的。我们要学习国文,必须要诵读过去文学的作品;这些文学的作品,大都可以为我们练习修辞的榜样,也可以认为历代修辞技术的一些标本;它们何尝是脱离了实际的语言,它们只是国语演进上一些艺术化的结晶。我们要创造"国语的文学"和"文学的国语",也就是根据现代的国语,以实际的语言为文学的原料,而从这种语言的技巧上用工夫,以产生新文学的作品,同时也促成了国语的进步。所以关于修辞的问题,我们无论是为着写作或为着阅读,都得要认定语言的技巧是因乎自然的进步而产生,并非矫揉造作的,并非纯粹文字上的人工的雕琢;如果故意的加以种种修饰和变化,便要失去了自然的美,或者反而减损了表达的效用;这样的作品,决不会是上等的。

四、关于篇章的结构问题。由字句而积成篇章,决不是胡乱堆积起来的。上面说过,字和字联接成为句,必定要顺着文法的次序;句和句联接成为章,也一定要依据于意义上自然的顺序;再由各章联接成为篇,它们的先后层次,也一定要有自然的支配。这是

因为我们平常的说话，或者讲演，决不可以东说一句，西说一句，毫无条理，使人家莫明其妙；必定要把整篇的话，分出几个段落，列出几个层次，一段一段的说明，一层一层的交代清楚；这样，才可以使人家明了这一篇当中主要的意思。而每一段当中，也各具有一个中心的意义；一段里的许多句子，正是因为表现这个中心意思的需要而存在，它们联接中间的先后，也要看这种表现的需要而排置。我们要练习写作，在动笔以前，必定要想出我们所要说的话，这些话应该分做几段来说，这几段又应该怎样的排置，怎样的联接，而各段里的话，又应该怎样才说得清楚；想好了之后，才可以拿起笔来逐句逐段的写下去。我们要练习阅读，先把读物当中逐字逐句的看一下，看完了一篇，于是再想一想，这篇里可以分做几段，每段里说些什么，又再综合了各段的意思，来把捉全篇的主要宗旨；或者再覆看了几次，以增强我们的印象，以校核前次所获得的正确不正确。我们如果依着这样的方法去写作，写出来，至少必定是明顺清楚的文章；如果依着这样的方法去阅读，也必定会有许多的心得。因为文字所以代表语言，用语言来表达意思，必定要符合于“顺序”和“联贯”的两个原则。所谓顺序，就是说话要条理清楚，层次分明；所讲联贯，就是说话要通篇一体，首尾衔接。如果不符合于这两种原则，尽管用字确当，文法不错，辞句美丽，也仍旧不能使读者了解全篇的主旨。阅读便是等于我们的听讲，如果不根据这两种原则，来分析段落，来寻求条理和脉络，来把捉全篇的中心思想，而只是掇拾其中的单字只句，或者断章取义的来解释，也决不会有多大的心得。所以关于篇章的结构问题，我们也必得要认定文字只是语言的代表，文辞当中分段和联篇的方法，正是根据语言的“顺序”和“联贯”这两种原则的。

总之：文和语两者是不能分离的。有了国语，于是乎有了国字；有了国字，于是有了国文。我们学会了国语，便是奠定了学习

国文的基础;我们获得了语言方面的智识,便是获得了学习国文的方法。我们如果以语言学的眼光和方法,来处理国文教学上的种种问题,我以为一切都可以迎刃而解了。因为认定国语和国文是我们学习的同一的对象,不但可以得到正确和敏捷的效果,而且可以祛除学生一种畏难的心理。因为把国文上的写作、阅读,和国语上的说话、听讲,看作同一的学习进程,看作同一的应付社会环境和日常生活的必需工具,自然不会有写作困难、阅读困难那种错误的感觉;学习的效率也自然会不知不觉的增高了。

但是,我们要知道,所谓学习的方法,实际上只是矫正我们错误的心理,只是使得我们有正确的认识,使得我们不致于走冤枉路,并且可以收事半功倍之效;而究竟能否达到预期的目的,还要看我们自己能否努力,能否照着指示的方法来随时留心体验。因为语言和文字的应用,都是我们一种行为的习惯,不是一朝一夕所能够获得的,必定要经过长期的训练和学习,才渐渐的养成的;对于语文的应用,学养的工夫愈深,我们的能力和技术,也自然而然愈随之长进。我们不要以为说话容易,听讲容易;事实上我们应用国语的能力,自从呀呀学语的时候开始,不知道经过几许模仿、矫正、训练、学习的阶段,才有这样的程度。我们应用国语的能力,既然有了这样的程度,于是进而学习国文,就比较的容易了。我们现在要学习国文,一方面须懂得语言学的方法,另一方面还须依照知道的方法来努力实行,自己随时的体验,多多的练习,以养成这种行为的习惯。所谓"多读、多看、多作",就是要我们多多练习,才使我们技术纯熟而"熟能生巧",至少必能具有正确和敏捷的条件。这便是要我们"求知"和"力行"两种工夫并用,才可以获得运用这种工具的能力。

(《中华少年》1944 年第 1 卷第 3 期)

张世禄全集

第三卷

3

Chinese Characters, Chinese Phonology, Chinese Exegetics

文字·音韵·训诂

张世禄 著 申小龙 编

中国出版集团 東方出版中心

编辑凡例

一、本书收录的著作，在语言、文字和标点符号上，尽可能保留原文的风格。

二、本书收录的著作，其内部标题序号，依照其与全书统一序号的对应，作了调整。

三、由于历史文献辑佚的困难，本书对文献中难以辨认的文字，作了打黑码处理。对已经辨认的文字中可能存在的误读，尽可能联系上下文酌定。

四、本书收录的著作，个别在章节、体例和标题内容上做了适应出版的整合工作。

五、本书收录的译文，部分在译者手稿中出现注释缺损，现据相关出版文献订补。

六、本书对旧版文字成例之取舍尊重独立的字义，并适当照顾历史习惯：

1. 不改动的词语(示例)

辨说　科白　旁驸　语意　苍颉　名辞　展转　那末　峙躍
辨论　免强　色采　贯串　透切　蕃殖　反覆　沈重　参杂
颚化　孳生　蕃衍　为着　对向　成份　太形　甚么　记念
愈益　傅会　笔划　推重　特出　邱陵　阑入　偶而　洗炼
真象　真相　纪录　掉换　引伸　借贷　从新　薰灼　弯屈
原素　原泉　澈底　没煞　厌足　便易　凭籍　纷歧　倣效
策勳　涵义　直截　抵当　工夫　惟一　慢骂　赅括　遗流
二个　致疑　发见　揉合　偏面　起原　参进　暂短　委宛
仓猝　骗诈　驾御　疏理　畺界　映象　原于　愤闷　附合
各各　各别　交插　纪载　吸受　激刺　包晕　联接　接联
表显　施予　检察　薰染　地土　已往　画象　媢妒　答理
跌交　接合　排泻　隄防　筹画　策画　谋画　藩著　连络
连系

暴发音　哗喇喇　以致于

赤首圜题　训诂之指　信而有证　莫明其妙　由博反约
穷源竟委　智识分子　混然一体

一日千里之概

斯干的纳维亚(斯堪的纳维亚)

普通(副词)　象(动词)　成功(及物动词)　的(状语、补语助词)

2. 不改动的标点(示例)

总之：　　总而论之：

3. 改动的词语(示例)

如左→如下	右设→下设	两傍→两旁
意像→意象	岐异→歧异	部份→部分
供献→贡献	了望→瞭望	蹓跶→溜达
钞成→抄成	偁→称	会总→汇总
豫告→预告	份子→分子	简炼→简练
沿习→沿袭	原流→源流	浅鲜→浅显
表章→表彰	迭韵→叠韵	纪录品→记录品

恰如其份→恰如其分

目　　录

中国声韵学概要

第二编　声母与韵母

第三编　历代声韵之变迁

第四编 拼 音

中国文字学概要

第一篇 中国文字学总论

第二篇　中国文字本质论

中国训诂学概要

中国古音学

中国声韵学概要

序　　论

语言音韵之学，吾国自来多隶属于文字范围，以与形体、训诂二者对立者也；其研究之目的，初不外辨明文字之音读而已。文字为语言之代表，字形所以寄托声音，声音又所以类别义训；小学以讽诵为始事，六书以音韵为大纲。欲研究文字，音读自不可不辨；此声韵学之重要者，一也。然声韵之事，终非仅限于文字。积字成句，积句成章；文章之道，本与语言相贯。自来文辞之美者，莫不叶于自然之音节；是以声调铿锵，耐人歌咏。语音与文学，均随其时地而变异；古今中外，诗文体格之不同，实关于其纷歧之语言。则欲研究文学，自不可不先明声韵；此又其重要者，二也。欲明音读，自当分析声韵；于是考究古今韵纽之分合，各地方音之差异；辨其喉齿唇舌之部位，审其轻重清浊之语调。可借以推测人情之刚柔，风俗之厚薄，民族之强弱；而异代殊方之大势，于以见焉。故欲研究史地，亦不可不明声韵之学；此其重要者，三也。人类之发音机关无殊，发音之本能相同；而古今语之差异，方言之纷歧者，则由于时地环境之不同故也。吾国幅员广漠，山河阻隔，方言之种类愈多，言语之不通愈甚；文化之传播，既属不易，而彼此歧视之心理，又难消融。欲国家之兴起，自当先谋统一语言；欲统一语言，必当推广国语；则审察音韵之事，尚矣。是欲普及教育，振兴民族，又当以声韵之学为首要；此其四矣。

吾国音韵之学，发端甚古。初则借他字之音，以为譬况读若；继则合二字以读一音，成为反切。于是初以四声分韵，括文字为韵书；继又分析各韵之开合洪细，而辨其等呼。由长言、短言，进而为平、上、去、入之分；由舌头、舌腹等言，进而为五音、七音之辨；由笼口、闭口，内言、外言诸语，进而为开、齐、合、撮之别。反切、合上声下韵而成一音；声类、韵部有标目，于是有字母，有韵目。合字母，韵目，等呼，纵横交贯，以总括一切之音；于是有等韵表。韵书与等韵，大抵兼赅古今南北之殊音；于是就之以考究古代韵部之分合，声纽之多寡；更证以古人读音用韵，及《说文》形声字；而古音学于以明焉。此吾国往时音韵学进步之大略；而其间为之关键者，则印度梵文拼音学理之随佛教以东来也。反切之不当于用，于是有注音字母；读音之不统一，于是定国语为其标准。最近西洋发音学理，输入吾国，而分析音韵之事，遂大以进步，旧音韵学上多种纷纭未决之问题，至是乃霍然以解。更用之以推广国语，于是始能通达无碍者矣。吾国自来音韵之学，以性质类别之，可归为四类：一曰古音学，二曰《广韵》之学，三曰等韵之学，四曰国音学。古音学以周汉之古音为对象，而唯自古人读音用韵，《说文》形声字，以及《广韵》中所保存之古音，以考明之者也。《广韵》等韵大都以魏晋唐宋间之今音为根据。《广韵》之学，即考明其二百零六韵之分合，所录反切用字之分类；以知古今声韵之大概。等韵学者，一方面总合《广韵》二百零六韵，归为韵摄，一方面又于各韵中，辨析其等呼；以韵目、等呼为经，而以三十六字母为纬，列为各表，以统括百音者也。国音学，以元明以来之北音为根据，以三十九注音字母为注音之用；其面目，虽本于吾国所具有之反切文字；其实质，乃大部依据西文拼音之理者也。

学术之进步，大都由含混而趋于分明，由简陋而趋于细密。吾国科学，向未发达；术语之涵义，既多无定；类辨之方法，又不精确。

如古音学上，《广韵》学上，等韵学上，种种问题，往时尝有模糊影响之谈；初学者，多为之瞠目不解；一有所得，则又视同秘传，勿轻以示人。在今，科学输入，以发音学理解答其难题；则此种通弊，可立除也。例如，本发音机关之部位与动作，以类别声韵之音素；以口舌之发声位置，解释五音与七音；以乐音化之有无，解释声母之清浊；以韵母之附声问题，说明阴、阳、入之通转；以单复韵母之区别，审定等呼论之意义；以声韵音素之交互作用，及音调、音长、音势之变异，说明四声、五声之区分；又以声韵拼合之法，解释双声、叠韵，及反切上纽下韵之理。此等昔时所纷纭未解答之问题，莫不可借新学理以破析之也。今国音学及注音字母，既由依据欧西拼音文字，及其发音学理而来；故欲述吾国音韵之学，必当以国音为主也。爰不揣谫陋，因今酌古，述之为四编：第一编，总论语音，述人类之发音作用，及语音与文字之关系，并其受于时地之影响；以明语音之缘起，因乎生理、心理之同然，而声韵之纷歧，乃依乎环境而变迁者也。第二编，论述声母与韵母之区别，以及清浊、声等、开合、阴阳、四声、五声等等之意义；以明吾国声韵之种类及其音素。第三编，历述古音、今音、国音研究之途径，及其分韵定纽之大略，并比较其同异，考究其由来；以明吾国历代声韵变迁之大势。第四编，论述声韵组成字音之通则，注音字母之用法；并追溯吾国拼合音韵之由来，以明反切之起源；又说明反切之利弊及其改良；以见吾国拼音方法之源流。只以限于篇幅，未能一一条举详密；而崖略大体，已尽具于兹矣。名曰，概要云尔。

第一编 语音总论

一、人类之发音作用

（一）发音之由来及其意义

一切事物之进化，大都由简趋繁，由混趋析；语音亦然。人类之进化也，予夺取舍之怀于中，喜怒哀乐之形于外，日臻强烈。于是不得不有清晰之语音，以副其用；而轻重疾迟，清浊长短之分，乃以纷繁矣。

人类语音之进步，与其文明程度相为因果。至其发音之能力，则与有生俱来。吾人入世以后，稍有知识，即牙牙学语；最初摹仿所得，曰母语，最为自然，而人人所能发者也。其后以环境之趋迫，或因教育之训练，遂能操一种或多种语音。

音之意义有二：其一为机关的，指发音时口舌等器官所范成之形式，可以感觉而言。其二为听感的，指气流经喉鼻口等处所发生之结果，可以听知而言。无论发何种音，必有其两方面之意义：由感觉可以知其声门、口、舌等所成之形式；由听觉可以知其发送气流所生之结果。是故吾人而欲明发音作用，不可不一考人类发音机关之部位何在，及其在物理上所生之效果如何也。

（二）发音机关之部位

人类之发音机关，大致可分呼吸器、喉头、口腔、鼻腔四部。语

音学者，或将此四部，分为呼吸机关，与节制及共鸣机关两类：肺属前者，喉头、口、鼻均属后者。或又将肺除外，分为二类：喉头为乐音化机关，口、鼻为节制机关。兹将此四部，分述其组织如下：

1. 呼吸器　肺之全体，有多数小气胞与气管微枝，各端相接。自气胞经气管、喉头，以达于口腔、鼻腔，此乃通气孔道。肺在胸中，外有肋骨，下有横隔膜，伸缩推动，以助气息之发生。当大声疾呼之际，胸腹两部筋肉，必加紧张；盖所以增其压力，而大其气息与音浪也。气息由气管外达，经喉头、口、鼻而成种种声音。故呼吸器者，乃产生声音原料之处也。

2. 喉头　喉头在气管上端，为甲状、环状、破裂诸软骨所组成。甲状软骨，为喉头诸软骨中之最大者；正卫喉头，左右两侧，各有上下两角，形状似甲，故名。其上有舌骨，状似马蹄铁。其后有会压软骨，司气管启闭；当言语呼吸之际，即能升起，使气流外达；饮食吞咽之时，乃即降闭喉头，以免误入气管也。环状软骨，前低后高，状如指环；前部在甲状软骨之下，后部在破裂软骨之下；其下更层环相接者，即气管软骨也。破裂软骨有二，左右对列；其底部内面，均附着声带；声带之间，即声门也。

声门有真假之分，如两对门户：上一对不能完全相接，是为假声带；假声带之间，即为假声门，于发音上无甚重要。下一对形似两唇，外皮为一种薄膜，能完全相接，是为真声带；真声带之间，即为真声门，乃发音上最紧要处也。此两声门左右，各有小窦；自声带所发声音，在此两窦，有反响之作用；名曰莫尔卡尼氏窦，以为氏所发明故也。真声门又可分为二部：前部窄而长者为音声门，后部短而宽者为气声门。甲状、环状、破裂诸软骨间，生有筋多种；其作用使声带伸缩宽紧，而音声门与气声门亦随以开张闭合；于是种种声音作矣。

发音时，声门若未闭合，气流经其中，声带即不颤动；仅成一微

小之声，乃为气息，或简称声。至声门尽闭，气流外达，由声门挤迸而出；使声带受有颤动，乃发乐音，或简称音。气息与乐音之分，即在声带之有否受颤动也。

音有高低，关于音节；而其区别，则在声带震颤之迟速：声带长而厚者，震颤较迟，则其音低；声带短而薄者，震颤较速，则其音高。此男子成人之音，与女子儿童所以有别也。至于音响之大小，乃由于胸腹诸部筋肉所生之压力如何；音色之不同，又关于口鼻两腔各器官所成之形式为何；非属于声带之事矣。

3. 口腔　喉头之上，口之后，是为咽头，上通鼻腔，中达口腔，下连食道。食道之上，即咽头后壁也。咽头之前，即为口盖，又名曰颚。其前部坚硬者，为硬口盖；后部柔软者，为软口盖。软口盖末端，有一肉壅下垂，名曰悬壅垂。硬口盖前端，在上齿内部者，曰上牙床。

口盖之下为舌，为多数筋肉所组成，位于口腔之底；灵动异常，一切声音，大半由其动作而生变异，实发音机关中之最重要者也。舌可分为舌尖、舌叶、舌前、舌根四项：其顶尖处，曰舌尖。舌尖之后，两旁曰舌叶。舌叶之后，曰舌前；舌前者，谓其在舌面之前部也。舌根在舌面后部，故又称舌后。当舌静止时，舌前适居硬口盖之下，舌根则适居软口盖之下。

口之下部，曰下牙床。其开阖与舌之升降，关系相连：开则舌降；阖则舌升；半开半阖，则舌亦半降半升也。上牙床外，曰上齿；上齿外，曰上唇。下牙床外，曰下齿；下齿外，曰下唇。唇齿之动作，亦与发音大有关系者也。

4. 鼻腔　口盖之上，即为鼻腔。吾人呼吸之际，软口盖中悬，不垂附于舌根，又不仰抵于咽头后壁，使气流分从口腔与鼻腔外达。若在言语之时，则软口盖有时或仰抵于咽头后壁，使声息专从口出，以成一种口音。有时或垂附于舌根，使声息专自鼻出，以成

一种鼻音。有时或且中悬，恰如呼吸之际，使声息分从口鼻外出，以成一种口鼻音。由是以言：口音、鼻音，与口鼻音之构成，虽由于经口腔或鼻腔之关系，而其作用，全在软口盖；可见软口盖在发音上之重要矣。

（三）发音机关之作用

发音机关分呼吸器、喉头、口腔、鼻腔四部，已如上述。今欲明其在语音上作用如何，须先考声母与韵母及清音与浊音之区别。

声母与韵母之分，即在声息自气管外泄时，有否遇口鼻诸部之阻厄耳：气流外达而受阻厄者，为声母；其不受阻厄者，曰韵母。盖吾人发音机关，自声门直至两唇，其相对诸部，各可相合；如声带左右相合，此外上下各部相合是也。当声息自气管外泄，苟遇有一部接合，气流即受阻厄；苟出声门后，一直外达，不受任何部分之阻厄，则诸部未有接合者也。此受阻与不受阻之关系，即因乎声门外诸部之有相接与否，而亦声母与韵母之所由判也。吾国自来音韵学家，以为声母乃发于唇、舌、牙、齿、喉，而韵母则仅自喉发者；因以名声母曰字母，韵母曰喉音。此种区分，似与上述相近，而终嫌笼统不明，盖以无论何音，概出于喉也。洵如彼说，则声母与韵母之区别，难以清晰矣。

至清音与浊音之分，则视气流经声门时，声带有否颤动耳。韵母必经声带压挤气流，始能发出；盖除声门外，既不受任何部分之阻厄，声带不颤动，在事实上不能听觉；故韵母必为浊音。若于声母，气流必经口鼻中一部分之阻厄，而经声门时，尚有声带颤动与不颤动之异：纯粹声母不经声带颤动者，为无音声母，旧称清母；经声带颤动者，为带音声母，旧称浊母。

声与韵，清与浊之分既明，乃可与考发音机关之作用。四种发

音机关，除呼吸器外，喉头为乐音化机关，口腔与鼻腔为节制机关。乐音化机关之作用，即为发生乐音。清音浊音之分，在其带有乐音与否。苟无喉头中声带，则乐音不能发生，除清声母可以发微小之嘘气声外，一切声韵，皆不能听知。如是，吾人有似虫声唧唧，何能为语言之表现？节制机关之作用，即为造成声韵。乐音虽属重要，然苟仅由乐音之连结，不加以声、韵之变化，则又如鸟啼乐奏，只可表现简单之情感，不能传达复杂之思想。故乐音化机关外，尤须有口鼻之节制机关；口鼻之节制作用，即在其张敛开合，使气程之或宽或窄，气流之有阻无阻，阻力之或大或小；声、韵之种种区分与类别，莫不因乎此。

（四）发音作用之物理的观察

声带之颤动，口腔或鼻腔之张敛，使气流无阻，而气程或宽或窄；种种韵母，于以成焉。此自物理上观之，即所谓簧管之作用也。例如风琴，簧为其发音体，管为其共鸣器。由簧之振动而发音，更由共鸣器内之空气柱，起为共鸣作用，使其音放大。簧之振动有缓急，由于风力之有强弱；共鸣器之共鸣作用有大小，由于管之形状有宽窄。此两者皆能使其音节有高有下，而后者更使其发生种种不同之音色。

肺内呼出之气，上经喉头时，声带收缩以阻气流；气流压挤声带，即振动成音。气流之缓急，使声带之振动有迟、有速；而音节之高低，即因乎声带振动之迟速。此与风琴之音，因乎簧之振动；簧之振动，因乎风力者，同一理也。然有时气之缓急相同，声带振动之迟速相同，而音节亦分高下；且可辨其为一、ㄝ、ㄚ、ㄛ、ㄨ等不同之音色，则又以口腔鼻腔之有张合，大小故也。此又与风琴管之有宽、有窄，而生出音节、音色之不同者，同一理由。

口鼻诸部之接触，使气流受阻；接触有疏、有密，斯阻力有大、有小；种种声母，亦于以成焉。此在物理上，即为气质摩荡之作用也。例如：大风吹摩树林枝叶，瀑布急流摩擦空气，此皆由气质摩荡以成声也。气流经口鼻诸部之阻厄，摩荡以成种种声母，即同其理。气质摩荡之程度，关于阻力之大小；故声母之种类，以阻力言，有全阻与半阻之分。塞声与鼻声，发于全阻；通声与边声，则由半阻。

塞声者，气流经一部阻厄，先则完全闭塞，继又突然开放，使迸裂而出，成为一种破裂爆发之声也，故又称破裂声。如ㄅ、ㄆ、ㄉ、ㄊ、ㄍ、ㄎ。鼻声者，气流仍经口腔中一部完全阻合，惟不由口部迸出，改由鼻道泄出，以成一种鼻声也。如ㄇ、ㄋ、ㄬ、ㄫ。通声者，气程未经完全闭塞，亦非完全无阻，使气质自狭道中摩擦以成声也，故又称摩擦声。如ㄈ、ㄪ、ㄕ、ㄖ、ㄒ、ㄏ等。边声，国音中仅有ㄌ母。发此声时，舌尖抵及上牙床，使气流由舌旁分两边泄出，故亦称分声。

边声与鼻声，虽由口鼻诸部之阻厄气流，摩荡以成，而其声必为浊音。盖彼等在口腔或鼻腔之气程过宽，阻碍甚少；苟不附以乐音，则其摩荡过轻，在听觉上不能领会。故欲发是等声时，一面因赖口鼻诸部阻厄气流，一面又必赖声带之颤动，及口腔或鼻腔之共鸣作用；而后其声始成。则此两种声，却与韵有相似之价值，因又可名为“准韵”，以其声乃近于韵者也。由此以言：鼻声与边声之成，必兼具簧管作用与气质摩荡作用也。

独具簧管之作用者，为一切韵母；独具气质摩荡之作用者，为塞声与通声之清音。前者以声带为其主要发音体，口腔与鼻腔惟为其共鸣作用；后者以口腔为其主要发音体，声带居于静止状态，惟任气流自由通过而已。前者在口腔必无阻碍，使之容纳多量空气，以起其共鸣作用；后者在口腔必有阻碍，使气流摩荡以发声。

此两种语音，处于相反之地位。在此相反中间，由混合簧管作用与气质摩荡作用两种而成者，即为通声与塞声之浊音。彼等一面由声带振动以发乐音，一面又由气流冲击口腔中阻厄以成声母也。

二、语音与文字

（一）六书与音韵之学

六书：象形、指事、会意、形声、转注、假借。自古以来，大抵以之为构造中国文字之基本原则。吾国文字，包含形体、音韵、义训三者。六书者，非仅字形构造之事；凡字形字义，亦皆与之有密切关系。一通六书，即能明文字之形体音义。许慎之释六书曰：

> 象形者，画成其物，随体诘诎；日月是也。指事者，视而可识，察而见意；上下是也。会意者，比类合谊，以见指㧑；武信是也。形声者，以事为名，取譬相成；江河是也。转注者，建类一首，同意相受；考老是也。假借者，本无其字，依声托事；令长是也。

夫文字之目的，在表示意义；六书莫不与字义有关，固无论矣。而吾国文字，本为衍形：指事之“视而可识，察而见意”，即为一种符号。象形之“画成其物，随体诘诎”，即为一种图画。会意之“比类合谊，以见指㧑”，即谓比附图画或符号，以见其意义所指。是三者，皆以形体为主。至形声之“取譬相成”，譬其音以成字，乃易意标为音标，与埃及文字之音声模拟一科相当。假借“依声托事”，或

假其声以形况，或托其名以标识，或本其义以引申；此皆本无其字，依声假借者也。若声音相同，异字通用；则又本有其字，依声通假者也。是则形声与假借，大部关于音韵之事，重在音，不重在形也。若转注，近人主音转说者，亦以文字孳乳，依于音韵；意义相似，而转变为异字者，实根于声韵通转之理。所谓“建类一首”者，非形之类，形之首，而声之类，声之首也。建立一类之声，以为发音之首一母；凡从此一首之声，虽收音有变异，然皆同意而相受；是为转注。由此言之：转注亦属音韵之事也。

六书之中，象形、指事、会意，重在形体；形声、转注、假借，重在音韵。而吾国文字，其为纯象形，纯指事、纯会意者，仅居少数；其为形声字者，则占十之八九。因可谓中国文字，非仅属于衍形系统；实大部当归于衍声也。今举梁启超之言为证：

> 流俗之论，每谓中国文字属于衍形系统；而与印欧衍声之系统，划然殊途，此实谬见也。倘文字而不衍声，则所谓“孳乳寖多”者，末由成立；而文字之用，或几乎息矣。象形、指事、形声、会意、转法、假借，是曰六书；自班孟坚、许叔重以来，皆称为造字之本。象形、指事、会意，衍形之属也；形声、转注、假借，衍声之属也。《说文》万五百十六字：形声之字，八千四百零七；象形、指事、会意之字，合计仅一千有奇；其间兼谐声者，尚三之一，依声假借而蜕变其本义者，亦三之一。然则中国之字，虽谓什之九属于声系焉可也。单字且然，其积字以成词者，更无论矣。

则知欲通六书，不可不研究音韵，亦至明矣。朱骏声曰：“不明六书，则字无由识；不知古韵，则六书亦无由通。”此诚笃论也。抑有进者：人类先有语言，然后有文字。声发于天籁，因乎自然；以某声表某意，其所表者，为一群所公谕公认，于以成语言。言而箸于

竹帛以广其用，而永其传，于以有文字。文字者，声与言之符号而已。虽符号之采择与应用，世界各族有异；而声音在文字之先，文字必假声音以成，则凡人类所同然者也。钱大昕曰："自书契肇兴，而声音寓焉；同类相召，本乎天籁，而人声应之。"江永曰："六书之学，有形、有声、有义；而声音在六书之先，形以写之，义以寓之。"六书为造字之本，而声音在六书之先，是知语音为文字之始基；故欲推迹造字之原，自不可不于声韵学三致意焉。

（二）造字起于右声之说

文字为语言之寄迹，欲考文字之原，不能不研钻音韵；而欲推迹语言之原，又不可不从文字上求之也。

文字既以代表语言，故字音相似，其义多相通者。王圣美因造为"右文"之说，见于沈括《梦溪笔谈》；谓："王圣美治字学，演其义为'右文'。古之字书皆从左文，凡字其类在左，其义在右，如木类，其左皆从木。所谓'右文'者，如戋，小也，水之小者曰浅，金之小者曰钱，歹而小者曰残，贝之小者曰贱；如此之类，皆以戋为义也。"后人本之，借以窥见上古之语言；如龚自珍述段玉裁论《说文》"以声为义"一则：

> 古者先有声音，而后有文字；是故九千字之中，从某为声者，必同是某义。如从非声者，定是赤义；从番声者，定是白义；从于声者，定是大义；从酉声者，定是臭义；从力声者，定是文理之义；从劦声者，定是和义。全书八九十端，此可以窥见上古之语言；于劦部发其凡焉。

黄承吉、刘师培更证成其说；刘氏《文章源始》之言曰：

> 古代之字，只有右旁之声，而未有左旁之形；后世恐其无以区别也，乃加以左旁之形以为区别。故右旁之声，纲也；左旁之形，目也。如：凡字从寺者，皆有独字之义；凡字从赞者，皆恶字而非美字；凡字从火者，皆有幽暗之义；凡字之从仑者，皆为有文理，有秩序之义；皆音同义通之证，亦即古字以右旁之声为纲之证也。

刘氏《小学发微》且进而说明其所以然之故，谓：上古人民，思想简单，未具分辨之能；观察事物，以义象区别，不以质体区分。故义象相同，即为同字。后人乃加以左旁之形，以为质体上之区别。其言曰：

> 上古人民，未具分辨事物之能；故观察事物，以义象区别，不以质体区分。然字音原于字义，既为此声，即为此义；凡彼字右旁之声，同于此字右旁之声者，其义象亦必相同。且右旁为声之字，半属静词、动词，而名词特鲜；以是知上古造字，只有静词、动词；此非臆测之言也。……如仑字本系静词，隐含分析调理之义；上古之时，只有仑字；就言语而言，则加言而作论；就人事而言，则加人而作伦；……是伦、论等字，皆系名词，实由仑字之义引申也。……

夫“右文”之说，以字义起于右旁之音符；则以形声字必兼会意。以之论形声而兼会意一类之字，诚有合也。

虽然，右旁表音之字，亦非尽具有意义者；或仅以表示字音，与意义毫不相关者；或虽兼具意义，而与其音符原意不相合者。例如江、河诸字，右旁之工、可，仅为表音，无关意义。更即举彼所谓“从非声者定是赤义”一语，加以精密之考究，即知其言之未确。按从

非声之字，有音符兼义，与音符无义二种。试列表以明之（表依沈兼士《国语问题之历史的研究》）：

音符兼义而非其语根者：

（1）菲，翡，（绯，）痱，……含有赤义者。

（2）罪，扉，匪，……器虽异而同为编织物。

（加括弧者，《说文》所无之字）

音符兼义且即为其语根者：

非，《说文》：违也。从飞下翄，取其相背也。

（1）辈，诽，棐，斐，骓，悲，（悱，）扉，排，辈，……由违背之义孳乳出者。

（2）俳，（徘，）裴，蠹，（蜚），蠹，韭，……由飞义孳乳出者。

音符无义者：

腓，胫腨也。跸，刵刖也。萋，糇也。邔，地名。厞，（陫，）隐也。婓，丑貌。……均与非义无关者。

以表中前二项与后项比较观之，即可知音符无义之性质矣。音符亦多无义，则造字起于右声之说，未可据为定论。且也，形声相配，非必右旁为声，左旁为形：若粉、榆、纪、统之类，是左形右声；鹦、鸽、颈、顶之类，是右形左声；霜、露、笙、簧之类，是上形下声；婆、袈、贡、赉之类，是下形上声；衔、衡、闻、问之类，是内形外声；园、圃、衢、术之类，是外形内声。音符或有在左，在上，在下，在内，在外者，未可执一以求；则右文之说，无以自圆也。若谓字从某声，便得某义；固又非可一概论者。同音之字，非止一二；往往有取义于此，见形于彼。况音义递衍，其流无限；不能于形内牵之。苟以右文之绪，一致相衡，则六书残而为五。章炳麟《文始略例》盖详论之矣：

昔王子韶创作右文，以为字从某声，便得某义；若句部有钩、笱，臤部有紧、坚，丩部有纠、茻，瓜部有脉、觑；及诸会意、形声相兼之字，信多合者。然令一致相衡，即令形声摄于会意。夫同音之字，非止一二；取义于彼，见形于此者，往往而有。若农声之字，多训厚大，然农无厚大义；支声之字，多训倾邪，然支无倾邪义。盖同韵、同纽者，别有所受，非可望形为谂；况复旁转、对转，音理多涂；双声驰骤，其流无限；而欲于形内牵之，斯子韶所以为荆、舒之徒。张有沾沾，犹能破其疑滞。今者小学大明，岂可随流波荡？

则欲追迹原始之语言文字，固不可仅拘囿于右声之说，而尚有待于他求者也。

（三）音近义通之原则

字义本于声音，既不限于从某声即得某义之例；大抵举声音相近之字，意义即可相通。王引之《经义述闻》云："古字通用，存乎声音。"阮元《释门》数篇亦谓："古音相通之字，义即相同。"案《文选》李善注，于某字即某字者，皆云某字与某字古通；大都以声近通用。钱大昕《说文答问疏证》，于经典古字相同者，则曰某即某书之某字；大抵皆声音相近者。夫一义应为一字，一物仅有一名；而其一义数字，一物数名者：大抵因方言不同，由语言而造文字；而同义之字，音必相近。刘师培《文章源始》及《正名隅论》言之详矣：

上古之时，未有字形，先有字声，故有语言而无文字。然南北东西之方言，不能尽同；故有同一义而所言不同者，亦有

所言同而音之出于喉、舌不同者。及有文字时，乃各本方言造文字；故义同而形不同者，音皆相近。音近义同之字；在未有文字前，仅为一字。如《尔雅·释诂》篇，哉、基、胎三字皆训为始，然与始音相近；洪、旁、庞、弘、戎、穷六字皆训为大，而音皆相近。可知义通之字，音必相近；其一义数字，则以方言不同，各本其义以造字耳。而《释名》以声解声，明义由声起之义。盖上古一物只有一名，其一物数名者，亦即由同声之字，辗转相通。而《尔雅》释草木鸟兽，如蒺藜为茨，扁竹为蓄，皆以切语为名；而蕾葍、雀雁之类，亦以音近之字互相训释。是一物数名，皆由于言语之递转矣。

古人制字，义本于声，即声是义，声音训诂，本出一原。由一声而散为众音，声从其类，既为此义，即为此声；凡字皆主声者不主形迹。故有字形不同，而字义相同者，其声均不甚相远。夫字声字义所以相同者，则以古人之名物，凡物象之相近者，则寄以同一之音，复训以同一之义。后世方音错杂，流而不反，致失本源；故各本方言造文字，而字形以殊。后世韵书，随流逐波，而古音以失。后人不明古音，遂寖失古义；徒据字形立部目，而同音之字，义必相近之说，遂无有解之者矣。

考音近义通之原则，可析为三：

1. 以韵部同属，而意义相近者。黄承吉曰："凡为同声，是以同义，且凡同一韵之字，其义皆不甚相远。"刘师培《正名隅论》亦详言之：

近儒言古音分部者，说各不同；今姑以姚氏《说文声类》为主，以证同韵之字，义必相近之说。如之类之"之"字，义训为出；引申之则为由下上腾之义，又为挺直之义。故同部之字，

若寺为寺廷，为礼法所出之地；而峙、特、跱、持从寺得声，均含挺直之义于其间。又丌为下基，寓万物萌生之义；思从心囟，寓思想发生之义；滋、孳从兹得声，寓滋生之义；……此之类同部之字，义皆相近之证也。支类、脂类之字，义多相近，均含由此施彼之义。……歌类、鱼类之字，义多相近，均含侈陈于外之义。……侯类、幽类、宵类三部之字，义多相近；《尔雅·释训篇》云："凡曲者，为罶"；故凡字之含有曲义及与罶音相近者，均入此三部之中。……蒸部之字，义多相近，咸为进而益上之义。……阳类同部之字，义多相近，均有高明美大之义。……东类、侵类二部之字，义亦相近，均有众大高阔之义。……真类、元类之字，义亦相近，均有抽引之义。……谈类之字，义亦相近，均含有隐含狭小之义。……则同部之字，义必相近，岂不彰明较著者哉。

2. 以声类同隶，而字相递衍者。章炳麟《语言缘起说》有言曰：

同一声类，其义往往相似。如阮元说：从古声者，有枯槁、苦窳、沽薄诸义，此已发其端矣。今复博征诸说：如立为字以为根。为者，母猴也，猴喜模效人举止，故引申为作为；其字则变作伪。凡作为者异自然，故引申为诈伪。凡诈伪者，异真实，故引申为讹误；其字则变作讹。为之对转为蝯，伪之对转复为谖矣。……一字递衍，变为数名。……最初声首，未有递衍之文，则以声首兼赅余义。

3. 以异韵通转，而一义殊语者。案此与上以声类相同，而意义相通者，实可并合为一；盖异韵通转，大都属于双声之字。惟一以同声为主，一以转韵为主耳。章炳麟《文始》一书，即依此理以推迹

语原;其《略例》有云:

> 声有阴阳,名曰对转;发自曲阜孔君。斯盖眇合殊声,同其臭味。观夫言语迁变,多以对转为枢;是故乙燕不殊,亢胡无别;但裼,裸裎,一义而声转;幽会,杳晻,同类而语殊。古语有阴声者,多由阳声与之对构;由是声义互治,不间翾忽。徒取《说文》,为之湑并,其数已三分减一;履端泰始,益以闿明;易简而天下之理得者,斯之谓也。

或以韵同,或以声同;文字假声音以成,其间转变,不外乎双声叠韵之理。音转循辙,形变不居;义以声昭,物以情类;观双声而知二韵之易转,察叠韵而识二声之相通;其在音学,不綦要乎?

(四)音义相通之原因

由上所述,声韵相似,意义相通;推其所以然之故:盖自然事物,虽似错综纷纭,而究其义象,类聚群分,可相系属,有条不紊。义象所在,其表于笔画,则衍而为文字;其示于身体,则口讲指画间,有一定之姿势;而唇、舌、齿、牙,种种节制之变化,即因乎是。例如:言上必作上仰之势,言下必作下垂之势;因此之故,舌与下腭之位置,不能不有所变动,以成就其各异之口腔。口腔各异,即影响于音之共鸣而分为两韵:上仰之作势为唐韵;下附之作势为鱼韵。是以同一模仿之声音,尝随各异之口腔,而分化为种种意象。如同为圆转之拟声,在唐韵为“康筤”,在鱼韵为“去卢”;康筤为房室,去卢为饭器;其意象之差异,一如口腔。又歌韵之“蜗蠃”,侯韵之“笱篓”,魂韵之“昆仑”,灰韵之“嵬崑”,亦各含有与口腔相应之意义。此种奇妙之现象,不仅为中国语言之特质,实世界人类所同然。近人钱基博有《文

字源流之中英比较观》一文，谓："文字之初，先有义有声，而后谐声以制文字，不论中西一也。"其所举例如下：

读上字，高字，如张口仰望；读下字，低字，如闭唇下视；读吃字，如吞咽；读呕字，如呕吐；盖未造字之先，已发其音义矣。英文亦然：如 high，高也，读之张口如仰望；lower，低也，读之闭唇如下视；eat，读之亦如吞咽。又如吾国有感叹词呜呼、噫、嘻、唉，及丁东、剥啄之类，专以谐声为义；而西文亦有 O、Oh、Ah、Ha、alas、hurrah 及 boom（爆发声）、click（轻击声）、crashing（折断声）、hick（凿声）等字。若此类者，不胜枚举。

要之，文字语言皆所以表明事物之意象，故字音必与意象相符。则欲追探原始语言，必当于字音中求之也。

（五）原始语言之探求

关于吾国语原之考求，自来有不同之两说：

1. 以为具体词语发达在先，而抽象词语在后。章炳麟《语言缘起说》谓文字之可见者，上世先有表实之名，而表德、表业之名次之。其言曰：

以印度《胜论》之说仪之：实、德、业三者各不相离。人云，马云，是其实也；仁云，武云，是其德也；金云，火云，是其实也；禁云，毁云，是其业也。一实之名，必与其德，若与其业相丽，故物名必有由起。虽然太古草昧之世，其言语惟以表实，而德、业之名为后起。故牛、马名最先，事武之语，乃由牛、马孳乳以生。

2. 以抽象词语发达在先，而具体词语继之。刘师培《小学发微》及《正名隅论》谓古人观察事物，以意象为先。盖仅具有抽象之能，不能辨别客观界之质体；故古代之名词，非具体之名词也，仅抽象之名词耳。而上古之时，非必以此为名词也，仅静词、动词、感叹词。及相称既久，昔之所谓静词、动词、感叹词，遂一变而为真实之名词。其言曰：

> 日训为实，月训为阙；先有实字之义，因日形圆实，因以实字训之；先有阙字之义，因月形半缺，因以阙字训之。……足证古代音同之字，义即相同。而义象之相同者，古人皆别为一类。且古人析字，既立意象以为标；复观察事物之意象，凡某事某物之意象相类者，即寄以同一之音，以表其意象。

以上二说，一以质体之名为先，一以意象之名为先，各持异见。然试证以西人对于原始语言之理论，则此二说虽不同，实可并存者也。

近人潘尊行有《中国原始语试探》一文，据中国文字音义之考察，以为其原始语言之发生，实合于海岱尔理论（Herder's Theory）与叹词理论（interjectional theory）。海岱尔理论以为原始语言，由于自然音之模仿。例如：绵羊在前，其鸣声之刺激吾人感官者特强，此其鸣声之特性，实为认识绵羊最初之标记。故言语之成立，由于自然音之模仿。叹词理论以为原始语言可从叹词推究之。例如：然、诺、喜、笑、涕、泣等字，既就感情所激动之声音以为语言。吾人手势或作态，当分为泛应的与特指的二种。泛应的手势与声音连合，即所谓叹词；特指的手势与声音连合，即所谓自然音之模仿。换言之：泛应者，乃因受刺激，而流露于不自觉者，属于感情也。特指者，乃因受刺激，而欲以其所见所闻，指与他人

者，属于理性也。发于感情者，为象人意所制之音；出于理性者，为象物音所制之音；要之，皆为自然之音。惟一发乎主观，一因乎客观耳。今试分述其事例如下：

1. 发于主观之情感者，象人意所制之音。刘师培《正名隅论》言之详矣：

> 喜、怒、哀、惧、爱、恶，古人称为六情。而喜字之音，即象嘻笑之声；怒字之音，即象盛怒之声；哀字之音，即象悲痛之声；惧字之音，即象诧怪之声；人当适意之时，以笑代言，其音近爱；人当拂意之顷，发音自叹，其声近恶。……盖人意所制之音，即唇舌口气所出之音也；音蓄于中，赖唇舌口气为之达。昔《乐记》有言："凡音之起，由人心生焉"；又曰："感于物而动，而形于声。"

2. 发乎理性者，属于客观的，象物音所制之音。张行孚《说文发疑》有《字音每象物音》一则；兹节录其言如下：

> 古人造字之始，既以字形象物之形，即以字音象物之声。如牛字象牛之形，而牛字音即与牛鸣相似；羊字象羊之形，而羊字音即与羊鸣相似。……若夫形声会意之字，虽字形不象物形，而字音亦有象物之声者。如鸡字从隹，奚声；而鸡字音则与鸡鸣相似。鹊字从鸟，昔声；而鹊字音则与鹊鸣相似。……此等字音，真天地之元音，无论何时何地，皆一成不易。

理性与感情，实为原始人类所共具；故其言语之发生，初为感情所激动之叹词，及根于理性之自然音的模仿。发于感情者，为泛应的、主观的；大都属于人意所制之音，故多抽象的词语。根于自然

音的模仿者，为特指的、客观的；象物音所制之音，故多具体的词语。故谓抽象词语发生在先，与具体词语在先，二说皆可并存也。

因此二种词语，有主观、客观之分；而亲疏、远近之不同，遂借以表出之。人意所制之音，为发声之名；效物所制之音，为特异之名；前者属于主观，后者属于客观。以触受之顺违，而判亲疏、远近；亲近者，与以发声之名；疏远者，与以特异之名。盖一则有感情，一则无感情也。章炳麟《语言缘起说》论此甚详，因节录其言如下：

> 物之得名，大都由于触受。触受之噩异者，动荡视听，眩惑荧魄，则必与之特异之名。其无所噩异者，不与特名，以发声之语命之。夫牛、马、犬、羊皆与人异，故其命名也，亦各有所取义。及至寓属形体，知识多与人同；是故以侯称猴，侯者，发声词也；以爰称蝯，爰者，发声词也；……盖形体相似，耦俱无猜，目无异视，音无异听，心无异感；则不能与之特异之名，故以发声命之则止。其在人类亦然，异种殊族，为之特立殊名。如北方称貉，南方称蛮，称闽，其名皆特异；被以犬及虫豸之形，谓其出于兽类。……抑诸夏种族自西来。陇西之姜戎者，又四岳苗裔也。故于西方各种，亦不为特立异名；或称曰羌，羌者发声词也；或称曰戎，戎者又人之声转也。东方诸国，不与中国抗衡，故美之曰仁人，号之曰夷种。夷本人字声转得名；夷古音当读人脂切，人夷双声，其韵为脂，真次对转；而夷复为发声之语。斯又可展转互证矣。……由是言之：施于兽类者，形性绝异，则与之特异之名；形性相似，则与之发声之名。施于人类者，种类绝异，则与之特异之名；种类相似，则与之发声之名。以此见言语之分，由触受顺违而起也。
>
> 人自称与最亲昵之相称，亦以发声之词言之。如古人称先生曰兄，今称先生曰哥；兄为发声词，哥亦发声词也。至亲

> 无文，则称之曰尔，曰乃，曰若，此皆发声词也。……此皆无所噩异，故未尝特制一称；益明言语分，由触受顺违而起也。

盖尝总而论之：吾国语言之缘起也，发于感情者，初为叹词；根于理性者，初为自然音之模仿。由叹词衍为发声词，由自然音之模仿衍为特异之名；一切触受顺违与亲疏、远近，于以判焉。更由发声之名，衍而为一切抽象词语，即所谓象人意所制之音也。由自然音之模仿，衍而为一切具体词语，即所谓效物所制之音也。此两种语音，当为初民所共具，不能定其发生之孰先孰后也。

三、语音与地域

（一）语音与地理环境之关系

发音机关，既为人类所同具；其发为语言，或象人意，或由效物，莫不因乎其自然；生理心理相同，而语言互有歧异者，习俗使然也。《荀子·劝学篇》曰："于越夷貉之子，生而同声，长而异俗，教使之然也。"是故其同者，生理心理；其异者，习俗也。习俗之不同，何自乎？则地理环境之纷歧，为其一大原因也。

人类生活，莫不受外缘之范围；言语口音，即其一端。《管子》曰："五方之民，其声之清浊、高下，各象其川原泉壤、浅深、广狭而生。"《淮南子》曰："轻土多利，重土多迟；清水音小，浊水音大。"大都海滨岛国，山河破碎，其音清浅；大陆山国，丘原广漠，其音重浊。乃至寒带之国，为防寒气之侵入，多笼口卷舌之音；热带之地，受热气之困倦，饶笨重迟慢之气。顾炎武《音论》："五方之音，有迟疾轻重之不同"；盖地理环境之各异，其语音遂因以纷歧也。

语音之变迁，间有因乎种族之移徙，而致纷更者；然其根本，则系乎时地。今试举陈第《读诗拙言》之说以证之：

说者谓：自五胡乱华，驱中原之人入于江左，而河淮南北，间杂夷言；声音之变，或自此始。然一郡之内，声有不同，

系乎地者也；百年之中，语有递转，系乎时者也。

陈氏《毛诗古音考》亦云：

时有古今，地有南北；字有更革，音有转移；亦势所必至。

阎若璩曰："百里不同音，千年不同韵。"音韵因时地而各异；吾国历代语音之纷歧，可得而言焉。

（二）中国历代语音之纷歧

吾国太古语音，不可得而考。周之季世，音分楚夏。《诗经》："以雅以南"；雅、夏古字通，雅言即夏语；南者，荆楚之地也。《荀子》曰："居夏语夏，居楚语楚"；是其证也。而当时各国语言，又复不同。《颜氏家训·音辞篇》："夫九州之人，言语不同，生民以来，固常然矣。自《春秋》标齐言之传，《离骚》目《楚辞》之经，此盖其较明之初也。"足证其时各国语音之不同。师、燿二字，为楚国方言，而见于《左传》；登、都二字，为齐国方言，而见于《公羊传》；央字为关中方言，故见于秦《诗》、周《诗》；些字为南方方言，故见于屈宋《楚辞》；此皆以其方言入文字，而为各国语音不同之证也。《说文序》谓"七国之时，言语异声"；实不待七国之时始然也。

扬雄著《方言》以考名物之同异，许慎《说文》、刘熙《释名》，诸书继作，譬况假借，以显声读。奈古今殊语，其间轻重，清浊犹未可晓。汉末，反语盛行，而音韵锋出，各有土风，递相非笑；指马之喻，未知孰是（本《颜氏家训·音辞篇》）。中经五胡之乱，外夷入主中原；汉族多南徙者。河淮南北，间杂夷音；江左之音，则复与古代之北音相杂。而南北各地语音，仍截然不同。陆法言《切韵序》："吴

楚则时伤轻浅，燕赵则多伤重浊，秦陇则去声为入，梁益则平声似去。……江东取韵，与河北复殊。”是皆其证验也。

至论南北诸音之得失同异，亦始见于《颜氏家训·音辞篇》：

> 南方水土和柔，其音清举而切诣；失在浮浅，其辞多鄙俗。北方山川深厚，其音沈浊而铫钝；得其质直，其辞多古语。然冠冕君子，南方为优；闾里小人，北方为愈。易服而与之谈，南方士庶，数言可辩；隔垣而听其语，北方朝野，终日难分。而南染吴越，北杂虏夷，皆有深弊。

至胡以鲁《国语学草创》谓北方多闭口叹词，实未考明古代音读。而其谓山川起人籁之异，则然：

> 人类发声机关略同，当其发之而成声也，亦宜其似矣。乃印度日耳曼语族所记传之叹声，大抵“唉”“呵”等开口之声；而吾国则“吁”“呼”等闭口之声。如《尚书》开卷，首以“粤”字；粤者，闭口叹词也。其中所载咨、嗟、吁、已者，亦大抵闭口。降至《礼记·檀弓》一篇，其述叹词也，亦不外噫、嘻、呼、吁之声。及至《秋水篇》“仰而视之曰吓！”《项羽纪》“唉！竖子不足与谋！”以吓、唉等舒声为叹词，至是方见于纪传，则南方之音也。南方今日亦以发扬之声为感叹；虽交通之后，略相融和；而风土山川之差，起人籁之异。近征诸一国，亦划然不爽也。

李汝珍《音鉴》所举南北方音互异，例证甚多。如谓：“长、藏、章、臧、商、桑六母，以近时北音辨之，缺一不可；而南有数郡，或长与藏同，章与臧同，商与桑同，是以六为三矣。香、湘、姜、将、羌、枪六母，以南音辨之，亦缺一不可；而北有数郡，或香与湘同，姜与将同，

羌与枪同，亦以六为三矣。”南北之音，既有互异；而海内幅员之广，州县之分，非仅南北界限而已。是以吾国方言之种类，至夥也。

（三）中国方言之种类

类别吾国方言，近人为详。章炳麟分吾国语言为九种，其《检论·方言篇》论列颇详，因录之如下：

凡今语言，略分九种：

河之朔，暨乎北塞；东傅海，直隶、山西；南得彰德、卫辉、怀庆；为一种。纽切不具，亢而鲜入，唐虞及虏之遗音也。

陕西为一种。明彻正平；甘肃肖之，不与关东同；惟开封以西却上。（陆法言曰：“秦陇则去声为入，梁益则平声似去”；至今犹然；此即陕西与关东诸部无入者之异也。）

汝宁、南阳，今曰河南，故荆豫错壤也；及江之中，湖北、湖南、江西，为一种。武昌、汉阳尤啴缓，当宛平二言。

福建、广东，各为一种。漳、泉、惠、潮，又相犄也。不足论。

开封而东，山东曹、沇、沂至江淮间，大略似朔方，而具四声，为一种。

江南苏州、松江、太仓、常州，浙江湖州、嘉兴、杭州、宁波、绍兴，为一种。宾海下湿，而内多渠浍湖沼，故声濡弱。

东南之地，独徽州、宁国处高原，为一种。厥附属者：浙江衢州、金华、严州，江西广信、饶州也。

浙江温、处、台，附属于福建，而从福宁；福建之汀，附属于江西，而从赣。然山国陵阜，多自隔绝，虽乡邑不能无异语；大略似也。

四川上下与秦楚接，而云南、贵州、广西三部，最为僻左；然音皆大类湖北；为一种。滇黔则沐英以兵力略定，胁从中声；故其余波，播于广西。湖南之沅州，亦与贵州同音。

江宁在江南，杭州在浙江，其督抚治所，音与他府县稍异；用晋宋尝徙都。然弗能大变也。

黎锦熙复依江湖流域，分为十二系：

直隶、山西、东三省、山东、河南北部，为河北系。

河南中部、山西南部、江苏安徽淮北一带，为河南系。

陕西、甘肃、新疆，为河西系。

江苏北部与江南西部之南京镇江、安徽中部之安庆芜湖、江西之九江，为江淮系。

河南南部、湖北，为江汉系。

湖南东部、湖北东南角、江西西南部，为江湖系。

四川、云南、贵州、广西北部、湖南西部，为金沙系。

苏、松、常与浙西之杭、嘉、湖，为太湖系。

浙东金、衢、严之属，及江西东部，为浙源系。

浙江南部近海处，为瓯海系。

福建，为闽海系。

广东，为粤海系。

虽然彼等所分列之某种某系，亦据其大概而言；实则一种一系之中，语言复不一致。如福建之福州与厦门，广东之广州、潮州、嘉应州及琼、崖等处，语言皆不能相通者也。甚至一县之中，因城厢之相隔，家世之高下，致亦显出其不同之语调。往者，风气闭塞，人民老死不相往来，犹未感有如何之困苦。至今交通日便，交际日

繁，各地人民接触亦日多；语言不通之弊，遂益以暴露矣。

推其所以纷歧之由来，大都受乎地理环境之影响，与因乎人事自然之趋势。故各种语言，各有其特色，及其发达之历史。如秦汉古音，往往存于闽粤之间；隋唐古音，亦多遗于江浙之地。亦有诵读占毕之声，既用《唐韵》；而俗语犹不违古音者。有通语既用今时；一乡一州，犹不违《唐韵》者。有数字同从一声；《唐韵》以来，一字转变，余字则犹在本部；而俗语或从之俱变者。远陌纷错，不可究理。然自语言历史之眼光观之，各种语言，固各有其发展之根据；无所谓雅俗优劣，或是非之分也。

四、语音与时代

（一）音学之进化与语言之统一

如上章所述，方音之错杂既如此，古今语之不同又如彼；宜其樊然淆乱，无所统率矣。然自古以来，亦自有谋其所以同一之之道者：其一，则音韵学之渐次发明也；其二，则历代标准语之厘定也。

吾国韵书，始见于魏晋之世；则古无韵书，而古亦自有其统一读音之道。及后，韵书出，而后反切之法大明；字母用，而后等韵之学大昌。使字有定音，音有定切；不特声音之道，可期大同，而殊方之音，亦以寄存不泯。江永《音学辨微自序》论之审矣。其言曰：

> 夫声出于口，自始生坠地，咿咿嘤嘤，万国皆同；及其长而累译不能相通。居平原者气恒通，或千里百里而稍变；处山谷者气弥异，或数里数十里而已殊；为鴂舌，为哓音，亦甚樊然淆乱矣。而自皇古以来，《易》《象》《典》《谟》，诗歌志乘，达之四夷，无间遐荒；则声音之道，未尝不归诸大同，有所以同者在也。《周官》象哥，谕言语，协辞命；瞽史谕书名，听声音；当有其书，今不存。周秦两汉间人，讽诵诗书，因其人人通晓之音；间有疑难，则假音之近似者，比方之。至魏晋六朝以迄隋唐，音学大昌；立四声以综万字之音，区二百六部以别四声之韵。

复审其音，呼出诸牙、舌、唇、齿、喉与半舌、半齿、实有七音；分阴阳，辨清浊，异鸿杀，殊等列，括以三十六母，名曰等韵。虽五方，水土有刚柔、轻重，风气有南北偏隅，吴越或失之剧，秦晋或失之浊；而以二合之音，切定一字；则字有定音，能通直音之穷，能辨毫厘之差。而明者更因三十六位，以檃括乎殊方之音；乡里曲言，亦有至是；中原文献，亦有习然；不止为占毕之用已也。

今世更采用注音字母，以彼西洋拼音之法，励行国语统一运动，其效大著。此可见音学发明，大足以助进语言之统一也。

（二）历代标准语之厘定

方音错杂，互相间隔，于是不得不择其时通行较普遍之语音，立为官音，以共相引喻；此一代之所以有一代标准语也。

古无韵书，而用韵皆能一致者，则以其时之标准语音，为其依据故也。章炳麟《论语言文字之学》谓：十五国风之《诗》，用韵宜各随其国方音，而不相同矣，乃皆整然一律，无相乖谬者，则以其时雅言之音，为之准则也。其言曰：

古无韵书，即以官音为韵书。今之官音，古称雅言。《论语》："子所雅言；《诗》《书》执礼；皆雅言也。"雅言者，正言也；谓造次谈论，或用方音；至于讽诵诗书，胪传典礼，则其言必一出于雅正。国风异于谣谚，据《小序》说，大半刺讥国政，此非田夫野老所为可知也。其他里巷细情，民俗杂事，虽设为主客，托言士女，而其词皆出文人之手；观于汉晋乐府，可以得其例矣。田夫野老，或用主音，而士大夫则无有不知雅言者；故

十五国风不同，而其韵部皆同。

是知周代所谓雅言，即周代之标准语也。考扬雄《方言》中所收语言，共有五类：一曰，通语、凡语、凡通语、通名。此为不受地域制限之普通语。二曰，某地某地之间通语、四方之通语、四方异语而通者。此为通行区域较广之方言。三曰，古今语、古雅之别语。此乃因历史上语言生灭关系，而残留之古今异语。四曰，某地语、某地某地之间语。此乃因地域关系，语言发生变异之各地方言。五曰，转语（或云语之转）、代语。此乃兼包时、空两方面，声音因转变而发生之语言；例如"庸谓之倯"，叠韵相转也；"铤，空也"，双声相转也。实则以上诸类中，转语皆甚多；此惟古人举一反三，一种互见之例云尔。右所举五类，大都为周汉语言之情形；至今语言内容，自更形复杂，然大致犹未出其范围；故此亦可视为现代语言纷歧之雏形也（说本沈兼士《国语问题之历史的研究》）。而其第一类所列之通语、凡语、凡通语等，即其时通行之标准语，以别于各地方言，及古时古语也。

由此可知，自来各地方音，虽为复杂；而历代皆有其共通语。此共通语，即其时之官音，标准语也。如隋唐以后，用《唐韵》之音为标准；元明以后，以北音为官音；亦其著例。历代标准语之成立，大都由于政治上、人事上自然之趋势。《颜氏家训·音辞篇》曰："共以帝王都邑，参校方俗，考核古今，为之折衷；榷而量之，独金陵与洛下耳。"章炳麟《方言篇》："夫十土用文字，而欲通其口语，当正以巴蜀楚汉之声。"是一二士大夫，亦间有参核方俗古今，以立一折衷语者。

（三）历代标准音之沿革

历代语言，既有其标准音；故论吾国音韵沿革，亦惟考察历代

标准语之变迁而已。钱玄同《文字学·音篇》将古今标准音，分为六期：

第一期　纪元前十一世纪——前三世纪（周秦）
第二期　前二世纪——二世纪（两汉）
第三期　三世纪——六世纪（魏晋南北朝）
第四期　七世纪——十三世纪（隋唐宋）
第五期　十四世纪——十九世纪（元明清）
第六期　二十世纪初年（现代）

兹略述此六期之异点及其考求之途径于下：

第一期　周秦韵文兴盛；《诗经》《楚骚》外，如《论语》《老子》《庄子》中，亦多韵语；并可借以窥见当时音韵之一斑。《说文》中谓某从某声者，大抵亦指周秦古音。故此时可谓六书之声母统一时代。

第二期　汉代诗歌辞赋，用韵渐变，较《诗》《骚》已宽。而其时韵书未出，除韵文外，仅有注释家之说可考；如郑玄《六经》注，及刘熙《释名》等言今声类是也。盖是时音读转变，声母之原，渐不可知。是为六书之声母衰弛时代。

第三期　魏晋南北朝，韵文甚为发达；反切之用宏，而韵书以萌。惟其时韵书，今无存者；罕能考其音读。仅陆德明《经典释文》中，有其残存之音，足以窥见一二耳。是为韵书发生时代。

第四期　隋唐以后，韵文寖衰，而韵书大盛。今所存者，有陆法言《切韵》；宋重修《广韵》，实仍其旧。《集韵》继作，略有增改。此数韵书乃所以通古今音之枢纽也。是为韵书统一

时代。

第五期　元明间，语音大变。燕京自辽以后，屡为建都之地；其语音遂渐成现世语言之中心；观于北曲文学之盛，即可知矣。《中原音韵》《洪武正韵》，诸书以作。虽其时诗文用韵，仍沿《广韵》一系之语音，而与实际之活的语言，了无关系。反切之法，亦渐觉其不便于用，而转趋于简易矣。今日之普通语，实化成于此时，所谓官音者，即其中标准语也。是为北音勃兴时代。

第六期　清季以来，举国朝野，咸感于民智之不开；欲教育普及，非制有识字之利器，决难收效。盖反切之法，已完全不适于用矣。于是王照《官话字母》、劳乃宣《简字谱》之类以作。一九一三年，教育部开读音统一会于北京，制定注音字母；其大势所趋，则以官音为标准。是为北音完成时代。

此六期又可简括为三期。两汉韵文，虽与《诗》《骚》不同，而彼时实无标准音之可言；故第二期可摄于第一期之中。此期之音，以声母为准（案，此声母乃指形声字所从某声之文，六书之声母；非与韵母对称之声母。两者不可相混）。魏晋南北朝，其时语音，较之《切韵》，或不无出入；然韵书亡佚，已难稽考。故第三期可摄于第四期之中；此期之音，以韵书为准。一九一二年以来，为期较短；其注音字母之发生，实为元明以来趋重北音之结果；北音韵书，实为现代国音所自出。故第六期亦可摄于第五期之中；此期之音，以北音为准。由此以观：吾国音韵之沿革，简言之，即经此三大变迁：一曰古音。周秦两汉之声母时代也。二曰今音。魏晋唐宋间之韵书时代也。三曰国音。元明以来之趋重北音，以至现代注音字母之发生也。

第二编

声母与韵母

一、声母与韵母之名称

（一）声母与韵母之意义

声与韵之区别，已于前述发音作用时，论及之矣（本文的第一编一（三））。即声发生于口腔内气程之阻碍；韵发生于口腔内自由气程，未经阻碍者。而韵经喉头时，必颤动声带，故韵必为乐音化；声则有清有浊，不必为乐音化也。虽然此种区别，仅自其音素之本质上言；若自其构成音缀之地位上言，则声与韵之区别，犹别有在。

声与韵，相合以成音；声者，音之所从发；韵者，音之所由收；此二者在音缀上之地位，又不同者也。音既为声韵所合成，明代西儒金尼阁因谓：声为父，韵为母，音为子；此或声母与韵母之名所由来欤。名曰母者，音所从出之谓也。

自唐季沙门守温作三十六字母，吾国遂有字母之名。《李氏音鉴》解之曰："母者，子之所由出也；母不异乎子，子不异乎母；乃子母相因，其为一类之义也。《庄子》云：'同类相从。'《老子》云：'既得其母，以知其子'；其字母之谓乎？"然字母之名，袭取佛书；其在拼音文字中，固为适合；而吾国古时，未有拼音文字，足征其名称之不当也。陈澧、钱大昕均有辨说。钱之言曰：

古人因双声叠韵而制反切，以两字切一言；上一字必同

声，下一字必同韵。声同者互相切，本无子母之别。今于同声之中偶举一字以为例，而尊之为母；此名不正而言不顺者也。

陈之言曰：

字母之名，出于佛书。盖佛国以音造字，连读二音为一音，即连书二字为一字；所谓字母者，以其能生他字，犹国书之字头（国书指清文）。在佛书，固名正言顺也。若儒书之切语，以二音譬况一音，非以二字合成一字。如东，德红切；非连书德红二字为东字也。而字母家以东为端母字；东字非德字所生，尤非端字所生，岂可谓端字为东字之母乎？诚所谓名不正，言不顺矣。用中华之字，而加以佛书之名，故有此病。

且也，字母之名，即曰允协，亦当兼赅声韵而言，不应仅指声母。陈氏作《切韵考》因改称字母为声类云。盖发音相同之字，古称双声；收音相同之字，古称叠韵。类聚双声之文，取一字以为标目，谓之声类；类聚叠韵之文，取一字以为标目，谓之韵类。类之云者，盖取子母相因，同属一类之义也。字母之名，既不适用于吾国古时，故当正名为声类。

吾国古时，名词意义，多不确定；声与音，每相混同。《毛诗序》曰："情发于声，声成文谓之音。"《老子》曰："大音希声。"陆贾《新语》曰："声以音相应。"荀悦《申鉴》曰："嘉音以章，谓之和声。"应劭《风俗通》曰："声本，音末也。"《毛诗·邶风传》曰："音，声也。"徐铉《说文注》云："声，音也。"据此数说，或以音声别，或以音声通。各释其义，纷纭无定；此不正名之过也。至韵与声音，自古有别。顾野王《玉篇》云："声音和曰韵。"《文心雕龙》云："异音相从谓之和，同声相应谓之韵。"今曰韵，古曰均。《说文注》谓：韵古与均同；汉

以前，但言均而未言韵也。

（二）声母与韵母之别名

声或曰纽，或曰体；韵或曰势。盖沿梵文体文，声势之名而来；纽之云者，取其为声音枢纽之意。体、势之名，起自齐梁间；章炳麟《音理论》考之甚审：

> 韵纽者，慧琳《一切经音义》称梵文阿等十二字为声势，迦等三十五字为体文；声势者韵，体文者纽也；斯盖前代韵书之言。《北史·徐之才传》曰："尤好剧谈体语，公私言聚，多相嘲戏。"《封演见闻记》曰："周颙好为体语，因此切字有纽；纽有平上去入之异。"然则，收声称势，发声称体，远起齐梁间矣。

韵类亦曰韵部；由其一类或一部之中，取一字以为标目，故亦名曰韵目。六朝以来，韵书蜂起，分部繁碎，不得不取东董送屋等字以为标目。惟此等书，在明古今沿革，多有音读相同，而别为数韵者。故若论音读，不问沿革，则当并合之韵甚多。又韵有平、入、去、上之异，开、齐、合、撮之分，实皆一音之变异；亦可互相并合。此并合古今沿革、开合、四声等变异，统摄成一类者，则又有韵摄之名。

声母依西文当译曰辅音，曰仆音；依日文当曰子音，曰熟音。韵母依西文当曰元音，依日文当曰母音。然以我国注音字母，持与彼相较，性质实不尽同。西文声母谓辅音、仆音云者，以其须附随元音，方成音缀；韵母谓元音云者，以其能独立成音，故或单用，或置在辅音之前，或置在辅音之后。我国声母，如ㄓ、ㄔ、ㄕ、ㄖ、ㄗ、ㄘ、ㄙ等皆可以单独注音；然拼音时，仍置在韵母之前。韵母除一、

ㄨ、ㄩ三母间有置在其他韵母以前，此外单用者甚少，而皆置在声母之后，无在声母前者。日文谓声母为子音、熟音云者，以其多用首行ア、イ、ゥ、エ、オ五母音，为收声之故；谓韵母为母音云者，以其为子音所由成也。我国声母之收声，虽尝附带韵母，而声与韵自能分离，非必随韵母以成立。吾国双声叠韵之名，由来已久；韵目声类之分，亦沿袭有素；故今曰声母、韵母实最适切也。

二、声母之种类及其音素

（一）声母之类别与气程阻碍之地位

由上所述，声母与韵母名称之意义可明；两者之区分，亦甚显然。惟声母本质，往往其音甚微，不易表示，因不得不附带韵母；故声母读法，尚有纯粹与不纯粹之别。国音中ㄅ、ㄆ、ㄇ、ㄈ、万、ㄉ、ㄊ、ㄋ、ㄌ、ㄍ、ㄎ、兀、ㄏ、ㄐ、ㄑ、广、ㄒ等十七母，今读前十三音收声于ㄜ，后四音收声于ㄧ，实已附带韵母，非纯粹声母者。夫声母本质，本不应附带韵母；惟其音甚为短促，仅有气息，故令其收声于ㄜ或ㄧ，以便呼读。然此所附带之收声，与声母之本质，究不可相混视也。

声母既由气程之阻碍以成，并有带乐音与不带乐音之分；气程之阻碍，又可析为阻碍之地位，与阻碍之方法两类。故言声母之区分，可因以下三种类别之：1. 阻碍之位置；2. 阻碍之方法；3. 带乐音与否。

第一种类别：声母之法，即依气程阻碍之位置以为区分也。口腔中诸部位，其在上者，有上唇、上齿、上牙床、硬口盖、软口盖、悬壅垂六部；在下者，有下唇、下齿、舌尖、前舌叶、后舌叶、舌前、舌后以及声门共八部。除声门以左右声带，自行相接，以发乐音；此外诸部，皆将上下相近者，互为接触，各成一阻；如是共得八阻。声

母依此而分，即得八种；分述之如下：

1. 唇与唇之阻。或曰双唇阻。当发音时，闭合上下两唇，将气息阻止，或随即移开，或改由鼻腔外出。所发之音，即为国音之ㄅ、ㄆ、ㄈ。名曰唇声，或亦曰唇音。

2. 下唇与上齿之阻。或曰唇齿阻。发音时，上门齿微切下唇之内缘，使气息缓缓流出。所成之音，如国音之ㄈ、ㄪ。名曰唇齿声，或亦同名唇音。

3. 舌尖与上牙床之阻。或曰舌尖阻。发音时，以舌尖抵及上牙床。所成之音，如国音之ㄉ、ㄊ、ㄋ、ㄌ、ㄦ。名曰舌尖声。

4. 前舌叶与上牙床之阻。或曰前舌叶阻。发音时，舌头平伸，使前舌叶与上牙床相触或相接近。又因舌尖接近门齿之背，故亦有称为舌齿阻。所成之音，如国音之ㄗ、ㄘ、ㄙ。名曰平叶声，或曰齿头音。

5. 后舌叶与上牙床之阻。或曰后舌叶阻。发音时，舌头内缩，后舌叶上翘，与上牙床之后部相触，或相接近，气息由齿缝徐徐外达。所成之音，如国音之ㄓ、ㄔ、ㄕ、ㄖ。名曰翘叶声，或曰舌叶音。

6. 舌前与硬口盖之阻。或曰舌前阻。发音时，舌前部上升与硬口盖相触或相接近。所成之音，如ㄐ、ㄑ、ㄬ、ㄒ。名曰舌前声。

7. 舌根与软口盖之阻。或曰舌后阻，曰舌根阻。发音时，舌后部上升与软口盖相触或相接近。所成之音，如ㄍ、ㄎ、ㄫ、ㄏ。名曰舌根声。

8. 舌后与小舌之阻。或曰小舌阻。发音时，以小舌后部相触（小舌即悬壅垂）。所成之音，与上阻ㄏ相近；惟其作用较在软口盖后部耳。名曰悬舌声，或曰浅喉音。

(二) 五音与七音

依气程阻碍之地位，以区别声类，吾国古时，已有五音之名。顾野王《玉篇》卷末，载沙门神珙《四声五音九弄反纽图》，分喉、舌、齿、牙、唇五声：

东方喉声　何我刚鄂歌可康各。
西方舌声　丁的定泥宁亭听历。
南方齿声　诗失之食止示胜识。
北方唇声　邦龙剥雹北墨朋邈。
中央牙声　更根牙格行幸亨客。

孙愐《唐韵序》亦言："纽其唇、齿、喉、舌、牙部件而次之"；其时于声母之分类，盖已略具规模矣。《广韵》卷末，又有《辨字五音》法：

1. 唇声，并饼。2. 舌声，灵历。3. 齿声，陟珍。4. 牙声，迦佉。5. 喉声，纲各。

唐季沙门守温制定三十六字母；《崇文总目》云："三十六字母图一卷，释守温撰。"其图不行于世，宋人传其学者，为之分配七音。更于舌音分为舌头、舌上；于唇音分为重唇、轻唇；于齿音分为齿头、正齿。列表如下：

牙音　见、溪、群、疑。
舌音　舌头，端、透、定、泥。舌上，知、彻、澄、娘。
唇音　重唇，帮、滂、并、明。轻唇，非、敷、奉、微。

齿音　齿头，精、清、从、心、邪。正齿，照、穿、床、审、禅。

喉音　晓、匣、影、喻。

半齿音　来。

半舌音　日。

（喉牙两音，沈括、晁公武所名，适与此据守温所名者互易。韩道昭则更名之曰深喉、浅喉。）

则知吾国声音之辨，唐宋以后，始渐明晰。盖以佛法东播，译文寖盛；声明之学，挟与俱来；故传音韵者，多属番僧；此固以印度文化之传入，而后吾国始有字母七音之标目也。虽然汉魏以前，盖已具其端倪矣。《淮南子·修务训》许慎注："驻读如质，缓气言之者，在舌头乃得。"又《说山训》注："辚近读蔺，急舌言之乃得也。"此即足征彼时已有舌头、舌上之分矣。刘熙《释名·释天篇》："天、豫、司、兖、冀以舌腹言之；天，显也，在上高显也。青、徐以舌头言之；天，坦也，坦然高而远也。"此舌头、舌腹，即舌头、舌上之辨也。又："风、豫、司、兖、冀横口合唇音之；风，泛也，其气博泛而动物也。青徐踧口开唇推气言之；风，放也，气放散也。"此横口合唇，踧口开唇，非即轻唇音而何？钱大昕《十驾斋养新录》谓古无舌头、舌上之分，无轻唇音；盖谓彼时不以之为正音，非真无其音也。则可知七音之分，汉魏以前，久已具其端倪矣。

江永《音学辨微》有辨七音法，黄侃《音略》并加以案语；因录之如下，以备参证：

喉音（音出中宫）　侃案，此不了然；当云音出喉节。正当喉节为影、喻、为（喻、为即影浊）、晓、匣稍加送气耳；验之自知。

牙音（气触牡牙）　牡当是牲牙之误，然亦不了然；当云由尽头一牙发声；见是也，溪、群稍加送气耳。疑，即此部位而加

用鼻之力(非鼻音)以收之。

舌音 据近世所分有五种:

舌头音(舌端击腭) 此又小误;当云舌端伸直,直抵齿间。端是也,透定稍加送气而分清浊;泥,即此部位而用鼻之力以收之。(腭即上牙床。)

舌上音(舌上抵腭) 此当云舌头弯曲如弓形向里,非舌头抵腭也。知是也,彻、澄稍加送气而分清浊;娘,即此部位而收以鼻之力。

半舌音 原注泥字之余,舌稍击腭;案泥余是也。半舌者,半舌上,半喉音也;然古音实即舌头加鼻之力,而助以喉音。

半齿音 原注娘字之余,齿上轻微;案此禅字之余,非娘余也。半齿者,半用舌上,半舌齿间音,亦以鼻之力收。

舌齿间音 江所未解。今云以舌端抵两齿间而发音;音主在舌,不在齿,然借齿以成音。照是也,穿、神、审、禅皆稍加送气而分清浊,无收声。

齿音

齿头音(音在齿尖) 案,当云音在上齿之尖;精是也,清、从、心、邪皆稍加送气而分清浊,无收声。

正齿音(音在齿上) 案,当云音在上齿根近龈处(龈即腭),舌尖抵此而成音;无须乎下齿,此与齿头之大别。庄是也,初、床、疏稍加送气而分清浊,无收声。

唇音

重唇音(两唇相搏) 邦是也,滂、并稍加送声而分清浊,明则收以鼻之力。

轻唇音(音穿唇缝) 非是也,敷、奉稍加送声而分清浊,微则收以鼻之力。

(三) 气程阻碍之程度与声之久暂

第二种类别：声母之法，即依气程阻碍之程度以为区分也。气流上通于口腔或鼻腔；在口腔中阻碍力之大小，声气即生种种差别。如口程全行闭塞，则其阻碍力大，谓之全阻；如口程不全闭塞，而仅逼窄，则其阻碍力小，谓之半阻。属于全阻者，为塞声与鼻声；属于半阻者，为通声与边声。四种声音，前已论及之矣(本文的第一编一(四))。兹更依其气程阻碍之情状，分述之如下：

甲、属于全阻者，俱由口程之闭塞以成；惟鼻程之开放与否，即鼻声与塞声之所由分也。

1. 口程与鼻程俱闭塞，以遏气流；然后骤除口阻，使气流由口迸出。如ㄅ、ㄆ、ㄉ、ㄊ、ㄍ、ㄎ，是为塞声。

2. 口程闭塞，而鼻程开放，使气流由鼻腔泄出。如ㄇ、ㄋ、ㄬ、ㄫ，是为鼻声。

乙、属于半阻者，俱由口程之逼窄以成；惟边声与通声，二者气程逼窄之情状，又不相同。

3. 口程中线闭塞，而两边开放，使气流分由舌边泄出。如ㄌ，是为边声。

4. 口程虽逼窄而无闭塞之处；其气流成摩擦之声。如ㄈ、ㄪ、ㄙ、ㄦ、ㄕ、ㄖ、ㄒ、ㄏ，是为通声。

气程阻碍之情状，关于声音存在时间之长短；故以上四种，在听感上，又可分为久声与暂声：塞声为暂声，通声、边声、鼻声为久声。盖一声之构成，可分三部：一曰成阻，二曰停顿，三曰除阻。声之仅在除阻时方可闻者，是为暂声。反之，自成阻时，即有可闻

之声，且能使之延长者，是为久声。故在暂声，其成阻与停顿，仅为作势；至除阻时，方始发声。而在久声，则一成阻，即有发声。塞声属于前者；通声、边声、鼻声属于后者。

至介乎久声、暂声之间，如ㄗ、ㄘ、ㄓ、ㄔ、ㄐ、ㄑ六母，实兼有通声与塞声之音素，名曰塞通声，或破裂兼摩擦声。盖塞声者，当其成阻时，气程全闭；除阻时，气程全开。通声者，气程自始至终，俱为半塞之状。今ㄗ、ㄘ、ㄓ、ㄔ、ㄐ、ㄑ六母，未发声时，为塞声之作势，气程全闭；及既发声，气程犹留半塞，变为通声之状。谓之为久声欤？则其成阻时，不应无声可闻；谓之为暂声欤？则其发声后，不应有可延长之声。故此六母，实介乎久声、暂声之间，而实兼有塞声与通声之音素也。此六者，实为塞声与通声所结合而成，可名曰声之结合。

（四）声之清浊及其音流与气流

第三种类别：声母之法，即依其带有乐音与否以为区分也。不带乐音者，为清声；带有乐音者，为浊声；清浊之判，前已论及（本文的第一编一（三））。纯粹清声母，不带乐音；清声之乐音化，即为浊声；故浊声者，乃清声与乐音之混合也。是则每一清声，必可加以乐音，使变为浊；反之，每一浊声，亦可去其乐音，使变为清。故由理论上言，每一清声，必有浊声与之相配；然在实际语音上，每多缺其一方：如国音上，仅有ㄈ、ㄪ、ㄕ、ㄖ清浊兼备；其他如ㄇ、ㄋ、ㄬ、ㄫ、ㄌ、ㄦ则有浊无清；ㄅ、ㄆ、ㄉ、ㄊ、ㄍ、ㄎ、ㄙ、ㄒ、ㄏ则有清无浊。凡清声字母，无其浊声字母，而欲表其浊声时，可于其右上角加·号以记之；如ㄅ˙、ㄆ˙、ㄉ˙、ㄊ˙、ㄙ˙。凡浊声字母，无其清声字母，而欲表其清声时，可于其右上角加◦号以为记；如ㄇ◦、ㄋ◦、ㄬ◦、ㄫ◦、ㄌ◦。

声母呼读时，每用韵母收声，以便表示；而韵母必为乐音化，则清声母呼读之不纯粹者，已带有乐音矣。然就声母之本质上言，清

浊之分，仍是判然；初不以呼读之纯粹与否，致混声母此种之类别也；此不可不注意者也。

所当问者，如ㄅ与ㄆ，同为双唇阻之清塞声；ㄓ与ㄔ，同为后舌叶阻之塞通清声；而其自相区别者，究何由乎？则又以其流音之有音流与气流之不同故也。所谓流音者，即发音机关自某种状态变为他种状态时，中间所发生之声音也。如先发ㄚ，后发ㄨ，严密以言，尚未成为ㄠ；以自ㄚ至ㄨ，中间尚经有ㄛ之音；惟此转接之音，其速如流，偶然听之，不易觉察，故名为流音。流音有前流、后流之分：流音发生在两音之间，即为第一音之后流，或第二音之前流。凡一音必有其自身作用，流音在其自身作用之前者，为前流；在其自身作用之后者，为后流。就声母言，自其成阻至除阻间，为其音之自身作用：若音之在成阻以前者，为前流，在除阻以后者，为后流。国音声母拼音时，既皆置在韵母之前，无置在韵母后者；故论ㄅ、ㄆ等时，只言其自身作用及其后流可矣。

ㄅ、ㄆ、ㄉ、ㄊ等母，为清塞声，不带乐音；苟除去其与他音转接时之流音，则在听觉上不易显示。至其浊音，如旧母中之并、定等母（即ㄅ、ㄉ等），具有乐音者，则较易显示。是则一塞声有清、浊之辨，而其流音，又有音流与气流之异；故一塞声，实可析为以下四种：

1. 清塞清流　塞声自身，既不带乐音；且其与他音转接时，后流亦不颤动声带。自清塞声至韵母间之流音，纯为气息，未发乐音，故名清塞清流；如ㄆ、ㄊ、ㄎ。

2. 清塞浊流　塞声自身，不带乐音；惟其与他音转接时，后流即颤动声带。其介乎清塞声与韵母间之流音，发有乐音，故名清塞浊流；如ㄅ、ㄉ、ㄍ。

3. 浊塞清流　塞声自身，已带乐音；惟其后流，却变成气息。当其成阻时，声带颤动；及除阻之后，又复弛缓，以成浊塞与韵母间之气流，故名浊塞清流；如ㄆ、ㄊ、ㄎ之浊音（即ㄆ'、ㄊ'、ㄎ'）是也。

4. 浊塞浊流　塞声自身，已带乐音；而其后流，亦颤动声带。自浊塞成阻至其除阻，自浊塞除阻至韵母间之流音，始终均具乐音；故名浊塞浊流；如ㄅ˙、ㄉ˙、ㄍ˙。（即ㄅ、ㄉ、ㄍ之浊音。）

至塞通声，为塞声与通声之结合；即可因其通声，以区分后流之性质。如ㄗ、ㄘ、ㄓ、ㄔ、ㄐ、ㄑ六母，亦可谓ㄗ、ㄓ、ㄐ，带有音流；ㄘ、ㄔ、ㄑ带有气流。盖前流后流之意义，若就声之结合以言，不得不以其音之前半为前流，后半为后流。ㄗ、ㄘ、ㄓ、ㄔ、ㄐ、ㄑ，既为塞声与通声之结合；故可因其后半通声；判其后流之性质。ㄗ、ㄓ、ㄐ当其发通声时，声带颤动；故谓其带有音流。ㄘ、ㄔ、ㄑ当其发通声时，声带仍不颤动；故谓其带有气流也。

（五）声等之说

对于声之清浊及其音流与气流之辨，宋季《切韵指掌图》（近人考其为宋季或元明间作品，详后）有全清、次清、全浊、半浊等名；因录如下：

见 经坚 全清	溪 轻牵 次清	群 勤乾 全浊	疑 银研 不清不浊	端 丁颠 全清	透 汀天 次清
定 廷田 全浊	泥 宁年 不清不浊	知 珍邅 全清	彻 痴脠 次清	澄 陈缠 全浊	娘 纫尼 不清不浊
帮 宾边 全清	滂 缤篇 次清	并 贫便 全浊	明 民绵 不清不浊	非 分番 全清	敷 芬蕃 次清
奉 坟烦 全浊	微 文亡 不清不浊	精 津煎 全清	清 亲千 次清	从 秦前 全浊	心 新先 全清
斜 饧涎 半浊半清	照 直毡 全清	穿 嗔蝉 次清	床 峥潺 全浊	审 身羶 全清	禅 唇蛇 半浊半清
影 因烟 全清	晓 馨轩 次清	匣 刑贤 全浊	喻 寅延 不清不浊	来 邻连 不清不浊	日 人然 不清不浊

宋元以前，言韵学者，已有清浊之名。潘徽《韵纂序》："李登《声类》、吕静《韵集》，始判清浊，才分宫羽。"陆法言《切韵序》："支脂鱼虞，共为一韵；先仙尤侯，俱论是切；欲广文路，自可清浊皆通；若赏知音，即须轻重有异。"孙愐《唐韵序》论："引字调音，各自有清浊。"惟此清浊之辨，未有明说；究所指为何，后人莫能臆测。《广韵》末载有《辨字五音法》，以唇声、舌声为清，齿声、牙声、喉声为浊；似又以清浊类分五音。《广韵》并载《辨四声轻清重浊法》，以仙为轻清，先为重浊；则乃以清、浊用为分韵矣。此皆与宋元以后言字母者所分清、浊，全不一致；可勿论也。

宋元以来，言三十六字母者，以见溪与群，端、透与定等，判分清浊；而见与溪、端与透等之区别，则加以全清、次清之名。迄乎明清，学者渐知此等全清、次清名称之不当；方以智遂创发声、送气、收声之说：以见、端诸母为发声，以溪透诸母为送气，以疑、泥诸母为收声。江永《音学辨微》分配三十六字母，仍用正清、次清等目；谓此三十六字母中，有清浊相配者，如溪与群、透与定等；有仅具清而无浊者，如见、端等；有仅具浊而无清者，如疑、泥等。及陈澧乃并采二家之说，以溪与群等分为清浊；以见与溪等分为发送。列表如下：

	发声	送气	收声	
喉音	影○ 喻为	晓 匣		清 浊
牙音	见 ○	溪 群	○ 疑	清 浊
舌音	端 ○	透 定	○○ 泥来	清 浊
	知 ○	彻 澄	○ 娘	清 浊

续　表

	发声	送气	收声	
齿音	照 〇	穿审 床禅	〇 日	清 浊
	精 〇	清心 从斜		清 浊
唇音	邦 〇	滂 并	〇 明	清 浊
	非 〇	敷 奉	〇 微	清 浊

上表所列，以群、定诸母，为溪、透等之浊；而见、端诸音，无其浊母。此本诸江氏《音学辨微》，以为三十六字母中，固非清浊全行相配者。然考之吾国南北语音，群、定诸母，应兼为见与溪、端与透等之浊。上节所述清塞清流、清塞浊流、浊塞清流、浊塞浊流四种，各方语音中，非尽全备者，或少其一，或缺其二，或四种备具。南北各处，既不相同；故李光地《等韵辨疑》于群下注曰："北方为溪浊声，南方为见浊声"；谓群兼为见与透之浊也。章炳麟《音理论》更详言之；因录其言如下：

> 自来言字母者，皆以群为溪之浊，定为透之浊，而见端无浊音。返观梵文，五字为行，二清、二浊，一为收声；而中土独二清、一浊、一收；何以不相比类？盖群定等字，扬气呼之为溪透之浊，抑气呼之为见端之浊。今北音多扬，南音多抑。又北音平去亦有抑扬之异，如呼群皆扬如溪之浊，呼郡则抑气如见矣；呼亭皆扬如透之浊，呼定则抑气如端矣。同此一母，而平去异贯；则知曩日作字母者，本以群承见溪，定承端透；非谓群专为溪之浊，定专为透之浊。然据例自当二清二浊，故潘耒《类音》为之补苴焉。

则可知三十六字母中，群定诸母，兼承见与溪、端与透等，非仅为溪

透诸母之浊音也。

清末劳乃宣著《等韵一得》，以三十六字母，分为戛、透、轹、捺四类；声等之说，盖莫备于是矣。劳氏之言曰：

> 音之生，由于气。喉音出于喉，无所附丽；自发声至收声，始终如一，直而不曲，纯而不杂，故独为一音，无戛、透、轹、捺之别。（按，此所谓喉音，专指影喻二母；其独为一音者，以此二母实为韵，非声故也。）鼻、舌、齿、唇诸音（按鼻当作牙），皆与气相遇而成。气之遇于鼻、舌、齿、唇也，作戛击之势而得音者，谓之戛类；作透出之势而得音者，谓之透类；作轹过之势而得音者，谓之轹类；作按捺之势而得音者，谓之捺类。
>
> 字母之有此四类，如韵之有四等，支分派别，秩然不可紊。古有纯清、次清、纯浊、次浊之目；洪初堂《四声韵和表》有发声、送声、外收声、内收声之目；钱竹汀《养新录》又有出、送、收、三等之说：皆指此四类而言，而所分尚不明确。今定第一类曰戛音，第二类曰透音，第三类曰轹音，第四类曰捺音。

兹录其表如下：（表依钱氏《文字学·音篇》，与《等韵一得》略异）

	戛类	透类	轹类	捺类	
喉音	影 喻				清 浊
牙音	见 群南音	溪 群北音	晓 匣	○ 疑	清 浊
舌音	端 定南音	透 定北音	○ 来	○ 泥	清 浊
	知 澄南音	彻 澄北音		○ 娘	清 浊

续 表

	戛类	透类	轹类	捺类	
齿音	照 床南音	穿 床北音	审 禅	〇 日	清 浊
	精 从南音	清 从北音	心 斜		清 浊
唇音	邦 并南音	滂 并北音		〇 明	清 浊
	非 奉南音	敷 奉北音		〇 微	清 浊

劳氏戛、透、轹、捺四类之说，实集宋元以来言字母声等者之大成。惟以今发音学理考之，其所分隶于此四类者，亦多乖谬之处。劳氏所谓戛音，即指塞声或塞通声之带有音流者，如见、端、知、照、精、帮诸母（即ㄍ、ㄐ、ㄉ、ㄓ、ㄗ、ㄅ等）。透音即指塞声或塞通声之带有气流者，如溪、透、彻、穿、清、滂诸母（即ㄎ、ㄑ、ㄊ、ㄔ、ㄘ、ㄆ等）。轹音似指通声及边声，如晓、来、审、心诸母（即ㄏ、ㄒ、ㄌ、ㄕ、ㄙ等）。捺音似即鼻声，如疑、娘、泥、明诸母（即ㄫ、ㄬ、ㄋ、ㄇ等）。然非、敷、微、日诸母，为通声（即ㄈ、ㄪ、ㄖ等）。均当归于轹类，乃上表以非入戛类，敷入透类，微、日入捺类。此皆与今发音学理不合者也。

三、韵母之种类及其音素

（一）单纯韵母之类别

类别韵母，与声母不同。声母以气程之阻碍而成，不必为乐音化；韵母则以气程之自由及口腔之大小节制而成，且必为乐音化。故类别韵母，不在气程阻碍之地位与程度，及其乐音化之有无；而在唇、舌之进退、升降、开合、宽紧等等；以此等关于口腔之大小、节制也。故韵母，可依下列四种方法以区分之：1. 舌之前后、2. 舌之升降、3. 唇之形状、4. 肌肉之松紧。

盖韵母自出声门，上经口鼻诸部，其气程虽未受阻；而因唇或舌之变化作用，口腔即成种种形状，种种共鸣器；乐音亦以变化而成种种韵母。以舌言，口腔之张敛节制，舌为其一重要机关；舌稍一微动，口腔即另成一形状。舌之动作，有纵横两种作用：其横的作用，即指舌之进退前后；动作或在舌前，或在舌后，或在舌之中央；前后不同，音即随以变更。此因以类别韵母者一。其纵的作用，即指舌面之上下升降；舌面或上升，或下降，或半升半降；口腔形状，亦即随以变异。此因以类别韵母者二。以唇之作用言，两唇或可收圆，或可放扁，或成不圆不扁之状；故虽同一舌部所生之音，而因唇圆扁之形状不同，使气流或开放，或束小；音亦随以歧异。此因以类别韵母者三。舌之肌肉，可牵

紧,可放松;紧松程限不同,使舌面有高举或低缩之异,而气流亦因有广宽狭小之别。此因以类别韵母者四。今就此四种,一一分述之:

1. 依舌之前后进退以为区分者,有后韵母、前韵母、中韵母三种:

(1) 后韵母,如ㄨ、ㄛ、ㄚ。因舌之全部后退,而前部又压下,致使舌根节制,占优越之地位;故其韵母以舌后部为功用所成。

(2) 前韵母,如ㄧ、ㄩ、ㄝ。因舌向前进,使其全部由口腔前部向后倾斜;故其韵母以舌前部为功用所成。

(3) 中韵母,如ㄜ。舌全部皆为平庸状态;无论前后节制,均无优越之地位;故其韵母以舌前舌后混合部分为功用所成。

2. 依舌之升降以为区分者;舌之升降,关于舌之高度,即舌与口盖间之距离。此等距离,非仅恃舌之单独升降作用构成,实与下牙床之开合相辅而行者;下牙床与口盖相距之角度,与舌之升降永成一正比例。由此种舌与口盖距离之广狭,或下牙床开合之角度,可区分韵母为开韵母、合韵母、半合韵母、半开韵母四种:

(1) 开韵母,或称为下降韵母,如ㄚ。舌下降至最高限度,下牙床与口盖间之角度至大。

(2) 合韵母,或称为上升韵母,如ㄧ、ㄨ、ㄩ。舌与口盖间距离至狭,下牙床角度至小;即舌已升至声韵交界处,如再上升,即发生阻碍而成通声。

(3) 半合韵母,或称为半升韵母,如ㄝ、ㄛ。舌升至半高程限。

(4) 半开韵母,或称为半降韵母,如ㄜ。舌降至半低程限。

3. 依唇之形状以为区分者;如ㄧ、ㄩ两韵,ㄧ为舌前部上升之韵母,ㄩ之口内作用亦然;而其所以不同者,即发ㄧ时,唇扁而不圆;发ㄩ时,唇收敛而圆之故也。依此可分圆唇韵、平唇韵、自然唇

韵三种：

(1) 圆唇韵，如ㄩ、ㄨ、ㄛ。

(2) 平唇韵，如ㄧ、ㄝ。

(3) 自然唇韵，如ㄚ、ㄜ。

4. 依肌肉之松紧以为区分者，有紧韵母、松韵母二种：

(1) 紧韵母，或称狭韵母，如ㄧ、ㄨ、ㄩ、ㄛ、ㄝ。

(2) 松韵母，或称广韵母，如ㄚ、ㄜ。

(二) 附声韵母与声化韵母

以上所举，皆为单纯韵母，即韵母之纯粹者也。韵母尚有非纯粹者，如附声韵母与声化韵母。附声韵母者，韵母之下，附有声母之谓也。今国音中，有ㄢ、ㄣ、ㄥ、ㄤ四母，皆附有鼻声之韵。附声韵母，又名声随之韵；此声随韵母，所附者，不必定为鼻声。吾国古时入声韵，以塞声作收(即其附随ㄅ、ㄆ、ㄉ、ㄊ、ㄍ、ㄎ也)，亦即附声韵母，今粤音尚然；说详于后，兹不具论。今国音中直接所用者，惟此ㄢ、ㄣ、ㄥ、ㄤ四母；此四母所附之鼻声，可分两类：

1. 附ㄋ者：ㄢ、ㄣ两母，收有舌尖阻之鼻声也。

2. 附ㄫ者：ㄤ、ㄥ两母，收有舌后阻之鼻声也。

其收声时之气流，皆从鼻腔外达。析其音素：ㄢ，即ㄚ之附有ㄋ者也；ㄣ，即ㄜ之附有ㄋ者也；ㄤ，即ㄚ之附有ㄫ者也；ㄥ，即ㄜ之附有ㄫ者也。吾国古时韵母，尚有附带双唇阻之鼻声(即以ㄇ作收)；如侵、覃、咸、盐诸韵，今粤人读之犹然。

以韵母之附声与否，吾国音韵家自来有阴声韵、阳声韵之分。以阴声韵为不收鼻音，阳声韵为收有鼻音；且分阳声为撮唇、上舌、独发三种。撮唇鼻音者，收ㄇ；上舌鼻音者，收ㄋ；独发鼻音者，收

兀。章炳麟《小学略说》论之颇详，其言曰：

> 孔氏《诗声类》列上下两行，为阴声、阳声；其阳声即收鼻音，阴声非收鼻音也。然鼻音有三孔道：其一侈音，印度以西皆以半摩字收之；今为谈、蒸、侵、冬、东诸部，名曰撮唇鼻音。(古音蒸、侵常相合互用，东、谈亦常相合互用，以侵、谈撮唇，知蒸、东亦撮唇；今音则侵、谈撮唇，而蒸、东与阳同收；此古今之异。)其一弇音，印度以西皆以半那字收之；今为青、真、谆、寒诸部，名曰上舌鼻音。其一轴音，印度以姎字收之；不待撮唇，上舌，张口气悟，其息自从鼻出；名曰独发鼻音。夫撮唇者，使声上扬，上舌者，使声下咽，既已变异。且二者非故鼻音也，以会压之气被闭，距于唇舌，宛转趋鼻，以求渫宣，如河决然；独发鼻音则异是。印度音摩，那皆在体文，而姎独在声势，亦其义也。

声化韵母者，韵母之有声母性质者也。声与韵之区别，实无绝对之分界。二者之异，在音素上，即关于其洪亮度之大小。声母之成，由于口腔内某部之阻碍，且不必为乐音化；其共鸣作用较小，故其洪亮度亦较小。韵母之成，由于口腔内气程之自由，且必为乐音化；其共鸣作用较大，故其洪亮度亦较大。然此洪亮度之大小，亦惟据两者比较而言，并无绝对之区界。如浊声母，有乐音化，其洪亮度自较清声母为大。又鼻声、边声，必赖声带之颤动，及口腔或鼻腔之共鸣作用以成，与韵母相似，故有准韵之名(见本文的第一编一(四))。即可见声与韵无绝对之区界；故韵母亦有近似于声母者，即声化韵母是也。国音中ㄖ、ㄙ、ㄦ作韵母用时，其发音虽不如作声母用时，舌尖、舌叶抵及上牙床或上齿，致气流受阻；然亦微微向上，受声母之变化；故称声化韵

母。或直称舌尖韵母、舌叶韵母。

（三）复韵母及等呼论之意义

与单纯韵母对立者，除附声韵母与声化韵母外，尚有复韵母。复韵母者，由单纯韵母之互相结合；即自口腔张敛节制之某种地位，转为他种节制地位以成者也，韵母变异，多恃乎舌；而舌之运动最灵，韵母之转变亦最易；互相结合，以成复韵母，自可多至无限。惟国音中所称复韵母者，仅有ㄞ、ㄟ、ㄠ、ㄡ四母。ㄞ为ㄚ、ㄧ之结合；ㄟ为ㄝ、ㄧ之结合；ㄠ为ㄚ、ㄨ之结合；ㄡ为ㄛ、ㄨ之结合。此外则以ㄧ、ㄨ、ㄩ三音与各韵母结合，以成种种结合韵母，亦为复韵母之一类。ㄧ为平唇韵，ㄩ、ㄨ为圆唇韵，ㄚ、ㄜ等为自然唇韵；故ㄚ、ㄜ等之单纯韵母，及其与ㄧ、ㄨ、ㄩ之结合韵母，唇之形状不同。依此而分韵母为开、齐、阖、撮数等者，即明清等呼论所由成也。

等呼论创自宋人。陈澧《切韵考·外篇》云：

> 自汉末以来，用双声、叠韵为切语；韵有东、冬、钟、江之目，而声无之。唐末沙门，始标举三十六字，谓之字母。至宋人乃取韵书之字，依字母之次第而为之图，定为开合四等；纵横交贯，具有苦心；遂于古来韵书切语之外，别成一家之学。

言等呼之书，当推始于《七音略》与《韵镜》；此二书亦最可信。近人高元谓《切韵指掌图》非司马光所作，邹特夫已证原书出于宋杨中修；而今所存者，则为讹本。钱玄同亦谓《指掌图》必为元世或宋末作品，出于《七音略》与《韵镜》之后者也（见高元《国音学》）。故言等呼，当以宋人《七音略》《韵镜》二书为始。

研究等呼者，其问题有二：一曰等数，二曰各等间之差别。关

于等数问题，自来大都以为原分开合，开各四，合各四，共为八等。潘耒《类音》有《等韵辨淆图说》一篇，直斥等韵立图未善，致误四等为八等。章炳麟《音理论》亦非之；其言曰：

> 始作字母者，未有分等；同母之声，大别之不过开口、阖口。分齐视阖口而减者为撮口，分齐视开口而减者为齐齿；开口、阖口皆外声，撮口、齐齿皆内声也。依以节限，则阖口为一等，撮口其细也；开口为一等，齐齿其细也。本则为二，二又为四；此易简可以告童孺者。季宋以降，或谓阖口、开口皆四等，而同母同收者，可分为八。是乃空有名；言其实，使人哽介不能作语。验以见母，收舌之音，昆、君、根、斤以外，复有他声可容其间耶？原其为是破碎者，尝睹《广韵》《集韵》诸书，分部繁穰，不识其故，欲以是通之尔。不悟《广韵》所包，兼有古今方国之音，非并时同地得有声势二百六种也。

是开、齐、阖、撮、显为四等，而自来谓为有八等之分者：钱玄同《声韵学讲义》谓一、四为古本韵之洪细，二、三为今变韵之洪细；古本韵有开口洪音、细音、合口洪音、细音四种（即开、齐、合、撮四种），今本韵亦如之，则仍有八等之目。以为其音呼不异，而所以分者，则以明古今之异耳；故其分等，非仅为审音，且兼详沿革者也。按钱氏此说，自言本诸黄侃；然至今又自疑其说不能成立矣（见高元《国音学》）。则四等之说，自较足信也。

关于各等间相互之差别问题，江永《四声切韵表》《音学辨微》，戴震《声类表》皆主一等洪大，二等次大，三、四皆细，而四尤细之说。潘耒分为开、齐、合、撮四等，其言曰："初出于喉，平舌舒唇，谓之开口；举舌对齿，声在舌颚之间，谓之齐齿；敛唇而蓄之，声在颐辅之间，谓之合口；蹙唇而成声，谓之撮口。"两说不同，果以何者为

是乎？高氏《国音学》谓宋元等呼论与明清等呼论，两者性质根本不同；《七音略》《韵镜》诸书，为宋元等呼论，《切韵要法》《华梵字谱》等为明清等呼论。前者以韵之音节为排列标准，后者则以韵之圆化为标准。由前说，则等呼乃为排列韵之音节等第或顺序者，此可与江氏戴氏洪细之说相合也。由后说则等呼乃为辨别韵之唇的形状或作用者，此又即潘氏开、齐、合、撮之说也。

高氏谓宋元等呼论亦仅有四等，虽时有开合共为四等，然此惟偶然之事实耳。其四等之分，大抵一等最低，二等稍高，三等更高，四等最高。音节之顺序：大抵合后韵最低，以渐下降至于开后韵，次至中韵，又次即至前韵；而前韵则先由开前韵，渐至合前韵，为最高。宋元四等之说，其排列次序，亦略依此。大抵一、二两等属于后韵或中韵，三、四两等属于前韵；而一、四两等舌之位置，又大抵较二、三等为高。吾国往时言音理者，每以音节与音势相混；以小音势示高音节，以大音势示低音节；《左传》："大不逾宫，细不过羽"；即其证也。是故江氏、戴氏洪细之说，适与此所谓以音节高低为排列相吻合。

至明清等呼论，乃并合转变宋元等呼论以成者也。元明以降，语音音素，多所裁并；由一、二等或一、二、三等并合为后韵或中韵，由三、四等或二、三、四等并合为前韵。同时又以唇之开合，转为分类标准。于是首分开口、合口两等，即圆唇与不圆唇二纲；又各分正、副二等，即舌之前进或后退二目。是由舌之运动的分类标准，变为唇之运动的分类标准；其第一步，即《切韵要法》之四等也。再进，则察知不圆唇之后韵或中韵与不圆唇之合前韵，其唇之作用亦有别；前者为自然唇，后者为平唇；于是谓前者为开口，后者为齐齿。又圆唇之后韵与圆唇之前韵又不同；前者为内圆唇，后者为外圆唇；于是称前者为合口，后者为撮口；明清等呼论，遂以完成矣。是即潘氏《类音》之四等，而《华梵字谱》用之者也。

(四) 介母名称之由来

观上节,等呼论之意义,约略可明矣。高元《国音学》谓等呼论,其病有二:1. 割裂各种韵之全系统,而分隶于相异之各图;2. 混杂不同系统之各种韵,在同一图内。故其结果:音节之排列,不能得纯一之顺序;唇化之区别,不能得清晰之标准。而其所以致此种谬误之原因:1. 未能分析音素,每将音素与结合音相混;2. 整齐观念过深,以为无论何音,总须配成四等。夫等呼之立,原只合于音节之顺序,或唇化之四等已足;非必二、三、四等,尽必由一等以出。宋元等呼论,更无论矣;即明清等呼论,亦不必由一等之韵,与一、ㄨ、ㄩ结合,方成其二、三、四等也。自劳乃宣《等韵一得》出,而后有齐齿必生于伊,合口必生于乌,撮口必生于俞之论。整齐四等之学说,至劳氏可谓极矣。此种观念,流入于注音字母;即介母之名所由来也。

明清等呼论,虽与宋元之分等法不同,而皆不合于现今发音学理,其弊则一。此种弊端,流入于注音字母中,致使注音字母上之结合韵母,多有乖音理者。例如:ㄥ母,为ㄜ韵之附有ㄫ者也;至于ㄧ母之附有ㄫ,不另制韵母,则可以ㄧ与ㄫ相合;今乃于ㄧ母附ㄫ之音,以ㄧ与ㄥ二母合作ㄧ、ㄥ代之;是则变为ㄧ、ㄜ、ㄫ矣。此种谬误之发生,实由等韵家整齐之观念使然也。盖以为ㄧ韵之发,无论如何,总须配成开、齐、合、撮四等;故必以ㄧ、ㄜ、ㄫ、代、ㄧ、ㄫ,以为如此则开、齐二等,方能配成也。

开、齐、合、撮四等,既与音理不合,则注音字母上一、ㄨ、ㄩ三介母之名称,非取消之不可。ㄧ、ㄨ、ㄩ三母,在国音中本为韵母,与ㄚ、ㄛ、ㄜ、ㄝ同属音素,可无疑也。乃因拘囿于开、齐、合、撮四等之成见,竟将ㄧ、ㄨ、ㄩ三母驱出于韵母之外。ㄧㄚ、明为ㄧ与ㄚ

两韵之结合，ㄨㄛ、明为ㄨ与ㄛ两韵之结合，ㄩㄝ、明为ㄩ与ㄝ两韵之结合；乃以后一音之ㄚ、ㄛ、ㄝ为韵母，而前一音之一、ㄨ、ㄩ为介母，为齐、合、撮三呼之标识。ㄐ一ㄚ、ㄏㄨㄛ、ㄌㄩㄝ、显系ㄐ、ㄏ、ㄌ声母与一ㄚ、ㄨㄛ、ㄩㄝ复韵母之拼合；乃以ㄐ、ㄏ、ㄌ为声母，ㄚ、ㄛ、ㄝ为韵母，一、ㄨ、ㄩ为介母；固以此乃介乎声韵之间，非属于上、亦非属于下也。尤可怪者，当一、ㄨ、ㄩ独用，如ㄇ一、ㄌㄨ、ㄒㄩ等，亦谓声与介母之拼合。似介母之音，可以独用，可与声拼合，可与韵拼合，又可介在声与韵之间；是则以介母之音，非韵亦非声，而在声与韵之外者也。此种谬误观念之所由来，以沿袭等呼论之遗说故也；不可不有以纠正之。

四、四 声 与 五 声

（一）四声与五声之定义

四声者，平、上、去、入；五声者，上、去、入之外，平又分阴、阳也。此五声上阴、阳之意义，与韵学中阴声指纯韵，阳声指纯韵之收有鼻声者，绝然不同；盖名同而义异，不可相混。惟四声与五声，究为何物欤？自来言四声音理者，或以高低、轻重为分，或以长短、迟疾为准。唐《元和韵谱》云：

> 平声哀而安，上声厉而举，去声清而远，入声直而促。

明释真空《玉钥匙歌诀》：

> 平声平道莫低昂，上声高呼猛烈强，去声分明哀远道，入声短促急收藏。

顾炎武《音论》：

> 平音最长，上去次之，入则绌然而止，无余音矣。
> 其重其疾，则为上，为去，为入；其轻其迟，则为平。

江永《音学辨微》谓：

> 平声长空，如击钟鼓；上去入短实，如击土木石。

张成孙《说文谐声谱》：

> 平声长言，上声短言，去声重言，入声急言。

段玉裁《与江有诰书》：

> 平声扬之则为上，入稍重之则为去。

王鸣盛《十七史商榷》：

> 同一声也，以舌头言之为平，以舌腹言之为上，急气言之即为去，闭气言之即为入。

大都人是其说，且多非科学之论断，莫由得一确定之标准。至高元《国音学》出，始对于五声之性质，综会古今诸说，详为剖析，以立一五声之定义。谓语音上有三种性质：一曰音节，指音之高低，乃关于其振动之速率者也。二曰音势，指音之强弱，乃关于音浪振幅之广狭者也。三曰音长，指音之长短，乃关于其振动时间之久暂者也。自来区分五声者，大都可分以下诸说：

1. 主单由音长之变化者，以四声，由于音之长短而区分者也。譬诸风琴中，依节拍多少而有长短之别；此即四声之所由分。若其音节，则依音程上下，而分高低；以为此乃关于声之清浊，非属四声之事矣。

2. 主由音长、音节之并变者，则以虽在同一清浊之内，而平、上、去、入之分，音程亦生变化；换言之：音节亦分高低也。盖以长短高低之分，皆由四声自身上之区别；虽同一清声，或同一浊声，而音节亦自异也。此可证上说单由音长变化之不能成立，然犹未备也。

3. 主由音长、音势之并变者，大都以上、去、入之音，较重较疾，平则较轻较迟。四声之分，必与音之轻重有关；故音势亦为构成五声之要素，可无疑也。然此说仅注意于音势，而不及音节之变异；亦非完备者。

4. 主由音长、音节、音势之并变者，则以五声之分，举凡音之长短，音之高低，音之强弱，莫不与有关焉。此说兼各说之长，最为完善。

由上论证，可得一五声之定义，曰：五声者，在同一声韵中音长、音节、音势三种变化相乘之结果也。语音性质，除音节、音长、音势三者外，尚有音色；音色之变化，即种种声与韵之所由成也。同一声韵之内，因音长、音节、音势之变化，即成立五声。

是五声之分，与音长、音节、音势三者，莫不有关；然在实际语音上，其音节之不同，较易显示，音长与音势，每难表明。因一自然语之变化，往往同为一字，以语意微变，其音读即有疾迟轻重之异；而其四声上之音长、音势反不易显示矣。近人多以实验方法，用种种仪器从自然语变化及各处方音中，研究四声之分别；亦以其音之向高性或向低性为准。大抵平声，最高点与最低点之距离不甚长，亦不甚短；向高性甚弱，虽为重音时，其最高点亦不甚高；向低性甚显，其低点，实上、去、入三声所未及者也。上声，最高点与最低点之距离，常较平声略长；向高性甚显，即不为重音时，其最高点亦甚高。去声，最高点与最低点之距离，均较其他三声为长；向高性甚显，向低性亦仅较平声略差耳。入声，最高点与最低点之距离甚

短;向高性本不甚显,惟为重音时,其向高性至巨也。

(二)四声与五声之历史的观察

吾国上古无四声,仅有平入之分。黄侃《音略・略例》云:“四声,古无去声,段君所说;今更知古无上声,惟有平、入而已。”至平、入之辨,《公羊传》何休《解诂》:“伐人者为客,读伐长言之;见伐者为主,读伐短言之。”则以长言短言为分也。平声韵,自古分阴阳二类:阴类不附鼻音,阳类附有鼻音。入声者,介乎阴阳两类之间;以其音本出于阳类,当收有鼻声,顾入声音至短促,不能收鼻,故收以塞声之丂、去、攵;是古时入声,亦附声韵母也。凡阳类收兀者,其入声收丂;阳类收ㄋ者,其入声收去;阳类收ㄇ者,其入声收攵;盖兀、ㄋ、ㄇ为久声,音可延长,丂、去、攵为暂声,不可延长;入声短促,不可延长,故以此等暂声为收势,使失其后流,仅存闭塞。缘其不能收鼻,有类阴声韵;而又有附声,则亦近似阳声韵;故入声者,介乎阴阳两类之间也。

以今闽粤音证之,知古时入声,实兼备此收丂、收去、收攵三种,不待隋唐韵书中,始具有也。唐钺《国故新探》有《入声演化与词曲发达之关系》一文,证《三百篇》时代,不仅有如《广韵》所列收攵之音,亦有收丂、收去之音。章炳麟《国故论衡・二十三部音准》:“古音本无《药觉》《职德》《沃屋》《烛铎》《陌锡》诸部,是皆《宵之》《幽侯》《鱼支》之变声也。有入者,阴声有《栉质屑》一类,《曷月辖薛末》一类,《术物没迄》一类;阳声有《缉》类、《盍》类耳。”是以古仅有《缉盍》一类收攵之入声;以《栉曷术》诸韵为入声而不以为收去者;《药觉》诸部,则又以为本非入声,自非收丂者。章氏盖未知闽粤尚有收丂、收去之入声,而《广韵》《药觉》类收丂,所以配《阳江》类;《栉曷》类收去,所以配《臻寒》类;与《缉盍》类收攵配《侵谈》

部同是一理。若谓《药觉》《栉曷》类本无收声，至隋唐时方加以收声者，则于音理不合。故吾国古时入声，有此收ㄎ、收ㄊ、收ㄆ之三类也。

自来研究古韵学者，多以古时仅有阴、阳、入之分；盖仅有平入而无上去，平声韵又分阴阳二类也。近人王国维《观堂集林》乃有《五声说》，谓古音有五声，阳类一与阴类之平、上、去、入四是也。其言曰：

> 余则谓阳声自为一类，有平而无上、去、入。今韵于此类之字读为上去者，皆平声之音变；而此类之平声，又与阴类之平声，性质绝异。如谓阴声之平为平声，则此类不可不别立一名。阳声一，与阴声平、上、去、入四，乃三代秦汉间之五声。……故五声者，以古音言之也。宋齐以后，四声说行而五声转微。

王氏以古阴声韵已有平、上、去、入之分；其说尚未阐发详明，不能轻信。以今之所见，则吾国四声备具，实在汉魏之际。唐封演《闻见记》曰："魏时有李登者，撰《声类》十卷，凡一万一千五百二十字，以五声命字。"《魏书·江式传》曰："晋吕忱弟静，放故左校令李登《声类》之法，作《韵集》五卷，宫、商、角、徵、羽各为一篇。"此所谓宫、商、角、徵、羽者，即平、上、去、入四声：宫商为平，徵为上，羽为去，角为入，盖其时未有平、上、去、入之名，故借五声字以名之。是四声起于汉魏之际，有明征矣。赵翼《陔余丛考》有《四声不起于沈约》一则，证齐梁以前，四声已具。其言曰：

> 今按隋《经籍志》，晋有张谅撰《四声韵林》二十八卷，则四声实起晋人。……《南史·陆厥传》云："约等文皆用宫商相

> 宣，将平、上、去、入四声，以之制韵。”沈约作《宋书·谢灵运传后》论之甚详。厥乃为书辨之，以为历代众贤未必都暗此处也。此又约之前已有四声之明证。即与约同时者，周颙有《四声切韵》行于时；刘善经有《四声指归》一卷；夏侯咏有《四声韵略》十三卷；王斌有《四声论》：皆齐梁间人。

盖四声之起，远在沈约以前；惟以之制韵，应用于文辞而创声律论者，则自沈约《四声谱》始。封演《闻见记》：“永明中，沈约文辞精拔，盛解音律，遂撰《四声谱》。时王融、刘绘、范云之徒慕而扇之。由是远近文学转相祖述，而声韵之道大行。”可见四声应用于文学后，始能风行世上也。顾炎武《音论》：“今考江左之文，自梁天监以前，多以去入二声同用；以后则若有界限，绝不相通。是知四声之论，起于永明，而定于齐梁之间也。”是知四声之分，虽在齐梁以前，而必待沈约、周颙辈出，其用始严也。纪昀《沈氏四声考序》谓陆法言《切韵》实据沈谱以成。兹录其言如下：

> 约既执声势病绳人，则约之文章，必不自乱其例；所用四声，即其谱也。今取其韵之文，州分部居而考之，平声得四十一部，不合《切韵》者才一二；仄声得七十五部，不合《切韵》者无一焉。陆氏所作，岂非窃据沈《谱》而稍为笔削者乎？

是又可知唐宋以来韵书之分平、上、去、入者，实多承自齐梁间也。

至清浊之分，本属声母问题；声分清浊，唐宋以前，未有明说；迨字母家，始详言之（见本编的二（五））。迄乎周德清《中原音韵》乃以之分平韵为上平、下平，而名曰阴阳，谓阴者即下平声，阳者即上平声。（此即五声之阴阳，与关于附声问题之阴阳二类，其意义截然不同。）周氏自序曰：

> 字别阴阳者，阴阳字平声有之，上、去俱无。上去各止一声；平声独有二声，有上平声，有下平声。上平声非指一东至二十八山而言，下平声非指一先至二十七咸而言。前辈为《广韵》，平声多，分为上下卷，非分其音也。殊不知平声字字俱有上平、下平之分，但有有音无字之别；非一东至山皆上平，一先至咸皆下平声也。……阴者即下平声，阳者即上平声。……便可知平声阴阳字音，又可知上去二声各止一声，俱无阴阳之别矣。

若阴阳之用，周氏自序谓："施于句中，施于韵脚，无用阴阳；惟慢词中仅可曳其声耳。"则仅以调曲中曼声者也。上、去不分阴、阳，各止一声；至入声，则周氏又以之分配于平、上、去。《四库提要》谓《中原音韵》凡入声皆读入三声者，因乎北方风土之自然也。其言曰：

> 北音舒长迟重，不能作收藏短促之声。凡入声皆读入三声，自其风土使然。乐府既为北调，自应歌以北音。德清此谱，盖亦因其自然之节，所以作北曲者沿用至今。

而戈顺卿《词林正韵·发凡》谓周氏所以将入声配隶三声者，亦以调曼声，为作词押韵而设也。其语如下：

> 制曲用韵，可以用平、上、去通叶，且无入声。如周德清《中原音韵》列《东钟江阳》等十九部，入声则以之配隶三声；例曰广其押韵，为作词而设。以予推之，入为瘖音，欲调曼声，必谐三声。故凡入声之正次清音转上声，正浊作平，次浊作去，随音转协，始有所归。高安虽未明言其理，以予测其大略如此

(高安谓周氏,周氏高安人)。

周氏以平分阴阳,入则分配于平、上、去;可见四声之变迁,由六朝唐宋韵书时期之平、上、去、入,变为元明以来北音时代之阴、阳、平、上、去矣。平之分阴阳,入之协三声,皆与声母之清浊有关者也。

盖尝总而论之:古无上去,仅有平、入之分;平声韵有阴、阳二类。言三代秦汉之阴、阳、入三音,乃关于韵母之附声问题也。由三代秦汉之阴阳入,一变而为六朝唐宋之平上去入,再变而为元明以来之阴阳平、上去,是又关于声母之清浊问题矣。故言吾国四声与五声之变迁,尝牵涉声母清浊与韵母附声两问题也。

(三)韵母附声与声母清浊关于四声之区别

高元《国音学》谓四声之分,一音读为平、上、去、入,似甚简易;然因牵涉声母之清浊,韵母之附声,于是阴、阳、入也,清、浊也,平、上、去也,混杂于一;似又纠缠不清矣。

平、上、去本依音节之高低而相区别;而其所含声母,各有清、浊之分,亦与音节有关者。声母浊者,于一音之发端,声带即起振动,既已紧张于前;及其达于音之收尾,发韵母时,声带乃有弛缓之势,不能维持其振动速率;振动速率既转小,音节遂以减低矣。声母清者不然,于一音开始时,声带既未振动,蓄力于前;及其收于韵也,声带振动之力特强,故其振动速率增大,而音节转以提高矣。故音之含清母者,其音节必较含浊母者为高;则清平较浊平为高,清上较浊上为高,清去较浊去为高。平、上、去依其音节,自分三级;而又依其清、浊别之,则可得六级矣。

关于韵母之附声问题，有阴声、阳声、入声之别；因此三者之变异，又可使其音长上发生分歧。阳声韵语尾所附之鼻声，本为久声；故其音有延长之倾向。入声韵语尾所附之塞声为暂声，故其后流只存闭塞；音受其影响，变为短促。阴声折衷其间，既不如阳声有延长之倾向，亦不如入声有短促之势。譬如，同一平声，其阴声一拍，阳声当有一拍又八分之一，以其有延长之鼻声也；若其入声，则只有四分之一拍，因其音至促也。平、上、去三音，本有音长之不同；而又以其韵各有阴、阳、入之分；故同是一平，阳平较阴平为长，阴平又较入平为长；同是一上，阳上较阴上为长，阴上又较入上为长；同是一去，阳去较阴去为长，阴去又较入去为长。依音长本分平、上、去三级，又各依阴、阳、入分之；是更可得九级矣。

由此韵母阴、阳、入之变化，与彼声母清、浊之异，更加以平、上、去之分；相乘结果，共可得十八声，即阴清平、阴清上、阴清去、阴浊平、阴浊上、阴浊去、阳清平、阳清上、阳清去、阳浊平、阳浊上、阳浊去、入清平、入清上、入清去、入浊平、入浊上、入浊去是也。然此所举十八声，为理论之谈；在实际语音上，不能有如此繁复之别。而且阴六声与阳六声，长短相差甚微，不易察别；故此十八声，可裁并为十二声也。

总之，四声与五声，乃牵涉于韵母之附声与声母之清浊两问题；其变化之由来，固由音长、音势、音节三者相乘之结果，而实则受其声母、韵母、音素之交互影响也。吾国自来多以四声与五声似属于韵母问题，故韵书上以四声或阴、阳分韵；而实则此种变化，乃出于声母与韵母音素之交互影响，固非仅属诸韵母问题也。

（四）四声与五声之地理的观察

上节所举十八声，既可裁并为十二；而察诸实际语音，又多不

能如此完备;故往往有混同而不分者。今国音上五声,乃依北方之阴平、阳平、上、去四声,参以西南之入声以定者也。高元《国音学》将吾国各地四声,概为五类,论列于下:

1. 广东九声,即清平、清上、清去、浊平、浊上、浊去、清入、中入、浊入。平、上、去、入、清、浊六声,皆兼赅阴阳声韵;清入即入清平;中入即入清去;浊入即入浊去。

2. 浙江八声,即清平、清上、清去、清入、浊平、浊上、浊去、浊入。此系以下之入声,失去其所附塞声,乃惟平、上、去之短音而已;故此等入声,非在韵上与阴声、阳声对立,乃在音上与上、去对立,而分隶于阴阳韵与清浊声之下者;盖又失其入声真实之性质者矣。

3. 江苏七声。浊上与浊去相紊,其他与浙江八声同。

4. 西南五声,即阴平、阳平、上、去、入。西南与北部各省读群、定、并、奉、澄、床、禅、从、邪、匣十母,并非浊音,实以浊母之四声,读其相当之清声。盖清母四声与浊母四声之不同,乃出于偶然比较上之差异,非属绝对的也;清母读浊母之低调四声,浊母读清母之高调四声,在理论上与事实上,均非不可能者。西南与北部诸省,懒将声带频繁振动,十母渐由浊变清;声母上已改变其性质,而四声仍复分出;故清四声与浊四声相混。其浊上混入清上;清去,清入混为浊去,浊入;北部入声,乃尽混于清上,浊去亦混于清去。是由浊母之四声,变而为清浊所通用之四声;故不能有清四声与浊四声之判也。仅一清平,似犹保持其本质;然浊平既参入清母之用,则已失其浊平之本质,而平声即失其清浊之分矣。周德清《中原音韵》将清浊平改为阴阳平,乃根据于实际语音之本质,固非欲巧立名目者也。读音统一会作注音字母,不取群、定诸母,而分阴

阳平，与上、去、入定为五声；此非仅依北音而已，与西南诸省，尤为适合者也。

5. 北部五声，即阴平、阳平、上、去。四声内容，北部与西南相同，而与东南异致；东南之四声为平、上、去、入、北部之四声为阴阳平、上、去。东南清浊分离，故阴阳平为不通之论；西南与北部清浊混合，故阴阳平为实验之谈。故西南与北部之四声，为阴阳平、上、去；惟西南较北部多一入声耳。

由上所言，可知国音上五声，乃依北方阴阳平、上、去，而参以西南之入声以定者也。其成立之由来，乃根据于实际之语音，非出于理论上之空谈者，明矣。

总之：四声与五声之关系及其由来，乃在于韵母上阴、阳、入之变化，与声母清浊之混同，并与自来四声之结合；此实由声母与韵母音素之交互作用也。

第三编

历代声韵之变迁

一、周汉之古音

（一）古代之标准语

关于吾国原始语言及历代语音之沿革，前已略论之矣（本文的第一编二（五）并四（三））。语言之缘起，或发乎情感，或出于理性，以主观、客观之分，而生种种词语，以表亲疏远近；此惟由文字遗迹，悬测其大略而已。至太古时代，语音究为何若，仍属茫昧难稽；今之所能考者，实自周汉以下；以周汉间始有六书之声母，与其时文辞用韵，可为依据也。至魏晋以后，韵书发生，更有明验；元明以还，北音发展，迄于订定注音字母，乃以实际之通行语为本者矣。大致吾国历代语音，分为三期：周汉时代之古音，六朝唐宋之今音，以及元明以来之国音是也。其各期中，韵部之分合，声类之多寡，试依次叙述之。

一代有一代之标准语；周代之标准语，即其时所谓雅言也（详本文的第一编第四（二））。古代未有音韵专书，欲考证其语音，惟于《诗经》《楚辞》及《说文》诸书中求之。《说文》所述，为秦以前小篆之六书；故其言声韵处，大抵指周代雅言之音。十五国风之诗，采自异地，而用韵皆能一律；可见周代标准语统一之势力矣。及其季世，言语异声；《春秋》标齐言之传，《离骚》目《楚辞》之经。汉代音韵混杂，其时诗文，用韵至宽；扬雄《方言》虽载

有通语凡语，凡通语等，为当时通行之标准语；而其书本以博知各地方言，考校名物同异为主，非如《诗》《书》《艺》《礼》，必依于雅言也。迨乎汉末，音韵锋出，各有土风，递相非笑（详本文的第一编三（二）并四（二））。汉代标准语通行之势力，远不如周代。言古音者，实多以周音为主。

古代语音既有其标准，而文字之原音未变，皆得其正声本音；是以其时音韵专书未出，反切之学未明，徒以假借譬况，音读亦易通也。方东树《说文双声叠韵·序》之言曰：

> 古小学之事，形、声、义三者兼并，而声为易。人之生也，有先得于声而后始辨其形与义者，亦有同得于声义而竟莫识其形者；故曰，声为易也。故两汉以上，无专求音之书；盖其时去古未远，文字亦少，皆有以得其正声本音；大抵假借譬况，第曰读若，而已明矣。世降而音殊，所以读是音者，有案之心与目而了然，接诸口与耳而茫然者；则所以求是音也，不能不为书以专箸其事矣。

当时音读易通，故分析声韵之事，大抵粗拙简陋，语焉不详；其所谓开合、内外、缓气、急气等，后人多莫明其意。如《管子·小问篇》："东郭牙望见桓公，开口而不阖，知言莒也。"《公羊·宣八年传》何休《解诂》："言乃者内而深，言而者外而浅。"《公羊·隐五年传》："登来之也。"何休《解诂》："登来读言得来；得来之者，齐人语也；齐人名求得为得来。作登来者，其言大而急，由口授也。"《吕览·慎行篇》高诱注："哄读近鸿，缓气言之。"《淮南子·本经训》许慎注："腦读近殆，缓气言之。"又《原道训》注："蛟读人情性交易之交，缓气言乃得耳。"《坠形训》注："旄读近绸缪之缪，急气言乃得之。"《氾论训》注："軵读近茸，急气言之。"《说

林训》注："辚读若邻，急气言乃得之。"《修务训》注："唸读权衡之权，急气言之。"又《坠形训》高诱注："惷读笼口言乃得。"《俶真训》注："涔读急气，闭口言也。"凡此之类，其义每不易明；《颜氏家训·音辞篇》所谓"古语与今殊别，其间轻重清浊，犹未可晓；加以外言、内言、急言、徐言、读若之类，益使人疑"者也。是则欲求古音，不能惟恃此等片言只语，以资悬测；而必待于旁征博考，以明之者也。

（二）古韵学之发明

古今音读各殊，自汉以来解释经传者，早已言及之矣。郑玄《毛诗笺》于《东山》"蒸在桑野"传"蒸寘也"下云："久处桑野；以古者声，寘、填同也。"于"蒸在栗薪"下云："栗，析也；古者声、栗、裂同也。"又注他经，称古读者甚多，已见周时语音与当时方言不同矣。刘熙、韦昭亦有言及；钱大昕《潜研堂答问》有云：

> 古今音之别，汉人已言之。刘熙《释名》："古者曰车，声如居；所以居人也。今曰车，声近舍。"韦昭辩之曰："古皆音尺奢反；从汉以来，始有居音。"此古今音殊之证也。但刘韦皆言古音，而说正相反；实则刘是而韦非。

此等明古今殊语，实为后来考求古音之嚆矢。魏晋以还，韵书渐萌；以古韵与今韵不同，古人文辞用韵自多不协于今者，遂有协句、协韵、合韵等说。钱大昕《潜研堂答问》论之颇详，因录如下：

> 自齐梁之世，周彦伦、沈休文辈分别四声，以制韵谱。其

> 后沈重作《毛诗音》,于今韵有不合者,谓之协句。如《燕燕》首章"远送于野"云:"协句,宜音时预反。"二章"远送于南"云:"协句,宜音乃林反。"所云协句,即古音也。陆德明《释文》创为"古人韵缓不烦改字"之说,于沈所云协句者,皆如字读。自谓通达无碍,而不知三百篇之音,谐畅明白,未尝缓也。……使沈音尚存,较之吴才老叶韵,岂不简易而可信乎?协句亦谓之协韵,邶风:"宁不我顾",《释文》:"徐音古,此亦协韵也,后放此。"陆元朗之时,已有韵书,故于今韵不收者,谓之协韵,协与叶同。颜师古注《汉书》,又谓之合韵,合犹协也。是吴才老叶韵之所自出矣。

此言协句、协韵、合韵,固为宋后叶韵之说所本;而陆德明"韵缓不烦改字"之言,又为后来言古韵通转者所自昉也。唐时不明古音,有改经陋习。如唐文皇改《洪范》"无偏无颇"之颇为陂,谓其不能与义协读;又范谔昌改《易·渐卦》"鸿渐于陆"之陆为逵,孙夔改《离卦传》"明夷诛也"之诛为昧。此等改经之事,究有未安;是以宋吴棫作《韵补》,创古音通转例,以证实韵缓之言;就《广韵》注"古通某""古转声通某""古通某或转入某"。今因其所言通转以考之,计可分为九类:

> 1. 东、冬、钟、江。2. 支、脂、之、微、齐、佳、皆、灰、咍。3. 鱼、虞、模。4. 真、谆、臻、文、殷、元、魂、痕、耕、清、青、蒸、登、侵。5. 寒、桓、删、山、先、仙、覃、谈、盐、添、咸、衔、严、凡。6. 萧、宵、肴、豪。7. 歌、戈、麻。8. 阳、唐。9. 尤、侯、幽。

吴氏所注诸韵相通转外,又以古时四声一致相通;故此举一平,即可赅其余三声。陆德明韵缓之说,虽未允当,而肇吴氏古音

通转之论；吴氏分合疏舛、不合于古，然古韵分部之研究，不可谓非此开其端绪也。吴氏并作《毛诗补音》，其书已佚；说者谓朱熹《诗集传》采用之；于是非难叶韵者，莫不集矢吴氏。然钱大昕《吴氏韵补跋》又谓朱子《诗集传》，间取才老之补音，而加以叶字，才老书初不云叶也。则叶韵之作俑，固不当尽罪吴氏也。非难叶韵者，当推始焦竑《笔乘》、戴侗《六书故》。焦氏之言曰：

诗有古韵、今韵。古韵久不传；学者于《毛诗》《离骚》，皆以今韵读之；其有不合，则强为之音，曰此叶也。予意不然，如驺虞，一虞也，既音牙，而叶葭与豝，又音五红反，而叶蓬与豵；好仇，一仇也，既音求，而叶鸠与洲，又音渠之反，而叶逵如此，则东亦可音西，南亦可音北，上亦可音下，前亦可音后；凡字皆无正呼，凡诗皆无正字矣，岂理也哉？

戴氏之言曰：

经传行皆户郎切，未尝有协生韵者；庆皆去羊切，未尝有协敬韵者；如野之上与切，下之后五切；皆古正音，非叶韵也。

陈第、钱大昕更畅其说；陈氏《毛诗古音考序》曰：

士人篇章，必有音节；田野俚曲，亦各谐声；岂以古人之诗，而独无韵乎？盖时有古今，地有古今，字有更革，音有转移，亦势所必至；故以今之音读古之作，不免乖刺而不合；于是悉委之叶。夫其果出于叶也，作之非一人，采之非一国，何母必读米，非韵杞韵止，则韵祉韵喜矣；福必读偪，非韵食韵翼，

则韵德韵亿矣；马必读姥，非韵组韵黼，则韵旅韵土矣；京必读疆，非韵堂韵将，则韵常韵王矣；厥类实繁，难以殚举；其矩律之严，即《唐韵》不啻，此其故何耶？又易象，左，国，楚辞，秦碑，汉赋，以至上古歌谣、箴铭、颂赞，往往韵与诗合，实古音之证也。

钱氏《潜研堂答问》曰：

叶韵实由古今异音而作，而吾谓言叶韵，不如言古音。盖叶韵者，以今韵为宗，而强古人以合之，不知古人自有正音也。古人因文字而定声音，因声音而得训诂，其理一以贯之。汉魏以降，方俗递变，而声音与文字渐不相应；赖有《三百篇》及群经、传记、诸子、骚赋具在，学者读其文，可以得其最初之音。

此等非难叶韵，而指为古音，以为古今音异，所称协音者，皆古人之本音。自此说出，遂开清世三百年古韵之学。章炳麟《与人书》，述其梗概曰：

古韵不明，虽穷形寿以治《说文》《尔雅》，犹不能条理。顾氏《唐韵正》、江氏《古韵标准》，本非为诂训作，然余波所及远矣。段氏《音均表》分十七部，规模已具，王氏又分二十一部，以次加密。然对转之例，独孔氏《诗声类》明之；其分部十八，得失亦与段氏互见；而以阴声、阳声区为两戒，可谓精义入神者也。所谓阳声者，皆有鼻音之字，则原、丁、辰、阳、东、冬、侵、蒸、谈九部也；所谓阴声者，皆无鼻音之字，则歌、支、脂、鱼、侯、幽、宵、之、合九部也。

是古韵学之发明：最初见古今音之殊别；次则以今韵与古韵不合，特创叶韵之说；终则以叶韵为非，而直指为古音；于是一进而研究古韵部目之分合，再进则发明阴阳对转之公例。其循序渐明，大抵若斯也。

（三）古韵分部及其研究之途径

近世言古韵者，自当首推顾亭林；在亭林前者；吴才老外，尚有郑庠。郑氏作《古音辨》，分阳、支、虞、先、尤、覃六部。其书已佚，夏炘《古韵表集说》录宋郑氏六部表，未知本自何处。今更从陈澧所引，得见其分部大略：其六部中，阳声三部，阴声三部，阳声有入声；盖惟取陆法言韵部并合之而已。段玉裁谓"其说合于汉魏，及唐之杜甫、韩愈所用，而于周秦未能合也"。江有诰谓"分部至少，而仍有出韵；盖专就《唐韵》求其合，不析《唐韵》求其分，宜无当也"。盖郑氏虽言古音，仍未能脱《唐韵》之科臼者也。

郑氏以后，叶韵之说大盛；陈第作《毛诗古音考》《屈宋古音义》，以明时人所称叶韵，皆古人之本音。惟其书仅供考证古音之读法，至于古今韵部之异同，尚未道及；故继郑氏而言古韵部居者，首当推顾亭林。

顾氏以三十年搜讨之勤，博征秦汉以上有韵诗文及《说文》谐声字，以辨《唐韵》之非古音，而得古韵之条理，作《音论》《诗本音》《易音》《唐韵正》《古音表》五书。顾氏《与李子德书》，历指古音读，如古读义为俄，颇不必改陂之类，以辟改经之谬；尤足以坚当时社会之信仰。后世言古音者，虽曰前修未密，后出转精，而莫不奉顾氏为鼻祖。顾氏所分十部，及入声四部，今以首韵为之标目，曰东、支、鱼、真、萧、歌、阳、庚、蒸、侵；入声质、

屋、沃、缉。质合于支，屋合于鱼，沃合于萧，缉合于侵；于入声之分配，多变更《唐韵》之组织。清代言古韵者，首推亭林，即此之由。

江永就顾氏所得，更推求之。其《古韵标准》谓“顾氏十部，离合入声分配，考古功多，审音功少”；于是由真部分出寒，由萧部分出尤，由侵部分出谈，共十三部。其入声八部：屋、质、月、药、麦、职、缉、盍，亦与顾氏有所出入。屋合于尤，质合于真，月合于寒，药合于鱼，麦、职合于支，缉合于侵，盍合于谈。

段玉裁谓顾氏、江氏于韵部之分合，平入之相配，均有未尽。更以《说文》谐声字为资料，作《六书音韵表》，正二家之踳驳；于支部分出脂、之，真部分出谆，尤部分出侯，共十七部；入声八部，分隶其中：

(一) 之(职)(二) 萧(三) 尤(屋)(四) 侯(五) 鱼(药)(六) 蒸(七) 侵(缉)(八) 谈(盍)(九) 东(十) 阳(十一) 庚(十二) 真(质)(十三) 谆(十四) 寒(十五) 脂(术)(十六) 支(陌)(十七) 歌

戴震撰《声类表》，本段氏之师，书成后于段氏。其表分十六部，视段氏则真谆不分，尤侯不分，而脂部复出泰；加入声九部，共二十五部；定为九类：

(1) (一) 歌(二) 鱼(三) 铎(2) (四) 蒸(五) 之(六) 职(3) (七) 东(八) 尤(九) 屋(4) (十) 阳(十一) 萧(十二) 药(5) (十三) 青(十四) 支(十五) 锡(6) (十六) 谆(十七) 脂(十八) 质(7) (十九) 寒(二十) 泰(二十一) 曷(8) (二十二) 侵(二十三) 缉(9) (二十四) 谈(二十五) 盍

孔广森撰《诗声类》，分十八部，视戴氏则于东部分出冬，尤部分出幽；其脂泰之合，依于段氏，真谆之合，依于戴氏；又以入声分隶于支、脂诸部，惟缉合等闭口音自立一部。孔氏曰："阳声九，阴声九，此九部者，各以阴阳相配，而可以对转。"表略如下：

阳声九：（一）原（二）丁（三）辰（四）阳（五）东（六）冬（七）侵（八）蒸（九）谈

阴声九：（一）歌（二）支（麦）（三）脂（质）（四）鱼（铎）（五）侯（屋）（六）幽（沃）（七）宵（觉）（八）之（职）（九）合

严可均撰《说文声类》，分十六部，于孔氏则并冬入侵，隶合于谈，而以侵与幽对转，谈与宵对转；盖所以弥缝《诗声类》者。书分上下二篇，据许氏《说文》，以韵分字，凡十六类：

上篇：（一）之（职）（二）支（麦）（三）脂（质）（四）歌（五）鱼（铎）（六）侯（屋）（七）幽（沃）（八）宵（觉）

下篇：（一）蒸（二）耕（三）真（四）元（五）阳（六）东（七）侵（八）谈（合）

江有诰复于孔氏韵部，分真文为二，脂祭为二，叶缉为二，凡增三部，为二十一部。其歌、元、文、真、耕、阳、东、蒸、侵、谈十部，无入声；祭一部，无平、上声；冬一部，无上、入声；叶、缉二部，无平、上、去声。其二十一部韵目如下：

（一）之（二）幽（三）宵（四）侯（五）鱼（六）歌（七）支（八）脂（九）祭（十）元（十一）文（十二）真（十三）耕（十

四）阳（十五）东（十六）冬（十七）蒸（十八）侵（十九）谈（二十）叶（二十一）缉

王念孙之说，见《经义述闻》中，亦分二十一部，几全与江有诰同；惟无冬部，而有至部耳。至部亦如祭部，无平上声；部目如下：

（一）东（二）蒸（三）侵（四）谈（五）阳（六）耕（七）真（八）谆（九）元（十）歌（十一）支（十二）至（十三）脂（十四）祭（十五）盍（十六）缉（十七）之（十八）鱼（十九）侯（二十）幽（二十一）宵

上所述诸家外，尚有张惠言之《说文谐声谱》分二十部，刘逢禄之《诗声衍表》分二十六部，黄以周之《六书通故》分十九部；凡此皆以古人文辞中用韵，及《说文》所录谐声字为其研究之途径者也。章炳麟更综合诸说，造《成均图》，分二十三部；阴阳对转，表略如下：

寒{歌、泰}　谆{队、脂}　真—至　青—支　阳—鱼　东—侯

{侵、缉、冬}幽　蒸—之　{谈、盍}宵

黄侃承章氏之事，更于《广韵》二百零六韵中，考求古本韵；遂于古韵学上，别开一门径矣。章氏曾谓《广韵》分部之多，实因兼包古今异读之故；黄氏即将古声纽以校《广韵》中各韵，见有与

古声纽相合者，有不合者；因假定其相合之韵，为陆法言在《切韵》中保留之古韵。自《广韵》二百零六韵中，考得有古本韵三十二；以此三十二古本韵中，止有古本声十九类（古声十九类，详后）。因此三十二韵中止有古本声，异于其他各韵之有今声，故知其为古本韵。又因此三十二古本韵之声类止有十九，故知古本声之仅此十九类。本声本韵，互相证明，一一吻合，以是知其说之不可易也。此古本韵三十二部中，歌、戈、曷、末、寒、桓、痕、魂八韵，古本四部，《广韵》以其兼有开合，分之为八；今仍合之，凡得二十八部。二十八部中，阴声八，阳声十，入声十。黄氏《音略》谓："此二十八部之立，皆本昔人，未曾以肊见加入。"因于各韵下述其所本；兹摘录其表如下：

平			入	
阴	阳			
	收鼻	收唇	收鼻	收唇
歌(开合洪) 顾炎武所立	寒(开合洪) 江永所立	覃(开洪) 郑庠所立	曷(开合洪) 王念孙所立	合(开洪) 戴震所立
		添(开合细)江所立	没(合洪) 戴所立	
灰(合洪) 段玉裁所立	痕(开合洪)段所立			
	先(开合细)郑所立		屑(开合细)戴所立	帖(开细) 戴所立
齐(开合细) 郑所立	青(开合细)顾所立		锡(开合细)戴所立	
模(合洪) 郑所立	唐(开合洪)顾所立		铎(开合洪)戴所立	

续 表

平			入	
阴	阳			
	收鼻	收唇	收鼻	收唇
侯(开合 洪) 段所立	东(合洪) 郑所立		屋(合洪) 戴所立	
萧(开合 细) 江所立				
豪(开合 洪) 郑所立	冬(合洪) 孔广森所立		沃(合洪) 戴所立	
咍(开合 洪) 段所立	登(开合 洪) 顾所立		德(开合 洪) 戴所立	

上表所谓阳声收鼻者，盖指附有ㄫ或ㄋ之音；收唇者，指附有ㄇ之音。入声收鼻者，盖指附有ㄎ或ㄊ之音；收唇者，指附有ㄆ之音。古音既无上去，故举一平即可兼赅上去，以古止有阴、阳、入之分也(详本文的第二编四(二))。黄氏所定二十八部，本诸昔人；可见古韵学所以有今日之成绩者，实由数百年学者之研究所积成也。其研究之途径，初自《唐韵》并合韵部，以为古音之通转；继则脱离《唐韵》，专自古人文辞用韵，及《说文》谐声字，以求古韵之部居；卒之章黄诸氏兴，集合众说，又自《唐韵》以证成古韵分部。大抵始自今音求古音，继自古音求古音，终则复以今音证古音也。

黄侃《音略》谓："本音读法，自郑庠以降，或多未知。"而彼所注开、合、洪、细等，亦惟以今音证古音，悬测大略而已；至其真确之读音，终不能起古人于地下，以复验之也。故古韵分合之迹，虽曰确

凿，惟止知某部当分，某部当合，而其真实之音读如何，固未能断言也。近人汪荣宝有关于歌、戈、鱼、虞、模之古读一文，以梵文与欧文之对译、考证汉魏时译名，得一结论：唐宋以上，凡歌戈韵之字皆读丫音，不读ㄛ音；魏晋以上，凡鱼、虞、模韵之字，亦皆读丫音，不读ㄛ或ㄨ音也。汪氏所举例证，上不及周代；即关于西汉者，亦寥寥无几；而其结论，竟谓唐宋以上，汉魏以上，未免失之笼统，不能遽引为定论也。盖其考证之法："从他国之记音文字中，求其与中国古语有关者，而取为旁证"；而据现今所能引用之资料，仅限于东汉以后；东汉以前，尚未得有充分之资料，可为依据。然汪氏从此以考证古音读法，于古韵学上，固又别开一新途径者也。

（四）阴阳声转之说

古韵有阴、阳、入之分："阴声不收鼻音，阳声收有鼻音，入声则介乎阴阳两者之间"；已于前论及之矣（本文的第二编四（二））。阳声有收兀、收ㄋ、收ㄇ之异："收兀者谓之独发鼻音，收ㄋ者谓之上舌鼻音，收ㄇ者谓之撮唇鼻音"；亦详于前（本文的第二编三（二））。阳声、阴声，韵本相同；其所异者，一附鼻声，一不附鼻声耳。故阴声字加以兀、ㄋ、ㄇ，则同于阳声；阳声字去鼻音，则同于阴声也。《广韵》以入声上配阳声，盖其音本出于阳，当收鼻音；特其音至短促，故独发鼻音不能收兀，而收ㄎ；上舌鼻音不能收ㄋ，而收作ㄊ；撮唇鼻音不能收ㄇ，而收作ㄆ；故类似阴声也。是以入声介于阴阳之中，兼承两声，而得与之通转；此阴、阳、入对转说之所由来也。

阴阳对转之说，虽创自孔广森，实为戴震所启发。戴氏《声类表》，主张异平同入之说，合二平一入为一类，分九类二十五部，以入声为枢纽；已为孔氏之先导。戴氏《答段若膺论韵书》，其言入声处，即为后来阴阳对转说之起点。因录于下：

有入者如气之阳，如物之雄，如衣之表；无入者如气之阴，如物之雌，如衣之里，又平上去三声，近乎气之阳，物之雄，衣之表，入声近乎气之阴，物之雌，衣之里。故有入之入，与无入之去近；从此得其阴阳、雌雄、表里之相配。而侵以下九韵独无配，则呼为闭口音，而配之者更微不成声也。

阴阳对转之说，固为戴氏所启发；而考戴氏之前，其说亦已具有端倪矣。清代考古韵者，大都奉顾炎武为始祖；而清初毛奇龄作《古今通韵》分为五部，反顾氏之说，仍承袭古韵通转之例。其时顾氏之说盛行，所据亦较确凿，故毛说不能见信于人；然其定古韵有入无入为两界，实开戴氏此说之途径。顾炎武本有入为闰声之说，已知四声韵数不同，平入相配，多难安置。王念孙《经义述闻》、章炳麟《二十三部音准》虽论其入声分部，多不相适当；然其为戴氏说之肇端，则又不可没也。戴师江永又以方言通转之例，以释不依定则之古音；此亦在戴氏前也。段玉裁谓古四声不同今韵；古平上为一类，去入为一类；又谓异平同入为合韵之枢纽。异平同入既与阴阳声转之说通；则又在戴氏先后间者也。是可见孔氏对转之说，实兼承戴、段以前诸人之言以成者也；学术之事，固非一旦所能创作者乎？

孔氏《诗声类》以阴阳声转之理，考释古音之通转；其《自序》曰：

分阴分阳，九部之大纲；转阳转阴，五方之殊音。……入声者，阴阳互转之枢纽，而今古变迁之原委也。举之咍一部而言之：之之上为止，止之去为志，志音稍短则为职，由职而转，则为证、为拯、为蒸矣；咍之上为海，海之去为代，代音稍短则为德，由德而转，则为嶝、为等、为登矣。推诸他部，耕与佳相

> 配，东与侯相配，冬与幽相配，费与脂相配，阳与鱼相配，侵与宵相配，元与歌相配；其间七音递转，莫不如是。

严可均更从而修正之，孔氏以缉合诸韵属于阴类，严则以隶诸谈部；此则所以正孔氏之误者也。

迨章炳麟承严可均之说，作《成均图》，更有正次对转、近转、旁转诸名。章氏二十三部，以歌、泰、队、脂、至、支阴弇之韵为一列，侯、幽、之、宵、阴侈之韵为一列，寒、谆、真、清阳弇之韵为一列，东、侵、冬、缉、蒸、谈、盍阳侈之韵为一列，以鱼、阳二韵为阴阳中轴，又以歌泰、队脂等二部同居。其凡例曰：凡二部同居为近转，凡同列相比为近旁转，凡同列相远为次旁转，凡阴阳相对为正对转，凡自旁转而成对转为次对转。其言可谓繁备矣。然章氏弟子黄侃、钱玄同等，以为旁转诸名，可以不立；盖阴阳对转，自合音理，可以成立；其余旁转等，则皆可以双声赅之者也。黄氏《音略·略例》曰：

> 古音通转之理，前人多立对转旁转之名。今谓：对转于音理实有，其余名目，皆可不立；以双声叠韵二理，可赅括无余也。

钱氏《文字学·音篇》云：

> 言古韵通转者，又有旁转之说；谓同为阴声，或同为阳声，或同为入声，彼此比邻，有时得相通转。（如豪、萧、咍，唐、东、冬，曷、屑、没之类。）然韵部之先后排列，言人人殊，未可偏据一家之论，以为一定不易之次第；故旁转之说，难以信从。窃谓古今语言之转变，由于双声者多，由于叠韵者少。不同韵之

字，以同纽之故而得通转者，往往有之；此本与韵无涉，未可便据以立旁转之名也。

且也，对转之名，虽可成立，而诸家所举对转之例，彼此韵母不尽相同。如戴氏以阳、宵、药为一类，孔氏谓阳与鱼对转，章氏谓谈与宵对转；此等诸家所举对转之韵，不相一致，究何所适从，尚待商榷。是可知阴阳声转之说，至今尚未达于完整之域也。

（五）古声之考求

清代言古音者，多注意于韵部。若于古声之考求，则顾炎武、江永、戴震诸人，亦罕有言及。至钱大昕始发明古今声类有异。迄乎章炳麟、黄侃，乃考定古声为十九类。章氏《与人书》述其梗概曰：

近世治古韵者，分部密矣；然于双声，犹有未了。顾君增字纽；江君又胶固不化；段君于此，议而不辩。伯申、兰皋，训诂至精；乃其征明通借，取于双声者少，取于叠韵者多；朱丰芑辈，益无论矣。戴君《转语》，虽无传本，观其自叙，分位分纽，条理秩如。最精者为钱晓徵，独明今纽与古纽有异；其说古音无舌上轻唇八纽，齿舌两音亦多流变；虽刊落未尽，亦前修所无也。余承其绪，知娘、日两纽，古本归泥；征之歌、戈两韵，为百音之维首，古今无异；韵中诸纽，并是古声。喉音无喻；牙音无群；齿音无斜；有舌头，无舌上；有重唇，无轻唇；有半舌，无半齿；有齿头，无正齿。故论定古纽为十九，即影、晓、匣、见、溪，疑、端、透、定、泥、来、精、清、从、心、帮、滂、并、明是也。又喉牙二音，互相涉入，侈之，则喉牙为舌、齿、唇；敛之，则舌、齿、唇复归喉牙；故有同从一声而纽位相异者。以是校理古

音，无弗迥达。

盖古今声类有异，既明，遂并合今声，以求古声；因复发现古声通转之理。此吾国音学上，考求古声之经过也；试详述之：

言古音而始成条贯者，为顾炎武；顾氏虽以轻唇音字古多读重唇，而未明言古今声类之异同，顾氏后江永、戴震。江氏最尊信沙门守温三十六字母；《四声切韵表凡例》以为“不可增减，不可移易”。其《古韵标准》，所注古音反切，如幢，宅江切，改为宅工切；惷，丑江切，改为丑工切之类；与今音相较，仅异其韵部，而声类则全同于今。是江氏以古今声类并无异致也。戴氏《声类表》兼包古今音；而其作书本意，则以古音为主。所列声位，凡四十；将三十六母中知照、彻穿、澄床、娘日、非敷、喻微各并合为一位；又彼以为见、端诸母，有清无浊，泥、来等又有浊无清，因尽行配全其清浊；共得四十位，与守温略有异同。戴氏之意，实以此四十位兼表古今音，是亦以古今声类无异也。

至钱大昕，始发明古今声类有异之说。钱氏据魏晋南北朝人所作反切，以校《广韵》以下诸书；知今之舌声，知、彻、澄三类，古音读入端、透、定三类；今之唇声，非、敷、奉、微四类，古音读入帮、滂、并、明四类。因作《舌音类隔之说不可信》及《古无轻唇音》二篇。宋元以来，以古人反切中，轻唇与重唇不分，舌头与舌上不分；不得其解，遂别立音和，类隔诸名。及钱氏说起，始明古无舌上、轻唇之音；而此等谬说，亦不攻自破矣。钱氏之言曰：

古无舌头舌上之分；知、彻、澄三母，以今音读之，与照、穿、床无别也；求之古音，则与端、透、定无异。《说文》：“冲、读若动”；《书》：“惟予冲人”，《释文》：“直忠切。”古读直如特，冲子犹童子也。字母家不识古音，读冲为虫，不知古读虫亦如同也；

《诗》："蕴隆虫虫"，《释文》："直忠反，徐，徒冬反"；《尔雅》作爞爞，郭徒冬反；韩诗作烔，音徒冬反；是虫与同音不异。……《广韵》每卷后，附出新添类隔，今更音和切。……不知何人所附。古人制反切，皆取音和，如方、府、甫、武、符切，古人皆读重唇：后儒不识古音，谓之类隔，非古人意也。依今音改用重唇字切，意在便于初学，未为不可；但每韵类隔之音甚多，仅改此二十余字，其余置之不论；既昧于古音，而于今亦无当矣。

凡轻唇之音，古读皆为重唇。《诗》："凡民有丧，匍匐救之"；《檀弓》引作扶服，《家语》引作扶伏。又"诞实匍匐"，《释文》：本亦作扶服。《左传》昭十二年："奉壶饮冰，以蒲伏焉"；《释文》：本又作匍匐，蒲本亦作扶。昭二十一年："扶伏而击之"；《释文》：本或作匍匐。《史记·苏秦传》："嫂委蛇蒲服"；《范雎传》："膝行蒲服"；《淮阴侯传》："俛出袴下蒲伏"；《汉书·霍光传》："中孺扶服叩头"；皆匍匐之异文也。

章炳麟承之，更明舌上之娘日二类，古音并读同舌头之泥类，作《古音娘日二纽归泥说》，其言曰：

古音有舌头泥纽；其后支别则舌上有娘纽，半舌半齿有日纽；于古皆泥纽也。何以明之？涅从日声；《广雅·释诂》：涅泥也；涅而不缁，亦为泥而不滓；是日泥音同也。……今音男女在娘纽，尔女在日纽；古音女本如帑，妻帑、鸟帑，其字则一，《天文志》颜师古说：帑、雌也；是则帑即女矣。尔女之音，展转为乃；有泥纽，无娘纽也。狃之声，今在娘纽；公山不狃，狃亦作擾；往来频复为狃，《说文》作𢓜；擾𢓜今在日纽，古无日纽，则狃亦在泥纽也。其他亦各以条例比况，可也。……凡语言者，所以为别；日纽之音，进而呼之则近来，退而呼之则近

禅；娘纽之音，浮气呼之则近影，按气呼之则近疑。古音高朗而彻，不相疑似，故无日娘二纽矣；今闽广人亦不能作日纽也。

章氏《小学略说纽目表》又谓牙音喻类，古音读入影类；古无齿头，惟有正齿；精、清、从、心、邪，古音读入照、穿、床、审、禅。惟以今考之，古有齿头；而无正齿；章氏所云，适得其反耳。

黄侃更承钱章二家之绪，先于《广韵》二百零六韵中求得有三十二韵为古本韵，复于此三十二韵中考其声类。陈澧《切韵考》求《广韵》声类，于守温之三十六字母，增益为四十一（详后）。黄氏从此四十一声类中，考得古无喻、知、彻、澄、娘、日、非、敷、奉、微十类，足以证明钱章二君所论之不可易。此外为二君所未道及者，则喉声无于，牙声无群，舌声无照、穿、神、审、禅，齿声无庄、初、床、山、斜，凡十二类。夫古本韵内所具之声，皆古本声也；此喻、知等十类及于、群等十二类，既为古本韵之三十二韵中所不具，则非古本声而为后世变声甚明。今参酌黄氏《音略》所云：喉音，影、晓、匣三类，为古本声，于、喻二类，皆影之变声；牙音，见溪、疑为本声，群为见之变；舌音，端、透、定、泥、来为本声，知照为端之变，彻、穿、审为透之变，澄、神、禅为定之变，娘、日为泥之变；齿音，精、清、从、心为古本声，庄为精之变，初为清之变，床为从之变，山斜为心之变；唇音，帮、滂、并、明为本声，非为帮之变，敷为滂之变，奉为并之变，微为明之变。是《广韵》四十一声类中，十九类为古本声，二十二为今变声；由此断定古之声类，止有十九，殆无疑义。表之于下：

喉声	牙声	舌声	齿声	唇声
影喻于	见群	端知照	精庄	帮非
晓	溪	透彻穿审	清初	滂敷

续　表

喉声	牙声	舌声	齿声	唇声
匣	疑	定澄神禅	从床	并奉
		泥娘日	心山斜	明微
		来		

（六）古双声说

韵部既得互相通转，声类亦然；章炳麟又有《古双声说》，明声类之相通转，实与韵部无殊。即同从一声母之字，为同母双声，亦曰同纽。声母不同而同属一类之字，如牙声类中见之与溪，是为异母双声，亦曰旁纽。各声类中，相比近之字，如牙声类中见之与溪，舌声类中端之与透，是为近转。同类之字，如舌声类中，端之与知、彻、澄、娘、日、泥、来，齿声类中，精、清之与心、斜、照、审、禅，唇声类中，帮、非之与明、微；是为旁通也。章氏又谓：喉牙贯穿诸音，由喉、牙得发舒为舌、齿、唇，由舌、齿、唇亦得遒敛为喉、牙；故舌、齿、唇各音，得与喉、牙相通转，而以喉、牙为中枢，各音复得互相通转也。今举章氏之言如下：

古音纽有舌头，无舌上；有重唇，无轻唇；则钱大昕所证明。娘、日二纽，古并归泥，则炳麟所证明。正齿、舌头，虑有鸿细；古音不若是繁碎，大较不别。齐、庄、中、正，为齿音双声：今音中在舌上，古音中在舌头；疑于类隔齿舌有时旁转，钱君亦疏通之矣。此则今有九音，于古则六，曰：喉、牙、舌、齿、唇、半舌也。同一音者，虽旁纽则为双声；是故金、钦、禽、唫、一今字具四喉音；污、吁、芋、华、一于声具四牙音。汉魏南

北朝反语，不皆音和，以是为齐。及夫喉、牙二音，互有蜕化，募原相属；先民或弗能究宣。证以声类，公声为翁，为宎，工声为红；……此牙音为喉也。……百音之极，必返喉牙；喑者虽不能语，犹有喉牙八纽；语或兜离了戾，舌上及齿，必内入喉牙而不悟憭；今交广音则然。北方轻唇，或时入牙；故喉、牙者，生人之元音。凡字从其声类，横则同均，纵则同音，其大齐不逾是。然音或有绝异，世不能通；撢钩元始，喉牙足以衍百音，百音亦终辄复喉牙。攸声有条，由声有笛；……此喉牙发舒为舌音也。天音如显，地训为易；……此舌音遒敛为喉牙也。舄读若写，午声有卸；……此喉牙发舒为齿音也。出声为屈，叀声为袁；此齿声遒敛为喉牙也。享声为烹，为声有皮；……此喉牙发舒为唇音也。丙声为更，采声为卷；此唇音遒敛为喉牙也。各声有路，京声有凉；……此喉牙发舒为半舌也。羸声为嬴，里声为悝；……此半舌遒敛为喉牙也。略举数字，足以明喉牙贯穿诸音。精气为物，游魂为变；往者屈也，来者伸也，屈伸相感以成形声；讽诵典籍，病蹇吃者，由是得调达也。

二、魏晋唐宋间之今音

（一）韵书之源流

音韵学上所谓今音，非谓合于现存之口语，乃指魏晋唐宋间之语音，以与周汉古音对称者也。研究今音，有其时韵书，可为依据；故谓魏晋唐宋间，为韵书时代也。大抵当时韵书之体例：于每字，必辨其属于某音，区为平、上、去、入，各自部勒，不相杂厕；每声中，分为数十韵，少或十余；每韵中，又揭一字以为韵目；凡韵同之字，即属同部也。故韵书之体例，以四声为纲，以韵目为纬者也。

魏晋以来，韵书至今完存者，只有《广韵》一书为最古。此书实包含隋唐以来《切韵》《唐韵》之精神，而为后来《平水韵》《阴韵》等所本；故言韵学者，多不能越出其范围。《广韵》一书，实为研究今音之中心，可无疑也。

《广韵》以前之韵书，可考者，当以李登《声类》为首始。《颜氏家训》谓："孙叔然创《尔雅音义》，是汉末人独知反语；至于魏世，此事大行，自兹厥后，音韵锋出。"盖孙氏之书，仅为《尔雅》释音解诂，本非韵书；然以二字反切作音，其法实创自孙氏；有反切，则类聚之，即成韵书矣；故推后世韵书所自出，不能不溯诸孙氏也。颜氏所云"魏世反语大行"者，颜师古《汉书》注引孟康、如淳、苏林皆有反语，是其证也。其云"厥后音韵锋出"者，即指韵书而言；同时李

登作《声类》，此音韵出之最先者也。稍后则有晋吕静《韵集》。封演谓李登以五声命字；《魏书·江式传》谓《韵集》五卷，宫、商、角、徵、羽各为一篇；潘徽谓李登《声类》、吕静《韵集》，始判清浊，才分宫商。盖此二书，乃韵书之祖，特彼时尚未有平、上、去、入四声之名耳。

后世言四声者，大都推沈约《四声谱》、周颙《四声切韵》；然四声之起，早在沈、周以前。其后韵书分四声，虽或多本于沈谱；而据《齐书·陆厥传》所云，沈《谱》实论诗文平仄之法，本非韵书也。所谓"在昔词人，累千载而不悟"者，指文词制韵之法，创自沈约；非谓四声之韵书，始出于齐梁也。此外六朝人所作韵书，如段宏《韵集》、李概《音谱》、周研《声韵》、夏侯咏《四声韵略》、杨休之《韵略》、杜台卿《韵略》；此等尽已亡佚，无从考证；惟《隋书·经籍志》及陆法言《切韵序》存其目而已。

隋世有潘徽《韵纂》三十卷，陆法言《切韵》五卷，书亦不传。今存宋人《广韵》，卷首载有陆氏《切韵自序》一篇，谓：此书系法言与刘臻、颜之推、魏渊、卢思道、李若、萧该、辛德源、薛道衡同撰，以定南北之音，凡一万二千一百八十五字。又封演《闻见记》谓：《切韵》之书，逮于唐初，属文之士，以先、仙、删、山之类，分为别韵，苦其苛细；于是许敬宗等详议，以其韵窄、奏合而用之，遂有同用、独用之说。陆氏此书，为《唐韵》所本；而《广韵》之作，多仍《切韵》《唐韵》之旧；故自《广韵》，即可考见《切韵》；陈澧《切韵考》一书，即依是而作也。

唐孙愐《唐韵》五卷，其书亦亡；惟存愐序一篇于《广韵》卷首。又大徐《说文》附有《唐韵音切》，清纪容舒据之以作《唐韵考》。法人伯希和氏于敦煌石室中发见残本《切韵》三种；其中互相补足，平上去三声尚全，约存全书四分之三；近复有影印唐人写本《唐韵》残卷。虽真伪不可知，然由《广韵》以考知《切韵》与《唐韵》，此亦可为

参证也。李焘曰:“天宝末,陈州司法孙愐者,以切韵为谬略,复加刊正,别为《唐韵》之名。”盖《切韵》既行之后,唐世有郭知玄、关亮、薛峋、王仁煦、祝尚丘、孙愐、严宝文、裴务斋、陈道固九人,增加新字,而愐复有《唐韵》之作;《自序》谓总加四万二千三百八十三言。王伯厚云:“唐孙愐有《唐韵》,而《唐书・艺文志》,亦列孙愐《唐韵》五卷,盖就《切韵》之旧本,而有所损益也。后人或以《唐韵》为《广韵》,非也。”

宋陈彭年等《广韵》五卷,为宋真宗时所校定颁行:乃就法言之书刊益而成,比《切韵》增多一万四千零三十六字,总凡二万六千一百九十四字。今世所存韵书完帙,以此为最古。陆孙二书,今既不存,欲考今韵部居,以上通古韵,舍《广韵》莫由。《广韵》卷首犹题曰:“陆法言撰本”,并载法言《自序》,及孙愐《唐韵序》;盖其书之异于《切韵》者,重在增注加字,而于法言所定韵目,及区分本韵、变韵之精意,则大体未更。是以《切韵》虽亡,而研治《广韵》,亦即无异研治《切韵》。唐李涪《刊误》曰:“《切韵》始于后魏,校书令李登撰《声类》十卷,梁夏侯咏撰《四声韵略》十二卷,撰集非一,不可具载;至陆法言采诸家,纂述而为己有。”此可见《切韵》本为集《声类》以来韵书之大成;而《广韵》又仍《切韵》之旧,则精求《广韵》固可明魏晋以来迄于唐宋之音也。其分韵为二百零六,盖《法言》之旧目,今以石室中残本,与《广韵》之韵目相较,其出入者,惟平声之歌戈、寒桓、真谆,入声之质术、末曷不分而已。考其所以分合者,大抵在《切韵》时,开合多皆合韵,及后增广,始行分列;则于音理上,仍无变异处也。

宋真宗时,又诏丁度等删取《切韵》曰《韵略》,与《广韵》同时颁行,即《广韵》之略本也;宋仁宗时刊修,改名《礼部韵略》。又敕撰《集韵》十卷,韵目二百零六,依《广韵》之旧;惟用贾昌朝言,改十三处《广韵》独用者,许令通用耳。字数增于《广韵》者,二万七千三百

三十一，凡五万三千五百二十五。

宋理宗时，平水刘渊取《广韵》之同用、《集韵》之通用者，并为一韵，凡并二零六韵为一零七韵；书共五卷，名《壬子新刊礼部韵略》；(任子，淳熙十二年)即世所称为《平水韵》是也。元阴时夫作《韵府群玉》复并上声之拯归迥，为一零六韵；于是隋唐以来韵书之面目乃大变矣。

金韩道昭《五音集韵》十五卷，分韵为一六零部；较之《广韵》，虽有归并，而《集韵》通用之十三处，独不遵用。又书中，每韵文字，依其声母为排列；即依字母之先后为次序，如东韵始见母、公、终日母、戎；非如《广韵》《集韵》之凌乱无序也。元《古今韵会》二十卷，为黄公绍作；其每韵列文，亦如韩氏书以字母排列之先后为次第。惟韵目，一依《平水韵》耳。

明清以后，大都遵用阴《韵》。明《洪武正韵》虽复并为七十六韵，而文人所用，多沿一零六之目；清《佩文韵府》，亦遵阴《韵》者也。

总而论之：隋唐以前，韵书无存，莫能详考。陆法言"论定南北是非，古今通塞，捃选精切，除削疏缓"；撰为专书。长孙讷言叹为酌古沿今，无以复加；非过誉也；故论韵书，自当以陆氏此书为本。《唐韵》《广韵》大体相沿犹未改；后之作者，妄相并合，未免卤莽无知矣。陆氏《切韵》一书，孙愐增益之为《唐韵》，陈彭年等复增益之为《广韵》，分部多仍《切韵》之旧；是《广韵》者，上承《切韵》《唐韵》之绪者也。今陆孙之书既亡，惟《广韵》犹存；凡言魏晋唐宋之音，皆当据此为准。

(二)《广韵》之声类

字母之名，始于唐末；古时未有字母，惟以切语上字当字母之

用;盖切语上字者,自来相传双声之标目也。陈澧《切韵考》曰:

韵书分部,用东、冬、钟、江诸字以为标目;若双声之分类,则唐末僧家始有字母。字母未出之前,儒者传习切语之学,以何者为双声之标识乎?必以切语上一字矣。切语上字,凡双声皆可用。今考《广韵》切语上字四十类,每类之中常用者,数字耳;合四十类常用者,不过百余字。此非独《广韵》切语常用之,凡隋唐以前诸书切语,皆常用之。孙叔然《尔雅音》,今见于《释文》者数十条;其切语上字,即《广韵》常用之字。可知此等字,实孙叔然以来师师相传以为双声之标目,无异后世之字母也。

然《广韵》切语上字,实有四百五十二字之多;繁冗难记,远不逮字母之简省。陈氏《切韵考》即取此四百五十二字,系联其同用(如都宗切冬,都郎切当)、互用(如都郎切当,当孤切都)、递用(如苦红切空,康杜切苦)之字为类,凡考定双声四十类。惟陈氏于帮、滂、并三类,分其半入非、敷、奉三类,合微于明类;今各从其类,应得四十一:

(一)影(二)喻(三)于(四)见(五)溪(六)群(七)晓(八)匣(九)疑(十)端(十一)透(十二)定(十三)来(十四)泥(十五)知(十六)彻(十七)澄(十八)娘(十九)照(二十)穿(二十一)神(二十二)审(二十三)禅(二十四)日(二十五)精(二十六)清(二十七)从(二十八)心(二十九)斜(三十)庄(三十一)初(三十二)床(三十三)山(三十四)帮(三十五)滂(三十六)并(三十七)明(三十八)非(三十九)敷(四十)奉(四十一)微

切语上字，所以有此四十一类者，以其兼包有古今音也。凡反切以两字切成一音；故以切语上字，足定其为古今音。《广韵》诸部以古今音分者，凡古本音诸部之切语上字，皆用见、溪、疑、端、透、定、泥、帮、滂、并、明、精、清、从、心、影、晓、匣、来诸母所隶各类字，故此为一古音组也；凡非古本音诸部，则杂有群、知、彻、澄、娘、非、敷、奉、微、斜、照、穿、床、审、禅、喻、日诸母所隶各类字，故此为一今音组也。

古无轻唇、舌上之音，故非、敷、奉、微四类之字，皆读重唇，与帮、滂、并、明四类音同；知、彻、澄、娘皆读舌头，与端、透、定、泥音同；法言作《切韵》，欲存古音，于此等切语，通用无别。宋世重修《广韵》，切语犹沿陆氏之旧；以当时之音读之，觉其不谐，于是有类隔、音和之说。其上平、下平、上、去四卷之末，均附有“新添类隔，今更音和切”；如改卑之府移切为必移切，眉之武悲切为目悲切等类。及丁度等重修《集韵》，又将此类切语尽改用本声字；其序例云：“旧以武代某，以亡代茫，谓之类隔；今皆用本字。”此已正《广韵》类隔说之谬妄者矣。乃元明以来，复创门法；设例愈繁，愈增迷罔。迨钱大昕作，明古无轻唇音，及舌音类隔之说不可信；于是学者始恍然于《广韵》中之舌头与舌上，切语通用；重唇与轻唇，切语通用，皆由沿袭古音之故，本无所谓类隔、门法也。

（三）《广韵》之韵部

《切韵》之书，沿今酌古；所谓论南北是非，古今通塞者也。孙愐《唐韵序》：“音韵之书，《字统》《字林》《韵集》述作颇众，得失互分；惟陆生《切韵》，盛行于世。”是可见《切韵》韵目，实兼包古今南北异音者也。至隋唐当时韵部，究分若干，殊不易考。今《广韵》二

零六韵，平声五七，上声五五，去声六十，入声三四，其四声相配；因考其孰为同用，孰为独用，则当时韵部分类，未尝不约略可见也。唐初许敬宗就陆氏《切韵》奏定独用同用。戴震《声韵考》中有考定《广韵》独用、同用四声表一篇。今录其平声以为例：

东，独用；冬、钟，同用；江，独用；支、脂、之，同用；微，独用；鱼，独用；虞、模，同用；齐，独用；佳、皆，同用；灰、咍，同用；真、谆、臻，同用；文，独用；殷，独用；元、魂、痕，同用；寒、桓，同用；删、山，同用；先、仙，同用；萧、宵，同用；肴，独用；豪，独用；歌、戈，同用；麻，独用；阳、唐，同用；庚、耕、青，同用；青，独用；蒸、登，同用；尤、侯、幽，同用；侵，独用；覃、谈，同用；盐、添，同用；咸、衔，同用；严、凡，同用。

惟此果否即为许敬宗所奏定者，尚难断言。且其同用处多不合音理，如钟为东之细音，不当与冬同用；灰与咍、元与魂痕，声势迥异，不当同用；此谬误之大者。若就洪细别之，虞与模，真、谆与臻，亦未容合。盖每以字之多寡，定同用、独用，自不能尽合音理；而其大端，尚可见也。

一音兼有四声，如东、董、送、屋，凡、范、梵、乏。《广韵》平声有五七韵，而上声五五者，以冬韵之上，止有湩、鴆、䶝三字，附于钟上之肿韵中；臻韵之上，止有𧤑、桊、𪗪三字，附于殷上之隐韵中；故少二韵，实际上仍是五十七韵也。去声六十韵者，多祭、泰、夬、废四韵，而臻韵去声无字故也。故若并平、上、去三声言之，则平声五七，加去声之四韵，为六十一韵。此六十一韵中，阴声二十六韵，阳声三十五。《广韵》入声专附阳声，亦当为三十五韵；而仅得三十四者，痕韵之入，止有麧、扢、龁、纥、淈五字，附于魂入之没韵中也。

平、上、去三声之韵，分阴声、阳声二类，平声（举平以赅上、去）之支、脂、之、微、鱼、虞、模、齐、佳、皆、灰、咍、萧、宵、肴、豪、歌、戈、麻、尤、侯、幽，及去声（此无平上者）之祭、泰、夬、废，二十六韵，皆阴声类也。平声之东、冬、钟、江、真、谆、臻、文、殷、元、魂、痕、寒、桓、删、山、先、仙、阳、唐、庚、耕、清、青、蒸、侵、覃、谈、盐、添、咸、衔、严、凡三十五韵，皆阳声类也。《广韵》入声三四韵皆配阳声，而阴声诸韵无入。顾炎武《古音表》乃悉反《广韵》此说；惟侵、覃以下九韵之有入，与歌、戈、麻三韵之无入，与《广韵》同；其余皆反之，《广韵》中所有者，无；所无者，有。顾氏以为如屋承东、术承谆之类，其音不相合也。实则顾氏此说，于音理未明者。迨江永作《四声切韵表》，始明入声为转纽，异平同一入也。其言曰：

> 平、上、去、入声之转也；一转为上，再转为去，三转为入；几于穷，仅得三十四部，当三声之过半耳。穷则变，故入声多不直转；变则通，故入声又可同用。

是以江氏表中所列，凡阳声诸韵之入，既一依《广韵》分配，而复详审其音，兼配阴声。如屋韵，既依《广韵》，配阳声之东、董、送；复以配阴声之尤、有、宥，侯、厚、候，幽、黝、幼三韵。此江氏审音之功为大也。戴震承之，取同入异平之韵，并合二平一入为一类，撰为《声类表》，共分九类；每类配有阳声、阴声、入声；惟八、九二类无阴声耳。至孔广森作《诗声类》，定阴声、阳声各九，阴阳相配，而可以对转；自是阴阳声对转之名立矣。章炳麟更将鼻声分三孔道：阳声之收ㄫ者，曰独发鼻音；收ㄋ者，曰上舌鼻音；收ㄇ者，曰撮唇鼻音。阳声三十五韵中，收ㄫ者十二，东、冬、钟、江、阳、唐、庚、耕、清、青、蒸、登是也；收ㄋ者十四，真、谆、臻、文、殷、元、魂、痕、寒、桓、删、

山、先、仙是也；收ㄇ者九，侵、覃、谈、盐、添、咸、衔、严、凡是也。入声上承阳声，故因亦分三种：凡阳声收兀者，其入声收万；阳声收ㄋ者，其入声收ㄊ；阳声收ㄇ者，其入声收ㄆ。入声虽不收鼻音，而亦收有塞声；此入声介乎阴阳之间，所以得兼承两声，与之对转者也（参看本编的一（三）、一（四））。《广韵》对转，详见江氏《四声切韵表》；黄侃又加以修正，列为入声分配阴声阳声表；析音颇繁，兹不具录。

（四）《广韵》分部繁复之原因

《广韵》分韵为二零六，骤视之，必疑其过于繁穰，以为吾国隋唐以来韵母，何以若是其夥？而验诸唇吻，又复多有字音相同，而所隶韵部各异者；求其故不得，遂以《广韵》为非。虽以戴东原之深于韵学，犹谓其"定韵时有意求密，用意太过，强生轻重，定为音切"者矣。殊不知，《广韵》分部之繁，非尽由声势之不同；除上节所言平、上、去、入、阴、阳声之分以外，尚有开、齐、合、撮之分，及古今沿革之分；故也。章太炎谓：《广韵》所包，兼有古今方国之音，非并时同地得有声势二零六种。盖《切韵》之书，兼包古今南北之音；后之读者，不得其别；此许敬宗之所以开同用、独用之例也；至如刘渊之妄事并合，乃更不足为训者矣。

江永《四声切韵表凡例》："凡分韵之类有三：一以开口合口分，一以等分，一以古今韵分。"以开口、合口分者：如痕（开）与魂（合），寒（开）与桓（合），歌（开）与戈（合）之类，是也。以等分者：如模（合）与鱼（撮），寒（开）、桓（合）与先（齐、撮），肴（开、合）与宵（齐、撮）之类，是也。以古今韵分者：如先（古本韵）与仙（古音同寒、桓，今音变同先），萧（古本韵）与宵（古音同豪、今音变同萧），唐（古本韵）与江（古音同东、今音变同唐）之类，是也。循此三例以

求,则二零六部之分,不特不嫌其苛细,且尚须进求剖析者。陈澧《切韵考》因取此二零六韵,复析为三一一类;其言曰:

> 夫韵部分至二零六,固已多矣;今以其切语下字考之:有一韵只一类者,有一韵而分二类、三类、四类者。孙愐曰:"若细分其条目,则令韵部繁碎,徒拘桎于文辞。"今每韵分析二类、三类、四类,不嫌繁碎;此编考核声韵,非为文辞而设也。

李元《音切谱反切篇》,复将《广韵》下一字分隶各韵,列为一表;表中分注其开正、开副、合正、合副(即开、齐、合、撮四等)。钱玄同因之,以更正陈氏所析韵类;每韵中辨其等呼异同:止一呼者为一类,有二呼、三呼、四呼者,则析为二类、三类、四类,凡三三九类。如析东韵、二类(合、撮),冬韵、一类(合),佳韵、二类(开、合),等等;务令每类无二呼而后已。

陆法言《切韵》,兼存古音;即其定韵精意所在。吾侪生于二千年后,得以考明周汉古音,亦赖法言此书也。今《广韵》二零六韵中,有古本韵,有今变韵;钱玄同《文字学·音篇》将其平声五十七韵(举平以赅上、去、入)及去声之祭、泰、夬、废于此六十一韵下,各标明其为本韵,或变韵;变韵诸韵,又明其为古某韵之变;列为一表,颇便读者。其古本韵,即古韵二十八部,又于歌、戈、曷、末、寒、桓、痕、魂开合各分,四又为八,共三十二部也(参看本编的一(三))。此三十二部外,余皆变韵。钱氏又谓,变韵可分四类:

> 1. 古在此韵之字,今变同彼韵之音,而特立一韵者。如古东韵之字,今韵有变同唐韵之合口呼者,因别立江韵;则江者,东之变韵也。

2. 变韵之音,为古本韵所无者。如模韵变为鱼韵,覃韵变为侵韵,是也。

3. 变韵之韵母,全同本韵;惟以其韵中之字,有含今变声者(详本编的二(二),古本韵中,无今变声之字),因别立为变韵。如寒、桓为本韵,山为变韵;青为本韵,清为变韵,是也。

4. 古韵有平、入而无上、去;故凡上、去之韵,皆为变韵。如东、上声之董,去声之送,在古皆当读平声,无上去之音,故云变韵。

观于此,益可明法言分韵之宗旨矣。

(五) 三十六字母之由来

守温三十六字母,出于唐季;字母未出以前,吾国只有《切字要法》。古《切字要法》,见元刊本《玉篇》中;共三十类:

(一)因烟。(二)人然。(三)新鲜。(四)锡涎。(五)迎妍。(六)零连。(七)清千。(八)宾边。(九)经坚。(十)神禅。(十一)秦前。(十二)宁年。(十三)寅延。(十四)真毡。(十五)娉偏。(十六)亭田。(十七)澄缠。(十八)平便。(十九)擎虔。(二十)轻牵。(二十一)称燀。(二十二)丁颠。(二十三)兴掀。(二十四)汀天。(二十五)精笺。(二十六)民眠。(二十七)声膻。(二十八)刑贤。(二十九)如风字,方中切(或作芬番)。(三十)如微字,无非切(或作文撦。)

清《续通志》谓以守温字母考之,少知、彻、澄、娘、非、敷六母;又谓

“此法自魏秘书孙炎作反语后，即有之”；此盖魏晋间旧物也。

魏晋时，印度字母又已输入吾国。《隋书·经籍志》云：“自后汉佛法行于中国，又得西域胡书，能以十四字贯一切音，文省而义广，谓之婆罗门书；与八体六文之义殊别。”又《高僧传》，宋释慧叡传云：“陈郡谢灵运笃好佛理，殊俗之音，多所达解。乃咨叡以经中诸字，并众音异旨，于是著《十四音训叙》，条例梵汉，昭然可了，使文字有据焉。”灵运盖以印度字母整理汉音，其所叙之十四音，即《隋志》所谓婆罗门书十四字也。吴稚晖《国音沿革序》谓此十四音，即《广韵》所附录之《辨十四声例法》也。吴氏并取佛经中所附录之十四类字母，以与此十四声法对照而注释之；兹约举如下：

1. 开口声：阿哥河等，并开口声。

即玄应《一切经音义》所引《大般涅槃经》，第一类字音之哀，阿。

2. 合口声：庵、甘、堪、谙等，并是合口声。

即玄应所引第六类之庵、恶。

3. 蹴口声：忧、丘、鸠、休等，能、所俱重也。

吴氏谓：此云蹴口，而忧、丘等在舌前；应归玄应之第二类，壹、伊。

4. 撮唇声：乌、姑、乎、枯，能、所俱重。

即玄应之第三类，坞、乌。

5. 开唇声：波、坡、摩、婆，能、所俱轻。

即玄应之第十一类，波、颇、婆、娑、摩。吴氏谓：凡言能所俱重者，皆为摩多或韵母；言能所俱轻者，皆为体文或声母。

6. 随鼻声：灼、蒿、考、姑等，能、所俱重也。

吴氏谓：灼疑为炮之讹；此属玄应第五类之污、奥。

7. 舌根声：奚、鸡、溪等，能、所俱重。

即玄应第四类之黳蔼。

8. 蹴舌下卷声：伊酌等，能所重。

即玄应第十二类之蛇、逻、罗。

9. 垂舌声：遮、车、奢、者，能、所俱轻。

即玄应第八类之遮、车、阇、膳、若。

10. 齿声：止、其、始等，能、所俱轻也。

吴氏谓止字必系乏字之误；此即玄应第十三类之缚、奢、沙。

11. 牙声：迦、佉、俄等，能、所俱轻。

即玄应第七类之迦、呿、伽、峘、俄。

12. 腭声：鹑嚣等，能、所轻。

即玄应第十四类之娑、呵。

13. 喉声：鸦、加、瘕等，能、所俱轻。

吴氏谓以舌头音为喉音，乃承古代相传之讹；而鸦、加、瘕三字皆误，此必妄人见其为喉声，妄窜改耳。此应属玄应之第十类，多、他、陀、驮、那。

14. 牙齿齐呼开口送声：吒、沙、拏、茶，能、所俱轻。

此即玄应第九类之吒、咃、茶、咤、拏。

上所列1、2、3、4、6、7、8七类，乃关于韵母，可置勿论；其余七类，关于声母，有牙、舌、齿、唇、腭等之分，此即三十六字母之渊源所自者也。

吴稚晖谓：此十四声例法，一变而为三十六字母之等韵，则因烟、人然等三十类《切字要法》，实为其过渡之枢纽。《切字要法》之三十，于三十六字母，缺者为知、彻、娘、床、非、奉；而其有澄无床，实即有床无澄，亦即全缺知、彻、澄、娘四母。此因知、彻、澄、娘，《十四声例法》名曰，牙齿齐呼开口送，而附列于末；时人不善读出可知。非奉为唇齿，敷微为双唇，古时盖无其分；故《切字要法》有双唇而无唇齿。吕介孺谓舍利三十字母，所缺为帮、滂、娘、床、微、

奉，守温为之补完。其谓缺帮、滂、娘、床、微、奉，当为知，彻、娘、床、非、奉之讹；以帮、滂之音，最不易缺者也。舍利三十字母实即将《切字要法》，化双为单，又改正《十四声例法》，用牙、舌、唇、齿、喉等之分类，一整理之，遂成三十字母耳。守温又参合韵学反切上之声类，以为知、彻、澄、娘之舌上音不可少，唇齿之轻唇亦当增入，遂成三十六字母。此乃显然易见之变迁；乃主舍利字母为出于《切字要法》者，仅一清道光时作《切字肆考》之张耕，亦可异矣。至于舍利字母，为《李氏音鉴》所引，既与《切字要法》不合，复与吕介孺之说不符；并无照、穿、床、敷、微之迹，而重见、溪、群、疑等音；不知李氏果何所本，必为传抄之谬品无疑。（上节录吴氏《国音沿革序》）

由上所言，三十六字母者，乃由印度梵文字母中变化而来，可无疑矣。惟其审择排列，又非全依梵文字母。近人刘复有文曰，《守温三十六字母排列法之研究》，谓：自华梵字母之比较，因知守温所定三十六字母，非直录梵文者，乃参酌中华当时之语音而成：凡梵文所有而华文所无者，彼则减之；华文所有而梵文所无者，彼则增之。此三十六字母，实足以代表当时较普通之语音也。惟其先后排列，尚有一二处，未合音理者。兹举其重行排列之顺序如下：

见、溪、群、疑、端、透、定、泥、知、彻、澄、娘、帮、滂、并、明、非、奉、敷、微、精、清、从、心、斜、照、穿、床、审、禅、晓、匣、来、日、影、喻。——较之原序，仅将敷与奉对换，并将影、喻移于来、日之后；以奉为非之浊，而影、喻为半母也。

（六）等韵学上之韵摄

等韵者，乃综括韵书与字母，别成一家之学者也。陈澧之

言曰：

> 自汉末以来，用双声、叠韵为切语；韵有东、冬、钟、江之目，而声无之。唐末沙门，始标举三十六字，谓之字母。至宋人乃取韵书之字，依字母之次第而为之图；定为开合四等，纵横交贯，具有苦心；遂于古来韵书切语之外，别成一家之学。

等韵之分宋元明清两派，及其性质与价值，前既论之矣（本文的第二编三（三））。兹惟取其韵摄论之。《广韵》二零六韵，既析其平、上、去、入、开、合、洪、细，复明其阴阳对转，及古今分合；于是就此等异韵同音者，括为一类，即等韵学上之韵摄也。所谓异韵同音者，《广韵》中韵部异属，而母音无别之字也。此等韵部之母音既相同，自可归摄为一类；宋杨中修作《切韵指掌图》，实始创此法。惟今存《指掌图》，为讹本；今所得见者，以《七音略》及《韵镜》二书为首始，亦最可据（说亦见前）。《七音略》《韵镜》皆分四十三图；其时尚无韵摄之名，每类亦无标目之字。及元刘鉴撰《切韵指南》，分为十六摄，又以通、江、止、遇、蟹、臻、山、效、果、假、宕、曾、梗、流、深、咸十六字为标目；是为有韵摄标目之始。自是以后，等韵家遂多言韵摄矣。

近人钱玄同参酌群言，将《广韵》三百三十九类括为二十二摄。其二十二摄中，阴声八，阳声七，入声七；每摄分开、齐、合、撮四等，钱氏将三三九类分隶其下，列为一表。黄侃《音略》并附以说明，谓即此可明今韵之分类。黄氏自叙云：

> 今韵分析，宜据《广韵》为主。自《礼部韵略》而下，其分合取便考试；虽本唐人同用、独用之例，而恣情并合，致声韵之

条，由之泯棼；既不为典要，则置之可也。《广韵》虽二百有六，若宜再分；《切韵指掌》之流，于平、上、去三声之分析，初不为谬；而于入声分配，独能分配阳声（如东、董、送、屋），其以入声分配阴声（如之、止、志、职），不幸十有八谬。江氏《四声切韵》，分合之律，并无定衡；其弟子戴震犹且因之以明异平同入之理。观戴氏之所就，信已优于其师，而于声类，转不若江之晰；亦短长相覆也。余以顽昧，少好斯业；穷居海上，日取江陈之说抽绎之，因得明今韵之分类。其后吾友吴兴钱夏因之以成《均摄表》，差有纲维，非同臆论。今即因钱表，附以说明云尔。

惟黄氏于阴声去限摄，阳声增碚摄，入声加沃摄，共二十三。黄氏所说明者：阴声七摄，纯用喉音收韵，即蔼、阿、依、乌、讴、㰤、哀。阳声八摄，即用喉音收韵，而加以鼻音，或更由鼻首而加以收唇：安，即阿摄之加鼻收韵；恩，即依摄之加鼻收韵；鸯，即乌之加鼻带腭收韵；翁，即讴之加鼻带腭收韵；碚，即㰤之加鼻带腭收韵；罂，即哀摄之加鼻带腭收韵；谙，即蔼摄之加鼻收音，亦即安之加鼻收唇音；愔，即依摄之加鼻收音，亦即恩之加鼻收唇音。入声八摄，即喉音鼻音之共同促音：遏，即蔼摄与安摄之促音（除无阴声及有加收唇音者外，皆两摄同本）；䶑，即依与恩之促音；恶，即乌与鸯之促音；屋，即讴与翁之促音；沃，即㰤与碚之促音；馁，即哀与罂之促音；姶，即蔼摄、阿摄、安摄、遏摄之收唇促音；揖，即依、恩、䶑之收唇促音。黄氏所谓用喉收韵者，即纯韵也；所谓加鼻收韵者，即纯音之附有ㄢ者也；加鼻带腭收韵者，即纯音之附有兀者也；加鼻收唇音者，附有ㄇ者也；喉音鼻音之促音者即谓收ㄎ，收ㄊ者也；加鼻收唇之促音者，即收ㄆ者也。兹更录黄氏之《韵摄总图》，如下：

阴声	阳声	入声
蔼 阿	收舌：安 恩　收唇：谙 愔	收舌：遏 麧　收唇：姶 揖
依 乌 讴 埯 哀	收腭：鸯 翁 䃔 罂	收腭：恶 屋 沃 餀

三、元明以来之国音

（一）北音之发展及其韵书

《广韵》《集韵》诸书，兼赅古今南北之音；以之审音，诚美矣。然声韵繁多，实际上断非一人所能尽读；故合用也，并韵也，力求通俗，亦其势所必至。元明以后，此等韵书，益与事实相离；如《平水韵》等，虽一般文人竭力引用，欲以保持唐宋旧音于纸上，而终与实际之口语无关者也。盖自唐宋以来，吾国政治中心，常在北部；于是北音发展，渐变为全国多数人所能发之音。又因其声韵简少，学习既不难，普及自较易；而北语之势力，日盛矣。宋元之际，发生一种新文体，即北曲是也；用之乐舞，须雅俗共赏，与其时诗赋之专供文人玩弄者不同；故其造词用韵，务求与当时较普通之口语相合。则《广韵》一系之韵书，自不能适用；于是不得不有代表北音之韵书，此周德清《中原音韵》之所以作也。

德清之书，以平声分阴阳，以入声配隶三声。盖以北音无浊；其平声浊音，亦参入清母之用；故将声母上之清浊，移为四声上之阴阳。入声为北音所无，故分隶于平、上、去三部中（详本文的第二编四（三）、四（四））。德清自称其书为北曲而作，而标名曰《中原》；因俨然以北音为正音者矣。其自序谓：欲正乐府，必正语言，欲正语言，必宗中原之音。中原之音，即指北音也。其韵目分十九；列

举如下：

(一) 东钟。(二) 江阳。(三) 支思。(四) 齐微。(五) 鱼模。(六) 皆来。(七) 真文。(八) 寒山。(九) 桓欢。(十) 先天。(十一) 萧豪。(十二) 歌戈。(十三) 家麻。(十四) 连遮。(十五) 庚青。(十六) 尤侯。(十七) 侵寻。(十八) 监咸。(十九) 廉纤。

继周氏而作者,为明乐韵凤等之《洪武正韵》。据《明史》言,太祖以旧韵出江左,多失正,命廷臣参考中原雅音正之。以《广韵》二百零六部,省并为七十六;又合平、上、去三声为二十二部,入声十部,隶于阳声中。其书以《中原音韵》为蓝本,而仍留入声;盖多迁就旧韵书之处。虽经政府颁行于天下,而其时文人,仍墨守旧韵;故此书终明之世,未尝行用也。兹列其二十二部,七十六韵,四声相配表如下：

(一) 东、董、送、屋。(二) 支、纸、寘。(三) 齐、荠、霁。(四) 鱼、语、御。(五) 模、姥、暮。(六) 皆、解、泰。(七) 灰、贿、队。(八) 真、轸、震、质。(九) 寒、旱、翰、曷。(十) 删、产、谏、辖。(十一) 先、铣、霰、屑。(十二) 萧、筿、啸。(十三) 肴、巧、效。(十四) 歌、哿、个。(十五) 麻、马、祃。(十六) 遮、者、柘。(十七) 阳、养、漾、药。(十八) 庚、梗、敬、陌。(十九) 尤、有、宥。(二十) 侵、寝、沁、缉。(二十一) 覃、感、勘、合。(二十二) 盐、琰、艳、叶。

明正统时,兰廷秀又作《韵略易通》,并平声为二十部,以上、去、入三声隶而随之。其书分上下二卷：阳声,东、阳等有入声者,

为上卷；阴声，支、微等无入声者，为下卷。阴声、阳声各十部，分类大致与《中原音韵》同，惟鱼与模别，故多一部；入声十部，亦与《洪武正韵》同。其二十部韵目如下：

（一）东洪。（二）江阳。（三）真文。（四）山寒。（五）端桓。（六）先全。（七）庚晴。（八）侵寻。（九）缄咸。（十）廉纤。（十一）支辞。（十二）西微。（十三）居鱼。（十四）呼模。（十五）皆来。（十六）萧豪。（十七）戈何。（十八）家麻。（十九）遮蛇。（二十）幽楼。

惟以上诸书，虽曰依据北音；而所分韵部，仍有迁就旧韵书之处。如侵、覃、咸等收声于唇（即附有ㄇ者）。今除闽粤诸地，尚存此音外，其余中部北部已与寒、删、先等收尾（即附有ㄋ者）无别。而《中原音韵》诸书，仍多分别；固犹未脱离旧韵书之拘束，而非全合于北音者。至毕拱辰《韵略汇通》减为十六部：

（一）东洪。（二）江阳。（三）真寻。（四）庚晴。（五）先全。（六）山寒。（七）支辞。（八）灰微。（九）居鱼。（十）呼模。（十一）皆来。（十二）萧肴。（十三）戈何。（十四）家麻。（十五）遮蛇。（十六）幽楼。

其韵目中，遂不复有廉、纤等韵矣。至清樊腾凤《五方元音》，复并韵部为十二：

（一）天。（二）人。（三）龙。（四）羊。（五）牛。（六）獒。（七）虎。（八）驼。（九）蛇。（十）马。（十一）豺。（十二）地。

渐趋减省，与今注音字母中韵母之分列，日益接近矣。

以上所言，乃关于韵目者；至北音发展后声类之分列，则研究等韵者，亦渐知三十六字母，不能与近代方言吻合；遂各以意为增减。如《韵略易通》归并三十六字母为：

东风破早梅，向暖一枝开；冰雪无人见，春从天上来。

《早梅》诗二十字，尽变古法以就方音。《五方元音》定字母二十，亦与此同：

（一）梆。（二）匏。（三）木。（四）风。（五）斗。（六）土。（七）鸟。（八）雷。（九）竹。（十）虫。（十一）石。（十二）日。（十三）剪。（十四）鹊。（十五）丝。（十六）云。（十七）金。（十八）桥。（十九）犬。（二十）蛙。

以与注音字母上之声母相较，几全部相同。可见注音字母之发生，与此等北音韵书，至有关系者也。

元明以来，言音韵者，上所举诸家外，尚有李汝珍《音鉴》一书。李氏定三十三字母（即声母）及二十二同音（即韵母），其删并亦与上述诸家略同。惟以一母中，正音（即开合）副音（即齐撮）多分为二，故声母较多也。

（二）注音字母发生之原因

近世北语，既渐为全国人所通用；今之所谓国音，即以北音为主；上节所言代表北音诸韵书，亦即国音字母产生之先导也。考国音字母之产生，酝酿于清季，而成熟于民国。至其产生之原因，可

约略为下列数端述之：

1. 方言阻碍，而日感不便也。吾国方言，种类繁多：章太炎将吾国语言，分为十类；黎锦熙又以江湖流域分为十系；而同是一类一系之中，又复纷歧错杂，不可究极（详本文的第一编三（三））。语言不通之病，至近世交通日便，往来频繁，日以暴露；重以外人非笑，识者自知统一语言之不可缓。统一语言，即以国音为其标准；注音字母，遂应运以生矣。

2. 平民教育普及之困难，因感于语言不通为之障碍也。中国文字与语言不能合一，实由于读音不能统一之故。中国人识字者，据最近调查，百人中仅十五人耳。统一读音与普及教育，两者有密切关系；欲教育普及，不能不设法以减却文字认识之困难。注音字母之要求，即在使汉字易于认识，而读音归于一致也。

3. 语体文应用之广，不得不统一语言也。元明以来，语体文渐流行于社会。十余年来，除国语教育外，又有所谓新文学运动，即废止文言，改用白话也。为普及教育计，不能不使言文合一，以便于学习；然吾国方言错杂，苟各用其方言以为文，则原借文字以为维系统一之具者，反因以失其功效。故改用语体文，不能不与统一国语相辅而行；而注音字母之应用，益广矣。

4. 东西洋拼音文字之观念，输入于吾国也。我国造字之初，本将形、音、义三者合一；故《说文》九千三百余字，形声字约占八千。迨后形声兼顾之法穷，于是假借、引申渐脱离字形之拘束（参看本文的第一编二（一））。加以古今音变，形声声母之记音功效，自不能持久。而数千年来，受尽反切之弊困（详后）；中间虽一度与印度拼音字母接近，终莫敢致疑于汉字之存废问题。近数十年，西洋文化输进，大受激引；不特西洋拼音文字较汉字为简易整齐，即日本之假名注音，亦假汉字易认易记。相形见绌之下，自不能不趋向于吾国文字之改进；急进之徒，且欲改汉字

为拼音文字。稍缓和者，亦主张先用注音以济汉字之穷；此注音字母又所以应运而起者也。

5. 简字与罗马拼音试验之促进也。因感于认识汉字之困难，遂多制造字母以代之。近世作者虽众，而见诸实行者，惟劳乃宣简字，与教会中罗马字之拼音。在劳氏简字前，已有王照官话字母，流行于京津一带；劳氏就王照字母定京音五十母、十二韵，宁音五十六母、十三韵，吴音六十三母、十八韵，闽广音八十三母、二十韵。光绪季年，江苏、直隶、奉天诸省曾将此等简字推行传习；劳氏亦呈其简字谱录于前清学部，请颁行天下。时人对之怀疑者仍众，卒未明令施行；盖简字之优点，在随地拼音，易于传习；而反对之者，亦即因此，以为"随地增撰字母，使中国方言不能统一，将更远于同文之世"。不知方音纵异，音素多同；方言与国音，可因比较而更易传习。自国语统一问题起，此等简字，遂不复闻者；盖亦鉴于劳氏前车，借以减少一般守旧者之反对也。然注音字母之产生，劳氏简字，实为其先导。教会中所拼中国语之罗马字，或专拼京音，备西人学习华语之用；或随地拼各处方音，如宁波白、厦门白、上海白等，备教士传道于不识字者之用。因此，罗马拼音在社会上，亦有部分势力；而今日教会中之欢迎注音字母，亦赖此拼音字为其导引者也。

由上述诸端，可知注音字母发生之原因，总言之，不外一时社会上之需要而已。

（三）注音字母发生之经过

吾国国语教育运动，发端于清季。宣统元年，学部经各方督促，奏报分年筹备国语教育事宜；而延不实行。二年，资政院议员江谦等因提出质问学部；严复又有审查采用音标，试办国语教育之

报告。于是由劳乃宣随地拼音之简字问题，一转而为统一国语之音标问题矣。三年，学部中央教育会，又议决统一国语办法。此皆国音字母酝酿于清季之经过也。

一九一三年，教育部有读音统一会之召集，始规定三十九注音字母，为统一读音之音标。四年，经会员王璞等数次呈请颁行，教育部始开办注音字母传习所，以为颁行前之准备。六年，全国教育联合会议决请教育部定国语标准，推行注音字母，以期统一。七年，教育部始将三十九注音字母，正式公布。此又国音字母成熟于民国之经过也。

当时读音统一会中，会员所提出之音标字母，不下数十种：有主张借用西文字母者；有主张借用汉字偏旁者；有主张用简笔之汉字者；有欲仅用点画以表明位置，如速记类者。后卒以迁就旧学者之心理，以为统一读音，惟为改良反切（详后）；故以合于双声叠韵之简笔汉字，最为适宜。兹录其采用之条件，如下：

ㄅ　包本字，与帮双声；用以表帮母各字之声母。
ㄆ　普木切，与滂双声；用以表滂母各字之声母。
ㄇ　幂本字，与明双声；用以表明母各字之声母。
ㄈ　府良切，与非双声；用以表非母各字之声母。
ㄪ　同万，与微双声；用以表微母各字之声母。
ㄉ　即刀字，与端双声；用以表端母各字之声母。
ㄊ　同突，与透双声；用以表透母各字之声母。
ㄋ　即乃字，与泥双声；用以表泥母各字之声母。
ㄌ　即力字，与来双声；用以表来母各字之声母。
ㄍ　古浍字，与见双声；用以表见母开合呼各字之声母。
ㄎ　苦浩切，与溪双声；用以表溪母开合呼各字之声母。
ㄫ　五忽切，与疑双声；用以表疑母开合呼各字之声母。

ㄏ　呼旰切，与晓双声；用以表晓母开合呼各字之声母。

ㄐ　纠本字，亦与见双声；用以表见母齐撮呼各字之声母。

ㄑ　古畎字，亦与溪双声；用以表溪母齐撮呼各字之声母。

ㄬ　鱼检切，亦与疑双声；用以表疑母齐撮呼各字之声母。

ㄒ　古下字，亦与晓双声；用以表晓母齐撮呼各字之声母。

ㄓ　之本字，与照双声；用以表照母各字之声母。

ㄔ　同踯，与穿双声；用以表穿母各字之声母。

ㄕ　式之切，与审双声；用以表审母各字之声母。

ㄖ　即日字；用以表日母各字之声母。

ㄗ　古节字，与精双声；用以表精母各字之声母。

ㄘ　即七字，与清双声；用以表清母各字之声母。

ㄙ　古私字，与心双声；用以表心母各字之声母。

ㄧ　即一字，与基、机等叠韵；用以表支、微、齐韵平、上、去三声，及入声质、物、陌、锡、职、缉等韵中齐齿呼各字之韵母。又凡齐齿呼之字，用以为介母。

ㄨ　古五字，与初疏等叠韵；用以表鱼、虞韵平、上、去三声，及入声屋、沃、质、物、月各韵中合口呼各字之韵母。又凡合口呼之字，用以为介母。

ㄩ　丘鱼切，与鱼虞等叠韵；用以表鱼、虞韵平、上、去三声，及入声屋、沃、质、物、陌、锡、职各韵中撮口呼各字之韵母。又凡撮口呼之字，用以为介母。

ㄚ　于加切，与佳麻叠韵；用以表佳麻韵平、上、去三声，及入声月、曷、黠、合、洽各韵中一部分之韵母。

ㄛ　古呵字，与歌叠韵；用以表歌韵平、上、去三声，及入

声觉、质、月、曷、屑、药、陌、职、合各韵中一部分之韵母。

ㄝ　即也字，与遮、车等叠韵；用以表麻韵平、上、去三声，及入声物、月、屑、叶、各韵中齐齿，撮口呼各字之韵母。

ㄞ　古亥字，与乖、该等叠韵；用以表佳韵平、上、去三声之合口呼，及灰韵平、上、去三声之开口呼各字之韵母。

ㄟ　移本字，与龟、归、圭等叠韵；用以表支、微、齐、灰韵平、上、去三声各字之韵母。

ㄠ　于尧切，与萧、肴、豪叠韵；用以表萧、肴、豪韵平、上、去三声各字之韵母。

ㄡ　即又字，与尤叠韵；用以表尤韵平、上、去三声各字之韵母。

ㄢ　平感切，与先覃等叠韵；用以表寒、删、先、覃、盐、咸韵平、上、去三声各字，及元韵平、上、去三声一部分之韵母。

ㄣ　古隐字，与真、文等叠韵；用以表真、文、侵韵中平、上、去三声各字，及元韵平、上、去三声一部分之韵母。

ㄤ　同尪，与江、阳叠韵；用以表江阳韵平、上、去三声各字之韵母。

ㄥ　古肱字，与东、庚等叠韵；用以表东、冬、庚、青、蒸韵平、上、去三声各字之韵母。

ㄦ　同人字，本当为支韵中日纽各字之韵母，惟今已不用；因北京语多于事物名称下，用儿字为语尾，因加此韵母。

上列诸母，采取近世发音学上声韵之原理，而仍保持吾国文字上音韵上本来之面目；可谓酌古因今之作也。而究以何地语言为统一标准？尤为事实上之根本问题。以历史上与地理上之形势言，自以北京音为主；乃当时读音统一会中，有欲用普通语者，有欲本古韵者，有欲采各地土音者，争持不决。卒以多数之主张，定普通语

为标准；又以迁就韵书及方音之故，自不能完全恰合于一地方之音素。如万、兀、八、丆、ち、厶诸母之成立，为主张京音者所不赞成。至一九二〇年，教育部开国语统一筹备会，又将字母重行修正，分析ㄛ母为ㄛ、ㄜ二母：以ㄛ表歌韵韵母，ㄜ拼入声、质、职、陌、月诸韵中开口字。以ㄜ拼入声字，殆已认此等字仅具入声之名耳；此趋重于京音之故也。同时又议决儿母亦得用为声母；故曰声化韵母（详本文的第二编三（二））。数年来，在学理上，又多加以改良者：如一、ㄨ、ㄩ之称介母，由于受等韵上开、齐、合、撮观念之遗传；于今发音学理上不合。故介母之名，自当取消；而仍复其韵母或结合韵母，较为名正言顺也（详本文的第二编三（四））。而在事实上，标准语之为京音，为国音？五声之或存或废？尤为一般言国语者争论之焦点。如以京音为主，国音上之五声，自可归于废弃者也（参看本文的第二编四（四））。

（四）国音字母与历代声韵之比较

吾国历代声韵变迁，分为三期：周汉古音，一也；魏晋唐宋间之今音，二也；元明以来之国音，三也；上已一一述之矣。若从地域上观察：则古音与国音，发自北地，以北音为主；今音出自南朝，自兼采南音。北音声韵简略，南音繁复；故今音韵纽，较古音，国音俱多也。古音以周音为主，其时文化中心，在黄河流域，与今国音所出同地；故古音音素颇与国音相近也。至今韵所本，为陆法言《切韵》；孙光宪《北梦琐言》："广明以前，《切韵》多用吴音；李涪尚书改《切韵》，全刊吴音。"则《切韵》之书，唐时已多斥为吴音者矣。朱彝尊辨之，谓定《切韵》者八人，惟萧该家兰陵，其余皆北方之学者。又陆自序，有"论南北是非，古今通塞"之语，陆氏兼采南北，似不能纯指为吴音也。虽然法言时，南音占盛；南朝研究音韵者，一时锋

出，韵书特富；陆氏自不能不受其影响。近人王国维云：“陆韵者，六朝之音也，六朝音多存于江左，故唐人谓之吴音”；是陆韵实承南朝之风者也。至谓兼赅南北者，北音简，南音繁，举繁可以包简，法言考析音韵自多以繁复之南音为准则无疑。今以《切韵》之韵目、声类，持与国音字母相较，多寡大相悬绝，即可证矣。试以历代声韵与国音字母，一一比较之，如下：

1. 古音声韵与国音字母之比较

古声十九与国音声母之对照：

帮	ㄅ	端	ㄉ	精	ㄗ	见	ㄐ、ㄍ	晓	ㄒ、ㄏ
滂	ㄆ、ㄈ	透	ㄊ	清	ㄘ	溪	ㄑ、ㄎ	匣	
并		定		从		疑	ㄬ、ㄫ	影	
明	ㄇ、ㄪ	泥	ㄋ、ㄬ、ㄖ	心	ㄙ				
		来	ㄌ						

古轻唇重唇不分，故ㄈ、ㄪ同于ㄆ、ㄇ；娘、日二纽，古并归泥，故ㄬ、ㄖ均合泥纽；古无照、穿、床、审、禅，又舌上与舌头不分，故无ㄓ、ㄔ、ㄕ。又ㄐ、ㄑ、ㄬ、ㄒ与ㄍ、ㄎ、ㄫ、ㄏ为开合与齐撮之别，自来多不分列。今北音仄声无浊，平声浊音变作阳平，故国音不制浊母；并、定等，无其配也。

古韵二十八部：阴声，歌、灰、齐、模、侯、豪、萧、咍八部，相当于国音之ㄧ、ㄨ、ㄩ、ㄚ、ㄛ、ㄞ、ㄟ、ㄠ、ㄡ各韵。阳声，寒、痕、先、青、唐、东、冬、登、覃、添十部，相当于ㄢ、ㄣ、ㄤ、ㄥ各韵。入声，曷、没、屑、锡、铎、屋、沃、德、合、帖十部，为今北音所无；以ㄜ表者，与此不同。若其精密相配，以今所考定古音韵目，仅得其分合之迹，未能断明其音读；其音读未明，即不足以言确凿之对照也。例如鱼、虞韵，自来皆以为古读合口，如ㄨ；乃汪荣宝谓古读ㄚ，开口，非合口

也；虽其言尚未得有充分之证据，而古韵音读之未明，正不当妄事臆测。惟其韵目甚简，与国音相近；此可知者也。

2. 今音声韵与国音字母之比较

《广韵》四十一声类与国音声母之对照：

见	ㄐ、ㄍ	端	ㄉ	知	照	ㄓ	精	庄	ㄗ	帮	ㄅ
溪	ㄑ、ㄎ	透	ㄊ	彻	穿	ㄔ	清	初	ㄘ	滂	ㄆ
群		定		澄	神		从	床		并	
疑	ㄬ、ㄫ	泥	ㄋ	娘		ㄬ	心	山	ㄙ	明	ㄇ
晓	ㄒ、ㄏ	来	ㄌ		审	ㄕ	斜			非	ㄈ
匣					禅					敷	
影					日	ㄖ				奉	
喻										微	ㄪ
于											

影、喻、于本为韵母，故注音字母于此三纽，不立声母，即单用韵母注音。知、彻、澄三纽，与照、穿、神同音，故并入ㄓ、ㄔ二母。娘纽出声，同于疑纽之齐撮呼，故入ㄬ母。庄、初、床、山四纽，与精、清、从、心同音，故并于ㄗ、ㄘ、ㄙ。

至《广韵》韵目，与国音相去过远，难以支配。又其音读，未能全明；例如歌、戈韵，自来皆以为读ㄛ；而汪荣宝谓：唐宋以前，歌、戈之字，皆读ㄚ音；故尚未能有确切之对照也。其六十一韵中（平声五十七，兼赅去上；又加去声之祭、泰、夬、废四韵）大抵阴声，支、脂、之、微、鱼、虞、模、齐、佳、皆、灰、咍、萧、宵、肴、豪、歌、戈、麻、尤、侯、幽、祭、泰、夬、废二十六韵，相当于国音一、ㄨ、ㄩ、ㄚ、ㄛ、ㄞ、ㄟ、ㄠ、ㄡ各韵。阳声，东、冬、钟、江、阳、唐、庚、耕、清、青、蒸、登十二韵，附有ㄫ者，相当于ㄤ、ㄥ；真、谆、臻、文、殷、元、魂、痕、寒、桓、

删、山、先、仙十四韵，附有ㄋ者，相当于ㄢ、ㄣ；若侵、覃、谈、盐、添、咸、衔、严、凡九韵，附有ㄇ者，今国音所无也。至隶于阳声之入声，三十四韵，如屋、沃等，附有ㄎ者，质、术等，附有ㄊ者，缉、合等，附有ㄆ者；亦今注音字母所缺者也。

至钱玄同、黄侃所定二十三摄，乃依据《广韵》分类，而加以总括者也。如于阿摄，黄氏说明之曰：唐人歌、麻不分；又谓古无ㄚ音；适与汪氏之说相反。则其所言音读，尚可疑也；故与国音韵母，亦不能有确凿之对照。

守温三十六字母与国音声母之对照：

见	ㄐ、ㄍ	端	ㄉ	知	照	ㄓ	精	ㄗ	帮	ㄅ
溪	ㄑ、ㄎ	透	ㄊ	彻	穿	ㄔ	精	ㄘ	滂	ㄆ
群		定		澄	床		从		并	
疑	ㄬ、ㄫ	泥	ㄋ	娘		ㄬ	心	ㄙ	明	ㄇ
晓	ㄒ、ㄏ	来	ㄌ		审	ㄕ	斜		非	ㄈ
匣					禅				敷	
影					日	ㄖ			奉	
喻									微	ㄪ

3. 北音声韵与国音字母之比较

《中原音韵》十九韵与国音韵母之对照：

东钟	ㄨㄥ	江阳	ㄤ	支思	ㄖ，ㄙ	齐微	ㄧ、ㄟ
鱼模	ㄩ、ㄨ	皆来	ㄞ	真文	ㄣ	寒山	ㄢ
横欢	ㄨㄢ	先天	ㄧㄢ	萧豪	ㄠ	歌戈	ㄛ
家麻	ㄚ	车遮	ㄝ	庚青	ㄥ	尤侯	ㄡ
侵寻		监咸		廉纤			

其中如东钟与庚青、寒山与先天等，均以开合分韵，故韵目较多；至侵寻等之分出，则尚沿《广韵》之旧，为收声于ㄇ者，北音所无也。

《洪武正韵》七十六韵二十二部，与国音韵母之对照：（举平兼赅上、去、入）

东	ㄨㄥ	支	ㄖ，ㄙ	齐	ㄧ	鱼	ㄩ	模	ㄨ	皆	ㄞ
灰	ㄟ	真	ㄣ	寒	ㄢ	删	ㄢ	先	ㄧㄢ	萧	ㄠ
肴	ㄠ	歌	ㄛ	麻	ㄚ	遮	ㄝ	阳	ㄤ	庚	ㄥ
尤	ㄡ	侵		覃		盐					

其分部，大致与《中原音韵》同，惟ㄧ、ㄟ与ㄩ、ㄨ皆分列耳。

《韵略易通·早梅诗》二十母与国音声母之对照：

东	ㄉ	风	ㄈ	破	ㄆ	早	ㄗ	梅	ㄇ
向	ㄒ、ㄏ	暖	ㄋ	一		枝	ㄓ	开	ㄑ、ㄎ
冰	ㄅ	雪	ㄙ	无		人	ㄖ	见	ㄐ、ㄍ
春	ㄔ	从	ㄘ	天	ㄊ	上	ㄕ	来	ㄌ

除一、无属影母，当为韵母外，余几全与国音字母相合；ㄪ、ㄬ、ㄫ等母，北音绝少用及，故不备。

《韵略易通》二十韵与国音韵母之对照：

东洪	ㄨㄥ	江阳	ㄤ	真文	ㄣ	山寒	ㄢ	端桓	ㄨㄢ
先全	ㄧㄢ	庚晴	ㄥ	侵寻		缄咸		廉纤	
支辞	ㄖ、ㄙ	西微	ㄧ、ㄟ	居鱼	ㄩ	呼模	ㄨ	皆来	ㄞ
萧豪	ㄠ	戈何	ㄛ	家麻	ㄚ	遮蛇	ㄝ	幽楼	ㄡ

此与《中原音韵》所分略同。

《韵略汇通》十六韵与国音韵母之对照：

东洪	ㄨㄥ	江阳	ㄤ	真寻	ㄣ	庚晴	ㄑ	先全	ㄧㄢ
山寒	ㄢ	支辞	ㄖ、ㄙ'	灰微	ㄟ	居鱼	ㄧ、ㄩ	呼模	ㄨ
皆来	ㄞ	萧肴	ㄠ	戈何	ㄛ	家麻	ㄚ	遮蛇	ㄝ
ㄡ									

此韵目中，已无廉纤等韵；是确合于北音者；与国音不同之点，惟ㄥ、ㄢ尚因开合分列而已。

《五方元音》二十母与国音声母之对照：

梆	ㄅ	匏	ㄆ	木	ㄇ	风	ㄈ	斗	ㄉ	土	ㄊ
鸟	ㄋ	雷	ㄌ	竹	ㄓ	虫	ㄔ	石	ㄕ	日	ㄖ
剪	ㄗ	鹊	ㄘ	丝	ㄙ	云		金	ㄐ、ㄍ		
桥	ㄑ、ㄎ	犬	ㄒ、ㄏ	蛙							

《五方元音》十二韵与国音韵母之对照：

天	ㄢ	人	ㄣ	龙	ㄥ	羊	ㄤ	牛	ㄡ	獒	ㄠ
虎	ㄨ	驼	ㄛ	蛇	ㄝ	马	ㄚ	豺	ㄞ		
地	ㄧ、ㄩ、ㄟ、ㄦ。										

此与今注音字母几全相同矣。

第四编

拼音

一、声韵之拼合

（一）声韵组成字音之通则

吾国文字，属单音系，一字仅有一音。虽语言上，常有复音之词语；而文字上，具一字体者，必为一音缀也。至其音缀之所由成，自不外声韵之拼合；近人唐钺有文曰，《声韵组成字音之通则》；因约举其言如下：

一字音或音缀，必具有一领音；无领音，则不能成其音缀。韵母，ㄚ、ㄛ、ㄝ、ㄧ、ㄨ、ㄩ等，可为领音，亦可独成一音缀。声母本不能为领音，故不能独成音缀（国音中可用声母单独注音者，以其附带有韵母也；说详后）；惟如鼻声ㄇ、ㄋ、ㄫ等，亦间有自成音缀者。盖可以为领音云者，即其洪亮度较大之谓也。中国语音中，依其洪亮度之大小，可略分为四类：

第一类，ㄚ、ㄛ、ㄜ、ㄝ等母，最为洪亮。

第二类，ㄨ、ㄩ、ㄧ等母，次之。

第三类，ㄇ、ㄋ、ㄬ、ㄫ、ㄦ等母，又次之。ㄧ、ㄨ、ㄩ，当其为第一类收音时，亦属此类。

第四类，其余声母，最不洪亮。

发音学上，洪亮度之大小，关于语音听感之强弱。洪亮之音，即为乐音化者；乐音之阻碍愈小，语音即愈洪亮。故韵母音

最洪亮，鼻声次之；其他声母，如塞声等，最不洪亮之音也。是以韵母可作领音，鼻声亦间有自成音缀；其他声母，不能独成音缀也。

中国语，一音缀，至多不过四部：起、舒、纵、收是也；至少亦有纵、收两部。如中字，读ㄓㄨㄥ，即ㄓㄨㄜㄫ，ㄓ为起，ㄨ为舒，ㄜ为纵，ㄫ为收。音有一发即舒者，其字只有舒、纵、收三部；如王字，读ㄨㄤ，即ㄨㄚㄫ，ㄨ为舒，ㄚ为纵，ㄫ为收。音有一发即纵者，其字只有纵、收二部；如哀字，读ㄞ，即ㄚㄧ，ㄚ为纵，ㄧ为收。凡字音至少有纵、收；如一字，读ㄧ，似只有纵无收，实则其收声亦为ㄧ，惟较微耳。汉字音调，有平、上、去、入之异；仅以单韵母成音缀者，其入声急读时，自无收声；此等收部当为ㄏ，以表声带阻也。至平、上、去之以单韵母成音者，往往以上下字接连急读之故，而失去其收部；此则其原字音调已变，又属例外者。纵部即领音所在，无领音不能成音缀，故音缀中以纵部为主；然有纵不能无收，故字音至少必有纵、收二部。若纵、收二部相同者，则其收部，乃领音之余音也。如将一切字音加以分析，即可知以下诸端：

1. 占字音之起部者，为一切声母。

2. 占舒部者，仅ㄨ、ㄩ、ㄧ三母。

3. 占纵部者，为一切韵母(赅ㄨ、ㄩ、ㄧ)。

4. 占收部者：

(1) 除以纵部本音为收之字外，平、上、去三声字，为ㄨ、ㄧ两韵，及ㄋ、ㄫ两鼻声；古音则兼ㄇ母。

(2) 入声字，为ㄏ；古音则以ㄆ、ㄊ、ㄎ为收。

(3) 儿、耳、二等字，为ㄦ。

纵之云者，通达无碍之谓也；纵部为领音所在，故为音缀中之最洪亮处也。起、舒、纵、收四部：起部离领音最远，最不洪亮；

舒部渐加洪亮，至纵部而达于最高度；转为收音，又复衰降。自一部至他部，洪亮度非突然增减；乃由于介乎其间之流音，渐渐转入，故各音能融成一片，以为音缀；惟其中流音甚微，不加细辨，不能一一觉察也(参看本文的第二编二(四))。

又自上列事实观之：可见ㄨ、ㄩ、ㄧ三母之特性，第一，舒部必属此三母；第二，此三母亦可占纵部；第三，ㄨ、ㄧ二母又可占收部，与ㄋ、ㄫ之功能相同(ㄩ所以不为收音者，盖以ㄩ收之音，甚难与以ㄧ收之音相别)。ㄨ、ㄩ、ㄧ三母，既有此特性，注音字母将此三母特提为介母类，固非绝无理由者。惟其介母之名，应释为性质介于声母韵母之间，方能成立；盖声与韵既无绝对之分界，而此三母，有时为纵，有时为收，不失其共同之性质者也。若乃释为介于声母韵母间之地位者，则不合学理矣(参看本文的第二编三(二)及三(四))。

(二)双声叠韵之说明

字音之组成，至多可分起、舒、纵、收四部，已于上节述之矣。发音相同曰双声，收音相同曰叠韵；即起部，或无起部而舒部相同者，谓之双声；如：

因、烟，ㄧㄋ、ㄧㄢ，无起部而舒部相同。
民、眠，ㄇㄧㄋ、ㄇㄧㄢ，起部相同。

纵部与收部相同者，谓之叠韵；如：

民、新，ㄇㄧㄋ、ㄙㄧㄋ，哀、苔，ㄞ、ㄊㄞ(即ㄚㄧ、ㄊㄚㄧ)，纵收两部相同。

故李氏《音鉴》曰："双声者，两字同归一母；叠韵者，两字同归一韵也。"考双声叠韵之名，始于六朝。《南史·谢庄传》："王玄谟问谢庄，何谓双声叠韵？答曰：玄护为双声，璈碻为叠韵。"盖王玄谟与桓护，初率师北伐，败于璈碻，故以此戏之。玄与护，并属匣母，故为双声；璈与碻古音并属萧肴韵，故为叠韵。至其事理，则自古已具。胡以鲁《国语学草创》谓：双声叠韵，为吾国国语发起之一程序；其意或求明了，或表丁宁，多改单节音为二节音；如流离、黾勉、章皇、支离之类，皆以双声叠韵为限制。又语意引申，以相对相反为孳乳；如对天言地，对古言今，对旦言晚，对好言丑等，亦无不与双声叠韵有关。考古人喜用双声叠韵连语，多载在诗书经传，不可胜纪；钱大昕《养新录》言之甚详。良由双声叠韵，因乎语言之自然，古人盖早已知之矣。迨反切起，上声下韵，适与相合；其理遂大显于世。善乎，钱大昕《音韵问答》之言曰：

> 四声昉于六朝，不可言古人不知叠韵；字母出于唐季，不可言古人不识双声。自《三百篇》启双声之秘，而司马长卿、扬子云益畅其旨。于是孙叔然制为反切；双声叠韵之理，遂大显于斯世。

隋唐以来，以双声、叠韵为反切所自出；如神珙《四声五音九弄反纽图》及《广韵》末附《双声叠韵法》，似以此事，视为秘传；一考其实，不外明反切之法，上字必双声，下字必叠韵而已。彼时徒以口齿识别，无怪其诧为创作；及等韵表出，将发声相同之字隶归一母，收韵相同之字各列其等；所谓双声叠韵者，已属平恒无足异。迄于今世，以音标拼音之理说明之：凡声母相同，或无声母而其舒部相同者，皆为双声；韵母相同，并其收部相同者，皆为叠韵；则其事更为肤浅不足道矣。

(三)注音字母之用法

注音字母三十九,即取笔画甚简之汉字,而以双声叠韵之法,变其原来之音读者也。如ㄍ,古浍字,今读如哥;ㄒ,古下字,今读如希;ㄗ,古节字,今读如兹之类;此声母之用原字双声,而变其音读者也。ㄛ,古呵字,今读如阿;ㄤ,本同尪,今读如姎;ㄞ,古亥字,今读如哀之类;此韵母之用原字叠韵,而变其音读者也。今更将其用法述之。

注音字母中,声母二十四,因附带有韵母之故,常可单独注音。其性质虽与西文之辅音、仆音相似,而实不同;辅音、仆音须附随韵母,方成音缀,无独自成字者,而注音声母可以单独注音。盖以其中已附随有韵母之故也;声为音之初发,本不能独自成音,惟读之之时,必附随韵母于其下,始能读出(参看本文的第二编一(二)及二(一))。读时既须附随韵母,于是注音时,亦遂连其所附韵母读之,不必更加韵母。如希字,只须注ㄒ,不必作ㄒ一;兹字,只须注ㄗ,不必注ㄗ,ㄙ是。或疑此法,不合于音标之原理。然注音字母之与造字字母,其性质本略有殊别。注音字母专注于文字之旁,用母愈少,则愈易明了;且仅仅用以记音,非即以为汉字之代用物;则其记音之规律,自不必如造字字母之谨严也。

上述注音字母中,声母二十四,因其下附随韵母之故,常可单独注音,顾其所附之韵母,却非一致。即ㄍ、ㄎ、ㄫ、ㄉ、ㄊ、ㄋ、ㄅ、ㄆ、ㄇ、ㄈ、ㄪ、ㄏ、ㄌ十三母之下,附有ㄜ;ㄐ、ㄑ、ㄬ、ㄒ四母之下,附有一;ㄗ、ㄘ、ㄙ、ㄓ、ㄔ、ㄕ、ㄖ七母下,附有ㄖ或ㄙ。故如遇ㄍ、ㄎ等与ㄜ相拼之音,即单注ㄍ、ㄎ等,足矣;如遇ㄐ、ㄑ等与一相拼之音,即单注ㄐ、ㄑ等,足矣;遇咨、雌、斯、支、蚩、施、日等字,只须注ㄗ、ㄘ、ㄙ、ㄓ、ㄔ、ㄕ、ㄖ;可省去韵母ㄜ、一、ㄖ、ㄙ也。

然声母之下，虽附带有ㄜ、ㄧ等之韵母；至其与他韵母拼合时，则须去其所附带之韵母。如干，为ㄍㄢ，非ㄍㄜㄢ也；郎为ㄌㄤ，非ㄌㄜㄤ也；家，为ㄐㄚ，非ㄐㄧㄚ；驱，为ㄑㄩ，非ㄑㄧㄩ。ㄗ、ㄓ、ㄖ诸母与他韵母拼合时，亦须去其所附之ㄖ、ㄙ'。

韵母本可单独成一音缀，十五韵母，ㄧ、ㄨ、ㄩ、ㄚ、ㄛ、ㄝ、ㄞ、ㄟ、ㄠ、ㄡ、ㄢ、ㄣ、ㄤ、ㄥ、ㄦ皆可单独注音，自不待言。凡韵书中属于影、喻二纽之字，注音字母皆单注韵母。至用声母韵母拼合而注音者，即西文辅音、元音之拼法，亦即反切上纽下韵之法也。至ㄧ、ㄨ、ㄩ三母，又以表其他韵母齐、合、撮三呼之用。韵母与ㄧ结合者，为齐齿呼；与ㄨ结合者，为合口呼；与ㄩ结合者，为撮口呼。如安(ㄢ)、烟(ㄧㄢ)、湾(ㄨㄢ)、渊(ㄩㄢ)，即开、齐、合、撮四呼也。此表齐、合、撮之ㄧ、ㄨ、ㄩ名曰介母；而实则与他韵母之结合作用也，不如合名为结合韵母，较宜。至韵书中，不属影、喻二纽之齐、合、撮三呼者，则用声母与此等结合韵母拼合注音。

总上所言，注音字母注音之法有五：其用一母注音者：

1. 单用声母注音；
2. 单用韵母注音。

其用二母注音者：

3. 用一声母及一韵母注音；
4. 用结合之韵母注音。

其用三母注音者：

5. 用声母与结合之韵母注音。

（四）一字重音之由来

吾国文字，本为一字一音；其有轶出常轨，一字二音者；盖以造字之初，一文兼有二音，不必别作彼字，后世乃附以借音之字；而其

借音之字，又与本字为双声、叠韵之关系。章炳麟有《一字重音》说；兹录其言如下：

> 中夏文字率一字一音；亦有一字二音者，此轶出常轨者也。何以证之？曰：高诱注《淮南·主术训》曰："鵕䴊，读曰私铫头"；二字三音也。既有其例，然不能征其义。今以《说文》证之：凡一物以二字为名者，或则双声，或则叠韵；若徒以声音比况，即不必别为制字。然古有但制一字，不制二字者，踸踔而行，可怪也。若谓《说文》遗漏，则以二字为物名者，《说文》皆连属书之；亦不至善忘若此也。然则远溯造字之初，必以一文而兼二音，故不必别作彼字。如《说文》虫部有悉蝗；蝗，本字也，悉则借音字；何以不兼造蟋？则知蝗字，兼有悉蝗二音也。如《说文》人部有焦侥；侥，本字也，焦则借音字；何以不兼造僬？则知侥字兼有焦侥二音也。……此类实多不可殚尽。大抵古文以一字兼二音，既非常例；故后人旁驸本字，增注借音，久则遂以二字并书。亦犹越称于越，邾称邾娄，在彼以一字读二音，自鲁史书之，则自增注于字娄字于其上下也。

夫其所附之借音字，既与本字为双声叠韵之关系，则所谓一字兼有二音者，实即由一音析出二音也。一字缓读，即为重音；二音急读，仍为一字；此以音读疾迟长短之不同，而依双声叠韵之理为转变者也。凡一物所以有二字三字之名者，皆因乎此；而其理，实又为反切之法所自昉。刘师培《正名隅论》论之颇详；其言曰：

> 古代名物，一物仅有一字之名，其一物而有二字三字之名

者，则音读疾迟长短之不同故耳。后世象音而造字，实则有声无义之字也。《尔雅》所记岁阳、岁名诸称，大抵皆然；邵郝二疏，强据字义解释之，可谓望文生训矣。顾氏《音论》云：按反切之语，自汉已上，即已有之。宋沈括谓：古语已有二声，合为一字者：如不可为叵，何不为盍，如是为尔，而已为耳，之乎为诸。郑樵谓慢声为二，急声为一；慢声为者焉，急声为旃；慢声为者欤，急声为诸；慢声为而已，急声为耳；慢声为之矣，急声为只是也。愚尝考之，盖不止此。又引蒺藜为茨，胡芦为壶，鞠穷为芎，丁宁为钲，僻倪为陴，奈何为那，和同为降……以证反语不始于汉末。……吾观古人虽不言反切，然缓读则成二音，急读则成一字；均以一字一名者为正音，而二字一名者则为别语，故往往有声而无义。

刘氏又谓此等一字骈为二音之起源，由于古之合声、发声，《正名隅论》云：

试推一字骈为二音之起源，则以古人名物，有合声，又有发声。合声者，所以比方字音也；恐世人不识此字之定音，乃以彼二字之音，证明此一字之音；即后世反切之祖也。韦昭谓茅蒐为韎字之合音；夫韎字从韦，自为正字，茅蒐则非正字也。推之不聿为笔，於菟为虎；亦笔字，虎字为正字，而於菟、不聿非正字也。发声者，乃方言中自然之音；音出于口，别加一音于名词之上；而所名之字，亦变正音，与二字一名者相等。如《春秋》：吴子乘卒，《左氏传》作寿梦；服虔注云："寿梦，发声；吴蛮夷，言多发声，数字共成一言。"盖寿字为发声之词；因首字为发声词，遂变乘音为梦。又《礼记·少仪》篇：夫襓，郑注云："夫襓，剑衣也；夫或为烦，皆发声。"案，《说文》训韬为剑

衣，则夫襓即韬；夫字为发声之词，因首字为发声词，遂变韬音为襓。盖发义训疾，凡音之有发声，皆因语言急疾而成，则亦有音无义之字也。

吾国词语，以一字一名，一义一音者为正例；凡有二字相联者，如骈词、连语、叠字、重言等，皆由音读转变而成，乃为变例，或并非其本音本字也。《正名隅论》云：

古人一义，仅有一音，亦仅有一字；凡有二字相联者，均非本音本字。如《诗》："渐渐之石，维其卒矣"；笺云："卒者，崔嵬也，谓山巅之末也。"卒即《尔雅》之崒，崔嵬即《尔雅》之厜㕒，又即《甘泉赋》之摧嶉，又即秦《右军戈》之郲陮；盖长言之，则曰厜㕒，崔嵬，摧嶉，郲陮，而短言之，则曰崒，以崒字为本字也。《尔雅·释鱼》：左倪不类；郭注云：不为发声；而《周礼》黾人则曰，西黾曰雷属；盖有发声，则音为不类，无发声，则音为雷，以雷为本字也。……盖方言有轻重缓急、长短之不同，故往往以一字之音，读若二字相承之音。然二字相联，均有音无义，在雅言之外。《公羊传》言：《春秋》讥二名，二名非礼；夫人名既以一字为限，则事物之名，古代亦必以一字为限；其有合二字成一名者，乃音读之异耳。特古人本方音造文字，故往往象音读之声而造字，遂以所造之字，著之竹帛；然皆正音以外之音，正字以外之字也。后人不明其由于音读，强据字形字义以解之，亦可谓之穿凿者矣。……古代形容之词，虽多重语；然单举其文，亦与重语无异。如《尔雅·释训》：明明，察也；单举明字，亦为察也；肃肃，敬也；单举肃字，亦为敬义；便便，辩也；单举便字，亦为辩义；廱廱，和也；单举廱字，亦为和义；……略举数例，则知古代形容辞，单辞为用，与重语相同；

所谓重语者，亦仅发音时延长之语耳。短言之则为一字，长言之则为重语。凡重语之义，与单语之义无殊，此可知一字一名之为正例矣。

由一音之延长，衍为叠语；由叠语之转变，寄以别字，即成骈词，连语；其间转变之迹，不外双声叠韵二道也。近人张文澍有文《论双声叠韵》言之甚审；因约举其言如下：

其有二字相联，音通义合，不比不行，如鹣与鲽，若蝃蝀、次且、虺隤、崔嵬，具通转之理，含古今之变；斯在音学，实为枢纽；揆厥本初，同原叠字。诸夏语言以独音成义，言之不足，则重言之；如《诗》言呱，《书》言呱呱；《尧典》曰采，《皋陶谟》曰采采；《关雎》言悠，《终风》言悠悠；《击鼓》言忡，《草虫》言忡忡；名殊奇偶，义无彼此。……寻其累语成文，皆是名偶意只；推其致用，所重在声。口殊音转，则叠字为双声；故觱发之言发发也，栗烈之言烈烈也。唇齿易位，则叠字为叠韵；故猗傩之言猗猗也，苍筤之言苍苍也。其用在声，不拘于形；故晏晏可为燕婉，茸茸可为蒙戎。音转形变，则亹亹为黾勉，皇皇为鞅掌。此皆双声叠韵同于叠字之例也。若夫由一字而衍为双声叠韵者，则蛩为悉蛩，蛜为蛜威，椒为椒聊，般为般桓。由一字音转而为双声叠韵者，则荞为卬巨，椪为枸杞，易为蝘蜓，蝉为蛁蟟。叠韵音变，则般桓为旁皇，为裵回，为徬徉，为屏营；逍遥为相羊，为徜徉，为徙倚，为从容。双声音变，则蹢躅为踟蹰，为篙箸；勤苦为竭蹶，为契阔。……《荀子》曰："单不可以喻则兼"；此亦名之兼者也。致用在文，同符叠字；叠字连音，斯则殊响。然推其异音之相累，必依于喉舌之利便；故观双声而知二韵之易转，察叠韵而识二声之相通；其在音学，不綦

要乎？

盖一字本为一音，其后以音读之疾迟长短，或衍为叠字。由叠字音变，或依双声，或依叠韵；展转相寻，遂成种种联语词。著之于文，或即其本字，或借他字以寄音；此一字重音之所由来也。一字一音之析为多音，与二字之切为一音；即一音之分为声韵，与声韵之组合成字；其事相反，其理相成。故谓反切之法，自古已具，亦无不可。

二、反　　切

（一）反切之名称及其起源

反切之义，为反复切摩以成音；李氏《音鉴》释之颇详，录其言如下：

> 反者，《毛诗》卫风笺云：覆也；切者，《淮南·原道》注云：摩也；所谓反切者，盖反覆切摩而成其音之义也。《古今韵会》云："一音展转相呼，谓之反；一韵之字相摩以成声，谓之切；以子呼母，以母呼子也。"《礼部韵略》云："音韵展转相协，谓之反，亦作翻；两字相摩以成声，谓之切；其实一也。"刘鉴《玉钥匙》云："反切二字，本同一理；反即切也，切即反也，皆可通用。"斯言是矣。或曰：吾闻《音切谱》云："上字为反，反即音，而音归于母；下字为切，切即韵，而韵归于摄；执音转韵，据反定切。"以此论之：反与切，似有区别矣，其说然乎？对曰：若谓反切为母韵之分，则唐元度撰《九经字样》时，因藩镇不靖，讳反而言切；然则元度独用韵而不用母耶？子言误矣。

是知反即切，切即反，二字通用；诸书或言反，或言翻，或言切，无别也。

自颜之推《家训·音辞篇》谓:“孙叔然创《尔雅音义》,是汉末人独知反语;至于魏世,此事大行。”后人遂莫不以孙炎为反切之始祖。陆德明《经典释文·叙录》曰:“古人音书,止为譬况之说;孙炎始为反语,魏朝以降,渐繁。”张守节《史记正义·论例》:“先儒音字,比方为音;至魏秘书孙炎,始作反音。”陈澧《切韵考》有云:“古人音书,但曰读若某,读与某同;然或无同音之字,则其法穷;虽有同音之字,而隐僻难识,则其法又穷。孙叔然始为反语,以二字为一字之音,而其用不穷;此古人所不及也。”自唐以来,盖皆以为反切作始于孙炎也。李氏《音鉴》更述其源流曰:

> 郑玄注《六经》,高诱解《吕览》,扬雄著《方言》,刘熙制《释名》,皆无反切;而难字训释,但曰音某,或读若某耳。其间轻重清浊,有内言外言,急气缓气,闭口笼口诸法;令人无所适从。迨魏孙氏叔然注释经书,始随文反切;未有成书。齐周彦伦切字有纽,纽有平、上、去、入,始有《四声切韵》。梁顾野王《玉篇》,悉用反切,不复用直音。至唐孙愐增损陆法言之书,而为《唐韵》,则大备矣。

然证之故记,其说尚未尽合。章炳麟《音理论》谓应劭时已有反语;则反切非始于叔然也。章氏之言曰:

> 《经典释文·序例》谓汉人不作音;而王肃《周易音》,则《序例》无疑辞,所录肃音,用反语者十余条。寻《魏志·肃传》云:“肃不好郑氏,时乐安孙叔然授学郑玄之门人;肃集《圣证论》以讥短玄,叔然驳而释之。”假令反语始于叔然,子雍岂肯承用其术乎?又寻汉《地理志》广汉郡梓潼下,应劭注:“潼水所出,南入垫江;垫,音徒浃反。”辽东郡沓氏下,应劭注:“沓水

也，音长答反。”是应劭时已有反语，则起于汉末也。

抑有进者，反切之名，虽起于汉魏之际；而其理，则自古已具矣。盖双声、叠韵联语词，原于叠字之转变；衍一为二，理同反切。张文澍《论双声叠韵》曰：

叠字之义，不殊一字；斯虽异文，亦无分义。叠字之本，原于一文；双声叠韵，亦无二本。故悉蛰之本为蛰，黾勉之本为勉，椒聊之本为椒，般桓之本为般。本则一音，迤而为二；合读二音，还归于一。大率双声之本在下，叠韵之本在上；以其衍一为二，理同反切。以双声为切语读之，则音同下字；故悉蛰，蛰也；黾勉，勉也；燕婉，婉也；丽廔，廔也；历录，录也；蠛蠓，蠓也。以叠韵为切语读之，则音同上字；故椒聊，椒也；般桓，般也；童蒙，童也；果蠃，果也；虺隤，虺也；专与，专也。故此二者，一字为主，一字为从；主必有字，从则或造专文，或凭假借。上所取证，以假借为明；若蝃蝀，霡沐，嵯峨，蜾蠃，则从亦有文。假借为正，专文为变；以其取用唯在一字，故也。

吾国古时，又有二合之音。夫一物本为一名，一名限于一字；此乃以两字合成一名者，则犹两字之音切成一字之音也。刘师培《正名隅论》因以谓反切之事，自古有之，非起于汉魏之际；其言曰：

若两字合成一名者，是犹以两字之音，切一字之音也。……彼一字而有二字之名者，即古人之反切。只取其音，不取其义。岂可谓此二字之名即彼一字之名（如以胡卢即壶字之义，鞠穷即芎字之义是）而谓二义不甚相远哉？惟晓然于古代一物皆一名，并证明反切不始于汉末（试举其证：如孔安

国《尚书音》云：畴、直留反；见《毛诗释文》。毛公《诗音》云：施、以豉反；殄、徒典反；祝、之六反；均见《毛诗释文》。而马融注《易》，郑众注《周官》，均有反切之音；皆其证也）；则此义可以了如矣。郑樵谓中国有二合之音，此之谓也。

此等以二字合成一音；反切之理，古人盖早已知之矣。惟必至汉魏之间，此事始大风行者，则又以印度音理之输入故也。汉末儒士，多谈佛法，因有兼通音韵者。《三国志·崔光传》谓光“崇信佛法，礼拜诵读，老而逾甚”。又曰：“光在太和中，依宫、商、角、徵、羽本音，而为五韵诗，以赠李彪。”光与李登同时，登作《声类》，亦以五声纪律声韵，遂开韵书之体。又《高僧传》齐释《慧忍传》中，有云：“自大教东流，乃译文者众，而传声者盖寡。良由梵音重复，汉语单奇。若用梵音以咏汉语，则声繁而偈迫。若用汉曲以咏梵文，则韵短而辞长。是故金言有译，梵响无授。始有魏陈思王曹植，深爱声律，属意经音；既通般遮之瑞响，又感渔山之神制；于是删治瑞应本起，以为学者之宗。传声则三千有余，在契则四十有二。”据此以言，时至东汉，以梵响无授，反切之法，尚未显明。迄于魏氏，曹植属意经音，传声三千有余；于是应劭、孙炎、王肃之徒，乃大倡反切矣。而笃信佛法之崔光，亦能为五音诗；李登且据以为《声类》。由此，可知吾国韵书及反切之起源，与佛教之东来，梵文音理之输进，至有关系者也。

（二）反切之原理及其方法

反切者，以二字切成一音；黄侃《音略》云：“反切之理，上一字是其声理，不论其为何韵；下一字是其韵律，不论其为何声。质言之：即上一字只取发声，去其收韵；下一字只取收韵，去其发声；故上一字定清浊，下一字定开合。假令上一字为清声，而下一字为浊

声，切成之字，仍清声，不得为浊声也；假令下一字为合口，而上一字为开口，切成之字，仍合口也。”于上一字取其发声，于下一字取其收韵；故上一字与切成之字必为双声，下一字必为叠韵。反切之理，既本于双声叠韵，复与古韵、等韵之学相贯；今举刘师培《读书随笔·音韵反切近于字母》之言如下：

反切之学，中国传之已久。反切者，上一字定位，故同位之字为双声；下一字定音，故同音之字为叠韵；此不易之理也。……中国之韵书有三类：一曰今韵，一曰古韵，一曰等韵。至金人韩道昭作《五声集韵》，以等韵合今韵，南宋吴才老作《韵补》，又以古韵合今韵；而近人刘凝、熊士伯之书，复以等韵合古韵。盖切韵虽出于西域（上字为切，下字为韵，见《郡斋读书志》诸书）；然观其大纲，不外统本韵之字各归于母，以五音总天下之音。邹叔绩《五韵说》云：“古韵之部类，即等韵之摄；古人之内言外言，即等韵之等；古之字纽，即等韵之字母。”言古韵等韵相贯之法，最为明切。……知等韵古韵之相贯，即知双声叠韵可以通反切矣。

反切之法，亦与欧文拼音之理相同。欧文以辅音、元音相合而成音；辅音，即纽也，元音，即韵也；反切上一字为所切字之发音，故与所切字必同纽；下一字为所切字之收音，故与所切字必同韵。试就《广韵》切语证之，如：

公，古红切。古、公同在见纽。红、公同在东韵。
邕，于容切。于、邕同在影纽。容、邕同在钟韵。
邦，博江切。博、邦同在帮纽。江、邦同在江韵。
知，陟离切。陟、知同在知纽。离、知同在支韵。

反切上一字，既与所切之字同声，则必同清浊。如：

东，德红切。东、德皆清音。同属端母。
同，徒红切。同、徒皆浊音。同属定母。

反切下一字，既与所切之字同韵，则其平、上、去、入必同。例：

东，德红切。东、红皆平声。同属东韵。
董，多动切。董、动皆上声。同属董韵。
送，苏弄切。送、弄皆去声。同属送韵。
屋，乌谷切。屋、谷皆入声。同属屋韵。

而上一字不论平、上、去、入，下一字不论清、浊。例：

东，德红切。东平、德入，在所不拘。
东，德红切。东清、红浊，亦所不拘。

下一字既取同韵，故其结合韵母，必与所切之字相同；换言之：下一字与所切之字须同一等呼也。例：

知，陟离切。离、知皆齐齿呼。
腄，竹垂切。垂、腄皆撮口呼。

钱玄同《文字学·音篇》谓："切语用字之例，自孙炎《尔雅音义》（孙书今亡，其切语见于《经典释文》者，尚有数十条，与《广韵》无甚异同）以迄丁度《集韵》，悉皆沿用此法；故展一切语，无不可知其为何纽，何韵，何呼。顾亦偶有乖牾者，如：

《支韵》，为，远支切。为，撮口呼，支，齐齿呼；此以开切合也。

《废韵》，刈，鱼肺切。刈，齐齿呼，肺，撮口呼；此以合切开也。

《送韵》，凤，冯贡切。凤，撮口呼，贡，合口呼；此以洪切细也。

《隐韵》，齔，仄谨切。齔，开口呼，谨，齐齿呼；此以细切洪也。

若斯之流，或由用字偶疏（如以支切为，以贡切凤是）；或由无同呼之字，不得不假借他类字以作切。（如《废韵》齐齿呼止一刈字是。若《隐韵》、齔字，尚有同呼之龀字，初谨切；既有二字，则可援都鵏切湩，莫湩切鵏之例，以仄龀切齔，初齔切龀，交相作切，不必概借谨字也。）要之皆为例外，非反切之正轨也。”反切上字，有同用、互用、递用之例。如：

冬，都宗切。当，都郎切。同用都字。

当，都郎切。都，当孤切。都、当二字互用。

冬，都宗切。都，当孤切。冬用都字，而都复用当字，是为递用。

反切下字，有同用、互用、递用之例。如：

东，德红切。公，古红切。同用红字。

公，古红切。红，户公切。红、公二字互用。

东，德红切。红，户公切。东用红字，而红复用公字，是为递用。

上字又有所谓类隔切者，谓端、透、定、泥与知、彻、澄、娘，帮、滂、并、明与非、敷、奉、微，交互相切。如：

《江韵》，桩，都江切。桩，知纽；都，端纽。
《皆韵》，搱，诺皆切。搱，娘纽；诺，泥纽。
《支韵》，卑，府微切。卑，帮纽；府，非纽。
《支韵》，铍，敷羁切。铍，滂纽；敷，敷纽。
《支韵》，皮，符羁切。皮，并纽；符，奉纽。
《支韵》，弥，武移切。弥，明纽；武，微纽。

此由古音知、彻、澄、娘本读端、透、定、泥，非、敷、奉、微本读帮、滂、并、明；当作切时，音本谐协，非古人别有类隔作切之法也（详本文的第三编一（五）及二（二））。

（三）反切之弊端及其改良

由上所言，反切上一字为所切字之发音，下一字为所切字之收音，两相拼合，以成一音；理至浅显，童孺易知。然学者研寻此理，有终身不得其解者；则以旧日反切之法，其弊有四，不可不知：

1. 反切用字太繁也。反切上字为声类之标目，下字为韵部之标目；则宜每声各取一字，每韵中每等各取一字；举凡同声同韵者，皆以此所定之字为切语。学者苟熟志此种音符，即能切无穷之文字；法之简捷，无过于此。乃自汉魏以迄隋唐，作者多家，各不相谋，用字未能画一。述者又非悉循旧切，时有更易新文。章太炎曰："造反语者，非始孙叔然也。叔然承袭旧文，体语已有数家，故反语上字无定。见于《尔雅》音中者：如九遇、居卫、古贵，一类分用三字；苦穴、尤县、虚贵、去贫，一类分用四字；五果、吾补、牛烝、

鱼句，一类分用四字；大才、徒答，一类分用二字；直略、大耕，一类分用二字；如羊、人垂、汝均，一类分用三字；是叔然一人所用，已非画一也。”一检《经典释文》，即可明其差异。故陆氏纂集《切韵》，于同纽同韵同等之字，反切用字多不相同。今考《广韵》反切用字，上字有四百余，下字有千余，合之约一千五百。是欲明反切，非先熟记此一千五百之反切用字不可。此其弊一也。

2. 上下二字不能连读也。反切者，连读二字而成一音。上字当有声无韵，下字当有韵无声；其上不收，其下直接，故可相连而成音。否则，中有窒碍，不能连读矣。而昔之作反切者，不虑及此；上字声下有韵，下字韵上有声；中有梗塞，难以相连。此其弊二也。

3. 字形之茂密隐晦也。符号形式，最贵简易。如彼欧文，合音成字，即字成音；而字母形式，又极简单。我国文字，成于六书；若别作符号，以切字音；较之欧文，已多一层转折。而切音符号，仍用茂密之汉字，岂不益增繁困？且有时，不得不用隐晦难识之字，则尤不易了解者矣。此其弊三也。

4. 切字读音漫无标准也。除上述三者外，反切犹有一大病；即切字自身读音，亦随方言变换，无一定之标准也。因此古时切语，既不适用于今；甲地人所定反切，亦不能通用于乙地。此其弊四也。

有此四弊，宜乎反切之令人难解者矣。夫法言《切韵》既成，韵类用字，尽可改用东、冬诸字。其一韵有数类者，可取其类初见韵之字用之。如《东韵》有合撮二类，合口初见韵者为东字，则同、空、公、蒙诸字，皆以东字为切；撮口初见韵者为中字，则虫、终、忡、崇诸字，皆以中字为切，是也。守温字母既成，纽类用字，尽可改用见、端诸字。盖反切之理，但令上一字与所切字同纽，下一字与所切字同韵，同等；即尽改旧切，易以新文，亦无不可。而

当时士大夫习守故常，惮于改作，斯实拘墟之见矣。黄侃《音略》论此颇审；其言曰：

错综言之，左列之音，同其效果：

德　红　翁　烘　工　空

都　红　翁　烘　工　空

端　红　翁　烘　工　空

丁　红　翁　烘　工　空

当　红　翁　烘　工　空

下设二十五反切，皆同一东字。

据以上所列，则用多数字以表明反切上一字；与指定一字以表明反切上一字者，其理无殊，亦与造一字以表明反切上一字者无殊。然而至今杂用多数字者，从习惯也。

又据以上所列，则用多数字以表明反切下一字；与指定一字以表明反切下一字者，其理无殊，亦与造一字以表明反切下一字者无殊。然至今杂用多数字者，从习惯也。

如依吾侪之私议，则四十一声类，即为指定之反切上一字；而下一字，则于每韵每类中专指一字亦可。譬如德、都、当、丁同属端母，吾侪但指定一端字，以表明上一字；红、翁、工、空同属东韵，吾侪但指定一翁字，以表明下一字。故东、德红切，可改定为端翁切，而其实无毫厘之差。

诚能确定切语用字，上字遵守温字母，改用见、端诸字；下字或依陆氏《切韵》，改用东、冬诸字。乃尽删旧切繁文，易为新订诸字，归诸简易，则上所言第一弊端可除矣。虽然其余三弊，仍未能免也。

江永《音学辨微》有借韵转切之法。如德红切东，则呼曰，德丁颠东；户工切红，则呼曰，户形贤红等。此等丁颠、形贤双声字，本

于自古相传之《切字要法》。要在使连呼不同韵之双声字，心注于声母；而下一字不复读出，惟心注于收音。自不至上字有韵，下字有声，为之梗塞矣。潘耒《类音》及李光地《音韵阐微》亦有一种改良反切之法。以为反切所以难解，皆因发音收音之间，口舌地位，须常变换。例如奴颠切年，年为齐齿，奴为合口，颠又发声于舌头；口舌变换愈多，切成一字愈难也。于是创合声反切法：上一字统用支、微、鱼、虞、歌、麻等韵之字，下一字统用各韵中影喻二纽之字。以支、微诸韵之字收声于喉，所谓阴声字也；即发音学中之含有单纯元音者。影、喻二纽，等韵学者亦称为喉音，即发音学中之韵母；影喻二纽之字，即无起部声母之音缀。如此将两字连读，口舌位置，变换愈少；可以祛第二弊也。今取二家所改定新切，举例如下：

潘氏所改者：

东，德红切。改豰红切。
中，陟弓切。改竹硧切。
先，苏前切。改薛烟切。
田，徒年切。改垤延切。

李氏所改者：

公，古红切。改姑翁切。
穷，渠弓切。改渠融切。
坚，古贤切。改基烟切。
椽，直挛切。改除员切。

惟潘李所更，虽较旧法为良；顾犹有窒碍之处：有时或有音无字，如影纽两声之字，非每韵皆有；或虽有字而隐晦难识。于是或出于

借用,或径用僻字;借用则音有未合,僻字则人多不识。此仍有待于改良者也。

总之,反切之弊,必待注音字母出,始完全革除也。今试改数字以示例:

模,莫胡切。改ㄇㄨ。

黎,郎奚切。改ㄌㄧ。

遭,作曹切。改ㄗㄠ。

孙,思浑切。改ㄙㄨㄣ。

年,奴颠切。改ㄋㄧㄢ。

科,苦禾切。改ㄎㄨㄛ。

中国文字学概要

第一篇 中国文字学总论

一、文字学释义

(一) 名　　称

我们要解释文字学的意义，自然须先知道这种学科所研究的对象是什么。所以文字本身的名称和文字学的意义很有密切的关系。

普通所谓文字，大都是指我们平常所书写的，所以文字或称为“书”。① 昔时将六种文字的认识和写作，叫做“六书”。② 但是我们的文字学并不是“书学”；因为单是研究书法，大都偏于写作各种书体的方法和技术，③不能算是研究文字。我们晓得，文字的应用，原来所以代表语言。④ 语言里一切事物的名称，都可以

---

① 许慎《说文序》：“著于竹帛谓之书，书者，如也。”段玉裁注：“谓如其事物之状也。”从前讲书体的，有晋卫恒《四体书势》，梁萧子云《五十二体书》，唐张怀瓘《书断》等，参看王应麟《玉海》卷四十五。后代专讲笔法的，清《四库总目》归入杂艺一类，和文字学只有部分的关系。

② “六书”即象形、指事、会意、形声、转注、假借六种。从前大都当他们为文字的构造和分类，解释详后。

③ 同本页注释①。

④ 扬子云：“言为心声，书为心画。”孔颖达《尚书疏》云：“言者，意之声，书者，言之意。”陈澧《东塾读书记》云：“天下事物之象，人自见之，则心有意，意欲达之，则口有声；声不能传于异地，留于异时；于是书之为文字。文字者意与声之迹也。”现在社会学者与历史学者，也都主张人类先有语言，而后有文字，文字的发生，是用来代表语言，而扩大语言的传达作用的。

用文字记载出来；所以文字也叫做“名”，后代所谓字，古时都说是“名”。[①] 但是我们的文字学，并不是“名学”；因为研究名辞，大都偏于各种语词意义的内涵和外范，[②]也不能算是完全的文字学。这样看来，文字这个名称，包含有两方面的意义：一是指写作上的书体，一是代表说话里的语词；我们研究文字，也须要顾全这两方面的意义，才可说是完全的文字学。

“文”和“字”浑合起来说，并没有区别，分析起来说，从前人有“独体为文，合体为字”的话。[③] 例如“日”“月”“上”“下”等，不能把他们再分析为各个的字体，都算是独体之“文”，“江”“河”“武”“信”等，“可以把他们分析为两个或多个的字体，都算是合体之‘字’。文和字原来是有分别的。可是，通常或兼称文字”，或单称“文”，或

---

① 卢文弨《说文解字注》序“文与字，古亦谓之名。春官外史，掌达书名于四方，秋官大行人，九岁属瞽史谕书名。名者，王者之所重也，圣人曰‘必也正名乎！’郑康成注《周官》《论语》，皆谓‘古者为之名，今世谓之字’”。章炳麟《小学略说》：“郑康成注《礼》曰：‘古曰名，今曰字。’寻讨旧籍。书契称字，虑非始于李斯。何者？人生幼而有名，冠为之字；名字者，一言之殊号。名不可二，孳乳寖多谓之字，足明周世有其称矣。”（见《国故论衡》卷上）李笠《中国文字学叙论》：“日本人至今尚称文字为名：如取字之偏旁以假其音，谓之片假名；取草书以假其音谓之平假名是也。吾人习于浑言，字行而名废，然行文修辞，亦颇有用之者；如《三国志》注：‘孙亮时，有山阴朱育依体像类，造作异字千名以上。’异字千名，亦即异名千字。此与《说文后序》谓十四篇若干文，解说若干字，语例正同。惟彼二义俱属浑称，此惟一字浑言耳。许慎之书曰《说文解字》，并举偏名也；刘熙之书曰《释名》，单举兼名也。”（见中山大学语言历史学周刊第七集第八十三、八十四四期）

② “名学”，古代有“名家”的学派，如所谓公孙龙“坚白异同”之辨，大都只是考析名辞和实物的异同。现代尝用来称指西洋的论理学那是又关于思想上判断的法则了。

③ 许慎《说文序》云：“仓颉之初作书，盖依类象形故谓之文，其后形声相益，即谓之字。文者物象之本，字者言孳乳而寖多也。”段注：“依类象形，谓指事象形二者也，指事亦所以象形也……形声相益，谓形声会意二者也，有形则必有声，声与形相辅为形声，形与形相辅为会意。……按，析言之：独体曰文，合体曰字。统言之，则文字可互称，《左传》止戈，皿虫，皆曰文，是合体为文也。”日、月、上、下等，为象形或指事之文，江、河、武、信等，为会意或形声之字。顾炎武《日知录》云：“春秋以上，言文不言字：如《左传》‘于文，止戈为武’，‘故文，反正为乏’，‘于文，皿虫为蛊’，及《论语》‘史阙文’，《中庸》‘书同文’之类，并不言字。……以文为字，乃始于《史记》秦始皇，《琅琊台石刻》曰：‘同书文字。’……字之名，自秦而立，自汉而显也欤？”段注《说文序》所言略同，都以字的称呼，始于秦汉，其实不然。章炳麟说：“书契称字，虑非始于李斯。”参看本页注释①。

单称“字”，在意义上并没有两样：因为只是取他们的“浑言”，不是取他们的“析言”。所以文字学，依理也可以叫做“字学”或“文学”。① 不过文学这个名辞，古代常用为研究一切文艺学术的总称，②历来所持文学的范围和文字学的意义，并不适合。

（二）所谓“小学”

文字学，从前人常叫做“小学”；相传古代在小学里，教授“六书”，使学童记诵文字。③ 古代归入小学一类的书籍，也大都是学童识字的课本，④好像后代的千字文一样，⑤用四字或七字为句，取其便于诵习罢了，⑥并不是研究文字的著作。后世相沿，就称文字学为小学，实在是不应当的：第一，因为古代小学里，并不是

---

① 古人的文法有“浑言”和“析言”的不同，浑言则举偏可以赅全。详刘师培《古书疑义举例补》、段氏《说文序》注，谓统言文字可互称，“许君某部言文若干，谓篆文：言字凡若干，谓说解语，是则古篆通谓之文，己语则谦称字也”。许慎这里所说的文和字，却都是浑言，修辞避复，所以互用。顾氏《日知录》又云：“张揖《上广雅表》‘凡万八千一百五十文’，唐元度《九经字样》序‘凡七十六部，四百二十一文’，则通谓之文。”文和字，析言有异，浑言无别。

② 《论语》：“文学，子游，子夏。”实指一切文辞而言。后世或以文学为著述之总称，或以专指文艺；无论广义狭义，与文字学的范围，总不能适合。也有以为文字的研究，实在是文学的一部分。参看施畸《科学的文学建设论》（载《学艺》第三卷第二号）。

③ 班固《汉书·艺文志》云：“古者八岁入小学，故周官，保氏掌养国子，教之六书，谓象形、象事、象意、象声、转注、假借，造字之本也。”又曰：“《史籀篇》者，周时史官教学童书也。”许慎《说文序》云：“《周礼》八岁入小学，保氏教国子先以六书。”段注：“《周礼》保氏教国子六艺，五曰六书。”

④ 班固《汉书·艺文志》叙列六艺为九种，最末一种是小学；后人就有“小学”这个名称。《艺文志》上所录小学十家四十五篇，如《史籀》（周宣王太史作）、《苍颉》（秦丞相李斯作）诸篇，都是古代童蒙识字的课本。

⑤ 案，千字文之作，始于梁，有周兴嗣《千字文》、萧子范《千字文》等。参看王应麟《玉海》卷四十五。今伦敦博物馆敦煌书目中，亦有千字文一种。见《国学季刊》第一卷第一期，罗长福《伦敦博物馆敦煌书目》。

⑥ 章炳麟《论语言文字之学》：“今欲知国学，则不得不先知语言文字。此语言文字之学古称小学。盖古者八岁入小学教之识字；其书与今千字文相类，周有《史籀篇》，秦有《仓颉篇》，汉有《凡将篇》、《滂喜篇》、《急就篇》，大抵非以四字为句即以七字为句，取其便于诵习，故以小学为名。”（见丙午《国粹学报》）

专门教授文字的，还有算术等其他的科目。[①] 当时小学教育上实施的一种课程，和后代学者研究文字的学术，当然不同。后来实际上小学里连文字也不讲究了。[②] 第二，大概古代政府考试，录取人才，常用识字的多寡为标准。[③] 所以小学一类的书籍，都是取便于记诵和学术上的研究，当然是异趣。第三，后代所认为文字学的专籍，古人常把他们附入于旁的经籍之下，而没有放在小学一门里。[④] 所以实质上小学和文字学的观念，也不相一致。

后来目录学家把小学这一门的范围，加以扩充，凡讲述文字的体势、音韵、训诂的书籍，大致都归入其中。[⑤] 于是后代关于文字书籍的研究，便形成了这三部分：第一是字书偏旁之学；第二是音韵之学；第三是训诂之学。[⑥] 书籍的分类渐渐的明晰，文字

---

① 《汉书·食货志》云："八岁入小学，学六甲五方书计之事。"《大戴礼·保傅篇》《白虎通·辟雍篇》，所言并同。又《汉书·律历志》云："数者，一十百千万也，其法在算术，宣于天下，小学是则。"古代小学里还有算术等其他的科目，六书不过是《周官》保氏六艺的一种罢了。

② 钱大昕《说文新附考叙》："六书之学，古人所谓小学也。唐时国子监有书学，《说文》《字林》诸书，生徒分年诵习。自宋儒以洒扫应对进退为小学，而书学遂废。"

③ 《汉书·艺文志》："汉兴，萧何草律，亦著其法曰：太史试学童，能讽书九千字以上，乃得为史；又以六体试之，课最者以为尚书，御史、史书、令史。吏民上书，字不正，辄举劾。"许慎《说文序》："尉律，学僮十七以上始试，讽籀书九千字，乃得为吏；又以八体试之，郡移太史，并课最者以为尚书史。书或不正辄举劾之。"应劭亦曰："能通《仓颉》《史籀》篇，补兰台令史，满岁为尚书郎。"(《通典》引《汉官仪》)

④ 《汉书·艺文志》始列"小学"一门，而将《尔雅》《小雅》《古今字》等附入《孝经》类中。《隋书·经籍志》则将《尔雅》《广雅》《小尔雅》《方言》《释名》等附入《论语》类中。

⑤ 《隋书·经籍志》将小学类的书籍，大致分为体势、训诂、音韵等，实在是后代文字学上合形、音、义三部的创始。

⑥ 王应麟《玉海》卷四十四引欧阳修曰："《尔雅》出于汉世，正名物，讲说资之，于是有训诂之学。文字之兴，随世转易，务趋便省，久后乃忘其本。《三苍》之说，始志字法，而许慎作《说文》；于是有偏傍之学。五声异律，清浊相生，而孙炎始作字音，于是有音韵之学。篆隶古文，为体各异，秦汉以来，学者务极其能，于是有字书之学。"

学的范围，也因以渐渐的确定。[①] 可是把字形、音韵、训诂，只研究它们的一种，也只是文字学的一方面；我们所谓完全的文字学，是要把这三种综合的研究。[②] 这种研究当然不是小学上的课程，专供学童诵习之用的，我们更可因以明了"小学"这个名称的不适当了。

（三）范　围

讲到这里，自然要发生一个问题：中国的文字学为什么必须把形体、音韵、训诂这三种综合的研究呢？上面说过，我们所谓文字，包含有两方面的意义：一是指书写上的形体，一是代表语言上的语词。我们所谓语言是用声音来表现意义的。[③] 文字既然所以代表语言，语言上的声音和意义，就寄托在文字当中；而所用来记载

---

① 清《四库总目》卷四十云："古小学所教，不过六书之类。故《汉志》以《弟子职》附《孝经》，而《史籀》等十家四十五篇，列为小学。《隋志》增以金石刻文，《唐志》增以书法书品，已非初旨。自朱子作小学以配大学，赵希弁《读书附志》遂以《弟子职》之类并入小学，又以《蒙求》之类相参并列，而小学益参歧矣。考订源流，惟《汉志》根据经义，要为近古。今以论幼仪者别入儒家，以论笔法者，别入杂艺；以《蒙求》之属隶故事；以便记诵者，别入类书。惟以《尔雅》以下编为训诂，《说文》以下编为字书，《广韵》以下编为韵书；庶体例谨严，不失古义。"

② 章炳麟《论语言文字之学》："自许叔重创作《说文解字》，专以字形为主，而音韵训诂属焉。前乎此者，则有《尔雅》《小尔雅》《方言》；后乎此者，则有《释名》《广雅》，皆以雅诂为主，而与字形无涉。《释名》专以声音为训，其他则否。又自李登作《声类》，韦昭、孙炎作反切，至陆法言乃有切韵之作，凡分二百零六韵；今之《广韵》，就《切韵》增润者；此皆以音为主，而训诂属焉；其于字形略不一道。合此三种，乃成语言文字之学。此固非儿童占毕所能尽者，然名为小学则以袭用古称，便于指示；其实当名语言文字之学。"（丙午《国粹学报》）过去关于文字学的书籍，或是专讲形体的，或是专讲训诂的，或是专讲音韵的；只有许慎《说文》一书，虽然以字形为主，也讲到字义或音读，算是古代最完备的一部文字学书。

③ 人类有了思想和情感，不能不想方法把他们表达出来；语言就是用声音来表达思想和情感的，所以意义是语言的实质，声音是用来表达的工具，是语言的形式。参看拙著《语言学原理》第二章。

声音和意义的工具，就是书写上的形体。① 所以无论那种文字，他的实质，总是声音和意义，他的形式，就是各个字体；无论那个文字，总具有形、音、义这三方面的。不过中国现行的文字，和外国的拼音文字不同，组织的内容，并不是拼音的字母。② 中国文字形体的本身，也可以显示意义；③和拼音文字纯粹具有表音作用的，根本不同。中国的文字，有许多是用字形来表示意义的，④也有许多是用字音来表示意义的，⑤也有许多是兼用形和音两方面来表示意义的。⑥ 因为文

---

① 世界上现行的文字，大体可以分做意符的和音符的两种：拼音文字注重在语言上声音的表明，文字的形体常常跟着语言的转变，比较的和语言接近。中国文字是一种意符，和拼音文字不同。高本汉说："在中国所以构成文句的各个方块头的字体，并不是语音符号的组合，也非口语的记录品，仅是习惯上代表观念的一种符号（conventional symbol）而已。"（贺昌群译《中国语言学研究》第三章）因为中国字形注重在意义的表明，不能随着语音的转变。但是和实际的口语，虽然不很接近，也总是代表语言的一种符号。

② 中国文字中如形声假借，固然有一部分表音的性质，可是他们并不是拼音文字，更不是拼音字母的组织。林语堂君曾举出汉字中之拼音字，如豁、蘩、暇、誓、訾、钦、窃、糴等字（见开明书店出版《中学生》第一卷第十一号，林君《汉字中之拼音字》），只能说是事实上偶然的巧合，不能认为形声字中真正有拼音的一例。

③ 象形文字，形体的本身就是图画，可以直接显示意义，如日、月，古代写做  、，就是画了太阳和月亮的形状；鱼、鸟，古代写做  、，就是画了鱼和鸟的形状。又如集古代写做 ，就是画了许多小鸟在树木上集合的形状；休，古代写做 ，就是画了一个人在树木旁边休息的形状。字形就是画图，可以直接给我们以一个印象，正不必靠了语言上联想作用的辅助；这种在拼音文字上是做不到的。外国拼音的字母，原始固然也是象形的文字，如西洋的字母源出于埃及的象形字；可是字母形体的本身，只常做语音的符号，把原来图画的迹象，早早失去了。

④ 我们所认为象形字、指事字、会意字，例如本页注释③所举"鱼""鸟""集""休"等，都是用字形来表示意义的。

⑤ 用字音来表示意义的，就是借某个字体来代替另一个和他同音的语词。例如来，古代写做 ，本是一种麦，来麰的来字，依他的音，就借来表明行来的意义了。朋古代写做 ，本是一种鸟，朋鸟的凤字，依他的音，就借来表明朋党、朋友的意义了。这种文字学上叫做假借字。

⑥ 兼用音和形来表示意义的，可以有两种：一种是形声字，他的一部分是用音来表义，借某个字体以代替另一个同音的语词，而另一部分又是用形来表义，在表音部分的旁边，用另一个字体注明某种意义；所以这类字体是假借字和会意字的结合体。例如江、河等字里，工、可是声，工、可的旁边水字是形。还有一种是通常的象形、指事或会意字，他们的形体本身，可以直接显示意义；而他们的音读，也可以暗示某种意义，如日字音读，暗示日形圆实之意，月字音读，暗示月形半缺之意，上字音也有上仰之意，下字音也有下俯之意。参看刘熙《释名》及拙著《中国声韵学概要》第一编第二章。

字的形体可以直接显示意义，所以我们常用字形的分析来推求字义。可是自从原始造字，到了现在，经过了数千年书体的变迁，字形显示意义的效用，大部分早已经泯失了，反而使我们容易有望文生训和牵强附会的弊病。① 所以在中国文字的研究上，考明字形的变迁和构造，是十二分的重要的，而却是不易的工作。因为字形的组织，不是拼音的字母；所以我们不能从文字的本身上，得到确凿的音读。自从原始造字，到了现在，经过了数千年语音的变迁；可是在字形的组织上，几乎没有什么反应。② 因此我们要考明各个字体原来的音读，和他们彼此意义相关的所在，特别的感觉繁难；而在中国文字的研究上，也是十二分的重要的。中国文字的应用，常因字音来显示意义，所以音和义常有相关的事实。③ 第一步我们

---

① 原始图画的文字，经过了篆隶等书体的变迁，也把图画的形迹，失去了大半，如日、月变成了方形，鸟鱼变成了四足、四尾。即在汉代，文字原来的形象，已经不容易知道，如人持十为斗，马头人为长之类，许慎已经指斥当时书体的不合于古，和解释文字的错误了。但是许慎自己作《说文》，也有很多望文生训，如一贯三为王，推十合一为士之类，都是牵强附会的。

② 高本汉说："如在印度，大约纪元后第二世纪之时，有人拼写'姨'为 sass：他可以知道他的祖先，在纪元前一千年前的文献中，这个语词的音读是 svassus；这是由于拼音文字之赐。然而此种情形应用于中国文字，则万万不可能。比如一个北京人在二千年前的书籍中，见到一个'蓝'字，他便即刻知道这字是现在读为 lan，但他决不能知道在二千年前那个著书的人读此字为何音。至多他只能说'监'cien 字是'蓝'lan 字的表音部分，两字的读音总有些相似，而现在'监'变为 cien 音罢了。"又说："文字自己的生命，是一种独立的现象，与口语是分道扬镳的。但须注意者，以上所言，乃在基督纪元以后全部过程中事。因为现行大部分文字的结构——纵然不是他的书写的形式——在基督纪元前的时代已经固定，至纪元后之初期，中国语词已经有许多发生音变了。"（贺昌群译《中国语言学研究》第三章）

③ 王国维《尔雅草木虫鱼鸟兽释例》云："凡雅俗古今之名，同类之异名与夫异类之同名，其音义互相关。"王氏所举同类异名者，如螟之与蠹，鲖之与鲵，蕈之与菱，蘼之与芦，雾之与雾与晦，沟之与谷，与浍；所举异类同名者，如栝楼之与蠃果与果蓏（圆物），科斗之与活东，与颗冻（活动圆转之意）；蟋蟀之与蜙蝑与蟏蛸（细长物）；蘼芜之与蠛蠓与绵蛮（小物）。王氏又云："其流期干有别，而其源不妨相通，为文字变化之通例矣。"（见《观堂集林》卷五）王引之《经籍纂诂》序："夫训诂之旨本于声音，揆厥所由，实同条贯。"王氏又举《周南·关雎篇》"左右芼之"之芼，即蒐苗之苗，《召南·甘棠》"勿剪勿拜"之拜，即拔拨字，《邶风·柏舟》"不可选也"之选，即朱穆《绝交论》"不可算也"之算，《礼记·学记》"术有序"之术，即遂字等例，朱骏声《说文通训定声》凡例云："训诂之旨，与声音同条共贯，共用为勇，称自狼瞟，咨亲为询，释于叔豹。……"

可以从各个文字形体的分析，推求他们原来的意义，并且考明彼此在音读有无类似的痕迹。[①] 第二步可以利用他们音读的类似关系，来推求各个字体意义转变的由来。[②] 第三步就可以根据他们意义的转变，或者字形的迹象，来证明各个字体音读的异同。[③] 这样形、音、义三方面互相推求。[④] 把字书偏旁之学、训诂之学、音韵之学打成了一片，才可以得到中国文字的秘奥，才可以说是完全的文字学。

---

① 我们从字形上推求声音的同原，就是从形声假借字中，得到各门字体彼此音读类似的关系，清代学者研究古音，大半取径于此，参看拙著《中国古音学》。又从字形的分析，以推求文字的本义，许慎《说文解字》一书里，主要的工作就是从字形上推求本义，参看注②。高本汉云："中国文字每一字常含有多种意义，虽然都从一个普遍的基本观念演变出来，可是繁复错杂，很难辨别其演变的线索；但是这类字体，常可以帮助我们的进行，使我们看出何者为原始的意义。"（贺昌群译《中国语言学研究》第五章）

② 江沅《段氏说文解字注后叙》："许书之要，在明文字之本义而已，先生发明许书之要，在善推许书每字之本义而已矣。经史百家，字多假借；许书以说解名，不得不专言本义者也。本义明而后余义明，引申之义亦明，假借之义亦明。形以经之，声以纬之；凡引古以证者于本义，于余义，于引申，于形，于声，各指所之，罔不就理。"本义就是文字原始的意义；余义、引申义、假借义，都是意义的转变。

③ 邓廷桢《许氏说文解字双声叠韵谱叙》云："尝考其例，以叠韵训者，十之五；以双声词者十之一二。……盖许书教人，因声以求义，余书则欲人因义以求声。知义之出于声，而声以正；知声与义之相比附，而古音以明。"因为音义相关，因音可以求义，因义也可以求音。钱塘《与王无言论说文书》云："文者所以饰声也，声者所以达意也。声在文之先；意在声之先；至制为文，则声具而意显；以形加之为字，字百而意一也，意一则声一，声不变者，以意之不可变也；此所谓文字之本音也，今试取《说文》所载九千余文，就其声以考之，其意大抵可通；其不可遽通者，反之而即得矣。"（见《说文诂林》前篇下二三七页）不但如此，就是用字形也可因以考见读音的意象。潘尊行《原始中国语试探》云："原始中国语的推求，一方面固然因为不用音标写出，不容易考见语音的本原，一方面却又因为用象形、会意字写出，反容易考见读音的意象。那末，我们只须尽量地阐发读音的原理，还可以拿形体来做标准，不是更加有把握么？"（见《国学季刊》一卷三号）

④ 段玉裁《广雅注序》："小学有形有音有义，三者互相求，举一可得其二；有古形，有今形，有古音，有今音，有古义，有今义，六者互相求，举一可得其五。……圣人之制字，有义而后有音，有音而后有形，学者之考字，因形以得其音，因音以得其义。"又云："形失则谓《说文》之外，字皆可废；音失则惑于字母七音，犹治丝棼之；义失则梏于《说文》所说之本义，而废其假借，又或言假借，而昧其古音，是皆无与于小学音也。"（见《经韵楼集》卷八）王筠《说文释例》叙："夫文字之奥，无过形、音、义三端，而古人之造字也，正名百物，以义为本，而音从之，于是乎有形。后人之识字也，由形以求其音，由音以考其义，而文字之说备。"

从前文字学的书籍，有专重形体方面的，有专讲音韵的，也有纯粹讲训诂的。[①] 他们都只是文字学范围里一部分的材料，当然不足以代表文字学的全体。我们应当搜取各部分的材料，重新整理一下，再做一种综合的研究，以建设中国文字的科学。

(四) 科学的建设

上节所讲中国文字学的范围，包含有形、音、义的三方面；我们要把这三方面综合的研究，必须有其他种种科学智识的辅助，才能得到相当的成绩。我们要考明中国文字怎样的形成，必定先要了解一点古代的民族思想，和古代的制度及文化。[②] 因为文字是人文进化一种自然的产品，我们要知道各个字体构成的由来，当然需有民族学、考古学、心理学，以及历史学上种种的辅助，所以近代学者金石、龟甲等考古的研究，在文字学上即有很大的贡献。[③] 古代的风俗习惯常表见于文字上，而旧时种种风土人情常有留存于现代的；我们可以应用现代民俗的研究，来证明古代文字

---

① 段玉裁《广雅注》序："三代小学之书多不传。今之存者，形书，《说文》为之首，《玉篇》已下次之；音书，《广韵》为之首，《集韵》已下次之；义书，《尔雅》为之首，《方言》《释名》《广雅》已下次之。"（见《经韵楼集》卷八）

② 王国维《毛公鼎考释序》："文无古今，未有不文从字顺者，今日通行文字，人人能读之，能解之；诗书彝器，亦古之通行文字，今日所以难读者，由今人之知古代，不如知现代之深故也。苟考之史事与制度文物，以知其时代之情状，本之诗书以考其文字之变化；由此而之彼，即甲以推乙，则于字之不可释，义之不可通者，必间有获焉。"（见《观堂集林》卷六）

③ 近代金石、龟甲的研究，在考证文字的制作上，因以新发见的很不少。姚华《说文古籀补补叙》云："是以不观人戴圜之字，不知一大为天之浅也；不识持主为父之字，不知从又举杖之谬也！不得不丕二形之互证，不知鸟飞不下，从一不声之囿也；不探徙本从步，亯本象形之渊源，不知徒从上声，胄从月由声之晚也。如此之类，更难悉数。"

的构造和训释。[①] 所以民俗学也是文字学的辅助科学。上文说过，中国文字比较接近于图画；在形体方面的研究，又须备有绘画和美术史的智识。[②] 文字既然是语言的表征，在音读和意义方面的研究，更须有语言学的智识。[③] 古代的音读和义训，常留存在各处方言当中，所以方言学也是文字学的辅助科学。[④] 要推究书体的变迁，当然不能不考明书写工具和书写方法的历史；[⑤]所以纸笔墨及书法的研究，也足以辅助文字学的建设。文学为文字的联缀品；文字学就是文学上分子的研究，也可以隶属于文学研究的范围。[⑥] 各个字体的音读、意义及词性，都是在往时的文学上显示出来；所以考证文字，也必有文学上的智识。

---

① 根据现代的风土人情，常常可以解释古代的文字义训。孟森《说文诂林序》："许书方字解云：'并船也，象两舟省总头形。'然则以方舟为本意，而其训为并。比方犹言比并，义可通矣。至方圆之方，训殊不备；段氏以为引申得，始亦以为然。比往来于松花江上，乃见古代方舟之真相……方舟之渡，乃并两独木舟，敷板其上，成一大方形。……方舟之方，即方圆之方，举事而见其形。"又，"许书垤字解云：'蚁封也。'……余行吉林、黑龙江两省，于旷无人烟之处，每见丘冢垒成列。……既乃问之士人，乃知为马蚁墩，即所谓蚁封也。"日本后藤朝太郎又举家京等字以证民俗研究与文字学之关系。见《文字之研究》第一篇第十章。

② 中国的图画和文字，两者在美术上几乎不能分离。戴岳译《中国美术》卷下云："中国各家之论书画者皆谓二者同出于一源。即今日中国通行之文，犹存原初绘画之迹。学之者必精于目之劳，辨别其形状，摹写其点画，方能实验有得。"

③ 语言学上所讲语言的内容组织、变迁，以及形态学上措辞学上种种的现象，和文字的研究有密切的关系。可参看拙著《语言学原理》。

④ 章炳麟《新方言序》云："考方言者，在求其难通之语，笔札常文所不能悉，因以察其声音条贯，上稽《尔雅》《方言》《说文》诸书，敫然如析符之复合，斯为贵也。"又云："盖有诵读占毕之声，既用《唐韵》，俗语犹不违古音者；有通语既用今音，一乡一州，犹不违《唐韵》者，有数字同从一声，《唐韵》以来，一字转变，余字则犹在本部，而俗语或从之俱变者。"

⑤ 顾实《中国文字学》："文字之体势，随物质文明而变更，刻木用纸与夫笔之用刀用毛，墨之用铅用漆用烟皆在在有关。（详庄绶甲《释书名》及章炳麟《文集·驳中国用万国新语说》。）"中国书体的变迁，一方面由于书写工具的变迁，一方面也出于书法家的创造和艺术感化力。所以书法和文具的研究，也足以为文字学的辅助。

⑥ 过去文字学者大都援据经典以为考证之资。如依《诗经》《楚辞》等书的用韵以研究古读者，有顾、江、戴、段等古音学的书籍，参看拙著《中国古音学》。依经典以考证字义及用字者，则有桂馥《说文义证》及邵瑛《说文群经正字》一类之书，依经典以考证各字的词性者，则有王氏《经传释词》《马氏文通》等书。梁启超《论清代整理旧学之总成绩》一文中，有字义学与字用学的分别（见《东方杂志》二十一卷十三号）。

一种科学的建设必须有其他多种科学的辅助，研究的范围愈广，所需要的辅助智识也愈多。我们要建设中国文字的科学，我们必须备有关于下列种种的智识：

1. 古代神话和传说；

2. 民俗和心理；

3. 古代的文化、制度和史实；

4. 语言学和各地方言；

5. 绘画和美术史；

6. 文学；

7. 纸笔墨及书法的研究；

8. 考古学。[①]

我们把这许多智识集合起来，作为研究文字的辅助，中国文字学就有希望正式成为一种科学。

（五）目的与方法

研究科学总是以求知为主要的目的，并不一定是为应用的；不过根据所求得的智识，用来解决实际上的问题，这当然是研究科学者的职务。研究文字学的目的，也只在了解中国文字的性质和形、

---

① 日本后藤朝太郎《文字之研究》第一篇第十章“文字学之建设”，立一表说明文字学之补助科学，因录如下，以资参考：

文字学之建设
- 一、辅助学
  - 1. 神话传说
  - 2. 土俗人类学考古学
  - 3. 绘画模样之历史
  - 4. 言语学
  - 5. 历史学
  - 6. 心理学
  - 7. 文学
- 二、笔纸墨之研究
- 三、书学之研究

音、义各方面变迁的事实；至于怎样运用文字学上的智识，以应付实际的需要？乃是进一步讲到这种智识功用的问题，并不定要归在研究者最初的目的。[①] 所以文字学的本身，无论是否为应用而研究，总是以考证为他基本的工作，以阐明中国文字的性质以及流变的事迹为主要的目的。[②] 比较古今文字的形体音义有怎样的异同？各个字所具有的各种形体、各种读法，以及各种意义的运用，怎样辨别得清楚？怎样考订得明白？[③] 这是研究文字学者最重大的职责。文字本身的效用，既然以表现意义为主；我们不能离开意义而专讲形体或音韵。[④] 我们要推求各个字书体和音读的流变，也只是要考明原始制作本意的所在，和后来怎样的转变；所以文字学最主要的目的就是在发现各个字的本意。[⑤] 现今

---

① 胡韫玉《文字学研究法总论》："古今研究文字学者之目的，各有不同，约而言之，不外两类：一为文字之考证而研究者，一为文字之应用而研究者，虽同一形声义之研究，目的不同，方法遂异。……其为文字之考证而研究者，名之曰考证派；其为文字之应用而研究者，名之曰应用派。"其实研究文字学最初的目的，只是在考证文字的本身，并不必要区分考证派和应用派为二途。因为要应用文字而研究，也是以考证为目的才能得到精确适于实用的智识。胡氏所举"戴震之《转语》，翟灏之《通俗编》，以及近人章炳麟之《新方言》，略具应用之旨趣者，不过寥寥数种"，也都是考证的工作：不过所取的材料，兼及于近代的方言罢了。

② 胡韫玉《文字学研究法》总论谓："应用派之研究文字学，不仅不可鄙弃考证派之著作；而第一步方法，且宜多读考证派之著作。"又谓："应用派第二步研究方法，在于选材，即将考证派之著作，分别而弃取之也。"又谓："第三步研究方法，当以利用多数考证派之著作为事。其利用维何？在于每一文字能据考证派最精之著作，分形声义，以求变迁之迹。"这样看来，即使为应用文字而研究，也应当以考证为基础。

③ 高翔麟《说文字通自叙》："篆籀递变，文殊古今。古字少而引申假借为多。如有一字兼数音者，有一字兼数义者，有一字音异而义异，有一字音异而义同，有一字音同而义不同；且有今文以为此字，古文以为彼字者。叔重《解字注》，专释本音本义，而间及引申假借，全书之字，多未之备。"

④ 徐中舒《中国文字学本论》（暨南大学讲义）有云："我们晓得意是文字的本质，有意而后才能借形与音以表达出来，所以讲文字学的形音时，意已寓于形音之中，我们决不能离开意而专讲形音。"

⑤ 承培元《说文解字系传校勘记・校跋》："文字之义，以训诂而明。训诂之学，以形声而定。自有书契以来，未有离形声而得，训诂者也。许氏《说文》，形声之书也，而训诂备焉。于一字定一义，水之原，木之本也。"

文字学上最主要的工作，一部分就是从形体方面考证制字的本意，一部分就是从音韵方面考证制字的本意。[①] 从形体方面推求本意的就是所谓字原之学。从音韵方面推求本意的，就是所谓音原之学。[②] 从字原和音原的研究，或者就可以完全了解原始制作文字的情形和后来怎样的变迁，更可因以明白中国文字的性质了。

要达到这个目的，当然需要有相当的方法。我们解释各个字体的构造，总应当采取客观的态度，依据他们本来的材料，作一个自然的解释。[③] 第一步，我们应当把各个字的异体集合一起比较他们的异同，而窥见文字变迁的迹象；[④]第二步，再把各个字体，分析他们内部的组织，归纳为许多种类。[⑤] 或且分析各个字

---

① 沈兼士《金文编叙》："居尝谓现代治文字学者之先务有二事：一以卜辞金文参验《说文》以索形体之原始。……一以古代字书传注所载之音训，参验《说文》以探语言之根株。……合斯二者以究古代文字语言之系统，庶几得所凭借，可免擿埴冥行之虞矣。"

② 王国维《尔雅草木虫鱼鸟兽释例序》，述沈子培语曰："文字有字原，有音原。字原之学，由许氏《说文》以上，溯殷周古文止矣；自是以上，我辈不获见也。音原之学，自汉魏以溯诸群经《尔雅》止矣；自是以上，我辈尤不能知也。明乎此，则知文字之孰为本义，孰为引申假借，盖难言之。……要之，欲得其本义，非综合其后起诸义不可；而亦有可得，有不可得，此事之无可如何者也。"

③ 王筠《说文释例》叙："……乃往往不识字何也？则以其即字求字，且牵连他字以求此字，于古人制作之意隔，而字遂不可识矣。六书以指事、象形为首，而文字之枢机，即在乎此。其字之为事而作者，即据事以审字，勿由字以生事。其字之为物而作者，即据物以察字，勿泥字以造物。且勿假他事以成此事之意，勿假他物以成此物之形；而后可与苍颉籀斯相质于一堂也。"

④ 马衡《金文编》叙云："吾人苟欲研究此纷歧之文字，必先就同文异体者，综合之，剖析之，以求其相同相异之点。而后其所以纷歧之故，始可得而言焉。……自许慎《说文解字》出，分别部居，合以古籀，始一变昔日字书之例，使后之治文字学者，得以窥见文字制作之原，及其流变，不可谓非综合之功也。……刘球、娄机辈之于汉隶，皆有辑录之专书；而辑录古文者，惟郭忠恕之《汗简》，夏竦之《古文四声韵》。……晚清之际，吴大澂著《说文古籀补》，而后彝器文字，始有辑录之专书。此所谓综合者也。"……故欲窥文字之源流，必自综合始。

⑤ 马衡《金文编》叙云："其后孙诒让著《名原》七篇，大抵皆取甲骨彝器等文，会最比属，以相参证；此所谓剖析者也。"

形组织的最小分子，比合参证，[①]以明了各个字体怎样的构成；第三步，我们再用来推究各种字体构成的原则，[②]以及他们先后构成的程序。[③] 至于意义方面，我们也应当综合历代和各地意义的转变，用比较分析的方法，求出他们转变的原则。[④] 各字古读的考明，也应当依据确实的材料，综合分析，把他们一一的定出来。[⑤] 方法运用的得当，自然可以达到我们研究的目的。

---

① 沈兼士《文字学之革新研究》："凡文字皆系应用象形、指事、会意、形声等法，以一、丨、凵、〇、×、丫……诸简单符号组合而成。前者谓之造字之元则，后者谓之字体之最小分子。本上定义以施研究之法，其术有二：(A) 分析各字体，以定各最小分子之作用及其分类。(B) 综合各最小分子，以睹各元则之应用。"沈氏又举实例以为说明谓："凡文字皆系应用一个或一个以上之元则组合而成。"（见《北京大学月刊》一卷二号）

② 同上。

③ 沈兼士《研究文字学形和义的几个方法》："造字原则发生程序和古代人类思想发展的关系。六书的次序，从汉到清，说者极不一致。现在看来似乎已经成了不要紧的问题，但我却以为这个问题，还有研究的价值。因为我们追溯意符的文字的起源，初不是单为语言的符号而发生的。实际上可以说是和言语同为直接传示思想的方法，而别成一源。就是一方面用声音来表示思想，由口以传于耳。一方面用形象来表示思想，由手以传于眼。所以就意符的文字发达的次序上研究一下，借此也可以晓得古代思想发展的程序。"沈氏以为推究各种文字构成的程序，因此又可因以知道古代思想发展的步骤。（见《北京大学月刊》一卷八号）

④ 沈兼士《研究文字学形和义的几个方法》："纵横两方面的训诂研究法。从来讲训诂的不外两派：一派是《经籍纂诂》式的，专尚胪列，没有系统之可言。一派是《通训定声》式的，系统尽管是有，但是古典的，旧文学的。不是应用的，新文学的……我以为必须注重纵横双方的研究。现在把训诂学分做三部分来研究如下表：

训诂学
- (一) 训诂学概论
- (二) 代语沿革考——
- (三) 现在方言学——这是横的研究

训诂学概论是总论他的原流、要义和研究的方法。……代语沿革考是应用总论所说的方法，目治的依据古籍来探寻历代文语蜕禅的轨迹。……现在方言学是用总论所说的方法，耳治的研究现代各地方言流变的状况。"（见《北京大学月刊》一卷八号）

⑤ 朱骏声《说文通训定声自序》云："以字之体，定一声；以经之韵，定众声；以通转之理，定正声，变声。"我以为三百年来所以考明古音的方法，就不外这几句话。参看拙著《中国古音学》。

(六) 功　　用

文字学的建设，需要其他各种科学的辅助；而文字学的智识，也是建设其他各种科学的基础。古往今来，一切的记载，总是以文字为主体；文字是人类流通声气和传播智识的工具。知道文字的重要，[①]就可以明了文字学的重要了。

研究文字第一种的功用，就是在"识字"。分析中国文学的构造，就足以使我们知道各个字的音读和意义。[②] 古代教授六书，只是要使学童识字；因为六书的应用，在解释文字的构造，是那时一种识字的简易方法。[③] 而形声字的研究，更使我们在学习文字上，得到不少的便利。[④]

---

① 徐锴《说文系传》卷二十九："典谟前志，帝王之椝矱也。训诰号誓，国家之杓秉也。文字者，椝矱之区宅，而号令之钟鼓也；一有而不可废，则其为用也，大美哉！故立象以尽意也，象可忘而不可弃。乾坤毁而无以见易，文字灭则无以见经，则圣人之道或几乎队矣。天子之制，车同轨，书同文，一民之耳目必也，无讼之端也。故周礼保氏，掌教国子六书。又曰：司寇之属，掌通诸侯，八岁属瞽史谕书名；此皆所以制天下御诸侯之经也。"

② 朱骏声进呈《说文通训定声》呈文云："不明六书，则字无由识；不知古韵，则六书亦无由通。"

③ 胡韫玉《六书浅说》："六书为识字之简易法。今之学者每谓中国文字繁难，演义不演声，有碍文化之进步。为此语者，虽不可谓绝无理由，然亦未明中国文字之原者也。中国文字虽号称数万，可约之为六。六者为造字之原，即可为识字之法。所谓天下义理必归文字；天下文字，必归六书是也。所以中国文字，明六书之理，识五百四十部首，触类而通之，自不难尽识数万之字。何以言之，象形、指事，文也；会意、形声，字也。合象形指事之文；计四百八十九。……字由文而生，既明独体之文；合体之字自有条理之可循。况中国文字虽曰演形，而声之为用最广。文字数万，形声居十之七八，可知造字之时，大半以声配合。至于用字之法，亦以声为纲；假借所以济文字之穷。假借以义借者少，以声借者多。而字之孳乳，尤与声有密切之关系。……其尤便者在于形声并用，既知其义，即知其音。盖已识部首之义，而相属之字之义，皆不甚相远。……今之不通小学者，固不知文字之原，以为数万之字，一字一义，一字一声，毫无条理之可循，通小学者，又故引而深之，视为绝学。此中国文字之所以日晦也。"

④ 威奇尔氏(L. Wieger, S. J.)《中国文字》(*Chinese Character*)叙论云："声的研究和声的系统的研究是很有用的。因为各个系统中，字音里发声和收韵的转变，也只在某种范围当中，而且依照某种方言转变的规则。所以声的智识，经过了某种习用，就可以很准确的得到合体字的音读。这种还可以辅助我们的记忆。进而言之，学习文字，依照声的系统，更比形的系统为有用，为有趣。"

研究文字第二种的功用，就是在“读书”。我们要读书必定先要识字，所以识字是读书的预备工夫。① 因为我们要明白古书中义理，必须先明白训诂；②义理是出于训诂的。③ 我们要辨明古书中的句读，也必须研究文字的音读和义训，④我们要了解古书中的文法，也必须研究各个字的词性以及各种意义的用法。⑤ 我们要校订古书中的错误，也必须知道古代文字的形体音训。⑥

研究文字第三种功用，就是在“写字”。中国文字经过了数千

---

① 马叙伦《中国文字的构造法》：“……从前晓得‘大’是对‘小’说的，究竟为什么定要用这个字？直到研究文字学的时候，才明白原来大字本就是人字，象人正面头身手足的形状。现在不但人大二字形状不同，声音一个读而邻切，一个读徒盖切，也是不同。但是一研究到这两个字发音，就明白了字一音异的道理；明白了中国文法的构造法，明白了六书中的假借，才明白对小说大的大字。这样说来，识字谈何容易。不识字，要通古书，恐怕是不容易。我们看唐宋人的解经和清朝乾嘉时代人的解经，一比较就觉得谁识字，谁不识字。”

② 陈钟凡《古书校读法》论读书方法云：“三曰明诂训。昔孔子对鲁哀公言：‘《尔雅》观于古，可以辨言。’班固曰：‘读应《尔雅》，古语可知。’《尔雅》所以通诂训之指归，总绝代之离词，辨同实而殊号者也。学而未有不以此为津涉，而可以识古语者。顾诂训虽以诠释字义为主，而与字形字音，关系至切。盖六书中‘象形’‘指事’二者，义寓于形。‘会意’者，合数形以见义，故言字义者，必辨字形。‘形声’之例，义起于右傍之声，假借则依声记事，两者并义关于声。更有所谓‘通假’者，古人于音同、音近、音转之字，任意通用。……学者诚非沟通《说文》《尔雅》《广韵》三者，不足以言诂训，即末由通古语读古书也。”

③ 钱大昕《经籍籑诂》序：“有文字而后有诂训，有诂训而后有义理。诂训者，义理之所由出，非别有义理出于诂训之外者也。”

④ 王引之《经籍籑诂》序里说起训诂和声音的关系，并且从训诂可以辨明古书上的音读。例如《尧典》“克谐以孝烝烝义不格奸”，从前所读“克谐以孝，烝烝义不格奸”。那知道《广雅》说：“烝烝孝也。”应该断读：“克谐，以孝烝烝，义不格奸。”又如《唐诰》“远乃猷裕，乃以民宁”。从前读猷字为句，不如断裕字为句。因为可以引用《方言》里说：“猷裕，道也”来解释的。

⑤ 王引之《经传释词》序云：“自汉以来，说经者，宗尚雅训，凡实义所在，既明箸之矣，而语词之例，则略而不究，或即以实义释之，遂使其文扞格，而意亦不明。……始取《尚书》廿八篇细绎之，而见其词之发句助句者，昔人以实义释之，往往诘鞫为病。”要分析古书上的文法词例，当然先要明了文字的音读和意义，以及假借的道理。

⑥ 陈钟凡《古书校读法》，论校书之方法云：“六曰是正错牾，其校勘之道。（甲）据龟甲刻词。校书宜根据古本，而龟甲刻词为殷商遗文，其记录有足以订正古经之幸失者，尤为校雠家所首当留意。……（乙）据古金石，周秦鼎彝款识及汉魏碑版，考释家有据以补正古籍者。……（己）据文字及诂训古本经一再传抄，有因僻字、假字、古字而误者，有因隶书、草书、俗书而误者，有一字误为两字，两字误为一字，重文误为二画，阙文误作口者（详见王俞二氏书），并当根据字形，悉心雠正。其有古语流传，后人不能通晓，致妄为解诂，则更非求诸古训，不能知其乖谬也。”陈氏原书所举实例甚多可以参看。

年的变迁，而世俗上，又为书写的便利起见，所以把原来的形体丧失残毁了。因之书写上有正体和俗体的分别。[①] 研究文字正所以明了正字和俗字的异同。[②] 我们通常实用上的写作，虽然不必处处要合于正轨，可是我们要知道从前应该怎样写法，后来怎样会转变，怎样适合于应用上的便利。[③]

研究文字第四种的功用，就是在作文。文字是组成文学的分子；所以用字的得当与否，和文辞的美丑有密切的关系。[④] 从前文学家都说作文先须识字。[⑤] 作文时联缀文字，不仅在字形和字义上应

---

① 邵瑛《说文解字群经正字自序》："……后世塾师传写，多求便俗，渐失本真；于是通儒如毛晃、郑樵辈发明六书，裁正典文，亦不能无袭伪承谬。盖安其所习，溺于所闻，学者之通患也。不揣固陋抽绎《说文》，考之于经，非偏旁之多舛，即点画之失宜，总之，经师之传习弥深，斯于书体之乖违愈远。"

② 李富孙《说文辨字正俗自叙》："或有形声意义大相区别，亦有近似而其实异，后人多溷而同之；或有一篆之形从某为古籀，为或体，后人竟斯而二之，……富孙见世俗之文，多违古义，今所假借通用《说文》自有本字，有得通借者，有不容通借而并为俗误者，援据经典以相证契，而世之种谬袭讹焯然可辨。"马叙伦《六书解例题辞》云："自保氏之教不复，许书肄者亦稀，字体益以诡变。至于楷书，鱼鸟昧其象形，父母不合指事，奉春同头，无黑并足，此则虽有智慧，不能达诂者矣。……清季大兴学校，爰及于兹，横舍林立，而诸生申纸展笔，书辄戾正，甚以市井俗文，如又土为圣，尺二为尽，填布满幅，考其指谊，十不一对，方周之童，比汉之史，傥其远矣。"丁福保《说文解字诂林》引用书目表："凡普通平民误用之字，如本音滔，进趣也，从大从十，而俗作本用。听音引，笑儿，而俗作听用。圣音窟，汝颍间谓致力于土曰圣，而俗作圣用。须古文沫字，而俗作须用。虫音卉，鳞介之名；又蝮蛇古虺字，而俗作虫用。……又有音义迥别，点画相似之字，世俗误以为通用而混写者。如卲，高也，从卩，而误与姓邑之邵通用；攺音以，毅攺，大刚卯，以逐鬼魅也，而误与更改之改通用。……凡此种种，不胜枚举；苟一检此书，则其误立正。"

③ 胡怀琛《简易字说》第四章研究和应用："研究字学的先生们，对于这种简易字，必不赞成。他们说：'你连《说文解字》也没全读过，连《广韵》也没参考过，连龟甲文看也没看见过；怎就可以瞎说造字？'我说：'我们字学的知识，实在不完备；但是专研究《说文》、《广韵》、龟甲的先生们，研究的工夫是很深，究竟有几人把他应用到现在的社会上来？'我以为我们要把研究的结果应用到社会上，使大家明了历代文字的写法，怎样会转变到现在？在书写的便利上有什么增进？所以研究和应用，实在不能分离的。"

④ 刘勰《文心雕龙·章句篇》云："夫人之立言，因字而生句，积句而成章，积章而成篇。篇之彪炳，章无疵也；章之明靡，句无玷也；句之清英，字不妄也。"

⑤ 韩愈《科斗书后记》："凡为文辞，宜略识字。"桂馥《札朴》卷七："古人于小学，童而习之，两汉经师之训诂，相如子云之辞赋，皆出于此。今以小学经学辞章之学，判为二途。经学不辨名物，辞章不识古字，吾不知其可也。"

该加以选择;即在音韵上,也有极大的妙用。① 音韵的使用,足以增进文学的美丽,不但在韵文上是如此,即在散文上也是如此。②

研究文字第五种的功用,就是在语言学。我们研究历代语音的变迁和探讨各种语词的语根,当然从文字上去考求。③ 我们要推寻古代的各种成语,也应当用文字上研究的结果来疏理古书。④我们要考察近代方言里的语词,也可以从古代文字学的书籍上得到许多例证。⑤ 我们要推测国语的趋势,也可以从文字的研究以观察将来的趋势,⑥音韵学上和训诂学上的各种考证,都是属于语言学的资料。⑦

---

① 曾国藩咸丰十年家书云:"吾观汉魏文人有二端最不可及:一曰训诂精确,二曰声调铿锵。"《文心雕龙·炼字篇》云:"若夫义训古今,兴废殊用,字形单复,妍蚩异体,心既托声于言,言亦寄形于字。讽诵则绩在宫商,临文则能归字形矣。是以缀字属篇,必须练择,一避诡异,二省联边,三权重出,四调单复。"又《声律篇》云:"凡声有飞沈,响有双叠:双声隔字而每舛,叠韵杂句而必睽,沈则响发而断,飞则声扬不还;并辘轳交往,逆鳞相比。迂其际会则往蹇来连,其为疾病,亦文家之吃也。"沈约云:"前有浮声,后须切响。一简之内,音韵尽殊,两句之中,轻重悉异。妙达此旨,始可言文。"(见《宋书·谢灵运传》)

② 近人唐钺《音韵之隐微的文学功用》一文,说字音的功用,不但在韵文上有调平仄协韵等显著的功用,就是在散文白话小说中,也有增进文章美丽的隐微功用。分做显态绘声、隐态绘声等十类,参看唐氏《国故新探》卷一。

③ 参看本文第166页注释⑥,第169页注释①、注释②。

④ 王国维《与友人论诗书中成语》云:"唐宋之成语,吾得由汉魏六朝人书解之;汉魏之成语,吾得由周秦人书解之。至于诗书,则书更无古于是者,其成语之数数见者,得比较而求其相沿之意义,否则不能赞一辞。若但令其中之单语解之,未有不龃龉者。"王氏所谓比较而求之,就是应用文字形体音训的结果。所举"不淑"即"不吊","陟降"即"登假"与"登遐"等例中,可见(见王氏《观堂集林》卷二)。

⑤ 章炳麟《论汉字统一会》:"方言处处不同,俗儒鄙夫,不知小学,咸谓方言有音而无字,乃用同音之字用相摄代;亦有声韵小变,猝然莫知其何字者。惟强借常文,以著纸帛,终莫究其语根云何?若综其实;则今之里语,合于《说文》《三仓》《尔雅》《方言》者正多。"(见章氏《别录》)《颜氏家训·勉学》篇里说到益州方言谓"小豆"为"豆逼",颜氏以"《三苍》《说文》皆有皀字训粒,通俗文音方力反"来解释。

⑥ 沈兼士《国语问题之历史的研究》:"现在统一国语这个名辞,在教育界上,虽然极其流行,终是人云亦云,随声附和的人占了多数,至于中国文字和语言数千年来的关系是怎么样的,其所以致弊的原因,又在什么地方?注意的人却还很少,我认为这是研究国语的人应该注意的一个问题。"(见《国学季刊》一卷一号)

⑦ 参看本文第166页注释⑤、第170页注释③。

研究文字第六种的功用，就是在历史学和考古学。我们可以从文字形体的分析，来窥探古代的文化和制度。① 文字学的本身就是考古学的一部分。② 内中所讲的，就是很可宝贵的史料。③ 或者就用研究文字的结果，来证明过去的史实。④ 文字学和史学是不能分离的；因为一切历史的记载，总离不了文字的应用。

---

① 罗振玉《说文二徐笺异叙》："又以文字之作，可考见圣人制作之意，欲于文字上窥古代名物、民风、人事、物象，溯进化之渊源，寻文明之轨辙，成一家之言。"沈兼士《研究文字学形和义的几个方法》："中国文字之史学的研究——文字形体上的中国古代社会进化观，现在研究'古籀''篆文'的形体，可以说是和文学没有什么关系。至于他对于史学的关系，却反觉得重要得很。你看应用象形、会意两原则的文字，大都直接的或间接的传示古代道德、风俗、服饰、器物等的印象，到现在人的心目中。简直就说他是最古的史，也不为错。史贵征实，但是古及今有意的史书，那一个不犯着主观的、偏见的、文饰的毛病呢？独有文字里无意中表现的事实，可以算得有客观的、直写的、裸体的价值，可以算得没有参过水的古史材料，你看这是何等可贵！"（《北京大学月刊》一卷八号）

② 金钺言《说文部首及说文总义》："昔钱大昕叙《小学考》曰，求古文者，求诸《说文》，足矣。予今更进一言曰：'考古者以《说文》为古今字学之关键足矣。由之而上，可以为考释古籀之阶梯；由之而下，可以为救正隶楷之准则。"（见《说文诂林》前编下）考证古今文字，就是考古学的一部分。

③ 王国维《说斝》（《观堂集林》卷二），《说俎》上、《说俎》下、《说珏朋》（《观堂集林》卷三）等文，都说文字学上之所得，是以用来考证古代的制度，又王氏《鬼方昆夷玁狁考》（《观堂集林》卷十三）、《梁伯戈跋》（《观堂别集补遗》）等文，都是利用文字上形体音韵的研究，来考证古制和史实。

④ 原书缺注。——编者注

二、研究中国文字的材料和途径

（一）许慎说文和说文的研究

中国最早的字书，要推《史籀篇》，是周代史官教学童的书[①]。史籀并不是人名。[②] 后来秦朝李斯作《苍颉篇》，赵高作《爰历篇》，胡母敬作《博学篇》。[③] 汉朝司马相如作《凡将篇》，史游作《急就篇》，

---

① 马国翰《玉函出房辑佚书》卷五十九："张怀瓘《书断》云：'大篆者，周宣王大史史籀所作也，或云柱下史。'既以史为姓，又引或说，以史为官，存疑之词也。《汉书·艺文志》，小学十家，首载《史籀》十五篇云'《史籀篇》者，周时史官教学童书也，与孔子壁中古文异体'。《隋唐志》皆不著录，佚已久。许慎《说文》每引之以与古篆相参，又《玉篇》所引籀文，皆本许书，间有《说文》所遗者，凡十三字，共辑得二百三十二字。"王国维《〈史籀篇〉疏证序》："《史籀》十五篇，古之遗书。战国以前，未见称述。爰逮秦世李、赵、胡每本之以作苍颉诸篇；刘向校书，始著于录，建武之世，亡其六篇。章帝时，王育为作说解，许慎纂《说文》，复据所有九篇，存其异文，所谓籀文者是也。其书亦谓之《史篇》，即《史籀篇》之略称也。《说文》于皕、缶、女三部，三引《史篇》，盖存其字，谓之籀文；举其书，谓之史篇，其实一也。"

② 王国维《〈史籀篇〉疏证序》："昔人作字书，其首句盖云'太史籀书'，以目下文。后人因取首句史籀二字，名其篇。太史籀书犹言大史读书。太史公《自序》言：细石实金匮之书，犹用此语。刘、班诸氏不审，乃以《史籀为》著此书之人，其官为大史，其生当宣王之世，是亦不足怪。"

③ 马国翰《玉函山房辑佚书》卷五十九："按，《汉书·艺文志》云：'《苍颉篇》七章者，秦丞相李斯所作也；《爰历》六章者，车府令赵高所作也；《博学》七章者，太史令胡母敬所作也，文字多取《史籀篇》，而篆体复颇异，所谓秦篆者也。是时始造隶书矣，起于官狱多事，苟趋简易，施之于徒隶也。汉兴闾里书师，合《苍颉》《爰历》《博学》三篇，断六十字以为一章，凡五十五章，并为《苍颉篇》。'又云：'扬雄取其有用者，以作《训纂》篇；顺续《苍颉》，又易《苍颉》中重复之字，凡八十九章，臣复续扬雄，作十三章，凡一百二章，无复字。'韦昭曰：'臣班固自谓也。'志又载《苍颉传》一篇，扬雄《苍颉训纂》一篇。《隋志》三苍三卷，郭璞注；秦相李斯作《苍颉篇》，汉扬雄作《训纂篇》，后汉郎中贾鲂作《滂喜篇》，故曰三苍，《唐志》有张揖《三苍训诂》三卷。今并佚。"

李长作《元尚篇》,扬雄作《训纂篇》。[①] 后汉贾鲂又作《滂喜篇》,于是后代有《三苍》或《五苍》的名目。[②] 他们所录的文字和书体,虽然有相出入的地方,而大抵以四字或七字为句,取其便于学童的诵习;他们编制的方法,总是一样的。[③] 而且这许多字书,统统亡佚,只有《急就篇》还存于世。[④] 他们在现今文字学的研究上,实在不很重要。

到了许慎,才把这种字书的体例,变更一下,将所录的九千多字,[⑤]依形系联,分篇五百四十部做成《说文解字》一书。[⑥] 要分析

---

① 《汉书·艺文志》:"武帝时,司马相如作《凡将篇》,无复字;元帝时,黄门令史游作《急就篇》;成帝时,将作大匠李长《元尚篇》,皆苍颉中正字也。"宋祁云:"李长下当有作字。"马国翰《玉函山房辑佚书》卷五十九谓:"《凡将》者,取发凡起例之义。颜师古《急就篇序》云'司马相如作《凡将篇》,俾效书写,多所载述务适时要。史游景慕拟之。'然则《凡将》体例,与《急就》同,必首有凡将二字,如《急就》首二句云:'急就操觚与众异',因以名篇也。《汉志》一篇,《隋志》有一卷,以为亡。《唐志》复以一卷著录,今佚。"

② 马国翰《玉函山房辑佚书》卷五十九:"《隋志》《三苍》三卷,下题秦相李斯作《苍颉篇》,汉扬雄作《训纂篇》,后汉郎中贾鲂作《滂喜篇》,故曰三苍。《唐志》有《三苍训诂》三卷。皆无单行本,今并佚。"又:"按《隋志》以《苍颉篇》《训纂篇》《滂喜篇》为三苍,《后汉书》注引或作五苍,以《爰历》《博学》并合于《苍颉篇》,统而数之,故曰《五苍》也。"

③ 王国维《〈史籀篇〉疏证序》:"《史篇》文体,决非如《尔雅》《说文》,而当如秦之《苍颉篇》。《苍颉篇》据许氏《说文序》郭氏《尔雅注》所引,皆四字为句,又据近日敦煌所出残简,又知四字为句,二句一韵。《苍颉》文字既取《史篇》,文当亦仿之。"又《苍颉篇·残简跋》:"他简(《流沙坠简》卷二,第八简)有'苍颉作'三字,乃汉人随笔涂抹者。余以为即《苍颉篇》首句;其全句当云'《苍颉》作书',实用《世本》语,故此书名《苍颉篇》。"

④ 王国维《校松江本〈急就篇〉序》:"古字书有《史籀》《苍颉》《凡将》,三书皆佚,存者以《急就》为最古。"王氏此文叙述《急就》古今版本甚详,见《观堂集林》卷五。

⑤ 马叙伦《说文解字研究法·说文字数》:"《说文后序》曰:'凡十四篇,一百四十部,九千三百五十三文,重一千一百六十三,解说凡十三万三千四百四十一字。'昔王鸣盛、胡秉虔皆定今本正文,重文皆有益出,胡说说解止十二万二千六百九十九字,则不及原数。以此证知今本有益夺。"

⑥ 段玉裁《说文序注》:"分别部居,不相杂厕,谓分别为五百四十部也。周之字书,汉时存者,《史籀》十五篇,其体式大约同后代《三苍》。……秦之《苍颉》《爰历》《博学》,合为《苍颉》篇者,每章十五句,每句四字,《训纂》《滂喜》同之。《凡将篇》,每句七字,《急就》同之,其体例皆杂取需用之字,以文理编成有韵之句,与后世千字文无异,所谓杂厕也。……许君以为音生于义,义著于形,圣人之造字,有义以有音,有音以有形,学者之识字,以审形以知音,审音以知义。圣人造字,实自像形始,故合所有之字,分别其部为五百四十。每部各建一首,而同首者,则曰凡某之属皆从某,于是形立而音义易明。凡字必有所属之首,五百四十字,可以统摄天下古今之字。此前古未有之书,许君之所独创;若网在纲,如裘挈领,讨源以纳流,执要以说详,与《史籀篇》《苍颉篇》《凡将篇》乱杂无章之体例,不可以道里计。"

文字的形体，所以叫做“说文”，又要解释文字的意义，所以叫做“解字”。《说文》是这书的简称。① 许慎作《说文解字》的动机，在要纠正当时书体和解说文字的谬误；因为那时通行隶书，不识籀篆以前的文字，渐渐把原来的形体音义亡失了。② 又在学术上，“古文经”的研究风行一时；许慎也是尊信古文的一人，他的目的也是用文字的研究来补助经学。③ 汉季小学原来多出于古文学。④ 许慎作《说文》，自己说“今叙篆文，合以古籀”；⑤就是把古、籀、篆三体相同的

---

① 丁福保《说文诂林纂例》第二十四条：“曹应钟曰：‘《说文》者，说其字之文，解字者，解其字之谊。如元，始也，为辨字；从一兀声为说文。……’据此则说文自说文，解字自解字，两不相蒙也。《说文解字》必双举而并称，明矣。然习惯相沿，率从省便，但简称曰《说文》者，盖犹《白虎通德论》，而称《白虎通》；《风俗通义》而称《风俗通》；……之例也。”

② 许慎《说文叙》：“诸生竞逐说字，解经谊，称秦之隶书，为苍颉时书，云，父子相传，何得改易。乃猥曰：马头人为长，人持十为斗。虫者，屈中也。廷尉说律，至以字断法，苛人受钱，苛之字，止句也。若此者甚众，皆不合孔氏古文，谬于《史籀》；俗儒鄙夫，玩其所习，蔽所希闻，不见通学，未尝睹字例之条。……”

③ 许慎《说文叙》：“至孔子书《六经》，左丘明述《春秋传》，皆以古文，厥意可得而说。……是时秦烧灭经书，涤除旧典，大发吏卒，兴戍役，官狱职务繁，初有隶书以趣约易；而古文由此绝矣！……壁中书者，鲁恭王坏孔子宅，而得《礼记》《尚书》《春秋》《论语》《孝经》，又北平侯张苍献《春秋左氏传》。郡国亦往往于山川得鼎彝，其铭即前代之古文，皆自相似；虽叵复见远流，其详可得略说也。……今叙篆文，合以古籀，博采通人，至于小大，信而有证。……其称《易》孟氏，《书》孔氏，《诗》毛氏，《礼》周官，《春秋》左氏，《论语》《孝经》，皆古文也。”许冲《上说文表》曰：“慎，本从逵受古学，盖圣人不空作，皆有依据；今五经之道，昭炳光明；而文字者，其本所由生。自周礼汉律皆当学六书，贯通其意，恐巧说邪辞，使学者疑。慎博问通人，考之于逵，作《说文解字》，大艺群书之诂，皆训其意。”

④ 王国维《两汉古文学家多小学家说》：“《后汉书·卢植传》：‘植上疏言，古文科斗，近于为实，而厌抑流俗，降在小学。……’循子干疏意古文科斗，实目下《毛诗》《左氏》《周礼》三家。三家皆经，而当时抑之于小学，是后汉之末视古文学家与小学家为一。然此事自先汉已然。观两汉小学家皆出古学家中，盖可识矣。原古学家之所以兼小学家者，当缘所传经本，多用古文，其解经须得小学之助；其异字亦足供小学之资，故小学家，多出其中。”

⑤ 王国维《说文“今叙篆文，合以古籀”说》：“许君《说文叙》云：‘今叙篆文，合以古籀’，段君玉裁注之曰：‘小篆因古籀而不变者多。其有小篆已改古籀，古籀异于小篆者，则以古籀驸小篆之后，曰古文作某，籀文作某，此全书之通例也。其变例则先古籀后小篆。’又于‘皆取史籀、大篆，或颇省改’下注曰‘许所列小篆，固皆古文大篆，其不云古文作某，籀文作某者，古籀同于小篆也。其既出小篆，又云，古文作某，籀文作某者，则所谓或颇省改者也’。此数语可谓千古卓识。”

字归于正文，而另外把三体当中特异的，列为重文。[①] 他所谓籀文，就是指《史籀篇》当中正字；[②]他所谓篆文，就是本于《苍颉》诸篇的秦篆；[③]他所谓古文，就是当时许多古文经上的文字。[④] 所以

---

① 罗振玉《殷商贞卜文字考》："许书所载籀与古或异之字，证以刻辞，往往古籀本合。然则《史》篇之文，与壁中或异，非籀与古之异，乃古文自异。许所谓与古文或异者，乃就《史籀》篇以校壁中古文。许君盖知大篆即古文，而复著其异于古文者，犹篆文之下并载或体，其曰籀文作某，犹云《史篇》作某，古语简质，后人遂至误会也。"王国维《说文"今叙篆文，合以古籀"说》："《仓颉》三篇，五十五章，章六十字，凡三千三百字。且尚有复字；加以扬雄《训纂》，亦只五千三百四十字；而《说文》正字；多至九千三百五十三；此四千余字者，许君何自得之乎？曰：此必有出于古文、籀文者矣。故《说文》通例，如段君说，凡古籀与篆异者，则出古文籀文；至古籀与篆同，或篆文有而古籍无者，则不复识别。若夫古籀所有，而篆文所无，则既不能附之于篆文后；又不能置而不录；又无于彼字下各注此古文，此籀文，此篆文之例；则此种文字，必为书中正字，审矣。故叙所云'今叙篆文，合以古籀'者，当以正字言，而非以重文言。重文中之古籀，乃古籀之异于篆文，及其自相异者；正字中之古籀，则有籀篆文俱有此字，亦有篆文所无，而古籀独有者，全书引经以说之字，大半当属第二类矣。"又黎庶昌《广说文答问疏证序》亦有是说。

② 王国维《说文"今叙篆文，合以古籀"说》："《说文解字》实合古文、籀文、篆文而为一书。凡正字中，其引《诗》《书》《礼》《春秋》以说解者，可知其为古文；其引《史篇》者，可其为籀文；引杜林、司马相如、扬雄说者，当出《苍颉》《凡将》《训纂》诸篇，可知其为篆文。虽《说文》诸字中有此标识者，十不逮一，然可得其大略。昔人或以《说文》正字皆篆文，而古文，籀文惟见于重文中者，殆不然矣。"

③ 王国维《史籀篇疏证序》："班固谓《苍颉》《爰历》《博学》三篇，文字多取《史籀篇》；许慎谓其皆取《史籀》大篆，或颇省改。或之者，疑之；颇之者，少之也。《史籀》十五篇，文成数千，而《说文》仅出二百二十余字，其不出者，或与篆文同者也。……则李斯以前秦之文字，谓之用篆文可也。谓之用籀文亦可也。"

④ 王国维《说文所谓古文说》："许君既以壁中书为孔子所书，又以为即用殷周古文，盖两失之，此二条所云。古文虽似为殷周古文，实皆据壁中古文以为说。惟《叙》末云，其称《易》孟氏，《书》孔氏，《诗》毛氏，《礼》周官，《春秋》左氏，《论语》《孝经》皆古文也。此古文二字，乃以学派言之，而不以文字言之。……其余所云，古文者六，皆指先秦古文。其尤显明者，曰'古文者，孔子壁中书也'。曰'皆不合孔氏古文'，又申之曰：'壁中书者，鲁恭王坏孔子宅而得《礼记》《尚书》《春秋》《论语》，又北平侯张苍献《春秋左氏传》。'其示《说文》中所收古文之渊源，最为明白矣。至其述山川鼎彝，又分别言之曰：'其铭即前代之古文，皆自相似。'云前代古文者，以别于孔子壁之古文；云皆自相似者，以明与孔壁古文不甚相似也。汉代鼎彝所出无多，《说文》古文又向成一系，与殷周古文截然有别；其全书中正字及重文中之古文，当无出壁中书及《春秋左氏传》以外者。即有数字不见于今经文，亦当在逸经中，或因古今经字，有异同之故。学者苟持此说，以读《说文》，即无所凝滞矣。"

他这书是综录汉代以前的书体，而且他所解说的，是趋重文字的本义。[①] 实在是形体、音韵、训诂兼备的著作。[②] 虽然他所解说的还有许多地方不满人意；[③]虽然他所收录的字体，还不曾完备。[④] 也不免夹杂有许多“俗字”；[⑤]虽然他的书有许多地方经后人窜乱和

① 李富孙《说文辨字正俗例言》：“懋堂段氏曰：‘许君为是书，以汉人通借繁多，不可究诘，学者不识何字为本字，何义为本义；故为依形以说音义，而制字之本义昭然可知，本义明而其为假借亦无不明。’但今沿习既久，渐失其本。譬富人之室，转易数姓，堂涂门庑，亦经屡改，则其旧迹已茫然不可复识，兹参究《说文》，俾世人借知字之本义。”朱士瑞《说文校定本序》：“许书解本字之义，经传多假借之文；但由古文而篆，由篆而隶，版本讹错，都缘隶变。解者假借不知破读；写者俗体不知厘正，许君理群类，解谬误，而六书始明。”

② 王念孙《说文解字注序》：“《说文》之为书，以文字而兼声音，训诂者也。凡许氏形声读若皆与古音相准，或为古之正音，或为古之合音，方以类聚，物以群分，循而考之，各有条理，不得其远近分合之考，则或执今音以疑古音，或执古之正音，以疑古之合音，而声音之学晦矣。《说文》之训，首列制字之本意，而亦不废假借。凡言一曰，及所引经，类多有之；盖以广异闻，备多识而不限于一隅也。不明乎假借之指，则或据《说文》本字以改书传假借之字，或据《说文》引经假借之字，以改经之本字；而训诂之学晦矣。”段氏《说文注》谓“《说文》五百四十部次第，以形相联。每部中次第，以义相属；每字之下，兼说其古义、古形、古音。训释者，古义也。象其形，从某某声者，古形也。云某声，云读若某者，古音也。三者合，而一篆乃完也”。

③ 姚华《说文古籀补补叙》：“夫典籍以汉儒而传，亦以汉儒而亡；文字以汉儒而理，亦以汉儒而乱。乾嘉以来，《说文》十四篇，校订注释考证之作朋兴，推崇许君，几于无上。其后古器刻辞屡出，初援许以释例，既因辞以疑许。及于同光，金石学益昌，益觉许君所见山川鼎彝文字；盖犹不足。不然何所收古籀之少也？且其说解，虽曰博采通人，抑亦泰半鄙俗，屈中止句之见，议人而已，由之者比比而在。”马叙伦《说文解字研究法》有“《说文》部首有当增损”“《说文》部首，误分误合”“《说文》属字之误”“《说文》以别义为本义”“《说文》以本义为别义”“说解互讹”等条。

④ 王菉《说文佚字考叙》：“余以为许书之外，如《石鼓文》，遨，骁，籑，貆等四十余，《峄山碑》以熘二字，而《钟鼎彝器款识》，若戴𬎯趚锞之类，尤指不胜屈；宜各汇为一卷，以补洨长之遗，而疑者缺焉。”莫友芝《说文逸字后序》：“段若膺撰《尚书异文》，谓许君一人之书，不能尽天下之字；诚通论也。”张鸣珂《说文佚字考跋》：“窃以铉本注解中有其字，而篆文遗佚者不少。虽其间不无后人校语羼乱，非叔重原文，然刘由希畾等字，决非后起。”容庚金文编自序：“即《说文》所最九千三百五十三文，亦仅足供学童讽书之用，盖‘太史试学童，能讽书九十字以上，乃得为吏’。亦非谓文字尽于此也。罗先生《殷虚书契待问编》，最录甲骨文之不可遽释者，千名，而此编各部所附，及附录所载亦千名，殆皆《说文》所无者，则其遗佚多矣。”另详《说文诂林》首册，周云青《说文外编》。

⑤ 沈家本《说文校议议序》：“汪氏曰桢云：‘……许时所谓今文俗字，乃隶书非篆文，不应杂其中。’所见虽是，亦未尽然。余谓后人必不妄改，盖亦有所本，许时隶俗杂出，故作是书以正之，而亦未尝不言俗也。许时俗书，但于说解中及之，以明非正字耳。”李富孙《说文辨字正俗例言》：“徐铉等云：隶书有之已久，六籍旧文，多求便俗；传写《说文》者，皆非其人，故错脱不可悉究。今本铉等虽加详考，其注义仍承用便俗之字，故与本书不相应。”

错误的传写；[①]实在他总是中国文字学的特创者；中国字书的编制，至今还是依照部首排列的方法。《说文》一书对于其他学术上也有很大的贡献。[②] 我们要研究中国文字语言，不能不以许氏此书作一种主要的材料。

魏晋以后的字书，如吕忱《字林》、顾野王《玉篇》，只是把许氏的书加以增补罢了。现在只《玉篇》还存于世。[③] 大概当时字书都是祖述《说文》的，而隋唐一般注疏经典的，也大都谨遵许氏之说。[④] 因为唐代制度，令士子习《说文》《字林》等书。[⑤] 所以唐代对于小学，还很注重。唐末以后，小学渐疏。李阳冰要逞自己私见，

---

① 徐铉《校定说文解字》附载《雍熙敕牒》云："许慎《说文》起于东汉，历代传写，讹谬实多，六书之踪，无所取法。若不重加刊正，渐恐失其源流。"孔广居《说文疑疑自序》："字学之书《说文》尚矣。然自汉以来，传写诘诎，亥豕鲁鱼，淆溷无别；《说文》之可疑者，一。又若当涂李氏，鼎臣兄弟，各附杂说，荧惑后世；《说文》之可疑者，二。况夫智者百虑，一失负惭，九千精蕴，夫岂易探；大醇小疵，未免相参；此《说文》可疑者三。"参看丁福保《说文诂林后序》。

② 沈家本《说文校议议序》："《汉书·艺文志》小学凡十家，其传于今者，惟《急就》一家。余九家皆不传。《苍颉》《凡将》虽有辑本，非全书，《别字》十三篇，钱竹汀以为即扬雄方言。然非定论。后汉贾鲂作《滂喜篇》，今亦不传。所传者，惟许叔重《说文解字》《仓颉》诸篇，以三言、四言、七言成文，皆不及字形、音义，仅便于童子讽诵而已。其以字形为书，因形以考音与义，亦惟《说文》，故《说文》者，小学之总龟也。"许氏《说文叙》："将以理群类，解谬误，晓学者，达神指。……万物咸睹，靡不毕载。"段注："许冲云：'天地鬼神，山川草木，鸟兽昆虫，杂物奇怪，王制礼仪，世间人事，靡不毕载。'盖史游之书，以物类为经而字纬之也。"严可均《说文校议叙》："《说文》为六艺之渊海，古学之总龟，视《尔雅》相敌，而赅备过之；《说文》未明，无以治经。"

③ 丁福保《说文诂林序》："晋吕忱撰《字林》六卷，补许书之漏略，梁顾野王撰《玉篇》三十卷，广许书之部类，今仅存《玉篇》而已。北魏江式世业《仓》《雅》，搜集古来文字，欲以许书为主，上篆下隶，号曰《古今文字》，凡四十卷。惜其书竟未能成。"详可参看谢启昆《小学考》、桂馥《说文解字附说》。

④ 丁福保《说文诂林自序》："梁庾俨默《演说文》一卷，《隋志》有《说文音隐》四卷，亦为许书而作。而陆德明撰《经典释文》，孔颖达、贾公彦辈撰《五经正义》，李善注《文选》，乃至释玄应释慧琳《一切经音义》，释慧苑《华严音义》，莫不援据《说文》，随诠义辞。盖六朝，隋唐之间，小学犹盛也。"详可参看洪颐宣《汉魏六朝说文之学》、王鸣盛《字林亡说文存》二条，见《诂林》前编下。

⑤ 桂馥《说文附说》："《通典》：试《说文字林》凡十帖，口试无常限，通者为第。《新唐书·选举志》；凡学馆诸生，《九经》外，读《说文》《字林》《三仓》，凡书学，不经三体，限三岁，《说文》二岁，《字林》一岁。"详可参看《唐六典》及《新唐书·百官志》。

故意窜乱《说文》的字体和组织。① 后代不能看到许氏的原书，大半是李阳冰之罪。五代时，徐锴（小徐）作《说文系传》，祛阳冰之妄；宋初，徐铉（大徐）又校定《说文》。② 他们虽然不能恢复许书本来的面目，但时足以抑倒阳冰之势。我们现在还能够诵读《说文》未始不是徐氏兄弟之功。③ 不过小徐书不免有缺点，大徐又不通古音，也有很多改窜许书的地方，④遂开宋后"私逞臆说"一派。⑤宋元明三代，可以说是许学中绝时代。⑥

---

① 金锡龄《李阳冰刊定说文辨》："李阳冰《刊定说文》著录于《崇文总目》，凡二十卷，书已久佚；其说之散见者，亦仅矣。试即徐楚金《说文解字·祛妄篇》考之，皆与今《说文》不同。……阳冰此书，欲难叔重，实则于古人作字之本原，未之深究；第逞小慧私智，穿凿其辞；楚金驳之，是岂故为叔重左袒哉？"丁福保《说文诂林自序》："中唐而后，小学浸衰。韩退之曰：'凡作文字，宜略识字。'可知当日文人，已多不识字者。故自乾元间，李阳冰善李斯篆法，刊定《说文》为二十卷，排斥许氏，自为臆说。观阳冰所书《先茔记》字体，故与许书违盭，实未达六书之奥指。是时学者多从阳冰新义，好为游衍无据之谈；至唐末而其书犹盛行。"案唐代变乱《说文》字体，实启于开元《文字》，林罕《小说》亦多《怪说》。参看相桢《说文逸字辨证自序》、伊秉绶《说文拈字叙》、桂馥《说文附记》。

② 段玉裁《汲古阁说文订叙》："《说文解字》一书，自宋而后，有二本，一为徐氏铉奉敕校定，许氏始一终亥原本也。一为李氏焘所撰《五音韵谱》，许氏五百四十部之目，以《广韵》《集韵》始东终甲之目次之；每部中之字，又以始东终甲为之先后；虽大改许氏之旧，而检阅颇易，部分未泯，胜于徐氏《篆韵谱》远矣。至李氏而前有二本，一即铉校定三十卷，一为南唐徐氏锴《说文解字系传》四十卷。自铉书出，而锴书微，自李氏《五音韵谱》出，而铉书又微。"关于二徐说文版本，可参看丁氏《说文诂林纂例》第四条第五条。

③ 丁福保《说文诂林自序》："南唐徐锴撰《说文系传》，其《祛妄》一篇，斥阳冰臆说颇详；宋徐铉等奉诏校定《说文》，虽不复许书之旧。然二徐书行，而李书遂微，亦可谓许氏之功臣。"

④ 钱大昕《说文解字跋》："铉等虽工篆书，至于形声相从之例，不能悉通，妄以意说，如《说文》代取弋声，徐以弋为非声，疑兼有忒音，不知忒亦从弋声也。经取至声，徐以为当从侄省，不知侄亦从至声也。……其他增入会意之训，大半穿凿附会；王荆公《字说》，盖滥觞于此。"详可参看周云青补《说文古本纂例》。至二徐得失，陈銮《说文系传叙》，李兆洛、徐灏《说文系传跋》略有论及。

⑤ 桂馥《说文解字附说》："唐宋以来，分为二派：遵守点画者，《五经文字》《九经字样》《干禄字书》《佩觿》《复古编》《字鉴》是也。私逞臆说者，王氏《字说》、周氏《六书正讹》、杨氏《六书统》、戴氏《六书考》、赵氏《长笺》是也。"参看丁福保《说文诂林自序》。

⑥ 丁福保《说文诂林自序》："赵宋一代，除徐氏外，几无一人深通六书，能入许氏堂奥，而自成一家之言者，岂非王郑二氏有以开其端乎？"又："小学至元明诸人，多改汉以来所传篆书，使就己见，几乎人尽可以造字。始作俑者，其李阳冰、王安石、郑樵乎？戴侗、包希鲁、周伯琦扬其波，至杨垣、魏校而横溢旁决，不可究诘。于是许氏之学，旷然中绝，垂千年焉。"

到了清代，汉学大盛，戴震、王念孙等都致力于声音训诂之学，于是《说文》的研究，就超轶前代。如段玉裁的《说文注》、桂馥的《说文义证》、王筠的《说文句读》《说文释例》，朱骏声的《说文通训定声》，所谓《说文》四大家。① 四大家关于《说文》的研究，或偏重于音义，或偏重于形体，取径既然不同；②其书体例亦复互有得失。③ 大抵段氏、朱氏比较专门，王氏书宜于初学，桂氏书可供参阅。④ 其他有校订《说文》的版本的，⑤有补正段注的，⑥有杂论《说

---

① 沈家本《说文校议议序》："历代治许学之书，多不传，传者惟二徐。近今自乾隆以来，群重许学，治之者亦人才辈出。以嘉庆道光中为尤盛。段氏玉裁深于经济，每字必溯其源。桂氏馥搜集宏富，能会其通。王氏筠承诸家之后，参以金石，义例益精。其余诸家，各擅所长。"丁福保《说文诂林自序》："满清入关，崇尚经术，昆山顾氏以遗民怀义，犹兼汉宋。三惠兴于吴中，说经为多。至戴震始倡于歙，王氏父子继起于高邮；从此汉学别树一帜，士大夫皆以粹于声音训诂之学，为校理群经百家书之钤键；而许氏《说文解字》一书，沉埋千载，复发光辉。若段玉裁之《说文注》、桂馥之《说文义证》、王筠之《说文句读》及《释例》、朱骏声之《说文通训定声》，其最杰者也。四家之书，体大思精，迭相映蔚，足以雄视千古矣。"

② 段注在求本字，以音义为主；桂氏书以义训为主，博采诸书，以证《说文》；王氏书在求《说文》义训，以字形的分析为主；朱氏自己说：说文字形体，通文字义训，定文字古音，而实则以音义之通转为主，参看朱氏《说文通训定声述》，王氏《释例叙》《句读叙》。

③ 林昌彝《读段氏说文注》、钮树玉《段氏说文注自序》、陈庆镛《说文义证原叙》、于鬯《读王氏说文释例》论及段、桂诸家得失，可以参考，张之洞《说文解字义证序》："段氏之书，声义兼明，而尤邃于声；桂氏之书，声亦并及，而尤博于义。段氏钩索比傅，自以为能冥合许君之指，勇于自信。欲以自成一家之言，故破字，创义为多。桂氏敷佐许说，发挥旁通，令学者引申贯注，自得其义之所归。故段书约而猝难通辟，桂书繁而省寻易了。"王筠《说文释例自叙》："桂氏书征引虽富，脉络贯通，前说未尽，则以后说补苴之；前说有误，则以后说辨正之。凡所称引，皆有次第，取足达许书而止，故专胪古籍，不下己意也。……惟是引据之典，时代失于限断，且有泛及藻缋之词，……则其蔽也。段氏书体大思精，所谓通例，又前人所未知；惟是武断支离，时或不免；则其蔽也。"

④ 《东方杂志》二十一卷十三号梁启超《清代学者整理旧学之总成绩》："学者如欲治《说文》，我奉劝先读王氏《句读》，因为简明而不偏詖。次读王氏《释例》，可以观其会通。段《注》呢，他是这门学问的老祖宗，我们不能不敬重他，但不可为他意见所束缚。桂氏《义证》，摆在旁边当顾问，有疑义或特别想求详的字，便翻阅一查；因为他材料最丰。"

⑤ 例如钮树玉《说文校录》，姚文田、严可均《说文校议》，沈涛《说文古本考》，王筠《系传校录》，苗夔等《系传校勘记》，田吴炤《说文二徐笺异》……

⑥ 例如钮树玉《段氏说文注订》，王绍兰《说文段注订补》，徐承庆《说文段注匡谬》，徐灏《说文段注笺》……

文》和《六书》的,[①]有研究《说文》的引经及考订逸字的。[②] 总计不下有数百家。[③] 他们大都只是“宗许”,所以目的也都是在“明许”。我们一方面要辨别他们彼此的精粗,于是抉择有所标准;[④]一方面也要研究许书的本身,才可以明白这种“宗许”和“明许”的工作,有何等的价值。

(二)金石文字的研究

金石文字是指秦汉以前所留下钟鼎彝器以及石刻上的文字。这种文字的研究,是要考证中国的古文,[⑤]所以汉代以后隶书的石刻,通常不算在金石文字的范围以内,古文的发现,载于从前史传上的,有很多是竹简古文,除了孔壁的古文以外,[⑥]如晋代汲郡所发现的,[⑦]南齐

---

① 例如钱坫《说文斠诠》,王玉树《说文拈字》,胡秉虔《说文管见》,张行孚《说文发疑》……

② 例如吴玉搢《说文引经考》,雷浚《说文引经例辨》,邵瑛《说文群经正字》……又如钮树玉《说文新附考》,郑珍《说文新附考》《说文逸字》,张鸣珂《说文逸字考》……

③ 详可参看丁福保《说文目录》。

④ 胡朴安《文字学研究法》:“应用派第二步研究方法,在于选材,即将考证派之著作,分别而弃取之也,弃取之标准有二:一、分别其精粗。……以赵宧光之《说文长笺》与段玉裁之《说文解字注》相比较,赵粗而段精,则弃赵而取段。”

⑤ 王国维《殷虚书契考释后序》:“古文之学,萌芽于乾嘉之际,其时大师宿儒,或殂谢,或笃考未遑从事斯业。《仪征》一书,亦第祖述宋人,略加铨次而已。而俗儒鄙夫不通字例未习旧艺者,辄以古文所托者高,知之者鲜,……遂乃肆其私臆,无所忌惮。至庄葆琛、龚定庵、陈颂南之徒,而古文之厄极矣。近惟瑞安孙氏颇守矩矱,吴县吴氏,独具县解。顾未有创通条例,开发奥窔,如段君之于《说文》,戴、段、王、郝诸君之于声音训诂者。余尝恨以段君之邃于文字,而不及多见古文;以吴君之才识,不后于段君,而累于一官,不如段君之优游寿考,以竟其学。遂使我朝古文之学,不能与训诂、《说文》、古韵三者方驾,岂不惜哉?”(《观堂集林》卷二十三)

⑥ 《汉书·艺文志》:“武帝末,鲁恭王坏孔子宅,欲以广其宫,而得《古文尚书》,及《礼记》《论语》《孝经》,凡数十篇,皆古字也。”《景十三王传》及许慎《说文叙》所言略同。

⑦ 《晋书·束皙传》:“太康二年,汲郡人不准盗发魏襄王墓,或言安釐王冢,得竹书数十车。……初,发冢者烧策照取宝物,及官收之,多烬简断札;文既残缺,不得铨次。武帝时,以其书付秘书,校缀次第,寻考指归,而以今文写之。”又《武帝纪》所言略同。

时襄阳所发现的，[①]大都是先秦的旧物；不过出土之日，即澌灭之时，后代统统亡佚，不能看到他们的原迹了。后代所发现的古文，大都属于金石；发现最古的，当推石鼓，[②]大约在唐代初年。[③] 后人对于石鼓文年代的考证，有各家的异说，大约以春秋秦国的文字一说，比较的可信。[④] 许慎作《说文》，好像也参考一些金石古文，[⑤]不过当时古器出土的尚少，又拓墨的方法，没有风行；所以许慎所看到钟鼎彝器上的文字当然不多。[⑥] 金石文字的著录和研究，到了宋代才很兴盛，有摹写器物文字的，有专录金文而加以排比的，

---

① 《南齐书·文惠太子传》："时襄阳有盗发古冢者，相传云是楚王冢，大获宝物，玉屐，玉屏风。竹简书，青丝编简，广数分，长二尺，皮节如新，盗以把火自照。后人有以十余简以示抚军王僧虔，僧虔云：'是科斗书《考工记》周官所阙文也。'"又《王俭传》所言略同。

② 石鼓共有十个，约三尺高，径尺余，顶圆而底平，四面或作方形，或作圆形，刻有铭辞，字体近于籀文，唐时发现于陕西凤翔。郑庆余迁于凤翔孔庙。宋时迁于汴京，金人陷宋京迁于燕京，今尚在北平。

③ 石鼓，唐朝以前，未见著录，当在唐初出土，始见于《后汉书·邓骘传注》，及李吉甫《元和郡县志》所载苏勗语。《志》云："《石鼓文》在县（天兴县）南二十里许。……贞观中，吏部侍郎苏勗纪其事。"天兴即凤翔。

④ 详《国学季刊》一卷一号马衡《石鼓为秦刻石考》，《中国学报》第二期郑业敩《书石鼓文》。

⑤ 许氏《说文叙》："郡国亦往往于山川得鼎彝，其铭即前代之古文，皆自相似。"段注："郡国所得，秦以上鼎彝，其铭即三代古文。如《郊祀志》：'上有故铜器，问李少君。少君曰："此器齐桓公十年陈于柏寝。已而按其刻，果齐桓公器。"又美阳得鼎献之有司，多以为宜荐见宗庙，张敞按鼎铭勒而上议。'凡若此者，亦皆壁中经之类也。"王氏《句读》云："《说文》不收铭。严氏曰：'《汗简》引无其铭二字，又皆字下空白。盖旧本烂缺，二徐臆补自相似三字。'筠案江式表云：'又北平侯张苍献《春秋左氏传》，书体与孔氏相类，即前代之古文矣。'盖约举此文，而词较明晰。"

⑥ 陈介祺《说文古籀补叙》："许氏之书，至宋始著，传写自多失真，所引古文，校以今传周末古器字则相似；疑孔壁古经亦周末人传写。故籀书则多不如今之石鼓，古文则多不似今之钟鼎，亦不说某为某钟某鼎字；必响拓以前，古器字无毡墨传布，许氏未能足征。"王国维《说文所谓古文说》："拓墨之法，始于南北朝之拓石经，浸假而用以拓秦刻石：至拓彝器文字，赵宋以前，未之前闻。则郡国所出鼎彝，许君固不能一一目验；又无拓本可征，自难据以入书，全书中所有古文重文五百许字，皆出壁中书及张苍所献《春秋左氏传》，其在正字中者亦然。故其所谓籀文与古文或异者，非谓《史籀》大篆与《史籀》以前之古文或异，而实为许君所见《史籀》九篇，与其所见壁中书时或不同。以其所见《史籀篇》为周宣王时书，所见壁中古文，为殷周古文；乃许君一时之疏失也。"

有评论古器或金文的，[1]最著名的，如欧阳修的《集古录》、吕大临的《考古图》、王黼的《宣和博古图》、赵明诚的《金石录》、王俅的《啸堂集古录》、薛尚功的《钟鼎款识法帖》，他们所收录的古器，虽然没有完备，考证金文的方法，虽然没有十分周密；可是金石文字学大体可说是成立了。[2] 元明二代，这种研究的风气，完全衰颓。清代始复盛行，而收罗的宏富，考证的周密，更是超轶前朝，最著的，如乾隆敕撰《西清古鉴》、阮元《积古斋钟鼎彝款识》、吴式芳《捃古录金文》、潘祖荫《攀古楼彝器款识》、吴大澂《恒轩所见所藏吉金录》、刘心源《奇觚室吉金文述》、端方《陶

---

① 王国维《宋代金文著录表序》："古器之出，盖无代而蔑有。隋唐以前，其出于郡国山川者，虽颇见于史。然以识之者寡，而记之者复不详。故其文之略存于今者，惟美阳、仲山父二鼎，与秦权莽量而已。赵宋以后，古器愈出，秘阁太常既多藏器。士大夫如刘原父，欧阳永叔辈，亦复搜录古器，征求墨本。复有杨南仲辈为之考释，古文之学，勃焉中兴。伯时与叔复因而释之。政宣之间，流风益煽。籀史所载，著录金文之书，至三十余家，南渡后诸家书犹多不与焉；可谓盛矣。今就诸书之存者论之，其别有三：与叔《考古》之图，宣和博古之录，既写其形，复摹其款；此一类也，《啸堂集录》，薛氏法帖，但以录文为主，不以图谱为名；此二类也。欧赵金石之目，才甫古器之评，长睿东观之论，彦远广川之跋，虽无关图谱，而颇存名目；此三类也。"沈兼士《金文编序》："钟鼎之学，由来尚矣。其源流变迁，略可得而言焉。自宋夏竦祖述《汗简》，著《古文四声韵》，虽曰参考古器古文字，所录金文，才数字耳，元祐之后，古器倍出，乃有专门之作。语其方法，可分二派：王楚之《钟鼎篆韵》、杜从古之《集篆古文韵海》、薛尚功之《广钟鼎篆韵》、党怀英之《钟鼎集韵》、杨銁之《增广钟鼎篆韵》、吾丘衍之《读古篆韵》、朱云之《金石云府》、汪立名之《钟鼎字源》之属，以韵隶字，取便检寻，此一派也。吕大临之《考古图》《宣和博古图》，王俅之《啸堂集古录》，薛尚功之《历代钟鼎彝器款识》，王厚之之《钟鼎款识》，摹写器款，考释全文；此又一派也。"

② 王国维《随庵吉金图序》："私家藏器，莫先于宋刘原父……言考古器之法曰：'礼家明其制度，小学正其文字，谱牒次其世谥，乃为能尽之。'呜呼！古器之学略尽于此数语；著录古器之法，亦蔑以进于此矣。嗣是李伯时、吕与叔《考古图》、王黼等《宣和传古图录》，皆用其例。第伯时、与叔兼收诸家所藏；《博古图》则专录宣和一殿之器，其书尤近于原父也。"又《宋代金文著录表序》："国朝乾嘉以后，古文之学复兴，辄都薄宋人之书，以为不屑道。窃谓《考古》《博古》二图，摹写形制，考订名物，用力颇巨，所得亦多；乃至出土之地，藏器之家，苟有所知，无不毕记；后世著录家当奉为准则。至于考释文字，宋人亦有凿空之功，国朝阮吴诸家，不能出其范围。若其穿凿纰缪，诚有若可讥者，然亦国朝诸老之所不能免也。"

斋吉金录》。[①] 同时因为《说文》的研究，对于金石文字的兴趣，更加浓厚。起初是依据许书来考释金文，后来更进一步引用金文来疑许，来补许订许了。[②]

疑许的，发源于王筠《释例》。[③] 到了吴大澂，更依照《说文》的体例，类集金文，作《说文古籀补》一书，[④]我们晓得许慎所看到金石的古文不多；因之他所录的古文籀文，很不完备，他对于字原的推求，有许多错误。[⑤] 金石文字的研究，在积极方面，用来考求古

---

① 王国维《国朝金文著录表序》："古器物古文字之学，一盛于宋，而中衰于元明，我朝开国百年之间，海内承平，文化博洽。乾隆初，始命儒臣，录内府藏器，放《宣和博古图》为《西清古鉴》，海内士夫，闻风承流，相与购致古器、搜集拓本。其集诸家器为专书者，则始于阮文达之《积古斋钟鼎彝器款识》，而莫富于吴子宓阁学之《攟古录金文》。其著录一家藏器者，则始于钱献之别驾之《十六长乐堂古器款识》，而讫于端忠敏之《陶斋吉金录》。著录之器殆四倍于宋人焉。"又《随庵吉金图序》："近三百年郡国山川所出古器，殆十倍于宋时。乾隆间，高宗既出天府之藏，命廷臣仿宣和图录，撰《西清古鉴》《西清续鉴》诸书。而私家藏器者，亦接武而起。其自为谱录，有成书者，则有若嘉定钱氏之《十六长乐堂彝器款识》，吴县曹氏之《怀米山房吉金图》，诸城刘氏之《长安获古编》，归安吴氏之《两罍轩彝器图释》，吴县潘氏之《攀古楼彝器款识》，浭阳端氏之《陶斋吉金录》；最近则有上虞罗氏之《梦郼草堂吉金图》。先后共得七家，皆用原父书例，其书或倍蓰或什佰于原父，骎骎欲与《宣和图录》竞矣。"

② 宋代以后，考释家常用鼎彝文字来补正许书，到了清代道光时候此风更盛。

③ 王筠《释例》每卷后附有《补正》，就是根据金石文字来订正许书的。

④ 沈兼士《金文编序》："清代乾嘉以还，《说文》之学大昌。阮（元）、吴（式芬）、徐（同柏）、刘（心原）诸家取其绪余，考释款识，率能原本六书，辨正形体，较诸吕薛之书，此善于彼矣。吴氏大澂复更张王、杜分韵之体，一以许书九百四十部首为纲，罗列鼎彝之铭文，用补《说文》之古籀；取材既严；考订亦谨，卓尔成一家言。孙氏诒让继之作《名原》，以穷文字之本，金文之学乃与文字学相得，而其用益显。乾嘉以来，定一尊于《说文》之学风，于是丕变；推原其始，要不能不归功于《说文古籀补》。"

⑤ 吴大澂《说文古籀补自叙》："许氏以壁中书为古文，疑皆周末七国所作；言语异声文字异形，非复孔子六经之旧简，虽存篆籀之迹，实为伪讹之形。……百余年来，古金文字，日出不穷，援甲证乙，真赝厘然。审择既精，推阐益广。穿凿附会之蔽，日久自彰，见多自熵，有许书所引之古籀，不类《周礼》六书者；有古器习见之形体，不载于《说文》者。撮其大略，可以类推。……然则郡国所出鼎彝，许氏实未之见。而鲁恭王所得壁经，又皆战国时诡更变乱之字。至于文考文王文人，读为宁考宁王宁人；宜许氏之不获见古籀真迹也。"

文的真迹。[①] 在消极方面，就是把“明许”的工作进而为“订许”的工作。[②] 吴氏书是首创者，当然不免有疏失。[③] 于是丁佛言《说文古籀补补》、林义光《文源》、容庚《金文编》继之而作。而一方面收罗更密，罗振玉又作《殷文存》《秦金石刻辞》，邹寿祺又作《周金文存》；总共不下有四千种古器。[④] 他方面因为甲骨文字的发现，和

---

① 沈兼士《金文编序》：“《说文》所载之象形文字，去古既远；殆已由图画演进而为符号。故不睹 ，不能知 及 形虽变而本为一物；不睹 不能知 义虽歧而同出一原，其他 孳而为 ， 演而为戈我。凡此之类，例证颇多，苟能循兹以求，则六书制作之消息不难意会。较之曩昔嫥嫥以《说文》部首当字原者，其得失为何如乎？”

② 吴大澂《说文古籀补凡例》：“古器所见之字，有与许书字体小异者，如庙之从 ，悊之从 ，复之从 ，斖之从亯，保之从 ，昧之作 ，射作 ，鬲作 ，俘作 之类，可见古圣造字之意，可正小篆传写之讹。”又：“古器通用之字，有与许书诂训不合者，如且为祖考字，诃为歌舞字，必为柲市字，屯为古纯字，赏为古偿字，井为古邢字，者为古诸字，生为古姓字。”林义光《文源叙》：“许氏叙篆文，合古籀，而所取古文，由壁中书及郡国所得鼎彝，时未有椠书之业，拓墨之术，壁经彝器，传习盖寡。及许君睹记，亦不能无失其真；故于古籀造字之源，多阙而不论，但就秦篆立说，而遂不可通。既讥俗儒鄙夫，以秦之隶书为《仓颉》时书，乃猥曰，马头人为长，人持十为斗。而自为书亦适以《周官》之六书，说省改之小篆，庸渠愈乎？”

③ 吴氏《说文古籀补》所录金文尚未完备，丁佛言《补补自叙》云：“爰取吴窸斋《说文古籀补》一书，就生平所见秦前文字为吴著所未及者，更补三千八百余字。”又《凡例》：“吴著正编诸字，如 释远， 释达， 释计， 释爵， 释亯， 释韩，……等五十余字，碻见为误释者，本编皆为改释。其入附录无释，反疑为某某字，今已有定释者，如 之为永， 之为雅， 之为臂，……等五十余字，本编皆摘入正编。”罗振玉《金文编叙》举出吴氏《古籀补》内缺点有五：一、取舍之待商；二、疑信之倒置；三、误释之当订正；四、附录中确然可识，当改入正编；五、说解之误，当更正。除丁氏等书外，犹有黄穆文、蔡寒琼《古籀补续编》，见汪仁寿《金石大字典序》。

④ 王国维《国朝金文著录表序》：“数十年来，古器滋出，其新出土者，与以前散在人间，未经著录者，又略得著录者之半。光绪间宗室伯羲祭酒，广搜墨本，拟续阮吴诸家之书，时郁华阁金文拓本之富，号海内第一。然仅排比拓本，未及成书也。稍后，罗叔言参事，亦从事于此，其所搜集者，又较祭酒为多。辛亥国变后，祭酒遗书散出，郁华阁金文者，亦归于参事。合两家之藏，其富过于阮吴诸家远甚。汰其重复，又得二千余通，可谓盛矣。”王氏《国朝金文著录表》所录三代器三千四百七十一，列国先秦器九十八，汉器六百十六，三国至宋金器百十，共计四千二百九十五，内除宋拓及疑伪者以外，得三千九百八十三器。

金石可以互相参证。[①] 如孙诒让的《古籀拾遗》《古籀余论》和《名原》；王国维的《史籀篇疏证》，都是博考金石与甲骨之作，日本学者高田忠周《古籀篇》《学古发凡》二书，是彼国集古籀研究的大成的。[②] 后藤朝太郎的《文字之沿革》《文字之研究》二书里，也有不少征引金石文字，足以启发这方面的研究。西洋学者也有很多著录金石文字的书。[③] 从金石文字的研究，可以晓得许书里有传写的错误，[④]有分析和解说的错误，[⑤]也有许多文

---

① 罗振玉《殷商贞卜文字考》："以许书所载古籀，证以古金文字，合者殆寡。而以古文证卜辞，则合者十六七。其习见之字，如一、元、天、不、示等字，与金文均合。其不甚习见之字，如余之作 亦见毛公鼎，于之作𢒼，亦见《泛鼎》；午之作 亦见《天君鼎》。……又有金文中不可识之字，如盂鼎之 《父已卣》之 之类，虽亦见卜辞中，然仍不可识。其有金文习见不可识，赖卜辞知之者，若金文中所记干支，有乙子（《叔娟鼎》）丁子（《史颂鼎》）等，亦屡见卜辞中。"容庚《金文篇自叙》云："今由《说文》而上溯金文，由金文而上溯甲骨文，则其沿革之迹，固照然可考。"

② 高田忠周著有《古籀篇》《学古发凡》二书。《古籀篇》尤称伟著，其自序云："今夫欲见三代古文，独有钟鼎金刻，与石鼓而已。……吴氏大澂著《古籀补》，以补许书不足，而吴氏一依原器拓本，虽精确可喜，而其所载不甚赈，余每以为恨。间尝就金石诸书，苟有可据者，抄摹摘录类集别裁。"又："此书初稿二十卷，后渐增为三十五卷，即第三稿。……今增为一百卷。"《古籀篇例言》："此书以古籀为名，故先举金石龟骨真古文，与许氏《说文解字》合者为本文。许书所无，而真古文有之者，名曰逸字，次之。说文有之而真古文无之者，为后。"

③ 见后藤朝太郎《文字之研究》第三章、第四章；《文字之沿革》十一、十二、十三、十五、十六、十七、二十九各章。西洋金石文字书，以威奇尔（Wieger）氏的《中国文字》（*Chinese Character*）一书为最著。

④ 罗振玉《殷墟书契释考》云：" 籀文中，金文及卜辞中字，斿或在左，或在右，无作 者；此字当为传写之讹。"王国维《史籀篇疏证》云："说文剥去兽革者谓之皮；皮金文作 皆从 ，籀文作 ，乃 传写之讹，许君之书有形虽失，而谊甚古者，此类是也。"容庚《金文编自序》："许慎撰《说文解字》凡十四篇，五百四十部，九千三百五十三文。惟其中证以金文，有传写之讹者，如中，䢅，得，盄，射，叒，悊，非，庀，钱等字是。"关于说文甲字作 ，应作 ，作 ，详丁福保《说文诂林后序》。

⑤ 容庚《金文编自叙》又谓许书："有解说之误者，如余，为，对，農，卑，雍，有，卩，鹿，悤，凡，羞等是。有夺去者，如卌，弅，免，妥等字是。有古一字而分为二者；如乎兮，叔吊，粤雩，啬章，佋邵，卿乡，佃甸，俎宜，它也等字是。而子丑之子作 ，辰巳之巳作 ，子孙之子，同于辰巳之巳，而非子丑之子，尤为学者所非常闻。"详可参看林义光《文源》凡例。

字脱略的。① 而同时异体的繁多,可用以明了书体变迁的趋势。②又用地理的眼光去观察古代各国地域的古器,更可因以窥见书体纷歧的情形,③在甲骨文字的研究上,实在借金石文字的基础,得

① 章炳麟《文始叙例》云:"《仓颉》《爰历》《博学》三篇,才三千三百字,《凡将》《训纂》继之,纵不增倍,已轶出秦篆外,盖古籀及六国时书,骎骎复出。而班固尤好古文,作十三章,罔罗成周之文,及诸山川鼎彝盖众。说文最字九千,视秦篆三之矣。非有铭器之刻,遗佚之文,诚不足以致此。"但是用现在所发现的金石文字来相较,许书遗佚未录的还多。容庚《金文编自叙》:"罗先生《殷虚书契待问编》最录甲骨文之不可遽释者千名,殆皆《说文》所无者,则其遗佚多矣。昔之治《说文》者,于《说文》所无之字,相率不敢用或牵强而附会之,不其惑乎?"

② 马衡《金文编叙》:"文字为有形之语言,语言为有声之文字。时有古今之递嬗,地有山川之间隔,文字语言之有纷歧,势之所必然者也。顾形之纷歧也,同一之也易;声之纷歧也,同一之也难。故文字自李斯以秦文同一之后,始渐趋于大同,以前固皆纷歧之时代也,许慎以为言语异声,文字异形,自诸侯力政,不统于王,去其典籍,分为七国之时始,其理殊不尽然。试观殷周之甲骨刻辞,宗周之彝品款识,往往一字数形,随意增省,是其明证。许氏所言,特为纷歧尤甚之时代,非文字至是所纷歧也。"从前对于文字变迁的观念,大都以为由古文而大篆,由大篆而小篆,好像很有系统似的,古文由苍颉所造,大篆由史籀所造,小篆由李斯所造,也像文字的变迁,完全是这三人的缘故,这种观念是许慎创始的,几千年来怀疑的很少。到了近代金石文字的研究,才知道古代文字繁简任意,配置无定,每每一字有很多异体;可见文字是渐变的,而不是所说的那么特变;文字只是社会的产物,不是个人创作;某某人造字的话,都属谬误的传说罢了。

③ 王国维《史籀篇疏证序》:"《史篇》文字,就其见于许书者观之,固有与殷周间古文同者。然其作法,大抵左右均一,稍涉繁复,象形、象事之意少,而规旋矩折之意多。推其体势,实上承《石鼓文》,下启秦刻石,与篆文极近。……考战国时秦之文字,如传世《秦大良造鞅铜量》,乃孝公十六年作,其文字全同篆文,《大良造鞅戟》亦然。《新郪虎符》作于秦并天下以前,其符凡四十字,而同于篆文者三十六字。《诅楚》摹本,文字亦多同篆文,而𣡌,设,奓,𠛱,意,五字,则同籀文,篆文固多出于籀文;则李斯以前秦之文字,即周秦间西土之文字也。至许书所出古文,即孔子壁中书,其体与籀文篆文颇不相近。六国遗器亦然。壁中古文者,周秦间东土之文字也。然则《史籀》一书,殆出宗周文胜之后,春秋战国之间,秦人作之以教学童,而不行于东方诸国;故齐鲁间文字,作法体势,与之殊异。诸儒著书口说,亦未有及之者,惟秦人作字书,乃独取其文字,用其体例;是《史籀》犹行于秦之证。"又《桐乡徐氏印谱序》:"近世所出,如六国兵器,数几逾百,其余若货币,若玺印,若陶器,其数乃以千计;而魏石经及《说文解字》所出之壁中古文,亦为当时齐鲁间书;此数种文字,皆自相似。然并譌别简率,上不合殷周古文,下不合小篆,不能以六书求之;而同时秦之文字,则颇与之异。……夫兵器陶器、玺印、货币,当时通行之器也。壁中书者,当时儒家通行之书也。通行之器与通行之书,固当以通行文字书之。……况秦之刻符、摹印、殳书,并用通行文字则何犹于六国而疑之。其上不合殷周古文,下不合秦篆者,时不同也。中不合秦文者,地不同也。……余谓欲考壁中古文,不当绳以殷周古文,而当于同时之兵器、陶器、玺印、货币,求之。……兵器、陶器、(转下页)

了不少的助力。[①] 虽然也有人发生怀疑，[②]可是没有确实的反证，当然不能泯没金石学的价值。

(三) 甲骨文字的研究

甲骨文字是指近今三十余年来在河南安阳小屯村所发现龟甲兽骨上的文字。这种甲骨，最初的出土实在民国纪元前五十年间；不过到了民国纪元前十三年时，才为世人所知。[③] 初出土时，农民不知宝贵，只当作一种药品；后来到了古董商人的手里，才知道是

(接上页) 玺印、货币四者，正今日研究六国文字之惟一材料。其为重要，实与甲骨彝器同。”胡光炜跋毛公鼎：“书之道，世变则异焉，国别则异焉。殷书尚方，周书尚圆；此文质之辨也。周之诸侯，姬姓者如日、异姓者如月，其所宗尚异也。故鲁郑之书略同宗周焉。齐伯于北，楚雄于南，其书皆出于殷。”(载《国学丛刊》一卷一期)柳诒徵《中国文化史》：“《说文序》称七国之时，文字异形，言语异声。按其端实自春秋时开之。如齐《太宰归父盘》(见《簠斋吉金录》)，《齐侯甔》《楚公钟》《夜雨雷钟》《楚曾侯钟》《王子申盞盖》(均见《积古斋钟鼎款识》)之类，其文多不类籀文，或取势奇伟，或结体整齐，而清刚瘦劲，渐开小篆之风，与周鲁之文字浑朴圆和者殊科。阮元《楚公钟跋》：‘此钟与《夜雨雷钟》篆文相类，奇古雄深，与他国迥别，且俱在未称王之时，年代相去当不远也。’《夜雨雷钟跋》：‘此钟文字离奇，不类齐鲁，可觇荆南霸气。’《王子申盞盖跋》：‘此篆文工秀，结体较长，同于楚《曾侯钟》，《曾侯钟》，楚惠王器。子西历相昭王惠王者，可直断为子西器也。’此文字异形之证也。”

① 金石文字和甲骨文字，可以互相发明；近代甲骨文字的发现足以补正金石学的，固然不少；而甲骨文字的考释，亦当然多得金石学的辅助。

② 刘肇隅《六书古微跋》：“叶郇园、吏部师撰《六书古微》十卷。……师解篆籀，不信金器铭辞，以为金文见于宋宣和《博古图》、薛尚功《钟鼎彝器款识》、王厚之《复斋钟鼎款识》者，不尽依据原文。且其书一再翻雕；非如《说文》有徐铉、徐锴兄弟专门校勘，可以取信。至近世乾隆《西清古鉴》、阮文达《钟鼎彝器款识》、吴荣光《筠清馆金文》、吴云《两罍轩彝器图释》、潘文勤《钟鼎彝器款识》，虽考订精严，然其真其伪，不能千人皆见。即如庄述祖《说文古籀疏证》、严可均《说文翼》、吴大澂《说文古籀补》，意在补《说文》之阙佚。其实与许意绝不相符。盖许君生于东京，所见鼎彝铭文，必视今人相倍蓰乃取之至慎，故各部掇拾之文，颇觉寥寥。诸家后于许，或二千余年，或千余年，安得据私意以相续纂；此师三十年所持论，而未有改易者也。”

③ 《中央研究院历史语言研究所集刊》第二本第二份，董作宾《甲骨年表》：“民国纪元前十三年，已亥，清光绪二十五年，西历纪元千八百九十九年，山东潍县古董商人范维卿，初以安阳小屯村出土甲骨文字介绍于世。先是，小屯北地滨洹水的农田，常有甲骨发现，村人李成检拾之，售于药店，谓之龙骨，经过数十年。本年范估才开始收买若干斤，献于端方。”

古物。最初收藏这种古物的，大概是端方，其次是王懿荣。[①] 王氏死后，所藏归于刘鹗，刘氏又陆续购取，约共得五千余片；选拓一千余片，成《铁云藏龟》一书。[②] 刘氏当时就定为殷代契刻的文字了。[③] 从此以后，该地的村民陆续挖掘，又获得甲骨及其他古物很多。[④] 大都为罗振玉等所购得；罗氏又自己派人到安阳去采掘并且亲自到安阳考察，收罗甲骨片共数万枚，编印《殷虚书契前编》《殷虚书契菁华》《铁云藏龟之余》《殷虚书契后编》等书。[⑤] 坎拿大

---

① 董作宾《甲骨年表》："相传安阳小屯殷故墟出土的甲骨文字，为王懿荣所发现，但据村人所言。初购求者为古董商人范维卿，范为端方搜买古物，往来武安、章德一带，见甲骨刻有文字，购若干片献端方，端喜极，每字酬以价银二两五钱，范乃竭购致。村人至今以为美谈，据访闻，今端方家出售古器物，有甲骨文字，可证村人之言不虚。王懿荣得自北京在次年，为时较晚。村人李成终其身，专业售龙骨。今已老死。所谓龙骨，多半为甲骨文字。售法，有零有整，零售，粉骨为细面，'作刀尖药'，每年赶'春会'出售。整批则售与药材店，价六文制钱一斤。有字者，因药店不要，尽刮去之。"又，"民元前十二年，庚子，清光绪二十六年，西元一千九百年，范估又'挟百余斤走京师，王懿荣见之狂喜，以厚值留之。后有潍县赵执斋得数百斤，亦售归王氏。未几，义和团乱起，王氏殉难'。"（《铁云藏龟·自序》）

② 董作宾《甲骨年表》："民元前十年壬寅，清光绪二十八年，西元一千九百零二年。王懿荣之子王翰甫，出所藏古器物，清夙债，龟版最后出，悉数售与丹徒刘鹗。定海方药雨得范姓所藏三百余片，亦归刘氏。赵执斋更为刘氏奔走齐、鲁、赵、魏之郊，凡一年，前后收得三千余片，总计刘氏所藏，约过五千片。上虞罗振玉在刘鹗家见龟版的墨本，叹为汉以来小学家若张、杜、杨、许所不得见的文字，以谋流传之责自任。于是尽墨刘氏所藏千余片，为编印之。"又"民元前九年，癸卯，清光绪二十九年，西元一千九百零三年。刘鹗以所得甲骨文字，选拓一千零五十八片，为《铁云藏龟》六册"。

③ 董作宾《甲骨年表》："刘鹗自序《铁云藏龟》，述龟版出土始末，购求原委。又考证其繇辞体例，定为殷人刀笔文字。"

④ 董作宾《甲骨年表》："民元前八年，甲辰，清光绪三十年，西元一千九百零四年。本年冬，小屯村人朱坤率领工人，大挖掘甲骨文字于村北地洹水南岸。搭席棚，起炉灶，工作甚久。所得甲骨盈数车。"又"民国前三年，己酉，清宣统元年，西元一千九百零九年。本年春，村前张学献家地因挖掘山药，沟内发现甲骨文字，村人相约发掘，得'马蹄儿'及'骨条'甚多"。

⑤ 董作宾《甲骨年表》："民元年前一年，辛亥，清宣统三年，西元一千九百十一年。罗振玉就购得的甲骨文字中。'汰其赝作，得尤异者三千余版。''意不自歉，复命弟振常，妇弟范兆昌至洹阳采掘之，所得又再倍。'罗氏乃寒夜把炉，手加毡墨，拟编印行世。"又"中华民国元年，罗振玉编印之《殷虚书契前编》出版，十二月，罗氏作《殷虚书契前编自序》，述甲骨文字之出土，采掘购求，传拓，编印始末甚详"。又"民国三年，十月，罗振玉复影照精印其所藏最大之肩胛骨：脆弱易损，未经拓墨者，为《殷虚书契菁华》一卷"。又"民国四年，春正月，罗振玉辑箧中所藏刘鹗赠与之甲骨文字墨本，为《铁云藏龟之余》行世。首有罗氏自序。三月，罗氏至安阳小屯村，考察殷虚遗址"。又"民国五年，罗振玉编《殷虚书契后编》出版"。

人明义士也曾亲往安阳调查搜求，写印《殷虚卜辞》一书；继又陆续购取，所得亦富。① 日本学者林泰辅也曾来华旅行，亲往安阳调查搜求，编印《龟甲兽骨文字》一书。② 此处著录甲骨文字的，尚有姬佛陀的《戬寿堂所藏殷虚文字》、叶玉森的《铁云藏龟拾遗》、王襄的《簠室殷契征文》等。③ 自从一九二八年至一九三〇年间，中央研究院派李济、董作宾等主持安阳发掘事宜，先后所得古物及甲骨甚多，其详情并载于《安阳发掘报告》；董作宾又编《新获卜辞写本》一书，④同时河南省政府也派人采掘，所得古物及甲骨亦当不少，⑤这是甲骨出土

---

① 《甲骨年表》："民国三年春，坎拿大人明义士乘老白马游于洹水南岸，考察殷虚出土甲骨文字情形。自此以后，频往调查搜求，所获颇多。"又"民国五年，春三月，明义士印行《殷虚卜辞》，作英文自序一篇，谓书中所收甲骨，盖从五万件中选出者。本书凡三次易稿，经三年之功乃成"。又"民国十六年，明义士购得大批甲骨文字，自民国三年以来，明义士驻彰德传教，土人呼曰明牧师，村人言，十余年间，明氏得甲骨甚夥，民国六年，明代出版《殷虚卜辞》时，已收藏五万余片，然皆破碎者，自后能辨真伪，购求乃及于大版。十四年及十五年，村中所出，本年亦多为明氏收买"。

② 《甲骨年表》："民国七年，四月，日本林泰辅来华旅行，亲至安阳小屯村，调查殷虚。购得甲骨二十版以归。"又"民国十年，林泰辅编龟甲兽骨文字出版。自序谓此书乃就商周遗文会诸家所藏的实物拓本，编印而成者"。

③ 《甲骨年表》："民国七年，睢宁姬佛陀编《戬寿堂所藏殷虚文字》一卷出版。"又"民国十四年，春，叶玉森购得刘鹗家所藏版一千三百版，乃选未著录者二百四十版，拓印成册，名之曰《铁云藏龟拾遗》，并附《考释》。五月书成，作自序"。又"本年，王襄著《簠室殷契征文》二卷、《考释》二卷，出版"。

④ 《甲骨年表》："民国十七年，八月，国立中央研究院派历史语言研究所编辑员董作宾，至安阳小屯村，调查近年甲骨出土情形。十月，中央研究院再派董作宾赴安阳，试掘甲骨文字，并由河南省政府及教育厅派员协助工作。自十三日起至三十日止，得甲骨文字七百七十四版，古器物十余种。十二月，中央研究院复聘李济博士为考古组主任，主持安阳发掘事宜，李济乃偕助理员董光忠邀同董作宾再赴安阳查勘，并筹备来春发掘事宜。董作宾手写新获甲骨文字，并《后记》稿本为一册。付石印。"又"民国十八年三月，国立中央研究院历史语言研究所考古组全体赴安阳发掘殷虚，设办事处于洹上村。三月七日开工，至五月六日停工，得甲骨有文字者六百八十版，古器物、兽骨、蚌壳、陶片之类甚多"。《安阳发掘报告》共二期，中央研究院出版。

⑤ 《甲骨年表》："民国十八年，十月十七日，考古组再赴安阳开工，二十一日，忽有河南省政府所派何日章声言拒绝研究院工作，并招工自掘。考古组乃暂停工。十一月十五日复开工，至十二月十二日停工，先后得古器物甚多，甲骨文字凡二千七百四十二版。何日章所派人员，挖掘两月，亦得甲骨文字及古器物甚多。"又"民国十九年，三月，河南省政府不顾成约，准许何日章派人再赴安阳小屯挖掘古物，中央研究院安阳考古工作，因复完全停顿。何所派人，自二月二十日起致三月九日止，凡开工两次，所得古物未详"。

情形以及著录甲骨文字的大概。

至于甲骨文字发现的地点，起初误传是在河南汤阴县，后来才知道是安阳县城西五里小屯村；罗振玉考定为殷代武乙的故都。[①] 现今根据史实及甲骨刻辞上所记载殷朝帝王的名号，可以断定其地为殷代的故都，实无疑义。[②] 因为现今安阳的小屯村，就是商朝所谓北冢地方。盘庚迁都于此，过了十代到帝乙；此地被水湮没，不得不再事他迁，而此地遂成为废墟了。[③] 所以这里所发现的甲骨上文字，也称为殷虚文字；又以上面所载的，大部为卜课时命龟契刻之辞，故又有卜辞、契文等的名目。[④] 这种文字的发现，在学术文化上的价值，实比前代的孔壁、汲冢和近代的钟鼎彝器，有过

---

① 董作宾《甲骨年表》："刘鹗《铁云藏龟自序》云：'龟版己亥岁出土，在河南汤阴县属之古牖里城，传闻土人见地坟起，掘之，得骨片，……'宾按刘氏所记出土地，盖受估人之欺。罗振玉《五十日梦痕录》言之甚详。"又"罗振玉《殷商贞卜文字考》自序谓始由估人来自中州者，'询知发见之地在安阳县西五里之小屯而非汤阴，其地为武乙之墟。'又因刻辞中有殷帝王名谥，而定为'殷室王朝之遗物'。皆属创见"。

② 中村不折《三代秦汉遗器上所识之文字》："今此种龟甲兽骨何以谓为殷代之物，今据一般关于此问题之研究，可以总括为下列三条说明之，其一，卜辞上载有殷代帝王的名号，今卜辞上所见殷代帝王名谥，自太乙、太丁至武乙、文丁，历十七代；其后之帝王乃一无所见；则为文丁王以前之物明矣。其二，自周以后，关于龟卜事之文献不具，亦无用兽骨记事者。今所见龟甲与兽骨参半，而兽骨尤多；此亦足征为周以前之故物矣。其三，此种龟甲兽骨出土之地，在洹水之阳，为武乙迁都之所，诸书所称为殷墟者。故所记皆武乙以前历代帝王祈祷之事，其地正与历史记载之处相合。就其出现之地以言，亦可断定为殷之故物也。"

③ 《中央研究院历史语言研究所集刊》第二本第二份，董作宾《殷墟沿革》："当商代盘庚以前，相的西北，洹水南岸，有地曰北蒙。一作北冢，相传是商帝河亶甲和他的皇后的冢墓所在。盘庚的十四年，从奄迁都到北蒙，号曰殷。十五年营治殷邑。自此以后，经过了小辛，小乙，武丁，祖庚，祖甲，廪辛，康丁，武乙，文丁，帝乙十个期代，不再迁都。殷地既滨洹水，又近大河，水患当然难免，帝乙的时代，洪水暴发，怀山襄陵，于是都邑完全圮没，不得不更迁他处。受辛都朝歌，时殷地已成废墟，属于畿内。"

④ 王国维《殷虚书契考释序》："殷虚书契者，王室命龟之辞，而太卜之所典守也。其辞或契于龟，或契于诸骨。大自祭祀征伐，次则行幸畋渔，下至牢鬯之数，风雨之占；莫不眕于鬼神，比其书命。"

之无不及。[①] 国内学者虽然也曾经有发表怀疑和反对的论调，可是没有正当的理由，毫不足以贬损甲骨文字的价值。[②]

其实甲骨学的范围，并不限于文字学上的资料，可以扩大到史学、考古学上种种的研究。[③] 不过甲骨学的本身，在研究上具有很多的困难，首先不得不从考索文字入手；由许氏《说文》以上溯金石文字，由金石文字上溯到了甲骨文字，本着可识的文字以为史学考

---

① 王国维《殷虚书契考释序》："炎汉以来，古文间出，孔壁、汲冢与今之殷虚而三。壁中所得，简策殊多，《尚书》《礼经》，颇增篇数。而淹中五十六卷，同于后氏者十七；孔氏四十五篇，见于今文者廿九；因所已知，通彼未见，事有可借，功非至难。而大常所肆，不出曲台之书，临淮所传，亦同济南之数。虽师说之重，在汉殊然；将通读之方，自古不易。至于误廟作序，以袗为袀，文人之作宁人，大邑之书天邑，古今异文而同缪，伏、孔殊师而沿讹，言乎释文，盖未尽善，晋世中经定于荀、束，今之存者，《穆传》而已；读其写定之书，间存隶古之字，偏旁缔构，颇异古文，随疑分析，徒存虚语；校之汉人，又其次矣。其余郡国山川，颇出彝器，始自天水，讫于本朝，吕、薛编集于前，阮、吴考释于后，恒轩晚出，尤称绝伦。顾于创通条例，开拓阃奥，概乎其未闻也，夫以壁经冢史，皆先秦之文，姬、嬴、汉、晋非绝远之世；彝器多出两周，考释已更数代，而较其所得，不过如此。况乎宣圣之所无征，史佚之所未见，去古滋远，为助滋寡者哉。"

② 章炳麟《国故论衡》上《理惑论》："又近有掊得龟甲者，文如鸟虫，又与彝器小异。其人盖欺世豫贾之徒，国土可鬻，何有文字？而一二贤儒，信以为质；斯亦通人之蔽。按《周礼》有衅龟之典，未闻铭勒。其余见于龟策列传者，乃有白雉之灌；酒脯之礼，梁卵之祓，黄绢之裹，而刻画书契无传焉。假令灼龟以卜，理兆错迎，衅裂自见，则误以为文字；然非所论于二千年之旧藏也。夫骸骨入土，未有千年不坏，积岁少久，故当化为灰尘，龟甲蜃珧，其质同耳。古者随侯之珠，照乘之宝，珕珌之削，余蚳之贝，今无有见世者矣。足明垩质白盛，其化非远；龟甲何灵，而能长久若是哉？鼎彝铜器，传者非一，犹疑其伪；况于速朽之质，易薶之器；作伪有须臾之便，得者非贞信之人，而群相信以为法物，不其傎欤？"

③ 《安阳发掘报告》第二期董作宾《甲骨文研究之扩大》："从民国十七年的秋天，国立中央研究院发掘殷虚以来，甲骨文的研究范围，有自然而然要扩大的趋势，于是渐渐地由拓片上文字的研究，进而注意到实物（甲与骨）的观察，由实物而又注意到地层，注意到参证其他边物，注意到比较国外的材料。换句话说：就是从文字学、古史学的范围，进而至于考古学的研究了。……总而言之，我们现在无论治何种学问，都应该一面把眼光放大，要看到全世界的学人，他们走到何处？在如何的工作？一面把眼光缩小，要精密的观察自己，向秋毫之末来找问题。用近世考古学的方法，治甲骨文，同时再向各方面作精密的观察；这是契学惟一的新生命。"

古学上研究的基础。① 对于甲骨文字的研究，首创者当推孙诒让的《契文举例》。② 孙氏之后，于甲骨文字学贡献最大，用力最勤的，当推罗振玉，罗氏著有《殷商贞卜文字考》《殷虚书契考释》《殷虚书契待问编》等书。③ 其次当推王国维，著有《戬寿堂所藏殷虚文字考释》等书。④ 此外又有柯昌济的《殷虚书契补释》，叶玉森的《殷契钩沈》《说契》《研契技谭》，王襄的《簠室殷契征文考释》，陈邦怀的《殷虚书契考释小笺》《殷契辨疑》等。⑤ 近年郭沫若等亦从事

---

① 罗振玉《殷虚书契考释序》："予读《诗书》及周秦之间诸子太史公书，其记述殷事者，盖寥寥焉。孔子学二代之礼，而曰杞宋不足征。殷商文献之无征，二千余年前则已然矣。吾侪生三十年后，乃欲根据遗文，补苴往籍，譬若观海，茫无津涯。予从事稍久，乃知兹事，实有三难；史公最录商事，本诸《诗》《书》，旁揽系本。顾考父所校，仅存五篇，书序所录，亡者逾半。《系本》一书，今已久佚，欲稽前古，津逮莫由，其难一也。卜辞文至简质，篇恒十余言，短者半之；又字多假借，谊盖难知，其难二也。古文因物赋形，繁简任意，一字异文，每至数十；书写之法，时有凌猎，或数语之中，倒写者一二，两字之名，合书者七八，体例未明，易生炫惑，其难三也。今欲袪此三难，勉希一得，乃先考索文字以为之阶。由许书以溯金文，由金文以窥书契；穷其蕃变，渐得指归，可识之文遂几五百。循是考求典制，稽证旧闻，途径渐启，扃鐍为开。"

② 董作宾《甲骨年表》："民元前八年，甲辰，清光绪三十年，西元一千九百零四年，瑞安孙诒让作《契文举例》成。自序谓'不意衰年睹此奇迹，爱玩不已。辄穷两月力校读之，以前后复缅者互相宷绎，乃略通其文字'。孙氏精于古金文，对于甲骨文字的研究，在中国为开创之第一人。"

③ 《甲骨年表》："民元前五年，罗振玉方'备官中朝，曹务清简，退食之暇，辄披览墨本，及所藏龟版，于向所不能遽通者，谛审既久，渐能寻绎其义，但犹未及笺记'（《殷虚书契前编自序》）。孙诒让之后，于甲骨文字贡献最大，用力最勤的当推罗氏。"又"民元前二年，林泰辅以所作甲骨论著邮寄罗振玉，罗氏乃于本年二月着手考证贞卜文字，更以长夏屏绝人事，闭户兼旬，草成《殷商贞卜文字考》一书"。又："民国三年，罗氏所著《殷虚书契考释》出版，自序谓'发愤键户四十余日，遂成《考释》六万余言'。又：'民国五年五月，罗氏更编甲骨文中不可识之字，为《待问编》行世。"

④ 《甲骨年表》："民国八年，王国维著《戬寿堂所藏殷虚文字考释》一卷出版。"

⑤ 《甲骨年表》："民国十年，胶西柯昌济作《殷虚书契补释》出版，自刊本，全书一卷。民国十二年，丹徒叶玉森作《殷契钩沉》二卷，手写石印，刊入《学衡》第二十四期。民国十三年，叶玉森著《说契》一卷，《研契枝谈》卷甲一卷，刊于《学衡》第三十一期。民国十四年，丹徒陈邦怀著《殷虚书契考释小笺》一卷出版。王襄著《簠室殷契征文》二卷，《考释》二卷，出版，全四册。民国十八年，陈邦怀著《殷契辨疑》出版，石印一册。"

研究，颇多创见，著有《甲骨文字研究》等。[①] 其他关于甲骨文字论著，散见于各杂志当中的，也很多可以供我们的参考。[②]

单从文字上研究，虽然只是甲骨学本身当中的一项，可是结果已经对于中国文字学有很大的贡献了。[③] 我们从甲骨文字上，可以窥见许多图画文字的遗迹；凡属象形文字，原来只求肖形以示意，并不像后代那样拘拘于笔画的增损繁简和字体正反向背。[④] 在会意文字上也只求意义的显示，其中配合的分子，可以增减移易。[⑤] 又金石文字上的考释和《说文》上所录的古籀都因甲骨文字

---

① 郭沫若《甲骨文字研究序》："余之研究卜辞，志在探讨中国社会之起源，本非拘拘于文字史地之学。然识字乃一切探讨之第一步，故于此亦不能不有所注意。且文字乃社会文化之一要征，于社会之生产状况，与组织关系，略有所得，欲进而追求其文化之大凡；尤舍此而莫由。前者余既有卜辞中之古代社会以专论之；其关于文字考释之事者，则汇辑而为兹编；二书所录，固互为表里者也。"

② 例如《国学论丛》二卷四期，商承祚《殷虚文字考》；《国学论丛》一卷一号，余永梁《殷虚文字考》；《东方杂志》二十五卷三号闻宥《殷虚文字孳乳研究》等。

③ 罗振玉《殷虚书契考释序》："稽其所得，则有六端。……六曰文字，召公之名是奭非奭，乌鸣之字从鸡非乌；隹鸟不分，子兇殊用；牝牡等字，牛羊任安，牢牧诸文，亦同斯例。又借知大小二篆，同乎古文，古文之真，间存今隶。如此之类，未遑偻数。此之资考订者六也。"

④ 《国学季刊》一卷四号，容庚《甲骨文字之发现及其考释》："古人象形文字，皆象形示意，并不拘拘于点画之间。《说文序》云：象形者，画成其物，随体诘诎；是也。今观甲骨文之象形文字，羊角象其曲，鹿角象其歧，象象其长鼻，豕象其竭尾，犬象其修体，虎象其巨口。马象其丰尾长颅，兔象其长耳厥尾，虫象其博首宛身，鱼象其枝尾细鳞，燕象其籋口布翅，龟象其昂首被甲，且也或立或卧，或左或右，或正视，或横视；因物赋形，恍若与图画无异。又如彔象浚水之形，泉象出水之状，果象果生于木，箙象矢纳于器，卜象龟兆之纵横，米象米粒之琐碎，非如小篆之一字一形，易感难晓也。"

⑤ 容庚《甲骨文字之发现及其考释》："《说文序》云：会意者，比类合谊，以见指㧑。甲骨文中之会意文字，其不拘拘于点画，与象形同。如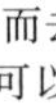从又持——以拨火烎之意也；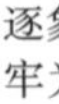从父持以涤血尽之意也；人就食为即，食毕返身而去为既，两人相向对食为卿；逐象兽走圹而人追之，或从豕，或从犬，无论从何兽，皆可以示逐之意，而不限于从豕；牢为养牛马之圈，或从牛，或从羊，即无论从何兽，皆可以示牢之意，而不限于从牛；牝牡二字，牝从牛，从匕，匕乃牝之古文，是畜母也，牡从牛，从士，士乃丈夫之称，是畜父也，或从犬，或从羊，或从豕，或从马，或从鹿，而不限于从牛。以上诸文，增减移易，变化虽多，皆可一望而知其意；不有卜辞，仅观许书，固不足以语此矣。"

得到一种确实的参证资料。[①] 许氏《说文叙》里关古代文字的演变,具有一种错误的见解,也因甲骨文字和金石文字的互相比证而得纠正了。[②] 其他《说文》上字体传写的失真,分析的不当,解说的

---

① 容庚《甲骨文字之发现及其考释》:“钟鼎彝器款识之学,始于宋人,清阮、吴继之;至同光之际,士夫闻风承流,相与购求彝器,搜集拓本,考释文字,三吴、潘、朱、刘、端诸公,家有成书。观王先生《国朝金文著录表》,著录之器,凡三千余通,可谓盛矣!然证之《说文》中之古籀,每多不合;今以甲骨文斠之,尚可见殷周文字变迁之迹,而以前金文之不可解者,亦或得而了解之。如汾阳《宫鼎》:十十枚,薛尚功释为二十枚,云二十所以举供官之数;《大官壶》:建武十十,阮元云,十十者,二十年也;证以甲骨文七字皆作十,殆十十者,皆十七也。甲骨文肜日之肜作  诸形,象肜肜不绝,可证《艅尊》之  日,《父丁彝》之  日,皆为肜日,而释五日四日者,非也。甲骨文昱日之昱作 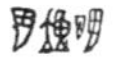 诸形,可证宰梳角之 ,《盂鼎》之 ,皆为昱,而释角与不能释者,非也。金文中所记干支如《兄癸卣》之丁子,《苴敦》之乙子,《史伯硕父鼎》之巳子,《格伯簋》之癸子,《辛子敦》之辛子,薛尚功曰,丁子……商人尚质,如言甲子丁丑也;又曰,疑乙子即甲子,丁子即丙子;阮元曰,癸子,癸亥甲子也;刘心源曰,辛子,……疑古干枝相配,无定例,今观甲骨文中之干支表,甲 ,乙丑,丙寅,丁卯,戊辰,己巳,庚午,辛未,壬申,癸酉,甲戌,乙亥;巳正作子,始知丁子,乙子;己子,癸子,辛子者,即丁巳,乙巳,己巳,癸巳,辛巳也。由此观之,其有裨于金文亦大矣。”又:“荀子曰,若有王者起,必将有循于旧名,有作于新名;故知文之原,将以渐变,而非顿成。《说文序》云:仓颉之初作书,盖依类象形,故谓之文;其后形声相益即为之字。……以迄五帝三王之世,改易殊体,封于泰山者七十有二代,靡有同焉。……及宣王《太史籀》著大篆,与古文或异。至孔子书六经,左丘明述《春秋传》皆以古文。秦始皇帝初兼天下,丞相李斯……作《仓颉篇》,中车府令赵高作《爰历篇》,太史令胡母敬作《博学篇》,皆取《史籀》大篆,或颇省改,所谓小篆者也。观此,则大篆之于古文,小篆之于大篆,因仍者多,改变者少。或者,疑之之词,颇者,少之之词;段玉裁《说文序》注所云,许所列小篆,固皆古文大篆。其不云古文作某,籀文作某者,古篆同小篆也。其既出小篆,又云,古文作某,籀文作某者,则所谓或颇省改者,是也。不然,《说文》之字九千,何仅出古文三百九十六,籀文二百二十余乎?顾或谓大篆出于周宣王之时,《史籀》创著,斯不然矣。今证以甲骨文字或同于古籀,或同于小篆,因革之迹可得而窥。”

② 《民铎》第九卷第五号,闻宥《甲骨学之过去与将来》:“小篆作于相斯,大篆作于史籀,自此以上,则曰:仓颉厘定之古文;人有定体,体有定型,凡所制作,备于许书,此向来文字学者所稔知者也。自金文出,而许书时有可以补苴之资。根据许书以立之字学系统,亦时有可以商榷之隙。然金文之为物,发见既先后不齐,体制复巨细不一,资为论证,每苦支离。虽清季王筠、吴大澂之徒,时有商订,而不足尽覆汶长之成业。自整个之甲骨文字出,而后碻知字无定体,体无定型,上之仓颉画一之说,既不足稽,下之史籀制作之功,亦难凭信。于是金文得其佐证,许书暴其虚诬。”

谬误，也都因此可以把它一一的加以校订。① 所以研究甲骨文字的学者，常把甲骨上的字体依照《说文》的部首，排列编纂成书，如王襄的《簠室殷契类纂》、商承祚的《殷虚文字类编》、孙海波的《甲骨文编》、朱芳圃的《甲骨学文字编》。② 很便于我们说文金文上字

① 容庚《甲骨文字之发见及其考释》："许慎生炎汉之季，慨俗儒鄙夫，玩其所习，未尝睹字例之条，诡更正文，乡壁虚造不知之书，变乱常行，以耀于世，乃叙篆文，合以古籀，分别部居，不相杂厕，为《说文解字》十四篇，以理群类，解谬误。然至今千八百年，屡经传写，讹误不少，如古文作，籀文作，今甲骨文伯仲字皆作，无作；作则与象简册形史事等字所从之混；又中正之中，甲骨文作，金文亦然；盖上下斿因风而偃，不能同时上偃于左，下偃于右，而古文之示讹。从犀，而籀文从孱。犀，南徼外牛，孱孱迟也，从孱正合遲遟义。今甲骨文金文皆作遲，《五经文字》曰：今从籀文，足证当时经典尚作遲，不作遟，则遟殆浅人所窜入也。古文作，今甲骨文作，从又持贝，得之义也。又从彳，作，金文作，从手从贝，从见乃从贝之讹。或从士作，并谓汉文帝以为责对而为言多非诚，故去其口，以从土，不知甲骨文之已作也。谓从，从，从，山高奉丞之义，不知甲骨作，象拼人于陷阱之中，误人为卪，而初谊不可知矣。，母猴也，其为禽好爪，下腹为母猴形，今甲骨文作，象手牵象形，金文亦然，意古者役象以助劳为为，非若母猴之说，迂回难通也。，两士相对，兵杖在后，象斗之形，今甲骨文作，象两人相搏无兵杖也。，隐也，从山丝，段玉裁曰幽，从山，犹隐从自，取遮蔽之意；不知甲骨文作，从火，隐不可见者，得火而显也。，弓弩发于身而中于远也，从矢从身，，篆文射从寸，今甲骨文作，象张弓注矢，金文作，从又持之，则从身，乃弓形之讹，又变横矢为立矢，变又为寸也。，瑞信也，……象相合之形；今甲骨文从之字皆作，象人跽伏之形，疑即人字也。凡《说文》解说从之字如即，邑，命，令，印，卿诸字，皆误。，豕也，后蹄废谓之彘，从，从二比矢声，彘足与鹿足同：今甲骨文作，彘殆野豕，非射不可得，而后蹄废者，则为既得之后者与？彑象其首，比象其足，矢贯其中，纯属象形，据许氏所云，形讹而意晦矣。……象马头髦尾四足之形，而古文作，籀文作，与甲骨文作、金文作异而形不象，传写之讹无疑。又金文作，与小篆同。籀文作，今甲骨作，金文作；从戋乃由而讹。，进献也，从羊，从丑，羊所进也，丑亦声；今甲骨文作，金文作，皆从又持羊，进献之象，误又为丑，并误会意为形声矣。又如，《广韵》引《说文》有此字，林部，字说解亦引之，妥，《说文》所无，而有从系妥声之绥；此二字均见于甲骨文、金文，而许书夺佚。凡此违失，不易悉数，非甲骨文与金文之发见，孰从而是正之耶。"

② 董作宾《甲骨年表》："民国九年，天津王襄编《簠室殷契类纂》一书出版，石印本全四册。一、正编依《说文》次序，载甲骨中可识之字凡八百七十三。二、《附编》辑录合文。三、《存疑》。四、《待考》。民国十二年，番禺商承祚《殷虚文字类编》出版。贻安堂刻本，全六册。前四册为《正编》十四卷，《通检》一卷，后二册为《殷虚书契考释》一卷，《殷虚文字待问篇》一卷。"孙海波《甲骨文编》，民国二十三年十月燕京大学哈佛燕京学社影印本，分正编十四卷，合文一卷，附录一卷。朱芳圃《甲骨学文字编》上下二册，正编十四卷，附录二卷，补遗一卷，民国二十二年十二月商务印书馆石印本。

体的比对。甲骨文字和金石文字有许多不能加以考释的，大概是许书所遗漏不载的。[①] 总之：自从甲骨文字发现以后，我们对于中国古代的字体更得到一种切实的认识；对于中国文字的演化，也有一种正确的见解了。

---

① 容庚《甲骨文字之发现及其考释》："至于字数，段氏谓自秦至司马相如以前小篆，只有三千三百字。余尝取甲骨文、金文而合计之，已轶其数。罗先生谓余意《史籀》所著十五篇，殆亦犹《仓颉》《爰历》《凡将》《急就》等篇，取当时用字编纂章句，以便诵习。而余亦谓《说文解字》之九千三百五十三文，意皆采当时通行之字，其余不复入录，故《殷虚书契待问编》所最录千名，大抵皆《说文》所无者也。即证之金文，其所无者亦复千名，而甲骨文与金文有可互相参证者，则《说文》之遗佚多矣。……昔人多以为《说文》之外无字，其不见于《说文》者，或相率而不敢用，或牵强附会以明即《说文》之某字；亦庶几一解其惑也。"

第二篇

中国文字本质论

一、中国文字的起源

（一）仓颉造字之说

我们要明了中国文字的本质，须要推究他发生的由来，文字究竟是那几种东西演变出来的？他的产生的背景究竟是什么？这就讲到中国文字的起源问题。

语言文字同为人类交通的工具。往昔科学尚未发达，神秘观念太深，所以对于语言的起源，有神造的、圣造的两种说法，以为语言是从神直接传授于人类的，或由一个绝顶聪明的人，创造发明出来，传授别人的。[①] 中国古代的记载里，对于文字的由来，大致也有这两种说法。如河图洛书以为是神授之物，而为八卦和文字的起源。[②] 至于圣造说以"仓颉作书"的话最为通行。[③] 但是各种记

---

① 详胡以鲁《言语学讲义》及拙著《语言学原理》第九章。

② 《易·系辞·上传》："河出图，洛出书，圣人则之。"《礼运》："山出器车，河出马图。"《论语》："凤鸟不至，河不出图，吾已矣夫！"《竹书纪年》："黄帝轩辕氏五十年秋七月，龙图出河，龟书出洛，赤文篆字以授轩辕。"《水经注》："黄帝东巡河，过洛，修坛沈璧，受龙马于河，龟书于洛，赤文篆字。"《礼纬含文嘉》："伏羲德合上下，天应以鸟兽文章，地应以河图洛书，乃则象而作《易》。"郑玄《六艺论》："河图洛书皆天神言语所以告王者也。"

③ 许慎《说文叙》："黄帝之史仓颉，见鸟兽蹄迒之迹，知分理之可相别异也，初造书契。……仓颉之初作书也，依类象形，故谓之文，其后形声相益，即谓之字。"《易·系辞·下传》："上古结绳而治，后世圣人易之以书契。"周秦以来，皆言仓颉造字，仓亦作苍，吕览《君守篇》："苍颉作书。"韩非子《五蠹篇》："古者苍颉之作书也。……"《淮南子·本经训》："昔者苍颉作书。"

载上的传说颇不一致,[①]仓颉究竟是何时的人?[②] 是怎样一个人物?[③] 历来所说,大都荒诞不经,难以征信。即使仓颉造字之说可信,而古代造字的人,也当然不只是一个仓颉。[④] 近人更有以为古

---

① 枚本《尚书序》孔颖达《正义》:"苍颉,说者不同,故《世本》云:'苍颉作书。'司马迁、班固、韦诞、宋忠、傅玄皆云:'苍颉,黄帝之史官也。'崔瑗、曹植、索靖皆直云:'古之王也。'徐整云:'在神农、黄帝之间。'谯周云:'在炎帝之世。'卫氏云:'当在庖牺、苍帝之世,'慎到云:'在庖牺之前。'张揖云:'苍颉为帝王,生于禅通之纪。'其年代莫能有定。"

② 蒋善国《中国文字之源始及其构造》:"魏张揖《广雅》以苍颉为帝王,生于禅通之纪。距获麟前二十七万六千余年,北宋罗泌作《路史》,遂谓禅通纪仓帝史皇氏名颉,姓侯冈。龙颜侈哆,四目灵光,上天作令,为百王宪。而禅通纪距获麟前二十七万六千余年。"

③ 吕思勉《中国文字变迁考》:"《序疏》云:'司马迁、班固、韦诞、宋衷、傅玄皆云:苍颉、黄帝之史官。'一似其说者甚多,且其说甚旧。然《路史》辨之曰:'管氏、韩子、《国语》《史记》俱无史官之说,《世本》云:史皇仓颉同阶。又云:沮诵、苍颉作书,亦未尝言为史官也。及韦诞、傅玄、皇甫谧等,遽以为黄帝史官,盖肇谬于宋衷,衷之《世本》注云:仓颉、沮诵,黄帝史官,抑不知衷何所据而云。末代儒流,更望望交引,以为《世本》之言,《世本》曷尝有是哉?'则以仓颉为黄帝史官,特东汉后人附会之说,西汉固无是矣。"吕览《勿躬篇》:"史皇苍颉,生而见鸟迹,知著书,故曰史皇,或曰颉皇。"近人吴贯因《中国文字之起源》(《庸言》一卷十三号)谓:"史皇之皇非必即为皇帝之皇,《说文》云:'皇,大也。'《尚书序》疏云:'称皇者,以皇是美大之名。'又博雅云:'皇,美也。'皇字之义如此,意仓颉为制字之祖,后人嘉其功之美大,遂以皇称之。《吕览》《淮南》之名仓颉为史皇,盖或取义于斯。不然,使仓颉果为皇帝,则直以皇或帝称之可矣。何必更冠之以'史'字?冠以史字,可知其为史之皇,即制字之皇,是同于孔子之为素皇,非君临天下之皇也。"蒋善国《中国文字之原始及其构造》又谓:"能造文字当然可以为史官,黄帝之世,文化大进,对于文字,必当有所创造及整理,后人以仓颉为黄帝史官,殆由文字之创造而联想史官之职,而联想于黄帝之治,因以相并耳。然仓颉虽非定为黄帝史官,其与黄帝之年代当不相远,张揖以仓颉生于禅通之纪,固属臆测,谯周以其生于炎帝之世,卫恒以为黄帝之世,徐整以为神农、黄帝之间。言虽无征,其臆测当或相近也。"

④ 顾实《中国文字学》:"仓颉既非一人,而造字者亦复不止于名仓颉其人也。故管子称'封泰山,禅梁父者,七十二家,而夷吾所记者十有二焉'。(《史记·封禅书》,又《桓谭新论》云:'泰山之上有刻石,凡千八百余处,而可识者七十有二。'《史记补三皇本纪》引《韩诗》云'自古封泰山禅梁父者,万有余家。仲尼观之,不能尽识',亦皆异闻也。)使文字果皆出于禅通纪之首皇仓颉以来一系者,则何至于七十二代之封禅文,而管子仅识其十二代哉?荀子亦曰:'好书者众矣,而仓颉独传者,壹也。'(《解蔽篇》)明造字者,不止于名仓颉其人也。至《世本》称黄帝之史沮诵、仓颉作书(卫恒《四体书势》同),则虽黄帝之世,亦造字非仓颉一人矣。"

代名仓颉的不只是一个人，[①]也有以为仓颉之功，只不过把古代已经具有的文字，加以整齐划一，使成为一种中国文字的系统罢了。[②] 原来仓颉造字之说，始见于《世本·作篇》，《作篇》当中所说某人作某的"作"字，涵义颇广，不限于创作和发明。[③] 历来造字之说，似都可以作这样的见解。[④]

其实，古代的记载，总不免参杂一些初民神秘的思想，尤其对

---

① 顾实《中国文字学》："《春秋命历序》分开辟至获麟为十纪，非无本之古史也。其第八因提纪遂人作河图，第九禅通纪末之伏羲因之作八卦，而禅通纪之首皇仓颉作书，及第十疏仡纪之黄帝史苍颉复作书，兹二流者，盖有相互之关系也。"又："高诱曰：'史皇仓颉，生而见鸟迹，知著书，故曰史皇，或曰颉皇。'盖高氏不知其何以称皇，而第以生而知书，故称皇为解也。实则古者王伯显人之号，或为子孙世世循用，或为后人效慕袭取……故禅通纪之世，有仓颉古皇而下逮黄帝，复有仓颉，以造字大显也，是非其子孙世业，即他姓之袭名者耳。"

② 章炳麟《检论·造字缘起说》："荀子《解蔽篇》曰：'好书者众矣，而仓颉独传者，壹也；好稼者众矣，而后稷独传者，壹也；好乐者众矣，而夔独传者，壹也；好义者众矣，而舜独传者，壹也。'依此是仓颉以前已有造书者，亦犹后稷之前，神农已务稼穑；后夔以前，伶伦已作律吕也。夫人具四肢官骸，常动持莛画地，便已纵横成象，用为符号，百姓与能，自不待仓颉也。吕览云：'未有蚩尤以前，民固剥林木以战矣。'固知未有仓颉以前，民亦划地成形，自为征契，非独八卦始作为文字造耑而已。今之俚人，亦有符号。家为典型，部为徽识，而彼此不能相通。《匈奴传》言'无文书，以言语为约束'。中行说始教单于左右疏记，以识其人众畜牧。然前此已有曰上戊已课校人畜，宜亦自有记数符号。夫仓颉以前，亦如是矣，一二三诸文，横之纵之，本无定也。马牛鱼鸟诸形，执则卧起飞伏，皆可则象也。体则鳞羽毛鬣，皆可增减也，字各异形，则不足以合契，仓颉者，盖始整齐画一，下笔不容增损。由是率尔著形之符号，始为约定俗成之书契。彼七十二王皆有刻石，十二家中，无怀已在伏羲前矣。所刻者则犹俚人之符号也。"

③ 《世本·作篇》专记历代之制作；茆伴林有所辑佚文，章炳麟《检论·尊史篇》："夫古器纯朴，后制丽则；故有名物大同，形范革良者一矣。（若古自有笛，汉丘仲亦作笛，京房乃备五音也。）礼极而褫，乐极而崩，遗器坠失，光复旧物者二也。（若前汉衮冕已亡，明帝始作。）此既冠带，彼犹毛薪，则其闭门创造，眇与佗会者，三矣。（泰古关梁不通，故合宫衢室，黄唐犕备。及古公城一隅，自为胡越。今时床几，由来久矣，而席地之仪，犹在日本。古之九州，亦若神州东国，进化异时，谅无多怪者也。）三者非始作，然皆可以作者称之。"

④ 吕思勉《中国文字变迁考》："知识简陋之世，其论积累而成，逐渐而变之事，亦必以归诸一人。一部《世本·作篇》，皆可作如是观。苍颉造书，程邈立隶，皆是物矣。（仓颉作书说出《世本》。顾《世本》之不足信，昔人久已言之。《诗·何人斯》正义：'《世本》云：暴辛公善埙，苏成公作篪，《谯周古史考》云，古有埙篪，尚矣，周幽王时，暴辛公善用，苏成公善篪，记者因以为作，谬矣。《世本》之谬，信如周言。'夫此特其可考者耳。其他无可考者，何一非此类耶？）"

于语言文字，因为具有无限的功用，就发生一种崇拜的心理，①而认定造字者也有一种神秘的威力。② 所以仓颉造字之说，不过神话史上片段的记载，究竟有无其人，也无从推测，我们认定文字是民族社会的产物，是偶然间自然的产生的，决非个人的力量所能创造。③ 我们对于文字起源的问题，并不要推究他是出于某一个人的制作，而是要考明他是从那些东西演化出来，是从那两种背景产生出来的。④

（二）文字与结绳

我们从社会文明的进化上来观察，文字的发生，是在语言发达之后，而以简单的刻画，为记录和示意的应用；因之可以扩大语言的功效，能够传达于异地异时，能够帮助记忆而备遗忘，这就是象

---

① 蒋善国《中国文字之原始及其构造》："原人对于宇宙之种种对象，以为皆有灵体寄于其中；对于文字之信念，亦复如之。惟其信文字有灵异之知觉及能力也，故常藉文字以行驱邪治病各种巫术。其最初者为巫用象形文，介乎文字与绘画之间，系野蛮人所常用，何登《艺术进化》言南洋马六甲东部西曼族人，以象形文为驱除虫伤或病害之符咒。非洲布什蛮以牵一河马或其他两栖类动物横过地面，可得雨水，于祈雨符谶之上遂绘其形状，此仅即原始社会观之耳。至于文字发明以后，亦有此同类之事实，如犹太人所用之佩经及护符；阿比西利亚人预防鬼怪之驱邪符；土耳其人及亚拉伯人挂于马上之《可兰经》句；欧洲人所佩之《圣经》或《祈祷文》，以及中国人挂于门前之八卦，贴于窗户床壁或佩于身上之灵符，皆从'文字有灵'之观念产出。"

② 《淮南子·本经训》："昔者苍颉作书，而天雨粟，鬼夜哭。"《河图说征》："仓帝起，天雨粟，青云抉日。"《春秋演孔图》及《春秋元命苞》："《仓颉》四日，是谓并明。"《河图玉版》："苍颉为帝，南巡狩，登阳虚之山，临于玄扈洛汭之水，灵龟负书，丹甲青文以授。"《春秋河图揆命篇》："苍羲农黄，三阳翊天德圣朋。"熹平六年所立《苍颉碑》："天生德于大圣，四月重光，为百主作宪。"

③ 蒋善国《中国文字之原始及其构造》："世以仓颉造字，言之凿凿，若中国文字皆其一人一时所造成；殊不知一事之成，大抵因众所共需，无形之中，合力创造，积累而成，未有以一时一人之力创造者。任何民族，其文字创造，皆直接标识及绘书，仓颉以前，文字当早有所创，以行于民间，其造端盖不可考矣。"

④ 本刘大白《国文文字学概论》第四节。

形文字的起源。①

但是最初记录和示意的工具，不限定是刻画还有其他种种标识的方法。北美土人所通行的“贝带”，也是用来表示意义的，②或且也具有文字的效用。③ 相传中国太古时代，有一种结绳的制度。④ 不过那时结绳的方法怎样，不能详细考见了。郑玄所谓“事大，大结其绳，事小，小结其绳”；大概只是一种臆测之谈。⑤ 后代苗民还有沿用结绳的习俗。⑥ 据说，琉球地方，土人所用的结绳法，可分指示和会意两类：凡是用来记数的属于指示一类；用来表

---

① 韦尔斯《世界史纲》第十六章：“在旧石器时代及新石器初期，吾人即见人类惨淡经营之清晰语言，足以增加其思想能力及合作精神。然绘画之技，或因之而被掩；手语之术，或因而被弃。但图画旋又应用于记录，用于符号，或以之作画。真正文字之前，先有象形文字，至今美洲土人，布西曼人以及各地蛮族仍沿用之。象形文字者，用图画以纪事物，加以符号以志专名。用点画以记日期路程，及其他数量之观念之文字也。与象形文字相类者，即用画志示意法，今日欧洲大陆国际通车时刻表上尚采用之。其上有黑茶杯符号者，乃指点心店也；作叉刀交置形者，指饭店也；……此种示意符号，与中国文字之起源甚近。”

② 雷通群译《言语学大纲》：“美洲之茵陈人，则用一种‘贝带’（wampum），其用法与木棒稍异，然其备忘之目的则同。此种贝带之制法，是以丝线贯穿贝壳，遇严重之谈判时用之，即按照应商事项若干件，贯以如数之贝壳。使者见客，每述一事项毕，则解一贝壳授之。”蒋善国《中国文字之原始及其构造》：“在绘画文字之前，尚有一种编贝之法，亦系助记时期之产物。在中国史上莫考其迹，而今日北美之印第安人则多有之，其构造系用人造小珠或穿孔贝壳，在树皮纤维、大麻、鹿皮条或鹿筋上所穿成各种花纹；两端用鹿筋或麻丝之类结之。带上花纹系记载本族历史，两族照约本族领土，个人财产等之象形徽识。在新英格兰地方，有时并作为泉币使用，伊瑞靠埃族人（Iroquois）曾用此种贝带；及白人侵入后，此法遂废。”

③ 蒋善国《中国文字之原始及其构造》：“由盆斯鲁维尼亚（Pennsylvania）历史学会古文书保存所所藏‘盆湾旁带’（Penn Wampum）观之，知编贝之用与文字相同。相传此带约在一七〇一年伊瑞靠埃族人赠该州开山祖威廉盆（William Penn）者。带用白贝十八条串组而成，中间用黑贝组成二人形，表明印第安人及欧洲人携手。”

④ 《易·系辞·下传》：“上古结绳而治。”庄子《胠箧篇》：“昔者容成氏、大庭氏、伯皇氏、中央氏、栗陆氏、骊畜氏、轩辕氏、赫胥氏、尊卢氏、祝融氏、伏羲氏、神农氏，当是时也，民结绳而用之。”许慎《说文叙》：“及神农氏结绳为治，而统其事。”

⑤ 柳诒徵《中国文化史》：“结绳之法，不可详考。郑玄所言，殆出于臆测。（《周易正义》引郑康成注云：‘事大，大结其绳，事小，小结其绳。’）”

⑥ 朱熹云：“结绳，今溪洞诸蛮犹有此俗。”严如煜《苗疆风俗考》：“苗民不知文字，父子递传，以鼠牛虎马记年月，暗与历书合，有所控告，必请士人代书。性善记；惧有忘，则结于绳。”

意的，属于会意一类。[①] 又秘鲁地方的土人曾经通行一种最完全的结绳法，叫做“结子”；他们一切人民记录、政治布告，都可以用这种结子的结法和颜色来分别表示。[②] 美洲、非洲等处的土人也有沿用这种制度的。[③] 我们正可以根据这些未开化民族的风俗，推想中国太古时那种“结绳而治”的情形；当然不能以后代篆隶的字画来牵强的比附。后代推源文字出于结绳的，就以一些简单的字

---

① 若林胜邦《涉史余录》：“琉球所行之结绳，分指示及会意两类。凡物品交换，租税赋纳用以记数者，为指示类。使役人夫，防护田园，用以示意者，则为会意类。其材料多用藤蔓草茎或木叶等。今其民尚有用此法者。”

② 柳诒徵《中国文化史》：“若林胜邦《涉史余录》述法国。人白尔低猷氏之《人类学》，尝记秘鲁一‘克伊普’法曰：秘鲁国土人不知文字，惟以‘克伊普’为记号。‘克伊普’者即，以条索相织而成。于其各节各标，表示备忘之意之法也。凡人民之统计，土地之界域，各种族及兵卒之标号以及刑法宗教之仪仗，无不用‘克伊普’。且各异其种类，故有专攻‘克伊普’之学者焉。‘克伊普’之法虽不一，大抵以色彩示意。赤色为军事，及兵卒，黄色为黄金，白色为银，及和睦，绿色为谷物，其纪数以绳索之结节为符号，如单结、双结、三结等，即所以示其单数、复数及十百千万之数也。又其记载家畜之法，以一大绳为轴，附以小绳若干。其第一绳为牡牛，第二绳为牝牛，三为犊，四为羊，其头数年龄，悉以结节表之。”蒋善国《中国文字之原始及其构造》：“秘鲁（Peru）土人曾用一种最完全之结绳方法，名为‘结子’（Quipus）。凡人民之统计，土地之界域，各种族及兵卒之标号，命令之宣布，刑法之制定，以及死者之墓志，莫不赖之。甚至由远省来者，无论观风、进贡或宣战等，必须带结子以为通告之符信。……古秘鲁各城中皆有专门讲解结子之官吏名为‘结子官’（Quipucamayoc）。此种官吏对于结子讲解之技艺极为娴熟，惟须藉口语之助，始能将意思达出。现今秘鲁南方之印第安人尚有精通古代所遗留之结子者。惟对于白人则隐秘其知，不以示人。”

③ 雷通群译《言语学大纲》：“南美洲秘鲁国古代结绳之制，今日犹可见。秘鲁结绳之制，在西班牙人未占领之前，印卡民族常用之，是名为‘级布士’（Quipus）。秘鲁语‘级布’，有结束之义。……此种结绳制，其流行区域甚广，美国加利宽尼省之土人，非洲西部亚尔杜拉（Ardrah）土人，美拉尼塞之土人均用之；即在琉球台湾两处，此风仍存。在今日开明之世，而未开化之土人犹多采用如此，益可见在文字未发达时期，此制实为极重要的记录法。”蒋善国《中国文字之原始及其构造》：“美国加利福尼亚州（California）之巴罗尼印第安人（Palovia Indians）所用之绳，亦与秘鲁人相仿。其土人每年选人赴三隔比鲁（San Gabriel）售绒毯，物主各取两发或羊毛制成之绳子，交于其代售人，一记所得之钱数，一记所售之绒毯数。及代售人归，物主各视其临行所给之绳，即知其交易若何。此外西非洲之阿比瑞土人（Arbrah），几布斯土人（Jebus），郝威夷人（Hawaian），台湾生蕃，以及澳洲土人，亦用此法。”

体，附会作为结绳的文字。① 或有以为文字最初的发生，是把结绳简单的记号，刻画到金石竹木甲骨上的。② 可是已经有人指斥这种说法的荒谬了。③

因为结绳和文字，虽然同是诉于视官，和诉于听官的语言相辅而行，用意或者可说是相通的，但是两者表现的方法显然不同。结绳的工具既然粗陋而笨重，对于意义的表示当然没有刻画文字那样分明，那样便利。④ 所以从结绳的制度进而引用文字，乃是社会进化史上的一个大进步，从前似乎把结绳和书契分做两个阶段。⑤

---

① 刘师培《文学教科书》："结绳之字，不可复考。然观一二三诸字古文则作弌弍弎。盖田猎时代，以获禽记数；故古之一二三字，咸附列弋字于其旁，所以表田猎所得之物数也。是为结绳时代之字。（盖结绳时代，并无弋字之形，惟于所获禽兽之旁以结绳记数。）结绳之文，始于一字，衡为一，纵为丨。缩其形则为丶。斜其体则为丿。反其体则为㇏。折其体则为㇕。反㇕为㇇。转㇇为㇄。反㇄为㇗。㇕㇄之合体为冂。转环之则为〇。是结绳文字，不外方圆平直。此结绳时代本体之字也。"案刘氏此说，出于郑樵《通志·起一意文图》。

② 刘大白《国文文字学概论》："未有文字的时代，先用结绳以作记号；后来渐渐进化了，就把这种结绳的记号刻画在甲骨金石竹木上，便成为文字。这就是所谓'易之以书契'。记得蔡元培先生曾经说过现代某种民族，把绳子一条一条地结在木橛上，以一条表示一，二条表示二，三条表示三。因此推知中国篆文'一''二''三'三个字底古文作'弌''弍''弎'，反比篆文更繁复；就是不但把所结的绳子刻画下来，而且把木橛也刻画下来，而以弋象木橛的。后来把木橛省去不刻画了，便成为篆文底'一''二''三'……。这话虽然只是一种推测，而所谓古文，也并不一定早于篆文，然而'一''二''三'等字，发生较早，只是一种简单浑沦的记号，而不是图画，是很明白的。文字最初的发生，是把结绳的简单浑沦的记号，刻画到甲骨、金石、竹木上来，也是比较地可以相信的。"

③ 章炳麟《小学略说》："或言文字之始，肇起结绳，一绳萦为数形，一画衍为数字；此又矫诬眩世，持论不根。即如是者，始造一字，继则有二，二必继一，宜在诸文之前，何故重累成文，不以一画纡绌？且苍颉造文，本象鸟兽蹄迒之迹；马蹄而外，宁有指爪不分，独为一注者哉？"

④ 雷通群译《言语学大纲》："文字未发达以前，所用种种记录方法，其中总以绘画或与绘画相近的方法为最便利，且最普遍。……例如用结绳制，若不先明各色之绳与实物之关系，极难索解，此其缺点；且用途极狭，难将数量显出。"柳诒徵《中国文化史》："结绳者必托于绳以示意。无绳或未及携绳，则所记识者无从表示也。进而为图画，则随在皆可表示其符号，或画于地，或画于石，或以指蘸水，或以垩示色。既无携持之累，且免积压之患，其为便利，过于结绳远矣。"

⑤ 段玉裁《说文序注》："谓自庖牺以前，及庖牺及神农皆结绳为治，而统其事也。《系辞》曰，《易》之兴也，其于中古乎。虞曰，兴《易》者，谓庖牺也，庖牺为中古，则庖牺以前为上古，黄帝、尧、舜为后世圣人。按依虞说，则传云，上古结绳而治者，神农以前皆是。"又："庖牺作八卦，虽即文字之肇耑。但八卦尚非文字。自上古至庖牺神农专恃结绳。"

可是我们要知道，社会的进化是渐进的，或者文字的应用已经发明出来，而普通一般人民还是沿用结绳的陋习；直待文字普遍的通行之后，结绳的制度渐归于自然的淘汰。① 现今文明社会中，这种陋俗当然废弃不用，可是还可以推求一二的遗迹。②

（三）文字与八卦

文字是用刻画的形象来代表语言的，文字的发生，必在刻画通行之后。因为结绳的表示方法，过于简陋粗拙，所以"易之以书契"。书就是刻画的画，契就是契刻的刻。③ 在文字未完成以前，应当有一种契刻的制度。如非洲、澳洲土人所用的"使者之棒"，是一种简陋的契刻，以备遗忘而通达意旨，④未开化的民族里，还有

---

① 顾实《中国文字学》："文字之由来久矣，何以《庄子》复言'昔者容成氏、大庭氏、伯皇氏、中央氏、栗陆氏、骊畜氏、轩辕氏、赫胥氏、尊卢氏、祝融氏、伏羲氏、神农氏，当是时也，民结绳而用之'耶？曰，谓其民结绳而用之，非谓夫十二氏也。夫容成氏者即庸成氏，《穆天子传》称群玉之山，庸成氏之所守，先王之策府，《左氏传》亦称大庭氏之库。而伏羲书卦，神农教令，皆载籍所称，则十二氏非无文字，明矣。大抵民智之难开，古今中外一揆。……由此观之，可知吾易曰上古结绳而治，后世圣人易之以书契，百官以治，万民以察（《淮南子·泰族训》云"苍颉之初作书也，以辩治百官，领理万事，愚者得以不忘，智者得以志远"。义同）。读者正当注目于百官万民四字（《国语》《戴记》俱称黄帝正名百物，明民共财，亦同）。盖邃古之时有文字久矣，必待至黄帝之世，而文字始遍用于百官万民。犹之日本，自中国晋武帝太康六年，百济王仁已赍《论语》《千字文》往教，而必待至中国唐代宗大历六年，遣学生吉备朝臣真备来学后，陆续作片假名、平假名，乃始成官府商贾通行之文也。顾自来读《易》者，第知注目结绳二字，遽谓结绳之治告终以前无文字，因无文明，岂不悖哉。"

② 顾实《中国文字学》："《文心雕龙》曰：'契者，结也。上古纯质，结绳执契，今羌胡征数，负版结绳，其遗风也。'（《书记篇》。苍颉初亦或因有版，而加之文字为书契。）是则先梁相承，皆以绳索为训也。更考诸吾国旧有习惯，婚媾有'结发''同心结'诸语；而俚俗戏语，犹相谓'毋忘，绾衣带作结记之'。"

③ 刘大白《国文文字学概论》："书就是箸，也就是刻画的画；契就是栔，也就是刻画的刻。"

④ 雷通群译《言语学大纲》："非洲之加斐尔人及澳洲之土人等，每命使者他适，通传意志时，则用一种木棒，特称为'使者之棒'（Messenger Stick）。此棒普通用树枝为之，当使者远行，主人则将所命若干件事，照数刻于棒上，以备遗忘。其中有种种样式，倘使者忘记件数，接棒者细察其刻目，亦能领会主人之真意。"

引用契券，以为信约的。[①] 即使文明社会中，文字通行之后，还有留存这种质契的遗迹。[②] 中国古时质契的制度，现在可以考见一二，而想见太古时代的风俗。[③] 这种契刻的形象，大都是一些象征的符号，并不一定有音可读，和语言方面没有什么深切的关系；所以我们不能完全认为真正的文字。[④]

中国古代相传的八卦，大概也是一种刻画，未必是抟土制作而成的。[⑤] 八卦利用⚊ ⚋两种符号代表阴阳两种原动力，宇宙间错

---

① 严如煜《苗疆风俗考》："为契券，刻木以为信。"陆次云《峒溪纤志》："木契者，刻木为符，以志事也。苗人虽有文字，不能皆习，故每有事，刻木记之，以为约信之验。"诸匡鼎《猺獞传》："刻木为齿，与人交易，谓之打木格。"方亨咸《苗俗纪闻》："俗无文契，凡称贷交易，刻木为信，未尝有渝者。木即常木，或一刻，或数刻，以多寡远近不同，分为二，各执一，如约时合之，若符节也。"非洲及澳洲土人亦有此俗。

② 如英国所用之"公债符筹"（Tally），苏格兰之"刻筹"（Nick-Stick）等；往时北欧人所用之"楞历"（Clog Almanac），颇与北美印第安人所用之"诸神记录"（records of the gods）相似。详蒋善国《中国文字之原始及其构造》第一编。

③ 《释名》："栔刻也，刻识其数也。"《说文》："契，大约也，从大，㓞声。""券，契也。券别之书，以刀判其旁，故曰契券。"《周官·秋官司寇》："凡大约剂，书于宗彝，小约剂，书于丹图。"《春官宗伯》："凡邦国都鄙及万民之有约剂者藏焉。"《天官冢宰·小宰》："四曰，听称责以傅别，……六曰，听取予以书契，七曰，听卖买以质剂。"郑注："称责，谓贷予；傅别，谓券书也。听讼责者，以券书决之傅，傅著约束于文书别；别为两，两家各得一也。……书契，符书也。质剂，谓市中平贾，今时月平是也。……傅别谓大手书于一札，中字别之，书契，谓出予受入之凡要。凡簿书之最目，狱讼之要辞，皆曰契。《春秋传》曰：'王叔氏不能举其契。'质剂，谓两书一札，同而别之。长曰质，短曰剂。傅别质剂，皆今之券书也，事异，异其名耳。"《地官司徒·质人》："凡卖价者，质剂焉。大市以质，小市以剂。掌稽市之书契。"郑注："质剂，月平贾也。质大贾，剂小贾。……书契，取予市物之券也。其券之象书两札，刻其侧。"《墨子·公孟篇》："是数人之齿，而以为富。"俞樾《诸子平议》："齿者，契之齿也。古者刻竹木以记数，其刻处如齿，故谓之齿。《易林》所谓符左契右，相与合齿是也。《列子·说符篇》：'宋人有游于道，得人遗契者，归而藏之，密数其齿，曰：吾富可待矣。'此正数人之齿以为富者。"

④ 此等刻文与结绳之记号仅有关于思想，无关于语言。本 T. G. Tucker，*An Introduction to the Natural History of Language*，Chap. Ⅲ。

⑤ 蒋善国《中国文字之原始及其构造》："《乾坤凿度》，本属伪书，其以八卦为古文，固不足信。大抵以☰☷等画，代表天地等现象，初用以记寒暑水旱等一年间所经过之天时，或记牛马犬豕谷贝一己所有之财产，犹如昔日北欧人之'楞历'，或中国所用之'九九消寒图'。实非古文，后又因之以为占卜之象，故卦之本字为圭，后如卜边，《汉书·历律志注》引应劭云：'圭自然之形，阴阳之始也。'近人马叙伦以圭字《说文》谓从二土，谓八卦系土所作，缘伏羲将土抟成⚊ ⚋之形，重叠之，成为八卦，并非用笔作画（见《国文学会从刊》一卷二期《六书之商榷》）。然即使八卦系伏羲以土作成，亦不能决其必不可画。"

杂纷繁的事物，都可以用这简易的符号相互配合的来表示。[①] 依据了数学的知识和哲学的思考把⚊ ⚋演成八卦，每一种卦象可以代表许多类似的事物。又把八卦相互的重叠，演成了六十四卦，三百八十四爻，以代表宇宙间一切事物。[②] 后又利用卦象的解释来作占卜的根据了。原来是初民理智的产物也变作宗教上的应用；正如对于文字神秘的信念同样的心理。[③] 从前往往把八卦认为文字。[④] 后世更从字形上作牵强的附会。[⑤] 这种说法，真是荒唐

---

① 《易·系辞》："物以类聚，方以群分。""其称名也小，其取类也大。""易简而天下之理得矣。"《说卦》："乾为马，坤为牛，震为龙，巽为鸡，坎为豕，离为雉，艮为狗，兑为羊，乾为首，坤为腹，震为足，巽为股，坎为耳，离为目，艮为手，兑为口。……乾为天，为圜，为君，为父，为玉，为金，为寒，为冰，为大赤，为良马，为老马，为瘠马，为驳马，为木果。坤为地，为母，为布，为釜，为吝啬，为均，为子母牛，为大舆，为文，为象，为柄，其于地也为黑。……"

② 蒋善国《中国文字之原始及其构造》："☰所以象征物之阳刚者，天、圜、君、父、首等，事实上虽绝不相同，但皆含有纯阳性之情调，故归为乾类。☷所以象征物之阴柔者。地、母、布、釜、腹等，事实上虽绝不相同，但皆含有纯阴之情调，故归为坤类。此种独体之符号，皆代表天然界之种种现象，或物象所引起之意象或观念。至其六十，四种合体之符号，则因天然之现象，合之以象征其所引起之意象。如☲为火，☵为水，乃两种物象。而䷿为未济，象征失败，䷾为既济；象征成功，乃两种意象。后世圣人由此物象意象，又生出其他新意象……例如䷺(涣)代表一'风行水上'或'木在水上'之意象。后人由此意象忽想及一'船'之意象，因以造船；故曰'刳木为舟，剡木为楫。……盖取诸涣。'䷽(小过)代表一'上动下静'之意象，后人睹此观念，忽想及一种上动下静之物事之意象，因此以造杵臼；故曰'断木为杵，凿地为臼……盖取诸小过'。……以及六十四章《象传》均属此理，如䷃(蒙)系一'山下出泉'之意象，山下出泉，乃水之源，后人见之，遂生一'儿童教育'之意象，故曰'蒙，君子以果行育德'。䷫(姤)代表'天下有风'之意象，后人因此想及'天下大行'之意象，于是造出'施命诰四方'之制度。"详胡适《中国哲学史大纲》上卷。

③ 参看本文第205页注释①。

④ 《易纬·乾凿度》："☰古文天字，☷古文地字，☴古风字，☶古山字，☵古水字，☲古火字，☳古雷字，☱古泽字。"

⑤ 赵曾望《窕言》："伏羲画八卦，为万世文字之祖。人皆知其然，未必皆知其所以然也。夫八卦之画，有何文字画？盖因而屈曲之，因而转移之，因而合并交互之，而文字肇兴焉。如乾三连，☰也，屈曲之则为，合并之则为矣。坤六断，☷也，屈曲转移之则为，合并交互之，则为。"刘师培《文学教科书》："八卦为文字之鼻祖。乾坤坎离之卦形，即天地水火之字形。试举其例如左：乾为天，今天字草书作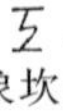，象乾卦之形。坤为地，古坤字或作巛，象坤卦之侧形。坎为水，篆文水字作，象坎卦之侧形。离为火，古文字作，象离卦之象。"

不经，已经遭人指斥过了。[①] 又以作八卦的伏羲氏，也推为创造文字的人物：这种传说的来源，并没有确实的根据。[②] 近人更有主张中国人种西来之说的，就以为八卦是巴比伦的楔形文字，《易经》一书是西方古国传来的一部语汇。[③] 我们现在从形象上观察，楔形文字和八卦绝不相类。[④] 又卦爻上所推衍的辞语，原来意义极为

---

① 章炳麟《国故论衡·小学略说》："或言书契因于八卦，水为坎象，巛则坤图。若尔，八卦小成，乾则三画，何故三画不为天字？又言始一终亥，是即归藏。循是以推韵书始于一东，何知非帝出乎震，为大一下行九宫之法乎。《尔雅》始于初字，初者裁衣之始，复可云取诸乾坤，垂衣裳而天下治耶？"

② 吕思勉《中国文字变迁考》："《尚书伪孔传序》特创异说，以伏牺为造字之人。其说曰：'古者伏牺氏之王天下也，始画八卦，造书契，以代结绳之政，由是文籍生焉。伏牺、神农、黄帝之书，谓之三坟，言大道也，少昊、颛顼、高辛、唐虞之书，谓之五典，言常道也。'与诸家说皆不同。伏牺造字之说，前无所承。或谓实出许序。顾许意特以见'庶业其緐'，其来有渐；伏牺垂宪，仅资画卦，其治较结绳更简耳；非以作八卦为造书契张本也。然《伪孔》之说亦有由来。彼其意，盖欲以《三坟》《五典》，为三皇五帝之书，又欲以伏牺、神农、黄帝为三皇，少昊、颛顼、高辛、唐虞、尧舜为五帝，其说实远本贾郑。特贾、郑虽以《三坟》《五典》为三皇五帝之书，而未尝言三皇中黄帝耳。……至《伪孔》说出，乃去三皇中之燧人，而升一黄帝，以足其数。于是黄帝、颛顼之间虽增一少昊，而五帝仍为五人矣。此实其说之弥缝而益工者也。然《周官疏》云：'文字起于黄帝，今云三皇之书者，以有文字之后，仰录三皇时事。'则贾、郑虽以《三坟》《五典》为三皇五帝之书，犹未言三皇时有文字；而伏牺造字之说，实出《伪孔》矣。"

③ 法人拉克伯里(Terrien de Laencperie)谓"八卦，即巴比伦尼亚楔形文字之变形，而《易经》一书即来自加尔底亚(亦译作迦勒底即中国之葛天)之语汇"(见日本白河次郎、国府种德合著之《支那文明史》)。其说离卦，谓离之一字有数多之意义，古本一离字，后世演为多字，其义即载于《易经》卦辞、爻辞中，如言"畜牝牛"即后世之犛字也，初九言"履错"即缡字(《说文》以丝介履也)，谪字(《玉篇》欺谩之言也)。六二言"黄离"即離字也之类。参看顾实《中国文字学》第一章第二节。

④ 陈汉章《中国通史》："或谓八卦即巴比伦之楔形文字。试问巴比伦始造尖㨗文字，在西历纪元前二千一百四十七年，当中国帝挚时(《四裔年表》帝挚八年)，能与伏牺时时代附合乎？"柳诒徵《中国文化史》："至以八卦与楔形字为一源，则无论年代不合。但以卦象与楔形字比而观之，一则有横无纵，而数止于三。一则纵横兼备，而笔画亦无定数。虽至愚极浅之人，亦可知其不类也。"又："世人附会中国西来之说，谓八卦即巴比伦之楔形字。愚谓卦象独具横画，不作纵画，实为与楔形字之极大区别。楔形字或纵或横，且多寡不一，故亦无哲理之观念。八卦之数止于三画，又以一画之断续，分别阴阳；而颠倒上下，即寓阴阳消息之义。故八卦可以开中国之哲学，以⚊为太极，以⚋为两仪，以☰为天地人。举宇宙万有悉可归纳其中。虽伏牺画卦时，未必即有此意。然文王周公能因之以推阐，实亦由八卦之简而能赅所致。使世人观玩巴比伦楔形文字，虽极力附会，必不能成一有系统之哲学也。"

涵括，自然很容易和文字上的一音多义作附会的牵联。[①] 中国和西亚古代的文明，有无关系，在历史上并不能寻出确实的证据。[②] 即在考古学上也只能断定中国文字是由中国人所创造，也没看出一点西来的痕迹。[③] 因为八卦的构造，虽然和中国六书的义法有

---

① 刘师培《小学发微》："试用拉克伯里氏之例，解坤屯二卦，坤卦古文本作申字，初爻言履霜，即解释神字也。（郑注读履为礼，即祀霜神也，此其证。）二爻言直方大，不习无不利，即解释陈字也。（陈字本从申字，习训为重，陈字亦有重义。）三爻言从王事，即解释伸字。（从王事，则身见用，故为伸字。）四爻言括囊，即解释呻字也。（呻训为吟诵，从口，申声，而括囊亦指口言。）五爻言黄裳元吉，即解释绅字也。（绅以束裳。）六爻言龙战于野，即解释电字也。（阴阳相斗，则成雷电，雷字亦从申。）是神陈等字，皆由申字引伸。屯字训难，亦非名词。初爻言盘桓，二爻屯如邅如，即解释迍字钝字也。（有迟延不进之义。）三爻言即鹿无虞，惟入于林中，即解释杶字也。（杶为成林之木。）四爻言乘马班如，即解释纯字也。（班为杂义，通作斑，纯为不杂之文。）五爻言屯其膏，即解释肫字也。六爻言泣血涟如，即解释顿字也。（顿首泣血皆为凶礼。）是迍纯等字，皆由屯字引伸。又如巽卦，初爻言利武人之贞，即解选字也。二爻言用史巫，即解撰字也。四爻言田获三品，即解篹字也。六爻言丧其资斧，即解馔字也。余卦可由此类推。大约《易经》六十四卦，为文字之祖矣。"

② 译丁谦《中国人种从来考》，陈汉章《中国通史》。拙译高本汉《中国语与中国文》："其中第一种方法是十九世纪某几个学者所采用的；他们依着那时思想界上流行的趋向，以为文明很少是土产的，一种文明的产生，大都不是由一种民族自己发展出来，乃是从各种民族里因迁徙移民而聚集的结果。这几个学者，想把中国语和西亚的某几种语言联合起来，就假定西元前三千年时，有一种民族从中央亚洲迁徙到现在中国的北部，利希陀芬氏曾经悬测原始中国民族迁徙的途径；利氏是个著名的地理学家，而并不是支那学者。拉克伯里氏也曾经竭力证明：中国民族原来居住于巴比伦尼亚附近，因得习楔形文字，后来渐渐加以变化，以至发达为中国文字。这几家学说是苦于没有确实的证据，所以都不能成立。说中国语和西亚各种语言有关联的地方，到了现在还是说明不出来。"

③ 高本汉 *Philology and Ancient China* 第二章："依据我们现在所晓得的，我们可以断定现在中国文字完全是中国人自己发明的。几年前瑞典探险家安特生（J. G. Anderson）在中国几次考古上的大发见，从石器时代递嬗而下，发掘六种不同的地层，乃是纪元前三千年至二千年的遗迹。当时的文化确曾一度受过西洋文化很强的影响，尚不难有蛛丝马迹可寻。有许多陶器上的图饰，酷像在阿那（Anou）及苏萨（Susa）所发掘的新石器时代的风俗，我们很难把他在文化的关系上摈而不论；纵不必说当时西部曾有移民于中国之事，而商业上与文化上的交流，我们总不能忽视的。但是这几次丰富的发见中，并没有遇到文字上的遗迹，所以我们敢断定中国文字决非由西亚分化而来，即其原始字形，亦为中国人自己的创作。"

些相似的现象，[1]至多也只能说两者的演化或许在古代有互相助长的趋势。[2] 八卦是纯粹象征的符号，关于哲理的，并非如文字是代表语言，民间实用的，两者无论如何总不能归为一谈。

（四）文字与绘画

刻契的形体，可以分做象征的符号和写实的图画；前者比较简单，后者比较明晰。刻画的演化，大概最初也是由简括的符号渐渐进而为复杂分明的图画。[3] 但是在人类史上，绘画的发达实在很早，从后石器时代的洞壁崖石上种种图形看来，可以知道那时绘画的技术已经很精巧了。[4] 而和绘画有关系的雕刻也同时并进。[5] 最

---

① 王鸣盛《六书原本八卦出非一时》："《说文》许慎《自序》开首从庖牺氏作易八卦叙述起，然后继以神农氏结绳为治，黄帝史仓颉造书契，盖未有书契，先有八卦。八卦为六书原本，出非一时。《伪古文尚书序》以书契与八卦同时而造，俱出伏羲，非也。"顾实《中国文字学》："试征八卦已包有六书之义法，乾坤二卦之阳奇（⚊）阴偶（⚋）二画，即构成八卦之原质，于六书为指事，一也。坎离二卦，或谓为水火二篆之变形，(《汉孳室文钞》二，释篆文火字)则象形也，二也。此外，八卦因而重之，则为会意转注。每卦一声多义，则又可流而为形声假借，三也。是八卦包有六书之义法，可不谓曰已具体而微哉？"

② 顾实《中国文字学》："《春秋命历序》分开辟至获麟为十纪，非无本之古史也。其第八因提纪遂人作河图，第九禅通纪末之伏羲因之作八卦(《三国志·魏三少帝纪》)。而禅通纪之首皇仓颉作书，及第十疏仡纪之黄帝史仓颉复作书。兹二流者，盖有相互之关系也。"

③ 刘大白《文字学概论》："图画是比较繁复分明的工作，比用结绳的方法作简单浑括的记号难得多，要到发明了刻画记号的方法以后，更进一步才能发明图画的方法。先有记号，后有图画，正合从简单到繁复，从浑沦到分明的进化通则相合。所以我们可以知道，文字是发生于记号和图画二源的，而记号一源，更早于图画。换句话说，也可以说图画是由记号演进的。因为把简单浑沦的记号，渐渐地繁复分明起来，就渐渐成为图画。"

④ 韦尔斯《世界史纲》第九章："最初之真人类皆能绘画，且图绘精能，出人意外，可助吾侪证明其人类天性确已存在。虽不免为野蛮人，而皆有美术之观念。其绘图之佳，在历史以前，无有能及之者，就所得之洞穴及摩崖，绘以壁画。其所绘之画，使人种学者见之，如黑暗中获一线光明。又能于骨与鹿角上作画，且雕刻小形。"

⑤ 韦尔斯《世界史纲》第九章："此后石器时代之民族从事图绘历时甚久，其技术亦屡屡变更。……其雕刻术之发明，与绘事同时。……其中亦有象牙或滑石雕像；中有极肥硕之女体，……其像颇似布西曼妇人。古时雕刻人类，多含滑稽，故作人像不如动物像之有生气而毕肖也。"

初的绘象和雕象大都出于美术的嗜好，并不一定专为实际记录的应用，但是我们也可因以窥见原始人类生活的状况，当然其中包含有记录的功效。① 初民社会上，以图写自然界的实物，尤其对于牛羊熊象等野兽一类的写生，最感兴趣。② 中国古书记载上的传说，也以图象的产生，出于模仿自然。③ 久而久之，晓得利用这种图象来做他们部落或个人的徽号，来做他们实物或地方的标记，实在是图腾社会一种显著的表征。④ 于是写实的图形，一方面也当做象

---

① 韦尔斯《世界史纲》："此后石器时代人不惟以精妙之图画使后人知其生活，并且在其墓中留下一切状况，使吾人可得考察焉。彼辈盖有葬礼，多以装饰品，武器，及食品殉葬，用各种颜色以涂死者。或者其生时有文身之俗，涂绘为其生活之要事乎？彼辈好绘成癖；所用多黑色、棕色、红黄白之颜色，至今尚保存于西班牙，法兰西等处之洞中。在近世诸族中，未有天性好画如是之甚者；惟美洲土人稍似之耳。"

② 韦尔斯《世界史纲》："今有古代写生数事，可见其对于野牛、马、野山羊、熊，及驯鹿之兴趣。其初所作图画甚粗陋，如今儿童所绘者，四足动物则画作前一足，后一足，以他面之一足，不易绘也。最初绘画殆如儿童，随意涂抹。野蛮人以尖石刮写滑石，以为记号。……其初期之画，只能画单独动物，至于一群，则为其所不能。然其技与时俱进，后此所绘兽类乃惟妙惟肖，然当其绘术极盛时仍只知作侧面图如儿童所画，表示背景之法则非彼辈思力所能及，自绘其形者极少。大多数皆绘动物。毛象与马最为普通。"

③ 《易·通卦验》："伏犧方牙、苍精，作易，无书，以画事。"张彦远《历代名画记》："史皇黄帝之臣也，始善图画，创制垂法，体象天地，功侔造化。云见《世本》。"《书序疏》："阴阳书称天老对黄帝云：凤皇首文曰德，背文曰义，翼文曰顺，膺文曰仁，腹文曰信。又《易·系辞》云：河出图，洛出书，圣人则之。是文字与天地并兴焉。"张怀瓘《书断》："道家相传则有天皇、地皇、人皇之书，各数百言。其文犹在，象如符印，而不传其音指。且戎狄异音如邈，会于文字，其指不殊。禽兽之情，悉应若是，观其趣向，不远于人。则知凡庶之流，有如草木鸟兽之类，或蕴文章。又霹雳之下，乃时有字，或锡贶之瑞，往往铭题；以古书考之，皆可识也。"吕思勉《中国文字变迁考》："此二说，论文字出于自然，为人心之所同，非必圣哲乃能创造，则于理极合。……非无知之物，能与人造之字相符；乃人造之字，不得不有取于自然之文耳。夫自然之文，则所谓分理之可相别异者也。故古代文字实原于图画。"

④ 蒋善国《中国文字之原始及其构造》第一编第二章："文字至绘画时期，人类对于权利之观念，渐次明了；个人之财产土地荣誉、权力、职位等，因与他人或团体者有别，故代表个人特用之各种图形，亦渐广其用。交易时代，如个人以其所制造之器物，或所豢养之牲畜与人交易时，则作特别记号于其货物之上，即商标最初之用意也。英人伊文斯于克雷特发见西历纪元前二二〇〇年至前一五〇〇年之古物，中多各种花纹之石印或花泥印，系标明各物主特别之记号者。……今所发见各种族之绘画文字，虽间有不易解者，而或系禁咒符谶，或为图腾标识，或系记载古谭，或为记载古人及本族之历史，……约均有充分之意义，蕴于其中。"参看蒋君原书。《国学丛刊》一卷二期陈钟凡《文字学上之中国人种起源考》："《说文》云，'夏，中国之人也；蛮，南蛮，它种；闽东南越，它种；狄，北狄也，本犬种；貉，北方貉，豸种也。羌，西戎，夷，东方之人也。'…… （转下页）

征的符号，一方面又扩大他应用的范围，以为事实记录和意志传达的工具，渐渐发展成功一种“绘画语”(picture language)。[①] 这种绘画语，在初民社会上很为流行，我们可以从遗留的刻画和现代野蛮人所用的图象上，窥见他们表现的方法。[②] 中国原始极古的绘画，还没有大宗的发现；考古上所得种种器具里的纹样，是否和中国文字有直接的关系？现在也不能断定。[③] 不过从古书上的记载来推测，绘画确是包含有记录的应用。[④] 还具有诏告传示的意义，在政治和教育上，认为是有很大的功用的。[⑤]

(接上页)其称蛮闽为蛇种，狄为犬种，貉为豸种，朱君谓视同禽兽，轻蔑之辞。窃谓图腾(totem)社会之原人，每以其地习见之物为图腾，如近世德人以鹫，安南人以象，为其国徽者然。则蛇种云者，以蛇为图腾之人种，犬种豸种云者，以犬豸为图腾之人种也。”

① 参看乐嗣炳《世界语言学大意》。

② 详蒋善国《中国文字之原始及其构造》第一编第二章。

③ 中山大学《语言历史学周刊》第一二五至一二八期，闻宥《中国文字之本质的研究》：“中国石器时代的遗物，现在已经发现的还不多，图画更没有看到；所以要找清楚原始图画和原始文字间的距离，似乎还不可能；原始文字的始于何时，现在也还不能决定。不过依据安特生在甘肃所得辛店期的陶瓮上的纹样看，已经找得出和后来铜器上的‘图绘’相似的痕迹。”徐中舒《中国文字学本论》：“我国文字中的鸟兽诸字，仅显示其侧面的状态，其别一面，则隐而不见，我们有了这个条例，我们就可以改正许书许多错误。我们再看新出的《甘肃考古记》所载的陶器上的文字画，如：  ，我们又可以断定古代甘肃文化与中原不同。用此陶器之人也决非吾中华民族。”

④ 蒋善国《中国文字之原始及其构造》：“此种简单绘画，在中国虽无实体发掘，而由记载中，亦多可推测其一二。如唐韦续《五十六种书法》谓太昊庖牺氏获景龙之瑞，始作龙书。《路史》亦称太昊伏羲氏以龙纪官百师；服皆以龙名，作为龙书，此伏牺见龙而作书，其龙书即系图龙形以志喜也。……韦续《书法》谓夏后氏作钟鼎书，以钟鼎形为象。又谓周文王时赤雀衔书集户，武王丹鸟入室，以二祥瑞，故作鸟书，又谓周法鱼书者，因素鳞跃舟所作。凡此钟鼎鸟鱼诸书，亦皆图其物之形也。此虽为后人所载，非原始史料，然足以略明中国古代图形之迹，则不可诬也。独惜仅见其书名，未有能见其实形耳。”

⑤ 章炳麟《訄书》：“吾闻斯宾塞尔有言，‘有语言然后有文字’，文字与绘画，故非有二也，皆昉乎营造宫室而有斯制。营造之始，则昉乎神治。有神治，然后有王治。故曰‘五世之庙，可以观怪’。禹之铸鼎而为离魅，屈原之观楚寝庙而作《天问》，古之中国，尝有是矣。奥大利亚与南亚非利加之野人尝垩涅其地，彤漆其壁，以为画图。其图即生人战斗，与上古之异事，以敬鬼神。埃及小亚细亚之法，自祠庙宫寝而外，不得画壁，其名器愈陖。当是时，布政之堂与祠庙为一，故以图为夬之政，以扬于王庭。其朝觐仪式绘诸此，其战胜奏凯绘诸此，其民志驯服绘诸此，其顽梗方命，终为俘馘绘诸此。其于图也，史视之，且六典视之。而民震动恪恭，乃不专于神；而流眺于图，见图则奭然师保踈其前矣。君人者藉此以相临制，使民驯扰，于事益便。”(《订文篇》，今《检论》稍删节)

中国文字具有美术的意味，源出于图画，固然是无可置疑的了。① 现在所应讨论的问题，就是绘画语和真正文字之间究竟有什么分界？绘画上写实的图形怎样会演进成为代表语言的文字？原来最初的绘画是直接传示思想，和语言分道并进，各不相关的。② 又绘画的效用，只是客观的描写，从形体上虽然可以直接得到具体的映象，却很难表现抽象的意义，很难传示时间的观念。③

---

① 章炳麟《訄书》："顷之，以图画过繁，稍稍刻省，则牛马凫鹜，多以尾足相别而已，于是有墨西哥之象形字。其后愈省，凡数十画者，杀而成一画，于是有埃及之象形字。凡象形字，其沟陌又为二：一以写体貌，一以借形为象，所谓人希见生象，而按其图以得仿佛者也。乃若夫人之姓氏，州国山川之主名，主形者困穷，乃假同音之字以依托之，于是有谐声字。则西域字母根株于是矣。人之有语言也，固不能遍包众有，其形色志念之相近者，则引伸缘傅以为称。俄而聆其言者，眩惑如占覆矣。乃不得不为之分其涂畛，而文字以之孳乳。故数字之义，祖祢一名，久而莫踪迹之也。"儿岛献吉郎《支那文学史纲》："支那文字以象形为基础，而指事、形声、会意，皆含有一部分之象形。象形与图画只有精粗之异耳。试观郭璞《江赋》通篇文字中，以水为偏旁者，占十之五六。水，象形字也，则满目滔滔，长江万甲，流三江，注下湖之象，洋溢于纸上。更观司马相如之《上林赋》。篇中叙山者，崇峨崔巍崭岩崛崎等字，皆冠以山。叙鱼鸟者亦如之，皆冠以鱼鸟之偏旁，山与鱼鸟，皆象形字也。故一篇文字，全体生动，善写高山绝峰，峻极于天之雄势，易使人想见鸟飞天，鱼跃渊之活境，皆于文字之构造，含有图画性质之所致。想见上古帝王之于鼎彝铭刻，虽曰道德上之鉴戒，抑亦藉此图画的文字，为美术之模范也欤。"

② 雷通群译《言语学大纲》："追溯人类造字之先祖，并未料及文字有偌大的效能，始苦心构匠也。不论何种文字，其发端总不离绘画或象征的符号，遽经演进，始成文字之真形。当其用绘画或象征的符号时，不过单为直接表示观念与思想起见，并非遽用为表示言语声音之符号也。然则太初之文字，简直言之，并无创作性质之可言。文字与言语，在太初时代，两者各循一轨，分道而驰，一则诉于视官，一则诉于听官，其传达思想之目的虽同，而发达之途径自异。"《立达季刊》一期陈望道《修辞学的中国文字观》："假若追溯源头，文字实与语言相并，别出一源，决非文字本来就是语言底记号。人们知道用声音表思想，也就知道用形象表思想。知道从口嘴到耳朵的传达法，一面就又知道从手指到眼睛的传达法。"

③ 《国学丛刊》一卷二期陈钟凡《古代图绘文字之异同及其分合》："此类符号较之图绘虽形体及性质，彼此乖异。若就施用言之，其相同之点有二：1. 替代语言。语言限于时空，不能传于异方异时，图绘符号两者皆能代之以应用。此其相同者一。2. 发表思想。语言直接发表意志，图画文字两者间接发表意志者也。此其相同者二。其殊异之点亦有二端：1. 图绘为差别的，符号为普遍的。山川人物之图，各表一体，不能彼此互用。而符号中之字，可以表数，可以表天地，较为普遍也；2. 图绘为具体的，（转下页）

所以要扩大他应用的范围，仍旧不能不参入文字学一些简单的符号。图画的形象，大都有固定的笔画，表现的意义也没有确定的范围；往往一幅画图，可以代表语言上特殊的一句，而发生许多种的解释。① 由绘画演成真正的文字，必须和语言结合之后，在书写上分析为单个的固定的形体，在音读上，又是代表独立的确定的语词。② 文字和绘画的区别，也可以从他和语言的关系上来

(接上页) 符号为抽象的，图绘以定形表示，为具体的。符号则为抽象的。若较其利弊，则短长互著，亦有四端可言：1. 符号表意不如图绘明显。符号为抽象的，舍表示数量外，以之表象，表德，则不如图绘明显。2. 符号含意不如图画丰富。符号虽为普遍的，然集合无数符号，不能表一事实。图绘则摹拟史迹，纤悉靡遗，故其含义较符号为富。3. 图绘为空间的，不能表示时间。亀甲文四月作  。五月作 。六月作 。八月作 。九月作 。十月作 ，。十一月作 。十二月作 。正月作 。盖图绘仅能表空间之 ，至时间则不得不借符号以示之也。(英人泰勒《进化论》载北美洲须比利湖畔掘土得石刻，绘一王者引兵渡河，而其旁图日轮者三。表三日方济此水。推之《淮南子》言：'尧时九日并出，尧命羿射之。'或亦误曾此项类似之图而言之也。)4. 图绘复杂，不如符号简单。古代简牍之用未兴，镂金刻石，事非易就。故图绘之用，惟施诸武功宗教诸大端，不如符号之简便也。"

① 雷通群译《言语学大纲》："据加贝伦氏之说，则谓凡'能读'者始为文字；至如绘画与象征等，虽可领会，而不能读。假如现有一画，描写一间屋与一棵树，若问阅者此为何意，甲则谓是'一间屋与一棵树'，而乙则谓'树下有一屋'，丙之意见更或不同。夫同是一画，阅者间生出种种解释，且各说之理由均正当。此何故也？盖画意只表示事物，而非表示言语，故只能解释而不能读。若文字则直接表示言语，且惟得言语之媒介，始能真正领略文字之真意。"

② 参看 T.G. Tuckers *Introduction to the Natural History of Language* 第三章，塔刻氏谓绘画的形成文字，乃以各个固定之画图代表各个固定之语词，已成习惯；古代种种图画文字，皆分别替代单个之语词，且可表示抽象之意义，盖已脱离语句之全体分析为单个之语词矣。雷通群译《言语学大纲》亦谓："加贝伦以'能读'为文字之特征，其说甚碻，氏又谓文字与绘画间，更有一显著之区别点，例如'绘画文字'者，普通认为介乎文字与绘画之间；然既作文字用，其性质已脱离纯粹的绘画范围之外，且其形已成固定的，只用线画示意，此所以与寻常绘画不同，试观古代埃及之绘画文字，其中所绘狮子与鸟枭之形，均不分大小，且仅具线状之形，总不能不认为文字。此外如中国古代及亚西里亚巴比伦等国之文字，皆可下同一之解释，即均近于文字而不近于图画的也。"

判定的。[①]

(五) 文字与语言

绘画和符号与语言结合之后,才能正式成为文字,才能具有确定的意义;所以通常的文字无论是衍形的,或衍音的,总是用来代表语言的。[②] 语言本是用音读的记号来表示意义,而文字又是用书写的形体来代表语言上的读和意义;大都各个字体就是代表语言上的各个语词。[③] 所以文字可说是一种"记号之记号"(symbols of symbols)。[④] 据人类学家的研究,书写上记号的产生,未必定在通常语言的形成之后。[⑤] 但是,单是用刻画的形象直接表示思想,要是在口语上仅有相当的音读。那末,这些形象只是一种绘画和

---

① 闻宥《中国文字之本质的研究》:"纯粹的图画和类似图画的原始文字,这二者之间又有甚么明晰的界画呢?关于这一点的解答,以言语学者迦伯林兹氏(Gabelentz)所说的为最好,迦氏的意思,以为必须能读的才可以称文字,譬如这里有一幅图画,画的是一间屋和一株树,看的人可以有种种不同的解说,而且为了各国言语的不同,即使在同一的解说中也还可以发种种不同的声音,因为他本身所示,本不过是'事物的',而不是'言语的'。反之若是文字,那末所表示的必定是'言语的',所以文字惟有由了言语的媒介才可以理解。除了这个标准以外,还可以从它们制作上看出一个不同之点。就是文字的制作离开纯粹图画性质,而把一切纳在一个型式里的,而且所用的只是一种线画,这只要看埃及神圣文字(Heroglyphic)中狮子和枭的大小差不多;而便是画得十分精巧的场所,所有的终不过是一种线状的外表,便可以看出他和纯粹图画不同的所在。"参看闻君原文。

② 参看本文第 203 页注释①。

③ 参看本文的第一篇一(三)。

④ Edward Sapir's *Language An Introduction to the Study of Speech* 第一章:"眼看的记号最重要的是书写的印刷的字体。这种字体正是代表语言上的各个语词。所以书写的形式正是口说记号第二次的记号——记号之记号——而它们彼此紧密的联络,不但在理论上,即在实际眼看或某种思索的情形上不用音读时,也是代表口语上的记号的。"

⑤ 韦尔斯《世界史纲》第十三章第一节注一:"Arthur Enans 谓美洲土人符号文字之兴起较语言为早,因符号文字凡土人皆相同,而语言则皆互异也。见所著 *Anthropology and the Classics*"。

象征的记号，不能算为真正的文字。[①] 中国字体固然有许多可以从形体的本身上显示一些意义，但是在语言上总有他们相当的语词；而纯粹表音的字体，在书写上也当然具有他们的形体。所谓文字，他们的形式和实质，总是包含有形音义这三方面的。[②]

真正文字的产生，既然根据于语言的表现作用，我们就可以依着语言发展的程序来考察文字演进的由来。据人类历史上的推测，最初语言里只有少数的叹词和名词，而且意义并没有现在这样的确定，直到后来渐渐发展成为表示行动、关系、数目等的语词。[③] 我们从语言学上立论叹词纯为表音作用，没有确定的实质的意义；所以语言里正式的语词，最初应当是具体的名词，后来渐渐发生状词、动词、介词、联词等，因为人类心理发展的程序，必须先具有"实体"的观念，才能成立"性状""行动""关系"等等的观念。[④] 中国学者也有"表实之名在先，德业之名后起"的假设，不过他们常常依文字构造的程序来推测语言，而不是从语言的发展来考定文字，终究

---

① 雷通群译《言语学大纲》："诉于视官的符号，果使永久与言语分离，单为直接表示思想的工具，其势必至仅成一种绘画或象征而止，卒不能达到今日所谓文字的地步。文字之所以能有今日者，皆由视官的符号与听官的声音逐渐相结而来。今日之所谓文字者，实指其言语脉络相通者而言，非指脱离言语范围之文字也。"

② 参看本文的第一篇一（三）。

③ 韦尔斯《世界史纲》第十三章第一节："初民所用之字，大率自惊恐感触而喊叫，或就实物而取以名，或因物声以效之。最初语言殆由少数此种之字集成；多感叹词与名词，其名词或视音之高下而表示其不同之义，如古石器人有'马'字或'熊'字，彼必以音之高下与姿势以表明'熊来'，'熊去'，'熊被人猎'，'死熊'，'熊在此'，'熊作此'等等。人之用正式方法，以表示行动与关系，发达甚为迟缓。近世语言，字以千计，古时之言语则仅数百字而已。……其计数方法除于双数表示'二'，及以某种方法表示'多'外，别无他法。语言之发展其初极迟缓，至于文法与表示抽象观念之发达，在人类史上，不过四五百代以前之事。其迟晚盖亦甚矣。"

④ 语言学上把语词分为实体（words of substance）、性状（words of quality）、行动（words of action）、关系（words of relation）四类。至于表情作用的叹词，根据于生理上的反射作用，没有实质的内容，和通常的语词根据于社会上联想习惯的不同。从心理发展的程序上，实体语词是具体的，应当最先成立。其次乃及于性状，行动，关系等语词。详 Leonard Bloomfield's *An Introduction to the Study of Language*，第三章第四章及拙著《语言学原理》第四章第五章。

不免因果倒置了。① 大概文字的形成，最初是采取象征或写实的方法来表示实体的观念，应用符号或绘画来代表具体的语词；后来更利用符号或绘画或符号绘画彼此互相的拼合来代表性状、行动、关系等等的语词，中国文字结构上的演化，自然可以依据语言发展的程序来推定他们的步骤。②

世界文字演进的阶段，大都由图画文字进到表意文字，再进而为表音文字。③ 因为绘画和象征的符号与语言上的语词结合之后，形音义三者间就成为不可分离的关系。书写上虽然把字形加以更改，而音义的联络仍旧继续存在。久而久之，文字可以转借，用来替代另一个语词了；于是脱离了绘画或象征的成分，而专作代表语音的符号。④ 因为语言上语词的演化可以无穷，而书写上形

---

① 章炳麟《国故论衡·语言缘起说》："以印度《胜论》之说仪之：实、德、业三者各不相离。人云，马云，是其实也，仁云武云，是其德也；金云，火云，是其实也；禁云，毁云，是其业也；一实之名必与其德，若与其业相丽，故物名必有由起。虽然，太古草昧之世，其言语惟以表实，而德、业之名为后起，故牛、马名最先，事武之语乃由牛马孳乳以生。"按章氏自注："青黄赤白坚耎香臭甘苦之名，则当在实先，但其字皆非独体；此不可解。"章氏以造字之先后断定语词孳生之程序，而不以语言心理之发展为依据，殊为因果倒置，宜其发现矛盾而不能自解。

② 详本文的第二篇二。

③ LTayler's *The Alphabet* 将文字分为五类，即代表五阶段：甲之一，图绘(pictures)。甲之二，图绘的象征(picturial symbols)。乙之一，语言的记号(verbal signs)。乙之二，缀音的记号(syllabic signs)。乙之三，字母的记号(alphabet signs)。Hinman's *Classification of Pictography* 分为四种：(1) 绘画文(picturing)。(2) 标意文(ideography)。(3) 图绘文字(picture writing)。(4) 标音文字(phonetic writing)。F. muller 与 T.G.Tucker 的分类如下：Ⅰ. 表意字(Conceptual Script)(甲) 一字表示全体之意义者，如北美印第安人之绘画。(乙) 一字表示意义之分子者，如墨西哥文字，最初中国与埃及之文字。Ⅱ. 表音字(Phonetic Script)(甲) 以字体表示语词之音义者，如中国文字及初期埃及文字。(乙) 音缀文字，如日本假名，闪族之楔形文字。(丙) 字母文字如闪族文之子音字母，及后期埃及之字母。(丁) 最适宜之字母文字，如希腊罗马之字母(*Natural History of Language* Chap. Ⅲ)。

④ 雷通群译《言语学大纲》："绘画文字与言语间之联络，实出于自然，盖彼此均表示同一之事物，举其一自能联想其二。例如见表示'太阳'的绘画文字，自能想出表示'太阳'之言语。但此处尚当注意者，绘画文字仅直接表示'太阳'的形状，并未曾表示'太阳'的语音，所以埃及与中国古代之象形文字，虽均用⊙的符号以表示 (转下页)

体的差别终究有限。无论那种语言，总包含有许多同音的语词，尤其在单音缀的中国语里，同音语词特别的丰富。原来字形书写的变迁，只当做习惯上的一种意符，字形已经不是直接表示事物的了，自然很容易和其他同音的语词发生新结合，而成为表音的文字。① 表音文字又依演进的阶段，可分为表语词的，表音缀的，表音素的三种。② 后列的二种，或且发展成为拼音的字母，就是字母文字。③ 说者谓中国文字只是达到表语词的阶段为止，没有更进一步成为字母文字，乃是由于中国语言的单音缀制，而且没有语首语尾等等形式的变化；因这样的语言就演成这样的文字。这种原因，固然不能否认。④ 但是中国字体的应用，虽然大部分借作表音

（接上页）‘太阳’之形；而其语音之读法，则中国自中国，埃及自埃及。不过彼此各将其语音读之既久，于是字形，字义，字音三者间，遂成不可离的关系。以后迭经时代变迁，虽字形间或有多少改易，而字音字义之联络仍在继续。又间或字义渐开转用之例（如中国六书中之假借是也），而语音之联络犹存。例如中国之‘日’字，初由⊙字之形变化而来，其原义永存；其后由‘太阳’之义转为‘时日’之义，而其原音仍存。即在中国现行之文字，有许多已与古代象形之原字相差太远，然其字义字音之关系依然继续。此盖因字形变化之步骤本非急激，所以字音字义之基础不至动摇。独是文字之原形渐变，原义亦渐转用，字体遂渐复合，字数寖多，于是形、音、义三者之关系逐日复杂。原义、原音总不免与新字形另生关系，昔时象形文字之本性消失。所谓新字者，非复表示事物之形态，只作言语发音之一种符号。至是字形与言语之关系渐薄。”

① Tucker's *Natural History of Language* 第三章谓文字之由意符（ideogram）变为音符（phonogram）推迹由来，皆因语言中之同音语词，彼此间意义不同而音读相同者，则转借其字形以表之；于是最初之字，直接示明思想观念，而为视觉书写的记号者，一变而为听觉的声音的记号，换言之，即直接表示事物之文字，一变而为表示语言或表示声音之记号也。原书所举例证甚多，可参看。

② Tucker's *Natural History of Language* 第三章谓中国文字中只以同音之字体代表语词，未曾进而分析语词中所含之音素；又其语词为单音缀的，未曾进而将单一之字体代表相同之音缀，故中国文字只得谓表语词之文字也。至日本假名则取中国字体之偏旁为音缀之字母，埃及则更以字体代表语词之第一音素，演成音素之字母矣。参看原书及雷通群译《言语学大纲》第四章。

③ 参看本文第 221 页注释③。

④ 高本汉 *Philology and Ancient China* 第一章：“在另一方面言之，还有一个好的辨证，可以假定中国语的孤立性及其无形式变化与转化作用，是在耶稣纪元前已经很确定的成立了。这是根据于中国语词的本身。中国语词的刚瘠性、保守性，不容有形式上的变化；遂直接使古代造字者因势利导，只用一简单固定的形体以代替一整 （转下页）

的，而音读上始终未曾具有确定的标准，实际还是用为社会习惯上的一种意符。大部分的表音字上又加上了一个意符以示区别，就产生多数半个表意半个表音的“形声”字；[①]所以中国文字始终未曾脱离表意文字的范围。[②] 我们要推求他这种原因，还须再从中国民族社会的历史上作一番考察。

（接上页）个的观念。纪元前二千年时，这类字体，已经有了许多；而大部分都是在纪元前一千年之间陆续造成的，那时候，中国文字形式结构，虽不能说是完全变更，确已大为减省了。须知造字之初，作者仰观俯察，近取诸身，远取诸物；依类象形，如男人为‘人’(jên)象两足形，妇人为‘女’(nii)。假使另外有许多语词是由‘nii’这语根演化出来的，如德语中之‘weib, weibes, weibe, weiber, wəibern, weiblich, weiblicher, weiblichkeit’。那末，当时中国哲人也会将这‘weib’提了出来，也可用‘女’的形象表示他，更引出其他一类声音的符号来做这些语词的语尾或转成语词的变化语了，如德文之-e, -es, -er, -ern, -lich, -lichkeit。反转来说：古代中国文字凡代表如英语 true, truth, trust, trusted 诸种观念，统以一个固定不变的‘信’(北京音读 sin)字表之，并无其他附加符号以示区别。那末，我们至少可以说，大概现在读为 sin，而表明一切信的意义的，本是一个单音缀的文字没有形式变化或附加的语尾，所以没有如英语里由 true 转为 truth 等字那种变化。”参看顾实《中国文字学》第一章第一节，刘大白《国文文字学概论》第二节。

① 刘大白《国文文字学概论》：“照普通讲，汉字是表音文字，是象形文字：但这是简单的分类，事实上并不如此，而是包含着种种的性质的。用作助词的假借字‘耳’和‘焉’，从字体的起源上讲，‘耳’是耳朵的象形，‘焉’是鸢鸟的象形；可是用作助词的时候，是单用他的音的，是属于表音文字的性质的。又字形如声‘江’和‘河’，也可以看作属于表音文字的部类，因为‘江’和‘河’的‘工’和‘可’，不过是表出音的。偏旁的‘氵’，是水的象形的变化；所以它们是象形的——就是表意文字的——成分，和表音的——就是表音文字的——成分结合起来的。但是汉字的这一类的偏旁或上下，不过是一种识别的限定的成分，是象形的；而他们的显著的特征，可以说是在表出一个单节音词的一个音的性质。”

② 拙译《中国语与中国文导言》：“论理上的合体字，有一种缺点，就是需要创制的心思，未免过巨；这种方法，所以太繁难；于是第二步不能不另创一种新方法，就是音标的合体字。起初原于声音的‘假借’，如毒螫的‘万’字，用来表明‘十千’，乃是很笨拙的。中国人把这种方法修正一下，就成为一种精巧简捷的方法。把表意的部分和表音的部分结合成为许多新的合体字。例如‘杠’‘江’‘扛’‘贡’四字，表音的部分是‘木’‘水’‘手’‘贝’；意义绝不相同，而音读相似，都和‘工’字的音相同或相似，这种音标的合体字，就是所谓‘形声’字；中国文字，十之八九，都由于这种方法造成的。这种音标文字，表音的作用，实在很微小，和字母文字不同。第一是用整个的音缀当作分析语音的单位。第二这种音标文字的构造，一经固定之后，不能随语音的演化而加以更改。如‘工’在‘扛’‘江’等字里，现代国语上只有一种极暗昧的表音作用。所以中国文字毕竟是表意的，不是表音的。”

（六）文字与民族社会

我们要知道文字的本性，原来是保守的，书写上的形体，无论如何总不能和语言的演变并驾齐驱；所以严格说起来，现今各国所通用的拼音文字，也不是语音很完美的纪录。① 因为文字的功效，在于扩大语言的应用，连络过去和未来，使异地异时具有共通的观念，而得互相感应，互通思想；所以文字所代表的观念，不能像口耳相传，那样容易更改，要比语言具有更固定的性质。② 文字的进步是很迟缓的，实际上当然不能合于我们的理想，以为即刻可以成功极端完美的纪录工具，一切的进行，总是向着抵抗力最小的方面走，要是社会情形上，民族主观上，认为无改进的必要，决不会有根本的改造。③ 前面说过，中国文字之一种表意文字，未曾进到拼音

---

① 拙著《语言学原理》："文字代替语音，只是一种倾向；实际上语音的变化纷歧，往往为文字里所不能表出来的，因为文字原于绘画，也是目诉的表现动作，语音乃是耳诉的；文字的形式保守性强；语音却是很流动的，随时随地要起相当的变化；所以文字的形式常常和实际的语音不能相符。英德法文字里的字母都是从拉丁字母抄来的，但是现在英德法的语音对于拉丁古语的变化实在很多。又英德法的语音各不相同；所以往往同是一个字母，而在各种语言里的音价，完全两样。……即使一种语言里，因为历史的变迁，方言的纷歧，有时更因为个人发音的情状不同，语音错杂的现象，实出于我们意想之外；而文字在这种情形之下常要保存他固有的形式，并不因语音的变异，致丧失他的统一作用。"参看L, Bloomfield's *The Study of Language* Chap. Ⅱ. p2″ Writing An Imperfect Analysis。

② 韦尔斯《世界史纲》第十六章："古训相传，自文字发明，人类古训，日益加多，其内容亦日益明确，无文字以前，古训因口传，故随时更改，有文字后乃定。相隔千百里之人，今可互通思想矣。人类因文字故，得享受共同学术，对于过去与将来有共同观念者之数更多。人类思想之作用渐巨，百人之思，百地之才，可互相感应，其进行程序，渐成继续不断之势矣。"

③ 《民铎杂志》九卷三号，贺昌群译《文字的起源》："我们现在始知道这工具（文字）的进步亦是很迂阔而迟钝的，因为大多数民众，常常是选择那抵抗力最小的方面前进，怯懦地只步武着先进者的后尘，除非万不得已时，他们是不愿有所更张的。文字观念的形成，并不是突然便由少数聪明睿知的人发明的，是渐渐地经历过许多年代不知不觉地而萌芽于人类的意识中，直到今日经过了若干年的实地应用，人们还是一成不变，固守着前法，莫有勇气采用比较效能更大的文字，仍旧沿袭着那旧式的拼法（按此指欧文而言），还要连累着我们子孙也受这种缀字法（Orthography）的烦难。因为最完美的字母文字是应该每种音有个单独的字体，每一个单独的字体，应该有一种音标的。"

文字的阶级，原来所以适合中国语孤立和单音缀的特性；语言上这种特性的确定，远在文字构造的确定以前，所以能够影响于文字，而完成他“一形，一音，一义”的体系。① 这种文字的本性，既然很自然的适合于语言的本性，而对于文学上艺术上以及民族的观念上，又各有其特殊的效用，更使国民抱持着保守的心理，不想轻易的加以改革。② 中国版图辽阔，方言复杂，自来对于国语统一运动，没有努力的进行，自然专靠这种“目治”的表意文字，作为维系统一的工具。③ 又中国古籍宏富，古代一切学术文艺等等，都利用

---

① 高本汉 *Philology and Ancient China* 第一章：“中国语的单音制的成立，必定在一个很遥远的时代。西藏语与中国语之分歧，亦当远在耶稣诞生之前。遍考耶稣纪元前千余年中国的纪载，都认西藏民族为蛮夷异族，而语言的单音制，为两种民族所共同的。那末，我们很容易的断定这单音制的成立，实是在这两种语言还未分离的时代。……如今我们还可以见得从那个时代所保存下来的一些诗歌，如《诗经》里国风第一首的抒情诗。……中国古音正确的读法，现在虽不可得而知，但我们却能分辨得出他的音律是很谨严的，确非偶然的适合。假如我们从中随便插进一个双音缀的文字，那便可以完全破坏全诗的音律。”参看本文第 222 页注释④。

② 胡以鲁《国语学草创》：“自语言学言，文字本体且不过一种无生命之象征也。虽然，无生命之象征而能起国民崇拜心如吾国文者，则又别有因缘在。吾国文绘画之直系发达也。发达之后，虽取音标勉接近之于语言。然音标之外，意标依然。且音标不过个别之约束，不足追随语言之变迁也，意标乃转为文字之特征。有意可寻，有仪可象，于是一见文字，其感想其联想皆倾注之。语言者，思想之听觉象征也。而此为直接视觉象征矣。其理由更分别言之，一以彰吾国文字之特色，一以明言文背驰理由也。……”胡氏将中国表意文字之特色一一举出，共十八条，详可参看原书。《国语月刊·汉字改革号》赵元任《国语罗马字的研究·反对罗马字的十大疑问》：第一疑问“言语文字不可轻易改革”，参看原文。

③ 章炳麟《国故论衡·小学略说》：“若其常行之字，中土不可一用并音，亦诚有以。盖自轩辕以来，经略万里，其音不得不有楚夏。并音之用，只局一方，若令地望相越，音读虽明，语则难晓，今以六书为贯，字各归部，虽北极渔阳，南暨儋耳，吐言难谕，而按字可知；此其所以便也。海西诸国，土本陋小，寻响相投，媮用并音，宜无疐碍。至于印度，地大物博，略与诸夏等夷，言语分为七十余种，而文字犹守并音之律，出疆数武，则笔札不通，梵文废阁，未逾千祀；随俗学人，多莫能晓；所以古史荒昧，都邑殊风。此则并音宜于小国，非大邦便俗之器明矣。”胡以鲁《国语学草创》：“文学印刷术自昔发达如吾国者，文与语相距为尤远，此中消长，苏彝的氏亦确乎言之矣。虽然，发达至今，病理亦成为生理。有理由，有历史，决非人为之所能脱弃。数千年数万里之方言，数千百年来经无量劫之国民精神，其统一实有赖于是也。珍重之不遑，又安忍脱弃之。”赵元任《反对罗马字十大疑问：第五疑问》：“文字统一，言语不统一”，原文可参看。

这种表意的文字来纪录而成为简练雅洁的文体，一般文人对于古代的文学异常崇拜，就养成一种摹古的习气。[①] 过去士子教学的方法，也只注重古书的诵读，不顾语言上实际上演变的现象。[②] 于是文辞和口语日趋于分离，语体文在社会上应用不广，古代的文辞成为通常写作和传达的工具；文字既然是单音制，这种简约的文辞里包含同音字很多，自然不适宜于拼音字母的应用，只合于表意文字的性质。[③] 文学上的保守性足以阻止文字的改造；我们要把中国文字改为拼音制，必须先行推广语体文的应用。[④] 各处对于文

① 高本汉 *Philology and Ancient China* 第三章："中国古语何以能保存至今呢？那自然由于中国传统势力之大。孔子的文学有远至纪元前二千年前的文献，以及于纪元前五六百年之间的，至孔子集其大成，中国历代视为经典，备极尊荣，其情形与欧洲《圣经》(*Bible*)实相伯仲。当时(即春秋战国之世，纪元前四五百年间)诸子百家辈出，道家亦盛于此时。至纪元前百年间，有司马迁之《史记》出为中国史学中记传体之楷模，后人研习之者甚多。有了这许多古典文学，古代语法词句，包含在内，后世的文章载籍也自然而然奉之为标准了。这许多文学中所载的古语，体式简洁，不但便于应用，行文敏捷，而且对于读者所感之印象雅素而有力，中国文章之士，就覃思竭精来仿效了。"

② 高本汉 *Philology and Ancient China* 第三章："文言在中国本来是古语，只能写在纸上看，不是给耳里听的。文言对于各种成语或方言所给与的影响，并不是由于听官的作用；方言中所借得文言的语词，就以当地方言的发音形式诵读之，不过这种结果是由书本直接递给操当地方言的人罢了。这层是由于中国从古代到了二十世纪之初，历代教育的情形有以致之。原来中国的初等教育，多是在一般极简单狭陋的村塾中。如要造就高深的学问，则只有独自孜孜，守着黄卷青灯，或者私家自行延请本地的学究来教导。此外还有一层原因，便是从前帝制时代，朝廷开科选考，只以文章取士。因此之故，民众教育制度不能实现，各地的学生不能集中于一个区域，通都大邑的语音也无从发展分布；加之各地教育宗旨，散漫无系统，师弟相传自成家法，彼此所用的语言，完全笼罩于一个特殊的方言之下。就是诵读最古的经书，也是这样不管经书里的字音是否仍适合于平时方言的音读，都得各人本着各人的方音去读。——这种表意字是不能容许别种发音的形式去诵读的，——而一般士子对于所诵书本里的字音，在国内别的地方又是如何读法呢，一点也不去考查。"

③ 参看赵元任反对《罗马字的十大疑问》：第三疑问："同音字多"，第四疑问："罗马字不能写文话"。

④ 赵元任《反对罗马字的十大疑问》："拼音文字和语体文运动是互相依靠的。……现在用汉字来写语体文，总是一件暂时将就的办法，因为言语的本身是音，但是汉字照文话写起来已经够明白了，为了声音不够，多写几个重复的字，就写得太多了……语体的文学已经的为事实渐渐地发展起来了。无论你有甚么精雅奥妙的思想，只要是有文字能达的思想，不怕言语达不出。……至于中国的旧文学，自然不久就有人把其中有价值的，全做成语体文。(其中专讲词章，用故典译成了语体文就空空然没有东西的，本来不值得译，本来是我国文学糟粕，丢掉了也不可惜。)"

辞上各个字体的音读，又是根据于各地的方音，因为文辞和口语分离之后，文字只是习惯上一种意符，可以不受实际语音纷歧的影响，而失去传达的效用。[①] 读音的不统一更足以阻止文字的改造；我们要把中国文字改为拼音制，又必须先行推广国语，促进言语的统一。[②] 总而言之，一国的文字，和一国的国语国情，民族的文化，社会的习惯，以及人民对于国家的观念，都有密切的关系；[③]文字演进的情形，自然和民族社会的历史息息相应。要是社会情形上，民族主观上，没有急剧的变迁，文字就没有改造的必要；反之，政治和社会的革命，往往足以助长文字革命的发生。[④] 但是，文字始终

---

① 拙译《中国语与中国文导言》："中国文字可以离开实际的语言而表明意义；因此文言和口语的分离，在实用方面有很大的价值。中国人一经学会了文言，在纵的方面，可以不管古今音读的变迁，而能了解数千百年前的文书；……在横的方面，各人可以依照各自的方言去阅读书信，而仍能了解意义；方言不同的人，在口语上虽然有所阻碍而在书写上有此简捷便利的工具，彼此可以相接；所以文言在口语上失其效用，而在视官方面，却成为一种书写的世界语。"

② 赵元任《反对罗马字的十大疑问》："上头已经说拼音文字和语体文运动是有密切关系的，现在要说这两者又和国语统一的运动也是各各相关的。中国的言语本来在长江以北和跨长江的各省所谓'官话区域'内已经是近乎统一了，现在全国方言的语法本来没有甚么出入，词类的用法，在官话区域里也是差不多本来就统一的。就是读音的分别最大。但是读音统一的运动已经一天盛似一天，有了国语的传习所，国语发刊品，留声机片，国音字母等利器，和政府的赞助，自然是已经有渐成事实的希望。等到国语将近统一的时候，试行拼音文字更可以促进国语的统一。"

③ 雷通群译《言语学大纲》："古代文字之最著者，不外埃及文字、楔形文字、中国文字、希达文字及墨西哥文字数种，关于此数种文字之起源，异说纷纷。或谓此数种文字有独立的历史，而从此分支之各种文字，又有极堪注意之点。即凡甲民族采用乙民族之文字时，必将乙民族之文字组织与用法改变，以求适合于甲民族之国语。……单就腓尼基变成欧洲今日之字母一点而论，已可见文字常与国语及国情适应。"参看胡以鲁《国语学草创・论国语与国文之关系》。

④ 谭嗣同《仁学》："……又其不易合一之故，语言文字，万有不齐；越国即不相通，愚贱尤难遍晓。更若中国之象形字，尤为之梗也。故尽改象形字为谐声，各用土语，巨译其意，朝授而夕解，彼作而此述，则地球之学可合而为一。"《国语月刊・汉字改革号》钱玄同《汉字改革》："我敢大胆宣言：汉字不革命，则教育决不能普及，国语决不能统一，国语的文学决不能充分的发展，全世界的人们公有的新道理，新学问新知识，决不能很便利，很自由的用国语写出。何以故？因汉字难识难记，难写故；因僵死的汉字不足表示活泼泼的国语故；因汉字不是表示语音的利器故；因有汉字作梗，则新学新理的原字难以输入于国语故。"

具有保守的性质，即使拼音文字的国家，对于拼法的改进，也遭遇一些阻力；因为字形和意义在习惯上已经具有固定的联想关系了。[①]

① 赵元任《反对罗马字的十大疑问》："欧西的文字虽然大都可以从字形上读出声音来，但不必定要拼出音来才认得出字来，非但不必拼，而且平常用字的时候，没有人像初学的慢慢拼着念的。……西人看书认字的时候，一点也不拼音，一个字有一个字的'面孔'，看见了同时就想到意思，叫出声音来，和中国人认汉字一样的，并不是先读出声音，然后想到意思的。西人当中看书快的，是用'视觉读法'(visual reading)，把眼睛沿着字，一行一行的见过去就能领会意思，连字音都不必清楚地想到的。"

二、中国文字的构造

（一）文字构造上的写实法

从上章看来，可以知道中国文字始终是具有表意的性质的，虽然大部分的字体已经包含有表音的成分，大体上也有进到表音文字的趋向，可是同时仍旧还没有完全脱离图画文字的阶段。[①] 中国文字的演进，可以分做两大时期：从太古到了秦朝，为图画文字演化进于表意文字的时期。从李斯作小篆到了现在，为中国表意文字完成和确定的时期。[②] 在第一时期里，文字构造上绘画的成分渐渐减少，而象征和表音的成分渐渐增多。[③] 我们要明了中国

---

① 参看本文的第二篇一（五）。

② 拙译高本汉《中文解析字典序》："中国书写的字体，其历史上可分两大时期：其一，自邃古以迄于秦朝，其二，自西元前二百年顷李斯定'小篆'字体以迄于今日。欲于现今文字上有一合理之研究，要必知其直接根据于小篆者——因应用之变迁，成为小篆之一种变体——而仅间接与文字之较古时期有若干关系而已。盖小篆者并非如通常所谓，仅属于较古字体之省略与改简；实则其大部为一种文字之新系统也。苟吾人将商周以来之古代刻文（大部在铜器上）与小篆中字体一一比较，即可知其构造上之相异者极所常见。"参看原文。

③ 拙译高本汉《中文解析字典序》："天干之名，其第九字，商代以来之铜器上为，此文为后代人所不通晓者，吾人在小篆中，见其字全作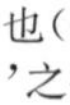（今申字）'申出'也（引申之意为'申示''申说'等），两手申出某物之状。其音'Dz'al'，其义'存在，在于'之字商周铜器上作，在小篆上无作难了之文，而见有在（今在字）以'土'为其意符，与在旁之'才'为其音符所组成者；此则与往古之体绝异之一字也。其音'P^{w}ai'，其义'礼拜'之字，原写作拜，威奇尔氏谓为献赠所用两串之贝壳（拜钱币）也。此字在小篆中变为（今拜字），由两手与'下'组成，示两手向下——迄今犹为中国通常致敬之礼式。"

文字的本质，自然须进一步来研究中国文字是怎样构造成功的。我们要解决这个问题第一点须注意的，就是对于中国文字构造的分析，应当以小篆以下的字体作主要的对象；小篆以前的字体，只有一小部分包含绘画或象征的成分的，在小篆上形体已经毁失，使人不容易了解的，可以用来参考比较而求出他们更确切的解说。① 第二点须注意的，中国文字还没有进到拼音文字的阶段，这些字体的构成，决非根据于一种单纯的原则，而是根据于许多种单纯的或复合的原则。② 中国现行文字里，固然遗留着一些写实的图画和象征的符号。③ 可是同时也具有表音文字的性质，一方面保留着"衍形"的体系，一方面却还有"衍音"的趋向。④ 所以中国文字是

---

① 拙译高本汉《中文解析字典序》："……从上以言，可推知小篆中之极大部分，即五项第六项下所述多数之字，全为一种新字体；是以现代文字之研究，凡属于此等字体者，不必亦不应追溯于小篆以前也。'申'字之解说，正为：两手申出某物之状，而欲知此文以前同字异体之  者，固无直接之关系也。又如'在'，正为'土'与'才'所构成，并不因商代之一字作  之事实，遂使此种解说归于失效。即属第一，第三与第四各项下所述之字，吾人之研究，亦无需远溯于小篆以前之字体，因小篆对于此等文字，已忠实保持其沿习者也。恰与之相反者，则必须述及第二（如'卮'等形象之过于毁失者）、第七（如'王'等，古代字体之不易了解者）两项下所论之字。于此等字体，小篆至感不足，吾人而欲得一较往时迂曲之解说为善美者，则必向商周之遗文中求之。"

② 拙译高本汉《中国语与中国文》："中国字决不是依照相同的几个原则构造成功的；这种文字，在最早经了许多世纪的生长，依据于一种演化的途径，所产出的主要字体，不下有三种，在他们构成的'方法'上彼此不同。"

③ 高本汉 *Philology and Ancient China* 第二章："中国极古时代的文字，为单纯的图画，象实物的形状；这种绘画的文字是代表一种'实体的语词'。即至今日，这种图画还有些很明显的，如：'田''人''木''川''工'等字，现今的字体，犹不难领会其形象。否则，如下列诸字，是纪元前二百年时的形式（即所谓'小篆'者），尤为显而易见：（今写为'日'），（月），（子），（皿，说文饭食之器也）。至于小篆的 （鹿）和 （角），我们要加以解释，就须看他们较古的形体了，在殷墟甲骨文字中，此二字为  和 。又小篆的女字为 ，甲骨文为 ，其形体就相像了。"

④ 《东方杂志》二十一卷四号伯潜《汉字的进化——由衍形倾向衍声》："现在研究文字的人，往往把各种文字的分为两系：（一）由形体而推衍孳乳的，叫做'衍形'；（二）由声音而推衍孳乳的，叫做'衍声'。他们把汉字归入'衍形'的一系。我对于这种主张，根本不敢赞同，我以为现在决没有纯粹衍形的文字，汉字也决不是纯粹衍形的。《说文解字序》明明说'其后形声相益，即谓之字'；可见汉字本是从'形''声'两方面推衍的！由'形'而'声'的倾向，是极显明而有力的。所以，说汉字不是'拼音文字'则可，说汉字不是'衍声文字'则不可。这种倾向，就是汉字的进化。"

介于图画文字和拼音文字两个阶段的中间，自身是一种表意文字，而“形”“音”“义”三方面都不可偏废；因之文字的构造上兼具有“写实”“象征”和“标音”这三种方法。①

我们说过人类心理的发展，是先具有“实体”的观念，再发生“性状”“行动”“关系”的观念；语言上各种语词的成立，也是具体的语词在先，抽象的在后。② 文字构造的程序，也是先应用绘画或象征的符号来代表实体的语词，其次再利用图画和符号相互的拼合来显示许多比较抽象的意义。③ 表示具体的实物最显明的就是许多写实的图象；因之一般说是这些图象为中国最古的字体。虽然有少数的经过了书写的变迁，已经晦失它们的原形，但是我们可以断定，原来确是很丰富很详细的图画，后来为看书写的便利，减缩成为残缺的形体。④ 这种用写实的方法所造成的字体，最普通的是关于自然界的现象；如“日”，“月”，“山”，“川”，“云”，“气”，“水”，“火”等字。代表植物的，如“艸”，“木”，“禾”，“竹”等字。代表动物的，如“虫”，“鱼”，“鸟”，“兽”，“牛”，“羊”，“犬”，

① 刘大白《文字学概论》：“符号的形态，表出实物底形体的，是表形文字，就是形符；表出一个具体的或抽象的观念的，是表意文字，就是意符；单表出一个声音的，是表音文字，就是音符。形符的使用，是最早的；其次是意符，最后是音符。中国底汉字，是这三种兼用，而且错综起来用的，所以汉字底造字原则，有所谓六书。”

② 详本文第220页注释④、第221页注释①。

③ 参看本文的第二篇一（五）。

④ 拙译高本汉《中国语与中国文》：“中国文字最早的形式，成立于物体的图画。现今大多数通行的字，为一般所应用的，其中还有许多是这种画象，中国人叫做‘象形’，已有三四千年之久了，这种画象，即在他们现在的形式，常是十分明白。至于另外有许多字，过去的认识已经把他们发生了曲解；又有许多字，即使在我们所知道最古的形式上，也是很干瘠而不显明。大概这些字在原始时期中，他们必定是很丰富，很详细的画象，后来因为便利起见，渐渐的减缩为几笔。”

“豕”等字。[①] 其次是关于人体的现象，如“人”，“女”，“子”，“口”，“耳”，“目”等字，[②]从这种实体的图画中，很可以看出古代文化的情形；例如代表农业文化的，有“田”，“畴”，“井”，“浍”等字，代表工业文化的，如建筑方面的“门”，“窗”，“瓦”，“宀”，“广”等字，用具方面的，“鼎”，“豆”，“皿”，“几”，“网”等字，武器方面的“刀”，“戉”，“干”，“戈”，“弓”，“矢”等字；代表交通和商业的，有“车”，“舟”，“斗”，“两”，“贝”等字；代表高等文明的，有“聿”，“册”等字。[③] 我们从这些单纯

---

① 参看拙译高本汉《中国语与中国文》第四章。《国粹学报》乙巳第八号刘师培《小学发微》：“凡象形之字，即古图画之变也。许君之叙象形曰，画成其物，随体诘诎，字出于画，此其明徵。如日字，篆文作，即古人所绘之日图也。月字，篆文作，即古人所绘之月图也。气字，篆文作，即古人所绘之云图也。雨字，古文作，即古人所绘之雨图也。山字，篆文作，即古人所绘之山图也。水字，篆文作，即古人所绘之水图也。田字，篆文作，即古人所绘之田图也。……象动物之形者，如鸟、隹、马、象之象立形，虎犬之象蹲形，鹿鼠之象走形，虫象卧形，巴象盘曲之形，是也。此皆古人所绘动物图之变形。象植物之形，如谷类之来字，禾字，米字，蔬类之韭字，瓜字，以及竹、草、林、木诸字，是也。此皆古人所绘植物图之变形。”

② 参看高本汉《中国语与中国文》第四章。刘师培《小学发微》：“若夫象身体之形者。如心字，囟字，目字，耳字，臣字，手字，吕字是也。此皆古人所绘身体图之变形。”

③ 高本汉《中国语与中国文》：“对于古代中国文化的发生，也有许多可以供侧面的观察。中国至少从西元前第三千年的中叶起，是一种勤劳的耕种民族，所以‘田’字和‘畺’字，都给示我们以一个简单适切的描画。古代乡村社会一个有趣的观念，从这个‘井’字上，也可以看出来。‘井’字现在指汲水的井，这个字的古式是丼，表明怎样的人家组成一村，共耕中央的公田，以代纳税，而汲水的井也在中央的地方，又有表明房屋的各部分的。从‘宀’字的，‘广’字的，我们看出两种异式的屋顶。从这个‘门’字，可以断定古代中国人已有折扇门了。而紧闭门户是用‘闩’的。……古代许多器具的图象中，有很多关于战术的，如‘弓’字的，‘矢’字的；另有许多是表明和平的职业的，如‘力’字的，‘工’字本是工匠的矩尺，后来变做工作的意义，又‘车’字的。这里，我们又可举个‘网’字的；又‘两’字的，表明一管秤，两边挂着重物，这个字可以用为斤两的两，也可用为两三的两；又‘贝’字的，是指贝壳，往古曾当做钱币用的。……还有许多字是表明高等文化的原质，从‘聿’字的，我们有了一个最古文具的图象，是一种尖器用来雕刻文字于兽骨龟甲或竹木的上面。后来竹木渐渐（转下页）

的写实图形上，就可以窥见古代社会的一斑了。[①]

此外还有许多实体的观念，用单纯的写实图象来代表，觉得不很显明，或者要和其他的图象发生混乱，就添注一些象征的符号，或用别种写实的图象来显示所指的实物。例如“雨”，“土”（金文作），“韭”，“而”等字，内中的横画“一”所以象征天，雨水是从天降下来的；象征地，泥土是在地上的，韭菜是从地上生出来的；象征颊，“而”是从颊上生出的。[②] 又如“巢”，“果”，用“木”这个图象来显示“巢”“果”的意义；“肩”，“胃”，用“月”这个图象来显示“肩”“胃”的意义；“眉”，“盾”，用“目”这个图象来显示“眉”“盾”的意义；“裘”，“衰”，用“衣”这个图象来显示，“裘”“衰”的意义。[③] 不但这样有时更在写实的图象旁边注上一个音标，用来表示这种实物在口语上的称呼，例如“其”，“罔”，“金”，“齿”，用“丌”“亡”“今”“止”来表示“簸箕”“鱼网”“金子”“牙齿”的称呼。[④] 我们因此可以知道，单是用写实的方法，并不足以表示一切具体的实物；而尤其许多抽象的意义，更不得不采取象征法和标音法了。

（接上页）成为正式的文具，写者应用狭长的竹片，从顶上写下，竹片有连续的，就编成一起，于是成为一本书，这个可以从古写的‘册’字看出来。”刘师培《小学发微》：“象器械之形者，如户字，皿字，瓦字，戈字，字是也，皆古人所绘器械图之变形。”

① 参看本文第175页注释①。

② 雨，“水从云下也。一指上天，冂指密云四合，水霝其间也”。土，“地之吐生万物者也”。《盂鼎》作，正象土块在地上之形。，“菜名，一种而久生者，故谓之韭。象形，在一之上，一，地也”。而，“颊毛也，一指颊，下象毛形”。

③ 巢，“鸟在木上曰巢，在穴曰窠。从木，象形”。果，“木实也。从木田象形”。肩，“髆也。从肉，象形”。胃，“谷府也，从肉象形”。眉，“目上毛也。从目，象眉形及额理”。盾，“瞂也，所以扞身蔽目，从目，象形”。裘，“皮衣也。从衣，象形”。衰，“草雨衣也。从衣，象形，字亦作蓑”。

④ 其，“籀文𠀠又从丌声”。罔，“网或从亡声”。金，“五色金也，从土。左右注，象金在土中形，今声”。齿，“口断骨也。象口齿之形，止声”。

（二）文字构造上的象征法

比较抽象的意义，不能用单纯的实写法来表明，第一步就采取象征的符号来代表。例如“上”丄，“下”丅，“中”中等字，是表示位置的。[①] “一”一，“二”二，“三”三等字是表示数目的。[②] “匚”匚，“○”□，“曲”曲等字是表示形状的。[③] “冂”冂，“回”回，“丨”丨，“丿”丿，“乀”乀，“五”乂，“丩”丩，“叕”叕等字是表示动作的。[④] 这一类的字体，我们可以说是用单纯的象征法来代表抽象的观念的。[⑤] 还有许多字体，是因为用单纯的象征法不很显明，第二步就把象征的符号附合于写实的图画上面，以显示某种意义。这一类的字体大概可以分成四种：1. 以符号代表某种实体，而附合于另一种实体的图象上，从实体和实体的中间显出意义的，例如“旦”旦，“立”立等字，内中的一画所以象征地，日从地出为旦，人在地上为立。[⑥] 又如“尹”尹，“争”争等字，内中的丿，所以象征某

---

① 《说文》：“丄，高也”；“丅，底也”；“中，正也”。

② 《说文》：“一，数之始也”；“二，耦数之始也”；“三，三数也”。

③ 《说文》：“匚，受物之器，读若方”；“○，回也，象回匝之形”。朱骏声《说文通训定声》：“○匚二文，即规矩也，当为圆方本字。缺右畔者，嫌于似□”；“古方圆字为匚○，围圆一声之转”。《说文》：“曲，象器曲受物之形。”

④ 《说文》：“冂，覆也”；“回，转也；古文作回”“丨，上下通也。引而上行；读若囟；引而下行，读若退”；“丿，右戾也，象左引之形”；“乀，左戾也，象右引之形”；“㐅，阴阳在天地交午也，乂古文五”；“丩，相纠缭也”；“叕，缀联也”。

⑤ 拙译高本汉《中国语与中国文》：“即使抽象的观念，也有一部分可以用图画代表出来。中国文字属于本国语言学者所谓‘指事’一类的，有百余字。所以我们有‘一’‘二’‘三’等字，以及‘上’字的丄，和丄相反的，又有‘下’字的丅。‘分析’这个观念，很适当的用八（即今八字）这个符号来代表，在很早的时候，‘八’用作数目字，因为‘八’的数目最可以除尽的。‘中’字表明‘当中，中心’的意义，是很明了的。‘回’字的回，是表明‘旋转，回转，回复’的意义。……”

⑥ 《说文》：“旦，明也，从日见一上，一，地也”；“立，住也，从大立一之上，大，人也，一，地也”。

种事物，以手握事为尹，两手相持为争。[①] 又如“血”，“甘”等字，内中的短画所以象征器皿里所盛的血，口里所含的美味。[②] 2. 以符号指示实体的图象上某个部位，从这种实体的部位上显出意义的。例如“刃”，“叉”等字，内中的一点二点，所以指示刀的锐利和手指甲所在的部位。[③] 又如“本”，“末”等字，内中的一画，所以指示树木的根本和枝末所在的部位。[④] 又如“元”，“天”等字，内中的二画一画，所以指示人的头顶所在的部位。[⑤] 3. 以符号象征某种形象附合于实体的图象上以显示这种实体所具有的形状或者这种实体所发出的动作。例如“畺”，“画”等字，内中的横直各画，所以显示田野等等的界画。[⑥] 又如“曰”“只”等字，内中的乚八，所以象征口里所发出的气息，而显示口里的言词。[⑦] 又如“牟”，“芈”等字，内中的厶丨，所以象征牛羊口里所发出的声气，而显示牛鸣羊鸣的意义。[⑧] 4. 以符号象征某种动作，而附合于实体的图象上，以显示这种实体所受的某种动作。例如“友”，“久”等字，内中的，所以象征绊絷或留止的动作，而显示“剌犮”和“稽久”的意义，[⑨]又如“毌”，“毋”

---

① 《说文》：“，治也，从又，丨握事者也”；“，引也，从受”，徐锴曰：“丨所争也。”

② 《说文》：“，祭所荐牲血也，从血，一指血”；“，美也，从口含一”。

③ 《说文》：“，刀鉴也，从刀，以指之”；“，手足中也，从又，指甲形”。

④ 《说文》：“，木下曰本，从木，一在其下”；“，木上曰末，从木，一在其上”；徐锴曰：“一记其处也。”

⑤ 《说文》：“，首也，从古文儿”；“，颠也，从大，大犹人也”。

⑥ 《说文》：“，界也，从二田，三其界画也”；“，界也，从田，从聿，聿即笔也，所以画；为田之四界”。

⑦ 《说文》：“，词也，从口”，上当象口气；“，语已词也，从口，象气下引之形”。

⑧ 《说文》：“，牛鸣也，象其声气从口出”；“，羊鸣也，从羊，气上出，与牟同意”。

⑨ 《说文》：“，剌犮也，从犬，而丿之，曳其足”；“，留也，人两胫后有距而止之”。

等字，内中的一画所以象征贯串和阻止的动作，而附合于实货和女人上以显示意义。[①] 又如“引”，“丑”等字，内中的丨丨所以象征“开弓”和“縶纽”的动作。[②] 这四种的字体，都是用象征的符号附合于写实的图画上所构成的。

应用象征法第三步更可以推广到单纯的写实的图画上，就是借某种实体的图象来代表抽象的观念，就是把某种意义隶属于有形可象的实体当中，例如“凶”，“大”等字，借了人的形状和地的坎险以为“伟大”和“凶恶”的象征。[③] 又如“交”，“高”等字，借了交胫相高台的形状，以为“交叉”和“崇高”的象征。[④] 又如“采”，“丫”，“禾”，“凡”等字借了兽爪羊角，木曲，鸟飞的形状以为“采别，”“丫戾，”“禾留”，“凡速”等等意义的象征，[⑤]这

---

① 《说文》：“，穿物持之也，从一横贯，象宝货之形”；“，止之也，从女，有奸之者，一以止之”。

② 《说文》：“，开弓也，从弓，丨象引之”；“丑，纽也，从又而縶之”。

③ 《国学季刊》一卷二号，沈兼士《国语问题之历史的研究》：“写实的方法未免麻烦而且太呆板了，表示思想的力量和范围过于狭小，比方‘大’‘凶’这两种抽象的意思，用写实的方法是很不容易造成一个字的，想像力薄弱的人，你叫他不依象形而凭空构造，又是绝对不可能的事实；于是想出一种法子，借了人的形状，地的坎险以为‘大’‘凶’的象征，造成‘大’‘凶’两个象形字（《说文》：，天大地大人亦大，象人形；，象地穿交陷其中也）。这么一来，就可以把不容易表示的意思都能举重若轻的表示出来了。”

④ 拙译高本汉《中国语与中国文》：“应用这种‘指事’来表现抽象的观念，比较上只有少数几个表现得很满意，这是显然的。所以还须依赖别种好方法。有个普通的方法，是应用具体的图象来代表一个抽象的观念；这个观念或者和那个实物有密切的关系，或者借了那个实物可以很强的把他提示出来。例如‘相交，接触，相关’的意义，写做‘交’字的，就是一个人以两腿相交。‘高’的意义，用‘高’字的来代表，就是一座塔。‘行’的意义，是用通常走路的行迹来代表。……”

⑤ 沈兼士《文字学讲义》：“夫意内言外，词随义起，欲传久远，乃箸竹帛。譬如‘采’‘’‘’‘’四文，写状微末，义殊狭隘，特为制字，似嫌迂曲。不知书契之初，使类象形，先有独体，形声相益，后乃滋繁；当时欲本‘采别’‘丫戾’‘禾留’‘卂速’之语以制文字，其义既属虚泛，其形又难执著，势非寓意于有形可象之物体不可。爰乃取假于‘兽爪’‘羊角’‘木曲’‘鸟飞’之形以为一切‘采别’‘丫戾’‘禾留’‘卂速’之标帜，固不仅区区之摹状鸟兽草木之状态而已。逮其后更孳乳‘辨’‘乖’‘稽’‘迅’等形声字，而‘采’‘丫’‘禾’‘卂’之用遂替。许注经释之为‘兽爪’‘羊角’‘木曲头’‘鸟疾飞’者，其书以辨析本形为主，适当尔也。准此以观，许书中独体之文，虑皆言近恉远，形局义通，若但于物之表象求之，则失之矣。”

一类的字体可以说是借形表意，也是象征法的一种，所谓“文义不专属一物，而字形则画一物”，原来造字的，他们所要表明的意义，并非拘牵于写实的形体，而专指一种事物的。① 单独的图象既然可以用来象征某种观念，于是第四步更把图象和图象的拼合来代表抽象的意义。这种拼合参杂有主观的作用，而也是用具体的形象来象征某种观念，也是举出一个显著的例子来做某种事物的一个代表，并非专指形体上的一种事物的。② 这一类的字体，常常根据固有的单纯图象来创制，通常叫做“会意”字，由意义的会合而成，所以是论理的合体字。③ 这种合体字大概可以分做三种：1. 几个实体图象的结合，内中各个图象都足以提示某种观念，把他们并列出来，更为显明了。例如“羊”和“鱼”并列着，足以表示“鲜”的意义；“人”和“牛”并列着，足以

---

① 沈兼士《国语问题之历史的研究》：“这里有须注意的一点，就是这些字形所描写的事物和内含的意义，其专泛广狭确有不同，陈澧所谓‘文义不专属一物而字形则画一物’，是这个意思。后人往往误以许慎《说文》解释本形之语谓之‘本义’，未必尽合于古人造字之旨。”

② 沈兼士《国语问题之历史的研究》：“前面所说象征的象形字，已经在客观的物象之中，搀了一点主观的意象，但是仍旧脱离不了实物标本的束缚。到了这一级。作者才能够自由拼合各象形文字以表现真意趣，所以叫做‘表意字’。……利用现成的象形文字，人为的并合起来，成为一种具体的形象，藉以表示一种抽象的意思。譬如一个‘初’字，《说文》注：‘裁衣之始也。’《尔雅》注：‘始也。’陈澧解说道：‘近人多以《说文》为本义，《尔雅》为引申义，其实不尽然也。造初字者，无形可画，无声可谐，故从衣从刀会意耳。’这就是用具体的方法表示抽象的意思的一个好例。其他如‘㿝’‘盗’‘闲’‘仁’‘武’‘信’等字皆是。这种字的作法，慢慢的超乎迹象，主观的作用渐盛，而所包含的意义也更曲折了。……这里要注意的，也同前段一样，须知道‘㿝’‘盗’等字，并不是专为‘以皿食囚’‘垂涎皿中’造的，不过扼要的举出一个显著之例来做一个代表罢了。”

③ 拙译高本汉《中国语与中国文》：“……因之就发生了许多‘合体字’，是根据固有的单纯图象来创制的，第一步就做出一类重要字体的发明，叫做‘会意’，由意义的会合而成，所以是论理上的合体字。把两个或两个以上的单纯图象并合起来，使他们的意义发生论理上的关系，于是所产出的合体字，可以用来代表一个新观念。这种便利的方法，应用得很广，通常字体由这样构成的，不下有千个。”

表示“件”的意义。[①] 2.几个实体图象的结合，他们共同的排列出来，就足以显示一种观念。例如三“女”为“奸”，四“于”为“共”，“子”“女”为“好”，“囟”“心”为“思”等等。[②] 3.最普通的，几个实体图象的结合，其中一个是依附于另一个之上，而把意义显示出来。表示动作的，如“见”字是一个人加上一目，“休”字是一个人息于树下，“鸣”字是一只鸟加上一口，“看”字是一手加在目上等等。[③] 表示性质的，如“只”字是一只鸟拿在手里，“双”字是二只鸟拿在手里，“美”字是一只大的羊，“老”字是毛发化白的人等等。[④] 这种字体也有用来代实体的语词的，例如“力”“田”为“男”，“女”执

---

① 拙译高本汉《中国语与中国文》：“结合的字体，一种显著的形式，是两种实物的结合，这两种实物对于所表现的性质或情状，都是很明显的，至少也都共同具有这种性质或情状，于此我们得知‘明’字，是用‘日’加上‘月’来表示‘明’的意义；‘鲜’字是用‘鱼’加上‘羊’来表示‘鲜’的意义（很明白的，鱼和羊总是鲜的好吃）；‘件’字是用‘人’加上‘牛’来表示‘件’的意义，因为人和牛对于单个的事物，是两个模范的代表。”

② 拙译高本汉《中国语与中国文》：“还有一种结合的字体，是两种实物的结合，这两种实物共同的存在，就足以提示一种观念。这类的例子，如‘好’字由‘女’和‘子’结合而成，所包含的意思是人有了子和女，就快乐了。对于女性的轻视，有个‘奸’字，包含三个（意思是指好几个）女字，以表示‘奸’的意义。另外的例子，如‘宁’字，‘安宁’的意义（宀是房屋，心在房屋器皿之间）；‘友’字的 ，表明‘友谊朋友’（两手交接）；与此相似的有‘共’字的 ，表明‘共同’（四手相连）。这种结合的字体，特别有趣的是个‘思’字的 ，表明‘思想’（脑和心的合作，就产生了思想）……”

③ 高本汉《中国语与中国文》：“论理上的合体字，最普通的形式，尤其是用两个实物来表明，其中一个是依附于另一个之上，代表抽象语词的文字，由这样造成的，其中很多是动词。动作的意义不能用单个的形象表现出来，就可以利用结合的字体来显示。所以我们从一个人字，得了许多动作；‘坐’字，等于两个人在泥土上；‘闪’字，具有发出的意义，等于一个人从门里跑出来；‘见’字，等于一个人（有两条腿的）加上一目；‘休’字，等于一个人在树荫下休息；‘伏’字，等于一个人伏起来好像狗的样子。从手字又发生了许多字，例如‘开’字，等于用两手（廾）开门闩；‘算’字，等于两手掌理竹制的目状的算盘；‘看’字，等于一只手放在目的上部，我们远看时常用手隐护两眼；‘取’字，等于右手捉住一耳。……”

④ 高本汉《中国语与中国文》：“论理上的合体字，代表抽象语词的，其中有许多是表明性质的，‘美’字是一个显著的例，等于一只大的羊。‘左’字，等于左手做工，右字，等于右手为口，（拿食物入口的?）这两个字似乎可以表明中国人古代的习惯。……‘东’字表明太阳从天边的树木的后面升出来，就是‘东方’。‘只’字可以看做一只鸟拿在手里，这个字正和‘双’字相反，双字，是两只鸟拿在手里。……”

箕“帚”为“妇”，“围”“人”为“囚”，“虫”“叉”为“蚤”等等。[①] 这一类的合体字，也许是由古代复合的图画演变而成的。[②] 但是基中结合的分子，并不一定是单纯的实写图象，也常常包含有象征的符号，例如“刀”加上“八”为“分”字，表明用刀来劈分的意思，“十”“口”为“古，”表明古来十口相传的意思。[③] 而且整个的字体，并非专指一种事物，乃是用来代表某种观念，所以终究不是写实的，而是象征的。

---

① 沈兼士《国语问题之历史的研究》：“这种字的作法，慢慢的超乎迹象，主观的作用渐盛，而所包含的意义也更曲折了。后来因为‘事变綦緐’，人心所造之意象无穷，而事物可比拟之现象有限，于是觉得象形文字如‘男’‘或’‘沙’等，也就应用这个方法来造了。”高本汉《中国语与中国文》：“这种结合的字体，不但可以表明抽象的意义，也可以代表具体的实物。‘囚’字表明一个人在囚笼里，我们很容易看出他是一个‘囚犯’，或‘俘虏’。‘夷’字是一个大人背着弓，表明他是‘野人’。此外还有许多有趣的例子，‘妇’字等于一个女人握着一帚，‘奴’字等于用手抢来的奴婢；‘仙’字等于一个人隐息在山上。……‘灰’字的  等于用手从火里取出来的东西；‘蚤’字的  等于搔人的虫，最后又有一个‘狄’字，等于火狗，用来指‘野人’。”

② 《国粹学报》乙巳第十二号刘师培《小学发微》：“《说文》之释会意也，谓比类合谊，以见指㧑，武信是也。吾谓两形并列之字，亦出于古代图画。例如武字从止从戈，在上古时，必画一人作止戈之形，信字从人从言，在上古时，必画一人作欲语之形。又如儛字从人从舞。即画一人而加以舞蹈形也。位字从人从立，即画一人直立之形，伐字从人从戈，即画一人荷戈之形，男字从力从田，即画一人耕田之形。妇字从女从帚，即画一女持帚之形。苗字从草从田，即画草生于田之形。焚字从林从火，即画以火烧林之形。鸣字从口从鸟，即画羽族发声之形。吠字从口从犬，即画犬属发声之形。嵩字从山从高，即画山峰最高之形。由是言之，则会意者两形并列之谓也。亦即古代之图画也。故会意出于象形。又如祭字从又从示肉，即古人祭神以手持肉之图也。丈字从又从十，即古人以手持丈之图也。集字从木从鸟，即鸟在木之图也。牢字从宀从牛，即牛在屋之图也。此皆会意之正例，余可类推。故《说文》列会意各字，约分二类，例如天、皇、周、国、仁、吏诸字，王筠以顺递为义之字释之，案此类文字之中，有出于象形者，亦有出于指事者，然以出于象形为正例。又如祝、聑、咸、君、正、竟、癸诸字，王氏筠曰此对峙为意之字也。此类之字，不能以所从之两体三体连贯而直捷言之，由其用意多委曲也。凡两言从者皆是。要而论之，会意虽以意为主，然每字之义，皆起于字形，故《说文》所会意之字，有以字形发明字义者，如莫、益、果、之、图、光、坐、或、辇诸字，是与顺递为义者为一类，然字义即见于字形，则亦古图画之变形也。又如雀、夔、毕三字，皆会意而兼象形者也。又如葬，父，脑三字，皆于会意外，另加一形者也，举此数证观之，则会意一体，即象形中复杂之字也。”

③ 《说文》：“  ，别也，从八，从刀，刀以分别物也”；“  ，故也，从十口，识前言者也”。

（三）文字构造上的标音法

上节所讲论理上的合体字，对于单纯的图象所不能表明的语词，虽然都表现得很适当，可是这种造字的方法过于繁难，费了创制的心思未免过巨，不能随着实际的需要，造出许多新字体。① 要补救这种弊病，就须运用标音的方法了。② 原来象征法的效用，可以使文字的意义扩大或转移，借一种单纯的或复合的具体图象用来表示一种较广的抽象的意义。③ 从中再取其某种特殊的意义，而以相关的字体注在旁边。④ 依这种方法所组成的合体字，构造上的某部分是纯为表意的，而别一部分却兼为表音之用。⑤ 例

---

① 拙译高本汉《中国语与中国文》："上面讲过各种论理上的合体字，对于单纯的图象所不能表明的语词，虽然都表现得异常适当，可是有一种缺点，就是他们所需要创制的心思，未免过巨了。等到需要创制代表几千个语词的文字，那这种方法过于困难，就不能适用了。"

② 高本汉 *Philology and Ancient China* 第二章："《说文解字》中这类会意字就不下有一千一百六十七字之多。其精妙之处，在能表白一个单纯的象形字所不能表白的意思。然而却有一个很大的困难：因为这种字的创造，是很不容易的，须要造字者绝大的心机，才能构成。其后，人事日繁，除应用于卜筮，诰白的简短的文辞，尚有很多意思，字形所不能表示的；于是便又去另寻创造的方法，不必运用多大心机，却可以增添数千的新字。这种方法最后的成就，便是不用字母拼写的音标，其字主音而不主义。"

③ 参看本文的第二篇二(二)。

④ 高本汉 *Philology and Ancient China* 第二章："例如这儿有一个现代音读为t'ung(同)的字，其义为'一致结合，混合'，再演变而为'混合物，混合金属，青铜'了。此字为'同'，其原来之义有二：一可释为'一致混合'的抽象字，一可释为'混合物，青铜'的实体字。但是不知到了某天的好时日，忽而一个聪明的书吏，想起了后者——实体字的侧边加上一个'金'傍，表明此字系金类的，后来写'金属混合物'的字，便改为'铜'(t'ung)，就是铜之为金属者。自这个方法创立之后，应用得十分普遍。即如'卢'(lu)字，其大意为'盘锅'，从此变化出来'特殊化'的字体，便在本字的旁边加上几个不同的偏旁字：'铲'(lu)意为'金'，金属之锅，'颅'(lu)意为'页'，头部中盘状之物，余均依此类推。"

⑤ 高本汉 *Philology and Ancient China* 第二章："'铜'(t'urg)，其正写本为'同'(t'ung)，'铜'为金属混合物，由'混合'之意'同'一种特殊化的字体。……其金字之各一半'金'和'同'，一半是表'特殊'的意义，一半是表音而兼具有意义的。"

如一个"正"字,加上了"支"旁,便成为政事之"政,"加上了"彳"旁,便成为征伐之"征,"加上了"支"和"束,"便成为整理之"整"。[①] 一个"丩"字,加上了"糸"旁,便成为纠缭之"纠,"加上了"艸艸"便成为艸之相纠的"⿳艹丩廾"。[②] 一个"句"字,加上了"金"旁,便成为曲"钩,"加上了"竹,"便成为曲竹的捕鱼"笱"。[③] "政""征""整"在语言上都是从"正"这个语词演化出来的;所以这些合体字和"正"字音义相关,内中的"正"是用来表意而兼作标音的。其余"纠""⿳艹丩廾"等和"丩"字,"钩""笱"等和"句"字,也是同例。[④] 大抵文字构造上的演进由象征法进而为标音法,第一步是先有了这一类意符兼音标的字体,于是再进而为纯粹的表音字。[⑤]

中国文字上标音的方法,我们说过只是利用同音的语词,以这个语词的字体代表那个音读相同的语词,没有分析语词音读

---

① 《说文》:"政,正也,从支,从正,正亦声";"鉦,正行也,从辵,正声,征,鉦或从彳";"整,齐也,从支,从束,从正,正亦声"。

② 《说文》:"纠,绳三合也,从系丩";"⿳艹丩廾,艸之相丩者,从艸艸,从丩,丩亦声"。

③ 《说文》:"钩曲也从金,从句,句亦声";"笱,曲竹,捕鱼笱也,从竹,从句,句亦声"。

④ 国学季刊一卷一号沈兼士《国语问题之历史的研究》:"如以'斯'为音符的字,多有析散的意义,以'夗'为音符的字,多有委曲的意义,以'多'为音符的字,多有丰盛的意义,以'囱'为音符的字,多有中空的意义:这一种字的音符,不仅是为了语音的关系,假借来用的,实在就是这些半音符字的语根。这是怎么说法呢?例如《说文》'斯,析也';'廝,散声';'澌,水索也';'凘,流仌也';'誓,悲声也'。后边四个意义,都是由'析也'一个意义里边滋生变化出来的,大约起初只有一个'斯'的'通语',后来为了目治的易于分别类属起见,于是在'斯'字上加了各种偏旁,成为一组'别语'。其他以'夗''多''囱'为音符的字准此。章炳麟先生《语言缘起说》所谓:'一字递衍,变为数名,……最初声首,未有递衍之文,则以声首兼该余义。'就是这个道理。这一类的字,……性质却和自来小学家所谓'会意兼声'的原理相通(如'禷''湄''攻''化'等字),这是我们应该注意的。"

⑤ 沈兼士《国语问题之历史的研究》:"大概古来造字,由意符的区域过渡到音符的区域的时候,第一步须先经过音符兼义的阶级,仍旧利用会意的方法,使一切'通语'加了一个分别部居的偏旁,便成为一个或一组之'别语'。第二步然后变到音符无义的阶级而纯粹的半音符文字乃成立。"

的组织，所以不能认为字母文字。① 单纯的标音法是借某个语词的字体来代表另一个同音的语词。例如“来”本来是指麦类，却用来代表行来之“来”，“万”本来是指毒虫，却用来代表千万之“万”；因为麦类的“来”和行来的“来”，毒虫的“万”和千万的“万”在语言上是同音的语词，所以那个语词的字体可以用来代表这个语词的。② 这种借字表音的方法，在一方面因为造字的艰难，可以暂时补救文字缺乏的弊病。③ 在另一方面又因为文字的繁复孳乳，反而觉得应用不方便，所以又可用来节制文

---

① 参看本文的第二篇一（五）。高本汉《中国语与中国文》：“这种新方法，是一种音标的字体。可是决不能说，这是表示中国人已经采用了字母文字。字母文字的原则，其目的只在表明语词的声音没有计及他的意义，只是分析语词声音组织上的各部分；例如英语里 G -u-t 一字，现在我们看来，似乎是很简单，很自然的了，可是在人类的发明上，实在是个很费时的东西。这种方法，和中国人的思想路径，适相异途。”

② 高本汉《中国语与中国文》：“另外一种方法，是借一个具体的同音语词来代表的，例如一个‘来’字，代表‘麦类’的意义，又代表通常‘行来’的意义，现在北京音上统读做 lai。在古代中国语上，这两类语词显然是同音的，因为我们晓得代表‘行来’的这个语词很难描画出来，而代表‘麦类’的这个语词很容易描画，（即今来字，像具有麦芒的植物）；所以从极古远的时代，‘行来’就已经写做‘来’字了。依据同样的方法，‘万’wan 字的本来是指一种‘毒螫’，用来代表意义比较复杂‘十千’的万。”

③ 高本汉 *Philology and Ancient China* 第二章“在最初的一个时期有人想出一个权宜的补救方法以表达抽象的观念；这个方法如果用得过于广泛，便行不通，但是在单独引用的时候，却很通用的。这就是假借一个具体语词的字体，以代表另一个同音的抽象语词，譬如‘求’（k’iu），意云‘皮毛之衣’，可是又有一个同样的读音则为‘寻觅’之意，这两个语词，必是在很早的年代已经是同音的了，因为当时一般书吏，想要写一个抽象的‘k’iu’字（寻觅之意），颇难用一个象形的文字画表示出来，所以才假借一个本义象皮毛的‘求’字来代替。这在龟甲文字中已有不少的例。造字者其所以敢于冒险假借此字的原因，是由于这两个字各自所含的意义太相悬殊了，虽说牵强，但绝不至于引起误会的。例如读者看到下面一句话：‘我求福。’他便即刻可明白句中的‘求’字，若是当做‘皮毛之衣’的 k’iu 解，便无意义了，书写者是用‘求’字来表示‘寻觅’之意，另一个 k’iu 的语词，那末读者一见到上边的句子，便知道是‘我寻觅幸福’。”段玉裁《说文解字注》：“假借者，古文初作，而文不备，乃以同声为同义。”孙济世《说文解字假借考》：“六书之有假借也，……后圣所谓济指事，象形，形声，会意转注之穷，而通其用于不穷者，舍是无由。”

字的数量。[①] 凡是语言上山川鸟兽草木等等的固有名称，和重音，叠韵，双声的复音缀的语词，以及助词叹词等等，大都就借用现成的字体来比拟他们的声音，不必另外造字了。[②] 即使他们原来已经有了“本字”的，也常常贪图着便利，借用同音的字体来代表。[③] 但是这种方法应用得太广泛了，自然意义上要发生纠葛不清的弊

---

① 章炳麟《国故论衡》上《转注假借说》：“……以文字代语言，各循其声，方语有殊，名义一也。……孳乳日繁，即又为之节制，故有意相引申，音相切合者，义虽少变，则不为更制一字，此所谓假借也。……假借者，志而如晦，节文字之孳乳者也。”朱宗莱《文字学形义篇》：“盖文字孳乳寖多，苟不为之节制，烦冗孰甚焉？又况形容诸语，唯是触口成声，用相比喻。若有一音一义，而必为制一字，则万物之形相有尽，人心之比拟无穷，不几艰于创作乎？造字者特设假借一科，以趋简易。或就一字之义，而引申之，或因他字之音，以比况之。既不失之烦冗，又不虞其不给，此假借之法，所由继转注而起也。”

② 沈兼士《国语问题之历史的研究》：“原来语言中的单音词，其后渐因便利起见，多半变为叠韵或双声的复音词了。（其中有另外加添语尾的。）是后来附加上去的音，只是借一个同音的字来表示他，却没有去另外造字，比方‘处所’的‘所’，‘果敢’的‘果’，‘悉蟀’的‘悉’之类，只备了异义同音的‘所’‘果’‘悉’来比拟他的声音就是了。章炳麟先生谓之‘一字重音’，就语言上说，就是由单音而变为复音了。……凡语言中的山川鸟兽草木等固有名称，重音叠韵双声等的形容语，以及助语之词，感叹之声，既不便用第二法描写形象；又不能用第三法表示意义，倘若一一配了偏旁，造成半音符的字，又觉得不胜其烦；所以这一类的说话，有一部分是借用现成的字来比方他的声音，例如‘空桐’‘科斗’‘旁皇’‘容与’‘而’‘焉’‘虽’‘夫’‘夥颐’之类，郑玄所谓：‘其书始之也，仓卒无其字，或以音类比方假借为之，趋于近之而已，’就是这个道理。”

③ 段玉裁《说文解字叙注》：“大抵假借之始，始于本无其字，及其后也，既有其字矣，而多为假借。又其后也且至后代讹字，亦得自冒于假借。”沈兼士《国语问题之历史的研究》：“大凡耳治的直接记忆语言的声音，和目治的间接记忆代表语言的文字，当然是前者比较的易于后者，所以一方面尽管造字，一方面借字表音之法，仍是盛行，例如‘勼聚’，不用‘勼’，而用‘鸠’来表‘勼’的音，‘仁谊’，不用‘谊’，而用‘义’来表‘谊’的音；简直就是拿‘鸠’‘义’两个字，当作注音字母而把他独立的用了。焦循《周易用假借论》云：“如‘麓’‘录’二字本皆有者也，何必借录为麓？‘壶’‘瓠’二字本皆有者也，何必借瓠为壶？疑之最久，叩诸深通六书之人，说之皆不能了。”陈澧谓‘实因无分部之字书故尔，不必疑也’。实在这就是字形比语音难于记忆的证据，陈氏以古无字书为理由，但是到了后世，字书盛行，而借字表音之法，何以仍旧流行不衰呢？可见陈氏所说的不能算是唯一的原因。加之语言的变迁，时间方面有‘古今语’的差异，空间方面有‘方言’的不同，例如‘无赖’的‘赖’字，由双声变为聊，为俚；‘奘大’的‘奘’字，由叠韵变为‘京’为‘将’，《尔雅》《方言》两部书里面同义异字的道理，大都可以拿这个定理来解释。最初的那个字，已经是‘约定俗成’固定而不可变的了，倘是另外再造意符，或半音符的字来对付这些‘古今语’‘方言’，又觉得太麻烦了，所以只好拿‘借字表音’的方法来敷衍应用而已。”

病；所以第二步又不能不再想别种方法来限制，因而就产生了一种音标的合体字。①

音标的全体字，是由上面所说的两种方法——第一种是因意义上的特殊化构成一半表意一半兼表音义的合体字，第二种是因借字表音演成纯粹的标音字——混合组织成功的。② 这种音标的

---

① 沈兼士《国语问题之历史的研究》："这个方法的弊病：（一）拿一个字的声音来比拟他一语的声音，当然不能绝对的确切。（二）无限制的借用一切固有文字，以为表音的符号，手段太不经济。（三）所表示之语言的意义和被借为音符的文字之本身的意义，日久往往发生一种纠葛不清的疑惑。（四）有了这个以不造字为造字之消极方法，救济半音符之穷，于是可以苟安一时而不积极的去想法造那以简御繁的正式音符文字，这更是失著了。"高本汉《中国语与中国文》："这种方法，因为过于轻率任意是很危险的；假使用得太普遍了，那这种文字就有含糊不清的影响；但是古代语言上或者没有很多的同音语词，所以这种方法应用的范围，也决不至于很广泛的。"又"中国人得了别种原则的辅助，把这种笨拙的假借方法修正一下，就使他变成为一种很精巧简捷的方法。例如'寸'字的  国语上读 ts'un，假使没有加以变化，不能用来代表'村落'的'村'（国语上也读做 ts'un）这个语词，因为这样就要引起误会的；所以中国人，把这寸字加上了一个'木'的图象（木，显然是建筑的材料），就得了一个'村'字。村字的右旁是表示这个语词的音读和'寸'字相同，——中国人那时还没有到了分析语词声音的程度，只是把整个的合体当做语音的单位，——而这个字的左旁，是一种限制的符号，表示他'不是'指'寸'字所代表的那个语词，而是和寸同音，有关于'木料'的那个语词，就是'村'。这种方法，用来表音的，又不必需要'绝对'同音的语词，只是在声音上有密近的类似就够了；因之这种方法，更觉合于实用了。这种新字一定要包含两部分：一部是'音标'，用来表明——或者至少提示着——这个语词的音读，一部是'意标'（欧洲人普通说他是'字根'，这是一个混合的名辞，因为使人容易误会做语源学上语根的观念。）用来表明——或者至少提示着——这个语词的意义，或者他所属的范畴"。

② 高本汉 *Philology and Ancient China* 第二章："我们可以明白这两类字体的构成，是各属于两个很清晰的范畴之内的：（一）'求'（k'iu）本义为'皮毛之衣'，而假借其字为'寻觅'之意义的 k'iu，乃仅假其音；（二）'铜'（t'ung）其正写本为'同'（t'ung），铜为金属混合物，由'混合'之意'同'一种'特殊化'的字体。由前者之例言之，则'求'字完全是一种声音于符号。由后者之例言之，则其全字之各一半'金'和'同'，一半是表'特殊'的意义，一半是表音而兼具有意义的。这两个方法一经并合，所以便自然而然的产生一个绝妙的新方法出来。第一步功夫——先假借一个字的声音，再第二步功夫——加上表意的符号——相联合，使全字之义得以明了。这样一来，你如果想要找一个'球'（k'iu）音，然后再接上一个偏旁的'玉'字（'玉'字为象一块宝石之形），以表明这字与'皮毛之衣'的'求'字无关，便成另一个意义的'球'字了。由这两个独立的因素，而成相互的作用，在一类文字的构造上便成一半'表意'，一半'表音。'如'球'（k'iu）字，其一个偏旁为'玉'，所以表意，另一个偏旁'求'，所以表音。根据这个简捷的方法。便很容易制造整千的新字出来了。"

合体字，中国学者向来叫做“形声”字，而主张“右声”之说的，以为从某得声者，都有某种意义包含在内。[①] 这样一说，凡属这种合体字里的音标，似乎都兼具有表意的作用了。[②] 原来音标的合体字，可以分做二类：一类是音标兼义的，一类是音标无义的。[③] 音标兼义的合体字，似乎也可以分做二类：第一类是音标兼义而且代表

① 沈括《梦溪笔谈》卷十四：“王圣美治字学，演其义为‘右文’。古之字书皆从左文，凡字其类在左，其羲在右，如木类其左皆从木。所谓‘右文’者，如‘戋’，小也，水之小者曰‘浅’，金之小者曰‘钱’，歹而小者曰‘残’，又贝之小者曰‘贱’，如此之类，皆以‘戋’为义也。”龚自珍述段玉裁论《说文》‘以声为义’一条：“古者先有声音，而后有文字，是故几千字之中，以某为声者，必同是某义，如从‘非’声者，定是赤义，从‘番’声者定是白义，从‘于’声者定是大义，从‘酉’声者定是臭义，从‘刀’声者定是文理之义，从‘协’声者定是和义，全书八九十端，此可以窥上古之语言，于‘劦’部发其凡焉。”

② 刘师培《中国文学教科书》：“衷忠仲三字，从中得声，然咸有中字之义。濛曚矇幪幪五字，从蒙得声，然咸有句曲之义。价玠界三字，从介得声；然咸有大字之义。（介，大也。）惇敦醇谆哼焞錞淳八字，皆从享得声；然咸有敦厚之义，殚瘅焯弹蝉（蝉联不断之意）禅六字，皆从单得声，然咸有尽字终字之义。堎棱掕陵四字，皆从夌得声；然咸有高峭之义。菁精鲭彭崝清靖情婧绩十字，皆从青得声；然咸有清明之义。梃侹頲挺四字，皆从廷得声；然咸有直字之义。茎祬胫桎颈劲轻陉八字，皆从𢀖得声；亦咸有直字之义。呻伸电坤阵五字，皆从申得声；然咸有申字之义。论伦沦纶四字，皆从仑得声；然咸有条理成文之义。训顺驯紃四字，皆从川得声；然咸有顺从之义。……”梁启超《从发音上研究中国文字之源》亦谓形声之字，什九皆兼会意。见《饮冰室文集》六十七卷。

③ 沈兼士《国语问题之历史的研究》：“如江河等字，右旁的‘工’‘可’，只是表示声音，丝毫不关意义，这是纯粹的半音符字。现在试拿一个比较的方法来说明他，譬如前面所引段氏论《说文》以声为义一条中所说‘从非声者，定是赤义’，我们倘加以精密的研究，觉得段氏所说的不足以概括从‘非’声之字的意义。按从‘非’声的半音符字有‘音符兼义’与‘音符无义’的两种，现在为了便利起见，试在下面列表来说明：

非　《说文》违也。从飞下翅取其相背也。

音符兼义而非其语根者：
(1) 菲，翡，(绯，)痱……含有赤义者。
(2) 罪，扉，匪，……器虽异而同为编织物(加()者，《说文》所无之字)。

音符兼义且即为其语根者：
(1) 辈，诽，棐，斐，骈，悲，(悱，)扉，排，辈，……由违背之义孳乳出者。
(2) 俳，(徘，)裴，蠹，(蜚)，蠧，韭……由飞义孳乳出者。

音符无义者：
腓，胫腨也。跸，剕，刖也。餥，馁也。鼍，地名。厞，(陫，)隐也。婓，丑儿。……均与‘非’义无关者。

我们拿表中的前二项与后项比较着一看，就可以知道音符无义的性质了。”

他的语根的,就是应用第一种方法所构成一半表意一半兼表音义的合体字。① 至于第二类,似乎可以说是音标兼义,但是并非代表他的语根,内中所包含的表意作用,乃又是因同音的关系,从别个语词的字体上转借得来的;所以音标的表意作用不很显著,我们还是把这类的字归入音标无义的比较妥当。② 因为"音同义通"的原则,以为是音读相似的,意义上就可以相通,乃是语言里普通的现象,在文字的制作和应用上,固然靠他作一个固强的基础;③但是这种原则所适用的范围,并没有确实的界限,而文字形体的本身,既然没有直接的明白的显示,我们就很难把他们归入于音标兼义的一类。④

音标的合体字,他们的构造,一种是写实的图象上加上一个音

---

① 参看本文第240页注释⑤。

② 章炳麟《文始略例》:"昔王子韶创作右文,以为字从某声,便得某义;若句部有'钩''笱',臤部有'紧''坚',丩部有'纠''茁',辰部有'1k''覛';及诸会意形声相兼之字,信多合者。然以一致相衡,即令形声摄于会意。夫同音之字,非止一二;取义于彼,见形于此者,往往而有,若'农'声之字,多训厚大,然'农'无厚大义;'支'声之字,多训倾衺,然'支'无倾衺义。盖同韵同纽者,别有所受,非可望形为捡;况复旁转,对转,音理多涂;双声驰骤,其流无限;而欲于形内牵之,斯子韶所以为荆舒之徒,张有沾沾,犹能破其疑滞。今者小学大明,岂可随流波荡?"沈兼士《国语问题之历史的研究》:"这一派的半音符字,虽说同一声类,其义往往相似,但其语根却不在此音符而别有来源,如'与'声之字多有安徐之义,而'与'字本身无此义,其义盖受于'余',语之舒也(《论语》与与如也,为假借的连字形况词);又从'今'声之字,多有禁制蕴藏之义,而今字无此义,其义盖受于'禁','禁',吉凶之忌也;这个可以说因为'与''今'等发音,与安徐之义的'余'禁制之义的'禁'有关,所以把他拿来(就是假借的滥觞),加上各种类属的偏旁,即成为一组含有此等意义的半音符字。"

③ 蒋善国《中国文字之原始及其构造》:"同义之字,不必右旁之声皆同也,即任举同声之字,亦可用为同义,阮元之释矢字,谓开口直发其音曰施,重读之曰矢。凡与矢施音近者,如尸旗夷易雉止水屎诸字或含有平陈之义,或含有施舍之义。其释门字,谓事物有问可进,进而靡已者,其音皆读若门:如免每敏孟之类。梁任公先生亦谓中国字不独音同义似,即同一发音者,其展转引申之字,可以无穷(见其《从发音上研究中国文字之源》)。"参看第二章第五节、第六节。

④ 章炳麟《文始略例》:"《文始》所说,亦有姕取本声者无过十之一二,深惧学者,或有锢駤,复衍右文之绪,则六书残而为五。特诠异同,以谨方来。"

标,如“江”,“河”,“松”,“柏”等。[1] 这种原来以代表口语上的语词为主体,写实的图象所以示明这个语词所属的意义——事物上的类别,因之和写实的图象上附注一个音标,徒然表示实物的称呼的,性质上实有分别。[2] 还有一种是在象征的文字或论理的合体字上加上一个音标,如“尚”,“千”,“春”,“曾”等字。[3] 这种和单纯的图画文字上加上一个音标的,也应当分别出来。[4] 此外还有音标的合体字上再另加一个音标而组成另一个合体字的。[5] 也有音标的合体字当作另一个合体字的音标的。[6] 也有一个合体字里具有两个音标的。[7] 而合体字里表意的部分和表音的部分在形体上也常常可加以省略的。[8] 从此可以窥见中国文字构造的复杂了。至于文字上的标音,以周汉的古音为

---

① 《说文》:“水出蜀水氏徼峿山,入海;从水,工声”;“水出焞煌塞外昆仑山发原注海,从水,可声”;“,木也,从木,公声”;“柏,鞠也,从木,白声”。

② 参看本文第 244 页注释②。

③ 《说文》:“,曾也,从八,向声”;“从十,人声”;“从艸,从日,艸春时生也,屯声”;“,词之舒也,从八从曰,四声”。

④ 刘大白《文字学概论》:“向来解释形声者,以为形声的形就是一切文字底形态,所以凡是一个有形态的文字上,加上一个音符,都是形声字。不知道是大误的;而对于转注的误解,也就起源于此。试看许氏所举转注的例,是‘考’‘老’两字。老从人毛匕,明明是个形声字。两字既然都有所属,何必另立转注一书而说这两字是转注字呢?要知道形声的形,就是象形的形,而象形的形,又是严格地指画成的物形而言。所以形声字底形符兼音符,是从专象实物底形体的纯形符字上加一个音符,就是从象形字上加一个音符,并非不论那一个有形态的文字上加一个音符。这是看了前边象形和形声底定义解释,就可明白的。从前文字学者,误解了形声字的形字,把形声字底范围扩大了,把转注字误认作形声字,所以转注字底定义,老是解释不清楚;现在把转注字从向来误认为形声字的范围中提出来,回复它意符兼音符字的本来面目,许氏转注底定义才可以有正确的解释。”

⑤ 例如“言”,从口,辛声,自身本为一个音标的合体字,而从“言”旁的“谈”“谊”“诰”“诏”等,即另加一个音标所组成的合体字。

⑥ 例如“仪”从“义”声,“义”又从“我”声;“苟”从“句”声,“句”又从“丩”声。

⑦ 例如“鳖”,“次”“朿”皆声;“”籀文卢,从虍,卤省,皆声。

⑧ 例如“”从老省,丂声;此为省形不省声。“”从,咸省声;此为省声不省形。“岂”,从豆省,微省声,此为形声俱省。

根据，因为中国文字构造上的演化到了汉代初年已经停止了进行；[①]语言上的音读虽然不绝的在那里演变纷歧，而文字的结构，大体上还是保持秦汉以来二千年的旧物；因之文字上的标音，只有一种极暧昧的效用。[②] 我们要了解中国文字上这种表音的作用，自然先须知道周汉古音的大略；而欲考求古音，也必须从后代的音韵上作一个比较的研究；所以文字学和音韵学是不能分离的。[③]

---

① 拙译高本汉《中国语与中国文》："中国文字，结构上的演化在西元以前，早已经完成了，但是另有一种形式上的演化，进行到了更后的时期。"

② 拙译高本汉《中国语与中国文》："中国文字史上，在某个时期，某种范围内，确为音标文字；但是不久就变了。……文字的构造在数千年前一经固定了之后，许多语词的声音，大都已经受到极大的变化，而字形始终没有随着改进。至于文字，经过了许多世纪语音的演化，而他的音标还保存着原来的功用的，实在只有少数的例子。……假使所谓'音标字体'，即在古代也是极粗陋的，——音标和转成字很少是正确的同音的，所以前者不足以供为后者确凿的音读的表率，——那末在后来二三十年中，经过语音不断的变迁，这种音标的效用，全部都更靠不住了。"

③ 参看本文的第一篇二（五）。

中国训诂学概要

一、训诂学之意义

训诂释义　训诂学者，释明字义之学也。欲知训诂学之意义，必先释明训诂二字。

《说文》："训，说教也，从言，川声。"徐锴《系传》："训者，顺其意以训之也。"段玉裁《注》："说教者，说释而教之，必顺其理引伸之，凡顺皆曰训……"钱玷《斠诠》："《广雅》：训，顺也。《诗》曰方其训之，《左传》作顺之；《洪范》是训是行，《史记》作是顺，顺而教，故说释也。"

训顺古字通，其本义为教训，训导之训，而教导必顺其理以为说释，故又为训释之训也。

《说文》："诂，训，故言也，从言，古声。"钮树玉《校录》："《后汉书·桓谭传注》及《一切经音义》卷二十二引作训古言也。盖当连上读，诂训者，古言也。"段玉裁《注》："故言者，十口所识前言也。"王玉树《拈字》："按诂通作故，《尔雅·释诂·音义》：诂音古，又音故。樊光、李巡本作故。《周南·关雎·故训传》第一，陆德明云：诂训旧本多作故。《前汉·艺文志·诗经鲁故》二十五卷师古注：故者，通其指义也。今近本皆作诂，失古义矣。"

诂之本字为古，亦通作故，谓古言也。古言须训以释明，方能通其指义，故又为训诂之诂也。训诂二字，对言义各有别。

《尔雅·释诂·释文》引张楫《杂字说》："诂者，古今之异言也。

训者,谓字有意义也。”《诗·周南·关雎·诂训传疏》:“诂者,古也,古今异言,通之使人知也。训者,道也,道物之貌以告人也。”《汉书·扬雄传》注:“训者,释所言之理也。”又“诂谓指义也”。《广雅·释诂》四:“诂,古言也。”郭璞《尔雅·释诂》注谓“初、哉、首、基、肇、祖、元、胎、俶、落、权舆、始也”“此所以释古今之异言,通方俗之殊语”。

据此可知训所以释明所言之事理,诂所以通释古今方国之异语,其欲明语文上之字义固相同,其所以释明字义之方法则有异:训之方法,重在确定义界,诂之方法则偏于通译殊语也。然训诂二字晰言有异,混言则往往无别。

《春秋公羊经传解诂释文》:“诂,训也。”《后汉书·卢植传》注:“诂,事也,言解其事意。”《诗·周南·关雎·故训传疏》:“诂训者,释古今之异辞,辨物之形貌。”王筠《说文句读》:“诂训、句、谓诂训同义也。《尔雅》释诂、释训,虽分两篇,义实同也。”

《尔雅》有《释诂》《释言》《释训》三篇,实依所释语文之形式而分之。

朱骏声《说文通训定声》诂下云:“按《尔雅·释诂》者,释古言也;释言者,释方言也;释训者,释双声叠韵连语及单辞,重辞与发声助语之辞也”。郝懿行《尔雅义疏·释诂第一》:“此篇自始以下,终也以上,皆举古言释以今语,其间文字重复,展转相通;盖有诸家增益,用广异闻。”《释诂第二》:“言者,《说文》云:直言曰言。《释名》云:言,宣也,宣也,宣彼此之意也。言与诂异。诂之为言古也,博举古人之语,而以今语释之也。言之为言衍也,约取常行之字,而以异义释之也。言即字也,释言即解字也。古以一字为一言,此篇所释,皆单文起义,多不过二三言,与释诂之篇,动连十余文而为一义者,殊焉。”《释训第三》:“训者,《释诂》云:道也。道谓言说之。诂与言皆道也,不同者,《诗·关雎·诂训传正义》云:训

者，道也。道物之貌以告人也。故《尔雅》序篇云：《释诂·释言》，通古今之字，古与今异言也。《释训》言形貌也。然则释训云者，多形容写貌之词，故重文叠字，累载于篇。”

然亦不能强分也。段玉裁《说文注》诂下云：

> 《尔雅》析故训言为三，三而实一也，汉人传注多称故者，故即诂也。毛诗云：故训传者，故训犹故言也。谓取故言为传也。取故言为传，是亦诂也，贾谊为《左氏传训故》，训故者，顺释其故言也。

不特训诂二字可以混言，即与传、与注、与疏、与笺等，亦不能划然得其分界。

《易·乾传释文》：“传，以传述为笺。”《公羊·定元年传》：“主人问其读而习其传”；注：“传为训诂。”《汉书·淮南安传》：“使为离骚传”，注：“谓解说之若今《诗毛叙传》也。”《广雅释言》：“注，疏也。”《一切经音义》六引《字林》：“注，解也。”《礼记·曲礼注疏》：“注者，即解书之名。”《仪礼郑氏注疏》：“言注者，注义于经下，若水之注物。”《诗郑氏疏笺》：“注者，著也。言为之解说，使其义著明也。”又：“笺者，表也，识也，郑以毛学审备，遵畅厥旨，所以表明毛意。记识其事，故特称为笺。”朱骏声《说文通训定声》疏下云：“《汉书·苏武传》：数疏光过失。注：谓条录之。《杜周传》：疏为令。注：谓分条也。《扬雄传》：独可抗疏。注：疏条其事而言之。《广雅·释诂》二：识也。今注疏字亦以疏通分析为义。”

盖皆以释明字义为主。通常以为经之不明乃有传，经史百家之书不明乃有注，注之不明乃有疏，因传可以读经，因注可以读古经古传，又因疏可以释古注，传注疏三者虽其详略先后有殊，要皆以训诂为其主要之务，解说事理，道释异言，以明语言文字上所载

之内容而已。此外又有音义一类，谢启昆撰《小学考》，叙次小学书籍，析为训诂、文字、声韵、音义四类。

谢氏《小学考序》：

> 卷首恭录敕撰，次训诂，则续《经义考》《尔雅》类，而推广于《方言》《通俗文》之属也，次文字，则《史篇》《说文》之属也。次声韵，即《声类》《韵集》之属也。次音义，则训读经史百氏之书，训诂、文字、声韵者，体也；音义者，用也。体用具而后小学全焉。

其谓音义乃训读经史百氏之书，亦即训诂之务。由此可知训诂学者，其体属于语言文字学上之研究字义部分。其用，又集合语言文字学上一切研究所得以释明各语各字之意义者也。

训诂学之性质与范围　吾国学者向以训诂之学为语言文字学中之一部分，而与形体、声韵对立。

王应麟《玉海》：

> 《尔雅》出于汉世，正名物，讲说资之；于是有训诂之学。文字之兴，随世转易，务趋便省，久后乃忘其本。《三苍》之说，始志字法，而许慎作《说文》；于是有偏旁之学。五声异律，清浊相生，而孙炎始作字音；于是有音韵之学，篆隶古文，为体各异。秦汉以来，学者务极其能，于是有字书之学。

晁公武《郡斋读书志》：

> 文字之学凡三：其一体制，谓点画有纵横曲直之殊。其二训诂，谓称谓有古今雅俗之异。其三音韵，谓呼吸有清浊高下之不同。论体制之书，《说文》之类是也。论训诂之书，

《尔雅》《方言》之类是也。论音韵之书，沈约《四声谱》及西域反切之学是也。三者各自名家，其实皆小学之类。

丙午《国粹学报》章炳麟《论语言文字之学》：

自许叔重创作《说文解字》，专以字形为主，而音韵训诂属焉。前乎此者，则有《尔雅》《小尔雅》《方言》；后乎此者，虽有《释名》《广雅》，皆以雅诂为主，而与字形无涉。《释名》专以声音为训，其他则否。又自李登作《声类》，韦昭、孙炎作反切，至陆法言乃有《切韵》之作，凡分二百六韵，今之《广韵》就《切韵》增润者；此皆以音为主，而训诂属焉，其于字形略不一道，合此三种乃成语言文字之学。此固非儿童占毕所能尽者。然名为小学则以袭用古称、便于指示；其实当名语言文字之学。

实则所谓形书、音书、义书，惟以其著述之体例，各有偏重而言。

段玉裁《广雅注序》：

三代小学之书多不传，今之存者，形书，《说文》为之首，《玉篇》已下次之。音书，《广韵》为之首，《集韵》已下次之。义书，《尔雅》为之首，《方言》《释名》《广雅》已下次之。

非谓专言其一而可废其二也。盖语言之用在以音表义，而文字之用又以形兼表音义。舍形与音固无以见义，舍义则形与音皆失其所依据。故形、音、义三者互相联贯，缺一不可。

段玉裁《广雅注序》：

小学有形，有音，有义，三者互相求，举一可得其二；有古

形，有今形，有古音，有今音，有古义，有今义，六者互相求，举一可得其五。……圣人之制字，有义而后有音、有音而后有形。学者之考字，因形以得其音，因音以得其义。

王筠《说文释例叙》：

　　夫文字之奥，无过形、音、义三端，而古人之造字也，正名百物。以义为本，而音从之，于是乎有形。后人之识字也，由形以求其音，由音以考其义，而文字之说备。

由文字形体以识其语言，由语言以考其意义。是以字义之学，其本身为语言文字学之一部分，而又为语言文字学之终极目的。吾人考析形体，审辨音韵，要不外以明训诂而已。许慎《说文解字》一书，兼赅形、音、义三者，而其要亦在明文字之本义，由本义以明引申义、假借义。

顾震福《小学钩沈续编自序》：

　　小学之类有三：曰形，曰声，曰义，赅此三者，惟许祭酒《说文解字》。

江沅《段氏解字注后叙》：

　　许书之要在明文字之本义而已；先生发明许书之要，在善推许书每字之本义而已矣。经史百家多假借，许书以说解名，不得不专言本义者也，本义明而后余义明，引申之义亦明，假借之义亦明。

盖从文字形体上以推溯字原，即可得其原始制作之本义，又从音义类似之关系上以推求语根，亦可得其意义演变之由来。文字学上所谓字原之学与音原之学，无非以辨别各字之本义及其引申假借义而已。

高本汉《中国语言学研究》第四章：

> 中国文字每一字常含有多种意义。虽然都从一个普遍的基本观念演变出来，可是繁复错杂，很难辨别其演变的线索；但是这类字体常可以帮助我们的进行，使我们看出何者为原始的意义。

王国维《尔雅草木虫鱼鸟兽释例序》述沈子培语曰：

> 文字有字原，有音原。字原之学，由许氏《说文》以上溯殷周古文止矣，自是以上，我辈不获见也。音原之学，自汉魏以溯诸群经《尔雅》止矣：自是以上，我辈尤不能知也。明乎此，则知文字之孰为本义，孰为引申假借义，盖难言之。

一字既有本义，而复有引申假借义者，大都与其字之音有关。

戴震《论韵书中字义答秦尚书蕙田》：

> 字书主于故训，韵书主于音声，然二者恒相因。音声有不随故训变者，则一音或数义；音声有随故训而变者，则一字或数音。大致一字既定其本义，则外此音义引伸，咸六书之假借。其例或义由声出，如胡字，惟《诗》狼跋其胡，与《考工记》戈胡戟胡用本义。至于永受胡福，义同降尔遐福，则因胡遐一声之转，而胡亦从遐为远。胡不万年，遐不眉寿，

又因胡遐何一声之转，而胡遐皆从为何。又如诗中曰，宁莫之知，曰胡宁忍予，曰，宁莫我听，曰，宁丁我躬，曰，宁俾我遁，曰胡宁瘨我以旱。宁字之义，传诗者失之，以传语之法类推，宁之言乃也。凡故训之失传者，形之亦可因声而知义矣。或声同义别，如蜥易之易，借为变易之易。象犀之象，借为象形之象。或声义各别，如户关之关，为关弓之关。燕燕之燕，为燕国之燕。六书假借之法，举例可推。

是以不明声韵，不足以识假借，不知假借，即不可与读古书。声韵之学，与训诂实不能分离者也。

朱骏声《说文通训定声》：

从朓参差，连绵而始肖其义，弟兄尔汝，依托而本无其文。取类多岀，拘虚少悟。不知假借者，不可与读古书：不明古音者，不足以识段借。"王念孙《广雅疏证序》："诂训之旨，本于声音；故有声同字异，声近义同，虽或类聚群分，实亦同条共贯。……此之不寤，则有字别为音，音别为义；或望文虚造，而违古义，或墨守成训，而尟会通，易简之理既失，而大道多歧矣，今则就古音以求古义，引伸触类，不限形体。

王引之《经籍纂诂序》：

夫训诂之旨，本于声音，揆厥所由，实同条贯。……

盖从文字之音义上以通其语言，从语言以通其心志。此读书不易之法也。

戴震《尔雅注疏笺补序》：

夫今人读书，尚未识字，辄目故训之学不足为，其究也，文字之鲜能通，妄谓通其语言；语言之鲜能通，妄谓通其心志，而曰传合不谬，吾不敢知也。

书中往往有两字或数字连合成一语者，不明文字假借之例，不从语言上辨识其成语，则望文生义，龃龉穿凿，在在而有。

王念孙《读书杂志·汉书第十六》：

凡连语之字，皆上下同义，不可分训，说者望文生义，往往穿凿而失其本指。如训流貤则曰无有差次，不得流行；挢虔，则曰，矫称上命，以货贿为固：或曰，称诈为矫，强取为虔；奔踶，则曰，乘之即奔，立则踶人……凡若此者，皆取同义之字，而彊为区别，求之愈深，失之愈远，所谓大道以多歧亡羊者也。

王氏《广雅疏证》卷六上，"踌躇，犹豫也"条下云：

夫双声之字，因声以见义，不求诸声而求诸字，固宜其说之多凿也。

王国维《观堂集林》卷二《与友人论诗书中成语》：

诗书难解之故，三：讹阙一也（此以《尚书》为甚）。古语与今语不同，二也。古人颇用成语，其成语之意义，其中单语分别之意义又不同，三也。唐宋之成语，吾得由汉魏六朝人书解之。汉魏之成语，吾得由周秦人书解之。至于诗书，则书更

> 无古于是者，其成语之数数见者，得比较而求其相沿之意义。否则，不能赞一辞。若但合其中之单语解之，未有不龃龉者。

成语之外，又须明其词例，以知各字各语在一章一句中之用法，虚实既定，则文义自无扞格难通之虞矣。此文法之学所以与训诂有关者也。

王引之《经传释词自序》：

> 语词之释，肇于《尔雅》，粤于为曰，兹斯为此，每有为虽，谁昔为昔，若斯之类，皆约举一隅以待三隅之反。古今异语，别国方言，类多助语之文，凡其散见于经传者，皆可比例而知，触类长之，斯善式古训者也。自汉以来，说经者宗尚雅训。凡实义所在，既明箸之知，而语词之例，则略而不究。或即以实义释之，遂使其文扞格，而意亦不明。

积字而为句，积句而成篇章，字不能离章句而独用；是以辨析章句，尤为识字读书者之要务。

胡韫玉《古书校读》云：

> 古人之文，不仅名物训诂，大异于今时，口舌声气，有殊于后代；其字法之增省，句法之变化，章法之颠倒，篇法之疏密，在在悉与今异。故其书或错综以成文，或参互以见义，或连类而并称，或得前而略后，加以衍文夺字、错简误改之伦，苟不彼此钩求，以见义类，执今人之文法以读之，则疑义日滋，伪解日出，新说日张，古籍日晦。

陈钟凡《古书读校法》：

古书难读，非仅义训不同已也。其词例之差异，学者尤应加之意焉。俞樾尝谓：执今人寻行数墨之文，以读周秦两汉之书，犹执山野之夫，而与言甘泉建章之巨丽也，谅哉斯言！古今语法之差别，未可强同，执今日恒用之词，以例古人，与执域外以之词以例中国，扞格之处，势所难免。则陈古今之词例，辨异同之所自，又读古书者之急务矣。

论者谓高邮王氏父子能有文法观念。故其解释古书，怡然涣然，前人所不能通者，而王氏通之。此足征欲明诂训，不可不识词例与文法。

杨树达《高等国文法》第一章：

清朝儒者，精研小学训诂，虽不能创通文法学，然能心知其意者，则高邮王氏念孙、引之父子二人是也。惟其如此，故彼校订古书，能怡然理顺，涣然冰释，今举《读书杂志》及《经义述闻》各数条于下。……观右诸条，知前人须增字为释，或释而结鞠难通者，王氏改释之，则怡然涣然。此何故？以王氏有文法观念故也。清以来与古书者多矣，而不能尽当人意如王氏者，坐不通文法耳。

声训文法，皆属于语言文字学之范围，固与释明字义，关系至切。至于考证史实，以知其时代之情状，则为史学之事；学者常将音读训诂与考据事实，区而为二。

张之洞《辅轩语》：

汉学所要者二：一曰、音读训诂，一曰、考据事实。知音训明，方知此字为何语，考据确，方知此物为何物，此事为何

事，此人为何人，然后知圣贤此言是何意义。不然，空谈臆说，望文生义，即成有理，亦所谓郢书燕说耳。譬如晋人与楚人语，不通其方言，岂能知其意中事？不问其姓氏里居，岂能断其人之行谊如何耶。

然欲考析文字，确定义训，亦须究明史事及制度文物，以知其时代之情状，然后可因以推其所言之意；则考据之学又与训诂有关者也。

王国维《观堂集林》卷六《毛公鼎考释序》：

文无古今，未有不文从字顺者，今日通行文字，人人能读之，能解之；诗书彝器亦古之通行文字，今日所以难读者，由今人之知古代，不如现代之深故也。苟考之史事与制度文物，以知其时代之情状，本之诗书以考其文字之变；由此而之彼，由甲以推乙，则于字之不可释，义之不可通者，必间有获焉。

由上所言，训诂学之范围至广，其自身虽为语言文字学上之字义部分，而其研究之过程，不特包括语言文字学之全部，且涉及考据学之范围。举凡形体声韵，古今成语，词例文法以至史学之研究，莫不直接间接与训诂学有关，今人更将训诂区为纵横二方面研究，不特依据古籍以探寻历代文语之演化：且就现今各地方言以考察各语之流变。

沈兼士《研究文字学形和义的几个方法》：“从来讲到训诂的不外两派：一派是《经籍纂诂》式的，专尚胪列，没有系统之可言。一派是《通训定声式》的，系统尽管是有，但是古典的，旧文学的，不是应用的，新文学的……我以为必须注重纵横双方的研究。”沈氏所谓纵横研究与训诂学之三部，即“（一）训诂学概论——总论它的源流要义，

和研究的方法。(二)代语沿革考——是纵的研究。目治的依据古籍来探寻历代文语蜕禅的轨迹。(三)现代方言学——是横的研究,耳治的研究现代各地方言流变的状况”(原文载北京大学《月刊》一卷八号)。是则现代方言之学,亦入于训诂学之范围也。

训诂学之源流与功用 训诂之起也。由于古今方国,语言迁变,同一物也而有异名,同一名也而或所指互异;不有以释明之者,则何以知其所言之意。论者谓吾国训诂之学,发生于周代,以为《尔雅》等书,始作于此时。

邢昺《尔雅·疏自序》:

> 醇醨既异,步骤不同,一物多名,系方俗之语;片言殊训,滞今古之情,将使后生若为钻仰?由是圣贤间出,诂训递陈。周公倡之于前,子夏和之于后,虫鱼草木,爰自尔以昭彰,礼乐诗书,尽由斯而纷郁。

实则载籍之始,即有考古之事,亦即训诂学之萌芽,至《尔雅》诸书出,乃成训诂之专语。而其所录各语各字之义训,犹未赅备,不足以尽训诂学之范围。

钱大昕《经籍纂诂序》:

> 昔唐虞典谟,首称稽古,姬公《尔雅》,诂训具备。孔子大圣,自谓好古敏以求之,又云:信而好古,而深恶夫不知而作者;由是删定《六经》,归于雅言,文也而道即存焉。

王引之《经籍纂诂序》:

> 训诂之学,发端于《尔雅》,旁通于《方言》,《六经》奥义,五

方殊语，既略备于此矣。嗣则叔重《说文》，稚让《尔雅》，探赜索隐，厥谊可传。下及《玉篇》《广韵》《集韵》，亦颇搜罗遗训。而所据之书，或不可考，且旧书雅记，经史传注，未录者犹多。

盖训诂之事，与文书载籍相为终始。一有文书，即思有所以释明之者，是以一切传注笺疏，莫不可归入于其中。惟于字义之释明，必依据语言之实际，方能适合其意旨；固非向壁虚造，师心自用者所可与其役也。大抵训诂之学，盛于两汉，魏晋以后渐以衰歇，至宋明最为空疏，迄于清而复盛。

钱大昕《经籍纂诂序》：

汉儒说经，遵守家法，诂训传笺，不失先民之旨。自晋代尚空虚，宋贤喜顿悟，笑问学为支离，弃注疏为糟粕，谈经之家，师心自用；乃以俚俗之言诠说经典。若欧阳永叔解吉士诱之为挑诱，后儒遂有诋召南为淫奔而删之者。古训之不讲，其贻害于圣经甚矣。我国家崇尚实学，儒教振兴，一洗明季空疏之陋。

清代自顾炎武以下，大都粹于声韵训诂之学，而以之为校理群经百家书之钤键。

丁福保《说文诂林自序》：

满清入关，崇尚经术，昆山顾氏以遗民怀义，犹兼汉宋。三惠兴于吴中，说经为多。至戴震始倡于歙，王氏父子继起于高邮；从此汉学别树一帜，士大夫皆以粹于声音训诂之学为校理群经百家书之钤键。

当时似有宋学与汉学之分，以为宋学主于理义，汉学主于训

诂；而学者则主张义理出于训诂，非别有义理出于训诂之外者也。

戴震《题惠定宇先生授经图》：

言者辄曰：有汉儒经学，有宋儒经学，一主于故训，一主于理义。此诚震之大不解也者。夫所谓理义，苟可以舍经而空凭胸臆，将人人凿空得之，奚有于经学之云乎哉？惟空凭胸臆之卒无当于贤人圣人之理义，然后求之古经；求之古经，而遗文垂绝，今古县隔也，然后求之故训。故训明，则古经明；古经明，则贤人圣人之理义明，而我心之所同然者，乃因之而明，贤人圣人之理义非他，存乎典章制度者是也。

钱大昕《经籍纂诂序》：

有文字而后有诂训，有诂训而后有义理。诂训者，义理之所由出，非别有义理出于诂训之外者也。《诗·烝民》之篇曰：天生烝民，有物有则；民之秉彝，好是懿德，宣民赞为知道之言。而其诗述仲山甫之德，本于古训是式，古训者，诂训也，诂训之不忘，乃能全乎民秉之彝，诂训之于人大矣哉。

盖由文字以通其语言，由语言以得其意旨；此读书不易之法也。

戴震《与是仲明论学书》：

经之至者，道也；所以明道者，其词也；所以成词者，字也。由字以通其词，由词以通其道，必再渐。

训诂所以明字义，亦所以断句读。王引之《经籍纂诂序》：

《尧典》：克谐以孝烝烝乂不格奸。传训烝烝乂为进以善自治，颇为不辞，不如蔡邕《九疑山碑》读以孝烝烝为句，且依广雅烝烝孝也之训为善也。……《康诰》：远乃猷格乃以民宁。传读猷字为句，而训猷为谋，不如断猷裕为句，而用《方言》猷裕道也之训为善也。

亦所以定篇旨。

陈启源《毛诗稽古编叙例》：

古今文义差殊，若胡越之不同声矣。毛郑字训，率宗《尔雅》，于今似为惊俗，在古实属恒诠；不可易也。用古义以入今文，固难说时人之目，强古经以非今义，亦岂合古人之心乎？夫积字而有句，积字句而有篇章；字训既讹，篇旨或因以舛，就小失也。

是以读书不明训诂之法，则易流而为凿空之弊。戴震《古经解钩沈序》：

士生千载后，求道于典章制度，而遗文垂绝，今古县隔，时之相去，殆无异地之相远；厪厪赖夫经师故训乃通，无异译言以为之传导也者。又况古人之小学亡，而后有故训，故训之法亡，流而为凿空。数百年已降，说经之弊，善凿空而已矣。

《尔雅》等书，所以通古今语，因之能诵习之艺而求其义理；故治经必自《尔雅》始。

戴震《尔雅文字考序》：

古故训之书;其传者莫先于《尔雅》。六艺之赖是以明也,所以通古今之异言,然后能讽诵乎章句,以求适于至道。刘歆、班固论《尚书古文经》曰:古文读应《尔雅》,解古今语而可知。盖士生三古后,时之相去,千百年之久,视夫地之相隅,千百里之远,无以异。昔之妇孺,闻而辄晓者,更经学大师,转相讲授,而仍留疑义,则时为之也,余窃谓儒者治经,宜自《尔雅》始。

《尔雅》为训诂专籍,而往时学者实以此书为一切学术之始基。郭璞《尔雅注自序》:

夫《尔雅》者,所以通训诂之旨归,叙诗人之兴咏,总绝代之离词,辨同实而殊号者也。诚九流之津涉,《六艺》之钤键,学览者之潭奥,摛翰者之华苑也。若乃可以博物,不惑多识于鸟兽草木之名者,莫近于《尔雅》。

刘肃《大唐新语》:

《尔雅》博通训诂,纲维《六经》,为文字之楷范,作诗人之兴咏,备详六亲九族之礼,多识鸟兽草木之名:今古习传,儒林遵式。

林光朝《艾轩诗说》:

《尔雅》、六籍之户牖,学者之要津也,必先通《尔雅》,则六艺百家之言,皆可以类求矣。及散裂《尔雅》,而投诸笺注,说随意迁,文从义变,说或拘泥,则文亦牵合。学者始以训诂之

学为不足学也，不如释诂，释言，释训，亦犹诗之有六义，小学之有六书也。

《小学考》卷三：

张崇缙言，训诂之书，莫先于《尔雅》，《尔雅》所载大极天地四时之幽窈，细察昆虫草木之琐屑，显悉人事之庶，微折群言之错。故自汉以下，列诸经籍，布诸学官，儒者靡不览诵。嗣是作者，若《释名》《埤雅》《广雅》《博雅》《小尔雅》诸书，虽各陈所见，以足未完，其实大纲，咸肇于《尔雅》，奇邃古妙，莫能过焉。（启昆按：《博雅》即《广雅》，盖避隋讳而改，此所引非是。）

训诂出于声韵，前既言之；由声韵以出训诂，由训诂亦可转而明声韵。是以阐扬古训，辨识古文，亦所以存古音也，音与义既互相比附，亦可因以互相类推。

邵晋涵《尔雅正义自叙》：

声音递传，文字日孳；声近之字义存乎声。自隶体变更，韵书割裂，古音渐失，因致古义渐湮，今取声近之字，旁推交通，申明其说；因是以阐扬古训，辨识古文，远可依类以推，近可举隅而反；所以存古音也。

许氏《说文》，形声之书也，而又汲汲于释义，亦以因声求义，义明而声愈以正。

邓廷桢《说文解字双声叠韵谱叙》：

> 许氏《说文解字》，小学家形声之书也。书为形声作，而顾汲汲于训诂者，盖因声求义，义明而声愈以无疑……盖许书教人因声以求义，余书则欲人因义以求声，知义之出于声，而声以正，知声与义之相比附，而古音以明。

刘氏《释名》一书以同声相谐，推论称名辨物之意，亦可因以考见古音。

刘熙《释名》，《四库总目提要》：

> 其书二十篇，以同声相谐。推论称名辨物之意，中间颇伤于穿凿，然可因以考见古音。

音与义可互相求，则训诂之又有造于声韵学也。

戴震《转语二十章序》：

> 古今言音声之书，粉然肴杂，大致去其穿凿，自然符合者近是。昔人既作《尔雅》《方言》《释名》，余以谓犹阙一卷书、创为是篇，用补其阙。俾疑于义者，以声求之，疑于声者，以义正之。

总之：训诂学应用之范围殊广，一方面综合文字声韵、语言文法及其他科学以为研究，而另一方面又为其他一切学科之工具与基础。

二、字体之演变与训诂

字体演化与字义之关系，世界各国文字莫不源出于图画；在我国文字中，尤为显然。

章炳麟《訄书》：

吾闻斯宾塞尔有言：有语言然后有文字。文字与绘画，故非有二也，皆昉乎营造宫室而有斯制。营造之始，则昉乎神治，有神治然后有王治，故曰：五世之庙，可以观怪。禹之铸鼎而为离魅，屈原之观楚寝庙而作《天问》；古之中国，尝有是矣。奥大利亚与南非利加之野人，尝垩涅其地，彤漆其壁，以为画图。其图则生人战斗与上古之异事，以敬鬼神，埃及及小亚细亚之法，自祠庙宫寝而外，不得画壁，其名器愈陵。当是时，布政之堂与祠庙为一，故以图为夫之政，以扬于王庭……顷之，以图画过繁，稍稍刻省，则牛马凫鹜，多以尾足相别而已，于是有墨西哥之象形字。其后愈省，凡数十画者，杀而成一画，于是有埃及之象形字。凡象形字，其沟陌有二：一以写体貌，一以借形为象，所谓人希见生象，而按其图以得仿佛者也。

儿岛献吉郎《支那文学史纲》：

> 支那文字以象形为基础，而指事、形声、会意皆含有一部分之象形。象形与图画只有精粗之异耳。

文字愈古，其图画之迹愈显。近年出土之甲骨刻文与钟鼎彝器上之文字颇可因以窥见原始图画文字之遗迹，而推知古人造字之本意；许氏说文所录形体，殆不足以语于此。

罗振玉《殷商贞卜文字考》：

> 许洨长之说象形也，曰画成其物，随体诘诎，其说至明。盖古象形之文，以肖物形为主，不拘字画之繁简向背。征之刻辞中所载诸文，历历可证。……以上诸字重文，殆无一字无小异同。然羊均象其环角广颡，马均象其丰尾长颅，鹿均象其歧角，豕均象其竭尾，犬均象其修体，龙均象其蜿势，一见可别，不能相混。而其流密向背、不防增损移易。推是例以求之，凡象形、会意诸字，莫不皆然。……不问其增减移易向背，而其意则一见而知其无稍差也。古人文字肖形以示意，而不拘拘予笔一画。逮后世拘于笔画，形失而意反晦。于古金文字，尚可窥见此惜，而不如卜辞之昭然易明。若观许书，固不能知此矣。

《说文》中之说解，虽所以明各字之本义，以知书传上所用之多个借义，然以供字原之研究，殊有不足取。字原之不明，斯本义之易晦也。故必有待于金石甲骨学之补缀与纠正。

姚华《说文古籀补补叙》：

> 夫典籍以汉儒而传，亦以汉儒而亡；文字以汉儒而理，亦以汉儒而乱。乾嘉以来，《说文》十四篇，校订注释考证之作朋

兴，推崇许君，几于无上。其后古器刻辞屡出。初援许以释辞，既因辞以疑许。及于同光，金石学益昌，益觉许君所见山川鼎彝文字。盖犹不足。不然，何所收古籀之少也？且其说解，虽曰博采通人，抑亦泰半鄙俗，屈中止句之见，议人而已，由之者比比而在。

罗振玉《殷商贞卜文字考》：

许祭酒生炎汉末季，慨小学之不修，援据壁经，遵修旧文，博访通人，洞究徵恉。然或有不知盖阙之条，亦有后世修订之失，又屡经传写，讹误不少。幸有金文，得据以纠正其达失。今卜辞更古于今文，以校许书，所得有出于金文外者，兹约为二端述之：一曰古籀之违失。……二曰篆文之违失。……

盖吾国文字之形体，自其构造上之演变而言，可分为两大时期，小篆以后之字体，与往古颇不相同。

高本汉《中文解析字典序》：

中国书写的字体，其历史上可分两大时期：其一，自邃古以迄于秦朝，其二，自西元前二百年顷李斯定小篆字体以迄于今日。欲于现今文字之有一合理之研究。要必知其直接根据于小篆者——因应用上之变迁，成为小篆之一种变体——而仅间接与文字之较古时期有若干关系而已。盖小篆者，并非如通常所谓，仅属于较古字体之省略与改简；实则其大部为一种文字之新系统也。苟吾人将商周以来之古代刻文（大都在铜器上）与小篆字体二者比较，即可知其构造上之相异者极所常见。

各字因其构造上之演变，古今之作法不同，而所属之六书亦异。试举天字为例。古文本为象形字，或为指事字；篆文变为从一大，遂为会意字。

王国维《观堂集林》卷六《释天》：

> 古文天字本象人形，《殷虚卜辞》或作《盂鼎》《大丰敦》作夨，其首独巨。案《说文》：天，颠也。《易·睽》六三：其人天且劓。与融亦释天为凿颠之刑。是天本谓人颠顶，故象人形。《卜辞》《盂鼎》之二字所以独坟其首者；正特著其所象之处也。《殷虚卜辞》及《齐侯壶》又作，则别以一画记其所象之处……故为象形字，为指事字，篆文之从一大者，为会意字。文字因其作法之不同，而所属之六书亦异，知此，可与言小学矣。

《说文》中所录字体，既不足供吾人字原之研究，其所释各字之构造亦往往不合于金石甲骨古文，因之其所释各字之义多非其制作之本义，或所释不甚显明，后人更因循附会，遂致一误再误者。试举即字为例。

罗振玉《殷商贞卜文字考》：

> 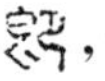，注即食也。从皀，卪声。段君注即当作节，周易所谓节饮食，今《卜辞》即作，从人从豆，犹乡食之乡，许从，《卜辞》亦从豆也，即象人就食之状。（《郑风毛传》：即，就也。）故许君训为即食，即象一人就食于豆，乡象二人相向（即向字，象二人相向，犹，象二人相背）而食。许书言从卪，其实非卪，乃人字也。段君因许君从卪字之语，遂疑即食为节

食。许君一误，殷君再误矣。

《说文》之旨在明文字之本义，然因字原之不明，其说解中多者以引申义假借义为本义者。

马叙伦《说文解字研究法·说文说解以别义为本义》：

许书惜在明文字之本义。然以别义为本义者诐多，有以别义为本义，而本义尚存者。如元，始也。元兀一字，始义由人生首最先见而引申，非本义。然本义犹在于兀下也。帝，谛也。帝为帝之本字。谛者，审也；乃禘字义。禘，谛祭也。礼家皆言禘祭者，审谛昭穆也。是其证。王为暀之初文，其本义犹在暀下。今王训天下所归往，则由借王为帝王字而生之义……此以别义为本义而本义尚存者也。若以别义为本义而本义遂亡者。岁，木星也。越历二十八宿，宣遍阴阳，十二月一次。从步戌声。律历书名五星为五步。伦谓因律历言推步而岁因从步既凿。因推步至木星而谓之岁，星其非本义尤明。此其本义盖亡矣。器，皿也。象器之口，犬所以守之。《尔雅·释器释文》引作皿也，饮食之器，从犬，从㗊声也。沈涛谓许书言象形者，本无其字。㗊乃部首，且有四口，不得象器之口。盖从犬，㗊声。伦谓㗊下曰，读若戢，则器自从㗊得声。古借以为器皿字，故训为皿也。其本义亡矣……此皆以别义为本义亡失者也。

有以本义为引申义、假借义者。《说文解字研究法·说文说解以本义为别义》：

许书说解有以本义为别义者。如㞑下曰，或曰胥名，是。

然仅此一举。或曰上尚有说解，今本夺耳。

有以本义为引申义、假借义，而又将引申义、假借义反认为本义者。《说文解字研究法·说文说解本义别义互讹》：

《说文》说解中有以本义为别义而别义反为本义者。如礼下曰，履也，所以事神致福也。所以事神致福，是礼之本义。履礼则以双声为训耳。祸下曰，害也。神不福也。神不福所以为害，此祸本义。害祸亦以双声为训。此类者，犹谓义非绝异，许特重叠释之。若毒下曰，厚也。害人之草，往往而生。章敦彝谓毒本害人草之总名。今训厚也者，乃因经传借毒为笃，而笃训厚，遂以笃训入毒下矣；藉下曰，祭藉也。一曰，草不编狼藉。伦按，祭藉者，蒩字义。以皆齿音，故古书借藉为蒩。一曰，草不编狼藉是本义。识下曰，常也。一曰，知也。伦按常谓旗常，乃帜字义，一曰，知也，是本义。……

及后隶体屡易，虽其构造多根据于小篆，而或省，或变，或溷，或讹，或诡其形，又或乖其声义。夏曰瑗《字系例言》：

隶曰省者，如翁从篆文省，而雝之为雍，曹之为曹，皆其递省也。曰变者（亦为由篆之隶之通称），如旁从古文变，而萅之为春，䑞之为舜，又其递变也。曰溷者，本两字而溷为一形也（其止偏旁相溷者，详附录《隶溷篇》）。曰讹者，无论变若溷，既诡其形，乖于本字声义者也。此皆论其体也。曰借者，借柴为祡，借类为禷，碑义焯然，经典相遖者也。曰别作某者，凤凰之于皇，皆孳乳字也。曰别为二字者，裳之于常，裘之于求，本俱或体，篆一而隶二之也。此皆论其用也。

有本同一字区而为二，有本为异字，混而为一，讹伪相寻，文字本义之不明也久矣。斯实字体之演变有以致之也。

李富孙《说文辨字正俗自叙》：

> 隸篆变为隶，隶易为真，文字日益繁滋，讹伪遣出。或有形声意义大相区别，亦有近似而其实异，后人多溷而同之。或有一篆之形从某，为古籀，为或体，后人竟斯而二之。经典文字往往昧于音训，擅为改易，甚与本义相乖，亦字学之一大变。

又《例言》：

> 懋堂段氏曰，许君为是书，以汉人通借繁多，不可究诘。学者不识何字为本字，何义为本义。故为依形以说音义，而制字之本义昭然可知。本义明而其为假借亦无不明。但今沿习既久，渐失其本，譬富人之室，转易数姓，堂涂门庑，亦经娄改。则其旧迹已茫然不可复识。

故吾人研究训诂，须从许氏《说文》，而参证于金石甲骨之学，以推究字原，考明本义。本义明而后其引申义假借义乃得明也。

字体演变与古书传写之讹，训诂所以释明字义，而因字体演变，学者不识古字，致古书传写致讹，强为之释，亦不可通。是以研究训诂者，尤须先明校勘之学，今试举《大戴礼记》中一文为例（《戴东原集与卢侍讲召弓书》）：

> 《大戴礼记》刻后，印校俗字太多，恐伤坏版，姑正其甚者，不能尽还雅也。所有误字，向未核出。……又《保傅》：有司参夙兴冠冕。注：参职谓三月朝也。下案云：注职字疑衍，是

疑参与三月。嫌文或别有意也。然古人立文绝无有如此者。在《内则》为三月之末择日，以子见于父，此见之南郊，亦三月时事。正文当作有司三夙端冕，注文当作参夙谓三月朝也。明嘉靖癸巳，袁氏依宋本重刊之，《大戴礼记》，齐皆作垒，后人不识古字，遂讹作垒，而夙字不可通，于下加兴字。《魏书·李彪传》，引此作有司齐肃端冕，无兴字，其窜误无疑。注乃并夙字讹作职字形，转写之讹，前改正者，皆是也。

俞氏《古书疑义举例》有“不识古字而误改”一例，以明古书上文字，多以形似致误改，而辞意遂不可通者。

《古书疑义举例》卷七《不识古字而误改例》：

学者少见多怪，遇有古字而不能识，以形似之字改之，往往失其本真矣。今略举数字为例。其，古文作亓。《周易·杂卦传》：噬嗑，食也，贲其色也；盖以食色相对成文，加其字以足句也。其从古文作亓，学者不识，遂改作无字。虽曲为之说，而不可通矣。《周书·文政篇》，基有危倾，基字段其为之，盖古字通用。《诗·昊天有成命篇》：夙夜基命宥密；《礼记·孔子闲居》篇作夙夜其命宥密，是其证也：因其字从古文作亓，学者不识，改作示字。示有危倾，义不可通矣。《国语·吴语》：伯父多历年以没其身，语意甚明。因其字从古文作亓、学者不识，改作元字，以没元身，义不可通矣。……君，古文作，《国语·晋语》：楚成王以君礼享之，谓以国君之礼享之。下文《秦穆公》：飨公子，如飨国君之礼，正与此同。因君字从古文作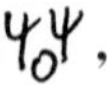，学者不识，收为周字。《管子·白心篇》：知苟适可为天下君；犹下文言可以为天下王也。因君字作，学者

不识，亦改为周字。……

近代古文字学大昌，字体比较之资日多，古书传写之讹因是以订正者不尠。如据甲骨刻文以知“肜日”为“昜日”之误（本孙诒让《契文举例》），据金石古文以知“不弔”为“不淑”之误（本吴大澂《字说》）。诸如此类。一面所以校正古书之错误，一面亦即所以顺释辞意。使词句之扞挌不达者得复归明白晓畅。此校古书之所以须考文字之流变也。此外又有因训释之不同而将古书上字体改变者，俞氏《六书疑义举例》有“文随义变而加偏旁”一例。节录如下（《古书疑义举例》卷七《文随义变而加偏旁例》）：

《周易・讼》九三，《象传》：患至掇也。《集解》引荀爽曰：如拾掇小物而不失也。《释文》曰：郑本作惙，忧也。按此字郑荀各异。疑本字止作叕。《说文》叕部，叕，缀联也。患至叕也。言患害之来缀联不绝也。荀训掇拾。因变其字为掇。郑训忧，因变其字为缀。皆文之随义而变者也。《尚书・尧典》篇：黎民阻饥。《诗・思文》篇正义引郑注曰：阻，阨也。《释文》曰：马融注《尚书》作祖，始也。按此字马郑各异。疑本字止作且。《说文》且部，且，荐也。黎民且饥言黎民荐饥也。马训始，因变其文作祖。郑训阨，因变其文作阻，亦文之随义而变者也。

或有因上下两字连用，意义相涉而加偏旁者。俞氏书更有“字因上下相涉而加偏旁”一例，节录之如下（《古书疑义举例》卷七《字因上下相涉而加偏旁例》）：

字有本无偏旁，因以上下字相涉而误加者。如《诗・关雎

篇》：展转反侧：展字涉下转字而加车旁。《采薇篇》：玁允之故，允字涉上玁字而加犬旁。是也。

故文字常因意义之关系，展转孳乳，分纪无穷。《古书疑义举例》卷七：

《诗·载芟》篇有饿其香；传曰：饿，芬香也。《释文》曰：见必又作苾。按苾本字，饿，俗字也。后人因其言酒醴变而从食，《说文》遂于食部出饿篆，曰：食之香也。然即下文有椒其馨；椒字何又不从食乎？经典之字，若斯者众，山名从山，水名从水，鸟兽草木，无不如是。而字非孳乳浸多矣。”章炳麟《訄书》：“若夫人之姓氏，洲国山川之主名，主形者困穷，乃假同音之字以依托之，于是有谐声字，则西域字母根株于是矣。人之有语言也，固不能遍包众有，其形色志念之相近者，则引伸缘传以为称。俄而聆其言者，眩惑如占覆矣。乃不得不为之分其涂畛，而文字以之孳乳，故数字之义，祖祢一名，久而莫踪迹之也。

字体之分化，正所以显示字义上之区别。古者一字既兼有数义，音近又可通用，自不易确定其所指。故必增加偏旁以示分界。此实中国文字之妙用，而足为训诂学上之资助；自与传写诡误，肆意变乱者不同科也。

三、音读之演变与训诂

造字起于右声之说　字体之分化，既由增加偏旁，以示区别，因是孳乳浸多，形声字遂占字体总量之极大多数，文字亦因衍形系统进于衍声。

梁启超《从发音上研究中国文字之源》：

> 流俗之论，每谓中国文字属于衍形系统，而与印欧衍声之系统划然殊途，此实谬见也。倘文字而不衍声，则所谓孳乳浸多者未由成立，而文字之用或几乎息矣。象形、指事、形声、会意、转注、假借，是曰六书，自班孟坚、许叔重以来，皆称为造字之本。象形、指事、会意，衍形之属也，形声、转注、假借，衍声之属也。《说文》万五百十六字，形声之字八千四百零七，象形、指事、会意之字合计仅一千有奇，其间兼谐声者尚三之一，依声假借而蜕变其本义者亦三之一。然则中国之字，虽谓什之九属于声系焉可也。单字且然，其积字以成词者，更无论矣。

宋王圣美因创为右声之说，以为字义皆起于右旁之声，左旁之形仅以示其义所属之类而已。

沈括《梦溪笔谈》卷十四：

王圣美治字学，演其义为古文。古之字书，皆从左文，凡字其类在左，其义在右，如木类其左皆从木。所谓右文者，如浅，小也，水之小者曰浅，金之小者曰钱，歹而小者曰残，贝之小者曰贱，如此之类，皆以戋为义也。

段玉裁论《说文》亦主以声为义之说。龚自珍述段玉裁《论说文以声为义》：

古者先有声音，而后有文字，是故九千字之中，从某为声者，必同是某义，如从非声者，定是赤义；从番声者，定是白义；从于声者，定是大义；从酉声者，定是臭义；从力声者，定是文理之义；从劦声者，定是和义。全书八九十端，此可以窥见上古之语言；于劦部发其凡焉。

黄承吉、刘师培更阐发其说，以为任举一字，闻其声即知其义，凡同声之字，但举右旁之声，不必举左旁之形，皆可通用。

刘师培《文章原始》：

上古之时，有语言而无文字。凡字义皆起于右旁之声。任举一字，闻其声即知其义，凡同声之字，但举右旁之声，不必举左旁之形，皆可通用。（此系黄春谷先生说。先生小学，盖有二说：一谓凡字之义象，皆系属于声，惟声同故义象同，惟声义象同，故可通假。二谓谐声之字，必兼有义，而义皆起于声。由黄氏之例推之，一曰造字之源，音先而后义。二曰考字之用，音同而义通。盖古代之字，只有右旁之声，而未有左旁之形，后世恐其无以区别也，乃加以左旁之形，以为区别。故右旁之声，纲也，左旁之形，目也。

如凡字从寺者，皆有独字之义；凡字从赞者，皆恶字而非美字；凡字从火者，皆有幽暗之义；凡字之从仑者，皆为有文理，有秩序之义；皆音同义通之证。亦即古字以右旁之声为纲之证也。盖既为此声，即为此义，右旁之声义如此，则彼字右旁之同于此字右旁者，其声义亦必如此；固彰然可考也。）

刘氏且进而说明其所以然之故，以为上古人民，思想简单，未具分辨之能；观察事物，以义象区别，不以质体区分。故义象相同，即为同字。后人乃加以左旁之形，以为质体上之区别。

刘师培《小学发微》：

上古人民，未具分辨事物之能；故观察事物，以义象区别，不以质体区分。然字音原于字义，既为此声，即为此义；凡彼字右旁之声。同于此字右旁之声者，其义象亦必相同。且右旁为声之字，半属静词，动词，而名词特鲜；以是知上古造字，只有静词，动词；此非臆测之言也。……如仑字本系静词，隐含分析调理之义；上古之时，只有仑字。就言语而言，则加言而作论，就人事而言，则加人而作伦；……是伦，论等字，皆系名词。实由仑字之义引申也。……

考上文之说，以字义起于右旁之声，则以形声字必兼会意，以之论形声而兼会意一类之字，诚有合也。虽然，右旁之声，未必尽具有意义；或仅以表示字音，与意义毫不相关；或虽兼具意义，而与其声之原意不相符，试举彼所谓从非声者定是赤义一语加以精密之研究，即知其言之不确。

沈兼士《国语问题之历史的研究》（《国学季刊》一卷一号）：

现在试拿一个比较的方法来说明他，譬如前面所引段氏论《说文》以声为义一条中所说：从非声者，定是赤义，我们倘加以精密的研究，觉得段氏所说的不足以概括从非声之字的意义。按从非声的半音符字有音符兼义与音符无义的两种，现在为了便利起见，试在下面列表来说明：

非：《说文》，违也。从飞下翅，取其相背也

- 音符兼义而非其语根者：
  - (1) 菲，翡(绯)，痱，……含有赤义者。
  - (2) 罪，扉，匪，……器虽异而同为编织物。
  - (加括号者，说文所无之字。)
- 音符兼义且即其语根者：
  - (1) 辈，诽，棐，斐，骓，悲(悱)，扉，排，辈，……由违背之义孳乳出者。
  - (2) 俳(徘)，裴，蠹，(蜚)，蠹，韭，……由飞义孳乳出者。
- 音符无义者：
  - 腓，胫腨也。踔，刵刖也。餥，糇也。蓜，地名。厞，(陫)隐也。婓，丑貌。……均与非义无关者。

我们拿表中的前二项与后项比较着一看，就可以知道音符无义的性质了。

右旁之声既多无义，则造字起于右声之说，固未可据为定论。且也，形声相配，非必右旁为声，左旁为形。声有在右，在上，在下，在内，在外者(贾公彦说)。右声之说，已自有语病矣。夫由一声首递衍而为数文，说者谓此种分化作用，乃在转注与假借之间。

章炳麟《语言缘起说》：

……如上所说为字，禹字，乍字，羊字，辩字，一字递衍，变为数名。说文句部有拘、钩、臤部有紧、坚，已发斯例。此其涂则在转注假借之间。转注者，建类一首，同意相受，今所言类，则与戴段诸君小异。考老声类，皆在幽部，故曰建类。若夫同意相受，两字之训。不异豪厘；今以数字之意，成于递衍，固与转注少殊矣。又亦近于假借。何者？最初声首，未有递衍之文，则以声首兼该余义。自今日言，既有递衍者，还观古人之用声首，则谓之本无其字，依声托事。故曰，在转注假借间也。

而同音之字，非止一二，往往有取义于此，见形于彼；音义递衍，其流无限，不能于形内牵之，苟以右声之说，一致相衡，则六书残而为五。

章炳麟《文始略例》：

昔王子韶创作右文，以为字从某声，便得某义；若句部有钩、笱，臤部有紧、坚，丩部有纠、茻，𠂢部有𠢕、覛，及诸会意形声相兼之字，信多合者。然以一致相衡，即令形声摄于会意，夫同音之字、非止一二；取义于彼，见形于此者，往往而有。若农声之字，多训厚大，然农无厚大义；支声之字，多训倾邪，然支无倾邪义；盖同韵同纽者，别有所受，非可望形为谂；况复旁转，对转，音理多涂；双声驰骤，其流无限；而欲于形内牵之，斯子韶所以为荆舒之徒，张有沾沾，犹能破其疑滞。今者小学大明，岂可随流波荡？

沈兼士《国语问题之历史的研究》：

这一派的半音符字，虽说同一声类，其义往往相似，但其

语根却不在此音符而别有来源，如与声之字多有安徐之义，而与字本身无此义，其义盖受于余，余，语之舒也。又从今声之字、多有禁制蕴藏之义，而今字无此义，其义盖受于禁，禁，吉凶之忌也。这个可以说因为与今等发音，与安徐之义的余，禁制之义的禁有关，所以把他拿来。加上各种类属的偏旁，即成为一组含有此等意义的半音符字。

故欲推迹字义之演成，不可拘囿于右声之说也。

义通音同之原则　字义本于音读，既不限于从某声即得某义之例，大抵举音读相同之字，意义往往可以相通。盖自然事物，虽似错综纷纭，而究其义象，类聚群分，可相系属，有条不紊。义象所在，其表于笔画，则衍而为文字，其示于身体，则口讲指画间，有一定之姿势；而唇、舌、齿、牙，种种节制之变化，即因乎是。例如：言上必作上仰之势，言下必作下垂之势，因此之故，舌与下齶之位置，不能不有所变动，以成就其各异之口腔，口腔各异，即影响于音之共鸣而分为两韵：上仰之作势为唐韵，下附之作势为鱼韵。又因发音机关之运动，使心理上发生各种特殊之情感，故音读类似之字，意象当相同。

朱桂耀《中国古代文化的象征》（一九二四年六月二十日《晨报副刊》）：

中国文字学上，也有以某种声音直接的表示某种意义，是一种纯粹的音的象征。……思想是一种言语习惯，而言语是发音机关的运动，那么我们虽不敢大胆的说，思想就是发音机关的运动，但至少发音机关的运动，和思想很有密切的关系。大概发音机关运动时，至少要发生两种感觉：一、触觉——例如唇与唇的接触，舌与齿的接触等，而接触的部位有广狭，程

度有宽紧，于是就发生种种不同的触觉，每一种的触觉，附带着一种微细的情感，这种情感，就直接的表示出意义。二、运动感觉——例如舌的上下，口腔的开闭等。每一种运动感觉，附带着一种微细的情感。这种情感，也直接的表示出意义，是现代教育上一个很重大的发明。现在我们就用这原理来解释中国文字学上的许多字。例如 m 音是唇与唇的接触，而接触部位很广泛，程度也很宽，不像破裂音的逼促，这时我们就起了一种广泛的感觉；而发鼻音时，又有一种沉闷的感觉，于是凡有 m 音的字，多含有宽泛沉闷的意义，例如渺、茫、绵、邈、梦、寐、昧、莫、眇、没、微等是。……又如 lr 等音最容易滚，德文法文里的，就是滚的，凡物圆的容易滚，于是就用这容易滚的声音去称呼圆的东西。例如轮、炉、庐、颅、橹、芦、螺、辘、驴等是。

而语言之起，或以音为表，或以德为表；以德为表者尤众，是以同一事类，名称大抵相仿。

章炳麟《语言缘起说》：

语言者，不凭虚起，呼马而马，呼牛而牛，此必非恣意妄称也。诸言语皆有根，先征之有形之物，即可睹矣。何以言雀？谓其音即足也。何以言鹊？谓其音错错也，……此皆以音为表者也，何以言马？马者，武也(古音马武同在鱼部)。何以言牛？牛者，事也(古音牛事同在之部)。何以言羊？羊者，祥也。何以言狗？狗者，叩也。何以言人？人者，亡也。何以言鬼？鬼者，归也。何以言神？神者，引出万物者也。何以言祇？祇者，提出万物者也。此皆以德为表者也。要之以音为表，惟鸟为众。以德为表者，则万物大抵皆是。乃至天之言

颠，地之言底，山之言宣，水之言准（水在脂部，准在谆部，同类对转）。火之言毁（古音火毁同在脂部），土之言吐，金之言禁，风之言氾，有形者大抵皆尔。

由同一语根，音相递转遂各本方言，造为异字。

刘师培《文章源始》：

上古之时，未有字形，先有字声，故有语言而无文字。然南北东西之方言，不能尽同。故有同一义而所言不同者，亦有所言同而音之出于喉舌不同者。及有文字时，乃各本方言造文字，故义同而形不同者，音皆相近。音近义同之字，在未有文字前，仅为一字。如《尔雅·释诂》篇，哉基胎三字皆训为始。然与始音相近；洪旁庬弘戎穷六字皆训为大，而音皆相近；可知义通之字，音必相近，其一义数字，则以方言不同，各本其义以造字耳。而《释名》以声解声，明义由声起之义。盖上古一物只有一名，其一物数名者，亦即由同声之字，辗转相通。而《尔雅》释草木鸟兽，如蒺藜为茨，扁竹为蓄，皆以切语为名；而蘠蘼，雀雁之类，亦以音近之字互相训释。是一物数名，皆由言语之递转矣。

此即音同义通一原则所由成立也。夫所谓音同者，乃据古音而言，后世语言递变，古音渐失，字义亦因以不明。

刘师培《正名隅论》：

古人制字，义本于声；即声是义，声音训诂，本出一原，由一声而散为众音，声从其类，既为此义，即为此声；凡字皆主声音，不主形迹。故有字形不同，而字义相同者，其声均不甚相

远。夫字声字义所以相同者，则以古人之名物，凡物象之相近者，则寄以同一之音，复训以同一之义。后世方音错杂，流而不反，致失本源，故各本方言造文字，而字形以殊。后世韵书，随流逐波，而古音以失。后人不明古音，遂浸失古义；徒据字形立部目，而同音之字，义必相近之说，遂无有解之者矣。

古音相同之字，皆可通用，故读若字可用以代本字。汉人言读若者，皆文字假借之例，不特寓其音，并可通其义。

俞樾《古书疑义举例》卷三《以读若字代本字例》：

钱氏《潜研堂集》曰：汉人言读若者，皆文字假借之例，不特寓其音，并可通其字。即以《说文》言之：鄦读若许，《诗》：不与我戍许。《春秋》之许田，许男，不必从邑从无也。郹读若蓟，《礼记》：封黄帝之后于蓟，不必从邑从契也。琡读若淑，《尔雅》：璋大八寸谓之琡，即淑之讹，不必从玉从寿也。珣读若宣。《尔雅》：璧大六寸谓之宣，不必从玉从旬也。赹读若茕，《诗》：独行茕茕，不必从走从匀也。趥读若匍，《诗》：匍匐救之，不必从走从音也。丮读若戟，《春秋传》：公戟其手，不必作丮也。柅读若棍，《易》：系于金棍，不必改为柅也。勼读若鸠，《书》：方鸠僝功，不必改为勼也。慴读若叠，《诗》：莫不震叠，不必改为慴也。奡读若傲，《书》：无若丹朱傲，不必改为奡也。《考工记》：以其围之泐，捎其薮，不必改为橾也。仈读为仆。孟子：仆仆，不必改为仈也。辛读为愆，今经典罪辛字皆作愆。刱读若创，今经典刱业字皆作创，亼读若集。今经典亼合字皆作集。羍读若达，今诗正作达。皇读若皇，今《周礼》正作皇。莧读与蔑同。今《尚书》莧席字正作蔑。臬读与聂同，今《春秋》臬北字正作聂。卟读与稽同，今《尚书》卟疑字正作稽。雀读与爵同，畋读与

施同，今经典，鸟雀字多用爵，敷畋字皆用施。急读与隐同。《孟子》《庄子》隐几字，不作急，是皆假其音，并假其义。非后世譬况为音，可同日而语也。按钱氏此论，前人所未发，颇足备治经之一说。

考《说文》读若之例，主要者有二：其一读若字与本字音义相通，而读若字通行者。其二读若字与本字音同义异，而读若字通行，皆为假借字者。

张行孚《说文发疑·说文读若例》一：

古人小学之书，虽为文字而作，实以证明经典。故于经典之用假借字者，每于本字下申明之。《说文》之某读若某，《玉篇》之某今作某，皆此例也。今试即钱氏王氏之说推广之：《说文》读若，强半后世通行之字，而其本字，强半后世所不行者。且同一读若而其例有二：有音义相通，而读若通行者，有音同义异而读若通行，莫非假借字者。如辛读若愆，辛，罪也，愆，过也，音义俱近。而《诗》：式礼莫愆，笺：愆，过也。《左传》昭二十六年：王愆于厥身，注：愆，恶疾也。今本皆作愆，不作辛。亼、读若集，亼、三合也，集，群鸟在木上也，音义俱近。而《书》：辰勿集于房，传：集，合也。《孟子》：是集义所生者，注：集，杂也。《文选·东京赋》：总集瑞命，注：集，聚也。今本皆作集，不作亼。……凡此皆音义俱通。而读若之字通行者也。如䣲，读若许，䣲，炎帝大岳之胤，甫侯所封。许，听也。据此知《诗》不与我戍许，《春秋》公及齐侯郑伯伐许，许本字皆当作䣲。《诗毛传》云：许，诸姜也，《春秋左传》云：夫许大岳之胤也，与《说文》䣲字义合，此其证也。而今本作许，不作䣲，鄦读若蓟，鄦，周封黄帝之后于鄦也，上谷有鄦

县。蓟、芺也，据此。知《礼记》：封黄帝之后于蓟，《两汉地理郡国志》：广阳蓟县，蓟本字皆当作鄚，《礼记》《汉书》蓟字与《说文》鄚之义合，此其证也。而今本作蓟，不作鄚。……凡此，皆音同义异，而读若通行，莫非假借字者也。

此外又有读若字与本字音义相通，而皆通行者。有读若字与本字音同义异，而两字皆通行，皆为假借字者，更有互为通假者。

张行孚《说文读若例一》：

其余复有读若之字，与本字音义俱通，而两字互见于经传者。如耎，读若畏偄，耎，稍前大也，偄，弱也，音义俱通。而《刘辅传》注：耎，弱也，《王吉传》注：耎，柔也，字作耎。《广雅·释诂》：偄，弱也，《左传》僖二年《释文》：偄，弱也。字作偄。甍读若耎，甍，柔韦也。耎，稍前大也，音义俱通。而《考工记》先郑注：《苍颉篇》有鞄甍，《考工记》《释文》：甍，柔革工，字作甍。《书·尧典传》：耎，毳细毛，《众经音义》五引：《三苍》物柔曰字，耎作耎……此本字读若互见于经传之例也。复有读若之字，与本字音同义异，而两字见于经传，皆为假借字者。如虔读若矜，虔，虎行貌，矜，矛柄也，皆无敬惕义。而《诗》：方斫是虔，《毛传》：虔，敬也，《鲁语》：以告虔也，韦注：虔，敬也。《论语》：君子矜而不争，《集解》：矜，庄也，《孟子》：皆有所矜式，赵注：矜，敬也。虔与衿皆训敬，盖皆兢之假借字。……此本字读若皆为假借之例也。复有读若之字，与本字音同义异，而《说文》读若之字，转为经典本字，《说文》本字转为经典假借字者。如芮读若汭，芮，草生貌，汭，水相入也。据此，知《诗大雅》：芮鞫之即，芮本字当作汭。《毛传》云：汭，水厓也，郑笺云：芮之言内也，水之内曰隩，与《说文》汭字义

合，此其证也。而今本作芮，不作汭。…… 此读若之字，转为经传本字，何也。……以上诸字读若之例不同，其为经传假借之例则一。

读若字与本字得相通假者，固以彼此为同音字，或属双声，或属叠韵而已。

马叙伦《说文解字研究法说文读若》：

许书某字读若某者，其事至夥，要以塙明当时某字之声。…… 其读若某，必某字与本字之音，同出于一纽，或同出于一类。……然则读若之律令，亦以一言蔽之。曰，不离双声叠韵而已。

俞氏《古书疑义举例》中亦有“以双声叠韵字代本字”一例；节录之如下（《古书疑义举例》卷三《以双声叠韵字代本字例》）：

集与就双声，而《诗·小旻篇》，集与犹咎道为韵，是即以集为就也。戎与汝双声，而《诗·常武篇》戎与祖父为韵，是即以戎为汝也。此以双声字代本字之例也。《尚书微子》篇：天毒降灾荒殷国，《史记·宋微子世家》作天笃下灾亡殷国。笃者，厚也，言天厚降灾咎以亡殷国也。笃与毒，亡与荒，皆叠韵，此以叠韵字代本字之例也。

不特假借字与本字为双声叠韵之关系，举凡意象相同之字，常为双声，或叠韵。盖形变不居，音转循辙，物以情类，义以声昭；其间转变，不外双声叠韵之理而已。黄承吉曰：“凡为同声，是以同义；且凡同一韵之字，其义皆不甚相远。”刘师培曾详论古音同部之

字，义必相近。

刘师培《正名隅论》：

> 近儒言古音分部者，说各不同；今姑以姚氏《说文声类》为主，以证同韵之字，义必相近之说。如《之》类之之字，义训为出；引申之则为由下上腾之义，又为挺直之义。故同部之字，若寺为寺廷，为礼法所出之地；而峙、特、峙、持、从寺得声，均含挺直之义于其间。又丌为下基，寓万物萌生之义；思从心囟，寓思想发生之义；滋，孳从兹得声，寓滋生之义；……此《之》类同部之字，义皆相近之证也。《支》类《脂》类之字，义多相近，均含由此施彼之义。……《歌》类《鱼》类之字。义多相近，均含侈陈于外之义。……《侯》类，《幽》类，《宵》类三部之字，义多相近，《尔雅·释训》篇云："凡曲者为罶。"故凡字之含有曲义及与罶意相近者，均入此三部之中。……《蒸》部之字，义多相近，咸为进而益上之义。……《阳》类同部之字，义多相近，均有高明美大之义。……《东》类《侵》类二部之字，义亦相近，均有众大高阔之义。……《真》类，《元》类之字，义亦相近，均有抽引之义。……《谈》类之字，义亦相近，均含有隐含狭小之义。……则同部之字，义必相近，岂不彰明较著者哉。

此即以韵部同属，而意义相近者也。至王国维谓训诂全本双声，古人转注假借，大抵皆用双声。

王国维《尔雅草木虫鱼鸟兽释例》：

> 近儒皆言古韵明而后诂训明。然古人假借转注多取双声。段王诸君自定古韵部目，然其言诂训也，亦往往舍其所谓韵而用双声，其以叠韵说诂训者，往往扞格不得通。然则与其

谓古韵明而后诂训明,毋宁谓古双声明而后诂训明欤?

又述沈子培语云:

古人转注假借,虽谓之全用双声可也。双声或同韵,或不同韵,古字之互相假借转注者,有同声而不同韵者矣,未有同韵而不同声者也,君不读刘成国《释名》乎?每字必以其双声释之。其非双声者,大抵讹字也。

此即以声类同属而意义相近者也。自孔广森以来,又立对转,旁转诸目,以推迹文字上之音原,而明音义相通之理。然亦可以用双声与叠韵赅之,正不必别立条例也。

章炳麟《文始略例》:

声有阴阳,命曰对转,发自曲阜孔君。斯盖眇合殊声,同其臭味。观夫言语变迁,多以对转为枢。是故乙燕不殊,亢胡无别,但裼嬴裎,一义而声转,幽会杳晻,同类而语殊。古语有阴声者,多有阳声与之对构,由是声义互治,不间翲忽,徒取《说文》为之省并,其数已参分减一。履端泰始,益以闿明;易简而天下之理得者,斯之谓也。

黄侃《音略略例》:

古音通转之理,前人多立对转旁转之名。今谓:对转于音理实有,其余名目,皆可不立,以双声叠韵二理,可赅括无余也。

而所谓双声叠韵者,必据古音而言。故欲明义通音同之原则,须先考古音与今音之异同及其演变。

音读演变与字义之关系　钱玄同《文字学・音篇》将中国古今音读之演变,划分为六期:

第一期　纪元前十一世纪——前三世纪(周秦)
第二期　前二世纪——二世纪(两汉)
第三期　三世纪——六世纪(魏晋南北朝)
第四期　七世纪——十三世纪(隋唐宋)
第五期　十四世纪——十九世纪(元明清)
第六期　二十世纪初年(现代)

第一期,谓之六书之声母统一时代;第二期,谓之六书之声母衰弛时代;第三期,谓之韵书发生时代;第四期,谓之韵书统一时代;第五期,谓之北音勃兴时代;第六期,谓之北音完成时代。此六期又可简括为三期。将第二期摄于第一期中;此期之音,以声母为准。将第三期摄于第四期中;此期之音,以韵书为准。将第六期摄于第五期中;此期之音,以北音为准。故吾国音读之演变,简言之,即分此三大时期:一曰,古音,周秦两汉之声母时代也。二曰,今音,魏晋唐宋间之韵书时代也。三曰,国音,元明以来之趋重北音也。然吾国文字上之结构,并非随此而起变更,多数字体在古音时代,已确定其构造;至今音以后之演变,不能显现于文字上。语音与字体既各自独立,分道扬镳;文字不复为音读之记录,仅为习惯之一种意符而已。

高本汉《中国语文学研究》:

中国书写的语言与西方文字相比较,有很大的差别,特别具有独立的性质,西方文字不过是语言上词句的复制品而已,

就是说，字音句读，完全和说话时一样的。若语言的音韵有变化，则其书写的形式和结构的方法亦必随之而起变化；这样，我们可以晓得历代文字的变迁就是语音变迁的外表。……中国的情形，却完全不同。在文章里所用的语言和说话时所用的语言，并不是有完全相同的印象。在中国，所以构成文句的材料，并不是语音符号的组合，也非口语的纪录品，仅是一种习惯上代表观念的符号而已；至于那文章的字句，在古代是如何读法，今日又是如何读法，在中国人看来，都是次要的问题。一切文书载籍，都是为两目之用，不是为口耳的活语的记录。文字自己的生命，是一种独立的现象，与口语是分道扬镳的。但须注意者，以上所言，乃在基督纪元以后全部过程中的事。因为现行大部文字的结构——纵然不是他的书写的形式——在基督纪元前的时代已经固定；至纪元后之初期，中国文字已有许多发生音变了。

惟文字上之应用，向行同音通假之法，字体虽已固定，与音读分歧，而文体之变迁，终不能不受语言之影响。

刘复《中国文法通论》：

中国的文字和语言，虽然分歧已久，他的形式虽然固定得和偶像一般，不易摇动，然而也只就大体说，仔细研究起来，那语言的活动力，却时时刻刻向文字上激荡，使文字受他的影响。到文字受了这影响之后，自然要留下一个不易磨灭的形迹。那没有形迹的语言，却不免一时活动着，后来渐渐的消灭。或由普通的转为非普通的。

是以古人文辞上通用之字，现今方语中犹存有遗迹。兹举章

炳麟《新方言》中二则为例：

《毛诗・鲁颂传》曰，曼，长也。淮南吴越谓甚长曰，曼曼长，引伸之自夏口而下谓甚曰曼，音如曼。

《小尔雅》：肆，极也。《说文》：肆，极陈也。《大雅》：其风肆好，传：肆，长也。通以今语，犹言极好耳。今辽东谓富有曰，有得肆。苏州谓甚好曰，好得肆，甚热曰，热得肆。肆杀去入相转。《夏小正》：貍子肇肆，传：肆，杀也。古以肆为杀，今以杀为肆。宋人言甚好曰，杀好，犹肆好也。今亦谓极陈力为杀力，即肆力也。

而现今通语上所引用者，亦有沿袭古语不变，惟文辞上所用字体不同者，此由古今音读之演变。同音通假，字体之应用受有语言之影响耳。故欲知今语某字即古语某字，不可不明古今音之演变。

刘复《中国文法通论》：

例如尔、汝、若、而、乃、子六个字，都是第二身的人称代词，用白话去解释他，只是一个你字；然而文言中有这几个形体绝不类似的字，而其用法，却又几乎完全相同。这是什么缘故呢？我们若研究一下古音，就可以知道——

尔、属于泥纽〔n〕灰韵〔ei〕、读如〔nei〕；

汝、属于泥纽〔n〕模韵〔u〕、读如〔nu〕；

若、属于泥纽〔n〕铎韵〔ok〕、读如〔nok〕；

而、属于泥纽〔n〕咍韵〔ai〕、读如〔nai〕；

乃、属于泥纽〔n〕咍韵〔ai〕、读如〔nai〕。

而白话中的你字，虽然是近代的俗字，说不到古音，而其最普通的读法，是〔ni〕、也是属于泥纽。我们看了〔nei〕、

〔nu〕、〔nok〕、〔nai〕、〔nui〕、〔ni〕六个音的关系，当然对于尔、汝、若、而、乃、你六个字的关系，可以完全明白，不必再加解释。……

是以吾人欲确定字义，须先通语言，而欲通语言，不可不先明古今音读之异同，此音韵之学所以有关于训诂也。

四、字义本身之演变与训诂

一字数义与一义数字　由上二章以言，各字原只有一本义，因引申假借，一字概具有数义。一义复有数字。同音之字得相通假，文异义同，是为互用，即由形体之变异与音读之关系。二字可互相通用也。

刘师培《古文字考叙》：

> 许书以令长说假借，例隶引伸。后郑谓仓卒无其字。例赅互用。辗转义延，摩引而长；阜息封孳，缀联同贯；似类之旨，掌积容函，一字数义，文夭别创，引伸之谓也，舍殊本字，丐役异文；声通旨别，此贷彼施；这遣贩移，托诒而往；形此谊彼，趄易庑居，互用之谓也。互用例六："曰，省形，字体合隶，省段右声，然嘫贯遗是也。二曰，益形，部首之文，陪益殊体，泰大垂乖是也。三曰，同声，得声两符，形勿均录，袒但被彼是也。四曰，声近，稡均穖部，同部遣书，侃衎蓟葪是也。五曰，音转，植纽域音，纽同递役，胥相宛蕴是也。六曰，合音，本字一音，缓呼易二，樵为终葵是也。"

至由一字之义，引申转变，从此及彼，致使一字具有数义，与互用之一义数字。正相反也。此外尚有许书所谓本无其字，依声托

事之例，如虚字、人名、地名之类，大抵仅假其音，而不复造本字者，此亦一字数义所由来也。

陈独秀《字义类例》：

虽，虫名也，焉，鸟名也，而，颊毛也，亦，人之臂亦也，苟，草名也，盖，苫也，则，等画物也，其，籀文箕也，也，女阴也，祇，帛丹黄色也，繄，戟衣也，之，草盛上出也，于，气之舒也，然，烧也，岂，岂乐也，皆假以为语词。……若干支名，若卦名，若宿名，多假借非其本义。若地名，月氏身毒之类，若族氏冒顿拓跋之类。兽名，若师之类（师子出西域，中土假借师众字为之，俗作狮），则尤无字依声之章章者矣。

因一义字，故古书中有上下文异字同义者。

俞樾《古书疑义举例》一《上下文异字同义例》：

古书有上下文异字而同义者。《孟子·公孙丑篇》：有仕于此，而子悦之，不告于王，而私与之吾子之禄爵。夫士也，亦无王命，而私受之于子。按，有仕于此之仕，即夫士也之士，夫士也正承有仕于此而言，士正字，仕假字，是上下文用字不同，而实同义也。

《尔雅》亦有文异训同与训异义同之例。

陈玉澍《尔雅释例》卷一《文异训同例》：

《尔雅》有文异而训同者，文虽异而实相通。如《释诂》：皇王训君，皇与王古字通。《洪范·五行传》：建用王极。注：王极或为皇极。《仪礼·聘礼记》：宾入门皇。注：古文皇皆作

王。是皇王字通之证。嘏假训大,嘏与假古字通。郭注引《诗》汤孙奏嘏。今《诗》作奏假。《诗》:鬷假无言,《左氏》昭二十年传引作鬷嘏无言,是嘏假字通之证。……”卷二《训异义同例》:“训异而义同者,如《释诂》:俶,始也,椒,作也,作亦始也。《诗·駉》传及《广雅·释诂》并曰,作,始也。丞,君也,丞,众也。君亦众也,《白虎通》及《广雅释言》并曰,君,群也,群即众也。介,大也,介,善也,善亦大也。《桑柔·笺》:善犹大也。《周易·系辞上传》:莫善于蓍龟,本亦作莫大乎蓍龟矣。……

并有名同文异、义同文异、文同形异诸例。
陈玉澍《尔雅释例》卷三《名同文异》例:

《尔雅》于同名而并列一处者,每异其文以别之,明于此例而尔雅可通。他书之异于《尔雅》者,亦无不可通,如《释器》:革后谓之蔽,蔽亦茀也。《诗·硕人》曰:翟茀以朝。《毛传》:茀,蔽也。《周礼·巾车》,郑注引作翟蔽以朝。《史记·屈原列传》:修路幽拂兮。《索隐》曰:《楚辞》作幽蔽。是蔽茀字通之证。革后谓之茀,亦可谓之蔽。竹后谓之蔽,亦可谓之茀,《诗》《载驱》《采芑》《韩奕》二言簟茀,而茀字亦从竹作笰。是其证矣。巾车,蒲蔽。棼蔽,藻蔽,雚蔽,藩蔽,刘昌宗蔽皆音茀,蔽有茀音,故借茀为蔽。《采芑》笺云:茀之言蔽也。凡传注言某之言某者,皆假借也。蔽正字,茀借字,字形虽别,音义则同。革竹虽殊。命名匪异。知此例者鲜矣。

《义同文异例》:

《毛诗》于义同之字,往往异其文以别之。有异句而义同文变

者，如《汉广》之息思，《草虫》之虫螽，《正月》之威灭，《皇矣》之度宅，《行苇》之钧均，《闷宫》之惩承，是也。有一句而义同文变者。如《甘棠》之蔽芾即蔽蔽，《凯风》之睍睆即睍睍，《硕人》之其颀即颀颀，《公刘》之庐旅即庐庐，是也。予所著《毛诗异文笺》详言之矣。此例，《尔雅》亦有之。……

《文同形异例》：

文同形异者，谓或用正字，或用借文，或用今文，或用古文，字不尽一也。如《释诂》：艐，至也，字作艐。《释言》：届，极也，字作届。《释文》云：艐，郭音届。孙云：古届字。《释诂》：由，自也，字作由。《释水》：繇膝以下为揭，繇膝以上为涉，繇带以上为厉，字作繇。《释文》云：繇，古由字。……

因一字数义，故古书中有上下文同字异义者。
俞樾《古书疑义举例》—《上下文同字异义例》：

古书亦有上下文同字而异义者。《礼记·玉藻篇》：既搢必盥，虽有执于朝，弗有盥矣。上有字乃有无之有，下有字，乃又字也。言虽有执于朝，不必又盥也。《论语·公冶长篇》：子路有闻，未之能行，惟恐有闻。上有字乃有无之有，下有字亦又字也。言有闻而未行，则惟恐又闻也。

《尔雅》亦有文同训异与训同义异之例。
陈玉澍《尔雅释例》卷一《文同训异例》：

《释诂》《释言》两篇，有同文异训而并列一处者，如忥，厖，大

也，怃，厖，有也，怿，悦，愉，乐也，悦，怿，愉，服也，辟，法也，辟，罪也，妃，合也，妃，匹也，妃，对也，妃，媲也，尸，陈也，尸，主也，尸寀也。……

卷二《训同义异例》：

训同义异，即高邮王氏所谓二义合为一条，归安严氏所谓一训兼两义也。宋陆氏佃撰《尔雅新义》已发其例。然陆氏言一名两读，不如一训两义之说为善。两其读，是改其音。改音不已，必至改字。《尔雅》所释之字有假借，改之犹可也。释之之字无假借，改之不可也。如爰粤于那都繇，于也，爰粤于那繇之训于，语辞也。都之训于，叹辞也。……台朕赉畀卜阳，予也，台朕训予，予者我也。赉畀卜阳训予，予者，与也。阳者，锡字之讹也。……

并有文同义异，名同义异诸例。
陈玉澍《尔雅释例》卷三《文同义异例》：

字同义异，《尔雅》本有此例，不独昆弟昆孙之昆已也。《释宫》：三达谓之剧旁，七达谓之剧骖；剧旁之剧训多，谓旁出之多也。……剧骖之剧当读若遽。遽者，驿路也，骖者，骈也，剧骖者，谓骖骈之多如驿路也。……与剧旁之剧义不相涉。……

《名同义异例》：

名同义异者，如《释亲》：父之姊妹为姑，妇称夫之母曰

姑。姑之名同,而所以名姑之义则不同也。母之晜弟为舅,妇称夫之父曰舅。舅之名同,而所以名舅之义则不同也。姑之子为甥,舅之子为甥,妻之晜弟为甥,姊妹之夫为甥。谓我舅者,吾谓之甥。甥之名同,而所以名甥之义则不同也。……

论者谓此种一字数义与一义数字之现象,其成因乃在语言上之惰性而表现于义训者。

杨树达《高等国文法》:

好逸恶劳,避繁趋简,人类之惰性影响于语言者至巨。因此而字义变迁者,如朋,本是凤字,假为朋友之朋,而凤义遂失。来,本义为周瑞麦来牟,借为行来之来,而来牟之义亡。莫字之形,日在茻中,本为日暮之字,自借为无义,而日暮之义遂湮。笑之本字为㕭,本义女子笑貌,迁就为一切之笑,而其义遂扩张,凡六书之假借,及后世用字法之引伸,皆惰性之表现于义训者也。

是以字义之演变,实语言上自然之趋势也。

一字兼有相反之两义 一字既可具有数义,而此数义中有两义适相反者,则一字兼具有相反之两义矣。尔雅于文同训异,训同义异之字,又有相反为训之例。

陈玉澍《尔雅释例》卷二《相反为训例》:

《释诂》:徂,在,存也。注云:以徂为存,犹以乱为治,以曩为曏,以故为今,此皆训诂义反覆旁通,美恶不嫌同名。蒙案此谓相反为训,《释诂》《释言》《释训》篇此类尚多,郭注所举未尽。哉,始也,在,终也。在即哉也,始终相反为义。在,《说文》作

扗,从土扌声。哉,《说文》作哉,从口,𢦏声,𢦏,从戈才声,故知在与哉通,哉又与载通,《诗·驷驖》笺、《载驱》传并曰载,始也。《释天》唐虞曰载。注取物终更始,是载之义包乎始终。落,始也,落,死也,始即生也,与死相反,死即终也,与始相反。昧于此义,而落乃别作殆矣。愉,乐也,愉,劳也,劳苦与安乐义反,豫。乐也,豫,厌也,厌恶与爱乐义反,繇、忧也,繇、喜也,忧与喜义反。……

美恶不嫌同辞,在古书中,此例甚广。
俞樾《古书疑义举例》三《美恶同辞例》:

古者美恶不嫌同辞,如退食自公,委蛇委蛇,诗人之所美也。而《左传》云:衡而委蛇必折,则委蛇又为不美矣。岂弟君子,民之父母,诗人之所美也,而《齐风》云:鲁道有荡,齐子岂弟,传曰:言文姜于是乐易然,正义足成其义曰"于是乐义然,曾无愧色",则岂弟又为不美矣。齐子岂弟,本与下章齐子翱翔一律,而郑必破作闿圛,谓与上章齐子发夕一律。盖以他言岂弟者皆美而非刺,故不从传义;不知古人美恶不嫌同辞,学者当各依本文体会。未可徒泥其辞也。

刘师培《古书疑义举例补·二义相反而一字中兼具其义之例》:

《方言》云:苦,快也,郭注云:苦而快者,犹以臭为香,以乱为治,以徂为存;此训义之反覆用之,是也。《方言》云:郁悠,思也,郭注云:犹郁陶也。《孟子》云:郁陶思君尔,是郁陶为忧思之义,郁陶即郁悠,悠转为繇,又转为邑,王逸《楚词》云:郁邑,忧也,故《尔雅》训繇为忧,《广雅》亦训陶为忧。是郁

陶繇三字俱有忧字之义。而《尔雅》又云：郁，陶，繇；喜也。《礼记·檀弓》下云：人喜则思陶，郑注云：陶，郁陶也。《乐纬稽耀嘉》云(唐《类函》引)：酌酒郁摇，注云：喜，悦也。郁摇即郁繇，是郁陶繇三字又俱有喜字之义。盖忧喜皆生于思，故郁陶繇三字均兼有忧喜二义也。

故字书上所训释者往往与文辞所引用之意义相反。

陈独秀《字义类例反训》第四：

……物不申直者谓之缩，《礼记》：古者冠缩缝。《孟子》：自反而缩，则皆用缩为直也。冗，闲散也，今或用为冗忙之义。去，相离弃也。《汉书·陈遵传》：遵性善书，与人尺牍，皆藏去以为荣；注云：去，藏也。昭十九年《左传》：以度而去之，《释文》曰：去，起吕反，藏也。此皆用去与离弃之义，相反者也。《说文》：苶华盛。《文选》谢灵运《过始宁墅诗》：疲苶惭贞坚；注，引庄子苶然疲而不知所归。此用苶与华盛之义相反矣。……

同字而具有相反之两义，推其演成之原因，亦由于一音之转变。

章炳麟《转注假借说》：

问曰：古有以相反为义，犹乱训为治，《说文》𤔔乱本与敽分，其他若苦为快，徂为存，故为今，今虽习为故常，都无本字。岂古人语言简短，诸言不言非者，皆简略去之耶？答曰：语言之始，义相同者，多从一声而变。义相近者多从一声而变，义相对相反者，亦多从一声而变。相同之例，举如前矣。相近者，亦

以一声转变。若谷不孰为饥，音变则疏不孰为馑。地气发天不应为雾，音变则天气下地不应为霿。人之昜气为性，音变则人之侌气为情。……相对相反者，亦以一音转变。故先言天，从声以变则为地。先言昜，从声以变则为侌。先言古，从声以变则为今。先言始，从声以变则为地。……此以双声相转者也。先言起，从声以变则为止。先言卯，从声以变则为丣。先言寒，从声以变则为暖。先言出，从声以变则为内。先言央，从声以变则为徬。……此以叠韵为迆者也。亦有位部皆同，训诂相反者。始为基，终为期，为极。联为叕，断为绝。浊乱为湣，清治为汩。明瀞为絜，蒡乱为丰，相类为似，相殊为异。……并以一语相变，既有殊文，故民无眩惑。自余亦有制字者，然相承多用通借，若特为牛父，引伸训独，而诗传又训为匹，则是读为等夷之等也。介为分画，引伸宜训为两，而春秋传以介特为单数，则是读为孑孓之孑也。苦徂故为快存今，亦同斯例，顾终古未制本字耳。若从双声相转之例，虽谓苦借为快，徂借为存，故借为今可也。

是相反为训亦属于假借之科，原于一音之转变，非纯由字义本身之演化也。大抵由一字本义转为其他相近之义，纯由字义之展转引申，与无义而但借其音者，——即假借义与本义无关者——自当分别视之。然展转引申，范围颇难确定，是以借音之字，与纯由字义本身之演化二者亦难以分划。

戴震《答江慎修先生论小学书》：

今读先生手教曰：本义外，展转引伸为他义，或变者，或不变者，皆为转注。其无义而但借其音，或相似之音，则为假借。又曰：字之本义，亦有不可晓者，震之疑不在本义之不可

晓，而在展转引申为他义，有远有近，有似远，义实相因，有近而义不相因，有绝不相涉而旁推曲取，又可强言其义。区分假借一类而两之，殆无异区分谐声一类而两之也。六书之谐声假借，并出于声。谐声以类附声，而更成字，假借之依声托事，不更制字。或同声，或转声，或声义相倚而俱近，或声近而义绝远，谐声具是数者，假借亦具是数者。后世求转注之说，不得并破坏谐声假借。此震之所甚惑也。

其可认为字义本身之演化者，或由一义扩张，或由一义缩小，或由一义转移，乃语言上语词意义之变迁，非因文字上音读相同彼此通假而得者也。

字义本身之演化　字义之扩张，即本为狭义而变为广义者，本为小名而变为大名者，兹举引申义之扩张者如下。

陈独秀《字义类例引申》第三：

履，足所依也，引伸之，凡所依皆曰履。皇，大君也，引伸之，凡大皆曰皇。……苛，小草也，引伸为琐碎之义，荟，草多貌，引伸为凡物会萃之义。……庄，草木壮大也，引伸为凡壮盛精严之义。……理，治玉也，引伸为一切治理之理。……兽犬治去其毛曰，革，引伸为一切改革之用。……工，巧饰也，引伸之凡善其事皆曰工。……廪，所以受谷也，引伸之，凡所承皆曰，廪。……出，象草木益兹上出也，引伸为凡生长之称，又引伸为一切出入之义。𠂹，象草木华叶下垂也，引伸为凡下𠂹之称。……稚，幼禾也，引伸为凡幼小之称。稠，谓禾多也，引伸为凡稠密之称。稀，苗疏也，引伸为稀疏之称。积，禾之聚也，引伸为凡聚积之称。……宏，屋深也，引伸为凡深大之称。……冒，蒙然前取也，引伸之，凡有所干犯而不顾皆曰冒，

如假冒，贪冒，冒刃，是也。……特本训牡牛，阳数奇，故引伸之为凡单独之称。牵、为引牛而前之义，引伸为凡牵联之词。唐，大言也，引伸为广大空虚之义。……归，妇人嫁归在家也，引伸为凡人还家之称，又引伸为一切归宿字。……

古书中往往以大名与小名连属而混言之者，其义亦不加区别。俞樾《古书疑义举例》三《以大名冠小名例》：

《荀子·正名篇》曰：物也者，大共名也。鸟兽也者，大别名也。是正名百物，有共名别名之殊。乃古人之文，则有举大名而合之于小名，使二字成文者。如《礼记》言鱼鲔，鱼其大名，鲔其小名也。《左传》言鸟乌，鸟其大名，乌其小名也。《孟子》言草芥，草其大名，芥其小名也。《荀子》言禽犊，禽其大名，犊其小名也。皆其例也。

亦往往以小名代大名，即举偏以赅全之例，是皆可谓之字义扩张者也。

俞樾《古书疑义举例》三《以小名代大名例》：

又有举小名以代大名者。《诗·采葛》篇：一日不见，如三秋兮。三秋即三岁也。岁有四时而独言秋，是举小名以代大名也。《汉书·东方朔传》：年十三学书，三冬文史足用。三冬亦即三岁也。学书三岁而足用，故下云：十五学击剑也，注者不知其举小名以代大名，乃泥冬字为说，云：贫子冬日乃得学书；失其旨矣。

刘师培《古书疑义举例补举偏以该全之例》：

《周礼·考工记·匠人职》云：内有九室，九嫔居之；外有九室，九卿朝焉。九分其国，以为九分，九卿治之。郑注云：六卿三孤为九卿，其说本于班固，而三少又见于《大戴》。盖九卿兼该孤卿而言，言九卿则孤该其中。是犹侯为封爵之一，言诸侯则公伯子男均该于其中，夷为东方之人，言四夷则羌狄蛮貉，均该于其中也。以此之故，故专名屡易为公名，《春秋》经屡言某国杀其大夫，大夫者，均卿官也。盖大夫可以该卿，而卿不可该大夫也。《书·禹贡》言二百里蛮。《周礼·夏官司马》言蛮服，夷服。蛮夷之名该四境以为言，非仅限于南蛮东夷也，亦专名易为公名之例。

至于字义之缩小，即本为广义而变为狭义，本为大名而变为小名者。兹举引申义之缩小者如下（陈独秀《字义类例·引申第三》）：

……丹者石之精，引伸之，凡药物之精者曰，丹。……宴，安也，引伸为宴餐字。……署，部署也。《史记·项羽本纪》：梁部署吴中豪杰，为校尉侯司马；引伸为官署字。……《说文》心部曰：愉，薄也，此愉之本义；盗者，俗之浇薄也，故引伸为偷盗字。（《诗郑笺》有偷字，《说文》人部无之。）……证，正行也，引伸为征伐征税字，《孟子》：征之为言正也。过，度也，引伸为过失之过。遴训行难，引伸为遴选，选人必重难也。……雠，相应对也。引伸为物价之雠。《汉书》高祖饮酒雠数倍，是也；又引伸为雠怨字。……《诗大东》：睠言顾之。《传》曰：睠，反显也，顾之深也；眷同睠，故引伸为眷属字。……《说文》北下曰：乖也，从二人相背。韦昭注《国语》曰：北者，古之背字，军败曰北，引伸为相背而走义也……夭训屈，屈有折义，故引伸为夭折字也。

古书中亦往往以大名代小名,即举全以指偏之例。

俞樾《古书疑义举例》三《以大名代小名例》:

古人之文,有举大名以代小名者。后人读之而不能解,每每失其义矣。《仪礼·既夕》篇,行乃祷于五祀;郑注曰:尽孝子之情,五祀,转言之;二祀曰,门,曰,行。推郑君之意,盖以所祷止门行二祀,而曰五祀者,博言之耳,五祀,其大名也;曰,门,曰,行,其小名也。祀门行而曰,五祀,是以大名代小名也。贾疏曰,今祷五祀,是广博言之,望助之者众,则说以为真祷五祀矣。

又:

《春秋》之例,通都大邑,得以名通,则不系以国,如楚丘不书卫,下阳不书虢是也。若小邑不得以名通,则但书其国,而不书其地,如盟于宋,会于曹,必有所在之地,而其地小,名亦不著,书之史策,后世将不知其所在,故以国书之;此亦举大名以代小名之例也。后儒说《春秋》谓不地者,即于其都也,失之。

修辞学上有类名一格,以共名代别名者,如英物指男子,俗物指俗人之类,亦皆意义之缩小也。类名格中有以制物之质表物者。

杨树达《古书疑义举例续补》卷一《以制物之质表物例》:

古人有以制物之质表物者。《孟子·滕文公》上篇云:许子以釜甑爨以铁耕乎?赵注云:以铁为犁,用之耕否耶?是铁为犁也,不言犁而言铁者,以犁为铁制也。又《离娄》下篇

云：抽矢扣轮去其金，发乘矢而后反。赵注云：叩轮去镞，是金谓镞也，乃不言镞而但言金，以镞乃金所制也。又《公孙丑》下篇：木若以美然。《左传》僖二十三年云：我二十五年矣，又如是而嫁，则就木焉。二木字皆谓棺椁，乃不言棺椁，而但曰木，亦以棺椁为木之制耳。《庄子·列御寇》篇云：为外刑者，金与木也。郭注云：木谓棰楚，桎梏亦同此例。

此亦可谓之意义缩小，而亦可谓之意义转移也。意义之转移即由此义变为相关之彼义，或为同类之别名相变，或者异类之别名互用，或为因果之名，实德业之名彼此通用。修辞上伴名与隐比二格所属诸例，皆有意义转移之效用。以此名转为彼名，原为修辞上比喻之意义，及沿用既久，本为比喻之义渐渐凝定，转为通常之意义，大都字义转移，即因乎此。

章炳麟《訄书》引日本姊崎正治说：

若言雨降（案降，下也，本谓人自陵阜而下）风吹（案吹，嘘也，本谓人口出气急），皆略以人事表象，繇是进而为抽象思想之言，则其特征愈著。若言思想之深远，度量之宽宏，深者所以度水，远者所以记里，宽宏者所以形状空中之器，莫非有形者也；而精神见象以此为表矣。

兹略举引申义之属于转移者如下（陈独秀《字义类例·引申第三》）：

……王逸注屈赋曰：灵，巫也。《说文》玉部曰：灵巫以玉事神，从玉，霝声，或从巫，作靈。神靈字，乃其引伸义。……《说文》：苦，大苦苓也，其味苦，引伸为劳苦字。蔓，葛属也，

滋蔓,其引伸义。茂,草木盛貌,引申为懋勉字。荫,草草阴地也,引申为凡覆庇之义。荒,芜也,引申为荒野洪荒荒唐字。藉,祭藉也,禾槁去其皮,祭天以为藉也,引伸承藉,蕴藉,假藉,狼藉之义。麤,鹿行超远也,卤莽也,不精也,大也,疏也,皆其引伸之义。……薄,林薄也,林木相迫之义,引伸之,凡事物之相迫者,皆曰薄。《尚书·益稷》:外薄四海;《传》曰:薄,迫也。又《易·系辞》云:雷风相薄;《左传》:宋师未陈而薄之;薄而观之;半涉而薄我;薄诸河;皆是也。相迫则无间可入。凡物之单薄不厚者,亦无间可入,故又引伸为厚薄之薄。瑞,节信之至也,人执以见曰瑞。引伸为祥瑞者。亦谓感召若符节也。……理,治玉也,引伸为一切治理之理,凡治理必期其有条不紊,遂又引伸为条理之理,腠理肌理之理,更引而伸之,以至于广大精微,乃为物理,情理,天理之理。苴,履中草也,《贾谊传》:冠虽敝,不以苴履,引伸为苞苴字。草,百卉也,引伸为草稿,草创,草具之草。莽,谓犬善逐兔草中,引伸为草莽卤莽。……臧,善也,引伸之义,善而存之,亦曰臧,臧之之处,亦曰臧,以从草之藏为收臧字,汉后俗体也。《说文》:内,入也,所入之处,亦为内,此内外字,内之引伸义也。俗以其引伸义为本义,内入之本义,以纳为之。……

古书中有实字活用例,往往使用器物之词同于器物之名。
俞樾《古书疑义举例》三《实字活用例》:

宣六年《公羊传》。勇士入其大门,则无人门焉者。上门字,实字也,下门字则为守是门者矣。襄九年《左传》:门其三门,下门字,实字也,上门字则为攻是门者矣。此实字活用者也。《尔雅·释山》:大山宫,小山霍,郭注曰:宫谓围绕之;宫

本实字而用作围绕之义，则活矣。宣十二年《左传》：屈荡户之；杜注曰：户，止也，户本实字，而用作止义，则活矣。又如规矩字，皆实字，《国语·周语》：其母梦神规其臂以墨；韦注曰：规，画也；此规字，活用也。《考工记》：必矩其阴阳；郑注曰：矩谓刻识之也；此矩字，活用也。经典中如此者，不可胜举。

刘师培《古书疑义举例补·使用器物之词同于器物之名例》：

《书经·顾命篇》云：一人冕，执刘；郑注云：刘盖今镵斧是也。又《尔雅·释诂》云：刘，杀也；《方言》《广雅》均同。《左传》成十三年，虔刘，杜注亦训为杀，盖杀人之器谓之刘，而杀亦训刘。《说文》云：剑，佩刀也，而晋潘岳《马汧督诔序》云，汉明帝时，有司马叔持者，白日于都市手剑父仇，盖杀人之器谓之剑，而以剑杀人亦谓之剑，是犹刀谓之刃，以刃加人亦谓之刃也。

因意义之转移，故古书中常有字同用别者；即数语相联，虽所用之字相同，而意义各别。读古书者不得以上语之诂移释下语之诂也。

刘师培《古书疑义举例补·二语相联字同用别之例》：

《左传》隐元年云：无使滋蔓，蔓，难图也；蔓草犹小可除，况君之宠弟乎？服注云：滋，益也，蔓，延也，谓无使其益延长也。案《说文》云：滋，益也，蔓，葛属。服注之说，略与彼同，盖引延双声，为延长之义也。惟案以传文之义，则上蔓字为静词，下蔓字为名词。盖曼蔓古通，滋蔓之字应从《说文》作曼，

滋蔓者，即益长之义也。蔓难图也之蔓，则为草名，应从《说文》作蔓，即葛属也。难图二字为形容蔓草难除之词。故下文又言蔓草犹不可除也。古人属词，多取字同用别之字互相联属，故上语言滋蔓，下文则取蔓草为喻；此古籍字同用别之例也。

是以吾人欲明文辞上之字义，不可不先明字义本身之演变也。

五、语言之演变与训诂

字义之演化与习俗之关系　字义之引申转变，致使一义扩张或缩小，或且由此及彼，辗转而成他义，因之同是一名，而所指或异；亦有名称各别，而所指实同；故有同名而异实，亦有同实而异名。取义既随乎好尚之不同，名称自亦因习俗而纷变；常有所指相同而因习尚有殊，取义各别，名称亦因之歧异者，试举《尔雅》中一条为例：

> 载，岁也。夏曰岁（郭注：取岁星一次），商曰祀（郭注：取四时一终），周曰年（郭注：取禾一熟），唐虞曰载（郭注：取物终更始）。

郝懿行《尔雅义疏》：

> 此释年岁之名。所以代必异名者，《书·尧典正义》引李巡云：各自纪事，示不相袭也。载，岁也者，《左氏》昭七年，《正义》引李巡曰：载，一岁莫不相覆载也。孙炎曰：四时一终曰岁，取岁星行一次也。《说文》云：岁，木星也，越历二十八宿，宣遍阴阳，十二月一次，然则夏曰岁者，主于占星纪事；《夏小正》云：初岁祭耒，是也。祀者，《说文》云：祭无已也。《书

正义》引孙炎曰：祀取四时祭祀一讫也。然则商曰祀者，商人尚鬼，以祀为重。《书·洪范》惟十有三祀，盖为箕子作也。年者，《说文》云：谷熟也，《书正义》引孙炎曰：年取年谷一熟也。然则周曰年者，周以稼穑兴年谷为重。《春秋》书大有年，是也。载者，《释名》云：载生物也。《白虎通》云：载之言成也。载成万物终始言之也。邢《疏》引孙炎曰：载，始也，取物终更始。郭注俱本孙炎。唐虞曰载者，以更始为义。《书》云，九载绩用弗成，三载考绩，是也。

同为一物之名，或取义于此，或取义于彼，或以通言浑同，或以晰言区别，盖风尚因时地而有殊，语言亦随方俗以流变；苟比而通之，可以"类离词之指韵，明乖途而同致"；此扬子《方言》一书，所由作也。

郭璞《方言序》：

考九服之逸言，标六代之绝语；类离词之指韵，明乖途而同致；辨章风谣而区分，曲通万殊而不杂。真洽见之奇书，不刊之硕记也。

兹举其中一条为例：

《方言》：

鹂黄，自关而东谓之鸧鹒（郭注：又为商庚）。自关而西谓之鹂黄（郭注：其色黧黑而黄，因名之）。或谓之黄鸟，或谓之楚雀。

钱绎《方言笺疏》：

《尔雅》：鵹黄，楚雀；郭注：即仓庚也。又仓庚，商庚，注：即鵹黄也。又仓庚，鵹黄也，注：其色黧黑而黄，因以名云。《夏小正》：二月，有鸣仓庚；仓庚者，商庚也；商庚者，长股也。《豳风·七月篇》毛传：仓庚，离黄也。《月令》郑注：仓庚，离黄也。李善注《高唐赋》引《方言》作黧黄，鵹黧离并与鹂同；仓庚与鸧鹒亦同。《说文》：离黄，仓庚也；鹂、鹂黄也，一曰楚雀，其色黧黑而黄，是许以离黄为仓庚。以鹂黄为楚雀，与此异义。《周南·葛覃篇》《邶风·凯风篇》《秦风·黄鸟篇》《豳风·东山篇》，传，笺俱不言鹂黄；此云，或谓之黄鸟者，盖方俗语言偶同，非《诗》所谓黄鸟也。而《葛覃正义》引陆机疏曰：黄鸟，黄鹂留也；或谓之黄栗留，一名仓庚，一名商庚，一名鵹黄，一名楚雀；浑而一之，非也。

又有取义相同而所用以名之之本字则不一：如同取义于"明"以名"知"者，或谓之党，或谓之晓，或谓之哲。

《方言》：

党，晓，哲，知也。楚谓之党（郭注：党，朗也，解寤貌），或曰晓，齐宋之间谓之哲。

钱绎《方言笺疏》：

注：党朗，叠韵字，《广韵》：爣朗，火光宽明也；爣与党同。解寤谓之党，昏昧亦谓之曭；《说文》：曭，无精直视也。光明谓之党朗，不明亦谓之傥朗；潘岳《射雉赋》徐爰注：傥朗，不明之貌；亦以相反为义也。《说文》：晓，明也；《列子·仲尼篇》：智者之言，固非愚者之所晓，是晓为知也。《说文》：哲，

知也;《大雅·下武篇》郑笺,《楚词·离骚》王逸注并同;知哲一声之转。应劭《汉书·五行志》注:哲,明也。明谓之哲,知亦谓之哲,知谓之晓,明亦谓之晓;知谓之党,犹明谓之堂也。《广雅》:堂,明也。

同取义于"小"以名鸟者,或谓之鷦鷯,或谓之过鸁,或谓之懱爵,或谓之鸹鸠。

《方言》:

桑飞(郭注:即鷦鷯也,又名鷦鸎),自关而东,谓之工爵,或谓之过鸁,或谓之女鴎(郭注:今亦名为巧妇,江东呼布母);自关而东谓之鸹鸠(郭注:按《尔雅》云:鸹鸠,鵄鸮属,非此小雀明矣)。自关而西谓之桑飞,或谓之懱爵(郭注:言懱鹤也)。

钱绎《方言笺疏》:

鷦鷯懱爵,皆以小为义,此鸟体极微小,因以为名。爵犹鷦也,亦小之义也。《说文》:雀,依人小鸟也,读与爵同。《庄子·逍遥篇》:日月出矣,而爝火不息;《释文》:爝本亦作燋,一云:燋火,小火也;《玉篇》,穱,小也,亦作糕,是从爵从焦之字多通也。鷦鷯之犹言蚴蟟也,《广韵》:蚴蟟,茅中小虫也。懱之训小,详卷二木细枝谓之蔑下。过鸁女鴎鸹鸠亦以小为义,《众经音义》十六引《声类》云:锉鑹,小釜也。下卷十一,蠭其小者,谓之蠮螉;《释虫》:果蠃,蒲,芦;郭注:俗呼为蠮螉;是蠭之小者为果蠃也。《吕氏春秋·审时篇》,高诱注:穖,禾穗果蠃是也;机从几声,当训为微;《说文》:叽,小食也。

《众经音义》卷九引《字林》，玑，小珠也，义与穖近；是禾穗之小者为果蠃，亦当以小为义也。《释木》：女桑，桋桑；郭注：今俗呼桑树小而条长者为女桑树。《释名》：城上垣曰，女墙，言其卑小，比之于城，若女子之于丈夫也。下卷十一，蝉，其小者谓之麦蚻；郭注：如蝉而小，今关西呼麦蚻。《夏小正》四月，鸣札；札者，宁县也，札蚻同；《广雅》：蛥蚗，蚻也；《说文》：蛁蟟也；《释虫》：蠽，茅蜩；注：江东呼为蠽蠽，蠽蠽与茅截同，犹言麦蠽；亦蝉类之小者。蜩螃，犹蛁蟟也；是麦蠽，宁县，蛥蚗，蛁蟟，茅截，蜩螃，皆蝉小之异名。郭注此憾爵云：言蔑截也；盖言其蠛截然。…… 小虫谓之蛁蟟，犹小雀谓之鴾鹩也。木细枝谓之蔑，小铤谓之镄，小骨谓之髖骱，小石谓之矶砎，小虫谓之蠛蠓，犹小雀谓之懱爵也。小釜谓之锉镳，小蠭谓之果蠃，禾穗谓之果蠃，犹小雀谓之过蠃也。小桑谓之女桑，城上小墙谓之女墙。犹小雀谓之女鸥也。《玉篇》：醮，面焦枯小也；醾，面小也；小面谓之醮，又谓之醾，犹小雀谓之鴾鹩，又谓之懱爵也。小蝉谓之蛁蟟，又谓之蜩螃，又谓之宁县，又谓之蛥蚗，又谓之茅截，又谓之麦蠽；犹小雀谓之鴾鹩，又谓之鸮鸠，又谓之懱爵，又谓之懱截也。注家因其一名女鸥，目为巧妇，或为巧女；因其一名懱爵，字变为韈，言其紩麻如刺袜，然皆附会之说也。

此即古今各地事物称呼之所以歧异也。习俗不同，言语亦因之歧异；故有训诂以通其隔阂。训诂之功，实同翻译。

陈澧《东塾读书记》：

诂者，古也，今古异言，通之使人知也。（此《毛诗·周南·关雎诂训传第一》孔疏语。《尔雅》邢疏袭用之。《尔雅·

> 释宫》，郭注云：通古今之异语；又孔疏所本也。）盖时有古今，犹地有东西，有南北；相隔远，则言语不通矣。地远则有翻译，时远则有训诂，有翻译则能使别国如乡邻（方言，即翻译也）。有训诂，则能使古今如旦暮，所谓通之也。训诂之功大矣哉。

是以比较古今各地语言之异同，阐明其演变之迹象，以显示各语各辞之意旨；亦训诂学上所有事也。

语言演变之原因　历代各地之人民，处于不同之环境，受有不同之影响，其习俗趋异，语言亦渐次差别；故语言之演变，终不离历史与地理之因素。

林语堂《闽粤方言之来源》：

> 方言之所以成立，简略言之，可说有两大原因：（一）由于民族之播迁，（二）由于异族之杂处。大概民族之播迁，使各族处于不同环境，受不同影响，所以渐次差别，如印欧系语言之分歧，即以此解释，异族杂处则或甲学乙语言，或乙学甲语言，其语言皆易生变化。

语言既因时因地而生变化，于交流融合之中，仍有错杂纷歧之象；故有往时别语而成通语者，《方言》所谓“古雅之别语，今则或同”是也。

> 假狢（郭注：古格字）怀摧詹戾艐（郭注：古届字），至也。邠唐冀兖之间，曰假，或曰狢（郭注：邠，今在始平漆县，唐，今在太原晋阳县），齐楚之会郊（郭注：两境之间），或曰，怀，摧，詹，戾，楚语也（郭注：先祖于摧，六日不詹，鲁侯戾止之谓也，此亦方国之语，不专在楚也）；艐，宋语也。皆古雅之别语也

(郭注：雅谓风雅),今则或同。

亦有往古语言留存于方言俗语中者,《方言》所谓"旧书雅记故俗语不失其方"是也。

《方言》:

敦丰厖夵怃般嘏奕戎京将,大也。凡物之大貌曰丰,厖,深之大也。东齐海岱之间曰夵,或曰怃;宋鲁陈卫之间谓之嘏,或曰戎;秦晋之间,凡物壮大谓之嘏,或曰夏;秦晋之间,凡人之大谓之奘,或谓之壮;燕之北鄙,齐楚之郊,或曰京,或曰将。皆古今语也(郭注：语声转耳),初别国不相往来之言也,今或同;而旧书雅记故俗语不失其方(郭注：皆本其言之所出也。雅,《尔雅》也)。而后人不知,故为之作释也。

林语堂《前汉方音区域考》:

故俗语与绝代语、古今语同释;方音中常保存古音古语是极明的道理,旧书雅记辞字不同系乎时,而故俗殊语不同系乎地,其原一也。前人不得其解,故有很勉强的解释,惟郭注得其真义。戴氏释"雅"为"常",谓"旧书常记故俗之语不失其方……郭注皆误",句法未稳。卢氏读为"(旧书雅)记(载)故(训故)俗(语)",虽一读法,亦未见尽顺。丁氏(杰)释"故"如"《诗》鲁故韩故"之"故","与诂"同;雅当如郭氏解为《尔雅》。实与下节"古雅之别语",辞气不合。"雅"为普通名词,有风雅之雅,有古雅之雅,有《尔雅》之雅,有雅言之雅,固不必专指《尔雅》。郭注"而后人不知故为之作释也"。句云"释诂释言之属"最得真义,释诂即释旧书雅记,释言即释当代俗语也。

是以事物之名称，必须从其方土之语以定其义。

陈澧《东塾读书记》：

> 释诂，释言，释训，既通之使人知，则至今知之矣。至草木虫鱼鸟兽，《尔雅》虽已释之，后世又有不知者。如以王雎释雎鸠，后世又不知王雎为何物；诸儒解说虽多，澧皆未敢信；此必求陕西河南，有鸟常集于河洲，而雌雄有别者，乃可定为雎鸠耳。（释木：栎其实梂。邢疏云：《诗秦风云》：山有苞栎；陆机疏云：秦人谓柞栎为栎，河内人谓木蓼为栎，机以为此秦诗也，宜从其方土之言，柞栎是也。澧谓雎鸠，宜求之陕西河南者，亦以其方土故也。）

同一字也，本为其义，而在某方所习用，往往另成一义。许氏作《说文》，常引方言以箸一字之别义。

马叙伦《说文解字研究法·说文说解以方言为别义》谓《说文》：

> 有引方言以箸别义者。如逞下曰：通也，楚谓疾行为逞。讦下曰：诡讹也，齐楚谓信曰讦。鬻下曰：鼎实，惟苇及蒲，陈留谓键为鬻。矔下曰：目多精也，益州谓瞋目为矔。眮下曰，戴目也，江淮之间谓眄曰眮。……伦按盱下曰：一曰，朝鲜谓卢童子曰盱。篇下曰：一曰，关西谓榜曰篇。溇下曰：一曰，汝南谓饮酒习之不醉为溇。媞下曰：一曰，江淮之间谓母曰媞。以许书大例言之，凡一曰云云为别箸一义。逞讦鬻矔眮篝倩僧猲诸文下所引方言，虽不箸一曰，而例同讦篇溇媞，则为别箸一义无疑也。

常有方言上所习用之字，已成为通义；故许书亦间以方言证明

字义。

马叙伦《说文解字研究法》：

许书说解有以方言证明字义者。如逆下曰，迎也，关东曰逆。谲下曰，权诈也，益梁曰，谬欺天下曰，谲。聿下曰，所以书也，楚谓之聿。箱下曰，饭管也，秦谓管为箱。杇下曰，所以涂也，秦谓之杇。是其例也。

亦有显然为一方所引用之字，惟有方言可证明其义；盖文字之孳乳浸多，亦语言之演变使然也。

马叙伦《说文解字研究法》：

许书有以方言为说解者。如咺下曰，朝鲜谓儿泣不止曰咺，跖下曰，楚人谓跳跃曰跖。鬻下曰，凉州谓鬻为䰞。眮下曰，吴楚谓瞋目顾视曰眮。㱿下曰，楚人谓卜问吉凶曰㱿。瞟下曰，益州鄙言人盛讳其肥谓之瞟。……圯下曰，东楚谓桥曰，圯。是其例也。观齐人谓臞为脙，则知脙为臞之双声转注字。观齐谓麦为秾，则知来为禾麦之麦，麦为来往之来；以来麦收音出于喉而分浅深，故或读麦为禾麦之麦，读来为来往之来；而齐音犹谓麦为秾，秾即来之后起字。观瞟㒹圯圣诸文，知其字因方俗言语而造。盖文字之起，固由于方言之需求也。

各本方言，造为异字；常有一事一物、因历代各地称呼，纷歧不一，遂依原有之名，而从此土之音，为之别造一字；此亦一义数字所由来也，故雁、鹅、驾，与猪、豨、豕、豭之类，实皆同为一物，而因时因地造为异字。

《方言》：“雁，自关而东谓之鴚鹅，南楚之外谓之鹅。或谓之仓

䴓。"戴震《方言疏证》:"案《广雅》:鸧鹒仓鸧,雁也;本此。鸧即䴓,亦作驾,《汉书·杨雄传》:岂驾鹅之能捷。"《方言》:"猪,北燕朝鲜之间谓之■;关东西或谓之彘,或谓之豕,南楚谓之豭,其子或谓之豚,或谓之貕,吴扬之间谓之猪子,其槛及蓐曰橧。"其不造为异字者,则又各依他字之引申假借以为名,然用字虽异,其所称指实同,在语言上亦往往为一音之转变而已。兹举王念孙、陈澧之言为证。

陈澧《东塾读书记》:

《尔雅》训诂,同一条者,其字多双声。郝兰皋《义疏》云:凡同声,声近,声转之字,其义多存乎声(卷一)。澧谓此但言双声,即足以明之矣。有今音非双声,而古音双声者,可以其字之谐声定之;又可以古无轻唇音,及古音不分舌头舌上定之(钱辛楣说,见《养新录》卷五)。郝氏所谓声近声转,即指此也。如大也一条,内弘宏洪三字,双声,介嘏假京景简六字,双声,溥丕字,双声,讦怃二字,双声,昄废二字,双声,弈宇淫三字,双声。至也一条,内艘格二字,双声,到吊二字,双声,来戾二字,双声。又大也一条,内廓字,以郭为声;古音读如郭,则与介嘏诸字双声;坟字今轻唇音,古读重唇音,则与昄双声(《释文》:昄,诜旋,蒲扳反,施乾,蒲满反),至也一条内,詹与至双声,古音不分舌头舌上。则詹读如儋,与到吊双声。凡同在一条内而双声者,本同一意,意之所发,而声随之,故其出音同,惟音之末不同耳。音末不同者,盖以时有不同,地有不同故也;其音之出则仍不改,故成双声也(《方言》:虔儇,慧也,秦谓之谩,晋谓之䙴,帬,陈魏之间谓之帔,自关而东,或谓之襬,床,齐鲁之间谓之箦,陈楚之间或谓之笫。簿,宋魏陈楚江淮之间,谓之苗,或谓之麴,郭注云:此直语楚声转也。观于

《方言》，则《尔雅》益明矣）。

陈氏以古音双声为说，王氏则又以叠韵为说，以其所定二十一部，证明《尔雅》同一条内多属叠韵字。

《王氏遗书》：《雅诂表》

第十七表	第十七部	始	一部	二部	三部	四部	五部	六部	七部	八部	九部	十部	十一部	十二部	十三部	十四部	十五部	十六部	十七部	十八部	十九部	二十部	廿一部
											元								哉	初		首	肁
											舆权								基	祖		俶	
																			胎	落			
																				权舆			

是历代各地语言之演变，又可以语原及音韵之理推寻其迹象也。

训诂学与方言学之关系　自来注释音义者，常各本其方音以诠说古书。

钱大昭《说文统释自序》：

熊安生河朔人，其反切多北音；陆德明吴县人，其音释多南音（见宋沈括补《笔谈》）。公羊子齐人，其传《春秋》如（隐元年）昉（隐五年），悈累（并桓五年），化我（桓六年），樵之（桓七年），脰（庄十二年），漱浣（庄三十一年），踊（僖十年），诈（僖二十三年），党（文十三年），笋（文十五年），棓（成二年），殆（襄五年），于诸（哀六年）之类，皆齐语。郑康成，北海人，其注《三礼》，全菹为芋（《士丧礼》），祭为堕（《士虞礼》），曲桊曰媒（《媒氏》），疾为戚（《考工记》），麇为獐（《画缋》），沤曰涹（《㡛氏》），

终为葵椎(《玉人》),手足掔为骹(《弓人》),题肩为击征(《月令》),滑曰髓(《内则》),无发为秃楬(《明堂位》),穛为相(《乐记》),殷声如衣(《中庸》)。祈之言是,至之为资(并《缁衣》)之属,皆齐语。

《说文》等书常引俗语以证字音,王筠《说文释例》卷十二:

> 㮚下二,读若舂麦为㮚之㮚;自大徐以非异文为疑,后人莫不疑之,王煦欲改为㮚,余亦谓然。由今思之,殊不达也。《说文》主于分别,固是眼学。然当时口授,亦兼耳学。舂麦为㮚,乃当时谚语;谚语在人口中,未尝著于竹帛,许君欲人以口中之音,识目中之字,本无可疑,特杂于引经本义之中,遂谓之眯耳。

又:

> 夫以俗语正读而不易本字者,所以晓同世之人也,人皆习熟此语,则以耳中之语,识目中之字,其音必不误矣。且此法不自许君始也,亦不自许君止也。……可知汉儒家法,经由口授,其正读也,趣于近之,而又无反切之法;其于经子有征者,引以明之;其无文者,则以俗。

现今研究语言者,可藉此种古书音释及所引谚语以考明古代方言区分之梗概。

林语堂《前汉古音区域考》:

> 要知道古代方言区分的梗概,并不是不可能的事,尤其是

> 汉晋，因为这时代是经音家昌盛时期，如康成的笺《诗》注《礼》，慈明、仲翔的注《易》，何休的注《公羊》，司农的周《礼》，或如刘熙的《释名》，子云的《方言》，许慎的《说文》及注《淮南》（见洪亮吉《汉魏音序》）都包含许多关于当日方言种类的材料。……大概郭璞多江东语，刘熙多青徐语，许慎多汝南语，何休康成多齐语，《汉书》注多陇西秦语；若能合而观之，加以精细系统的研究，很可以使我们看出当时方言种类的大概。

古语既常有留存于后代方言之中；若将今日俗语与古书中词类曲引旁通，又可以认明古今用字之沿革关系。

林语堂《研究方言应有的几个语言学观察点》：

> 《章氏丛书》中的《新方言》一书（书末并附有《岭外三州语》一卷），可以做我们一切研究方言人的参考。古语之亡于文言而反存于俗语的现象，不但是中国语言如此，实各国语言都如此（及所谓 dialectic survivals），因为所谓古语也不过多半是古俗语所通用的话，在俗语中传袭至今并非奇事。我们研究这些不但是可为训诂学一臂之助，实可于中国话的“词原学”（Etymology）有所发明，若单单知道今日俗语，而不能于古书中的词字曲引旁通，何能认出古字与今字的沿革关系。

不宁唯是，语言之演变，不仅在词类与音读之纷歧变迁，犹有句注上之异同，各词各字在语句中之位置，亦因历代各地语言而有歧异；此在现今方言中可举例证者也。

林语堂《研究方言应有的几个语言学观察点》：

> 应考求句法的同异——北京：“你那儿去？”上海：“侬舍地

方去?”的去字在后,而福建广东话却不是如此说法,是说“你去那里”句法本是文法关系所寄,在中国话尤为惟一表明文法关系工具;丹麦语言学家说中国话简直是逻辑的现身“Pure afflied logic”,就是因为这个缘故(见 Jespersen, *Growthand Structure of the English Language*, p. 13)。

更考之古书中,如“倒句”“倒文以成句”“句中用虚字”诸例,又可以明古今句法之不同。

俞樾《古书疑义举例・倒句例》:

古人多有以倒句成文者,顺读之,则失其解矣。僖二十三年《左传》:其人能靖者与,有几;昭十九年:谚所谓室于怒,市于色者,皆倒句也。

又《句中用虚字例》:

虚字乃语助之词,或用于句中,或用于首尾,本无一定;乃有句中用虚字而实为变例者。如螽斯羽,言螽羽也;免斯有,言免首也。毛《传》以螽斯为斯螽,郑《笺》以斯首为白首,均误以语词为实义,辨见王氏《经传释词》。

刘师培《古书疑义举例补》:

古人属词往往置实词于语端,列语词于语末;如《书・禹贡》:祗台德先,是。是为倒文之例,周代之文亦然。如《诗・崧高》云:谢于诚归;谢为申伯之邑,即上文所谓邑于谢也,则谢于诚归,犹言诚归于谢,不过倒词以叶韵也。又《十月之交》

曰：以居徂向；郑笺云：释民之富有车马者，以往居于向，则以居徂向，犹言以徂居向，此非叶韵而亦倒文者也。又《左传》僖九年云：入而能民，土于何有？土于何有者，犹言何有于土也。昭十三年云：我之不共，鲁故是以；以训为因，犹言因鲁之故也。此皆古籍倒文之例，先实词而后语词，与今日本之文略同。

杨树达《古书疑义举例续补》：

俞氏书卷一，有倒句例，然其所举之例，自《礼记·檀弓篇》，盖殡也，问于聊曼父之母，及《诗·桑柔篇》：有空大谷二例外，皆倒文或成句之例，非倒句也，故今补之。《礼记·檀弓篇》云：伯鱼之母，死期而犹哭。夫子闻之，曰谁欤，哭者？按，此文顺言之，当云：哭者，谁欤？而云，谁欤哭者，倒句也。

此又释明字义者所应注意及之也。

六、训诂之方法与术语

训诂与形音义之关系 训诂所以释明字义，研究义训，须分别考明字形，字音以及字义本身之演变，前既述之矣。又文字者，代表语言之符号也，音义之变异，既因于语言上之迁移纷歧，而称呼不一，同实殊号，亦因古今方语之不同；是以训诂之事，实语言演变之现象迫使其发生也。一义既有数字，而一字复可有数义。吾人欲考求各字之本义，固须从文字形体上以求原始制作之本旨；迨字义转变，乃别增偏旁，另造异字，以示其区别，显其指义。王筠作《说文释例》谓“分别文”与“累增字”之发生，皆由表别意义而起。

《说文释例》卷八：

> 字有不须偏旁而义已足者，则其偏旁为后人递加也。其加偏旁而义遂异者，是为分别文，其种有二；一则正义为借义所夺，因加偏旁以别之者也（冉字之类）。一则本字义多，既加偏旁，则只分其一义也（伀字不足兼公侯义）。其加偏旁而义仍不异者，是为累增字，其种有三：一别古义深曲，加偏旁以表之者也（哥字之类）。一则既加偏旁，即置古文不用者也（今用復而不用复）。一则既加偏旁而世仍不用，所行用者，反是古文也（今用因而不用姻）。

文字既所以代表语言，语言上又以音表义，吾人考识文字，亦从字形上以求其音义。段氏《广雅注序》："学者之考字，因形以得其音，因音以得其义。"王氏《释例序》："后人之识字也，由形以求其音，由音以考其义。"同音之字，往往义通，是盖由同一语根演化而成者，故其本义相通。至应用借字表音之法，无其本字者，为依声托事之正例；有其本字者，则又同音之字，可相通假。故训诂之法，形训之外，又有音训；高邮王氏所谓"训诂之旨，本于声音；故有声同字异，声近义同；虽或类聚群分，实亦同条共贯"者是也。一字既有其本义，复有其引申义，假借义；假借义者，因借字表音而起，大抵与其本义无关者也。引申义者由其本义引申转变而来，或由狭义变为广义，或由广义变为狭义，或由此义变为相关之彼义；此可谓字义本身之演变者。是以同一字也，所涵之义，既有局通偏全之异，复有虚实正反之不同；是以形训音训之外，又有义训也。音义之相关及其演变，皆不离语言上转化之迹象；古今语之异，是因时而变者也；方俗殊语，是因地而变者也。故依语言上之训释，更有以雅言释方言，以今语释古语之例。

王国维《尔雅草木虫鱼鸟兽释例》：

> 物名有雅俗，有古今。《尔雅》一书，为通雅俗古今之名而作也；其通之也，谓之释。释雅以俗，释古以今；闻雅名而不知者，知其俗名，斯知雅矣；闻古名而不知者，知其今名，斯知古矣。若雅俗古今同名，或此有而彼无者，名不足以相释，则以其形释之。……凡雅俗古今之名，或同实而异名，或异实而同名……凡雅俗古今之名，同类之异名，与异类之同名，其音与义往往相关。……盖其流期于有别，而其源不妨相通，为文字变化之通例矣。

其实文字之变化，莫不因于语言；而语言上之演化，亦不离乎

音义之关系。故训诂之事,实从文字之形、音、义以为训释者也。

训诂之方法　所谓形训者,即以字形之形象构造训释其义;凡属形训之字,大都为象形指事或会意者,皆依其制字之本意以为说。故以形为训,必须探究文字制作之原,庶能合其本义;否则,徒据讹变之字形,穿凿附会,巧说邪辞。则望文生训,不免鄙俗之诮矣。许慎讥时俗曲说,如马头人为长,人持十为斗,虫者,屈中也,苛人受钱,苛之字,止句也,之类,然自造《说文》,间亦不能免其弊。兹录《说文》中形训之字数则以为例:

戈部,武,楚庄王曰:“夫武,定功戢兵,故止戈为武。”段注:“宣十二年,《左传》文。止戈为武,是仓颉所造古文也。只取定功戢兵者,以合于止戈之义也。”

正,是也,从一,一以止。凡正之属皆从正。,《春秋传》曰:“反正为乏。”段注:“《左传》宣十五年文,此说字形,而义在其中矣。不正则为匮乏,二字相乡背也。”

虫部,蛊,腹中虫也。《春秋传》曰:“皿虫为蛊。”,晦淫之所生也。枭磔死之鬼,亦为蛊。从虫从皿,皿,物之用也。段注:“《春秋传》者,昭元年《左氏传》文,腹中虫者,谓腹中虫食之毒也,自外而入,故曰中;自内而蚀,故曰虫。……枭磔各本作枭桀,枭当作県,断首例县,磔辜也。杀人而申张也。强死之鬼,其魂魄能凭依于人以为淫厉,是亦以人为皿而害之也;此引申之义。”

八部,公,平分也,从八厶,八犹背也;韩非曰:“背厶为公。”段注:“韩非《五蠹篇》曰:仓颉之作书也,自环谓之私,背私谓之公。自环为厶,六书之指事也。八厶为公,六书之会意也。”

王,天下所归往也。董仲舒曰:“古之造文者,三画而连其

中，谓之王；一者，天，地，人也。而参通之者，王也。”孔子曰：“一贯三为王。”凡王之属皆从王。

士，事也，数始于一，终于十，从十一。孔子曰：“推十合一为士。”凡士之属皆从士。段注：“士、事叠韵，引申之凡能事其所事者称士。数始一终十，学者由博返约，故云推十合一。博学，审问，慎思，明辨，笃行，惟以求其至是也。若一以贯之，则圣人之极致矣。”

所谓音训者，即以音同或音近之字训释其义。《释名序》曰：“名之于实各有义类。”《四库提要》谓《释名》“以同声相谐，推论称名辨物之意，中间伤于穿凿”。是以用以音训之字，必须与其所训之字，声义契合，同出于一语根，或为古今字，或为通假字方可；否则，即不免于穿凿矣。属于音训之例，有以有偏旁之音，训无偏旁之字者。

如《易》：“咸感也。”《荀子》：“君群也。”《释名》：“春，蠢也，物蠢动而生也。”“土，吐也，吐生万物也。”“衣，依也，人依以庇寒暑也。

有以无偏旁之音，训有偏旁之字者。

如《论语》：“政者正也。”《释名》：“佐，左也，在左右也。忆，意也，恒在意中也。”

邓廷桢作《说文解字双声叠韵谱》，其自叙曰：“许氏《说文解字》，小学家形声之书也；书为形声作，而顾汲汲于训诂者，盖因声求义，义明而声亦愈以无疑。”是可知《说文》之解释字义用双声叠韵字为训者至多。

邓氏《自叙》：

尝考其例，以叠韵训者十之五，以双声训者十之一二，如天颠之为叠韵，旁溥之为双声，明显易知，读者皆晓。惟其于

注语积字长赢中、必有双声叠韵字以为之主。如神下云，天神引出万物，引与神，韵也，祇下云、地祇提出万物，提与祇，韵也。取诸同部以洪指扮，殆屈子所称元文处幽，离娄微睇者。

沈子培氏谓刘熙《释名》“必以其双声诂之，其非双声者。大抵讹字也”（见王国维《尔雅草木虫鱼鸟兽释例叙》）。则所谓双声叠韵者必据古音以为准；若据今音以窥之，亦只能知其以音同或音近之字为训而已，兹举例如下：

《尔雅》：“颠，顶也，哲，知也，粤，于也，卬，我也，复，返也，还，返也，谷，禄也，基，始也”。《易》：“乾，健也。坤，顺也，坎，陷也，离，丽也，彘者，材也。”《左传》：“樗，耗也。”《孟子》：“畜君者，好君也，序者，射也。庠者，养也。校者，效也。”《礼记》：“仁者，人也。义者，宜也。”《诗》毛传：“空，穷也。”《诗》郑《笺》：“罪，睢也。”《贾子》：“民之为言萌也。萌之为言盲也。”《尚书大传》：“旋者，还也。”

所谓义训者，其例甚广，有以同一字之某一义训其另一义者，此即同字为训之法。

如《易》：“蒙者，蒙也。比者，比也。剥者，剥也。”《孟子》：“彻者，彻也。”《诗序》：“风者，风也。”《礼记》：“亲之者，亲之也。乐也者，乐也。齐之为言，齐也。齐不齐，以致齐者也。”

一字既具有数义，各以其义之相近者训释之，一字之下，遂兼有数训，此即所谓一字歧训之法也。

如《周礼郑注》：“典，常也，经也，法也；王谓之礼经，常所秉以治天下也；邦国官府谓之礼法，常所守以为法式也。”郑玄《礼序》：“礼，体也，履也，统之于心曰体；践而行之曰履。”

一字所具之数义中，有相反者，则以相反之义训之；此即所谓相反为训之法。

如《尔雅》：“徂存也。”郭注：“以徂为存，犹以乱为治，以曩为

鼒，以故为今也。”

一义既有数字，故有同训，互训，递训之例。异字同训，如《尔雅》“雠，匹也。敌，匹也。”两字互训，如《尔雅》：“宫谓之室；室谓之宫。”递相为训，如《礼记》：“福者，备也。备者，备百顺之名也。”《庄子》：“庸也者，用也，用也者，通也，通也者，得也。”《尚书大传》：“征伐必因搜狩以闲之；闲之者何？贯之；贯之者何？习之。”是也。又一义所具之数字中，有专指别名者，有通作共名者。故训释时，有区别广狭之法。

如《左传》：“凡师一宿为舍，再宿为信，过信为次。”《公羊》：“天子曰崩，诸侯曰薨，大夫曰卒，士曰不禄。”《谷梁》：“一谷不升谓之嗛，二谷不升谓之饥，三谷不升谓之馑，四谷不升谓之康，五谷不升谓之大侵。”《礼记》：“天子之妃曰，后，诸侯曰，夫人，大夫曰，孺人，士曰，妇人，庶人曰，妻。”

有以共名训别名者。

如《尔雅》：“初，哉，首，基，肇，祖，元，胎，俶，落，权，舆，始也。”《说文》：“兰，香草也。蓌，香草也。董，香草也。”

有以狭义训广义者。

如郑玄《礼记》注：“述，谓述其义也。”“道，谓仁义也。”“欲，谓邪淫也。”

义有实德业之分，故训释时，有表其实者。

如《公羊传》：“京师者何？天子之所居也——京者何？大也。师者何？众也。天子所居，以众大之辞言之。”《荀子》：“心者，形之君也，而神明之主也。”《诗·毛传》：“王者，天下之大宗。”《说文》：“祖，始庙也。”《礼》郑注：“宗者，祖称之正体。”

有表其德者。

如《易》：“元者，善之长也；亨者，嘉之会也；利者义之和也；贞者，事之幹也。”《国语》：“敬，文之泰也；忠，文之实也；正，德之道

也；端，德之信也。”《左传》：“忠，德之正也；信，德之固也。”说文：“马者，武也；羊者，祥也；人者，仁也。”

有表其业者。

如《尔雅》：“善父母为孝；善兄弟为友。”《左传》：“正曲为直；参和为仁，赏庆刑威曰君；经纬天地曰文；师众以顺为武。”《礼记》：“约信曰誓；莅牲曰盟。”《尚书大传》：“学，效也。”孔氏《论语注》：“阿党为比。”贾逵《左传解诂》：“贪财为饕，贪食为餮。”

一字数义，即属语言上之同名异实也；一义数字，即属语言上之同实异名也。同实异名之发生，亦因乎语言之变迁与纷歧也。故训诂上又有以雅言训方言，以今语训古语之法；郭注《尔雅》谓“此所以释古今之异言，通方俗之殊语”。又郭氏《方言序》谓：“《方言》之作，考九服之逸言，标六代之绝语，类离词之指韵，明乖途而同致。”是可知《尔雅》《方言》等书所记者，皆不外古今语，雅俗语之训释。兹更举例以明之。如《周礼》：“卜葬兆甫，竁亦如之。”郑玄注：“竁，谓葬穿圹也，今南阳名穿地为竁。”此即以雅言训方言也。如《论语》：“必也正名乎！”《郑玄》注：“正名，谓正书字也。古者曰名，今世曰字。”此即以今语释古语也。

训诂之术语　训诂之方法既如上述，兹更依《经籍纂诂》卷首凡例所列，兹录训诂之术语如下：

传注有云：某，某也。

《易乾·子夏传》：“元，始也；”《丰》，《子夏传》：“芾，小也。”《诗·关雎传》：“淑，善，逑，匹也。”

某者，某也。

《书大传》：“颛者，事也；禹者，辅也。”

某者，某也，某也。

《书大传》：“尧者，高也，饶也；舜者，推也，循也。”

某犹某也。

《周礼·天官·序官》注:“体犹分也,佐犹助也。”

某谓某某。

《冢宰》注:“士谓学士,两谓两丞。”

某之言某也。

《诗·召南笺》:“蘋之言宾也。藻之言澡也。”

某某曰某。

《论语》郑注:“同门曰朋,同志曰友。”

以某为某曰某。

《周礼·醢人》注:“郑大夫杜子春皆以拍为膊,谓胁也。”

某某,某某貌。

《论语》郑注:“恂恂,恭顺貌;便便,言辨貌。”

某某,某某之辞,某是某某之称。

《仪礼·士冠礼》注:“吾子,相亲之辞;子,男子之美称;伯仲叔季,长幼之称,甫是丈夫之美称。”

某读为某。

《论语》郑注:“纯读为缁,厉读为赖。”

某,读曰某。

《礼记·曲礼》注:“扱,读曰吸,缮,读曰劲。”

某,读如某。

《吕览·季夏》注:“饬读如敕;”《士容》注:“腑读如疛。”

某,读如某某之某。

《考工记》注:“郑司农云:函读如国君含垢之含;泐读如再扐而后卦之扐。”

某读若某某之某。

《仪礼·乡饮酒礼》注:“如读若今之若。”《聘礼》注:“薮读若不数之数。”

某，古曰某。

《诗·鹿鸣笺》："视，古示字也。"《礼记·曲礼》注："或者攘，古让字。"

古曰，某，今曰某。

《周礼·外史》注："古曰名，今曰字。"《论语》郑注："古者曰名，今世曰字。"

古声某某同。

《诗东山》笺："古者声栗裂同也。"《常棣》笺："古声填寘尘同。"

古字某某同。

《论语》郑注："古字材哉同耳。"《周礼·外府》注："赍资同耳；其字以齐次为声，从贝变易，古字亦多或。"

故书作某。

《周礼·天官序官》注："嫔故书作宾。"《典枲》注："故书赍作资。"

古文某为某，今文某为某。

《仪礼·士冠礼》注："今文扃为铉，古文鼏为密，古文紒为结，今文礼作醴。"《礼记·缁衣》注："吉当为告，告，古文诰字之误也。"

某某或为某某。

《周礼·小宰》注："杜子春云：廉辨或为廉端。"《掌舍》注："杜子春云：梀门或为材门。"

《大戴记·保傅庐注》："瞽与鼓，声误也；夜史为字误。"

某当为某。

《周礼·醢人》注："齐当为齏。"《内司服》注："狄当为翟。"

其声近某。

《内司服》注："郑司农云：屈者音声与阙相似；襢与展相

似；康成谓袆揄狄展声相近。”长言短言。

《公羊》庄廿八年传注：“伐人者为客，读伐，长言之；见伐者为主，读伐，短言之。”

内言外言。

《公羊》宣八年传注：“言乃者内而深，言而者，外而浅。”

急言缓言。

《淮南·本经》注：“黱读近，殆缓气言之。”《坠形》注：“旄读近绸缪之缪，急气言，乃得之。”

此类皆训诂声音一以贯之者也。

《小学考》训诂类目录

《尔雅》《汉志》三卷二十篇 今本十九篇 存

犍为文学《尔雅注》《七录》三卷 佚

刘氏歆《尔雅注》《七录》三卷 佚

樊氏光《尔雅注》《隋志》三卷,《唐志》《释文序录》六卷 佚

李氏巡《尔雅注》《七录》三卷 佚

孙氏炎《尔雅注》《隋志》七卷,《唐志》六卷,《释文序录》三卷 佚

孙氏炎《尔雅音》《七录》二卷,《释文序录》一卷 佚

郭氏璞《尔雅注》《隋志》五卷,《唐志》一卷,《释文序录》《宋志》三卷 存

郭氏璞《尔雅图赞》《七录》二卷,《隋志・尔志尔雅图》十卷,《唐志》一卷 佚

郭氏璞《尔雅音义》《七录》二卷,《唐志》一卷 佚

江氏灌《尔雅音》《隋志》八卷,《唐志》六卷 佚

江氏灌《尔雅图赞》《唐志》一卷 佚

沈氏旋《集注尔雅》《隋志》十卷佚

沈氏乾《尔雅音》见《释文序录》佚

谢氏峤《尔雅音》见《释文序录》佚

顾氏野王《尔雅音》见《释文》佚

陆氏德明《尔雅释文》《通考》一卷佚

曹氏宪《尔雅音义》《唐志》三卷佚

高氏琏《尔雅疏》《宋志》七卷佚

孙氏炎《尔雅疏》《宋志》十卷佚

今本孙氏炎《尔雅正义》一卷存

裴氏瑜《尔雅注》《宋志》五卷佚

释智骞《尔雅音》二卷见《玉海》佚

母氏昭裔《尔雅音略》《通考》三卷佚

邢氏昺《尔雅疏》《宋志》十卷佚

孙氏奭《尔雅释文》《山东通志》一卷佚

王氏雱《尔雅》《经义考》佚

陆氏佃《尔雅音义》《宋志》二十卷存

郑氏樵《尔雅注》《宋志》三卷存

无名氏《尔雅音训》《通志》二卷佚

无名氏《互注尔雅贯类》《宋志》一卷佚

无名氏《尔雅兼义》《通志》十卷佚

无名氏《尔雅发题》《通志》一卷佚

潘氏翼《尔雅释》《经义考》佚

罗氏愿《尔雅翼》三十二卷存

洪氏焱祖《尔雅翼音释》《经义考》三十二卷存

陈氏栎《尔雅翼节本》《经义考》佚

胡氏炳文《尔雅韵语》《经义考》未见

危氏素《尔雅略义》《明志》十九卷未见

薛氏敬之《尔雅便音》《千顷堂书目》未见

罗氏日褧《尔雅余》《明志》八卷未见

谭氏吉璁《尔雅广义》《经义考》五十一卷存

谭氏吉璁《尔雅纲目》《浙江通志书目》一百二十卷未见

姜氏兆锡《尔雅补注》一作《尔雅参义》,《四库全书目》六卷存

翟氏灏《尔雅补郭》一卷存

戴氏震《尔雅文字考》一卷存

任氏基振《尔雅注疏笺补》见《戴东原集》存

邵氏晋涵《尔雅正义》二十卷存

《小雅》《汉志》一篇佚

孔氏鲋《小尔雅》《通志》一卷存

李氏轨《小尔雅解》《隋志》一卷佚

宋氏咸《小尔雅注》一卷在《孔丛子》存

崔氏铣《小尔雅》《经义考》一卷存

张氏揖《广雅》《七录》四卷，今本十卷存

曹氏宪《广雅音》《唐志》作《博雅音义》，《隋志》四卷，《唐志》十卷存

李氏文成《广雅志》《明志》十三卷未见

卢氏文弨《广雅注》三卷存

王氏念孙《广雅疏证》十卷存

刘氏杳《要雅》五卷见《玉海》佚

刘氏伯庄《续尔雅》《唐志》一卷佚

李氏商隐《蜀尔雅》《通考》三卷佚

刘氏温润《羌尔雅》《通志》三卷佚

无名氏《番尔雅》《通考》三卷，《读书志》一卷佚

梅氏彪《石药尔雅》二卷存

无名氏《本草尔雅》见苏轼《东坡集》佚

陆氏佃《埤雅》《宋志》二十卷存

牛氏衷《埤雅广要》《经义考》四十卷存

郎氏奎金《五雅》十卷存

程氏端蒙《大尔雅》《新安文献志》作《小学字训》，一作《性理字训》，《经义考》五卷存

董氏梦程《大尔雅通释》《经义考》未见

沈氏《增广大尔雅》《经义考》未见

程氏达原《增广字训》见程敏政《新安文献志》存

陈氏栎《字训注释》《千顷堂书目》一卷存

王氏柏《大尔雅》《经义考》一卷佚

朱氏升《小学旁注》见《新安文献志》存

朱氏睦㮮《训林》《明志》十二卷未见

朱氏谋㙔《骈雅》《明志》七卷存

罗氏日褧《雅余》《明志》八卷未见

张氏萱《汇雅》《明志》二十卷存

张氏萱《汇雅后编》《明志》二十卷，《四库全书目》作《续编》，二十八卷存

方氏以智《通雅》《千顷堂书目》五十二卷存

唐氏达《尔雅补》《经义考》未见

王氏亘《连文释义》

吴氏玉搢《别雅》《四库全书目》五卷存

《楚晋事名》三篇见《晋书》佚

扬氏雄《方言》《隋志》十三卷存

郭氏璞《方言注》十三篇存

吴氏良辅《方言释音》《通志》一卷存

陈氏与郊《方言类聚》《四库全书目》四卷存

戴氏震《方言疏证》十三卷存

卢氏文弨《校正方言》十三卷存

魏氏濬《方言据》《四库全书目》二卷存

杭氏世骏《续方言》《四库全书目》二卷存

刘氏珍《释名》三十篇见《后汉书》佚

刘氏熙《释名》《隋志》八卷存

韦氏昭《辩释名》《隋志》一卷佚

毕氏沅《释名疏证》八卷存

毕氏沅《续释名篹》一卷存

毕氏沅《释名补遗》一卷存

服氏虔《通俗文》《七录》一卷佚

李氏虔《续通俗文》《旧唐志》二卷佚

王氏隆《汉官解诂》《隋志》三卷,《唐志》三卷佚

胡氏广《汉官解诂注》《隋志》三篇,《唐志》一卷佚

张氏揖《古今字诂》《唐志》作《古今字训隋志》,三卷,《唐志》二卷存

今本《字诂》一卷存

周氏《杂字解诂》《隋志》四卷佚

周氏成《解字文》《七录》七卷佚

曹氏彦《字义训音》《七录》六卷佚

殷氏仲堪《常用字训》《七录》一卷佚

颜氏之推《训俗文字略》《隋志》一卷佚

无名氏《证俗音字略》《隋志》一卷佚

颜氏延之《诂幼》《旧唐志》作《诂幼文》,《七录》二卷佚

荀氏楷《广诂幼》《七录》一卷佚

王氏长孙《河洛语音》《隋志》一卷佚

沈氏约《俗说》《通志》三卷 佚

刘氏霁《释俗语》《通志》八卷 佚

卢氏辩《称谓》《通志》五卷 佚

张氏显《古今训》《通志》十一卷 佚

《国语》《隋志》十五卷 佚

《国语》《隋志》十卷 佚

鲜卑语《隋志》五卷 佚

《侯伏侯可悉陵国语名物》《隋志》四卷 佚

《国语真歌》《隋志》十卷 佚

《侯伏侯可悉陵国语杂物名》《隋志》三卷 佚

《国语十八传》《隋志》一卷 佚

《国语御歌》《隋志》十一卷 佚

《国语号令》《隋志》四卷 佚

《国语杂文》《隋志》十五卷 佚

《鲜卑语》《隋志》十卷 佚

周武帝《鲜卑号令》《隋志》一卷 佚

《杂号令》《隋志》一卷 佚

王氏劭《俗语杂字》《隋志》一卷 佚

释实志《文字释训》《旧唐志》三十卷 佚

李氏少通《俗语难字》《唐志》一卷 佚

颜氏师古《匡谬正俗》《唐志》八卷 存

《释梵语》《通志》一卷 佚

僧惟右《释夷语录》《通志》一卷 佚

《辨鸩录》《通志》一卷 佚

《西番译语》《通志》一卷 佚

张氏大卿《国语类记》见马祖常《石田集》 未见

王氏伯达《皇朝字语观澜纲目》见赵孟頫《松雪集》 未见

无名氏《蒙古译语》《四库全书目》一卷 存

托克托《辽国语解》一卷在《辽史》 存

火氏源洁《华夷译语》《千顷堂书目》九卷,《敏求记》一卷 存

无名氏《增订华裔译语》《千顷堂书目》二卷 存

陈氏士元《俚言解》《千顷堂书目》二卷 未见

陈氏士元《诸史裔语音义》《千顷堂书目》四卷 未见

朱氏谋玮《方国殊语》《千顷堂书目》二卷 未见

无名氏《玉门重译》《千顷堂书目》二卷未见

王氏之珂《闽音必辨》《福建通志书目》未见

毛氏奇龄《越语肯綮录》《四库全书目》一卷存

胡氏文英《吴下方言考》十二卷存

中国古音学

一、导　　言

（一）古音学释义

古音者，对今音、国音而言。吾国标准语音，依时代区分，约有三种：一曰，古音，指周、秦、两汉时之语音；二曰，今音，指魏、晋、唐、宋时之语音；三曰，国音，指元、明以来近世所通用之国语也。所谓国音者，以其为我国现代之标准音也。所谓今音者，非以其为现今所通用之语音；隋、唐以来之旧韵书，与我国现今之标准音，实相去甚远；正其名当曰中古之音。然有清以前，政府考试之功令，文人所作近体诗文，皆依是以为准则；遂对古韵而指曰今韵耳。而他方面古音之名，亦于以成立。古音学者，即所以研究周、秦、两汉之古音也。

（二）古音学上之问题

今音韵书，渊源于魏、晋，集成于隋、唐；而皆已无存。宋代《广韵》一书，实循隋、唐韵书之旧目；研究今音者，可用为依据。古音既对今音而言，则周汉时代之韵部与声类，以较《广韵》中所区分者，其同异果何若乎？古今韵部，既有异同，则古韵上之标目，究应否仍用《东》《冬》《钟》《江》诸字？又其韵部排列之次第，

应否仍依一《东》，二《冬》之序？韵书以四声分目，上古时究有此平、上、去、入之类别否乎？又其与韵书中所类别者同异果何若乎？又其相互间之分配，如某平配某入之类，应否变更《广韵》之组织？古音部类各别，而得互相通转，果依据何种轨迹者乎？韵部分合既明，而其音读之出诸口者，究当何若？以现今发音符号表明之，究如何方能准确？凡此之属，皆古音学上之重要问题也。

（三）考求古音之途径

上古时既无韵书；今所藉以考证古音者，惟有群经诸子有韵之词，以及《楚词》、汉赋，经传异文，经注音训，《方言》《说文》之类。许瀚《求古音说》已详言之；兹录之于下：

> 求古韵之道有八：一曰，谐声，《说文》某字某声之类是也。二曰，重文，《说文》所载古文，籀文，奇字，篆文，或从某者是也。三曰，异文，经传文同字异，汉儒注某读为某者，是也。四曰，音读，汉儒注某读如某，某读若某者，是也。五曰，音训，如仁人，义宜，庠养，序射，天神引出万物，地祇提出万物者，是也。六曰，叠韵，如崔嵬，虺颓，伛偻，污邪，是也。七曰，方言，子云所录，是其专书；故书雅记，亦多存者；流变实繁，宜慎择矣。八曰，韵语，《九经》《楚词》，周秦诸子，两汉有韵之文，是也。尽此八者，古韵之条理秩如也。

上所言八者，实以《诗经》《说文》二书为主。此外则从《广韵》中亦可考见古音。盖《广韵》虽为今音韵书，实包有古本音与今变音二部分；藉此以求古韵与古声之部类，更为显豁。至最近考证古

人音读，则从他国之记音文字中，采其与中国古语有关者，以明古读；又自古人表自然音之词语上考究，亦可推测其时音读大概。取径日多，造就益宏；古音学之进步，自有无穷之希望！

（四）古音之范围与标准

考求古音，既以《诗经》《楚辞》及《说文》为主。《诗》《骚》为周代文学；《说文》所述，为秦以前小篆之六书，故其言声韵处，大概指周代语音。故言古音，实以周音为主。段玉裁《六书音韵表一》有《音韵随时代迁移说》，以三代迄隋、唐间之语音，分为三期。其言曰：

> 音韵之不同，必论其世。约而言之：唐、虞、夏、商、周、秦、汉初为一时；汉武帝后洎汉末为一时；魏、晋、宋、齐、梁、陈、隋为一时。古人之文具在，凡音转，音变，四声，其迁移之时代皆可寻究。

魏、晋以下，属于今音范围，兹姑不论。自唐、虞以至汉末，皆属古音之范围。唐、虞、夏、商，故记流传绝少，当时语音若何，莫可窥探。周代群经诸子以及楚《骚》，其间用韵虽略有出入，而大致不谬。至先秦与两汉则绝不相同。盖两汉者，乃由古音而入于今音之过渡时代也。张成孙《说文谐声谱》九曰：

> 《诗》之于韵，最为明著；分之以二十部，而条理秩如。《易》则《冬》《东》通用矣，《清》《真》通用矣，《之》《幽》通用矣；屈则《文》《元》又通用矣，《真》《文》《元》《寒》又通用矣；此盖声音之转，随时变易，有必如此而后谐者；要其出入甚微，大致不

> 谬也。《尚书·洪范》,《唐》《庚》相通;汉则《阳》《唐》《庚》《耕》《清》《青》大都杂用;今且《阳》《唐》部字多转入《庚》矣。《老子》《东》《阳》相通;后且《江》《阳》合矣。《鱼》韵之字,汉晋尝读如《歌》;后且转入《麻》矣。

此言历代音韵之递嬗变迁,足明周、秦、汉初,与汉武至汉末,又为古音上之两界。今案,周代之标准语,即其时所谓雅言也。章炳麟《论语言文字之学》有云:

> 古无韵书,即以官音为韵书。今之官书,古称雅言。《论语》:"子所雅言;《诗》《书》《执》《礼》,皆雅言也。"雅言者,正言也;谓造次谈论,或用方音;至于讽诵诗书,胪传典礼,则其言必出于雅正。国风异于谣谚;据《小序》说,大半刺讥国政,此非田夫野老所为可知也。其他里巷细情,民俗杂事,虽设为主客,托言士女,而其词皆出文人之手;观于汉、魏乐府,可以得其例矣。田夫野老,或用方音,而士大夫则无有不知雅言者;故十五国风不同,而其韵部皆同。

十五国风之《诗》,采自异地,而用韵皆能一律,无相乖谬者,则以周代雅言之音为之准则也。及其季世,言语异声;《春秋》标齐言之传,《离骚》目《楚辞》之经;而其时用韵,犹无大变迁;可见周代标准语统一之势力矣。洎乎汉代,音韵混杂,辞赋用韵至宽;扬雄《方言》虽载有通语、凡语、凡通语等,为当时通行之标准语;而其书本以博知各地方言,考校名物同异为主;非如《诗》《书》《艺》《礼》,必依于雅言也。迨乎汉末,音韵锋出,各有土风,递相非笑(本《颜氏家训·音辞篇》)。汉代标准语通行之势力,远不如周代。故言古音者,多以周音为主。

（五）古音学之效用

江永叹惜顾亭林，谓其考古功多，审音功少；盖古音之学，不特用以考古，而兼以审音者也。古音学为中国音韵学上重要部分，固无可疑；而尤为研究古史学、古文学及其他考古学者所首当从事。语言文字，本为一切学科之始基。不察语音，则不明字义；不识一国之语言，不足以研究其国之学术；不明一时代之语音，不足以读其时代之文辞。语言与民族性质有密切关系，苟无古音学之基本知识，自不能窥探中国古代民族之状况。文章之道，本与语言相贯，自来文辞之美者，莫不叶于自然之音节；苟不明古音，自不能领略古人诗文之美感。古音学之效用，实不胜枚举；兹姑稍引前人之言于下，以略见其重要尔。顾炎武《答李子德书》：

> 读《九经》自考文始，考文自知音始；以至诸子百家之书，莫不皆然。

戴震《段氏六书音均表序》：

> 训诂音声，相为表里；训诂明，《六经》乃可明。

钱大昕《段氏诗经韵谱群经韵谱序》：

> 古人以音载义，后人区音与义而二之；音声之不通而空言义理，吾未见其精于义也。

段玉裁《寄戴东原书》：

音均明，而六书明；六书明，而古经传无不可通。

（六）近代古音学之进步

吾国古音学，肇始于宋人，历明至清，臻于极盛。而一切经史之学，亦因以勃兴，超轶前代。一般学术均随音韵之学以进步，于此亦可以思其故矣。溯自协韵、合韵一进而为韵部通转之说；再进而明古本音、转音，及其声韵部类分合之大略，与夫古音通转之所以然；又进而求古人准确之音读。推迹源流，其进步大概，可得而述焉。

二、古音学溯源

（一）汉儒始明古今音之异

吾国古音之学，发轫于宋明，而大盛于今世。然推其源，则汉人解经，已明古音与今音有殊。戴震《声韵考》云：

> 郑康成笺《毛诗》云：古声填、寘、尘同；又注他经，言古者声某某同，古读某为某之类，不一而足。是古音之说，汉儒明知之，非后人创议也。

钱大昕《音韵问答》云：

> 古今音之别，汉人已言之。刘熙《释名》："古者曰车，声如居；所以居人也。今曰车，声近舍。"韦昭辨之云："古皆音尺奢反；从汉以来，始有居音。"此古今音殊之证也。但刘韦皆言古音，而说正相反，实则刘是而韦非。

明古今音读之异，实为考求古音之嚆矢。

（二）六朝协句合韵之说

乃汉后学者，不明是理，遇今音之不同于古，而遂为协句，合韵，取韵诸说。如沈重《毛诗音》于《燕燕》首章“远送于野”云：“协句，宜音时预反”；二章“远送于南”云：“协句，宜乃林反。”徐邈《毛诗音》则有取韵之例。陆德明《经典释文》谓之协韵，颜师古《汉书》注又谓之合韵。协云，合云者，取其用韵之与上下文不谐者，遂改读其音，以求谐适而已。此实强改字音，以就今读，非所以考明古人本音者也。而宋人叶韵之说，实出乎此。钱氏《音韵问答》曰：

> 使沈音尚存，较之吴才老叶韵，岂不简易而可信乎？协句亦谓之协韵。《邶风》：“宁不我顾。”《释文》：“徐音古；此亦协韵也，后放此。”陆元朗之时，已有韵书；故于今韵不收者，谓之协韵；协与叶同。颜师古注《汉书》，又谓之合韵；合犹协也。是吴才老叶韵之所自出矣。

（三）陆德明韵缓不烦改字之说

然陆氏虽言协韵，而又有古人韵缓不烦改字之说。盖谓古人用韵，不如后世之苛细。陈振孙《书录解题》曰：

> 汉以前未有反切之学，许氏《说文》，郑氏《笺注》，但曰读若某而已；其于后世四声七音，又岂能尽合哉？反切之学，自西域入中国，至齐、梁盛行，然后声病之说详焉。韵书肇于陆法言，于是有音同韵异：若《东》《冬》《钟》，《鱼》《虞》《模》，

《庚》《耕》,《清》《青》,《蒸》《登》之部,断断乎不可以相杂。若此者,岂惟古书未之有,汉、魏以前亦未之有也。陆德明于《燕燕》诗,以南韵心,有读南作泥心切者,陆以为古人韵缓不烦改字;此诚名言。今之读古书者,但当随其声而读之。

戴震《声韵考》云:

唐陆德明《毛诗音义》,虽引徐邈、沈重诸人,纷纷谓合韵、取韵,叶句;而于《召南》华字云:古读华为敷;于《邶风》南字下云:古人韵缓不烦改字。是陆氏已明言古韵,特不能持其说耳。

陆氏言古韵宽疏,实吴棫韵部通转之说所自出;其有造于古音学者,又岂浅显?

(四)唐人改经之陋习

惜乎!当时继起无人,莫解其意;乃竟发生改经之陋习。如唐明皇改《书·洪范》"无偏无颇"之颇为陂,谓其不能与下文义字协读;其后范谔昌改《易·渐卦》"鸿渐于陆"之陆为逵;孙奕改《杂卦传》"明夷,诛也"之诛为昧;凡此之类,顾炎武《答李子德书》,盖已列举而辨正之矣。顾氏之言曰:

三代《六经》之音,失其传也久矣。其文之存于世者,多后人所不能通;以其不能通而辄以今世之音改之,于是乎有改经之病。始自唐明皇改《尚书》而后人往往效之。然犹曰旧为某,今改为某;则其本文犹在也。至于近日,锓本盛行,而凡先

秦以下之书，率臆经改，不复言其旧为某；则古人之音亡而文亦亡。此尤可叹者也。

改经之病，寖成习俗；唐、宋间，古音之学，湮没不彰者，又更数百年；此实阶之厉也。

三、论叶韵之说

（一）宋人叶韵之说

改经之习，既为学者所不取；而本诸今音，以读古书，又往往难通；于是复转而为叶韵之说。宋魏了翁曰：

> 《诗易》叶韵，自吴才老始断然言之。

是其说始于吴氏也。陈振孙《书录解题》曰：

> 棫取古书，自《易》《书》《诗》而下，以及本朝欧、苏，凡五十种，其声韵与今不同者，皆入焉。朱侍讲多用其说于《诗传》《楚辞注》。

是朱子言叶韵者，多本诸吴氏也。然朱子《语录》，有云：

> 吴才老《补音》甚详，然亦有推不去者……

则朱子固非尽用吴氏说也。至清代钱大昕更谓叶音非出于吴才老。宋代叶韵之说，究作俑于何人？殆难断言也。兹录钱氏《韵补

跋》之言，如下：

世谓叶音出于吴才老，非也。才老博考古音，以补今韵之阙，虽未能尽得六书谐声之原本，而后儒因是知援《诗》《易》《楚词》以求古音之正，其功已不细。古人依声寓义，唐人久失其传，而才老独知之；可谓好学深思者矣。朱文公《诗集传》间取才老之补音，而加以叶字；才老书初不云叶也。杨用修讥才老叶音："母氏劬劳"，劳叶音僚；"四牡有骄"，骄叶音高。考才老书初无此文；殆误认朱氏之叶音为皆出于才老尔。《诗》："外御其侮。"吴读谟逢切；朱不从吴氏，而读戎为汝以叶务音。《驺虞》之虞，朱于第一章叶音牙，第二章叶五红反；《谁谓女无家》，朱于前章叶音谷，后章叶各空反；皆吴氏所无，未可归咎于吴也。

（二）叶韵说之谬误

自来言古音者，大都非难叶韵之说。钱大昕《音韵问答》有云：

叶韵者，以今韵为宗，而强古人以合之；不知古人自有正音也。

杨慎、陈第诸人皆极论叶韵之非；谓其以唐音而反律古，以沈约韵而改《诗》《楚辞》古音以合之者也。王夫之《船山遗书》中有《诗经叶韵辨》一篇，条举叶韵十蔽；其言曰：

耳无一成之听，口有不齐之音；执古不可以宜今，从今愈不能以限古。奈之何以沈约、孙愐之韵，强《风》《雅》而求其

叶耶？

至江永则谓叶韵、叶字本无病，病在不以叶音即古音耳。《古韵标准例言》曰：

叶字亦本无病，病在不言叶音是本音，使后人疑《诗》中又自有叶音耳。叶韵，六朝人谓之协句，颜师古注《汉书》谓之合韵。叶即协也，合也，犹俗语言押韵，故叶字本无病。

是则叶韵之说，本无不通；惟不以叶韵为即古人正音，而以今音合于古人书中，则其观念之谬误者耳。

（三）叶韵即古音

自明陈第纠正此种谬误之观念，谓今所称协音，即古人本音；遂启清代三百年古音学之盛。其影响于人心为何如哉！考先陈氏而言叶韵即古音者，尚有戴侗、焦竑二氏。戴侗《六书故》曰：

经传行皆户郎切，未尝有协生韵者；庆皆去羊切，未尝有协敬韵者。如野之上与切，下之后五切；皆古正音，非叶韵也。

焦竑《笔乘》亦言：

诗有古韵、今韵。古韵久不传；学者于《毛诗》《离骚》，皆以今韵读之；其有不合，则强为之音，曰此叶也。予意不然。如驺虞，一虞也，既音牙而叶葭与豝，又音五红反，而叶蓬与豵；好仇，一仇也，既音求而叶鸠与洲，又音渠之反，而叶逵；如

此，则东亦可音西，南亦可音北，上亦可音下，前亦可音后；凡字皆无正呼，凡诗皆无正字矣，岂理也哉？

焦氏为陈第《毛诗古音考》作序，有云：

古韵自与今异，而以为叶者，谬耳。故《笔乘》中间论及此，不谓季立俯与余同也。

是以江永《古韵标准例言》谓：陈第最有功于《诗》者，谓古无叶音，《诗》之韵即是当时本音。此说始于焦竑弱侯，陈氏阐明之耳。兹录陈氏《毛诗古音考自序》之言如下：

时有古今，地有南北，字有更革，音有转移，亦势所必至。故以今之音读古之作，不免乖剌而不入；于是悉委之叶。夫其果出于叶也，作之非一人，采之非一国，何母必韵杞，韵止，韵祉，韵喜；马必韵组，韵黼，韵旅，韵土；京必韵堂，韵将，韵常，韵王；福必韵食，韵翼，韵德，韵亿；厥类实繁，难以殚举；其矩律之严，即《唐韵》不啻；此其故何耶？又《左传》《国语》《易象》《离骚》、秦碑、汉赋，以至上古歌谣，箴铭，赞诵，往往韵与《诗》合，实古音之证也。（依戴震《声韵考》所节录）

清钱大昕《音韵问答》亦畅言陈氏斯旨，谓六朝以来之协句，协韵，皆古人本音。钱氏《十驾斋养新录》卷一亦有《协句即古音》一则；节录其言如下：

沈重生于梁末，其时去古已远，而韵书实始萌芽；故于今韵有不合者，有协句之例。协句即古音也。自陆德明创为古

人韵缓不烦改字之说，于沈所云协句者，皆如字读；自谓通达无碍。而不知《三百篇》用韵，谐畅明白，未尝缓也。

（四）叶韵别解

又或以古音有异，须别转一音者为叶音（本江永《古韵标准例言》语）。顾炎武《音论》中有云：

古诗中间有一二与正音不合者。如兴，《蒸》之属也，而《小戎》末章与音为韵，《大明》七章与林、心为韵；戎，《东》之属也，而《常棣》四章与务为韵，《常武》首章与祖父为韵；……此或出于方音之不同；今之读者，不得不改其本音而合之；虽谓之协亦可。然特百中之一二耳。

段玉裁《六书音均表》三有《古合韵说》谓：

声音之道，同源异派，弇侈互输，协灵通气，移转便捷。

是则以古音本异，而得互相通协；实为后人言古韵通转者所本。与彼不明古音，读之不谐，而概以叶字当之者，又异趣也。

四、吴棫之古音学说

（一）吴氏为近代古音学之始祖

废除叶韵，直言古音，自当归功于陈第；然考求古韵之书，则应以吴棫之《韵补》为首始。顾炎武《韵补正》有言曰：

> 考古之功，实始于吴才老。……后之人如陈季立、方子谦之书，不过袭其所引用，别为次第而已。

吴氏诚古音学之鼻祖哉！

（二）吴氏韵部通转之说

自陆德明创韵缓不烦改字之说，吴氏《韵补》遂言韵部通转，即所以证实此韵缓之言也。吴氏又有《毛诗补音》《楚辞释音》，其书已佚；然陈振孙《书录解题》谓与《韵补》大归亦若此云云，则此数书当无异致。钱大昕谓朱子取才老之《补音》，而加以叶字，才老书初不云叶；此语殆信，盖吴氏书固仅言韵部通转而已。吴氏就《广韵》二百零六部，注古通某，古转声通某，古通某或转入某。今因其所言通转以考之，计可分为九类。今举平声韵目为例：

（一）《东》《冬》《钟》《江》。

（二）《支》《脂》《之》《微》《齐》《佳》《皆》《灰》《咍》。

（三）《鱼》《虞》《模》。

（四）《真》《谆》《臻》《文》《殷》《元》《魂》《痕》《庚》《耕》《清》《青》《蒸》《登》《侵》。

（五）《寒》《桓》《删》《山》《先》《仙》《覃》《谈》《盐》《添》《咸》《衔》《严》《凡》。

（六）《萧》《宵》《肴》《豪》。

（七）《歌》《戈》《麻》。

（八）《阳》《唐》。

（九）《尤》《侯》《幽》。

吴氏所注通转，自谓系补《释文》《集韵》诸书所未备。吴氏《韵补》书目附志曰：

> 右《韵补》凡书五十种，其用韵已见《集韵》诸书者，皆不载。虽见韵书，而训义不同，或诸书当作此读而注释未收者，载之。

又《毛诗补音自序略》曰：

> 《诗》音旧有九家，唐陆德明以己见定为一家之学，《释》文是也。所补之音，皆陆氏未叶者已；叶者悉从陆氏。（见谢启昆《小学考》）

由此，可见才老之书，仅以补《释文》，及《集韵》诸书记载之未备，故自名其书曰补云；则犹未断然自成一古音书也。

(三) 吴氏学说之疏谬

至才老搜取所本,自列书目五十种;《四库提要》谓之曰:

泛取旁搜,无所持择;所引书五十种中,下逮欧阳修、苏轼、苏辙诸作,与张商英之伪《三坟》,旁及《黄庭经》道藏诸歌;故参错冗杂,漫无体例。

才老所注韵部之通转,戴震《六书音均表序》谓其分合最为疏舛。《四库提要》亦论之:

上平注《文》《殷》《元》《魂》《痕》通《真》,《寒》《桓》《删》《山》通《先》,下平忽注《侵》通《真》,《覃》《谈》《咸》《衔》通《删》,《盐》《添》《严》《凡》通《先》,……颠倒错乱,皆亘古所无之臆说。

盖采择既无体例,分合又多疏舛;顾炎武谓才老:

未能一以贯之,故一字而数叶,若是之纷纷。

此顾氏《韵补正》一书之所由作也。才老所定通转之例,本以证实陆氏韵缓之说;而顾氏《韵补正》于才老"十三《佳》古转声通《支》"注云:

转声者,改此之声以就彼之韵,如才老所注佳为坚奚切,来为陵之切,之类,是也;古人韵缓不烦改字,已见《音

论》中卷。

是则吴氏言古通某，已足说明古人韵缓；乃更言古转声通某，古转入某，未免烦赘，而且与不烦改字之说，相刺谬者矣；则又其立例之未当也。

（四）吴氏对于古音学上之贡献

虽然，吴氏本古书韵书，或今人用古韵者，以考明古韵之分合，实开后来研究者之途径。又《韵补》兹下云：

> 子之切，子声本如济水之济；以济翻兹，方得本音。思、息兹切，词、似兹切，皆当用此音以翻。今读讹。

则其书非特以之考古，兼为审音者也。古音学不外考古与审音二途；至吴氏盖已具其雏形者矣。抑有进者：《韵补》豚字下云：

> 《说文》：遯，从豚得声。

彼时盖已知从形声偏旁考证古音。此更可以宋徐蒇《韵补序》之言为证：

> 音韵之正，本诸字之谐声，有不可易者。如霾为亡皆切，而当为陵之切者，由其以貍得声；浼为每罪切，而当为美辨切者，由其以免得声；有为云九切，而贿、痏、洧、鲔皆以有得声，则当为羽轨切矣；皮为蒲麋切，而波、坡、颇、跛，皆以皮得声，则当为蒲禾切矣。又如服之为房六切，其见于《诗》者，凡十有

六，皆当为蒲北切，而无与房六叶者；友之为云九切，其见于《诗》者，凡十有一，皆当作羽轨切，而无与云九叶者。以是类推之，虽毋以他书为证可也。

才老当时已由《说文》形声字研究古音，又开后来之途径；其功实不可没也。又程迥之言曰：

吴说虽多其例，不过四声互用，切响同用二条。（见杨慎《答李仁夫论转注书》及江永《古韵标准例言》）

言古音而破韵书四声之藩篱，又当推始于吴氏。

（五）程迥之说

宋代继吴氏者，独有程迥。《四库提要》有云：

自宋以来，著一书以明古音者，实自棫始；而程迥之《音式》继之。迥书以三声通用，双声互转为说，所见较棫差的，今已不传。

三声通用者，盖以平、上、去不分也。又言古韵依双声为转者，亦当权舆于此。

五、郑庠之古音学说

（一）郑氏分古韵为六部

吴棫言古音，仅于《广韵》部目，注明其通转而已；至郑庠，作《古音辨》，始分《阳》《支》《先》《虞》《尤》《覃》六部（本戴震语）。言古韵分部者，盖创自郑氏，故夏炘《古韵表集说》首列之。郑氏书已佚，今依夏炘所录六部表，述之如下：

（一）《东》《冬》《江》《阳》《庚》《青》《蒸》。　入声，《屋》《沃》《觉》《药》《陌》《锡》《职》。

（二）《支》《微》《齐》《佳》《灰》。

（三）《鱼》《虞》《歌》《麻》。

（四）《真》《文》《元》《寒》《删》《先》。　入声，《质》《物》《月》《曷》《黠》《屑》。

（五）《萧》《肴》《豪》《尤》。

（六）《侵》《覃》《盐》《咸》。　入声，《缉》《合》《叶》《洽》。

或云：夏氏此表，不知录自何处。上、去二声，皆未列入；而平、入二栏所录者，为《平水韵》韵目，似非郑氏原文（钱玄同《声韵学讲义》）。盖郑氏《古音辨》既不传于世，其所定六部，自莫能得知其详矣。

(二) 郑氏六部之得失

至上、去二声所以未列入者,殆以平韵赅上、去;郑氏盖主张三声通用之说者也。而入声三部皆隶于阳声,犹循《唐韵》之组织,未能变更其分配。段玉裁《六书音均表》谓:

> 基说合于汉、魏,及唐之杜甫、韩愈所用,而于周、秦,未能合也。

分部至简,而未能合于古者,以专就《唐韵》求其合,不能析《唐韵》求其分,宜无当也(本江有诰语)。至陈澧《读书记》谓郑氏六部于今韵大界,亦尚有含混之处。其言曰:

> 郑庠分古韵为六部:《东》《冬》《江》《阳》《唐》《青》《蒸》为一部,皆收鼻音也。《真》《文》《元》《寒》《删》《先》为一部,皆收舌抵腭音也。《侵》《覃》《盐》《咸》为一部,皆收闭唇音也。《支》《微》《齐》《佳》《灰》为一部,《支》部之末,直往不收,但清音如伊,浊音如怡;《微》《齐》《佳》《灰》之末,亦如伊怡,故与《支》为一部也。《鱼》《虞》韵之末,亦直往不收,但清音如于、乌,浊音如余、胡;《萧》《肴》《豪》《尤》之末,亦如乌、胡,当与《鱼》《虞》为一部;郑庠分为二部,未当也。《歌》《麻》二韵,亦直往不收,《歌》之末如阿、何,《麻》之末如哗、华(此当用开口呼之字;哗、华二字,合口呼、尚未精密)。当合为一部;郑庠以此合于《鱼》《虞》,非也。

是则郑氏六部,于比类《唐韵》,尚有未尽密者;而以之言古韵分合,更无当矣。虽然,近世言古韵分部者,必祖于郑氏。

六、陈第之古音学说

（一）杨慎之古音著作

降至明代，言古音者，有杨慎、陈第二人。杨慎作《转注古音略》《古音丛目》《古音略例》诸书；盖以增补吴才老《韵补》等书之未备而已。杨氏《答李仁夫论转注书》谓：

才老之书，多杂宋人之作，而于经典注疏，子史杂家，尚多遗逸。

又自谓其著：

其才老所取已备者不复载；间有复者，或因其缪音误解，改而正之；单闻孤证，补而广之；故非剿说雷同也。

是以江永《古韵标准例言》有云：

宋吴棫才老始作《韵补》，搜群书之韵，异乎今音者，别之为古音。明杨慎又增益之为《转注古音》。言韵学者谓二家为古韵权舆。

盖才老所采证于古书者，尚多遗逸；而杨氏增益之，为才老之功臣，即同为古音学之首创者也。惟杨氏本一字数义，展转注释之说，以诠释六书之转注，谓展转其声，以注释他字之用；古来叶韵，实不出转注之例。其说不可通。而杨氏书犹多言叶韵。故焦竑《毛诗古音考序》云：

> 吴才老、杨用修著书，始一及之，犹未断然尽以为古韵也。

盖杨用修仅继承吴才老之学，加以增补而已。至以叶韵尽为古音，而开清代三百年古音学之盛；其功当归诸陈第。

（二）陈氏之考证古音

陈第作《毛诗古音考》，所举四百四十四字，每字定其古音，列为本证、旁证二条。焦竑序云：

> 《古音考》一书，取《诗》之同类者而胪列之为本证已，取《老》《易》《太元》、骚、赋，《参同》《急就》古诗谣之类，胪列之为旁证。

钩稽参验，本末秩然。《四库提要》谓之曰：

> 言古韵者自吴棫。然《韵补》一书，庞杂割裂，谬种流传，古韵乃以益乱。国朝顾炎武作《诗本音》，江永作《古韵标准》，以经证经，始廓清妄论。而开除先路，则此书实为首功。

盖至陈氏，叶韵之说，始破除净尽；以为古人之音，原与今异；

凡今所称叶韵,皆即古人本音,非随意改读,辗转牵就者也。数千年古音之蔽,乃始昌明焉。考证《毛诗》古音外,陈氏又有《屈宋古音义》,与前书互相发明。盖以《楚词》去风人未远,亦古音之遗;乃取屈、宋之作,其中韵与今殊者,各推其本音;亦将羽翼夫《毛诗》也。焦竑题之曰:

> 得此编不特与《楚词》声韵,犁然当心,而与《毛诗》古韵相为印证;学者当益自信不疑矣。

又陈氏自序曰:

> 今考之屈宋,其音往往与《诗》《易》合;其《诗》《易》所无者,又往往与周、秦、汉、魏之歌、谣、诗、赋合;其为上世之音何疑?

是陈氏之书,一面所以读古诗,使便于歌咏,可长言嗟叹;一面亦所以详察古韵,考明上世之语音者也。陈氏不特以《楚词》及上古歌、谣、箴、铭、颂赞之类,与《毛诗》印证,又尝以《说文》形声字读《诗》。其《读诗拙言》数语可证,因录如下:

> 自周至后汉,音已转移,其未变者实多。愚考《说文》,讼以公得声,福以逼得声,霾以貍,斯以其,脱以兑,节以即,凑臻皆秦,阗填皆真,者读旅,涘读矣,滔读由,玖读芑。又我读俄也,故义有俄音,而仪、议因之得声矣;且以莪、娥、蛾、鹅、峨、硪、哦、诶之类例之,我可读平也,奚疑乎?可读阿也,故寄有阿音,而猗、锜因之得声矣;且以河、何、轲、柯、珂、妸、苛、诃之类例之,可可读平也,亦奚疑乎?凡此皆《毛诗》音也。

清代多从《说文》中形声字考求古音，亦陈氏此数语有以启发之也。

（三）陈氏之语音历史观

陈氏破除叶韵，而直言古音，盖本其语音的历史观念而来。陈氏之言曰：

时有古今，地有南北，字有更革，音有转移，亦势所必至。

陈氏极力表彰古今音之不同，实清朝以前最富于语音的历史观念之一人。兹更录其《读诗拙言》数语为证：

说者谓自东晋以来，中原之人，流入江左，而河淮南北，间杂夷言；声音之变，或自此始。然一郡之内，声有不同，系乎地者也；百年之间，语有递转，系乎时者也。况有文字而后有音读；由大小篆而八分，由八分而隶，凡几变矣；音能不变乎？所贵诵《诗》读《书》，尚论其当世之音而已矣。《三百篇》，诗之祖，亦韵之祖也；作韵书者，宜权舆于此。

此种语音的历史观念，实为古音学成立之基础。

（四）陈氏古无四声之说

古今音既不同；四声之说，起于江左，为言今音者所宗，亦自无当于古。陈氏《毛诗古音考·邶谷风》怒字下注曰：

四声之说，起于后世；古人之诗，取其可歌可咏，岂屑屑毫

厘，若经生为耶？且上去二音，亦轻重之间耳。

又《绸缪》，隅字下注曰：

或问二平而接以去声可乎？曰：《中原音韵》声多此类；音节未尝不和畅也。

盖自吴才老创四声互用之例，陈氏本之，遂有古时四声通韵之论。然陈氏书中，每隔阂四声，多为注释，仍不能固守其说。顾炎武《音论》卷中，曾论及之：

一字之中，自有平、上、去、入，今一一取而注之；字愈多，音愈杂，而学者愈迷，不识其本；此所谓大道以多岐亡羊者也。陈氏之书，盖多此病。至其末卷，乃曰：四声之辨，古人未有；《中原音韵》，此类实多；旧说必以平叶平，仄叶仄也，无亦以今而泥古乎？斯言切中肯綮。不知季立既发此论，而何以犹扞格于四声，一一为之引证，亦所谓劳唇吻而费简册者也。

陈氏既知古时四声可不拘，而又仍泥一声，多为注释；此两歧之见，亦其书之未纯美处也。

（五）陈氏书之缺点

陈氏所考证者，亦多未密。《四库提要》论之曰：

其中如素音苏之类，不知古无四声，不必又分平仄；家又音歌，华又音和之类，不知为汉魏以下之转韵，不可以通《三百

篇》;皆为未密。

盖陈氏仅就《诗经》《楚辞》用韵之字,考明其古音之读法,至于古今韵部之异同,尚未道及。而又一字数音,漫无条理(本曹学佺《顾氏音学五书序》语),未能至当归一,秩然不紊。又陈氏与杨慎之书相同,多用直音法;江永《古韵标准例言》谓其不善审音,直音多谬;曰:

> 陈氏但长于言古音;若今韵之所以分,喉、牙、齿、舌、唇之所以异,字母清、浊之所以辨,概乎未究心焉。故其书皆用直音;直音之谬,不可胜数。

陈氏书固多缺点;此顾、江诸人所以不得不兴起也。

七、顾炎武之古音学说

（一）顾氏之古音著作

古音学之成立，顾亭林实为首功。顾氏分古韵十部，而变更《唐韵》之组织，以直言古音，奠定古韵学之基础。后之作者，惟承袭其说，加以缜密修整而已。顾氏有《音论》《诗本音》《易音》《唐韵正》《古音表》五种；谓之《音学五书》。顾氏自序曰：

> 此书为《三百篇》而作也。先之以《音论》何也？曰，审音学之原流也。《易》文不具何也？曰，不皆音也。《唐韵正》之考音详矣，而不附于经何也？曰，文繁也。已正其音而犹遵元第何也？曰，述也。《古音表》之别为书，何也？曰，自作也。盖尝四顾峙躇，几欲分之，几欲合之；久之然后胪而为五矣。

可知五书以《诗本音》为主。盖考明《诗经》之音，即可以推知古韵之大略，而辨《唐韵》之非古也。顾氏实以毕生精力，纂辑此书。其自序云：

> 予纂辑此书，几三十年，所过山川亭鄣，无日不以自随，凡五易稿而手书者，三矣。

其搜讨之辛勤，包罗之宏富；宜其为清代学术界之伟人也欤！

（二）顾氏分古韵为十部

顾氏所采证之资料，除经传外，亦略取《说文》形声偏旁；江永《古韵标准》谓顾氏多以文字偏旁别声音者，是也，《音论》有云：

> 兹段本之《五经》，参之传记，而亦略取《说文》形声之指，不惟通其本音，而又可转之于平、上、去。《三代》之音，久绝而后存；其必自今日始乎？

顾氏考得三代之音，韵部凡十。详见于《古音表》：平、上、去各十，而以入声四部附列其下。兹举平以赅上去，录如下：

（一）《东》《冬》《钟》《江》。

（二）《支》之半，《脂》《之》《微》《齐》《佳》《皆》《灰》《咍》，《尤》之半（去声《祭》《泰》《夬》《废》，亦属此部）。　入声，《质》《术》《栉》，《昔》之半，《职》《物》《迄》《屑》《薛》，《锡》之半，《月》《没》《曷》《末》《辖》，《麦》之半，《德》，《屋》之半。

（三）《鱼》《虞》《模》，《麻》之半，《侯》。　入声，《屋》之半，《沃》之半，《烛》，《觉》之半，《药》之半，《铎》之半，《陌》，《麦》之半，《昔》之半。

（四）《真》《谆》《臻》《文》《殷》《元》《魂》《痕》《寒》《桓》《删》《山》《先》《仙》。

（五）《萧》《宵》《肴》《豪》，《尤》之半，《幽》。　入声，《屋》之半，《沃》之半，《觉》之半，《药》之半，《铎》之半，《锡》之半。

（六）《歌》《戈》，《麻》之半，《支》之半。

（七）《阳》《唐》，《庚》之半。

（八）《庚》之半，《耕》《清》《青》。

（九）《蒸》《登》。

（十）《侵》《覃》《谈》《盐》《添》《咸》《衔》《严》《凡》。　入声，《缉》《合》《盍》《叶》《怗》《洽》《狎》《业》《乏》。

（三）顾氏始能离析唐韵

夏炘《古韵表集说》云：

> 郑氏《东》《阳》《庚》《蒸》不分，顾氏析而四之；又《鱼》《歌》不分，顾氏析而二之；故得十部。又《屋》《沃》《觉》《药》等韵，一析半入《鱼》，一析半入《萧》；《梗》《映》等韵，一析半入《阳》，一析半入《庚》。江君晋三所谓能离析《唐韵》以求古韵也。

盖郑庠六部只就《唐韵》求其合，未能析《唐韵》求其分；顾氏所列十部，以《支》韵字半入《脂》《之》，半入《歌》《戈》；《麻》韵字半入《歌》《戈》，半入《鱼》《虞》；《庚》韵字半入《阳》《唐》，半入《耕》《清》；《尤》韵字半入《脂》《之》，半入《萧》《宵》；此即所谓离析《唐韵》以言古音者也。

（四）顾氏变更唐韵入声之分配

顾氏于入声分配，又变更《唐韵》韵部之组织。王念孙曰：

> 入声自一《屋》至二十五《德》，其分配平、上、去之某部、某部，顾氏一以《九经》《楚辞》所用之韵为韵，而不用《切韵》以《屋》承

《东》、以《德》承《登》之例，可称卓识。（见王引之《经义述闻》三十一）

章炳麟《国故论衡・二十三部音准》亦谓：

顾君以《药》《觉》等部，悉记阴声；征之《说文》谐声，《诗》《易》比韵，其法契较然不远。

顾氏以为近代韵部，平入相承，实多谬误，数百年来，习焉不察；故决然改易之，所以明古音，亦所以正今音也。兹录其《音论》卷中，《近代入声之误》数语如下：

韵书之序，平声一《东》、二《冬》，入声一《屋》、二《沃》，若将以《屋》承《东》，以《沃》承《冬》者，久仍其误，而莫察也。《屋》之平声为乌，故《小戎》以韵驱、异，不协于《东》《董》《送》，可知也。《沃》之平声为夭，故《扬之水》以韵凿、襮、乐，不协于《冬》《肿》《宋》，可知也。《术》转去而音遂，故《月令》有审端径术之文，《曷》转去而音害；故《孟子》有时日害丧之引。《质》为传质为臣之质，《觉》为尚寐无觉之觉；《没》音妹也，见于子产之书；《烛》音主也，著于孝武之纪。此皆载之经传，章章著明者。至其韵中之字，随部而误者，十之八；以古人两部混并为一而误者，十之二；是以审音之士，谈及入声，便茫然不解，而以意为之，遂不胜其舛互矣。

（五）顾氏四声一贯之说

顾氏一面谓古时入声分配，不合于今韵；一面又谓当时四声之分不严，平仄可互协也。《音论》卷中有云：

古之为诗，主乎音者也；江左诸公之为诗，主乎文者也。文者一定而难移；音者无方而易转，夫不过喉舌之间，疾迟之顷而已。谐乎音，顺于耳矣；故或平或仄，时措之宜，而无所窒碍。

所谓古诗以音为主者，盖只求其合于自然之音节，不必拘拘于文字平仄间也。古时四声一贯，故可互用而无窒碍；虽有入声，而可转为平、上、去。故顾氏有入为闰声之说；《音论》卷中云：

《诗三百篇》中亦往往用入声之字。其入与入为韵者，什之七八；与平、上、去为韵者，什之三。以其什之七，而知古人未尝无入声也；以其什之三，而知入声可转为三声也。故入声，声之闰也，犹五音之有变宫，变徵而为七也。

顾氏谓古时未尝无入声，实后之古时平、入两分之说所本。而谓入为闰声，平声音长，入声音短：入不过平之短音耳；此又阴、阳、入互转之论所自昉也。

（六）顾氏韵部之疏漏

顾氏启发后人之功，诚伟矣！然其所定古韵十部，未免疏漏；所言入声分配，亦有未当。江永《古韵标准例言》有云：

细考《音学五书》，亦多渗漏；盖过信古人韵缓不烦改字之说。……《古音表》分十部，离合处尚有未精；其分配入声多未当。此亦考古之功多，审音之功浅，每与东原叹惜之。

王念孙亦谓顾氏入声分配，不依《切韵》以《屋》承《东》、以《沃》

承《冬》之例。独于二十六《缉》至三十四《乏》，仍从《切韵》，以《缉》承《侵》，以《乏》承《凡》；此两歧之见也（见《经义述闻》三十一）。章炳麟亦谓顾氏以入声丽阴声，及《缉》《合》终不得不丽《侵》《谈》，坐未知古平、上韵与去入韵，堑截两分（见《二十三部音准》）。盖古音之学，至亭林犹草创伊始，自不能如后起者之精审缜密也。

（七）顾氏语音复古思想

又顾氏《音学五书序》，自言据唐人以正宋人之失，据古经以正沈氏、唐人之失。谓：

> 休文作谱，不能上据《雅》《南》，旁摭《骚》《子》，以成不刊之典，而仅按班张以下诸人之赋，曹刘以下诸人之诗，所用之音，撰为定本，于是今音行而古音亡。

是以《唐韵正》一书，谓欲辨沈氏分部之误，而一一以古音定之。不知语音变迁，乃自然之趋势，古韵、今韵，各有系统，不能相紊；古之不可以正六朝、唐、宋，犹六朝、唐、宋之不可以正现代也。而必曰某字后人误入某韵，混入某韵；此顾氏不明语音变迁之趋势故也。诚以考古非以复古，吾人于古音亦惟以历史眼光对待之可耳。善乎江慎修之言曰：

> 音之流变已久，休文亦据今音定谱为今用耳。如欲绳之以古，风必归《侵》，弓必归《登》，宜必归《歌》《戈》；举世其谁从之？（《古韵标准例言》）

顾氏复古思想之谬，江慎修亦曾斥之；兹更录其言如下：

顾氏又曰："天之未丧斯文，必有圣人复起，举今日之音而还之淳古者。"愚谓此说亦大难。古人之音虽或存方音之中；然今音通行既久，岂能以一隅者，概之天下？……观明初《洪武正韵》就今韵书，稍有易置，犹不能使之通行，而况欲复古乎？顾氏《音学五书》与愚之《古韵标准》，皆考古、存古之书，非能使之复古也。（《古韵标准例言》）

（八）顾氏先后间之古韵学家

在顾亭林先后间，言古韵者，尚有方日升、毛先舒、柴绍炳、邵长蘅、毛奇龄诸家。方氏作《韵会小补》，以字在他韵而可读入此韵者，谓即古时叶音。柴氏作《古韵通》，立全通、半通、间通、旁通四例：以诸韵合一、全部可通者，为全通；以一韵两属、各分其半者，为半通；以间出相通，难以统一者，为间通；以数字偶通，不容牵合者，为旁通。间通，旁通，即所谓叶韵者也。毛先舒有《声韵丛说》，《四库提要》谓：

是编杂论《三百篇》及古来有韵之文，凡四十条；所见略与柴绍炳《古韵通》同。

又有《韵学通指》，《四库提要》亦谓与柴氏书得失离合相等。邵氏作《古今韵略》，实本吴棫、杨慎二家之学而增补之；分为通、叶二例。以吴氏切响同用之例，杨氏古音转注之说，谓即叶韵。《古今韵略例言》有云：

吴氏古韵有二：曰，通；曰，叶。通者，如《东》《冬》《江》相通，《支》《微》《齐》《佳》《灰》相通之类，是也。叶则音韵俱非，

而切响通之;《毛诗》《离骚》谓之叶,杨氏谓之转注,义则一耳。

盖上述诸家,仍本诸通转、叶韵之说以言古音,固与陈季立、顾亭林异其趣也。至毛奇龄之作《古今通韵》,创为五部,三声,两界,两合诸例,实欲藉此以排斥顾氏《音学五书》者也。毛氏分古韵为五部;又谓平、上、去三声,古皆不分。又以有入声者与无入声者,分为两界,不得相通;惟有入之入与无入之去,得回互通转,谓之两合。《古今通韵论例》有云:

> 两界两分之中,更以无入十三部之去声,与有入十七部之入声,回互通转,而两合生焉。两合者,即去入两声之合,谓之二声,又谓之回互。盖五部中四声,只通三声,平、上、去自通,而不与人通;两界中、四声,则独通二声,去、入自通,而不与平、上通。若外此而有三声偶及四声,与二声偶及三声者,即谓之叶。

其出诸例外者,即谓之叶音。此种学说,当然为顾氏一派所不喜。江永论之曰:

> 毛氏著《古今通韵》,其病即在通字。古韵自有疆界,当通其所可通,毋强通其所不可通。若第据汉魏以后乐府、诗歌,何不反而求之《三百篇》?某韵与某韵果通乎?有数字通矣,岂尽一韵皆通乎?偶一借韵矣,岂他诗亦常通乎?(《古韵标准例言》)

《四库提要》亦谓毛氏之书:

> 其病,在不以古音求古音,而执今韵部分以求古音。又不知古人之音,亦随世变,而一概比而合之;故征引愈博,异同愈出,不得不多设条例以该之;迨至条例弥多,矛盾弥甚,遂不得不遁辞自解,而叶之一说生矣。

此实顾江以前,言古韵通叶者之通病,非特毛氏然也。而毛氏为尤甚。虽然,毛氏定两界、两合之例,实开阴阳对转说之先河也。此外尚有李因笃《古今韵考》,则举汉、魏、六朝、唐人所用古韵,考明其与《诗》《骚》之出入;乃以推阐顾氏之学者。

八、江永之古音学说

（一）江氏弥缝顾氏之书

清代继顾氏之学者，首推江永。江氏之古音学说，见于所著《古韵标准》一书，谓顾氏考古功多，审音功浅，因本顾氏书而修整之，增为十三部。《古韵标准例言》有云：

> 顾氏分十部，今何以平、上、去皆十三部也？第四部为《真》《文》《魂》一类；第五部为《元》《寒》《仙》一类；顾氏合为一也。第六部为《萧》《肴》《豪》，分出一支，不与《尤》《侯》通；第十一部为《尤》《侯》一类，当分《萧》《肴》《豪》之一支，不与第六部通，而顾氏亦合为一也。第十二、十三、自《侵》至《凡》九韵，当分两部，而顾氏又合为一也。

又云：

> 今分平、上、去三声皆十三部，入声八部，实欲弥缝顾氏之书。

《四库提要》亦谓江氏《古韵标准》取陈第、顾炎武而复补正其

讹阙。盖陈氏、顾氏只长于考古，而江氏则兼明音理者也。章炳麟《文录》二有《重刊古韵标准序》一文，曾论及之；其言曰：

> 自陈季立始明古今异音。顾宁人采《三百篇》为艺极，次明七国、楚汉以下，逮于隋唐，善分兆而不明转变。陈迹具矣，无繇观其会通，与夫范围而不过者；初明音理，自江氏始也。

（二）江氏古韵十三部

至江氏所定平、上、去十三部，及入声八部；谓上、去与平声无异，故举平可赅上去也；兹录之如下：

（一）《东》《冬》《钟》《江》。

（二）分《支》《脂》《之》《微》《齐》《佳》《皆》《灰》《哈》、分《尤》。　入声，分《麦》、分《昔》、分《锡》（五部）；分《麦》《职》《德》（六部）。

（三）《鱼》、分《虞》、《模》、分《麻》。　入声，《药》《铎》、分《沃》、分《觉》、分《陌》、分《麦》、分《昔》、分《锡》（四部）。

（四）《真》《谆》《臻》《文》《殷》《魂》《痕》、分《先》。　入声，《质》《术》《栉》《物》《迄》《没》、分《屑》、分《薛》（二部）。

（五）《元》《桓》《删》《山》、分《先》《仙》。　入声，《月》《曷》《末》《黠》《馆》、分《屑》《薛》（三部）。

（六）分《萧》《宵》、分《肴》、分《豪》。

（七）《歌》《戈》、分《麻》、分《支》。

（八）《阳》《唐》、分《庚》。

（九）分《庚》《耕》《清》《青》。

（十）《蒸》《登》。

（十一）分《尤》《侯》《幽》、分《虞》、分《萧》、分《宵》、分《肴》、分《豪》。　入声，《屋》、分《沃》《烛》、分《觉》（一部）。

（十二）《侵》、分《覃》、分《谈》、分《盐》。　入声，《缉》、分《合》、分《叶》、分《洽》（七部）。

（十三）分《覃》、分《谈》、分《盐》《添》《严》《咸》《衔》《凡》。　入声，分《合》《盍》、分《叶》《怗》《业》、分《洽》《狎》《乏》（八部）。

夏炘《古韵表集说》曰：

江氏于《真》以下十四韵析《真》《谆》《臻》《文》《殷》《魂》为一韵，《元》《寒》《桓》《删》《山》《仙》为一韵，又分《先》之半两属之。《侵》以下九韵，析《侵》为一韵，《添》《严》《咸》《衔》《凡》为一韵，分《覃》《谈》《盐》以属之。又析《萧》《宵》《肴》《豪》为一韵，《尤》《侯》为一韵。故得十三部。

是江氏十三部，本于顾氏十部，而加以缜密焉耳。

（三）江氏分部之说明

江氏并于各部《总论》，详说其分列之故；今约举其要如下，以见江氏审音之功焉：

顾氏明于《支》韵，而《虞》韵则昧焉；何也？《侯》有胡音，先入为主；凡与《侯》相通、驱、驹等字，尽归之十《虞》，而不知其非也。（《第三部总论》）

《侯》韵之通《虞》韵者，通其分出之字。愚说异于顾氏者，彼此转音之异。顾氏转《侯》韵之音以就彼，似《鱼》《虞》《模》皆可通；愚则转隅、刍等字之音以就此，不但《鱼》《模》二韵与此不通，即《虞》韵中虞、吁等字，亦与此绝不通也。（《第十一部总论》）

此顾氏以《侯》属于《鱼》《虞》《模》，而江氏则分虞以入《尤》《侯》也。

自十七《真》至下平二《仙》，凡十四韵，说者皆云相通，愚独以为不然。《真》《谆》《臻》《文》《殷》与《魂》《痕》为一类，口敛而声细；《元》《寒》《桓》《删》《山》与《仙》为一类，口侈而声大；而先韵者，界乎两类之间，一半从真、谆，一半从《元》《寒》者也。……天、田、年、贤、颠、千、玄等字，两汉人用之，皆如古音；至晋初犹未变。不知何时始变为今音，遂与前、笺、肩、妍等字合为一部。以顾氏记览之富，搜讨之勤，蔽于十四部通为一韵之说，此等处全无所考；令人叹其书之未完。（《第四部总论》）

此江氏之所以析《真》《文》《魂》与《元》《寒》《仙》为二类也。至第六部《萧》《肴》《豪》所以与第十一部《尤》《侯》分为二类者，江氏谓：

此部为《萧》《肴》《豪》之正音，古今皆同。又有别出一支与十八《尤》、二十《幽》韵者，乃古音之异于今音，宜入第十一部，本不与此部通；后世音变，始合为一。顾氏总谓一部，愚谓不然。此部之音，口开而声大；十一部之音，口合而声细。诗所用，画然分明。（《第六部总论》）

第十三部《侵》与第十四部《添》《严》《衔》《凡》为二类者，江氏谓：

> 二十一侵至二十九凡九韵，词家谓之闭口音；顾氏合为一部。愚谓此九韵与《真》至《仙》十四韵相似，当以音之侈弇分为两部；神珙等韵分深摄为内转，咸摄为外转是也。南、男、参、三等字，古音口弇呼之，若岩、詹、谈、惔、甘、监等字，诗中固不与心、林、钦、音等字为韵也。虽诸韵字有参互入声，用韵后宽，若不可以韵为界；然谓合为一部，则太无别分矣。今不从。（《第十三部总论》）

盖江氏是书，以《诗三百篇》为主，而以周、秦以下音之近古者为附，视顾氏界限尤明也。而又详察各部发音弇、侈之不同；江氏之言曰：

> 音学须览其全，一处有阙，则全体皆病。（《古韵标准·例言》）

今音、等韵之不明，自不足以言考古者也。

（四）江氏关于古音四声问题之意见

关于古音有无四声之分，江氏学说，亦略同顾亭林。《古韵标准·例言》有云：

> 四声虽起江左，按之实有其声，不容增减；此后人补前人未备之一端。平自韵平，上、去、入自韵上、去、入者，恒也。亦有一章两声或三四声者，随其声讽诵咏歌，亦有谐适，不必皆

出一声。

是江氏亦谓古时四声通谐，上去分部与平声无异；去声《祭》《泰》《夬》《废》亦属第二部、与顾氏同。惟又谓入声、音虽与去近，而不得转为平、上、去。其言曰：

> 入声与去声最近，诗多通为韵；与上声韵者间有之；与平声韵者少，以其远而不谐也。韵虽通而入声自如其本音。顾氏于入声皆转为平、为上、为去，大谬；今亦不必细辨也。(《古韵标准·入声第一部总论》)

是江氏此论，与顾氏四声一贯之说，固有出入。而入与去最近云云，实开古音平、上与去、入两分之说之端绪。

(五) 江氏方音转变说

江氏又以方音不同之现象，说明古今音变自然之趋势。其言曰：

> 凡一韵之音变，则同类之音皆随之变；虽变而古音未尝不存。各处方音，往往有古音存焉。……大抵古音、今音之异，由唇、吻有侈、弇，声音有转纽；而其所以异者，水土风气为之，习俗渐染为之。人能通古今之音，则亦可以辨方音；入其地听其一两字之不同，则其他字可类推也。(《古韵标准·平声第八部总论》)

语音因乎时地而纷变；古之音往往已亡，而独存于一处方语之中者；故比较各处方音之歧异，而得知古今音变之大略焉。此亦一

考求古音之途径也。江氏又以此种方音之转变，依于异平同入之理；戴、孔阴阳对转之论，江氏实为其先导。章炳麟《重刊古韵标序》曰：

> 江氏初为《古韵标准》，盖实与戴东原戮力。同入相配，已兆阴、阳对转之端；其后东原为《声类表》，传及淮岱；孔扮约化其鸮音，始采集为《诗声类》，然后繁音异读，各有友纪。此江氏造微之功，所以度越前修者欤！

（六）江氏言古音而不废今韵之学

古音既与今音不同，记载今音之韵书，自不合于古；江氏别有《四声切韵表》《音学辨微》二书，专为今音而作。《古韵标准·例言》曰：

> 韵书流传至今者，虽非原本，其大致自是周颙、沈约、陆法言之旧。分部列字，虽不尽合于古；亦因其时，音已流变，势不能泥古违今。其间字似同而音实异，部既别则等亦殊；皆杂合五方之音，剖析毫厘，审定音切；细寻脉络，曲有条理。其源自先儒经、传、子、史音切诸书来；六朝人之音学，非后人所能及；同文之功，拟之秦篆，当矣。今为《三百篇》考古韵，亦但以今韵合之，著其异同，斯可矣；必曰某字后人误入某韵，混入某韵；此顾氏之过论，余则不敢，今韵之有条理处，别有《四声切韵表》《音学辨微》二书明之。

盖古韵今韵，系统不同；各有条理，未可混淆。言古韵的不抹杀今韵，此江氏较胜于顾氏者也。

九、段玉裁之古音学说

（一）段氏补正顾江二家之学说

上述江氏于顾氏韵部多所补正；然顾、江互有优劣。戴震曰：

顾氏转《侯》韵入《虞》，江氏转《虞》韵字入《侯》；此江优于顾。然顾氏《药》《铎》有分，而江氏不分；此顾优于江。（《段氏六书音均表序》）

江有诰亦云：

顾氏合《侯》于《虞》，与三代不合，而合于两汉；江氏合《侯》于《尤》，且不合于两汉矣。（见段氏《答江有诰论韵书》）

盖古韵分部，顾氏、江氏均有未尽。段氏《寄戴东原》书云：

忆《古韵标准》所称《元》《寒》《桓》《删》《山》《先》《仙》七韵，与《真》《谆》《臻》《文》《欣》《魂》《痕》七韵，《三百篇》内分用，不如顾亭林、李天生所云，自《真》至《先》古为一韵之说；与舍弟玉成取《毛诗》细绎之，果信。又细绎之，《真》《臻》二韵，

> 与《谆》《文》《欣》《魂》《痕》五韵，《三百篇》内分用，而江氏有未尽也。《萧》《宵》《肴》《豪》与《尤》《侯》《幽》分用矣；又细绎之，则《侯》与《尤》《幽》，《三百篇》内分用，而江氏有未尽也。《支》《脂》《之》《微》《齐》《佳》《皆》《灰》《咍》九韵，自来言古韵者，合为一韵；及细绎之，则《支》《佳》为一韵，《脂》《微》《齐》《皆》《灰》为一韵，《之》《咍》为一韵，而顾氏、江氏均未之知也。又细绎其平、入之分配。正二家之蹐驳；移《书》《诗》所用字，区别为十七部。

是可见段氏古韵十七部，乃继承顾、江之学，而补正其未逮者也。

（二）段氏古韵十七部

段氏之古音学说，见于所著《六书音均表》；其书共分五篇：一曰，《今韵古分十七部表》；二曰，《古十七部谐声表》；三曰，《古十七部合用类分表》；四曰，《诗经韵分十七部表》；五曰，《群经韵分十七部表》。全书体例，略见于段氏代吴省钦叙文中。兹举平以赅上、去，录其十七部，及分隶入声八部，如下：

（一）《之》《咍》。　入声，《职》《德》。
（二）《萧》《宵》《肴》《豪》。
（三）《尤》《幽》。　入声，《屋》《沃》《烛》《觉》。
（四）《侯》。
（五）《鱼》《虞》《模》。　入声，《药》《铎》。
（六）《蒸》《登》。
（七）《侵》《盐》《添》。　入声，《缉》《叶》《怗》。
（八）《覃》《谈》《咸》《衔》《严》《凡》。　入声，《合》《盍》

《洽》《狎》《业》《乏》。

（九）《东》《冬》《钟》《江》。

（十）《阳》《唐》。

（十一）《庚》《耕》《清》《青》。

（十二）《真》《臻》《先》。　入声，《质》《栉》《屑》。

（十三）《谆》《文》《欣》《魂》《痕》。

（十四）《元》《寒》《桓》《删》《山》《仙》。

（十五）《脂》《微》《齐》《皆》《灰》（去声，《祭》《泰》《夬》《废》属此）。　入声，《术》《物》《迄》《月》《没》《曷》《末》《黠》《辖》《薛》。

（十六）《支》《佳》。　入声，《陌》《麦》《昔》《锡》。

（十七）《歌》《戈》《麻》。

（三）段氏分部之说明

段氏《六书音均表一·第一部、第十五部、第十六部分用说》：

五《支》、六《脂》、七《之》三韵，自唐人功令同用，鲜有知其当分者矣。今试取《诗经韵表》第一部，第十五部，第十六部观之，其分用乃截然。且自《三百篇》外，凡群经有韵之文，及楚骚、诸子，秦、汉、六朝词章所用，皆分别谨严；随举一章数句，无不可证。……

戴震《六书音均表序》亦云：

若夫五《支》异于六《脂》，犹《清》异于《真》也。七《之》又异于《支》《脂》，犹《蒸》又异于《清》《真》也。实千有余年莫之

或省者，一旦理解，按诸《三百篇》画然；岂非稽古大快事欤？

此段氏第一部，第十五部，第十六部之所以区分为三也。段氏《第三部、第四部、第五部分用说》：

顾氏误合《侯》于《鱼》为一部，江氏又误合《侯》于《尤》为一部，皆考之未精。顾氏合《侯》于《鱼》，其所引据，皆汉后转音，非古本音也。《侯》古音近《尤》而别于《尤》；近《尤》，故入音同《尤》；别于《尤》，故合诸《尤》者，亦非也。

江有诰亦云：

顾氏改《侯》从《鱼》，昚齐改《侯》从《尤》，均未善也。段氏以《尤》《幽》为一部，《侯》与《虞》之半别为一部；虽古人复起，无以易矣。（见夏炘《古韵表集说》）

此段氏第三部、第四部之所以区分为二也。段氏《第十二部、第十三部、第十四部分用说》：

十二部、十三部、十四部，《三百篇》及伊经屈赋，分用画然；汉以后用韵过宽，三部合用。郑庠乃以《真》《文》《元》《寒》《删》《先》为一部；顾氏不能深考，亦合真以下十四韵为一部，仅可以论汉、魏间之古韵，而不可以论《三百篇》之韵也。江氏考《三百篇》，辨《元》《寒》《桓》《删》《山》《仙》之独为一部矣，而《真》《臻》一部与《谆》《文》《欣》《魂》《痕》一部分用，尚有未审；读《诗经韵表》，而后见古韵分别之严。

此段氏十二部、十三部之所以区分为二也。夏炘《古韵表集说》：

段氏于《支》《脂》《之》《微》《齐》《佳》《皆》《灰》《咍》九韵，析《支》《佳》为一部，《脂》《微》《齐》《皆》《灰》为一部，《之》《咍》为一部：于《真》《臻》《先》《谆》《文》《殷》《魂》《痕》八韵，析《真》《臻》《先》为一部，《谆》《文》《殷》《魂》《痕》为一部。又顾氏改《侯》从《鱼》，江氏改《侯》从《尤》，段氏则以《尤》《幽》为一部，《侯》与《虞》之半别为一部。故得十七部。

是可知段氏古韵十七部，亦惟本于顾氏，江氏所分，加以缜密而已。

（四）段氏入声分配及其合韵说

段氏入声分配，亦在亭林、江氏之间。《屋》《觉》《药》《铎》诸韵，顾氏各分其半，一以配《鱼》《虞》，一以配《萧》《豪》；江氏则以《屋》《觉》配《尤》《幽》，以《药》《铎》配《鱼》《虞》；段氏从江而不依顾。《术》《物》诸韵，顾氏以配《脂》《微》，江氏以配《真》《谆》；段则依顾而不从江。段氏又依音之远近，区分十七部为六类：第一部为第一类；第二至第五部为第二类；第六至第八部为第三类；第九至第十一部为第四类；第十二至第十四部为第五类；第十五至第十七部为第六类（详《六书音均表三》）。又创为合韵之说，依音之远近，而定其异部、异类相通之迹。其言曰：

合韵以十七部次第分为六类，求之同类为近，异类为远，非同类而次第相附为近，次第相隔为远。（《六书音均表三·古合韵次第近远说》）

部类各异，而复得相通者，推其所以然之故，则又异平同入之论。录其言如下：

> 入为平委，平音十七，入音不可具也，故异平而同入，《职》《德》二韵，为第一部之入声，而第二部、第六部之入音，即此也。《屋》《沃》《烛》《觉》为第三部之入声，而第四部及第九部之入音，即此也。《药》《铎》为第五部之入声，而第十部之入音，即此也。《质》《栉》《屑》为第十二部之入声，亦即第十一部之入音。《术》《物》《迄》《月》《没》《曷》《末》《黠》《辖》《薛》为第十五部之入声，亦即第十三部，第十四部之入音。《陌》《麦》《昔》《锡》为第十六部之入声，而第十七部之入音，即此也。合韵之枢纽，于此可求矣。

段氏以异平同入为合韵之枢纽；此即阴、阳对转说之所由昉也。

（五）段氏韵部变更唐韵之次第

顾、江分部有异，而其目次排列，一依今韵一《东》、二《冬》之序。至段氏乃依音之远近，独变更其次第。段氏《答戴东原书》云：

> 先生又言十七部次第不能深晓；《支》《脂》《之》析为三部，能发自唐以来讲韵者所未发；但何以不列于一处，而以之第一，《脂》第十五，《支》第十六？玉裁按十七部次第，出于自然，非有穿凿；取第三表细绎之可知也。《之》《咍》音与《萧》《尤》近，亦与《蒸》近；《脂》《微》《齐》《皆》《灰》音与《谆》《文》《元》《寒》近；《支》《佳》音与《歌》《戈》近；实韵理分劈之大端。

段氏以音之近远，定韵部之次第；其先后排列不依《唐韵》之目次为序。言古韵而变更《唐韵》之组织者，自顾氏始；言古韵而变更《唐韵》之次第者，自段氏始。

（六）段氏四声问题之意见及其平上与去入之分

段氏《六书音均表一·古四声说》谓：

> 古四声不同今韵，犹古本音不同今韵也。考周、秦、汉初之文，有平、上、入而无去。洎乎魏、晋，上、入声多转而为去声，平声多转而为仄声；于是四声大备而与古不侔；有古平而今仄者，有古上、入而今去者。

段氏此古四声不同今韵之言，实为江有诰、王念孙古有四声之说所本。段氏又谓：

> 古平、上为一类，去、入为一类；上与平一也，去与入一也。上声备于《三百篇》，去声备于魏、晋。（《古四声说》）

江氏谓上去与平无异，与段氏说稍有不同；而谓入声与去声最近，则又段氏平、上与去、入两分之说所由来也。自此说出，而有平之去、入，与无平之去、入，在古韵韵部上之分列，遂因运而起矣。乃段氏《答江有诰书》，不以去《祭》《泰》《夬》《废》，入《月》《曷》《末》《黠》《辖》《薛》另列一部为然。其言曰：

> 各韵有有平无入者，未有有入无平者。且去、入与平、上

不合用者，他部多有然者；足下突增一部无平之韵，岂不骇俗？……仆谓无入者，非无入也，与有入者同入也；入者，平之委也；源分而委合，此自然之理也。无上、去者，非无上、去也。古四声之道，有二无四：二者，平、入也；平稍扬之则为上，入稍重之则为去；故平、上一类也，去、入一类也。抑之，扬之，舒之，促之，顺递交逆，而四声成。

夫段氏既谓古平、上与去、入为两类，而又墨守有平、上，必有去、入之说；此其两歧之见也。

（七）段氏分部之疏漏

段氏晚年已自知其分部之未密。《与江有诰书》云：

抑足下规《音均表》失处，尚有表误而足下未能纠之、前人早有纠之者，则孔检讨之于《东》《冬》是也。

又云：

足下又云：《表》以《屋》《沃》《烛》《觉》为《尤》入，某则谓当以《屋》《沃》之半配尤，以《烛》与《屋》《觉》之半配《侯》也。此条最为足下中綮之处。盖戴氏、江氏合《侯》于《尤》，顾氏合《侯》于《虞》；足下云：顾不合于三代，而合于两汉，江则不合于三代，并不合于两汉；惟《音均表》别《尤》于《萧》，又别《侯》于《尤》，为实事求是。但平分而入未分。

段氏盖自知《音均表》之有待于修正者多矣。

（八）段氏学说之后继者

段氏弟子江沅作《说文解字音均表》，分部一依段氏；盖本于《六书音均表》《古十七部谐声表》以为之者也。段氏后，又有傅寿彤《古音类表》，分部亦大致相同，惟更分《鱼》《虞》为二，共得十八部；而又以《侵》为《东》附声，《严》为《阳》附声，《蒸》为《之》附声，实为十五部。至以天统、地统、人统分为三类，说近附会。与段氏之十七部合用类分者又异。此外如姚文田之《古音谱》、朱骏声之《说文通训定声》，分部亦多本于段氏；别详于后。

十、戴震之古音学说

（一）戴氏脂微去入之分

戴震与段氏书曰：

> 《支》《脂》《之》有别，此足下卓识，可以千古矣！仅更分《祭》《泰》《夬》《废》及《月》《曷》《末》《黠》《薛》；而后彼此相配，四声一贯；则仆所以补前人而整之就绪者。愿及大著未刻，或降心相从，而参酌焉。（《答段若膺论韵》）

是戴氏主张《脂》《祭》二部分列。段氏与江有诰书，所谓戴氏之功，在《脂》《微》去入之分者也。而段氏竟不之从。夏炘《古韵表集说》：

> 段氏于其师东原之曲说，无不如响斯应；如言理则宗《孟子字义疏证》，言转注则宗互训之类是也。独此分《祭》《泰》以下九韵为一部，援据明确、至当不易之论，反不能从。皆不可解。

(二) 戴氏古韵二十五部

戴东原之古韵分部,见于其晚年所作《声类表》。东原本段玉裁之师,而成书在段氏后。其书初分七类二十部,后乃改定为九类二十五部。《答段若膺论韵》所谓"癸巳年分为七类,乙未年分为九类"者也。其言曰:

> 仆已年分七类为二十部者,上年以呼等考之。《真》至《仙》,《侵》至《凡》同呼而具四等者二,《脂》《微》《齐》《皆》《灰》,及《祭》《泰》《夬》《废》亦同呼而具四等者二;仍分《真》以下十四韵,《侵》以下九韵各为二,而《脂》《微》诸韵与之相配者,亦各为二。

盖本其九类二十部,又自《真》至《仙》析出一类,《侵》至《凡》析出一类,《脂》《微》诸韵与之相配者。亦各分出;故共得九类二十五部。兹录之如下:

(一)《阿》	平声,《歌》《戈》《麻》。	(一)《歌》《鱼》《铎》类。
(二)《乌》	平声,《鱼》《虞》《模》。	
(三)《垩》	入声,《铎》。	
(四)《膺》	平声,《蒸》《登》。	(二)《蒸》《之》《职》类。
(五)《噫》	平声,《之》《咍》。	
(六)《亿》	入声,《职》《德》。	
(七)《翁》	平声,《东》《冬》《钟》《江》。	(三)《东》《尤》《屋》类。
(八)《讴》	平声,《尤》《侯》《幽》。	
(九)《屋》	入声,《屋》《沃》《烛》《觉》。	

(十)《央》　平声,《阳》《唐》。 (十一)《夭》　平声,《萧》《宵》《肴》《豪》。 (十二)《约》　入声,《药》。	(四)《阳》《萧》《药》类。
(十三)《婴》　平声,《庚》《耕》《清》《青》。 (十四)《娃》　平声,《支》《佳》。 (十五)《戹》　入声,《陌》《麦》《昔》《锡》。	(五)《庚》《支》《陌》类。
(十六)《殷》　平声,《真》《臻》《谆》《文》《欣》《魂》《痕》《先》。 (十七)《衣》　平声,《脂》《微》《齐》《皆》《灰》。 (十八)《乙》　入声,《质》《术》《栉》《物》《迄》《没》《屑》。	(六)《真》《脂》《质》类。
(十九)《安》　平声,《元》《寒》《桓》《删》《山》《仙》。 (二十)《霭》　去声,《祭》《泰》《夬》《废》。 (二十一)《遏》　入声,《月》《曷》《末》《黠》《辖》《屑》。	(七)《元》《祭》《月》类。
(二十二)《音》　平声,《侵》《盐》《添》。 (二十三)《邑》　入声,《缉》。	(八)《侵》《缉》类。
(二十四)《醃》　平声,《覃》《谈》《咸》《衔》《严》《凡》。 (二十五)《諜》　入声,《合》《盍》《叶》《怗》《业》《洽》《狎》《乏》。	(九)《覃》《合》类

上列分部，戴氏自言参据等呼而成。其一类谓皆收喉音；二类、三类、四类、五类谓皆收鼻音；六类、七类谓皆收舌齿音；八类、九类谓皆收唇音。戴氏《答段若膺论韵》云：

> 收喉音者，其音引喉；收鼻音者，其音引喉穿鼻；收舌齿音者，其音舒舌而冲齿；收唇音者，其音敛唇；以此为次，似几于自然。

戴氏之学，出于江慎修，审音是其所长；言古韵分部，盖不特用之考古，而兼以审音者也。

（三）戴氏审音分韵

江慎修谓亭林考古之功多，审音之功浅；戴东原谓段若膺亦然。其于段氏十七部，以为《幽》《侯》当合，《真》《谆》当合。盖审音本为一类，不得以古人之文，偶有不相涉而断为当分也。戴氏《答段若膺论韵》有云：

> 江先生分《真》以下十四韵，《侵》以下九韵各为二。今又分《真》以下为三，分《尤》《幽》与《侯》为二；而《脂》《微》《齐》《皆》《灰》不分为三，《东》《冬》《钟》不分为二，《谆》《文》至《山》《仙》虽分而同入不分，《尤》《幽》《侯》虽分而同入不分。试以声位之洪细言之：《真》之筠，与《文》之云本无以别；犹《脂》之帷，与《微》之韦本无以别也。《侯》之钩、讴，与《尤》之鸠、忧，虽洪细不同矣；犹《东》之公、翁，与《钟》之恭、雍，洪细不同也。他如《模》之孤、乌，与《鱼》之居、于；《痕》之根、恩，与《殷》之斤、殷；《魂》之昆、温，与《文》之君、煴（于分切）；《豪》之高、爊

(于刀切),与宵之骄、夭;其洪细皆然。……仆谓审音本一类,而古人之文偶有相涉,有不相涉;不得舍其相涉者,而以不相涉为断。审音非一类,而古人之文偶有相涉,始可以五方之音不同,断为合韵。今书内列十七部,仆之意:第三,第四当并;第十二,第十三亦当并。

是以段氏《六书音均表》中第三、第四两部,东原仍从江氏,合为讴部;段氏第十二、第十三两部,东原亦仍从江氏合为《殷》部。又东原主张《脂》《祭》当分,于段氏之十五部,分为《衣》《霭》二部。故若入声附而不列,则十六部;合入声九部计之,则二十五部也。

(四) 戴氏阴阳之分

戴氏《声韵考》谓:

古人用韵,未有平、上、去、入之限,四声通为一音。故帝舜歌以熙韵喜、起,而《三百篇》通用平、上、去,及通去、入者甚多。各如其本音读之,自成歌乐。

戴氏此所谓古人无四声之限,殆据其用韵叶歌而言;即顾氏平仄通押,四声一贯之说也。至《声类表》以《广韵》中有入诸韵与无入诸韵,各得其入声两两相配。则见古人虽或未有四声之说,而必已有阴、阳、入之分矣。戴氏九类中,惟八、九二类,缺无入之韵;戴氏《答段若膺论韵》言其所以,曰:

《侵》以下九韵,皆收唇音。其入声古今无异说。又方之诸韵,声气最敛,词家谓之闭口音。在《广韵》虽属有入之韵,

而其无入诸韵，无与之配。

又曰：

> 侵以下九韵独无配，则以其为闭口音；而配之者，更微不成声也。

各类中皆以入声为其相配之枢纽。戴氏有入、无入之论，实开阴阳对转说之先河。兹录其言如下：

> 有入者，如气之阳，如物之雄，如衣之表。无入者，如气之阴，如物之雌，如衣之里。又平、上、去三声，近乎气之阳，物之雄，衣之表。入声近乎气之阴，物之雌，衣之里。故有入之入与无入之去近。从此得其阴阳、雌雄、表里之相配。（《答段若膺论韵》）

顾江诸家，变更《唐韵》以入声专配阳声之组织，常以入声并合于阴声。戴氏则别立入声九韵，以为阴、阳对转之枢纽。异平同入之论，盖至此始完成矣。段玉裁《声类表序》谓戴氏：

> 考古、审音，均诣其极，集诸家大成。

后此孔广森、章炳麟诸人之学，实戴氏为之先导。

（五）戴氏声音通转之论

戴氏实本音理以说明韵之正转。《答段若膺论韵》曰：

> 正转之法有三：一为转而不出其类，《脂》转《皆》，《之》转《哈》，《支》转《佳》，是也。一为相配互转，《真》《文》《魂》《先》转《脂》《微》《灰》《齐》，《换》转《泰》，《哈》《海》转《登》《等》，《侯》转《东》，《厚》转《讲》，《模》转《歌》，是也。一为联贯递转，《蒸》《登》转《东》，《之》《哈》转《尤》，《职》《德》转屋，《东》《冬》转《江》，《尤》《幽》转《萧》，《屋》《烛》转《觉》，《阳》《唐》转《庚》，《药》转《锡》，《真》转《先》，《侵》转《覃》，是也。以正转知其相配及次序，而不以旁转惑之。以正转之同入相配，定其分合，而不徒恃古人用韵为证。

是可见戴氏《声类表》实所以说明语言转变自然之节限，非徒示古韵分部而已。惜乎，《转语二十章》，其书不存于世；今只自戴氏集中序文一篇，窥其大略。其言曰：

> 人之语言万变，而声气之微，有自然之节限。是故六书、依声托事，假借相禅，其用至博，操之至约也。……凡同位为正转，位同为变转。……凡同位则同声，同声则可通乎其义；位同则声变而同，声变而同，则其义可比之而通。

是更以双声之理，说明语音之自然转变，与夫字义之比类相通。章炳麟《文始》一书，实昉乎此。

（六）戴氏学说之疏谬

虽然，戴氏所言阴阳，尚有疏谬。如第一类《歌》《鱼》《铎》相配，《歌》《鱼》皆阴声也。而戴氏谓：

《歌》《戈》本与旧有入之韵近；因引喉而不激扬，昔人遂以其所定无入之韵例之。（《答段若膺论韵》）

指《歌》《戈》为与阳声相近，而以之配《鱼》《虞》；此其谬误之大者。至章炳麟《国故论衡》有言：

戴氏以一阴一阳同趋入声。至《缉》《盍》独承阳声，《侵》《谈》无阴声可承；若自乱其例。（《二十三部音准》）

不知侵、谈二部本无其相配之阴声。章氏《小学略说》所谓对转之理，非若人之处室，配匹相当者也。故黄侃二十八部，所言阴、阳、入相配，《覃》《添》二部缺其阴声，仍从戴说；而章氏议之，无当也。

（七）戴氏学说之后继者

戴氏后有张畊《古韵发明》一书，据《广韵》以考《说文》，发明顾、江、戴三家，而分古韵为九类二十五部，依戴氏。至刘逢禄《诗声衍表》，及黄侃二十八部、亦大半从戴氏之说；别详于后。

十一、钱大昕之古音学说

（一）钱氏一字异音之说

古韵分别部居，不相杂厕；以见古书中，字各有正呼，自不当如叶韵者之恣意改读。然分部虽密，终有不能尽驭先秦韵文而斠若画一者。于是仍不得不假定古韵本有相叶者；此段玉裁古合韵说之所由来也。段氏以声音远近定合韵次第，以见字音转变有自然之轨迹；戴震《声类表》亦即以音理说明转音之由来。在戴段先后间，有钱大昕氏，谓古人亦有一字异读；有其正音，有其转音，非固定不移者也。段氏立合韵之名，为钱氏所非议（见段玉裁《答江有诰论韵书》）；而钱氏此说，实与戴、段互相发明者也。兹录其《音韵问答》之言如下：

> 古人亦有一字异读者：文字偏旁相谐，谓之正音；语言清浊相近，谓之转音。音之正有定，而音之转无方。正音可以分别部居；转音则只就一字相通，假借互用，而不通于他字。……古人有韵之文，正音多而转音少；则谓转音为协，固无不可。如以正音为协，则傎到甚矣。顾氏谓一字止有一音；于古人异读者，辄指为方音，固未免千虑之一失。
>
> 古人之立言也，声成文而为音。有正音以定形声之准，有

转音以通文字之穷。转音之例，以少从多，不以多从少。顾氏知正音而不知转音；有扞格而不相入者，则诿之于方音，甚不然也。

钱氏主张字音有正，有转，不妨一字数音；若顾亭林拘执于一字定音之论，实未达乎声音之变也。

（二）钱氏音近假借之例

钱氏又以音近假借，为转音所自出；故必清浊、舒敛。同体、同等者，乃得相转。钱氏《答严久能书》曰：

声音本于文字，文相从者谓之正音；声相借者谓之转音。正音一而已，转音则字或数音。正音如宗族，昭穆虽远而实出一本，则引而同之；故喉、舌、唇、齿，音不同而合为一部。转音如婚姻，夫之与妇至亲也，而妇之族不可以混夫之族；故音之转，必清浊、舒敛、同体、同等，乃可假借。其他同部之字，仍风马牛不相及也。

钱氏又立双声假借之例。《音韵问答》曰：

后儒所疑于《彖》《象传》者，不过民、平、天、渊诸字；此古人双声假借之例，非举两部而混之也。民、冥声相近，故《屯彖》以韵正，读民如冥也（瞑，古眠字，宋玉《招魂》以瞑与身韵）。平、便声相近，故《观彖》以韵宾、民，读平如便也。渊音近环，与营声相近，故《讼彖》以韵成、正；读渊如营也。天、汀声相近，故《乾彖》以韵形成，《乾文言》以韵情平；读天如汀

也。……象传无不韵之句，独此三卦，顾氏所不能通，而并删其文，殊失阙疑求是之旨；今以双声通之，则涣然释矣。

戴段言转音，言合韵，不外依据韵部之远近次第，比类相通。而钱氏独以双声假借之例解释之，不受韵部之范围；此则其进于戴、段二氏处也。

（三）钱氏始发明古今声类有异

上述顾、江、戴、段诸家，大都专言古今韵部异同；而于周秦、两汉时代之声类若何，尚无道及之者。江永尊信守温《三十六字母》，至以为不可增减，不可移易（见《四声切韵表凡例》）。戴震《声类表》中，列声位四十，与守温略有异同；推其作意，实以兼表古今之音；则戴氏亦以古今声类无异致也。迨钱氏起，始发明古无舌上、轻唇之说；谓古今声类有异者，实首创于钱氏。

（四）钱氏古无轻唇说

《音韵问答》有云：

《广韵》平声五十七部，有轻唇者仅九部。去其无字者，仅二十余纽；证以经典，皆可读重唇，如伏羲即庖羲，伯服即伯犕，士鲂即士彭，扶服即匍匐，……凡今人所谓轻唇者，汉、魏以前、皆读重唇；知轻唇之非古矣。

钱氏《十驾斋养新录》卷五有《古无轻唇音说》，谓凡轻唇之音，古皆读为重唇。论证：古读扶如酺，服转为犕，为鼆，伏与逼通、又

与冯通，古音负如背、亦如倍，古读附如部之类，以明《非》《敷》《奉》《微》四母古皆读入《帮》《滂》《并》《明》四母。

（五）钱氏舌音类隔不可信说

《十驾斋养新录》卷五又有《舌音类隔之说不可信》一篇；谓：

> 古无舌头、舌上之分。《知》《澈》《澄》三母，以今音读之，与《照》《穿》《床》无别也；求之古音，则与《端》《透》《定》无异。

论证：古音中如得，陟如得，赵如搁，直如特，竹如笃，裯如祷之类，以明《知》《澈》《澄》三母，古皆读入《端》《透》《定》三母也。又读：

> 古人多舌音，后代多变为齿音；不独《知》《澈》《澄》三母为然。

论证：古读至如疐，支如鞮，专如耑之类，则见古舌音多混于齿音也。

（六）钱氏喉牙双声说

钱氏又谓《影》《晓》《喻》《匣》四母，不甚区别。颜之推《家训》云："字书：焉者，鸟名，或曰语辞，皆音于愆反。"钱氏谓"据颜氏说，知古无《影》《喻》之分"。（《音韵问答》）则《影》《喻》二母，古时又混为一也。《养新录》卷五有云：

> 凡《影》母之字，引而长之，则为《喻》母；《晓》母之字，引长之，稍浊，则为《匣》母；《匣》母三四等字轻读，亦有似《喻》母者。古人于此四母，不甚区别。如荣怀与杌隉，均为双声，今人则有《匣》《喻》之别矣。噫嘻、于戏、于乎、呜呼、皆叠韵兼双声也；今则以噫、于、呜属《影》母，嘻、戏、呼属《晓》母，乎属《匣》母。又如于、於同声亦同义，今则以于属《喻》母，於属《影》母。此后来愈推愈密，而古书转多难通矣。（《音韵问答》所言略同）

《影》《晓》《喻》《匣》四母，古时盖相混无别；钱氏更进而谓此四母与《见》《溪》诸母又不能判然者。其言曰：

> 《玉篇》卷末所载沙门神珙《四声五音九弄反纽图》，喉、舌、齿、唇、牙五声，各举八字以见例；喉声则何，我、刚、鄂、歌、可、康、各也；牙声则更、硬、牙、格、行、幸、亨、客也；此二者分之实无可分；吾是以知古无牙音也（《广韵》卷末、载《辩字五音法》，以纲、各为喉声，与神珙同）。翁从公声，扞从干声，镐从高声，浩从告声，……然则，牙音、喉音本非二类；字母家别而二之，非古音之正也。（《音韵问答》）

近人章炳麟《国故论衡·古双声说》，谓“喉、牙二音，互有蜕化”；其说实本诸钱氏。章氏言“审纽莫辨乎钱”，世所服膺于钱氏者，正以其考证古音声类，辟后来之先路耳。

（七）钱氏谓古无四声之分

顾亭林未知字有转音，钱氏因而纠正之；至顾书四声一贯之

说，独为钱氏所遵信。顾氏云："先儒一字两声之说不尽然。"(《音论》下)《养新录》卷五亦有《一字两读》一篇，谓一字两读，如观瞻，观示有平、去之分，好恶、美恶有去、入之别等类，乃出于江左以后，非古人所本具(《音韵问答》所言略同)。盖古人以音为主；四声之差，不过轻重缓急之间，各依乎自然之节奏；固不当强为之区别也。《音韵问答》曰：

> 古无平、上、去、入之名。若音之轻重缓急，则自有文字以来，固区以别矣。虞廷赓歌，明、良、康，与脞、隋、坠，即有轻重之殊。《三百篇》每章别韵，大率轻重相间；则平侧之理已具。缓而轻者，平与上也，重而急者，去与入也；虽今昔之音不尽同，而长吟密咏之余，自然有别。

顾亭林谓"去、入之别，不过发言轻重之间，非有此疆彼界之分"(《音论》下)；钱氏此说，盖本于此也。

(八) 钱氏反对古敛今侈之说

段玉裁《六书音均表一》有古音多敛，今音多侈之语，以为《之》之变为《咍》，《歌》之变为《麻》等等，大都由敛变为侈也。钱氏谓：

> 此说亦不尽然。盖有古侈而今敛者矣。如古之唇音皆重唇也，后人于其中别出轻唇四母，轻唇敛于重唇也。古多舌音，后人或转为齿音，齿音敛于舌音也。……声音或由敛而侈，或由侈而敛，各因一时之语言，而文字从之。如仪、宜、为、字，古音与《歌》近；今入《支》韵，即由侈而敛也。岂可执古敛今侈之说一概而论乎？(《音韵问答》)

后人考证古音，实只能得其声韵部类分合之大概；至古人确凿之音读，舒遒、侈敛何若？固不能起古人于地下而复验之也。钱氏此说，殆已诏示吾人不可拘执于古敛今侈之成见，以妄断古人音读者矣。

十二、孔广森之古音学说

（一）洪亮吉之汉魏音

在戴、段稍后，更有洪亮吉《汉魏音》一书；乃刺取汉魏诸儒传注中音读之字所成者也。洪氏自叙云：

庶几谐声古读，复厥旧音；反语四声，此为前导。

盖以上承《诗》《易》《楚辞》，下接今音韵书，一拓古音研究之范围而已。惟其书编次，仍从《说文》字部旧目；而不将汉、魏人之读若、音近者，加以区分类别；未能如顾、江、戴、段诸人自成一家之学。故继诸家言古音者，惟推孔广森氏。

（二）孔氏之阴阳两类说

孔广森之古音学说，见于所著《诗声类》一书。孔氏分古韵为十八部，阴声九，阳声九，两两相配，而可以对转。《诗声类》自序云：

窃尝基于《唐韵》，阶于汉魏，跻稽于二《雅》、三《颂》、《十

五国之风》而绎之，而审之，而条分之，而类聚之，久而得之。有本韵，有通韵，有转韵。通韵聚为十二，取其收声之大同；本韵分为十八，乃又剖析于敛、侈、清、浊，豪厘纤眇之际。曰：《元》之属，《耕》之属，《真》之属，《阳》之属，《东》之属，《冬》之属，《侵》之属，《蒸》之属，《谈》之属，是为阳声九。曰：《歌》之属，《支》之属，《脂》之属，《鱼》之属，《侯》之属，《幽》之属，《宵》之属，《之》之属，《合》之属，是为阴声者九。此九部者，各以阴阳相配，而可以对转。其用韵疏者，或《耕》与《真》通，《支》与《脂》通，《蒸》《侵》与《冬》通，《之》《宵》与《幽》通；然所谓通者，非可全部混淆，间有数字借协而已。

孔氏阴声、阳声之说，出于戴震。惟戴氏于阴、阳之外，别列入声；而孔氏则自《缉》《合》等外，其余入声各部，皆以附丽于阴声。其言曰：

> 至于入声，则自《缉》《合》等闭口音外，悉当分隶。自《支》至《之》七部，而转为去声。盖入声创自江左，非中原旧读。(《诗声类自序》)

盖孔氏以古无入声，故不为之别列；此其与戴氏异处也。

(三) 孔氏古韵十八部

兹录孔氏十八部并合《广韵》韵目，举平赅上去，如下：

阳声九：	阴声九：
(一)《原》类，《元》《寒》《桓》	(一)《歌》类，《歌》《戈》《麻》。

《删》《山》《仙》。	
(二)《丁》类,《耕》《清》《青》。	(二)《支》类,《支》《佳》;入声,《麦》《锡》。
(三)《辰》类,《真》《谆》《臻》《先》《文》《殷》《魂》《痕》。	(三)《脂》类,《脂》《微》《齐》《皆》《灰》;(去声,《祭》《泰》《夬》《废》亦入此)入声,《质》《术》《栉》《物》《迄》《月》《没》《曷》《末》《黠》《辖》《屑》《薛》。
(四)《阳》类,《阳》《唐》《庚》。	(四)《鱼》类,《鱼》《模》;入声,《铎》《陌》《昔》。
(五)《东》类,《东》《钟》《江》。	(五)《侯》类,《侯》《虞》;入声,《屋》《烛》。
(六)《冬》类,《冬》。	(六)《幽》类,《幽》《尤》《萧》;入声,《沃》。
(七)《侵》类,《侵》《覃》《凡》。	(七)《宵》类,《宵》《肴》《豪》;入声,《觉》《药》。
(八)《蒸》类,《蒸》《登》。	(八)《之》类,《之》《咍》;入声,《职》《德》。
(九)《谈》类,《谈》《盐》《添》《咸》《衔》《严》。	(九)《合》类,入声,《合》《盍》《缉》《叶》《怗》《洽》《狎》《业》《乏》。

较之段玉裁《六书音均表》十七部,略有出入。段氏第十二、第十三两部,孔氏仍从江、戴合为《辰》类。段氏第九部,孔氏分为《东》《冬》二类。段氏第七、第八两部之入声,孔氏则并合之,另立

为《合》类；故共得十八部。

（四）孔氏东冬之分

段玉裁谓：

孔氏之功，在《屋》《沃》为一，《东》《冬》为二，皆以分配《尤》《侯》。（《答江有诰书》）

《冬》部之分列，实孔氏独创之见。孔氏《诗声类》卷五有云：

《冬》类古音与《东》《钟》大殊，而与《侵》声最近，与《蒸》声稍远。……今人之混《冬》于《东》，犹其并《侯》于《幽》也；《蒸》《侵》又《之》《宵》之阳声；故《幽》《宵》《之》三部同条，《冬》《侵》《蒸》三音共贯也。

段氏以为此乃孔氏卓识胜前人处，明顾、江、戴、段所未明者也。其言曰：

检讨举东声，同声，丰声，充声，公声，工声，冢声，悤声，从声，龙声，容声，用声，封声，凶声，邕声，共声，送声，双声，尨声，为一类；今一《东》、三《钟》、四《江》是也。冬声，众声，宗声，中声，虫声，戎声，宫声，农声，降声，宋声，为一类；今之二《冬》是也。核之《三百篇》《群经》《楚辞》《太元》，无不合。以《东》类配《侯》类，以《冬》类配《尤》类，如此而后侯、尤平入各分二部者，合此而完密无间。此孔氏卓识，胜于前四人处。（《答江有诰书》）

段氏之倾倒其书，可谓至矣。

（五）孔氏学说之缺点

然段氏以《诗声类》十八部中，《合》《缉》以下诸入声韵立为阴声第九类，以之配阳声第九类之《谈》《盐》诸韵，未免卤莽灭裂之过。段氏《答江有诰书》云：

> 孔氏以《侵》为阳类，配《宵》《肴》《豪》阴类；以《谈》《平》为阳类，配《缉》《合》以下诸入声韵、合为一部为阴类。平阳、入阴，与其全书谓阴阳各有平入者不合。又失《侵》之入并入于《谈》。此亦好奇自信之过；不足以述古，而适足以岐惑后学。

夫《缉》《合》诸韵，乃《侵》《谈》诸韵之入声；而孔氏竟列诸阴声类中。阴声各类，皆备有平、上、去，惟此合类独不备三声者，孔氏谓其闭口急读之故。《诗声类》卷十二云：

> 《缉》《合》诸韵为《谈》《盐》《咸》《严》之阴声；皆闭口急读之，故不能备三声。《唐韵》所配入声，惟此部为近古。其余部古悉无入声；但去声之中，自有长言，短言两种读法，每同用而稍别畛域。后世韵书遂取诸阴部去声之短言者，壹改为阳部之入声。

盖孔氏以古无入声，后世所谓入者，惟为阴部去声之短音；故自《支》至《之》，七类中入声诸韵，皆转为去声。独此《合》《缉》诸韵，以其为闭口急读之故，不能长言，遂失其平、上、去耳。孔氏此说，自迂曲难明。章炳麟论之曰：

孔氏之谬，但在古无入声之说。(《重刊古韵标准序》自注)

孔氏云，无入声，而《谈》与《缉》《盍》乃为对转。……皆若自乱其例。(《二十三部音准》)

此固孔氏学说之缺点；虽然，章氏谓定韵莫察乎孔，则其取诸孔说者独多也。

(六) 孔氏阴阳对转说

戴震《声类表》中，第八、第九二类，本无阴声；所谓《缉》《盍》独承阳声，《侵》《谈》无阴声可承也。戴氏列出入声九部，以为阴阳相配之枢纽；独此二类，仅具其阳声，故有入而无阴。孔氏抱古无入声之成见，以为今之入声，不过古时去声之短音所变；故以入声附诸阴声中，不为别立。《谈》类无阴声可配，乃不得不用《缉》《合》诸入声韵当作阴声以承之。此其配列之牵强不合自然者也。而孔氏言阴阳之相通，仍不得不以入声为其对转之枢纽；曰，去声自有长短两读，同用而别畛域。则又似以入声之音，为本来固具者；此又其说之含糊而矛盾处也。孔氏之言阴阳对转曰：

入声者，阴阳互转之枢纽，而古今迁变之原委也。举《之》《咍》一部而言之：《之》之上为《止》，《止》之去为《志》，《志》音稍短则为《职》；由《职》而转，则为《证》，为《拯》，为《蒸》矣。《咍》之上为《海》，《海》之去为《代》，《代》音稍短，则为《德》；由《德》而转，则为《嶝》，为《等》，为《登》矣。推诸他部，《耕》与《佳》相配，《阳》与《鱼》相配，《东》与《侯》相配，《冬》与《幽》相配，《侵》与《宵》相配，《真》与《脂》相配，《元》与《歌》相配；其间

七音递转,莫不如是。

孔氏所说虽较戴氏为详密:而以入声为阴阳对转之枢纽,则仍不出戴氏之范围也。戴氏谓有入之入与无入之去近,孔氏谓阴部去声之短音,即为阳部之入声;此又足证其说之本于戴也。虽然,戴氏别立入声,分韵部为阴、阳、入三类;而孔氏则附入声于阴类,谓入声本归于去;乃近于“平上为一类,去入为一类”之说者也。

十三、严可均之古音学说

（一）严氏修正孔广森之说

阴阳对转之说，始于戴东原，而成于孔㢲轩。惟孔氏十八部分配，尚有未完善之处；此严可均《说文声类》一书所由作也。严氏批评孔氏，谓其《幽》《冬》相配，《宵》《侵》相配，实有未当。其言曰：

> 阴阳对转之例，自孔㢲轩发之。然其书以《幽》配《冬》，以《宵》配《侵》；实有未尽其蕴者。古音《冬》即《侵》也，不应分为二类；《谈》则《侵》之变，《宵》则《幽》之变。孔以《宵》配《侵》，既不顺口，又左验绝稀。惟恃㝅从巢省，以为巢正《侵》之阴声。实则巢省者，形也，非声也。《说文声类》并《冬》入《侵》，更定为《幽》《侵》对转，则凭据实多。如㐁读若导，又读若沾；导读如字，又读为禫；……皆《幽》《侵》对转之证。㢲轩谓前贤既发其粗，后学乃窥其密；于此见述者之易，而作者之难也；诚哉、是言也。（《说文声类》下篇自注）

严氏既并《冬》入《侵》，又以《缉》《合》以下九韵，附于《谈》类；使《侵》与《幽》相配，《谈》与《宵》相配，共得十六类。盖有意弥缝

《诗声类》而作者也。（本胡秉虔《古韵论》）

（二）严氏《说文声类》之体例

严氏《说文声类》，分上下二篇，上篇阴声八类，下篇阳声八类；据许氏书九千四百余字，以声为经，以形为纬；以韵分字，以子系母；共列为十六类。各类阴阳相通，复依次顺逆循环，得互相通转。《说文声类自叙》曰：

> 汉儒去古未远，而《说文》幸存。《说文》谐声，财六之一，实逾太半。窃据其成业，撰《说文声类》二篇，以声为经，以形为纬。为检字者之不易，辄借《广韵》二百六部建立标题，分为十六类，合为八类，又大合为四类。众类联比，各循其次，上下关通，阴阳混一，顺逆互转，首尾循环。其合也一统无外，其分也毫厘有辨。同类相授，各有建首；母子相生，母别为纽；子又生子，系缀母后。广其变通之路，审厥出入之由；夫而后群经有韵之文皆可读；古人假借之法无不包矣。

其全书体例，不外此数语耳。

（三）严氏古韵十六类

兹录其十六类，阴类八，阳类八，统摄《广韵》韵目如下：

阴声八：	阳声八：
（一）《之》类，《之》《咍》；入	（一）《蒸》类，《蒸》《登》。

声,《职》《德》。

(二)《支》类,《支》《佳》;入声,《麦》《锡》。

(三)《脂》类,《脂》《微》《齐》《皆》《灰》;(去声《祭》《泰》《夬》《废》属此;)入声,《质》《术》《栉》《物》《迄》《月》《没》《曷》《末》《黠》《辖》《屑》《薛》。

(四)《歌》类,《歌》《戈》《麻》。

(五)《鱼》类,《鱼》《虞》《模》;入声,《铎》《陌》《昔》。

(六)《侯》类,《侯》;入声,《屋》《烛》。

(七)《幽》类,《幽》《尤》《萧》;入声,《沃》。

(八)《宵》类,《宵》《肴》《豪》。

(二)《耕》类,《耕》《清》《青》。

(三)《真》类,《真》《谆》《臻》《文》《欣》《魂》《痕》《先》。

(四)《元》类,《元》《寒》《桓》《删》《山》《仙》。

(五)《阳》类,《阳》《唐》《庚》。

(六)《东》类,《东》《钟》《江》。

(七)《侵》类,《侵》《覃》《咸》《衔》《凡》《冬》。

(八)《谈》类,《谈》《盐》《添》《严》;入声,《缉》《合》《盍》《叶》《帖》《洽》《狎》《业》《乏》。

(上所列《广韵》韵目,亦举平以赅上去;惟严氏所隶上、去各韵之字,多不依平声韵为分配。此为省略计,故不一一注出。)

以上十六类,严氏又以阴阳对转合为八类;音相比近,合为四类;以示各部相通之理。

（四）严氏定各类通转之例

严氏十六类，其间相互通转，立例颇繁；今以《之》《蒸》二类为例，约举其言如下：

> 《之》《蒸》对转合为一类，故《之》可通《蒸》。《之》《支》《脂》《歌》合为一类，故《之》可通《支》，可通《脂》，可通《歌》。《之》《支》《脂》《歌》《蒸》《耕》《真》《元》大合为一类，故《之》可通《真》，可通《元》。《歌》《鱼》声近，故《之》从《歌》转可通《鱼》。《幽》《宵》合为一类，《幽》《宵》《之》亦合为一类，故《之》可通《幽》、可通《宵》。《幽》《宵》《之》《侵》《谈》《蒸》亦大合为一类，故《之》可通《谈》。《幽》《侯》声近，故《之》从《幽》转可通《侯》。（《说文声类上篇》）
>
> 《蒸》《之》对转，合为一类，故《蒸》可通《之》。《蒸》《耕》《真》《元》《之》《支》《脂》《歌》大合为一类，故《蒸》可通《真》，可通《脂》。《元》《阳》声近，故《蒸》从《元》转可通《阳》。《侵》《谈》合为一类，《侵》《谈》《蒸》亦合为一类，故《蒸》可通《侵》。（《说文声类下篇》）

《之》《蒸》二类既得以阴、阳自相对转；又与《支》《脂》《幽》《宵》及《耕》《真》《侵》《谈》等，因比近得相通，或因比近之对转而亦得相通。章炳麟《国故论衡》及《文始》所载《古音成均图》，有近旁转，次旁转，正对转，次对转诸例；实本于严氏也。

（五）姚文田对于韵部通转之意见

严氏书成稍后，犹有姚文田，作《说文声系》。姚氏自叙谓：

与友人严氏可均往复商确，又益补其所缺漏。

则姚氏此书，又出于严氏之赞襄者也。亦以“母子相生”“子系母后”为其体例；姚氏自谓“变类取声，同条共贯”（《说文声系叙》）；故名曰声系。其书上下各十四卷，一依据《说文》之篇第与部目为次，而不以韵类标题分字；此其异于严氏《声类》者。又姚氏以为谐声之法，不外乎声近与声转两途；声近者，音虽变犹可归为同类；声转，则各因其自然之趋异，惟变所适；实有不能以一定之轨迹限制之者；是以合韵与对转诸说，皆可不立也。兹录其言如下：

汉人释经，一则曰声相近，一则曰声之转；大抵谐声之法，亦不出此两途。声近者，则屡变而不离其宗；声转者则再传而即为异类。……近世自顾氏炎武、江氏永后，金坛段氏玉裁、曲阜孔氏广森于音学皆有专书。然段书诸部皆言合韵；里巷歌谣，天籁自发，音谐则用，讵识部居？故合韵之说，不可用也。孔氏又创为对转之例；乡曲一隅，唇吻互异，惟变所适，众类佥同；故对转之说，不可用也。（《说文声系自叙》）

盖自段氏以音之远近，定合韵之次第，戴氏、孔氏又以阴、阳相配，明对转之由来；至严可均乃更融合诸家，既并阴、阳为一类，又并韵部比近者为一大类，又以因比近之对转，亦得通为一类。由上承下，因近及远；如此则所列各类，无有不彼此相通者矣。其说诚圆妙无间，无如立例广泛，令人不可究寻。夫立例之意，正在执简以驭繁也；立例而茫无界限，则其与不立也等。江有诰论段氏合韵云：

著书义例，当严立界限。近者可合，以音相类也；远者亦谓之

合，则茫无界限，失分别部居之本意矣。（《寄段懋堂先生书》）

吾于严氏《声类》所言亦云然。姚氏此说，乃并戴、段、孔诸家一概否认之，固未免矫枉过正；然其言诚足为严氏书之针砭，则其意殆不可没也。

（六）附论姚文田之古韵分部

至姚文田之古韵分部，见于所著《古音谐》一书；列为十七部，较之段玉裁《六书音均表》所分者大同小异。惟入声九部，其间离合分配，与段氏略有出入。而不以阴阳相配，盖不从孔、严诸家之说者也。《古音谐》卷首云：

> 是书合《唐韵》之平、上、去三声，定为十七部，分为七类。惟入声各部，每自相通转。且有异平同入者，如《幺幺》《爻》二部，其入声皆为屋。亦有同平异入者，如《齐》部之兑、岁等字，其入声为《月》部；世、内等字，其入声又为《合》部。故不能与三声为例。今别厘为九部，总为一类，合前共成八卷。

又姚氏韵部皆取《说文》形声字之声母为标目；兹录之如下：

> 平上去十七部：
> （一）《东》。（二）《侵》。（三）《登》。（四）《之》。（五）《齐》。（六）《支》。（七）《真》。（八）《文》。（九）《寒》。（十）《青》。（十一）《麻》。（十二）《鱼》。（十三）《侯》。（十四）《幺幺》。（十五）《爻》。（十六）《庚》。（十七）《炎》。

入声九部：

(一)《戠》。(二)《月》。(三)《易》。(四)《卩》。(五)《昔》。(六)《屋》。(七)《𥻗》。(八)《乐》。(九)《合》。

至姚氏论古字亦有数音(见《古音谐》卷首)，则本于钱大昕一字数音之说者也。

十四、江有诰之古音学说

（一）三百年来古韵上之发明

王国维有言：

> 自明以来，古韵上之发明有三：一为连江陈氏古本音不同今韵之说；二为戴氏阴阳二声相配之说；三为段氏古四声不同今韵之说；而部目之分析，其小者也。（《韵学余论五声说》）

陈氏之说，开清代三百年古音学之端绪。戴氏之说，为孔、严以下言阴阳对转者所本。若段氏之说，则又导江有诰、王念孙二家之先河也。试分述之如下：

（二）江君古韵分部之说明

江君有《音学十书》，即《诗经韵读》《群经韵读》《楚辞韵读》《子史韵读》《汉魏韵读》《二十一部韵谱》《二十一部谐声表》《入声表》《唐韵再正》《古韵总论》十种。此外又有《说文汇声》《唐韵四声正》《唐韵更定部分》诸书。江君初分古韵为二十部。盖本于段氏《六书音均表》之十七部，更分出《祭》《泰》《夬》《废》《月》《曷》《末》《辖》

《薛》九韵独为一部，有去、入而无平、上，不与《脂》《齐》通；又析《缉》《合》《盍》《洽》为一部，《叶》《怗》《业》《狎》《乏》为一部，皆无平、上、去，不与《侵》《覃》以下九韵通。故得二十部。兹录江君《寄段懋堂先生书》之言：

去之《祭》《泰》《夬》《废》，入之《月》《曷》《末》《辖》《薛》，表中并入《脂》部。有诰考此九韵，古人每独用不与《脂》通。盖《月》者，《废》之入，《曷》《末》者，《泰》之入，《辖》者，《夬》之入，《薛》者，《祭》之入，其类无平、上，与《至》《未》《质》《术》之有平、上者，疆界迥殊；则此九韵当别为一部无疑也。《缉》《合》九韵之配《侵》《覃》，历来举无异说。有诰则谓平、入分配、必以《诗》《骚》平入合用之章为据。《支》部古人用者甚少，《诗》《易》《左传》《楚辞》共三十九见，而四声互用者十之三。今考《侵》《覃》九韵，《诗》《易》《左传》《楚辞》共五十七见，《缉》《合》九韵，《诗》《易》《大戴》《楚辞》共二十二见，并无一字合用者；即遍先秦两汉之文亦无之；检《唐韵》之偏旁，又复殊异；盖几于此疆尔界，绝不相蒙，乌能强不类者而合之也？则当以《缉》《合》为一部，《盍》《叶》以下为一部，其类无平，上、去。盖四声之设，起于周、沈，本不可言古韵；又况《冬》无上，《祭》《泰》《夬》《废》无平、上，原非每部鉴定四声也。如此增立三部，合先生之所分，共二十部。

夫平、上为一类，去入为一类，其说出于段氏。乃段氏既不从戴氏脂、祭之分，又不以孔氏之另立合类为然；凡《唐韵》中去入之韵，似皆须隶属于平、上者；此实其两歧之见。江君乃一以偏旁谐声及《诗》《骚》平入同用之章为据，定入声之分配；凡古人所独用之去入韵，则另为别出。言古韵而完全脱离《唐韵》之科臼：此其胜于段氏处也。江君初分古韵二十部，后见孔氏《诗声类》书，遂分

《东》《冬》为二，另立中部，统为二十一部（见葛其仁《江晋三先生传》）。江君《复王石臞先生书》云：

段氏之分真、文，孔氏之分《东》《冬》，人皆疑之，有诰初亦不之信也。细细绎之，《真》与《耕》通为多，《文》与《元》合用较广，此《真》《文》之界限也。《东》每与《阳》通，《冬》每与《蒸》《侵》合，此《东》《冬》之界限也。

盖当时王念孙不以《东》《冬》之分为然；故江君辨正之。

（三）江君古韵二十一部

兹举平赅上、去，录江君二十一部所包《广韵》韵目如下：

（一）《之》部。《之》《咍》；《灰》《尤》三分之一；入声，《职》《德》；《屋》三分之一。

（二）《幽》部。《尤》《幽》；《萧》《肴》《豪》之半，入声，《沃》之半；《屋》《觉》《锡》三分之一。

（三）《宵》部。《宵》；《萧》《肴》《豪》之半；入声，《沃》《药》《铎》之半；《觉》《锡》三分之一。

（四）《侯》部。《侯》；《虞》之半；入声，《烛》；《屋》《觉》三分之一。

（五）《鱼》部。《鱼》《模》；《虞》《麻》之半；入声，《陌》；《药》《铎》《麦》《昔》之半。

（六）《歌》部。《歌》《戈》；《麻》之半；《支》三分之一；无入声。

（七）《支》部。《佳》；《齐》之半；《支》三分之一；入声，

《麦》《昔》之半；《锡》三分之一。

（八）《脂》部。《脂》《微》《皆》《灰》；《齐》之半；《支》三分之一；入声，《质》《术》《栉》《物》《迄》《没》《屑》《黠》之半。

（九）《祭》部。无平、上二声；去声，《祭》《泰》《夬》《废》；入声，《月》《曷》《末》《辖》《薛》《黠》之半。

（十）《元》部。《元》《寒》《桓》《山》《删》《仙》；《先》三分之二；无入声。

（十一）《文》部。《文》《欣》《魂》《痕》；《真》三分之一；《谆》之半；无入声。

（十二）《真》部。《真》《臻》《先》；《谆》之半；无入声。

（十三）《耕》部。《耕》《清》《青》；《庚》之半；无入声。

（十四）《阳》部。《阳》《唐》；《庚》之半；无入声。

（十五）《东》部。《钟》《江》；《东》之半；无入声。

（十六）《中》部。《冬》《东》之半；无上，入。

（十七）《蒸》部。《蒸》《登》；无入声。

（十八）《侵》部。《侵》《覃》；《咸》《凡》之半；无入声。

（十九）《谈》部。《谈》《盐》《添》《严》《衔》；《咸》《凡》之半；无入声。

（二十）叶部。无平、上、去；入声，《怗》《叶》《狎》《乏》；《盍》《洽》之半。

（二十一）缉部。无平、上、去；入声，《缉》《合》；《盍》《洽》之半。

上列二十一部及其入声各部之分配，江君乃集合顾、江、戴、段、孔诸家，而参以己见以成者也。段氏序其书，谓江君：

据《诗经》以分二十一部，大抵述顾氏，江氏及余说为多。

其《脂》《祭》之分，独见与戴氏适合者也。析《屋》《沃》以分隶《尤》《侯》；改《质》《栉》《屑》以配《脂》《齐》，独见与孔氏适合者也。《东》《冬》之分，则近见孔氏之书而取者也。于前人之说皆择善而从，无所偏徇。

段氏之倾倒其书，可谓至矣。

（四）江君古音有四声之说

古四声不同今韵之说，发于段氏；而段氏又谓古有平、上、入，而无去。至江有诰乃谓古时实四声完具，惟其所读之声，与今韵不合耳；因作《唐韵四声正》一书。江君之言曰：

有诰初见，亦谓古无四声，说载初刻凡例；至今反复䌷绎，始知古人实有四声。特古人所读之声，与后人不同。陆氏编韵时，不能审明古训，特就当时之声，误为分析：有古平而误收入上声者，如享、飨、颈、颡等字是也；有古平而误收入去声者，如讼、化、震、患等字是也；有古上而误收入平声者，如偕字是也；有古上而误收入去声者，如狩字是也；……有诰因此撰成《唐韵四声正》一书，仿唐《韵正》之例，每一字大书其上，博采三代两汉之文，分注其下；使知四声之说，非创于周、沈。（《再寄王石臞先生书》）

江君又谓古韵非每部鉴定四声，有具平、上、去而无入者，有具去，入而无平、上者，有具平而无上、去、入者。盖一以形声偏旁及古人用韵为依据，不受今韵分配之牵制。江君谓其所定二十部中：

其四声俱备者，七部：曰、《之》，曰、《幽》，曰、《宵》，曰、《侯》，曰、《鱼》，曰、《支》，曰、《脂》。有平、上、去而无入者，七部：曰、《歌》，曰、《元》，曰、《文》，曰、《耕》，曰、《阳》，曰、《东》，曰、《谈》。有平、上而无去、入者，一部：曰、《侵》。有平、去而无上、入者，一部：曰、《真》。有去、入而无平、上者，一部：曰、《祭》。有平声而无上、去、入者，二部：曰、《中》，曰、《蒸》。有入声而无平、上、去者，二部：曰、《叶》，曰、《缉》。一以三代两汉之音为准，晋、宋以后迁变之音不得而疑惑之。（《再寄王石臞先生书》）

江君因是以作《唐韵更定部分》，取《之》《幽》《宵》《侯》《鱼》《支》《脂》有四声者、七部，各分平、上、去、入得二十八部；《歌》《元》《文》《真》《耕》《阳》《东》《蒸》《侵》《谈》有三声者，十部，得三十部；《祭》部二声，有去、入无平、上，《中》部二声，有平、去无上、入，《叶》《缉》有入无平、上、去得六部；总六十四部。每部各分粗细二音、倍之得一百二十八部。惜是书未刊，不存于世（见葛其仁《江晋三先生传》）。而其言古韵之精深邃密，亦可于此推见大略焉。

（五）江君入声诸部之分配

江君入声之分配，详见于《入声表》。以偏旁形声定入声所承平、上、去各部之离合。江君之言曰：

平、上、去各部相承，其字之偏旁谐声，无不吻合；独《祭》《泰》《夬》《废》，不与平，上相蒙，则断其为无平、上矣。定入声者，曷不即此为例乎？《屋》《沃》字不与《东》《冬》相类，而谓为《东》《冬》之入，其谁信之？余即眘斋所配之入声择其善者从

之：以《陌》《昔》《锡》之半，为《支》《佳》入；《质》《术》《栉》《物》《迄》《没》《黠》《屑》，为《脂》《微》《齐》《皆》《灰》入；《职》《德》及《屋》之一，为《之》《咍》入；《月》《曷》《末》《辖》《薛》，为《祭》《泰》《夬》《废》入；《陌》《药》《铎》《昔》之半，为《鱼》《模》入；《沃》《觉》《药》《铎》《锡》之半，为《萧》《宵》《肴》《豪》入；《沃》《屋》之半，为《尤》入；《烛》与《屋》《觉》之半，为《侯》《虞》入；作为《入声表》。此部之入，他部不能假借；前人分配之谬，可不烦言而解矣。(《入声表叙论》)

所谓此部之入，他部不能假借；即谓异平不能同入也。而戴、段诸家之说，废矣。段氏序其书曰：

前人论入声韵最多歧，未有能折衷至当者。晋三则专据《说文》之偏旁谐声，及周、秦人平入同用之章为据，作《入声表》一卷，尤为精密。不惟陆氏分配之误辨明，即江、戴异平同入之说，亦可不必。其真知确见，有如此者。

江君《入声表》中，每字列其开、合等呼，以三十六字母为纬，以韵部为经。段氏序其书，谓江君：

精于呼等字母之学，不惟古音大明；亦且使今韵分为二百六部者，得其剖析之故。

江君之有功于韵学，为何如耶？段序又谓：

余与顾氏、孔氏皆一以考古，江氏、戴氏则兼以审音；而晋三于二者，尤深造自得。

如江君者，诚能熔顾、江、戴、段诸家于一炉，而益求深造者也。

（六）江君亦言合韵

江君又有《二十一韵韵谱》一书，亦未刊行于世。葛其仁《江晋三先生传》谓其书：

本金坛段氏十七部韵谱之例，就所未分析者，更为剖析；段氏凡隔部相协，概名合韵；先生则有通韵，合韵，借韵之例。

盖分部日加缜密，而终不能驭先秦韵文，斠若画一；是则段氏合韵之例，虽不免粗疏，江君究未能尽废其说而不用也。

（七）江君学说之后继者

江君古音学说，最影响于后人者，一为其立古韵二十一部，一为其古音有四声之说。夏炘《古韵表集说》，张成孙《说文谐声谱》，黄以周《礼书通故》之《六书通故》，以及章炳麟之二十三部，大都依江君所分，而参以王念孙之说者也。夏氏将《诗经》入韵之字，分以四声，列为《诗古韵表》；颇以江君古音四声之分为然。其言曰：

四声出于天籁，岂有古无四声之理？即如后世反切，自谓能得定音；其实古人终葵为椎，不聿为笔，邾娄为邹之属，已兆其端。反切必原于字母；古人之双声，与今等韵之字母悉合。可见今人所有，古人无所不有；岂有明白确切之四声，古人反不知之？观《三百篇》中，平自韵平，仄自韵仄，划然不紊。其不合者，古人所读之四声，有与今人不同者也。江君《唐韵四

声正》一书,考据最为明确。(《古韵表集说》卷下)

他如黄以周、刘逢禄亦主古有四声;至王国维,更进而为五声之说;别详于后。

十五、王念孙之古音学说

（一）王氏亦主古有四声

江有诰谓古人实有四声，特不合于今韵耳。同时王念孙所见略同。王氏《复江有诰书》曰：

> 顾氏四声一贯之说，念孙向不以为然。故所编古韵，如札内所举頯、飨、化、信等字，皆在平声；偕、茂等字，皆在上声，馆字亦在去声。其他指不胜屈，大约皆与尊见相符。至字则上声不收，惟收去、入为稍异耳。其《侵》《谈》二部，仍有分配未确之处，故至今未敢付梓；既与尊书大略相同，则鄙箸虽不刻可也。

（二）王氏韵部分有入无入二类

王氏古韵分部，见于其子引之《经义述闻》（三十一）中（今王氏音韵书已出世，王国维《观堂集林》卷八有《叙录》一篇），据顾、江、戴、段之说而更张之亦为二十一部。几与江有诰所分全同；惟无中部，而有《至》部；《至》部亦如《祭》部无平、上而有去、入耳。王氏《与李方伯书》，谓其二十一部：

分为二类：自《东》至《歌》之十部为一类，皆有平、上、去而无入。自《支》至《宵》之十一部为一类，或四声皆备，或有去、入而无平、上，有入而无平、上、去；而入声则十一部皆有之，正与前十类之无入者相反。此皆以《九经》《楚辞》用韵之文为准，而不从《切韵》之例。(《经义述闻》三十一)

是则王氏虽不言阴、阳两声之相配，而分无入之韵与有入之韵为两类；此固与孔氏之说相应者也。

(三) 王氏古韵二十一部

兹录王氏二十一部目如下：

(一)《东》	平	上	去	
(二)《蒸》	平	上	去	
(三)《侵》	平	上	去	
(四)《谈》	平	上	去	
(五)《阳》	平	上	去	
(六)《耕》	平	上	去	
(七)《真》	平	上	去	
(八)《谆》	平	上	去	
(九)《元》	平	上	去	
(十)《歌》	平	上	去	
(十一)《支》	平	上	去	入
(十二)《至》			去	入
(十三)《脂》	平	上	去	入
(十四)《祭》			去	入

（十五）《盍》				入
（十六）《缉》				入
（十七）《之》	平	上	去	入
（十八）《鱼》	平	上	去	入
（十九）《侯》	平	上	去	入
（二十）《幽》	平	上	去	入
（二十一）《宵》	平	上	去	入

（四）王氏与江君分部多同

王氏《与李方伯书》曰：

《切韵》平声自十二齐至十五《咍》，凡五部，上声亦然。若去声则自十二《霁》至二十《废》，共有九部，较平、上多《祭》《泰》《夬》《废》四部；此非无所据而为之也。考《三百篇》及《群经》《楚辞》，此四部之字，皆与入声之《月》《曷》《末》《黠》《辖》《薛》同用，而不与《至》《未》《齐》《怪》《队》及入声之《述》《物》《迄》《没》同用。且此四部有去、入而无平、上。《音均表》以此四部与《至》《未》等部合为一类，入声之《月》《曷》等，亦与术、物等部合为一类；于是《蓼莪》五章之烈、发、害与六章之律、弗、卒，《论语》"八士"之达、适与突、忽，《楚辞·远游》之至、比与厉、卫，皆混为一韵，而音不谐矣。（《经义述闻》三十一）

此王氏《脂》《祭》之分，所以同于戴东原及江晋三也。王氏又云：

今按《缉》《合》以下九部，当分为两部。遍考《三百篇》及《群经》《楚辞》所用之韵，皆在入声中，而无与去声同用者，而

平声《侵》《覃》以下九部。亦但与上、去同用，而入不与焉。然则，《缉》《合》以下九部。本无平、上、去明矣。（《经义述闻》三十一）

《缉》《合》以下九韵，江晋三分立《叶》《缉》，皆有入，无平、上、去，王氏亦列《盍》《缉》二部；此其不谋而合者也。

（五）王氏更立至部

王氏《与李方伯书》曰：

去声之至、霁二部，及入声之《质》《栉》《黠》《屑》《薛》，五部中，凡从至、从疐、从质、从吉、从七、从日、从疾、从悉、从栗、从桼、从毕、从乙、从失、从入、从必、从月、从血、从彻、从设之字，及密、实、逸、一、抑、别等字，皆以去、入同用，而不与平、上同用；固非《脂》部之入声，亦非《真》部之入声。《六书音均表》以为《真》部之入声，非也。《切韵》以《质》承《真》，以《术》承《谆》，以《月》承《元》。《音均表》以《术》《月》二部为《脂》部之入声，则《谆》《元》二部无入声矣；而又以《质》为《真》之入声，是自乱其例也。（《经义述闻》三十一）

此王氏之所以另立《至》部；《与江有诰书》谓：

段氏以《质》为《真》之入，非也而分《质》《术》为二则是。足下谓质非《真》之入，是也，而合《质》于《术》，以承《脂》，则似有未安。

盖《质》《术》两部之离合问题，即《至》部之应否分立也；王氏曾与江晋三往复辨论（见王氏《与江有诰书》，及江君复书），而江君竟不之从。此两家相异处，王实胜于江也。

（六）王氏东冬不分

至《东》《冬》不分，王氏谓：

> 孔氏分《东》《冬》为二，念孙亦服其独见。然考《蓼萧》四章，皆每章一韵，而第四章之冲冲、雝雝，既相对为文，则亦相承为韵；孔以冲冲韵浓，雝雝韵同，似属牵强。旄丘三章之戎、东、同，孔谓戎字不入韵；然蒙戎为叠韵，则戎之入韵明矣；《左传》作尨茸，亦与公、从为韵也。又《易》《彖传》《象传》合用者十条，而孔氏或以为非韵，或以为隔协；皆属武断。又如《离骚》之庸、降为韵，凡若此者，皆不可析为二类。（《与江有诰书》）

此孔氏《东》《冬》之分，王氏所以不从者也。然夏炘《古韵表集说》云：

> 核以《易传》《楚辞》，《东》《冬》或可不分；核以《诗》三百篇，则分用划然。不得以其偶通者，而并不通者而亦通之也。

故江晋三依孔氏分《东》《冬》为二，另立《中》部；而王氏竟不之从。此两家相异处，王又逊于江也。

（七）王氏学说之后继者

总之：王念孙与江有诰二家，分部稍有出入，而大致相同。其谓古有四声，及各部间四声之分配，亦多不谋而合。盖二氏考古，一以《九经》《楚辞》之用韵，及《说文》形声偏旁为准则，毫不受今音韵书之牵制；其程功相等，造就亦相若也。夏炘《古韵表集说》定为二十二部，即依江晋三之二十一部，而加以王氏之《至》部；其入声十一部之分配，亦一宗王氏。稍异者，王氏《至》部有去、入而无平、上；夏氏则定《至》部为有上、去、入而无平耳。丁以此作《毛诗正韵》，亦依据王氏，及参以孔广森之说，定为二十二部。近人王国维亦以为言古韵分部，而参合王江二家者，详密殆已臻其极。至黄以周《六书通故》之十九部，实为二十一部；盖《东》《冬》之分、仍依孔氏；《真》《文》之分，仍依段氏也。其部居及四声之分配，什九与王氏相同。惟《东》《冬》有分，《缉》《盍》并合；此其与王氏分部之异者，而实与张惠言之说相符。此外尚有朱骏声《说文通训定声》之十八部，乃依据于段懋堂，而参酌于王氏者也。罗惇衍《说文通训定声序》谓朱氏：

> 分为十八部：如《颐》《解》《履》部，别《之》《支》《脂》为三；《孚》《小》部，别《幽》《宵》为二；《需》《豫》部，别《侯》于《幽》，复别于《鱼》；大抵从懋堂先生为多。若别《霁》《质》于《真》，而为《泰》部，入声，以《屋》《独》承《侯》为《需》部；又参酌于怀祖先生之说。

朱氏十八部，以《易》卦为名；录之如下：

（一）《丰》。　（二）《升》。　（三）《临》。　（四）《谦》。

（五）《颐》。　（六）《孚》。　（七）《小》。　（八）《需》。
（九）《豫》。　（十）《随》。　（十一）《解》。　（十二）《履》。
（十三）《泰》。　（十四）《乾》。　（十五）《屯》。　（十六）《坤》。
（十七）《鼎》。　（十八）《壮》。

朱氏《说文通训定声自序》曰：

以字之体定一声；以经之韵，定众声；以通转之理，定正声、变声。

三百年来所以考明古音者，实不外此数语耳。

十六、张惠言之古音学说

(一)张氏作《说文谐声谱》

王、江二家以后，分部与之略同者，有张惠言氏。张氏作《说文谐声谱》，辑录未竟而卒；其子成孙续成之。成孙自叙其书，谓：

> 以《诗》《易》《屈》之韵讨其原，以汉以前之韵穷其变，而摄之以《说文》。《说文》之字盈万，见古韵者不及十二，而谐其声以次之，若合符节；许氏之学所以精且确也。

盖本先秦用韵为主，而赅以《说文》形声字者，列为二十部。

(二)张氏不宗广韵

张氏二十部，以《诗》中先出字为建首；而不以《广韵》韵目为其标目。《说文谐声谱序》有云：

> 诸家皆以《广韵》标目，其不合者，割裂分之；是取其虚目也。孔虽自建类首，而类中复以《广韵》为文，亦自繁其文也。今之读二百六部者少矣。求之于古，既不合，以示于今，则未

晓；而徒牵引之，分割之，甚无谓也。今故举而空之，以《诗》求韵，佐以《易》《屈》；以韵别部，以部类声，以声谐《说文》之字而已。韵书音切、概无取焉。

张氏以《广韵》部居，多不合于古，而遂摈弃不言；立论自属过当。黄以周《礼书通故·六书通故三》，有云：

《广韵》二百六韵之谱，次第虽疏，部分不至大谬。谐声之字，间有出入；而造字之元音，所谓凡某之属皆从某者，按韵读之，多合符节。故考古之士，皆宗《广韵》。张皋文辈，菲薄是书，可谓因噎废食者矣。

虽然，数百年来，拘滞于今音以言古音之弊；至张氏盖已廓清无余矣。

（三）张氏古韵二十部

兹录张氏二十部目如下：

（一）《中》。（二）《僮》。（三）《薨》。（四）《林》。（五）《岩》。（六）《筐》。（七）《萦》。（八）《蓁》。（九）《诜》。（十）《干》。（十一）《萋》。（十二）《肄》。（十三）《揖》。（十四）《支》。（十五）《皮》。（十六）《丝》。（十七）《鸠》。（十八）《芼》。（十九）《篓》。（二十）《岨》。

以上二十部，盖本段氏之十七部，而分出《冬》《泰》《缉》三部。

《说文谐声谱序》曰：

> 先君子曰：《冬》一部也，《泰》一部也，《缉》一部也；《冬》有平、去而无上、入；《泰》《缉》有去入而无平、上，当得二十部。

又谓：

> 曲阜孔广森为《诗声类》，于段氏十七部，《东》别出《冬》，合《真》《谆》为一；……合《盍》《缉》《叶》《怗》《洽》《狎》《业》《乏》别为一部，凡十八部。……出《冬》、出《合》，并与先君子之意同；其并《谆》《真》同江氏，则未善也，歙江有诰复于孔增三部，为二十一部；其分《真》《文》为二，《脂》《祭》为二，则是也；其分《叶》《缉》为二，则拘矣。

是可见张氏分部，除《叶》《缉》二部相并外，其余尽同于江有诰之说。又张成孙《说文谐声谱叙》自注云：

> 《蓁》部别出《至》部，成二十一部，则更密。以部分为先君子所定，未敢遽分。

则成孙续纂之时，已知《至》部之当别出，共为二十一部；此又取诸王念孙之说者也。

（四）张氏入声分配及其正纽反纽说

至张氏入声各部之分配，亦略同江有诰说。《说文谐声谱序》云：

入声分配则以正纽、反纽为则；正纽不韵，而反纽韵焉。故《缉》《合》《盍》《叶》《怗》《洽》《狎》《叶》《乏》为一部，《术》《物》《迄》《月》《没》《曷》《末》《黠》《辖》《薛》入《泰》，《质》《栉》《屑》入《脂》，《麦》《锡》入《支》，《职》《德》入《之》，《屋》入《尤》，《药》入《萧》，《沃》《烛》《觉》入《侯》，《铎》《陌》《昔》入《鱼》也。

所谓正纽、反纽者，刘逢禄《诗声衍条例》第五则，曾论述之；兹节录其言如下：

张皋文《合韵表》五篇，其四曰：同入四声，有正纽，反纽。正纽者，自平之入；反纽者，自入之平。凡入声字反纽为韵，正纽不为韵。……盖入声，古所谓短言；短言不成永歌，必引而长之。正纽者、声之收，反纽者声之引也。

入声短促，引而长之则为平；是即所谓反纽。平声延长，急收其音则为入；是即所谓反纽。凡以入声与平声为韵者，则必使入声引长；故曰：反纽为韵，正纽不为韵也。此以正纽、反纽定平、入之分配，即属异平同入之原理，亦即合韵、转音之所自来也。

（五）张氏亦主合韵之说

张氏最推崇段氏合韵之说。《说文谐声谱序》云：

古人用韵亦有不入部者，不知者，乃以为方音，或以为非韵，或以为学古之误，或以为古本二音；惟段氏合韵之说最为有见。今故即异平同入而广推之，以验古韵之出入。盖诗歌之为道也，必谐乎节奏；节奏有变，遂遁而之他；遁而之他，遂

谐乎他部之字。然所遁之部，必与所韵之部有关合焉。否则，紊乱而节不谐矣。

异部相谐，必于有关合之韵者，总不外平入之相互转化，足以调适节奏而已。

（六）张氏仍谓古无四声

张氏又谓古无四声，长、短、轻、重，惟求一时之谐和，彼此转变，莫不相通；自不如后世之字字固定也。《说文谐声谱叙》曰：

> 古无所谓四声也。长言则平，短言则上，重言则去，急言则入。咏叹之词宜乎平，比兴之词宜乎上、去、入。而上、去、入之音短，不足以成永歌，则或引而长之；至于繁缛促节，戛然阕止，则又或以短言为宜。是故四声或错杂相谐，去入或自为谐，务得其音之和而已。

则张氏此论，又与顾炎武古时四声一贯，平仄通押之说相合者矣。王念孙、江有诰二家、以古时实有四声，且分配固定，不能假借；张氏于此独与相反：谓古无所谓四声，则以平仄可通押也；谓异平同入，则以所配入声，亦得因以假借于他部也。张氏所言二十部及其入声分配，与王、江二家大致符合；而于四声转化之论，与二家乃有绝不相蒙者；此则不可不注意也。

（七）庄述祖亦分古韵二十部

刘逢禄《诗声衍条例六》有云：

武进庄氏、张氏分二十。

庄氏即指庄述祖；其古韵分部，当与张惠言之说相同。乃庄氏书不传于世，莫能窥见其大略耳。

十七、刘逢禄之古音学说

(一) 刘氏考古审音之作

刘逢禄之《诗声衍》，亦未成书。惟《刘礼部集》中载有《诗声衍序》《诗声衍条例》《四声通转略例》《诗声衍表》四篇，可以推见刘氏古音学说之大概。刘氏自言于顾、江、段、孔、庄、张诸家而外，酌古沿今，定为二十六部(见《诗声衍序》)，为长编二十六卷；盖非特以考存古音，而兼以审辨今音者也。《诗声衍条例》六云：

> 今采诸家之书，更正《广韵》标目，仿陆法言之意，如《支》《脂》《之》三韵、分之以存古，类之以适今；《江》韵之分，以《东》《钟》之音，将转入《阳》也；《庚》韵之分，以《阳》《唐》之音，将转入《耕》《青》也；《尤》《侯》《幽》之分，以尤为古《之》《哈》《灰》韵，将转入《萧》；《侯》为古虞音，将转入《萧》《幽》也。今分二十六部，为长编二十六卷，其注字则以《说文》为本，兼采《尔雅》《释名》经籍，训诂等书，以博其义；庶几长孙讷言所谓“酌古沿今，无以复加”者焉。

是可知刘氏二十六部，实所以兼赅古今音者也。

(二) 刘氏古韵二十六部

考《诗声衍表》中,并列出入声诸部,颇与戴东原二十五部相类似。兹录之如下:

(一)《冬》。(无上声;入声,转《侵》入《缉》;古不同用。)
(二)《东》。(无入声;转《萧》《愚》入《屋》;古不同用。)
(三)《蒸》。(无上声;入声,转《灰》入《职》;古不同用。)
(四)《侵》。(入声在《缉》;古不同用;江、孔、庄、张说同。)
(五)《盐》。(入声在《缉》;古不同用。)
(六)《阳》。(无入声。)
(七)《青》。(无入声。)
(八)《真》。(无入声;段云,入声在《质》;古不同用。)
(九)《文》。(无入声;转《微》入《未》;古不同用。)
(十)《元》。(无入声;转《微》入《未》;古不同用。)
(十一)《支》。(入声在《锡》;古同用。)
(十二)《锡》。(《支》之入。)
(十三)《歌》。(无入声。)
(十四)《灰》。(入声在《职》;古同用。)
(十五)《职》。(《灰》之入。)
(十六)《萧》。(入声在《屋》;古同用。)
(十七)《屋》。(《萧》《愚》同入;古同用。)
(十八)《肴》。(入声在《药》;古同用。)
(十九)《药》。(《肴》之入。)
(二十)《鱼》。(入声在《陌》;古同用。)
(二十一)《陌》。(《鱼》之入。)

（二十二）《愚》。（入声与《萧》同在《屋》；古同用。）

（二十三）《微》。（入声，去声、在《未》；庄云、古不同用。）

（二十四）《未》。（庄云、古独用。）

（二十五）《质》。（王观察云，古独用。孔、庄并入《未》部，段合《真》部，皆误。）

（二十六）《缉》。（《侵》《盐》同入；江、孔皆云，古独用。）

上列二十六部，较之戴氏二十五部，所异者：戴氏之《泰》《曷》二部，刘氏并入《未》部；又刘氏分《东》《冬》为二，《真》《文》为二，《萧》《肴》为二，皆戴氏所不分者。故戴氏二十五部，刘氏为二十六部也。

（三）刘氏入声诸部之分配

刘氏二十六部中，《锡》《职》《屋》《药》《陌》《质》《缉》为入声韵，《未》为去入韵，除《缉》部外，皆以配阴声；阳声除《侵》《盐》二部外，皆无入者。变更《广韵》分配之组织，盖原本于顾亭林之说者也。而与戴氏阴、阳二声、同入相配之论，又异其趣。

（四）刘氏合韵之例

刘氏虽不以入声同隶阴阳，而亦推崇段氏异平同入之论；谓异部相协，不外同入通合之理。《诗声衍条例》四云：

> 段氏以异平同入为合韵之枢纽，其义极精；如东、愚，阳、鱼，蒸、之，耕、支，真、脂，元、未、灰，以同入通合者，无论矣。

> 《侵》与《灰》不近也,而《侵》之入《缉》,与《灰》之入《职》,则相近;故急、入可协饬、服、国、式(《六月》《思齐》)。《支》与《鱼》不近也,而《鱼》之入在《昔》,《支》之入在《锡》,故释可协积、击、策、适,狄(亦声,《锡》韵)可协鬄、揥、晳、帝。以此类推,同入通合之理,可得其概矣。

是刘氏亦言异部同入相通之理;与王念孙、江有诰之以入声分配,固定不移者,自不同也。《诗声衍条例》八,论《诗》以双声合韵;九,论《诗》以转注为韵;十,论《毛诗》以假借为韵。是刘氏所言《毛诗》用韵之例,又不斤斤于韵部上之分合与通协者;则又与钱大昕之说相若。

(五) 刘氏古有四声之说

刘氏言合韵,以入声分配,可假借于他部;与王、江二家异趣。至其主张古有四声,则复与王、江之说相合。《诗声衍条例》一,论古有四声,辨孔氏无入声之误;二,论长言、短言,重读、轻读,辨段氏古无去声之误。即此可见刘氏主张古时实有四声;惟其分配,与今韵不合。刘氏述《古今四声通转略例》一篇,自谓:

> 以志由古入今,由今返古之辙。

即所谓古四声不同今韵也。其二十六部中:

> 平类十八,上类十六,去类十八,入类八,共六十类。古平、上、去、入通转,则十八部。不合其音,无以知古今之转变,不分其类,无以审古韵之畺界。

盖刘氏二十六部中，除《锡》《职》等七部入声韵，《未》一部去、入韵外，得平声韵十八部。故析之则为六十类，合之则为十八部也。刘氏此篇，明古韵四声分配，自有畺界，不同于今音，此又其说之近于王、江二家者也。

（六）附王国维之五声说

王念孙分有入之韵与无入之韵为两类阳声韵皆无入，阴声除《歌》部外皆有入。刘氏以入声诸韵属诸阴声，阳声除《侵》《盐》外，皆为无入之韵。大都主张阴类为有入之平，阳类为无入之平。至近人王国维更进而谓阳类无上、去，别创五声之论，曰：

古音有五声，阳类一，与阴类之平、上、去、入四是已。（《韵学余说五声说》）

王静安以为阳声悠扬，不容有上、去、入。且《群经》《楚辞》中，阳声之上、去多与平声通协；若阴声之上、去，则虽偶与平声协，而仍多自相协。又阳声诸部字以平声为声者十之八；而阴声诸部字，则以上、去、入为声者，乃多于平声。证诸事实，本诸音理；遂断言阳声无上、去、入也。兹录其言如下：

戴氏始从《广韵》区别此两类；而谓两者相配，异平而同入。孔氏本其说，而谓《广韵》有入者为阳声，无入者为阴声；阴、阳二声，各分九部，两两对转，而以入声为之枢纽。至高邮王氏，歙江氏更考之周、秦用韵，及文字之偏旁谐声，而谓《广韵》有入之平，古本无入，无入之平，古本有入；正与陆法言以来言今韵者相反；然其分平声为二类，则所同也。段、王、江三

君，虽不用阴声、阳声之名，然阳声诸韵，皆自相次；段君谓此大类有平、入无上、去，王、江二君则谓有平、上、去而无入。余则谓阳声自为一类，有平而无上、去、入。今韵于此类之字，读为上、去者，皆平声之音变；而此类之平声，又与阴类之平声性质绝异；如谓阴类之平为平声，则此类不可不别立一名。阳声一与阴声平、上、去、入四，乃三代、秦、汉间之五声；此说本诸音理，征诸周、秦、汉初人之用韵，求诸文字之形声，无不吻合。(《韵学余说五声说》)

王静安又谓：

余之五声说，及阳声无上、去、入说，不过错综戴、孔、段、王、江五家之说，而得其会通，无私毫独见参于其间。(《五声说》)

则五声说，王静安不自以为一家独创之见，惟本诸戴、段、孔、王、江诸人考证所得，综合推衍，成一结论而已。特其说仅见于《五声说》一篇，尚未阐发详尽，自不应轻信耳。

十八、章炳麟之古音学说

（一）章氏集清代古音学之大成

溯自顾亭林以来，言古音，最著者有十余家，自江氏、段氏以迄王念孙、江有诰，分韵渐次加密；自戴氏，孔氏以迄严可均，阴阳通转之理，亦阐发详尽；其他如江有诰极言古今四声之不同；如钱大昕发明古今声类有异。清季古音学之盛，盖如日丽中天矣。而综会诸家，参酌群言，集三百年学术之大成者，则更有章炳麟氏。

（二）章氏古韵二十三部

章氏之古韵学说，见于《小学略说·二十三部音准》诸篇，及《文始》等书。其古韵分部，自言以王氏二十一部为主，而参以孔氏《东》《冬》之说。《丙午与刘光汉书》（见《文录》二）有云：

> 古韵分部，仆意取高邮王氏外，复采《东》《冬》分部之义；王故有二十一部，增《冬》部则二十二。清、浊、敛、侈，不外是矣。

章氏又以《脂》部去入诸字，《诗》多独用，复析出《队》部。《文

始》二有云：

> 《队》《脂》相近，同居互转，若聿、出、内、术、戾、骨、兀、郁、勿、弗、卒诸声，谐韵则《诗》皆独用；而自、佳、雷或与《脂》同用。

故共得二十三部。兹录其《韵目表》如下：

《寒》	《歌》《泰》
《谆》	《队》《脂》
《真》	《至》
《青》	《支》
《阳》	《鱼》
《东》	《侯》
《侵》《缉》《冬》	《幽》
《蒸》	《之》
《谈》《盍》	《宵》

上表上列阳声，下列阴声，两两对转。章氏谓："诸阴声皆收喉，阳声或收唇、收舌，可以喉音为准。"(《音理论》)

（三）章氏二十三部之音读

若依戴氏《声类表》九类二十五部之例，一以喉音为准，表二十

三部：

《鱼》《阳》曰，乌、姎（《广韵》：乌郎切）；《支》《青》曰，娃（《广韵》：乌携切），贶（《青》部，今韵无可表音之字；贶、今音婴，古当作一开切）；《至》《真》曰乙、因；《脂》《队》《谆》曰，娓（《广韵》：于非切）、尉（《广韵》：于胃切，又纡物切）、昷；《歌》《泰》《寒》曰、阿、遏、安；《侯》《东》曰，讴、翁；《幽》《冬》《侵》《缉》曰，幽、雍（邕声字，近人皆说在《东》部；《诗》以袯雍为韵，冲雍为韵，则亦转入冬部，故举以表《冬》韵）、猎（《广韵》：乙咸切）、邑；《之》《蒸》曰，埃、膺；《宵》《谈》《盍》曰，夭、庵、瘟（《广韵》：乌合切）。（《音理论》）

惟章氏谓："戴君收喉，收鼻，收舌，收唇之说，未谛；阴阳相配，亦未精密；今但取其喉音表韵尔。"（《音理论》自注）则章氏与戴氏辨音，自有歧异处也。

（四）章氏辨析阳声诸韵之误

戴氏九类中，除第一类收喉外，其余《蒸》《东》《阳》《青》诸类，则谓皆收鼻音；《谆》《寒》二类，收舌、齿音；《侵》《谈》二类，收唇音。而章氏所言，竟与之大异。《小学略说》曰：

孔氏《诗声类》，列上下两行为阳声，阴声；其阳声即收鼻音，阴声非收鼻音也。然鼻音有三孔道：其一侈音印度以西皆以半摩字收之；今为《谈》《蒸》《侵》《冬》《东》诸部、名曰撮唇鼻音。（古音《蒸》《侵》常相合互用，《东》《谈》亦常相合

互用；以《侵》《谈》撮唇，知《蒸》《东》亦撮唇；今音则《侵》《谈》撮唇，而《蒸》《东》与《阳》同收；此古今之异。）其一弇音，印度以西皆以半那字收之，今为《青》《真》《谆》《寒》诸部，名曰上舌鼻音。其一轴音，印度以姎字收之；不待撮唇、上舌，张口气悟，其息自从鼻出，名曰独发鼻音。夫撮唇者，使声上扬，上舌者，使声下咽，既已乖异；且二者，非故鼻音也，以会厌之气被闭，距于唇，舌，宛转趋鼻，以求渫宣，如河决然。独发鼻音则异是；印度音、摩、那皆在体文，而姎独在声势，亦其义也。

章氏所谓撮唇者，即戴所谓收唇音也；章氏所谓上舌者，即戴所谓收舌齿音也；章氏所谓独发者，即戴所谓收鼻音也。戴氏九类，除以第一类收喉外，其余各类中，不分阴阳，概曰收鼻，曰收舌齿，曰收唇。章氏则谓阳声收鼻，阴声收喉；而阳声鼻音又分撮唇、上舌、独发三种；此其辨音，自较析于戴氏也。然戴氏谓《蒸》《东》《阳》《青》诸部收鼻，《谆》《寒》收舌齿，《侵》《覃》收唇；证诸现今粤音，自相吻合。自来词家所谓闭口音者，亦惟《侵》《谈》二类而已。则章氏应以《蒸》《东》《冬》《青》均为独发鼻音；而乃以《蒸》《东》《冬》为撮唇，《青》为上舌；征诸古今，无一当处。此则章氏辨音之误也。

（五）章氏定音分正韵支韵

章氏二十三部，据古音而言；《广韵》二百零六部中，亦兼包有古音。章氏《音理论》有云："《广韵》所包，兼有古今方国之音，非并时同地、得有声势二百六种也。"故《广韵》诸部，有正韵、支韵之不同。若以二百零六部合诸二十三，则或当以正韵定音，或当以支韵

定音，可相统摄也。章氏之言曰：

> 古音流传于晚世者，自二十三支分为二百六，则有正韵、支韵之异。以今观古，《侯》当从正韵，不从支韵之虞；支当从正韵，不从支韵之佳；歌当从正韵，不从支韵之《麻》；《幽》当从正韵，不从支韵之《萧》；此为以正韵定音。《脂》当从支韵之《微》；《之》当从支韵之《咍》；《青》当从支韵之《先》；侵当从支韵之咸。东当从支韵之江（江南呼江穹口，而大异于《阳》《唐》；江西尤墒）；此为以支韵定音。《鱼》《模》主模；《祭》《泰》《夬》《废》《曷》《末》《辖》《月》《薛》主《曷》《末》《辖》；此为以正韵诸部建其匌适之音。非审音端谛者，莫能明也。（《二十三部音准》）

从《广韵》以考求古音；后此黄季刚之学，实章氏此论有以启发之也。

（六）章氏平上与去入两分之说

《广韵》二百零六部，以四声为纲领；除阴声诸部无入，及《祭》《泰》《夬》《废》无平、上外，其余大都四声备具，各相隶属。章氏言古韵则以平、上与去、入分为两类。其言曰：

> 古平、上韵与去、入韵，堑截两分；平、上韵无去、入，去、入韵亦无平、上。（《二十三部音准》）

以平、上韵与去、入韵不相隶属；此不特与《广韵》之组织，根本相反，而与顾、江、戴、段诸家以入声附丽于阴声或阳声者，亦属异

趣。较之王念孙、江有诰分有入与无入为两界，又复不同。盖王、江二家以古有四声，特古四声不同于今韵；所定某部有平、上、去而无入，某部有去、入而无平、上，又某部有入而无平、上、去之类，皆不过示其与今韵分配相异而已；因未断言古时去、入韵与平、上韵堑截两分也。是章氏此说，诚足以补前人之不逮，所谓深造自得者。虽然，平、上为一类，去、入为一类，其说实源于段氏。

（七）章氏入声韵亦分阴阳两类

自来言入声分配，或隶于阴声，或隶于阳声，或阴阳同入；诚以入声者，可与阴、阳二声，对立为三也。乃章氏独分阳声去、入韵，阴声去、入韵；既以去、入与平、上并列，而又概分为阴、阳二类，不别列入声为一类；此又其与诸家特异者。其言曰：

> 《泰》《队》《至》者，阴声去、入韵也；《缉》《盍》者，阳声去、入韵也。（《二十三部音准》）

又曰：

> 古音本无《药》《觉》《职》《德》《沃》《屋》《烛》《铎》《陌》《锡》诸部，是皆《宵》《之》《幽》《侯》《鱼》《支》之变声也。有入声者，阴声有《质》《栉》《屑》一类，《曷》《月》《辖》《薛》《末》一类，《术》《物》《没》《迄》一类；阳声有《缉》类，《盍》类耳。（《二十三部音准》）

章氏之意，以为入声为一种促音；舒而为去，收声属阴声则为

阴，收声属阳声则为阳。《缉》《盍》收唇，其舒声与《侵》《谈》同收，故谓为阳声去、入韵；《泰》《队》《至》收喉，不与《寒》《谆》《真》同收，故谓为阴声去、入韵。兹录其言如下：

入声近他国所谓促音；用并音则阳声不得有促音。而中土入声、可舒可促；舒而为去，收声属阴声则为阴，收声属阳声则为阳。阴声皆入喉，故入声收喉者，丽阴声；阳声有收唇，收舌，故入声收唇者，丽阳声。《缉》《盍》收唇也，舒为《侵》《谈》去声，其收唇犹如故，以是与《侵》《谈》同居。《泰》《队》《至》皆有入声，舒其入声归《泰》《队》《至》，犹故收喉，而不与《寒》《谆》《真》同收，以是不与《寒》《谆》《真》同居。入声所以乏寡者，《之》部非不可促，促之乃与《至》同；《侯》《幽》《宵》非不可促，促之声相似也；《歌》《鱼》非不可促，促之声相似也；《蒸》部促之复若《缉》《阳》部促之复若《泰》，声相疑似，则止矣。（《二十三部音准》）

（八）章氏辨析入声诸韵之误

夫章氏以《缉》《盍》二部为阳声去、入韵者，以其有收唇之音，今粤语可证验也。章氏云：

问曰：今人呼《缉》《盍》诸部，舒之齐齿者，如《支》部去声；开口者，如《歌》部去声；违戾已甚，此今音不可证旧音也？答曰：《缉》《盍》之讹，以江、河内外，失收唇之音耳。呼以收唇，自转为《侵》《谈》去声，广东固未失矣。今人读入声，惟《缉》《盍》误为甚，故岭外为正音宗。（《二十

三部音准》）

乃不悟粤语入声，除《缉》《盍》收唇音外，犹有收腭音、收舌音二种。（此所谓腭音，乃指《见》《溪》诸母，亦曰牙音。所谓舌音，乃指《端》《透》诸母，亦曰舌头音。章氏《纽目表》，则以腭音为喉音；详下。）章氏谓鼻音有三孔道，因分阳声为三种；乃不悟入声亦分三种，适与阳声对立。《蒸》《东》《冬》《阳》《青》诸部之独发鼻音，其入声为《职》《德》《沃》《屋》《烛》《铎》《药》《觉》《陌》《锡》诸部，皆收有腭音者也。《真》《谆》《寒》诸部之上舌鼻音，其入声为《质》《栉》《屑》《物》《没》《迄》《曷》《月》《辖》《薛》《末》诸类，皆收有舌音者也。适与《侵》《谈》诸部之撮唇鼻音，其入声《缉》《盍》收有唇音者，同一音理。章氏独以粤语证《缉》《盍》之收唇，而不以粤语证其余入声，更有收腭、收舌两种；因谓古音无《药》《觉》《职》《德》《沃》《屋》《烛》《铎》《陌》《锡》诸部，而《泰》《队》《至》三部之入声不与《寒》《谆》《真》同收；此其偏失，殆较前人为尤甚者矣。入声诸韵，无论收腭，收舌，收唇，皆不当归入阳声类中；以其虽有收鼻之势，而无收鼻之音。入声者，与阴声、阳声皆不相同，而与之对立者也。乃章氏竟以《泰》《队》《至》为阴声去、入韵，《缉》《盍》为阳声去、入韵；于阴、阳二类外，不别列入声一类。孔广森谓古无入声，而以《合》类列于阴声韵中；此孔氏过误，章氏之失，殆尤甚焉。

（九）章氏之成均图

章氏古韵审音，既有差失，已如上述；以之言对转、旁转之理，自不免牵强谬误。章氏以独发鼻音，仅有《阳》部，遂立为轴音。又以撮唇鼻音，使声上扬，因谓《谈》《蒸》《侵》《冬》《东》诸部、曰侈音；

上舌鼻音，使声下咽，因谓《青》《真》《谆》《寒》诸部、曰弇音。章氏更以阳声之侈弇，定其相配之阴声诸部。其言曰：

> 阳声弇者，阴声亦弇；阳声侈者，阴声亦侈；阳声轴者，阴声亦轴。是故阴阳各有弇侈，而分为四，又有中轴，而分为六矣。(《小学略说》)

章氏既以《缉》《盍》收唇，归入阳声；故以《缉》与《侵》《冬》同居，而与《幽》为对转，以《盍》与《谈》同居，而与《宵》为对转。夫《侵》《谈》二部，本无其相配之阴声；故《缉》《盍》独承阳声，无阴声可承。章氏竟以《侵》《谈》与《缉》《盍》同居，而与《幽》《宵》对转；此其失，较诸孔氏之以《合》类归入阴声而与《谈》类对转者，奚啻倍蓰。而章氏作《成均图》，犹自以为正孔氏之失。其言曰：

> 孔氏所表，以审对转则优，以审旁转则䆻。《辰》《阳》鳞次，《脂》《鱼》栉比，由不知有轴音，故使经界华离，首尾横决；其失一也。《缉》《盍》二部，虽与《侵》《谈》有别；然交、广人呼之，同是撮唇；不得以入声相格。孔氏以《缉》《盍》为阴声；其失二也。对转之理，有二阴声同对一阳声者，有三阳声同对一阴声者，复有假道旁转以得对转者；非若人之处室，妃匹相当而已。孔氏所表，欲以十八部相对，伉㪅不踦，有若鱼贯；《真》《谆》二部，势不得不合为一。拘守一理，遂令部曲掍殽；其失三也。今为圜则正之，命曰《成均图》。《成均图》者，大司乐掌成均之法，郑司农以均为调；古之言韵曰均，如陶均之圆也。(《小学略说》)

而实则章氏配列之误，殆尤甚于孔氏也。兹录其《成均图》如下：

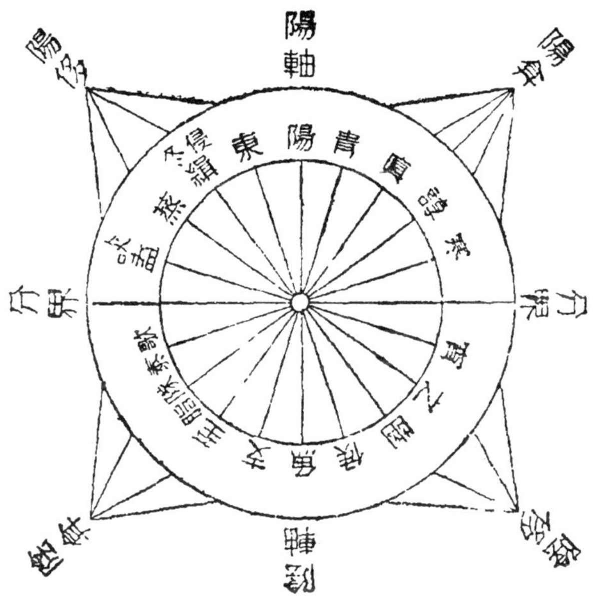

（十）章氏对转旁转诸例

《成均图》中，以阴阳各有弇侈，分为四列。凡同列皆得旁转；其比近者曰近旁转，相远者曰次旁转。（章氏作《文始》，复加近转一名。以二部同居者为近转，如《歌》与《泰》，《队》与《脂》，《冬》与《侵》《缉》，《谈》与《盍》，是也。）《鱼》《阳》二部为中轴之音，章氏以为《鱼》者、闭口之极，阳者、开口之极；故《阳》部与阳侈声、阳弇声皆旁转，《鱼》部与阴侈声、阴弇声皆旁转。章氏云：

> 夫惟当轴处中，故兼揽弇、侈之声，与之交捷；其弇、侈者，为轴所隔，则交捷之途绝矣。（《小学略说》）

阴阳各部相对曰，正对转；复有自旁转而成对转者，曰次对转。《鱼》部与阴侈、阴弇诸部皆旁转，又自旁转得与阳侈、阳弇诸部皆成次对转；《阳》部与阳侈，阳弇诸部皆旁转，又自旁转得与阴侈、阴弇诸部皆成次对转。此所谓兼揽弇侈，与之交捷者也。章氏承孔广森、严可均二家之说，而更分弇侈以成四列，立中轴为之经界。其立例详密，固进于二氏；而穿凿则尤甚者也。章氏于正次旁转、对转外，又立交纽转与隔越转二例：凡阴声、阳声虽非对转，而以比邻相出入者，为交纽转；凡隔轴声者、不得转，然有间以轴声隔五相转者，为隔越转；旁转、对转为正声，而此则变声也。章氏云：

> 此皆奇牾错出，不别弇侈，不入旁转、对转之条；而亦成条贯，有分理。盖余分闰位，声音之间气也；不为常率，又非可泯绝其文；故谓之变声尔。(《小学略说》)

盖旁转、对转，正次诸目，科条虽细，犹不能驭字音之转变；乃不得不另归于变声。所谓变声者，依据双声相转，而不入韵部旁转，对转之条也。章氏乃另立交纽转，隔越转二科，其立例烦赘；是尤说之牵强者也；章氏作《文始》，遂削除此二转之名，而谓双声相转为变声；盖已自加以改正矣。

（十一）章氏娘日二母归泥说

自钱大昕发明古今声类有异，又谓古音无轻唇、舌上。章氏承之，谓古无《娘》《日》二母，作《古音娘日二母归泥说》。今约举其言如下：

> 古音有舌头《泥》纽；其后支别，则舌上有《娘》纽，半舌、

半齿有《日》纽，于古皆《泥》纽也。何以明之？涅，从日声；《广雅·释诂》：涅，泥也；涅而不缁，亦为泥而不滓。是日、泥同纽也。昵，从日声，《说文》引《传》，不义不昵；《考工记·弓人》，杜子春注引传，不义不昵；是日、昵音同也。……举此数事，今《日》纽者，古音皆在《泥》纽；其他以条列比况可也。今音泥、埿在《泥》纽，尼、昵在《娘》纽；仲尼，《三苍》作《仲埿》；《夏堪碑》曰，仲泥何侘；足明尼声之字，古音皆如埿、泥；有《泥》纽，无《娘》纽也。……其他亦各以条列比况可也。

（十二）章氏又谓正齿齿头不分

章氏又谓正齿，齿头，古亦不分。其言曰：

《精》《清》《从》《心》《邪》本是《照》《穿》《床》《审》《禅》之副音。当时不解分等，析为正齿、齿头二目。若尔，《来》之与良，《见》之与贯，亦可分为数纽。彼既掍成，此何繁碎？古今音既非大异，故亦如律分配。（《新方言》十一）

是以古音仅有喉、牙、舌、齿、唇、半舌六类。章氏云：

古音纽有舌头，无舌上，有重唇，无轻唇，则钱大昕所证明。《娘》《日》二纽，古并归《泥》，则炳麟所证明。正齿，舌头，虑有鸿细，古音不若是繁碎，大较不别。齐庄中正，为齿音双声；今音中在舌上，古音中在舌头；疑于类隔齿舌，有时旁转；钱君亦疏通之矣。此则今有九音，于古则六，曰：喉、牙、舌、齿、唇、半舌也。（《古双声说》）

（十三）章氏之纽目表

古音喉、牙、舌、齿、唇、半舌六类中，章氏又以半舌归入舌音；故其所定《纽目表》如下：

喉音	牙音	舌音	齿音	唇音
《见》	《晓》	《端》《知》	《照》《精》	《帮》《非》
《溪》	《匣》	《透》《彻》	《穿》《清》	《滂》《敷》
《群》	《影》《喻》	《定》《澄》	《床》《从》	《并》《奉》
《疑》		《泥》《娘》《日》	《审》《心》	《明》《微》
		《来》	《禅》《邪》	

上表以《见》四母为喉音，《晓》四母为牙音，乃依晁公武所定者；《文始》更名曰深喉，浅喉，则用韩道昭说。又谓：“右纽目，其旁注者，古音所无。”则章氏以古无齿头而有正齿；以今考之，适得其反。

（十四）章氏古音双声说

《文始》纽目表又言双声之例，谓：“诸同纽者，为正纽双声；诸同类者，为旁纽双声；深喉、浅喉，亦为同类；舌音、齿音，鸿细相变。”所谓同纽者，即同属一母之字；所谓同类者，即母不同而发音同一部位之字。喉、牙二音，亦属同类双声；舌、齿二音，又得互相通转。章氏又有《古双声说》谓：“类隔舌、齿，有时旁转”“喉、牙二音，互有蜕化”。又谓：“喉、牙足以衍百音，百音亦终驯复喉牙”；舌、齿、唇诸音，有时遒敛为喉、牙，喉、牙有时亦发舒为舌、齿、唇；

以明喉、牙为生人之元音，古时本得贯穿诸音，而与之通转也。

（十五）附黄承吉之曲直通说

清季黄承吉分古音为曲、直、通三类；以为顾、江、戴、段之书，不过薄书核校，非闳通者所务。其书曰：

> 凡字同声者，即同纲义；纲之统同者云何？曲、直、通之声、义、象，是也。（《义府后序》）

又曰：

> 凡古书之用为通假者，皆同声也；惟声同故义象同，惟声、义、象皆同，故可通假。（《义府后序》）

然黄氏所定曲、直、通三类，如以《东》为通象之声，以《侯》为曲象之声；则二类相隔，何以有对转之例？故章太炎论之曰：

> 黄氏所条，易则易矣；然且曲、通相阂，《侯》《东》无以对转；诚欲就简，独有合为一部，循二毛之谰语，斯则可也。（《文始略例·辛》）

盖古韵分部虽多，可因音之近远，合为数类；自不仅用以考古，而兼为审音者也。章氏《丙午与刘光汉书》云：

> 分部虽繁，要当知其邻类，如《之》与《萧》《尤》为类，《脂》与《真》《文》《元》为类，《支》《歌》为类，《蒸》《侵》《覃》为类，

《东》《阳》《庚》为类，此皆眇合自然，今古不异。戴段诸公，于斯尽瘁；审音有素，非专比合《诗》《骚》后学守文，局于当句，故为承吉所讥。虽然，宁人于此，诚有刮缺矣；江戴诸公，盖非承吉所能讥也。

盖刘师培《正名隅论》（见《国粹学报》丙午，第四册）盛称黄氏之说，故章氏作书辨及之。

十九、黄侃之古音学说

（一）黄氏补正章太炎之学

章氏审音，既有差失；而其所定古韵二十三部，亦未完善。盖章氏主张古平、上韵与去，入韵、堑截两分；凡平、上韵无去、入，去、入韵亦无平、上。是以《泰》《至》《缉》《盍》四部，从戴、孔、王、江诸家，析为独立之韵；又于《脂》部分出去、入韵《队》部。乃章氏于阴声《支》《鱼》《侯》《幽》《之》《宵》诸部之入声韵，仍未分出；而曰：古音无《药》《觉》《职》《德》《沃》《屋》《烛》《铎》《陌》《锡》诸部；此其说之未完善者。于是章氏弟子黄侃，补正之，定为二十八部。

（二）从《广韵》中考定古韵

惟黄侃考定古韵，与三百年来取证于先秦诗文用韵及《说文》形声偏旁者，其所采途径又不同。黄氏之二十八部，乃依据《广韵》内所包含之古本音以考得者也。案，《广韵》二百零六部包有古音，始发现之者，亦为江慎修、戴东原诸人。戴氏《声韵考》云：

> 隋唐二百六韵，据当时之音，撰为定本；至若古音，固未之考也。然别立四《江》以次《东》《冬》《钟》后，似有见于古

用韵之文,《江》合于《东》《冬》《钟》,不入《阳》《唐》,故使之特自为部。不附《东》《冬》《钟》韵内者,今音显然不同,不可没今音,且不可使今音、古音相杂成一韵也。不次《阳》《唐》后者,撰韵时,以可通用字相附近,不使以今昔之近似而淆紊古音也。

戴氏此论,即以《广韵》二百零六韵,兼有古本音、今变音二种;东韵者,古本音也,江韵者,今变音也。章太炎亦谓《广韵》所包,兼有古今方国之音,非并时同地得有声势二百零六种。黄氏秉承其说,又发现古本韵中所用音切,无轻唇、舌上诸母之字,知古本韵中,皆用古纽为切;因古纽以考古韵,得三十二部。其中《歌》《戈》《曷》《末》《寒》《桓》《痕》《魂》八韵。古本四韵,《广韵》以其兼有开、合,分之为八;黄氏仍合之,计得二十八部。阴声八:《歌》《灰》《齐》《模》《侯》《萧》《豪》《咍》;阳平十:《寒》《痕》《先》《青》《唐》《东》《冬》《登》《覃》《添》;入声十:《曷》《没》《屑》《锡》《铎》《屋》《沃》《德》《合》《帖》。

(三) 黄氏古本韵二十八部

较之章太炎二十三部,多入声《锡》《铎》《屋》《沃》《德》五部,兹录其古本音表(见黄氏《与人论治小学书》)如下:

阴声	入声	阳声
	《屑》(开合细)章氏《至》部	《先》(开合细)章氏《真》部
《灰》(合洪)章氏《脂》部	《没》(合洪)章氏《队》部	《魂》《痕》(合开洪)章氏《谆》部

阴声	入声	阳声
《歌》《戈》(开合洪)章氏《歌》部	《曷》《末》(开合洪)章氏《泰》部	《寒》《桓》(开合洪)章氏《寒》部
《齐》(开合细)章氏《支》部	《锡》(开合细)章氏与《支》不分	《青》(开合细)章氏《青》部
《模》(合洪)章氏《鱼》部	《铎》(开合洪)章氏与《鱼》不分	《唐》(开合洪)章氏《阳》部
《侯》(开洪)章氏《侯》部	《屋》(合洪)章氏与《侯》不分	《东》(合洪)章氏《东》部
《萧》(开细)章氏《幽》部		
《豪》(开洪)章氏《宵》部	《沃》(合洪)章氏与《宵》不分	《冬》(合洪)章氏《冬》部
《咍》(开洪)章氏《之》部	《德》(开合洪)章氏与《之》不分	《登》(开合洪)章氏《蒸》部
	《合》(洪)章氏《缉》部	《覃》(细)章氏《侵》部
	《怗》(细)章氏《盍》部	《添》(细)章氏《谈》部

黄氏审辨音韵，实多取于戴氏之说。其定二十八部，亦以戴氏所论，补正章太炎之二十三部也。黄氏《音略》云：

> 古韵部类，自唐以前，未尝昧也；唐以后，始渐茫然。宋郑庠肇分古韵为六部，得其通转之大界；而古韵究不若是之疏。爰逮清朝，有顾、江、戴、段诸人，毕世勤叩，各有启发；而戴君所得为独优。本师章氏论古韵二十三部，最憭慄矣。余复益以戴君所论，成为二十八部。

盖其于章氏二十三部外，更列入声《锡》《铎》《屋》《沃》《德》五部者，皆本于戴氏所定者也。

（四）黄氏二十八部之所本

章氏定二十三部，自谓依先儒所定部目，无所改作（见《二十三部音准》）。黄氏立二十八部，亦自谓："皆本昔人，未曾以肊见加入。"（《音略》）兹录其所本如下：（下表亦见《音略》）

《歌》顾炎武所立	《寒》江永所立	《曷》王念孙所立
	《先》郑庠所立	《屑》戴震所立
《灰》段玉裁所立	《痕》段所立	《没》戴所立
《齐》郑所立	《青》顾所立	《锡》戴所立
《模》郑所立	《唐》顾所立	《铎》戴所立
《侯》段所立	《东》郑所立	《屋》戴所立
《萧》江所立		
《豪》郑所立	《冬》孔广森所立	《沃》戴所立
《咍》段所立	《登》顾所立	《德》戴所立
	《覃》郑所立	《合》戴所立
	《添》江所立	《怗》戴所立

虽然，黄氏二十八部之立，固一一本诸昔人，而悉以《广韵》中之古本韵为标目，更定二十八部之名。是乃综会诸家，而益以独造之见者也。

（五）黄氏二十八部之音读

黄氏并审明古音读法，于各部下，注其开、合、洪、细外，又以其

所定韵摄加以说明：《歌》即《阿》摄开、合；《灰》即《依》摄合口；《齐》即《依》摄齐、撮；《模》即《乌》摄合口；《侯》即《讴》摄开、合；《萧》即《爊》摄齐、撮；《豪》即《爊》摄开、合；《咍》即《哀》摄开、合；此阴声八部皆为纯韵，即黄氏所谓“纯用喉音收韵”者也。（此喉音，与章太炎以《见》四母为喉音者绝异。）《寒》即《安》摄开、合；《先》即《安》摄齐、撮；《痕》即《恩》摄开、合；黄氏谓为收舌之阳声；《青》即《罂》摄齐齿；《唐》即《鸯》摄开、合；《东》即《翁》摄开、合；《冬》即《碚》摄开、合；《登》即《罂》摄开、合；黄氏谓为收腭之阳声；《覃》即《谙》摄开、合；《添》即《谙》摄齐、撮；黄氏谓为收唇之阳声；此阳声十部，乃纯韵之附有鼻音者，即黄氏所谓“用喉音收韵，而加以鼻音，或更由鼻音而加以收唇”者也。《曷》即《遏》摄开、合；《没》即《麧》摄合口；《屑》即《遏》摄齐齿；黄氏谓即收舌之入声；《锡》即《馊》摄齐齿；《铎》即《恶》摄开、合；《屋》即《屋》摄合口；《沃》即《沃》摄合口；《德》即《馊》摄开、合；黄氏谓即收腭之入声；《合》即《始》摄开、合；《帖》即《始》摄齐、撮；黄氏谓即收唇之入声；此入声十部乃阴声，阳声之短音。即黄氏所谓“喉音鼻音共同之促音”也。（以上见《音略》）

（六）黄氏改正章太炎之误处

章氏以独发鼻音，只有《阳》部，而以《东》《冬》《蒸》为撮唇鼻音，《青》为上舌鼻音；黄氏则以《唐》《冬》《登》《青》皆为收腭加鼻之韵。章氏以《缉》《盍》二部收唇，因谓为阳声之去、入韵；其余《泰》《队》《至》三部之入声，谓其不与《寒》《谆》《真》同收，因属之于阴声去、入韵；黄氏则以《合》《怗》收唇外，又以《曷》《没》《屑》收舌，《锡》《铎》《屋》《沃》《德》收腭，诸入声韵乃阴声，阳声共同之短音。又章氏以《谈》《盍》配《宵》《冬》《侵》《缉》配《幽》；黄氏

则仍依戴氏之说,《覃》《添》皆无阴声相配,《合》《怗》二部只承阳声。此实黄氏采取戴东原之所长,而以补正其师章氏说之短者也。

(七) 黄氏谓古音只有平入之分

章氏仅谓古时去、入韵与平、上韵绝然两分,犹未断然以为古时无上、去二声也。黄氏则谓古无上、去,惟有平、入。《音略·略例》云:

> 四声,古无去声,段君所说;今更知古无上声,惟有平、入而已。

盖四声之分,自顾、江以来,皆不过以为迟、疾、轻、重之间而已;自不如阴、阳、入之分,以收韵不同之显著者也。故谓古有四声,自不如谓古有阴、阳、入,较为可信。阴、阳、入者,即平、入之分也。

(八) 黄氏对于古音通转之意见

至章太炎所定对转,旁转诸例,黄氏亦尝言之;谓其理即具于《广韵》中(见黄氏《与人论治小学书》)。然又谓阴阳对转,自合音理可以成立外,其余旁转诸名,可以不立,盖皆得以双声赅之也。黄氏《音略·略例》曰:

> 古音通转之理,前人多立对转、旁转之名。今谓对转于音理实有;其余名目,皆可不立。以双声、叠韵二理,可赅括无余也。

黄氏盖已嫌严、章诸家，立例过繁；而犹不足尽驭字音之转变，仍有所谓不依常率之变声；故旁转诸条，一以双声赅之，反觉执简可驭繁矣。古有以双声协韵者，钱大昕已详论之；声音通转之理，自不仅受韵部之范围也。钱玄同《文字学·音篇》，亦取黄氏之说，谓：

> 言古韵通转者，又有旁转之说；谓同为阴声，或同为阳声，或同为入声，彼此比邻，有时得相通转。（如《豪》《萧》《哈》《唐》《东》《冬》《曷》《屑》《没》之类。）然韵部之先后排列，言人人殊，未可偏据一家之论，以为一定不易之次第；故旁转之说，难以信从。窃谓古今言语之转变，由于双声者多，由于叠韵者少。不同韵之字，以同纽之故，而得通转者，往往有之；此本与韵无涉，未可偏据以立旁转之名也。

（九）从《广韵》中考定古声

黄氏从《广韵》中考明古音，最得力于陈澧《切韵考》一书，谓陈氏所考定四十一声类，实兼备古今。其言曰：

> 番禺陈君著《切韵考》，据切语上字以定声类，据切语下字以定韵类；于字母，等子之说，有所辩明；足以补阙失，解拘挛；信乎今音之管籥，古音之津梁也。其分声为四十一，兼备古今，不可增减。（《与人论治小学书》）

则知《广韵》四十一声类中，有古本声与今变声之殊。黄氏更从《广韵》，考得其古本韵中所用之音切，皆古本声之字，无用今变声者。其师章太炎亦深赏之，谓为音学上一大发明。章氏《蓟汉

微言》云：

黄侃云：歌部音本为元音；观《广韵》《歌》《戈》二韵音切，可以证知古纽消息；如《非》《敷》《奉》《微》《知》《彻》《澄》《娘》《照》《穿》《床》《审》《禅》《喻》《日》诸纽，《歌》《戈》部中皆无之，即知古无是音矣。此亦一发明。

（十）黄氏古声十九类

黄氏因是以考知古声类仅有十九。今约举其《音略》所云：喉音，《影》《晓》《匣》三类，为古本声；《为》《喻》二类，皆《影》之变声。牙音，《见》《溪》《疑》为本声；《群》为《溪》之变。舌音，《端》《透》《定》《泥》《来》为本声；《知》《照》为《端》之变，《彻》《穿》《审》为《透》之变，《澄》《神》《禅》为《定》之变，《娘》《日》为《泥》之变。齿音，《精》《清》《从》《心》为古本声；《庄》为《清》之变，《床》为《从》之变，《邪》《疏》为《心》之变。唇音，《帮》《滂》《并》《明》为本声；《非》为《帮》之变，《敷》为《滂》之变，《奉》为《并》之变，《微》为《明》之变。是《广韵》四十一声类中，十九类为古本声，二十二为今变声；由此断定古之声类，止有十九。表之如下：（凡旁注者，古音所无）

喉音	牙音	舌音	齿音	唇音
《影》《为》《喻》	《见》	《端》《知》《照》	《精》《庄》	《帮》《非》
《晓》	《溪》《群》	《透》《彻》《穿》《审》	《清》《初》	《滂》《敷》
《匣》	《疑》	《定》《澄》《神》《禅》	《从》《床》	《并》《奉》

喉音	牙音	舌音	齿音	唇音
		《泥》《娘》	《心》《邪》	《明》《微》
		《日》	《疏》	
		《来》		

此古声十九类，一面以证明钱、章二家所见之无误，一面又以补足二家考证之未备；殆庶几臻于完善者矣。

（十一）古音学上之定论

黄氏既从《广韵》古本韵中，考得此古声十九类；又即此十九类以考得古本韵三十二部：凡古本韵中所用之音切，皆此十九类之古本声，无其他二十二部之今变声。此三十二部古本韵中；虽间有一二字为今变声者，如《先》韵有狗字，属《床》纽；《灰》韵上声有倄字，属《为》纽；《曷》韵有藒字，属《喻》纽等；黄氏谓系后人增加，缀于部末，非陆君之旧，不可执是以讥其说之不谂也（见黄氏《与人论治小学书》）。此三十二部古本韵，与十九类古本声，互相证明，两两吻合；以是知其说之不可移矣。黄氏兼揽各家之长，而本其独创之见，以立一严密之古音体系——古韵二十八部，古声十九类——世人推尊为古音学上之定论也，宜哉！

二十、最近对于古读之考证

（一）古音读法问题

古韵之学至于章、黄二家，可谓美矣！备矣！然章氏作《二十三部音准》，黄氏又以其所定韵摄说明古音读法；此不过以今人之读，悬测古音，尚未得有确实之证明者也。吾辈生于现代，于魏、晋、唐、宋时代之今音韵书，已不能得其确读，而况秦、汉以上者乎？如《歌》《麻》二韵，唐、宋时，以《歌》《戈》《麻》为一摄，究应读《歌》如《麻》乎？抑应读《麻》如《歌》乎？治古韵者，又以《麻》部之字三之二归入《鱼》《模》，三之一归入《歌》《戈》；则《麻》部之字，应分读为《鱼》《模》《歌》《戈》乎？抑《鱼》《模》《歌》《戈》之字，应合读为《麻》音乎？固未可徒恃今读而加以臆断者也。近人汪荣宝作《歌、戈鱼虞模古读考》一文（载北京大学《国学季刊》第一卷第二号），始提出此问题而研究之。其言曰：

> 中国文字，以形为主，无记音之符，故语音之变迁为尤易。近世学者，据谐声偏旁及经典中有韵之文以考古韵，所得甚多。然偏旁及韵文之功用，至考见古今韵分部之异同而止。若古某部之当读某音，其与今读之差别如何？则虽遍稽旧籍，无由得确实之证明。是故，吾人知唐、宋之音《歌》《戈》《麻》为

一摄矣；然《歌》《麻》同摄云者，为当读《歌》如今音之麻乎？抑读《麻》如今音之歌乎？进而求之，吾人又知周、秦、汉、魏之音《鱼》《虞》《模》《马》为同部矣；然《鱼》《马》同部云者，为当读《鱼》如今音之《马》乎？抑读《马》如今音之《鱼》乎？此从来学者所未及也。

（二）古无麻音之成见

盖自陈第《毛诗古音考》、杨慎《古音略例》开读《麻》为《鱼》之例，如以马为姥，以家为姑，读夸为枯，读者为诸之类，多以《麻》韵之字读为《鱼》《模》。继之者，遂倡古无麻音之说、毛先舒《声韵丛说》曰：

> 周秦人六《麻》之韵，皆读入《鱼》《虞》《歌》三韵，如车、读如居，邪、读如徐，华、读如敷，家、瓜读如姑，麻、读如摩，珈、读如居阿反之类，是周，秦人声，无今六《麻》韵也。

至顾炎武作《唐韵正》乃大张其说，谓《麻》音来自西域，非中原旧读（见《唐韵正》卷四）。所定《古音表》，以《麻》部之字，半入《鱼》《模》，半入《歌》《戈》。江氏以下，莫不附和之。

（三）古敛今侈假定之谬误

至段玉裁更进而谓古音多敛，今音多侈。如《之》变为《咍》，《脂》变为《皆》，《支》变为《佳》，《歌》变为《麻》，《真》变为《先》，《侵》变为盐，皆举以为古敛今侈之证（见《六书音均表》一）。钱大昕虽不以段氏之说为然，而对于亭林古音《麻》部读入《鱼》《模》之言，犹未敢非议也；如车，刘熙谓古声如居，韦昭谓古音尺奢反，钱氏是刘

非韦(见《音韵问答》)。不知刘、韦所辨,在声而不在韵:刘以车古读如居,属于《见》母;韦以为尺奢反,当属《穿》母。钱氏乃本古无《麻》音之说,断韦昭读车,尺奢反为误,实未审其原意者也,迨乎章太炎作《二十三部音准》,极非难段氏古敛今侈之说,曰:

> 段氏言古音敛,今音侈,悉以支韵还就正韵,则《支》《脂》《之》何以分,《东》《冬》何以辨焉?钱君驳之曰:《歌》部字今多入《支》,此乃古侈今敛之征也。余以古人呼《泰》若今北方呼《麻》之去,今乃与《代》《队》《至》《乱》,亦古侈今敛也。大氐声音转变,若环无端,终则有始;必若往而不返,今世宜多解颐之忧矣。

是章氏以古《泰》部读《麻》韵去声,明古敛今侈说之不确;则已谓古时非无《麻》音者矣。然章氏于《鱼》《歌》二部,谓古歌部如今音;《鱼》《模》主《模》,古阖口如乌、姑、枯、吾。黄季刚继之,亦以《歌》即《阿》摄开、合,《模》即《乌》摄合口。盖皆以古《鱼》读 u,《歌》读 o,非麻韵张口之 a 也。其与亭林以来之学说,初无二致。

(四)张行孚始谓歌戈读 a 鱼模读 o

考清代谓古《歌》《戈》读麻韵 a 音者,独有张行孚一人。张氏著《说文审音》,其书卷二《九声总佸图》后,注明歌、戈韵诸字古读,如多、得他切,陀、特他切,罗、勒他切,颇、朴巴切,等。附注云:

> 按诸部之声,今音与古音不合者尚少。惟《歌》《戈》《麻》一部,今音往往溷入《鱼》《虞》《模》。如歌字读若孤,科字读若枯,莪字读若吾,多字读若都,阿字读若乌,沱字读若图:皆溷

入《鱼》《虞》《模》者也。惟他、巴、遮、蛇、嘉、瑕、虾、邪诸声，尚为《歌》《戈》《麻》本部之声。若歌、科、莪、多、阿、沱诸声，不改读古音，则与他、巴、遮、蛇等声，既不谐洽，而《歌》《戈》《麻》一部之正声，亦将少而不足矣。此行孚所以将诸部改读之声。详注于右；学者幸勿骇为怪诞也。

张氏以他、巴等字为《歌》《戈》《麻》本部之声，歌、科等字，皆须改读本音，是明言《歌》《戈》古读为《麻》也。又张氏谓歌、科等字，读若孤、枯诸音，则似以《鱼》《模》之孤、枯等字与今《歌》《戈》之歌、科等字同音；殆又以古《鱼》《虞》《模》读《歌》《戈》之 o 音者矣（说本唐钺《歌戈鱼虞模古读管见》，载《东方杂志》第二十二卷第一号）。案，张行孚《说文审音》分古韵为十一部，于段氏以下诸家，皆不遵用，未免粗妄之见。独此主张古音《歌》《戈》读 a，《鱼》《模》读 o，始与亭林以来学说立异，不可谓非其创获者也。惟张氏以《麻》为《歌》《戈》本声，《歌》《戈》而不读《麻》，则此部正声将少而不足云云；其所持理由，仍未能有确实之根据也。

（五）汪荣宝之考证歌戈鱼模古读

至最近汪氏，乃从他国之记音文字中，求其与中国古语有关者，取以为考证古读之资料。《歌戈鱼虞模古读考》曰：

夫古之声音，既不可得而闻，而文字又不足以相印证；则欲解此疑闻者，惟有从他国之记音文字中求其与中国古语有关者，而取为旁证而已。其法有二：一则就外国古来传述之中国语，而观其切音之如何；二则就中国古来音译之外国语，而反求原语之发音，是也。

汪氏依此种方法，研究之结果，谓：

> 唐、宋以上，凡《歌》《戈》韵之字皆读 a 音，不读 o 音；魏、晋以上，凡《鱼》《虞》《模》韵之字，亦皆读 a 音，不读 u 音，或 ü 音也。

案，汪氏文中所取证据，实以梵语译音之汉字为主。此种用梵语对照译音文字之方法，实倡于西洋学者珂罗倔伦（Karlgen）钢和泰（Staël-Holstein）诸人。惟彼等仅以证明《切韵》上之音读，而汪氏结论，则并概周汉时代之古音言之。又章太炎《二十三部音准》，亦谓晋、宋以下，《歌》《麻》相近。其言曰：

> 译释典直音者，晋、宋逮隋、唐，张口之声，取《歌》《戈》而不及《麻》；明其时《歌》《麻》小殊，而非有大别。

是章氏亦已根据释典译音，谓《歌》《戈》韵晋、宋、隋、唐间，读为张口之 a 矣。惟章氏终以古音《歌》部如今读，仍为 o 音，而谓《泰》部读 a 音；则固以晋、宋以上，《歌》《戈》不读 a 音也。至汪氏乃主张《歌》《戈》《鱼》《模》皆读 a 音，不特打破数百年来古敛今侈与古无麻音之成说；即章氏《泰》部读《麻》去声之假定，亦同时发生摇惑；此诚古音学上一大翻案也。

（六）从梵语汉译考见古音之方法

自汪氏说起，章氏曾作书辨难，谓内典译音，略取相似，不求谐切，不可据以倒论中国古音（见章氏《与汪旭初论阿字长短音书》，载《华国月刊》第一卷第五期）。或又以为语音随方域而转变，故一

字有本读，亦有转音，不能整齐划一；以之移译梵文，自难密合无间（徐震《歌戈鱼虞模古读考质疑》，载《华国月刊》第一卷第六期）。然此种驳难，所持理由，皆不正当。当时名僧，大都兼精华梵；译音细事，岂有全体疏讹，毫无准率之理：其间或前后歧异，皆由古今音不同；吾人正可据以考见历代声韵流变之迹。汪氏《论阿字长短音答太炎》（载《华国月刊》第二期第九册）书中，曾一一解答之；唐钺《歌戈鱼虞模古读管见》对此辨之尤析。则知从梵语汉译，以考见古音，其方法本身，实无可致疑者矣。所当论者：汪氏考证之法：从他国之记音文字中，求其与中国古语有关者，而取为旁证。而据现今所能引用之资料，仅限于东汉以后；东汉以前，尚未得有充分之资料，可为依据。故汪氏文中所举例证，上不及周代；即关于西汉者，亦寥寥无几。是则用梵语对照译音文字，藉以证明魏、晋以下韵书之音读，诚为最善之法；若并以推见两汉以上之古音，即不免失之笼统；盖例证范围所未及，终不能加以臆必者也。质言之：此种方法，于周、汉时代音读之研究，尚未见有如何效力。

（七）语音学理上之证据

汪氏又本语音自然之理，以证《鱼》《虞》《模》之收 a 而不收 u，如乌之为雅，吾之为牙，父之为爸，呜呼之为啊哈；谓："凡此皆出于天籁之自然。言语之音有变，而天籁终古不变；据不变者以考变者，其原始可知也。"（《歌戈鱼虞模古读考》）汪氏又以阴、阳、入通转之理，证明《鱼》《虞》《模》之必读 a 音。其言曰：

> 《鱼》《虞》《模》转入则为《药》《铎》，《药》《铎》之韵摄为 ak，以《药》《铎》之读 ak，证《鱼》《虞》《模》之读 a，此平入相通之理也。（《歌戈鱼虞模古读考》）

《阳》《唐》为《鱼》《模》之阳声，二部多相互转。若以《阳》为侈极，《鱼》为敛极，而言二者对转，殊未易自圆。盖阴阳对转之例，其相对诸韵，所含元音必相一致；阴声加鼻即为阳声，阳声去鼻即为阴声；以《阳》部之为侈音，知《鱼》部之必读 a 也（见洪瑞钊《论鱼虞模古读侈音与汪先生书》，载《华国月刊》第二期第六册，及汪氏《论阿字长短音答章太炎》）。更从人类语言变迁之通则以言。“世界各国字母多以阿(a)为建首，阿音为一切音之根本”（《歌戈鱼虞模古读考》）；凡世界年代较古之语音，及文化未启，言语未进步地方民族之语音，其中 a 音必多（见李思纯《读汪荣宝君歌戈鱼虞模古读考书后》，载《学衡》第二十六期）。中国古读亦当如是。苟以《麻》韵之字散归《歌》《鱼》二部，读 u，ü，或 o，而不读 a；则中国古时竟无纯粹之 a 音，岂非大奇？此又足为《鱼》《歌》读 a 之佐证也。

（八）钱玄同、林语堂等对于汪氏结论之修正

虽然，汪氏考证古音，得《歌》《鱼》读 a 之结论其证据固多确凿。然《三百篇》中，《鱼》《歌》二部分用；此种事实终有不能泯没者。《歌》《鱼》而皆读 a 音，何以在《三百篇》，二部不相通用？何以在古韵上，二部必须分立？是则汪氏之说，尚未可遽引为定论也。钱玄同、林语堂曾修正其说，有《歌》读长 a，《麻》读短 a，《鱼》《模》读开 o，合 o 之种种假定（见《国学季刊》第一卷第二期，钱玄同《歌戈鱼虞模古读考附记》；第三期，林语堂《读汪荣宝歌戈鱼虞模古读考书后》），与汪氏之结论，又非完全一致者。此外汪、林诸氏又假定古音《泰》部读 ai，《支》部近 ia，《脂》部近 ui，《之》部近 oi，（见林氏《歌戈鱼虞模古读考书后》，汪氏《论阿字长短音答太炎》）凡此与章太炎、黄季刚辈所言，亦大有出入。总之：古韵音读问题，现今

正在研究开始时期;前人种种假定,固必待今后之论证,方能成立;而今后在古音学上之发展,亦将不出乎是途。

(九)结　论

今后考证古音,必将尽量应用西洋发音学上,语言学上种种原理,或采取西洋学者研究中国古音之方法,使中国古音学完成为一种公认的科学;是则今后学者所应负之责任也。吾姑引林氏《歌戈鱼虞模古读考书后》之言,以为是编之结论:

> 我以为西方学者之重声音训诂,不亚于中国人,而条理缜密则过之。我们处此西洋学术输入时代,应把我们规模已备的古音学据科学方法而演进之,推密之,将必有空前的结果。所以此后三十年中,将为"西法古音学"第一昌明时期,可以断言。
>
> 我们也希望从此研究古音的人日多。而且能用江永批评顾亭林"考古之功多,审音之功浅"(《古韵标准例言》)一语做我们的警戒。我们以后研究古音,切不要只管考古,而不顾审音,才能够有实在的进步及发明,才能够把我们固有的古音学变成了西欧所承认的一种科学。

本编参考书要目

吴棫《韵补》

杨慎《转注古音略》《古音丛目》《古音略例》

陈第《毛诗古音考》《读诗拙言》《屈宋古音义》

顾炎武《音论》《诗本音》《易音》《唐韵正》《古音表》《韵补正》

方日升《韵会小补》

毛先舒《声韵丛说》《韵学通指》

柴绍炳《古韵通》

毛奇龄《古今通韵》

李因笃《古今韵考》

江永《古韵标准》

段玉裁《六书音均表》《经韵楼集》

江沅《说文解字音均表》

傅寿彤《古音类表》

戴震《声韵考》《声类表》《戴东原集》

张畊《古韵发明》

钱大昕《音韵问答》《十驾斋养新录》

洪亮吉《汉魏音》

孔广森《诗声类》

严可均《说文声类》

姚文田《说文声系》《古音谐》

江有诰《古韵二十一部总目》《二十一部谐声表》《唐韵四声正》《入声表》《古韵总论》（《广仓学窘》第三册、第四册）

夏炘《诗古韵表二十二部集说》

王引之《经义述闻》三十一

黄以周《礼书通故·六书通故》

朱骏声《说文通训定声》

张成孙《说文谐声谱》

刘逢禄《刘礼部集》卷七

王国维《韵学余说》（广仓学窘第四册）

章炳麟《国故论衡》上　《文录》二　《文始》《新方言》十一《菿汉微言》

黄侃《音略》《与友人论治小学书》

钱玄同《文字学音篇》《声韵学》（北京大学讲义）

顾实《古韵学》（东南大学讲义）

汪荣宝《歌戈鱼虞模古读考》（《国学季刊》第一卷第二号）

张行孚《说文审音》

唐钺《歌戈鱼虞模古读管见》（《东方杂志》第二十二卷第一号）

章炳麟《与汪旭初论阿字长短音书》（《华国月刊》第一卷第五期）

徐震《歌戈鱼虞模古读考质疑》（《华国月刊》第一卷第六期）

汪荣宝《论阿字长短音答太炎》（《华国月刊》第二期第九册）

洪瑞钊《论鱼虞模古读侈音与汪先生书》（《华国月刊》第二期第六册）

李思纯《读汪荣宝君歌戈鱼虞模古读考书后》（《学衡》第二十六期）

钱玄同《歌戈鱼虞模古读考附记》(《国学季刊》第一卷第二期)
林语堂《读汪荣宝歌戈鱼虞模古读考书后》(《国学季刊》第一卷第三期)

张世禄全集

第四卷

4

Linguistic Theory, Equiprosody

语言学理论·等韵学

张世禄 著 申小龙 编

中国出版集团 東方出版中心

编 辑 凡 例

一、本书收录的著作，在语言、文字和标点符号上，尽可能保留原文的风格。

二、本书收录的著作，其内部标题序号，依照其与全书统一序号的对应，作了调整。

三、由于历史文献辑佚的困难，本书对文献中难以辨认的文字，作了打黑码处理。对已经辨认的文字中可能存在的误读，尽可能联系上下文酌定。

四、本书收录的著作，个别在章节、体例和标题内容上做了适应出版的整合工作。

五、本书收录的译文，部分在译者手稿中出现注释缺损，现据相关出版文献订补。

六、本书对旧版文字成例之取舍尊重独立的字义，并适当照顾历史习惯：

1. 不改动的词语(示例)

辨说　科白　旁驸　语意　苍颉　名辞　展转　那末　峙躇
辨论　免强　色采　贯串　透切　蕃殖　反覆　沈重　参杂
颚化　孳生　蕃衍　为着　对向　成份　太形　甚么　记念
愈益　傅会　笔划　推重　特出　邱陵　阑入　偶而　洗炼
真象　真相　纪录　掉换　引伸　借贷　从新　薰灼　弯屈
原素　原泉　澈底　没煞　厌足　便易　凭籍　纷歧　倣效
策勳　涵义　直截　抵当　工夫　惟一　慢骂　赅括　遗流
二个　致疑　发见　揉合　偏面　起原　参进　暂短　委宛
仓猝　骗诈　驾御　疏理　疆界　映象　原于　愤闷　附合
各各　各别　交插　纪载　吸受　激刺　包晕　联接　接联
表显　施予　检察　薰染　地土　已往　画象　媚妩　筦理
跌交　接合　排泻　隄防　筹画　策画　谋画　藩著　连络
连系

暴发音　哗喇喇　以致于

赤首圜题　训诂之指　信而有证　莫明其妙　由博反约
穷源竟委　智识分子　混然一体

一日千里之概

斯干的纳维亚(斯堪的纳维亚)

普通(副词)　象(动词)　成功(及物动词)　的(状语、补语助词)

2. 不改动的标点(示例)

总之：　　总而论之：

3. 改动的词语(示例)

如左→如下　　右设→下设　　两傍→两旁
意像→意象　　歧异→岐异　　部份→部分
供献→贡献　　了望→瞭望　　蹓跶→溜达
钞成→抄成　　偁→称　　会总→汇总
豫告→预告　　份子→分子　　简炼→简练
沿习→沿袭　　原流→源流　　浅鲜→浅显
表章→表彰　　迭韵→叠韵　　纪录品→记录品
恰如其份→恰如其分

目　录

语言学原理

第一篇　语言学与语言

第二篇　语言的构成

第三篇　语言的组织

第四篇　语言的发生和变化

语言学概论

语言学纲要

第一篇　怎样研究语音

第二篇　语音的构成

第三篇　子　　音

第四篇　母　　音

第五篇 音素的拼合

第六篇　语音结合的要素

等韵学讲话提纲

语言学原理

例　　言

一、本书编制的目的，在使读者明了语言的性质，并关于构造、组织、发生、变化种种的原理，以为各种语言学专门研究的准备。

二、本书可供大学或专科学校中语言学的课本或参考书。

三、本书为阐明普通的原理而作，所以不专重中国语；但是要想进求解决中国语文问题的，便可因此得着一个切实科学的基础了。

四、本书所举语言的实例，以普遍为原则，除中国语外，上至梵语、希腊语、拉丁语，下至美洲印第安人语、非洲黑人语、南洋马来语等，无所不具，而尤以英语及德语法语为最多。

五、本书所录语音符号，以国际音标为主；不过各种语言上的拼音文字，凡是和实际的发音无大差异的，还是录存它们原来的形式。

六、本书所用语言学上各种术语或名辞，以不失西文的原意为宗旨，所以不尽依照日本所译，或国内通行的形式。

七、本书共分四篇，十二章：

第一篇，论述语言学的意义、目的、方法，与语言的性质，及其和人类社会种种活动的关系。

第二篇，论述语言的构成，在生理上和心理上的基础。

第三篇，论述语言的组织和分类，并关于语词的类别，语句的形式，以及形态上、措辞上种种现象和法则。

第四篇，论述语言的起源，并关于声音、意义的变迁法则，以及各种语言纷歧和融合的趋势，末并附论语言教学的方法。

八、本书编制取材，大部分根据于 L. Bloomfield 的 *Introduction to the Study of Language*。

九、至于其余的主要参考书，列举如下：

F. Max Müller：*Lectures on the Science of Language*.

W.D. Whitney：*Life and Growth of Language*.

Britinnia Encyclopedia，*Article on Philology*.

H. Sweet：*A Practical Study of Language*.

Lefeure：*Race and Language*.

O. Jesperson：*Progress in Language*.

Language，*Its Nature Development and Origin*.

Palmes：*The Principles of Language-Study*.

Marcel C.：*The Study of Languages*.

Karlgren：*Sound and Symbol in Chinese*.

Philology and Ancient China.

小林英夫译，《言语学原论》。

后藤朝太郎，金泽博士，《言语学》。

安藤正次，《言语学概论》。

胡以鲁，《国语学草创》，《言语学讲义》。

黎锦熙，《国语学讲义》。

沈步洲，《言语学概论》。

乐嗣炳，《语言学大意》。

章炳麟，《国故论衡》。

刘师培，《正名隅论》，《小学发微》。

赵元任,《国际音标国语正音字典》。

刘复译,《比较语音学概要》。

张世禄,《国语外国语对照语音学》。

民国十九年十二月　张世禄志

第一篇 语言学与语言

一、语言学的意义

（一）语言学的名称

语言学，西文为“science of language”或“linguistic”，就是以语言为研究对象的一种科学。从前“philology”这个名辞，本原于希腊语“philologos”，含有“爱思辨”的意义，凡是对于往古流传文学思想的研究，都可以概括的；所以“philology”这个名辞和“文献学”容易相混，而对于现在的语言学，名实都不相称，我们最好废而不用。语言学，从前日本人曾译为“博言学”，似乎有博通世界上各种语言的意味，和研究语言的本旨不合；所以后来也就把它改正了。

（二）研究语言的目的

从来研究语言的目的，大抵可以分做三种：

1. 实用的目的。以为语言是人类交换思想的工具，我们要学习会话，作文等等，以应付实际的需要，自然须研究语言。但是只抱了实用的目的，仅仅了解当代通用的语言之形式和意义，就可以自足；而对于语言的本质、起源、演变等问题，也漠不关心了。

2. 文献学的目的。以为语言是人文发达程度的表现，我们要

解释往古的文学思想,以考察古代文化的状况,自然须用语言研究为其唯一的手段。但是只抱了文献学的目的,也单就某种语言的根源和演变,加以探讨;而对于一般语言的原理,竟无暇论究了。

3. 语言学的目的。实用的目的,和文献学的目的,都失于浅狭,而不以语言研究的本身为究竟。只有语言学的目的,乃是真正的。我们研究语言,只是要考察语言的本质、构成、发达、变迁种种的现象和法则,以及世界上各种语言分布的状态。这种目的建树,就是现今语言学成立的基础。

(三) 西洋语言学成立的经过

语言学的成立,是在十九世纪以后;而它的来源却远在希腊时代。不过希腊学者柏拉图亚里斯多德等只讲修辞的方法,更依思想和语言的关系,寻求原则,而提倡普通文法论。亚氏以后论文法者,可分两派:一派主张语言现象驳杂,不能有一定的规则;一派主张语言现象类似,可以有一定的规则。这种以哲理讨论文法,实在于语言学上没有什么补益。到了罗马时代,许多学者又研究希腊拉丁文法,讨论希腊拉丁语的来源。中世纪以后,因宗教的动机,研究希伯来语(犹太教)、阿剌伯语(回教)、希腊拉丁古语(基督教)者很多。可是,那时候比较的材料很缺乏,又没有科学的手段,常常为宗教思想所迷惑。而且研究的目的,只是在古典的考证,和神语的解释,于语言学上的贡献,实在很少。到了近世纪,大哲学家来布尼兹(Leibniz)起来提倡科学的研究,以历史比较为佐证;实于语言学史上开一新生面。同时东西洋的交通日广,印度梵文输入于欧洲,欧洲学者以梵语和希腊语拉丁语及其他各种语言相比较;如十八世纪末年,英人琼斯(Sir William Jones)创梵语和希腊拉丁同属一源之说。及十九世纪初,德人波普(Franz Bopp)更

将梵语和西洋各种语言，分析它们的结构，比较它们的异同，推求它们的语根，又制定它们发音的规律：印度日耳曼（Indo-German）语学因之大成。同时格黎牧（Jacob Grimm）亦著《日耳曼文法论》（*Deutsche Grammatik*），为现今语言学者所称述。嗣后如司奈吓（August Schleicher），如库尔透斯（Georg Curtius），如米勒（Max Müller），如辉特尼（William Dwight Whitney）诸人，著作宏富，或推求语言的沿革，或分析语言的内容，或整理语言的规律。一直到了现在，虽然许多问题还没有正确的解决；但是语言学之在欧美，早已蔚然成立为一种科学，实在毫无疑义了。

（四）言语学之在中国

中国训诂、音韵之学发达已久；如《尔雅》《方言》《释名》等书，出世极古。但是单为考校名物的异同，推究文字形体音义的变迁；只可供给古代语言研究上一部分的材料。汉后，佛教东来，梵语的文法、音韵，输入中国；而学习的人，也不过当它一种谈经论道的辅助。间接虽然足以促进后代音韵学的进步，但是一般学者的心力，大都只注重文字音读的变迁，而忘却语言实际的现象。近世三四百年来，考证学盛极一时，古音的研究，也不过为校读古书义训的门径；和语言学相距实远。西洋语文流入中国以后，国人每每应用它们的文法来解释中国的辞语；如马建忠的《马氏文通》之类。但是这种工作，也单为使现代人研究古代文学的便利起见，并非真正中国语言学的研究。总之：中国过去学者虽常以语言的一部分为研究的对象，而大都为实用的和文献学的目的所拘囿，又不能利用外来比较的资料，所以不能成为系统的科学。往时胡以鲁曾著《国语学草创》一书，采取西洋的语言学理，依据章炳麟诸人的成说，把中国语作一番的考述；虽间有精到之论，终嫌浅陋。黎锦熙亦著

《国语学讲义》，而只详于音韵一篇，略于文法、词类。近年来研究中国语的风气渐渐兴盛；关于国语历史的研究，方言的调查，音韵的分析，词类和文法的整理，常有专书及零碎的论述刊布出来。至于东西洋学者关于中国语的著作，也很有几种可以供我们的参考；最近瑞典高本汉（K. Berhand）的书，尤其是最精密的。高氏所著《中国语与中国文》（*Sound and Symbol in Chinese*）及《中国语言学研究》（原名 *Philology and Ancient Chinese*），实为研究中国语学入门必要的书籍。（二书已由贺昌群君及鄙人译出。）

（五）研究语言的方法与途径

语言学之成为科学，纯由历史的和比较的研究结果。历史的研究，就是推求语词的根源和语言变迁发达的经过；这可说是历史的方法。比较的研究，就是考察各种语言，彼此间异同的现象，有无交互影响的痕迹，血脉相通的关系；这可说是比较的方法。我们要研究各国的语言，自然须把这两种方法，相提并用。各种语言，都各有它的民族精神，语言的生命和社会的生命关联非常密切；我们要明了一种语言的特性，自然须推究它生命的来源和发达的历史。各民族间，各社会间的文化，既然常有互相流通，互相融会的事实；各种语言当然不免彼此影响而发生同化的现象。一种文化，可以分派出许多支系，许多同属；语言上也可以有同源异派的关系。我们要考察一种语言的状态或推究它发达的经过，更须引用和这种语言有关系的语系来相比较。用历史的和比较的方法，研究各种语言的特性以及彼此的关系，这是分析的研究；就是将一种或多种语言，分别考察它的现象，推溯它的根源和经过。更将分析研究的结果，观察各种语言的现象和事实，推迹它的原因和结果，而寻求一般共同的原则，这是综合的研究；如语言和思想有怎样的

关系？和文字有怎样的关系？语言如何发生？如何发达？如何变迁？对于民族社会有怎样的影响？语言的组织，有几种不同的形式？世界上各种语言，应该怎样的类别？这许多问题，都是一般研究上所应讨论的。本书所叙述，大都偏重综合的语言学，而略于分析的研究。

（六）语言学和其他学科的关系

近世语言学的成立，是受了各种邻接的科学发达的影响；而研究语言的成绩，对于各种科学也有绝大的贡献；现在试把它们的关系列举说明如下：

1.语言学和语音学的关系　声音是语言的要素，语言形式的变化，当然要受语音学上原则的支配；而语音学的学理，就是从研究语言形式上得来。例如各种母音、子音的构成，音调、音势的变化，语言在生理上的各种现象，都是研究语言学者所当预先知道的。

2.语言学和心理学的关系　思想也是语言的要素，语言上意义的发生和变化，处处是根据心理的原则；所以要考察语言内容上各种现象，更不可不预习心理学。语言是社会的产物，为社会心理的一种表现；要研究社会心理，也应当窥探语言学。

3.语言学和人种学人类学的关系　语言是人类进化上的一种产物，是民族文化上的一种表征；语言的起源、发达、分类等等问题，就是人类学上人种学上绝大的问题。各种语言的语音系统，文法的组织，词类的涵义，都是和各民族的性质、宗教、习俗等等有密切的关系。所以分析人种，常常以语言的比较为其重要的根据。

4.语言学和史学、文献学的关系　古代人文发达的状况，人类活动的经过，大都是靠了语言文字，才能传闻于后世；所以语言学

实在是史学的基本工具。研究语言，虽然不应当单抱了一个文献学的目的；但是在事实上，文献的研究和语言的研究每每有互相助长的趋势。又人群语言的变迁和发达，即属重要史实之一种。

5. 语言学和文学史及文学批评的关系　文学本是用来代表语言的，也是语言进化的产物；文学的变迁发达，常和语言相扶并行。要研究一时代一民族的文学，须以语言为观察的背景；而一时代一民族的文学，就是供给我们研究语言的材料。

6. 语言学和哲学、论理学的关系　论理学就是讲思想法则的科学；语言的内容和组织自然须合于论理上的程序。各种语言的文法和词类，正可应用论理来分析批评。而语言为人群思想的表征，我们要研究各民族社会的思想，自然须考察它语言的内容。语言的活动，也是宇宙间一种变化的现象，是人群智识进步上的重要分子，我们语言学的研究，也可说是人群自觉上必经的阶级；这可见得语言学和哲学的关系，很为深切了。

7. 语言学和教育学的关系　语言是教育的工具；语言学和教育学的提携，实足以使教育实施上得着极大的便利。又语言怎样的发达？怎样的组织？怎样的变迁？这几种都是语言教授上的重要问题。

8. 语言学和国语政策上种种问题的关系　一国的国语为国民精神所寄托，国语问题实为一般政治家所不能忽视。如国内方言的调查，标准语的订定和推行，词类的采择，国语文法的整理，国语历史的研究等等，都是属于语言学的范围，而直接间接影响于国计民生的。

二、语言的本质

(一) 语言是什么

语言学研究的对象是语言，我们就要问语言是一种什么东西？关于语言的定义，舍斯（A.H. Sayce）说："语言是我们人类声音的变化，配列结合，用来做表达思想的符号。"加伯林（Georg v.d. Gabelentz）说："人类的语言是用调节的声音来表达思想的。"辉特尼说："语言是人类表达思想的要具；发言者和听受者之间，可因语言以传达意义。而容止和文字也是附属于语言，补助它的传达作用的。"这几家的定义，虽然略有出入，而有共通一点，就是说语言是用声音来表达思想的。语言有两方面，思想是它的内容，声音是它的外形；人类所以需要语言，因为有了思想，不能不把它表达出来，这是根据于人类的表现性（instinct of expression）的。

(二) 人类表现的动作

动物是有知觉的，神经上受了外的刺激或内的激动，身体上一部或全部的筋肉就要紧缩起来自然会表出种种的动作。例如受了苦痛，就要哭泣；得了愉快，就要嬉笑。哭泣是苦痛的表现，嬉笑是愉快的表现。表现的动作，大致可以分做无意的与有意的两种：

有意的是出于意志作用，或者参杂有意志作用的；无意的大都是出于神经上的反射，没有参杂意志作用的。例如皱眉撮口，表示嫌恶，这是有意的；手指触热，急行缩入，这是无意的。人类的理智愈发达，有意的表现动作，应用愈广。小孩初生时的动作，大都属于无意的表现。其他的动物，也以无意的表现比较多。人类的语言，全是发于有意的；因为语言里常包含有复杂的思想，抽象的情绪的。至于我们有时因直接的反应、简单的知觉而发出的声音，往往不能成为语言，因为这是发于无意的。人类有时也用别种方法，如绘画容止等，来表现思想；但是，这种动作，即使属于有意的，也不是语言；因为语言是以声音的表现为主体的。

（三）语言与容止手势

人类的容止和手势，可以表示思想，有时且足以为辅助语言之用。例如搔首表踌躇之状，点头示首肯之意，挥手作别，屈身行礼，大都各国人所同然的。野蛮民族，常用容止和手势来替代语言，如南非洲之布西曼人（Bushmen），黑暗中相遇，就不能谈话。聋哑的人，也特别造出各种手势来应用。容止和手势，可以描摹客观事物的特点，应用纯熟，灵动自如，和语言的作用，并无差别；所以有容止语（gesture-language）的名称。但是容止语是诉之于视觉的，语言是诉之于听觉的，例如有树木墙壁等障碍物相隔时，或在黑暗中，我们用声音还可以相通；而这时容止和手势的效用就丧失了。又容止和手势，须两相逼近，才能观察清楚，双方才能了解；声音则距离稍远，也可以听得明晰。而容止和手势，于空间的事物表现较易，时间上的关系，则很难显示出来；至于我们的声音，变化复杂，无论何种关系，都能表达，毫无遗漏。这样说来，容止和手势的效用，究竟不及声音的广；所以我们语言的表现方法，必须采用声音。

不过我们谈话或演说时，也常常手舞足蹈，做出种种形状，目光脸色也显出种种变态，用来增进语言的效力；所以容止和手势，大足以为语言的辅助。

（四）语言与绘画、雕刻、建筑

绘画、雕刻、建筑，也可以表示意义；古代的绘图、雕像、建筑物，流传于后世，我们因此可以推见当时人的用意，而看出喜怒哀乐，庄谐讽刺种种心理。文字就是从绘画脱胎而成；野蛮民族没有文字，常用简单的图画表明意义。现代文字语言这样的发达，有时也不得不用绘图、雕像等等来显示。因为文字和语言大半是抽象的符号，间接的传达作用比较多；绘图、雕像等则能使我们立即得到一个具体的、直接的映象，对于意思表示，自然比较显豁。但是绘画、雕刻、建筑只能显出空间上的事物，不能表示时间上的关系。而且这几种的表现动作，必定需要相当的工具，并且必需有运用工具相当的技能，当然没有利用声音的语言那样普遍，那样迅速便利。又绘画、雕刻等，也是目诉的，在眼光不能照及时，也就失其效用；总不及耳诉的语言应用那样广。不过绘图、雕像等有时也可以为辅助语言之用，如书报上附插图画，可以使叙述的意义格外显明。

（五）语言与文字

依社会进化的程序，大都是先有语言而后有文字，文字所以代替语言；因为声音的效用，不能及于久远；声音是过而不留的，不能不有文字把它们记载下来，以传达于异时异地之人。但是语言和文字，根本上有差异之点，语言是耳诉的，文字是目诉的；所以文字

的起源,大都出于绘画。野蛮民族,没有文字,就用绘画来表示意义。中国和叙利亚的古文字,显然由绘画演化而成;即罗马的拼音字母,也源于腓尼基,而由埃及的象形文字中变化得来。世上文字,名义上虽然分为象形和拼音两种,实际都是渊源于图画的。不过后来文字的应用愈广,愈接近于语言。拼音文字是要脱离图画的繁复形象,而纯粹变为声音符号的。象形文字虽然还没有丧失图画的遗迹,可是无时不受了语言的融化;如埃及文字中有声音模拟一科;中国文字中,有形声、假借等例,这就是文字由图画而趋向于语言化的表征。文字至于和语言结合,一方面脱离具体的形象的限制,他方面就是增进自身抽象的符号的效用。这样说来,象形文字固然有它的种种长处,但是从语言学上看来,终以拼音文字比较的进步。

在某种社会,图画和文字的应用未广,就用结绳做记载的符号。如美洲秘鲁及台湾的土人,尚有这种习俗,中国古时也有"结绳而治"的传说。现在有人说,文字也是起源于结绳的,其实结绳另是初民一种简陋的标记方法,和文字的用意有点相似,而性质绝异,不能并为一谈;至于它和语言的关系,尤少。

(六)语言是社会性的

语言和容止、绘画、文字等,表现的形式固有差异,但是既为人类的表现动作,当然都是以社会为它们成立的基础。尤其是文字和语言,所用的符号比较抽象,必定在某个社会,有某种文字和语言的习惯的,才能引用。因为表现的动作,至少必引用于两人之间;发言者的思想感情,由声音的符号表出时,听受者因这种声音的符号得到了听觉映象,而唤起一个相同的概念;这样,语言才能发生传达的效用,才能得到表现的目的。要是发言者所发的声音,

不能唤起听受者相同的概念，语言就丧失其传达的作用，丧失其表现的意义了。所以发言者和听受者之间，必定公认某种声音符号，某种听觉映象和某种概念有相同的价值时，语言的效用才能成立。这种声音和概念同值的公认，可以说是社会上的一种成约，就是社会上语言的习惯。个人的能力虽可以影响于语言的变化，但是变化的结果，仍不是个人所私有，而为社会的习惯了。不过人群各个社会的思想和习惯，未必相同，所以各种语言的形式、内容，常有纷歧的现象。

（七）语言为人类所专有

从上面所讲，语言是人群社会所通行的符号；人类的文明愈进步，社会的组织愈复杂，符号的效用愈广博，语言遂为日常不可缺少的工具。我们有灵动的发音机关，所以能发出种种有调节的声音；有了这种丰富的符号，所以能传达复杂的思想。而同时思想愈复杂，语言的内容亦愈丰富。语言实在是人类进化上的一分子：在生理方面，须具有精细的发音能力；在心理方面，须具有丰富的思想作用。禽兽虽然也能发种种声音，但是它们所具的发音机关比较的粗笨，没有人类这样精细；所以发喉音最多，而没有唇舌的暴发音。近世哲学家也有主张“猩猩能言”之说，以为人类既然从动物进化而来，比较高等的动物，当然有语言的能力。但是这种学说，只凭理论，没有事实的证据。而且语言纯为社会的产物，我们初生时，并不能语言，必须和人群交接，受社会的教导训练，方才发展语言的本能。禽兽的发音，纯是本能的作用，初生时，没有受过教导训练，就能鸣吠。可见禽兽的发音是出于先天的本能；人类的语言，是成于后天的教育。人类社会天天进步，语言的形式和内容，也随之变化；禽兽的发音，大都经历千百年而没有什么变化的。

鹦鹉虽能摹仿人的语言，而为理智所限，只能就摹仿所得，使用于一定的范围，不能加以变化，且不能以之传授于同类。这样看来，禽兽的发音机能简单，没有像人类那样精细。又发音时，大半是出于直接的反应，和简单的情感，未必为有意的使用符号，在内容方面，也没有人类那样丰富。而且形式和内容，都没有进化。所以禽兽的发音，不能说是语言，语言实为人类所专有的。

第二篇

语言的构成

一、语言的声音

（一）语音的研究

前面说过，语言具有两方面：内的方面，就是语言所包含的意义；外的方面，就是语言所表出的声音。意义就是心理上所发的思想感情，所以语言的内容，是根据于心理上的基础；声音就是生理上语音机关所构成的种种子音（consonants）和母音（vowels），所以语言的外形，是根据于生理上的基础。我们要研究语言，当然对于这两方面——心理的作用和生理的作用——须加以特别的考察。

语言上的声音，常为各种简单音的连续；这种简单的音，就是语音原素（sound elements），或简称音素。我们把语言连续的声音，分析为各个音素，而加以个别的考察，如各种子音母音构成的形状等等，这是语音分析的研究。各种子音，母音怎样的拼合起来？拼合之后会发生怎样的变化？有怎样的比较关系？这些问题都是属于语音综合的研究。各种民族的语言习惯既不相一致，他们的发音习惯自不免有纷歧的现象；他们语言中所用的音素，音素拼合的状态，常常彼此不同。所以我们要研究各种语言，对于语音的智识，须先有一种基本的了解。语音学就是讲语音分析研究和综合研究的科学。

(二)语音符号

上章说过,文字所以代表语音的;但是文字原来出于绘画,文字本是一种传达意义的画图;后来因为愈用愈广,常用语言上代表某种意义的声音,来呼读某种意义的画图;于是文字和语言有渐渐接合的倾向,文字就变为语音的符号了。象形文字里,虽然没有拼音的字母,可是事实上常有用同音字来作他字的注音,或者用来替代他种意义的。拼音文字里的字母,也是古代传下来画图的残影,后来当作注音之用,就变为拼音的符号了。如日本的假名,是原于中国的象形文字,中国现在的注音符号,也是古写简笔的汉字。希腊拉丁以及英德法诸国所用的字母,是脱胎于埃及的象形文字。日本的假名是用字母代替音缀的;英德法的文字是用字母代替音素的。这样看来,文字的演化,由象形文字而变为拼音文字,就是由绘画而变为语音符号的倾向。

但是文字代替语音,只是一种倾向;实际上语音的变化纷歧,往往为文字里所不能表出的。因为文字原于绘画,也是目诉的表现动作,语音乃是属于耳诉的;文字的形式,保守性强;语音却是很流动的,随时随地要起相当的变化;所以文字的形式常常和实际的语音不能相符。英德法文字里的字母都是从拉丁字母抄来的,但是现在英德法的语音,对于拉丁古语的变化实在很多。又英、德、法的音各不相同;所以往往同是一个字母,而在各种语言里的音价,完全两样。例如“p”“t”,英语和法语的读法不同;“v”“z”,英语和德语的读法也不同。即使在一种语言里,因为历史的变迁,方言的纷歧,有时更因为个人发音的情状不同,语音错杂的现象,实出于我们意想之外;而文字在这种情形之下,常要保存它固有的形式,并不因语音的变异,致丧失它的统一作用。往往有语言不统一的国家,而文字是通行一致的,我们中国就是最显著的例。这是因

为目诉的文字，保守性较强，耳诉的语言，保守性较弱；所以文字虽有代替语音的倾向，而语音的纷歧变化，往往在普通文字里所不能表明的。拼音文字里，常有字母拼法相同，而音读各别的，也有音读相同，而拼法各别；常有同一个音，而可以用数个不同的字母来表示，也有同一个字母，而可以代替数个不同的音；所以普通的拼音文字，不是真正完全的语音符号。真正完全的语音符号，我们须依据科学的研究，特造一种出来，以代表各个音素，如万国语音学会所造的国际音标(International Phonetic Alphabets)，就是大家所奉为标准的语音符号(下文凡是用国际音标处，都有方括弧表明)。

(三) 语音机关的发音作用

语音机关，可以分为呼吸器、喉头、口腔、鼻腔四部。呼吸器是制造气息的场所，气息就是声音的原料；没有呼吸器里所发的气息，声音就根本不能构成。我们最重要的呼吸机关是肺，肺是有弹性的。由口鼻吸入的气，经过喉头、气管、气管支，再入气胞，这时肺就膨胀起来；再由气胞经过原路呼出，这时肺就缩小去了。肺的一缩一伸，就是气的一呼一吸；我们通常语言的声音，大多数是呼气构成的。他如肋骨的推动，横膈膜的伸缩，胸腹肌肉的运用，也足以助长气息的发生；而它们压迫气息的力量，就因之分出音势(stress)的强弱。

喉头是由许多软骨构成的，软骨上附有一对薄膜，就是声带；声带之间就是声门。软骨能左右推动，声带因之或牵紧，或放宽，声门也因之或开或闭。通常呼吸时，声门开张，气息自由流动；说话时，有时声门紧闭，气息暂时不通，就发生一个声门暴发音[ʔ]；有时声门紧闭，气息从声带的缘边挤迸而过，这时声带发生振动，就成了一种乐音(voiced sound)；有时声门半开半闭，声带也不振

动，气息经过，发生一种耳语音（whispered sound），或构成一个声门摩擦音[h]；有时也和呼吸时一样，声门开张，气息经过口腔，成了一种气音（breathed sound）。气音和乐音的分别，就是在声带有没有振动；语音上这种的分别，是很重要的。声带的宽紧，关于振动的快慢，因之分出音调（pitch）的高低。又因声门的宽狭，气息经过，发生压力的大小，也分出音势的强弱。

口腔和鼻腔、喉头三者交界处是咽头，咽头的前面是悬雍垂，或称小舌，能上举下垂。通常呼吸时，小舌中悬，不上举也不下垂；说话时，有时小舌下垂，使气流专通鼻腔，声音只在鼻腔里共鸣，就成了一种鼻音（nasals）；有时小舌上举，使气流专通口腔，声音只在口腔里共鸣，就成了一种口音（orals）；有时也和呼吸时一样，小舌中悬，使气流分从口腔，鼻腔通出，声音兼具有口腔和鼻腔的共鸣作用，就成了一种口鼻音，或称鼻化母音（nasal vowels）。

口腔分上下两部：上部从小舌、软口盖、硬口盖、上牙床、上齿，到了上唇，又可分为六部；下部从舌根、舌前、舌叶、舌尖、下齿，到了下唇，也可分为六部；上下共十二部。这十二部，依次互相接合，可以构成许多子音；又舌体的上下进退，两唇的收圆放扁，可以构成许多母音。

鼻腔位于口腔的上面，口腔里所构成的子音，要是气息经过鼻腔的共鸣作用，就成鼻子，即为鼻音；口腔里所构成的母音，要是气息经过鼻腔的共鸣作用，就成鼻母，即属口鼻音。

（四）音素的种类

子音的构成，是由口腔上下各部的接合，气流经过一种阻碍的；母音的构成，单是由口腔形状的变化，气流没有经过一种阻碍的；这种气程的阻碍和自由，就是子音和母音分别所在。又母音，

除了发耳语音时，通常总是带有乐音的；子音却有带乐音和不带乐音的分别：带乐音的称为声子(voiced consonants)，不带乐音的称为气子(breathed consonants)。

子音，依口腔阻碍的部位，可以分为小舌音、舌根音、舌前音、舌叶音、舌尖音、舌齿间音、唇齿音、双唇音八种，又加上一种声门音，共为九种。又依阻碍程度的大小，可以分为暴发音(plosives)，鼻音(nasals)、边音(laterals)、摩擦音(frictives)、震颤音(trills)，合成摩擦音(affricates)六种。暴发音是由口腔里某部完全的接合，气息闭塞后暴发而成；鼻音也由口腔里某部完全的接合而成，不过气息不由口腔暴发，而由鼻腔通出，就是鼻子；边音是由口腔里某部中央接合，两边开放而成；摩擦音是由口腔里某部非完全的接合而成；合成摩擦音，始由口腔某部完全的接合，继又变为非完全的接合；震颤音，乃是由口腔某部震动，完全的和非完全的两种接合迭相连续；这两种音乃是由暴发音和摩擦音的结合而成。这种种子音，再依它们带乐音和不带乐音的分别，分为声子和气子。现在用国际音标把它们列一个表在下面(兼有两种阻碍者，表以括弧)：

	声门音		小舌音		舌根音		舌前音		舌叶音		舌尖音		舌齿间音		唇齿音		双唇音	
	气	声	气	声	气	声	气	声	气	声	气	声	气	声	气	声	气	声
暴发音	ʔ		q	G	k	g	c	ɟ			t	d					P	b
鼻音				N		ŋ		ɲ				n						m
边音						ɫ		ʎ				l						
摩擦音	h	ɦ	ᴙ	ʁ	x (ʍ	g W)	ç	j (ɥ)	ʃ s	ʒ z		ɹ	θ	ð	f	v	F ʍ ɥ	V W
震颤音			ᴙ	R								r						
合成摩擦音							c͡ç	ɟ͡j	t͡s t͡ʃ	d͡z d͡ʒ					p͡f	b͡v		

上表里鼻音[ŋ],[n],[m]等,边音[l]等,震颤音[r]等,以及擦摩音的[ɹ],在普通语言里,大都是乐音,而它们的共鸣作用很大,阻碍作用很小,颇有母音的性质,可以说是母音性的子音(vowel-like consonants)。

母音,依舌体的升降,可以分为上升(high)、半升(mid)、半降(low)、下降(lowest)四种;依舌体的进退,可以分为前(front)、中(mixed)、后(back)三种;又依唇的形状,可以分为圆(round)、扁(flat)、自然(natural)三种。这种种母音,可以用国际音标列为下表:(圆唇者表以括弧;其余无括弧者,上升、半升、半降母音为扁唇,下降母音为自然唇。)

	前部母	中部母	后部母
上升	i(y)	ï(ü)	ɯ(u)
半升	e(ø)	ë(ö)	ɤ(o)
半降	ɛ(œ) æ	ɛ̈(ɔ̈) ə	ʌ(ɔ) (ɒ)
下降	a	ɐ	ɑ

上升母音[i],[u],[y]等,和摩擦音[j],[w],[ɥ]等很相接近,要是再上升一点,便变为摩擦音了。所以这几个母音,颇有子音的性质,可以说是子音化的母音(consonant-modiffied vowels)。又母音的兼有鼻腔的共鸣者,即为鼻母,如[õ],[ɛ̃]等。

这许多子音母音在各种重要语言中所具有的特性,可参看拙著《国语外国语对照语音学》。

(五) 音素的拼合

从上文看来,可以知道各个音素,在语音机关上,各有它一个部位,各有它一种情状;两个不同的音素相连接,就是语音机关的

某个部位，某种情状流转到他个部位，或他种情状；它们这流转中间，常发生一种过渡音（transitional sound），也称流音（glide）。流音也有带乐音和不带乐音的分别，带乐音的称为声流，不带乐音的称为气流。子音和他音拼合时，中间带有气流的，称为送气音（aspirate）；带有声流的，称为不送气音（inaspirate）；如英语的“p”“t”是送气音，[pʻ]，[tʻ]；法语的“p”“t”是不送气音，[p]，[t]。

两个音素连接中间，有时要两音紧密的结合，缩短它们流转的过程，以致丧失了过渡的流音。例如[n]和[d]两音结合时，只用一次舌尖阻构成，不过中间尖舌的由下垂而上举，使鼻音变为口音罢了。又两音紧密的结合，常常使音素互受影响，而使他原来的性质发生变化；例如子音下面接了一个母音[i]时，子音受了[i]的影响，发音时，两唇就有放扁的倾向，舌前就有向上举的倾向；这可说是口盖化（palatalization）。子音下面接了一个母音[u]时，子音受了[u]的影响，发音时，两唇就有收圆的倾向，舌根就有向后上举的倾向；这可说是圆唇化（labialization）。

音素和音素连续时，彼此间的音响（sonority）不同——大约母音是最响亮的音，子音是比较不响亮的，尤其是气子最不响亮；——响亮的音不但它自己能刺激我们的听觉，而且能使附近不响亮的音，也同时显现于它们的听觉上。所以许多音素拼合时，我们须认定其中几个最响亮的音为这拼合的主体，其余比较不响亮的音只能为附体。依这主体的数目，可以划分这拼合团体为几个音缀（syllables）。音缀中的主体称为缀主（syllabic），其余的附体称为缀辅（non-syllabic）。一个音缀中，只有一个缀主；或有数个缀辅，或没有缀辅。做缀主的大都是母音，但有时母音性的子音也可以做缀主的资格；做缀辅的大都是子音，但有时一个音缀中包含有数个母音时，其中比较显著的母音做了缀主，不显著的也只是缀辅；子音化的母音和他种母音拼合时常为缀辅。

单音缀的语词，就是一个语词只有一个音缀；复音缀的语言中，一个语词常包含有一个以上的音缀。音缀和音缀连合成为音群(sound group)。一个音缀，大都就用一个气息力发出的；一个音群就是许多气息力的连续。一口气连续的呼出，其间有用力的地方，有不用力的地方，音缀和音缀的分界，大概就是在气息力的分段处。音群和音群的分界处，就是气息的段落。我们呼出一口气，可以发出许多音缀；呼出之后就要吸入一口气，这时发音停顿，就是音群和音群的分界处；所以一个音群，可名为呼吸群(breath group)。语词和语句的单位，常和呼吸群的单位相关联；换而言之：意义的断续常和语音的断续相关联的。

(六) 语音结合的要素

音素和音素结合时，彼此要发生比较的关系，例如这个音要读得重，那个音要读得轻；这个音要读得长，那个音要读得短；这个音要读得高，那个音要读得低；这种轻重、长短、高低的分别，大都是语音结合时彼此比较而发生的现象，并没有绝对的标准。所以音势、音量(quantity)、音调，只是这一部分的语音和那一部分的语音相对的差别。但是这种相对的差别，在音群或音缀里，常常因之显示意义的变化；在语言上实占重要的地位，可以说是语音结合的要素。

音势的轻重，就是看说话时气息的用力不用力；气息力强，发音就重，气息力弱，发音就轻。语句当中，某字要读重，某字要读轻，大都和意义有关系的；往往同是一段话，因为音势的变化，而发生意义上的差异。语词上的音势，大都各种语言中各有一定的习惯。例如英、德语中，某个字里，重音在某个音缀，总是有规定的；我们要是把文字上的重音弄错，就会发生意义的误会。

音量就是看发音时间的长短。我们说话的情形有缓急快慢的不同;舒缓时,音就长,急促时,音就短。语词里,某音应当读长,某音应当读短,大都有一定的形式;例如,英语“seat”里的[iː],与“sit”里的[i],一是长母音,一是短母音。有时同是一个长音,或同是一个短音,又因所处的情状不同,而发生音长上的差异;例如,英语“seat”里的[iː]比较“seed”里的[iː]要略短。音量和音势有密切的关系;语句中重读的字,或重读的音缀,常比轻读的要长。

音调的高低就是发乐音时声带振动的快慢;声带紧,振动快,音就高;声带宽,振动慢,音就低。音调的高低,关于语调(intonation)的变化:先低后高的,称为升语调,先高后低的,称为降语调;升语调和降语调的结合,就为升降语调或降升语调。同是一段话,常常因语调的变化,而发生意义上的差异。中国语中,还有一种字调;各个单音缀的语词,各有它的字调,或是阴平,或是阳平,或是上,或是去。同是一个字音,常常因字调的不同,而发生意义上的差异。

(七) 语 音 系 统

各种民族,各个社会各有他的发音习惯;所用的音素,以及音素拼合的状态,常常彼此不同的。因为这缘故,语音受历史上的变迁,和地理上的纷歧,在人类的语言中,常显现错杂的现象。例如英语、德语里有送气的[p'],[t'],[k'],和不送气的[b],[d],[g];法语里却只有不送气的音,[p],[t],[k]和[b],[d],[g]。中国国语里却有送气的[p'],[t'],[k'](即“ㄆ”“ㄊ”“ㄎ”)和中性的[ḅ],[ḍ],[ġ](即“ㄅ”“ㄉ”“ㄍ”),而没有[b],[d],[g]。梵语里就兼有送气音和不送气音,[p'],[t'],[k'],[p],[t],[k]和[b'],[d'],[g'],[b],[d],[g]。又[ŋ]的音,英语德语里没有用在音缀的起首的,而在他

种语言里，[ŋ]音用在音缀的起首，是很普通的。英语、德语里，音势的变化用在语词上，音调的变化，用在语句上；法语里，音势和音调却只用在语句上；而在国语里，各个音缀都有音调的差别了。因此可以知道各种语言所用的音素，音素的拼合，和音量，音势音调的变化，彼此的情形不同，这就是语音系统（sound system）的不同。我们要研究各种语言，须考察它们所用的音素和拼音时种种特有的现象。语音系统在语言习惯上，实在是一个最重要、最显著的分子。

二、语言的内容

（一）语言之心理的基础

语言的内容是意义，就是语言所表出的思想和情感。没有意义，语言就根本不能成立；没有思想和情感，语言实无发生的必要。因为人类的表现的动作，必定具有两方面：一面是所表现的，一面是能表现的；有了思想和情感之后，用语音机关所发的声音表达出来，就成为语言。种种声音是能表现，根据于生理上的作用；思想和情感是所表现，根据于心理上的作用；而后者尤为语言成立的基本原因。种种语词的发生，语句的成立，文法的结构，以及词句的组织，都包含着心理上的作用。思想和情感的增进，就是语言内容的扩充；语言的发展，处处是依照心理上发展的程序的。所以我们要考察语言的内容，对于心理学上种种事实，须先有明了的观念；因为语言上所包含的意义就是心理上所发生的现象。

（二）具体语词的成立

凡是有精神作用的动物，都有一种统觉作用，能把经验上所得到许多杂乱的感觉，综合为种种有形象的个体。所以我们对于外界事物的认识，并不是散漫的感觉，而是一整个的观念。我们能把

一群一群的感觉分析出来，每一群的感觉总有一个中心，以别于他群的感觉，这就是客观界的实体。我们所以能认识客观界种种的实体，就是因为有统觉作用的缘故。其他高等动物也有这种统觉作用，对于客观界种种事物，也能发生整个的观念；但是禽兽对于种种观念的反应，只能发出无调节的声音，无论何种事物，都是用他们所有一二种简单的音来表示。我们人类就不是这样，能发出种种有调节的声音，来表示繁复的观念；每一种事物，总能用一个或一群明晰的声音来代替。换而言之：客观界有一种实体，总能造出一个相当的名称，以为表明的符号。这就是具体语词发生的来源。

我们从经验上得来各种实体的观念，没有完全相同的，实际上各种具体的事物，多少总有各个特异的现象，不是绝对无可分别的。我们又能把这许多纷歧错杂的观念，一类一类的归纳起来；凡是一类观念，有几点著要的分子相同的，我们就给它一个共通的名称，以别于其他各类的观念。例如“书”一个名称，是代替书这一类共通的观念；实际上只有各色各样具体的书，我们所得到客观界书的观念，原来也是各色各样的映象；但是我们能把这许多书的映象综合起来，成为一个共通的观念；因为客观界各种不同的书，都具有书的著要属性的；所以我们可用书这个名称来统括各色各样具体的书。这就是特有的名称综合为普通的名称的缘由。

还有一种称代词，是用来代替事物的名称的。它们的发生，由于说话时已经有了事物的观念，而要直接指明出来；所以意义上必包含有地位的关系：“我”“你”“彼”“此”等等，纯粹由地位关系而产生的。各种语言中所用称代词，声音大抵很简单；因为说话时所指地位的亲疏远近，总包含有情感上的反应作用，而和感叹词有相近的价值。这样看来，称代词虽常常用来替代具体的事物，实在它们

的本身，并非具体语词。

（三）抽象语词的成立

客观界种种实体，有种种性质，种种动作，彼此间又有种种关系；我们所谓性质、动作、关系，实在不能离开实体而存在的。我们说某种性质，必定要想到具有这种性质的实体；我们说某种动作，必定要想到发出这种动作的实体；我们说某种关系，必定要想到发生这种关系的实体。所以属于性质、动作、关系这一类的观念，是不能离开实体的观念而独立的。属于这一类的语词，可以对实体而称为抽象语词，因为客观界，实际上只有种种实体；我们观察各种实体的性质、动作、关系、又把它们类似的性质、类似的动作、类似的关系一一归纳起来，各成为一个共通的观念，而给以一个名称。这种名称的成立，完全是我们精神的作用，实际上是和实体的观念不能脱离的；所以这一类的名称可说是抽象语词。例如“跑”这个语词，可以概括兔的跑、人的跑、马的跑等等；跑的动作，不能离开兔、人、马等等实体而存在；所以跑的观念，不能离开兔、人、马等等观念而存在；但是我们能把兔的跑，人的跑，马的跑，以及其他各色各样的跑归纳起来，成了一个共通的语词来代替这跑的观念。这种语词的成立，完全是我们主观的作用；因为客观界，离开兔、人、马等等实体之外，就根本上没有跑的动作了。

幼稚的语言中，常常以性质、动作、关系的观念附属于实体，而合成为一个语词；因为理智没有发达的民族，分析和综合的能力比较薄弱，所以每每用抽象的观念附属于具体的语词里。拉丁语、中国古语以及美洲土人语中常有这种事例。这样看来，抽象语词离开具体语词而独立，乃是语言进步的一种现象。

(四) 语句的成立

我们所谓事物,就是种种实体,以及实体的种种性质,种种动作,种种关系罢了。要是表明性质、动作、关系的语词,统统附属在实体语词之内,没有离开,则语言上只有一种具体语词,不能有论理上推论(discursion)的程序。我们必须具有两种以上的观念,要说明它们的关系,才能成为推论。例如"兔"的观念和"跑"的观念结合之后,才能成为"兔跑"一个推论;要是"兔"和"跑"没有分离为两个观念,那"兔跑"这个推论就根本不能成立。我们所谓推论,是表明某种实体有某种性质,或者有某种动作,或者和另一种实体发生某种的关系;或者表明某种动作有某种性质,或者和另一种的动作有某种的关系等等。所以动作、性质、关系的观念必定要离开实体的观念,而独立成为语词之后,方才思想上能进行推论。总而言之:抽象语词成立之后,语言上才可以有推论的程序,因为只有一种具体的语词,不能成为推论的。

推论时所以必须具有两种以上的观念,因为一种是推论的主体,一种是推论的作用;例如"兔跑"这个推论,"兔"是我们所要推论的主体,"跑"是我们所用来推论"兔"的;有了这主体和作用,推论才能成立。推论的主体,就是语言上的主辞(subject),推论的作用,就是述辞(predict);有了主辞和述辞,才能成立一个语句。语句上主辞和述辞的关系,就是表述(predication);表述的成立,必须有动作,性质或关系的语词;所以语句的成立,必定在抽象语词发生之后。抽象语词既然从具体语词里分析出来,我们可以说语句的表述作用,就是一件事物的分析;一件事物,就是一个经验,我们把这个经验分析为两个以上的观念,就成为一种表述;所以语句就是经验的分析(analysis of experience)。

我们把统觉上所得到的经验，分析为两个分子，一个是主辞，一个是述辞，就成了一个简单的语句；我们再把主辞和述辞的观念，加以第二次的分析，便可以得到主辞和述辞的附加辞(attributes)。例如“兔跑”一个语句，我们可以演成“一个白的兔跑到田里”。“一个白的”是表明“兔”的数目和颜色，“到田里”是表明“跑”的状态；把“兔”的观念又分析它的数目和颜色，把“跑”的观念又分析它和“田”的关系；这样我们可以得到一个比较详细的表述。总而言之，语句上主辞、述辞、附加辞的发生，不外统觉上得来经验的分析罢了。

（五）文法范畴和心理的关系

由统觉上所得到的经验，分析为主辞、述辞、附加辞，都成为独立的语词，可说是语句上推论的分子；这种是完全的分析。还有一种不完全的分析，将语词里的某种观念，不分析为独立的语词，而仅用语词形式的变化来表明；这可说是语词上形式的分子(formative elements)。例如英语“he ran”“he runs”这两句里“跑”的观念不同，“runs”是指他现在的跑，“ran”是指他过去的跑；这两种观念的不同，单单用“run”形式上[æ]，[ʌ]母音的变化，和语尾[s]来表明，没有分析为独立的语词；因为[æ]，[v]，[s]在此地都不是独立的语词，自己不能代表一个观念的。[æ]，[v]，[s]都不过“run”这个语词里形式变化的分子罢了。

各种语言里，推论的分子和形式的分子怎样的支配，大都有一定的习惯；推论上的习惯，称为措辞的范畴(syntactic catagories)；形式上的习惯，称为形态的范畴(morphologic catagories)。所谓文法上的范畴，就是指这两种。各种民族语言的习惯不同，所以文法上的范畴也不一致。例如中国语“他跑”“他跑了”“他将跑”，都

是属于措辞的范畴；而拉丁语“currit”“cucurrit”“curret”，都是属于形态的范畴；又英语“he runs”“he ran”“he will run”，前二句里“runs”“ran”的变化是属于形态的范畴，而后一句里“will run”是属于措辞的范畴。从此可以知道各种语言的文法范畴是根据于民族心理上的各种习惯；在分析经验的程序上就有一种支配分子的手续；这种支配的手续成了普遍的习惯，就为各民族的文法范畴。前面说过，经验的分析，有完全的和不完全的两种；支配完全的分析，成了一种心理的习惯，就是措辞的范畴，支配不完全的分析，成了一种心理的习惯，就是形态的范畴。各种语言文法范畴的不同，是根据于民族心理习惯的不同。

（六）语言与民族心理

文法范畴依据于民族心理的习惯，我们可以从语词变化的历史上得一些证据。例如英语“dog”原来是指一种凶猛的獒犬（mastiff），后来渐渐引用，当做一般普通的犬名；到了现在，“dog”这个语词代替普通的犬，已成为英语上的习惯。语句的组织也是这样，起初本是表述某种事物特有的程序，后来渐渐引用这种程序来表述其他各种事物，于是成了一种心理上的习惯，渐渐固定为文法的范畴。又如德语“waltz”，日语“hara-kiri”，这两个语词输入英语之后，依照英语的习惯，就套进一种英语的形式；这两个语词过去时的形式是“waltzed”“hara-kiried”。不但语词的形式依据于民族心理，即语词的意义，也和民族心理有密切的关系。往往同是一种事物，而在各种语言里，名称的取义不同：例如埃及“太阳”的取义是有光辉的意义，而中国“日”字是有圆实的意思；埃及“法老”（pharaoh）是取义于广大的房舍，而中国“王”字，根据古文字的考证，是取义于旺火（王，金文作王，从火）。可见同是一种事物，在

各民族心理上的观念并不相同,不但它们代替事物的声音有差异。所以语言一方面是代表民族的习惯,一方面又是代表民族的心理的。

(七) 语言与思想

语言的现象,既然是依据于民族心理,民族习惯的不同;所以思想的法则,虽为人类所共通,而怎样将思想表达出来,则各民族间并不一致。绘画、雕刻、容止、手势等表现思想,比较有直接的显示,各民族间往往有共通的价值;至于语言大都是间接的声音符号,何种思想用何种声音来代替,纯粹出于各民族的嗜好。所以语言的现象,我们不能依据论理的法则来观察的。例如时间观念,数目观念以及阴性阳性中性的分别,在思想发表上似乎是不可少的;但是我国语言,在语词形式上没有这种变化,也不见得有含混的弊病;而且有几种语言中,中性的事物也分起阴阳性来,或且阴阳性的分别,反于自然的真际,他们习用已惯,也不生怪。可见文法的范畴和论理的范畴并不一致;文法的范畴是出于各民族的习尚;不能用思想普遍的法则来范围它。至于何种思想用何种声音来代表,尤其是各民族所自由选择而形成的一种习惯,绝对没有论理的法则拘囿于其间。这样看来,语言所表现的思想,固然是依据人类共通的法则;至于语言表现思想的方法、形式,纯粹根据于民族的心理和习惯,而和论理的范畴并无关系。

语言表现思想的方法和形式,虽然没有论理上的根据,但是语言为思想的符号,符号的本身足以助长思想的发展。譬如数学推理,有了数学的符号才能大大的发展;要是没有符号的凭借,数学推理的范围,就很有限制了。我们运用思想,也是有了语言的凭借,才能扩大思想的范围。往时语言学者有说:语言和思想同时

发展，没有语言就是没有思想。这句话虽则似乎说得太过分一点，但是语言确为传播和保育文明的工具；语言的发展是靠了智力的增进，而智力的增进也是靠了语言的运用，思想和语言二者是互相提携不可分离的。

（八）语言发出之心理的动机

有时语言所表现的事物相同，而因表出时心理上的动机有异，就发生内容和形式上的差别。如一种经验足以激引我们的情感，表出时也要引起他人强烈的反应；凡是这种语言，是以激引情感为著要的动机，称为感叹语（exclamation）。如一种经验表出时专为传达的目的，而没有参杂激引情感的作用；这种称为宣示语（declaration）。还有一种经验，足以引起我们的疑惑，表出时要使他人代作一个圆满的解答；凡是这种语言，激引情感的动机，比较感叹语为薄弱，而又参杂宣示语的传达作用，称为疑问语（question）。这三种语的不同，都是由于心理上动机的差异，以致发出时，内容和形式上发生极大的区别。

第二篇

语言的组织

一、语言组成的形式

（一）语词之任意的价值

上面说过，我们发语音是一种经验的表现动作。禽兽也能发出声音，也有这种表现的动作；例如禽兽受到极强的刺激，全身肌肉起了急亟的收缩，它们喉头里的声带，也就压迫气息，构成一种含糊的叫声（the inarticulate outcry）。这种含糊的叫声，是没有语音机关的调节作用，出于生理上自然的反射；人类的语言，就是从这种原始的声音发达进化而来；而且语言发达到了现在这样地步，这种反射的声音，日常还是继续的存在。但是含糊的叫声是出于极强的刺激，经验上一种直接反应的结果，没有过去经验的关系，脱离了过去个人或社会习惯的影响；所以不是一种社会上所通行的语音，而是全人类一致所同具的，在各种社会上有普遍的价值。而且禽兽的叫声，也和人类这种声音有类似的形迹。

至于我们所发的感叹词，受了经验的刺激比较薄弱，虽然也是纯粹情感的表现，可是包含有社会习惯的成素；以何种声音表明何种情感，须有联想上的习惯以及个人过去经验的根据。彼此习惯不同的人，不能发生同样的联想，就不能了解发音的人究竟具有哪种情感；所以本国人要是没有学过外国语，就不能确实知道外国语里某种感叹词是表明快乐的，或是表明苦痛的，或是表明愤怒，惊

奇的。感叹词固然也具有直接的反射作用;所以一方面也有几种感叹词,颇有人类普遍的价值,而且不受本社会语音系统的限制的。例如欧洲人用“brrr!”(双唇震颤音)表明受酷冷的苦痛,用“whew!”(双唇气音)表明受酷热的愤闷,用“sh!”“pst!”([s]或[ʃ]单独成一个音缀)表明静寂的需求;这几种音在欧洲通常的语音上,是很奇特的;而在我们东方人听去,却也可以发生同样的联想。但是一方面,感叹词也有在本社会语音系统以内,而因社会习惯的不同,声音也随之变异的;例如表明痛苦的感叹词,英语作“ouch!”德语作“au!”还有一种感叹语,完全是传达一种客观上的事物,不过依据情感上的动机发表出来罢了。例如“火!”“快,快!”这类感叹语,含有实质的意义,不是纯粹主观的情感。内中虽然不必定有一个述辞,实际上就具有推论的分析,可以称为感叹句。它们所表达的经验,完全是根据社会上联想的习惯;所以语言习惯不同的人,绝对不能引起同样的联想。这类感叹语,一方面是表达客观上事物的经验,各个社会各有它的声音符号;一方面包含有主观上情感的要素,各种语言里,常用音调、音势、音长的关系表示出来,而这种音调、音势、音长的关系,各种语言的表达方法也并不相同的。这样看来,感叹词和感叹句,虽然含有直接的反射作用,但是经验的刺激比较薄弱,它们表现的方法,大都是依据各个社会的习惯,各有不同的形式。

至于其余非感叹的语音,完全为传达客观的经验,以何种声音表现何种事物,纯粹出于社会心理上自由的选择。所表现的事物和表现的动作,虽然原来有直接的关系,但是一经成了声音符号,用来代表某种事物,声音的本身常常因时因地而纷变,声音和事物的联想作用,自然要随着社会习惯而转移。所以某种语言里,某个音代表某种事物,完全是这个社会任意选择的结果;语音和意义没有绝对固定的联合,这种可以说是语词之任意的价值(arbitrary

value)。因为非感叹的语音，没有参杂情感作用，完全关于实质的意义，脱离了生理上自然的反射，而出于心理上符号的运用，以形成某种联想的习惯。至于摹声说（onomatopœias）的主张，以为事物的名称由于摹仿声音的结果，语音和经验似乎应当有固定的联合。但是摹仿得来的声音，成为事物的名称之后，既然逃不了变迁的公例，而同是一种事物的名称，在各个社会里，也常发生不同的名称。所谓摹声，也不过语言里联想习惯的一种形式罢了，也是社会心理上任意选择的结果。这样看来，我们的语词，除了几种出于直接反射的少数感叹词以外，其余大都包含着实质的意义，都是由社会的语音习惯所组成，一方面随地域而纷歧，他方面又因时代而变迁；所以某个语词代表某种意义完全是任意选择的结果。

（二）语言表现的类别性

语言的表现，具有任意的价值；这种价值的发生，是由我们过去的经验积合成功的。所以一个语词的成立，必定有过去历史的关系；现在的一种经验和已往相同或相类的经验融合起来，我们也就用一种相同或相类的声音来代替；于是语言的传达作用才能成立。要是表示事物的声音，没有过去的习惯作根据，那么，各个人所表示的，各有不同的形式；即使一个人表示同一种事物，前后的形式也不一致，语言的传达作用，就完全丧失了。依据心理的原则，经验上的事物，没有绝对相同的；例如"火"，事实上发生过无数的火，总有无数的差别；不过我们能从千差万别之火的经验中，取出它们著要的类似或相同的现象，而综合为"火"的观念，更用一个相当的声音来表示，就成了"火"的名称，以后凡是遇着事物具有这种著要的现象的，我们就可应用这个名称来表示。又我们的

声音，所应用的并非毫无限制；一个社会总有他一种语音系统，总有他一种发音的习惯，以限制发音的范围。假使我们应用无数差别的声音，来表示实际上无数差别的经验，使各个实际的经验总有各个不同的声音把它表示出来；即使可能，其结果，语言的传达作用也必完全丧失了。因为语言的传达作用，在用种种类似或相同的声音来表示种种类似或相同的经验；这种表示的方法形成了一个社会里共通的习惯，就产生了一种语言。所以语言成立的基础，一方面是声音的选择和固定，另一方面是经验事物之类别；类别得来的种种事物，用种种固定的声音来代替他们，就产生了种种语词。这样看来，语词价值的成立，是由于语言表现的类别性（classifying nature of linguistic expression）。例如“火”，实际上有千差万别的火，我们能把这千差万别的火归纳成为一类，而给它一个“火”的总名，以别于其他非“火”的事物，这就是语言上的类别作用。

语言上的类别作用，是依据于民族的心理的；一种语言有它自己一种类别的习惯，而和他种语言的习惯，不一定相同。我们把各种语言里的语词略略比较一下，就可以知道各种类别的习惯不同。例如中国语“兄、弟、姊、妹”，用四个语词表明同父母所生的儿子；英语上只用两个语词“brother，sister”，只具有男性和女性的分别，而没有大小，长幼的分别；马来语里只用一个语词“sudara”，既没有男女的分别，也没有大小长幼的分别。英语上要表明兄和弟或姊和妹的分别，须说：“older brother，younger brother”或“older sister，younger sister”。马来语要表明兄弟和姊妹的分别，须说“sudara lakilaki”（兄弟，lakilaki 有阳性的意思），“sudara perampuwan”（姊妹，perampuwan 有阴性的意思）；如再要表明他们的大小长幼，须再加上大小长幼的附加辞，以资析别。我们这里可以说中国语比较英语缺乏统括的能力，而英语又比较马来语缺

乏统括的能力;也可以说中国语对于亲属长幼的判别力比较英语为强,而英语对于男女两性的判别力又比较马来语为强。至于德语里有“Bruder, Schwester”及“Geschwister”三个语词,前两个等于英语的“brother, sister”,后一个等于马来语的“sudara”;我们这里又可说德语是兼具有英语和马来语的类别作用的。又英语说“I go”(我去)、“I walk”(我走)是有分别的,在德语上只须说“ich gehe”(包括“我去”“我走”两种意思)。又德语上“fahren”(乘车,乘船等),“reiten”(乘马等)二个语词是有分别的,在英语上只有“ride”一个语词(包括乘车,乘马等)。这样看来,各种语言里语词意义的范围有广有狭;这是因为各个社会对于各种事物统括和析别的能力不同,以致形成语言上类别习惯的纷歧。语言上的类别和科学上的类别不一定能相符合;即在科学极发达的国家,其语言中常有不合论理的语词。语言上事物的分析和综合,不一定依照论理的法则,上章已说过了。因为语言是依据各个民族心理上不同的习惯,科学则是依据人类论理上共通的范畴;一种是个别的,一种是普遍的。

(三) 语词形式的部分

语词是代表各种事物,一个语词总具有一种观念;我们把经验上各种事物分析类别,用种种声音表达出来,就成了种种语词。有时语词的形式比较复杂,不但用来表达一种观念,而且足以显示和他种观念类似的关系。这种语词的形式,常可以分为许多部分,各个部分就是各自表明这种观念和他种观念相类似的关系。往往有许多语词,它们所代表的观念有一部分相同,它们所具的形式就有一部分相似。换而言之:意义相通的语词,其声音常相似的。例如英语中“flash”(发闪光)这个语词,可以分做“fl-”和“-ash”二部

分；“fl-”这部分和“flame，ffare，flicker，flimmer”等相同，而都含有火光的意义；“-ash”这部分和“Clash，Crash，dash，slash”等相同，而都含有闪发的意义。可见语词形式上的各部分，往往可以表示类似的观念；“flash”和“flare”等，其中“fl-”一部分相同，又和“clash”等，其中“-ash”一部分相同，正所以表达彼此所包含类似的经验。但是事实上，这种类似的关系，并不能适用于其他一切的语词；如“flow，float，fly，flutter”等，也含有“fl-”相同的部分，但是这些语词都没有火光的意义。因为“fl-”自己不是一个独立的语词，它的本身并不是代表火光这个观念的；不过在“flash，flare”这些语词里，足以表示它们都同具火光这个类似的经验罢了。形式上的部分，不是观念的单位，而是限定于某一类语词里，表示它们观念里有相同的经验。又如“thirteen”（十三），包“thir-”和“teen”二部分，一部分表明“三”，一部分表明“十”，合而为“十三”。但是我们决不能以“thir-”为“三”，以“-teen”为“十”；虽然“teen”单独可以代表“十”的意义，“sixteen”（十六）、“seventeen”（十七）这些语词里的“six，seven”等，也单独可以代表“六、七”等意义，而一个语词形式上的各部分，决不能当做各个语词看待。“thirteen”只是代表“十三”一个观念，“thir-”和“-teen”二部分在这个语词里也只是把“十三”这个观念表示出来，并非代表“三”和“十”两个观念的。即在复合语词里，两个以上的语词合成为一个语词，也只是代表一个观念，并非具有两个以上的观念。例如中国语“兄弟”这个复合语词里，“兄”和“弟”两个语词虽然都是独立的，各具意义，但是在这个复合语词之中，它们只是构成一个意义，习惯上只是代表一个观念，并非有“兄”和“弟”两个观念。复合语词里的分子，其独立性当然比较一个语词里形式的分子要显著，但是同为语词形式上的各部分；这是我们研究语言者所当知道的。

（四）语词之声音的分界

通常一个语词是代表一个观念的，就是表现形式上各个独立的单位。书写时，常把各个文字一节一节的分开来；但是书写的形式并不能完全代表语词的分界；有许多复合语词，可以分开来写，也可以联起来写，如英语的“bull dog”或写做“bulldog”。可见语言文字上的单位，并不像数学上的单位那样固定的。而且在各种语言中，往往同是一种事物，他们所表现出来的单位，并不一致；如马来语的“sudara”，在中国语里须用“兄、弟、姊、妹”四个语词；中国语的“兄”，在英语里须用“older brother”二个语词。又中国语“十三”两个字构成一个语词，英语里只须用“thirteen”一个字；“thirteen”这字所以不能分为二个语词的，只因分开来以后，“thir-”这部分不能独立的缘故，并非声音的表现上有何种关系。音读的分界和文字的分界并不一致；例如英语“at you”[ætʃu]，并不读为[æt ʃu]。我们要是没有懂得某种语言的意义，单是听它的声音，想把一个一个的文字写出来，这是绝对不可能的。因此可知语词实在是意义的单位，并非声音的单位。

话虽这样讲，语词的分界在声音上多少总可以认得一点，不过这种情形在各种语言里大不相同。如法语里各个语词的分界在声音上几乎认不出来；因为一句法国话，内中各个语词很紧密的接合，语词里也没有固定的轻重音，重音所在大约只是句尾末一个音缀上；所以各个语词的分界很难听出。至于英语的情形就不是这样了。英语里，除出几个极短促的语词（如 the，a，and，is 等）以外，大都每个语词的音缀当中，总有一处地方是重读的。又重读音缀里的母音和轻读音缀里的母音，很容易辨别。例如“a name”和“an aim”这两个语词，我们依照音势的变化去辨别它们是很容易

的:"a name"里的[n],是第二个气息力的起点;"an aim"里的[n]是第一个气息力的收尾。又中国语是单音缀的,每个字只有一个音缀,而且这个音缀的收尾,只限于母音及[n],[ŋ]二音;又各个字音各有一定的音调,而且几种音调的变化,也很有限制的;所以中国语里,除出连读(liaison)的字以外,各个语词在声音上的分界是很显明的。

又,一个语词的首尾,常常因邻接音的不同,而发生声音的变化。如英语"won't you"里的"you"读[ʃu],"did you"里的"you"读[ʒu];法语"vous avez"里的"vous"读[vuz],"vous faites"里的"vous"读[vu]。语词的分界,于此更可以从它们在各种语句里声音的变化上认明的。这种变化,有时包含有意义的关系;如爱尔兰语"tá ba"(有许多牛),"a va"(他的牛);"uv"(一个鸡蛋),"na nuv"(这个鸡蛋),"a huv"(他的鸡蛋)。意义上的差别,有用声音的变化表达出来,这是多数语言中的普遍现象;而一方面影响于文字语首或语尾的音读,又足以显示各个语词本身的单位。

(五)语词之意义的分界

语词的单位,虽然在声音上可以显示出来,总以意义为主体,一个语词是代表一个独立的观念的。形式的各部分固然可以表示和他种观念类似的关系;语词的意义有一部分相同,声音就有一部分相似,如英语的"flame, flare, flimmer"等,"flash, crash, dash"等。但是这种形式的部分,并不是代表独立的观念;不过用类似的声音显示类似的观念罢了。事实上,并且有观念相似的语词,而形式上的部分并不一致,如英语"fathers, boys, fires"里的"-s"表明复数的实体;但是有许多实体语词并不用"-s"为它们复数的形式。如"men, geese, children"等,它们复数的意义只包含在

观念本身的功用中，没有“-s”表示的必要。因为这种形式上的分子并非代表一个独立的观念；所以在表明某种观念的功用时，也不是固定的需要这种形式。但是有时形式上的分子，独立性比较强，如英语表示领位的“-s”及复合语词“bulldog”里的“bull-”已经和独立的语词有相近的价值。这样看来，何种形式为独立的单位，何种为非独立的单位，在意义上也不过视它们独立性程度的差异，并没有绝对的界限。

而且在各种语言里，分析经验的完全与否，程度既不相同，其语词形式的独立与否，情形就大不一致。有许多语言中，表明性质和动作的语词，尚未离开实体的语词而独立。因为实际上的经验，种种性质和种种动作总须附丽于实体，方能存在；所以性质的观念和动作的观念分析出来，实在很不容易的。所以进化还未完全的语言里，几乎没有独立的抽象语词。例如格林兰语（Greenlandish）说“我听他”为[tu sa Rp-a-Ra]，直译是“听——他的——我”，把动作的观念认为实体所有的附属品。而单独的实体语词中，也包含有表述作用，如说[sal̥:uto:q]（说谎者），实有“他是说谎者”的意义。性质的观念也附丽于实体语词里，如[sal̥:uto:qaoq]（大说谎者）。至于表明关系的语词，也不能离开实体语词而独立，如[nuna-me]（在陆地里），直译是“陆地——在里”。这种情形在南欧语及德语里还存有遗迹，如意大利语说“sorellina”（小妹妹）和“sorella”（姊妹）有别；说“librone”（大书）和“libro”（书）有别。德语说“Männchen”或“Männlein”（小的人）和“Mann”（人）有别（英语里也有“manikin”这个语词），表明性质的语词还有附合在实体语词里，未曾分离出来；这种情形实在是从拉丁语里遗传下来的，拉丁语说“bonus”“bona”“bonum”，不但意思是“好”，而且所指是“好人”“好女人”“好东西”。拉丁语里，表明动作的语词和实体语词不分，如说“cantat”（他唱歌），唱歌这动作的意义，不能离开主辞而

独立;“puella cantat”(小女子唱歌),直译是“小女子,他唱歌”;其中“puella”这个语词,实在并非主辞,不过是为“cantat”这个语词里的“他”作一种解释罢了。意大利语里也有这种现象。至于两个实体语词合成为一种复合语词,两种实体的观念联合为一个观念,如英语的“schoolboy”,两个语词就合成为一个了。还有称代词和实体语词不分的,如埃及阿剌伯语(Egyptian-Arabic)“dulāb-i”(我的橱子),格林兰语[qito-Rna-Ra](我的儿子)。至于表明关系的语词,在芬兰语(Finnish)里统包含在实体语词的形式中,如“silmä-llä”(在眼里),“silmä-ltä”(从眼里)等等。拉丁语里也有这种事例,如“Rōmae”(在罗马),“Romam”(到罗马)。英语的领位,常用“-'s”附在实体语词的末尾来表明的;但是通常多用关系语词“of”来代替,如“the legs of the table”,不说“the table's legs”。英语中实体语词的单数复数,常用形式分子的变化来表示的,如“boy, boys”“man, men”;而在中国语里,“童子”“人”没有分别,要是特别表明数目时,须另外应用附加辞的。总而言之:同是一个意义,在各种语言里,或分析为许多语词,或仍合为一个语词,各不相同,所以语词的单位并不一致。语词在意义上的分界,实在没有绝对的标准。

(六) 语词的分类

各种语言,在形式上,可以表示意义的类似关系,前面已经说过了;有时表现出来的形式并不相同,而它们所包含的意义,却有类似的性质;例如英语用“-s”加在实体语词的末尾,表明复数,但是还有许多语词,并没有这种形式,而在文法范畴上,是认为复数的意义,如“men, geese, feet, children”等。可见语词的分类,纯粹应当以意义为标准;形式类似的语词,不过意义分类上的一部

分，或者和意义的分类绝不相干的。有时意义上的类别，完全脱离了语词形式的关系；最显明的例是欧洲许多语言中实体的性别。例如德语里“女人”这个名词，依性别分为两个：“die Frau”（阴性），“das Weib”（中性），又德语“der Mann”（人）为阳性，“das Mȧnnchen”（小的人）为中性；又无生气的实体，也有性别，如“der Tisch”（桌子）为阳性，“die Tür”（门）为阴性，“das Fenster”（窗子）为中性。这种分别，完全是依据于社会主观的情感作用，既然没有形式上的表示，而且分类的本身和科学的事理很多矛盾的。至于表明动作的语词，有感觉的和行动的两种；英语上统以行动的程序表达出来，如“I write”（我写）和“I see”（我看）没有分别；格林兰语上则又统以感觉的程序表达出来，如[takuwaː]（形象——到——他，就是“他看”），和[tukaRpaː]（踏——于——他，就是“他踏”）；而在乔治亚语（Georgian）中，这两种是有分别的，如[v-tˀser]（我写）是依照行动的程序，[m-e-smi-s]（我——到——声音——是，就是“声音来到我”“我听”）是依照感觉的程序。从此可知动作语词在意义上的分类，也是根据各种民族心理的习惯，并不一定和科学上相符合的。

（七）语句的组织

上面说过，语句的成立，由于一种经验的分析；一种经验包含有几个独立的观念，在语言上就是几个独立的语词；几个语词相互的结合，以表明经验上各个分子相互的关系，就成了语句。语句上最重要的部分是主辞和述辞；主辞和述辞之中，又可以各分为主辞和附加辞。语句上各部分成立的根据，是在心理上分析经验的分子，以成单个的观念；而各部分彼此相互的关系，也是依照心理上分析经验的程序的。语句上的主辞是一种经验的主体；述辞的作

用，是要说明这主体的性质，动作，或和过去经验的关系；至于附加辞不过是主辞或述辞的附属品。所以普通的语句，大都以实体语词为主辞，以性质语词或动作语词为述辞。有许多语言中，性质语词和动作语词还没有离开实体语词而独立；这种语言中的语句，就没有纯粹的述辞。例如格林兰语［qim:eq］（狗），可以当做“这是狗”一句看待。拉丁语里，动词中也包含有称代词，如“edo”（我吃）。如此，主辞和述辞可以合成为一个语词；这种叫做语句词（sentence-words）；就是用一个语词包括语句的两部分的。现在英语和中国语里就没有这种语句词；一个语句里至少有两个语词：一个为主辞，一个为述辞。英语里的述辞，必为动词；有时述辞上没有动作的意义，常用“is，are”等抽象的动词来表明其中的关系，以完成述辞的作用。英语里表明性质和动作的语词，也可以为主辞，但是一定要变它们的形式为名词，文法上称为抽象名词；又表明实体和动作的语词，也可以为附加辞，但是一定要变它们的形式为副词或形容词，文法上称为名形容词，名副词或动形容词，动副词。中国语就不是这样，同是一个语词，用作主辞，述辞或附加辞，都没有形式的变化。例如“好人”“他好”，内中两个“好”：一个是附加辞，一个是述辞，没有形式的变化。不过现代国语上，也每每用“的”“是”等来表明其中的关系，“好的人”“他是好”。总之：语句的成立，纯在推论的分析，从一种经验，分析为主辞，述辞两部分，又从主辞，述辞里分出附加辞，以成语言的种种的组织。当其进行推论时，常常因其他经验分子的类似关系，就依据心理上的联想作用，增加其他类似的观念于原有的观念中；如说：“好学生”，因好的观念联想到其他类似的观念，就可以演成：“好的，勤恳的，聪明的学生。”因这种联想作用，常使两种经验并合为一个语句，如说：“张君是好学生。李君是好学生。”这两个语句，因其中“好学生”这观念的相同，就可以合并为“张君和李君是好学生”一个语

句。这种语句里，一个述辞可以有两个以上的主辞。反之：一个主辞也可以有两个以上的述辞。

上面所说，语句上的组织是依照论理的程序的，但是有时因参杂了情感的关系，和具体实质的意义关系，就影响于推论的程序，而变化语句的组织的。如英语里："He came last"一句，可以因情感的关系，变为"Last he came"或"It is he who came last""It is last that he came"等句。语句的组织，因参杂有情感的分子，常把其中某部分重读，以加重某种意义；因加重某种意义，就把它原来的组织变换了。还有具体实质的意义关系，足以影响推论程序的变化，如英语"in Rome"一语，其中并没有推论的关系，并没有主辞和附加辞的区分；不过用介词"in"表明"Rome"的地位关系罢了。这种关系，实在由推论的程序变化出来的。原来一个主辞不必含有动的意义。如英语"it is raining""He is hurt"一句是没有动作的意义，不过用主辞的形式表示出来；一句是被动的口气，而完全采取表述主辞性质的形式。可见具体实质的意义，并不必和语句固定的组织完全符合。再看语句上的宾位，有时一个动词可以有二个宾辞，文法上因之有两种宾位：直接的和间接的。如英语"The father gives the son a book"；这个语句里，"the son"是间接的宾辞，"a book"是直接的宾辞。但是英语里，这种间接的宾辞，常分析为另一个独立的分子，而用介词"to"表明它的地位关系；所以上面这句，也可以说："The father gives a book to the son"。这种在中国语里，又另有一种表现的方法，如说："他给我送节礼"；直译为英语："He giving me sends festival present"，内中"给我"实在是一种动副词，"给"并非介词。英语里的介词，本来从副词变来的；梵语和拉丁语里，表明地位的关系，只用形式的变化，没有独立的介词；不过印度欧罗巴古语中，有一种副词，后来渐变为介词。例如古希腊语"kephalēs ápo phāros héleske"，（他的

头——脱了——外套——他曳，就是“他从头上曳脱了外套”。）其中“ápo”本是一个副词，到英语里，就变做介词的形式，“apò kephalēs”（from his head）。这样看来，介词的表明地位关系，本是一种副词，或者一种附加辞，原来很合于推论的程序；后来因语言的发展，就变成“介词后附着名词”的形式。中国语上，这种语句每每用两个动词表达出来，如“他到田里去”，直译为英语：“He, entering fields interior, goes”；其中“到田里”实在是个动副词，虽然和英语的介词不同，但是都是原于副词的作用，都是合于推论上的附加辞之例。又英语里的无定式动词（infinitive verb），实在是一个动名词，如“I want to go”，等于“I want going”。中国语上“我要去”，其中“去”这个语词实在是个宾辞。英语里这种无定式动词，前面又加上个“to”，这也是表明地位关系的介词。总而言之：语句的组织，本是依照论理上推论的程序，以主辞为一种经验的主体，由这主体分析为述辞，附加辞；不过后来智力增进，语言发达，更有种种组织以显示情感和具体实质的特别关系。语词方面，除了表明实体、性质、动作之外，还有种种表明关系的语词（如介词以及中国语上“是”“的”等字），一方面语言进步，因为分析的能力增进；一方面语词明晰，组织繁密，更足以助长智力的发达。

（八）语句表出的三种形式

上章说过，语言发出心理上的动机，可以分为三种，就是感叹语、宣示语、疑问语。语句依照这三种动机发出的，就有感叹句、宣示句、疑问句三种。发感叹句时，其内容实包含有浓厚的情感；发宣示句时，其内容仅为事物的传达，所包含情感的分子很少；发疑问句时，其内容不仅为事物的传达，也不仅为情感的发表，乃含有事物传达上疑惑的心理。这三种语句形式不同，常用音调的变化

表示出来，国语上大致疑问句用升语调；宣示句用降语调，感叹句则又依所表情感的不同，而有种种特别的语调。不过这种音调的变化，又依各种语言不同的习惯，各有不同的形式；例如英语中用升语调的，大抵为疑问句，而挪威语中用升语调的，则为宣示句。英语里，宣示句和疑问句的语调大有分别，而意大利语里，这两种语句的语调全完无别。除出音调的表示之外，还有用语句组织的变化来表明这三种不同的语句。例如疑问句，在各种语言中，常加上各种特别的疑问语词；如拉丁语的“ne，nōnne，num”，斯拉夫语的“li”，日本语的“力”；国语的“哪里，哪个，何故”等，英语的“where，which，why”等，也常是疑问句上的语词。英法等语的疑问句里，常有语词序次的变化；如英语的“Has your father gone?”至于感叹句在表明愿意或命令时，也常有特别的组织和形式；如“听！”和“你听”不同；“救济他！”和“他要救济”不同；这类的语句，称为命令式或希望式(imperative mood)。于此可见发语句时，因心理的动机不同，组织和形式上就发生种种的变化。

二、形　态　学

（一）语言习惯和语词形式的关系

语言形态学上的类别是代表社会联想的习惯的。这种类别，是根据于民族心理上，应用各种类似的形式代表各种类似的经验。例如英语“flare”和“flash”，“father”和“mother”，“boys”和“stones”；这些语词里包含有相同的经验分子，就各用相同的形式分子表示出来；所以语词形式上的类别，是依据于民族心理上对于各种经验的类别，可以为各种民族特性的表征。这种表征，和宗教风俗等等不同，宗教风俗等等的形成，还是根据于民族心理的自觉；至于语言形态学上的类别，纯是各民族心理上的一种习惯，几乎完全不能因它们自觉作用，而加以改进的。

语词在形态学上的分类很多，都足以表示联想的习惯；但是这种习惯，又和纯粹心理的联想不同。例如因“sew”（缝纫）这个语词而联想到“needle”（针）这个语词，这种联想在英语上纯粹是心理作用，而非属于语言的习惯的。因为这两个语词不但在形态学上没有类似的现象，而且它们的品性，又彼此不相同的。它们的关系，在英语上可说是“非语言上的联想”（nonlinguistic association）。至于“go”和“went”两个语词，就可以说是语言上的关系了；因为它们的声音形式，虽然没有类似的现象，但是它们同为一个意义的两种

形式；在英语上凡是动词，都有它的现在形式和过去形式两种，如“dance，danced”“sing，sang”等，已经成为语言上联想的习惯。“go”为现在的形式，“went”为过去的形式，正适合于英语形态学上的类别，所以这两个语词在声音形式上虽然缺乏类似性，而在形态学的范畴上，正是一个动词的现在式和过去式。要是英语的动词，根本上没有现在式和过去式的分类，没有“dance，danced”“sing，sang”等相互的关系，那末，“go”“went”两个语词，除出它们动词的品性相同以外，就没有形态学上的关系了。所以各种语词形式的类别，是依据于语言本身上的习惯的。

（二）语词在品性上的分类

各种语词在语句上的结合，各有它的品性，称为词品，或词性（parts of speech），这是属于措辞上的范畴的。而在许多语言中，词性对于形态学上的类别，很占重要的地位；我们现在姑且把英语里词性的分类，略略说明如下：

1. 动词　动词是表明一种动作，或者别种经验当做动作看待的。在英语里，动词是述辞的中心，没有动词，不能成为述辞；每一个动词总要在形式上，表示动作现在和过去的时间。现在的形式上，又要表示主辞的人称和数目；第三人称单数又有个特别的形式。英语里的无定式动词，没有时间、数目、人称的规定，因为这种动词，大都是为他种动词补足意义之用。无定式动词和现在式不同的，只有个“to be”，而“can，may，shall，will”等，没有它们的无定式。

2. 名词　名词是表明一种实体，或者别种经验当做实体看待的。名词可以为动作的主体或客体，或者述辞所要表述的主体。英语里名词的形式总要表示它的数目；处于领位的名词，可以为另一个名词的附加辞；名词可以受形容词的限制，又可以居于介词之

后，为介词的客体。它和动词的品性完全相反，但是动词有时也当做名词用，称为动名词。

3.形容词　形容词是表明一种性质，或者别种经验当做性质看待的。英语里形容词不能用为述辞，不能表明动作和动作的主体或客体；只可以为名词的附加辞，或在述辞里为表述主辞的性质之用。动词有时变为形容词，称为动形容词，或称分词（participles）；动形容词和“is”“has”等合用时，是表明一种进行的或完全的动作。

4.称代词　称代词包含有人称、替代、直指、称数等等价值。英语里称代词也可用为动作的主体或客体，或者述辞所要表述的主体；不过它们和名词不同，不能以形容词为它们的附加辞。而有时称代词可以为名词或别一个称代词的附加辞，其位置总在形容词之前；例如“three good men”“the old house”之类。称代词中，有专作替代用的，如“I, who, mine”；有专作附加辞用的，如“the, a”。

5.副词　副词是在附加辞里，用来表示种种性质和动作的程度或情形。英语里副词常为限制形容词和动词之用。

6.介词　介词是表明对于实体的一种关系，这种关系大都是属于地位的。英语里的介词常用在名词或称代词之前。

7.联词　联词是表明两个语词或两个述辞相互间的关系。所以联词总处于两个语词或两个述辞之间。

8.叹词　叹词的内容、形式和方法，显然和其他各类的语词不同；因为叹词实在是人类的一种原始语音。

上面所说的几种词性，普通的人虽然不一定能个个分辨得出，但是平常说话的时候，总不会把它弄错；因为说话时已经对于这几种词性的用法，成了不自觉的习惯了。所以语言里虽然有许多同音异义的语词，也不会把它们的词性弄错；例如英语“wood”“would”两个语词，虽然同音，但是“wood”总在形容词，介词或称代词之后，而且认为动作的主体或客体，或者在述辞里用为表述主

辞之用，自然会晓得“wood”是个名词；至于“would”总用作一个述辞，以为表述主辞的中心，可以为副词所限制，而且后面常跟着一个无定式的动词，自然会晓得“would”是个动词的了。即使同是一个语词，而具有两种以上的词性的，也可因它在语句上的用法，而认明所用的是属于那一种的词性。总之：词性的分类，虽然在声音形式上没有完全表示出来，但是已经在语言的应用上，很明白的显现出来了。在中国语里，语词的本身，实在没有像英语里那样词性的分别；一个语词，无论是表明实体的、动作的或性质的，形式上总是分辨不出来，可以用为主辞，也可以用为述辞，也可以用为附加辞。例如“他说国语”，其中“说”是述辞；至于“他国语说得好”，其中“说”实在是主辞。“买卖的人”，其中“买卖”是附加辞；“他买进卖出”，其中“买卖”是述辞。

中国语里的词性完全和英语里的不同。中国语里实在没有名词、动词、形容词、副词的分类。中国语里的语词，固然也有表明实体，表明动作，和表明性质的三种，但是这三种经验在语句的应用上，实在没有明白的显示出来。中国语里的词品，粗略的只分为两类；分述之如下：

1. 第一类的语词，数量比较多；它们在语句上的应用有一定的序次，主辞在述辞之前，附加辞又在它的主辞之前。例如“他好人”，其中“他”是主辞，“好人”是述辞，“好”又是附加辞。这类的语词，又可以分为自动的和他动的两种：他动的是附有动作的客体的，自动的是不能附有动作的客体的。例如“他说上海话”一句里，“说”是他动的，“话”是自动的。他动的语词和英语里的动词不同，因为中国语里的他动语词不必定为述辞，有时仿佛英语的动名词，动形容词；而且英语里的动词不必皆附有动作的客体。

2. 第二类的语词，它们在语句上不必有一定的序次，常用在第一类语词之间，用来表明它们相互的关系的。但是应用时，有固定

不变的，有任意取舍的；例如，“是”是表明述辞，“的”是表明附加辞，这是固定不变的；至于在语句上，就可以任意的取舍，“他好人”可以说“他是好人”，也可以说“他是好的人”；意义上毫没有变化，只是表明出来有完备不完备罢了。

（三）语词适合作用上的分类

从上节里所说，可知语词在词性上的分类，并没有在形式里显示出来；往往同是一个语词，而兼具有两种以上的词性的，也有两种形式相同的语词，而它们的词性完全各别的。还有一种形态学上的分类，也是在语词形式里没有表示出来，只是依据于语词和语词的关系上发生的。这种分类，也大半属于措辞学的范围。最显明的例，是德语里名词的性别；名词的性别有阳性、阴性、中性三种；但是这三种的性别，并不在名词形式的本身上表示出来，只在名词和他种语词联合应用时才显现。例如“Leib”（身体）、“Auster”（牡蛎）、“Fenster”（窗子）这三个名词，在单独的时候，并没有显示性别：一经加上限制辞，或应用称代词来指明时，便立刻表出它们的性别；“der Leib”（阳性），“die Auster”（阴性），“das Fenster”（中性）；又“Leib”用“er”（阳性）来替代，“Auster”用“sie”（阴性）来替代，“Fenster”用“es”（中性）来替代。这种分类并不关于语词本身的形式，有时和实在的意义也无关系，不过和他种语词联合应用时，才显现出来；这种称为语词的适合作用（congruence）。英语里没有像德语里那种性别的分类，英语的称代词，虽然也分“he”“she”“it”三种性别，而大都依据于实在的意义，并且用来限制的附加辞，无论关于阳性、阴性、中性，都是同一的形式。至于中国语里，不特附加辞上没有表示名辞的性别，即称代词里，也只有个“他”，不论阴，阳或无生气的实物，统可以用“他”这个音来代替。

中国语里另外有种适合作用的分类，就是名词前，应用称数或指示的称代词时，常要表明它们的类别。他种语言中，称代词后跟了一个名词就完了；而在中国语里，中间还加许多特别的语词，以表明所称指实体的种类。例如，说“三人”为“三个人”，说“三先生”为“三位先生”，说“三鱼”为“三尾鱼”，说“三线”为“三条线”，说“三书”为“三本书”；其中“个”“位”“尾”“条”“本”，是表明所称指的实体，在观念上包含有特种的意义。而这种意义，名词形式上并没有显现出来，只是应用称数或指示称代词时，再附上这许多特别的语词，才有明白的表示。

（四）语词音义上的类别

我们上面讲过两种类别，一种是语词品性的类别，一种是语词适合作用的类别；前者是因语词在语句上措辞应用时看出来，后者是因语词和他种语词联合应用时看出来，都不是在语词形式的本身上表示的。语词的分类在形式的本身上表示出来，这是音义的类别。例如德语里名词的性别，是依据适合作用上看出来；而在意大利语里，则从语词形式的本身表示出来，阳性的语尾，大都是“-o”，阴性的语尾是“-a”；虽然也有许多例外，但是在意大利语上，总有“名词收-o的为阳，收-a的为阴”的一个习惯。英语里“father，mother，brother，sister”等，有一个“-ther”或“-ter”共同的形式，都是表明亲属的名词。又如“flame，flare，flash，flimmer，flicker”等，都是有“发闪光”的意义，而都有一个“fl-”共同的形式。这种以相同的形式表示相同的意义，成为心理上联想的习惯；这种联想的作用，并不一定包含有知觉上的价值，大部分还是依据情感作用。所以语词在音义上的类别，并不是绝对的。有几种语词，虽然意义上的类似不甚密切，而依据说话时的情感作用，也可以归成

一类的；例如“flicher”这个语词，和“flutter，fly，flit，flip，flap，flop”，语首“fl-”既然相同，意义上也有点相关联的。语词在音义上的类别，实在可以分为许多等级；例如英语“fl-”这许多语词里，既然成为一类，而其中“flare”和“flash”两个语词，关联更觉密切；“flicker”和“flimmer”，“flip”和“flap，flop”也各有更密切的关联；因为除出“fl-”的形式相同之外，还各有“-a-”“-i-er”“-p”相同的形式，又各自可以成为小类。此外还有许多同音异义的语词，往往依据某种意义可以归入某类，而另一种意义则不能归入此类；所以音义上的类别，并没有正确的范围，大部还是主观上情感的价值。中国训诂学上“音近义通”的原则，也可以这样的看待。

又语词音义的分类，还有各类相互交插的现象：例如“flash”和“flimmer”二个语词同属“fl-”一类，而“flash”又和“dash，clash，crash，slash，hash”等自成为一类；“flimmer”又和“glimmer，shimmer，simmer”等自成为一类。中国“音近义通”的语词，也常有这种现象。

许多语言中，文法上语词形式的变化，以同样的形式表明同样的意义，也属于音义上的分类。例如英语里，大部分的名词，它们复数的形式是语尾加“-s”或“-es”；大部分的动词，它们过去的形式是语尾加“-ed”。又如拉丁语“edo”“rego”“lego”这些语词里有个共同的“-o”，是表明属于第一人称的动作，“我食”“我管理”“我读”；“edis”“regis”“legis”这些语词里，有个共同的“-is”，是表明属于第二人称的动作，“你食”“你管理”“你读”。诸如此类，都是以一种形式表示一种意义的。

（五）语词声音上的类别

还有一种形态上类别，只依据于声音形式上部分的类似，没有

完全的类似的。例如英语里的名词，在文法的范畴，应分为单数和复数两大类；但是这单数和复数两种意义上的分别，并不完全用一种形式的变化来表示的。我们知道英语里，大部分的名词，由单数的形式变为复数时，是加“-s”或“-es”的；但是还有许多名词，语尾为“-f”的，加“-es”时，须将“s”变为“v”；还有许多名词是不取这种加“-s”或“-es”的形式的。例如“man”“woman”“goose”“mouse”“child”“ox”“sheep”“deer”等；它们复数的形式是“men”“women”“geese”“mice”“children”“oxen”“sheep”“deer”等。而这许多名词，依它们复数的形式，又可分为几小类；如“man”“goose”等，变成复数时，是要变换它们的母音的；“child”“ox”等，变成复数时，是要加“-en”的；“sheep”“deer”等，变成复数时，是要形式上没有变化的。名词单数和复数两种意义，在联想上的关系是很密切的；因它们由单数变成复数的形式，有许多类别，遂于名词本身观念上，也发生了许多类别。但是实在的意义上，只有单数和复数两大类，英语里不过没有完全用同一种形式变化表示出来罢了。因为有许多种形式变化来表示，就发生许多种的类别；这种类别完全是以声音形式为根据，没有意义的关系。

英语里动词的现在时和过去时，它们形式的变化，也发生许多声音上的类别。大部分的动词，从现在时变为过去时的形式，是加上“-ed”；但是也有一部分的动词，只变换它们的舌尖音，如“send”“lend”的过去时是“sent”“lent”；还有一部分是变换母音，而加上“-d”的，如“will”“shall”的过去时是“would”“should”；又有一部分只是变换母音，没有加上舌尖音的，如“sing”“drink”的过去时是“sang”“drank”，又有许多动词是现在时和过去时形式相同的，如“let”“beat”“cost”等；又有几个动词是现在时和过去时绝不相同的，如“am”“go”的过去时是“was”“went”。动词因为过去时的形式变化上有许多种类，也就发生了许多类别；但是要晓得这样类别，完全是依

据于声音形式,和实在的意义并没有关系。

（六）形式变化与转成作用

我们上面讲过几种形态学上的分类,其中最普通的现象:凡是许多语词归为形态学上的一类的,总是一部分形式彼此相似,而有一部分形式相异的。假如某一类中的语词,它们形式上有一个共同的分子表明实质的意义,有一个相异的分子只是表明关系的意义的,这实在是一个语词变化而为多种形式;它们的变化不过是依据某种语言上的范畴;这种称为形式变化(inflection)。例如英语里的"boy, boys, boy's"或"eat, eats, eating, eaten, ate"。假如某一类中的语词,它们形式上有一个共同的分子表明实质的意义,但是又有个相异的分子,也是表明实质的意义的;它们的变化不仅是由于范畴的差异,而是语词本身各个独立的表征,这种是称为转成作用(derivation)。例如英语里的"flash, flame, flame"或"boy, boyish"或"eat, eater, eatable"。在普通的习惯上,属于形式变化的语词,彼此关联最为密切;因为它们的变化是依据某种语言上的范畴,在某种语言里是认为表明某种实质意义所必不可少的形式。现在先论形式变化。

（七）形式变化之意义的特质
——普通的范畴

形式变化是一个语词,依据各种范畴变成许多种形式来表明许多种关系的。不过各种语言里的范畴各有不同,因之形式变化也是各种语言不同的。现在且把形态学上最普通的范畴说明一下,以示各种语言里表示关系的方法:

1. 数目(number)　英语里的名词有单数和复数两种,所以无

论那个名词总有单数和复数两种形式。梵语里并有单数、双数、多数三种的分别，例如“devaḥ”（一神），“devāu”（二神），“devāḥ”（多神，三数以上）。古希腊语也有双数的一种数目，不过所表明的双数大都关于实在的意义，如“ossé”（眼），“kheĩ re”（手）原来是指本然双数的事物；所以并不是必然的，没有如梵语里那样成为一种范畴。至于中国语里的实体语词，没有数目的表示，所以没有数目这种范畴。

2. 性别（gender）　英语里名词，没有性别的范畴；德语里名词的性别，是因形容词，称代词等的适合作用上表示出来；拉丁语，希腊语、梵语、斯拉夫语也和德语里的情形一样。拉丁变语（意大利语、西班牙语等），斯干的那维亚语中有两种性别。非洲的班图语（Bantu）中有多至二十一种的性别。中国语上也没有这种范畴。

3. 位格（case）　英语里称代词有分为主位、宾位、领位三种，如“he, him, his”。名词里没有位格的分别；领位虽用“-’s”表示，如“John’s”，而只限于有生气的实体。但是因为称代词上有三种位格，英语里就觉得有这三种的差别了。德语里共有四位，宾位中又分为直接的和间接的二种：如“Er gab mir das Buch”“Er schlug mich”，其中“mir”是属于间接的宾位，“mich”是属于直接的宾位；介词下的实体语词也因动作关系分为间接的和直接的两种宾位。至于梵语、拉丁语上，动作关系和地位关系常用实体语词的形式表示出来，分位很繁；尤其在乌拉尔语（Uralic）中，位格很多。中国语里，也没有这种范畴。

4. 时间（tense）　英语里的动词有现在时和过去时两种形式；将来时，则须用“shall”“will”等来表明。拉丁语里有三种时间的形式：如“canto”（我唱歌），“cantābam”（我曾唱歌），“cantabo”（我将唱歌）。中国语也没有这种范畴，要表明时间的关系，须另加特别的语词。

5. 情态(manner)　英语里表明动作的情态，不是属于形态学上的范畴。中国语里也是这样。至于俄语里动作语词的形式上，有表明情态的；如[p′i′sɑ·t′](写，无定式动词)，[p′i′·sïvət′](写，反复的或完全的动作)，又[nəp′i′sɑ·t](写，突发的或突止的动作)等等。

6. 口气(voice)　英语里和中国语里没有这种范畴。梵语、拉丁语、希腊语里都有的。例如古希腊语“élȳse”(他释放)是主动的口气；“elýthē”(他被释放)是被动或受动的口气；“elȳsat”(他释放他自己或为他自己而释放)是中动的口气。此外还有使动的口气，如梵语“pátati”(他落下)是主动的口气；而“patáyati”(他使落下)是使动的口气。

7. 语式(mode)　英语里只有一个动词有这种范畴，就是“to be”是无定式；“he is”“he was”是直叙式；“he were”是假设式(现在俗语上用“he was”，已经失去这种范畴了)；还有希求式和无定式的形式相同，如“Be he live!”希腊古语上一切动词，有三种语式，如“phérei”(他拿)，是属于直叙式；“phérēi”是属于假设式；“phéroián”是属于希求式；此外还有一种命令式而带有感叹性质者，如“phére”或“pheréto”。德语里也有这四种。中国语里没有这种范畴。

8. 主动(actor)　英语里动词的形式，常依主动者的人称和数目而异；如“the boy skates”，“the boys skate”是因主动的名词或称代词数目的范畴上所发生的适合作用；又如“I am, you are, he is”，是因主动的人称而发生适合作用。有许多语言中，动作的语词里常包含着主动的称代词，常因主动的人称和数目而发生动词形式的变化；如“edo”(我食)，“edis”(你食)，“edit”(他食)，“edimus”(我们食)。中国语里，也没有这种变化。

9. 目的(goal)　有许多语言中，动作的语词里常包含着宾位

的名词和称代词；所以它们动作语词的形式，常因宾位的名词，称代词人称和数目之异，而发生变化。例如那瓦语（Nahwatl，那瓦Nahwa为中美印第安土人的总名。）所说：

“ni-mats-matštia.”　（我——你——教，即“我教你”。）
“ni-ametš-matštia.”　（我——你们——教，即“我教你们”。）
“ni-k-matštia.”　（我——他——教，即“我教他”。）
“ni-kin-matštia.”　（我——他们——教，即“我教他们”。）
“ni-k-tla-maba.”　（我——他——某物——给，即“我给他某物”。）
“ni-te-tla-maka.”　（我——某人——某物——给，即“我给某人某物”。）

英语和中国语里都没有这种变化。

10. 主有（possessor）　有许多语言中，实体语词里常包含着领位的名词或称代词，所以他们实体语词的形式，常因领位的名词、称代词、人称、数目或性别之异，而发生变化。例如那瓦语：“no-nan”（我的母亲），“to-ma”（我们的手），“te-nan”（某人的母亲）。还有许多语言中，主动的形式变化和主有的范畴相同的，例如格林兰语：[il̥ːu-t]（房子——你的，即“你的房子”）。[tusa-Rp-a-t]（声音——他的——你的，即“你听他”），内中的[t]是表明主有，也是表明主动。

以上所讲种种范畴，都是形式变化之意义的特质。

（八）转成作用之意义的特质

凡是音义上归为一类的语词，它们的变化不是属于某种语言的范畴，如英语“flame，flash，flare”等，彼此的关系，不是形式变

化，乃是转成作用。依据语言历史上的观察，长的语词不一定由短的语词转变成功的，也有长的语词发生在先，而短的语词在后的。还有一层，转成作用之意义的价值，不能如形式变化那样显明，那样有一定的范围。形式变化属于某种范畴，就属于某一类；转成作用完全不是这样的，如英语“flash”和“flame，flare，flimmer”等，归为一类，而又和“clash，crash，dash，hash”等，归为一类；“dribble”和“drip，drop，droop”等，归为一类，而又和“nibble，quibble”等，归为一类。所以转成作用之意义的性质，是互相交插的，并不是一类一类分得很显明的。

（九）形态转变之声音的特质

上面所讲语词形态的转变——形式变化和转成作用，两种——是关于意义的，至于在声音上究竟有怎样的现象，我们也须把他们分析一下。要知道声音的变化，一种是完全依据声音的特质，和意义毫无关系的，如英语里的“you”，在“won't you”里读[ʃu]，在“will you”里读[ʒu]，于“you”这个语词的意义上，一点也没有变化；一种是声音固有的变异，用来表明不同的意义的。我们现在所讨论的，是关于后一种；这种变异，可分下列诸端述之：

1. 音调变异（pitch-variation）　音调变异在转成作用上，只能适合于各个语词里固定的音调；例如挪威瑞典语：[śkri:vər/]（写），[śkri:\vər/]（写者），这两个语词里音调是固定的。中国语词有一大部分是单由音调分别出来的，如[nan/]（繁难的难），[nan/]（困难的难）；[maɛ̆/]（买），[maɛ̃\]（卖）。

2. 音势变异（stress-variation）　英语上，一个语词里重音所在，总有固定的，所以音势的变化，关于意义是很重要的。往往有

许多语词,重音变化,母音的音色也随之变化,如“accent”,读为[ǽksn̩t]是名词,读为[ək′sent]是动词。古希腊语里,只在动词上,没有音势的形态变化,其余各种语词都有变化的,如“tómos”(切片),“tomós”(切者)。

3. 音色变异(variation of articulations)　母音变异,在形态的表征上,是很普通的,例如英语的“man, men”“woman [wumən], women [wimen]”“sing, sang, sung, song”。子音变异,在形态的表征上,也是很普通的,例如英语的“clash, flash, dash”“have, has, had”。在形态的表征上,也有子音母音共同的变异,如英语:“flame, flash”“was, were”“can, could”。

4. 附添(affixation)　形态学上,同属一类的语词,它们变异处,往往不是声音的变化,而是声音的增添或减少,如英语的“sing, sings, singer, singing”;这种变异称为声音的附添。凡属附添的变异的,必定有个共同的声音分子,称为语根(kernel or root);语根之外,各个语词上所增所减的分子,称为附添语(affixes or formatives);如上所举的例中,“sing”为语根,“-s”“-er”“-ing”为附添语。我们这里要说明的,声音变化和声音附添没有绝对的分别,往往在一种情形中,这两种说法都可以适用的。例如英语的“flare, flame, flash”这一类语词中,我们可以说它们的变化是音色的变异,但是也可说是以“fl-”为语根,其间不同的分子都是附添语。上面所举的例,都是在语尾上附添的,可称为语尾附添(suffixation),所添的可称为尾语(suffix or ending)。

5. 语首附添(prefixation)　在语首上附添的,可称为语首附添,所添的可称为尾语(prefix);例如英语上“kind, unkind”“speak, bespeak”“splash, splash”。语首附添也和音色变异没有绝对的分别。

6. 语中附添(nfixation)　附添在语词中间的,可称为语中附

添,所添的可称为插语(infix)。例如梵语:“yuktáh”(束缚联合),“yuñktáḥ”(他们俩束缚联合),“yunákti”(他束缚联合),这些形式中,“yuk-”是语根,“-tah”是尾语,“-na-”或“-n-”是插语。

形态的变化上,有时声音附添和音色变化两者兼具的,如英语的“child, children”,其中附添语为“-ren”,又这两个语词的母音[aĕ]和[i]不同。

7. 重叠(reduplication)　此外有一种附添是把原来的声音全部或一部重复一次,称为重叠。不过声音重叠之中,有时也杂有声音的增减和变化;所以重叠、附添和变化都无绝对的分别。重复之用在意义上之增进的,如马来语:“tuwan”(主人),“tuwan-tuwan”(主人们);日本语:“jama”(山),“jama-jama”(山等),都是因单数变成复数而重叠其音的,重复之用在意义上之推广的,如梵语:“dame”(在房子里),“dame-dame”(在各个房子里);希腊语:“ébēn”(我踏步),“ebíben”(我连续的踏步)。重复之用在意义上之减少的,如马来语“bai”(大),“ha-hai”(略大);“banhang”(红),“hahanhang”(略红)。此外重叠声音,有表明愿望的,如梵语:“jīvāmi”(我住),“jijīvisāmi”(我愿住);有表明动作的情感的,如希腊语:“leipo”(我刚离开),“léloipa”(我已离开)。

8. 同形和异形(homomorphy or suppletion)　形态学上同属一类的语词,而形式没有变化,完全相同的,称为同形。例如英语上的动词有过去时和现在时两种形式,其形式上有相同的分子,也必有相异的分子,如“dance, danced”“sing, sang”之类;但是有一小部分的动词,过去时和现在时的形式完全相同的,如“cost, put, let”等。英语中,也有几个动词,过去时和现在时的形式完全相异的,没有相同的分子,如“be, am, is, are, was, were”“go, went”,这种称为异形。英语上的名词,有单数和复数两种形式,同形的例,“deer, sheep, fish”。英语上的副词和形容词有三种比较

级，就有三种形式，如“kind，kinder，kindest”，其中异形的例：“good，better，best”“bad，worse，worst”。

以上所说八种，都是关于形态上声音变化的现象。

（十）复 合 语 词

单纯语词和复合语词的分别，在形态学上，也应该讲的。单纯语词依措辞上互相联合的结果，其意义的价值并不和单纯语词所组成的复合语词相同，如英语的“short hand”和“shortband”意义并不相同。又如中国语“兄弟”这个复合语词，其意义和“兄与弟”也有差异；又“十四”“四十”，其意义并不是“十倍四”“四倍十”，也不是“十加四”“四加十”，只是代表“十四”“四十”两种数目罢了。又文法上，复合语词只作一个单独的语词看待，所以许多语言中，复合语词里所包含的单纯语词，并不依照单纯语词那样形式的变化，如梵语的“vrīhíḥ”（米），“yavaḥ”（麦），两个都是主位的单数，而“vrīhiyavan”（米麦）是主位的双数。而且单纯语词的联合，一定要依照文法的序次，合于措辞上的范畴，复合语词里并不这样；如英语的“roughshod”，单纯语词的联合应该说“roughly shod”。但是有许多复合语词，其意义也和单纯语词的联合没有分别的，如“tennis player”，也可说“tennis-player”“school boy”，也可说“school-boy”，其中“tennis”和“school”可以说是名形容词，也可以说是复合语词里的一分子。这样看来，复合语词和单纯语词的联合，实在没有绝对的分界。

单纯语词彼此间的分界，既然在声音上分辨不出来，复合语词里所包含的单纯语词，自然不能从声音上分划出去。如“mother”，在“my mother”和“grandmother”之中，都不是重读的；我们要从声音上去辨别谁是单纯语词，谁是复合语词里的分子，实在是不可

能的。又许多复合语词里的分子，可以分开来应用，如法语的“Je ne lui donne pas”，其中“ne pas”是复合语词，英语的“bring that out”，其中“bring out”是复合语词；从这点看来，我们可以明白复合语词也并不是声音上的单位。复合语词和单纯语词的分别，只在意义上的差异，各自代表一个观念。不过有时单纯语词和复合语词里的分子，声音上也有差别，如英语的“bull dog”，其中“dog”是重读的，“bulldog”，其中“dog”是轻读的，这是音势上的差异。又如挪威语：“land”（村田）读为[lan/]，而“landmand”（田夫，农夫）读为[lan\man/]，这是音调上的差异；又如英语的“fore head”读为[fɔr hed]，而“forehead”读为[ˈfaɹəd]，这是音色上的差异。至于那瓦语中，单纯语词和复合语词里的分子更有分别，如“nakatl”（肉）而在“ni-naka-kwa”（我食肉）这个复合语词中，“-tl”的形式失去了。但是这种复合语词，在中美印第安土人的心理中，只当作单独的语词看待。这样看来，复合语词和单纯语词没有绝对的分界。例如意大利语中，有许多语词是用“-accio”“-accia”作尾语的，来表示不愉快的意义，如“tempaccio”（坏的天气），但是这种尾语在语句中，也可为独立的语词，如“quanto siete accio”！（你何等的不快乐！）所以有许多复合语词，可以说是单纯语词在措辞上的联合。

我们从形态学上研究起来，语词的形式可以分做许多等级：第一，是许多自成单位的单纯语词，不能把它们加以分析的，如“go, went”。第二，是单纯语词，依据某种范畴所成的各种形式，可加以分析的；但是仍为单独的语词，和复合语词不同。第三，是由转成作用所发生的转成语词，有许多很接近于复合语词的，如“unkind”“fourteen”。第四，是复合语词。第五，是许多单纯语词在措辞上的联合；这个我们在下章讨论。

三、措　辞　学

（一）措辞学的范围

措辞学是研究语句上许多语词相互的关系。最主要的关系，就是推论上的表述作用及限制作用，此外还有主辞、述辞或附加辞之连续关系。又推论的关系，可因情感作用而发生语词次序的变化，或因实质意义的关系而变成特殊的形式。措辞学和形态学没有绝对的分界，因为有许多地方，还是一个单独的语词，还是许多语词的联合，很难把它们分辨出来。还有一层，有许多语言中，大多数语词包含有关系的意义的；它们的形态学上，就包含有措辞学上的问题了。关系的意义，要是不能离开实体语词而独立的，措辞学的范围就比较缩小了。那瓦语里的语句常为一个单独的语词，如“ninakakwa”（我——肉——食）；这种语句只是一个语词的形态。至于梵语拉丁语里，名词的关系意义多用位格的形式表示出来；这许多位格的形式自然属于形态学上的范围。但是我们假使用英语把它们演绎出来，便须应用几个介词，那就入于措辞学的范围了。中国语里没有形式变化，即转成作用，也是很少的；所以中国语的文法，几乎完全是措辞学上的事情。

一个语句的发出，需要复杂的程序，比较语词上的结构，自由得多；所以措辞学上的组织，没有形态学上那样固定的。尤其是感

叹语上，情感的分子常使通常措辞的习惯发生了变化，常使语句上发生了种种特殊的形式。

（二）推论的关系

语句上，语词相互间的主要关系是由于推论上的表述作用和限制作用，以及联想上的连续程序所发生的。不过这些关系，在语言上并不一定统统明白的表现出来；例如拉丁语："māgna culpa"一语，可以说是属于表述作用（大是过，即"过是大"），也可以说是属于限制作用（大的过）。又"cantat"（他唱歌）一语，其中主动的主辞和动作的述辞合成为一个语词；这样，表述作用并不用措辞上表现出来，而只用形态上表现出来了。所以推论的关系，可以因某种语言的习惯，而不用措辞的表现的。至于那瓦语中，每个语词总包含着一个表述作用，如"nikmaka tlaškalli in nopiltsin"，意义是"我给面包给我的儿子"，直译起来，应该是"我给此物给他，此物是面包，他是那个人，他是我的儿子"。这种语词，我们前面说过，称为语句词；因为一个语词，并非纯粹单独的语词，乃是代表一个完全的表述作用。拉丁语里也有这种语词，如"cantat"一个语词，包含有"他"一个主辞和"唱歌"一个述辞。不过拉丁语里这种情形，只限于动词罢了。至于英语里，没有这种语句词；无论那一个语词，总不能包含一个完全的表述作用；一个表述作用，至少须用两个语词才能表现出来：一个语词是主辞，另一个是述辞。英语里，主辞大都是名词或称代词，述辞大都是动词；动词除出无定式的以外，总是组成述辞的，而且这种述辞定须有个主辞之后，才能成立。我们不能说"sings"，必须说"he sings"，不能说"给他"，只能说"他给面包给他"。这种情形正和那瓦语相反；因为那瓦语的语词，究竟是个表述作用，或只是一个语词，在形式上完全没有分别。

我们这里不要把语句和等值语句(sentence equivalent)相混。等值语句里,常把语句上各个语词省略了,表达出来虽然没有完全,可是价值上等于一个完全的语句。例如“它给他吧”,省略一点可以说“给他”“你去了吗?”回答一个语词“是”;可是这个“是”的价值,等于“我去了”。“你做什么?”回答一个语词“写”;这个“写”的价值,等于“我写”。

(三) 情感的关系和实质意义的关系

语句上感情的基础常和推论的关系分离,而有独立的效用。语句里各个分子,在发言者情感的兴趣上,常有不同的地位;某个分子的情感价值常超出于其他各个分子之上。这种关系,往往用音势表示出来;比较重要的语词,就用较强的音势来读,这是自然的表现方法。各种语言中,虽然音势相差的程度不相一致,而用这种方法来表示情感的关系,却是一种普遍的习惯。往往同一个语句,因为所重读的语词不同,就发生情感的变化,意义上也就有差别了。即使一个语词包含有两个以上的意义分子,也因着重某个意义分子,就须于语词的某部分上加以重读。英语上,一个语词里,各个音缀的音势总是固定的,但是有时亦因为这种情感的关系而发生变化;例如“bull dog”,通常重音在“bull”,但是有时重音也可以在“dog”。又如墨斯圭企语(Mesquaki,为北美印第安人阿尔衮琴语 Algonquian 之一种)[wɔba mi nu]这个语词里,包含有“看——我——你”几个意义的分子,就是说:“你看我”;因情感关系的不同,可以分做三种读法:[ẃɔba minu],着重在“看”;[wɔba ḿi nu],着重在“我”;[wɔba mi ńu],着重在“你”,可见一个语词里所包含许多意义的分子,常依情感价值的大小,来判定这个语词形式上各部分音势的轻重。情感的关系,除了用音势来表示之外,又

可用语词序次的变化来表明的，例如说“我昨天买来一本书”这个语句，可以说做“昨天我买来一本书”，也可以说做“一本书我昨天买来”；因其中各个语词序次的不同，也就发生了意义轻重的变化。再引一句英语做例：“He came last”，可以说做“Last he came”，也可以说做“It was he who came last”，也可以说做“It was last that he came”，有时更将语句上原来的论理组织变换了。法语以及克勒特语(Celtic)里，这种表现的方法更多。

语句上措辞的组织里，还有一种要素，是知觉界上实质的意义。有几种语词或语词的形式，用来表明知觉界上实体的某几种关系，常形成语言上的习惯的；例如英语里有几个特别的语词，常跟着实体语词，以表明实体的地位关系，这就是介词。又英语上，一个表述作用，总包含有主动和动作的关系；主辞是表主动，述辞是表动作，已经成为普遍的形式；可是这种形式未必和知觉界上实质的经验相符。用性质语词、实体语词来表述主辞的，在英语上也不得不采取动作的形式，而用“is”等这类抽象的动词来表明。俄语里，语句的组织，一部分和英语相同，但是并没有完全采取主动和动作的形式；假使用性质语词来表述主辞，便和英语的组织不同，例如[mu′ʒï k′ b′e d′in](农夫贫穷)，在英语里一定要说“农夫是贫穷”(the peasant is poor)，不能说“the peasant poor”；其中定需这个动词“is”，才能构成这个语句。这种语句，知觉上本来没有动作的意义，而在英语上也放入动作的形式当中。至于被动的意义，在英语上也采取主动的形式，如“The song is sung”(歌唱了)，好像用性质语词，动作语词来表述主辞的样子。俄语、德语、法语里，被动的形式也是这样。英语里，感觉的意义也采取动作的形式，如说“他看”(He sees)，不说“光线来到我”。动作和感觉的程序在乔治亚语(Georgian)里是有分别的，如说：[v-tʔ ser](我——写)；[m-e-smi-s](我——到——声音——是，即“声音来到我”“我

听")。非洲胡洛弗人(Wolof)的语言里,语句的组织正和英语相反;英语上无论是表述动作与否,总是采取动作的形式;胡洛弗人的语言上,无论是表述性质与否,总是采取性质的形式,如说:"sopa-na"(爱——他,意思是"他爱"),"baxe-na"(好——他,意思是"他是好")。一句是表述动作,一句是表述性质,却都采取表述性质的形式了。又格林兰语里,无论何种表述作用,述辞总是采取性质的形式,主辞总是采取领位的形式,如说:[tikipːaː](到达——他的——我的,意思是"我达到他")和[il̥ːu-a](房子——我的,即"我的房子")两种形式,在组织上完全没有分别。于此可见知觉界上实质意义的关系是很复杂的;但是在语言上,或只采取这一种关系的组织,或只采取那一种关系的组织,或兼具有两种以上的组织;语言的表现和实际的经验,未必是完全相符合的。

(四)措辞的范畴

我们现在更可以晓得语句的组织,在各种语言中,有的是比较自由,有的是比较拘束。上节所举的例,俄语和乔治亚语比较英语的组织要自由些,因为他们具有两种语句的形式,而英语只有一种形式。至于情感的关系,英语上表示出来又比较法语和克勒特语为自由;英语里情感上着重语句的某部分,可以用较强的音势来重读这部分的,不必定要变更语句的组织;但是法语和克勒特语里,情感上着重的部分,定要变为一种抽象主辞的述辞,才能表示出来,如英语说:"I did that",着重在"I";在法语里必须说:"C'est moi qui ai fait cela"(It is I that have done that)。总之:措辞学也和形态学一样,可以成立了许多范畴,现在可用英语来说明。英语上有"主动和动作"这种措辞的范畴,以主动为语句的主辞,动作为述辞;英语上各种词品,大部分都因这种范畴而成立,例如动词

所以表明动作,或他种意义当做动作看待的;只有动词可以为语句上述辞的中心。克勒特语里就另有一种主要的范畴,和英语动作的范畴不同;凡是情感上最主要的分子,就为述辞的中心。英语上关于名词,又有三种范畴:1. 有定的;2. 无定而个别的;3. 集合的或非个别的。有定的须用指明的称代词来限制,无定的须用无定的称代词来限制,集合的是不用限制辞的。英语上不说“人”,就须说“某人”“一人”,或“这个人”“那个人”。英语上有二种冠辞(articles),专为表明这种关系的。所包含实质的意义却是很少的:1. 有定冠词(definite article),“the”;2. 无定冠词(indefinite, article),“a, an”;这两种也属于称代词,不过比旁的称代词要含混一点。拉丁语的“homo”,可以代表英语的“man”“a man”“the man”三种意义,所以拉丁语没有这三种范畴;只是要特别显示时,可以说:“ille homo”(that man),或“homo aliquis”(some man)。英语里,他动动词还有一种范畴,就是这类动词之后,定须跟着一个语词,是表明动作的客体的;即使由他动动词变为动名词、动形容词,也须依守着这种范畴。

(五)措辞关系的表现和声音的节奏

现在我们讲到措辞关系的表现方法了。语句上,各个语词的音量、音势、音调,常因措辞上组织的关系,发生许多变化。一个语句里,许多语词总须连起来说,虽然中间可以有停顿,但是不能停顿过长,致失去内中的连续作用。此外语句上各个语词相互间的关系,更可因音调音势的节奏(modulation)来表明。英语上,各个语词里,重音在某个音缀上,已成为固定的习惯;所以某个语词特别重读时,须保存各个语词里原来的轻重音;因之英语上,语句里音势的节奏是很有限制的,但是有时也可以因语句上的节奏,把语词里原

来的轻重音变过了,如“búlldogs”,有时也可以读为“bulldógs”。有许多语言中,每个音缀,或每个语词,总有他一定的音调;但是语词或音缀放在语句里,有时因受语句全部音调的融化,就把它们原来的音调变换了。中国语里常有这种情形;我们此地更可引挪威的语句做例: 如[han he:ter jal/mar],意思是“他名为[jalmar]”;内中[han](他)和[he:ter](名为)本来都是上升调,但是一在“han heter Hialmar”这个语句中,便把它们原来的音调丧失了。英语中没有这种情形,只是重读的音,比较高一点,其他一切音调的变化,便都是依据语句中意义的关系了;大概直叙句用平调,再转为升调;疑问句用升调,疑问的语词用升降调。所以中国语、挪威语里,上升调的语词,在英国人听起来,好像都含有疑问的意思。总而言之: 音长、音势、音调的变化,无论各种语言的习惯怎样,在显示语句的组织和意义上,总是占着一个很重要的地位。

(六) 互见法与适合法

语句上音长、音势、音调的变化,大都用来表现情感的关系;至于推论的或实质的关系,就须另用别的方法来表现了。其中最显著,最笨拙的方法,就是一种经验的分子,而用两个语词来表明: 一个语词为了表明和其他语词的关系,另一个语词又是表明他实质的意义。例如英语“John, his knife”“John, he went home”;其中“he”“his”是表明和“knife”“went”等的关系,“Jone”又是表明“he”“his”所称代的实质意义。这种措辞称为互见的句法(cross-referring constructions)。不过这种句法,在英语上已很少用他了;因为“John”这个语词自己可以为动作的主体,可以变为领位的名词;所以上举的例,可以改为“John’s knife”“John went home”,比较的简捷,而“his”“he”,不啻赘辞,自然可以废去不用。但是

"his""he"这两个语词只具有称代的作用，自己没有实质的内容，自然须有个"John"来表明；所以这种句法虽然可以不用，却不能完全废除的。尤其在拉丁语里，一个动词里总包含有称代词的主辞，要表明这主辞实质的意义，就不能不应用互见的句法了；如"puella cantat"，直译为"小女子，他唱歌"。在那瓦语里，动作的客体，也包含在动词中，如"nikmaka"，直译为"我——此物——他——给"；要表明这客体实质的意义，便成了一个复合语词，如"niktakškalmaka"，直译为"我——此物——面包——他给"；要表明另一个客体的实质意义，便显然为互见的句法了，如"nikmaka tlašalli in nopiltsin"，直译为"我——此物——他——给面包，我的儿子"，格林兰语上，也是这样。所以互见的句法，虽然笨拙，而是许多语言中所必须应用的。

表现措辞的关系，还有一种方法，就是语词的适合作用。这种表现的方法，是由语词彼此间的关系上发生的。英语里主辞和动词的适合作用，只有"I am; we, you, they are; he, she, it is"，这几个例，内中动词的形式依于主辞的人称，数目而变。其他大部分的动词就没有这种适合作用。德语里，名词的性别，常因附加辞及称代词的适合作用上看出来；例如"das Fremden unzugängliche Haus"（这个闲人莫入的房子），内中"das"这个冠辞适合于"Haus"，而不适合于"Fremden"，我们可以从性别上分辨出来。非洲南部卡斐(Kafir)人的语言中，名词的性别很繁，因之附加辞的形式变化更多，现在且举一个"全"这语词为例：

"bonke abazalwana"，　　（全体兄弟们；）
"lonke ilizwe"，　　（全部田地；）
"yonke indln"，　　（全部房子；）
"zonke izilo"，　　（全体动物；）

“wonke umhlaba”，　　　　（全地球；）
“kouke uhntya”。　　　　（全体食物。）

一个附加辞，因为要适合名词的性别，有这样多的形式。动作语词也因适合主辞上的名词，而有形式的变化，如“umntu uyadea”（这个人去）；“abantu bayadla”（这些人去）。拉丁语里附加辞的形式也因为要适合名词的数目、性别、位格，而有许多的变化。

（七）统制法与序次法

还有一种表现措辞关系的方法，词语常因和他种语词关系的不同，而发生形式的变化；语词的形式变化固然属于形态学的范围，但用形式变化以表现语句上语词彼此的关系，那就为措辞的效能了。英语里的名词，在主位、宾位，都无形式变化，只有领位具有一个特别的形式，就是名词的语尾，加上“-'s”，至于英语里的称代词，三种位格就有三种不同的形式：1. 主位，“I，he，she，we；they，who”等；2. 宾位，“me，him，her us，them，whom”等；3. 领位，“my，his，her，our，their，whose”等。例如“It is he”，这语句中，“he”虽然处于动词“is”之后，却不是宾辞，只是“is”的补足辞罢了；可以从“he”这形式上看出来。又“He loves her”，这个语句中，谁是主辞，谁是宾辞，从“he”和“her”的形式上就可以看出来。这种因语词在语句上的关系不同，而发生许多不同的形式来表示，名为统制法（government）。统制法在德语、拉丁语、希腊语、梵语里，应用更广；因为这些语言里的名词，有许多位格不同的形式来表示不同的关系。例如德语：“Er ging in den Wald”（他走进树林里），“Er ging in dem Walde”（他在树林里走）；这两个语句，要是用英语表出来，为“He walked into the woods”，及“He walked in the

woods”,内中只有“into”和“in”两个介词不同;在德语里,两句却同用介词“in”,而宾辞上名词的位格不同,第一句为直接受位,第二句为间接受位,就用两种形式表示出来。

此外表现措辞的关系,还有一种最重要的方法,就是语句上的语词,依经验上的分子列序出来;发言者分析一个经验的分子,自然依照它们关系的程序;听受者也可因各个分子关系的程序还原为一个经验,各种语言中,虽然各有一定的习惯,语词的排列也不必依照自然的序次;但是语句上的各个分子,要是排列得法,当然于措辞的表现上有绝大的效力,正如语句上各个语词有连续不断的关系。例如拉丁语:“Jūlius amat Jūliam”这句中,“Jūlius”是处于主位,“Jūliam”是处于宾位;因为拉丁语可以有统制法和互见法表明措辞的关系,“Jūlius”和“Jūliam”二个语词可任意颠倒,排列的序次尽管不同,而于意义上并不致混淆。在英语里,却不能这样,一定要说“Julius loves Julia”;主辞在动词之先,动词又在宾词之先。语词序次(word-order)在措辞上的效用是很显著的:从论理上看,语词有一定的序次之后,只是依照事实上自然的程序表明出来,不要再用他种笨拙的表现方法了;从心理上看,发言者依固定的程序来分析经验,听受者也依这种程序来还原,自然比较他种方法简便得多。所以英语里的语句比较拉丁语的容易听得懂。英语上语词的序次,大抵主动的主辞在动词之先,受动的宾辞在动词之后;附加辞总在它们所限制的主辞之先,只有动词的附加辞,位置没有十分固定,有时在动词之后,有时在动词之先,有时且在全句的最先。中国语里,语词序次在措辞的表现上尤其重要。主辞总在述辞之先,如“他好”“他去”;附加辞总在他的主辞之先,如“慢去”“好人”。两个实体语词,彼此间实质意义的关系,要用一个他动动词表现出来;此时语词序次尤关重要。如“我怕他”“他怕我”,意义绝然不同。这样看来,语词序次,不但用来表示推论的关系,

有时也用来表示情感和实质意义的关系。

（八）成语与复句

即使在中国语上这样简单的措辞表现，而纯粹依据语词的序次去解释意义，对于有些语句，仍不能完全明了；这是什么原因呢？因为语言当中，常有许多成语（phrases），由单个的语词结合而成，其所包含的意义，却和各个单独的语词不同；这种成语的应用，已经成为习惯上固定的结合，和复合语词有相同的价值。中国语、英语上这种成语是很丰富的，不懂得它们的意义，就逐字去解释，常要弄出笑话来。成语和复合语词实在没有绝对的界限：如英语的“at all”（究竟），中国语的“兄弟”（兄的弟），可以说是复合语词，也可以说是两个语词结合成功的成语。又各个单独的语词在措辞上的结合和在成语上的结合，也没有绝对的分界；现在所谓成语，在往时或者只是通常措辞的结合；现在通常措辞的结合，将来也许会变做成语。所以成语和非成语的分别，只是在它们和某个时代里通常措辞的结合形式，彼此相差的程度大小罢了。

成语是由几个语词，因习惯上自然的趋势，凝合成功的；而在我们心理上，只当做一个语词看待的。这种凝合的应用，在心理上，更可以把它扩大起来；往往有两个以上的表述作用，本来须用两个以上的语句或用两个以上的主辞，述辞、附加辞的连续关系表出来的，而只将这个表述作用当做那个表述的附属品，一个是从，一个是主，从的只当做主的一个附加辞了。于是一个语句里，可以包含有附属句；这种附属句，虽然也是许多语词合成的，可是我们只当他做一个语词看待，这种语句称为复合语句（complex sentence），或简称复句。复句又可以分为两类：有许多复句中虽然在意义上有主从的关系，而在形式上，仍平列为两个以上的语句，如“那里有

个人，他有三个儿子”。形式上是两句平列的，意义上可以说后一句是前一句的附属品，用来限制前一句里“人”的意义；这种复句称为平列句（parataxis）。有许多复句中，意义上有主从的关系，形式上也用种种方法表现出来；这种复句称为包孕句（hypotaxis）。英语上的包孕句，有许多方法表现出来，一种是把附属句的述辞变为动形容词，如“giving his friend the letter, he turned to go”；一种是用关系的称代词来表示，如“There is a man who has three children”；有时关系的称代词为附属句的宾词，就可以省去不用；一种是用附从的联词（subordinate conjunction）来表示，如“As it looks like rain, he had better carry an umbrella”。在德语里，更用序次法来表示，通常宣示句中，动辞在主辞之先；而在附属句中，动词在主辞之后；所以虽然有许多副词和附从联词的形式完全相同，而因这种动词的序次，绝不会有混淆的发生；如“Da kam er”（他于是来了），“Da er kam, konnten wir ihn fragen”（既然他来了，我们可以问他了）。德语里，替代的称代词和关系的称代词有许多形式相同，可是因这种序次的关系，也不致有混淆的发生。总之：附属句，在发言者的心理上，实是主要句中的一分子；不过何为独立句，何为附属句，中间也没有绝对的界限。

四、语言的分类

(一) 语言的分类的方法

上面说过,各种语言的习惯不同,因之各种语言的组织、形态上和措辞上的范畴也各不同;把这许多不同的语言,看它们彼此亲属的关系,一类一类的分出来,这是语言的分类。语言的分类,又因见地相异,有三种不同的方法:

1. 形态的分类法(morphological classification),是以语言的形式,组织做分类的根据。

2. 系统的分类法(genealogical classification),除用语言的形式,组织之外,又以语言的内容,以及它们变迁的历史做分类的标准。

3. 心理的分类法(psychological classification),是以语言形式和思想的关系做分类的标准。

依形态的分类法,分语言为三类:1. 孤立语(isolating),又名单音缀语(monosyllabic),就是一个语词只具有一个音缀,只包含一种意义;语词没有形式的变化,语根和附添语——首语尾语等——也没有显然的区别;各种语词的品性,也单是从语句上所在的位置看出来。2. 接合语(agglutinative),就是语词上的语根和附添语互相接合,彼此都没有变化,而且可以分解的。3. 变形语(inflective),就是语词上语根和附添语,彼此融合,不易分解,而且

语根本身也可以变化的。至于系统的分类法,每以血族社会和语言社会相混合,先分析世界上的人种,再以语言分类来相配合,固然是很合于科学的;但是世界上的人种和语言不尽相符,而其分布迁徙的历史,现在也未曾完全考明。心理的分类法,又以语言精神和民族精神来相配合,看某种语言的词句和意义明了适切与否,以判定它的得失高下;固然也有哲理的根据,但是语言精神这东西,实在很不容易考察的,谁是得,谁是失,谁是高,谁是下,很难定出标准;而且采用这种方法的人,不免先抱了文明和野蛮的成见。所以这三种分类的方法,以形态的分类最为浅显,虽然也有缺点,但是既然没有旁的较好方法,暂时不妨应用它。

(二)综合语与分析语

孤立语为单音缀语,因为这类语言里的语词,大都为单个音缀所构成的;因之变形语和接合语,也称复音缀语(polysyllabic),因为这类语言里的语词,大都为多个音缀所构成的。又孤立语里,一个语词只包含一个意义,词和意表里如一,相对相当,凡是两种意义,必分析为两个语词;这种称为分析语(analytical language);中国语就是分析语的标本。反之:一个语词包含有两种以上的意义的,其中复合的意义,只用语词形式的变化来表明,而没有分析为各个独立的语词;这种称为综合语(synthetical language);变形语和接合语大都属于综合语。不过分析语和综合语,中间系程度上的差异,没有绝对的界限;例如拉丁语:“erit”,在英语里便须用两个语词来表明,“he was”,拉丁语:“erat”,在英语里便须用三个语词来表明,“he will be”。所以英语和拉丁语比较起来,拉丁语为综合语,英语则近于分析语。一样的意义,在分析语里表明出来,常为措辞的关系;在综合语里表明出来,常为形态的关系。

综合最显著的，是接合语；例如土耳其语“ev”（房子），“ev-den”（从——房子），“ev-üm-den”（从——我的——房子），“ev-ler-üm-den”（从——我的——许多——房子），其中“ev”是语根，“den”等是附添语，包孕积叠，可以综合许多意义。尤其趋于极端的，如美洲土人语，巴斯克（Basque）语常用许多语词综合为一个语词，而且一经组成之后，不能再加以分析，不像接合语里各个附添语那样容易判别的；这类语言又称为合体语（incorporation）或复综语（polysynthetic）。合体语、复综语中，常以一个语词代替一个语句，所以语句词很多；实在这种语言可说是接合语的趋于极端的。分析语的趋于极端的，当推中国语，一个意义总有一个语词，而且在语句中彼此的关系，只相结合，不相错综融合，以丧失独立性；如数目、时间、位格等形式变化，一概没有的；所以又称为孤立语。

总之：独立语、分析语是单音缀语，语词中没有语根和附添语的分别。综合语大都为复音缀语，语词的构造，常可分为两部：语根可说是实质的分子，或叫做实质部，附添语可说是形式的分子，或叫做形式部。变形语里，形式部和实质部，互相融合，不容易分别；形式的附添，好像只为实质的变化；实质流变为形式，形式又丧失独立性，只为实质部文法关系的表示；所以称为变形。接合语里，实质部和形式部不相融合，很容易分别；实质部的语根不变，而形式部的附添语，取舍可以自由；所以称为接合。不过世界上各种语言能否包括于孤立语、变形语、接合语三者以内，尚属疑问。就范围之广狭而论，孤立语只中国语及远东几种语言，变形语只印度日耳曼语族及闪含语族，其他世界上语言尽归入接合语里，范围最广，蔓延于欧洲东南部，亚洲的西北部、南部，以及太平洋诸岛；其中实在有互相离异的语言几百种，或和孤立语相近，或和变形语相近，统以接合一个名称来概括他，未免过于宽泛。这样看来，形态三分法，实在不足以供世界语言的分类；不过现在远没有更好的方

法来代替，所以暂时采取这三种的分类，也是不得已之举。

（三）语言进步论

上面所讲三类的语言，孤立语里，语词没有形态的变化，语词的品性以及它们在语句中的位置，只从措辞表现上序次法中看出来；变形语里，正与之相反，语词的品性以及它们在语句中的位置是从形态上的变化看出来，至于在语句中的序次，有时可以任意颠倒错乱的。所以语词的性质，文法的范畴，在孤立语里很简单，在变形语里很繁复；而接合语则介于两者之间。十九世纪的语言学者多主张孤立、接合、变形三段进化说：孤立语里的语词，在语句中各个独立，纯为无机的结合，变形语里的语词，则为有机的结合，接合语适介于二者的中间；以为家族生活的人种用孤立语，游牧生活的人种用接合语，知有国家的人种用变形语；推举印度日耳曼语为高等，而列中国语为初等。但是细考实际语言的变迁，其倾向大都由综合语而趋于分析语，因为语言的应用，在思想表现的明确，分析语的表现手段，比较显明简单，没有错杂纠纷的弊病，所以世界上语言有趋于分析的倾向。例如英语，到了现代已大半成为分析语了；现代英语上有许多形式的分子，已成为单个的语词，如“less, full, ship”等，渐由语词上的融合而化成为分立了。现在表明过去时的动词，单数，复数并没有分别，例如“I found, we found”；而在十三世纪的古英语上，是有分别的，例如“ic found, we foundon”。又古英语上，名词的位格，形式上有间接直接的区别，现在统已没有了。动词名词的形式日趋于简单，种种意义常用措辞的方法来替代，如宾辞间接位，用介词“to”来表明，这种就是趋于分析的倾向。不但英语上是这样，就是从前的梵语和后来的希腊拉丁语，从前的拉丁语和后来的法语意大利语，两两相较，印

度日耳曼语的变迁，无不有趋于分析的途径：一方面语词形态的变化日就减少，一方面措辞上的序次日形重要。于是一般主张三段进化说者，以为印度日耳曼语的变迁史，是一部语言的退化史，无非凋败零落的状态；真是慨乎言之，一似毫无疑义了。二十世纪以来，这种观念大变，以为由综合语进于分析语，正是语言进化的现象，它们主张三段进化说，正是适得其反；于是由语言的退化论一变而为语言进步论。主张这种进步论的，当推耶斯柏孙（Otto Jesperson）之说最为详尽；现在把他的话简括的引举如下：

古代语和现代语各有特别的性质，因此推求语言变迁的倾向；据理推断，这种变迁是进于有利益的方面；所以语言进步论绝不是欺人的话。综括现代语的优点：1. 语词的形式比较简短，学习所需的时间和精力比较古代语就要减少；2. 形式的变化简单，记忆的担负就要减轻；3. 语词形式既然变化很少，就近于有规则的了；4. 语句的组织，比较有固定的原则；5. 语词离开形式的分子而独立，意志的表现，更觉得便利，从前造句的困难，现代多已减除了；6. 综合语里的语词，多应用互见法，既形笨拙，又属赘累，现代语上多已废除；7. 语词有一定的序次，发言者和听受之间意义容易了解。各种语言里虽然进步的迟速不等，而文法简省，形式单纯，实为世界语言共同的倾向。凡有历史可稽的语言，都以应用便利，表现显明而日趋于简单化的。近来语言学家，以为古代语布置比较周密，现代语比较疏漏；但是周密疏漏，必以意义的表现适可而止；现代语的疏漏，往往有他种较便利的方法来补救；两者相较，还是近代语比较合于实用。

从耶斯柏孙的话来，可以知道语言由综合而进于分析，乃是进步的现象；十九世纪的学者所说孤立语最初等，变形语最高等，正是适得其反。我们应当说合体语，复综语最初等，变形语次之，纯粹的接合语又次之，而孤立语最高等。知道此理，就可以讨论中国语的地位了。

（四）中国语在语言学上的地位

世界上的语言，既然有趋于分析语的倾向，而且这种倾向是语言进步的现象；中国语是分析语的极则，可说是世界上最进步的语言。从前学者以为中国语词的形式，没有人称、时间、数目、性别、位格等的差别，没有形态上的范畴，块然不变，好像生物的原形质，就说中国语为太古语的标本。其实他们还没有知道中国语的特性，只就语言的外表上观察，所以他们的结论错误。中国语名为孤立语，而实际上语词在语句中，正是有机体的结合，决非各个孤立的。语词的意义在全句的总意义上自然显现；没有时间、数目、性别、位格、人称等等的差别，决不致于含糊相混。例如，《论语》上："患不知人也。"对己而称他人，是属于第三人称；"过也人皆见之"，有"皆"字作限制辞，自然知道是多数的常人；"斯人也而有斯疾也"，得"斯"字作限制辞，自然知道所指是某人，依上下文又可以知道用来对称"伯牛"。胡以鲁《国语学草创》谓此种作用，乃是"藉联想或类推作用，彼此相连，或彼此相限，起关系上包晕之感"。这样，种种形式变化，在中国语上看来，真是画蛇添足，无存在的必要；因为中国语没有形式变化，所以措辞上语词的序次，非常重要：如"春风风人，夏雨雨人"，两个风字，两个雨字，谁是主辞，谁是述辞，只是在序次法上看出来。古代中国语上，尚有语词的序次颠倒错乱的；如"室于怒，市于色，野于饮食"等的句法，现在统已涤除净尽了；这也是一种进步的现象。现代英语里，往往同一个语词，可以作几种词品用的，而形式上完全没有变化；例如下面这个语句：

Could you bear that a man for a bare living should bear a bear on his bare back?

内中第一个"bear"，第二个"bear"都是动词，第三个"bear"是

名词；二个“bare”都是形容词，而意义不同。意思是“你能忍耐，一个单衣薄食的人而必须背着一个熊在他的瘦背上吗？”许多“bear”“bare”声音完全相同，而意义绝不会相混，这是因为它们从全句的措辞上可以分明看出来的。现代英语颇有中国语分析的现象；于此也可以知道世界上语言进化的趋势，中国语，在这种进化上处于何等地位了。他们看中国语孤立的状态，就列中国语为初等，实在没有明白中国语的真价值；而孤立、接合、变形三段进化说，也就可以不攻自破了。

（五）语　族

上文把语言的分类，得失，略略讲过，我们再依各种语言的组织来类别各个语言的社会，把它们归到为许多语族（family of language）；这就关于语言和人种的问题了。上面说过，语言系统的分类，本来是把人种的分类和语言相配合；可是人种的分类，经人种学者数十百年的研究，还不能得到满意的结果；或以脑腔的大小为主，或以腮骨的阔狭为主，或以皮肤的颜色为主，或以毛发的形状为主，或分为三种，或分为五种，或分为七种，甚而至于分为六十三种；众说纷纭，莫衷一是；因此人种学者的结论，每每感叹世界人种的分类实在是不可能的。这样看来，血族社会既然不容易分别，而要根据人种的分类来分析语言社会，当然是走不通的；所以语言系统的分类法，虽然知道人种和语言的关系，可是把本末倒置，以人种为类别的主体了。我们应该反转来，以语言为类别人种的主体；十九世纪的语言学者，以为人种的区别，不能以肤发脑腔为依据；凭语言的异同来分析人种，乃为至当不易的方法。人种和语言虽然不能混为一谈，可是只依照生理上几种特性，来析别人种，不如用语言组织的异同来区分比较妥当。因为实际上，血族社

会常有迁徙的事实，异族聚居，互相嫁娶，几世以后，他们生理上的特性，彼此交流，毛发肤色的形状，既莫得其别，口鼻脑颊的种类，又漫无分际，都不足为人种上的特征了。只有语言的组织，或为甲族，或为乙族，或为甲乙两族的混合，循其语根，察其文法，好像治丝，得其条理，头绪便井然不紊；所以分别人种，实在以依据于语言最为妥当。语言为社会的遗传物，比较生理的变迁尤为固定；例如美洲为复综语流行的地方，东亚为孤立语势力的范围，印度日耳曼语以及闪族语由小亚细亚蔓延于欧洲全土，马来坡里尼西亚语（Malay-Polynesian）限于南洋群岛，巴斯克语局于庇里尼斯山以西；民族的迁徙，虽然频繁不定，而各种语言的根据地，大都历久常是存在的。可见人种和语言，虽然不能混为一谈，但是两者关系很为密切，我们不妨以语言为区分人种的基础。

世界上常有异人种而同语族，同人种而异语族的事实；因为血族社会和语言社会的发生并不同源，同一血族分散之后，各自发达他们的语言，于是人种虽同，而语言不同。异血族的人民，聚居一处，互相染习，于是语言虽同，而人种不同。例如犹太人自成一民族，而并无独立的语言；巴斯克为印度日耳曼人，而语言和印度日耳曼族绝不相类。英格兰的克勒特族用英语，而威尔斯爱尔兰的萨克森人多用克勒特语。应用语言来分析人种，当然有许多例外；不过除出语言来分析人种之外，别无更好的方法了。

可是我们分析语族的异同，又不是容易的事情；我们单是靠了一二语的比较来区分语族，当然是不行的；我们应该详细考察各种语言的组织，比较它们的异同，就各种语言全体精神所寄托的来区分它们。而语言为有机体的变化，同一种语言组织，也有彼此分化的现象，如英语之于德语；本来各异的语言组织，也有发生同化的现象，如英语、德语之于希腊、拉丁语。我以为我们要区分语族，对于语言的形式，语根的源流，以及各种历史上变迁的现象，统统应该考察的。

第四篇 语言的发生和变化

一、语言的起源

（一）关于语言起源的学说

关于语言的起源问题，在语言学还未成立以前，早已有人论及；不过他们的论断，没有科学上的论据；最著者可分神力说和人为说两派：

1. 神力说（theory of divine），主张语言的起源由于神力；从神直接传给人类；我们有语言的应用，完全是神造的。这种学说在宗教时代自然得许多人的信从；到了科学时代，这种不可思议的立论，当然无一顾的价值了。

2. 人为说（theory of artificial），以为早先人类是没有语言的，后来有个聪明的人，出来发明它，于是传给旁人，便相习成为语言。但是语言的组织是很繁复的，而且具有社会性，断不是个人的心思才力所能发明的；而且没有语言以前，即使有人发明出来，用怎样方法传给旁人呢。

上面这两种学说，既然不能成立，于是从心理学上寻求语言成立的基础，就发生下列这几种学说：

3. 精神作用说（theory of mental action），以为人类的精神作用，最初步的是感觉；有了感觉，便能取得客观界事物的种种映象；有了映象，更用统觉作用来统括分类，便成了经验的系统；把

各个经验用声音表现出来,便成为语言。可见语言是起于统觉作用,而又足以助长思想的发展的。这种学说颇为近代学者所信从。

4. 叹词起源说(theory of interjection),以为语言的起源,由于精神作用;精神作用既然以感觉为基础,有了感觉就发生反应,于是在声音上,原始是叹词;所以叹词为语言的起源,由叹词逐渐发展,才成立他种语词。这种学说颇有事实的根据。原始人类理智还未发达,情感作用最丰富,受了外界刺激,就用声音以自鸣不平;或者遇到特别的事物,就发出简单的声音以互相呼召;所以原始的人类,应用叹词最多。不过叹词只有情感的表示,没有实质的意义;何以叹词的发展能成立种种语词,叹词起源说对于这点并没有圆满的解答。

5. 摹声起源说(theory of onomatopœia),为德人赫特尔(Herder)所提倡,故亦名赫特尔学说,主张一切事物的名称,由于人类摹仿事物的声音而起。因为我们观察事物的时候,最足以引起我们注意的,是它们表现出来的声音,我们就摹仿它们的声音以成立种种语词。这种学说足以解释:怎样由精神作用的一观念,转而为语言的一种声音;不过在事实上,摹仿所得来的声音,仅为语言的一部分,不足以赅括它的全部。而且事物无声可摹的,实在很多,所以这种学说也不是完全的。

6. 容止起源说(theory of gesture),以为原始的人类本来用容止手势来表达思想和感情,有时这种容止的表现,常用声音来辅助,如舞蹈时也用乐歌一样;意义不同,声音也随之各别,而且觉得声音的表现较容止更为便利,就专用声音语来代替容止语了;所以语言是起源于容止。据这种学说,语言初起时,种种语词一定和容止相伴而行;但是语言上许多意义常为容止所不能表白的,语言一定要和容止相伴而行,未免有些地方讲不通。

这样看来，上述种种学说，都有不完备的地方。原来语言的目的是表现意义，所以语言的起源总不外于人类的精神作用；不过表现的方法，或注重摹声，或注重感叹，或注重容止，都有一部分的根据，而都不足以包括语言的全体；所以我们要解答语言的起源问题，最好并采诸说，而以精神作用说为归宿。实际上，语言的起源，离开现在，一定是很久远了；我们要追想当时语言如何起来，仍离不了现在事实的根据，这就讲到考证语言起源的工具了。

（二）考证语言起源的工具

学说的成立，必须有事实的根据；要解答语言的起源问题，自然须有考证的工具：1. 儿童的语言，2. 野蛮人的语言，3. 语言发展的历史；从这三种研究的结果，来推想语言怎样的发生，而且可以为许多语言起源学说的佐证。

根据儿童的经验来研究原始人类进步的历史，这是现代生物学上最通行的方法。儿童的声音，最初发达是喉音，就是纯母音或声门音；后来渐有舌根音，双唇音等等发生；语言声音发展的程序，也未必不是这样的。又语言起于感叹、摹仿、容止这几种学说，在儿童的经验上，也可以得到许多佐证。但是现代儿童的环境和太古原始人类的环境，当然不同；儿童的学习语言，实在靠了许多成人从旁教导，所以用力少而成功易。至于原始的人类，那时大家都没有完备的语言，彼此传习，渐成为社会上表达的工具；这种情形和儿童学语的状况比较，未见得相类。不过儿童初生时，还没有知道语言的用意，天真未变，临机造音，和古人造语的阶段，差可比拟。

野蛮人种的语言，比较儿童更为近于原始的人类；但是，野蛮

人种的语言，无论怎样和古人相近，必已具有千万年的历史，经过长时期的演变；现代的情形和太古的情形，迥然不同，用现在来追想太古，未必确当。不过野蛮人种的语言和文明国家的语言，两相比较，在研究语言发展的过程上，正可用来做个佐证。

我们要追溯语言的发生，应当以近世为基础；考察近代语言的语根、文法，反溯它们演变的由来，以达于近古，再达于太古，层层推上；这是从语言发展的历史上来考求语言的根源，比较用他种方法，更有事实的根据。

（三）语言发展的过程

前面说过，世界语言的演变，由综合至于分析，乃是进步的现象，非退化的现象；合体语、复综语实在是最初等的，中国语单纯和孤立的状态，实在是最进步的。我们现在考察非洲土人语、美洲土人语里，语句词很多，语词还没有从语句里分析出来，如表明性质、动作、关系等的语词，不能离开实体语词而独立，缺乏分析的能力，所以没有抽象的语词。现在文明国家的语言也有实体语词里包含性质的意义。又如进步甚远的拉丁语里，称代词和动词常结合为一个语词，即足以表明一个完全的语句。古代语里，词和句没有分明的界限；一个实体语词就足以表明一个语句。到后来语言发达，才有单独表现动作的语根。语词的发生，采取意义相近，各自成句，当中形式相同的部分来表示共通的某个观念。所以从语言发展的过程上看来，单个语词的成立，反而在语句成立之后，综合语里，每用一个语词来代表一个完全的语句；等到分析的现象渐形显著，于是动作、性质、关系等语词渐渐脱离了实体语词而独立，于是单个的语词才能成立。这样说来，原始语里总是用一个语词代表一个语句，没有单独的语词的。

（四）语言发生的时代

语言的发生，一定在很杳远的时代，据现在科学研究的结果，说人类语言的起源当在十万年前，真人出现的时代。可是那时语言的声音结构如何，进化的过程如何，现在也无从知道。从语言发展的历史上研究，只知道各语族必各有一种母语。例如印度日耳曼语族，从它各种语词的语根上研究，可以知道它们母语内容的大概；据西洋语言学家的推测，这种母语发生的时期，当在纪元前三千年以前，它的组织大概和梵语、希腊语繁复多变的形式相近似；不过这种母语究竟发源于何地，学者意见颇不一致。又如从阿剌伯语的历史上推究，可以到达于亚述语（Assyrian）；由此考知闪语族也必有一种母语，这种母语必经过长时期的演变而后区分。再追溯而上，或又和古埃及语（Egyptian）同源。由此可以知道各种语族必各有其母语。不过这种母语的研究，也只能到达于人类的历史时期，因为研究的材料，不能超出于历史时期以外。而要根据这许多母语来推测人类原始语言的情形，那更没有把握了。因为语言的发生，离开了现代已经有十万年光景，而历史时期只有五六千年；要根据五六千年以内的事实，来推测十万年前的情形，结果一定是空漠无定。所以从各种语言发展的历史上研究，只能说：人类语言一定发生在杳远时代。至于原始语言的内容、组织，以及进化的过程，我们现在是无从考证的。

（五）一元论与多元论

上面所说各种语族都各有其母语；这许多语族的母语究竟还是同源的呢？或是异源的呢？换而言之，世界上语言的本源地，究

竟还是一处呢？或是多处呢？主张世界上各种语族同出一源的，为一元论；主张各种语族非同出一源的，为多元论。近代语言学者多倾向于多元论，因为人类的语言，和禽兽的声音既然不同，人类有社会的习惯，所以语言的多元乃自然的趋势；又语言的起源，既然不是神力，又不是一人所发明的；则语言一元论，在理论上并无根据。而且依据事实上看来，各种语族显然各别，就现在研究的结果，只能说各种语族各有一种母语，不能说各种语族共有一种母语，现在人种学上也有一元论和多元论两种相异的主张；似乎主张人种一元论的也应主张语言的一元。但是，上面说过，人种和语言并非完全一致；即使世界上各种民族同出于一世祖，可是语言的发生并不和人种的纷歧同时演进的，也许人种分散在各地之后，各自发生语言，各有不同的习惯；本来人种虽是同源，而语言是非同源的。也有语言各自发展的民族，一经迁徙之后，本来语言不通，后经互相交流融合，就共同产生一种新语言；因此有同人种而异语言的，也有同语言而异人种的，两者不能尽相符合。这样说来，即使人种的一元论在事实上可以成立，也并不能因此就断定语言的一元。

二、语言之内的变迁

（一）语言变迁的起因

语言是随时变迁的；古代语和现代语不同，这是在历史记载上随处可以见到。语音的变迁是很微细的，偶一变异，平常不大觉得；例如英语“university”，常读为[jɛ̃ʹvr̥sti]；这个语词正式的读法，我们总以为还要复杂一点，但是平常说话中，读为这样简单，也不大觉得；久而久之，自然会变做一个形式，和原来的读法迥然不同了。又我们实际的经验常常新生不绝，我们心理上的观念也自然变换无穷；某个语词本来是代表某个观念的，可是这个观念的内容已经发生变化，这个语词的意义也随之更易了。不但声音和意义随时变化，即语词的声音形式，也要受他种语词的同化。例如英语里“he were”，是假设的语式；现在通常人只说“he was”，和直说的语式完全相同了。这些变迁的进程，是渐的，不是顿的；须知语言是社会的公器，不是个人所能创造。语言上发生一种新变化，就是心理上得了一种新联想；要是这种新联想，只是个人心理上构成，没有经过大众的承认，那末，这种变化，就不能成立。一种变化的成立，乃是发言者发生一种新联想，而听受者也觉得这种新联想是很适合的；于是渐渐成为一种新习惯，而旧习惯乃归于废弃。这样看来，社会上无论那个人，都可以有权力增进语言的变迁，也可

以有权力阻止语言的变迁；不过社会上有一部分的人，他们影响于语言变迁的权力特别大，如教师、演说家、著作家、戏剧家等。但是语言变迁，总不是个人的权力所能产生；一种变化，假使不能得群众的附和，仍是不能成立的。所以语言变迁的原动力是出于社会的全体，个人心理上常是不知不觉随社会而变迁。实际上变化的进程是无时停止；但是这种进程是渐渐的，所以通常人看来，就以为没有变化了。语言的变迁，除出几个观察力极强的人以外，在大多数人的心理上，总是不自觉的。

所以我们研究语言变迁的历史，不能用个别的研究，事实上不能把各个人，在各个时间、各处地方所发生语言的变化，一一详细的知道，也不能把各个人对于影响语言变化的心理，一一观察得清楚；所以语言变迁的研究，是很困难的。而且文字的记载，对于语音的变化，是很不完备，不特象形的文字不是记载语音的工具，即拼音文字也不足表示语音的变迁。要知道文字的变迁是很迟缓的，而语言的变迁是无时停止；文字决不足以完全代表语音的事实。这样看来，我们从文字上，决不能完全考证语言的变迁。我们要研究这个问题，只能用比较的方法，以时代为单位划分过去语言变迁的进程，更以现代某个社会里语言的情形，和过去各个时代比较；层层推上，可以知道这个社会语言变迁的大概。而这种研究的结果，也只以变化的现象为限，如再进一步，考究何以在某处地方，某个时代要发生这种现象？这种变迁的动机究竟是什么？这些问题，就很难置答了。因为语言和自然科学不同，语言的历史现象，不能用实验的方法去研究；过去的事实，绝对不能用来覆验，而推出它们的原因和结果。

(二) 声音的变迁

声音的变迁，是指语音调节习惯的变迁，和语言意义的内容没

有关系的。例如英语里的“长 o”，是由开口母音变为闭口的，中古的时候本来读[ɔː]，到了十八世纪，渐渐读为[oː]，现在又变为[ow]。这种变迁是有一定的倾向的，当时读“o”或稍长，或稍短，或稍开，或稍闭，在社会上有许多变化；可是其中只有稍闭的音很受多数人的欢迎，于是这种闭口的倾向最适合于当时社会的心理这种变化也就显现出来了。要推求这种变化的原因，每每归于气候、食物、居住等等的事实，可是结果都成悬想。或者归于调节方法的加速，因为文明程度增进，思想敏捷，语言也要敏捷，所以音变只是要采取心理上最适合的形式。这种假设的本身是可以成立的；但是事实上调节的方法变化，而有许多音仍是不变的。所以音变不能说完全由于语言的敏捷。我们最多只能说音变是一种人类生理和心理上进化的现象；至于音变的原因，还是模糊不可推测的；现在只能明了一种趋势的结果罢了。

我们现在所谓“语音法则”，只是表明语音变迁的倾向，已经成为一种规律；并非和自然法则可以同样看待的；语音法则不是自然界变迁的公例，也只是历史上一种事实。语音的变迁和语句语词意义的内容完全没有关系，无论表明何种意义，某种音变的倾向总是依常进行；所谓语音法则这个名辞，在一定的范围里是可以适用的；而且语音变迁，因为不顾及语言的意义，每每使异义异音的语词，而变为异义同音了。例如英语：“knight”和“night”，往时本读为[kniçt]，[niçt]，两个语词，音读本不相同；后来音变的结果，都读为[naĕt]了。“might”和“mite”，往时本读为[miçt]，[miçt]，两个语词，音读本不相同；后来音变的结果，都读为[maĕt]了。一种音变的倾向，不只是发生在单独一个的音上，而常在数个音上。例如英语“长 o”，由[ɔː]变为[oː]，[ow]，而同时“长 a”，也由[aː]变为[ɛː]，[eː]，以至现在的[ej]；“长 e”，也由[ɛː]变为[eː]，[iː]，以至现在的[ij]。这几个音都具有开口变为闭口的倾向；同时也有数个音

和这种倾向相反的，如英语“长 i”，由[iː]变为[ej]，[ɛj]，以至现在的[aě]；“ou”音，由[uː]变为[ow]，[ɔw]，以至现在的[aŏ]。这可见得声音的变迁是全部语音系统上几个重要分子的变化，并不是单个音的变化。又如古日耳曼语里[p，t，k]变为[f，θ，x]，[b，'d，'g']变为[ʋ，ð，ɡ]，而[b，d，g]又变为[p，t，k]；也是语音系统上几个重要分子的变化。

语音的变化，虽然不能推求它们究竟的原因，而可因它们变化的现象，把它们的趋向归成数类。例如英语“knight”这个语词里，[k]和[ç]二音现在统已失去了，这是表明声音调节的简单化。因为这个语词的语音，由[k]转接到[n]，中间须由口音转为鼻音，由舌根音转为舌尖音，由气音转为乐音，调节的劳力过大，所以由[kn]变为[ŋ̊n]或[ŋ̣n]，以至现在只留下一个[n]。至于中间[ç]音的遗失，也是声音调节的简省。不过这种[k]，[ç]二音的遗失，也只限于某时某地，例如德语“knie”“knabe”等语词里，现在[k]音还是继续存在。可见声音的变化，也只知它由怎样发生，不能推究它为什么要发生，或为什么不发生。声音的变化既然有调节简单化的趋向，所以变化的结果，大都是语词的形式变为简短。一个语词里各个音缀有重读的，有轻读的，音变的结果常把语词中轻读的音缀遗弃了。不过有时也因为使调节方法的简便，而增加音素的；例如日耳曼语的“mr”“ml”等常变为“mbr”“mbl”等，中间加上一个“b”，使性质绝不相同的“m”和“r”“l”联接起来。又如英语“kn”的音，常把“k”音遗失了；但是这“kn”在两个母音中间的时候，并没有发生变化，如英语的“acknowledge”。古日耳曼语[p，t，k]常变为[f，θ，x]；但是这些音前面有个摩擦音时，并没有起变化，如“spoon”“stone”。这种因音素所在的地位不同，发生不同的变化，称为遇合的变化(conditional change)。

遇合的变化也常是使声音调节的简便；例如德语“ich”，古时

本读为[ʔix]，现在其中[x]音，因受前面舌前母音[i]的影响，就变为[ç]，就读为[ʔiç]了。这种因音素的互相影响，而发生相同的趋向，称为同化作用（assimilation）。同化作用之后一音受前一音的同化的；例如英语名词复数的尾语"-s""-es"读为[s]，或读为[z]，完全是依据前一音的带声与否，如"stones"为[stownz]，而"beasts"为[bijsts]；这种称为顺进的同化（progressive assimilation）。前一音受后一音的同化的；如中国语中，"见，溪，群，疑"之类，语首本是舌根音，常因后面跟着一个舌前母音，舌根音就变为舌前音了；这种称为逆行的同化（regressive assimilation）。上面所讲音变的现象，大都是渐变的；还有少数的现象，是骤变的；其中两种最普通的现象：一种是音位转换（metathesis），如英俗语说"ask"为"ax"，前日耳曼语："atik"变为"akito"；一种是异化作用（dissimilation），如古拉丁语："peregrrinus"变为"pelegrinus"，"stipipendium"变为"stipendium"。异化作用正和同化作用相反，前者使音素发生相异的趋向，后者使音素发生相同的趋向。同化作用中，也有骤变的，如前拉丁语："pibeti"变为"bibit"；不过这种骤变的事实，比较上是很少的。

总之，声音的变迁，或是音素调节方法的变异，或是语词形式的简单化，或是过合的音变，多少总于某种语音系统的全部，发生着影响。所以某种音素本来在某种语言里所没有的，常因音变的结果，而发生了这种音素。例如前英语里，没有舌前音，因舌根音受舌前母音的同化，发生了[c]，[ɟ]；古英语里本没有[z]音，因"-s""-es"受前面一个带声的音素所同化，就发生了[z]音。又因音变的结果，常使同一个语词发生不同的读法，如"you"在"have you"里读[ju]，在"has you"里读[ʃu]，在"did you"里读[ʒu]。音变的结果，足以使语言中固有的音读发生歧异的现象，足以使固有的语音系统发生了变化。

我们所谓语音的变迁，只是语言习惯上发生变异的现象，至于要研究这种变异的起因，那就很难有确实的推测。其中最显明的原因，是民族的迁徙，互相模仿不同的声音。例如达拉维第安语(Dravidian)里，舌尖音有两种读法：一种是[t]，[d]，一种是[ṭ]，[ḍ]；印度日耳曼语族中，大都只有一种[t]，[d]；只是梵语中有这两种读法，显然是由模仿达拉维第安语得来的。

(三) 类比的变迁

声音的变迁是和意义无关系的，要是一方面声音发生变化，一方面意义上也有显示的作用，两者同时进行，这种称为类比的变迁(analogic change)。因为声音的变化是依据意义上的显示，就是用同一种声音形式，表明同一种意义。例如古英语"cow"的复数为"kine"，"book"的复数为"bec"；而现代英语上，这两个语词复数的形式，因其他名词复数的形式，多是语尾加"-s"或"-es"的，由这种类推作用，就变为"cows""books"了。这种是因意义相关联的影响，而发生声音形式联想的同化。又如英语称代词"you"，复数的形式为"ye"，因受"we"联想的同化而发生的。又如拉丁语"noctū"(夜里)，这个语词的形式本应作"nocte"，因受"diū"(日里)联想的同化，而成为"noctū"的。这种声音形式，因受意义联想的同化，而变成的，可称沾染作用(contamination)。又如法语"reudre"，本是从拉丁语上"reddere"这个语词变来的，所以加入鼻音的缘故，乃是因其他许多语词的"-endre"这种形式同化成功的；例如拉丁语"vendere"，法语为"vendre"；拉丁语"prehendere"，法语为"prendre"；所以"reddere"也变为"rendre"。又如英语"egotism"，本应为"egoism"；其中尾语所以为"-tism"，而不为"-ism"的缘故，是由"despotism，nepotism"等同化成功的。

这种以语词声音形式的变迁迎合其他许多意义相关联的语词，称为迎合作用（adaptation）。又如英俗语上“squench”和“quench”意义相同，实因其他许多语词类似的比照发生的，“squench”之于“quench”，犹“splash”之于“plash”，“smash”之于“mash”，“souse”之于“clouse”；那末，用“squench”来代表“quench”的意义，是很自然的。这种因其他许多语词比例的关系而发生联想的同化，如plash：splash = quemh：x，∴ x = squench；可称比例作用（proportion）。以上这三种类比的变迁，都足以使语词形态变化归于纯一的现象，使语词音义上的分类发生整齐的规律，实在是形态学上形式变化和转成作用成立的基础。类比的变迁，又足以使声音上的类别渐归于消灭；因为这种类别于意义上无关系；类比的变迁，根据此意义上分类的原则，可以校正语词形式上不规则的变化。

类比的变迁，可以使文法范畴愈趋于单纯化，规则化，又可以使许多新从外国语上借入的语词成为本国化。例如，英语上“telephone”“automobile”“aëroplane”等，一经输入之后，就用“-s”的形式来表明他们的复数：“telephones”“automobiles”“aeroplanes”；又从他国输入英语的动词，变成过去时，也就用英语里“-ed”的形式了。类比的变迁，又可以使语言当中，发生无数的新语词。例如，英语里，用形容词加上“-en”，便可以变成一大批的动词，如“fatten”“moisten”“shorten”等；动词加上“-er”，便可以变成一大批的名词，如“teacher”“preacher”“advertiser”等。类比的变迁，实在是改变和创造语言组织的原动力，而根据于固有的语言习惯，使社会表现的方法趋于一致。语词的发生，也是常用类比的方法；所以要创作新语词，须遵守社会的表现习惯；个人即使能创作新语词，而所造出的新语词，一定由固有的语词上演变出来的，必为某种语言上有规则的转成语词。

(四) 意义的变迁

上面所说两种变迁,是关于语词的形式的,至于意义的变迁,完全是意义内容上所发生的变化,和形式无关系的。实际上的经验,没有彼此绝对相同的;我们能以现在的经验和过去的经验融合起来,采取它们共同的著要分子,在心理上就构成一个共通的观念,这就是语词意义成立的基础。至于这个观念所统括的范围,有时扩大,有时缩小,所采取各种经验上的著要分子,发生了变化,语词的意义就起了一个变迁。不过意义的变迁,没有像语词形式的变迁那样明显,我们须审察各个语词在语言上表现出来的意义,比较他们的异同,才能看出原始的意义和后来的意义怎样不同。例如,我们说"头""首",实在是指"人头""狗头""马首"等的意义,这个观念只限于人类鸟兽的头部;可是扩张起来,用为表明一切具有头形,具有头意之事物,如"菜头""木头""元首""首领""头目"等等。又如"脚",只限于人类鸟兽的足部,扩张起来,便用为表明一切脚义,如"桌脚""山脚""墙脚"等。又如英语"meat"这个语词,本是表明一切食物,有精美的食品之意,后来渐渐只适用于肉类;"disease"这个语词,本是表明一切不安的状态,后来渐渐只适用于病痛。意义的变迁和语词的形式固然没有关系,但是有时也因为形式上类比作用,而发生意义的同化;例如英语"mash"本为混合之意,因受"clash""crash""dash"等的同化,也含有"闪发"的意义了。有时更因措辞结构上的习惯,以致发生音义的变化;例如法语里"rien""jamais""personne""pas"本来都没有否定的意思,因为和"ne"常常联用,如"ne……rien""ne……jamais""ne……persnne""ne……pas",而这些语词单独应用时,也含有否定的意义了,如"pas moi"("没有我"或"不是我")。拉丁语的动词里,常

含有一个称代词的主辞，如“amat”（他爱）和他种名词的主辞联合时，即为互见法，如“pater amat”（父亲，他爱）。后来觉得这种互见法过于笨拙，名词常和动词联用，动词所包含的称代词，渐渐遗失，内容的意义纯为动词了；例如法语不能说“aime”，只能说“il aime”或“le père aime”。又如英语里“capital”和“city”联用，后来“capital”这个语词单独应用时，也渐渐代表“capital city”（京城）的意义了。“glass”常和“tumbler”联用，后来“glass”这个语词单独应用时，也渐渐代表“glass tumbler”（玻璃杯）的意义了。希腊语拉丁语以及古英语里，副词常和名词联用，而名词形式上自己表明关系的意义；后来这种关系的意义渐渐亡失，而这种和名词联用的副词，就用来单独表明关系的意义，以致演成现在的介词。这样看来，意义的变迁，和语词形式，及措辞结构，常有密切的关系。

还有一层，智力的增进，也足以发生意义的变迁，所以和民族生活的进化有密切的关系。罗马人实为农业畜牧的民族，所以拉丁语里“pecūlium”（财产），“pecūnia”（钱财）这些语词，原为家畜之意，可见早先时曾以家畜为钱财的。英语的“pen”本为羽毛之意，法语的“plume”，德语的“Feder”，现在还是毛羽之意，因为欧西往时也是用毛笔的；现在这个语词的观念已经变了。“marshall”和“constable”本为马夫之意，原为酋长管理马厩的；后来政治制度扩大，便变为君主的将军，统帅了。智力的增进，一方面表明知觉的意义常变为理智的意义，他方面常扩大其知觉内容的应用。例如英语“warm”“cold”本用以表明触觉，把范围扩大，就用来表明颜色，及一切情感了。“bitter”（苦）本原于“bite”（咬痛）；“sour”（酸）本原于爪伤之意。“anxiety”（着急）本原于“狭地”，“distress”（痛苦）本原于“残毁”之意。这些语词都是由一种知觉，而扩大他的意义的。又如“understand”本为“在其中”之意，“define”本为“范围”之意，“think”本为“执握”之意，“feel”本为

“手掌”之意。这些语词都是从知觉的意义变为理智的意义的。这样看来，语词意义的变迁，对于人类文化的进步，智力的发达，实在是个很好的反照。

意义的变迁，有的使独名变为公名的，如英语上的“copyer”（铜），本原于“cyprus”，这是一个产铜的岛名；“money”（钱币），原于“mint”（造币局），这是由于罗马的“Monets”寺旁一个造币局而得名。又如“burke”“boycott”本是人名，而用为一切“闷杀”“塞杀”“绝交”“抵制”等的意义了。也有公名而变为独名的，如“ox”“fox”“monkey”，有人也当做它们人名称呼了。总之：意义的变迁很为复杂，要考究某种语言里各个语词内容的演化，那就属于语源学（etymology）范围了。

（五）语言变迁的趋势

上面讲过语言上三种变迁，大都因乎自然的情势而起；其中意义的变迁是由于经验上事物之递嬗；类比的变迁，使语词的形式归于一致，也是由于社会心理上对于类别事物注意力的进步，所以常常要用相同的形式表现相同的意义；声音的变迁也由于语言上自然的趋势，虽然在心理上的原因比较前二者不易明了，其必为增进语言的便利也自可无疑。语言的变迁，实在是一种进化，以上三种变迁，都是使语言的表现方法，适合于当时的应用；语言是社会上一种习惯，习惯不适于生活上的应付，自然要起一种变化。不过变化的现象虽多，而社会上有保守的心理，语言的组织，因时因地，总要起变化，可是在社会上能确定成立的，并不如实际所起的变化那么多。因此可以知道语言的变迁也是不出“适者生存”的公例，一种变迁的成立，就是因为这种变迁是适合于当时社会的经验的。所以语言的变迁是一种进化。

前面讲过，语言的进化，大都由综合语而进于分析语。现在野蛮人种还多用复综语，如美洲土人语里，以一个语词代表一个语句的很多。拉丁语里每每用主辞包含于动词内，要表明这主辞实质的意义，便须用互见法。到了现代欧西各国语言里，便没有这种组织了。其他关于性别、位格、数目、时间等等的形式变化，从前是很复杂的，现在渐渐减退了。所以根据语言变迁史上说，一般趋势总是单个的分析，日多一日，措辞上的重要超过形态的变化；而措辞上适合法，统制法日形减退，互见法渐行废除，只是序次法日形重要。不过其中当然也有些例外，如古英语的"-lice"，本属复合语词的一部分，有"like"的意义，现在变为英语里表明副词的尾语了。拉丁语的"mente"，本为独立的语词，有"with a mind"的意义，现在也变为法语里表明副词的尾语了。后拉丁语里，"不得不，将来"的意义，也须用两个语词表明，如"amāre habeo"（我不得不爱，或将爱），后来法语上便合成为一个语词了；如"j′ ai merai"（我将爱）。这些都是和一般进化的现象相反的；也足以见得语言进步的复杂现象。但是从大体上看来，语言变迁总是由复杂错综进于简单纯一的状态，不过这种发展的过程是渐的，不是顿的。

语言和民族有密切的关系；所以语言虽行变迁，而民族特性的表现，仍是存在的。如印度[ṭ]，[ḍ]等音，为他种民族所没有的。又如爱尔兰语和英语显然不同，爱尔兰语里，同是一个语词，往往因联接的语词不同而发生音变；如"tà ba"（有牛），"a va"（他的牛）。又爱尔兰语表现情感上主要的观念，必须利用抽象的主辞和述辞，不能如英语里可以用音势的轻重来表示。法语也有这两种特性：语词在声音上的界限很不显明，而语词也因所联接的不同，发生音变，如[ɛla]（他有），[atɛl]（他有吗?）；又表现语句里情感上重要的分子，也须用抽象的主辞和述辞，如"C'est moi qu′ils ont battu"（他们打的是我），这句里，着重在"mor"（我）。因为爱尔兰

语和拉丁语是姊妹语，所以拉丁语变为法语，而两者特性的相似，还是很显著的。我们要是把各种语言里措辞，形态上的各种现象比较一下，就可以见得各种民族语言的习惯不同；所以语言学和人种学有密切的关系。不过各种民族为何要发生不同的语言习惯？这个问题，就关于语言之外的变迁了。

三、语言之外的变迁

（一）语言的纷歧

语言是人类的一套习惯；语言的成立，完全是由于过去习惯一种融合的力量，把现在的经验和过去相类似的经验，彼此融合，就用同一种声音来表示。语言又为社会传达的工具，各个人的语言，互相摹仿，以成相同的习惯；所以语言只是一种社会的习惯。各个人虽然彼此发音的状态有微细的差异，虽然对于种种经验，彼此心理上有种种不同的主观，可是受社会习惯的融合，自己决不能在社会习惯之外，独立成一种习惯。所以语言在某个社会上，总是统一的。但是，事实上社会本身的范围，没有固定；一个大社会之中，有无数的小社会；社会上一切组织，以及其他政治、经济、教育、宗教、职业、游戏等等，都是使社会显现复杂错综的情形。一种团体，就自成一个社会，就各有特别的习惯；依据这种特别的习惯，当然要发生特别的语言，和他种社会的语言，多少总有不同的地方。这样看来，语言的纷歧，是依据社会本身的纷歧；为事实上所不能或免的。

造成语言的纷歧，最重要的因素，是地域关系。因地域关系，人群互相居住，交通来往，各成团体，就各自发生不同的方言。不过这种团体，虽然彼此离异，还可以不绝的来往交通；方言虽异，还

可以互相了解，由这种小团体可以合成一个大团体。至于这个大团体和那个大团体之间，或因政治上，人种上种种隔阂，或因山脉，河海，沙漠等等的障碍，彼此来往交通很少，各自发展不同的语言，就不能互相了解了；甚而至于语言组织完全不同，以致成为相异的语系，语族。这种相异的语系、语族，有时可以应用科学的方法，从历史上考证，发现它们相同的痕迹。例如，英语和挪威语，现在虽然彼此不能了解，而在早先或许可以相通，它们语言上有许多地方相同的。至于英语和希腊语，声音上相似的很少，但是从形态上、措辞上研究，也有许多相同的地方，可以证明它们是同出一源的。又如英语和马来语，据现在考究，绝没有类似的地方；可以断定它们语族的不同，在语言的发展上彼此是绝无关系的。总之：语言的纷歧，和社会的纷歧一样，乃是相对的；纷歧的程度，实有无限数的等级。

语言在空间方面，有各个社会纷歧的现象；在时间方面，又常发生不断的变迁。要知道语言是一种社会的习惯，常是迁流不息；声音，意义，以及类比的变迁，常在进行之中。而这种社会习惯变迁的情形，和那种社会的变迁，常有不同；要是两个社会没有交通的机会，彼此便更进于纷歧的状态，愈趋愈远，以致发生不同的方言，不同的语族。所以地理上，社会上种种障碍，使各个团体交通，渐渐隔绝，久而久之，语言上就发生无数差别的现象。

（二）语言的统一

不过这种差别的现象，因语言统一的结果，可以使它减少或归于消灭；要是一个社会，在武力上，经济上、政治上、文化上占有优越的地位，便有统一语言的力量，把它的语言传布出去，使旁的社会，遗弃它们本有的语言，渐渐奉行这种语言了。历史上常可以见

到语言障碍消灭的事实。例如,北美洲往时土人几百万,共有几百种土语,都是彼此不相通的;到了现在,这块地土上,千余万人民,大都通行英语了。历史上,征服者常使被征服者的语言归于消灭或同化。但是,被征服者如果文化程度很高,便能保存它的语言,不致为征服者所同化。例如,罗马人征服希腊、高卢、伊比里亚、意大利这些地方,同时传布它的语言,只有希腊文化程度很高,希腊语不受罗马的同化,其余地方都归入拉丁语的范围了。要是一种语言,在政治上、文化上都占优越的地位,便能使他种语言归于消灭;如英语之于威尔斯、爱尔兰,俄语之于西伯里亚。或又以一种语言在商业上占有绝大势力,于是行用他种语言的人民,便奉它为第二种语言,以供商业经济上的应用,如英语、法语、西班牙语、马来语等;或者因摹仿不甚正确,就产生一种中间语,如洋泾浜语之类。

语言纷歧的现象,以统一的作用,可以归于消灭;而同时语言统一的力量,也被了纷歧的进行所阻碍。例如古代希腊地方,彼此语言虽可相通,而纷歧错杂,方言不同;后来因雅典商业和文化的势力,使希腊地方通行雅典的方言,希腊语言遂归统一。中世纪以后,各种方言复行发生,近世希腊各地,交通情形各殊,仍复有古代语言纷歧的现象了。罗马人征服欧洲南部,传布拉丁语,使语言不同的国家随政治的统一归于融合。自从罗马势力衰败之后,政治上既然失去维系的中心,拉丁语遂分为法语、意语、西葡语等。又欧洲北部,五世纪以前,日耳曼语本相统一,以后因民族的迁徙,交通的阻滞,就分为英语、德语、荷兰语等。语言的统一和纷歧常常同时进行,所以在一种语言看来,有时融合数种语言,使成统一;有时又分化而为数种语言,现出纷歧的状态。

但是据历史上大势观察,语言统一的力量实在足以超过纷歧的趋势。拉丁语分化为法、意、西、葡等语,而各自能造成中心的势

力：以融合自己国内的方言；而同时西葡等语更能扩张它们于世界上各处殖民地，如南美洲土人语渐归消灭，而奉行西葡语了。日耳曼语分化为英德等语，而英语能超过英境内的克勒特语，德语能超过德境内波罗的海语斯拉夫语以树成它们的中心势力。同时语言的范围，更形扩大；如英语传布于北美澳洲等处，奉行英语的人民更行增进，往时用英语的人仅数百万，现在竟有数万万了。又因物质文明的进步，交通的便利，商业的扩张，更足以使社会融化的力量增大；语言纷歧的趋势自然减少；所以将来全世界语言的统一，也是可能的事。

(三) 母语的推求

上面说过，历史上常有统一的语言，后来分成几种相异的语言的。因此我们可以推知古代希腊许多方言，是从一种统一的原始希腊语分出来的，正如现在希腊地方许多方言，从雅典语分出的一样。我们更可以推知欧洲北部英语、德语、荷兰语，也是从一种原始的西部日耳曼语分出来的。凡是现在认为有关系的各种语言，都可以推求它们所从出的母语。从这种统一的母语，演变而为各种不同的语言，如拉丁语演变而为法、意、西、葡等语，如原始的美洲土人语演变而为各种美洲土人语。不过我们所谓演变，并不是限于同一的人种，同一的地域，并不是说现在所通行各种语言的区域，都是属于从前它们母语统一的范围；乃是说从前用这种母语的人民，流散分离在各地，各自发展他们的语言，而又各自融合他种民族的语言，就渐渐演成许多独立的语言社会。

还有一层，所谓统一的母语，并非绝对的。在某种母语流行的时代，内中已经包含有纷歧的分子；所以在母语未经分离为各种语言以前，已经参杂了许多不同的音素。例如，日耳曼语族中，可分

三支：就是原始的北部日耳曼语，原始的西部日耳曼语，原始的东部日耳曼语。北部日耳曼语演成现在瑞典、挪威、丹麦等语，东部日耳曼语就是后来的哥斯语（Gothic），西部日耳曼语演成现在英德荷兰语等；即此可见在日耳曼母语中，已经包含有这三种大异的分子，所以后来会演成三支日耳曼语。就是在原始的西部日耳曼中，据现在的考证，英语和欧陆各种方言，在它们还未彼此隔离以前，已经有纷歧的端倪了；所以英语和德荷诸语分离，并不单是由地理上造成的。我们现在推求各种语言的母语，只是从它们彼此比较的研究，考察它们类似的迹象，以明其亲属的关系，并非说古代是纯粹统一的语言，现在变为不统一了。我们推求母语，无非要明了各种语言发生的历史，它们演化的源流，以及支干的联属关系罢了。

一种母语演化而为许多种语言；从前母语统一流行的区域，并非现在语言流行的区域。例如，现在英语流行于北美澳洲以及英国许多殖民地中；从前原始日耳曼语，原始印度日耳曼语流行的区域，当然没有这样辽阔。现在通行英语的人民有几万万，而从前通行原始日耳曼语，通行原始印度日耳曼语的，或许只限于数千人口的一个小部落呢！由这个小部落分散为各种语言，自然要因地因时发展自己的语言。我们所谓原始的印度日耳曼语，是印度日耳曼语族里各种语言的母语，并非说：当这种母语流行的时候，一个希腊人和一个印度人的语言是可以相通的。我们晓得，根据历史上的事实去断定，语言的异同，和血族社会、文化系统，并不是一致的。我们要推求一种母语，自然不能因此就知道：当时流行这种母语的社会有怎样的文化，怎样的风俗；只限于某种范围内，可以推测他们智力的高下，他们民族文化的大概情形。所以我们推求母语的主要目的，只是在明了语言本身的系族，而对于语言的分类，供给了许多具体的事实。

（四）语言组织之比较的研究

我们从各种语言声音形式的变迁，求得许多语音法则，又根据母语的推求明了各种语言演化的情形，以及它们联属的关系；于是考察它们语词的形式，语句的组织，比较彼此的异同，归纳成功许多表式，认它们为这种语族或语系演化的根源，就是这种母语上种种形式组织的推断。凡是进行这种研究的，称为比较语言学（comparative philology）。凡是过去统一的母语，可以分为二种：一种是有历史纪载的，如意语、法语等的母语，为拉丁语，可以从古拉丁文上看出它的形式组织；一种是没有历史记载的，如英语、德语等的母语，为原始日耳曼语，这种原始日耳曼语自己没有拼音文字的纪载，现在要考察它的形式组织，只能从现代和古代英德等语里，参互比较，更参照拉丁语、梵语等等，假定种种原始日耳曼语的形式。例如，英语“father”这个语词，拉丁语为“patre”，古英语为“fæder”，古德语为“fader”“fater”，拉丁语系上“p-”的音，在日耳曼语系里，常为“f-”，又梵语拉丁语上“d-”和“t-”的音，在日耳曼语系里，常为“th-”；因此推知原始日耳曼语里，这个语词的形式为“fáðer”。又这个语词在希腊语里为“patēr”，在梵语里为“pita”，在伊兰语里为“pətē”，因此推知原始印度日耳曼语的形式为“pətḗ”或“pəter”。这种形式并不能断定和古代实际上的语音完全符合；不过古代母语上的形式，现在既然没有历史上的记载，我们只能从各种实在的形式，参互比较，列出一个抽象的表式，以表明这种语言里各种形式的变化，总不出这个范围之外。所以我们从比较语言学上所求得种种的表式，实在是种种语言里许多形式的标本，乃是假定的，非固定实在的。我们所求得原始日耳曼语，原始印度日耳曼语的各种形式，当然和拉丁语希腊语上的各种形式，不能当做一

样看待,因为后者是有历史的记载,前者是没有历史的记载的。

用比较的方法,可以推求古代原始语各种语词的形式,也可以测知原始语里文法的系统,语句的组织。大概原始印度日耳曼语里,有数目、性别、位格、时间、情态等等范畴,文法的繁复,当不亚于梵语、希腊语、拉丁语;语句上的动词,假使述辞是表明主辞的性质,可以省去不用;动词也常包含有主辞的称代词,如拉丁语上情形一样,所以措辞上的互见法、统制法、适合法,占有极重要的地位。总之:原始印度日耳曼语是一种综合语,和现代英语的性质不同,因为英语是由综合而趋于分析的;根据各种语言变迁的趋势,以今推古,可以明了古语上形式组织的大概;这也是应用比较方法的结果。

(五)语言的交流

比较的方法,只适用于一种或一族语言里各种语词声音的变迁,不能适用于某种语言的语词或组织传入他种语言的情形。两种不同的语言互相接触之后,自然要起交流作用,这一种语言里的语词和组织,自然要流入那一种语言里。流入的语词和组织,往往具有特别的意义和形式,为那一种语言本来所没有的。例如,英语"street"这个语词,实为原始日耳曼语里所没有的;因为依据比较的研究,原始日耳曼语的"t-",在拉丁语里应当为"d-",而这个语词在拉丁语里为"strata",并没有依照声音的表式,这是由于这个语词后来由拉丁语传入的缘故;所以语言的交流作用,足以使通常的语音法则发生变化;可见比较的方法,不能适用于这种情形。

这种交流作用,并非语言上自身发展的结果,乃是由于两种文化接触以后自然的发生的。例如,英语采取法语的"beef""table"等,采取美洲土人语的"squash""tobacco"等,又从西葡等语里采

取南美土人语的“banana”“hammock”等，从阿刺伯、希腊、拉丁等语里，采取东方语言的“candy”“sugar”等；这种，我们只能从文化的因素上推求，不能用比较的方法来考察它们的形式。但是语词的传入，并非丝毫没有变动的；一种语言的语词传入其他各种语言里，它们常用自己所固有的语音和组织，来模仿这个新语词；而这种模仿作用，在各种语言里的情形并不相同，因之一个语词的形式和组织完全不同。如拉丁语的“conscientia”，是由“con-”和“-scientia”合成的复合语词，英语直接从法语模仿为“conscience”，而德语只采取这个复合语词的意义，成为“ge-wissen”。所以一个外国语词传入本国语里，常要受本国语的融化。例如，古法语“sillabe”变为英语的“syllable”，因为要适合英语的尾语“-able”；又西班牙语“hamaca”变为英语的“hammock”，因为要适合英语的尾语“-ock”（如“hassock”“hummock”等）。即使一个语词由这种方言转入他种方言时，也要起了融合作用，发生音变的；例如，英语“path”“glass”“bath”等语词里的母音，在英语中本读为[a]，传到美国，就读为[æ]了。这样看来，语词的流传，虽然由于文化接触和传播的结果，但是在语言的本身上，常常合于语音变迁的法则。

在纵的方面，古代语里的语词也有和现代语起混合作用的。如古英语：“samblind”，本来是“半盲”的意思，后来因为和“sand-blind”这个语词融合，变为“全盲”的意义了。又如英语“I have written a letter”这个语句，本原于“I have a letter written”，后来因受融化的结果，变为“完全时”的意义了。这种古代语和现代语的融合，实在可说是语言自身的发展。有时拼音文字能使古代语上语词的形式，转入于现代语里。例如，拉丁语“sēcūritatem”，曾经变为法语的“sécretē”，以至于英语的“surety”，而一方面拉丁语那个原来的形式，又转入法语里，成为“sécuritè”，以至于英语的“security”。又拉丁语“sēparare”这个语词，曾经变为法语的

"sevrer",以至于英语的"sever",而一方面那个原来的形式,又转入法语里,成为"séparer",以至于英语的"separate"。这样看来,拼音文字实在有语音上的保守作用,使古代语里种种形式,直接传入于现代语上,一方面足以阻止语音的变迁,一方面即足以促进古今语的递接和交流。

(六)标　准　语

拼音文字对于语言的变迁上,既然有这样影响的势力;所以现在世界文明各国常用拼音文字,依一种实在的语音,整齐字母的拼法,以为统一语言的工具。语言的演化,从前社会是不自觉的;现在常常用人为的方法引导语言的演进,就变为社会自觉的发展了。一国之中,方言纷歧,乃于方言中选择一种最流行,最有势力的,以为全国人民共同的交通工具;这种方言,称为标准语(standard language)。标准语的成立,最初不过方言不同的人民,常要模仿另一种流行的方言;其次,方言不通的人民,专靠这种流行的方言做个传达的工具;最后这种流行的方言就成为全国最正式的普通语,为全国语言的标准。而大部分的人民完全只能说这种标准语,更没有第二种方言了,如英、德、法诸国上流社会的人民,就是显明的例。

同时这种标准语必为某国文学的语言;标准语的演化和几种文学上的巨著有极大的关系;所以著作家在语言上有绝大的势力,如但丁之于拉丁语,莎士比亚之于英语,就是显明的例。标准语里文法的组织和语词的种类,都以这种文学上的巨著,作一个根据;使标准语有一定的形式组织,在在足以阻止方言俗语的纷歧。不过有时方言俗语,经过文学上应用之后,也能吸入于标准语内,成为标准语上的分子。标准语的推行和政治上有绝大的关系,如英、

德、法诸国的标准语，都是它们首都的方言；而这种方言的形式组织，也常为个人的势力所造成，如马丁路德译述《圣经》，实开现代德语的先河。总之：人类语言的发展，起初是不自觉的，后来常用人为的力量来辅进它们的发展，这实在是社会上一切活动的公例。而最和这种人为的力量有密切关系的：一种是语言的研究，使人类语言的演进，成为自觉的对象；一种是语言教学法的发明，使人类交通的工具，也可用自觉的方法来建设。

四、附论语言教学法

（一）语言教学的目的和性质

凡是文化未发达的社会，实在没有语言教学的必要；语言教学的起因，是由于想把过去文艺、宗教、伦理等等的著作，传之于后代；例如，印度人学习梵文文学，犹太人学习希伯来文学，希腊人研究荷马诗，罗马人研究希腊文学。这种后代人对于古代语的研究，是属于纵的方面，足以增进民族的自觉。至于横的方面，学习几种现代外国的语言，足以扩充社会交通的范围；一方面，和研究古代语足以保存古代的文化一样，研究现代语可以辅助现在文明的进步和扩张；他方面，研究现代语又有许多实际的利益，如商业上的应用，利用外国的发明、科学、工艺之类。所以一国之内，要是没有大部分的人懂得外国语，就不能和世界的文明国并驾齐驱。我们处于现在的世界，不但要明了本国过去的历史，又须对于几个和本国有切身关系的社会，内中的种种情形，加以相当的认识。所以现在外国语的课程，在诸文明国的学校中，实在占个很重要的地位；除了学习外国语的本身外，又以外国的思想、文化，以及生活的种种情形，相当的介绍于学生。

教学语言是要学生建树一套联想的习惯；要知道这种联想的构成，并不必要依照论理的程序，靠了许多文法上抽象的原则，乃

是纯粹一种不自觉的习惯。所以教学语言，不必要说明措辞上，形态上种种事实，也不必要解释各个语词的根原；因为这几种程序是一般专门学者所必需，而非普通学习语言所需要的。学习一种外国语，每用本国语来翻译，这实在对于初学外国语的学生，有害而无利；因为这种程序，每每只以外国语当做本国语意义的一种符号，使学生对于外国语联想习惯的养成，减退效率。又有一种外国语的教学法，只以养成读书的知识为主；这种教学的目的，是从学习古代语上得来的，实在把古代的语言和现代的外国语混做一谈了。要知道古代的语言只是一些抽象的符号，和数学上的公式相仿，有了一种读的知识就够了；至于现代语是在听感上发生联想的作用，自然要注重口耳的练习，增加说的知识才行。总之：现在语言的教学是直诉于生活的习惯，不是仅在增进语言的知识。

（二）学童的年龄和教师的资格

学习外国语以十岁和十二岁间为最适宜，因为在十岁以前学习外国语，儿童的注意力不容易使之集中，学习的效率不大，需时过多，反而徒费光阴，所以十岁以后学习外国语的，较之十岁以前的反觉得事半功倍。要是在十二岁以后才学习外国语，则儿童对于本国语，已成一种固定的倾向，要变更他们联想的习惯，须用多时的练习。他们对于一种意义，常用本国语来表达，而不愿用外国语；因为他们的智力已经发达，对于很浅显的意义，而须采用新奇的表现方法，常是不愿意的；但是初学外国语，所用课本的内容，自然不能不取于浅显的材料。至于十二岁以前，这种浅显的材料正和他们的智力相符合，而对于新奇的表现方法，常能引起一种玩乐的心理，自然容易引之入胜。等到学习外国语的习惯养成，年长之后要学第二种外国语了，也就知道学习必需的程序，和成功的由

来，不会发生嫌恶和畏难的心理了。

语言的教师一定对于所教的语言要切实的纯熟；教一种外国语的，必须和外国人受过普通教育的有一样的说话的能力；教一种古代语的，也必须对于古代语有纯熟写读的能力。有许多教师，解释抽象的方法，很觉清楚，但是不能使学童多多练习，以养成语言的联想习惯，也是于学童无益处的。有许多教师，对于所教的语言很纯熟，可以使学童养成语言的习惯了；但是，没有语言学和教育学的知识，来运用他的教材，学童也不能感到兴趣的。因为教师要使学童明了学习语言的功用和目的，要尽力的发挥他们学习的本能，要引诱他们入于玩乐的境地；假使教师没有语言学和教育学的知识，就不能肩任这个使命，终归于失败的。所以教师一方面须有极纯熟的语言习惯，一方面又须有语言学和教育学的知识；教师是一种专门的职业，不是随便可以滥竽充数的。

（三）音读的练习和意义的解释

要教学一种语言，自然开始就须发音正确，须使学童对于那种语言的音素一一读得没有困难和含糊的地方。所以指示发音的方法，须用语音机关的部位，依据语音学的原理，把各种语言的音素，详细的比较。不单要说明发音的方法，还要练习纯熟，以至没有免强的境地。年长的学童，每每感到学习外国语音读的困难；我们利用了语音学的原理，以及国际音标，或他种语音学字母，自然能使困难化为容易，含混变为清晰了。

音读练习纯熟之后，就须解释各种语词的意义，解释时，最要紧的，应该用直接的方法。就是解释某种意义，须指出某种具体的事物；用眼前教室内各种物体的名称就根据所教的语言来构成短句或成语，使学童能引起直接的联想。要解释课本的内容，须利用

具体的事物和图画;我们切不可用本国语来解释外国语的意义。把外国语翻译为本国语,其弊有二点:第一,本国语的语词未必和外国语的语词个个都能吻合,用本国语解释外国语,当然要引起种种误会,而使外国语永远成为间接的联想习惯,且多不正确的联想。第二,学童只贪易畏难,不管其正确与否,总以本国语翻译外国语;除出利用本国语外,不能直接引起外国语的联想,于是外国语上的种种意义,很空漠无定;词类的增进,也就很不容易了。所以解释外国语的课本,须直接用具体的意义或用外国语上不同的语词或语句。这样就可以使学童引起直接的联想,而且引导学童常常应用已经学过的语词和语句,于养成语言的习惯上,实有绝大的效力。一种课本的内容,须用多次的解释,利用读写、问答、会话,种种方式,使该课意义完全和学童心理的习惯互相融化。第一课没有得到完全的融化,第二课就不应当教下去。

(四) 文法的说明和课本的选择

课本内教材的排列,并不一定要依照文法说明的系统;因为文法是抽象的条例,对于一种语言的了解和应用,并不十分需要。学习一种外国语,只是要使学习上易于了解,才需要文法的说明。课本内第一课里的新字和成语,可以和第二课里的相比较,逐课比较,自然而然得到形式变化等等许多范畴;这些范畴是由课本里许多实例归纳得来,教师只要简单的指明一下,或某种语词是合于某种规则,或某种语词是不合于某种规则,学生就很容易领会。所以文法的说明,不必要费了长的时间,反而使学童感到干燥无味;只是随时的指示,使他们领会课本的内容为止。总之:先使学童养成了一种表现的习惯,从这种习惯上再零星的说明一些抽象的条例,于是种种文法的关系就容易解释,容易领会了。文法的说明只

应用于课本内容归纳的解释。

要学习外国语自然对于外国的国民性和文化的特质，须有相当的了解；但是我们课本的内容，要循序渐进的；初学外国语的，课本的内容只能取它简单的意义；具有文学价值的教材，当然是不适用的。等到学习一二年之后，对于外国语认识的能力稍有增进，才可用伦理、艺术、文化等等的论文；总之，无论关于何种性质，不能超出他们了解语言的能力之外。大部分的时间，总要使学生完全得到一种语言表现的价值。我们要解释课本的内容，须根据教育的目的，并非是科学的目的；因为大部分的学生只要有应用语言的能力，最多也不过要靠此以窥见外国的文化；语词意义的研究，也不过训练智力的发展；并非要想研究外国语，而个个成为语言学者。语言的科学研究，和外国语的课程，实无甚关系；语言学是高等学校中专门的课程，而外国语的教学实在普通教育上所必具的，二者的性质完全不同。不过有时语言学上的原理，可以为辅助教学语言之用，也不妨在课本上偶尔灌输一点。总之：课本的选择，和语言的程度同时并进；初学者以简单的故事最为适宜；次之，可用叙述描写的文字；再进可用诗歌戏剧等等；末了，就应当采用文学上、政治上、文化上简单的论文，可以使它们进入专门学校里，和种种课程的讲读相涵接了。

语言学概论

自　序

语言只是我们日常所应用而形成的一种不自觉的习惯;科学发达的结果,也居然把语言划入它的范围,当做我们客观研究的对象;这是人类自觉进步的一个表征。人类自觉的进步,不但使我们能够认清自己的立场,而且可以增进我们实用上的便利,改善我们生活的习惯。近代语言学的成立和发达,也足以使我们明了人类社会和文化的实际,使我们对于语言的学习和应用,得到不少的便利,使我们对于国语和国际语的提倡,能够有确实的理智的认识。

我们中国,科学向来不很发达,过去对于语言虽然有许多的著述,终究未曾组织成为一种科学。因此,我们要研究中国的国语和各种方言自然必须有西洋语言学学理做个基础;我们要考明中国语的性质和历史,也必须先具有世界语言学的智识。通常以为语言学是一种专门的学术,和一般语文的应用,似乎没有关系;这实在是一种错误的见解。我们要学习国语和外国语,都须有语言学的智识,才能增进它的效率。现今提倡国际语的,为何要采取中国语的语法?这个我们也只得向语言学上寻求它的答案。

我这本书,是承中华书局之命而编撰的。恰好我在暨南大学讲授"语言学"一课,我一方面编撰,一方面讲授,同时又须兼顾了旁的许多课务,因之经过了一年,才始完成。因为限于时间和精力,未能博览许多参考书,即行着笔,自己总觉得不很满意,或竟内

中不免有漏误的地方。但是我对于这书的编撰,始终抱定一贯的宗旨,就是采取西洋语言学的学理,来说明中国语和各种外国语的现象。这个宗旨的实现,或许就是对国人提倡科学的一种工作,也可以说是人类自觉运动上的一点小小的努力罢!

例　　言

一、本书编著的目的，在使读者明了语言学内容的大概，以及世界上各种语言的性质，以为专门研究的准备，并为一切语言教学上之辅助。

二、本书可供大学或专科学校语言学课本及高中学生参考之用。

三、本书概论语言，不专重何种语言；所举语言的实例，除中国语外，自梵语、希腊语、拉丁语以至美洲语、非洲语、马来语等，均有引及，而尤以英语及德语、法语为多。

四、本书所录语音符号，以国际音标为主，不过各种语言上的拼音文字，凡是和实际发音无大差异的，还是录存它们原来的形式。

五、本书共分六章，每章内分二节或三节：

第一章叙述语言学的意义及其成立的由来。

第二章叙述语言的本质，起源及其在人类文化史上的关系。

第三章叙述语言的构成在生理上和心理上的基础。

第四章叙述世界各种语言的形式和组织。

第五章叙述世界语言的分类、系统及其演进的趋势。

第六章叙述语言演变的原则以及分化和融合的种种现象。

六、本书前后各章有互相关系处，则注明参看或详见某章节

等字样。

七、本书每节又分数段，每段的起首立一标题，以便省览。

八、本书所用语言学上专门名辞，务取其确当明了及不失西文的原意。书后附有二个索引表，以备读者查考。

九、本书各章末均附有习题数则，以为阅读时复习之用。

十、本书各章末均附有主要参考书目，以示本书取材的根据，并备读者参看。

一、语言学的概念

（一）语言学的性质和功用

语言学的对象 我们要说明语言学的性质和功用，自然须先知道这种学科所研究的对象是什么；所以开始就应该说一说语言的意义，泰勒氏（Tylor）所著的《人类学》（*Anthropology*）里，曾经下了一个语言的定义，为现今学术界所认为妥当的，他说："语言是用一些'有调节的音'（articulate sounds）来作为意义的表现。这些音是在习惯上分配于那些意义的。"所以语言具有外形和内容的两方面，外形的方面就是"语音"（speech-sound），内容的方面就是"意义"（meaning）；语音和意义的结合，就组成了"语词"（word）和语句（sentence）。语句是语言上表现一种完全的意义的；一种完全的意义往往包含有几个观念，而各用一种语音或语音的合体代表出来，这就是语词。所以语词和语句是语言的组织，由语音和意义两方面的结合而组成的。

语言又是代表民族社会的一种习惯，语音的形式，意义的内容以及语音和意义两方面怎样的结合，都是依据于民族社会的习惯的。各种民族和各个社会的习惯，彼此互有异同，因之各种语言里，语音的系统，语词的形式和语句的结构以及各个语词所包含的意义，也彼此互有异同。例如英语里有[θ][ð]的音，这是中国国语

里所没有的。中国国语里有[ŋ]的音，而且可以拼在语词的起首，英语也有这种音，可是不能拼在语词的起首。中国国语和法语都具有[ɲ]的音，这是英语里所没有的。中国语的语词各具有一个固定的音调，就是所谓“四声”；四声的分别是英语和法语所没有的。这些就是各种语言当中“语音系统”(sound or phonetic system)不同的现象，又如中国语上“兄”“弟”“姊”“妹”这四个语词的意义，英语上只用了“brother”“sister”这两个语词来代表，而马来语上又只用“sudara”这一个语词来代表。英语里说：“I go”(我去)，“I walk”(我走)，是有分别的，而在德语上只须说“ich gehe”，就包括了(我去)(我走)，两种意思。这些就是各种语言当中各个“语词意义”(word—meaning)彼此不同的现象。我们再拿英语和中国语来比较，英语上的语词，常常因各种用法而有许多形式的变化，同是一个[t‘a](他)，因性别关系，而有“he”“she”“it”三种形式；又因位格的不同，而有“he”“his”“him”等这些形式。英语上“true”(状词)、“truth”(名词)、“trust”(动词)这三个语词的用法绝不相同，而在中国语上只须用一个[sin](信)来代表。这些就是各种语言当中[语词形式](word-form)不同的现象。我们再拿日语和中国语来比较。日语的语句里，宾词放在动词之前，中国语的语句里，宾词总常在动词之后，这些就是各种语言当中“语句结构”(sentence-construction)彼此不同的现象。我们要推究语言上这种纷歧错杂的现象所以发生的原因，我们也只得归结于民族社会本身习惯的纷歧错杂。我们所称为语言学，就是考察和研究各种语言上关于语音系统、语词意义、语词形式、语句结构的种种现象的一种学科。

研究语言的方法和途径　据现今一般的统计，世界上各种民族所应用的语言，可以称为国语的，至少约有八百余种，而古代的“死语”，已经废弃不用的，尚不算在内；至于隶属于一种国语里的

方言，那更不可胜计了。语言的种类既然这样烦多，那末，我们究竟应该如何着手去研究呢？关于研究语言的方法和途径，加布楞士氏（Gabelenz）曾经把语言学分做三种：1. 各国语的研究；2. 系统的历史的研究；3. 一般的研究。现在一一说明如下：

各国语的研究就是专门考察一国语言的音韵、词类及语法等，以窥见这个国家的语言精神；例如中国的国语学、英语学、法语学等，可以称为“特殊语言学”（special linguistics）。但是一国的语言乃是由这个国家历代传习演变而成的；所以我们要考见某国的语言精神，我们必须追迹它的历史。又一国的国语并不是孤独的发展。和别国国语必定有种种关系；假使我们没有将它和别种语言来比较，我们就不能明了它的特性及发达的由来。所以各国语的研究必须要牵涉到系统的历史的研究。

所谓系统的历史的研究，就是应用“比较的方法”（comparative method），依据多种语言的语根、语法等，并且参考其他历史的事实，以考明它们彼此间的关系，以及演化的系统。无论那一国的国语，假使要追迹它历史上发展的由来，我们势必要溯到往古的某个时代，从此寻出它和别国国语的关系，或者更寻出它们共同的“母语”（mother language）；它们就是从这种母语上演化而来的。所以系统的历史的研究，并不是单独一国国语的研究。必须将多种语言互相比较，以考见它们演化的系统。应用这种方法研究的，叫做“比较语言学”（comparative linguistics）。结果可以汇集多种有关系的语言，考出它们共同的母语，而合成为一大“语族”（language-family）。例如英语和德语等同属于日耳曼语，而日耳曼语又是和希腊语、拉丁语、印度伊兰语等同属于印度日耳曼语；凡是属于印度日耳曼这语族里的各种语言，都是从印度日耳曼这种母语上演化而来的。这样看来，我们应用比较的方法，可以考见世界上各种语言演化的历史，可以明了世界上各种语言所隶属的系统。

我们再将以上这两种研究的结果，进而考察语言本身的起源和性质，语言构成的基础，语言组织的种类以及世界上各种语言演化的共通的原则，那就是一般的研究了。

语言学上的问题　一般的研究就是"一般语言学"(general linguistics)，或称为"语言的科学"(science of language or linguistic science)。内中所研究的，并非关于某种或某几种语言的特殊的事实，而是类集特殊的事实，认明它们的因果关系，以推求语言现象上普遍的原则，所以特殊语言学和比较语言学将一种或多种语言，分别考察语言上的现象，都是属于分析的研究；至于一般语言学将分析研究的结果，归纳为几种原理来说明，乃是属于综合的研究。一般语言学上所包含的问题，大致可以举出下列的几种：

1. 人类何以用语言为表现意旨的一种工具？语言和文字有怎样的关系？和民族社会有怎样的关系？语言是怎样发展起来的？这些是关于语言本质和起源的问题。

2. 语言上所用的音，所代表的意义，是怎样发生的？语词和语句是怎样组成的？这些是关于语言构成的问题。

3. 语词的形式可以分成哪几种？语句的结构有哪几种不同的方式？语词在语句上的功用可以有哪几种方法表示出来？这些是关于语言组织的问题。

4. 世界上各种语言，应该怎样的分类？可以分做哪几类？又哪一类的语言，可以认为是最进步的呢？这些是关于语言分类和系统的问题。

5. 语言是怎样演变的？演变的原因何在？为何一种语言会分化成为几种？为何几种语言会融合成为一种？这些是关于语言演变的问题。

上列这几种问题自然须要考察世界上各种语言的现象才可以

研究的，须要把分析研究的结果综合起来，才可以得到解决的方案。所以综合的研究必须在分析的研究之后；一般语言学的成立和进步，必定是特殊语言学和比较语言学发达以后的事。不过在我们现今研究的程序上，却必须对于语言科学普通的原理先有个基本的观念，再才可以从事各种语言学专门的研究。所以我们修习一般语言学，也是为将来研究特殊语言学和比较语言学的准备。

语言学的效用　我们如果要对于语言本身上某个问题作精深的探讨，或者对于一种语言或多种语言作缜密的考察，我们必须先懂得一般语言学上普通的原则，才可以着手。例如对于中国语，我们要审察它所具有的特性，追述它演变的历史，考明它和东亚各国语的关系，我们必须先具有普通语言学的基本智识。又如我们要学习一种外国语，也必须对于一般语言的构成、组织等，有了普遍的观念，于是就可以拿本国语上的现象来和外国语相比较，在学习的过程上也就便利得多了。又如我们要了解一种古代的语言，假使已经懂得一些普通语言上演变的原理，就可以知道古代语和现代语为何这样的不同，而古代语的内容也自然而然容易明了了。所以一般语言学，实在是我们一切语言教学上必需具备的一种智识。其次如史学、文学、考古学、社会学、人种学、人类学等等，凡是和各种语言的研究直接或间接有关系的学科，都应该以一般语言学的智识做个基础。

（二）语言学成立的由来

往古关于语言的研究　语言学的成立，是在十九世纪以后。因为我们上面说过，语言的科学必定要等到各种语言个别的或比较的研究发达之后，才正式产生的。而这种分析的研究，在古代文

明发达的国家，都已经具有萌芽；所以语言学的来源，却是很久远的。大都最初研究语言的动机，是因为要了解一种远古流传下来而具有宗教上或艺术上价值的文书；因为那种文书里所代表的语言已经和当时人的“口语”发生变异，他们要想了解它的内容，自然去寻求语法的规则。例如西元前第四世纪时巴尼尼（Pānini）著有梵文典，西元前第二世纪时，色雷斯（Dionysios Thrax）著有希腊文典，西元二世纪时，多那忒（Donatus）著有拉丁文典，他们的目的，都是在诵读古代的经典。又如犹太人因为要研究《旧约全书》而编纂希伯来文典，阿拉伯人要研究《可兰经》而编纂阿拉伯文典，那时语言的研究，当做诵读经典的一种工具，所以语言学原来只是“文献学”的一个附庸；这种情形正和中国人研究字书训诂以诵读古经的很相类似。近代欧洲人还是有很多沿守从前的习惯，称语言学为“Philology”（文献学）。“Philology”这个语词原于希腊语的“philologos”含有“爱思辨”“求道”的意义，凡是对于往古流传文学思想的研究都可以概括在内，和现今“语言学”（linguistics）的意义大不相同。

当古代的时候，语言学和文献学实在彼此不能分离的。那时除了分析古书上的语法以外，还有解释词义和探寻语根的，也有讨论到语言本身的性质和起源这些问题的，大都因为缺乏科学的方法和比较的资料，当然得不到确实的答案。到了中世纪时，拉丁古文和当时流行的口语益趋分歧，拉丁的古典文学不但为欧洲北部日耳曼民族诸国所不能了解，即南部拉丁民族诸国也不能通晓。于是他们深切的需要拉丁文的研究，他们要想窥探古典的文学，必须诵读拉丁古文。这种风气渐渐的普遍于欧洲，理论的语法认为是学习古语必由的途径；一般学子必须能够背诵全部拉丁文典的内容之后，才得允许诵读古代的文学。这种教授的方法应用于现代语上，就是为后来欧美各国学校里教习语法一门的始基。总之，

近世纪以前科学的思想未曾发达，语言的研究既然认为文献学的一种工具又不能运用精密的方法，又没有其他科学智识的辅助；即偶然知道比较的研究，而范围总是很狭隘的，所以未能建立为一种语言的科学。

近世建立语言学的经过 到了近世，梵语（Sanskrit）输入了欧洲之后，语言学的研究就很迅速的发达起来，因为自从近世纪初年，世界上的交通渐渐的发展，欧洲人往来于印度的也渐渐的增多，并且吸受印度古代的文化。他们把梵语和欧洲各种语言来比较，就产生印度欧洲的比较语言学。创始者为英人琼斯（William Jones），于一七九六年著有《梵语与欧语之关系》一文，列举梵语和希腊语拉丁语的语根，语法很多类似的地方，以证明这三种语言是同出于一源的。从此研究梵语和印欧比较语言学的风采，一天一天盛起来。德人希勒格（Friedrich Schlegel）更说梵语、希腊语、拉丁语和波斯语以及德语等都有直接的关系，并且说明世界上语言组织所以分出种种的原因，正是由于它们本源的不同。到了十九世纪波普（Franz Bopp）、格黎牧（Jacob Grimm）、勒斯克（Rasmus Rask）三人出世，印欧比较语言学就完全成立了。

原来梵文在印度本地的情形，正像拉丁文之在欧洲，同为一般青年诵读古代文献的必需的工具，不过在印度地方，因为要保持数千年前经典上原来的音读形式，对于拼音学理和语词组织的研究特别发达。这种学识早已随着佛教的传播输入于中国，促进了中国音韵和文典的研究，可是没有其他科学的辅助，不能正式产生语音和语言的科学。到了近世的欧洲，梵文拼音学理得到生理学等等的辅助，就成立西洋的“语音学”（phonetics）；又应用历史的方法，追迹各个语词组织和演化的由来，就成立西洋的“语源学”（etymology）。语音学和语源学的研究是和比较语言学并行相辅而发展的。波普氏著有《印欧语比较》一书，出版于一八一六年；这

书里以梵语为中心，说明印度日耳曼族各种语言是同出于一种母语，原为住居某地的一种民族，分散于各地，于是演化而成印度波斯和欧洲各国的语言。波普后来又著《比较语法》一书，将印度欧洲各种语言里语词形式的转变，详细比较以表明它们各种语法关系演成的由来。这种研究又经过玻特(August Friedrich Pott)，司奈嚇(August Schleicher)诸人的修整和推衍，印欧比较语言学的基础就从此确定了。一八一九年，格黎牧氏所著《日耳曼语法》，又应用历史和比较的方法，说明印欧语族当中日耳曼一系里各种语言演变的现象，从语音方面观察日耳曼语系和其他印欧各种语系变异的由来，制定一些"语音法则"(phonetic laws)，就是著名的"格黎牧法则"(Grimm's laws)。依照格黎牧这种方法，第次(C. F. Diez)、崔斯(J. K. Zeuss)、密克罗稷赤(Franz von Miklosich)又分别来研究拉丁语系、克勒特语系、斯拉夫语系里各种语言的演变情形。勒斯克氏又扩大研究的范围，除印度日耳曼语族之外，又研究芬兰语等，一方面更探讨原始时代的语言。

波普、格黎牧、勒斯克等大都偏重比较语言学，到了洪保德(Wilhelm von Humboldt)更从比较的研究进到语言哲学方面。他综合世界各种语言上的现象，申说语言组织纷歧的由来以及对于精神发展上的影响。然后语言学界就发生两种趋向，其一，个别研究和比较研究的范围推广到了全世界，分别考察西亚、东亚、北亚古今的语言，并及于南洋、美洲、非洲各处土人的语言。其二，根据这种分析研究的结果，又参合其他科学的智识，综成为一种语言的科学。例如斯泰因塔尔(H. Steinthol)根据心理学来解释语言的构成，米勒(Max Müller)根据社会学来观察语言的性质和内容，辉特尼(W. D. Whitney)根据历史学和生物学来说明语言演变的现象。我们因此可以知道十九世纪后半期一般语言学正式产生的原因：一方面固然由于语言分析研究发达的结果；另一方面又因

为其他各种科学同时并进，语言学的成立也很多得它们的辅助。到了最近，科学的进步，既然有一日千里的趋势，语言学上也时时有新异的发现。

语言学的基本科学　一般语言学的成立，既然由于其他许多科学的辅助，所以我们要研究语言学上的各种问题，必须具备这许多科学的基本智识。语言是民族社会所主有的，是人类文化进步以后才产生而发达起来的；所以我们要研究语言的本质和起源，必须具有人类学和社会学的智识。人类有了发音的本能，有了知觉和情感，因之构成了语言上种种语词和语句；所以我们要研究语言是怎样构成的，也必须具有语音学和心理学的智识。语音的系统语词的形式和意义以及语句的结构是随着各种民族社会而变迁而纷歧的；因民族社会本身的变迁和纷歧，演成了世界上各种不同的语言，所以我们对于语言的组织和分类问题，除了语法上语源上等等的研究以外还须具备人种学、社会学和史学的智识。语言的生长和消灭，语言的分化和融合都可以分做语音、意义和组织三方面来观察，或者由于民族社会本身的原因，或者由于人类发音上和心理上一般的趋势；所以我们要研究语言的演变，也须具有语音学、心理学、社会学和史学的智识。我们因此可以知道语言的科学，不但是综合世界上各种语言个别研究和比较研究的结果而成，并且有其他许多科学做了它的基础，才建树起来的。

问题

1. 语言的研究，依其途径和方法的不同，可以分做哪几种？
2. 一般语言学上所包含的问题，试约举说明之。
3. 略述西洋近代语言学史。
4. 语言学和其他科学有何关系？

参考书

1. F. Max Müller：*Lectures on the Science of Language*.

2. W. D. Whitney：*The Life and Growth of Language*, chap. I. XV.

3. H. Sweet：*The History of Language*, chap. I.

4. T. G. Tucker：*Natural History of Language*, chap. I.

5. E. Sapir：*Language*, chap. I.

6. O. Jesperson：*Language*, *Its Nature Development and Origin*, *Book I*, *The Philosophy of Gramman*, chap. I.

7. W. M. Thoma：*Language in the Making*, chap. I.

8. L. Bloomfield：*The Study of Language*, chap. IX.X.

9. 小林英夫译：《语言学原论》。

10. 雷通群译：《语言学大纲》,第一章。

11. 沈步洲：《语言学概论》,第一章,第二章,第三章。

12. 张世禄：《语言学原理》,第一章。

二、语言的本质和起源

（一）人类的表现运动

表现运动的种类　我们知道语言是用语音来表现意义的，语言只是人类的“表现运动”（expressive movements）所演化而成。所以我们要解答：语言是怎样产生的？怎样发展起来的？我们当然须先说明表现运动的意义和种类。凡属于动物界，心理上受了一种激刺，在生理上总要随着起了一种运动；这些生理上的运动，许多是具有表现的效用的。所以表现运动为动物界所共有，不是人类所独具的。据现今研究的结果，一切心理上的程序，都离不了情感的成分；表现运动也都和情感的作用有直接相伴的关系。下等动物的表现运动，大都专门用来显示热烈的情感。而人类和比较高等的动物，即使情感不很热烈的时候，生理上却也自然有某种的显现，而且可以分别来表示情感的性质。最显著的，就是面部的表现。面部上肌肉的运动，大概和舌头上的味觉有直接的关系，例如尝了“甜”的味道，舌尖的部分就有一种前进的运动，面部的肌肉，也发生一种“微笑”的状态。尝了“苦”的味道，舌根的部分就有一种后退的趋向，面部的肌肉，也发生一种“哭泣”的状态。这些反应的现象已经成了天性的遗传，认为是生理上的反射作用。不过人类能够扩大它们的应用，凡是经验上情感的性质相同或类似的，

就用相同或类似的运动显示出来，例如用甜味的微笑的状态来表示“喜乐”，用苦味的哭泣的状态来表示“悲苦”等等。

表现运动，除了纯粹情感的表现以外，还有许多是显示知觉的内容的。因为心理上无论哪种经验，除了情感的成分以外，还有许多知觉上的映像，或者是从外界感觉得来的，或者完全是内部的想像。表现这种知觉的内容，在生理上最显著的部分就是四肢的运动。例如用手指示外界的实物，或者心中所注意的事物，这种可以叫做“指示的”运动（deictic movements），指示的表现运动比较简单，往往为其他高等的动物所具有的。另外还有一种比较复杂的，叫做“模仿的”运动（imitative movements），就是用四肢或他种的动作来代表某种事物或者描摹事物的状态。原来“模仿”（imitation）这个语词所包含的意义是很广泛的，凡是一群动物具有同样的行动，以及彼此间因相互引起同情而具有同样的表现，都可以说是由于模仿的作用。不过这一类的模仿作用，大部分是出于天性的遗传，往往为无意的举动。至于我们所谓模仿的表现运动，乃是有意的用来显示知觉的内容。凡是感觉上所得来的映像，或者内心上所引起的想像，我们想把它们显示或代表出来，就用四肢等依样的做出种种的形状或动作。例如要表明“方”“圆”“曲”“直”等等的形状，我们就做出种种不同的手势等等来显示或代表这种模仿的表现运动，在人类特别的发达，并不是天性的遗传，而是随着理智的发展逐渐养成的；所以知觉的内容愈丰富，这种模仿的运动就愈复杂。人类语言的产生和发展，就是从这种复杂的表现运动当中演化而来。

身势语的演化　从面部和四肢等各种的表现运动，直接就演化成为一种“身势语”（gesture-language）。大概人类语言未曾发达的时候，是用这种身势语当做交通的工具的；现今美洲印第安土人的某些部落，日本地方某些下级的民族以及通常聋哑的人未曾

受过教育的，还是通行这种身势语。我们这里有一点很可以注意的，就是人类所用的身势语，并不像语言那样的纷歧错杂，而颇有普遍一致的现象。因为身势语直接从生理上自然的表现运动演化而来，并不是依据于民族社会的习惯的。至于特别制定的种种手势表现的方式，如“聋哑的字母”（deaf-and-dumb alphabet）之类，虽然也可以说是属于身势语的一类，但是人工制定用来代表语言或文字，并非直接的表现意义，和真正的身势语切不可相混，真正的所谓身势语，乃是语言未曾发达或不能应用语言的时候，由生理上自然的表现运动演化而成为一种交通的工具，根据指示的运动所构成的，就是指示的身势，只是用来表明“我”“你”或“此处”“彼处”，“这个”“那个”一类相对的关系，变化比较的简单。至于根据模仿的运动所构成的身势，应用很广，变化也很繁，我们可以总称为“描摹的”身势（depicting gestures），描摹的身势大致又可以分做下列三类来说明：

1.“表样的”身势（representative gestures），是三类当中最简单的，和原始的模仿运动相差不远。这种身势把事物的样式描摹出来或者是采取“描绘式的”（graphic），例如要表明一座房屋，就把屋顶和墙壁的轮廓线在空中描绘一下。或者是采取“塑型式的”（plastic），例如要表明“睡眠”的状态，就把两眼闭合，头部斜倾一面做出睡眠的姿势；又如把拇指和食指联接起来构成一个环圆的形状，用来表示“钱币”等。

2.“提示的”身势（suggestive gestures），并不是描摹事物的全体，而只描摹它的一部或和它相伴而起的一种情状，因此可以联想到它的全体。例如在颔部的下面描绘一挂胡子的轮廓，用来表明“山羊”；又如两指做出拿食物的样子放进开张的口里，用来表明“饥饿”。

3.“标记的”身势（symbolic gestures），是最复杂的，完全依据

于心理上联想的程序把表明别种事物的身势来作这种事物的标记;所以这种身势的效用,并不是直接的描摹,而是象征的记号。例如利用空间上指示的身势来表明时间的关系:指向后面的,用来表明“过去”;指向前面的,用来表明“将来”。又如原来描摹饥饿的,而用来表明“愿望”;举起鼻孔,原来所以提示恶臭的,而用来表明“憎恨”。

上列三种手势,指示的和表样的身势是显然容易了解的,提示的和标记的身势比较不容易了解;因为前两者是直接依据于自然的表现运动。而后两者乃是间接从自然的表现运动转变而成的。从直接显明的身势转变而为提示的和标记的身势,正是心理上一种联想程序的进行。凡是经验当中的事物,它们显著的现象认为是相同或类似的,就用相同或类似的形式表现出来,这种联想的作用,在身势语上,也和通常语言上的情形一样,可以使内容的意义不知不觉间发生一种转变。但是,身势语上这种转变的范围终究是有限的。因为身势语既然直接根据于自然的表现运动演化而成的,各种表现的形式须要和实际经验的事物常有直接的关系,不像语言上那样可以任意转变的。语言上语音和意义的关系,只是间接的假托的,可以随着民族社会的习惯演变无穷(详见本文的四(一)、六(一))。因此通常的语言总是纷歧错杂的,而人类所用的身势语却很有普遍一致的情形。所以身势语上直接显明的——指示的和表样的身势——常占据了大部分,而提示的和标记的身势很不容易发展,数量也不很多,这是因为身势语的本性,须要切实和生理上自然的表现运动相接近的缘故。

绘画语和文字的萌芽 身势语还有一种缺点,它的传达作用只限于一时一地的,没有保存性;它的效力当然不能及于异时异地的人。要补救这种缺点,自然曾发生了一种“绘画语”(picture-language)或和绘画相类的许多表现工具——如建筑、雕刻、编织

等——就是利用某种可以保存的材料,把要表现的事物从生理上自然的运动移转到了这种材料上面。绘画在人类文化萌芽的时期,已经很发达了;我们从石器时代所留下的许多壁画和雕象上,可以窥见当时技术精巧的一斑。现代美洲澳洲和南非洲有些土人还是应用绘画当做记录和传达的工具。我们可以知道绘画在初民的人群当中,效用实在很大,并非单为美术上的装饰,除了图腾的记号和日常传示的应用以外,还当做历史的记载。所以人类的文字是由绘画演化而成,世界上古代各国的文字,都是起源于图画的。从埃及、巴比伦、克利地、墨西哥以及中国古代所遗留的文字上看来,原始的文字和图画几乎是不能区分的;即在中国现行的文字当中,也还脱离不了绘画的成分。我们从各国文字的演变史上,可以得到一个公例:凡是愈古的文字,愈接近于图画,而愈有普遍一致的情形。中国古代象形文字的形体和埃及、巴比伦、克利地的几乎大部分完全相同,而且不必要明了语言上的音读,就可以直接从形体上得到它们显豁的意义。这是因为绘画语的记录传示作用,和身势语的演化有直接的关系,绘画当中的形体不但和表样的身势有并行发展的趋势,即标记的身势也常常移用于绘画语上;我们看图画当中有时也参杂了许多象征的符号,这种正是利用简单的笔画来代表抽象的意义。

但是绘画语的本性始终和身势语的演化是并行的,也要和生理上自然的表现运动相接近的。身势语上既然是直接显明的占据了大部分,那末,绘画语上提示的和标语的效用,自然也不容易发展。绘画语的表现形式,也要和实际的经验常相关联,不像语言那样可以任意转变的。绘画上的形体和意义的关系,也是直接的、具体显明的,并非间接的、假托的,不能随着民族社会的习惯演变无穷。所以古代文字接近于绘画的,很有普遍一致的情形。可是正因为绘画的形式须要和实际经验的事物直接关联,表现意义的范

围自然不能任意的扩大，而复杂的绘画反而对于意义的表现不容易正确。所以文字的演进不能不脱离绘画的成分而和语言结合；正式文字的产生，也必须等待语言发达之后。

（二）语言发达的由来

语音表现的效用 身势语和绘画语的应用在人类社会上之所以没有发展，而必须有语言的产生，这是因为语音的表现方法，有许多的便利：

第一，人类语音机关的组织是很精巧很灵便的；发言者不必费了多大的气力，而自然能够得到明晰正确的效果。至于身势上的变化比较的迟笨，用力多而效力少；绘画的应用更须有相当的材料和技术，当然没有语音表现的那样便利。

第二，身势和绘画的表现都是诉之于视觉的，语音的表现乃是诉之于听觉的。视觉的效力只能及于当前的一面，听觉的效力却能及于前后左右的各方；又前面有障碍物或在黑暗当中的时候，视觉就失了它的效用。所以在听受者方面身势和绘画使人感受的力量当然不及语音的广大。

第三，我们说过，身势语和绘画语的表现形式须要和实际经验的事物有直接的关联，通常语言上语音和意义的关系，却只是假托的，并非固定的。所以身势和绘画宜于表示空间上具体浅显的事物，而不宜于代表高深抽象的意义。至于语音对于意义既然只是一种假定的符号，随我们人类任意使用的；因之语言表现的范围可以无限的广大，不论那种意义，都可以用语音代表出来。

语音的表现方法既然有这许多的优点，人类的语言自然会根据着发音的本能发展起来。其他的动物有许多也具有这种发音的本能，例如虫类、鸟类以及兽类；而且大部分都是随着表现运动显

现出来的。动物所发出来的音,可以分做两类:一类是纯粹的"噪音"(noise)或者和乐音混合的噪音;一类是纯粹的"乐音"(voice)。它们因为发音机关的组织各有特殊的情形,在发音上也就各有特殊的发展。例如鸟类的声带生长在气管的底部,所发出的几乎全为乐音,又经过长气管的共鸣,因之有些鸟类的鸣声好像奏乐的一般。兽类口腔鼻腔的组织比较的复杂,所以又能够发出几种噪音。各种动物的发音,原始只是感受了急剧的刺激,因全身筋肉的收缩,影响于喉头的声带和口鼻的各部,自然而然发出种种乐音和噪音,所以它们的发音大都还是专为表示各种的情感。人类语音机关上的各种动作,原来也是随伴着生理上自然的表现运动而发生的,后来渐渐觉得语音表现的效用特别显著,于是单用语音来做一切意义的符号,就发展成为语言。

关于语言起源的研究 人类的发音原来只是受了各种刺激,因之发生的一种筋肉运动。新生的婴孩因情感的激烈与否,自然而发出各种不同的叫声,这是生理上所具有的本能,从先天遗传得来的。儿童渐渐的长大,口腔和鼻腔各部的调节作用也渐渐发展起来,而能够模仿别人的发音和语言。这种模仿作用,常常得到各种身势的辅助,因此知道某种语音是用来表明某种的意义,就渐渐养成了语言的习惯。儿童最初模仿发音当然是不能正确的,例如[t]和[k][f]和[θ]之类常常混乱不分,又对于某个语词所认定的意义也往往发生错误,必定要经过家庭社会间不绝的传习和矫正,才能够有正确的语言,才能够和社会上固有的语言习惯相融合。我们从儿童语言的发展上研究,就可以知道语言是在社会上逐渐发展起来的;某个儿童要是单独的生长——假使事实上可能的话——没有经过社会的陶冶,那末,他应当仍旧只具有生理上各种自然的叫声,不能发展成为语言。人类最初语言的产生,也是由生理上自然的表现运动,依据社会的进步逐渐演化成功的。

关于语言起源的问题，古代有“神授说”（theory of divine）和“人造说”（theory of artificial）的两种解答。神授说以为语言是由天神直接传给人类的，人造说以为最初的人类本来没有语言，以后出了一个聪明才智的人，发明了语言而传授给别人。这两种说法，自从科学发达之后，就没有讨论的价值了。至于“摹声说”（theory of onomatopoeia）和“叹词说”（theory of interiection）两种解答，似乎各具有一方面的理由。

摹声说为古代斯多噶派（Stoics）和十八世纪时赫特尔（Herder）所主张，所以又称为赫特尔氏说（Herder's theory）。这种学说主张语言上各种语词是起源于自然音的模仿；因为人类观察事物，最足以引起注意的，是它们表现出来的声音，就模仿它们的声音来作为事物的名称。张行孚《说文发疑》里有一段说“字音每象物音”，可以为中国主张摹声说的代表；张氏说：

> 古人造字之始，既以字形象物之形，即以字音象物之声。如牛字象牛之形，而牛字音即与牛鸣相似；羊字象羊之形，而羊字音即与羊鸣相似。……若夫形声会意之字，虽字形不象物形，而字音亦有象物之声者。如鸡字从隹，奚声；而鸡字音则与鸡鸣相似。鹊字从鸟，昔声；而鹊字音则与鹊鸣相似。……此等字音，真天地之元音，无论何时何地，皆一成不易。

摹声音语词尤以鸟类的名称为最显著，如中国语上的“即足者谓之雀，亚亚者谓之鸦，岸岸者谓之雁”；英语上的“Cuckoo”（杜鹃），“bob-white”（鹑），“whip-poor-will”（鸱）等等。摹声说固然可以用来解释一部分语词成立的理由，但是并不足以赅括语言的全体。如英语上的“red-breast”（红胸鹬），“mocking-bird”（效鸣雀），“blue-bird”（青鸟）等等，只是描写它们的状貌，并非摹取它们的声

音，而且事物无声可摹的，实在很多。我们认定语言上语音的和意义的关系并非直接的、固定的，语音和意义两方面都要随着民族社会的习惯起了纷歧错杂的现象；因之同是一种事物，各民族社会间即使同是采取摹声的方法，而摹取的结果并不定是普遍一致的。所谓"无论何时何地，皆一成不易"，这句话总是不合于语言实际的情形；所以摹声起源说只可以用来说明少数语词成立的起因，而不足以解释语言本身的性质和语言产生的由来。

叹词说为古代伊壁鸠鲁派（Epicureans）和十八世纪时卢骚（Rousseau）所主张，以为语言的起源由于纯粹表现情感的叹词；原始人类理智未曾发达，情感作用最丰富，凡是精神上受了刺激，生理上就起了反应，用语音表现出来，就是恐惧、快乐、警告、呼召、叹息等的声音。所以原始的人类，应用叹词最多；由叹词逐渐发展，才成立他种语词，刘师培《正名隅论》（载《国粹学报》）里有一段话，也可以为中国主张叹词起源说的代表；刘氏说：

> 喜、怒、哀、惧、爱、恶，古人称为六情。而喜字之音，即象嘻笑之声；怒字之音，即象盛怒之声，哀字之音，即象悲痛之声；惧字之音，即象诧怪之声；人当适意之时，以笑代言；其音近爱；人当拂意之顷，发音自叹，其声近恶。……盖人意所制之音，即唇舌口气所出之音也；音蓄于中，赖唇舌口气为之达。昔《乐记》有言："凡音之起，由人心生焉"；又曰："感于物而动，而形于声。"

叹词起源说固然很有事实的根据，但是表明纯粹情感作用的叹词，为何会发展成为其他表示知觉内容的种种语词？对于这个问题，仍旧没有确切圆满的解答。而且语词的成立，假使纯粹出于生理上自然的反应，那末，人类语言应当和动物界的发音，如犬吠、狮

吼、鸦噪、鸡啼的一般形式，全世界都是普遍一致的了，为何会有纷歧错杂的情形呢？我们认定语言的成立，并不是先天的遗传，而是后天的发展，动物界的各种发音，正是因为完全出于生理上自然的反应；所发的音，和实际的经验有直接的固定的关联，并非像通常语言上那样间接的，假托的。所以叹词起源说也不足以解释语言本身的性质和它产生的由来。

章炳麟《语言缘起说》以为人类对于实际经验上的事物所感受的，有顺适的和违异的两种，因之分别产生种种的名称。他说：

> 物之得名，大都由于触受。触受之噩异者，动荡视听，眩惑荧魄，则必与之特异之名。其无所噩异者，不与特名，以发声之语命之。……施于兽类者，形性绝异，则与之特异之名，形性相似，则与之发声之名。施于人类者，种类绝异，则与之特异之名，种类相似，则与之发声之名。以此见言语之分，由触受顺违而起也。

中国往时所谓“发声词”，大部分就是叹词和助词；章氏这种说法固然和叹词起源说的意见不同，不过他仍旧主张各种语词的成立，由于情感的触发，而且以为语音和意义的关系，似乎是直接的，固定的。我们从事实上观察，所谓触受的顺违，完全是民族社会的主观作用，又所谓发声词的形式也是各种语言上不同的，并无普遍一致的现象。总之，以某种语音代表某种事物，纯是民族社会习惯上所假定的；章氏的理论，虽然比较叹词说的主张，具有深进的见解，可是对于语言根本的观念，都不免有同样的错误。

现今对于语言起源问题的解答，以“身势进化说”最为一般人所信认。原来生理上自然的表现运动是动物界一切表现形式的基础，身势语和通常的语言都是从表现运动演化而成的。不过身势

语上指示的和描摹的两种，它们和生理上自然的表现运动并没有什么显然的区别，因为身势语是从表现运动直接演化而成的。通常的语言乃是用语音作为表现的形式，所发的音并非生理上运动的本身，而只是一种运动的结果。我们说过，动物界受了刺激，筋肉上发生了一种运动，影响于发音机关，自然发出各种音来；所以人类的发音，原来也是随伴生理上的表现运动而产生的，并非直接用来显示实际的经验。例如“微笑”和“哭泣”的状态，是身势的表现，而随伴微笑和哭泣的运动所产生的“微笑声”和“哭泣声”，原来并非直接用以显示“喜乐”和“悲苦”的情感，而只是筋肉运动的一种结果。但是发音既然和身势的表现有联带的关系，于是所发的音，在效用上也可以作为一种显示。例如微笑声和哭泣声也可以作为喜乐和悲苦的一种显示。我们又说过，语音的表现方法有许多的便利，人类的发音，既然可以从身势的表现而和实际的经验发生联想的关系，语音的应用就渐渐占据了重要的地位。最后，语音脱离了身势的表现，独立演成为一种表现的形式。这种形式对于意义的表现，可以自由的发展；因为语音的表现，不像身势语上的形式和实际经验的事物有直接的关联，语音和意义的关系，只是间接的假托的。身势语上提示的和标记的两种不容易发展；通常语言上，意义转变的范围，依据联想程序的进行，可以无限的扩大。所以语音表现的形式，完全成为一种假定的记号在本性上，可以随着民族社会的习惯任意的转变和使用。因之语音的表现可以依据人类智力的进步无限的发展，语言就成为我们日常交通的一种主要工具，而身势的表现反居于附从的地位。这样看来，我们根据语言本身的性质上立论，语言的成立，并非由于自然音的模仿，也不是由于生理上自然的反应，只是从人类表现运动上演变进化而产生的，语言本来是随附于身势表现的自然发音，逐渐演化而为民族社会上一种主要的交通工具。

语言文字与民族社会的关系　语言上语音和意义既然没有直接的固定的关联，以何种语音代表何种意义，完全是民族社会上任意选择的结果，所以无论那种语言的组织，能够和实际经验上的事物发生联想作用的，只是一种"任意的价值"(arbitrary value)。这种任意的价值，是由民族社会习惯上所假定的，发言者发出某种语音以代表某种意义，听受者也同具有联想的习惯，听到这种语音就联想到了这种意义。这种联想的习惯，可以说是民族社会里的一种成约，发言者和听受者的两方面，都已经具有共同的联想习惯，遵守了这种成约，所以能够发生传达的效用。民族社会是语言的集团，各个集团的划分，是根据于语言上联想习惯的区别，就是语言组织所具有的价值，彼此任意的假定而形成不同的习惯。因为以何种语音代表何种意义，各个集团当中可以任意的假定，联想的习惯也可以任意的更改，所以语言不是固定不移的东西，而是随时随地要起变化的。我们看各种语言的现象，一方面正在纷歧和变异的进行，一方面又是彼此不绝的交流和融合，这种正可以见得语言流动性的特别显著。但是我们应该知道，语言的变化是民族社会习惯的移动，是整个集团全体的进行。并非各个人或少数人所能创造和改进。各个人或少数人要想对于语言习惯的创造和改进，仍须得到民族社会大多数人的承认和引用，才能够成立；而一经民族社会的承认和引用，便成为整个集团所公有，非属于各个人或少数人的专利品了。因之各个人对于语言的变化，总是处于不自觉的地位，总是依附于民族社会的全体，共同的移动(详见本文的六(一))。不过语言习惯的形成，语言生命的持续，也全靠民族社会上各个人间彼此的互相传习，互相仿效。各个人的习惯之所以能够和大多数人的相融合，正是由于彼此间的模仿作用；语言的变化，也就是在模仿传习当中进行的。我们说过，儿童本来没有语言的习惯，必须经过了家庭和社会的陶冶，仿效了别人的语言，才

能够接受现有的文化,才能够成为民族社会当中的分子。至于鸟兽一类的动物,也有发音的本能,有时也能够模仿人类的语言,可是它们只能自己循环应用,不能够在同类当中,互相传习,互相仿效,所以终究不能发展成为一种语言的习惯,不能自己成为一种语言的集团。人类和鸟兽等,因生理上自然的反应所发出的音,虽然和通常的语言没有绝对的界限,但是自然的发音既然不是属于民族社会的习惯,就不能认为正式的语言。语言是生长在民族社会的文化当中,是随着人类智力的进步而发展的,也可以说是人类文化生活的一种成分,所以说"人为语言的动物"("man is a speaking animal")。

但是,语言也和身势的表现一样没有保存性,传达的效力只能及于一时一地;要想把语言传达于异时异地,自然须要和绘画语结合成为文字,以作记录语言的工具。我们说过,文字是起源于图画的,太古的文字和绘画几乎没有什么区别。可是文字毕竟是代表语言的,加布楞士氏区分绘画和文字,在书写的形体有没有音读;纯粹的图画,本身是没有一定的音读的。大概语言发达之后,看到某种绘画的形象就联想到语言上所代表的某种意义,于是用语音来诵读绘画,同时纯粹的绘画也就变为一种"图画文字"(pictograph)了。古代各个民族社会上所应用的图画文字,很有普遍一致的情形,而不能认为是绘画语,正因为各个民族社会间所认定的音读,彼此不同的缘故。书写的形体和语言一经结合也就可以随着民族社会的习惯任意的发展。绘画的原形,尽管渐渐的丧失,而和语言的关系,反愈加密切;甚至字义可以转变,字形可以借用,总不失为代表语言上意义的记号。于是图画文字一变而为"表意文字"(ideograph)了;中国现行文字,可以为表意文字这一类的代表。表意文字大抵用各个字体来表示语言上的语词,再进而分析各个语词音读的组织,将分析的结果,各用字体来表示,就

成为拼音的“字母”(alphabets)。如印度梵文字母、日本的假名,是用字体来代表“音缀”(syllables)的,希腊拉丁字母,是用字体来代表“音素”(sound elements)的。于是由表意文字再变而为“标音文字”(phonograph)了。我们看世界各国文字演进的趋势,都是由图画文字演变到表意文字,再进为标音文字:埃及的象形文字演变为腓尼基字母以及欧洲各国的字母;巴比伦的楔形文字演变为波斯字母以及梵文字母;中国文字流而为日本的假名,以及现今的“注音符号”。文字原出于图画,书写上的形体和实际经验的事物本来有直接的关联;后来和语言的结合,渐渐密切,也随着语言的发展,成为民族社会习惯上的一种记号;最后又完全用来代表语音,为记录语言的工具。

语言和文字结合之后,在文字方面,因为脱离了绘画形象的拘束,变做记录语言的工具,可以随着语言的发展,而无限的扩大它表现的效用;在语言方面,因为有了书写的记录,可以永久的保存,而推广它传达的力量,同时使人类的文化愈加增它进步的速度,但是,语言和文字在本身性质上总有差别,两者毕竟不能绝对的相合。文字虽然依随语言而演变,终究因为文字的固定性较大,语言的流动性较强,两者在事实上不能一致的符合。中国文字上大部分“形声”字的组织,还是依照周汉时代的语音的;即在现今拼音文字当中,往往有拼法相同而音读不同的,也有音读相同而拼法不同的。又各个民族社会,本来它们的语言各别,而只引用一种字母,因之这种字母所代表的语音彼此不能一致。例如英语德语和法语同是引用罗马字母;一个罗马字母的“p”,在英语上常读为[p’],在法语上常读为[p];一个罗马字母的“j”,在英语上常读为[d͡ʒ],在德语上常读为[j]。而且代表拉丁语的罗马字母,未必适合于英语德语法语等,例如英语上的[θ],[ŋ]等音,并没有适当的字母来代表;又“c”“q”“x”三个字母和“k”“s”在英语上只是代表同样的音。

同是一种语言当中，也不免有复杂的方音，要是文字和语言绝对的符合，那末，文字就失了它统一的效用，方言不同的人就须引用不同的文字，也将不胜其纠缠了。而且同是一个人，发出同一种音，也常常有不自觉的变异。例如同是英语的长"o"，而在"wrote"和"rode"当中，便有长短的差别(详见本文的三(一))；这种在文字上自然不能很繁琐的表明出来。这样看来，文字和语言在事实上也不可以完全的一致。文字既然和语言不是绝对相合的，通常的拼音字母并非完美的记录语音的工具，所以在科学的研究上，不能不另外订定一种语音的符号，万国语音学会(International Phonetic Association)所规定的《国际音标》(*International Phonetic Symbols*)，就是现今语言学上最通行的一种记录语音的工具。(凡是引用《国际音标》的地方，下文统称语音符号，都有方括弧来表明。)

问题

1. 身势语的表现形式，可分几种？
2. 语音表现的方法有何优点？
3. 摹声起源说与叹词起源说，其主张如何？有何缺点？
4. 语言习惯的形成，与民族社会有何关系？
5. 一般禽兽的发声，可认为是语言否？
6. 语言与文字两者的演进，有完全符合的可能否？

参考书

1. W. D. Whitney：*The Life and Growth of Language*. chap. II, III, XIV.
Britinnia Encyciopedia, *Article on "Philology"*.

2. H. Sweet：*The History of Language*, chap. I, III, VIII.

3. M. Moncalm：*The Origin of Thought and Speech*.

4. T. G. Tucker：*Natural History of Language*, chap. III.

5. E. Sapir：*Language*, chap. I.

6. O. Jesperson：*Language, Its Nature Development and Origin*, *Book II*, *IV*.
The Philosophy of Grammar, chap. I.

7. W. M. Thome：*Language in the Making*, chap, II, III.

8. L. Bloomfield：*The Study of Language*, chap. I.

9. G. Wille：*The Philosophy of Speech*, chap. I, II, III, VI.

10. J. R. Firth：*Speech*, chap. I, II, IV.

11. 小林英夫译：《语言学原论》。

12. 后藤朝太郎、金泽：《语言学》。

13. 张行孚：《说文发疑》。

14. 刘师培：《正名隅论》《小学发微》。

15. 章炳麟：《国故论衡》《检论·订文篇》。

16. 梁思成等译：《世界史纲》第九章，第十三章。

17. 胡以鲁：《语言学讲义》。

18. 雷通群译：《语言学大纲》第四章，第五章。

19. 章士钊译：《情为语变之原论》。

20. 沈步洲：《语言学概论》第四章，第五章，第十三章，第十六章。

21. 乐嗣炳：《语言学大意》。

22. 张世禄：《语言学原理》第二章，第九章。
《文字学概论》第三章。

三、语言的构成

（一）语言构成的生理的基础

语音机关的组织和功用　我们在前面说过，语言具有两方面，就是外形的语音和内容的意义。语音的构成由于语音机关的发音作用，意义的构成由于经验上事物的综合和分析；所以前者是根据于生理的基础，后者是根据于心理的基础。

人类的“语音机关”（speech organs），可以分做呼吸器、喉头、口腔、鼻腔四部。呼吸器是制造气息的场所；没有呼吸器里所发的气息，语音就根本不能构成。我们最重要的呼吸机关就是有弹性的肺；由口鼻吸入的气，经过喉头、气管、气管支、再入气胞，这时肺就膨胀起来；再由气胞经过原路呼出，这时肺就缩小了。肺的一缩一伸，就是气的一呼一吸；我们通常的语音，大多数是由呼气构成的。他如肋骨的推动，横膈膜的伸缩，胸腹肌肉的张弛，也足以助长气息的发生；而它们压迫气息的力量有大小，因之“音势”（stress）也分出强弱。

喉头是由许多软骨构成的，软骨上附着一对薄膜，就是声带；声带之间，就是声门。软骨能左右推动，声带因之或牵紧，或放宽，声门也因之或开或闭。通常呼吸时，声门开张，气息自由流动；发言时，声门就有时开，有时闭，有时半开半闭。声门要是

紧闭,气息暂时不通,而忽然开放,这样就构成一种“声门暴发音”(glottal explosive)。语音符号作[ʔ];德语丹麦语等常用这种音。声门要是紧闭,而气息从声带的缘边挤进而过,声带就振动起来;这时构成了各种乐音或“乐音化的音”(voiced sounds)。声带振动时,又可以牵紧一点,或放宽一点,振动的速度就有大有小,因之乐音的“音调”(pitch)分出高低。又声门开张一点,或闭合一点,气息所发生的压力就有大有小,因之也分出音势的强弱。声门要是半开半闭,气息经过,声带微微的振动,又伴着一种“声门摩擦音”(glottal fricative);就构成了“低语音”(murmur);通常语言上音势很微弱的乐音,大都是用低语音发出的,至于一个单独的低语音,语音符号作[ɦ],就是乐音化的声门摩擦音,英语里也偶然发这种音。这时要是声门再开张一点,声带便停止了振动,没有乐音而只有一种声门摩擦音,语音符号上作[h],这是英、法、德等语及中国方言里所常用的。通常语言上的乐音,要是都用[h]音来替代,便成为[耳语音](whisper)了。无论在通常语言时,或耳语音时,声门要是同呼吸时一样的开张,气息自由通过,声带没有振动,便构成了各种“气音”或“气化的音”(breath or breathed sounds)。

喉头和口腔鼻腔三部交界处是咽头,咽头的前面挂有一条长圆的小舌,或称悬雍垂。小舌能够上举下垂;通常呼吸时,小舌中悬,不上举,也不下垂。发言时,小舌要是下垂,使气息通于鼻腔,就构成各种“鼻音”(nasals);小舌要是上举,使气息通于口腔,就构成各种“口音”(orals);小舌要是同呼吸时一样的中悬,使气息从口腔、鼻腔同时通出,就构成各种“口鼻音”(oral nasals)。

辅音　口腔里又可以分做上下两部:口腔上部从小舌、软口盖、硬口盖、上牙床、上齿、到了上唇,共有六个部位;口腔下部从舌根、舌前、舌叶、舌尖、下齿、到了下唇,也有六个部位;上面的六个

部位和下面的六个部位依次可以互相接合；构成了口音上的各种暴发音和摩擦音等。要是上下两个部位很紧密的接合，气息暂时不通，随后又突然的开放，便构成各种的“暴发音”(explosives)；要是很紧密的接合而没有开放，使气息通于鼻腔，便构成各种鼻音。要是上下两个部位没有紧密的接合，只是互相接近成为很迫窄的通路，气息摩擦而过，便构成各种的“摩擦音”(fricatives)。要是上下两个部位只是中央的接合，而两边开放，便构成各种“边音”(laterals)。要是上下两个部位接合之后，其中的一部又发生振动，便构成各种“震颤音”(trills)。通常鼻音、边音和震颤音大概都是乐音化的；其他如暴发音和摩擦音，还有乐音化和气化的分别，现在依照它们发音的部位，分别说明如下：

1．“小舌音”(uvulars)。小舌音是由悬雍垂和舌根后部接合所构成的。小舌暴发音语音符号作[q]，[G]，阿拉伯语里具有这种音。小舌摩擦音语音符号作[ʁ]，[ʁ̥]，也是阿拉伯语里所常用的；中国语里以及欧洲各地的语言中，有时因舌根摩擦音[X]，[M]和小舌震颤音[R]的变化而发这音。小舌震颤音[R]，为德语法语里所用到的。小舌鼻音，语音符号作[N]，美洲格林兰语里具有这种音。

2．“舌根音”(velars)。舌根音是由舌根和软口盖的前部接合所构成的。舌根暴发音[K]，[g]，是中国语和英、德、法等语里所常用的。舌根摩擦音[X]，[M]，在英语法语里是很少用的，而在德语中国语上却很普通。舌根边音[ɫ]，俄语波兰语以及葡萄牙语常有这音，舌根鼻音[ŋ]，这音在英、德语以及中国语上是很普通的。至于[W]，[ʍ]，并不是纯粹的舌根摩擦音，它们的构成，还须有双唇的摩擦作用，英语上是很普通的。

3．“舌前音”(palatals)。舌前音是由舌前和硬口盖接合而成的。舌前暴发音[C]，[ɟ]，法国方言中以及匈牙利语常有这种音。

舌前摩擦音[ç],[j],是英、德、法等国的语言以及中国语上所常用的。舌前边音[ʎ];南欧各国语以及法国的方言中具有这种音。舌前鼻音[ɲ],也是法、西、葡各国语言里所常用的;中国语上也有这种音。至于[ɥ],并不是纯粹的舌前摩擦音,它的构成,还须有双唇的摩擦作用,也是南欧各地所通用的。

4."舌叶音"(blade-sounds)。舌叶音是由舌叶接合于上牙床或上齿背所构成的,又可分为前舌叶和后舌叶二种。前舌叶摩擦音[S],[Z],是英、德、法各种语言以及中国语上所常用的。后舌叶摩擦音[ʃ],[ʒ],也是英、德、法等语及中国语上所常用的。

5."舌尖音"(dentals)。舌尖音是由舌尖接合于上牙床或上舌背所构成的。舌尖暴发音[t],[d]是英、德、法等语及中国语上所通用的。舌尖摩擦音[ɹ]也是英语和中国语上所通用的。舌尖摩擦音的[θ],[ð],是由舌尖抵及上齿尖或上下齿的中间所构成的,所以又称"舌齿间音"(interdentals);在现今德语法语里,没有这种音,而在英语里却很普通。舌尖震颤音[r]为德语法语所常用的。舌尖边音[ɩ],是欧洲各国语及中国语上所通用的。舌尖鼻音[n],也是英、德、法及中国语上所通用的。此外还有一种[卷舌音](cerebrals),就是由舌尖抵上口盖的顶点所构成的,语音符号作[ṭ],[ḍ],[ṇ],[ɟ],[ǃ]等,印度和美洲地方常有这种音。

6."唇音"(labials)。唇音是由上下唇接合所构成的。双唇暴发音[p],[b],是欧洲各国语及中国语上所通用的。双唇摩擦音[F],[v],西班牙、葡萄牙等语里常有这种音。至于[W],[ʍ]的构成,还有舌根的摩擦作用;[ɥ]的构成,还有舌前的摩擦作用;都不是纯粹的双唇摩擦音。双唇音鼻[m]是欧洲各国语及中国语上所通用的。此外还有一种"唇齿音"(labio-dentals),就是由上唇和下齿接合所构成的,唇齿摩擦音[f],[v],也是欧洲各国语及中国语

上所通用的。

上面的六种音,以及声门的暴发音和摩擦音,都是噪音,通常我们称为“辅音”(Consonants)。气化的就是纯粹的噪音,纯粹由暴发或摩擦作用构成的,通常我们称为“清辅音”(breathed Consonants),如[p],[t],[k],[f],[θ],[X]等。乐音化的就是乐音和噪音的结合,它们的构成除了暴发和摩擦等作用以外,声带还发生振动,发出乐音,通常我们称为“浊辅音”(voiced consonants),如[b],[d],[g],[V],[ð],[ʒ]等。通常鼻音边音和震颤音,大概都是浊音;要是声带没有振动,就变为气化的鼻音边音和震颤音,语音符号作[m̥],[n̥],[l̥],[r̥]等。通常鼻音边音和震颤音等所以大都为浊音的原因,是在它们的构成,在口腔或鼻腔上共鸣作用特别的显著,而暴发和摩擦作用比较的微小,所以声带振动,经过了乐音化,才能显现于听觉上。要是共鸣作用再加大,除去了暴发和摩擦作用,那就变成纯粹的乐音了。

元音 纯粹的乐音,就是从声带发出的乐音,经过口腔的共鸣作用所构成的,通常我们称为“元音”(vowels)。各种元音的不同,由于口腔共鸣器形状的变化;而口腔共鸣器形状的变化,又是根据于舌头的进退,升降和唇的圆扁。依舌体的进退,可以区分元音为“前元音”(front vowels),“中元音”(mined vowels),“后元音”(back vowels)三种;依舌体的升降,可以区分元音为“开元音”(open vowels)、“半开元音”(half-open vowels)、“半合元音”(half-close vowels)、“合元音”(close vowels)四种;因为舌体的升降和口腔开合的程度,恰好成反比例的;依唇的圆扁,可以区分元音为“圆元音”(round vowels),“平元音”(flat vowels),“自然元音”(natural vowels)三种,现在依照它们舌体的前后进退分别说明如下:

1.“前元音”。合前元音[i]是平唇的,为英、德、法各国语及

中国语上所通用的。圆唇的合前元音[y],是法语及中国语上所常用,而英语上所没有的。半合前元音[e],也是平唇的,也是英、德、法各国语及中国语上所常用。圆唇的半合前元音[ø],是法语德语里所常用,而英语、中国语上所没有的。半开前元音[ε],也是平唇的,英语、法语、德语都有这种音。中国的标准语上却没有这种音。圆唇的半开前元音[œ],法语、德语具有这种音,英语和中国语却没有这种音。开前元音[a]是自然唇的,英、德、法各国语以及中国语都有这种音;英语上还有一个[æ],是介于[a]和[ε]之间的。

2.“后元音”。合后元音[u]是圆唇的,为英、德、法各国语及中国语所通用。平唇的合后元音[ɯ],亚美尼亚地方具有这种音。半合后元音[o],也是圆唇的,为英、德、法各国语及中国语上所通用。平唇的半合后元音[ɤ],英、德、法等语及中国语上没有这种音。半开后元音[ɔ],也是圆唇的,德语、法语里常常用到,英语和中国语没有这种音;英语里只有一个[ɒ],乃是比[ɔ]还要下降一点。平唇的半开后元音[ʌ],是英语上很常用的,法语、德语和中国语都没有这种音。开后元音[ɑ],为英、德、法等语及中国语上所通用的。

3.“中元音”。中元音[θ],通常是半开而自然唇的,中国语上常常应用;又英、德、法等语里往往由其他元音弱读时所变化而成,所以又可称为“弱元音”(weak vowel),[θ]音要是两唇收圆,便变为[ü],[ö],[ɔ̄]等音;[θ]音要是两唇放扁,便变为[r],[ë],[ε̈]等音。法语里有[ö],[ɔ̈]等音,德语里有[ë],俄语里有[ï],[ü]等音。上面所说的各种元音,要是具有鼻腔的共鸣作用,便成为口鼻音,就是“鼻化元音”(nasalized vowels),语音符号上作[ā],[ō],[ε̄]等,法语里是常常用到的。

各种元音和辅音,在各种语言中并不是完全一致的,或者偏向

于前，或者偏向于后；或者稍合，或者稍开；或者发言时肌肉较紧，或者肌肉较松；或者较长，或者较短；或者两唇较圆，或者两唇较开；因之语言符号上另外加以种种调节的记号。例如[e˫]表明舌部偏前一点，[e˧]表明舌部偏后一点；[ɑ˕]表明口要稍开，[ɑ˔]表明口要稍合；[ˈl]表明紧元音，[lˎ]表明松元音；[aː]表明长音，[a·]表明中长音；[fɔ]表明两唇要圆，[oc]表明两唇要开。此外因“流音”（glide）的分别，还有“送气”（aspirated）和“不送气”（unaspirated）的不同。所谓流音，就是两音拼合中间所发生的转接音，也有气化的和乐音化的分别：气化的叫做“清流”（breathed glide），乐音化的叫做“浊流”（voiced glide）。我们所谓送气音，就是它的后面带有清流的，语音符号作（pʻ）（lʻ）（kʻ）等，所谓不送气音，就是它的后面带有浊流的，通常不作记号。各种元音和辅音，是语言外形所由组成的原素，所以叫做“音素”（参看《音素表》）。

音素的拼合　通常的语音乃是各种乐音和噪音互相的联接，就是各种音素拼合成为“音缀”和“音群”（sound groups），音素彼此间的“音响”（sonority）各不相同。响亮的音不但它自己能够刺激我们的听觉，而且能够使附近不响亮的音，也同时显现于我们的听觉上。所以许多音素的拼合，其中几个最响亮的音是这拼合音的主体，其余比较不响亮的音各自附合于主体上组成了音缀。音缀里的主体称为“缀主”（syllabic sound），其余附合的称为“缀辅”（non-syllabic sound）。一个音缀当中，只有一个缀主，或有几个缀辅。元音当中，开元音是最响亮的，总是缀主；合元音比较不响亮，和其他元音拼合时，往往作为缀辅，例如中国语里的“ㄞ”[aï]（语音符号的[I]是表明元音作为缀辅的），“ㄟ”[eĭ]，“ㄠ”[aŭ]，“ㄡ”[oŭ]。辅音，尤其是清辅音，最不响亮，通常总是为缀辅的。不过鼻音、边音、震颤音以及摩擦音的[ɹ]又比较的响亮，有时也可以作为缀主。例如英语的“people ”[pˈiːpl]，“prism”[pʻ ris m̩]（语音

音素表

			声门音	小舌音	舌根音	舌前音	舌叶音	舌尖音	双唇音或唇齿音
辅音	纯噪音	暴发音	ʔ	q	k	c		t	p
		摩擦音	*h*	ʀ	X(ʍ)	ç	ʃs	θ	f F ʍ
	乐音化噪音	暴发音		G	*g*	ɟ		d	
		鼻　音		n	ŋ	ʃ		n	m
		摩擦音	ɦ	ʁ	g(w)	J(ɥ)	ʒ z	ɹ ð	w v ʋ Ч
		边音			ɫ	ʎ		ɭ	
		震颤音		R				r	
元音	纯乐音	合			u ɯ ü	ï y i			(u ü y)
		半合 半开			O Ɐ ö ɔʌɘəɛœɛ ɒ	ē ø c æ			(o ö ø) (ɔ ɔ̈ œ) (ɒ)
		开			ɑ	a			

符号的[ɪ][m̩]是表明辅音作为缀主的)。所以音缀是由一个缀主单独或联合其他缀辅所组成的;各种音素所以能够联合组成音缀,也是由于中间转接的流音使它们打成一片。有时两音紧密的联合,缩短它们转接的过程,以致丧失中间的流音;因之它们好像变成一个音素的样子。各种的"合成摩擦音"(affricates)就是显著的例,如中国语里的"ㄐ"[c͡j](语音符号[c͡j]是表明两个音素结合成为一个似的),"ㄑ"[cç],"ㄓ"[ta],"ㄔ"[t͡s],"ㄗ"[t͡z],"ㄘ"[t͡s]。又两音紧密的联合,常常使音素互相影响,而变化它们原来的性质。例如中国语的"ㄞ"[ai],实际上[a]音受[i]音的影响,稍要合一点[a˔];[i]音受[a]音的影响,稍要开一点[i˕]。又如[ki]和[ku]两个音缀,在[ki]这个音缀当中,发[k]音时,舌体就有向前的倾向,这可说是"舌前化"(palatalization);在[ku]这个音缀当中,发[k]音时,两唇就有收圆的倾向,这可说是"圆唇化"(labialization)。舌前化和圆唇化都是语音演变上的一种"同化作用"(详见本文的六(一))。

单音缀的语词,就是一个语词只有一个音缀;复音缀的语词,一个语词包含有两个或两个以上的音缀。音缀和音缀又联合成为音群。一个音缀,大都用一个"气息力"(breathforce)发出的;一个音群,就是一口气连续的呼出,大都其中包含有几个气息力的,就是包含有几个的音缀。音缀和音缀的分界,大都就是在两个气息力的分界的所在;例如英语的"a name" "an aim",前者读为[ə neim]后者读为[ən eim],当中[n]这个音属于前一个音缀,或者属于后一个音缀,完全是看气息力的段落所在。音群和音群的分界,就是在呼吸的段落,我们呼出一口气,可以发出多个音缀,呼出之后就要吸入一口气,这时发音停顿,就是两个音群分界的所在;所以一个音群,可以名为"呼吸群"(breath group)。语词和语句的单位,常常和呼吸群的单位有密切的关系;换而言之:意义的断续常

常和语音的断续有密切的关系。

音长音势和音调的变成 一个音缀成一个音群当中,某处读得长,某处读得短,这种就是“音长”(length)的变化。音的长短就是看发音时间的久暂,发言时有缓急快慢的不同,舒缓时,音就长,急促时,音就短。各种语言的语词里,某音应当读长,某音应当读短,大都有一定的形式;例如英语“seat”里的[tː],和“sit”里的[i],前者是长元音,后者是短元音。有时同是一个长音,或同是一个短音,又因所处的情状不同,往往发生音长上的变异;例如英语“seat”里的[iː]比较“seed”里的[iː]要略短,前者原来是长元音,因为处于清辅音的前面,变为中长音[i·]了。我们所谓长音短音和中长音,只是比较的关系,大都由于语音拼合时彼此比较而发生的现象,并没有绝对的标准。有时重读的词句,故意读得长,轻读的词句,故意读得短;所以音长的变化,也可以用来显示语言意义上的轻重关系。

音势的轻重,就是看发言时气息力的强弱;气息力强,就是“重音”(accent);气息力弱,就是“轻音”(inaccent)。音缀上的音势,大都是缀主所在的地方比较读得重;但是同是一个音缀,因为各种语言的习惯不同,而有前重后轻和前轻后重等等的变化。前重后轻的,叫做“降读式”(decreasing),语音符号上作[ɑ＞],前轻后重的,叫做“升读式”(increasing),语音符号上作[ɑ＜];前后轻重平衡的,叫做[平读式](level),语音符号上作[ɑ＝],英语上的音缀,大都为降读式的,法语上的音缀大都为升读式或平读式的;例如英语的“cat”读为[k‘æt‘＞]。法语的“tout”读为[tut＜]或[tut＝]。音群上的音势,就是看当中那个音缀读重,那个音缀读轻;重读的音缀,就是重音所在。例如英语的“a′ great′ big man”第二个和第三个音缀是重读的,第四个音缀更是重读的。又如“procratsination”,语音符号作[p'ɪv'kɪæsti꜖꜖꜖nej/n],我们从这个语词上,可以看出音

缀的强弱，分作许多等级。因为我们所谓轻读重读，也只是比较的关系，也是由于语音拼合时彼此比较而发生的现象，并没有绝对的标准。复音缀的语词，当中那个音缀是重读，那个是轻读，大都依据于各种语言的习惯，而且也有固定的形式。法语里大都重音在末一个音缀上；英语和德语里各个语词的重音所在，各有一定的形式，要是把它们的轻重音弄错，便要发生意义上的误会。例如英语的“accent”，重音在第一个音缀便是名词，重音在第二个音缀，便是动词。中国语上的复音缀语词也有这种情形，如“红花”，重读“红”字，乃是一种药名，重读“花”字，那就是指红的花了。轻读的音缀或语词当中，常常把原来音读的形式节略或变改这种叫做弱读式（weak form），例如英语“should”[ʃud]读为[ʃəd]或[ʃd]，“and” [ænd]读为[θnd]或[nd]之类。通常语言上，大都意义上重要的词句音势比较强，不重要的词句比较轻；所以音势的变化，可以用来显示意义上的轻重关系。词是一个语句，往往因为重音和轻音所在的不同，而发生意义上的差异。

音调的高低，就是看声带振动的快慢；发乐音时，声带紧，振动快，音就高；声带宽，振动慢，音就低。例如同是一个[i]音，或者读高，语音符号作[˹i]，或者读低，[˪i]，或者是先低后高，[i′]，或者是先高后低，[i˴]。这种高低的变化，因之产生各种不同的“语调”（intonation）；简单的语调有“平语调”（level tone）、“降语调”（falling tone）、“升语调”（rising tone）三种。复合的语调，又有“升降语调”（rising-falling），“降升语调”（falling rising）等，语音符号作[i∧]，[i∨]等。中国语里各个语词，各有一定的语词，往往同是一种音，而用语调的变异来显示意义上的各别；例如同是[xūa]的音，读为高平调的，便是“花”，[˹xūa˺]，读为低降调的，便是“话”，[˪xūa\]。同是[y]的音，读为高升调的，便是“鱼”[y/]，读为低降升调的，便是“雨”[˪y∨]。这种就是所谓“四声”的区别；因为各个

语词各具有固定的声调，就称中国语为“声调语”（tone-language）。瑞典挪威语上也有这种现象，各个语词的语调，在习惯上是固定的。英语和德法等语里，各个语词没有固定的语调，只是利用语调来显示语句意义的变化。大都英语和中国语上，升语调是用来表明疑问的意义，降语调是用来表明肯定的意义，升降语调是用来表明惊骇的意义。不过在别种语言里的习惯，并不是和这种完全一致的。

语音系统　我们从语音上观察各种语言，就可以知道它们所用的音素，音素拼合的情形，以及音长、音势、音调的变化，彼此总有点异同；这种就是代表各个民族社会发音习惯的互相异同。因此每一种语言总有它自己的一种“语音系统”。语音机关的组织是很细密的，稍稍一点变化，在发音上就有显然的差异，而且可以发生无限的差异。我们说过语言的成立，完全是根据于民族社会上各个人的互相传习仿效，形成为一种习惯。所以各种语言的发音习惯，在民族社会上的各个人，总是不自觉的在那里遵守，在那里迁移流动的（参看本文的二（二））。因之各种语言的语音系统有纷歧错杂的现象，而同是一种语言的语音系统，也时时在演化和变异之中（详见本文的六（一））。例如英语、德语里有送气的[p‘]，[t‘]，[k‘]和不送气的[b]，[d]，[g]；法语里却只有不送气的[p]，[t]，[k]和[b]，[d]，[g]。中国标准语里有送气的[p‘]，[t‘]，[k‘]（就是“ㄆ”“ㄊ”“ㄎ”），虽然也有[p]，[t]，[k]，可是没有法语里读得那么紧，语音符号上严格的标音，应当作[b]，[d]，[g]（就是“ㄅ”“ㄉ”“ㄍ”）。而且同是一个[t]音，英、德、法三种语言里发音的部位便不完全相同：法语里是用舌尖后部抵及上齿的背面，英语里是用舌头的顶尖抵及上牙床的后部，德语里是用舌尖的顶部或后部抵及上牙床的中间。又同是一种中国语，古音上的系统和现代的语音当然不同；例如古音上和现代的某几种方音当中，[p‘]，

[t‘],[k‘]的音有拼在语词的末尾的,到了现今标准语上早已经遗失了。中国古语以及现代的某几种方言当中,具有短促的“入声”,到了现今标准语上也读长变为“平、上、去”三声了。中国语里,各个语词具有固定的语调;英语和德语里,各个语词当中具有固定的轻重音,而没有固定的语调。我们看古今各国语言里所具有的音素,各个音素发音的状态,和它们拼合的情形,以及音长、音势、音调变化的现象,总是彼此各不相同;这是表示各种语言发音习惯的纷歧和变迁。一种语言总有它自己一种语音系统,而在一种语言当中,它的分化和演变,也就在语音系统上显示出来。

(二) 语言构成的心理的基础

语词构成的由来 我们上面所说,是从语音机关的功用上说明人类所以能够发出种种有调节的语音;至于这些语音为何在语言上认为是表现意义的符号,构成各种语词和语句? 那就须从心理方面观察了。语词是语句上各种意义的独立的单位。依照意义实质的不同,可以分别语词为四种:1. 表“实体”(substance or object)的;2. 表“性状”(quality)的;3. 表“行动”(action)的;4. 表“关系”(relation)的。例如“人者,仁也”;“马者,武也”;“火者,毁也”;“金者,禁也”;这些句上“人”“马”“火”“金”均是实体的语词;“仁”“武”是性状的语词;“禁”“毁”是行动的语词。实体的语词,大概就是中国向来所谓“表实之名”;性状的语词,就是中国向来所谓“表德之名”;行动的语词,就是中国向来所谓“表业之名”;这些语词是它们本身具有实质的意义的,中国向来常常称为“实字”(full words)。又如“者”“也”这一类字,它们自身没有实质的意义,只是在语句上用来表明实字和实字间的关系,所以是关系的语词,中国向来常常称为“虚字”(empty or form words)。我们现在根据心

理学的原理把这种种语词构成的由来，分别说明如下：

人类和其他动物，对于外界事物的认识，并非杂乱散漫的感觉，而是一一整个的映象；把这些杂乱散漫的感觉集合为各群，每一群的感觉总有一个注意力的中心，以分别于他群的感觉，这就是客观界实体的映象。其他动物对于这种映象的表现，只是从生理自然的反应，发出"无调节的叫声"(inarticulate outcry)；人类却能够运用有调节的语音作为代表各种映象的记号。我们要晓得，一种映象的显现，并不是单独的，并且能够引起过去经验上相同或类似的映象同时的显现，又能够集合过去经验上许多映象，摄取它们相同或类似的"显著的成分"(dominant elements)综合为各种观念。一种观念就是代表一类的映象，而同时也就联想到过去经验上代表这一类映象的语音。因为实际经验上各种映象总没有绝对完全相同的，我们能够把种种纷歧错杂的映象一类一类的归纳起来，凡是它们显著的成分相同或类似的，就用相同或类似的语音表现出来。例如"书"一个语词，是用"书"的音代表"书"这个观念的，实际经验上只有各色各样具体的书，书这个观念，原来也是由过去经验上许多书的映象综合得来的。因为过去书这一类映象都曾用同样的语音来表现，凡是具有书的显著的成分的，都可以用这种语音表现出来，于是"书"这个语词就成立了。其他实体的语词，都是经过这样程序构成的。

外界的种种实体，必定具有种种性状，或者发出种种行动，彼此之间，又必定有种种的关系；我们所谓性状、行动、关系，实在不能离开实体而单独的存在。例如我们说"白"，必定要想到具有"白"这种性状的实体，如"白羽之白""白雪之白""白玉之白"等等。所以属于性状、行动、关系这一类的观念，是很难离开实体的观念而独立的。实际经验上的事物，只是具有种种性状的实体，或者发出种种行动的实体，或者实体、性状、行动，彼此间发生种种的关

系。我们能够把种种性状、行动、关系从实际经验上分析出来，又集合过去的经验，综成为各种性状、行动、关系的观念；一种观念的显现，同时也就联想到过去经验上代表这一种观念的语音。于是就利用这种语音来作为表现这种观念的记号；各种性状、行动、关系的语词，就是这样构成的。例如“白”这个语词，可以概括白羽的白、白雪的白、白玉的白等等，“白”这种性状，不能离开白羽白雪等等而独立的存在；但是我们能够把经验上白羽的白，白雪的白以及其他各种的白综合成为一种“白”的观念，又因为过去经验上对于这种性状都用同样的语音来表现，于是就用这种语音来代表白的观念。我们因此可以知道性状行动这些语词的构成，乃是从实体的观念上分离出来的。

实体的语词是最具体的，性状的语词次之，行动的语词是比较抽象的，关系的语词，如“联词”（conjunction）、“介词”（preposition）和一部分的“助词”（particle）以及“抽象名词”（abstract noun）等，是最抽象的。依照语言心理发展的程序，愈具体的语词，愈容易构成；愈抽象的语词，愈是后起的。因为抽象的语词所包含的观念，是从具体语词的观念上分离出来的，它的存在，大都是由于语言上的主观作用；所以愈抽象的观念，愈不能离开语言上记号的应用。抽象语词的成立，大都是语言发达以后的事。我们看北美土人的语言，没有单独的性状、行动等的语词，无论那个语词，总是包含有一种实体的观念。他们不能说“白”，不能说“跑”，只能说“白的兔”“跑的兔”等等；我们可以称这种语言为“实体表现”（Object-expressions）语。实体表现语的性质在拉丁语及中国古代语上还保存有一些遗迹。拉丁语上没有单独的行动语词，不能说“爱”，只能说“我爱”（amo）、“你爱”（amas）、“他爱”（amat）等等；行动的意义是附合在一个“代词”（pronoun）的上面，这个代词就是包含有实体的观念的。再看中国的古字当中，如许氏《说文》“马”部里，“骘”

为雄马，“骆”为雌马，“骏”“骁”为良马，“驽”“骀”为钝马，“骝”为赤马，“骢”为青白马等等；“牛”部里，“牡”为牛父，“牝”为牛母，“犊”为牛子，“犊”为黄牛，“犥”为黄白牛等等；“羊”部里，“羝”为雄羊，“牂”为雌羊，“羔”为羊子，“羸”为瘦羊等等；又如“鸣”为鸟鸣，“牟”为牛鸣，“芈”为羊鸣，“吠”为犬鸣等等，往往性状和行动的观念，包含在实体的语词当中。这种现象可以证明性状、行动等的意义是很不容易从实体的观念上分离出来的。语言发展的程序，是先有了实体的语词，于是从实体的观念上分析出性状、行动等的语词；所以具体语词是先构成的，抽象语词是后来产生的。章炳麟《语言缘起说》也断定德业之名为后起。章氏说：

> 以印度《胜论》之说仪之实、德、业三者各不相离。人云、马云，是其实也；仁云、武云，是其德也；金云、火云，是其实也；禁云、毁云，是其业也。一实之名，必与其德，若与其业相丽，故物名必有由起。虽然，太古草昧之世，其言语惟以表实，而德、业之名为后起。故牛马名最先，事武之语乃由牛、马孳乳以生。

章氏明明说实体的语词发生在先，性状行动等等的语词是后来成立的。可是章氏自注，却说：“青、黄、赤、白、坚、耎、香、臭、甘、苦之名，则当在实先，但其字非独体；此不可解。”青黄赤白等等语词，属于性状的；章氏的话实在是自相矛盾。而且他用文字构造上独体和合体的分别，来说明语词孳乳的先后，又把因果倒置了。我们依据语言心理发展的程序来看，青、黄、赤、白等等，正是性状语词，应当发生在实体语词之后。至于关系的语词，发生更是在后，拉丁语和芬兰等语里，还没有独立的介词；英语的介词，大都是由性状语词演化而成的，中国语里的介词，大都是由行动语词演化而成的

（详见本文的四（一））。

至于各种语言上的“叹词”（interjection），大都由于生理上自然的反应所发生的，或者是最初随伴身势的表现而起的，它们自身只是表示纯粹的情感，没有知觉上的固定的意义；它们的构成，和实体、性状、行动等语词，原来是出于两途。还有一种代词，如“我”“你”“彼”“此”等，大概最初是随伴指示的运动而发出的语音，也是包含有情感的作用；各种语言里所应用的代词，形式大抵很简单；因为所指的地位亲疏远近，总离不了情感的作用。所以代词和叹词有相近的价值，虽然用来代表实体的观念，而和实体语词的构成，在心理上是不同源的。中国语及外国语上的助词，一部分也是出于叹词，应当归于表现情感的一类。

语句构成的由来　我们在知觉界上能够把性质、行动等的意义从实体的观念上分离出来，一方面所以构成性质、行动等的语词，一方面也就是对于实际经验上事物的分析。一件事物的发生，在我们心理方面，能够引起过去经验上相同或类似的映象，并且利用已经具有的许多观念加以分析，于是一种经验就分析为两种以上的观念。而这些观念彼此间的关系，就是论理上的一个“推论”（discursion）。一个推论，至少必定要包含两种观念。一种是我们所推论的实体，一种是我们用来推论这实体的性状或行动等等。例如“花红”“草绿”；有了“花”和“红”的两种观念，有了“草”和“绿”的两种观念，才能各自构成一个推论。论理上的推论在语言方面表现出来的形式，主要的是“表述”（predication）的形式，次要的是“限制”（modification）的形式。一个表述的形式上，至少必定是包含两种的观念，一种是我们所表述的主体，通常称为“主词”（subject）；一种是我们用来表述这主体的，通常称为“述词”（predicate）。要表现一种完全的意义，就是分析一种经验，必须具有主词和述词两部分，才构成了一个“语句”。例如“花红”“草绿”；

有了“花”和“草”做主词,“红”和“绿”做述词,所以各自成为语句。一个限制的形式上,也必须包含有两种以上的观念,就是用一种观念来限制别一种观念;例如说“小花红”“草微绿”;用“小”来限制花的观念,用“微”来限制绿的观念。这种用来限制的语词,通常称为“加词”(attributive),或者是附加于主词的,或者是附加于述词的;用来限制主词的,就是主词的加词,用来限制述词的,就是述词的加词。加词也是从主词或述词的观念上分析出来的,就是对于一种经验更进一步的分析。加词上又可以附加另一个加词,以限制它的意义的,就是加词的加词,例如英语“He runs very quickly”这个语句里,“very”就是“quickly”这个加词的加词。我们对于一种经验,至少必须分析为两种观念,才能表现它的完全的意义,才能够具有主词和述词两部分以构成语句。要是再进而详细的分析,便于主词或述词上附以加词或且于加词上再附以加词。构成语句的主要部分就是主词和述词,次要部分就是加词;主词和述词的关系就是表述的作用,加词和主词、述词或其他加词的关系,就是限制的作用。表述和限制的形式都是根据于论理上的推论而成立;推论的发生和进行,又是心理上利用过去的经验来分析一种事物。所以语句的构成,是由于经验上事物的分析。

语法的范畴和民族社会的心理 语句的构成在我们心理上是把经验上的某种事物分析为主词、述词、加词的各部分。凡是这些部分,在语言的习惯上已经成为独立的语词,这种是“完全的分析”,要是这些部分还没有构成独立的语词,只是用语词上“形式的成分”(formational elements)表明出来的,这种是“不完全的分析”。例如英语的“He runs” “He ran”,这两句里“run”形式的变化是用来表明“人称”(person)和“时间”(tense)上的区别。这个动词里,还包含有人称和时间的观念,而这种观念并不是用独立的加词表明出来,只是用语词形式的成分来表明。又如“He will run”

这一句里，行动的时间观念却不是用“run”形式的成分来表明，而是用“will”这个独立的语词表明出来。拉丁语上，主词和述词的两部分，常包含在一个语词当中，如“edo”（我食）、“edis”（你食）、“edit”（他食）、“我”“你”“他”这些观念，是用动词里形式的成分来表明的，不完全分析的现象更是显著了。而且这一类的语词当中，各个就具有一种表述的形式，自身已经完成一个语句了，可以称为“语句词”（sentence-words）。我们所谓实体表现语当中，这种语句词特别多；如北美土人的语言，几乎每个语词都是语句词，都包含有表述的作用。凡是不完全的分析，语句里所包含的几种观念，没有分析为各个独立的语词；其中的限制作用或表述作用，只是用语词形式的成分来表明；这种现象在语言的研究上是属于“形态学”（morphology）的范围。至于完全的分析，语句里所包含的几种观念，都已经分析为各个独立的语词；其中无论哪种意义，都是用这种独立的语词互相联合来表明；这种现象在语言的研究上是属于“措辞学”（syntax）的范围，同是一种意义，在各种语言当中，或者是用措辞学上的方法表现出来，或者是用形态学上的方法表现出来，纯粹是依据于各种民族社会心理的习惯。

无论措辞学上的或形态学上的，某种表现的方法已经成为民族社会心理里的普遍习惯，这就是“语法范畴”（grammatical categories）成立的基础。例如英语上的语句无论实质的意义，是否为行动的，总是采取行动的方式，因为英语的习惯当中，都是以动词为述词的，好像不论哪种经验，分析起来，总是主动的实体发出一种行动似的。如“The rabbit ran”这样的语句，已经成为普遍的方式，所以要构成“兔白”一个语句；在英语上不能说“the rabbit white”而必须说“The rabbit is white”；当中“is”这个语词，并没有行动的意义，而在习惯上当作“动词”看待，这可以称为“虚设的”（fictitius）行动语词。我们中国的语句，便不是这样，可以说“花

放”也可以说“花红”，在语法上同是代表一个完全的语句。这种就是英语和中国语“措辞学上范畴”（syntactic categories）的不同，也就是代表两种民族社会心理上相异的习惯。又如英语上通常名词里，必定要包含一种“数目”的观念，单数的“书”，可以说“book”，而多数的“书”，必定要说“books”；即使在语词的形式上没有分别的，如“sheep”“deer”这一类的名词，而在心理的习惯上总是认为有单数和多数的两种。英语的动词里，必定要包含一种“时间”的观念，就是现在和过去的两种形式，如“run”和“ran”，“kill”和“killed”等等，即使在语词形式上没有分别的，如“beat”“cost”这一类的动词，而在心理的习惯上总是认为有现在和过去的两种。我们中国语上便没有这样的习惯，“书”这个语词，它的本身没有单数和多数的分别；“跑”这个语词，它的本身也没有现在和过去的分别。这种就是英语和中国语“形态学上范畴”（morphologic categories）的不同，也就是两种民族社会心理上相异的习惯。由完全的分析所用来表现的某种方式，成为某种语言里普遍的习惯，就是这种语言里措辞学上的范畴，由不完全的分析所用来表现的某种方式，成为某种语言里普遍的习惯，就是这种语言里形态学上的范畴。从别一国语上输入这一国的语词，也常常引用这一国语的习惯，遵守这一国的语法范畴。例如德语的“waltz”，日语的“hara-kiri”，这两个语词输入了英语之后，便成为英语化，遵从英语里动词的形态学上范畴；这两个语词过去的形式，便是“waltzed”“hara-kiried”（详见本文的六（一））。我们所谓洋泾浜语（Pidgin-English），就是把英语上的语词依照中国的语法范畴所构成的一种语言。

发言时心理的动机 我们上面所说，语词和语句的构成，是由于经验上事物的综合和分析，因之在心理上发生各种观念，而又构成论理上的推论；同时又因为各种民族社会联想的习惯不同，所以

它们语词的形式和语句的结构，彼此间演成纷歧错杂的现象。在某种语言当中，假使语词上某种形式的变化，语句上的某种结构，已经成为心理上普遍的习惯，便产生这种语言里语法的范畴。原来语言的应用，是为表达经验上的事物，所以语言的内容，以知觉上的意义为主要的成分。但是人类的表现，总离不了情感的成分。有时除了表现知觉的内容以外，情感的作用又特别的显著；因此，同是论理上的一个推论，而以参杂情感的成分不同，发言时在心理上的动机就有分别，表现出来的形式也因之有差异。我们所谓"宣示语"（declaration），就是以表达经验上的事物为主要的动机的。所谓"感叹语"（exclamation），就是当中除了表达知觉的内容以外，情感的成分又特别显著的所谓"疑问语"（question），就是表达不确定的或者不完全的一种经验，情感的动机比感叹语为薄弱，而比宣示语为强烈。我们可以知道宣示语、感叹语和疑问语三种的区别，是由于发言时心理的动机不同；因之表现出来的形式，在各种语言中又各有差异。而在表现形式上怎样的差异，又是依据于各种语言的语法范畴，依据于各种民族社会心理的习惯而有各种不同的方式。

问题

1. 语音机关可分几部？试分别述其发音上的功用。
2. 试将音素的种类，列一表以明之。
3. 音长、音势、音调三种，如何区别？它们的变化和意义的表现，有何关系？
4. 说明语音系统的意义。
5. 各种语词和语句如何构成？
6. 形态学和措辞学的范围，如何区分？
7. 语法范畴的形成与民族社会心理的习惯有何关系？

参考书

1. W. D. Whitney：*The Life and Growth of Language*, chap. VIII.

2. N. C. Macnamara：*Human Speech*.

3. H. Sweet：*The History of Language*, chap. I, II, IV；A Practical Study of Language.

4. T. G. Tucker：*Natural History of Language*, chap. II, III.

5. O. Jesperson：*Language*, *Its Nature Development and Origin*, Book II；*The Philosophy of Grammar*.

6. E. Sapir：*Language*, chap. II, III.

7. W. M. Thoma：*Language in the Making*, chap. I.

8. L. Bloomfield：*The Study of Language*, chap. II, III.

9. J. R. Frich：*Speech*, chap. III, IV, V, VI.

10. G. Wills：*The Philosophy of Speech*, chap. III.

11. 小林英夫译：《言语学原论》。

12. 许慎：《说文解字》。

13. 章炳麟：《国故论衡》。

14. 胡以鲁：《言语学讲义》。

15. 雷通群译：《言语学大纲》第三章。

16. 刘复译：《比较语音学概要》。

17. 余兆梓：《国文法之研究》。

18. 赵元任：《国际音标国语正音字典》。

19. 张世禄：《语言学原理》第三章、第四章，及《语言学纲要》。

四、语言的组织

（一）语词和语句的组织

语词的组织和民族社会的习惯 我们平常所发出无调节的叫声，乃是受了一种刺激，全身肌肉起了收缩，语音机关也自然发生作用，如快乐时的笑声，痛苦时的哭声。这种发音是出于生理上自然的反射作用，从天性的遗传上得来，脱离个人或社会习惯的影响；所以通常不认此等发音为语言，而是全人类所一致同具的，一般禽兽的叫声，也和这种发声有类似的形迹（参看本文的二（二））。至于我们所发的叹词，固然也具有直接的反射作用，有几种叹词是全人类普遍一致的。但是大部分的叹词，并不是生理上自然的叫声，虽然也是纯粹情感的表现，可是包含有社会习惯的成素；以何种语音代表何种情感，须有联想的习惯和过去的经验做根据。彼此习惯不同的人，不能发生同样的联想；所以我们假使没有学过某一种外国语，就不能确实知道这一种外国语里某个叹词是表明快乐的；或是表明痛苦的，或是表明别种情感的；而且各种语言里的叹词，大都各自依照它们的语音系统。例如同是表明痛苦的叹词，英语上作“owch!”，德语上作“au!”，并不是一致相同的。我们所谓感叹语，又是用来表达经验上的事物，不过依据情感的动机发出来罢了。我们表现出来的形式，完全是根据民族社会上联想的习

惯;所以语言习惯不同的人,绝对不能引起同样的联想。至于其余的非感叹语,完全为传达经验上的事物,用何种语音代表何种事物,纯粹出于民族社会心理上自由的选择,因为语音的形式、意义的内容以及语音和意义间的联想作用,都要随着民族社会的习惯而转移;某种语言当中,某个语词上语音和意义的结合,完全是由这种民族社会任意选择的结果,没有绝对的固定的关联;这种就是语词的"任意的价值"(参看本文的二(二))。

语词任意的价值,是由我们过去经验积合成功的;现在的一种经验,和已往相同的或类似的经验融合起来,我们就用一种相同的或类似的语音来代表,而形成为一种民族社会的习惯;这样才能发生语言传达的效用。各种民族社会既然各自有发音的习惯,就是各种语言里的语音系统;又各自把经验上的事物,依据心理上的习惯,一类一类的归纳成为各种意义的单位,这就是各种语言里语词意义的内容。因为民族社会心理上习惯的不同,就发生经验上事物类别的不同,所以各种语言里语词意义的内容彼此间很有出入的。往往在这种语言中归成一类的事物,在别种语言里归成二类或数类的;例如英语"time"和"weather"这二个语词的意义,法语上合作"temps"一个语词;英语上"clock"和"watch"二个语词,法语上分做"horioge""pendule""montre"三个语词;英语的"prince"这个语词,德语上分做"prinz""fürst"二个语词;指示的代词或状词,中国语的"此"和"彼",英语的"this""that",在英国苏格兰的方言中,却分做"this""that""you"三个语词,拉丁语上也有"hic""ille""iste"三个语词;英语的"here""there"二个语词,在德语上也有"hier""da""dort"三个语词("dort"就是苏格兰方言里所用的"yonder"),又如拉丁语上"Amat sorōrem suam""Amat sororem eius"这二句的意义,第一句是"他爱他自己的妹妹";第二句是"他爱别人的妹妹";而在英语上表现出来,却只是一句"He loves his

sister"。同是表明数目的，在中国语上是用十进法的，在英语上却有十二进法的遗迹，在法语上有二十进法的遗迹，在非洲的某种土语上是用五进法的，在巴斯克语上是用二十进法的。这些都是因为各种民族社会对于经验上事物的类别，各有心理上的习惯，所以不但语词的形式各自受了语音系统的支配，即语词所包含的意义，有统括得很广的，有析别得很细的；各种语言的"词汇"(lexicon)，彼此间就因之有纷歧错杂的现象。

语词的形式　因为各种民族社会对于经验上的事物，在心理上有一种类别的作用，凡是认为相同的事物，就用相同的语音来代表，渐渐形成为语言的习惯，就产生了各种的语词；而认为是相类似的事物，也常常用相类似的语音来代表，所以各种语言里语词的意义上有一部分相类似的，往往在语音的形式上就有一部分相同。例如英语里"flare""flash""flimmer""flicker""flame"这些语词里，都有"火光"的意义，而形式上都有"fl-"一部分；又如"flash""clash""dash""crash""slash"这些语词里都有"突发"的意义，而形式上都有"-ash"一部分。中国训诂学上、文字学上所谓"音同义通"的原则，大都也是指音读形式上相类似的——或者是"双声"，或者是"叠韵"——字体，往往同具有一种意义，现在姑且举出梁启超的话做个例子。

> 同一发音之语，其展转引申而成之字可以无穷，《尔雅释文》云："天气下地不应曰霿，地气发天不应曰雾，雾谓之晦。"王国维云："霿、雾、晦，一声之转也；晦本《明》母字，后转入《晓》母，与徽衅诸字同。"盖雾音当读如"慕"(吾粤语正然)，晦音当读如"每"，皆用"m-"母发音，而含有模糊不明的意味。由是而晚色微茫不明者谓之暮，有物为之障而不能透视者谓之幕。不可得见而徒寄思焉谓之慕，此一引申也。晦亦谓之

> 冥，闭目而无所见谓之瞑，瞑久而知觉全休止者谓之眠，此又一引申也。冥亦谓之眛，眠亦谓之寐，此又一引申也。视而不明谓之蒙，雨之细而不易见者谓之濛，视官本身不明者谓之矇，矇之甚者谓之盲，此又一引申也。……（梁氏《从发音上研究中国文字之源》）

中国文字上读音类似而意义相通的，或者就是代表同一个语词；或者是本来数个语词，而彼此语音形式上相类似，意义上就有一部分相同的，正如英语上的“fl-”“-ash”在某些语词里是表明“火光”“突发”的意义同例。但是这些形式上的成分，并不是代表独立的观念，不过在某一些语词里用类似的语音显示类似的观念罢了。事实上，语音形式有一部分相类似的语词，并不一定具有相类似的观念，如英语“flow”“float”“fly”“flutter”这些语词，也都包含有“fl-”的部分，而并没有“火花”的意义。又观念上相类似的语词，形式上并不一定具有相同的成分，如英语“flies”“boys”“books”这些名词里的“-s”，是用来表明多数的意义的，但是另外有许多名词并不用“-s”组成它们多数的形式，如“men”“geese”“children”等，因为形式上的成分，自身不是独立的语词，不是用来代表观念的单位，而是限定于某一些语词里，用来显示它们的观念当中具有相类似的经验罢了。又如英语“thirteen”这个语词，我们不能认为是二个语词所组成的，因为“teen”虽然单独可以代表“十”的意义，而“thir-”这部分不能单独代表“三”这种意义，“thirteen”只是表明“十三”一种观念，并非代表“三”和“十”两种观念，当中“thir-”“-teen”只是这个语词形式的两部分罢了，即使两个或两个以上的语词所组成的“复合语词”（Compound words），如英语的“bulldog”“schoolboy”之类，中国语的“天下”“人民”“思想”“统一”之类，在心理的习惯上，也只是表明一种观念的单位，复合语词里的各部分，虽然可以分析

为独立的语词,但是一经结合在复合语词当中,我们也认为是它形式上的成分了,所以我们对于语句上的分析,何者是独立的语词,何者是语词形式上的成分,完全要依据语言上的习惯。

因为我们说过,各种民族社会心理上的习惯,对于实际经验事物的分析有完全的,有不完全的,程度大不相同。所以同是一种意义,在某种语言里已经分析为观念的单位,成为独立的语词;而在别种语言里,还没有分析为观念的单位,只是用语词形式上的成分表明出来。我们所谓实体表现语,就是性状、行动等观念,常附合在实体语词当中,还没有分析为独立的语词;北美土人语就是一个最显著的例子。又拉丁语上没有单独的行动语词,行动的观念未曾离开实体的观念而自成独立的单位。又拉丁语上说"bonus""bona""bonum",不但是指"好",而是指"好人""好女人""好东西"。"好"这种性状的观念,还没有离开"人""女人""东西"这些实体的观念而自成为独立的单位。现代欧洲语上还保存有这种遗迹。如意大利语里的"sorellina"(小妹妹)、"librone"(大书),德语里的"männchen"或"männlein"(小的人),"大""小"等性状的观念,附合在实体语词当中。拉丁语上介词也常包含在名词当中,如"Romae",等于英语的"at Rome";"Romam"等于英语的"to Rome";"Gallia"等于英语的"from Gaul",介词的意义,用名词形式上的成分表示出来,这种情形在芬兰语里更为普通。英语里名词当中包含有数目的观念,而且已经成为一种语法的范畴。中国古代语里,数目的观念也有包含在名词当中的,例如"雔"为双鸟,"雥"为众鸟,"众"为众人,"林"为丛木,"群"为众羊,"驫"为众马之类,不过在语词形式的表现上不很显著罢了。总之:同是一种意义,在各种语言里,或者分析为许多语词,或者包含在一个语词当中;语词在意义上的单位,完全依据各种民族社会心理的习惯而定。

至于语词在语音上的单位，在有些语言里是很显明的。如中国语为“单音缀语”（monosyllabic language），大多数的语词都是单个的音缀所组成的，而且各个音缀具有固定的语调，几种音调的变化也很有限制；又现代中国语上，各个语词总是以元音或以[n]，[ŋ]作收音的。因之各个语词的单位，在语音上是很容易辨别的。但是也有许多“复音语词”，并非通通由单个音缀所组成的；而且有两个语词急读成为一个音缀的，如“而已”为“耳”，“如此”为“尔”，“何不”为“盍”，“之于”为“诸”，“者焉”为“旃”之类，所以不能纯粹根据语音来区分语词的单位。英语里各个语词，大都各自具有重读的音缀和固定的音势变化，而且可以依照音势的节落来区分语词，如“a name”和“an aim”，前者读为[ə neim]，后者读为[en eim]，不致于会相混的。不过有些短促的语词，或者因为意义上不很重要，就失了它的重音，而且有时附合在别个语词当中，如“it's”里的“is”，“hasn't”里的“not”等等。至于法语里的语词，大都没有固定的音调和音势，而且语词在语句当中，通行“连读法”（liaison），不管语词实际的形式，只是依照法语发音的习惯，例如下列一个语句：

Gal, amant de la Reine, alla, tour magnanime,
Galammont do l'Arène à la Tour magne, à nimes.

第一段和第二段都是读[ɡa la mã də la ˈrɛːn a la tur ma Jaˈniːm]。因此在法语里绝不能依照语音来区分语词的。不过有时语词的首尾，常常因邻接音的不同而发生变异，如“vous avez”里的“vous”读[vuz]，“vous faites”里的“vous”读[vu]。这种情形，正如英语“won't you”里的“you”读[ʃu]，“did you”里的“you”读[ʒu]的相同。因此，语词的单位有时可以从它们在各种语句里语音的变化

上认明的。总之：语词在语音上的单位，区分得显明与否，也是依据于各种民族社会发音的习惯。

语句的组织和民族社会的习惯　我们上面说过，语句的构成，是由于一种经验分析为主词和述词的两部分，以成为表述的形式，再从主词或述词的观念上分析加词出来，或再从加词的观念上分析加词的加词，以成为各种限制的形式。而分析经验的完全与否，又是依据于各种民族社会心理上的习惯，因之语句的组织，在各种语言中，彼此很不相同(参看本文的三(二))。拉丁语的“Cantat”等于英语的“He sings”，或“She sings”，单是一个语词，已经包含有主词和述词的两部分，自己就完成一个表述的语句。我们所谓实体表现语，就是性状和行动的观念，还没有离开实体语词而独立，一个语词常常包含有表述或限制的形式；如北美土人语里，大都每个语词都可以自成一句，就是所谓语句词。中国语和英语上就和这种情形相反，没有所谓语句词，一个语句至少须具有两个独立的语词：一个是主词，一个是述词，而英语上表述的语句，总是采取行动的方式，这种已经成为英语措辞学上的范畴，因之语句上的述词必定是个动词。我们中国语述词不必定是动词，可以说“红花”，也可以说“花红”，前者是限制的形式，后者是表述的形式。在英语上固然可以说“the red flower”，而不能说“The flower red”，后者表述的形式必须说“The flower is red”(参看本文的三(二))。中国语的语句当中，大都述词总放在主词之后，主词的加词总放在主词之前；俄语上也是如此，并且语词的形式上有变化。如[múзï·k ′bé·din]是表述的形式，[′b′ɛ·dnï m′uзī·k]便是限制的形式；前者等于英语的“The peasant is poor”，后者等于英语的“the poor peasant”。现代中国语上，常用“的”来表明限制的意义，常用“是”来表明表述的意义，如“红花”可说“红的花”“花红”可说“花是红”。加词下面的“的”，主词下面的“是”，并不是“拘束”(obligatory)的

用法，可以省略也不要紧；因为它们只是用来表示主词，述词和加词间彼此的关系，只是一种虚词。它们用在语句当中，可以使表述的形式和限制的形式格外分别得很清楚。所以中国语和英语、俄语上词句里表述的和限制的形式很显然区分的；但是在拉丁语上往往没有区别，如“magna culpa”可以说等于英语的“a great fault”，也可以说等于“The fault is great”。我们因此可以知道语句里主词、述词和加词各部分怎样的支配，是依据于各种语言的习惯，而有各种不同的方式。

语句里主词、述词和加词彼此间联属的关系，是以论理上的推论做基础的，而有时因为参杂了情感的成分不同，使语句的组织也发生变化。我们说过，发言时在心理上的动机有分别，就发生宣示语，感叹语和疑问语三种的形式（参看本文的三（二））。我们假定以宣示的语句为基本的形式，对于宣示语句上种种的变化，就是用来表示情感的关系。至于怎样的变化，又是依据于各种语言的习惯。中国语上除了用音调和音势的变化来表示感叹和疑问的意义，有时且于语句里引用许多特别的虚字，例如“大哉孔子！”“予见夫子乎？”“哉”“乎”等字自身没有实质的意义，只是用来表明情感的成分。拉丁语的疑问语句里加上“ne”“nōnne”或“num”，俄语里加上“li”，日语里加上“か”，正和中国现代语里加上“吗”“呢”等字情形相同。英语上没有这一类的虚字，只用音调和音势的变化来表明，有时更把语句里的次序颠倒一下，如“Long live the King!”，疑问句里常常把主词和述词的次序互相颠倒，如“Is the flower red?”。情感上着重语句里的某个语词，英语常把重读的语词放在语句的起首，如“Last he came!”或者更把语句的组织变更一下，如“It is last that he came.”这种组织在法语及克勒特语里是常常应用的。又音调的变化，大都中国语和英语里，宣示的语句用降语调，疑问的语句用升语调；挪威语里正和这种情形相反，意

大利语里对于这两种语句,又是没有音调上的区别。至于感叹语中,表明“愿望”或“命令”的意义,中国语和英语常常把主词里第二人称的代词省略了,通常叫做“命令式”或“希求式”(imperative mood)。在拉丁语上却用语词形式的变化来表示,如“Andi”,等于英语的“Hear!”;而“Andis”,等于英语的“Thou hearest”。我们因此可以知道同是表明情感的关系,在各种语言中各自依照民族社会的习惯,而有各种不同的组织和形式。

语句的组织,有时更因实质的意义而发生变化,例如动词的意义上有“外动词”(transitive verb)和“内动词”(intransitive verb)的分别,外动词的下面必须跟了一个“宾词”(object),意义上才能完成;所以用外动词为述词的语句,必须包含有“主词”“述词”和“宾词”的三部分,如“曾参杀人”;单是“曾参杀”,没有“人”字或其他的宾词,就不足以表达一种完全的意义,就不能成为一个语句,有时一个名动词还须跟了两个宾词,意义上才能完成的,如“他送我书”这句里,“我”,是间接的受动,叫做“间接的宾位”(dative case);书是直接的受动,叫做“直接的宾位”(accusative case)。要表示这种关系,在各种语言中,又各自有不同的方法,如中国语上用语句里的次序表明的(详见本文的五(二)及四(三)),英语上也大致如此;不过间接的宾位,也可以用介词来表明的,如“他送书于我”,或“他送书给我”;英语的“He gives me a book”或“He gives a book to me”。拉丁语上就用语词形式的变化来表明,如“Pater fibio librum”;“librum”是“直接宾位”的形式,“filio”是“间接宾位”的形式。内动词自身意义还没有完成的,或者外动词跟了一个宾词而在意义上也没有完成的,就须加上一个“足词”(Complement)。足词或者是属于主词的,或者是属于宾词的;足词正和加词一样,在许多语言当中,须要和所属的主词或宾词,各自依照语法的范畴,如“数目”“性别”(gender)、“位格”(Case)等,在语词的形式上

互相统属互相适应的(详见本文的四(三))。我们中国语上没有这些语法的范畴,所以语句里的足词,或是属于主词的,或是属于宾词的,只在语词的次序或全句的意义上看出来(见本文的五(二))。此外行动的意义还有"主动"和"被动"等的分别,在拉丁语上是用动词形式的变化来表明(详见本文的四(二));中国古语上往往没有加以区别,如《左传》"予取予求,不汝疵瑕也";这句里"取"和"求"只是被动,并非主动;现代语上常用"被"这类虚字来表明。英语里被动的意义,常把动词变做状词的形式,如"I am taken",这句里"I taken"只是主词的足词;因为我们说过,英语措辞学上的范畴,述词必定是个动词,所以"予被取"不能说"I taken"而必须说"I am taken",我们因此可以知道同是某种实质意义上的变化,在各种语言里表现出来,也各自依照民族社会的习惯而有各种不同的语句组织。

语词在语句上的品性 语句上最主要的部分,就是主词和述词,其次是加词;有了这些部分而意义上还没有完成的,又须加上宾词或足词。各种语词在语句上的功用,或是做主词用的,或是做述词用的,或是做加词用的,或是做宾词或足词用的,这种就是语词的品性,叫做"词品"或"词性"(parts of speech),现在把各种词性形成的由来一一说明如下:

1. 名词 通常的"名词"(noun)大都是实体语词,因为经验上事物的分析,原来是不能离开实体的观念的,通常语句里就用实体语词做主词或宾词、足词。后来语言的发展,表明性状和行动等等的语词,也用做主词或宾词等,于是性状、行动等的语词就常做实体语词来看待,而成立各种"抽象名词"。行动的意义有时当做名词用,称为"动名词"(verbal noun),而且可以跟了一个宾词或足词。如"知之为知之,不知为不知,是知也"。上面这句里,"知"是属于行动的意义,可是在词性上都是名词。

2. 代词　名词也可以作加词用，而必定是属于“领位”(possessive case)的；拉丁语里，名词是作为主词用，或作为宾词用（足词也有属于主词和宾词的分别），或属于领位的，在语词形式上显然表明出来。英语里却只有一种领位的形式，如“the man's hat”。中国语里又只是从语句上的序次或全句的意义中看出来，有时或加上几个虚字来表明的。“代词”的起源，虽然包含有情感的作用，而在语句上完全是代替名词的功用。英语上的代词，在形式上有位格的显示，中国语里也只是从语句上的序次看出来。

3. 动词　通常的“动词”(verb)大都是表明行动的，或者别种意义而当做行动看待的。动词大都做述词用；尤其在英语当中，没有动词，就不能认为是完成的语句；所以述词定是一个动词。动词要是作为名词用，那就是动名词；要是作为加词或足词，那就变为“动状词”(verbal adjective)或“动副词”(verbal adverb)。动状词和动副词也和动名词一样，可以跟了一个宾词或足词。

4. 状词　“状词”(adjective)是表明性状的，或者别种意义当做性状看待的。状词常常附加于名词上，所以常为主词的加词，或宾词和足词的加词；中国语上状词也可以作述词或足词用，英语上述词定是一个动词，状词在动词之后的，只作足词用。

5. 副词　“副词”(adverb)也是表明性状，或者别种意义当做性状看待的，不过它在语句上的功用和状词不同，状词是对名词而应用，副词却是对动词、状词或其他副词而应用。所以副词不能作为主词或宾词的加词，只作为加词的加词；足词为状词的时候，副词也可以为足词的加词。状词而作为副词用的，在英语里常须于形式上加以变化，中国语里只从语句当中的次序和意义上看出来。

6. 介词　“介词”是表明一种关系，放在名词或代词的前面，用以指明这种实体对于语句上其他部分所从属的关系，所以介词的后面必须跟了一个所介的实体语词，或者其他意义当做实体看待

的;这个所介的就是介词的宾词。介词和它的宾词组合成为一个"语辞"(phrase),在语句上又自成为一个单位,通常往往作为加词用。拉丁语、希腊语以及芬兰语等,没有独立的介词,只用名词位格的形式来表明(参看本文的三(二))。英语里"In to-the-city he-marched";希腊语的"kephalās apo phāros héleskeg"直译为英语"From-head off the-clock he-drew",这两句里"in"和"off"原来是个副词,后来渐渐和实体语词连接的应用,就成为介词;又名词上表明位格的形式渐渐遗失,只用介词表明出来,于是组成为介词跟了宾词的一种固定的形式,中国语里的介词大概是从动词演变成功的,如"他送书给我""他到田里去";这两句里"给我"直译为英语"giving me","到田里"为"entering field's interior",可以知道"给"和"到"都是由动词变成的动副词;后来行动的意义渐渐消失,就形成为介词了。

7. 联词　"联词"也是表明一种关系,放在语句里"并列"的各部分之间,或者"并列"的或"主从"的各语句之间,以表明它们彼此间联接的关系(详见本文的四(三))。大概联词有许多是由介词演化而成,又有许多是由叹词演化而成的。

8. 助词　"助词"也是表明一种关系,放在语句的末尾或语句里各部分之间,有时也放在语句的起首,用来辅助表白发言时心理的动机或语句里各部分的词性,大多数的助词大概由叹词演化而成,但是也有一些是从性状语词演变而来的。

9. 冠词　"冠词"(article)也是性状语词演变而来,放在名词的前面;本来和状词性质相近,不过后来表明性状的意义渐渐消失,只是用来指示名词意义上的一种类别罢了(详见本文的四(三))。

10. 叹词　"叹词"(interjection)只是表示一种情感,在知觉上自身没有确定的意义;在语句上也是独立的,显然和其他各种的词性容易判别(参看本文的三(二)),和语句里各部分也没有相互的

关系。

我们看了各种语词品性的形成，都是由于语句组织上的功用而起的；语词在语句上具有那一种功用，就可以认定它是属于那一种词性。我们所谓语句词，单独用一个语词就可以组成一个语句，或者一个语词而兼具有两种以上的功用，那末，这种语词就很难归定它的词性了。所以词性的划分，乃是由措辞学上的应用而起，并非属于形态学的范围，因各种语言的性质和习惯不同，措辞学上的范畴各异，语词在品性上的分类也大有出入。又词性的变化，在许多语言中，往往使语词本身的形式也加以变化，如英语、日语就是显著的例证；因之词性的分别在形态学上也是很重要的。我们中国语便不是这样，语词在语句上的功用，在本身形式并没有显示出来；如英语的“truth”“trust”“true”第一个是名词，第二个是动词，第三个是状词，在形式上显然有分别的，可是中国语里只有一个“信”(国语读[sin]字)。因此大家都说中国语的语法，没有形态学上的关系(详见本文的五(二))。

(二) 形态学上的现象

形态学的范围　我们所谓形态学，就是研究语词形式上的成分，各个语词是怎样组织成功的。我们说过，各种民族社会对于经验上的事物，在心理上有一种类别作用，凡是认为相类似的事物，常常用类似的语音来代表。因此各种语言当中，常常意义上有一部分类似的语词，就同具有一种形式上的成分，我们可以把这些意义上相类似而形式上成分相同的语词归成为一类，凡是属于这一类的语词，都是用这种成分组织成功的。例如英语里“flare”“flash”“flimmer”等，都包含有“fl-”这部分，而同具有“火光”的意义，“dash”“clash”“flash”等都包含有“-ash”这部分而同具有“突

发"的意义；因此可以知道"flash"这个语词是由"fl-"和"-ash"这两种形式上的成分组织成功的，而具有"火光"和"突发"这两种意义（参看本文的四(一)）。形态学上的研究，就是一方面在推求语言中各种语词形式上的成分，另一方面在观察各种语词是怎样组织成功的；换言之：就是研究各种语言里语词的形式和意义的内容有怎样的关系。

假使各种语词，只是意义上或心理习惯上所认定的类别，而没有从语词本身的形式上表示出来，那就不应当属于形态学研究的范围。例如词性的划分，原来是为措词上的应用而起的，在语词本身形式上要是没有完全显示出来，就不当归于形态学上的研究。又如德语里的名词，分为阴性、阳性、中性三类，这种性别只是心理上的习惯，在名词本身形式上并没有表示这种的分别；例如"Leib"（身体）、"Auster"（牡蛎）、"Fenster"（窗子），我们在这三个名词的形式上不能看出它们的性别；只是从"der Leib"（阳性），"dis Auster"（阴性），"das Fenster"（中性）它们所联接的冠词或其他的状词和代词上才能区分它们的性别。那末德语里名词分为阴性、阳性、中性三类，只是语词彼此连接应用时互相适应的一种分类，并非名词本身形式上有什么的显示，这种也就不属于形态学的范围（详见本文的四(三)）。至于意大利语的名词，分为阴性、阳性二类，而在名词本身形式上有"-o"的为阳性，有"-a"的为阴性，虽然不无例外，可是用这种形式的成分显示性别，已成为意语上的习惯，意义和形式两方面既然有这样的关系，那便属于形态学研究的范围了。又如英语里的名词分为单数和多数两大类，通常名词的形式，由单数变为多数时是加上"-s"或"-es"的；但是也有许多例外。如"man""goose"等，变成多数的形式，"men""geese"，并不是加"-s""-es"而是变换它们的元音。如"child""ox"等，变成多数的形式，"children""oxen"，又是要加"-en"的。如"sheep""deer"等，

它们多数的形式,“sheep”“deer”,却是形式上没有变化的。依据英语形态学上的范畴,普通的名词必定具有单数和多数两种形式,可是它们由单数变成多数时,有许多种不同的样式,于是英语的名词在我们心理上也发生了许多类别。可是这种类别,完全是以语音的形式为根据,实际的意义上只有单数和多数的两大类,不过英语里没有完全用同一种形式的变化来表示罢了。因为有许多种形式的变化来表示,就发生了许多种的类别;这种也是属于形态学研究的范围。

变形作用和转化作用　形态学上既然把语词形式上成分相同的归成为一类,因之同属于形态学上一类的语词,大都语音形式方面总有一部分相同,而另有一部分相异的,这种形式上相异的成分,就是它们彼此形式的转变。形式的转变要是依据于语言上某种的语法范畴,如英语里普通名词上数目的分别,动词上时间的分别等,已经成为某种语言里普遍的习惯,那是绝对的,必须有的转变,如英语名词的“boy”“boys”“boy's”等,动词的“eat”“eats”“eating”“eaten”“ate”等。这种转变实在是由于同一个语词依语法上的规则,化而为数种形式,我们叫做“变形作用”(inflection)。形式的转变要是不是依据于语言上某种的语法范畴,只是语言习惯上偶然的形成,并非绝对的必须有的转变,如英语里“flash”“flame”“flare”等,“flash”“crash”“dash”等,“boy”“boyish”等,“eat”“eater”“eatable”等,它们转变的范围是没有确定的,因为在语法上没有明白的规定,它们转变的由来,大都依据于语源学的研究,才能够追迹出来。这种转变,可以认为是由同一个“语根”(root or stem)转化成为许多语词,我们叫做“转化作用”(derivation)。我们中国训诂学上,文字学上所谓音同义通的原则(参看本文的四(一)),大都也是指由同一语根孳乳分化而成为许多字体,如上文所举“髳”“雺”“晦”“莫”“慕”“冥”“瞑”“眠”“昧”

“寐”“蒙”“濛”“矇”“盲”等字，都具有模糊不明的意义，而都是用[m]的音拼成的，可以认为是由一语根孳乳而来。此外如“屮”“峙”“特”“持”“思”“矢”“孳”“滋”等字，古音同在“之”韵，都具有“挺直伸出”的意义；如“天”“顶”“颠”“帝”“谛”“蹄”“题”“槙”等字，古音同属“端”类，都具有“极端”的意义；也可以认为是由同一语根演化而成的。近人章炳麟解释许氏“六书”里“转注”一例，也就是依据语言上这种转化作用的原理，以为转注的“建类一首”，就是指声类和语根。他说：

> “考”“老”同在“幽”类，其义相互容受，其音小变。按形体，成枝别。审语言，同本株。虽制殊文，其实公族也。非直“考”“老”，言“寿”者亦同。循是以推，有双声者，有同音者，其条例不异，适举“考”“老”叠韵之字，以示一端，得包彼二者矣。（章氏《国故论衡·转注假借说》）

我们因此可以知道转化作用乃是各种语言中所共有的现象。不过由同一语根演化成为许多语词，转变的范围很难确定；尤其是关于中国语，因为语词形式大都是单音缀的，而且文字是表意的记号，转化的迹象所以不很明显。因之一般说我们中国语的性质，没有形态学的关系。其实我们中国语里当然也具有形态学上的转化作用，只是在语法上没有变形作用罢了。因为变形作用是依据于形态学上的某种范畴，把一个语词化成数种形式；我们中国语的语法上是没有这种形态学上的范畴的。

变形作用所依据的语法范畴 现在且把各种语言里变形作用所依据的形态学上的语法范畴列举说明如下：

1.“数目”(number)。英语里普通的名词依照数目，有单数和多数两种，所以一个名词总有单数和多数的两种形式，梵语里的名

词有单数、双数、多数三种;例如“devah”(一神),“devan”(双神),“devah”(多神)。中国语里的名词,本身形式上没有数目的显示。

2.“性别”(gender)。英语里的名词,形式上没有性别的显示,德语法语里名词的性别,是用状词代词等联属的适应上看出来,所以名词本身的形式,没有性别的范畴。意大利语的名词上有两种性别(参看本节上文)。中国语上也没有性别的范畴。

3.“位格”(case)。英语里代词分为主位、宾位、领位三种形式,如“he”“his”“him”名词形式上没有位格的显示;领位虽然用“-s”来显示,可是只限于有生气的实体。德语里有四种位格,宾位又分为直接的和间接的两种。如“Er gab mir das Buch”“Er schlug mich”这两句里,“mir”“mich”,第一个是间接的宾位,第二个是直接的宾位。德语介词下面的名词,也分为直接的和间接的两种宾位,“Er legte das Buch auf den Tisch”“Es liegte auf dem Tische”,这两句里“den Tisch”“dem Tische”第一个是直接的宾位,第二个是间接的宾位。梵语、希腊语、拉丁语以及芬兰等语里,往往介词的意义都用位格的形式来显示,所以名词形式上表示位格的区别是很繁的。中国古代语里,或许代词上也有位格的区别,如主位的“吾”,宾位的“我”;主位的“汝”,宾位的“尔”;在古代音读上是有分别的(详见本文的五(二));可是到了后代,这种位格上形式的变化,通通没有了。

4.“时间”(tense)。英语里动词的形式依照时间的区别有过去和现在两种。拉丁语里的动词,有三种形式,如“canto”“cantōbam”“cantābo”这三个语词等于英语的“I sing”“I sang”“I shall sing”三句。中国语的动词,在形式上也没有时间的显示。

5.“情态”(manner)。英语和中国语里表明行动的情态,都不是用动词本身形式上的变化来表明,而是另外加上副词或者用措辞学上的别种组织的。俄语里便有这种形态学上的范畴,如

[p′i'sɑ·t′]等于英语的“to write”，是无定式的动词；[′p'i·sïvəi′]等于英语的“to be wont to write, to write repeatedly”，是惯常的或重复的行动；[nəp′i′sɑ·i′]等于英语的“to write once, to write down”是即刻的或终了的行动；又如[s′pi′sɑ·t]等于英语的“to write off”，[pr′ipi′sɑ·t′]等于英语的“to write over”。

6.“口气”(voice)。英语和中国语动词上主动和被动等的口气都用措辞学上的方法来表明，拉丁语、希腊语等却用动词本身形式的变化来表明。如拉丁语“amat”(他爱)，“amatur”(他被爱)。有主动的和被动的两种。希腊语“e'lyse”(他释放)，“elythē”(他被释放)，“el′ýsato”(他释放他自己，或为他自己而释放)，又有主动的，被动的和中动的三种。梵语里这种口气的形式变化更繁。

7.“语式”(mood)。英语和中国语里的动词，形式上没有显示语式的区别；英语里只有一个动词，“to be”是无定式，“he is”“he was”是直叙式，“he were”是假设式，不过现今俗语上假设式亦用“he was”了。此外还有一种希求式，如“Be he livel”是和无定式的形式相同的。希腊语上有三种语式的变化，如“phérei”(他拿)是直叙式；“phérēi”是假设式；“phēroián”是希求式；此外还有一种命令式而带有感叹的性质的，如“phére”，或“pheréto”。德语的动词上也有这几种的变化。

8.“主动”(actor)。中国语里动词的形式，并没有依据主动的名词和代词人称或数目上的相异而发生变化；英语里的动词却有几种变化，如“I am”“you are”“he is”“the boy skates”“the boys skate”。但是这种变化，只是因措辞学上的关系而发生的(详下节)，并非纯粹依据于形态学上的范畴；因为英语的动词里并没有包含一个主动的观念。至如拉丁语上，行动的语词当中，包含有一个主动的代词(参看本文的三(二))，自然因主动的代词人称和数目上的相异而发生语词形式的变化；如“edo”(我食)，“edis”(你

食)，“edit”(他食)，“edimus”(我们食)等等。

9. “目的”(goal)。又如中美洲某种土人的语言，行动的语词里又常常包含着一个宾位的名词或代词(参看本文的三(二))，自然因这个受动的名词或代词人称和数目上的相异而发生语词形式的变化；举例如下：

“ni-mists-matštia”等于英语的“I-thee-teach”(我教你)。
“ni-ametš-matstia”等于英语的“I-ye-teach”(我教你们)。
“ni-k-matštia”等于英语的“I-him-teach”(我教他)。
“ni-kin-matštia”等于英语的“I-them-teach”(我教他们)。

10. “主有”(possessor)。中美洲的某种土人语，实体的语词里又常常包含着一个领位的名词或代词，自然因这个主有的名词或代词人称数目或且性别上的相异，而发生语词形式的变化。例如“no-nan”(我的母亲)，“to-nan”(我们的母亲)，“to-nan”(某人的母亲)等等。北美土人语里，也具有这种现象。

上面所举的十种范畴，是各种语言里许多变形作用所依据的，是形态学上最普通的语法范畴。转化作用上种种现象并不是依据于这些语法范畴而发生的，所以和变形作用不同。但是语词形式的转变，无论变形作用或转化作用，都是用来显示意义内容上的变异；至于在语音上的变化，具有怎样的现象，我们也须加以分析的考察。

形态转变在语音上的现象　我们要知道语音的变化，有的是关于发音上自然的趋势，和意义的显示没有关系的，如“崇安”[t͡suoŋan]的“崇”读[t͡suoŋ]，“崇明”[tʃuomin]的“崇”读[tʃuom]；英语“won't you”里的“you”读[ʃu]，“will you”里的“you”读[ʒu]。这种语音的变化在语词意义上并没有发生差异，并非我们这里

所指的形态转变。我们这里所讨论的变形作用和转化作用，大都是用语音的变化来显示语词意义的差异。这种变化，可以分别为下列这些现象：

1."音调变异"（pitch-variation）。音调的变异，只限于某种语言中具有固定语调的语词。如中国语里有大部分的语词，是单用声调来分别的，"难"读为[ˊnan/]，是状词，繁难的难；读为[ˏnan\]，是动词，责难的难。瑞典语和挪威语里，也有这种现象，如[ˈSkriːvər/]（写），[ˈSkriː\vər/]（写者）（参看本文的三（一））。

2."音势变异"（stress-variation）。音势的变异也只限于某种语中具有固定的轻重音的语词。如英语里常常用语词里轻重音的变化来显示意义上的差异，而有时更因为音势强弱的关系，使语词里包含的音素也发生变化。例如"accent"读为[ˈæksn̩t]是名词，读为[əkˈsent]是动词（参看本文的三（一））。希腊语上也常有这种音势变异的现象，如"tˈomos"（切片）、"tomˈos"（切者）。

3."音素变异"（variation of articulation）。元音或辅音的变异，对于形态转变的表征，是很普通的，如英语的"man""men"；"sing""sang""sung""song"，这是元音的变异；"has""have""had"；"clash""flash""dash"，这是辅音的变异；"flash""flame"；"was""were"；"can""could"，这是元音和辅音共同的变异。

4."语尾接添"（suffixation）。形态学上同属一类的语词，往往它们彼此变异的所在，并不是音素的变化，而是音素的增添或减少，这种叫做"音素的接添"（affixation）。凡属于这种变异的语词，彼此间必定有个共同的成分，可以认为是"语根"；语根之外，各个语词形式上所增所减的成分，叫做"接添语"（affix）。接添在语根的末尾的，就是语尾的接添；这种接添语，叫做"接尾语"（suffix）。如英语的"sing""sings""singer""singing"。我们可以认"sing"为语根，"-s""-er""-ing"为接尾语。我们这里应该说明的，

音素的变异和接添，这两种现象，没有绝对的区分，往往一种情形也可认为是音素的变异，也可以认为是接添。例如英语的“flare”“flame”“flash”这一类的语词，我们可以说它们的变化是属于第一种，也可以说是属于第二种，彼此间同以“fl-”为语根，而以“-are”“ame”“ash”等为接添语。有时候兼具有这两种的变化，如英语的“child”“children”，除了“-ren”的添接以外，又把元音[aĕ]变为[i]。

5．“语音接添”（prefixation）。接添在语根的起首的，可称为语首的接添，这种接添语，叫做“接头语”（prefix）。例如英语的“kind”“unkind”；“speak”“bespeak”；当中的“un-”“be-”就是接头语。

6．“语中接添”（infixation）。接添在语根的中间的，可称为语中的接添；这种接添语叫做“接腹语”（infix）。例如梵语的“yuktáh”（联合起来），“yuñktáh”（他们俩联合），“yunakti”（他联合）这些形式当中，我们可以说“yu-k-”是语根，“-táh”“-ti”是接尾语，“-na-”“-n-”是接腹语。

7．“同形或异形”（homomorphy or suppletion）。形态学上同属一类的语词，要是形式上没有变化，完全相同的，这就叫做“同形”。如英语里名词的“sheep”“deer”“fish”等，单数和多数的两种形式完全相同的。动词的“cost”“put”“let”等，现在和过去的两种形式完全相同的（参看本文的三（二））。要是形式上全部的变异，没有相同的成分，这就叫做“异形”。如英语里动词的“go”“went”；“be”“am”“are”“was”等，彼此形式上没有相同的。

8．“语音的重叠”（reduplication）。有时形态的转变，把语根的全部或一部重复了一次，叫做语音的重叠。例如马来语“tuwan”（主人），“tuwan-tuwan”（主人们），日语“jama”（山），“jama-jama”（许多山），这是用语音的重叠来表明意义上的增多的。又如梵语

的“dame”(房子里),“dame-dame”(各个房子里);拉丁语的“quis”(谁),“quis-quis”(无论谁);这是用重叠来表明意义上的推广的。又如马来语的“hai”(大),“hahai”(略大);“handang”(红),“hahandang”(微红),这是用重叠来表明意义上的减少的。中国语里由“叠字”所组成的“复合语词”,如“日日”“人人”等,也可以说是一种语音的重叠。

复合语词的形式 我们说过,复合语词虽然是由两个或两个以上的独立语词所组成的,可是在心理习惯上,也只是表明一种观念的单位(参看本文的四(一)),所以复合语词里所包含的各个“单纯语词”(simple word),也可以当作这个复合语词形式上的成分来看待。独立的单纯语词一经结合在复合语词当中,往往使它本身的语音形式发生变化。例如英语的“fore”读[fəːɹ],“head”读[hed],而“forehead”读[fɑɹəd];这是音素的变异。挪威语的“land”(农田)本读[lan/],而“landmand”(农夫)读为[lan\man/];这是音调的变异。中国语里降升调的“上声”字,在复合语词当中常变为下降调的“半上”或上升调的“阳平”,如“古代”“土匪”里“古”“土”原来是上声字,可是一个读为半上,一个读为阳平;这也是音调变异的现象。复合语词在语法上,也只是当作一个单独的语词看待,当中所包含的单纯语词,往往并不依照它们独立应用时形式转变的规则,如英语的“rough-shod”“rough-cast”“rough-hew”当中的“rough”并没有转变为副词的形式“roughly”。这种现象可以证明复合语词在语言的习惯上已经自成为一个单位,和单纯语词通常在措辞学上彼此联属的不同。不过有许多复合语词,在意义和形式两方面,都和单纯语词的联属并没有多大的分别,如英语的“school-boy”和“school boy”没有什么两样,当中的“school”可以说是这个复合语词形式上的成分,也可以说是这个“语辞”里的一种“名状词”(nounal adjectives)——就是名词当做状语应用的。

而且一个复合语词里的成分，可以分开来应用，如法语的“ne — pas”，英语的“bring — out”，中国语的“在……之下”“在……之上”等等。这样看来，复合语词只是语言习惯上由单纯语词组成的一种意义的单位，和单纯语词彼此联属而成的语辞，并没有绝对的分界。但是，我们通常认定：复合语词是属于形态学上的范畴，而单纯语词彼此的联属，是属于措辞学上研究的范围。

（三）措辞学上的现象

措辞学的范围　措辞学是研究语言上各个语词彼此联属的关系，正和形态学研究语词形式上的成分的相反。复合语词和由单纯语词联属而成的语辞，既然没有绝对的分界，因之形态学和措辞学的范围，很难彼此划分清楚。我们说过，语句上的限制作用或表述作用，不是用语词形式上的成分表明出来，而是用各个独立的语词互相联合来表明的，便是属于措辞学上的现象。各种语言在心理的习惯上对于实际经验事物的分析，有的比较完全的，有的比较不完全的；因之同是某种的意义，在这种语言里，须用几个语词互相联合来表明，而在别种语言里，往往只消用一个语词来表明就够了。例如英语里的介词，已经分析为独立的语词，介词之后跟了一个宾词，是措辞学上的关系；可是在拉丁语里只是用位格的形式变化来表明，那就属于形态学的范围了。我们中国语，要构成一个语句，总离不了措辞学上的关系，可是在北美和中美土人语里，它们一个语词，往往就是代表一个完全的语句，我们所谓语句词，就是不用措辞学上的方法，而能完成一个语句的（参看本文的三（二））。这样看来，措辞学和形态学的范围彼此是互相消长的：某种语言里，要是形态学上的现象愈多，措辞学上的关系就愈少；反之，要是措辞学上的现象愈多，形态学上的关系就愈少了。我们中国的语

言就是属于后一例(参看本文的四(一))。

语词联属的关系　措辞学既然是研究语言上各个语词联属的关系,我们第一步就须问:这种联属的关系是如何发生的呢?换而言之:各个独立的语词因根据什么而成立各种措辞学上的关系?关于这个问题,我们可以分做三方面来说:

1. 根据论理上的推论作用。我们说过,论理上的一个推论,在语言方面,或是采取限制的形式,或是采取表述的形式。要是一个语词当中,自己已经包含有限制作用或表述作用,不必联合其他语词才能表明出来,这种就不属于措辞学上的关系了(参看本文的三(二))。反之,要是我们必须联合其他独立的语词,才能完成一个限制或表述的形式,那末,这个联属的组织上,必须具有主词,述词或加词各个独立的部分才能完成一个推论,这种就属于措辞学上的关系,而主词、述词或加词彼此间所以发生联属的关系,也就是根据于论理上的推论作用。中国语和英语上要组成一个语句,至少必须具有两个独立的语词,一个是主词,一个是述词;英语上又必须有个动词当做述词,才能完成一个表述的形式(参看本文的三(二))。而中国语里,几乎无论那个限制的形式,也必须具有两个语词,才能使它完成。这些语词间联属的关系,就是由于论理上的推论作用而发生的。我们这里应该说明的:我们平常说话有时把语句当中的一部分或几部分省略了,如《史记》:"蒲可伐乎?曰:'可。'"这个"可"字,在意义上等于一个语句,可是在形式上并非完全的语句,我们叫做"等值语句"(sentence-equivalent)。等值语句不要和语句词相混,语句词是用一个语词就自己完成一个语句的,如北美和中美土人语里的语词以及拉丁语里"Cantat"之类(参看本文的四(一))。等值语句并不是自己完成一个语句,只是发言时认为意义上的价值和完全的语句相等罢了。

2. 根据于情感作用。语词彼此间联属的关系,有时还参杂情

感的作用；语词和语词依论理上推论作用联合之后，要是情感上着重某种观念，我们或者就把某个语词加以重读或者把原来的次序颠倒一下着重某个语词就把它放在语句的起首，或者另外加上一些虚字，或且变更语句的组织（参看本文的四（一））。例如中国语的“我已经做了这件事”，假使情感上着重“我”这个语词，就把它加以重读；在法语上却必须说“C′est moi qui ai fait cela”。语句上这种组织就是用来表明情感的关系的。我们说过，感叹和疑问的语句，常常把宣示语句的形式和组织加以变化，也就是因为参杂了情感的成分不同的缘故（参看本文的四（一））。

3. 根据于实质的意义。语词联属的关系，有时还要根据实质的意义；依照论理上推论的形式，可以把语句上所包含的语词，分做主词、述词或加词的各部分；要是述词本身意义未曾完成的，便须附上宾词或足词。动词当做名词、状词或副词等应用的，要是意义上没有完成的，也须附上宾词或足词。又介词的下面跟了它的宾词也同是属于实质意义的关系（参看本文的四（一））。因心理上的联想作用，语句上一个主词可以联属两个或两个以上的述词，一个述词也可以联属两个或两个以上的主词；此外加词、宾词，或足词都可以有两个或两个以上并列的存在，它们并列的各部分之间，常加进了联词，这种也是属于实质意义的关系。又同是一个表述的形式当中，有的是表明行动的，有的是表明性状的，如中国语的“花开”“花红”，在实质意义上是有分别的，所以一个是用动词做述词，一个是用状词做述词，可是英语里必须用动词做述词，都是采取行动的方式。同是行动的方式，有的是属于主动的口气，有的是属于被动的口气，如英语的“He sang”“the song was sung”，在被动的形式当中是把原来的动词变做一个状词；可是中国语里“他唱了”“歌唱了”，几乎没有加以区别（参看本文的四（一）），必要时在被动的形式当中加进了一些虚字，如“他被杀了”的“被”字，《左传》

“愎谏违卜、固败是求”的“是”字。可见语词彼此的联属，也常常用来表明实质意义上的区别；不过各种语言的表现方法不同罢了。

措辞学上的方法和范畴　至于把语词联属的关系怎样的表示出来，在各种语言里，各自依照语言的性质和习惯而有各种表现的方法。我们可以把措辞学上表现的方法归纳为下列的几种来说明。

1.“声音的节奏”(modulation)。声音的节奏就是利用音长、音势或音调的变化来表现措辞学上的关系。我们平常说话，常把主要的词句读得长，附属的语句读得短，所以音长也可以辅助音势来表现情感上对于词句轻重的关系。又语词或语句彼此联接的中间，在声音方面不能没有停顿，这就是呼吸群的段落和分界；停顿的久暂，就是用来表示意义上的断续的关系。我们在书写上常用句读的符号来标明，因此可以知道音长的变化对于措辞学上意义的表现很有效用的。轻重音和语调的变化，大都用来表现情感上轻重关系以及宣示语句和疑问或感叹语句种种的区别；不过各种语言里节奏的形式，彼此并非完全一致的(参看本文的三(一))。英语上的语词具有固定的轻重音，中国语上的语词具有固定的语调(参看本文的三(一))，有时却因措辞学上这种节奏的表现方法使语词里原来的轻重音或语调，也受了影响而发生变化的。

2.“并列或互注”(in apposition or cross-referring)。语词的并列和互注，就是用一个语词表示它在语句上和其他语词的关系，而用另一个语词表示它实质的意义的；例如英语的“John, he went home”这个语句当中，“John”和“he”并列，用“he”表示和“went home”的关系，而用“John”示明“he”这个语词实质的意义。这种组织在中国语和英语里并不常用，因为并列的两个语词有一个可以省略的；只是有时为增加明了及意义上的着重作用，偶然应用这种组织。但是在有些语言当中，这种组织便是必须应用的；就是动词里包含有一个代词，如拉丁语里的情形(参看本文的三

(二)),要是把这个代词的实质意义表明出来,便须用并列和互注的方法。如“puella can tat”等于英语的“The girl, she sings”;因为这种语言中,只能说“她唱”,或“小女,她唱”,不能说“小女唱”的。北美和中美的土人语里,这种方法更是通行,如“mikmaka tlaškalli in nopiltsin”等于英语的“I-him-it-give, bread, my son”,就是“我给此于他,此是面包,他是我的儿子”;不能说“我给面包于我的儿子”。所以并列和互注的组织,虽然在表现的方法上是很笨拙的,可是在某些语言里必须应用的。

3.“相互的适应”(concord or congruence)。语词的联属,在有些语言里,须在形式上或意义上互相适应的,如动词适应主词的人称和数目,状词和代词适应名词的数目和性别。英语里动词的适应,现代只有“I am”“we, you, they are”“he, she, it is”这几个例,其他的动词如“The boys play”“The boy plays”等,也有这种适应方法的遗迹。德语的名词分为阴性、阳性、中性三类,和名词相联属的状词或代词,便也有阴性阳性中性三种的形式,以适应名词上的类别(参看本文的四(二))。这种适应的方法,对于意义的显示很有效用的,如“das Fremden unzugängliche Haus”当中“das”这个冠词显然只是适应“Haus”这个名词,并非适应“Fremden”这个名词,南非洲的某种土语名词上的性别很繁,因之和名词联属的状词,在形式上适应的变化也很繁,举例如下:

“bonke abozalwana”,等于英语的“all the brothers.”
“lonke ilizwe”,等于英语的“all the land.”
“yonke indlu”,等于英语的“all the house.”
“zonke izilo”,等于英语的“all the creatures.”
“wonke umblaba”,等于英语的“all the earth.”
“konke ukntya”,等于英语的“all the food.”

中国语里另外有种适应的组织，名词和指示词或数目词联合应用的时候，各种名词各有适当的“数量词”，以适应名词意义上的区别。如有圆口之物，须说“一口井”“一口猪”；长形之物，须说“一条街”“一条腿”；堆积之物，须说“一座山”“一座寺院”；管形之物，须说“一管笔”“一管笛子”等等。这种对于意义的显示也很有效用的，如说[“isan”]，不知道所指的是“一山”，还是“一衫”；我们加上了这种数量词，“一座山”“一件衫”，便显然有区别了。

4.“管属或统制”（rection or government）。语词彼此联属的关系，常用语词形式的变化来表示；语词形式的变化固然属于形态学上的现象，但是用形式的变化来表示语词联属不同的关系，那就属于措辞学上的效用了。如词性的划分，虽然在许多语言当中，常常用语词本身的形式显示出来，而原为措词上的应用而起；这种的形式变化正所以表示它们语句上功用的不同，就是彼此间联属关系的不同。我们可以说用语词的形式来显示词性，是语词互相统属的一种表现方法（参看本文的四（一））。名词和代词上表示位格的形式，并非用来区别语词的观念，和名词上的数目、动词上的时间之类作用不同。位格的形式变化，乃是显示语词在语句上各种不同的位置，也就是分别和其他语词各种联属的关系。例如英语的“I love him”“It is he”，这两句里“him”和“be”形式的不同，就是显示“him”的前面是个外动词，本身是个宾词，“he”的前面是个内动词；本身是个足词。这种形式的变化是用来表明语词在语句上的位置，并非表明它本身意义上观念的变异。因语词在语句上彼此的关系不同，而发生许多不同的形式来显示，就是语词的互相统属。这种方法在德语、拉丁语、希腊语、梵语里应用很广；因为这些语言里，位格的形式变化比较繁多。例如拉丁语的“Julius amat Juliam”，这个语句里三个语词的次序尽管可以颠倒，总是等于英语的“Julius loves Julia”，因为在名词的形式上足以显示那个是主

词那个是宾词，不必保持着固定的序次，而在意义上也不会相混的。

5."先后的序次"（word-order）。语词彼此联属的关系，也可以从它们在语句上的序次表现出来。这种方法，就是根据经验上事物分析的结果排列为固定的序次，发言者可以依照这种序次来分析经验，听受者也可以依照这种序次来还原，无需他种笨拙的方法，而在措词的表现上简便明了，又自然有一种绝大的效力（详见本文的五（二））。应用这种方法最广的，当推英语和中国语。"Jūlius amat Jūliam"，在拉丁语上"Jūlius"和"Jūliam"二个语词可以任意的颠倒，而在英语上必须说"Julius loves Julia"。因为名词形式上没有主位和宾位的区别，哪个是主词，哪个是宾词，只是从彼此先后的序次上表现出来。英语上大概主词在述词之前，宾词在动词之后，名词的加词，如状词之类，总在名词之前；只有动词的加词，如副词之类，或在前，或在后，没有十分固定的。中国语上，语句里的序次大致和英语上相同，而在措词的表现上尤为重要，语词的词性和位置完全从先后序次上显示出来，所以中国语称为"列位语"（position language）；同是一个"之"字，而在下列各句里的用法各别：

"滕文公将'之'楚。"因为在主词之后，宾词之前，所以是个动词。"抵"的意思。

"学而时习'之'。"因为在动词之后，所以是个宾词，是个代词。

"'之'子于归。"因为在主词之前，一个名词之前，所以是个指示的状词。"此"的意思。

"夫子'之'文章，可得闻也。"因为在两个名词的中间，所以是个表示领位的助词。

中国语里序次比较英语尤为固定。英语疑问语里还是要把主词和动词的序次颠倒一下,在中国语上的疑问语,便无需把序次颠倒的。假使是要求决定的疑问语,或者加上虚词,如“他来吗?”或者说“他来不来?”肯定的和否定的意义通通列出来,请回答者从中择定一个就是了。假使是要求告诉的疑问语,便用些疑问的语词,如“子为谁?”“子将焉往?”回答者只消从疑问语词上,如“谁”“焉”之类,诉明它们实质的意义罢了。中国语词序次的重要,还可以从一些否定的复合语词上看出来,如“走开”“拿去”等等,我们可以认为是动词和副词所组成的复合语词,假使加进了一个“不”字,在上面如“不走开”“不拿去”,只是通常否定的意义;加在中间,如“走不开”“拿不去”,那不但具有否定的意义,而且有“不能”的意味了。

上面这几种措辞学上的表现方法,在各种语言上应用起来,或者采取那一种,或者采取这一种,彼此不同。例如中国语里几乎完全采用语词序次的表现方法,没有管属或统制的应用。我们所谓实体表现语里,在措词上常常要采用并列或互注的方法;拉丁这一类的语言里,又必须要采用适应和统属的方法。英语里的措词已经渐渐不用适应和统属,而趋重于先后的序次了。这种现象是依据于各种语言的性质和它们措辞学上不同的范畴。因之语句的组织,在各种语言里,有的是比较自由,有的是比较拘束。例如英语里表现情感上轻重关系,可以用声音的节奏,可以用语词序次的颠倒,又可以采取一种特殊的组织;在我们中国语上,大都用声音的节奏以外,还可以应用一些助词。但是对于语词的序次不能任意的颠乱;而在法语里必须采用一种特殊的组织(参看本文的四(一))。又如中国语和俄语里可以用动词或状词为述词,而在英语里,述词必定是个动词(参看本文的四(一))。又如英语的名词必定分做三种:(1)有定的,(2)无定而个别的,(3)集合的或非个别的,因之名词在措词上又有三种形式:“the man”“a man”“man”。

冠词所以分为“有定的”(definite article)和“无定的”(indefinite article)二种,就是依据这种范畴而来的。我们中国语上没有这一种的范畴,所以也没有冠词这一种词性。

复合语句的组织 语词和语词的联属,没有完成语句,只是组成语句上的一部分,而在意义上可以认为一个单位的,我们叫做“语辞”。某种语辞在习惯上应用久了,又凝合变为一种“成语”或“习语”(set phrase or idioms)。成语虽然由各个单纯语词结合成功的,但是内中包含的意义,往往和各个单纯语词通常在措词上的联合不同;因为成语的应用,已经成为习惯上固定的结合,和复合语词有相近的价值(参看本文的四(一))。例如英语的“at all”是由“at”和“all”结合而成的成语,要是仅仅依照各个单纯语词的意义来解释,没有知道习惯上所引用的意义,那就不可通的了。不过复合语词,语辞或成语以及各个语词通常在措词上的联合,三者之间,并没有绝对的区别,只是看语言习惯上凝合的程度如何以及应用时是否当做一个单位来看待。

在语言的心理上,不但把语辞当做意义上的一个单位,而且常常把整个的语句也当做另外一个语句上的一部分。两个以上表述的形式,原来须用两个以上的语句,才可以表现出来;而在语言心理上,只将一个表述的形式当做另一个表述形式上的附属品,一个是主,其他是从,从的只当做主的上面一部分了。于是一个语句里,可以包含有两个或许多的“子句”(clause),子句虽然自身是由各个语词组成的语句,而又当做另一语句组织上的成分;凡是由这种子句所组成的语句,叫做“复合语句”(complex sentence)。复合语句依照它们组织的形式不同,可以分做两种:第一种里的子句,虽然在意义上常常有主从的关系,而在形式上仍并列为两个或多个语句,它们彼此间有时只用些“并列的联词”(coordinate conjunction)表示它们联属的关系(参看本文的四(一));我们可以

称这种为“并列的复合语句”(parataxis)。第二种里的子句,意义上有主从的关系,形式上也分起“主要的子句”(principal clause)和“附从的子句”(subordinate clause)两种。我们可以称它为“包孕的复合语句”(hypotaxis),就是语句当中包孕有语句的,附从的子句只是主要子句里的一部分,包孕在主要子句当中的。这种复合的语句当中,主要的子句只有一个,而附从的子句可以有两个或多个;假使有两个的主要子句,便成为两个包孕句,或由包孕句所组成的并列句。包孕句里,附从的子句可以当做主要子句里的加词,主词,宾词或足词。它们彼此间的关系,可以用措辞学上互注的方法或用一些“附从的联词”(subordinate conjunction)或“关系的代词”(relative pronoun)等表示出来。在德语里,更用序次的方法来表示包孕句里主从的关系,通常宣示的语句里,动词放在第二位,而在附从的子句中,动词却放在末一位,所以虽然有许多副词和附从的联词形式完全相同,许多代词和关系的代词形式完全相同,而因这种动词的序次上变化,绝不会有混淆的发生。例如德语的“Da kam er”(于是他来了),这是宣示的语句,内中的“da”是个副词。“Da er kam, konnten wir ihn fragen”(既然他来了,我们可以问他了),这是包孕句,“da er kam”是附从的子句,内中的“da”是个附从的联词。

问题

1. 语词和语句的组织与民族社会的习惯有何关系?
2. 语词在语句上的品性,约共有几种?其区别因何而发生?
3. 变形作用和转化作用的分别,何在?试举例说明之。
4. 变形作用所依据的语法范畴,约共有几种?
5. 形态转变在语音上的现象如何?
6. 复合语词、语辞及成语、和语词在措词上的联合,三者可有

绝对区分的标准否？

7. 措辞学上表现的方法共有几种？我们认为哪一种是最适合的？

参考书

1. W. D. Whitney：*The Life and Growth of Language*, chap. XI.

2. H. Sweet：*The History of Language*, chap. IV.

3. O. Jesperson：*Language, Its Nature Development and Origin*. Book III；*The Philosophy of Grammar*.

4. E. Sapir：*Language*, chap. II. IV, V. VI.

5. R. G. Kent：*Language and Philology*.

6. W. M. Thoma：*Language in the Making*, chap. VII, VIII.

7. L. Bloomfield：*The Study of Language*, chap. IV, V, VI.

8. G. Wills：*The Philosophy of Speech*, chap. V, VII.

9. 章炳麟：《国故论衡》。

10. 梁启超：《从发音上研究中国文字之源》(《梁任公近著》第一辑下卷)。

11. 林语堂：《语言学论丛》。

12. 黎锦熙：《国语文法》。

13. 金兆梓：《国文法之研究》。

14. 杨树达：《高等国文法》。

15. 乐嗣炳：《语言学大意》。

16. 沈步洲：《语言学概论》第十章，第十二章，第十五章。

17. 赵元任：《国语留声片课本》。

18. 张世禄译：《中国语与中国文》。

19. 张世禄：《语言学原理》第五章，第六章，第七章。

五、语言的分类和系统

（一）关于语言分类的方法

形态学的分类法　我们已经说过语言上语词和语句的组织，就可以依照各种语言组织的不同，来作它们分类的根据。这种就是司奈嚇等所主张的“形态学的分类法”（moiphological classification），他们依照形态学的分类法，把世界上的语言分做下列的三种：

1.“孤立语”（isolating），又叫做“单音缀语”（monosyllabic）。大多数的语词，只具有一个音缀。语词里没有变形作用，语词在语句上的关系，专视它们所在的位置而定，语词的语法关系或其种种区别的意义，不用语根本身或接添等的变化来表明，而以语词的序次和各种虚字来显示。语词单独的时候，它的词性以及和其他语词的关系，在本身形式上是看不出来的，这种最显著的例，就是我们的中国语。

2.“接合语”（agglutinative）。语词里有接添的变化，而且语词在语句上的关系以及其他种种区别的意义，都用不同的接添语来表明；接添语对于语根虽然不能自己独立，而和语根本身显然容易分别，接添语和语根本身也都没有变化。这种最显著的例，就是土耳其语和日本语。

3.“变形语”（inflective）。语词里有接添的变化，语根和接添

语紧密的相接，往往不能显然的析别；而且接添语和语根本身也常常发生变化。词性在语词形式上显示出来，所以语句上的序次，可以随意的颠倒，不会发生意义上的变乱。这种最显著的例，就是梵语希腊语和拉丁语。

我们应该知道这三种的分别，只是要我们认定语言分类上有这三种的标本。我们用“R”代表语根，用“a”代表接添语，用“m”代表语根和接添语本身的变化，用“n”代表接添的变化，那末，这三种标本在语句上组织的公式可以列出如下：

1. 孤立语的语句是“RRR……”（没有“m”“a”）

2. 接合语的语句是“Ra^n……”（没有“m”）

3. 变形语的语句是“$R^m a^{mn}$……”

实际的语言往往有应该属于这一种标本之下，可是它一部分却近于那一种标本的现象的。例如英语已经渐渐失却变形语的性质而趋近于孤立语了；西藏语和缅甸语虽然同属于孤立语，可是它们的语词也有几种变形作用，并非纯粹具有孤立的性质。此外还有所谓“抱合语”（incorporating）及“复综语”（polysynthetic）两种。抱合语就是它们行动语词里包含有主词、宾词等的意义（参看本文的三（二）），这些意义都是用接添语表明出来；复综语更是用一个语词接添的变化来表示全句意义上的变化，所以几乎无论那个语词都可以代表一个完全的语句，都是所谓语句词（参看上章第一节）。其实抱合语和复综语都可以说是极端的接合语，北美和中美的土人语以及巴斯克语就是显著的例。

综合语和分析语　上面所说变形语、接合语、孤立语三类语言的区别，是依据于形态学的分类的；此外和这种分类的方法有关系的，还可以依照语言习惯上分析经验的程度来类别（参看本文的三（二））。我们所谓不完全的分析，就是意义上的某几种观念，没有分析为独立的语词，都包含在一个语词以内；因之意义的变化，只

用语词形式的变化来表明。凡是具有这种现象的,我们叫做“综合语”(synthetical language)。我们所谓完全的分析,就是意义上的几种观念:已经分析为几个独立的语词,意义的单位和语词的单位两两相当;因之意义的变化不是用语词形式的变化来表明,而是用措辞学上的方法来显示。凡是具有这种现象的,叫做“分析语”(analytical language)。所谓变形语和接合语大都是综合语;因为它们所具有的现象,大都属于不完全的分析。所谓孤立语,总是分析语;因为所具有的现象大都属于完全的分析。不过经验上事物分析的完全和不完全,既然只是程度上的差异,所以分析语和综合语的区别,也是相对的分界,并不能绝对的划成两界。例如拉丁语的“erit”在英语里便须用“he is”两个语词来表明,拉丁语的“erat”在英语里便须用“he will be”三个语词来表明。所以英语和拉丁语比较起来,拉丁语为综合语,而英语却为分析语。但是英语和我们中国语比较起来,也可说英语还是具有一些综合的性质,而中国语则为纯粹的分析语。同样的意义,在综合语里表明出来,常属于形态学上的现象;在分析语里表明出来,常属于措辞学上的现象(参看本文的四(三))。如美洲土人语,我们所谓抱合语和复综语,就是综合语的趋于极端的;我们的中国语,就是分析语的趋于极端的。至于英语本来也是一种综合语,现今却已趋近于分析语了。

其他分类的方法 形态学的分类法,只是把世界上的语言分做变形、接合、孤立三类,未免太简单了。如印度日耳曼语和闪族含族语属于变形语,印度支那语属于孤立语,而其他世界上的各种语言都应当隶归于接合语了;所以变形语和孤立语的范围只限于欧洲和西亚北非东亚的一部分,其他各处大都就包括在接合语的范围。这样看来,形态学的分类法,虽然我们区别语言的组织的时候,不得不引用到它,而在实际应用上自然有很多的不便,往往须另外采取别的分类法。于是有根据人种来分别语言的,有根据政

治来分别语言的，有根据地域来分别语言的，但是人种、政治、地域的异同，和语言的分合，只有相当的关系，不能纯粹用它们来作类别语言的标准。现在一一分述如下。

我们平常往往用人种的名称来指明语言；例如条顿民族所用的，就说是条顿语；拉丁民族所用的，就说是拉丁语；斯拉夫民族所用的，就说是斯拉夫语等等。似乎人种的分别和语言的界划是两相一致语。但是我们要是纯粹根据人种来类别语言，必定先要确定人种上的区分。可是人种的区分，本身已经很难得确定的标准。有根据地域来分的，有根据肤色来分的，有根据毛发的形状来分的，有根据脑腔的大小或腮骨的状态来分的，在人种学上还没有一致的成说。或者就用语言上纷歧的现象来作判别人种的根据；那末，语言的分类，正是人种区分上一种佐证，并不是完全由人种的区分上发生的。在事实上，原来不同的语言可以互相融化的，原来相异的血统可以互相混合的，因之人种的分合和语言的分合两者并不相一致。同人种而用异语的，如巴斯克人属于印度日耳曼族，而巴斯克语和印度日耳曼语绝不相类。爱尔兰和威尔斯地方的盎格罗萨克森人，却用克勒特语。也有异人种而用同语的，如英格兰地方的克勒特人却用英语，东三省的满族已经用汉语了。所以语言的分类不应当以人种的区分为唯一的标准。

有时我们也用政治的名称来指明语言；例如说英国人用英语，法国人用法语之类，好像国家的对立就是语言的对立，一个政治的团体必定有一种国语来做代表。我们承认政治势力的扩张和语言的传播确有密切的关系，例如古代罗马帝国里的通行拉丁语，近世英、法、西、葡诸国殖民地的通行英、法等语。但是政治的演变和语言的分合，并不像形和影那样相随。最显明的例，如古代罗马帝国的东部，还是通行希腊语，现今美洲非洲的土人还是保存它们的各种土语，南洋地方仍保存马来语；所以有同属一国版图之内，而语

言上绝不相类的，也有分做两国而语言上绝端相似的。如西班牙和葡萄牙，瑞典和挪威，两国的语言正像两种方言的差异一样，所以语言的分类也不应当以政治的划分为标准。

有时我们也用地域的名称来指明语言；例如说非洲语、美洲语以及西藏语、缅甸语之类。我们承认根据地域来分别语言，在交通隔绝的情形，很可以通用；现在交通的工具渐渐发达，民族的往来接触，是很灵便了，政治的融合，文化的交流，也很容易了。例如北美洲已经通行了英语，南美洲诸国已经通行了法语、西班牙语；这种现象就可以证明语言的分化和融合并不受地域的限制。而且语言错杂纷歧的现象不必定和地理上自然的区分相合，欧洲和印度等处不能完全定为印度日耳曼语的区域，亚洲的东南部不能完全定为印度支那语的区域。所以语言的分类也不应当以地域的界划为标准。

系统的分类法　形态学的分类法既然不合于通常的实用，而人种、政治、地域等等，又不能纯粹作为区分语言的标准，我们只有应用比较的方法，将世界上各种语言作一番系统的历史的研究，就是依据各种语言的语根、语法等，又参证于人种上的区别，历史上和地理上研究的结果，以考明它们彼此间的关系，推求它们演化的系统。这种研究就是比较语言学（参看本文的一（一）），依据比较语言学来区分语言，就是“系统的分类法”（genealogical classification）；就是寻出各种语言的“母语”，分别综合许多有关系的语言成为各种“语系”（language branch），同属于一种语系里的语言，就是从这种语系的母语上演化出来的。再把许多有关系的语系综合成为各种“语族”，同属于一种语族里的语系，就是从这种语族的母语上演化出来的，这里且举一个简单的例，以便说明。我们把意大利语、法语、西班牙语、葡萄牙语里“七”“十”“父亲”三个语词来比较：

意大利语	法 语	西班牙语	葡萄牙语
sette	sept	siete	sete
dieci	dix	diez	dez
padre	père	padre	padre

我们就可以知道这些语言的这三个语词是从拉丁语的“septem”“decem”“pater”演化而来的;拉丁语是这些语言的母语,它们应当归属于拉丁语一系。我们再把英语、拉丁语、希腊语和梵语的三个语词来比较:

英 语	拉丁语	希腊语	梵 语
seven	septem	èptá	saptá
ten	decem	déka	daça
father	pater	patēr	pitá

我们又可以知道英语、拉丁语、希腊语和梵语这三个语词也是从一种母语上演化而来的,这种就是原始印度日耳曼语。它们应当归属于印度日耳曼语族(详见本文的六(二)),系统的分类法就是这样的把世界上各种语言综合成为许多语族语系,凡是系族不同的语言,认为是由各别的母语演化出来的,就把它们列为异类。这种分类法,和形态学的分类法对于语言的观察点彼此不同:形态学的分类法注重在语言表现的“方式”(method),系统的分类法注重在语言表现的“材料”(material);前者以语词组织的形式为根据,后者却以语根和语词演化的历史为根据。不过后者的分类也有时参证形态学上的分类,并包含人种、政治、地域上的分类,并非纯粹依据于组织语言的材料。所以系统的分类法,可以说没有执持单一的标准,以划定语言的类别,而是参互错综,精细辨别语言各方面的异同,然后决定各种语言所属的系统。所以系统的分类法能够综集各种分类法之所长,而对于实用上也很便利,因之一般都愿意采用它。

(二) 世界语言的系统及其演进的趋势

八大语族和所属的语系 依照系统的分类法,大致把世界上的各种语言分为八大语族,每一语族下面又分为几种语系;结果可以表示世界语言的系统。现在把这八大语族和它们所属的语系,语言分述如下:

1. 印度日耳曼语族(Indo-Germanic family)。印度日耳曼语族里又可以分为八语系:

(1) 印度伊兰语系(Indo Iranian branch)。古代印度语,如吠陀语(vedic)、梵语(Sanskrit)等,以及中世近世的印度语,是属于印度语的一支。古代伊兰语,如古波斯语、阿味斯坦语(Avestan)等以及中世近世的波斯语,是属于伊兰语的一支。

(2) 亚美尼亚语系(Armenian branch)。古代、中世、及近代亚美尼亚语属之。

(3) 希腊语系(Greek branch)。古代希腊语的许多方言以及中世、近世的希腊语属之。

(4) 阿尔巴尼亚语系(Albanian branch)。亦称伊里利亚语(Illyrian),通行于阿尔巴尼亚等处。

(5) 拉丁语系(Latin branch)。亦称罗马语系(Romanic);古代意大利地方,除拉丁语外,还有奥斯坎语(Oscan),犹木布里亚语(Umbrian),现在已经消灭了。现今罗马尼亚语、意大利语、法语、西班牙语、葡萄牙语以及布罗温斯语(Provençal)都属于拉丁语系。

(6) 克勒特语系(Celtic branch)。现今加利亚语(Gallia)及英国的威尔斯语(Walsh)、爱尔兰语(Irish)等属之。

(7) 日耳曼语系(Germanic branch)。亦称条顿语系(Teutonic)。

内分东日耳曼语、北日耳曼语、西日耳曼语三支。哥特语(Gothic)等属于东日耳曼语;瑞典语、挪威语、丹麦语、冰洲语等属于北日耳曼语;英语低部德语(Low German),高部德语(High German)以及佛里斯兰语(Frisian)等属于西日耳曼语。

(8) 波罗的斯拉夫语系(Balto-Slavic branch)。亦称斯拉夫立陶宛语系(Slavic-Lithuanian)。立陶宛语(Lithuanian)、俄语、保加利亚语、波兰语等属之。

2. 闪含语族(Semito-Hamitic family)。内分闪语(Semitic)、含语(Hamitic)二系。古代的叙里亚语、亚述语、巴比伦语、希伯来语、腓尼基语以及现今阿拉伯语都属闪语系。古代的埃及语及现今的柏柏语(Berber)等都属于含语系。

3. 乌拉尔阿尔泰语族(Ural-Altaic family)。内分乌拉尔语的撒摩耶语系(Samoyedic),芬诺乌克利亚语系(Finno-ugric),阿尔泰语的土耳其语系(Turkish),蒙古语系(Mongolian),通古斯语系(Tunguse)等。北冰洋沿岸等处通用撒摩耶语。芬兰语、匈牙利语等属于芬诺乌克利亚语系。土耳其语分派很广,行用于地中海、西伯利亚之间。蒙古语行用于中国、蒙古及西伯利亚。通古斯语行用于中国、满洲及西伯利亚东北部。至于日本语和朝鲜语究竟应该隶属于乌拉尔阿尔泰语族,或者应该另外列成一种语族现在还没有得到一致承认的定论。

4. 印度支那语族(Indo-Chinese family)。内分西藏缅甸语系(Tibet-Barmese)、中国暹罗语系(Siamo-Chinese)。西藏语、缅甸语属于前者,暹罗语等以及中国地方各处方言属于后者。

5. 马来坡利尼西亚语族(Malayo-Polynesian family)。内分印度尼西亚(Indo-nesian)、坡利尼西亚(Polynesian)、密拉尼西亚(Melanesian)等语系。斐律宾爪哇及马来半岛等处土人所用的语言属于印度尼西亚语系。太平洋诸岛土人所用的语言属于坡利尼

西亚语系，澳洲及附近诸岛土人所用的语言属于密拉尼西亚语系。

6. 非洲语族（African family）。亦称班图语族（Bantu）。就是非洲东部中部西部这些地方土人所用的语言。

7. 德拉维达语族（Drovidian family）。印度南部及锡兰岛等处属于这种语族。

8. 美洲语族（American family）。就是指北美、中美、南美各处土人所用的语言。

上列八大语族之外，尚有未曾考明它们所属的系族的，如日本语、朝鲜语、日本北部的虾夷语、法国及西班牙交界处所用的巴斯克语（Basque）以及里海黑海间的高加索语。等到比较语言学完全发达之后，或者对于世界上各种语言的系统也可以全部明了了。

三段进化论　我们说过，系统的分类法和形态学的分类法并非对立的，可以并行而互用的，我们就可以把上面所列的八大语族归纳于形态学上所分的三类当中。大概印度日耳曼语族和闪含语族里的各种语言是属于变形语，印度支那语族是属于孤立语，其他各种语族的语言都可归属于接合语的一类。原来语言的优劣，须要看世界上语言演进的趋势和语言本身表现的方法来决定，不能抱着民族心理上的偏见。可是十九世纪西洋一班语言学家，因为他们自己是属于印度日耳曼语族，习用了变形语，就认定它是高等民族所用的。又因中国语的性质和印度日耳曼语族的变形语，正相反对，就以中国语没有变形作用，乃是初等民族所用的。司奈嚇一派主张形态学的分类的，就以为形态学上所分的三类就是表示语言演进上的三个阶段。孤立语里的语词，在语句上各个独立纯为“无机的”（inorganic）结合；变形语里的语词有形式变化来显示语句上的关系和功用，是“有机的”（organic）结合；接合语介于两者的中间，孤立语最初等，变形语最高等。接合语介在中间，这是“三段进化论”的主张。司奈嚇之外如希勒格、波普、米勒等都是这

种学说的主张者。他们这种学说的由来，纯出于民族心理上的一种偏见，他们说是孤立语为家族生活的民族所用的，接合语为游牧生活的民族所用的，变形语乃是有国家组织的民族所用的。他们既然把中国语列为初等，同时又把中国人列为家族生活，尚未开化的民族，把中国数千年开化的历史一概抹煞，说中国的文化和语言，都是停留着太古幼稚的状态。但是他们也自己觉得这种学说和实际的情形有很多的矛盾，于是又把人类语言的演进划成两个时期：人类未有历史以前，语言是依着这三段而进化的，一到了历史时间，语言便有颓败和堕落的趋势；三段进化论就一变而为"语言退化论"了。

原始中国语为变形语说　我们现在试来观察中国语演变的历史，果真中国语是停留着太古的状态吗？原始中国语究竟是和现今一样的属于孤立语吗？中国语和西藏语同属于印度支那语族，我们可以用古代的西藏语来和中国语比较，以窥见这语族原始的性质和状态。我们很幸运的，六七世纪以来，西藏语已经有了标音文字的记载，当时西藏语确具有变形作用，并非纯粹的孤立语。我们很有理由可以推想中国语和西藏语未经分离以前，原来也是一种变形语，后来中国语逐渐发展为现今孤立的性质。据瑞典高本汉(Berhand karlgren)研究的结果，古代中国语里的代词，确实保存着位格的形式变化。他把《论语》《孟子》《左传》等书里"吾""我""尔""汝"等字的应用作一番统计，以为《论语》等书是代表古代鲁国的一种方言，原始中国语的残迹，在别种方言上已经泯没了的，在这种方言里或许还遗留着。他的结论是：

主位的"吾"，相当于英语的"I"，六世纪时读为[ŋuo]；

宾位的"我"，相当于英语的"me"，六世纪时读为[ŋa]；

主位的"汝"，相当于英语的"thou"，六世纪时读为[njiwo]；

宾位的"尔"，相当于英语的"thee"，六世纪时读为[njia]。

上世中国字的音读，现在未曾完全考证明白，但是根据已经考出的六世纪的音读来作比证，就可以知道上古中国语的某种方言，把“吾”和“我”，“汝”和“尔”分别应用，就是一种变形语的残迹（参看本文的四（二））。因为“吾”“我”等字，在现代音读上虽然看不出形式变化的现象，在六世纪的音读上，就显然表示出来了。（参看 Journal Asiatique，1920，205 ff.“Le Protochinois，langue flexiounelle.”）原始中国语既然是一种变形语，那末，现今中国语孤立的性质，正是几千年来演变的结果，并非停留着不进，更非停留着太古的状态。据中国语演变的现象，正是由变形语进向于孤立语，事实上正是和三段进化论所假定的步骤适得其反。

语言退化论 我们再来观察印度日耳曼语演变的历史，果真也有同样的趋势吗？世界语言的变迁，其倾向大都是由综合语而趋于分析语，因为语言的应用，在思想表现的明确；分析语表现的手段，比较显明简单，没有错杂纠纷的弊病，所以世界上语言有演进于分析语的趋势；这种在印度日耳曼语族里最为明显。例如英语，到了现代已经大半成为分析语了；现代英语里有许多原来的接尾语，已经演成为独立的语词，如“less”“full”“ship”，渐由语词形式上的成分而变为独立了。现今英语表明过去时的动词形式，单数和多数并没有分别，例如“I found”“we found”，而在十三世纪的英语上是有分别的，“it found”“we foundon”。又古英语上，名词的位格，形式上有间接直接的区别，现在统已消失了（参看本文的四（一）及四（二））。动词名词的形式日趋于简单，种种意义的变化，常用语词两个以上的联属来表明。如宾词的间接受位，用介词“to”来表明，这种就是趋于分析的倾向。不但英语上是这样，即从前的梵语和较后的希腊语拉丁语，往时的拉丁语和现代的法语、意语，两两相较，印度日耳曼语的变迁，无不有趋于分析语的途径：一方面语词形式的变化日就减少，一方面语句上语词的序次日形

重要。可以见得印度日耳曼语演变的趋势，也是由综合进于分析，由变形进于孤立，事实上也正是和三段进化论所假定的步骤，适得其反。于是主张三段进化论的学者见了这种事实，和他们所持的学说有矛盾的现象，于是另外立出一种语言退化论，想设法以自圆其说。他们以为语言的发展，是到了人类历史创始时期就停止了。因为历史创始，语言就有了记录，有了记录，语言的发展就停止着前进，有史以后的语言，实为颓败堕落时期；他们以为印度日耳曼语的变迁史，是一部语言退化史，无非零落凋残的状态。至于为何以变形语认为是最高等的语言，他们始终未曾有明确的解释；他们所以创立这种学说的，始终只是出于民族心理上的偏见。他们因为要尊重自己的民族，就推举印度日耳曼语为最高等，而贬斥和它性质相反的中国语为最初等，又见到事实和学说的矛盾，就不惜将全世界的语言归于退化的过程中。

语言进步论　从古代语演变为现代语，究竟还是进步的现象呢？还是退步的现象呢？耶斯拍孙氏（Otto Jesperson）首创“语言进步论”（参看耶氏著 *Progress in Language*），一变十九世纪以来谬误的观念。耶氏以为古代语和现代语各有特别性质，因此推求语言变迁的倾向；据理推断，这种倾向，是趋于有利益方面，就是进步的现象。综括现代语的优点：（1）语词形式比较简短，学习所需的时间和精力比较经济。（2）形式的变化简单，记忆的担负就要减轻。（3）语词形式既然变化很少，使语言易有规则。（4）语句的组织也较有固定的原则。（5）语词离开接添语而独立，意义的表现较为便利，减却造句的困难。（6）综合语里措词的方法多笨拙赘累，现代语上多已废除。（7）语句上语词有固定的序次，发言者和听受者之间意义容易了解。各种语言里虽然进步迟速不等，而文法简省，形式单纯，实在为世界语言共同的倾向，凡有历史可稽的语言，都以应用便利，表现显明而日趋于单纯化的。近来语言学家以为古代语

布置比较周密，现代语比较疏漏；但是周密疏漏，必以意义的表现适可而止；现代语的疏漏，往往有他种较便利的方法来补救；两者相较，还是近代语比较合于实用。从耶氏的话看来，可以知道语言由综合而进于分析，乃是进步的现象；十九世纪的学者所说孤立语最初等，变形语最高等，正是适得其反。我们应当说抱合语、复综语最初等，变形语、接合语次之，而孤立语最高等。

中国语的价值　世界上的语言，既然有趋于分析的趋势，而且这种趋势是语言进步的现象；中国语既然是分析语的极则，就可以说是世界上最进步的语言。从前学者以为中国语里语词的形式，没有人称、时间、数目、性别、位格等的差别，没有形式的变化，块然不变，好像生物的原形质，就认定中国语为太古语的标本。其实他们还没有知道中国语的特性，只就语言的外表上观察，所以他们的结论，陷于错误。中国语名为孤立语，而实际上语词在语句中，正是有机的结合，决非各个孤立的。语词的品性和意义在全句的总意义上自然显现；没有时间、数目、性别、位格、人称等等的差别，决不致于含糊相混。胡以鲁《国语学草创》谓此种作用，乃是“借联想或类推作用，彼此相连，或彼此相限，起关系上包晕之感”。种种变形作用，在中国语上看来，正是画蛇添足，无存在的必要。因为中国语没有变形作用，所以语句上语词的序次特别重要。如“春风风人”“夏雨雨人”“推食食我”“解衣衣我”，两个相同的语词叠用，词性上的区别自然在序次上看出来(参看本文的四(三))。古代中国语上，尚有语词的序次颠倒错乱的，后代归于划一了。这里可以引据章炳麟叙述胡以鲁的话来作证：

语言之成，无过综合、分析二端，以综合成名者，希腊、印度为最上，以分析成名者惟中国为完备；西方英语亦近焉。……婴儿之语先动词，后名词，盖客体先现，而主观次之；

有从此例以成排列者，其语言皆非进化者也。上世国语亦有次第颠倒者，若云“室于怒，市于色，野于饮食”。汉魏已来涤除殆尽，而他国皆不能比其长。(《国语学草创序》)

中国语上往往利用序次来表明意义的内容；这里又可引《公羊传》里的一段来作证：

《公羊传》僖十六：

《经》：“陨石于宋五。六鹢退飞过宋都。”

《传》：“曷为先言陨而后言石？陨石记闻：闻其磌然，视之则石，察之则五。曷为先言六而后言鹢？六鹢退飞，记见也：视之则六，察之则鹢，徐而察之则退飞。”

这可以见得中国语里序次的重要，因为表现措辞学上的关系，既然没有语词的变形作用，自然不用语词的互相适应和统属等方法来表明，只是利用先后的序次来显示实质意义的变化（参看本文的四(三)）。这种就是代表中国语比较其他各种语言进步的现象。现代英语也很有和中国语相近的趋势，我们因此可以知道世界上语言进化的倾向，以及中国语在这种进化上处于何等地位了。他们看中国语孤立的状态，就列中国语为最初等，实在没有明白中国语的真价值；而孤立、接合、变形三段进化说，也就不攻自破了。我们再来观察世界语言各种演变的现象。

问题

1. 孤立语、接合语、变形语三者，如何区别？
2. 综合语和分析语的异点何在？
3. 比较语言学和语言的分类有何关系？

4. 试略述世界语言的系统。
5. 三段进化论在事实和理论两方面可以成立否?
6. 原始中国语仍为孤立语否?
7. 中国语言在语学上的地位若何?
8. 古代语和现代语的比较,以见世界语言的演化趋势,可认为是退化? 抑为进步?

参考书

1. W. D. Whitney: *The Life and Growth of Language*, chap. IX, X, XII, XIII, *Britinnia Encyclopedia*, *Article on "Philology"*.
2. T. G. Tucker: *Natural History of Language*, chap. IV, V, VI, VII, VIII, IX, X.
3. E. Sapir: *Language*, chap. VIII.
4. O. Jesperson: *Language, Its Nature Development and Origin*, Book IV; *Progress in Language*.
5. H. Sweet: *The History of Language*, chap. VI, VII, VIII.
6. R. G. Kent: *Language and Philology*.
7. W. M. Thoma: *Language in the Making*.
8. I. R. Firth: *Speech*, chap. VII, VIII, IX.
9. Lefeure: *Race and Language*.
10. 新村出:《东方言语史丛考》。
11. 胡以鲁:《国语学草创》《言语学讲义》。
12. 林语堂:《语言学论丛》。
13. 金兆梓:《国文法之研究》。
14. 冯承钧译:《原始中国语为变化语说》(《东方杂志》二十六卷第五期)。

15. 雷通群译:《言语学大纲》第二章,第五章。
16. 沈步洲:《言语学概论》第七章,第八章。
17. 张世禄译:《中国语与中国文》。
18. 张世禄:《语言学原理》第八章。

六、语言的演变

（一）语言自身演变的原则

语言演变的原动力　语言既然是民族社会上的一种习惯，人类文化生活的一种成分，语言的本身，自然离不了历史的变迁（参看本文的二（二））。我们看了周、汉人所作诗赋上的韵语，很不合于唐、宋时候的韵书；唐、宋时候的韵书和“三十六字母”，也不合于现今的国语标准音。我们看古书上所用的字义和现今通行的字义有很多的不同了；文言上词句的组织和现今白话上的也有许多的不同了。我们再把近世英语和中世及古代的英语比较一下，就可以知道它们各个语词的形式和意义以及语句的结构，彼此间都有很大的变异。我们再从地域上去观察，同是属于中国语，北平地方的发音习惯和上海地方、广州地方很有差别。同是属于英语，伦敦地方的音和纽约地方也很有差异。可是我们这里所说的还是最显著的例子，实际上语言是无时无地不起变化的（参看本文的二（二））。有许多变化我们没有留心观察；或者没有确实的记载，未曾引起大家的注意，我们常置之度外不管——实际也管不了许多。但是我们总要知道，语言正和人类的生命一样，随时随地有死亡，有生长，随时随地要起新陈代谢的作用。我们千万不要把语言看做固定不移的东西。我们所谓“死语”（dead languages）和“活语”

(living languages)只是一种相对的名辞。“经典”(classics)上所记载的文辞可称死语了,而现代的欧洲人和中国人常常掇拾希腊、拉丁古语、中国古语来表现新奇的事物。即使现代新出的语词或许因时移境换,不久也就成为明日黄花了。所以世界上无论那一种语言,我们从整个的系统上看来(参看本文的五),总不是绝对的固定的,而是秉着历史的遗传,常常在迁流不息之中。

语言的形成,既然出于民族社会上各个人相互间的模仿作用;语音和意义两者间能够产生了一种密切的联想关系,是由于各个民族社会当中彼此互相仿效而形成为一种习惯。可是模仿是不能完全精确的,模仿是要迁就社会大群的公共趋向,而另一方面总难免不受各个人的偏性或各个小群的特殊情形的牵制,同时民族社会当中各种人物一代一代的新陈代谢;应用语言的人民也正在不绝的在那里新旧交替,所以语言的向心力和离心力同时并存;语言的保守性固然存在,而语言变异的进行也无时或已。或者创作一些新语词,或者对于某些语词发出特殊的音读,或者对于某些意义具有特殊的表现形式。这类就是语言的新变化。假使这种新变化只是出于个人或某种团体的冲动,不能迎合民族社会的趋势,不能得到大多数人的附和,那末,这种变异的进行,也就倏起倏灭,对于语言的演化上并无何等影响。反之,假使这种新变化很能得到民族社会上的欢迎,大多数人居然常常引用而形成为一种联想的新习惯,那末,这种语言上的变化就成立了(参看本文的二(二))。例如英语“stone”一类字里的“o”(长“o”),中世英语本是读[ɔː],到了近世纪初年渐渐读成[oː],现今已变为[ow]了。可见英语里“ō”音的变迁,是依着合口的倾向进行的。常时读“ō”的,或稍开,或稍合,具有许多种变化,可是只有稍合的音很受多数人的欢迎;于是英语里“ō”音合口的倾向最足以迎合社会的心理,这种变化也就显现出来了。语言上大多数的变化最初总是很隐微的,偶然间产生

的，积久渐成显著的确定的习惯。“作始也简，将毕也巨”；这是历史上一切演变的公例。

从上文看来，社会上不论哪个人都可以有促进语言演化的力量，同时也有力量足以保守固有的习惯，阻止语言的变迁。不过有一部分的人物，他们的力量影响于语言演化是比较显著的，如教师、演说家、著作家、戏剧家等。但是语言上无论哪种变化，终究不是单靠个人的力量所能办到的，必须要经过民族社会的承认，得到群众的附和才能成立。语言演变的原动力，总是出于民族社会的全体（参看本文的二（二））。某种变化的产生，决不单是由于个人或少数人的冲动，而必须经过民族社会融化的程序；因之语言演变的进程总是渐渐的，不是急剧的。语言的演变，在个人的心理上总是随着民族社会习惯而迁移；除出几个观察力极强的以外，大多数的个人总是处于不自觉的地位。

语音的演变　我们现在举出英语“university”这语词做个例子，这个语词正式的读法是[junivəɹsiti]；可是实际上读为[jĕviɹsti]比较简单得多，平素也不大觉得。久而久之，也许这种读法认为正式的了，于是这个语词的形式就变化成功了。我们说过，语言是用语音来表现意义的，音读是语言的形式，意义是语言的内容（参看本文的一（一））。语言的演变，或者单是音读形式上的变化，不关于意义的；或者单是意义内容的变化，不关于音读的；或者又因意义上类比的关系，使音读上演成相似的形式。我们就根据这三方面来说明语言演变的现象。

“语音的变迁”（phonetic change）是语言演化的历史上一种最显明的事实；可是单属于发音习惯和音读形式的一方面，对于意义的变化有没有同时并进，总是处于各不相干的地位；对于意义上显示的效用发生怎样的影响，也没有顾虑到。我们推究这方面演变的原因，可以得到了下列的两类：

1. 语言既然是人类表现的一种工具，这种工具当然是愈简单愈便利的愈合于实用。在音读上也必定向着劳力和时间的经济一条路上走，或者使冗长的形式化为简单，或者使难读的音变做易读；可以说是语音的“单纯化”或“简易化”（simplification or easing）。

2. 语言既然是民族社会的一种习惯，习惯的迁移，当然也可以从语音系统里各种演变的倾向上来看。语音系统上由某几种音变成另外几种音。有时我们不能根据一般语言的趋势来说明，我们只能认定某种语言的倾向是如此的；这可说是某种语言的“发音习惯”（pronunciation-habits）。

因发音习惯的倾向所发生音变的现象，属于某种语言整个系统上的变化，比较齐整有规律的，往往可以归纳成功几种条例来说明，就是通常所谓“语音的法则”。至于因语音趋向于单纯简易而发生的变化，乃是一般语言普遍的趋势，并非某种语音上特殊的倾向，随时遇合于需要的情形，随时可以发生的。我们可以把这两类的语音变化分开来说，但是有一点应该注意的，这两类的变化并非分离隔绝的，常常是互相影响，互相促进的，例如英语“bishop”这个语词是从希腊语“episkopas”那个语词变来的，因为英语的发音习惯，常常重读起首的音缀，所以把重读的音缀前面第一个音失落了。（这个语词法语为“évèque”，因为法语的发音习惯常常重读末尾的音缀，没有把第一个音失落了。）这可以说是语音的单纯化由于某种发音习惯促成的。又如国语上“古”“公”“过”“各”等字，属于“ㄍ”母；“居”“久”“旨”“纪”等字，属于“ㄐ”母；前一类属于舌根音，后一类属于舌前音。可是这些字从前同属于三十六字母里的“见”母，都因当属于舌根音[k]；因为后一类的字里包含有[i]，[y]的前元音（就是所谓“齐齿呼”“撮口呼”的字），使舌根音归于舌前化（参看本文的三（一）），而变为舌前音[$\widehat{cj}$]。所以国语上“ㄍ”“ㄎ”

“厂”“兀”诸母的字，都是没有[i]，[y]的前元音的；就是所谓“开口呼”“合口呼”的字，“ㄐ”“ㄑ”“ㄒ”“厂”诸母的字，都是包含有[i]，[y]的。原来同是一种音，因为在许多语词里受了前元音[i]，[y]的同化作用（参看本文的三（一）），就变做二种音；这又可说是语音的简易化促成了某种发音习惯的。

语音的单纯化或简易化，又可以分做下列的几种来说：

1. 音素和音缀的失落　音素和音缀的失落就是语词形式的“节缩作用”（syncopation），把繁复冗长的音读化做简单，例如英语“knight”原来读[kniçt]，现在读为[naĕt]，把当中[k]，[ç]二音失去了。在末尾的辅音或元音更容易失落，例如现今法语末尾的“f, b, p, d, s, t, z”，常常是不读出的。英语末尾的“e”也常常没有音的。中国“入声”韵诸字本来是收有[p‘]，[t‘]，[k‘]的，现今除一部分方言中还有保存着以外，统已被遗失了（参看本文的三（一））。轻读的音缀也容易失落，例如国语“干甚么啊？”（ㄍㄢㄕㄣㄇㄛㄚ）节缩成为“干么？”（ㄍㄚㄇㄚ），因为当中“干”“么”比较读重，所以没有受了缩减，其余轻读的音都失去了（参看本文的三（一））。这种情形对于语源学的研究上非常重要。如拉丁语“historia”“hydropsis”变成英语的“story”“dropsy”，把第一个轻读音缀失去了。

2. 邻近音的趋同　邻近音的趋同就是音素的“同化作用”（assimilation），把原来相异的音变做相同。因为音素的互相拼合：彼此要是发音的部位和情状过于相异，就觉得费力不容易读出；这时要节省发音的劳力，也可以把部位或情状相异的变做相同。例如德语“ich”原来是读[ʔix]，当中的[x]因为受前部母音[i]的同化，就变做[ç]，所以现今读为[ʔiç]了（参看本文的三（一））。又如英语“stones”现今读为[stownz]，因为受[n]音的同化，把原来的[s]变做[z]了。这种情形在语源学上也很重要，如英语原来

的“wifmen”变成“wimmen”又变成现今的“women”；拉丁语“nutrire”变成现今法语的“nourrir”，把当中原来相异的音变做相同了。

3. 邻近音的趋异　邻近音的趋异，就是音素的“异化作用”(dissimilation)，把原来相同的音失去或变做相异。因为拼合的音素要是彼此发音的部位和情状过于相同，连续在一种部位或情状上发音，也觉得费力不容易读出。例如英语“peter piper picked a peck of pickled peppers”这一类的语句，容易变成“peter pi ... cked ...”或者“peter piper ticked ...”这也是所以节省语言的劳力的。异化作用正和同化作用相反，一种是使相异的音素趋于相同，一种是使相同的音素趋于相异；但是要免除发音的劳苦，正是一样的效用。例如古代希腊语“amphiphareus”变成后来的“amphareus”，古代拉丁语“stipipendium”变成后来的“stipendium”，这是把当中相同的音失去了的(这种或者也叫做“hoplologies”)。又如古代希腊语“théthnāke”变成后来的“téthneke”，拉丁语“peregrinus”变成后来的“pelegrinus”，这是把当中相同的音变做相异的。

4. 邻近音的颠倒　邻近音的颠倒，就是音素“位置的转换”(metathesis)，把音素原来的位置交换一下。因为精确的模仿总是要费了一番劳苦，于是只取得发音的相似，足以表示意义就算了，无意间把音素原来的位置交换一下，也毫不在意。这种也可说是“发音的疏懈”(phonetic looseness)，也是由于劳力经济的原因。例如英语上从前的“ax”变成现今的“ask”；从前的“waps”变成现今的“wasp”；从前的“thridda”变成现今的“third”；这种情形在坡里尼西亚语里很为普通，例如“namu”(毒蛇)变成“manu”，“volaau”(叫唤)变成“lovaau”，都是把音素原来的位置调换过了。

5. 音素的增加　音素的增加就是“流音的发展”(development of glide-sounds)；所谓流音就是两种相异的音素拼合时候中间流

转的过渡音(参看本文的三(一));流音的增加,乃是因为两种拼合的音素过于不同,发音机关的某个部位或某种情状流转到另一个部位或另一种情状,也觉得十分劳苦,于是把介于这两个部位或两种情状的过渡音插入它们的中间,可以减少一些流转时候所费的气力,例如从前希腊语的“anres”变成后来的“andres”,从前拉丁语的“genre”“tenre”“Cenre”变成法语的“gendre”“tendre”“cendre”。又如从前英语“humle”变成后来的“humble”,从前的“getimre”变成后来的“gotimbre”,中世的“thunre”变成现代的“thundre”,这些增加的音素,原来都是拼合两音中间的流音;因为这拼合的两音很难读出,增加了这两音中间的过渡音,就把难读的变为易读的了。

以上所举的五种音变,都是语音的单纯化或简易化,都是由于发音上时间经济或劳力经济的原因。可是这些现象我们所认为是合于人类语音变迁一般的公例的,并非某种语音系统上特殊的倾向。还有许多音变的现象,我们往往不能根据这种公例来解释,由某音变为某音,我们只能认为是某种语言的发音习惯是如此的。例如英语里的长元音“ā”“ō”“ī”等,都有“复音化”(diphthongization)的倾向。原来是单个的长音,现今都已经变成复音了,这个可以用下表来说明:

中世英语	近世初期	十八世纪	现今英语	
[na:mə]	[nɛ:m]	[ne:m]	[neɹm]	“nāme”
[drɛ:m]	[dre:m]	[dɹi:m]	[dɹijm]	“dream”
[stɔ^{T}:n]	[stɔ:n]	[stɔ:n]	[stown]	“stone”
[mo:d]	[mo:d]	[mu:d]	[muwd]	“mood”
[wi:n]	[wejn]	[wɛjn]	[waĕn]	“wine”
[hu:s]	[hows]	[hɔws]	[haŏs]	“house”

又如中国语上,从前的[b\`],[d\`],[g\`]等暴发浊音(就是三十六字母里“并”“定”“群”诸母),除了一部分方言里还保存着以外,现代

国语里统已变做[b̥],[d̥],[g̊]或[pʻ],[tʻ],[kʻ]等暴发清音(就是注音符号上的[ㄅ],[ㄉ],[ㄍ]或[ㄆ],[ㄊ],[ㄎ]诸母)了(参看第三章第一节)。这类情形,我们在某种语言的系统上看来,似乎是很有规律的;因为某一类音变的倾向,已经成为某种语言的习惯了。我们对于这种语音系统上的倾向,往往可以归纳为几个条例来说明。

语音法则　这一类的条例,语言学上叫做"语音法则",是用来说明语音系统上变迁的倾向的,语音法则这个名辞,我们千万不要误会,以为是具有普遍性的;一种法则只是在某种语言里某一类的音。而且在某种情形之下,通常所发生演变的现象一种说明罢了。例如上文所举英语里长元音复音化的情形,只限于英语里是如此,别种语言里并不定须有这种习惯;而且英语里也只限于长元音上是如此,短元音上并没有这种变化。格黎牧氏研究印度日耳曼语的系统,发现着几个音变的规则,以为原始印度日耳曼语[p],[t],[k]的音,在日耳曼语变做[ł],[θ],[x];原始印度日耳曼语的[bʻ],[dʻ],[gʻ]变成日耳曼语的[b],[d],[g];又原始印度日耳曼语的[b],[d],[g],变成日耳曼语的[p],[t],[k];这几条就是著名的格黎牧法则(参看本文的一(一))。我们再从日耳曼语的系统上去考察,又可以知道格黎牧氏这种法则,它们适用的范围是很有限制的,第一,语言上有许多"摹声的语词"(onomatopoetic words),是直接从自然的音摹仿得来的,并不受语音法则的支配;例如英语的"cuckoo""how-wow"等。第二,日耳曼语上这几种辅音变迁的法则,并不适用于辅音和辅音拼合的情形中;例如拉丁语的"stare",就是英语的"stand";拉丁语的"specio"就是英语的"spy",拉丁语的"hostis"就是英语的"guest";当中第二个辅音"t""p"等仍旧保持着不变。第三,格黎牧法则只合于语词起首及重音以后的辅音,至若在重音以前的辅音,也没有依照这种法则的变化,例如

原始印度日耳曼语的“* k̂lūtós”(凡是语词上有“* ”记号的，表明这个语词的形式，是用比较的方法推求得来的，并没有确实的记载流传下来。参看本章下节)，希腊语的“klutos”，拉丁语的“clutus”，在日耳曼语上并不是“* hluth”而是“* hlud”(就是英语的“loud”)，这是因为原来“t”音在重读音缀以前而又不在语词起首的缘故。第四，有许多后来“借贷的语词”(borrowed or loan words)也不受语音法则的支配；例如英语的“pain”“dish”“pit”“candle”是后来从拉丁语上(“poena”“discus”“puteus”“candela”)借贷得来的，并不是原来日耳曼语里固有的语词，所以起首那个辅音并没有变化(详见本文的六(二))。第五，格黎牧法则，只是适合于某个时期，后来继续的音变，往往不能适用原来的规则，例如原始印度日耳曼语的“* tey”“* u̯ey”变成古代英语的“thak”“wak”；可是后来又变为“thatch”“watch”了。第六，又如原始印度日耳曼语的“* k̂lūlós”，“* dek̂m̥”变成日耳曼语的“* hlud”，德语的“Zehn”；可是现代英语上又把“h”音失落，成为“loud”“ten”了。因为语音的变迁，除了依据语音系统上习惯的倾向以外，有时还要依据着一般变迁的原则，使音读归于单纯或简易的。我们从上文看来，可以知道语音法则的应用，只是限定于某种语言里，在某个时期而且在某种情形之下，用来说明几种音变的规迹的。在比较语言学上，我们可以根据它们来说明各种语音系统变异的由来，而证实同族或同系语言分离的情形(参看本文的五(一))；我们切不可误认为普遍的法则，而把它们作为科学的律例来看待。因为某种发音习惯的倾向，也只是历史的一种事实罢了；某种事实的归纳的说明，和一般普遍的原则，在应用的范围上总应当分别的。所以我在上文把语音的单纯化或简易化和某种发音习惯的倾向分做两方面来叙述。

类比的演变　语音法则这个名辞虽然不很妥当，可是能够给我们一个很好的启示，就是这些变迁的现象，只是关于语音的，并

不关于意义的内容。假使语词形式上因意义的关系所起的音变，我们就称为"类比的演变"(analogic change)，不是纯粹语音的演变了。所谓类比的演变，乃是因意义上的类比作用，使语音的形式上发生类似的趋向语言上"音同义通"的原则(参看本文的四(一))，也是根据于这种类比作用的，因意义上相关联的影响，使语音形式上也发生联想的同化。因为在语言心理上，总是用相同的形式来表现相同的意义，所以类比作用对于种种语言组织的构成，是具有绝大效用的。例如英语上"cow"和"book"的多数形式从前本是"kine"和"bec"，因为其他名词表明多数的时候，大多数是语尾加"-s"或"-es"的，于是由类比作用，也变成了"cows"和"books"(参看本文的四(二))。不但语词的形态上有这种类比的演变，即在措词上也可以寻出同样的例子。英语里"he were"本来是假设的语式，现在通常只说"he was"和直叙的语式完全相同了。中国古语里有时把宾词放在动词的前面，如《左传》："予取予求，不汝疵瑕也。"因之主动式和被动式没有分别(参看本文的四(一))。到了后代受其他语句的同化，宾词总是放在动词的后面(参看第一章第一节)，于是这种倒装的句法就不用了。所谓"上世国语亦有次第颠倒者，若云'室于怒，市于色，野于饮食'；汉魏以来，涤除殆尽"(见本文的五(二))，把不合常规的组织涤除净尽，正是由于类比的演变的结果。

语言上类比演变的现象，可以分做三种来说：1."沾染作用"(contamination)，某个语词形式的变迁是受了另一个意义上相关的语词形式的影响的。例如英语"ye"认为是"you"的多数式，是受了"we"的沾染的。又如拉丁语"nocte"(夜里)变成"noctū"，是受了"diū"(日里)的沾染的。2."迎合作用"(adoptation)，某个语词形式的变迁是受了其他许多意义上相类的语词形式的影响的。例如法语"rendre"是由拉丁语"reddre"变来的，其中"d"音的变为

“n”，所以迎合其他一类“-endre”的语词，如拉丁语的“prehendere”变成法语的“prendre”，拉丁语的“vendere”变成法语的“vendre”等。又如英语的“egoism”变成“egotism”，是所以迎合“despotism”“nepatism”这一类语词的形式的；“shine”的构成“shimmer”也是所以迎合“flimmer”“glimmer”这一类语词的形式的。3.“比例作用”（proportion），某个语词和另一个语词在音义上所演成的关系，等于其他两个语词间音义的关系；这种可以用比例的方式来表明。例如英语上“quash”和“squash”，“plash”和“splash”，“mash”和“smash”这些语词彼此间在音义上的关系，好像已经成功一种固定的方式，因此推知“quench”也可以变成一个“squench”。这种现象可以用比例式来表明：

∵ plash：splash＝quash：squash＝quench：x

∴ x＝squench

这三种类比变迁的现象，都是因为意义上类似的关系，使语音的形式上发生类似的倾向；所以必定是由两个以上意义上相关联的语词互相比照而起的。

类比的演变，第一种的结果足以增进语音和意义两方面密切的联合。所谓音同义通的原则，就是类似的观念在语言上常用一种相同的形式来表示（参看本文的四（一））。刘熙《释名序》里说：“名之于实必有义类”；刘氏《释名》这书就是“即物名以释义”。例如说：“车，古者曰车，声如居，言行所以居人也；今曰车，声近舍，行者所处若车舍也。”他就是根据语言上的类比作用来解释“车”和“居”，“车”和“舍”音义上的相关，并且说明“车”字音读演变的由来。第二种的结果使语法的条例，语词的组织渐趋于单纯化，规则化；把不合常规的组织渐归于淘汰。这种结果也足以节省语言的劳力，使语言易于学习，易于记忆，不致有繁复错综的弊病。第三

种的结果，从外国输入或借贷得来的语词，因此可以化成为本国的语词。例如德语的“waltz”，日本语的“hara-kiri”输入英国之后，表明过去时，也用英语过去的形式变成“waltzed”“hara-kiried”（参看本文的三（二））。西洋科学上和度量衡一类的名辞，如化学上的“铝”“锑”“钙”“镁”“锰”等以及“码”“咪”“吨”“磅”“竔”等，输到中国之后也化成中国语词的形式了（详本文的六（二））。第四种的结果，语言里又可因以构成许多新语词。例如英语里把状词加上“-en”，便可以构成许多动词，如“fatten”“moisten”“shorten”等；把动词加上“-er”，便可以构成许多名词，如“teacher”“preacher”“advertiser”“driver”等（参看本文的四（二））。中国语里有许多复合语词也是由于类比的演变所产生的。这里我可以引高本汉的话来作证：

> 有许多复合语词，是由类比作用组成的。我们刚才已经说过的“先生”（siensheêng），是指“主人”“教员”等等。因“先生”这个语词，第一步就组成和他相关的一个语词，“学生”（hüe-shêng）；第二步更以“先生”“学生”这两个语词的类比作用，便组成了各种有“生”（shêng）字的语词，如“医生”（i-shêng）等等。（拙译《中国语与中国文》第五章）

这样看来，类比作用对于语言上种种组织的构成，实在具有绝大的效用。

词义的演变　类比的演变是因为意义的关系，使音读的形式上发生新组织；至于单是意义内容的变化，和音读的形式两不相干的，那是“词义的演变”（semantic change）。语言上用某个语词代表某种观念，只是一种联想的习惯；实际上的经验常新生不绝，心理上观念的内容也自然免不了变化；联想的习惯既然随着社会的

主观迁移无定(参看本文的四(一)),语词意义的范围自然有时而缩小,有时而扩张,有时更要转动的(参看本文的二(一)),我们对于词义的演变,可以分做下列的三类来说:

1.“词义的缩小”(specialising or narrowing)。语词意义的范围有广狭的不同,就是事物的名称,有“共名”“别名”的区分。《荀子》说:“物也者,大共名也;鸟兽也者,大别名也”;所谓大和小,共和别,也是语词意义的范围比较上的差别。词义的缩小,就是由广义变为狭义,也就是由共名变为别名。例如英语的“deer”原是一切“野兽”的通称,现今专指“鹿”一种了;“meat”原是一切“食物”的通称,现今专指肉一种了;“wife”原是“妇女”的通称,现今专指“妻子”了。中国语里“金”字原是一切“金属”的通称,现今专指黄金一种了;“文”字原是一切“彣画”的通称,现今专指“文字”一种了;“名”字原为一切“语词”的通称,现今专指“名号”了。

2.“词义的扩张”(generalising or widening)。语词意义的范围,由狭小的变为广大的,就是由别名变为共名。例如英语上,“dog”原是专指“猛犬”一种,现今变为“犬类”的通称了;“pen”本是专指“毛笔”一种,现今成为一切“笔”的通称了(法语的“plume”也有毛羽的意义);“fee”本是专指“家畜”一种,古代大概当做交易的媒介,现今就成为“钱财”的通称了(和德语的“vieh”可以对看)。中国语里“州”字本是专指“水中地可居”,后来成为“陆地”的通称了;“牢”字本是专指“牛牢”,现今已成为“牛圈”的通称了;“奸”字本是专指“干犯女人”的行为,现今成为一切“奸伪”的通称了。

3.“词义的转移”(sbifting or transference)。亚里斯多德说:“事物的名称,或为其所自有的,或由其他事物上所转移而来的。”(“A name of anything is either its own name or one transferred to it from something else.”)例如我们叫天上的“明星”,这是自有的名称;某种技术上特出的人才,也叫“明星”,这就是转移的名称了。

大概名称的转移，由修辞学上“隐喻语”（metaphor）的引用所造成的；原来因为意义上有点相类或者相关的，就用别个事物的名称来隐比这种意义；后来引用惯了，比喻的意义渐渐消失了，于是原来别个事物的名称，好像看做这种意义所自有的了。有句格言说：“语言是消失了的隐喻之陈列所”；就是说语言上有许多本来是比喻的意义变成通常的意义了。日本姉崎正治有句话：

> 若言雨降（案降，下也，本谓人自陵阜而下）风吹（案吹，嘘也，本谓人口出气急）皆略以人事表象。繇是进而为抽象思想之言，则其特征愈著。若言思想之深远，度量之宽宏；深者所以度水，远者所以记里，宽宏者所以形状空中之器，莫非有形者也；而精神见象以此为表矣。（章炳麟《訄书》引）

我们还可以举出几个例来说明；如英语上“marshall”“constable”本是指一种“马夫”“厩卒”，现在用来称“将军”“统帅”了；“understand”原来是“立在其中”的意义，现在变成“懂得”的意义了；“feel”原来是“手掌”这个语词演化而成的，现在用作“觉得”的意义了。又如中国语里“止”字本来是“足趾”的止，后来用作“静止”“阻止”的意义了；“元”字本来是指“人首”，而用作“元始”的意义；“宣”字本指“宣室”从前一种“布政之所”，现今用作“宣布”的意义了。有时人物的专名转移成为某种事物的通称，例如英国从前有个受了人家抵制的“boycott”（杯葛）现今成为一切抵制方法的通称了。“杜康”本是古代一个善于制酒的“人名”，后来成为酒的别号了。“monēta”本来是古代罗马一个寺院的名称，因为那时这寺近旁有个造币局（mint），于是变为“钱币”（money）的通称了。

这样看来，词义的演变可以使社会上能够自由运用固有的语词；不必另外造作许多新语词，而新生的意义也自然能够表现出

来;这也是语言发展上一种自然的趋势(参看本文的二(一))。

(二) 语言的分化和融合

语言分化的原因 我们从上节看来,可以知道语言并不是一种固定不移的东西,常常在那里变化流动;无论在语音的形式方面,在意义的内容方面,或词句的组织方面,都是因乎时代而变迁,随着地域而纷歧的。或者是由一种语言分化成为许多种方言或许多种语言:世界上无论那种国语,多少总自己包含有方言的歧异;而依据系统的和历史研究,常常有许多种国语是同出于一种母语的,可以归为一族或一系;这种就是语言分化的现象,或者是原来相异的许多种方言或国语,彼此因互相接触,互相同化,而有交流融合的趋势;于是原来歧异的方言,可以因国语推广的力量,使它们渐渐归于统一;原来各别的国语,彼此因人种上文化上的融合,或政治上经济上等等的关系,使这一种语言里的成分输入于那一种语言当中或竟完全归于同化;这种就是语言融合的现象。语言的分化和融合,也是属于语言的演变。

我们说过,语言的产生是由民族社会上互相仿效,互相传习而形成为一种共同的联想习惯(参看本文的二(二)),模仿作用既然不能绝对的精确,同时应用语言的人物,又各自有特殊的性质和习惯,因之语言在民族社会上不能绝对的一致。我们所谓某种语言行用于某种民族社会,只是相对的论调,并非说它在这种民族社会是完全统一的(参看本文的二(二))。因为事实上民族社会本身的范围,并非固定的,一个大群之中,可以包含许多小群;小群之中,又可以包含许多小小群;社会上一切组织,如家族、村镇、都市以及其他关于政治、经济、教育、宗教、职业、游戏等等的团体,都足以使社会现出复杂错综的情形。一种团体就各自有特别的习惯;依据

这种特别的习惯，当然要产生特别的语言，和他种团体的语言，多少总有不同的地方。这样看来，语言的纷歧是依据于民族社会本身的纷歧，为事实上所不能或免的，其次所以造成语言纷歧的现象的，我们还可以推求出许多种因素来：

1. 地域的关系。因地域关系，人群各自聚处，各自成一集团，就发生各别的方言(参看本文的二(三))。不过这种的集团，它们彼此间虽然离异，还可以不绝的往来交通；方言虽然不同，还可以互相了解；由这种的小集团可以合成为一个大集团。大集团和大集团之间，又因山脉、河海、沙漠等等的障碍，彼此往来交通很少，各自发展成为不同的方言或语言，就不能互相了解了；甚而至于演成相异的语系。或者原来是两种语言，因为地理上的隔绝，各自发展成为许多种语系或语言，就演成了两种语族。

2. 地土和气候的关系。语言上纷歧的现象，往往根据于人民所在地的风土和气候的不同。语言学家推论各种语言发音习惯的歧异，也常常归结于地土和气候的关系。如斯韦特氏(H. Sweet)以为北欧语言里，常把原来的[ɑ]音圆唇化而变为[o]音——如古英语"stān"变为现今的"stone"——显然因为身处寒冷的地带，不愿把口开张使寒气侵入的缘故。我们中国古书上也有以方音的不同由于风土的关系，例如：

> 《管子》：五方之民，其声之清浊高下，各象其川原泉壤，浅深广狭而生。
>
> 《淮南子》：轻土多利，重土多迟；清水音小，浊水音大。
>
> 《颜氏家训》：南方水土和柔，其音清举而切诣，失在浮浅；……北方山川深厚，其音沉浊而铫钝，得其质直。

3. 民族迁徙的关系。因为民族的往来迁徙原来语言相同的人

民，分散于异处，就各自演成不同的语言，或各自和其他不同的语言相融合；或者语言相同的人民，当中一部分因为别种民族的侵入，受它的融化，而另一部分还是保存原来的语言；这样都足以使语言趋于纷歧的。原始印度日耳曼语，据人种学和语言学上的考证。以为本来只行用于里海附近，后来分头迁徙于波斯、印度及欧洲各处，就发展分化成为印度日耳曼语族里的各种语言英国地方原为克勒特人所居，后来罗马人、盎格罗萨克森人、丹麦人、诺尔曼人相继侵入，演成了现今所谓英语；而在爱尔兰等处仍旧保存着克勒特语。中国语上的演变和纷歧，也是由于民族迁徙的关系。《颜氏家训》里说："南染吴越北杂虏夷，皆有深弊"；可见当时南方和北方的语言参杂有异族语言的成分。又陈第说：

> 说者谓自五胡乱华，驱中原之人入于江左，而河、淮南北，间杂夷言；声音之变，或自此始。(《读诗拙言》)

民族迁徙实在使我们中国语言上起了大变化。中国北部和中部因异族的侵入，语言上也起了同化而融合成为现代语；可是原来中原的人民一部分被迫迁到南方，因之现今中国南部还保存有古语的遗迹。

4. 政治和文化的关系。历史上征服者常使被征服者的语言归于消灭或同化，但是被征服的民族，要是文化程度很高，便能保存它的语言，不致为征服者所同化，或竟反使征服者的语言为其所同化。例如中国往往被异族所侵凌，或竟掌握中国的统治权，如五胡乱华，以及北朝、辽、金、元、清的时候，异族的文化不能超过中国本土所固有的，因之异族的语言不久也被中国人所同化。罗马人征服希腊、高卢、伊比里亚、意大利，这些地方，同时传布拉丁语，可是希腊文化程度很高，希腊语还是保存着，并不曾为拉丁语所消灭。

后来罗马帝国衰败了，政治上失去了维系的中心，拉丁语就分化为法语、意语、西葡语等(参看本文的五(一))；我们可以推知一国分裂为数国，往往就各自演成为数种国语。而一国之中，又往往因政治的关系，划分为几个区域，也就发生许多种方言。

语言在空间方面，因民族社会本身的纷歧以及地域上、风土上、历史上、政治文化上种种的关系，具有分化的现象，而在时间方面又发生不断的演变，于是愈趋愈远，一种母语可以分离为许多种语系，许多种国语(参看本文的五(一))；一种国语也可以分离为许多种方言；而一种方言又可以分离为许多种大同小异的方言。总之，语言的纷歧，正和民族社会的纷歧一样，在程度上可以有无限数的等级。

亲属的语言和推求母语的方法　凡是由一种母语分化出来的许多语言，在语言学上叫做“亲属的语言”(cognate languages)，因为它们是同出于一种母语的，所以又称“姊妹语”(sister languages)；因为它们是同属于一种语族或语系的，所以又称为“相关的语言”(related language)。它们彼此间的关系，就是“亲属的关系”(cognation)；它们大部分的语词，同是由母语上的语词演化而来的(参看本文的五(一))。这些语词的形式在它们彼此间有亲属的关系，所以叫做“亲属的语词”(cognate words)或“相关的语词”(related words)。例如意语、法语、西班牙语、葡萄牙语是从拉丁语上分化出来的，意语、法语和西、葡语是亲属的语言；意语的“pader”，法语的“père”，西、葡语的“padre”同是从拉丁语的“pater”这个形式分化出来的(参看本文的五(一))，所以意语的“padre”，法语的“père”和西、葡语的“padre”这些语词的形式，彼此间有亲属的关系，叫做亲属的语词。拉丁语系的母语，有了拉丁文记载下来，我们很显然的可以看出拉丁语系这些语言里亲属语词演变和分化的由来。至于英语的“father”从文字和方言上，我

们只知道古英语的“fæder”，古佛里斯兰语的“feder”，低部德语的“fader”，高部德语的“fater”；它们同属于一种西日耳曼语，这个语词在原始的西日耳曼语上究竟是怎样的形式？我们没有文字的记载，就只能从这些亲属语中，用“比较的方法”来推求西日耳曼母语的形式，我们得到了一个“* fader”，因为这些语言里，其他的亲属语词也有这种类似的演化的痕迹，例如现今英语的“dead”，就是古英语的“deād”，古佛里斯兰语的“dād”，古低部德语的“dōd”，古高部德语的“tōt”，都是从原始西日耳曼语的“daudo”演化出来的。我们再把北日耳曼语和东日耳曼语的亲属语词来比较，我们看到古冰洲语的“faðer”，哥特语的“fadar”，一方面可以证明原始西日耳曼语这个语词的形式，另一方面又可以用同样的方法来推求，得到原始日耳曼语这个语词的形式为“* faðer”。凡是日耳曼语系里各种语言，相当于英语的“father”这个语词，都是从原始日耳曼语这个形式演化出来的。我们更把原始日耳曼语的“* faðer”和梵语的“pitā”，希腊语的“patēr”，拉丁语的“pater”，阿味斯坦语的“pita”来比较（参看本文的五（一）），又得到一个原始印度日耳曼语的“* pθter”。我们用这种方法推求得来的母语形式，并不能确实断定和原来实际的音读完全符合。我们所求得的原始日耳曼语，原始印度日耳曼语的各种语词形式，只是假定的，并非固定实在的，当然和拉丁语希腊语上的各种形式，不能作为一样看待，因为后者是有文字记载流传下来，而前者是现今未曾得到确实的记载的。

古代母语上的形式，现在既然没有确实的记载流传下来，所以我们只能从各种实在的形式，参互比较，列出一个抽象的表式，以表明这种语族或语系里许多亲属的语言，它们亲属语词的演变，总不出这种范围之外。凡是同语族或同语系的亲属语言，在亲属语词的形式上。大都有共同的演变的倾向，原始印度日耳曼语的

“* pətēr”变成原始日耳曼语的“* faðer”，其他亲属的语词，也都有同样的演变的倾向。例如现今英语上“fee”这个语词在古英语里原是“feo”（本为“家畜”之意，后变为“钱财”的通称，参看上节），古低部德语里为“fehu”，古高部德语里为“fihu”，古冰洲语里为“fē”，哥特语里为“faihu”，因此推求得到原始日耳曼语“* fehu”这个形式。可是这个语词在其他的印度日耳曼语里，如拉丁语的“peçu”，梵语的“pašu”，立陶宛语的“pekus”，都是“p-”而不是“f-”，正和“father”这个语词形式上演变的现象相同。因此我们可以归纳为一个条例：凡是印度日耳曼语里的[p]，大都在日耳曼语里变做[f]，就是上节所说格黎牧法则当中的一条。又如英语“brother”这个语词，在古英语里是“brōθor”，古佛里斯兰语为“brōther”，古低部德语里为“brōther”，古高部德语里为“bruoder”，古冰洲语里为“brōðer”，哥特语里为“broðer”；因此推求得到了一个原始日耳曼语的“* broθer”。可见这个语词在其他的印度日耳曼语里，如梵语的“brata”，希腊语的“phrā́ter”，拉丁语的“frāter”，又是“-t-”，而不是“-θ-”；因此推求得到一个原始印度日耳曼语的“* bhrā́ter”，并且可以证明格黎牧法则当中原始印度日耳曼语的[t]在日耳曼语里变做[θ]的一个条例（参看本文的六（一））。这里我们应当发生一个疑问：原始印度日耳曼语的“* pθter”变成原始日耳曼语的“* faðer”，为何这个语词没有符合格黎牧法则，把[t]变做[θ]，而只是把[t]变做[ð]呢？我们在上节里曾经说过，格黎牧法则适用的范围是很有限制的，在重音以前的辅音，没有依照这种法则的变化。所以应用格黎牧法则，尚须加上几种“附则”（sub-laws），例如辅音在重音之前，它的本身是轻读的，而且没有放在语词的起首的，并不合于格黎牧法则（参看本文的六（一）），这种辅音要是气化的，便变为乐音化的音。这个条例就是所谓“味纳尔法则”（Verner’s law），也就是格黎牧法则的一种附则。例如原始印度日耳曼语的

“* k̂lūtós”“* mātér”(英语的“* mother”),“* pθt’er”变成原始日耳曼语的“* hlud”“* maðer”“* faðer”;原来在重音之前的[t]变做[ð]或[d],并不变做[θ](参看本文的六(一)),这是符合于“味纳尔法则”,并不符合于格氏的法则的。我们因此可以知道应用比较的方法,一方面可以把亲属语言演变的现象归纳为几种法则或附则,来说明它们语音系统和语词形式变异的由来;另一方面又可以推求它们亲属语词在原始母语上的形式,以证明它们所属的语系和语族,而对于语言系统的分类,供给了许多具体的事实(参看本文的五(一))。

我们这里应附带说明的,所谓一种母语演化而为许多种语言,并非说母语流行的区域就是现在许多亲属语言流行的区域。从前原始日耳曼语,原始印度日耳曼语流行的区域当然没有现在流行英语的地方这样辽阔。现在通用英语的人民有几万万,而从前通用原始日耳曼语或原始印度日耳曼语的,或许只限于数千人口的一小部落。由这个小部落分支迁徙于各处,自然要因时因地发展自己的语言。而且原始所通用的母语,也正和现在通用一种语言的情形一样,并非纯粹统一的,在当时已经包含有纷歧的成分,在母语未经分化为各种语言以前,已经参杂了许多离异的因素。例如日耳曼语系里分做北、西、东三支,原始在日耳曼母语里实在已经包含有这三种离异的成分,所以后来会演成这三支的日耳曼语。而原始的西日耳曼语里,据现在考证的结果,英语和德语等,在它们还未彼此隔离以前,已经有纷歧的端倪,正和现在英语德语里所包含纷歧的许多方言有同样的情形。所以语言的分化,最初只是方言的歧异,后来渐渐趋异分离为几种语言,更后或再演成为几种语系。一种母语分化为几种语言或语系正和一种语言纷歧为几种方言情形相同,我们就可以应用比较语言学的方法到比较方言学上,以推求前世的语言;因为前世

的语言是现今许多方言所由演变出来的，我们可以应用推求母语形式的方法来推求前世语。关于考求中国古语的方法，高本汉有一段话可以节引于下：

> 表意文字的性质，使学者可以明了古代各个字的原来的意义。但是没有把古代语言实际的情形，给予我们一个明白的表示，因此对于语言学者有很大的不利。那末，我们就完全不能考明几百年前所说的语言了吗？……西洋语言的科学，根据许多亲属的语言，考求它们所从发展的原始语，已经成功了。……中国地方既然有许多方言存在着，它们彼此的差异，举个例，正如北德意志方言和南德意志方言那样差异，语言学者在这里的工作是和西洋很相像的；那末，关于古代中国语，我们从各种方言的比较研究上，引出许多结论，当然是可能的。（拙译《中国语与中国文》第二章）

语言的交流和融合 我们所谓“方言”(dialect)，是地域上的单位，就是指某国里某处地方所流行的语言，所谓“俗语”(slang)又是社会上的单位，就是指某处地方某种社会或团体里所流行的语言。方言和俗语在语言学上并不是语言的单位，语言学上所谓“语言”(language)，不但是它自己有一种特殊的语音系统，而且在语词组织上，语句结构上都自己具有一种特殊的现象（参看本文的(一)）。方言俗语间彼此的差别当然没有语言间彼此的差别那样大；不过语言和方言也只是程度上的区分，而且事实上语言间并没有绝对分界的标准，往往两种语言流行的区域，它们的中间地带，就产生一种介于这两种语言的方言。例如北意大利的方言，就是介于法语和意语间的一种语言。大抵我们所指的某种语言，某种方言，必定是指某个区域内“中介地带”(centre)所流行的语言。

在这个区域内,愈和中心地带隔远的,愈有纷歧的趋势;愈接近于别种语言所流行的区域,也就愈容易和别种语言融合。我们所称的"国语"(national language),也只是政治上的单位,就是指某国内一种最通行的语言。国语和国语的差别,无论是语言上的分界,或只是方言上的差异,而我们所谓某国的国语,必定是指它的国都或某个都市所流行的一种方言,这种方言就是这国里中心地带所流行的语言,或者更是进一步指这中心地带某个社会里所流行的一种俗语。把这种方言或俗语作为国语的代表,而规定为全国语言的标准,并且用来推广国语或统一方言的,就是所谓"标准语"(standard language)。过去的某种国语,或某种方言俗语经过文学上的习用,词句的形式和组织渐趋于固定,而渐和"口语"(spoken language)分离的,叫做"文言"(literature language)。文言不必定是用文字写出来的"书写语"(writen language),野蛮民族歌谣上所用的,也是文言的一种,往往和他们日常谈话所用的分离为二。我们要知道,不但推行标准语有统一国语的效用,即文言的流行,也足以遏止方言俗语纷歧的趋势。因为标准语是全国最流行的一种方言或俗语,文言也是过去一种流行的方言或俗语,全国人民常用来作为共同的交通工具,自然足以阻止纷歧的进行。但是语言统一的效用,并非规定一种固定的语言以阻止语言上的演变和流动,乃是应用一种语言的势力,使变异的成分归于同化和融合。文言的形式和组织,虽然比较上是固定的,可是文言的应用也随着口语的生长和变动,也不绝的容纳方言俗语的成分。标准语本身也只是一种方言或俗语,标准语的推行,一方面也时时和相异的方言俗语互相融合,它的本身正常在生长和变动之中。这种融合的作用,就是把这种方言或俗语的成分输入于别种里面而同化为一种语言;所谓语言的统一,并非一种语言的推行而和它相异的语言必须归于完全的消灭。

不但方言俗语可以互相融合，即国语和国语间也可以交流同化；这是因为语言相异的民族社会彼此相接触自然地产生的一种现象。语言相异的民族社会所以互相接触而归于同化的原因，最重要的，可以列举如下：

1. 武力的征服和政治的统一。例如罗马人征服欧洲南部，推行拉丁语，而使异族语归于消灭或同化。

2. 民族的移殖和同化。例如现今欧、美各国的殖民地流行英语、法语、西班牙语等。

3. 文化的融合。例如中国历史上异族侵入中国的，文化上语言上，都为中国人所同化。

4. 经济的交接。例如英语、法语、西班牙语等流行于通商各地，或者更和他种语言融合而产生一种中间语，如洋泾浜语之类(参看本文的三(二))。

5. 交通便利的增进。交通便利的增进，可以消除地理上的障碍，而使人民交通往来愈形繁密，语言纷歧的趋势自然减少，融合的力量自然增大。

6. 教育的发达。教育和文化事业的进步足以消除人群间的隔阂，而语言教学法的研究，足以增进学习语言的效率，就可以用人为的力量来推广某种语言。

我们从一种语言看来，有时分化为数种语言，现出纷歧的状态，有时又融合相异的语言，使成统一；所以语言的分化和融合，是可以并进的，并非进行融合的时候，就没有分化的现象。但是我们从世界大势上观察，语言统一的力量实在足以超过纷歧的趋势。例如拉丁语分化为法、意、西、葡等国语，而各自能造成中心的势力，以融合自己国内的方言；而同时西、葡等语更能扩张于世界上各处殖民地。现今世界上语言的种类虽然很繁多，可是根据上述的许多原因，引用的人民，渐渐集中于几种有势力的语言上；所以

将来全世界语言的统一也是可能的事。

两种原来相异的语言，互相接触而发生一种融合的趋势，最显著的现象就是“交流作用”(interaction)。例如英语里采用法语里“beef”“chair”“table”这些语词；采用北美土人语的“squash”“tobacco”这些语词，又从西、葡等语里采用南美土人语的“bananu”“hammock”这些语词，从阿拉伯等语里采用东方各国语的“candy”“sugar”这些语词。这种语词是从别种语言上流入这种语言里的，并非这种语言所固有，而是从别种语言上借贷得来的，我们叫做“借贷的语词”(参看本文的六(一))；凡是两种语言发生这种交流作用的，我们叫做“借贷的关系”(borrowing)。我们说过，借贷的语词由后来借贷的关系上产生的，和原来亲属关系上所产生的亲属语词根本不同，所以借贷的语词不受语音法则的支配(参看本文的六(一))。日本语里从中国语上输入许多借贷的语词，固然日本语和中国语没有亲属的关系而只是借贷的关系；可是英语和拉丁语、法语，是同属于印度日耳曼语族，有了亲属的关系之外，也还有借贷的关系。我们对于亲属语词和借贷语词的区别，就是在事实上看它由于哪一种的关系上所产生的，在比较语言学上就看语词形式上是否符合于语音法则。因为亲属的语词是由一种语言上分化出来的，由于语言的纷歧上所产生的，所以可用语言演变的条例来说明；至于借贷的语词是由一种语言上输入于别一种语言当中，由于语言的融合上所产生的，不能用语言演变的条例来说明。但是借贷的语词从别种语言输入这种语言里，并非完全没有变化，也要受这种语言的形式和组织的融化，而成为这种语言的形式和组织。我们曾经讲到类比的演变的结果，可以使别国语言里输入本国的语词化成为本国语词(参看本文的六(一)及三(二))。例如日本语词都是用元音作收尾的，所以中国古语上有[P‘]，[t‘]，[k‘]收尾的语词输入日本语里，必须有个元音附从于

后，如“puk”日本译音（sino-Japanese就是古时中国输入日本的语词）变为“puku”，“ket”变为“keti”，“kap”变为“kapu”之类。又如古法语的“sillabe”输入英语里变为“syllabe”，因为要适用英语的接尾语“-able”；又西班牙语的“hamaca”输入英语里变为“hammock”，因为要适用英语的接尾语“-ock”（如“hassock”“hummock”等语词的接尾语）。这种借贷的关系不但在横的方面两种语言的接触上可以发生，即在纵的方面古代语上的语词也可以借文字的记载输入现代语里（参看本文的六（一）），也认为是一种借贷的语词。因此一个语词，从母语上分化出来的成为亲属语词，又从古代母语上借贷得来的成为借贷语词；亲属语词既然依据于语音的法则成为一种形式，借贷语词又融化于现代语上成为另一种形式。于是原来一个语词，竟变成为二个语词了。例如拉丁语的“sēcūrilalem”“sēparae”演变为法语的“sûreté”“sevrer”，而原来的形式又从拉丁文上输入法语里成为“sécuritè”“séparer”。法语的“sûreté”“sevrer”又输入英语里成为“surety”“sever”。又法语的“securitè”“séparer”也输入英语里成为“security”“separate”。这样看来，语言的演变、融合和分化的进行是可以相并的存在；或者由于交流的作用，或者由于纷歧的趋势，都是语言上生长和演化的现象。但是世界上语言演化的趋势，一方面，我们说过是由综合语进于分析语（参看本文的五（二））。这种趋势我们在原始母语的推求和古代语的研究上也可以证明的，而另一方面，融合的力量足以超过分歧的进行，那末，将来世界果真有语言统一的日子，那时必定是共同通行一种分析语了。

问题

1. 语言演变的现象，可分那几方面来说明？
2. 释明语言法则的意义。

3. 语词意义的转移和修辞学上隐喻一例，有何关系？
4. 语言分化和融合的原因何在？
5. 亲属语词和借贷语词如何区别？
6. 释明方言、俗语、国语、标准语、文言及口语的意义。

参考书

1. W. D. Whitney: *The Life and Growth of Language*, chap. III, IV, V, VI, VII.
2. H. Sweet: *The History of Language*, chap. III, IV, V, VIII.
3. T. G. Tukcer: *Natural History of Language*, chap. XII, XIII, XIV, XV, XVI, XVII.
4. E. Sapir: *Language*, chap. VII, VIII, IX, X, XI.
5. O. Jesperson: *Language, Its Nature Development and Origin*, Book III, IV.
6. R. G. Kent: *Language and Philology*.
7. W. M. Thoma: *Language in The Making*.
8. L. Bloomfield: *The Study of Language*, chap. VII, VIII.
9. W. Wills: *The Philosophy of Speech*, chap. II, III, IV, VII, XI.
10. 新村出：《东方言语史丛考》。
11. 刘熙：《释名》。
12. 胡以鲁：《国语学草创》。
13. 林语堂：《语言学论丛》。
14. 刘复译：《比较语音学概要》。
15. 金兆梓：《国文法之研究》。
16. 唐钺：《修辞格》。
17. 汪怡：《国语发音学》。

18. 雷通群译：《言语学大纲》第五章。
19. 沈步洲：《言语学概论》第九章，第十一章，第十二章。
20. 张世禄：《语言学原理》第十章，第十一章。
《文字学概论》第二章。
21. 张世禄译：《中国语与中国文》。
22. 贺昌群、张世禄译：《中国语言学研究》。

语言学纲要

例　言

一、本书编制的目的，在使读者明了语音学的性质，语音符号的应用，并关于分析音素，拼合语音以及音势，音长，音调等种种变化的原理，以为研究与学习语言的准备。

二、本书可供大学或专科学校中语音学的课本或参考书。

三、本书为阐明普遍的原理而作；所以用中国语音与各种外国语音参互对照比较，非完全关于中国语者。但是要想进而解决中国语言音韵上各种问题的，便可因此得着一个切实的科学基础了。

四、本书所举语音的实例，除关于中国标准语外，兼采及国内各处方言以及各种重要外国语，如英语、德语、法语之类。所以对于国人学习或研究外国语，本书亦给予以不少的便利。

五、本书所录语音符号，以国际音标为主，而以注音符号，国语罗马字母为附，其他各种拼音文字，为普通学生所应知道的，亦多录存它们原来的形式，不另加注音。

六、本书所用语音学上各种术语或名辞，以不失科学的原意为宗旨；所以不尽依照日本书或国内通行的形式。

七、本书共分六篇十三章：

第一篇：论述语音学的意义，研究语音的方法，国际音标，注音符号与国语罗马字母的产生由来与应用方法，并相互对照，加以

说明。

第二篇：论述语音机关的部位与作用，并关于各种语音构成的物理的说明。

第三篇：论述子音的种类，以及各种子音在国语外国语上所具有的特性。

第四篇：论述母音的种类，以及各种母音在国语外国语上所具有的特性。

第五篇：论述拼音的原理以及流音，音变的种种现象。

第六篇：论述音势、音长、音调在语音拼合上所发生的种种现象、作用，以及彼此交互的关系。

八、本书每篇篇末，附录各种主要参考书，并注明其章节页数，以示著者对于本书编制时取材的根据，并为本书读者进而研究之用。

九、本书前后互相发明处，大都注明参看某章某节等字样。

十、本书系著者数年来在暨南大学讲授语音学所用的讲义；迭经数次修正后，始行付印。惟恐仍不免有疏漏遗误处；尚望读者不吝予以教正。

民国二十一年十月　张世禄识

第一篇 怎样研究语音

一、语音学的意义

（一）语音分析的研究

人是有感情和思想的动物；要把感情和思想表达出来，这就是语言发生的理由。语言是用声音来达意表情的，所以声音为语言唯一的要素。巴西氏（Paul Passy）说：

> 语言乃是许许多多的声音的组合。这许许多多的声音，前去后来，过渡很快，却应合了自然的规律或实际的需要，结合为许多的长节或短节；这种的节，我们称它为字，或为句。字与句的作用，不过是一节的声音，传到了我们脑筋里，使脑中可以立时画出某一件事物的影子来，或者是使脑中可以发生出某一种的意想。

我们试把语言的构造分析一下，就可知道：语句是语词的结合，语词是音缀的连续，音缀乃是音素的拼合，如母音（vowel）、子音（consonant）乃是语音上最简单的元素，复杂的语言，都是从这简单的音素连接拼合成功的。

我们研究语音，第一步，把语言当中所包含的各种元素分离出来（isolation of sounds）；第二步，比较各种元素的发音状态。例如

英语:“life”[laif]一字里的[f]和“lives”[laivz]一字里的[v];它们发音的部位,都在下唇和上齿。不过发[v]的时候,声带兼有振动,发[f]的时候,声带没有振动。我们用手指按着喉头,就可以试验出来。懂得[f],[v]的区别,就可以类推[t]和[d],[p]和[b]等的区别了。各种音素,各有它的本质(the quality of sound),就是看它发音的时候,语音机关发生何种作用,成了何种形状。这种的考察,叫做语音的分析研究(analytical point of view)。

(二) 语音综合的研究

语音分析的研究,考察语音的本质,将各种音素看做一个固定的、单独的原质。但是各种音素在普通语言里,并非单独的固定的存在,乃是互相结合的。各个音素,不过是语音流变过程当中的一分子。所以语音综合的研究(synthetical point of view),也是不可少的。综合的研究,就是考察各种音素互相结合的作用,衔接的关系。音素与音素相连接的时候,中间发生怎样的现象?彼此相互间发生怎样的影响?如流音(glide)、同化作用(assimilation)、异化作用(dissimilation)等。它们相互比较的关系,如音量(quantity)、音势(loudness)、音调(pitch)等,发生怎样的变化?又音素与音素的结合成了音群(sound-groups)。如音缀、语词、语句等,应该怎样的类别?这些问题,都是关于语音综合的研究,也是语音学上重要的部分。

语音学,英语为 phonetics,出于希腊语 phonetibos;就是关于语音知识的意思。把上面的话总括起来,就可以得到一个定义:

语音学是研究语音音素的本质,以及它们互相结合的关系的一种科学。

(三) 实用语音学

语音这名词,包含有两种意义:一种是从发音的机关上说,叫做机关的意义(organic sense);一种是从感受的听官上说,叫做听感的意义(accoustic sense)。前者是依据筋肉的自觉,用发音机关,喉、舌、齿、唇的部位和动作,来类别语音的;后者乃是依据听官的感受,用气程激动我们听觉的结果,来考察语音的。我们研究语音,也须具备这两方面的意义。当一种语音发出的时候,应该忍耐细心的听察,以得到一种听感上正确的结果。再将得到的听感,用来试行我们发音机关的动作:要发这种音,我们发音机关上究竟在那一个部位?究竟成了怎样的形状?用听感所受到正确的效果,来改正我们发音的动作,使语音机关得到一个正确的部位和形状。我们要分析语音,要学习语言,总不外这种听官和发音机关并用的方法。用这种方法的,叫做实用的语音学(practical phonetics)。

(四) 实验语音学

实用语音学,只凭我们主观的感觉来考察,还有不很精密的地方;最近几十年来,尝利用种种器具来测量发音机关的位置和形状,考察语调的种类。这种器具现在虽然还没有达到十分完美的境地,可是对于语音研究上的贡献,已经不少了。我们发出的语音,在空气里演出种种音浪;因此可以利用蓄音盘上的花纹,把它放大出来以供研究。或者用浪纹计(kymograph)等仪器所画出来的浪纹来考察。例如我们中国的四声问题,历来总难得有确凿的说明;最近有人用实验的方法测量音调、音长的状态,把各地实际的四声一一表示出来;这总算语音学上的一大进步了。

实验语音学是用客观的仪器来考察语音，和实用语音学只凭主观的感觉，正是对立的；不过两者并不是相反，而是相成的。实验语音学不过是应用器具的力量来补进我们感觉所不及，更得有一种精密的观察罢了。而且现在实验器具，还没有到了十分完备和大家通行的境地，所以现在语音学，仍当以实用的方法为主要的。

（五）语音学与学习语言

关于语音的研究及其方法，上面约略说过了，至于研究语音的目的，可分做二种：第一种目的，在要明了一种或多种语言的内容和关系；第二种目的，在要学习一种或多种语言的发音。前者是理论方面的（theoretical），后者是实用方面的（practical）。语音学的效用：一方面是研究语音的知识，一方面又是学习语言的方法。前者是科学的，后者乃是技术的。

世界上交通，一天一天的便利，各处人互相接触的机会，更要繁密了；这种社会，我们单会讲本地话或本国话的，往往是不能应付。我们一方面要会说国语，一方面也要学习几种外国语。我们要是单靠固有的模仿本能来学习语言，往往迟慢而未必正确。语音当中常有微细的差异，稍一含混，就要引起误会的。例如国语"马"字和"妈"字，都是[ma]的音，所差的，只在音调上的两样。又如国音里的"厂"[x]和英语里的"h"[h]是有分别的，一是部位在舌根，一是部位在喉头。这种细微的地方，单靠我们模仿的能力，恐怕不会辨别出来罢！研究语音学，足以增进我们学习语言的能力，使我们得到一个学习语言正确简捷的方法。

语音学的知识对于做教师的人，尤其是十分重要。因为教师是传授智识的，一方面自己最需要一种明晰的语言；一方面又须校

正儿童的语音,使儿童也得到一种明晰的语言。这样看来,语音学是教学语言的基本科学。欧美各国的学校里,凡是学习一种语言,必定先教语音学数星期;即此可见语音学在教育上的价值了。

总之:我们要比较方言,推行国语,学习外国语,语音乃是必不可少的基本知识。我这里可以引用西洋学者的话来证明;威脱布勒士(H. W. Weitbrecht)说:

> 言语的进展,第一步是发音,其次再及于诵读,写作,以至于学习文法;所以从科学的见地来断定,没有不以研究发音为学习语言的第一要件。

巴西(P. Passy)说:

> 我们要把外国语音听得真确,学得真确,究竟也并不极难。所要紧的是练习的得法。而这得法的练习,却根基于关于语音的知识;有了这知识,就自然能有得法的练习。所以这种知识,万不可少。

(六) 语音学与其他科学的关系

语音既为语言的要素,所以凡有关于语言的科学,都以语音学做他的基础,我现在列举几项出来:

1. 语言学与语音学　语音学既然是研究语言——实用方面和理论方面——的根基,要是没有一种发音的基本知识,无论历史的语言学(historical philology),或比较的语言学(comparative philology),都无从研究起的。因为语言学是考察和记录语言的实

际，要是不懂得发音，语言学的研究，就变做仅仅机械的检点字母形式的变化了。现在语言学都注意到实际活语或野蛮人的土语上，用语音符号记录出来供大家研究；发音知识的重要更是明显了。斯韦特氏(H. Sweet)说："语音学之于研究语言，好像数学之于天文物理。"于此足以见得语音学的重要了。

2. 文字学与语音学　文字的发生，原来所以代表声音，而增进语言的效用的；所以文字是语言的符号。在欧美各国的拼音文字里，研究文字和语源，当然离不了语音学。至于中国的象形文字，虽然以形体为主，而字义训释，形声假借，在在与音韵的变迁有密切的关系。所以文字学与语音学，二者也有密切的关系。

3. 文法学与语音学　语句和语词的构成，既然是音素结合作用；语法上的条例，有时可以应用语音学的原理来解释。例如：英文上，名词作多数用时，普通加一个"s"。不过名词末一字母为"s""x""sh""ch"的时候，变作多数，就须加"es"。因为"s"与这些音，都是舌齿的作用，发音部位太相接近，所以中间必须加个"e"才能听出。斯韦特氏(H. Sweet)说：

> 语音学不仅是间接的使语句文法上的联接，增加势力；乃是直接的文法学本身的重要部分。语音学能使我们对于文法的条例有一种简括正确的叙述；这种是用别的方法所不能做到的。

又语音学上所讲的音调、音势等问题，也是文法学上的重要部分。

4. 文学鉴赏与语音学　古代的诗歌散文，大都是美丽语言自然的流露；要是不懂得它们的发音，就不能领会它们和谐的音调和一种自然的生趣。语音学可以使古时写成的文字发出声气的，使它们还原为实际的活语以供给我们听感上的鉴赏。语音的研究，

对于审美学上实在是非常重要的。

从上文看来,可以晓得语音学的重要了。近世语音学的进步,实在受了生理学和物理学发达的影响;所以语音的研究,和生理学物理学也有密切的关系;待后面第二篇里叙述之。

二、语 音 的 标 记

（一）语音符号的效用

研究语音，要用一种符号来代替声音，犹如数学上要用一套号码来代替数目一样道理。语音符号是记录语音的工具，语言在听觉上是过而不留的；我们用符号把它记载下来，就可保存在纸上了。我们学会了符号所代表的发音以及拼法，就可以念读记载下来的语言了。语言的听受有时是不能准确的，容易引起疑惑的，我们又可用符号记录出来的来改正它，证实它，学习语言与研究语言都因这符号得了个凭借。即使一种很生僻的语言，只要符号完密，就可以把它记录出来，供语言学者的参证比较。而学习这种语言的人，也只要记熟这符号的发音价值，就可以无师自通了。所以研究语音——无论在实用方面与理论方面——这记录的工具是必不可少的。

（二）语音符号的种类与采择

现在语音学家所用的符号，大致可分二类：一种是字母式的（alphabetic），用一个字母代替一个音的，普通拼音文字的字母大都属于这类。一种是非字母式的（inalphabetic），主要的符号，不

是代表各个音，乃是代表各个音的组织；好像化学上一种物质用一种公式来代替似的。这种非字母式的符号，对于音素的分析很有深切的表示；但是在实际应用上，终不如字母式那样简明。字母式也有根据发音的形状来表示的，例如机关式的（organic alphabet），就是依照语音机关的作用与状态来制定各个音素的符号，这种字母足以表明各个音素的发音形状，而且字式整齐；不过实用上连接书写，终不及罗马字那样便利。关于语音符号的选择，斯韦特氏（H. Sweet）曾经定了四个原则：第一须简笔易看（simplicity），第二须紧密分明（compactness），第三须接连易写（joining），第四须排印简便（printed forms）。语音符号，能够完具这四种条件的，实在不容易得到；比较上罗马字字母，曾经欧美各国二千多年来自然的选定，总算是最合用的了。欧美各国的拼音文字，就是用罗马字母来记录语音的。

（三）拼音文字字母的缺点

文字原来是代表语言的；不过中国的象形文字，偏重形体方面，所以文字与语言，最容易纷歧。中国虽曾用形声的偏旁来记音，究竟不是用来拼音的。中国文字的偏旁，与拼音文字的字母，当然是异趋的。只有拼音文字的字母，才算是记录语音的符号。但是欧美各国的拼音文字有时也与语音不能相应的。他们所用的符号与实际的语音，也有出入的地方；我可以举出下列两点：

1. 一个符号不一定是代表一音的。例如英语里“gin”“begin”“ring”“gnome”这些字里“g”的读法，就都不同了。又如“city”里的“c”是[s]的音；“cuckoo”里的“c”是[k]的音；又如“q”常常用在“u”的前面，也是[k]的音。又如“x”一个字母在“exercise”“exert”

“Xerxes”这些字里的读法都不一致了。

2. 拼法往往不依照发音的规则。例如英文字里，常常有无音字母夹杂在中间的。有些字拼法相同，而发音不同的；如“lead”（动词）与“lead”（名词）。有些字拼法不同，而发音倒相同的，如“right”与“write”。

这种缺点，其余德国，法国文字当中，都所不免。而且同一字母，在各国语音中所具有的发音价值，往往大不相同。例如德语与意语所用的“j”，在法语中应当用“y”；又英语所用的“j”其价值乃是[dʒ]。欧美各国采用罗马字母的拼音文字，既然离不了这许多弊病，所以要用罗马字母来做语音的标记，应该另外规定一种统一齐整的符号；这就是“万国语音学符号”（International Phonetic Symbol）所以起来的。

(四) 国 际 音 标

万国语音学符号，又称万国语音学字母（International Phonetic Alphabet）或简称“国际音标”，为万国语音学会所制定。万国语音学会是 1886 年在伦敦成立的。会中集合了许多语音学家；以增进语音的智识，与便利发音的实用为宗旨。学会成立的第三年，就是 1888 年，便议决制定万国语音学符号；又经过历年来几次开会修正，世界各国的语音，都可因此一一正确的表示出来。这种符号是综合世界上各国语音系统，根据欧洲各国多数人所通用的字母来制造的。有时罗马字母不敷应用，就用原字的大楷，或用原字的倒排；虽间或制定新字母，然究属少数；对于学过西文的人，是很容易记认的。现在依西文字母的次序，将几个主要的字母排列如下：

[a] 代表法语“part”字里的“a”音；

[æ] 代表英语“man”字里的“a”音；
[ɑ] 代表法语“pas”字里的“a”音；
[ɒ] 代表英语“saw”字里的“aw”音；
[b] 代表英语“be”字里的“b”音；
[c] 代表法国流俗语“qui”字里的“qu”音；
[ç] 代表德语“ich”字里的“ch”音；
[d] 代表英语“do”字里的“d”音；
[ð] 代表英语“then”字里的“th”音；
[e] 代表英语“ten”字里的“e”音；
[ɛ] 代表法语“fait”字里的“ai”音；
[ə] 代表法语“de”字里的“e”音；
[f] 代表英语“five”字里的“f”音；
[ɡ] 代表英语“go”字里的“g”音；
[h] 代表英语“hot”字里的“h”音；
[i] 代表法语“ni”字里的“i”音；
[j] 代表英语“yes”字里的“y”音；
[ɟ] 代表法国流俗语“gai”字里的“g”音；
[k] 代表法语“kiosque”字里的“k”音；
[l] 代表英语“like”字里的“l”音；
[ʌ] 代表法国南部语“fille”字里的“ll”音；
[m] 代表英语“man”字里的“m”音；
[n] 代表英语“not”字里的“n”音；
[ɲ] 代表法语“enseigner”字里的“gn”音；
[ŋ] 代表英语“sing”字里的“ng”音；
[o] 代表法语“tort”字里的“o”音；
[ɔ] 代表英语“hot”字里的“o”音；
[œ] 代表法语“seul”字里的“eu”音；

[ø]　代表法语“peu”字里的“eu”音；

[p]　代表法语“pas”字里的“p”音；

[q]　代表阿拉伯语“quhoua”字里的“q”音；

[r]　代表苏格兰语“rid”字里的“r”音；

[ʀ]　代表法语“rond”字里的“r”音；

[ɹ]　代表英语“rid”字里的“r”音；

[s]　代表英语“sit”字里的“s”音；

[ʃ]　代表英语“ship”字里的“sh”音；

[t]　代表法语“tout”字里的“t”音；

[θ]　代表英语“thin”字里的“th”音；

[u]　代表法语“tout”字里的“ou”音；

[ʌ]　代表英语“out”字里的“u”音；

[v]　代表英语“very”字里的“v”音；

[w]　代表英语“wait”字里的“w”音；

[x]　代表德语“ach”字里的“ch”音；

[y]　代表法语“pu”字里的“u”音；

[ɥ]　代表法语“buis”字里的“u”音；

[z]　代表英语“zeal”字里的“z”音；

[ʒ]　代表英语“pleasure”字里的“s”音。

以上这些字母，都可叫做音符，还有几种节制符，也是用来表明发音的状态，而补足字母所不能表明的地方，举例如下：

[r̥]　表明声音气化；

[k̬]　表明气音声化；

[m̦]　表明耳语音；

[p]　表明送气；

[ã]　表明鼻母；

[t͡ʃ]　表明两个音素读做一个似的；

［aː］　表明长音；

［aˑ］　表明半长音；

［é］　表明紧母；

［è］　表明松母；

［ǔ］　表明母音之用作缀辅者；

［n］　表明子音之用作缀主者；

［e˫］　表明舌部前伸一点；

［e˧］　表明舌部后退一点；

［aт］　表明口要稍开；

［aʇ］　表明口要稍闭；

［iɔ］　表明两唇要圆；

［oc］　表明两唇要开。

万国语音学符号的优点：第一，一字母只能代表一个音素，不能借用，又没有变化。第二，各国早已通行；因为各国教育家与语音学家都公认它为最合理最适用的符号。第三，这字母是根据拉丁一系中最通用的音所制定的，与世界上多数文明国家的文字相差不远。中国的语音，自然也可应用这种符号来表示；这就要讲到注音字母与国际音标的关系了。

（五）国际音标与注音符号的对照

中国文字既然是象形文字，从前表明音读的，只有一种反切的方法，用两个字来切成一个音。这种方法，弊端很多；到了近代，东西洋拼音文字的观念输入，又见到国内读音的不统一，教育普及的困难，更觉得这种反切的方法，有改良的必要。所以当民国二年，教育部召集读音统一会，制定三十九个注音字母。民国九年，国语统一筹备会又议定分“ㄛ”母为“ㄜ”“ㄛ”二母。到了最近又改称注

音符号了。这种字母的形式虽然没有采取罗马字，而它的原理，大都是根据拼音的方法，没有反切的弊病。所以注音字母，可以与拼音文字的字母一样看待。以万国语音学字母与它对照，可得下表：

ㄅ[b]	ㄍ[ɡ]	ㄓ[tʒ]	ㄧ[i]	ㄟ[ei]
ㄆ[p]	ㄎ[k]	ㄔ[ts]	ㄨ[u]	ㄠ[ɑo]
ㄇ[m]	ㄫ[ŋ]	ㄕ[ʃ]	ㄩ[y]	ㄡ[ou]
ㄈ[f]	ㄏ[x]	ㄖ[ʒ]	ㄚ[ɑ]	ㄢ[an]
ㄪ[v]	ㄐ[ej]	ㄗ[tz]	ㄛ[o]	ㄣ[ən]
ㄉ[d]	ㄑ[cç]	ㄘ[ts]	ㄜ[ə]	ㄤ[ɑŋ]
ㄊ[t]	ㄬ[ɲ]	ㄙ[s]	ㄝ[e]	ㄥ[eŋ]
ㄋ[n]	ㄒ[ç]		ㄞ[aɪ]	ㄦ[əʴ]
ㄌ[l]				

这个对照表应当说明的地方：国音"ㄅ，ㄉ，ㄍ"三母，没有法、意等语[p, t, k]读的那么紧；严格说起来，应当为[b̥, d̥, g̊]；但是为了简便起见，就免去气化的符号，而为[b, d, ɡ]了。丹麦与德国北部的[b, d, ɡ]字母，读法也是如此。"ㄆ，ㄊ，ㄎ"，三母，应当为[p‘, t‘, k‘]比较准确；但是"ㄅ，ㄉ，ㄍ"既然为[b, d, ɡ]，"ㄆ，ㄊ，ㄎ"也就为[p, t, k]了。[ʃ]，[ʒ]是英语平舌的软音；"ㄕ""ㄖ"乃是舌尖接上牙床的硬音，细说起来，应该为[ʃ ˧]，[ʒ ˧]；又"ㄏ"比较[x]发音部位要后一点，"ㄒ"比较[ç]要前一点，也都为简便起见，把表明的符号省去了。

国际音标原来是一种统一万国的记音工具，所以在分析比较各国的语音，是最适用的。要是单为一国语言的标音，实用上，就不要这样繁密；另外还须定一种比较简便的符号；这就是国语罗马字所以发生的。

（六）国语罗马字字母

国语罗马字的起因：一种是为着外国人学中国语，一种是为着中国人学国语。关于字母标准的制定，有威德（Wade）、巴拉（Baller）、威廉兹（Williams）、玛的尔（Mateer）这班人曾经做过这种工作。美国长老会所出版的《官音罗马字母标准拼音》（*The Standard System of Mandarin Romanization*）又是一种，到了1913年（民国二年）读音统一会制定注音字母的时候，也有人提议借用罗马字母的。当时因为迁就旧学者的心理，以为统一读音，不过改良反切，就用双声叠韵的简笔汉字来制定三十九个注音字母。所以没有采用罗马字母，嗣后很有几家把这三十九个与罗马字母对照应用，不过还未完全一致。现在国语统一筹备会公布了《国语罗马字拼音法式》，才有个统一的标准；录其字母如下：

ㄅb	ㄉd	ㄍg	ㄐj	ㄓj	ㄗtz
ㄆp	ㄊt	ㄎk	ㄑch	ㄔch	ㄘts
ㄇm	ㄋn	ㄫng*	ㄬgn*	ㄕsh	ㄙs
ㄈf	ㄌl	ㄏh	ㄒsh	ㄖr	
ㄪv					
ㄖ，ㄙ’y	ㄚa	ㄞai	ㄢan		
ㄧi	ㄛo*	ㄟei	ㄣen		
ㄨu	ㄜe	ㄠau	ㄤang		
ㄩiu	ㄝe*	ㄡou	ㄥeng		
			ㄦel		

这种国语罗马字字母，很有它的优点。

1. 校正注音字母的语音系统。例如“知”“资”等字的母音，注

音字母不另外制字母，单是用“ㄓ”“ㄗ”等注音；现在用“y”来表示，就是“ㄖ”及“ㄙ’”（“ㄙ”的气音声化）。又如“ㄪ”“ㄬ”“ㄫ”“ㄝ”诸字母，北平音里所不用或少用的；现在国语以北平音为标准，所以这些字母应当特别的注明（上面用＊的符号）。

2. 改正注音字母的错误。例如“ㄥ”与“ㄨㄥ”本来是两个音，前者应当为“eng”，后者应当为“ueng”或为“ong”；两个母音是不同的，注音字母把它们合并，现在在《拼音法式》上一一的分出来了。又如“ㄢ”的齐齿呼，从前都作“ien”，北平音仍当作“ian”，现在把它改正了。

3. 依照音理，采用简便的符号。例如用“b，d，g”代表“ㄅ，ㄉ，ㄍ”，这是北方读“ㄅ，ㄉ，ㄍ”轻而且软的音。这样，就可用“p，t，k”代表“ㄆ，ㄊ，ㄎ”，不必用“p，t，k”送气的符号来表示了，又如“j，ch，sh”用来代表“ㄐ，ㄑ，ㄒ”与“ㄓ，ㄔ，ㄕ”，因为前者总是齐齿撮口呼，后者总是开口合口呼，两者不会相混，而“ㄓ，ㄔ，ㄕ”就可不必写作“jr，chr，shr”了。

4. 避免种种繁复的标记。例如“ㄩ”从前有用“ü”来代替；因为要避免“ü”的上面两点的记号，所以改用“iu”。至于表明四声的音调，从前或用符号，或用数码，书写既繁，排印也极困难；现在国语罗马字就利用字母来表示阴、阳、上、去。例如，阴平的子音为“m”“n”“l”“r”时就加“h”，如“猫 mhau”“拉 lha”等。阳平的开口音，加上一个“r”如“茶 chair”“孩 hair”。上声的母音双写，如“起 chii”“反 faan”。去声的母音下加个“h”，如“器 chih”“大 dah”。

总之：国语罗马字是采取罗马字母表明国音，目前推为最便于实用的一种工具。但是要分析音素，与他国语音比较起来，那还须引用万国语音学符号的。

本篇参考书目

1. H. Sweet：*A Practical Study of Language*，chap. I，II，

III, VI.

2. H. Sweet: *A Primer of Phonetics*, pp.1—6,44—45.

3. Paul Passy:《比较语音学概要》(刘复译)《引言》。

4. L. Bloomfield: *The Study of Language*, pp.19—24.

5. W. Rippmann: *Elements of Phonetics*, pp.17—19.

6. B. Dumville: *The Science of Speech*, pp.1—8.

7. G. Noël-Armfield: *General Phonetics*, chap. I, II, IV.

8. 周越然译:《德国学校近世语教授法》。

9. Paul Passy & Daniel Jones: *The Principles of the International Phonetic Association*.

10. 汪怡:《国语发音学》,第一章,第十一章。

11. *The Standard System of Mandarin Romanization*.

12.《国语罗马字拼音法式》。

13. 北大《新生》十卷八期,《国语罗马字运动特刊》。

14. 赵元任:《国际音标》《国语正音字典》。

15. 周由廑:《英语语音学纲要》,第一章。

16. 后觉:《国语声调研究》,四。

17. 刘复:《四声实验录》,21—27 页。

18. 赵元任:《中国言语字调底实验研究法》(《科学》七卷九期)。

第二篇

语音的构成

一、语音作用之生理的基础

（一）语音机关的部位与作用

人类有言语的本能，因为生理上具有语音的机关。要研究语音的构成与性质，须先说明语音机关的部位与作用。语音机关，大致可以分为四部：

呼吸器　　　　喉头　　　　口腔　　　　鼻腔

语音学家把这四部，分为呼吸机关（organs of breathing）与节制及共鸣机关（organs of articulation and resonance）二类：呼吸器为呼吸机关；喉头、口腔、鼻腔为节制及共鸣机关。呼吸机关的作用是发生气息（breath）；没有气息，根本就没有语音；所以呼吸器是制造语音原料的场所。喉头的主要作用在发生乐音（musical sound），口腔与鼻腔的主要作用在范成种种音素。所以语音机关的节制：一种是为乐音化的作用，一种是为发生各种声色（quality or timbre）的差别。口腔与鼻腔兼有共鸣作用，使声音放大，听觉上容易感受；所以又可称共鸣机关。现在再把这四部机关的组织与作用说明如下：

（二）呼 吸 器

呼吸的主要机关是肺（lungs）；肺的全体，是多数小气胞（air

ells)与气管微枝,互相连接。从气胞经气管(wind pipe),喉头(larynx),再出口腔或鼻腔,这是通气的路程。肺在胸部当中,外面有肋骨(ribs),下面有横膈膜(diaphragm)。肋骨的推动,横膈膜的伸缩,都是辅助气息的发生。当我们声音放大的时候,胸部和腹部的筋肉,觉得很紧张,这是增进气息的压力,把声音传达得远些。音势的强弱,就是关于这胸部和腹部筋肉的压力。

气息从肺经过喉头、口、鼻放出,叫做呼气(exhalation)。反之,从口、鼻经过喉头吸入,叫做吸气(inhalation)。我们一吸一呼,就是气流的一进一出。大部分的语音,都是从呼气构成的;由吸气构成的很少。语言的成立,原为对外表示情感与思想,呼气正是由内放出;所以从语言的原理上看来,也是呼气最适合于发音的。

(三) 喉　　头

由肺呼出的气息,第一步就经过喉头。喉头在气管上面的一端,由甲状软骨(thyroid cartilage)、环状软骨(cricoid cartilage)与破裂软骨(arytenoid cartilage)等组合而成。甲状软骨为喉头里最大的软骨;形状似甲,正卫喉头。它的后面有块会压软骨(epiglottis),能把气管开闭;呼吸的时候,它便升起,使气流通达。饮食吞下的时候,它便降下,以免食物误入气管里。环状软骨,状如指环;前低后高:前部在甲状软骨的底下,后部在破裂软骨的底下。破裂软骨共一对,它们底部的里面,附着声带(vocal cords);声带的中间,便是声门(glottis)。声门有两对:上一对是假声带(false vocal cords),不能完全相接,这叫做假声门(false glottis),在发音上不很重要。下一对是真声带(true vocal cords),外皮为一种薄膜,形似两唇,能完全相接,这叫做真声门(true glottis),乃

是我们发音上最重要的地方。真声门又可分为两部：前部窄而长的是音声门(voiced glottis)；后部短而宽的，是气声门(respiratory glottis)。甲状、环状、破裂三种软骨，生有筋肉多种，使声带伸缩宽紧，气声门与音声门就能开闭自如。这种开闭变化的程度，大别之为：

1. 音声门与气声门完全闭住，气息暂时不通，而又忽然的呼出，声带就发生一种暴裂的音，好像我们咳嗽的样子，这叫做声带阻，语音符号作[ʔ]。

2. 音声门和气声门闭住，而气息从声门的缘边挤迸而出；声带就起振动，成了乐音——或简称声(voice)。例如[a]，[i]，[u]，[b]，[d]，[g]这类音，即使没有口腔的节制作用，也可以听出它们在声带里所发生的乐音。

3. 音声门闭住，而气声门半开；气息由其间通出，从声门的缘边摩擦而过。这时声带没有振动，不发乐音，只有一种微细的音响。这种叫做耳语音(whisper sound)。发[h]的时候，也是处于这状态。

4. 音声门与气声门完全开放，气息是自由通过；这就是我们平常呼吸的状态。声带不受振动，不发乐音；只有气音(breathed sound)——或简称气。例如[p]，[t]，[k]这类音，假使没有口腔的节制作用，就不能听出；因为它们在声带里是没有动作的。

又声门开闭的程度，与气程宽狭有关，气息力也随之大小；所以这种又关于音势的强弱。

(四) 口　　腔

喉头的上面，就是咽头(pharynx)，上通鼻腔，下通食道(food pipe)，中通口腔(mouth)。咽头的后面，叫做咽头后壁；咽头的前

面，在口腔上面的，叫做口盖（palate）。前部坚硬的，叫做硬口盖（hard palate）；后部柔软的，叫做软口盖（soft palate）。软口盖的末端，有块肉挂下的，叫做悬雍垂（uvula），也称小舌。硬口盖的前面，上齿的里面，有一部突出的，叫做上牙床（teeth ridge）。口盖的下面，就是发音上最重要的舌（tongue）；位于口腔的底部，为多数筋肉所组成，非常灵动，大部分声音，都是由它的动作变化出来的。可分为舌尖（point of tongue）、舌叶（blade of tongue）、舌前（front of tongue）、舌根（back of tongue）四部。舌的顶尖，就是舌尖，舌尖后面的两旁，就是舌叶；舌叶的后面，舌面的前部，就是舌前；舌面的后部，就是舌后，也称舌根。当舌头静止的时候，舌面正在硬口盖的底下；舌根正在软口盖的底下。口腔下部，与上牙床相对的，叫做下牙床（lower jaw）；它的开合，与舌体的升降相连：开则舌体降下，合则舌体上升。上下牙床的外面，就是上下齿（teeth）；上下齿的外面，就是上下唇（lip）。唇齿的作用，也与发音有密切的关系。

从咽头以至两唇，上下各部可以互相接合。假使有一部相接，气流外出就要受阻碍的。假使各部都没有接合，气流便一直外达，不受阻碍。这种受阻与不受阻的关系，就是子音与母音的分别所在。气流自由的为母音，气流受阻的为子音。因口腔各部的阻碍，与阻碍程度的差别，范成种种的子音。因口腔气程形状大小的变化，范成种种的母音。

（五）鼻　　腔

口盖的上面，就是鼻腔（nose）。我们平常呼吸的时候，软口盖中悬，不靠着舌根，也不抵着咽头后壁，使气流分从口腔与鼻腔外出。说话时，软口盖或伸直抵及后壁，使气息专从口腔外达，成一

种口音。有时或下垂与舌根切近,使气息从鼻腔外出,成一种鼻音。例如[m],[n],[ŋ]这类音,因为口腔里有阻碍,气息转从鼻出,可称鼻子。软口盖有时也像呼吸时那样中悬,使气息分从口鼻外达,成了一种口鼻音。例如[a],[e]这类音,口里并无阻碍,气息一部由口出,一部也从鼻出;可称鼻母。总之:口音是专用口腔作共鸣器;鼻音是专用鼻腔作共鸣器;口鼻音则兼具有口腔与鼻腔的共鸣作用。而软口盖位置的变化,对于这三种音的构成,是很有密切的关系。

(六)各部语音机关的重要

语音机关分呼吸器、喉头、口腔、鼻腔四部,上文已经一一的说明了。呼吸器的作用,在发生气息,供给语音的原料;喉头的重要作用,在发生乐音。要是人类没有声带,就不会发乐音;那末,我们的语言,除了一种微小的气音以外,一切母音与子音,都不能听知,就像虫声唧唧了。口腔与鼻腔的作用:一面由它们的共鸣,使声音放大,便于听知;一面因它们的节制,范成母音、子音、口音、鼻音各种音素。气流的有阻无阻,气程的忽宽忽窄,口鼻的开合大小,就发生种种音色的变化。乐音虽是很重要,但是只有乐音的连接,没有音色的差别,那末,我们的语言就像鸟啼乐奏一般,只能表现简单的情感,不能显示复杂的思想了。所以口鼻的节制作用,更是重要。

二、语音作用之物理的基础

（一）音调与音势之物理的解释

上章说到气音、乐音、子音、母音种种类别，只就语言机关的作用上立论；若要推究各种语音构成的所以然，那就须应用物理学上的原理来解释。

人类语言，正与自然界中各种声音一样，都由物体的振动(vibrations)而发生的。例如喉头里发生乐音，也是由于声带的振动。因这种振动的作用，空气或其他传音体中，就发生了音浪(sound waves)；音浪刺激我们的听神经，就得了声音的感觉。

物体的振动有强有弱：强的振幅(amphtude)大，传音体中音浪的浪幅也长；弱的振幅小，音浪的浪幅也短；我们所感受的声音，就因之有重有轻。所以语音里，气息压力的强弱，关于音势的大小。

物体的振动有快有慢：振动愈快，音浪的浪纹愈密；振动愈慢，浪纹愈疏；我们所感受的声音，就因之有高有低。所以语音里，声带振动的速率，关于音调的高低。声带长而厚的，振动比较慢，所以音低；声带短而薄的，振动比较快，所以音高。成人男子的语音比较儿童女子要低，就是这个缘故。

但是所谓振动，有种种不同的式样。简单的振动，一往一来，

很整齐的交相继续。这种振动所成的音是简单的。我们普通所听到的,都不是这简单的音,是种种复合的音。复合音的构成,由于复合的振动;是许多简单的振动,混在一起,同时并作。复合振动中各简单振动的速率各不相同,强弱也各不同。所以复合的音乃是许多高低不同,强弱不同的简单音的合体。在这种合体之中,我们称最低的一个音(就是最慢的一种振动所造成的音)为主音(fundamental tone),其余的为副音(overtones)。我们普通所谓某音的高低、强弱,大都单指他的主音而说,其余副音的高低强弱,通常概置之不问。所以我们说某音的音调,音势,实在只说某复合音的主音的高低强弱罢了。

(二)音色之物理的解释

我们普通所听到的,既然都是复合音;复合音是他的主音以及许多副音的合体。而此一合体中各主音,副音所具之分量或比例,却未必能同于彼一合体中各主音,副音之所具;所以彼此主音的高低、强弱,即使绝对相同,而我们还可以听出两种不同的色彩来。这种不同的色彩,叫做音色(timbre)或音的本质(quality)。例如两种乐器所奏的音,虽然一时高低,轻重奏得完全相同,而我们总可以听出它们彼此不同的色彩来;这是因为两种乐器的物质、形状各异,使它们主音,副音间强弱高低的比例,也就发生相互的差别了。我们发[ɑ],[i]两音时,即使声带振动一样的快慢,气息压力一样的强弱,而总可听出这两音本质的不同;这是由于唇舌的动作,使口腔形式发生变化;于是[ɑ]音里,主音副音间高低强弱的比例,与[i]音里的比例根本不同了。

各种音色差别之由来:其一原于发音物体的不同。例如丝竹所奏的音,与语音机关所发的音,固然显别;而语音机关各部所成

的音又各有差异。即使同是一个字音,两人读之,即有两种的色彩。其二原于物体发音时的情状不同。同一人口里发出的音,吟呻声、咳嗽声、说话声,完全两样;这是由于声带发声时的状况不同。而说话时开口为[ɑ]合口为[u]等等,也完全两样,这是由于声带构成声音之后,经过口腔,受口腔形式上种种变化的影响,致音色上变成种种不同的花样。

(三) 乐音与噪音

上面说过,复合音里主音与副音相配的比例,关于它们音色的变化。这种相配的谐和与否,就是乐音(musical sound)与噪音(noise)的分别所在。相配谐和的,就是主音与副音高低的比例(即振动速率的比例)为简单的。譬如一个复合音,他的主音是每秒钟振动 132 次,次一个副音是振动 264 次,再次一个副音振动 396 次……它们的比例数是 1,2,3,4,5,……这种叫做简单的比例。依照这简单的比例相配的,就是乐音,可以称为谐和的音。反之:主音、副音的高低不依照这简单的比例而相配的,可以称为不谐和的音,就是噪音。

语音里,因声带振动而发生的乐音,就是谐和的音。反之:声带没有振动,气流经过喉头,口腔各部的阻碍,摩荡而成的气音,就是不谐和的噪音。

我们的研究语音,除辨别音色外,还可以比较音调的高低,音势的强弱。这种比较,在乐音、噪音两方面,固然都可以适用;不过据现在研究的程度,乐音方面尤为重要;噪音方面高低强弱等等差异,实在很难显示出来。

噪音又分两种:一种是打击的噪音,是一发就完,无从连续的;一种是摩擦的噪音,是可以任意连续的。前者如槌子打铁的

音，后者如锯子锯木的音。

母音与子音的分别，在口腔里各部有没有阻碍。发各种母音，口腔形式虽有变化，而各部没有阻碍，不生气流摩荡的音；又声带必须振动，始能在听觉上显示出来；所以母音完全是乐音。反之：发子音时，口腔里各部必有阻碍；所以子音必定是噪音。噪音分打击的摩擦的两种，子音也可分暴发音（plosive）、摩擦音（fricative）两种。例如[p]，[t]，[k]是暴发音；[f]，[s]，[x]是摩擦音。

（四）簧 管 作 用

因声带的振动，发出乐音，经过口腔的共鸣作用，成了种种母音；这种从物理上看来，是簧管作用。譬如风琴，簧是它的发声体，管是它的共鸣器；因簧的振动而发声，更因共鸣器内的空气柱，起了一种共鸣作用，使声音放大。簧的振动有快慢，由于风力有缓急；共鸣作用有大小，由于管的形状有宽窄。这两件都使音调分出高低，音势分出轻重；而因管的大小形状，更能发出种种不同的音色。肺里呼出的气，经过喉头，那时声带收缩，阻碍气流，气流压挤声带，就振动成声了。呼出的气流有强有弱，声带的收缩有张有弛，语音就有高低轻重的不同。这种与风琴里的音由于簧的振动，簧的振动由于风力，正是同一理由。但是有时气流的强弱相同，声带振动的快慢相同，而音调也分高下，音势也分轻重，并且可以辨别它们[ɑ]，[i]，[u]，[e]等等各别的音色；这是由于口腔形式的变化，共鸣作用也有大小的不同。这种与风琴管的形状有宽有窄，就发生种种音色，也是同一理由。

不过普通所谓单个的簧管，形式总是固定的。而人体里的声带与口腔，伸缩开张，灵动自如，可以变出许多形式。所以理论上，种种母音的构成，可用簧管来比喻；而实际上，乃是一个口腔，一副

声带,代替许许多多的作用。

(五) 气质摩荡的作用

因口腔诸部的接合,使气流受阻,成了种种子音。这种从物理上看来,是气质的摩荡作用。譬如风吹树叶,瀑布急流,山石崩坠,火药爆发等等,都是气质摩荡以成音的。气流受口腔诸部的阻碍,摩荡以成种种子音,也是同一理由。因气质摩荡的程度不同,所发的噪音就有打击的与摩擦的两种。语音也是这样。口腔诸部的接合有疏有密,密的阻力大,疏的阻力小;子音因之有全阻与半阻的区别。暴发音属于全阻;气流经一部阻碍,始则完全闭塞,后又突然开放,便迸裂成音;如[p],[t]等。摩擦音属于半阻,气程不是完全闭塞,也不是完全无阻,乃是气流从狭道里摩擦以成音的;如[f],[s]等。

(六) 乐音与噪音的结合

独具簧管作用的是一切母音,独具气质摩荡作用的,是暴发与摩擦的气音。前者的主要发音体是声带,口腔不过做它们的共鸣器;后者的主要发音体是口腔,声带乃处于静止的状态。前者在口腔里必须无阻,使它容纳多量空气,以增大共鸣作用;后者在口腔里必须有阻,使气质摩荡以成音。这两种语音,是处于绝端相反的地位。在这相反的中间,由混合簧管与气质摩荡两种作用构成的,就是暴发与摩擦的声音,因为它们一方面既由口腔里的阻碍以成子音,一方面又由声带的振动以发乐音,这可说是乐音与噪音的结合;如[b],[d],[v],[z]等。

本篇主要参考书

1. H. Sweet：*A Primer of Phonetics*, pp.7—13.

2. G. Noël-Armfield：*General Phonetics*, chap. II.

3. W. Rippmann：*Elements of Phonetics*, pp.1—13.

4. B. Dumville：*The Science of Speech*, chap. I, II.

5. L. Soames：*Introduction to English, French and German Phonetics*, pp.10—12.

6. 刘复译：《比较语音学概要》，§§14—17。

7. 远隆藤吉：《发音学》，第二章。

8. 高元：《国音学》，第一章第三节，第四节。

9. 汪怡：《国语发音学》，第二章。

10. 刘复：《四声实验录》，pp.3—8。

11. 周由廑：《英语语音学纲要》，第二章。

12. 魏肇基：《英语发音学》，第二章。

第三篇 子音

一、子音的类别

（一）类别子音的方法

上章说过，母音是发于自由的气程，由语音机关的簧管作用所成的，所以必定是乐音。子音是发于气程的阻碍，由气质摩荡作用或气质摩荡与簧管作用的结合所成的，所以必定是噪音，或者噪音与乐音的结合。上章又说过，气流经过口腔各部，各部发生的阻力有大有小，阻力大的叫做全阻，小的叫做半阻。所以类别子音，可依照下列三种方法：

1. 依气程阻碍的部位；
2. 依气程阻碍的程度；
3. 依带乐音与否。

（二）气程阻碍的部位

语音机关自咽头以至两唇，在上面的是悬雍垂、软口盖、硬口盖、上牙床、上齿、上唇，共分六个部位；在下面的是舌根、舌前、舌叶、舌尖、下齿、下唇，也有六个部位。这十二个部位，上下依次互相接合，大致可得九种阻碍；再加以喉头的声带，也能左右相接，共有十种阻碍（参看本文的第二篇一）。所以子音依照阻碍的部位，可分为下列十种：

1. 唇与唇之阻,叫做双唇音(lip consonants)。这种音由于上下唇的接合所发出的。如[p],[b],[m],[w]。

2. 下唇与上齿之阻,叫做唇齿音(lip-teeth consonants)。发音时,上齿切近下唇的内缘。如[f],[v]。

3. 舌尖与齿尖之阻,叫做尖齿音(point-teeth consonants),或称舌齿间音(interdental consonants)。发音时,舌尖外伸,放在上齿尖的下面,下齿尖的上面。如[θ],[ð]。

4. 舌尖与上齿背或上牙床之阻,叫做舌尖音(point consonants)。发音时,用舌尖抵及上齿背或上牙床。如[t],[d],[n],[l],[ɹ],[r]。

5. 舌叶与上齿背之阻,叫做平叶音(flat-blade consonants)。发音时,舌头平伸,使舌叶抵及上齿的背面。如[s],[z]。

6. 舌叶与上牙床之阻,叫做翘叶音(raisod-blade consonants)。发音时,舌头内缩,舌叶上翘,抵及上牙床。如[ʃ],[ʒ]。

7. 舌前与硬口盖之阻,叫做舌前音(front consonants)。发音时,舌前部上升与硬口盖接近。如[c],[ɟ],[ç],[j],[ɲ]。

8. 舌根与软口盖之阻,叫做舌根音(back consonants)。发音时,舌后部上升与软口盖接近。如[k],[g],[x],[ŋ],[w]。([w]的音,兼具两种阻碍,所以在这里重见。)

9. 舌根与悬壅垂之阻,叫做小舌音(uvula consonants)。这种音由于舌根后部上升抵及小舌而发生的。如[ʀ]。

10. 声带之阻,叫做声门音(glottal consonants)。这种由于声门的闭合而发生,好像咳嗽时或耳语时所发的音。如[h],[r](参看本文的第二篇三(二))。

(三) 气程阻碍的程度

依照气程阻碍的程度,可以分做全阻与半阻两大类。属于全

阻的,除暴发音外,还有鼻音;属于半阻的,除摩擦音外,还有边音,滚舌音。现在分说如下:

1. 全阻(Complete Obstruction)

(1) 暴发音(plosives),又称塞音(stops)。发这种音的时候,在气流通道中,经一部阻碍,始则完全闭塞,后又突然开放,以致所拘的气息,迸裂而出。双唇暴发音,如[p],[b];舌尖暴发音,如[t],[d];舌前暴发音,如[c],[ɟ];舌根暴发音,如[k],[g];声门暴发音,如[ʔ]。

(2) 鼻音(nasals)。发这种音的时候,口里气程的阻碍,与暴发音一样,不过气流没有在口里拘住,也不是从口腔迸出,乃因软口盖的下垂,使气息改从鼻腔泄出,以成一种鼻音。双唇鼻音,如[m];舌尖鼻音,如[n];舌前鼻音,如[ɲ];舌根鼻音,如[ŋ]。

2. 半阻(Incomplete Obstruction)

(3) 边音(laterals),又称分音(divided consonants)。例如舌尖音的[l],发音时,舌尖抵及上牙床,气流分从舌头两边泄出。

(4) 摩擦音(fricatives),又称通音(opened consonants)。发这种音的时候,气程既没有完全闭住,也不是完全无阻;乃是气流从狭道中间摩擦而发生的。双唇摩擦音,如[w];唇齿摩擦音,如[f],[v];尖齿摩擦音,如[θ],[ð];舌尖摩擦音,如[ɹ];舌叶摩擦音,如[s],[z],[ʃ],[ʒ];舌前摩擦音,如[ç],[j];舌根摩擦音,如[w],[x];声门摩擦音,如[h]。

(3),(4)两类半阻的子音,或统称摩擦音,而依发音的情态,分做三种:

① 单纯摩擦音(simple fricatives)。如[w],[f],[v],[θ],[ð],[ɹ],[ç],[j],[x],[h]。

② 嘶沙摩擦音(sibilant fricatives)。如[s],[z],[ʃ],[ʒ]。这种是摩擦音中尖利的音,其声沙沙然,所以名嘶沙音(sibilants)。

③ 侧面摩擦音(lateral fricatives)。即边音,如[l]。

(四) 全阻与半阻的结合

上节所说,暴发音鼻音属于全阻,边音摩擦音属于半阻。此外还有一种震颤音(trills)。

(5) 震颤音,又称滚舌音(rolled consonants)。乃是一种有弹性的发音器官继续颤动,使气程不住的开闭,因而构成的。舌尖震颤音,如[r];小舌震颤音,如[ʀ]。

当舌尖抵及上牙床,小舌抵及舌根的时候,因这舌尖及小舌的颤动,使气程在一个短时期内,经过多次的开闭。气程开时,气流通过狭道,便暂时成了一个摩擦音;气程闭时,气流完全停阻,便又暂时成了一个暴发音。所以这种音实在是许多个摩擦音与暴发音连续相间的合体;不过连续得很快,我们听官上,不能把这各个相间的音分辨出来,所以认它为简单的音。

震颤音之外,还有一种合成摩擦音(affricates),乃是真正的暴发音与摩擦音的合体。

(6) 合成摩擦音,或称暴发兼摩擦音,普遍都认它是子音的合体。如[ts],[tz],[ds],[dz]是[t],[d]与[s],[z]结合成功的;[tʃ],[tʒ],[dʃ],[dʒ]是[t],[d]与[ʃ],[ʒ]结合成功的;[cç],[cj],[ɟç],[ɟj]是[c],[ɟ]与[ç],[j]结合成功的。[t],[ç]等暴发音,发出时,气程先须完全闭塞,继又完全开放;[s],[ʃ],[ç]等摩擦音,气程只是迫窄,始终成了一个狭道。至于合成摩擦音,将发音的时候,与暴发音一样,气程全闭;已发音的时候,却又变作摩擦音的状态,气程成了一个狭道;所以认它是暴发音与摩擦音的结合。

总之:合成摩擦音与震颤音,既不是纯粹的全阻,又不是纯粹的半阻;所以这两种音,都可说是全阻与半阻的结合。

(五) 暂音与久音

子音的构成,由于气程的阻碍;所以一个子音,在它构成的程序上,可以分做三个部分:(1) 成阻(obstruction),(2) 停顿(pause),(3) 除阻(release)。暴发音是除阻的时候,才能听到,成阻与停顿二部分,不过是它发音的作势罢了;所以一发就完,不能延长,可称暂音(momentary consonants)。反之,摩擦音与边音,一经成阻,就能听到,除阻之后,音才完结;在它停顿部分,就是发音的连续,停顿的时间愈多,就是音的连续愈长;所以这种音可以延长,称为久音(continuant consonants)。至于鼻音,口里气程虽属于全阻,但是气流从鼻腔自由通出,与暴发音完全把气息闭住的不同;所以一经成阻,就能成音,而且可以任意延长,也属久音。其余震颤音与合成摩擦音,因为包含有摩擦音的性质,所以也可以延长,属于久音。

(六) 滑音的性质

噪音分打击的与摩擦的两种,暴发音为打击的噪音,摩擦音为摩擦的噪音(参看本文的第二篇二(三))。所以暴发音没有连续性,一发即完;摩擦音有连续性,可以任意延长。至于合成摩擦音,先作打击之势,继又变作摩擦音,乃两种噪音接续而成的。余外边音、鼻音、震颤音三种,也是有连续性的,不过所包含的,不是纯粹的打击,又不是纯粹的摩擦,乃是轻微的打击与轻微的摩擦两种噪音之混合。这三种音,可以括为一总名曰滑音(liquids)。因为这三种音,共鸣作用比较大,普通总是带乐音的多,而且乐音很强,可以把它所有的噪音大部分掩盖下去;所以有流滑的性质,与母音相

像，而称为滑音。我们可以说，滑音是兼有摩擦音，暴发音与母音三种性质的东西。

摩擦音的[ɹ]，也是共鸣作用很大，普通总带乐音的，而且乐音很强；这种与滑音都带有母音的性质，可以称为母音性的子音（vowel-like consonants）。

（七）气子与声子

子音有带乐音与不带乐音的分别：凡是单由语音机关的阻碍所成，声带没有振动的，叫做气子（breathed consonants），就是纯粹的噪音。要是发音时，除了机关一部的阻碍以外，还具有声带的振动的，这就是声子（voiced consonants），就是乐音与噪音的结合。所以声子是气子与乐音的混合；换句话，就是气子经过乐音化，便成了声子。那末，由理论上推去，每一个气子，总可以加上乐音，使变为声子。反之，每一个声子，也可去了乐音，使变为气子。无论阻碍在何部位，阻力的大小怎样，声子与气子，总可以各自成双相配的。例如：

f——v

s——z

ʃ——ʒ

p——b

t——d

k——g

但是在实际上，一种语言里，却未必能这样整齐的相配，或是有了气子，而没有它的声子，或是有了声子，而没有它的气子。例如国音里的子音只有"ㄈ，ㄪ"与"ㄕ，ㄖ"，声气两两相配，其余都是缺了一面的。又往往某种语言里某一子音之配偶，不存在于本语言当

中，而存在于别一语言里。例如法语中有[j]音，如“yard”[jard]，而没有它的气子[ç]；而这音却存在德语中，如“ich”[iç]。又如滑音的[m]，[n]，[l]，[r]等与摩擦音的[r]，普通总是认为声子（见本文的第三篇一（六）），虽然在字音里偶然见到它的气子，而在意义上没有差别。例如英语中的[ɹ]音，在“try”[tɹ̥ai]，“cry”[kɹ̥ai]二字里往往变做气子，但是在意义上并没有什么变化。

子音有没有乐音化与它气流的输送力有密切关系，声子的气流输送力比较小，气子的气流输送力比较大。因为声子的气流经过声带的振动，发生一个回复性；气子的气流，却有直进的趋向：所以气子的气流速度比较声子的为快。又因为气子单是由口腔的阻碍以成音的，声子却兼有它的共鸣作用，所以发气子时，口腔里的肌肉比较紧张，阻碍力比较大，而气程也比较的狭；气息从口里流出的速度，自然也比较的快。这就是气子的气流输送力较声子为强的缘故。因之我们读声子时觉得轻而软，读气子时觉得紧而硬。

我们发耳语音时，气子还是同说话时一样，声门开长。声子却不然，声带没有振动，声门半开，气息通过时，发生一种微细的摩擦音（参看本文的第二篇一（三））。而在口腔里的气程，气子还是比声子狭一点。所以发耳语音时，气子的气流输送力也比声子为强。

（八）送气音与不送气音

子音还有送气（aspirated）与不送气（unaspirated）的分别。例如[p]与[p‘]，[t]与[t‘]，[k]与[k‘]。英语里的“p，t，k”为送气音，法语里的“p，t，k”为不送气音。这种分别，在国语上更是重要，如“ㄅ”与“ㄆ”，“ㄉ”与“ㄊ”，“ㄍ”与“ㄎ”，它们所拼的字音，意义上完全各别的。

送气音与不送气音的分别，是因为所带的流音（glide）不同：送气音是带有气流（breathed glide）的，不送气音是带有声流（voiced glide）的（详见本文的第五篇二）。至于合成摩擦音也有送气与不送气之别；就是看它后部包含的摩擦音有没有乐音化：要是暴发音与摩擦气子的结合，即为送气的合成摩擦音，如[kx]，[cç]，[tʃ]，[ts]。要是暴发音与摩擦声子的结合，即为不送气的合成摩擦音，如[kɡ]，[cj]，[tʒ]，[tz]。

这样看来，子音不但它的本身有声与气之分，而所带流音又有声与气的不同。带气流的送气音，它的气流输送力，比较带声流的不送气音，自然要强，所以气流输送力最强的音，是送气的气子。

二、子音分论

(一)双唇音

子音的种类,上章已说明了;现在再把各种子音一一地讨论,同时又把几种重要语言中各类子音所具有的特性,略略提及。试依发音机关阻碍的部位逐类说明如下:

双唇音是由上下两唇的接合而成。双唇暴发音的构成是先将两唇闭合,继又突然开放。国语里的"ㄅ"母,较之法语的"p",要轻而软,是介于[p]与[b]的中间,语音符号应当为[b̥],与德国北部的"b"相当。"ㄆ"母,语音符号应当为[p‘],与英语的"p"相当。国语罗马字拼音上,往往为简便起见,就以"p"代"ㄆ","b"代"ㄅ"(参见本文的第一篇二(五)、二(六))。英语德语的"p",常常是[p‘]的音,而"b"为[b]的音,是不送气的。例如英语"put"[p‘ut],"but"[bʌt]。法语里的"p,b"恰恰是[p,b]的音。例如法语"pape"[pap],"bas"[bɑ]。双唇暴发音,大概世界上各种语言都所具有的;因为这种音最容易发,小儿学语,最早的时候就能学会。

至于双唇摩擦音的[w],实在不是纯粹由双唇构成的,发音时,除将两唇敛合之外,还须舌根向软口盖上举。所以这种音兼有双唇与舌根两种节制,可称复性子音(composite consonants)。英语里"w"就是这音,例如"wet"[wet]。[w]的气音语音符号作

[ʍ]；英语里气音之后的“w”，常常变为这音，例如“twenty”[tʍenti]。除[w]外，还有一种复性子音，语音符号作[ɥ]。这种音的构成，是将上下两唇敛合，同时又把舌前向硬口盖举起。法语中常有这音，例如“buis”[bɥi]。

纯粹的双唇摩擦音，语音符号作[F，V]。这种音的构成，是单由两唇敛合，使气逼窄。发[F]的音，与平常吹灭灯火的情状一样。荷兰语里的“w”，西班牙葡萄牙语里的“b，v”，是读作[V]的音。

双唇鼻音[m]的构成，在口腔上与双唇暴发音[b]，正是一样；不过气息从鼻孔流出，没有爆发的现象，而有鼻腔的共鸣作用。国语的“ㄇ”，以及英德法等语里的“m”，发音大致相同。有时[m]因为受了邻近气子的影响，变为气音[m̥]；例如英语“lamp”[lam̥p‘]，法语“prisme”[prism̥]。有时又因为接了一个[f]，就变为唇齿音，例如意语“nimfa”字里[m]是唇齿音，语音符号，可以作[mɫ]。

（二）唇齿音

唇齿音是由上齿与下唇接合而成。普通语言里，唇齿只有摩擦音，没有暴发音。[f]，[v]适相当于国语的“ㄈ”“ㄪ”，英法语的“f”“v”。惟德语里的“v”每每读作[f]，而“w”每每读作[v]；例如“voll”[fol]，“was”[vas]。又德语里的[f]，[v]，没有英法语里的摩擦力那么强。

[p]，[b]可与[f]，[v]结合，成为合成摩擦音[pf]，[bv]。例如德语“pferd”字里的[pf]。

（三）舌尖音

舌尖音是由舌尖与上齿或上牙床接合而成。[θ]，[ð]二音的

构成,是用舌尖夹置于上下齿的中间,或舌尖与上齿尖的切合;所以称为尖齿音或舌齿间音。在德语、法语里,没有这种音;在英语里,却是很重要的。例如"this"[ðis],"thin"[θin]。

舌尖暴发音[t],[d]的构成,是先将齿尖抵及上齿的背面或上牙床,使气程闭塞,继又突然开放。国语的"ㄉ""ㄊ"二音,是用舌尖抵及上牙床。而"ㄉ"比较[t]音要读得软弱一点,严格的标音应当作[d̥]。"ㄊ"是[t]的送气音[t‘],与英语的"t"相当;不过英语的"t"阻碍部位还要后一点。英语与德语的"t",常常为送气音[t‘],而"d"不读送气,正是[d]。法语"t""d"正是[t],[d]两音,都不读送气。不过这两音,在英、德、法三种语言当中,发音的部位各不相同:法语里舌头的发音部分最后,而口腔上部阻碍的地位最前,是用舌尖后部(几乎在舌前部分)抵及上齿的背面。英语里舌头的发音部分最前,而口腔上部阻碍的地位最后,是用舌头的顶尖抵及上牙床的后部(几乎在硬口盖部分)。德语里发音或用舌尖顶部,或用舌尖后部,口腔上部阻碍的地位在上牙床,是适处于英法语之中间的。舌尖音中有一种卷舌音(cerebrals),就是舌头上缩,使舌尖抵及口盖的顶点,语音符号作[ṭ],[ḍ]等;印度地方常有这音。

舌尖震颤音[r]的构成,是将舌尖上举,与上牙床接近,然后舌尖颤动。这就是法语里的"r",例如"porter"(pɔrte);有时也变做气音,例如"quatre"(katr̥)。德语的"r"与法语大致相同,不过有时变为摩擦音的[ɹ],与英语的"r"相像。

舌尖摩擦音[ɹ]的构成,是用舌尖与上牙床相接;这可以引英语里的"r"做代表。[ɹ]有时也变为气音,例如英语"heart"[hɑɹ̥t]。美国人说英语,往往变为卷舌音[ɹ̣]。国语里的"儿"音,也用舌尖弯起向硬口盖的。

舌尖边音[l]的构成,是用舌尖抵及上齿背或上牙床,使气程的中央部分关闭,而气息从两旁流出。国语里"ㄌ",就是这音。

英、德、法三种语里，[l]的发音部位，适各与其本国语里[t]，[d]的情状相符。[l]也有时变为气音，例如法语“peuple”[pœpl̥]。美国人也常读为卷舌音[l̥]。

舌尖鼻音[n]的构成，在口腔上，正与[d]一样，不过气息从鼻孔流出，兼有鼻腔的共鸣作用。国语里的“ㄋ”，正是这音。英、德、法三种语里，[n]的发音部位，也各与其本国语里[t]，[d]的情状相符。[n]有时也变为气音，例如法语“Je ne sais pas”(jənsepɑ)。

(四) 舌叶音

舌叶音是由舌叶与上齿背或上牙床接合而成。平叶音[s]，[z]的构成，是将舌头平伸，舌前上弯，使前舌叶与上齿背或上牙床切合。所以[s]，[z]或称前舌叶音(fore-blade consonants)。这两音，在英、法、德三种语言里，发音部位各不相同：英语里，所用舌头的部分最前，使舌叶带舌尖与上牙床切合；中国标准语的“ㄙ”音与英语相同。法语里，舌头的发音部分最后，而口腔上部阻碍的地位最前，使舌叶带舌前与上齿背切合。德语里，适处于英、法语里二种情状之间，以舌叶与上牙床相抵。

翘叶音[ʃ]，[ʒ]的构成，是将舌头上举，舌前下洼，使后舌叶与上牙床或硬口盖前部切合，所以[ʃ]，[ʒ]或称后舌叶音(after-blade consonants)。这两音，英文里常写作“sh”“si”“su”；例如“wish”[wiʃ]，“vision”[viʒən]，“pleasure”[peʒə]。法文里常常写作“ch”“l”“ge”；例如“chapean”[ʃɑ̃po]，“jardin”[ʒardɛ̃]，“loger”[lɔʒe]。德文里常常写作“sch”“j”“g”，例如“schall”[ʃal]，“journal”[ʒurnal]，“logis”[loʒiː]。这两音，英、德、法三种语言当中，发音的状态，又各不相同：英语里用舌叶带舌尖与硬口盖前部相抵，而两唇旁展，作平扁的状态。法语里用前舌叶与上齿背或上牙床相抵，

而两唇有敛圆的趋势。德语里,用后舌叶与上齿背或上牙床相抵,而两唇伸前,敛圆的程度更显。中国标准语里,“ㄕ”“ㄖ”这两音,用后舌叶与硬口盖相抵,比较英语里[ʃ],[ʒ],舌头发音的部分与硬口盖阻碍的地位,都要后一点,所以舌头更弯,阻力更强,与英语平舌的软音不同,语音符号应当作[ʃ˧],[ʒ˧](参看本文的第一篇二(五))。

发[s],[z],[ʃ],[ʒ]这四音时,在舌叶与上齿背或上牙床间的气程,甚为迫窄,从这狭道中间流出的气息,经过下齿的激荡,再向下齿之间挤出;所以这种音特别尖利,称为嘶沙音。

[t],[d]可以与[s],[z],[ʃ],[ʒ]结合,成为合成摩擦音[dz],[ts],[dʒ],[tʃ]等等。例如德语“zeit”[tsait];英语“church”[tʃʌɹtʃ],“judge”[dʒʌdʒ]。国语里“ㄗ”“ㄘ”“ㄓ”“ㄔ”四音,也是这种合成摩擦音,“ㄗ”“ㄓ”带有声流的,语音符号为[tz],[tʒ];“ㄘ”“ㄔ”,带有气流的,语音符号为[ts],[tʃ](理论详见本文的第五篇二(七))。不过“ㄓ”“ㄔ”二音,比较英语的[tʃ],[dʒ]舌头要弯后一点,正与“ㄕ”“ㄖ”二音的情状相符。

(五)舌前音

舌前音,是由舌前抵及硬口盖而成。舌前暴发音[c],[ɟ]的构成,是先将舌前与硬口盖闭合,继又突然开放。英、德、法三国标准语上,没有这两音,但是在法国土语中,常所习见;例如“bateau”,法国土语有读为[baco],“corde”有读为[kwɛɟ]。国语标准音里,也没有这两音,只是在“ㄐ”“ㄑ”[cj],[cç]结合音当中遇见。

舌前摩擦音[ç],[j]的构成,是将舌前举起,与硬口盖接近。这两音在英德法三国标准语上,摩擦的程度各不相同;法语里,摩擦力最弱,几乎与母音相同;德语里摩擦力最强,而发音部位又最

前;英语里与法语相近,惟摩擦力略强。国语的“ㄒ”音,与德语里的[ç]情状相同,较英语摩擦力要强,发音部位亦较前。[ç],[j]两音,在德文里为“j”“ch”;例如“ja”[jʔaː],“ich”[ʔiç]。[j]音在英文法文里常常写作“y”;例如英语“you”[juː],法语“yak”[jak]。法文里“i”音常读为[j],例如“bien”[bjã];英文里“u”“eu”“ew”之前,常带有[j]音,例如“due”[djuː]。

发[ɥ]音时,除将两唇敛合以外,还有舌前与硬口盖的摩擦作用,所以[ɥ]一方面也可说是舌前摩擦音。

舌前边音,语音符号作[ʎ],用舌前中部抵及硬口盖而成;欧洲南部诸国,如意大利、西班牙、葡萄牙以及法国土语中,常有这音。

舌前鼻音[ɲ]的构成,在口腔上与[c][ɟ]一样,不过气息从鼻孔流出,没有爆发作用,而有鼻腔的共鸣。英德语里没有这音,而在南欧诸国,如法意西葡语言当中,常所习见。法文里写作“gn”,例如“vigne”[viɲ]。国语里的“广”就是这音,不过比法语里的发音部位要前一点。

(六) 舌根音

舌根音是舌根与软口盖的前部抵合而成。舌根暴发音[k],[g]的构成,是先将舌根与软口盖前部闭合,继又突然开放。英文德文里[g]音,也常常写作“g”,例如英语“gift”[gift],德语“tage”[tɐgə]。而英德文里的“k”“c”,常常读为[k]的送气音[kʻ];例如英语“can”[kʻæn],“sack”[sækʻ];德语“kohle”[kʻoːlə]。法文里,[k],[g]二音,常常写作“c”“qu”“g”“gu”;例如“camp”[kã],“qui”[ki],“gant”[gã],“guerre”[gɛː]。在英、德、法三种语言当中,这两音的发音部位,常因受邻接音素的影响,或偏向于前,或偏向于后,

很有变化的,大概法语中比英德语中要偏前一点。国语里“ㄍ”“ㄎ”就是[k],[k‘];不过“ㄍ”音比欧洲的[k],阻碍力要软弱一点,严格标音应当作[g̊](参看本文的第一篇二(五));而“ㄍ”“ㄎ”发音部位也较欧语里往后一点。

舌根摩擦音[x],[ɡ]的构成,是将舌根上举与软口盖切近。这两音在英语法语里是很少见的;在德语中却很普通。德文里[x]音,也常写为“ch”,例如“buch”[buːx];[ɡ]音常为两个母音之间的“g”,而前一母为[ɑ],[o],[u]三音之一者,例如“wagen”常读为(va·ɡən)。其他西班牙、瑞士、荷兰以及俄语中,这两音都所常见。国语里的“厂”音就是[x],不过发音部位也较德语里的往后一点。[k]与[x]也可以结合而成为合成摩擦音[kx],德语中有此音。

发[w],[ʍ]两音时,除将两唇敛合以外,还有舌根与软口盖的摩擦作用,所以[w],[ʍ]一方面也可说是舌根摩擦音。

舌根边音[ɫ]的构成,是将舌根中部抵及软口盖。波兰、葡萄牙以及俄语中,常有这音。

舌根鼻音[ŋ]的构成,在口腔上,与[k],[ɡ]相同,不过气息从鼻孔流出,没有爆发作用,而有鼻腔的共鸣。这音,在南欧语中,偶然见到;而在北欧语中,是很普通的。英语、德语里常用在[k]与[ɡ]之前,例如英语“finger”[fiŋɡəɹ],德语“danke”[daŋkə]。国语里的“兀”音,就是[ŋ],不过发音部位比较英语、德语里,要后一点。

(七)小 舌 音

小舌音是由悬雍垂与舌根后部接合而成。小舌暴发音,语音符号作[q],[ɢ];这种音的构成,是先将小舌与舌根闭合,继又

突然开放。这种只有在阿剌伯语中看到,为欧洲各国语言所没有的。

小舌摩擦音,语音符号作[ʁ][ʙ];这种音的构成,是用小舌与舌根切近。这也是阿剌伯语中所习见的,欧洲各地语中,有时因[x],[g]以及小舌震颤音[ʀ][R]的音变而发这音。国语里的"厂"与"丫"拼合时,常变为小舌音,例如"哈"[ʁɑ]。

小舌震颤音[ʀ],[R]的构成,是用小舌与舌根接近,然后小舌颤动。法语德语里常常用[R]代替[r]。

小舌鼻音,语音符号作[ɴ];这种音的构成,是将小舌与舌根闭合,气息由鼻孔通出,格林兰(Greenland)地方有这音。

(八)声 门 音

声门音是由声门两旁接合而成。上面所说的子音,都是属于口腔的节制,因口腔里各部上下相接而发生的;这声门音乃是属于喉头的节制,由喉头里声带左右相接而发生的。声门暴发音[ʔ]的构成,是先将气声门与音声门完全闭住,继又突然开放(参看本文的第二篇一(三))。在德语里是很普通,字首母音之前总带有这音,例如"der adler"[dər ʻaːdlər]。而在英语、法语里是很少见的。[ʔ]只是气音,现在世界上,还没有发见与它相配的乐音。

声门摩擦音[h],[ɦ],是将音声门闭住,气声门半开。[ɦ]是乐音化的[h];所以发[ɦ]的时候,气息又从音声门的缘边挤进而出,声带因之发生振动(参看本文的第二篇一(三))。[h]在法语里不很普通,而在英语、德语中是常见的;德语里的[h],又比英语里摩擦力强。中国东南诸省也常有这音。英语读两个母音间之"h",常为[ɦ],例如[ɑɦɑ]。

子音总表

	声门音		小舌音		舌根音		舌前音		舌叶音		舌尖音		尖齿音		唇齿音		双唇音	
	气	声	气	声	气	声	气	声	气	声	气	声	气	声	气	声	气	声
暴发音	ʔ		q	G	k	g	c	ɟ			t	d					p	b
鼻　音				N		ŋ		ɲ				n						m
边　音						ɫ		ʎ				l						
摩擦音	h	ɦ	ᴚ	ʁ					ʃ s	ʒ z		ɹ	θ	ð	f	v	F ʍ ɥ	V W
震颤音			ᴙ	ʀ								r						
合成摩擦音							c͡ç	ɟ͡j	t͡s t͡ʃ	d͡z d͡ʒ					p͡f	b͡v		

本篇参考书目

1. W. Rippmann: *Elements of Phonetics*, pp. 14—20, 65—94.

2. G. N. Armfield: *General Phonetics*, chap. V, XI.

3. H. Sweet: *A Primer of Phonetics*, pp.30—42.

4. L. Bloomfield: *The Study of Language*, chap. II.

5. B. Dumville: *The Science of Speech*, chap. III.

6. 刘复译:《比较语音学纲要》,pp.134—191。

7. 高元:《国音学》,第二章。

8. 汪怡:《国语发音学》,第四章。

9. 周由廑:《英语语音学纲要》,第四章。

10. 魏肇基:《英语发音学》,第三章。

11. 赵元任:《国际音标国语正音字典》。

第四篇

母音

一、母音的类别

（一）类别母音的方法

普通语言里，母音的数目常比子音少；但是要类别它们，却比子音繁难得多。母音的构成，不是由于气程的阻碍，而且通常都是带乐音的；所以要类别母音，不应当根据气程阻碍的部位与阻碍的程度，或是看它有没有带乐音。种种母音的发生，由于口腔的忽大忽小，就是共鸣器形式的变化。口腔形式的变化，与舌体的位置最有关系；次之，是唇的形状以及舌与唇肌肉的松紧，也与口腔形式有关。所以一切母音，可依据下列四种方法来分类：

1. 依舌体的前后进退；
2. 依舌体的上下升降；
3. 依两唇的圆扁平伸；
4. 依肌肉的松紧宽狭。

（二）舌的前后

舌的运动可以分为水平线的（horizontal）与垂直线的（vertical）两种。依舌头的前后进退区分母音，就是看它水平线的运动是怎样的：

1. 前部母音(front vowels)。舌前向硬口盖举起,使舌的全体伸进,而舌前部分处于最高位置。如[i],[e],[ɛ],[a]。

2. 后部母音(back vowels)。舌根向软口盖举起,使舌的全体退缩,而舌根部分处于最高位置。如[ɑ],[ɔ],[o],[u]。

3. 中部母音(intermediate vowels),亦称混合母音(mixed vowels)。舌前与舌根处于平衡状态;舌的全体没有伸进,也没有退缩,惟中央部分略略举起。如[ə]。

(三) 舌 的 升 降

依舌体的上下升降区分母音,就是看它垂直线的运动是怎样的。舌体降至极低,与口盖的距离极大,口腔里的气程极宽;舌体升至极高,与口腔间的距离极小,口腔里的气程极窄。不过舌的升高,应当以气息能自由流出,不至受阻碍为限度;假使超出这限度以上,气流就摩擦而过,成为摩擦音了。舌的升降,与牙床的开合相伴而行;舌体降则牙床开,舌体升则牙床闭,舌体半降则牙床半开,舌体半升则牙床半闭。所以从舌的位置观察,有高低的不同;从牙床观察,就有开合的变化。依此区分可得以下四种:

1. 开口母音(open vowels)。舌的降下到了极点;口盖与舌的距离最大。如[ɑ],[a]。

2. 合口母音(close vowels)。口盖与舌的距离最小;舌的升高已经到了母音与子音交界的地方;要是再升高一点,气程就要发生阻碍了。如[i],[u]。

3. 半开母音(semi-open vowels)。舌体半降,口盖与舌的距离次大。如[ɛ],[ɔ],[ə]。

4. 半合母音(semi-close vowels)。舌体半升,口盖与舌的距离次小。如[e],[o]。

（四）舌体升降与前后的关系

舌的升降与舌的前后，也互有密切的关系：在前部母音，舌体的上升愈高，举起部分愈进于前；在后部母音，舌体的上升愈高，举起部分愈退于后。反之：在前部母音，舌体的下降愈低，举起部分愈退于后；在后部母音，舌体的下降愈低，举起部分愈进于前。所以在开口母音当中，舌的前后用力处是很接近的。在合口母音当中，舌的前后用力处是很隔远的。在半开与半合母音当中，舌的前后用力处是次近次远。这种关系，可用一个不规则四边形来表示：

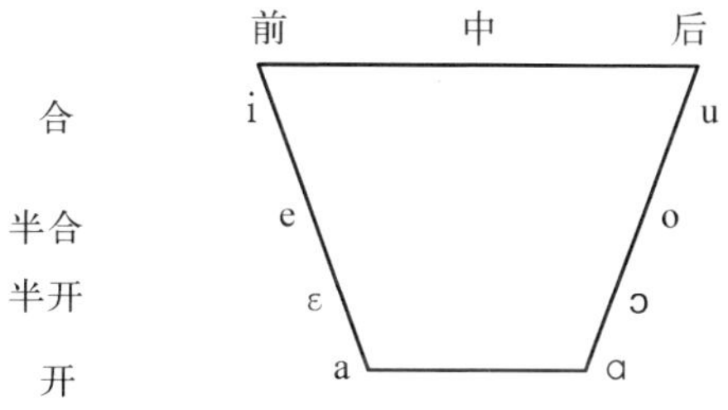

（五）舌尖母音与舌叶母音

上文所讲的合口母音[i]，是舌前部分向硬口盖举起而成；要是舌头再上升一点，舌前便与硬口盖切近，发生摩擦，就变为舌前音的[j]了。又合口母音[u]，是舌根向软口盖举起而成；要是舌头再上升一点，两唇再闭合一点，也就变为舌根音的[w]了。从此可知，子音与母音之分，不过气程宽狭程度上的差异，中间实在没有绝对的界限：合口母音的气程变狭，就成为摩擦音；反之，摩擦音的气程放宽，就成为合口母音。所以合口母音[i]，就是[j^{T}]；从它子音上的关系说，可称为舌前母音。合口母音[u]，就是[w^{T}]；也

可称为舌根母音。

又上文所讲的前部母音，只提及舌前母音为止；若使舌的运动，越过舌前再前进一步，即成为舌叶母音与舌尖母音。舌叶母音的构成，是将舌叶向上齿或上牙床举起；语音符号可作[z^{T}]，[$ʒ^{T}$]。舌尖母音的构成，是将舌尖向上牙床举起；语音符号可作[$ɹ^{T}$]。换句话说：舌叶母音就是由舌叶音[z]，[ʒ]的气程放宽所成的；舌尖母音就是由舌尖音[ɹ]的气程放宽所成的。所以这种音，语音学家也有说是子音化的母音（consonant-modified vowels）。语音符号也可以作[$ə^{z}$]，[$ə^{ʒ}$]，[$ə^{ɹ}$]。国语里“咨”“雌”“思”等字的收韵，就是[z^{T}]；国语罗马字母作“y”。“之”“驰”“师”“日”等字的收韵，就是[$ʒ^{T}$]；国语罗马字母也作“y”。[z^{T}]与[$ʒ^{T}$]，如要细分，前者可说是前舌叶母音或平叶母音，后者可说是后舌叶母音或翘叶母音。国语里的“儿”音，就是[$ɹ^{T}$]或[$ə^{ɹ}$]；国语罗马字母作“el”。

(六) 唇 的 形 状

依唇的形状区分母音，就是看两唇的形式，或是伸出作凸圆的，或是旁展作平扁的，或是不圆不扁，处于自然的状态。唇的种种变化与口腔共鸣的形式也有密切关系；因此又可分母音为以下三种：

1. 圆唇母音（rounded vowels or protruded vowels）。两唇伸出，敛成凸圆。如[ɔ]，[o]，[u]。

2. 平唇母音（flat vowels or spread vowels）。两唇旁展，侈成横扁。如[ɛ]，[e]，[i]。

3. 自然唇母音（natural vowels），或称中性母音（neutral vowels）。两唇处于自然状态，既不敛圆，又不展平，好像平常呼吸时的样子。如[ɑ]，[a]，[ə]。

（七）舌的运动与唇的形状之关系

唇的形状，与舌的进退升降也有相连的关系。通常舌愈前升，则两唇愈扁；舌愈后升，则两唇愈圆。在前部母音里，[i]是合口母音，所以两唇最平扁；[e]是半合母音，所以两唇次扁；[ɛ]是半开母音，所以两唇虽略略旁展，而已近于自然的状态。在后部母音里，[u]是合口母音，所以两唇最敛圆；[o]是半合母音，所以两唇次圆；[ɔ]是半开母音，所以两唇虽略略伸出，而已近于自然的状态。至于前部母音[a]与后部母音[ɑ]，因为都是开口母音，舌体降下极低，所以两唇不圆也不扁，处于自然的状态。又中部母音[ə]，舌的运动不前不后，所以两唇也不圆不扁，为自然唇母音。这种关系，又可用下图来表示：

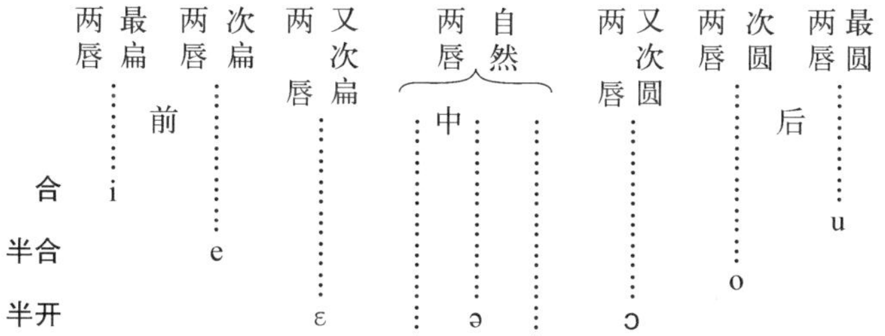

从上面这图，可以知道所举的几个母音中，凡是舌体举起部分愈近于中央的，两唇的形状愈合于自然，舌体举起部分愈近于舌前的，两唇的形状愈平扁；舌体举起部分愈近于舌根的，两唇的形状愈敛圆。这几个母音合于这种条例，可以说是正则母音（normal vowels）。其余一切母音，都可以依据这几个正则母音来论定它的性质。例如[æ]音，舌的位置与唇的形状，是在[ɛ]与[a]之间的；

[ɒ]音，舌的位置与唇的形状，是在[ɔ]与[ɑ]之间的。

（八）非正则母音

以上所讲的正则母音，是合于“舌前升则唇扁，舌后升则唇圆”的条例的；凡是不合于这种条例的，就称为非正则母音（abnormal vowels）。例如[y]音，舌的位置同于[i]，是合前母音；而唇的形状同于[u]，又是圆唇母音。[ø]音，舌的位置同于[e]，而唇的形状同于[o]；[œ]音，舌的位置同于[ε]，而唇的形状同于[ɔ]：这是前部母音而两唇敛圆的。又[ʌ]音，舌的位置同于[ɔ]，而唇的形状同于[ε]；[ɤ]音，舌的位置同于[o]，而唇的形状同于[e]；[ɯ]音，舌的位置同于[u]，而唇的形状同于[i]：这是后部母音而两唇放扁的。这几个都是非正则母音。

中部母音，应当是自然唇的。中部母音而两唇放扁或收圆，也就为非正则母音。例如中部合口母音，圆唇的，语音符号作[ü]，平唇的，语音符号作[i]。中部半合母音，圆唇的，语音符号作[ȯ]，平唇的，语音符号作[e]。中部半开母音圆唇的，语音符号作[ɔ̈]，平唇的，语音符号作[ε]。依舌头的位置说：[i]是[i]与[ɯ]的中间音，[ü]是[u]与[y]的中间音；[e]是[e]与[ɤ]的中间音，[ȯ]是[o]与[ø]的中间音；[ε̇]是[ε]与[ʌ]的中间音，[ɔ̈]是[ɔ]与[œ]的中间音。

（九）肌肉松紧

区分母音，除依照舌的位置、唇的形状以外，还可根据舌体肌肉的松紧来分，就是看发音时，舌的肌肉或是放松，或是牵紧。因为肌肉松紧与气程的宽狭有相连的关系，当肌肉牵紧的时候，舌的

两边必略略高举，气程便因而狭小；肌肉放松的时候，舌的两边必略略下缩，气程便因而放宽；这样，口腔的共鸣作用就发生变异了。依此可分母音为以下两种：

1. 紧母（tense or rigid vowels），或称狭母音（narrow vowels）。例如英语“seat”[siːt]里的[iː]。

2. 松母音（lax vowels），或称宽母音（wide vowels）。例如英语“sit”[sit]里的[i]。

英语读[i]，[iː]二音，不但是有长短的差别（关于母音的音长，详见本文的第六篇二），还有音色上的不同。[i]是短母音（short vowels），[iː]是长母音（long vowels），此不过音量上的两样。但是英国人读[i]气程略宽，肌肉放松；读[iː]气程略狭，肌肉牵紧；还包含有音色上的差异。语音符号上，紧母作[í]，松母作[ì]。

肌肉的松紧，与音量的长短，音势的强弱常有相联的关系（详见本文的第六篇一、二、三）。

照理论上说，一个母音总可以有松紧两种读法；换而言之，同是一种舌的位置，同是一种唇的形状，可以读成狭母，或读成宽母。但是在事实上，一种语言当中，某个母音应当读紧，某个母音应当读松，大概有一定的。例如国语上“ㄧ”“ㄨ”“ㄩ”“ㄝ”“ㄛ”为紧母，“ㄚ”“ㄜ”为松母。

（十）复合母音

以上所讲是单纯的母音（simple vowels）。每一个单纯母音，总有它一种口腔的形状；将两种以上不同的口腔形状，用同一个气息力发出，便成了复合母音（diphthongs）。复合母音就是两个或两个以上的单纯母音所结合的。它们紧密的接合，成了一个音缀（syllable）；不细加考察，就好像一个单独的音素。例如国语里

“ㄞ”,是[a]与[i]两个母音的结合;“ㄟ”音是[e]与[i]两个母音的结合;“ㄠ”音是[ɑ]与[u]两个母音的结合;“ㄡ”音是[o]与[u]两个母音的结合。又如“ㄧ”“ㄨ”“ㄩ”三音与“ㄚ”“ㄛ”“ㄝ”“ㄜ”“ㄞ”“ㄟ”“ㄠ”“ㄡ”等音结合,可以成许多复合母音。英语里复合母音很多,英语里所谓“长 a”,实在是[e]与[i]的结合,所谓“长 o”,实在是[o]与[u]的结合。

复合母音当中,要是前一个母音比较显著,后一个母音不过微微一带的,这是降读式的(falling);如国语里的“ㄞ”“ㄟ”等音。要是前后母音一样的显著,这是平读式的(level);如国语里的“ㄠ”音。要是后一个母音比较显著,这是升读式的(rising);国语里“ㄧ”“ㄨ”“ㄩ”三音与其他母音拼合时,都属于这类复合母音。

英语里复合母音,普通都是降读式的;不过有许多字里,有时也注重在末一个母音。例如“hear”[hiə]字里,在某种情形时,末一个母音[ə]也读得比较显著的。

(十一) 鼻 化 母 音

以上所讲的母音,都是由口腔的共鸣作用所构成的,这都可说是口母音(oral vowels)。发口母音时,软口盖上升,将鼻腔闭住,气流只从口腔通出。要是软口盖中悬,使气流不但从口腔通出,还分出一部分从鼻腔通出,那就为口鼻音,可说是鼻化母音,或简称鼻母(nasal vowels)。法语里“un”“bon”等字里的母音,就是这种音。语音符号作[ɑ̃],[õ]等。

鼻化母音是口鼻并用的一种音:它不像口母音之只用口而不用鼻,也不像子音中的鼻音之只用鼻而不用口。所以鼻化母音与口母音之附有鼻音的完全不同。附鼻音的母音,如国语里的“ㄢ”,是[a]之附有[n]的;“ㄣ”是[ə]之附有[n]的;“ㄤ”是[ɑ]之附有[ŋ]

的;“ㄥ”是[ə]之附有[ŋ]的;都是先用口后用鼻的。鼻化母音,如[ã],[ɑ̃],[ẽ]等,乃是口与鼻同时并用的。

(十二)气化母音

以上所讲的母音,都是乐音。通常母音的构成,无论口腔的形式怎样变化,总之喉头里的声带必须振动的。要是发一个母音,声带没有振动,那就变为气化母音(breathed vowels)了。气化母音,就是用气息代替它的乐音;这种音,除了几个合口母音在口腔上还有微细的摩擦可以听出之外,其余都在听觉上不生效果的。气化母音,在各种语言里很少见到。法语里,肯定句中末一个音,因为受音调突然降低的影响,常常失了它的乐音,而转为气音。例如“Il est parti”一句里,末一音的[i],可说是气化母音。语音符号,应当作[i̥]。

气化母音是将音声门与气声门完全开放,气息自由流出的。还有一种母音,将音声门闭住,气声门略狭;气息经过,声带没有振动,而从声门缘边发出一种微细摩擦音;这可说是耳语化母音(whispered vowels)。耳语母音,就是用声门摩擦音[h]代替乐音(参看本文的第二篇一(四))。这种音,除耳语时外,在通常语言中,很少见到。美洲土人以及马达加斯加(Madagascar)地方常有这音。

二、母 音 分 论

（一）合口前部母音

母音的种类，上章已说明了；现在再把各种母音一一地讨论；同时又把几种重要语言中各类母音所具有的特性略略提及。试依舌体的位置——前后升降——逐类说明如下：

合前母音[i]的构成，是将舌前向硬口盖举起最高，两唇又旁展；要是舌体举起再高一点，[i]就变成摩擦音[j]了。

英语里所谓“长 e”，实是[iː]接了一个[j]音，所以读得很紧；例如“me”[míːj]。英语里所谓“短 i”，又是松母，气程要略略放宽，例如“fit”，语音符号应当为[fìt]。法语里的[i]音，无论长读短读，总是紧母。德语里的[i]音，长读时为紧母，短读时为松母，例如“mir”[míːr]，“mit”[mìt]。国语里的“一”音，也须读得紧。

圆唇的合前母音[y]，是用[i]音舌体的位置与[u]音的圆唇混合而成的。[y]音与摩擦音[ɥ]的关系，等于[i]音与[j]的关系。英语、意语、西班牙语都没有这音。法文中常写作“u”无论长读短读，总是紧母；例如“nu”[ný]，“pur”[pýr]。德文中常写作“ü”，长读为紧音，短读为宽音；例如“hüte”[hýˌtə]，“hütte”[hỳtə]。国语里的“ㄩ”音也是紧母。

（二）半合前部母音

半合前部母[e]的构成，也是将舌前部分向硬口盖举起；不过比较[i]音，舌体要下一点；两唇也没有[i]音那样平展。英语里，没有纯粹的[e]音，紧而长的[éː]音，只在苏格兰人的音读中还保存着。英国的标准语中，[eː]在[ɹ]之前，则变为[ɛː]；又所谓“长 a”，乃是[e]与[i]的结合音。法语里的[e]，大都是短音或中长音；德语里又只有长音。法语里有鼻化母音[ɛ̃]，例如“bain”[bɛ̃]。国语里的“ㄝ”是紧而长的[éː]，又“ㄟ”是[e]与[i]的结合音。

圆唇的半合前部母[ø]，是用[e]音舌体的位置与[o]音的圆唇混合而成的。英意西三语中都没有这音。法文中常写作“eu”；例如“peu”[pø]。德文中常写作[o]；例如“schon”[søːn]，“konnen”[kønən]。[ø]音在法语德语中，都有它的长读或短读。国语里也没有这音。

（三）半开前部母音

半开前部母[ɛ]，就是通常所说“开 e”；舌体比较[e]音要降下偏后一点；两唇只略略放扁。这音在英语中有短读的，也有长读的；短读的大部是宽母，例如“men”[mɛn]，“send”[sɛnd]；长读的大都是紧母，而且只在[ɹ]之前，例如，“there”[ðέːɹ]，“careful”[kέːɹfl]。[ɛ]音在法语里也有长读的与短读的；例如“jette”[ʒɛt]，“tete”[tɛt]；长读的比较短读的口要略开。德语里也有长[ɛː]与短[ɛ]，不过舌体比较法语里的要上升一点，有转成[è]音的倾向。中国的标准语里也没有这音。

圆唇的半开前部母[œ]，是用[ɛ]音舌体的位置与[ɔ]音两唇的

状态混合成功的。法语里有长[œː]，又有短[œ]，例如"peur"[pœːr]，"neuf"[nœf]；又有鼻化母音[œ̃]，例如"brun"[brœ̃]。德语里只有短[œ]，实在由于[ø]的宽母转变而来的；例如"wolben"[vœlbən]。英意西以及国语里都没有这音。

(四) 开口前部母音

开前母[a]的构成，是将舌体下降，而舌前略略举起。英语里没有纯粹的[a]音，只在"长 i"[ai]与"ow"[au]等结合音里看到。法语中有长[aː]，也有短[a]；例如"rage"[raːʒ]，"ma"[ma]。又[a]音可以与[w]结合成为[wa]，法文常写作"oi"，例如"bois"[bwa]。德语里的"a"，读音与[a]相近，不是纯粹的[a]。国语里也只在"ㄞ"[ai]的结合音里见到。

英语里还有一个短[a]，比较[a]音，舌体略为前升，两唇也略略放扁，是处于[a]与[ɛ]之间的，语音符号作[æ]。例如"act"[ækt]，"have"[hæv]，大都是短而宽的。德语、法语以及中国语里都没有这音。

(五) 开口后部母音

开后母[ɑ]的构成，是将舌体下降，而舌根略略举起。法语中，有长[ɑ]，也有短[ɑ]，例如"pas"[pɑ]，"pâte"[pɑːt]。又[ɑ]音也可以与[w]结合成为[wa]，例如"crois"[krwɑ]。法语又有鼻化母音[ɑ̃]，例如"bane"[bɑ̃]。德国标准语里的[a]音，舌体略略向前，语音符号应当作[ɑ˫]，实在是处于[ɑ]与[a]之间的。英语里有个长读的[ɑ]，不过舌体略略偏前而上升，语音符号应当作[ɑ˔˫]。例如"father"[fɑːðər]。国语里的"ㄚ"音，就是[ɑ]，不过舌体没有法

语里的那么下降。又"ㄠ"音是[ɑ]与[u]的结合音。

英语里还有个[ɒ]音，比较[ɑ]音舌体略为后升，两唇也略略收圆，是处于[ɑ]与[ɔ]之间的；例如"law"[lɒ́ː]，这是长而紧的，"dot"[dɒ̀t]，这是短而宽的。德语、法语以及中国语里也都没有这音。

（六）半开后部母音

半开后部母[ɔ]的构成，是将舌体半降，而舌根向软口盖举起，两唇又略收圆。英语里实在没有纯粹的[ɔ]音，"lord""war""not""what"等字的母音，已经转变成为[ɒ]，比较[ɔ]音要下降一点。[ɔ]音只在"oi""oy"等复母里见到，例如"oil"[ɔɪl]，"boy"[bɔi]。法语中的[ɔ]音也不大纯粹的，例如"comme"[kɔm]，"tort"[tɔːr]等的[ɔ]音，舌体的位置总是偏前一点；语音符号应当为[ɔ˫]。又有鼻化母音[ɔ̃]，例如"bon"[bɔ̃n]。德语里只有短[ɔ]，例如"sonne"[zɔnə]，乃是短[o]转变而成的。国语里没有[ɔ]音。

平唇的半开前部母[ʌ]，是用[ɔ]音舌体的位置与[ɛ]音两唇的状态混合成功的。这是英语中一个极普通的音，例如"but"[bʌt]，"club"[klʌb]，大都是短而宽的；舌体的位置也略略偏前，严格注音，应当作[ʌ˫]。法语、德语以及国语里都没有这音。

（七）半合后部母音

半合后部母[o]的构成，是将舌体半升，而舌根部分向软口盖举起，两唇又收圆。英语里没有纯粹的[o]音；所谓"长 o"乃是[o]与[u]的结合母音。只有苏格兰人，还读"rose"为[róːz]。法语里的[o]音，有长读的，有短读的，例如"peau"[po]，"anne"[oˌn]；比较英语、德语里的[o]要读得紧。德语里也有短[o]与长[o]，例如

“so”[sóː]是紧读的，“sonne”[zònə]，是宽读的。短而宽的[o]常常转变为[ɔ]。国语里“ㄛ”音，也是长而紧的。

平唇的半合后部母[ɤ]是用[o]音舌体的位置与[e]音两唇的形状混合成功的。[ɤ]音比[ʌ]舌体上升一点，两音容易相混。英德法以及国语里都没有纯粹的[ɤ]音。

（八）合口后部母音

合口后部母[u]的构成，是将舌体上升，而舌根向软口盖举起最高，两唇又收圆；要是舌体举起再高一点，两唇再收敛一点，[u]就变成摩擦音的[w]了。英语里的[u]音有紧而长的，有短而宽的；例如“book”[buk]，“too”[tuː]。紧而长的[ú]，实际上是[u]接了一个[w]音，所以读得很紧；“too”的严格标音是[tuw]。又英语里所谓“长 u”，实是[j]与[u·]的结合音；例如“due”[djuː]，或[djuw]。法语里的[u]音，可以长读，也可以短读，而都是紧母；例如“route”[rút]，“rouge”[rú·ʒ]。舌体的位置比较英语里的要偏前一点；两唇也收得极圆，几乎近于摩擦音的[w]了。德语里的[u]，有紧而长的，有宽而短的；例如“nur”[núːr]，“dumm”[dùm]。两唇收圆的程度，与英语相同，都没有法语里的[u]音那么圆。国语里的“ㄨ”音，也是紧而长的。

平唇的合口后部母[ɯ]是用[u]音，舌体的位置与[i]音两唇的形状混合成功的。阿美尼亚地方有这音。

（九）中部母音

中部母音[ə]的构成，是将舌体半降或半升，而中部略略举起。这音乃是前部母与后部母的中间音；因为舌体的举起部分不在舌

前，也不在舌后，中间略略高起，好像平常休止的状态。凡前部母与后部母不用力读出时，舌体懒着移动，前部母的舌体没有前升，后部的舌体没有后升，便都处于休止状态而成为中部母音了。所以中部母音又可称混母，或中性母音（neutral vowels），或弱母音（weak vowels）。英语里几乎无论那个母音读弱时，都可以变成[ə]；例如"and"可以读为[ənd]，"of"可以读为[əv]，"a man"可以读为[ə mæn]。又如弱读的[uː]，[oː]等音，处于字尾时，就成了[u ˫]，[o ˫]等音，也与[ə]相近；例如"value""fellow"读为[valju ˫]，[fɛlo ˫]或[valjə]，[fɛlə]。普通弱母音总是宽而短的。英语里特别有个紧而长的[ə·]，文字里写作"er""ar"或"ir"等，例如"turn"[təːn]，"her"[həː]，"bird"[bə·d]；这音有时读为[ə́r]或[ə̀ːr]，例如"her"有时也可以读为[hə́ːr]或[hə̀.ɹ]。法语里弱读的母音也有时变为中部母音的[ə]，例如"poteau"字里的第一个母音是[ɔ̀˫]，"mardi"字里第一个母音是[à ˫]，也都与[ə]音相近。法语里还有个"哑 e"（"e"muet）就是[ə]，不过没有英语里的[əː]音舌体那么下降。这音特别微弱，在读音中，有时可以加进，有时可以省去，于意义上没有什么变化，例如"petit"可以读为[pti]也可以读为[pəti]。德语里也有个[ə]音，凡读弱的"e"都可以变为[ə]，例如"gebot"[ɡəboː]，"bitte"[bite]。这音也没有法语里[ə]音舌体那么下降。国语里的"ㄜ"音是宽母，而且常用来拼入声字，所以也比较的短。

[ə]音的鼻化母[ə̃]，我们急着回答人家时，常用这个音。

[ə]音是自然唇母。中部母音而两唇放扁，就成[i]，[e]，[ɛ]等音，中部母而两唇收圆，就成[u]，[o]，[ɔ]等音。英语里，由[u]，[o]等音弱读变成[ə]，实际上是近于[u]，[o]等音。又"ur"，"er"等读为[əː]，实际上是近于[ɛ]。法语里的"哑 e"，实是处于[o]与[ɔ]之间的，严格标音应当为[o˕]或[ɔ˔]。德语里[ə]音，实际上是[e]。又俄语及挪威语中常有[i]，[u]等音。

母音总表

		前部母	中部母	后部母
合口	$ə^z$ $ə^ɪ$ $ə^3$	i(y)	i(u)	ɯ(u)
半合		e(ø)	e(o)	ɤ(o)
半开		ɛ(œ) æ	ɛ(ɔ) ə	ʌ(ɔ) (ɒ)
开口		a	ɐ	ɑ

附注：圆唇者表以括弧；其余无括弧者，合口半合，半开母音为扁唇，开口母音为自然唇。

本篇参考书目

1. W. Rippmann: *Elements of Phonetics*, pp.20—61.

2. G. Noël Armfield: *General Phonetics*, chap. VI, VII, XVII, XVIII.

3. B. Dumville: *The Science of Speech*, chap. III, IV, V.

4. H. Sweet: *A Primer of Phonetics*, pp.13—30.

5. L. Bloomfield: *An Introduction to Study of Language*, chap II.

6. 刘复译：《比较语音学概要》,pp.191—225。

7. 高元：《国音学》,第三章。

8. 汪怡：《国语发音学》,第五章,第六章。

9. 周由廑：《英语语音学纲要》,第四章。

10. 魏肇基：《英语发音学》,第四章。

11. 赵元任：《国际音标国语正音字典》。

第五篇 音素的拼合

一、音缀与音群

（一）子音与母音的关系

上文所讲各种母音与子音的性质，是就各个音素单独的研究，这是语音分析的研究。至于各种音素连接拼合以后，发生怎样的结果？彼此发生怎样的关系？那就属于语音综合的研究。

上文说过，子音与母音实在没有绝对的界限；母音的[i]，[u]，[y]与子音的[j]，[w]，[ɥ]是很接近的。子音可以将气程略略放宽而成为母音，语音学家有所谓“子音化的母音”。同时子音之带有母音性质的，亦可称为“母音性的子音”。因此可知，子音与母音的区分，不过气程宽狭上相对的差别。子音气程阻碍的程度减少，共鸣作用加大，便具有母音的价值了。反过来，母音气程自由的程度缩小，共鸣作用减少，便具有子音的倾向了。所以母音与子音，不过理论上相对的名词；实际语言里，它们的差别，就是在音响(sonority)的不同。

（二）音　　响

音响就是指音素本身对于我们听觉上所发生的效果。音响与共鸣作用的大小成正比例，与气程阻碍的程度成反比例；一切母音

比一切子音要响亮。又音响与乐音化有密切的关系，一切声音也比一切气音要响亮。依照音响的次序来讲，开口母与暴发气子，这两种音是处于两极端的地位：一种是发乐音而有口腔极大的共鸣作用，所以是最响亮的音；一种是不带乐音，而气程受最大的阻碍，所以是最不响亮的音。至于合口母与鼻音、边音、震颤音以及摩擦音的[ɹ]，它们的音响就相差不远了；因为都是乐音化的，而共鸣作用的大小，也差不多的。

音响既然关于听觉上的效果，不大响亮的音，在听官上很不容易得到感觉。响亮的音，不但在听官上容易感受，而且使附近不响亮的音也连带的显现出来。因为这样，各国文字里代表子音的字母，呼读时往往附带一个母音的。例如英文的"b, p, d, t"等，呼读时是带有[i]音的；法文的"b, p, d, t"等，是带有[e]音的。国语里注音字母的"ㄅ，ㄆ"等，呼读时是带有[o]音的；"ㄉ，ㄊ"等，是带有[ə]音的。因为子音本身极其短促，在听官上不易显现，所以为呼读的便利，使它们附着个母音。不过，这附带的母音，不能认为它们音素的本质；这种字母与其他音素拼合的时候，自然只应采取纯粹的子音，把它们所附带的母音除去才是。

（三）缀辅与缀主

音素的响亮不响亮，在拼音上有重大的关系。音素的拼合，成了音缀(syllable)；一个音缀，总须包含一个响亮的音。不响亮的音，不能单独自成一个音缀；例如[t]，[p]都不能自成音缀，必与响亮的音拼合才行。例如[tap]，或[ta]，[pa]才算是音缀，因为其中都包含有响亮的音[a]。这响亮的音[a]是音缀上的主音，称为缀主(syllabic sound)；[t]，[p]等不响亮音，不是音缀上的主音，称为缀辅(non-syllabic sounds)。

愈响亮的音素，愈有做缀主的资格，而且可以独立自成一个音缀，例如[a]，也可以当一个音缀看待；其余一切母音都是这样。子音，通常说，是不能做缀主的，所以不能独立自成音缀，只处于缀辅的地位。但是子音当中，如鼻音、边音、震颤音，以及摩擦音的[ɹ]，既然具有母音的性质，即有母音的价值，所以有时也可以当作缀主用的。这种在语音学上，称为缀主子音(syllabic consonants)常用[ˌ]表示它。例如英语"little"[litḷ]，"heaven"[hɛvṇ]；又如德语"atem"，"winter"有时读为[ɑːtṃ]，[vɪntḭ]。母音有时也不用作缀主，而用作缀辅的，例如[i]，[u]等音与他母合为复合母音时，也当作缀辅看待，语音符号常用[˘]表明它。例如英语"nouse"[naŭs]，"time"[taĭm]，"boy"[bɔĭ]；德语"baum"[baĭ m]，"bein"[baĭ n]，"hen"[oĭ]。大概因为[i]，[u]等音的共鸣作用，不及[ɑ]，[a]，[ɔ]等音的大，所以[i]，[u]等音与[ɑ]，[a]，[ɔ]等拼合时，[i]，[u]只处于缀辅的地位，而让[ɑ]，[a]等音做缀主。

音响的大小，既然是比较上的差别；缀辅与缀主也不过相对的名词，并没有绝对的分界。

(四) 中国字音组成的通则

中国的字，每一个只含一个音缀，可以称为单音缀的(monosyllabic)。我们这里试研究中国的字音是怎样组成的？

国语里的音素，依照音响的次序，粗略地可以分为四类：

第一类：[ɑ](ㄚ)，[o](ㄛ)，[ə](ㄜ)，[e](ㄝ)等音最响亮；

第二类：[i](ㄧ)，[u](ㄨ)，[y](ㄩ)等次之；

第三类：[m](ㄇ)，[n](ㄋ)，[ŋ](ㄫ)，[ɹ](ㄦ)等音又次之；

第四类：其他子音最不响亮。

第一类是完全可以做缀主，能独立自成字音的。第四类是完全不

能做缀主,不能单独成字音的。第二类与第三类是介乎以上两类的中间,有时当作缀主用,有时亦当作缀辅用的。

中国字音,至多不过四部分,依它们的先后,可以称为"起""舒""纵""收";纵部就是缀主所在的地方。例如"庄"字,[tʒuɑŋ](注音字母"ㄓㄨㄤ",国语罗马字母为"juang"),[tʒ]是起,[u]是舒,[ɑ]是纵,[ŋ]是收。有些字音只有舒、纵、收三部的:例如"王"[uɑŋ](注音字母为"ㄨㄤ",国语罗马字母为"uang"),[u]是舒,[ɑ]是纵,[ŋ]是收。有些字音只是纵收两部:例如"哀"[ai](注音字母为"ㄞ",国语罗马字母为"ai"),[a]是纵,[i]是收。凡一个字音,除急读的时外,总有纵收两部,如"阿"[o](注音字母作"ㄛ",国语罗马字母作"o"),似乎只有纵而无收;其实不然,它的收音,与[o]相同,不过比较轻微。这种收音与纵部相同的,可以说是缀主的流音;普通标音,往往不把它表示出来(详见本文的第五篇二)。

我们试把中国字音加以分析,就可知道下列几条事实:

(1) 占字音起部的为一切子音。

(2) 占舒部的为[i],[u],[y](即"ㄧ""ㄨ""ㄩ"三介母)。

(3) 占纵部的为一切母音。

(4) 占收部的,除与纵部相同的收音及急读时没有收音以外,为[u],[i]及[n],[ŋ],[ɹ]等音。

(五) 音缀的分界

一个音缀只包含一个缀主;缀主所在处,就是音缀当中最响亮的地方。中国的字音,纵部最响亮;起部离缀主最远,最不响亮;舒部渐加响亮,至纵部达于最高度;纵部以后,到了收部,又转而不响亮。一个音缀里最响亮的地方只有一处;要是包含有两个缀主,那就成为两个音缀了。例如[aia],不能合成一缀音,必分为[ai/a]或

[a/ia]两音缀。

英德法诸国的文字，单音缀的很少，可以称为多音缀的(polysyllabic)。例如英语“civilization”[sivilaizeiʃn̩]，这字里可以划分为五个音缀：[si-vi-lai-zei-ʃn̩]，其中有[i]，[i]，[a]，[e]，[n̩]五个比较响亮的音做缀主；而这五个缀主之间，又有[s]，[v]，[l]，[z]，[ʃ]等比较不响亮的音做它们的分界。响亮的音与不响亮音递相连接；因此可以分做五个节落，就成了五个音缀。各个音缀的分界处，就是音缀间最不响亮的地方。

我们这里要问的，当两个以上的音缀互相连接的时候，音缀的数目固然可以看缀主的多少来断定的；至于缀主与缀主的中间，有时还夹杂一个或多个缀辅；这种中间的缀辅，究竟应该属于前一个音缀呢？或是后一个音缀呢？例如[ata]，可以读为[a-ta]，也可以读为[at-a]；这中间的[t]应该属于上一个音缀呢？还是属于下一个音缀呢？要解答这个疑问，先须知道一个音缀的发出，各有一个气息力(impulse force or breath force)；看它气息力的断续，就可以断定这个音缀与其他接连的音缀分界的地方。例如英语里“at all times” “a tall man”；“at acton” “attack”；用这等语词比较一下，就可以知道了。但是急读的时候，许多音缀常常用一个气息力发出，这种语词里各个音缀的分界，就很难断定了。例如英语“necessary”一字急读时，各个音缀，很难划分。

(六) 开音缀与闭音缀

子音多数是处于缀辅的地位，母音多数是处于缀主的地位；因此音缀可以分为两种：凡是以子音收尾的，称为闭音缀(close syllable)；凡是以母音收尾的，称为开音缀(open syllable)。例如[ata]这两个音缀中间杂有子音[t]，读为[at-a]时，则上一个音缀

为闭的；读为[a-ta]时，则上一个音缀为开的。

法语中的音缀，大多是开音缀。要是两音缀有一个子音，划分起来，这子音一定属于下一音缀而不属于上一音缀，例如“Quel homme”[kɛ-lɔm]，“une arme”（y-narm）。在这种情形之下，我们要是只看文字的形式，而不顾语言的实际，常常会把音读弄错的。在英语德语中，又与法语不同，处于两个母音间的一个子音，或属于前一音缀，或属于后一音缀，完全是看气息力的断续关系。例如英语里“a name”[ə-neim]与“an aim”[ən-eim]是有分别的。而在法语中，“les annes”与“les zones”都读作[le-zon]。

（七）呼吸群

音缀与音缀的接合，就是多个气息力在时间上的连续；一个气息的停顿，就是一群音缀的终结。这一群音缀，可以称为音群（sound groups）。音群也名呼吸群（breath groups）；因为当一个音群的终结，就是我们交换气息的时候；发音时大都纯用呼气，到了停顿时，就转为吸气；所以一个音群，在气息上就是一呼一吸的作用。

一个单独的音缀，或几个音缀的连接，在记载形式上，往往写作一个一个的文字。在实际语言里，呼吸群与文字的形式，并不是一致的。换句话，一个文字不一定是一个呼吸群；一个呼吸群常常有包含着许多字音的。文字的形式，是为规定字义而发生的；一个文字总有一个意义，所以一一的用形式表示出来。多个文字相当的结合，就是意义群（sense groups）。至于呼吸群的应用，是为调节气息的，与文字的目的不同。我们的语音，大都是呼气造成的；人的气息，不能只有出，没有入；所以用呼吸群来调节它，使呼气不至过于延长。

但是呼吸群与意义群也有密切的关系：文字的形式虽然与呼吸群不相一致，但是纵没有一个文字而分在两个呼吸群之中；由文字结合语句，呼吸群又把语句的意义显示出来。繁复的语句，要是连续说出，中间没有停顿，听的人很难了解，我们用呼吸群把它分为几段，意义就容易明白了。不善于说话的人常常把语句里的呼吸群分错了，容易使人误解它的意义；所以学习语言，对于呼吸群的分法也要十分注意的。

（八）呼吸群的分法

照文法上说，一个语句是许多语词相当的结合；我们正可依语词来分呼吸群。在普通文字里，有句读符号以表示语言的节落：如逗号“,”是表示一个最短的停顿，分号“;”或“:”是表示长一点的停顿，句号“.”或“。”是表示最长的停顿。呼吸群与呼吸群的中间，停顿的时间，也有久暂的不同。语音学里表示呼吸群的符号也有三种：停顿最长的，用[H]，次长的用[Ⅱ]，最短的用[Ⅰ]。这种与文法上的句读符号似乎可以互相吻合的。但是文法上，语词的多寡，在某语句里是有一定的，而呼吸群的多寡，每依语气的缓急来分：语气愈急，呼吸群分的愈少，内容愈长；语气愈缓，呼吸群分的愈多，内容愈短。所以实际的语音里，有分逗符号的地方，不必定要停顿；要停顿的地方，不必定有分逗的符号。不过句末的句号，总是与[H]相合的。

总之：呼吸群与意义群虽然不能完全一致，但是两者究竟有密切的关系。

二、流音及音素的同化

(一) 流音的发生

音素与音素拼合成为音缀;音缀当中,响亮的音与不响亮的音所以能打成一片,互相融合,这就是由于介在它们中间的流音(glides)渐渐转入的缘故。可见流音于拼音上实有重大的关系。

从语音分析的研究,我们知道一个音素的构成,语音机关总有它一个部位与一种情状的。两种音素的结合,就是语音机关从某个部位某种情状流转到另一个部位另一种情状。所以两个音素连续的发出,在它们结合中间,气息既然没有停顿,自然另外要发生比较微小的音。这种比较微小的音,由于第一音流转到第二音中间的部位与情状所发生的;所以称为流音,或过渡音(transitional sounds)。例如[ɑ]与[u]两音结合的时候,从[ɑ]音两唇的开张,舌头的下降,到[u]音两唇的收圆,舌头的上升,中间要发生[ɔ],[o]等等微小的音。这[ɔ],[o]等等,就是[ɑ]与[u]中间的流音或过渡音。由此可知流音乃是两个固定的音素拼合中间所发生的。这种中间发生的音,当两音急读的时候,流转得很快:在平常的听觉上,要是不仔细考察,就不容易发现的。普通标音,每每不把它们表示出来;在必要时,也可照常标出,而加括弧以别之;如[ɑ(ɔ)(o)u]。

(二) 流音的种类

即指某个单独的音素说：从语音机关休止的状态，流转到了形成某种音素的状态，又回复到休止的状态，这音的起首与末尾，实在都是它的流音。从流音的地位说：可分为前流(on-glides)与后流(off-glides)：发生在某音之前的，为某音之前流；发生在某音之后的，为某音之后流。第一音的后流，就是第二音的前流。又从它们的性质说：附于母音的，称为母音流(vowel-glides)；附于子音的，称为子音流(consonant-glides)。流音之带有乐音的，是为声流(voice-glides)，语音符号作[(ʊ)]；不带乐音的，是为气流(breath-glides)，语音符号作[(h)]。

(三) 母音流

母音的本身，大都是乐音，而母音的前后流，有声与气的分别；所以一个母音，依它的流音的性质，可以分为四种来说：

例如[a]音，当它气息初发出的时候：

1. 声门要是慢慢的从开张，经过迫窄，到了闭合，[a]音就带有气前流[(h)a]了；要是把这前流用力一点读出，[a]音之前就带有声门摩擦音，而变为[ha]。英语里的母音常有这种情形。

2. 声门要是突然的闭合，[a]音就带有声前流[(ʊ)a]了；要是把这前流用力一点读出，[a]音之前就带有声门暴发音，而变为[ʔa]了。德语里的母音常有这种情形。

当[a]音气息将完结的时候：

3. 声门要是慢慢的从闭合，经过迫窄，到了开张，[a]音就带有

气后流[a(h)]了；要是把这后流用力一点读出，[a]音之后就带有声门摩擦音，而变为[ah]了。瑞典、挪威语中的母音，常有这种情形。

4. 声门要是突然的开张，[a]音就带有声后流[a(Ω)]了；要是把这后流用力一点读出，[a]音之后就带有声门暴发音，而变为[aʔ]了。英语以及丹麦语中的母音常有这种情形。

(四) 子 音 流

一个子音的构成，可以分为成阻、停顿、除阻三部分(见本文的第三篇一(五))；依这构成的程序，可说成阻时是子音的前流，除阻时是子音的后流，中间停顿时是子音的本身。子音的本身有声与气的不同，而它的前后流，又有声与气之别。所以依理论上说，声子与气子都有(1) 带气前流的，(2) 带声前流的，(3) 带气后流的，(4) 带声后流的种种分异的现象。但是在事实上，暴发音到了除阻时才能听到，所以它的后流实占重要的地位。依听感上说，暴发气音如[p]，[d]，[k]等，其实不过一种纯粹的流音，因为这种音除了由它与别一个转接间的一刹那以外，我们绝不能听见之故。至于暴发声子，如[b]，[d]，[g]等，我们虽然能听到它们音的本身，但是这种音的本身也不过乐音化的气流从喉头流转到闭合的口腔上之一霎间罢了。因为暴发音是暂音，它们音的本身，即使可以听到，也是很短促的。又边音、鼻音、摩擦音、震颤音，正与暴发音这种情形相反；因为它们是久音，可以任意延长，而除阻时气流输送力较弱。所以它们的后流当然没有暴发音那样显著，与音的本身也没有明确的界限。所以一个子音，往往为说明的便利计，只分为起首(approach)与收尾(departure)两部分。音的起首就是前流，收尾就是后流。

（五）论暴发音的流音

子音的前流与后流也因各种语言性质的不同，而发生歧异的现象。英语、德语里，字首的声子常是带气前流的，字尾的声子常是带气后流的；法语里就与这种情形相反。例如英语“these”，读为［(h)ðiːz(h)］，“big”读为［(h)big(h)］，而法语“gage”读为［(Ω)gaːʒ(Ω)］。

尤其应当注意的：暴发音送气与不送气的分别，就是关于它后流的带乐音与否。因为暴发音的后流对于音的本身，很占重要的地位，所以这种后流的为声为气，在听感上很有显然的分别。一个暴发气子，因后流的带乐音与否，可以分为二种：

1. 气音带气流的，为送气的气子。如［p(h)］，［t(h)］，［k(h)］，通常标为［p‘］，［t‘］，［k‘］。英德语里“p”“t”“k”三音是属于此类，而德语里的送气尤强。国语里的“ㄆ”“ㄊ”“ㄎ”三音，送气也是很强的。

2. 气音带声流的，为不送气的气子。如［p(Ω)］，［t(Ω)］，［k(Ω)］，通常只标为［p］，［t］，［k］。法语里的“p”“t”“k”三音，即属于此类。国语里的“ㄅ”“ㄉ”“ㄍ”三音，也是带声流的，不过比较法语里的要软弱，严格标音应当作［b̥］，［d̥］，［g̊］。

一个暴发声子，因后流的带乐音与否，也可以分二种：

3. 声音带气流的，为送气的声子。如［b(h)］，［d(h)］，［g(h)］，通常标为［b‘］，［d‘］，［g‘］。英、德语里，字尾的“b”“d”“g”常为这种音：印度语以及中国方言中也有此音。

4. 声音带声流的，为不送气的声子。如［b(Ω)］，［d(Ω)］，［g(Ω)］，通常只标为［b］，［d］，［g］。德语里的“b”“d”“g”即属于此类。英、德语里，在两个母音或其他声音中间的“b”“d”“g”，常为此音；中国南方多有这种音。

由此可知,暴发音送气与不送气的分别,就是在带气后流与带声后流之异。这种区别在中国语里更为重要,往往因此而发生字义上的差异的。

(六)音素不带流音的结合

上面说过,流音是由于语音机关的某种情状,某个部位,流转到另一种情状,另一个部位而发生的。假使结合的音素,它们的部位与情状很接近的,中间过度的流音,就要免去了。语音的趋势,要音素紧密的接合,常常缩短它们中间流转的过程,这样,第一音的后流与第二音的前流,可以减损到极少,甚而至于完全没有。例如[n]与[d]两音的结合,两音都是用舌尖抵及上牙床而成的,就用一次阻碍发出:中间只有小舌的上下作用,使鼻腔由闭转开罢了。又如[d]与[l]两音的结合,也用一次阻碍发出,中间不过舌头的两边,由闭转开罢了。在前一例里,[n]音本来的后流与[d]音本来的前流都失去了;[n]的后流就是[d],[d]的前流,就是[n]。在后一例里,[d]音本来的后流,[l]音本来的前流也都失去了;[d]的后流就是[l],[l]的前流,就是[d]。即使两个部位不同的音联接在一起,中间也常常失去它们的流音。例如英语"act"字里的[kt]两音,也用一次阻碍构成,中间不过由舌根阻转为舌尖阻罢了;名为两音,实际只是一个[k]的前流与一个[t]的后流联接在一起。又如英语里"tr""dr""kl""kw"等各各紧密的接合,中间也是不带流音的。又"t""d""k"等是送气音,它们的气流转入[ɹ],[l],[w]音里,使它们的前流丧失,而变为气音了。这种中间过渡的流音丧失,一方面使两音有紧密的接合作用,听去好像一个音素似的;一方面又足以节省语言的劳力,两音用一个部位或一次阻碍发出。这种名为音素不带流音的结合(glideless combination)。

(七) 叠音与合子

两个相同的子音或两个相同的母音接联在一起，标音时都把两个音标接连写着；但是我们不要以为两个音标代表着两个音：它所代表的，只是一个长一点的音；而发音时它的前流与后流都比较用力一点。因为两个音只当作一个发出：第一音就是它的前流，第二音就是它的后流。这一类的音，我们称为叠音（double sounds）。如其音为母音，则称为叠母（double vowels）；为子音，则称为叠子（double consonants）。例如法语“illégal”[illegal]；英语“unknown”[ʌnnoun]；第一个的[l]，[n]没有它的除阻部分，而只有它的前流，第二个的[l]，[n]没有它的成阻部分，只有它的后流。可见叠音就是两个相同的音素中间不带流音的结合。

两个相同的子音结合成为叠子，两个不相同的子音结合成为合子（affricated consonants）。通常合子大都是合成摩擦音，即由一个暴发音与一个摩擦音结合成功的；例如[pf]，[bv]，[ts]，[dz]，[tʃ]，[dʒ]，[kx]等（参看本文的第三篇二）。各种语言里，合子中的暴发音与摩擦音，其构成与原有的暴发音与摩擦音完全相同；所不同者，两音之间失去流音：在构成暴发音之后，气程并不照常开放，却即以摩擦音之狭道为暴发。所以暴发音就成为摩擦音的前流，而摩擦音就成为暴发音的后流。可见合成摩擦音就是一个暴发音与一个摩擦音中间不带流音的结合。

合子在拼音上与一个单独的音素相同，不能把它分开前一音归入前一音缀，而以后一音归入后一音缀。例如英语中的“at sheep-stone”[ət-ʃi:pstoun]与“a cheap stone”[ə-tʃi:p-stoun]相比，就可知前一例中[t]与[ʃ]没有结合成为合子，所以可分归于两个音缀；后一例[t]与[ʃ]结合成为合子[tʃ]，所以必须归于一个音缀

中。这种合子的标音，必要时可于两音之上，或两音之下，联以括弧：[⌣]或[⌢]，例如[t͡ʃ][t͜s]。又合成摩擦音也与暴发音相同，有送气与不送气之别；就是看它后流的摩擦音为声为气。例如国语里“ㄑ”[cç]，“ㄔ”[tʃ]，“ㄘ”[ts]三音为送气的合子；“ㄐ”[cj]，“ㄓ”[tʒ]，“ㄗ”[tz]三音为不送气的合子(参看本文的第三篇一(四)、一(八))。

(八) 音素的同化

两音极紧密的接合，是要节省语言的劳力，有时不但把它们中间的流音失去，而且两种音素互受影响，把它们的全体或其中一个的原来的性质变换了。这种名为音素的同化作用(assimilation)。就是音素受它邻接音的影响，因之发生性质的变化的。例如[ku]，[ko]，[ka]，[ke]，[ki]五个音缀，虽然都是用舌根暴发音[k]起首的，而各[k]的部位，却并不一致：要是后面所接的母音是偏于后部的，它就偏向后一点；要是偏于前部的，它就偏向前一点；便是两音的形式也被后面所接的母音同化了而显有不同。由此可知，同化作用的结果，在使两种音的发音的部位与情状变为相同或相近，于是彼此拼合时可以缩短中间流转的过程，而不至相隔太远。中国文字为单音缀的，而要使两字紧密的接合，有时也把原来的字音变换了。例如“南”读为[nan](注音字母为“ㄋㄢ”国语罗马字母为“nan”)，而“南口”的“南”常读为[naŋ]，因为受“口”字起首[k‘]的影响，变字尾的[n]为[ŋ]了；“南北”的“南”常读为[nam]，因为受“北”字起首[b̥]的影响，变字尾的[n]为[m]了。

(九) 同化的种类

音素的同化，在各种语言当中，有已经成为习惯，非如此反而使

人不易明了的；这种名为固定的同化（established assimilation）。至于任凭个人语言劳力的经济，还没有认为正则的发音；这种名为偶然的同化（accidental assimilation）。例如英语里“congregation”读为[kɔŋgɹigeiʃn̩]，[n]因受后面[g]的影响而变为舌根鼻音[ŋ]；“observe”读为[əbzəːv]，[s]因受前面[b]的影响而变为声子[z]。这种在社会上已成为习惯，是为固定的同化。又如英语里“ribbon”读为[ɹibm̩]，[n]因受前面[b]的影响而变为双唇鼻音[m]；这种在社会上还没有成为普遍的习惯，是为偶然的同化。

音素的同化作用，有前一音的性质影响于后一音的，有后一音的性质影响于前一音的，也有前后各音的性质互受影响的。例如英语“leads”读为[liːdz]，[s]因受前面[d]的影响而变为[z]；德语“haben”[ha.bm]，[n]因受前面[b]的影响而变为[m]；这种是前一音的性质同化后一音的，名为顺进的同化（progressive assimilation）。又如法语“anecdote”读为[anɛgdɔt]，[k]因受后面[d]的影响而变为声子[g]；“observe”读为[ɔpsɛrv]，[b]因受后面[s]的影响而变为气子[p]；这种是后一音的性质同化前一音的，名为逆行的同化（regressive assimilation）。又如英语里的“长 a”是[e]与[i]两音的结合，在这音里，[e]音因受后面[i]的影响，比较通常舌体要上升一点；[i]音因受前面[e]的影响，比较通常舌体要下降一点。又如国语里的“ㄞ”音，是[a]与[i]两音的结合，在这音里，[a]音因受后面[i]的影响，比较通常舌体要上升一点；[i]音因受前面[a]的影响，比较通常舌体要下降一点。这种前后两音的性质互相同化的，名为交互的或双重的同化（reciprocal or double assimilation）。

上面所举几个复合母音里，两音因互受影响，只舌体略略上下一点，没有性质的变化；这种名为部分的同化（partial assimilation）。又法语“observe”字里的[b]变为[p]，英语“observe”字里的[s]变

为[z],德语"haben"字里的[n]变为[m],英语"bacon"字里的[n]变为[ŋ];此等因同化作用使声子变为气子,或气子变为声子,舌尖音变为双唇音或舌根音之类,名为全体的同化(complete assimilation)。凡因同化作用使气音变为声音的,名为从气变声的同化(from breath to voice);使声音变为气音的,名为从声变气的同化(from voice to breath);又如舌头音变为双唇音或舌根音之类,使语音机关的部位发生变化的,名为变易部位的同化(position changed or shifted)。又如法语里,常常把后面接着鼻音的母音,都读做了鼻化母音;例如"homme"读为[ɔ̃m],"une"读为[ỹn];这种名为口音变鼻的同化(from oral to nasal)。又如法语"mons̥eur"一字,快读时常由[məsjø]变为[psjø],一面既把母音[ə]失去,一面[m]又受[s]的影响变为[p],由鼻音而变为口音,由声音而变为气音;这种名为鼻音变口音的同化(from nasal to oral)。

(十)异化作用

同化作用,因为要节省语言的劳力,使两种不同的音素变为相同或相近的性质;但是语言当中有时因为相同或相近的音素太多,反而觉得发音的困难;于是另有一种与同化作用相反的趋势,使相同或相近的音素,变为不同的。这种趋势名为音素的异化作用(dissimilation)。例如法语的"pèlegrim",英语的"pilgrim",这字都是从拉丁语"perégrinum"一字演化出来;[r]的音之反复,感到读音不顺口,就把原来第一个的[r]改为边音[l]。又如中国"风"字,现在读[foŋ](注意字母为"ㄈㄨㄥ",国语罗马字母为"fong"),而所推定的上古音为[pium],中古音又为[pĭuŋ];因为风字,在上古音里,[p],[u],[m]等都是由两唇的作用构成的,觉得两唇太劳

苦不好念，于是一变而为[pĭuŋ]，再变而为[foŋ]。由此可知异化作用也是为节省语言的劳力而起，与同化作用的目的并没有违背，不过一种在使音素趋于相同，一种在使音素趋于相异。

本篇参考书目

1. H. Sweet：*A Primer of Phonetics*, pp.21—43；52—68.

2. G. Noël-Armfield：*General Phonetics*, chap.IX，X，XI.

3. W. Rippmann：*Elements of Phonetics*, pp.126—137.

4. B. Dumville：*Science of Speech*, pp.115—126.

5. B. Karlgren：*Analytic Dictionary of Chinese*.

6. 高元：《国音学》，第二章，第二节。

7. 汪怡：《国语发音学》，第四章，十二节；第九章，第十章。

8. 刘复译：《比较语音学概要》，pp.40—50，88—100，pp.117—122，234—252。

9. 魏肇基：《英语发音学》，第五章，第六章。

10. 赵元任：《国际音标国语正音字典》。

11. 周由廑：《英语语音学纲要》，第五章。

第六篇 语音结合的要素

一、音　　势

(一) 音势的意义

上文所讲的子音、母音以及拼音，只是关于音素本质的差别，与音素拼合的结果；至于音素，本质之外，还有什么差别？拼合以后，彼此有怎样的比较关系？那就关于音势、音量、音调的问题了。这三种都是语音结合的要素，现在一一讨论之如下：

音势(force)是指语音发出的时候，在空气上音浪的大小(参看本文的第二篇二(一))。我们语音的气息力强，音浪在空气上的波动作用就大；气息力弱，音浪的波动作用就小。结果，就是语音在听感上的强弱；所以音势就是音强(loudness)。语音气息力的发生，大半由于胸腹各部的筋肉作用；呼吸器里的空气，用筋肉的力量，使它迸发或泄出，这种用力的轻重，结果就是音势的强弱，又语音机关节制的宽紧，如声带与口腔各部肌肉压缩的力量，也使气息的输送分出强弱，而影响于音势的大小。

一个音素，或一个音缀，或一个音群，它们当中的各部分，都各有气息力强弱的比较；有许多地方是重读的，有许多地方是轻读的。所以音素本身的各部分，音缀上的各个音素，音群上的各个音缀，都各有轻读重读的分别，音势强弱的比较；所以要研究音势这问题，就可以分作下列三种来观察：

1. 音素上的音势；

2. 音缀上的音势；

3. 音群上的音势。

（二）区别音势的标准

但是所谓强弱轻重，也不过比较上的差别，没有绝对的标准。音势的大小，完全由于气息用力的程度上比较关系；用力的程度比较大的地方，就是重音（stress）所在。这种用力的大小，在实际上可以分作无限数的等级；例如英语“incomprehensibility”这个字里有八个音缀，依音势的强弱，就可以分作八等：“in$_{2}$—com$_{4}$—pre$_{5}$—hen$_{3}$—si$_{6}$—bi$_{1}$—li$_{7}$—ty$_{8}$”，但是在实用上，用不着这样细分，只认定下列三种的差别就够了：

1. 强音，或重读（strong, primary or principal）；

2. 中强，或次重（half-strong, secondary）；

3. 弱音，或轻读（weak, unstressed）。

音素上的各部分，音缀上的各个音素，以及音群上的各个音缀，依照它们音势的变化，又可分为下列三种：

1. 前后用力平均的，这是平读式（level），用[＝]表示之，例如[a＝]；

2. 前轻后重的，这是升读式（increasing or ascending），用[＜]表示之，例如[a＜]；

3. 前重后轻的，这是降读式（decreasing or descending），用[＞]表示之，例如[a＞]。

（三）音素上的音势

音势与音色本来是两件事；但是音色上即常包含有音势的差

异；因为口腔形式的大小与肌肉的松紧，直接使气程的宽狭发生变化，间接就是使气流的输送力有强弱(参看本文的第二篇二(四))。而在实际语言里，常常因音势的关系，发生音素本质上的变化。例如暴发声子，因重读的缘故，可以变为暴发气子，如[b]音重读，常变为[p]。因为声子的输送力较气子为弱(参看本文的第三篇一(七))，音势加强，就是增进它的气流输送力；所以[b]音重读，可以变为[p]。因同样的理由，不送气音，音势加强，也可以变为送气音；如[p]音重读，又常变为[p‘]或[pf](参看本文的第三篇一(七))。国语里“ㄅ”“ㄉ”“ㄍ”三音，不能与法语里的“p”“t”“k”读得那么紧，就是为此(参看本文的第三篇二)。

音势的变化又足以变更流音的性质。例如升读的[ɑː]音，[ɑ<]，要是把它的前流重读一点，就变为[ha]，要是把它的后流重读一点，就变[ɑːʔ]。降读的[ɑ]音，[ɑ>]，要是把它的前流重读一点，就变为[ʔɑˑ]；要是把它的后流重读一点，就变为[ɑːh]。因为声门开合的快慢，与[ɑ]音的带声流与带气流有密切的关系，声门要是闭合得慢，而开张得快，声带压缩气流就由弱而强，所以为升读的[ɑː<]，而带有气前流与声后流。声门要是闭合得快，而开张得快，声带压缩气流就由强而弱，所以为降读的[ɑ>]，而带有声前流与气后流。再把这种气流与声流重读一点，[ɑ]音的前后自然会带有[h]或[ʔ](参看本文的第五篇二(三))。

音势的变化，对于音素的拼合上是很重要的。气息力的断续，与意义的分合，音素或音缀的界划，有相连的关系。例如[ɑː<]，[ɑː>]，[ɑ<>]三个音。第一个是升读的，第二个是降读的，第三个是升读接下降读的；这三个音里气息力都是连续不断的，都可以当作一个音素或一个音缀看待。又如[ɑ>>]，[ɑ<<]二个音，第一个是一次降读之后，第二次又须降读；第二个是一次升读之后，第二次又须升读；这二个音里气息力都是分段的，中间隔断的。

这种虽是一个音素，须当作两个音素看待，可以称为叠母；因为一个[ɑː]音，分开前后两部分重读，就像两个相同的母音接联一起（参看本文的第五篇二（七））。又这种叠母，中间气息虽没有停顿，也可以当作两个音缀看待，因为一母音既然可以自成一音缀；而音缀的分界，又是依据气息力的段落的（参看本文的第五篇一（五））。

（四）音势与音响的关系

音势与音响，两者都是音强的要素；响亮的音，要是音势加强，在听感上的效果自然很大。但是音势与音响不能混为一件东西：音响是指音素本身对于听感上的强度，音势却专指发音时所用气息力的轻重。响亮的音与不响亮的音，都可以轻读，也都可以重读；而各分出音势的强弱来。不过这两者互有密切的关系，这种关系在音缀上尤其是十分重要。上文说过，响亮的音在音缀上才可以作缀主，不响亮的音只能作缀辅（见本文的第五篇一（二）），有时两个音素拼合为一音缀，而这两个音素音响的强度又完全相同，或相差不远；遇这种情形时，我们要认定哪一个是缀主，哪一个是缀辅，就只能看这两个音素当中，那一个是音势比较最强的，就是缀主。例如[as]两音结合为一个音缀时，我们把其中[s]这音，无论读得怎样重，总归[a]音是处于缀主的地位，而[s]是处于缀辅的地位；因为[s]是不响亮的音。但是[ɯ]两音结合成一个音缀时，我们要是降读起来，[u]音要比[i]读得重，那就[u]为缀主，[i]为缀辅，语音符号应标为[uĭ]；要是升读起来，[i]音要比[u]读得重，那就[i]为缀主，[u]为缀辅，语音符号应标为[ŭi]。即使[ɑ]与[e]结合为一音缀时，我们要是把[e]音读得比[ɑ]重，也可以使[ɑĕ]变为[ăe]，或[ĕɑ]变为[eă]。这样看来，复合母音之降读式、升读式等等的分别，在拼音上是很重要的（参看本文的第四篇一（十））。

（五）音缀上的音势

音缀上的重音，总在缀主所在的地方；所以一个音缀当中，母音的音势常比子音强。要是音缀里有两个以上的母音，我们就须辨明这复合母音还是降读式的，还是升读的，还是平读的。降读式的复合母音里，重音就在起首一个母音；升读式的复合母音里，重音就在末尾一个母音；平读式的复合母音里，重音就平分在各个母音上。英语里的音缀大都是降读的，所以多降读式的复合母音；法语里正与这种情形相反。例如法语“oi”读为[wa<]，或[wɑ<]，而英语“oi”读为[ɔi>]（参看本文的第四篇二）。

子音在音缀上大都是次强音或弱音，因为它们常处于缀辅的地位。音缀上起部里的子音与收部里的子音，音势的强弱也常常不同的。要是一种语言的特性，音缀大都是降读的，起部里的子音一定比较收部里的要强。例如英语里“cat”[kæt]这字音缀里，[k]比较[t]要重读。要是一种语言的特性，音缀大都是平读的或升读的，起部里的子音就比较弱，或者与收部里的子音相等。例如法语“toute”[tut]这字音缀里，前后两个[t]的音势是相等的，或者前一个比较轻读一点也可以。

音缀的分界，既然依据气息的断续，所以一个音缀的末尾，常常是音势很弱的地方。音缀有开闭之分，开音缀以母音收尾的，闭音缀以子音收尾的（参看本文的第五篇一（六））。母音常处于缀主的地位，为重音所在处；但是在开音缀里的母音，又为音缀的收尾，所以音势至此达于最强，而忽变弱。至于闭音缀里的母音，音势始终很强，到了收尾的子音，才变为弱。这样看来，闭音缀里音势的变化是比较迟缓的，开音缀里音势的变化是很急促的。但是在某种特别情形之下，闭音缀里的母音也有音势达于最强而忽变弱的。

例如英语惊骇或懊丧时所说“What!”这字的母音。

依照通例,缀主所在处总是音势最强的地方;法语里的音缀是很守这种规则的。但是在英语、德语里,往往发生一种变例,就是两个以上的音缀用一个气息力发出的时候,常常末一个音缀的缀主,音势是很弱的。例如英语“pity”[piti]这字里,音势最强的地方是第一个[i]音,从此就降读,到了第二个[i]音,就很弱了。德语“bitte”[bite]这字里,第一个音缀的[i]音最强,彼此降读,到了第二个音缀的[e]就很弱了。

(六) 音群上的音势——气力群

音群是由多个音缀连接成功的;考察一个音群的音势,就是看它当中哪个音缀是重读的,那个音缀是轻读的。组成音缀的主要部分,既然是缀主;重读这个音缀,就是重读它的缀主。至于其他缀辅,既然是附属于缀主的,它们的音势当然要随着缀主而变化;所以在单个音缀当中,缀辅虽然比较弱,而在音群当中,重读音缀里的缀辅比较轻读里的就要强了。

音缀依音势的强弱可分为强音缀、中强音缀、弱音缀三种。强音缀通常说是重音(accent),其余的说是平音(inaccent)。语音符号中,强音缀之前用[ˈ]表之;中强音缀,必要时,可用[ˏ]表之;弱音缀大都是不用符号表明的。遇到特别强的音缀,可用[ˈˈ]号。

音群与音群之间,用呼气与吸气来划分的;可以说一个音群就是一个呼吸群(参看本文的第五篇一(七))。各种语言当中,常有一种自然的音律(rhythm);所谓音律,就是在一个呼吸群中,强的音缀和弱的音缀常互相间隔,常有一定的规则。因此音群当中,强音缀的前面或后面,必有一个以上的弱音缀与之相接。在我们听感上就发生一种趋向:就是将这强音缀当作主体,而将其相接的

弱音缀当作附体；于是一个呼吸群里这一个强音缀与其所附的弱音缀成为一组，而另一个强音缀又与其所附的弱音缀另成为一组。这种一组一组的，可以说是气力群（groups of force or stress-groups）。因为这种现象，我们在语音学上可以把呼吸群更分为气力群。所谓气力群，就是一群音缀，中间有个强音作主体。

气力群的划分，常与意义有很大的关系；在语句当中，适与文字或语词的划分相符合的，所以要考察各种语言气力群中音的变化，即可就文字与语词上研究之。

（七）文字上的音势

中国文字是单音缀的，所以中国文字上音势的变化，大都依据音缀的原则，至于英、德、法诸国文字，大都是多音缀的，要研究这种多音缀文字上的重音，那就关于音群上的音势了。

英、德、法诸国文字的音势，每个字总有个一定的读法，这可说是正则的重音（normal accent）。法文里各字的读法，大都是重音在末一个音缀；例如“jamais”[ʒa′m ʒ]，“pardonner”[pardɔ′ne]，可说大多数是升读的。不过法语里，强音缀与弱音缀间相差的程度不甚显著；我们学习法语，诵读时应常取均和的态度：不要在强音缀上读得太重，也不要在弱音缀上读得太轻。至于英语、德语中就不同了，所有的强音缀都应当读得很重，德国文字里重音所处的地位，常在字根音缀（stem syllable）上；例如“wunder”“wunderbear”“wundelich”等重音，都在“wun”这个音缀上。因为简单的字中，字根往往在起首一个音缀，所以在德语中，几乎最大多数的字，都把起首的音缀重读；可说大多数是降读的。英国文字里的重音也常在字根音缀上；不过英语中，有许多字是原来从法语中借来的，而重音依照法语的通例，也应在末一个音缀上。但是英语里的音势常有不规则

的变化;往往有许多同根的字,其重音缀地位完全不同。例如"admire"重音在"mire","admirable"重音在"ad","admiration"重音在"ra"。有时同是一个字,要分别它是名词或是动词,应看它重读上的区别。例如"rebel"重音在"re",就为名词,重音在"bel"就为动词。这样看来,英国文字上的重音,比较德国、法国,很觉不规则的。

(八) 语词上与语句上的音势

文字与文字连合成为语词。语词上的音势,常常因意义的关系,所重读的文字就随之变化;例如国语"庄子"(ㄓㄨㄤ ㄗ),"老子"(ㄌㄠ ㄗ)这二个语词,重读第二个音缀"子"字就是古时的人名;重读第一个音缀"庄"字、"老"字,就变为"村庄""父亲"的意思。又"红花"(ㄏㄨㄥ ㄏㄨㄚ)这个语词,重读第二个音缀"花"字,意思就是"红的花";重读第一个音缀"红"字,就变为一种药名了。所以同一个语词里,常因其所重读的文字不同,而发生意义上的变化。

语句中常包含多个语词,或多个文字;语句上的音势,就是看它当中那个语词或那个文字是重音所在。重音所在处,就是这语句里主要意义所在的地方;换句话说,重读某字,重读某个语词,是要着重某种意义的。这可说是语音或意义上的着重作用(emphasis)。同一语句里,也常因其所重读的文字或语词不同,而发生意义上的变化。

(九) 文字上重音的变化

依理论上说,在语词或语句中所重读的文字,文字上的正则重音应当没有变化:重读的文字里,强音缀应读得更强,弱音缀也应

读得中强。但是事实上往往因语词或语句中重读的关系，使文字的正则重音发生变化。例如：法语“donner et pardonner”，“donner”与“pardonner”二字上原来的正则重音，都是末一个音缀“ner”读得最强的；但是在这句里，因为重读这二字，就使这二字的起首一个音缀“don”“par”读得特别强。有时语句上或语词上因为要调和音律起见，也把文字上的正则重音移动起来。且举英语中一句为例：

“He is very well-to-do.”[hiːzˈveriˈwel-təˈduː]

“He is quite well-to-do.”[hiːzˈkwait wel-təˈduː]

我们看“well-to-do”这字里，在“very”之下，[wel]这个音缀是重读的；在“quite”之下，[wel]这个音缀就没有重音了。因为语言中有自然的音律使强音缀与弱音缀互相间隔；所以[kwait]这个强音缀之下不应当再接了一个重读的音缀，于是使[wel]失去重音了。这样看来，文字上原来的弱音缀，在语句里有时变为重读的；而原来的强音缀，也有时变为轻读的。

（十）强读式与弱读式

文字在语句里，有时不但会发生重音的变化，并且常因轻读的缘故，把它原来的音缀改变了，丧失了，欧洲语言当中，各种母音在弱读的文字或音缀里，常变为中部母音[ə]，所以[ə]音可称弱母（参看本文的第四篇二（九））。例如英语“and”[ænd]与“should”[ʃud]二字，读弱时便变为[ənd]与[ʃəd]；有时且变为[nd]，[n]与[ʃd]，[ʃt]等等，这是把它原来的音缀丧失了。凡是这种因为弱读的缘故，把文字里原来的音缀变换了，丧失了，名为弱读式（weak forms）。至于没有弱读，各个文字仍照它原来的读法，则名为强读式（strong forms）。国语里所谓轻音字，也常常改变本字原来的读

法,可为弱读式的实例。如“甚么”(ㄕㄣ ㄇㄜ)变为“什么”(ㄕㄇㄜ或ㄕㄇ);“不用”由“ㄅㄨ ㄩㄥ”变为“ㄅㄨ ㄥ”。又如“他做了了,去了”一句中,第一个“了”字读“ㄌㄧㄠ”,而第二个“了”字读“ㄌㄜ”,第三个“了”字读“ㄌㄚ”。这种因轻读的缘故,使本字原来的音读改变了,都可说是弱读式。

二、音　　量

（一）音量的意义

音量（quantity）就是指音长（length）。要区别音的长短，就是看他自始至终所延长的总时间：这音占据时间多，就称为长音；那音占据时间少，就称为短音。音的长短，不过彼此一种比较上的分别，没有绝对的标准。我们的语法有缓有急，读法有快有慢；当读书说话很急的时候，语句里的短音就要延长些，长音更要延长了。所以长短音的分别，不过在某种情形之下，彼此互相比较而发生的。譬如某语句里，读它的长音，需半秒或一秒；读它的短音，只需四分之一秒，或八分之一秒。读它的长音只须一拍子，或二拍子；读它的短音，只须半拍，或四分之一拍。

依音量的程度，可以有最长（very long）、次长（long）、中长（half long or medium）、次短（short）、最短（very short）这些区别。不过在实用上，无须这样详细；单认定长音、中长、短音，这三种就够了，语音学上用[:]符号表明长音，[·]表明中长；不用符号表明的，大概都是短音。

（二）音量之影响于音色的变化

音量的意义，一种是指同一个音素，有长读与短读的不同；一

种是指在某字或某词句里的各个音素,彼此音量的比较。音长本来与音色为两件事;不过有时因为音长的关系,而影响于音色的变化。英语、德语里的短母常为宽母,长母常为紧母。例如英语读[i],[iː],不但是音量上的差异,还有肌肉松紧的不同(参看本文的第四篇一(九))。因为要把一音缩短,舌体的肌肉就要放宽些;要把一音延长,舌体的肌肉就要牵紧些;因此口腔的形式也就发生微微的变化了。发长母音时,不但肌肉牵紧而且因牵紧的结果,可以使一音化而为二;英语里的"长 e",读为[iːj],"长 a"读为[ei],"长 o"读为[ou],就是最显明的例。法语里的长母与短母,虽没有肌肉上松紧的差异;但是用仪器试验的结果,长母比短母的舌体也要上升一点,就是口腔要闭合一点。因此可知同是一音,作长音时与作短音时,音色上也就要受了影响,发生微微的差异的。但是这种关系乃是偶然的,并非必然的;例如英语里的[ɑː]也是宽母,并非紧母。

(三) 母音的音量

母音的长短,在各种语言上是很重要的;因为文字的意义常常靠母音的长短来区分的。例如英语"sit"[sit]与"seat"[siːt],法语"renne"[rɛn]或"reine"[rɛːn],德语"still"[ʃtil]与"stiel"[ʃtiːl]这等字的音读,其分别处只在母音的长短上。所以在各种语言里,常有长母音与短母音的区别。

但是同是一个长母音,或同是一个短母音,往往以所在的地位不同,而发生音量上的变化。这里用英语做例:长母音,当用在重读音缀中而处于文字的末尾的或者在声子的前方时,它的音是最长的:如"sea"字里的[iː],"bird"字里的[əː]。长母音,当用在轻读的音缀中或者在气子的前方时,它的音就变作中长了;如"heart"

字里的[ɑː]变为[ɑˑ]；“almighty”字里第一个母音[ɔː]变为[ɔˑ]。短母音当用在重读的音缀中，以及声子的前方时，常常变为中长的，如“pig”字里的[i]变为[iˑ]，“bag”字里的[æ]变为[æˑ]。短母音要是用在气子的前方，那就为最短的音了，如“bat”字里的[æ]，“kiss”字里的[i]。我们应当注意的，这种因所处位置的关系而发生音量上的变化，在各种语言中，情形并不是完全一致的。例如母音在重读音缀中而处于文字的末尾时，在法语里常为短母，如“pas”[pɑ]，“tôt”[to]；而在德语里常为长母，如“knie”[kniː]，“kuh”[kuː]。

(四) 子音的音量

论子音的长短，就是看它成阻与除阻中间所占时间的多少；暴发音只除阻时才能听到，所以称为暂音；至于鼻音、边音、摩擦音、震颤音等，一经成阻，就能成音，所以称为久音（参看本文的第三篇一（五））。暂音与久音的区别，乃是因音色的不同，而发生音量上的差异的。

同是一个子音，也因所处的地位不同，而发生音量的变化。当子音用在音缀的末尾时，如果前面所接的是短母音，读起来就要长一点；如果前面所接的是长母音，读起来就要短一点。例如法语“balle”[bal]里的[l]比“bâle”[baːl]里的[l]要长；英语“sin”[sin]里的[n]比“seen”[siːn]里的[n]要长。又在一个音缀中子音要是用在另一个声子的前方，读起来就要长一点；要是用在另一个气子的前方，读起来就要短一点。例如法语“Elbe”[ɛlb]里的[l]比“Alps”[alp]里的[l]要长，英语“wind”[wind]里的[n]比“hint”[hint]里的[n]要长。

但是子音的长短，就一般而论，总没有母音的长短那样显明；而且，子音长短只与所处的地位有关，并不能于字义上有所表显。

所以普通标音往往对于子音不用长短的符号表明。

(五) 叠音的音量

暴发音因为不能延长,通常总是短音;要是把暴发音读得长一点,就容易变为叠音了。因为长读的暴发音,它的成阻与除阻两部分,实在都各有一个暴发音的价值;而当除阻时,又复增进气力;于是这音的前流与后流都有重读的倾向。所以一个长读的暴发音,就像两个暴发音的叠子。反之,两个暴发音的叠子也可以当作一个长读的音看待。

至于鼻音、摩擦音、边音以及母音等,都可以任意延长,通常总是比暴发音长一点;但是这类音要是过分的延长,而它的气息力又不是连续一片,中有分段,那也就变为叠子或叠母了(参看本文的第五篇二(七),第六篇一(三))。这样看来,叠子或叠母,就是两个子音或两个母音合成一个长读的子音或长读的母音。

(六) 语词与语句的音量

上面所讲,只是音素的长短;至于在语言中,词句的音量,则每每看意义如何而定其长短,很难把它们立出确切的条例来。大概主要词句的音总比较长,附属词句的音总比较短。因此可知词句的音量与语音或意义上的着重作用有密切的关系(参看上章第八节);凡是重读的词句,它的音必定较长一点;轻读的词句,它的音必定比较短一点。

三、音　　调

（一）音调的意义

音调（pitch）是指音的高低。所以音调最关于乐音上高低的变化；就是关于声带振动的快慢。声带振动快，就是每秒钟振动次数多，音调就高；反之，声带振动慢，每秒钟振动次数少，音调就低。这种振动的快慢，与声带的松紧有密切的关系：我们把声带牵紧，发出的声音就高；把声带放松，发出的声音就低。

音的高低，与声带的厚薄长短也有密切的关系。长的，厚的，声带振动比较慢；短的，薄的，声带振动比较快。各个人的声带形状不同，所以各个人的语音，各有他的基本音调。老年人的语音比较少年人要低，男子的语音比女子要低，就是这缘故。

同是一个人所发的语音，也要时时变换的。譬如音乐上有各个调子（key），一个人可以唱出各种调子不同的乐歌。语音也是这样：一个人快乐的时候所发出的语音比较悲哀的时候调子就要高；问句的调子，比较答句的要高；主要词句的调子，比较附属词句的要高。这样看来，每个音群，总有它一个基本音调，就是一个词句的调子。

但是同一词句中，各音的音调也常常变化的。譬如一首乐歌里，各种高低不同的音符（notes）相间起来，才成了乐谱。语音也是这样：各个音调不同的音相间起来，才成了词句。即使一个音

素或一个音缀当中,除了极短促的外,它前后各部分的音调,也不是平衡一致的,或者是前高后低,或者是前低后高。语音上这种音调的变化,称为语调(intonation)。

(二) 音素的固有音调

上面所说音调的高低,是关于声带振动的快慢;但有时声带振动的快慢相同,而各个音在听感上也分出音调的高低来,这是由于共鸣作用的不同,影响于音调的变化(参看本文的第二篇二(四))。例如[i]与[u],发音时,即使声带振动一样快慢;但是[u]音的节制作用在口腔后部,所以比较深沉些;[i]音的节制作用在口腔前部,所以比较尖利些。这是因为口腔形式变化,就发生各种听感上音调的特性,所以各个音素各有它的固有音调(inherent pitches)。所谓固有音调,乃是音素本身性质所具有的,非关于声带所发乐音的高低;无论母音与子音,噪音与乐音,都各有它这种听感上的特性。我们觉得嘶沙摩擦音[s],[ʃ]等特别尖利,就是因为这种音的固有音调比较高的缘故。

气音既然是不带乐音的,我们要判别各个音素的固有音调,正可以利用它的耳语音来考察,因为耳语音是超离乐音上音调的差异的。各种母音的固有音调,由低及高的次序,大致如下:[u],[o],[ɔ],[ɑ],[ə],[a],[ɛ],[e],[i]。

各种摩擦气音的固有音调,由低及高的次序,大致如下:[ʍ],[x],[p],[f],[θ],[ɹ̥],[ʃ],[s],[ç]。

(三) 语调的种类

不过在普通语言里,音素的固有音调并不十分显著;还是

乐音高低的变化最为重要。往往同是一音，因语调的不同而发生意义上的差别；所以语调的研究，对于学习语言是很重要的。

音的高低，也是此音与彼音比较的关系。依照音调的程度可以分出许多等级；不过在实用上，分有高音（high tone），中音（middle tone），低音（low tone）这三种已够了。高音所在处，用上面的一画[‾‾‾]表明，低音所在处用下面的一画[___]表明，中音所在处用中央一画[—]表明。实际语言当中，抑扬高下，总有音调的变化；高低一致的（uniform tone）语音，是很少遇见的。或者是由低转高，名为升语调（rising intonation）；或者是由高转低，名为降语调（falling intonation）。普通所谓平语调（level intonation），如儿童背书的时候，常常有的，实际也是一种升语调。升语调用[/]表明；降语调用[\ ]表明。这种简单的语调之外，还有复合的语调，就是升语调与降语调的结合；如升降语调（rising-falling intonation），用[∧]表明；降升语调（falling-rising intonation），用[∨]表明。

这里应当说明的：语调的转换与音乐上高低音的相间是相似而实不同的。音乐上是跳的，由第一个音符转到第二个音符，乃是由高音跳到低音，或由低音跳到高音。语音上是流的，各音的转变，乃是高音低音渐渐的流动；由高音转到低音，或由低音转到高音，中间还有许多高低的过渡音。这种情形与流音的原理可以相通的。所以语音上，第一个音与第二个音相接，不过是语调流转过程上的两点；不是像音乐上的各个音符划分得很清楚的。但是这种情形，并非各种语言绝对的一致；例如英、德、法三种语言，英语、德语里，流的现象比较显著；法语里，跳的现象比较显著；这可说法语是最富于音乐性的。

（四）字调——中国的四声

文字上的语调，可称字调。字调在中国语上尤其重要；因为中国文字是单音缀的；有许多同音异义的字，是单靠语调上来分别的。例如同是一个[y]音，用降升调读起来，就为“雨”，用升语调读起来，就为“鱼”。同是一个[xŭɑ]音，用平语调读起来就为“花”，用降语调读起来，就为“话”或“画”。

中国文字既然是单音缀的，所以研究中国语的字调，只须考察音缀上的语调。音缀上语调的变化，以它的缀主为标准；所以中国“四声”（four tones）的分别，常常以字里包含的母音为准则。（所谓以四声分“韵”；即因“韵”是音缀上的纵部与收部，为缀主所在处。）音缀里有时也因为所带的子音不同而发生音调的差异；例如声子与母音拼合成的音缀，其音调常比气子与母音拼合成的要低（即“浊”音字比“清”音字要低）。因为在前一种音缀里，发声子时，声带已振动；到了发母音时，声带已入于弛缓状态；故其音较低。在后一种音缀里，发气子时，声带没有振动，蓄力已久；到了发母音时，声带更为紧张，故其音较高。但是这种子音的关系，只能影响于音缀的基本音调；至于音缀上语调的变化，大都与子音无关的。而且中国的标准语里，除边音鼻音外，声子用处很少（即国语上“浊”音较少），在事实上，文字里这种基本音调的高低，不很重要。所谓字调，就只关于音缀上语调的变化罢了。

国语上的字调有“阴平”“阳平”“上”“去”四种；“四声”就是这种字调。“阴平”的字，是先后高低平衡，就是用平语调读的。“阳平”的字，是先低后高，就是用升语调读的。“上声”的字，是先高中低后再高，就是用降升语调读的。“去声”的字，是先高后低，就是

用降语调读的。所以"阴平"的符号是"—","阳平"的符号是"/","上声"的符号是"⌣","去声"的符号是"\"。

(五) 词调与句调

至于词句上的语调,每每看意义如何而发生变化。大抵疑问的词句常用升语调;肯定的词句,常用降语调;讥讽的词句,常用升降语调;警告的词句,常用降升语调。所以同是一个词句,常常因语调的不同而发生意义上的变化;例如"这是真的",要是用降语调读出,就有肯定的意味;要是用升语调读出,就有疑问的意味。这样看来,学习语言,于词句的语调是很要注意的。

(六) 音调与音势、音长的关系

音调与音势,音长有相联的关系。实际语言中,重读的音总比较高;轻读的音总比较低;因为呼吸机关里筋肉紧张,喉头里的声带,也随之紧张;而因声带牵紧的结果,气程变狭,气息力也随之增强。所以感情兴奋时所发的语音,总比较高,比较强;感情热度的增进,语音方面就是音调的增高,音势的加强。又重读的音总比较长一点,轻读的音总比较短一点;因为呼吸机关里筋肉紧张,节制机关的肌肉也随之紧张;而因肌肉牵紧的结果,气息力既随之增强,语音本身也随之延长一点。这样看来,重读的音比较高,比较长;轻读的音,比较低,比较短;实在是一种自然的趋向。不过这种趋向,不能当作定律看待;音调、音势与音长,这三种的关系,乃是偶然的,并非必然的。因为无论哪种音,长的,短的,高的,低的,都可以轻读,也都可以重读的。

本篇参考书目

1. H. Sweet：*A Primer of Phonetics*，pp.27—30，40—42，44—51，68—72.

2. L. Bloomfield：*An Introduction to the Study of Language*，chap.II.

3. B. Dumville：*The Science of Speech*，chap. IX.

4. G. Noël-Armfield：*General Phonetics*，chap.VIII，X，XII，XIII.

5. W. Rippmann：*Elements of Phonetics*，pp.101—125.

6. D. Jones：*Intonation Curves*.

7. 刘复译：《比较语音学概要》，pp.50—88，100—117，122—134。

8. 刘复：《四声实验录》。

9. 汪怡：《国语发音学》，第十章。

10. 周由廑：《英语语音学纲要》，第五章。

11. 魏肇基：《英语发音学》，第二编，第三编。

12. 赵元任：《国际音标国语正音字典》。

13. 赵元任：《国语留声片课本》。

14. 赵元任：《最后的五分钟》附《北平语调的研究》。

等韵学讲话提纲

本文是张世禄先生给他的研究生李行杰讲授等韵学时的讲话提纲。原稿在“文革”中遗失。由李行杰教授根据当时的笔记整理成文。

一、等韵学的术语

（一）等韵的意义

江永在《古韵标准》中批评顾炎武说："细考《音学五书》，亦多疏漏。盖过信'古人韵缓，不烦改字'之说，于天、田等字皆无音，《古音表》分十部，离合处尚有未精，其分配入声多未当。此亦考古之功多，审音之功浅，每与东原叹惜之。"（《例言》）何谓审音？江氏在《古韵标准·例言》中批评陈第的话可作注解："盖陈氏但长于言古音，若今韵之所以分，喉牙齿舌唇之所以异，字母清浊之所以辨，概乎未究心焉。"这段话指出三点：1."今韵之所以分"，指开合洪细和韵尾；2."喉牙齿舌唇之所以异"，指五音和七音；3."字母清浊之所以辨"，指声母的发音方法。此皆以等韵言古音。

戴震在《答段若膺论韵》中，也以等韵言古音："上年于《永乐大典》内得宋·淳熙初杨倓《韵谱》，校正一过，其书亦即呼等之说，于旧有入者不改，旧无入者悉以入隶之，与江先生《切韵表》合……仆因究韵之呼等，一东内一等字与二冬无别……其余呼等同者音必无别……"（见戴震《声类表》卷首）

等韵学也就是分析汉字读音的学科，其名有广义与狭义之分。狭义：呼等之学也，即单讲韵母之开合洪细者；广义：四声、字母清浊、五音七音及呼等之学，相当于现今的描写语音学。

等韵学的文献——等韵图　等韵图也就是音读表，其来源是拼音表，声韵母拼合再加上声调分别。这种音读表是为补韵书之不足而设的。

陈澧在《切韵考・外篇》中说："盖自汉末以来，用双声叠韵为切语，韵有东、冬、钟、江之目而声无之，唐末沙门始标举 36 字（按：当为 30 字母），谓之字母，至宋人（按：当云唐末）乃取韵书之字依字母之次第而为之图，定为开合四等，纵横交贯，具有苦心，遂于古来韵书切语之外，别成一家之言……"陈氏此论，含有如下过程之概述：反切→韵书（韵书只有韵母与调，即有纵无横）→字母→纵横交贯。

韵书的目的是为诗文押韵而设，高等文人用之，至于读音，则于欲识字者无十分帮助，当时文人只知有韵，不知有声，所谓"叠韵易知，双声难明"，正是说人们还不知有声母。所以，从识字角度看来，等韵图的出现，确算得上是文化史上的一件大事。

张麟之《韵镜・序》："读书难字，过不知音切之病也，诚能依切以求音，即音而知字，故无载酒问人之劳。"这便道出了等韵图的妙用。

由此可见，等韵学的意义在于分析汉字读音，补韵书之不足，促进读书识字，且于研究古音学大有帮助。

（二）等与呼（此节参考罗常培《汉语音韵学导论》61 页—68 页）

1. **等**，等第也。等第者，约举其程度差别而言，所以，等的含义并不十分固定，只是相对的。

其实，等是指元音性质上的差别，元音性质的差别是由音色决定的，音色之别是肯定的、绝对的，所以，以等说元音性质差别是不

科学的。

等韵学家为什么会用等来说元音性质呢？这里牵涉到元音音色的固有音调问题。

固有音调：声带振动次数相同，音感却不一样。如：i 和 u，其振动数可能是一样的，但由于 i 是前高元音，共鸣器小，所以，其固有音调似乎较小、较细；u 是后高元音，共鸣器较大，其固有音调显得比较洪大。这只是从听感上相对分析得来的。

可见，等是指元音音色而言，而元音之别是很细的，等韵图中只分四等，不能概括所有的元音，只能相对区分，对于我们认识元音，并无确定的意义，只有相对意义。《广韵》中，一等韵主要元音为[ɑ]、[ə]、[o]、[u]，二等韵主要元音为[ɔ]、[a]、[æ]、[ɐ]，三等韵主要元音为[ɛ]、[i]，四等韵主要元音为[ɛ]。如此多的元音，用四个格子范围，自然要发生困难的。我们在看等韵图时之所以会发生困惑，就是因为韵图作者不得不把不同元音的字塞到一个格子中去。

等之不同，主要是关乎元音之高低前后，大约越前越高者，共鸣器越小，是为细音；略低略后者，其共鸣器略大，是为洪音，其间差别，自是比较而言。

等韵中有同韵异等者，如同为东韵，东在一等，弓在三等，其间差别，在介音之有无。异韵而异等，则不仅因了介音 i 的关系，而且主要是因为主要元音不同。

绝对的音色区分，被说成相对的差别，得出了等的观念。大致说来，一、二等不带 i 介音，三、四等或者自身是 i，或者带介音 i（《切韵》时代，四等字尚无介音，至宋代才出现 i 介音）。

宋人分四等，可能是受了四声影响，四声分成四格，元音也分成了四格。

等的划分，实际上是以舌位的前后和升降来分别元音。

2. **呼**，呼是以唇形之圆展区别元音。江永在《音学辨微》中说："音呼有开口、合口，合口者吻聚，开口者吻不聚也。"

开口与合口的分别，拿现代发音学理来说，就是看韵母本身是否为[u]或是否有[u]介音。韵母本身为 u 或有 u 介音者为合口，否则为开口。

宋元时期开口有四等，合口也有四等，开合共八等。这是因为中古时期元音区分较细所致。

汉语语音发展中，主要元音混同化是一条规律，所以宋元等韵到明清时期已经有并等为呼的现象，即由开合各四等变成了开齐合撮四呼。大致说来，开口一二等成为后来的开口呼，开口三四等成为后来的齐齿呼，合口一二等成了后来的合口呼，合口三四等成了后来的撮口呼。

(三) 转 为 摄

汉语语音发展史中主要元音混同化的规律，还可以从韵图的简化中看出来，这便是早期等韵图中的四十三转变为十六摄，最后成为十二摄。

在《韵镜》中，是一转一图，四十三转即四十三图，在《切韵指掌图》中，有十六转，但却分为二十图。

转之意义有二：其一，转者，唱也。诵佛经时，字音要准，且有一定的高低升降与长短，如果少差，则效果不灵。所以在拼读字音时借用了这个"转"字，其本字当然是"啭"字。其二，转者，轮也。以一母音为核心，诸声与之轮转相拼。《大毗卢遮那成佛神变加持经》卷五有"字轮"之说，所谓"字轮"，就是轮转相拼而生诸字。空海《悉昙字母释义》于迦、迦、祈、鸡、句、句、计、盖、句、皓、欠、迦之后注云："此十二字者，一个'迦'字之转也。从此一迦字门出生十

二字。如是一一字母各出生十二字，一转有四百八字。如是有二合三合之转，都有三千八百七十二字。此悉昙章，本有自然真实常住之字也。"这段话是说，"转"是拿十二元音与辅音轮转相拼。

《韵镜》和《七音略》实际上是神袭佛经中的这个"转"字，得四十三转。《七音略·序》云："又述内外转图，所以明胡僧立韵得经纬之全。"

总之，"转"是轮转相拼，一转就是一个拼音单位，可与三十六母轮转相拼，四十三转也就是四十三图，每图各含几个韵，张麟之说："不出四十三转而天下无遗音。"

摄，聚集尾音相同、元音相近之诸字为一类，通称为一摄。摄的意义，是以少持多。空海《悉昙字母并释义》中说："所谓陀罗尼者，梵语也，唐翻云总持，持云总持，言于一字中总持无量数文，于一法中任持一切法，于一义中摄持一切义，于一声中摄藏无量功德，故名无尽藏。"这段文字，首先告诉我们摄的意义；其次告诉了我们摄的来源。看来，摄跟悉昙有着很密切的关系。

并转为摄，反映了实际语音的变化。

（四）内外与轻重

内外　在理解内外问题时，应当注意下列三点：

1. 发音学理。要能从发音学理上去考察内外之分。内外之分主要指元音的大体类别，高元音为内转，低元音为外转。如图所示，在虚线以上者为内转，在虚线以下者为外转，线以上者为高而后的元音，高则口弇，后则舌缩，口弇而舌缩的元音，在听感上自然有"内"

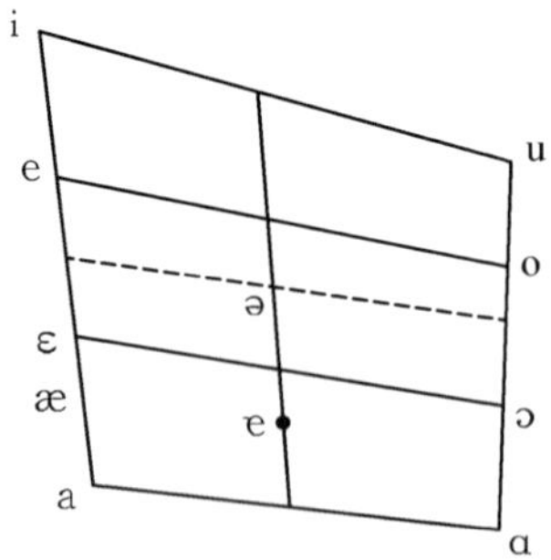

的印象。在虚线以下的元音，皆为低而前的元音，低则口侈，前则舌舒，是以为外。

2. 从不同版本上订正《韵镜》的内外，成问题的韵摄有“果”“臻”“宕”三摄。日本醍醐三宝院所藏：

（1）嘉吉元年（明英宗正统六年即公元1441年）写本载，第二十七转（歌）为外转。

（2）宽永五年（明思宗崇祯元年即1628年）写本：第十七转至第二十转（真谆欣文）为内转。

（3）清乾隆十三年（1748）刊本《通志·七音略》：第三十四转（即《韵镜》第三十一转唐阳开口）为外转。

由此可见：果摄应为外转而非内转；臻摄应为内转而非外转；宕摄应为外转而非内转。

经过这番版本的订正，我们得到的是内七外九的韵摄图。

内转：止、遇、通、流、臻、深、曾。

外转：果、假、蟹、效、山、咸、宕、梗、江。

3. 注意纯四等韵的拟音

内七外九之说如果成立，剩下的问题便是拟音。发生问题的元音只有一个，即[e]，照高本汉的拟音，纯四等韵的主要元音是[e]，脂、支等三四等合韵的主要元音也是[e]。这样一来，[e]元音诸韵所在的几个韵摄就有时在内转，有时在外转，同一元音，何以会忽而内，忽而外？殊难解释。

罗常培氏依高氏拟音，把纯四等韵齐、先、萧、青、添（上声荠、铣、筱、迥、忝；去声霁、霰、啸、径、㮇；入声屑、锡、怗）的主要元音拟为[e]。这样，在他《释内外》中所列的图上就出现了一条不直的中线，而此线所交叉出现了若干不能解释的现象（同一[e]既内又外），在说明时也很不方便，殊难解释何以同一元音会有不同的性质。实际上还是未能说清元音分内外的依据。

陆志韦根据：(1) 纯四等韵反切上字跟一二等韵反切上字同类；(2) 纯四等韵在韵图中与一二等韵同转，这些现象是三四等合韵所没有的；(3) 上古韵中纯四等韵与其他韵的分合关系。得出结论：第一，纯四等韵之主要元音为[ε]；第二，纯四等韵没有[i]介音，介音是后来产生的。

假如依陆先生的主张，把纯四等韵的主要元音拟为[ε]，则产生了我们在前面所列的那个图，只要从中央元音向两边引中线，就能把内外划开来，线以上诸元音为内转，线以下诸元音为外转。所谓一音之差，纠纷立解，即此。

到此为止，我们便明白了，原来所谓内外，只不过是元音高低在音感性质上的大致区分，内高外低。

至于《四声等子》在《辨内外转例》中说："内转者，唇舌牙喉四音更无第二等字，唯齿音方具足；外转者，五音四等具足。今以深、曾、止、宕、果(此二摄当属外)、遇、流、通括内转六十七韵，江、山、梗、假、效、蟹、咸、臻(此摄当属内)括外转一百三十九韵。"所指为：第一，外转五音都有二等字；第二，内转除齿音外都没有二等字。其实，齿音二等就是照组二等，而照二是假二等。所以，《四声等子·辨内外转例》所指，实际是二等之有无，有二等字者为外转，无二等字者为内转。二等为低元音，有二等字者为低元音韵摄，属外转，否则属内转。可见，《四声等子》所提出的只是假象，根本问题还在元音的性质。

(以上参看罗常培《释内外》，戴《罗常培语言学论文选集》)

轻重

轻重的概念，也有个发展过程：

1. 最初，人们用轻重来说明声母之清浊和送气与否，大致浊为重、清为轻；浊而不送气比浊而送气者轻，清而送气者比清而不送气者重。所以又有重中轻(浊音不送气)、轻中重(清音送气)之说。

这种用轻重的相对性质来说明声母清浊绝对差别的方法，在反切初期相当普遍(如空海之《文镜秘府论》)，后来发展出轻中重、重中轻、全轻、全重，这都是关乎声母的发音方法的，其实与清浊所指是同一回事。

2. 轻重之分，正如四等之分一样，不是指音的绝对性质，而只是概略说明语音上的相对差别。既然轻重开始时声音上的整体差异，又指声母听感上的程度区分，那么，轻重也就未尝不可以兼指韵母上的相对差别。在韵母方面，有三个要素：第一，韵尾之元音和辅音；第二，主要元音；第三，介音之有无。韵尾的分别，比较清楚，值得注意的是主要元音与介音。由于未能从音质的绝对性方面解释主要元音与介音，而轻重最初又是常用的概说词，所以隋唐间便常用轻重来说明等第关系。所传《守温残卷》有《辨四等重轻例》，这便是用重轻说四等的肇始，后来一直沿续下来，尤以清代戴东原最能倡明其说。戴氏《声类表》将一三等定为重声，二四等定为轻声，所以歌韵定为开口内转重声(不过，看戴氏表例，未必尽合，此只大别，未必尽如此。如戴氏以"俞"(虞韵)为轻，其实虞韵无四等，其四等只有喻母字，此为假四等)。隋唐间轻重指等第。

3. 宋元时，轻重的概念渐渐转同于开合上来了。最典型的是《七音略》，它在每转都注明轻重，这轻重就是指开合。凡以重字开头的都是开口，凡以轻字起首的都是合口。《四声等子》所谓"审四声开合以权其轻重"。正是指的开合之轻重。

关于轻重，罗常培氏在《释重轻》一文中说：郑樵《七音略》四十三转图末，"重中重""轻中轻""重中轻""轻中重"诸目。中有数转，更旁注"内重""内轻"。其意云何？自来治韵学者鲜得的解。戴震著《声类表》以"轻""重"与"开""合"、"内""外"并列，参互而得八等。绎其表例，盖以一三等为"重"，二四等为"轻"。邹汉勋云："轻重亦只在八等之中，内外言皆一三为重，二四为轻，正隅之变

也，重有大细，轻亦有大细，故八也。”其论虽适与原相合，然不免附会旧词，强人就我，已与宋元等韵家言本旨乖违，持较渔仲所标，转滋违惘！故陈澧谓：“《七音略》分重中重、轻中轻、重中轻、轻中重，又有小注内重、内轻。戴东原《声类表》亦分内转重声，内转轻声，外转重声，外转轻声。然而何谓重，何谓轻，绝无解说，茫无凭据。皆可置之不论。”快刀斩麻，纠纷立解，未始非廓清旧说之一道。然竟诋为“其人之说”，“谁能解之”，非特于渔仲标目原意不加体察，且于东原改订之旨未一探究，则未免以我自蔽，武断失真矣，间尝参较宋元等韵诸谱，以窥其义蕴。窃意所谓“重”“轻”者，固与“开”“合”异名而同实也。

罗氏又说：韵谱之传于今者，以《七音略》与《韵镜》为最古。二书同出一源，审音堪资互证。且张麟之称郑樵为“莆阳夫子”，则于渔仲定名本意，必不至茫无所知。今考《七音略》四十三转，凡称“重中重”者十九，“轻中轻”者十四，“重中轻”者三，“轻中重”者二，“重中重(内重)”“重中重(内轻)”“重中轻(内重)”“轻中重(内重)”及“轻中轻(内轻)”者各一。《韵镜》则悉削轻重之称，别标开合之目，于《七音略》所谓“重中重”“重中重(内重)”“重中重(内轻)”“重中轻(内重)”及“重中轻”者，均标为“开”。于所谓“轻中轻”“轻中轻(内轻)”“轻中重”及“轻中重(内轻)”者，均标为合。

又曰：《四声等子》并四十三转为十六摄二十图，于“轻”“重”“开”“合”之称，兼存不废。顾归并数转，合成一摄，“轻”“重”多寡，厥量弗均。于是以通、止、遇三摄及果摄(附假摄)合口为“重少轻多韵”，以宕、曾、梗三摄及果摄(附假摄)开口为“重多轻少韵”，以蟹、臻、山三摄为“轻重俱等韵”，以咸摄为“重轻俱等韵”，以效、流、深三摄为“全重无轻韵”。其所谓“重多轻少”“重少轻多”诸韵，虽未必权衡适均，锱铢不爽，而所谓“轻重俱等”者，“开”“合”对称，多寡相当。所谓“全重无轻者”，有开无合，奇而不偶。具《四声等

子·序》谓:“审四声开合以权其轻重,辨七音清浊以明其虚实。”则以“重”“轻”为“开”“合”,尤为确凿有据。

莘田先生所论甚为精当,自可依信。又有庞大坤者,在《等韵辑略》卷下11页夹注中有云:“七音略”凡上一字言重者,俱开口,言轻者俱合也;东、江、鱼,重中重则亦开口,凡轻中轻,则合口也。”

所谓“古今学者。不谋而合”正此之谓。

清浊是指声母的发音方法。《四声等子》有“审四声开合以权其轻重,辨七音清浊以明虚实”之论,这就把清浊与七音的关系说清楚了。

(五)五音与七音(参看罗常培《汉语音韵学导论》)

五音与七音,是等韵家从发音部位上分析声母所得出的结果。五音者,指唇、牙、舌、齿、喉;七音则是在五音之外,另立半舌和半齿。其后又将唇音分为轻唇与重唇;舌音又分为舌头和舌上,齿音分为齿头与正齿。于是,总共有十音,其中半舌半齿合为一,所以通常称为九音。

(六)清浊与发送收

分析声母又可以从发音方法入手,把声母分为带音不带音、送气不送气、阻碍之大小等等。

清浊　等韵学中的清浊,不单指带音与否,而是兼指发音方法的全部,印包括清浊、送气不送气、受阻之大小。例如《韵镜》:

以“帮、端、精、见、心、非、知、照、影、审”为清。

以“滂、敷、透、清、溪、彻、穿、晓”为次清。

以“并、奉、定、澄、床、从、群、匣、邪、禅”为浊。

以“明、微、泥、娘、疑、喻、来、日”为次浊。

《四声等子》则又将“心、审”定为全清；将“邪、禅”定为半清半浊。其余与《韵镜》同。

从上面所举出的例子分析，我们知道，所谓清浊是指整个发音方法而言。

全清者，指不送气、不带音的塞音、塞擦音和不带音的擦音。

次清者，指送气、不带音的塞音、塞擦音和不带音的擦音。

全浊者，指带音之塞音、塞擦音和带音之擦音。

次浊者，指带音之鼻音、边音及半元音。

江永《音学辨微》在最清、次清之外又列又次清（心、审），在最浊、次浊之外又列又次浊（邪、禅），则分析更加详密矣。

由此我们可以明白，在宋元等韵中、所谓清浊分析，只是用以区分整个的发音方法上的大类，所以有这种现象，就是因为，在中古音系中，清浊的对立于区分辅音音素有绝大之意义，所以人们在分析发音方法时首先注意其发音的清浊，并推及送气与否（送气与否是次要的，所以附于清浊之后）（罗常培《汉语音韵学导论》44 页）

语音是发展的，语音内部的矛盾对立也在变化，随着中古以后浊音声母的清化，声母系统内的清浊对立失去了意义，清浊区分法也失去了意义，代之而起的是送气不送气的对立。在发音方法上，送气与否是受阻状态问题。

实际语音的变化，引起了区分法的变迁。近人在分析辅音时，特别注意受阻状态。送气与否已趋于关键。

清浊→发送收

反映这种变化的最早作品为明代方以智《通雅切韵声系》。他把塞声、塞擦声之不送气者归为“发声”；把塞声、塞擦声之送气者及擦声归为“送气声”；把边声、鼻声、半元音归为忍收声。于是，

发、送、收之初名已经初步形成。后来，钱大昕《十驾斋养新录》、陈澧《切韵考外篇》、江有诰《等韵丛说》、江永《音学辨微》都与方氏一样，大别为发送收三类。

清末劳乃宣更加细分，他于《等韵一得》中分成：

戛类：即不送气之塞声、塞擦声；

透类：即送气之塞声、塞擦声；

轹类：即擦声和边声；

捺类：即鼻音和半元音。

劳氏引邵作舟之说，又将轹类分为拂类和揉类。于是发送收三分变成了戛透拂轹揉五分。

无论从哪方面入手分析语音，大致都是越分越细。汉语音韵学上，术语的变化，反映了实际语音的变化，从清浊到发送收，反映了从清浊对立到送气不送气的对立。

（此节参看罗常培《汉语音韵学导论》50页）

二、等韵学的产生和形成

《韵镜》张麟之序曰:"是知此书其用也博,其来也远,不可得指名其人。故郑先生但言梵僧传之,华僧续之而已。"

这段话向我们指出三点:第一,"其用也博"——合于当时需要。学问之道,必合于实际需要。当时的实际需要,在于分析汉字字音,便于识字与作文章。第二,"其来也远"——等韵发源较早(应在中唐以前)。第三,"梵僧传之"——等韵学是受梵文拼音影响的结果。

(一) 字母等韵之学发源于六朝

劳乃宣在《等韵一得·外篇》中指出:"反切始于魏世,在双声叠韵之前;双声叠韵始于六朝,在等韵之前,由反切而为双声叠韵,由双声叠韵而为等韵,渐推渐密,皆以明反切之理。故,等韵之学,为反切设也。"

劳乃宣所指出的是这样一个公式:由反切→双声叠韵→等韵图→反切。双声叠韵和等韵图都是为解释反切而设。不过,等韵学的产生是在受了梵文的影响以后的事。我们不能说反切是从外国输入的,也不能说等韵是外国货。因为汉字是可以从声、韵、调三个方面分析的,这是基础,分析汉字只是受了梵文的影响。

梵文悉昙的传入　悉昙是梵文字母拼音字书。

悉昙的传入，大约在汉末以前。佛教典籍所载之曹植鱼山制契一事，经陈寅恪考证，知道是后人依托之辞。不过，这传说也有一定的社会根据，因为当时翻译佛经之事已非个别现象。至南朝宋则出现了谢灵运的《十四音叙》。《高僧传·释慧睿传》："陈郡谢灵运笃好佛理，殊俗之音，多所达解，乃咨睿以经中诸字，并众音异旨，于是著《十四音叙》，条理楚汉，照然可了，使文字有据焉。"《十四音叙》已佚，但从日僧安然《悉昙藏》卷五中尚可窥见略貌（见赵荫棠《等韵源流》4 页—5 页）。

由于悉昙的传入，人们对于反切的原理了解得更为深刻了，这是极自然的道理。所以有人认为，《颜氏家训·音辞篇》中所谓"自兹厥后，音韵锋出"，也可以理解为：反切之理大明。（赵荫棠在《等韵源流》中论到：汉以前的合音乃是天然，汉以后的反切乃是人为。人为的反切非有外力不可。这外力便是悉昙的输入。悉昙的输入，大约与梵文同时，则知汉哀帝时已有悉昙之事，在悉昙影响下，反切大兴。然当时适值直音大行于世，所以反切人间或用之，而不必皆用，用之较多者，则孙炎《尔雅音义》及服虔《通俗文》两书。由此观之，反切之学汉末已很有基础了。）

反切之理既明，人们进而了解了双声与叠韵。所以六朝时双声叠韵之事特别发达，不仅用叠韵，而且在日常生活中用双声来进行语言游戏。例如：《金楼子·捷对篇》："羊戎好为双声。江夏王设斋，使戎铺坐，戎曰：'官家前床，可开八尺。'王曰：'开床小狭。'戎复曰：'官家恨狭，更广八分。'又对文帝曰：'金沟清泚，铜池摇漾，既佳光景，当得剧基。'"又《洛阳伽蓝记》亦记有"陇西李元谦能双声语"的事。

双声语又叫"体语"。"体语"源于梵文之"体文"。章炳麟《国故论衡·音理论》："韵钮者，慧琳《一切经音义》称梵文阿等十二字为声势，迦等三十五字为体文；声势者韵，体文者钮也；斯盖前代韵

书之言。《北史·徐之才传》曰：'尤好剧谈体语，公私言聚，多相嘲戏。'《封演闻见记》曰：'周颙好为体语。'因此切字皆有钮，钮有平上去入之异。然则，收声称势，发声称体，远起齐梁间矣。"

体语的流行，证明人们对声钮类别认识有了加深。

有了声钮类别的认识，加上四声的知识，再加上叠韵的知识，于是便有可能构成一些图表来解释韵书上的反切。

所谓"切字皆有钮，钮有平上去入之异"，意味着人们对声钮的认识也与四声联系起来了。现在我们所看到的等韵图，都是分成四格，格分四层，这格与层的关系，正是声与等的关系。

双声叠韵与四声联系起来，用以解释反切的道理，这在六朝已经开始了。唐·神珙《四声五音九弄反钮图》自序曰："昔梁朝沈约，创立钮字之图。皆以平书，碎寻难见。"沈约的"钮字之图"，不传无世。有人认为就是《广韵》或元刊本《玉篇》所附的《双声叠韵法》，但无定论。

日本沙门遍照金刚(空海)所撰之《文镜秘府论》录有《调四声谱》，据赵荫棠先生考证，可能就是沈约的《钮字图》(见《等韵源流》21页—28页)。《文镜秘府论》所引为："凡四声字为钮，或六字总归一入。

皇晃璜　镬　禾祸和
滂旁傍　薄　婆菠破
光广珖　郭　戈果过
荒恍侊　霍　怵火货

上三字下三字钮属中央一字，是故名为总归一入。

郎朗浪洛　黎礼丽捩
刚㨨钢各　笄併计结
羊养漾药　颐䊀易逸……

凡四声竖读为钮，横读为韵，亦当行读下上四字配下四字即为双声。若解此法，即解反音。反音之法，乃有二种：一钮声反，一双声反。一切反音，唯有此法也。”

以上所列，无非双声叠韵之类。所谓“六字总归一入”是说不论四声与韵部，而只是把声钮归于一个。“当行读上四字”云云，也是归纳声钮的结果。这里其实已经具备了纵横交贯的等韵图的雏形。

唐僧神珙《四声五音九弄反钮图》列有：正钮、旁钮、叠韵、罗文、绮错、傍韵、正韵、双声、反音；又列正反、到反、正叠韵、傍叠韵……如此繁多的名目，只是说了双声叠韵的道理，别无深意。

由此可见，六朝以来，双声叠韵之说颇为盛行。双声叠韵的风行，基于人们双声母韵类的分析，这种分析，进一步图表化，便成为等韵。

双声叠韵出自六朝文士，而六朝文士与佛教女化关系又极为密切。因此，我们可以设想，双声叠韵的风行，声母韵类之分析，与佛教文化的关系是十分密切的。

声母韵类的分析，再加上四声的判别，这是反切等韵产生的根本条件。空海《文镜秘府论》引《四声论》：“宋末以来，始有四声之目，沈氏乃著其谱，论云起自周颙。”四声既起自周颙，而“好为体语”亦未始不起自周颙。所以，周颙与等韵当有重大关系。

（二）三十六字母的来源

反切与四声结合，产生了韵书；字母与韵书结合，产生了等韵图。

归纳声钮，在唐代就应当已经开始了，最早的作品，是《玉篇》后所附的《切字要法》。《玉篇》的时代，有人说是六朝，尽管不会这样早，但至晚也在中唐时期，即在唐末守温三十六字母之前。

《玉篇》所附《切字要法》原文为：

一因烟（如入声十六屑韵“噎”字，一结切——一噎，余皆仿此）　二人然　三新鲜　四饧涎　五迎妍　六零连　七清千　八宾边　九经坚　十神禅

秦前（如下平四宵韵樵字慈消切慈——樵）　宁年　寅延　真毡　娉偏　亭田　陈缠　平便　擎虔　轻牵　称燀　丁颠　兴掀　汀天　精笺　民眠　声羶　刑贤　〈四字无文〉——（如上平一东韵风字，方中切方——风）　——（如上平八微韵微字，无非切无——微）

“四字无文”显然是唐宋人所加。这“无文”的四字，恰是“非”“微”两母，如果这两个声母原来就有，就不应当说什么“四字无文”，而应当如《韵镜·序例》的《三十六字母·归纳助钮字》那样，补出“分蕃”和“文播”两组。这样看来，《切字要法》所归纳的声母实际只有二十八类：

1. 见（经坚）；2. 溪（轻牵）；3. 群（擎虔）；4. 疑（迎妍）；5. 照（真毡）；6. 穿（称燀）；7. 日（人然）；8. 澄（陈缠）；9. 端（丁颠）；10. 透（汀天）；11. 定（亭田）；12. 泥（宁年）；13. 邦（宾边）；14. 旁（娉偏）；15. 并（平便）；16. 明（民眠）；17. 精（精笺）；18. 清（清千）；19. 从（秦前）；20. 喻（寅延）；21. 禅（神禅）；22. 邪（饧涎）；23. 匣（刑贤）；24. 来（零连）；25. 审（声羶）；26. 心（新鲜）；27. 晓（兴掀）；28. 影（因烟）。

比之于三十六字母，缺少“知、彻、娘、床、奉、敷、非、微”八个声母。由此可见，缺非敷奉微，即没有轻唇音；知、彻、床、娘四母缺如（吴稚晖在《国音沿革·序》中论到“床”母问题，认为“床”母即“澄”母）。“床”母即“澄”母，这在语音发展史上是很有可能的。假如此

说成立，则《切字要法》所缺的另外四个声母正是舌上音。舌上音在上古是跟舌头音合并的。

“四字无文”表明，《切字要法》可能是从藏文三十字母演化出二十八类和缺字的两类。藏文三十字母，是受梵文影响制订出来的。因此，可以认为《切字要法》的二十八类和缺字两类，是间接来源于梵文字母的。

藏文三十字母的“斡”（wa）“喇”（ra）二母，是汉语所没有的，在唐人仿照藏文字母制订字母时，特别指明“四字无文”，似曰：“汉语中没有这两个声母。”这是符合实际的，因为唐时轻唇音还没有从重唇音中分化出来，自然不会有“非”和“微”两个声母。至于“四字无文”下面所举的例字，则是后人所加。

既然唐人已经明白归纳双声种类，再加上字母名称，便成了守温三十字母。

“字母”一词，取于佛书，智广《悉昙字记》在“体文”下注明：“亦名字母。”可见字母与体文混称，在唐末以前已经开始了

《切字要法》中的二十八类，还没有称为字母，在它之后，出现了《守温三十字母》，和说明三十字母的《归三十字母例》。

守温三十字母：

唇音	不	芳	并	明	
舌音	端	透	定	泥	是舌头音
	知	彻	澄	日	是舌上音
牙音	见	溪	群	来	疑是也
齿音	精	清	从	是齿头音	
	审	穿	禅	照是正齿音	
喉音	心	邪	晓	是喉中音清	
	匣	喻	影	是喉中音浊	

《归三十字母例》：

端	丁当颠战	**照**	周章征专	**匣**	形胡桓贤
透	汀汤天添	**精**	煎将尖津	**影**	缨乌剜烟
定	亭唐田甜	**清**	千枪佥亲	**知**	张衷贞珍
泥	宁囊年拈	**从**	前墙晳秦	**彻**	伥忡柽缜
审	升伤申深	**喻**	延羊盐寅	**澄**	长虫呈陈
穿	称昌嗔觇	**见**	今京犍居	**来**	良隆冷邻
禅	乘常神谌	**溪**	欲卿褰祛	**不**	边逋宾夫
日	仍穰感任	**群**	琴擎寋渠	**芳**	偏铺缤敷
心	修相星宣	**疑**	吟迎言敏	**并**	便蒲频符
邪	囚祥饧旋	**晓**	馨呼欢祆	**明**	棉模民无

把《守温三十字母》和《切字要法》的二十八类相比，多了知、彻二母。实际上是守温依据二十八类，再参照梵文，补以知、彻二母。因为在梵文中，刚好是知、彻与澄同组，而澄母在《切字要法》中错代了床母。

《守温三十字母》直接受到《切字要法》的影响，而《切字要法》是受藏文三十字母影响而成的，所以，《守温三十字母》主要受藏文字母的影响，同时又参照了梵文的体文。

从《守温三十字母》的排列顺序上，也可以看出藏文字母的影响。从罗常培《守温字母源流表》中可以看出。《韵学残卷》的三十字母以知、彻、澄、日为一组，以心、邪、晓为一组，以来母属牙音，以影母归"喉中音浊"，置于最后，这跟三十六字母很不相同，但与藏文的三十字母排列次序却完全相同。至于唐人《归三十字母例》，其排次已经接近宋人 36 字母。可见《归三十字母例》是后于守温字母的。

还有一点也很值得注意，《韵学残卷》三十字母少帮、滂、奉、微、娘、床六母，这跟藏文之无此类相同，都反映轻重唇混并的事实。但是，唐末轻唇音肯定已经分化出来了。《守温韵学残卷》第三截第二段《声韵不和切字不得例》中，有“类隔切”一项，该项举例中有轻重唇互切者。因为当时轻重唇已经不同，这才可能称为类隔。另外，唐人《归三十字母例》于“不芳并明”四母之末，列出“夫敷符无”四个例字，这四个例字恰为轻唇音，也说明当时已有轻唇音。

三十字母中，正齿音二三等是合并的，但并非没有区别。《守温韵学残卷》第二截《两字同一韵凭切定端的例》列举十二字为：

诸	章鱼反（章）	辰	常邻反（船）	朱	章俱反（章）
菹	侧鱼反（庄）	神	食邻反（崇）	㑳	庄俱反（庄）
承	署陵反（船）	赏	书两反（书）	禅	市连反（禅）
绳	食陵反（崇）	爽	疏两反（生）	潺	士连反（俟）

照组的二等与三等秩然不紊，与《切韵》吻合。

（三）字母的排列方法

郑樵在《七音略·序》中说：“汉儒识文字而不识子母，则失制字之旨；江左之儒识四声而不失七音，则失立韵之源。独体为文，合体为字，汉儒知以说文解字，而不知文有子母，生字为母，从母为子，子母不分，所以失制字之旨。四声为经，七音为纬，江左之儒知纵有平上去入为四声，而不知衡有宫商角徵羽半徵半商为七音。纵成经，衡成纬，经纬不交，所以失立韵之源。”

由郑氏之论可以看出，六朝时尚未形成对五音七音的确切用

法，但江左之士已知双声叠韵，反切之学已兴。

五音七音之说，是沿用中国旧名，借以说明等韵字母的新内容。三十六字母是中西合璧之物，五音七音亦然。

五音七音本为中国乐律上的名目。古琴有五弦，即有五音，相传文王武王增二弦，于是有七音，即宫商角徵羽半徵半商是也。

字音的分析，总是由粗趋精，分类亦然。五音所指是：

1. 起动指声调上的区分。魏·李登《声类》以五声名字，沈约《答陆厥问声韵书》："宫商之声有五，文字之别累万，以累万之字配五声之约……"《魏书·江式传》《南史·陆厥传》所引，都是指声调上的区分。

2. 指元音音色上的差别，隋唐间多此类。如神珙《四声五音九弄反钮图》有："宫　舌居中；商　开口张；角　舌缩却；徵　舌拄齿；羽　撮口聚。"《守温韵学残卷》第二截《辨宫商徵羽角例》，也有同样五句。

3. 宋元以来等韵学家以五音说声钮，亦即将中国旧名用来比附声母发音的大类，所以才有五音、五行、五方、五色、五脏等等名目。

用旧有的五音名目，分析语音差别，是受了外来影响。

梵文有《十四音》之说，所谓十四音，起初只是包括体文与声势的大类分析，至玄应《一切经音义》所录《涅槃经·文字品》，始分"字音"十四、"比声"25 字、"超气"8 字，把体文与声势分了开来。"比声"又分为五组：舌根声、舌齿声、上颚声、舌头声、唇吻声，恰为五类。与中国旧有之五音之数恰相符合，于是五音转为专指声母。

不过，三十字母并非照抄梵藏字母，而五音也不是"比声"五大类的翻版。因为，第一，三十字母中多出影母；三十字母之精清从禅邪匣诸母为梵文所无，所以字之归类不能全依"比声"五类；第

二,玄应"超声"8 类中有审心晓喻来五类。这就需要重新排列。其改列之法如下:

1. 列出喉声安置影母,附以喻晓匣母。

2. 将舌头与上颚〔七〕改称舍头与舌上,并称舌音。

3. 精清从诸母称齿头,又将玄应舌齿声改称正齿音,附以审禅,并称齿音。

4. 把玄应之舌根声改称牙音。

5. 唇吻声改称唇音。

于是大功告成,齿舌齿牙唇适与宫商角徵羽相配。又有一般学者,以五方、五行、五脏配之,由此导致了术语的混乱,术语的混乱更进而导致音理的混乱。

第一,喉牙音的混乱,这两类都在舌根部位,而一以宫,一以配角。混之者如《五音声论》此两音互有出入,《广韵》及原本《玉篇》的《辨字五音法》也互有出入。晁公武《郡斋读书志》以见溪诸母为喉音,以影喻诸母为牙音。适与实际相反。

守温《韵学残卷》先以见母为牙音,匣喻影为喉中音浊,但在《定四等重轻兼辨声韵不和无字可切门》中又说"高"为喉中音浊。

守温字母把舌音分为舌头舌上,把齿音分为齿头正齿,此为"九音"之始。宋人又把来母称为半舌,把日母称为半齿,于是有了半徵、半商之名。

在 36 字母产生之后,有九音之说:喉音、牙音、齿头、正齿、轻唇、重唇、舌头、舌上、舌齿。至于七音,则为:喉音、牙音、舌音、齿音、唇音、半舌、半齿。

由此我们知道,声母的排列,实际上是受了梵藏字母的影响,照发音部位分组,然后配以中国旧有的名称,其间经过了许多学者的辛勤劳动。

发音方法上的分析,出于宋朝沈括的《梦溪笔谈》的"声等",所

指则为全清、次清、全浊、次浊。

（四）等呼的由来

中国古代分析声韵，往往以相对的等差来说解绝对的音值，术语的混乱，概念的纠葛，往往由此而来。

等差的划分，有如下几种类型：其一，二分：清浊、轻重、开合、洪细……其二，四分：四声、四等、四呼……其三，五分：五行、五音、五脏……这些相对的区分，只表示程度的差别，不说明音值的绝对不同。

轻重与清浊　轻重清浊最初是表示整个字音上的相对差别的，后来，声与韵分开了，于是，轻重清浊也随之表示声与韵的相对区别了。

字母的分别，一方面可以从发音部位分析，得到的是五音、七音、九音；另一方面又可以从发音方法上分析，在分析发音方法时，借用了原来的轻重与清浊的名目。轻重其实是比较而言，既然是相对的，则必然可以分得更细，所以有轻中重、重中轻的名目出现。

空海《文镜秘府论·调声》云："律调其言，言无相妨，以字轻重清浊间之须稳，至如有'轻''重'者，有'轻中重''重中轻'，当韵之即见。且'庄'字（侧羊反）全轻，'霜'字（色庄反）轻中重，'疮'字（初良反）重中轻，'床'字（士庄反）全重。"

由所举四例分析：

庄	侧羊反	照母	全　轻
霜	色庄反	审母	轻中重
疮	初良反	穿母	重中轻
床	士庄反	床母	全　重

可见，清音为全轻，浊音为全重，送气音为重，不送气音为轻，对于擦音的认识还很模糊。

这种相对的分别，不是只用一种标准，而是综合了带音与否、受阻状态等等情形归纳而成。由于标准既不严格又不一致，所以分别各不相同，混乱益滋。

其实，这等级尽可以再分下去，但由于四声的影响，所以便只有四分。等到三十六字母成立，五音与七音确定，遂有全清、次清、全浊、次浊之分，这实在是发音方法分析的大进步。这种四分的局面，沈括《梦溪笔谈》中称为声等，所谓“纵调之为四等，帮滂傍茫是也”。

轻重与清浊，向来并举混用，实则无十分明显的区别。大约在隋唐时开始把轻重与清浊用于等呼，所以有把轻清重浊对举者。由于对这四字理解不甚精确，所以发生过许多混乱，甚且与发音部位相混，如《广韵》之《辨字五音法》即属此例。《广韵·辨四声轻清重浊法》不可理解，正是由于把绝对差别看成了相对的区别，而且又未能用一个固定的标准。在区分的时候，本身就不明确。

《玉篇·辨轻清重浊总例》所举例字，较《广韵》为清楚。大致说来，相当于全清、次清、全浊、次浊的分别，这是比《广韵》进步处。

中国古来定名的发展，往往加入外来的影响，轻清重浊之分，也是如此。《广韵·辨十四声例法》与梵文概括声势与体文的《十四音》很相合，后者是前者的底本。《广韵》称“能所俱重”者，都是《十四音》的“摩多”即韵母，《广韵》称为“能所俱轻”者，都是《十四音》的“体文”即声母（参看吴稚晖《国音沿革·序》）。

《广韵》之《辨十四声例法》中还有唇牙舌齿喉的分别，也看得出是与五音七音的关系。

所谓“呼等亦隋唐旧法”，应当看作陆、孙定等呼之时一定参照了佛经的音理分析。

等呼　所谓“呼等亦隋唐旧法”，是指在《切韵》中已经有了从主要元音、中介元音上分析韵部与反切的事实。这种分析，反映了汉语当时的实际情形。但是，呼等的详细分析，还在等韵形成以后，而等韵是受梵藏文影响而成的。

不仅呼等之分隋唐已有，呼等的名称也是起于唐代。因为在《守温韵学残卷》中已经有了《辨四等重轻例》，举例与等韵图中的四等相合。如豪、肴、宵、萧，可见，四等之分在守温之前即应形成，否则守温又根据什么定出这样的名目。

四等之分，其实并不科学，只是就听感上对元音作大类区分，若照元音性质细分，尽可以更多一些，但由于韵图作者受了四声的范围，囿于四格之分，于是形成了四声统四等的体例。由于这种死体例的形成，一方面可能掩盖若干语音事实，另一方面又给韵图作者带来很大不便，安排韵字颇费周折，如等韵图中的三四等合韵即为显例。

不但韵分四等，连声母的排列也基本上以四格为单位，帮滂并明、端透定泥之类，都是四字一组，沈括《梦溪笔谈》中之称为“声等”即基于此理。

尽管等韵图有着很多缺点，但在语音分析上无疑是一大进步，其功良不可没。

（本节参阅：1. 张世禄《中国音韵学史》41 页—91 页。
2. 赵荫棠《等韵源流》18 页—21 页。
3. 罗常培《释重轻》载《罗常培语言学论文集》。）

（五）等韵图的形成

等韵图的形成，有两种见解：其一，起于唐代，以罗常培氏为代表；其二，起于宋代，以赵荫棠氏为代表。

我们认为，赵氏否认等韵图起于唐代的理由不充分。第一，《韵镜》的前身应当是在唐代形成的；第二，即使《韵镜》前身不是起于唐代，根据别的材料，也可以证明等韵图起于唐代。赵氏说《切韵》与神珙《五音九弄反钮图》同类，此话不确，因为《反钮图》只讲双声叠韵，不讲开合等呼。

从等韵与《切韵》的关系上看，早期等韵所据的底本，都以《切韵》为名。如杨倓《韵谱》所据为《切韵心鉴》，杨中修有《切韵类例》，《通志·艺文略》中录有《切韵内外转钤》。由此可见，等韵图在早期显然与《切韵》一系韵书有很深的关系。日本大矢透根据藤原佐世《日本见在书目》所录《切韵图》及释安然《悉昙藏》所录《韵铨》推导出：《韵镜》的原型早于隋代。尽管大矢透的说法有些勉强，但由此可以看出，《切韵》一系韵书是与等韵图密切相关的。等韵图既是为了说明韵书反切的，那么，其产生决不会是很后的。

罗常培在《〈通志·七音略〉研究》一文中提出四点，说明《韵镜》《七音略》的前身定然起于唐代。

1. 避讳问题　“张麟之《韵镜序作》题下注云：‘旧以翼祖讳敬，故为《韵鉴》，今迁祧庙，复从本名。’按翼祖为宋太祖追封其祖之尊号，如《韵镜》作于宋人，则宜自始避讳，何须复从本名？倘有本名，必当出于前代。”

2. 转次问题　《七音略》转次与《韵镜》不同。前者升“覃、咸、盐、添、谈、衔、严、凡”八韵于阳唐之前，后者降此八韵于侵韵之后。今存《切韵》系韵书的韵部次序，有两个系统，《切韵》旧序，覃、谈在阳、唐之前；《广韵》是经后人改动过的次序，覃、谈在侵韵之后。《七音略》次序与旧系相同，《韵镜》虽与《广韵》稍同，但蒸、登列于最后，也保留了《切韵》旧貌。可见《七音略》《韵镜》原型一定是在唐代。

（赵荫棠说，宋代等韵锋出，所据未必一家，因此韵次可能不

同。其说不确。因为《韵镜》与《七音略》之收字与排列极相似，可以断定是同源的。而《韵镜・序》说："实以《广韵》《玉篇》之字。"可见改订时是参照了《广韵》的，而《七音略》未改其旧序次，这才形成了两者的差别。）

3. 呼等之名起于唐代，呼等之法亦起于唐代　守温《韵学残卷》之《辨四等重轻例》所举：

平声	观（古桓切）	关（删）	勬（宣）	涓（先）
上声	满（莫伴切）	睿（潸）	免（选）	缅（狝）
去声	半（布判切）	扮（裥）	变（线）	遍（线）
入声	特（徒德切）	宅（陌）	直（职）	狄（锡）

其四等之分，与《韵镜》《七音略》悉合。北宋邵雍《皇极经世・声音图》分字音为"开一等、发二等、收三等、闭四等"，这种分法与《七音略》相合，证明宋初呼等之分已经明确，所据必为唐代。

4.《七音略》有"重中重""重中轻""轻中轻""轻中重"等名目。

日本悉空海《文镜秘府论》调声亦有"全轻""全重""重中轻""轻中重"等名目，虽然所指为声母之清浊与送气与否，但其名称相同。可见《七音略》所沿用的是唐代旧名。

（赵荫棠氏为了否认等韵图起于唐代，硬说《韵学残卷》无图，所以不能算等韵。此属过甚之论。）

（此节参阅：罗常培《通志・七音略研究》。

赵荫棠《等韵源流》57 页—60 页。）

（六）门法的产生

等韵图的构造，有其不可克服的弱点。其形式不能完全与韵

书的内容相合，结果就有许多矛盾产生。解决这些矛盾的办法，就是定出许多变通的措施。这变通的措施就叫“门法”。

门法的产生，唐代已经开始。《韵学残卷》载有《定四等重轻兼辨声韵不合无字可切门》，举“高”“交”两字为例：“高　此是喉中音浊，于四等中为第一等字，与旧审穿禅照等字不和。若将审穿禅照中字为切，将‘高’字为韵，定无字可切：但是喉音第一字总如‘高’字例也。交　此字是四等中第二字，与旧精清从心邪中字不和。若将精清从心邪中字为切，将‘交’字为韵，定无字可切也。但是四等第二字，总如‘交’字例也。‘审高反’，‘精交反’，是例韵字也。”这实际上是告诉人们，正齿音没有一等字，齿头音没有二等字。

守温当时只定出了“类隔”一门，其实，门法不只这些。语言越是发展，等韵图就越是不能适用，门法也便越加纷繁，到后来终于不得不对反切进行改良。《四声等子》有门法十一，最多的有二十门之多。

（本节参考书：《切韵考·外篇》、《中国音韵学史》71 页—77 页、《等韵源流》124 页—129 页。）

三、《韵镜》与《七音略》

（一）等韵的派别

等韵派别的划分，有两种标准，其一，按时代先后，另一，按地域差别。

我向来认为，等韵应该按时代先后分为三期：初期、中期、晚期。

初期等韵：《韵镜》《七音略》。

中期等韵：《四声等子》《韵谱》《切韵指掌图》和《切韵指南》。

晚期等韵：《切音指南》、《中原音韵》、明清等韵（如：《音韵阐微》《韵略易通》《字母切韵要法》）。

赵荫棠氏主张分为南派、北派和南北混合派三派，他是从地域着眼的。

赵氏所以从地域上看等韵，因为他觉得《韵镜》《七音略》合于南方音。为了证成己说，他把《韵镜》《七音略》成书年代拉后，把《切韵指掌图》的成书年代提前，于是，各书形成了平行局面。

在考察汉语语音史的时候，必须有历史的观点，不能用后代的语音事实去范围古音。其实，说《韵镜》是南方音，正如说《切韵》是吴音一样，是不对的。唐代李涪早就指斥《切韵》“吴音乖舛”了，而《切韵》实际上并非吴音。今天的方音，不能简单地用为古代方音

的证据。况且,《韵镜》《七音略》与其他等韵书的成书年代显然是不同的。对于这种不同,从年代上分析更能说明问题。否则,何以南派等韵只有《韵镜》和《七音略》呢?

近代语音逐渐北化,这是一种自然趋势。这种趋势,必然通过等韵书反映出来,即使南人作等韵,也绝不能逃出这个范围。所以,从时代上分析等韵派别更为合理。

(二)《韵镜》与《七音略》的共同点

《韵镜》与《七音略》都是以《切韵》音系为基础的,都刊于宋代,二书同出一源,其共同点为:

1. 都分四十三转,括 206 韵;

2. 每转都以 36 字母分列 23 行(因为五音与七音限制了分行);

3. 都以四声统四等;

4. 入声都配阳声韵(《七音略》第二十五转以药铎配萧宵肴豪是例外,这可能是经后人改动的结果);

5. 二书大致合于《切韵》系韵书分韵之理,偶有不合者,则固其体例限制所致。

(三)《韵镜》《七音略》四十三转区分的标准

《韵镜》张麟之序曰:"其制以韵书一东以下列为定位,实以《广韵》《玉篇》之字,配以五音清浊之属。"《七音略》郑樵序:"天地万物之音备于此矣。"他们说出了两点事实:第一,韵图的构造与原理,可以包括一切字音;第二,《韵镜》《七音略》是与《切韵》一系韵书并行的,可以包括《切韵》的一切韵字。

《广韵》206部，四声合并，尚余61部，但《韵镜》《七音略》都只列了四十三转，这是因为，主要元音相近、韵尾相同的韵，可以合为一图，于是便少于61部了。这正是韵摄的最初形态。

《韵镜》《七音略》分转列图的标准是：

1. 主要元音相近、韵尾相同者，合为一图，亦即异韵同图。

例如：模（一等）虞（三等）同图、登（一等）蒸（三等）同图、唐（一等）阳（三等）同图、候（一等）尤（三等）同图、冬（一等）钟（三等）同图。上述各组都是一、三等同图，其主要元音相同，只是三等有[i]介音。

又如：灰（一等）皆（二等）同图、寒（一等）删（二等）同图、元（三等）仙（四等）同图、豪肴宵萧各韵分别为一二三四等，同图。以上同图者，都是主要元音相近。

此外，也有独韵图，如：第三转江

2. 同等而主要元音不相同者不同图。

在《韵镜》与《七音略》中，等第同而韵部异者不能同图。如：冬与东，同属一等，分为两图；支脂之三韵同属三等，分作五图（支脂各析为二）；鱼虞同为三等，欣文、真谆同属三等、删山二等、庚耕二等、谈覃一等、咸衔二等，上述各韵，两两同等，但分列为不同的图，就是因为主要元音不同。

3. 开合不同图。

开口与合口分别列图，如：阳唐（31开、32合）；删山列归四图（21山开、22山合，23删开、24删合）；支脂依开合各分为二，计列四图；佳皆亦各分为二，计为四图；麻韵分列二图；蒸登合图，但蒸韵合口另列为四十三转。

4. 平上去入四声合图，但祭泰夬废没有平上入声，所以借别的平上入之位而居。

祭韵排于十三转和十四转。因为这两转中灰韵一等、皆韵二

等、齐韵四等，三等恰好无字，所以祭韵就借这两转的去声三等空位而居（关于十五和十六转的祭韵字，后面另加说明）。

泰韵寄居十五、十六转之去声一等，因为佳为二等字，一等空位，可供泰韵寄居。

夬韵，从主要元音看，夬韵应该属于蟹摄二等，它既然没有平上入三声，当然不好单独列图，而蟹摄各韵的二等都有字，这便造成了夬韵借居的大困难。好在蟹摄属阴声韵，没有相配的入声，所以入声的位子是空着的，夬韵字便乘虚而入，虽然位居入声，其实还是去声字。

废韵，也是蟹摄，但蟹摄三等去声位置已经排满了字，废韵借居只能另寻门径：《韵镜》把废韵的“计、刈”二字寄于第九转微韵入声三等空位，把废韵“废、吠、䘯、𧝎、喙、䄅、喙”等字寄于第十转入声三等空位。《七音略》则把上列各字移入第十六转之入声位置，唯留“刈”字于第九转入声一等之空位。从《韵镜》《七音略》对废韵字的不同处理方法，我们可以推断：第一，废韵与微韵很相近，亦即蟹摄和止摄很相近；第二，两书有同一个来源，只是《七音略》经过了一番改动，而这改动还留下了原来的痕迹；第三，《七音略》移动废韵寄居位置是科学的。

在安排祭泰夬废四韵时，制韵图者很费了一番心血。有人推测，杨中修的《切韵类例》可能就是用第四十四图来安排这四韵的。

5. 齿头音三等不能与正齿音三等同位。

由于齿头音与正齿音同在一组，而这一组内实际上有三类声母，正齿音占据了二等与三等的位置，不出现在一、四等韵，齿头音排在一等没有问题，排在四等也应当没有问题。但是，实际上齿头音有三等字，而三等位置是用来安排正齿音的，齿头音只剩下四等可以安排，倘若同转四等无字，齿头音三等排于四等没有问题，象东、钟、支、脂、之、鱼、虞、真、谆、麻、阳、尤、侵、蒸诸韵，都是这样安

排的。但是，当同转四等有字的时候，齿头音三等字便发生了安置困难，韵图作者只好借相近的另一转四等空位来安排，例如：祭、仙、清、盐四韵就是这么办的。如果相近的转次没有空位，则只能另立一个新转，如宵韵。

与齿头正齿情形相似，喉牙唇音三等字也分为两类，一类排在三等，另一类只能借四等空位，如果同转四等没有空位，则只好就近借四等位安排，这反映了韵母的不同。相近无空，可以另立新转，如二十六转宵韵即是。

（四）《韵镜》《七音略》四等之排列

36 字母与《广韵》反切上字不完全相同，其间差别为：

第一，《广韵》反切上字轻唇与重唇不分，而 36 字母唇音分为两类。在韵图中，轻唇排在三等，重唇排在一二四等。但韵图中三等也有重唇音，所以，其分布范围比轻唇音广。再者，《广韵》三等韵有两类者，在韵图中，一类排在四等，所以，韵图中的三等字比《广韵》中少。

第二，《广韵》中泥、娘不分，而 36 字母分为二。

第三，正齿音的照穿床审禅，在《广韵》中切上字分为两类：庄初崇生俟和章昌船书禅。这两类并非韵母洪细之分，而是声母有别。

第四，《广韵》切上字中，喻母分为两类，其一是于类，其二为以类，又称羊类。在韵图中，于类出现在三等，以类出现在四等。

上述四点不合，第一和第二两项没有多大问题，第三第四两项，则给韵图作者排字带来了困难。韵图作者想出的解决办法是：第一，庄类字只允许出现在二等位置，即使是三等韵的庄类声母字，也只能升到二等去，这种三等升二等的字，叫作假二等；第二，

章类声母字只允许排在三等；第三，于类字只能排在三等；第四，以类声母字只允许排在四等。但是，实际上于类和以类只有三等韵，以类排于四等，只是为了表示声母的区别。所以，凡是在四等中出现的喻母字，声母都是以类，其韵母是三等韵。

此外，《韵等》和《七音略》声母都分 23 行，23 行要排下 36 字母，这自然又产生了矛盾。因为地位的限制，不得不把轻重唇排到一起，舌头舌上也排到一起，齿头正齿也排到一起。轻唇和重唇、舌头和舌上，矛盾都不大，冲突最严重的是齿头正齿。因为这里一共有三组声母，声母不同，当然不能排在同一个格子内。等韵家的解决办法：

第一，庄初崇生俟（照二）只排在二等。如果韵是二等，自然没有问题；如果韵是三等，那么，照二系也只能排在二等，这时的二等是假二等，是三等字来借位置的。东、脂、之、支、鱼、虞、阳、尤、侵诸韵，恰巧都没有二等字，所以，庄系（照二）的字可以寄居二等。

第二，齿头音（精清从心邪）只允许出现在一等和四等，齿头音恰好没有二等字，所以，这规定与庄组（照二）没有冲突。

但是，齿头音却经常出现在三等韵中，假如仍然把它们排在三等，势必与章组（照三）字发生混淆，等韵家的处理办法是：

1. 凡同转四等无字者，便把齿头三等字排在四等，东、钟、支、脂、之、鱼、虞、麻、阳、蒸诸韵，四等都有空位，所以同转三等齿头音可以借居。

2. 若同转四等有字，则将齿头三等字排在相近诸转之四等空位中去。例如：祭韵本来是在十三、十四转的，但同转四等已经有霁韵字，所以只好排在十五、十六转中去，祭、蕝、岁各字，即属此例。仙韵本来在 23 转，其四等已有先韵字，所以只能就近排到二十二、二十一两转中去，21 转的煎、迁、钱、仙、涎，22 转的镌、诠、全、宣、旋诸字，都属此类情形。清韵也有同样情况。

3. 同转既有四等字，又无相近之韵可排，则不得不另立一图以安置三等韵的齿头音字，第 26 转宵韵之焦、鍬、樵、霄诸字，虽居四等，实际上是三等韵。

等韵图只列四等，元音也只能排在四大类中。但是，《广韵》韵母中的主要元音不止四类，三等韵中就有好几种情形，其中之一是三等韵的支、脂、祭、真、臻、谆、仙、宵、侵、盐各韵中的喉牙唇音字有两类，一类排在三等，另一类只能排在四等。这样做，支脂真谆侵诸韵没有问题，因为这几转里没有四等字，可以排在四等空格内。但同转四等有字者，如祭、仙、清诸韵，不得不排于相近诸转。

祭韵，本来排在十三、十四两转，但这两转四等已有霁韵字，所以，祭韵的喉牙唇音四等一类，不得不挤到十五、十六两转中去。

仙韵本来在二十三、二十四两转，但同转已有先韵占了四等位，仙韵四等一类的喉牙唇音便只好排到二十一、二十二两转的四等空格中去了。

假如同转四等有字，而相近转图中又无法安排，则不得不另立一转，以安排这不同的字，如宵韵第 26 转即是。

幽韵在第 37 转，只有四等字，而这些四等字都属于喉牙唇音一类，所以，幽韵实际上是三等韵，它与尤韵是三、四等合韵的类型，只是因为《广韵》另为它立了韵目，所以在韵图中便单列一转。其实，它的性质与仙韵之喉牙唇音字之排于四等者完全一样。我们可以断定幽韵为三等。

清韵性质　清韵本在 35 转，但同转四等已有青韵字，所以清韵排在四等的一类字便没有地方了，不得不挤到 33 和 34 两转（《七音略》转次不同，是从 38 转挤到 36 转和 37 转），精、清、情、骍、饧诸字，即属此类。不过，清韵值得注意的是：35 转只有正齿音字（征、声、成），33 转和 34 转只有四等一类，同转舌音无字，这就形成了互补的局面。我们由此知道，清韵本是三四等合韵一类

的韵,但只有四等一类(35 转中的正齿音字,属章组。所以排在三等,是因了声母的关系,其实韵母还是三四等合韵的四等性质)。

(五)《韵镜》《七音略》于 206 韵呼等之分析

《广韵》206 韵可以分为 320 类切下字,它们之间的分别远近关系,在《韵镜》《七音略》中有所反映。

1. 开合的反映

a. 独韵

东(开)、钟(合)、冬(合)、江(开)、鱼(开)、虞(合)、模(合)、萧宵肴豪(开)、侯尤幽(开)、谈覃衔咸严盐添侵(八韵全为开口)、凡(合)、之(开)。

b. 开合两韵相对者

魂痕、欣文、严凡、歌戈、寒桓、灰咍。

c. 有开合两类者

支、脂、微、齐、佳、皆、山、元、仙、先、麻、阳、唐、庚、耕、清、青、登。

2. 等列的反映　某韵属某等,在《韵镜》《七音略》中反映极清楚:

一等:东(1)、冬、模、灰、咳、泰、痕、魂、寒、桓、豪、歌、戈(1)、唐、登、侯、覃、谈,计十八部(举平以赅上去入)

二等:江、皆、佳、臻、夬、删、山、肴、麻(1)、庚(1)、耕、咸、衔,计十三韵。

三等:东(2)、钟、支、脂、之、微、鱼、虞、祭、废、真、谆、欣、文、仙、元、宵、歌、戈(2)、麻(2)、庚(2)、阳、清、蒸、尤、幽、侵、严、凡、盐,计二十九韵。

四等:齐、先、萧、青、添,计五韵。

不过,在看三等韵的时候,应当注意到三等韵的三种不同类型。

第一，纯三等韵：微、废、欣、文、严、凡、元，这七韵齿音无字，在韵图中只排在三等，而在韵书中亦无所谓“重钮”。

第二，普通三等：东、钟、之、虞、鱼、麻、阳、庚、蒸、尤、戈，这类韵由于齿音与喻母的关系，有时侵入二等与四等。

第三，三四等合韵：真、支、脂、谆、祭、仙、宵、侵、(清、幽)，这类韵的喉牙唇音字分作两类，一类排在三等，一类排在四等。在韵书中，这些韵有所谓“重钮”。

几个特殊现象

(1) 臻韵实际上是三等韵

臻韵在韵图中排在二等，但有几个特殊点：

第一，臻韵没有相应的上声和去声，只有入声与之相配。第二，臻韵只有正齿音二等有字。第三，同转的真韵平声二等无字，上声轸、去声震只正齿音二等位置有字(《韵镜》喉音“螓”字为误出字)，质韵二等正齿亦无字。第四，真臻同转。

由以上四点可以断定，臻韵和栉韵实际上是真韵和质韵的正齿音二等，只不过是另标一目而已。其元音本色是三等而非二等，在拟音时，臻韵只能作三等。

(2) 清韵是三四等合韵而只具四等一类

清韵排在33、34和35转，34转只有喉牙唇音有字，33转只唇音和齿头四等有字，35转只正齿音三等有字，这样就形成了三图互补的局面。在《切韵》系韵书中，清韵没有喉牙音的“重钮”现象。我们由此可以知道，清韵实际上是三四等合韵，但只有四等一类，排在三等的字，是由于章组声母的影响(韵图规定，章组声母只能出现在三等)。

(3) 幽韵虽在四等实为三等

根据：第一，幽韵与尤韵同转，但尤韵没有四等字，幽韵没有舌音字，只有喉牙唇音及齿音字，排在四等；第二，群母幽韵有字，但群

母是只允许出现在三等韵中的浊音声母。可见,幽韵虽然出现在四等,实际上是三等韵,它与只出现在三等的尤韵形成互补的局面,是三四等合韵,因为《广韵》单列了韵目,韵图上不能不反映出来。

3. 各韵的相近关系

《韵镜》《七音略》的列图,反映着206韵的相近关系。因为同图者主要元音必然是相近或相同的。如:

第一,冬与钟近,钟与东远。冬钟两韵同图,其主要元音一定相近。

第二,虞模相近、跟鱼相远。虞模两韵同图,其主要元音相近,鱼韵单独列图,跟虞模不同。

第三,灰咍与皆近,与佳远,灰咍与皆同图,佳韵单列。

第四,寒桓与删近,与山远。寒删、桓删按开合口分别同图,山韵不与相涉。

第五,覃与咸近,谈与衔近。

由上列三方面看,《韵镜》《七音略》对我们认识《切韵》音系确有很大帮助,对于我们构拟《切韵》音系的音值,是极有力的佐证。

(六)《韵镜》《七音略》的异同

(参看罗常培《通志·七音略研究》)

1. 转次不同。《七音略》谈覃凡在阳唐之前,而《韵镜》则置之于尤侯幽之后。这反映两书所据隋唐韵书系统是不一样的,罗先生说,前者所据为陆法言原次,后者所据谓李舟之切韵系统。

2. 开合不同。

《韵镜》称开、合,《七音略》称重、轻,名称不同,实际都是指开口合口。开合所标,《韵镜》不及《七音略》正确。第26、27两转(宵、歌),第38转侵,第40转谈,都应当是合口,《韵镜》标为开是

错的。《韵镜》又有标为“开合”的，也不准确。

3. 内外不同。

《韵镜》《七音略》都标有内转、外转的名目，但两书所标微异，各有正误。第 13 转咳、皆、齐、祭、夬，《韵镜》标为外，《七音略》标为内。按：当为外转，《七音略》误。《韵镜》之第 34 转（《七音略》之 37 转）标为外转，《七音略》标为内转。按：当为外转，《七音略》误，而《韵镜》不误。又第 29 转麻韵，《韵镜》定为内转而《七音略》定为外转。按：当为外转，《韵镜》误。

4. 等列不同。《七音略》和《韵镜》所定之等列，亦互有正误。《七音略》误者二十五条，《韵镜》误十四条。

5. 声类标目不同。

6. 废韵所寄位置不同。

《韵镜》将废韵寄于第 9、第 10 两转之入声三等位置，而《七音略》则改寄于第 16 转，但在第 9 转仍留下废韵标目，且在入声一等位置留下一个刈字，第 10、第 15 两转也保留了废韵标目。按，《七音略》的改列是正确的，但第 9 转所留下的痕迹，表明《七音略》是改造原本等韵而成的。

7. 药铎之配列不同。

《韵镜》之入声，一律配阳声韵，药铎配第 31 转阳唐韵。《七音略》入声基本全配阳声韵，但药铎两韵兼配第 25 转豪肴宵萧（阴声韵）和第 35 转阳唐（阳声韵）。这似乎标志着入声兼配阴阳已经开始了（也可能是后人妄动）。

由上述七点，我们得到下面几点启发：

第一，《韵镜》《七音略》时代，等韵图一定和韵书一样，有许多家，而诸家韵图大同小异。

第二，《韵镜》《七音略》的音系，与《切韵》一系韵书音系是相应的。

第三，《四声等子》与此书不同系，属于并韵派。

四、《四声等子》与《切韵指掌图》

（一）《四声等子》的时代

元·熊泽民在所作《经史正音切韵指南·序》中说："古有《四声等子》，为流传之正宗。"这是古书记载中第一次说到《四声等子》。但是，"古有"之"古"到底是什么时代？

时间的上限，不会早于宋。至道三年（997），因为《四声等子·序》中说："近以《龙龛手鉴》重校，类编于《大藏经》函帙之末，复虑方音之不一，唇齿之不分，既类隔假借之不明，则归母协声何以取准？遂以此附《龙龛手鉴》之后，令举眸识体，无拟议之惑。下□知音，本确实之决。冀诸览者审而察焉。"既然《四声等子》是附于《龙龛手鉴》之后，则其流传至早不会在《手鉴》之前。按：《龙龛手鉴》为辽僧行均（字广济）所作，燕台悯忠寺沙门智光（法炬）为之序，时在统和十五年（丁酉）7月1日（宋至道三年，公元997年）。所以，《四声等子》的流传不会早于公元997年。

时间的下限，即《四声等子》最晚何时成书问题。

赵荫棠在《等韵源流》中说："我以为决不会迟到南宋。"他提出了四条理由，以支持其论断。但是，我以为这四条理由都不是直接证据，而只是推测的话。

第一，赵氏认为，智光《龙龛手鉴·序》云"又撰《五音图式》附

于后”之《五音图式》是可以独立成书的，其体例当与《四声等子》一样。这是推测之辞。因为可以独立成书的不一定都和《四声等子》一样(当然也可能一样)，何况，《五音图式》是否真能独立成书，也还难说。

第二，赵氏断定，《四声等子·序》中“《切韵》之作，始乎陆氏，关键之设，肇之智公”的“智公”不是智广而是智光。因为唐代不可能有那么多的门法。

但是，“关键之设”相当于“《切韵》之作”，都是创始性的，一个始创者，其地位与陆法言相当，这个“智公”决不会是一个区区的智光。

第三，赵氏说王宗道未必就是《万姓统谱》中之王宗道，试图证明此人在北宋。但这也是推想之辞，而且这一点与《四声等子》之是否出于北宋并无直接关系。

第四，宋人书籍中没有提到《四声等子》者，直到元代熊泽民才第一次提到，可见是后出之物。

我认为，《四声等子》的时代，可以根据其内部组织考得大概。大约在《切韵指掌图》之前而在《韵镜》《七音略》之后，即12世纪末期。14世纪初熊泽民说“古有《四声等子》”的“古”，就是这个时期。

至于《切韵指掌图》，则是根据《四声等子》改并而成的，伪托司马光作，是为了便于流行。

(二)《四声等子》与《韵镜》《七音略》的异同

《韵镜》《七音略》出于唐末，《四声等子》与之相同者是，声母都排成23行，但是，其间有如下区别：

1.《四声等子》牙音在前，《韵镜》《七音略》唇音在前

唇音在前是早期等韵的特点，牙音在前则是晚期等韵的共同

特点。

《四声等子》喉音的排列顺序是晓匣影喻，而《韵镜》《七音略》则是影晓匣喻。这种排列顺序的不同，很可能是反映了语音的发展。《四声等子》既然以晓匣影喻为序，则可能是因为喻母的半元音性质已经发生了变化，从[j]向零声母转化，跟影母很相近了。

喉牙音的区别，原来不太清楚，这时可能更加清楚了。所以牙音排到了前面。这表明喉音与牙音的不同特征已经被区别开了。

2. 排图方法不同

《四声等子》以四等统四声，而《韵镜》《七音略》则是以四声统四等。

3. 开合关系

《韵镜》《七音略》都是开合不同图的，《四声等子》大体沿用此例，开合分两图，遇有“重轻俱等韵”，更是必然分开。唯有通摄开合同图。

《四声等子》将效摄提到前面来，流摄也提到了前面。这跟《切韵指掌图》很相近，因为《切韵指掌图》是把独韵放到前面的。

《四声等子》以轻重说开合，很可能是受《七音略》的影响。

《四声等子》在宕摄下附江韵，注明“全童开口呼”，但是，在宕摄合口字中却出现了江韵的“双、淙、窗”等字。可见江韵似乎也有合口呼。这种现象的发生，可能因为江韵已经发生重大变化，接近于阳唐，实际上有开合两类。制韵图者不得不做这样的安排，但又因为受旧韵图的影响，便在前面抄上了“全重开口呼”的字样。

4. 入声分配

《韵镜》《七音略》入声配阳声，《四声等子》入声兼配阴阳。

入声有配一阴声一阳声者，如：沃韵既配冬韵又配模韵。

有一个入声韵配三个阴声和阳声的。如屋韵就兼配东韵（阳声）、鱼韵和尤侯韵（阴声）。阳声韵本来就有入声，所以不需说明，

而阴声韵本来是没有入声的，所以，在配入声时便特别注明："本无入声。"从这几个字我们可以推迹《四声等子》是从旧形式中脱胎的。

《四声等子》所标的韵目，还是旧韵目，但所填进去的字却有很大变化，甚至将不同收尾的入声字混归到一起。例如：止摄内二开口呼把质韵、麦韵、昔韵、职韵的字排在一起，标作质韵，配阴声脂韵；又：质韵"日"字又出现在与蒸韵相配的职韵中（曾摄启口呼）。质韵收尾为[t]，职、麦、昔韵收尾为[k]。《四声等子》竟将这些不同收尾的字归在一起，可见当时这些字的辅音韵尾已经失落，至少[k]与[t]已经分不出来了。

从《四声等子》入声分配的情形看，语音状况已经大不同于《切韵》时代了。

但是，收[p]尾的入声还是只配阳声，与《切韵》时代无异。这种情况，也许正反映出[p]韵尾还没失落。

5. 转次与图次不同

《四声等子》并转为摄，把《韵镜》《七音略》的四十三转合并为十六摄，二十图。但是，《四声等子》的摄次与图次是不相同的，根据下面所列的表，可以很清楚地看出转次与图次的矛盾。

内转转次：	一	五	三	六	二	四	八	七
内转摄名：	通	宕	遇	流	止	果	曾	深
内转图次：	1	2	3	4	5	6	7	8
外转转次：	五	（一）	二	三	四	（六）	（七）	八
外转摄名：	效	江	蟹	臻	山	假	梗	咸
外转图次：	1	（2）	3	4	5	（6）	（7）	8

按：江摄附于宕摄，注明"内外混等"；假摄附于果摄，也注明

“内外混等”；梗摄附于曾摄，同样注明“内外混等”。宕、果、曾三摄属内转，这是很明确的，“内外混等”所指的“外”，显然是江、假、梗三摄。为了标示区别，我们在这三摄的转次和图次上都加了括号。

我们把《四声等子》的内外转次与《韵镜》的内外转次相对照，发现二者排列次序是一致的，《韵镜》的转次与图次一致，但《四声等子》的转次与图次不一致，其转次依照《韵镜》图次作了更动。

第一，宕摄提前了。宕摄为内转第五，在《韵镜》中本来排在后面，《四声等子》把它提到前面，可能是因为江摄的影响。江摄附于宕摄，是由于两摄音相近，而江韵又排在前面，这便促成了图次的前移，但转次没有更改，造成了转次与图次的矛盾。

第二，流摄提前。流摄为内转第六，也应当排在后面，但因为流是独韵，所以提前。图次提前，转次未改。

第三，效摄提前。原因也是因为效是独韵。

从转次与图次的矛盾中，可以看出，《四声等子》既有《韵镜》的特点，又有《切韵指掌图》的特点（独韵提前，江宕同图），这证明《四声等子》是《韵镜》和《切韵指掌图》间的过渡作品。

咸摄注明“重轻俱等韵”，若照开合分图的惯例，咸摄应当分作两图，但《四声等子》只有一图。那么，合口的凡韵应当读什么？此时是否已经变成开口呼了？这是个值得研究的问题。

6. 并转为摄

《韵镜》《七音略》都分四十三转，即四十三图，《四声等子》将四十三转并为十六摄二十四图。如：东冬钟本分为二，合并为一；支脂之微本有七转，今并为一摄两图；咸摄后注明“四等全并”“一十六韵”，这是指覃谈等八韵分开合当为十六，本分三图，今并为一。

7. 三四等合并

《四声等子》以四等统四声，横分四层，标明一二三四。实际上三四等已经合并，那四层无非是形式，这是因袭的结果。例如：效

摄注明“萧并入宵”，列字时，很多三等字都排在四等（如：樵、焦、遥）。又如：山摄开口呼注云：“先并入仙韵”（延、次二字本为三等，今列四等）。

不仅三四等相混，二三等也有相混的，如：山摄开口三等中列有“蛮”字（属删韵、二等）。这些情形，正反映出造图者对于等的认识已经很不清楚，删、山二韵的音读已经很相近了。

总之，分析《四声等子》可以得出结论：当时的实际语音已经大不同于《切韵》音系，主要元音混同化已经十分明显，《中原音韵》的语音系统，这时已经很有基础。

8. 摄的合并

《四声等子》分 16 摄，但江摄附于宕摄，同图；梗摄附于曾摄，同图；假摄附于果摄，同图。

江韵本为开口呼，《四声等子》也注明开口呼，但在列字时，江韵既有开口字又有合口字。江并入宕，证明江阳读音十分相近，或者二者竟已同音。江有开合之分，证明江韵可能已经是复元音韵母。

曾与梗同图，也证明这二类读音的一致。

从江并宕、梗并曾看，《四声等子》跟近代北音十分相近。

至于假摄并入果摄，或者是因为作者以为两摄读音相近，或者由于有所因袭，无论如何，都说明《四声等子》与《韵镜》《七音略》的音系有差别。

既有中古音的特点，又有近代北音特点，正说明《四声等子》是过渡期的产物。

（三）《切韵指掌图》的作者及其成书时代

人皆曰“伪司马光《切韵指掌图》”，此语不确。《切韵指掌图》确有其书，不可谓伪；此书非司马光作，可以说“伪”，然而司马光又

确有其人，亦不可谓伪。

《切韵指掌图》的作者，早就有人怀疑了。《四库提要》说："第光传家集中，下至投壶新格之类，无不具载，惟不载此书，故传本久绝。"清莫友芝也有同样的疑问。其实，董南一的原序中已经透着疑问了："图盖先正温国司马文正公所述也。"这分明是不敢十分肯定的话，"盖"是推测的语气。

清同治年间，邹特夫根据孙觌《内简尺牍》所载《切韵类例・序》考出：

"《集韵》既成之后，为切韵图者，自杨尚书始耳。"

"有温公自序，其语俱与孙序雷同。"

"仲益生元丰辛酉，卒乾道己丑，此序当在南渡之初。"

《切韵类例・序》(孙觌作)在1138年前后，《切韵指掌图》司马光序与之雷同，司马光的"自序"当出自孙序，而司马光卒于1086年，所以"自序"决非司马光所作。

董南一序是真的，作于嘉泰癸亥年(1203)，较孙序晚六十余年。董序之前，无人提及《切韵指掌图》，董序成后两年，孙奕《示儿编》第一次引用《切韵指掌图》："陈正敏《遁斋闲览》云：不字，人皆以逋骨切呼之，遍检诸韵，皆无此音……今以司马温公《切韵指掌图》考之……信乎此音不可废矣……第温公之图，知音尚希，故表而出之。"孙奕说《切韵指掌图》"知音尚希"，已经意味着此书行世不久。

董序之前，著录家如孙觌、郑樵、沈括、朱熹、张麟之、晁公武等，都没提到过《切韵指掌图》；董序之后，孙奕、黄公绍、王应麟、吴澄等人都提到了它。可见，最初的印本，必在董序前后始见。

《切韵指掌图》产生于杨倓《韵谱》之后。因为它的三十六行排列法与杨倓《韵谱》相同。而张麟之《韵镜》序说"杨变三十六"。《韵谱》成书当在宋淳熙三年(1176)左右，所以，《切韵指掌图》当出

于淳熙三年(1176)之后。

《切韵指掌图》的成书年代,在宋淳熙三年(1176)和嘉泰三年(1203)之间,确为南宋作品。托名司马光,只是为了便于流传。今传最早的刊本,出于南宋绍定庚寅年(1230),此本确实可靠,上海自强书局影印者即此。

(四)《切韵指掌图》与《四声等子》的异同

《切韵指掌图》显然与《四声等子》有关,这可以从董南一的序文中看出来。董序自"以三十六字母总三百八十四声"以下,几乎全部照抄《四声等子》序文。

从内容上看,《切韵指掌图》显然根据了《四声等子》。

1.《切韵指掌图》与《四声等子》一样,都是以江摄附于宕摄,以梗摄附于曾摄,以假摄附于果摄。《四库全书总目提要》对于《四声等子》以江附宕、以梗附曾、以假附果批评很严厉,但对于《切韵指掌图》的同类现象却不置一词,这显然是因为《指掌图》署名为司马光。

二十图的排列,二书大同小异,都有同摄同等不同韵的现象,如删山同在山摄二等;东冬同在通摄一等。若此之例,不胜枚举。

《切韵指掌图·辨内外转例》指出:"旧图以通果宕流深曾八字括内转六十七韵,江蟹效假咸梗八字外转一百三十九韵。"所举内外韵摄之名,悉与《四声等子》同。我们可以推定,所谓"旧图",正是指《四声等子》。

2.《切韵指掌图》之图次是先独韵后开合韵,这也是受了《四声等子》的影响。

《四库全书总目提要》指出:"首独韵次开合韵,每类之中,又以四等字多寡为次,故高为独韵之首,干官为开合韵之首。"

《四声等子》将效遇流提前，这正是因了独韵的关系，只是碍于旧习，仍未彻底，至《切韵指掌图》才彻底改变图次。现将《四声等子》与《切韵指掌图》的图次列后：

图次	1	2	3	4	5	6	7	8	9	10
《切韵指掌图》	高	公	孤	钩	甘	金	干	官	根	昆
《四声等子》	通	效	宕	宕	遇	流	蟹	蟹	止	止

图次	11	12	13	14	15	16	17	18	19	20
《切韵指掌图》	歌	戈	刚	光	觥	揯	该	基	傀	乖
《四声等子》	臻	臻	山	山	果	果	曾	曾	咸	深

摄　名	通	效	宕	宕	遇	流	蟹	蟹	止	止
《四声等子》图次：	一	二	三	四	五	六	七	八	九	十
《切韵指掌图》图次：	2	1	13	14	3	4	17	20	18	19

摄　名	臻	臻	山	山	果	果	曾	曾	咸	深
《四声等子》图次：	十一	十二	十三	十四	十五	十六	十七	十八	十九	二十
《切韵指掌图》图次：	9	10	7	8	11	12	15	16	5	6

二者的不同在于：(1)《四声等子》因为江摄附于宕摄而把宕摄提前了。(2)《四声等子》把咸深两摄置于最后，是因为历来韵书都把闭口韵置于最后，这是沿用旧例。(3)《切韵指掌图》在同类中贯彻以四等字数多少为次，《四声等子》未能贯彻。

3. 开合口的分配稍异而多同。

其稍异之处为：(1)《四声等子》唇音字在开口与合口中都出

现，如曾摄之开口与合口中都有唇音字，《切韵指掌图》中，唇音字则只出现在合口中，如 11 图歌中没有一个唇音字，12 图中则大量出现唇音。(2)《四声等子》江摄舌齿音归合口，喉牙唇音归开口，《切韵指掌图》则一律归于合口。(3)《切韵指掌图》重新调整了止蟹两摄的开合口字。除以上三点之外，其余开合都一样。

4.《四声等子》与《切韵指掌图》都是入声兼配阴阳。

5. 三四等合并，二书相同。

6. 五音排次，二书所同，都是把牙音排在前面，稍异者为：《四声等子》喉音以晓匣影喻为次，而《切韵指掌图》以影晓匣喻为次。

由上述六点相同，可以看出二书的源流关系。

《四声等子》与《切韵指掌图》的不同：

1. 字母排列不同。《四声等子》列为 23 行，《切韵指掌图》列为 36 行。

2.《四声等子》以四等统四声，《切韵指掌图》则是以四声统四等。

3.《四声等子》以摄命图，《切韵指掌图》则取消摄名，而内容则大体一致。《四声等子》标韵不全，往往以此韵之名抵他韵之实，《切韵指掌图》则将全部韵目标齐，由梗摄可以看出这点不同，《四声等子》以青括清，《切韵指掌图》则青清并列。

4.《四声等子》开合轻重并用，以致混淆不清，而《切韵指掌图》则革除轻重之名，专以开合命名。

5. 对开合认识不同。现今说开合者，皆以吻聚吻不聚解之，这是从韵母方面认识，但是，开合与声母果然没有关系吗？未必。

《四声等子》唇音字兼收于开合两呼，《切韵指掌图》则以唇音归于合口，开口中无之。唯有十六图例外，合口中没有唇音，开口中有唇音。依照图例，应当先开后合，唯有曾摄竟是先合后开，也许因为开合口次序颠倒而致误排。

又：《切韵指掌图》十七图开口之唇音字与二十图合口字之唇音字显系重出。

由此可见，《四声等子》与《切韵指掌图》对开合口的认识是不一致的。

又：江摄字《四声等子》把舌齿音归于合口，唇牙喉音归开口，《切韵指掌图》则全部归合口。

6. 入声兼配阴阳，二书所同，但入声分配二书有所异。就其所标韵目看，相同的确乎不少，而不同的也很多：

《四声等子》	《切韵指掌图》	《四声等子》	《切韵指掌图》
效：铎 觉 药	效：铎 觉 药	蟹（开）：曷 黠 薛 屑	蟹（开）：曷 黠 瞎
遇：屋 沃 烛	遇：屋 沃 烛		
流：屋	流：德 质 迄 栉	蟹（合）：末 黠 屑 月	蟹（合）：没 末 黠
止（开）：质 麦 陌 昔 锡	止（开）：质 德 栉	果（开）：铎 辖	果（开）：曷 辖 黠 薛 屑

《四声等子》	《切韵指掌图》	《四声等子》	《切韵指掌图》
止(合){质、物}	止(合){没、质、迄、术、物}	果(合){铎、锗}	果(合){末、锗、黠、月、薛、屑}

二书入声分配之相同相异，考之即见。

不同收尾之入声出现在同一摄中的，《四声等子》有三摄五韵(止开、果开、合，麦陌昔锡铎)，《切韵指掌图》则为两摄一韵(流、止开，德韵)。

《四声等子》中，不同收尾的入声杂然而陈，《切韵指掌图》止摄开口德韵出现在入声一等位置，似稍有规律。由这些现象看，当时的入声收尾，确实已经不十分明显，否则不至于二书都有这种现象。在入声分配上，《四声等子》的杂然而陈，更近于实际语音，《切韵指掌图》可能因袭较重。

7. 喉音四母排次不同

《四声等子》喉音四母的次序为晓匣影喻，这可能说明，当时喻母的半元音性质已经不明显，所以与零声母影更相近，《四声等子》改变原来的次序，使二者相从。《切韵指掌图》仍因袭旧制，以影晓匣喻为序。

8. 各图例字不同

从各图用的例字看，《四声等子》与旧图多同，而《切韵指掌图》多所改变，这可能反映了他们对旧有形式的不同态度。《四声等子》抄得多，《切韵指掌图》抄得少。

9. 止蟹两摄的变化

在《四声等子》中，蟹摄包括：齐、佳、皆、灰、哈、祭、泰、夬、废

九韵；止摄包括支、脂、之、微四韵。在《切韵指掌图》中，齐韵、祭韵（有目无字）归止摄，灰韵全部、泰韵一部分归止摄合口，废韵既不见标目又不见例字。这样，《切韵指掌图》止摄字就增加了，原来的蟹摄只剩下了佳、皆、咍、夬、泰（部分），这种变化，反映出十七、二十两图仍保留开元音 a，而十九、十八两的元音已经高化，这便开了《中原音韵》齐微、皆来两分的先河。

《切韵指掌图》将止摄的兹、雌、慈、思、词诸字由四等升到一等，这是很不寻常的事实，这说明支思韵已经萌芽，甚至已达很成熟的阶段了。

应当注意的是，祭韵在《切韵指掌图》中只有标目而没有例字，废韵则既无目又无字，这些情形说明，作者在合并各韵时已经不能全面照顾到相同各韵的字，不免遗漏，这已充分说明止摄、蟹摄的剧烈变化。

（五）《切韵指掌图》所反映的语音系统

1. 字母排列

《切韵指掌图》依照 36 字母，分为 36 行，这与杨倓的《韵谱》相同，喉音排次为影晓匣喻，这与《韵镜》《七音略》相同。但是，它把牙音提到前面，唇音改到中间，这又与《四声等子》相同，这说明它可能受过辽金韵书的影响（《四声等子》《五音集韵》等）。声母排列次序的改变，也许正说明声母本身的种种变化。

2. 合并韵部

由于主要元音的不断混同，许多相近的韵都混淆了，《切韵指掌图》便把这些相近的韵合并起来。

第一，本来被称为重韵的：东、冬、钟，鱼、虞，幽、尤，覃、谈，咸、衔，严、凡，山、删，元、仙，真、谆，欣、文，庚、耕，佳、皆，脂、支、

之，在《切韵指掌图》中全予合并。

第二，三四等的合并。三等与四等的合并，在《四声等子》中已经开始，《切韵指掌图》一仍《四声等子》之旧，而且有进一步合并的，如：齐韵本来未与其他韵合并，在《切韵指掌图》中并入脂、支韵中，其他如仙、先，萧、宵，也是合并的。

第三，上面所指出的，有些是同摄合并，有些是异摄合并（如齐并入脂），但大部分是同摄相并，在《切韵指掌图》中，二十图只有十三摄，究其原因，就在于它把不同摄的韵也并了起来，第十一图与第十二图是并歌与麻于同图。这种排列，是守旧的，从入声相配情形看，很与古音相合。其实，如果歌与麻同图，那么歌只能是低元音，不可能是高元音，而实际上歌在当时已经是高元音了。

第十三、十四两图的并合关系，与《四声等子》不同，《等子》江摄兼归开合，而《切韵指掌图》则只将江摄并入合口，这反映出《切韵指掌图》对开合口的认识不同。

第十五、十六图的合并，表面看来与《四声等子》相同，实际上有一个很大的变化，即把登韵合口排在二等，耕韵合口排在一等，耕韵合口的升为一等，在位置上与东韵相当，把这种现象与以后的《五方元音》联系起来看，可能正说明庚耕韵合口的主要元音发生了变化，或者竟与现代音相同。

3. 等第的变化

除十五图登与庚、耕韵的变更之外，还有十八图兹、慈、思、词等由四等升到一等，这反映出支思韵的开始出现，这种现象在那时还只出现在齿头音中，后来漫延到正齿音，就形成了反腭化的现象。

4. 入声分配的变化

德韵配止摄，也许是因为兹、慈、思、词的影响。但是，德韵配流摄则难于理解，也许因为入声韵尾已经发生巨大变化，或者竟已完全消失。

（六）《切韵指掌图》与《四声等子》对近代北音韵书的影响

《四声等子》影响了《经史正音切韵指南》。

熊忠的《古今韵会举要》音例第一条指出："音学久失，韵书讹舛相袭，今以司马温公《切韵》，参考诸家声韵之书，定著角、徵、宫、商、羽、半徵、半商之序……"可见《古今韵会举要》是受过《切韵指掌图》影响的。

我们看《古今韵会举要》并韵的情形，显然受了《切韵指掌图》的影响。如《古今韵会举要》于二冬"攻"字下注云："与一东之宫无别。"这其实就是说东冬不分。这正是《切韵指掌图》的路数。从这些地方，我们可以看出二书的关系，并且能由此考见当时的语音概况。

《古今韵会举要》中庚耕组的一部分合口字与东冬韵的一部分字相同。这种现象可以联系《切韵指掌图》中的第十五图将耕韵合口排到一等的现象来考察，也许《五方元音》的龙韵早在《切韵指掌图》时代即已开始发端了。

《古今韵会举要》的 67 类，很值得进一步研究，也许可以从中看出《中原音韵》的大致面貌来。

《古今韵会举要》前面有《七音三十六母通考》，由这《通考》中，我们看到熊忠已经把照穿床与知彻澄合并了。另外，疑母也大致并入了喻母。所以，虽然他标举 36 母，其实至多有 32 母的样子，这是很值得注意的。

《古今韵会举要》虽然与《切韵指掌图》有很深切的关系，却并非照抄照录，而是有所改并与创造。上列声母的归并即为一例。以韵的方面看，值得注意的是：歌戈麻在《切韵指掌图》中是合为

一图的，在《古今韵会举要》中则分为车遮、家麻、歌戈三韵。山摄中，寒桓、先天之分，咸摄中，监严、廉纤之分，此类情形，与《中原音韵》很相似，所以，我们在上面讲到从《古今韵会举要》很可以看出《中原音韵》的一些情形来。

五、《切韵指南》与《切音指南》

（一）《经史正音切韵指南》

1.《经史正音切韵指南》的来源

此书作于元后至元二年(1336)，后于《古今韵会举要》三十九年，后于《中原音韵》十二年。

《切韵指南》的源头可能有两个：

其一，《四声等子》。《切韵指南》熊泽民序："古有《四声等子》，为流传之正宗，然而，中间分析，尚有未明。关西刘士明著书曰《经史正音切韵指南》。"《四库全书总目提要》也主张《切韵指南》是根据《四声等子》改并的。二书格局大致相同：

字母排列，与《切韵指掌图》不同而与《四声等子》同。如牙音在前，唇音移于齿头与正齿之间，喉音之次序为晓匣影喻而非影晓匣喻。

四等统四声亦与《四声等子》同。

其二，《五音集韵》。此书声称与《五音集韵》互为使用，《五音集韵》由《四声篇海》来，而《篇海》又是根据了《大广益会玉篇》，所注之音为读书音。这种音是保守的。刘鉴《切韵指南》声称为经史正音而作，也就带有了浓厚的保守性。例如：江的分出，梗的分出，咸摄合口亦分出，这些都泯没了《四声等子》中一些进步因素，

把本来已经相近或相同的音弄得远起来。歌麻在当时已经分开，车遮韵也已产生，但《切韵指南》仍旧死守着果假同图的旧框子，这便掩盖了重要的语音事实。凡此种种，充分暴露了《切韵指南》的保守性。

2. 二十四图的内容

《切韵指南》24 图的内容，很接近于《韵镜》和《七音略》。

（1）十六摄二十四图。江摄和梗摄，本来已经分别与宕摄和曾摄合并，《切韵指南》重新分出。这种办法，清代的古音学家很赞赏，顾炎武《音论》、戴震《声韵考》都称赞这种处置。

由于江摄和梗摄的分出，多出了三图（江摄一图、梗摄二图），咸摄本来不分开合，《切韵指南》分开合，又多出一图，于是有了二十四图。咸摄之分开合，与《切韵》音系很相合。

假摄附于果摄，也是由古音来的。

二十四图的先后次序，与《广韵》的次序全相吻合，可见此书与早期等韵关系之密切。

（2）韵目一百六十部

《广韵》206 部，《集韵》改并 13 处，金韩道昭作《五音集韵》并为 160 部。韩氏并韵的原则，是《广韵》规定同用而从等韵角度看又是开合等第皆同者，以平声为例：脂、支、之并为脂，皆、佳并为皆，真、臻并为真，山、删并为山，先、仙并为仙，萧、宵并为宵，庚、耕并为庚，尤、幽并为尤，覃、谈并为覃，盐、添并为盐，咸、衔并为咸，严、凡并为凡。《切韵指南》完全依据《五音集韵》的 160 部，同时，于韩道昭未合并的一些韵部，亦有合于同等同摄同图同等者，例如元之与仙。这种并韵的方法，与《四声等子》相类。

（3）关于独韵

《五音集韵》开合分部十分严格，《切韵指南》与之相同。

《四声等子》对于独韵的观念似乎不很清楚，在韵图前面往往

标以“重多轻少”“重少轻多”一类字样，有时分明标了“全重无轻韵”，但在归字时又将一韵分归开合，例如：江韵喉、牙、唇音归开口，舌、齿音归合口。可见《四声等子》对于独韵的性质还没有弄清。《切韵指掌图》对于江韵的处理是把它全部归于宕摄合口，并不另外注明开合口，可见这两种韵图对于江韵的处理很不同，也许正可以看出它们还没有很明确的观念。

《切韵指南》对于独韵的观念很清楚，它说：“独韵者，所用之字不出本韵之内。”也就是说，独韵是肯定或开或合的，并不是可开可合的，有的是开，有的是合，有的则兼具开合，例如江摄，喉牙唇音属开口，舌齿音属合口，而两类归同一个韵图中，这称为独韵。可见独韵与开合不相混淆。这种开合同图的先例，是由《切韵指南》开始的。

把开合观念与独韵分开来，使开合的意义明确了，使独韵的意义也明确了。这种见解，大概是受了《五音集韵》的影响。

（4）合韵等第排列与《四声等子》一样，并韵比《五音集韵》更进一步，元、仙、先合并，脂、支、之、微合并。

（5）入声分配

入声分配，大致同于《四声等子》，不同者，止摄用臻摄的入声，蟹摄一二等用山摄的入声，三四等用臻摄的入声。在入声分配上，《切韵指南》只说阴声韵的入声从何处来，不说入声两配，这反映了《切韵指南》的保守性。

3. 图外的说明所反映的实际语音

第一，三十六字母的删并

《切韵指南》所附之《交互歌》曰：“知照非敷递互通，泥娘穿彻用时同，澄床疑喻相连属，六母交参一处穷。”这首《交互歌》反映了如下四点变化：a. 知、彻、澄与照、穿、床合并；b. 泥母与娘母不分；c. 非母与敷母已经合而为一；d. 疑母与喻母混同。这种变化，与

当时的实际语音相符，南宋吴棫《韵补》，元周德清《中原音韵》都反映出同样的现象。

第二，韵摄的合并

《切韵指南》所附《叫声韵歌》（按："叫"字不通，疑为"叶"字之误）说："梗曾二摄与通疑，止摄无时蟹摄推，江宕略同流参遇，用时交互较量宜。"《叫声韵歌》所反映的韵部变化，有下列几点：

（1）梗、曾、通三摄的交叉。这种情况，《四声等子》已经发端。这有两种可能，其一是梗摄与曾摄的合口字并入通摄，这是部分变化；其二是梗、曾、通三摄完全混并，这种情形很象《五方元音》，《五方元音》的"龙"部可能早在《切韵指南》时代已经出现。

（2）"止摄无时蟹摄推"

"推"就是推究。如果要在《切韵指南》中查字，只知某字读音，不知属何摄何韵，那么，或者查止摄，或者查蟹摄，因为这两摄字在元代往往互相交叉。

止摄和遇摄的关系。本来是各不相涉的，到了《切韵指掌图》时代，蟹摄字有一大部份转到了止摄中，这正是齐微韵的先导。《切韵指南》比《切韵指掌图》晚了一百三十多年，比《中原音韵》也晚了十二年。当时的止摄与蟹摄，当然已经发生了明显变化，但韵图依然用中古的一套，用起来必定很不方便，所以作者不得不告诉人们，遇到齐微这类的字，如果在止摄中找不到，就要到蟹摄中去查。从刘氏的这歌诀中，我们一方面看到当时的实际音读情况，另一方面，又可以明白《切韵指南》实在是一张古音表。

（3）"江宕略同流参遇"

关于"江宕略同"，是明显的事实，《四声等子》已经把两摄合并了。江摄与宕摄的合并，早在中古时期已经开始，刘鉴在韵图中强行分立，违背当时的语音实际，遇到实际问题，还要声明：这两摄基本相同。

关于“流参遇”，是说流摄的一部分字（唇音）参杂到遇摄中去了。这是正常的，因为唐代诗人白居易的《琵琶行》中，已经让有韵的“妇”字与“遇”韵的“去”字同押了，那么，过了几百年之后，流摄唇音字参杂到遇摄中去就十分自然了。

4.《切韵指南》的借入之说

《切韵指南》认为阳声韵有入声相配，阴声本无入声，阴声之入是从阳声韵借来的。这种以入声配阳声的理论，是从隋唐韵书系统来的。这种借入之说影响到《康熙字典》的借入之说，不过主张正相反。《康熙字典》主张阴声有入，阳声无入，阳声之入是从阴声借来的。《康熙字典》的时代，入声韵尾已经完全消失，所以跟阴声韵的韵尾相近。《切韵指南》一方面时代较早，另一方面又受隋唐韵书束缚，其入声配阳声是自然的，但是实际语音又不能不顾及，只好说阴声韵的入声是从阳声韵借来的。

5.《切韵指南》对韵部的简化

《切韵指南》对韵部的归并，深受《四声等子》的影响，虽然它声明与《五音集韵》“互为体用”，但在并韵方面却超过了《五音集韵》。下列各韵都归并了：

冬归于东韵一等、覃与谈、佳皆夬、删山、庚二等与耕、咸衔、尤幽、宵萧、咍泰（开口）、泰（合口）队、钟归于东韵三等，鱼虞、祭废祭、清青与庚三、支脂之微、元先仙、臻真谆殷文、盐添严凡、江阳等等。

6.从序言举例看实际语音的变化

《切韵指南》的保守性是明显的，但是实际语言的变化也是明显的，韵图所反映的音系与实际语音之间的矛盾相当突出。对于这种矛盾，作者不可能完全不顾，从刘鉴的序言中，可以看出某些变化来。

（1）浊音清化

《切韵指南·序》：“士鱼切如殊字，本是锄字；详里切如洗字，

本是似字。”这两个例子，首先反映出浊音已经清化。按：殊，《广韵》：市朱切，禅母虞韵平声；锄，《广韵》士鱼切，崇母鱼韵平声，可见在《广韵》时代殊字和锄字的声母和韵母都不同。现在，殊字用了锄字的切语，即殊字的读音为士鱼切，这士鱼切的读音跟锄字的读音是不同的。按照现代读音，殊和锄也不同，这种不同，是浊音清化造成的。按浊音清化的规律：崇母，止摄仄声字都变成了清擦音[ʂ]，如“士”字即属此类；崇母止摄仄声以外的字：平声变为送气清塞擦音[ttʂ]，锄字即属此类，仄声变为不送气清塞擦音[ttʂ]。禅母的清化规律是：平声字变为送气清塞擦音或清擦音，仄声则一律变为清擦音。《广韵》“殊”学反切为：市朱切，其切上字“市”字为仄声，《切韵指南》时代可能象现代一样，变成了清擦音声母；《广韵》“锄”字的反切为：士鱼切，其切上字可能也象现代一样，变成了清擦音声母。士与市，同属止韵，声母又都从浊音变成了清擦音，可见在当时两字已经同音。因为同音，所以才会用“士”取代“市”。至于韵母，连《切韵指南》正文中都已经把鱼和虞合并了，这样，用“士鱼切”取代“市朱切”为“殊”字注音就十分正常了。刘鉴因为熟谙《切韵》音，所以要指出：“本是锄字。”但是他也很清楚“士鱼切”实际已经“如殊字”了。

《中原音韵》成书于1324年，其时浊音已经清化。《切韵指南》成书于1336年，后于《中原音韵》12年，浊音清化自不待言，仅从《指南》正文看，似乎保留了浊音，一看序言举例，便会知道浊音已经清化，殊与锄的例子，便是确证。此例之外，尚有：

“详里切如洗字，本是似字。”按：洗，《广韵》：先礼切，荠韵心母上声；似，《广韵》详里切，邪母止韵上声。既然“详里切”已经“如洗字”，那么，邪母与心母必然已经混同。按：邪母在清化过程中，多数变为清擦音，少数变为送气清塞擦音。《切韵指南》时代，邪母清化大致无可怀疑。

（2）浊上变去

《切韵指南·序》："时忍切肾字，时掌切上字，同是浊音，皆当呼如去声。"按：浊上变去，唐代已然。白居易的《琵琶行》已经以上声"妇"与去声"去"押韵。到了《切韵指南》时代，已经十分清楚。

（3）支思韵形成

"详里切如洗字，木是似字。"指明"洗"与"似"的读音不同，这种不同主要反映在韵母和声调上。详里切本来是似字的切语，现在用来切似字不行了。因为似字的韵母已经变成了舌尖元音，即《中原音韵》里所列的支思韵，这种现象，在《切韵指掌图》中已经出现了。

（二）《等韵切音指南》

1.《等韵切音指南》的来源

此书与《切韵指南》同类，属中期等韵。

《康熙字典》前面，既然已经附了《字母切韵要法》，何必再引这么一个等韵图呢？原来《康熙字典》所引用的韵书极为庞杂，有《唐韵》《集韵》《韵会》《正字通》等等，为了说明《洪武正韵》以前的反切系统，必须有一个适合这种音系的等韵图。《字母切韵要法》是说明今音的，显然不能满足中古语音的要求。《康熙字典》凡例中说到，参考了《玉篇》《类篇》《五音集韵》等书，与这些书相辅而行的是《经史正音切韵指南》。但是，《切韵指南》适应中古韵书，在用来说明《康熙字典》所引用的庞杂反切时，必须加以适当的改并。

从《切韵指南》的一些说明中，我们可以看出它和《切韵指南》的关系：

（1）《切韵指南》是配合《篇海》之类字书的，《切音指南》是配合《康熙字典》的。但《切音指南》前面竟也附了一个《检篇海部首

捷法》:“取字求声欲检篇,须当偏旁究本源,又将部首数知画,后按篇海十五卷。”这分明是从《切韵指南》中抄来的。

(2)《切韵指南》的韵摄次序是:通江止遇蟹臻山效果假宕梗曾流深咸,《切音之南》之《揭韵摄法》又云:“通江止遇,蟹臻山效,果假宕梗,曾流深咸。”二者完全相同。

(3)《切韵指南》入声来自阳声,但可以兼配阴声韵。《切音指南》之《揭入声法》云:“通江臻山宕,梗曾深咸样,忽然若剖开,无穷多宝藏。”又云:“通宕曾深全,江臻山梗咸,入声唯九摄,仔细用心参。”这实际上是说入声来自阳声,但可以配阴声,与《切韵指南》正相一致。

(4)《切音指南》之《明等第法》:“端精二位两头居,知照中间次第呼,来晓见帮居四等,轻唇三等外全无。”与《切韵指南》所说完全相同。

上述几点,说明《切音指南》与《切韵指南》关系极为密切,它是改并《切韵指南》得出的东西。

2.《切音指南》所透露的清代语音现象

《切音指南》来自《切韵指南》,但它产生于清代,不能全抄全搬《切韵指南》。这从图前所附《明摄内相同法》中可以看出来。其法曰:“梗曾:摄与通随,止摄无时蟹摄推,流遇略参江同宕,山咸深臻两相窥。”

(1)“梗曾二摄与通随”:说明梗曾通三摄有大量的字已经混同。这个“随”字,比起《切韵指南》之“梗曾二摄与通疑”的“疑”字,已经肯定得多了。

(2)“止摄无时蟹摄推”:这句与《切韵指南》全同。

(3)“流遇略参江同宕”:《切韵指南》说的是“江宕略同流参遇”,可见,那时江摄与宕摄还是“略同”,并非完全相同,而《切音指南》则是完全相同的。流摄与遇摄,本来并非完全混并,所以《切音

指南》才说“略参”。

(4)“山咸深臻两相窥”：这是一句全新的话，它道出了闭口韵消失的事实。[m]尾韵与[n]尾韵的混并，在《切韵指南》中完全没有提及，《切音指南》所说则为清代语音，其时闭口韵已经消失。这正是《切音指南》改并《切韵指南》的确证。

3.《切韵指南》与《切音指南》的相异点(此节参阅罗常培《通志·七音略研究》)

(1) 摄次不同，亦即二十四图次序不同

《切音指南》以果、假、梗、曾、通、止、蟹、遇、山、咸、深、臻、江、宕、效、流为序。看它的局面，完全是反映清代语音实际的，梗、曾、通的混同，闭口韵的消失、江宕的合并，都可由此看出端倪。韵书的次序完全被打乱了。而《切韵指南》却没有这样大胆，一方面因为实际语音还没有这样大的变化(如闭口韵在《中原音韵》中还保留着)，另一方面，《切韵指南》受韵书系统的束缚很重，不敢突破旧框框。

(2) 各摄所定开合口不同

《切韵指南》以止、蟹、臻、山、果、假、宕、曾、梗九摄各有开合二呼，以通、江、遇、效、流、深、咸七摄为独韵(按此为罗常培先生说，先生以咸为独韵似误)，《切音指南》对于独韵诸摄都注明开口或合口：通、遇、合口；效、流、深，开口；值得特别注意的是，江摄下而注明：开合呼，这便是开合同图的确证，也许开合同图远自《切韵指南》始，到《切音指南》时已经定局，而《学母切韵要法》遵从这一先例。开合同图的意义在于，显示出开合各四等已经变为开齐合撮四呼了。而四等与四呼是语音史上的一个重要变化。至于咸摄，《切音指南》两图都注为“开口呼”，与《切韵指南》大异。

(3) 唇音开合口的配列不同

《切韵指南》梗摄合口三等“丙、皿”二字，曾摄合口三等“逼、

塩、愎、窨”四字；山摄合口二等“班、版、扮、攀、襻、蛮、瞀”七字，四等“褊、缅”二字，宕摄合口一等“帮、螃、膀、傍”四字，《切音指南》均改列为开口，唯将宕摄开口三等之“方、昉、放、缚”等十六字改列合口。《切韵指南》所定唇音开合，与《四声等子》相合，而《切音指南》的改列，则与《字母切韵要法》相合，在《字母切韵要法》中，只有少数唇音有合口字，这是实际语音的反映。

(4) 正齿音二三等分划不同

《切韵指南》通摄正齿音二等有“崇、剬”二字，宕摄正齿音二等有“庄、怆、壮、斮”等十三字，《切音指南》均降列三等，且自开转合。这分明是实际语音的反映，再看《切音指南》宕摄二等有“江”字，当时正齿音二等已经无字。

(5) 止摄齿头音及唇音之等第不同

止摄齿头音“资、雌、慈、思、词”等19字，《切韵指南》原列为四等，《切音指南》改列一等，这说明介音[i]已经失落，〔1〕韵母已经产生。又《切韵指南》于唇音二等内复列三等之“陂、靡、彼、帔、被、美”六字，《切音指南》升为一等，且删去三等中复见之字，这也证明[i]介音的失落。

(6) 入声分配不同

罗常培先生指出：“《切韵指南》蟹摄三等屋韵之‘竹、畜、逐、屻’，《切音指南》易以术韵之‘怞、黜、术、貀’，足征[k][t]两尾已混而不分。”按：查《切音指南》蟹摄合口三等舌上音有“竹、畜、逐、屻”而正齿音位置则有“出、术、绌”等字，所标韵母则为“术”。罗先生可能有误。以屋韵“竹”等字与术韵“出”等字同居一图，标目相同，足以证明入声[K]尾与[t]尾的混而不分。又《切韵指南》通摄三等烛韵之“瘃、棟、躅、傉”，《切音指南》易以屋韵之“竹、畜、逐、屻”，又把三等烛韵之“辱”字改列一等，说明屋、烛两韵洪细已经不分。最后，《切韵指南》流摄入声与通摄入声都是屋韵、烛韵，这是

合于古音的，但《切音指南》流摄的入声却是药、铎两韵，与宕摄入声相同，这显然是《字母切韵要法》的影响。

（7）字母之标目不同

《切韵指南》之"群、床、娘"三母，《切音指南》改为"郡、状、娘"这种改变，与《字母切韵要法》相同，这也许说明浊音声母本来就是不送气的，或者至少在当时读来是不送气的，所以改为仄声不送气字，以免招致误会。

4.《切音指南》与《字母切韵要法》的关系

比较《等韵切音指南》和《字母切韵要法》，可以看出《切音指南》中有许多现象是从《切韵要法》中来的。

（1）《切音指南》于"果假二摄"后面用小字注云："内含结诀"，这是用来说明《字母切韵要法》的，意思是说，果假二摄中包含着《切韵要法》迦摄的"结、诀"韵。

（2）止摄后亦有小注："内含裓傀"，看它所用的代表字，与《字母切韵要法》完全相同，可见二者的关系何等密切。其实，止摄和蟹摄的交叉，是很明显的语音事实，《切韵要法》进行了重新组合，《切音指南》沿袭着旧制，不能不依《切韵要法》作必要的说明。

（3）江宕两摄字互相出入

《字母切韵要法》江宕两摄并为冈摄，《切音指南》江摄单列一图，宕摄列为开合两图，江宕二摄表面上分开，实际上，江摄的字又分别出现在宕摄开合两图中，江摄形同虚摄，这种安排，形式上是《切韵指南》的老套，内容上则是顺应了《切韵要法》的新路。

（4）山摄与咸摄、臻摄与深摄，收字界划不清

山、咸、臻、深四摄，在《字母切韵要法》中已经并为干、根两摄，在《切音指南》中仍分四摄。但是《切音指南》在收字时仍然留下了《切韵要法》的影子，例如"干"字，既在山摄开口，又复见于咸摄开口，这分明是《切韵要法》的影响，再证以《明摄内相用法》之"山咸

深臻两相窥”，则可知四摄并为两摄确为事实。

就《切音指南》与《切韵要法》的比较而言，可以这样说，《切音指南》是编《康熙字典》的人根据《切韵要法》改并《经史正音切韵指南》的产物，其目的在于适应《洪武正韵》以前的语音系统。

六、明清等韵学的派别

明清等韵学的特点是声母简化，浊音清化，元音混同化，平分阴阳，入声分配发生变化。这些从图外的说明中已经可以看清。

元明等韵，基本分为两系，一为北音系统，一为南音系统，但南音又受北音影响。戏曲上所谓“南宗《洪武》，北问《中原》”，就是这种局面的写照。

曲韵大致在19部与22部之间。南北之别，只在声调，平分阴阳，上去入皆可分阴阳，声调与声母有关，声母的清浊影响到声调的阴阳。所以，南北之别，只在声调与声母上。

明清等韵可分为三派：一、南北混合派；二、北音派；三、古音派的等韵学。

（一）南北混合派

所谓南北混合派，是指南方方音派，在讲等韵学的时候，受北音影响，带有北音的某些特点。这一派是继承《四声等子》《切韵指掌图》《经史正音切韵指南》《古今韵会》而来的。

此派代表为章黼的《韵学集成》、潘耒的《类音》和劳乃宣的《等韵一得》。《类音》企图概括南北之音，所以其声母极杂。《等韵一得》重在人的语音分析，不重考证，于当代读法很为重视，但也不完

全轻视旧法，于旧读保留方音中者也很重视。

这一派的主要特点有四：

第一、声母保留全浊音，遵照《洪武正韵》（赵荫棠先生称此派为存浊系统）。例如：

《韵学集成》，明章黼撰，成书于1460年。全书分22部，76韵。声母则依照《韵会》所列七音三十六母。但章氏把照、穿、床与知、彻、澄合而为一，又把娘母合于泥母，所以只有三十二个声母，其中疑母除开口呼各字之外，都并入喻母中去了，因此也可算三十一母。章氏对于七音的分析，相当细密，但所言并不确切，于实际并无多大意义。

王应电《声韵会通》，列二十八母，其中泥娘合一，禅日、匣喻、彻穿、知照、非敷、奉微、从床都合二而一，其间归并显有不合理处，如匣喻之合、奉微之合即是。王氏虽然合并了一些声母，但依然保留了浊音声母。

《字汇》（明梅膺祚作）所附之《韵法直图》，列32母，是将三十六字母中之知彻澄娘合到照穿床泥中去了。此图贡献在于并等为呼，提出了开齐合撮的概念。

《等切元声》（清熊士伯著，书成于1703年）开始增加字母。熊士伯摹仿宋代邵雍的《皇极经世书·声音唱和图》，在字母安排上，追求阴阳相配的整齐局面，所以在三十六字母之外增加了"近、兑、步、自、乍、五、乃、母、武、吕、耳"十一个声母，前五个是阳，后六个是阴。同时，熊氏又从三十六字母中删去了知、彻、澄、娘、非五母，结果得四十二声母。其声母为：见近、溪群、五疑、晓匣、影喻、端兑、透同、乃泥、帮步、滂旁、母明、敷奉、武微、精自、清从、心象、照乍、穿澄、审谁、吕来、耳日，四十二声母两两相配，一阴一阳，看来极整齐，却无事实根据，完全杂糅古今南北，又参以自己的主观断想。

清·潘耒《类音》从36字母中删去知、彻、澄、娘、敷五母，他认为这五母与照、穿、床、泥、非五母或者异呼同母，或者同呼同母，所以应予合并。另外，他认为群、疑、来、定、泥、日、床、邪、从、微、并、明十二个声母有阳无阴，所以增加旧、语、老、杜、乃、绕、朕、已、在、武、奉、美十二母为清音，与之相配；又增耳、而两母相配，增些母与心母相配，另有四母空位，即有音无字之母。这样，从36字母中减去五母，增加十五母，凑成五十之数。潘氏的五十声类，与熊士伯的四十二声类一样，也是全凭主观拟测出来的。

劳乃宣之《等韵一得》，分声母为58，其《字母谱》为：

	清音				浊音			
喉音	阿				[阿]			
鼻音	。嘎	。喀	。哈	○	。噶	○	[哈]	迎阿
重舌音	。答	。塔	○	○	。达	○	。拉	。纳
轻舌音	。咤	。侘	○	○	。茶	○	○	拏阿
重齿音	查	叉	沙	○	楂	○	[沙]	髻背
轻齿音	。帀	。擦	。萨	○	。杂	○	。[萨]	○
重唇音	巴	葩	○	○	。拔	○	○	嘛
轻唇音	○	孚阿	夫阿	○	○	○	符阿	无阿
	戛音	透音	轹音	捺音	戛音	透音	轹音	捺音

劳氏自己有个说明："母之目，有喉音、鼻音、舌音、齿音、唇音，

共别为五。舌齿唇又各分轻重，共别八。喉音独为一类。鼻以下，各分四类，曰戛音、透音、轹音、捺音，其别二十九。二十九者，又各有清浊，其别五十八。”按：戛、透、轹、捺是指发音方法而言。戛音，不送气之塞音、塞擦音；透音，送气之塞音、塞擦音；轹音，指擦音。劳氏对于发音方法的分析，比以往各家都清楚明白，但是，他的58声类之说，只是就音理分析而言，可以有58类，实则并非真的有58个声母。所以，他的声母体系，与历史和实际都有相当大的距离。

南北混合派的声母系统，变来变去，始终保留着浊音系统。从历史上讲，前有所承，从现实讲，他们是根据了当时的南方方音。

第二，始终保留闭口韵。

袁子让《字学元元》分为22部，闭口韵有三部：深、盐、咸。盐、咸两部是把《四声等子》的咸摄一分为二。

梅膺祚《字汇》所附之《韵法直图》，分韵44部。《韵法直图》第一次用“呼”对韵部进行分类。44部分为11呼。这11呼的名称与界定，尚有许多不明确的地方，但此书明确提出了开、齐、合、撮四呼的名目，其功盖不可没。其闭口呼的命名，也是比较明确的，闭口呼共五部：全（举平以赅上、去、入，下同）、簪、兼、甘、监（注明：“齐齿卷舌而闭”，按此说不明）。

熊士伯《等切元声》分十六摄：通、支、徵、遇、蟹、臻、山、效、果、假、遮、宕、曾、流、深、咸。其中：宕摄包括江摄，曾摄包括梗摄，徵摄和支摄是旧时止摄一分为二，遮摄是从假摄分出来的。以上分合，无疑是受实际语音影响的结果。闭口韵之深、咸二摄，则是遵循旧例。

潘耒《类音》分韵为24类，其中侵寻、覃盐、咸凡三类为闭口韵。

劳乃宣《等韵一得》，虽然只有十三摄，但仍保留了两个闭口

韵,即谙、奄。

这一派的分部,不论韵摄多寡和时代先后,始终都保留着闭口韵,这是一个明显特征。

第三、并等为呼。

袁子让《字学元元》分22摄,用36字母,每母又分上开、上合、下开、下合四音,这四音相当于开口、合口、齐齿、撮口四呼,这实际上是把四等变为二等,每等再分开合,其实是并等为呼。袁氏书中载有《读上下等辩》《读开合声法辩》和《佐〈等子〉上下四等议》诸章,对于我们了解当时等呼的变化,很有帮助。细读上述几章,我们可以很清楚地看出,四等已经变为四呼。此外,我们从袁氏的议论中,可以看到,他的声韵观是守旧的,他基本依照《四声等子》,凡不合《等子》者,均认为是"俗读"。所谓"俗读",其实正是实际语音。仔细研究他的"俗读",可以了解当时的实际音系。

《韵法直图》比《字学元元》晚出六七年,但却明确提出了呼的名称,它的44图分为十呼,即:开口呼、齐齿呼、撮口呼、合口呼、咬齿呼、舌向上呼、闭口呼、齐齿卷舌呼、齐齿卷舌而闭、混呼。十呼之分,未免苛细,分法也有含混之处,但为呼定名,确乎是开创性的。袁子让还在煞费苦心地解说上等下等观念,虽然已含四呼之意,却还在固守等的观念,《韵法直图》的贡献则在于突破了旧观念。

潘耒《类音》定为四呼,他对四呼作了明确的解释:"一字必有四呼,姑举喉音十母,真、文一类为例:凡音,皆自内而外,初出于喉,平舌舒唇,谓之开口;举舌对齿,声在舌颚之间,谓之齐齿;敛撮而蓄之,声满颐辅之间,谓之合口;蹙唇而出声,谓之撮口。"潘氏之说出,四呼之论遂成定局,变等为呼之演变亦告完成。

第四、保持平上去入四声系统。

熊士伯《等切元声》曰:"中音无入,俱派入三声。南音之入,姑

圈存之，位置如旧者，派入有定例也。以本等入置其下，虽兼数韵，只取所主首一字（如蟹摄傀一等字主曾入，该作二等主梗入），其借入则小书之。”可见他明知北音无入声，但因为南音有入，宁可保持入声不变。

潘耒《类音》分 24 部，每部各有开齐合撮四呼，则得 96 韵，每韵皆具平上去三声，96 韵乘以 3，则得 288 韵，另有 10 个入声韵。入声韵也有四呼，得 40 韵。所以，潘氏在理论上有 328 韵，但实际上许多韵有音无字，有字之韵只有 147 部。不过，从《类音平声转入图说》看，当时的入声不仅已经没有塞音韵尾，而且连喉塞音也没有了。潘氏之所以保留入声，也是照顾了传统和方音。

劳乃宣之《等韵一得》，也保留了入声，并且以四声分部。

（二）北音派的等韵学（本节参阅《等韵源流》209 页—259 页）

此派等韵的主要特色在于：取消浊音声母，即显示出全浊音声母清化；入声实际上已经不独立，即入派三声；闭口韵的消失。

这一派最早的代表是兰茂的《韵略易通》。此书虽然没有等韵的形式，但有等韵观念。其突出特点在于：第一，首次归纳出二十声类，即著名的《早梅诗》：东风破早梅，向暖一枝开，冰雪无人见，春从天上来。这二十声类与《中原音韵》相合，不过，《中原音韵》没有标示出声类，而此书明确标出，这是开创性的。从这二十声类看，有三点值得注意：(1) 全浊音声母清化；(2) 疑母和喻母已经并入影母；(3) 微母依然存在。第二，居鱼与呼模分立。此书分韵为二十部，与《中原音韵》相比，是把居鱼和呼模分立两部，这说明鱼韵已经从[iu]变为[y]了。第三，入声已经不单列韵部，书中虽然仍有入声名目，但其收尾音已经不复存在，大约已经变为舒

声了。

李登《书文音义便考私编》,刻于 1587 年。此书所反映的音系,较之《韵略易通》,又有明显变化。主要是闭口韵的消失。

李登分韵为 22 部,他在“真”韵下注明:“兼旧韵侵,内自有辨。”“寒”韵下注明:“兼旧韵删、覃、咸,内自有辨。”“先”韵下注明:“兼旧韵盐,内自有辨。”这便明确指出了侵、覃、咸、盐等收[m]尾的韵已经并入真、寒、先等收[n]尾的韵中去了。虽然注明“内自有辨”,实际上可能只是照顾了历史上的区分。

李登的入声,分为九部,但从韵目下的小注(例如屋韵下注明“兼旧韵沃物”)可以看出,入声的[p][t][k]韵尾已经没有区别,至多还保留着喉塞音,或者竟已变成舒声了。

在声母归纳上,李登归为 31 类。他误把阴平与阳平当成了清浊:“其溪与群、晓与匣、影与喻、敷与奉、滂与平、透与廷、穿与床、审与禅、清与从、心与邪十项,皆一清一浊,如阴阳夫妇之相配焉。然惟平声不分清浊,仄声止用清母悉可概括,故并去十浊母,以从简便。”这段话清楚地表明,声母上的清浊对立,已经消失,他把声调上的阴平与阳平,同清浊混淆了。李登的 21 母,比《韵略易通》多出一个疑母。

这一派中,最富特色的是徐孝《重订司马温公等韵图经》,该书重订于明万历三十年(1602),刊于万历三十四年(1606)。其主要价值在于:

1. 并 36 字母为 19 类。

徐氏形式上列出 22 个声母:

<table><tr><td rowspan="2">见溪端透泥</td><td>帮滂明精清[心]心</td><td rowspan="2">影晓来</td></tr><tr><td>非敷微照穿稔审</td></tr></table>

他有个《字母总括》口诀:“见溪端透泥影晓,来照穿稔审精清,

[心]心二母刚柔定，重唇上下帮滂明，非母正唇独占一，敷微轻唇不立形，抵腭点齿惟正齿，喉牙舌上不拘音。”这个口诀，可注意的是如下几句：(1)“敷微轻唇不立形”，这是说敷母和微母并不存在。敷母早已消失，这是前人已定之论，至于微母的取消，则是徐孝首次指出。此前的《韵略易通》和《书文音义便考私编》都还保留着微母。(2)“[心]心二母刚柔定”对这句话，他在《凡例》中有说明：“惟心母脱一柔母，见吴楚之方，予以□添心字在内为母……”既然是吴楚之声，可见北音中并不存在，可以取消。22 母减去敷、微[心]三母，只有 19 母。

2. 照二照三已经合并，其音值应是[tʂ][tʂʻ][ʂ]。

上引《字母总括》歌诀中，“抵腭点齿惟正齿”一句，指的是正齿音二等与三等合并。抵腭、点齿，是当时对照二与照三发音特点的描绘，既然抵腭与点齿已无区别，则照系二等与三等也便合并了。徐氏举的字例是：生/升、森/深、诗/师、邹/舟，上举各组都是二等与三等，两类同音，而且已读为开口，不属齐齿，所以，其音值应当是[tʂ][tʂʻ][ʂ]。

3. 日母字一分为二，一为[ʐ]，一为零声母，与现代汉语十分相似。

徐氏“来照穿稔审精清”一句，把稔母(即日母)与照穿审列为同类，既然照穿审类已经是卷舌音了，那么，稔母也一定是[ʐ]。徐孝在《凡例》中说：“平声旧有阴阳清浊之分，混于检讨，今删去同、农、模、卢之浊平外，增泥、明、来、稔冀赵之音，以成纯洁一贯。”他把稔母与其他半浊音声母放在一类，也启发我们把稔母定为[ʐ]。尤应注意的是，徐氏在安排止摄字的时候，把尔、二、而等字列于影母之下，日字列于稔母之下，尔、二、而、日诸字，本来都属于日母，既然尔、二、而归于影母(即零声母)，那么，它们的音值很可能已与现代汉语中之[ə˞]相同，而日字所属之稔母，其音值当为[ʐ]。

4. 闭口韵消失。

徐孝把《切韵指南》的十六摄合并为十三摄：通止祝蟹垒效果，假拙臻山宕流门。最后一个“门”字，指门法，不是摄名。臻摄包括旧时的真文与侵导，山摄包括旧时的寒山、廉纤与先天。可见当时已经没有闭口韵，收[m]尾的已经合到[n]尾韵中去了。《中原音韵》的先天韵，是[iɛn]，现在与寒山合并，其音值也变成了[ian]。

5. 入声消失。

徐分声调为四种，即现代所说的阴平、阳平（徐氏叫“如声”）、上声、去声。旧时的入声字，分别编入阳平、上声、去声与《中原音韵》相近，跟现代汉语的入声分配不同。

此书可注意的问题很多，是研究现代汉语普通话语音形成史的重要资料。

乔中和之《元韵谱》(1611)乔氏并十六摄为十二佸。佸亦即摄。从十二佸的归纳，我们看出：闭口韵已经消失；入声只在阴声韵中出现，其塞音韵尾肯定已经消失，可能已经变为舒声。

《元韵谱》之《七十二母释》云：“于旧三十六位，删之为十九，四焉而为七十六，去蒙音四母得七十有二。”乔氏的声母，只有十九个，但他按照四呼，后面加上了元音，这便成为七十六个了。七十六减去四个，得七十二。单就介音而言，乔氏的声母，有声介合母的倾向。尤其值得注意的是：他的72母中怀/训、光/倦、孔/倦、寒/晓、庚/见、慨/奇，是对立的，这使人怀疑，舌根辅音声母有分化的迹象，[tφ][tφ'][φ]也许已经萌芽。乔氏的十九类中，非母与滂母合在一起，显然是不对的，所以，他的声母应该有二十个。

此外，明代讲等韵的书还有：萧云从《韵通》、方以智的《切韵声原》，两书都取消浊音声母，并为二十声母，其中保留着微母。《切韵声原》还有几点值得注意：(1) 对声母发音方法的分析相当

有见解，他所定的发、送、收，很合乎现代的发音分类。(2) 他指出“儿”为“独字”，证明“儿”已经从日母字中分出，这与徐孝所说相同。(3)《切韵声原》以“啌”表阴平，以“嘡”表阳平，把声调定为啌、嘡、上、去、入，比较醒目。

清初北音派等韵的代表，有樊腾凤《五方元音》、马自援《等音》、林本裕《声位》、赵绍箕《拙庵韵悟》等。这些等韵图，声母都在二十上下，其间分别，只在疑母、微母之有无，从疑微二母之时有时无，可以知道这两个声母与零声母确实十分相近。清初之分韵，多在十二上下，这是受清朝“国书”满文十二字头的影响，多少带有一点政治色彩。

（三）古音派的等韵学

此派等韵，目的只在以等韵研究上古音和《广韵》，其鼻祖为江永，继为者为戴震、江有诰、邹汉勋、章炳麟、黄侃。此派的主要特点为：

1. 以三十六字母为基础。

此派研究古声，以三十六字母为基础，或增或减，都以此为比照尺度。

江永笃信 36 字母，他在《四声切韵表・凡例》中说：“昔人传三十六字母，总括一切有字之音，不可增减，不可移易。凡欲增减移易者，皆妄作也。”钱大昕以 36 字母为标准分析上古声母，指出：古无轻唇音；舌音类隔之说不可信。实际上走归并之路。章炳麟、黄侃都是走归并之路。

2. 分别呼等是为古音服务的。

江永是典型代表，他在《四声切韵表・凡例》中说：“《字典》《音韵阐微》皆有等韵图，等列分明而音韵已备。《字汇》载横直二图，

师心苟作，音韵淆伪。直图删易母位，变紊七音，尤为纰缪。此表依古二百六韵，条分缕析，四声相从，各统以母，别其音呼等列。”可见，其《四声切韵表》是为说明中古音的。江氏不仅以等韵解释中古音，而且以等韵研究古音。他批评顾炎武说：“《古音表》分十部，离合处尚有未精，其分配入声多未当。此亦考古之功多，审音之功浅。”（《古韵标准·例言》）他在《古韵标准·第四部总论》中说：“自十七真至下平二仙，凡十四韵，说者皆云相通，愚独以为不然。真、谆、臻、文、殷与魂、痕为一类。口敛而声细。元、寒、桓、删、山与仙为一类，口侈而声大。而先韵者，界乎两类之间，一半从真谆，一半从元寒者也。”另外，闭口九韵之分，也是借助于等韵学。

戴震也是以等韵为分部标准的。

3. 入声阴阳两配。

后期等韵以入声兼配阴声韵与阳声韵。古音派的等韵学家受此启发，也采取阴阳两配来说古音。顾炎武首先发现上古入声配阴声韵。江永则取入声阴阳两配。戴震又主异平同入之说。

七、《字母切韵要法》

（一）《字母切韵要法》的产生

《字母切韵要法》产生于《五方元音》之后，康熙十二年以前，十七世纪中期之后，即 1699—1702 年之间，比《五方元音》迟三十年左右。

《字母切韵要法》的前身为《大藏字母切韵要法》，是印度和尚阿摩利谛所译之《大藏字母文字陀罗尼经》后所附的东西。另一个源头则是《三教经书文字根本》，此书与《大藏字母切韵要法》的时代差不多。此外，有关的还有《禅门日诵》。以上三种东西都与佛教有些关系，但《字母切韵要法》的来源，一直没有人去弄清，原因是高压，顺治和康熙都笃信佛教，无人敢泄其密，清代无人敢考证，直到《等韵一得》，劳乃宣才指出其源头，后来赵荫棠作了彻底的考察，弄清了来龙去脉。

（二）《字母切韵要法》的内容

1.《字母切韵要法》有两图，一为内含四声音韵图，一为明显四声等韵图。

内含四声音韵图，不标四声，标明开合，举例不拘四声，以四呼

统四声。例如“祴”字，包括鸡、古、居。

明显四声等韵图，标出四声，共十二图。

第一图内含四声音韵图是明显四声等韵图的准备，它其实只是个音节表，不管四声，这种分法很富于创造性，主要特点便在于以四呼统四等。

2.《字母切韵要法》分12摄，完全代表当时的实际语音。这与乔中和《元韵谱》的12佸，樊腾凤《五方元音》的12韵，很是相近，跟它的前身《大藏字母切韵要法》《三教经书文字根本》都是分12韵摄，可见当时的实际语音的确如此。

《切韵要法》跟《五方元音》相较，基本相同，只是《切韵要法》把《五方元音》的“虎”并到“祴”中去了，又把“地”之一部分列到“傀”中。

《切韵要法》总的特点是：简化韵部——梗曾通并为庚，闭口韵取消。祴摄包括i u y l ɚ，从内含四声音韵图可以看出对过去韵摄合并的情况，凡用圆圈标出者，都表明两摄并合情形。我们试看《内含四声音韵图》的“见”母下一行：

冈庚(庚)　祴高该(祴)　根干(根)　(干)钩

此行之(庚)、(根)、(干)即为归并记号，在圆圈所标之横行，完空白。

3.寄韵法。

所谓寄韵法，是说此字本当在某处，但不在某处而在另一个位置上，这另外的位置，不当是此字的位置，只是寄居于此。寄韵的原因，可有二端：其一，表示古今音变，一字有两读，一为古读，一为今读，按今音，不当在某处，但古音则确在某处。其二，韵和声母的排列有关系，某字不当在某韵，但该字的声母却必须排在这个位置，这也只好叫寄韵。

"双母重韵各有存，哲微舌聂结内寻"

这是表古今音变的。本应在迦韵，但现在排到结内。

"知等四字饥韵收"

这句最能说明构图者的苦心。知、池等字，在当时已经属支思韵，但韵图没有别的地方安排，只能依旧寄在饥韵内，这要特别提醒人们。

"播菩随孤是来因"

重唇音只有开口和齐齿，不当有合口和撮口，现在排在合口之后，是由于声母排列关系，不得不然。

"赀慈五字复归饥"

也是说此五字已经升为开口一等，现在仍排在齐齿呼的位置，需要人们特别注意。

"叕入诀内对韵真"

叕、呐等字，本应在迦摄瓜韵内找，但现在排到结摄诀韵里去了，找的时候要注意。

"猪除从居不须问"

猪除等字归居，是撮口呼，但实际上属于合口呼，当要查字的时候，只能到撮口居里找，合口里是没有的。

"挫瓜相连一处云"

挫应当和瓜在同一韵中，韵部读音相同，叫作"一处云"。但由于声母的关系，排到第四格撮口位置上了。

"俎孤同韵君须记"

这里说的是照二系与三等韵相拼。

"悲睦三声傀相亲"

止摄和蟹摄在近代音中重新分合，分合之后，原属止摄的"悲"等字，归到傀摄，不应再到裓中去找了，这也是指明历史变化。

"亦有蘱瘰乖中取"

这是说止摄“蘘、瘰”等字变成了[ai],尽管排在第四层,但还是应当象乖那样读开口,而不能读齐齿呼。

“若用呼砽鸠内跟”

“呼”“砽”等字,在当时已经读[u],但是在安排字表的时候,仍排在尤侯韵内,这也是寄韵,不是真应该读鸠韵。

总之,整个寄韵法实际上是《切韵要法》的使用说明,对若干因为音变和声韵配合关系而临时安排的音韵位置加以说明。

4. 三十六字母与四呼的排列方法

这里有浊音清化的反映。

《切韵要法》时代,照母和知母已经不分,但为了表示原来二者有区别,只好硬把知组排在开口和合口的位置,把照组排在齐齿和撮口的位置。我们看《内含四声音韵图》,开口正韵,合口正韵都没有照组,只有知组,开口副韵,合口副韵都没有知组,只有照组,正副之间,知照形成互补的关系,这不是语音的自然形态,而是人为的安排。这种安排,在对照实际语音的时候,必然发生矛盾。寄韵法的产生,很多就是为了对此进行说明的。例如“猪、除”等字,照规定只能在一等位置,但韵图上排在四等位置,一望便知,这是一种特别的安排。

又如“支、尸”属于开口呼,但排在齐齿呼,这是没有办法的,因为照组只能排在这个位置,这个位置的字并不反映它的实际音韵位置。

“蘘、瘰、衰”等字,本来属合口,因为照组只排齐撮,所以在现在这个位置,但又担心人家找不到,不得不在“寄韵法”中加以说明、提示。

轻唇重唇,也有这层关系。重唇音排在开口跟齐齿,轻唇排在合口,《内含四声在韵图》中,开、齐两呼有重唇无轻唇,合口呼中有轻无重,撮口无唇音字。“寄韵法”说“播菩随孤是来因”就是说这

几个字是重唇音，按理不应当在合口的位置，现在安音这个位置，是与规定不符合的，因此必须提出说明：这是借位。

《寄韵法》中说“悲、睦三声傀相亲”也是说明轻重唇关系的。傀摄只有合口和撮口，悲、睦在傀摄，只应在合口，但因为重唇只允许排在开口和齐齿的位置，所以现在排到开口呼的位置上了，其实它应当在傀的位置上。

“呼碍鸠内跟”鸠摄没有合口与撮口，只有开口齐齿，但这里却把呼、碍、浮排在合口位置了，这也是没有办法，因为轻唇只能在这个位置。

又，从《切韵要法》中看，尖团音还有区别，因为精系和见系的细音还有区别。

5. 借入声法

迦结裓歌四声全，该干迦下借短言。

庚于裓求傀如是，冈高根钩歌内参。

《切韵要法》入声分配原则与《五方元音》相同，即单元音摄有入，复元音和收鼻音韵摄无入，它们又向单元音韵摄借入。这种借入之说，对于理解现实语音虽有一定意义，但远不及这学说对古音学家的影响，古音学家们的入声阴阳两配之说很可能受此启发。

（三）《字母切韵要法》的影响

1. 对《等韵切音指南》的影响

《切音指南》是根据《切韵要法》改造了《经史正音切韵指南》后的产物。《要法》对《切音指南》的影响很明显。

（1）摄次的改变

《切韵要法》的摄次是：迦结冈庚裓高该傀根干钩歌。

《切音指南》的摄次是：果假梗曾通止蟹迁山咸深臻江宕

效流。

《切韵指南》的摄次是：通江止迁蟹臻山效果假宕曾梗流深咸。

三者的关系，由此可见，《切韵要法》把摄次改变了，而且对梗曾通，深臻，山咸进行归并，而《切音指南》则把梗曾通、深臻、山咸排列到一起，这是归并的前夕。是从《切韵指南》到《切韵要法》的过渡物。

（2）《切音指南》留有《切韵要法》并摄的痕迹

《切韵要法》的并摄，影响到《切音指南》。

曾摄内六合口三等有"恭"字，这是通摄字，在通摄三等内复书，可见这是并摄的遗迹。

江摄二等有江讲绛觉，在宕摄二等复书，这是江宕合并的痕迹。

深摄见母一等有根，此字显属臻摄，渗入此处，表明闭口韵已消失，正如《要法》之归二者为一者用。

咸摄一等有千，四等有尖。此为山摄字参入咸摄例，是《要法》合并山咸的遗迹。

（3）唇音字的配列关系

《切韵要法》把轻唇归于合口，重唇归于开齐，《切音指南》改变了《切韵指南》的配列关系与《要法》同。

《切韵指南》把方、放、仿等字归于开口，《切音指南》改为合口，显然受《切韵要法》影响。

梗摄兵丙诸字在《切韵指南》中归合口三等，《切音指南》改为开口，与《切韵要法》同。

以上种种，证明着《要法》对《切音指南》的明显影响。

（4）正齿音二三等的排列

庄初崇生在《切韵指南》中本来排在二等，即所谓照二系，但

《切音指南》一律改在三等。这显然受《切韵要法》的影响，因为《要法》规定照系字排在齐齿呼和撮口呼，不在一二两层。

（5）止摄唇音字“彼、美”等字改从一等，也是受《切韵要法》影响。因为《要法》把这几个字排在一等。

（6）入声系统的变化

止摄入声有德字，这是从《要法》中来的。

流摄原来以屋、沃配，《切音指南》改以药铎配，这与《切韵要法》同。

（7）字母标目，《切音指南》与《切韵要法》同。

2．对近代北音韵书和注音字母的影响

近代北音韵书都是十二摄或十三摄，这与《要法》很一致。

注音字母主要参考了《五方元音》和《字母切韵要法》，a．梗曾通合一即其例。b．uo、r 不分，即《要法》的“歌”摄。c．舌尖元音不另列主要一韵。这与《五方元音》的“地”，《切韵要法》的“裓”相同。d．保留入声，显系受《要法》影响。

3．对古音学的影响

对南北混合派的古音学家有明显的影响。

潘耒、劳乃宣、江永等人受其影响最为明显，声母上推重 36 字母，声调推重平上去入，等呼上推重四呼。

养生经典传承系列

健康之本在养性

孙思邈养性论讲记

赵海亮 / 著

中华医学电子音像出版社
CHINESE MEDICAL MULTIMEDIA PRESS
北 京

图书在版编目（CIP）数据

健康之本在养性：孙思邈养性论讲记 / 赵海亮著
. — 北京：中华医学电子音像出版社，2024.8
ISBN 978-7-83005-436-6

Ⅰ. ①健…　Ⅱ. ①赵…　Ⅲ. ①养生（中医）　Ⅳ.
①R212

中国国家版本馆 CIP 数据核字（2024）第 101332 号

网址：www.cma-cmc.com.cn（出版物查询、网上书店）

健康之本在养性——孙思邈养性论讲记
JIANKANG ZHIBEN ZAI YANGXING——SUNSIMIAO YANGXINGLUN JIANGJI

著　　者：赵海亮
策划编辑：李超霞
责任编辑：李超霞
责任印刷：李振坤
出版发行：中华医学电子音像出版社
通信地址：北京市西城区东河沿街 69 号中华医学会 610 室
邮　　编：100052
E-Mail：cma-cmc@cma.org.cn
购书热线：010-51322635
经　　销：新华书店
印　　刷：廊坊市佳艺印务有限公司
开　　本：710mm × 1000mm　1/16
印　　张：19.5
字　　数：264 千字
版　　次：2024 年 8 月第 1 版　2024 年 11 月第 2 次印刷
定　　价：68.00 元

序

2015 年，我即将到退休年龄，本想“闲庭信步享清晖，人寿天伦共举杯”，但承蒙同仁们的赏识与信任，邀我担任中华中医药学会养生康复分会的主任委员一职，我欣然接受了，一来因为我是中医出身，对中医有深厚的感情；二来我常年从事保健工作，深知养生保健对一个人的健康长寿是多么重要。

在养生康复分会工作期间，我结识了野山参鉴定专家方士福先生。方老年近耄耋，但神采奕奕，为名贵中药材鉴定技术的传承奔走忙碌。方老身为世界中医药学会联合会中药鉴定委员会常务理事，中国人民解放军总医院（301 医院）中医院野山参博物馆副馆长，还担任北京市中医管理局首批试点建设的中医药传统技能传承工作室——方士福中医药传统技能传承工作室的导师，培养了一批名贵中药材鉴定工作者，赵海亮博士就是其中一员，有鉴于他的学术成就，方老推荐给了我。

赵海亮博士是 2021 年成为方老入室弟子的，跟随方老学习野山参鉴定技术。他是清华大学工学博士、北京中医药大学医学博士、中医执业医师。赵博士热爱中医，由理工学科转中医药学科，这样的学习经历实属少见，因此引起了我的兴趣。赵博士现在已经是临床多年的中医大夫了，不但对中医药临床有丰富经验，在中医养生方面也颇有心得，尤其对孙思邈先生“养生重在养性”的理论深有体会并用于临床实践，深受患者欢迎，于是将其经验及心得整理成书，蒙方老亲自携弟子登门请我修改云云，我被这一老一小的治学精神所感动。当我打开书稿细细阅读之后，为书中深入而流畅的论述所吸引、所触动，遂为其提笔作序。我认为本书有以下几个亮点。

一是书中关于养性的阐述，都是来自作者在临床实践中的观察感悟，以及日常生活中的切身体会。我能够感觉到，很多内容是源于生活，有感而发，娓娓道来，言之有物，绝非照本宣科。这就增加了本书的可读性，并有一种真实和亲切感。

二是作者认为，养性是身体－精神－生活－社会的健康整体观，一个人的身体健康、精神健康、生活状态和社会适应都是一个整体，疾病不是独立存在的，而是这个整体的一个侧面，是这个生命整体状态的投射。这个整体是牵一发而动全身的，各个侧面互相影响、互为因果。因此养生防病不能局限于身体这一方面，还必须百行周备，身心兼顾，使我们的精神、生活和社会适应等各个方面都保持良好的状态。这既是中医学的传统观念，也是非常先进的现代理念，是生物－心理－社会现代医学模式的发展方向。

三是作者认为，养性是修养并改变一个人的内在精神情志状态，主要涉及心性、情感、心理、心态、欲望、思维等精神层面的因素及其在日常生活中的各种具体表现。我们在日常生活中修心养性，对名利欲望的约束、对情绪的调适，以什么样的心态看待事物，以什么样的心理与人相处，以什么样的精神面貌面对生活，如何顺应自然规律和四时节律，如何把养性落实在饮食起居的方方面面，如何提高自己在生活中的幸福感等，这些都是养性的具体入手处，都昭示出养性对于养生的重要性。

四是作者对养性的论述源于中医学经典，又能结合传统修身文化，可谓学有所本、言有所据、融会贯通。本书以唐代医家孙思邈所著《千金要方》的养性内容为依据进行阐述，确保了其学术的传承性和论述内容的可靠性。作者认为《黄帝内经》讲“恬惔虚无，真气从之，精神内守，病安从来”，以及“其志闲而少欲，其心安而不惧”等，就是以养性为健康之本的思想渊薮。本书引用《道德经》《庄子》《大学》《中庸》《论语》等文化经典，阐述养性的思想和方法，是借他山之石，攻养性之玉。

养生已经成为当下人们普遍关注的问题，也是具有广泛社会效应的话题。在养生信息鱼龙混杂、保健方法满天飞的当下，身为养生领域的专业化学术机构，我们中华中医药学会养生康复分会有责任给大家更好的指引。作为一名多年工作在医疗卫生和养生保健领域的中医药工作者，我对于养生相关的内容更具有敏感性。当我读到本书之后，深深感觉其中的观点和理念于我心有戚戚焉，颇能引起我的共鸣。

因此，将此书推荐给大家，想必能够对大家有所裨益。

中华中医药学会养生分会主任委员

原卫生部保健局副局长

原中日友好医院党委书记

2024 年夏

导读

学习养生的第一部典籍是“孙思邈养性论”

一、生病是多么奢侈的事

在经济发展和科技进步的今天，人们物质条件优越，生活便利，大部分生活问题都有很好的解决方案。但在这种美好与富足的生活中，仍然有两个问题越来越成为人们广泛的困扰：一个是身体健康问题，另一个是精神健康问题。这两个问题其实是互相联系、互相影响、互为因果、密不可分的，可以合而言之为身心健康问题，且已经出现愈演愈烈之势，成为每个人在生活中绕不开的大考。

作为一名临床医生，笔者每天接触到各种各样的患者，对于人们在身心疾病过程中承受的痛苦和无奈感受很深。身心的折磨、家庭的变故、经济的损耗、劳动能力的丧失、亲人的离别……疾病带来的远不仅仅是身体上的痛苦，而是对整个身心健康、家庭幸福乃至生活质量的全方位打击。对于那些疾病缠身的人、因病而生活不能自理的人、为了看病而耗尽心血的人来说，整个家庭的幸福生活被疾病彻底摧毁。一旦失去身心健康，即便拥有万贯家财、显赫地位、众多亲人等，都不能让自己免于痛苦的折磨。因此，对于每个人来说，身心健康是人生之本，是人生的第一需要。

近日网上流传的一句话很有道理："为什么医生养育孩子都很佛系？因为医生见过后悔的家长。"不仅是养育孩子，其实在人的身心健康方面，医生更是见过太多太多后悔的患者。因此，临床医生对健康的脆弱和生病的可怕感触最深，吸取教训也最深。

在生活节奏日益加快和医疗成本不断增加的今天，人们看病的时间和经济成本大幅提高，生病变得越来越"奢侈"。有没有时间看病？有没有假期养病？有没有精力照顾生病的家人？有没有经济能力看病？有没有保障可免于因病而失去工作？很多人因工作而没时间看病，有的人生了病却没人照顾，有的人因病失去了工作能力，有的人因病返贫。特别是一般家庭的中年人，扛家庭重担于一身，上有老，下有小，工作繁忙，多重责任，哪里敢生病！因此，对于一般家庭而言，健康的身体是维系工作和生活的前提，根本没有条件生病，也根本没有资格生病。有时候不得不感慨：对于每个人和每个家庭来说，生病是多么奢侈的事情啊！

二、养生与治病有本质区别

一般人在没得大病之前，对养生这件事的认识是不够的，对于身体的潜在危机是麻木的，只有在得了大病以后才突然意识到问题的严重性，一般就已经晚了，从这时开始对健康的所有关注就不能叫"养生"，而是漫长的"求医治病"之路了。

为了帮助大家认识养生和治病这两个阶段的区别，这里介绍一个"健康海拔"的概念。如果把一般健康人的健康水平比作海平面，其健康海拔为0，得了大病、慢性病的人的健康海拔就是负数，而身体健康、体质比常人更优的人的健康海拔为正数。把健康海拔从负值往0的方向提升，这就是治病的过程；在健康海拔为0的基础上，采取措施确保它不跌落至0以下，甚至让它往上、往正数方向提升，这称为养生。

这里举一个夸张的例子：一个人走在悬崖边上，走的方向有点歪了，眼看就要坠落悬崖了。这时候有人提醒他：你赶紧调一下方向，以免掉下去。他说：现在还没掉下去，何必多此一举呢，等掉下去之后再想办法往上爬就是了。对于人的健康来说，生病就像身体“坠落悬崖”，此时健康海拔也急剧下降，想要从悬崖底爬上来、把健康海拔往上提升，其实是非常困难的，这是治病的过程；如果在“坠落悬崖”前稍作调整，就可以避免坠落，这是非常容易的，相当于未病时进行养生的过程。治病与养生两者之间存在一个质的落差，其难度系数和收益率不可同日而语。从悬崖底往上爬，即使费很大工夫也很难爬上来；但若在坠落前调整方向，往往只需要花费比较小的努力就可以避免坠落悬崖。

因此，我们在未病之时，提升并维持健康海拔大于0比较容易；得病以后，即使付出很大代价也很难让健康海拔提升至0点。每个人都要审视一下自己的健康海拔目前处于什么状态，是不是已经掉到健康海拔为负数的悬崖下了。分清养生和治病的界限，才能知道怎么制定自己的健康规划，才能开始自己的养生事业。

三、养生是最有价值的投资

人无远虑，必有近忧。大部分人开始认识到健康的重要性，都是在已经失去健康之后。这时候就不得不承受疾病带来的各种折磨和损失，在疾病的打击中仅能被动地勉为自保，以图减少损失，要想恢复以前的健康状态是非常难的。因此，患者无不是悔不当初，要是早点开始养生而能不生病该多好。

与其亡羊补牢，不如防患于未然。提前采取措施维护健康，预防疾病的发生，这才是上策。我们在这方面完全没有任何心存侥幸的余地，身边的每个患者都在以自己的亲身经历给我们提供反面教材。以患者为镜、以疾病为师，我们可以受到警示，及时关注自己的健康前景和养生规划。

如果一个人有了各种资产，企业也好，房产也好，股票也好，存款也好，为了保护好自己的资产不受损失，为了确保自己能够掌控这些资产的安全和增值，他一定会竭尽全力把经营管理这些资产的知识和技能都学会，把与此相关的自己和别人的经验教训都研究清楚。人们甚至会念兹在兹，殚精竭虑，把研究这些资产当成自己的“命根子”。然而，人们常常会忽略——自己的身体，一个健康的身体是尤其重要的“资产”，是人生第一份牢牢掌握在自己手里的“固定资产”，是创造其他任何资产的必备条件和第一资本。事实是，较少有人关注这份最重要的“资产”，针对身体的安全和保障下功夫，学习有关身体健康的知识，研究身体健康的规律，谋划身体健康的预案，防范疾病侵害的风险。如果把健康的身体这份最重要的“固定资产”抛于脑后，置之不顾，却斤斤于追逐依附其上的房产、企业、存款等资产，岂不是捡了芝麻，丢了西瓜，皮之不存，毛将安附！

养生就是通过主动行为进行全周期健康管理，提前保养身体，维护健康，从而避免疾病的发生。这些年来，养生的理念已经受到人们的广泛重视，成为人们生活中关注的话题。养生的重要价值在于，通过在生活中提前做一些小的努力，就可以避免将来被疾病打击得一败涂地，避免身心、家庭、事业、生活等各方面遭受重创。如果把养生当作一项对健康的投资的话，它的投资收益率是非常高的。完全可以说，养生是一本万利的事业，养生是智者的投资，养生是每个具有长远眼光的人的必修课。

四、养生要依止经典

笔者在门诊给患者诊疗之余，也常常会回答患者提出的一些关于养生的问题。笔者发现，虽然人们已经知道了一些养生知识，但往往不得要领，对于养生的困惑和忧虑不减反增，在实践过程中把养生错误操作成伤身的情况也非常多见。

人们通常理解的养生，是要吃点什么、喝点什么、做点什么理疗、做些什么锻炼等一些具体的方法。这种对养生的理解只是浮于表面，没有抓住养生的核心要旨与关键要素，就会不知其要，流散无穷，最终达不到养生的效果。我们只有抓住养生的核心与关键，才能做到胸有定见，事半功倍，真实受益。

人们对养生的理解不够全面和深入，主要问题出在养生知识的来源上。人们跟着流行思潮、市场推动、媒体报道、道听途说或主观臆测的信息来养生，通常会存在各种各样的偏差，出现对养生的误解，很难获得养生的益处。因此，首先要把控养生知识的信息源，从源头提高知识质量，以便自己能够获得对养生深入且全面的认识，从而真正从中受益。

养生知识一定要植根于深厚坚实的医学理论基础和临床医疗实践，并且得到广大群众的实践认可和长期的历史检验，这样才是可靠的养生知识。

笔者比较推荐的第一部养生典籍，就是唐代著名医学家、养生学家和道家大德孙思邈在其医学名著《备急千金要方》（简称“《千金要方》”）中记载的两个篇章：《养性序》和《道林养性》。这两篇是《千金要方》中专题论述养生知识的部分，我们把它们单列出来，姑且合称“孙思邈养性论”。本书中提到的“孙思邈养性论”就是指这两个篇章。

为什么要推荐孙思邈的这部养生著作？

首先关注一下孙思邈其人。孙思邈是唐代医学家，生卒年代是公元581—682年（一说公元541—682年），寿命达百岁以上。无论是在普通人还是医学家、养生学家的范围内，孙思邈都是首屈一指的长寿达人，也是对养生身体力行而且成效显著之人，因此被后世尊称为“孙真人”。

孙思邈还有如下几个特点，决定了他在养生学中的学术地位。

1. 其人医道并行　他本人既是唐代承前启后的大医学家，又是道家的修行者。研究生理病理、治病救人是医家的范畴，研究贵生养性、延年益寿是道家的主旨。孙思邈医道兼通，在医学和养生两方面都造诣高深。

2. 其学医养大成　孙思邈在其巨著《千金要方》中，集唐代以前医学之大成，全面论述和总结了中医学临床知识和养生知识，成为中医学发展史上承前启后的一座丰碑，后世历代医学和养生学都是在此基础上进一步发展而来的。

3. 其行亲历亲证　孙思邈并非单纯研究医学和养生学知识的学者，而是能实实在在身体力行、付诸实践的行者。作为医者，他亲身实践临床医疗。作为养生者，他亲身体证养性延年。最终他的养生成效不但远超一般人，也远超绝大多数医学家、养生学家，实现了防病治病、延年益寿的目标。他以自身的生命实践向我们证明了中医养生知识的可靠性。

4. 其论全面深刻　孙思邈养性论是孙思邈汇集唐代以前的医学养生典籍并总结而成的精华，其论述立足深厚的中医学理论和临床知识体系，而落实于生活中的方方面面，其对养生的见解全面、深刻，高屋建瓴，贴近实践。孙思邈养性论一步到位，直指核心，把养生定位到养性的高度和深度，从人的精神、心理、心态、情志、欲望、生活习惯、生活方式、饮食起居、衣食住行等各个方面，全面而深刻论述养生的精义，突出了养生贵在养性的整体观，所有养生内容均以养性之理一以贯之。其论述也比较通俗易懂，贴近生活，易学易用，具有很强的可操作性。

因此，笔者推荐把孙思邈养性论作为学习养生所依止的第一部典籍，推开我们深入学习养生知识的大门，以保证养生知识的权威性和可靠性。在此基础之上，再进一步学习历代养生家的著作，就可以触类旁通、举一反三了。

五、养生的核心是养性

纵观孙思邈养性论全文，可知其养生思想要旨，即养生的核心是养性。这就是知其要者，一言而终。

那么什么是养性呢？

首先看什么是性。性就是本性、本质、秉性，是贯穿在一个人精神、情志、情感、心态、思维、习惯、生活方式和生活状态等多方面之中，具有一定稳定性、整体性和特征性的内在本质，也是一个人作为独特个体能与其他人相区别的特征。俗话说“江山易改，本性难移”就是这个意思。

所谓养性，就是修养并改变一个人的内在本质，从精神、情志、情感、心态、思维、习惯、生活方式和生活状态等多方面对自己进行改进，内外同调、身心同调，让自己整体的身心面貌不断提升、不断进步。正如《大学》所讲的“苟日新，日日新，又日新”“作新民”。人通过养性，就改了性，就像换了个人一样，脱胎换骨，焕然一新。

养性，是深刻地修养身心，深刻地改变一个人的内在特质，全面地改变一个人整体的生活状态。养性是自我革新，它的程度之深，要达到刻骨铭心、重新做人的程度，让人成为更好的自己。养性的人，追求的是整个生命状态的提升，必然会获得增益身心健康和预防身心疾病的结果。

养性是整体观的养生。一个人的健康状况并非孤立现象，而是其整体生活状态的一个侧面，与其生活方式、精神面貌、心理状态、家庭生活、职业状态等密切相关，是一个身体 - 精神 - 生活 - 社会多维联系的综合问题。

平时我们通过观察很多患者后发现，除了少数先天性疾病或传染病患者，那些慢性疾病缠身或者大病早发的人，一般都能在其身心生活各方面找到发病根源：要么长期情绪不佳，要么负面心理积累，要么家庭关系紧张，要么职业环境恶劣，要么食色之欲不节，要么劳神劳力过度，要么生活极不规律，要么压力重重，要么愁肠满腹……这些慢性疾病或突发的大病并不是空穴来风，也不是随机发作，而是在不健康的生活方式和身心状态下长期积累、久久酝酿而来的。如果把一个人长期的身心生活状态比作土壤，健康就是这个土壤上生长出来的禾苗。什么样的土壤，就长什么样的禾苗。良好的身心生活状态，自然就会让人获得健康；不良的身心生活状态，一定会酝酿出疾病。

我们期盼健康，希望远离疾病，但只有这个美好愿望是没用的，必须去研究身心健康的规律，按照规律付出努力，才能收获结果。想收获茁壮的禾苗，就必须去培养那片土壤。古人云："菩萨畏因，众生畏果。"只有从因上、从这个"土壤"上努力，才可以实现这个期盼的果。从身体－精神－生活－社会多维度改善我们的"土壤"，从整体上提升身心生活状态，这就是养性，是具有整体观的养生，只有这样才能收获健康的结果。不改造土壤而期望改变禾苗，这是缘木求鱼，难以得到满意的结果。

反过来，有的人不知道养性，不懂得身心健康的整体观，其心目中的养生是吃点什么、喝点什么、锻炼点什么，这些都属于单一的行为、细节的方法、表面的现象，没有达到改变一个人身心内在特质的深度，没有达到自我革新的高度，不具备全面改善身心生活状态的整体观，所以往往不会起到太大作用。虽然他吃着各种药物，做着各种锻炼，施行各种养生方法，但仍然摆脱不了嗜欲缠身、名利压身、情绪不畅、起居不节的"坏土壤"，其心性、心态、情志、生活方式都没有本质改变，整体的身心生活还处在低水平、低质量的状态，这样是很难获得健康的，养生效果也必然事与愿违。

《黄帝内经》讲养生的根本是"恬憺虚无""精神内守""顺应四时""饮食有节""高下不相慕"，还强调治病贵在治神，上工治神。这都是身心同调的观念，体现了身体－精神－生活－社会的整体观，这就是养性。

在《黄帝内经》之后，汉唐之际，人们径直用"养性"一词来指养生。梁代医学家、养生学家陶弘景在其著作《养性延命录》中，就用的是"养性”。孙思邈在其巨著《千金要方》中也是用的“养性”。这说明自古以来的学者都强调养性是养生之本，养生的核心内容是养性。

本书分为正文和附录两部分。正文分十三讲对孙思邈养性论原文内容逐句讲解，每讲结构编排先列原文，后进行阐释，并结合生活或临床举例说明，帮助大家深刻领会孙思邈带给我们的中医养生理念。附录为孙思邈养性论原文，以《备急千金要方校释》（李景荣等校释，人民卫生出版社，1998）为版本依据，供读者参考。

孙思邈养性论作为一部养生经典，其内容广博，具有文献汇集的性质，但行文结构相对松散，笔者随文阐义，未敢多做整饬，加之水平有限，难免存在冗余与未尽之处，愿读者得孙思邈养生思想之真义，而谅笔者文辞之粗陋。

最后，祝愿大家都能善于养性，收获身心健康，延年益寿。

赵海亮

2024年6月

目 录

第三讲
养生的难点在养性

第四讲
《黄帝内经》的养性方法

第五讲

养性贯穿一生，联结两代

第六讲

养性要在生活中做减法

第七讲

百岁老人的养性之道

第八讲

富贵病、身心关系与治未病

第一讲 未知死，焉知生

未知死，焉知生。

不深刻体会生命的短促，就不能懂得贵生的道理和养生的紧迫。不提早审视死亡，就不能恰当地过好这一生。回顾和反省这一生利弊得失的时机，正是现在。

养生的根本，是养性。

养性之人，根本上是提高自己的心性修养境界。他们对于名利和非名利保持若存若亡的超然心态，为人处世达到中道洒脱的状态，把谋求生活、追逐名利、建功立业，同修养身心、贵生惜命、养性延年兼顾起来、圆融起来，互不矛盾，进退无碍，自然会得到身心健康的提升。

不审视死亡，就不能珍视健康

1. 人的一生就是这么短暂

扁鹊云：黄帝说昼夜漏下水百刻，凡一刻人百三十五息，十刻一千三百五十息，百刻一万三千五百息。人之居世，数息之间。

这段扑面而来的是孙思邈给我们的当头一棒，苦口婆心，用生命短促和终将死亡这个最沉重的话题，来警醒我们对养生的重视。

扁鹊是战国时代的名医，他在这里引用了古圣先贤黄帝的话。“昼夜漏下水百刻”，这里用的是铜壶滴漏这个古代计时工具，即用铜壶往下滴水，一昼夜滴漏一百个刻度。每滴一个刻度的时间里，人经历135次呼吸，十刻是1350次呼吸，百刻是13 500次呼吸。

算这个的目的是什么呢？“人之居世，数息之间”，这就是结论。人活在这个世上，寿命也就是多少次呼吸而已，一算就算出来了，一共就那么多次呼吸，是很短暂的，并不是要多长有多长。用呼吸次数来计算人的寿命，主要突出了寿命之短暂，因为每呼吸一次这个数目都在减少，呼吸一次寿命就短了一点。人的呼吸不能停，时间不能停，寿命减损的脚步也不能停。

《庄子·齐物论》中也提到这个观点：“一受其成形，不亡以待尽。与物相刃相靡，其行尽如驰而莫之能止”，就是说人的生命一旦成形以后，虽然还没马上死亡，但是却一直在衰耗中等待死亡、走向死亡，人的生命与外物相互影响而损坏，在通向死亡的道路上奔驰如飞却不能停止。

2. 人生旅程需要从终点开始规划

大部分人都不愿意去谈论死亡的问题，有意无意地回避这个话题，似乎认为活着是天经地义、理所当然、永远如此的，对活着习以为常，从来不去想生命有时而尽，不去想终点在哪里。这就是人们对健康和养生问题感受迟钝和认知浅显的根源。

生命是一个时间段，就像一条通向前方终点的道路。我们走在路上，要想走得好、走得顺、走得圆满，首先必须知道终点在哪里，然后由终而始，反过头来才能规划好这一路的行程。如果不关注终点，不审视死亡的人，走在路上就没有方向感，没有紧迫感，浑浑噩噩，摇摇摆摆，信马由缰，人生会过得很盲目。人们还常常被路旁各种诱惑带偏，被外物吸引，追名逐利，贪图荣华，不断地劳心竭力，损伤生命以换取外物，牺牲健康以换取虚荣，在生命的后半场陷入无尽的病苦深渊，最后往往懊悔不已。

只有提前审视了死亡，我们才能认清生命的本来面目，才能去思考自己到底该用什么样的态度来面对生命，用什么样的方式来走这生命之路，在生命之路上该做什么取舍，从而真正做到珍视健康，合理规划自己的生活方式，制定恰当的健康策略，有计划地进行养生、保健和治疗，对自己的生命健康进行全周期维护和全方位管理，那么，我们必将获得一个健康、自在的生命体验，这才是一个圆满人生应该达到的状态。

对死亡的审视是一剂苦口良药，让人们觉醒。孔子有句话叫“未知生，焉知死”，是强调关注当下的生活。我喜欢反过来讲，就是经常说的一句话叫“未知死，焉知生”。不对死亡问题进行审视，就不会懂得怎么过好当下这个人生。研究了死亡的问题，才会懂得生命的可贵，才会产生养生的动力，才能让我们以更加健康圆满的方式过好这一生。

3. 医院病房警醒人

很多人不喜欢讨论死亡和审视死亡，那么可以先去想想疾病的问题。

不知道大家有没有在医院探望或者照顾重症亲友的经历？我就有过这种体验，在医院照顾重症患者1个多月，看到患者被疾病折磨的情形，生命状态没有任何质量可言，作为旁观者的我能感觉到患者真的是如在炼狱，生不如死。重症患者在生命末期，不但要承受身体上各种极端的痛苦，而且还可能没有任何尊严。我相信，每个人看到这种情形，都会说我绝不想走到这一步。

这个感受光靠想象是不行的，必须通过亲自体验才能触动自己。医生是对疾病痛苦直观感受最深的群体了，一般人因为接触少，往往感受不深，所以应该尽可能有意去观察一下医院病房的情形，这有助于我们清醒地认识疾病究竟意味着什么。如果大家能共情到那些患者的痛苦，就会珍视健康，懂得不要随意折腾身体，不要放纵欲望，不要胡吃海塞，再也不要因为一些鸡毛蒜皮的事情而陷入不良情绪，更不要因为外物名利整天劳心竭虑而把健康牺牲了。

4. 回顾一生的时机正是现在

我们还可以进行思想试验。很多人在走到生命终点的时候，会回顾自己的一生，现在就可以提前在心里想象，假设我们到了死亡之际，开始对一生进行回顾。我们审视自己一生的祸福得失，健康是怎么失去的，病苦是怎么招来的，哪些做法是错误的，哪些做法是恰当的，在人生中什么东西重要，什么东西不重要，就会发现其实自己在很大程度上虚度了人生。该做的事情没有做，不该做的事情做了太多；重要的事情没有关注，不重要的事情把自己困在了陷阱中，诸如此类。宋代大文豪苏东坡善于回顾与反省，他曾说："谪居无事，默自观省，回视三十年以来所为，多其病者。"他反省后认为自己半生所作所为存在很多不当之处，因此他能及时革故自新，不断进步。每个人其实都一样，我们会去想，如果人生能够重来，自己一定换个方式活，我们可能做出不同的取舍，走上不同的路线。可是真到病重垂危之时就没有机会重来，这就是死亡的教训。这些对死亡的审视和思考，能够给我们带来珍视健康的无限启迪。因此，我们必须提前去做这个回顾，不是别的时候，而就是现在。

信哉！呜呼！昔人叹逝，何可不为善以自补邪？

孙思邈就此给了我们一个大感叹号，连声感叹，抛出了每个人的人生第一大无奈的问题。这里还借助圣人的话来进一步强化这个感叹，“昔人”是指孔子，孔子曾经说：“逝者如斯夫，不舍昼夜。”感叹时间流逝不停，生命随之不断消损。生命的短促和死亡的无奈，正是督促我们珍视健康，以更加积极、更加负责任的方式养生、保健，提升身心健康和生命境界的动力。

“为善以自补”，这句话引开了全篇文章的主旨。这是鼓励每个人主动采取措施，去维护和改善自己的健康，接下来的全部内容都是进一步阐述如何为善，如何自补，如何养生的。

医学不是万能的

生命短促和死亡无奈的感叹，自然会让人想到医疗。很多人会说，有病治病呗，怕什么，现在医疗条件越来越好了，得病没什么大不了的。这使我联想到一个让自己深受触动的现象，就是医学经典和临床大家是怎么看待医学的。

1. 医学不能让我们有恃无恐

孙思邈本身是大医学家，其医术是很高的。《千金要方》是一部临床医学巨著，记载的医学理论和临床治病方法极其丰富。但是，孙思邈在这里大发感叹说寿命短促，以充满无奈和悲怆的口吻告诫我们，要敬畏生命，就是因为生命的流逝和生老病死的规律，不是医学所能逆转的。他并没有说，我们医学很发达，医术很高明，大家好好学我的著作，有病不用怕，我们有药，我们有《千金要方》。

汉代的张仲景被尊为医圣，其巨著《伤寒论》被尊为祖国医学经典，是千百年来历代医家学习医学、提高医术的必读著作。同样，张仲景在《伤寒论》自序中，用几乎一模一样的口吻感叹说："怪当今居世之士，曾不留神医药，精究方术，上以疗君亲之疾，下以救贫贱之厄，中以保身长全，以养其生。但竞逐荣势，企踵权豪，孜孜汲汲，惟名利是务，崇饰其末，忽弃其本，华其外而悴其内。皮之不存，毛将安附焉？卒然遭邪风之气，婴非常之疾，患及祸至，而方震栗，降志屈节，钦望巫祝，告穷归天，束手受败，赍百年之寿命，持至贵之重器，委付凡医，恣其所措。咄嗟呜呼！厥身已毙，神明消灭，变为异物，幽潜重泉，徒为涕泣。痛夫！举世昏迷，莫能觉悟，不惜其命，若是轻生，彼何荣势之云哉？而进不能爱人知人，退不能爱身知己，遇灾值祸，身居厄地，蒙蒙昧昧，蠢若游魂。哀乎！趋世之士，驰竞浮华，不固根本，忘躯徇物，危若冰谷，至于是也！”

张仲景的这段话想表达的是，可叹现在的人们，不知道学习医学知识，以保护自己和亲人的生命健康，而只沉迷于追逐名利而不惜舍去健康，舍本求末，不知道反思，生命健康都没了，名利还有什么用。人们不知道提前预防疾病，到突然间患了大病时才呼天抢地，束手无策，把珍贵的生命健康胡乱处置。张仲景感到非常悲痛，认为人们浑浑噩噩，没有觉悟，不珍惜生命，轻视健康，却追求浮华的名利和外物，真的是悲哀和危险啊！

张仲景作为大家心目中的医圣，医术高明，治病救人自然不在话下。但是他没有说，大家得病别怕，我们的《伤寒论》学术高深、医术精妙，学了医术还怕什么病呢？他反而在自己的临床医学著作中，以如此沉重的心情，劝诫人们敬畏疾病，千万不要以为有了医药就可以轻视疾病。

祖国医学经典《黄帝内经》也这样说：“圣人不治已病，治未病；不治已乱，治未乱，此之谓也。夫病已成而后药之，乱已成而后治之，譬犹渴而穿井，斗而铸锥，不亦晚乎？”这是强调明智之人在疾病未发生之前，就会积极采取措施预防疾病，避免疾病的发生，而不是等疾病发生以后才亡羊补牢般地治疗。不预防疾病，在生病了之后才开始治疗，那是“渴而穿井，斗而铸锥”，想喝水了才发现还没打井，临上阵了才想起来制造兵器，就太晚了，很难得到预期的结果。

医学经典和临床大家本身都是擅长治病的，但都是劝人养生，预防疾病，而不是宣扬医学的伟大，让人觉得有医学依仗，就可以肆无忌惮，就可以不敬畏疾病，就可以对疾病抱侥幸或轻视的心理，从而放松预防疾病的意识。张仲景、孙思邈等医学家在书中强调敬畏疾病真的是振聋发聩，这才是真正严肃而负责的态度。

2. 过度迷信医学是个大陷阱

反观现代社会上很多虚假宣传信息，到处可见对科技进步和医学发达的夸大，让人们误以为今天的医学已经无所不能，逐渐失去了对疾病的敬畏心。很多人有一个大妄想，认为现在医学先进，又有那么多大医院，那么多大专家，自己既有钱，又有医保，得病怕什么，进了医院花了钱就肯定能治好，治不好那就是医生没有用心治，治不好就是医疗事故，把对疾病治疗的无奈转化成对医生的责怨。这是一种对医学过度迷信的错误态度，其实是错怪了医生，症结就在于人们以为医学是万能的，这是个天大的误解。

误认为医学是万能的，会让人们麻痹大意，轻视疾病，失去了预防疾病和养生保健的意识，到最后得了大病到医院才发现事情没那么简单，可惜为时已晚了。

我常常跟患者说，医学不是万能的，不要过于迷信医学。特别是年轻人更容易迷信医学，因为他还没有得过那些难治的慢性病，他们对道高一尺魔高一丈的疾病还没有体验。等一个人到了四五十岁以后，得了糖尿病、高血压、脑卒中、肿瘤等这类现代最普遍的慢性病，就会慢慢发现，要想治好这些病有时是很难的，很多时候仅能通过治疗缓解症状或延续疾病进展，避免或尽量少地出现并发症。那些常年到处看病的老年患者应该都有这个体验，看了多少年病了，很难说能够药到病除，经常是不断修修补补，感觉似乎好点儿，但又不知道啥时候是个头。

医疗本身有特别强的不确定性，更多的情况是在尽力缓解症状、减轻痛苦，但其并不足以让我们已经崩塌的健康海拔恢复到之前的水平，也不足以在任何状态下都能力挽狂澜。

因此，我们不应该迷信医学，心存侥幸，有恃无恐地挥霍自己的健康，而必须敬畏疾病，谨慎爱护健康，积极养生，尽力减小患病风险和延缓疾病的发展。

养生是为了更加美好的生命体验

有人就问了，既然生老病死不可避免，医学不是万能的，那养生又有什么意义呢？养生也不能战胜生老病死吧？

养生的第一个观点就是，养生不是因为贪生怕死。我们不是因为怕死才养生，不是想长生不老才养生，而是为了更加美好的生命体验。同样是活几十年的一辈子，是愿意长期忍受病苦、卧床不起、不能自理地过呢，还是希望健康快乐、自由自在地过呢？答案毫无疑问是后者。

虽然养生也不能让人长生不老，但是养生可以让我们少生病，甚至可以不生大病、慢性病，可以大幅减少病苦的折磨，明显提高生活质量，改善生命体验。

比如，我们看到脑卒中后遗症患者，生活不能自理，行动不自由，甚至卧床不起，这个状态可以持续很多年，他们的生活质量自然不言而喻。如果我们善于养生，不得这种病，或者起码不要那么年轻就得病，就可以减轻病痛的程度，减少持续时间。又如，抑郁症患者很多年生活在精神折磨中，如果我们能好好养性，不得这种病，就可以一辈子保持快乐心情。随着老龄化时代的到来，各种慢性病会越来越普遍，任何人都不能心存侥幸，这些慢性病是任何人、任何家庭都必须面对的高概率事件。通过养生，我们可以尽可能减少这些慢性病的发生概率，尽可能延迟疾病的发生时间，尽可能减轻自己遭受的病苦。这样已经是非常幸福的人生，也是非常成功的养生了。

如果养生比较到位，这辈子不得什么大病，不被太多慢性病缠缚，日常生活健健康康，生活自理，头脑清明，身心自由，到生命末尾自然衰老，不经受什么疾病的痛苦就走了，这就是最理想的生命体验。极少数养生特别好的人甚至可以一辈子潇潇洒洒，临终预知时至，安排好后事，安详而去，这当然是凤毛麟角的。对于注重养生的人来说，即使做不到尽善尽美，少受一些病苦也是很好的。而大部分人不注重养生，都很难避免疾病的痛苦和生活质量的下降。因此，养生是为了更加美好的生命体验，这是非常具有现实意义的。

养生是为家庭负责

养生除了能让我们自身减少病苦、获得健康，更重要的是它是一个人对家庭负责的集中体现。

为什么这么说呢？

首先，通过养生使身体健康，看病的人力和时间成本也就减少了。现代生活节奏快，每个人都很忙碌，赋闲的劳动力很少，每个人的闲暇时间都很宝贵。试想一下，如果一个家庭的老人或孩子生病了，必然需要家庭中的中年人给予照顾，可是中年人有这个人力和时间吗？有这个条件请假吗？如果生病时间稍长，一般家庭更承担不了这个人力和时间的需求。在老年人和幼儿生病的情况下，中年人分身乏术，疲于应付，这已经是很多家庭的常态。而中年人自身生病，甚至都没时间看病。看病的人力和时间成本已经成为现代人的一大困扰。

其次，养生可以有助于减少家庭经济损失，避免因病返贫。一个人生大病，会给整个家庭带来很大的经济负担，不少家庭因病返贫。虽然大部分人有医保，但是由于疾病的复杂性致使看病的费用仍然很高，个人承担的医疗费用总体还是越来越多。如果患者是家庭的主要劳动力，自己生病丧失工作和收入来源，更会让家庭经济状况雪上加霜。

最后，养生有助于营造良好的家庭氛围和保持积极的心态。身体健康的人往往心理也积极乐观，同样，整个家庭成员比较健康的话，这个家庭氛围和心理状态也都会积极向上，这个家庭无论在学习、工作、生活各方面都会比较美满。如果家庭里有人长期患病或者长期健康状况不佳，患者本人的情绪乃至整个家庭氛围都会变得低沉阴郁，所有家庭成员的心理状态都会受到影响，容易变得负面和悲观，所有人的生活状态都会蒙上阴霾。

因此，一个人生病不仅是自己的事情，还会拖累整个家庭，在人力、时间、经济、心态、家庭氛围等多方面陷入困境。这一点其实很容易理解，但是一般人在没病时很难想到这些问题，而有病时就已经来不及了。

有些病躲无可躲，是天生的或者意外的，并不是由我们自己行为不当导致的，那只能由家庭成员一起承担了。大家互相照顾，谈不上什么拖累，这也是家庭存在的意义。但有些病就是患者自己胡乱折腾，自己故意选择不当的行为、不当的生活方式，甚至是自己放纵欲望招来的，将来自己生病还让家人跟着受累，这就是对家庭的不负责任，我们讲的就是要避免这种情况。

养生，就是要做一个负责任的人，不能让自己拖累家人。不但如此，还要进一步去想，因为有人需要我们去守护，我们要努力养生，养好自己的身体，让自己不生病、少生病，长期保持良好的健康状态，保持长期生活自理，这样我们才能去照顾家人，让自己成为家人的后盾。我们应该有底气、有勇气地跟家人说："我养好身体，会照顾好你们，我就是你们的安全感来源。"这才是一个人应有的家庭责任感，这也是一个好父亲、好母亲、好丈夫、好妻子、好子女必备的成熟心态。

一个人不想着照顾自己的家人，不想着养好自己的身体以便更好地照顾家人，甚至糟蹋身体从而拖累家人，这都属于不负责任的想法和行为。

可以用正确的行为来维护健康

单纯悲观感叹是没有意义的，由感叹而警醒，并且引发进一步的积极行动才是有价值的。孙思邈在感叹之后，立马话锋一转，给我们提出一个积极的应对措施：“何可不为善以自补邪？”

为什么还“不为善以自补”？为什么还不做些事情来补救呢？也就是说，虽然生命短促，健康易逝，但人们并不是完全无能为力的，还是可以采取一些措施补救，改善健康状况和生命体验的，而不至于完全被动地遭受这一切。

这里的关键词“为善”，是指做一些有益于健康的事情，来弥补自己生命的短促，用正确的行为帮助预防疾病、延年益寿。这些正确的事情、有益的事情、符合客观规律的事情，就是善。这里的“善”并不是我们常说的做好人好事、助人为乐。

孙思邈替我们感叹了生命的无奈之后，并不是消极心态，无可奈何，而是化无奈为动力，化警觉为行动，提醒我们应该积极和提前行动，采取措施进行补救，避免和减少疾病的发生。

有些人听到养生劝告以后不以为然，认为反正没法长生不老，不如破罐子破摔，还养什么呢。这种消极心态要不得。因为人的自暴自弃只能使疾病变本加厉，让我们承受更加严重的病苦和折磨。而反过来，如果我们积极应对，采取负责任的态度，却可以在相当程度上改善我们的健康和生活质量。

养生的反面教材

在开始踏上养生道路之前，孙思邈进一步举了一个养生的反面教材，就是人们用不当的生活方式破坏生命健康的情形。

1. 懂得生命短暂，就会珍惜健康

吾常思一日一夜有十二时，十日十夜百二十时，百日百夜一千二百时，千日千夜一万二千时，万日万夜一十二万时，此为三十年。若长寿者九十年，只得三十六万时。百年之内，斯须之间，数时之活。

一日一夜有 12 个时辰，这么逐步计算，一万日夜就是 30 年，一共 12 万个时辰。假如一个比较长寿的人能活 90 岁，也就是 36 万个时辰。这 100 来年左右的寿命，实际上是“斯须之间”，片刻之间，就这么多时辰而已，并不是很长，时间很快就过去了。读到本书的读者，有的 30 岁，有的 40 岁，有的 50 岁及以上，可能都曾经有过这个感受，会感觉日子过得好快，一眨眼人生过半。

朝菌蟪蛄，不足为喻焉。

朝菌是一种菌类生物。《庄子》里有句话“朝菌不知晦朔，蟪蛄不知春秋”。朝菌的寿命太短了，早上生出来晚上就死了，它不知道什么叫月初、什么叫月末。蟪蛄是一种蝉，夏天生出来，在树上鸣叫，一到秋天就死掉了，它的寿命就是夏天这一个季节，不知道什么叫春、什么叫秋，所以蟪蛄不知春秋。朝菌和蟪蛄寿命很短，用这个来比喻人的寿命很短。

2. 不懂得养生的人，容易犯放纵情绪、追名逐利的错误

可不自摄养而驰骋六情，孜孜汲汲，追名逐利。

生命如此短促，自己还不注意摄养，不进行养生，就是很不明智的。这些不懂养生的人是怎么做的呢？他们沉迷于放纵各种情绪，没有节制。“驰骋”就是放纵，没有节制。“六情”指喜、怒、哀、乐、爱、恶6种情绪，泛指各种情绪。不懂养生的人不知道情绪过度的危害，对自己的情绪缺乏约束，做不好情绪管理，经常肆无忌惮地放纵情绪，渐渐成为情绪的奴隶，为此损伤了身心健康。“孜孜汲汲”就是殚精竭虑的、很急迫的、拼命努力的样子，用尽心机、非常劳心劳神地去追名逐利。现在来讲就是为了赚钱、名誉、升职、事业发展等各种目的，不断耗费太多心神和气血，耗竭身心健康。从社会外部评价上来讲，这样确实可以获得一些名利财富，但代价就是牺牲了自己的身心健康。

追名逐利、发财致富之类的事情，其实每个人都需要，我们需要通过自己的辛勤努力去获取必要的、舒适的生活条件，每个人也应该有为事业奋斗的志向，只是这需要有个度。很多人沉迷于名利欲望的无止境膨胀，陷入过度追逐外物而劳心伤身的境地，则是进入了误区。这种误区是应该避免的。要知道，一切收获都有相应的代价。我们应该根据具体情况，权衡代价和收益，才能在追逐外物和维护健康两方面取得恰当的平衡。

千诈万巧，以求虚誉，没齿而无厌。

人们用各种狡诈和心机技巧来谋求虚假的名誉。为了让别人认可自己，为了赢得别人的好评，为了迎合社会和别人的看法，花很多的心血。一直这样劳碌终生，也没有满足的时候。“无厌”就是不满足。为了名利和荣誉用尽心机，辛苦一辈子，给自己的身心健康带来了极大的损害，还没有停止的时候，这是不懂养生的一般人的常态。

不懂得养生的人都是这样一个状态：驰骋六情，追逐名利，诈巧机谋，以求虚誉，终生不悟。这是给我们画了像，非常形象。看看自己，看看周围的人，是不是都这样？就好像孙思邈在旁边观察我们一样。这个人性和人生的问题从古到今都是这样，没变过。这个画像是给我们一个反面教材，让我们去观察、去反思。

我们从这里可以得到启发，不懂养生的人，在生活中会损害自己的健康，主要问题就出在自己失控的情绪和名利欲望上，也就是说，真正损害身心健康的罪魁祸首是情绪不调和名利欲望过度，这都属于一个人心性的层面，它能够全方位地左右一个人的身心生活状态和身心健康水平。这些心性方面的因素对身心健康的影响比其他日常生活细节要大得多。因此，养生的反面教材即未能养性。

养生的正面典型

反面教材是为了追名逐利损害了身心健康，是不是说我们就不做事业了？不能在社会上奋斗了？不能赚钱谋生了？非也，我们也不能走向另一个极端。

古圣先贤都是提倡我们走中庸之道，不偏不倚，避免走任何极端，寻求一个适宜的平衡点。孙思邈接着给我们提供了一个正面典型，讲述如何很好地处理养生惜命和拼搏奋斗之间的关系。

1. 为什么是养性?

故养性者，知其如此。

这里第一次出现关键词“养性”。这里的“养性”指的就是我们现在所言的“养生”。很多人就会问了，孙思邈为什么用“养性”而不是“养生”呢？二者有什么不同呢？

“生”是指泛泛而言的整体的生命，它由很多不同层次的部分组成。“性”是指每个人身心生命中位于底层的，具有根本性、标志性、特征性意义的那部分要素。

俗语常说的“江山易改，本性难移”，指在每个人的内在深处，存在一种核心特质，即“本性”或简称“性”，它是不容易改变的。相比之下，生命的外围部分，诸如社会地位、音容笑貌、语言表达、健康状态、情绪反应、行为举止等，都是会随着时间和地点的变迁，以及个人经历的丰富而不断发生变化的。这些可变的部分构成了一个人的外在特征。举个例子，有句话说“就算你换个马甲我还能认识你”，“马甲”就是指这个人的外在特征；而“我还能认识你”，说明尽管外在特征变了，人的内在本性并没有变。

因此，“性”是一个人生命整体中的核心部分，是本性，是一个人精神、情志、情感、心态、思维、习惯、生活方式和生活状态等的总和中具有稳定性和特征性的本质部分。如果把人身心状态的外在表现比作一颗颗的珠子，在背后贯穿这些珠子的那个线就是“性”，它是一切外在表现的内在依据。

“养生”是泛泛而谈养护生命；“养性”是直指核心，指出要养护生命中的内核、本质，而不是停留在表面现象。在唐代以前都讲“养性”，现在都说“养生”而不提“养性”了，大家不知不觉地迷失了养生贵在养性的要旨，走向了重视表面现象而忽视深层本质的歧途。

明代学者胡翰在《胡仲子集》中说：“太上养性，其次养气，其次养形。三者得养，百疾不作。”即强调了养性为首而养气、养形皆在其次。

2. 很多人走入了养生的误区

很多人由于没有养性的观念，导致对养生的理解浮于表面。他们可能以为每天服用三七粉，用山楂、陈皮泡水喝，坚持每天走一定步数等就是养生了。殊不知这些做法都在一些细枝末节上用功，而忽视了从更深层次上改变自己的心理状态、思维方式、情绪和生活方式。

又如，在社会生活中，好多人因无法调整心态，常感到焦躁不安、患得患失；因欲望牵引，使人们生活不节、胡吃海塞；因性格和处事方法不当，导致家庭不和、人际关系紧张。这些涉及一个人内在的心理状态、性格特征、情绪情感、生活方式等根本问题，人们都没有进行调整和纠正，仅仅寄希望于简单的食疗、饮品或锻炼就想全面提升健康，这是不可能的。这是一种舍本逐末、抓住“芝麻”丢掉“西瓜”的做法，这种情况是一个最大的养生误区。

3. 养性让我们成为更好的自己

所谓养性，就是修养并改善一个人的内在本性，从精神、情志、情感、心态、思维、习惯、生活方式和生活状态等多方面改进，自内而外，身心同调，“身体－精神－生活－社会”整体调整，让这些改变不断内化为自己的本性，让自己不断提升，不断进步。正如《大学》所讲的“苟日新，日日新，又日新”“作新民”。人改了性，就像换了个人一样，脱胎换骨，焕然一新。

养性，是深刻地修养身心，深刻地改变一个人的内在特质，全面地改变一个人的整体生活状态。它的程度之深，要达到刻骨铭心、重新做人的程度，让人成为更好的自己。养性的人，追求的是整个生命状态的提升，必然会获得增益身心健康和预防身心疾病的结果。

4. 养性是养生的根本

养性是抓住了养生的根本。如果一个人已经从根本上、整体上改变了自己的心性和生活面貌，反而不必要在一些细枝末节的事情上斤斤计较。就像那些长寿老人，其实也免不了有一些不健康的生活习惯，但是他们整体上处于一种安适恬淡、情志舒畅、生活规律、有节有度的状态，这就是其身体健康情况胜过一般人的关键。

正因为如此，孙思邈直指人心，在《养性论》全篇里全部用“养性”一词，来强调养性才是养生的根本。梁代医学家、养生学家陶弘景在其著作《养性延命录》中，也直接用“养性”一词。他们都是独具慧眼，抓住了问题的根本。

5. 养生贵在顺其自然

擅长养生之道的人，深谙健康的珍贵，他们不会走极端，为了在社会上奋斗、追名逐利而不顾身体健康；也不会选择躺平，不为谋生和建功立业做出奋斗。他们是怎么做的呢？

于名于利，若存若亡；于非名非利，亦若存若亡。

前半句是说，对于追求名利这件事情的态度是若存若亡，好像在努力奋斗追逐名利，又好像没有在努力。后半句是说，对于躲避名利这件事情的态度也是若存若亡，好像逃离了世俗名利追求，又好像没有离开。整个这句话合起来，是一个人对世俗名利等外物的追求持一种平常心、一种中道的观念，适当追求，又不刻意追求，适当止步，又不刻意远离。

这里传达的人生态度就是在人生的各种境遇里，根据当下的具体情况，顺水推舟，恰到好处地做一些个人努力。个人的努力奋斗既不太过，也无不及；既不能偏于过度追求名利而损伤身体健康，又不能偏于消极退缩而无所作为。在其中找到那个最恰当的度，把谋求生活、追逐名利、建功立业和修养身心、贵生惜命、养性延年兼顾起来，进退无碍。

明代养生家万尚父在《听心斋客问》中谈到这个问题："客问，衣食不可废，奈何。曰：虽有求营之事，莫生得失之心。迹与人同，心常异俗。"这就是对本文中若存若亡态度的最好注解。不妨做名利之事，但不能有得失之心，勤奋做事与众人相同，但心如止水、超然物外又与众人不同，将两者圆融统一起来。

所以没身不殆也。

养性之人如果能持一颗平常心，就能一生都游刃有余地掌控自己的生命健康，而不会陷入疾病的痛苦中，这就是"没身不殆"。

这既是儒家所讲的中庸之道，也是道家思想的无为而治。无为而治不是不作为，而是顺其自然，不强求、不极端、不刻意，顺着事物的具体条件和发展趋势，因势利导地做出恰如其分的作为。就像庖丁解牛一样，刀刃顺着骨肉连接的自然缝隙穿行，在这个过程中没有与骨肉发生磕磕碰碰，这就是顺应规律和趋势，把事情做得丝滑顺畅，没有摩擦。如果违背规律和趋势，在条件不具备的情况下强行妄为，就会四处碰壁，吃力费劲，最后还不成功，这叫妄为。

如果在追求世俗的名利、荣誉、职业发展及财富增长时，能够避免脱离实际的刻意执着，没有违背客观规律和事物发展趋势的妄想妄为，没有任何偏激极端的观念，那么，我们完全可以立足个人条件和具体情况，协调好谋生求名利与养生惜命之间的关系。在注重养生、维护健康的同时，不妨碍谋生赚钱、拼搏奋斗；在社会职场拼搏奋斗的同时，不妨碍养生修心、珍惜生命。

宋代大文豪苏东坡在《灵璧张氏园亭记》中阐发了同样的养性思想，他说："古之君子，不必仕，不必不仕。必仕则忘其身，必不仕则忘其君。譬之饮食，适于饥饱而已。"并且说："开门而出仕，则跬步市朝之上。闭门而归隐，则俯仰山林之下。于以养生治性，行义求志，无适而不可。"苏东坡认为在社会上为政履职与个人养生治性并不矛盾，根据具体条件进退自如，适合自己即可，一切都需任运自然，无挂无碍，达到恰当平衡。这正是本文养性之士的典范。

6. 养生贵在自知、自足、自在

《黄帝内经》中讲的养生者的心态是"美其食，任其服，乐其俗，高下不相慕"。这意味着，不论个人身处何职、能力高低、收入多少，都能欣然接受并享受当下的状态：喜爱自己的饮食，满足于自己的穿着，安乐于自己的习俗，不因地位高低而彼此羡慕。每个人都能在自己的位置上找到快乐与平和，安然地享受现有的生活状态，各自充实，自足圆满。人的幸福源自内心的知足与自我认同，它不依赖外界的评判，也无须盲目与他人比较，从而避免不切实际的幻想与不必要的心理负担。对于名利和非名利持超然态度，既不刻意追求，也不完全摒弃，对外界的比较和依赖既不全然依附，也不彻底排斥。

老子在《道德经》提到的"小国寡民"也是指一种自足、自在的人生境界。每个人无论能力强弱和社会地位高低，都要活出自己的人生，活出自己的精彩，不与他人盲目攀比。这样就能够在世间站稳脚跟，建立自己的“小国寡民”，既不盲目随波逐流，也不盲目刚愎自用，达到一种自适自在的境界。在这样的状态下，每个人都能安处于内心的平和与满足之中，实现与自我、与社会的和谐共生，这正是得养生大道者的境界。

要达到这个自足、自在的状态，首先在于自知，《道德经》云：“自知则明。”这意味着要深刻了解自己的优势和局限，根据自己的实际情况顺应规律和趋势做出适宜的努力。

比如，如果一个人天生具备领导才能，并且周围的环境也提供了创办企业的契机，那就可以着手创办公司，领导团队推动经济发展、共同富裕。这样的选择顺应了其个人特质和外部条件，因此他做这些事并不会觉得很累，身体也不会承受太大损耗。同样，如果一个人拥有科研天赋，那么投身科学研究便是最佳路径，即使殚精竭虑搞研究也不会觉得劳损，因为他乐在其中。问题在于，许多人对自己的了解不够充分，对自己的定位不够准确。有的人本来具备当科学家的潜质，却因羡慕企业家的生活而拼命努力去做企业家的事，反之亦然。这样的错位不仅使人感到格外劳累，往往也难以在事业上取得成就，还特别伤身损命，导致一生都特别煎熬，健康损害自然不可避免了。

每个人都有自己的独特天赋，每个人也都有自己的实际条件，所以每个人都应该有自己独特的定位和发展方向，都应该有自己独特的精彩舞台。如果每个人都能够找到自己的舞台，活出自己的精彩，就可以实现真正意义上的人人平等，真正意义上的个个成功。每个人因为不同而同，因为不齐而齐，因为坚守自己而互相和谐，因为“小国寡民”而天下大同。当企业家的人享受当企业家的乐趣，当科学家的人享受当科学家的乐趣，这样才是“美其食，任其服，乐其俗，高下不相慕”。只有做到这样的定位和心态，才可以在追求名利和贵生养性之间达到圆融无碍，才可以做到于名利和非名利均“若存若亡”。

我们看到，孙思邈在本段讲养生的正面典型时，讲他们怎么实施养生之道时，实际上讲的是他们的心性修养境界，他们于名利和非名利若存若亡的超然心态，他们为人处世时达到的中道洒脱的状态。这就是所谓的“养性”。他们只要心性达到这个境界，就已经抓住了养生之道的根本，身心健康自然会得到提升。但得本，莫愁末。能如此养性，已经得到根本了，至于具体生活细节，怎么吃、怎么喝，都自然而然会符合规律，随心所欲而不逾矩，即使有一些细节偏差也无碍大局。

这就是孙思邈给我们提供的养生正面典型的画像。我们应该以这幅画像为标准去对照自己、指引自己、提升自己。

流行的观念不一定正确

这些养性的道理本身并不难理解，然而人们对养生的理解普遍存在偏差，重要原因就是社会上广泛流行的某些观念往往充斥着误区，特别容易误导我们。古今人性并没有本质区别，错误观念的传播总是更为迅速和广泛。正因为如此，孙思邈在此特别提出下面这个现象，提醒我们警觉。

余慨时俗之多僻，皆放逸以殒亡。

孙思邈很感慨，时髦的、流行的一些观念和习惯很多是错误的。“僻”，邪僻，就是错误的。是怎么错误的？“皆放逸以殒亡”。错误的观念是让人们生活放逸，不知道节制，不知道约束自己的行为以更加符合养生规律。“放逸”是因为不学习，一般人不主动学习，不知道什么是对的，也不知道什么是养生，不知道正确的观念是什么，也不想改变自己，只是盲目地随波逐流，追着时髦，跟风起哄，无意识地跟着周围的传言和道听途说来养生。

孙思邈那个时代是这个样子，我们现在还是普遍如此。现在社会信息和商业发达，养生知识来源参差不齐，甚至还有很多夹杂了商业意图和蓄意炒作，就让人们的养生观念更加众说纷纭，莫衷一是。

例如，现在流行生命在于运动，有些人本来白天工作已经很累了，晚上还去健身房练几个小时，或者下班后暴走 10 千米；随着智能手机深入生活的方方面面，许多人晚上到入睡的时间了，还在持续刷视频、玩游戏，到后半夜才睡；还流行节食减肥，一些人不好好吃饭，不吃谷物，只吃水果等。细节我们后面会慢慢讲，这些流行的观念和生活方式对身体健康不一定有利。如果不主动学习养生知识，人们得到的信息和观念都是别人推销给自己的，或者是道听途说、捕风捉影而来的。老百姓就是受到这些时俗的影响，不知不觉伤害了自己的身体健康。

这就是“时俗之多僻”，可以说这句话是力透纸背，贯穿古今，把我们的毛病看透了、说透了。本书也是在时俗多僻的背景下而作，希望能起到溯本清源的作用。

当我们开始知道要学习的时候，就不“放逸”了。因为我们知道什么正确，开始知道改变自己了，开始为善以自补了。改变跟放逸相对，开始约束自己，往好的方向走，就会慢慢摆脱时俗的误导。

聊因暇日，粗述养性篇，用奖人伦之道，好事君子与我同志焉。

孙思邈说，他特地抽出一点空闲时间，简单地介绍一下养性的内容，以帮助大家把生活过得更健康、更恰当。喜爱养生这件事的仁人君子，就是与他志同道合，大家一起来研究养生之道。“奖”就是帮助、促进。“好事君子”在这里是热爱此事之人。

到此为止，孙思邈就把养性论的开篇立意讲完了，以此引出后续养生论述的正文。

第二讲 养性为健康之本

养性是身体－精神－生活－社会的健康整体观。一个人生病不仅仅是身体的问题，更是生命整体状态的问题，是日子过错了，心性有缺陷，生活方式有问题，思想观念需纠正。

养性需要从生命的全方位、整体上、深层次进行调整，让完整的生活、完整的身心、完整的人生，包括工作、家庭、思想、情绪、价值观、饮食起居等方方面面，都要达到一个较好的状态。

养性是一种吸引力法则。一个身心行为符合规律的人，就会自然受到规律的祐佑。一个人做好了自己，过好了自己的生活，养好了自己的心性，自然就会迎来美好的境遇和结果，自然会获得健康，避免病苦。

疾病发生的土壤和疾病治疗的主动权都在自己身上，如果不知道修正自己、调整自己的身心生活状态，那么即使神医也不可能把这些疾病治愈。提高认识，反省自身，主动养性，纠正自己的不良生活方式和身心状态，才可能真正治愈疾病，恢复健康。

在生活实践中养性

夫养性者，欲所习以成性。

每个人生下来就有自己的特质，加上后天的学习和生活阅历，最终每个人都拥有不同的秉性，千人千面，各有特点，也因此体现为不同的生活状态和健康状态。每个人的秉性不可能尽善尽美，也不一定都符合养生之道，各自存在不同的优劣之处，可以认为绝大多数人自身都存在一些问题，导致自己的身心健康受损。所以为了延年益寿、预防疾病，必须通过养性，培养、修正、提升我们的秉性，成为新的自己，才能赢得更好的生命健康。

人的秉性是可以改变和改善的，这是养性的前提。养性就是不断地把自己身心深处不符合养生之道的特质去除，把养生之道所需要的优良品质塑造起来。当然这个过程不容易，因为这是一个不断自我塑造、自我革新的过程。

儒家经典《大学》中讲“日日新”“作新民”，就是要求人们在一生中不断学习、不断提高、自我革新。它指的不是表面形式上的革新，而是内在心性修养的革新，也就是这里说的养性。只有养性、改性，才算是成为新民，就是脱胎换骨，重新做人。用现代的话来说，这就是终身学习、深度学习、持续更新的过程。终身学习是指持续一生不断学习、不断进步，深度学习是指学习要达到深刻改造自己内在本性的程度，持续更新是指实现个人身心修养和生命状态的不断提升。从这里可以看到，古代圣贤极具革新精神和学习精神，善于积极开创，而非故步自封。

相反，生活中很多人实际上是故步自封的，他们从出了校门走向社会以后，基本上就不再学习了，刻板地认为只有学生才学习。在人生初期阶段形成的那一套固有思维、固有心态、固有习惯、固有心性等，会非常顽固、僵化地持续一生，而不再有任何变化。这样的人就是固定思维，一条道走到黑，人生几十年就像重复过着同一天一样，没有任何可塑性，没有任何想象空间，没有任何可期待的。当然也不可能期望他们能做什么养生延年、预防疾病的事了。我们观察周围可以发现，这样的人其实非常多。今天看到本书，就说明大家已经开始有养性和自新的观念，而不是那种故步自封的人了。

既然可以养性以自新，那怎么养性呢？答案是：欲所习以成性。

“习”的意思是练习、实践，在生活中身体力行实践某种知识。比如《论语》讲“学而时习之，不亦说乎”，其中“学”是指学到新的知识，“习”是指把学到的知识在自己生活、生产中进行实践和练习。如果不进行实践练习，那么学到的知识只能停留在口头上、文字上，无法变成自己的行动能力，无法内化为自己的内在秉性。所以这个“习”的过程非常重要，正所谓“纸上得来终觉浅，绝知此事要躬行”。

“欲所习以成性”就是把学到的养生知识、观念和方法，切实地在自己身上实践，在自己生活中体会，然后将其进一步深化、内化到自己身心底层，慢慢熏陶、改造、革新，提升自己的本性、心性、习性。这个就是养性的操作过程，要在生活实践中养性。大家读了本书也是如此，停留在思想上知道这些内容那是不够的，必须落实到自己的生活和实践中，才是有益的。

有的人天性就符合养生之道

性自为善，不习无不利也。

上文讲的“所习以成性”，是一个通过后天学习、后天实践来不断自新而实现养性的过程。《论语》提到“生而知之者，上也。学而知之者，次也。困而学之，又其次也。困而不学，民斯为下”。这种“所习以成性”，就属于“学而知之”，需要通过后天学习才能掌握养生之道，是绝大多数人都要经历的常规路径。

但也有极少数人，属于生而知之者，其天生的本性就自然符合养生之道，不用刻意学习，自然而然的所作所为就符合规律，就有益健康。这样的人被孙思邈称为“性自为善”。同样，这里说的“善”是指符合养生之道、符合规律的正确行为，而不是指为人善良。

我们经常看到有关长寿老人的报道，那些长寿老人很大一部分并没有什么文化，他们读书不多，学习的知识也不多，也没有刻意研究过怎么养生，也没有刻意采取什么措施去养生，只是顺应本性、自然而然地生活，而且还多是过着特别简单、朴素的生活，就达到了健康长寿的结果。他们的生活方式可能各有不同，甚至有的长寿老人还有一些不健康的生活方式，比如喜欢吃肥肉，喜欢吃咸菜，不锻炼身体等。但是他们都有一些共性，那就是性情豁达、心态安和、无忧无虑、知足常乐。他们不会经常忧愁苦闷，也不会经常愤愤不平，不会为了名利患得患失，也不会放纵欲望而毫无节制。他们的这些共性，就是他们的本性纯善，自然符合养生之道。他们不需要刻意养性而性已自善，他们“不习无不利”，不用刻意学习和练习什么养生之道，自然就做得符合养生之道。

如果一个人性自为善，那真是令人羡慕的事。但是有的人没有这个观念，会出现认识偏差。比如我们的孩子，或者我们的伴侣，本来是“性自为善”，属于极其优秀的品质，可是却常常被我们误解为缺乏斗志、干劲不足，或者容易吃亏。甚至我们会刻意激励或者逼迫他们，让他们去为了名利奋斗，让他们为了欲望而操劳。我们以为是在帮他们，实际上是在把一个“性自为善”的人拉进泥潭。多少人修心养性一辈子还达不到的知足常乐的心态，他们已经达到了，我们却像叶公好龙一样担忧，还要破坏这种美好品质。这是很荒唐的。

任何事情都有代价，当为了名利欲望去殚精竭虑时，代价就是我们的心性心态和身心健康，这个代价不容小觑。当然任何人都应该为自己的本职工作而努力，这是没问题的，只是不要过度，不要损害自己的身心健康。因此，我常常为孩子的心态豁达而感到欣慰，并不希望孩子为了什么目标而失去稳健的心态。我也常常为伴侣的宽缓安和而感到庆幸，并不希望家人为了什么追求而扰乱了心性。我们都应该珍惜身边那些性自善的人，帮助他们勇于保持纯善的心性，不要被各种诱惑所扰乱。

养性是身体－精神－生活－社会的整体观

性既自善，内外百病皆悉不生，祸乱灾害亦无由作，此养性之大经也。

这些已经达到性自为善的人，不但不会得内伤和外感的各种疾病，就连日常生活中的祸乱和灾害也都不会发生在他们身上。养性的这个效果又升华了。性自为善的人符合养生之道，他们身体上不生内外疾病，这个相对容易理解，那祸乱灾害也不会发生在他们身上，就不容易理解了。其实这个也有深刻的道理。

这个道理就在于，养性是身体－精神－生活－社会的整体观，人的身体健康、精神情志、生活方式和社会适应能力，这几个因素密切联系而成为一个整体。一个人的精神状态、心理心态、思维习惯、生活方式，会通过整体和全局的方式影响他的身体健康，影响他身体上疾病的发生；同样也会影响他的生活状态、人际交往、家庭关系和职业发展等。

我经常讲这样一个观点，一个人的生命状态是一个整体，是身体－精神－生活－社会多维联系的整体。这个整体包括了很多个侧面，比如身体的健康状态，心理、思维、情绪、性格等精神状态，家庭生活状况，职业发展状况，个人业务能力状况，祸福遭遇状况，社会适应状况等，所有这些侧面都是这个生命状态整体在各个方面的投射，每一个侧面都不能脱离这个整体而孤立存在，每一个侧面之间都是相互匹配、相互呼应的。这就像同一颗宝珠有很多个反光面，各个面发出的都是这个宝珠的光，而且都是一体的、联动的光。

因此，我们不能孤立地看问题，必须整体地看问题。比如，一个人的家庭生活中经常鸡飞狗跳，吵翻天，你说他在身体健康这方面会很好，这个不现实，他的身体一定存在因糟糕的家庭关系带来的疾病。一个心性或心态有缺陷的人，日常生活必然过得一塌糊涂，身体健康也一定有问题，家庭关系和职业发展都会出现问题。

因此，一个性自为善的人，除了能够实现身体健康，他在生活中必然也是心态祥和，家庭自然也和睦，职业发展也会顺利，人际关系融洽，生活的方方面面都会比较和谐。这样的人，自然也不容易遭受任何祸乱和灾害。

所以孙思邈通过这句话，明确把养性升华到了身体－精神－生活－社会这个整体观上来。养性的人所收获的不仅仅是身体健康，预防疾病，还有在社会生活中的幸福祥和，祸乱不生。

这是“养性之大经”，就是养性的大原则。养性的大原则就是让我们从身体－精神－生活－社会这个整体观上去实现“性至善”，达到身体健康和生活幸福的双重目标。

如果我们能抓住这个养性的整体观，把自己的心性修好了，心态端正了，思想理顺了，生活过对了，使生命和生活整体处于一个比较好的状态，自然符合养生之道，身体健康自然会好，生活、家庭、职业等方方面面都会好起来。有了这个整体观，我们就知道，一个人生病不仅仅是身体的问题，更是这个生命整体的问题，是日子过错了，心性有缺陷，生活方式有问题，思想观念需纠正。

很多人在没有系统学习养生之道前，零零碎碎得到的一些养生知识都不具备这个整体观，只是停留在一些细枝末节和表面现象上，像吃点什么保健品，喝点什么药茶，做点什么理疗，做个什么锻炼之类。即使每天实施了很多种养生方法，但因为其生活状态的整体没有根本改观，其做人、做事、言行思想等本性未移，所以很难收获真正的养生效果。

治未病胜过亡羊补牢

善养性者，则治未病之病，是其义也。

这里讲养性和治病的关系，善于养性的人是治未病。“治未病”是在没有得病之前，就采取措施避免疾病的发生，预防疾病。这个“治未病”是中医非常有特色的理念，它来自《黄帝内经》中的一句话“圣人不治已病治未病”，提倡在疾病发生之前就未雨绸缪，将疾病消灭于萌芽状态。这样就会收到事半功倍的效果，用比较小的成本达到预防疾病的目的。

善于养性的人是把自己的日子过对了，把自己的精神、心态和习性都调整到符合规律的状态，把自己的生活方式调整到健康状态，养性达到性至善，这样他自然就不容易得病，也就实现了治未病的目标。

除外急性传染病以及先天性疾病，一般的慢性病如高血压、糖尿病、肿瘤、脑卒中等，其发病原因绝大多数都与人的生活方式有关，包括人的饮食、起居、心态、情绪、家庭环境、职业环境等。这是中西医学都普遍认可的。在疾病的发病因素中，上述身心因素和社会学因素所占的比重很关键。如果在生活中通过养性把这些因素调整好了，将饮食、起居、心态、情绪、家庭环境和职业环境都调整到比较健康的状态，这些慢性病的发病率就会大幅下降。养性的人以较小代价就可以避免疾病发生，这种治未病的思维有很强的战略优势。

不养性的人则不然，他们在得病之前不会采取任何措施去预防疾病，很少提前规划和关注健康问题。一旦得病以后则是焦头烂额、措手不及，慌慌张张想尽办法到处去求治，花费很多钱和精力，受了很多罪，最终能治好这些慢性病的也是少数。这种思维模式就是亡羊补牢，在灾祸已经发生之后才采取措施补救，不但事倍功半，而且一般已经不可能完全恢复到以前的状态了，费尽周折最终也只能让损失减少一些而已。不提前采取措施预防疾病，就必然陷入在疾病后面追着跑、追着救火的狼狈局面。这个被动局面可能会伴随一个人的后半生，导致几十年都跳不出这个窘境。

养性的人会全方面提升自己

故养性者，不但饵药餐霞，其在兼于百行。百行周备，虽绝药饵，足以遐年。

养性的核心是把握生命的整体观和自我革新的深度，让自己的生命状态在根本上焕然一新。所以养性是从生命状态的全方位、整体上、本质上进行调整，让自己完整的生活、完整的身心、完整的人生，包括工作、家庭、思想、情绪、价值观、饮食起居等方方面面，都要达到一个好的状态，而不是在个别方面进行调整，也不是简单地吃个什么药品、什么保健品。

养性要兼于百行，什么是“百行”呢？就是日常生活的方方面面，整个生命状态的各个侧面，都要进行调整，让它们都全面地趋于养生之道的标准。比如，要修心养性，调整心态，调节情绪，看淡得失，超脱毁誉，节制欲望，提升价值观、人生观、世界观；学会经营家庭、适应社会，与人和谐相处，提升职业状态，改善生活条件；调整饮食起居、生活习惯，培养业余爱好……具体到每个人身上各自侧重不同，都需要在养性的理念指导之下进行调整，全面改善，这个就是“百行周备”。百行周备的结果就是达到性至善，使生命状态全方位符合养生之道。在这种百行周备的情况下，即使我们不服用药物或者保健品，也可以预防疾病，延年益寿。

德行不克，纵服玉液金丹，未能延寿。

“德行”并不是说善良的品德，而是符合客观规律叫“德”，符合德的行为叫“德行”。我们在生活中身心行为做得正确，生活方式符合养性的客观规律，身体－精神－生活－社会这个整体的各个方面都做得比较到位，这样就是德行完备。德行完备即养性做到百行周备的结果，是将养性落实于生活实践的表现。

“德行不克”是指生活的方方面面不符合养性的要求，很多身心行为是错误的。比如半夜不休息而去跑步；天天饥一顿饱一顿，胡吃海塞，饮食不节；天冷了不知道保暖避风寒；长期心态和情绪负面阴郁等，在生活整体上做得不到位，在精神、心态、生活方式等方面存在缺陷。在这种情况下，“纵服玉液金丹”，即使吃灵丹妙药，也不能预防疾病、延年益寿。也就是说，自己的生活过错了，日子过得不对，心性有问题，天天吃再好的药也作用有限。这就是养性，它强调了生命状态和身心生活的整体观，不是吃点什么东西能代替的。

很多人对养生的理解达不到这个深度，以为听专家讲了一个知识或养生要点，记住了每天吃什么、每天做个什么锻炼，就是养生。我在门诊上也常给患者说一些医嘱，讲点养生注意事项。其实这些一般很难达到什么效果。因为这样听来的零散养生知识，都是浮于表面的一招半式，没有养性的整体性和深刻性，没有百行周备、德行充备，没有全面地提升自己的身心状态。生活过得很颠倒，家庭生活中“鸡飞狗跳”，养生能养得好吗？答案肯定是养不好的。工作焦头烂额，养生也养不好。饮食贪欲不节制，养生也养不好。人生观扭曲，生活陷入泥潭，养生也养不好。价值观错误，每天都有一些阴暗负面的情绪、心态，养生也养不好。所以养生要抓住养性这个根本，全面、深刻地把身心生活的整体状态搞好才可以。

如果真想养生，就必须达到养性的高度和深度，一定要深挖自己的思想，深挖自己的身心生活，有哪些不当的地方，把它从底层全面扭转过来，否则都是隔靴搔痒，于事无补。养性的目的是改性，要重新做人，像换了一个人一样。人的性情变了、思想变了、生活变了，身体健康状态才可能彻底扭转，这才是养生。

一个人只有具备养生的主动性，愿意自我革新，愿意深入学习、深刻调整，才可以掌握养性的道理。如果他没有这个主动性，养性是很难实现的，甚至是很难理解的。一招半式总是容易的，全面革新是很难的。具体吃点什么总是容易的，心性调整是很难的。到这里就可以理解，很多人所做的养生因为太浅显、太零散，不深刻、不全面，所以实际上很难起什么作用。大家一定要警醒这一点。

养性是一种吸引力法则

故夫子曰：善摄生者，陆行不遇虎兕，此则道德之祜也，岂假服饵而祈遐年哉。

“夫子”在有的版本上是“老子”，其实后面这句话就是老子说的。老子在《道德经》中说：“盖闻善摄生者，陆行不遇兕虎，入军不被甲兵。兕无所投其角，虎无所措其爪，兵无所容其刃。夫何故，以其无死地。”这是老子的原文，孙思邈在这里摘录引用的。

“摄生”就是养生，也就是养性。养性比较好的人，在陆地上行走遇不到老虎和猛兽（兕是一种猛兽），到了军队里也遇不到兵器的伤害，老虎、兵器都没有机会伤害他，因为他没有死地。没有死地就是他没有机会遭遇灾祸和死亡。

没有死地，不是说他有什么神通，老虎不敢吃他，兵器打不伤他。这句话的意思是说，善于养性的人，他的身心行为顺应客观规律，他的一举一动都符合事物发展趋势，他永远是顺势而为，像庖丁解牛一样与周围的环境条件滑和无碍，不会产生冲突，就不会把自己置入险地。孙思邈把这个状态概括为“道德之祜”，这是道德祜佑的结果。同样，这个“道德”不是指人的思想品德，而是指人的言行举止符合天道自然规律，遵道合德。

一个人的身心行为符合并顺应自然规律和事物发展趋势，就是遵道合德，就会受到自然规律的祜佑，他就在与一切外部事物的接触中不会受到伤害，不会与一切事物产生冲突，就达到了无死地的结果。

比如，一个人在驾车出行时，能够认真遵守交通规则，礼让行车，不争不抢，保持良好的驾驶心态和驾驶习惯，那么即使路上车辆再多，他也不易发生交通事故。这就可以说他出行不遇事故，因为他的驾驶方式遵道合德，就会受到规则的保护，在交通出行路上他没有“死地”。而那些驾驶习惯不好、不遵守交通规则的人，到哪儿都容易遇到交通事故。

这就是一种吸引力法则。一个人自身存什么心性、持什么观念、有什么样的身心行为和生活方式，他自然就会吸引到相应的、同类的外界事物和发展结果。《易经》讲“同声相应，同气相求”，各种同类事物和现象之间会相互吸引，物以类聚，人以群分，就是这个道理。俗话说“妻贤夫祸少”，如果自己养性有成效，自然就会吉庆近之，灾祸远之。

一个养性的人，如果他的身心生命处于一种符合天道规律的状态，那么他就会受到道德之祐，遇到的外界事物会是和谐顺遂的，事物发展的最终结果会是圆满美好的，他就很少会遇到灾祸和伤害。因此可以说，养性做到深处，就是吸引力法则。一个人做好了自己，过好了自己的生活，养好了自己的心性，自然就会迎来美好的境遇和结果，自然会获得健康，避免病苦。

因此，“岂假服饵而祈遐年哉”，养性不是靠吃点什么灵丹妙药那样的雕虫小技，就可以期盼着延年益寿，而是我们遵道合德，有“道德之祐”，顺应自然规律，顺应发展趋势，自己永远走在正确的轨道上，这个天道的规律就会保护我们。

用药治病是不得已而求其次

圣人所以制药饵者，以救过行之人也。

既然说养性不是靠吃点什么灵丹妙药，那是不是药物就没有价值和用途呢？当然不是的。这里孙思邈特地给我们补充说明了药物的使用目的和场合。

药物是用来帮助那些因为不懂养性，已经发生行为过错并产生疾病的人，就是亡羊补牢、灾后救灾的。羊群已经跑出去了，这时候才想办法把羊圈加固，只是尽力减少一些损失而已，而不可能避免损失了。这是不得已而求其次的补救措施，是落于下乘的做法。这是圣贤对百姓的慈悲，在他们已经遭受病苦的情况下，勉强用药物的方式尽量做一些补救。但这里孙思邈苦口婆心的言外之意，是提醒我们，不要走到这一步被动的境地。

所以学了养性，懂得了遵道合德，就应该在发生疾病之前好好养性，尽量避免或减少这些疾病的发生，而不能单纯依靠药物和医疗去亡羊补牢，这样才能真正避免遭受损失。这是圣贤的本愿。

神医都去哪儿了

故患者抱病历年而不修一行，缠疴没齿，终无悔心。

这一句话我们要列为座右铭，它对每个人的启发都很大。

不懂得养性的人，被孙思邈称为“愚者”，就是糊涂的人。愚者长年累月都在不断生病，不断治病，不断承受着病苦折磨，但他从来不修一行，不修正自己的身心行为，从来没有想过养性，没有想过要反省和改进自己的认识、思想、心态、行为习惯和生活方式等，光知道不断吃药，只把治病的赌注押在医生身上。

“缠疴没齿”就是一辈子始终都在忍受各种病苦的折磨。“终无悔心”就是从来没有反省过自己，是不是哪里做错了。他光想着自己这么多病，都是因为自己运气不好，都是因为医生医术不高、医德不够而治不好，因为自己钱不够而治不好，却从来不反省自身是不是存在问题。因为不知道反省，不能认识到自己存在的问题，自然也不会有悔心，不会改进自己。

此其所以岐、和长逝，彭、跗永归，良有以也。

岐伯和医和、巫彭和俞跗，这都是古代的神医，医术非常高明。“长逝”和“永归”就是说在实际生活中永远遇不到这样的神医，神医都消失了。为什么遇不到？因为这些病是植根于人的整个身心生活状态之中。如果患者从来不修一行、终无悔心，从来不知道养性，不知道修正自己、调整自己的身心生活状态，那么即使是神医也不可能把这些病治愈，这些神医来到面前也是束手无策，治不好他的病，所以结果就是永远不会遇到神医。

并不是说没有好医生，任何时候都不缺乏医德医术均优秀的医生。但是，在治疗大部分慢性病的过程中，我们要认识到医学不是万能的，医生也不是什么事都可以做到的，孙思邈这句话强调不能过度迷信医疗、依赖医生。

大部分慢性病都是生活方式不当引起的，都植根于我们身心生活的土壤中。这个土壤不改良，这个疾病就很难痊愈。比如我们胡吃海塞、欲望无度、情绪汹涌、劳心劳神，得了高血压、糖尿病。如果我们不纠正自己的身心状态和生活方式，即使岐伯和医和、巫彭和俞跗这样的神医来到面前，给我们开药，能治得好吗？我们设身处地思考一下就会理解，不太可能治得好。客观规律就是客观规律，神医并不能改变规律。所以不是神医不见了，也不是神医不神了，而是阻碍疾病治愈的主要因素在我们自己身上。

好医生其实一直都在我们身边，但是疾病发生的“土壤”和疾病治疗的主动权却在我们自己身上。我们需要提高认识，懂得反省自身，主动养性，不断纠正和调整自己的生活方式和身心状态，这样在医生的帮助下，才可能真正治愈疾病，恢复健康。

因为很多长期患病的人缺乏自我反省，不懂得养性、改性，不懂得疾病的复杂性和医学的局限性，只知道一味寻求神医，所以造成了疾病缠身，久治不愈，神医束手。这样的情况太多了，有一类患者被称为“名医杀手”，无论什么医生给他治病都得“翻车”。他为了治病在全国寻访名医，看过了现代医学各大医院，看过了各地中医，如国医大师、专家名医、民间“神医”，病还是治不好。然后就开始抱怨，说这些医院名不副实、名医名不副实，他看过的所有名医都被他称为“庸医”。抱怨医院、抱怨医生、抱怨命运，却从来没有反省过自己。这就叫“岐、和长逝，彭、跗永归”。其实不是这些医院、医生不优秀，而是自己不养性、不纠正身心状态和生活方式，不知道医生的作用本来就是有限的。治病不是单靠吃药、单靠医生就可以的，必须唤醒自己的主动性，提升自己的认知水平，以自我反省、养性、改性为基础，在医生的帮助下才可以长治久安。

疾病是不良生活状态在身体的投射

养性是整体观的养生。一个人的身心生活和生命状态是一个相互联系的整体，包括身体、心态、情绪、习惯、家庭、工作、人际关系，乃至日常娱乐等各方面，是一个有机整体，互相影响，牵一发而动全身。这个整体是土壤，人的健康和疾病是这个土壤里生长出来的禾苗。

没有整体观的人，不但没有正确的养生观和疾病观，也没有正确的治疗观，总想着靠“神医”和吃药可以把病治好，忽略生活状态这个整体土壤的影响。

从整体观的角度可以看出，疾病的真正来源是身心生活状态。如果我们的日子过错了，整体生活状态不好，心理状态不好和生活方式不恰当，那么一定会最终酝酿成各种疾病。这个疾病的产生有两种机制，一方面是错误的生活状态所带来的直接损害，另一方面是身体对于错误生活状态的一种代偿。

错误的生活状态会给身体带来直接损害。比如暴饮暴食大鱼大肉，就会引起肠胃功能不调，引起血脂高、尿酸高等；比如锻炼过度或日常姿势不当，会带来肌肉劳损、软组织损伤等；比如情绪过激会引起失眠、焦虑等。这种类型的疾病，占据了常见病的一部分，因为这类疾病的发病原因比较直观，容易被大多数人理解，所以人们一般对此类疾病具有一定的防范意识，知道在生活中规避。

另一类疾病是身体对错误生活状态的代偿。在不恰当的生活状态下，身体为了自我保护和自救，而不得不主动调整成为一种病理状态，而呈现为一个疾病。简单说，这类疾病本身就是身体自救和代偿的表现。这类疾病的发病原因往往比较间接和隐晦一些，很多人就很难理解了。而实际上这类情况是很多常见慢性病的主要发病原因。

我常常举一些形象的例子来说明这个问题。

比如，一个人的力量本来能承重25千克，但因为社会因素和主观意愿的影响，他经常去拉100千克重量的车。拉25千克车时很轻松，面不改色，心跳不加速。在他努力拉100千克的车时，他的血压就高了，脸红脖子粗，颈动脉都高高隆起，心跳加快，呼吸也喘促。人体有相当程度的自我调节能力和调节范围，在超负荷工作之下，呼吸、心跳加快，血压升高，脸色变红，都是为了适应当下生活方式的需要，身体自动进行调整，是为了保障身体在特殊情况下的安全而不得不进行的自救和代偿。

又如，当一个人被一条恶犬追着咬时，身体知道自己处于战斗状态，作为一种保命的自救反应，身体会把一切不紧急的功能如消化、睡眠、自我修复等暂时关停，把所有气血集中到四肢让人逃命。这时候出现的消化抑制、不知疲倦、免疫功能下降等，都是身体为了适应特殊环境而进行的自我保护反应。

这两个例子虽然是突发应激反应，在应激解除后身体可以复原，但是假如一个人在日常生活中，长期持续处于超负荷拉车或者被恶犬追咬的状态，那么他的身体也常年处于这种自救反应中，这就呈现为一种慢性疾病而不能恢复，比如超负荷引起的血压高、心率快，逃命状态引起的食欲不振、消化减退、失眠、免疫力下降等。

大家不要觉得这很荒谬，实际上现代人很多时候就是这个状态。拉车或者被恶犬追只是一种寓言式象征符号，可以是生活压力大，可以是欲望无节制，可以是工作劳损，可以是精神紧张等，都让我们不知不觉地处于这种不良的生活状态中。身体为了适应这种状态，为了在这种不良状态中自救，不得不进行代偿，主动调整成为一种病理状态，最终呈现为一个疾病。因此，日子过错了，我们对身心状态调整不当，身体就呈现为一种疾病状态，这类疾病就是身体在错误生活状态下的一种自救反应和主动选择。

一般人容易看到直接的疾病现象，而看不到其背后发生的身体代偿机制，就会单独盯着表面症状去治疗。比如生活中身心负荷过重导致血压高，是身体在特殊情况下不得不进行的调整，如果不考虑身体代偿的需要，也不去解决负荷过重和能力不足的根本问题，单纯使用降压药强行把血压降下来，这种思路永远也治不好这个病，也预防不了这个病。甚至强行消除症状的所谓治愈，其对身体的伤害比疾病本身还大。因为这类疾病的发生是身体为了自救，所谓治疗只是阻止身体自救，但又不帮它解决问题，只能使身体在左右夹击中更加受伤。

养性的人知道，疾病是错误生活状态的投射，那么他们在预防或治疗疾病时，就不是盯着这个表面症状，而是关注这个身体代偿反应出现的机制。养性的人把身心状态调整好了，养性养好了，把日子过顺了，让身体不再需要自救与代偿，病症就自行消除了，这才是从根源上消除疾病产生的原因，这才是治病求本，养生溯源，这样才能让人体保持长治久安的健康状态。

第三讲 养生的难点在养性

养生的难点集中在人的精神情志状态和感官口腹之欲方面，体现在提升心性和控制欲望，而不在于形形色色的养生方法和技巧。

如果一个人通过养性，心性修养提升了，感官口腹之欲也控制了，其身心行为越来越符合养生之道，那么他不用刻意祈求自然就能生活幸福，不用刻意追求长寿自然就可以延年益寿。

养生要抓住根本，践行规律，把事情做到位，把自己修好，结果就是水到渠成。

养性要能战胜名利心

嵇康曰：养生有五难。名利不去，为一难。喜怒不除，为二难。声色不去，为三难。滋味不绝，为四难。神虑精散，为五难。五者必存，虽心希难老，口诵至言，咀嚼英华，呼吸太阳，不能不回其操、不夭其年也。

嵇康是三国时期的一位思想家和养生家，他对于道家老庄思想有较深的造诣，对养生的学术和实践也非常有研究，曾写了一本养生专篇《养生论》，成为养生学的重要文献。这里孙思邈引用嵇康的论述，讲养生的难点。

嵇康认为养生有五个难点，第一个叫“名利不去”，第二个叫“喜怒不除”，第三个叫“声色不去”，第四个叫“滋味不绝”，第五个叫“神虑精散”。这五件事是能否取得养生效果的关键，也是难点。如果能做到这五件事，养生就会达到预期的效果。如果做不到这五件事，无论多么期盼延年益寿，无论懂得多少养生知识，采取多少养生妙招，服食仙丹灵药，吸收天地精华，都不可能取得良好的养生效果。

第一个难点是“名利不去”。

损伤身心健康的第一个因素是追名逐利的欲望太强。名利心对健康的影响是间接的，名利心不直接让人生病，但它可以在深层次左右我们的生活方式和身心状态，从而成为影响健康的根本因素。过度的名利心会迫使我们做很多不恰当的事情，包括超过自己能力负荷的事、不符合自身条件的事、过度无节制的事、不符合规律的事；名利心还会让我们处于一种负面的精神状态和心理状态，让我们走向一个错误的生活方式，最终损害健康。

在生活中因为名利心过度而损害健康的案例太多了。如果我们过于野心勃勃，追求一些不适合自己的东西，最终不但劳而无功，还会落得一身疲惫和伤痕。名利心让我们痴迷于跟别人攀比，总想超过别人，显示自己，不但增加了过多的身心负担，还严重影响了我们日常的心情。名利心让我们铤而走险，不惜以损害身心健康为代价去换取表面的虚荣。名利心让我们失去理智，违背规律地去做一些不切实际的事。名利心是一种心魔，我们往往不知不觉被它绑架，自己不能控制自己，而任由心魔的驱使，把自己的身心健康献祭。

我们之所以被名利心所绑架，关键在于我们不能找到自己合适的定位，自己不太了解自己。每个人都有自己的具体条件，自己应该谋求什么样的成就，应该追求什么目标，都应该符合自己的定位，这个定位要与自己的具体条件相匹配。有了这个定位之后，我们就可以把名利心控制在恰当的范围之内，我们的内心也就比较安定了。

自我定位清晰了以后，才可以顺势而为，像第一讲说的那样顺其自然，有多大能力就做多大事儿，有多少条件就干多少活儿，就会比较轻松，就摆脱了名利心的控制。这既不是贪图名利，也不是逃避名利，是适当地做符合自己本位的事情，做到适合自己条件的程度。一般人自己不了解自己，对自己也没有清晰的定位，搞不清楚自己到底想要什么，自己到底适合什么，只是贪图名利，互相攀比，随波逐流，在名利心的驱动下跟着别人跑，慢慢地，自己就被绑架在名利心的“战车”上了。

一般人在年轻的时候不知道自己的定位，也不够了解自己，往往会有过多的名利心，总想做出一番大事业，这也是人之常情。到了中年时期，每个人都应该研究这个问题，对自己进行反思，比如我到底是什么定位，我希望过什么样的人生，我要达到什么样的目标，我应该获得什么样的成就等，获得一个对自己的清醒认识。自己力气小，就拉 25 千克重的车，照样老婆孩子热炕头，幸福生活也都有。自己力气大，能拉 100 千克就拉 100

千克重的车，在社会上建功立业成为社会名流也没问题。名利心并不能完全没有，只是要有个度，这个度就是与自己的能力和条件适应，顺其自然。我们要避免名利心过度膨胀，避免小马拉大车，而要争取做到什么马拉什么车。

《道德经》说“自知者明”，自己能够认识自己，给自己找到合适定位的人，就是能够战胜名利心的人。先贤说“穷则独善其身，达则兼济天下”，也是根据自己的力量决定自己办多大事儿，自己该获得多少成就，赢得多少名利，都要与自己的实际情况相匹配，是自然而然的，而不是强求的。

人要想真正不被名利心所绑架，必须深刻地养性、改性，提高自己的心性修养，提高自己看待名利的认知水平。如前文所言，能做到于名利若有若无，于非名利若有若无，就可以游刃有余地驾驭名利心而不被名利心所绑架了。

养性要能调节情绪

第二个难点是“喜怒不除”。

喜怒就是说我们的情绪，它指代喜、怒、哀、乐、悲、恐、惊等在内的各种情绪。

如果说名利心对健康的影响是间接的，那么情绪对健康的影响就非常直接了。一个人的情绪波动，都会通过自主神经系统直接改变我们体内的生理状态和生理参数，比如生气时血压飙升、心率加速；焦虑郁闷时血管收缩、血行滞涩、神经抑制；情绪激动时神经兴奋过度，气血波涛汹涌等。

因为情绪直接影响自主神经系统，自主神经系统负责调控全身各个脏器的功能，所以情绪波动对生理状态的影响是全方位的，情绪过度可能带来的疾病是非常广泛的。

小幅情绪波动引起的生理改变是可逆的，在情绪平复以后就可以恢复至正常生理状态。过度的情绪波动，包括大幅情绪波动和持久的小幅情绪波动，都会引起不可逆的生理改变，在情绪平复以后，身体还难以恢复至正常生理状态，从而成为病理现象。如果在生活中长期、反复出现这样的过度情绪波动，身体的病理改变会慢慢累积，逐渐形成一个大病或慢性病。

这里强调一个度的问题，并不是说人不能有情绪。在适当范围的气血波动是没有太大危害的，身体可以通过自行调节恢复。只有过度的情绪波动才会引起疾病，我们要警惕的是任何情绪都不要过度，这包括两个方面：一方面是单次情绪波动的幅度不要过大，另一方面是小幅情绪波动的持续时间不要过久。大幅情绪波动对健康不利，人们容易认识到。而小幅情绪波动的持久存在，是人们容易忽视的，而这个往往是损害身心健康更重要的因素，像温水煮青蛙一样让人深陷其中而不自知。

一个人控制情绪的能力，属于性格层面的因素，一般来说性格不容易改变，本性难移。一个人爱生气、爱发火、爱郁闷、爱焦虑、爱恐惧等习惯不太好改。因为很多人养生而不养性，虽然看似很注意身体保健，但自己的情绪控制不了，性格中的不良因素改变不了，所以身体健康的基本面还是提升不了。一个人控制不了自己的情绪，就会被情绪所奴役，那么他的身心健康一定会受损害，连带他的生活工作也会被拖累。所以，我们在临床上经常会发现一个人的性格和他的体质具有相关性，就是因为情绪与身体的互相影响。

一个人常常生气就容易血压高，如果他爱生气的性格不改变，单靠吃药，他的高血压就很难治好。一个人心胸狭窄，思虑过度，就容易气滞血瘀，如果不能打开心结，光靠吃药，他的气滞血瘀也很难痊愈。依此类推，一个人的不良情绪不但与疾病的发生相关，而且还对他的身体进行持续破坏，给这类慢性病的治疗带来极大的阻碍。反过来，我们预防疾病的重点也在这里。如果能保持良好的情绪状态，自然就会少得很多病。

我们学养性，就要改善日常的情绪状态，从性格和心理的深层出发修养我们的性情。我们要在生活中逐渐学得心胸宽厚一些、性情豁达一些、情绪稳定一些。最好的境界就是不以物喜、不以己悲，对于生活中的各种境遇都看得比较淡然，遇到好事不那么得意忘形，遇到坏事也不那么忧愁恐惧，各种情绪都比较平缓而不过度，这样养性就做到位了。在这种情况下，这个人自然会身体健康，并且与很多疾病绝缘。

思虑劳神更要命

我们先看第五个难点——“神虑精散”。神虑精散就是一个人思虑太多，脑子一刻也停不下来，整天胡思乱想各种问题，导致精气神耗散过度。

1. 思虑劳神是精神内耗

从我们的理性来看，这些思虑过多的人每天不停地在想各种问题，多数想法都是庸人自扰、杞人忧天，没有什么意义。但是他控制不住自己的想法，还在不停地内耗与纠结。每天对同一个问题能反复想它千百遍，谋而不断，想了半天最后也没有结论，也没有落实到实际行动上，第二天再接着反复想，想了一年还没有结论，每年都在胡思乱想。这样思虑过度的人，身体是不可能好的。

思虑过度的人，因为劳心劳神，导致精气神消耗太大。劳神比劳力更伤人，而且伤得更深，不光伤气血，更伤精神。这种心神损耗会让人整个精神面貌都萎靡不振，身体各方面的功能都全面下降。另外，思虑过度还会导致气血郁结。如果一个人心里有百般纠结，身体上的气血就一定会有百般郁结；心里一团乱麻，身体上的气血也会一团乱麻。气血郁结时间长了，就会出现各种气滞血瘀相关的症状，甚至变成器质性的症瘕积聚。

这种人的特点就是我们通常说的纠结、优柔寡断、心思太重、疑神疑鬼。他每干一件事都胡思乱想很久，表现得很纠结，这种纠结体现在很多方面，核心就是沉迷于太多细节，本质是患得患失的心性，这种心性让人在任何时候都怕吃亏、怕出错、怕损失，太多的担心害怕会让人畏首畏尾、犹豫反复、思虑过度、谋而不断。

2. 心气弱的人容易思虑过度

思虑过度的另一方面，也说明这个人心气怯弱，不能有自己的主心骨，没办法拿定主意，并付诸行动。《黄帝内经》中讲到人的勇怯时说，“勇者气行则已，怯者则着而为病”，就是说心气怯弱的人更容易生病。

还有人特别喜欢疑病，就是整天怀疑自己有病，总琢磨自己可能病重了。咳嗽一声就上网一查说可能是肺癌，非常害怕。半夜醒来睡不着，就胡思乱想。听别人说凌晨 1 ～ 3 点是肝经流注时间，是不是肝癌？更有医学爱好者，业余爱看看医书，这本来是好事，可是一看各种病症病理的名词，觉得都跟自己很像啊，整天如惊弓之鸟。

现在社会上这种思虑过多的人特别多，尤其是年轻人胡思乱想的更多，所以年轻人焦虑、抑郁的发病率越来越高。这是由于现在年轻人所处的生活环境导致的。现在城市里的年轻人虽然生活条件好，但实际上生活越来越单调。他们从小到大，从家里的小房间到学校教室的小房间，就在这几个房间里转来转去。生活内容主要是学习，即使娱乐也都是被严格安排得跟上课一样。他们的生活远离大自然，生活环境狭窄，日常活动太枯燥，就像在笼子里养鸟一样。在这种单调、枯燥、封闭的生活环境下，人就容易思虑过度，也会越来越怯弱。理想的童年，应该可以经常到广阔的田野里奔跑，有自由驰骋的空间和时间，这样的生活环境会让人有豪放的精神气质，做事干脆利索，想干就干，不想干就不干，不纠结、不犹豫，就不会胡思乱想。

3. 思虑过度的人其病难治

在治病的过程中也存在这个现象，思虑过度的人其病很难治。临床上遇到的“名医杀手”，其病往往并非绝症，但被各路名医都看过了却治不好，很多就属于这种情况，其人思虑太多。

刚吃一口药，就想这药味道不好，一定是医生开错了，不能吃；第二天再换个医生，刚吃了药，走路脚痛了一下，就想吃这药伤脚，赶紧又换。

一看是补药，就想我虚不受补；一看是泻药，就想我受不了泻。

一看药里有桂枝，就想这药太热，不能吃；一看药里有石膏，就想这药太凉。

医生给他耐心解释病情，就琢磨这医生这么有时间，可能是患者少、医术不高；医生跟他说得少了，又琢磨医生医德不够、缺乏耐心。

医生给他开的药味多了，就琢磨医生是为了卖药；开的药味少了又琢磨这么点药恐怕不能治病……

这样的人的病不好治，也治不好。

什么人的病好治？就是豪放的人，思虑少而行动力强的人。他不多问、不多疑，医生开了药就喝，按医嘱执行，中间如果有什么不舒服的也不胡思乱想，复诊时跟医生反馈，让医生看情况再调药。他信任医生，内心笃定，做事踏实，这样的人的病好治。

思虑过度的人不只是治病难、养生难，在生活中做事也是这样，步履维艰，每走一步在心里都有千千结，生活和事业也会遇到很多困难。我们一定要想办法避免这种状况，主要可从三个方面入手：一是培养我们的豪放精神，不患得患失；二是提升我们的思考力，头脑清晰，思维有条理；三是培养我们的决断力，谋而能断。杜绝思虑过度的根本方法是养性，提高我们的心性修养、心智水平和心理心态。《论语》说“君子坦荡荡，小人长戚戚”，就是讲修养高的君子胸怀坦荡，无所思虑系累，而修养不高的人其心胸中总是思虑忧戚。养性之人就是要逐步向坦荡君子的方向迈进。

要做静为躁君的不倒翁

“名利不去”“喜怒不除”“神虑精散”都是思想、情志层面养性的难点，归根结底就是“静躁之别”。

静指的是一个人的精神情志比较稳定，思想澄清，心态淡然，意志笃定，不太容易受外界的干扰。这种可以称为精神情志的不倒翁，无论在什么情况下，都能沉稳地守住自己的清明静定。躁就是指一个人的精神情志不稳定，思绪纷飞，情涛意浪，特别容易受外界的干扰。这种躁动的人整天匆匆忙忙，情绪飘忽不定，遇到风吹草动就容易走极端。名利心、喜怒情绪、劳神思虑这3个方面就是最具代表性的、给人带来刺激干扰的因素。因此，一个人在这3个方面的表现最能体现其心性上的静躁之别。

人在社会和自然环境中，受到的一切外来刺激因素，包括社会性的精神心理刺激，自然环境的物理、化学或生物刺激因素等，都会让身体在神经、内分泌、循环等一系列病理生理机制的驱动下，发生病理生理学应激反应。一个人精神情志方面的静躁不同，直接影响他的身体对外界刺激因素的应激反应模式。静定的人，其身体在受到外界刺激后的应激反应缓和、稳定、可逆，一般不会给身体带来病理损伤。而躁动的人应激反应激烈、冲突、不可逆，往往会给身体带来实质性的病理损伤。这就是精神情志的静躁修养不同对身体健康带来重要影响的机制。

《道德经》讲“静为躁君”，就是我们的精神情志要保持静定，以此来制约躁动；还讲“重为轻根”，就是在精神情志各方面要持重、笃定，而不要心思轻浮，频频受到扰动而不能自主。我们通过养性，去克服“名利不去”“喜怒不除”“神虑精散”这三点不良心性，在精神情志方面做一个静为躁君的不倒翁，面对任何情况心如止水，八风不动，就能够保持最好的健康状态。

感官和口腹之欲是健康杀手

另外两难——“声色不去”和“滋味不绝”，主要讲感官和口腹之欲。

声色、滋味，指所有感官享受，包括听觉对各种声音的享受、视觉对各种影像的享受、味觉对各种味道的享受、嗅觉对各种气味的享受，以及触觉对各种质地的享受等。在日常生活中，听觉、视觉和味觉的刺激比较突出，而嗅觉、触觉的刺激相对没那么强烈，所以就用声、色和味来代表所有感官享受。

1. 过度的声色滋味消耗精气神

有的人每天听太多音乐，频繁出入乐声震天的舞厅、酒吧，长时间持续戴耳机，这都是声音刺激过度。也有被动的声音刺激过度，就是现代大城市的噪声污染，比如生活在闹市区、道路旁的人会受到日夜不断的车流声、喧哗声的刺激。

色有两层含义。第一层是指物体的形色，包括所有能带来视觉刺激的东西，比如长时间看电脑、手机、电视、电影，长时间看五光十色的灯光等。《道德经》说“五色令人目盲”，就是指过度的视觉刺激会损伤人的眼睛。

现代人最普遍、最严重的问题之一就是看电子产品屏幕时间太长。很多人除了睡觉的几个小时，连日带夜不停地看电子产品，包括工作和休闲时间，甚至连吃饭、如厕、走路都在看手机。这些电子产品对视觉的刺激强度很大，持续时间又长，不仅会损伤眼睛，更是现代人精气神消耗最大的一个因素。打个形象的比方，这些电子产品屏幕就像一个可怕的光魔，在世间贪婪而肆无忌惮地吸取着每个人的精气神。当然，城市中过度的光污染也给人们带来很多被动的视觉刺激。

色的另一层含义是美色，指人对美色的贪欲。如《孟子》提到“食色性也”，讲适度的色欲是不可避免的人之常情，但色欲过度就会导致精气神的快速损耗，给身体健康带来极大伤害。从古至今，太多人因为色欲过度而伤身害命，正如俗话说的“色是刮骨钢刀”。在这个含义下，声色合在一起，指代一切让人放纵欲望、纵情娱乐、荒淫糜烂的生活方式。在古代，放纵声色还只是少数达官贵人才有的条件，而在物质生活丰富的今天，任何人都有这个条件，所以声色之害愈演愈烈，对人们的伤害也越来越大。比如，现代有些年轻人过度流连于娱乐场所，吃喝玩乐，夜生活过度，沉迷声色，最终把身体健康损耗殆尽。

味觉刺激跟人的饮食习惯有关系，现在比较普遍的饮食习惯都涉嫌味觉刺激过度。比如，人造食品添加剂带来的味觉刺激已经成为现代人躲无可躲的危机。几乎所有加工食品都有食品添加剂，它们带来的味觉刺激强度超过天然食品，对人的诱惑很强，但其中不乏一些食品添加剂对身体健康是有害的，尤其是长期大量摄入时。又如，现代人无辣不欢成为普遍风尚，火锅烧烤风行南北，这些都体现了人们的味觉刺激阈值越来越高、味觉刺激强度越来越大。

适当的感官享受可以让我们心情愉悦，也对身体健康有益。过度的感官刺激却适得其反，会损耗我们的精神气血，损害身体健康。《道德经》说“五色令人目盲，五音令人耳聋，五味令人口爽，驰骋畋猎，令人心发狂，难得之货，令人行妨”，就是强调感官享受的欲望过度，会让人的身体和精神受到损伤。

各种感官刺激之所以让人感觉快乐，是因为通过刺激感官激发鼓荡了体内气血，让人的神经内分泌过度兴奋，让人们在感受到快乐的同时，气血消耗也非常剧烈。这里面存在一个度的问题，适当的感官享受并没有很大问题，过度的感官刺激就会严重耗散气血，不但损伤人的身体健康，也会腐蚀人的精神。

2. 古时的皇帝为什么长寿的少？

说到这里，不得不提一个很多人经常疑惑的问题。古时候皇帝们生活条件很好，御医的医术也不能说不高，为什么长寿的并不多？有人说皇帝不长寿就说明中医没疗效，这其实就是不明白养生五难的道理。皇帝为什么不长寿？因为他们普遍沉迷于声色犬马的生活，沉溺于感官享乐、酒色喧嚣，加上政务繁忙、劳心劳神、钩心斗角、饮食无节、喜怒无常，使他们的生活“五难”全占了，并且没有人能约束他，所以皇帝们的身体健康一般都是堪忧的，寿命甚至还不如普通人。他们的生活方式是这个样子，完全不能养性，医生的医术再高明，也很难让他们健康长寿。我们现在有一些患者也是如此，由于生活和工作环境的要求，常常“五难”并存，生活方式一团糟糕，自己不能改变。在这种情况下，无论怎么吃药治病，其身体都难有起色，医生也常觉无能为力。

3. 应警惕口腹之欲的泛滥

“滋味不绝”是讲人贪图口腹之欲，饮食不节。口腹之欲是很多人难以克服的欲望，它除了感官中味觉享受，还涉及人性中更深层的本能欲望。《孟子》提到的观点“食色，性也”，就是认识到食欲是人性深层的本能。当然，正常的食欲是必须有的，是人们生存的必要条件。但是在物质生活日益丰富的时代，食欲被无限放大，造成食欲过度和饮食不节，反而给身体健康带来了严重损害。饮食过度导致消化不良，给肠胃带来过重的负担和伤害，而且营养过剩造成高血压、高脂血症、肥胖、心脏病、脑血管病、糖尿病等一系列疾病，已经成为现代人极为普遍的健康问题。

由于物质条件的改善和受商业利益的影响，现代人的饮食不再是单纯的吃饱饭，而成了对人们口腹之欲的诱惑和挑逗，各种花样翻新的美食、零食极尽魅惑之能。因此，现代人控制口腹之欲的难度越来越大了。儿童自幼被各种诱人的零食包围，成年人被天南海北的美食吸引。水果、奶制品、肉制品、火锅、烧烤、糕点、酒水饮料，琳琅满目，你方唱罢我登场，连番轰炸着人们的味觉。

还存在一些营养观念上的误区，助长了饮食不节的泛滥。有的人认为凡是身体需要的营养就多多益善，吃进去越多越好。其实，人体需要的营养要适当摄入，摄入过多或者过少都是不利的。摄入过少则营养不足，摄入过多如果不能被及时分解排出体外，就会在体内产生其他不利影响，给身体带来负担，壅滞血液循环，甚至淤积成积聚肿块。摄入营养需要把握一个适度的量，避免太过和不及。

有的人认为，营养必须全面，各类营养物质一定要全部摄取完整，除了吃饭还要补充各类营养剂，以保证营养全面。这是个误区，其实人体所需的营养，有一部分是直接摄入的，更大一部分是在体内合成的。比如都知道牛肉、牛奶所含营养丰富，可是牛一生中基本上是只吃草的。普通人只吃家常便饭，一般也不会缺什么营养，除非另有特定疾病。这就是生命有自己的能动性，会把食物加工成自己所需的各种营养，而不是像一个化学反应试管一样，里面需要什么就必须放入什么。现在很多人对营养贪多、贪全，造成摄取营养过度，反而给身体带来了很多负担。

4. 饮食习惯应保持稳定

当然这里有个前提条件，就是我们日常饮食方案要能满足身体所需营养的一个基本盘。怎么来确定这个基本盘呢？最重要的是要重视饮食的传承性，即每个地域的传统食谱和饮食习惯要有一定的稳定性，要成为我们饮食的基本盘。

北方和南方生活环境不一样，吃的东西也不一样，中国人与美国人长期以来吃的东西也不一样。每个地域的饮食习惯和食谱，都是人民群众长期实践、不断完善、久经考验，最后形成的一种具有稳定性的选择。简单说，就是已经经历了各种尝试、试错、实践、纠偏，最后形成的最优方案。

我们人体内肠道微生物群落以及消化酶都是经过长期训练后与我们的饮食结构相适应、相匹配的，这也就形成了一方水土养一方人，一方人一方吃食的认识。如果突然改变饮食结构，中国人按美国人的食谱吃，南方人按北方人的食谱吃，就很容易生病。虽然营养本身都没问题，但不一定适合自己。

因此，我们建议饮食尽量遵循传统，尊重长期以来的饮食习惯。即使要改变也要慢慢调整、慢慢适应，不宜在短时间内突然大幅改变饮食习惯。比如，有的人从小以吃米面为主长大，在原来的饮食结构中米面占 70%，现在变成 60%，增加点肉蛋奶，缓慢和小幅的改变是可以适应的。有的人走极端，突然就不吃米面类碳水化合物，每天只吃肉、奶或水果，这一定会给健康带来不利影响，因为身体根本就适应不了这么大的饮食变化。

现代人有一些饮食改变是无意识的。因为农业生产和物流运输的发展，我们可以随时随地吃到来自世界各地、不同季节的食物，很多人就会为了新鲜感和满足口腹之欲，频繁尝试不同食物，自然而然造成饮食结构频繁改变。这也给身体带来较大负担。因为每种食物的变化都需要身体去适应，需要肠道微生物菌群发生调整，频繁变化导致频繁调整，就会导致身体损耗和疾病的发生。

因此，自古以来中医提倡的饮食习惯是稳定、有规律、有节制，食材不宜太杂乱多变，最好是食用当时、当地比较常见的品种。因为我们的身体对这些食材比较适应，每天这么吃饭有规律，身体毫无负担。不宜经常吃那些生僻冷门、奇奇怪怪的东西，那都是对身体的挑战。当然饮食太单调也不好，家常饭的种类时常轮换一下就好了。古人讲“粗茶淡饭最养人，萝卜白菜保平安”，就是强调饮食品种的家常性和稳定性。

5. 淡泊为贵，中和为美

感官和口腹之欲对人的诱惑在于新鲜刺激，而人体保持健康的条件是常态稳定。我们对待感官和口腹之欲的态度，都要以淡泊为贵、以中和为美，这是大原则，就是维持身体状态的稳定有序，避免大的波动。淡泊的人不是没有快乐，而是他很容易获得快乐，快乐阈值很低，稍微有一点享受就很快乐、很满足，而不需要过度刺激。中和的人，对各种享受和欲望保持适度，不能没有，但也不能过度，不走极端，都控制在一个适中、恰当的范围内。饮食方面，不同的味道也要中和一点，不要太咸、太酸、太辣和太香，当然也不要太臭。

比较淡泊的人，走在路上看到一片小树林，几棵很普通的白杨树，黄叶飘摇，就感觉很美。到树林里走一走、坐一坐，就感觉很享受，快乐感油然而生。很轻柔的感官刺激就让人觉得很愉悦，这是精神享受的淡泊之美。而有的人必须到夜店里，只有受到音乐和灯光的强烈刺激才能快乐一点，否则就觉得没意思，精神不振，这是他的感官和精神都被麻痹了，已经生病了。

饮食最好的状态就像喝一碗淡粥，粥只有淡淡的米香味，没有其他太大味道，但是我们喝着很香、很愉悦，这就对了。能够欣赏这个淡粥的香味，说明自己的身、心两方面都比较健康。如果非得在里面放多少辣椒、多少香油才能吃得下，必须重味道、强刺激才能吃得下，就说明身体可能已经有问题了。

要想达到淡泊为贵、中和为美的状态，能够控制自己的感官和口腹之欲，就必须通过养性，提高我们的心性修养境界和生活审美水平，最终才能让我们获得更优雅、健康的生命体验。

养生的五个难点都属养性

养生五难都集中在人的精神性情和感官口腹之欲方面，都属于养性的范畴，这就告诉我们应以养性为本，而不要停留在形形色色的养生方法和技巧之中。

讲完这五难之后，嵇康特地总结强调了一下这五难的重要性。

五者必存，虽心希难老，口诵至言，咀嚼英华，呼吸太阳，不能不回其操、不夭其年也。

“必”的意思是假设，“难老”就是长寿。假如身上有这五种毛病没有去掉，那么即使心里期盼着要长寿、嘴里经常念叨着养生格言，即使每天吃着各种养生保健品如人参、枸杞、三七、菊花等，也还是不能不背离他的养生初衷，无法实现延年益寿的目的。

也就是说，只要这五难不克服掉，无论怎么努力养生，最终都是白费力气，都没有成效。因为这 5 个方面是养生的根本和关键，其他的各种养生技巧和方法都属于枝末，舍本求末是没用的。一个人不养性，整体精神面貌不修养起来，心性和情志状态不提升，名利心、情绪都不能节制，思虑劳神不能减少，感官口腹之欲不调控起来，其他做什么、吃什么都意义不大。

五者无于胸中，则信顺日跻，道德日全，不祈善而有福，不求寿而自延，此养生之大旨也。

假如一个人已经通过养性克服掉了这五难，他的心性修养提高了，感官口腹之欲也控制了，他养生的成就会越来越显著。他的身心行为就会越来越符合客观规律，遵道合德，他就会得到规律的保护。他不用刻意祈求自然就能生活幸福，不用刻意追求长寿自然就能延年益寿。通过养性来克服这五个难点，这个就是养生最重要的原则。

所以我们养生也好，做事也好，都要抓住根本，遵守规律，践行规律，自己把事情做对，结果就是水到渠成。

仁者寿

然或有服膺仁义，无甚泰之累者，抑亦其亚欤。

有的人虽然对前面所讲的五难没有研究，也没有从这5个方面去养性，但是他本身有仁义之德，是宅心仁厚的人，他在生活中各个方面都保持平和适度，不走极端，就不会受到过度损耗，也能得到不错的养生收益，仅次于上述克服五难之人。这一类人就是我们前面说过的性自为善，天性仁义，符合规律，即使不养生也有延年益寿的结果。《道德经》说“圣人去甚、去奢、去泰”，就是懂得养生之道的圣人会避免过度、奢侈或极端的行为，即“无甚泰之累者”。宅心仁厚、性自为善的人，自然而然就能做到这一点，对各种事情的态度都是平淡随和，随遇而安，不走极端，就不会被损耗太多。这个状态就是我们养性所追求的目标。

《论语》说“仁者寿”。汉代思想家荀悦在其著作《申鉴》中说：“仁者内不伤性，外不伤物，上不违天，下不违人，处正居中，形神以和，故咎征不至，而休嘉集之，寿之术也。”这就是说仁者中正平和，不受任何方面的损伤，就不会有任何灾殃，而多逢吉庆，这是益寿的方法。

这样的仁者，其实在我们生活中并不少见，只不过因为他们是普普通通的老百姓，并不会声名在外，所以我们才注意不到。他们可能并没有主动养生，也不看书，甚至没有文化，但他们不贪图名利，无论贫穷富贵都不发愁，无论得失都不挂怀，知足常乐，跟别人不争不抢，不想占什么便宜，不想出什么风头；他们不怨天尤人，与人为善，每天乐呵呵的；他们不作非分之想，心地淳朴；他们不贪图物质享受，嚼得菜根，节俭朴素，安贫乐道。他们只是按照自己仁义的天性，就这么安静地生活，自然暗合淡泊之美、中和之道，远离五难，所以不期而得，收获延年益寿的结果。

我们经常看到新闻报道的长寿老人，很大部分就属于这种仁者。他们往往文化不高，也没有刻意养生，但大部分都天性淳厚，不忧愁，不妄为，有啥吃啥，知足常乐。他们的饮食有时候并不特别健康，但仍然能长寿，就是因为这种淡泊中和的境界，就是静为躁君，这才更关键，长寿老人多半都是这样的。相反，很多养生专家、医学专家反而不一定能延年益寿，就是因为专家虽然“口诵至言”，懂的知识很多，讲的理论很多，但自己并没有养性，没有改性，没有落实到自己的身心境界上，没有知行合一，最后还是过不了五难的大关口。

因此，我们在学习养生知识的同时，也要培养自己的仁义品质，做到仁者寿的境界后，也就不会对养生的事情有什么困惑了。

养性要知行合一

不能知行合一，这是人们的通病。养生的知识并不难懂，但是真正把养生做出成效的少之又少，大多数人都把养生停留在口头和想法上，知道这个事，有这个想法，但是身心行为改变不了，生活状态改变不了，也得不到益处。

《道德经》讲“自胜者强”，就是因为人改变自己是很难的，深刻地改性那就难上加难，唯强者可以做到。一般人改变不了自己的心态，控制不了自己的情绪，约束不了自己的欲望，提升不了自己的心性，摆脱不了名利和声色滋味的诱惑，最后只是能做到喝点菊花茶、吃点三七粉，停留于表面文章，养生自然不会有什么成效。

既然很多人做不到，那为什么还要讲这么高的境界，何不就按大家能做到的低标准来讲养生？有句古话叫“取法乎上，得乎其中；取法乎中，得乎其下；取法乎下，无所得矣”。向较高的目标努力，一般会得到中等的成就；向中等目标努力，就只能得到下等成就；向下等目标努力的话就很难得到什么成就了。这是人性的规律。所以目标高点没关系，把养生的目标理解透了就付诸努力，即使不能达到最好，肯定也会大有收获。而如果一开始就把养生定位到喝点什么保健品之类的小目标，可能永远也不能在养生方面得到什么收获了。南宋金丹派养生学家白玉蟾在《修道真言》中说:“人当以圣贤自待，不可小视自己，则上达矣。”

养性就是深刻地改变一个人，让他改了心性，变了生活方式，也就改变了人生。人生有一个轨迹，自幼及长，如何吃喝拉撒，有什么样的生活方式、什么样的情绪、什么样的性格、什么样的思维，都已经有了惯性，就好像从山上滚下来一个石头，它照着既定的方向冲过来了，有很强的势能和惯性。这时候如果想扭转这个惯性是不容易的，需要付出极大力量。要改变我们身心的惯性也一样，现有的惯性已经朝着生病的方向冲过去了，必须用很大力量才能扭转这个轨迹。只有把多年积累的不良身心状态扭转过来，才能达到防病、延年的目的。因此，从某种角度来说，真正的养生，就是要改命。我命由我不由天，我们要做能战胜自己的人，才能把自己的身心健康掌握在自己手里。

但也不必存在畏难心理。正如前面提到的仁者寿一样，远离五难的养生目标其实并不是多么高深和遥远，很多人天生就可以达到，每个人也都可以做到，只要我们愿意。这里面的核心就是一个观念的转变而已，正如《六祖坛经》所言："一灯能除千年暗，一智能灭万年愚。"当我们深刻领悟了养性的道理后，一念之转，就可以改天换地、旧貌换新颜。要知道每个人的主观能动性是特别强的，真正懂得了养性的道理，下决心马上做，就可以真得到收获，真想改变就可以改变，很多人得不到养性的益处，只是因为他们并不想改变自己而已。从古到今这么多养生资料记载的就是每个人自我提升的心得，我们逐渐向他们靠齐，这个是可以做到的。

第四讲

《黄帝内经》的养性方法

前三讲主要从思想、认识和原则上阐述养性的理念，本讲则从中医学理论出发，进一步揭示养性的原理和方法，使得养性具有更加坚实的医学内涵和更加贴近实践的可操作性。

为什么会半百而衰?

黄帝问于岐伯曰：余闻上古之人，春秋皆度百岁，而动作不衰。今时之人，年至半百，而动作皆衰者，时代异耶？将人失之也？

本段引用的是《黄帝内经·素问》第一篇“上古天真论”的内容。《黄帝内经》是我国现存最早的一部医学经典著作，是中医学理论和中医学防治疾病技术的渊源。该书由《素问》《灵枢》两部分共162篇文章组成，其文章为春秋战国时期的作品，该书成编于战国至西汉之际。《黄帝内经》不仅包含丰富的临床医学内容，还包含深刻的养生学知识，为历代养生学发展提供了坚实的医学理论基础。其第一篇“上古天真论”，就是专题论述生命健康基本观念和养生基本理论的文章，是学习养生的必读之作。

这篇文章一上来，就开宗明义，提出了一个灵魂追问，点出了大家最关心的问题。黄帝向他的医学老师岐伯请教：“听说上古的人都能长寿，活到百岁还能正常活动而不衰老，而现在的人到了50岁左右就活动困难，身体已经衰老了，这是什么原因？是时代不同，还是由于人们自己不懂养生之道而导致的？”

大家看，在《黄帝内经》成书的时代，就有了今不如昔的感慨。上古之人具体在什么时代，为什么他们更懂得养生之道，暂时就不细究了，我们可以把上古之人理解为把养生之道做到极致的理想典范。他们自古至今都存在于人们的心中，被人们推崇、效仿，同时也激励着历代人们去学习并实践养生之道。相对而言，今时之人就是对不懂养生之道的人的一个代称。

能够长寿至百岁，而且身体动作并不显得衰老，这就是人们心目中对生命健康理想状态的向往，是学习养生之道的目标。现实情况不尽如人意，很多人往往年至半百就表现得非常衰老了，到我们今天也是这样。无论在什么时代，半百而衰其实是不懂养生的普通人之常态。如唐代白居易诗曰：“我今过半百，气衰神不全。”宋代高斯得诗曰：“我今恰半百，衰暮固其时。”面对现实和理想之间的落差，黄帝发出了追问：为什么我们不能达到那种非常理想的、年过百岁而不衰的健康状态？

其实提出这个问题之时，答案就已经出现了。古今都有这个共同的问题，当然不是由时代差异引起的，而是“人失之也”。就是因为人们没有掌握养生之道，在身心生活方式各方面偏离了正确轨道，没有很好地维护保养自己的身体健康，才造成了这个早衰和短寿的困境。

黄帝发出的这个灵魂追问，与《养性论》开篇孙思邈发出的生命之叹相呼应，都是在警醒并激励我们，必须重视学习和实践养生之道。

顺应四时来养性

岐伯曰：上古之人，其知道者，法则阴阳，和于术数，饮食有常节，起居有常度，不妄作劳，故能形与神俱，而尽终其天年，度百岁乃去。

听到黄帝对半百而衰的提问之后，岐伯就开始介绍上古之人的养生之道。言下之意隐含着对黄帝提问的回答，就是“人失之也”，今时之人不懂得养生之道，才造成了半百而衰。那么上古之人正确的养生之道是什么呢?

那些懂得养生之道的上古之人，他们遵循着这几点养生原则：法则阴阳，和于术数，饮食有常节，起居有常度，不妄作劳。按照这几点原则去生活实践，最终让人达到一种形与神俱的状态，这是养生有成的标志。进而实现延年益寿、百岁不衰，这是养生的结果。

1. 什么是四时阴阳?

养生的第一个基本原则叫“法则阴阳”，即遵循、效法天地自然的阴阳规律。

阴阳是中国古代哲学思想中最重要的概念之一，也是中国医学理论中最重要的概念。在《黄帝内经》中这样强调阴阳的重要性：

“阴阳者，天地之道也，万物之纲纪，变化之父母，生杀之本始，神明之府也。

“夫四时阴阳者，万物之根本也。所以圣人春夏养阳，秋冬养阴，以从其根，故与万物沉浮于生长之门。逆其根则伐其本，坏其真矣。

“故阴阳四时者，万物之终始也，生死之本也，逆之则灾害生，从之则苛疾不起，是谓得道。”

可见阴阳不但是天地万物运行变化的规律，也是治疗疾病和养生防病必须遵循的原则。阴阳是人们观察和认识事物的过程中注重事物之间的相对性，从相对的两方面一分为二认识事物的思维方式。阴阳可以在不同层面、不同角度表达事物的相对性，像事物的虚实、寒热、内外、表里、升降、出入、标本、体用、昼夜等各种范畴，阴阳是贯穿整个中医学理论和实践各个方面的基本思想和基本规律。

其中，描述一年四季天地自然变化规律的四时阴阳，是阴阳概念下的子概念。四时阴阳描述一年四季之中自然万物的生机的变化规律。万物的生机，或生命物质能量转化的链条，在一年这个周期内，按照春夏秋冬四季的不同阶段，分别具有升发、宣散、收敛、闭藏四种变化趋势，整个变化过程呈现为一种节律鲜明的规律。《黄帝内经·四气调神大论篇》把四时阴阳看作万物变化之根本、生死之根本，而且认为人们必须遵循四时阴阳的规律，才能保持生命健康。

2. 春夏秋冬的阴阳消长盈缩规律

养性论在下文引用《黄帝内经·四气调神大论篇》的四段文字对四时阴阳规律进行了详细阐述，我们把它提到此处一并研究。

春三月，此谓发陈，天地俱生，万物以荣，夜卧早起，广步于庭，披发缓形，以使志生，生而勿杀，与而勿夺，赏而勿罚，此春气之应，养生之道也。逆之则伤肝。夏为寒为变，奉长者少。

夏三月，此谓蕃秀，天地气交，万物华实，夜卧[1]早起，毋厌于日，使志无怒，使华英成秀，使气得泄，若所爱在外，此夏气之应，养长之道也。逆之则伤心。秋为痎疟，则奉收者少，冬至重病。

①卧：原文缺，据义补。

秋三月，此谓容平，天气以急，地气以明，早卧早起，与鸡俱兴，使志安宁，以缓秋刑，收敛神气，使秋气平，毋外其志，使肺气清，此秋气之应，养收之道也。逆之则伤肺。冬为飧泄，则奉藏者少。

冬三月，此谓闭藏，水冰地坼，无扰乎阳，早卧晚起，必待日光，使志若伏若匿，若有私意，若已有得，去寒就温，毋泄皮肤，使气亟夺。此冬气之应，养藏之道也。逆之则伤肾。春为痿厥，则奉生者少。

一年四季春夏秋冬称为四时，各有3个月时间。中医讲四时，并不是单纯说四季气候本身，而是借助不同季节下大自然气候、物候的发展变化的现象和节律，来阐述天地万物共同遵守的阴阳消长盈缩规律。这个规律是在大自然所有现象变化背后起主宰作用的根本规律，就是四时阴阳。

“春三月”是春天这段时间，是发陈的阶段。所谓“发陈”，就是自然界的植物从冬天的干枯状态开始发芽，展现生机，动物开始走出冬眠和巢穴，进行地面活动，万物开始欣欣向荣，大地呈现为一派生机勃发、欣欣向荣的景象。“发”是升发启动，“陈”是陈布展现。

“夏三月”是夏天这段时间，是蕃秀的阶段。所谓“蕃秀”，就是植物枝叶茂盛，所有的生机都已经尽情展露于外。大地蕴藏的水分被充分地蒸发到空气中和植物枝叶内，降雨也非常频繁，这时天地之气交会碰撞，万物呈现为一派繁盛而且充分展露的景象。

“秋三月”是秋天这段时间，是容平的阶段。所谓“容平”，就是谷仓都储满了粮食，植物的种子被收回来，获得了丰收。这时天气肃降，植物落叶，果实种子回收，呈现为万物生机收敛并回收到大地的景象。

“冬三月”是冬天这段时间，是闭藏的阶段。所谓“闭藏”，是天地之间的水分已经结冰，大地已经干裂，万物的生机都从地面上消失，转而闭藏到大地深处，呈现为一种生机闭藏不为外界扰动的景象。

春夏秋冬这四个阶段，代表在一年这个生命周期里，天地万物的生机有一个春夏向外展现、秋冬向内收敛的规律。我们把生机向外展现称为阳，生机向内收敛称为阴，春天发陈是阳之生（简称为生），夏天蕃秀是阳之长（简称为长），秋天容平是阴之收（简称为收），冬天闭藏是阴之藏（简称为藏）。生、长、收、藏四种变化趋势和特征称为四气，四气循环一周为一个周期，代表了一种阴阳消长盈缩、屈伸往复的变化节律，这就是四时阴阳。

这个规律用图像表示就像如下的曲线。曲线的最低点是冬天，所有生机都闭藏在内。到了春天闭藏的生机开始向上升发，曲线逐渐从横坐标之下上升到横坐标之上，发展到最高点时就是夏天，所有生机都展现在外；然后又开始下降收敛，曲线逐渐从横坐标之上下降到横坐标之下，这就是秋天。最后把展露在外的生机逐渐向内收敛直到全部闭藏起来，藏到最低点就是冬天。从冬天经过春天到夏天，这是曲线单调增区间；从夏天经过秋天到冬天，这是曲线单调减区间。春生是上升的过程，夏长是宣散到极致，秋收是下降的过程，冬藏是闭藏到极致。

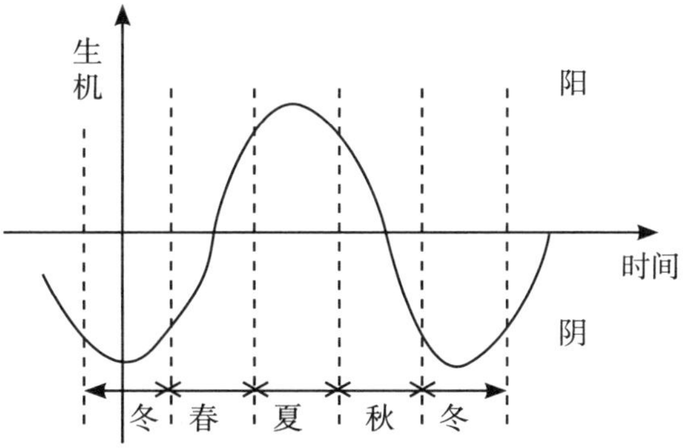

四时阴阳示意图

一年四季春夏秋冬，就这样周而复始，往复循环，体现了天地万物在这个周期里消长盈缩的变化。这个规律是自然界所有植物、动物、人以及非生物共同具有的一个特点。这个周期是地球绕太阳运动产生的，产生了一年四季，产生了温度、阳光、空气、湿度、水分、压力等这些环境因素的节律性变化，进而引起了万物的生机都按照这个节律发生变化。什么时候水结冰，什么时候土壤解冻，什么时候大气升温，什么时候植物落叶，什么时候动物冬眠……天地的气候、万物的物候，以及人体的生理病理现象都按照这个规律，循环往复有节律地变化。

3. 人体生理活动随着四时阴阳节律同频脉动

《黄帝内经》讲“人以天地之气生”。人就是在自然生态环境大花园里生长的一分子，受天地万物的滋养而生存，所以人和天地万物一样，随着春夏秋冬四时阴阳的规律，身体内的生理现象也发生着有节律的变化，包括生命物质能量的代谢、激素的分泌、神经系统的兴奋抑制、情绪的波动、毛细血管的舒缩、皮毛的开合，乃至体内任何组织的任何功能，都随着这个节律在不断地生长收藏，消长盈缩。

天地自然处于春天时，我们的身体也过春天，体内气血开始升发，气血从体内向体表宣散，皮肤逐渐变暖、变润、变柔，就像春天的枝条。体内代谢开始逐渐活跃，产生更多的物质和热量，各项功能逐渐增强。天地自然处于夏天时，我们的身体也过夏天，所有气血已经非常旺盛，汹涌澎湃地涌向体表和皮毛，宣散至极。人们皮肤滋润，脸色都是红扑扑的，频频出汗，体内代谢和循环特别活跃，不但身体很热，人们精神面貌也充满热情。到了秋天，体内也迎来一片凉意，气血开始从体表向内收敛，皮肤开始收紧，不再出汗，变得干燥。到了冬天，人体大部分气血都闭藏到了内脏，体表的气血非常少了，整个皮肤是干巴巴的，粗糙冰凉，体内的代谢和各项功能也处于较低水平，人们不再进行太多活动，好让身体休养生息。

4. 养性贵在主动顺应四时阴阳规律

人体的生理活动与天地万物一样，都在这个四时阴阳的规律下同频脉动，互相呼应，就像一场交响乐。人体具有这样的功能：能感知天地自然的节律，并对体内各项机能进行不断调整，从而跟随四时阴阳规律的步调。到这一步为止，是不需要我们每个人主动进行什么操作的，这是身体的本能。但是人与其他万物不同的地方在于，人有自己的主观能动性，人的主观意志会经常发号施令，比如制订各种生活、工作计划，调整生活方式等。这个主观行为有时就会干扰或破坏身体的本能，做出违背四时阴阳规律的事情。

因此，我们养性的重点就在于，要通过学习医学知识，掌握四时阴阳规律，调整自己的主观行为、生活方式、精神情志等，确保不违背四时阴阳规律，并主动顺应四时阴阳规律。这就是这一讲的重点内容。

5. 春日养性，如沐春风

春天是升发的时候，我们的身心行为也应该顺应升发的特点，早点起床，不要睡懒觉，这有助于升发。并且还有要“广步于庭”“披发缓行”，在院子里或去公园里散散步，散步时要迈大步，强调的是走得缓慢，不急躁。还要把头发披散开，衣服穿得宽松一点，身体放松一点。这几个要点就是要帮助体内的气血释放、宣发。不要穿那些紧身的衣服，动作也不要紧张，避免气血受拘束。

除了生活和动作，还要在心理心态上调整。“生而勿杀，与而勿夺，赏而勿罚”，就是到处帮助别人而不要打击别人，给予别人而不要剥夺别人，奖赏别人而不要惩罚别人，从待人接物到心理心态各方面散发正能量，与人为善，助人为乐，充满仁爱，营造一种欣欣向荣、朝气蓬勃、其乐融融的生活氛围。“此春气之应”，这种起居动作、生活方式和心理心态就是与春天的升发相应，促进气血升发，所谓如沐春风，这就叫养生之道。这个养生是养生长收藏之中的生，养的是春天的升发之气，为的是帮助体内气血的升发。

与此相反，我们就知道在春天应该避免的事情了。比如，在春天经常板着脸，很严肃，经常发怒，批评人、指责人，心存怨恨，这种负面和压抑的心态情绪，就会严重地拘束气血，遏制生机，让体内气血不能升发。因此，在春天要特别注意微笑，让心态和身体放松、松弛、喜悦。

有句俗语叫“春捂秋冻”，就是春天适合穿稍微暖和一些，也是帮助气血升发。如果春天贪凉，减衣太早，这种寒凉之气就会让气血凝滞，阻碍春天正常的气血升发过程。还可以经常在春天郊游踏青，就是“广步于庭”的意思，在自然界开阔的地方轻松散步，有助于身心舒展、气血宣散。如果春天睡懒觉，或者长期久坐不动，也会让气血消沉，不能舒展，无法升发。另外，在春天应该吃温暖的食物，喝温水，也是帮助气血升发。如果春天喝冷饮，就会一下子把生机给冰伏了。

6. 夏日养性，贵在出汗

到了夏天又不一样了。夏天处于长的阶段，生机非常旺盛而且展露于外，人的生活方式也是如此，也应该火力旺盛，气血宣散。夏天要早起，“毋厌于日”，就是尽可能多地在白天活动，不要总在屋里睡觉，这样气血才能宣散于外。“使志无怒”，不要生气，不要有负面情绪，要热情似火，激情澎湃。“华英成秀，使气得泄”，各种花都开得很艳，人也一样要绽放生命，一定要把气血宣散出来，达到一个高峰，要经常出汗，使得脸色红润，人的身心都非常畅快而奔放。“若所爱在外”，就像自己喜欢的东西在外面吸引着你，总想往外面跑，不愿意在屋里待着，这就叫“与夏气相应”，是“养长之道”，“生长收藏”的“长”，就是为了帮助体内气血宣散。

懂得了夏天的养长之道，我们就知道在夏天不能过度吃冷饮，不能过度吹空调冷气。夏天太热时适当使用空调冷气和冷饮对于防暑有一定好处，但是过度使用冷气冷饮，甚至夏天过得像冬天，房间的冷气让人冻得哆嗦，喝冷饮让胃冰得难受，这就过度了。冷气冷饮过度，会严重阻碍人体气血的宣散，与养长之道完全违背。

夏天本该出汗的，然而很多人因为用空调冷气而在整个夏天都不出汗，这不但让体内的代谢废物不能排出，更会让血液和津液循行滞涩不畅，身体机能受到抑制，时间一长就会衍生出各种各样的疾病。夏天过度使用空调冷气，还会让人们的精神情志也随之受到抑制而不能绽放，慢慢人们失去了热情，变得越来越郁郁寡欢、情绪低落甚至焦虑抑郁。过度使用空调冷气所致疾病已经成为现代人非常普遍的情况，这个需要每个人都注意。

7. 秋日养性，要踩刹车

秋天是生机收敛的阶段，秋风送爽。所谓的爽就是有点凉，有点肃杀收敛的感觉。这个凉气从上往下压迫，让天地万物都感受到那种肃降的号令。秋天的收敛首先体现在要早卧，天不黑就睡觉。我们做不到睡这么早，也要尽量睡得比春、夏更早一点。春天和夏天是“夜卧”，天黑了睡觉。秋天和冬天是“早卧”，天不黑就睡觉。春、夏、秋三季都是“早起”，天亮了就起床。冬天还要“晚起”，太阳出来以后再起床。从起床时间就看到秋冬越来越注重敛藏。我们在秋天、冬天一定要早点睡觉，不要熬夜。

早睡觉这件事情在现代越来越奢侈、越来越难得了。不要说什么天不黑就睡觉，或者天黑了睡觉，就连夜间 11 点能够睡觉的人都不多。睡觉太晚，造成人们气血不能收敛，每天都是气血升发多而敛藏少，气血消耗越来越大，很多人都被熬得气血越来越虚弱，精气神越来越疲惫。不只成年人睡觉晚，很多儿童也因为学业压力大，很小的年龄就开始熬夜，身体还没有完全发育好就开始过度消耗，儿童的体质因此而大幅下降。有时在门诊不得不感慨，熬夜这件事情已经成为现代人最重要的病因之一。我们必须注意，最低限度要保证每天在晚上 11 点之前睡觉，儿童更要在晚上 9 点或 10 点前睡觉。

在情志方面，秋天跟春、夏不一样。春天是升发、舒展，夏天是旺盛、宣散，都是积极、热情、奔放、外向的。而秋天要让情志安宁，“收敛神气”，不要再向外面绽放了，该安静下来，收收心、定定神。不要把心思都放在外面的野心和欲望上，不要出去折腾，该回家歇着了，要休养生息，把心思都收拢回来，这样才能与秋天收敛的规律相应，符合秋季养收之道，使气血收敛。

现代人们生活节奏快，工作压力大，已经很难体会到秋天收敛心神的感觉了。人们被城市和职业发展洪流“绑架”，被各种名利、业绩或压力所迫，不得不春夏秋冬日复一日处于一种“打鸡血”的状态，每天都像热锅上的蚂蚁，像鞭策之下的骡马，不停地拼搏奋斗，殚精竭虑，呕心沥血，很难有收敛心神、收敛气血的机会。整个人就像一个陀螺，身心永远都静不下来、停不下来，这是现代疾病的重要病因之一。只有在得了重病以后，人们才不得不停下脚步，稍作休息，但此时一般来说已经晚了，想恢复健康就很难。如果人们能够具有长远的眼光，权衡利弊得失，在没有生病之前就给自己安排收敛心神、休养生息的机会，就不会走到健康恶化的那一步。我经常用刹车和油门来打比方，我们焚膏继晷拼命折腾，就是踩油门；我们收敛神气、休养生息，就是踩刹车。春夏气血升发是踩油门，秋冬气血敛藏是踩刹车。对于健康的生活方式，油门和刹车都是需要的。而人们普遍的错误是只知道踩油门，不知道踩刹车，只能等翻车进沟里才能停下来，可悲可叹。

前面讲过“春捂秋冻”，秋天要适当少穿一点衣服，就是去感受那种天地的凉意，促使体内的气血向内收敛肃降。如果秋天穿得特别厚，环境特别温暖，身体一直像夏天一样热，经常出汗，身体就不能启动收敛的程序，就会耗散过度而收敛不足，造成气血亏虚。

8. 冬日养性，静静地猫冬

冬天是气血闭藏的阶段，人体的气血都要闭藏在脏腑内部。与之相应的是，人们不但要早睡觉，还要晚起床，保证最充足的睡眠。睡眠是身体闭藏气血和休养生息最重要的方式，在冬天这个闭藏的季节，更要抓住机会增加睡眠，让身体充分休息，这样来年才能有更加充足的气血和健康的身体。俗语“今冬麦盖三层被，来年枕着馒头睡”，小麦和人是一样的道理，冬天雪盖冰封收藏得深，来年才能长得旺。冬天人们要多在室内活动，等到太阳出来以后才可以出去活动，这样才能保证不打扰气血的闭藏，这就是俗语说的“猫冬”。这个正好和夏天相反，夏天气血在外，人们要多出去活动，冬天气血闭藏，人们要少出去活动。因为人们出去活动就是鼓荡气血，宣散气血，不利于气血闭藏。

“去寒就温”指冬天要注意采取保暖措施，因为如果环境过于严寒就会逼迫身体调用气血以维持体温，也就打扰了气血的闭藏状态。如果通过外部手段适当保暖，体内的气血就可以最大限度闭藏起来。

说到这里就想到很多人喜欢冬泳，冬天在户外游泳，或者在冬天洗冷水澡，他们认为这样可以锻炼身体。但这其实是个误区。冬泳或洗冷水澡就是通过非常蛮横的方式，逼迫身体把气血调动起来，让气血涌向皮肤和外周循环，给身体取暖。表面看起来身体的耐受力似乎提高了，但这是通过燃烧自己的气血储备来取暖啊！这样做的近期后果是导致气血不能闭藏以及来年气血不足，远期后果是体质下降。大家要算算账，体内闭藏的气血，比天然气和羽绒服贵重多了，别靠这个取暖啊！

“毋泄皮肤”就是在冬天要避免出汗，因为出汗就是最典型的宣散气血，让气血没办法闭藏。在冬天，皮肤干燥粗糙，好像缺少气血滋润，其实是气血闭藏到体内了，这个状态是正常的，不让气血向皮肤宣散，更不能通过出汗把气血挥霍一空。这也跟夏天相反，夏天要尽量充分出汗，冬天要尽量避免出汗，这就是气血宣散和闭藏的不同。

有人因为要“去寒就温”，就把保暖措施做得太过度，这样也是不好的。比如现在比较常见的现象，冬天北方的室内暖气开太大，室温太高，有时能高达 23 ～ 25℃，人在家里穿着单衣还一直冒汗。这就完全违背了冬天气血闭藏的特性，把冬天过成夏天了。由于室温太高，体内的气血全都涌到了皮肤表层，通过出汗宣散于外，完全没法进行闭藏和蓄积，没办法休养生息，来年的体质就会下降，这就是“使气亟夺”，精气都耗散掉了。所以冬天环境太冷会调动气血破坏其闭藏，冬天环境太热也会鼓荡气血破坏其闭藏，这两个极端都不可取。我们应该适当保暖，让气血平静地在体内闭藏，不要宣散到体表，也不要干扰它休养生息。

还有的人为了坚持锻炼，在冬天仍然每天都运动得出一身大汗。这个在春、夏是可以的，在冬天就不合适了。因为在冬天运动出汗过度，违背了“毋泄皮肤”这个要求，把气血宣散于外而不能闭藏了。大体的规律，提倡夏天运动出汗，冬天不宜过多运动出汗。正确的运动才有益健康，错误的运动只会损害健康。冬天不要过度运动，标准就是不出汗，最好冬天的三个月都不出汗。不管是散步还是爬山，不出大汗就好。打球、跑步出汗如洗，那是不妥当的。站桩打拳节奏舒缓，不会出大汗，就没有问题。

在情志方面也要注意闭藏，要让情志和思想“若伏若匿，若有私意，若已有得”。自己有什么想法好像都隐藏起来，自己的愿望好像已经实现了，把自己的心思悄悄藏起来，不要表露出来，不要胡思乱想。情志方面要含蓄，思想方面要保守，要韬光养晦，不要过多地向外去追求。

白玉蟾曾说:“一念动时皆是火”，“念起则神奔。”因为人们的情志和体内的气血是密切联系在一起的，动静相随，升降相因。一个人情志有所鼓动，起心动念和思想情绪有所激荡，气血就一定会随之而翻涌。一个人情志恬淡安和，那么体内的气血也一定平静无波。所以在冬天要想让气血闭藏，也必然以情志和思想上的静定为条件。上述这些生活方式和情志方面的调整，就是与冬天养藏之气相应，保养这个闭藏之气。

一年四季生长收藏、消长盈缩的规律，是互相衔接、互相递进、如环无端的关系。春之生给夏之长提供了基础，夏之长给秋之收提供了基础，秋之收给冬之藏提供了基础，冬之藏给春之生提供了基础，一环套一环，没有上一环就不可能有下一环。如果中间某个环节没有得到很好的维护，就会影响下一个环节的正常运作。所以如果春天没有很好地生，就会“奉长者少”，夏天就不能很好地长。冬天没有很好地藏，就“奉生者少”，春天就不能正常地生。所以我们一定要主动去顺应这个规律，在每个环节做相应的事，按相应的要求去养性，去调神，去调整生活方式。

9. 四时养性的推广和灵活应用

四时阴阳规律的重点是生、长、收、藏这四气的阴阳消长盈缩节律，只是用四季为典型示例来指代和模拟这个节律而已，并不完全局限于一年四季这个固定周期。比如，一日之中有早晨、中午、傍晚、深夜这四个阶段，在这一日的周期之内，天地万物和人体的生机变化也有和一年四季类似的规律。早晨就相当于春天，中午相当于夏天，傍晚相当于秋天，深夜相当于冬天，一日之内也同样具有生长收藏的阴阳消长盈缩规律，这也是四时阴阳规律的范畴。因此，在一日的周期内，我们也要按照四时阴阳规律来养性。

所以早晨至中午这段时间，就是生和长的阶段，我们要出去活动，衣服也可以穿得相对薄一些，情绪也相对活跃，这是顺应气血向外升发旺盛的趋势。到了傍晚和深夜，是收和藏的阶段，我们就要回家休息，穿厚衣服，睡觉还要盖被子，情绪也要安静下来，这是气血向内收藏的趋势。上午在外面坐着不需要盖被子也不会着凉，因为气血分布在体表，可以守卫身体。夜间在屋里躺着还必须盖被子，因为这时候气血收藏在体内，体表防卫的气血较少，就很容易外感风寒。这就是一日之内气血在体内的消长盈缩。

跟冬天不宜过度运动出汗类似，一日之内的夜晚也是气血闭藏之时，不宜过于运动出汗。有一些人因为白天工作没时间锻炼，就选择在夜晚进行运动，晚饭后甚至半夜到户外跑步，或者去健身房运动，伴随出一身大汗。其实这种运动方式要不得，这破坏了气血的闭藏功能，让身体不能休养生息，耗散了精气，远期来看是损害健康的。在上午、中午进行锻炼，出点汗是没问题的，这顺应气血升发的趋势。夏天在空调房间里不出汗，冬天跑步大量出汗；白天在办公室久坐不动，深夜跑到马路上去夜跑，这就弄颠倒了。

人的一生这个周期内也有生长收藏、阴阳消长盈缩的规律，这是另一个观察角度。幼年是从幼儿到青春期，身体在快速生长，生机旺盛，是春之生的阶段。青年阶段体质发育达到顶峰，属于夏之长阶段。所以幼年和青年这两个阶段适合多活动，多出点汗问题不大，因为这两个阶段的人生机勃勃，气血升发，正是让气血向上、向外宣散的时候，不怕消耗。青少年多喜欢穿衣服薄一点，不怕冷，一般富有激情，勇于创新，其志在外，这都是因为他们处于人生的春夏阶段。到了中年以后就是秋之收阶段，人生的秋天到了，气血开始收敛下降，一般人就变得老成持重，激情也消退了。到了老年就是人生的冬之藏阶段了，气血大部分是闭藏起来的，人也喜坐不喜动，也没有了野心和干劲了。中年、老年人就应该收藏气血，不适合过多运动、过度出汗了。中老年人喜欢多穿衣服，喜欢保守一些，少了激情，这都是因为他们处在人生的秋冬阶段。所以青少年朝气蓬勃，中老年老气横秋；青少年拼搏奋斗，热情四射；中老年收敛神气，稳重保守。人生如四时，不同阶段有不同的韵律。

在应用四时阴阳规律养性时，不要太死板，要知常中有变，要灵活应用。对于青少年而言，无论春夏秋冬，总的都有春夏生长的气质，因为他们处在人生的春夏阶段。对于老年人来说，无论春夏秋冬，身体都带着秋冬敛藏的气质，因为他进入人生的秋冬了。这叫周期叠加，一日周期，一年周期，乃至一生周期，都可以互相叠加，具体问题综合分析。当然还要结合每个人的具体体质来看。不同的人体质强弱差别很大，对于虚弱的人而言，打一套太极拳已经消耗过度了；对于强壮的人来说，可能跑一千米还没热身，所以具体到每个人需要把握的度也不一样。

人若得了病以后就更不一样了，还要考虑疾病的因素。如果一个人患的是寒病，他常年阳气太虚，即使在夏天，也是手脚冰凉，不敢吃一点凉东西，情志也特别抑郁消沉。对于这个人而言，他一年四季似乎都在过冬天，一年四季中气血都处于闭藏过度而没有升发。如果一个人患的是热病，他常年气血沸腾，情绪亢奋。对于这个人而言，他一年四季都像在过夏天，气血宣发过度而不能收敛。

这两种疾病的本质和表现不同，相应的处理原则也不一样。气血闭藏过度的寒病之人，一年四季都需要过得温暖一点、积极一点、兴奋一点，一定要持续给他的身体和生活营造一种夏天的气氛，才可以矫正原有的病态。而气血亢奋过度的热病之人，一年四季都要给他营造一种冬天闭藏的气氛，让他的气血得以收敛。因此，当我们把四时阴阳的规律彻底掌握之后，在养性应用时要因人、因时、因地、因体质、因疾病的不同条件、不同情况下具体分析，综合考量，灵活应用。

10. 养性应天时，调神得人和

天有四时五行，以生长收藏，以寒暑燥湿风。人有五脏，化为五气，以生喜怒悲忧恐，故喜怒伤气，寒暑伤形，暴怒伤阴，暴喜伤阳。故喜怒不节，寒暑失度，生乃不固。人能依时摄养，故得免其夭枉也。

这一段总结四时阴阳规律，天地之间的四时更替，使万物和人的生命现象出现生长收藏、消长盈缩的变化。四时之间维系季节转换的过渡阶段称为“化”，其特点是维系四时之转化，这样合起来一共是生、长、化、收、藏 5 个阶段，这就是五行的由来。生、长、化、收、藏，用五行来表示，分别为木、火、土、金、水，代表 5 种变化趋势和动态机制。自然界的四时带来五行变化，进一步产生了风、暑、湿、燥、寒这 5 种气候。与之相应的是，人体包含五脏，五脏产生相应的生理变化机制，这就是五脏之气，五脏之气进一步分别产生了怒、喜、思、悲、恐 5 种情志。

人的五脏产生 5 种情志，与自然界五行产生 5 种气候，这是相通的规律，可以类比，这就是天人相应。如果天地的寒暑不节，就会损伤人的形体。如果人自身的情志过度，就会损害五脏的气血。比如暴怒的情绪伤人的阴气，暴喜的情绪伤人的阳气，人的情绪没有节制，就好像天地的四时寒暑失去秩序，就会损害生命健康。所以，“人能依时摄养，故得免其夭枉也”，人必须按照四时阴阳规律进行养性，以应天时，还要把情绪调整控制在适度范围，以得人和，才可以避免损害健康。最后这句就点题了。

养性还要因人而异

“法则阴阳”是养性要顺应四时阴阳规律，接下来的“和于术数”是强调养性的具体方法要因人而异，以适合自己为准。

术数就是具体、可操作的技术或方法。比如在实践养性过程中，有各种不同的着手处和具体选择，不同的行动方案，不同的侧重点，以及所有为修养性情、提升健康而采取的一些具体措施和手段，这些都属于术数的范畴。人们一般更关注这些有形的具体方法，拿来就去做。但是我们前面强调过了，一定要在养性的基础上，在顺应四时阴阳的基础上，再去实施具体的技术方法，才能取得较好的效果。以养性的思想观念为内核，以四时阴阳的消长盈缩来调整人体气血秩序的大格局，在此基础上选择恰当并适合自己的行动方法，才可以把养性实践到位。

在具体技术方法上，最重要的观念是因人而异，适合自己的才是最好的，这就是“和于术数”。具体方法的选择，就如同中医辨证论治一样，个体化、机动化，各取所需，而不能盲从跟风。

比如之前提到的，有的人是寒性体质，日常手脚冰凉，脾胃虚寒，他就适合采取多晒太阳、艾灸熏蒸、多吃羊肉、少吃生冷瓜果、增衣厚被等养生方法。而热性体质的人日常手脚发烫，身体燥热，就适合多吃瓜果、减衣薄被、服用茶饮、避免艾灸、忌口羊肉等方法。

有的人以前酒肉无度，过于肥胖，那么他适合的养生方法是控制口腹之欲，减少饭量，坚持粗茶淡饭，俗话说“萝卜白菜保平安”。而有的人阴血亏虚，身体消瘦，那么他就适合多吃一些肉类和奶制品，以增加营养。有的人体质强壮，年轻力胜，就适合做一些高强度运动，如跑步、健身、打球等，充分发挥身体功能。有的人体质孱弱，或大病初愈，就适合静养，而不宜做过多运动。

有的人平素情志怯弱忧郁，他就适合采用一些宣畅气血、振奋精神的方法来养生，比如唱歌、跳操、打拳等。有的人平素性情暴躁易怒，他就适合采用一些宁心安神、缓和气血的方法来养生，比如书法、绘画、摄影、钓鱼等。

养生方法的选择有时还需要遵医嘱，人体在不同的基础病条件下，适合不同的养生方法。医生开具医嘱也是辨证论治，因人而异的，适合别人不一定适合我们，得找到适合自己的方法。根据不同的病情和体质，有的人适合出汗，有的人不适合出汗，有的人适合运动，有的人适合静养，有的人适合减肥，有的人适合增肥，有的人需要克制自己的习气，有的人需要释放自己的天性，有的人需要亲近大自然，有的人需要与人多交流……

选择适合自己的方法，一方面考虑针对自己的性情进行纠偏，比如暴躁的人要学习平心静气，怯弱的人要学习勇敢豪迈，欲望过多的人要学习淡泊少欲，抑郁寡欢的人要学会享受生活的乐趣，诸如此类。另一方面，要针对体内气血的升降情况，按照四时阴阳的规律进行纠偏，比如气血亢奋的人升发过度，宜静敛，宜寒凉的环境，气血消沉的人升发不及，宜活动，宜温热的环境。总之，在心性和气血升降方面都是以中和为贵、以纠偏为准。

判断一个养性方法是否适合自己，要依据自己的身心状态特点，遵循的原则仍然是之前提到的养性观念和四时阴阳法则。养性观念是针对自己性情的偏差进行纠偏，四时阴阳法则是在阴阳消长盈缩的不同状态中纠偏，针对各种太过和不及进行矫正，回归中正平和的性情与稳定适中的阴阳升降秩序。亢奋的需要抑制，消沉的需要促进，升发太过的需要收降，收降太过的需要升发，偏左的以右调之，偏右的以左调之，油门太过的需要踩刹车，刹车太过的需要踩油门。因为每个人体质不同、环境不同、状态不同，所需要的养性措施就随之而异。

养性的人饮食有常节

在“法于阴阳，和于术数”之后，第三个要点就是“饮食有常节”。

1. 进食时间要有稳定规律

饮食有常节包括几个方面，第一个是进食时间要有稳定规律。

一天两顿饭也好，三顿饭也好，时间要有规律，基本上每天几点吃饭这个规律要稳定，不要频繁变化。这是因为人体对食物的消化吸收功能有明显的生物节律性，这个节律是由昼夜节律以及人的饮食习惯等方面综合形成的。形成规律之后，每天到吃饭的时间，与消化吸收相关的神经、内分泌、消化腺等就开始准备工作了。它不是等我们把饭吃进肚子才开始工作，而是在吃饭之前就按照这个节律自行提前准备好了。所以，如果我们饮食规律的话，每天到饭点儿就会感到饥饿，这说明身体为进食所做的一切准备工作已经就绪，肠胃向我们发出了信号，我们就按时去吃饭。按照这个规律进食，因为身体的准备工作做得充分，使得人体的消化吸收功能可以充分发挥，让我们以最高效率吸收营养，并顺利完成后续的代谢和排泄环节。

如果饮食没有规律，今天中午 12 点吃午饭，明天上午 10 点吃午饭，后天下午 2 点吃午饭，早一顿晚一顿，人体的消化吸收功能就没办法形成自己的节律，肠胃也不能为我们的进食做好准备工作。在肠胃没有准备好的情况下，我们猛然大量进食，如同突然袭击一般，打肠胃个猝不及防，手忙脚乱，消化液还没来得及分泌，肠胃神经还没有兴奋起来，自然消化不充分，吸收也不充分，身体没有吸收多少营养，而肠胃因为负荷过大还受到损伤，最后因为肠胃排空规律打乱，食物糟粕也不能顺利排出。最终的结果是肠胃坏了，营养没吸收，大便也不通，整个消化系统都紊乱了。长此以往，除了肠胃本身得病，与之相关的代谢功能、内分泌功能、神经功能、排泄功能等也会受到影响，发展为多种疾病。

很多年轻人容易犯的错误是早饭不规律，甚至不吃早饭，直接在第一个环节就把这一天的进食规律打乱了。还有的人是晚饭不规律，或者吃夜宵。在夜晚人体已经进入休息的时间段，相应的神经、内分泌水平都已经调整到休息模式，这时候又冷不丁吃一顿夜宵，吃完了就睡觉，无异于对肠胃发起了一场突如其来的“夜间偷袭”，导致肠胃疲于应付，日久则产生疾病。

2. 摄入食物的种类要有稳定规律

饮食有常节的第二个方面是摄入食物的种类要有稳定规律。

每天的食谱构成以及摄入食物的量，都要有相对稳定的规律。我们习惯吃什么食物，一般要保持经常吃这些食物的习惯。因为不同的食物种类需要不同类型的消化液和消化酶，也需要不同类型的肠道微生物种群与之相匹配。如果我们能形成相对稳定的食谱，肠胃在消化吸收的时候就轻车熟路，每次吃饭前，这些消化液、消化酶和肠道微生物种群就已经充分准备好了，消化吸收起来自然比较轻松高效。如果我们在食谱上给肠胃搞突然袭击，比如饮食种类或风味变化太频繁，今天吃鲁菜，明天吃川菜，一顿非常辣，一顿又非常甜；或者饮食的量变化太大，一顿吃得特别少，一顿吃得特别饱等，肠胃会疲于应付，没办法准备好所需的条件，造成消化吸收障碍和肠胃受损。

所以在饮食的方方面面，我们都要保持一个相对稳定的规律。这并不是说我们的饮食只能是单调的、不能有变化，而是说变化要有一个度。我们有时可以稍微换换口味，这也有好处，但是这种变化要维持在一个小的范围，或者小的频次，不能过度和变化无常，让肠胃疲于应付。

在这方面现代人的问题很大。因为现代物质条件丰富，加上口腹之欲的蛊惑，人们喜欢尝试全国各地、世界各地的各种美食。很多人的饮食方式是天南海北大会战，每天吃的东西在大范围内随意变化，种类繁多、花样翻新。这虽然是生活条件改善的表现，但却是给肠胃带来极大负担和损害的罪魁祸首。肠胃在这种饮食习惯下真的是疲于应付，过度透支。

3. 特别强调节制酒肉

饮食有常节的第三个方面是特别强调节制酒肉。

饮酒吃肉无度，这是从古至今始终存在的病因。这一方面是来自口腹之欲，人们生活条件好了就会放纵欲望，饮酒过度、吃肉过度。很多人成了口腹之欲的奴隶，贪吃贪杯，吃喝上瘾，停不下来。还有一些人是因为工作所需、环境所迫，不得不长期被各种应酬宴请，迎来送往所湮没。过度饮酒食肉，会给肠胃带来极重的负担，给健康带来严重的危害。所以，非常多的人年纪轻轻就患有消化或代谢障碍、三高（高血压、高血脂、高血糖）、动脉硬化、肥胖等疾病。

养性的人起居有常度

除“饮食有常节”之外，养性的人还要生活“起居有常度”，就是生活作息各方面要有稳定的规律。

首先是作息时间要有规律。

每日几点起床几点睡觉，都应该形成规律。通过昼夜环境变化影响和长期的作息习惯，人体会形成自己的寤寐生物节律，到时候身体自己就会按时醒来，或者按时犯困，体内的各种内分泌激素水平、神经兴奋水平等，都会按照这个节律起伏。我们要顺应这个节律，在相对固定的时间作息，身体就会比较轻松。如果我们作息时间不稳定，每日变动太大，今天10点睡，明天12点睡，身体来不及适应新的节律，体内内分泌水平、神经兴奋水平等与实际作息时间不匹配，就会出现紊乱，睡的时候睡不踏实，醒的时候醒不彻底，不但整个人的精神状态不佳，还造成体内的内分泌紊乱等问题，时间长了就可能导致疾病的发生。

另外，每日的生活、工作、运动等活动内容也要有比较稳定的规律。比如，每天去相对固定的场所上班，日常的生活习惯、运动方式也要比较规律，这样身体和精神就会比较适应，负担较轻。有的人工作情况变动太大，三天两头去不同的地方出差，这就是一种不规律。即使他出差并没有做什么比较劳累的工作，还是会感觉身心俱疲。这个疲惫感就来自工作和环境条件不规律，加大了人体的负荷。有的人生活习惯不规律，有时一天很忙很累，有时一睡一整天，身体也无法适应这种情形，就会感觉很累。有的人运动不规律，有时候久坐数天，有时候突然跑个马拉松，身体也一样无法适应这个变化，从而很容易受到损伤。

生活环境的变化也要比较规律，最好生活在一个相对稳定的环境中。如果遇到气候变化剧烈，如气温骤升、骤降；或者外部条件变化剧烈，一会儿暴晒，热得出一身大汗，一会儿进入冷嗖嗖的空调房；又或者今天还在干燥的大西北，明天又到了潮湿的南方地区等，类似这种生活环境变化得不规律、不稳定，就很容易给身体带来负担，造成疾病。一般来说，每年在春秋季节转变阶段或者气候变化剧烈的时候人们容易生病，就是因为人们难以适应气候环境的大幅变化。

不折腾才是养性

在“法则阴阳，和于术数，饮食有常节，起居有常度”之后，还有最后一个养性的要求，即“不妄作劳”。在顺应了四时阴阳规律，并且饮食起居都保持比较稳定的规律以后，整个生活方式就平稳有序，和谐有度，这样对身心负担最小，非常有利于健康。在此基础上，我们还要进一步主动地避免那些能够打破已有秩序并给身心健康带来挑战的不当行为，就是“不妄作劳”。

“不妄作劳”，就是不要胡作非为，不要乱折腾，不要做严重打破生活规律的事情，不要做让身体难以适应的高负荷行为，不要做对身体健康不利的错误行为，而要按照规律和秩序过有条不紊的生活。

无论中医、西医都认识到，对人体健康来说，最重要的是保持人体内环境的稳态。而人体内环境与外环境息息相关，保持外环境的稳态就十分关键，此即包括人的生活方式、饮食起居、社会应激事件等。此前讲的“饮食有常节”“起居有常度”，都是为了这个目的。乃至之前讲的整个养性和顺应四时，也都是为了保持此内环境的稳定，这是维持身心健康的关键。所谓的“妄作劳”，就是非必要地打破内外环境稳态秩序的行为，打破秩序就会带来损害，所以“不妄作劳”成为整个养生之道的最后一个屏障。

产生妄作劳、乱折腾的原因主要有两方面，一是认知错误，二是心性有偏。在认知方面，因为人们长期以来受到一些错误思潮的影响，乃至商家的误导，往往导致积非成是，不知道什么是对、什么是错，什么是真养生、什么是妄作劳。我们很多时候甚至把妄作劳、乱折腾误认为是在养生。因此，我们要想做到不妄作劳，首先是搞清楚什么是真、什么是妄，就要从可靠的信息源获得正确的养生知识和健康观念，才能不被错误观念误导。

在心性方面，因为心性有偏，或名利驱动，或欲望驱使，或情绪牵引，或妄想纷飞，导致我们主动地折腾，肆意妄为，把身体和生活搞得一团糟。

《庄子·养生主》讲“缘督以为经，可以保身，可以全生，可以养亲，可以尽年。”郭象注云“顺中以为常也”，即顺应不偏不倚的中和之道，保持常态；郭象还说“养生非求过分，盖全理尽年而已矣”，养生不是追求什么过分和出格的事，而是保持常理常态，顺应自然规律。因此养生和养性贵在顺应自然，得中守常，保持身心内外的稳定秩序，而切忌做什么太出奇过分之事，即“不妄作劳”之义。

形与神俱是养性有成的标志

1. 什么是形与神俱?

如果做到了“法则阴阳，和于术数，饮食有常节，起居有常度，不妄作劳”，就可以达到“形与神俱”，这是一个养性有成的标志。这样也就会收获延年益寿的结果，“尽终其天年，度百岁乃去”。

形与神俱，是指人的精神意志与身体机能之间密切相匹配、相协调、相统一，这是一种比较高的身心修养境界，也是较高的身心健康状态。从脑科学的角度来说，这是一种大脑功能与身体功能达到最佳协调的状态。很多人对形与神俱没有感受，就是因为平日里做不到自己的精神意志与身体功能相统一，而是时常处于割裂甚至冲突的状态。

2. 形与神的割裂与冲突

形与神的割裂就是我们的精神意志与身体机能相脱节，也是大脑功能与身体机能的不协调。一般情况是主观意志过强，让我们忽略了身体自身的感知，听不见身体的声音，脱离了身体的现实情况。形与神的冲突，就是我们的主观意志过强，主动去压制身体的感知，违背身体的感受，强行干涉身体的功能运作，为了执行主观意志而损害身体功能。

比如，有的人不知道饥饱，肠胃已经饱了，但是主观意志认为这个食物营养好，或者味道诱人，或者吃这个显得有身份等，这些主观上的贪欲或观念就让我们忽略了肠胃的感受，强迫身体不得不多吃，最后损害了身体健康。这就是精神意志与身体的割裂和冲突，不能形与神俱。

比如，有的人不知道累，加班加点工作之后，身体已经很累了，浑身酸乏，疲惫不堪，但是因为心里想到下个月的业绩考核，想到需要多赚钱，想到盼着升职，想到自己的成就要赶超别人等，各种主观意志一上来，又感觉身体不累了，继续加班加点。这也是精神意志与身体的割裂和冲突，不能形与神俱。

比如，有的人年龄增大，体质下降，身体已经知道精力不济，身体为了自我保护自然把性功能调低。但是人主观上心猿意马，欲壑难平，就用各种药物逼迫身体，鞭挞身体，涸泽而渔，非要按主观意志逞强斗勇，最后损害了身体健康。这也是精神意志与身体的割裂和冲突，不能形与神俱。

比如，有的人不知道自己的身体需要什么，适合什么样的生活方式，只是刻舟求剑地按照主观意志去妄为。常常把“媒体说、专家说、大家都说、我觉得……”这些各种想法充斥自己的头脑，用这些想法去强行逼迫自己的身体去这么做、那么做。而他从来不知道去听取自己身体的感受，更不知道尊重身体的感受。主观的意志和想法都是人为建立的，很多时候不见得正确，更不见得符合自己身体的需要。当我们用主观意志去强行压制身体的感受，强行干扰身体的机能时，就陷入了形与神的冲突，而这就是很多人的常态。

以上种种，都是因为我们的主观意志不知道自己的身体需要什么，我们也不知道身体在干什么，也不想听身体的声音。假如把身体比作一个企业，我们的精神意志就是老板。如果这个老板不再考虑自己企业的实际情况，不管不顾企业的死活，只是为了各种各样脱离实际的想法，或别人灌输给他的理念，而不惜牺牲自己的企业，那么这个老板已经属于投敌，他不再为自己公司服务了。在形神割裂之下，精神、意志、思想、观念，被别人牵着鼻子走，不再为身体服务，而是为身体之外的其他东西服务，剩下的身体被抛弃、被压制、被封印，就如同行尸走肉了。

3. 把神收回来，专注在当下

当意识到形与神割裂的不良状态，领会了形与神俱这个观念时，我们马上就知道该怎么做了。要神光回转，把自己的神收回来，让心神回家，回到自己身体上，去倾听身体的声音，去尊重身体的感受，去顺应身体自身的规律。

形与神俱，就是要在生活的点点滴滴中，让精神意志与身体感受相协调，让主观意图与身体的需要相统一。比如，在吃饭时把注意力放在吃饭上，感受饭菜的色香味，感受就餐环境的温馨舒适，感恩做饭的亲人或厨师辛勤劳动，体会咀嚼的口感，感受肠胃的愉悦，将我们的主观意识和吃饭的动作、肠胃的感受密切抟聚在一起，把注意力都集中在这儿。这时候身体就充分地为进食做好了准备，身体机能与精神意志两者匹配一致。这样不但吃饭的过程有一种精神享受，食物的消化吸收效率也提高了，肠胃的功能也发挥到最佳，这样形与神俱地吃饭就非常有利于身心健康。而如果吃饭的时候还在想着工作的事儿，或者边看手机边吃饭，甚至吃饭的时候还在跟家人生气斗嘴，身体在吃饭，思想意志在做另一件事儿，以至于吃完饭了都不知道自己吃的是什么。这种心不在焉地吃饭，就是形与神割裂的表现。

身体有自己的调控系统，而这个调控系统会受精神意志活动的影响。精神意志活动通过中枢神经系统、自主神经系统等密切影响身体各方面的机能。如果我们嘴里在吃着饭，心里在想着战场上激烈打仗的事，身体就会受到心理的误导，身体认为你要准备打仗，那就让交感神经兴奋，副交感神经抑制，都要打仗了还吃什么饭，这时候马上就不觉得饿了，消化液、消化酶就停止分泌，肠胃蠕动就抑制，四肢肌肉开始紧张了，身体各方面参数开始进入备战状态。在这种情况下不但吃饭吃得如同嚼蜡，而且体内各种功能都紊乱了，身体搞不清你是要吃饭还是要打仗，时间长了就要生病。同样的道理，睡觉的时候要专注睡觉，不要胡思乱想别的事儿。走路的时候专注自己的脚步，不要心不在焉想别的事儿。生活中的任何事情都要如此。

养性的人，最理想的状态就是形与神俱。走路的时候专心走路、吃饭的时候专心吃饭、睡觉的时候专心睡觉、学习的时候专心学习，让精神意志专注当下的身体活动，就能够做到形与神俱，精神和身体都达到最健康的状态。我们的神，包括精神意志、主观意识、神经活动，全都与身体的行为相匹配，形神上下团结一体，身体就健康了。

南宋养生学家白玉蟾在《修道真言》中说："心乃一身之主，故主人要时时在家。一时不在，则官骸乱矣。"不懂得养性的人，他的神是飘在外面的，形与神割裂，心神被外物牵引，流离失所，身体被心神遗弃，气血紊乱，就是这种不健康的状态。

《五灯会元》记载一位古代的高僧慧海禅师，别人向他请教如何用功修道，禅师回答：饥来吃饭，困来即眠。别人问：所有人都是这样做的啊，也都是跟您一样在修道吗？禅师说：不一样。那人又问：怎么不一样？禅师进一步解释：一般人是吃饭的时候不肯吃饭，在那里百种须索；睡觉的时候不肯睡觉，在那里千般计较。而修道有成的人是吃饭就专注吃饭，睡觉就专注睡觉，都是形与神俱的状态。而一般人是形与神离，吃饭的时候心不在焉，睡觉的时候心不在焉，都在那里胡思乱想。虽然都是吃饭睡觉，但能否做到形与神俱，这就是养性是否有成效的差别所在，其带来的身心健康的效果和生命境界的高下就不可同日而语了。

所以《黄帝内经》把形与神俱作为养性有成的标志，到此就可以实现"而尽终其天年，度百岁乃去"，即一个人只有通过养性才能达到形与神俱，这样就会收获圆满的身心健康，实现延年益寿的目标。

不懂养性的人难免半百而衰

今时之人则不然，以酒为浆，以妄为常，醉以入房，以欲竭其精，以耗散其真，不知持满，不时御神，务快其心，逆于生乐，起居无节，故半百而衰也。

前面讲了懂得养生之道的上古之人，他们通过养性实现“法则阴阳，和于术数，饮食有常节，起居有常度，不妄作劳，故能形与神俱，而尽终其天年，度百岁乃去”。这是我们学习的榜样，下面接着说反面教材。

“今时之人”，就是指不懂养生之道的人。不懂养生的人，首先是不知道规律。他们既不明白四时阴阳的规律，又不知道饮食起居有节有度的规律，所以就“以妄为常”，把错误的东西当成正确的东西，从观念、想法到做法都错了而不自知，深陷其中还不能醒悟。因此不但做不到正确的养生之道，还在错误的生活方式上不知悔改。比如，不知道冬天要闭藏气血，特地去冬泳损耗气血，还认为这是在养生；不知道夜晚应该休息，专门去夜跑，还以为这是锻炼身体；不知道要自然饮食，刻意不吃主食，单吃一些人工营养品……诸如此类，“以妄为常”，颠倒是非的做法太多了。很多人因为观念不正确，努力去养生，结果却是在伤身，在妄作劳。

其次，不懂养生之道的人就不会养性，不会调整自己的精神、情志、欲望、生活方式和身心状态，因此常沉迷于不良的生活方式中。

“以酒为浆”，指天天饮酒过度。浆相当于现在说的饮料、汤水之类。说明无论古今，饮酒过度都是危害健康的重要因素。饮酒过度不但直接损伤身体健康，而且扰乱人的精神和性情，带来精神涣散和神经退化，从身心两方面损害健康。而且酒具有成瘾性，让人欲罢不能，难以戒除。随着人们物质生活的改善，饮酒过度的情况愈演愈烈，无形中导致了很多疾病的发生。当然，在一定范围内适当饮酒还是可以的，主要是避免过度。

“醉以入房”，是讲人们饮酒过度之后又放纵性欲。这一方面是饮酒惑乱心性的表现，另一方面反映了酒色之欲往往如狼狈为奸，相互勾连，让人们的健康陷入泥潭。正如前面提到的“食色性也”，自古以来纵欲伤身的人几乎都离不开酒色。这里以酒色之欲为例，实际代表方方面面的欲望，比如前面提到的所有感官享受、名利之心等，道理都是一样的。任何过度的欲望，都会消耗人们的精气。

“以欲竭其精，以耗散其真”，人们放纵各种欲望，就会过度消耗人体的气血和精气神，使人体生理机能降低，导致各种疾病的发生。

“不知持满”，不知道保持脏腑气血的充满，不知道储存精气，一味消耗它。

“不时御神”，也不知道约束调整自己的精神、性情，让自己恬淡平和下来。“御神”就是自己驾驭调节自己的精神，不让自己的精神被别人或外物控制。一般人的精神都被外在的东西牵走了，自己驾驭不了自己的神，因而整个身心都受到外物的奴役。这些外物可能是欲望、嗜好、名利等诱惑。养性的人就是要主动调控、自主驾驭自己的心神，神静则气血和平。

“务快其心”，怎么痛快怎么来，沉迷于随心所欲的放纵，没有节制。

“逆于生乐”，迎合生活中的一时之欢。

“起居无节”，造成饮食和生活起居没有规律，没有节制。

“半百而衰”，还没有到50岁身体就已经很衰败了。这是不懂养性的人所处的常态。我们如果善于观察身边的人，很容易发现这些现象的普遍存在，《黄帝内经》的描述非常写实，说明从古到今人们的健康问题都是相同的。

养生的真谛是养性

在介绍了上古之人的养生之道后，岐伯将其核心要旨归结到养性上，重点突出地专题论述具体养性的方法。下面的内容就是关于养性真谛的精彩展现。

1. 对外避邪，对内养性

夫上古圣人之教也，下皆为之。

“上古圣人”是那些精通养生之道的人，他们是这样教导老百姓养生的。

虚邪贼风，避之有时，恬惔虚无，真气从之，精神守内，病安从来。

这句话非常重要，是中医学养生理论的箴言。它包括以下两个方面。

一是对外避邪，要避开一切外来的损害健康的因素。“虚邪贼风”指的是所有外来致病因素，包括感染性因素和非感染性因素。对于感染性因素，包括细菌、病毒等各种病原微生物感染，可以通过隔离感染源，切断感染途径，给自己营造一个健康环境。比如在传染病流行期间佩戴口罩，不去人群聚集场所，注意手卫生等。对于非感染性因素，包括生活环境中的其他各类致病因素，可以通过采取适当的养护方法和调整生活方式来避免。比如适时防护风寒暑热，月经期间不要受寒，生孩子坐月子注意避风寒，天气恶劣时要减少外出，冬天注意保暖等。总的原则是“避之有时”，不入险地，不要把自己暴露在致病因素的风险之中。预防疾病首先是远离外因，这是个前提，是一种非常积极和务实的防病理念。

二是对内养性，要保持良好稳定的精神情志状态。“恬惔虚无，真气从之，精神守内，病安从来”，就是要保持一种精神稳定、心态安和的状态。有了这个精神状态，人就不容易生病。内部因素中对健康影响最大的是一个人的精神情志状态，这是第一位的因素，其重要性超过了身体方面的因素。在这里，《黄帝内经》与前面孙思邈的养性思想完全一致，互相呼应起来。

中医特别重视治神，《黄帝内经》说“上工治神”。神就是身体的控制系统，包括中枢神经、内脏神经，包括高级精神意识思维活动，也包括调节内脏活动的外周神经系统，其中尤其以人的精神意识活动为首。这个神控制着身体的气血运行和脏腑功能，包括循环、代谢、内分泌、呼吸、心跳等各个方面。神安了，身体的气血就安了；神乱了，身体的气血就乱了。精神舒畅，气血活动就顺畅；精神抑郁，气血活动就滞涩不通。这个神就是一身气血活动的指挥棒。

关于神乱对气血的影响，《黄帝内经》讲“怒则气上，喜则气缓，悲则气消，恐则气下，惊则气乱，思则气结”，就是说人的精神情志只要有所波动，体内的气血活动就会随之波动，包括神经、内分泌、呼吸、循环、代谢等各方面，都会在精神情志的指挥棒下，一起动荡。人的精神情志和身体的生理活动是一体的、密不可分的，所以中医还讲“五脏藏神”，就是精神情志活动本来就跟所有脏腑气血浑然一体，形神一体，或者说身心一体，这是中医相对于西医学而言非常有特色的内容。

神乱则气血乱，神安则气血安。当一个人每天心平气和、神闲气定、放松安详时，体内气血也是有条不紊地运行。如果他的精神情志活动如惊涛骇浪一般，一会儿生气，一会儿纠结，那他体内五脏六腑的气血活动也是波浪滔天，那当然就容易生病了。所以养生一定要从治神入手，以养性为本。

“精神守内，病安从来”，“守内”就是形神合一，形与神俱。如果自己的精神能静定下来，使神来守形，与自己的形体同在，而没有被牵引着跑到别地儿去，病还能从哪里来呢？就不容易生病了。《淮南子》记载：“治身，太上养神，其次养形”，“神清志平，百节皆宁，养性之本也。肥肌肤，充肠腹，供嗜欲，养生之末也”，也是明确指出养神为养性之本、养生之本。

外因善于避险，内因精神静定。对外躲避致病因素，对内保持良好的精神情志状态，两者结合起来，就是非常全面的养生之道了。

2. 闲适安和的心态

是以其志闲而少欲。

进一步展开来说，注重养性的人，应保持自己情志上闲适从容，不会产生太多不必要的欲望。目前很多人在生活中都处于一种焦躁不安、忧心忡忡、紧张忙碌的状态，这是因为当下社会节奏快，工作普遍忙碌，生活压力大，同时人们的各种欲望越来越难以得到满足。人处于这样的生活状态下，身体的劳损和精神的疲惫在日积月累中会慢慢形成疾病。一旦形成疾病就很难痊愈，因为这就是一种生活方式病、身心状态病、日子过错了的病，单靠药物治疗是很难的。而目前这种疾病是非常普遍的，这也是本书重点讲养性的原因。我们不能单靠药物来治疗这类疾病，而必须养性，从身心各方面调整生活方式，调整精神和心态。

当然心态调整是有难度的，所以我们必须找到更深层的根源。生活无法安心从容，根源在于患得患失，在于我们的欲望、思维习惯及认知不明。通过本书的层层剖析，我们可能更容易观察自己，发现问题，在养性和调整生活状态方面可能会更容易一些。

其心安而不惧。

在生活中保持心态安和，就没有恐惧感，就会感受到非常踏实的那种安全感，那种坦坦荡荡的自在感。这里说的恐惧感不是说每天受多大恐吓，而是一种内心深层的不安全感，在表面上就体现为一种无所不在的压力和焦虑，这是几乎所有人都能感受到的。有时候说现代人像热锅上的蚂蚁一样，一直在焦躁不安地忙碌奔波，这其实就是一种由恐惧感带来的不安。如果我们的心态能够安和稳定，那么即使工作繁忙一些也不会感觉很疲惫。

其形劳而不倦。

这就是讲身累和心累的问题。身累不要紧，心累是真累。当我们内心焦躁不安时，无论进行多少体力劳动或脑力劳动，都会感觉疲惫不堪。当我们内心安定闲适的时候，即使身体很累，人也会神采奕奕、精神焕发。

这方面很多人有误解，认为自己太忙了，没法养生。其实养生不是说只能放下工作，安逸地闲待着。养生与工作繁忙并不矛盾，它是要我们以一种良好的心态去面对一切，通过养性提高自己的生活境界，做到形劳而神闲。我们可以每天操劳忙碌，但仍然心如止水，这不仅不会损伤身体，反而身体会很健康。

3. 返璞归真，气血随顺

气从以顺，各从其欲，皆得所愿。

精神内守、心态恬淡的人，他的气血是顺畅的，因为他只有适度的欲望，很容易得到满足。不是说得到了多少钱才满足，是钱多也满足，钱少也满足，各就各位，各自满足。他没有过度的欲望，只做自己分内的事情，没有分外的想法，感觉各方面都很顺心合意，这就是知足常乐。正如《中庸》所言，因为君子“素其位而行，不愿乎其外”，即安于现处的位置去做应做的事，不生非分之想，就可以“君子无入而不自得焉”，无论处于什么情况下都可以安然自得。这就是养性之人“皆得所愿”的状态。人们一般感受到太多的事与愿违，主要是由于自己的欲求过度或者违背客观规律。如果顺从客观规律，保持少量的、适当的欲望和愿望，就很容易遂愿了。

故甘其食，美其服，乐其俗，高下不相慕，故其民曰朴。

在这样的心态之下，无论吃什么，都会觉得很美味；无论穿什么，都会觉得很舒适；无论什么样的生活习俗，都会觉得很快乐。因为内心恬淡地接受一切，精神笃定而静守在自己内心，不为外部诱惑所牵引。所以人与人之间不再互相攀比，不再互相羡慕，而是各自守护自己的内心，各自享受自己的圆满。

除了吃饱穿暖，人们绝大多数的烦恼和精神内耗都来自跟别人比较。在比较的过程中，自己的神就被别人牵走了。别人说什么、做什么，别人的一举一动，都会让我们神不守舍，让我们对自己现状不满，让生活幸福感一扫而空。而且跟别人比较是无止境的，会使我们永远都不会满足，心态永远不能安和平静，这是一条不归路。因此，我们要学会“高下不相慕”，追求精神内守，找到属于自己的生活，站定自己的脚跟。

人家吃那个，我们吃这个，各有各的习惯，各自乐在其中。人家那样的生活条件挺幸福，我们的条件不如他但幸福感跟他一样，可能比他还多，每个人在各自的位置上都自得其乐，不羡慕别人。这样的境界就叫“朴”，非常纯净天真，《黄帝内经》称为“上古天真”，这是一种返璞归真的精神境界，也是一种最为安和幸福的生活状态。在这种生活状态下，人们就不会再被各种欲望所消耗，不会被各种外部事物所诱惑，无论人的能力高低，都不会被外物所奴役，都能符合天地大道，这就是养性得道的境界。

是以嗜欲不能劳其目，淫邪不能惑其心，愚智贤不肖不惧于物，合于道数，故皆能度百岁而动作不衰者，其德全不危也。

当我们做到返璞归真、气血顺畅的境界时，即使有一些嗜欲，有一些不利因素的干扰，都不会让我们劳损和困惑。无论我们知识多少、能力大小，都不会被外物所牵绊，不因外物而心生不安，而是时时刻刻与道相合。

人能合道则有德，就会受到自然规律的护佑，就不会遇到损害，这就是“德全不危”，这样就能年寿百岁而动作不衰老。

4. 养性贵在有节制

是以人之寿夭，在于撙节，若消息得所，则长生不死，恣其情欲，则命同朝露也。

因此，人健康的好坏、寿命的长短，都在于顺从规律，有所节制。如果我们能好好地调整心态和生活方式，任何事情都保持一个合适的度，就可以延年益寿。如果放纵欲望和情绪，没有节制，就会像早晨的露水一样短命。这就是上古圣人给我们教导的养生之道。

在初学养生和养性的时候，我们需要努力约束自己，让生活各方面保持节制。但随着我们认识的深化和心性的提升，就会发现渐渐地不必刻意节制，就可以自然而然做到适当、适度。就像孔子讲的“随心所欲而不逾矩”，养性和养生也是如此，慢慢地达到浑然天成的“朴”的境界，使遵道合德成为生活自然而然的本色。

中年大修，抓住养性的关键时机

很多人都有这样的问题：我们什么时候开始养生？什么时候开始养性？如果年龄大了待疾病缠身时开始养生，那就晚了，那是养病了。如果自幼就养生，那未免有点早。《黄帝内经》下文就讲述养性的时机问题。

1.40 岁是人体由盛转衰的转折点

岐伯曰：人年四十而阴气自半也，起居衰矣。

这里岐伯给出了答案：一个比较恰当的开始养生和养性的时间，就是中年，具体来说就是40岁左右。因为人到40岁时，人体所储备的阴气就已经损耗过半了，身体各项功能开始显著衰老退化。

什么叫“阴气”呢？跟阴气相对的叫阳气。阴气和阳气不是指两个东西，而是指一个东西的两种状态。

举两个例子：比如我们的钱，不用来消费的定期存款就叫阴气，取出来放钱包里用来消费的零花钱就叫阳气；又如汽车油箱里装的汽油，还没有燃烧时称为阴气，在气缸里燃烧形成的火焰就叫阳气。

阴阳是物质转化过程中的两种状态，这是阴阳的概念。人体的生命物质能量处于升发与消耗状态时，能量在燃烧，这就叫阳气；体内的生命物质能量闭藏起来处于储存状态时，这就叫阴气。因此，阴气就是内脏所储存的精气，阳气就是我们劳动过程中消耗的精气。

我们要活得健康就要储存足够多的阴气。阴气的存量要越多越好，它越多人的寿命就越长，阴气用完寿命也就完了。因为阴气相当于油箱里的汽油、家里的粮仓，要存的多一点，用的时候就一点一点拿出来，把它转化为阳气来使用。我们身体每天维持各种生命活动的所有消耗，就是把阴气提出来转化成阳气消耗掉，用它来对外做功。因此消耗越多，阴气就越来越少。前面讲要保持精气充满，减少不必要的消耗，就是这个道理。《黄帝内经》提出要“阴平阳秘”，即阴气要保持充足，“平”是充足、丰收的意思；阳气要固秘、收敛，即阳气的消耗不可太多。如果阳气消耗过多，就成了“阳气烦劳则张，精绝”，阳气过于亢奋鸱张，消耗过度，会把阴气耗竭。

阴气是从哪里来的？人体的阴气包括先天的部分和饮食营养补充的后天部分。人到了40岁后，体内阴气存量就少了一半，也就是很难再增加储备量了，这时候身体就开始走向衰老。相当于电池只有半格电，各项身体功能就开始逐渐衰老退化。所以40岁是体质变化的一个分水岭，其核心标志是阴气的储量。人的体质就像一个先升后降的抛物线，在40岁以前，人体处在向上的增长阶段，五脏精气虽然不断消耗，但整体功能还处于上升期。到40岁后人的体质开始走下坡路，各项功能衰老退化，五脏也无法储存更多精气了。以前走路不累，现在走路觉得累了；以前吃东西怎么吃都不难受，现在吃多了难受，吃少了也难受；以前熬夜加班都不算事儿，现在熬夜一次好几天缓不过来。这就说明已经开始衰老了。虽然这时候我们可以通过饮食或药物补充阴气，但却不能无限补充，五脏再也没有能力储存更多阴气了。随着年龄增大，五脏阴气不断耗竭的趋势是无法扭转的。

年五十体重，耳目不聪明也。年六十阴痿，气力大衰，九窍不利，下虚上实，涕泣俱出。故曰：知之则强，不知则老。

人在50岁后身体开始变得沉重，耳目感官的功能下降。60岁后出现性功能衰败，“气力大衰，九窍不利”，体力和五官九窍都不正常了。“上实”是头晕眼花，“下虚”是腰酸腿软，鼻涕、眼泪、小便都控制不住了。这些都是五脏阴气衰减过半以后导致的身体机能全方面下降。

我在临床中对这个问题的感受很深刻。比如说40岁以上的中年人或老年人，身体开始出现各种慢性病，各处不舒服，吃药治一治感觉好一点，过了一两年再看，还是有这些不舒服，好像很难完全消除所有不适。有患者说自己以前身体好得很，从来就不生病，怎么现在老是难受，而且吃了这么多药还回不到以前呢？那就是因为人已经年过40岁，永远也回不到20岁了，衰老的进程会越来越快，各种毛病也会越来越多，怎么治也治不完。实际上很多慢性病的重要病因并不是别的，就是衰老。随着年龄增大，脏腑精气损耗，身体功能逐渐下降，各种毛病层出不穷，本质就是年龄不饶人。当然每个人体质和前期保养不同，具体情况会不太一样。

“知之则强，不知则老”，懂得这个随年龄增大而阴气耗竭导致衰老的道理的人，就会节约阴气，减少阴气的消耗，尽量保持五脏阴气的充满，才可以减缓衰老，否则会加速衰老。

2. 固秘阳气，保存阴气

同出名异，智者察同，愚者察异。愚者不足，智者有余。有余则耳目聪明，身体轻强，年老复壮，壮者益理。

由于体内的阴气和阳气是同一个事物的两种状态。就像定期存款和零花钱关系、汽油和火焰的关系，储存状态叫阴气，消耗状态叫阳气，因此阴阳二者是“同出名异”，二者是一体的，不能割裂开来看。但一般人不知道阴阳是一体的，就会认为二者不同，觉得阳气旺了功能更强，因而喜欢阳气而排斥阴气。每天工作结束之后再去健身房锻炼几个小时，天天熬夜却不嫌累，反而觉得自己精力充沛，以为这都是好事情，把阳气与阴气区别对待，有所喜恶。“愚者察异”，愚者偏爱阳气，不喜欢阴气，扶阳抑阴，觉得阴气不如阳气有用。其实这个阳气旺的本质就是快速消耗阴气，阳气旺是阀门开得大，燃烧得旺盛持续时间就短，折腾得厉害寿命就不能长久，阴气消耗完了就寿终正寝了。

有的人是工作狂，精力很充沛，他觉得自己身体好，实际上自己处于高杠杆、高透支、高风险的状态。阳气旺意味着阴气消耗得快，所以精力旺盛不一定是好事，阳气充足不一定健康长寿。我们看一些平时病恹恹的人，整天小毛病不断，身体也没劲儿，也干不了多少活儿，他可能还长寿。别看他阳气弱，他消耗得慢，细水长流，火苗不大一直能着。

“智者察同”，智者能够看到阴气和阳气的一体性，为了保持阴气充盈和持久，就要减少阳气的消耗，所以做任何事情都会节制、克制，以减少消耗为目标，反而不会追求阳气的亢奋，不贪恋肆意挥霍阳气的快感。因此，智者蓄积的阴气充足有余，而愚者的阴气因消耗过大而呈现为不足。阴气有余的智者才可以减缓衰老，在年龄很大时还可以保持耳目聪明，身体轻健，老而不衰，延年益寿。此段强调了固秘阳气、减少消耗、节约阴气的重要性。

是以圣人为无为之事，乐恬淡之味，能纵欲快志，得虚无之守，故寿命无穷，与天地终。此圣人之治身也。

所以懂得养性的圣人，为了保持阴气充足，做事情都是“无为”的心态，不刻意，顺其自然，不跟规律硬“顶牛”，这样做阴气消耗最小，阳气的阀门开得最小。饮食的原则是“恬淡之味”，即喝淡味的白开水，吃口味清淡的饭菜，过平淡的生活，会觉得很舒服，这样做也是使阴气消耗最小。因为他们的愿求和欲望是无为的、适当的，就会很容易得到满足，每天心情很舒畅，自得其乐，这是“纵欲快志”，也就是知足常乐，少欲则常如意。他们的精神内守虚无，因此可以延年益寿。所以养性治身的原则是无为少欲，是为了固秘阳气，减少阴气的消耗。

3.“中年大修”是抓住养性的关键时机

在《黄帝内经》提出 40 岁阴气自半这个观点之后，明代医家张景岳在此基础上进一步提出了“中年大修”的理念。所谓中年大修，就是考虑到人到40岁左右的中年时期，脏腑阴气已经损耗过半，身体功能开始走下坡路，之后体质日渐下降，大部分慢性病在这个阶段逐渐显现。如果能在40岁左右这个关键时期，对身体进行一番整顿保养，就像汽车大修一样，把体内蓄积的问题予以纠正，身体素质还可以实现中兴，那么后半生衰老的过程就会比较缓慢，相对而言就可以预防疾病，延年益寿。如果这时候不进行大修，等发生疾病以后体质就会呈断崖式坠落，再想通过治疗恢复到之前的状态就很难了。因此，中年大修是抓住人体衰老的转折阶段，抓住预防疾病的关键窗口，也是着手养性的重要时机。可以说，中年大修，老了无忧；中年不修，老了病愁。

中年大修的方法，首先是树立正确的观念。人到中年的时候，还想跟20岁一样想怎么折腾就怎么折腾肯定是不行了。先要有这个意识，就是到中年以后我们的身体开始衰老，身体储备的精气不多了。因此第一个观念是要知道节流，减少精气的消耗。中年以后就要知道节制，以前喝酒多，现在就少喝；以前熬夜，现在就不要熬夜了；以前劳心劳神比较多，现在就要做减法，收心静心了。孙思邈在《千金翼方》中引用老子的话："老子曰：人生大限百年，节护者可至千岁，如膏用小炷与大炷"，就是说像油灯的灯芯大小不同则灯油燃烧时间不同一样，人对自己的精气也是要调小火焰，省着点用，才可以延年益寿。

有了节约精气的观念之后，就要开始做"未知死，焉知生"的反省工作，反省自己目前生活方式和身心状态存在哪些偏差、哪些问题。然后就要开始大刀阔斧地自我革新，通过认真养性，修正自己的身心状态；通过调整生活方式，修正不当的身心行为。另外，人到中年很多人的身体已经出现问题了，这时要尽早服药调理，尽早治疗，把疾病消灭在萌芽阶段，这也是中年大修的重要方面。

举例来说，有的人身体感觉各种不舒服，到医院一查并没有什么大毛病，就是咱们所说的亚健康。如果就这么等着，什么措施也不采取，等以后病情严重了再治疗就晚了。而如果在亚健康阶段就积极开始调理，该吃药时吃药，该养生时养生，同时调整生活方式，就可以避免疾病的进一步发展。这一段时间可以说是健康状态可逆的最后阶段。

很多人认为，没有生病就不应该吃药调理，也没必要保养身体，更谈不上什么大修了。可是，当他买了汽车，就不会认为汽车没坏就不要维修保养，什么时候坏了什么时候去维修，不会的。他反而会在汽车什么毛病都没有的情况下，就积极定期保养，每隔半年、一年或者行驶多少公里，就去修车厂更换零件，清洗积碳之类。因为他怕如果不定期保养的话，说不定什么时候汽车就会突然出现大毛病，那时再修就得不偿失了，提前保养可以避免出现大毛病。你看，面对汽车时人们想得很明白，可是面对自己的身体时就糊涂了，就不会想到如果不定期保养身体的话，身体就可能突然出现大毛病。

中年大修主要靠自己，不能完全靠医生。医生所负责的主要是生病以后的情况，即使我们因亚健康去找医生调理，医生也往往局限于惯性思维，认为病情不严重，没必要调理，等什么时候严重了再过来。所以，当我们有了中年大修的观念以后，就可以自己掌握调理身体的主动权，多关注自己的健康状态，积极采取措施进行调整。

中年大修的观念是一种认知的奢侈品。一般人的注意力都在工作、挣钱、追名逐利、贪图享受等这些外物上，即使有一部分人意识到了应该关注身体健康，但因为对养生保健的理解比较浅显，也起不到什么作用。当我们有了这个中年大修的观念以后，看待生活的眼光和视角就会不同，随着不断养身和养性，整个身心健康乃至人生体验都会大幅提升。

第五讲 养性贯穿一生，联结两代

一个人维护健康的养性事业，是在自己出生前就开始了。按照时间顺序，从最初阶段父母的婚育时机，到胎儿阶段的胎教，到出生后的婴幼儿阶段的养育，一直到长大成人后面对酒色之欲的考验，可以说，养性事业贯穿人的一生，并联结亲子两代人，可谓兹事体大，不可不慎。

成年人养性是战胜酒色之欲

仲长统曰：王侯之宫，美女兼千。卿士之家，侍妾数百。昼则以醇酒淋其骨髓，夜则房室输其血气。耳听淫声，目乐邪色，宴内不出，游外不返。王公得之于上，豪杰驰之于下。

仲长统也是东汉时期的一位养生家，仲长统说，王侯卿士这些达官贵人，他们生活条件好，家里有很多美女和侍妾，因而他们过着酒色无度的生活。他们白天饮酒无度，酒精的热毒损伤其骨髓；他们夜晚贪淫纵欲，房劳损耗其血气。他们耳朵听到的都是淫秽的声音，眼睛贪恋淫邪的美色。他们要么进入宴席，沉迷而不出；要么外出冶游，纵情而不返。上层的王公贵族和地方的豪绅才俊上行下效，在整个社会中形成纵情酒色的不良风气。

这种以前达官贵人才有的糜烂生活方式，现在一般人都能够享受到了。现在虽然不在家里养侍妾美女，但是娱乐业发达，物质条件优越，有些人确实过着花天酒地的生活。这种纵情酒色的生活方式，是损害健康的罪魁祸首，所以孙思邈将其放在此段之首。

在这里要特别注意一个现象，就是年轻人自慰过度，也属于纵情色欲的范畴。因为性教育的不完善，年轻人对自慰的危害没有防范之心，很多年轻人出现了自慰过度的情况，给身心健康带来非常严重的损害。我们在临床上经常遇到这种因自慰过度造成的伤精患者，他们除了身体健康糟糕，一般也普遍存在心理健康的危机，常出现焦虑抑郁、消极悲观情绪，让整个生活都变得阴暗，治疗起来也颇有难度。有的说法认为人的精液只不过是水和微量蛋白质，无足轻重，甚至鼓励无节制地自慰，这是严重的误导。在中医学看来，无论男女，生殖之精都是人体生命物质中最精华的部分，是由五脏精气转化而来的，生殖之精的过度损耗就是直接损耗肾精及五脏的精气。五脏精气亏损则全身的生理机能下降，肾精亏损更会引起脑髓空虚，造成整个神经系统衰弱和大脑功能下降，这就是伤精之人常伴有焦虑抑郁和记忆力下降的原因，给学习、生活和工作带来很大影响。正常的生殖繁衍和适度的性欲释放是需要的，但过度的损耗就会严重损害身体健康，年轻人一定要重视这个问题。

酒色之欲的放纵，最终都会耗竭人体的气血和精髓，使一个人的体质大幅下降，陷入疾病缠身的泥潭。因此，无论古代的昏君、纨绔子弟，还是现代夜生活丰富、纵欲的人们，都是身体素质非常低下、健康状况堪忧的群体。有识之士在育儿时，都会对自己的孩子谆谆告诫，让他们不要沾染纵情酒色的不良习气。因此，养性之人在成年阶段的关键是战胜酒色之欲，为身体健康奠定基础并守住底线。

胎儿阶段的健康依赖父母养性

每个人在出生之前的胎儿阶段就遇到了第一个健康维护课题，此阶段的健康状况构成了一生健康的先天部分，其影响可谓深远。只不过胎儿阶段的健康是由父母帮我们维护的，父母在这个阶段妥善养性，就是给我们最宝贵的健康传递。

1. 胎产的时机和注意事项

及至生产不时，字育太早，或童孺而擅气，或疾病而构精，精气薄恶，血脉不充。

这句话讲的是胎产问题，每个人在出生之前的胎儿阶段，其健康状况受父母的影响非常大。

“生产不时”，指的是在胎孕和生产过程中时机不当或养护不当，孩子在出生时其健康就受损了。最典型的如早产，早产儿的体质普遍会差一些，给其一生的健康状况带来不利影响。为了避免早产的发生，父母要加强学习相关知识，积极采取措施，在胎孕阶段妥善保养，避免过于劳累、情绪剧烈波动、饮食不当、意外伤害等事件的发生。此外，在胎孕过程中如果父母情志不调或养护不当，即使没有早产，也会对孩子的发育和健康产生不利影响。比如，有的孕妇在孕期贪食辛辣，可能会造成孩子出生以后体质燥热或容易过敏；有的孕妇经常情绪激动，暴怒暴喜，会使胎儿受到惊吓，孩子出生后的一些神经系统疾病可能与此有关。在分娩过程中也要谨慎，当然这个过程现在是以医院和医生为主导，要听从医生的意见，有一些细节需要注意，比如有的婴儿在空调冷气过度的产房容易受寒等。

“字育太早”，是指人过度早婚早育，怀孕的时机不合适。这是古代社会比较常见的问题，古代有一些人十几岁就结婚生子，自身尚未完全发育成熟，这时候就过早结婚、过早生育，不但给自身健康带来不利影响，对生出来的孩子的身体健康也很不利。人应该在身体充分发育成熟以后再结婚生育，根据自己的身体条件或生活条件选择合适的生育时机，才是对自己和孩子的身体健康负责任的做法。现在法定婚育年龄就是考虑了这个因素后确定的，按照这个年龄婚育就是对健康比较有利的。现代社会婚育过早的情况比较少见了，反而晚婚晚育更常见。但如果生育过晚，生育时父母双方年龄太大，尤其是孕妇年龄太大，对所生孩子的健康也有不利影响。为了孩子的身体健康考虑，要选择自己身体强健的恰当时机生育，生育年龄不宜过小或者过大。

“或童孺而擅气，或疾病而构精，精气薄恶，血脉不充”，这指的是夫妻生育时如果年龄过小，或者带病行房，就存在夫妻双方的精气薄弱、气血不足的问题，也就是精子、卵子质量低，就会导致生出来的孩子体质较弱。所有负责任的父母应该在自己身体状况良好、没有明显疾病时生育，才能给孩子一个良好的健康基础。

因此，一个人维护身体健康的养生事业，是在他出生前就开始了，只不过这第一阶段是由他的父母代劳的。需要父母的生育年龄、时机合适，生育时健康条件良好，胎孕生产时善加养护，才能给孩子的身体健康奠定坚实的基础。这个理念在现在看来也是非常科学、极其先进的。

2. 真正的胎教是父母养性

胎儿阶段的健康维护，就是中医自古以来提倡的胎教。孙思邈在《千金要方》的养胎章节专门讲过胎教，我们引用到这里介绍一下：“论曰：旧说凡受胎三月，逐物变化，禀质未定。故妊娠三月，欲得观犀象猛兽、珠玉宝物；欲得见贤人君子、盛德大师；观礼乐、钟鼓、俎豆，军旅陈设，焚烧名香；口诵诗书、古今箴诫；居处简静，割不正不食，席不正不坐；弹琴瑟，调心神，和情性、节嗜欲。庶事清净，生子皆良，长寿忠孝，仁义聪慧，无疾。斯盖文王胎教者也。”这里认为受孕后前三个月之内，胎儿的体质和性情都未定型，会随周围环境影响而变化。因此，自文王以来就提倡胎教。

胎教不是给胎儿讲什么道理或故事，让他提前学习什么知识，而是在胎儿阶段，让孕妇把身心状态、生活方式和精神情绪调好，给胎儿营造一个好的坐胎环境，这对将来孩子的身体健康非常有帮助。这个胎教的关键是，要孕妇保持一种安定、祥和、放松、愉悦的精神状态，不要着急生气，不能一惊一乍，要充分休息，要动作舒缓，饮食起居要非常有规律。平常再泼辣的女性在这个时候也要变得温柔贤淑，平时工作再忙的女性在这个时候也要以胎儿为重。当然给胎儿听听舒缓的音乐也是很好的。为了达到这个状态，孕妇要刻意回避一些不利因素，不要接触烦心事和烦心人，在这个时期多读一些修心养性的书籍，做一些陶冶性情的事情，多接触一些积极向上的人、事及祥瑞宝物，多接触正能量。如果孕妇的精神和身体始终保持安定和谐，那么胎儿就气血通畅，将来也会身体健康。

反过来，如果孕妇的生活一团糟，情绪波动大，精神刺激强，动不动就吵架生气；或者作息紊乱，饮食不节，熬夜劳累；甚至有的在孕期同房；或者孕妇生了别的疾病，等等各种折腾，胎儿处在一个不安定的环境中，受到孕妇身心状态的影响就特别大。胎儿在母体里就好像鱼儿在水里一样，母体的气血一震荡胎儿就跟着震荡。所以孕妇的不良身心状态会损害孩子的健康，给孩子的大脑和精神发育带来一系列问题。

负责任的父母要把胎儿的生长环境搞好。有些小孩一生下来就病了，多是因为在胎儿期间就受伤了。要把孕妇的身心状态搞好，责任在孩子的爸爸。作为男人应竭尽全力保障孕妇的身心状态良好，不但要在生活上照顾孕妇，更要在精神上呵护孕妇，陪她开心，哄她高兴，让她情绪稳定，这是首要任务。做父母的应从怀孕之前就开始为孩子负起责任，而不是等生了孩子之后才负责任。胎儿阶段就是孩子的先天，其对孩子身心健康的影响不亚于基因，可谓影响深远，关乎孩子一生的健康基础，因此父母不得不慎重对待。因此一个人在胎儿期的健康维护，就是依赖此时的父母们养性，父母们的养性联结了亲子两代人的健康，不可不慎。

这里要强调一下夫妻关系。没生育之前，夫妻关系如何只是夫妻俩自己的事。开始怀孕之后，夫妻关系还会影响将来孩子的身心健康，就不单纯是夫妻俩的事，那就兹事体大了。夫妻俩是亲密队友，要给孩子一个好身体，在这方面肯定是目标一致的，在生育事业上一定要密切配合，不要互相推诿、互相埋怨，一定要避免怀孕期间吵架生气。丈夫要学会照顾妻子，妻子也要学会调整自己的情绪。不要老找对方的问题，要多找自己的问题，多体谅对方的难处。夫妻吵架闹矛盾的根源都是光找对方毛病。你找对方毛病，对方也找你的毛病，结果互相拆台。必须反过来，各自往前靠近一步，形成一个良性循环。

年轻父母要有这个观念，当准备要孩子的时候，就要为孩子负责，不光要调理身体，戒烟戒酒，还要开始修心养性，学着做一个负责任的爸爸妈妈，要有这份责任感。在每个人的成长过程中，结婚是一个成长的机会，生孩子又是一个成长的机会，抓住这个机会就能让自己更加成熟，在为孩子和家庭付出的过程中赢得个人心性的升华。

婴幼儿阶段和青少年阶段的养性课题

下面讲人出生以后，在婴幼儿阶段和青少年阶段遇到的健康维护和养性课题。

1. 正确育儿是父母给孩子的健康礼物

既出胞脏，养护无法，又蒸之以绵纩，烁之以五味，胎伤孩病而脆。

出生以后，面临婴幼儿的养育问题，“养护无法”是指有些父母在这个阶段会犯错，从而损害孩子身体健康。现在很多年轻父母不会养孩子，得买本书照着书养，这是很有问题的。怎么生孩子、怎么养孩子是人的本能，也有千百年来的代代传承，我们要多向有实践经验的过来人学习。可以参考育儿书籍，但不能过于依赖照书育儿。书上讲的常常是一些理论知识或者新观点，有的并没有经过长期的实践检验，并不成熟。一项育儿知识是否正确、是否对健康有益，往往需要很多年，甚至数十年、几代人观察验证才能明确。育儿方面我们要更加尊重代代传承的实践经验和中医学的理念，因为这些都是千百年来一代一代人积累下来的成熟知识。如果每个父母都能正确地育儿，就能帮助孩子打下良好的健康基础，这是给孩子的最好礼物。

婴幼儿养护最重要的两个问题是衣着和饮食。衣着方面容易犯的错误是给婴幼儿穿的衣服太厚、太暖，导致孩子身体生出内热，演变为各种疾病，如发热、湿疹、便秘等。这就是“蒸之以绵纩”，穿过暖的棉衣让孩子过热。因为婴幼儿处于生机旺盛的发育阶段，其散热功能没有发育完全，所以特别容易上火，如果穿衣过暖会导致热邪内生。古人提倡给孩子穿旧衣服，老二穿老大的旧衣服，老大穿亲戚给的旧衣服，孩子就不容易生病。因为旧衣服不像新衣服那样容易使孩子上火，接触皮肤也更亲和，也就是俗话说的更养人。现在生活方式变了，还是以穿新衣服为主，但是要领会这个精神，穿衣不要太厚，同时要选择对孩子皮肤没有刺激的材质。

因为疼爱孩子，很多家长会给婴幼儿吃太多、太丰富的饮食，会造成喂养过度而损害孩子健康，出现肠胃和代谢方面的疾病，这就是“烁之以五味”。临床上遇到婴幼儿的疾病一半以上是吃出来的，一般都是吃多了。特别是很多家长给几岁的小孩子吃太多牛奶、水果、饮料、零食、肉类，以及滥补各种人工营养剂等，带来很多疾病，比如痰湿、肥胖、鼻炎、腺样体肥大、发热、咳嗽、积食、糖尿病等。除非小孩有病需要针对性补充营养，否则他吃自然的母乳、自然的家常便饭，能吃饱就可以了，不必刻意补充太多人工营养剂。

中医在育儿方面有一句箴言：“若要小儿安，三分饥与寒。”要想小孩少得病，就要避免饮食过度和衣着过暖，吃饭不要吃太饱，要有点饥饿感；穿衣服不要穿太暖，要有点凉意。孩子稍微有点饥饿感，不吃太饱，孩子的肠胃功能会更加旺盛，吃太多了反而使肠胃呆滞，消化功能下降。孩子穿衣稍微感受到一点凉意，身体功能也会比较旺盛，孩子适应环境的能力也会提高。当然也不能走极端，只是在饮食和保暖方面稍微欠一点，并不是说让孩子饿着或者冻着。

如果父母对孩子保护得太过严密，像养护温室的花朵一样，那是不行的，会导致孩子免疫力下降，健康受损，那就养成了“脆孩儿”，俗话说不皮实。这种“脆孩儿”的适应能力差，生命力脆弱，遇到任何风吹草动都容易生病。孙思邈在《千金要方》儿科章节中指出：“若常藏在帷帐之中，重衣温暖，譬犹阴地之草木，不见风日，软脆不堪风寒也。”真正健康的孩子一定是皮实的，对各种环境条件的适应能力强，耐受能力强，生命力顽强。养孩子都应该照着皮实的方向去养，不要照着温室花朵去养。古人在这方面提倡数见风日，就是带孩子走进大自然，多进行户外活动，经常接触各种各样的气候环境，吹风晒太阳，提高对不同环境的适应能力，就可以提高对疾病的抵抗力。

现代在城市生活的孩子的生活方式有个大问题，就是远离大自然。孩子长期生活在人工建造的环境中，从家里这个屋子到学校那个屋子，日复一日地困缚在这种单调、枯燥的环境中，每天疲于学习各种课程，户外活动太少。这种生活虽然看起来物质条件很好，但是非常不健康，长期下来不仅会使孩子因为缺乏活动而体质下降，还会使孩子的心理逐渐变得烦闷焦虑，容易出现各种心理疾病。走进大自然，进行户外活动，接触的阳光、空气、植物、开阔的视野等，首先会让人的身心全方位放松，这是在室内环境中无法实现的；其次，户外活动还能提高孩子的身体素质，提高其对环境的适应能力，使其感受到自然的气息，产生人与自然相连接的那份安全感。因此，我在临床上经常嘱咐家长们，要带孩子走进大自然，这对健康育儿至关重要。

2. 青少年养性在于不纵欲

未及坚刚，复纵情欲。

这是讲人到了青少年阶段，但还没有到发育成熟、气血坚固的成年时期，就面临放纵情欲的问题。放纵情欲、沉迷于色欲，是对身体健康的极大损害。在古代有婚育过早的问题，现代人虽然不会过早婚育，但因为受性解放观念的影响，青少年的性行为开始的年龄过早这个问题却越来越严重了，甚至过早出现怀孕堕胎的现象，青少年过早沉迷自慰的现象也非常普遍，这都严重损害年轻人的身体健康。我在临床上经常遇到此类从青少年时期就纵欲伤精的年轻患者，其身心健康状况十分糟糕，治疗起来也比较棘手。现代社会的信息泛滥对这类现象也有推波助澜的作用。因此，我们要维护自己的身体健康，必须在青少年时期杜绝过早性行为，避免沉迷自慰的不良习惯。如果说在胎儿阶段和婴幼儿阶段需要依靠父母的帮助来维护健康，从青少年阶段开始，就需要靠自己养性来维护健康了，即我们从青少年时期开始要对自己的健康负起责任。

当人们终于成长为成年人时，就要防范堕入本讲开头提到的酒色之欲的陷阱。

重重相生，病病相孕。国无良医，医无审术，奸佐其间，过谬常有，会有一疾，莫能自免。当今少百岁之人者，岂非所习不纯正也。

一个人从小到大全生命周期中面临的健康考验，贯穿了人在胎儿阶段、婴幼儿阶段、青少年阶段以及成年阶段的不同环节，环环相扣，“重重相生”，不但贯穿一生，还联结亲子两代。在这些环节中，有来自父母的健康传递，有依靠自己的健康闯关，都需要我们谨慎对待，妥善养性。一旦在哪个环节出现问题，就会出现疾病的连锁反应，进入恶性循环，即“病病相孕”。这时候如果再遇不到好的医生，或者再加上一些损友的误导，不能采取正确的应对措施，就会导致发生不可避免的疾病。现代人能够延年益寿的人不多，恐怕就是由他们在各个阶段中未曾养性，其生活方式不正确所致。

第六讲 养性要在生活中做减法

养性是整体观的养生，在提升心性的同时，还要百行周备，在生活中方方面面落实养性的原则，其关键是要在生活中做减法，避免各种损害健康的身心行为。

养性首先在色欲上做减法

1. 养性贵在节欲

抱朴子曰：或问所谓伤之者，岂色欲之间乎？答曰：亦何独斯哉。然长生之要，其在房中。上士知之，可以延年除病，其次不以自伐。若年当少壮，而知还阴丹以补脑，采七益于长俗者，不服药物，不失一二百岁也，但不得仙耳。不得其术者，古人方之于凌杯以盛汤，羽苞之蓄火。

《抱朴子》是晋代的医学家、养生家兼道士葛洪的著作，这部书主要记载一些道家神仙之学和养生学的知识。葛洪在医学和养生学方面都有杰出成就，众所周知的青蒿素提炼方法就是从葛洪所著的医书《肘后备急方》中得到的。这段就是孙思邈引用《抱朴子》的话来阐述养性要做减法的思想。

《抱朴子》说，有人问损害身体健康的事情主要就是男女色欲吗？葛洪给出的答案是，何止是这个啊，并不是只有色欲过度能损害身体健康，还有很多其他事情都可以损害身体健康。尽管如此，这个提问仍从侧面反映出色欲是对身体健康影响最大的一方面。

葛洪接着说，“长生之要，其在房中”，要想延年益寿，妥善对待房事是非常重要的。高明的养生之士懂得房事的道理，就可以预防疾病、延年益寿。养生次一等的人起码也可以避免因此损害身体健康。如果自年轻时就懂得正确的房事知识，即使不服用药物也可以长寿。如果不懂得房事的道理，以纵欲的方式行房就会损害健康，古人将此比喻为用冰做的杯子盛热水，用羽毛做的包裹盛火焰，一定会毁坏的。

孙思邈在另一部著作《千金翼方》中，进一步强调了房事的关键在节欲。古代有个著名的养生家叫彭祖，传说寿命有几百岁。《千金翼方》引用彭祖的话说："上士别床，中士异被，服药百裹，不如独卧。"善于养性的高人是夫妻分床而睡，这样就可以在生育目的之外尽量减少房事。中等的养性之士是夫妻同床而异被，各自盖自己的被子，也会相对减少房事。吃再多的药来养生，都不如减少房事更有利于健康。彭祖这句话就是强调节欲的重要性，告诫人们在色欲上做减法。

2. 不可涸泽而渔

节欲的观念对于现代人来说尤其重要。虽然中医学一直强调节欲保精，但现代医学在这方面是不够重视的，甚至还有一些不当的观念客观上起到了鼓励纵欲的结果。比如，有的医学观点认为精液的主要成分不过是水和微量蛋白质，损耗一些没什么问题，这就是不太正确的观念，实际上房事过度对身体消耗很大。

此外，人们对性功能障碍的观念和疗法也存在很多不当之处。比如，很多人到中年，工作繁忙，生活压力大，每天疲惫不堪，或者已经房事过频，这时候性功能下降本就属于身体的一种自我保护方式，是身体要休养生息。这就跟劳动累了自然四肢没劲儿，想坐那儿休息是一个道理。正确的观念是顺其自然，感到劳累就创造条件让身体休息和自我疗愈，等气血充盈后，自然就又恢复了原来的功能。可是经常看到人们为了贪图欲望，为了主观意志里的错误想法，对欲望只想做加法，不想做减法，不仅不节欲，还刻意刺激欲望，不顾及身体的感受，通过吃一些短期内刺激欲望的药物，强行振奋身体功能，这属于涸泽而渔、杀鸡取卵，对身体健康的损害非常大。就好像在古时候长工劳动累了，地主却不让休息，反而接着用鞭子抽打，强行让长工干活儿一样。在鞭挞之下，眼下的活儿是干了，可代价是惨重的。如今我们很多人对待自己的身体，比古时的地主虐待长工还要严厉苛刻，只想榨干身体内的气血，而不想让身体休养生息。现代社会这类药物的普及使得这种现象愈演愈烈。即使那些来找医生治疗的人，也都希望快速见效，一般也是使用一些治标不治本的方法。这些速效药就像兴奋剂，让人为了一时的兴奋而快速消耗自己的生命。从中医学来说，正确的治疗应该立足身体的整体效益和长期健康，治病求本，帮助身体积精累气，蓄积气血，滋阴涵阳，等整体气血旺盛了，身体自然会恢复正常功能，但这种治法不会太速效。

前面我们讲到阴气的概念，知道身体的物质能量有储存和消耗这两种状态，这里我们再复习一下。身体的气血就像个煤气罐，有个储存量，用一点少一点，用完了就活不了了。虽然每日也有补充，但补充不是无限的。人体的功能越旺盛，欲望越亢奋，就像煤气罐的阀门开得越大，气血用得就越快，衰老得也就越快；阀门开得小用得慢，活得就长。有了这个概念以后，我们做任何事情，不管是工作，还是房事，都应该在力所能及的范围内，适当地节制，量力而行，多做减法，不做加法。

养性要在各方面做减法

前面葛洪说了，损害健康的事情不止纵欲过度这一个问题，生活中方方面面都存在损害健康的危险因素，总的来说都属于妄作劳、乱折腾。因此，养性的人还需要在生活各方面都做减法。

1. 劳心思虑会损害健康

又且才所不逮而强思之伤也。

这是过于劳心思虑那些超过自己能力范围的事情。有的人心气特别高，老是琢磨一些自己力所不及的事情，这种上进心虽有积极的一面，但如果经常如此就会过度劳心劳神，对身体健康有损。比如，有的学生因为对学习成绩要求太高，学习太过劳心，导致焦虑、抑郁，甚至精神失常。有的人因为工作压力太大，思虑太过，导致失眠、食欲不振、脱发。现代人普遍头发变白的年龄提前，就是因为生活压力大，劳心太过。很多脑力工作者因为用脑过度，导致脾胃功能下降。中医说“思伤脾”，意思是过度思虑会损伤脾胃功能。《内经》还说“思则气结”，讲思虑过度会导致气血郁结不畅。因此，我们对于超过自己能力范围的过度思虑，要做减法，知道放过自己。

在这里说一下孩子教育问题，因为很多孩子存在“才所不逮而强思之伤”。家长一定要了解孩子的天赋特质，孩子擅长做什么、不擅长做什么。孩子不是标准件，每个孩子都有自己的特点，只有了解孩子才能做到因材施教。如果家长不了解孩子，只是单纯随波逐流地去鸡娃，逼着他要考高分，上各种培训班，就太盲目了。对于那些不适合、不擅长这些学习内容的孩子来说，就成了逼孩子“才所不逮而强思”，导致孩子的精神负担和身体负担很重。有一些孩子频频生病，甚至出现焦虑、抑郁，其实往往就是因为孩子学习超负荷了。擅长学习的孩子取得好成绩并不费力，不擅长学习的孩子没必要一定要求他成绩好。人的天赋是多种多样的，人的发展前途也是多种多样的，教育不是走独木桥，不是都得成绩多好，不能要求所有孩子都定同一个目标、全部都考多少分，这是不合适的。成绩不好的孩子也有他自己的天赋，也有他的发展方向，他的前途并不一定比成绩好的孩子差。所以我们必须了解孩子的天赋、喜好，引导孩子做恰当的事，别因为逼孩子做才所不逮的事情而损害孩子的身心健康。

2. 运动不当会损害健康

力所不胜而强举之伤也。

这是指做超过自己体力范围的事情。有些人运动过量，本身体质没那么强壮，非要去暴走、跑马拉松，或去健身房进行高强度锻炼，结果不是损伤了膝关节，就是累坏了心脏，或者软组织劳损，反而落了一身毛病。有的人加班太多，工作强度过大，每天把自己累得疲惫不堪。有的人白天工作已经很累了，晚上还要去夜跑，造成气血损耗过度，免疫力严重下降。这都属于“力所不胜而强举”，让自己的身体超负荷运动或工作，对于身体的超负荷劳动或运动，也要做减法。

在运动锻炼方面，现代人存在很多误区，最突出的就是过于迷信运动有益健康这个说法，常常出现运动过度。其实适当运动确实有益健康，但过度运动却损害健康，甚至还存在运动成瘾。运动成瘾也是一种疾病，在国际医学界已经颇受关注。运动带来的短期内的欣快感会让人对运动上瘾，慢慢就跟毒品一样让人越来越离不开，无法戒断运动行为，在这个过程中已经对身体各方面产生了健康损害。国内对运动成瘾问题的关注还不够，这是因为我们刚刚进入现代生活方式，这个问题还没有那么凸显，但过度运动导致的健康损伤已经非常常见。

从中医养生学的角度看，运动的目的是把气血活动开，达到气血通畅、筋骨柔和，实现有益健康的结果。而超过这个范围的过度运动，是单纯在对外做功而已，就是在干活儿，或者向外界展示自己身体的极限，这都不是身体所需要的，对身体没有什么好处。中医不认为运动强度越大对身体越好，也不认为肌肉越发达身体越好，这些只是对干活儿有益，别人看着好看，对健康没有什么帮助。

在这里有一个重要观念必须阐明，气血在内脏和四肢肌肉之间是竞争性分配的。中医最基本的阴阳思维就是把人体分为内外两部分，内部就是内脏器官，外部就是四肢肌肉。人体的气血总量是一定的，这些气血在内外两部分之间的分配，存在一个此消彼长的竞争性关系。如果过多地锻炼四肢肌肉，就会把更多气血分配给四肢，肌肉会越来越发达有力，而分配给内脏的气血比例自然就少了，内脏的生理功能就会相应下降，反之亦然。对于身体健康和延年益寿来说，内脏的功能才是更重要的。对于干体力活儿的人来说，四肢肌肉更重要。所以这个分配比例向哪里侧重，就看你是为了什么。你想靠体力活儿挣钱，那气血分配当然必须向四肢肌肉倾斜。你想保持身体健康、延年益寿，那就得向内脏倾斜。

假如一个人已经很劳累，也就是气血总量不太足，又通过高强度运动把大量气血调动到四肢肌肉，这样肌肉是发达了，内脏却亏空了，最直接的表现是免疫功能下降。就像敌军打到边境了，然而主帅还把军费挪用过来去修建花园一样，花园修得很漂亮，军队却因为缺少军费而没有办法保卫边疆。那些肌肉发达的壮汉看起来很强壮，可是免疫力和健康水平并不太好，内脏功能往往不佳，反而很容易得大病。挪用军费来装修花园，就造成金玉其外，败絮其中。所以一个人忙碌一天，夜晚又去夜跑，或去健身房折腾到半夜，还以为这是锻炼身体，实际上是又做一份苦工而已，做苦工过度就会损耗气血，到头来只会损害身体健康。假设同样是忙碌一天的两个人，一个在夜晚好好休息，一个在夜晚又去工地搬运水泥至深夜，剩余一点时间才能稍微休息会儿，第二天两个人都与某种病毒亲密接触的话，谁的抵抗力更强？答案很明显，让身体休息好免疫力才好。可是把工地换成健身房，很多人就糊涂了，以为叫“健身”这俩字就肯定健康，殊不知是在出苦力损耗气血，损坏健康。经常有人说：“你已经病了，这么难受，这么严重，还不赶紧去锻炼啊。”孰不知，生病之后需要的是休息、养护，而不是锻炼。如果换个说法：“你都生病了，还不赶紧加个班再卸一车水泥”，我们就知道其荒谬了。其实应该在没病时适当锻炼，而不是在生病后再给身体上强度。

所以我们应明白，以健康为目的的运动和以竞技为目的的运动，根本是两码事，目的不同，理念不同，效果不同。我们在进行运动时，一定要搞清楚我们追求的是哪种运动目的。竞技运动的目的是成绩超过别人，跑得更快、举得更重，这都是对外实现的一种成绩，是用来征服别人挑战极限的。而以健康为目的的运动是为了稳固自己的身体健康。

健康养生的运动理念应该是“不欲甚劳，不欲甚逸，不欲奔走车马”，“行不疾步”。这是葛洪在后文提到的。意思是说不能太劳累，也不要太安逸。不要天天干活或锻炼过度，也不要天天躺着不动、坐着不动。不能像车马一样每天奔跑那么快、那么远，我们本来就不是车马，身体的设计工况就不是奔跑。走路要慢慢走，不要跑太快，也不要暴走，那样会损伤筋骨。所以健康的运动是让人适当活动筋骨，流畅气血，不走太劳累和太安逸这两个极端。

传统的运动方式，主要是一些舒缓柔和的动作，如散步、太极拳、八段锦等。这种活动能够流畅气血，但身体不会过于劳累。运动是否达到流畅气血的标准，主要是看有没有出汗，运动到出汗就可以停了。出汗说明气血已经活动开了，就达到了锻炼的目的。出汗以后再锻炼就是在对外做功，消耗气血。

现代城市中的办公族以及学生，又普遍存在运动太少的问题，这对身体健康也不利。特别是孩子们远离大自然，缺乏体力劳动，运动又太少，学习负担太重，不是坐在家里就是坐在教室，时间长了身体和精神都成了萎靡不振的状态。这类人一定要增加运动，周末多去郊外亲近大自然。

3. 情绪过度会损害健康

深忧重恚伤也，悲哀憔悴伤也，喜乐过度伤也。

这里是指一些比较过度的情绪波动会给身体健康带来损害，包括忧愁太重、生气易怒、悲哀太过、心力交瘁、喜乐过度等。这几种作为举例，代表所有的情绪过度，我们要对过度的情绪波动做减法。

经常充满忧愁情绪的人，整个身体的气血都是凝滞不畅的。心中有千千结，气血就有千千结，所以结果不但心情不好，身体健康也会很糟糕，生活幸福感完全没有，这是非常痛苦的。其实这种情况往往不是他真有什么麻烦事需要发愁，更多的是心态问题，心理悲观，凡事都往坏处想。所谓“无故寻愁觅恨，有时似傻如狂”，“闲愁万种，无语怨东风”。而真正在生活中遇到困难的人，反而一般更加专注于想办法克服困难，解决问题，因为单纯发愁是无济于事的，积极行动、保持乐观才能突破困境。为了避免这种忧愁情绪，我们需要修心养性，扩展胸襟，培养一种豁达、开朗、积极、乐观的心态，对于很多事情能看得破、放得下，并且提高行动力，才不会被忧愁吞噬。

还有一种人特别容易生气发怒，每天说话都是怒气冲冲，对于任何事情的反应都是一腔怒火。《黄帝内经》讲“暴怒伤阴”，这种怒气会损伤阴血，造成气血冲逆，使脑血管压力增大，很危险。喜欢发怒的人，其人际关系也不会很好，生活各方面都会充满障碍。要改变易怒的问题并不是靠强压怒火，强压怒火容易憋出病来，而是要靠修心养性，化解情绪，培养自己换位思考的能力，多站到对方角度看问题，理解和体谅别人，自然就不容易发怒了。

悲哀过度的情况临床上也常能见到，有的人因为亲人去世之后悲伤过度，几年时间还走不出来，一直失眠、乏力、闷闷不乐、心灰意冷，不但精神状态不佳，体内的气血也变得消沉虚馁。中医讲“悲则气消”，悲哀过度让人气血消散，身心各方面越来越虚弱，越来越憔悴。还有一些患者的情况是无缘无故就产生悲哀情绪，没事就想落泪，每日心神不宁，恍恍惚惚，自怨自艾，身心交瘁，这也属于一种精神疾病。我们要培养壮大自己的心力，多接触一些开心的事情来提振精神，也可以通过服用药物来补益心神。

喜乐过度的情况相对少一些，但也有，就像范进中举那样，过于喜乐会让人心神涣散、精神狂乱，轻一点的也可能因为过于兴奋而失眠、烦躁。

一个人养生做得好不好，我们跟他一聊天、一看情绪状态就知道了。那种满面愁容的、言语急躁的、充满戾气的、郁怒乖张的、悲伤憔悴的、心神不定的，都不可能是养生很好的，他的身体健康一定存在很大危机。一看这个人很舒展、很安详，自带三分静气，身心情绪都比较柔软温和，肯定是养生做得好，身体也容易健康。

《黄帝内经》讲人的气血时提到了“静则神藏，躁则消亡”。如果一个人比较静，不但他的精神情志安静，他的气血运行也稳定，那么他的精气神就能够闭藏充满。如果一个人比较急躁，精神状态躁动不安，体内的气血也混乱不定，那么他的脏腑精气就很容易耗散消亡。这个静和躁就是指人的精神情志对体内气血的影响，所以养生者必须养性，调整好自己的情志状态。

当然不是说不能有情绪，喜怒哀乐的情绪是每个人都需要的、不可避免的，关键在于调和一个度，不能走极端。要学会自己调节情绪，疏解情绪，有针对性地自我纠偏。容易悲哀的人就多去听听相声、看看小品，乐一乐。容易忧愁的人就多去外面散散心、跟人聊聊天，多想开心事儿，别思虑还没发生的事儿。整天太开心、太兴奋的人就要多想想居安思危，使自己严肃稳重一些。这些就是通过调和情绪来纠偏对治，尽量使自己的情绪达到一个中和恰当的状态，即古人讲的致中和而道中庸。

4. 欲求与忧患对健康的损害

汲汲所欲伤也，戚戚所患伤也。

“汲汲所欲伤”，指自己追求某种目标的欲望太强，野心太大，好胜心太强，殚精竭虑想做到或者得到某种结果，不但为此耗费太多心神，而且产生无形之中的神经紧张，进而导致气血失调，健康受损。这种状态的人一般是比较执着、顽固，名利心强。对治方法一方面是在名利心和欲望上做减法，知足常乐；另一方面就是咱们前面提到的道家无为而治的思想，去寻找、体悟那种虽然在为目标努力奋斗，但又不执着、不刻意的心态，这样才能避免为之所伤。

“戚戚所患伤”，指的是患得患失的一种状态。患得患失的人特别多，时常为一些鸡毛蒜皮的事担心，担心自己吃亏，担心自己受骗，经常为这些事情思虑重重，优柔寡断，踟蹰纠结，做什么事情都是前怕狼后怕虎。患得患失是一种非常糟糕的负面心态，会极大地破坏一个人的精神面貌，损伤身心健康。前面讲过，有些人是性至善，宅心仁厚，最大的特点就是不计较，不患得患失，认为吃亏是福。为了更好的身心健康以及更好的人生体验，一定要克服患得患失的心态，去培养一种豪放豁达的精神。些许得失，沾光吃亏，都无所谓，不斤斤计较。这样不但身体健康会好，整个人的精神气质都会提升，运气也会变好。《论语》说的“君子坦荡荡，小人长戚戚”，这个“长戚戚”就是这里的“戚戚所患”，主要是过于看重个人的利益得失，而忽视了心性豁达才是在人生中能有更大收获的品质。

5. 话痨容易生病

久谈言笑伤也。

“久谈言笑伤”，指说话太多。中医认为久言伤气，说话太多就会损伤肺气，人也会感觉非常疲乏。这个我是有体验的，有时候连续讲课 2 个小时以上，不但嗓子哑了，而且会感觉脱力一样浑身瘫软，需要经过很长时间的休息才能恢复。那些以说话为主的职业，比如教师、导游、销售等可能都有类似感受。有的人跟朋友聊天太多，每天聚会不断，谈笑风生，也会伤气。所以中医养生强调少语，在不必要的时候尽量少说话，可以蓄积精气神。

6. 熬夜伤不起

寝息失时伤也。

“寝息失时”，就是作息不规律，不按时睡觉。这个在现代社会非常突出，就是普遍的熬夜，睡觉太晚。熬夜给身体带来的损伤是极大的，不但能引起各种疾病，也会导致早衰和短寿。特别是现在城市的小孩子年纪轻轻就睡觉特别晚，身体还没有完全发育好就开始熬夜了，这对孩子一生的健康影响很大，作为家长一定要注意督促孩子早睡。我家孩子从小到大，我对他各方面都比较宽容，唯有对按时睡觉要求严格，每天晚上监督其熄灯睡觉是例行规矩。

7. 避免劳损

挽弓引弩伤也，跳足喘乏伤也，欢呼哭泣伤也。

“挽弓引弩伤”，即拉弓射箭引起的损伤，这指的是运动损伤和职业劳损。现在运动导致的损伤很多，比如踢球引起的伤筋骨折，跑步引起的膝关节磨损，滑冰滑雪带来的跌打损伤等，这些都是比较显著的，都能看得到。还有一些属于隐性的，很多人不知道。比如，很多孩子在室内练习滑冰、冰球、游泳之类，在寒冷的环境中不断出汗，不断受寒，一会儿热一会儿冷，时间一长就很容易出现鼻炎、过敏反应、上呼吸道感染、关节痛等，孩子生病频率就比较高。职业导致的劳损也很多，如长期固定一个姿势劳动带来的软组织劳损非常普遍。

说到运动，再补充一下，户外运动和室内运动是两个概念，小孩子要多运动主要是指户外运动。户外运动不只是身体的运动，它还有阳光、空气、植物和开阔的视野，在身体运动的过程中整个身心都觉得很放松，很愉悦，自己掌握节奏，自己的体验其实是玩儿。人在户外运动过程中的状态是形与神俱，身体的运动和心理的放松是和谐配套的，而且也不容易产生运动损伤。诸如郊游、爬山、散步、逛公园、游览景点等都是如此。而室内运动的空间封闭，节奏紧张，没有身心放松的状态，就像是在上课、完成任务一样。对孩子来说，这两种运动方式的差别很大，我们要尽量多带孩子去户外运动。很多家长一说要让孩子多运动，就给孩子报各种运动的培训班，学习各种运动课程，当然这些班也是有用处的，但是不能代替户外运动。“跳足喘乏伤也”，指运动过度或者劳累过度，跑跳喘促，引起心肺损伤。“欢呼哭泣伤也”，指大呼大叫，大哭大闹，也会损伤心肺功能。

8. 醉酒饱食的损伤

沉醉呕吐伤也，饮食即卧伤也。

“沉醉呕吐伤”，就是酗酒造成呕吐，损害健康。这个情况在某些行业、某些地区、某些群体里面非常普遍。他们应酬太多，三天两头有饭局，吃饭必喝酒，喝酒必喝醉，喝多了就吐，第二天接着喝。有的人是身不由己，在这个工作环境不得不如此。也有的人是好这一口，有事没事自己得把自己灌醉。经常酗酒对人身体健康的损害非常大。当然自己在家里小酌怡情问题不大，就怕在酒场上拼酒、酗酒，那就是用自己的肉身当“炮灰”了。

“饱食即卧伤”，是指吃饱了饭就马上睡觉。前面讲过人体的功能有生物节律，在睡觉的时候消化吸收的功能就会受到抑制。如果吃饱饭就马上睡觉，不但食物消化不充分，代谢出现障碍，损伤肠胃功能，而且睡眠也睡不踏实，就会引起很多疾病。因此我们要按时吃晚饭，在睡觉前一段时间就不要再吃饭了。有一些人喜欢吃夜宵，也有的人是夜生活丰富，晚上吃吃喝喝，就会出现饱食即卧的问题，这对健康是不利的。因此，我们在饮酒饮食方面要做减法，避免过度。

9. 完全禁欲不可取

阴阳不交伤也。

这是说完全禁欲没有夫妻生活，不但体内气血不畅，会逐渐产生瘀滞，引起内分泌失调，人的情志也会焦躁烦乱，进一步出现精神压抑，时间长了也会导致各种疾病。因此，要找到一个恰当的度，适合自己的度，不走纵欲和禁欲这两个极端。这个度就是顺其自然，顺着身体的需要、顺着身体的能力，不能因为放纵欲望和主观意志而勉强身体。

10. 日积月累终成病，量变质变早回头

积伤至尽，尽则早亡，尽则非道也。

这些各种方面的损伤，也不是做了这些事马上就能生病，而是在不知不觉之间产生小的损伤，日积月累之后就变成显著的损伤。比如，今天饱食即卧，第二天可能也没感觉有什么不适，但是如果在几年时间里频繁饱食即卧，几年后就会开始出现症状和不适了。消化功能或代谢功能的紊乱，往往是在几年的饮食不当积累之后才凸显出来，到那时候就得开始千辛万苦的治病历程，再回到此前的健康状态就不容易了。

这些损害健康的行为积累多了，就会耗尽人的健康，导致生病和夭亡，这是违背养生之道的结果。养生就是要在生病之前，身体于无声无息中累积微小损伤的阶段就及时干预，把疾病的苗头消灭在萌芽状态，不让各种损伤持续积累，避免量变成为质变。

“积伤至尽，尽则早亡”，强调生病的根源是长期积累，聚沙成塔，量变引起质变，这是一个很容易被人忽视的问题，既涉及疾病发生的关键，也是养生是否有成效的关键，可以总结为：

疾病的发生，关键在日积月累；

体质的变化，关键在潜移默化；

养生的成效，关键在持之以恒。

当然上面这些损伤也还是举例，其他没提到的损伤还多的是，我们要从这些举例中领会养生的精神，在生活中的方方面面去检讨，发现那些损害健康的行为，在这些方面给自己多做减法，就可以举一反三，触类旁通，灵活掌握。

养性之人有所不为

除了做减法，还有一些事情干脆不能做。下面葛洪进一步用否定的语气，直截了当告诉我们在生活中要有所不为，才能避免健康受损。

1. 唾液很宝贵，不要随意吐掉

是以养性之士，唾不至远。

“养性之士”，这里把养生称为养性，还是强调养性的重要性。

“唾不至远”，不要向远处用力吐唾液，这个“至远”主要强调用力吐。吐唾液这个问题在古代养生书籍里经常提到，相当于现在说“不要随地吐痰”。现在不让随地吐痰主要为了避免唾液传播传染病以及污染环境，但古代养生学不让用力吐唾液不是为了这个，而是因为唾液是身体的精华物质，随意吐唾液就会损耗气血。古人特别重视唾液，不但不能随意吐掉，还特别强调一定要把自己口中的唾液吞咽下去，这个叫吞津，将唾液吞咽下去对身体很有补益作用。更不能用力吐唾液，那个用力的动作会更加损耗肾气。

在养性论的后文，孙思邈还引用魏武帝与皇甫隆令的对话，提到有个名为蒯京的道人已经年过一百七十八岁，身体还很强壮，这个道人的养生之道就是每天早晨叩牙齿和吞唾液。如果平常唾液不够多，可以尝试闭上嘴巴用舌头在嘴里面搅，搅完之后唾液就多了，然后就吞下去。或者用舌尖向上抵住上腭，这种动作有助于唾液分泌，分泌出来再把它咽下去，这就是玉液琼浆。

有些人不是故意吐唾液，而是得病了，频频吐痰涎，吐得多了也一样损耗气血，因为这些痰涎也是由身体的津液变化来的。流鼻涕多了，像过敏性鼻炎患者，天天流鼻涕，也是消耗津液，跟吐唾液一样损伤气血。有的人悲伤过度，整天流眼泪，也是消耗津液，损伤气血。身体的所有这些津液都是精华物质，包括眼泪、鼻涕、唾液等，都不能糟蹋。

虽说眼泪不能糟蹋，但偶尔大哭一场对身体是有好处的，可以使淤积的情绪释放出来。有些人看电脑、看手机太多，眼睛很干涩很疲劳，眼睛上火，是因为眼睛里毛细血管瘀滞不畅。假如哭一下，泪液出来的时候会感觉眼睛里热辣辣的疼，就是流泪的过程在疏通眼底血脉，把里面的淤积排出来了，这是有好处的。但如果天天这么流泪那就不行了，泪液损耗太多也伤害健康。

2. 行住坐卧和五官不可过用

行不疾步，耳不极听，目不极视，坐不久处，立不至疲，卧不至懻。

“行不疾步”，走路不要走太快。行就是慢慢走，散步一样，对身体有好处。而不要快跑，或者快走、暴走，这样容易损伤筋骨。

“耳不极听，目不极视”，听声音、看东西都不要太过。比如听音乐虽然有好处，但是听的时间太长，一天 24 小时都在听着，或者听的声音太大，就过度了，都会损伤听力和耗散气血。现在很多人戴耳机时间太长，也属于过度。眼睛看东西过度最典型的就是看电子屏幕了，现代人每天看电脑或手机屏幕时间太长，而这些屏幕本身亮度比较大，对眼睛刺激强，不但损伤视力，而且耗散气血，造成体质下降。现代大城市无处不在的声污染和光污染，都是让我们被动地极听、极视，过度消耗精气。所以每当我们在郊外乡村小院住几天，那种静谧和天然的环境，会让我们感觉身体像充了电一样，精力充沛，就是因为郊外的环境减少了这种声光污染对精气的损耗。

“坐不久处，立不至疲，卧不至懞”，这是讲不要久坐、久站、久卧。久坐不动现在也非常普遍，一坐好几个小时，气血会越来越滞涩不畅。因此，久坐的办公一族一定要注意，每隔一段时间就要起来活动四肢。站立也不要太久、太累，否则也会损伤下肢血脉和筋骨。经常躺在那儿躺太久，就会躺得身体都发僵，气血瘀滞，有一些因病卧床躺太久的人还会生出褥疮或血栓。

养生的总体原则就是让我们在生活中各方面保持一个相对中和的度，不走极端，安逸或者劳累，任何方面都不能过分。这是贯穿所有问题的最重要的一个观念。

3. 调适寒热要有前瞻性

先寒而衣，先热而解。

这是讲生活中寒热的调适，要有一定的前瞻性。有丰富生活经验的人会有这个感受，在降温的时候，比如入秋，或者初春刚停暖气，一开始还没有感觉到冷，当感觉到有一点冷时，就已经感冒了。所以不要等到已经感到寒冷了才加衣服，要有预见性，发现有寒冷的苗头时就提前加衣服。这种事情我体会非常深，有很多次我发现孩子有受寒的苗头，就提醒他加衣服，说他快要感冒了，他说不觉得冷，没有采取措施，结果又过一两天就感冒了，这时候他才感觉到冷，鼻涕喷嚏都来了。反过来受热也是如此，在升温时也要有预见性，提前减衣服。特别是在夏天出门，要预见到中暑的苗头，提前减衣服，或者备好饮用水，或者采取其他措施。

4. 饮食不可过度

不欲极饥而食，食不可过饱。不欲极渴而饮，饮不欲过多。饱食过多则结积聚，渴饮过多则成痰澼。

这是讲饮食的时机和节制。不要等到饿极了才吃饭，不要等到渴极了才喝水，而是稍微感觉到饿了就吃，稍微感觉到渴了就喝。吃饭也不要过饱，过饱就会消化不良，形成肠胃的积聚。喝水也不要过多，过多就会形成痰饮停滞。总的原则就是不能挑战身体的极限，不能走极端，在各方面都要给身体留有余地，还要保持一定规律和节制，否则会损害身体健康。在这方面一些年轻人容易犯错，上一顿不吃饭，下一顿胡吃海塞，这个对身体健康的损害极大。

当然对于吃饭、喝水的这个度，每个人是不一样的。体质不同，劳动方式不同，生活环境不同，每个人吃饭、喝水的标准也不一样。前面说的形与神俱，是要听取身体的声音，该喝多少水，该吃多少饭，身体自己知道这个度，我们要去感受它、关注它、尊重它的需要。形与神割裂是压制了身体的感受，只是为了满足我们的主观想象，觉得应该多喝点，觉得应该多吃点，实际上是强加给身体一些负担。

因此，这个吃饭和喝水的度，需要每个人根据自身情况来把握。如果统一规定每天必须喝多少水、必须吃多少饭，这就不合理了，就会造成一部分人太过，一部分人不及。不能规定每个人每天必须吃多少饭，这个很多人都能理解，因为饭量不一样。可是，如果规定每个人每天必须喝多少水，很多人就糊涂了，忘了每个人的水量也不一样。现在流行这样的观念，说每天必须喝多少杯水。仔细想想，这不是很荒谬吗？水量和饭量一样都是因人而异的。有的人迷信这样的说法，每天逼着自己一定要喝多少水。还有一些嗜好喝茶的人养成了习惯，每天坐那不停地喝茶，这也容易饮水过度。无论是吃饭过饱还是饮水过度，都会给身体的代谢带来很大负担，进而引发很多疾病。

吃太多不仅损伤肠胃，还带来代谢紊乱，在体内积滞痰饮湿浊，可以理解为聚积很多代谢废物，就会出现肥胖、血糖升高、脂肪肝、血脂升高等。喝水多了就会形成痰癖，可以理解为身体里有很多废水，潴留在各处形成疾病。中医对水液代谢不利引起的病症都特别重视，比如心脏病、肠胃病、前列腺疾病、肾脏病、妇科病、头晕、咳喘等，很多与水饮停滞有关。

因此，喝酒、喝茶、喝咖啡、喝水、吃饭都不能过度，不能太饿，也不能太饱。如果每天三顿饭都按点吃，到吃饭时间了还没有饥饿感，那就是身体有问题了。正常的人就应该在吃饭的时候感到饥饿，然后去吃。如果不觉得饿就去吃，上一顿还没消化完又接着吃，下一顿还是不觉得饿，说明肠胃已经麻木了，已经有问题了。如果早上吃了饭到中午没饿，就应该找找原因，是早饭吃太多了还是脾胃功能障碍。如果不是病就应该把早饭的量减少，吃个七分饱，每顿都有饥饿感才是健康的。有的人从来都没有过饥饿感，那他的身体好不了，代谢都乱了，肠胃已经麻木了。

这里顺便说一下断食减肥以及吃素的问题。

有的人为了减肥，或者为了健康，采用部分断食的方法，一天有一顿饭不吃或者一周有一天不吃饭之类，这个一定要慎重，因人而异地考虑。如果你感觉饿了，还忍着饿强逼自己不吃饭，这就是本条所说的“极饥而食”，这会损伤肠胃。如果不觉得饿，就可以顺其自然地适当减少饮食，总之不能蛮干。

很多女孩子为了减肥，刻意忍着饿不吃饭，或者不吃主食，一段时间以后身体就一团糟了。不仅会出现肠胃消化吸收功能紊乱，还会出现营养不良、内分泌失调，进而引起月经失调、闭经、面色憔悴、精神抑郁、萎靡不振等一系列气血不足的症状，后果很严重。这种情况我在临床中见得太多了。一定要搞清楚，我们要的是健康，健康的气色才美丽，不能为了减肥损害了健康，弄成面黄肌瘦、面色憔悴，反而更不漂亮了，那瘦身还有什么意义？

还有人为了健康或者其他原因选择吃素，这个到底对身体好还是不好呢？这个原则还是前面说的，听取身体的声音，因人而异。有的人以前大鱼大肉吃太多，身体比较壮硕，有肥胖、“三高”（高血压、高血糖、高血脂）等问题，那么他改成吃素就有好处。有的人本来就消瘦、气血不足、营养不良，那么他就需要适当增加点肉食，一味吃素可能会使身体更虚弱。有的人心地清净，无欲无求，生活清闲而放松，这样他的能量消耗少，吃素也没问题。有的人工作繁忙，劳心劳神，压力重重，他的能量消耗极大，这时候他吃素就真的顶不住。不同年龄段的人、不同职业环境的人、不同性格的人、不同体质的人等，对饮食结构的需要都会有所不同，关键是根据自己身体的实际需要来决定。

5. 劳逸不可过度

不欲甚劳，不欲甚逸，不欲流汗，不欲多睡。

“不欲甚劳，不欲甚逸”，既不要太劳累，也不要太安逸。太劳累就会使气血损耗太大，太安逸就会使气血消沉。我们要适当活动身体，目的是让气血流通开，而不是做苦力把身体累坏。现在人们在这方面就容易走极端，要么一天十几个小时久坐不动，要么一去锻炼就开启苦力模式，去暴走、跑马拉松、健身，两者都不可取。尤其是锻炼过劳的情况，很多人是过劳而不自觉。特别是那些猝死的人，有不少是锻炼过度，自己还觉得自己精力充沛、身体特别健康。上班已经很累了，下班还不休息而去猛跑，感觉越跑越精神。这实际上是运动上瘾和身体的感知力麻痹。感知力麻痹就是身体对于劳累没有了自察和自救能力，累了不知道累，这是很危险的。

“不欲流汗”，是不要过度流汗。就像咱们前面讲的，唾液、眼泪、鼻涕都是津液，汗液也一样，都是由人体的津液变化而成的，汗液流失太多也会造成津液损耗。中医认为汗血同源，是讲汗液和血液都是同源的津液，所以出汗多了也伤血。按照四时阴阳规律，在夏天可以顺应宣发之气多出点汗，把气血宣泄一下，其他季节都要少出汗，夜间也不能出汗，才能不至于过度消耗气血。所以平时的运动要有个度，最好是运动到微微出汗就停止，微微出汗已经达到气血宣畅的效果了，不要再过度出汗，否则就是纯消耗了。有一些人因为工作在较高温的环境，出汗特别多，比如在饭店厨房、温度较高的工厂车间、夏天户外工作等，从事这些工作的人往往气血津液损耗严重，一定要注意防护，尽量减少出汗，并积极补充津液。

“不欲多睡”，是不要睡的时间太久。比如有的人一天睡十几个小时，还老是犯困。睡太久就会导致气血消沉，慢慢没有了生机，整个人的精气神也会萎靡不振。现代社会中人们睡得太久的情况很少，大家都越来越忙，大多是熬夜缺觉的。

关于睡眠时间，一般人睡 8 个小时左右是正常的，但是对时间段有要求，就是每天睡觉时间一定要在夜晚，其中核心的时间段要包括夜晚 11 点到凌晨 5 点这段时间。因为这段时间是一日之内阴极生阳的时间，也是气血从闭藏到升发的转换阶段，这个时间段一定要睡觉，才能让身体顺利完成这个转换。如果这个时间段不睡觉，气血被调出来去干别的活儿了，那就没办法完成闭藏和升发之间的转换，第二天的身体功能就是紊乱的，长期如此的话就会出现严重疾病。有的人说我也睡够了 8 小时，只不过是从早上 6 点开始睡觉，睡到下午 2 点，总时间长度够了。这是不行的，虽然时间长度够了，但是时间段不对。人体是有生物节律的，得在那个节律中特定的时间段睡觉才行。这个道理相当于秋天收获庄稼，你说我秋天不去收，到了冬天我去收行不行，我照样干好几个月活儿。那肯定不行，时令不等你。人体的生物节律是跟太阳、地球的运转有关系，在昼夜不同时间体内的内分泌和神经系统的工况是不一样的，必须按照节律时令去作息，才能有利健康，而不能随便换时间段。

6. 不可用眼过度

不欲奔走车马，不欲极目远望。

这是说别跑太快、太多，也不能用眼过度。前面讲目不极视，主要侧重眼睛视物不可太久，这里侧重视物远近，强调不可长时间看太远的景物。因为眼睛的晶状体随着视物远近在不断调整焦距，如果视物远近变化多端，晶状体的焦距调整就比较均衡，不容易劳损。如果长时间看远距离的东西，眼睛朝一个方向调整焦距，时间久了就会形成损伤，就跟老用一个姿势工作容易劳损一样。如果老看近距离的东西，也一样会形成劳损，这就是最普遍的近视。现在我们极目远望的情况少了，极目近视的情况太普遍了，因为每个人都长期在室内环境工作和生活，看的都是近距离的事物，特别是近距离的电子屏幕，给眼睛带来很大的损伤，以至于从小学生到成年人普遍都近视了。所以为了眼睛健康，我们应该经常变化视物远近的距离，看一会儿近处的，再看一会儿远处的，两种互相交替变换，才有助于保护眼睛。

7. 不可过度饮冷和伤风

不欲多啖生冷，不欲饮酒当风。

“不欲多啖生冷”，就是少吃生冷食物。由于生活条件的改善，现在贪食生冷的现象特别普遍。生的，比如不经加工烹饪直接生吃的瓜果；冷的，就是在冰箱冰镇过的冷饮、冰激凌、雪糕等。因为瓜果未经烹饪，生食的消化吸收难度比较大，肠胃需要更多的能量去消化它。天热时或者偶尔吃点瓜果生菜问题不大，但如果吃生冷瓜果太多、太频繁的话，脾胃负担就会很重，脾胃功能就会受损伤。吃冷饮过度对身体损伤更大，致病范围更广。冷饮入胃，首先伤害胃肠功能，接着损伤肺脏、心脏，进一步还会损伤其他脏器，甚至包括子宫、卵巢，引起妇科病。

这两年常有错误的科普，说喝的冷水又没有跑到子宫里，怎么会影响月经呢？这是完全没有医学常识的说法。人体内部是一个整体的、温暖的、恒温的环境。冷饮进入胃里，胃部突然降温，整个肠胃周围血管就都收缩，整个腹部的血液循环就不通畅了，盆腔里面血液循环也因此受到抑制。想一想崴了脚的人为什么要冰敷？就是血液一遇冷就减缓流动了，不让更多的血瘀肿到这儿。来月经的时候吃个冰激凌，不就是相当于给盆腔做了冰敷吗？假如用手摸一下冰块，结果不只是手冷，全身上下都得打个激灵，全身都起鸡皮疙瘩，就是因为这种冷刺激会传导，引起远端的神经和血管收缩。

“不欲饮酒当风”，指喝了酒之后不要马上吹凉风。因为酒的性味辛散，一到胃里马上就能打开全身的毛细血管，使汗毛孔扩张，身上就会出汗。这时一吹凉风，毛孔哗的一下就被关上了。在这个过程中就会出现皮肤毛孔开合不利，有些津液停滞在毛孔无法回流，这就成了外感风寒湿邪的表证。首先出现的可能是皮肤麻木、肌肉疼痛，或者出现感冒症状，时间长了还可以发展为皮肤病，时间再长还可以转化为各种各样的其他病症，比如头痛、鼻炎、肺炎、关节炎、腹泻、妇科病等。

不仅仅是酒后，凡是在出大汗的时候遇到凉风，都会出现这样的损伤。比如说跑步运动后出了一身汗，不要马上吹冷风、吹空调，这很重要。没出汗时稍微吹吹风问题不大，因为此时毛孔是关闭状态，身体的自我防护是严密的。出汗的时候所有毛孔都打开了，相当于城门开放，敌人随时都可以进来，这时要善加防护，躲避风寒。出汗时先用干毛巾或者热毛巾擦一下汗，让毛孔关闭，休息一下，等汗都落了再洗澡吹风。

同理，出汗的时候也不要喝冷水。出汗时皮肤毛孔打开了，胃黏膜里面的毛细血管也一样扩张充血了，就好像机器在那里转得很热，这时候一瓶冷水浇上去，冷热一激，毛细血管急剧收缩，血液就淤滞了，进而产生疼痛。如果经常这样做，日积月累就可能形成慢性胃炎、胃痛、胃溃疡。

因为胃黏膜的毛细血管被破坏了，各种病都会出现。我们也常听报道有人打篮球后喝冷水猝死，就是因为剧烈活动之后，心脏、肺脏和胃都是热的，此时喝冷水，相当于给身体这台机器热车浇冷水，胃中的寒气传导给心肺，心肺的血管也受到寒气刺激而收缩。心血管剧烈收缩，就会出现急性心肌梗死，肺脏血管剧烈收缩就会引发哮喘。

8. 不要洗澡太频繁

不欲数数沐浴。

这句是说洗澡不要太频繁。身体皮肤表面有一层油脂或者津液的成分，能够滋养并保护皮肤和皮下组织，属于中医说的卫气。如果身体不分泌这些物质，那皮肤就会变得干燥，失去光泽和濡润，进而老化和损坏。这些成分滋养皮肤后残余的废物，在我们洗脸、洗澡时会被清洗下来，之后又分泌出来新的，这是正常的更新。但如果洗澡太频繁，皮肤上刚分泌出来这些营养物质还没来得及发挥作用就被洗掉了，然后再分泌一点又洗掉了，洗得太快，皮肤得不到滋养，就会慢慢变得干燥、粗糙、老化，逐渐失去光泽。这些滋养皮肤的成分是由体内气血变化而来的，因为过于频繁分泌和消耗，时间长了就会造成气血津液的过度损耗。特别是小孩，本身气血柔弱，皮肤娇嫩，洗澡太频繁后不仅皮肤损坏比较明显，气血消耗也会比较显著，慢慢就会出现体质下降。因此，孙思邈在《千金要方》儿科章节中就专门强调小孩不宜洗澡过频。

当然这是个大原则，什么频率合适没有绝对的标准，大人和小孩不同，不同体质、不同地域的人也不完全一样。有的人是油性皮肤，有的人是干性皮肤，要求就不一样。不同季节也不一样，夏天出汗多，皮肤表面的这层油脂更新比较快，夏天洗澡频繁一点没事，冬天分配到皮肤的营养本来就少，也不出汗，就应该减少洗澡频次。所以大原则就是冬天少洗，夏天可以适当勤洗一点；油性皮肤可以勤洗一点，干性皮肤少洗；大人可以勤洗一点，小孩不要洗澡太频繁。这方面很多人没有注意过，其实还是需要关注的。有一些人因为职业需要频繁洗手，比如饭店的洗碗工，他们的手部皮肤一般都会受到损伤，这是一些极端情况，可以让我们更容易理解这个道理。

洗澡频次还跟饮食和健康状况有关系。大鱼大肉吃的多的人，皮肤分泌物旺盛，体味重，不得不勤洗澡；饮食清淡的人，皮肤分泌物较少，体味轻，很多天不洗澡也没有异味，就可以减少洗澡次数。当然，如果洗澡次数太少，几个月不洗一次也不好，正常凋亡的皮肤细胞和代谢废物不清洗掉，就会滞塞毛孔，慢慢造成气血不畅，引发毛囊发炎等皮肤疾病。

前面是从皮肤营养来说，还有一个方面就是过度清洁本身带来的问题。人体其实不是一个无菌环境，皮肤上存在一些异物或者微生物，这是不可避免的，对身体保持良好的免疫功能来说也是有必要的。但有的人过于爱干净，每天频繁洗澡之外，还用各种消毒液频繁消毒、杀菌，试图把皮肤搞成一个无菌状态，这样反而对身体不利，可能会引发很多皮肤过敏性疾病。所以在清洁方面要有个度，不能不清洁，也不能过度清洁。

9. 不可用心太过

不欲广志远愿，不得规造异巧。

“不欲广志远愿”，就是不要志愿太大。“不得规造异巧”，就是不要花费太多心思去设计制造一些非常巧妙的东西。

这两个合起来的思想，是不要用心太过，不要劳神太过。用心太过、用脑过度、思虑太多，都会伤人。人不能不用心，不能没有志愿，但也不能过度思虑远大志愿或者劳心劳神，老是殚精竭虑研究高难度的问题。很多人没注意到，其实劳心比劳力更累人、更伤人。因为思维意识活动消耗的气血能量比肌肉活动消耗的能量等级更高、消耗更大。如果一个人干体力活劳力太累了，歇一天就可以歇过来；但如果劳心劳神太累了，短时间内就很难恢复。中医学认为“思伤脾”，过度思虑劳心就会损伤脾脏功能。所以那些脑力劳动者往往脾胃不好，身体柔弱。古人说“文武之道，一张一弛”，就是强调脑力劳动和体力劳动要互相结合，交替进行，才能避免损害健康。

10. 避免寒热风雾的损伤

冬不欲极温，夏不欲穷凉。

冬天要进行取暖，但不要过于温暖；夏天应该乘凉，但也不要过于寒凉。这个在四时阴阳章节讲过一些。冬天必须有寒冷的环境，人体气血才能得以闭藏；夏天必须有炎热的环境，人体气血才能得以宣散，人体气血的消长盈缩是与自然环境相适应的。如果冬天不冷，夏天不热，气血就会冬不闭藏、夏不宣散，失去正常的升降秩序，健康就会出大问题。四时更替，昼夜转换，人与天地相应而形成的生物节律是身体健康的基石。冬天取暖，夏天乘凉，是为了避免严寒酷暑太过而损伤人的气血，是一种保护措施，而不是为了抹杀冬天和夏天，把冬天搞得不冷，把夏天搞得不热。

现在很多人过颠倒了。夏天为了乘凉，结果夏天过得像冬天，天天坐在寒冷刺骨的空调冷气房中，也不去室外活动，一整个夏天也不出汗，也不见太阳。夏天本来应该养生长收藏的“长”气，使气血宣散，结果都被遏制住了、冰封住了。冬天为了取暖，结果冬天过得像夏天，天天在室温高达23℃以上温热的室内，大冬天穿个背心还出一身汗，晚上燥热得睡不着。冬天本来应该养生长收藏的“藏”气，使气血闭藏，结果都因室温太高而被宣散出去了，根本藏不住。冬天不能闭藏，夏天不能宣散，它不是具体损伤哪一个脏器，而是在整体上打乱了全身的生理秩序，在全局上损害了身体健康。当然冬天采暖、夏天乘凉还是需要的，就是不能过度而走向反面。

还有一些类似的错误行为，比如在冬天搞汗蒸、泡温泉，这些事情偶尔做一下会感觉舒适，但是太频繁的话也会过度刺激气血向外宣散，破坏气血的闭藏。

不欲露卧星月。

不要露天睡觉，不要在睡觉时暴露在星星和月亮面前。这种情况现在很少了，古代或者以前的农村有这种情况，直接在院子里或者野外露天睡觉。这对身体是不利的，损害主要来自两个因素：第一个是人体睡眠的时候气血回收闭藏到内脏，体表的气血防卫功能下降，露天睡觉更容易受到天地不正之气的影响而生病，像风霜雪雨寒湿之类，所以人们睡眠不但要在室内，还要盖被子，就是防护这一点。第二个是睡眠不暴露于星月，这是古人敬畏天地的一种表现。敬畏大自然，敬畏星星和月亮，不但睡眠不暴露于星月，还不能对着星星月亮吐口水、撒尿，这都是亵渎天地的表现。这种敬畏天地的观念还是值得肯定的，无形之中让我们养成与天地和谐共处的心态。

不欲眠中用扇。

睡觉的时候不要吹风扇。因为睡觉的时候气血闭藏，体表防卫功能下降，所以睡觉的时候就要盖上被子，并且不能在睡觉时吹风。我们都有这个生活常识，在同样的温度、同样的环境下，醒着坐着不用盖被子，躺下睡着了就得盖被子，这就是因为睡着之后体表防卫功能下降了。我们经常遇到有的人睡了一夜，第二天早晨起来发现面瘫了，原因就是睡觉的时候靠近窗户，而窗户没有关严，他的面部被寒风吹到了。现在人们夏天睡觉的时候不仅吹风扇，还吹冷气，这样的情况很多，因此引发的疾病也很多，像关节炎、过敏性鼻炎、皮肤病、咳喘等，只是很多人身在病苦之中却不知道原因罢了。

大寒、大热、大风、大雾皆不欲冒之。

就是极端天气都要躲着点。这个比较好理解，在这种太冷、太热、大风、大雾的天气情况下活动是非常容易生病的，要尽可能躲避，闭门不出，或者提前做好防护措施。

11. 饮食五味不可偏颇

五味不欲偏多，故酸多则伤脾，苦多则伤肺，辛多则伤肝，咸多则伤心，甘多则伤肾。此五味克五脏，五行自然之理也。凡言伤者，亦不即觉也，谓久则损寿耳。

就是饮食的味道，包括酸、苦、甘、辛、咸等各种各样的味道，不要太偏颇，不要极端偏好而过食任何一种，要保持均衡适中一点。酸味食物吃多了伤脾，苦味吃多了伤肺，辛味吃多了伤肝，咸味吃多了伤心，甘味吃多了伤肾。这五味与五脏之间存在对应的亲和关系，酸入肝、苦入心、甘入脾、辛入肺、咸入肾。五脏之间存在相生相克、互相制约的作用，以保持平衡稳定的协同关系。若某一脏太过，就会抑制其他脏，出现互相影响和病理传导。因此，任何一种味道的饮食食用过度，都会引起相应内脏气血太过，进而影响到其他内脏，最终导致五脏气血偏颇而发生疾病。所以饮食五味以中和为美，五味要均衡，各种味道的食物都吃一些，不要太偏颇，不能走极端。

以上提到了这么多不应做的事情，都是因为这些不当行为会损害健康。这些也只是举例说明，在实际生活中可以举一反三，体会每一件具体事情的利弊得失。这里提到的损害健康，也都是潜移默化的，“凡言伤者，亦不即觉也”，触犯一次两次可能感觉不到什么不适，但是日积月累之后就会造成严重损伤，缩短寿命。因此，我们要有聚沙成塔的观念，严重的疾病都是这样一点一滴积累而来的，不能轻视这些点点滴滴的损伤。

很多人对养生的片面理解都是做加法，我多吃点什么、多做点什么锻炼、多做点什么事情、多买点什么工具、多学点什么技巧……这是陷入了不知其要、流散无穷的误区了。结果养生搞得越来越累，为养生花的钱越来越多，学的知识也越来越杂，养生的效果却不尽如人意，还让人越来越困惑。而以养性为根本的养生并非如此。养性反而非常简单，要人们在生活中做减法，在思想上也做减法，要人们少做很多事情、少想很多事情、少吃很多东西，少折腾、少烦劳，这样人的心境会越来越轻松愉悦，生活会越来越简单，身心健康也会越来越好。

养性的人该做的事

前面详细阐述了养性的人应该避免的不当行为，在生活中做减法。做了这么多减法，这也不能做，那也不能做，养性的人到底应该做什么呢？下面葛洪就为我们总结了养性的人自有一套该做的事。

1. 顺应节律，遵守节度

是以善摄生者，卧起有四时之早晚，兴居有至和之常制。

摄生是养生的另一种说法，更加具有主动性的意味。养生是保养身体健康，摄生是更主动地驾驭和掌控自己的身体健康，养性是强调修心养性，改变一个人的内在心性。这三个词就体现了我们对养生不同角度的理解。

养性的人要抓住一个节律和一个节度。首先，自己的起居作息要顺应天地自然的大节律，就是春夏秋冬四时阴阳的规律，生活节奏和身体作息都要与之同步匹配，此即“四时之早晚”；其次，自己的生活起居还要保持稳定适中、中正平和的节度，不走任何极端，各方面恰到好处，避免太过和不及，此即“至和之常制”。

把握四时阴阳生物节律和生活起居适当节度，这是养生的基石，这两点都影响着体内气血运行的总体水平和全局秩序，对身体健康的影响是全局的、系统的。而其他具体一招一式对健康的影响还是相对局部的。这也体现了中医学和中国传统文化最基础的两个思想：在节律上的天人相应思想，在节度上的中和为美思想。

2. 导引调筋骨

调利筋骨，有偃仰之方。

在调畅筋骨方面，可以采取一些动作导引的方法。“偃仰之方”就是我们做各种动作，像屈伸俯仰身体或做操一样，用这些动作来达到疏通筋骨的效果。不管是做操、打拳、导引功法，或者其他锻炼方法，都是一样的原理和目的。这里也提醒我们，做动作是为了调利筋骨，让四肢关节和筋骨活动更加通畅，是为了身体健康服务，而不是为了运动比赛的成绩服务。所以我们达到筋骨调畅就可以了，如果过度地追求完成多少强度，达到多少成绩，互相攀比竞赛，昨天跑五千米，今天得跑一万米等，这就偏离初衷了。

活动筋骨其实很简单，在办公室也好，在家里也好，都可以就地取材，因地制宜，随时随地做一些活动四肢的简单动作，就可以调利筋骨，让气血流通起来。不一定非得是什么拳法、什么功法，只要能调利筋骨就可以，比如做几个原地蹲起、做几式广播体操等都可以。很多人就是放着这么简单的事情不做，而非要搞得很复杂，又是办健身卡，又是雇教练，又是上培训班，又是学什么复杂技法等，结果很难坚持下去，也很难取得好的效果。

3. 吐纳之术可治病

祛疾闲邪，有吐纳之术。

当我们出现了一些初期疾病时，可以采用呼吸吐纳的方法进行自我治疗。

吐纳之术是通过用特定的呼吸训练来调理身体、治疗疾病的方法。凡是涉及呼吸训练的方法都属于此类。有的是静态呼吸训练，比如静坐、打坐、站桩、冥想等，在某种静态的姿势下专注呼吸训练。也有的是配合动作的呼吸训练，比如导引功法、拳术等，把呼吸与特定的动作配合起来。无论动静，一般都要配合意识的专注静定。所以吐纳之术一般包括三个方面的组成要素：呼吸训练、姿势或动作要求、意识专注。具体的吐纳方法有很多种，各有特色，按照特定方法进行训练就可以治病强身。呼吸吐纳之术是中医传统的治病与强身方法，在中医临床医学经典《金匮要略方论》中就提到："四肢才觉重滞，即导引吐纳。"导引即上段提到的"偃仰之方"，吐纳就是本段的吐纳之术。可见导引和吐纳都是非常有效的养生治病方法，适合在疾病初期由患者自行治疗，也适合在疾病中后期配合药物治疗使用，或者在药物无效的情况下进行尝试治疗。

因为吐纳之法都是患者自疗，而非在门诊上由医生实施，所以都要靠患者自己学习和操作。我们可以通过看书，或者跟随老师，来学习具体的呼吸吐纳之术。用吐纳之法治病的案例也很多。比如民国时期有位很著名的养生家叫蒋维乔，他年轻时得了肺结核，四处求医一直治不好，后来通过练习静坐、呼吸吐纳之术，不但把自己的肺结核病治好了，而且之后身体越来越好，以至于成为养生专家。一直到现在，他写的关于静坐的书还很畅销，叫《因是子静坐法》，就是他自己的实践心得报告。类似的其他书籍当然还有很多，大家可以选择适合自己的进行学习。

我们要有这个观念：有的病如果吃药也治不好，中西医都没有好的办法，那还有一个最后的办法，就是呼吸吐纳。为什么呼吸吐纳有这么大的广谱适用性，而不是只针对某一种特定的病？那是因为呼吸吐纳治病的原理，就是通过呼吸训练帮助身体恢复自身气血运行的秩序，恢复身体的自愈功能，疾病最终是由身体的自愈功能治好的。所以呼吸吐纳可以作为我们治病的后手、撒手锏。

呼吸吐纳还有很多好处，比如经济性高，基本不用花钱，也不需要什么设施、器材或场地，在家庭自行练习即可，非常方便。呼吸吐纳的安全性也很好。现在很多人未曾注意呼吸吐纳这个方法，这是很遗憾的，应该去关注、学习一下，对养生保健很有益。

4. 针灸外治法调畅荣卫

流行荣卫，有补泻之法，节宣劳逸，有与夺之要。

荣卫就是体内的气血循行，它要流通顺畅，如环无端。如果荣卫流行出现了障碍，就要及时采取补泻的办法进行调理。这里说的补泻方法，主要是针灸。通过补泻的方法，让荣卫恢复顺畅的流行，就可以恢复健康。节宣劳逸，就是对于气血运行的太过（劳）或者不及（逸），采用与夺的方法，与夺也是补泻，分别给予抑制（节）或者宣通（宣），把气血调到均衡和顺的稳态。这也是以针灸和外治疗法为主。这段总体上讲的是，对于气血运行出现的障碍，采用补泻与夺的方法进行针对性调理，使之恢复正常。

5. 调节情志

忍怒以全阴，抑喜以养阳。

这是要克制情绪不使之过度，以保全气血阴阳。情绪与人体的气血阴阳是密切联系在一体的。《黄帝内经》认为暴怒伤阴，暴喜伤阳。经常暴怒就会损伤人体的阴血，经常狂喜就会损伤人体的阳气，都可以直接带来身体的疾病。这是以喜怒为例，其他所有情绪过度都同样损害健康，都要保持克制，让情绪保持在一个适当范围之内，不要过度。当人们想改变自己情绪过度的坏习惯时，一开始要有意识地克制，经过一段时间的努力后，就会慢慢适应新的状态，就不再需要刻意控制了，最终达到自然而然情绪调和。这是都要经过的一个过程，并不是让我们一直停留在强行抑制情绪的状态。如果一个人长期强行抑制情绪、压抑自己，也会憋出病来。所以情绪既不能强行抑制，也不能泛滥放纵，而是要经过养性调和，让自己达到自然中和的状态。

6. 服药救缺

然后先服草木以救亏缺，后服金丹以定无穷，养性之理尽于此矣。

在调利筋骨、呼吸吐纳、补泻与夺、调适情绪之外，还可以采用药物疗法尽早治疗疾病，防止疾病的发展传变，增强体质。在药物治疗方面，先用普通的草木类植物药补救身体上的亏损，这就是通常的药物治疗范畴，把身体已经出现的疾病解决在早期，把身体已有的缺陷弥补掉，把体质提升到健康状态。再进一步，可以服用金丹类药物来补充精气，以达到延年益寿的高远目标。金丹类药物是古代养生家以及葛洪之类的道家修者经常提到的特殊药物，它不局限于一般药物治疗疾病的范围，而是有更高追求，追求正向提高体质并且延年益寿。目前这类金丹类药物基本很少流传和使用了，但是通过服食一些普通的草本药物来改善体质的方法还是有益的，在中医学中得到了传承，此即中医养生的服食一法。

本讲中，葛洪把养性的主要手段，按照由浅到深的顺序一一介绍，从顺应四时阴阳的节律和起居节度、调利筋骨的动作导引，到呼吸吐纳治疗疾病、针灸外治调畅荣卫气血，再到调适情绪、药物治病和服食延年，所以说“养性之理尽于此矣”。

养性得有主观能动性

养性的原理和方法已经在前文中详细阐述，很多人看到以后就懂得了养性的重要，也知道了如何养性，以实现提高体质、预防疾病、保持健康的目标。但是也有一部分人，虽然看了养性的著作、听了养性的言论，但是并不以为意。他们不但觉得养性无用，还觉得养性太过迂腐。这样的人在古代和现代都有很多，所以葛洪在此专门用一段话来说明这个现象。这也说明养性之难，首先难在这个主观能动性上，自己的认识和意愿上。

夫欲快意任怀，自谓达识知命，不泥异端，极情肆力，不劳持久者。

有些人追求的是“快意任怀”，俗话说任性，恣意所欲，想怎么做就怎么做，不顾及结果的利弊。这样的人自命甚高，觉得自己知识很多，比如医学、养生、疾病、人生，他认为自己都懂，对于别人的劝告和观点完全听不进去。大家应该理解了，真正养生包括养性、情绪的调整、生活方式的改变等，都是改变自己，只有听人劝的人才有可能去做。自命甚高的人不听人劝，觉得别人讲的都是异端怪论，听不进去。他们喜欢只看眼前，极力放纵，肆意所为，不喜欢考虑以后的事情，不追求长远目标和延年益寿。

闻此言也，虽风之过耳，电之经目，不足喻也。虽身枯于留连之中，气绝于绮纨之际，而甘心焉，亦安可告之以养性之事哉。匪惟不纳，乃谓妖讹也。而望彼信之，所谓以明鉴给矇瞽，以丝竹娱聋夫者也。

这些人听到或看到养性的知识，就像耳旁风一样，左耳朵进右耳朵出，也像眼前的闪电一样，瞬间就过去了，在他心里什么都不会留下。即使在贪图享乐、恣意妄为的生活中已经把身体糟蹋坏了，身体枯槁，气血衰竭，也仍然乐在其中，甘愿如此。对于这样的人，怎么可以向他讲述养生和养性的道理呢？没法讲的。他不但不会接受这个道理，还会觉得养性只是哄骗人罢了。期望他们相信养性的道理，就像给盲人用镜子、给聋人听音乐一样，枉费工夫而已。

现代社会中这种现象就更严重了。虽然现代社会知识信息越来越发达，但是每个人对错误信息的执着也越来越强，每个人对信息的选择性取舍也越来越偏激，所谓的信息茧房也越来越顽固。所以大家对事物的看法莫衷一是。不管是养生知识，还是中医知识，很多人都不相信。他们觉得自己掌握了科学知识，什么都懂，凡是自己不理解的都不愿意去了解，更不会听取。人们的傲慢与偏见，阻碍了自己学习养性的机会。

我想葛洪一定是遇到了这样的经历，才有这个感慨。所以养性这个事情，只能是一个人自己产生了主动性，有个希望养性的观念后，他主动来学习、来咨询，我们再给他讲，他才能听得进去。包括前面孙思邈说“时俗多僻”，社会上流行的观念很多不太正确，而且根深蒂固，并不容易纠正。所以《黄帝内经》特别强调“非其人勿教，非其人勿言”，不是遇到那个真想学的人、合适的人，就不要给他讲太多，不要期望去改变别人。这样一种态度，也是说养性之人对于改变别人的想法“若存若亡”，对于改变别人的愿望不可过于执着，要更加淡然一些，这是符合养性大原则的。

第七讲 百岁老人的养性之道

身体健康、养性有成的标志是轻身、耳目聪明和面色润泽姣好。养性可以让人变美，这是身心健康的自然外现。

抑情养性是延年益寿之道，吞咽唾液和叩啄牙齿，是有益健康、简便易行的方法。

养性有成效的三个标志

魏武与皇甫隆令曰：闻卿年出百岁，而体力不衰，耳目聪明，颜色和悦，此盛事也。所服食、施行、道引，可得闻乎？若有可传，想可密示封内。

魏武帝曹操对皇甫隆讲，听说您已经年过百岁了，而身体还这么健康，体力不衰减，耳聪目明，脸色肤色光泽悦人，很显年轻，这真是件好事啊。您平常的养生之道，包括服食的药物、施行的导引术等，可以说给我听听吗？如果有的话，您可以用密封的书信写给我。

皇甫隆，东汉时南阳人。《道藏》收录的《汉武帝外传》记载，皇甫隆曾经向刘京学习修道，得到治身秘诀，就是后面介绍的服食玉泉和啄齿等法，从而身轻体健，延年益寿，年逾百岁，面有壮色。所以皇甫隆是当时一位养性治身有成的百岁老人，魏武帝曹操特意向他请教养性之道。

从曹操对皇甫隆的评价里可以知道，养性成效好不好，身体是否健康，可从以下几个标志看出来。

第一个是“体力不衰”，也就是轻身，身体四肢的动作自如灵便，走起路来很轻快，年龄很大了还能健步如飞，还能进行体力劳动。

我国最早的中药学经典《神农本草经》记载了很多药物，涉及养生功效的都提到“轻身，不老，延年”等字眼，也强调这个“轻身”是健康长寿的第一个表现。如果每天感觉身子很沉重，两条腿都拖不动，不愿意迈步，不愿意走路，光想坐着、躺着，这就说明身体不好，衰老严重。古人讲人老腿先老，也是从轻身的角度讲的，人在衰老的时候首先感觉到两腿无力。

第二个是“耳目聪明”，耳朵眼睛都好使，耳不聋、眼不花，五官七窍都能正常发挥作用。

因为人的五官是内脏气血在最外端的开窍，内脏是炉灶，五官是烟囱口，所以内脏气血的虚实都可以直接反映在五官功能上。人的衰老常出现的标志就是视力下降、听力下降，而如果到了老年时还能保持耳聪目明，就说明总体上身体健康状况良好。

第三个是“颜色和悦”，就是面色、肤色非常润泽姣好。

面色肤色对于判断人的衰老程度更加关键，也更加直观。正常情况下，人的衰老状况以及人的健康状况，都写在脸上，写在面色和肤色上。面色肤色可以直接反映人体内脏气血状况和健康状况，所以中医诊断方法望、闻、问、切，首先是望诊，就是重视人的面色和肤色，而且更加强调望神，就是看面色和肤色的神采。不仅要看其是否有这个颜色，还要看是否有这个光泽，是否透着润滑、柔软的质地，这就是和悦，有神采的那种好看。

就像名贵中药野山参的年份鉴别，要判断它的年份是 15 年、20 年的，还是 30 年、40 年的，依靠数芦头上有多少个芦碗之类都不准确，因为芦碗变化很多。真正能够体现其年份的是看人参外皮的皮色，包括颜色、质地和光泽。人也是这样，年龄老不老主要看面色和肤色，比看户口本更靠谱。如果一个五六十岁的人自称养生大师，可是看他皮肤很粗糙、干枯、晦暗，面带阴霾，那他的养生肯定是没有效果的。每个人养生和养性的效果就写在脸上，做不了假。反过来，如果一个人脸色光泽润滑、和颜悦色，那他的生活习惯大概率符合养性之道，身体健康状况就不会差。

养性可以让人变美

爱美之心人皆有之。自古以来，不管是年轻还是年老的人都想美容，都想让皮肤状态更好。其实如前所述，美容的本质就是延缓衰老。如果能通过养生、养性，延缓衰老，增进健康，那么面色、肤色一定会更好，就可以实现美容。如果采取的办法不能延缓衰老，只是在做表面文章，在皮肤上涂抹各种东西，那肯定不是长久的办法。

门诊上很多患者问如何美容、如何保养皮肤，我就在这里顺带分享一下自己的心得。我们要美容，要改善面色和皮肤状态，可从以下几个方面入手。

第一个是修心养性。

要美容，先养性，这恐怕是很多人意料之外的。其实一个人面色和肤色的状态，与其精神心理状态的关系是最为密切的，也就是中医讲的神。中医经常说神色，有其神，才有其色，有那样的精神心理状态，才会有那样的面色肤色。前面讲过，人的精神意识可以控制指挥气血活动。精神清明，情志舒畅，就会气血宣发；精神不振就会气血凝滞。一个人如果精神内守，恬憺虚无，心地淳朴，安闲祥和，那么他的皮肤一定会好，柔嫩润泽，光彩悦人，无论相貌是什么样子，都会看起来让人心生喜悦，神采超凡。如果一个人心里老有负面情绪，精神压抑，心理扭曲，常常愁容满面，他的皮肤必然是阴沉晦暗，好不了。总结起来就是“心神开—气血畅—肤色美”。

在《庄子·大宗师》记载着这样一段对话：“南伯子葵问乎女偊曰：子之年长矣，而色若孺子，何也？曰：吾闻道矣。”

南伯子葵这个人向女偊请教，问：您的年龄很大了，而面色容貌还像小孩子一样年轻，这是什么原因？女偊就告诉他说，这是因为自己闻道了。所谓闻道，就是懂得了修心养性的道理，通过修炼自己的心性，提升自己的精神境界，达到遵道合德、养性大成的境界。闻道其实就是养性的一个扩展和升华。南宋养生学家白玉蟾在《修道真言》中说："有诸内，必形诸外，一毫也假不得。前贤云：山有美玉，则草为之不凋。身有妙道，则形骸为之不死。故心有真功夫者，貌必有好颜色。"这段话的意思即外表容色是内在心性的自然呈现，只要能够真实地修心养性，提高精神境界，不仅会身体健康，还会有美容的效果。即使一个普通人不做什么修心养性，只要他心态好，性自善，宅心仁厚，时间长了他的皮肤也会比普通人的好。

第二个是改善饮食。

要想皮肤好，就不要暴饮暴食，别吃太多生冷、大鱼大肉、油炸食品之类。饮食过度，饮食不节或不洁，都会导致肠道积滞，即代谢废物太多而排不出去。这些代谢废物壅滞在皮里肉外，堵塞在每个腠理毛孔中，不仅体型变胖，皮肤也会因为这些壅滞而变得粗糙、暗沉、干涩、衰老，乃至出现增生、赘疣等。简单说就是体内垃圾多，皮肤自然不干净。特别要注意，皮肤是与肠道黏膜密切相关的，如果肠道相对清洁，没有积滞，皮肤就会比较好；如果长期便秘，肠道污垢积滞，皮肤就不会好。因此，保持饮食清淡有节制，大便通畅，体内大环境清洁，皮肤也就好了。

第三个是按时睡觉。

经常熬夜的人皮肤好不了，皮肤衰老比较快，伴随着皮肤干燥、粗糙、暗沉。特别是人到了30岁以后，熬夜一次之后好几天皮肤都是松弛干燥的，长期熬夜就更难恢复了。所以要想皮肤好，就要保持充足的睡眠，别熬夜。

第四个是呼吸吐纳。

呼吸吐纳的练习对皮肤非常有帮助。有空的时候练练呼吸，包括静坐、冥想等，可以让皮肤变得越来越好。各种呼吸吐纳方法的核心是调呼吸，通过特定的呼吸运动能够引导全身气血，促进气血运行通畅。中医临床经典《伤寒论》里提到“呼吸者，脉之头”，呼吸运动是全身气血运行的向导和指挥棒，这主要是通过心肺和胸腹腔的呼吸运动的节律及其与全身血脉的同频协调来实现的。练过太极拳或者静坐的人常有这样的体会，稍做深呼吸几分钟，就会感觉手指尖热乎乎的，这就是由于呼吸运动的导引，末端毛细血管扩张，微循环改善了。所以通过调呼吸就可以疏通全身末端毛细血管的状态。哪怕睡觉前躺在床上也可以练一练呼吸，用不了几分钟就感觉浑身有一股暖意，手脚都暖了，睡觉也变得很香。这股暖意不是什么神秘的东西，是因为做特定的呼吸运动时，胸腔腹腔的舒缩带动全身血管网，像潮水一样冲刷到毛细血管末端，在一股一股涨潮落潮之下末梢微循环就张开了，位于末端的皮肤及皮下组织也因此得到更加充分的供血和滋养。因此，呼吸吐纳可以通过改善微循环来实现改善皮肤的效果。

我个人就有皮肤改善的经历。上大学时我的皮肤状态很差，脸上经常长癣和湿疹，皮肤干燥粗糙，一块一块的皮损，后来皮肤改善了，直到现在还保持皮肤润滑、细腻、有光泽。主要就是三个因素的作用，一个是修心养性，一个是静坐吐纳，一个是吃素。我是在实施这三个方法之后没过多久，皮肤状态就大幅改善了。当然过了几年又吃肉了，皮肤并没有变差，因为那时心态情志已大幅改善，所以整个身体气血通畅的状态还能继续保持。

第五个是服食一些药食两用的中草药。

有一些药食两用的中草药可以用来保健，也有助于皮肤保养，这属于中医服食方面的内容。举两个比较有代表性的例子，一个是枸杞子，一个是生地黄。这是孙思邈在《千金要方》中记载的，把枸杞子和生地黄打成碎末，每天用一杯黄酒冲服一小勺，坚持一段时间后皮肤状态就会改善，也能强身健体。当然这个方法适合那种身体没有太多痰浊瘀滞的人。有的人皮肤状态不好是因为体内痰浊瘀滞太多，代谢废物太多，这种情况要想改善皮肤状态，就不适合吃枸杞子、地黄之类的补药，而需要泻浊，最好是看医生，或可以吃点大黄之类疏通肠道和血脉的药物，把身体的痰浊积滞排掉，等体内环境变清洁后皮肤状态也就变好了。

以上这些方法都是从身心内部来着手的，改变了心态和体内气血状态，体质提升了，皮肤状态自然随之改善，这是治本之法。而单纯采用护肤品是治标不治本，就像搞绿化的不去种树，光在山上喷绿漆，那是糊弄人的。

抑情养性，修道延年

隆上疏对曰：臣闻天地之性，惟人为贵。人之所贵，莫贵于生。唐荒无始，劫运无穷。人生其间，忽如电过。每一思此，罔然心热。生不再来，逝不可追，何不抑情养性以自保惜。

皇甫隆回答魏武帝的提问，说天地之间人最宝贵，人之所贵就在于其生命可贵。但人的生命时间很短暂，与天地的无始无终相比，人的生命就像一道闪电，倏的一下就过去了。每每一想到生命的短暂，心里面就着急，惘然若失。感叹生命就这一次，没办法重生，多么宝贵，还不赶紧采取抑情养性的措施来保养自己生命，还等什么。

这里提到养生的方法是“抑情养性”，即通过抑情的方法来养性。“情”是人遇到外物刺激之后产生的精神反应，出现喜怒哀乐、贪嗔痴爱恶等各种思想、情绪的现象部分。“性”是人的精神、意识、情绪、情感的本体和本质部分，是人的身心中相对稳定的并且深刻体现一个人特质的部分。所以“情”是现象，“性”是本体，“情”是我们对外的表现，“性”是我们的本性。

情是我们被外物吸引或刺激而产生的喜怒哀乐、贪嗔痴爱恶等情绪波动。我们被这种情干扰而产生烦恼，迷失本性，因而损害健康。他一骂我，我就生气，生气的情绪就是情的现象。能够产生这种情绪的心性本体是我们的性，这个性是内心的精神灵觉。如果我们沉迷于追逐这些情的波动，被这些情的现象所奴役，这就是意乱情迷，迷失了心性。如果我们能对因外物刺激而产生的情的波动进行约束控制，不让自己随它牵引而去，让这些情的现象回归性的本位，让我们坚守内心的清明，这就叫“抑情养性”。所以抑情养性就是一个把精神情志返本还源的过程，一个澄浊求清的过程，一个精神内守的过程。《道德经》讲“孰能浊以静之徐清”，就是讲用守静的方法，可以把混浊翻滚的情涛变成清净不动的性海。

就像《中庸》讲的“喜怒哀乐之未发谓之中，发而皆中节谓之和”。情绪发出来都很恰当，无太过也无不及，可以快乐也可以悲伤，但都不过度，这样的状态就叫“和”。而在喜怒哀乐情绪没有产生之前，那个能产生情绪的本体，叫作“中”，也就是性。通过抑制情绪的过度变化，守住中与和，这就是儒家的“抑情养性”。传统文化中一切修心养性的本质都是如此，是从一种精神意识上后天返先天的过程。

抑情养性就是养性的方法。这段话说明，皇甫隆跟孙思邈、嵇康等一样，都是把养性视为养生延年的根本。

今四海垂定，太平之际，又当须展才布德，当由万年。万年无穷，当由修道，道甚易知，但莫能行。

皇甫隆认为，现在国家很太平，生活很安定，就应该发挥自己的才德，更应该延长自己的寿命。太平盛世人自然就会追求长寿，这是人的本能需求，从古到今都是这样。贫穷时想富裕，富裕时想太平，太平时想长寿。很多生活困苦、坎坷不顺的人，他不太考虑养生的事，考虑的是怎么解决眼下的困难，怎么解决温饱，怎么发财致富。只有衣食无忧的人才会认真考虑养生的事。所以这里隐含了一个观念，真正想搞养生、想延年益寿，其实有一个前提，就是应该首先解决基本的谋生问题和摆脱基本的生活困境，我们要先实现这两个。当然这不是让我们沉迷于发财致富、追名逐利，而是因为在解决基本生活需要之后，更适合考虑养生的事。

“万年无穷，当由修道”，要想延年益寿，就必须修道。修道就是我们说的养性，通过养性实现个人心性的完善和身心健康的提升，让自己的身心生活越来越遵道合德，符合规律，达到恬淡中和的生命境界，就是修道。

“道甚易知，但莫能行”，我们现在也都有这个体会，养性的道理其实不难，大家一听一看基本也就懂了，但是把养性落实到实践上却很难做到。做不到主要还是因为对养性的道理和观念理解不够深刻，养性的决心不够坚定。一个人只有真正体会到生命的可贵与短暂，才能够生起养性的决心。这一段再次强调了养性的必要性和紧迫性。

吞津啄齿有益健康

臣常闻道人蒯京已年一百七十八，而甚丁壮。言人当朝朝服食玉泉、啄齿，使人丁壮有颜色，去三虫而坚齿。玉泉，口中唾也。朝旦未起，早嗽津，令满口，乃吞之。啄齿二七遍。如此者，乃名曰练精。

在抑情养性的基础上，皇甫隆还推荐了一个具体的养生方法。他举了一个例子，来说明养性之人还可以借助一些方法，实现延年益寿。有一位道人叫蒯京，已经一百七八十岁了，但身体还很健壮。蒯京说养性的人应当服食玉泉和啄齿。即每天早晨起床之前，就以舌漱口产生唾液，等唾液满口以后，吞咽自己的唾液，这叫“服食玉泉”；在早晨把上下牙相对叩啄14遍，这叫“啄齿”。通过服食玉泉和啄齿就可以让人身体健壮、气色红润，可以祛除体内的寄生虫，让人牙齿坚固。服食玉泉和啄齿可以统称为“练精”，也就是提升我们的脏腑精气。

“玉泉”是指口中的唾液，每天早晨都要吞服自己的唾液，当然其他时间也都可以，多多益善。一般情况下，如果口中唾液不太多，就闭上嘴巴用舌头在嘴里绕圈搅动，可以产生更多唾液。或者闭上嘴巴，用舌尖向上翘起来顶住上颚，片刻之后唾液分泌量也会增加。吞咽唾液的时候也讲求方法，不要一大口咽下去，而要分很多次一点点咽下去。这个吞咽唾液和啄齿的练精方法，是古代养生家特别推崇的，不仅养生效果比较好，而且还很方便易行，又很经济，没有不良反应，无论男女老少都可以随时随地这样做。

古人对唾液是非常珍视的。明代著名本草学家李时珍在其巨著《本草纲目》中说:“唾津，乃人之精气所化”，而且认为唾液能够“灌溉脏腑，润泽肢体”。就是说唾液是脏腑精气所化，能够滋润脏腑和肢体，对身体有广泛的益处。李时珍总结唾液养生的要点为:“故修养家咽津纳气，谓之清水灌灵根。人能终日不唾，则精气常留，颜色不槁；若久唾，则损精气，成肺病，皮肤枯涸。故曰远唾不如近唾，近唾不如不唾。”唾液养生主要是向内吞咽唾液，不向外吐出唾液。

关于唾液还有一些细节需要注意，比如吃瓜子之类的炒货耗费唾液。很多人喜欢吃瓜子之类的炒货，吃起来上瘾，但吃多了很容易上火，口舌干燥疼痛，甚至口舌溃疡。即使嗑了瓜子就把它吐掉不吃到肚子里，也会上火。这就是因为嗑瓜子的过程非常损耗口中的唾液，大量的唾液会随着瓜子皮流失，就跟吐口水一样，唾液损耗多了之后，体内的气血津液也会被损耗，人就会出现上火的症状。如果长期反复这样做，就会发展为疾病。

啄齿首先对牙齿好，每天叩齿不容易长龋齿，不易发生牙周炎，让牙齿坚固，不容易掉牙，也有益于固肾气。掉牙掉得早和晚、牙齿的好和坏，也是身体是否衰老的一个标志。牙齿掉得早，或者牙齿毛病多，都说明身体不好，所以我们要经常啄齿。

第八讲 富贵病、身心关系与治未病

自古以来都有“富贵病”。饮食丰富虽然是好事，但常常会成为损害健康和产生疾病的温床，让我们陷入健康生活的误区。因此，在物质生活富足和饮食条件便利的今天，更要保持警惕性，警惕饮食过度的损伤，要有养性的观念，保持健康的生活方式。

人的身心是一体的。心神是国君，气血是臣民。心神和气血之间存在指挥与被指挥的关系，存在相互依存、相辅相成的关系。在疾病的发生过程中，身心之间互为因果，相互影响。在养生过程中，要身心统一，形神兼顾。

养性的人要避免“富贵病”

孙思邈再次引用养生家嵇康的话，提出一个“富贵病”的概念，正好与现代社会的疾病特征相符合，现代大部分的慢性病都与“富贵病”有关。

1. 自古以来就有“富贵病”

嵇康云：穰岁多病，饥年少疾。信哉不虚。是以关中土地，俗好俭啬，厨膳肴羞，不过菹酱而已，其人少病而寿。江南岭表，其处饶足，海陆鲑肴，无所不备，土俗多疾而人早夭。北方仕子，游宦至彼，遇其丰赡，以为福佑所臻。是以尊卑长幼，恣口食啖。夜长醉饱，四体热闷，赤露眠卧，宿食不消。未逾期月，大小皆病。或患霍乱、脚气、胀满，或寒热疟痢，恶核疔肿，或痈疽、痔漏，或偏风猥退，不知医疗，以至于死。凡如此者，比肩皆是，惟云不习水土，都不知病之所由。静言思之，可谓太息者也。学者先须识此，以自诫慎。

嵇康发现，丰收的年头多生疾病，饥荒的年头少生疾病。“穰岁多病，饥年少疾”，这是很有意思的一个现象。哪年庄稼收成好、大丰收，这年得病的人就多；哪年收成不好、衣食不足反而得病少。当然这里有个前提条件，无论丰年还是荒年，前提是都能满足基本温饱需求，否则因饥荒都快饿死了，那不可能少得病。

大丰收的时候，收获的粮食、蔬菜、肉类等各种食物都很丰富，人就会出现饮食过度，饮食不节，这往往是疾病的根源。饥年食物贫乏，只能勉强维持温饱，反而少得病。这正是前面讲的饮食有常节的道理。饮食维持七八分饱最好，离完全饱稍欠一点儿，但也不会营养不良。在这种情况下人的身体负担小，肠胃功能最佳，消化吸收和代谢功能发挥充分，代谢废物排出也通畅，人就会感觉身体轻快。饮食不节、饮食过度导致的疾病太多了，危害太严重了，所以人们都知道这样一个俗语："病从口入"。它并不是说吃了有毒的食物生病，而是因为饮食不节而生病，这是人体生病的重要原因之一。

嵇康下面就举了一些例子来说明这个问题。他说关中地区的风俗是人比较节俭，吃得很简单，平日饮食多以腌菜、酱菜为主，没有很丰富复杂的美味，但这些地方的人很少生病，而且能够长寿。江南岭外这些地方物产丰富，各种海陆鱼鲜应有尽有，这些地方的人却多患疾病，而且寿命偏短。北方仕子如果被派到南方去做官，看到那里物产丰富，就以为是上天保佑，让自己享福，结果不论年龄大小、地位高低，全都会放纵自己，尽情吃喝。夜晚常常醉酒饱食，当身体感到闷热时就赤身露体地睡觉，吃过的食物一夜也不消化。这样折腾不到一个月，大人小孩全都生病了。

因此可以说，自古以来就有"富贵病"，人们早就认识到，饮食丰富虽然是好事，但也往往能成为损害健康和引发疾病的温床，让人们进入健康生活的误区。

2. 现代人的"富贵病"愈演愈烈

你看这多像现在的一些生活方式啊。我们不是从北方到南方，而是从物质匮乏的时代到了物质生活富足的时代，饮食太丰富了。很多人喜欢胡吃海塞，白天宴席，晚上撸串，南北菜系、火锅烧烤、自助餐、麻辣烫、白酒啤酒、大鱼大肉，一顿接一顿。吃多了喝多了，再去歌厅暴吼，酒吧狂扭，吐了一地，昏迷一宿。

饮食过度导致的疾病是非常多的，这里举了几个例子，有患霍乱、脚气、胀满的，有患寒热疟痢、恶核疔肿的，有患痈疽、痔漏的，有患偏风猥退的。这实际上包括了从肠胃炎到中风各种疾病，非常广泛，也比较难治。得了病也不知道正确医治之方，最终因此而死亡。像这样的例子，比比皆是。但是人们并不知道生病的真正原因，不去反思饮食不当的问题，只是糊里糊涂认为是水土不服。我们静心去细想这些事情，真的为他们叹息，可悲可叹。养性的人必须首先要认识到这些，并以此来告诫自己。

现代人在饮食过度和饮食不节方面的问题更严重了，这是因为生活条件改善了，人们随时随地都可以吃到中外各地的不同美食，造成了太多饮食过度的问题。由饮食过度导致的各种消化系统疾病、代谢类疾病、心脑血管疾病、肿瘤、心脏病、肾脏病等，几乎占现代慢性病的大半。这些因生活条件改善后饮食过度导致的疾病，被大家戏称为“富贵病”。

古代有位著名高僧叫百丈大师，虽不是养生专家但也很懂养生。他建立了出家人的丛林制度，管理寺院几千人。他提出来的管理规定相当于现在大学的学生守则，里面说“疾病以减食为良药”，就是发现了疾病与饮食过度的关系，认为适当节制饮食就可以避免很多疾病，也有助于疾病的治疗。

民间俗语是人们长期生活实践凝聚而成的经验，比如“粗茶淡饭最养人”“白菜豆腐保平安”，都体现了人们对饮食过度危害的认识。我们看那些长寿老人，其实他们的饮食很简单，生活很朴素，营养并不多么丰富。

人在生病之后更要节制饮食，吃简单的饭菜，吃一点小米粥、大米粥、烂面条之类，简单好消化的，减少脾胃负担，身体才可以专注抵抗疾病。有一部分人时时刻刻追求增加营养，生了病更要增加营养，发热了还继续大鱼大肉，结果往往造成疾病缠绵难愈。当然这里面也要有个度，不要走极端。如果一个人是因为营养不良而生病了，对于他来说确实需要增加营养，这是需要注意的特殊情况。对于大多数情况来说，饮食过度的问题更加突出。

现代饮食还存在一个食物品质的问题。我们在临床中发现，如果一个人频繁在卫生条件差的街边小摊吃饭，或者长期吃口味重的外卖盒饭，或者吃品质不高的深加工食品，持续三五年以后一般都会出现比较明显的疾病，这就是由这些品质低劣的食物引起的。这里有两个因素，一个是食物用料品质低劣，给人体消化吸收和代谢带来很大负担，很多成分是人体难以代谢的；另一个是这些饭菜味道特别夸张诱人，就像浓妆艳抹、烈焰红唇的美女，它本身就是为了刻意刺激人们的食欲而设计，所以会进一步导致饮食过量。而如果我们在家自己做饭，吃几年时间大概率不会生病。因为自己在家里做饭，通常食物材料优质，色味平淡朴素，平平淡淡最养人。

在门诊上经常观察到这样的现象：现在的孩子喝牛奶太多、吃水果太多、吃肉太多、吃零食太多、喝饮料太多、吃冷饮太多等，成年人喝酒太多、吃肉太多、喝茶太多等，这些都是导致疾病发生的最常见因素。

因此，在物质生活非常富足和饮食条件特别便利的今天，我们更要保持警惕性，警惕饮食过度的损伤。我们最终是要有养性的观念，控制口腹之欲，保持健康的生活方式。

身心是一体的

抱朴子曰：人之一身，一国之象也。胸腹之位，犹宫室也。四肢之列，犹郊境也。骨节之分，犹百官也。神犹君也，血犹臣也，气犹民也，知治身则能治国也。夫爱其民，所以安其国。惜其气，所以全其身。民散则国亡，气竭则身死。死者不可生也，亡者不可存也。

抱朴子说，人的整个身体就像一个国家。把人体与一个国家进行类比，把人体与天地自然相类比，都是一样的思维方式，这就是中医的基本思维方式，是取象比类的思维，也是天人相应的思维。不光中医，传统文化中的道家、儒家思想也一样，注重取象比类和天人相应。一个人能够诚意正心齐家，才能治国平天下，就是人、家、国的类比。一个人就是一个小家，一个家就是一个大的人，一个国就是一个大家，一个国就是一个大的人身，这都是类比的。

所以一个人做人做不好，那他这个家也搞不好；他的家搞不好，让他治理国家也不行。所以养性做得好、养生做得好、身体搞得好、心情心态心性搞得好的一个人，他的家庭一定是和睦的，他的生活质量也很好，因为家和人是相应的一套。如果家是和睦的，在家是慈父、是孝子、是合格的丈夫，他会违法乱纪吗？不可能。这就是《论语》讲的，如果一个人在家里“能孝能悌”，做得很不错，他就不可能做违法乱纪的事，他的身体健康也不可能很差。反过来，养生做不好的、没有很好去修心养性、身体很糟糕的人，他的家庭也免不了有问题，在社会上职业生活肯定也会有问题，这是同样的道理。人在不同层次的表现都是彼此相应、互相匹配的。

人体和一个国家有类似之处，比如人的胸腹就像皇宫，外周四肢就像郊区，各个关节就像各个省、各个领域的官员，那么谁是国君？人体的“神”，就是精神意识，包括情绪、情感、思想等高级精神活动，它是我们的国君。身体的血是臣，身体的气是民。这样类比以后，我们就知道如何调理身体、如何治理国家了。

神是国君，气血是它的臣民。国君和臣民之间是什么关系呢？它们有两层关系。

第一层，神能指挥气血。这就是前面说的，精神是气血的指挥官。把精神调顺了，气血就顺了。如果精神是扭曲的，那么气血一定是扭曲的；如果精神是紊乱的，那么气血也一定是紊乱的。因为气血是在精神的指令下活动的。由明君领导老百姓，必定国家繁荣；由昏君领导老百姓，肯定乱七八糟。这就是《黄帝内经》讲的“上工治神”，高明的医生主要是治神，养生也贵在养神，养神就是养性。前面讲养生要“恬憺虚无，精神内守”，也是强调养神，让精神安闲清静。精神得到治理，气血自然就得到了治理，就不会生病了。

第二层，就是反过来看，正如臣民供养君主一样，气血可以滋养神。人体的神是离不开气血的承载和滋养的，身体内气血不畅，它会导致精神也出问题。如果气血耗尽神也就消散了，身体也就死亡了。这是“民散则国亡，气竭则身死”，死亡之后就不能复生。“夫爱其民，所以安其国。惜其气，所以全其身”，正如国君爱护臣民，国家才能安定，我们的精神知道珍惜气血，才可以保持身体健康。

因此，人体的神和气血之间存在指挥与被指挥的关系，也存在相互依存、相辅相成的关系，在发病过程中表现为互为因果、互相影响的关系，在养生过程中要追求互相统一、身心兼顾的关系。有的是神病引起了气血病，有的是气血病引起了神病。身体疾病会受精神因素的影响，精神疾病会受身体因素的影响。所以在治病或养生的时候要两方面兼顾，既要养神，也要养身。中医自始至终都是身心医学。

养性就是治未病

是以至人消未起之患，治未病之疾，医之于无事之前，不追于既逝之后。

“至人”，是精通养性之道的圣贤。他们是怎么养性的呢？“消未起之患，治未病之疾，医之于无事之前，不追于既逝之后。”精通养性之道的圣贤都是在没有出问题的时候就提前消除隐患，在疾病还没有形成之前就提前治疗，不会等发生严重疾病以后再在那里追悔莫及或者亡羊补牢。这一段跟前面《黄帝内经》治未病思想一样，重在预防，重在避免疾病的发生，重在提前消除疾病于萌芽期。

治未病的效率是很高的。在疾病未发生之前，一般有个酝酿期，这时身体已经露出将要生病的端倪，我们在这时就采取措施消除疾病。这时候任何措施都是高效的，很容易就取得很好的效果，用很小的代价就可以把疾病消除在萌芽期。如果等疾病成形以后再治疗，就会发现疾病都很难治，费了很大代价，用了很长时间，吃了很多药，并不见得能取得多少效果。因此，智者都会选择治未病，而不会等着亡羊补牢。

夫人难养而易危也，气难清而易浊也，故能审威德所以保社稷，割嗜欲所以固血气，然后真一存焉，三一守焉，百病却焉，年寿延焉。

人的身体很珍贵，也很脆弱，健康很难保养，但很容易毁坏。就像气血很容易混浊，而很难变得清净一样，也就是俗话说的“破坏容易建设难”。这是警示我们，平时要提前好好保养身体，好好维护健康，避免发生破坏后被动弥补。对于国君来说，只有平时树立威德，才能保持国家安定。而对于人体来说，“割嗜欲所以固血气”，只有通过养性把那些乱七八糟的欲望减少了，才能固守住气血，因为那些欲望都是在消耗气血。如果能做到减少欲望，固守气血，就可以让元气充满，精气神长存，避免得病，自然就延年益寿了。

第九讲 摒除外缘，养性入道

养性之道讲究两个原则，一个是中和适度，一个是节约精气。

中和适度，是在劳逸、情志等方面保持适度，不过度，不走极端，保持长期可持续性的生活方式。

节约精气，是在日常生活中的一切身心行为都以节约精气、减少损耗为原则，避免精气神的过度消耗，保持精气神充满、气血平和有序的健康状态。

如果能做到这两个原则，就可以对外不受外物的诱惑，对内思无邪，这就是由养性而入道了。

服药不养性，等于一场空

前面已经把《千金要方·养性序》这一篇内容讲述完毕，下面开始进入《千金要方·道林养性》这一篇，这两篇合起来就是《千金要方》中关于养性知识的完整内容了。

道林是个人名。唐代以前有很多养生家，其中一个叫道林，还有张湛、抱朴子、葛洪、嵇康等。这一篇引用道林这位养生家的论述。

真人曰：虽常服饵而不知养性之术，亦难以长生也。

道林真人说，即使经常服用一些养生药品、保健品，如果不知道养性的话，也很难延年益寿。这里他提到两种养生方法，一个是服饵，就是服用各种食品、药品、补品等；另一个是养性之术，就是前面讲的养性，全面深刻地修心养性，调整精神情志状态和生活方式。一般人都会狭隘地把养生理解为吃点什么灵丹妙药，而忽视了养性。这里再次强调，养生取得成效的关键在于养性，不养性的话做其他方法都用处不大。

养生是如此，治病也是如此。如果仅仅依赖服药治病，而不改变错误的生活方式，不修正情志和心性等方面的缺陷，很多慢性病是很难治愈的。一个人虽然吃着各种保健品养生，吃着名医开的良药治病，但是纠结焦虑的心态不改变，名利欲望之心不能约束，情绪过度控制不了，精神内耗消除不了，身体健康是很难改善的。

这个方面是很多人的认知短板，不仅很多患者缺乏这个认识，很多医生和养生者也对此认识不够，因此这个问题需要特别强调。

养性贵在中和适度

养性之道，常欲小劳，但莫大疲及强所不能堪耳。且流水不腐，户枢不蠹，以其运动故也。

养性之道讲究两个原则，一个是中和适度，一个是节约精气。这里以生活中的劳逸这个问题为举例，讲养性贵在中和适度的原则。

在劳逸方面，养性的原则是让身体经常适当活动、适度运动，但不要太疲劳，也不能勉强身体去做力不能及的事情。流动的水不会腐臭，经常转动的门轴不易被虫子蛀蚀，都是因为他们经常维持运动状态。这里以流水和户枢为比喻，强调了运动的目的是“流水不腐，户枢不蠹”，是让体内气血流通顺畅，使身体的组织、腠理、肌肉、关节、骨骼、脏腑，乃至全身各处各地的气血都流通起来，不形成死角、粘连、瘀滞、挛结、积聚，这样才能保持长久的生机。

可见运动的目的不是让肌肉练多大、力量提高多少，不是对外干活儿。因此，正确的运动方式，一般是保持适中的强度、舒缓的节奏，跟着身体感觉走，能够适当地活动开就行了，不能让身体太累，也不能逼迫身体强其所难。养生的运动如导引、散步等都是慢慢的、舒缓的、轻柔的，强度不大，让人活动起来后浑身轻快，轻松愉悦。

现在流行的一些运动是要用意志力去克服困难，即使特别累了或者心慌难受了还要咬牙克服，拼命锻炼，努力突破个人极限，这就叫“强所不能堪”。最后极限是突破了，运动成绩是提高了，靠意志力顶过去了，但身体的健康却受损了。一般来说，当活动到身体出小汗，或者感到疲劳或不舒服时就要停了。过了这个界限就是靠意志来逼迫身体，那就不好了。过度运动导致身体太疲劳也是不行的，那样会损伤气血。当然长期不运动也是不行的，那样气血就会滞塞不畅。

劳逸和运动只是举例说明，生活中的一切身心行为都要中和适度，不走极端、不过度，保持长期可持续性的生活方式，这是“流水不腐，户枢不蠹”的道理。

养性之道是善于节约精气

养性之道的第二个原则是节约精气，即在日常生活中的一切身心行为都以节约精气、减少损耗为原则，避免精气神的过度消耗，保持精气神充满、气血平和有序的健康状态。这一点要全面贯彻在日常精神心态和生活方式的各个细节上，生活中的身心行为都尽量少一些、欠一些，不可逞强，下面几段内容都是展开论述这一原则。

养性之道，莫久行久立，久坐久卧，久视久听。盖以久视伤血，久卧伤气，久立伤骨，久坐伤肉，久行伤筋也。仍莫强食，莫强酒，莫强举重，莫忧思，莫大怒，莫悲愁，莫大惧，莫跳踉，莫多言，莫大笑。勿汲汲于所欲，勿悁悁怀忿恨，皆损寿命。若能不犯者，则得长生也。

1. 行住坐卧不可久

“莫久行久立”，不要走路太多，也不要站时间太长。有的人为了减肥，每天暴走 10 多公里，结果体重还没下来，膝关节已经磨损坏了，这就是久行的损伤。久站的人一般是因工作需要而形成职业病，比如静脉曲张或者骨质增生之类。

“久行伤筋”，走路多了损伤筋。筋主要是指关节周围的肌腱、韧带等软组织。这个久行可以推广至所有动作持续太久，比如手指用鼠标太久，手关节的筋会损伤；打网球打得太久了，肘关节的筋会损伤；打羽毛球打多了，肩关节的筋会损伤，任何关节运动太多都会导致该处的筋受损。

“久立伤骨”，站着不动时间久了会伤害骨骼。动的时候是伤筋，不动的时候是伤骨。有一些特殊职业或锻炼方法需长时间站立，如果动作不当，比如站桩姿势不对，太极拳姿势不对，错误的姿势坚持久了就会伤骨、伤筋。

“莫久坐久卧”，不要久坐，也不要久卧。久坐现在很普遍，很多人一天十来个小时都在办公室里坐着不动，在上下班路上也是坐车。

“久坐伤肉”，主要是指损伤身上的脂肪类组织，造成脂肪代谢低下，出现肥胖、脂肪瘤、脂肪肝、高脂血症等。现在湿气大、痰湿重、肥胖的人，基本上都是由久坐伤肉导致的。

“久卧伤气”，是躺的时间久了就会越躺越乏力，越躺越起不来，这也是因安逸过度导致气血消沉。

2. 用眼过度伤血气

“久视伤血”，用眼过度会损伤血气，这个现在非常普遍。

第一个是看的时间长，一天十几个小时都在看东西。第二个是看东西太用力，看电子产品屏幕、开车看路之类，都是集中注意力使劲盯着看。如果放松地看，比如在大街上、公园里，随便看看风景也不会觉得眼睛累。但看电子产品屏幕或开车看路都是非常用力地紧盯着看，这个紧盯着的用力感对眼睛劳损很大。因为与放松地看相比，人在很用力紧盯着看的时候，存在眼肌过度紧张，更多的气血灌注眼睛，更多的代谢废物滞留眼睛，这些因素导致眼睛更加劳损。因为这个因素，当代养生大家南怀瑾先生特地给大家介绍了一个正确用眼的方法，就是看东西的时候要轻松，不要太用力，不要把眼神盯在物体上，而是把物体的精神收到自己眼睛里来。南先生说的这个方法，就是看东西时眼睛用力的方法。眼睛盯着向外用力过度会导致精气神损耗过多，眼睛向内收着点力，轻松看东西就不会损耗太多。

第三个是现在看的东西亮度太强。电子产品屏幕本身亮度太大，对眼睛刺激太强。即使看一些不发光的东西，也因为周围太多人造光源，造成对眼睛的光刺激偏强。看这些亮度较强的东西眼睛劳损特别快，而在自然光下看自然的东西就轻松很多。

中医认为，眼睛是肝所主，而肝也负责藏血。所以眼睛劳损就会伤肝，进而伤血。用眼过度不仅仅是眼睛这个器官的劳损，全身的血气都会损耗。伤血之后，首先是视力下降，出现近视、眼花、畏光，这些很普遍。很多人年纪不大眼就花了，主要是由于长时间在室内坐着看电脑，一出去就感觉头晕眼花，两眼空洞，聚不了焦，看太阳都晃眼，这就是中医书上常提到的“目视䀮䀮”。血虚之后还会进一步引起别的症状，如全身疲惫、两眼无神、面色无华，整个人看起来很憔悴。所以看了一天电脑的人，哪怕根本没干活，光坐着看电脑，一天下来也会变得很憔悴，感觉被抽空了，这就是久视伤血。

久视还伤神。眼睛是心神对外的窗户，一个人有没有精气神、精神面貌怎么样，看他的眼睛就清楚了。看一个人的脸，如果两眼无光，不聚焦，茫然无神，那他不光是疲惫，他的精神状态都可能有问题，脑子浑浑噩噩，注意力不能集中，这就是伤神。

久视伤血、久视伤神的情况现在很普遍。如果免不了看电脑、看手机，那就尽可能看得轻松点，别太用力盯着看，每隔片刻就移开目光看看别的，尽可能抓住零碎时间闭目养神，不必要看的尽量少看。

3. 饮食劳动莫逞强

“莫强食，莫强酒”，吃饭喝酒不能过度、不能勉强。你看那些做吃播的人就知道，他们的健康问题肯定少不了。还有经常酗酒劝酒的人，都在用吃饭喝酒的事情挑战身体的极限，勉强身体、逼迫身体。每个人的饭量、酒量大小不同，也不能整齐划一，要根据自己的感觉，听取身体的声音，保持适度，不能强求。

“莫强举重”，这个之前说过了，不要做任何超过自身能力的事，包括体力上、才能上、精神上等。体力好理解，才能方面很多人不注意，比如说没有当领导的才能却勉强担任这个职位之类，对人的身心是一种巨大消耗。精神上，比如对于一个怯弱的人，不能强逼着他做勇敢的事情，那也是精神损伤。力所不逮而强为之，这方面可以举一反三。

4. 情绪过度怕积累

“莫忧思，莫大怒，莫悲愁，莫大惧”，这是说情绪不要过度。情绪过度对身体健康的损害我们都知道了，但是这里面有个问题，就是很多人并没有意识到自己情绪过度，大部分人就生活在这个情绪过度的状态而不自知。我们要经常反思一下自己是否存在情绪过度。

思虑过度的人每天翻来覆去想同一个问题，还是觉得这个问题必须去想；急躁易怒的人每天说话都像跟人吵架似的，可是他没有意识到自己的状态；经常忧愁的人也没发现自己过于忧愁；整天担心孩子的成绩、担心工作而焦头烂额的人，也没有觉得自己生活中充满了恐惧。现在生活和工作节奏快，生活、职业、育儿、人际关系等各方面都让人充满不安全感，每个人都像热锅上的蚂蚁，日复一日地奔波操劳，早已适应了自己的生活状态，以至于根本不会去反思自己，不会去观察自己的身心状态，因而就出现了对自己完全不自知的情况。因此，我们首先要有这个反省和自察的意识。

还有一部分情绪波动的强度比较小，但长期持续、日积月累之后，它的伤害比激烈的情绪波动还要严重，这种可以称为“静力性情绪波动”。这种持久性、小幅度的情绪波动就像温水煮青蛙，让我们在不知不觉中就受到了损伤。这种静力性情绪波动，实际上在潜移默化中已经深入一个人的潜意识，以至于人们受其影响越深，越不能发觉其存在。很多人你问他焦虑吗，他说不焦虑，实际上他潜意识一直在焦虑，甚至他的身体已经为此而发生了改变，他还没有发现罪魁祸首在哪里。非得等他有朝一日生活大有改观，志得意满之后，或者退休以后，体会到那种真正的放松以后，才恍然意识到自己以前那么紧张焦虑。当然，这方面就是医学心理学所聚焦的内容。我们对自己的情绪多一些观察，多一些觉知，就会发现情绪里隐藏着很多不良成分。比如我们可以每天抽几分钟时间静坐那里闭目养神，观察内心，就会发现自己乱七八糟的情绪太多了，随着逐渐观察，内心的情绪就会逐渐澄清下来。

“莫跳踉”，就是别肆意跑跳。“莫多言、莫大笑”，说话不要太多，不要大笑，多言和恣笑不仅伤气，还会伤神，让人的心态不稳，情绪波动，精神涣散。

5. 原谅别人就是放过自己

“勿汲汲于所欲，勿悁悁怀忿恨”，不要沉迷于追逐欲望，这个前面讲过了，这里侧重注意下第二点，不要经常心怀愤恨。心怀愤恨这个影响很大。有不少人心里老有不平之心、愤愤不平，老觉得别人错了，别人都对不住他，社会对他不公，心里有意见没法释怀。具体都是为了一些鸡毛蒜皮的小事，比如家庭不和、婆媳矛盾、职场矛盾，每天看谁都带着气儿，心里老暗暗较劲儿。这种愤恨之心就会让人逐渐产生疾病。

以前有一个人叫王凤仪，专门通过调整情绪来给人治病。他认为一个人心里的“怨恨恼怒烦”叫“五毒”，五毒为病根，是很多疾病的根源。其实怨恨恼怒烦里面，最根本的就是怨恨、愤恨，其他情绪都是由愤恨派生的。这怨恨恼怒烦通常是由生活中一些琐事积累下来的，往往还是与比较亲近的人之间产生的。亲人、家属、朋友、同事等关系密切的人，因哪件事对不住他了，这种怨恨恼怒烦他在心里能存半辈子，几十年还不原谅那个人，一直愤愤不平。这种负面情绪经常会给我们带来一些长期的隐疾，但自己还不知道。王凤仪就是注意到这个原理，通过给人讲这些情理让人幡然醒悟、豁然开朗，醒悟后就好像心里的一块石头被搬开了，会意识到别人有对不起我们的地方，我们也有很多对不住别人的地方。当我们痛改前非，原谅了他人，不再记恨他人了，就会突然感觉身体非常轻松通泰，一下子病就没了似的，如获新生。

这有很多实实在在的病例，相当于一种心理疗法。我的患者中也常有人反馈，当他自己想通一件长期未能释怀的事情后，一些长期的病症很快就自愈了，体质也大有提升。把内心的病根疏通，把心结打开了，一念之转，将愤恨放下了，一下子就感觉不只身体轻松，整个生活马上焕然一新。原来天地这么开阔，原来阳光如此明媚。回想一下，之前我们还生活在一个阴霾的世界，谁让我们生活在阴霾的世界？是我们自己。那个人虽然对不住我们，但是我们在那里愤恨的过程跟他已经没关系了，只是自己在那愤恨，自己认为不原谅他，实际上是自己在折磨自己，自己不放过自己，然后自己病了，跟他没关系，人家该吃吃该喝喝。

所以要记住一句话：原谅别人就是放过自己。反过来，不原谅别人其实是惩罚自己。这是从很多患者身上惨痛的教训里总结出来的。

怎么才能把这种不良情绪释放掉呢？就是原谅别人。他人虽然有很多对不住我们的，但都过去了，放下这个事就能轻装上阵，心里就轻松了。放不下的时候，每天都生活在压抑的状态，很多的疾病就是以此为根源的。可能有的人一开始不相信这个事情，需要慢慢地观察，需要生活的阅历。我们 20 岁的时候不相信这个事情，身上的病怎么能是由心里这种情绪引起的呢？等我们到了 40 多岁、50 多岁，观察的人多了，经历的事多了，就会发现确实是这样的，很多人的痛苦都是因为不原谅别人而自己折磨自己，心结打不开，身体就被封印了。

还是前面说的道理，神指挥气血。一个人如果精神压抑，心态阴暗，内心充满了怨恨恼怒烦，心结打不开，他的气血就不可能顺畅，一定会郁结。气血郁结了首先会带来功能性疾病，身体会感到难受，时间久了就会导致器质性疾病，比如长肿瘤，这是很大的一个病根，所以说“皆损寿命”。

《论语》提到：“子贡问曰：有一言而可以终身行之乎？子曰：其恕乎。”就是把宽恕原谅别人作为终身行之的修养标准，也是养性的重点内容。虽然是原谅别人，实际受益的是自己，自己的心性和身心健康都会因此而得到提升。

养性要做到十二“少”

养性之道贵在节约精气，因此养性之人在生活中要做减法，要注意十二“少”，就是在这十二件事情上尤其需要做减法，减少精气消耗。

故善摄生者，常少思，少念，少欲，少事，少语，少笑，少愁，少乐，少喜，少怒，少好，少恶。

“少思”，就是减少思虑，让自己的思绪简单清静，一件事情思考一下马上就得到结论，马上就去执行，不要反复思虑，谋而不断。

我们都熟悉一句话，“三思而后行”，认为做事前应该多考虑。其实这是误解。这句话出自《论语》，原文是:“季文子三思而后行。子闻之曰:再，斯可矣。”季文子这个人做事都要三思而后行，要考虑很多次以后才付诸行动。孔子听到后说，考虑两次也就够了。孔子不赞成三思而后行，因为思虑太过就会出现顾虑重重，优柔寡断，更难以得到正确决断，也不利于开展行动。一般情况下对一件事最多思考两次就可以下结论、拿主意了，就可以付诸行动了。思虑多的人实际上是决断力和行动力缺乏，往往在反复思虑中失去了行动的机会，最终一事无成。而且思虑过多的人还会过度消耗心神，损害健康。

仔细观察那些成功人士，一般都是非常果断的，他们思维敏捷，善于决断，勇于行动，执行力强。在思考时能够一下子抓住问题本质，就不需要反复琢磨。在行动时能够迎难而上，就不会优柔寡断。这里面体现的思考力、决断力、行动力都是他们获得成功的基础，也是节约精气、维护健康的基础。而那些思虑重重、优柔寡断、磨磨叽叽的人很难获得成功，是思考力、决断力、行动力三者都缺乏的缘故。而这种思虑过多的人内耗大，劳神多，事情还没想明白已经把自己累得不行了。所以要注意不要进入思虑过多的陷阱。当然少思并不是不思考直接蛮干，而是不要思虑过度，要善于决断。

“少念”，少挂念，不要老是有事挂在心上。挂念不是思虑，不是思考，而是对一件事情挂在心上放不下。这个念想太执着，时间久了，也会阻碍气血运行而影响身体健康。最典型的就是相思病，心里老念想着另一个人，慢慢就导致茶不思，饭不想，全身气血和精气神都被卡住了，滞塞不行，人就萎靡不振了。再比如想家、乡愁，也是如此。人在外地想家了之后，也会慢慢寝食难安，气血郁结。

每个人从小到大或多或少都会有一些不愉快的经历，或者痛苦的回忆。经过一段时间后一般都会把它们逐渐淡忘，忘记也是放下负担。如果总是沉浸在过去的回忆中，对痛苦的经历念念不忘，人不但没法过好现在的生活，身心健康也会被拖入泥潭。这种淡忘也是一种少念的表现，也是为了保护身心健康。

“少欲”，是不要有太多欲望和野心，前文讲的比较多。

“少事”，也是让我们做减法，不要做太多事，深陷于繁重的事务烦劳中。很多人因为工作太繁忙，杂事太多，每天疲于奔命，应接不暇，这对健康的损耗很大。如果能少做点事情，清闲一点，享点清福，从容安闲地生活，那是对健康有益的。但这个与人的名利欲望容易冲突，很多人做不到。追逐名利的人，那就不太可能有清闲日子，一定是被人和事团团包围。因此，要清闲少事，得先放下名利，甘于淡泊。

“少语，少笑”，不要大说大笑，大呼大叫，要少说话，少谈笑。没必要说话时就闭口不言，这是养气，就是滋养人的精气神。说话多了精气神消耗很严重，笑多了气血也会轻浮放荡，不能内敛。懂得内敛和闭藏气血的人，才能避免损耗健康。

“少愁，少乐，少喜，少怒”，这还是说要避免太多情绪波动，尽量保持情绪稳定，心如止水，神态安和。

“少好，少恶”，就是喜好和憎恶都不要太多。我们可以有各种爱好，甚至嗜好，如听音乐、唱歌、跳舞、喝茶、旅游等，但有一两个就行，不要太多。如果喜好太多的话就会成为一种消耗，让我们心神浮躁，精力耗散，精神无法专注。任何一个爱好执着太深了也不好，不能过度。所以要有个人喜好，陶冶情操，但不要让它成为负担。也不要憎恶太多，看什么都憎恶，看什么都不顺眼，那也不行，那样就会情绪不畅，气血郁结。无论好恶，执着太多了都有损我们心态的平和，有损身体健康，应以中和淡泊为好。

行此十二少者，养性之都契也。

如果我们能注意施行这十二“少”，减少这十二种行为，这十二少也是举例说明，要我们举一反三，在生活各方面去如此审视，就符合了养性的原则。

养性要去除十二“多”

养性之人还要去除十二“多”，这十二件事情不能多做。这十二“多”也是举例说明，代表生活中所有过度损耗人的精气的行为。养性的原则是节约精气，因此要避免各种过度损耗精气的行为。

多思则神殆，多念则志散，多欲则志昏，多事则形劳，多语则气乏，多笑则脏伤，多愁则心慑，多乐则意溢，多喜则忘错昏乱，多怒则百脉不定，多好则专迷不理，多恶则憔悴无欢。

“多思则神殆”，思虑太过就会耗竭精神。

“多念则志散”，念念不忘的东西太多，就会令人神志涣散，精神不能集中。

“多欲则志昏”，欲望过多会让人神志昏乱。

“多事则形劳”，事务太繁多就会让形体操劳。

“多语则气乏”，说话多了就耗气，让人虚乏。

“多笑则脏伤”，笑得太多五脏就会受损伤。

“多愁则心慑”，人发愁太多了就会多愁善感，杞人忧天，心神不定，犹如惊弓之鸟，动辄心惊肉跳。

“多乐则意溢”，欢乐过度的人神志就散溢了，心神涣散、狂乱不宁。

“多喜则忘错昏乱”，高兴过度的人心神昏乱而多忘。整天太开心了，慢慢就玩物丧志，精神弛废了。

“多怒则百脉不定”，生气多的人气血就乱，百脉不定。生气对气血的影响特别剧烈，一生气气血就上头，血压可能马上就从“120”冲到

“180”，脑血管一下子就鼓起来了。经常生气的人，脑血管会经常鼓起来，不知哪一天就爆了。因此多怒会使血脉发生紊乱。

“多好则专迷不理”，嗜好太多的人就会失去专注力，做事没有条理了。如果一个人什么都喜欢，整天东一头西一头什么都喜欢做，那么他大概率会三心二意，无法专注，做事情没有条理，最后自己也无所适从了。

“多恶则憔悴无欢”，对什么都厌恶的人整天憔悴得很，闷闷不乐，不开心，负能量太多，整个人阴沉沉、凄惨惨。

此十二多不除，则荣卫失度，血气妄行，丧生之本也。

这十二“多”如果不去除，营卫气血就会失去秩序，气血运行紊乱，这是得病的根本。这十二多基本上与前文十二“少”相应，也是举例说明，我们可以举一反三，凡是过度消耗精气、引起气血紊乱的事都不能多做，要刻意做减法。所以你看，失去健康的根本是这些事儿，主要是围绕心性、心态和生活方式，吃什么东西还真不是最重要的。

养性可以入道

惟无多无少者，几于道矣。

既去除了十二“多”，又做到十二“少”，我们就在生活中做到了养性之道的两个原则，一个是中和适度，一个是节约精气，这样的状态就接近道了，就符合自然规律。这个原则本质就是走中和之道，凡事讲究一个度，做事不走极端，选择走不偏不倚的中和路线，既不太偏向这边也不太偏向那边，这是道。

养性做得好的人就可以接近道，这就是养性得道之路。我们经过养生、养性，有所心得，有所收获以后，再看《大学》《中庸》《论语》《孟子》《老子》《庄子》等传统文化典籍，就会发现自己逐渐都能理解，甚至很多内容都能做到。因为养性后已经接近道了，在养性这件事上直接就修道有成了，步入圣贤君子之列一点也不难。所以一边养性，一边发现传统文化各领域讲的圣贤之道离我们越来越近，原理都是相通的。

是知勿外缘者，真人初学道之法也。

初学修道或养性的，要摒弃外缘，摆脱外界因素对我们的诱惑、干扰、牵引，或者说不要向外攀缘，不要追着外面的东西跑。别人气你一下你就哭，别人逗你一下你就笑，追逐外面那些东西的诱惑，这都是外缘牵引，心性不能自主，这都不好。前面讲的十二“少”、十二“多”等，都属于外缘牵引，我们要避免被它们牵着鼻子走。我们精神守内，反观自心，守住自己的清明与笃定，不受外物外缘的绑架，才能好好养性，这是初学道的方法。

若能如此者，可居温疫之中无忧疑矣。

如果能这样摒除外缘的话，即使处在瘟疫之中，也不用担心。因为心神很安定，我们合于道，我们的身心都处在中和通泰的健康状态，一团正气，或者叫浩然之气，能够做到摒除外缘我们自然就有浩然之气。我们坐在这儿感觉自己顶天立地、鬼神无欺，来什么事情都不怕，有一种正大光明，豪气惊天，就是有这种精气神。这种状态不是说能力有多大，而是心地光明产生的精神力量。有了这种状态之后，传染病也不容易传染我们，别人焦虑我们不会焦虑，身心各方面的免疫力都会提高，这是养性有成，身心比较和谐的状态。

既屏外缘，会须守五神（肝、心、脾、肺、肾），从四正（言、行、坐、立）。

既然已经能够不受外界因素的影响，我们就能精神守内，用我们的精神守住我们的五脏（肝、心、脾、肺、肾），生活起居符合行、住、坐、卧正确的规范。这个简单说就是收心，把追逐外缘的心神收拢回到身体上来，在行住坐卧之中保持心神守舍，安定而专注。这就是形与神俱的养性最高境界。

言最不得浮思妄念，心想欲事，恶邪大起。故孔子曰：思无邪也。

养性有道的人能够精神守内，形与神俱，他们说话不会太轻浮，不会说一些乱七八糟的妄言，不会胡思乱想、妄念纷飞。他们不会在心里对各种欲望想入非非，不会起恶念邪念。这是一种精神纯粹、心念清净、心态安和的状态，这就是孔子所言的“思无邪”。思无邪就是心里一股浩然之气充满，堂堂正正，坦坦荡荡，清清静静，这个状态就是养性入道的状态。

第十讲 养性之人可学黄帝内视法

在养性入道之后，已经能够摒除外缘，心思纯净，就可以继续提升，学习黄帝内视法，一种通过内视存想来提高体质的方法。

内视是利用心神和气血的关系，以自己的心神向内反观，以心神导引气血、凝聚气血，实现神气相依，自我疗愈。

什么是内视法？

常当习黄帝内视法。

这里介绍了一个黄帝内视法，是一种用存想的方法观想五脏，从而提升体质的方法。因为它观想的是自己体内的五脏，不是用眼睛看，眼睛只能看外面，而是用自己的意识向内去看、去观想，所以称为内视。

内视法需要在养性的基础上开展。如果没有养性，整个人的状态是心气浮躁、情绪不调、欲望牵引，是没法进行内视的。一个养性有成的人，已经可以摒除外缘，不受外物和欲望的诱惑，心性恬淡而静定，心神能够守内，这就具备了内视的条件。因此，只有养性的人才可以进一步学习内视法。

在了解内视法之前，我们先了解一下眼睛看和意识看的区别是什么。其实人能看到东西，并不是单纯用眼睛看到东西，而是意识借助眼睛看到东西。意识是看东西的主体，眼睛是看东西的工具。看东西时意识先向眼睛派遣注意力，眼睛在这个注意力的参与和主导之下才看到东西。所以当我们心不在焉的时候，就会视而不见。其他感官也是同理，当我们心不在焉的时候，也会听而不闻、触而不觉。意识的注意力是有限的，会在不同感官之间分配，分配是不平均的，所以不同感官各有强弱。一般的人都是眼睛获得的注意力最多，所以视觉信息最丰富；而盲人的注意力会被更多地分配到听觉和触觉，所以其听觉和触觉比一般人更强。因此，我们要想提高某个感官的灵敏度，就要减少分配给其他感官的注意力，甚至把其他感官关掉，把注意力集中在这一个感官上。所以道家经典《阴符经》说：

"瞽者善听，聋者善视。绝利一源，用师十倍。"

内视就是我们把所有对外的感官都关掉，不仅仅是视觉，还包括听觉、嗅觉、味觉、触觉，以及胡思乱想的散乱意识也要关掉。眼耳鼻舌身意就是所有感官和散乱的意识活动，一共6类，不给它们分配任何注意力，眼睛不外看、耳朵不外听、鼻子不外嗅、身体不外触、思想不乱想等，这样心神才能向内收。这必须通过前面说的摒除外缘的方法来实现，自己的注意力不再追着任何外界的牵引散乱而走，才能把注意力集中到对内的观察上。对内的观察不是用眼睛，而是用注意力，也就是通过大脑直接联系的体内所有神经网络。当意识不断地把注意力集中投射到体内之后，随着反复练习、深入强化，会逐渐增强意识对体内脏器或组织的感知能力，提高感知灵敏度，日久功深以后，体内的情形就可以了然于胸，呈现于脑，这就是内视的原理。在内视的过程中，还可以有意地导引气血，就是观想气血运行的动态秩序。由于心神能够指挥气血，这种观想就可以导引气血，使之逐渐回归正常运行状态。

内视法在古代经典中经常被提到，像《庄子》《抱朴子》等都重视内视法的运用。《庄子·在宥》言："无视无听，抱神以静，形将自正。必静必清，无劳女形，无摇女精，乃可以长生。目无所见，耳无所闻，心无所知，女神将守形，形乃长生。"这是讲在关闭眼耳口鼻对外感官的视听之后，让心神守静，人的形体就会自然回归正常状态。当我们眼睛耳朵不向外看和听，思想也不向外散乱时，自己的心神就会内收以守形，心神固守于身体之内，身体就可以延年益寿。

《抱朴子·用刑》曰："譬存玄胎息，呼吸吐纳，含景内视，熊经鸟伸者，长生之术也"，认为呼吸吐纳和内视之法，都可以实现延年益寿的效果。《抱朴子·论仙》曰："学仙之法，欲得恬愉淡泊，涤除嗜欲，内视反听，尸居无心"，认为学习仙道的方法，是在恬淡少欲的养性基础上，进行内视反听，让心神清虚无为。内视是用意识向内看，反听是用意识向内听。《抱朴子·至理》曰："反听而后所闻彻，内视而后见无朕"，认为反听可以听觉洞彻，内视可以视觉通达。《抱朴子·释滞》曰："内视于无形之域，反听乎至寂之中"，内视反听可以洞察无形无音的地方。《抱朴子·辨问》曰："闭聪掩明，内视反听，呼吸道引"，这里提到的修道方法，包括闭目塞听，内视反听，呼吸导引，也都是我们前面讲到的。从这些论述我们可以看到，内视法也是形与神俱的一种状态和应用方式。

这里的黄帝内视法是内视法的基础版和经典版，后世所有内视方法其实都离不了这个基础，内核都是一样的，可以举一反三，触类旁通。

黄帝内视法怎么操作?

在上一节中，孙思邈说:“常当习黄帝内视法。”这里首先强调一点，就是应当常常习练。一方面必须经常反复练习，持续练习，日积月累才有效用，这不是一朝一夕就可以的；另一方面就是必须亲身实践。这里说习而不是学，习强调的是实践操作，不是单纯知道了、理解了就行。《论语》曰“学而时习之”，就是学习了之后还必须常常实践，学习和实践是不同的。很多人容易犯这个错误，就是一旦学会了就搁置一边而不反复实践，这样就不能得到成效。

1. 内视五脏法

存想思念，令见五脏如悬磬，五色了了分明勿辍也。

在做内视之前，先有个安身的姿势。比如可以坐在那里，也可以躺在那里，得有个比较舒适且放松的姿势，方便进入不受外界干扰、心无杂念的安静状态。当然如果非常熟练以后，就可以更灵活一些，行住坐卧都可以进行内视练习。

坐好之后闭上眼睛，把眼耳鼻舌身的感官都收回来，使胡思乱想的杂念也平复下来。然后集中注意力，用注意力向身体内部“看”，不是用眼看，而是用心“看”，就是存想。用意识的观想能力，在体内想象出五脏的形象，并且固守住这个图景，让它持续定格在观想之中，不要中断。如果中断了就再次观想继续保持。在观想的图景里，想象自己看到五脏挂在胸腹之内，就好像悬挂的钟磬一样。肝脏挂在自己体内的左边，肺脏挂在右边，心脏挂在上边，肾脏挂在下边，脾脏挂在中间。而且五脏分别呈现五种颜色，一个一个非常清楚、鲜明，散发着光泽。肝心脾肺肾的颜色分别是青赤黄白黑，肝脏是青色，心脏是红色，脾脏是黄色，肺脏是白色，肾脏是黑色。

这里讲的五脏是中医里的五脏体系，跟现代解剖学的脏器不太一样，不是一一对应的。中医的五脏实际上把人体所有内脏按照功能划分为五个系统，每个系统都涉及众多的脏器，它们互相配合而协同实现整体功能。所以中医的五脏是一种经过系统思维加工后的产物，经过抽象提炼，又被赋予形象色彩的功能模型。在身体里观想五脏实际上是比较虚拟的形象，就像五个磬一样挂在胸腹腔就行了。看这里说五脏的“五色了了”，就知道这是中医抽象提炼以后的模型化五脏，他们根据五行关系分别具有五色形象。五行是木、火、土、金、水，在五脏则对应肝、心、脾、肺、肾，在五色则对应青、赤、黄、白、黑。这里观想的五色就是五脏具有的这五种颜色。

这种内视要坚持练习，每天都练，多多益善。有时间就练，在心里把五脏在体内悬挂着的图景观想出来，在这个过程中不再想别的事，不要有别的杂念，保持这个图景在脑子里定格。日积月累之后，就无论睁眼闭眼都能看见自己的五脏，能感觉到体内气血的运行，这就是黄帝内视法。

如果想象力、精神力比较强，五脏都能观想出来，在体内挂着，分别有五种颜色，散发着五种光泽，那就可以五脏一起观。

如果同时观想五脏有点困难，脑子有点乱，不能集中注意力，也可以先观想其中一个。比如先观想肝脏在这挂着，过两天再观想心脏，一个一个逐渐增加，最终能把五个一起观想出来。这个顺序可以按照五行相生的顺序来，依次观想肝心脾肺肾。

也可以哪个脏有病就观想哪个脏，根据疾病情况来观想。比如平时有心脏病就观想心脏，观想胸中挂着红色的心脏，像太阳一样红、一样光明。肾脏有病的就观想肾脏，观想在腹部下方挂着一个发着黑光的肾脏。以此类推，观想病脏。

还可以按照五行生克关系，观想与病灶相关的脏。比如肝脏有病，可以观想肾脏，肝属木、肾属水，水生木，观想肾脏可以帮助肝脏。其他五脏依此类推。

在内视观想过程中最重要的就是专注。观想到了就专注地想着它，哪怕坚持不了很久，5 分钟、10 分钟也行，也要专注。时间可长可短，在条件许可范围内时间越长越好。在这个过程中不要再胡思乱想别的事，不要念头散乱，心猿意马。中间万一想到其他杂念了，觉察到就赶紧回来继续专注在内视这个事儿上就行。

内视五脏时一般情况下以坐姿为佳，可以坐在椅子上，身体坐正，放松，别较着劲儿。也可以用站姿，像站桩一样。站姿要注意放松，膝关节稍微弯曲，不要像站军姿那样绷着劲儿。对于身体特别弱或者疲劳的人，也可以用卧姿，只是要避免陷入昏沉或睡眠。当然，如果我们失眠，也可以在睡觉前躺在床上做这个内视，观想着慢慢自然入睡，也是可以的，还能帮助睡眠。观想时的呼吸以自然呼吸就行，顺其自然。

2. 意守窍穴法

各种通过内视存想提升体质的方法，基本上都是一脉同源，都是黄帝内视法的发展变化。其他的视法中较多的观想方法是意守窍穴，就是用注意力观想某个穴位或者部位，比如常用的是丹田。丹田有三个，常用的是下丹田，在肚脐下方关元穴内；还有上丹田，在两眉中心这个部位；还有中丹田，在胸部中间膻中穴内。不管观想哪一个丹田，和观想五脏原理一样，方法也类似，只需用注意力观想并意守住这个部位。比如观下丹田就意守着这个部位，里边有什么组织、什么血管不要管，就把注意力放在这儿，好像有个东西吸引着自己就可以了。观五脏也是这样，不需要仔细看五脏的血肉怎么样，只需知道这五个形象就好。

也可以观想其他身体部位，比如脚心、中脘穴等。这样就发展形成了不同的流派、不同的方法，分别具有不同的疗效，但是基本原理和操作要领都是类似的。也有观呼吸的方法，把注意力放在呼吸时空气进进出出的动态过程上，心里看着它，吸气、呼气的过程，都用注意力看着跟着。因此，各种意守窍穴的内观存想方法都可视为黄帝内视法的扩展变化。

3. 内视导引气血

内视还有导引气血的作用。原理是之前提到的“神能御气”。前面讲了，心神是身体的国君，气血是它的臣民，心神可以指挥气血。现在存想思念、观想、内视，把注意力放在身体的五脏或某个部位上，就会出现神指挥气血的作用，气血就跟着注意力往这个部位聚集，观想内视就是用注意力来导引气血。

不健康的人是形与神割裂，身体在这儿，神在别的地方胡思乱想，身体的气血就处在无主导状态，非常紊乱。如果能形与神俱，气血就能够保持秩序。内视观想就更进一步，通过注意力主动让心神去指挥气血。正常情况下气血是遍布全身各处的，它可以存于体内五脏，也可以跑到四肢末梢。内视五脏就可以把分布在全身的气血聚集到内部的五脏，养我们的五脏，就像把外面的钱都收回来，拿回到家里的保险柜。

内视观想之所以能治五脏病，就是因为它能把气血导引回来，让气血更多地养五脏。如果是举杠铃或者暴走，气血就被调到四肢养胳膊、养大腿了。气血就这么多，分配给了肌肉就给不了五脏，给了四肢就给不了五脏，注意力跑到哪儿气血就跑到哪儿，人的心神即注意力是调节这个气血分配的。普通人的注意力散乱，东想想西想想，所以气血也是乱的。如果在那里举杠铃，注意力在胳膊上，就把五脏的气血调出来，调到胳膊上，就像挪用军费来修花园。而五脏内视法正好相反，是把外周的气血调回五脏里。

为什么要内视？因为神引导气血，我们想让气血回归五脏，才能减少损耗，增进健康。为什么要意守丹田？是要把全身的气血导引到丹田。所以想着下丹田，即小腹的位置，全身的气血就往那儿聚了，片刻之后小腹部就热乎乎的，气血聚多了之后就开始产生别的变化。假如是正来月经的女性，过多的气血聚到下丹田就有危险了，因为下丹田正好在子宫旁边，血一多可能就容易崩漏，这是有危险性的。假如意守上丹田，两眉中间往里，观想之后全身的气血都往这儿来，这个地方气血多了，一会儿脸就红扑扑的，血压上升。如果这人本来就血压高，一会儿他就头晕眼花，血压更高了。

要理解这个原理，才能选用适当的方法。比如血压低的人，或者有的人清阳不升，头部供血不足，气血升不上去，观想上丹田就可以把气血调上去。如果是血压高的人，脑血管本来就充血过度，就不要观想上丹田了，可以观想着脚心，让全身气血都往脚下走，头上过多的血就下去了，血压也就下降了。如果一个人心火上浮，失眠烦躁，可以在走路时存想脚心，心火就能下行。

我以前练习真气运行法时有个感受，比如刚吃完饭吃得挺撑，就观想着中脘穴，也就是心窝部——胃这个地方，没几分钟就不撑了，消化得很快。因为观想中脘穴，气血就被导引到这儿来了，胃里血多，消化能力就增强了。

所以我们得根据体质，知道需要向哪儿导引气血。不同的方法，适合不同人、不同病情。相对来说，五脏内视法同时观想五个内脏就比较安全，没什么偏颇，没什么副作用，整体上让气血内收，属于五道之法。

观想呼吸是把注意力放在呼吸进出气的动作上，这样观想时呼吸效率就提高了，同样做一次呼吸，换氧效率会高很多。吃饭时如果把注意力放在咀嚼吞咽的动作上，消化吸收的效率就提高了，因为有更多的气血被导引到消化道。所以注意力在哪个地方，气血就聚集到哪个地方，哪个地方的工作效率就提高。假如睡觉的时候把注意力放在睡觉上，观想自己躺在这儿睡觉的状态，睡得就比较香。如果睡觉的时候在胡思乱想别的事儿，气血都被调到别处去了，就会越来越睡不着。

如果观想的是骨骼，气血就会被导引聚集到骨骼上，就会补骨骼。我有这样的体会，坐着或站着存想自己的脚和腿的骨骼，片刻之后走路就感觉两腿特别轻快，因为骨骼的气血充足了。

前面说哪一脏有病就观想哪一脏，也是因为气血被导引到这一脏后，它的工作效率就提高了，自我修复、自我疗伤的能力就提高了，最后这个病还是这个脏自愈的，我们只是帮它导引了点气血。

另外注意一点，内视观想法有一个核心要点，就是一定要柔和。我们的观想注意力要轻柔、和缓，心里轻轻地想着它、看着它、注意着它，轻轻地、柔柔地、慢慢地、缓缓地，不要皱着眉头、愁眉苦脸地紧盯着，不要用力太猛。轻柔的观想就是"文火"，给身体一个轻柔的诱导，让它自己慢慢地恢复。如果用力过猛就叫"武火"，强行干涉内脏，就会不舒服，还会产生新的毛病。如果足够轻柔，内脏自己可以双向调节，就不会有什么不良反应。

如果我们把注意力轻轻放在自己日常行住坐卧的动作上，那就是形与神俱，气血运行与肢体动作匹配，对健康有利。比如走路的时候，心里很清楚地注意到脚怎么抬起来、怎么往前走、怎么落下去，脚下踩到软的、硬的是什么感觉，一步一步地，腿、脚、大地、鞋等这些细节，在心里都能了了分明，这就叫"行禅"。可以慢慢地走，放松全身，就这么用注意力轻轻存想自己的脚步，原地走几圈，几分钟之后就发现刚才的疲惫已经一扫而空，突然精神抖擞了，这就是行禅养气的作用。走路的时候注意在走路，是行禅；吃饭的时候注意在吃饭，是食禅；呼吸的时候注意在呼吸，是息禅；睡觉的时候注意自己在睡觉，是睡禅。如果一个人每天行住坐卧都保持这样的状态，每一刻的心神都存想在当下，那就不得了了，那就是几于道。正如永嘉禅师《证道歌》所谓"行亦禅，坐亦禅，语默动静体安然"，自然是健康无病，延年益寿，整个人精神面貌也会焕然一新。

迎气法与食气法

仍于每旦初起，面向午，展两手于膝上，心眼观气，上入顶，下达涌泉，旦旦如此，名曰迎气。

这里又讲了一种迎气法，这是延续黄帝内视法的原理进行的变化。

除了做黄帝内视法，还要在每天早上刚起床的时候，面向南方坐正。把两个手掌伸平，掌心向上，平放在两个膝关节上，轻轻闭上眼睛。用心眼观气，也就是用注意力内视、观想。气就是身体里气血的运动，用内视法观想体内气血的运动，气血从身体背侧向上循行到了头顶百会穴，然后又从身体前侧向下循行到脚底涌泉穴，之后再从后面向上循行到头顶，然后再下来。体内的气血就像一个河流，在头顶和脚底之间往复循环，如环无端。每天早晨都做这个观想练习，这叫迎气，也就是用我们的心神导引气血，对体内气血的升降循行起到了诱导和推动作用。

内视观五脏是静态景象，而这个内视迎气是个动态过程。迎气时这个注意力没有聚集在某一部位，而是伴随着推动气血往复流动，让它更加通畅。如果体内存在气血郁结的地方，通过这个迎气法就可以将其疏通。

常以鼻引气，口吐气，小微吐之，不得开口。复欲得出气少，入气多。

平时要经常用鼻子吸气，用嘴巴呼气，呼吸不要用大口喘粗气，而是用很小的小口很轻微地呼气。嘴巴微微张开，似张非张，嘴唇间有一个很小的缝，轻轻地吐气，似吐非吐。

还注意要出气少，而入气多。吸气的时候吸得很长，呼气时呼得较短。

比如吸气吸五秒，呼气呼两秒，这就是一种补法。假如原来身体发冷，虚乏，做一会儿吸长呼短的呼吸之后，就会感觉身体变得热乎乎的，也感觉有力气了，这样可以补气血。一般人养生要以补法为主，因此用吸长呼短的方法。

如果反过来，呼长吸短，呼气呼得很长，吸气吸得很短，就是泻法。比如上火了，牙疼得火烧火燎的，就要用泻法，做一会呼长吸短的呼吸就会感觉火下去了。

每欲食，送气入腹，每欲食气为主人也。

这是讲食气的方法。把气“吃”到肚子里，并不是跟吃饭一样，而是用腹式呼吸法，用鼻子吸气的同时，小腹部扩张，用内视观想法导引呼吸，似乎吸气吸到了小腹，就可以把一身气血导引到小腹部位，这叫“送气入腹”。这个实际不是把呼吸的空气吸到小腹去，而是在吸气的时候借助胸腹腔的扩张动作，这个送气入腹的观想实际上促进了膈肌的运动，使得膈肌下降幅度比较深，从而使得心脏向下供血力度加大。所以食气不是“吃”空气，而是向下向内回收体内的气血，其原理仍然是四时阴阳，通过加强气血回收闭藏的方式实现补益气血的目的。

食气是一种导引气血回收闭藏的方法，也是一种特殊的呼吸方法，平常随时随地都可以练习，对身体有很大好处。无论是练习静坐，还是练习一些动作导引，都可以配合食气。所以在各种养生的动静功法中，都以食气为主。

把这些原理搞清楚了之后，各种呼吸吐纳的方法都可以触类旁通了，道理都是一样的，各家各派只不过再加上一些针对性的方法和形式化的东西。在养性的基础上运用这些内视或吐纳方法，就可以更加显著地提升体质，预防或治疗疾病。

第十一讲 养性之人身心俱稳

养性之人，对人、事、物都用一种平常心去平等看待，适当宽容一些，相互理解一些，不搞绝对，不走极端。

养性之人，无论在贫富毁誉各种环境中，都能够守道，坚守自己的心性，不被外物所动摇。

养性之人，虚怀若谷，心如渊泉，对自己的道德和智慧不自夸耀，对自己受到的不解和委屈毫不挂怀，常以深心、至诚心、恭敬心，面对一切人、事、物。

人之所以多病，是因为未曾养性。如果能够稍作内省身心，就会发现，自己的日常身心行为和思想观念中到处存在疾病的根源，很多疾病，都是由自己的身心行为导致的。

养性之人运心平等

健康的根本是养性，关键是提高人的心性和心态。养性深入到一定程度后就会发现，养性的底层逻辑是我们如何看待周围的人、事、物。

1. 爱憎喜恶不可过度

凡心有所爱，不用深爱。心有所憎，不用深憎，并皆损性伤神。亦不用深赞，亦不用深毁。

我们对任何事物的好恶、爱憎的感情都要淡化一点。特别喜欢什么东西不要喜欢过度了，特别憎恶的东西不要憎恶过头了。每种情绪，每种情感，都不宜太过度。爱憎过度往往会使人变得比较偏激，会损伤人的心神和性情，也就损伤了身心健康。比如失恋后太痛苦，是因为深爱到不能自拔，自己控制不了自己的情感，一旦失恋了就心灰意冷、焦虑抑郁，还会引起身体上食欲不振、失眠乏力等症状。

还有中年人对于子女的爱有时候容易过度，每天为孩子学习的事情焦虑，为孩子的前途忧心忡忡，把自己搞得每天睡不着觉，这其实是没必要的。因为孩子有他自己的人生道路，家长设计不了孩子的人生，孩子也不会变成家长期望的样子，他要变成他自己应该成为的样子。我们对孩子过度的爱，不但让自己劳心劳神，对孩子也是一个极大负担，甚至还可能伤害孩子。很多孩子心理压力大，焦虑抑郁，就与家长的过度关爱有关系。很多家长跟孩子之间是因为关爱而互相内耗，像谈恋爱的男女内耗一样，都是出于深爱，为了对方好，但表现的结果就是互相折磨。所以我们对孩子的爱要淡一点，适当保持距离，保留空间。

对一个东西厌恶太过，就像有洁癖一样，眼里容不得沙子，遇到一点情况就情绪激动，气血紊乱。憎恶太过的人往往心胸狭窄，长期持批判思维，看什么都不顺眼，时常有一种情绪耿耿于怀。一般而言，性情随和、心胸宽阔、与人无争、宅心仁厚才会有益健康。而对一些事物憎恶过深的人就是不随和，喜欢较劲，这要是当检察官还可以，但是在生活中就处处不利于健康了。

无论任何事物，对其过度喜爱或者过度憎恶，过度赞赏或者过度诋毁，都会在自己心里留下过重的烙印，牵引自己的心神，扰乱自己的情志，凝滞体内的气血，给自己的心性和身体带来很大损伤。

2. 于一切人、事、物运心平等

常须运心于物平等。如觉偏颇，寻改正之。

最后总结，“常须运心于物平等”。这是核心观念，就是对人、事和物都要平等相待，把有平常心，不要有过于强烈的分别心，看事情不要过于偏激。

要深入理解这个观念，就需要学习《老子》《庄子》等传统文化思想，突破看问题过于绝对的思维局限，领会到任何事物都具有相对性，而非绝对的。你认为的好人不一定是好人，你认为的坏人也不一定就是坏人，没有绝对的好人，也没有绝对的坏人。你喜欢的不一定真好，你讨厌的也不一定真坏。别人给你的印象，你给他贴的标签，都是相对的，都是片面的，都是有条件的，都是仁者见仁、智者见智的，而不是客观真实的，不是绝对正确的。明智之人都会懂得，万事万物没什么绝对的好，也没什么绝对的坏，都是相对的取舍，要看站在什么立场、从什么角度来说。换一个角度，换一个时空，换一个立场，好就变成了坏，坏就变成了好。想明白这个之后，才能谈得上“运心于物平等”。每个事物都有它存在的合理性，它的因缘、它的条件、它的立场，决定了它以这样的方式发展。你没站在他的处境，就理解不了他，就觉得他做的好像不对，其实把你换到他的位置也得那么做。所有的事情都是随着不同的条件在变，随着具体因缘而生，没有什么是绝对的。所以要运心于物平等，对于一般的人、事、物以一种平常心去看，适当宽容一些，互相理解一些，不搞绝对，不走极端。

有了上述观念，人就慢慢豁达起来了，性格就不会那么偏狭了。在这个过程中，感觉到有偏颇就及时改正，不断拓宽心胸，不断淡化偏见。所以养性其实是训练人的心性，但它跟我们的健康密切相关。凡是心性比较偏激的人，其健康不可能好，而心性比较随和的人其健康就比较好。

一个人能不能运心于物平等，性格是偏激还是随和，你一看他的面色、神情、眼神、言谈举止就能判断出来。一个人的性格心态是不是宽缓祥和，是写在他的脸上、写在他的眼神里的。情绪上的较劲，必定会给体内的气血带来冲击，从而导致气血的滞涩，最后就是气血紊乱。养性就是要做一个心胸敞亮的人，心里不较劲，气血也不较劲。

运心于物平等，来自《庄子》的齐物思想。《庄子》言："物无非彼，物无非是。自彼则不见，自知则知之。故曰：彼出于是，是亦因彼。"这提出了一种齐彼此、齐是非的思想，认为一切事物归根结底都是相同的，都是相对的，都是平等的，没有绝对的彼此是非之分，并且在不断向其对立面转化。人们对是非、彼此的刻板认知都是出自偏见，智者则能平等视之。养性之人运心于物平等，即能够通达一切事物的相对性和齐等性，才能够道通为一。

运心于物平等，也是《大学》所谓正心。《大学》言："所谓修身在正其心者，身有所忿懥，则不得其正；有所恐惧，则不得其正；有所好乐，则不得其正；有所忧患，则不得其正。"这就是说正心的关键在于避免忿懥、恐惧、好乐、忧患等各种情绪情感的牵绊和迷惑，而能时常保持心不为所动的中正平和的心境。而这个正心就是这里讲的运心于物平等，只有这样我们才能达到养性的境界，实现身心健康。

养性之人常须守道

1. 富贵不能移其心性

有了一颗“运心于物平等”的心后，在生活中还要“常须守道”，守住这颗心。

居贫勿谓常贫，居富勿谓常富。居贫富之中，常须守道，勿以贫富易志改性。

生活比较贫困不要太悲观，不要觉得会永远贫困，要相信一切都在变化，日子会越来越好；生活比较富裕也不要太乐观、骄横，不要想着永远都会富裕，要知道随时都有危机，时刻居安思危。

无论身处贫困还是富裕的处境，都要守道，守住自己的心性，不要因为贫富而改变心性。不仅要安贫乐道，安富也应乐道。道就是正确的规律，该怎么做事就怎么做事，无论贫富都是顺从规律，守住心性，做正确的事。这就是“富贵不能淫，贫贱不能移，威武不能屈”。人生中贫富穷通的境遇都会有波动，命运也是跌宕起伏，不是一成不变的。守道的人不管是在富裕的高峰，还是在穷困的低谷，他的心态都很正、很稳。贫穷的时候不会自卑，富贵的时候也不会自大，我们要的就是这种心态。如果一个人能做到这个心态，养生就没问题了。

《中庸》言:“君子素其位而行，不愿乎其外。素富贵，行乎富贵，素贫贱，行乎贫贱。素夷狄，行乎夷狄。素患难，行乎患难。君子无入而不自得焉。在上位，不陵下。在下位，不援上。正己而不求于人，则无怨。上不怨天，下不尤人。故君子居易以俟命，小人行险以侥幸。子曰：射有似乎君子，失诸正鹄，反求诸其身。”这段文字非常透彻地阐述了一个心性修养很高的人的状态。他无论处于富贵、贫贱、夷狄或者患难等各种不同的地位或境遇中，都能安于现在所处的状态去做应做的事，而不生非分之想。他无论处于什么情况下都是安然自得的。他在上不欺下，在下不攀上，端正自己而不苛求别人，就不会有任何抱怨。他安居现状来等待天命，而不会铤而走险妄图获得非分的东西。孔子说，君子立身处世就像射箭一样，射不中不会怪靶子不正，只怪自己箭术不行，会反求诸己。这就是养性之人常须守道的心境状态。

有的人在穷的时候自卑，每天恐惧、担忧、焦虑、悲观，然后还可能会有嫉妒、仇富的心理，觉得有钱人都是干坏事的，见谁比自己强就嫉妒人家运气好，觉得别人都是违法乱纪才会有这么好运气的。这种仇富、嫉妒心理会使人自暴自弃、自甘堕落，甚至认为越堕落越清高，这叫人穷志短。人穷时不能守道，性格偏激，心性出问题了，身体健康也会出问题。

如果人在低谷时守道，认真考虑怎样提高自己，把自己应该准备的条件准备好，付出自己的努力，等待时日，就可以迎来蓬勃发展的机遇。如果这么想的话，他就不会有负面情绪，就会积极努力、抓紧学习。自己比不上别人，肯定是自己还有很多短板、不足。谁比咱强就向谁学习，哪里不足就赶紧看书、请教，挣不到钱就赶紧提高自身本领，这样可能过两年就好起来了。因为精神积极向上，身体也就不会有大问题。人的身体之所以会垮，主要还是精神垮了。比如癌症患者，他一旦心生悲观、恐惧，精神垮掉，那身体大概率就不行了，生命力就没了。如果精神不垮，身体的生机就不垮。

人在富的时候也不要骄傲自大，否则就种下了危机的种子。要想着在高峰时每往前走一步都是往下掉，所以越在高峰越要如临深渊、如履薄冰。真正有智慧的富人反而不那么骄奢，不会整天山珍海味、胡吃海喝，生活反而很有规律、很自律，这样他的身体才会好。

中医书上经常提到某个患者的病因是“忽然失势”“宿贵新贫”，就是以前很富贵现在突然穷了，或者以前很有地位现在突然没有地位了，这样的人的身体健康容易出大问题。就是因为这样的人在这个变动中不能守道，精神不能内守，心性稳不住，他的身体健康才会一落千丈。

2. 心如渊泉，不自夸耀

识达道理，似不能言。有大功德，勿自矜伐。

一个人懂得很多的道理，但看起来好像不善言谈；有很大的功德，为人民做了很多好事，但是并不炫耀。这个要求比上面的更高了，这是一种心如渊泉的涵养，达到了返璞归真的境界。

正如《老子》所言：“不自见，故明；不自是，故彰；不自伐，故有功；不自矜，故长。夫唯不争，故天下莫能与之争。”懂得了善恶是非的道理，但是不与人争，不自认为善，不自以为是，不自夸其功，逐渐进入了无我境界。这样的人做了什么好事，有大功德，根本不往心里去。假如老想着做了多少好事，虽然也是好人，但那个境界就差一层了，自己的内心已经被外物牵绊住了，必然会进一步产生情绪的波动。不要想着自己做了好事，要把做的那些事儿都忘掉，做了那么多好事从来都没挂在心上，不跟别人说，自己也不觉得自己了不起。正如《金刚经》讲的“应无所住，而行布施”，自己做的功德，自己的知识智慧，自己都不执着，不放在心上，就跟没有一样，这是无我的境界。

传统文化修心养性都追求这个境界，都追求无我，这样的心态是心如渊泉，心如止水，如如不动，深不可测。他的心就像静谧的深渊，没有什么东西能够打扰它的澄澈清净，没有什么东西能够让它荡起一丝涟漪。

3. 养性之人服药是锦上添花

美药勿离手。

养性是我们的根本，抓住了根本之后，在日常生活中也不妨吃点药物来保养身体。这个药就属于锦上添花。假如没有养性，性情乖张，情绪糟糕，那吃药就没有什么用。但如果心性已经很好了，吃药就很有好处。我们要做锦上添花的事，不要做皮之不存毛将安附的事。

古代养生修道的人首先是养性，养性之后他们也吃药，这就是中医“服食”之法。药的种类很广泛，要广义地理解，包括一些治疗性的药物、保健性的药物，以及各种药食两用的食物。

4. 言语就是身体的健康写照

善言勿离口。

要经常对人说好听的话，说话客客气气的。说好话，做好事，存好心，与人为善。在生活上和工作中，跟家人、同事、上司、下属、客户等各种人都不起冲突，融洽相处。人际关系融洽和谐之后，人的心情好，体内的气血也自然平和顺畅。反过来，有的人说话难听，张嘴就带刺儿，跟人处处起冲突，跟谁都顶牛，不但人际关系会恶劣，生活幸福感降低，体内气血也会壅滞不畅，导致健康受损。平时我经常说，一个人的言语就是自己的风水，就是自己的命运，就是自己的健康。说话好听的人，到处都在为自己打开道路；说话难听的人，到处都在为自己堵上道路。心态如此，气血如此，健康如此，事业如此，命运也如此，通达还是障碍，都在于自己的言语。

言为心声，心为气血之主。如果一个人的健康已经出了问题，气血郁结，精气神衰败，那么他的言语内容也会出问题。中医有闻诊的诊断方法，可以从患者言语之中发现体内的健康问题。比如一个人气血很宣畅，说话就会喜庆欢快；一个人肝火过亢，说话就会口气很冲，喜欢批评和指责别人；一个人气血郁结，说话就会反反复复，纠结犹豫；一个人气血衰败，说话就会悲观阴暗。以此类推，可以说，言语就是一个人的健康写照。

5. 省察每一个起心动念

乱想勿经心。

一个人的生活方式怎么样，情绪调节得怎么样，欲望节制得怎么样，养性做得怎么样，归根结底取决于其内心的想法，即每一个起心动念。因为一切身心行为，一切精神情志，一切生活方式，都是每一个起心动念所表现出来的外在现象。正如《楞严经》所言："由心生故，种种法生。"内心生起的每个心念正是各种身心行为的根源。

因此，养性之人要修正自己的身心行为，改正生活方式，最终追溯到内心的每一个念头、每一个想法。正如《大学》所言："欲修其身者，先正其心。"如果出现了错误的想法，出现了负面的念头，就要立刻将其熄灭，否则这个念头就会逐渐发展成为各种错误的身心行为，让我们身不由己地被它绑架，后面再想约束它就很难了。自古以来，养性有成的人都必须学会内省和内观，即向内观察自己的起心动念，省察自己的内心活动。只有保证内心的思想没有错误，才能进一步保证外部表现的言行不出现偏差。

养性之人做到深处，就全是心地功夫。前面提到孔子说的"思无邪"，就是保持内心每一个起心动念的纯粹、端正，不出现邪僻之念，不出现轻浮之心，才能保证身心行为渐渐与道相合。

6. 以至诚恭敬之心待人接物

常以深心至诚，恭敬于物。慎勿诈善，以悦于人。

常常对所有的事和物都怀着深切、至诚的心态，对一切事物保持恭敬的态度。这句话要求更高了。《大学》讲，做到了诚意正心，才能够修身齐家。诚意就是这里说的心态恭敬、至诚、真实，对任何事情都恭敬、认真、审慎，没有一点轻浮、诈伪、轻视。

有了"深心至诚"的修养，就不会为了取悦别人而做些虚伪的伪善，假装善良来欺骗他人，赢得虚名。也不会恨别人，也不会向别人谄媚，不会为了讨好别人而卑躬屈膝，始终用恭敬心、平常心待人。

对于诚敬之心，民国三大高僧之一印光大师特别强调。印光大师的儒学修养很高，佛学修养也很高，他在当时社会中的影响力特别大，他给人写的书信和著作里，最核心的观念就是诚敬之心。他称之为"闲邪存诚"，就是把各种邪念去掉，把各种乱七八糟的想法去掉，把恭敬至诚的心念留下，用诚敬之心面对一切人、事、物。

保持诚敬之心，就不会整天胡思乱想一些歪门邪道的东西，也不会有过度的喜怒哀乐，也不会患得患失，也不会走任何极端，在任何情况下都坦坦荡荡，光明磊落。

7. 以道平心，不做假好人

终身为善，为人所嫌，勿得起恨。

一个人一直在做好事，结果没落好报，还遭到别人的嫌恶，落了一身不是，在这种情况下也不要起怀恨心。

这个情况很普遍，想做好事的人不少，但经常有做了好事反落埋怨的情况。这时候心里又不甘，不甘就纠结、不平，反而生起愤恨心，结果做了好事反而心态更扭曲了。经常听到有人感叹说，好人没好报啊。实际上这个感叹正反映出了其不甘，就说明本质上我们还不算真的好人，我们只是假好人，因为其心态还不够纯粹至诚，还有很多患得患失。尤其是学习传统文化的初学者，自己想做个好人，经常做些好事，但常有做了好事反而更郁闷的情况。因为自己有好人这个人设的约束，不能发作，不屑辩驳，但心性境界又没有那么高，心里放不下，只好在自己心里较劲，暗气暗憋，结果自己憋出来心理疾病，憋出来心理扭曲，憋出来精神分裂，最终假好人变成了真病人。

有至诚心的真好人，是不会胡思乱想这些的，只管做好人好事，只管做正确的事情，别人怎么对待自己根本不予介怀，做了好事落了埋怨，根本也不会起愤恨心，也不会在心里留下心结，还会按照自己的本心继续做好事。本心就是深心、至诚心，只做应做的事，而不受别人如何评价的影响。更何况运心平等的人做了好事根本就不应该自伐其功、自矜其德，就应该直接把这些忘了，不觉得自己做了什么好事，不觉得别人欠了自己什么，这才是真好人。

必须避免这种情况。当我们想做好人的时候，就要彻底放开内心的杂念，心无所住而行布施，不要斤斤计较于自己付出了什么，不要有任何期盼回报的杂念。

事君尽礼，人以为谄，当以道自平其心。

事君就是为国君办事。现在来说，就是为国家、为企业、为组织，甚至为家庭尽到自己的职责和应有的礼数，结果别人还认为你是献谄媚、献殷勤，不安好心。这也是被误解了。这时候我们就用道来安抚自己，受了冤枉、受了委屈，要以道来平复自己的心态，让自己释怀。这个道就是符合天理人情、符合自然规律。用道来自平其心，就是只要认为这么做是对的，是合道的，那么遵道而行就可以了，做正确的事情就行了，自己能够与道相合就是标准，至于别人怎么说都不要计较。我们只对道负责，不对别人的评论负责。

道之所在，其德不孤。

养性的人，所作所为一直是坚持守道，守住正确的方向、正确的道路。可能周围有的人不理解，但也一定有一些人能够理解，这叫“其德不孤”，道和德不是孤单的，我们是有同道的。谁能理解我们呢？跟我们处于同等境界的人就理解我们，英雄惜英雄。

《论语》里讲“德不孤，必有邻”。一个有道有德的人是不会孤单的，他一定有他的同道。也就是说，我们只管做好自己的事、守好自己的心性就行了，并不需要所有人都理解，但一定会有人理解，一定能找到知音。

这两句话都是说受了委屈的情形。《论语》开篇就讲：“人不知而不愠，不亦君子乎。”“不知”不是说不知道我们，而是不理解我们。做了那么多事，别人不理解、不体谅，甚至还误解我们，但我们不会因此而生气，这才叫君子。所以真正的君子不光是做好事，更是做了好事不希求别人的理解，即使别人不理解自己也不挂怀。

勿言行善不得善报，以自怨仇。

不要老说行善不得好报，然后自己在那里愤恨不平，仇视一切。那种假好人最后会变成心生仇怨，反而心态越来越差，我们不要这样。行善就不要执着，不要挂怀，不求理解，不求回报。

人知止足，天遗其禄

下面进一步讲在生活中养性的方法，以及疾病的由来。

居处勿令心有不足。若有不足，则自抑之，勿令得起。

这里讲到了知足。在生活用具、生活起居各方面不要有不足的心态，不要贪心、不满意。如果有不足的心态就要及时调整消除，不要让不足之心升起来越来越强。

这当然有个前提，就是基本生活条件是过得去的，不是连温饱问题都没有解决那么恶劣。在已经解决基本生活需求的情况下，要时常对自己的生活有知足心、感恩心。这是一种安时处顺的心态。因为生活条件没有固定标准，往上攀比没有止境，人的欲望也没有止境，永远都有比我们条件更好的。一旦我们升起不知足的心，就会陷入无尽的不归路。无论自己实际条件怎么样，永远觉得不如别人，那样每天都会沉浸在这种负面情绪中，吃着山珍海味也感觉不到快乐。为了这个不知足的欲望，我们就会勉强去做超过自己能力的事，拼命去跟别人攀比，最后就置自己的身心健康于不顾。看那些为了欲望丧失健康的人，甚至为了欲望而违法犯罪的人，最初的欲望就是来自跟别人攀比生活条件，对自己的生活不知足。所以要防微杜渐，一旦有了不知足的心态，就要把它消灭在萌芽状态，否则等这个欲望越来越强大以后，我们就深陷其中无法自拔了。

《黄帝内经·上古天真论》讲："甘其食，美其服，乐其俗，高下不相慕，故其民曰朴。"无论我们吃什么，都觉得很美味；无论穿什么，都觉得很舒适；无论什么样的生活习俗，都觉得很快乐。人与人之间不互相攀比，不互相羡慕，各自守护自己的内心，享受自己的生活，这就是时时对生活感到满足的和谐状态。

人知止足，天遗其禄。

这里有个座右铭："人知止足，天遗其禄。""止足"就是因为知足而停下追求欲望的脚步。一个人如果知道止足的话，上天就会赠予他福禄，他就有福了。一个人如果能止足，他的生活体验就会越来越美好，他的心态就会越来越愉悦，他的心性就会越来越淳厚，他的身体自然就会越来越健康，生活也会越来越幸福。这就像前面提到的"仁者寿"一样，仁者就是知道止足之人。

《道德经》中说"罪莫大于可欲，祸莫大于不知足，咎莫大于欲得。故知足之足，常足矣"，也是讲这个道理，罪恶、灾祸和过失都是以贪欲不知足为最大，只有人能知足，才是永久的满足和幸福。

所至之处，勿得多求，多求则心自疲而志苦。

无论到哪里，到什么场合下，我们对外物的需求都不要贪多，够用就行了。如果贪求太多的话，就会身心疲累而精神苦恼。

举个例子，新冠病毒感染大流行期间我们住到隔离酒店，有矿泉水喝，也有卫生间，睡觉也不是太冷，这就很舒服了。我们有这个知足的心态，住在哪里都可以自得其乐，开开心心看看书，或静心休息，这样体验感就会很不错。如果贪求得太多，又是抱怨喝不成咖啡，又是抱怨不能在院子里散步，那就住得很苦恼。同样是隔离几天，如果在苦恼和愤愤不平的心态中度过，这个体验感就差多了。

多病是因为不养性

接下来，孙思邈又从反面来告诉我们，人之所以生病较多，是因为不能养性。这是个振聋发聩的警世之言。

1. 多病是因为未曾养性

若夫人之所以多病，当由不能养性。

一个人之所以频繁生病，就是因为不能养性。因为不能养性，其心性、精神情志、心态、思想、欲望和生活方式等方方面面都会存在不当之处，这是疾病发生的根源。这段再次强调了养性和健康之间的密切关系，并且直截了当指出疾病的根源。

很多人不知道疾病的根源是自己未能养性的缘故，所以总觉得自己得病是很无辜的、很意外的、很随机的。因此，他们不但不会找到疾病发生的根本原因，不能从根本上祛除疾病，还会怨天尤人，或者胡乱甩锅，最终也不可能摆脱疾病的困扰。其实疾病的根源是自己的心性，是自己不能养性。人们缺少的就是反思自己的能力，缺少对自己身心状态自察自省的能力，这才是难以避免疾病发生的根本原因。

如果我们理解了这个道理，再去观察生活中或者门诊上遇到的那些患者，去了解他们的生活，就会对此更加心有戚戚焉。大部分疾病的频繁发生，都有它的生活基础和心性基础，往往都是因为人不能养性，不能改变自己的不良心态、不良思维方式和不当生活习惯。

2. 平日的身心行为都是疾病的根源

平康之日，谓言常然。

在太平健康的时候，经常会觉得自己将永远健康，将一直保持这个健康的样子。这就是没有危机感，没有预见性。很多年轻人就是这样，现在不得病就认为自己不会得病，虽然经常听到各种疾病的信息，但觉得那都是别人的事儿，下意识觉得疾病跟自己没关系。因为他还没得过病，目前处于“平康”状态，就无法预见到以后的危机。绝大多数人都会犯这个错误。

所以对一个目前处于健康状态的人，你去劝他养生，他是不会听的，他不会认为疾病跟自己有什么关系。非得等到有朝一日病倒了，他才会意识到，真的应该早点预防疾病啊。所以有一句俗语说，人教人教不会，事教人一次就会了。这都是因为人的思维定式，不见棺材不落泪，不撞南墙不回头。

纵情恣欲，心所欲得，则便为之，不拘禁忌。

人在平常健康的时候肆意放纵自己的欲望，心里想干什么就干什么，随心所欲地折腾，任性而行，什么禁忌也不遵守，没有任何约束和自律。《菜根谭》说“老来疾病，都是壮时招的。衰后罪孽，都是盛时造的。故持盈履满，君子尤兢兢焉”，指的就是这种情况。

欺罔幽明，无所不作，自言适性。

“欺罔”就是不遵守、欺骗。“幽明”，就是天地之间无所不在的规律。不遵守冥冥之中的天道规律，胡作非为，肆无忌惮，自己认为这样做才痛快、才是率性。

不知过后，一一皆为病本。

不知现在做了这些放纵的事情以后，每件所作所为都会成为将来疾病的根源，一个也跑不了。现在每天的言行，各种不良心态，吃喝拉撒各方面的不当行为等，每一项都是病根，在将来某个时间就开始发作。年轻的时候不发作，是因为身体暂时还能扛得住，但病根已经潜伏进去了，到一定年龄后才开始发作。所以养生做得好或者不好，在年轻时是看不出来的。天天胡吃海喝的人，年轻时看着也挺好。平时很谨慎，很注意养生的人，在年轻时看着也就那样，两者好像差不多。这是因为还年轻，疾病的根还没有萌芽，都记着账呢，还没到算账的时候。等到过了 30 岁、40 岁后就看出来了。之前做过的每件糟蹋身体的事儿、破坏健康的事儿、违背规律的事儿，一件一件都开始发芽、生长，变成一个个疾病。“一一皆为病本”，就是一笔一笔算账。这东西也不是神仙给你记账的，是自然规律，是天地大道给记着账。待年龄大了以后，平时不养生的人体质明显就不行了，快速衰老，体检报告上问题一大堆，各种疾病纷至沓来，生活质量大幅下降；而比较注重养生的人就衰老得比较慢，疾病也少得多。

各种坏习惯伤人不是马上就能觉察到的，可能坏习惯坚持了一年他还觉得好像没事，所以他就不相信养生的必要性。大部分人之所以不想养生就是这个心态。我们在门诊上经常会讲，大部分慢性病都是“经年累月”“年深日久”得的，不是一年得的，也不是五年得的，至少已经酝酿了十年，甚至二十年。平时根本就感觉不出来，一直积累到十年以上才形成一个病。所以同样是到了 40 岁，有的人满身是病，有的人健康无疾，你看看他们 20 岁的时候分别在干什么就清楚了，在这个时间跨度上才能看出来。而大部分人因此而麻痹，觉察不到坏习惯可能给自己的健康带来的危害，这就要善于从别人的教训里面汲取经验，不用非得自己也折腾二十年，真那样就来不及了。要善于观察别人，有 40 岁的样本可以观察，也有 60 岁的样本可以观察。看看他们在 20 岁干了什么，40 岁是什么身体，60 岁又是什么身体，从他们身上吸取教训，就知道自己该怎么做了。

3. 疾病是长期积累、突然暴发

及两手摸空，白汗流出，口唱皇天，无所逮及。

一个人平时不注意养生，突然检查出有病了，比如得了肿瘤或者中风，就像突然之间一脚踏空，找不到依靠，这是一种突然在悬崖踩空的感觉。

凡事预则立，不预则废。所有的事情都应该提前预料到、准备好。生病也是如此，要为将来可能生病而提前准备，用养生来预防疾病。大部分人不准备，从来没想过自己会生病。一旦遭遇这种生病的情况，毫无思想准备，就会吓得“白汗流出”。“白汗”就是出冷汗、出虚汗，很恐惧。之所以有这种感觉，就是因为他从来不为将来的疾病做准备，从来没有想过有一天自己也有可能得病。这时候“口唱皇天”，就像《伤寒论》自序中说的“呼天抢地”，到了危急时刻就开始哭天喊地，怨天尤人，不愿接受现实，但都没有办法挽回了。

不准备的人得病之后有两个特点：一是接受不了，二是情绪异常。得病以后就不单纯是一个病的问题，而是整个身心生活状态的大幅滑坡，整个生活质量的崩塌。比如得了中风、肿瘤后，不只身体有病，整个人的性情都会大变，整个生活质量就一落千丈。因为没有思想准备，突然中风或者得了肿瘤，就坠入激烈的情绪冲突中，感到愤怒、暴躁、痛恨、懊悔、恐惧、悲观、自暴自弃、怨天尤人等。所以生病不只是身体上的痛苦，其精神上的痛苦更严重。本书第一讲中提到，未知死，焉知生。我们必须提前几十年就考虑将来会生病这件事，也就是现在 20 岁、30 岁、40 岁时，就要考虑有朝一日有可能自己会得中风、肿瘤、糖尿病等。考虑之后，从现在就开始调整我们的生活，开始养生，就可以让这些危机消灭于潜在阶段，不让它变成现实。如果我们不采取任何行动措施，这些危机就会逐渐变成现实。

皆以生平粗心，不能自察，一至于此。

生病的人之所以如此被动，就是因为他一辈子都很粗心，不能对自己的身体健康状况进行觉察，才导致这个结果。粗心是因为他一直在想外面的事，想工作、想挣钱，或者想吃喝玩乐等，从来没有关注过自己的身体，对自己的身体健康不敏感，没有觉察到自己身体的变化，这就是麻木不仁。

病来如山倒，这是一般人的误解。一般人以为得病是偶然的遭遇，这是错误的观念。实际上绝大多数疾病特别是那些慢性大病都是酝酿很多年、积累到临界点才突然暴发的。疾病暴发前其实早已经年累月酝酿很久，给我们留下大量的时间和机会去准备了。因此，慢性病不是不能预料，不是不能防范，只是由于大部分人的麻木不仁才未能察觉，未能提前准备。

不能察觉就不能预防。当我们关注身体，察觉到身体的危机，察觉到自己生活方式和精神情志的不当后，才能够主动纠正，没有察觉就没办法纠正。我们有时候会沉迷在一种不良状态里，比如吃喝玩乐、酒色之欲、加班成习惯、看视频上瘾、熬夜上瘾等，当时根本就意识不到这个状态有问题。我们要练习觉知力、自察力，要时刻觉察自己的状态，这样就可以随时纠偏。

病由自造

1. 思想行为之中皆有病根

但能少时内省身心，则自知见行之中皆长诸痾。

如果我们能够每天稍微拿出点时间来反省自己的身心状态，就可以发现，自己的认识和言行之中不断酝酿着各种疾病。

“少时”就是这个时间不用太多。“内省”就是向内省察。养生并不是说不工作了，只是要稍微用点时间来向内省察一下，检查一下自己的身心有什么问题。“身”，就是身体，以及衣食住行、生活习惯、吃喝拉撒、寒凉温热等方面的生活方式；“心”，就是心态、心性、思想、情绪、精神等，身心两方面都要内省。内省不需要很多时间，每天用 5 分钟就够了。省察之后，根据发现的问题及时调整身心状态，这就是我们经常说的反省。不管做任何的事情，都要经常反省，养生、养性更是如此。

内省是有识之士都应该具备的优秀品质。小到做任何事情，学习、工作，大到健康和人生，都要经常反省。比如夫妻吵架，有些夫妻从 20 多岁结婚开始吵架，到了 60 多岁还在吵，几十年都在吵，吵架的原因和套路都一样，日复一日，年复一年。这就是因为两人谁也不愿意反省，谁也不愿意改变，都一直停留在刚结婚时的认识水平和心性水平，一辈子没什么进步，也就是一辈子没什么出息。面对养性和预防疾病的目标，只有学会内省，随时发现问题、改正问题，才可能不断进步。养性不是一蹴而就的，而是一个不断推进、不断迭代、不断升级的过程，在不同的阶段就有不同的收获，因此我们得不断地内省。

一个人一旦有了内省的精神，就会发现，身心各方面都存在很多不当之处，这些都是导致疾病的根源。每天的一言一行都有相应的后果，观察自己每天处在什么状态，就可以预料到将来会有什么发展结果，它是有规律的。这些各种疾病，就是从日常不当的身心行为中慢慢滋生发展而来的。我们如果内省到一些不当的身心行为，及时纠正，就可以避免将来产生疾病的结果。如果不内省，那就直勾勾奔那个结果去了，这是丝毫不爽的。

2. 疾病是我们自己造就的

将知四百四病，身手自造，本非由天。

学会了内省，我们就可以知道，各种各样的疾病，其实都是自己的身心造就而来的，并不是天定的。

“四百四”是个虚数，就是很多的意思。很多的疾病都是我们自己的身心行为造就的，不是老天给的，不是别人给的，不是命运给的，也不是随机偶然的。如果我们麻木不仁，就不会明白这个道理，觉得得病是偶然的，所以平时就心存侥幸，得病了又心存不甘。当我们会内省时就知道，疾病是由于我们不当的身心行为发展而来的，都是自己选择、自己造就的，或者更加直截了当地说，都是自作自受。

就如同家庭是否和睦也是自造的。我们每天怎么对待家人，就带来相应的回报。有的夫妻老吵架，老觉得都是对方的错，殊不知其实是自造的，自己的行为模式招引了对方的行为模式，导致了最终的结果。所以遇到问题要首先反省自己。

《中庸》主张君子遇到什么事情都是“反求诸己”，从自己身上找原因，首先纠正自己的错误。疾病的发生也是同样的道理。除了天生的疾病或者意外的疾病，大部分慢性病都是由我们不当的身心行为和生活方式导致的。得病以前我们就要提前从自己身心下功夫，好好养性，预防疾病；得病之后我们要从自己身上找原因，调整自己的生活方式和身心状态。

3. 不可过于依赖医疗

及一朝病发，和缓不救。方更诽谤医药无效，神仙无灵。

不预防疾病的人，到某一天突然发病就晚了，这时候即使是上古神医医和与医缓也治不好。这时候又开始诽谤医药无效，诽谤医生是庸医，神仙也不灵验。

“和缓”是指上古的两位神医，一位叫医和，一位叫医缓。张仲景也好，孙思邈也好，道林也好，他们都说如果平时不养生，事到临头突然得病的时候，神医也很难救治过来。这是实事求是的说法，告诫我们不要迷信医术，迷信医学。不是说神医的医术不行，也不是说神医的医德不行，而是必须懂得客观规律。这个客观规律就是，不是任何事情都可以重来，疾病发展到一定程度就是神医也没办法，在医疗上绝不是人定胜天的，不是永远可逆的，不是想怎么样就怎么样的，客观规律是违背不了的。

在中医经典《伤寒论》自序中，医圣张仲景也讲了这个道理，说人们平时不注意身体，不学习医学知识，得了病之后呼天抢地也无济于事。《黄帝内经》是让我们治未病，而不要到了不可收拾的地步再来治病。历代的名医或医学经典，没有一个信心满满地说：得了病不要紧，咱这医学先进，你好好学医术或者找我治疗，就不怕得病。相反都在说：你千万注意养生防病，不要得病，得了病很难治。这是客观规律，疾病并不总是可逆的，不是任何情况都可治的，医学不是万能的，不可迷信医学。

如果一个医生给患者讲，得病不怕，找他治就行，没什么大不了的，都是可以治的。我们就要注意，这可能是个骗子。人家张仲景、孙思邈医术高不高？人家都是非常敬畏疾病，告诫患者千万注意别得病，他们什么时候说过有医学就一定可以药到病除？

近些年来，有些人有目的地反对中医，他们为了污蔑中医落后，就相对照地过度夸大西医学的能力，到处宣传现代科学发达，医疗先进，好像什么病都研究清楚了，都能治疗了。这给老百姓造成一个误解，好像觉得人就不能死，人就不该死，得了病一定能救活、一定能治好，治不好就是医生不努力，就是医生没医德，这就是近年来医闹层出不穷的原因。这是极其严重的认识偏差，让大家误解医疗的真相。实际上医学解决不了的疾病太多了，远远没有人们想象中的“手眼通天”。

正因为人们迷信医学，就会接受不了有的病很难治愈的现实。所以最后得了病治不好，就埋怨医生，诽谤医生，怨天尤人，憎恨社会，反正都是别人的不对，绝不会反省作为这个身体主人的自己有什么责任。经常有一小部分患者到处在控诉医生，控诉国医大师是骗子、名医是骗子、中医是骗子、专家是骗子、医院是骗子，就是因为他的病经过中医、西医都看过，全国各地名医都治不好。

患者之所以诽谤医药，就是因为他把治病的责任都推给医生了，他认为他花了钱吃了药就应该治好，治不好肯定是医生的问题。有这个观念的人很多很多，而且很顽固。若是跟他说治疗疾病不仅仅是医生的事儿，不能只靠药物，还得调整生活方式，他会认为这个医生是在推卸责任。虽然诽谤医生好像给自己的病甩了锅，可是病还是治不好，这个现实还得面对。因此，我们一定要尊重客观规律，在客观规律面前，人人平等。

故有智之人，爱惜性命者，当自思念，深生耻愧，诫勒身心，常修善事也。

所以有智慧的人、爱惜性命的人，他应该提前考虑这些问题，通过内省，懂得疾病是由自己的不良身心生活方式造成的，进而升起惭愧之心。为什么人家不生病而我生病呢？肯定是自己在某些方面做得不对，违背了健康的规律。有了这个认识之后，人就会改变，就会回头。通过约束自己，调整生活方式，经常努力去做正确的事，人的生活状态和心性就都开始改变了，就会往好的方向走，这样才能最终避免疾病。人没有这个惭愧心就不会回头，就会很顽固，一条道走到黑，固执地就认为自己倒霉，医生不作为，谁都对不起自己，这就不可救药了。

因此，养性的人其心平等，其性守道，心性不为外物所扰，其身体也健康少病，难为外邪所侵。养性的人在身心两方面都具有强大的自稳能力，能够在各种情况下保持顽强生命力，这就是身心健康之本。

第十二讲 养性要落实在居处、言语与饮食方面

养性要贯彻在生活中，落实在居处、言语与饮食等各个方面。

居处方面，养性之人以雅素净洁为主，器物朴素，饮食节俭，不可奢靡。言语方面，需注意在夜间以及冬至之日少言语，在饮食、寝卧、行步之时不可言语。饮食方面，需注意饥饱适当，熟嚼慢咽，食品卫生，饭后散步，避免醉饱等问题。

练习胎息是延年益寿的好方法。

在居处中养性

养性并不是单纯的思想问题，而是从思想出发，最终还要落实于生活中的方方面面，百行周备。其中，养性首先要落实在居处方面。

1. 居处以雅素净洁为主，不可奢靡

至于居处，不得绮靡华丽，令人贪婪无厌，乃患害之源。

我们生活居住的地方，不要太奢侈华丽，不要把自己的家布置得像皇宫一样富丽堂皇。如果家里布置得太豪华，就会增长人的贪心和欲望，慢慢就会滋生邪念，损害心性，成为招致很多祸害的源头。现实生活中这样的例子太多了，本来在创业阶段是个艰苦奋斗的好青年，一旦享受到了奢侈的生活条件后就在不知不觉中腐化了。人的欲望被刺激起来之后就收不住了，越来越膨胀，慢慢就迷失了自我，陷入放纵欲望的泥潭。

从养生的角度来说，条件好的人不容易养生，因为他会沉迷在享受里，放纵这种贪欲。一般人的烦恼、不良情绪、健康损害，甚至一些灾难，根源都来自放纵贪欲。无论是贪图钱财、地位、名誉，还是别人的恭维，都会导致心性失守，把握不住做事原则，甚至连法律法规都遵守不了。而这个贪欲一开始还没有那么强烈，在一点一滴的生活享受中，从小到大，萌芽发展，直到把自己吞噬。因此，奢侈的生活享受是培养贪欲的温床。

有句话叫“无欲则刚”。没钱的时候每天喝小米粥、大米粥，家财万贯之后还是喝小米粥、大米粥，那就很厉害，谁也不能把他打败，谁也不能诱惑他，他就没有弱点、没有软肋。因为他太稳了，没有贪欲，无欲则刚，

就不会为了贪欲而做不当之事，损害健康之事。我们要知道，无论贫富贵贱，其实人的需求很简单，其他的都是为了欲望而强加上的。

富贵不能淫，也是讲这个意思。如果一个富贵的人没有迷失，照样还能保持本色，这是了不起的人物。实际上能不能做到这点和他能不能养生是一回事，因为养生就是养性，那种淡泊少欲的心性是根本。

但令雅素净洁，无风雨暑湿为佳。

只要把家里搞得素雅干净就可以了，家里条件只要保证不受风雨寒暑的侵害就行了，不要太华丽，我们现在基本上都能满足这个条件。吃饭睡觉不需要太大的地方，并不需要太多条件。这样的简单环境让人心态淡泊，情绪稳定，减少精气神的损耗。

2. 日用器物和饮食以俭约为佳

衣服器械，勿用珍玉金宝，增长过失，使人烦恼根深。

日常穿的衣服，用的物品器械，不要用那些黄金美玉、珍珠宝石，就用普通的物品。有的人穿戴了名牌衣服和珠宝之后，一出去整天不是骄傲自大就是和人攀比，要不就是怕丢了、怕坏了，患得患失的，整个心神都被这些东西牵着走了，神不守舍。所以用这些名贵的东西让人“增长过失”，烦恼会更多，损害健康的机会也多了。

厨膳勿使脯肉丰盈，常令俭约为佳。

饮食所用的肉食美味不要太丰富，即使生活条件很好也不要铺张浪费。再有钱的一个人一顿饭能吃多少，还不就是一碗饭几个菜，都不一定吃得完。每顿饭都简简单单少吃一点，品种也少一点，以俭约为佳。俭约能让人心性安和，也能让身体健康。

从古到今，养生的观点在饮食上都是以简朴为佳，饭吃七分饱，量不能过多，也不要太奢华。这一点与现代人过度追求饮食营养丰富差别很大。现在人受到错误的信息误导，认为摄取营养是多多益善，吃了很多饭还觉得不够，还需要补充很多营养素。这都是太丰盈、太过度了，就会损害健康。饮食俭约这点是现代大部分人很难接受的，他们很难相信这些中医传统观念，因为营养越丰富越好的观念对他们的影响太大了，结果就造成现代非常多的疾病都是因饮食过度而产生的。

3. 行步、言语、寝卧的要领

然后行作鹅王步，语作含钟声，眠作狮子卧（右胠胁着地坐脚也）。

人们在平时要经常散步，散步有要领。行就是慢慢走。前面有句话叫“行不疾走”，就是要慢慢地走，不要快跑。“鹅王步”就是像鹅走路一样，抬着头，昂着胸，高抬腿，轻落脚，迈大步，一摇一摆慢慢走，是很舒展轻松的一种步伐。所以吃了饭散步是这样迈着方步优哉游哉的样子，比较放松。而不要暴走，不要走那么快、那么紧、那么急。

说话的时候要让声音内敛浑厚，让气从腹部丹田处发出来，这样人的精气神也会比较内敛。不要用那种很轻浮的声音，把一身气血完全浮散于外。我们在与人聊天的时候，可以从对方说话的声音、语气，听出来他是心气浮躁，还是心神沉静。

睡觉的时候要用狮子卧这种方式，狮子卧就是右侧卧。睡觉的姿势最好用右侧卧，睡的时候右侧的身体在下面，右侧的脸挨着枕头，右腿伸直在下面，左腿自然弯曲下来放在右腿上。佛像中卧佛就是这样的姿势，这是对身体健康有益的。左侧卧的话一般人会觉得心脏有压抑的感觉，尽量避免。仰卧与右侧卧相比，缺少气血敛藏的感觉，容易耗散气血，所以一般气血旺、火气盛的人喜欢仰卧。仰卧可以把手放在肚脐上，有助于安神，不要把手放在胸上，否则会导致胸部产生压迫感，感到胸闷或呼吸困难。

4. 进食要熟嚼慢咽

每日自咏歌云：

美食须熟嚼，生食不粗吞。

问我居止处，大宅总林村。

胎息守五脏，气至骨成仙。

这里讲了一个歌诀，是让我们像座右铭一样，每天提醒自己。说到这个歌，想起《西游记》里孙悟空去寻找神仙，在山上遇到一个樵夫，樵夫唱着神仙教他的歌。我们也是如此，要唱着“神仙”歌，提醒我们过神仙般的生活。

“美食须熟嚼”，吃饭一定要多嚼，细嚼慢咽，一口饭恨不得嚼几十下，嚼得越烂越好。跟“熟嚼”相对的就叫“生吞”，没有嚼就咽下去了。以前一般人都知道细嚼慢咽的道理，但现在有一些年轻人却真不知道。细嚼慢咽对促进食物消化吸收有极大好处，对肠胃功能很有益。在这个细嚼慢咽的过程中，不仅可使食物充分粉碎、促进唾液分泌，还可以让人更加关注进食过程，让整个消化系统为进食工作充分动员。这就像前面提到的吃饭的时候专注吃饭一个道理，在细嚼慢咽过程中就可以在很大程度上实现形与神俱。

固体食物需要熟嚼，相对的还有液体食物也需要慢咽。比如喝水、喝酒、喝茶、喝汤，要小口喝，小口小口慢慢咽，不要牛饮，一碗汤咚咚就灌下去了，那不好。打个比方说，生吞和牛饮都是趁身体不注意，一下子就把食物和水灌进去了。那身体自然就没有准备好消化它们，没有分泌相应的消化液、消化酶，就很难充分消化吸收。所以饮食一定要让身体充分准备，慢慢吃。

古代有本养生书讲药酒的食疗方法，里面提到“千口一杯”，是说这一小杯药酒喝的时候要分成一千口喝，每喝一口的量很小，感觉舌头上沾了点喝进去了，又好像没东西咽下去一样。一杯酒喝了一千口才喝完，这就和细嚼慢咽一样，对身体是最好的。当喝得很慢时，液体没等到胃里而是在口腔黏膜处就被吸收了。喝得快的时候咕咚咕咚就到胃里了，要经过胃的消化吸收，这两者效果不同。比如喝一杯燕窝或者人参汤，经过胃肠的消化吸收和直接经口腔黏膜吸收，两者吸收的成分是不一样的，吸收的效率也不一样，胃肠消化吸收过程中会有一部分食物成分的破坏或者损失，所以我们要重视经口腔黏膜的吸收方式。

“生食不粗吞”，如果吃生的食物，不能粗枝大叶地吞食，也要细嚼。生食和上一句美食对举互文，意思是无论生食还是烹饪的美食，都要熟嚼，都不能粗吞。

“问我居止处，大宅总林村”，“总”是聚集的意思。要问“我”住的地方，在树木聚集、森林环绕的村子里，有一个大宅子，那就是“我”住的地方。这提示我们要亲近大自然，住在绿树环绕的村庄大院是最养人的。当然这在现在很奢侈了，现在都住在都市的混凝土房里，远离大自然，空间也局促，感觉很压抑。特别是对处于成长阶段的儿童来说，亲近大自然对孩子的身心健康非常重要，我们应该多为孩子创造亲近大自然的机会。等我们退休以后，也应该重新回归田园，这对老年人的身体健康是很必要的。

养性之人可练习胎息

胎息守五脏，气至骨成仙。

这是上一节歌诀的最后两句，提出了用胎息养护五脏，实现延年益寿的方法。“守五脏”前面讲过了，黄帝内视法就是用自己的心神内视返观去守五脏，呼吸顺其自然就行了，侧重用神。而胎息是侧重通过训练呼吸来实现守五脏的方法。

1. 胎息的操作方法

训练呼吸的总原则是让呼吸越来越深、匀、细、长、缓。深，呼吸一进一出深度很深，一口气能吸到底、呼到尽头。匀，呼吸的节奏频率非常稳，不忽快忽慢。细，呼吸非常细微，若有若无，连绵不断，而不是呼呼带喘。长，一口气能呼很长时间，好几十秒。缓，非常的舒缓、柔和、细腻。我们把呼吸逐渐练到这个程度，最后是绵绵若存，好像有又好像没有，细细的、绵绵的、微微的，似有似无这样的状态。一旦达到这个状态，呼吸次数会逐渐减少。胎息境界很高，一般很难达到，我们只要在一定程度上做到呼吸比较深、匀、细、长、缓就可以了，有助于身体健康，延年益寿。

胎息相关的著作很多，唐代有一部道家著作叫《胎息经》，专门讲胎息，就几十个字：“胎从伏气中结，气从有胎中息。气入身来谓之生，神去离形谓之死。知神气可以长生，固守虚无以养神气。神行即气行，神住即气住。若欲长生，神气相注。心不动念，无来无去。不出不入，自然常住。

勤而行之，是真道路。”

《胎息经》是古代修道养生方面比较经典的著作，讲的理论和方法都非常深刻。我们稍微介绍一下其大意，帮助大家理解胎息的方法。

“胎从伏气中结”，“胎”指的是修道有成后神凝不动、神气合一的境界。达到这个境界的核心手段就是“伏气”，就是逐渐降伏、摆脱后天的呼吸功能和脏腑功能的束缚。“气”就是指身体的呼吸功能、气血运行和一切脏腑功能。这是说要通过调控和降伏呼吸功能而达到神气合一的境界。

“气从有胎中息”，讲伏气的手段要依靠凝神，在凝神内视的基础上降伏呼吸。

“气入身来谓之生，神去离形谓之死”，神气相依是本文的主旨，就是我们的心神与身体呼吸功能和气血运行之间相互依存、相互影响。我们身体的生存，依赖气和神的并存，缺了哪个都不能生存。

“知神气可以长生，固守虚无以养神气”，我们懂得驾驭自己的神和气就可以延年益寿，养神、养气的方法就是固守住虚其心、忘其身的清虚无为状态。“神行即气行，神住即气住”，这就是我们之前反复提到的，心神能够指挥气血，神气两者相互依随。神动气就动，神停气就停，神停在哪儿气就停在哪儿，神走向哪儿气就走向哪儿，神走得稳气就走得稳，神走得乱气就走得乱，神走得快气就走得快，神走得慢气就走得慢，神向外浮动气就向外浮动，神向内收敛气就向内收敛。

“若欲长生，神气相注”，实现延年益寿的途径就是保持神气合一，也就是前面说的形与神俱。

“心不动念，无来无去”，是说心定神凝以后，致虚极，守静笃，心不动摇，无来无去。这时候，神定则气定，呼吸“不出不入，自然常住”，这是神气合一而达到静定的胎息境界，呼吸功能被降伏，口鼻呼吸达到不出不入的状态，然后就安住在这个胎息状态。

“勤而行之，是真道路”，这个方法需要不断地坚持勤奋实践，日积月累，才可以实现，这就是达到胎息的道路。

我们看，《胎息经》的核心要旨是神气相依，即心神与呼吸的统一性，这和我们前面反复讲的养性之道是完全一致的。练习呼吸就是实践神气相依原理的一个方法，在练习呼吸的过程中要始终把握神与气之间的关系，通过调整呼吸来凝神，通过凝神来调整呼吸，互相促进，最后达到神气合一、神定息住的境界。

2. 气血凝炼内守

接下来我们回归《孙思邈养性论》。

“气至骨成仙”，把气血凝炼到骨髓，最后就可以延年益寿了。“胎息守五脏，气至骨成仙”，这两句合起来，就是通过胎息可以把气血固守在五脏，凝练到骨髓。这是神气合一、形与神俱以后，神气凝定，心神与气血都不外驰，气血就回收固守在内脏和骨髓，精气神就充足持满，就可以延年益寿了。

传统养生对于精、气、神有个总原则就是要凝聚、凝练，要收而不是散，要积累而不是消耗。精气神一散就短寿，一凝练就长寿了。所以日常生活中不管说话办事还是起心动念，都要以这个为大原则，之前讲的十二“少”、十二“多”、恬憺虚无、精神内守等，本质都是为了凝聚精气神，向五脏、向骨髓凝聚气血。

又歌曰：

日食三个毒，不嚼而自消。

锦绣为五脏，身着粪扫袍。

这段比较难理解，主要是“毒”这个字。这句话是从正面讲养生方法，这个“毒”不是有毒有害的意思，而是能够滋养人的东西。《道德经》里面有“亭之毒之”，王弼注曰：“亭以品其形，毒以成其质。毒，今作育。”因此，“毒”有滋养、养育的意思。“日食三个毒，不嚼而自消”，就是每天吃三种滋养人的东西，不用咀嚼就可以消化吸收，所以这三个不是一般的食物，而是精、气、神这样的东西，即每天向内收并蓄积精气神。蓄积精气神的方法即前面所言养性，在生活上做减法以及内视诸法。

更为重要的是，我们吸收了精气神，蓄积了气血，用在什么地方。“锦绣为五脏，身着粪扫袍”，是说把珍贵的气血精华储存在五脏，让它滋养五脏，而不要浪费在躯体外表，躯体外表可以节约一些、简单一些。相当于我们有钱了把钱花在能够提升内涵的地方，而不是花在外表为了让别人看。这就是前面讲的，不要挪用军费装修花园。把自己的气血好好收藏在五脏，让它滋养五脏，而不是强行把它调到外部变成肌肉疙瘩，结果外表好看，内脏却空虚了。

在言语中养性

1. 声从气海出

修心既平，又须慎言语。凡言语读诵，常想声在气海中（脐下也）。

当我们修心养性有一定成效以后，还要落实在生活中更具体的一些细节，比如慎言语，说话方面有很多需要注意的地方。

首先，每当说话或者出声诵读时，都要在心里观想着声音是从气海丹田中（脐下小腹部位）发出来的，这个跟前面提到的“语作含钟声”类似。实际上声音还是从嗓子里出来的，但是有这种观想之后，发声时声带振动带动的共振腔部位就更深，达到腹腔深处。比如做腹式呼吸时，我们观想呼吸深达小腹，实际上空气还是进到肺里，但是呼吸带动胸腹腔、膈肌的运动幅度就增大了，可以深达腹腔深处。说话的时候，如果观想声音就是从嗓子里出来的，结果就仅限于声带这个较浅的部位在振动；如果观想着声音从胸腔出来，那就是声带连带胸腔振动；如果观想声音从小腹气海处出来，那么声带一振动，整个腹腔都在共鸣振动。后者声音的音质会浑厚内敛，会让人气血沉静、心神安定，对身体健康也有益。如果一个人仅仅从嗓子里发出声音，声音听起来很轻浮，体内的气血也会浮越，心神也就不稳定。

2. 夜间不要言语诵读

每日初入后，勿言语读诵，宁待平旦也。

“初入”是天黑以后。就是夜晚不要大声说话、大声读诵。如果需要说很多话，需要读诵，就等到第二天早上。

这个道理就是四时阴阳规律，夜晚气血闭藏，人的心神要安静。言为心声，发出声音这种动作会带动体内的气血和精气神都振动起来，说话读诵多了心神就浮越，气血就没法闭藏，所以夜晚要少说话，别诵读。而早晨适宜说话诵读，因为早晨正是气血宣发的时候。我们小时候上学，每天早晨都是起床后先早读一个小时，然后再吃早饭。早读就是专门大声朗读的，琅琅书声响彻校园。而晚上就不要出声诵读了，晚上是安静地自习。当然晚上也不是完全不说话，要少说，声音要小，不能说话太多、声音太大。当然晚上大声喧哗、大声吵架那就更不好了，会亢奋地睡不着觉。打仗、格斗的时候，或者一个人害怕的时候，都会大声喊叫，就是因为大声喊叫能够提振精气神，提升气势。我以前上学走夜路时心里害怕，就得一路大声唱歌壮胆儿。因为大声言语会振奋气血，所以适于早上，而不适于晚上。

3. 早晨专说好话

旦起欲专言善事，不欲先计校钱财。

早晨起来说话要专门说好话。“善事”就是开心的事、吉祥的事、大家都喜欢听的事，就是俗话说的早起讲吉利话。道理还是四时阴阳规律，早晨相当于春天，气血升发的时候，要养升发之气。《黄帝内经》中讲：“春三月，赏而勿罚，生而勿杀”，就是春天或者早晨，要营造生机盎然、朝气蓬勃、欣欣向荣的升发气象，对别人要多鼓励而不要批评，多帮助而不要遏制，见到人说好话，见了谁都笑，让自己和别人都开心，这样一天的气血和精神都会顺利宣畅升发。如果一大早就发脾气批评人，或者板着脸，一身煞气，气血就没法升发，这一整天气血都走不上正常秩序。一年之计在于春，一日之计在于晨，春和晨是一个道理，是气血升发的关键阶段。这里“计校钱财”就是举个例子，代表所有烦恼、压抑、发愁、争斗等负面的事情，不要在早晨想这些负能量，会抑制气血升发。尤其要提醒各位家长朋友，早晨不要批评孩子，不然孩子这一天都高兴不起来。晚上睡觉前也不要批评孩子，不然孩子一夜也睡不好。

4. 饮食、睡卧和行步时不可言语

又食上不得语，语而食者，常患胸背痛。

吃饭的时候不要说话。如果一边吃饭一边说话，容易得“胸背痛”这样的病。什么道理呢？吃饭的时候食物从咽部经过食道下咽，说话的时候是喉部声带带动气管振动发声，这两者之间需要很精密地协调，才能不至于互相妨碍。如果一边说一边吃，一不小心就会出现协调不好的情况，就可能噎一下或呛一下，出现食道痉挛或者气管痉挛，甚至出现食物误入气管的情况，就可能导致胸背痛。此外，吃饭时说话需要分心，消化功能也会下降，正如前面所说的要专心吃饭。

亦不用寝卧多言笑，寝不得语言者，言五脏如钟磬，不悬则不可发声。

躺下睡觉的时候不要多说多笑。《论语》说“食不语，寝不言”，睡觉时不管是侧卧还是平卧，不要大声说笑。为什么睡觉不能说话呢？因为我们的五脏就好像钟磬等乐器一样，只有在体内悬挂起来才能发声，不悬挂起来就不能发声。

人在大声说笑时，整个胸腔和腹腔都在振动，五脏也在振动。我们站起来或者坐起来的时候，五脏就通过筋膜悬挂在胸腔和腹腔，这种悬挂的

状态便于五脏的振动能量释放。如果躺在床上，五脏就不是悬挂状态，而是放平直接搁置在胸腹壁上了，这时说话带来的五脏振动能量没法释放，都被五脏吸收了，五脏就会受到损伤。特别是唱歌，我们可以感受一下，站着或坐着唱歌感觉舒畅，躺着唱歌把自己憋得浑身难受，就是这个振动能量无法释放的原因。

从这里可以引申出一个很重要的东西，就是声音与五脏的关系。人在说话发声的时候，声音会引起胸腹腔和五脏的振动，不同频率的声音引起的五脏振动频率也不同。不同脏腑由于形状、大小、质地不同，每个脏腑的振动频率不同，不同的脏腑与不同频率的声音相共振。发出不同频率的声音就可以针对性地共振到特定脏腑，相当于给脏腑做按摩，就可以治疗相应脏腑的疾病。

中医理论认为“五音对应五脏”，角、徵、宫、商、羽这 5 种音调的声音，分别振动肝心脾肺肾五脏。因此可以根据具体病情所在脏腑，分别发出相应频率的声音进行治疗，这就是五音疗法。古代有专门利用声音治病的方法，叫六字诀，针对性地发出 6 种特定声音去调理相应脏腑。大家有兴趣的话可以自己学一下。

除了发出声音可以振动脏腑，听到外部声音也可以与相应的脏腑共振。我们听戏剧、音乐，乃至诗词古文的吟诵，都可以收到声音治病的效果。声音的不同频率和腔调，可以刺激不同的脏腑，起到相应的调理脏腑的作用。这就是音乐、戏剧、吟诵在身体健康方面的作用。

音乐不光能治病，还能调节人的情绪，因为情绪就是由五脏产生的。不同的声音通过刺激相应的五脏，就会产生相应的情绪变化。所以自古以来音乐都是陶冶性情和养生养性的重要手段之一。

行不得语，若欲语须住乃语，行语则令人失气。

走路也不要说话。说话时咽喉声带、气管和胸腹腔是按照声音的特点有节奏地振动的。如果一边走路一边说话，走路引起的脏腑振动和说话引起的振动叠加一起，这个节奏就不好协调了，就会感觉要么呼吸不畅，要么走得很累，会让脏腑受伤，这就是“失气”，即耗气。如果要说话就要先停下脚步，站住了再说话。

5. 冬至少言语

冬至日，止可语，不可言。自言曰言，答人曰语。言有人来问，不可不答，自不可发言也。仍勿触冷开口大语为佳。

按照四时阴阳规律，冬至这天是气血闭藏的极点，是最不能调动气血的时候。所以《易》云“至日闭关，商旅不行”，就是讲在冬至日这一天要特别慎重，不能扰动气血。“言”和“语”不一样，自己主动说话叫言，被动地回答别人的话叫语。“止可语，不可言”，就是冬至这天最好是不说话，实在不得已有人来问，可以简单回答一下，自己不要主动说话。这是把扰动气血的可能性降到最小。在冬至日即使说话，也不要张着大嘴巴大声说话，否则冷气灌进来，会触冷而得病。其实经常有人得这个病，俗话说“喝了凉风”。

从这些论述可知，说话是让气血向外升发、宣散的过程。所以凡是说话声音很大、说话太多，到哪儿都是未见其人先闻其声、大呼大叫的，他一定气血宣散过度。反过来，一个人整天声音特别低，寡言少语，木讷腼腆，这就是气血闭藏太过，升发不起来。这两种极端都不合适，在日常生活中应该走中道，阴阳调和。

我们学了养性论或中医之后就会发现，人的身心生活方方面面都是背后一个共同底色在不同侧面的展现。一个人的心性、心态、思维习惯、情绪、性格和他的说话习惯、吃饭习惯、生活习惯、五脏六腑的状态、气血生长收藏状态等都是一理贯通的，都与健康或疾病状态密切相关，进而还与他的家庭状况、工作状况、人际关系、前途命运等都是相关的。这就是养性的整体观。

在饮食中养性

接下来阐述养性落实在饮食方面的注意事项，这方面比较琐碎一些。

1. 饥饱要适当

言语既慎，仍节饮食。是以善养性者，先饥而食，先渴而饮。食欲数而少，不欲顿而多，则难消也。

善于养性的人在饮食上也要谨慎而节制。不要等到很饿了才吃饭，不要等到很渴了才喝水，不要忍饿忍渴，而是稍有饿感就吃，稍有渴感就喝。每次吃饭的量要少，但频次可以多，少吃多餐，而不要一次吃很多，间隔时间太久。一次吃太多消化不了，间隔太久又忍饿，这就是饥一顿饱一顿，对身体不好。

常欲令如饱中饥，饥中饱耳。盖饱则伤肺，饥则伤气，咸则伤筋，醋则伤骨。

经常让自己感觉腹中是不太饿也不太饱的这种状态，就是每顿饭都吃七八分饱，不过饱，也不等到特别饿就及时吃饭。太饱了伤肺气，这是因为肠胃太满，胃气不降，肺气也被壅遏不降；太饥了就伤中气，营养不良，体虚乏力。饮食太咸了伤筋，太酸了伤骨，五味的酸、苦、甘、辛、咸都不能太过，否则对身体都有损伤。

故每学淡食，食当熟嚼，使米脂入腹，勿使酒脂入肠。

因此，饮食的滋味要平淡，酸苦甘辛咸五味都不要太重，不要重口味。吃饭要嚼烂，细嚼慢咽，把米熬久一些使得熬出米脂，这个吃进去对身体有益，但不要多喝酒。

2. 开心愉悦的进食状态

人之当食，须去烦恼（暴数为烦，侵触为恼）。如食五味，必不得暴嗔，多令人神惊，夜梦飞扬。

人在吃饭的时候不要有烦恼或不良情绪。烦是突然暴发的不良情绪，恼是慢慢隐性存在的不良情绪。吃饭时不应该有任何不良情绪，否则都会损害健康。吃饭的时候一定要保持开心、愉悦、放松的正向精神状态，因为在这样的精神状态下人的交感神经抑制，副交感神经兴奋，会使消化吸收功能增强。如果人在吃饭的时候有情绪紧张、焦虑等负面情绪，极端一点说，就好像有人拿刀子在后面逼着一样，这个精神状态就告诉身体要处于战斗状态，结果就是交感神经兴奋，副交感神经抑制，消化吸收功能就被抑制，甚至一点食欲都没了。因此，吃饭时保持愉悦感很重要，最好是搞点仪式感。饭菜摆上桌，先欣赏一下，色香味俱佳，闻着、看着这么美好；然后再想一下，这是老婆给做的，感恩她；粮食是天地给的，感恩天地；然后再祈祷，希望所有人都跟我一样能享受美食，国泰民安，然后开始吃饭，这样消化吸收就很好了。相反，如果在吃饭的时候生气，不但消化吸收功能下降，损伤脾胃，还会进一步导致人的精神气血错乱，甚至夜里噩梦不断。

3. 肉食不可过多

每食不用重肉，喜生百病，常须少食肉，多食饭，及少菹菜，并勿食生菜、生米、小豆、陈臭之物。勿饮浊酒食面，使塞气孔。

不要吃太多肉，稍微搭配一点肉就行，吃肉太多容易产生各种疾病。“常须少食肉，多食饭，及少菹菜”，这里说得很明确，饮食以谷物为主食，肉类为辅食，再搭配点少量的酱菜之类。这方面现在存在很多误区，有的人竟然不吃谷物，不吃碳水化合物类食物，不管是为了减肥也好，为了其他目的也好，这都是很危险的。我在门诊经常遇到此类患者，不吃主食一段时间以后就会气血大亏，有些女孩连月经都不来了，整个人形容憔悴，体质下降。因此，谷物一定是我们的主食，占食谱的大头，这是非常重要的。还有的人以肉类为主食，这也会导致很多疾病，也是不可取的。

生菜、生米、豆子以及陈腐变质的食物都不要吃。生菜在适当季节稍微吃点还可以，但是不能过多，否则会导致脾胃功能下降，因为生冷之品难以消化。现在流行一种饮食习惯，以吃生冷的蔬菜水果为主，这也是很危险的，会导致气血亏虚，体质下降。生米也不易消化，当然吃生米的不多。豆类食物总体不易消化，所以豆类食物不能多吃，作为搭配稍微吃点可以，但要煮熟煮烂。比如煮八宝粥，里边以大米为主，稍微配点黑豆、绿豆、红小豆是可以的，但如果煮的八宝粥里多半是豆子，比米还多，那就不好了，吃了胃里会不舒服，不好消化。现代人吃精米面太多，所以稍微搭配点豆类等粗粮是有必要的。但是有的人走极端，认为粗粮比精米面更健康，就以豆类等粗粮为主食，不敢吃米面，那就不合适了，长此以往，不但会营养不良，而且脾胃负担也会加重。不要吃陈腐变质的东西，这个好理解，包括冰箱里的剩饭剩菜不宜多吃。

“勿饮浊酒食面，使塞气孔”，“浊酒”是未经过滤的质量较低劣的酒，这个要少喝。现在面食是我们的主流饮食之一，这里为什么不建议吃面食呢，主要是因为在面粉加工技术和发酵技术不成熟的古代较早时期，小麦面食相对较难消化，在这个时期面食不被推崇。因为小麦中的麸质和蛋白质较高，直接采用粒食方式（不磨面粉成粒食用）很难消化，即使磨成面粉不经发酵做出来的死面食品也很难消化。比如小米或大米，无论蒸煮都可以直接粒食，而小麦粒食难以下咽，吃了也很难消化。死面的馒头、饼也很难消化，吃了以后胃里容易胀满气闷，导致肠胃不通，所以说“使塞气孔”。所以这里不推荐面食主要指未经良好加工和发酵的面食。后来发酵工艺成熟了就不一样了，面食经过发酵变成发面馒头、发面饼、发糕、面包，这就很容易消化，吃了也没有不适。现在我们有特别丰富的面食品种，死面、发面的都有，相对来说死面的面食较难消化，在脾胃弱的时候尽量吃发面食品为好。

勿食生肉，伤胃，一切肉惟须煮烂，停冷食之。

不要吃生肉，否则伤胃，一切肉食都要煮熟煮烂后食用。这是我们的饮食传统，而现在很多人跟外国人学，牛排烤七分熟，或者吃生鱼片之类，导致脾胃的负担很重。古人提倡吃肉一定要煮烂，煮得烂乎乎的才好，煮烂的肉不要趁热吃，要稍微凉一下再吃。太热的肉食口感黏腻，火气盛。就像炖牛肉、炖猪蹄，热的时候吃不舒服，黏腻不爽，感觉胃里像被糊住了，不易消化。如果放凉后再吃就特别爽口，胃里也舒服。这个跟动物脂肪的性质有关，可见古人观察细微。

4. 食后漱口

食毕当嗽口数过，令人牙齿不败、口香。热食讫，以冷醋浆嗽口者，令人口气常臭，作齿病。

吃完肉食要马上漱口，这样牙齿就不会坏，而且口气清新。吃完热饭后，如果用冷醋浆漱口，则会令人口气常臭，还生牙病。

又诸热食咸物后，不得饮冷醋浆水，喜失声成尸咽。

在食用热的或咸味食物后不可以饮用冷的醋浆水，否则容易失声而成尸咽病，相当于咽炎。刚吃完热饭不要喝冷汤，否则热食经冷汤一激，就会引起气血凝滞而难以消化。现在有这种习惯的人很多，吃饭时爱喝冷饮。吃饭的时候本来吃进的是温热的饭菜，胃肠及其黏膜和毛细血管都是温热舒展的，这时候突然一口冷饮灌进去，胃肠的血管一下子收缩，不但造成消化不良，而且引起气血凝滞，甚至发展成为咽喉或食道疾病。所以饭后饮汤、饮水都要喝温的，漱口也要用温水漱口。

5. 进食出汗勿当风

凡热食汗出，勿当风，发痉头痛，令人目涩多睡。

吃热食出了汗后，不要吹风，否则会引发痉病而头痛，令人眼睛干涩、多睡。这也是现代人经常有的习惯，一边吃着饭，吃得满头大汗，一边吹着空调冷气，这是很不好的。吃饭出汗时，津液正从肠胃经皮肤毛孔向外发散，外面遇到凉风一吹，汗腺和毛孔就关闭了，这个汗液就变成痰饮废水滞留在皮下腠理，出不来也回不去，痹阻神经和血脉，慢慢就发展为筋肉僵紧、头痛、目涩、嗜睡等，这都是湿邪闭表的表现。

6. 饭后摩腹和散步

每食讫，以手摩面及腹，令津液通流。

每次吃完饭以后，用手按摩面部和腹部，可以使津液流通顺畅。注意这里不是揉而是摩，摩是用手掌轻轻接触皮肤进行滑动，皮肤不动，也不向下用力按揉，是很轻柔的。摩肤可以促进体内气血流通，但是并不对腹内器官施加压力。相反，刚吃饱饭后使劲按揉肚子是不对的，那样可能对肠道造成损伤。

食毕当行步踌躇，计使中数里来，行毕使人以粉摩腹上数百遍，则食易消，大益人，令人能饮食，无百病，然后有所修为为快也。

进食完毕后，应该缓缓步行，大约走满数里路程。注意是慢走，不能暴走，更不能跑步。然后让人用粉摩腹数百遍，食物就会容易消化，对人非常有益，使人胃口好，百病不生。这个粉可能是面粉、米粉或者滑石粉，是在按摩时用的，防止损伤皮肤。可见古人对于饭后摩腹这个做法还是很重视、很讲究的。这样做了以后人不生病，再进行“有所修为”，修心养性，那是一件快事。无论做什么修为，我们都要先把生活细节做好。否则一吃饭都吃病了，哪里还有修心养性的机会。

7. 睡前不可饱食、过醉

饱食即卧，乃生百病，不消成积聚。饱食仰卧，成气痞，作头风。触寒来者，寒未解食热食，成刺风。人不得夜食。

饱食后立即躺下，就会产生很多疾病，不能消化而成积聚。不得在夜里进食，也就是不要吃夜宵，因为吃了就睡觉会难以消化。饱食后仰卧会导致“气痞”，即胃脘痞胀，发展为“头风”，即头痛。受过风寒的人，风寒未解就进食热食，会形成“刺风”。因为体表受寒后毛孔闭塞了，如果这时吃了热饭，从胃向外散发出的气血津液到体表被风寒痹阻，就会郁滞在皮下，向外宣散不出去，向内也回不去，就会起疹子等皮肤病，叫“刺风”。受了风寒的人应该先解表发汗，化解风寒。

刺风这种情况，最典型的就是夏天身体外面吹着空调冷气，内部的肠胃又在进食火锅之类的热食。胃里大鱼大肉、大辛大热，一股气血津液热气腾腾地向外冒，而外面冷气导致皮肤毛孔关闭，胃里这个火出不来也回不去，堵在皮下，就长各种痤疮、湿疹等疾病。所以吹空调的人容易得皮肤病，只有充分出汗把郁滞宣散出来才能解除。

再如，踢完球身体很热的人，全身热气腾腾，气血正在向外散热，这时突然冲到空调房或者洗冷水澡，体表毛孔一下子被闭住了，里边的热还正往外涌，外边就给堵住了，一下子卡在了中间也会变成皮肤病。

又云：夜勿过醉饱食，勿精思，为劳苦事，有损余虚，损人。

夜晚不要过醉、过饱，不要费神做过于劳累的事情。过醉过饱后睡觉一方面影响肠胃功能，造成积滞；另一方面睡不安稳。所以睡觉前不要喝酒进食，要早早吃完晚饭，不要再吃夜宵。有的人为了睡得着觉，故意在睡前喝酒，认为喝完立即睡觉会睡得香，其实错了，这样大脑不可能休息得好，而肠胃也不能充分消化吸收，造成两方面都受伤。

睡觉前太劳神劳心也会让人睡眠不安，主要是劳心劳神让人精神亢奋，想入睡就困难了。所以我在门诊经常跟失眠患者说，睡觉前不能思考工作或者其他烦心事。如果必须思考那就坐到书桌前正儿八经工作，如果要睡觉那就不要思考，不能两个兼得。每天在上床睡觉的刹那，一定要在心里给一天工作做个了断，告诉自己一上床就是四大皆空，明天怎么样、工作怎么样、什么事怎么样，全部抛下，随他便，只管睡觉。如果说有事放不下，那就起来工作；如果说起来也没办法，什么也做不了，那就放下去睡觉，不要纠结，不要庸人自扰。这些不良习惯都对身体有损害。

常须日在巳时食讫，则不须饮酒，终身无干呕。

应该常常在巳时（上午 9 点到 11 点）进食，进食完毕后不要饮酒，这样终身都不会干呕。中医认为，巳时是脾经气血最旺的时辰，脾胃消化吸收功能比较强，所以这段时间是进食的最佳时间。这是单纯从脏腑功能旺衰时机上说的，实际上在生活中很难做到，我们一般能做到按时按规律进食就可以了。

8. 注意食物卫生

勿食父母本命所属肉，令人命不长。勿食自己本命所属肉，令人魂魄飞扬。勿食一切脑，大损人。

不要吃父母本命属相的肉，令人短命，也不要吃自己本命属相的肉，令人魂魄不安。这个要求在实际中很难实施，指导意义不大，但我们尽量不吃那些稀奇古怪的肉类，尽量吃生活中最常见的肉食种类，这样就比较稳妥了。

尽量不要吃脑类，猪脑、鸭脑等各种动物的脑尽量不吃。因为脑是藏神的，动物在濒死之际会有一些惊恐情绪，可能会引起大脑里产生某种毒素分泌，吃了对人的身体不利。

茅屋漏水堕诸脯肉上，食之成瘕结。凡曝肉作脯不肯干者，害人。祭神肉无故自动，食之害人。

茅屋漏水落到肉脯上，如果吃了这个肉会导致癥瘕积聚的病。古人的房子漏水，水是从房顶的茅草或者瓦上流下来，很可能带有寄生虫或虫卵或细菌，吃了这些会生病。这是食物污染的问题，可见古人对饮食卫生非常重视。现在虽然不漏水了，但也可能会不小心买到带有寄生虫、传染病的肉类等，大家应特别注意，购买经食品安全检疫的肉食。凡是没有晒干的肉，对人有害。因为晒不干的肉其中微生物比较活跃，吃了以后容易引发疾病。祭神用的肉无故自动，食用后对人有害，这个在古代的话也是沾染了虫蚁的缘故。

饮食上蜂行住，食之必有毒，害人。

食物上有蜂行走或者停留，吃了可能会中毒，对人有害。这是因为蜂本身有毒，会污染食物。当然也包括被苍蝇污染。

腹内有宿病，勿食陵鲤鱼肉，害人。

如果腹中有旧疾，不要食用鲮鱼或鲤鱼肉，对人有害。有可能因为鲮鱼、鲤鱼有利水作用，对于个别泌尿系统疾病不利，但是这个一般来说问题不大。这条主要是提示我们根据体质和疾病情况选择食材，有这个观念就可以，不必拘泥条文本身。

湿食及酒浆临上看之，不见人物影者，勿食之，成卒注。若已食腹胀者，急以药下之。

液体食物以及酒浆，从上面对着它看，看不见人影物影的，不要食用，食用后会形成“卒注”的疾病。这个不见人影物影，主要是因为液体表面产生了漂浮的霉菌或者微生物产物，已经发霉变质了。如果已经食用并且出现腹胀的，立即用药物把食物泻下来。如果万一吃了这种变质食物，要立即用药物攻下，把食物及其毒素排出来。

这连续几条都是讲要注意鉴别食物是否被污染、变质，可见古人对于食物卫生非常重视。现在卫生条件好了，但也难免遇到食物变质或者食物中毒的情况，这提醒我们一定要注意饮食卫生。

每十日一食葵。葵滑，所以通五脏拥气，又是菜之主，不用合心食之。

每隔十天食用一次葵菜。葵菜可能是冬葵之类的蔬菜，其性滑利，能够疏通五脏气机的拥塞，所以要经常吃一吃。葵菜是蔬菜之主，不要和动物心脏一起食用。这是强调选择蔬菜种类的原则，宜用疏通滑利的蔬菜作为常食之品，保持气血通畅。

9. 不可饮酒过度

又饮酒不欲使多，多则速吐之为佳，勿令至醉，即终身百病不除。

饮酒不要过多，过多了就尽快吐出来为佳，不要喝到醉，否则会终身百病不除。万一喝酒过多，要用催吐的方法吐出来，减少身体对酒精的吸收量，这个方法直到现在的酒客都会用，感觉喝多了就赶紧去卫生间催吐，一般用手指刺激咽喉就可以吐出来。

久饮酒者，腐烂肠胃，渍髓蒸筋，伤神损寿。

长期饮酒的人，俗话说的“酒蒙子”，肠胃会腐烂。因为酒精会损坏肠胃黏膜，慢慢形成各种胃炎、肠炎。酒的热性还会熏蒸骨髓和筋骨，损筋伤髓。长期饮酒还会使人“伤神损寿”，经常头脑不清，浑浑噩噩，最终减损寿命。可见饮酒过度的危害是非常严重的。

醉不可以当风向阳，令人发强，又不可当风卧，不可令人扇之，皆即得病也。醉不可露卧及卧黍穰中，发癞疮。

喝醉以后不可以吹风或朝向太阳，否则会让人发狂。醉后不可以在风中睡觉，睡觉时也不可以让人扇风，否则都会得病。醉后不可以露天睡觉或者睡在黍穰中，会导致癞疮。露天睡觉容易受风寒雨湿的侵袭，“卧黍穰”是指古代农村有时候睡在庄稼秸秆上，庄稼秸秆带毫带刺，容易刺激皮肤，这两种情况都可能引发癞疮这类皮肤病。现在我们领会这个精神就行，醉后不可以吹冷气，不要睡在地上或者其他不洁之处等。

醉不可强食，或发痈疽，或发喑，或生疮。醉饱不可以走车马及跳踯。醉不可以接房，醉饱交接，小者面皯、咳嗽，大者伤绝脏脉损命。

醉后不能勉强进食，不能吃太多，否则容易发作痈疽，或皮肤发暗，或生疮。这是因为进食过度导致痰热积聚。一般酒喝多了的人吃肉吃菜也多，所以有多重伤害。醉饱以后不可以坐车马以及跳跃，就是不能颠簸跑跳，要多安静，否则也会损伤肠胃，引发肠梗阻之类的疾病。醉后不可以行房事，否则轻者面生黑气、咳嗽，重者损伤脏腑经脉乃至损伤性命。可见醉后行房对身体损害非常大。

第十三讲 养性要落实在穿衣、睡觉等方面

养性还要进一步落实到其他生活细节中，包括穿衣、睡眠、二便、顺应时气等诸多方面。善于养性的人，此道一以贯之，在日常生活中各个细节都能调适恰当。

养性论原文提到的这些生活细节，是在古人的生活背景下讲述的，我们贵在领会其精神旨趣，在现实生活中举一反三，灵活掌握，而不必刻舟求剑，生搬硬套。贯彻养性的精神是根本，具体的生活细节还需因时因地因人制宜。

大小便有讲究

凡人饥，欲坐小便，若饱，则立小便，慎之无病。又忍尿不便，膝冷成痹，忍大便不出，成气痔。小便勿努，令两足及膝冷。大便不用呼气及强努，令人腰疼目涩，宜任之佳。

人在饥饿时要坐着解小便，饱食后则站立解小便，这样谨慎就可以避免疾病。古人对这些生活细节的处理非常严谨，因为饥饿时中气虚，解小便的时候容易晕倒，特别是一些体质弱的老人，容易出现这个情况。小便排出时也是一种泄气，气血下行，造成头部供血不足，严重者会头晕，坐着解小便就稳妥多了。如果饱食之后，气血充足则可以站立解小便。如果经常忍尿不便，则容易造成膝关节冷痛，引发痹证等疾病。强忍大便不解，会形成气痔，即气血瘀滞导致的痔疮。

小便时不要太用力强努，不要努着劲儿使劲解，否则会使双足和膝关节发冷。解大便也不要呼气和用力强努，否则会使人腰痛目涩。无论大小便，都应该顺其自然，让它自然排出为好，不要勉强。现在常有一些老人在强努大便后出现脑血管意外，这是由于在使劲排便时胸腹腔的压力急剧增大，迫使血液上行，导致脑血管负荷过大。

饮用水卫生

凡遇山水坞中出泉者，不可久居，常食作瘿病。又深阴地冷水不可饮，必作痎疟。

凡是山谷中出泉水的地方，不要长期居住，经常饮用此水会得瘿病，就是甲状腺肿大，这与水中所含的微量元素有关。另外，出自阴冷之地的深水也不可以饮用，否则会引发疟疾，这是感染性发热。这两条都是与饮用水卫生相关，包括水的矿物质含量、微生物含量等问题，养性之人在选择饮用水方面也要注意清洁卫生。

穿脱衣服的注意事项

饮食以调，时慎脱着。凡人旦起着衣，反者便着之吉。衣光者当户三振之，曰：殃去，吉。

饮食方面调整好了以后，还要按照时宜谨慎地穿脱衣服，就是衣着防护。如果人早晨起来衣服穿反了，就这样反着穿，这样吉利。如果衣服发光的话，把衣服对着门抖三抖，说：灾祸去除，这样吉利。这两条主要是一种心理暗示的仪式感，并不具有太多实际含义。但心理暗示也有一定益处，每天早上穿衣服时抖一抖，在心里说霉运消散，然后穿起来感觉似乎焕然一新，心情也会好一些。

湿衣及汗衣，皆不可久着，令人发疮及风瘙。大汗能易衣佳，不易者急洗之。不尔，令人小便不利。凡大汗勿偏脱衣，喜得偏风半身不遂。春天不可薄衣，令人伤寒霍乱、食不消、头痛。

湿衣服以及有汗的衣服都不可以穿太久，要马上换掉，否则令人生疮。穿湿衣服或有汗的衣服会引起皮肤病，令人皮肤瘙痒。一方面，衣服的湿气可以痹阻人的皮肤毛孔，造成湿邪闭表；另一方面，汗液也含有毒素或者滋生病菌，容易感染皮肤而生病。如果出汗很多，最好是能够立即更换衣服，不换也要尽快洗净，不然令人小便不利，这也是湿邪闭表。

凡是在大量出汗的时候，不要脱一侧的衣服，就是要么都不脱，要么全脱，不能脱一侧穿一侧，否则容易得“偏风”，即半身不遂。这个“半身不遂”又叫偏枯，就是因为气血偏于一侧而不能周遍。包括吹风也一样，要么整个身体吹，要不就不吹，不能只吹一侧，或者一个局部，那样容易得病。比如穿衣服只在肚子上或者腰上露个洞，这比整个不穿更容易得病。整个不穿不一定受寒，有个洞就特别容易受寒。中医还强调躲避隙风，就是那种从小孔洞、缝隙吹来的风。人在大风口吹着不一定得病，被小小的隙风吹着更容易得病。这个道理就是人体皮毛对外部环境的防御和适应机制，只能整体调节，而不能局部调节。身体整个露出来时会防御并适应，避免生病，但是只露出局部的时候，身体没法分区防御，这个局部的防御水平无法单独调高。

春天不可薄衣，令人伤寒霍乱、食不消、头痛。

春天不可以穿得太少。春天要穿厚一点，否则会令人患伤寒、霍乱、饮食不消化和头痛等疾病。春天要捂一捂，尽量穿暖和点，不要急着减衣服。春天是阳气升发的时候，从气血闭藏的状态开始升发，虽然已经在升发但力量很薄弱，就像植物的嫩芽一样，要小心呵护，保持温暖，来帮助气血升发。在北方更有这个体验，春天暖气已停，虽然外面气温不低了，但身体还是一阵阵有寒意，那个温暖是虚浮缥缈的，那个寒意是深刻内在的。就像李清照说的："乍暖还寒时候，最难将息。"初春是乍暖还寒，忽冷忽热，这时候最难调整衣着。俗话说二八月，乱穿衣。原则就是尽量穿暖穿厚，宁可暖一些，不可受寒。

春天尽量穿暖一点，秋天可以适当穿凉一点。因为秋天是气血收敛的时候，是从气血亢盛的夏天开始收敛，虽然在收敛但是总体上还很旺盛，这时候适当穿薄一点、凉一点有益处，一方面身体承受得了，另一方面还可以促使气血收敛，所以叫"春捂秋冻"。

睡眠的细节

脱着既时，须调寝处。

穿脱衣服已经调整合乎时宜之后，还应该调节寝处，就是卧室的布置。

凡人卧，春夏向东，秋冬向西。头勿北卧，及墙北亦勿安床。

人睡觉时，要“春夏向东，秋冬向西”，这是讲头部朝向的方位，头部不要朝北，北墙也不要放床。这是因为春夏养阳，春夏是体内阳气升发长养的时候，而东方五行属木，也代表阳气升发，所以春夏向东可以顺应并帮助阳气升发。秋冬养阴，秋冬是阳气收敛闭藏的时候，西方五行属金，代表收敛，所以秋冬向西也是帮助收敛阳气。头不要朝向北方，也不要靠北墙睡，因为北方过于阴寒，会导致人体气血流通不畅。

凡欲眠，勿歌咏，不祥起。上床坐先脱左足，卧勿当舍脊下。卧讫勿留灯烛，令魂魄及六神不安，多愁怨。人头边勿安火炉，日久引火气，头重目赤，睛及鼻干。夜卧当耳勿有孔，吹入即耳聋。夏不用露面卧，令人面皮厚，喜成癣，或作面风。冬夜勿覆其头，得长寿。

睡觉之前不要唱歌，否则会发生不祥之事，就跟之前说的睡觉前不要说笑一样，否则有损健康，影响睡眠。上床的时候坐着先脱左脚。睡觉时不要躺在屋脊正下方，房梁不要压着床，不然会给人一种压迫感。睡着以后不要留灯，一定要关灯，开着灯睡不踏实，令人心神不安，多感愁怨。睡觉时人的头边不要安放火炉，长期如此会引起上火的症状，让人头重目赤，眼睛和鼻子干燥。有时用电暖气之类，要注意别放在头旁边，这个热气对头部影响很大，放在脚边就没问题。晚上睡觉的时候，冲着耳朵的地方不能有漏风口，有风吹入耳朵会耳聋。这就是隙风，隙风像冷箭一样，吹到哪儿都会生病，所以卧室一定要严密，不能漏风。夏天不要露脸睡觉，令人面皮厚，因为夏天容易出汗，皮毛都打开了，此时吹着冷风就会得癣，得面风、皮肤病。露脸睡指的是睡觉时脸冲着外面的风。冬天不要蒙头睡，这样才能长寿。

凡人眠，勿以脚悬踏高处，久成肾水及损房、足冷。

睡觉时不要把脚悬踏在高处，就是不要把脚垫那么高，否则时间久了会形成肾病水肿，损伤房事。有的人喜欢这样翘着脚躺着，这会给心肾带来过多负担。

人每见十步直墙，勿顺墙卧，风利吹人，发癫及体重。

不要顺着较长的直墙躺下睡觉，因为这里往往风势较大，会吹到人，让人发癫以及身体沉重。这是一种比较长的墙，墙长了墙边就会有空气对流，形成墙边风。虽然窗户关得严密，但是墙边自身就会有空气对流，人在这里就很容易受风而生病。所以卧室不宜太大，太大就容易出现这种对流风，小一点就不会了。

人汗勿跂床悬脚，久成血痹，两足重，腰疼。

这个“汗”字是“卧”字之误，睡觉时不要将脚悬空垂着，时间久了会形成血痹，令双足沉重，腰痛，这是因为气血痹阻在下肢。人在睡觉时气血流通很缓慢，所以无论脚垫高，或者低垂着，都会因为血液循环不畅而出现痹阻，所以睡觉时躺平为好。

又不得昼眠，令人失气。

不要在白天睡觉，会令人气虚。这也是久卧伤气。在白天身体的气血是活跃亢奋的，结果人在睡觉，这样气血就活跃不起来而消沉了。

卧勿大语，损人气力。暮卧常习闭口，口开即失气，且邪恶从口入，久而成消渴及失血色。

躺下后不要大声说话，会损人气力。晚上睡觉时应该闭口，如果开口就会伤气，就会因此生病，逐渐形成消渴病，失去血色。

屈膝侧卧，益人气力，胜正偃卧。按孔子不尸卧，故曰：睡不厌踧，觉不厌舒。凡人舒睡，则有鬼痛魔邪。

“屈膝侧卧”，就是前面讲的狮子卧，一条腿屈膝蜷着而右侧卧，可以增长人的气力，这胜过正面仰卧。这就是孔子说的不尸卧。所以说，睡觉要尽量侧身蜷卧，醒来以后要尽量舒展。有句话叫“卧如弓”，就是这样蜷卧。如果舒展身体睡觉，就容易产生魔邪。

凡眠先卧心，后卧眼，人卧一夜，当作五度反覆，常逐更转。

这句话堪称座右铭，睡觉的时候要先让内心静下来，再闭上眼睛睡觉。我们上床睡觉时，先在心里观想“我要睡了”，在心里做个了断，到此为止，四大皆空，万缘放下，不再思虑其他事情，也不再胡思乱想，心神安定下来，这叫“先卧心”。然后再眼睛闭上让眼睛睡、让身体睡，这叫“后卧眼”。如果心是乱的，心没有安定下来，就算闭着眼睛躺在床上也没用，翻来覆去睡不着。失眠的人都是这样的，只知道卧眼，不知道卧心。人睡一夜应如此反复五次，翻身轮换。

凡人夜魇，勿燃灯唤之，定死无疑，暗唤之吉。亦不得近而急唤。夜梦恶不须说，旦以水面东方潠之，咒曰：恶梦著草木，好梦成宝玉。即无咎矣。又梦之善恶，并勿说为吉。

人夜晚睡中梦魇之时，这时他是睡着的，他在梦中感到恐怖、惊惧、不能动作、不能呼吸等，这时不要点灯唤醒他，也不要靠近他并急切地呼唤，不然会吓到他，应该在暗中悄悄呼唤他，不要再增加他的惊惧。晚上做噩梦不要说出，早上面朝东方将水含在口中喷出，并念咒道："恶梦着草木，好梦成宝玉。"这样就没有灾祸了。这也相当于一种心理暗示，可以平复噩梦给自己带来的不良情绪。还有无论梦到善或恶，都不要说出才吉利。

顺应时气

衣食寝处皆适，能顺时气者，始尽养生之道。故善摄生者，无犯日月之忌，无失岁时之和。须知一日之忌，暮无饱食。一月之忌，晦无大醉。一岁之忌，暮无远行。终身之忌，暮无燃烛行房。暮常护气也。

前面讲的衣着、饮食、睡眠等这些都调合适之后，还能够顺应时气的人，才能尽养生之道。顺应时气就是顺应时令、节气，也就是遵循四时阴阳的规律，按时令和节气调整生活方式。善养生的人不违反日月的禁忌，不错失四时的节律，顺应昼夜、四时的阴阳消长规律。这个规律包含不同尺度的周期，分别是一日、一月、一年、一生等，每个不同尺度的周期内都有类似的阴阳消长规律，一日的夜晚相当于一月的月末，也相当于一年的冬至。养性的人必须知道一天的禁忌是晚上不要吃太饱；一月的禁忌是阴历每月最后一天不要大醉；一年的禁忌是岁末不要远行；终身的禁忌是晚上不要点灯烛行房。总的原则是，在每个节律周期的终末之时都要尤其注重养护精气。

一日的夜晚、一月的晦日，以及一年的冬至，都是相应周期内的阳气闭藏阶段，也是阳气表现得最弱的阶段，要注意无扰乎阳，不能扰乱阳气的闭藏。所以晚上气血闭藏了就不要吃太饱。一个月的晦日是阴历月末，月亮完全消失的那天，也是人体气血最弱的时候，这时候不要喝醉。《黄帝内经》专门讲在晦日和望日治疗的补泻原则，晦日气血太虚，不能用泻法。望日就是月圆之日，气血很旺，不能用补法。讲的也是这个原理，人体气血随着月亮盈亏而旺衰消长。一年的岁末就是冬至前后，不宜远行，连一切锻炼和劳动都要减少，就是之前说的至日闭关，冬至不言，不要打扰气血闭藏。所以我们平时做什么事都要看看时令节气，一日内晨昏昼夜的情况，一月内月亮盈亏的变化，一年四季的情况，根据这个时令来调整生活中的一些行为。终身的禁忌即一生都要注意，晚上不能点灯烛行房，点灯都不行，当然更不能在白天行房了。

我们发现，这几个禁忌有个共性，都是在不同尺度周期的终末阶段，也就是“暮”，包括一日之夜晚、一月之晦日、一年之岁末，在这个终末阶段都要注意养护精气。因为不同周期的终末阶段都是气血闭藏的环节，四时阴阳生长收藏，其中闭藏阶段最重要，因为这是精气的储存阶段，一切升发的基础，所以在这个阶段要尤其强调养护精气。如果在中午、望日或者夏天损耗一点气血，相对问题不大，因为这时候身体的气血就是在耗散。但是夜晚、晦日或冬至损耗气血就影响很大，因为这时候气血是闭藏状态，损耗了会伤及根本。

所以不管做什么锻炼，最有害的就是在夜间锻炼，最有害的是熬夜，这都是破坏了气血闭藏。

头宜凉，足宜暖

凡气冬至起于涌泉，十一月至膝，十二月至股，正月至腰，名三阳成。二月至膊，三月至项，四月至顶，纯阳用事，阴亦放此。故四月、十月不得入房，避阴阳纯用事之月也。每冬至日，于北壁下厚铺草而卧，云受元气。每八月一日以后，即微火暖足，勿令下冷无生意，常欲使气在下，勿欲泄于上。春冻未判，衣欲下厚上薄。养阳收阴，继世长生。养阴收阳，祸则灭门。

身体的气血，在农历十月冬至时从涌泉穴开始升发。气血闭藏到冬至就到了闭藏的极点，从此时开始从闭藏转为升发，从脚底的涌泉穴开始，这是气血升发的发源地。到十一月气血升发至膝关节，十二月到大腿，正月到腰。这时候称为“三阳成”，就是一个月升发一节，现在升发了三节。气血在二月升发到胳膊，三月到颈项，四月到头顶，到达了阳气升发的极点。这时候实现了气血从脚心最低处升发至头顶最高处的全过程，这个阶段叫“纯阳”，升发到了颠顶。这时也到了夏天，农历四月之后就开始向下收敛转阴了。所以四月和十月分别是最高处的纯阳和最低处的纯阴，是两个极点，在这时候不能行房，因为这两个极点是气血转换的关键，不宜消耗扰乱气血。乃至一切过于劳累之事，都应该避免在这两个纯阴纯阳的时期进行。

每到冬至这一天，要在北壁下铺厚厚的草，在那儿睡觉，可以接受天地元气。这是因为冬至日天地之气和人体气血都到了闭藏的极点，转为升发，北方是天地元气闭藏的方位，因此在这个时候要从北方迎接元气升发，帮助体内气血升发。

每到八月一日以后，就要用“微火暖足”，这时到深秋了，就要暖足，不能让下部寒冷而没有生机。足下暖可以吸引气血下行闭藏，引火归元。古人讲究足要暖，头要凉，就是使脚下温暖，引火归元，使头上寒冷，迫使气血下降，从而实现气血闭藏的目的，这是一个健康状态。而很多患者生病以后，整个气血运行就颠倒了，出现上热下寒，腿脚冰凉，而虚火往头面冲逆，这个状态在门诊上是很常见的，这个就是气泄于上。

到初春之际，大地还没有完全解冻，这时穿衣服要“下厚上薄”，让脚暖而头凉。这是因为气血要从下面开始升发，保持身体下部温暖可以帮助气血自下而上慢慢升发。同时身体上面不要穿衣太厚，否则会导致升发过快，就容易上火，烦躁。

“养阳收阴，继世长生。养阴收阳，祸则灭门。”“养阳”就是温养气血升发的部位，也就是温足；“收阴”就是凉降气血收敛的部位，也就是凉头。因为气血从足下升发，而从头顶下降，这样就可以保持健康。反过来，如果“养阴”，即让气血下降的头部温暖，气血就没办法收敛；“收阳”，即让气血升发的足部凉降，就没法升发，这样就会生病。

所以这段反复在讲的是下升上降这两个极点，下部升发宜温暖，上部敛降宜寒凉，就是头宜凉，足宜暖。

故云：冬时天地气闭，血气伏藏，人不可作劳出汗，发泄阳气，有损于人也。又云：冬日冻脑，春秋脑足俱冻，此圣人之常法也。

因此，冬天天地之气闭藏，人体血气也伏藏，人就不可以劳动出汗，发泄阳气，破坏闭藏，否则对人体有害。所以整个冬天都不宜过劳，冬至日尤其需要注意，不能出汗，发泄阳气。所以冬天不宜过度锻炼，冬天跑马拉松、冬泳，经常出大汗，这都是有害的。还有“冬日冻脑”，冬天头部不要太暖，头部可以凉着点儿。因为冬天气血内收，外周循环收缩，脑血管的负荷比较大，如果让头部凉一些，血液就不会向脑部冲逆，减小脑血管负荷，不容易中风。如果头部过暖，就会有过多气血涌向头部，就容易中风。要想办法让气血更多地降到下部，不要涌到头上，这样就会降低中风概率，特别是中老年人一定要让头凉脚热，气血下沉，就像一个不倒翁，这样脑血管会比较安全。

春天、夏天、秋天这段时间，就要保持头和脚都偏凉一点，不要捂太热，这样气血会相对集中在内脏，对健康有益，这是圣人的常法。

春欲晏卧早起，夏及秋欲侵夜乃卧早起，冬欲早卧而晏起，皆益人。虽云早起，莫在鸡鸣前。虽言晏起，莫在日出后。

这个还是四时阴阳的规律，春天要晚睡早起，夏天及秋天要一入夜就睡，然后早起，冬天要早睡晚起，这样对身体有益。虽然说早起，也不要早过鸡鸣，晚起也不要能晚于日出。

凡冬月忽有大热之时，夏月忽有大凉之时，皆勿受之。人有患天行时气者，皆由犯此也，即须调气息，使寒热平和，则免患也。每当腊日，勿歌舞，犯者必凶。常于正月寅日烧白发，吉。凡寅日剪手甲，午日剪足甲，又烧白发，吉。

凡是冬天突然天气大热的时候，夏天突然很冷的时候，这种就是异常的气候，一定要躲避，不要勉强承受。这种异常气候引起的疾病，一般比较重而不易治疗。还有一些异常的风霜雨雪冰雹之类，也要注意躲避。

人们因为时气得病，主要是由于没有躲避这些不正之气。我们在这种情况下需要立即调节气息，比如呼吸吐纳的方法，使得体内气血寒热平和，就可以免除疾患。

在“腊日”，也就是人们祭祀天地的日子，我们要谨慎一些，敬畏天地，不要歌舞谈笑，否则会有灾祸。这个敬畏天地的精神我们可以借鉴。后面烧白发、剪指甲之类的，我们就不必拘泥了。

附录　孙思邈养性论原文

一、千金要方·养性序

扁鹊云：黄帝说昼夜漏下水百刻，凡一刻人百三十五息，十刻一千三百五十息，百刻一万三千五百息。人之居世，数息之间。信哉！呜呼！昔人叹逝，何可不为善以自补邪？

吾常思一日一夜有十二时，十日十夜百二十时，百日百夜一千二百时，千日千夜一万二千时，万日万夜一十二万时，此为三十年。若长寿者九十年，只得三十六万时。百年之内，斯须之间，数时之活，朝菌蟪蛄，不足为喻焉。可不自摄养而驰骋六情，孜孜汲汲，追名逐利，千诈万巧，以求虚誉，没齿而无厌。

故养性者，知其如此，于名于利，若存若亡；于非名非利，亦若存若亡，所以没身不殆也。余慨时俗之多僻，皆放逸以殒亡。聊因暇日，粗述养性篇，用奖人伦之道，好事君子与我同志焉。

夫养性者，欲所习以成性。性自为善，不习无不利也。性既自善，内外百病皆悉不生，祸乱灾害亦无由作，此养性之大经也。

善养性者，则治未病之病，是其义也。故养性者，不但饵药餐霞，其在兼于百行。百行周备，虽绝药饵，足以遐年。德行不克，纵服玉液金丹，未能延寿。故夫子曰：善摄生者，陆行不遇虎兕，此则道德之祜也，岂假服饵而祈遐年哉。圣人所以药饵者，以救过行之人也。故愚者抱病历年而不修一行，缠疴没齿，终无悔心。此其所以岐、和长逝，彭、跗永归，良有以也。

嵇康曰：养生有五难。名利不去，为一难。喜怒不除，为二难。声色不去，为三难。滋味不绝，为四难。神虑精散，为五难。五者必存，虽心希难老，口诵至言，咀嚼英华，呼吸太阳，不能不回其操、不夭其年也。

五者无于胸中，则信顺日跻，道德日全，不祈善而有福，不求寿而自延，此养生之大旨也。然或有服膺仁义，无甚泰之累者，抑亦其亚欤。

黄帝问于岐伯曰：余闻上古之人，春秋皆度百岁，而动作不衰。今时之人，年至半百，而动作皆衰者，时代异邪？将人失之也？

岐伯曰：上古之人，其知道者，法则阴阳，和于术数，饮食有常节，起居有常度，不妄作劳，故能形与神俱，而尽终其天年，度百岁乃去。今时之人则不然，以酒为浆，以妄为常，醉以入房，以欲竭其精，以耗散其真，不知持满，不时御神，务快其心，逆于生乐，起居无节，故半百而衰也。

夫上古圣人之教也，下皆为之。虚邪贼风，避之有时，恬憺虚无，真气从之，精神守内，病安从来。是以其志闲而少欲，其心安而不惧，其形劳而不倦，气从以顺，各从其欲，皆得所愿。故甘其食，美其服，乐其俗，高下不相慕，故其民曰朴。是以嗜欲不能劳其目，淫邪不能惑其心，愚智贤不肖不惧于物，合于道数，故皆能度百岁而动作不衰者，其德全不危也。是以人之寿夭，在于撙节，若消息得所，则长生不死。恣其情欲，则命同朝露也。

岐伯曰：人年四十而阴气自半也，起居衰矣。年五十体重，耳目不聪明也。年六十阴痿，气力大衰，九窍不利，下虚上实，涕泣俱出。故曰：知之则强，不知则老。同出名异，智者察同，愚者察异。愚者不足，智者有余。有余则耳目聪明，身体轻强，年老复壮，壮者益理。是以圣人为无为之事，乐恬淡之味，能纵欲快志，得虚无之守，故寿命无穷，与天地终。此圣人之治身也。

春三月，此谓发陈。天地俱生，万物以荣。夜卧早起，广步于庭，披发缓形，以使志生。生而勿杀，与而勿夺，赏而勿罚。此春气之应，养生之道也。逆之则伤肝，夏为寒为变，奉长者少。

夏三月，此谓蕃秀。天地气交，万物华实。夜早起，毋厌于日。使志无怒，使华英成秀，使气得泄，若所爱在外。此夏气之应，养长之道也。逆之则伤心，秋为痎疟，则奉收者少，冬至重病。

秋三月，此谓容平。天气以急，地气以明。早卧早起，与鸡俱兴。使志安宁，以缓秋刑，收敛神气，使秋气平，毋外其志，使肺气清。此秋气之应，养收之道也。逆之则伤肺，冬为飧泄，则奉藏者少。

冬三月，此谓闭藏。水冰地坼，无扰乎阳。早卧晚起，必待日光。使志若伏若匿，若有私意，若已有得。去寒就温，毋泄皮肤，使气亟夺。此冬气之应，养藏之道也。逆之则伤肾，春为痿厥，则奉生者少。

天有四时五行，以生长收藏，以寒暑燥湿风。人有五脏，化为五气，以生喜怒悲忧恐。故喜怒伤气，寒暑伤形，暴怒伤阴，暴喜伤阳。故喜怒不节，寒暑失度，生乃不固。人能依时摄养，故得免其夭枉也。

仲长统曰：王侯之宫，美女兼千。卿士之家，侍妾数百。昼则以醇酒淋其骨髓，夜则房室输其血气。耳听淫声，目乐邪色，宴内不出，游外不返。王公得之于上，豪杰驰之于下。及至生产不时，字育太早，或童孺而擅气，或疾病而构精，精气薄恶，血脉不充。既出胞脏，养护无法。又蒸之以绵纩，烁之以五味，胎伤孩病而脆。未及坚刚，复纵情欲。重重相生，病病相孕。国无良医，医无审术，奸佐其间，过谬常有，会有一疾，莫能自免。当今少百岁之人者，岂非所习不纯正也。

抱朴子曰：或问所谓伤之者，岂色欲之间乎？答曰：亦何独斯哉。然长生之要，其在房中。上士知之，可以延年除病，其次不以自伐。若年当少壮，而知还阴丹以补脑，采七益于长俗者，不服药物，不失一二百岁也，但不得仙耳。不得其术者，古人方之于凌杯以盛汤，羽苞之蓄火。

又且才所不逮而强思之伤也，力所不胜而强举之伤也，深忧重恚伤也，悲哀憔悴伤也，喜乐过度伤也，汲汲所欲伤也，戚戚所患伤也，久谈言笑伤也，寝息失时伤也，挽弓引弩伤也，沉醉呕吐伤也，饱食即卧伤也，跳足喘乏伤也，欢呼哭泣伤也，阴阳不交伤也。积伤至尽，尽则早亡，尽则非道也。

是以养性之士，唾不至远，行不疾步，耳不极听，目不极视，坐不久处，立不至疲，卧不至懻。先寒而衣，先热而解。不欲极饥而食，食不可过饱。不欲极渴而饮，饮不欲过多。饱食过多则结积聚，渴饮过多则成痰癖。不欲甚劳，不欲甚逸，不欲流汗，不欲多唾。不欲奔走车马，不欲极目远望。不欲多啖生冷，不欲饮酒当风，不欲数数沐浴，不欲广志远愿，不得规造异巧。冬不欲极温，夏不欲穷凉，不欲露卧星月，不欲眠中用扇。大寒、大热、大风、大雾，皆不欲冒之。五味不欲偏多，故酸多则伤脾，苦多则伤肺，辛多则伤肝，咸多则伤心，甘多则伤肾。此五味克五脏，五行自然之理也。凡言伤者，亦不即觉也，谓久则损寿耳。

是以善摄生者，卧起有四时之早晚，兴居有至和之常制。调利筋骨，有偃仰之方。祛疾闲邪，有吐纳之术。流行荣卫，有补泻之法。节宣劳逸，有与夺之要。忍怒以全阴，抑喜以养阳。然后先服草木以救亏缺，后服金丹以定无穷。养性之理尽于此矣。

夫欲快意任怀，自谓达识知命，不泥异端，极情肆力，不劳持久者，闻此言也，虽风之过耳，电之经目，不足喻也。虽身枯于留连之中，气绝于绮纨之际，而甘心焉，亦安可告之以养性之事哉。匪惟不纳，乃谓妖讹也。而望彼信之，所谓以明鉴给矇瞽，以丝竹娱聋夫者也。

魏武与皇甫隆令曰：闻卿年出百岁，而体力不衰，耳目聪明，颜色和悦，此盛事也。所服食、施行、道引，可得闻乎？若有可传，想可密示封内。

隆上疏对曰：臣闻天地之性，惟人为贵。人之所贵，莫贵于生。唐荒无始，劫运无穷。人生其间，忽如电过。每一思此，罔然心热。生不再来，逝不可追。何不抑情养性以自保惜。

今四海垂定，太平之际，又当须展才布德，当由万年。万年无穷，当由修道。道甚易知，但莫能行。臣常闻道人蒯京已年一百七十八，而甚丁壮。言人当朝朝服食玉泉、啄齿，使人丁壮有颜色，去三虫而坚齿。玉泉者，口中唾也。朝旦未起，早嗽津令满口乃吞之；啄齿二七遍。如此者乃名曰练精。

嵇康云：穰岁多病，饥年少疾。信哉不虚。是以关中土地，俗好俭啬，厨膳肴羞，不过菹酱而已，其人少病而寿。江南岭表，其处饶足，海陆鲑肴，无所不备，土俗多疾而人早夭。北方仕子，游宦至彼，遇其丰赡，以为福佑所臻。是以尊卑长幼，恣口食啖。夜长醉饱，四体热闷，赤露眠卧，宿食不消。未逾期月，大小皆病。或患霍乱、脚气、胀满，或寒热疟痢，恶核疔肿，或痈疽、痔漏，或偏风猥退，不知医疗，以至于死。凡如此者，比肩皆是，惟云不习水土，都不知病之所由。静言思之，可谓太息者也。学者先须识此，以自诫慎。

抱朴子曰：人之一身，一国之象也。胸腹之位，犹宫室也。四肢之列，犹郊境也。骨节之分，犹百官也。神犹君也，血犹臣也，气犹民也，知治身则能治国也。夫爱其民，所以安其国。惜其气，所以全其身。民散则国亡，气竭则身死。死者不可生也，亡者不可存也。

是以至人消未起之患，治未病之疾，医之于无事之前，不追于既逝之后。夫人难养而易危也，气难清而易浊也，故能审威德所以保社稷，割嗜欲所以固血气，然后真一存焉，三一守焉，百病却焉，年寿延焉。

二、千金要方·道林养性

真人曰：虽常服饵而不知养性之术，亦难以长生也。养性之道，常欲小劳，但莫大疲及强所不能堪耳。且流水不腐，户枢不蠹，以其运动故也。

养性之道，莫久行久立，久坐久卧，久视久听。盖以久视伤血，久卧伤气，久立伤骨，久坐伤肉，久行伤筋也。仍莫强食，莫强酒，莫强举重，莫忧思，莫大怒，莫悲愁，莫大惧，莫跳踉，莫多言，莫大笑。勿汲汲于所欲，勿悁悁怀忿恨，皆损寿命。若能不犯者，则得长生也。

故善摄生者，常少思，少念，少欲，少事，少语，少笑，少愁，少乐，少喜，少怒，少好，少恶。行此十二少者，养性之都契也。多思则神殆，多念则志散，多欲则志昏，多事则形劳，多语则气乏，多笑则脏伤，多愁则心慑，多乐则意溢，多喜则忘错昏乱，多怒则百脉不定，多好则专迷不理，多恶则憔悴无欢。此十二多不除，则荣卫失度，血气妄行，丧生之本也。惟无多无少者，几于道矣。是知勿外缘者，真人初学道之法也。若能如此者，可居温疫之中无忧疑矣。

既屏外缘，会须守五神（肝、心、脾、肺、肾），从四正（言、行、坐、立）。言最不得浮思妄念，心想欲事，恶邪大起。故孔子曰：思无邪也。

常当习黄帝内视法，存想思念，令见五脏如悬磬，五色了了分明，勿辍也。仍于每旦初起，面向午，展两手于膝上，心眼观气，上入顶，下达涌泉，旦旦如此，名曰迎气。常以鼻引气，口吐气，小微吐之，不得开口。复欲得出气少，入气多。每欲食，送气入腹，每欲食气为主人也。

凡心有所爱，不用深爱。心有所憎，不用深憎。并皆损性伤神。亦不用深赞，亦不用深毁，常须运心于物平等。如觉偏颇，寻改正之。

居贫勿谓常贫，居富莫谓常富。居贫富之中，常须守道，勿以贫富易志改性。识达道理，似不能言。有大功德，勿自矜伐。美药勿离手，善言勿离口，乱想勿经心。常以深心至诚，恭敬于物。慎勿诈善，以悦于人。终身为善，为人所嫌，勿得起恨。事君尽礼，人以为谄，当以道自平其心。道之所在，其德不孤。勿言行善不得善报，以自怨仇。

居处勿令心有不足，若有不足，则自抑之，勿令得起。人知止足，天遗其禄。所至之处，勿得多求，多求则心自疲而志苦。若夫人之所以多病，当由不能养性。平康之日，谓言常然，纵情恣欲，心所欲得，则便为之，不拘禁忌，欺罔幽明，无所不作。自言适性，不知过后，一一皆为病本。及两手摸空，白汗流出，口唱皇天，无所逮及。皆以生平粗心，不能自察，一至于此。但能少时内省身心，则自知见行之中皆长诸疴，将知四百四病，身手自造，本非由天。及一朝病发，和缓不救。方更诽谤医药无效，神仙无灵。故有智之人，爱惜性命者，当自思念，深生耻愧，诫勒身心，常修善事也。

至于居处，不得绮靡华丽，令人贪婪无厌，乃患害之源。但令雅素净洁，无风雨暑湿为佳。衣服器械，勿用珍玉金宝，增长过失，使人烦恼根深。厨膳勿使脯肉丰盈，常令俭约为佳。然后行作鹅王步，语作含钟声，眠作狮子卧（右肱胁着地坐脚也），每日自咏歌云：美食须熟嚼，生食不粗吞。问我居止处，大宅总林村。胎息守五脏，气至骨成仙。又歌曰：日食三个毒，不嚼而自消。锦绣为五脏，身着粪扫袍。

修心既平，又须慎言语。凡言语读诵，常想声在气海中（脐下也）。每日初入后，勿言语读诵，宁待平旦也。旦起欲专言善事，不欲先计校钱财。又食上不得语，语而食者，常患胸背痛。亦不用寝卧多言笑，寝不得语言者，言五脏如钟磬，不悬则不可发声。行不得语，若欲语须住乃语，行语则令人失气。冬至日，止可语不可言。自言曰言，答人曰语。言有人来问，不可不答，自不可发言也。仍勿触冷开口大语为佳。

言语既慎，仍节饮食。是以善养性者，先饥而食，先渴而饮。食欲数而少，不欲顿而多，则难消也。常欲令如饱中饥，饥中饱耳。盖饱则伤肺，饥则伤气，咸则伤筋，醋则伤骨。故每学淡食，食当熟嚼，使米脂入腹，勿使酒脂入肠。人之当食，须去烦恼（暴数为烦，侵触为恼）。如食五味，必不得暴嗔，多令人神惊，夜梦飞扬。每食不用重肉，喜生百病。常须少食肉，多食饭，及少菹菜，并勿食生菜、生米、小豆、陈臭之物。勿饮浊酒食面，使塞气孔。勿食生肉伤胃，一切肉惟须煮烂，停冷食之，食毕当嗽口数过，令人牙齿不败、口香。热食讫，以冷醋浆嗽口者，令人口气常臭，作齿病。又诸热食咸物后，不得饮冷醋浆水，喜失声成尸咽。凡热食汗出，勿当风，发痉头痛，令人目涩多睡。每食讫，以手摩面及腹，令津液通流。食毕当行步踌躇，计使中数里来，行毕使人以粉摩腹上数百遍，则食易消，大益人，令人能饮食，无百病，然后有所修为为快也。饱食即卧，乃生百病，不消成积聚。饱食仰卧，成气痞，作头风。触寒来者，寒未解食热食，成刺风。人不得夜食。

又云：夜勿过醉饱食，勿精思，为劳苦事，有损余虚，损人。常须日在巳时食讫，则不须饮酒，终身无干呕。勿食父母本命所属肉，令人命不长。勿食自己本命所属肉，令人魂魄飞扬。勿食一切脑，大损人。茅屋漏水堕诸脯肉上，食之成瘕结。凡曝肉作脯不肯干者，害人。祭神肉无故自动，食之害人。饮食上蜂行住，食之必有毒，害人。腹内有宿病，勿食陵鲤鱼肉，害人。湿食及酒浆临上看之，不见人物影者，勿食之，成卒注。若已食腹胀者，急以药下之。

每十日一食葵。葵滑，所以通五脏拥气，又是菜之主，不用合心食之。又饮酒不欲使多，多则速吐之为佳，勿令至醉，即终身百病不除。久饮酒者，腐烂肠胃，渍髓蒸筋，伤神损寿。醉不可以当风向阳，令人发强。又不可当风卧，不可令人扇之，皆即得病也。醉不可露卧及卧黍穰中，发癞疮。醉不可强食，或发痈疽，或发喑，或生疮。醉饱不可以走车马及跳踯。醉不可以接房。醉饱交接，小者面皯、咳嗽，大者伤绝脏脉损命。

凡人饥，欲坐小便。若饱，则立小便，慎之无病。又忍尿不便，膝冷成痹。忍大便不出，成气痔。小便勿努，令两足及膝冷。大便不用呼气及强努，令人腰疼目涩，宜任之佳。凡遇山水坞中出泉者，不可久居，常食作瘿病。又深阴地冷水不可饮，必作痎疟。

饮食以调，时慎脱着。凡人旦起着衣，反者便着之吉。衣光者当户三振之，曰：殃去，吉。湿衣及汗衣，皆不可久着，令人发疮及风瘙。大汗能易衣佳，不易者急洗之。不尔，令人小便不利。凡大汗勿偏脱衣，喜得偏风半身不遂。春天不可薄衣，令人伤寒霍乱、食不消、头痛。

脱着既时，须调寝处。凡人卧，春夏向东，秋冬向西。头勿北卧，及墙北亦勿安床。凡欲眠，勿歌咏，不祥起。上床坐先脱左足，卧勿当舍脊下。卧讫勿留灯烛，令魂魄及六神不安，多愁怨。人头边勿安火炉，日久引火气，头重目赤，睛及鼻干。夜卧当耳勿有孔，吹入即耳聋。夏不用露面卧，令人面皮厚，喜成癣，或作面风。冬夜勿覆其头，得长寿。

凡人眠，勿以脚悬踏高处，久成肾水及损房，足冷。人每见十步直墙，勿顺墙卧，风利吹人，发癫及体重。人汗勿跂床悬脚，久成血痹，两足重，腰疼。又不得昼眠，令人失气。卧勿大语，损人气力。暮卧常习闭口，口开即失气，且邪恶从口入，久而成消渴及失血色。屈膝侧卧，益人气力，胜正偃卧。按孔子不尸卧，故曰：睡不厌踧，觉不厌舒。凡人舒睡，则有鬼痛魔邪。凡眠先卧心，后卧眼。人卧一夜，当作五度反覆，常逐更转。

凡人夜魇，勿燃灯唤之，定死无疑，暗唤之吉。亦不得近而急唤。夜梦恶不须说，旦以水面东方潠之，咒曰：恶梦著草木，好梦成宝玉，即无咎矣。又梦之善恶，并勿说为吉。

衣食寝处皆适，能顺时气者，始尽养生之道。故善摄生者，无犯日月之忌，无失岁时之和。须知一日之忌，暮无饱食。一月之忌，晦无大醉。一岁之忌，暮无远行。终身之忌，暮无燃烛行房。暮常护气也。

凡气冬至起于涌泉，十一月至膝，十二月至股，正月至腰，名三阳成。二月至膊，三月至项，四月至顶，纯阳用事，阴亦放此。故四月、十月不得入房，避阴阳纯用事之月也。每冬至日，于北壁下厚铺草而卧，云受元气。每八月一日以后，即微火暖足，勿令下冷无生意。常欲使气在下，勿欲泄于上。春冻未判，衣欲下厚上薄，养阳收阴，继世长生。养阴收阳，祸则灭门。

故云：冬时天地气闭，血气伏藏，人不可作劳出汗，发泄阳气，有损于人也。又云：冬日冻脑，春秋脑足俱冻，此圣人之常法也。春欲晏卧早起，夏及秋欲侵夜乃卧早起，冬欲早卧而晏起，皆益人。虽云早起，莫在鸡鸣前。虽言晏起，莫在日出后。

凡冬月忽有大热之时，夏月忽有大凉之时，皆勿受之。人有患天行时气者，皆由犯此也，即须调气息，使寒热平和，则免患也。每当腊日，勿歌舞，犯者必凶。常于正月寅日烧白发，吉。凡寅日剪手甲，午日剪足甲，又烧白发，吉。

张世禄全集

第七卷

7

Collected
Writings II

论文集（下）

张世禄 著 申小龙 编

中国出版集团 东方出版中心

编 辑 凡 例

一、本书收录的著作，在语言、文字和标点符号上，尽可能保留原文的风格。

二、本书收录的著作，其内部标题序号，依照其与全书统一序号的对应，作了调整。

三、由于历史文献辑佚的困难，本书对文献中难以辨认的文字，作了打黑码处理。对已经辨认的文字中可能存在的误读，尽可能联系上下文酌定。

四、本书收录的著作，个别在章节、体例和标题内容上做了适应出版的整合工作。

五、本书收录的译文，部分在译者手稿中出现注释缺损，现据相关出版文献订补。

六、本书对旧版文字成例之取舍尊重独立的字义，并适当照顾历史习惯：

1. 不改动的词语(示例)

辨说　科白　旁驸　语意　苍颉　名辞　展转　那末　峙躧
辨论　免强　色采　贯串　透切　蕃殖　反覆　沈重　参杂
颚化　孳生　蕃衍　为着　对向　成份　太形　甚么　记念
愈益　傅会　笔划　推重　特出　邱陵　阑入　偶而　洗炼
真象　真相　纪录　掉换　引伸　借贷　从新　薰灼　弯屈
原素　原泉　澈底　没煞　厌足　便易　凭籍　纷歧　做效
策勳　涵义　直截　抵当　工夫　惟一　慢骂　赅括　遗流
二个　致疑　发见　揉合　偏面　起原　参进　暂短　委宛
仓猝　骗诈　驾御　疏理　畺界　映象　原于　愤闷　附合
各各　各别　交插　纪载　吸受　激刺　包晕　联接　接联
表显　施予　检察　薰染　地土　已往　画象　娼妩　答理
跌交　接合　排泻　隄防　筹画　策画　谋画　藩署　连络
连系

暴发音　哗喇喇　以致于

赤首圜题　训诂之指　信而有证　莫明其妙　由博反约
穷源竟委　智识分子　混然一体

一日千里之概

斯干的纳维亚(斯堪的纳维亚)

普通(副词)　象(动词)　成功(及物动词)　的(状语、补语助词)

2. 不改动的标点(示例)

总之：　　总而论之：

3. 改动的词语(示例)

如左→如下　　右设→下设　　两傍→两旁
意像→意象　　歧异→歧异　　部份→部分
供献→贡献　　了望→瞭望　　蹓跶→溜达
钞成→抄成　　偁→称　　会总→汇总
豫告→预告　　份子→分子　　简炼→简练
沿习→沿袭　　原流→源流　　浅鲜→浅显
表章→表彰　　迭韵→叠韵　　纪录品→记录品
恰如其份→恰如其分

目　　录

1945 年

1946 年

1947 年

1948 年

1952 年

1954 年

1955 年

1956 年

1957 年

1958 年

1959 年

1960 年

1961 年

1982 年

1983 年

诗歌当中的平仄问题

一、平仄四声的实质的意义

中国语言当中的四声问题，是比较复杂的；因为所谓四声的“声”字，涵义本来不很简单，不象声母、韵母那样容易了解。向来依四声区分字类，实际各自根据相异的读音系统而常用不同的区分的标准，并且有时在同一系统之下，区分的标准，也不是单纯的。综合起来说，区分四声可以有下列三种标准：

（一）字音当中高低变化的调形。就是指高低变化的曲线形状；或者是前后高低平衡的，可称“衡调”，或者前低后高的，可称“升调”，或者是前高后低的，可称“降调”。衡、升、降三调以外，再有许多复合的调形，如衡升、衡降、降升、升降等调。总之这里所谓高低的变化，是相对的，是指字音当中前后各部分高低比较的关系。

（二）整个字音的高低。就是指甲类字和乙类字高低的分别：尽管两类字的调形相同，而依据整个字音基本的音调，又可以彼此有高低的区别。例如同是属于衡调，又可以分出高衡调、中衡调、低衡调；同是属于升调或降调，又可以有高升调、低升调或高降调、低降调等。这种高低的分别，可以说是基本的，或绝对的，是指字音的全部而言。

（三）整个字音的长短。就是指甲类字和乙类字音量上长短的分别。长的字音可称为“舒音”，短的字音可称为“促音”；这种长短舒促的分别，如果纯粹属于韵母当中元音的关系，那就是象英语上长元音和短元音的区别；不过中国四声上舒音、促音的区别，有时不单单属于元音的长短，并且包含有收尾音的关系；所谓促音，常指短元音之后（或竟为长元音），更有某种闭塞音当做收尾音的。因之所谓舒音、促音，或即称为舒收、促收。声调的分别，再加上这种舒促的关系，四声问题自然更加复杂了。例如高衡调又可以分为舒音的高衡调和促音的高衡调两类；其他低衡调等也是如此。

名称是一回事，而实际内容所指的声调又是一回事。所谓平、上、去、入四声，一般人引用起来，实在是很模糊、很空泛的名称：尽管所分的字类或所用的名称，都和旧式的韵书——指诗韵之类——两相符合，而在不同的方音区域的人读起来，各自用各自的声调，彼此并不相同，或竟相反。例如一个韵书上的上声字，在甲、乙、丙三处地方都称为上声字，而在甲地方读为衡调，在乙地方读为升调，在丙地方却读为降调。不但如此，综合上面所说的三种区分读调的标准，有的地方能够分出九类，有的地方分出八类、七类，有的地方分为六类、五类，现在国音以北平一带的方音做标准，只分四个声调，就是所谓阴平、阳平、上声、去声四调。这四调都是舒音：阴平是高平调，阳平是低升调，上声是低降升调，去声是高降调。至于旧式韵书上的入声字，或某几处方音里读为促收的字，在现今这种国语标准音里，都一律读为舒音，大抵以读为阳平和去声二调的最多，就是元代《中原音韵》上所谓“入声派入三声”。同时韵书上所归属于上声的字，也有一部分原来浊音声母的字（指古音群、定、澄、并、奉、床、禅、从、斜、匣等纽的上声字），到了现代国音上读为去声了。

从此看来，现代各地方音里声调的现象，和旧式韵书上四声的系统，有的比较相合，有的相差很远；它们彼此间不但调类的区分不同，各类的调值不相一致，而所属的字类也多少有出入。大抵以江苏南部跟浙江的吴音区域，和韵书上的四声系统最为相合，次之是粤音，再次是闽音。最和韵书上的四声不合的是官话音，尤其是国语标准音；所以向来所谓平、上、去、入四声，在国内大多数的人看来，实在只是一种空漠的影像了。

那末，向来依据四声来总括成功的平、仄两大类，到了现在也只是模糊空泛的影像。常常有人来问我：平仄怎样的区别，究竟有什么简单明了的办法来区分平仄？我实在未曾受过什么秘传，所以也没有什么秘诀可以传授给大家。我只能约略的回答：在东南沿海的各处地方，平仄比较容易分别；因为在这几处方言里，平声跟上、去、入三声，这两者之间，还没有什么混乱。至于在官话音区域内，包括东北、西北、西南及中部诸省，要分别平仄，除了死记之外，实在没有更好的办法。可是一般教授词章的先生们，又非要教人懂得平仄不成；我们如果要做诗填词，也当然非先认别平仄不成。以我的愚笨，实在想不出语文教育的一种好办法用来适应这种文学教授和修养上的需要。因为现今国语里的声调种类和各字的读法，和旧式韵书上的四声系统，向来平仄两大类的分别，未免相差太远了。直截了当说一句：平仄的分别，在现代的中国语当中，实在只是过去的陈迹，只是历史的遗物！

因此，我们要知道韵书上四声的意义和已往平仄的分别，既然不能纯粹从现代的方言上获得确当的解答，我们不得不从语言音韵的历史上去追寻。但是，我们要研究语言的历史，要构拟过去历代的音读形式，一方面固然要注重历史的材料，而另一方面却又不能不借助于现代方音的知识。根据我们研究的经验，在古代音读形式的拟测工作中，关于声母、韵母的音质方面，困难比较的少，成就也比较的大；只有关于声调方面，成绩最差。因为过去历史的材料对于这方面所能给我们暗示的地方实在太少；在未有韵书的时代，姑置勿论，即在确有韵书的时期，尽管声调的种类和各字所属的调类，明显的列出来，而对于当时各类的调值，各字在声调上的读法，仍很难得有明确的指示和解释，我们不能妄事推断。向来相传种种描绘四声的读法的，或者是个人想象之谈，或者仅据某处的方音而说，究竟和韵书上分列四声的原意相符合与否？我们也无从考定。例如唐《元和韵谱》云："平声哀而安，上声厉而举，去声清而远，入声直而促。"又如明释真空《玉钥匙歌诀》："平声平道莫低昂，上声高呼猛烈强，去声分明哀远道，入声短促急收藏。"其中有些辞句或系撰述者一时直觉的描绘，后人解之，不免有莫测高深之概。不过我们可以从中承认的一点，就是自来一般认定四声的分别，有舒收、促收的两种，便是关于长短的分别的标准；尤其入声字有某种闭塞音作收尾音的，短促的现象最为显著。我们再来看清初两大音韵学家的说法。顾炎武和江永两人论到四声的分别，顾氏《音论》里说："平音最长，上、去次之，入则诎然而止，无余音矣。""其重其疾，则为上、为去、为入法，其轻其迟，则为平。"江氏《音学辨微》里说："平声长空，如击钟鼓，上、去、入短实，如击土木石。"

顾、江二人都异口同声的分平、上、去、入为两大类：一类是舒音，把平声认为单独的一类；一类是促音，或比较短促的，把上、去、入都归为此类。隐然以平仄之分为区别四声的基础，复认为长短的关系乃是一个最重要最基本的标准。

我们在这里便要提出一个疑问：如果我们承认顾、江二氏的话，那末，已往只分出舒促或疾迟两大类便够了，何以在韵书上显明的列着四声呢？何以在齐梁之间定出四声的名目呢？顾氏《音论》里也说过下列的一段话："今考江左之文，自梁天监以前，多以去、入二声同用，以后则若有界限，绝不相通。是知四声之论，起于永明，而定于齐梁之间也。"从文辞上用韵的研究，至少可以断定齐梁间的区分四声，除了依据长短的标准以外，还有音调高低的关系。陈寅恪先生更谓当时所以定为四声，实是摹拟转读佛经上的三声定为平、上、去三声，再加进收有闭塞音的入声一类，所以适定为四类。兹节录他的话如下：

> 所以适定为四声，而不为其他数之声者，以除去本易分别自为一类之入声，复分别其余之声为平、上、去三声。综合通计之，适为四声也。但其所以分别其余之声为三者，实依据及摹拟中国当日转读佛经之三声。而中国当日转读佛经之三声，又出于印度古时《声明论》之三声也。据天竺围陀之《声明论》，其所谓声者，适与中国四声之所谓声者相类似。即指声之高低言……中国语之入声皆附有K、P、T等辅音之缀尾，可视为一特殊种类，而最易与其他之声分别。平、上、去则其声响高低距离之间，虽有分别，但应分别之为若干数之声，殊不易定。故中国文士依据及摹拟当日转读佛经之声，分别定为平、上、去之三声。合入声共计之，适成四声。于是创为四声之说，并撰作声谱，借转读佛经之声调，应用于中国之美化文。……（《四声三问》，载《清华学报》第九卷第二期）

陈寅恪先生这一番话，除了四声的创立受有佛教文化的影响这一点以外，更有下列的两点值得我们深切的注意：

第一，入声一类的形成，完全是因为附有闭塞音作收尾的缘故（就是K、T、P等辅音之缀尾，现代某几处方音里或者把K、T、P的收尾音失落了，而仍用喉头的闭塞音作为收尾的，也仍旧认为入声的存在）。这一类的字音，纵使所包含的元音在本身上不是短促的，而以闭塞音为收尾，天然是促收的。依据上面所引顾炎武的论证，齐梁间创立四声，也因为这一类入声字的界限在当时确定了的缘故。

第二，平、上、去三声的分别，在当时真正的“调值”，虽然无从详细的知道，而依据这种历史的论证，这三声分别的由来，可以断定主要的还是在声调高低的关系。陈寅恪先生的原文里也说到这一层:“至当日佛教徒转读其经典所分别之三声,是否即与中国之平、上、去三声切合,今日固難详知,然二者俱依声之高下分为三阶,则相同无疑也。”

综合以上的二点来推论,平、上、去和入声的区别,主要的在长短的关系;而平、上、去三声彼此间的分别,主要的在高低的关系。

这种四声的系统,就是为旧式的韵书、诗韵一派所遵守,在《中原音韵》以前未曾见有明目张胆的加以更改。四声论的创始者,不必定为制《四声谱》的沈约(赵翼《陔余丛考》有《四声不起于沈约说》),而沈约这班人所规定的四声系统,为隋唐以来韵书所遵守无疑。纪昀《沈氏四声考自序》里说过:

> 约既执声病绳人,则约之文章必不自乱其例;所用四声,即其谱也。今取有韵之文,州别部居而考之:平声得四十一部,不合《切韵》者才一二;仄声得七十五部,不合《切韵》者无一焉。陆氏所作,岂非窃据沈谱而稍为笔削者乎?

我们看陆法言作《切韵》的时候,实际各地的声调现象和齐梁间所规定的四声系统,已经有很多的变更和出入。陆氏《切韵》自叙:“古今声调,既自有别,诸家取舍,亦复不同;吴楚则时伤轻浅,燕赵则多涉重浊;秦陇则去声为入,梁益则平声似去。”而陆氏仍遵守那种传统的四声论,以至由《唐韵》《广韵》《集韵》《礼部韵略》演成为《平水诗韵》,千年来至少在纸面上还沿用勿替;它规定了这一派韵书的体例,它支配了文人诗歌上的韵律,它订为近代士子应试的标准;它在文学上形成了绝大的传统的势力,当今盛倡新文学的时候,还未曾完全的打破,以致一般人仍认为那种空漠的平仄的识别在文学教授和修养上的必要!(元明以后常以为《平水诗韵》源出于沈约，虽属荒谬，而在平仄四声的系统上立论，亦不为全无理由。）

我们再回头来讨论那种传统的平仄四声的实质意义。上面曾经列出三种区分四声的标准：（一）字音当中高低变化的调形；（二）整个字音基本的高低；（三）整个字音的长短和收尾音的舒促。关于第三种的区分标准，上文根据历史的研究，入声字确是促收的音，和现代几处方音里保存的入声性质相合，不管它收尾的闭塞音为何种性质，而总是天然具有短促的现象。长短的关系确是已往区分四声的一个重要的标准。至于平、上、去三声原来在音量上长短的关系究竟如何？我们要来探讨上面所引顾炎武和江永两人的话，究竟在音理上事实上有什么根据？

我们先来讨论诗韵这一派韵书上四声的区别，和音调高低的关系。上文从历史上论证，平、上、去三声的分别，主要的在音调的高低；不过这里须得辨别，究竟属于第一种区分的标准，字音里高低变化的调形呢？还是属于第二种区分的标准，整个字音基本的音高呢？陈寅恪先生所谓“当日佛教徒转读其经典所分别之三声与中国之平、上、去三声，三者俱依声之高下分为三阶”，似乎是指第二种区分的标准，全部字音高低的各异。据我探究的结果，当时平、上、去三声并不在基本音调的分别，而注重在第一种标准，就是各类字音里调形的比较；至少就当时创立四声论的心理上推测，应作如此的断定。原来字音基本的音高和声母的清浊有密切的关系；古代浊音声母的字（指属于古音群定澄并奉床禅从斜匣等所谓“全浊”音诸纽以及疑泥娘明微喻来日等所谓“次浊”音诸纽的字），在现代各处方音里，常为低一调的字音——通常称为阳调类。反之，古代清音声母的字（指属于古音见端知帮非照审精心影等所谓“全清”音诸纽以及溪透彻滂敷穿清晓等所谓“次清”音诸纽的字），在现代各处方音里，常为高一调的字音——通常称为阴调类。这种规则，在现代各处方音当中，其声调系统愈与旧式韵书上相接近的，愈相符合。现代吴语区域里声调系统大致既和古音相合，而又保持古音的浊音声母，因之，清浊声母即相当于阴阳调类：

清音声母的字　阴平　阴上　阴去　阴入　（高一调）（即清平　清上　清去　清入）

浊音声母的字　阳平　阳上　阳去　阳入　（低一调）（即浊平　浊上　浊去　浊入）

可以分出整齐的八调。其他各地方音区域，大部分浊音声母（大致是指所谓全浊音诸纽），虽然消并于清音声母当中（大致分隶于所谓“全清”和“次清”诸纽），而声调系统接近于古音的，其阴阳调之分也还适合于古音清浊声母之分，如现今闽音、粤音，声调可以分出七调以至于九调。即在最和旧式韵书上的四声系统不合的官话音区域，尚分为阴平、阳平两类；就是声调种类最简化的国语标准音里，也还有阳平一类，可认为古时浊音声母平声字的遗迹。因此我们可以作一肯定的设想——至少我们不能作否定的设想——古音当中，或者在旧式韵书的四声系统当中，也依据声母的清浊，分出高一调的平、上、去、入和低一调的平、上、去、入，共总有八调。但是，却奇怪的，旧式韵书上只列出平、上、去、入的四声，绝不见有阴阳调或类似阴阳调的分析。就我们所知道，阴阳调的分析，自《中原音韵》的平声分两类开始，迨至明朝以来一派南曲的韵书，逐渐加密，以至于上、去、入也都分出阴阳；这是诗韵一派韵书的制作者所想象不到的。在应用旧式的传统的韵书惯了的，也似乎没有阴阳调类分别的观念，也似乎以为自从沈约的《四声谱》，经过了陆法言的《切韵》，一直到《平水韵》都不认为有什么阴阳的分别。我们固然不能以为不见便是没有，可是当时作声谱或撰韵书的人认为无此分别的必要，那是可以确定了的。我在这里可以申说一语：阴、阳调的分别，乃是由于原来高一调的和低一调的同类字间调形的变异而起。自从古音平声字的分化，由清平、浊平而演成为现代的阴平、阳平，于是有《中原音韵》的声调系统（阴平、阳平、上、去四类），于是触引了南曲一派韵书的兴起（阴阳的变本加厉）。近代的戏曲文学的发达，大都是由北而南，非由南而北的，所谓“词不快北耳而后有北曲，北曲不谐南耳而后有南曲”（王元美《艺苑卮言》）。那末，应着这种戏曲文学的需要而起的，和诗韵一派对立的韵书，所以“字别阴阳”，也是由近代北音的阴阳平而起，以至推广到了南音，逐渐把上、去、入三声也分起阴阳来。因此我们可以进一步的设想，古音的声调系统，诗韵一派韵书的系统里，清音声母平、上、去、入各声的字和浊音声母各声的字，彼此或有高低的分别，而在调形上仍能自相一致，绝不象现代北平音里阴平为高衡调，阳平却为低升调那样的情形。因为原来高一调的调形和低一调的调形各自能相一致，当时便认为无再分什么阴、阳两类的必要。所以当时的四声系统只注重在第一种区分的标准，就是各类字音里前后高低变化的形状，而不注重于整个字音基本的高低。这里再引据高本汉的话如下：

> 全字的高低这种成素一直到晚近才加入在“声”的观念里头，在古音虽然事实上也有高低的不同，但并不认为声的一部分的。（赵元任等译高本汉《中国音韵学研究》第 165—166 页）

因此我们要获得诗韵一派韵书里四声的意义，可以把第二种区分四声的标准除开，专就各类字音里高低变化的调形和长短的关系（第一种和第三种的区分标准）来解释。

平、上、去、入这四个名目，是齐梁以前所没有的（齐梁以前只有宫、商、角、徵、羽的名词），是否当时创立四声论者即用此四字以为描绘四种声调之用？我们如果想要从这四个字上来获得当时四声意义的解释，便容易有“望文生义”的弊病，或且竟会望“西”文而生起义来。因为近今把四声的名称译为西文是：平声

level tone（有平衡的意思）；上声 rising tone（有上升的意思）；去声 falling tone（有下降的意思）；入声 entering tone（有收进的意思）。辗转附会，就认为平声是衡调，上声是升调，去声是降调，入声是促音。这种附会的说法，固然有点可笑：但是也许附会得很对的。入声字以有闭塞音收尾，确是促音，上文说过了。至于平、上、去三声，当时是否即为衡、升、降三调？这也只能依据现代方音的知识来推定。现今国内各处方音，多数阴平都为高衡调，只阳平的现象或为低衡，或为低升，或为低降，颇不一致。据马伯乐《安南语音史研究》（H. Maspero，*Etudes sur la Phonoqie Historique dela Langue Annamite*，B. EFEO. 12，1912）所载安南国音，阴平为中衡调，阳平为低衡调；因此可以推定古音标准的读法，应该是衡调（陆法言谓"梁益则平声似去"，当然是指方言中歧异的现象）。所谓"平声平道莫低昂"，或许就是指此。至于上、去二声，我们从现代各处方音中很难推出古时的音值；多数已将阳上一类的字变合于去声当中，而两声读法也彼此过于纷歧错综。就一般看来，绝没有促收的现象，则不能断定古时上去二声较平声在音量上显为较短促之音。（陆法言谓"秦陇则去声为入"，只是说当时方音中的例外现象；不过齐梁以前既去、入多通用，在上古时期，去声字多和入声字有相通的现象，那末，我们也不妨假定原来的去声具有象入声字那样促收的痕迹。）不过在高低变化的调形上，我们既认定古时平声的标准读法为衡调，则别异于平声之上、去，都不是衡调，固可断言。总结起来说：我们对于诗韵一派韵书里四声的调值，就是从六朝到唐宋间一般所认为四声的标准读法，大致可以作下列之假定：

平声	衡调	舒收
上声 去声	非衡调	舒收
入声	（亦可假定为衡调）	促收

这种四声系统是参合关于长短和调形两种区分的标准构成的。

我们由此可知旧式韵书上的四声，并非由一种单纯的标准区分而成，所以由四声总括为平、仄的两大类，也并非仅因疾迟长短的关系。平声之异于入声，固然为舒促之不同；而平声之异于上、去，却又因乎衡调与非衡调的分别。不过如何把促收的入声和舒收的上、去二声归并成为“仄”类，以和平声之“平”类对立？这中间又因为上、去二声既非衡调，使它们在长短的音量上不能和平声相并的缘故。平声既为舒收的衡调，所以可任意的延长，延长之后还是保持舒衡的本来面目。入声既为促收，所以不能延长，延长之后要失去入声的资格：果真把造成其促收的闭塞缀尾音除去，而延长起来，那就变成平、上、去了，象现代的北音里那样“入声派入三声”了。至于上、去二声，因为非衡调，所以不论是降是升或是其他复合的调形，发音时总须待其调形完成，即行停止，如果再延长下去，则延长的部分，甚易类似舒衡的平声；故上、去二声虽为舒收，亦不能任意的延长。（我们固然可以设想升调的延长，可以再往上升，降调的延长可以再往下降；但事实上是有限制的，升至不能再升或降之不能再降，都只能成为衡调。）因此这种四声的系统，自然可以归纳成如下的结果：

<table>
<tr><td>平声</td><td>衡调</td><td>舒收</td><td>可任意延长，故归为平类</td></tr>
<tr><td>上声
去声</td><td>非衡调</td><td>舒收</td><td rowspan="2">不能任意延长，故归为仄类</td></tr>
<tr><td>入声</td><td>（可假定为衡调）</td><td>促收</td></tr>
</table>

因为平类的字，可以任意延长，故发音时不必留神着意于其休止之际，而有轻浮松懈的感觉，所谓“平声哀而安”的“安”字，所具直觉的境界或是指此。仄类的字则不然，不能任意延长，延长起来便于其字音为不类：故自音之开始至其休止皆须留神着意，遂有

沈重紧张的感觉。上面所引顾炎武、江永二人的话,就是从这种感觉上立论;他们名为论四声,而实则所论为平仄。顾氏所谓“平音最长,上去次之,入则绌然而止,无余音矣”,是指平仄两类可任意延长与否而言。顾氏之谓平声为“其轻其迟”,江氏之谓“平声长空”,就是指其能任意延长而具有轻浮的感觉;顾氏之谓上、去、入为“其重其疾”,江氏之谓“上、去、入短实”,就是指其不能任意延长而具有沈重的感觉。顾、江二氏所论确有音理上事实的根据,不过他们未就四声以论平仄,而只就平仄两类以论四声的分别而已。平仄两类的分别,确是以长短的关系为重要的基本的条件,但是推究其所以形成这样的分野,并非完全由于音量上长短的区别,一部分也因调形的各异而起;所以不简单明了的分为舒促或疾迟,而名为“平”与“仄”(“仄”或为“侧”,似以与平衡之义相反而言);以至六朝那班人所称指的“清、浊”“轻、重”“飞、沈”“浮声、切响”等等各自的分别(详下文),我们都可以恍然了悟其意义了。

平仄的分别,既然以长短为主要条件,则凡依此而构成诗歌当中的音律,可以名之为“长短律”。

因实际语言中声调系统的变迁,以致使平仄的分别不复存在时,则依平仄而构成的长短律,亦失其时代性而不得不加以变更,结果促成了文学的演变。

二、中国诗歌的音律与文学的演变

关于平仄二类的区别及其和诗歌中音律的关系,近人王光祈先生曾有所讨论。兹节录他的一段话如下:

> 平声之字,较之上、去、入三种仄声之字,有下列两种特色:(甲)在“量”的方面,平声则长于仄声。即徐大椿《乐府传声》所谓:“四声之中平声最长”是也。(乙)在“质”的方面,平

声则强于仄声。(按平声之字,其发音之初,既极宏壮,而继续延长之际,又能始终保持其固有之"强度"。)因此,余遂将中国平声之字,比之于西洋语言之"重音"(Accent)以及古代希腊文之"长音"而提出平仄二声,为造成中国诗词曲的"轻重律"(Metraik)之说。……本来中国语言,因其兼有四声,忽升忽降,忽平忽仄之故,其自身业已形成一种歌调。再加以平声之字,既长且重,参杂其间,于是更造成一种轻重缓急之节奏。故中国语言自身,实具有音乐上各种原素。……(《中国诗词曲之轻重律》,中华书局出版)

王光祈先生谓依平仄构成中国诗歌中之音律等于现代西洋诗歌之轻重律,其说实不尽然。因中国语为声调语,平仄之分别由四声系统而来,非现代欧洲语之轻重音可比。原西洋之 Accent 一辞可有"音调的"(Stressaccent)两义:一则指高调的音,一则指强势的音;而现代西洋诗歌之轻重律,完全根据于音势之强弱,与中国的平仄,绝不相关。故谓由平仄所构成之音律为轻重律,毋宁说是等于西洋古语诗之长短律。又王光祈先生谓平声强于仄声,谓平声之字,比之于西洋语言之"重音"。如果所指的是关于音势的强弱,则于音理上事实上都无所根据,而且恰与中国向来的说法相反(如上文所引顾炎武、江永之言)。在语音学上固然有强音缀常为长音之说(即重读之音缀常比轻读的为长),然并非绝对的,固定的,平声字所以可任意延长,乃因其舒收而又为衡调之故,一般就有"四声之中,平声最长"的感觉,与音势之强弱本无关系。所以根据平仄的分别而构成诗歌中的音律,我认为应称为"长短律"。我们再从历史和文学上寻求证据。

先有技术而后有理论,先有发达的文学,而后有神秘的文学规律,而后有与此类规律相辅而行的详细的韵书。四声的创立,完全是用来应付当时文学上的需要。陆法言《切韵叙》云："凡有文藻，即须明声韵。"孙愐《唐韵叙论》云："《切韵》者，本乎四声，纽以双声叠韵，欲使文章丽则、韵调精明于古人耳。"在四声的名称未成立以前，常用宫、商、角、徵、羽等名称来替代；陈澧《切韵考》曾说："古无平、上、去、入之名，借宫、商、角、徵、羽以名之。"至少宫、商等可以概括四声的原理。《隋书·潘徽传》里说：

> 《三苍》《急就》之流，微存章句；《说文》《字林》之属，惟别形体；至于寻声推韵，良为疑混；酌古会今，未臻切要。末有李登《声类》，吕静《韵集》，始判清浊，才分宫羽。

这里所谓"判清浊，分宫羽"，就是范晔《后汉书·自序》所说："别宫商，识清浊"；也就是指平仄四声的原理。在齐梁以前，这种原理早已渐次的发见，大概在汉魏文学发达以后，可以追溯到建安之际。阎若璩《古文尚书疏证》里曾经说过：

> 《文心雕龙》："昔魏武论赋，嫌于积韵，而善于资代。"《晋书·律历志》："魏武时，河南杜夔精识音韵，为雅乐郎中今。"二书虽一撰于梁，一撰于唐，要及魏武、杜夔之事，俱有韵字，知此学之兴，盖于汉建安中。

最初所用"韵"字以及韵书的"韵"，并不单指叠韵或同韵部的意义，也概括四声的原理在内。古代没有韵字，只有"均"字，即取于均匀和谐之义。我们为求诗文上音读之和谐，除了押韵之外，还要使它抑扬间合于自然之节奏，具有音乐性，而后者尤为重要；韵文和非韵文的分别，或亦主要在此。齐梁前后间，谈到诗文的规律，所用"韵字"，亦大都指此。举例如下：

范晔《后汉书·自序》:“常耻作文士文,患其事尽于形,情急于藻,义牵其旨,韵移其意。”又:“年少中谢庄最有分,手笔差易,文不拘韵故也。”《魏书·崔光传》:“初光太和中,依宫、商、角、徵、羽本音而为五韵诗,以赠李彪。”

《南史·陆厥传》:“盛为文章,吴兴沈约、陈郡谢朓、琅邪王融,以气类相推毂;汝南周颙,善识声韵。约等文皆用宫商,将平、上、去、入为四声。以此制韵,有平头、上尾、蜂腰、鹤膝。五字之中,音韵悉异;两句之内,角徵不同,不可增减,世呼为永明体。”又谓:“约论四声,妙有诠辩,而诸赋亦往往与声韵乖。”又载约答书云:“韵与不韵,复有精粗,轮扁不能言之,老夫亦不尽辨此。”

所以韵律和声律,主要的意义都是指协调文辞上节奏的规律,并非单指押韵的规则。到了《文心雕龙·声律篇》里,才于“韵”字之外,标出“和”字来表明它。说:“同声相应谓之韵。”是指押韵的规则;“异音相从谓之和”,是指谐调平仄的道理。当时认为谐调平仄,比之押韵脚要繁难得多。《文心雕龙·声律篇》里说:“韵气一定,故余声易遣;和体抑扬,故遗响难契。属笔易巧,选和至难;缀词难精,而作韵甚易。”

因为要使平仄互相间隔,“五字之中,音韵悉异,两句之内,角徵不同”,当然比起押韵来要复杂得多。所以沈约《答陆厥书》云:“宫商之声有五,文字之别累万,累万之繁配五声之约,高下低昂,非思力所举。又非止若斯而已,十字之文,颠倒相配,字不过十,巧历已不能尽,何况复过于此者乎?”

把许多字分配在四声当中,每个字的高下低昂,都要经过一番辨认;又要在文辞上的两句之间,颠倒相配,使互相间隔;当时声律论上复杂的问题,就是在此。沈约《宋书·谢灵运传论》所讨论的,也大都是关于“和”的问题。沈氏说:“五色相宣,八音协畅,由乎玄黄律吕,各适物宜;欲使宫羽相变,低昂互节。若前有浮声,则后须切响。一简之内，音韵尽殊；两句之中，轻重悉异；妙达此旨，始可言文。”这种原理不外使“异音相从”才能得到“和谐”，才能避免“单调”，在沈约以前，陆机《文赋》里说：“暨音声之迭代，若五色之相宣。”已经提示此理。乃至《左传》当中所说“琴瑟专一，谁能听之”；司马相如的论赋：“一经一纬，一宫一商”（见《西京杂记》）；在理论上也与此暗合。而沈约自己以为“独得胸襟，穷其妙旨”，乃是因为到此时一方面在音韵上既创立四声之说，一方面在文辞上又制定一种比较固定的格式。所以《南史·陆厥传》载厥与约书云：“前英已早识宫徵，但未屈曲指的若今论所申。”而沈约的答书云：

> 自古辞人岂不知宫羽之殊、商徵之别？虽知五音之异，而其中参差变动，所昧实多。故鄙意所谓此秘未睹者也。以此而推，则知前世文士，便未悟此处。若以文章之音韵，同弦管之声曲，则美恶妍媸，不得顿相乖反；譬犹子野操曲，安得忽有阐缓失调之声？

因为从前只心知其意，未曾明确定出四声的分别，以及一种平仄相间的格式。假使文句当中平声字过多，就不免过于舒缓，仄字过多，就不免过于急促，两者读起来都感到不好念，不好听，都是单调的现象，而违背了和谐的原则。所以不得不详列名目，制定格式，将自然之节奏改为人工之规则，以便为文者得有明确的依据。这种工作，到永明时沈约这班人的手里始臻于完成。

大概当时讲声律的，最初不过举其大要，后来日趋于精密。钟嵘《诗品》里说过：“王元长创其首，谢朓、沈约扬其波。三贤或贵公子孙，幼有文辨。于是士流景慕，务为精密。”由四声的分别应用于文辞，遂创立声律论；由新文体的成立，一般文士，盛解音律，于是四声的原理，更大白于世间；同时那种人工的规则，更趋于细密。

或许精细的声律，句中每个字都要讲究四声；粗略的，亦只是句中几个主要字的辨别平仄而已。钟嵘《诗品》所谓“襞积细微，专相陵架。……平上去入，余病未能”，是指精的声律而言；所谓“清浊通流，口吻调利；……蜂腰鹤膝，闾里已具”，是指粗的声律而言。其实声律过于精密，自然使“文多拘忌，伤其真美”，所以沈约虽盛解音律、创立声谱，而于精细的声律，未必完全拘守。《南史·陆厥传》谓：“约论四声，妙有诠辩，而诸赋亦往往与声韵乖。”沈约自己说：“韵与不韵，复有精粗，老夫亦不尽辨此。”因为文字累万之繁，以之配列四声，更于句中颠倒相配，使不越固定的格式，实在有巧妇不能为之叹。如果只把各字分做平仄两大类，而于句中也只在几个主要的字上分辨它们，使其“前有浮声，后须切响”，不致于“阐缓失调”，那就简单得多，且比较合于自然。我们看齐梁以后至于唐宋，由永明体演成律绝诗，在“韵”的条件上，仍遵守四声，而在“和”的条件上，只区分平仄：也可因此知道当时有了四声的区分，更不得不综合四声以区分平仄之故，四声的区分虽然比较的细密，而在实际的应用上则又粗略的平仄两大类反较为便利与适切。而平仄之所以在旧式诗歌辞赋上重要，区分平仄之所以对于传习旧文学重要，当然有其事实上的原因。

沈约的《四声谱》不传于后，“八病”之说是否明载于沈氏的声谱中，莫能臆测。《南史·陆厥传》已经举出“八病”当中的前四病，钟嵘《诗品》也有“蜂腰鹤膝，闾里已具”的话；则在齐梁当时，“八病”的名称，至少有一部分已经树立起来，而渐渐通行于世了。不过后人对于“八病”的解释，颇多歧说；我认为应当以《文心雕龙·声律篇》里所说的为唯一的依准。《声律篇》云：“凡声有飞沈，响有双叠。双声隔字而每舛，叠韵杂句而必睽；沈则响发而断，飞则声飏不还；并辘轳交往，逆鳞相比；迂其际会，则往蹇来连，其为疾病，亦文家之吃也。”

这几句话解释八病，最为明显而扼要。“沈则响发而断，飞则声飏不还”，就是指“平头”“上尾”“蜂腰”“鹤膝”四病；也就是沈氏所说“前有浮声则后须切响”。又“双声隔字而每舛，叠韵杂句而必睽”，就是指“大韵”“小韵”“旁纽”“正纽”四病，其基本原理，总不外沈氏所谓“一简之内，音韵尽殊；两句之中，轻重悉异”。冯班《钝吟杂录》也曾说过：“沈侯云：‘一简之内，音韵尽殊；两句之中，轻重悉异。’详此则八病俱去，亦不在曲折分其名目也。”

不过《文心雕龙》里更明显的标出“和”的条件，要包括两方面，就是除了关于平仄的问题以外，尚有双声叠韵的问题。因四声论之发明，应用于诗文上而发见自然节奏之规律，遂综合四声而区分为平仄两大类。更因平仄抑扬相间的道理，而悟到一句内参杂双声叠韵的字也不宜过多，过多也和这种美化文学上“和”的原理不相符合，而成为“文家之吃”。这种因八病当中的前四病而悟到后四病所包含的原理正是相同，也应当把它们列出，就是把四声平仄的区分和双声叠韵的原理明显的分析昭示出来；以见声调的问题和声母、韵母的问题，两者在文辞上的应用有殊途同归之致，都可以制定出一种规则来。这确是创四声论者一种意外的收获，也可见得齐梁间人对于学术文艺贡献的巨大了。不过八病的规律，当时在诗文上并不严格的遵从；尤其关于后四病的原则，后代也没有彰明昭著的加以发挥。只是平仄抑扬相间的道理，在往后诗歌辞赋上影响与作用之伟大，实无与伦比。

我们再来说明平仄的分别在诗歌上的应用，所以须认为长短律的理由。

第一，从当初所用的名辞和术语来解释。我们在上文所引六朝人关于音律的理论当中，他们用来称指平仄的辞语，除“宫商”“角徵”等彼时常以为四声的别名以外，尚有“清浊”“轻重”“飞沈”“浮声”“切响”等；我认为这些都是当时人对于声音本质的直觉的描绘。在上文说过，平声字可以任意的延长，因之读起来，有“轻浮舒松”的感觉；仄声字不能任意的延长，因之有“沉重紧张”的感觉；所以平声字可以名为“清”“轻”“飞”“浮声”，仄声字可以名为“浊”“重”“沈”“切响”。黄侃《文心雕龙札记》亦云：

> 飞为平清，沈为仄浊。一句纯为仄浊，或一句纯用平清，则读时亦不便，所谓沉则响发而断，飞则声飏不还也。

这里所谓“清浊”，和声母的清浊无关，“轻重”也和音势的强弱无关。它们都是和“飞沈”“浮声”“切响”同样的为“平仄”的异名，都是代表音读本身对于人们的两种感觉，正如顾炎武、江永所谓“轻迟”与“重疾”，“长空”与“短实”之异。而所以造成这两种异样的感觉，主要的便是在长短的关系，因为平声字可以任意延长，在音量上舒缓，所以名为“浮声”，所以谓之“声飏不还”，“不还”便是指较长的音。因为仄声字不能任意延长，在音量上短促，所以名为“切响”，谓之“响发而断”，“切”“断”都是指较短的音。故由这两种分别而构成诗歌当中的音律，当称为“长短律”无疑。

第二，依据平仄的原理而构成诗歌的音律本身上来解释。依据平仄的原理所演成的体制，主要的就是律绝诗，其次在辞赋上是骈文。这种诗文上的规律，除了上下各句间字数的整齐相等以外，尤须依据抑扬相间之理来协调平仄，字数的整齐，就是使得音缀数目的均匀；中国文字向为单音缀制，每字只包含一音缀，所以可用字数的多少来划分“音步”。通常在骈文和律诗上，都是用二、四、六的句法，骈文的极则，即为“四六体”，五言、七言的律诗，就是于此种“四六体”上再加上末尾的“一字的音步”而已。所以在这种诗文上每句的第二、第四、第六各字，是协调平仄时应注意的所在。一、三、五可不论平仄，而二、四、六必论平仄，否则，便为拗体；这是因句中第二、第四、第六各字是属于各“音步”的末段，正是表明音步长短的所在，长音步的末一字必为平声，所以说是“声飏不还”；短音步的末一字必为仄声，所以说是“响发而断”。长短音步互相间隔，而上下两句又参错相对，如上句第一个音步是长的，第二个必定是短的，那末，下句第一个音步也必定是短的，而第二个音步必定是长的；反之亦然；所以有“平起”“仄起”之分，所以说是“辘轳交往，逆鳞相比”。我们平常对于这种诗文的诵读，其疾迟舒促之间，必须要依据这种整齐的长短的节奏；这类诗文上的主要字，就是第二、第四、第六，如其为仄声字，则该音步用一拍；如其为平声字，则该音步又至少必须用二拍；不然，便会说你读得不对，读得不象！这种长短的规律，是如此固定的；至于各句上声调的高低（句调）和音势的强弱（轻重音），都随各句的意义和情感不同而有变化，并没有这样的固定：所以由平仄的分别而构成的音律，可断说是“长短律”。

第三，从诗歌押韵的历史上来推论。我们上面所说骈文和律诗，这种依据平仄的原理所造成的体制，就时代的观点来看，它的固定和发达，正在齐梁以后宋初以前的一段期间。现在我们对于周汉时代“上古音”的声调系统，虽然有了种种的推测和假定，可是还没有得到很明确的概念。就上古诗歌的押韵上看来，似乎当时对于各字的声调，没有象后来韵书时代的那样确定；我们暂时只得置之不论。齐梁以后，四声的观念比较的确定：旧式韵书上的四声系统，也足以代表齐梁至宋初间一般实际的标准读音。我们可以根据它来观察这个期间诗歌上押韵的情形。在这期间，诗歌上的押韵，不但是律绝诗普通限于用平声的韵字，绝没有平仄通押的例外，即在所谓古体诗或歌行之类，有些名是摹古而实际用韵的系统，却遵守着“近体诗韵”的四声的界限：一个平声字绝不会跟一个入声字通押；关于上、去二声，偶尔有例外，而和平声、入声的界限，彼此间都很严格。诗歌的制作，无论是为“入乐”，或为“徒歌”，总是直接或间接与音乐相关。音乐的演变固然是诗文体制新旧递嬗的一种因素，而音乐无论怎样的变化，歌词上的字句总不能离开实际的读音系统。撰作歌词的，必须顺着字音以合乐，不能改变字音以就谱；所以我们要观察文学的变迁，尤须注意于实际语言当中音读的现象。齐梁宋初间那种平仄四声的系统，一方面在“和”的条件上，产生律诗和骈文那样的体制，而另一方面在“韵”的条件上，也使得当时诗歌的押韵，一般都拘守着四声的界限。当时诗歌押韵上的这种界限，正所以适应乐调上的缓急：舒缓的调子，用平声韵；急促的调子，用仄声韵；最急促的，用入声韵。律绝诗的形成，通常在押韵上限于平声，这和当时舒缓的乐调有直接或间接的关系；如在同一乐调内，前后有缓急的不同，在押韵上便是平仄换韵的由来；从歌行体到后来的词曲所以和律绝诗对立的，并不全在字句的长短整散之间，也在平仄的用韵上单纯和变化。不过上、去二声用韵的合并，应当说是到了宋词上才完全实现的；又到了元曲，入声既派入三声，在用韵上又换“声”而不换“韵”（即谓通体可以声调不同的字相押，宋词上已开其端倪）；过去诗歌上平仄不通押之例，到此时完全打破了。同时在音律方面：宋词上有几处更须论上、去，元明以来曲子上又须论阴、阳，似乎协律细密，而实则循着实际语音的演变，平仄的界限日就消灭，由往时音量上长短的主要分别，也渐渐趋重于音调上高低变化的关系了。因此我们得到下列的一个论证：

凡是声调不同的字，其分别仅在音调上高低的关系，不论关于调形（第一种的区分标准）或关于全字音高（第二种的区分标准）的区别，在韵语上总是可以通押的。如其分别主要的在音量上长短的关系（第三种的区分标准），则在韵语上绝不可以通押。在当时诗歌的用韵上依乐调缓急的关系，平声字和上、去并不通押，入声字更别为一类，可见长短的区别甚为明显。（顾炎武所谓“平音最长，上、去次之，入则绌然而止，无余音矣”。）后来的北曲文学，原有分别的这几类既有混同，而在用韵方面又可通押，可见那种长短的界限渐归于消灭，这是平仄的分别趋于消灭之证。

由这个论证，也可以知道平仄的主要区别在音量之长短，而由平仄的原理所构成之音律，其为“长短律”也无疑。

综合上文所论，可见中国诗歌当中，依据沈约以来所定四声的系统来协调平仄的，不能以现代西洋的诗歌上支配轻重音的情形来相比。因为依据它们语言里各个语词所具有轻重音的变化，以支配成为轻重律，和这种由单音缀的字体上声调的区别以构成长短律，两者在实质的意义上不能混为一谈。凡是诗歌皆须具有“和”的条件，皆须在字句之间，使抑扬相间，成为和谐的节奏；不过以何种语音的成素来应用支配，使具有这种条件，那就要看实际各种语言之特性。语言的特性不同，则所构成诗歌的音律，也各异其实质。文学的作品，是不能离开实际语言现象的背景的。

实际的语言现象，一有变异，则诗歌当中的音律不能不有变更，文学的体制，也当然随着递嬗变化。旧式韵书上的四声系统，至少在宋代开始演变，到了元代就完全的破坏，因之由这种语音的变化，反映出词曲的文学，更随着词曲的文学而产生《中原音韵》一类新式的韵书。周德清的《中原音韵》，就现今所知便是这种新式韵书的创始之作。其自叙云：“自关、马、郑、白，一新制作，韵共守自然之音，字能通天下之语。……诸公已矣，后学莫及；何也？盖其不悟声分平仄，字别阴阳。夫声分平仄者，谓无入声；以入声派入平、上、去三声也。……字别阴阳者，阴阳字平声有之，上、去俱无，上、去各止一声。”

创造新文艺，必定要以新语言为其基础；新语言的特征，就是那种创造出来的新文艺的特征。在元代那种新制作，就是关、马、郑、白诸家的戏曲文学，其中所表现的当时语言的特征，主要的两点：（一）入声的消灭，（二）阴阳平的分别。这两点就是打破旧式韵书上所代表的平仄四声的系统。所谓“字别阴阳”，表示平声字的分化，由全字音的高低分别而趋于调形间的不一致，也就是破坏旧时平声的一类。入声即派入平、上、去三声，则所谓“声分平仄”者，仄声只余上、去二声，促收的入声字变为舒收，丧失仄声的本质，即表示旧时仄声一类的破坏。所以到元曲的发达，确已使平仄的分别成为历史的遗物了。后来南曲文学的继起，使得这一派的韵书又恢复了入声，这是依据南方方音的结果，而阴阳的分别，反更趋于细密，又可以见得声律上的趋重于高低关系；押韵上也平、上、去通押，又为长短区分日就消灭的证据。总之，从元代至今，国内大多数人的语言，都是向着破坏旧时四声系统的路上进行，平仄的分别，自然也渐成为已往的陈迹。

从语言演变的趋势看来，中国今后的诗歌，现代我国诗歌的新体制，在音律方面如果仍旧以单字音为基础，则其主要的成素，不在音量上长短的关系，而必属于音调上高低的变化，换言之：就是循着平仄消灭、阴阳滋长的这条路上走。否则如果一变向来单字音的基础，而改用复音缀的语词来做协调音律的单位，那末，因现代国语上复合语词以及语尾词的增多应用，字音间音势的强弱就占着显著的成分，诗歌的音律上很有可能趋重于轻重音的比较。换言之，就是有从单音缀的长短律变为复音缀的轻重律之可能，因此我们可以明了平仄的分别，在现今中国文学的教授和修养上，只是具有某种时代的价值。

卅四年一月，于中央大学

（《通讯半月刊》1945 年第 1 卷）

字形孳乳说

吾国文字，据古今字书所记，历代相沿，递有增殖。《苍颉篇》才三千三百字，至《训纂篇》有五千三百四十。《说文》录九千三百五十三文，《字林》则有一万二千八百二十四，《玉篇》有一万六千九百十七，至《大广益会玉篇》又增为二万二千七百二十六，《类篇》录三万一千三百十九字，《字汇》则有三万三千一百七十九，《正字通》有三万三千四百四十，至《康熙字典》乃有四万七千零三十五字。推其递衍增殖之故，则以古代字少，一字而作数字之用；字数无多，而异义滋广。其结体也繁简向背，又复不拘，字无定型，形体多歧；后人乃因其异体异用，将一字析而为二矣。

是以古之重文后多析为异字；如“於”之于“乌”，“冰”之于“凝”，“毓”之于“育”，“其”之于“箕”，“棲”之于“西”，“孩”之于“咳”，“抱”之于“捊”，“網”之于“罔”；凡此之类，今若异字，古则重文，许书已明著之矣。许书所列重文或体，揆诸《玉篇》，则常分隶异部；如“韵”“詅”为“吟”之或体，《玉篇》分隶于音部、言部；“悊”为“哲”之或体，《玉篇》列于心部；“讀”为“啧”之或体，《玉篇》列于言部；“獆”为“嗥”之或体，《玉篇》列于犬部；此又时代稍后，异体演为异字之证也。

许书各部中之正文，按诸钟鼎彝器及龟甲兽骨古文，亦多合为一字者。如“在”之为“才”，“命”之为“令”，“作”之为“乍”，“位”之为“立”,“格”之为“各”,“祖”之为“且”,不胜枚举;盖独体之文,孳乳而为合体之字也。他如“不”衍为“丕”,又变为“否”;“史”演为“吏”,又成为“事”;“爪”“手”不分,“卿”“鄉”无别,“俎”“宜”本出一原,“叔”“弔”初无二致。盖上古文字,迹近绘画,增损无恒,正反不定,疏密向背之间,即成殊体;是以字少而体多,后之异体异用者,认为异字,在古率本一文也。

周秦以下,文字趋于统一,改易殊体之世,不复见今;损益相同之迹,灼然可睹。群以同文之盛,归功于相斯之辈;而实则整齐划一,因乎自然之势。自此诸文,渐有定体;各体相较,亦有定型;点画之差,率成异字;一经移易,辄认殊文;其与往古之肆意构作,无拘拘于笔画者,迥不侔矣。汉初草律,明著厥法,太史学童,教试六体,又吏民上书,字谬辄劾;“焉”字缺画,而石建惧死。虽曰时俗重文,亦由此际字形,已臻于固定也。

尔乃字体孳乳,不在疏密向背之间,而惟取于纠合偏旁之一途;偏旁者,吾国文字之基本成分也,自此基本成分臻于固定,于是递相缀属,生生不绝,合体之字,增衍无穷矣。许氏之言曰:“苍颉之初作书,盖依类象形,故谓之文;其后形声相益,即谓之字。文者,物象之本;字者,孳乳而浸多也。”吾国文字之演进,斯语尽之矣。自字形臻于固定,而后依类象形之法亡矣;自以古之物象为造字之本,而后字体孳乳,惟取于形声相益之途矣。许书所录,九千三百余文,形声字占十之八九,而依其偏旁,定为“从”“属”之例,以部首字统摄部中字;此颜黄门所谓“检以六文,贯以部分”“檃括有条例,剖析穷根源”者也。统观许书,亦有部首字从部中字之例,如“蓐”从“辰”部之“辱”,“㒳”从“入”部之“内”,“金”从“亼”部之“今”,“長”从“几”部之“兀”;凡此者,王菉友《释例》谓之“母从子”。盖以“子从母”“母从母”者多矣,而此则为“母从子”之例。许书中所列部首又有为异部字从之而设者,故有仅有部首字而无从属字之部；如“才”部无属字，因有材、在、财、𢦏等字从“才”，故立“才”部；“耑”部无属字，因有瑞、喘、端、揣等字从“耑”，故立“耑”部；凡此诸部，盖为异部字而设，此即高步瀛《说文略例》所谓“其言凡某之属皆从某，有指本部言者，亦有指异部言者也”。是以许氏之书，要在明文字孳乳之法、子母相从之例；故谓之偏旁之学也。

今试就许书之重文或体，以观文字孳衍之方。字体成分有表意与标音之殊，斯偏旁有形旁与声旁之别；所谓形声相益者，即就古文字增益形旁或增益声旁以构成其后起之异体者也。如“𠃊”之为“𪓰”，“云”之为“雲”，“或”之为“域”，“𦣝”之为“頤”，凡此皆增益形旁以成其后起字者也。又如“𠚕”之为“齒”，“厂”之为“厈”，“网”之为“罔”，“甘”之为“其”，凡此皆增益声旁以成其后起字者也。又有就合体之字更易形旁或更易声旁以构成其别一异体者；如“玩”为“貦”，即属形旁之更易；“球”之为“璆”，即属声旁之更易；“饕”之为“叨”，即属形声俱更易之例。字体孳乳之方，增益偏旁而外，尽归于更易偏旁者矣。增益偏旁者，“初文”与“后起字”之相孳乳也；更易偏旁者，“后起字”与“后起字”之相孳乳也；一字化为异体，一字歧为多义，于是异体区为异用，寖假而演为异字矣。故就重文或体，可以觇文字孳生蕃衍之由。

形声之增益与形声之更易，又交相为用，以使字体之增衍无穷。如“网”衍为“罔”，又成为“網”；“甘”之为“其”，继又生“箕”；“厂”之为“厈”，旋复变“岸”；此增益声旁又转为增益形旁之例也。“𠃋”演为“𠫔”又成为“肱”；“𦥑”增为“共”，复孳为“拱”；“㐭”既变“稟”，旋归为“廩”；王菉友《释例》所谓“展转相从，总为本字，或卒归本字”者也。他如“凵”为饭器，增盖为“去”，故“去”有藏义，与离弃之义相反为训者也。“去”复增为“笶”，旋又更易为“筥”为“篆”，皆不出“去卢”之音；此又增益偏旁，又转为更易偏旁之例也。循是而推；“𠬝”增为“樊”；又衍为“攀”，为“攀”；“共”既成“拱”，复歧为

“供”，继变为“龔”；“永”增为“羕”，旋又出“漾”；此亦增益形声相与更易形声，递相为用之例也。凡此之例，皆所以使初文孳衍为后起字，独体增殖为合体字，又复形变，展转互更；故一文可有数字之形，异体总归同原之本。无怪乎为时愈后，增殖益多，字体之生生无已也。

许书有重文不相类聚之例；其所列各部正文，常有不言重而实亦为重者。准偏旁增益之法，即“初文”增衍为“后起字”，“古字”孳生为“今字”也；王菉友《释例》区为“累增字”“分别文”二目。谓增益偏旁义仍不变者，为累增字；如“台”之于“怡”，“隶”之于“逮”，“夅”之于“将”，“来”之于“徕”，“𠂢”之于“派”，“尃”之于“敷”，“宁”之于“貯”，“豆”之于“梪”，“殳”之于“杸”，“冢”之于“幏”；凡此者盖由古字之义不显，增益偏旁以表之者也。至若增益偏旁，而义略异者为分别文；如“共”之为“供”，“面”之为“偭”，“新”之为“薪”，“勺”之为“杓”，“斗”之为“料”，“氐”之为“柢”，“合”之为“佮”、为“畣”，“奥”之为“隩”、为“澳”，“匕”转为“化”，又增为“傀”；“丂”衍为“可”，又成为“诃”；凡此者，盖由古字义多，增益偏旁以专指一义，或古字为别义所夺，而增益偏旁以表之者也。要之，分别文与累增字，皆由初文衍为合体，古字化成今字；张行孚《说文发疑》谓不如径称为古今文也。盖义或歧异，音无少变，语言同其本株，文字演为异体，故亦得称重文。

准偏旁更易之法，即“后起字”之互相孳乳，“今字”之复相蕃衍也；王菉友《释例》区为“同部重文”“异部重文”二例。谓形旁未更、声旁相异者，为同部重文；如“越”之于“趑”，同在“走”部；“婉”之于“嫛”，同在“女”部；“禂”之于“禱”，同在“示”部；“苹”之于“萍”，同在“艸”部；凡此者，声旁虽更，音义无变，故谓之同部重文。至于形旁已更，隶属异部，揆诸本义，乃相类似者，为异部重文；如“走”部之“趯”，与“足”部之“躍”；“辵”部之“迫”，与“攴”部之“敀”；“二”部之“竺”，与“亯”部之“篙”；声旁未更，义亦雷同，故虽属异部，实亦重文。他如“門”部之“闚”，即“穴”部之“窺”；“言”部之“諆”，即“欠”部之“欺”；“见”部之“覣”，即“目”部之“睒”；“足”部之“践”；即“彳”部之“後”，亦即“行”部之“衜”；以至“人”部之“倞”与“力”部之“勍”；“走”部之“趒”与“足”部之“跳”；“言”部之“訢”与“欠”部之“欣”；诸如此类，皆声旁相同之异部重文也。乃若“攴”部之“攺”，与“手”部之“撫”；“缶”部之“罄”，与“穴”部之“窒”；“心”部之“恫”，与“疒”部之“痛”，“石”部之“硗”，与“土”部之“墽”；虽形声俱更，而音义并同，故亦为异部之重文。他如“面”部之“靦”，即“心”部之“慲”；“石”部之“碓”，即“土”部之“墧”；“目”部之“眈”，即“见”部之“覘”；“人”部之“僖”，即“女”部之“嫛”；“厂”部之“厰”，即“山”部之“嵓”，亦即“石”部之“碞”；凡此者，字形全异，而音同义通，揆诸语言，本属一原，故虽不言重而实为重者，亦皆形声俱更之异部重文也。以上所陈，许书所以不相类聚而未曰重文者，王菉友谓“据当时已分为二；此乃古今人用字之界，大为之别，所以适用也”。持论平允，甚得许书之要；至于玄应《音义》谓“罄，古文窒”，《韵会》谓“撫，古作攺”；一似合体之字，亦有古今之别者；盖或各本方言，造为异体，后之引用，略分古今，非必当时有先后之别。

若依偏旁之增益与更易，交相为用，以为字体之蕃殖者，则又显分古今，亦属初文与后起字相孳乳之例。如“天”之与“颠”，“甘”之与“含”，“乚”之与“隐”，“厂”之与“抴”，“戔”之与“戰”，“吅”之与“讙”，“幻”之与“换”，“戊”之与“斧”，“丌”之与“基”，“辛”之与“愆”，“屮”之与“过”，“竝”之与“并”，“民”之与“萌”，“杲”“杳”之与“早”“夜”，凡此之类，皆由象形、指事以及会意诸科衍为形声相益之字，虽与本字形体绝异而属初文与后起字之相关，则又按义可知，寻声可明，据形以得者也。盖其本字大抵即依类象形之法，其后初文不用，或用作别义，乃形声相益，以制后起之字，复更易偏旁，遂成绝殊之体。此由形声之增益与更易，交相为用，亦古今字蕃滋之显例也。

总上所言，吾国文字增殖之道，或由偏旁之增益，或由形声之更易，或由增益与更易交相为用；以分化为孳乳，就变易而蕃衍，遂使一字化为异体，由异体演成异字。其基本成分虽已臻于固定而后起字体仍能生生不绝；形声相益，孳乳寖多，偏旁结构之妙用，不亦大矣哉！

推其所以致此之故，则文字者，词言之符，形体者，音义之征；故其分化因乎义歧，滋生由于语变。“庠”“序”异名，以殷周之殊时也；“迎”“逆”殊文，以齐秦之异地也；“鴐”“鵝”“鴚”“雁”，同类而语殊；“鴶”“鵴”“鳩”“鶌”，一物而音转；此文字之孳乳，缘乎古今方国语言之不同也。自许书而下，俗语滋多；一字衍为歧义，因义造为殊文，“去卢”饭器，礼注遂有“笶篕”；“终葵”椎击，《广雅》乃作“柊楑”；“吴公”“科斗”，益以“虫”旁；“未喜”“常娥”，原无“女”字；“莫”为日冥，乃复益“日”而作“暮”；“前”本齐断，竟又增“刀”而称“剪”；乌“鸦”别于“雅”正，“豪”杰异于“毫”毛；“效”“効”本属同文，“識”“幟”原非异字；“弦”之析出“絃”“舷”，“绵”之歧为“緜”“棉”；凡此之属，则又一字而数义，同名而异实，欲据字形以资识别，故增益或更易偏旁，因异用而制异体者也。乃若流俗字体，有更易声旁，以谐今读者，如“戰”之为“战”，“猶”之为“犹”，“廟”之为“庙”，“懼”之为“惧”，“擔”“膽”之为“担”“胆”；揆诸古今音变，颇能吻合，虽诡更正文，无当大雅，似非肆意简化者可比，亦藉以覘语变之迹焉。

文字之用，无过于引申、假借二大端，或依声以托事，或因义生事，遂使一字可作数字之用，而文字之效，不限于形体；固所以节字体之孳乳者也。然音变日剧，义衍无穷，假用愈广，迷误滋多，自非偏旁之增益与更易，不足以为晰示而祛惑；是则使一字作数字之用者，亦正所以滋文字之孳乳者也。万象纷纭，又不外相反相成之理。是以一方虽字形之增益或更易偏旁，以趋于明晰，而一方仍依引申假借之用，以趋于混同。如“旨”为甘旨义，“恉”为宗恉义，而今皆用“旨”；“耑”为首始义，“端”为正直义，而今皆用“端”；此其偏旁虽增益，而仍混用者也。如“淫”为浸淫义，“婬”为婬逸义，而今皆用淫；“落”为艸木下，“零”为雨下，而今皆用“落”；此其偏旁虽更易，而仍混用者也。是可见吾国文字之应用与构造，似相反而实相成；形声相益，趋于晰者也；引申假借，趋于混者也，而皆以同字异用为其枢纽。

趋于晰者，使字体滋生蕃衍，日益众多；趋于混者，又限字体之应用，不使过繁，以省记认之劳。是以由古之重文或体，原为一字者，演为异字，其数寖广，而日常所需，不必如字书所记者之繁博。文字之滋生愈盛，引申假借之用愈广，而依形声相益以为孳乳者，亦复愈繁；正反相生，循环无已，随人文之演进以演进焉。

吾国文字，以依类象形定其本，形声相益宏其制，引申假借肆其用；造字与用字二者，相演以成，此六书之神恉也。故论形者，不可不究心音义之学；许书以下，名为形书，实亦不废音韵训诂，固与《尔雅》以下《声类》以上相为附丽者也。

（《中国文学》1945 年第 1 卷第 5 期）

说　　党

哲学家培根曾经列举阻塞吾人理智和思想的种类。其中有一类为“文字的偶像”：此种偶像，常使吾人对于某个字预存着某种成见。成见愈深，愈于事实得不到正确的观察，而愈深陷于理论的错误。这类文字的偶像，又称为市场的迷信。在某个字的本身看来，就是它在市场上流行的价值。它的市价高了，就成为赞美之辞；市价低了，就成为丑恶之辞。例如“重庆人”本无所谓好坏，可是“重庆人”一个名辞，变成了那样的市价，竟使我们急于东归的，也有点裹足不前之概。某一字的市价，忽而升高到天上，忽而降低到地下，使吾人不免受了眩惑，因而忽略了它原来所具有的真实的意义，而随时生出穿凿附会的解释。

记得上次工程师节，在渝举行的纪念会，某公出席讲演，说到“工”字，二横中间一直，二横代表天地，一直便是顶天立地的意思。这种附会之谈，固不值得一笑，但是也可以见得“工”字价格的高了。当时对于许多工程师们，似乎不如此解释，不足以表示其恭维之意。其实“工”字的本义，原是指制造时所应用的一种器具；所谓“工欲善其事，必先利其器”。器用既具，然后而巧，故又有“工巧”之义。工巧不能离于“规矩”，故曰：“公输子之巧，不以规矩，不能成方圆。”推而广之，任何顶天立地的事业，也不过依于规矩而已。无奈“时俗之工巧兮，偭规矩而改错，背绳墨以追曲兮，竞周容以为度”！只知道取巧于一时，而不肯在实际的工作上努力，这便是违背规矩，和“工”字的本义不合。

前几天开政治协商会议，与会诸公的言论，我们都非常注意。记得有一天，某公论到“党”字的意义，他说“党”近年把中国害苦了。中国人是不大喜欢党的，古语有云“君子群而不党”，而且从字义讲，当为“尚黑”，是喜好黑暗的。（依《大公报》记者的记录）我当时看了这段记录，觉得好笑。中国史书上，不是记载着某代“尚白”、某代“尚黑”、某代“尚赤”等等吗？果真是这样的解释，“尚黑”的那一带，便是喜好黑暗的第一代，也便是党人执政的一代；轴心国家有党，民主国家也有党，而非是喜好黑暗的，只是“黑衫党”为党之尤者罢了！又“尚白”或“尚赤”的那一代，又不免有“白色”或“赤色”的帝国主义的嫌疑！甚矣！“文字偶像”的势力之大！

后来一想，某公当时在会议席上所发表的这一段讲论，也只是代表市场上流行的话。因为在训政时期，标出“以党治国”的口号，当时“党高于一切”虽然有些为党害苦了，只能暗中抱着怨恨，不便明目张胆地宣告“党”字的贬值；一到训政时期决要结束。政权应该由党交出，奉还给老百姓，奔竞之门，并不限于一党，“党”字的市价，自然而然的低落了。况且抗战胜利以来，忽忽半年，一切的复原和建国，都是因为党争的纠纷而停滞，实际上已成内乱之局。人民的受苦加深，国际的地位降低，全是为着一个“党”字。大家厌恶着党，诅咒着党，无论过去曾否走着“红运”的党，现在都应论走着“黑运”了，无怪乎屡发生“尚黑”之论！

“党”字在黑部，原义为“色不鲜”。党字里的“尚”，本是“声符”，“堂”字也是以“尚”为声符的，堂字有“处所”之义。“党”字又可借作“所”字用，所以《左传》里有“师乎师乎，何党之乎”之叹。至于朋党之“党”，或以为其本字应作“攩”，取“襄助”之义，犹之乎朋友之“友”，义亦取于两手之“襄助”也。这样说来，“党”字用作朋党字，本来没有什么坏的意思。如果利用朋友的相助，来争取私人的权利，使大家说受苦的，便是“匪党”；如果利用朋友的相助，来谋取公众的利益，为大家服务的，这才算是“政党”，这才算是正式的政党。“政者，正也”，自身是正当的，才可以参与政治，才可以纠正人家；所以要树立一个政党，必须要遵守普通政党的规矩。如果利用政党以为使人巧取豪夺的工具，不顾国家社会的利害，这就是所谓“偭规矩而改错”“反常而妄作”。

中国的字义，有一种“反训”之例；也有一种“美恶同辞”之例。无论好坏的字义，有时都可以取其反面来应用，来解释，如“乱”之训“治”，“臭”之训“香”之类。这好像一个字的市价，忽高忽低；就它的高的价格来看，便是美辞；反之，就它的低的价格来看，便是恶辞。“党”字原义为“色不鲜”，确有黑暗的意义；黑暗的反面，便是光明，党字也有“光明”的一面解释，一种用法。扬子《方言》里，开头便是一个“党”字，说：“党，晓，哲，知也。”郭注：“党朗，解寤貌。”“党朗”，《广韵》又作“爣朗”，注云：“火光宽明也。”所以党字又可以作“爣”字用，正是具有光明的意思。再由“光明”引申为“明哲”“知晓”之义；故“党”字有“知也”之训。荀子说：“文而致实，博而党正。”言“文而不致流于虚伪，博而能知其邪正也”。可见党字不必定依原义，作黑暗方面来看；反之，党字也可以从光明方面来看。各党各派的人员，当然不全是喜好黑暗的，其中正不乏明哲之士，所谓“博而党正”者流。……半年来闹着党争，全国固然现着一个黑影，一到政治协商会议有了结果，又显出一道曙光来了。这又是“党”字里面包含有“光明”的显证。

由此说来，党字本身并无恶义，不必定为恶辞，反之，也可以成为美辞。那末，何以古人要说：“君子群而不党”呢？要解释这句话，必须从“君子”二字讲起。“君子”这二字，很难得有确当的定义，西文字典里也不易寻获相当的对译。我以为要解答“君子”是怎样的人，就可以从“群”字上着想。“群”字的音义和“君”字相关联。“君者，群也”，为君主的，必须要得到群众的欢心，受到群众的爱戴，所以唯一的条件，必须他尽心为了群众，能够为了群众。君主时代尚且如此，而况民主时代乎？所谓“君子”者，就是一种能得群众欢心和爱戴的人，他必定能够为群众服务，为群众谋福利，他必不致使大家受苦。在内心修养上，他必定有“民胞物与”之怀，所以他胸襟和气量宽大，能够包容大众，所以可与“小人”的“小”字对言。这样的人，才可以执政，才可以认为有当领袖的资格，所以称为“君子”。君子处处为着群众尽心尽力，而不是为着“私党”。故曰：“君子群而不党。”因之“群而不党”一句话，应该从“目的论”或“动机论”上来解释。目的是为着“群”，为着“群”的动机而组“党”。入“党”，则“党”不是终极的目的，而只是当做一种手段、一种工具、一种实施义务的方式；所以“只知道有义务而不知道有权利”这句话，便是“群而不党”的意义。

“群而不党”这句话，又可以“君子周而不比”的话来互相比对，互相发明。“比者，密也，近也”，只取悦于比近的人，而不能周全于大众，只顾到自己亲密的人，而不顾到群众的利益，这是君子所不为。君子所为，是要贡献于国家社会，服务于人群全体。有时宁愿牺牲了比近的人，或自己的亲人，以周全于群众，即所谓“一家哭，何如一路哭？”君子所为，其方法为“周而不比”，其目的就是在“群”，而不是在“党”，把“一党”的利益放在国家社会之下。如果把党的利益放在国家社会之上，那便是“小人比而不周”，只顾到“一家哭”，而没有顾到“一路哭”了。

党的政策，是要以福国利民为前提，“民之所好好之”，“民之所恶恶之”；党的活动也应当以群众的意志为依归。这样，“党而能群”，则其党方可树立于人群之中，才不致为民众所唾弃。才可以维持其声名于不坠，才可以提高它自己的身价。否则，党的活动，违背与群众的意志，不以民之好恶为好恶，大家趋向于光明，而独自喜好黑暗，那真所谓“民好恶其不同兮，惟此党人其独异”！结果，党失了群众，党之声价日下，以至“党”之一字，竟成为丑恶之辞。党人虽或得势于一时，能取快于一时，亦只是自趋于绝路而已，这又是所谓“惟夫党人之媮乐兮，路幽昧以险隘”！所以从“结果论”上看，为着党之自身前途着想，也应该是“群而不党”！

“党”字本来没有什么坏的意思。古代说“君子群而不党”的那位先生，也不知不觉间喊出“吾党小子”！所以各党各派的，或无党无派的，不必因听到“尚黑”之论，而自嫌，或自喜。果真忠于党的，我奉劝他们规规矩矩的做，不要再取巧了吧！努力设法把“党”字的“市价”提高，把“党”成为赞美的偶像吧！我奉劝执政诸公不要让金价物价提高，而要让口里喊出“文字”的“价格”提高，才能使大家向着“荡荡”的“王道”上走！向着光明灿烂的那一方走！

卅五年，二月，十一日，于沙坪坝

（《客观》1946 年第 14 期。编者记：本文有节略）

应用文字的方式

——读书和作文

一、社会上一件重要的工具

在我们日常的生活当中，除了属于衣、食、住、行的事物以外，还有一件，几乎天天也要和它接触的，这就是文字。文字在现代的社会上，已经成为一种极重要的工具，我们日常所不可缺少的因为一个人总不能离开社会而生存；社会愈进化，愈复杂，文字的应用也觉得愈需要，我们和文字接触的机会也愈增多了。我们所穿的衣服，所吃的东西，所住的房子，所走的马路，所乘的车子等等，那一件不是靠了这种社会的组织来彼此互相供给的？社会的组织愈进步，愈复杂，个人和个人之间的交接也愈繁密。我们在这样繁密的交接中间，当然需要有一种彼此传达的工具。这种工具，最通行的是语言；可是语言的效力，大都只能及于当时当地发言者和听受者的中间，要把语言的效力扩大起来，非要有书写的文字不行。文字是用来代表语言而同时足以增进语言的效力，补救语言的缺点的。自从文字产生之后，各时各地的人都可以因此互相交接而通达情意。一个通告，可以广播各处地方，使人人能够知道；一种记载，可以流传到几千百年之后，使人人能够诵读；一本薄薄的日记，便可以防备数年数月后的遗忘；一封小小的书信，便可以用来和远远相离的亲友通些消息；凡是这一类的事实，都足以显示文字的功用，都足以表明文字在社会上确已成为一件极重要的传达工具了，因为社会的进化，使得文字不能不产生，使得我们在社会上生存的人，不能不应用这种传达的工具；同时也因为文字的产生和应用，使得社会本身的组织更趋于复杂，使得我们在社会上彼此的交接，更趋于繁密了。所以文字效力的增进和社会本身组织的扩大是互相为因果的；换一句话说，社会的文明愈进步，文字的应用也愈广，也愈足以促进社会上衣、食、住、行和其他种种方面的改善。我们看现代社会的文明，精益求精，何莫非由于用文字来传播智识而得有此进步呢？因此更可以知道文字在社会上的重要了。处于现代这种社会当中，文字的应用既然这样广，不识字的人正像活活的瞎子，所以叫做“文盲”；又像聋哑者不能应用语言一样的可怜。

二、读书和作文的一种解释

我们所谓应用文字，不外两方面：一方面是写作的，也可以说是发表的；另一方面是读解的，也可以说是看受的。文字的应用一广，我们在社会上，在日常生活当中，和文字接触的机会也愈多，这就是说我们所写作的和我们所阅读的也愈丰富。例如一封信，写信的人是处于发表的方面，要把自己的情意和想说的事情表达出来，使对方明白或知道的；收信的人是处于读解方面，要把来信的意思和内容澈底的明了，以认识对方给我说的那些话的。又像一页日记，写作的时候是处于那一方面，翻阅的时候又是处于这一方面；同是一个我，可是在两个时候，也可以分做应用文字的两方面的。无论是处于写作的方面，或处于读解的方面，都是我们和文字接触的机会；这两方面的机会，在社会上又常常是互相增进，互相扩大的。所写作的愈多，自然使阅读的机会也愈多；要阅读的愈广，又自然会使写作的产量愈增加；譬如朋友间书信的往还愈密，收发愈勤，自然写信的时候和阅信的时候一起增多。在个人方面也何尝不是如此；例如今天想要做一篇文章，便想要翻阅许多杂志，参考许多书籍，这便是因写作而增广阅读的机会的；明天又看报了，翻书了，遇到有什么新奇的事实和意义，或者自己发生了一种什么感想，便要提起笔来把它们记录或表示出来，这又是因阅读而增广写作的机会的。我们进了学校，大家都知道主要的目的，是为着读书而来；自然进了学校得到读书的机会比较多；但是我们千万不要只认为捧着几本教科书和翻阅一些课外参考书算是读书。其他如看报、看布告、看书信、看小说等等；即使出了校门，凡是眼看到了写着的文句，能够加以口读而了解其中的意义的，都何尝不是我们读书的机会？所谓书，原来是“著于竹帛”的意思，就是指写着的字句；我们不要只认为进了课堂，进了图书室，才算是得到读书的机会；在广大的社会当中，读书的机会也正多着呢！让我们自己留心，向着这无尽藏的应用文字的场所当中去寻求罢！学校里又设着作文一课，先生往往出了一个或几个题目，以便我们依着题旨来发抒自己的情意；这固然是我们正式练习写作的机会。但是我们也不应该只认为在作文班里算是作文，其他如平常写一封信、作一篇日记、出一张条子等等，又何尝不是我们练习作文的机会？我们即便不在作文班上，即使不在学校当中，而在日常生活里，凡是要我们连缀字句来表达自己的情意的（或者代表人家的），也都正是练习写作的好机会。我们切不要忘记文字是社会的一种工具，我们要写作，是为着要应付社会的生活的，而同时也是属于我们社会生活里的一部分。我们不应该认作文是单为应付学校的功课的；先生在作文簿上所批示的成绩，只是表示我们写作的能力，长进到了某种的地步；我们更不应该认为这种批示的分数，便是我们作文的目的所在。我们的眼光切不可拘囿于学校的一个小圈圈当中，而要深深的体会作文和社会生活的关系的重要。总之：读书和作文这两件事，都应该用社会生活的意义来解释；读书和作文是在社会生活上应用文字的两方面：作文是处于发表的方面，读书是处于看受的方面。

三、应用文字的能力和习惯

文字既然是社会上一种传达的工具，应用文字又是属于社会生活的一部分，所以文字的系统，成为社会行为的一种习惯。我们要学习一种语言，例如，儿童的学习本国语，成人的学习外国语，就是要养成某一种社会行为的习惯。文字的产生，既然是由于扩大语言的效力而用来代表语言的，所以文字和语言有同样的性质；我们学会了一种文字，也就是养成了一种社会行为的习惯。我们所谓应用文字的能力，就是从这种学养的工夫上得来的；我们和文字接触得愈多，应用得愈惯，熟能生巧，自然在写作和阅读两方面的能力随之俱进。从前有人指导我们要做好文辞，只有“多读，多看，多作”；多多的阅读，多多的写作，除非那种天赋特别差的人，自然会从行为的习惯当中生出技巧来。好像学习某一种语言、听得多了，说得多了，听惯了，说惯了，自然听觉灵敏，口齿纯熟，毫不觉得困难了；除非那种本能有缺陷的人，总会从习惯当中生出能力来。读书和作文既然是应用文字的两方面，也就是在那种行为习惯上的两方面的作用，所以读解的能力和写作的能力都是由学养而得；读书多了，自然对于比较艰深的字句也能够了解了；写作多了，自然对于不易表白的情意也能够显明的表白出来了。我们为什么要读书？读书的目的固然有种种，但是总离不了为读书而读书的意义；因为读书本身的作用，就是在训练我们读解的能力呀！为什么要作文？我们要写作的目的当然也不只一种，可是总离不了为写作而写作的意义；因为作文的本身，就是在练习我们发表的技能呀！“多读，多看，多作”，可以使得我们做好文辞，也可以使得我们读常人所不易读的书。在学校里设着国文一科，主要的宗旨，就是在养成我们应用本国文字发表的技能，和训练我们对于本国文书读解的能力。设着外国文一科的主要宗旨，也是在训练我们读解或写作外国文的能力。我们进了学校，受着这种正式的训练，能够以极大的教育效率来进展我们应用文字的能力，固然是我们的幸运呵！但是，我刚才说过，我们处在这种应用文字很广的社会当中，在日常生活里，即使不在学校里上语文的功课，我们也可以时时得着练习读解的和写作的能力的好机会，只要不把它们轻轻的放过我就是了。我又说过，应用文字的两方面——读解的和写作的——的机会，是互相增进，互相扩大的，因之我们在阅读的时候，便可以得到练习写作的机会，同样，在写作的时候，也往往敦促了我们发生阅读的动机，这样彼此交互的促进，自然使得我们学养愈深，能力愈厚。又根据学习的经验来说：我们要写作自然先要多多的阅读，因为在阅读的时候。一方面固然增加了读书的经验，另一方面却又无形中长进了写作的能力。反转来，我们要阅读人家的作品，也得要提起笔来常常的写作才能增进了解和批评的能力；这好像做诗的，绘画的，常常自己制作，当然对于人家的诗画作品，欣赏起来，批评起来，比不做诗不绘画的，自然要深切得多。又正像是学习一种语言，听得多了，自然会说得出，说得熟了，自然也会听得惯。所以我们无论为着作文，或为着读书，总得要“多读，多看，多作”。这两方面的经验和能力，都是互相长进的。因为文字的应用本身是一种行为的习惯，能力是从习惯的养成上产生出来的，经验愈深，能力自然愈厚了。

四、应用文字的经济的原则

我们为着要应付社会的生活，既然不能不应用文字来作传达的工具，那末，应用文字的时候，无论是处于写作的或阅读的方面，总是要想得到传达的效果的；目的所在，都是要想从这种工具上获得互相通达的效用。在写作的时候，总是要把自己的情意利用文字尽量的表达出来？在阅读的时候，总是要把作者的情意和读物的内容，从文字上充分的加以了解，并且获得一种深刻的印像。讲到这里，我们就要提出经济学上所谓“以最少的消费获得最大的效果”的原则，用来说明这种意义。所谓最少的消费，并非不消费；所以在应用文字的时候，必定有消耗去的时间和精力等等；只要这种消耗的时间和精力等等是值得的，而且是必需的，那就符合于经济的原则了。所谓最大的效果，就是在应用文字的时候，务须求其有充分的传达的作用，这样，才能使消耗的时间和精力等等成为值得的和必需的，在上文所说由学养得来的应用文字的能力，它的高低强弱，大都也就是依据写作和阅读的时候符合于这种经济原则的程度来判别的。写作的能力愈高，表达的手段愈妙，自然愈能运用极经济的方法来显示自己丰富的情意。同样，阅读的能力愈高，对于文字上的困难愈少，自然也愈能以极少的时间和精力，深切了解了作者的情意和读物的内容。上面又说过，读书和作文两方面的能力是互相增进的：多读，多看，多作，可以使得我们在写作和阅读两方面的能力都提高了，就是在写作和阅读的时候，减少了所消耗的时间和精力，以符合于经济的原则：也可以说是使得我们所认为难读的变为易读，所认为难作的变为易作。本来在作文和读书上所为难易，并非绝对的区别，而是要看自己经济和技能上的差异；同是一个作题或同是一种读物，在能力较差的人所认为难作或难读的，往往在能力较强的人并不以为难作或难读。在应用文字上所谓难和易，大都也就是看写作或阅读的时候所要消耗的时间和精力的多少。我们要想自己在应用文字上使难者不以为难，而使易者更易，一方面凭着教师得法的指导，一方面尤须自己从学养上用工夫，努力提高能力，以求渐渐符合于经济的原则。我们还要知道，依据这种经济的原则来观察，阅读的和写作的两方面常有一种“互惠”的现象，就是读者和作者之间都应该互相节省所消耗的时间和精力。我们所写作的，是要给人家阅读的，务求简洁明了，切忌烦冗晦涩，为的是要节省读者的劳力，减少阅读时的困难。我们在阅读的时候，更须对读物负责任，用心探讨作者的原意，并且要融会贯通，切忌囫囵吞枣和牵强附会，为的是要不辜负作者的苦心，体谅作者在文字上表现的困难。总之：读者要对作者负责任，作者又须为读者着想，共同的相互的来节省所消耗的时间和精力；互相体谅，互相负责，正是“忠恕之道”；如果在应用文字上能得忠恕之道，那就最符合于经济的原则了。

文字既然是社会上一种传达的工具，又是用来代表语言的；社会生活当然离不了环境的关系。所以我们在应用文字的时候，应该先了解一些社会环境的情形，尤须注意于当时当地的语言习惯。作者要为读者着想，当写作的时候，必先决定所写作的是给谁看的，是给谁读的，最重要的须谅解阅读的人所具有的语言习惯；否则，便要须损传达的效用。譬如写给小学生看的东西，当然用不着艰深古奥的字句和文体。如果作者没有顾到读者的语言习惯，便要增加读者时间和精力的消耗，或者竟会失去传达的效用的。读者也该对作者设身处地的着想，对于作者所处的环境和当时当地的语言习惯，总得有些明了，然后对于读者的内容不致发生甚么误解，并且增进了通悟的程度，终以获得传达的效果。譬如读古书，总得对于古时文句结构的形式，所引用的成语等等，和现今语言的习惯有什么异同，了解了一些，才可以读得通。总之：我们无论在读书或作文的时候，总该对作者或读者负责，处处为对方着想，体谅，如此方能合于忠恕之道，而和应用文字的经济的原则相符合了。

五、读书和作文在心理上的程序

写作的时候要为读者着想，阅读的时候要为作者着想，所以我们还要知道读书和作文这两件事在心理上的程序。文字是一种传达的工具，可以说是写作的和阅读的两方面中间的媒介，作者靠了这种媒介物把自己的情意传达给读者；读者也靠了这种媒介物把作者的情意领受过来；一方面是向外发表的，一方面是向内吸收的。因之处于写作的地位，必先自己具有了情意，和要发表的内容，其次把这些内容的事实和要说明的情意综合起来，再排着一个大体的先后的次序；于是依次连缀字句一层一层的，或一段一段的写出来；最后，再加以校改或修饰的工夫。处于阅读的地位，又必先分析了读物上的字句，懂得了各字各句的意义，然后逐层逐段的加以解释，于是对于全篇或全书的要旨和精意，方能领会。所以依据文字上的形式来观察，在作者的心理上，先有了各篇各章的大意，而后有连缀字句的工作；要把情意表达出来，要把已得的印象描写出来，所以是由篇章而到了字句的。在读者的心理上，眼看到读物上的各字各句，了解了各个字句的意义，而后才能通悟各章各篇的意旨和内容；要获得印象，要领取作者的情意，所以是由字句而到了篇章的。譬如绘画和建筑，在艺术家和工程师的心理上，当是先有了一个画图和建筑物的轮廓或大意，然后运用了种种材料；在欣赏画图和建筑物的人，又必先接触了种种配置的材料，然后才能明了全体的结构。写作和阅读的两方面，在心理上进行的程序正是相反的；可是双方的目的，又同是从应用文字上获得传达的效果。不善于应用这种工具的，或者应用文字的能力过差的，无论是处于发表的或读解的方面，总是要损害传达的作用，或者得不到传达的效果的。我们学习读书和作文的目的。也就是在使我们具有或提高运用这种工具的能力，以收得互相通达的效果。因之在学习的进程上，无论是为着写作的或阅读的，又都得从字句上先下工夫。学习阅读的，固然第一步要识字，懂得各字的意义和用法，再辨明各句的如何构造，于是由各个字句的认识，窥见了全部读物的内容。学习写作的，却也是第一步要识字，能够正确的用字，再连缀成适当的句子，于是由各字各句的结合，表明了自己的情意。如果不知道各个字的用法，不会构造句子，即使有好的意思，也无从表达出来了。所以应用文字的时候，在作者和读者心理的程序上固然有区别，而在学习的进程上，无论是处于那一方面，总是要先识字，后造句，再连结篇章。不过上面说过，我们在社会生活上应用文字，就是我们练习读书和作文的机会，我们要利用这种机会，来提高运用工具的能力。这种工具就是文字，所以第一步要在识字上有一种基本的正确的训练。如果没有用过这一步的工夫，就根本得不到这种工具的传达的效用，更谈不上所谓应用文字的经济了。

（《青年半月刊》1946 年第 1 卷第 4、5 期）

汉字拉丁化批判

语言和文字为人类社会当中一种传播的工具，它的演成的由来，也由经人类社会上自然的传习，所以语言和文字，都是属于集团行为的习惯。某一个集团使用了某一种语言或文字，此种语言或文字，必定有它的历史和社会的背景。我们如果要从事一种语文的改革，自然不能忽视此种语言和文字的根本性质。近来有所谓汉字拉丁化运动，主张把中国现有的汉字废止，而应用罗马字母来替代。我们对于这种运动，究竟应该采取什么态度？我以为我们大家应该一方面多多注意我国语言的实际情形，一方面又留心考察我国民族社会的背景，这样，才可以获得正确的解答。不然的话，妄事纷更，徒耗人力，不仅于事实上无所裨益，而且足以淆惑人心。

一、文字的演进和语言的关系

世界文字的演进，可分为三个阶段：第一，为“图画文字”(Pictograph)。原来文字的形式，都是起源于图画或类似图画的符号。所以文字愈古，愈接近于图画；世界各国的文字，不论它而今演成何种状态，而推究它的历史，无不出于图画文字。第二，为“表意文字”(Ideograph)。便是由绘画上的图形进而为语言上语词的记号，原来在图画文字的阶段当中，书写的图形，已经和语言上的语词发生联想作用而具有了音读；到后来因为文字的应用，日益发展，在文字的形体上，为就书写的便利，自然不能没有变更；在文字的意义上，亦因为心里的联想作用，而有引申转变。于是书写的图形，脱离了它的绘画的性质，而跟语言的关系，日益密切。所以不复为绘画上的形象，而演成为语言上的记号了。第三，为“标音文字”(Phonography)。便是由语词的记号再造为拼音的字母；因为在表意文字的阶段当中，字体既然成为语词的记号，又因为语言上具有音同或音近的语词，就用了这一个语词的字体，借来代表别一个音同或音近的语词。这就是借字表音的方法，中国六书当中的“假借”和“形声”二科，就是依据这种借字表音的方法而成立的；如果更近而规定某一字体专用以代表语言上的某一类音读，同时又把这种代表音读的字体用来拼切语言上的语词，这就成为拼音字母了。我们从文字演进的这三个阶段来观察，可以知道文字原初隶属于图画，其后用以代表语言，末后成为语音的记录。文字愈益进步，愈益发达，愈益不能离开语言的习惯而独立。现今各国所通行的文字，必定和它所代表的语言，在本性上彼此相互吻合。因为文字既然用来代表语言，何种民族通行何种文字，必定跟它所行用的语言的性质彼此相适合的。是以我们要推究某国何以要行用某一种文字，必定先要明了某国语言的性质；而欲审定某国文字的价值，也必须依据它跟它所代表的语言彼此相适合的程度来评量。我们如果要改革文字，要把通行的旧文字废止，而采用另一种新文字，自然也必须细心体察所操语言的性质以及语言分布的实际情形。

二、汉字和中国的语言

中国自来行用的汉字，历经数千年而勿替。现今居然有热心改革之人，以为汉字的结构过于复杂，不便于认识和记忆，实为教育普及的障碍，试图把它废止而推行另外一种新文字。同时又以为汉字的一个字体，只是包含一个音节，就是所谓一字一音制，并不适合于现今通行的语言，因为现今通行的口语当中有很多复音或复合的语词，为欲求语文合一，自然应该用一个字体来代表一个语词，而今汉字常用二个或多个字体来代表一个语词，所以为着适合中国现行实际的口语，也须废止汉字，而采另外一种新文字。他们所持废止汉字的主张，不外桌面上的几种理由。现今就他们所持第一种的理由来说：汉字笔画和和偏旁组织的繁复，固然不像拼音文字那样简易；它对于初学者辨认的繁难，也是事实上所不能否认的。但是，如何能够使中国现行文字便于初学，这是中国语文教学上的问题，不当和汉字本身的废否存在的问题，混为一谈。我们现在所必须注意的，就是这种所认为艰深的汉字，数千年来居然沿用勿替，它和中国民族社会的实在情形，究竟有什么不可分离的联系？它在中国民族社会上，究竟是否有存在的必要？它和中国语的性质以及各处方言分布的情形，是否有相适合的因素？更就他们所持第二种的理由来说：以为汉字不足以为现今实际口语的代表，从现代中国语上引用许多复合的语词来观察，这确也不容否认的事实。原来笔写的文字，纵使他国采取拼音字母制的，也不能使文字和口说上的语言完全相符合。因为文字的发展演化，总是跟不上语音变迁的急速。尤其汉字为表意文字的性质，本来并非为记录语音的符号，自然和实际的口语不免有几许的距离。但是，如果综合中国语的各种性质和现象来观察，这种表意文字的特性所以保持至今而未曾演变为标音文字的，因与语言上，自有它的相互适应的原因。

因为汉字之所以称为表意文字的，就是由于它的字体在各异的读音系统当中，始终不失它的表意的效用。字体的代表语词，它的主要作用，不在标明语词音读的组织，而在使人记认语词意义的内容。所谓“假借”与“形声”二科，所依据的“借字表音”的方法，也只是利用同音的语词，以这一个语词的字体用来代表另一个语词，或标明另一个字体的音读。对于音读的形式，始终未曾像标音文字那样加以详细的分析。而且它所具有的表音的效用，只是及于某个时期的范围。往往实际音读一经转变，所用以标音的字体和字体偏旁的结构，一经形成了固定的习惯，不再跟着音读的的转变而有所更改。所以中国现行的汉字，可谓当今世界上表意文字之唯一的代表。这里所当推问的，世界各国文字，大都由图画文字进而为标音的字符，中国文字的发达，由来已久，而直到现在居然未脱离表意文字的范围，其故安在？我们要解答这个问题，首先须要注意于中国语的特性，再次论及中欧民族社会的实际。

依据一般语言学上的学说，中国语为“单音节语”（Monosyllabic language），又为“孤立语”（Isolating language）。所谓单音节语，就是指其中大多数语词只含有一个音节而言。中国语许多原来单音节的语词，到了现代实际的口语当中固然有不少改为复音节的；实在这种改为复音的语词，大部分乃属于由单纯语词所组成的复合语词。而这种复合语词当中所包含的单纯语词的成分，仍多为单音节的。所以中国语为单音节语的这类学说，直到现在，还是可以成立的。所谓孤立语，就是指它的性质，别异于“变形语”（Inflective language）而言。在变形语当中，为着标示语词在语句上的文法关系，或其他意义上的区别，常常运用下列两种“形式变化”（Inflection）：一种是“接头”（prefix）或“接尾”（affix）的变化，一种是“语态”（voice）本身的变化。中国语的语词，语构本身上既然不容有变形，也没有接头、接尾等的变化，所以它的单纯语词，可称为“语构语词”，这种就是孤立语的现象。中国语具有了“单音节的”和“孤立的”这两种特性，便使文字的演进上，受有偌大的影响。因为孤立语的特性，使得字体的结构，不采取拼音的制度。因为它的语词，既然没有接头、接尾的变化，语构本身也不容有变形，一经书写为文字，便可以专用一个字体来代表一个语构语词，不必再运用其他符号来表示语言上原来不曾具有的种种变形，所以无需采用纯粹的标音字母。因为单音节的特性，使得文字上也演成了单音节制，就是一个字体仅含有一个音节；于是语言上众多的同音语词，就是文字上的同音字体。在字体的结构当中，也就利用了这许多的同音字体，标明音读，自然无需采用拼音的字母，以详细分析语词音读的形式。由此以言，中国到了现在，仍旧通行一种表意文字，未曾把汉字改革成为标音文字的，正是因为受了文字所代表语言本身性质的影响而来，也可以说汉字的不能改革，正是由于适合中国语上单音节的和孤立的两种特性使然。

三、汉字和中国民族社会关系

不过现今中国语上复音或复合语词增多的趋势，或者可以使语言本性上转变而接近于多音节的变形语。此在语言学上殊有研究的价值。如果因复音或复合语词的增多，使得中国单音节的孤立语真正转向于多音节的变形语，那末，我们自然可以讲定语言上这种趋势，终究有迫使中国文字演成为标音文字的一日。然而，纵使中国语文演变的导向，果真如此，而民族社会的实际情形，究竟能否容许现行汉字的废止和一种新文字的推行，这又是我们所必须郑重审查的问题。

我国版图辽阔，二千年前，早已形成一个统一的国家。而因地土的广大，自然不免有错杂的方言。现今汉语的区域内，约略可以分为官话音、吴语音、闽语音、粤语音、客家话音五大系，而每一大系当中，又可分为几小系，一小系当中，又可分为若干支派；甚至有邻近的甲乙两村，语言互相歧异，或且同一村镇，也杂有两大系的方言，如粤语和客家话的并存其间。如此复杂的方言，再加上词汇等的纷歧，自然不免口语上的隔阂。如果没有这种表意文字，将何以彼此毗连而维系国家的统一？由国内移植南洋美洲及其他各处的侨民，大都也各自沿用祖国本土的方言。如果没有汉字，更靠什么来和祖国相联系？因为表意文字的性质，不偏重于“耳治”，而偏向于“目治”，字体的笔画和结构，较为固定，不像标音文字那样必须依着语言而流动转变。中国果真要采用标音文字，自然必须先谋国语的统一。在国语的推行，尚未达于完成之际，便改用了拼音文字，势必频于“随地增撰字母”，同文之声，不可复见了。章太炎先生曾经在《国故论衡》上说过下列一段话，可资参考：

“常行之字，中土不可一用并音，亦诚有以。盖自轩辕以来，经略万里，其音不能不有楚夏。并音之用，只局一方；若令地望相越，音读虽明，语则难晓。今以六书为贯，字各归部。虽北极渔阳，南暨儋耳，吐言难谕，而按字可知。海西诸国，土本狭小，寻响相投，媮用并音，宜无㥀碍。至于印度，地大物博，与诸夏等夷，言语分为七十余种，而文字犹守并音之律。出疆数武，则笔札不通；梵文废阁，未逾千祀，随俗学人，多莫能晓。是以古史荒昧，都邑殊风。此则并音宜于小国，非大邦便俗之器明矣。”

还有一层，中国文化悠久，文献丰富，从古到今，直系传授，一线相承，从未中断；这也是汉字的功效。历史学家韦尔斯（G. Wells）曾于所著《世界史纲》中谓中国人“一识文字，便能读懂千年前之文书，于古代文化亦能认识与尊崇；此世界各国所绝无仅有者也”。（向达等译）中国人这种崇拜古代文化的心理，使得思想上文学上具有一种强大的传统势力，而发成民族强固的保守性，究竟利弊若何，颇难断言。但是，如果将中国的旧文化整个废弃，以迎合现代世界的新潮流，却会使国人泯没了国家观念，丧失了民族思想，流弊所及，不可尽言。如果认为吾国自来文化的遗产，毫无精粹可言，那末，将这种保持和传播文化的唯一工具废弃了，固然不足吝惜，如其不然，便不能贸然主张废弃汉字而采用另一种新文字。由此以言：汉字的价值，要看它在中国民族社会的实际情形当中，还有存在的需要与否。如果中国的民族社会尚需要汉字来维系，那末汉字便不能贸然加以废止了。

四、新文字的形式问题

姑且退让一步来说：汉字一方面不便于记忆，一方面又不合于实际的口语，同时又假定这种古旧艰深的文字，在中国民族社会上根本无存在的必要，我们可以毫不犹豫的加以废弃而须直观了当的采用一种新的文字了。可是却更有一个困难的问题，横置于吾人之前，就是中国的新文字，究竟应该采取哪一种形式呢？现今中国如果要推行一种新文字，一方面必须要使它合于语文演变的趋势，一方面又必须使它便于接受世界的新文化。为着前者，自然要采用一种标音字母；而为着后者，尤须采用拼音文字当中的罗马字母。因为我们如果要废弃中国的旧文化，自然必须用西洋的文化来替代。为着要接受西洋的文化，引用西洋学术名称的便利，自然须采用世界上最通行的拼音字母，以拼切中国语，而作为中国新文字的形式。那末，除了罗马字母以外，固然没有更适合的了。这就是汉字拉丁化的主张所由发生的。现在所当推问的，怎样应用罗马字母拼切的习惯，以适合于世界中国语的性质和现象？那又须将中国的语言作进一步的探讨。

五、罗马字母和中国语言

中国语为单音节的孤立语，前已言之。因为单音节的孤立语，中间包含同音的语词很多，当应用声调的区别，以补救同音语词混淆的弊病。所以中国语又称为“声调语”（Tone Language）。中国无论哪种方言当中，各个语词或各个字体的读法，都有它的固定的声调，就是中国所谓“四声”的区别。声调的区别，实在是中国语里最显著的一种要素。语词和语词之间，往往不论它们在“声”“韵”上是否混同，也应用声调的变异以认识它们实际的意义。现代中国语上，复音或复合语词增多的趋势，依据理论，或者可以使得单音节的孤立语转向于多音节的变形语。同时，声调的区别也许可以渐渐成为一种微弱的现象。但是在事实上，复音或复合语词的增多，并未曾使声调的区别减少了重要性。因为多数复合语词里所包含单纯语词的成分，仍旧沿用声调来区别意义。而且一般语言上的实际现象，有时便是一种自然的习惯，并不必为区别意义的效用方始存在。中国语的习惯当中，以声调的区别为一种重要的现象，这是我们所不能否认的。是以吾人不能把中国文字变为标音文字。如果要把汉字拉丁化，以彼之履，适吾之足，如何才能将这种声调语的重要现象统统表白出来，这实在是一个颇费思量的问题。

明季以来，西洋教士为着学习中国语的便利，常作罗马字拼音的实验。及后中西交通频繁，外交和商业上的往来，亦日渐繁密。中西人士也很多为中国语规定罗马字拼音系统，以用于近今国语统一筹备会所制定的国语罗马字拼音法式。根据已往的经验，以拉丁字母拼切汉字，关于“元音”“辅音”符号的使用，已感有多处的困扰。尤其这种区别声调的重要现象，本为西洋各国语言当中所罕有的，如何利用罗马字拼音的习惯，以得一明白妥切的表示？这实在是已往注音家最感棘手的问题。已往利用罗马字以拼切中国语的，或者应用数目号码，或者应用特定标记，以表示声调的区别。这种方法，正和当初制定注音字母时所用的“点声制度”，在书写上印刷上同感不便，在外表上也极不美感。国语罗马字为国音字母的第二式，本称“注音符号”，以为翻译国语音读为罗马字母之用；乃改用字母拼法的变化，以显示声调的区分。这在我国注音方法的历史上不可谓非别开生面的创举。但是和语音的真性实以及西文拼音的习惯,终究不免相差太远。高本汉(B. Karlgren)曾经论述了。而于最近所见创作拉丁化的新文字,就将声调的区分弃置而不论,以为从此中国文字便可以和西洋各国隶属于统一的系统之下;并且将全国方言,划成几个区域;依据各异区域分别规定字母,以成字体。姑且不论中国方言区域,交互掺杂,犬牙相错,绝不能有适当的划分;即使可以划分,而这种随地撰定字母的计议,终究使各异方言区域之间,文字任其纷杂。那末,一个同文的国家,一变而为"出疆数武,笔札不通"的情状了。更将中国各种方言中所共有的声调区分的重要现象,概认为无标明的必要,以适合西文拼音的习惯,就所谓"削足适履"了。变文字为音标,而仍不足以为实际语音的代表,又不免是"闭户造车""顾名而不思义"的了。

六、土耳其的文字改革运动与中国之比较

或者以为现今土耳其改革文字,即采取拉丁化运动,颇见成效,便可以引来作为汉字拉丁化的主张的护符。实在土耳其原有它的本国文字,后为阿拉伯文所侵占。现今所改革的,就是以拉丁文替代阿拉伯文,并非像汉字的拉丁化运动,把原有的中国文字加以废止的。关于这一层,王云五先生讲演《访问土耳其的数感》曾经说起。现在节录其言如下,以资参证:

> 土国原有的文字,是早被废除了,接着用的是阿拉伯文——一种拼音字母。但阿拉伯文字,学起来是比较困难的。假使用学习阿拉伯文的三分之一的时间,来学习拉丁文,便可以成功了。所以新土耳其当局认为改良文字是普及教育的重大步骤,便决定采用拉丁字母来代替阿拉伯字母。……谈至此,兄弟愿意对我国语文改革运动,略为谈谈。我国语文改

革，有所谓拉丁化的主张。这种主张，兄弟一向不赞成。说者往往拿土国文字改革的成功，做他们提倡的根据。兄弟访土以后，认为此种理由，实为皮相之谈。我国地广人众，言语繁杂，幸文字尚能统一。故说出来不懂的，写出来就可以懂。这一点，对于国家的统一，是很有实用的。假使改用拼音文字拉丁化，那末，历代宝贵的典籍，一时竟不能翻译理解；各地原来的语言，必不能够迅速统一。依照普通情形，拼音文字的变化较速，如英文，乔叟时代的读音，就和现代的英文不同。因此，中国文拉丁化的结果，将来不特古籍无人能读，就是把现在的语言写出来的文字，也不免纷歧。这样，便把中国文字的优点改革了，必定要发生很大的不良影响。兄弟认为中国文字，仅有可以简化的办法。《康熙字典》四万多字，我们日常用到的，不过三四千字。而且这三四千中，形声字占据多数，字的读音和意的联系，都是很容易的。如再加以简化，便可达到更易学习的功效，而不致如一般人所想象的困难。兄弟在土耳其的时候，曾经把我们中国文字拉丁化的毛病和几位教育家谈过，他们很赞成我的意见，并且郑重地表示，如果土耳其原有的文字没有文字，没有被置于博物馆中，那末，土国这次文字的改革，绝不会采用拉丁字，而要从简化本国文字着手的。（登载于三十三年四月十六日重庆《中央日报》第三版）

七、结论

总括上文所说，我们可以知道：汉字为一种表意文字，虽然不是以为实际语音的记录，不过要真地把汉字废弃了，在民族社会上便遗留着无穷的祸患，又没有适当的新文字以为替代。所以我们究竟不能轻视汉字对于现代中国的价值。它在中国的民族社会上，自有必然的需要。它和中国语的性质和语言分布的情形，自有相适合的因素。我们当前的任务，只是就现行的语言文字上，力谋教学方法的改进，例如推行注音符号，以便利平民的识字，同时使字体的应用，趋于简化，以减省一般记忆的繁重和困难。这才是切实有效的举动。何以舍此而弗为，竟贸然要提倡这种难以实现和有害无益的改革？要知道，语言文字为民族集团一种自然的行为习惯，有它的历史和社会的背景，概不能妄加以纷更的。

（《文化先锋》1947 年第 6 卷第 25 期）

语言变化与“同义异词”的现象

一、中国训诂学上的一个中心问题

近来我看到某一杂志里登载着一篇关于“中国现代语言变化的研究”的文章，内中只是讨论到一个问题，就是中国现代语言上“同义异词”的变化的现象。所谓同义异词，就是说“同样的意义而用不同的语词来表达”；这种现象，在语言的演变和分化当中，是很显著的。中国训诂学上的主要工作，几乎全在处理这种“同义异词”的现象。训诂学上的工作，固然大部分是为着读解古书的目的而来的，却是和语言的研究有不可分离的趋势。因为训诂学之所以发生，那种解释的工作之所以成为必要，实际更是由于语言的演变和分化的结果；所以训诂学的研究，首先必须打破中国这种文字的形体障碍，以直接认识语言的现象。如果只拘囿于文字的形体，而想来解释辞句，那就到处可以发生“望文生义”的弊病，我们也就无法能够使训诂学有进步，甚至于无法能够使它成立了。训诂学的成立，实在以语言的研究为其基础；它的进步与否，也就是看语言研究的深切与否。清代的王念孙，便说过下列的话：

“训诂之旨，本于声音，引申触类，不限形体。”（《广雅疏证序》）就是叫我们不要拘囿于文字上的形体，而要注重“声音”，要注重语言之现象。其他训诂学家所发表的类似的观点，很多很多，不必一一举证。可是我所看到的这篇文章，开头说中国历来训诂学家“所注意的”,多半是文字的变迁”,“只是一文一字的变迁”;这是不合于事实的,也未免泯没了中国过去训诂学家的功绩。

语言演变和分化的现象。单就“词汇”方面来看,是很显著的。因为语言是一种社会行为的习惯,不能固定不变的,一方面有变迁,一方面又有分化;于是同一的语词,可以变成各异的意义,此时此地所应用的某个语词,它所表达的意义,和彼时彼地说不定是相同的;这是“同词异义”的现象。反之,同样的意义,又可以造出各异的语词来表达,此时此地所用来表明某种意义的语词,和彼时彼地并不必是一样;这便是“同义异词”的现象。由于这两种现象的发生,使得实际的语言不能不有隔阂的情形;用文字代表出来,也难免彼此的不相了解;因之需要解释的工作,因之而有训诂学的发生。一般最通用的字典或辞书,往往是依据“同义异词”的现象来编制的,就是从一个语词或一个字体上来看出它所具有的几种不同的意义。可是另外还有一种“义典”,又是依据“同义异词”的现象来编制的,罗列着许多具有同样意义的语词,以看出一种意义可以有许多各异的语词或字体来表明它。这种“义典”,中国向来称为“训诂”一类的书;所以“同义异词”的现象的研究,也就成为训诂学上的一个中心问题。例如《尔雅》《方言》之类,便是中国古代的“义典”;它们究竟编制得严密与否,这是另外的问题,大体上它们总是把许多认为具有同样意义的语词,一条一条地列出来,总是为着“辨同实而殊号”而作的。郭璞在《尔雅》开头第一条的注上,便说:

> 此所以释古今之异言,通方俗之殊语。

因为语言的演变和分化,使得同样的意义具有许多代表它的不同的语词,这便是所谓“异言”“殊语”;因之中国训诂学上的主要工作,也大都在处理这种“同义异词”的变化的现象。可是,我所看到那篇文章里，竟然说中国训诂学家“只注意到文字意义的变迁，没有注意到同样的意义而用不同的语词来表达的变化”；这显然是跟事实相违背的。

二、“同义异词”和“同词异义”的关系

一种意义可以有几个各异的语词来表达，这种现象跟由一个语词演成为几种各异的意义，似乎是相反的，实际却是彼此相成的。一个语词，由于它的意义变化的结果，常和另一个语词成为类似的或同样的意义。例如“倩”字，原为男子的美称，一变而为“夫婿”的同义字，其他如男子的尊称，也可以成为妇人对她的“丈夫”的称呼，如“先生”“老爷”之类。又如“老”“考”二字，原来只是年老的意思，便含有尊长的意义，于是一变而为“父亲”的同义字了，如“皇考”“显考”以及“老子”之类。可见“同义异词”的现象，往往便是“同词异义”的一种变化的结果。反过来说，一种意义，每每应用新语词来表达，结果也常是促成了那个语词原来的意义上的变化。例如“尧舜”原来是人名，而说“人皆可以为尧舜”，于是由人名变成为“标准的人物”的意义了；“杯葛”（Boycott）原来也是人名，用作“抵制”的一种方式，于是也由人名变成为“不合作”的意义了。又如“国”字原来是“地域”的意义，用作“邦”的同义字，于是由“地域而成变”“为国家”的意义了。又如“铁”字是指一种物质，而在“手无寸铁”这个句子里，便用以代表由铁制成的“兵器”，于是由物质的意义变成为器具的意义了。可见“同词异义”的现象，也往往由于“同义异词”的这种变化，发生出来的。“同异义词”和“同词异义”，这两种现象，彼此息息相关，似相反而实相成；它们只是语言演变和分化的进行当中的两面，如果注意到了那一面，便不会不注意到这一面。

再说这两种现象发生的原因来说，也都可以得到同样的解释。

我所看到的那篇文章里，是用“说话人的心理作用”和“因为社会环境的影响而生的变化”这两方面，来解释“同义异词”发生的原因。但是，我们也可以应用这两方面的原因，来作为“同词异义”这种现象之所以发生的解释。例如其中所举的“应用过常”一条，某个语词因为“应用过常”，而不得不另造一个新语词来代它，也正是因为“应用过常”，使得那个语词在意义上发生一部分的变化，以致失去了原来的那种表达的效用。语言之所以具有传达的效用，原是根据于心理上声音和意义之间，成立了一种联想的习惯。依据心理上联想的“类似律”或“接近律”，相类或相似的声音往往可以引起相近的或相通的意义的联想。例如：

刚——强　柔——弱　诵——读　册——牍

妻——妾　娣——侄　梦——寐　性——情

饥——馑　红——绛　圆——圜　宽——阔

诸如此类，可以说是“音近义通”的语词。又依据于心理上联想的“相对律”或“相反律”，类似的声音，却又可以引起相对的或相反的意义的联想。例如答：

天——地　男——女　阴——阳　夫——妇

寒——暖　徐——疾　聪——聋　新——陈

买——卖　受——授　腹——背　明——盲

诸如此类，又是声音上相近或相同而意义上却相对或相反的语词。因之就“对立的心理”来立论，意义上对立的语词，不特毋须避去同音的感觉，有时并且利用了同音的感觉，以显出这种“对立”的关系；就是因相近或相同的声音，而引起相对或相反的意义的联想。至于语词意义的变化，也可以依据这种心理上联想的原理来解释；由同一语词演出几种相类或相近的意义，有时或且演出相对或相反的意义，（如训诂学上所举的“反训”之例）便是根据于心理上的联想作用的。再关于“社会环境的影响”，我们固然可以用它来解释,“同义异词”之所以发生,也同样地可以用来说明“同词异义”的变化的原因。例如社会环境上需要“禁忌”“隐讳”,需要运用“修辞”需要适应“团体”,等等,而造出一些新语词来表达某种意义,这固然是“同义异词”的现象;但是另一方面,当这些新语词用来表达这种意义的时候,便已经促成了它们原来意义上的转化,这又是“同词异义”的现象了。如不说“丢官”,而说“消极”“倦勤”“休养”“让贤”等,这些语词的应用,固然是“丢官”的替代,可是同时也是它们意义本身上的转变或“特殊化”。总之,“同义异词”和“同词异义”这两种现象发生的原因,可以有同样的解释;都可以用“心理的作用”和“环境的影响”或其他方面的理由,来说明它们发生的由来。因为它们是彼此关联、互相助长的,它们只是同一事实的两面;如果注意到了词义的变化,决不会不注意到“同义异词”的现象。

三、关于制造语词的方法

“同义异词”这种现象的发生,除了应用“心理作用”和“社会环境的影响”以为解释之外,还可以从一般“制造语词的方法”上来观察。语词的组织有“单”“复”的不同;中国语里大多数的“单词”,只包含一个音缀,就是“单音缀”的语词;也间有少数的“单词”,不仅包含一个音缀的,便是“复音缀”的语词了。我们不可以把复音缀的“单词”来和单词所结合成功的“复词”相混。“复词”是由两个或两个以上的单词结合而成,或称为“复合语词”。复音缀的单词,在语词的组织上,是应该和复合语词分开来的;例如“看见”,是由“看”和“见”两个单词合成,不能和那些原来具有复音缀的单词,如“蟋蟀”“螳螂”之类,混为一谈的。“词”的组织,大致可分为“并行的”和“相属的”两大类。在“并行的”复词当中,两个单词是处于相等的地位;例如“看见”“道路”“坚固”等,是“同义”的并行复词;“夫妇”“利害”“买卖”等,是“相对”的并行复词。在“相属的”复词当中，两个或两个以上的单词，非处于同等的地位；例如“教书”“走路”等，是由一个动词和一个用作宾语的名词相结合而成；“母鸡”“水牛”“大虫”等，是由一个用作附加语的形容词或名词，和另一个名词相结合而成；其他依此类推。因语言的演化，使得一种意义可以有几个各异的语词来表达，在这几个各异的语词当中，如果依据语词的组织来分别它们，往往就有“单”“复”的不同；或者同属于“复词”，也常有“并行的”和“相属的”之异。例如“蟒”和“王蛇”，“蛇”和“长虫”，“死”和“去世”，“医”和“诊治”便是“单”“复”的不同，又如“买卖”和“生意”，“攻击”和“开炮”，“休养”和“倦勤”，“竞争”和“赛跑”，等等，便是“并行的”和“相属的”两者的分别。这种语词组织的区别，很有关于语词制造的方法是语言变化的研究上所不可忽略的。

大体上说来，中国现代语言里，确有复合语词增多的趋势；所以代表古代语的“文言”文当中，引用“单词”的地方比较多；代表现代语的“白话”文当中，引用“复词”的就比较多了。一方面固然是由于“文言”的体制，要求简练，不免有故意引用单词的地方，但是，从中国整个语言的历史上考察，在“音韵”方面，很显然地有趋向于“单纯化”的现象，因为音韵方面有简单化的趋向，势必发生“同音语词”（音读相类似而意义不相干）的增多而引起语言上混淆的弊病，于是制造出许多复合语词，来补救这种意义上混淆的弊病。所以现代语言里“复词”的大量制造和引用，乃是语言演变的历史趋向所迫成的，并不必说是由于“说话人的心理作用”。如果就心理作用的观点来讲，在音读上却反而有“避复就单”的现象，就是要把繁复的音读化成简单。原来声音只是语言上用来代表意义的一种符号，符号的使用，只要在意义的表达方面，不致损害明了的限度，总是要求它的简单化。这种现象发生在“外借”的语词上，最为明显。例如原语的“加罗沙曳”（和尚的衣服），简化而为“袈裟”；原语的“佛陀”，简化而为“佛”，正和现今把“英吉利”简化称“英”，“美利坚”简化称“美”等一样情形。可是一方面又要防止这种声音简单所引起的意义混淆弊病，遂楮的而制造出许多“复词”，如“英国”“美国”“啤酒”“卡片”等等。这样说来，现代语上复合语词的增加，至少在某些事例当中，并非直接出于“心理作用”的趋向于繁复，而正是为着补救“趋简”的心理作用所引起的后果而来。语言原是一种社会行为的习惯的迁移和变动，如果要推究这种迁移和变动的由来，往往须就整个的民族社会的历史上来考察，不能仅仅举出单方面的因素。

制造语词的方法和心理作用最有关系的，莫过于一般人的喜欢“修辞”。修辞学上的“替代”“譬喻”等格，可以说是语言上制造新语词的源泉。例如以“明星”指著名的角色，以“台柱”指主人要的才，以“干部”指中心的人物，以“地下”指秘密的工作；诸如此类，便是用修辞的方法来创造新语词的。修辞的需要，就是在一般人的心理上不喜欢“平常”的说法，而喜欢用“变常”的说法，以作新奇的表现，由新奇的表现以增进感人和动听的效力。等到这些新语词，引用久了，渐渐变为陈旧了，原来“变常”的说法又渐渐演为“平常”的说法了，于是又需要修辞来制造新语词。这样，层出不穷，生生不绝，自古到今，同一意义上所产生的各异的语词，就愈积愈多了。运用修辞的方法，以制造新语词，是属于一般人的好尚；但是有时也因为受了环境影响的驱迫，而不得不采取“变常”的说法。其次，“外借”也可以说是一种制造语词的方法。本国的民族和异族或外国人相接触之后，往往把外国语或异族语里的一些语词，输进于本国的语言当中；这些输进了的语词，就称为“外来语”或“借贷语词”。运用这种“外借”的方法，以制造新语词，又可以分成几类：第一类的是直接采取外国语或异族语的形式，而不加以变更的，就是普通所谓纯粹“音译”的方法。第二类，是一部分采取了外国语或异族语的形式，同时又加上了本国语的成分，以构成一个新语词的，例如“啤酒”“卡片”“冰淇淋”之类；就是一部分取于“音译”，而又配合了“意译”的成分。第三类，是完全应用本国语的成分，以替代外国语或异族语的形式，例如不说“克”而说“公分”，不说“米突”而说“公尺”，不说“赛因斯”而说“科学”，不说“逻辑”而说“论理”，不说“德谟克拉西”而说“民主”等等，就是通常所谓“意译”的方法。这三类的区分，很可以看出本国人对于外国语或异族语的形式，在心理上“迎”“拒”作用的差异。对于外国语或异族语的欢迎程度愈高，当然愈容易直接采用它的形式；否则，便完全应用本国语的成分了。这样看来，运用“外借”的方法，以制造新语词，固然是“因为受了社会环境的影响而生的变化”，而也有“说话人的心理作用”包含于其中。

因之，就语言里“制造语词的方法”一点来观察，可以知道“同义异词”这种现象之所以发生的原因，或者是属于“心理作用”，或者是属于“环境影响”，或者竟是这两项的交错为用，或且更包含有其他种种的因素；既未可一概而论，也不便一一分别地列举。因为语言的变化，往往是关于整个的民族社会的历史的。

（《学识》1947 年第 2 卷第 1 期）

评朱光潜《诗论》

一、全书提纲

朱光潜《诗论》一书是卅二年六月在重庆出版的，由国民图书出版社印行；全书三又二七〇页，土报纸本，定价十二元八角。

首列朱氏自序，说明诗学研究的重要。我们现在要利用西洋诗的作品和理论来作本国的比较的资料，并且为着目前的新诗运动决定一个方针，诗学的系统的研究自然是刻不容缓的。

第一章论诗的起源。诗的发生，远在文字的记载以前；它的起源以人类的天性为基础，如情感的表现，模仿本能所生的快乐，在鸟歌当中，也已经具有这种天性的表征，及初步的艺术的形式，可见诗的渊源极为久远。诗歌和音乐、跳舞，三者同出一源；向来在诗的作品当中，随处可以见到这种同源的痕迹。原始的诗，是"口头"的，正如歌谣的创作，大概初出于个人，而为群众所完成的，一经文字的记载，便成为固定的形式。

第二章论诗的谐隐。诗歌和诙谐、隐语及文字游戏等，具有密切的关系，诗的作品当中所包含的修辞、藻饰及其他种种技巧，就以谐、隐和文字的游戏来做基础。

第三章论诗的境界——情趣与意象。每个诗的境界，必定有情趣和意象两种要素；这两种要素的发生，都源于直觉或想像，它们相互的契合，就是一个整一的完成。境界固然有各种的偏向，但都不是绝对的，并无主观的和客观的分别，只是情趣和意象两者间配合的分量上有等差罢了。中国古诗的演进，也可以藉此来分出几个步骤。

第四章论表现——情感、思想和语言文字的关系。实质和形式，两者之间，不可分隔。所谓“美”，并非专属于形式的成分，也并非纯粹属于作者直觉所得的结果，而是语言和情感、思想彼此联贯融合的艺术活动所创造出来的。通常以为语言可以离开情感、思想而独立，乃是由于记载语言的文字的误解而起。又所谓“寻思”和“修改”，实际也属于整个的艺术活动，并非专在形式上的修饰。所谓“古文”，也只是一种书写的语言，并不必为死的文字，不过和目前口说的语言有更大的距离罢了。

第五章论诗与散文。诗与散文的分别，在形式上和实质上都不见有确实的根据；说诗为有音律的纯文学，也仅就其大体而言，并非一种精确的定义。又诗的形式，因原初受了乐舞的影响，多少要沿袭过去的传统；正如一国语言的演变，其中仍具有一种固定的模型，音律的产生，就是以此为基础。至于音律本身的价值，在于节制粗野的情感和想像，把现实的事物提高为理想的世界。

第六章论诗与乐——节奏。诗与乐性质最近，注重于声音的节奏及和谐；不过音乐只具有声音的形式成分，而诗是语言的声音，必定伴有意义。节奏要寓变化于整齐之中，因自然的需要而具有一种模型，以为传达情绪的有力的媒介。但是这种模型不能认为是纯形式的，所以不能离开具体的诗歌而专讲声调谱。诗和乐都能够产生情绪，不过诗所产生的情绪为具体的，不像音乐所产生的纯为抽象的。诗兼具有语言的节奏，受有生理的、情感的及理解的三种影响，所以较为自然，不像音乐纯为形式化的。诗的节奏，常调和于音乐的和语言的两者之间；中国的诵诗，也常改变语言的节奏以迁就音乐的节奏。

第七章论诗与画，评莱森的诗画异质说。诗的性质，究竟偏于图画，抑偏于音乐，历来尚无定说。莱森有诗画异质说，以为画宜于描写静物，诗宜于叙述动作；图画叙述动作时，必化动为静；诗描写静物时，也必化静为动。此种学说，有很多优点，但是立论的根据，在自然的模仿，未免失却表现的意义，又过于着重艺术媒介的限制，与事实也不免有相违背之处，例如中国画的注重“生动”，中国诗歌当中也有不少描写景物的佳作。

第八、第九、第十，这三章都是论中国诗的节奏与声韵的分析。第八章（上）论声。声音可分长短、高低、轻重及“音质”的分别；各国诗的音律，因各自趋重于语音上某种特殊的现象，而有各种不同的类型。中国四声的区别，在长短、高低、轻重上都没有定量，且随时随地更动；而各字一经列入音组当中，又要受着文义及邻近的字音的影响，更难有长短、高低、轻重的分别。古诗当中，并无平仄相间的规律，由此可知平仄四声，对于中国诗的节奏，影响甚微；只是在“调质”的和谐上，却有显著的功用。第九章（中）论顿。中国诗的节奏，大半靠着顿；诗中的顿，不宜和语言的节奏，太相冲突，声音和意义两者，最好能够兼顾。英文诗当中的“步”，法文诗当中的“顿”和中国诗颇相近，而亦有差别之处。中国诗的读法，于顿处必扬，而长短可自由伸缩，不必注重于平仄的相间。“顿”颇和句中之“逗”相当，可是诗中为着偏重声音段落，而将文义上不应逗的地方，也读成“顿”，这和西洋诗的“上下关联格”可相比拟，未免过重形式了；白话诗的发生，也是为着要打破这种固定的形式。第十章（下）论韵。中国“韵文”的意义，有时指平仄的协调而言，通常只是指“押韵脚”；中国同韵字最多，押韵较易，古代散文当中，也有很多押韵的句子。押韵的功用，或说是便于记忆，实则主要的是在于造成音节的前后呼应及和谐。中国古代虽然偶然见到无韵诗，现今白话诗也有废韵的主张，而韵在中国诗里却特别重要；这大概是由于中国语音轻重不甚分明，诗的节奏有赖于韵的缘故，我们比较了英文诗用韵少而法文诗几乎全用韵的事实，就可以推知这种缘故。中国诗里，句末一字必顿，是音节最着重的所在，所以需要押韵，以求全诗音节的贯串。不过中国旧诗当中，律诗的押韵规则过于单调，其他，如拘守韵书及模仿古韵的弊病亦须矫正。

末附录“给一位写新诗的青年朋友”。大旨：诗是最精妙的观感表现于最精妙的语言，一般青年存着新诗容易做的心理，已经是根本的错误；又现今表现的形式，趋重于散文小说，因之大部分的新诗可以说没有生存的理由。一首诗应有凡诗的公同性，尤应有它的特有的个性；诗的形式，就是音乐化的语言；诗和散文的分别，也就是在节奏的有无规律化。新诗实在比旧诗难做，因为新诗没有固定的模型可以依仿，不容易得到诗的公同性；形式固然要适合于特殊的内容，可是一般新诗的作者，又不能使每一首诗现出很显著的音节上的个性；所以大都归于失败。讲到学诗，眼前有西洋诗、中国旧诗、民间文学的三个途径，这三个途径，都各有它的限制，要学者善为运用，切不可依傍门户，而要有独立自由的精神，以努力创造新的内容和形式相融化的作品。

二、全书总评

我们看了上面提出的纲要，就可以知道此书确是诗学上一种极有系统的著作；凡是对于诗学的重要的和基本的问题，大致一一加以探讨，包括无遗。开头从诗的起源上推究诗歌和乐舞的关系，因而确定了“诗是有音律的纯文学”这一个基本的观念，再以此为出发点，进而讨论诗的创作及内容和形式上的种种问题，终于归结到了内容和形式的不可分隔。诗的作品，一半是音乐的，一半又是语言的；因为是音乐的，所以要注重声音的节奏及和谐；因为是语言的，所以要讲究情趣和意象的美妙，以及两者间的契合。诗人所追求的，就是在怎样使音乐化的声音和含有美妙的情意的语言，相融合起来，以构成一种艺术品。朱氏此书颇能依据这种意旨来发挥，不但使读者对于诗学得到一个深切的认识，而且给予中国目前的新诗运动以一种明确的指示；就是希望新诗的作者，不要专从旧形式的解放上着想，而要从根本的正确的艺术活动上努力锻炼，以求得一种新的内容和形式相融合的作品的出现。这是此书的特色之一。

"文艺科学"原来是一种综合的学问，它是要综合心理学、哲学、美学、社会学、历史学、语言学等各部门的智识来研究的。所以要把中国的诗学组织成为一种有系统的学问，自然须要借助于西洋文艺的理论。处于当前的时代，要研究中国文学，如果不参考西洋文艺的作品和理论，无论怎样的努力，决不会有什么大的成就。朱氏此书里所列各章，讨论诗学上的各种问题，都引用西洋文艺的学说，以和中国原有的学说来相参合比较，以和中国诗歌的实例来相衡量证验；这已经足以指示我们研究中国文学的一个必由的途径。却又一方面，对于西洋的各种学说，也并非一味盲从，往往能够融会众说，择长舍短，从中抉取一个最精确的理论，以作为断案；并且有时因为看到了中国的事实，依据了中国原有的理论，回转来补正西洋学说的缺点；这就接受外来的学术而言，可以说是已近于消化的地步。另一方面，所引举的中国诗歌的实例，也并非完全属于传统的或书本上的，有很多采取于眼前流行的事实，及向来在口头上相传的歌谣，使读者倍觉亲切有趣；因为一谈到研究，便绝对不可存着避免土俗的心理，要真正建立中国的诗学，必须把取材的范围扩大起来，必须把往时对于诗歌领域的狭小的观点改变过来，所以不得不注意于民间的歌谣；此书也常提起研究民歌的重要，或许也是由于直接或间接受了西洋学术的影响。这又是此书的特色之一。

朱氏自序里说明研究诗学为目前中国的急务，因为正可以利用输进的西洋诗的作品和理论，来作为我们的借鉴；又新诗运动正在开始，究竟沿袭固有的传统和接受外来的影响，各应该占着几多的成分，也须切实探讨以决定一个取舍的方针。这是全书的两大意旨，也可以说是编著此书的目的所在。为着要达到这种目的，要贯彻这种意旨，自然必须对于西洋语文的情形和各种文艺的学说，有深切的认识，尤其对于中国原有的事实和理论以及语文上种种的现象，更须有透彻的了解。朱氏此书，由上面所举出的两种特色看来，当然是具备着这里所说的条件。例如第七章论诗与画，末了一段举出中国画的注重"意境"，注重"气韵生动"，以及中国诗里描写景物的佳作，这种事实很可以用来修正莱森的"画只宜描写，诗只宜叙述"的这种学说。（第190—197页）又如第十章"论韵"，说押韵对于中国诗的音节的重要，因为"中文和英、法文相较，它的音轻重不甚分明，颇类似法文而不类似英文"；"法文诗因为轻重不分明……韵脚上的呼应有增加节奏性与和谐性的功用"；"中文诗大半每句成一单位，句末一字在音义两方面都有停顿的必要……句末一字是中文诗句必顿的一个字，所以它是全诗音节最着重的地方"。（第246—254页）这种理由，足以见得中国诗的废韵运动难以实现。从这些地方，我们可以见得此书当中，实有不少精确的理论，也正是由于深切认识中国本身的事实和现象的结果。不过，我读了此书之后，觉得其中还不免有几处值得商榷的地方，可以举出来跟朱氏和此书的读者讨论的，现在把它们作为此书的分章的批评，列述如次。

三、情感的表现与印象的再现

第一章第二节，从心理学上解释诗的起源，朱氏举出两种相异的说法：一种是偏重于"表现"内在的情感，以《诗大序》及朱熹的《诗序》里所说最为显著，中国向来多主此说；一种是偏重于"再现"

外来的印象，以古代希腊的亚理斯多德《诗学》里所言最为明白。(第7—10页)这两种说法的歧异，我以为固然可以认为是心理学上观点的分别，但是也可说是由于所根据的诗的作品，原来有两大类的分别，就是抒情诗和叙事诗之异。“艺术创造与理论常互为因果”，朱氏自序里已经说过，亚理斯多德的《诗学》里的结论是由于归纳希腊文学的作品而来的。(序第1、2页)古代希腊的诗，以荷马的史诗最为著名，在这一类史诗里，是要我们得到印象，认识故事。所以当时对于诗的看法，自然是偏重于诗和画的关系，偏重于模仿的本能和求知所生的快乐。在古代中国则不然，中国古诗的一部总集，当然是以《诗经》为最著，内中的抒情诗却占据大多数；如《公刘》《生民》等一类近于叙事的诗篇，中国古代实不易多见。所以《诗大序》、朱熹《诗序》等都说诗的创作源于情感的表达。因之，古代中国和希腊有两种不同的说法，与其说是心理上观点的歧异，不如说是由于各自根据当时流行的诗歌作品有抒情和叙事之别。

“诗”字在中文上的意义，并非专属于情感的发抒。阮元“矢字说”谓与“矢”“施”音近的字，或含有平陈之义，或含有施舍之义。刘师培“正名隅论”亦谓“㞢”“峙”“特”“持”“思”“矢”“孳”“滋”等字，古音同在“之”部，都具有挺直伸出之义；就语源上讲，它该和“思”“志”等字的音义相关的。所以许慎《说文》谓：“诗，志也。”刘熙《释名》谓：“诗，之也，志之所之也。”《虞书》传亦谓：“心之所之谓之志，心有所之，必形于言，故曰诗言志。”因之，所谓“感于物而动”“有欲则思”“有思则言”等等，实在也是包括外来的印象而言。“诗言志”和“诗以达意”的“意”“志”等字，也是指心理上一切的活动，并非必属于现今心理学上狭义的“意志”。又中国的古诗，当然也包含着“敷陈事物”的“赋”，后来扩展成为赋体，附庸蔚为大国，而仍说它为“古诗之流”。总之，中国的“诗”字，在词义上，是指一种伸出或发表的活动，凡是抒情、写景、咏物、叙事等的作品，都应包括在内，并非定要偏重于表现内在的情感。而且亚理斯多德在另一处所用“模仿”这个语词的意义，也并非侧重客观的再现；朱氏此书在第七章论“诗与画”，说：“亚理斯多德所谓‘模仿’与柏腊图所指的仅为钞袭的‘模仿’不同，它的涵义颇近于现代语的‘表现’。”(第 176 页)因此可见亚理斯多德说诗的起源由于模仿的本能，和中国向来所持有的“诗”字的意旨，并没有多大的歧异。西文 poet 一字，原为“创制者”的意思，后来专用来指创作文艺的诗人，也可见得它不应偏重于创制的模仿，而和中国“诗”字所含伸出等义，也是可以互相发明的。

这里所说的内在的情感和外来的印象，跟此书的第三章所讲诗的境界上“情趣”和“意象”两种要素，是相联贯的。“诗的境界是情景的契合。……情景相生，所以诗的境界是由创造来的，生生不息的。”(第 72 页)谓诗人为创制者，谓诗有伸出滋生的意义，一方面也可说是就诗的境界上一种创造的活动而言。“景是各人性格和情趣的返照。”(第 72 页)“凡所见物的形相都有几分是‘见’所创造的。凡‘见’都带着创造性，‘见’为直觉时尤其是如此。”(第 69 页)因此，所谓外来的印象和形相的再现，在诗里都包含有情趣的成分，并没有完全客观的模仿。反之，情趣也不能是离开意象而单独可以表现出来的；“因为情趣是可比喻而不可直接描绘的实感，如果不附丽到具体的意象上去，就根本没有可见的形相”。(第 71 页)这样说来，抒情诗和叙事、写景等诗的分别只是在境界上“情”“景”两种要素配合量的比例多少罢了。“抒情诗虽以主观的情趣为主，亦不能离意象；史诗和戏剧虽以客观的事迹所生的意象为主，亦不能离情趣。”(第 72 页)所以根据了抒情诗所主张的情感表现说，跟叙事诗上所归纳得来的印象再现说，实际上并没有冲突，也没有多大的歧异。

讲到情趣和意象配合分量的关系，朱氏此书的第三章第四节里有一段说：“中国古诗的演进，可分为三个步骤：首先是情趣逐渐征服意象，中间是征服的完成，后来意象蔚起，几成一种独立自足的境界，自引起一种情趣。”（第94页）大略汉魏以前是第一步，汉魏时代是第二步，六朝是第三步。（第90—97页）就情景配合的分量来分析历代诗歌的作品，真是一个至精至当的读诗方法，尤其讲文学史和文学批评的，要抱持着这种观点。不过，就时代的区分来说，我以为，与其谓为演进的步骤，不如谓为习尚和作风的转移。因思想背景及政治社会等的关系，历代各自有它的特殊的风尚，尽管不免有许多例外的事实，而“时会”如此，一代有一代之特色，终难泯没。文学内容上的对象和形式上的辞句，也是互相适应，彼此要发生影响的；例如汉魏间多有写实的诗篇，文体也多质朴单行；晋宋以下，变为描写景物的作品，辞句也趋于对偶和华丽。章炳麟《辨诗》里论到六朝的山水诗：“玄言之杀，语及田舍；田舍之隆，旁及山川云物，则谢灵运为之主。然则风、雅道变，而诗又几为赋。”可见六朝山水诗的发生，一方面因乎词赋华丽、骈文工整的趋向，一方面也由于当时佛教思想融合老、庄的结果。各个时代的代表作品，既然不容易分出它们的上下，那末，它们间的递嬗变迁，与其说是演进的步骤，不如说是作风的改变和文学对象的转移。

四、隔与不隔及有我与无我之境

朱氏此书的第三章第三节，又论到诗的境界的几种分别，以王国维《人间词话》里的两段话为根据。我认为朱氏对于王国维的这两段话都不免有几点误解之处，因之他所论列的，与王国维的原意，也不免“终隔一层”了。第一段关于“隔”与“不隔”的分别；所谓“隔”，就是“隔靴搔痒”之“隔”；“不隔”也便是能“搔到痒处”。能“道人所欲道”，使读者有着“似倩麻姑痒处搔”之感，而不忍释手。要做到这步境地，不但须要意象明晰，情趣真切，还须要寻求“浑脱”和“自然”的辞句；朱氏所谓“情趣与意象恰相熨帖”，（第75页）就是指表现得极其“自然”，毫无矫揉造作的痕迹，好像“天衣无缝”，意味深长，而说出来却很现成的，所以说“语语都在目前”。中国的诗和画，原理相通，都以“法自然”为极则；王国维的论词、论曲，都曾提出“自然”一辞，以为衡量作品的标准。这里所举出的“不隔”的例子，如“池塘生春草”“空梁落燕泥”等句，妙处还是在“自然”而已。所举“隔”的例子，如“谢家池上，江淹浦畔”“酒祓清愁，花销英气”，都不免做作，也就是不自然的例子。朱氏说：“欧词因春草的联想，就把这些名句硬拉来凑成典故”；(第76页)“硬”和“凑”两个字，已经说中了它的毛病；意象不明晰，情趣不真切，也都是由于“硬凑”的结果。姜白石的词，确实有点做作，有时也觉得生硬，“用意太过”，不免失却“自然”；所以王国维说它“格韵虽高，然如雾里看花，终隔一层”；这里所说的“雾里看花”，正是“隔靴搔痒”之意，也正是由于做作或生硬而来，我们不可以辞害意，作为“隐”的解释。

王国维说隔如“雾里看花”，不隔为“语语都在目前”，只是在诗句意境上自然不自然的分别；朱氏却误会做“隐”和“显”的区分，(第76—78页)谓“王氏的‘语语都在目前’的标准，似太偏重‘显’”；其实王国维的意思，跟朱氏所说的“隐”和“显”是彼此不相干的。在描写的方法上，当然有“明写”和“暗写”的两种，无分上下，只是在用之得其当；如朱氏此书的第二章论“诗与谐隐”，可见隐语、谜语的引用，也是文学制作的手段上所需要的。(第43—56页)不过朱氏这里所讲的“显”和“隐”，似乎不仅是指写作时所运用的手段和方法，也注重于表现出来的结果，以及这两种写法上所生的功用。就艺术的作品上应该具有的条件来说，“粗浅”和“晦涩”两种毛病，都在所必去；一方面要“轮廓分明”，一方面尤要“含蓄深永”，“显”和“隐”的两种功用都应该具备的。凡是上等的作品，必能寓深永的情趣于分明的意象之中，所以这两种功用应该兼而有之；梅圣俞所谓“状难写之景，如在目前；含不尽之意，见于言外”；这两方面，都应该具备一个好的作品当中,也就是意象明晰和情趣真切的条件;如果缺了一面,就不成其为好诗。如秦少游的"小楼连苑横空,下窥绣毂雕鞍骤",朱氏说"它的毛病就在不显",(第78页)苏东坡却是说它没有深永的意味,所谓"十三个字只说得一个人骑马楼前过",正是指它缺乏隐藏的条件。又如李白"玉阶生白露"等诗,朱氏说"妙处亦正在隐",(第78页)我以为其妙处也在轮廓分明,具备了"显"的条件。所以梅圣俞的那两句话,是要合并起来讲的,是指诗上应具备的两种条件。至于王国维所谓"语语都在目前",是说除了备有明晰的意象和真切的情趣之外,还要情景自然的熨帖,出语现成,不假做作;朱氏谓其太偏重"显",是跟王氏的原意不免隔膜了。

第二段关于"有我之境"与"无我之境",这里所谓"我",颇近于佛学上"我执"之我。"有我"与"无我"两种境界分别的由来,我认为是由于两类"人生观"的趋异,并非由于"移情作用"的有无。苏东坡说过:"自其变者而观之,则天地曾不能以一瞬;自其不变者而观之,则物与我皆无尽也;而又何羡乎?"可见人们对于世界或自然界,可以有两种不同的看法:如果处处以自我为主,则外界之不合于我的理想,不能满足我的欲望,都要引起不平的感慨;如果能够破除我执,或解脱自己,则一切达观,物我相齐,无往而不自得。前者近于人世的,后者近于出世的;前者易起悲愤之情,后者则多恬淡之怀;这两类相异的人生观,表现于诗歌上,就成为两种不同的境界。朱氏书里在另一章里讲到节奏与情绪的关系,便引有这两类的例子:"例如杜工部的《石壕吏》《新婚别》《兵车行》诸作所表现的,不是抽象的凄恻,而是乱离时代兵役离乡别井、妻离子散的痛苦;陶渊明的《停云》《归田》《园居》诸作所表现的,不是抽象的欣喜与平息,而是乐道安贫、与自然相默契者的冲淡胸怀与怡悦情绪。"(第六章第三节,第165页)杜诗多"有我"之境,陶诗多"无我"之境;其次如唐代孟浩然的诗和王维诗的比较,也可以见得孟浩然诗多"有我”之境，王维诗多“无我”之境。王国维谓“有我之境，以我观物，故物皆著我之色彩”；因此具有了入世的人生观，所以偏于“动”的，情感浓烈而奔放，悲壮而激越，外来的意象几全为主观的情感所包晕；读了屈原的《离骚》、蔡琰的《悲愤诗》等，便很容易认识这种境界；所以王氏说它是“宏壮”，正不仅是具有“移情作用”而已。王氏谓“无我之境，以物观物，故不知何者为我，何者为物”；因其具有出世的人生观，或一种超脱的思想，所以偏于“静”的，胸怀恬淡，物我两忘，心境上常保持平衡的状态，所谓“欲辨已忘言”“陶然共忘机”“海鸥何事更相疑”等句，都是直道出这种心境；心境是宁静的，所以情感是冲淡的、和平的，外来的意象，并不很浓厚的沾染着主观的情感，我们从隐逸诗或田园诗里，很容易看到这种境界；所以王氏说它是“优美”；但并不一定是绝无“移情作用”的。无我之境与有我之境，虽为一是“静”、一是“动”，而都是由“冷静中所回味出来的”，所以王氏说：“无我之境，人唯于静中得之；有我之境，于由动之静时得之。”因处世的方式和对人生的态度，有“动”的和“静”的两类，在文学的境界上也就产生“有我”和“无我”的分别。原来诗的境界都由诗人所创造，没有绝对的“无我”之境，王氏所引用的名辞，究竟对不对，这固然是个问题，但决不可把王氏的原意误解。朱氏却以“移情作用”的有无深浅来作解释，改称为“同物之境”与“超物之境”，并且把王氏的“有我”与“无我”倒转过来。（第79、80页）“移情作用”既然常为产生诗的境界的一个要素，（第70页）那末，何以会因移情作用的有无而判分出“宏壮”和“优美”来？又如朱氏所举陶诗“山气日夕佳，飞鸟相与还”，（认为是“超物之境”，即王氏的“无我之境”。其实“飞鸟相与还”这句也含有几分的移情作用）跟所举陶诗“平畴交远风，良苗亦怀新”，（朱氏认为是“同物之境”，以为即属王氏的“有我之境”）（第81、82页）我们也只能认为它们同是“优美”的文学。可见朱氏对于《人间词话》这段话解释的不确。又王氏说:“古人为词,写有我之境者为多,然未始不能写无我之境,此在豪杰之士能自树立耳。”正是说古来抱“动”的人生观或入世的思想者较多,所以写“有我之境”者为多,并不必说是“品格较低”,正毋庸把罗斯铿的话来和王氏的意旨牵合起来。(参看朱氏原书第80、81页)朱氏此书在这里既然以王氏所言为立论的根据,那末,对于王氏的原意,依理不应发生误解,不应以“物皆著我之色彩”一句,而概用“移情作用”的原理来求解,致蹈了“断章取义”之嫌。

五、情感思想与语言文字的关系

朱氏此书的第四章,论到思想情感和语言文字的关系,内中有一些话——例如说:“我们通常自以为在搜寻语言(调配语言的距离),其实同时还在努力使情感思想明显化和确定化(调配情感思想的距离)。”(第四章第五节,第121页)——实际上也就是用来解释王氏《人间词话》里所说“隔”与“不隔”的分别;所谓“如雾里看花”和“语语都在目前”,其分别也就是在“调配距离”上的得当与否,合式与否;在做诗文时,搜寻“自然”的辞句,也就是使距离调配得当和合式而已。因为“情感思想和语言本是平行一致的,并无先后内外的关系”。(第118页)“拿照相来打比喻,我们做诗文时,继续地在调配距离,要摄的影子是情感思想和语言相融化贯通的有机体。”(第121页)

这一章说明“情感思想和语言的联贯性”,以打破一般流行的“意内言外”“意在言先”等观念的错误,以证明情感思想和语言同是实质,也同是形式,二者不能分离独立;情感思想和语言只是全体和部分的关系,并非实质和形式的关系,没有先后内外之分。“思想情感与语言是一个完整联贯的心理反应中的三方面。”(第107页)这种说法,就文艺心理学的观点来看,当然包含有几许的真理;我们通常欣赏一种诗文的作品,也往往可以体验到这种理论的正确,觉得它是情感思想和语言相融会贯通的一种有机体,实在无所谓实质和形式的可以分隔。但是,根据一般语言学的立场来看,这种说法,又未免太偏重于人类所具有的语言本能,而忽略了各民族社会的习惯关系;一般语言学上,固然要讲到语言构成上的生理和心理的功能,而尤注重于各民族社会的习惯上所演成的各种语言"形态"。因各民族习惯的不同,演成了纷歧的语言;各民族间所创造出来的诗歌,是否可以用不同的语言来互相翻译,固然是一个问题;但是同样的思想和意义,可以用各异的语言来表达,这却是普通经验上的事实。流行的观念,以为"语言表现思想",或许也是由于根据这种事实而发生的;朱氏此书里对于这一层,未见有明确的解答。

又讲到思想和语言的关系,说:"在文化进展中,思想愈发达,语言也就愈丰富,未开化的民族以及未受教育的民众不但思想粗疏幼稚,语言也极简单。"(第104页)这几句话,实在不合于语言学的学理。单是就"词汇"的丰富与否来判定文化的高下,固然可以说得通;但是"词汇"只是语言的材料,并不足以代表语言本身表现的功能。如果就语言的"形态"来说,并无所谓文明和野蛮之分。又说:"中国思想与语言偏于综合,西方思想与语言偏于分析。"普通语言学的书上,就语言的形态来区别,都说中国语是"分析语",西洋的语言多是"综合语"。这里却说中国偏于综合,西方偏于分析,其论点亦颇不同。

这一章把语言看做和情感思想的融合体,说:"语言是由情感和思想给予意义和生命的文字组织";(第116页)同时把文字看做"记载"语言的符号,说:"文字是语言的'符号'(symbol),符号和所指的事物是两件的,彼此可以分离独立。"(第115页)因之认定文字记载语言的工作,不能算是一种艺术的活动,而普通以为形式和实质分为两方面的误解,也是由于可以分离独立的文字而起。(第

113—118页)这种说法,显然是根据于语言和文字的某一种“定义”上发生的,把通常所认为语言的范围扩大起来,又把通常所认为文字的范围加以缩小,便自然而然得到这种结论。广义的语言,是指伴着情感思想而显现的声音、容止、手势及其他各种行为,当然书写的语言也包括在内;而通常所谓文字,不仅是指代表各个语词的字体,也概括了书写的语言。这一章里所称的语言,是具有较广的意义,而所称的文字,却仅是指各个代表语词的字体;所以说:“通常散在字典中的单字,都已失去它们在具体情境中所伴着的情感思想,所以没有生命。”(第117页)“字体”是代表语言上的语词的,所以具有字形,也具有独立的声音;因之说:“口里说的声音或心里想的符号模样(字形),就其为独立的声音或符号模样而言,还是文字,还不能算是语言。”(第116页)把语言的范围扩大至于概括一切书写上的,因之说:“从前读书人朝朝暮暮都在古书里过活,……所以古代文字对于他们可以变成活语言。”(第123页)原来在讨论学术的著作中,关于所引用各种名辞的定义,当然可以随著者自由地伸缩;但是离开了一般流行的定义或观念,过分的差异,则又不免使读者增加几许困难。

又所说文字符号,仅仅用以记载语言,不关于艺术活动;这种理论也许有相当的限制,在中国文字上便见到很多它的例外的事实。所谓独立的声音和符号模样,既不能算是语言,便应该和艺术活动无关;可是在此书的第二章里,有许多隐语和文字游戏的实例,(第43—56页)完全是根据于文字的音读或形体而构成的。尤其是中国的字形,大半是意义的符号,含有几分图画的作用;字形的本身,可以直引接起一些情趣和意象,可以增进文艺作品的美感。日本儿岛献吉郎《中国文学史纲》有一段话,说到中国词赋的宏丽,跟文字构造上所含有的图画性质实相关联。“艺术创造决不能离开传达媒介”;(第111页)有时因某种文字的特殊性质,也参与着传达媒介的作用;所以不能说文字符号和艺术活动无关。“艺术是变化无穷的,不容易纳到几个很简赅固定的公式里去。”这是朱氏在评莱森的“诗画异质说”那一章的结语,(第七章,第197页)我对于他论到思想情感和语言文字的关系上,也说是如此。

六、中国诗的节奏与声韵的分析

朱氏此书,从第八章到第十章,论中国诗的节奏与声韵的关系。要拿外国诗的节奏来跟中国诗的节奏相比较,首先必须明了中国语言和声韵的现象。对于中国的字音,可以分做“声”“韵”“调”三种要素来讲:“声”是指“声母”,“韵”是指“韵母”,“调”是指“字调”;各种声母、韵母的分别,是关于“音质”的问题,就是指内中所包含的各种“元音”和“辅音”。至于中国的“四声”,是属于字调的现象;字调的分别,包括了下列的三种标准:

1. 字音当中高低平衡或升降变化的调形;
2. 全字音基本调的高低;
3. 字音的长短。

所以“四声”的主要的区别,属于“音高”上的比较关系,次则属于“音长”上的舒促变化。“四声”的声,跟“声母”的声,绝对不可相混;前者是指字调的分别,后者是指字音起首的辅音。朱氏此书的第八章论“声”,讲到中国的“四声”问题,有几处不免与“音质”的问题相纠缠起来,如说:“中国诗音律的研究,向来分‘声’(子音)‘韵’(母音)两个要素。……现在先分析‘声’的性质。‘声’就是平上去入。……”(第八章第三节,第207页)几乎使读者要误认“声母”的声和“平上去入”的声为一件东西了!这或许是叙述时偶尔的疏忽,可是朱氏在这一章里所提出的四声“调质”的分别,确是把字调的现象和音质问题混为一谈。他说:“四声不但含有节奏性,还有‘调质’(即‘音质’)上的分别。凡是读书人都能听出四声,都知道某字为某声,丝毫没有困难,但是许多音韵学专家都不能断定四声的长短、高低、轻重的关系。这可证四声最不易辨别的是它的节奏性,最易辨别的是它的‘调质’或和谐性。”(第220、221页)这里所提出的“调质”,明明说是即“音质”;实在使读者很难了解朱氏所指“四声”的分别,是属于语音上的那种现象?是否可以跟“声母”“韵母”上的辨别,混为一谈?朱氏又说:“四声的‘调质’的差别,比长短、高低、轻重诸分别较为明显”;(第227页)实在把中国字音上“声”“韵”“调”这三种要素混合起来了;“四声”的区别,因此更难以明了了。

历代各地“语音系统”的划分,是中国声韵学上一件最重要的事。关于“字调”的现象,各地方音各有它的字调的种类,这是“调类”的不同,如朱氏此书所举“广东有九声,浙江、福建有些地方有八声,江苏有些地方有七声,西南中各部各省有五声,北方只有四声”。(第208页)在各地方音当中,“调类”既不相一致,而对于各个“调类”又各自有特殊的念法;某种方音里某个“调类”的念法,可以称为它的“调值”。“平”“上”“去”“入”这一些名辞,不能认为有什么固定的意义,只是用来代表调类的一种称呼。我们不能空泛地说“平声”字该读什么,“上声”字该读什么等等;我们只能说现今某处方音当中,它所称为“平声”字是读成某一种调子,它所称为“上声”字是读成某另一种调子等等。我们必须指定了某一种语音系统,才能说明其中所具有的各个调类的“音值”。向来论述“四声”的,往往本着各自的一处方音,或者凭着个人的一时感觉,便遽然给它们下了概括的定义,或且引用了直觉的文学的辞语来形容、来描画,如《元和韵谱》《四声歌诀》之类;在方音系统不同的人看来,自然很难以了解。朱氏此书里有一段话,用以解释他所提出的“调质”的意义,“比如说英文母音 a 长音是上声,e、i、o、u 长音都是去声,e,i,u 短音都是入声……”(第 221 页)单就他所举的“上声”“去声”等,便要引起读者的疑问:究竟指的是那一处地方的“上声”“去声”等呢?是应用那一种方音系统的“上声”“去声”等来作比拟的呢?例如同是一种高音的下降调,现今在北平地方说是“去声”字的念法,在重庆地方却认为是“上声”字的念法。所以未曾指定了某种实际的方音系统里的“四声”,便无法说明各个调类真正的“音值”。朱氏所谓“要断定四声的原素和分别,却是一件极难的事”;又说:“各声的音长、音高、音势,都没有定量,而且随时随地更动”;(第 214 页)就是由于没有把实际的语音系统划分得清楚,徒然想要求出平、上、去、入等一种固定的区别,因而感觉到困难。“语音系统”的划分,对于方音纷歧现象的处理,是很重要的;对于古今语音变异的观察,更其重要。例如“平仄”在律诗上所构成的音律,我们必须考明了中古时期的“字调”系统,才能了解它;否则,任意地用现代的音读来较量,便难免为模糊影响之谈。

我们知道中古时期——即六朝、唐、宋间——的“调类”,有平、上、去、入四种;根据《切韵》一系的韵书,那些字属于平声或上声、去声、入声等,我们也很容易考查。不过当时所谓“平声”“上声”等,究竟怎样的念法?真正的“调值”如何?我们不能随便依据现代某处地方的音读来推测,也不能任意根据某几种相传的说法来作解释。因为几种相传的说法,纵使解释得很明白,所讲的种种调值,也未必完全符合于《切韵》等书里实际的“四声”系统;况且内中包含很多直觉的文学的辞语,很难得到科学的解释。例如朱氏此书论到“中国的四声是什么?”(第八章第三节)硬要把“音势”的轻重、强弱,拉进于“四声”的辨别当中,(第 212—214 页)便是根据《元和韵谱》《四声歌诀》等这几种相传的说法而强作解释的结果,说:“从前人分别四声,大半着重轻重或强弱的标准。”我们怎样能够断定《元和韵谱》等所描写的或所称举的轻重、强弱,就是现今语音学上的

“音势”的现象呢？中国旧书上“同名而异实”的现象，实在太多。可是朱氏竟然根据这种向来相传不很科学性的说法，来辩驳刘复“四声实验录”里的结论，更进而怀疑到现代实验语音学上所运用的工具和方法；这未免太藐视现代的科学了。要知道“音势”的轻重、强弱，在连续二个以上的“音缀”的时候，最容易显出；如英文字音里，“重音”在某一个音缀上，这是“多音缀”的语词所能够具有的现象。中国字音为“单音缀”的，每字却有一个调子，无论读轻读重，它的调子还是存在，所以刘氏说：“无论那一声都可以读强，也可以读弱，而其声不变。”朱氏却反驳说：“我们可以套刘氏的话来说：无论那一声都可以读高，也可以读低，而其声不变。……我们能否据此否认与高低有关呢？”（第214页）将某一字读高或读低，当然可以变化它的“基本调”，但是它的高低平衡或升降的“调形”，还是依然存在。我们可以假定六朝、唐、宋间的四声系统，也以这种“调形”上的辨别作为当时一种主要的区分标准。不过从这几种相传的说法当中，却不能轻易地臆测当时种种的“调值”。

高本汉在所著《中国音韵学研究》里，说：“中国古音有以下的四声：(1)平声（横调，舒收）；(2)上声（升调，舒收）；(3)去声（想来大概是降调，舒收）；(4)入声（促收）。我们知道每一声分为高低两种，清声母字归高的，浊声母字归低的。所以实在就有八声：阴平声，阴上声，阴去声，阴入声，阳平声，阳上声，阳去声，阳入声。”（赵元任译本，第437、438页）高氏所谓“古音”，即指中古时期的“切韵”音。他所拟测的古音平、上、去、入的调值，固然不尽可信，但是综合现代各处方音的现象来探究，可以断定当时的“入声”的确为一种短促音，也可以假定当时“平声”字的标准读法是一种“衡调”；至于“上声”和“去声”，在高低变化的调形上，也可因以假定都属“非衡调”。这种四声系统，以字音中高低变化的“调形”与“音长”上的舒促长短为它们区别的标准。至于全字“基本调”的高低，我们虽然明知道当时因“清”“浊”声母的区分，应该有“阴”“阳”调的分类，即高一调的与低一调的平、上、去、入，总共可有八声；可是《切韵》一系的韵书，却只列出平、上、去、入四类，绝不见有阴阳调或其他类似的分析。就今所知，阴阳调的分析，是从《中原音韵》的平声分两类开始的，至明朝以来南曲一派的韵书，遂逐渐加密，以至上、去、入也各分出阴、阳；至于中古时代，自从六朝时立定四声，再由陆法言《切韵》演变到平水“诗韵”，绝不见有阴、阳调的分别的痕迹；至少可因以断定当时认为除平、上、去、入之外，无再有此种区分的必要。原来阴、阳调的区分，乃是由于高一调和低一调的同类字之间“调形”的变异而起。从平声字的分化，演成为《中原音韵》的“字别阴阳”，于是触引了南曲一派里阴、阳的变本加厉。中古时代的字调系统当中，“清”声母的和“浊”声母的平、上、去、入，彼此虽各有“基本调”上高低的分别，而在“调形”上仍各自一致，绝不像现代北平音里阴平为高衡调，阳平却为中升调那样变异的情形，所以当时认为并无再分阴、阳类的必要。朱氏此书里有一段却说是：“诗的习惯，平不分阴阳，仄则包含上、去、入，在长短、高低、轻重三方面，阴阳平已有悬殊，上、去、入彼此相差尤远。……”(第216页)朱氏想要用此以说明“平仄四声对于中国诗的节奏影响甚微”，却把古今音的系统混乱了；所谓“诗的习惯，平不分阴阳”，是根据于中古时期的四声系统的；所谓“阴阳平已有悬殊”，又是根据于近代语言文学上的习惯，或现今各处的方音系统的。在中古时期，字音基本调的高低，尚未用来作为区分四声的一种现象，尚未有阴阳调的分别的观念；因为当时的四声系统，单以“调形”与“长短”两种变化的现象为区别的标准的。

朱氏没有把古今的语音系统划分出来，所以不能确定四声和平仄的意义，以及它们分别的由来。他说：“平与仄分别究竟在那里，固为问题；它们有分别，则不成问题。这显然有分别的两种声音有规律地更替起伏，自然要产生节奏。中国律诗就要把这种节奏制成固定的模型。”(第218页)如果以律诗所由产生的中古时期的四声系统为根据，那就可以寻求平仄分别的意义了。中古时期四声的“调值”：平声为衡调，上去二声为非衡调，入声为促调。平声为衡调又为舒音，所以可任意地延长，延长之后，还是保持舒衡的本来面目。入声为促音，不能延长。上去二声，因属非衡调，所以不论是升、是降，或其他复合的调形，发音时其调形一经完成，便须停止；如果再延长下去，则延长的部分，很容易成为舒衡的平声；因之上去二声虽为舒音，却不能任意地延长。这样，上、去二声就和入声，都归属于不能延长的一类，以和能任意延长的平声相对立；于是“平”和“仄”两类就显然分开来了。最近中央研究院的周法高君，从唐初僧徒一些翻译梵文的记载当中，发现梵文的长短音需要分别时，便用平声字对译梵文的长音，仄声字对译梵文的短音。(《说平仄》，载中央研究院历史语言研究所出版的《六同别录》)对于中古时期平仄二类根据于长短的分别，这是一个有力的证明。我们再从中国诗歌押韵的历史上，也可以得到一个相吻合的推论。朱氏此书第十章论到押韵的重要，说：“中文诗大半每‘句’成一单位，句末一字在音义两方面都有停顿的必要。……句末一字是中文诗句必顿的一个字，所以它是全诗音节最着重的地方。”(第253页)又说：“齐、梁以前诗人未始不知四声的分别，不过在句内无意于调四声，只求其自然应节。他们却都必用韵，而对于韵脚一字的平仄仍讲究很严，平押平，仄押仄，很少有破格的。”(第252页)因为押韵的字在句末，而句末必为停顿的所在，所以押韵的字，除了收尾部分的“韵母”应取其相同的以外，还须顾到长短的关系，长音的字不能用短音的字来相押，短音的字也不能用长音的字来相押，这便是朱氏所说当时“平押平，仄押仄”的惟一的理由。由中古以至近古，四声的字调系统渐渐变化了，平仄两类的区别也打破了，《中原音韵》的“入声派入三声”,“平声字别阴阳”,显然打破了《切韵》一派韵书里的四声系统,因之“词的仄声三韵可通用,曲则四声的韵都可以通用”(第十章,第254页)。因为字调的系统变化了,平仄长短的分别也泯没了,所以代表近代语音的诗歌,自然可以“四声通押”,不复为“平押平,仄押仄”的现象。从这种押韵演变的历史上,也可以断定中古时期的平仄分别在于长短的关系。

王光祈在《中国诗词曲之轻重律》一书当中,提出平仄二声为造成中国诗词曲“轻重律”之说;因为他对于平仄分别的意义,未曾深切地考究,而贸然提出“轻重律”之说,所以不能博得一般的信从。至于朱氏此书,却说:“王光祈以平仄二声作‘轻重’以及其他类似的企图,在学理与事实上均无根据”;又说:“拿西方诗的长短、轻重、高低比拟中国诗的平仄……一定要走入迷途。”(第217、218页)则又对于平仄所造成的诗文上音律的关系,轻率地加以否认了。平仄的分别,根据于中古时期的四声系统,对于中古诗文上的音律关系,实在极其重要;由平仄的分别,造成了当时诗文里的“长短律”。律绝诗何以兴起于齐、梁、隋、唐间?就是根据于当时的四声系统,因而造成诗文上一种平仄相间的“长短律”,遂产生这种所谓“律体”。跟律诗有姊妹关系的文学,便是骈体文;骈体文里,大都以二字为一顿,是用第二字、第四字或第六字来表明各“音组”或各“音步”的末段;律诗便是在这种句法上再加上末尾的“一字的音步”而已。所以在这种诗文上,每句的第二、第四、第六各字,是协调平仄时应注意的所在。一、三、五可不论平仄,而二、四、六必论平仄,否则,便为“拗”;这是因为句中第二、第四、第六各字,是属于各音组或各音步的末段,是“顿”的所在,正是表明“顿”的长短或“音步”的长短所在。平仄相间隔,相参错,因而造成的这种长短音步相间隔、相参错的节奏;跟西洋诗的音律比较起来,颇近于希腊、拉丁诗;只是希腊、拉丁诗以各个音步当中长音短音的相间隔为节奏，而中国的律诗，则以长音步和短音步的相间隔为节奏罢了。又各段落也以“顿”来表示，也近于法文诗，不过法文诗没有长顿和短顿的分别，自然也没有这么长顿和短顿相间隔的音律。(参看朱氏原书第206、207页)因为骈文律诗把这种长短的节奏“制成固定的模型”，以至产生“声调谱”之类，在形式上过于板定，往往丧失了自然的语言节奏，不免使“文多拘忌，伤其真美”；所以朱氏说“古诗较自然，而律诗往往为格调所束缚”。(第218页)但是我们究竟不能说“四声对于中国诗的节奏，影响甚微”。由律绝诗变为词曲，一方面固在句法的变化，一方面也由于语音系统的递更，不但使押韵上发生平仄通押之例，在音律上也由宋词的“论上去”，进而为元、明戏曲的“论阴阳”，似乎协律趋于细密，实则循着实际语音的演变，平仄的界限日就泯没，由往时“长短”的主要分别，渐渐趋重于“高低”变化的关系了。

朱氏此书对于中国语音与诗歌节奏的关系，尤其在“字调”方面，可以说没有得到正确的结论。开始没有把古今的各种“语音系统”划分出来，因而抓不到区别“字调”的标准和“四声”的意义；因而没有探究到中古时期的四声系统和平仄分别的由来；因而否认平仄四声对于中国诗的节奏的重要性——不论在那一个时代或那一种诗文上的重要性；因而提出了“调质”的一种现象，或者竟只是一个名辞，谓“四声的‘调质’的差别，比长短、高低、轻重诸分别较为明显……对于造成和谐则功用甚大”。(第八章结语，第227页)终于把中国声曲学上“字调”和“声母”“韵母”三种应该分析的要素，却加以混乱了。没有使读者认清语音的现象，那末，对于声韵和文学的关系，自然也得不到正确的结论。朱氏此书，在这里实有改进的必要。

三十六年，五月卅日，于南京中大

(《国文月刊》1947年第58期)

中国语言与文学

文学的产生，必定有一种语言的根据；因为文学作品是用语言为素材的。帕尔马氏（Harold Palmer）曾经说过："文学只是语言的一个形式，只是语言经过装饰的一个方面而已。"所以一国的文学，它的形成和发展，总是离不了它的语言的背景。要探究一国文学的历史和种种文体的演成，必定先要考察它的语言的性质。本文的主旨，就是依据中国语言的特性，来讨论中国文学的形式怎样发展出来的。

关于中国的语言，一般语言学上，早已有所论列；归纳起来，可以举出下列的四种特性：

1. 单音缀语（monosyllable language）；
2. 孤立语（isolating language）；
3. 声调语（Tone language）；
4. 列位语（Position language）。

现在把这几种特性约略的解释如下：

说中国语是"单音缀语"，就是对于"多音缀语"（Polysyllable language）而言。因为它的大多数的"单纯语词"（Simple word）只是包含一个"音缀"（Syllable），不像外国的语词常常包含有两个以上的音缀。至于实际语言上所应用的很多"复合语词"（Compound word），固然为复音缀或多音缀，但是内中所包含的成分，仍是单音缀的语词。例如“主义”是一个复合语词，内中的“主”和“义”，原来是两个单音缀的语词，所以中国语上基本的单词，大多数确是单音缀的，写成了文字，也就采取单音缀制；所谓方块的汉字大家都知道是一字一音的，这种一字一音制的形成，便是由于单音缀的语言的投影。

所谓“孤立语”，就是对“变形语”（Inflective language）而言。因为各个语词在意义上或词性上的种种变化，以及在语句上和其他语词联接的关系，中国语的语词不用本身音读的形式来把它们显示出来；不像西洋各国的语言具有种种的“形式变化”（Inflection）。例如“人”一个语词，英语上便有单数的“man”和多数的“men”两种形式；“跑”一个语词，英语上便有现在时的“run”和过去时的“ran”两种形式；又如“我”，“他”在英语上作“主语”（subject）用的，是“I”“he”，作“宾语”（object）“me”“him”，而在中国语上只是一个“我”，只是一个“他”。又如一个“善”字在“人之将死，其言也善”这句里，是形容词；在“大学之道……在止于至善”这句里，是名词；而在“善搏虎”这句里，便是副词了。从这种情形，可以看出，中国的语词，在单独的时候，往往不能预定它在句中和其他语词联接的关系；所以称为孤立语。

所谓“声调语”，就是指每个语词，每个字，念起来，必定有它的一种固定的，“声调”（tone）；声调的种类，就是一般所谓“四声”的区别；例如“三民主义”四个字，依照标准的国语音，便须分作四种声调来念：“三”字属于“阴平调”（高平调），“民”字属于“阳平调”（上升调），“主”字属于“上声调”（降升调），“义”字属于“去声调”（下降调）；各有一定的念法，不像西洋语言当中，各个语词并无固定的声调。（英语上只是两个音缀以上的语词，具有固定的轻重音。）因为中国语是单音缀语，中间不免包含许多意义相异而音读相同的语词；为着补救这些同音语词所引起的混淆的弊病，有时很可以利用这种声调的区别，来作为一种分辨的方法；例如“巴”“拔”“把”“罢”四个字，它们的“声母”和“韵母”，虽然都相同，却可以依据各自具有的声调来分别。有时同是一个字，也因意义上或用法上的各别而分出各异的声调；例如“长幼”的“长”和“长短”的“长”；“美好”的“好”和“爱好”之类，文字上虽然写做一个字，实际语言上应该认做两个语词，而是靠了声调来区别它们的；不像英语上的“yes”一字，有时读为上升调，有时读为下降调等等，只是用来表明当时发语的情趣，自然不能认为意义本身上有什么别异。所以各字声调的区别，不能不说是中国语的一种特征。

所谓“列位语”就是指中国语上各个语词在语句中排列的先后，各有一定的位置，不能把它们的次序，任意的颠倒错乱；如果把它们先后的位置颠倒一下，便是在意义上要发生变化。所以《文心雕龙》里说：“位言曰句”；这里所谓“言”，是指语词或字，把许多语词或字，一一依着适当的位置排列起来，便构成了句子。因为中国语句的词性，以及它们在句中彼此联接的关系，既然不用语词本身音读的形式变化来显示，便只能靠了它们在句中先后的位置来决定：因之语句上各个组织的成分，必定要严格遵守着序次的规则。例如“主语”要列在“述语”（predict）之前，“宾语”要列在外动词或介词之后（古代语上否定句里，代名词作宾语时，常列在外动词或介词之后），“附加语”（adjunct）或限制词要列在它所限制的那个语词之前（就是形容词要列在名词之前，副词要列在动词等之前）；诸如此类的规则，在中国语上定须严格的遵守；不像外国的变形语上，语句本身形式可以显示它们彼此间的联接关系，可以不必遵守这些序次的规则。例如英语上的“I”“he”，总是作主语用的，“me”“him”总是作宾语用的，不论列在前，列在后，它们在语句组织当中的功用，总是一成不变，不致混乱。可是，如果把中国语上“他打我”的句子，颠倒做“我打他”，意义便绝然相反了。中国语上这种情形就是依据语词在句中的位置来决定它的意义和功用,便是列位语的性质。

上面列举的中国语言的四种特性,是彼此互相关联的。因为单音缀的特性,演成了一字一音制,所以不容有"接头语"(Prefix)、接尾语(suffix)或其他种种的形式变化;这就演成了孤立语的性质。因为孤立语的特性,各字只具有一种基本的观念,不容有形式变化所显示的其他观念包含于同一语词当中;例如英语上的"book"和"books"两种形式,除了"书"的基本观念之外,还有"数目"(number)的区别包含于其中;中国语上的"书"字,却只具有一个"书"的观念。所以一字一音之外,又演成了一字一义制;中国文字上除了用两个以上的字体代表一个复合语词或重音,复音的语词以外,大都每一个字体总有它的一个独立的意义。又因为声调语的性质,往往由声调的变异,可以使得一个字体具有各种不同的意义和用法;例如上文所举的"长"字,具有"长幼"和"长短"的两种意义;"好"字具有"美好"和"爱好"的两种用法。因之声调的区别,不特足以减少单音缀语上所引致的同音语词混淆的困难,有时并且可以用来显示孤立语上所未曾表示的各字的词性及其他意义的变化。所以声调语的性质和列位语的性质也是相辅相成的。中国语上注重于各字在句中排列的位置,使得文法上趋重于"语序"(word-order)的规则和"措辞"(syntax)的现象,乃是这种单音缀的孤立语上所自然形成的。反过来说,正因为列位语的特性,各字在句中的位置上及全句的总概念上,自然各自显现它的词性、意义和彼此联接的关系,所以无需乎应用接头、接尾或其他种种形式的变化,这样,也便助长并促成了孤立语的性质。

明了了中国语言的性质,于是可以进而探讨中国文学发展的情形,以及种种文体形成的由来。要知道中国文学的产生,完全以中国的语言和文字为根据;中国文学之所以具有几种特殊的形式和现象，乃是因乎它这种语言的背景的。这里举出最显著的几点来讨论：

一、整字数　中国文体上，依照各句里的字数，有“整”和“散”的分别。要是上下各句，它们的字数相等，这便是“定言诗”的基本条件；如四言诗、五言诗或七言诗，就是通篇各句，都是四个字、五个字或七个字的。要是上下两句，或者上面的二句、三句，和下面的二句、三句，彼此字数各各相等，恰成上下的两联，这便是“骈文”的基本条件；如上联第一句四字，第二句六字，下联第一句也是四字，第二句也是六字。“定言诗”和“骈文”，都是“整”体。定言诗当中，要是各篇的句数再加以限定，这便是通常的“律绝诗”；（“律诗”当中，有一种“排律”，句数可以自由增多，和骈文一样。）于是各篇的字数也成为相等，“整”的条件之外，又加上了一个“度”的条件。一般每以为“散”体的诗文，是和“整”体相反的，其实“散文”和“长短句”当中，也不免杂有“整”句。所以在形式上要求字数的整齐，实在是中国文学的一个特色。因为中国语是单音缀语，在文字上就演成了一字一音制；各句字数的整齐，就是各句里音缀数目的均匀。字数和音数，两者划一的相符，这是中国诗文当中音律构成的基础，为外国多音缀语上所办不到的。在多音缀语里，一字可具有两个以上的音缀，为求音缀数目的整齐，便不能使各句的字数得到划一。所以外国文学上没有像中国这种“整”体的诗文，正是因为所根据的语言在本性上别异之故。

二、讲对偶　骈文和律诗的第二种条件，便是要讲求对偶，上下两句或上下两联，各字依次在字义上须求其相对；就是“整齐美”之外，还要加上一种“对称美”。例如第几个字，在上联是“风云”，在下联便是“月露”；在上联是“春宫”，在下联便是“秋帐”；在上联是“千门柳”，在下联便是“万人家”等等。所以中国文体上，依据上下句各个字义的相对称与否，有“奇”与“偶”的分别。“偶”的条件，常以“整”的条件为其基础；骈文律诗的撰作，必先求其“整”，于是再讲对“偶”。通常以为散体的诗文，不求“整”也不讲“偶”，多用“奇”的辞句；其实散文和长短句当中，既然不免杂有“整”句，这种整句，也往往属于排偶体。对偶的文体，确是中国文学形式上的一个特产。因为中国语是孤立语，就演成了一字一义制；一个字体大都只具有一个基本的观念，“积字而为句”，便是几个基本观念互相联接，以构成辞句；从各句所联接的观念上，依次求其对称，这只是中国单音缀的孤立语上所能做到的。在外国的变形语上，各个语句里所包含的观念，既然不是单纯的，因之从上下两句中间，不能勉强寻求两个字义上的恰相对称，正不特字数和音缀的数目难以划一而已。所以外国文学上没有像中国这种对偶的文体，也是因为语言的背景各异之故。

三、定句法　要讲求对偶，还须要明了句法，就是要知道各种辞句的结构，以及各字在辞句组织当中的功用，讲对偶的，不但在上下两句的各个字义上要求其两相对称，还要讲求它们在辞句组织上的功用也彼此相一致，上下的两联在辞句的结构上也同属于一个类型。一个辞句，大抵依照文法上“主语”“宾语”和“附加语”等这些成分来划分段落；这种段落的划分，使得语音上有调节气息的作用，而在辞句的意义上也可以有显豁的指示，以和文字旁边的逗点符号，乃至乐谱当中的节拍相凑合起来。例如“黄河远上白云间”这个句子，可以划分做三段或四段，“黄河”一逗，“远上”一逗，“白云间”一点，或者再把“白云”下面加一逗，这种可算为“二、二、三”的句法，或“二、二、二、一”的句法，或者也可以把“黄河远上”四字合成一段，而称为“四、三”的句法。辞句里段落划分的多少，要看读音的快慢而定；大抵四字以上的辞句，至少总要分做两段，因为有四个以上的音缀，为着调节读音的气息，中间总须有个稍稍的停顿。但是，无论如何，必须使读者的段落和文法上组织辞句的成分，要采取两相一致的区划，才能使语音和意义两者凑合起来。句法的考究，在中国文辞上既然这样的重要，所以讲对偶的，须要使上下两句或上下两联，构成做同一种辞句的类型，使各字在文法上的功用也依次相对。这种句法的规定，一方面固然由于单音缀的孤立语使得字数和字音字义三者间，容易取得均匀的相配；另一方面，也是由于列位语的性质，语词的序次具有一定的规则，使得辞句组织上的各种成分，依据已定的规则来排置先后，所以容易构成几种相同的辞句的类型。在外国的诗歌当中，往往为着调节音律，可以把内中的语辞颠倒的措置，而我中国的句法上，却必须注重于各字的序次；这也是因为语言性质的各异使然。

四、调平仄　各个辞句既然可以划分做几个段落，每一段落在实际语音上或乐歌上，就是一个“音步”。音步和音步之间，如果依照抑扬相间之理，调节得适当，便成为一种节奏，这就是诗歌当中的韵律。中国语上声调的种类，在各个方音的区域，常有纷歧，在历代的读音演变当中，也有古今音的不同。现代标准的国音里，有“阴平”“阳平”“上声”“去声”四调。而在中古时代，大概从六朝至唐宋的期间，声调分为“平”“上”“去”“入”四类。平、上、去、入的四声在当时究竟怎样的区别，虽然无从确实的知道，可是从相传的说法以及现代方音的综合的研究，可以测定“平声”在当时是指“平衡调”，“上声”和“去声”总是“非平衡调”，“入声”是一种短促音，可谓之“促调”。依据发音的学理，平衡调的字音，可以任意延长而不变；非平衡调的字音，不论是上升或下降，总是不能任意的延长，延长起来，结果要变为平衡调的；至于促调的字音，便是显然不可延长的。因之平、上、去、入四声，可以分做“平”“仄”二大类：“平”类是平声的字，可以延长而不变；“仄”类是上声，去声和入声的字，皆属于不可延长的一类。（这里所指平、上、去、入四声的字，可以依据《广韵》以及平水诗韵等书来查考）因之，平类的字，应该属于长音步；仄类的字，应该属于短音步；中国诗歌及骈文当中的协调平仄，就是要构成一种以长短为基础的音律。辞句上所划分的几个段落，以平声字为收尾的一段，可以称为长音步；以仄声字为收尾的一段，可以称为短音步。长音步和短音步，互相间隔，便成节奏，可以名之为“谐”；又上下两句，或上下两联，除了“整”和“偶”的条件，以及句法的相同以外，又须把各字的平仄，依次相对，就是使上下两句或两联当中，长音步和短音步相互的交错。例如“永夜角声悲自语，中天月色好谁看?”“永夜”二字，可成为一个短音步，“中天”二字，便成为一个长音步；“角声”二字可成为一个长音步。“月色”二字便成为一个短音步；下仿此。讲对偶句，不但要平仄的相间隔，又要平仄的相交错；这种文学的形式，显然是由单音缀的声调语所演成的。

五、通活用　讲求骈俪和声律，是中国中古时代文学界的一种风尚，这种风尚的产生，自然有语言的历史的背景：一方面由于音上平、上、去、入四声的系统，到六朝当时完全明朗化，依此而构成了协调平仄的一种音律；另一方面亦由于各个语词的词性和意义，到中古时代渐趋于比较的固定，一字活用的现象，也渐渐减少了；所以讲求字义的对偶，比较有固定的标准。“物极必反”，讲究骈俪声律太过，自然觉得装饰过盛，拘束太严，失却了自然的疏朴之美；于是文学史上发生了一个反动，这就是唐宋至于明清的“古文”运动。所谓“古文”，就是要模仿周秦两汉的文辞；在周秦两汉的文辞当中，各字的词性和意义，不很固定，一字活用的现象，特别多；所谓“古文家”也就在这种地方用功夫。因为中国语是列位语，可以依据各字在辞句中的位置来决定它的词性和意义，所以活用起来，可以很自由，在当时也觉得很自然。例如：“执捶拊以鞭笞天下”一句里，“捶”和“拊”二字，原来是动词，“鞭”和“笞”二字，原来是名词,却把动词活用作名辞,又把名词活用作动词;何以知道如此?因为“捶拊”在“执”之后,应为“执”这个动词的“宾语”,而“鞭笞”之后有个“天下”,应为“天下”这个宾语的前面的动词。上文说过,声调的区别,有时可以用来显示词性和意义的变化;但是,主要的决定作用,全在各字在实际辞句当中先后的序次和所处的位置。例如韩文的“人其人,火其书,庐其居”;第一个“人”字,和“火”字、“庐”字,都作动词用;最后一个“居”字又作名词用;完全是由序次来定词性,再由词性来通意义的。这种词性活用的现象和所谓“古文”的“笔法”,显然是由孤立语和列位语的性质上演成的。

上面所举的几种中国文学上特殊的形式和现象,因为是由中国语言的特性上发展出来的,自然为根据别种语言而发展成功的外国文学上所不易见到;所以刘师培的中古文学史把对偶、声律等等的条件认为是“禹域所独然,殊方所未有”。中古时代所风行的骈俪体和唐宋古文家所提倡的散文体,似乎是对立的,其实都是由中国语言的特性上发展成功的;有了它的语言的背景,所以在中国文学史上都能够占了一个相当的地位。但是骈俪既然一味的讲究装饰,“古文”体也专事从模拟古语上用功夫,结果,同是矫揉造作;时至近代,益见得它们都失去了语言的真际。近今新文学运动,固然是面对着“《文选》妖孽,桐城谬种”,也是中国语言演进的过程上所必然产生的。因为近代语中复合语词的增多,语序和词性的益趋于固定,所谓“古文”笔法,更显出离开了实际应用的语言;同时又因为语音上声调系统的变更,“阳平”一调的分出和“入声”的消灭,打破了平仄四声的系统,诗文上的音律,需要有个新的建立,讲求平仄对偶的,也自然无所施其伎俩了。中国旧文学的最大的弊病,是在它从语言本性上发展出来之后,不能再回复到实际的、自然的语言,它的形式已经僵化,不能再应付和容纳实际语言演进的现象。所以单从中国语言上来观察文学的形式，也应当认定近代文学革命的必需产生，正不独因为世界潮流的激荡和社会生活方式的改变而已。

（《学识》1947 年第 1 卷第 1、2 期）

大学“中国文学系”之设置及其使命

大学教育的目的，在于培养国家社会上各部门的领袖人才。所谓领袖人才，就是对于国家社会上各方面的建设和进步，具有发纵指使的功能；尤其对于自身所处地位和所任的职责，具有明确和深切的认识；所以不特能够检讨过去，正视现在，而且能够明察将来，顺应世界的潮流和人类进步的趋势，适合国家社会当前的需要，以促进各种福国利民的事业，而间接、直接影响于世界文明的发展。因之大学当中“中国文学系”的设置，更必须配合着大学教育的这种使命。因为中国有它的独特的民族和文化，有它的大量的和精彩的文学作品，有它的特殊的语言和文字。现今大学“中国文学系”里的种种设施，其目的和作用，固然不是使学者徒然抄袭别国的文学形式和别种语言文字的习惯，来作“张冠李戴”的企图；也不是使学者斤斤保守着固有的文化，一味对于过去旧式的文艺，作“故步自封”的模仿和承袭，妄想做死人的“顺子顺孙”。现今“中国文学系”所要造就的，不是一些粉饰太平和歌功颂德的献媚的文人，不是一些诗酒流连和吟风弄月的优闲的名士，也不是一些不识中国文化和历史而以“作家”自命，以为别国低级文艺的稗贩；也不是一些头脑冬烘，而居然以“道统”自任的所谓“国学家”。现今大学“中国文学系”里的种种设施，其目的和作用，在使学者养成运用本国语文的一种精巧熟练的技能，以为自我的情感思想的表现；在使学者获得整理中国文献的一种正确的门径和一种判别的能力，以为探讨中国学术文化的基础；在使学者拥有精密的工具和方法，熟识文艺和语文科学的基本原理，以考察中国文学的源流，以分析中国的语文现象，以批判中国古今的文艺作品；使得一般人对于中国的艺术和文化，有一种真实的了解和估价；使得一般人对于中国语言文字的学习和研究，获有正当的便捷的途径和方法；使得一些人在文艺的创作上具有一种精确的指针知道怎样的承接本国旧文学的精华，吸收西洋文艺理论和作品当中的新成分，以熔铸创造一种代表现代中国的新文学。现今"中国文学系"所要培植的人才，是中国新旧文学的客观的批评家，是中国文艺的精深的理论家或历史家，是创造中国现代文艺的示范者；他们也是中国语文上种种现象和原理的发现者，也是现今中国语文教育的指导者；他们是现代中国文艺界和语文学界的领袖人物，所以他们是具有科学家的头脑、艺术家的手腕，而且怀着教育家的抱负的。

为着要适应这种需要，为着要完成这种大学教育的使命，目前"中国文学系"里关于制度上的配合和各种科目的设置，教育部已经有了粗略的规定。各大学的"中国文学系"也大都依据部定的科目表来开设各学年的课程。关于各种课程的内容和旨趣，教育部所颁布的科目表，也附有明文，一一地加以简括的说明；这里不必详细叙述。现在只撮举其中的纲要，并提出几点重要的意义，来跟读者谈谈：

一、第一学年"基本国文"的要旨　第一年学的"基本国文"，是全校各院系所必修的课程，以增进全校学生的运用本国语文的能力，并为准备探讨中国各部门学术的基础。因之，教材的内容和课外阅读的指导，不能不就各院各系的性质有所斟酌损益；教材应就部定《大一国文教本》加以增节，大抵议论文，取其合于逻辑者；记叙文，取其写实而生动者；抒情文，取其格高情挚者。关于作文的训练，大都由教师自任改作，并随时多加解说；严格执行部令，第二周作文一次。“中国文学系”为着要兼顾各院系一年级学生写作和阅读的训练，所以在系内往往要特设一个单位来负责，以促进“基本国文”教学的效力。至于本系第一学年的“基本国文”，除了普通的阅读和写作的训练以外，又作专门研究中国语言文字及文学的准备，所以须要跟“读书指导”“历代文选”等采取配合的教学方式，以充实本系第一学年的基本训练。

二、本系第一学年基本训练的重要　本系第一学年所修习的课程，除“基本国文”等为全校的必修科目以外，又有“读书指导”及“历代文选”各体文习作；以专门学习中国语文及文学的基本训练。“读书指导”的课程，注重于研究方法的指导，学术源流和门径的启示，以及各种重要典籍的性质的说明，并注重于运用辞书类书等工具书籍的实习。“历代文选”及“各体文习作”，一方面作为研读中国文学史的准备，一方面又为文章作法的训练，教材注重散文，每二周习作一次，依照文体的区别分期练习。“读书指导”和“文选及习作”为本系学生所应受的特殊的基本训练，所以必须跟“基本国文”的教材和进程，力求配合。“读书指导”，更应由本系各教授依据所任科目的性质分成几个单元，按期轮流地讲授；使本系一年级学生窥知各种科目内容和性质的大概，以为专门研究的准备，并作为第二学年起文学组和语言文字学组分设的基础。

三、文学组和语言文字学组的分设　教育部规定中国文学系自第二学年起，得分文学和语言文字学两组；本系学生可以就各自的志趣，认定一组以作专门的学习和研究。因为大学当中，既然以提高学术水准，促进世界文明为主要的任务，所以不能不分门别类，就各人的性质和意趣，择定一项，以求精深的造就。中国数千年来所留存的文献，极为丰富，其中包含有大量的精彩的文学作品；而中国语言文字，又具有它的独特的性质和优点，这一大宗的文献当中，在在足以为考证中国语文的资料。又书本以外，可以供我们研讨的对象的，也触处皆是，例如民间歌谣的收集，平民小说和戏剧的探究，方言俗语的调查及整理，都应该归入于中国文学系里修习的范围。材料既然这样丰富，对象既然这样广博，为着集中精力，求取专深的造诣，自然需要分析文学和语言文字为两组。而且大学当中的“中国文学系”，要栽培一些文学界及语文学界的领袖人才，当然对于自身所学习的范围，不但要知其然，尤须要知其所以然，所以不仅应注重写作技术的训练，尤须特别提倡研究的精神，增进求知的兴趣。教育部规定本系两组的分设，也便是要标明这种提倡研究精神的宗旨。目前国内各大学的中国文学系，凡是不甘落后的人所主持的，大都早已遵照部令，将本系分设两组；并且有二三大学更进而设立“语言学系”了。那末，其未经分组的中国文学系，必定为学术趋势和时代需要所逼迫而将实现分组也，无疑。

四、两组各学年修习的课程　文学组和语言文字学组，虽经分设，而彼此息息相关，应使两者相辅而行，又无疑义。因为研读文学的作品，考证文学的源流，必须以语言文字的智识为基础；而要作语言文字的探究，又必须以历代的文学作品为主要的资料。王国维说过：“解经须得小学之助，异字足供小学之资”；（两汉古文学家多小学家说）我们很可以把这句话扩大起来，以说明语言文字学和文学研究彼此关系的深切。所以语言文字学组的各学年所修习的课程，有几项是属于文学组的；反之，文学组里所必须修习的，也有几项原是语文学组的课程。下面所列的，是两组各学年所修习的课程的一个简表：

文学组　第二学年课程

文字学　中国文学史　诗选及习作　小说戏剧选

专书选读（《史记》《荀子》《韩非子》《文选》《杜诗》等，任选

二种或三种)(以上必修)

世界文学史　传记研究　中国沿革地理　第二外国语(以上选修)

语文文字学组　第二学年课程

文字学　比较语音学　中国文学史　专书选读(《说文》)　第二外国语(以上必修)

国语及国音　现代方言　文字形体变迁史　中国修辞研究(以上选修)

文学组　第三学年课程

声韵学　词选及习作　曲选及习作　专书选读(《诗经》《书经》《汉书》《庄子》《淮南子》《楚辞》《文心雕龙》等任选三种或四种)(以上必修)

文学批评、中国哲学史、西洋哲学史、佛典翻译文学　语言学　中国文法研究(以上选修)

语言文字学组　第三学年课程

声韵学　语言学　古文字学　古音研究　中国文法研究

专书选读(《广韵》)　第二外国语(以上必修)

文字学史　声韵学史　中国哲学史　西洋哲学史　佛典翻译文学(以上选修)

文学组　第四学年课程

训诂学　专书选读(《礼记》《春秋》《通典》《史通》等任选二种或三种)　中国文学专史研究(文、诗、词、曲、小说戏剧任选二种)　专家集(文、诗、词、散曲任选二种)(以上必修)

目录学　校勘实习　中等国文教材教法研究　教学实习(以上选修)

语言文字学组　第四学年课程

训诂学　专书选读(《尔雅》《方言》《释名》《广雅》等任选

二种）（以上必修）

目录学　校勘实习　卜辞研究　铜器铭文研究　边疆语文研究　蒙文或藏文　外国学者中国音韵学研究（以上选修）

五、毕业论文的指导和审查　上列修习的课程以外，尚有“毕业论文”一项，系课外各自请定指导的教授，指导其撰作，评定其成绩，而给予规定的学分。大抵第三学年下期各生，即须选定论文题目，题目由教授拟定，或由学生自拟，第四学年开学第一个月起，各生须按月将撰作论文的进程报告于指导的教授，并须于毕业考试以前一个月内全部完竣。完竣后，先呈交指导教授审定，再由系内照论文性质另请教授以上二人共同评定，以示郑重。“毕业论文”不应敷衍了事，因为唯此才足以表示四个学年内学习和研究的心得，并为升入文科研究所内做研究生的准备。

六、“中国文学系”毕业后的出路　进入本系的，果能依照上述的设施，努力学习，悉心研究，循序渐进，勿自懈怠，则四年毕业后，必足以为中国文艺界或语文学界的领袖人物；举凡一切有关于中国语文及文艺的工作和事业，固莫不胜任愉快，且可以为中国文化和教育演进的先驱者。自从师范学院的国文系并入本系以后，本系又须兼顾中等以上国文师资的训练；系内所开设的课程，如“中等国文教材教法研究”“教学实习”及“国语与国音”等，应为师范生所必修，同时又加重基本科目的训练，各科常识的扩充，并经常与师范部或教育学系等保持联系，亦当由系内特设一个单位来负责，以应付当前对于中等以上国文教师的需要。至于本系毕业生并不急需就业者，则比较完备的大学里，又设有文科研究所或语言历史研究所等，其中有中国文学或语言的研究部，便可以升入这种研究部，再就四年内学习和研究的心得，择一专题，作更进一步的探究，经过二年或三年的努力，又可以取得中国文学的硕士学位矣。

中山先生特标明"知难行易"之说，以昭示吾人，首须致力于"慎思明辨"之功，以为"身体力行"的始基，此实与大学教育的宗旨深相符合。因为国家社会上各部门的领袖人才，其必要的条件，正在于所难之"知"，而不在于所易之"行"；所以培养之道，也便在授以难得之"知"，而后更利其"行"。是以主办大学的"中国文学系"的，不应使学生单是偏面地注意于写作的技巧，必须使他们同时获有精深的理论和渊博的学识，尤须激励他们求知的兴趣和研究的精神。而进入"中国文学系"的学者，要获取将来做个国家社会上领袖人物所具备的条件，尤须深深体验"知难行易"这种重要的意义，如此，方可不负大学教育的使命焉。

三十六年六月二十三日于中大

(《学识》1947 年第 1 卷第 5、6 期合刊)

论语言之演变与训诂

字义之演化与习俗之关系　字义之引申转变，致使一义扩张或缩小，或且由此及彼，辗转而成他义。因之同是一名，而所指或异；亦有名称各别，而所指实同：故有同名而异实，亦有同实而异名。取义既随乎好尚之不同，名称自亦因习俗而纷变：常有所指相同而因习尚有殊。取义各别，名称亦因之歧异者。试举《尔雅》中一条为例：

> 《尔雅》："载，岁也。夏曰岁（郭注：取岁星一次），商曰祀（郭注：取四时一终），周曰年（郭注：取禾一熟），唐虞曰载（郭注：取物终更始）。"郝懿行《尔雅义疏》：此释年岁之名。所以代必异名者，《书·尧典》正义引李巡云：各自纪事，示不相袭也。载，岁也者，《左氏·昭七年》正义引李巡曰：载，一岁莫不覆载也。孙炎曰：四时一终曰岁，取岁星行一次也。《说文》云：岁，木星也，越历二十八宿，宣遍阴阳，十二月一次。然则夏曰岁者，主于占星纪事。《夏小正》云：初岁祭耒，是也。祀者，《说文》曰：祭无已也。《书》正义引孙炎曰：祀取四时祭祀一讫也。然则商曰祀者，商人尚鬼，以祀为重。《书·洪範》惟十有三祀。盖为箕子作也。年者，《说文》云：穀熟也。《书》正义引孙炎曰：年，取年穀一熟也。然则周曰年者，周以稼穑兴年穀为重，《春秋》书大有年，是也。载者，《释名》

云：载，生物也。《白虎通》云：载之言成也。载成万物终始言之也。邢疏引孙炎曰：载，始也，取物终更始。郭注俱本孙炎。唐虞曰载者，以更始为义。《书》云：九载绩用弗成，三载考绩。是也。”

同为一物之名，或取义于此，或取义于彼，或以通言浑同，或以晰言区别。盖风尚因时地而有殊，语言亦随方俗之流变；苟此而通之，可以“类离词之指韵，明乘途而同致”；此扬子《方言》一书所由作也。

郭璞《方言序》：“考九服之逸言，标六代之绝语；类离词之指韵，明乘途而同致；辨章风谣而区分，曲通万殊而不杂。真洽见之奇书，不刊之硕记也。”

兹举其中一条为例：

《方言》：“鹂黄，自关而东谓之鸧鹒（郭注：又名商庚）。自关而西谓之鹂黄（郭注：其色黧黑而黄，因名之）。或谓之黄鸟，或谓之楚雀。”钱绎《方言笺疏》：“《尔雅》：鵹黄，楚雀。郭注：即仓庚也。又仓庚、商庚，注即鵹黄也。又仓庚，鵹黄也。注：其色黧黑而黄，因以名云。《夏小正》：二月，有鸣仓庚，仓庚者，商庚也；商庚者，长股也。《豳风・七月篇》毛传：仓庚，离黄也。《月令》郑注：仓庚，离黄也。李善注《高唐赋》引《方言》作黧黄，鵹、黧、离并与鹂同，仓庚与鸧鹒亦同。《说文》：离黄，仓庚也。鷅，鷅黄也，一曰楚雀。其色黧黑而黄，是许以离黄为仓庚，以鷅黄为楚雀，与此异义。《周南・葛覃篇》《邶风・凯风篇》《秦风・黄鸟篇》《豳风・东山篇》传、笺具不言鹂黄，此云或谓之黄鸟者，盖方俗语言偶同，非《诗》所谓黄鸟也。而《葛覃》正义引陆玑疏曰："黄鸟，黄鹂留也；或谓之黄栗留，一名仓庚，一名商庚，一名鵹黄，一名楚雀，浑而一之，非也。"

又有取义相同而所用以名之之本字则不一：如同取义于"明"以名"知"者，或谓之党，或谓之晓，或谓之哲。

《方言》："党、晓、哲、知也，楚谓之党（郭注：党，朗也，解寤貌），或曰晓，齐宋之间谓之哲。"钱绎《方言笺疏》："注：党朗，叠韵字，《广韵》：爣朗，火光宽明也。爣与黨同。解寤谓之黨，昏昧亦谓之矘；《说文》：矘，无精直视也。光明谓之黨朗，不明亦谓之儻朗；潘岳《射雉赋》徐爰注：傥朗，不明之皃，亦以相反为义也。《说文》：晓，明也。《列子·仲尼篇》：智者之言，固非愚者之所晓，是晓为知也。《说文》：哲，知也。《大雅·下武篇》郑笺，《楚词·离骚》王逸注并同；知哲一声之转，应劭《汉书·五行志》注：哲，明也。明谓之哲，知亦谓之哲；知谓之晓，明亦谓之晓；知谓之党，犹明谓之堂也。《广雅》：堂，明也。"

同取义于"小"以名鸟者，或谓之鹪鹩，或谓之过鸁，或谓之懱爵，或谓之鷑鳩。

《方言》："桑飞（郭注：即鹪鹩也，又名鹪莺），自关而东。谓之工爵。或谓之过鸁，或谓之女鴎（郭注：今亦名为巧妇，江东呼布母）；自关而东谓之鷑鴂（郭注：按《尔雅》云：鷑鳩鴟鸮属，非此小雀明矣）。自关而西谓之桑飞，或谓之懱爵（郭

注：言懱截也)。"钱绎《方言笺疏》:"鸙鷂懱爵，皆以小为义，此鸟体极微小，因以为名。爵犹鸙也。亦小之义也。《说文》：雀，依人小鸟也，读与爵同。《庄子·逍遥篇》：日月出矣，而爝火不息。《释文》：爝，本亦作燋。一云燋火，小火也。《玉篇》：穛，小也，亦作穛。是从爵从焦之字多通也。鸙鷂之犹言蚂蟟也，《广韵》：蚂蟟，茅中小虫也。懱之训小，详卷二木细枝谓之蔑下。过鸁女鴎鷱鴂亦以小为义，《众经音义》十六引《声类》云：锉鑹，小釜也。下卷十一：蠭其小者，谓之蠮螉。《释虫》：果鸁，蒲，卢。郭注：俗呼为蠮螉。是蠭之小者为果鸁也。《吕氏春秋·审时篇》高诱注：穖，禾穗果鸁是也；穖从幾声，当训为微。《说文》：饑，小食也。《众经音义》卷九引《字林》：玑，小珠也，义与穖近，是禾穗之小者为果鸁，亦当以小为义也。《释木》：女桑，桋桑。郭注：今俗呼桑树小而条长者为女桑树。《释名》城上垣曰女墙。言其卑小，比之于城，若女子之于丈夫也。下卷十一：蝉其小者谓之麦蚻。郭注：如蝉而小，今关西呼麦蠽。《夏小正》：四月鸣札。札者，宁县也，札蚻同。《广雅》：蛁蟟，蚻也。《说文》：蛁蟟，蛁蟟也。《释虫》：蠽，茅蜩。注：江东呼为蠚蠽。蠚蠽与茅截同，犹言麦蠽：亦蝉类之小者。蜩蟧，犹蛁蟟也；是麦蠽，宁县、蛁蟟、蛁蟟、茅截、蜩蟧，皆蝉小之异名。郭注此懱爵云：言蔑截也，盖言其蠛截然。……小虫谓之蛁蟟，犹小雀谓之鸙鷂也，木细枝谓之蔑，小铤谓之鑖，小骨谓之髖骱，小石谓之礣硊，小虫谓之蠛蠓，犹小雀谓之懱爵也。小斧谓之锉鑹，小蠭谓之果鸁，禾穗谓之果鸁，犹小雀谓之过鸁也。小桑谓之女桑，城上小墙谓之女墙，犹小雀谓之女鴎也。《玉篇》：醮，面焦枯小也。醾，面小也。小面谓之醮，又谓之醾，犹小雀谓之鸙鷂，又谓之懱爵也。小蝉谓之蛁蟟，又谓之蜩蟧，又谓之宁县，又谓之蛁

蚨，又谓之茅截，又谓之麦蠽；犹小雀谓之鷦鷯。又谓之鸋鴂，又谓之懱爵，又谓之懱截也。注家因其一名女鴎，目为巧妇，或为巧女；因其一名懱爵，字变为韈。言其紩麻如刺韈，然皆附会之说也。”

此即古今各地事物称呼之所以岐异也。习俗不同，言语亦因之岐异；故必有训诂以通其隔阂。训诂之功，实同翻译。

陈澧《东塾读书记》：“诂者，古也，古今异言，通之使人知也。（此《毛诗·周南·关雎诂训传第一》孔疏语。《尔雅》邢疏袭用之。《尔雅·释宫》郭注云：通古今之异语，又孔疏所本也。）盖时有古今，犹地有东西，有南北；相隔远，则言语不通矣。地远则有翻译，时远则有训诂。有翻译，则能使别国如乡邻（方言，即翻译也）；有训诂，则能使古今如旦暮，所谓通之也，训诂之功大矣哉。”

是以比较古今各地语言之异同，阐明其演变之迹象，以显示各语各辞之意旨；亦训诂学上所有事也。

语言演变之原因　历代各地之人民，处于不同之环境，受有不同之影响，其习俗趋异，语言亦渐次差别；故语言之演变，终不离历史与地理之因素。

林语堂《闽粤方言之来源》：“方言之所以成立，简略言之，可说有两大原因：（一）由于民族之之播迁；（二）由于异族之杂处。大概民族之播迁，使各族处于不同环境，受不同影响，所以渐次差别。如印欧系语言之分岐，即以此解释。异族杂处则或甲学乙语言，或乙学甲语言，其语言皆易生变化。”

语言既因时因地而生变化，于交流融合之中，仍有错杂纷歧之象；故有往时别语而成为通语者，方言所谓“古雅之别语，今则或同”是也。

《方言》：“假络（郭注：古格字）怀摧詹戾艐（郭注：古届字）至也。邠唐冀兖之间，曰假，或曰格（郭注：邠，今在始平漆县；唐，今在太原晋阳县），齐楚之会郊（郭注：两境之间），或曰怀、摧、詹、戾，楚语也（郭注：先祖于摧，六日不詹，鲁侯戾止之谓也，此亦方国之语，不专在楚也）；艐，宋语也。皆古雅之之别语也（郭注：雅谓风雅），今则或同。”

亦有往古语言留存于方言俗语中者，《方言》所谓“旧书雅记故俗语不失其方”是也。

《方言》：“敦豐庬夰幠般嘏奕戎京将，大也。凡物之大貌曰豐，庬，深之大也。东海齐岱之间曰夰，或曰幠；宋鲁陈卫之间谓之嘏，或曰戎，秦晋之间。凡物壮大谓之嘏，或曰夏；秦晋之间，凡人之大谓之奘，或谓之壮；燕之北鄙，齐楚之郊，或曰京，或曰将。皆古今语也（郭注：语声转耳）。初别国不相往来之言也，今或同；而旧书雅记故俗语不失其方（郭注：皆本其言之所出也，雅，尔雅也）。而后人不知，故为之作释也。”林语堂《前汉方音区域考》：“故俗语与绝代语，古今语同释；方音中常保存古音古语是极明的道理，旧书雅记辞字不同系乎时，而故俗殊语不同系乎地，其原一也。前人不得其解故有很勉强的解释，惟郭注得其真义。戴氏释‘雅’为‘常’，谓‘旧书常记故俗之语不失其方……郭注皆误’，句法未稳，卢氏读为‘（旧书雅）记（载）故（训故）俗（语）’，虽一读法，亦未见尽顺。

丁氏（杰）释‘故’如‘诗鲁故韩故’之‘故’，与‘诂’同；雅当如郭氏解为尔雅，实与下节‘古雅之别语’辞气不合。雅为普通名词，有风雅之雅，有古雅之雅，有尔雅之雅雅有言之雅，固不必专指尔雅。郭注：‘而后人不知故为之作释也。’句云：‘释诂释言之属’最得真义，释诂即释旧书雅记，释言即释当代俗语也。”

是以事物之名称，必须从其方土之语以定其义。

陈澧《东塾读书记》：“释诂，释言，释训，既通之使人知，则至今知之矣。至草木虫鱼鸟兽，《尔雅》虽已释之，后世又有不知者。如以王雎释雎鸠，后世又不知王雎为何物；诸儒解说虽多，澧皆未敢信；此必求之陕西河南，有鸟常集于河洲，而雌雄有别者，乃可定为雎鸠耳。（《释木》：栎其实梂。邢疏云：《诗·秦风》云：山有苞栎。陆玑疏云：秦人谓柞栎为栎，河内人谓木蓼为栎；玑以为此秦诗也，宜从其方土之言，柞栎是也。澧谓雎鸠，宜求之陕西河南者，亦以其方土故也。）”

同一字也，本为某义，而在某方所习用，往往另成一义。许氏作“说文”，常引方言以著一字之别义。

马叙伦《说文解字研究法》“说文说解以方言为别义”谓《说文》：“有引方言以箸别义者。如逞下曰，通也，楚谓疾行为逞，讦下曰，诡讼也，齐楚谓信曰讦。鬵下曰，鼎实，惟苇及蒲，陈留谓键为鬵。矔下曰，目多精也，益州谓瞋目为矔。瞷下曰，戴目也，江淮之间谓眂曰瞷。……伦按讦下曰，一曰朝鲜，谓卢童子曰盱。篇下曰，一曰关西谓榜曰篇。溇下曰，一曰，汝南谓饮酒习之不醉为溇。媞下曰，一曰，江淮之间谓母曰媞。以许书大例言之，凡一曰云云，为别著一义。逞讦譽矔瞷篝倩偺獡诸文下所引方言，虽不箸一曰，而例同讦篇娄媞，则为别箸一义无疑也。”

常有方言上所习用之字，已成为通义；故许书亦间以方言证明字义。

马叙伦《说文解字研究法》：“许书说解有以方言证明字义者。如逆下曰，迎也，关东曰逆。谲下曰，权诈也，益梁曰，谬欺天下曰，谲。聿下曰，所以书也，楚谓之聿。箱下曰，饭筥也，秦谓筥为箱。杇下曰所以涂也，秦谓之杇。是其例也。”

亦有显然为一方所引用之字，惟有方言可证明其义；盖文字之孳乳寖多，亦语言之演变使然也。

马叙伦《说文解字研究法》：“许书有以方言为说解者。如咺下曰，朝鲜谓儿泣不止曰咺，踱下曰，楚人谓跳跃曰踱。譽下曰，凉洲谓譽为䰞。睊下曰，吴楚谓瞋目顾视曰睊。𣪠下曰，楚人谓卜问吉凶曰𣪠。腜下曰益州鄙言人盛讳其肥谓之腜。……圮下曰，东楚谓桥下曰，圮。是其例也。观齐人谓臞为脙，则知脙为臞之双声转注字。观齐谓麦为秫，则知来为禾麦之麦，麦为来往之来；以来麦收音同出于喉而分浅深，故或读麦为禾麦之麦，读来为来往之来；而齐音犹谓麦为秫，秫即来之后起字。观腜懢圮圣诸文，知其字因方俗言语而造。盖文字之起，固由于方言之需求也。”

各本方言，造为异字；常有一事一物，因历代各地称呼，纷歧不一，遂依原有之名，而从此土之音，为之别造一字；此亦一义数字所由来也。故雁、鹅、驾、鴚与猪、豨、豕、豭之类，实皆同为一物，而因时因地造为异字。

《方言》："雁，自关而东谓之鴚鹅，南楚之外谓之鹅，或谓之仓鴚。"戴震《方言疏证》："案《广雅》：鴐鹅仓鴚，雁也；本此。鴐即鴚，亦作驾，《汉书·扬雄传》：岂驾鹅之能捷。"又《方言》："猪，北燕朝鲜之间谓之豭，关东西或谓之彘，或谓之豕，南楚谓之豨，其子或谓之豚，或谓之貕，吴扬之间谓之猪子，其槛及等曰橧。"

其不造为异字者，则又各依他字之引申假借以为名；然用字虽异，其所称指实同。在语言上亦往往为一音之转变而已。兹举王念孙、陈澧之言为证：

陈澧《东塾读书记》："《尔雅》训诂，同一条者，其字多双声。郝兰臯义疏云：凡同声，声近，声转之字，其义多存乎声（卷一）。沣谓此但言双声，即足以明之矣。有今音非双声，而古音双声者，可以其字之谐声定之；又可以古无轻唇音，及古音不分舌头舌上定之（钱辛楣说，见《养新录》卷五）。郝氏所谓声近声转，即指此也。如大也一条，内弘宏洪三字，双声，介蝦假京景简六字，双声，溥不二字，双声，讦幠二字，双声，皈废二字双声，弈宇淫三字，双声，至也一条，内艐格二字，双声，到吊二字，双声，来戾二字，双声。又大也一条，内廓字，以郭为声；古音读如郭，则与介蝦诸字双声，坟字今轻唇音，吉读重唇音，则与皈双声（《释文》：皈，訦旋，蒲板反，施乾，蒲满反）。至也一条内，詹与至双声，古音不分舌头舌上，则詹读如儋，与到吊双声。凡同在一条内而双声者，本同一意，意之所发，而声随之，故其出音同，惟音之末不同耳。音末不同者，盖以时有不同，地有不同故也；其音之出则仍不改，故成双声也。(《方言》：虔儇，慧也，秦谓之谩，晋谓之懇。帬，陈魏之间谓之帔，自关而东，或谓之襬。床，齐鲁之间谓之箦，陈楚之间或谓之第，簿，宋魏陈楚江淮之间，谓之菑，或谓之麹。郭注云：此直语楚声转也。观于《方言》，则尔雅益明矣。)”

陈氏以古音双声为说，王氏则又以叠韵为说，以其所定二十一部，证明尔雅同一条内多属叠韵字。

王氏遗书：雅诂表

			一部	二部	三部	四部	五部	六部	七部	八部	九部	十部	十一部	十二部	十三部	十四部	十五部	十六部	十七部	十八部	十九部	二十部	廿一部
第十七表	第十七部	始									元								哉	初		首	肁
											舆权								基	祖		俶	
																			胎	落			
																				权舆			

是历代各地语言之演变，又可以语原及音韵之理推寻其迹象也。

训诂学与方言学之关系　自来注释音义者，常各本其方音以诠说古书。

钱大昭《说文统释自序》：“熊安生河朔人，其反切多北音；陆德明吴县人，其音释多南音(见宋沈括《补笔谈》)。公羊子齐人，其传春秋如(隐元年)昉(隐五年)，怴累(并桓五年)，化我(桓六年),樵之(桓七年),脰(庄十二年),漱浣(庄三十一年),踊(僖十年),诈(僖三十三年),党(文十三年),筍(文十五年)棓,(成二年),殆(襄五年),于诸(哀六年)之类,皆齐语。郑康成,北海人,其注三礼,全菹为芋(士丧礼),祭为堕(士虞礼);麴麪曰媒(媒氏),疾为戚(考工记),麇为獐(书绘),沤曰涹(㡃氏),终葵为椎(玉人)手足掔为骹(弓人),题肩为击征(月令),滑曰髓(内则),无法为秃楬(明堂位),穅为相(乐记)殷声如衣(中庸),祈之言是,至之为资,(并缁衣)之属,皆齐语。”

《说文》等书常引俗语以证字音:

王筠《说文释例》卷十一:“𥻆下二,读若舂麦为𥻆之䵂;自大徐以非异文为疑,后人莫不疑之,王煦欲改为𥻆,余亦谓然,由今思之,殊不达也。说文主于分别,固是眼学,然当时口授,亦兼耳学,舂麦为𥻆,乃当时谚语;谚语在人口中,未尝著于竹帛,许君欲人以口中之音,识目中之字,本无可疑。特杂于引经本义之中,遂谓之眯耳。”又:“夫以俗语正读而不易本字者,所以晓同世之人也,人皆习熟此语,则以耳中之语,识目中之字,其音必不误也。且此法不自许君始也,亦不自许君止也。……可知汉儒家法,经由口授,其正读也,趣于近之,而又无反切之法;其于经子有征者,引以明之;其无文者则以俗语明之而已。”

现今研究语言者,可借此种古书音释及所引谚语以考明古代方言区分之梗概。

林语堂《前汉方音区域考》:“要知道古代方言区分的梗概,并不是不可能的事,尤其是汉晋,因为这时代是经音家昌盛时期，如康成的笺诗注礼，慈明仲翔的注易，何休的注《公羊》，司农的《周礼》，或如刘熙的《释名》，子云的《方言》，许慎的《说文》及注《淮南》（见洪亮吉《汉魏音序》）都包含许多关于当日方言种类的材料。……大概郭璞多江东语，刘熙多青徐语，许慎多汝南语，何休康成多齐语，《汉书》注多陇西秦语；若能合而观之，加以精细系统的研究，很可以使我们看出当时方言种类的大概。”

古语既常有留存于后代方言之中；若将今日俗语与古书中词类曲引旁通，又可以认明古今用字之沿革关系。

林语堂《研究方言应有的几个语言学观察点》：“《章氏丛书》中的《新方言》一书（书末并附有《岭外三州语》一卷），可以做我们一切研究方言人的参考。古语之亡于文言而反存于俗语的现象，不但是中国语言如此，实各国语言都如此（即所谓Dialectic Survivals），因为所谓古语也不过多半是古俗语所通用的话，在俗语中传袭至今本非奇事。我们研究这些不但是可为训诂学一臂之助实可于中国话的‘词原学’（Etymology）有所发明；若单单知道今日俗语，而不能于古书中的词字曲引旁通，何能认出古字与今字沿革关系。”

不宁唯是，语言之演变，不仅在词类与音读之纷歧变迁，犹有句法上之异同，各词各字在语句中之位置，亦因历代各地语言而有歧异；此在现今方言中可举例证者也。

林语堂《研究方言应有的几个语言学观察点》：“应考求句法的同异——北京，‘你那儿去？’上海‘侬舍地方去？’的去字在后，而福建广东话却不是如此说法，星说‘你去那里’句法本是文法关系所寄，在中国话尤为惟一表明文法关系工具，丹麦语言学家说中国话简直是逻辑的现身(Pure Afflied Logic)，就是因为这个缘故(见 Jespersen，*Growth And Structure Of The English Language*，P.13)。”

更考之古书中，如“倒句”“倒文以成句”“句中用虚字”诸例，又可以明古今句法之不同。

俞樾《古书疑义举例倒句例》：“古人多有以倒句成文者，顺读之，则失其解矣。僖二十三年《左传》：其人能靖者与，有几。昭十九年：谚所谓室于怒，市于色者。皆倒句也。”又《句中用虚字例》：“虚字乃语助之词，或用于首尾，本无一定；乃有句中用虚字而实为变例者。如螽斯羽，言螽羽也：兔斯有，言兔首也。毛传以螽斯为斯螽，郑笺以斯首为白首，均误以语词为实义，辨见王氏《经传释词》。”刘师培《古书疑义举例补》：古人属词往往置实词于语端，列语词于语末，如《书·禹贡》：祇台得见先，是。是为倒文之例，周代之文亦然。如诗崧高云：谢于诚归；谢为申伯之邑，即上文所谓邑于谢也，则谢于诚归，犹言诚归于谢，不过倒词以叶韵也。又《十月之交》曰：以居徂向。郑笺云：择民之富有车马者，以往居于向，则以居徂向，犹言以徂居向，此非叶韵而亦倒文者也。又《左传·僖九年》云：入而能民，土于何有；土于何有者，犹言何有于土也。昭十三年云：我之不共，鲁故是以；以训为因，犹言因鲁之故也。此皆古籍倒文之例，先实词而后语词，與今日本之文略同。”杨树达《古书疑义举例续补》：“俞氏书卷一，有倒句例，然其所举之例，自《礼记·檀弓篇》，盖殡也，问于聊曼父之母，及《诗·桑柔篇》：有空大谷二例外，皆倒文或成句之例，非倒句也，故今补之。《礼记·檀弓篇》云：伯鱼之母，死期而犹哭。夫子闻之，曰谁欤，哭者？按此文顺言之，当云：哭者，谁欤？而云，谁欤哭得，倒句也。”

此文释明字义者所应注意及之也。

（《学识》1947 年第 2 卷第 3 期）

汉字的简化运动

一、一般文字的性质

世界上无论哪一国的文字，必定和它的历史及文化息息相关；不能任意的加以栽植或更换。因为一国文字的形成，乃由于历代人民传习应用，渐次推广的结果，并非可以一蹴而成的。如果离开了历史的背景和文化上的根据，而欲在某国创造一种新文字，或者把另一种文字勉强移植过来，那决不会有什么成果；纵使不致引起坏的影响，至少也是徒劳而无功。

文字是具有极强烈的社会性的。因为文字是人们传达的工具；应用了某种文字，甚至用了一个字体来代表某一种意义，都是在某一民族社会上无形之间建立成为一种公约。某种文字的应用，以及各个字体的写法、读法，和它的表意的效用，都已经演成为某一民族社会共通的习惯。任何个人不能创作新文字或创作一个新字体；纵使个人创作了，也得要经过社会的承认或接受，才能成立，才能在社会上应用；其创制权和所有权，便属于民族社会的公共集团，而非属于个人的了。

文字的应用，既然有历史的背景和文化上的根据，并且已经演成为民族社会的习惯，所以文字不能不顺着时代和环境的递更，而有改革。社会的习惯，并不是固定不移的，多少必定随时随地有变动，而这种变动的发生，也便是包含在社会的互相传习之中。因之文字的改革，并不是突如其来的，而是循序渐进的，并不是完全由于人工的力量，而是出于其本身上自然的蜕变。

文字的本身，既然为一种传达的工具，所以它的蜕变，必定依据下列两种自然的趋向：一种是“简易化”的趋向。工具必定要求其便利，所以使用工具的手续，必定由繁难而趋于省便。“好逸而恶劳，人之恒情也”；劳力和时间，必定要求其经济。因之文字的形体，自然向着简易化的路途上走。另一种是“明晰化”的趋向。文字这种工具，既然是为着传达之用；如果但求手续的经济，而不顾表现的明晰，必致于引起意义的混乱，而失去传达的效用。所以文字的蜕变，除了简易化之外，又有一种明晰化之趋向。有时为着意义表现的明晰起见，宁愿使文字的形体趋于繁复。这两种趋向，一面是“避难就易”，一面是“由混趋晰”，正如车之两轮，鸟之双翼，相辅而行，并行不悖，似相反而实相成的。

明了了一般文字的性质和通常演变的趋向，始可与讨论中国文字的改革问题。

二、论汉字的改革

关于汉字的改革，切不可以把它和汉字的废止混为一谈。我们所谓汉字的改革，是就我国原有的文字上，顺应它蜕变的趋势，而加以调整的；并非将原有的文字废弃了，而另外采用一种新文字。近今有所谓汉字拉丁化运动，实在不能算是真正的汉字改革运动，而只是一种废弃汉字的主张；这种主张实在违背了一般文字和历史及文化相关的原理，并且所要采用的拉丁化文字，决不适用于中国的民族社会。对于汉字拉丁化运动，往时王云五先生讲演“访问土耳其观感”，曾经有一段透彻的批评；兹节录他的话于下：

新土耳其特别重视教育，从简单化和普遍化着手，以求教育的普及。土耳其国原有的文字是早废除了，接着用的是阿刺伯文——一种拼音字母；但阿刺伯文，学起来，是比较困难的，假使用学习阿刺伯文的三分之一的时间来学习拉丁文，便可以成功了。所以新土耳其当局认为改良文字是普及教育的重大步骤，便决定采用拉丁字母来代替阿刺伯字母。……我国语文改革，有所谓拉丁化的主张，这种主张，兄弟一向不赞成。说者往往拿土国文字改革的成功做他们提倡的根据。兄弟访土以后，认为此种理由，实为皮相之谈。我国地广人众，言语庞杂，幸文字尚能统一。故说出来不懂的，写出来就可以懂。这一点对国家的统一，是很有贡献的。假使改用拼音文字，拉丁化，那末，宝贵的典籍，一时势不能翻译完竣，各地原来的语音，必不能够迅速统一；依照普通情形，拼音文字变化较速，如英文，乔叟时代的读音，就和现代的英文不同。因此中国文字拉丁化的结果，将来不特古籍无人能读，就是把现在的语言写出来的文字，也不免纷歧。这样，便把中国文字的优点改革了，必然要发生很大的不良影响。兄弟认为中国文字，尽有可以简化的办法。《康熙字典》四万多字，我们日常用到的，不过三四千字，而且这三四千字中形声字占据多数，字的读音和意的了解，都是很容易的；如再加以简化，便可收获到更易学习的功效，而不致如一般人所想象的困难。兄弟在土耳其的时候，曾经把我国文字拉丁化的毛病和几位教育家谈过，他们很赞成我的意见；他们并且郑重地表示：如果土耳其原有的文字没有被置于博物馆中，那末土国这次文字的改革，决不会采用拉丁字，而要从简化本国文字着手了。（根据三十三年四月十六日重庆《中央日报》的记载）

王云五先生这段话，其中有几点很值得我们的注意：第一点，新土耳其的文字改革，他们所废除的阿剌伯文，并非土国原有的文字，所以改用拉丁文的字母，也不致泯没他们历史的和文化的背景。这跟所谓汉字拉丁化运动，要把中国原有的汉字废除了的主张，根本不能相提并论。我们绝不能引据土耳其的文字拉丁化，来作为废弃汉字的借口。第二点，汉字在中国所以数千年来保存勿替，正是因为汉字的应用，适合了中国的实际情形；依据目前中国民族社会的实情，仍须沿用原有的汉字，不能贸然改用拼音制度的文字。如果依照拉丁化运动的主张，把原有的汉字废除了，必致引起不良的影响。第三点，主张废除汉字的人们，所持的惟一的理由，便是汉字写作、记认和学习的困难，不及拼音文字的简易。汉字的这种缺点，尽可以从汉字本身的性质和演变的趋势上寻求一种补救的办法；这便是关于汉字的简化运动。提出了简化汉字办法，以作我国文字改革所应取的途径，这便是顺应着我国文字蜕变的趋势，而加以调整的。这样对于原有文字的存在，以及它和我国历史上文化上的关系，不特毫无损害，并且使它更能适合于当前的时代及环境，更能适用于中国的民族社会；这是从事语文改革者所应当遵循的。

三、汉字的特性

要明了中国文字演变的趋势，须先认识汉字的基本性质。

世界上有两种文字的性质，处于极端相反的地位：一种是“图画文字”，是用字形来直接显示意义的，一种是“标音文字”，这就是采取拼音制度的，字形不是用来直接显示意义的，而只是记录音读的符号。中国现行的汉字，它的性质是介于这两者之间的，一方面保有一部分图画文字的效用，而一方面却又有一种进入于标音的倾向；字形的作用，一部分是为着显示意义的，另一部分却又是表明音读的，而结果都演成为习惯上观念的符号。这种可以称为“表意文字”。

表意文字的形体，已经失了图画文字的原形，不必在笔画上要求其酷肖事物之形象，所以为着书写的便利，尽管把形体简省，仍不失其表意的效用。同时为着实用的方便，又运用了借字表音的方法，依据音同或音近的关系，借此字以作彼字之用，在习惯上，也演成为别种意义的符号。更因为字义本身转变的关系，也使得一字可作数字之用。一字既然可以作数字之用，同一字体，就用以表示数种各异的意义；于是为着指明某种意义，或者为着意义上的区别作用，就用原有的字体互相配置，互相结合，构成大部分的“合体字”，使字数日益繁殖，以至于《康熙字典》上有四万多的字体。但是字体尽管蕃衍，字数尽管增多，而仍得依据同音的假借，或者意义演化的关系，使形体上有区别的字体，彼此混用，互相替代；因之字典上所收录的字数虽然有那么多，而一般实际上所应用的，却只有三四千之数。

造成这些字体，最重要的方法，就是“偏旁”的结构。由单体字的互相配置结合，以构成许多合体字；在这种合体字的结构当中，原来的单体字，只是整个组织里的成分，就是向来所称的“偏旁”。偏旁，依它的效用，又可以分为二类：一类是为着表明音读的，称为“声旁”，一类是为着显示意义的，称为“形旁”。中国的字体，以形旁和声旁结合成功的，占据绝大的多数，这种就是“形声字”，至于纯粹由形旁和形旁结合而成的，叫做“会意字”，它们所占据的数量并不很多。而这些合体字所由组成的基本成分，就是原来的那种单体字，总共不过几百而已。

许慎《说文解字叙》里说：“依类象形谓之文，形声相益谓之字。文者，物象之本；字者，孳乳而寖多也。”（依段玉裁注本）所谓“依类象形”“物象之本”，就是指原来用图画或类似图画的方法所造成的字体，可以说是从图画文字的阶段上演变而来的，所以称为“文”，中国的字体当中，可以够得上称为“文”的，大都属于单体字，实在为数很少。但是其余大多数的合体字，都是以“文”为它们组织里的基本成分，都是由这种单体字结合配置而成的，所谓“形声相益”，就是偏旁相加，因而造成的。“文”和“文”相加而为“字”，“字”和“文”或“字”和“字”再相加，又为“字”，所以说“孳乳而寖多”。中国的字体，成千成万，大都由这种偏旁相加的方法上蕃殖出来的。

这种偏旁的结构，正是表意文字的特征，也就是汉字的一种特色。因为事物的变化无穷，而形象的表现却有限，势不能不离开了图画文字的阶段，而把文字与语言联合起来，语言上一有称呼，便可以用文字代表出来，不必限于字体的形迹。但是如果完全采用标音的方法，那末，因音读的纷歧和变迁，所用的字体既难划一，而语言上音同义异的语词，又往往即表以同一的字体，在意义的识别上，也不免发生了困难。于是兼采“形”和“声”的两种用途，一方面以“声旁”代表语言种种事物的称呼，一方面又用“形旁”注明其事物所属的种类及范围。不过“形声相益”，“孳乳寖多”，此种造字的方法，固然使得字体的判别，日趋于明晰，以免除音同义异的混淆，而蕃衍的字数过多，仍觉繁复不便于实用；于是又转而利用借字表音，及依据字义的分化，以扩充各个字体的效能，而节省应用字体的数量。这便是“形声”“假借”的相互为用，双方相互调剂，彼此救弊补偏，以极尽实用上表意的功效。

中国文字，有了数千年的历史，尽现在所能知道的，过去三四千年间，或者在此后的若干时期，无论中国文字演变的现象及趋势如何，而“形声”“假借”的相互为用，使“形”和“音”之间，两不偏废，以极尽其表意的功效，此种根本的性质，固始终存在。

四、汉字演变的趋向

汉字的演变，正和一般文字的情形相同，具有“简易化”和“明晰化”的两种倾向，不过汉字的主要的制作方法，既然为偏旁的结构，所以“由混趋晰”和“避难就易”的现象，也是在偏旁的结构上，最有显著和深切的关系。纵观我国文字的历史，由古文大篆，递变而为小篆、隶书、楷书，以至俗体字的产生，大都沿着“简易化”和“明晰化”两种趋向进行的。我们试推究这些次变革的由来，总不外是为着写作的简便和表现的明晰这两种自然的要求；而这两种要求，又大都从多数的合体字的结构当中，想出办法以满足它们，并不从少数的单体字里注重和设法的。

许慎《说文叙》谓小篆“取史籀大篆或颇省改”，又谓隶书“以趋约易”，他所指的“省改”或“约易”，也是着重在合体字的结构，并不斤斤较量少数单体字的笔画。例如“则”“败”二字，在古文籀文里，原来其中有二个“贝”的，篆文省作一个“贝”；“雷”字，篆文的正式写法应当从“畾”，“星”字应当从“晶”，到了隶书楷书里，都把它们简约了。又如“法”字当中，原来有个“廌”的偏旁，许书也说是“今文省”了。其他许书当中所谓“从某省”“某省声”之例，也大都就是指这一类由原来繁复的合体字当中某部分的省略。此外，还有一种更换偏旁之例：同是一个字体，可以将其中的偏旁，换做一个笔画比较简略的，而仍于其标音或表义的作用上毫无影响，后来自然采用那个偏旁的笔画比较简略的字体。例如“玩”，或从贝作“貦”，是形旁更换的，现在通用“玩”字；“球”，或从翏作“璆”，是声旁更换的，现在通用“球”字；“饕”或从口从刀声，作“叨”，是声旁和形旁都更换的，现在也多通用“叨”字。这些现象，都足以示明民族社会的心理上对于应用的字体，大都厌恶繁缛，贪图省便；所以在这种合体字的结构当中，进行其“化繁为简”或“删繁为简”的工作。俗体字当中，如“寶”之作“宝”，“點”之作“点”，“燈”之作“灯”，“竈”之作“灶”，“體”之作“体”等等，都是依据于这种合体字里结构的简化而产生的。

为何汉字简易化的趋向，要着重在合体字的结构？为何在少数单体字上并不那末样的注重简化呢？原来中国文字的演进，尚掺杂有一种“笔势”的变迁，例如籀篆用圆的笔势，隶体用方的笔势，正书则寓方于圆，寓圆于方等等，大都依于书写工具的变更，或因一时写作的便利，乃至美术上的弄巧，以成为社会的风尚；这种笔势的演变，当然在全部字体上，无论单体字或合体字，都要受它的影响的。至于各个字体的结构，只是行书、草书专为写作的便捷而应用，要使全部字体受其简化而已；此外则省略的要求和实现，大都只是存在于各个合体字的偏旁结构当中，通常所谓全部字体皆具有简易化的倾向，乃是包括笔势的演变和行草诸体而言；实则真正的“省改”和“约易”，只是着重在合体字的偏旁结构当中。因为文字是一种表达的工具，在手续上固然要求其简易，而在作用上尤须要使其明晰；写作固然要省便，但是省便到了增加我们记认和辨别的困难，便损害它的传达作用。行书、草书所以未能成为正式的书体，大概就是因为这个理由；尤其是草书当中的“狂草”，草到了不可辨认的地步，也只好在书法艺术上聊备一格了。至于正式的书体中，往往单独的字体，对于已往的结构，并未有如何的简省，而它一经放入于另外一个合体字的结构当中，便常常发生简化或省略的写法。这是因为合体字的结构当中，具有两个以上的偏旁，有两种以上的成分互相配合；其中某一个偏旁，或某一种成分省略了，简化了，尚有别个偏旁、别种成分存在着，配合着，尚不致发生记认和辨别的困难。在单体字或独立的字体当中，便不能如是。

举几个显著的例吧：“水”旁的字，多数写作三点水，而单独写一个“水”字，便不能作三点；“心”旁的字，多数写作两点一直，而单独写一个“心”字，便不能如此写法。行草诸体，虽全部简化，却也有时遵守着这种规则，例如“時”字，草体上“時”字的偏旁“寺”，可以省简为“寸”，但是单独为“寺”字，便不能作“寸”字的样子。近代的俗体字，大都是根据这种合体字偏旁简化的原则而产生的；例如“獨”字里的“蜀”，俗体上省作“虫”，而未闻单独一个“蜀”字写作“虫”的；“權”“觀”等字里的“雚”，俗体上简化作“又”字的样子，也未闻单独一个“雚”字，写作“又”的。记得某大学里曾经举行一次座谈会，讨论“汉字简化问题”，座上有一位先生谈到近代俗字的不合理，好象他这样说“蘆”“廬”“爐”等字里的“盧”，俗字常写作“户”，那末，姓“盧”的，不是变作姓“户”的了吗？实在他还未曾注意到汉字里偏旁结构上简化的现象。“蘆”“廬”等字里的“盧”旁，俗体上写作“户”，大概是由“盧”省作“虍”，再由“虍”变作“户”，或因“虍”“户”声近，依据声旁更换之例演成的，总之，是属于合体字里偏旁结构的简化。如果单独写一个“卢”字，决不会简化作“户”的；所以无需替姓“卢”的人们枉作亡姓的杞忧。

简易化的现象，只是注重在合体字的偏旁结构当中，这也是一种消极的保持明晰作用；而积极的使表现增加明晰，也是在偏旁的结构当中进行的。明晰化的进行，在汉字里有两种主要的方法：一种是偏旁的更换。例如“知識”和“标識”两种意义，原来只用一个“識”字来代表，现在把“标識”的这种意义，另造“幟”字来代表，就是把“言”字旁的，换作“巾”字旁了。“效验”和“报效”两种意义，原来只用一个“效”字来代表，现在把“报效”的这种意义，另造“効”字来代表，就是“攴”字旁的，换作“力”字旁了。另一种是偏旁的增益。例如“筆”字，古只作“聿”；“蛇”字，古只作“它”；《庄子》的“空同”，俗作“崆峒”；《史记》《汉书》的“霸水”，俗作“灞水”；《广雅》的“吴公”，《尔雅》的“科斗”，俗作“蜈蚣”“蝌蚪”，等等。无论是更换偏旁，或增益偏旁，都是为着表义的明晰，依义构字，使字有专义，义有专字，无怪乎“孳乳寖多”，字体日益蕃衍了。近代俗体字里也常用这两种方法，以增殖或分化字体，例如“毬”之与“球”，“砲”之与“炮”，“礦”之与“鑛”，“茉莉”之与“末利”，“蛤蜊”之与“合蜊”，等等,都是依据于偏旁的更换或增益而产生的。

依据偏旁的结构,使字体日益增多,又不免加重我们记忆的负担,增加我们学习的繁难。又字有专义,义有专字,固然使得意义的表白不致混淆,但在实用上,也觉得过于拘束,太不方便。于是常援用假借之例,以节制实际应用上字体的数目;因之偏旁虽有更易,虽有增益,而仍得彼此通用。例如“淫”为浸淫义,“婬”为淫逸义,现今只用“淫”字;“落”,草木下也,“零”,雨下也,现今只用“落”字;“旨”为甘旨义,“恉”为宗旨义,现今只用“旨”字;“耑”,始也,“端”,正直也,现今只用“端”字;凡此之类,都是依据于假借而仍归于混用的。俗体字上所用此种假借之例,更不可胜举;例如食堂里写着的“孝仁面”,我们便可以认识所指的是什么。假借的办法,可因以节省实用上字体的数量,也是汉字简化的一种途径;因为借此减却了我们记忆和学习文字的困难,实在不少。

总之,汉字的构造,既然以偏旁的配合为其主要的方法,所以“简易化”和“明晰化”的两种趋向,都是在偏旁的配合当中进行的。而“形声”和“假借”的两相为用,又使得意义的表白和字数的节省,彼此互相调剂,俾其简而不致辨认不清,繁而不致记学困难。无论它怎样的演变,而此种的妙用,始终存在;我们对于汉字的改革,应该要顺应着这种演变的现象和趋势的。

五、简化汉字的具体办法

汉字的改革,并不是汉字的废止;所以我们要反对汉字拉丁化运动,而要提出简化汉字的办法。简化汉字,就是顺应着我国文字蜕变的情形和趋向而加以调整的。讲到具体的办法,我这里限于篇幅,不能列出详细的方案,只能举几个关于简化汉字的原则或一些纲要。

因为文字是具有历史性和社会性的;所以我们要保持汉字的

性质，而不必斤斤保守正书或楷书的形体。简化汉字，应该以近代的俗体字为主要的根据，同时也不妨酌用行书、草书中的写法。我们或者在心理上不很喜欢俗字；但是俗字既然为一般流俗社会所应用，在全国多数人的日常生活上占有绝大的势力，我们何必定要"食古不化"而自命高雅，何必不效法"时圣"，以适应当前实际的环境？

说俗体字的不合理，实在并没有确实的根据。上文说过，俗体字对于正楷字的简化，往往着重在合体字的偏旁结构，这正是符合于汉字的特性及其演变的趋势的。例如"氣"之作"气"，而又演出一个"汽"字；"爾"之作"尔"，而又演出"你""妳"，诸如此类，既于古有征，又合于"假借""形声"的条例；试问根据何种理由可以反对它？至于"國"字，或有写作"口"的，"風"字，或有写作"几"的；此种简化，不适于汉字偏旁结构的妙用，也不合假借之例，社会上或许不至于接受它们，我们自然可以宣布不应加以采用。偶然的人工的调整，总不出于此等的范围。

文字又所以代表语言的；近代中国语上"复合语词"的增多，使得假借的应用和文字的简化，相辅而行。因为利用假借之例，除了节省应用文字的数量，以减却记忆及学习的繁难以外，又可以从音同或音近的字体当中遴选一个笔画最简单的来应用；这也是使得写作的手续趋于经济的一途。如果语文上完全引用"单字"来联结成为辞句，那末，为着避免同音字的混淆，不得不从字体的结构上或形式上求其区别，求其显豁；于是"形声相益"，"孳乳寖多"，字体日益繁滋矣。否则，文辞上如果依据近代语言的演进，引用许多复合语词，则以两字以上所构成的辞语，相联缀而成句子；这种句子里各个辞语间彼此的分别，并不完全依靠字体的结构和形式，而是靠了两字以上相联结的音读。这样，在文辞上写作的字体，既不必斤斤于遵守点画，又可依据假借之例，选择同音字当中一个笔画最简单的，或日常最通用的字体，以代表那个复合语词里的音读。例如“模糊”写作“马虎”，“仁義”写作“仁义”等等，当然不会引起误会。文言文和语体文，最重要的区别，就是在前者多用单字来代表单纯语词，后者多用两字以上的结合来代表复合语词。近代语体文的推广，实在足以敦促文字的简化，同时又增进了假借的效用；不但使文字写作的笔画趋向简易化，字体应用的数量也不致增大，并且使原来结构和形式繁重的字体，自然趋于淘汰。我们从事汉字简化的运动，正可以顺着近代语文的演进，扩大利用假借的条例，以节省日用的字数，以选用笔画较简易的字体，使汉字写作和记学的困繁，更因之减轻了。

但是，话又说回来了，社会的环境，演变日剧，人类的交接，益形复杂，新事物和新名辞的产生，亦与时俱进；为求意义上表现的明确和清晰，势不得不依据形声或者会意的条例，以创制一些新字体。更有进者，中国文字既然是表意文字，各个字体大都演成为习惯上意义的符号；因之在实际语言中所用的语词，无论为单为复，而在写作的文字上，为求书写时字数的简省，仍有引用单字的一种自然的趋向。因为写一个单字，意义上如果已经明白，何必定要跟着语言把复合语词的音读一一地写了出来，致徒费劳力和时间？所以尽管口语上多用复合语词，而在文字上，仍不能尽用借字表音的方法，使完全归于“假借”；而仍需运用形声或且会意的条例，以产生新字体，使字形的表义上有所专指。例如口语上说“米突尺”文字可用个“粎”来代表；口语上说“人力车”，文字上也何妨造个“俥”来代表；其他如代表“圖书馆”的“圕”，代表“博物馆”的“榑”等等皆是。这样说来，在语言上语词之化单为复，固然足以促进文字的简化，而写作时所需写的字数，反因而增多；于是在文字上仍有化复为单的现象，以节省写作时所需写的字数，而在字体的结构上又不免趋于繁缛。这种循环反复的现象，正是由于汉字的根本性质，在“形”“音”并用，注重偏旁的结构，以及形声和假借相互为用而来。

因之，汉字的简化运动，必须与文字教学的改进两相配合。我以为目前中国最急切的问题当中，有一个是：如何使平民识字教育的效率能够增进？为识字教育的便利，应该先就应用字体的性质，大略规定出一个界限，就是一般性或普通性的和专门性或职业性的两大类。一般平民所必需认识的字体，应力求其简化；各个字体的形式应取其笔画的简省，应记学的字体，在数量上也不可过多，以减轻写作和记学的困难；而基本的几个偏旁字，尤为平民识字教学的中心对象。至于专门事业、专门科学上所应用的文字，为求意义表现的明确，在书写的字形上和应该学习的字数上，不宜过于简单或节省；此等字体，实不应作为平民识字教育的基础。这样分划起来，似乎可以使汉字的简化运动和平民的识字教育，配合进行，而和人类社会组织上分工趋势，也可以并行不悖。这又是关于文字教学的问题，容当另辟专篇论列之。

（《学识》1948 年第 2 卷第 8 期）

中国语言的研究与新文学理论的建设

一、研究中国文学的方法

近来对于中国文学的研究，不能不说是有很大的进步；原因所在，固然是由于比较材料的增多和西洋文艺理论的输入，而尤其是因为研究的途径一天一天的扩大，利用了有关的多方面来观察，来探讨。这就是说：不仅就文学本身的范围来研究文学，又用文学以外的立场，来分析文艺作品，来评定作品价值。例如依据政治情形、经济制度、地理环境、民族迁移，以及外来文化的影响、民俗、宗教、艺术等等的演变来研究文学的，都可以看出：研究的途径愈益扩大，所得的结论也愈益精确。但是，我以为还有一种重要的方法，似乎现今一般研究文学的还未曾充分的利用过，这就是语言学的观点，就是运用语言演变的史实来比照历代文学兴衰的现象，并且根据语言发展的趋势，试来建设新文学的理论。

文艺的作品，由口头而到笔写，本身原是一种语言的记载，同时也是一种语言的艺术；某种作品，必定是用某种语言来做根据，必定是用某种语言来做它的素材的。所以要欣赏某种文学，必得明了它所根据的语言；要批评某种文艺作品，也得在它的语言背景上作一个深切的观察。因之，依据语言学的观点来研究中国文学，实在是我们急应采取的一种最重要最正当的途径。

二、所谓死文学和活文学

首先应当提出的问题：文学和语言，两者之间是否能够完全互相符合？这在西洋及印度等处，情形比较的简单，因为他们很早就有了拼音文字，写出来的文字，往往是当时实际语言的记录。语言变了，文字也常常跟着变；文学和语言两者间的距离，不会相差得很远。至于中国的汉字是一种“表意文字”，是一种习惯上意义的符号，不必全为“耳治”之用，有时竟是偏重于“目治”的；因之不管实际语言的纷歧和演变，单用了这种文字，便可以通达无碍。南北各地，方言隔阂，而文字仍相统一；二三千年前的文艺作品，可以不必翻译为现代的语文，依然为一般人所能够诵读。这是受了这种“表意文字”之赐。但是正因为中国文字带着这种超离语言的性质，书写上就发展成功一种“文言体”，和实际的口语并不完全一致。最初大概因为书写工具的限制，在文学作品上总是采取一种比较简炼的文体，后来递相仿效，统一的效用愈增，凝固的性质愈强，和实际语言演变的结果也愈趋愈远。因之激起了近代的白话文运动；而新旧文学的分野，便很多用文言和白话两种文体来作区别的主要标准。

语言当中，有所谓“活语”和“死语”的分别。“活语”是指现代行用的语言，以和已成陈迹的古代“死语”相对称。因之从事新文学运动的，每每指那些代表古代语的文言文学为“死文学”，而以和现今实际口语相合的白话文学为“活文学”。实则文言的文体也并非绝对固定的、僵化的，它也历经变化，未尝不在生长之中，并且吸收了历代实际的活语。所以文言当中，有所谓浅近的和艰深的分别，就是看它和代表现代语的白话体彼此间相距的程度的差异。不过，大体上说来，文言的文体多数以过去的文献为主要的根据，而所谓旧文学，也常以模仿古代的文学作品为一种学习的方法，所以它具有古代语的色彩特别的浓厚。

无论新旧文学，各有它的语言的背景，都离不了语言的基本的材料。只是语言本身，具有固定的和变动的两种性质；这两种性质，在纵的方面，就是保守和进步，模仿和创造，传袭和蜕化的两种相反的作用；在横的方面，就是统一和分化，向心和离心，融合和分歧的两种相反的作用。文言的文体，既然以过去几种标准的文献为主要的根据，旧文学的学习方法，又常常采取模仿的途径，所以在实际的应用上，确有几分统一的和融合的效果，而终究因为传袭的和保守的性质特别的显著，就跟蜕变了的语言，多少总有相隔的距离。

三、文学的体制和形式

近今的新文学运动，就是要消除这种文学和语言间的分隔，要使书写的和口说的完全相符；所以不特要废弃具有古代语的色彩的文言体，而且要改革由古代语上演出的种种文艺的体制。

原来在通常语言当中，表情达意的方式，可以分为“谈话的”和“歌唱的”两种。由普通谈话的方式所演成的文学体制，就是散文；由歌唱的方式所演成的文学体制，就是韵文。《诗序》说：“情动于中，而形于言；言之不足，故嗟叹之；嗟叹之不足，故永歌之；永歌之不足，不知手之舞之，足之蹈之也。”又朱子《诗集传序》说：“既有思矣，则不能无言；既有言矣，则言之所不能尽，而发于咨嗟咏叹之余者，必有自然之音响节奏，而不能已焉。”所谓有情有思，就是指文学作品的内容，无论是取于谈话的或歌唱的方式，总必先有了情思，否则，便是“无病呻吟”。因为通常谈话的方式，有时不足以完全表达情思，于是采用咨嗟咏叹的歌唱方式，把语言高度的艺术化，把语言跟音乐及跳舞发生了密切的联系，而把其中的音响节奏显现出来：这原来是文学进步的自然的趋势。可是随着这种趋势而“变本加厉”,“踵事增华”,一方面应用文字的技术既趋于进步,不免专从形式上来争奇斗巧;另一方面又把那种自然的音响节奏,变为人工的固定的规律。递相仿效,积习相沿,体制日密,格律愈细;结果,文学的制作,成为专门的技术和少数文人的专业,往往不用来表达大众的情思。更因为受了那种简炼的古语文体的限制,再加上严密格律的拘束,即在老练的文人,也难免要弯曲或减损自己的情思来勉强凑合那种固定的形式。这好比是“徙宅忘妻”,把原来那种语言上的表情达意的本旨,也遗失了;所以不得不来一个解放运动,以要求文学体制的改革。

再就艺术的原理来说,艺术的目的,在乎表现;要表现得自然和生动,才能够引起美感,才能够使作品的本身具有价值。旧文学的体制,要把情思揉合在人工的规律和死板的形式当中;现今如果要造出这种旧文学的作品,第一步把口说的语言变为书写的文字,第二步又必得把现代的语言翻成古色古香的文言,第三步再将那种文言锻炼熔铸起来,以凑合那种一定的格式;这样层层的约束,重重的限制,如何能够表现得亲切?如何能够使作品里具有自然和生动的条件?

四、中国文学史上的解放运动

如果要推究这些文学体制演成的由来,那又不得不以其最后的原因,归属于语言自身的现象。上面说过,文学必定以语言来做它的背景,以语言来做它的基本的材料;所以某种体制的形成,以及许多规律和格式的产生,必定有某种语言的现象来做它的根据。例如五言、七言的律绝诗,在体制上已经形成几种固定的规律——整齐字句,隔句押韵,谐调平仄,律诗又须讲求对偶等。这几种规律的产生,至少必定有下列的这些语文的现象来做根据:

(一)汉字的一字一音制,为整齐和对偶的唯一的根据。

（二）单音词、双音词之中，又参杂了三音的复词，由四言诗演成为五言、七言的主要原因，便是在此。

（三）六朝隋唐间的韵母系统，可称为诗韵系统。

（四）六朝隋唐间声调系统，即指诗韵上的四声系统；平仄的分别，就是依据于这种四声系统而来。

（五）词性渐趋于固定，因之可以讲字义的对偶（详可参看本刊第一卷第一、二期拙著《中国语言与文学》一文）。

由语文上的几种现象综合起来，构成了某种文学的体制，原来是自然的趋势，即所谓“发于咨嗟咏叹之余，必有自然之音响节奏，而不能已焉”。可是后来过分的人工化，演成为固定的形式，不能适应着语言实际的变化。实际语言的现象，不能不随着时代而蜕变，可是依据某一时代的语言现象所产生出来的某种体制或格式，却已僵化，胶固着，无法自由的转变；一些文人要在这种文学体制上表现他们艺术的造就，也无法从情意方面以求内容的增进与扩大，只得从形式和文字的技巧上来竞胜；于是意境日狭，格律愈细，这种文艺，也就自己宣告了生命的终止。

到这时，不能不有一种新文学的出现，以适应语言的转变，而尽量吸取实际语言上的新材料，以为当时大众情意的表现；这就是文学体制改革的先锋，也就是要求解放的自然的表示，在文艺，也输进了新生命。所谓“物极必反，剥极而复”，已成为历史上的公例。如周汉间诗骚辞赋的递嬗，汉魏六朝时乐府古辞的产生，宋元以来词曲小说的发达，都是依据于语言演变来创造新文学的结果，都是对于旧文学体制的一种自然的解放。过去凡是足以代表某一时代的作品，必定不是全由模拟或承袭旧体制而来，必定曾经吸取了当代语言上的新材料，以适应当时的社会和人生。

如果不依照语言演进的趋势来倡改革，来谋解放，则其改革和解放，必不能成功，至少对于大众的社会，不会发生什么好影响。

最显著的例,便是唐宋的古文运动以至近代桐城派所建立的“义法”;古文运动,可以说是对于六朝骈体文章或文选派的一种改革,所谓“文起八代之衰”,至少也是当时一种文学上的革新运动。只是这种运动,以古文相标榜,要把后代的散文体,回到周汉之旧,绝没有顾到语言的实际情形。他们只知道“文以载道”,而不知道“文以代言”。因之所谓桐城“义法”,如“不用六朝人淫丽俳语”“不用汉赋中板重字法”,只是一种散文运动;而谓“不可入语录中语”“不可入南北史佻巧语”“不可入诗歌中隽语”,又要把理想的散文回复到周秦之旧,绝对禁止用后代人的语言;“一切皆借圣贤之口吻以出之”,“知我鲁我周,而不自知我为何代人”。这种摹古的习气,就支生出一种八股的文学;所谓“清真雅正,理法兼备”,八股文的标准,不外古文家所标出“神、理、气、味、格、律、声、色”这八项的道理。而八股文的那种排比节段的格式,也出于所谓“古文笔法”;王闿运说过:“八家之名始于八股,其所宗者韩也,其实乃起承转合之法耳。”所以古文运动的结果,在消极方面,只是束缚人民的思想,妨碍国家民族的进步;在积极方面,也只是于骈文之外,树立了一种文言的散文标准,制造出一些义法,以供伪道学、假清流的玩弄和标榜而已。他们的根本错误,就是只在模拟和承袭古代的“死语”,而要从中求出新生命——所以结果是“缘木求鱼”——只认语言是固定的,而不知道它的本身具有流动的性质,所以绝对禁止语言上新材料的采用。无怪乎古文家的宗师韩退之要说:“惟陈言之务去,戛戛乎其难哉”。如果顺着语言的蜕变,吸收了实际语言当中的新材料,则“陈言”当然不去而自去了。

因此,我们可以了悟文学上的改革和解放,必须要顺着语言演进的趋势;否则,即无成功之可言,或者更会发生坏影响。我们必须认定一种新文学的产生和成立,必定以当代的一种新语言做它的基础。

五、文学和语言相互演进的关系

我们再从历史上来证明文学和语言演变的关系。上面所说，语言本身上具有固定的和流动的两种性质，在纵的方面，就发生保守和进步作用，在横的方面，就发生统一作用和分化作用；因之我们所谓古今历代和南北各地语言的区分，并非绝对的相异，也非绝对的相同。它们彼此间，有些现象是相同的，有些现象是相异的。这里可以约略的分做音韵、词类、文法三方面来说：

（一）音韵方面。历代读音系统的变迁，正象现代各地方音的分歧；一地有一地的发音习惯，一代也有一代的读音系统。上古的读音和中古时代必有差异；中古的读音和现代通行的国音也显然有分别。可是过去有些音韵的现象，还保存于现今的几种方言当中。例如六朝隋唐间的四声平仄的系统，现今江浙的吴音区域还大致和它相符合；唐宋以前入声字的韵尾，现今闽广的方音当中还保存着。

（二）词类方面。上文所说古代的死语，一般就是指现今语言当中已经废弃不用的语词。例如“昔我往矣”的“往”字，后代常改用“去”字，所以“一去紫台连朔漠”的“去”，不应改作“往”字。又古代单音或双音的语词，后代往往改做双音或三音的语词。例如《尔雅》载明“鹣”或称为“比翼”，到了唐代“在天愿作比翼鸟”这句诗里，便用三音的复词了。这又是语词组织的演进。不过有些似乎废弃不用的古语，却还偶尔在某种方言里活着；例如《孟子》：“舍皆取诸宫中而用之”，这句里的“舍”字，就是现今某些吴语里的“啥”，四川话里的“啥子”。因此可见死语和活语的分别，并没有绝对的界限。

（三）文法方面。中国的文法研究，应该注重在句中各个语词先后的序次；古今语的文法，大致相差不远；可是每一时代的文学代表作品，总可以见到它的方法上的特征。例如《诗经》里的形容词，有很多特殊的位置：列在“有”字之后、“其”字之前的，例如：

“有飶其香”；

“有蕡其实”；

“有莺其羽”（“莺”字作“荧”字解）。

列在“彼”字之前的，例如：

“汎彼柏舟”；

“冽彼下泉”；

“蓼彼萧斯”。

《楚辞》里的副词，也有一种特殊的位置，常列在全句之首，例如：

“纷吾既有此内美兮”；

“謇吾法夫前修兮”；

“汩余若将不及兮”；

“耿吾既得此中正”。

这些现象都可以使我们明了历代文学作品在文法上也有彼此异同的地方。

我们可以依据这三方面的现象来观察历代文艺的演变。就语言上历史的观点来说，既然有承袭的和变异的两种作用；所以文艺的演进，不是绝对的创造，也不是绝对的模仿，而是一方面承袭包容旧文艺的质素，接受了过去的遗产，另一方面又顺着时代环境，构成新文艺的特征，开辟了未来的途径。任何时代的语言或文学，如果不兼具有承前和启后的两种作用，决不足以代表它的时代。例如唐诗、宋词和元明的戏曲文学，三者间递嬗的关系，正和语言演化的历史相符合。在音韵方面：诗词趋重于平仄的分别，到了元明戏曲里，却渐趋重于阴阳了；词曲押韵，在大体上较诗韵为宽，但“家麻”和“车遮”的区分，北曲又把入声字归属于平、上、去三声，却为诗词所未见的现象。一般以为诗韵和曲韵是两种截然不同的系统;可是“闭口韵”(即有-m 韵尾之音)各部的存在,却为诗、词、曲共通的现象。在词类和文法方面：宋词中多包括唐人诗句,因此有“长短句”之称;元明戏曲之脱胎于宋词,尤为显著的事实;但是有些宜引用于诗里的字句,往往不宜引入于词曲,而元曲中俚俗的辞语,尤为诗词中所罕见。至于北曲和南曲的分别,也跟语言的环境变异具有密切的关系。总之,诗、词、曲这三种文学,各自代表它的时代,各有它的语言背景,而彼此间都有相承的关系,和当时语言演进的事实,息息相关;它们相互间的递嬗,也正和语言上承袭的跟变异的两种相反相成的作用,彼此吻合。因此可以见得文学之于语言,正如影之于形,亦步亦趋,相随不舍。其他历代各地文学之演化与长成,也都可以依此来观察,都可以用此来作研究的基本方法。那末,我们对于新文艺的创作,对于今后文学的趋势,也不难因此建立一个正确的理论,以为我们应取的态度和方针的准绳了。

六、现今创作新文学的基础

上文所论,就语言的现象和史实,以推究文学的演进,是以语言为主因,而以文学为随生的结果。反之,文学之于语言,其影响亦至深且巨。文学促进了语言的艺术化,一方面使得语言的表现作用,更加丰富,更加深切;另一方面,文学又是传播语言的唯一的利器,对于语言的材料,也有一种洗练的作用。所以只有伟大的文学作品,才真正代表了标准的语言。所以我们为着整饬实际的语言,为着增进语言的生命力,为着建立标准的国语,必须努力于新文学的造就;而新文学的一个正确理论的建设,在语言本身上着想,自然也是必要之举。

新文学运动和国语运动,两者既然是相辅而行的,所以只有现今标准国语的文学,才可以为新文学的代表作品。而作品的本身,也就可以为推行国语的标准。因之依据国语学的理论来创作新文艺，必须以下列的几点为其基本的观念：

（一）音韵方面，须完全依据国语标准音的系统。新诗歌的押韵，既依据于国音的韵部，一般文辞上的假借用字，也应当力求符合于国语的音读。因为口说的语词与书写的字体，两者之间，自应使其统一，以免纷歧错杂而发生迷惑。此即所谓“韵共守自然之音，字能通天下之语”。

（二）新文学中的韵文或近于韵文的体制，亦须具有相当的格律，以显示自然的音响节奏。此种格律固然不宜过于人工化，也不妨根据现今国语上的音韵系统和词句组织来制定一种形式，我以为很可以根据复合语词和全句里的轻重音，来制定一种韵律，以替代过去平仄相间的格式。

（三）词类和文法方面，不必要绝对避忌文言或古语。因为实际的活语，既然本身上具有承袭的包容的作用，那末，过去的死语，凡是可以消纳于现今口语当中的，便有复活的可能，在文辞上自然可以采纳，以扩大或增进国语和新文学的内容。

（四）又各种方言及外来语的成分，亦依文言或古语之例，不妨多多采用，唯必须以能和标准国语上的词句形式相调和者为条件，所谓“生硬”或“奇僻”的字句，或近今所谓“欧化”的文法，往往用以指称那些不合于国语上的形式和习惯的，也就是由于语文上的不相调和而起。

（五）在新文学上，固然不必立出什么“义法”，或说“清真雅正”来相标榜；但是国语的标准，既然采取于受过中等教育的人所行用的，那末，过于俚俗的词句——包括音韵、词类和文法的关系——自然不应多入于文学的作品；对于“辞气远鄙倍”的这种理由，当然也应当顾到。因为新文学运动，本身就是一种语文教育运动，必须要使它能够和提高国民教育程度的宗旨互相配合。

（六）新文学的作品，既然用来表达大众的情思，必定要使它为一般人易于诵读、了解和欣赏，把旧文学上那种专门化的弊病革除，而变为通俗化。所以应用的词类和文法，要和现今全国大多数人所通行的语言相符合或密近；尤其要在文辞上避免繁冗晦涩和支离芜杂的毛病，使文句的结构，易于解剖，语词的引用，意义明确。这样，才合于“雅正”和“简洁”的条件。

总之，现代的文学，必须以现今的标准语做它的背景；新文学的创作，也必须用国语为它的基本的材料；凡是国语上的种种现象，以及一切所需的条件，都是新文学作品用以根据来构成它的内容、形式和价值的。现代国语的演成和发展，便是新文学的产生和发达的由来。

（《学识》1948 年第 3 卷第 2 期）

西洋学者对于中国语音学的贡献

一、中国语音学的演进与外来的影响

学术是世界的公器。我们要研究西洋的学术，要迎头赶上世界最进步的文明；同时对于本国固有的学术，也要吸受外来的智识，运用进步的工具和方法，以推促它的发展。所以外国学者，如果有研究中国学术的，我们必须予以重视；因为他们所运用的工具，所采取的途径，常足以为我们绝好的借镜，他们研究的结果和获得的成绩，也往往足以开拓我们所未有的境界，以作我们更进一步的探讨的基础，正不独为“他山攻错”之资而已。

一经回溯中国语音学发展的历史，便可以了悟外来文化的重要，便可以认识异国人士对它的贡献。因为中国文字不是采用字母的拼音制度，字体的本身并不是用来显示音读上所包含的原素；所以历代语音的演变和各地音读的纷岐，在字体上很少有反照出来。中国文字既然不便于语音的研究，所以中国文字学上，形义之学，发达特早，而音韵学的建立，直至魏晋六朝时候，才开其端绪。这是因为印度佛教文化和梵文拼音学理输进了中国之后，中国语音的研究，才有一些依傍，而渐渐树立为一门新学问。我们可以说：元明以前，中国音韵学的发展，处处受了佛教文化的影响，间接直接都出于所谓“西域”僧徒的贡献。

中国过去文字上的表音方法，所谓“形声”“假借”以至于“读若”

“直音”，都是用整个字音来互相注明，并没有分析字音里所包含的原素。等到“反切”的方法发明以后，才把每个字音里“声”和“韵”两个原素分析出来；这显然是由梵音拼音学理输入的缘故。中国字音里，除了“声”“韵”的两个原素之外，还有依据高低及长短的变化而区分的“字调”；六朝诗“四声”名称的成立，使得字调的分别有了正式的标目，也是由于摹仿“转读”佛经而自然产生的。至于六朝唐宋间许多“韵书”和“等韵图”，它们编制的体例，也是由于摹仿梵文的拼音字典和“音缀表”而成立的。尤其是守温“字母”的建立和排比，最为显著；当时实在依仿梵藏的“体文”来整理中国“双声”的现象，把各类的双声字，各举一字为代表，就沿用了“字母”的名称；更依据梵藏体文排列的方法，把字母分做喉、牙、舌、齿、唇等几组，而每组又依“全清”“次清”“全浊”“次浊”等的次序来排比；直至现今“注音符号”上的“声母”，还是采用着这种排列的方法。其他如等韵上“呼”“转”“摄”等的名辞或术语，也是由佛徒传授过来的。过去中国音韵学的建立和发展，实在不得不归功于印度文化的输入和“西域”沙门的贡献。

但是，中国语音的研究，自从受了梵文化以后，虽然对于字音的分析，日趋于细密，可是仍旧采用汉字注汉字的方法，语音上的种种现象，尚未有明确的显示，而历代各地的读音，也没有科学的工具和知识，以为记录及考证的凭借。过去中国音韵学上种种缺点和弊病，直待西洋科学和罗马字拼音输入之后，才加以弥补和廓清；而所开辟蹊径，又因之日趋于扩大，收得的结果，也自然较前进步多了。总之：中国语音学的发展，从魏晋以来是受了印度佛教文化的影响；元明以后，又受了西洋文明和基督教传来的影响。我这里试来叙西洋教士和学者对于中国语音学的贡献。

二、耶苏会士与罗马字拼音

元明以来，我国和西洋通商渐盛，耶稣会士（Jesuits）也相继东来传教。他们凭着传道的热忱，为了和国人接近的便利，大都遵守中国礼俗，学习中国语文，又将他们所擅长的科学技术，向国人讲述，刊行著作；对于明清之交的学术思想界，发生了很大的影响。他们对于中国语文的研究，实在用过极大的功夫；当时大概为着学习中国语文的便利，常用罗马字母来拼切汉字的读音。影响所及，引起了近代种种简字拼音的试验；又因为利用这样的拼音字母，可以减却识字的困难，并以收统一读音之效，就演成了民国初年所制定的"注音字母"。同时那种罗马字拼音，也经过了西人及国人几度的修改增订及试用。为着便利外国人学习中国语文，并且统一中外译名的对照，于是演成民国十七年所公布的"国语罗马字字母"。因此可以知道现今"国音字母"的第一式和第二式——"注音符号"和"译音符号"，它们的产生，推本寻源，不能不说是那些耶苏会士启导的功劳。

就今所知，用罗马字拼切中国语音的西洋教士，当首推利玛窦(Matteo Ricci)、郭居静(Lazane Cattaneo)、庞迪我(Diego de pantoga)三人；庞氏、郭氏的著作，已经很难见到；利玛窦的罗马字注音，现今也只见于《程氏墨苑》里所载的四篇。这三人据金尼阁(Nicolas Trigault)西儒耳目资自序所说，便是金氏此书的先导；现在把利玛窦的注音和西儒耳目资的注音比较起来，也大略相同。西儒耳目资作于明天启五年(1625 年)，共用二十五个字母，分为三类："自鸣"者五，即五个元音；"同鸣"者二十，即二十个辅音，"不鸣"者四，即"他国用，中华不用"的辅音。实际所用，只是五个"自鸣"的和二十个"同鸣"的罗马字母；他就用这二十五个字母，互相结合，再加上五个字调的记号，来拼切当时汉字普通的读音。于是中国字音里所包含的音素，用罗马字母分析出来，就显得简单而有条理；不但使人们向来认为繁难的"反切"，变为简单易晓，并且使当时及后来的音韵学家，对于语音现象也有较明确的辨认而获得研究的新途径。例如中国音韵学上所谓“清浊”“阴阳”“四声”“等呼”这些问题，最容易使人纠缠不清的，一经用了这种音标字母或符号显出示来，一切都可以迎刃而解了。近代西洋学者往往对于中国语音的研究，多有创获，他们见解的精确，有时或且超过国人；推原其所以致此的缘故，首在他们能够利用这种拼音字母来作为标记的工具，能够脱离汉字的羁束而直接认清语音的现象。因此我们又不能不推称明末以来耶苏会士对于中国语音学的贡献，和西儒耳目资一类书重大的影响。

三、传教事业与中国方音的记录

应用罗马字来拼切中国语音，既然使西人学习中国语的，得了不少的便利，而在中国语文的研究上，也因此获得精密显豁的记音工具。因为罗马字母的本身，是以“音素”(sound elements)为分析语音的单位，比较其他的拼音文字，自然简明而细密多了。于是最初由“官话音”的拼切，推广到国内其他许多重要的方言。近今中国语音学的进步，实在以现代各地方音的调查和记录，做一个主要的立脚点。考证古音的“历史语音学”，必须以现代方音的描写和比较的研究为基础。而推原这种工作的开始，又不得不归功于近百年间那些西洋的基督教上。

清道光以来，海禁大开，西洋教士纷来中国传教。他们为要传教事业的发达，并欲深入广布于各地民间，曾于道光二十三年(1843年)在香港集会，决议将圣经译成中国语文；嗣后陆续将圣经译成各地的口语体，有些用汉字，有些用罗马字拼音。在十几种方言的圣经当中，多半是有罗马字拼音的译本。实在教士为要跟一般平民日常接触，不得不学习各地的方言俗语；而为自身便于学习方言，也就用罗马字来注音。除了翻译圣经的工作以外，又编制了许多方音字典；同时又获得了西洋外交家及爱好中国语文的学者的赞助,研究方音的工作,更加热烈。从十九世纪中叶至二十世纪初年,刊行中国方言字典及关于中国语的著作,不下百种,大部分出于传教士之手。

关于这些方言的著作,自然以官话音及北平方音的为最丰富;盖尔斯(Giles)的大字典里,有帕格氏(Parker)所注的十二种方音,其中关于北平音的,即用威妥玛(Th. F. Wade)式的写法。此外比较著名的,如玛的尔(Mateer)的《官话类编》(*Mandarin Lessons*)、卫三畏(S. W. Williams)的《中国音典》(*Syllabis Dictionary*),及美国长老会所出版的《官音罗马字母标准拼音》(*The Standard System of Mandarin Romanization*)等。关于别的方言的,举例如下:

广州话如爱特尔氏(E. J. Eitel)的《广东方音字典》(*A Chinese Dictionary in the Cantonese Dialect*),1877 年,在香港出版。

客家话,如雷氏(Ch. Rey)的《客家话中法字典》(*Dictionnaire Chinois Francais Diaecte Hacba*),1901 年,在香港出版。

福州话,如麦考莱(R. S. Maclay)和鲍尔涅(C. C. Baldwin)二氏的《福州话拼音字典》(*An AlPhabetic Dictionary of the Chinese Language in the Fo Choudialect*),1870 年,在福州出版。

厦门话,如道格拉斯(C. Oj Douglas)的《厦门俗语中英字典》(*Chinese English Dictionary of the Ryernacular of Amoy*),1873 年,在伦敦出版。

汕头话,如几卜生(C. Gibson)对于《卫三畏中国音典》里所作的《汕头话索引》(*A Swatow Index to the Syllabic Dictionary of Chinese*),1886 年,在汕头出版。

上海话,如大卫斯(D. H. Davis)和西尔斯排(Silsby)的《上海俗语中英字典》(*Shanghai Vernacular Chinese English Dictionary*),1900 年,在上海出版。

南京话,如赫墨林(K. Hemeling)的《南京官话》(*The Nanking

Kaunhua），1907 年，在莱比锡出版。

四川话。如川北某一教会的教士所作《西部官话中法字典》（*Dictionnaire Chinois français dela langue mandarin parles dans louetde la chine*），1897 年，在香港出版。

至于帕格氏在《盖尔斯大字典》里所注广州客家、福州、温州、宁波、北平、汉口、扬州、四川等的方音，虽有不少错误，而常为欧洲语言学界所根据。高本汉（B. Karlgren）《中国音韵学研究》（*Etudes sur la phonologie Chinois*），有赵元任等译本，商务出版）里的"方言字汇"，除了根据上列方音的著作以外，又亲自调查了山西、陕西、甘肃等地的十七种方言，并得到瑞典教士所供给的关于中部北部的方音材料，列出三十余种的方音记录。

四、西洋学者对于中国古音的考证

从现代方音的记录和研究，引起了语音历史的探讨；因为要知道现代方音的来源，不得不从事古音的考证。关于方音的记录，创始于西洋教士，而拟测古语的音读，也是他们开始着手的。艾约瑟（J. Edkins）牧师实可以推为西人研究中国语音历史的开始者；他著了《上海语文法》（*A Grammar of Colloquial Chinese as Exhibited in the Shanghai Dialect*，1853 年，在上海出版），《官话文法》（*A Grammar of Chinese Colloquial Language Commonly Called Mandarin Dialect*，1857 年，在上海出版）等书，曾经证明中国古语里有着暴发浊音的声母及塞音的韵尾。伏尔坡齐利（Z. Volpicelli）的《中国音韵学》（*Chinese Phonology*，1896 年，在上海出版）以为要寻获古音，须从全部方音的探索上着手；摩伦道夫（P. G. Von Mollendorff）的《中国方言分类》（*Classification des dialekt hinois*，1899 年，在宁波出版），就是缺乏了这种历史观念，因而损害了全书的价值。至于《盖尔斯大字典》叙论里所载帕格氏的语言学论文（Philological essay）及胥勒格（G. Schlegol）在一九〇〇年《通报》（*Toung Pao*）上所发表关于中国翻译佛经的论文（*The Secret of the Chinese Method of Transcribing Foreign Sonnos*），虽没有科学的价值，也讨论到中国古语的音读。在马伯乐（H. Maskero）与高本汉之前，关于中国古音的研究，要推沙昂克氏（S. H. Schaank）在一八九七年及一八九八年通报上所发表的《中国古代语音学》（*Ancient Chinese Phonetics*）最切合于实际；实为马高二氏的先导。

近代西人，研究中国语音的趋向，一方面从现代方音的探讨引起考证古音的动机，另一方面又以古音的部类，从切韵及等韵表上归纳的结果，以为研究现代方音的起点。马伯乐在一九一二年《远东学报》（*BEFEO*）上刊载的《安南语音史的研究》（*Etudes sur la Phonologie historique deea langue annamite lesinitiales*），就是用古音为起点，依据谨严的方法来研究中国境外的一种方言——安南译音（Sino-Annamite）。马氏更进而拟测中国古音读法，在一九二〇年《远东学报》上所刊布的《唐代长安方音研究》（*Le dialecte de tchang-naga sous lestlang*），使得高本汉对于切韵音的考证结果，加以重要的修正。

高本汉的《中国音韵学研究》一书，实集近代西洋研究中国语音学的大成，从一九一五年至一九二六年陆续出版；内分四卷：第一卷，讨论古音；第二卷，描写现代方音；第三卷关于语音历史的研究；第四卷，方言字汇。此书一出，中国隋唐的音读以及现代各种方音的来源关系，遂大白于世。高氏一方面详细构拟切韵的音读，以说明现代各种方音演成的由来，另一方面并用以为上溯中国上古音的基础。一九二二年，他在《通报》上发表一篇《中国古音的构拟》（*The Reconstruction of Ancient Chinese*），为答覆马伯乐而作，对于自己的构拟也有重要的修正；（有林语堂译文，载《北大国学季刊》中)。一九二三年,又刊行《分析字典》(*Analytic Dictionary of Chinese and Sino Japanese* 在巴黎出版),每字注明古音及现代官话音、广东音、日本译音等,以作为考证上古音的准备。高本汉的研究,所以有如此的成绩:第一点,因为他受过严格的语音学的训练,采用龙德耳(J. A. Lundell)教授所创的一套详细的音标,以研究中国各地的方音。第二点,又因为利用了日本译音、高丽译音等,认作中国境外的几种方言,以跟书本上的材料及佛典译音等互相印证。第三点,更因为依据现代比较语音学的方法,由描写的语音学进入历史的语音学,层层推上,以构拟中国历代的音读。

五、西洋学者对于中国上古音的考证

《高氏的分析字典》里,大致依据于所著的《谐声的原则》(*A Principle in the Phonetic Compounds of the Chinese Script*,有赵元任译文,载《清华大学国学论丛》中)来类集字体,已经为研究上古音的端倪。——所谓"上古音",即指周汉音,所谓"古音",即指隋唐音。近十余年来,高氏一方面陆续把往时考证古音的结果,重新加以修订;一方面又从事上古音的构拟。西洋学者和他讨论古音的,有卓古诺夫(A. Dragunov)等。卓古诺夫在一九二九年《通报》上发表一篇《对于中国古音构拟的贡献》(*Contribution to the Reconstruction of Ancient Chinese* 有唐虞译文载《中央研究院史语集刊》中)对于卓高二氏所构拟的隋唐音读,多所商订。和高氏讨论上古音的,有西门(W. Simon)等。西门氏在一九二八年亚细亚杂志(*J.R.A.S.*)发表一篇《上古中国语收尾辅音的拟测》(*Zur Rekonstruktion der altchinesischen End kon sonanten*),对于上古收尾,辅音的种类,很多启发。又于一九三〇年发表一篇《西藏与中国语词的比较》(*Tibetisch Chinesiscle Wortgleichungen*),更从上古音的考证,引起东方语言比较研究的兴趣。至于高本汉关于上古音的重要论文，约有下列几种：

《上古中国音当中的几个问题》(*Problems in Archaic Chinese*)，1928年，发表于《亚细亚杂志》中(有赵元任译文，载《史语集刊》)。《诗经研究》(*Shi-king Researches*)，1932年，发表于《瑞京远东博物馆集刊》(*Bulletin of the Museum of Far Eastern Aniquities*)中(有张世禄译文，由国立编译馆印行)。

《老子韵考》(*The Poeticoal Ports in Lao-sti*)，1932年，发表于《哥德堡大学文艺丛刊》(*Goteborgs Hogsko as Arskrsfti*)中(有张世禄译文，由独立出版社印行)。

《藏语与汉语》(*Tibetan and Chinese*)，1931年，发表于《通报》中。

《汉语词类》(*Word Families in Chinese*)，1943年，发表于《远东博物馆集刊》中(有张世禄译本，商务出版)。

高氏对于上古音的构拟，第一步先从谐声的原则上，粗略地考定上古音的声母，次则考订各类语词收尾辅音的性质；再测定各类语词当中所包含的元音，终以构成各字整个的音读形式。高氏更应用古音及上古音的考证结果，以研究中国语的文法，旁及于古书真伪的考订，古文字的考释，以至于历史民俗上问题的探讨(许多论文，不必一一列出了)。一九四〇年，高氏又于《瑞京远东博物馆集刊》中发表《汉文典》(*Gramma Serica Script and Phoneticsin Chinese and Sino Japanese*)一书，对于他所考定的中国历代音读，作一总检讨；又罗列先古文字，依照所定上古韵部及谐声系统，排次先后，每字注明所测定的上古音形式。这就是应用语音学的方法来系统地整理中国文字的。

宋明以来，过去在中国研究周汉古音的学者，大都取证于诗骚韵语及说文中谐声字体，旁及于群经、诸子、汉赋的用语，以至文字的假借、重文、读若、声训等，只能在部类的分合上，逐渐臻于详密，而始终未能获得各字确凿的音读。西人研究的途径，却能从方音的研究测定了古音，再以古音为基础，把上古音的读法构拟出来。这是因他们运用了精密的标音字母，以作显示读法的工具，不受汉字的羁束；同时又应用了现代语音学和语言学的原理，循着语音演变的原则，以推寻古今的源流。近今国内学者，对于他们研究的结果，也有所商订；而仍是采取他们的途径的。

六、建立东方比较语言学的企图

从上古音的研究，再进而推寻中国的语源，并试拟原始中国语的形式，于是由语音的范围进入于东方比较语言学的研究。高本汉早年曾从文法的研究并依据古音形式，假定原始中国语为一种变形语（*Le Proto Chinoes Langue Flexionnelle*，1920 年，在《亚细亚杂志》中发表有冯承钧译文，载《东方杂志》第 25 卷），例证太少，未能认为定说。原当十九世纪时艾约瑟、胥勒格，及拉古伯里（Terrieu de Lasonperie 等竟把各种塞姆语及阿里安语，认为跟古代汉语有相当的亲属关系〔参〕艾约瑟的《中国在语言学上的地位》[*China's Place in Philology*]，1871 年，伦敦出版；胥勒格的《中国语与阿里安语》[*Sinico-Aryaca*]，1872 年，巴达维亚出版；等等），牵强附会，并无科学的价值。因为当时对于中国语言音韵的智识，过于浅薄，无从建立比较语言学。我们要探究原始中国语的形式，必须要把中国语跟泰语、缅语作一种系统的比较；而要建立这种比较语言学，又必须先构拟中国上古音的形式。高本汉的《汉语词类》，开头就说："研究中国音语历史的一个主要目的，是在准备做东方比较语言学的基础。"实■这种比较学的研究，同时又足以为构拟上古音的佐助与证验；西门氏的西藏与中国词语的比较和高本汉的藏语与汉语，实际还是关于解决中国上古语当中的问题。因为比较的研究，决非可以零星摭拾某几种语言里一些孤独的语词，来任意比拟，而必须一一把这几种语言里的语词，先作系统的分类，寻求它们的语源。这种语源的研究，又必须以历史的语音学为基础。高本汉的汉语词类，就是根据研究上古音的结果，依着拟定的音读形式，凡是音读形式相类似而意义上又相关联的词，就可以假定它们有同源的关系。高氏此文，虽属初步的工作，可是较之章太炎《文始》一类的作品，已经精密显豁得多；实在是由于他们能够运用科学的方法和工具的缘故。如果遵循这种途径，把中国语以及其他有亲属关系的语言，一一地作广大的系统的语词分类，完成语源学的工作，便是建立东方比较语言学的巩固基础的。

回看元明以来中国语音学的演进；由传教士的罗马字拼音，进而为现代方音的研究；再由语言学者因推寻各种方言的来源关系，进而考证隋唐的古音；更循着这种历史的研究，推至于周汉上古音的构拟；于是从语音的研究，发展至于比较语言学的范围。我们于此不能不承认西洋学者贡献的重大；我们对于他们努力研究的成绩，不能丝毫存着轻视的心理；我们应该尽量接受他们的优点，采用他们所运用的精密工具和科学方法。“学问之道，不限国界，诚欲后来居上，理无故步自封。”（傅斯年先生介绍高本汉著作的话）因为近代中国文化上所受西洋潮流的激荡，较之魏晋■■间所受印度文化的影响，其程度的急遽，范围的广大，何止倍蓰？过去中国语音学的发展，曾受外来的影响，早已成为历史的定谳。现在我们要迎头赶上世界最进步的文明，自然要吸收西洋的学术，要注意西洋学者研究的途径和所得的成绩；正不仅是物质的科学方面，应如此而已。

（《文化先锋》1948 年第 9 卷第 1 期）

关于注音字母的拼音

这篇短文的目的在于和速成识字法的教学工作者谈一点拼音的问题,供作掌握拼音和教拼音的参考。

拼音是速成识字教学过程中的一个难关。其所以成为难关,主要的原因是一般人学注音字母的时候只把一个一个的字母当作整个的字音,没有把它们作为构成字音的成分来看待。认为每个字母总是代表一个整个的字音,就是缺乏了拼音的观点;我们要克服学拼音的这个难关,首先须要树立起拼音的观点来,就是把一个一个的字母作为构成字音的成分来看待。

声母代表字音里开头的部分,韵母代表字音里后面的部分。一般的字的音都是由这样两部分构成。虽然也有单由韵母或声母构成的字音,但为数毕竟很少。

树立了这种拼音的观点,就可以依据下列的四个步骤来练习拼音:

第一步,把声母和韵母的发音过程分辨清楚。构成声母的基本原因,是口腔的上部跟下部在某一点上互相接触或接近,使流出的气息遇着一种阻碍。由于构成阻碍的部位和情况不同,以及有的送气有的不送气,有的声带振动有的不振动等,就分别出各种各类的声母。这里把二十一个声母以及三个不同的声母(以括号表明)列表如下:

部位 情况	双唇	齿唇	舌尖			舌前	舌根
			前	中	后		
塞音	ㄅㄆ			ㄉㄊ			ㄍㄎ
鼻音	ㄇ			ㄋ		(ㄬ)	(ㄫ)
边音				ㄌ			
擦音		ㄈ(ㄪ)	ㄙ		ㄕㄖ	ㄒ	ㄏ
塞擦音			ㄗㄘ		ㄓㄔ	ㄐㄑ	

【附注】(1) 同一格内,靠左边的一行是声带不振动的"清音",靠右边的一行是声带振动的"浊音"。(2) 同一格内而又同在一行的,上一个是"不送气音",下一个是"送气音"。"ㄫ"虽然用括号表明它是不用的,可是在"附声韵母"里要用到它。(3) "塞音"亦称"破裂音","边音"亦称"旁流音","擦音"亦称"摩擦音","塞擦音"亦称"破擦音"。

韵母可以分做单韵母、复韵母、附声韵母三类:单韵母构成的原因,是声带发生振动,同时口腔构成一种形状,好像某种乐器的形状使乐音起了共鸣作用似的。口腔能够发出各种单韵母,就是由于它能够构成各种形状,如舌头伸前缩后、举高放低、两唇平舒或拢圆等。这里把七个单韵母的构成表明如左:

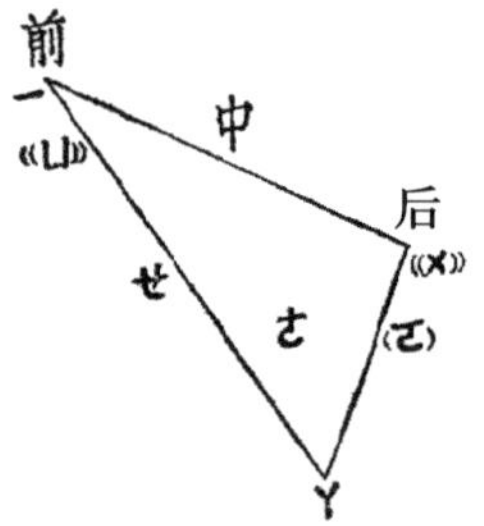

【附注】双括弧表明两唇最圆,单括弧表明次圆,没有括弧的是扁唇或自然唇。

复韵母就是在单韵母的尾巴上加上个"ㄧ"音或"ㄨ"音;"ㄞ"="ㄚㄧ","ㄟ"="ㄝㄧ","ㄠ"="ㄚㄨ","ㄡ"="ㄛㄨ"。附声韵母就是单韵母的后面附有鼻音声母的:"ㄢ"="ㄚㄋ","ㄣ"="ㄜㄋ","ㄤ"="ㄚㄫ","ㄥ"="ㄜㄫ"。此外还有一个"ㄦ",叫"声化韵母”，跟舌尖音相近，是一种舌尖化的单韵母。

由此可见，声母的特征在发音时阻碍气息的部位和方法，韵母的特征在发音时口腔所构成的形状以及用什么音收尾。

第二步，把声母和韵母拼合起来。一般声母不能够单独成音，因之在称呼声母的时候，就给它带上一个单韵母。例如“ㄅ”和“ㄉ”，通常给带上一个“ㄛ”和“ㄜ”。这种称呼声母所带着的那个“韵”，一到了拼音当中，就必须把它分离出来，丢弃了它。所以声母和韵母的拼合，不是把通常称呼的声母来跟韵母拼合，而是把那个真正的纯粹的声母来跟韵母拼合，例如“ㄅㄚ”不要读成“ㄅㄛㄚ”，“ㄉㄨ”不要读成“ㄉㄜㄨ”。

速成识字法的教学当中，讲到拼音的要领时，有“前音轻短后音重，两音相连猛一冲（碰）”这么一句口诀，就是讲声母和韵母的拼合方法的。“前音轻短”是指开头部分的声母，发音时只要把口腔的上下部在某一点上很快地用适当方法相接一下，不要把通常称呼它的时候所带着的“韵”也参杂进去。“后音重”是指后面部分的韵母，发音时候必须把口腔的某种形状构成得很正确，如果还有收尾音的，也要把收尾音交代清楚。“两音相连猛一冲（碰）”是指声母和韵母拼合的时候，口腔上准备好构成某种韵母的姿势，而又先在某个部位上突然地相接成为一种阻碍（“碰”一下），随即再把那个韵母发出来（“冲”出来），这样就拼成功了。〔参看齐中同志的“试释前音轻短后音重”——编者〕

根据速成识字教学的经验，一般拼音拼得不对的原因，往往是把字母读得不准，特别是韵母不准。[1] 学习拼音时韵母之所以不容易读得准确，还是由于通常称呼声母所带着的“韵”在那儿作怪；如果这个带着的“韵”，在声母和韵母的拼合中间没有完全丢掉，仍

① 见人民革命军事委员会总政治部宣传部文教办公室所编写的《速成识字法教学讲话》第三讲。

旧参杂进去，就要妨害了后面韵母发音的准确性，因而使整个的音拼得不对。这是学习拼音过程中首先必须克服的困难。要克服这种困难，只有先来分析，把称呼声母所带的“韵”分离出来，丢弃了它，用那个纯粹的声母来跟后面的韵母拼合。

第三步，把介母的性质和作用认识清楚。学会了双拼音，接着就要进行学习三拼音。这时，首先得认明介母的性质和作用。“一”“ㄨ”“ㄩ”这三个字母代表三个单韵母；在拼音时候，可以拼在声母的后面作为韵母，也可以拼在别种韵母的前面当作声母，有时又可以拼在声母和别种韵母的中间。所以“一”“ㄨ”“ㄩ”三个字母，本质上是单韵母，而在拼音的作用上和地位上是介于声母和韵母的中间的，因此叫做“介母”。三拼音的产生，就是由于这三个介母的作用。

三拼音是怎样进行拼音的呢？一般有两种不同的方法：一种是先把第二、第三音即介母和韵母拼成“结合韵母”，再上拼第一音即声母，这是“声母”连“结合韵母”的拼音法；另一种是先把第一音声母跟第二音介母拼成“声介合母”（或者叫做“结合声母”），再下拼第三音韵母，这是“声介合母”连“韵母”的拼音法。这两种拼音法的区别，也是由于介母的作用；前一种是先把介母拼在韵母里，后一种是先把介母拼在声母里。

第四步，把结合韵母或声介合母念得纯熟。如果采用前一种的“声母”连“结合韵母”的拼音法，就须要把下列的二十二个结合韵母念得纯熟：

一ㄚ　一ㄛ　一ㄝ　一ㄞ　一ㄠ　一ㄡ　一ㄢ　一ㄣ　一ㄤ　一ㄥ

ㄨㄚ　ㄨㄛ　ㄨㄞ　ㄨㄟ　ㄨㄢ　ㄨㄣ　ㄨㄤ　ㄨㄥ　（一ㄨㄥ）　ㄩㄝ　ㄩㄢ　ㄩㄣ　ㄩㄥ

这里要注意，有几个韵母在结合着介母的时候，发生了一些

“变音”;最显著的,如:

“ㄢ”=“ㄚㄋ”,但“ㄧㄢ”≠“ㄧㄚㄋ”,=“ㄧㄝㄋ”。

“ㄣ”=“ㄜㄋ”,但“ㄧㄣ”≠“ㄧㄜㄋ”,=“ㄧㄋ”;“ㄩㄣ”≠“ㄩㄜㄋ”,=“ㄩㄋ”。

“ㄥ”=“ㄜㄫ”,但“ㄧㄥ”≠“ㄧㄜㄫ”,=“ㄧㄫ”;

“ㄨㄥ”=“ㄨㄜㄫ”,但“—ㄨㄥ”(当前面有声母的时候)≠“ㄨㄜㄫ”,≠“ㄨㄫ”(这里的“ㄨ”音稍为降低,下同);“ㄩㄥ”≠“ㄩㄜㄫ”,≠“ㄩㄫ”,=“ㄧㄨㄫ”。①

如果采用后一种的“声介合母”连“韵母”的拼音法,就须要把下列的三十三个声介合母念得纯熟:

ㄅㄧ　ㄆㄧ　ㄇㄧ——ㄉㄧ　ㄊㄧ　ㄋㄧ　ㄌㄧ——ㄐㄧ　ㄑㄧ　ㄒㄧ

ㄅㄨ　ㄆㄨ　ㄇㄨ　ㄈㄨ——ㄉㄨ　ㄊㄨ　ㄋㄨ　ㄌㄨ——ㄍㄨ　ㄎㄨ　ㄏㄨ——ㄓㄨ　ㄔㄨ　ㄕㄨ　ㄖㄨ——ㄗㄨ　ㄘㄨ　ㄙㄨ

ㄋㄩ　ㄌㄩ——ㄐㄩ　ㄑㄩ　ㄒㄩ

【附注】实际上,“ㄅㄨ”“ㄆㄨ”“ㄇㄨ”“ㄈㄨ”四个,后面不再跟韵母相拼合。

用声介合母跟后面的韵母拼合而遇着那些“变音”的时候,往往不如用结合韵母的拼法读得准确。因之,在理论上说,前一种拼音法是比较“合理”的,但在实用上,后一种拼音法也有它的方便。因为学拼音的困难,还是在声母和韵母拼合的时候不容易把通常称呼声母所带着的那个“韵”完全除去;如果采用前一种的拼音法,把第二、第三音拼成了结合韵母,再来连上第一音声母,在拼音不很熟练的人,自然要觉得困难重重,“绕不过嘴来”。② 如果采用后

① 见《新建设》3月号第37页所载黎锦熙的《论注音字母(中)》。

② 见西南军区政治部宣传部文化教育科所发表的《速成识字教学过程概述》第二“学会注音符号和拼音”“拼音教法”。

一种拼音法，先把介母拼在声母里，就把前面说的那重困难解决了，顺着接下第三音韵母，自然觉得容易些。所以速成识字法的教学当中，两种拼音法都有人采用。

为着要兼取这两种拼音法的长处，把二十二个结合韵母和三十三个声介合母(实际应该把“ㄅㄨ”等四个除外，共只二十九个)都念得纯熟，而用“声介合母”和“结合韵母”连读、快读的方法。例如拼读“瓜”音，将“姑”“蛙”两音连读、快读(ㄍㄨ→ㄨㄚ=ㄍㄨㄚ)；拼读“挑”音，将“梯”“腰”两音连读、快读(ㄊㄧ→ㄧㄠ=ㄊㄧㄠ)；拼读“捐”音，将“居”“鸳”两音连读、快读(ㄐㄩ→ㄩㄢ=ㄐㄩㄢ)。[①]这样拼法可以说是最完全、最稳当的了。

在速成识字法的教学中，自然不必跟学员讲理论，至多只能于必要时多少说一点最易理解、最易掌握的简单道理。不过教的人自己如果能从理论上探讨一下，按具体情况灵活运用，对于教学是会有些便利的。

(《语文学习》1952年第10期)

① 见万茜《怎样教学注音字母》(商务版)附“说明”第2页。

怎样使学员很快地记住注音字母

进行注音字母的教学，最普通的方式是先教一个一个的字母符号，使学员会认会写，然后再教拼音。速成识字法的教学过程当中就是采用这种方式，因为它可以使教学的时间缩得很短，只要学员能够把一个一个的字母符号记住了，就可以进行拼读字音。所以怎样使学员很快地记住注音字母，实在是识字教学当中很应当注意的一个问题。

记住字母符号，就是不但能够读出各个字母的声音，写出它的形体，而且把符号形体的写法和准确的读音紧密地联系起来；看了符号的形体就能够即刻读出准确的声音，听了声音也就能够即刻写出正确的形体。如果有了充分的时间，反覆练习，自然会达到熟练的地步。问题在：怎样用极短的时间，就能够收到这种效果，就使学员能够掌握符号形体和读音的紧密的联系。

教注音字母的时候，为了免得枯燥、难记，往往联系实际生活，利用熟悉的语汇或声音作为字母发音的比喻，有时并且利用实物和图示，以加深印象，帮助记忆。这种教学的方法当然是有效的，不过有一种缺点，就是没有把符号形体的本身和发音作用联合起来，不能促使学员在字母的写法和读法之间发生自然的联想，因而在教学上不能有很大的效果。

例如，教“ㄈ”这个字母的时候，一般就在符号的旁边画一个佛像，表示这个字母的发音像“阿弥陀佛”的“佛”。这样固然可以加深印象，帮助记忆；但是这个符号的形体，本身是个“方框子”的形状，或者是个“方箧子”“方柜子”一类物体的轮廓，怎样会联系到“阿弥陀佛”的“佛”呢？在这个符号的写法和读法的中间，没有触起一种自然的联想，因而就不容易很快地把它记住。

所以教注音字母，最好能够利用符号本身的形体来讲解发音，使学员对于各个字母在写出来的形体和读出来的声音之间，自然地感到有互相提示和启发的作用，从而很快地掌握住这两者的紧密的联系。例如“ㄈ”，如果指明这个符号是个“方框子”形状，或者是个“方箧子”“方柜子”等的轮廓，就用“方”字的音来引起这个字母发音的联想，说明“方”字的音就是用“ㄈ”拼出来的；这样，比较单单任意地利用熟悉的语汇或声音来作比喻，当然更能够增进记认的效率。

注音字母的这些符号形体，原来是从古代笔划简单的汉字里挑选出来的，不是根据发音器官的部位和动作来特别制造的，所以它们的形体本身和发音的作用，本来没有直接的固定的关系。因之，在教学上为着要增进记认方面的效率，就要想出种种办法，使符号的形体本身可以作为讲解发音的根据。这里举出下列的几项来，权供速成识字法教学工作者教注音字母时参考：

一、利用原来认识的文字，从文字的读法联系到字母的发音。注音字母原来就是汉字：“声符”的读法采取原字的“声母”；“韵符”的读法采取原字的“韵母”。如果学员已经认识了一些汉字，就利用能认的字音来学会字母的发音。注音字母当中，有几个符号是跟现今汉字通行的写法相同的，例如“ㄧ”“ㄡ”“ㄕ”“ㄖ”；认识了这些字，一次教过，就会记住了。又有几个是依据古代的写法，跟现在通行字体有点两样的，例如“ㄉ”“ㄌ”“ㄓ”“ㄘ”，就是现在的“刀”“力”“之”“七”；认识了这些字，教过之后，略略加以指点和说明，也就会记住了。

二、利用原来认识的文字来作偏旁的分析,从文字的读法来认定偏旁的读法,再联系到字母的发音。注音字母当中,大多数的符号形体是早已废去不用的古字,或者到了现在只是文字偏旁里还应用的。例如“劳动节”“国庆节”的“节”字,已经认识了,就从节字的分析中显现出“ㄗ”这个偏旁的读法,因而记住了“ㄗ”这个字母。“公私兼顾”的“私”字,已经认识了,就从“私”字的分析中显现出“ㄙ”的发音;“中国好儿女”的“儿”字,已经认识了,就从“儿”字的分析中显现出“ㄦ”的发音;因此“ㄙ”“ㄦ”等字母也就会记住了。

以上两项办法(请参阅本刊第 11 期所载殷焕先先生的《联系汉字来记注音字母》)似乎是对于认得一些字的学员才可以施行的;其实对于不识字的文盲,也不妨试用。为着教注音字母的便利,先来突击几个生字,更可以使学员认识学习注音字母在识字教育上的重要性。

三、利用原来文字形体上所表现出来的事物,从这种事物有关的语汇联系到字母的发音。注音字母原来是汉字,形体上保存着一些“象形文字”的遗迹,还可以看出原来所表现的事物;我们就可以利用跟这种事物有关的语词来学会字母的发音。例如“ㄅ”象“包裹”的形状,“包”字的声母就是“ㄅ”。“ㄍ”象条“沟”,“沟”字的声母就是“ㄍ”。“ㄩ”象“钵盂”,“ㄚ”象“桠杈”,“盂”字、“桠”字的韵母就是“ㄩ”“ㄚ”。

四、利用原来文字的解释,从解释字义当中描摹出事物本来的声音,从而联系到字母的发音。注音字母原来是汉字,有时可以在解释字义当中明了文字音读成立的由来,就从这种字音产生的理解上来学会字母的读法。例如“ㄆ”,原来是“手拿着工具轻轻打击”的意思,而“ㄆ”字的音就象“扑扑”的打击音,这样,就依据“摹声”来记住这个字母。同样，“彳”原来是“行”字的半边，表示“小步行走得不快”的意思，而“彳”的音就象“迟迟”的走路音。“丂”是“考”字的偏旁，原来象征“气息上冲遇着阻碍，发出咳声”，而“丂”的音就象“咳咳”的气息音。

以上三、四两项是运用讲解文字的方法，把字形、字义和字音联合起来；这里是为着教注音字母的，却也可以为讲解生字树立下一个基础。

五、利用字母符号的形象来象征发音时口腔所构成的形状。注音字母虽然不是根据发音器官的部位和动作而特制出来的，可是有些符号的形体跟发音器官的动作碰巧可以相比，这种情形当然可以用来说明字母的发音，以加强记忆。例如“一”，发音的时候，两唇放扁，横展象“一”字形，就用横划的“一”来代表它。“丫”，发音的时候，口腔张开，上部跟下部也似开杈杈的“丫”。

六、利用符号形象上的相异来象征它们发音时口腔形状的不同。例如“一”“ㄨ”“ㄩ”三个字母：

“一”——发音时舌头前伸，两唇放扁，象个“一”字形，就用个横划的“一”来代表它；

“ㄨ”——发音时舌头后缩，两唇收圆，口腔形状恰好跟“一”字形相反，就用两斜划的交叉形的“ㄨ”来代表它；

“ㄩ”——发音时舌头前伸，两唇收圆，口腔形状既不象“一”，又不象“ㄨ”，就用横划两头上有小竖的“ㄩ”来代表它。

又如“ㄛ”“ㄜ”“ㄝ”三个字母：

“ㄛ”——发音时舌头半后缩，两唇略收圆，写法是上面不出头；

"ㄜ"——发音时舌头居中间，两唇不圆不扁，写法是上面一竖出头；

"ㄝ"——发音时舌头半前伸，两唇略放扁，写法是上面两竖出头。

这样，它们发音上的区别，就在形体上找到适当的表征了。

七、再扩大这种形体比对的应用，利用符号形象上的异同来象征它们发音的异同。也就是抓住符号写法上的一个相异点或相似点，用来跟发音上的一种区别或类似联系起来。例如教"ㄢ""ㄣ""ㄤ""ㄥ"这一组字母时，可以先把"ㄣ""ㄥ"两个互相比对：

"ㄣ"——收尾带有舌尖鼻音，写法是斜竖连长横再连下短竖；

"ㄥ"——收尾带有舌根鼻音，写法是斜竖连长横，右下没有短竖。

记住了"ㄣ""ㄥ"的区别，就容易记住"ㄢ""ㄤ"的区别了：

"ㄢ"跟"ㄣ"归成一类，也是收尾带有舌尖鼻音的，写法是"ㄣ"的头上加了"フ"；

"ㄤ"跟"ㄥ"归成一类，也是收尾带有舌根鼻音的，写法是"ㄥ"的头上加了"ナ"。

在形体上，"ㄣ"和"ㄢ"，"ㄥ"和"ㄤ"互相联系，正可以表征它们在发音上的各自成为一类。又如教"ㄞ""ㄟ""ㄠ""ㄡ"这一组字母时，可以把它们分做两类："ㄞ""ㄟ"是跟"ㄧ"这个字母相关联的，"ㄠ""ㄡ"是跟"ㄨ"这个字母相关联的，说明如下：

"ㄞ"——收尾带有"ㄧ"音，它的形体是上面有个横划的"ㄧ"。

"ㄟ"——收尾带有"ㄧ"音，它的形体也可说是一个曲折的横划。

"ㄠ"——收尾带有"ㄨ"音，它的形体是上半个的"交丝旁"，跟交叉形的"ㄨ"相关联。

"ㄡ"——收尾带有"ㄨ"音，它的形体原来是象"手上有分叉的手指"，现在的写法更加和"ㄨ"音相类了。

"ㄞ""ㄟ""ㄠ""ㄡ"和"ㄢ""ㄣ""ㄤ""ㄥ"，这两组韵符是比较难记的(请参阅本刊第10期所载文行哲先生的《教注音字母的次序》)；应用了这种比对异同的办法，把字母发音跟符号写法联合起来，就可以减除记认上的困难。

八、把一些形体写法相类而发音不相关的字母特地挑出来，指明它们形体上的一个特异点，再应用上面所列的各项办法来说明各个符号写法和发音的联系。这是为着练习注音字母的"搬家"用的；一般的"搬不准"，就是由于这些写法上差别不大的字母容易引起混淆的缘故；因此，必须指明它们形体上的特异点，这就是"看清目标"，再应用上面所说的各项办法来认定各个符号的发音作用，这就是"瞄准射击"。例如：

"ㄅ""ㄉ"两个字母——"ㄅ"，原来象包裹的形状，"ㄉ"，中间多加一撇，原来象"刀子"的形状，"包"字的音是由双唇的部位发出来的，"刀"字的音是由舌尖的部位发出来的。

"ㄙ""ㄥ"两个字母——"ㄙ"是个声符，原来就是"私"字，它的写法是最后有一点，"私"字的音是由舌尖跟上齿的部位发出来的；"ㄥ"是个韵符，它的写法是最后没有一点，它是和

“ㄣ”有分别的一个韵母。(“ㄥ”原来是古代的“肱”字,象“屈曲的胳臂”,“肱”字的韵母是“ㄥ”。)

这是综合上列的各项办法来辨别一些形体上容易发生混淆的符号,使各个字母的写法和发音的联系更加明确起来,因此“搬家”的时候,会看得清,也瞄得准了。

以上五、六、七、八四项办法,在实施的时候,需要运用一些发音学的知识,尤其关于声母和韵母的区别——声母的特征是要看发音所在的部位以及运用的方法,韵母的特征是要看发音时候口腔的形状以及收尾音的关系;——更要认识清楚。

总之,注音字母不是“器官式”的字母,而是道地的“文字式”的字母,内中除了一个“ㄜ”是由“ㄛ”分化出来的以外,原来都是有音有义的汉字,各个符号的形体写法和发音作用这两方面,只有不规则的关系。为着教学上的便利,一般往往利用熟悉的语汇或声音来作字母发音的比喻;可是没有说明为什么要用这样的符号形体来代表这样的读音,没有搞通它的所以然,还是不能把它们很快地记住。所以要想出多种多样的办法来把形体本身和发音作用紧密地联系起来,使符号的写法和读法之间,自然地发生联想作用,这样,才能够增进记认方面的效率。

(《语文学习》1952 年第 9 期)

怎样批改作文

批改作文是语文教学当中的一项重要工作，就学生的作业来作实地的写作指导，同时对于学生的思想感情和学习工作也有启发、纠正或激励的作用。批改作文，既如此重要，那末，怎样批改作文，当然是很值得讨论的问题。

“批”跟“改”是实地指导写作的两种方法，可以分开来说：

“批”就是“批评”；对于作文的批评，范围很广，如：

关于整篇文章的中心意义——跟题旨符合不符合，有无文不对题的毛病；

关于作品的内容——表达的思想、叙述的事实等，是不是完全正确；

关于文章的体裁和结构——分段妥当不妥当，是不是层次分明，是不是前后相联贯，有无自相矛盾的地方；

关于造句和用字——文法上、词义上、修辞上，是不是正确得当，是不是调和匀称，合不合于通行的标准；

关于写字——有无错别字，是不是写得太潦草；

关于标点——标点符号的使用，是不是妥当正确。

总之，大至整篇的意思，小至一个逗点，都可以在作文卷上加批语。

通常批语，分为两种：一种是零碎的写在眉端的，叫做“眉批”;一种是总括的写在篇末的(有时也可以写在篇首),叫做“总批”。大抵关于一篇作文当中的局部的和枝节的问题,要应用“眉批”;关于全部的和重大的问题,例如内容思想上的检讨,组织方法上的指导,全文最大的优缺点,以后作文时应该怎样改进等等,都要在“总批”里明白地指示出来。

“改”就是“修改”,大略可以分做“删”“补”“调”“换”四种方法:

“删”是删削不必要的或多余的词句;

“补”是增补缺少的或遗漏的词句;

“调”是调动原有的词句,把原来的次序调动一下,不增也不减;

“换”是更换原有的词句,把不妥当的、不适合的、不匀称的,换做妥当的、适合的、匀称的,也可以增,也可以减。

批跟改,这两种方法,要相互为用。大概关于整篇或整段的,应该着重在批评。如果发现有文不对题的毛病,或者思想及意义的不正确,结构或层次方面的不妥当,那末,与其整篇整段的涂改,不如加上明白的批语,使学生切实地注意,并且知道应该怎样地纠正。关于字句方面的,则该着重在修改。因为对于一字一句的批评,很容易流于烦琐;批语过于烦琐,不但教师自身要感到吃力,而且容易使学生感觉到过于苛细,也就分散了对于一些比较重要的批语的注意力。所以关于字句方面的毛病,应该多改少批,反之,关于篇章结构和内容意义上的缺点,应该多批少改。不过,这只是就大体上来说。有时候改正了的字句,还需要特别把错误指出,便应该再加上批语。而对于整段文辞的删除和更换,有时候也需要再加上批语,说明理由。总之,斟酌实际的需要,有时偏重于改,有时偏重于批,总得要把批跟改结合起来,把批评作为修改的说明,也把修改作为批评的实例。批跟改可以互相替代,也可以互相辅助,这两种动作,要联合在一起,以发挥指导的作用。

批跟改要紧密的配合,所以要求彼此联贯和统一。教师对于写作的指导，自己要有联贯的一致的意见，因之批评学生作业的时候，无论是用总批或眉批，总不容许在这个批语里这样说，在那个批语里又那样说，自己前后的意见不一致，以致使学生如堕五里雾中，无所适从。尤其要把批评跟修改联贯和统一起来，绝不容许改是这样改，批又是那样批，把两者截然分开，或者竟然彼此间存在着矛盾。又对于各个学生历次作业的修改和批评，这一次的跟那一次的，对于这个学生的跟对于那个学生的，无论在纵的方面或横的方面，都应当具有联贯性和统一性。因为教师对于语文教学，必须有明确的计划和方向，才能产生良好的效果。

此外，对于批改作文，还有三种基本要求：

第一，要求明确地指出学生作业的优缺点。对于学生作业的批评，无论应用眉批或总批，都要针对着作品里具体的优缺点说话，切忌笼统含混，不着边际，使学生莫名其妙。为着要指出作业里的优缺点，教师要站在读者的立场，用读者客观的标准，来衡量作品和读者标准之间的距离。教师对于作品里种种毛病的改正，就是想要把原作品拉近到读者的标准上来。但是，教师又是写作的指导者，必定要充分了解原作品里所要表现的内容，要正确估计作者的表现能力；这样才能够针对着作品里具体的优缺点，决定种种批评和修正，所以教师又要站在作者的立场。这好像是排演戏剧时候的导演，忽而站在台下，当作观众，来评论演员表现的对不对；忽而站在台上，做出种种动作来供演员模仿或参考。批改作文的目的，是在提高学生写作的能力；所以教师要从读者的立场，来指出作业的优缺点，又要从作者的立场，来实施必要的指导；这样，才能使学生从批改作业里获得进步。

第二，要求适合学生实际的写作程度。通常以为：对于学生作业的批评，要深刻，又要细密，眉批愈多愈好；对于修改，也要精细，一字一句，也要反覆推敲；因之教师们也自以为批得多，改得多，可以表示负责的精神。实际上，这种认识和做法并不是完全正确的。因为教师是语文教育工作者，不应当以文学批评家的眼光和态度来对待学生的作业。批作文，只要指出原作里一些主要的优缺点，或者说明需要改正的理由就够了，不必像文学批评家那样的周密深刻。改作文，也只要把原作改成“文从字顺”，合于通行的标准，不是要把它改成一篇杰作。所以“责备求全”的批改，往往徒劳无功，甚至引起学生写作情绪的低落，结果是“欲速则不达”。教师的批改作文，当然要有负责精神，不过须看学生实际需要，斟酌处理，不可一味要求精深细密。

教师对于比较差的作业，应当保持耐心，切不可操之过急，把文卷尽情涂改，肆意指斥，要仔细地找出最主要的毛病，先行着手救治，然后再想法子逐渐改进。教师必须估计，并照顾到全班的和个别的学生的实际程度。对于批改作文，可以划分为几个有重点的步骤来实施，例如：先校正错字，次注重用字，次注重句法，次注重章法、注重体裁、注重立意取材等等。开始不妨限定学生作短文。作品当中不免有许多错误，如果不属于计划中的重点范围，而又不是很严重的，便暂时不必强调地指出来。这种循序渐进，使学生的程度逐步地提高，使学生写作的能力，逐步地开展，必可以有实效的。

如果学生的程度较高，教师在批改之前，可以应用一套预先规定了的记号，把学生作品里需要改正的地方一一记出来，就发还学生，使学生自己修改，改得多的，要重抄，然后再交到教师这里来细加批改。或者，令同班同学交换校阅草稿，互相提意见，互相修改，再各自誊写在文卷上，交到教师这里来。这种反覆评阅和互相批评的办法，对于学生自觉地要求进步，是有很大的启发作用的。不过费时较多，每学期不妨试办几次，不必经常采用；尤其要在学生程度许可的情形之下，才可以这样办。

第三,要启发学生要求进步的自觉。批改作文的目的,在使学生写作进步,逐渐地能自己修改自己的作业。所以教师批改作文的时候,必须尽量在批语和改正了的字句上,包含着示范作用跟启发作用,使学生能够“闻一以知十”,“举一隅以三隅反”。在着手批改之前,要把学生作业校阅一遍,如果发现有原义不明的地方,或者需要当面询问或指示的问题,须先邀学生来作一次谈话,然后再动手批改。批改之后,发作文时,再作个别的口头的解释和指示,使学生充分明了批语的用意,和必须修改的理由,以及下次作文时应该注意的地方。总之:经过一次作文和批改之后,要使各个学生知道有了哪些收获,有了哪些进步,还存在着哪些缺点和今后努力的方向。

批改作文不仅是消极方面要改正作业里的错误,指出缺点和毛病,积极方面,更要鼓励学生写作的热情和勇气。因此,对于学生作业的批评,须要掌握着“多表扬,少指摘”的原因,对于比较好的和进步很快的,以及某一篇里写得特别好的地方,都要多加表扬,除批语外,旧式的浓圈密点,如果不妨碍标点符号的使用,也可以采用。特别优异的作品,也可以使全班或全校学生有观摩和欣赏的机会。不过,对于学生作业的表扬,不可以过分,以免引起学生的骄傲自满,因而阻碍了他们的进步。

批改作文是属于指导写作范围,但跟整个语文教学的政治思想教育和语文知识教育都有密切的关联。所以要使“批”跟“改”发生作用,要使各次的批改,有联贯性和一致性,尤其要把它跟施教的对象、当前学生实际的需要,结合起来,这样才能收得良好的效果。

(《读批改作文》,天津大众书社 1952 年版)

谈文学语言的教学问题

——纪念《马克思主义与语言学问题》发表四周年

语文教学当中有一个重要的问题，就是指导写作时应该训练学生运用什么样的语言，选择范文时在语言方面应该用什么来做标准。这就是文学语言的教学问题。毛主席教导我们说："我们中国共产党人和世界各国共产党人一样，是从斯大林同志的伟大的著作中去找寻自己胜利的途径的。"①对于文学语言的教学问题，我们也必须从斯大林的伟大的语言学著作当中来寻求正确解决的途径。

所谓文学语言，不单指文艺作品里的语言，也包括科学论文、政治论文及一般报章杂志里所用的语言，也就是说，是指一般可以用在书面上的、基本上跟现代口语一致的、全民性的交际工具。因之，要讨论文学语言的问题，必须注意到口语和书面语的关系，民族统一语和方言土语的关系，本国语言和外国语言的关系，现代语言和古人的语言的关系等问题。怎样解决这些问题，可以从斯大林的语言学说里得到明确的指示。

斯大林说："有声语言或字底语言始终是人类社会唯一的能作为人们完善的交际工具的语言。"②有声语言是和人类社会的历史

---

① 毛泽东：《最伟大的友谊》，人民出版社 1953 年版，第 4 页。
② 斯大林：《马克思主义与语言学问题》，人民出版社 1953 年版，第 46 页。

同时开始的，它的创造是和人类社会的开始一样地久远。可是，文字的产生在人类的历史上并不很早。斯大林说："生产往前发展，出现了阶级，出现了文字，出现了国家的萌芽，国家进行管理工作需要比较有条理的文书，商业发展了，更需要有条理的来往书信，出现了印刷机，出现了出版物，——所有这一切都使语言发展起着重大的变化。"[①]有声语言的传达方式最初只是用口说，它的影响范围是很有限制的。社会向前发展，人们创造了纪录口语的文字，把有声语言的影响范围扩大起来，以适应发展中的需要。由此可见，文字是用来增进口语的传达效力的。书面语从属于口语，跟口语基本上一致，它是不能离开口语而自己独立的。但是，正因为用了书写的传达方式来代替口说的传达方式，书面语也就不能和实际的口语绝对一致。首先，文字——即使是拼音的，也不能把语音上种种曲折变化的现象完全表示出来。书写的传达方式又往往不是当面的、直接的，没有对话当时的情境可以凭藉，也不能运用手势等来作为辅助的手段。而在另一方面，正因为书写的传达方式不是当面的、直接的，再加以书写的形式具有较大的固定性，是一般所认为比较郑重的，也就在写作当时容许在字句之间有斟酌损益的调整工夫和修饰工夫。由于这一些原因，书面语和口语之间，固然不容许有（也不会有）基本的矛盾，可是必然有一定的差别性存在。规范化的书面语，就是一般所谓文学语言，是从实际口语当中逐渐整理和提炼而形成的。它比日常口语要整齐得多、严密得多、简炼得多，并且是合于规范化的要求的。同时，这种比较整齐、严密、简炼、合于规范化的书面语，随着印刷机、出版物等的出现，广泛地传播开来，对于实际口语又发生很大的影响，"使语言发展起着重大的变化"。这就是说，文学语言的形成和传播，对于语言

---

① 斯大林：《马克思主义与语言学问题》，人民出版社 1953 年版，第 24、25 页。

本身的规范化和民族统一语的产生，要发生重大的作用。

斯大林说："当然，除了语言之外还有方言、土语，但是部落或部族统一的和共同的语言是占着统治地位，并使这些方言、土语服从自己。"[①]又说："马克思论到统一的民族语言形成道路的问题时说：'方言集中为统一的民族语言是由经济和政治的集中来决定的。'可见马克思承认必须有统一的民族语作为最高形式，而把低级形式的方言服从于自己。"[②]在从民族、部落及部族发展成为民族的过程中，语言在各该氏族、部族、民族的内部总是统一的、共同的，这就是语言的全民性。文学语言既然是根据口语所形成的共同的书面语，当然要体现这种全民性的要求。这正如叶米尔洛夫在他写的《社会主义现实主义理论的几个问题》中所说的："语言，首先是文学语言，乃是巩固和加强各个社会主义民族的团结和全民性的重要手段。"[③]又就作品本身来说，我们的写作是以全民族的读者为对象的，所以作品中不应当无选择地使用方言土语里的词语，以免缩小作品的影响的范围。方言之中，只有那些已经发展为民族语言的，或是那些可以溶入于民族语言里的成分才是我们写作中可以采用的，这就是把低级形式的方言服从于民族统一语。斯大林说："地方（'地域'）方言，是替人民群众服务，并且有自己的文法构造和基本词汇。因此，某些地方方言在民族形成过程中可以成为民族语言底基础并发展为独立的民族语言。……至于说到这些语言中的其他方言，那末它们丧失了自己的独特性，溶入这些语言中，并在这些语言中消灭了。"[④]由此可见，方言集中为民族统一语，是以其中的某一种方言作为发展的基础的；这就是说，民族

---

① 斯大林：《马克思主义与语言学问题》，人民出版社 1953 年版，第 10 页。

② 同上书，第 12 页。

③ 见《斯大林论语言学的著作与苏联文艺学问题》，时代出版社 1952 年版，第 194 页。

④ 斯大林：《马克思主义与语言学问题》，人民出版社 1953 年版，第 43、44 页。

语言的形成，是根据某一种方言的语法构造和基本词汇，并且按照它的内部发展规律发展下去，同时又把其他方言的一些成分吸收过来，溶入民族语言之中，这样，更把民族语言丰富了起来，更加强了它的全民性。至于那一种作为民族语言发展基础的方言里的还没有发展成为全民性的成分，和其他方言里的还没有溶入民族语言里的成分，在写作中都得慎重地选择，只有为着特定的目的，比如要表现地方色彩或人物特点的时候，才适当地采用。

民族语言不但要吸收方言土语里的成分，还要吸收外国语言里的成分。可是吸收外国语言的成分，是为着丰富和加强自己的民族语言的，本国"语言的民族特质，并没有受到丝毫的损害，因为它保存了自己的文法构造和基本词汇而继续前进，继续按照自己内部发展规律趋于完善"。[①] 毛主席教导我们说："我们不是硬搬或滥用外国语言，是要吸收外国语言中的好东西，于我们适用的东西。"[②]这不但是指外国语言里对于我们有用的词语，也是指外国语言的表现形式当中能够溶化在本国语言里而且对于本国语言的发展有裨益的部分。所以这种吸收过来的外国词语，一定是适合于本国语言的形式和构词法的规律的；这种吸收过来的外国语言的表现形式，也一定是符合于本国语言的造句法的基本规律，而且有它的特定的长处可以加强本国语言的表现力，因而使本国语言的发展更趋于完善的。因之，在写作中，如果要采取外国语言的成分和形式，就必须考虑本国语言的传统，凡是和本国语言不相融合的，就不应当把它硬搬到文学语言里来。

毛主席还教导我们说："我们还要学习古人语言中有生命的东西。由于我们没有努力学习语言，古人语言中的许多还有生气的东西我们就没有充分地合理地利用。当然我们坚决反对去用已经

---

① 斯大林：《马克思主义与语言学问题》，人民出版社 1953 年版，第 28 页。

② 毛泽东：《反对党八股》，《毛泽东选集》第三卷，第 838 页。

死了的语汇和典故，这是确定了的，但是好的仍然有用的东西还是应该继承。”[1]这正是合于斯大林的语言学说。斯大林说：“语言和它的结构不能看作某一个时代的产物。”[2]“它是许多时代的产物，在这许多时代中，它形成起来、丰富起来、发展起来、精炼起来。”[3]“马克思主义认为语言从旧的质到新的质的转变不是经过爆发，不是经过消灭现存的语言和创造新的语言，而是经过新质的要素的逐渐积累，也就是经过旧质要素的逐渐衰亡来实现的。”[4]语言具有连续性和累积性，现代的语言是从古人的语言原有的基础上逐渐发展变化而来，我们要学习人民的语言，就必须学习现代人民语言里所保存的古代语言的部分。而且语言本身潜在的表现力，还有不少蕴藏在古人的语言里未经发掘出来的，我们必须从中吸取有生气的合理的词语，使我们的语言更加丰富起来、精炼起来。我们这样地学习古人的语言，当然不能看做因袭和模仿。斯大林说：“语言，主要是它的词汇，是处在差不多不断改变的状态中。工业和农业的不断发展，商业和运输业的不断发展，技术和科学的不断发展，就要求语言用工作需要的新的词和新的语来充实它的词汇。语言也就直接反映这种需要，用新的词充实自己的词汇，并改进自己的文法构造。”[5]语言是直接反映现实生活的，我们在写作当中，不能采用已经死去了的古典，不能因袭过去语言衰亡了的旧质要素。我们写作，必须用表现实际生活的现代的人民语言，吸取古人语言的精华是要根据现代语言的要求来选择的。

综合上面所说的口语和书面语的关系，民族统一语和方言土语的关系，本国语言和外国语言的关系，现代语言和古人的语言的

① 毛泽东：《反对党八股》，《毛泽东选集》第三卷，第838页。
② 斯大林：《马克思主义与语言学问题》，人民出版社1953年版，第24页。
③ 同上书，第5页。
④ 同上书，第26页。
⑤ 同上书，第8页。

关系这几点，我们就可以断定：文学语言是表现现代统一的民族语言的规范化的书面语。我们语文教学的主要目的之一，就是在培养学生运用这种文学语言来写作的能力。为了这个目的，在讲解课文、指导写作和批改作文的时候，要应用上面说的那些作为标准，就是示范的文章，在语言方面也应当依据这种标准来选择。

根据上面所讲的原则，我们还可以对于当前写作和语文教学有关的问题再提出下列的几点意见。第一，“写话”教学的方法必须正确地掌握；口语化的原则是应该坚持的，但是实际口语当中有些粗糙、破碎的成分和混乱的现象，就不应该照着写进作品里来。第二，现代我们的民族统一语，是以首都话做它发展的基础的，它的语音系统、语法构造和基本词汇，大体上是用现今首都话来做根据和标准；可是首都话里有些词汇，还没有发展成为全民性的，我们应当跟方言土语里的词语一样地看待，认为是还没有溶入民族统一语里的，在写作时候也要慎重地选择。第三，外国语言里，一些对于我们工作适用的词语，和一些严密的细致的形式，可以加强我们语言的表现力的，我们应该在不违背民族语言传统的原则之下，把它们输入到文学语言里来。第四，古人语言里的一些词汇和成语，就是一些文言词语，凡是适合于现实的生活，并且跟现代口语可以相融合的，我们也应当把它们吸收进文学语言里来。

以上是就文学语言的教学问题来学习斯大林语言学说之后的一些意见，写出来请我们语文教育工作者指教。

（《语文学习》1954 年第 6 期）

汉字的改革和简化

一、文字是可以改革的

关于汉字的改革问题，首先须要说明，我们改革文字不是改革语言。文字是代表语言、记录语言的工具，用来增进语言的传达效力，扩大语言的影响范围的。文字本身只是一种书写的记号体系，通过它所代表的、所记录的语言来为人们服务。文字和语言是彼此密切地相联系的，但是这两者之间并没有完全的同一性。我们必须把文字和语言的本质区别开来，因此我们就不会把文字的改革和语言的发展混为一谈了。

斯大林说："有声语言或字底语言始终是人类社会唯一的能作为人们完善的交际工具的语言。历史上没有任何一个人类社会，即令是最落后的，能够没有自己的有声语言。"[①]可见语言的产生是和人类社会的形成同时开始的，语言的发展和人类社会的发展有同样久远的历史。可是，文字的产生是在人类社会的历史上一个比较晚后的时期，它是在社会发展到某一个阶段上才使用起来的。斯大林说："生产往前发展，出现了阶级，出现了文字，出现了国家的萌芽，国家进行管理工作需要比较有条理的文书，商业发展了，更需要有条理的来往书信，出现了印刷机，出现了出版物，——

① 斯大林：《马克思主义与语言学问题》，人民出版社1953年版，第46页。

所有这一切都使语言发展起着重大的变化。”[①]可见文字是到了有阶级的社会里才逐渐地创造出来，到了国家形成之后才逐渐广泛地使用起来的。文字的创造和使用，都使语言起着重大的变化；但是，文字本身究竟和语言不同：语言“是与人的生产行为直接联系，并不仅与生产行为，而且与人在其工作各方面的一切其他行为（从生产到基础、从基础到上层建筑）都有直接联系”[②]的；文字本身只是代表语言、记录语言的一种记号体系。“从有社会存在的时候起，就有语言存在。语言是随着社会的产生而产生，随着社会的发展而发展的”[③]，所以一个社会的语言不能直接用人为的方法加以改革。可是，文字既然是在社会发展的一定条件之下产生出来的，也自然可以在一定条件之下加以改革。

“马克思主义说语言的共同性是民族的最重要标志之一。”[④]“共同的语言是民族的特征之一。”[⑤]“民族语言是民族文化的形式。”[⑥]文字不必定是民族的标志和特征，文字必须通过它所代表、所记录的语言才成为民族的形式，文字本身的形式不必定是代表民族的。不同的民族可以使用相同的文字形式，不同的语言可以应用相同的书写记号体系来代表；例如，汉语和日本语代表着两种不同的民族，而使用的文字同是属于汉字的体系。反之，相亲近的民族，有亲属关系的语言，可以使用不同的文字体系；例如，汉族和藏族在语言上是有亲属关系的，可是汉字和藏文是属于不同的体系。藏文字母是从印度的梵文字母变来的，而藏语和梵语毫无亲

---

① 斯大林：《马克思主义与语言学问题》，人民出版社 1953 年版，第 21—25 页。

② 同上书，第 7、8 页。

③ 同上书，第 20 页。

④ 同上书，第 13 页。

⑤ 斯大林：《马克思主义和民族问题》，《斯大林全集》第 2 卷，人民出版社 1953 年版，第 292 页。

⑥ 斯大林：《马克思主义与语言学问题》，人民出版社 1953 年版，第 19 页。

属的关系。由此可见语言和文字有着不同的本质。“马克思主义不承认在语言发展中有突然的爆发，有现存语言的突然死亡和新语言的突然创造。”①这个公式是不适用于文字的体系的。换句话说，我们不能因为认定语言的发展没有革命就认为文字也不可以改革。我们再看近几年来国内几种兄弟民族的文字的改革或创造，近几十年来苏联许多少数民族的文字或创造，以及蒙古人民共和国两次的文字的改革，这些事实都可以证明文字是可以改革的。

我们从一般文字发展的历史上，又可以看出文字不但是可以改革的，而且有时是需要加以改革的。文字源出于绘画的图形，后来逐渐跟语言相结合，演变成为语言的记号，再进而成为标音的符号。一般文字发展的趋势，是脱离了原始绘画的形象性，逐渐减少直接表明意义的成分，而增强它的记录语言和标音的作用。所以文字越进步，越要远离于图画的形象则密切结合于语言的发音；换句话说：越要减少它的意符性而加强它的音符性。这种发展的趋势正是说明一般文字发展的规律，也正和社会发展的大众化的方向密切相联系的。原始的古老的文字，接近于绘画的图形，结构繁复，难以写作，往往为少数统治阶级的人所垄断；所以古代文字只是掌握在少数的“巫”“史”的手里。鲁迅说过：“文字在人民间萌芽，后来却一定为特权者所收揽。……待落到巫史的手里的时候，更不必说了，他们都是酋长之下，万民之上的人。”②后来文字越进步，越接近于语言，作为记录语言和标音的文字，也就越容易为大众所掌握。斯大林说：“语言的创造不是为了满足某一个阶级的需要，而是为了满足全社会的需要，满足社会所有各个阶级的需要。正是因为如此，所以创造出来的语言是全

---

① 斯大林：《马克思主义与语言学问题》，人民出版社 1953 年版，第 25 页。
② 见《且介亭杂文》《门外文谈》。

民的语言，对于社会是统一的，对于社会所有组成员是共同的。”①文字的创造和使用也应当是满足全社会的需要，它对于社会所有组成员也应当是共同的统一的。因为，文字既然是用来代表语言并且扩大和增进语言的效用的，它一定要跟着它所代表的语言来替全社会服务；所以文字的发展，越接近于全民的语言，越跟它所代表的语言密切地相结合，它就越能满足全社会的需要，越能发挥它替全社会服务的效用，因而它也越是进步的。由此可见文字正常的发展是走着大众化、全民化的方向，而且依靠它所代表的语言来和社会的发展密切相联系。如果社会不断地发展，而文字的性质还是停留在某一个阶段，不能跟着民族语言的发展而发展，那末，它和语言分离，也就和大众化、全民化的要求相违背，这时候就需要加以改革了。

现在汉字的需要改革，就是由于汉字的性质和民族语言的发展发生矛盾，和大众化、全民化的方向也相违背，不能满足目前社会的需要。

二、汉字必须加以改革

汉字在我国的产生和使用，有了五千年以上的历史，给我国人民保存了无比丰富的文化遗产，这是汉字的伟大功绩；在汉民族和民族语言的形成、发展的过程当中，汉字也曾经起了很大的作用；汉字在历史上对中国人民有很大的贡献，这是应当肯定的。但是，我们不能否认汉字本身有很多的缺点，它和现代通行的各种文字比较起来，便显露出它的落后保守的性质和复杂、繁难等等弊病；尤其到了现今新中国的社会里，一切飞速地在前进，汉字不足以适应当前我国进行着的伟大的社会主义建设事业的需要，更是显然

---

① 斯大林：《马克思主义与语言学问题》，人民出版社 1953 年版，第 4 页。

的了。汉字必须加以改革的理由，可以举出下列的几点来说：

（一）汉字是一种表意文字，不能显示实际的音读。表意文字是把各个字体作为习惯上语词意义的记号；各处方言不同的人，利用它来交际，只是要求书写方面意义的互相通达，不讲究读音方面彼此是否统一。因此，它是具有脱离语言的性质，不能靠它来遏阻方音的纷歧和推进音读的统一。又由于它的字形保守和固定，不能反映语音的变迁。在汉字的构造和应用当中，像"形声""假借"，确实包含着标音的成分，可是因为字形有强固的保守性，这种标音的成分就只有极隐微的效用。大部分的字体的结构，大概在二千年以前（秦汉间），就已经固定了的，往后大都只有一些笔势上的变更，使书写方向趋于简便罢了。因之，二千多年来，语音已经经过了几度的转变，而大部分的字体，还是保持着那时的结构。文字和语言分离，这是汉字需要改革的第一点理由。

（二）汉字是采取单音节的制度，不能适应语言上语词复合化的趋向。近代汉语的发展，因为语言上的单纯化使得同音字的数量增多，在口语上也就增进许多复合词的组织以避免同音字的混淆。可是，汉字既然有一种独立的表意的性质，在书写上大多数的字体是可以用一个单字来表达一种概念的，所以往往只写了单字就可以表达意义，不必照着口说的语言把复合词或复音词的成分一个一个地写出来。汉字从很早到了现在，还是维持它的"单音制"，就是每一个字体，即每一方块，只包含着一个音节；而语言上语词的复合化，在听感上就是复音化；这样，文字的单音制和语言的复音化，又形成一种尖锐的矛盾。郭沫若先生曾经说到文章和语言脱离的原因，是在汉字不能适应语音的复音化。他说："旧文言文固不用说，五四以来的新文言也不用说，近来的理论文字和文艺作品又显然有新新文言的倾向了。主要恐怕依然是汉字在作怪，用汉字来表达，总想少写几个字以求效率的提高，因而有意无意之间便不免和语言脱离了。”[①]汉字不便于记录实际的语言，这是需要改革的第二点理由。

（三）汉字构造的原则是很复杂的，使学习上发生许多困难，因之不适合于作为普及教育文化的工具。汉字构造的方法不是根据于一种单纯的原则，而是根据于几种复合的原则；所谓“六书”，内中有保存图画的形象的，有利用简单的符号的，有完全表明意义的，有单纯标音的，也有表意兼标音的；如果再详细地加以分别，实在还不只六种构造的原则。汉字是采取意符和音符混杂的制度，形体结构又是多样的复杂的，为例不纯，在学习上很容易造成类推的错误。汉字的难认、难记、难写、难用，就使得人民大众的文化水平的提高受到很大的阻碍。在过去，汉字往往为少数的统治阶级的人所垄断，从古代的“巫”“史”到后来所谓封建地主阶级的士大夫都是垄断文字的集团。我们国内有极大多数的人民属于文盲，这固然是过去长期封建势力的统治和近代帝国主义的残酷压迫所造成的，而汉字本身构造的原则和形体结构的繁复错综，不便于大众的学习和使用，也是一个主要的原因。毛主席指示我们过：“从百分之八十的人口中扫除文盲，是新中国的一项重要工作。”[②]我们进行文字的改革，也就是为了彻底地扫除文盲，这是汉字需要改革的第三点理由。

（四）汉字字数繁多，而且一个字还有几种写法的，有几种读法的；这样，更增加了学习和记忆的困难。详密的汉字字典，可以收录四五万个字体；供初中学生和初中文化程度的干部使用的《新华字典》也收录到了六千多个字体[③]，中央教育部在 1952 年 6 月间

---

① 郭沫若：《爱护新鲜的生命》，1952 年 5 月 31 日新华社北京电。
② 毛主席：《论联合政府》，《毛泽东选集》第 3 卷，人民出版社 1953 年版，第 1106 页。
③ 参看新华辞书社：《新华字典凡例》，人民出版社 1953 年版。

公布的《常用字表》，列出常用字和补充常用字共 2 000 个字[①]。由此可见一般常用的字至少有二三千个，而这二三千个常用字当中又有一些异读字和异体字；异读字和异体字当中，有些是有意义的分别的，有些是没有意义的分别的。因此在识字教学的过程当中，要对于这些字的写法、读法等一个一个地加以认识并且能够记住，就必须耗费整个教学时间的一大部分。吴玉章先生说过："就我国现行学制来说，中小学所占年数比较长，主要原因是由于学习文字所需要的时间占得太多了。而且就在中学和大学毕业以后，很多人仍然要常常读错字，写错字，讲错字，仍然要常常遇到说出写不出，写出读不出的字。……汉字教学上的困难直接影响到我国教育的普及和人民文化水平的提高。"[②]汉字不但形体复杂，而且字数繁多，就造成了识字教育方面不可克服的困难，这是需要改革的第四点理由。

（五）汉字这样繁多的字体，又由于结构的复杂，在编排的体例和次序方面得不到一个妥善的办法。汉字字典的编制，有多种不同的方法，可是没有一种是完善无缺的。从前，有的字典是依据意义的解释来分类编排的，例如《尔雅》之类，当然是没有正确的标准的，因为分类的大小和哪些字该隶属于哪一类，都不容易有确实的根据。有的字典根据音韵的读法来分别"韵部"而加以排列的，叫做"韵书"，在实际音读转变之后，也就很少人能够了解而加以利用了；因为汉字是表意文字，字体本身没有正确的读音的表示，所以按照读音来编排的字典，如果我们不认识一个字的读音，我们就没有办法利用这种字典来查字。近年来依照注音字母的音序来排列的字典，也就可以感到有这种缺点；我们对于那些未曾确实知道

① 参看《中国语文》创刊号，第 21—25 页。

② 吴玉章：《关于汉字简化问题》，见 1955 年 4 月 7 日《人民日报》。

音读的字,只得去翻查这种字典末了附载的一个按照字形编排的检字表或索引。至于依据字的形体来编排的,传统的方法就是按照字体的"偏旁"分归各部的"部首制",再结合笔画多少的顺序来排列字体。部首制的最大的缺点,是有许多字不容易一看就知道是在哪一部;所以这种部首制的字典,大都也附载一个笔画检字表。其他各种检字法,例如四角号码检字法,笔画顺序检字法等,也都各有它的缺点;可以说,没有一种检字法是合于理想的,这是受了汉字形体的限制,没有办法的。检查字典的不方便,自然也增加了各种学习上的困难;这是汉字需要改革的第五点理由。

(六)由于编排和检查字典没有妥善的办法,其他各种应用汉字来编制的目录和索引等也随着得不到妥善的办法,因而影响到科学和文化的进步,这是汉字需要改革的第六点理由。

(七)由于字体繁多,结构复杂,编排又没有妥善的办法,在实际使用上随着发生许多困难,如书写、记录、打字、印刷、收发电报、传达信号等,比起使用拼音文字的,要耗费更多的劳动力,并且无法利用现代科学技术的最新成果;这是汉字需要改革的第七点理由。

(八)汉字的形体既然那样的繁复,又采取单音制,每一个方块的字体代表着一个音节,所以用汉字来翻译外国语言的名词和术语,如果直接用音译的,就有很多的不便。往往同是一个译名,有很多种不同的写法;又因为字体本身不能表示正确的音读,即使同一种写法,在各个时代和各处地方,可以有各种不同的读法,以至跟原来的语音相差很远;或者更因而"望文生训",发生了一些牵强附会的解释。汉字这种表意文字不宜于用来代表"外来语"和"借贷"的形式,使我们对于先进科学、文化、技术的吸收也受到相当的阻碍;这是汉字需要改革的第八点理由。

以上举出的八点,总起来说:汉字和语言的发展发生了矛盾,违反了大众化、全民化的方向；它的落后的保守的性质和繁难、复杂等等的缺点不但不能适应当前时代的需要，而且显然对于伟大的人民事业的进展有不利的影响。所以汉字必须加以改革。毛主席在 1940 年已经指示我们：文化“应为全民族中百分之九十以上的工农劳苦民众服务，并逐渐成为他们的文化。……为达此目的，文字必须在一定条件下加以改革，言语必须接近民众”①。近年来，毛主席更进一步指出汉字改革，“要走世界文字共同的拼音方向”②。这就是说必须把汉字逐渐改变成为拼音文字。

三、汉字的发展和简化

那么，我们要怎样来进行文字改革呢？

汉字必须加以改革：但是文字究竟是和人民生活习惯密切相关联的，已经使用了几千年的汉字，当然不可能在极短促的时期内完成它的改革；即使在开始实行拼音文字之后，也还会有一个新旧文字并用的过渡时期。因之，文字改革的进行必须是有步骤的，有计划的。除了积极地研究和讨论拼音文字的方案以外，同时对于汉字，依据毛主席的指示，又“必须加以整理简化”③。这种整理简化汉字的工作，就目前来说，在进行文字改革的步骤当中，实在有它的重大的意义；这里可以举出下列的三点来说：

第一点，既然在目前和今后的一个长时期内汉字仍是我们必须使用的工具，那么，就应该把现在所用的字体适当地加以整理和简化，使它尽可能减少在教学、阅读、书写和使用上的困难，以适应这个时期内人民大众的需要。

---

① 毛主席：《新民主主义论》，《毛泽东选集》第 2 卷，人民出版社 1952 年版，第 679—680 页。

② 马叙伦：《中国文字改革研究委员会成立会开会词》，见《中国语文》创刊号，第 4 页。

③ 同上。

第二点，适当地整理简化汉字，可以更加坚定一般人对于文字是可以用人为的方法来改革的信心，这是有利于文字改革的。

第三点，在汉字的整理和简化的工作当中，可以在汉字内部创造一些拼音化的条件，使得它不至于完全自流地发展，而顺着一般文字发展的规律和趋势，向着接近于它所代表的语言的道路上走。这就是说，限制汉字里某一些落后的和繁难化的成分，加强另一些进步的和简易化的成分。换句话说，就是可以把汉字内部意符性的发展和字体的分化作用、繁复化作用控制住，而把它内部音符性的发展和字体的简化作用、单纯化作用扩大起来，使它倾向于拼音化，因而也倾向于大众化和全民化。在这种意义上，汉字的整理和简化，不仅仅是它本身的改良，而也多少为着最后的拼音化准备了和创造了一些有利的条件。由此可见，汉字的简化正是文字改革的步骤当中一个重要的环节。

关于这三点意义的最后一点，就是关于汉字的发展和简化，我想比较详细地申说一下。

汉字的发展是要服从一般文字发展的规律的；可是由于汉民族社会历史的特殊性，汉字的发展也有它的特殊的现象。毛主席说过："中国虽然是一个伟大的民族国家，虽然是一个地广人众、历史悠久而又富于革命传统和优秀遗产的国家；可是，中国自从脱离奴隶制度进到封建制度以后，其经济、政治、文化的发展，就长期地陷在发展迟缓的状态中。这个封建制度，自周秦以来一直延续了三千年左右。"就在这个封建制度延续的三千年当中，汉字的发展也长期地陷在迟缓的状态中；它在发展过程里的某一些成分是进步的，可是另一些成分又是落后的，以致彼此相互冲淡，相互抵消，发展迟缓。①

---

① 毛主席：《中国革命和中国共产党》，《毛泽东选集》第2卷，人民出版社1952年版，第593、594页。

汉字的发展当中，属于进步方面，符合于一般文字发展的趋势的，可以举出下列的四种现象：

（一）字体的定型化 古文字接近于图画的形象，同字异体的很多；因为“古人文字肖形以示意，而不拘于一笔一画”，“其疏密向背，不妨增损移易”①，“一二三诸文，横之纵之，本无定也。马牛鱼鸟诸形，势则卧起飞伏，皆可则象也；体则鳞羽毛鬣，皆可增减也。字各异形，则不足以合契”②。后来文字离开了图画的性质而趋向于记录语言，各个字的写法逐渐有一致的定型，异体字逐渐减少了，也便利于大众的使用了。这是汉字发展的有进步性的第一方面。

（二）笔画的减少 汉字发展当中字体笔画的简化，是有多种多样的方式的，大致可以总括为两种主要的方法：一种是省略的方法，就是“删繁为简”，把原来笔画繁复的字体删去了一部分或略去了一些笔画，以便于书写使用；另一种是变化的方法，就是“化繁为简”，把原来笔画繁复的字体变化成为简体。后一种变化方法当中最主要的方式，是偏旁的更换，就是把原来字体里笔画繁复的偏旁改换做比较简单的，也就是为了笔画的简化而另造会意字（例如“體”作“体”，“竈”作“灶”等）或另造形声字（例如“遷”作“迁”，“遠”作“远”等）；其次变化的方式还有依据古文的，依据草体字的，依据假借字的（例如“氣”作“气”，“爲”作“为”，“圓”作“元”等）。自从文字的使用发达以来，就有了这种笔画简化的趋势，因而就产生了简体字。春秋战国的时候，在六国通行的文字，所谓“讹别简率，上不合殷周古文，下不合小篆，不能以六书求之”③的，实际就是当时的一种简体字。秦时的小篆也是“取史籀大篆，或颇省改”④而成的；

① 见罗振玉：《殷商贞卜文字考》。
② 见章炳麟：《造字缘起说》。
③ 见王国维：《桐乡徐氏印谱序》。
④ 见许慎：《说文解字叙》。

我们看了许慎《说文解字》里所说的“省形”“省声”等例,也可以知道小篆对于古文字有减少笔画的趋向。后来又发生隶书,隶书本身就是一种简体字。由此可见简体字是很早就产生的,绝对不是一般人所想像的那样只有楷书才有简体字。简体字的产生,对于促进文字的发展起了极大的作用,使得字体更远离于图画的形象而密切和语言相联系,又更容易为大众所掌握,适合于大众的需要了。所以笔画的减少是汉字发展的有进步性的第二方面。

(三) 笔势的简化　汉字的发展,不但字体的笔画有由繁而简的趋势,而且在笔势上也倾向于书写的便利。从古文字转变为小篆,再从小篆转变为隶书、楷书、草书、行书,在形体逐渐简化的过程当中,同时书写上的笔势也随着书写工具的变化而变化。大抵从殷周古文一直到了隋唐之间,文字的笔势是由“方笔”和“圆笔”的递相变更以至方、圆两种笔势的互相结合。这些笔势的变化都是增进书写上便利,以适合于大众的要求的。这是汉字发展的有进步性的第三方面。

(四) 同音替代法的运用　同音替代的方法就是向来所语“假借”。关于假借的解释,许慎有“本无其字,依声托事”[①]的话,就是说:语言上词语纷繁,势不能在这种表意文字里给每一个词语都造出字体来代表,所以要运用同音假借的方法来“依声托事”。段玉裁说过:“假借者,古文初作,而文不备,乃以同声为同义”;“托者,寄也,谓依傍同声而寄于此,则凡事物之无字者,皆得所寄而有字”。[②] 因此,我们可以知道,文字的使用发达以后,究竟不能完全用表意或象形的方法来制造字体,而必须密切结合于语言,依据声音来代表语言,才能够充分表达意思。而且,假借的运用,使得字数不至于过多,自然也是使文字趋于简易的一种极好的办法。这

---

① 见许慎:《说文解字叙》。

② 见《说文解字叙注》。

种办法又扩大运用的范围，使得已经造出的字体也依据同音而互相通用，彼此替代，这叫做“本有其字”的“通假”。通假的方法，就是后代所谓“写别字”，实在是向来通行，并不为怪。郑玄说过：“其始书之也，仓卒无其字，或以音类比方假借为之，趣于近之而已。”[①]这就是说，通假是为了省去我们记忆的劳苦而运用的一种简易方法。因为文字是用来记录语言的，每个字的音读和语言直接联系，我们对于语音的记忆自然比字形要容易得多；一般使用文字的常常写别字，就是字形且语音难以记忆的明证。所以同音通假的方法，如果运用得好，可以减少我们对于繁多字数的记忆的负担，而且可以用笔画比较简单的字体来代替笔画繁多的同音字，这样也同时简化了字体的笔画了。总之，同音替代的方法，可以用来限制字体的滥造，节省过多的字数，又同时简化字体的笔画，更使得文字和语言密切地相结合，加强文字内部的音符性，因而使文字发展更符合于大众化的方向。所以，这种方法的运用是汉字发展的最有进步性的第四方面。

上面所举出的四个方面的现象：字体的定型化，笔画的减少，笔势的简易化和同音替代法的运用，都是在汉字发展的过程当中起了向前推进的作用。如果汉字完全依据于这四个方面来发展，很可能早已走到拼音化的道路。可是，汉字的发展当中，另外还有属于落后的，违反于一般文字发展的趋势的方面，也可以举出下列的四种现象：

（一）字体的分化和字数的增多　我们所谓文字的“字”，原来就是“形声相益”“孳乳寖多”[②]的意思。汉字利用了偏旁的结构，把“形旁”和“声旁”相互增加，滋生了许多字体；又从原来的字体上增加偏旁，或者更换偏旁，成为各异的结构，使得同一个字分化为

---

① 见《经典释文》叙录。
② 见许慎：《说文解字叙》。

异体;异体字又往往因为各异的用法而在习惯上成为各异的字。这样,字体分化,字数增多,递相蕃殖,从古代三千字左右以至成为后代五万字上下的庞大的字汇①,现在还有许多新字层出不穷地产生出来。实际我们常用的字只有二三千个,那样庞大的字汇里的绝大部分是不用或很少用的,对于实际语言的表达方面并没有什么需要的,收录在字典里,只是使我们感到臃肿不便,徒然增加一些记忆的负担。字体的分化和字数的增多在汉字的发展中起了繁复化作用,增加了学习和使用上的困难,正和大众化的方向相违背,这是汉字发展的落后的第一方面。

(二)加重意符的作用　由形旁和声旁相互增加而构成的字体,其中极大部分原来是运用同音替代法而来的假借字,后来再加上形旁以区别或表明它的意义的;这样构成的形声字,在全部字汇里占绝大多数。此外,还有由形旁和形旁相互增加而构成的一些会意字。有时会意字和形声字不容易分别,因为原来有标音作用的声旁,经过实际音读的变化,它的音符性不很明显了,就很容易误认做有表意作用的形旁。形旁的表意作用,使得汉字里的意符性加强,音符性减弱;使得汉字的发展不专向于标音文字的道路,始终脱离不了表意文字的范围。一般人很注重汉字的表意作用,以至于把有些字体里原来为着标音的声旁也作为一种意符来加以附会的解释。一般人也特别注意于汉字的部首和形旁,以为利用部首和形旁可以看出或区别各个字的意义。实际上各个字长期使用的结果,有些常用的意义已经和它的部首或形旁没有直接的关联了。又这种为着表意的部首和形旁,只是代表古代对于宇宙事物的分类观念,反映着一种保守的落后的思想体系,在字体的构造

① 例如《苍颉篇》所录只 3 300 字,到《训纂篇》有 5 310 字,《说文解字》有 9 353 字,《字林》有 12 824 字,《玉篇》有 16 917 字,到《大广益会玉篇》有 22 726 字,《类篇》有 31 319 字,《字汇》有 33 179 字,《正字通》有 23 440 字,到《康熙字典》有 17 000 多字。

当中固定下来，就很不容易随着社会的发展和科学技术的进步而加以更改。汉字发展的迟缓状态，固然是有它的社会的因素，而它本身所包含的这种意符性的凝固作用，也阻碍了它的推进。而且，这种代表事物分类的部首和形旁不是很有系统的，往往不同的概念用了同一的部首或形旁来代表，同样的分类又可以用不同的部首或形旁来显示；因此，利用这种意符性来认识汉字，不但没有减少困难，反而引起了一些迷惑。汉字由于加重了意符的作用，就违反了一般文字接近于语言的趋势，这是汉字发展的落后的第二方面。

（三）书写形体上的巧饰　文字原出于绘画的形象，最初是带有一些美术的意味的。但是既然成为文字，终究以代表语言作为它的主要作用，不应当作为巧饰和玩好的东西。文字愈进步，愈远离于图画而接近于语言，也就是愈要加强它的实用性而减少它的美术意味。把文字作为装饰品，或者为了防止作伪，就把文字弄出许多花体，这是跟古代统治阶级和有关的“文人学士”有关系的。从前用来“摹印”“书幡信”的“缪篆”“鸟虫书”等，原来是当时一种统治人民的工具，不是写给老百姓看的。要写给老百姓看，就不应该在文字形体上弄花样。毛主席曾经指出“工人”两个字不应该有巧饰的写法。[①] 由此可见书写形体上的巧饰，是减低文字的实用性，不合于大众的要求的，而且促使笔画加繁，异体增多，对文字发展起了繁复化作用，这是汉字发展的落后的第三方面。

（四）假借用字的混杂　同音替代的方法，上面说过，可以使得文字和语言密切地相结合，使得文字本身趋于简易化。如果运用得好，正可以使汉字的发展大大地推进一步。但是，实际上，这种方法没有很好地加以运用。原来对于这种方法的运用

---

① 毛主席：《反对党八股》，《毛泽东选集》第 3 卷，人民出版社 1953 年版，第 857 页。

范围是很广泛的，用来替代的字，不必要求它们音读完全相合或密切相合，有时在写作当时觉得有一点类似，就可以用来替代了。运用这种方法的时候，实在没有确定的一致的标准，再加上实际音读的转变和纷歧，因之同一个词语，在甲时甲地所用来代表的字便往往和乙时乙地所用的不同。语言里同一个词语，在书面上有了多种多样的写法，这便是假借字的混杂。反转来，同一个字体，往往甲时甲地用来代表这个词语的，乙时乙地却又用来代表另一个词语。这样，就产生了“同言异字，同字异音”[①]的现象。原来要使文字和语言相结合的假借方法，反而造成文字和语言之间一种极复杂错综的状态。这不但使得一般在读书识字上要遭受困难，而且容易“望文生训”，发生一些附会的纠缠。又假借的运用既然没有严格的确定的标准，所以在同音通用的字体当中，往往有用笔画较多、结构较繁或且一般较生疏的字来代替较简单、较常用的。这样又反而使得应用加难，字体的笔画也增繁了。混杂的假借字，没有加以整理，使得汉字的发展不能发挥音符性的效用，而造成文字应用的繁难化，不合于大众的要求，这是它的落后的第四方面。

这四个方面的现象：字体的分化和增多、意符作用的加强、书写形体上的巧饰和假借字的混杂，又都是使得汉字的发展向后倒退的，使得几种有进步性的趋势受着阻遏而陷入发展迟缓的状态。如果让汉字自流地发展，那么，就是在最近期间产生的一些“俗体字”也不会更适合于人民大众的需要，它的性质也不会更倾向于拼音化。所以要使汉字顺着一般文字发展的趋势，在本身内部创造一些拼音化的条件，以利于文字改革，只有把这几种落后的现象和繁复化的成分加以控制，这就是汉字的整理和简化的工作。

---

① 见《经典释文》叙录。

四、汉字简化和文字改革的关系

对于汉字的整理简化，目的在使汉字的发展有利于拼音化。斯大林指示我们说："社会在法则面前并不是无能为力的，社会认识了经济法则以后，依靠它们，就能限制它们发生作用的范围，利用它们来为社会谋福利，并'驾驭'它们……""人们能够发现法则，认识它们，掌握它们，学会以完备的知识去运用它们，利用它们来为社会谋福利，从而征服它们，求得控制它们。"[①]我们对于文字改革问题，必须遵守斯大林的这个指示，在认识了人类文字发展的一般的法则和汉字发展的历史的一些特殊的现象，掌握了汉字发展的几个进步的和落后的方面之后，把它一些落后的、繁难化的成分限制住，把它内部意符性的发展和字体繁复化的现象控制住，而利用它的进步的、简易化的成分，运用它内部音符性的发展和字体简易化的现象，使汉字本身倾向于拼音化，因而接近于大众化和全民化。所以汉字的整理和简化的工作，不但要使汉字在目前的阶段发挥它的效用来为社会谋福利，减少它在学习上和使用上的种种困难，而且也为着给整个文字改革准备和创造一些有利的条件。

因此，我们要认定汉字的简化和拼音化，这两种工作是整个文字改革当中的两个必然的步骤，也是进行文字改革的有计划的先后的实施。汉字的简化，不仅仅是它本身的一种改良，而尤其是为着实现拼音化铺平道路。如果认为简化和拼音化两种工作是不相联系的，甚至是互相冲突的，那就是把这两个步骤分割开来，不从它们先后的衔接关系上看出彼此的关联。有些人认为既然汉字简化了，就可以不要再拼音化了，这是错误的，他们没有认识到人类文字发展的一般的规律和趋势。又有些人认为既然汉字必然拼音

① 斯大林：《苏联社会主义经济问题》，人民出版社 1952 年版，第 5、7 页。

化，就不必再要简化的一举，这也是不对的，他们又没有认识到汉字发展的历史的一些特殊现象。我们必须要把世界文字发展的一般法则来和中国的实际以及汉字发展的特殊现象结合起来，以决定进行文字改革的步骤。我们要认定文字是可以改革的，汉字是必须加以改革的。我们要遵从毛主席的指示："文字必须改革，要走世界文字共同的拼音方向"，在汉字实行拼音化以前，"必须加以整理简化"。

中国文字改革委员会拟出了一个《汉字简化方案草案》印发全国讨论。这个草案简化的字数不多，选定的简化字又大都依据于约定俗成的原则，骤然看起来，是不够彻底的。可是，这个方案的基本精神是为着实现文字改革，是使汉字走向拼音化的道路，这是我们所应当体会的。草案里除了对于汉字的笔画、字数和写法这三方面要求简化以外，特别注重于同音替代和更换声旁这两种方法的运用，显然是要发挥汉字内部音符性的作用，而限制它的意符性的发展，使汉字本身倾向于拼音化；这就是上面所说，运用它进步的和简化的成分，而控制它落后的和繁复化的成分，以适合于人民大众的要求。结果，可以减少汉字在学习上、使用上的一些困难，又使得汉字内部也创造了一些便利于拼音化的条件，同时更使得一般人认定文字的发展有极强的人为性，认定汉字是可以而且必须改革的，这是为着汉字的实现拼音化铺平道路。汉字简化方案的拟定，正是文字改革的步骤当中一个重要的环节。

1955 年 4 月 25 日

（《光明日报》1955 年 7 月 6 日、20 日）

学习语音的方法

通常的一句话，或者一句话里的一段，它的一连串起伏变化的声音，总是分成一节一节的。一节一节的声音，都是语音的一个单位，也就是一个刺激听感的单位，我们叫做“音节”。这种语言里的音节，在用汉字写出来的文章当中，绝大多数是一个字代表一个音节的；因此一般也把一个音节叫做一个字音。语音和字音的单位既然是音节，我们学习、研究语音和字音，也自然应当从音节入手，从分析音节里包含的“音素”开始，同时还要用比较、分类、定性、联缀这几种方法。下面就把这几种方法讲一讲。

一、分析　有些音节是用一次发音的动作就构成的，这种音节只包含一个“音素”；可是多数的音节是由两次或三四次不同的发音动作连接起来构成的，这种音节是包含着两个或三四个音素的。“音素”是组成语音的最小的元素，我们学习、研究语音，第一步就是要把各个音节里包含着的音素分析出来。例如“啊”“呀”“哇”“妈”“爸”五个字：“啊”是由发ㄚ音的一次动作构成的；“呀”是先发ㄧ再发ㄚ，由两次动作连接起来组成的；“哇”是先发ㄨ再发ㄚ，“妈”是先发ㄇ再发ㄚ，“爸”是先发ㄅ再发ㄚ，也都是由两次动作连接起来组成的。多数的音节是由两个或三四个音素联缀而成的，所以音节也叫做“音缀”。我们要把音节里联缀着的音素分析出来，最普通的方法，就是把一个音节拉长起来念，一方面慢慢地念，一方面细细地辨别内中发音动作的变化，发现有几次不同的动作，就断定了它包含有几个音素。例如“人”：ㄖ—ㄜ—ㄋ，[1]“民”：ㄇ—ㄧ—ㄋ，这两个音节都是包含三个音素的，因为它们拉长起来念，都可以分出三次不同的发音动作。又如“苗”：ㄇ—ㄧ—ㄚ—ㄨ，“年”：ㄋ—ㄧ—ㄚ—ㄋ，是包含四个音素的，因为它们拉长起来念，都有四次不同的发音动作。这样的分析方法，正像我们学习舞蹈，首先要把每一个姿态的构成当中所包含的动作变化都分别出来一样。

二、比较　我们在进行分析的时候，还要运用比较的方法，注意各个音节之间的异同，把它们相异的和相同的部分都明确地分辨出来。这种异同的比较，不但是有关于各个音节里所包含的音素，而且也有关于音节的构成当中几次发音动作的前后配置。例如“人”“民”两个音节都是包含有三个音素的；比较起来，它们的最后一部分是相同的，它们同是用ㄋ这个音素来收尾的。又如“们”这个音节，拉长起来念，是ㄇ—ㄜ—ㄋ，它和“人”“民”一样，也是用ㄋ这个音素来收尾的；可是它又和“民”一样，也是用ㄇ这个音素来开头的；它又和“人”相同，都是用ㄜ来做中间部分的。因此，“人”“民”“们”三个音节比较起来，它们同样有个收尾部分的ㄋ，而“民”和“们”又同样有个起首部分的ㄇ，“人”和“们”又同样有个中间部分的ㄜ。这样一方面分析，一方面又进行各个音节的比较，我们不但把各个音节之间的异同辨别清楚了，而且也把各个音节里所包含的联缀着的音素一个个分出来了。从“人”“民”“们”三个音节的分析和相互比较当中，可以把ㄋ、ㄇ、ㄜ这些音素分出来；同样，从“啊”“呀”“哇”三个音节的分析、比较，也可以分出一个ㄚ来；从“呀”（ㄧㄚ）“咿”（ㄧ）“唷”（ㄧㄛ）这些音节的分析、比较，也可以分出一个ㄧ来；从“哇”（ㄨㄚ）“呜”（ㄨ）“涡”（ㄨㄛ）这些音节的分析、比

① 通常的拼法，“人”是ㄖㄣ，这里为了分析音素，■ㄖ—ㄜ—ㄋ，因为ㄣ是由ㄜ和ㄋ合成的。下面分析音节，都用这个办法。

较，也可以分出一个ㄨ来。运用比较的方法，一方面是为了辨别异同，一方面也是为了分类。

三、分类　我们在进行分析、比较的时候，也要做分类的工作。我们辨别了异同，就可以依据相同的成分来归成一类，依据相异的成分来区别成若干类，这种归类和区别的工作，又可以分为两种：一种是就各个音节里所分出来的音素进行的，一种是就音节之间异同的比较来进行的。这两种工作的进行是相互联系、不可分割的。尤其是音素的分类，是最基本的工作，因此我们先来叙述音素分类的方法。向来我们分析音素，大抵以“声母”相同的归成一类，叫做同声母的字，例如“民”和“们”；没有声母的音节，叫做“零声母”的字，例如“啊”“呀”“哇”；又以“韵母”相同的归成一类，叫做同韵母的字，例如“人”和“们”，“啊”“呀”“哇”“妈”和“爸”。此外，“介母”相同的，也可以归成一类，例如“呀”“咿”“唷”，同是含有丨的；“哇”“呜”“涡”同是含有ㄨ的；“迂”（ㄩ）“月”（ㄩㄝ）“冤”（ㄩㄢ）同是含有ㄩ的；音节中不包含介母丨、ㄨ、ㄩ的，也可以归成一类，例如“啊”“喔”（ㄛ）“安”（ㄢ）“恩”（ㄣ）。我们向来把这种不包含介母丨、ㄨ、ㄩ的字音叫做“开口类”，而把含有丨的叫做“齐齿类”，含有ㄨ的叫做“合口类”，含有ㄩ的叫做“撮口类”：这四类的简称就是“开”“齐”“合”“撮”。至于声母是什么，韵母是什么，介母是什么，“开”“齐”“合”“撮”四类有什么不同，那就要研究它们的性质。

四、定性　音节的分类，应当以音素的分类来作基础，而要进行音素的分类，就必须把各个音节里分出来的许多音素加以比较、研究，依据它们发音动作的异同来规定它们的性质，这可以说是定性的方法。当然，这种定性方法的运用，必定要跟分析、比较及分类的工作同时进行，密切配合的。要是不把每一类的特点、性质充分掌握，分类及比较的工作就没法进行。一般的音素可以分为“辅音”“元音”两大类。辅音构成的基本原因，是口腔的上部跟下部在某点上互相接触或接近，使得流出的气息遇着一种阻碍。（喉部发出的辅音，则是由于声门起阻碍作用。）由于构成阻碍的部位不同，阻碍的情况不同，再加上有的送气有的不送气，有的声带振动有的不振动等，就分别出各种各样的辅音。所谓声母，实际上只是作为音节起首部分的辅音（请参看《关于注音字母的拼音》中的声母表，见本刊 1952 年 10 月号，第 30、31 页）。没有起首辅音的字音就是零声母的字。辅音也可以作为字音的收尾部分，例如“鼻韵母”（或称“附声韵母”），就是用辅音当中的一种鼻音（如ㄋ、ㄫ）来作字音的收尾部分的。元音构成的原因，是声带发生振动，同时口腔构成一种形状，好像某种乐器的形状使乐音起了共鸣作用似的。口腔能够发出各种元音，就是由于它能够构成各种形状，如舌头的前进或后退，舌头的举高或放低，嘴唇的放扁或收圆等。所谓韵母，是包括字音里除了起首辅音以外的部分。所谓“单纯韵母”（或称“单韵母”），就是字音里的单元音（请参看本刊 1952 年 10 月号，第 31 页单韵母表）。单纯韵母中的ㄧ、ㄨ、ㄩ，又可以作为“韵头”和其他韵母拼合成为“结合韵”，所以这三个韵母又称为“介母”。所谓“复合韵母”，一般是指字音里的复元音，就是由两个或三个单元音联缀而成的，不仅是指ㄧ、ㄨ两个元音作为收尾部分的“复韵母”（如ㄞ＝ㄚㄧ，ㄟ＝ㄜㄧ，ㄠ＝ㄚㄨ，ㄡ＝ㄛㄨ），也包括介母ㄧ、ㄨ、ㄩ作为“韵头”的“结合韵”。所谓“开”“齐”“合”“撮”四类的区别，需要用介母ㄧ、ㄨ、ㄩ这三种元音的性质和作用来说明，我们看下面这两个表就可以明白。

表上所说的舌前化作用和圆唇化作用，就是关于各个音素在相互联缀当中所发生的影响；因为几次不同的发音动作，连接起来构成一个音缀，在它们连接的过程当中，自然要发生相互的影响。

元音＼发音动作的情况	舌的高低	舌的前后	唇的形状
ㄧ	高	前	扁
ㄨ	高	后	圆
ㄩ	高	前	圆

韵类＼区别的原因	音节中单元音或“韵头”的元音	元音的性质	元音的作用
开	不包含ㄧ、ㄨ、ㄩ的元音	不是最前，也不是最圆	没有舌前化作用，也没有圆唇化作用
齐	含有ㄧ的元音	ㄧ是最前的元音	有舌前化作用
合	含有ㄨ的元音	ㄨ是最圆的元音	有圆唇化作用
撮	含有ㄩ的元音	ㄩ是最前和最圆的元音	有舌前化作用，也有圆唇化作用

五、联缀　我们要规定各个音素的性质，还必须看它们在相互拼合的时候所起的变化，这就是把它们联缀起来看，可以说是联缀的方法。例如“呀”是ㄧㄚ，“哀”（ㄞ）是ㄚㄧ；在这两个音节里的ㄚ，因为受了前面的或后面的ㄧ的影响，要比“啊”字音里单独的ㄚ偏前又偏高；在这两个音节里的ㄧ，又因为受了后面的或前面的ㄚ的影响，要比“咿”字音里单独的ㄧ偏后又偏低。起首的辅音也常常因为受了后面的元音性质的影响而发生很大的变化，结果，哪一些声母跟哪一些韵母相拼合，往往有一定的规律。例如北京话里，ㄍ、ㄎ、ㄏ一组的声母不跟有舌前化作用的韵类相拼合，所以没有“齐”类、“撮”类的字音。ㄓ、ㄔ、ㄕ、ㄖ和ㄗ、ㄘ、ㄙ两组的声母也是如此。可是ㄐ、ㄑ、ㄒ一组的声母只是跟有舌前化作用的韵类相拼合，所以没有“开”类、“合”类的字音。不但同一音节里的音素要发生相互的影响，就是相连接的音节之间的音素，也常常相互受影响而起了

变化。例如“南”(ㄋㄢ)字音是ㄋ—ㄚ—ㄋ,而在“南边”“南门”里的“南”,受了“边”(ㄅㄧㄢ)“门”(ㄇㄣ)起首辅音的影响,变成ㄋ—ㄚ—ㄇ;在“南海”“南瓜”里的“南”,又受了“海”(ㄏㄞ)“瓜”(ㄍㄨㄚ)起首辅音的影响,变做ㄋ—ㄚ—ㄫ。这种变化的现象叫做“连音变化”。连音变化的现象对于语音的学习和研究,也是很重要的。

上面所说分析、比较、分类、定性、联缀这五种学习、研究语音的方法,在实际进行当中,是互相关联、不可分割的;这里只是为着叙述的便利,勉强把它们分列做五个步骤,实在是不能够显然分出先后的。至于声调的分别,轻重音的变化,以及方音分歧的现象,语音发展的历史,那是进一步学习和研究的对象,又需要运用另外的一些方法了。

(《语文学习》1955 年第 9 期)

词 汇 讲 话

一、词是什么

我们说话，一定要运用一个一个的词。通常的语言是由许多词组织起来的。

词是什么呢？词不就是字吗？

一个一个的汉字，一般只是代表一个一个的音。用汉字写出来的文章，通常没有把词和词分隔开来写，也就没有把一个一个的词表明出来。因之，应用汉字惯了的，很容易把一个一个的字认做一个一个的词。错认了词就是字，因而词是什么，也搞不清楚了。

例如："东方红，太阳升"，如果把这两个句子写成："东方　红，太阳　升"，这样把词和词分隔开来，那末，就可以认清楚："东方"是一个词，"太阳"是一个词，"红""升"也都是一个词。"东方""太阳"都是包含着两个音，所以要用两个汉字写出来的，"红""升"都是包含着一个音，所以用一个汉字写出来的。

只包含一个音的词，我们只说出它的那一个音，就可以使听的人得到它的意义。例如说出 hóng，就可以使听的人得到"红"那种色彩的意义；说出 shēng，就可以使听的人得到"升"那种动作的意义。至于包含着两个音的词，我们就必须把它的两个音连续地说出来，才可以使听的人得到一个意义。例如："东方"这个词，我们如果只把它的上一个音 dōng 说出来，或者只把它的下一个音 fāng 说出来，人家就听不懂；我们必须把它的上下两个音连续地说出来，dōngfāng，这样才行。同样，“太阳”这个词，也一定要把它的上下两个音连续地说出来，tàiyáng，这样才行。还有一些词，是包含三个音、四个音的，我们也须要把它们的三个音、四个音连续地说出来，才可以使听的人得到它们的意义，例如“共产党”gòngchǎndǎng，“无产阶级”wúchǎnjiējí。

由此可见，词是由一个或几个音构成，用来表明一定的意义的。现代汉语里的词，以双音的占大多数。我们运用词来做语言组织的材料，所以词在语言组织当中，又有它的一定的作用。

大多数的词，可以独立地表明它的意义。这种词，当它没有跟别的词构成一个语言组织的时候，就是说，我们把它单独地说出来的时候，也可以表明它的意义的。例如：“东方、太阳、共产党、红、中国、人民、他、幸福”等等，都是可以独立地表明意义的。“他”或“人民”，不必一定要在“他为人民谋幸福”“他是人民大救星”这样的句子里才能够表明意义；我们单独说出“他”这一个音，ta，或者单独说出“人民”这两个音，rénmín，也可以使人家领会这样的词的意义。又如“人”，也和“人民”一样，可以独立表明意义的；“他们”，也和“他”一样，可以独立表明意义的；“说、说着”和“语言”等，也是同样地可以独立表明意义的；因此我们断定了“人、他们、说、说着、语言”等等，也都是词。

反转来，“人民”的“民”，“他们”的“们”，“说着”的“着”，“语言”的“语”和“言”等等，都是不能独立地表明意义的。我们单独说出“民”这个音 mín，在现代汉语里，不能表明“人民”或“民众”的意义。我们单独说出“语”这个音 yǔ，或“言”这个音 yán，在现代汉语里，也不能表明“说话”或“语言”等的意义。同样，离开了“他”，单独说出“们”这个音 men，就不能表明“他”的复数的意思；离开了“说”，单独说出“着”这个音；zhe，也就不能表明“说话”的“正在进行”的意思。“民”只是“人民”“民众”等词里的一个部分，“语”和“言”也只是“语言”这个词里的两个部分，“们”是依附于“他”这样的词来构成“他们”等的一个成分，“着”是依附于“说”这类的词来构成“说着”等的一个成分；所以这些都不能自己独立地表明意义。这些都只是词里的部分，或构词的成分，都不是词。

不过，还有许多这样的词，它自己不能单独地表明意义，必须要在一个语言组织当中才显露它的意义和作用出来。换一句话说，这样的词是依附于它和别的词所构成的语言组织而存在的。例如：“为什么？”“为了求解放”“为人民谋幸福”等这些语句当中的“为”或“为了”，如果我们只单独地说出它的音，wèi 或 wèile，不跟这些组织里其他的词结合起来，就表明不出它的意义和作用了。又如：“我和你”“日光和空气”“中国和朝鲜”等这些语言组织当中的“和”，如果我们只单独地说出它的音 hé，不跟这些组织当中其他的词结合起来，也就表明不出它的意义和作用了。他如“不但、而且、因为、所以、而”，以及表明各种语气的“的、吗、了、呢、罢了”等等，也都是不能离开语句的组织而单独表明意义的。

可是，这类的词，虽然自己不能独立表明意义，而在语言组织当中，仍然作为独立运用的材料。它们是依附于语言的组织而存在，不是依附于单个的词而存在的。它们不是词里的部分，不是构词的成分，而是完整的词。

根据上面所讲，关于词是什么，可以总括为下列的三点来说：

第一点，词是由一个音或几个音构成的，在现代汉语里双音的词占多数。一个单音的汉字代表出来的，不一定是一个词，往往只是词里的一个部分，或者只是构词的一个成分。

第二点，词是用来表明一定的意义的，多数的词是可以独立地表明它的意义的。只作为词里的部分或构词的成分，不能独立表明意义的，就不是词了。

第三点，词是语言组织的运用的材料，它在语言组织当中有一定的作用。有些词是依附于语言组织而存在的，虽然自己不能独立表明意义，而仍然作为语言组织的独立运用的材料。如果只依附于单个的词，作为构词的成分的，那就不是语言组织的独立运用的材料，也就不是词了。

二、词和词组的分别

我们知道，词是语言组织的运用的材料。一般说话的时候，为着表达意思，总是运用一些词，按照一定的规则，把它们连结配置起来，构成一个个的语言组织。这种语言组织，不管意思表达得完整不完整，总是词和词的组合，所以叫做词组。

词和词怎样连结起来构成词组？词组的构成，有哪些不同的方式，要按照哪些不同的规则？各种不同的词，在词组的构成当中有哪些不同的作用？这些问题，这里都来不及详细地讨论；这里要讨论的，只提出一个关于词的产生的问题，就是：词组的构成和词的产生有怎样的关系？谈到这个问题，我们就可以进而说明词和词组的分别。

斯大林告诉我们，语言既不是经济制度，不是上层建筑，也不是生产工具，因为语言不能生产物质财富，“只是生产词而已”。①语言的生产词，是在语言的发展当中进行的，语言越发展，词汇越丰富，越纷繁，所以“词汇反映着语言发展的状态”。②

语言的发展，促使有些语言组织经常的运用，逐渐作为别的组织构成的材料来看待；所以常用的词组，往往经过凝结作用或缩减作用，转变做词。这样从词组的凝结或缩减，变成为词，正是词的产生的重要方法之一，也就是语言本身发展的重要趋势之一。

---

① 斯大林：《马克思主义与语言学问题》，人民出版社版1953年版，第36页。

② 同上书，第21页。

我们要根据这种发展的观点来看词组构成和词的产生的关系，再进而明确词和词组的分别。这里可以分做下列的三方面来说明：

第一，从实际生活当中来看意义的特殊化的现象。

我们知道，词是用来表明一定的意义的。词的意义，正是反映客观现实事物的存在。我们实际生活的发展变化，必定要求语言的词汇也随着有发展变化。实际生活当中新的事物的出现，反映在语言方面，就有新的意义和新的词语的产生。由此可见，词的产生，是实际生活的发展促使语言发展的一种结果，是由于新的事物的出现，由于需要表明新的特殊的意义而来的。词组既然是词和词的组合，它的表达的方法，也只是运用意义和意义的结合；因之应用词组来代表新的事物，有很多只能根据意义和意义的结合来把握新事物内容的某一个特点，不能概括它的全部内容。词和词组，在意义上比较起来，词是有它的特殊的丰富的内容，而很多词组，往往只是泛泛地一种意义和意义的结合，表达不出这种特殊的意义。所以，从一个词组凝结做一个词的过程，也就是意义的特殊化的过程。

例如“红旗”这个词，在我们实际生活当中，在我们日常所讲的“红旗竞赛”“五星红旗飘扬”“红旗漫卷西风”等这些语句当中，它的意义是和革命、斗争、光明、团结、进步、和平、幸福、光荣、劳动、共产主义、国际主义、爱国主义等的意义联系在一起，当然不是泛泛地单指“红色的旗子”而已。如果把“红旗”作为一个词组来看待，那就不能把握这个词的特殊的丰富的意义，也就要使我们的语言脱离了实际的生活。因为在我们实际生活当中，各种各样的事物，彼此之间是有各种各样的相互连系的，语言上的意义，不但要反映事物的本身，而且要反映事物之间的相互连系。词的产生，是由于需要表明一种特殊的意义，也就是要反映实际生活当中事物的特殊的相互连系。又如“黑板”这个词，在意义上是和教室、讲台、上课、教育工具、教育工作等这些事物连系在一起，当然不是泛泛地单指“黑色的板”。又如“火车、铁路、马车、银行、墨水、图书馆、社会主义”等，都各自有特殊的意义，就是说，都各自有意义上的特殊的相互连系。如果把它们里面的各部分，拆开来解释，就不能把握它们丰富的内容，也就要使我们的语言脱离了实际生活；所以它们是词，不是词组。

我们根据实际生活来观察这种意义特殊化的现象，就可以发现有些语言组织，在一种情况下是词组，而在另一种情况下却是词。例如“吃饭”，在“你要吃面，要吃饭?”这个句子里是个词组，在“你要吃饭，就得劳动。”这个句子里就是词了；因为前者是普通“吃一碗饭”“吃两碗饭”的意思，后者却是和“生活”“享受”等的意义相连系，具有它的特殊的意义。又如“走路”，在“你要乘车子去，还是走路去?”这句话里，就是普通“走一里路”“走两里路”的意思，而在“这里住不下，准备走路吧!”这句话里，却有特殊的“离开”的意义；所以前者是词组，后者是词。在实际生活当中，一个语言组织，如果运用它的特殊意义的经常性逐渐地加强了，往往它就逐渐地凝结做一个词，而不再是词组了。

所以我们从实际生活当中去观察意义特殊化的现象，就可以看出一些词组凝结做词的经过，同时也可以获得判别词和词组的一种标准和方法了。

第二，从语言组织当中来看定型化的现象。

我们知道，词是作为语言组织的独立运用的材料。所谓独立运用，就是词在整个组织当中，有它的分离性，可以用别的词来替代它，也可以把它和连结的词分离开来，中间插入别的词进去。因之，词和词在词组当中的连结是比较自由的，分散的，不象一个词里各个部分之间的那样有凝固性，词和词组的分别，从组织本身的性质来看，词是定型化了的，它的各个部分是固定不能分离的，而词组并不是这样。所以从一个词组凝结做一个词的过程，也就是语言组织定型化的过程。

例如“人民、土地、国家、语言、文学”等等，都是我们汉语里很早就定型化了的词。有一些词，虽然有时似乎可以在它们各个部分中间插进一些词语，实际这并不是正常合于规范的说法。例如：把“革命”说成“革他的命”，把“鞠躬”说成“鞠了一个躬”等。定型化了的词所以会形成这种任意拆开的现象，主要有两种原因：一种原因是由于任意类推的错误，例如：从“洗了一个澡”“睡了一个觉”等类推到“提了一个议”“报了一个告”等。另一种原因是由于受了汉字单音制度的影响，以致把一个个的字认做一个个的词。汉字对一些复音词里的凝固性，确实起了一些反作用。由汉字构成的书面形式，很容易使我们把实际已经定型化了的复音词，又从中拆开来解释，或者从中分离开来说。这是汉字对于语言发展所给予的重大的反影响之一。

但是，尽管汉字起了这种反作用，语言发展上从词组凝结或缩减做词的趋势，毕竟是很显著的。原来的词组，由于经常的运用，变做了成语，再由成语凝固做词，在汉语发展的历史上有很多的这种事例，如“革命、共和、矛盾、东西、独立”等。成语是一种固定的词组，本身虽然不是词，而往往是许多词所由构成的基础，往往是从词组构成到词的产生所经过的一个阶段。例如“上当、吃亏”等，现在应当认为是词，但是还可以说“上了他的大当”“吃了一次大亏”等，这是由于它们还遗留着一些成语的性质的缘故。

从词组的逐渐定型化，以至于词的产生，是语言发展的一种过程；在这种发展的过程当中，各类定型化了的词，按照发展成熟的程度，可以有许多种的差别。例如：从一些“使成式”的词组所形成的动词，按照它们发展成熟的程度，可以分做下列的几类：

甲类:“搞好、放大”等,中间可以插进“得、不”等以及一些别的副词。例如说:“搞得不很好”。

乙类:“打倒、捉住”等,中间可以插进“得、不、他”等。例如说:“打他不倒”。

丙类:“看见、听懂、分清”等,中间只可以插进“得”“和”“不”。例如说:“看不见”“分得清”。

丁类:“肃清、加强、改善、说明”等,中间不能插进任何的词,没有“说得明”“改不善”等的说法。

此外还有一类,它们中间必须带有“不”或“得”的,例如“来得及”“来不及”“吃得消”“吃不消”等。

以上这些类,可以作为从使成式的词组逐渐凝固做动词,在发展成熟的程度上相差别的显著例子。

又如:从“动宾式”的词组形成的动词,也有这样在发展成熟的程度上相差别的例子。如“关心”和“留神”,我们不能说“关点儿心”,而可以说“留点儿神”。“动员”和“翻身”,我们不能说“动了员”,而可以说“翻了身”;显然是前者比后者的凝固性要强得多。

凡是有显著的定型化的现象的,不论发展成熟的程度怎样,都可以划入词的范围;否则,就是词组了。

所以我们从语言组织当中去观察定型化的现象,也可以看出一些词组凝结做词的经过,同时也获得了分别词和词组的一种标准和方法。

第三,从声音形式当中来看双音化的现象。

我们知道,现代汉语的词汇里,双音的词占多数。这也表明汉语词汇的发展有很显著的双音化的现象。双音化的现象,一方面是从单音词扩充做双音,一方面又是从多音的词语缩减做双音。固然,也可以看到一些从双音缩减做单音的例子,如“不用”变做“甭”,“不要”变做“别”等,毕竟是少数。常见的,是从多音变做双音的现象。所以从词组转变做词,也往往是一种缩减的过程,就是按着双音化的趋势来缩减的。

因之,很多意义上相类似的词语,往往把构成双音的形式的,认为是词,而把构成三音、四音的,就认为是词组。例如:“说明”是个词,“说　明白”“解说　明白”却都是两个词连结起来的词组;“分清”是个词,“分　清楚”“分别　清楚”也都是两个词连结起来的词组;“洗净”是个词,“洗　干净”“洗刷　干净”也都是两个词连结起来的词组。又如:“中国”是个词,而“中华　人民　共和国”是三个词连结起来的词组。又如:“扫盲　工作”是两个词连结起来的词组,而“扫除　文盲　运动”却认为是三个词连结起来的词组。这些都是根据双音的形式来分别的。

略语是缩减了的词组,本身虽然不是词,可是缩减了的形式,由于经常的运用,往往也就凝结做词了。所以略语往往也是从词组转变做词的过程当中的一个阶段。例如“苏维埃　社会主义　共和国　联盟”是四个词连结起来的词组,“苏联”本来是它的略语;可是由于经常的运用,我们也把“苏联”认为是个词了。其他如“劳模”(劳动模范)、“土改”(土地改革)等常用的略语,都有凝结做词的趋势了。这种从略语变做词的,多数总是采取双音的形式。

由此可见,双音化是汉语发展的一种重要的趋势。我们根据了意义特殊化和组织定型化两种现象观察的结果,再来观察形式上双音化的趋势,也可以看出一些词组,经过缩减和凝结的作用,转变成为词,因而也利用这种形式上的标准来区分词和词组。

总起来说:关于词和词组怎样分别的问题,须要就词组构成和词的产生的关系上来讨论。在语言的发展当中,有些词组,它们的常用性特别强,因此往往经过凝结和缩减的作用,逐渐地转变做词了。这是词的产生的一种重要方法,也就是语言发展的一种重要趋势。这种语言发展的趋势,我们可以根据三方面的现象来观察，就是：实际意义方面的特殊化的现象，语言组织方面的定型化的现象，声音形式方面的双音化的现象。我们要根据这三方面的发展现象的观察，来求得区分词和词组的标准及方法。因为，词具有三种要素：一定的声音形式，一定的内容意义，在语言组织上的一定的作用。所以关于词的本质，词的产生，以及词和词组的分别，都须要就这三方面的现象来讨论。

三、语音和词义的关系

我们知道，词有三种要素：一定的声音形式，一定的意义内容，在语言组织里一定的功用。现在我们要来讨论这三种要素的相互关系。

我们很容易明白，一个词的用法是和它的意义有密切的关系的。有许多词，知道了它们的意义，也就断定了它们的用法。例如："太阳"是个名词，"升"是个动词，"红"是个形容词等；它们的意义是比较具体的，所以它们在语言里的组织功能，也是很容易确定的。

还有许多词，要断定了它们的用法，才更明确它们的意义。例如："疑问"这个词，如果用"怀疑""询问"的意思来解释，那就不对了；因为在实际语言里，我们只能说"毫无疑问""提出疑问"等，不能说"无可疑问""向他疑问"等，所以它是名词，不是动词，应当作为"有疑惑的问题"来讲。又如"嗜好"这个词，如果用"对于某种东西特别爱好"的意思来解释，也不是完全对的；因为在实际语言里，我们通常只说"有什么嗜好"，而不说"嗜好什么"，所以它也是名词，不是动词，应当作为"爱好某种东西的习惯"来讲（一般是指"不良的习惯"）。

又有一些词，必须依附于一个语言组织而存在的，一定要明白它们的用法，才能讲出它们的意义；例如"为人民谋幸福"里的

“为”,“日光和空气”里的“和”等。

从这些例子,就可以晓得,词在语言里的组织功能和它的意义内容,这两种要素是不可分割的。有时我们须要从词的意义来断定它的用法,有时须要从词的用法来讲明它的意义,有时又须要把词的意义和用法结合起来讲。

但是,如果我们把意义和功用这两种要素等同起来,没有加以区别,那又要犯错误了。在实际语言里,常常可以见到,一些意义上相类似的词,在语言组织里的作用并不一定相同。例如:“聪明”和“智慧”这两个词在意义上很相类似,可是前者一般是作为形容词来用,后者作为名词来用;我们常说“很聪明”“有智慧”,却不能说“很智慧”“有聪明”。又如“规矩”和“规则”,这两个词在意义上也相类似,可是前者可以作为名词来用,也可以作为形容词来用,后者只能作为名词来用;我们常说“按照规矩”“按照规则”,又说“规规矩矩”,却不能说“规规则则”(“不规则”已经成为一个词,和“不科学”等都是作为形容词来用,大概是由“不合于……”这样的词组缩减而来)。

从这些例子,我们又必须认定,词汇上意义的分类和语法上的区分词类,并不是一回事。词汇上所谓“同义词”,在语法方面并不一定是同属于一个词类;反转来,语法上同属于一个词类的,当然在词汇方面并不一定是意义上相类似的。这就是说:词的意义内容和它在语言组织里的功用,是有密切的联系的,但是必须要加以严格的区别。

语音和词义的关系,也是如此。

语音是语言的“自然物质”。词的意义和功用,必定要靠了它的声音形式,才能体现出来。语言之所以成为“思想底直接现实”,①

① 参看斯大林:《马克思主义与语言学问题》中译本,人民出版社1953年版,第38、39页。

就是由于语言具有声音这种自然物质来作为它的构成的要素。语言之所以“是人类社会唯一的能作为人们完善的交际工具”，[①]也就是由于语言应用这种声音要素来作为传达意志和交流思想的媒介。我们运用语言这种交际工具的时候，首先接触到的就是各个词的声音形式。

声音在实际语言里是划分做一节一节的，这种一节一节的声音，叫做“音节”。我们在一句话或者一段话里，听起来往往有一个一个连续发出的音，就是一个一个的音节。我们可以说，音节是语音刺激听感的单位。我们又必须认定，词是语言里表明意义和独立运用的单位。有些词是由一个音节构成的，叫做“单音词”，例如：“人、手、大、红、走、升、和、为”等；有些词是由两个或好几个音节构成的，叫做“复音词”，例如：“东方、太阳、人民、双手、指头、劳动、光荣、幸福、为了、说着、语言、图书馆、苏维埃、共产党、无产阶级、国际主义、斯达哈诺夫运动”等。在现代汉语里占着多数的双音词，就是复音词当中的一种。

我们从单音词和复音词的这种分别，就看出了语言里，代表语音单位的音节和属于意义及运用的单位的词，这两者之间是有差别的。这种差别性，也就说明了现在通行的汉字和我们实际的语言，这两者之间的矛盾所在。因为汉字是用一个个的字来代表一个个的音，采取了单音节的制度，就是所谓“一字一音制”，所以不能够把实际语言里许多复音的词表明出来。

上面讲的，只是关于语音的单位和词的单位的差别性，我们再进一步来讨论语音的实质和词的意义、功用，究竟有什么关系。

斯大林指示我们说：词汇“是构成语言的建筑材料”，[②]这是把

① 参看斯大林：《马克思主义与语言学问题》中译本，人民出版社1953年版，第46页。

② 斯大林：《马克思主义与语言学问题》中译本，第21页。

语言组织当中所运用的词比做建筑物当中的建筑材料。我们从这个比喻上，就可以晓得：词，除了它的建筑功能以外，必定有它的本身的质料。词的本身的质料就是声音和意义的结合。所以在每一个词里，它的声音和意义两方面都必定有紧密的联系。我们有了一个词的意义，就能够说出这个词的声音；我们说出一个词的声音，也就可以使听的人得到这个词的意义；这就是由于语音和词义有不可分割的关系。它们之间紧密的联系，也使得词成为语言交际当中运用的材料。我们要学会一种语言，要掌握一个词语，就是要熟练这种声音和意义的联系。

可是，我们又必须知道，这种声音和意义的联系，并不是必然的，永远固定的，而是受了社会的制约，为社会历史所假定的。“社会以外，无所谓语言。”[①]属于自然物质的声音，一经运用到了语言当中，用来表明那反映现实生活的意义的时候，也就成为一种特殊的社会现象了。语音和词义的结合，是由人们在实际的语言交际当中相互传习而成的；所以这种结合，一定要随着社会的发展而发展，一定要受着语言发展的规律的支配。“共同的语言是民族的特征之一。”[②]在实际语言中，用什么声音来表明什么意义，正是代表民族的一种特征。这种特征是在社会历史上形成的，也随着社会历史而发生变化；所以语音和词义的联系，不是必然的，永远固定的，而是偶然的，可以移动的。

可是，有些人却对于这个问题往往有相反的看法，大概可以分做下列的三种来说：

其一，从一些模声的词语来看。认为：语言当中有些词完全是模拟自然的声音，叫做“拟声词”，如哗啦、丁当、镗镗等；还有一

---

① 斯大林：《马克思主义与语言学问题》中译本，第 20 页。

② 斯大林：《马克思主义与民族问题》，见《斯大林全集》第二卷，人民出版社 1953 年版，第 292 页。

些词，原来也是由于模仿声音而起，如鸦、雀、鹅、雁等的名称，由于模仿它们的叫声而来。这种模声的词语，应该可以认为它们的声音和所代表的客观事物有直接的必然的联系。

其二，从一些语源学上的事实来看。认为：词的成立，既然是由于语音和意义的紧密联系，词的运用，也使得语音和意义之间发生了联想的关系；所以在实际语言当中，往往应用相类似的声音来表明相类似的意义，产生了许多“音近义通”的同源词。例如刚和强，柔和弱，空和旷，孔和匡（筐、框、眶），糠和壳，沟和壑，宽和阔，细和小，独和特等等，推究起来，都是原来读音相近而意义相类的。从这种同源词来看，应该认为某一种声音和某一类的意义有固定的联系。

其三，从一些形态变化的事实来看。认为：词的声音和它的意义既然有紧密的联系，所以实际语言当中，不但常常用同样的声音来表明同样的意义，而且也常常用声音的变化来表示意义的变化，这叫做词的形态变化。例如：把“家”变做“家家”来表示“每一家”的意思，把“清楚”变做“清清楚楚”来表示“很清楚”的意思，这样的变化是重叠的变化。把“说”变做“说着”来表示“正在说”的意思，把“说明”变做“说明了”来表示“完成说明”的意思，这样把一种成分接上去的，是接合的变化。又如“人家”这个词，重音在“家”这个音节上，是“住户”的意思；重音在“人”这个音节上，就变为“别人”的意思，这样的变化是轻重音的变化。其他，如“丑恶”的“恶”跟“可恶”的“恶”，“美好”的“好”跟“爱好”的“好”，声音上的不同又是属于音节内部的变化或声调的变化。这样用形态的变化来表示不同的意义，正可以使我们认为词的声音和意义之间有固定的联系。

上面列出的三种看法，都认为语音和词义的联系是必然的不可移动的；我们骤然看来，似乎要承认这三种看法都是有一部分的语言事实来做根据的：模声词语，同源词和形态变化的事实。但是,仔细推究起来,实在这些语言事实,不但不足以证明语音和词义之间有必然的永远固定的联系,而且,相反地,正可以用来说明:语音和词义的结合是由社会历史所假定,受社会的制约,也受语言发展的规律的支配的。这里就分做下列的三点来说:

第一,就语言这种交际工具的性质来说。

语言里应用声音来表明意义,正由于声音和意义之间是假定的关系,可以不受客观事物种种特性的限制,只要在社会历史上能够形成,就容许任何声音用来表示任何意义。这样就使得语言的表达作用,不象绘画和手势那样要受客观形象性的限制,而可以无限地加深和扩大。语言之所以"是人类社会唯一的能作为人们完善的交际工具",就是由于语音和词义的联系是由社会历史所假定的,没有表达形式上的局限性,可以有无比地丰富和广阔的内容。所以,不管一些词的起源,和客观事物的特性有没有直接的联系,而语言历史的发展总是要突破这种限制的。这是就语言本身的性质来说明语音和词义没有必然的联系。

第二,就社会对于语言的作用来说。

"语言是属于社会现象之列的。"[①]"语言只存在于社会中,依赖于社会;语言的命运跟社会的命运相联系。"[②]所以语言里应用哪些声音,有了哪些形式和意义,怎样用它所具有的形式来表明它所具有的意义,都是受了社会的制约。拟声词和起源于模拟声音的词语,似乎跟自然的声音有直接的联系,而实际所用来模拟的声音和所采取的形式,都是受了社会历史上所形成的语言体系的制约。因之,同一客观事物的声音,在各种民族语言里模拟的结果并不完全相同,这是由于它们各自有语言的体系,各自有民族的特征。各种民族语言里,各自有语源学上词语的类属,也各自有词语

① 斯大林:《马克思主义与语言学问题》中译本,第 20 页。
② 契科巴瓦:《语言学概论》上册,高等教育出版社 1954 年版,第 11 页。

形态变化的方式；因为用哪些相类似的声音来表明哪些相类似的意义，用哪些形态变化的方式来表示哪些变化的意义，在不同的语言里都是各自根据不同的语言体系，各自由不同的社会历史所形成的。所以语音和词义之间没有必然的联系，也可以从社会对于语言的作用上来说明。

第三，就语言内部发展的规律来说明。

一般语言的内部发展的基本规律，就是“语言各个构成部分发展速度不平衡的规律”。[①] 语言里的构成要素，声音和意义，都是有发展变化的，可是发展的快慢，变化的多少，又是相互错杂，极不一致。我们根据语言历史研究的结果来观察，就可以发现：有些词，从古代到现代，在意义上变化不多，而在音读上已经相差很远，例如人、手、牛、羊等；还有些词，古今音读相差不远，而意义上的变化很大，例如“能”(原来是指“熊属”，而作为“才能”的能)、“當”(原来的意思是“田相值”，而作为“应当”的当)等。这样声音和意义两方面不平衡的发展，就使得有许多原来“音近义通”的词变做只有极暗晦的语源关系了，一般人不容易看出它们原来是同源词了。例如：开和启，孔和窍，空和腔，阴和暗等，如果我们不考究这些词的发展的历史，就很不容易看出它们之间原来有“音近义通”的关系、可以认为是同源词的。模拟声音的词语和形态变化的方式，也都是受着这种语言里各要素发展不平衡的规律的支配，因而它们的声音和意义内容及客观事物之间，不可能有固定不移的联系。所以语音和词义的关系没有必然性，也可以用语言发展的规律来说明。

上面所列的三点说明，可以用语言和思维的关系的理论来做总结。“语言是直接与思维联系的”，[②]“语言与思维缺一就不能存

① 兹维金采夫：《语言的内部发展规律》，时代出版社 1955 年版，第 21—23 页。
② 斯大林：《马克思主义与语言学问题》中译本，第 20 页。

在，但同时它们又不是同一的现象”。[1]“人对于外界事物的概念都有自己的口头用语，没有这些口头用语这些概念就不能存在；但……概念是人周围现实世界事物之本质的反映，所以概念必然与这些事物相联系，而事物的口头标记则不是由这些事物的本性和特性来决定的，所以它对事物来讲是假定的标记。因而马克思写道：‘物的名称，是和物的性质全然没有联系的。……’”[2]“要是认为标明某种事物的词是由这种事物的本性和特性来决定的，那就必然把词与概念混淆不清，用词去顶替概念，归根结蒂就必然把语言与思维混为一谈。假如词真正是直接从物的本性和特性产生的，那末各种语言中物的一切名称和物的一切概念将是同样的了，这样，许多不同语言的存在就没有必要了。”[3]

语言和思维，词和概念，都是密切地相联系的，但必须加以严格的区别；语音和词义的关系，正是这样。语音和词义有不可分割的关系，但是，无论就语音的单位或语音的实质来讲，它和词义的联系总不是必然的、固定不移的。

我们再根据语音和词义这样的关系来观察语言里的词汇，就可以晓得“同义词”“同音词”“反义词”“多义词”这些现象的产生的由来。同义词是意义上相类相近的词，而音读上并不一定相同。同音词是音读上相同的词，而意义上并不一定相类相近。反义词是意义上相对相反的词，但是在音读上并不一定有相对相反的表示。多义词是同一个词有多种不同的意义，这就是用同一种声音形式来表示多种不同的意义。这些现象都是根据于语音和词义两种要素之间的差别性而产生出来的。反转来，我们也自然可以根据实际语言里的这些现象，来证明语言本身的各种要素有怎样的

---

① 福斯特利可夫：《马克思、恩格斯、列宁、斯大林论语言与思维的关系》，见《学习译丛》1952 年第 8 号，第 59 页。

②③ 同上书，第 60 页。

相互关系。

四、同音词和同义词的产生

我们知道，由于语音和词义两方面的差别性，语言词汇里产生了同音词、同义词这些现象。这里，我们再就语音和词义两方面不平衡发展的事实，来说明同音词和同义词产生的由来。

同音词就是声音形式相同而意义内容不同的词。有些人用汉字的观点来看汉语的词，以为汉字里有很多同音字，汉语里也一定有很多同音词；同音词，既然声音形式相同，在拼音文字里总是有相同的书写形式，如果把汉字改做拼音文字，那末，汉语里的这许多同音词，究竟在文字上怎样地加以分别呢？同音词的问题不能够解决，那末，汉字是不是可以改做拼音文字呢？这样的疑问的发生，固然是由于用汉字的观点来看汉语的词，同时也是由于没有理解同音词在语言发展当中产生的由来。

汉字须要改革的主要原因之一，就是汉字单音节的制度不能够适应汉语词汇发展的复音化的趋势。汉语词汇发展的复音化的趋势，尤其是双音化的现象，最为显著。从前可以用一个汉字代表出来的词，现在有很多必须要用两个或更多个的字才能代表出来了。从前许多同音字就是代表同音词，现在词汇经过了复音化，原来许多单音的同音词有了相互的区别了。例如“衣、依、医”三个同音字，从前也就是代表三个同音词，现代语言里把它们说成“衣服、衣裳、衣料，依靠、依赖、依据，医治、医药、医生”等等，同音字也就不再是代表同音词了。用汉字的观点来看汉语的词，不但错认了词就是字，而且对于词汇发展的这种复音化的趋势也看不出来了。

所以从实际语言的发展方面来看，汉语里的同音词，并不象一些人的错觉上所想的那么众多，也并不对于文字的拼音化要发生严重的障碍。汉语里的同音词，正和别的语言里一样，也正和一般用拼音文字书写的语言里一样，都是可以依据不同的语言环境和词在语言构造当中的不同地位来区别的。我们也必须认定，同音词的产生，正是一切语言里所共同具有的现象，也正是一般语言的发展当中所不能避免的一种结果。

词的声音形式就是事物的名号，在事实上不同的事物可以有相同的名号，这种现象就是词汇的发展当中各个词在声音形式上的“偶然相值”。单音词和单音词之间，很容易在语音上相值，就是偶见同音的现象，例如高和糕，长和常等。复音化作用当然使得这种同音相值的现象减少了，但是复音词和复音词之间，仍然不能避免地要遇见这种同音关系，例如数目和树木，绘画和会话，须要和需要等。

有时这种同音相值的现象，是由于借用别的语言的词而产生的。我们的语言跟别的语言相接触，就借用了它的词，可是借来的词和我们原有的词在声音形式上相同，这样也就产生同音词了。例如“打击”的“打”和“十二数”的“打”，“谷米”的“米”和“米突”的“米”等，前者都是我们语言里原有的词，后者都是从别的语言里借来的。又如枇杷和琵琶，流离和琉璃等，原来也是由于这种借用关系而产生的同音词。借用关系是语言里词汇发展的一种重要的因素。我们因此也可以知道同音词的产生，正是语言词汇发展的一种结果。

我们再从语音方面发展的现象来看：往往原来在声音形式上有分别的词，由于语音的变化而成为同音词。例如难和南，青和轻等，原来在古代的音读里有分别的，到了现代语里变成同音词了。又因为一些单音词变成了同音词，由这些单音词所构成的复音词也就成为同音词了。例如利和力，原来在古代的音读里有分别的，到了现代语里变成同音词了，因此由利和力所构成的权利和权力，水利和水力，地利和地力等，也都成为同音词了。这种由于语音变化而产生的同音词,可以说是词汇发展在声音形式上相互“交接”的现象。

我们又从词义方面发展的现象来看:词的意义并不是固定不变的,往往同一个词可以分化成几种不同的意义;因为从它的原有的意义上变出来新的意义,而新的意义和原有的意义又往往同时并用,这样就产生“一词多义”的现象了。如果一个词所表示的几种不同的意义,彼此又失去了联系,那就从“一词多义”再发展而为“同音异词”了,就是由一个词意义的发展,再进一步而分化为几个同音词了。例如“花”这个词,由“花朵”的意思变化出“花色”“花样”以及“迷糊”(例如“眼花缭乱”的“花”)等,再由“迷糊”的意思变化出“花费”的意思,因之“花费”的“花”和原来“花朵”的“花”就分割成为两个同音词了。又如“管”这个词,由“竹管”的意思变化出“箫管”“管钥”等,再由“管钥”的意思变化出“掌管”“保管”等,因之,“掌管”的“管”和原来“竹管”的“管”就分割成为两个同音词了。这种由于词义分化而产生的同音词,可以说是词汇发展在意义内容上彼此“分割”的现象。

有些人认为同音词,在拼音文字里总是有相同的书写形式,而在汉字里往往是有分别的。这样的看法是不符合于汉字的实际情况的。汉字虽然说是表意文字,实际并没有把许多同音而不同义的词在书写形式上分别出来,例如上面所举出的“花朵”的“花”和“花费”的“花”,“竹管”的“管”和“掌管”的“管”等。由此可见,认为汉字里可以对同音词加以分别,而在拼音文字里就要发生同音词的问题,这都是由于对汉字的错觉而发生的误会。

和同音词相反的现象,就是同义词。同义词是声音形式不同而意义内容相同或相近的词。同义词的增加,可以使得语言的词汇丰富而多彩,可以使得语言的表现细致而严密;因为同义词并不是纯粹属于同样事物不同的名称,而是很多在实际意义上、感情作用上或修辞色彩上有精细的差别的词。所以同义词的产生，是适应着社会发展的需要，同时也是语言本身发展的一种必然的结果。

斯大林指示我们说："词汇反映着语言发展的状态，词汇越丰富越纷繁，那末语言也就越丰富、越发展。"①同义词的产生，就是反映语言的发展状态和词汇的丰富化的一个主要方面。由于历代词语的积累，方言词语的集中，行业语和习惯语的推广，以及外来语的借用，民族共同语里的词汇自然而然趋于丰富、纷繁。这样丰富、纷繁的词汇里，也自然而然有许多是意义内容上相类相近的同义词。例如知道、懂得、晓得、明了、明白等，激烈、猛烈、热烈、壮烈等，睡、睏、眠、鼾等，都是词汇的发展在意义内容上相"交接"的现象。

我们再从词义的发展方面来看：语言里往往有许多原来意义不相同的词，由于各个词意义的发展而变为同义词。例如"凶狠"的"狠"和"美好"的"好"，原来意义不相同的，由于词义的发展变为同义词，就"很大"也可说成"好大"。又如"明白"，原来是"明显"的意思，由于词义的发展而变为"懂得"的同义词了。"骄傲"，原来是"自高自大"的意思，由于词义的发展而变为"自豪"的同义词了。这种由于词义变化而产生的同义词，正是词汇发展在意义内容上相互"交接"的现象。

我们又从语音的发展来看：我们在上一期里讨论到"语音和词义的关系"，曾经提出一些"音近义通"的词，就是语音和词义两方面都相类相近的"同源词"，②这种同源词，往往由于语音的变化，一般人就不容易看出它们的语源关系，而只认为是同义词了。例如开和启，孔和窍，空和腔，阴和暗，罕和稀，按和抑等，它们彼此之间的意义还是保持相通，可是音读方面变得不相近了，这样就都变成同义词了。这种由于语音分化而产生出来的同义词，也正是

---

① 斯大林：《马克思主义与语言学问题》中译本，第 21 页。

② 《语文知识》总第 47 期（本年 3 月号），第 28、30 页。

词汇发展在声音形式上彼此"分割"的现象。

因此可以知道同义词的产生，和同音词一样，都是语言本身发展的一种必然的结果。

总起来说：同音词的产生，是语言词汇的发展在语音上的相互"交接"，而在词义上的彼此"分割"；同义词的产生，却是词汇发展在词义上的相互"交接"，而在语音上的彼此"分割"。这两种现象，似相反而实相成的，因为都是由于语音和词义两方面不平衡的发展而来的。

五、反义词在语言当中的运用

我们所谓词义，就是反映客观现实的各种各样事物的概念。客观现实的各种各样事物，彼此之间有各种各样的相互的联系。它们的相互的联系，有些是相接近、相类似的，有些是相对立、相矛盾的。事物的相接近、相类似的联系，反映到语言的词汇里来，就产生了同义词的现象；事物的相对立、相矛盾的联系，反映到语言的词汇里来，又产生了反义词的现象。

根据于语音和词义两种要素之间的差别性，同义词的现象就是在意义上相类相近的而在声音形式上并不一定相类相近的词，反义词的现象就是在意义上相对相反的而在声音形式上并不一定表示出相对相反的词。有些反义词，在声音形式上不但没有相对相反的表示，反而有相类相近的关系；例如阴和阳，男和女，夫和妇，加和减，燥和湿，新和陈，旦和晚，寒和暖，央和旁，祥和殃，明和盲，聪和聋等。我们讲过，语音和词义都相类相近的词，往往可以说是"音近义通"的同源词[①]；这里举出的一些在语音方面相类相近的而在词义方面又相对相反的，却也往往可以说是反义的同源词了。

① 《语文知识》总第47期(本年3月号)，第28页。

所谓同源词，又是根据于语音和意义之间的关联性，从同一个语源的发展、变化，成为声音形式上原来相类相近的词。从同一个语源的发展、变化，反映了事物的相接近、相类似的联系的，就成为意义上相通的同源词；从同一个语源的发展、变化，反映了事物的相对立、相矛盾的联系的，也就成为这种意义上相反的同源词了。

当然，语言的词汇里反映着客观现实的各种各样事物的相互联系，是包括词汇本身的整个范围。词汇里反映了事物的相对立、相矛盾的联系，和反映事物相接近、相类似的联系的一样，都是包括很广泛的范围，当然不限于这种相同的语源关系。由于语音和词义之间的差别性的存在，反义词也和同义词一样，当然不限定在声音形式上要有相类相近的关系；因之它们所包括的范围，它们在语言当中的用途，都是很广很广的。

毛主席指示我们说："人的概念的每一差异，都应把它看作是客观矛盾的反映。"[①]反义词既然是反映客观的相对立、相矛盾的事物的，也就是代表着我们概念的一切的差异，所以反义词所包括的范围，它在语言当中的用途，都是相当广泛的。

我在这里只举出反义词在语言当中比较显著的几种用途。

首先，运用反义词来扩充和丰富我们的词汇。我们把反义词的认识来跟同义词的认识互相结合起来，就可以依据客观事物的相互联系来扩充和丰富我们的词汇。例如强和弱是两个相对相反的概念，和强这个概念相类相近的，有大、高、固、坚、富等，和弱这个概念相类相近的，又有小、薄、脆、懦、贫等；我们认识了"强"和"弱"这两个反义词，就可以依据概念的相互联系，逐渐扩充，来认识强大和弱小，高强和薄弱，强固和脆弱，坚强和懦弱，富强和贫弱等等这些反义词。又如深和浅是两个相对相反的概念，和深这个

---

① 毛泽东：《矛盾论》，《毛泽东选集》第二卷，人民出版社 1952 年版，第 772 页。

概念有相接近、相类似的联系的，有厚、长、远、精、奥等，和浅这个概念有相接近、相类似的联系的，又有薄、短、近、粗、显等；我们认识了“深”和“浅”这两个反义词，也就可以依据事物的相互联系来认识深厚和浅薄，深长和短浅，深远和浅近，精深和粗浅，深奥和浅显，艰深和浅易，深入和浅出等等反义词。这样依据事物的相对立、相矛盾的联系和它们的相接近、相类似的联系彼此的相结合来认识词语，自然可以扩充和丰富我们的词汇。

其次，运用反义词来辨别和明确各个词语的意义。利用相反的事物的对比，往往可以揭露事物内部的矛盾；所以运用反义词来解释词义，往往也可以辨别一些同义词之间的相互差异。我们讲过，同义词是很多在实际意义上、感情作用上或修辞色彩上有精细的差别的词[①]。我们要把同义词运用得恰当，必须要加以精细的辨别。利用反义词来解释，实在是辨别同义词的一个好办法。例如“疑惑”和“怀疑”两个同义词，好象不容易辨别；我们认定了“疑惑”的反义词是“坚定”，“怀疑”的反义词是“相信”，这样利用它们的反义来解释，就可以使得它们相互的差异更加明确起来了。又如“和平”和“平和”两个同义词，也好象不容易辨别；我们认定了“和平”的反义词是“武力”“战争”，“平和”的反义词是“猛烈”“急躁”，这样利用它们的反义来解释，也就可以使得它们的差异明确起来了。运用反义词来解释词义，又可以明确“一词多义”的现象，可以辨别同一个词所具有的多种不同的意义。我们又讲过，由于词义的发展、变化，同一个词可以具有各异的意义，也就有了各异的同义词；例如“骄傲”这个词，原来是“自满”的同义词，又发展而变为“自豪”的同义词[②]。我们认定了“自满”的反义词是“谦虚”，“自豪”的反义词是“自卑”，这样利用它们的反义来解释，更可以使

①② 《语文知识》总第48期（本年4月号），第33页。

得“骄傲”这个词所具有两种不同的意义格外明确了。又如“明白”这个词，具有“明显”和“明了”两种意义；我们认定了“明显”的反义是“暗晦”，“明了”的反义是“不懂”，这样利用它们的反义来解释，也就可以使得“明白”这个词所具有两种不同的意义更加明确起来了。这就是利用相反的事物的对比来揭露事物内部的矛盾。

再其次，运用反义词来使得我们对于使用的语言加强了记忆，增进了表现力。利用相反的事物的对比，可以使得要说明的对象和现象互相衬托，互相映照，这样自然加强语言的鲜明性和表现力，也自然使得听者和读者有深刻的印象，不容易在头脑里磨灭掉。我们汉语里，有许多留传下来的格言，到现在还是有价值的，例如：“谦受益，满招损。”“师直为壮，曲为老。”“业精于勤，荒于嬉。”“由俭入奢易，由奢入俭难。”这样的句子里都是运用反义词和修辞上的对比来加强我们的记忆的。相反的概念所以会形成强烈的对比，使得我们有深刻的印象，这不是由于概念和修辞方法的本身，而是由于它们根据着客观事物以及实际生活当中种种对立和矛盾关系的真实反映。例如看到新中国的繁荣、富强、一切飞速地进步，自然要联想到过去旧中国的贫穷、落后，一般人民怎样受残酷地压迫；看到新社会的种种光明、合理的现象，自然要联想到过去旧社会的黑暗、腐败，怎样地“把人逼成鬼”。所以反义词的运用，能够加强语言的表现力，就是由于相对相反的概念反映了客观的真实性。

最后，又运用反义词来构成许多复合词和成语。利用相对相反的概念来构成新词和成语，这也是由于反映客观现实的种种联系，用来充实和丰富语言本身的材料的。由反义构成的复合词，是多种多样的。例如“呼吸”“开关”等是有并列两面的意义的；“异同”“得失”等是只有偏面的意义的；“矛盾”“反正”等是有整个或综合的意义的；“上下”“左右”等是有约数的意义的。由反义构成的成语，也是多种多样的。例如：左右为难、啼笑皆非、新陈代谢等，可成为一类；神出鬼没、东摇西摆、大惊小怪等，又可成为一类；弃暗投明、除旧布新、外强中干等，又可成为一类。由此可见语言词汇在反映客观事物的联系的时候，也就扩大了自身的范围和用途。

总之，反义词在语言当中的运用，所以这样的广阔和重要，正是由于反义词反映着事物的相对立、相矛盾的联系，反映着这种客观事物的真实性。毛主席指示我们说："原来矛盾着的各方面，不能孤立地存在。假如没有和它作对的矛盾的一方，它自己这一方就失去了存在的条件。试想一切矛盾着的事物或人们心中矛盾着的概念，任何一方面能够独立地存在吗？"①就语言学方面来说，这就是我们须要学习同义词之外，又必须学习反义词的理论的根据。

六、多义词发生的原因

我们讲过，客观现实的事物的相互联系，有些是相接近、相类似的，有些是相对立、相矛盾的；这种种的相互联系，在语言当中用不同的词表示出来，这就是同义词和反义词的现象。② 如果这种种的相互联系，不是用不同的各个词表示出来，而是用同一个词表示出来的，那又成为多义词的现象了。

我们又讲过，多义词就是同一个词有多种不同的意义；③不过我们必须知道，多义词所有的几种不同的意义，它们彼此之间必定是有相互的联系的。例如耳闻、听闻、新闻等的"闻"，是"听见"的意义，而"闻到气味"的"闻"，是"嗅到"的意义；这个词所具有的"听见"和"嗅到"两种意义，可以说是有相接近的联系的。又如"紧"这个词，有了束紧、紧缩、紧急、紧迫、紧凑、严紧、紧密、紧张等这些意

---

① 毛泽东：《矛盾论》，《毛泽东选集》第二卷，人民出版社 1952 年版，第 794 页。
② 参看《语文知识》总第 49 期（本年 5 月号），第 5 页。
③ 参看《语文知识》总第 47 期（本年 3 月号），第 31 页。

义；它们之间，也可以说是有相类似的联系的。又如“乖”这个词，有了乖僻、乖谬、乖张、乖戾（“违背”的意思）等的意义，又有了乖巧、乖乖（“顺从”的意思）等的意义；它们之间又可以说是有相对立的联系的。因为这些不同的意义之间，总是有一种直接的相互的联系，所以是属于同一个词，应当把它们认为是“一词多义”的现象。如果所表示的几种不同的意义之间，彼此失去了联系，那就成为“同音异词”的现象了；例如“花朵”的“花”和“花费”的“花”，“竹管”的“管”和“掌管”的“管”等，我们就不应当把它们认为是多义词的现象，而应当把它们认为是“同音词”了。[①] 由此可见，多义词是指同一个词有多种不同的意义，它们彼此之间必定有直接的相互联系的。

同音词是各别的词而在声音形式上相同的，多义词是同一个词而具有多种互相联系的不同的意义的；同音词和多义词的分别，不是从声音形式上看出来，也不是从它们所用来代表的文字上看出来，而是要从意义内容和实际运用的关系上来判断。我们在语文实践当中，必须要把“一词多义”和“同音异词”这两种现象加以严格的区别；但是，同时又必须知道，这两种现象都是根据于语音和词义两方面的差别性而产生出来的。所以要推究多义词发生的原因，也跟对于同音词和同义词一样，首先须要依据“语言各个构成部分发展速度不平衡的规律”来说。[②]

语言里语音和词义两方面都是有发展变化的，而彼此之间又没有固定的必然的联系；因之词义的发展变化，往往使得同一个词分化成为几种不同的意义，而在声音形式上并没有什么表示出来。如果一个词意义的分化，在声音形式上也有不同的表示，那末，这种形态变化，也往往代表着一种构词法，就是从一个词转化成为几

---

① 参看《语文知识》总第 48 期（本年 4 月号），第 32 页。

② 参看《语文知识》总第 47 期（本年 3 月号），第 30、31 页。

个不同的词。例如“长短”的“长”和“长幼”的“长”，虽然同是用一个汉字的形体代表出来，实际是意义上不相同而声音上也有差别的两个词。但是，事实上词义的分化，有很多是没有伴随着这种形态变化的现象，也就是说并没有因此而构成几个不同的词。例如“长远”的“长”、“长久”的“长”和“优长”“专长”的“长”（例如说：“他长于唱歌”），在意义上当然是不同的，可是并没有用声音形式的变化来表示；而且这几种不同的意义，大概都是从“长短”的“长”这个基本的意义上发展变化而来，它们不能说是彼此之间没有相互的联系，因之它们也应当认为是“长”这一个词所具有的不同的意义。又如“短”这个词，有短小、短促、短暂、简短、短少、短缺等这些意义，它们彼此之间是有差别的，可是也有相互的联系的，而且也没有用声音形式的变化来表示它们的差别；所以这些意义也应当认为是“短”这一个词所具有的。由此可见“一词多义”这种现象的发生，也就是由于语言里语音和词义两方面不平衡发展的事实而来。

词义的发展变化，大都起初是从一个词的基本意义上产生出一些次要的意义或附带的意义，后来这些次要的或附带的意义逐渐在日常运用的词语当中固定下来，显著起来，就成为这个词的后起的新意义。例如“手”这个词，“双手是劳动器官”，这是它的基本意义；从“劳动器官”产生出“行动”的意义，就有入手、着手的“手”；从“行动”又产生出“亲手做”的意思，就有手工、手制以及手稿、手笔的“手”；从“亲手”又产生出“近旁”的意义，就有手头、手边的“手”；从“近旁”又产生出“轻便”的意义，就有手册、手折的“手”等等。又如“衣”这个词，穿衣、衣服是它的基本意义；从“穿的衣服”产生出“包在外面的一层皮”这种意义，就有豆衣、笋衣、糖衣的“衣”；从“外皮”又产生出“裹在胎儿外面的膜”这种意义，就有胎衣、衣胞的“衣”；又从“外皮”产生出外表、伪装的意思，如说：“披着什么外衣”的“衣”等等。一个词的新意义的产生和增进，并不必意味着它的原有基本意义的衰退和废止，而往往是保持着原有的旧意义来跟后起的一些新意义同时并存、并用。这样，一个词就逐渐积累着多种的意义、多种的用法。由此可见词的多义性，也是由于词义本身发展变化的自然的结果。

词义既然就是反映客观现实的各种事物的概念，所以各个词在每一种具体运用语言的环境里，必定有它的明确性，就是各个词在意义方面所指的一定的事物和概括的一定的范围。有了这种词义的明确性，各个词也就成为“人们完善的交际工具的语言”的建筑材料；但是语言材料的运用，又必须适合着每一种具体的语言环境，所以各个词又必定在运用的时候有它的灵活性。因为词义方面所反映的客观现实的事物是常常在发展变化当中，而许多种运用语言的具体环境，也常常是彼此有差别的，我们实际运用词语的方法，也就不能不有多样性。例如：“扣帽子”的“帽子”，“背了包袱”的“包袱”，“起桥梁作用”的“桥梁”，“骨干分子”的“骨干”，“地下工作”的“地下”，“铁的纪律”的“铁”，“事情搁浅”的“搁浅”等，这些是采取譬喻的方法来运用词语的。又如：“大兴土木”的“土木”是指建筑物的，“丝竹之音”的“丝竹”是指乐器的，“口齿清楚”的“口齿”是指语言的，“笔墨不能形容”的“笔墨”是指文章的，还有“好家伙”的“家伙”，“坏东西”的“东西”，“这里发生问题”的“问题”，“他要找个对象”的“对象”等，这些又是采取借代的方法来运用词语的。其他如火急、火速、火热等的“火”，飞快、飞速、飞跃等的“飞”，还带有夸张的运用方法的。又如苦干、苦心、苦功等的“苦”，痛惜、痛爱、痛恨等的“痛”，又是带有转借的运用方法的。又如说“好人”，有时是指“懦弱无能”的意思；说“老实”，有时是指“呆笨”的意思；这些又是属于婉说法的用词的例子。又如“好家伙”的“好”，实在是“坏”的意思；“冤家”这个词，有些地方常用来指“亲爱的人”;这些又是属于反说法的用词的例子,等等。这样繁多的运用词语的方法,也自然使得一个词在实际语言当中产生出多种不同的意义和用法。由此可见,多义词的发生,也是由于各个词的运用,为着适合各种具体的语言环境,有极强的灵活性的缘故。

词汇的发展变化,是反映社会的发展和需要的。所以“语言,主要是它的词汇,是处在差不多不断改变的状态中”。[①]“语言的词汇的变化……不是用废除旧的、建设新的那种方法来实现的,而是用新词去充实现行的词汇的方法来实现的,这些新词是由于社会制度改变,由于生产、文化、科学等等发展的结果所产生的。”[②]用新词、新语来充实现行的词汇,这是语言里词汇变化的一方面。另一方面,还有在现行的各个词语里,也往往产生出一些后起的新意义、新用法来充实它的原有的意义和用法,使得一个词可以作为几个词的运用。由于社会制度改变,由于生产、文化、科学等等发展的结果,新事物以及新的情况和形势层出不穷地发现,在实际语言的词汇里,势不能完全用新词、新语的创造来反映这种客观现实的发展和需要。所以各个词语里产生出几种不同的意义和用法,这样词义的分化和积累,也正是代表着词汇发展和丰富的一个方面,同时也正是反映着社会的发展和需要的。这样说来,多义词的发生,最后又应当归属于社会的发展和需要这个原因。

总起来说:语言发展的基本规律,词义本身变化的事实,语言里词语运用方法的灵活性和多样性,以至于社会的发展和需要,都是使得多义词发生的原因;又词义的发展及其规律,正是反映客观事物的相互联系的发展,所以由它产生出来的一个词里多种不同的意义,它们彼此之间必定是有相互的联系的。

---

① 斯大林:《马克思主义与语言学问题》中译本,第8页。

② 同上书,第23页。

至于多义词和构词法的关系，是相反相成的。“一词多义”的现象，似乎是用来节制新词、新语的构造，而实际也是助长新词、新语的产生和语言词汇的丰富化。所以词义的分化和新词的创造，这两方面在词汇的发展变化当中，实在有相反相成的关系。

（《语文知识》1956 年 1 月号至 6 月号）

词义和词性的关系

读了周祖谟先生的《汉语词汇讲话(八)》,对于其中的一段话,我有不同的意见。那一段话是:

> 不同词类的词虽然意义近似,可是未必就属于同义词。例如"聪明"和"智慧"意义虽然相近,但是不能算是同义词,因为所表示的不是同一性的概念。"聪明、伶俐、聪慧、聪敏"是同义词,"智慧、才智"是同义词。①

这里我要提出一个问题来讨论一下,就是词义和词性有怎样的关系。

周先生说过,"词主要是表达概念的","词在语言中是代表一定意义的语音形式","词在语言构造中是最小的独立运用的单位"。② 可见一个词必定具有三种要素:一定的语音形式,一定的意义内容,在语言构造中一定的功用。这三种要素是有相互的密切的联系的,但是必须要加以区别。

关于语音和词义的联系性和差别性,暂时不谈,我们这里要谈的是关于词义和词性的关系问题。词所表达的概念,就是它的意

---

① 《语文学习》1956 年 2 月号,第 39 页。
② 《语文学习》1955 年 4 月号,第 36 页。

义内容;词在语言构造当中的功用,就是它的性能,也就是语法上所要区分词类的主要标准。这两方面的现象是有相互的密切的联系的,但是不能把它们混为一谈。

我们从词义和词性的联系性来看。有许多词,在意义上比较具体,我们可以从它们的意义来断定它们的性能。例如书、太阳、人民、大、小、坚硬、走、看、观望等,意义很明显,所以它们在语言构造中的功用也是很容易确定的。又有许多词,在意义上没有那样明显,可以先从语言结构当中认定它们的用法,再来明确它们的意义。例如“疑问”这个词,因为在实际语言里,我们只能说“毫无疑问”“提出疑问”等,不能说“无可疑问”“向他疑问”等,所以断定它是名词,不是动词,应当作为“有疑惑的问题”来讲,不应当只用“怀疑、询问”的意思来解释。又如“整理”和“整齐”两个词,我们认定了前者一般是用作动词,后者一般是用作形容词,这样就容易区别它们的意义了。还有一些词,表示关系的意义或说话的情态的,就是通常所谓虚词,往往要在语言构造中才能看出它们的意义。例如因为、但是、而且、虽然、简直、难道、吗、吧等,我们一定要明了它们在语句结构当中的功用,才能讲出它们的意义。

从这些例子,就可以看出词义和词性的相互的联系性。我们在词汇教学的实践当中,一定懂得了不同的情况要有不同的处理方法。有时须要从一个词的意义来断定它在语言构造当中的功用,有时却须要从一个词的性能来讲明它所表示的概念,有时又须要把一个词的意义和它的用法结合起来讲。无论怎样,我们总可以认定词性和词义两方面有不可分割的关系。

但是,我们又决不能把词的意义和功用这两种要素等同起来,并且一定要加以严格的区别。在实际语言里,常常可以见到,一些意义上相近似的词,在语言构造中的功用并不一定相同。例如“充分、充足、充满”,“这三个词都表示‘足够、不欠缺、不匮乏’的意思,但词性不同，‘充分、充足’是形容词，‘充满’是动词，后头常带宾语”。[1] 又如“文明、文化”，这两个词是意义相近似的，又都是名词，可是“‘文明’还可以用作形容词，‘不文明’、‘很文明’都可以说，说‘不文化’、‘很文化’就不行”。[2] 从这些例子，我们必须认定，词汇上意义的分析和语法上的区分词类并不是一回事。词汇上的同义词，在语法方面并不一定是同属于一个词类；反转来，语法上词性相同的，当然在词汇方面并不一定是意义相近的。这就是说：我们不能完全根据几个词有没有相同的性能来断定它们是不是同义词。我不同意周先生的说法：两个词“意义虽然相近”，“因为所表示的不是同一性的概念”，就“不能算是同义词”。

周先生说：“不同词类的词虽然意义近似，可是未必就属于同义词。”我有相反的意见，认为，不同词类的词，只要意义近似，也就可以属于同义词。我们就引用周先生在同一段《讲话》里所举的例子来说。“光辉”和“辉煌”，[3]这两个是同义词，但是前者一般作名词用，后者一般作形容词用。例如说：“光辉的照耀”“光辉四射”“辉煌的成绩”“灯火辉煌”等，我们把两个词在这些语句里的用法比较一下，就可以断定它们所表示的不是同一性的概念，但是究竟还是同义词。又如单音词的“弯”和双音词的“弯曲”，[4] 这两个是同义词，也都是形容词；可是“弯”有时还可以作为名词或动词来用，例如说：“转一个弯”“弯一下”等。由此可见词汇当中哪些是同义词，哪些不是，我们必须根据它们之间的意义相近似或不近似来断定，不必要看它们在语法方面是不是同属于一个词类。

我们在词汇教学的工作当中，只有在指导学生运用同义词的时候，有时可以根据同义词之间的词性分别来指明它们的不同用

---

① 《语文学习》1956 年 2 月号，第 41 页。
② 《语文学习》1956 年 10 月号，第 33 页。
③④ 《语文学习》1956 年 2 月号，第 40 页。

法，可是不能根据同义词之间的不同词性来判定它们不是同义词。例如“聪明”和“智慧”这两个词的意义很相近似，我们指导学生运用和区别它们的时候，可以说：前者一般是作为形容词来用，后者作为名词来用；一般常说“很聪明”“有智慧”等，却不说“很智慧”“有聪明”等。这是指导区别同义词的方法之一，对学生是有帮助的。如果对学生讲，不是表示同一性的概念的词，不能算是同义词，即词性不同的词，就不算是同义词。那末，学生们就很容易把词汇上的同义词误作语法上的同一性能的同类词。这样，不但在词汇教学上，而且也在语法教学上，都要发生纠缠不清的困难了。所以词义和词性两方面必须要加以区别。

词义和词性两方面，在发展上也是不平衡的。“同义词还可以连在一起用”，“构成复合词和成语”。[1] 现今独立运用的词，和在复合结构或成语里的成分，词性不一定一样。例如“幸灾乐祸”这个成语里的“幸、乐”，和现在独立运用的“幸、乐”，词性不同，可是词义没有多大变化。这是由于两方面不平衡的发展。同样，“聪明”这个词，和“才智”可以连在一起，构成一个复合结构或成语“聪明才智”；例如说：“你的聪明才智并不比人家差”，这里的“聪明”又是名词了，意义上却并没有多大变化。“智慧、才智”既然是同义词，而“聪明”又有这样和“才智”连起来的用法，那么，“智慧、聪明”无疑地要算是同义词了。

总之，我认为：词义和词性两方面的现象是有相互的密切联系的，但是我们不能把它们混同起来，而必须加以严格的区别，以免在语文教学上遭遇到困难。

（《语文知识》1956 年 7 月号）

---

① 《语文学习》1956 年 2 月号，第 40 页。

基本词汇的性质和范围

语言是历史的产物。语言的词汇也是由社会历史上形成的。一种语言的词汇是经过许许多多的年代逐渐发展成功的。词汇里有些词是很早就在语言里产生出来，而且一直保存到现在的；有些词是后代随着种种的需要，才陆续地产生出来的；又有些词也是早就有了，可是后来废除不用，或者加以更换、改变的。因为同是词汇里的词，而在发展和形成的历史当中，有这样种种不同的情况，所以语言的词汇当中，也就有基本词汇和一般词汇以及行业词汇的分别。

斯大林说："语言的词汇中的主要东西就是基本词汇，其中包括所有的根词，成为基本词汇的核心。基本词汇是比语言的词汇窄小得多的，可是它的生命却长久得多，它在千百年的长时期中生存着并给语言构成新词的基础。"①斯大林这里所指示我们的关于基本词汇的性质和范围，我们必须要根据词汇发展和形成的历史事实来说明。

为什么有些词很早就产生出来而会一直保存到了现在的呢？这是由于这些词所代表的现实事物，从很古的时候起一直到了现在，本身没有什么变化，而且在我们现实的生活当中，还是占着最

---

① 斯大林：《马克思主义与语言学问题》中译本，第21页。

主要的部分。例如“火”，在人类发展的历史上是具有伟大的意义的。恩格斯说：“它第一次使人能支配一定的自然力，并因此而使人完全脱离动物界。”在我们祖国领土上居住过的一些原始人已经会使用火了，后来又学会用木石摩擦取火。[1] 因此我们可以断定“火”这个词，在我们语言当中是很早就具有了的。同样，“木、石、土、地、山、水、人、手”等这些词，也应当是在我们语言里很早就产生出来了。这些词都是具有极强的稳固性，从很古时候起一直保存到了现在，这是由于它们所代表的现实事物的稳定性，也造成了语言稳定的性质。

语言里词汇的发展和变化，是反映社会的发展和需要的。而词汇里一些词的稳固性，不容易在语言当中发生变化，也正是适合着社会的需要和语言发展的规律。因为这些词所代表的事物本身，既然没有什么变化，那末，如果我们不想用这些词，而想造出另外的一些来代替它们，那又有什么必要呢？斯大林说：“譬如：把‘水、地、山’……等等不叫做‘水、地、山’等等，而叫做旁的名称，又有什么必要呢？……在历史上，没有特别必要的时候，决不会作什么重大改革的。”[2]这些词，不但在语言当中没有发生重大改革的必要，而且它们的这种稳固性，正是语言发展的历史上所必不可少的。因为语言的发展，是在社会当中实际运用和相互传习之间进行着的，所以语言词汇里这些词经过长时期的保存和使用，就使得语言在社会上一代一代地连续下去，继承下去，不使它有一个时期会发生相互交际中断的现象。由此可见词汇里一些词的稳固性，正是社会生活所极端需要，为着维持语言的连续发展所必不可少的。这些具有极强的稳固性的词，是属于语言的基础之列，所以叫做基本词。

---

① 参看尚钺：《中国历史纲要》第1章，人民出版社1954年8月版，第2、3页。

② 斯大林：《马克思主义与语言学问题》中译本，第6、7页。

斯大林讲到语言的词汇的发展变化,说:“至于基本词汇是基本上完全保存下来的,并且使用为语言的词汇的基础,这也是很可理解的。既然基本词汇能在许多历史时期中很好地使用着,那就没有任何必要去消灭它。更不要说,把千百年积累起来的基本词汇消灭掉了,又不可能在很短期间内创造新的基本词汇,那就会使语言瘫痪,使人们完全丧失相互交际的可能。”[①]这段话就是说明:语言词汇里必定需要有一些在千百年的长时期中生存着的基本词来做语言的基础。这些基本词,包括:许多自然界的事物和现象的名称,人体部分的名称,亲属关系的名称,劳动和防御工具的名称,关于事物的一般性质和通常行动的词语,关于时间和方位的词语,以及一些指称词,数量词,代表各种关系的概念的虚词等。如果设想把这些基本词消灭掉,而在很短期间内造出另外一些新的来代替它们,那就是要想把一个语言的基础一下子就推翻掉,要想把一种语言发展的历史突然地加以中断,那是不是可能的呢?所以我们断定语言里基本词汇的稳固性,正是适合着社会发展的需要和语言逐渐变化的规律的。

语言的逐渐变化和连续发展,不但是在基本词汇的稳固性上看出来的,而且也在语言词汇的灵敏性和流动性上看出来。斯大林说:“语言的词汇对于各种变化是最敏感的,它几乎处在经常变动中。”[②]语言词汇的这种灵动变化的现象,正是和基本词汇的稳定的现象相矛盾而又相统一的。因为语言词汇的变化,主要是许许多多新词的继续不断的产生,而新词的构造,又往往以旧词来做基本的材料的;所以原有的一些稳定的基本词,就给了语言构成许许多多新词的基础。

我们讲过,词汇里有些词是后代随着种种的需要,才陆续地产

① 斯大林:《马克思主义与语言学问题》中译本,第22页。
② 同上书,第23页。

生出来的。这些词是怎样产生出来的呢？它们和基本词汇究竟有什么关系？斯大林说："语言的词汇的变化不是用废除旧的、建设新的那种方法来实现的，而是用新词去充实现行的词汇的方法来实现的，这些新词是由于社会制度改变，由于生产、文化、科学等等发展的结果所产生的。同时，虽然通常从语言的词汇中消失了一些已经陈旧的词，可是添加的新词的数量却要多得多。"①可见词汇的变化是反映着社会的发展和需要，而变化的方式，主要是在原有的许多旧词的基础上来构造许多新词。这许多新词的产生，绝大部分是用原有的一些基本词来作为构成的材料的。因此，具有稳固性的基本词汇就成为灵动变化的语言词汇的基础。基本词汇的稳固性和语言词汇的灵动性，两者是似相反而实相成的。

基本词汇作为构成新词的基础，它的这种作用，不但使得语言连续不断地发展，而且使得词汇的变化也具有极显著的系统性。因为从一些基本词上产生出来的许多新词，在整个词汇的构成的系统当中，就是以这些基本词来做它们的中心成分。例如以"工"这个词来做中心成分，产生了工人、工作、工程、人工等这些词；又从"工人"的工，产生了职工、矿工、女工、男工、工友、工头、工徒、工会、长工、散工、临时工等这些词；又从"工作"的工，产生了上工、下工、加工、罢工、工龄、工伤等这些词；从"工程"的工，又产生了开工、动工、完工、竣工、工地、工段、工序、工事、工兵等这些词；从"人工"的工，又产生了工时、工夫、工本、工料、工力、工匠、工具、工艺、工业、工价、工资、工钱等这些词。这些后来产生出来的词，可以叫做后起的"合成词"。从后起的合成词上，又可以产生出一些再后起的合成词。例如从工人、工作、工程、工业等，又构成了工人阶级、工人文化宫、教育工作者、科学工作者、工作日、工作量、工作

① 斯大林：《马克思主义与语言学问题》中译本，第23页。

物、工程师、工业化、工业革命等这些词语。语言随着社会的发展而发展下去，把这样构造成功的新词语一代一代地积累起来；结果，在我们纷繁的、丰富的语言词汇里，产生着一族一族的环绕着一些基本词周围的许许多多的“合成词”，同时也就这样在语言里形成了一个以这些基本词做中心的词汇的完整系统（象“工”这样作为构词的中心成分的，也叫做“根词”）。

从基本词上产生出来的后起的合成词，很多是应当隶属于一般词汇和行业词汇当中的，但是也有不少应当归入于基本词汇的范围。因为一些基本词之所以具有长久的生命和极强的构词能力，也是由于它们所代表的事物和现象，在我们的现实生活中占着最主要的部分；所以基本词汇的性质，除了稳固性和构词基础的作用以外，还有一种全民性。基本词汇的全民性，就是指其中许多为我们一切生活所必需的词；不论属于哪个阶层，哪种行业，凡是要用一种语言来进行交际的人，总不能不掌握这种语言里的许多基本词。我们可以不懂得很多专门性的行业语，甚至也可以不懂得一些一般性的普通词，可是总不能不运用一切生活上最需要的基本词。如果连这些最需要的基本词也不会运用的话，那就没有办法进行相互的交际了。基本词汇，由于有了这种全民性，它的范围也就包括了那些在一切生活中所必需的合成词。例如人民、国家、土地、革命、政治、法律、思想、劳动、生产、机器、工厂、学校、工人、农民、学生等，现在都是具有全民性的；它们当中，有一些是古代就造出来的合成词，也有一些是到了现代才构造成功的，又有一些也是有构词能力的。

总起来说：根据语言里词汇发展和形成的历史来看，我们把基本词汇规定了三种主要的性质。第一是它的稳固性。许多基本词在很长的历史时期中生存着，一方面是由于它们代表了稳定的事物和现象，另一方面也是由于语言本身在逐渐的变化和连续的发展当中所需要的。第二是它的极强的构词能力。许多基本词作为语言里构成新词的基础，一方面也是为着维持语言发展的连续性，另一方面又是为着形成词汇变化的系统性。第三是它的全民性。基本词汇包括一切生活所必需的词，一方面是和它的稳固性及作为构词基础的能力相关联的，另一方面也正是适合着语言词汇的发展规律，反映着社会的发展和需要的。基本词汇的这三种性质，就是使它成为语言的词汇中的主要东西，使它成为一种语言的基础，一种语言特点的本质，而且也都是属于历史的产物。

上面所举出的基本词汇的三种主要性质，是综合了语言词汇发展和形成的历史事实来说的，并不是指所有的基本词都具备了这三个条件。例如那些代表各种关系的概念的虚词以及指称词等，构词的能力虽然很弱，而具有全民性和稳固性这两个条件，所以必须要把它们归属于基本词汇里。又所谓稳固性，并不是固定不变的意思；有些极稳定的事物，也在历史上逐渐变更了它们的名称。例如古时说“目”，现在说“眼睛”；古时说“日”，现在说“太阳”；古时说“饮”，现在说“喝”；古时说“卧”，现在说“躺”等等。至于全民性这个条件，更是要随着社会的发展变化而发展变化的；有些在古代很通行的词语，由于事物本身的变化，到后代废弃不用了。例如古代社会里分做天子、诸侯、大夫、士、庶人这几个等级，后代社会变了，这些名称也逐渐不用了；又如古代的武器“干戈”等，古代的农具“耒耜”等，后代也逐渐不用这样的名称了。我们讲过，词汇里有些词也是早就有了，可是后来废除不用，或者加以更换、改变的。这不但是指一般词汇和行业词汇的，基本词汇里也有这样的情况。还有一些原来不属于基本词汇的词，由于社会发展的结果，它们具有显著的全民性，就变为基本词了。例如“党”这个词，过去一般不属于基本词汇的范围，到现在有了一种特殊的新意义，用它来指“共产党”，就成为我们生活上必需的词，同时它的构词能力也显著地加强了。例如:党性、党龄、党课、党校、党章、党证、党费、党史、党日、党委、党员、党中央、党组织等,都是由它造出来的合成词。因此在现代语言的词汇里,“党”不但应该归入于基本词汇的范围,而且成为基本词汇的核心的“根词”了。(“根词”是指独立的词而又作为构成新词的基本和中心成分的。)由此可见,词汇里的各个词,在它的发展和形成的历史当中,往往各有不同的情况;所以我们不能机械地应用基本词汇的这三种性质来断定哪个词是、哪个词不是属于基本词,同时还必须要根据语言发展的事实和社会历史的条件来划分。

基本词汇的范围是随着语言的发展变化而发展变化的。基本词汇和一般词汇以至于行业词汇,彼此之间的划分,并不是固定不移的,一方面要看它们不同的性质,另一方面又要看语言发展的历史事实。它们各自范围以内的词,不但在一定的历史条件之下,往往彼此互相转移,而且随着语言的发展来互相充实和丰富。苏联专家阿热戈夫说:“基本词汇是词汇丰富不断的源泉,它‘给语言以构成新词的基础’。而词汇呢,转过来又是充实基本词汇的无尽基地。”①这就是用历史主义的方法来看这个问题的。

我见到有些语文教育工作者,往往认为基本词汇的范围不容易确定,就不愿在实际教学当中采取斯大林关于基本词汇的理论,而仍旧喜欢引用“常用词汇”这个术语;这是由于没有运用历史主义的方法来处理这个问题。如果不运用历史主义的方法,不采取先进的科学理论,那末,我们语文教学的质量就没有办法提高了。希望大家来共同研究这个问题。

(《语文知识》1956 年 8 月号)

---

① С. И. 阿热戈夫:《词汇与基本词汇问题》,见《科学通报》第 3 卷第 7 期,1952 年 7 月号,第 453 页。

现代语里的古语词

现代语和古代语，并不是绝对地相对立的。现代语的词汇，有一部分继承着古代语的词汇而不变的；最显著的是有许多基本词，例如火、水、山、地、人、牛、羊、大、小、上、下、走、来、在、于等，从很古的时候起一直使用到现在，并没有什么变化。这样的基本词，实际上是一种最古老的词。

可是我们并不认为是古语词。因为这种基本词是属于民族语言的基础之列，代表着民族语言的一种本质的特点，有许多是现代语和古代语两方面所共同的，就是从古代语上保存下来而成为现今普通话词汇里的最主要的东西。这样历代相传的基本词，绝不能和所谓古语词混为一谈。

那末，什么叫做古语词呢？

古语词是古代语里所使用的一些词语，在现代普通话里已经不用或很少用的；这样的词语，常常在一些古典作品当中见到，也往往从许多文言文的作品里流传下来，所以也叫做文言词。

关于古语词或文言词的性质，可以分做下列的三方面来说：

第一，历史性的。有些古语词，它们所代表的事物到了现在大概已经成为历史的陈迹，而它们本身的意义仍旧不变；它们虽然不一定要在文言文中才能运用，而只是在一些叙述历史事实的作品里见到，所以成为历史性的词语。例如：庶人、天子、诸侯、朝廷、丞相、太守、干戈、弓矢、宗庙、社稷、鼎、圭等。这样的词语，和现代一般社会的生活很少有联系，在现代普通话里也很少用得着的。

第二，陈旧的。有些古语词，虽然它们所代表的事物到了现在还是存在的，或者和现代社会的生活还有一些联系的，可是在词语的形式上，或者在一些内容的意义上，已经不适合于现代社会的应用了。它们如果不采取特殊的修辞手段而就使用到现代普通的口头语或书面语里，那显然会觉得太陈旧、不相称的了，所以是陈旧的词语。例如：君子、小人、冠盖、缙绅、黎民、众庶、俸禄、廪食、不佞、稽首、鄙夫、稼穑、温良恭俭让等。这样的词语，很少具有现代生活的气息，在现代普通话里也是很少用得着的。

第三，书面性的。还有些古语词，到了现代一般口头语里确实已经废除不用了，偶尔在书面语里见到，就会觉得是文言的词语；因为它们一般只是在书本上和文言文里常见、常用的，可以叫做书面性的词语。例如：予、余、吾、尔、汝、甚、俾、如此、而已、岂、焉、哉、乎、也、朝夕、盘桓、婆娑、邂逅、契阔、惆怅、饥馑、瑕疵、行役等。这样的词语，和现代普通话口头语里意义相当的词，似乎只是声音或书写形式上的不同，实在往往还有一些情感色彩的分别；所以当需要用它们来表示这种特殊的情感色彩的时候，我们也往往把它们吸收到书面里来。它们虽然还具有一些现代生活的气息，而在一般的口头语上总是不用或很少用的。

根据上面所说古语词的三方面的性质——代表历史上的事物，缺乏现代生活的气息，脱离口头语的形式——我们必须要把这样的词语来跟现代普通话词汇里的词区别开来。但是，在语言历史的发展当中，现代语和古代语既然不是绝对地相对立的，所以现代语的词汇，不但有一部分完全继承了古代语的基本词，而且经常不断地吸取这样的古语词，来充实它自己，丰富它自己。

关于学习语言的途径，毛主席指示我们："要向人民群众学习语言”,“要从外国语言中吸收我们所需要的成分”,“我们还要学习古人语言中有生命的东西。由于我们没有努力学习语言,古人语言中的许多还有生气的东西我们就没有充分的合理的利用。当然我们坚决反对去用已经死了的词汇和典故,这是确定了的,但是好的仍然有用的东西还是应该继承”。[①] 可见从古人语言中接受许多有用的词语,使得现代语的词汇由于吸取了许多古语词而更加充实、丰富起来,这是我们学习语言的一条重要的途径。

我们从语言发展的历史来看,我们要学习古人语言中有生命的东西,这正是根据于语言本身发展的内部规律的。我们知道,语言词汇的变化,不是用废除旧的、建设新的那种方法来实现的,而是用新词去充实现行的词汇的方法来实现的。现代语词汇之所以成为这样的丰富、纷繁,是由于语言本身经历了长久时期的发展,一代一代地继承下去,又逐渐地积累起来。现代语词汇不但有些部分须要完全接受古语的成分,而且它的许多新词的构造,也往往以原有的旧词来做基础,就是利用古语词来作为构成新词的材料的。我们要学习古人的语言,要认识现代语词汇里包含有许多古语的成分,这正是依据于语言历史的连续性和继承性的规律的。

我们再从语言发展当中书面语和口头语的关系来看,现代语词汇里的包含有许多古语成分,也往往是由于书面语对实际口头语所产生的影响。我们知道,文字是记录语言的工具,书面语当然要有口头语来做它的根据;但是文字的产生和应用,书面语的流行和传播,都使语言的发展起着重大的变化。[②] 古语词或文言词常常是在古典和文言作品当中见到的,现代语的吸取古语词并且利用古语词作为构成新词的材料,往往是由于这种古典和文言作品的传播的影响。我们要学习古人语言中有生命的东西,要继承古

---

① 《毛泽东选集》第3卷,人民出版社1953年2月版,第858、859页。

② 参看斯大林:《马克思主义与语言学问题》中译本,第24、25页。

代语里好的仍然有用的东西，也往往需要从这种古典和文言的作品当中去研究、去吸取。这又是依据于语言发展当中书面语对口头语产生反影响的规律的。

那末，现代语怎样吸取和利用古语词呢？

现代语的采用古语词的过程，是多方面的，大致可以举出下列的几点来说：

一、现代普通话往往由于语言环境、客观事物和文体本身的复杂多样化，需要有各种意义相近而又有差别的词语来反映各种特殊的情况，这时候常常适当地把一些古语词或文言词吸取过来。例如：和“呼号”近义而有差异的，有“呼吁”；和“谣言”近义而有差异的，有“流言”“谰言”；和“早晨”近义而有差异的，有“黎明”“拂晓”；和“希望”“期待”近义而有差异的，有“企图”“觊觎”等等。可见古语词的吸取，首先使得现代普通话词汇里有了许多种意义相近而有微细差别的“同义词”，来反映客观现实当中各种各样的特殊情况。

二、现代普通话又往往采取一些历史性的或陈旧的词语来表示讽刺的意义或其他的感情色彩。例如：土皇帝、小朝廷、党八股、党老爷、钦差大臣、钦定、御用、秀才、公子、文质彬彬、温良恭俭让等。这也是吸取古语词来表示特殊意义的一种方法。

三、现代普通话又往往利用古语词或文言词作为表示庄严的意味的。例如：诞辰、朝觐（如“教徒朝觐圣地”）、陵寝、陵墓、逝世、哀悼、吊唁、志哀、永垂不朽、与世长辞、忠诚、铭记、遵循、典范、昭著等。这样的文言词语，因为常见于一些古典作品当中，很少在现今日常的口头语里使用，所以往往使人感到有一些所谓“典雅”的气味，就被利用作为表示庄重、严肃的意味的词语了。文言书信中一些表示敬意的词语，如谨、幸希、承教、惠存、奉陪、恭贺、阁下、足下等，也是在一定的场合中需要使用的。这也是利用古语词来表示一种特殊的意义的。

四、古语词或文言词，有些包含在相沿应用的成语或流传很广的古话当中的，当然也随着这种成语或古话保存到现代普通话里。例如："揠苗助长"里"揠"不能依照现代的口语词汇改换做"拔"；"缘木求鱼"里的"缘木"，不能改换做"爬树"；"负荆请罪"里的"负荆"，不能改换做"背棍"；"足""口"两个古语词在"手足无所措""一失足成千古恨""口是心非""口耳相传"等这些古话或成语里，也都不能依照现代口语词汇改换做"脚""嘴"。这也是现代语里包含古语词的一种情况。

五、由古话或成语中流传下来的古语词或文言词，经过一定时期的使用，有的竟然形成了现代语里很通行的新词。例如："学习"，是由"学而时习之"这句古话形成的；"启发"是由"不愤不启，不悱不发"这句古话形成的；"矛盾"是由"以子之矛攻子之盾"这句古话形成的；"一贯"也是由"一以贯之"这句古话形成的。从流传很广的一些古话或成语当中保存着一些古语词，再利用它们来构成一些现代的新词，这也是一种吸取和利用古语词的方法。

六、书面性的文言词，有时比它们意义相当的口语词较为普遍流行，就运用作为现代普通话的书面词。例如："父、父亲"，实在比"爸、爹、爷"等为普遍通行，书面上写着的"父子关系"，当然不必依照口语改写做"爸爸和儿子的关系"；"妻、妻子、夫人"，实在也比"老婆、媳妇儿"等为普遍通行，书面上写着的"夫妻关系"，当然也不必改换做"老公和老婆的关系"；不但如此，而且"父亲、母亲、父母、子女、夫妻、夫妇、妻子、丈夫、夫人"等，又从书面上回转到口头语里来。书面语给了口头语很大的影响，使得很多古语成分从书面上流转到现代普通话的词汇里来，这也是采取古语词的一种方式。

七、文言的一些指称词和表示关系意义的虚词，仍然留存于许多现代语句的特殊结构中。例如："几乎""不在乎"等词语里的

“乎”;“几分之几”“……之所以”等里的“之”;“其次”“其余”“大谈其文章”等词句里的“其”;“以为”“以便”“以资”等里的“以”;“善于”“有利于”“见于”等里的“于”;“为……而……”“不是……而是……”等里的“而”等等。又有许多书面性的语句结构,由于普遍的使用,也逐渐进到口头语里来;例如:“以……为首”“以……为基础”“在……领导之下”“在……情况之下”“从……基础之上”“掀起……高潮”等等。这些也是书面语影响于口头语的例子。

八、现代语利用了古语词来作为构成新词的材料。我们知道,基本词汇的主要性质,有一种是作为构成新词的基础的能力;可是基本词汇是在发展变化当中的,古代语里的许多基本词,已经有不少到现代不成为独立运用的词,而只是作为构造新词的材料。但是它们的作为构成新词的基础的能力,始终是很强的。例如:古语词的“民”,现在已经不独立运用了,但是现代有许多由“民”构成的合成词,如人民、公民、农民、民主、民族、民俗等;古语词的“目”,现在已经不独立运用了,但是现代也有目的、目标、目力、目录、节目、项目等,都是由“目”构造出来的合成词。又如“企望”的“企”和“图谋”的“图”,现代也都不是独立运用的词了,而相互合成了“企图”这个词。“非”“无”等,一般认为是文言词,而现代由它们构成的词语,实在很多,如非常、非正式、非法、非卖品、无故、无效、无原则、无线电、无产阶级、无缝钢管等。利用古语词来构造新词,这确实是现代语吸取古语成分的重要方式之一。

从上面所列举的现代语里采取古语词的许多种方式来看,更可以了解现代语和古代语在词汇方面有相互间的连续性和继承性,口头语和书面语在词汇的发展当中也有相互间的作用和影响;同时也可以了解为什么语言越发展,词汇也越丰富、越纷繁,以及我们为什么还要学习古人语言中有生命的东西。为着使得现代语词汇不断地充实和丰富起来,这样对于古语词的吸收和利用,实在是必不可少的。但是我们仍然须要注意古代语和现代语在词汇方面的分别。尤其不应该滥用和乱用这样有历史性的、书面性的和陈旧的词语。

那末，现代语的吸取古语词的原则和条件又是什么呢？

毛主席指示我们要充分合理地利用古人语言中许多还有生气的东西，而坚决反对去用已经死了的语汇和典故。怎样才是适当地吸收和利用古语词，这是关于现代语言规范化的一个重要问题。对于这个问题，可以举出下列三种原则来谈谈：

（一）需要的原则。适当地采用古语词是为着表示特殊意义的需要，并不是为着用文言而用文言。例如说"抵京""莅校""购物""从事"等，而不说"到京""来校""买东西""进行(做)"等，在表示意义上又有什么必要呢？不但没有必要，反而觉得较为暗晦了。又如不说"悲惨""喜爱""毛病""帮助"等，偏要说"悲凄""喜嗜""疵病""帮翼"等，这样任意地采取古语成分来生硬地配合构成新词，又并没有表示特殊的新意义，更是我们所应该坚决反对的。历史性和陈旧的词语，除了在叙述历史事实或表示讽刺意义、庄严意味等有特殊作用的时候以外，也应该反对运用。根据实际生活的需要，这是运用古语词的一种首要的条件。

（二）普遍性的原则。书面性的古语词，在现代语里有没有生命，也必须看它们在实际生活当中使用的频率，看它们在现代社会上普遍性的大不大，如果一些古语词在现代社会生活当中能够通行开来，它们就逐渐脱去陈旧的和书本的气味，转进到现代普通的口头语里来了；如果通行不开来，那它们就是死的、没有生气的东西了。例如：我们用了"来临"，不用"莅临"；用了"百姓"，不用"黎民"；用了"拂晓""黎明"，不用"昧爽"；用了"琢磨"，不用"切磋"等。一般普遍的使用或者逐渐的普遍化，也是运用古语词的一种条件。

（三）意义明确的原则。普遍使用的词语，往往意义明显，容易为一般人所了解；反转来，生僻、生硬的词语，也往往意义暗晦，为一般人所不懂。例如：璀璨、葳蕤、嶒嶝、夭夭等，这样陈旧的和书面性的词语，现在一般是用不着的，也是一般人所不懂的，当然我们不应该运用。我们不是古代文人学士的学生，写文章要给老百姓看的，除了一些用来表示特殊的庄严意味的以外，当然不应该故意地舍弃现成的口头词语，而运用意义反而较为暗晦的文言词语。还有自己对于一些文言词语不很了解而用错了的；例如说"教益人民"，原意大概是说"教育人民"，可是"教益"是指受到的教育和帮助（文言书信里常用作名词）；这样的事例，更应该注意避免。所以意义要求明确，也是运用古语词的一种必需的条件。

总之，我们从词汇规范化的意义来讲，古代语和现代语，在发展当中并不是可以分割的，但是在实际运用上又是必须要加以区别的。现代普通话词汇里所吸取的古语词，实在是它本身所不可缺少的一种构成部分，同时也是使得它成为这样的丰富和精练的一个主要因素；但是，为了保持它的纯洁并且使得它健康地发展下去，我们必须坚决反对滥用和乱用古语词。我们必须掌握上面所说的三种原则——反映实际生活的需要，一般普遍的使用，明确地表示意义——来作为运用古语词的必要条件。我们所采取的一些古语词或文言词，必须要求它们适合着现代社会的需要，不只是代表历史上的事物；必须要求它们具有现代生活的气息，不只是使人感到陈旧的意味；又必须要求它们能够使用到实际口头语里，不只是保持在书面上。这是我们对待古语词的正确态度，也是我们学习语言的一种重要途径。

（《语文知识》1956 年 10 月号）

不必拘泥于一个字母代表一个音素的原则

在《关于拟订汉语拼音方案（草案）的几点说明》里曾明白指出拟订这个方案所根据的三个基本原则：第一是“标准化”的原则，就是以北京语音来作标准。第二是“音素化”的原则，就是有几个音素就写几个字母，一个字母代表一个音素，一般不采取两个或三个音素合并起来用一个字母代表的办法。第三是“拉丁化”的原则，就是字母形式，采用国际通用的拉丁字母。这三个关于拟订拼音方案的基本原则，是我们所竭诚拥护和赞同的。

不过，这三个原则应该怎样加以灵活地掌握，使它们彼此之间不至于发生矛盾，以打下一个完善的汉语拼音文字的良好基础，这是应该特别慎重考虑的。对于字母的运用和安排，一方面要适应运用拉丁字母的一般习惯，尽可能要符合国际上对于拉丁字母的最普通的用法；另一方面又必须把汉语标准音里的一些特点显著地表示出来，同时又使得字母和拼音，明确而有系统，便于教学。因之，我个人认为这个拼音方案过于拘泥着“一个字母代表一个音素”的主张，没有把“音素化”的原则加以灵活地掌握，以致对于拉丁字母本身的优点没有充分地加以发挥，对于过去几种汉语拉丁字母拼音方案的宝贵经验也没有充分地加以吸取；换句话说：这个方案不免机械地遵守着“一个音素一个字母”的原则，以致对于

"标准化"和"拉丁化"两个原则贯彻得不够。

"用一个字母代表一个音素","有几个音素就写几个字母"的主张,这是国际音标订定的时候所倡导的一套理论。科学上应用的标音符号当然需要制定一套理论性的字母。但是它和实用性的拼音文字的字母究竟是有区别的。拼音文字的要求,除了表示出实际的语音特点以外,主要还是在它的简便,使得一般人容易学习,容易书写,而且容易阅读。现在拟订汉语拼音方案的目的,不是单单为着严密地标音或注音,主要的还是在用来作为汉语拼音文字的基础,所以不必要,也不应该像国际音标那样要遵守着一个音素一个字母的原则。而且,就是在国际音标当中,实际也不是完全贯彻着这个原则的。例如塞擦音的[tʂ][ts][tɕ]等,在国际音标里,采用两个结合的字母来表示;究竟这种塞擦音是一个音素,还是两个音素,固然值得讨论,总之在拼音方案当中不必定要把它们都作为一个音素而用一个字母来代表。又如元音的[æ]是介于[a]和[ɛ]之间的音,所以国际音标里用[a]和[e]两个字母的结合来表示它([œ]等也是这样)。实际当运用国际音标书写记音的时候,凡是这种用两个字母结合起来表示的符号,往往就把两个字母分开来写。此外,还有一种用小字母放在字母左上角的办法,来表示这个音具有某种性质或倾向的,如[əʳ],就是[ɚ],也就是我们方案当中的 er。因为字母变化的形式有限,实际语言里音素的种类很多,即使在严密的标音当中,也要相当地采用这种结合两个字母来代表一个音素的办法,何况是为着实用性的拼音文字做准备阶段的拼音方案,为什么必要机械地守着一个音素一个字母的原则呢?

我认为把实际语言里的音素分析地表示出来,这就是音素文字的特质;音素化的原则不是板定地用一个字母来代表一个音素。一般不采用两个或三个音素合并起来用一个字母来代表的办法,这是应该的,必须的;因为如果采用那样办法,就不能分析地表示语言里的音素，而且使得字母的总数超过了实际音素的总数。一般音节字母以及注音字母，都是字母的数目超过了实际音素的数目。反转来，如果适当地采用结合两个字母来代表一个音素的办法，那末，不但不会丧失音素文字的特质，相反地有时还可以因此表示出音素本身的性质或倾向，而且同时使得应用字母的数目少于实际音素的数目。我认为一般所谓拉丁字母的灵活性和适应性，固然是指它各个字母的运用方面，而实际也是指它常常采用着这种结合两个字母来代表一个音素的办法，使得一定数量的字母可以用来表示出各种不同民族语言里的不同音素。这也正是拉丁字母的优点之一，在我们拟订汉语拼音方案的时候是应该充分地加以发挥的。

假使西欧文字里 th、gn 等的音素，必定要依据一个音素一个字母的原则，补充了新字母，像 θ、ð、ɲ 等来代表，那末它们都不是纯粹属于拉丁文字的系统了，它们显然都比现在这样要繁复累赘得多了。我对于这次拟订的汉语拼音方案里所补充的五个新字母 ʐ、ç、ş、ŋ、ɥ，就有这样的感觉。我们必须要把“音素化”的原则来和“拉丁化”的原则好好地结合起来，我们不应该拘泥于“有几个音素就写几个字母”的主张，我们不能单单根据高级学校里利用国际音标教学语言的一些经验，来制定一般人所学习和应用的拼音文字的字母。

我们再从汉语的标准音，就是北京语音的特点来看。关于北京语音的特点，大约可以举出下列的三种现象来说：

第一，北京语音里，清、浊音的分别，远不如送气、不送气分别的重要。利用拉丁字母的清、浊分别来代表送气、不送气两类子音，这是国语罗马字和北方话拉丁化方案的最大优点之一；尤其用 z、c、s 来代表ㄗ、ㄘ、ㄙ确是一个灵活运用拉丁字母的范例。现在拟订拼音方案，正应该把这个优点加以继承和发挥，可是这次用

ɥ、q、x 来代表ㄐ、ㄑ、ㄒ，显然很不相称。尤其把一个俄文字母的 ɥ 加进去，虽然可以引起对于注音字母ㄐ的联想，但因此破坏了整个字母安排的系统性。还有 q 用来代表ㄑ，也跟一般应用的习惯相差太远，例如“阿 Q”要读成“阿ㄑ”，这是违背一般的习惯的。又 ɥ 的手写体很容易跟 r 的手写体相混；俄文字母里没有 r，而我们的方案里要大大应用 r，这是应该注意的。

第二，北京语音里，卷舌化的现象特别显著，子音有ㄓ、ㄔ、ㄕ、ㄖ一组的卷舌音，母音有ㄦ及ㄦ化韵。卷舌化就是 r 化，我们方案里用 r 来代表ㄖ及表示ㄦ化韵，用 er 来代表ㄦ母，这是很恰当的；尤其用 e 和 r 结合起来表示ㄦ更是切合拉丁字母的运用的习惯。可是这次用 z、c、s 的竖钩式 ʐ、ʂ、ʂ 三个字母来代表ㄓ、ㄔ、ㄕ，似乎是注意到系统化，实际使得ㄓ、ㄔ、ㄕ和ㄖ对不起头来，远不如北方话拉丁化方案里的 zh、ch、sh、rh 一组那样有系统而便于学习。又竖钩的形式，再加上它们有的弯左，有的弯右，一般人总觉得是很怪样的。还有 ç 的手写体很容易跟 g 的手写体相混，ş 的手写体很容易跟 f 的手写体相混，这也是 ʐ、ç、ş，三个新字母补充得不妥当的明证。

第三，北京语音的音节结构里，母音（元音）占优势，这也是代表现代汉语语音的一个特点。因此，用母音起首和收尾的音节很多，中间很不容易决定怎样地分隔，而两个音节之间的子音（例如 n）究竟连上或连下，也往往发生问题，在“词素连写”的拼音文字当中，必定很需要用到“隔音符号”。在北方话拉丁化方案里，不标明声调，所以可以用“'”来做隔音符号，现在既然有时需要标明声调，这样的隔音符号就很容易跟声调符号相混了。因之，我认为，除了应用 j、w 之外，为着适应这种需要，还可以仿照俄文的办法，采用一个字母形式的隔音符号。

这里我要附带说明的，我们要采用结合两个字母来代表一个音素的办法，又要应用一个隔音符号的字母，是不是在实际书写当中，像《几点说明》里所说的，会比较累赘呢？我认为，我们的拼音方案既然是为着拼音文字打下基础，而拼音文字不是单单用来书写的，最重要的还是要求它便于阅读，所以拼音的形式不应当过于简单。又拉丁字母的最大优点就是便于连写，在拼音形式上多写一个字母，对于书写并没有增加什么麻烦，却大大有利于阅读。而且，竖钩式的字母，写起来实在并不比通常两个字母的连写来得省事。

由于上面所讲的种种理由，我不赞成我们拼音方案里补充的几个新字母。同时，我想对于拼音方案提出下列的三点建议：

一、ㄐ、ㄑ、ㄒ一组，在北京语音里有两个来源：它们一部分的字音是从舌根音里变来的，另一部分是从舌尖前音里变来的。因之用 gi、ki、hi 或其他舌根音等的字母来代表ㄐ、ㄑ、ㄒ这是不适合于北京语音的事实的。ch、sh 等，西欧文字里多用来代表混合舌叶音，最接近于ㄐ、ㄑ、ㄒ。我建议用 zh、ch、sh 来代表ㄐ、ㄑ、ㄒ。

二、ㄓ、ㄔ、ㄕ一组，是卷舌的声音，要用 r 来表明这种卷舌的性质和倾向。北方话拉丁化方案里，原来利用一个 h 来表明这种关系，zh、ch、sh、rh，现在既然用 h 来代表舌根音的ㄏ，就不适用原来的那种办法了。我建议用 zr、cr、sr 来代表ㄓ、ㄔ、ㄕ，因为这样就加强了整个字母安排的系统性。像下列这样安排：

ㄗ	ㄘ	ㄙ			z	c	s		
ㄓ	ㄔ	ㄕ	ㄖ	ㄦ	zr	cr	sr	r	er
ㄐ	ㄑ	ㄒ			zh	ch	sh		

我认为是适合一般运用字母的习惯，又是明确有系统，最便于北京语音和拼音文字的教学的。而且，这样又节约了字母的数目。

三、“q”一般常用来代表喉塞音，和国际音标作为小舌音的代表，实在很相接近。我建议利用它来作为隔音符号的字母，例如

piqau(皮袄)。

此外,有一些“结合韵母”,像ㄨㄟ、ㄩㄥ等,是不是可以参照国语罗马字的拼法,加以改动,也希望大家考虑一下。

总之,这个拼音方案不是单单用来注音或标音的,主要的是为着拼音文字打下良好的基础,所以不应该拘泥于一个音素一个字母的原则,以致不能使它跟“标准化”“拉丁化”的原则很好地结合起来。我主张,为着要使我们的拼音方案适合于作为拼音文字的条件,字母的数目要相当地节省,而拼音的形式不必过于简单。

(《光明日报》1956 年 6 月 20 日)

汉语历史上的语音变化

汉语是世界上历史最长久、文献最丰富的语言之一。但是，记录汉语的文字，向来是方块式的，属于表意的性质的；因之汉语历史上的语音变化，在许多文献当中反映出来的，并不象那些用拼音文字所记载的语言那样明显。在一千几百年前，固然已经通行了反切的注音方法，后来又陆续地产生一些专讲字音的韵书和韵图；可是当时还是应用汉字来作为汉字的注音，使得我们受了这种文字性质的限制，只能够从中推知历代语音有变化，而很不容易明了历代语音究竟是怎样地变化。

至于两千多年以前，反切、韵书还没有产生，当时许多重要文献上的语音，究竟和后代有怎样的差别，我们当然更不容易明确地知道。例如：《诗经》语言里的语音怎样？《论语》语言里的语音怎样？《孟子》《楚辞》《史记》等等的语音又是怎样？我们要解决这样的问题，实在有很大的困难。研究古代语音的这种困难，是由于表意性质的汉字给了我们的。我们必须认识，汉字给我国人民保存了无比丰富的文化遗产，确实是有很大的功绩，可是由于它的表意的性质，不能在它所保存的文献当中明显地反映出历代语音的变化，就使得我们对于汉语历史的研究遭遇着极大的困难。

我们要研究汉语历史上的语音变化，只得分做几个步骤来进行；这种研究当中所遭遇着的许多困难，也必须按照进行的步骤来逐一地加以克服和解决，以至于把我们汉语的“历史语音学”建立起来。

我这里先来谈谈汉语历史语音学上的第一个步骤，就是研究关于古代汉语里双声、叠韵的系统的问题。

什么叫做双声？就是指声母相同或相类的字音，例如“参”和“差”；没有声母而“韵头”相同的，也叫做“双声”，例如“幽”和“咽”。什么叫做叠韵？就是指韵母相同或相类的字音，例如“窈”和“窕”，“殷”和“勤”。历代语音的变化，首先是从历代字音的双声、叠韵关系的变化上看出来。这个字和那个字，古代语里原来是双声的，到了后代可能不是双声了；或者古代语里原来是叠韵的，到了后代可能不是叠韵了；反转来，古代语里原来不是双声、叠韵的，到了后代可能变成双声、叠韵了。

专讲字音的书，韵书、韵图等，就是用来说明当时语言里关于字音的双声、叠韵的系统。至于两千多年以前，反切、韵书等还没有产生，那时的某一些字音，彼此之间有没有双声、叠韵的关系，我们又怎样来断定的呢？

古代汉语的双声、叠韵的系统，主要地是根据下列的三种现象来观察、来断定的：

一、假借用字　古代文献当中，有很多字是应用同音假借的方法写出来的；所以从这种假借用字上面，可以看出古代字音的一些双声关系。

例如：“之”字，古代语的作品里，常常用来代表语言里的“的”、“它(他)”、“到”。《诗经·伐檀》：“坎坎伐檀兮，置之河之干兮”(坎坎地砍了檀树，把它放到河的岸边)；《孟子·梁惠王上》：“有牵牛而过堂下者，王见之，曰：‘牛何之？’”(有个牵着牛走过堂下的，王看见他，便说：“牛到哪儿去？”)“者”字，在古代作品里，常常用来代表语言里的“的”。《诗经·黍离》：“知我者谓我心忧，不知我者谓我‘何求’?”(知道我的说是我心里忧愁,不知道我的说是我“有什么寻求”?)“直”字,在古代作品里,有时用来代表“特”(但)、“当”(值)。《孟子·梁惠王上》:“直不百步耳,是亦走也”(特不过不是百步呢,这也是逃走呀);《史记·项羽本纪》:“直夜溃围,南出驰走”(当夜就突围,向南方出走奔驰而去)。我们因此可以断定“之、者、直”等字,在古代语里原来是跟“的、它(他)、特(但)、当”等字的声母相同或相近的。

又如:“耳”字,古代作品里,常常用来代表语言里的“呢”。《孟子·梁惠王上》:“直不百步耳。”(特不过不是百步呢)又《滕文公上》:“岂无所用其心哉？亦不用于耕耳。”(难道他们没有什么用心的吗？只是不用心于耕田呢)“而”字,古代作品里,常常用来代表“乃”字。《礼记·檀弓》:“而曰:‘然’。”(乃曰:‘然’;于是说:“是的”);有时也用来代表语言里的“你”。《史记·平原君列传》:“吾乃与而君言。”(我是跟你君主在讲话)。“若”字,古代作品里,也有时用来代表语言里的“你”。《史记·滑稽列传》:“若往见优孟。”,“若无远有所之。”(你去看优孟),(你不要到远的地方去)。我们因此可以断定“耳、而、若”等字,在古代语里原来是跟“呢、乃、你”等字的声母相同或相近的。

又如:“夫”字,在古代作品里,常常是用来代表“彼”字。《论语·季氏》:“君子疾夫:舍曰欲之,而必为之辞。”(君子是讨厌彼——那个:不坦白地说对它有企图,可是还定要设辞来给自己掩盖)。有时“夫”字又用来代表语言里的“吧”。《论语·述而》:“唯我与尔有是夫!”(只有我跟你有这个吧!)《礼记·檀弓》:“仁夫,公子重耳!”(有仁德的吧,公子重耳!)“微”字,在古代作品里,有时用来代表语言里的“没”(没有)《左传·僖公三十年》:“微夫人之力不及此。”(没有彼——那个——人的力量,不会到今天这样的地步)又《襄公三十一年》:“微子之言,我不知也。”(没有你讲的话,我就不知道了）我们因此可以断定古代汉语里，“夫”字和“彼”“吧”，“微”字和“没”等原来都是声母相同或相近的。

上面所举的例子，是从假借用字里看出古代字音的双声关系的。

二、诗歌韵语　古代文献当中，有许多有韵的诗歌或散文，我们从这种韵语里，可以看出古汉语的叠韵系统；因为当时相押韵的字，一定是具有相同或相类的韵母的。

例如：《史记·滑稽列传》：“此鸟不蜚则已，一蜚冲天；不鸣则已，一鸣惊人！”（这个鸟不飞就罢了，一飞起来就冲上了天；不鸣就罢了，一鸣起来就惊动了人！）《诗经·黍离》：“悠悠苍天，此何人哉！”（悠悠的苍天哪，这是由于什么人——造成的——呀！）又《叔于田》：“叔于田，巷无居人！岂无居人？不如叔也，洵美且仁！”（大叔在那儿猎田，里弄里都出来看了，没有居人！为什么没有居人？因为谁都不象大叔那样呀，真是又美又仁！）这里的“人”“仁”是跟“天”“田”等相押韵，它们的韵母是相同或相近的。我们因此又推知了《左传》里的“陈完”就是《史记》里的“田完”，“陈”和“田”原来也有叠韵的关系；“申”和“电”原来是同一个字（“申”原来是象电光闪烁的一个象形字，后来加上“雨”字头，就成为“電”字），它们之间也有韵母相同的关系。

又如：《战国策·齐策》：“长铗！归来乎！食无鱼！”“长铗！归来乎！出无车！”“长铗！归来乎！无以为家！”（长剑哪！回来啊！没有什么搞头——吃也没有鱼！）（……出行也没有车！）（……也没有什么来养家！）这里的“乎、鱼、车、家”，都是押韵的字。《诗经·木瓜》：“投我以木瓜，报之以琼琚”（投给我，拿了木瓜；报给他，用了琼琚）；这里的“瓜”和“琚”是押韵的字。又《叔于田》：“叔适野，巷无服马！岂无服马？不如叔也，洵美且武！”（大叔跑到了田野，里弄里都出来看了，没有人赶马！为什么没有人赶马？因为谁都不象大叔那样呀，真是又美又武！）这里的“野、马、武”是押韵的字。我们因此断定了“乎、鱼、琚、武”等字和车、家、瓜、野、马等字原来在古代语里是韵母相同或相近的，同时也推知了《说文》“马，怒也，武也”，《释名》：“古者曰车，声如居，所以居人也”这样的解释里，“马”和“怒”“武”，“车”和“居”等原来都是叠韵的关系。

上面所举的例子，是从诗歌韵语当中看出古代字音的叠韵系统的。

三、形声偏旁　汉字的构成，应用“形声”的方法最多；这就是说，汉字当中，以作为意符的“形旁”和作为音符的“声旁”拼合成功的占着绝大的多数。这种形声字当中，又很多是以它们的声旁来反映古代语的声韵系统的。

例如：用“者”作为声旁的，有“睹、都、堵、赌”等；“者”和“睹、都”等字，一定是原来声韵相近的。

用“之”作为声旁的，有“寺”等，而用“寺”作为声旁的，又有“特、待、等”等字；“之、寺”和“特、待、等”等字，一定是原来声韵相近的。

又如：“若”声有“诺”，“而”声有“耏”“耐”，“仁”声有“佞”，“乃”声有“仍”；因此断定了“若”和“诺”，“而”和“耐”，“仁”和“佞”，“乃”和“仍”，都是声韵相近的。

又如：“非”声有“悲、辈”，“分”声有“盼、颁”，“反”声有“板、版”，“甫”声有“铺、浦”，“亡”声有“氓、盲”等；因此断定了“非”和“悲、辈”，“分”和“颁、盼”，“反”和“板、版”等等，都是声韵相近的。

又如：“瓜”声有“孤”，“且”声有“祖”；“民”声有“眠”，“真”声有“颠”，“因”声有“咽”，“它”声有“沱”，“麻”声有“摩”等等；因此断定了“孤”和“瓜”，“民”和“眠”，“它”和“沱”等等，都是声韵相近的。

这些例子是，又从形声偏旁当中看出古代字音双声、叠韵的系统，并且和上面所说明的假借用字上、诗歌韵语上的现象可以互相证明的。

我们根据了假借用字、诗歌韵语和形声偏旁这三种现象，来观察两千多年以前的汉语里双声、叠韵的系统；当时虽然还没有产生专讲字音的韵书、韵图等，可是我们可以依据这样观察的结果，来断定当时哪些字是有双声关系的，哪些字是有叠韵关系的。当时的双声、叠韵的系统，和后代韵书、韵图上所说明的，有很多的出入；这就是反映着历代语音的变化。

断定历代字音的双声、叠韵的系统，并且看出它们之间的变化，这是汉语历史语音学上的第一个步骤。至于历代语音怎样地变化，比方说，某一些字原来是具有相同或相类的声、韵的，究竟原来是具有怎样的一种声、韵，后来又怎样地在声、韵上起了变化：关于这样的问题，我们必须在第一步研究的基础上，来进行第二步的研究。

（《语文知识》1957 年 11 月号）

汉语历史上的词汇变化

词汇是语言的建筑材料。语言是历史的产物。语言里的词汇，是从历史上逐渐地积累起来的，是一代一代地丰富起来的。现代汉语里所应用的词，有很多是从古代语上继承下来的；尤其是许多"基本词"，基本上是经过千百代保存下来而没有加以变化的。例如《诗经》里《君子于役》这篇的一段：

君子于役(我丈夫服役去了)，
不知其期(不知道它的期限)。
曷至哉(什么时候回到家啊)?
鸡栖于埘(鸡栖止在鸡窝里了)，
日之夕矣(天也晚了)，
羊牛下来(羊和牛也下来了)。
君子于役(我丈夫服役去了)，
如之何勿思(怎么能不想念呢)!

这一段里的一些词，如"不、鸡、羊、牛、下、来"等，保存到现代语里，没有加以变化。(当然读音上是有变化的，不过我们把纯粹的读音变化作为语音方面的现象来处理，不作为词汇方面的现象来处理。)还有一些词，如"役、知、期、栖、日、思"等，又作为构造合成词的词素保存到现代语里来的。例如“服役、知道、期限、栖止、日期、思想”等，在现代语里所应用的，已经成为多音节的合成词了。此外，还有一些词，也是在现代语应用的成语、熟语当中常常见到的；例如“莫名其妙”的“其”，“百分之几”的“之”，“日新月异”的“日”，“朝发夕至”的“夕”等等。由此可见，《诗经》语言里所应用的词，到了现代语当中，无论是作为独立的词或者只作为构词的成分，总有很多留存下来的。这是说明着语言发展在词汇方面的继承性。

语言的发展，一方面是后一代继承着前一代的要素，另一方面又是后一代把前一代的东西加以改进和变化，尤其是“语言的词汇，对于各种变化是最敏感的，它几乎处在经常变动中”。[①] 汉语历史上词汇变化的现象，当然是很显明的。语言词汇所以经常发生变化，固然是由于社会本身的不断发展；不过有些词汇变化的现象是和社会上政治、经济、文化等的发展有直接的联系的，有些却是没有直接的联系的。这里暂且不谈词汇变化的原因，只是把词汇变化的现象来分析一下。汉语历史上词汇变化的现象，大致可以分做下列的几种来说：

一、古代语里所应用的词，虽然保存到现代语里，可是有些意义上已经发生变化、和原来的不相同了，这可以说是属于词义的变化。例如：

“直不百步耳，是亦走也。”（《孟子·梁惠王上》）（“特不过不是百步呢，这也是逃跑呀。”）原来“走”这个词是指“很快地跑”，到了现代语里，变成为指“一切的行走”了。

“有妇人哭于墓者，而哀，……‘子之哭也，一似重有忧者？’”（《礼记·檀弓下》）（“有个妇人在坟墓上哭，哭得很哀伤，……‘您

① 斯大林：《马克思主义与语言学问题》，人民出版社1953年版，第22、23页。

的哭呀，还象很有忧愁的样子？’”）原来“哭”这个词是指“大声地哭”，到了现代语里，变成为指“一切的哭泣”了。

（古代语里的词，原来意义上比较狭小的，到了现代语里比较广大了，象以上的例子，叫做词义的扩大。）

“偏国中无与立谈者。”（《孟子·离娄下》）（“整个地方上，没有来跟他招呼谈话的。”）原来“国”这个词可以指“地域、一切的地方”，到了现代语里，只是指“国家”了。

“言，身之文也。身将隐，焉用文之？”（《左传·僖公二十四年》“介之推不言禄”）（“语言是用来表彰或文饰自己的。自己要去退隐了，还用什么来表彰文饰呢？”）原来“文”这个词可以指“文饰、一切有文彩的”的意思，到了现代语里，只是指“文字、文章、文化”了。

（古代语里的词，原来意义上比较广大的，到了后代逐渐变成狭小了，象以上的例子，叫做词义的缩小。）

“闻其声，不忍食其肉。”（《孟子·梁惠王上》）（“听到它叫的声音，就不忍吃它的肉了。”）原来“闻”这个词一般是指“听到”，到了现代语里，变成为“嗅到”的意思了。

“子适卫。”（《论语·子路》）（“孔子到了卫国。”）原来“适”这个词是指“往、到”，到了现代语里，变成为“适宜、适合、舒适”的意思了。

（古代语里的词，原来指那种意义的，到了后代变成为指这种意义了，象以上的例子，叫做词义的转移。）

二、古代语里所应用的词，虽然它们指的事物，到了现代还是存在着，可是已经变成不同的名称和另外的说法了，这可以说是用词的变换。例如：

“巨屦小屦同贾，人岂为之哉？”（《孟子·滕文公上》）（“大的鞋子和小的鞋子一样价钱的话，那末，人家怎么肯做大鞋子呢？”）古代语里的“屦”，就是现代语的“鞋子”。

“今夫弈之为数，小数也。”（《孟子·告子上》）（“象那下棋这样的技艺，总是小的技艺呀。”）古代语里的“弈”，就是现代语的“下棋”。

“优旃者，秦倡侏儒也。”（《史记·滑稽列传》）（“优旃，是秦时候戏子当中的一个矮子。”）古代语里的“侏儒”，就是现代语的“矮子”。

用词的变换，不但是指古今语言里所应用的单词不同，而且也包括一些熟语和成语的变换。例如：

“二三子，何患乎无君？我将去之。”（《孟子·梁惠王下》）（“诸位，怕什么没有君主来统治你们？我要离开这里了。”）古代语里的“二三子”，就是现代语的“诸位”“诸君”。

“不腆敝邑，为从者之淹，居则具一日之积，行则备一夕之卫。”（《左传·僖公三十三年传》“殽之战，弦高犒师”）（“很贫乏的敝邑，为了侍从们的淹留，住下来就该具备着一天一天的粮草，行走时候就该有一晚一晚卫护的义务。”）古代语里的“不腆”，就是现代语里“很贫乏”“不丰富”的意思。

“楚人恶君之二三其德也，亦来告我曰：……”（《左传·成公十三年传》“吕相绝秦”）（“楚国人由于讨厌你们的反复无常，也来告诉我国说：……”）古代语里的“二三其德”，就是现代语的“反复无常”“三心二意”。

三、古代语所应用的单音词，常常到了现代语里变成为复音词，这是说明着汉语历史上词汇发展的复音化的趋势。这种趋势表现出三种不同的情况：第一种情况也是属于用词的变换，一方面变更名称和说法，一方面也把原来的单音词加以复音化；例如“日月”的“日”，现代语里说成“太阳”。第二种情况是把古代语的单音词来跟其他的单音词相配合，使它成为复合词；例如“日月”的

“月”，现代语里说成“月亮”。第三种情况是把古代语的单音词，加上前缀或后缀，使它成为接合词；例如“虎”变成“老虎”，“木”变成“木头”。复合词和接合词，都是属于合成词，都是用原来古代语的单音词来作为它们构成的词素的。这里再举出古典作品里的几个句子来说明：

“推此志也，虽与日月争光可也！”（《史记·屈原列传》）（“推行了这种志气的话，简直可以同太阳、月亮一样地光辉呀！”）

“暴虎冯河，死而无悔者，吾不与也。”（《论语·述而》）（“徒手搏击老虎和徒步涉过河水，以至于送了命而不觉得懊悔的人，我是不跟他在一起的。”）

“我二十五年矣，又如是而嫁，则就木焉！”（《左传·僖公二十三年》“晋公子重耳出亡”）（“我已经二十五岁了，又过了二十五年而嫁的话，那末，到木头（棺材）里去好了。”）

“居则具一日之积，行则备一夕之卫。”（见上文）这里的“具”“备”两个词，到了现代语里，一般说成复音词“具备”了。同样，“而君之仓廪实，府库充，有司莫以告。”（《孟子·梁惠王下》）（“而您的仓廪和府库都充实得很，管事的没有把这种情况来告诉您。”）这里的“充”和“实”，到了现代语里，也说成复音词“充实”了。这可以见得汉语词汇发展的复音化的趋势。

汉语历史上词汇变化的现象，除了上面所说的三种——词义的变化，用词的变化，复音化的趋势——以外，还有旧词的衰退和新词的增进两种现象；这两种现象大都和社会的发展有直接的联系，而新词增进的数量总要比旧词消失的更多。“虽然通常从语言的词汇中消失了一些已经陈旧的词，可是添加的新词的数量却要多得多。”[1]因此，语言里的词汇，从历史上逐渐地积累，一代一代

---

① 斯大林：《马克思主义与语言学问题》，人民出版社 1953 年版，第 23 页。

地丰富起来。“词汇反映着语言发展的状态，词汇越丰富、越纷繁，那末语言也就越丰富、越发展。”[①]“就词的数量来说，汉语是世界上最丰富的语言之一。”[②]所以汉语是世界最发达的语言之一。

（《语文知识》1957 年 12 月号）

---

① 斯大林：《马克思主义与语言学问题》，人民出版社 1953 年版，第 21 页。
② 康拉德：《论汉语》，中华书局 1954 年版，第 40 页。

词义和字义

关于词和字的分别，一般往往从音节方面来讲，很少从语义方面来讲。从语义方面来讲词和字的分别，就是关于词义和字义的分别。

文字是用来代表语言、记录语言的，可是我们现在所用的汉字，和实际的语言有很多矛盾的地方。大家知道，汉字里一个字体总是代表一个音节，而我们的语言里很多的词是双音节或多音节的，这是汉字和语言的矛盾的一方面。另一方面，汉字里由于广泛地应用了“假借”的方法，同一个词可以用不同的字体来代表，同一个字体又可以用来代表不同的词，这就形成了“同言异字”和“同字异言”的现象，[①]这也是汉字和语言的一种严重的矛盾现象。

因为汉字里同一个字体可以用来代表不同的词，所以一个字具有不同的意义，常常是由于它所代表的词不同，不一定是由于词义本身的变化。例如：“笾豆”的“豆”，是古代一种盛食物的器皿的名称；“菽豆”的“豆”，是指一种农作物；这个“豆”字的两种不同的意义（如果要利用汉字的形体来表示分别，那末前者可以写做“梪”，后者可以写做“荳”），正是由于它代表两个不同的词而产生的，并不是由于词义的发展而使得“豆”字由原来一种盛食物的器

---

① 参看《语文知识》总第58期（本年2月号）：《怎样阅读古典作品》，第26—28页。

皿的意义改变做现在所指的一种农作物的意义了。我们对于这样的现象,必须要把词义和字义区别开来。

在汉字当中,一个字常常具有几种不同的意义,这叫做"一字数义"的现象。这种一字数义的现象之所以产生,一方面就是由于"假借",依据音同或音近的关系,应用同一个字体来代表不同的词;还有一方面是由于"引申",依据词义本身的变化,从一种意义引申、转变而成为别种意义。例如:"兵"这个字,原来是指"兵器",引申而为"士兵"的意义,再由"战士"的意义引申而为关于"战争"的意义,就是"兵家、兵法、纸上谈兵"等的"兵"。又如:"苦"这个字,原来是指一种苦味的草,引申而为"苦味"的意义,再由"苦味"的意义引申而为"困苦、辛苦、苦恼、苦痛"等的意义。由此可见,由于引申而产生的一字数义的现象,依据词义本身的发展而来,所以其中各种不同的意义是彼此有相互的联系的。至于从假借方面产生出来的一字数义的现象,只是应用一个字体来代表几个音同或音近的词(或词素),和词义本身的发展并不相干,所以其中各种不同的意义是彼此没有相互的联系的。例如"笾豆"和"菽豆"这两种意义没有相互的联系。又如:文言里用作语气助词的"耳"(略等于现代语的"呢"),它跟"耳朵"的"耳"在意义上毫无联系。用作指代词、语气副词等的"其",原来是指"簸箕""筲箕",当然"簸箕""筲箕"的意义也跟指代词、语气副词等的用法毫无联系。因此,我们对于汉字里字义分化的现象,要推究一个字里所具有的几种意义彼此间有没有相互的联系,要推究这种一字数义的产生是不是依据词义的发展而来,必须要把假借和引申这两方面的作用区别开来。

汉字里应用假借的方法,使得一个字代表着几个音同或音近的词,这跟词义本身的发展并不相干。最显著的事例,是有些原来代表实词的字体借来代表虚词的,象文言里的"耳""其"等。这里再举出几个例子来说明如下：

而——原来是指面颊上的毛，借作为代表连接词等来用（略等于“乃”字的用法）。

不——有些学者说原来是指“萼柎”（就是“花托”），借作为代表否定副词等来用。

虽——原来是指一种象大蜥蜴那样的虫，[①]借作为“虽然”的“虽”。

罢——原来是“罢免”的意思，借作为代表语气助词来用。

焉——原来是指一种黄色的鸟，借作为代表文言里的助词来用。

了——原来是指母腹里“手足拳曲相交不见臂”的小孩子，[②]借作为代表语气助词等来用。

王筠《说文释例》里曾经说过：“古人造字，不为文词而起，必无所用虚字。如‘之’者，出也；‘焉’者，鸟也；‘然’者，火也；‘而’者，毛也；皆古人之实字，后人借为虚字耳。”可见有些原来代表实词的字体转变作代表虚词的，是由于“依声托事”的假借而起，不是由于词义本身的转变，不是由实词的词义转变成为虚词的。

当然，文字里各个字体所具有的各种意义和各种用法，都是根据于实际语言当中的词义而来。但是，文字上意义和用法的变化，并不是跟语言上词义的发展相平衡的；尤其在这种假借的情况，借用同一个字体来代表不同的词，因而使得字义上发生分化的现象，我们必须把字义和词义区别开来讲。我们不能把汉字里字义的变化一概说是依据于词义的发展，我们不能说“笾豆”的“豆”改变做“菽豆”的“豆”是由于词义本身的发展，更不能说“虽”“而”等词是从原来具有实在意义的实词发展而成为虚词的。

总之，现在应用汉字的时候，我们必须分别词和字，也必须分

---

① 见王筠：《说文释例》。

② 见章炳麟：《文始》。

别词义和字义。如果我们把词义和字义混同起来,那末,不但把汉字里“引申”和“假借”两方面的作用混同起来,不但把字义的变化完全看做词义本身的发展,而且把汉字和实际语言的一些主要的矛盾现象也掩盖起来了。这是语文研究和语文教学上应该注意的一件事。

(《语文知识》1957 年 6 月号)

怎样正确地认识同音词问题

同音词的问题，不是拼音文字里的问题，而是语言本身的问题；它也不是汉语里的一个特殊的问题，而是一般语言里的一个普遍性的问题。这是在原则上首先应该肯定的。

本刊 1956 年 11 月号载有刘冠群先生的《论同音词》一文，我读了之后，认为他的如下的一段话是不正确的：

> 某些同音词由汉字书写是可以从字形上分辨的，而在拼音文字里就看不出不同了。这是现实，那怕这种情形不多，我们也必须正视它。拼音文字比汉字优越得多，我们当然要拥护。正因为如此，我们要更好地研究同音词问题在拼音文字中如何解决。不正视和不重视这一问题，一口咬定同音词问题在拼音文字中并不比在方块字中多，这不仅不能说服反对拼音化的人，并且会使人忽视同音词的研究，增加拼音化的阻力，那就是本欲爱之，实则害之了。（第 22 页）

刘先生想“要更好地研究同音词问题在拼音文字中如何解决”，我却认为同音词问题根本不应该在拼音文字中去求解决。因为拼音文字的功用，是在代表语言，记录语言，不是为了给语言做注解。要给语言做注解，还是要由语言自己来做，不是拼音文字所能为力的。如果一定要用拼音文字的字形来区别同音词,那势必至于使这种文字回复到表意文字的范围里去,势必至于使它丧失了一些拼音文字的性质和作用。想要在拼音文字中去区别同音词,那是倒退的想法,不是前进的想法,那是真正地“增加拼音化的阻力”,“本欲爱之,实则害之”了。

刘先生的文章,在同一页里说:“同音词是任何一种语言都有的普遍现象,不单是汉语如此。”又说:“同音词的产生是任何一种语言都不可避免的必然现象。”这才是真正的现实。我们既然认定了这样的现实,那末为什么不想一想一般拼音文字当中是怎样来对待同音词问题的呢?就我所知,一般拼音文字里,总是认为同音的“同形词”(例如俄语里表示“镰刀”“辫子”“砂滩嘴”三个不同意义的同音词,书写形式同是 коса;英语里表示“好”和“井”两个意义的同音词,书写形式同是 well 等),没有在写法上区别的必要,倒是对于那些同音而不同字形的(例如英语的 no 和 know,write 和 right 等),认为是一种不合理的事情,应该成为“拼法改革”的一种对象。一般拼音文字里,那些同音词而不同字形的,是历史上形成的,是由于实际语音和文字的书写形式两方面发展不平衡的结果。一般拼音文字当中所谓“拼法改革”,就是要想把这些历史上形成的语音和文字形式不一致的现象纠正一下。我们现在进行文字改革,初次拟定拼音文字的时候,更不应该想要利用字形来区别同音词,来故意地造出语音和文字形式不一致的现象。

我们说同音词问题不应该在拼音文字中去求解决,并不是“不正视和不重视这一问题”。这一问题是语言本身上的问题,应该从语言本身当中去自然地获得解决。几年前,陈文彬先生在本刊发表过一篇《拼音文字中的同音词问题的初步研究》[①],他的初步整

---

① 《中国语文》1953 年 2 月号。

理的结果,“北京普通话”里,“在 2 196 个同音同调词中被认为应加区别的只有 246 个词”。他又说:“我们再进一步,曾经把这 246 个词征求过一些语文工作者的意见,请他们具体判定其中必须区别和不必区别的词。我们所得到的结果,被判定为必须区别的,仅有二十多个词而已。”如果仅仅为了几十个到二百多个这样少数的认为必须区别的同音词,就要在拼音文字里定出一套特别写法的原则和系统,那末正象陈先生当时所说,如分尖团,或利用广东、福建等方言中还保留着的韵尾辅音 m、p、t、k 或重叠韵母的办法……那简直是自找麻烦,不但无此必要,而且根据过去的经验,可以断定是行不通的。所以同音词问题必须要从语言本身上去自然地获得解决。

一般语言对于同音词的区别的问题,主要是从语言环境当中自然地得到解决。在口头谈话当中,有了特定的情景来帮助相互了解的,这里可以不讨论。我们来讨论书面语里的情况,上下文以及词和词之间的配搭关系,是书面语里区别同音词的重要因素。刘先生的文章,在同一页里举出了毛主席的《新民主主义论》里的两个例子:

> 共产主义的全部民主革命政纲中有彻底实现人民权力……(《毛泽东选集》第二卷,人民出版社 1952 年 3 月版,第 659 页)。
>
> 这是一定历史时期的形式,因而是过渡的形式,但是不可移易的必要的形式。(同上书,第 646 页)。

刘先生说是这里的“权力”很容易跟“权利”相混,这里的“形式”也很容易跟“形势”相混,就用这两个例子来证明“某些同音词由汉字书写是可以从字形上分辨的,而在拼音文字里就看不出不同了”。其实,“权利”不会和“实现”这个动词相配搭,只有和“获得”“享受”等相配搭。“形势”也不会和“不可移易的必要的”这样的定语相配搭；又如果读了《新民主主义论》本段的原文，看到上文“旧形式的、欧美式的”，“苏联式的”，“统治形式”，“在一定历史时期中所采取的国家形式，只能是第三种形式”等等的词、句，当然不可能把这里的“形式”误认做“形势”了。一个词，在书面语里不会是孤零零的，一个句子也很少是孤立的，必定有它的上下文的联系；因此，上面举出的这两个例子，并不足以证明拼音文字里必定有同音词相混的现象，而恰恰足以证明同音词的区别问题，在语言环境当中，在上下文和词跟词的相互配搭的关系当中，自然地可以得到解决。

此外，一般语言上，还有多种多样的避免同音词相混的方法，如更换词素、增加词素、增加音节、化成词组等等。例如：“期中”和“期终”是同音词，很多人已经把“期终”说成“期末”或“学期终了”；“初诊”和“出诊”是同音词，很多人也把“初诊”说成“初次诊”；“初版”和“出版”是同音词，很多人也把“初版”说成“第一版”“新出版”；“时式”和“时事”“时势”等是同音词，很多人也把“时式”说成“新式”，把“时势”说成“时代趋势”；“粤剧”和“越剧”是同音词，很多人也把它们说成“广东戏”“绍兴戏”了。当一个词的意义在语言环境里还不够清楚的时候，语言本身自然地会运用这些方法来避免同音相混的弊病，并且使得意义表示得更清楚，来发挥语言交际的功能。至于拼音文字，只能根据实际语言的变化来拟出一个个比较固定的书写形式；它不能脱离实际的声音形式而另外定出一整套区别意义的标记来。

我们说同音词问题是一般语言上的一个普遍性的问题，并不等于说汉语里的同音词没有特殊的现象。文字的性质是和书面语有直接关系的，而书面语又对于口头语发生了很大的反影响作用。汉语里有许多特殊的现象，是由于汉字的特性而产生的。由于汉字的表意文字的性质和单音节的制度，语言里，尤其显著的是一般书面语里，常常产生了复音词的节缩现象，引进了许多文言的成分，而且有很多是使用汉字造出来的词。陈文彬先生曾经说过："北京普通话的同音词的来源，主要的有两个。一个是因为语音变化的结果，……另外一个来源是因为任意使用汉字作为词根造词的关系。"[①]又说："使用汉字造词的人，很少考虑到造出来的词，在口头上怎么读，读起来会不会和其他的词混淆不清。因此，这样造出来的词就有许多不用眼睛看只用耳朵听是不能一下子弄清楚的。"[②]同时也因为使用汉字的缘故，很多人并不讲究在普通话里的实际语音，常常根据各自的方音来阅读应用汉字所写的书面语，并不把有些普通话里的同音词认为是同音。例如，"酒菜"和"韭菜"，"权力"和"权利"，"出版"和"初版"等，在某些方言区域里并不认为是同音词。这种情形更促使许多人应用汉字来造词。因此，汉语里同音词众多的现象似乎觉得很突出的了。

可是，我们进行拼音化工作的，万万不要被这种现象吓昏了。汉语里有许多同音词，既然是由于汉字特性对于语言的反影响而产生出来的，那末，随着拼音化的范围的扩大，汉字对于语言的这种影响逐渐地消失，这许多同音词也自然而然地有大部分要归于分化和淘汰。例如"达官"和"达观"，"猛醒"和"猛省"等，在文字拼音化之后，很可能要归于淘汰。又如"异性"和"异姓"，"文人"和"闻人"等，在拼音文字通行之后，也可能自然地趋于分化。由此可见，精确、适用的拼音文字对于语言发生反影响，可以促使语言趋向于意义表达的明确化，使语言自然而然地会克服许多同音词相混的弊病。所谓精确、适用的拼音文字，是直接根据着口头的说话拟定出来的，是为着反映当时的口头语的，而不是用来"翻造"和

---

①② 《中国语文》1953年2月号，第8页。

“复制”原有的一些应用汉字所写而直接受了汉字性质影响的书面语。文字拼音化的过程，应该是新文字和旧文字逐渐交替的过程，也是汉字特性对于原来汉语所发生的一些反影响作用逐渐地消失的过程。如果我们把现在语言里的许多同音词在拼音文字的形式上加以区别，那就不免要把原来汉字对于语言的这种影响在拼音文字当中固定下来了。那使得文字要丧失一些拼音文字的性质和作用，又使得语言的发展要受到限制和束缚。那是倒退的还是前进的呢？

我们应该反对利用拼音文字的字形来区别同音词的办法。我们应该弄清楚同音词问题在拼音文字中是不是解决得了。我们必须把这一个问题归到语言本身上来，这是在原则上首先应该决定的。

其次，我们再来谈一谈汉字书写是不是可以从字形上来分辨同音词。我曾经说过：“汉字虽然说是表意文字，实际没有把许多同音而不同义的词在书写形式上分别出来，……认为汉字里可以对同音词加以分别，而在拼音文字里就要发生同音词的问题，这都是由于对汉字的错觉而发生的误会。”[①]这里主要地是根据下列两方面的事实来说的：

一方面，一般熟习汉字的人，往往不注意应用汉字所写的书面语里有大量的“同形词”的存在。所谓“同形词”，就是在文字的书写形式上没有分别的同音词，例如“红花”的“花”和“花钱”的“花”，“把手”的“把”和“把工作做好”的“把”，“怪样子”的“怪”和“怪好看”的“怪”等。这种事实，有加以强调说明的必要，因为认识了这种事实，就不会一口咬定同音词在汉字里有分别，到了拼音文字里就要发生问题，并且借此来反对拼音化。

---

① 《同音词和同义词的产生》，《语文知识》总第48期，第33页。

另一方面，汉字，从甲骨、金石文字所记载的文献起一直到现在用简体字所写的文章，没有不应用“同音通假”和“依声托事”的方法的。汉字的构造，虽然是表意文字的性质，而在实际应用当中已经有很显著的标音的倾向。汉字的演化，是在它的构造和应用两相矛盾当中进行的，一面产生了许多“分别文”“累增字”[①]，一面仍是沿用假借方法来节制“常用字”的增多。例如“变化”的“化”并不用“匕”(原来是倒转来的“人”字)来代表，“宗旨”的“旨”也并不用“恉”来代表，“采色”的“采”和“采择”的“采”，原来也不一定要写做“彩”和“採”。现在我们把“并”和“並”，“小丑”和“小醜”等一一地混同起来，并没有觉得不方便。(在拼音文字里，要想把“在”和“再”等加以区别，实在是多余的。)汉字里从古以来通行的假借方法，就是在字形上不把同音词分别出来的一种用字的原则。这种事实，目前在进行文字改革的时候，也有加以强调说明的必要。

至于刘冠群先生所谓“某些同音词由汉字书写是可以从字形上分辨的”，象“权力”和“权利”、“形式”和“形势”等的例子，实在是历史上形成的，原来是不同音而变成同音的，是语音变化的结果，正可以跟一般拼音文字里 write 和 right、bear 和 bare 等的例子来相比拟。从辨别意义的功能上看来，这种现象是很不规则的，也是很不可靠的。

认为汉字字形可以对于同音词有分别，这种错觉之所以发生，有许多种原因。主要的是：第一，一般人对于汉字的认识，往往注重各个字的构造，而不注重它在实际方面的运用。第二，一般人对于汉字的运用，又往往以为一个个的字就是代表着一个个的词，而没有注意到实际语言里占着多数的复音词。第三，对于汉字熟习的人，还没有熟习拼音文字，就把同音词问题看做拼音化的一重障

---

① 参看王筠：《说文释例》卷八。

碍。关于这种情况，刘泽先先生分析得很好。他说：

> 对于方块字不熟习的人，看方块字的文章的时候，也要猜着看。对拼音文字不熟习的人看拼音文字的文章，即使有的地方要猜，可是猜个一两回，就必然可以猜出来，而且猜得对；对于方块字不熟习的人看方块字的文章，有时候怎么猜也猜不出来，猜出来的也未必对。[①]

这是因为汉字一方面常常用不同的字来代表同一个词，另一方面又常常用同一个字来代表几个不同的词。有时候，音同而字不同；有时候，字同而音不同。汉字本身的这种复杂性，使得不熟习汉字的人对于文章里词语的辨别和认识，特别感到困难。所以同音词问题，在拼音文字当中究竟是不是比在方块字中要多，必须要从整个文字体系里对于词语辨别和认识的便利的程度上来比较，不能单从同音词在字形上有没有区别的某些个别的例子来断定。

汉字给我们汉民族保存着无比丰富的历史资料和文化遗产，这是汉字的巨大功绩之一。可是，由于它本身的复杂性，使得我们对于文章里的词语不容易辨别和认识，历来的学者在传授、整理这些资料和遗产的过程当中，不知道遭到了多少的困难。对于许多古代文献当中的词句，历来最熟习方块字的学者常常有纷歧的解释。这里举出几个简单的例子：

> 君子固穷，小人穷斯滥矣。（《论语·卫灵公》）

这里的“固”字有两种不同的解释：一种是作为“固然”来讲，

---

① 《同音词的问题不大》，见《中国语文》1956年11月号，第19页。

说“固穷”是“固有穷时”；一种是作为“固守”来讲，说“固穷”是“固守其穷”。

> 大司马固谏曰：“天之弃商久矣，……”(《左传·僖公二十二年》“子鱼论战”)

这里的“固”字也有两种不同的解释：一种是作为人名来讲，说是指当时一位大司马公孙固；一种是作为“坚决”的意思来讲，说“固谏”是“强谏”。大司马是子鱼。

> 夫树国固必相疑之势。(《汉书·贾谊传》)

这里的“固”字也有两种不同的解释：一种是作为“坚强、稳固”来讲，一种是作为“固然”来讲。

这几个例子里的“固”字，都有纷歧的解释。这样有纷歧的解释的字，叫做“歧义字”。歧义字之所以产生，是语言上的原因，也是语言上的问题。当语言环境不能帮助明确词义的时候，实行复音化和词组化，自然可以避免或减少歧义字的发生。“字”的歧义现象，也就是“词”的音混现象。由此可见，同音词问题决不能从汉字书写的字形上去解决的。

总起来说，汉字虽然是表意文字，实际并没有把许多同音词在书写形式上分别出来。这种事实的说明，对于目前文字改革的进行，确是有重大的实际意义的。我们把一般人对汉字的这种错觉纠正过来，一方面使得一些人不至于为了同音词问题而对拼音化文字采取怀疑或反对的态度；另一方面也使得我们进行拼音化文字工作的，不会再向着利用字形来区别同音词的那条行不通的路上走。我们总还不免感到同音词问题是个拼音文字上的棘手问题，就是由于对汉字的这种错觉在那儿作祟。我们要把同音词问题归到语言本身上来考虑，使它在语言规范化的工作中得到解决。因此，我认为，象刘冠群先生那样主张，以为汉字字形可以分辨同音词而想研究同音词问题在拼音文字中如何解决，那是不正确的。

1956年12月，于上海

（《中国语文》1957年3月号）

解除我国文字语言上的障碍

中国劳动人民，在共产党的正确领导之下，彻底实现了政治经济上的翻身和解放，而且正在胜利地进行着社会主义的建设。可是，中国劳动人民，在文化上，在科学技术上，要彻底地获得解放和翻身，还有一些困难，因而在进行社会主义的建设当中，也遭受着一些障碍。这是什么缘故呢？这是因为中国文字和语言上，对于我们学习文化，学习科学技术，因而在进行建设当中，给了我们不少的困难和障碍。《汉语拼音方案草案》的公布，就是为着解除中国文字、语言上的这种困难和障碍的一个重要措施。

这个汉语拼音方案的主要作用，是为着汉字注音。汉字本身不是拼音文字，而是一种表意文字，结构繁复，不便于教学；同时又缺乏一套比较合理的标音符号，在文字的教学和实用方面，更因此发生很大的困难。汉字当中，大部分属于"形声"字，就是由半边意符和半边音符结合起来的字体。这种形声字当中，有很多由于读音的变迁，从半边的音符上得不到准确的读音了；例如"江"字、"河"字，从半边的"工"字、"可"字上得不到准确的读音了。所以汉字在识字的教学方面，向来就应用过几种注音的方法。

首先是应用"读若"和"直音"，就是利用字和字之间的同音关系，以一个字注明另一个字的音读。这种方法显然有很大的缺点：如果找不到同音字来注，就没有办法了；如果找到的同音字本来也是难以认识的，也就没有办法了。后来随着佛教传入梵文的拼音学理，使得中国在注音方法上获得了改进，就是用两个字来拼切一个字的音读，叫做“反切”。反切的注音方法是利用“双声”“叠韵”的原理：上一个字和所切的字是双声关系，下一个字和所切的字是叠韵关系；因之采取上一个字的“声母”和下一个字的“韵母”，拼合起来，就得到所切的字的音读了。例如“东”字是“德红切”，就是采取“德”字的声母和“红”字的韵母，拼合起来，就得到“东”字的音读。这种反切的方法显然也有很大的弊病：第一，反切的用字太繁多；例如《广韵》这部书里所用来反切的字，有一千几百个，须要把这一千几百个的反切用字都认识了，才能够统统拼切所有的音读。第二，反切的用字当中，有些是比较隐僻而难以认识的。第三，反切的用字当中，往往兼具有声母和韵母的；这样，反切上字往往是“声”下有“韵”，下字又往往是“韵”上有“声”，两字连读，中间有梗塞的，就不容易拼切出来了。第四，反切的用字，本身读音没有一致的标准；同是一个反切，由不同方言的人拼切出来，当然得不到一致的音读。由此可见，反切的注音方法，虽然在中国应用了很久，实在对于便利识字和统一读音，起不了多大作用。

到了近代，由于西欧拼音文字的影响，中国文字的注音方法进入了运用标音符号的新的历史阶段。早在明朝末年，距今三百五十年前，就有人应用拉丁字母来拼切汉字的音读。近一百年来，曾经产生过许多种拼音方案，主要的是属于拉丁字拼音和简字拼音两种类型。从简字拼音的方案当中，产生了 1918 年当时教育部所公布的“注音字母”。注音字母产生以来，对于汉字的教学和读音的统一，曾经有过不少的贡献；因为用拼音的符号来代替原来用汉字注汉字的办法，革除了反切的种种弊病，当然是汉字注音方法上的一个很大的进步。但是，注音字母也有不少的缺点：第一，注音字母的形式原来是采取古简笔的汉字，每一个字母有它的独立性，不适宜于表示拼音。第二,各个字母相拼合的,不便于连写。第三,当初拟订的时候,没有确定以北京语音为标准音。第四,注音字母原来是为着改良反切的方法而制定的,各个符号是用来代表声母或韵母的,不是用来分析语音里的"音素"——"字音"和"母音"。注音字母当中有几个符号是包含着两个音素的。注音字母有了这些缺点,所以推行不久,又产生了"国语罗马字"。其他各种简字拼音的符号,凡是采用汉字笔画的形式的,都有和注音字母同样的毛病,都还不如国际通用的字母能够使人满意。

从拉丁字拼音的方案当中,产生了两种比较著名的方案:一种是 1926 年所拟定的"国语罗马字"(拉丁字母,也叫做罗马字母),一种是 1931 年所产生的北方话拉丁化新文字。这两种方案,就是《汉语拼音方案》制订的基础。拉丁字母是现在世界上最通行的字母,又是现代各种科学技术上所不能不用的。它在中国,有相当长久的历史基础和广大的群众基础,实际已经成为我们自己语言的字母,不再是古拉丁文或其他外国文的字母了。字母原来是没有国界的,现代欧美各国的文字多数采用拉丁字母,拉丁字母也不是古罗马人所创始的。它是源出于希腊字母的,而希腊字母又来自腓尼基,腓尼基字母又是脱胎于古埃及文字而来的。拉丁字母,已经成为世界公用的符号;我们在《汉语拼音方案》是采用它,丝毫没有损害我们的民族自尊心。

现在这个《汉语拼音方案草案》,是以中国文字改革委员会在 1956 年 2 月发表的《汉语拼音方案草案》为基础,经中国文字改革委员会根据各方面提出的意见,在同年 8 月作了初步的修正,然后又经国务院专门设立的汉语拼音方案审订委员会进行了审订工作,在审订委员会今年 10 月 16 日的会议上一致通过的。修正草案当中所列出的字母、符号及拼法说明等,实在是根据各方面的意见,经过多次审订的结果,可以说是三百几十年以来汉语拉丁字拼音试验的结晶品。这个草案,已经在 10 月 29 日人民政治协商会议全国委员会常务委员会的扩大会议加以审议。现在又经国务院全体会议通过,准备提请全国人民代表大会下次会议讨论和批准。交由各方讨论和试行。我们可以相信,这个修正草案成为正式的拼音方案之后,必定对于汉字的教学和实用,大大地增进便利,并且对于推广普通话也有很大的帮助。此外,拼音字母还可以用来作为科学技术上的符号,用来试验和研究汉语的进一步改革,用来作为各少数民族制定拼音文字的基础。这是帮助全国劳动人民在文化上、在科学技术上获得彻底的解放和翻身的有效的工具。所以《汉语拼音方案草案》的公布,是为劳动人民解除文字、语言上的一些困难和障碍,因而使得大家更胜利地进行社会主义建设的一个重要措施。

（《文汇报》1957 年 12 月 14 日）

从语言的本质上来谈汉语教学

本文想从语言的本质上来谈汉语教学中的一些实际问题。本文举出关于汉语教学的一些事实，多数是根据过去一年间上海市几个中等学校里好几位教师关于汉语教学的总结；近来汉语教学的工作又有了很大的发展，我们在这方面也一定有很多新的收获，可是过去这些教学总结里所提出的问题和谈到的经验，还是有不少值得注意和参考的。

汉语是我国的一种主要语言，也是世界上使用的人口最多的一种语言，它又是世界上历史最长久、内容最丰富又最富有表现力的语言之一。我们进行汉语的教学，同时也是对青年学生进行一种爱国主义的教育。因为“祖国的语言、祖国的文字是把握人民文化宝藏和培养人民热爱祖国的有力工具”。[①] 所以加强汉语教学内容的科学性，对于培养人民对祖国的热爱，对于推动大家对汉语的科学研究，都起着巨大的作用。

关于汉语的科学研究，在语言科学的体系当中，是属于一种特殊的语言学。语言学可以分做特殊的和一般的两种：关于一种或几种具体的个别的语言的研究，是特殊语言学；关于一般语言的理论的研究，是普通语言学。一般的和特殊的两方面，在实际研究的

① 凯洛夫：《教育学》上册，人民教育出版社 1953 年 5 月版，第 109 页。

过程当中有彼此不能分割的关系。一般语言的理论,必须到具体语言的现象当中去获得实在的根据;特殊语言学上所研究的种种现象,也必定是服从于一般语言发展的规律的。所以要进行汉语的科学研究,必须把汉语上种种现象的精密观察的结果来跟普通语言学上精确的理论相互结合起来;要加强汉语教学内容的科学性,也必须注重一般语言的理论上的问题。

关于语言的本质,这是普通语言学上一个主要的理论问题。"语言是工具、武器,人们利用它来互相交际,交流思想,达到互相了解。"①因此,语言本身的性质,大致可以分做下列的四种来说:

一、语言是和人们的实际生活相互密切联系的,它是从人们生活当中产生出来,也是反映实际生活的需要的;这是语言的现实性。

二、语言是语音和意义的结合,它所包含的语音、文字、词汇、语法等各个构成的部分是彼此不能分割的;这是语言的整体性。

三、语言是一种社会现象,"社会以外,无所谓语言"。②语言里语音、文字、词汇、语法等各方面的规范,都是依据于社会上群众通行的原则来确定的;这是语言的社会性。

四、语言是历史的产物,它是随着社会的发展而发展,随着人们实际生活的变化而变化的,所以语言里语音、文字、词汇、语法等各方面的现象,都是在不同的时代有不同的特点;这是语言的历史性。

我们要提高汉语教学的质量,必须加强汉语教学内容的科学性,必须把一般语言的理论和实际的教学结合起来,这就是说,把上面举出的关于语言四种性质的理论贯串到整个的汉语教学当中去。下面就是根据这四点来分别说明:

---

①② 斯大林:《马克思主义与语言学问题》,人民出版社1953年3月版,第20页。

一、语言的现实性与汉语教学

我们对于一切的教学，都必须贯彻着联系实际的原则，所以关于语言的现实性的理论，也必须在汉语教学当中体现出来。我们要研究汉语，要掌握关于汉语的教材，只有从现实的生活和实际的工作当中，去观察、分析汉语的现象，并且从而体验语言学上精确的理论。科学的理论是从很浅显的具体的事实当中分析、综合所得的结果，不是什么深奥难懂的东西。

例如关于语音这一部分的教材，一般教师往往认为难以掌握，或者感到干燥无味；这是由于把语音跟我们现实生活分离开来的缘故。其实，听到儿童"爸""妈"的叫声，就可以用它们来作为辨别声母、声调的例子；听到"空气"和"公鸡"，"机器"和"汽机"这样有分别的词，就可以从中认识汉语声母当中送气和不送气的分别；听到"老师"和"老实"，"工人"和"公认"这样有分别的词，也就可以从中认识汉语里各种声调的分别。有一位教师，主张应用"四十四、自己、彼此、知识分子"等日常用语，来作为辨别 zh、ch、sh 和 z、c、s 两组声母的练习材料；这样把教学工作、科学研究和实际生活打成了一片，自然不会感到干燥无味了。还有一位教师说："练习正音和注音的材料不一定限于课本上的，有时横幅、标语上的字句都可以用来作为正音和注音的练习；日常生活当中习用的词语，让学生多加练习，对于他们学习普通话更有帮助。"这种很可宝贵的教学经验，正是符合于语言的现实性的理论。

又如关于词汇这一部分的教材，其中对于同义词的辨别问题，有一位教师认为：从教材和学生的年龄特征，在目前还不能掌握辨别同义词的一定规律。其实，从实际语言的运用当中去寻求，自然可以得到辨别同义词的方法。例如我们说"广大的群众""宏大的规模"，"抵抗侵略""抗拒改造"等，就把这样日常应用的词语来各个地比较，自然可以认识“广大”“宏大”，“抵抗”“抗拒”等的分别，因而掌握了辨别同义词的方法。另有一位教师，在练习同义词的一课里，采用了许多实际生活的例子来启发学生了解同义词的区别，曾经得到苏联教育代表参观团的称赞。这可以证明，我们在教学上如果善于联系实际，就可以使学生能够得到理解。

关于语言的理论部分，有一位教师应用了谈话和问答的方法，逐渐地引导学生体会到：“语言是交流思想的工具，也是社会斗争和发展的工具。”还有几位教师，主张在汉语教学当中要多多采取文学课本当中的例子。这样的经验和意见，都是很可宝贵的，都是体现了语言的现实性这种理论的。

二、语言的整体性与汉语教学

汉语教学内容上各部分的教材是有相互的密切联系的，语言里语音、文字、词汇、语法等各方面的现象也是彼此不能分割的。在我们实际运用语言的时候，不懂得语音，当然不会辨别词义；不懂得词义，也当然不会了解语法。倒转来说，不会分析语法，也就不会了解词义；不会辨别词义，也就无从知道分别语音的作用。所以关于语言的整体性的理论，也必须在汉语教学当中体现出来。

有的教师往往产生这么一种错觉：认为汉语教学当中某一部分比较难，某一部分比较容易。这只是就个人对于各部分教材的熟悉不熟悉来说，并没有从实际各种语言现象的相互关系上来看。如果认识了语言是声音和意义的结合，认识了语音、文字、词汇、语法各方面的不能分割性，就可以知道对于汉语各部分的教材，必须把它们融会贯通，才能够全面地充分地掌握。

有几位教师说：“汉语课和文学课适当地结合是非常必要的，比如讲同义词、反义词、词义的变迁、文言词、外来词、成语等，都可以在文学课本里找到很好的补充材料。又散文、诗歌的朗读，查字典、认字、写字，没有不可以跟文学课相结合的。这样一方面丰富了汉语的知识，一方面也巩固了文学教学的成绩。”汉语和文学，在进行分科教学之后，必须把两方面的教材取得密切的结合；这种很可宝贵的意见，不但反映了语言和现实生活的密切关系，而且把语言整体性的理论也体现出来了。

因为词义的分别、词义的变化、各种词的性质和作用，都是在文学作品的许多辞句当中看出来的；我们指出这种现象，可以使得学生了解词汇和语法、修辞有不能分割的关系。在散文、诗歌的朗读和话剧的排演当中，我们必须把每个词、句的声音和语调念得清楚，才能够表达出思想、情感；指出这种现象，又可以使得学生了解语音的分别在词汇、语法和修辞等方面有怎样的作用。

有几位教师又曾经提出中学汉语课本里关于字典一章的编排问题。现在汉语教材的编排，把字典这一章附属于词汇部分；教师们根据教学的经验，认为应该把这一章提到语音或文字这两部分的后面来教，这就是说，把它来跟正音或正字有关的部分联接起来。因为现在通行较广的，还是字典，不是词典；又关于检字法和音序排列法，更是和文字、语音两部分的知识有深切的关联。如果语音这部分先教，又更需要利用字典来作为正音的工具。这是关于教材编排系统的一种意见，也反映出语言里语音和文字两方面的关联性。

如果不根据语言的整体性来处理汉语的教材，就容易犯教学上的错误。例如有位教师讲到“一词多义”的问题，由于忽略了语法方面“一词多类”的现象，就说：“一词多义是指这一个词在词性不变的条件下有几个意义时的情况的，如果词性改变了，就不是一词多义，而应算作另外一个词，只不过以同样的那个‘字’来表示罢了。”我们知道，语法方面的“一词多类”，就是指同一个词有几种不同的词性，例如“花朵”的“花”是名词，“花布”的“花”是形容词，在意义上有相互的联系的，也还是“一词多义”。如果认为词性改变了，就应算作另外一个词，那末，语法方面一词多类的现象，不也就应该不能存在了吗？这样错误的讲法之所以产生，就是由于没有把词汇和语法两方面整个现象联系起来看的缘故。由此可见我们要提高汉语教学的质量，必须认识语言本身的整体性。

三、语言的社会性与汉语教学

语言是在一定的社会当中，根据于集体的劳动和斗争的需要而产生的，所以语言必定有对于全社会的共同性，才能发挥它作为互相交际、交流思想的工具的作用。语言里语音、文字、词汇、语法等各方面的现象，都是由社会的历史上形成的，不能顺着个人的意志来随便加以改变。语言规范化的工作，就是依据语言的这种社会共同性，依据群众通行的原则，因势利导地来规定出一些标准。群众通行的现象发展了、变化了，语言的规范也随着发展、变化。汉语教学的工作，必定要和推广普通话及语言规范化的工作相互配合地进行。关于读音、写字、构词、词义、语法等的现象，究竟怎样是对的，怎样是错的，都是以合不合于规范和社会上群众通行不通行来判定。

例如读音方面，一般以北京的读书音来作标准，因为读书音的通行范围比口语音为广，如“把”（把书拿来）、“谁”等字，要依据北京读书音的 bǎ、shuéi 等，而不取口语音的 bǎi、shéi 等。

又如写字的教学，必须和推行简体字的工作相配合地进行。在词汇的教学当中，也要配合着词汇规范化的工作；对于文言词、方言词、外来词等，要指导学生采取一般通行的，而舍弃不通行的。关于词义的解释，也是采取现代最通行的；例如“闻”应该作为“嗅到”来讲，“走”应该作为“行走”来讲，除了在特殊的辞句里以外，不作为“听”“跑”来讲。

许多词和成语的形式，不能任意地加以变更；例如“表面”的“面”不能改换做“脸”，而把它说成“表脸”；同样，“足球”也不能说成“脚球”；“东摇西摆”不能说成“南摇北摆”；“南腔北调”也不能说成“东腔西调”，等等。关于语法的规则，凡是群众所容许引用的，不应该勉强地加以更改；例如我们可以说“应不应该”“可不可以”“能不能够”等，不一定要改做“应该不应该”“可以不可以”“能够不能够”等。在教学当中指导学生注意这样的现象，就是体现了语言的社会性的理论，同时也就有推进语言规范化的作用了。

四、语言的历史性与汉语教学

语言既然是和社会及我们实际生活不能分割的，而社会及现实生活又是不断地在发展变化当中，所以语言是一种历史的产物，语言的规范也是在发展变化当中。语言的各个构成部分，尽管发展变化的速度有彼此不平衡的现象，而都各自有时代的特点。语言里语音、文字、词汇、语法等各方面的现象，都是在不同的时代有不同的规范。我们在汉语教学当中，也必须把语言的历史性的理论体现出来。

例如在语音部分，指导读音的时候，一方面要配合着推广普通话的标准音的工作，一方面还必须指明语音的标准并不是一成不变的，使得学生领会到语言是在继续的发展当中。因为语言的规范，既然根据群众通行的原则来确定，而群众通行的现象又有显著的时代性，所以读音也是在不同的时代有不同的标准。有些在过去认为是误读的音，可是到了现代，一般通行开来了，也就不认为是误读的了；例如“滑稽”的“滑”，“口吃”的“吃”等，现在一般读成 huá、chī 等，也就不必改成原来的 gǔ、kī 等了。

又如关于文字部分，也要从现实的社会生活方面去看它的发展，不能拘执着“六书”的观点。所谓“六书”，实在只是汉字在“篆书”时代的造字和用字的规则，不能用来观察后代已经变化了的字体，更不能用来作为现在正字的标准。我们必须根据社会历史的发展和现实生活的需要，来认定现在推行简体字和进行文字改革的必要性。在教学当中只有用这种历史发展的观点来指导学生，这才是正确的。有几位教师曾经在课外活动中，举行了一次“汉字形体演变”的展览会，收集了甲骨文、钟鼎文、篆书、隶书、楷书、草书、行书等拓片为展览品；使学生体会到汉字字体不是一成不变的，现代通行的字体是经过了多少次演变的结果。这样的课外活动，不但使得学生对于当前的文字改革和推行简体字，有了正确的认识，而且更使得他们树立了历史发展的观点。

又如关于“字”和“词”的分别问题，也必须用历史发展的观点来处理。例如“人民”的“民”，“美丽”的“丽”等，从前确实都是独立运用的词，到了现代只是作为构词的成分，是“字”而不是“词”了。

关于词汇部分，更需要用发展的观点来指导学生。有一位教师曾经提出过“常用词和非常用词的明确的界限问题”，其实这种界限是要随着历史的变化而变化的。“基本词汇”有显著的稳固性，但是也是在逐渐地发展变化；例如从前的“冠、釜、犬、毕”等，现代变成“帽子、锅子、狗、完了”等了。

词汇的各种成分，也是随着历史的发展而有彼此交错和相互转化的现象。有些文言词还保存于方言当中而成为方言词的（例如饮、食），有些外来词也可以发展成为基本词的（例如玻璃、站〔车站〕等），有些外来词也就是专门用语（如科学技术上所引用的一些术语）；我们不能把整个词汇里的各种成分一格一格地分割开来。可是，有几位教师讲到用板书图解来说明问题的时候，曾经举出一个关于词汇的构成的例子。这个图解是用一个大圆圈来表示汉语所包括的整个词汇，中间把基本词、文言词、方言词、外来词、专门用语等一格一格地分隔开来，而说“里面是组成词汇的各个部分”。

这种图解，要使学生误认为基本词、文言词、方言词、外来词、专门用语等是彼此各不相干、而且是一成不变的。这样误解之所以产生，就是由于不用历史发展的观点来看语言，因而忽略了词汇里各种成分彼此交错和相互转化的现象。由此可见，我们必须把语言的历史性的理论贯串到整个的汉语教学当中去，这样才可以免除教学上的一些错误，才可以提高教学的质量。

总起来说：我们要从汉语教学方面来推动大家对汉语的科学研究，同时培养人民对祖国的热爱，必须提高汉语教学的质量，就是加强汉语教学内容的科学性。而要加强汉语教学内容的科学性，又必须把普通语言学上精确的理论贯串到整个的汉语教学中去，这就是一般和特殊的结合，理论和实际的结合。上面所说关于语言本身的四种性质的理论，都要在汉语教学当中体现出来，这四点似乎可以供我们教学工作和科学研究工作上的参考。

（《学术月刊》1957 年第 5 期）

怎样阅读古典作品

这里所说的古典作品，只是指周汉时代所留给后代人的一些普通的读物。这些读物对于后代语言的发展，有了很大的影响。文言文，就是从这些读物的语言基础上产生出来的。怎样来阅读这些古典作品？这个问题，对于汉语和文学、历史等的研究、教学，都是有重大的意义的。

要把古典作品读得懂，不单单是关于语文一方面的问题，还有关于古代的历史、作者的生活和思想等的认识的问题。形式和内容是不能分割的。我们从语文方面来认识作品里所记叙的事实、所表达的思想感情等；同时，对于作品内容上事实、思想感情等的了解，也就促进了我们在语文方面更透切的了解。

怎样来阅读古典作品，这里只就语文方面有关的，提出几个要点来谈谈：

要读懂古典作品，首先必须打破文字的障碍。汉字给我们保存着几千年来无比丰富的文献，这是它的主要功绩之一。可是，汉字对于历代语言的记录，并不是很完善的工具；它的一个一个的字体，既不能反映语言的变化，也不能表示语词的单位。汉字虽然说是表意文字，似乎可以利用形体来表明词义的分别，但是在实际上它广泛地应用了“假借”的方法，只要字音上相同或相近，就可以相借用。这样，在实际留传的作品当中，就形成了“同言异字”和“同字异言”的现象；这就是说，同一个语词可以用不同的字体把它写出来，同一个字体也可以用它来代表不同的语词。所以“汉字实际并没有把许多同音而不同义的词在书写形式上分别出来”；[①]这种现实的情况，目前拥护文字改革而又相信“同音词由汉字书写可以从字形上分辨”[②]的同志，如果再看一看古典作品的原文，更可以恍然大悟了。

同一个语词，用不同的字体来写的；例如“若、女、汝、而、尔”等字，都可以用来代表“你”这个代词：

吾翁即若翁，必欲烹而翁，则幸分我一杯羹！（《史记·项羽本纪》）（我的老子就是你的老子，如果必定要烹杀你的老子来吃，那末，也分给我一杯羹吧！）

吾乃与而君言，汝何为者也！（《史记·平原君列传》）（我正在跟你的君主说话，你是干什么的呀！）

商！女何无罪也？吾与女事夫子于洙泗之间，退而老于西河之上，使西河之民疑女于夫子，尔罪一也。丧尔亲，使民未有闻焉，尔罪二也。丧尔子，丧尔明，尔罪三也。（《礼记·檀弓》）（商！你哪里没有罪过呀？我跟你在洙水和泗水之间师事过我们的夫子，现在退而长住在西河上面，使得西河地方的人认为你的一切正是代表着我们的夫子，这是你的第一项罪过。死了你的父母，竟然给许多人都没有知道，这是你的第二项罪过。死了你的儿子，竟然哭得你的眼睛也看不见了，这是你的第三项罪过。）

---

① 《同音词和同义词的产生》，《语文知识》总第48期（1956年4月号），第32、33页。

② 刘冠群：《论同音词》，《中国语文》总第53期（1956年11月号），第22页。

不同的语词，用同一个字体来写的；例如一个“若”字，除了代表“你”这个代词以外，还有用来代表“如果、如同、如此、然而”等的意义的：

若爱重伤，则如勿伤？（《左传·僖公二十二年》“子鱼论战”）（如果不忍再加伤害，那末不如不加伤害好了。）

有若无，实若虚。（《论语·泰伯》）（有的象似没有，充实的象似空虚。）

以若所为，求若所欲，犹缘木而求鱼也。（《孟子·梁惠王》）（照这样的做法，来要求达到这样的希望，正象攀缘到树木上去求取水中的鱼一样。）

桑之未落，其叶沃若。（《诗经·氓》）（桑树没有落叶的时候，它的叶子沃然地新鲜润泽。）

其他如“女、汝、而、尔”等字，除了代表“你”以外，也都多多少少地代表了别的词。例如“尔”字，还有用来代表“那样、那里、呢”等词：

“如或知尔，则何以哉？”子路率尔而对曰：……（《论语·先进》）（“如果有人知道你，那末拿什么来用呢？”子路率然匆遽那样就回答说：……）

出乎尔者，反乎尔者也。（《孟子·梁惠王》）（从那里做出来的，结果自己也要回转到那里去。）

便便言，唯谨尔。（《论语·乡党》）（很明辩地、详细地说，只是特别地谨慎呢。）

古典作品的原文里，这样“同言异字”和“同字异言”的现象是很普遍的。如果我们在阅读的时候，没有透过了“字面”，没有进到语言的底层来认识作品语言里所包含一个一个的语词，那末，就很容易被这种文字造成的现象所迷惑，而得不到它的真正的意思和正确的解释了。所以要把古典作品读懂，首先必须把这种文字造成的迷惑的现象分辨清楚，就是打破汉字在记录语言当中所给我们的一重障碍。这是应该注意的第一个要点。

其次，又必须掌握古代语言里常用的词语。认识了作品语言里所包含一个个的词，必定会发现古代语和现代语里词汇的异同；古典作品里有许多常用的词语，是现代语里所不用或少用的。例如“社稷、庶人、干戈、耒耜、诸侯、卿、大夫、玉帛”等，由于社会的发展，已经成为历史性的词语了。还有一些古典作品里常用的词语，在现代普通话当中有不同的名称或另外的说法；例如“饮”“食”是现代普通话的“喝”“吃”，“冠”“履”是现代词的“帽子”“鞋子”，“举”是现代语的“提起”，“遣”是现代语的“打发”，等等。“子”这个词，古典作品里常常作为对称代词的“尊称”用的，和现代语里“先生”“尊长”“您”等有相同的意味。例如：“子之哭也，一似有重忧者？”（《礼记・檀弓》）这里的“子”和现代语里的“您”很相近。又如：“寡君闻吾子将步师出于敝邑。”（《左传・僖公三十三年》“弦高犒师”）这里的“子”和现代语里的“先生”很相近。还有一些古典作品里常用的词，它们的意义在现代普通话里已经变更过了；例如“走”，现代是“行走”的意思，在古典作品里原来是“奔跑”的意思；“汤”，现代一般是指“汤菜”，在古典作品里原来是指“滚水”，等等。此外，还有一些古典作品里常用的成语或熟语，也是应该注意的；例如“二三子”是“诸位”“诸君”的意思，“无伤”是“无妨”“不要紧”的意思，“不弔”“不淑”是“不幸”“不祥”“不善”的意思等等。至于当时那些常用的虚词，它们的功用，更是我们要掌握古代语里的词汇时候所应当注意的。这是关于阅读古典作品的第二个要点。

再其次,我们又必须熟悉古代语里运用词语的方法。要掌握古代语里所有的词语,不但须要明确地认识它们的意义,而且还须熟悉它们在实际作品当中怎样地运用。古代语里“词性活用”的现象,比现代语里要显著得多。例如:“及齐,齐桓公妻之。有马二十乘,公子安之。”(《左传》:僖公二十三年,《晋公子重耳出亡》)这里的“妻之”,是“把女儿配给他为妻”的意思;这里的“安之”,是“认为这里很安乐”的意思。又如:“秦师遂东。”(《左传·僖公三十二年》“蹇叔哭师”)“项梁乃以八千人渡江而西。”(《史记·项羽本纪》)这里的“东”“西”,表示了进行的方向,也包括进行的动作在内。这样把名词或形容词作为动词来用,在现代语里是不容易见到的。词语的活用,有时也是由于修辞的关系;例如:“叔在薮,火烈具阜。”(《诗经·大叔于田》),“阜”原来是指“土山”,这里用来表示“盛大”的意思;“前有宾客,弟子骏作”(《管子·弟子职》),“骏”原来是指“跑快的马”,这里用来表示“很快”的意思。(“骏作”,是说“很快地起来”。)这样的用法,可以说是修辞上的“隐喻”。我们要把古典作品读懂,必须熟悉古代语里这些运用词语的方法。这是应该注意的第三个要点。

又其次,我们还必须学会分析古代语里的语法结构。要认定许多词语在实际作品当中怎样的运用,不可能不联系到语法结构;所以分析古代语的语法结构,也是关于阅读古典作品所应该注意的一个要点。古代语里有许多和现代语不相同的语法结构。例如:“事之以皮币”“事之以犬马”“事之以珠玉”(《孟子·梁惠王》);这是把“以”这个介词和它所介的对象放置在动词“事”的后面的。又如:“良人未之知也。”(《孟子·离娄》)这是把作宾语用的代词“之”放置在动词“知”的前面的(这种情形是在否定句当中所常见的)。又如:“子行三军,则谁与?”(《论语·述而》)这是把作宾语用的疑问代词“谁”放置在动词“与”的前面的(“谁与”是“跟谁在一起”的意思)。又如:“戎狄是膺,荆舒是惩。”(《诗经·閟宫》)这是把作宾语用的“戎狄”“荆舒”放置在动词“膺”“惩”的前面而中间又加进一个“是”字的。这些和现代语不相同的结构,当分析语法的时候,应该特别加以注意。这是第四点。

最后,还要认清古典作品里一些交错变化的辞句。古人所写的文章当中,常常有上下文相互交错变化,并不要求十分整齐的。例如:“不患寡而患不均,不患贫而患不安。盖均无贫,和无寡,安无倾。”(《论语·季氏》)这里如果依据下面的几句话来要求整齐,那末,上面的几句话应该是:“不患贫而患不均,不患寡而患不和,不患倾而患不安。”这是辞句里交互错综的现象。其他还有“省括句法”“重复句法”等等的辞例,都应该加以注意。这是第五个要点。

以上所举出的几点,是就语文方面有关的,来说一说怎样阅读古典作品的这个问题。古典作品是古代语言的一种记录,是当时一般口头的语言的投影;我们要把古典作品读懂,必须要有掌握古代语言的能力。要能够掌握古代的语言,又必须在学好现代语言的基础上来作进一步的学习。因此,现代汉语的研究,是阅读古典作品和其他方面的研究、教学的基础。

(《语文知识》1957 年 2 月号)

从不赞成到赞成

近来有人对于文字改革表示反对，也有人对于文字能不能改革表示怀疑，这是把各人不同的意见“鸣”出来，“放”出来，这对于文字改革的进行不但不会发生阻碍的作用，而且因此展开了讨论，使得真理愈辨愈明，更可以坚定我们的信心。最近韦悫同志说：“讨论文字要不要改革的问题，我看好像是多余的。现在，讨论文字要不要改的问题，并不等于文字改革工作就不做下去了。政府虽然没有公布过要改革的命令，可是从政府设立文字改革委员会的机构来看，很明显，党和政府是要研究和实现这件事情。”[①]尽管如此，我以为现在再来展开讨论还是有必要的。因为既然有人对于文字改革表示反对和怀疑，我们趁这个机会再把真相和道理讲讲清楚，自然可以使得怀疑的逐渐转变做相信的，不赞成的也逐渐转变做赞成的了。

我们为什么必须进行文字改革？文字改革应该采取怎样的步骤？关于这样的一些问题，我曾经写过一种小册子：《汉字改革的理论和实践》，最近已经由文字改革出版社印出来了，[②]很希望能够得到广大读者的多多的指正。我在这里似乎不必把这本小册子里讲过的内容要点再加以介绍和说明，我只想谈谈我个人对于文

---

① 见《光明日报》1957 年 6 月 3 日第 1 面。

② 《汉字改革的理论和实践》，文字改革出版社 1957 年版。

字改革从怀疑到相信、从不赞成到赞成的转变过程当中所得到的一些粗浅体会，以供大家讨论时候的参考。

我看近来表示反对和怀疑文字改革的，大都是属于高级知识分子，或是专家学者，其中有几位是著名的文字学家、历史学家和考古学家。这不是偶然的现象。这是关于思想方面的观点的问题。坦白地讲，我过去也是怀疑中国文字的拼音化的，过去我只赞成汉字的简化而不赞成拉丁化的；当时我已经忝居于高级知识分子之列，并且也是“以一个过去搞过文字学的学生来讲这个问题的”。[①] 所以现在几位专家学者对于文字改革表示反对和怀疑的那种心情，我是很能够理解的。

我们的高级知识分子，大都精通汉字所写的书面语，往往不觉得汉字本身的复杂和繁难，也不容易理会大多数人学习汉字时候所遭受的困苦；因之讲到文字改革的问题，也就容易忽视占着我国人口百分之八十的文盲问题，忽视现在和未来无数无数的儿童的识字教学问题。

一些专家学者，当然是喜爱自己的专业的，往往从自己所专门研究和喜爱的一方面来看问题，而不从整个文化的趋势来看问题。例如有一位老生物学家，就我所知道的，平日喜欢读中国古典文学的作品，很熟悉“杜诗、韩文”等；由于他的这种爱好，同时又因为误认文字改革就是废弃汉字，所以表示不赞成文字改革。又如一位文字学家，竭力强调汉字的优点，掩盖汉字的缺点，说：“汉字为我们历代革命都服了务，还是有好处的，到了共产主义社会还是用汉字的话也没坏处。若要废除汉字，改用拼音文字，不免会引起天下大乱。”[②]他专门研究汉字，因而爱好汉字，深怕汉字废除的那种心情，是很可以谅解的。不过，他那样地爱好汉字，以至于把“笑”

① 参看《文字改革》第 82 期，载《光明日报》1957 年 5 月 19 日第 6 面。
② 《文字改革》第 82 期，《光明日报》1957 年 5 月 19 日第 6 面。

“哭”两个字解释做这样：“殊不知汉字的形、音、义是紧密地相联系的。依我看，‘笑’这个字的形体确实像个人在笑，这多妙。‘哭’字就像有个人在哭。”[①]这却不免叫我们有点儿“哭笑不得”了。文字改革完成了以后，汉字只是不作为绝大多数人的通行的文字罢了，汉字还是有不少人在那儿使用和研究，汉字是永远不会废除的。这几位专家学者不了解这种真相和趋势，单是从个人所喜爱的一方面来着想，就不免局部地、片面地看问题了。

一些历史学家和考古学家，也当然极端珍视古代遗留下来的许多宝贵的文献和文物。汉字给我国人民保存了无比丰富的文化遗产，流传了无可估价的文献史料，这是汉字的伟大功绩。文字改革并不意味着汉字的废除。在文字拼音化以后，我国古代的文化遗产和文献史料，一部分可以改写做代表现代语的拼音文字，以便更广泛的流传；其他部分仍旧有认识汉字的人来负责整理，负责保管。所以文字改革对于古代文化和史料的保存，不会有什么影响。几位历史学家考古学家不了解这种真相和趋势，因而对于文字改革采取了怀疑的态度。谁都知道，历史是向前发展的，可是几位历史学家只注意到怎样地保存古代的文献和文物，而没有注意到怎样地满足目前几万万和将来无数无数人民的学习文化的要求，总不免是过分地向后看的了。

还有一些高级知识分子，认为文字是代表民族的习惯，应当归属于民族的一种特征，不能任意地加以改革。这是由于把文字语言混为一谈。我们知道，文字是用来代表语言、记录语言，同时对于语言的发展有极大的影响的。但是文字和语言的性质不同，某种文字不一定是某种民族的特征。不同的民族可以使用相同的文字形式，不同的语言也可以应用相同的书写的记号

① 《文字改革》第82期，《光明日报》1957年5月19日第6面。

体系来代表。例如，汉语和日本语代表着两种不同的民族，而日本文字就是从汉字的体系里变化出来的。又，相亲近的民族，在语言方面是有亲属关系的，可是在文字方面往往使用了不同的书写的记号体系。例如，汉族和藏族在语言方面同属于一个语系，可是藏文的字母，和汉字没有联系，而是从印度的梵文字母变来的。至于发展的方式，在文字方面也跟语言不同。语言的历史发展只有逐渐的变化，它的发展过程，无论是统一的或分化的过程，都需要有几百年或更多的时间来完成。而文字是可以在一定条件之下，在一个短时期内加以改革或建立的。我们看到这几年来祖国内部几种兄弟民族的文字改革或建立，近几十年来苏联境内许多少数民族的文字改革或建立，以及蒙古人民共和国两次的文字改革，越南民主共和国的文字改革：这些事实都可以证明文字发展的方式和语言不同。我们决不能把文字和语言这两种东西混同起来，我们要认定文字不是真正代表民族的特征的，文字只是代表民族的一种习惯，而民族的习惯是可以更改的，不是固定不变的。我们必须向前看，而且要看到社会主义在全世界范围内完全胜利的时期，那时各个民族之间、各个国家之间在经济、文化等等方面相互交流的密切和频繁，也更需要我国文字的拉丁化。由此可见，对于我国文字拉丁化的怀疑，是由于不从发展方面来看问题而起的。

总起来说：关于文字改革的问题，我个人体会到从怀疑到相信、从不赞成到赞成的转变过程，正是对于事物的思想方法和观点的转变过程。这种转变，包括着：从向上看到向下看，从为少数人着想到为多数人着想，从局部地看到整体地看，从片面地看到全面地看，从向后看到向前看，从为过去的东西着想到为将来的利益着想，从固定上看到发展变化上看，从混同地看到分析地看，从只向民族内部方面看到更向民族和民族的关系方面看……

我自己觉得我的思想改造得很不够的，以上所谈只是自己在思想转变当中一点极粗浅的体会，是不是可以供专家学者们的参考，还要请指教。

（《语文知识》1957年7月号）

语音和语音学

什么叫“语音”？语音就是说话的声音（包括读书的声音）。通常说话的时候，总是有两个方面：一个是说的方面，一个是听的方面。因之语音也有两方面的意义：一方面是指我们发音器官所发出来的，一方面又是指我们听觉所感觉出来的。说话是为着相互交流思想，达到相互了解。因之语音的两方面的意义，无论是指发音器官的活动的结果，或是指听觉感觉到的现象，都必须服从于在社会交际当中传达意思的作用。

研究语音的学问叫做语音学。我们研究语音，不应当把语音和自然界的声音或其他不属于说话的声音同等地看待，而应当把它看作一种从生理和物理的基础上产生的特殊的社会现象。从研究的对象来说，语音学也和语言学一样，有一般的和特殊的分别：研究一般语言声音的成分、结构及其发展变化的，叫做“普通语音学”；研究某一种语言或某一种方言的语音情况的，例如汉语语音学，俄语语音学等，或北京音研究，上海音研究等，都可以说是特殊的研究。又从研究的方法来说，单凭发音器官和听觉器官的感觉来观察语音现象的，叫做“实用语音学”；不单凭感觉，而使用一些特制的语音学仪器来观察的，叫做“实验语音学”。通常研究语音大都属于实用的研究。

我们说话的声音，必须使用一套符号来记录，才便于进行研究和讨论。现在通行的汉字，每个字的形体都不能把确实的读音表示出来，所以需要用一套字母来给它注音。过去用的注音字母，不很精密，而且不便于连写，在国际上也不是通行的；现在我们制定了《汉语拼音方案》，这一套拼音字母，无论从汉字的注音、普通话的拼写和其他种种方面来说，都比注音字母优越得多，精密得多。《汉语拼音方案》的制定，对于我国教育和文化的普及，对于我国社会主义的建设，一定会起很大的作用。我们应用这一套拼音字母来学习和研究普通话的标准语音——北京语音，是很便利的。不过，我们还要研究汉语的各种方言的语音和古代汉语的语音，也要研究其他各民族语言和外国语言的语音，这就需要应用一般语言科学上所通用的符号——国际音标。国际音标是由国际语音学会在1888年开始制定的，以后有一些修改。国际音标的优点，在于符号的形式和实际的语音现象完全一致，一种语音现象只用一种符号来代表，一种符号也只代表一种语音现象。许多外国的拼音文字，例如俄文、英文等，也都不是这样表里一致的，常常有字母拼法和实际读音不相符合的地方。因之，我们无论要研究本国的或外国的语言，为了精确地记录语音，都以采用这种科学的语音符号——国际音标为合宜。一般用国际音标来记录语音的地方，大都用方括弧来表明。

这里把注音字母、汉语拼音字母和国际音标对照如下（国际音标的记音，有严式和宽式两种，这里只采取宽式）：

注音字母	汉语拼音字母	国际音标
［声母］		
ㄅ	b	[p]
ㄆ	p	[p‘]
ㄇ	m	[m]

续 表

注音字母	汉语拼音字母	国际音标
ㄈ	f	[f]
(万)	v	[v]
ㄉ	d	[t]
ㄊ	t	[tʻ]
ㄋ	n	[n]
ㄌ	l	[l]
ㄍ	g	[k]
ㄎ	k	[kʻ]
(兀)	ng(ŋ)	[ŋ]
ㄏ	h	[x]
ㄐ	j	[tɕ]
ㄑ	q	[tɕʻ]
(广)		[ȵ]
ㄒ	x	[ɕ]
ㄓ	zh(ẑ)	[tʂ]
ㄔ	ch(ĉ)	[tʂʻ]
ㄕ	sh(ŝ)	[ʂ]
ㄖ	r	[ʐ]
ㄗ	z	[ts]
ㄘ	c	[tsʻ]
ㄙ	s	[s]
(ㄧ)	y	[i]
(ㄨ)	w	[w]
(ㄩ)	(yu)	[ɥ]
韵母		
(帀)	i	[ɿ]、[ʅ]
ㄧ	i	[i]

续　表

注音字母	汉语拼音字母	国际音标
ㄨ	u	[u]
ㄩ	ü	[y]
ㄚ	a	[a]
ㄛ	o	[o]
ㄜ	e	[ə]
ㄝ	e(ê)	[e]
ㄦ	er[r]	[ər]
ㄞ	ai	[ai]
ㄟ	ei	[ei]
ㄠ	ao	[au]
ㄡ	ou	[ou]
ㄢ	an	[an]
ㄣ	en	[ən]
ㄤ	ang	[aŋ]
ㄥ	eng	[əŋ]
ㄧㄚ	ia	[ia]
ㄧㄛ	(io)	[io]
ㄧㄝ	ie	[ie]
ㄧㄞ	(iai)	[iai]
ㄧㄠ	iao	[iau]
ㄧㄡ	iou	[iou]
ㄧㄢ	ian	[ian]
ㄧㄣ	in	[in]
ㄧㄤ	iang	[iaŋ]
ㄧㄥ	ing	[iŋ]
ㄨㄚ	ua	[ua]

续　表

注音字母	汉语拼音字母	国际音标
ㄨㄛ	uo	[uo]
ㄨㄞ	uai	[uai]
ㄨㄟ	uei	[uei]
ㄨㄢ	uan	[uan]
ㄨㄣ	uen	[uən]
ㄨㄤ	uang	[uaŋ]
ㄨㄥ	ueng	[uəŋ]
ㄨㄥ	ong	[oŋ]
ㄩㄝ	üe	[ye]
ㄩㄢ	üan	[yan]
ㄩㄣ	ün	[yn]
ㄩㄥ	iong	[ioŋ]

语音的现象，大致可以分做四方面来观察。首先要辨别语音的本质，就是音色方面的现象。上面举出的各种声母、韵母的区别，都是属于音色的不同。例如[i][u][a]，代表“衣、乌、啊”三个字的音，实际是三个不同的音素。音素是构成语言声音的最小单位，好比化学上各种化合物所包含的元素。同一个音素，由于它所联接的音素不同，也构成不同的语音色彩。例如同一个[i]，由于它所联接的[n]和[ŋ]的不同，就成为[in]和[iŋ]，就是“因”和“英”两个不同的字音。音素相互的联接，又和化合物里各种元素的相互化合不同，因为它们是按照先后来排列的，彼此先后排列的不同，也构成不同的语音色彩。例如同是[i]、[a]两个音素，由于先后排列不同，就成为[ia]和[ai]，就是“呀”和“哀”两个不同的字音。这样看来，我们要观察语音里关于音色的现象，要辨别各种不同的声母和韵母，不但应该把语音里所包含的一个个音素分析出来，

认定它们的性质,而且必须注意它们所联接的音素和它们相互之间的排列的顺序。因为,音素的本身性质和音素相互的联接关系及先后顺序,都是在实际语言当中可以有传达和区别意思的作用的。

其次,还须要认识声音高低的变化,就是音高的现象。同是一个字音,由于高低音的变化不同,在汉语里就分别表现出不同的声调。例如[xauˇ]是普通话里“美好”的“好”(hǎo),[xauˋ]是普通话里“爱好”的“好”(hào)。又如[i¯];是代表“衣服”的“衣”(yī),而[iˊ],又是代表“移动”的“移”(yí),等等。在一句话里,前后高低音的变化,也常常产生不同的语调。例如汉语里用前高后低的降语调来表示陈述句;用前低后高的升语调来表示疑问句,等等。由此可见,关于音高的现象,如声调、语调等,也是在实际语言中可以用来传达和区别意思的。

又其次,还须要认识声音强弱或轻重的变化,就是音势的现象。字音和字音联接起来,在汉语里常常有轻重音的分别。例如“老子”(lǎo zǐ),“子”字念重音,是表示古代的一个人名或一部书名;lǎoz,重音在“老”字上,就是指“父亲”的意思了。又如“莲子”和“帘子”,它们的分别,就是前者要重读后一个字,liánz,后者要重读前一个字,liánz。这种轻重音的分别,在其他各种语言里,如俄语、英语等,也是常常见到的。在一句话里,前后各部分轻重音的变化,或者各个句子之间声音轻重的不同,也常常用来表示不同的语气。由此可见,音势的变化,在实际语言里,对于传达和区别意思的作用也是很显著的。

最后,又必须辨别声音的长短,就是音长的现象。声音的长短,跟我们说话的速度有关。当说话慢的时候,各个声音所占据的时间就比较长;说话快的时候,各个声音所占据的时间就比较短。在一句话里,前后快慢的不同,就是声音长短的变化,也常常用来表示不同的语气。此外,还有一些语言或方言里,往往应用长短音的不同来区别字音的。例如“衣”和“一”两个字,在普通话里同是长音,可是在上海话里,前者读长音,后者读短音。又如英语的 sit 和 seat,这两个字音的分别,就是前者包含一个短的音素,[sit],后者包含一个长的音素,[si:t]。由此可见,音长的现象,对于辨别意义有时也是很重要的。

上面所说的音色、音高、音势、音长这四种现象,彼此之间是密切联系,相互影响的。一般的语言情况,是重读的音总比较高,比较长;反之,轻读的音也偏向于比较低而短。同时,发音时候用力的轻重,也自然地影响到声音的本质,使音色上发生变化。这四种现象的相互影响,在语音发展的历史上,更可以明显地看出来。

音色、音高、音势、音长这四种现象,在研究的时候,必须严格地区分开来。从物理的观点来看,我们说话的声音,也正和自然界的声音或其他不属于语言范围的声音一样,都是由于物体的振动而产生的一种音波。物体的振动有快有慢,有的在一定时间里的振动次数多,有的振动次数少,这样就形成音波波纹的疏密不同,也就在我们的听觉上分出高低音来。换句话说,物体的振动在一定的时间里次数越多,声音就越高;次数少,声音就越低。音势的强弱,跟振动力量的大小有关。力量大的,音波的振幅也大,就成为重的音;反之,力量小的,音波的振幅也小,就成为轻的音。声音的长短,主要看物体振动时间持续的长短。持续的时间越长,声音也越长;反之,时间越短,声音也越短。

造成音色的不同,有多种原因,主要的是发音体的本身和发音的方法以及发音时候的情况的不同。由于这些复杂的原因,物体的振动就形成音波本身各种不同的形式,因而也使得我们感到声音本身各种不同的性质。一般造成声音的物体振动,总是许多种振动的复合体,很少是只有一种简单的振动的。这样的复合体里所包含的许多种振动，其中有一种振动是基本的，其他的好几种振动是从属的。各种不同的发音体和各种不同的发音方法及情况，使得一种基本的振动和好几种从属的振动之间有各种不同的配合关系，这样就造成各种不同性质的声音。各种不同性质的声音，可以统括地分做乐音和噪音两大类。简单地说，所谓乐音，就是基本的振动和从属的振动之间的配合关系是和谐的，因之它的音波形式是有规则的；噪音则不然，基本的振动和从属的振动之间的配合关系是不和谐的，因之它的音波形式也是不规则的。我们觉得自然界的各种声音当中，有的是和谐悦耳的，有的并不这样，这就是由于乐音和噪音的区别。语音里的各种音素，也可以依据乐音和噪音的区别来划分。

我们说话的声音，从生理的观点来看，又是发音器官活动的结果。无论是音色、音高、音势或音长哪一种语音现象，总是从发音器官的作用上产生出来的。我们的发音器官，可以分做呼吸器、喉头、口腔、鼻腔四个部分。呼吸器是气息进出的器官，一般说话的声音，大都是由呼气造成的；所以胸部压缩的力量的大小，主要地决定了音势的强弱。喉头里面附着的声带，振动起来，就发出乐音。声带可以拉紧，或者放松。拉紧的时候，声带振动快，声音就比较高；放松的时候，振动慢，声音就比较低。声音高低的变化，主要就是这个原因。声带振动发出的乐音，必须经过口腔或鼻腔里空气的共鸣作用，才能够充分地传播出来，所以口腔和鼻腔在发音作用上是共鸣的器官。同时，口腔、鼻腔和喉头又是发音上有节制作用的器官。它们的节制作用，造成了各种音素。节制作用，分做张敛的节制和阻碍的节制两种。张敛的节制，是一方面声带振动发出乐音，一方面口腔构成各种形状的共鸣器来发出各种纯乐音性的元音。阻碍的节制，是从喉头到口腔的通路上某一部位构成或大或小的一种阻碍，造成各种具有噪音性的辅音。我们可以依据乐音和噪音的区别来说明元音和辅音的构成及其性质。

语音里的音素分做元音和辅音两大类。元音是纯粹的乐音，气流从呼吸器出来，在口腔里不遇到什么阻碍。辅音是由阻碍造成的，有些是不带乐音的纯粹的噪音，有些是带有乐音的乐音化的噪音，或者更因为阻碍作用很微小而成为乐音性的噪音。所谓乐音性的噪音，就是性质上很接近元音的辅音；例如，[j][w][ɥ]，叫做半元音；又如鼻音的[m][n][ŋ]等，边音的[l]等，颤音的[r]（如俄语的 p）等。

口腔的张敛的节制作用，主要在于舌头的上下升降、前后进退和嘴唇构成的各种形状。因之，各种元音的性质，可以依据三方面的标准来分析：第一，依据舌头的升降来分，有高元音（如[i][u][y]等），次高元音（如[e][o]等），次低元音（如[ɛ][ɔ]等），低元音（如[a][ɑ]等），中元音（如[ə]等）五类。第二，依据舌头部位的前后部分，有前元音如（[i][e][ɛ][a]等），后元音（如[u][o][ɔ][ɑ]等），混元音（如[ə]等）三类。第三，依据嘴唇所构成的形状来分，有圆唇元音（[u][o][ɔ][y]等），不圆唇元音（如[i][e][ɛ][a][ɑ]等）两类。此外，从舌头的部位来说，除了前元音等三类以外，还有舌尖元音（如[ɿ][ʅ]等）和卷舌元音（如[ər]等）。又从共鸣的作用来说，上面所说的各类元音，都是单纯用口腔作为共鸣器的，都叫做口元音，还有兼用口腔和鼻腔两种共鸣作用的，叫做鼻化元音（如[ã][õ]等）。总之，这些元音都是纯乐音性的。

口腔以及喉头的阻碍和制节作用，构成了各种辅音。因之，各种辅音的性质，可以依据阻碍的方式和部位两种标准来分析：依据阻碍的方式来分，有塞音（如[p][t][k]等），鼻音（如[m][n][ŋ]等），塞擦音（如[ts][tʂ][tɕ]等），擦音（如[f][s][ɕ][x]等），边音（如[l]等），半元音（如[j][w]等），颤音（如[r]等）这些类。依据阻碍的部分来分，有双唇音（如[p][m]等），唇齿音（如[f][v]等），舌尖前音（如[ts][s]等），舌尖中音（如[t][l][n]等），舌尖后音（如[tʂ][ʂ]等），舌面音（如[tɕ][ɕ][ȵ]等），舌根音（如[k][x][ŋ]等），喉头音（如[h][ʔ]等）这些类。此外，又依据气流的强弱来分，有送气音（如[p‘][t‘][k‘][ts‘]等）和不送气音（如[p][t][k][ts]等）的区别。又依据带乐音和不带乐音来分，有浊音（如[b][d][g][v][z]等）和清音（如[p][t][k][f][s]等）的区别。清音是纯粹的噪音，浊音是乐音化的噪音。还有半元音、鼻音、边音、颤音等，又是乐音性的噪音，性质上是很接近元音的。

语音里的音素，在实际说话的时候，当然不是一个一个地分割开来的，而是相互联接起来组成许多语音的片段。语音最小的片段，就是音节。我们现在所用的汉字，每个字只包含一个音节。（除了极少数的例外，如“花儿”是两个字，实际只是一个音节。）

各种不同性质的音素，在组成音节当中也表现出各种不同的作用。有些音素可以独立成为音节，或者作为组成音节的主体；有些因素则不然，不但不能独立成为音节，而且必须依附于别的因素，才能在同一个音节上显现到我们的听觉上来。这是由于各种音素的性质不同，它们的响度，就是刺激听觉器官的作用也不同。大致说来，一般元音都是纯粹的乐音，它们的响度都比辅音大，都可以独立成为音节或作为音节的主体。而元音当中，低元音的响度最大，高元音的响度最小，所以低元音和高元音相联接组成同一个音节，就是组成为一个复合元音的时候，其中的低元音必定是作为音节的主体。例如“多、快、好、省”（duō、kuài、hǎo、shěng）这四个字音，就是[tuo][k‘uai`][xauˇ][ʂəŋˇ]四个音节，其中以[o][a][ə]等较低的元音为主体。一般辅音是噪音，大抵不能独立成为音节或作为音节的主体，但是乐音性的噪音，响度也相当大，有时也独立成为音节或作为音节的主体，例如上海话的“五”[ŋ]，英语 little [litl]里的第二个[l]。这样看来，用乐音和噪音的区别来说明元音和辅音的性质，在音节组成的理论上是很有意义的。

以上是从生理和物理上来谈音素的性质和其他语音现象。以下我们再从社会的观点来谈语音系统的问题。

语言是民族的一个重要标志，这在语音系统上表现得特别显著。不同民族的语言，总是有不同的语音系统。在同一种民族的语言里，不同的方言也有不同的语音系统。

上面说过，语音是在社会交际当中用来传达和区别意思的。在某一种语言或某一种方言里，为了传达和区别意思，要用哪一些音素，怎样把这一些音素配合和排列起来组成一些音节，又怎样地应用高低、轻重、长短的变化，都是在使用这种语言或这种方言的社会里经过历史的发展过程逐渐形成一个独特的体系，这就是语音系统。

由于语言是社会的交际工具，它对于社会全体成员是共同的统一的，所以关于应用哪一些音素，组成哪一些音节，怎样应用音高、音势、音长的变化来传达和区别意思，在社会全体成员的相互之间必定有共同遵守的规律。这样就形成了语音系统的规律性。例如[y]这个元音，是普通话里雨（yǔ）、女（nǚ）、律（lǜ）、居（jū）、区（qū）、虚（xū）等字的韵母；好些方言里就没有[y]这个元音，象昆明话，就把“雨”念成[ì]，“女”念成[nì]。[y]在普通话里又有拼法上的限制，它的前头，除了没有声母以外，只能跟 n、l、j、q、x 五个声母相拼，不跟别的声母拼。普通话里没有象 bü、pü、mü、fü 等这样的字音。这就是普通话语音系统里的一个规律。

各种语言或一种语言的各种方言，在语音系统上都有或多或少的差异。这种彼此差异的现象，表示语音系统的独特性。例如上面所说汉语的好些方言里没有[y]这个元音，象昆明话那样，就是那些方言和普通话的语音系统有差异的现象。又如，上海话里有[b][d][g][v][z]等浊音作为声母的，而普通话里没有这些浊音声母；象“被”[peì](bèi)和“赔”[p‘eí](péi)，在上海话里都念成[be′]。广州话里有[m][n][ŋ][p][t][k]六个辅音作为字音的韵尾，而普通话里只有[n][ŋ]两个辅音韵尾；象“三”[san⁻](sān)，在广州话里念成[ʃam⁻]([ʃ]是一种舌叶音)。至于汉语和俄语、英语等，在语音系统上的差异就更显然了。俄语、英语都有[st][sk][sdr]等复辅音，汉语里没有；汉语的字音有声调的区别，俄语、英语里都没有。由此可见，每一种语言或每一种方言都有它的独特的语音系统。

从语音系统的规律性和独特性来观察实际语言里的语音现象，我们应该注意下列的三个方面。

第一，应该注意实际语言里所应用的音素。例如[r]，在俄语里就是那个颤音的俄文字母 р；又如[θ][ð]，在英语里就是一种“齿间音”，常常写做 th 的：这些音素都是汉语普通话里所没有的。俄语、英语等很注重清音和浊音的分别，象[p][t][k][f]和[b][d][g][v]等，而不注重送气和不送气的分别；汉语的普通话里恰恰相反，没有这些浊音声母，可是很注重送气和不送气的分别。象英语的 sky[skai]念成[sk‘ai]，只是认为读音不很准确罢了；可是在汉语里，就不容许把“该”[kai](gāi)念成“开”[k‘ai⁻](kāi)。至于上海话里，既有送气和不送气两套，又有相应的浊音声母，所以它比普通话里多了一套浊音。但是，另一方面，普通话里[tʂ][tʂ‘][ʂ](zh、ch、sh)和[ts][ts‘][s](z、c、s)两组分别得很清楚，上海话里却只有[ts][ts‘][s]一组，所以“诗人”(shīrén)和“私人”(sīrén)在上海话里是没有分别的。这是语音系统里应用的音素彼此差异的现象。

第二，应该注意实际语言里音素相互配合的方式。有些音素，在某种语言或某种方言里，或者拼在字音的开头，或者拼在字音的末了，大都有一定的规律。例如[m]这个辅音，普通话里只容许拼在字音的开头，换句话说，只把它作为声母，不象广州话那样也把它作为韵尾。又如[ŋ]这个辅音，普通话里只把它作为韵尾，不象广州话、上海话那样也把它作为声母。英语里也是这样，只把[ŋ]这个辅音拼在音节的末尾，没有把它拼在字音的开头的。又如[tɕ][tɕʻ][ɕ](j、q、x)一组，在普通话里一定是后面跟着[i]或[y]元音；而[k][kʻ][x](g、k、h)，[tʂ][tʂʻ][ʂ](zh、ch、sh)；[ts][ts][s](z、c、s)三组，在普通话里又都是后面不跟[i]或[y]元音的。又如[f]这个辅音，在普通话里也是后面不跟[i]或[y]的；换句话说，普通话里，没有象 fi、fian 或 fü、füan 之类的字音。可是，别的方言里并不受这样拼法的限制，例如上海话、广州话等，可以有[kʻi][fi][si]之类的音节。这是语音系统里音素配合的方式相互差异的现象。

第三，应该注意实际语言里音高、音势、音长等变化的现象。在分析语音的时候，对于有些语言，如俄语、英语等，应该特别注意重音的地位；对于有些语言，如汉语等，应该特别着重声调。重音有词的重音和句的重音，最基本的是词的重音。从重音的地位来说，词的重音可以分做固定的和不固定的两种类型。例如法语里，词的重音总在末了一个音节上，这可以说是固定重音；俄语、英语里，词的重音有的在开头一个音节，有的在末了，也有的在当中，这是不固定的重音。应用声调来辨别字义，这是汉语的特征之一。不过，由于近代多音词的增加，汉语也有注重音势变化的倾向；这种倾向也影响到声调的分别。轻声的产生，就是由于音节上音势较弱而失去了原有的声调。声调的不同，是由于高低音的变化，但是有时也掺杂着长短音的分别。大抵汉语里有入声的方言，如上海话、广州话等，入声的字音总比较短促。在汉语的各种方言里，声调的种类（叫做调类）和各类的实际念法（叫做调值），有比较相近的，有相差很大的；这正表示各方言语音系统的不同。

我们依据语音系统的规律性和独特性，来观察上面所说的三个方面的语音现象，就可以进一步来分析现在普通话里语音的成分和结构。

现在普通话的标准语音所应用的音素，共有辅音 22 个：[p][p‘][m][f][t][t‘][n][l][k][k‘][ŋ][x][tɕ][tɕ‘][ɕ][tʂ][tʂ‘][ʂ][ʐ][ts][ts‘][s]。（一个塞擦音和一个送气音，都应该作为一个音素。）有元音 10 个：[ɿ][ʅ][i][u][y][a][o][ə][e][ər]。（半元音[j][w][ɥ]，分别并在[i][u][y]里。）一起有音素 32 个。

汉语的音节结构，一般最多包含四个音素，可以分做起首辅音、中介元音、主要元音、收尾元音或收尾辅音四个部分。起首辅音就是声母；中介元音就是韵头；收尾元音或收尾辅音就是韵尾；主要元音是一个音节组成的主要部分，一般是作为音节的主体，普通话的音节结构当中至少包含一个主要元音的部分。例如“社会主义”（shè huì zhǔ yì ），内中包含四个字音，就是[ʂə̀][xueì][tʂuˇ][ì]四个音节。“社”字和“主”字的音节，都包含着起首辅音和主要元音两个部分；“会”字的音节，具有四个部分，声母是[x]，韵头是[u]，主要元音是[e]，韵尾是[i]；“义”字的音节，只有主要元音[i]一个部分。

普通话的音节结构当中，作为起首辅音的音素，有 21 个，就是上面所举的 22 个辅音当中除去一个[ŋ]。作为中介元音的，有[i][u][y]三个。作为主要元音的有 10 个，就是上面所举的 10 个（[i][u][y]当然也可以作为主要元音）。作为收尾元音的，有[i]和[u]；作为收尾辅音的，有[n]和[ŋ]。跟别的语言比较起来，汉语拼音方式上的特点是：没有[bl][dr][ks][spr]等等复辅音的拼法，收尾辅音的种类很少，没有用[f][s]等作为字音的韵尾的。

普通话里 32 个音素相互配合的方式有严密的规律，例如[k][tʂ][ts]等各组，后面都是不跟元音[i]或[y]的。用这些音素，按照这些规律组合起来，普通话里在音色上有区别的、用来代表或辨别字义的音节，共有四百几十个。

每一个音节或字音，都有一定的声调，这是汉语的特征之一。普通话里音节或字音有四个调类，也可以帮助辨别字义。这四类的调值，阴平是高平调[˥]，阳平是中升调[˧˥]，上声是降升调[˨˩˦]，去声是高降调[˥˩]。（或者就用[ˉ][ˊ][ˇ][ˋ]四种符号来标明。）普通话里没有入声，字音没有一定的长短音的分别。读轻声的字音比较短，但是所谓轻声，只是一种变调，不属于基本的调类。

上面大略地说明了现在普通话里语音的成分和结构。这样的语音的成分和结构是在历史过程中逐渐形成的。不论哪一种语音系统，除了它的规律性和独特性以外，总还有它的历史性。

语言是历史的产物，随着社会的产生而产生，随着社会的发展而发展的。语音系统不是一成不变的，也随着社会的历史在那儿发展、变化。语言学的主要任务是研究语言发展的内部规律，语音学的一项主要任务是研究各种语音系统的发展规律。

要研究语音系统的发展规律，必须研究语音本身的历史事实。语音的历史事实，常常可以从各种方言的语音系统当中得到证明，因之语音历史的研究，也常常和方音的比较研究相互配合。

从汉语语音的历史和现代各种方音的现象来看，可以知道现代普通话的语音成分和结构在产生及形成的过程中，有下列几种主要的发展趋向。

第一，浊音声母的清音化。汉语古音里有[b][d][g][v][z]等浊音作为声母①，和现代上海话的声母相仿，比普通话多了一套浊音。后来这一套浊音声母逐渐地并合到清音声母当中去，现代多数方言里就没有这样的浊音声母了。例如“定”和“停”两个字音，

① 古音里[b][d][g]等的浊音声母，拟定为不送气。

原来古代都用[d]这个浊音作为声母的；现在普通话里，“定”字的声母是[t]，“停”字的声母是[t‘]，都变做清音了。

第二，鼻音声母的减少和消失。现在普通话里的声母，有[ʂ]和[ʐ]一清一浊的一对，似乎不合于浊音声母清音化的规律；实际上作为声母的这个[ʐ]音，不是原来真正的浊音声母，而是由于鼻音消失的结果。例如“人”“日”等字，可以假定原来是念成[ȵʑ]或[ȵ]这样声母的音，后来它们的声母消失了鼻音的成分，就是除去了鼻腔的共鸣作用，而仍然保持所带的乐音；大概它们的声母是从[ȵʑ]或[ȵ]变成[ʑ]，再变成为[ʐ]的。又如“五”“碍”等字，也可以假定原来是念成[ŋ]的声母的，后来它们的鼻音声母消失了。又如“微”“味”等字，也可以假定从前是念成[ɱ]（一种唇齿鼻音）的声母的，后来它们的鼻音声母转化以至于消失了。由此可见古音里鼻音声母的种类比较多，除了[m][n]以外，还有[ɱ][ȵʑ][ŋ]等声母，现在普通话里只剩了[m][n]两种鼻音声母了。

第三，声母舌前化的作用。所谓舌前化作用，也叫做腭化，就是声母在[i]或[y]的前头的，原来不是舌面音，也因为[i]等前元音的影响而变做舌面音（也叫做舌前音）。现在普通话里[tɕ][tɕ‘][ɕ]一组舌面音声母的字，有两个来源：一部分是原来的舌根音[k][k‘][x]一组声母的字，由舌根音的舌前化而变做舌面音，例如“坚固”（jiāngù）两个字音原来有双声的关系（就是声母相同的）；另一部分是原来的舌尖前音[ts][ts‘][s]一组声母的字，由舌尖的腭化而变做舌面音，例如“精粗”[jīngcū]两个字原来是同属于舌尖前音一组的声母。因为这种舌前化作用，象“基、欺、希”和“积、妻、西”这样两类的字，在广州话和上海话里都有分别的，在普通话里就都念成 jī、qī、xī 了。

第四，收尾辅音的消失和合并。汉语古音里，正象现在的广州话一样，有[m][n][ŋ][p][t][k]六个辅音作为韵尾的；现代普通话里已经没有[p][t][k]这三个收尾辅音了。例如“国”字，原来有个收尾辅音[k]，普通话里念成 guó，没有收尾辅音了。又[m][n]两个收尾辅音合并做一个[n]；例如“因、阴、英”，原来它们的韵尾分别是[n][m][ŋ]三个鼻音，现在“因”和“阴”都念成 yin，“英”念成 ying。

第五，主要元音的混同化。汉语古音里，不但收尾辅音比现在的普通话要多，而且主要元音也分得比较细，所以古音里的韵母比较多。到了现在，普通话里有些韵母已经混同了。例如“官”和“关”，在古音里的韵母，测定分别是[uan]和[wan]；“毛”和“茅”的韵母，测定分别是[ɑu]和[au]。到了现代普通话里，“官”和“关”都念成 guān，“毛”和“茅”都念成 máo，韵母里的元音没有[ɑ]（后元音）和[a]（前元音）的分别了。

第六，声调种类的简化。在汉语古音里，声调分平、上、去、入四类，实际由于声母清、浊的关系，每类又各分成两类。在现代普通话里，浊音声母既然并合到清音当中，入声又全部消失，只有平声转化成为阴平和阳平两类。这样转化的结果，就形成了阴平、阳平、上声、去声四个调类。

以上所说的语音发展的几种趋向，可以认为是近代汉语语音系统上的发展规律。

汉语语音的发展规律，可以根据普通语音学上讲的一般语音变化的规律来说明。一般语音变化的规律，主要的有同化作用、异化作用、弱化作用、节缩作用、增音作用、交替作用等。

同化作用就是使原来不相同的邻近的音素或其他语音现象变得相同。上面所说声母的舌前化作用，使[k][ts]等音变做舌面音的[tɕ]等，就是受了[i]等前元音的同化的结果。又如广州话里“虎、灰”等字，由原来的[xu][xui]念成[fu][fui]，这是由于受了圆唇元音[u]的影响；舌根音的[x]变做唇齿音的[f]，也是一种同化作用的现象。

异化作用正和同化作用相反，是使原来相同的邻近的音素或其他语音现象变得不相同，也就是避免同音的现象。例如，普通话里没有[uau][uou]这样的韵母，也很少用[iai]这样的韵母，就是由于避免韵头和韵尾相同。上声字和上声字相连，第一个上声字被异化做阳平，例如“粉笔”，[fanˇ]和[piˇ]两个音节相连，变做[fənˊpiˇ]，这也是一种异化作用的现象。

弱化作用是由于音势减弱而使元音或辅音弱化的。例如“了”（liǎo）字作助词用时，因为轻读的关系，念成 le；“着”（zhāo）字作助词用时，也因为轻读的关系，念成 zhe。由[ao]变做[ə]，是元音弱化的现象。上面所说鼻音声母的转化，例如由古音的[ȵʑ]或[ȵ]变做[ʑ]以至于现代普通话的[ʐ]，这就是辅音弱化的结果。和弱化作用相反的，就是强化作用；例如上面所说浊音声母的清音化，就是由弱辅音变做强辅音。（清音的气流较强，噪音成分也比浊音强些；因而清音又叫做强辅音，浊音又叫做弱辅音。）①

节缩作用就是音素或音节的消失。例如“干什么啊？”节缩成“干么？”（gàn-má）。又上面所说鼻音声母[ŋ]等和收尾辅音[p][t][k]的消失，也都是属于节缩作用的现象。汉语里的儿化韵，例如“花儿”[xua^{r}]（huar），是由同化和节缩两种作用造成的。②

增音作用就是音素或音节的增加。例如有些方言里把“爱”（ai）字念成[ŋai]，就是在字音开头加了[ŋ]这个音素。汉语没有复辅音的拼法，遇到外来词包含有复辅音时，就在辅音的中间加上一个元音，实际上就增加了一个音节。例如把 Prague（捷克的首都）译做“布拉格”[pulakə]，在[p]和[l]（代替原文的[r]）中间加上元音[u]，这样就变成三个音节了。

---

① 参看罗常培、王均：《普通语音学纲要》，科学出版社 1957 年版，第 85 页。

② 同上书，第 180—181 页。

交替作用就是用一个音替换另一个音，也叫做音的转换。汉语里往往用音素或声调的转换从一个旧词里分化出一个新词来。例如“丑恶”的“恶”（è）和“可恶”的“恶”（wù），是元音[ə]和[u]的转换；“美好”的“好”（hǎo）和“爱好”的“好”（hào），是声调的转换；“长短”的“长”（cháng）和“生长”的“长”（zhǎng），又是辅音[tʂʻ]和[tʂ]以及声调的转换。汉语里一字异读的现象，大抵是从这种交替作用上产生出来的。

以上所说的一般语音变化的几种规律，实际是指语音变化的几种方式。这几种方式，在具体语音中适用的情况不同。有时适用了这一种，而不适用那一种；有时又适用了那一种，而不适用这一种。

至于语音变化和发展的根本原因，有些资产阶级的学者把它归到发音器官和种族的关系，地理环境的关系，心理观念和习惯爱好的关系，少数有权力的人的影响，一些不精确的模仿或者语言交流和融合的结果：这些说法都是片面的，形而上学的，机械论的或唯心论的。毛主席在《矛盾论》里告诉我们：“事物发展的根本原因，不是在事物的外部而是在事物的内部，在于事物内部的矛盾性。任何事物内部都有这种矛盾性，因此引起了事物的运动和发展。事物内部的这种矛盾性是事物发展的根本原因，一事物和他事物的互相联系和互相影响则是事物发展的第二位的原因。”①我们讲过，语音是发音器官的活动结果，又是听觉所感觉到的现象，用来传达和区别意思的。所以我们发出的语音，必须服从于语言在社会当中的交际作用，一方面要求意义传达得明确，以达到互相了解，另一方面又要求节省劳力，使得发音简化。在具体的语言当中，有一部分需要说得特别清楚，加重发音，有一部分又不妨含混

---

① 《毛泽东选集》，第767—768页。

地说过去，减弱发音。语言的这种内部矛盾性，就是语音发展的根本原因。同化作用、弱化作用、节缩作用等现象，大都是由节省劳力和减弱发音而产生的。交替作用、强化作用、增音作用等和一些异化作用的现象，又是由要求明确和加重发音而产生的。① 无论产生哪种现象，都离不了社会历史的关系。

总起来说，语音学，无论是一般的研究或特殊的研究，都必须着重研究语言声音的系统（声音的成分和结构）、发展和变化及其规律。学习了语音学，可以对于语言的声音现象，不但知其然，而且知其所以然。讲到语音学的功用，大致可以举出下列的几方面来说：

第一，就学习实际的语言来说。语音学的知识可以使我们更快、更好地来推行汉语拼音方案，推广普通话；因为语音学可以帮助我们学会拼音字母的念法，学好普通话的标准语音。例如“恼怒”（nǎo nù）和“老路”（lǎo lù）的分别，“长处”（cháng chù）和“仓猝”（cāng cù）的分别，“贫民”（pín mín）和“平明”（píng míng）的分别，在有些地方的方言里是不容易搞清楚的。如果知道[n]和[l]，[tʂʻ]和[tsʻ]，[n]和[ŋ]的分别，那末象这样一些方音混乱的现象，就很容易纠正过来了。还有，我们要教国内别的民族或外国人学习汉语，也可以利用语音学的知识来更有效地进行教学工作。反转来，我们汉族人要学习兄弟民族的语言或外国语言，语音学的知识也同样可以给我们有效的帮助。

第二，就进行文字改革的工作来说。当前文字改革的主要任务，是简化汉字、推广普通话和推行汉语拼音方案。应用拼音字母来给汉字注音帮助识字，来教学普通话，这就大大便利了标准语音的推广，也就是为实现文字的拼音化铺平道路。同时，我们还要在

① 参看甘世福：《论语音变化的原因》，《中国语文》1956年11月号，第10—17页。

推行拼音字母的工作中进行试验和研究拼音文字的工作，例如用 ü 来代表[y]，用 e 来代表[ə]和[e]，用 i 来代表[i]和[ɿ][ʅ]，用 j、q、x 来代表[tɕ][tɕʻ][ɕ]等等，究竟在拼音文字里适合不适合；还有关于拼法、标调、词的连写等等的问题，都必须继续研究，都需要利用语音学的知识并且通过语文的实践来求得解决。此外，我们要帮助少数民族创立、改进或改革文字，也必须有语音方面的科学知识来指导。

第三，就语言的科学研究来说。语文的教学工作和文字改革的工作，都必须有语言科学研究的成果来作实际的指导。现在我们对于语言的科学研究工作，包括普通话的研究，汉语方言的调查研究，少数民族的语言的调查研究，汉语历史的研究，各种外国语的研究，一般语言的理论的研究等等，都离不了语音学，也都必须以语音学的知识来做基础。因为语音是语言的物质材料，语言的词汇、语法的意义和构造，都须依靠语音才能够体现出来。苏联语言学家契科巴瓦说："没有考虑到语音的变化，就不可能科学地提供词汇的、语法构造的历史。而要了解语音的变化，就不可能没有关于语音特性的知识。"①又说："如果没有历史语音学，就不可能有历史比较语法和历史语言学。如果说多亏语音学，语言学才开始成为最精确的社会科学中的一门科学，这也不会是夸大其词。"②由此可见语音学对于语言科学研究的重要了。

第四，就文艺活动及其他方面的关系来说。"语音学对民间文艺的创作和表演、诗律学、诗歌朗诵、戏剧台词、散文和韵文的创作和朗诵、歌剧的配谱和唱词都有密切的关系。聋哑教育的设计和推行、速记学的原理和应用……也得有语音学的帮助。在医学上，语音学对于语言机能病理学（以消除说话的病态、治疗言语错乱为

①② 契科巴瓦：《语言学概论》第一编下册，高名凯译，高等教育出版社 1955 年版，第 132 页。

任务的医学部门）的意义也是大家所公认的。”[①]

总之，语音学的知识，几乎是现代人民的生活中所不可缺少的了。

（《语文学习》1958 年第 4、5 期）

① 引据罗常培、王均：《普通语音学纲要》，第 10—11 页。

汉语拼音方案草案的公布和语文教学的改进

一、汉字注音方法的发展和汉语拼音方案的产生

汉字的构造，不是采用字母拼音的制度；每一个字的形体，都不能表示准确的读音。因之，我们在语文教学的工作当中，首先须要解决汉字的注音方法的问题，就是怎样把每一个字的读音准确地表示出来。

汉字当中，有不少是同一个字具有几种不同的读法，而且这几种不同的读法常常用来表示不同的意义的。这种“一字两读”的现象，尤其在古典作品当中，更是常常见到的。例如：

> 齐大饥，黔敖为食于路，以待饿者而食之。（《礼记·檀弓下》）（那年齐的地方大闹饥荒，有个富人黔敖在路上预备了一些食物，等待着饥饿的人来给他们吃。）

这里的第一个“食”字，指“吃的东西”，读“shi”；[①]第二个“食”字，意思是“给吃”，要读“sì”。又如：

① 这里的注音，就是依据 1957 年 11 月 1 日国务院全体会议所通过并且决定公布的《汉语拼音方案草案》（这个草案已经于 12 月 11 日在报上公布）。

独乐乐，与人乐乐，孰乐？（《孟子·梁惠王下》）（独自个儿弄起音乐来娱乐，跟人家一块儿弄起音乐来娱乐，在哪一种情况下最快乐呢？）

这里的一个“乐”字，指“音乐”“乐歌”的，要读“yuè”；又一个“乐”字，指“娱乐”“快乐”的，又要读“lè”。象这样的现象，如果不应用适当的注音方法，把一个个准确的读音表示出来，那末，在教学上就不容易搞得清楚了。

汉字当中，有很多是用半边意符和半边音符结合起来造成的“形声字”。这种形声字，似乎可以根据它的半边音符来看出它的音读；实际上，形声字里所谓音符的表示音读的效用，是很靠不住的。例如“桂”“卦”“佳”“街”“哇”等字，都是用“圭”来做音符的；现在看来，“圭”读“guēi”，和“桂”字的音“guè”是很适合的，可是和“卦”的音“guā”就不很适合了，和“哇”的音“wā”相差很大了，和“佳”字的音“jiā”、“街”字的音“jiē”相差更大了。大概这种形声字，当初造出来的时候，可能在音读上和它的音符是比较适合的；可是后来音读不断地起了变化，而字体的构造一经固定下来，就不能反映实际音读的变化了。所以有很多形声字的音读，越到后来越跟它的音符不相适合了。

因之，在教学识字读书的时候，对于一个一个的汉字，无论它是不是形声字，总需要有一种适当的注音方法，用来表示它的音读。我国两千多年以来，在语文教学的改进的历史上，可以看出对于汉字的注音方法也在不断地改进和发展。

关于汉字注音方法的改进和发展，大致可以分做下列的四个阶段来说明：

第一个阶段是应用“读若”和“直音”的方法。“读若”是利用读音相近的字来比拟，大约在汉朝一般所谓“经师”开始应用了这种方法。例如：许慎的《说文解字》里说："莠，从艸，秀声。读若酉。"当时大概已经觉得"莠"这个字里的音符"秀"和它的读音不相适合了，须要用这种"读若"的方法，把一个"酉"字的音来相比拟，才能够注明"莠"字的读音。王筠的《说文释例》，曾经解释过这一条"读若"的例子，说："酉、秀异音，故别之；此为正例。"（《说文释例》卷十一）后来的"直音"，也是利用同音字来相比拟。例如郭璞注解《方言》里"台，养也"这一条说："台，犹颐也，音怡。"（见《方言》卷一）"怡"，原来是用"台"来做音符的形声字，可是这里又用了"怡"来注明"台"字的读音，显然是因为"台"在当时的一般读法已经和"怡"不相适合了。由此可见"读若"和"直音"的产生，主要地是由于很多形声字的构造不能反映实际音读的变化。这种注音的方法，既然是利用同音字的互相比拟，所以它的效用也只是使得我们知道当时这个字和那个字有音读上相同或相近的关系罢了。而且用了这种方法，如果一时不容易找到适当的同音字来比拟，就要发生困难了；又如果找到的同音字不很普通，一般不容易认识的，也就失去了它的注音作用了。例如根据现在普通话的读音，我们用了这种"直音"方法，把"音乐"的"乐"注明一个"月"字，一般还容易了解；但是，把"快乐"的"乐"注明一个"捋"字，就反而不能使人了解了。

清朝的陈沣说过："古人音书，但曰'读若某'，'读与某同'；然或无同音之字，则其法穷；虽有同音之字，而隐僻难识，则其法又穷。孙叔然始为反语，以二字为一字之音，而其用不穷；此古人所不及也。"（《切韵考》卷六）"反切"的产生，就是因为用它来补救"直音"方法的弊病的。

第二个阶段是应用"反切"的方法。"反切"是利用两个字音的拼合来切成一个字音，大约从东汉末年起逐渐地通行起来的。颜之推的《颜氏家训·音辞篇》里说："孙叔然创'尔雅音义'，是汉末人独知反语；至于魏世，此事大行。"孙叔然就是孙炎，他所著的《尔雅音义》，开始大量地应用反切来注音；并不是反切的方法由孙炎创造出来的。汉语里有一种“合音词”，例如现代语的“不要”合成为“别”，“不用”合成“甭”等，古代语的“之于”为“诸”，“之乎”为“诸”，“而已”为“耳”，“不可”为“叵”等；这样“双音词”和“单音词”互相转化的现象，实在是反切的注音方法所以形成的一个重要根据。不过反切的方法所以在东汉以后才通行起来，这又是因为受了当时随着佛教传入中国的梵文拼音字母和拼音学理的影响。反切的方法是用两个字音的拼合，实际是把一个字音分析做两部分：上面的一部分多数是“声母”所在，下面的一部分是“韵母”所在。所以反切的注音，一般都要应用两个字来拼切，就是用上一个字来代表所切成字音的“声母”，用下一个字来代表所切成字音的“韵母”；换句话说，反切的上一个字必定和所切的字是“双声”的关系，下一个字必定和所切的字是“叠韵”的关系。例如：“工”是“古红切”，“工”字和“古”字是双声关系，“工”字和“红”字是叠韵关系；“古红”两个字的拼合，就是取“古”字的声母和“红”字的韵母来切成“工”字的音。反切是对于汉字的注音方法上从“直音”进到“拼音”的第一步。

有了反切，所有的字都可以注音了。但是反切还是有很多的弊病：第一，反切的用字太繁。向来制定反切的，对于用来注音的字，只要有双声、叠韵的关系，便任意采取来拼切，并没有给它们订出一种划一的办法来。例如《广韵》这部书里的反切，所用的上字有四百多个，所用的下字有一千多个，合共有一千五百多个用字；要完全能够运用《广韵》这部书里的反切，就必须先认识这一千几百个的反切用字。第二，反切的上字和下字不容易合读。反切的方法，在学理上是“上声下韵，合成一音”，应该是很简便的；可是反切的用字多数是代表整个有“声”有“韵”的“音节”，往往上字带着“韵母”，下字带着“声母”，上下两字中间夹杂着拼切时候所不用的声母和韵母,以致不能一下子就连贯下去。例如:“都”是“当孤切”,“都 du”是由“当 dang”和“孤 gu”拼合成功的;切成一个“d-u”,须要经过“d-ang-g-u”这样的路程,中间夹杂着拼切时候所不用的“-ang-g-”。第三,反切用来注音的还是本身不能表示准确读音的汉字。反切虽然是一种拼音的方法,可是仍然应用汉字来作为汉字的注音,它们本身的读音没有一致的标准。反切的弊病,必定要采用正式的拼音字母才能革除净尽。

第三个阶段是应用“注音字母”。“注音字母”是 1913 年拟定,1918 年公布的。从明末到辛亥革命这三百多年间,由于受了西欧拼音文字的影响,汉字的注音方法也进入了运用拼音字母的新的历史阶段。明朝末年,从欧洲到中国来的教士,利玛窦和金尼阁,就采用拉丁字母来给汉字注音。清朝末年,曾经产生过许多种拼音方案,主要的有“罗马字拼音”(就是用拉丁字母的拼音)和“简字拼音”两大类。罗马字拼音的方案当中,在近几十年的群众方面发生最大的影响的,是 1926 年产生的“国语罗马字”方案和 1931 年产生的“北方话拉丁化”方案。简字拼音的方案当中,最近四十年来差不多唯一通行的,就是“注音字母”。当拟定注音字母的时候,关于审定的字音,不是完全以北京语音为标准的,字母符号共有三十九个。后来想改用北京语音作为标准音,就分析“ㄛ”母为“ㄛ”“ㄜ”两母。再后来又决定不用北京语音里所没有的“万”“广”“兀”三个声母。所以这二十多年所传习的注音字母,内中声母符号二十一个,韵母符号十六个,共三十七个。

注音字母的各个符号,都是采取笔画简单的汉字来制定的;注在汉字的旁边,形式上很调和,而又和汉字不会相混。注音字母既然把反切当中所用来代表声母和韵母的字加以符号化,每个符号有确定的读音,同时又把反切的拼音方法加以变化:除了声母和韵母的双拼法以外,又有单注声母或韵母的,有“ㄧ”“ㄨ”“ㄩ”和其他韵母双拼的，有声母和“ㄧ”“ㄨ”“ㄩ”及其他韵母三拼的。因此，注音字母虽然和反切同样地是根据于双声、叠韵的原理而来，可是对于反切的注音方法，不但革除了它的种种弊病，而且加以灵活的运用；这几十年来，注音字母对于汉字读音的统一和识字的教学，确实有过不少的贡献。

但是，注音字母虽然是拼音的符号了，而在表示读音的作用上还有很多的缺点：第一，注音字母是根据于双声、叠韵的原理来拟定的，分析字母是以声母和韵母为单位，不是以一个个的“音素”为单位；因之有些字音里包含的原素，单从注音字母上是看不出来的。例如：“ㄞ”“ㄟ”“ㄠ”“ㄡ”四个韵母，没有分析为“ai”“ei”“ao”“ou”；“ㄢ”“ㄣ”“ㄤ”“ㄥ”四个韵母，也没有分析为“an”“en”“ang”“eng”。比方说，一个“流”字，用注音字母注出来，以三拼为限，“ㄌㄧㄡ”，可是实际上它包含着四个音素，“liou”；又如“烟”和“因”两个字的韵母，用注音字母注出来，“ㄧㄢ”和“ㄧㄣ”，看不出它们还有个相同的“韵尾 n”（“ian”和“in”）；同样，“央”和“英”两个字的韵母，用注音字母注出来，“ㄧㄤ”和“ㄧㄥ”，也看不出它们还有个相同的“韵尾 n”（“iang”和“ing”）。第二，注音字母的拼音，有些地方是和实际语音不切合的；例如：“因”和“英”，“ㄧㄣ”和“ㄧㄥ”，这两个韵母实际是“in”和“ing”，不是“ien”和“ieng”；“雍”，“ㄩㄥ”，这个韵母实际是“iong”，不是“üeng”；“翁”字和“轰”字的韵母，注音字母里同是用“ㄨㄥ”来表示，实际前者是“ueng”，后者是“ong”。第三，注音字母有三十七个符号，但是由于不用音素来做分析的单位，符号虽然多，而仍然是不完备的。例如：“知”“蚩”“诗”“日”“资”“雌”“思”等字，注音字母里单用“ㄓ”“ㄔ”“ㄕ”“ㄖ”“ㄗ”“ㄘ”“ㄙ”等声母来注音，实际它们都包含有个韵母（用“i”来代表）的。第四，注音字母是采取笔画简单的汉字来制定的，正由于各个符号都象各个独立的汉字，形式上和汉字很调和，就具有一种分散的印象，而且不便于连写。所以注音字母的拼音，不适宜于用来表示拼合起来的整个的“音节”，更不适宜于表示几个音节相连接的“词”。注音字母有了这许多的缺点，所以它公布和推行了几年，就产生“国语罗马字”。

第四个阶段是应用“拉丁字母”作为汉语的拼音字母。拉丁字母用来作为汉字注音和汉语拼音，已经有三百多年的历史了；有几种拉丁字母的汉语拼音方案，在我国群众方面，发生过很大的影响；“国语罗马字”和“北方话拉丁化”这两种方案到现在还有人使用。拉丁字母是目前世界上最通行的字母，也是科学技术方面国际公用的符号，每个具有现代文化知识的人本来应该学习的；所以应用它来作为汉语的拼音字母，并没有增加学习上的负担，而且有因利乘便的好处。拉丁字母的本身，又具有许多优点；它是一种表示“音素”的字母，用来分析读音是最精密的。各个字母，或长或短，有方有圆，有的出头，有的伸腿，都有独特的面貌；它们分析开来，个个面貌清晰，拼合起来，又特别感到形象的平衡和完整，而且最便于自左而右的横行书写。所以“中国文字改革委员会”经过五六年的尝试和摸索，终于根据群众的意见，并得领导上的同意，放弃了创造汉字笔画式字母的企图而决定采用拉丁字母式的拼音方案。

1956 年 1 月，“中国文字改革委员会”在全体会议上讨论通过第一个汉语拼音方案草案。同年 2 月，在报纸和杂志上发表了这第一个草案，向全国各方面征求意见，并提请政治协商会议全国委员会和各省、市、自治区委员会讨论。文字改革委员会根据各方面的意见，又于 1956 年秋天提出关于修正汉语拼音方案草案的初步意见，由国务院设立的“汉语拼音方案审订委员会”加以审议。一年来，文字改革委员会和拼音方案审订委员会都经过反复的讨论和磋商，才一致通过了现在这个汉语拼音方案草案。这个草案于本年10月29日，经政治协商会议全国委员会常务委员会召开的扩大会议讨论过并且表示同意；又于11月1日，由国务院全体会议第60次会议通过公布(已经于12月11日在报上公布)。由此可见现在这个拼音方案草案是经过广泛地征求意见和反复研究、讨论才拟订出来的，它是集中多数人的精力而产生的一个比较成熟的方案。

现在这个拼音方案草案，有两个主要的特点：第一，大体上它是用一个字母来代表一个音素的，大体上也是不用“变读”(就是一个字母有两种读音)的办法的。因而它的字母和拼法基本上能够和注音字母相对照，使得学过注音字母的人们能够很快地掌握它的字母和拼法。第二，它的字母读音和拼法，又和过去在我国通行的几种汉语拉丁字母的拼音方案很相接近；因而使懂得别种汉语拉丁字母拼音方案的人们，也只要费很短的时间就能够掌握它的字母读音和拼法。同时它对于已往产生的各种拼音方案，都有很大的改进；从汉字注音方法的发展看来，现在这个拼音方案草案具有很多独特的优点，实在代表着我国注音方法的历史上一个最进步的阶段。

二、汉语拼音方案草案的优点和它对于语文教学的贡献

现在决定公布的汉语拼音方案草案，不但克服了注音字母的种种缺点，而且继承了过去各种汉语拉丁字母拼音方案的优良传统而加以改进。中国人民自己创造的拉丁字母拼音方案，最著名的是“国语罗马字”和“北方话拉丁化”这两种。现在的汉语拼音方案草案的拟订，就是以这两种原有的方案来做基础而加以改进的，所以，它具有许多独特的优点；现在列举如下：

(一) 继承“国语罗马字”和“北方话拉丁化”两种方案的优良传统，利用拉丁字母“b”“d”“g”来代表“ㄅ”“ㄉ”“ㄍ”。“b”“d”“g”

三个字母，本来是代表“浊音”的，而北京语音里不注重“清音”和“浊音”的分别，只注重“送气”和“不送气”的分别。用了“b”“d”“g”来代表“ㄅ”“ㄉ”“ㄍ”，就可以用“p”“t”“k”来代表“ㄆ”“ㄊ”“ㄎ”，不必在它们旁边再加表示“送气”的符号了。

（二）采取“北方话拉丁化”方案的优点，用“z”“c”“s”来代表“ㄗ”“ㄘ”“ㄙ”，同时又用“zh”“ch”“sh”来代表“ㄓ”“ㄔ”“ㄕ”。用“z”“c”“s”表示“ㄗ”“ㄘ”“ㄙ”，又用“zh”“ch”“sh”表示“ㄓ”“ㄔ”“ㄕ”，两相对照，系统比较整齐，便于学习，这是“北方话拉丁化”方案对于拼写汉语的一个大贡献。现在汉语拼音方案草案继承了这个好办法。

（三）用“j”“q”“x”来代表“ㄐ”“ㄑ”“ㄒ”，既然可以避免“变读”，又可以使剩余的字母得到利用。“ㄐ”“ㄑ”“ㄒ”三个字母，在北京语音里必定是和“ㄧ”或“ㄩ”相拼合的，“国语罗马字”用代表“ㄓ”“ㄔ”“ㄕ”的“j”“ch”“sh”变读来表示，“北方话拉丁化”又用代表“ㄍ”“ㄎ”“ㄏ”的“g”“k”“x”变读来表示。现在汉语拼音方案草案里，用“g”“k”“h”代表“ㄍ”“ㄎ”“ㄏ”，用“zh”“ch”“sh”代表“ㄓ”“ㄔ”“ㄕ”，又用“j”“q”“x”代表“ㄐ”“ㄑ”“ㄒ”，不取“变读”的办法，这是一个大改进。

（四）利用“y”“w”两个字母来作为“i”“u”等前面没有声母的音节的分隔符号。如果不用这两个字母来分清音节，那就要多用隔音符号，并且在连写多音节的词的时候会发生混淆。例如注音字母“ㄕㄨ”可以分开来念成“事务”，也可以合起来念成“书”；“ㄙㄨㄣ”可以分开来念成“斯文”，也可以合起来念成“孙”；现在汉语拼音方案草案里，“事务”写成“shiwu”，“斯文”写成“siwen”，“书”写成“shu”，“孙”写成“sun”，这样不会相混了。这种办法也是从“北方话拉丁化”方案里采取来的，只是由于“j”作为表示“ㄐ”，就把原来用的“j”“w”改为“y”“w”罢了。

（五）只用现成的拉丁字母，不另外创造新字母，而且尽量避免字母以外的符号。北京语音里的音素，比现成的二十六个字母的数目要多；如果拘执于一个字母代表一种音素的原则，势必至于要添造几个新字母。原来汉语拼音方案的第一个草案里曾经拟定了几个新字母，不为大众所欢迎，而且在实用上也有些不便，现在终于取消了。现在这个草案里，除了用“zh”“ch”“sh”代表“ㄓ”“ㄔ”“ㄕ”以外，仍旧用“ng”来代表“ㄫ”的音，又规定可以用“yu”来代替那个表示“ㄩ”音的“ü”（“u”上面写两点）。这是利用“双字母”来免除另造新字母和字母外面另加符号的好办法。

（六）在韵母方面，用“iou”代表“ㄧㄡ”，用“uei”“uen”代表“ㄨㄟ”“ㄨㄣ”，又用“iong”代表“ㄩㄥ”等等，都是切合北京语音的实际读法的。这样切合实际语音的拼法，在教学的时候容易使得学生了解各个音节的结构。

这个汉语拼音方案草案，既然具有这许多独特的优点，所以它的公布，必定对于语文教学的改进要起极巨大的作用。这可以分做下列的几个方面来说：

（一）对于汉字的注音问题，因此得到彻底的解决。上面说过，注音字母对于识字教学曾经有不少的贡献，可是在表示读音的作用上它本身又有许多的缺点：分析字音不以“音素”为单位，所以不能完全表示每个字的音节结构；有些拼音，又不切合实际语音的读法；所用字母符号三十七个，较实际语音里的音素还要多，可是还是不能把所有的音素统统表示出来；由于采取笔画简单的汉字的形式，各个字母具有分散的感觉，不宜于用来表示整个的音节。现在这个汉语拼音方案草案的公布，就把注音字母的这些缺点完全克服了，因而对于汉字注音的问题也得到彻底的解决了。

（二）汉语里的词汇和语法现象，也因此得到明显的表示。汉语拼音方案的主要用途，不仅是为着汉字的注音，也是为着显示汉语实际的现象。汉字的形式是一个个独立的，从汉字脱胎而来的注音字母也不便于连写，所以不能把实际汉语里一些多音节的词和一些词汇、语法变化的现象，很明显地表示出来。例如“我”（wo）和“我们”（“women”）这两个形式的关系，“儿童”（“ertong”）和“花儿”（“huar”）这两个词里“儿”的分别等等，在注音字母里都不能清楚地显示出来；只有应用拉丁字母的拼音，才能够做到。所以现在这个拼音方案草案，也是用来忠实地记录汉语，一方面可以作为创造汉语拼音文字的试验和少数民族制定文字的参考，一方面也在语文教学上容易使得学生确立“词”的观念，并且认识实际语言里词汇、语法变化的现象。

（三）关于汉语的语音教学，因此也有了便利和比较精确的工具。语音的教学，必定需要有精确的记音符号。但是专门用来记录语音的“国际音标”，一般人觉得太难，不适用于中小学的语音教学。现在这个拼音方案草案，既然是采用“音素”字母，又基本上依据于一个字母代表一个音素的原则，规定双字母的“zh”“ch”“sh”“ng”可以在注音的时候省写成“ẑ”“ĉ”“ŝ”“ŋ”，此外又规定了“声调符号”和“隔音符号”，所以利用这个方案上所规定的字母来作为教学语音的工具，是又便利又比较精确的。语言的教学，不但要使学生确立“词”的观念，使他们认识词汇和语法的现象，而且必须养成他们的拼音观念，养成他们分析语言里“音素”的能力；现在这个拼音方案草案，正是用来完成语言教学的这种任务的有力武器。

（四）关于推广普通话的“正音”工作，也因此有了切实有效的利器。推广普通话，不仅是和语文教学的工作本身有直接的联系，也是语文教学工作者的一种重大的政治任务。“我们要推广普通话，推广北京语音是最重要的一个环节。我们首先要在这一个环节上大力展开工作。”“语音不能凭汉字来教学，必须使用拼音字母，作为正音的工具。”这两段话是教育部张奚若部长在 1955 年 10 月 19 日全国文字改革会议上的报告当中说的。[①] 张部长指示我们“大力推广以北京语音为标准音的普通话”，而要推广标准语音，不能单凭口耳的传习，必定需要有一套比较精确的拼音字母来作为正音的工具。我们在实际语音教学当中，必须运用字母来进行“纠正方音”的工作；经验证明，这也是学习普通话的最有效的办法，而过去所用的注音字母实在不够适应这样的需要。因此，作为普通话教学的正音工具，也是现在这个拼音方案草案的一种主要用途。又汉语的普通话，不但是汉民族的共同语，也是国内各民族的共同交际语；这个方案草案对于少数民族的学习汉语，也有极重大的意义。

（五）关于外国语文的教学，又因此得到不少的便利。最初“罗马字拼音”的产生，多半也是为着外国人学习汉语和汉字的便利；因为很多外国文字是用拉丁字母的，外国人依据拉丁字母所拼写的汉语来学习，自然觉得便利了。反转来，本国人从现在的汉语拼音方案里掌握了拉丁字母的读音和拼法，再来学习外国的语文，也自然不会感到生疏了。外国语文的教学，必须是在学会本国语文的基础上进行的。如果学生先学会普通话的发音，掌握了汉语拼音方案里所规定的字母读音和拼法，再拿它们来跟外国语文里的字母读音和拼法一一地对照，那末，这样学习外国语文也自然便利得多了。

除了上面所说的几个方面以外，又如汉语词典的编排，“外来语”和外国人名、地名的拼写，诗歌和散文朗诵的记音等等，这些问题也都是有关于语文教学的，都可以由于汉语拼音方案草案的公布而得到适当的解决。

---

① 参看人民出版社编：《中国文字改革第一步》，人民出版社 1956 年版，第 50—61 页。

“工欲善其事，必先利其器。”现在这个汉语拼音方案草案是集中多数人的精力而产生的一个比较成熟的方案，它是代表着汉字注音方法的历史上一个最进步的阶段，它比过去所拟定的任何拉丁字母的拼音方案都有特别的优点，它是改进当前语文教学的一个极重要的武器。这个草案将由国务院提请全国人民大会讨论批准，经全国人民代表大会批准后，就成为国家制定的汉语拼音方案。我国的语文教学，也就由于这个方案的公布和批准而得到巨大的跃进，得到迅速的发展。让我们在实际语文教学工作中来发挥它的效用吧！

1957年12月11日

（《语文学习》1958年1月号）

拼音字母比注音字母优越得多

注音字母的产生，到现在有四十多年了；在这四十多年当中，我们给汉字标音，多半采用注音字母。我们靠了这一套注音字母，在统一读音和教学识字方面，曾经有不少的收获。这是因为应用字母来标音，比直音和反切的方法，效力要大得多。直音是用一个汉字来比拟另一个汉字的读音。反切用两个字来拼切一个字的读音，虽然采取了拼音方法，还是用汉字来标明汉字的读音，不但不能准确，而且用字繁多，拼切不便。注音字母的产生，就是为着改良反切，依据双声、叠韵的原理来拟定声母和韵母的符号。利用笔画简单的汉字来作为字母符号，每个符号有准确的读音，而且拼切便利，可以单注，也可以双拼或三拼，这是汉字标音方法上的一个大进步。

但是，注音字母还是有许多缺点，并不能适应当前文化建设的需要。所以制定和推行汉语拼音方案，是当前文字改革的一个主要任务。现在《汉语拼音方案草案》(下简称《方案》)已经公布了；这一套拼音字母，无论给汉字注音，或者作为推广普通话的正音工具，比注音字母都要优越得多。社会生产的发展，常常是和人们所用的工具的改进，有密切的联系。标音的字母符号，也是人们生活上所用的一种工具，需要采取当前最适用和最有效的。这正象我们耕田要用拖拉机，做衣服要用缝纫机一样，要问它是不是适用和有效，不必问它是本国原有的，还是从外国传进来的。《方案》之所以比注音字母为优越，就是它采用了拉丁字母来给汉字和汉语标音。拉丁字母是现在世界上最通行的一种字母，它的本身有许多独特的优点；而且在我国用来给汉字和汉语标音的，也已经有相当长久的历史和广大的群众基础。现在《方案》采用了拉丁字母，正是因利乘便的。

这里我们把注音字母和汉语拼音字母比较说明如下：

一、首先应该指出的，注音字母是声母和韵母的符号，不是用音素来作为分析语音的单位的。注音字母里，ㄞ、ㄟ、ㄠ、ㄡ四个韵母，都是包含着两个元音的，ㄢ、ㄣ、ㄤ、ㄥ四个韵母，又都是一个元音的后边跟着一个辅音（鼻音）的；现在《方案》里，把前面的四个用 ai、ei、ao、ou 表示出来，后面的四个用 an、en、ang、eng 表示出来，很清楚、很明显地把语音里所包含的元素分析出来，使得学习上便利多了。这是它比注音字母优越的第一点。

二、由于注音字母不用音素来作为分析语音的单位，需要学习的声母和韵母符号有 37 个，比拉丁字母的总数多了 11 个，可是并没有把北京语音里所有的韵母完全表示出来。例如“知、蚩、诗、日、资、雌、思”等字，都是具有韵母的，但注音字母上，只用单个的声母符号来给这些字注音；现在《方案》里，把这些字的音节拼作 zhi、chi、shi、ri、zi、ci、si，把它们的韵母都表示出来了。拼音方案所应用的字母，比注音字母少，而标音又较精密，这是它比注音字母优越的第二点。

三、由于注音字母不用音素来作为分析语音的单位，有些拼法是和实际的读音不相切合的；例如：“因”字的韵母，实际是 in，注音字母里拼作ㄧㄣ；“英”字的韵母，实际的 ing，注音字母里拼作ㄧㄥ；“雍”字的韵母，实际是 iong，注音字母里拼作ㄩㄥ；“翁”字的韵母是 ueng，“轰”字的韵母是 ong，注音字母里都拼作ㄨㄥ。（这里所举“因、英、雍、翁”，都是零声母的字，就是韵母前面没有声母的。）现在《方案》把注音字母里这些不切合实际语音的拼法，统统利用音素字母加以改正了，这是它比较优越的第三点。

四、从字母的形式来看，注音字母是用古代笔画简单的汉字来拟定的，有几个字母面貌相似，容易混淆；例如，ㄅ和ㄣ，ㄋ和ㄎ，ㄌ和ㄉ，ㄞ和ㄢ，ㄊ和ㄘ，ㄑ和ㄥ，ㄛ和ㄜ，ㄇ、ㄈ和ㄩ，这几组字母，彼此形式差别很小，容易相混。至于拉丁字母，各个的形式，或长或短，有方有圆，有的出头，有的伸腿，都各有显著的特点，彼此不会混淆。《方案》采取这种形式上很明确的字母，这是它比注音字母优越的第四点。

五、由于注音字母是从汉字当中挑选出来的，各个字母的写法，有各种各样的笔画，而且笔画的方向是分散的，很不宜于连写。例如：ㄢ、ㄞ、ㄠ、ㄤ、ㄓ等是有断笔的，ㄛ、ㄜ、ㄢ、ㄈ、ㄩ等是有折笔的，ㄐ、ㄒ、ㄔ、ㄗ、ㄚ等的最后一笔是向下的，ㄅ、ㄋ、ㄎ、ㄏ、ㄕ等的最后一笔是向左的，这样对于从左到右的横行书写是很不方便的。《方案》不采取汉字笔画式的字母，而采取便于横行连写的拉丁字母，这是它比注音字母优越的第五点。

六、注音字母一经连接起来，就不能分清各个音节的界限。例如：ㄕㄨ，可以念成“书”，也可以念成“事务”；ㄙㄨㄣ，可以念成“孙”，也可以念成“斯文”。现在《方案》里，“书”写成 shu，“事务”写成 shiwu，“孙”写成 sun，“斯文”写成 siwen；这样不会有音节不分明的现象了。这是它比注音字母优越的第六点。

七、又由于注音字母不便于连写，连写起来也不能分清各个音节，所以注音字母可以用来给汉字注音，但不便于拼词写话，不能把汉语里词汇和语法的现象明显地表示出来。例如：“儿童”（ertong）的儿和“花儿”（huar）的儿，在注音字母里同是写成儿，看不出它们的分别；现在《方案》规定：韵母的儿写成 er，韵尾的儿写成 r。又如“我”(wo)和“我们”(women)等等的关系,注音字母不便于连写,不能把这样形态的变化明显地表示出来。《方案》不但可以用来给汉字注音,而且便于给汉语拼词写话,这又是它比注音字母优越的第七点。

八、再从适用的范围来看,由于注音字母是声母和韵母的符号,而且保持着汉字的形式,所以很不适宜于作为吸收外来词的译音工具。例如:“马克思”(Marx),原来是一个音节的,用汉字写出来就好象成为三个音节了,再用注音字母写出来又成为ㄇㄚㄦㄎㄙ,好象有四五个音节的样子! 用注音字母来译音,真象用日本的“假名”字母来译一样笨重。现在《方案》采用了分析音素的拉丁字母,可以把“马克思”写成 Marks 还是原来样子的一个音节。而且拉丁字母是现在世界上最通行的一种字母,全世界共有六十多个国家采用它作为文字符号;《方案》也采用它,对于国际文化的交流有很大的便利,这是比注音字母优越的第八点。

九、在科学技术方面,拉丁字母也已经成为国际公用的符号,例如数学、化学、物理学上所使用的公式和符号,动植物的学名,医药的术语等,很多是应用拉丁字母的,全世界语言科学家公用的音标符号,就是“国际音标”,也是以拉丁字母为基础而拟订出来的。因此,拉丁字母本来是每一个具有现代文化知识的人所不能不掌握的一种工具,现在《方案》采用了它,对于我们学习和研究科学技术,确实有因利乘便的好处。注音字母只是为着汉字的标音而拟定的,用途不广,对于学习现代科学技术的人就成为一种额外的负担;这是注音字母不及《方案》的优越的第九点。

十、注音字母既然不能把汉语里语音、语汇和语法的现象明显地表示出来,当然更不能用来记录少数民族的语言,更不能作为设计少数民族的文字的基础。现在《方案》采用拉丁字母,这就奠定了汉语拼音工具和各兄弟民族的文字之间的共同基础。到目前为止，已经有十六种以上初步拟定的兄弟民族文字是在这一套拼音字母的基础上面建立起来的。所以《方案》的公布，正是符合我国各民族的共同的愿望。这一套拼音字母，使得各民族之间，汉族和各兄弟民族之间，便于互相学习语文，便于交流文化和互相丰富语言。这又是它比注音字母优越的第十点。

十一、现在《方案》里所拟定的各个字母的读音，一方面固然是适应着汉语语音的特点，一方面也尽量地符合于拉丁字母在各国文字当中使用的一般习惯。例如：用 a 来代表ㄚ，这是符合于拉丁文、法文、德文、英文和俄文等的习惯的；用 c 来代表ㄘ，也是符合于阿尔巴尼亚文、匈牙利文、波兰文、捷克文等的习惯的。因之，学过外国文的，或者学过别种拉丁字母的拼音方案的，很容易掌握现在《方案》里的字母。这一套字母，对于外国人的学习汉语是有很大的便利的。反转来，学过了《方案》，再去学习外国文的，也可以得到不少的便利。这种效用，当然是那种专为汉字标音的注音字母所没有的；这又是第十一点。

十二、由于《方案》采用国际通用的字母，在推行的时候，可以应用一切现成的机械设备，如印刷机、打字机等，有很多的方便。此外，又可以用来打电报、打旗语、编索引、编档案等等，也都有应用注音字母所不能获得的便利。这又是它特别优越的第十二点。

从上面所说的十二点看来，我们就字母的性质、形式、效力和适用的范围等方面来把注音字母和《方案》比较一下，就可以知道采用拉丁字母来给汉字、汉语标音的优越性和必要性，就可以知道我们为什么需要这一套拼音字母而不仍旧用注音字母。《方案》的公布，是六亿人民文化生活上和祖国社会主义建设上的一件大喜事，我们应该为它的诞生而欢呼、祝贺！

（《文字改革》1958 年 1 月号）

汉语拼音方案和古典作品的讲读

汉语拼音方案，已经在1958年2月11日由第一届全国人民代表大会第五次会议批准了。这一个方案受到了广大人民衷心的赞同和热烈的拥护。当前它的主要用途是给汉字注音和作为推广普通话的工具。因之，在一般读物里，应用这一套拼音字母来给汉字注音的，当然是依据于普通话的标准语音。至于古典作品里的注音，就目前的情况来说，一般也是依据于现代的标准语音，而并不一定要讲究古典作品所由产生的那个时代的读音，换句话说，并不是依据于过去或古代的语音来注明古典作品里各字的读法。因为，汉字形体的本身，不能表示准确的读音；用汉字书写成的古典作品，当然也不能把当时的语音很明显地反映出来。在汉语的"历史语音学"上许多问题还没有得到解决以前，我们不能很确切地根据历代的"语音系统"来分别讲读历代的古典作品。所以，我们应用拼音字母来给古典作品里的各字注音，还是跟一般读物里一样地依据于普通话的标准语音。

大家都知道，汉语拼音方案，不但比过去所谓"直音""反切"等用汉字来注明汉字的读音方法要进步得多，而且比最近几十年来所应用的"注音字母"也有很显著的优越性。因之，现在应用汉语拼音字母来给古典作品里各字注音，在古典作品的讲读上，自然比过去便利得多了，效果也比过去好得多了。这里暂且举出下列的几种现象来说一说：

首先，从“难字”读音的分辨上来说。所谓难字，就是现代语文里不常用而在古典作品里见到的字。例如：《孟子·梁惠王上》：“曰：‘牛何之？’对曰：‘将以衅钟。’”（王说：“牛牵到哪儿去？”牵牛的回答说：“准备把它杀了用血来涂钟。”）这里的“衅”，是读“xìn”（ㄒㄧㄣˋ）。又如：《史记·荆轲传》：“因左手把秦王之袖，而右手持匕首揕之。”（荆轲就用左手抓着秦王的袖子，而用右手拿匕首来刺他。）这里的“揕”，是读“zhèn”（ㄓㄣˋ）。“衅”和“揕”两个字的读音，如果从注音字母所注的形式上看来，就很容易误认为是同属于一个韵母；可是实际上前者的韵母是“in”，后者的韵母是“en”，在汉语拼音字母上是分辨得很清楚的。

其次，从“一字两读”的现象来说。古典作品里，往往有一个字用两种或几种不同的读法来表示不同的意义的，这就是一字两读的现象。例如：《战国策·赵威后问齐使》：“有衣者亦衣，无衣者亦衣；”（对于有衣服的人也给他们穿，没有衣服的人也给他们穿）前一个“衣”字是“yī”，指“衣服”；后一个“衣”字是“yì”，表示“给他们穿”。这是用声调的不同来表示不同的意义的。又如：《孟子·梁惠王下》：“独乐乐，与人乐乐，孰乐？”（独自个儿弄起音乐来娱乐，跟人家一块儿弄起音乐来娱乐，在哪一种情况下最快乐呢？）前一个“乐”字是“yuè”，指音乐或弄起音乐；后一个“乐”字是“lè”，指娱乐或快乐。这又是用声母和韵母的不同来表示不同的意义的。这种一字两读的现象，在汉语拼音字母上也分辨得很清楚的。

又其次，从诗歌押韵的“韵字”来说。古代的诗歌大多数是有韵的，有些散文也是有韵的；不过由于古今语音的变化，有些原来相互押韵的字，就是所谓“韵字”，现在不容易看出来了。但是，我们应用了汉语拼音字母把这些韵字的读音注出来，虽然不能得到它们在写作时候的古音，可是它们相互之间的押韵关系，总要比注音字母上所表示出来的明显得多了。例如：《诗经·无衣》："岂曰无衣？与子同裳。王于兴师，修我甲兵，与子偕行。"（难道说是没有衣裳？我和你正穿着同样的衣裳。君王正在动兵兴武，整理好我们的甲兵，我和你一起向前进行。）这里的"裳"（"shang"ㄕㄤ）、"兵"（"bing"ㄅㄧㄥ）、"行"（"xing"ㄒㄧㄥ）三个字是押韵的，在拼音字母上还可以看出它们有一个共同的"韵尾 ng"，可是在注音字母里就看不出来了。又如：《叔于田》："叔于田，巷无居人！岂无居人？不如叔也，洵美且仁！"① 这里的"田"（"tian"ㄊㄧㄢ）、"人"（"ren"ㄖㄣ）、"仁"（"ren"ㄖㄣ），也是韵字，在注音字母上实在看不出它们的押韵关系，而在汉语拼音字母上还可以看出它们有一个共同的"韵尾ń"。

最后，从"词"和"熟语"的连写来说。无论直音、反切和注音字母，都只可以用来给汉字注音，而不能用来拼词写话；只有汉语拼音字母，才便于连写，才能够把语言里"词"和"熟语"的单位很清楚地表示出来。对于古典作品的讲读，正是和对于一般读物一样，一定要分别表明词、熟语的单位，一定要依据词和熟语的单位来讲、来读，才能够充分理解作品的语言。例如：《左传·僖公三十三年·弦高犒师》："不腆敝邑，为从者之淹，居则具一日之积，行则备一夕之卫。"（很贫乏而不富厚的敝国，为了您的随从要在我们这里停留一下，住下来一天，我们就要供应一天的粮草，走动了一天，我们就要完成一天保卫的责任。）这里的"不腆""敝邑""从者"，都是词或熟语，都应该作为一个个的意义单位来解释，而不应该从它们内中的单字来解释；因之，我们如果应用拼音字母把它们拼写做"bùtiǎn""bìyì""cóngzhě"，它们的意义也就容易解释清楚，容易使人理解了。这不但是直音、反切的方法所办不到，注音字母也是办不到

① 注解和译文参看本刊第 67 期（1957 年 11 月号），第 19 页。

的。又如：《孟子·梁惠王下》："狄人之所欲者，吾土地也。……二三子，何患乎无君？我将去之。"（狄人所要求的，是我们的土地呀。……诸位，有什么要担心没有君主来统治你们呢？我将要离开这里了。）这里的"狄人""土地""二三子"，也是词或熟语，也可以用连写的方法把它们拼写做"dírén""tǔdì""èrsānzǐ"。我们一定要把汉语拼音字母的这种拼词写话的作用在古典作品的讲读上也发挥出来。

总起来说，"工欲善其事，必先利其器"。现在这个汉语拼音方案是在党的正确领导下集中多数人的精力和智慧而产生的一个比较完善的方案，它是代表着汉字注音方法的历史上一个最进步的阶段。我们应用了这一套拼音字母，不但使得各字的读音现象分辨得很清楚，而且用来拼词写话，使得意义的了解上也有很大的帮助。对于古典作品的注音，就目前的情况来说，一般还是依据于现代普通话的标准语音。我们现在还不能很确切地根据历代的"语音系统"来分别讲读历代的古典作品。可是，我们应用了这一套拼音字母，在古典作品的讲读上已经获得很好的效果。我们应用了这一个比较优越的工具，在讲读古典作品的过程当中，对于"难字"读音的辨别，"一字两读"的区分，诗歌"韵字"的关系和"词""熟语"的连写，这些问题，都可以得到相当的解决了。让我们在实际语文教学的工作当中来发挥它的效用吧！

1958年3月10日，于复旦大学

（《语文知识》1958年5月）

建立词的观念

进行语文教学的工作，可以有两种方法：一种方法是进行得快些和好些，另一种方法是进行得慢些和差些。我们在二者之间，当然要采取快些和好些的方法，不会愿意采取慢些和差些的方法。问题所在，就是怎样才能够使得我们的语文教学工作进行得快些和好些。我认为，我们必须抓住整个工作当中最主要的环节，首先解决它的关键性的问题。建立“词”的观念，就是语文教学工作里最主要的环节之一，也是我们须要解决的关键性的问题之一。

为什么在语文当中必须建立词的观念？因为词是语言建筑材料的单位，要掌握语言，运用语言，我们必须具有词的单位的观念。怎样把词的观念建立起来呢？我们又必须认识词的内在的因素，把词的声音、意义和功能这三方面结合起来作为区别词和非词的标准；我们又必须认识词跟“音节”“词素”以及“词组”的关系和区别，并且应用拼音字母来进行词的“连写”，以表示一个一个词的单位。试就这几点说明如下：

一、词是语言建筑材料的单位

我们知道，词汇是语言的建筑材料，是语言里所运用的词的总和。“词汇”这个术语，不能用来指个别的词。我们不能说这篇课文里这一个词汇难讲，那一个词汇不懂；不能说这篇作文里这一个词汇用得不好,那一个词汇不恰当,等等;我们只能说这一个词,那一个词,等等。词跟词汇的关系,是个别和全体的关系。词是词汇里具体的个别的东西,可以说是语言建筑材料的单位。

通常说的话,是一句一句地说出来的。所以句子,是我们在实际语言里用来相互交际、交流思想和传达情意的单位。句子的构成,必须应用到一个一个的词。作为语言建筑材料的单位的词,接受了语法的规则的支配,就相互组织起来成为各个句子或句子的一部分。因之,我们在掌握和运用语言的时候,在进行语文教学的时候,对于每一个句子的解释和分析,通常必定是以一个一个的词来作为意义解释和语法分析的单位的。

例如:"我应该感谢母亲,她教给我生产的知识和革命的意志,鼓励我以后走上革命的道路。"(朱德:《母亲的回忆》)我们在这样的句子里,应该把"感谢""生产""知识""革命""意志""鼓励""道路"等都作为一个单位来解释它们的意义,不能把它们内中的各个部分,象"感谢"里的"感"和"谢","鼓励"里的"鼓"和"励"等等,拆开来解释。又如:"他们的品质是那样地纯洁和高尚,他们的意志是那样地坚韧和刚强,他们的气质是那样地淳厚和朴实,他们的胸怀是那样地爽朗和宽广!"(魏巍:《谁是最可爱的人》)我们在这里,也应该把"品质""纯洁""高尚""坚韧""刚强""淳厚""朴实""胸怀""爽朗""宽广"等都作为一个单位来解释意义,不应把它们内中的各个部分,象"品质"里的"品"和"质","爽朗"里的"爽"和"朗"等等,拆开来解释。

当然,有时为着注重词里某一部分的表意作用,就从词的构成的"词素"上来解释它的意义,可以帮助我们得到更充分的了解。例如解释"鼓足干劲,力争上游"里的"鼓足"和"力争"这两个词,我们可以说:不但要鼓起干劲,而且要鼓足,注重在"足"这个词素上;不但要争取上游,而且力争,注重在"力"这个词素上。这样的解释，叫做“构词法”的解释，把词里的某一部分拆出来，可以帮助我们的了解。但是，在实际语言的掌握和运用当中，还是以整个的词来做最小的单位；象“用力”“努力”“尽力”等词里的“力”，“充足”“满足”“足够”等词里的“足”，在现代语当中，一般只作为不能独立的词素来看待，不认为是词的单位。

有时候，我们解释一个词，还可以追溯它的构成和产生的由来。例如：解释“学习”这个词，可以追溯到《论语》里“学而时习之”这句话，来说明它的来源；解释“启发”这个词，也可以追溯到《论语》里“不愤不启，不悱不发”这样的话；解释“琢磨”这个词，也可以追溯到《诗经》里“如琢如磨”这样的话；解释“矛盾”这个词，也可以追溯到《韩非子》里“以子之矛陷子之盾”这样的话，等等。这样的解释，叫做“词源学”的解释，可以使得我们了解各个词构成和产生的由来，并且认识词汇发展的历史，象上面所举的例子是由古代语里独立的“单词”凝结成为现代语里的“复合词”。这种词源学的解释，也自然可以帮助了解词义。但是，一般掌握和运用语言的时候，总是依据这样已经凝结成为词的单位来掌握和运用它们，并没有，事实上也不必，把它们一一地分析成分并且追溯其构成和产生的由来。一般对于词义的理解，也是根据于当前实际语言里所应用的意义，不是从各个词的来源和历史上来理解的。所以要解释意义，必须认定词是语言建筑材料的单位。

至于分析句子，也是以词为最小的单位。因为，我们既然应用一个一个的词来组织成为句子，不是应用各个词的部分的，那末，对于句子进行语法分析的时候，也是把句子的组织还原为一个一个的词，不一定要进一步分析各个词里的成分。例如：“我应该感谢母亲”这个句子，我们把它分析成为“我”“应该”“感谢”“母亲”这样的五个词，再一一地认定这五个词在句子组织上的功能，因而认定它们的“词性”。如果又把“感谢”“母亲”等词里所包含的音节或词素,象“感”和“谢”,“母”和“亲”等等,加以分析,那就要把各个词在意义和功能上的完整性,都给拆散了。这不但对于句子的语法分析没有好处,反而常常起阻碍作用的。所以要分析句子的组织,也必须认定词是语言建筑材料的单位。

二、必须建立词的单位的观念

为什么对于词句的意义的解释,不能把词的各个部分任意拆开来解释呢?

因为,一个词里所包含的词素,虽然各自有表意的作用,而词素和词素凝结成为一个词的时候,已经在意义上起了化合作用,不是简单地由词素的意义的相加。所以一个词是一个意义的单位,我们对于整个词的意义,必须从实际生活和语言实践当中去体会,才能获得正确的解释。如果简单地把词里的各个部分拆开来,又合起来解释,就往往得不到正确的解释,有时候甚至于穿凿附会而产生很大的错误。例如:把“东西”说成“东边和西边”,把“老师”说成“老年的师长”,把“保障”说成“保护障碍”,把“干净”说成“干燥和清净”等等,当然是错误的。至于把“殖民地”说成“繁殖人民的地方”,这样的解释更是大错特错的了。为着要免除这样解释的错误,首先必须建立词的单位的观念。

如果把词的各个部分任意地拆开来,不但在解释词义方面要犯错误,在用词造句方面也就要产生许多紊乱的现象。

因为,过去有许多独立的单词,到了现代语里凝结成为复合词;而由于词汇内部发展的不平衡,许多复合词凝结成熟的程度是彼此不相一致的,有些复合词还可以在一定的范围内拆开来说,有些就已经凝结得很成熟,不能加以拆散了。例如“留神”“注意”“关心”这三个词,我们可以常常说“留点儿神”可是很少说“注点儿意”,而绝不能把“关心”也这样地拆开来说。又如“革命”“结婚”

“洗澡”“鞠躬”等,可以有“革它的命”“结了一次婚”“洗了一个澡”“鞠三个躬”等的说法,但是我们还是要认定它们已经凝结成为复合词了。所以我们必须先具有词的单位的观念,再来看各个复合词是不是在一定的情况下可以拆开来说,不能由个人任意地乱拆乱用。例如把“崇高”说成“最崇最高”,把“牺牲”说成“又牺又牲”,把“活该”说成“活活地该”,把“咳嗽一声”说成“咳了一声嗽”等等,都要引起语言的紊乱的。又如说“登了一次记”“会了半天议”“坦了一回白”“后了一次悔”“无费可浪,无守可保”,等等,更是破坏了语言的纯洁和健康。为着要免除这样乱拆乱用的现象,首先也必须建立词的单位的观念。

缺乏词的单位的观念,不但要产生任意拆词、乱讲乱用的现象,还要造成任意拼凑、乱造生词的弊病。

因为,从原来的一些单词凝结成为现代的许多复合词,必须要通过社会的语言实践,并且适应实际生活的需要;不能由个人任意地拼凑和乱造的。例如:我们说“揭开”,说“启发”,却不能说“揭启”;说“昂扬”,说“兴奋”,却不能说“昂奋”;说“观望”,说“目睹”,却不能说“观睹”;说“放射”,说“照耀”,却不能说“放耀”;等等。又如:我们只能说“光线”,不能说“辉线”;只能说“飞跃”,不能说“飞跳”;只能说“爱好”,不能说“喜好”;只能说“悲哀”或“凄惨”,不能说“惨哀”;等等。复合词里的成分,是不容许由个人任意地凑合或调换的。现代语里的一些单词,如果勉强把它们凑合成复合词,也会引起语言的紊乱。例如:不说“脸”,而说“面脸”;不说“打”,而说“揍打”;不说“搞”,而说“搞弄”;不说“冒”火烟,而说“腾冒”火烟;不说“流”眼泪,而说“流淌”眼泪;等等。这样乱造生词的现象,也是和我们保卫语言的纯洁和健康的主张不相容的。为着要免除这样乱凑乱造的现象,首先也须建立词的单位的观念。

上面是说明语文教学当中建立词的观念的必要性,我们就要问：怎样才能很快很好地把它建立起来呢？第一步，必须认识词的产生和形成的内在因素。

三、词的内在的因素

语言是和社会密切联系的，语言里每一个词的产生和形成，总是要适应实际生活的需要并且通过社会的语言实践的。词的本身，既然是语言建筑材料的单位，所以每一个词又必定有它的本身的质料和建筑的功能；词是语言的声音和意义的结合，又在语言组织当中有一定的功用的。词的内在的因素，可以分做下列的三方面来说：

（一）一定的声音形式。词必定包含一个或几个音节，这种声音形式，就是它的物质外壳。语言里一连串起伏变化的声音，依据气息力量的持续或间断，划分做一些节落，言作为一个一个的刺激听感的单位，这就是音节。一个词只包含一个音节的，叫做“单音词”；包含有两个或多个音节的，叫做“复音词”。（我们所谓“单词”，是对“合成词”来说，不一定是单音的；有很多单词，也是复音词，例如“萝卜”“葡萄”等。）现代汉语的词汇里，占据多数的是属于复音词的双音词，其次是单音词，三个音节以上的词比较少。

（二）一定的意义内容。大多数的词是用来代表概念的，它们的意义又是从现实事物抽象概括得来的，所以具有概括性。词所代表的概念，无论是属于实体的，性质、状态的，或动作、变化的，总是具有了实质的意义，这样的词叫做“实词”。还有一些词是用来表明关系的意义的，具有更大的概括性和抽象性，叫做“虚词”。虚词当中，有的用来表明事物之间或概念之间的相互关系的，如介词、连词、结构助词以及表示程度、范围等的副词；有的用来表明对话人之间的关系和情感的，如叹词，语气助词以及表示语气的副词等。

（三）在语言组织当中一定的功用。词的组织功能，是区别词性或词类的主要根据。实词和虚词的区别，也是根据于它们的语言建筑的功用。实词都可以充作语言组织的成分，就是“句子成分”，而且在一定的语言环境之下，可以独立表明意义（如“独词句”之类）。虚词，除了副词充作“状语”及少数的“补语”以外，都不能充作句子成分，而且必定要依附于语言组织才能表明它们的关系的意义。虚词是不能独立表明意义的，但在语言组织当中可以自由运用，并不必依附于别的单个的词而存在；所以虚词也是语言建筑材料的单位，而不是词的部分。

综合上面所说词的三方面的内在因素，我们可以列出一个词的定义：词是用一定的语音来表明一定的意义而作为语言组织当中自由运用的最小的单位。于是第二步，我们又可以应用这个定义，把词的声音、意义和组织功能这三方面的内在因素结合起来，以建立词的观念，以划定词和非词的界限。

四、词和音节、词素的关系及其区别

词有单词和合成词的分别（复合词是合成词里的一种）。单词当中，又可以分为单音的和复音的两类（合成词总是复音词）。在复音的单词里，如果把一个个的音节拆开来，各个音节是无义的，不是有表意作用的词素。例如“联绵词”当中的音节：“萝卜”里的“萝”和“卜”，“蹓达”里的“蹓”和“达”，“踌躇”里的“踌”和“躇”，“仿佛”里的“仿”和“佛”，等等；又如“象声词”当中的音节：“丁当”里的“丁”和“当”，“哗啦”里的“哗”“啦”，等等；“外来词”当中的音节：“逻辑”里“逻”和“辑”，“苏维埃”里的“苏”“维”“埃”，等等；“叠音词”当中的音节：“猩猩”里的“猩”，“慢吞吞”里的“吞”等等；这些音节都是无义的，属于非词素之列。

至于合成词里的音节，如果有表意作用，就是词素；词素是有义的音节而作为构词的成分的。合成词里的词素，有些就是独立的词,例如“人民”里的“人”,“思想”里的“想”,等等;有些原来在古代语里是独立的词,可是到了现代语里只是作为词素,须要依附于整个词而存在了,例如“人民”里的“民”,“思想”里的“思”等等。

音节是语音的刺激听感的单位,词和词素都是以一个个的音节来做物质的外壳;词素是构词的成分,同时也就是有义的音节。词有单音和复音的分别;复音词里的音节,有的是词素,有的不是词素(无义的音节);合成词的词素,有的还是独立的词,有的不是独立的词。这样看来,词和音节、词素三者之间有相互依存和相互交叉的关系,可是又必定有相互严格的区别。这里就要讲到词和“字”的关系、区别了。

汉字是采取一字一音的制度,每一个方块式的形体,代表着一个音节。(表示“儿化韵”的“儿”字不是代表一个音节,又所谓“缩写字”当然也是例外。)所以在汉字里,书写的单位和读音的单位是一致的。可是,现代汉语里的词,多数是复音的;汉字的单音制正和实际语言里词的复音化,形成了尖锐的矛盾。由于字和词的矛盾,用汉字写成的书面语言里,有的字是代表独立的词,有的字只是代表词素,有的字又只是代表无义的音节;词是意义和运用的单位,而字只是作为书写和读音的单位,所以汉字不能把汉语里的词代表出来,因而更增加一般识字的困难。要真正认识一个字,必定要达到“四会”,就是能“读”、能“写”、能“讲”、能“用”。汉字的结构复杂,又在形体上不能表示确凿的读音,要达到能写、能读,已经不容易了;由于字和词的矛盾,书写、读音的单位跟意义、运用的单位,两者之间又很多不一致,所以再要达到能讲、能用,当然更加困难了。这是汉字须要改革的主要原因之一。

在语文教学当中确立了词的单位的观念,不但可以免除乱讲、乱用的弊病,而且对于文字改革的进行也是有利的。因为,要实现文字的拼音化,必须解决词的连写问题。词的连写,主要地就是依据词的单位，把复音词里几个音节或词素连起来写；把词的各个部分连写，同时也就是把词组里词和词之间分隔开来写。这里要讲到词和词组的关系了。

五、词和词组的关系及其分别

几个词依据语法的规则组合起来表明一定的关系而成为一组的，叫做词组。有的词组就是一个句子，有的只是句子的一部分，也作为句子组织的一个成分。习用的词组，由于经常的使用，往往发生凝固作用或缩减作用。成语和熟语，就是由一般的词组经过凝固作用而成为固定的词组；略语和简称，也就是由一般的词组经过缩减作用而成为简略的词组。固定和简略的词组，又往往凝结成为词；例如“学习”“矛盾”“扫盲”“土改”等，这样的词都是由词组经过缩减和凝结而成的。词的产生和形成，是在社会实践和语言发展当中进行的。经常使用的词组，经过凝固作用和缩减作用，逐渐发展而成为词，这正是语言的发展适应着社会的需要而促使词汇丰富化的一种过程。同时，词又是用来构成词组的。所以，从语言的发展上来看，词和词组是密切联系、相互促成的。

词和词组，既然是在发展的过程中相互促成的，那末它们的界限究竟怎样来划分？我们也必须用发展的观点来观察词组转变为词的经过，从中看出词的形成的条件，因而规定词的单位。这里可以举出下列的三点来说：

（一）实际意义的特殊化。由词组转变成为词，常常在意义方面有了特殊的联系，和原来词组的意义发生差异。例如“粉笔”“黑板”，在实际意义上不仅仅是指“粉制的笔”“黑色的板”，而是和“教学工具”“课堂讲授”等的意义有特殊的联系；“红旗”，当然不仅仅是指“红色的旗子”，在实际生活里常常和“革命”“斗争”“劳动生产”“共产主义”“党的领导”“光荣伟大”等等的意义发生联系；因之我们把“粉笔”“黑板”“红旗”都认为是词，不是词组了。又如“吃饭”“读书”，如果指的是“生活”“求学”的意义，不是象一般所指“吃了几碗饭”“读了几本书”那样的意义，我们也应当把它们认为是词，不是词组了。从实际生活和社会实践当中去看一个语言组织是不是有了特殊的意义，这是判定它是词或是词组的标准之一。

（二）语言组织的定型化。由词组转变成为词，在语言组织方面也就是凝固作用的逐渐加强，内部分离性的逐渐消失；成语、熟语和略语，有很多经过缩减和凝结而成为词，逐渐使得组织中间不能任意地插进别的词，也不能任意地用别的词来替代。不过，在发展的过程当中，凝结成熟的程度参差不齐，有的可以任意分离，有的只在一定范围内有分离性，有的就不能拆开来了。例如：“吃亏”“上当”，可以说成“吃了一次大亏”“上了他的一个大当”等，它们是处于熟语和词两者中间的性质。又如：“搞好”“打倒”“分清”“说明”这四个词都可以认为词了；但是“搞好”的凝固性不强，可以说成“搞得不很好”等；“打倒”的凝固性较强，只能插进“他”“不”“得”等；“分清”这个词更强，只能插进“不”“得”；“说明”这个词最强，几乎不能加以分离。从语言组织定型化的成熟程度来看，大抵凝固作用比较显著的，可以认为是词；不过这里所说凝固作用的加强，只是词的形成的条件之一。因为，成语等的组织也是很固定的，我们不能把成语等认为是词的单位，这是由于它的声音形式还没有经过缩减的缘故。

（三）声音形式的双音化。现代汉语里词汇发展的双音化的趋势很显著的。由单词发展而为复合词，是采取组合的过程；由词组发展而为词，是采取缩减的过程。两种过程都是向着双音形式构成的目标。例如：“首都”这个词，可以认为是“首要的都市”缩减的结果；“国徽”这个词，可以认为是“国家的徽章”缩减的结果。有少数双音词缩短成为单音的，如“不用”成为“甭”，“不要”成为“别”

等,这是一种“合音词”的特殊现象。总起来说,双音形式是汉语构词形态的一个主要标准,尤其在现代语里更是显著。因之,有很多意义上和双音词相类似的语言组织,常常是由于三音、四音的形式(当然也是由于没有凝结成为定型)而认为是词组的。例如:“说明”是一个词,而“说明白”“解说明白”是两个词的组合;“分清”是一个词,而“分清楚”“分析清楚”是两个词的组合;“圆桌”是一个词,而“圆桌子”是两个词的组合;“小指”是一个词,而“小手指头儿”是“小”“手”“指头儿”三个词组合起来的词组。因之,从声音形式上来看,双音化的现象也是词的形成的条件之一。我们也可以用双音形式来作为规定词的单位的一个标准。

把上面所说的三点,特殊的意义、固定的组织、双音的形式,结合起来划分词和词组的界限,规定词的单位,从而解决了词的连写的问题。

六、词的连写的一般规则

汉语拼音字母,不但是用来给汉字注音和帮助推广普通话,也是用来给汉语拼词写话,因而作为拼音文字的试验和研究,为实现文字的拼音化打下巩固的基础。我们在建立词的观念并且区别词和音节、词素以及词组之后,第三步,又必须研究词的连写问题,必须联系到拼音字母的用途和它的拼写的规则。这就是说,必须研究怎样把词的单位在书写形式上表示出来。这里试举出关于词的连写的几条基本规则:

(一)一个词里的各个音节,无论是无义的或有义的,无论是复音的单词里各个部分或合成词里各个词素,总是连写在一起。①

① 毛主席《长征》诗里,“远征”“等闲”“五岭”“乌蒙”“三军”“开颜”等,都应当认为是词,内中的音节或词素应当加以连写:“yuanzheng”“dengxian”“wuling”“wumeng”“sanjun”“kaiyan”。本刊本年7月号第2页里的拼音,都加以分写,似应改正。

例如：

哥哥　弟弟　加入　　合作社　　鼓足　　干劲

gege　didi　jiaru　hezuoshe　guzu　ganjin

（二）几个词组合起来的词组，用来表示一个概念的，内中的各个词分写。例如：

中 华　　人 民　　共 和 国　　劳 动　　模 范

zhonghua　Renmin　Gongheguo　laodong　mofan

词组已经有成语化的倾向的，可以在内中各个词之间加进短横。例如：

多　快　好　省　　　万　水　千　山

duo-kuai-hao-sheng　wan-shui-qian-shan

（三）原来的词组，由于经常的使用，已经有凝结成词的倾向的，内中的各个成分连写。例如：

爱国（“爱祖国”还是一个词组）　作　工（“作了几天工”还是词组）

aiguo　　　　　　　　　　　　zuogong

（四）是词而有时可以拆开来说的，拆开来的各个部分之间加上短横。例如：

革命　　革了命　　翻身　　翻了身

geming　gele-ming　fanshen　fanle-shen

（五）结构助词的“的”“地”等，属于词的，连写；属于词组的，分写。例如：

追求　　幸福的　　人（意思是“追求那个幸福的人”。）

zhuiqiu　xingfude　ren

追求　　幸福　　的　　人（意思是“那个追求幸福的人”。）

zhuiqiu　xingfu　de　ren

“他们的品质是那样地纯洁和高尚”，这里的“那样地”连写：nayangde；“多快好省地建设社会主义”，这里的“多快好省地”分写：

duo kuai hao sheng de；或者加进短横：duo-kuai-hao-sheng-de。

上面举出的几条拼写的规则，只是最基本的和最有一般性的；其他还有许多条规则，应当有专文来讨论。建立词的观念，是语文教学中的一个主要环节；要把我们的语文教学工作进行得快些和好些，首先必要确立词的单位的观念。拼音字母是促进语文教学的最有效的工具，不但可以用来注音和推广普通话，而且把一个一个词的单位明确地表示出来；这是建立词的观念的最后步骤，同时也有利于实现文字的拼音化。积极地进行汉字的改革，正是和我们多快好省地改进语文教学的工作有相互密切的联系的。

（《语文教学》1958 年 9 月）

想想读者，问问自己

写文章，总是要向读者告诉什么事情，说明什么道理，或者使得读者了解什么。所以写的时候，必须为读者仔细地考虑一下，必须对读者有认真负责的精神。

如果要告诉的事情根本不确实，要讲的内容根本不正确，那末，写出来的文章只能给读者不好的影响，这样的文章根本是不应该写的。

如果文章的思想内容不错，又必须替读者想想，怎样地写出来才能够使得读者很快地了解。必须把文章里前后讲的话安排得妥妥帖帖，使读者看起来觉得有层次、有条理。文章里哪些话要多讲，哪些话要少讲或不必讲，必须注意增补和删节；特别要注意语言的“经济”，凡是可以“割爱”的，尽量地删去，就是说：“宁可少些，但要好些。”因为，只有这样，才能够使得读者不费很多的精力和时间，而有不少的收获。

写怎么样的文章来适应怎么样的需要，也必须对准口径，就是“要看对象”，也就是要认定具体的读者。例如，要进行语言科学的普及工作，就要写一些关于语文知识的通俗性的文章；如果在这样通俗性的文章里，引用了过多的语言学的专门术语和抽象理论，只是“深入”而不“浅出”，那末，就要丧失了通俗化的作用，不能达到普及语言科学的目的。这正是写文章不为读者着想的一种表现。

再从语言的形式方面来说，写出来的文章在语言本身的传习上，也直接对于读者发生影响，所以无论关于写字、用词、造句或修辞，都必须在当前语言规范的工作当中起积极的推动作用。必须牢牢地记住毛主席的指示："洋八股必须废止，空洞抽象的调头必须少唱，教条主义必须休息，而代之以新鲜活泼的、为中国老百姓所喜闻乐见的中国作风和中国气派。"(《毛泽东选集》第二卷，第 497 页)

写文章不但应该为读者着想，而且对于作者自己也应该认为是一种思想的锻炼。在写的时候，必须问问自己究竟有没有认真负责的精神。

必须问问自己，要告诉的事情究竟是不是确实的，要使读者了解的道路或其他意思究竟是不是正确的，自己对于文章的内容究竟有没有清清楚楚的认识。"以其昭昭"，才能够"使人昭昭"；"以其昏昏"，怎么能够"使人昭昭"呢？这就是说，在自己头脑里明明白白的，才能够使得人家也明明白白；连自己也糊糊涂涂的，怎么能够使得人家明明白白呢？

文章的意思想好了，又必须问问自己，究竟准备写给谁看的，对于这一次的写作究竟有没有真切的感情。在动笔以前，也要问问自己，有没有把要写的话取舍和布置得很妥当。在写作的过程当中和在写完了以后，又必须自己审问，怎样才能够写得准确些，鲜明些，生动些。这样地审问自己，也都是考验自己对读者、对人民的认真负责的精神，就是给自己的一种思想锻炼。

我们进行一切工作，必须端正思想的动机，同时必须考虑客观的效果。写文章是一件极重要的工作，必须想想读者，就是考虑客观的效果，又必须问问自己，就是端正思想的动机。

(《语文知识》1958 年 6 月)

古汉语里的偏正化主谓结构

一、什么叫做偏正化主谓结构

偏正化主谓结构是指一种主谓结构的词组而采取偏正结构的形式的，就是在它的主语和谓语之间加进一个结构助词“之（的）”因而成为偏正结构的形式的。这种偏正化的主谓结构，在现代汉语里是常常应用的，在古代汉语里应用得更广。举个例子来说：

> 夫子之文章，可得而闻也；夫子之言性与天道，不可得而闻也。（《论语·公冶长》）

这里的“夫子之文章”是个偏正结构，“夫子之言性与天道”就是偏正化的主谓结构。两个“之”字同是结构助词；可是一个是加进在“夫子”这个定语和它的中心词“文章”中间，用来表示领属的关系；而另一个却是加进在主语“夫子”和谓语“言”的中间，用来突出谓语部分的意义的，意思是说：“夫子（孔子）平常很少讲到关于人性和天道的理论”，所以“不可得闻”。两种结构的形式相类似，而实际的作用不相同。

这种偏正化主谓结构，一般文法书上，或者叫做“主谓短语”，[1]

---

① 参看吕叔湘、朱德熙：《语法修辞讲话》第一讲，第二段。

或者叫做“句子的仂语化”,[①]这是有问题的。首先,应该把句子和词组结构这两种概念划分开来;我们认为句子是语言交际当中的表达单位,不一定采取主谓结构的形式,而具备主语和谓语这两个部分的结构也不一定都是句子。其次,我们既然采用了词组结构的理论,就应该把“短语”或者“仂语”这个不包括主谓结构的词组在内的名辞废除不用;因为无论是主谓结构的或者非主谓结构的,都同样地属于语言里种种词组的形式。我们既然不用“短语”“仂语”以及“句子形式”等的名辞,当然不能再用“主谓短语”或者“句子的仂语化”这样的术语来指称这种偏正化主谓结构了。这不仅仅是术语的问题,而是关于汉语语法的理论问题。

偏正化的主谓结构,必定以动词或者形容词来做它的谓语的。例如:

> 欲勿予,即患秦兵之来。(《史记·廉颇蔺相如列传》)
>
> 张仪之来也,自以为故人,求益,反见辱,怒。(《史记·张仪列传》)
>
> 侯生笑曰:“臣固知公子之还也。”(《史记·信陵君列传》)
>
> 君子之仕也,行其义也。(《论语·微子》)
>
> 德之流行,速于置邮而传命。(《孟子·公孙丑上》)

这里的“来”“还”“仕”“流行”等,都是偏正化主谓结构里做谓语的动词。又如:

> 臣之壮也,犹不如人;今老矣,无能为也已。(《左传》:僖公三十年,《烛之武退秦师》)

---

① 参看王力:《汉语史稿》第三章,第四十五节。

其子之贤、不肖，皆天也，非人之所能为也。(《孟子·万章上》)

冀枝叶之峻茂兮，愿俟时乎吾将刈；虽萎绝其亦何伤兮，哀众芳之芜秽！(《楚辞·离骚》)

这里的“壮、贤、不肖、峻茂、芜秽”等，都是偏正化主谓结构里做谓语的形容词。过去有些语法学家完全根据外国的语法，竟然把这样做谓语的动词和形容词都解释成抽象名词，这是由于他们不顾汉语语法的事实的缘故。在汉语里，一定要把偏正结构和偏正化主谓结构加以区别；偏正化的主谓结构，虽然和偏正结构的形式相类似，而有它的独特的构成条件和独特的表达功能。这在古代汉语里，尤其显著。

二、偏正化主谓结构的构成条件

由于偏正化的主谓结构必定以动词和形容词做谓语，所以它的谓语部分可以包含有副词或者其他的状语。例如：

道之不行，已知之矣！(《论语·微子》)

天之将丧斯文也，后死者不得与于斯文也；天之未丧斯文也，匡人其如予何？(《论语·子罕》)

纣之不善，不如是之甚也。(《论语·子张》)

这里的“不、将、未”等，都是在这种结构的谓语部分里作为动词、形容词的状语。这是偏正化主谓结构的构成条件之一。

又它的谓语部分里的动词，可以和能愿动词相结合。例如：

夫子之不可及也，犹天之不可阶而升也。(《论语·子张》)

及荣华之未落兮，相下女之可诒。（《楚辞·离骚》）

这是偏正化主谓结构的构成条件之二。

它的谓语部分里的动词，如果是外动词，又可以带着宾语。例如：

夷狄之有君，不如诸夏之亡也。（《论语·八佾》）
纣之去武丁，未久也。（《孟子·公孙丑上》）
民之悦之，犹解倒悬也。（《孟子·公孙丑上》）
尔之爱我也不如彼！（《礼记·檀弓上》）

上面所举“夫子之言性与天道”，也是带着宾语的。这是偏正化主谓结构的条件之三。

它的谓语部分里的动词或者形容词，又可以带着介词结构或者其他词组所做成的补语。例如：

君子之至于斯也，吾未尝不得见也。（《论语·八佾》）
鹏之徙于南冥也，水击三千里。（《庄子·逍遥游》）
王如知此，则无望民之多于邻国也。（《孟子·梁惠王上》）
君之视臣如手足，则臣视君如腹心；君之视臣如犬马，则臣视君如国人；君之视臣如土芥，则臣视君如寇仇。（《孟子·离娄下》）

这是偏正化主谓结构的构成条件之四。

这种偏正化的主谓结构，在整个句子里是等于一个主谓结构，有时候可以把它插入中间的结构助词“之”省去不用。试比较下列两个句子：

民望之，若大旱之望云霓也。（《孟子·梁惠王下》）

民之望之，若大旱之望雨也。（《孟子·滕文公下》）

这里的“民之望之”，和“民望之”没有什么差别。因之，下列一个句子：

夫子至于是邦也，必闻其政。（《论语·学而》）

内中的主谓结构“夫子至于是邦也”，可以认为是“夫子之至于是邦也”的“之”字省略。偏正结构的“之”字省略，还是偏正结构；偏正化主谓结构的“之”字省略，也还是主谓结构。这是偏正化主谓结构的构成条件之五。

上面所说的五点，可以作为偏正化主谓结构和偏正结构两方面在构成条件上的区别的标准。

古汉语里的偏正化主谓结构，常常在它的末了应用语气助词“也”来表明提示或者断定等语气。例如：

丈夫之冠也，父命之；女子之嫁也，母命之。（《孟子·滕文公下》）

士之失位也，犹诸侯之失国家也。（《孟子·滕文公下》）

这样的“也”字，可以不用。例如：

夫君子之居丧（也），食旨不甘，闻乐不乐，居处不安，故不为也。（《论语·阳货》）

夫物之不齐（也），物之情也。（《孟子·滕文公上》）

秦之围邯郸（也），赵使平原君求救，合从于楚。（《史记·

平原君虞卿列传》)

有时候又应用别的语气助词。例如:

我之大贤与,于人何所不容;我之不贤与,人将拒我,如之何其拒人也?(《论语·子张》)

鸷鸟之不群兮,自前世而固然;何方园之能周兮,夫孰异道而相安?(《楚辞·离骚》)

桑之未落,其叶沃若。……桑之落矣,其黄而陨。(《诗经·氓》)

民之憔悴于虐政者,未有甚于此时也。(《孟子·公孙丑上》)

可见语气助词的"也",并不是偏正化主谓结构里必要的成分。

三、偏正化主谓结构的表达功能

偏正化主谓结构在古代汉语里应用得很广,它的表达功能,大致可以分为下列几种:

(一)在复合句里作为一个分句,用来表明时间、条件、假设、因果等关系。例如:

天之将丧斯文也,后死者不得与于斯文也;天之未丧斯文也,匡人其如予何?(《论语·子罕》)(如果上天真要消灭这个文化,那末我这样比文王后死的人,就不得参与这个文化事业了;既然上天还没有消灭了这个文化,那末匡地的人该拿我怎么样?)

皮之不存,毛将安傅?(《左传》:僖公十四年,《秦饥使乞焉附于晋》)(皮倒不存了,毛还附到哪儿去?)

晋公子重耳之及于难也,晋人伐诸蒲城。(《左传》:僖公二十三年,《晋公子重耳出亡》)(当晋公子重耳遭受到骊姬之难的时候,晋国派人到蒲城来攻打他。)

寡君之以为戮,死且不朽;若从君惠而免之,三年将拜君赐。(《左传》:僖公三十三年,《殽之战》)(如果我们的君主拿来杀戮了,我死而永志不忘;如果又依据你们君主的恩惠来把我赦免了,那末三年之后将再来拜受你君赐赠的东西吧。)[1]

桑之未落,其叶沃若。……桑之落矣,其黄而陨。(《诗经·氓》)(桑树没有落叶的时候,它的叶子很新鲜润泽。……桑树到了落叶的时候,叶子黄了,落下来了。)

臣之壮也,犹不如人;今老矣,无能为也已。(《左传》:僖公三十年,《烛之武退秦师》)(当我强壮的时候,还是不如人家;现在老了,更是不中用了。)

陈胜之反秦,秦使王翦之孙王离击赵。(《史记·白起王翦列传》)(当陈胜起来反秦的时候,秦派了王翦的孙子王离去击赵。)

秦之留太子也,欲以求利也。(《史记·春申君列传》)(秦国所以把你太子留住,因为要想从中得些好处。)孔子之去鲁,曰:"迟迟吾行也。"(《孟子·尽心下》)(当孔子离开鲁国的时候,说:"我们慢慢地走呀。")

夫子之厄于陈蔡之间,无上下之交也。(《孟子·尽心下》)(孔子所以在陈蔡之间受到困厄,是由于和当地的君主臣下都不肯去打交道。)

---

① 这里的"寡君之以为戮",朱东润先生的《左传选》(古典文学出版社1956年版,第82、83页)把它解释做:"倒句,寡君以之为戮也。"这是关于"之"字的用法问题。朱先生把这里的"之"字作为倒置宾语的代词来说,我认为这样的解释和古代语法的规律不相符合。因为,一来,这里不是否定句;二来,从下文"若从君惠而免之"的一句来看,更可以明白这里是表示假设关系的结构了。

这里值得我们注意的现象：在古代汉语里，为着要表明时间、条件等关系，有时不但应用这种偏正化的主谓结构，而且加进了表明关系的词语，使得意思表达得更明显。例如：

苟子之不欲，虽赏之不窃。（《论语·颜渊》）

及君之嗣也，我君景公引领西望曰："庶抚我乎！"（《左传·成公十三年·吕相绝秦》）

迨天之未阴雨，彻彼桑土，绸缪牖户。（《诗经·鸱鸮》）

始臣之解牛之时，所见无非牛者；三年之后，未尝见全牛也。（《庄子·养生主》）

昔三后之纯粹兮，固众芳之所在。（《楚辞·离骚》）

及年岁之未晏兮，时亦犹其未央。（《楚辞·离骚》）

及余饰之方壮兮，周流观乎上下。（《楚辞·离骚》）

君之视臣如手足，则臣视君如腹心；君之视臣如犬马，则臣视君如国人；君之视臣如土芥，则臣视君如寇仇。（《孟子·离娄下》）

方秦之强时，天下尤趋谋诈哉！（《史记·樗里子甘茂列传》）

大概后来这些表明关系的词语逐渐发达起来，就逐渐把分句里主语和谓语中间的"之"字省去不用，认为不必应用这种偏正化的结构，也足够表明那些关系了。

（二）在整个句子里作为一个句子的成分，而须要加强某种意义的，就用来突出那些意义上重心所在的词语。例如："君子之爱人也以德，细人之爱人也以姑息。"（《礼记·檀弓上》）这个句子要强调"爱人必须以德，不能以姑息"的意思，所以须要应用偏正化的结构；如果说成"君子爱人以德，细人爱人以姑息"，那末这句话的中心意思就不够突出了。试看下列的这些句子：

君子之仕也，行其义也；道之不行，已知之矣。（《论语·微子》）（这里是强调"仕"和"行其义"的关系，强调"已知不行"的意思。）

夷狄之有君，不如诸夏之亡也。（《论语·八佾》）

（这个句子里是强调"有君"和"无君"的对比关系。）

三代之得天下也以仁，其失天下也以不仁。（《孟子·离娄上》）

桀纣之失天下也，失其民也。（同上）（这里是强调"得天下"和"仁"的关系，"失天下"和"不仁""失民心"的关系。）

皮之不存，毛将安傅？（《左传》：僖公十四年，《秦饥使乞籴于晋》）

技经肯綮之未尝，而况大軱乎？（《庄子·养生主》）

（这里都是注重"不存""未尝"和下句意思的关系。）

这种突出某部分词语的作用，不但使得整个句子的中心意思更加明显，而且使得全句的结构更加紧密，语气也更加紧凑。

（三）用来表示事物状态的比照关系，因为应用主谓结构来表示比照，远不及应用这种偏正化主谓结构来表示的那样紧凑。这里举出下列的一些句子来作例：

鸟之将死，其鸣也哀；人之将死，其言也善。（《论语·泰伯》）

恶紫之夺朱也，恶郑声之乱雅乐也，恶利口之覆邦家者。（《论语·阳货》）

士之失位也，犹诸侯之失国家也。（《孟子·滕文公下》）

士之仕也，犹农夫之耕也。（同上）民之望之，若大旱之望云霓也。（同上）民之归仁也，犹水之就下，兽之走圹也。（《孟子·离娄上》）

君之视臣如手足，……君之视臣如犬马，……君之视臣如土芥，……（《孟子·离娄下》）人性之无分于善不善也，犹水之无分于东西也。（《孟子·告子上》）人性之善也，犹水之就下也。（同上）仁之胜不仁也，犹水胜火。（同上）

秦之有韩也，譬如木之有蠹也，人之有心腹之病也。（《史记·范雎蔡泽列传》）

由于这种结构使得比照的关系很紧密地表示出来，有些排比的句法也应用它来加强紧凑的语气。例如：

屈平疾王听之不聪也，谗谄之蔽明也，邪曲之害公也，方正之不容也，故忧愁幽思而作离骚。（《史记·屈原贾生列传》）

这个句子里如果不采用偏正化的结构来作排比，说成“疾王听不聪，谗谄蔽明，邪曲害公，方正不容，故忧愁幽思而作离骚”的话，它的语气就成为松散无力了。

（四）用来表示感叹的语气和激动的感情。例如：

大哉，尧之为君也！（《论语·泰伯》）

久矣哉，由之行诈也！（《论语·子罕》）

这样的句子里，我们固然可以说是用形容词性的谓语的倒装来表示感叹的语气的，但是也可以说在倒装了的形容词性谓语后面的那个偏正化主谓结构，也有加强感叹语气的效用；例如说：“尧的为君呀!”“仲由的进行欺诈呀!”这样用偏正化的形式来突出句子的中心意思,就产生了表达感叹的效用。因之单独一个偏正化主谓结构,就可以构成一个感叹句。例如:

> 予之不仁也!(《论语·阳货》)
> 天乎!予之无罪也!(《礼记·檀弓上》)①

这里说:“宰予的不仁呀!”“天哪!我的无罪呀!”显然是应用偏正化主谓结构来表示感叹的语气和激动的感情的。

上面所说的四种表达功能,是偏正结构所不具有的,也是偏正化主谓结构和偏正结构相互区别的所在。

到了现代汉语里,除了第一种作为复合句里的分句的用法,现代一定要用表示关系的词语来相配合以外,其他三种偏正化主谓结构的表达功能,都完全继承下来了。所以偏正化主谓结构在现代汉语当中的应用,还是相当广的。

我们要认定语法构造的稳固性和历代语言的继承性。我们不赞成吕叔湘、朱德熙先生等把现代汉语中这种结构的应用认为是“外国语法的输入”的结果。② 外国语法学的输入,并不就是外国语法现象的输入。我们再从偏正化主谓结构的相关的许多现象来

---

①　杨伯峻:《文言语法》第一章《绪言》(北京大学出版社1955年版,第6页)说“子夏说了‘予之无罪也’以后还有下文,但曾子抱着与子夏相反的见解,听了这半句,不觉怒上心头,不等他话说完,抢着便说:……”认为这种偏正化主谓结构不是独立的完整句,就把这里“予之无罪也”也断定为只是半句没有说完的话,并且在后面标上了一个破折号。这是由于他不了解偏正化主谓结构还有表示感叹的效用。这里标上了破折号,是错误的,应该改成感叹号。

②　吕、朱:《语法修辞讲话》第四讲第七段里说:“现代语里的主谓短语,与其说是古代格式的复活,毋宁说是外国语法的输入。”王力:《汉语史稿》第三章第四十五节里说:“我们知道西洋语法里的行为名词是很多的。……首先我们在翻译外语的时候感到若干便利,后来我们自己写文章的时候也感到若干便利,所以句子形式转成名词性仂语这一种结构形式又相当盛行了。”这样说法是不符合汉语的历史事实的。

看，更可以明了现代语对于古代语的继承性。

四、偏正化主谓结构的相关现象

在古代汉语里，还有许多和偏正化主谓结构相关的语法现象，最显著的是关于“于”“所”“所以”“其”这些词的用法。

“于”字结构，直接放在“之”字后面，成为“……之于……”的格式；这种格式只是用来表明对象的关系，不是真正的偏正化主谓结构。例如：

民之于仁也，甚于水火。（《论语·卫灵公》）

君子之于禽兽也，见其生，不忍见其死，闻其声，不忍食其肉。（《孟子·梁惠王上》）

麒麟之于走兽，凤凰之于飞鸟，太山之于丘垤，河海之于行潦，类也；圣人之于民，亦类也。（《孟子·公孙丑上》）

周公之不有天下，犹益之于夏，伊尹之于殷也。（《孟子·万章上》）

因为“于”字结构不能单独成为谓语，所以象“……之于……”这样的格式，不是真正的偏正化主谓结构。

“所”字加在偏正化主谓结构里动词谓语的前面，成为“……之所……”的格式；这种格式不仅使得动词谓语的意义名物化，而且使得动作的意义变成为动作的对象、结果等的意义。例如：

仲子所居之室，伯夷之所筑与，抑亦盗跖之所筑与？所食之粟，伯夷之所树与，抑亦盗跖之所树与？（《孟子·滕文公下》）

如使人之所欲，莫甚于生，则凡可以得生者，何不用也？

使人之所恶，莫甚于死者，则凡可以辟患者，何不为也？(《孟子·告子上》)

这种“……之所……”的格式，实在不是偏正化的主谓结构，而是已经由主谓结构变成为偏正结构的性质了。

“所以”加在偏正化主谓结构里谓语(动词或者形容词)的前面，成为“……之所以……”的格式；这种格式是用来表明事物状态的原因、根据等的意义，也有使得谓语意义名物化的作用。例如：

人之所以异于禽兽者几希。(《孟子·离娄》)

强秦之所以不敢加兵于赵者，徒以吾两人在也。(《史记·廉颇蔺相如列传》)

王之所以叱遂者，以楚国之众也。(《史记·平原君虞卿列传》)

……此臣之所以为大王患也。……夫秦之所以重楚者，以其有齐也。(《史记·张仪列传》)

这种“……之所以……”的格式，在性质上也是更接近于偏正结构的。

“其”字的替代作用，可以包括偏正化主谓结构的主语部分和结构助词“之”；因之由“其”字构成的格式“其……”，实际就是一个偏正化主谓结构。例如：

君子无所争，必也射乎！揖让而升，下而饮，其争也君子！(《论语·八佾》)

子谓子产，有君子之道四焉：其行己也恭，其事上也敬，其养民也惠，其使民也义。(《论语·公冶长》)

人之有是四端也，犹其有四体也。(《孟子·公孙丑上》)

这里的"其"，都是代替一个主语和结构助词"之"；例如"犹其有四体也"，等于"犹人之有四体也"。

以上所说几种和偏正化主谓结构相关的语法现象，都是现代汉语里常见的；尤其"……之于……""……之所以……"等的格式当中，连"之"字也继承下来了。我们看到这些相关现象的继承下来的事实，更可以知道现代语里偏正化主谓结构的应用不是所谓"外国语法的输入"了。

1959年9月17日于复旦

(《语文教学》(华东)1959年第11期)

怎样运用成语

运用成语是一种重要的修辞手段。我们在运用成语的时候，必须懂得它的性质和意义，必须了解它在语言交际当中所起的作用。

怎么说运用成语是重要的修辞手段呢？

因为成语具有很强的表现力。有许多成语，原来是用比喻、形容、夸张等修辞手段来造成的，它们本身就具有准确性、鲜明性、生动性。例如："我们不但要有强大的正规军，我们还要大办民兵师。这样，在帝国主义侵略我国的时候，就会使他们寸步难行。"①这里用"寸步难行"这个成语表示帝国主义如果敢于侵略我国，它就连丝毫的主动也得不到，它就会陷于一动也不能动的窘境；真是又准确、又鲜明、又生动。又如："海枯石烂心不变，永远跟着党前进。"②这里用"海枯石烂"这个成语来表示跟着党前进的决心任何时候都不会改变，也是富有形象性，能给人以深刻印象的。

正因为成语的表现力很强，用了一个简单的成语，就可以表现出丰富复杂的意思。例如："一个窍门虽然小，价值连城万吨钢。"③这里用了"价值连城"来表示价值很高，同时又表示出极端宝贵而必须重视的意思。又如："有的青年认为，到艰苦的地方去，自己太

---

① 《毛泽东同志在九月间的重要谈话》，《红旗》1958 年第 10 期，第 1 页。

② 《我们和党心连心》，《上海民歌选》，上海文艺出版社 1958 年版，第 11 页。

③ 《一枝红花十里香》，《上海民歌选》，第 107 页。

吃亏。其实最艰苦的地方，同样有革命先辈和一般劳动者在那里披荆斩棘，怎么只有你感到吃亏而大多数人没有感到吃亏呢？”[①]这里用了“披荆斩棘”来表示艰苦奋斗和做开路的工作的艰巨性。又如：“为什么……能够把世界上帝国主义中最强大的美国侵略军打得落花流水、一败再败？”[②]这里用了“落花流水”表示美国侵略军不仅是被打败而且整个被打垮，成了不可收拾的局面。这样运用了四个字的词组，就能得到极大的表达效果，正是运用语言的一种极经济的手法。所以我们说运用成语就是一种重要的修辞手段。

为什么成语有这样强的表现力呢？

因为成语具有很显著的精炼性。成语的这种精炼性，又是和它的习用性、定型性分不开的。

大多数的成语，是历代流传下来的。这是由于成语的形成必须经过社会上的传习和使用，这种传习和使用总是需要有相当的时期。成语的来源是多种多样的。例如“退避三舍”“一字千金”“四面楚歌”“风声鹤唳”等，是从古代历史故事当中来的；“狐假虎威”“渔翁得利”“刻舟求剑”“守株待兔”等，是从古代寓言当中来的；“左右逢源”“未雨绸缪”“山穷水尽”“水落石出”等，是从古典作品当中来的；“斩钉截铁”“虎头蛇尾”“囫囵吞枣”“随风转舵”等，是从古来流传的比喻当中来的；“粉身碎骨”“赴汤蹈火”“前仆后继”等，是从古来流传的形容语当中来的；“改头换面”“东摇西摆”“乌烟瘴气”“粗心大意”等，又是民间口头流传的。这些精炼的成语，尽管来源很复杂，总是经过群众的传习和使用才形成的。所以成语是历代群众的集体智慧所创造出来的一种语言财富。这样说来，成语的精炼性是社会上群众习用的结果，是和它的习用性分不开的。

---

① 《徐老新年前夕谈幸福》，《中国青年报》1957 年 12 月 31 日。

② 《战士和祖国》，魏巍《谁是最可爱的人》。

成语的习用性又是和它的定型性互为因果的。成语是一种定型化的词组而作为语言的建筑材料来传习和使用的。它的定型性是在群众传习和使用的过程当中形成的，同时，也由于它适合于群众的传习和使用而增强了定型性。汉语里绝大多数的成语是由四个字组成的，就是采取四个音节的形式。这种四个音节的形式，是和汉语的性质相适应，为汉族人民所喜闻乐见的。在这样四个音节的形式里，又不只包含一个词，而是几个词紧密地结合，组成为一个整体，用起来好象是一个词，所以觉得特别简炼。这种简炼的词组的结构，又是多种多样的，例如“万马奔腾”“热火朝天”“胸有成竹”“势如破竹”，是主谓结构；“别出心裁”“饱经风霜”“不咎既往”是动宾结构；“井底之蛙”“九牛一毛”“一孔之见”是偏正结构；“兴高采烈”“天翻地复”“移山造海”“深谋远虑”是联合结构。这些简炼的成语，尽管有各种不同的结构，总是具有比较固定的形式，似乎世世代代，大家都这样说的。成语的表现力之所以比一般词组来得强，也是由于它的这种定型性。似乎是同样的意思，可是用一般词组表示出来的，远不如用成语表示的给人的印象那样深刻。例如说“眼界很狭”，不如说“一孔之见”来得鲜明、生动；说“极端的辛苦”和“奇怪的形状”，也不如说“千辛万苦”和“奇形怪状”来得印象深刻。由此可见成语的精炼性，是和它的固定的形式，为群众所习用的形式，不能分割的；换句话说，成语的表现力强，也是和它的定型性分不开的。

既然成语具有很显著的精炼性，既然这种精炼性又是和它的习用性、定型性相互密切联系的，所以我们对于成语，一定要审慎地正确地运用，在运用的时候，也一定要遵守语言的规范，重视一般的习惯。

关于运用成语，有哪些地方应该注意的呢？

首先必须懂得成语的意义。我们要正确地运用成语，当然首先须要明了它的意义。而要明了成语的意义，就须要明了它的结构，并且适当地推究它的来源。关于一些具有典故性的成语，我们如果知道它们所由产生的原来的作品、故事或者历史事实，那对于了解它们的意义一定是有很大的帮助的。不过，成语的意义也是由历代群众在传习和使用的过程当中确定下来的，有很多不能从字面上来推测。还有一些从古典作品里产生出来的成语，在意义上已经经过扩大或者变化，和原来所表示的意义不相同了。例如“出尔反尔”，原来的意思是自作自受，现在用来表示的意思是违反自己所说出的话；“水落石出”，原来是用来描写江水清浅的，可是现在常常用来表示真相大白的意思。可见每个成语都有它的特殊的意义，这是在长期的使用过程中确定下来并为群众所公认的，我们首先要加以注意。

其次必须了解成语的用法。我们要正确地运用成语，不但要懂得它的意义，还要确切地了解它的用法。很多成语还带有感情色彩。有些成语字面上相差不多，可是在意义和感情色彩上，却有很大的差别。例如“无微不至”和“无所不至”“无孔不入”，在意思及感情色彩上是绝然相反的。“无微不至”指爱护照顾的周到，带有表示感激的意思；“无所不至”和“无所不为”相近，表示什么都干得出来；“无孔不入”是表示什么空子都要钻。后两个成语都带有厌恶的感情，用来指坏人的行为的。这种差别必须严格加以注意。这是关于成语用法应该注意的一点。还有各个成语的语法功能也是不相同的。成语在句子里，是象一个词那样，作为一个意义单位来应用的，所以成语也有名词性、动词性、形容词性等的区别。例如“披荆斩棘”是动词性的成语，“价值连城”是形容词性的成语，一般可以作定语、状语，也可以直接作谓语；“一孔之见”是名词性的成语，一般作主语、宾语，很少作定语，如果作谓语，就须要和判断词“是”合起来用。这也是关于成语用法应该注意的一点。还有成语里所包含的词，常常有特殊的意义和作用，不能任意地移换。例如“短兵相接”里的“接”，是指接触交战，表示双方用短小兵器激烈搏斗。这里的“接”不是接见的意思，如果把“短兵相接”说成“短兵相见”，那就完全失去了原意。“丰衣足食”里的“丰衣”，必定要和“足食”相配合，如果把它独立起来，说“丰衣的远景”“丰衣的计画”，那就不合于现代汉语的用法了。这又是关于成语用法应该注意的地方。

再其次必须注意成语的定型性。我们要正确地运用成语，不但要确切地了解它的意义和用法，还必须注意它的定型性，采用合于规范的形式。所以在运用成语的时候，不能把它的组成部分任意拆开或者变动。有些词意义相同，可以互相替代，但是成语所包含的词，就不能任意用别的词替代。例如“四通八达”，不能说成“三通五达”；“弄假成真”，也不能说成“弄伪成真”；“南腔北调”里的“南”和“北”，不能互换，也不能改做“东”和“西”。多数成语，在历史上或者习惯上很早就已经定型化而成为一个个不可分割的有机的整体。因之，我们运用成语，不但在意义和用法上要用得正确，即使在形式上，也都要采用一般习用的形式，以符合于语言的规范。

最后还必须注意成语的写法。我们要规范地运用成语，还必须把成语里的各个字写得正确。如果把成语里的字写成别字或错字，那就容易引起误会，甚至闹笑话。例如：把“变本加厉”里的“厉”写作“利”，“提纲挈领”里的“挈”写作“结”，“焕然一新”里的“焕”写作“换”，“故步自封”里的“故”写作“固”，“滥竽充数”里的“竽”写作“竿”，“病入膏肓”里的“肓”写作“盲”，“发扬光大”写作“法扬广大”，等等，都须要审慎地加以防止。

总之，我们运用成语，无论在意义上、用法上、形式上，以至于写法上，都必须遵守语言的规范，重视一般的习惯。

那末，成语有没有发展变化呢？

语言是随着社会的发展而发展的。为着要发挥语言的交际功能，一方面要使语言的材料和构造都具有稳固性，以便于社会上的传习和使用，另一方面又要使语言的材料和构造都具有灵活性，以适合社会发展的需要。语言里的成语有它的稳固的一面，也有它的灵活的一面。语言的规范和一般的习惯，不但不限制语言的发展，它本身也是有发展变化的，因之，成语也并不是一成不变的。语言里的成语以及成语的意义、用法、结构形式等，从整个语言的历史上看来，都有新旧交替的现象。

有些成语在古代作品里常用而在现代书面和口头语里不通行了，例如“二三其德”（三心二意的意思），“杀头便冠”（削足适履的意思）等。可见语言当中有旧的成语消失的现象。至于新的成语不断地产生，使语言财富不断地增加，以适应社会的需要，这种现象，在社会飞速发展的时候，更是特别显著的。

近来在社会主义大跃进的高潮当中，我们常常引用不少原有的成语来反映新事物和新思想，例如“人定胜天”“人尽其才”“事在人为”“后来居上”“青出于蓝”“热火朝天”“移山造海”“排山倒海”“万马奔腾”“乘风破浪”“势如破竹”“所向披靡”等等。这些成语如实地反映出了我们革命的热情、豪迈的气概、雄伟的力量和生气蓬勃的现象。可是有些新事物和新思想，还必须创造一些新的成语才能表现出来。因之随着社会主义大跃进的形势，语言里也出现了不少新的成语，例如“鼓足干劲”“大是大非”“大破大立”“红透专深”“兴无灭资”“务虚务实”“分秒必争”“政治挂帅”“厚今薄古”“土洋并举”“元帅升帐”等等。这些成语都是群众智慧的结晶，都是群众用来反映当前的新事物和实际斗争的，也都将在群众的传习和使用的过程当中定型化。

为着反映社会的发展变化和适应实际的需要，不但创造许多新成语,而且把一些旧成语原来的意义和用法也加以变更。例如“梁上君子”,原来是指小偷,现在用来比喻思想意识已经失去经济基础的所谓“上不沾天,下不着地”的资产阶级知识分子。“破除迷信”,原来是指破除对鬼神的迷信,现在用来指破除一切对于实际上并不存在或不符合实际情况而又束缚人们的思想的事物的信仰。成语的感情色彩,也是随着社会的变化而变化的。例如“千方百计”“急功近利”“好大喜功”等,过去都是指坏的方面的,现在用来指关于生产劳动、社会主义革命、社会主义建设方面的事,也就带有喜爱的感情了。

为着适合于群众的传习和使用,又常常把原来成语里生僻难懂的字改做浅显易懂的。例如“脱胎换骨”,原来是作“夺胎换骨”;“屡戒不改”,原来是作“屡戒不悛”;“拔苗助长”,原来是作“揠苗助长”;“人浮于事”,原来是作“人浮于食”,等等。近来“逆水行舟”这个成语,也有改做“逆水行船”的趋势了。

总之,新成语的创造,旧成语的不用,原有成语意义和用法的变更,以及成语字面上的更改,凡是这样新旧交替的现象,都不但不违反语言规范和一般习惯,而且正是说明了语言规范和一般习惯本身的发展变化。其根本原因,就是在社会的发展变化和群众的实际需要。

此外,还有把原来成语的结构,临时拆开来嵌在别的词语里或者加以改造的,这也是为着反映生活现实和加强表达效果的。这样运用成语是一种很灵活的修辞手段。例如把“好大喜功”拆成“好六亿人民之大,喜社会主义之功”,把“乘风破浪”拆成“乘社会主义之风,破资本主义之浪”,等等,都是把原有成语拆开嵌在别的词语里运用的。又如把“举一反三”改做“举一反十”,把“一举两得”改做“一举三得”,把“一箭双雕”改做“一箭多雕”,把“知难而退”改做“知难而进”,把“走马看花”改做“下马看花”,把“能者多劳”改做“劳者多能”，等等，都是仿照原有成语而加以改造的。仿照“好大喜功”“急功近利”造出“好小喜过”“绝功弃利”，仿照“恶居下流”造出“甘居下游”“甘居中游”，等等，也是属于改造成语之列的。对于成语这样拆开运用和仿照改造，应该认为是语言技巧的妙用，是就语言的灵活性的一面来发挥它的交际功能的。这样临时性的结构，不但不能认为违反规范，而且应该承认，经过群众的传习和使用，会成为固定性的结构而具有规范性。

总起来说，我们运用成语，必须了解它在语言交际当中所起的作用。由于成语的精炼性，运用成语是一种重要的修辞手段，临时变通地运用成语，也是一种修辞的手段。成语的精炼性，和它的习用性、定型性，是相互密切联系着的；但是成语的习用性、定型性，也是辩证的，发展的。成语有相对的稳定性，也有极强的适应性，都是为着满足社会生活对于语言交际的需要。

（《语文学习》1959 年 3 月号）

从《矛盾论》来看汉语语音的发展

一、关于语音的本质问题

事物发展的根本原因，在于事物本身的内部矛盾。不同性质的事物，包含不同性质的矛盾。汉语语音发展的历史，一定有语音本身所包含的特殊矛盾作为它的根本推动力。语音本身所包含的特殊矛盾是什么？这就是语音本身的性质问题。

语音是语言的物质基础。作为人们重要的交际手段的语言，一定要通过语音才能够体现和发挥它的交际功能。语音在人们交际的活动当中，是作为语言表示意义和辨别意义的外部形式。语音之所以成为语言的外部形式，就是由于它本身的物质性。

语音和其他各种声音，有本质上的区别。语音属于第二信号系统，同语言的内部意义相互紧密地联系着。人们在运用语言的时候，一定要求语音具有表示意义和辨别意义的明显性。语音之所以成为语言的外部形式，也是由于它本身的社会性。

作为语言的物质基础，语音在人们交际的活动当中，又有器官的和听感的两方面的意义。语音一方面是人们发音器官活动所产生的，另一方面又是人们听觉上所感受的结果。在发音方面，为着节省器官活动的劳力，往往要求发出的语音简单些、容易些；在听受方面，为着了解语言内容的意义，又要求发出的语音准确些、清楚些。这样，发音方面简易化的趋向和听受方面对语音明晰化的要求，往往造成一种矛盾。

人们既然利用语言来互相交际，交流思想，达到互相了解，所以一定要求语言内容的丰富和精密，并且有适当的外部形式把各种意义明显地表示出来，辨别出来。但是语言的意义是反映着客观的事物，有它的无限性，而语音是发音器官活动和听觉上感受的结果，它的种类和相互结合的形式，总是有限制的。这样，语言内容的无限丰富和精密，又同语音种类及其结合形式的局限性成为一种矛盾。实际上，人们把语言当作一种工具来使用，对于它的外部形式也往往要求适当的简易化，以避免过于繁复而不便应用。

总起来说，语音用来构成语言的外部形式，具有两种根本的性质，就是它的物质性和社会性。由于这两种性质，语音本身包含着一种内在的主要矛盾，就是发音简易化的趋向和示意明显化的要求这两方面的矛盾。种种语音变化的规律和汉语语音发展的趋势，它们产生的根本原因，都是由于这两方面互相矛盾和互相推动。

二、一般语音变化的规律

所谓一般语音变化的规律，通常是指一般语言当中最常见的几种音变现象。例如音的同化，就是两个不相同的音，连在一起，由于相互影响而变为相同的；音的异化，就是两个相同的音，连在一起，由于互相影响而变为不相同的。这两种音变的现象是相反的，而同是由于发音简易化和示意明显化两方面互相推动的结果。又如音的减少或失落和音的增加或附添，也是两种相反的音变现象，也同是由于发音简易化和示意明显化两方面互相推动的结果。其他如音的强化和音的弱化，音的交替或转换等，也都是如此。

由于语音具有社会性，我们不能单从物质性方面来说明种种语音变化的发生原因。单认为语音是发音器官活动的结果，它的变化也必须受器官机能的支配，因而把语音变化的主要原因归结于“加力作用”和“减少作用”两方面的矛盾，[①]这样的看法实在是片面的。语音也属于社会现象之列，同整个语言一样地要受社会的制约。语音的变化，也是属于语言发展的历史范围，并且服从于一般语言发展的规律的。

语言是逐渐变化的。语音的变化是通过新质要素的逐渐积累、扩大和旧质要素的逐渐消失、缩小来实现的。例如汉语史上的卷舌音声母，是逐渐产生和形成的。“疑母”“微母”的消失，也是采取渐变的过程。语音的变化，在汉语史上大都是由局部带动全面。

语言里的各个构成部分和各种要素的发展速度都是不平衡的。作为语言的外部形式的语音，在各个音素、各个音节以及各个词语形式彼此相互之间的发展速度，也都是不平衡的。例如汉语史上的全浊音声母，到了中古以后逐渐变为清音；可是次浊音声母，或者保持着不变，或者变为全浊，或者整个失落。在各个地区之间，以及同一地区内部语音和读书音（即白话音和文言音）之间，语音发展的速度也是不平衡的，因之有各种方音的差异；同一方音区域内，也往往有口语音和读书音的差异。

语音的变化，也同整个语言的变化一样，代表着一定社会里在一定历史阶段当中的共同的倾向性。某一类的音素、音节或者词语形式，在某一社会的一定历史阶段当中，常常具有某种变化的倾向。例如汉语史上的鼻音声母，如“疑母”“微母”等，中古以后有消失的倾向；全浊声母有清音化的倾向；[-m]韵尾有变为[-n]的倾向；等等。语音的变化，同语法、词汇一样，正是根据于社会倾向性的规律的。

因之，一般语音变化的规律，不仅是指音的同化、异化，音的减少、增加，音的强化、弱化，音的交替、转换等一般常见的音变现象，

---

① 参看甘世福：《论语音变化的原因》，《中国语文》1956 年 11 月号，第 10—17 页。

同时也应该包括一般语言发展的几种基本规律——逐渐变化的规律，各方面发展速度不平衡的规律，社会倾向性的规律。语音，同整个语言一样，是随着社会的发展而发展的，但同时又有它自己的特殊性，有它自己的内部发展规律。

三、语音交互影响和交错变化的现象

语音之所以有它自己内部的发展规律，就是根据语音内部所包含着的本身特殊矛盾性。差异就是矛盾，每一差异中都包含着矛盾。例如，声母和韵母，元音和辅音，鼻音和口音，清音和浊音，强音和弱音，前元音和后元音，高元音和低元音，开口呼和合口呼，硬音和软音，闭音节和开音节，阴声韵和阳声韵，复元音和单元音，复辅音和单辅音，复音节和单音节，音调上的高音和低音，音势上的重音和轻音，音量上的长音和短音，阳调类和阴调类，平声和仄声，等等，都是互相矛盾的树立现象。这种矛盾现象对立的各方面，在处于统一体内，又互相联结，互相影响，互相推动，互相转化。

由于语音是发音器官活动的结果，有些音为着适应发音器官的活动，便于互相联结；又有些音却不便于连在一起，因而产生互相排斥的现象。例如，卷舌音的声母，同[i]这个元音或者以[i]做韵头的韵母有不相容的趋势，如果连在一起，一定要起变化。近代汉语史上，卷舌音的字里，[i]音大都被吞没，因之原来属于齐、撮呼的，变为开、合呼了。可是，其他几类辅音的声母，同[i]音或者以[i]音做韵头的韵母连在一起的时候，有些保持着不变，有些又受[i]音的同化，由硬音变为软音。[ki]→[tɕi]；[tsi]→[tɕi]；原来的“见系”和“精系”，都变成现代的“j、q、x”一组的音了。又如高元音和低元音连在一起，也容易起变化；[ɑi]→[ei]；[ai]→[ei]：原来“佳、皆、灰、咍”这些韵的字，有一部分变成近代的“齐微”韵里的字了。这就是声母和韵母，音素和音素交互的影响，因而发生变化的。又如,清、浊声母的区别,是关于阴、阳调类的分化:原来清音声母的平声,变成现代的阴平调;原来浊音声母的平声,变成现代音的阳平调;原来全浊声母的上声字,到现代音里又归并到去声一调里去。这又是声母和声调交互的影响,因而发生这样的变化。

同时,语音同整个语言其他要素一样,也属于社会现象之列,语音的变化也要根据于社会倾向性的规律。某一种音素、音节或者某一类词的形式,在同一社会的不同历史阶段里,常常有相反的发展倾向;这就是说,在两个不同的历史阶段里,同一类词的形式当中某种矛盾现象两方面的互相转化,常常有相反的倾向。例如"知、章(照三)"两系的字,从上古到中古,声母是朝着舌面前化的方向发展的:

[ti]→[ȶi]→[tɕi];

可是,从中古到现代,又是朝着卷舌化(即硬化)的方向发展的:

[tɕi]→[tʃ(i)]→[tʂ-]。

这是一种交错变化的现象。又在同一历史阶段里,两类不同的词的形式,也常常有相反的发展的倾向;这就是说,在两类不同的词的形式当中某种矛盾现象两方面的互相转化,也常常有相反的倾向。例如,"江韵"的字,从上古、中古到现代,元音是朝着低化的方向发展的:

[oŋ]→[ɔŋ]→[ɑŋ]([aŋ],[iaŋ]);

可是,"歌、戈韵"的字,从上古以来,又是朝着元音高化的方向发展的:

[a]→[ɔ]→[o]([ɤ])。

这又是一种交错变化的现象。

语音交互影响和交错变化的现象，是根据于语音本身的物质性和社会性而产生的，也是由于发音简易化和示意明显化两方面互相推动的结果。

四、汉语史上语音发展的主要趋势

语音交互影响和交错变化的现象，也就是语音里种种矛盾现象各方面的互相联结、互相影响、互相推动、互相转化的过程。在汉语语音发展的历史上，这就具体地表现为下列的几种主要趋势。

(一) 零声母的字的增多。根据语音减少或失落的规律，汉语上古原来有声母的字音变成为零声母的了。“喻母”的字，原来是从“匣母”和“定母”当中分化出来而并合成的；换句话说，中古时代可以确定为零声母的“喻母”字，原来是由“匣母”当中[(ɤi)-]音和“定母”当中[d(i)-]音分别失落的结果。到了近代，“疑母”字的[ŋ-]音，大部分消失，小部分变为[n(i)-]；“微母”字的[m-]音，也是经过鼻音的消失(变为[v-])而成为以[u-]音为起首的字了。“日母”字当中，有的因为受卷舌韵的影响，声母失落而形成“儿韵”的字。这些现象都说明了零声母增多的趋势。

(二) 开音节的字的增多。汉语里原来有韵尾辅音的闭音节的字，不少由于韵尾辅音失落了或者转化成为元音韵尾，就成为开音节的字了。阴声韵的字，在上古时候，绝大部分应当是有收尾音[-g][-d][-b]的，到了中古时，这些韵尾辅音失落或者转化为元音，阴声韵的字也成为开音节的了。入声韵的字，在中古时候，还是有收尾音[-k][-t][-p]的，到了近代，这些韵尾辅音失落了或者转化为元音，入声韵的字也成为开音节的了。这些现象都说明了开音节字增多的趋势。

（三）韵尾种类的减少。由于几种韵尾的失落，整个韵母系统中收尾音的种类也大大地减少了。到中古时代，韵尾的元音，一般测定只有[-i][-u]两种。到了近代，入声韵尾[-k][-t][-p]失落了或者转化为元音韵尾，同时韵尾鼻音的[-m]并合到[-n]当中，所谓“闭口韵”不存在于现代音的系统当中了。这些现象又都表示着韵尾种类减少的趋势。

（四）鼻音声母的消失。现代音里的鼻音声母，只有[m-]和[n-]两种。“疑母”[ŋ-]的音，除一小部分变为[n(i)-]以外，其余大部分已经消失了；“微母”[ɱ-]的音也逐渐地完全消失了；“日母”[ȵ(i)-]的音，除了一部分变为“儿韵”[ɚ]的单元音以外，又经过鼻音消失或卷舌化作用变成为[ʐ-]的音了。这些现象又都表示着鼻音声母消失的现象。

（五）全浊声母的清音化。全浊声母[b-][v-][g-][d-][dz-][z-]等音，即“并、奉、群、定、从、邪”等母，现代音里都成为清音声母，大抵全浊声母属于塞音、塞擦音的平声字，归并于次清：[p‘-][k‘-][t‘-][ts‘-]等；仄声字，归并于全清：[p-][k-][t-][ts-]等；属于擦音的，统统归并于相当的清擦音：[f-][s-]等。这些都表示着清音化的趋势。

（六）韵母中元音的混同化。在中古时代，韵母中的元音，分别很细，到了近代，一般有混同化的趋势。例如“寒、删、仙、先”四韵的分别，在于主要元音上：[ɑn][an][iɛn][ien]，到了近代，只有[an]和[iɛn]两个韵母了；“桓、删、仙、先”四韵的分别，也是如此：[uɑn][uan][yɛn][yen]，到了近代，也只有[uan]和[yɛn]两个韵母了。又如“豪、肴、宵、萧”四韵的分别，也在于主要元音上：[ɑu][au][iɛu][ieu]，到了近代，也只有[ɑu]和[iau]两个韵母了。这些都表明韵母中元音混同化的趋势。

（七）音节结构中元音的占优势。由于字音起首的辅音（声母）和韵尾的辅音，有很多失落了或者转化为元音，所以到了现代语里，显然在音节结构中元音占着优势。又上古音里，我们可以肯定有复辅音的声母，到了中古时，复辅音都已经单化了。这也足以表明音节结构中辅音成分减退的趋势。

（八）音节结构的规则化。复辅音的单化，韵尾的失落和简化，元音的混同化和复元音种类的减少，都使得音节构造的规则趋于单纯化。现代普通话语音的音节结构中，作为起首辅音的有二十一个（即二十一个声母），作为中介元音的只有[i][u][y]三个，作为主要元音的有[ɿ][ʅ][i][u][y][a][o][ɤ][e][ɚ]十个，作为收尾元音的只有[i][u]，作为收尾的辅音只有[n][ŋ]两个了。关于音节构造的规则，比起古音和其他方音来，现代普通话语音里要单纯得多了。

（九）声调种类的减少。声母的清、浊是关乎阴、阳调类的分别的。中古音的平、上、去、入四声，依据声母的清、浊，应该分做阴平、阳平、阴上、阳上、阴去、阳去、阴入、阳入八调。到了近代，入声的两调统统归并到平、上、去三声当中；上、去两声的阴、阳调，也由于全浊声母的清音化，都合并起来了；只有平声分阴、阳，还留着一点遗迹。所以现代普通话语音里，只有阴平、阳平、上声、去声四调了。

（十）词语形式的复音化。词的形式就是语音，所以对于语音研究的范围，不应局限于单个音节内部的结构，而应该包括着整个词语的形式。汉语史上复音词增加的趋势是很显著的，原来有许多单音节的词，到了近代变成为复音节了，这不仅是词汇形式的变化，而且也是语音方面的重要发展。

（十一）构词形式的多样化。构词的形式，也随着词语的复音化而有新的发展；最显著的，就是构词方式的多样化，构词成分（前缀、后缀等)种类的增加。近代"儿化韵"的形成,也是构词形式影响于语音发展的现象。所以构词形式的多样化,也是属于语音方面的重要现象。

(十二)词语上轻重音区别的加强。随着词语的复音化,在词语里前后轻重音的区别,也更加显著起来,在词语里各个音节的声调,也常常在重读的音节中才显现出来;轻读的音节便成为"轻声字",原来的声调也湮没了。从这种现象看来,我们可以断定汉语语音发展的过程当中,有声调区别逐渐减退、轻重音区别逐渐加强的趋势。

以上所说汉语语音发展上种种发展的趋势,就是现代普通话语音及其系统所以形成的历史原因。这也就是根据于一般语音变化的规律,在语音内部的种种矛盾现象交互影响和交错变化的结果。至于其根本原因,却是在发音简易化和示意明显化两方面的互相矛盾、互相推动。大致地说,上面所列的十二种趋势,前九种是偏重于语音简易化的方面,后三种是偏重于示意明显化的方面。这两方面的矛盾,就是使得汉语语音不断发展的根本推动力。

五、汉语语音的发展和汉民族历史的关系

任何事物的变化,必定有它的内因和外因;内因是变化的根据,外因是变化的条件,外因通过内因而起作用。汉民族历史上的几次大变化,如东汉帝国的瓦解和五胡十六国的变乱,辽、金、元的统治和当时民族的大迁徙,鸦片战争和旧民主主义革命运动,"五四"以后的新民主主义革命运动,建国以来社会生产力的飞速发展,都促进了或者正在推动着语言和语音的发展。汉民族历史上的大变化是语音变化的外部条件,不能用来十分具体地说明汉语语音种种发展的由来,但是在加速和推进它发展的过程当中,就有决定性的作用。所以汉民族历史上的几次大变化,可以作为汉语

语音发展历史上的划分时期的明显标志。同时语言和语音的发展对于汉民族历史的推进,也起了很大的反作用。这样的认识,对于当前语言规范化的工作,有其实际的意义。现代汉语语音的规范,即普通话语音,是语言历史上形成的,是按着语音本身的内部发展规律而发展起来的;而当前祖国社会主义的建设,加倍地需要语言的规范化,更需要加速进行语音的规范化。因之,汉语语言规范化的工作,就成为当前祖国社会主义建设事业的不可分割的部分了。

(《中国语文》1960 年 6 月)

一定要把语言和言语分开来

语言是人们最重要的交际工具。言语是人们运用语言来表达一定的思想、感情的方式。语言这种工具的本身，是一个方面；人们怎样运用这种工具来达到怎样的目的，又是一个方面。供人们运用的语言和人们对于语言的运用，可以而且应该成为不同的研究对象。斯大林说："语言是工具、武器，人们利用它来互相交际，交流思想，达到互相了解。"[①]工具、武器本身的研究是一回事，人们利用它的方式的研究是另一回事。我们一定要把语言和言语分开来。

近代唯心主义语言学家索绪尔(F. de Saussure)，对于语言和言语的区别有很多的曲解。索绪尔的语言学说是以语言和言语的分析为基础的，可是他的理论根据是唯心的。他认为语言是属于社会的，言语是属于个人的；这样就把社会的语言和个人的言语对立起来。他又认为语言是一种纯粹属于心理的符号体系，言语是一种心理的而又是生理的活动，物质的声音只是属于言语的范围；这样又把语言和言语分割成为社会心理的现象和个人兼具有物质性的活动的对立关系。他还认为语言的体系应当从它的同时性的整体去研究，语言中的一切历史的演变都是由言语里面来的；这样

① 斯大林：《马克思主义与语言学问题》，第20页。

又把语言的性质规定为比较常用的静止的，言语的性质规定为暂时的变动的。我们知道，语言是属于社会现象之列的；言语是人们在社会当中的活动，同属于社会现象之列，不可能是纯粹个人的。语言也不可能是纯粹心理的，无论是语言或言语，都离不了物质的声音。无论是语言或言语，也都是历史的产物，都是逐渐变化的。索绪尔对于语言和言语的区别加以唯心主义的曲解，并且把这两者形而上学地割裂开来；我们应该对他的理论根据，加以严肃的批判，并且极力清除这种唯心主义的学说的遗毒。同时，我们又不能因为索绪尔的这样曲解而就根本否认语言和言语两者之间的区别的可能和必要性。

语言和言语的区别的可能和必要性，可以举出下列的十点来说明：

第一、从实际生活中去观察

语言之所以成为人们最重要的交际工具，就是由于语言在人们社会当中的共同性。“从氏族语言到部落语言，从部落语言到部族语言，从部族语言到民族语言，在所有这一切阶段上，作为人们在社会中交际的工具的语言是全社会统一的、共同的……”[①]所以语言是特定社会的一种标志。例如我们平常所说汉语、俄语、蒙古语和普通话、北方话、吴语、上海话等，都是属于语言的。言语是人们运用语言的活动，不但与人们的思想，而且与人们的一切行为都有直接联系。“语言活动的范围是包括人的所有各方面的行为，它比上层建筑活动的范围要广泛得多、复杂得多，并且它的活动范围差不多是无限的。”[②]例如我们平常所说讲话、谈话、议论、发言、报告、演说以及言之成理的“言”、百家争鸣的“鸣”等等，都是属于言

① 斯大林：《马克思主义与语言学问题》，第 9 页。
② 同上书，第 8 页。

语的。毛主席教导我们说:“一个人只要他对别人讲话,他就是在做宣传工作。只要他不是哑巴,他就总有几句话要讲的。所以我们的同志都非学习语言不可。”[①]学习语言有两个方面:一方面是要掌握各种语言的知识,不但要学会本民族共同语,而且要掌握各种关于方言俗语、外国语及古代语的知识;另一方面是要学会怎样运用各种语言知识来做好我们的宣传工作,怎样使得我们的言语丰富生动、切实有力,发挥相互交际的作用。语言和言语的区别,是在我们实际生活当中客观存在的。为了更好地学习语言,一定要把语言和言语这两种不同的研究对象分开来。

第二、从经典著作中去体会

马克思主义经典作家,在关于语言学方面的指示当中,虽然没有明确地分立语言和言语两个术语,但是,只要我们从经典著作里去细心研究,就可以体会到语言和言语两种对象的区别。例如马克思、恩格斯论到民族语言的形成和部落语言的分化时,这样说:

> 在任何现代发达的语言中,自发地产生的语言提升为民族语言的原因,一部分是由于语言从准备好的材料中历史地发展起来,如罗曼诸语言及日耳曼诸语言;一部分是由于各民族的交配和混合,如英语;一部分是由于经济、政治的集中所决定的各方言集中为统一的民族语言。[②]
>
> 分离的不变趋势根源于民族组织的分子中;这一趋势由于语言中形成区别的趋势而加强起来,……在他们所占据的土地的辽阔性上,语言中的区别的形成是不可避免的,……

---

① 《毛泽东选集》,第839页。
② 《马克思主义经典作家论语言》,第19页。

地方性的分隔——在空间上——渐渐引起语言中差异现象的出现。[①]

这里所说的是关于语言的问题。又，马克思、恩格斯论到语言和思维的产生时，这样说：

语言和意识是同样地古老；……语言和意识一样，它只是由于需要，由于在和其他的人的交际中的迫切需要才发生的。[②]

这里所说又是指运用语言的活动，是关于言语的问题了。又如斯大林说：

共同的语言是民族的特征之一。[③]

语言的文法构造和基本词汇是语言的基础，是语言特点的本质。[④]

这里所说是关于语言的问题。至于斯大林的如下的一段话：

语言是直接与思维联系的，它把人的思维活动的结果，认识活动的成果，用词及由词组成的句子记载下来，巩固起来，这样就使人类社会中思想交流成为可能的了。[⑤]

---

① 《马克思主义经典作家论语言》，第17页。
② 同上书，第6页。
③ 同上书，第105页。
④ 斯大林：《马克思主义与语言学问题》，第24页。
⑤ 同上，第20页。

其中所说，那就不仅关于语言这种工具的本身，又联系到人们运用语言工具的语言活动及其成果了。又如毛主席教导我们说，“言语必须接近民众”。[①] 这是关于言语活动的问题。论到关于少数民族问题时，他指示我们说：“他们的言语、文字、风俗、习惯和宗教信仰，应被尊重。”[②]这里所说言语，又是指代表民族特征的语言了。由此可见，马克思主义的经典著作中，虽然没有确立语言和言语的术语，而对于这两种不同的研究对象显然加以划分，不容混淆。为了正确地理解马克思主义经典著作中关于语言学方面的指示，一定要把语言和言语分开来。

第三、从古代文献中去理解

在我国古代文献当中，“言”和“语”两个字的意义，很多是指言语活动及其结果，也有用来指语言和方言的。例如：《颜氏家训·音辞篇》说：“夫九州之人，言语不同，生民以来，固常然矣。自《春秋》标齐言之传，《离骚》目楚辞之经，此盖其较明之初也。后有扬雄著《方言》，其言大备。”这里所说的“言语”是指语言的。又如下列的一些古书中语：

> 我诸戎饮食衣服，不与华同，……言语不达。（《左传》）
>
> 有楚大夫于此，欲其子之齐语也。（《孟子》）
>
> 居夏语夏，居楚语楚。（《荀子》）
>
> 其后诸侯力政，不统于王，……言语异声，文字异形。（《说文叙》）

这里的“言”“语”，也是指语言的。语言之所以成为特定社会

---

① 《毛泽东选集》，第701页。

② 同上书，第1085页。

的重要标志，就是由于语言是社会共同的交际工具。至于言语活动及其结果，那必定是有具体的思想内容，有具体的对象、情景和目的，并且要发生一定的效果的。这里举出《论语》里的一些文句来做说明的例子：

“子不语：怪、力、乱、神。”“子罕言：利与命与仁。”“夫子之言性与天道。”“予欲无言。”“天何言哉？”

这些文句，是说明言语是直接地联系到具体的思想内容的。

“互乡难与言。”“中人以上，可以语上也；中人以下，不可以语上也。”“可与言而不与之言，失人；不可与言而与之言，失言；知者不失人，亦不失言。”

这些文句，说明言语是有一定的具体对象的。

“食不语，寝不言。”“人之将死，其言也善。”

这些文句，说明言语是有一定的具体情景的。

“夫人不言，言必有中”；“片言可以折狱者，其由也与！”“一言而可以兴邦”，“一言而丧邦乎”。“言不可以若是，其几也。”“君子一言以为知，一言以为不知，言不可不慎也！”“有一言而可以终身行之者乎？”“巧言乱德。”

这些文句的意思，又可以说明言语是有一定的目的性，而且要产生一定的效果和影响的。

由于言语直接地联系到思想内容，所以言语和人们的行为、品德也有直接的联系，所谓言为心声、言行一致、言不由衷、言过其实、言行不符这些成语里的“言”，都是指言语活动及其结果。古代文献当中，常常把言语和行为、品德等相对起来说。这也可以引据《论语》里的文句来做例子：

> “敏于事而慎于言。”“先行其言，而后从之。”“古者言之不出，耻躬之不逮也。”“欲讷于言而敏于行。”“听其言而信其行。”“听其言而观其行。”“为之难，言之得无讱乎？”“有德者必有言，有言者不必有德。”“其言之不怍，则为之也难。”“耻其言而过其行。”“不以言举人，不以人废言。”“言之必可行也，君子于其言无所苟而已矣。”

言语和思想、行为有直接的联系，又有相对的关系，这正是言语的特点，正是它区别于社会共同的交际工具的语言。语言和言语实质的区别，我们从古代文献当中可以看出来。我们为了明确古代文献中“言”和“语”等字的意义，也一定要把语言和言语分开来。

第四、从语言科学发展的历史上去作论断

科学的发展，是由于人们在进行生产斗争和阶级斗争当中，对于各种研究的对象不断地进行分析和综合。尤其是分析的过程，更是科学发展的重要因素，因为综合的过程，也必定是以分析来做基础的。语言科学的建立，就是它从古代文献学当中分析出来的结果。古代文献学当中包含有语言文字的研究，但是当时只是为了解释古典的文献，才去进行语言文字的研究。我国向来把语言文字学称为小学，作为经学的附庸，后来语言文字的研究逐渐成为独立的学科，就使小学从经学当中分析出来，那个附庸也就成为大

国了。欧洲在十九世纪以前的语言研究，只有文献语法和理性语法两种（语文学的语法学和理性主义语法学）。[①] 文献语法是依附于文献学的语法研究，理性语法又是依附于逻辑学的语法研究。欧洲十九世纪语言科学的建立，对文献语法来说，就是语法研究从文献学中分析出来的结果；对理性语法来说，也就是语法研究从逻辑学中分析出来的结果。近代比较语法和一般语言学的发展，是由于历史比较法的运用和语言研究对象的日益明确化，也就是把语言研究对象进行分析的结果。分析也是为了进一步的综合，为了进一步地了解各个部门之间的联系性。语言学从文献学中分析出来，我们因而明确认识古代文献作为语言研究材料的真正价值；语言学从逻辑学中分析出来，我们也因而明确认识语言和思维两方面的密切联系性。同样，语言三要素的分析研究，也使得我们明确认识语言里各种要素的相互联系和语言本身的整体性。注意不同现象之间的联系性，绝不意味着把它们混同起来；反转来，进行不同现象的分析，也绝不意味着把它们割裂开来，不但不割裂，而且正是为着显示它们相互之间不可分割的关系。我们把语言这种工具的本身和对于语言运用的方式看作不同的研究对象，于是语音系统的研究和词汇、语法的研究之外，又对于文体、风格、修辞、文章作法等等的研究，都要各自成为语言学中独立的部门。这样把语言科学和言语科学分析出来，无疑地将要大大推动语言学的发展。我们为了促进语言学的发展，也一定要把语言和言语分开来。

第五、从语文问题的研究中去判别

由于各个部门研究对象的分析和明确化，有许多语文上难以解决的问题也就迎刃而解了。例如关于修辞和词汇、语法的界限

① 参看契科巴瓦：《语言学概论》上册第三节，又《语言学中的历史主义问题》，第4—6页。

问题,事实上不容易讲得很清楚。现在我们把语言工具的本身和运用这种工具来表达意思的方式,看作两种不同的研究对象;这样,词汇是语言本身的建筑材料,语法是语言本身的组织规律,修辞却是运用这些材料和这些组织规律来获得或加强某种表达的效果,我们就容易把它们之间的区别和关系讲得清楚了。又如关于句子的单位问题,怎么算是一个句子,也是似乎难以解答的问题。如果我们单纯地从语法构造的角度来寻求解答,那末,势必至于立出双部句、单部句,主谓结构句、非主谓结构句或者完全句、不完全句等名目,结果,还是对于简略句、独词句等的现象无法得到妥善的处理。现在我们把语言和言语看作不同的研究对象,把句子列入言语方面的现象;认为它是人们运用语言材料和组织规律来表达一种完整意思的单位,是由言语活动所得到的一种结果;它不但具有一定的思想、感情,而且在一定的情景当中,有一定的目的和作用。这样地来处理句子的问题,不但使得简略句、独词句等的现象得到圆满的解释,而且可以用来说明各种不同类型的句子具有各种不同语调的原因。其他如语音学和音位学的关系问题,语义学和训诂学(解释学)的关系问题等等,都可以依据语言和言语两种研究对象的区分而得到解决。总之,为了便于研究许多语文上的问题,我们也一定要把语言和言语分开来。

第六、从语文教学的实践中去认识

语言和言语两方面的划分,不但使得语文研究当中的许多问题获得解决,而且也给了语文教学以不少的帮助。在语文教学的实践当中,首先遇到的问题,就是关于语文教学本身的目的和任务的问题。大家容易了解,语文教学的目的和任务是有双重性的:一方面是为着贯彻政治思想教育,一方面又是为着培养和提高运用语言文字工具的能力,需要把这两方面很好地结合起来。我们的教育，是为无产阶级政治服务的。我们在语文教学的工作当中，必须坚持“政治第一”的原则，必须使得教学的每一个环节都具有鲜明的思想性。但是怎样通过语文教学来贯彻这个原则，一般对这个问题还是心中无数的。如果我们把语言和言语看作两种不同的研究对象，那末，就应该认定语文教学的本质特点是注重于言语活动的教育；它的每一个环节都是富有实践性的，必须同时贯彻理论联系实际的原则，密切配合当前的形势任务的教育和生产劳动的教育。因为言语活动直接联系到内容的思想、感情，有一定的对象和目的，而且要产生一定的效果和影响的，所以担负言语教育任务的语文课，是一门具有鲜明的思想性和强烈的感情色彩的学科。语文教师，在进行课文讲解和阅读、写作指导的时候，必须通过语文基础知识的传授和语文工具运用的基本训练，使学生有所感染和提高，增进了无产阶级的思想、感情，同时也加强了言语活动的能力。其次是关于语文知识教学的广度和深度的问题。我们认定了语文教学注重于言语活动的教育，不是为了传授专门的语言文学的知识，而是通过语文知识教学来提高学生运用语文工具的实际能力。因之传授的知识面又必须加广，不仅限于语言科学的词汇、语法等方面，也包括属于言语科学的文体、风格、修辞、文章作法、文艺语言等方面。同时又必须重视基本的训练，使学生对于这些知识能够牢固地掌握和切实地运用。其他在语文教学的实践当中所遭遇到的问题，如关于政论文的教学、文言文的教学、文艺作品的教学等等，由于我们认定了语文教学本身性质是属于言语活动的教育，也都可以得到适当的解决。为了解决语文教学当中的种种问题，我们也一定要把语言和言语分开来。

第七、从语言和思维的关系上去辨别

人类之所以区别于其他动物，主要是由于人类能够进行抽象思维。抽象思维,“就是用概念、判断和推理的形式来反映自然界和社会的规律,因而也就是给人充当认识世界的武器和积极改造世界的工具”。[①] 抽象思维的进行,又必须借助于语言工具。“不论人底头脑中会产生什么样的思想,以及这些思想在什么时候产生,它们只有在语言的材料底基础上、在语言的术语和词句底基础上才能产生和存在。”[②]所以“语言是抽象思维的工具。它不仅是人们的交际工具,同时也是认识世界的工具”。[③] 从语言这种工具的性质来说,它是与思维有不可分割的关系的。至于思维活动的过程,必须伴随着运用语言的过程,因之言语活动又是与思维活动有不可分割的关系的。思维活动的结果成为思想,言语活动的结果成为言语作品,思想是体现在言语作品当中的,斯大林说:“‘语言是思想底直接现实’(马克思)。思想底真实性是表现在语言之中。只有唯心主义者才能谈到与语言底‘自然物质’不相联系的思维,才能谈到没有语言的思维。”[④]这里所谓语言,实际是指言语活动及其结果。思维活动的进行,不能离开言语活动;人们思想的存在,也不能离开言语作品;这正是表明语言这种工具和思维有不可分割的关系。这样说来,语言和言语的划分,不但没有因此把语言和思维两者割裂开来,而且恰恰相反,正足以表明它们两者之间的联系性。为着确切地说明语言和思维的关系,我们也一定要把语言和言语分开来。

第八、从语言和阶级的关系上去辨认

语言和言语两方面的划分,又可以使我们明确语言和阶级的

---

① A. 福斯特利可夫:《马克思、恩格斯、列宁、斯大林论语言与思维的关系》,载《学习译丛》1952年第8号,第58页。

② 斯大林:《马克思主义与语言学问题》,第38页。

③ 同①,第63页。

④ 斯大林:《马克思主义与语言学问题》,第39页。

关系。在阶级社会里，作为人们交际工具的语言是没有阶级性的；可是，人们运用语言这种工具的言语活动，又不可能没有阶级性。因为“语言作为交际的工具从来就是并且现在还是对社会是统一的，对社会的所有组成员是共同的”。[①] 语言这种工具的本身之所以没有阶级性，就是由于它对于全社会，对于各个阶级的共同性。至于人们的言语活动，除了共同性之外，又正是表示社会上的差别性，不可能不带有阶级色彩。因为言语活动及其结果，直接地联系到思想内容，有一定的目的和对象，表现出各种不同的方式。“语言对阶级和阶级对语言完全是两回事，我们应该加以区分。语言本身是没有阶级性的，但是，阶级对语言并不是漠不关心的，只有理解这一点，才能从本质上理解语言不仅是生产斗争的工具，也是阶级斗争的工具。”[②]有人认为言语和思想内容不能混为一谈，因而否认了言语的阶级性。其实言语是人们运用语言工具来表达思想、感情的方式，言语活动的方式是为一定的思想内容服务的，而且有一定的目的性，所以不可能没有阶级性；例如文章的风格，是作家个性的表现，也正是作家所属阶级的本质的一种具体表现。我们认定言语有阶级性，丝毫没有意味着把它和思想、文化混同起来，恰恰相反，正是表明言语的相对独立性，正是表明语言和言语应该区分为两种不同的研究对象。从语言和阶级的关系来看，从语言和阶级斗争的关系来看，我们也一定要把语言和言语分开来。

第九、从整顿文风的运动中去领会

言语的有阶级性，还可以从文风问题的研究当中去认识。毛主席在《反对党八股》里指出：“主观主义、宗派主义和党八股，这三

---

① 斯大林：《马克思主义与语言学问题》，第 19—20 页。

② 北京大学中文系 1956 级《汉语发展史》编委会：《汉语史研究中的几个问题》，载《光明日报》1961 年 1 月 4 日第 2 版。

种东西，都是反马克思主义的，都不是无产阶级所需要的，而是剥削阶级所需要的。这些东西在我们党内，是小资产阶级思想的反映。”[①]洋八股或党八股是小资产阶级的狂热性和片面性的一种表现形式。正由于这种狂热性和片面性，所以写出文章来，不能对曲折、复杂的客观现实进行全面观察、反复研究，恰当反映，而只是“空话连篇，言之无物”，“装腔作势，借以吓人”，“无的放矢，不看对象”，“语言无味，象个瘪三”，“甲乙丙丁，开中药铺”……那样的党八股。毛主席所指出的党八股的许多罪状，都是属于言语教育上的问题，也直接地联系到文章的思想内容和作者的立场、作风的问题。要改正文风，首先是要进行人的改造，其次才是关于语言文字本身的知识和技巧问题。郭沫若同志说：“首先是人的问题，古语说：‘文如其人’，这是说什么样的人，就写什么样的文章。文章要写得准确、鲜明、生动，首先要看写文章的人的思想、立场、作风怎样。你的思想正确、态度鲜明、作风正派，那么，你写的文章也就有一定的准确性和鲜明性。这是基本问题。”[②]因此我们可以领会到，整顿文风的运动，就是从言语教育方面来进行人的改造。要改正文风，首先必须认定文风是有阶级性的，换句话说，言语的表达方式，是有阶级性的。我们不能因为语言工具本身没有阶级性而就否认言语表达方式的阶级性。我们更不能因为害怕陷到“语言阶级论”的泥坑里而就否认语言和言语两者之间的区别。不同的阶级在语言的运用上有不同的态度，这种事实表明文风的阶级根源，也正是表明语言工具本身和言语表达方式应该成为两种不同的研究对象。为了遵循党和毛主席的指示来改正文风，我们也必须把语言和言语分开来。

---

① 《毛泽东选集》，第834页。

② 《关于文风问题答〈新观察〉记者问》。

第十、从语言规范化的工作中去体验

语言和言语的区分，对于当前语言规范化的工作，也是有重大的意义的。我们知道，现代汉语规范化的工作是当前祖国社会主义事业中的一个重要环节。要把这种工作做好，必须认定人们的主观能动性在语言发展当中有一定的作用，因而在规范化工作方面更积极地发挥我们主观能动性。现代汉语趋向于规范化，是汉语发展的客观规律。我们可以根据客观的趋势，因势利导地来确立标准，采取措施，以促进汉民族共同语的发展，使它更好地为社会主义建设服务。“我们说语言发展到一定的阶段就趋向于规范化，只是说就有这样一种趋势，是不是因势利导还是在于人的。标准的建立不能违反语言本身的规律，但是建立或不建立一定的标准，采取或不采取一定的措施来推广这个标准，这是完全由人们作主，完全以人们的意志为转移的。”①语言规范化的工作和一般的言语实践的活动，是互为因果的，又都可以从中发挥人们的主观能动作用。语言的材料及其组织规律和发展规律，都是客观存在的；可是，对于语言的运用，对于语言发展的推动，人们是可以发挥主观能动作用的。这样的认识，对于当前语言规范化的工作，实在有重大的意义。为着更积极地主动地促进汉民族共同语的发展，我们也必须把语言和言语这两种不同的研究对象分开来。

从上面所举出的十点说明里，我们不但可以断定语言和言语两者区别的可能和必要性，而且可以辨认语言和言语两种不同的本质特点。语言是指人们的交际工具本身，言语是指人们运用这种工具来表达意思的方式。语言是特定社会的一种标志，代表民

---

① 罗常培、吕叔湘：《现代汉语规范问题》，载《现代汉语规范问题学术会议文件汇编》，第 15 页。

族的一种特征；言语是人们的一种活动，与思想、行为有直接的联系。语言在社会上的特点是它的共同性；言语在社会上的特点，除了共同性之外，尤其显著的是它的差别性；因为一种言语活动，总是有一定的思想内容，而且在一定情景中有一定的对象和目的。语言作为交际工具，是与作为认识工具的思维有直接的联系；言语活动及其结果，是与思维活动及思想有直接的联系的。语言没有阶级性，言语是有阶级性的。语言是客观存在的，言语却是人们可以从中发挥主观能动性。由于语言和言语具有不同的本质特点，所以它们可以而且应该成为不同的研究对象。语言科学的研究对象是语音系统和词汇、语法等，是关于语言这种工具的结构和性能；言语科学的研究对象是修辞、风格和文章作法等，是关于人们运用语言来表达意思的方式和手段。语言研究的单位是表示"意义"的单位，例如词和语法规律；言语研究的单位是表达"意思"的单位，例如一般的句子。研究对象的明确化，是有利于语言学的发展，有利于种种语文问题的解决，有利于种种语文工作的进行。

（《文汇报》1961 年 2 月 25 日）

汉语的发展与中国诗歌形式的变化

诗歌从形式上言，讲究抑扬顿挫之气，跌宕起伏之声，注意运用特殊的语言结构和鲜明的韵律节奏构成独特的音乐性旋律。西洋的“巴律”(Ballade)、“商籁”(Sonnet)，日本的“俳句”，中国的“律诗”“绝句”无不追求这一目标。中外格律诗都十分强调节奏原则，注重押韵和对偶，然而，诗歌形式是使用语言要素的结果，各国诗律、多种诗律都是适合各自语言特点应运而生的。同样的追求节奏，西洋诗是通过轻重交替构成音步实现的，汉语近体诗则是通过平仄长短交替实现的。这种差异决定于语言性质的不同。许多西方语言(如英语)是以轻重音为要素的语言，而汉语则是以声调为要素的一字一音节的语言。语言的特点与诗歌的形式有着十分密切的关系。

汉语诗歌中格律最谨严、形式最完备的莫过于萌芽于六朝、定型于初唐的五七言律诗。律诗的构成有五种要素：押韵、平仄、对仗、字数、句式。这五种要素是由汉语的五大特点决定的：(一) 汉语元音占优势有益于构成音乐性强的韵脚；(二) 汉语声调特点造就平仄原则；(三) 实词和虚词的独特分类使诗歌中的配对容易工整；(四) 汉语语音单位与意义单位之间配合匀称，单音节和双音节词占多数，正好同律诗的字数整齐要求相合；(五) 造句法上注重语序的原则形成诗歌语言的特殊结构，确定了律诗的句式。

语言的性质影响诗歌的形式，诗歌形式的变化受制于语言的发展。中国诗歌的早期形式以四言为主，五七言是由四言诗演化而成的，四言加一言成五言，两句四言相并减一言成七言。五七言同四言在句式上的一个重要区别是：四言诗为二二句式，没有三字尾；五七言以二三、二二之句式为多，有三字尾。作为重要标志的三字尾是如何产生的？其产生有无一定的语言条件？我们认为，三字尾的出现决非偶然，五七言诗歌形式的产生是一定时期汉语发展的产物。具体说来，有如下几点。

一、复音词增多

上古汉语词汇以单音词占多数（也有部分双音连绵词），但发展到中古，复音词显著增多，不仅有大量双音词，而且有不少三音和四音的。复音词增多的原因是多方面的，首先同语音发展简化有关。汉语语音的发展趋势是由繁至简，音节结构不断简化（关于这方面的论述请参见我所写的《汉语语音发展的规律》一文，载《语文论丛》第一期，1979 年）。语音发展单纯化的结果势必造成同音词加多，为避免同音词增多，词语形式自然趋于复音化。其次，同大量吸收外来语有关。中古时期，我国同世界各国（尤其是西域）在文化往来、贸易通商等方面有很大的发展，这在一定程度上影响语言的发展，最明显的是汉语吸收了许多外来语词汇，这些词汇大多数为复音词，如“骆驼”“猩猩”“师比”“琵琶”“胭脂”“葡萄”“槟榔”“祖母绿”“胡卢巴”等。复音化是中古汉语词汇发展的重要现象，这种语言现象直接影响文学形式的变化。以诗歌形式而言，四言诗中的单音词，其中有一个发展为双音词，即成为五言诗，如《诗经·蒹葭》：“蒹葭苍苍，白露为霜。所谓伊人，在水一方。遡洄从之，道阻且长；遡游从之，宛在水中央。”其中的“白露为霜”在东汉乐府诗《董娇娆》中是“白露变为霜”，“道阻且长”在古诗《行行重行行》中是“道路阻且长”。五七言诗三字尾的产生也同三音词出现有关,如《尔雅·释鸟》:“鹣鹣比翼”,白居易《长恨歌》作:“在天愿作比翼鸟。”在唐代诗歌中,有大量作品运用了双音词和三音词,如“微风和暖日鲜明”(温庭筠诗)、“圣人不利己”(陈子昂诗)、“开心写意居所知”(李白诗)、“遮莫千山与万山”(岑参诗)、“罗帏翠被郁金香”(卢照邻诗)、“漏催水咽玉蟾蜍”(李贺诗),等等。

二、数量词发展

数量词是汉语基本词汇的一部分,量词更是汉语独特的语法范畴。汉语数量词的发展对诗歌形式的变化影响很大,数量名的结合方式尤其会直接影响诗歌的句式。

量词的大量产生是在汉代以后,上古表示事物数量的方法最常见的就是数词直接和名词结合,数词放在名词前,不用量词;其次是把数词放在名词的后面,不用量词。这种数、名结合或名、数结合的方式正好同四言诗的二二句式相一致。数名结合的四言格式在《诗经》中是大量的,如“副笄六珈”“六辔在手”“隰有六驳”“素丝五纶”“壹发六豝”“一苇杭之”“有美一人”“三星在天”,等等。中古量词大批出现,魏晋以后数量名结合和数量词结合已成为常见结构形式,语言的这种发展对中古诗歌形式产生了直接的影响,在五七言诗中有许多数量结合和数量名结合的格式,如“两个黄鹂鸣翠柳,一行白鹭上青天”(杜甫诗)、“偶依一株树,逐抽百尺条”(白居易诗)、“春风小榼三升酒,寒食深炉一碗茶”(白居易诗)、“裙拖六幅湘江水,髩耸巫山十朵云”(李群玉诗)、“如何一柱观,不碍九枝灯”(李商隐诗)、“玄发看成一把丝”(白居易诗)、“丹砂一粒不曾尝”(白居易诗),等等。唐诗中除了有大量的名量词之外,还存在不少动量词,如“自今已后知人意,一日须来一百回”(杜甫诗)、“一日踏春一百回”(孟郊诗)、“一月周流六十回”(白居易诗)、“虚绕千万遭”（孟郊诗）、“林下酒瓶虽不满，犹应醉得两三场”（白居易诗）、“愿扫鹦鹉洲，与君醉百场”（李白诗）、“天公见玉女，大笑亿千场”（李白诗）、“昨夜三更雨，今朝一阵寒”（韩偓诗），等等。此外，序数词的发展对诗歌的格式也有一定的影响。上古序数和基数没有什么分别，上古虽有“第一”之类说法，但“第”是“次第”的意思，“第一”意思是“排在第一位”，用作动词。但“第”字在汉代成为序数词的前附成分，以后逐渐形成“第＋数词＋名词”的格式，这种序数词在中古诗歌中很普遍，如“不识南塘路，今知第五桥”（杜甫诗）、“家擅无双誉，朝居第一功”（李商隐诗），等等。数量词结构的上述发展，正是与诗歌五七言形式的产生相平行的，它们对诗歌“三字尾”的形成具有相当大的作用。

三、名词后附成分“子、儿、头”等的广泛应用

中古时期名词后附成分“子、儿、头”很发达，它们对构成汉语双音词和复音词有很大的作用，因而非常有助于形成诗歌的五七言格式。中古诗歌中“子”的用例有：“鹞子经天飞，群雀两向波”（北朝《企喻歌》）、“春去秋来双燕子，愿衔杨花入窠里”（北魏太后杨白花歌）、“杨枝晨在手，豆子雨已熟”（杜甫诗）、“莫抛破笠子，留作败天公”（李群玉诗）、“未戴柘枝花帽子，两行宫监在帘前”（王建《宫词》）、“小片慈菇白，低丛柚子黄”（元稹诗）、“一骑红尘妃子笑，无人知是荔枝来”（杜牧诗），等等。“儿”的用例有：“可怜巢里凤凰儿”（庾信诗）、“鹅儿黄似酒”（杜甫诗）、“打起黄莺儿，莫教枝上啼”（金昌绪诗）、“菱花罥雁儿”（王维诗）、“惊起沙滩水鸭儿”（李群玉诗），等等。“头”的用例有：“前头看后头，齐著铁钰锌”（《企喻歌》）、“崔颢题诗在上头”（李白诗）、“愿随仙女董双成，王母前头作伴行”（项斯诗）、“两边角子羊门里，犹学容儿弄钵头”（张祜诗），等等。“子、儿、头”构成的双音节、三音节名词，容易满足五七言诗的

韵律要求，促进了近体诗形式的完善。

四、动词后附成分“得”的产生

上古“得”是动词，汉代以后“得”可以放在动词的后面，这样一来，“得”字除了有“获得”的意义以外，又具备了“达到行为的目的”的意义，而这种意义往往使“得”字成为倒装的“能”(即为能动的倒置)。随着“得”由动词虚化为助词，动词可借助“得”带复杂的补语，使中古的句式变得丰富了。语言中发生的这一变化在唐诗中留下了很深的印记，诗歌中有不少“三字尾”都采取了带“得”字的形式，如“苍天变化谁料得？万事反覆何所无?”(杜甫诗)、“数茎白发那抛得？百罚深杯亦不辞!”(杜甫诗)，等等。动词带后附成分“得”的结构，还有否定形式，在动词和“得”的中间插入否定词“不”或“未”，这种结构在五七言诗中也是经常使用的，如“眼前有景道不得”(李白诗)、“君王掩面救不得”(白居易诗)、“唇焦口燥呼不得”(杜甫诗)、“天边老人归未得”(杜甫诗)、“故林归未得”(杜甫诗)，等等。

五、动补结构的发展

动补结构是指把行为及其结果在一个动词性词组中表示出来，使受事者得到某种结果。动补结构可以是及物动词带形容词，也可以是及物动词带不及物动词。动补结构在上古较少见，它大约导源于汉代，到唐代才普遍应用，而且多见于诗歌中。上古有一种使动用法，其作用同动补结构近似，但使动只用一个词，动补结构则要用两个词，如“小之”是使动用法，“削小它”是动补结构。动补结构在字数上的这种特点，正好符合诗歌特定的音节要求，同五七言诗的格式相一致，从而推动了近体诗句式的确定。唐诗中比较典型的动补结构有“转来深涧满，分出小池平”(储光羲诗)、“肌肤销尽雪霜色，罗绮点成苔藓斑”(严郾诗)、“香稻啄余鹦鹉粒，碧梧栖老凤皇枝”(杜甫诗)、“打起黄莺儿,莫教枝上啼”(金昌绪诗),等等。在唐诗中,多种性质的动补式都已齐备,如带结果补语的有:“无令长相思,折断绿杨枝”(李白诗)、“众雏烂漫睡,唤起沾盘飧”(杜甫诗);也有动补结构凝定为一个词的:“幽蓟已削平,荒徼尚弯弓”(杜甫诗)、“群公有惭色,王室无削弱”(杜甫诗);又有动补结构插入宾语的形式:“石角钩衣破,藤枝刺眼新”(杜甫诗)、“谁能拆笼破,从放快飞鸣”(白居易诗)、“长绳百尺拽碑倒,粗沙大石相磨治”(李商隐诗),等等。此外,还有“大风吹地转,高浪蹴天浮”(杜甫诗)、“松风吹解带”(王维诗)等也可属于此类情况。

六、处置式的发展

处置式是汉语语法走向完善的标志之一,它的语法作用是把受事者提到动词的前面,在意念上介词“将”“把”的宾语是后面动词支配的事物。这种句子常表示一种有目的的行为,即表示对某种事物的处置。

处置式有两种句式,一种为“将”字句,一种为“把”字句。这两种句式均产生于唐代,其中“将”字句出现稍早,在唐代前期诗歌中运用也较多,如“已用当时法,谁将此义陈”(杜甫诗)、“见酒须相忆,将诗莫浪传”(杜甫诗)、“念我常能数字至,将诗不必万人传”(杜甫诗),等等。盛唐、中唐以后,“把”字句的运用逐渐普遍起来,如“醉把茱萸子细看”(杜甫诗)、“莫把杭州刺史欺”(白居易诗)、“悠然散吾兴,欲把青天摸”(皮日休诗)、“闲常把琴弄,闷将携樽起”(任华诗),等等。“把”字句和“将”字句在历史上同时并存相当长一段时期,中唐、晚唐以后的诗中这种情况甚多,如“心将潭底测,手把波文袅”(皮日休诗)、“将洞任回环,把云恣披拂”(皮日休诗)、“如将月窟写,似把天河扑”(皮日休诗)、“敢将十指夸针巧,不把双眉斗画长”(秦韬玉诗),等等。

“将”和“把”在中古以前一直是动词，“将”表示“送”“持”等意义，“把”表示“持”“扼”“拿”等，以后它们都逐渐虚化为介词，使宾语置于动词之前，构成特定的处置式。这种句式在诗歌中是无法用四言诗的“二二”句式表现的，而五七言的“二三”“二二三”句式却是一种颇为合适的形式。

七、被动式的发展

我们此处讲的被动式不是指概念上的被动，而是指具有特定结构特点的“被”字句。上古时期的被动式主要采用“于”字句、“为”字句、“见”字句，到战国末期产生了“为……所……”式及“被”字句。后两种句式在中古时成为主要的被动句式，但从发展趋势看，“被”字句前途更大，这是因为它表示被动更为明确，又因为这种句式同五七言诗歌的节律、句式十分相合，所以，它在中古诗歌中得到了广泛的运用，如“莫愁剑阁终堪据，闻道松州已被围”（杜甫诗）、“所遇多被伤，呻吟更流血”（杜甫诗）、“嵇康养生被杀戮”（杜甫诗）。中古时“被”字句又有新的发展，“被”后可出现施事词，这在杜甫诗中尤常见，如“夫子嵇阮流，更被时俗恶”“一朝被马踏，唇裂板齿无”“且为辛苦行，盖被生事牵”“共被微宫缚，低头愧野人”“纵被微云掩，终能永夜清”“拙被林泉滞，生逢酒赋欺”“江上被花恼不彻，无处告诉只颠狂”。此外，唐代其他诗人作品中也都运用了这种句式，如“行义惟愁被众知”（张籍诗）、“幸自祢衡人未识，赚他作赋被时轻”（秦韬玉诗）。“被”字句在唐代以后又有新的发展，即在“被”字句主要动词后再带上宾语或补语，这在中唐以后的诗歌中有明显的反映，如“常被老元偷格律”（白居易诗）。

八、时态助词“了”“着”的发展

“了”和“着”本来都是实词，经过长时期的发展演变，它们才虚化为时态助词,"了"由表示"了结""终了"转移为表示动作、行为的完成;"着"由表示"附着""粘着"转移为表示动作、行为的进行。"了"和"着"由词汇意义虚化为语法意义,大约始于第六七世纪,这一变化对产生诗歌的三字尾有一定影响,中古的五七言诗中有许多句子是由带虚化的"了""着"构成的,如带"了"的例有:"半啼封裹了,知欲寄谁将"(孟浩然诗)、"二三豪杰为时出,整顿乾坤济时了"(杜甫诗)、"春风为开了,却拟笑春风"(李商隐诗)、"因把剪刀嫌道冷,泥人呵了弄人髯"(秦韬玉诗)。带"着"的例有:"衔泥点污琴书内,更接飞虫打著人"(杜甫诗)、"还应说著远游人"(白居易诗)、"日暮拂云堆下过,马前逢著射雕人"(杜牧诗)、"方响闻时夜已深,声声敲著客愁心"(雍陶诗)。

由四言形式发展成为五言以至于七言形式,除了有上述多条语言因素外,还有其它种种因素,下面两种特殊的语言结构也是较重要的原因。

九、作谓语或补语的形容词加上"何""一何"构成感叹句

双音形容词加上"何"作谓语构成"三字尾",特别适合于五言诗,这种句子在汉魏古诗中尤多见,如"玉衡指孟冬,众星何历历""四顾何茫茫,东风摇百草""白杨何萧萧,松柏夹广路""明月何皎皎,照我罗床帏""北上太行山,艰哉何巍巍""溪谷少人行,雪落何霏霏""江南可采莲,莲叶何田田",等等。另外,单音形容词加上"一何"作谓语或补语,也构成"三字尾",如"上有弦歌声,音响一何悲""四时更变化,岁暮一何速""使君一何愚""当户理清曲,音响一何悲"。

十、其他结构的变化,使二字词组变成为三字词组

中古新产生一些语法结构,使原来上古"二二"句式的四言诗

演变而为“三字尾”。如《诗经·燕燕》“泣涕如雨”和《诗经·小明》:“涕零如雨”,这两句在古诗《迢迢牵牛星》中合之为“泣涕零如雨”,这是动补结构产生和发展的结果。再如《诗经·葛屦》“纤纤(韩诗作此)女手”,由于动宾结构的发展,在古诗《青青河畔草》中作“纤纤出素手”。又如《诗经·邶风·柏舟》“不能奋飞”的二二句式,在古诗《西北有高楼》和《凛凛岁云暮》中分别成为“愿为双鸿鹄,奋翅起高飞”和“亮无晨风翼,焉能凌风飞”的“三字尾”句式。

四言诗发展而为五七言诗,这在汉语诗歌形式上是一个重大转变,这一转变决定于汉语语言本身的变化,这些语言变化既有音韵方面的,也有词汇和语法方面的。就词汇和语法言,它们对产生五七言诗歌特有的“三字尾”句式有着举足轻重的意义。上面所讨论的十种情况都直接影响到近体诗歌句式的形成,其中尤以中古时期产生的动补式、处置式、被动式等为重要。这些新兴的语言结构无法被旧时的四言诗格式所容纳,这就势必要产生与这些新句式相适应的新的诗歌形式,从而促成了五七言诗特定句式的产生,为近体诗的出现提供了句式上的准备。

由此可见,中国诗歌形式的嬗变是同汉语语言的发展密切相关的,“诗言志,歌永言,声依永,律和声”,诗歌的研究不能仅仅局限于作品的思想性、艺术性、意境、旨趣、考证等方面,还必须研究它的形式,研究它的语言特点。诗歌是语言的艺术,语言是诗歌的素材。本文旨在沟通语言与文学的关系,把汉语史的研究同中国文学史的研究结合起来。

(本文是张世禄先生1961年9月至12月讲授的“汉语诗律学”课的部分授课提纲,经过学生的整理)

文言词是不是现代语的词

卢绪元同志的《究竟什么是文言词?》(《中国语文》1961 年 3 月号)一文讨论的问题,实际上不是文言词的性质和特点,而是文言词是不是属于现代语的词。

究竟文言词是不是现代语的词? 对于这个问题,可以有两种不同的解答:一种是就现代语吸收文言词的结果来说,断定文言词是现代语词汇的组成部分;周祖谟先生的《汉语词汇讲话》和卢绪元同志的文章里,都是这样说的。另一种是从文言词的历史来源和它被吸收的经过方面来说,认为文言词原来是跟现代语的词相对立的,不过其中有一部分因为表达上的需要而被吸收到现代语里来,以至逐渐转化成为现代语的词;初中《汉语》课本和我写的《普通话词汇》那本小册子里,都是这样说的。这两种不同的解答,当然都是有事实根据的。我现在考虑的结果,仍然认为后一种解答是比较全面的,因而也是比较合理的。

《普通话词汇》那本小册子是《汉语知识讲话》的一种,原来是为帮助初中《汉语》课本的教学而编写的,主要的论点和结论是跟初中《汉语》课本一样的。这里把初中《汉语》课本(第一册第二册合编,第 92 页)的两段原文摘录如下:

……也有些由古代流传下来的词,在过去的文言文里常用，现代的语言里很少用，偶尔在书面上看到，我们就觉得它们不是现代的词，如“甚、倘、诞辰、鄙夷”等等。这种词就是文言词。

文言词有的能够把意思表达得很确切，很生动，现代语言里没有适当的词代替它们。这样的文言词，我们是应该吸收的。要是它们的确很有用处，大家经常使用起来，就逐渐成为现代语言里的词了。如……“而”和“酝酿”就是这样的词。

初中《汉语》课本第二册的《教学参考书》(1957 年第 3 版，第 68 页)里说：

课本里所说的文言词指的是：从前的文言文里常用、现代口语里不用、只在书面上偶尔还用的词。因为是文言的，现代口语里不用；但是现代书面语里偶尔还用，又有被吸收进现代词汇的可能，所以值得注意。

这里很明确地指出：文言词不是现代语的词，因为是文言的，所以现代口语里不用；“但是有些文言词由于表达上的需要，从书面语里偶尔的应用，通过经常的使用，就逐渐进到现代口语词汇里来，成为现代语言里的词了”。这是一种矛盾发展的过程。

关于文言词(也叫做古语词)的问题，北京师范大学中文系的《汉语讲义》里有一段话讲得很透彻扼要：

古语词是古代语言里所使用的一些词语，在现代语里已经不用或者很少用的，一般只在古典作品里看到的词。……古语词一般是过时的，陈旧的，它所表示的意思是现在的人难以理解的，所以，我们还是不应该用。但是，有的古语词能够把语言表达得生动、确切，而且有的能表现出时代的特色，或庄严的意味，象这种词，还是应当使用。[①]

这里对于古语词，说一般“不应该用”，又说有的“还是应当使用”，正是反映了文言词和现代语词的一种矛盾统一的关系。文言词同现代语词的关系，是属于古代语同现代语的矛盾，它们之间在性质上的差异是绝对的。至于现代语的吸收一部分文言词，则是这些文言词向着它的矛盾对立面——现代语词的转化过程，这也是语言词汇的一种发展过程。这种统一的关系是相对的，有条件的。在这里，决定的条件就是一部分文言词能够适应语言表达上的需要和在实际语言中经常的使用。同时，我们必须认定，一些文言词逐渐转化成为现代语词的过程，就是这些文言词逐渐丧失它们本身的性质和特点的过程，也就是现代语词汇逐渐充实和丰富自己的一种过程。因此，我们说原来不属于现代语词汇的文言词，有些在一定条件下转化成为现代语的词，如果从矛盾发展的观点来看，我想并不会象卢同志所说的那样“叫人费解”的。

反转来，如果对于文言词问题不从矛盾发展的观点来看，而只就它在现代语上吸收的结果来看，那只是一种静止的看法，是不全面的。结果也只是把文言词区分为被吸收的和不被吸收的两类。周祖谟先生把文言词区分为两类：一类“只能算是古典的词汇，在现代语里是没有地位的”；另一类“虽然是从古代书面语里来的，但仍然是现代词汇中的组成部分”。[②] 卢绪元同志也同样地认为文言词“应该区别两种情况”。他说：

---

① 北京师范大学中国语言文学系集体编写：《汉语讲义》，高等教育出版社 1958 年版，第 185—186 页。

② 周祖谟：《汉语词汇讲话》，人民教育出版社 1959 年版，第 62 页。

> 一种是就文言与白话的区别来谈文言词的特点，一种是就作为普通话词汇组成部分之一来谈文言词的特点，而我们现在所讨论的文言词是属于后者。所谓文言词，是指那些由古代传下来而为现代普通话所吸收的具有文言的特点和风格的有生气的词，……这些词与我们所坚决反对的已经死了的语汇和典故自然不同……①

这种只是把文言词区分为在现代语上被吸收的和不被吸收的两类，显然有下列三方面不能令人满意：

第一方面，文言词的性质和范围是很不明确的。初中《汉语》课本首先指出了文言词的特点，尤其在《教学参考书》里更明白地指出“现代口语里不用”是它的主要特点，因而把文言词跟现代语的词明确地区分开来；只有这样的区分，才能说明一部分文言词之所以能转化成为现代语词的由来。一切“动型”的观察，只能是在“类型”的区分的基础上进行的。同样，我们要说明现代普通话词汇之所以吸收方言词、外来词等，也必须首先明确方言词、外来词等各自的特点，首先明确普通话和方言、本民族语和其他民族语等的相互矛盾。有区分才能有统一；有否定才能有肯定。所以仅仅把文言词区分为在现代语里被吸收的和不被吸收的两类，没有确定文言词的性质和范围，这是不能令人满意的。

第二方面，对于被吸收的文言词和不被吸收的两类之间的关系，并没有说得清楚。文言词和现代语词原来是矛盾着的对立的两个方面，在现代语上被吸收的文言词就是有条件转化的，不被吸收的就是没有条件转化的。这种文言词的转化成为现代语词的过程，必定是“逐渐”的过程；所以在现代语上被吸收的文言词当中，

---

① 《究竟什么是文言词?》，《中国语文》1961 年 3 月号。

有些已经逐渐丧失了它们原来的文言词的特点，有些却还保存着很显著的文言色彩，并不一定跟那些未被吸收的有截然的分界。两类之间的划分不是绝对的，而只能在实际语言词汇的发展过程中加以相对的区别。因此，卢绪元同志所说的区别文言词的两种情况，不从矛盾发展的观点来看，就不能说明它们相互之间的关系，这也是不能令人满意的。

第三方面，把文言词中被吸收的和不被吸收的两类看做是静止不变的。在现代语上有些文言词被吸收进来，其他一些不被吸收，这完全是由语言表现上需要不需要和实际语言中使用不使用来决定的。哪些文言词有生气，哪些已经死了，也是由社会本身和语言词汇的发展所决定，并不是固定不变的。各个词语的性质和特点，都是随着社会的发展而发展，也不是固定不变的。例如"矛盾、启发、一贯、酝酿"等，原来都是从古代书面里传进来的文言词，现在已经成为一般口头上使用的词语，逐渐丧失了它们固有的文言色彩了。所以对于文言词问题，不从词汇的历史发展来看，而仅仅就现代语上吸收的结果来看，把文言词区分为两类，这是静止的固定的看法，也是不能叫人满意的。

根据上面所说的种种理由，关于文言词是不是现代语的词这个问题，我认为卢同志文章里所表示的意见，是难以接受的。

（《中国语文》1961年10、11月号）

怎样在语言学界贯彻百花齐放百家争鸣的方针

最近学习了《红旗》杂志今年第五期的社论《在学术研究中坚持百花齐放百家争鸣的方针》。同时又参加了“上海语文学会”的几次讨论会，觉得对于党向学术界、文艺界提出的百花齐放百家争鸣的方针，有更进一步的体会和认识。深信要使语言科学不断地发展和提高，必须坚决贯彻执行这一方针。怎样在语言学界贯彻百花齐放百家争鸣的方针呢？我以为有下列的几个方面值得注意：

第一，要解除一切思想顾虑。毛主席指示我们：“百花齐放、百家争鸣这两个口号，就字面看，是没有阶级性的，无产阶级可以利用它们，资产阶级也可以利用它们……”现代资产阶级之所以利用这两个口号，是有他们不可告人的目的的。他们承认不同学派的存在。实际上只是承认一些反人民群众的反科学的学说的存在。事实上他们也不可能真正执行百花齐放百家争鸣的方针，因为在资产阶级学术界中，普遍存在着宗派主义和“门户之见”，少数人总以种种不正当的手段来给他们错误的学说取得垄断的地位。因之，要在我们学术界中贯彻执行百花齐放百家争鸣的方针，必须彻底肃清资产阶级思想作风的残余，肃清宗派主义的残余。而要这样做，首先每个人必须自己解除一切思想顾虑。试问，在语言学问题的讨论当中自己有没有这种思想情况：看看某一个所谓专家、所谓前辈或者行政上有地位的人是那样说的，就怀疑起自己是不是可以这样说的呢？实际上这样的思想顾虑，也就是自己资产阶级个人主义思想的残余，同时也给宗派主义的残余提供了藏身之所。我们有党的领导，走着社会主义的坦坦大道，更有马克思列宁主义、毛泽东思想作为指路明灯，还有什么阻碍着我们前进，使我们不能各抒己见，各为祖国的科学事业贡献出一份力量呢！存在着种种不必要的思想顾虑，事实上也就是自己对于党的方针政策认识不够或者还有所怀疑。所以学习党的方针政策，以改造思想，打破迷信，解除顾虑，正是我们贯彻百花齐放百家争鸣方针的主要前提。

第二，要认真钻研，独立思考。党提出百花齐放百家争鸣的方针，是要发挥一切积极因素，发挥集体力量，以实现祖国科学文化的现代化。集体讨论，必须以个人钻研为基础；经过认真钻研，独立思想之后，再来参加讨论，就不会随声附和，也不会乱放乱鸣。我们解除一切思想顾虑，并不意味着可以随便发言，乱放乱鸣，轻易地给人家扣帽子。如果这样做，对于争鸣的开展是没有好处的。我们承认马克思列宁主义、毛泽东思想的指导，并不是说我们就会很好地运用马克思主义的观点和方法。我们要学会运用马克思主义的观点和方法，必须要经过刻苦的钻研，首先是对于基本理论的钻研。例如，要运用《矛盾论》的理论来说明语言发展的根本原因，如果对于“内部、外部”“矛盾、统一”“原因、规律”这些概念还没有搞清楚，那末，运用起来，就很难达到预期的目的了。再进一步要把马克思列宁主义、毛泽东思想贯彻到语言研究的各个部门当中去，贯彻到各种具体语言学问题的讨论当中去，那一定要群策群力，综合各家的意见，取长补短，才能在研究和讨论中希望得到比较完整的结论。而这样集体力量的发挥，又必须以个人的艰苦劳动做基础。所以要贯彻百花齐放百家争鸣的方针，我们每个人都须要认真做调查研究工作,独立进行思考。

第三,要扩大语言研究的范围,建立有关语言的新的学科。我过去认为百花齐放百家争鸣的方针各有偏重,文艺上偏重于百花齐放,科学上偏重于百家争鸣,似乎语言学问题上只有争鸣,没有齐放;这次得到了《红旗》杂志社论的启发,才知道我过去的那种认识是错了的。语言是一种比较复杂的研究对象,可以从各个不同的部分、不同的方面、不同的角度来进行研究,并且树立各种不同的学科。这也是语言学上百花齐放的要求。同时,我又读到茅以升先生的《试论专业科学与专门科学》(载今年3月6日、7日《光明日报》)。这篇文章说:"专门科学的系统以贯串学科的性质为特点,形成'条条科学',而专业科学的系统则布满一种生产的全面,形成'块块科学'。"因而想到有关语言的研究,也可以有专门科学和专业科学的区分。固然语音学、词汇学、语法学这些"条条科学",下面还可以成立一些新的学科;但是,当前最重要的是紧密结合生产实际,是不是更应当成立一些"块块科学"呢?例如吕叔湘先生提出大家可以争鸣的汉语规范化问题(见今年3月11日《光明日报》《汉语规范化问题大可争鸣》),其中就包括语音、词汇、语法等问题,是不是可以更进一步来树立一种"语言规范学"呢?其他如写作、阅读等,一般只作为技术来看待,我想也有成立专业学科的可能。所以要贯彻百花齐放百家争鸣的方针,还须要扩充语言学的内容和范围,结合生产实际,树立一些新的学科。

第四,要从实际出发,联系具体实际。《红旗》杂志的社论里说:"科学上的是非不决定于主观上是否'言之成理',而决定于是否符合于实际。"我们做调查研究工作,并且进行讨论和争辩,一切都要从实际出发;目的也是为着实事求是地解决具体实际问题,不是为着争鸣而争鸣。例如关于科技定名问题,吕叔湘先生说:"通用名称不一定都可以采用作专科名词,但是也不一定都不可以采用。……如果有比较通行的名称，也就没有必要制定即使‘于古有征’（有的也还待考）但是现在已经无人知道的名称。”（见上引文）哪个名称通行，哪个不通行，显然有事实凭证。语言现象，本身就是一种事实。离开了当前的事实，来谈论科技定名，或者在词源学上兜圈子，这是不能解决实际问题的。最近在上海关于“语法”“文法”定名问题的讨论会上，我是主张用“语法”为正名的。所持的理由很简单，就是：“语法”的定名是新中国建立后十年来语言规范化工作的成果。以“语法”为正名，以“文法”为旧称，确实是符合于客观事实的；现在如果要用“文法”为正名，那是恢复旧称，一定要有很充足的理由才行；如果没有很充足的理由，徒然要恢复旧称，这又是何苦来呢？贯彻百花齐放百家争鸣的方针，原来是为着解决实际问题的，所以必须联系具体实际，一切从实际出发。

第五，要虚心向群众学习，虚心听取相反的意见。在争鸣当中，展开互相批评，这不但是相互提高的过程，也是贯彻百花齐放百家争鸣方针的必要途径。因为我们要真正做调查研究工作，使得我们主观认识能够符合于客观实际，就必须虚心向群众学习。在语言学界工作比较长久的，更须要打碎所谓专家的架子，虚心向青年同志们学习；因为一般说来，青年一辈受资产阶级语言学学说的影响是比较少的。在别人对自己论点提出批评的时候，首先要表示欢迎，虚心听取跟自己不同的或相反的论点。这种跟自己不同或相反的意见，往往是补正自己缺点的一种特效药。为着促进语言学的发展，一定要展开不同意见的争论：在争论当中，也一定要有自由的批评。别人提出的批评，当然不一定很正确，但是至少是值得参考的。例如今年本刊一月号所载计永佑同志的《关于语言发展的内因与外因》一文里，对我在去年本刊六月号所发表关于语音发展问题的文章提出批评，指出我所谓“发音方面简易化的趋向和听受方面对语音明晰化的要求”，是对矛盾的形而上学的了解;的确,我这样把发音方面和听受方面机械式的划分,是不妥当的,应该加以修正。又说我的这种见解是受了"功能语言学派"的影响,也必须郑重考虑,仔细检查。至于计同志对我的文章有所误解(例如我所谓发音方面的简易化,是指语流或联音当中的变化,不是指单独个别的语音成分;要讲语音的变化,一定要联系到发音器官的作用,如果不联系发音器官的作用来讲,那还有什么物质体系、物质结构可说呢),还有他的文章中许多论点,我认为令人发生疑问或不能同意的地方也不少,那都是属于另外的问题。首先我要对计同志的这种批评表示竭诚的欢迎。因为这种自由的批评,对于语言研究的提高和百花齐放百家争鸣方针的贯彻,是十分必要的。

以上所说的几点,是不是我们当前语言学界应该注意的,不敢断定,只是把我个人学习百花齐放百家争鸣方针的一些粗浅的体会和认识提出来,请大家批评讨论。

1961 年 3 月于上海

(《中国语文》1961 年 6 月)

杜甫与诗韵

一、引言

值兹纪念伟大诗人杜甫诞生 1 250 周年之际，很多学者从文学的角度来研究杜诗，可是很少从语言学的角度来研究杜诗的。本文试图用音韵学的方法来考证杜甫诗的用韵系统及其与隋唐语音和韵书的关系。

唐宋以来，对于杜甫诗的研究，也很少注意到它的用韵情况的。清初汪文伯编纂过《杜韩诗句集韵》一书，[①]自序说："取少陵、昌黎诗句，编入四声，备巾箱展玩"；这只是依照《诗韵》韵目来排比杜、韩二家的诗句，以供当时吟诗押韵的取法而已，跟音韵的研究并不相关。后来周春又编纂过《杜诗双声叠韵谱括略》一书，[②]自序说："以杜诗之双声、叠韵创为一书，则自此始"；考其内容，也只是把杜甫诗句的属辞用字当中，有符合于双声、叠韵的原理的，再旁及其他诗家，归纳出一些条例，来显示杜诗的"律切精深"[③]罢了，并没有考证杜甫诗里的用韵系统。

宋明以来，考证周汉古韵的一些古音学家，有时引用杜甫诗的

---

① 古香楼校刊，清光绪壬午来青阁刻本。其自序作于清康熙三十五年。

② 艺海珠尘本。其自序作于清乾隆五十四年。

③ 语出《新唐书》传赞。

用韵来作佐证。吴棫《韵谱》[①]以后，郑庠分古韵为六部，论者谓其说："合于汉魏及唐之杜甫、韩愈所用，而于周秦未能合也。"[②]至于段玉裁著的《六书音均表》，曾经引据杜甫的近体诗，以作为古韵支、脂、之三部区分的旁证。他说："唐初功令，盖沿陈隋之习，而不师古。然如支与脂、之同用，则唐以前，上自商颂，下迄隋季，未见有一篇蹈此者，唐之杜甫，熟精《文选》及庾信诸家，故所为近体诗，用五支韵者凡二十七首，不杂脂、之一字，其意盖以许敬宗所定未善也。"[③]段氏所举杜诗支韵独用的二十七首里，有《赠崔十三评事公辅》一首，实在以脂韵的"谁"，之韵的"疑"等字押入支韵当中的。考杜甫的近体诗当中，支、之两韵通用的，有《王录事许修草堂赀不到聊小诘》一首；支、脂、之三韵通用的，除《赠崔十三评事公辅》一首以外，还有《佐还山后寄三首》中一首，《薄暮》一首，共三首。段氏所引据关于杜甫近体诗的例证，[④]虽不很精确，但认为其中支和脂、之有分用的趋势，却是合于事实的。不过这种分用的事实，只能用来证明宋初同用、独用之例，不尽合于唐代近体诗的用韵；不能用来说明唐初"许敬宗所定未善"，更不能作为周秦古韵的旁证。因为周秦古韵和杜甫诗的用韵，尤其是杜甫近体诗的用韵，属于截然不同的两种系统。

要考察唐人用韵的情况，必须分别各家各体，第一步须分别作者，第二步须分别体制。对于杜甫这一家诗的用韵的研究，应该严格地分别近体和古体，才可以显示它两种不同的用韵情况。约三十年前，马宗霍先生写过一种《音韵学通论》，内有《唐人用韵考》一节，[⑤]

---

① 陈振孙：《书录解题》："棫取古书自《易》《书》《诗》而下，以及本朝欧、苏，凡五十种，其声韵与今不同者皆入焉。"

② 见段玉裁：《六书音均表·今韵古分十七部表》序言。

③ 段玉裁：《六书音均表》《今韵同用、独用未允说》。

④ 段玉裁：《六书音均表》《今韵同用、独用未允说》小注。

⑤ 马宗霍：《音韵学通论》，商务印书馆出版，第29—38页。

曾经举出唐人的用韵“与《广韵》同用、独用之注相违戾者凡二十余处”，说是“有意摹古者不与焉”，用来证明“《广韵》定于宋人，其同用、独用之注，出自丘雍”，不是唐代的功令如此。不过他所举出的例证，仍然很多采自古体诗。这里列出他所举的关于杜诗方面的例证：

“东与冬、锺通　杜甫《野望》《岁晏行》二首。”案，《野望》当为《雨晴》之误；又《岁晏行》一首为古体诗。

“支、脂、之与微通　杜甫《送高三十五书记》《水槛》《幽人》《咏怀》《魏六丈佑少府之交广》五首。”案，所举的五首都是古体诗；又《咏怀》一首里，齐韵的“啼”字亦押进支、之、微诸韵当中。

“鱼与虞、模通　杜甫《草堂》一首。”案，《草堂》一首是古体诗。

“真、谆、臻与殷通　杜甫《大云寺赞公房》《别蔡十四著作》《暇日小园散病将种秋菜督勒耕牛兼书触目》《崔氏东山草堂》四首。”案，所举《大云寺赞公房》等三首是古体诗，只《崔氏东山草堂》一首是近体诗。杜诗中，欣韵不见有独用的。

“咸、衔与凡通　杜甫《魏将军歌》一首。”案，这一首亦属古体。

“麻与佳通　杜甫《柴门》《喜晴》二首。”案，这二首亦属古体。

可见所谓“有意摹古者不与焉”，实在还没有规定一种明确的标准。因之，这样把近体和古体混在一起，非但不能考明唐代的功令究竟怎样，也不能显示杜甫一家诗的用韵情况。

我把杜甫诗里的韵字，分做古体和近体两个部分，统统依照《广韵》的韵目，一一记录出来，编成《杜甫诗韵谱》；韵谱里分成“古体诗之部”和“近体诗之部”，再根据它们来归纳各韵所见同用、独用的次数，分别写成两个统计表（表见附录），以显示杜诗里古体和近体两种不同的用韵系统。

二、近体诗和古体诗用韵的异同

元明以来，实际语音已经跟中古音的系统显然不同，可是一般做旧诗的，还是沿用《平水韵》的韵目。旧诗的体制，通常区分为古体和近体两大类，一般以五言或七言的律绝诗为近体，而以其余统归于古体。这两种诗体，在用韵上有一个共同点，就是严格遵守《平水韵》或《切韵》一系韵书的声调系统，就是中古音的平仄四声系统。近体诗，大都通篇用平声韵，不许换韵；古体诗，虽然可以换韵，而平押平，仄押仄，绝没有平仄通押之例。古体诗里，有时上去两声可以通押，而入声自成一类，这正说明了它和近体诗同样严格地遵守中古音的平仄四声系统。元明间人竟然把梁朝沈约的《四声谱》认为《平水诗韵》的始祖；①《切韵》一系韵书里的声调系统，不能不归原于齐梁当时所立定的四声名目。所以沈约《四声谱》为诗韵的鼻祖，这种说法，如果单就平仄四声的系统来说，我们并不能否认它有相当的理由；只是因为它兼赅分部而言，便觉得谫陋可笑了。诗韵上的平仄四声系统，经过宋词到了元曲，逐渐地被打破了；所以诗和词、曲，在用韵上不但分部不同，在声调系统上也显然有别。

至于古体诗和近体诗在用韵上的区别，就是韵部宽、严的不同。古体诗不是汉魏的古诗，但是受了古诗的影响，在用韵上也就产生了摹古类推作用，使得韵部特别放宽。这种摹古类推作用，又使得古韵学上产生了吴棫《韵补》的古韵通转之说。古诗的用韵，依据吴棫所认为相通转的韵来归类，大致可分为如下的九部（举平声赅上、去、入）：

（一）东（冬、锺通，江或转入）；

（二）支（脂、之、微、齐、灰通，佳、皆、咍转声通）；

（三）鱼（虞、模通）；

（四）真（谆、臻、殷、痕、耕、庚、清、青、蒸、登、侵通，文、元、魂转声通）；

---

① 例如明嘉靖时潘恩作《诗韵辑要》，自序里说："江左崇尚风骚，沈休文（约）分部四声，聿严音律之谐；由是迄今，凡为近体诗者，必宗焉，亦莫之易也。"

（五）先(仙、盐、添、严、凡通，寒、桓、删、山、覃、谈、咸、衔转声通)；

（六）萧(宵、肴、豪通)；

（七）歌(戈通，麻转声通)；

（八）阳(江、唐通，庚、耕、清或转入)；

（九）尤(侯、幽通)。

这样粗疏的分部，为近代做古体诗的用韵的依据。① 现今各种本子的诗韵，韵目下所注“古通某，转某”，就是根据《平水韵》的一百六韵，再按照吴棫《韵补》来归并，以供做古体诗的用韵依据。《平水韵》的一百六韵，是就《广韵》《集韵》二百六韵并合的结果，为近代做近体诗所遵守的韵部；古体诗的用韵又加以第二次的合并，使得韵部特别放宽，这是摹古类推的结果。诗韵中有这样宽、严两种格式，实在开始形成于唐代。近体诗韵用严式，古体诗韵用宽式，杜甫作品中就是这样的。

根据杜甫诗所见各韵同用、独用的次数，就可以看出他近体诗和古体诗里两种不同的用韵情况。例如东、冬、锺三韵，杜甫古体诗里总共用过二十五次，其中东独用的十六次，锺独用的三次，而东、冬、锺同用的三次，东、冬同用的一次，东、锺同用的二次。② 东和冬、锺通用的共有六见，占着总数的百分之二十四，更证以上声董、肿同用的四见，去声送、用同用的二见，③可以断定杜甫古体诗里、东、冬、锺三韵的混合。在近体诗里，这三韵总共用过六十一次，其中东独用的五十二次，而东、冬同用的仅一次；冬、锺同用的一次，锺独用的七次。冬、锺二韵所见总共八次，通用的一次，占着总数的百分之十二点五。我们可以断定杜甫近体诗里冬、锺有合

---

① 潘恩《诗韵辑要》自序里说：“宋吴才老(棫)谓其未备，又作《韵补》，尽叶音声之变；由是迄今，凡为古体诗者，必宗焉，亦莫之易也。”

② 参看本文附录二及附录一。

③ 参看本文附录二。

用的痕迹，而东韵是独用的。因此这三韵的关系，古体诗里是东、冬、锺同用的；近体诗里，东独用，冬、锺同用。

又如支、脂、之、微、齐五韵，杜甫古体诗里总共用过四十三次（齐、皆、咍同用的一次除外），其中支、脂、之、微同用的六次，支、脂、微同用的三次，支、之同用的二次，支、之、微同用的一次，脂、之同用的七次，而支、之、微、齐同用的仅一次，其余都是各韵独用的。[①] 古体诗里，支、脂、之、微，显然是混用的，齐韵显然是独用的。至于杜甫的近体诗里，不但支、脂、之三韵和微、和齐都没有混用的事例，而且支和脂、之又有分析的趋向；支、脂、之三韵总共用过七十七次，其中支独用的二十六次，脂、之同用的三十八次，之独用的九次，而支和脂、之同用的共只四见。[②] 因此，断定杜甫古体诗里，支、脂、之、微同用，齐独用；近体诗里，支独用，脂、之同用，微独用，齐独用。

又如鱼、虞、模三韵，杜甫古诗里总共用过二十三次，其中鱼独用的五次，虞独用的一次，虞、模同用的十次；而鱼和虞、模通用的共七见，占着总数百分之三十点五，更证以上去二声语和麌、姥，御和遇、暮的通用，[③]可以断定这三韵的混合。在近体诗里，这三韵总共用过六十次，其中鱼独用的二十六次，虞独用的二次，模独用的三次，而虞、模同用的有二十六次；鱼和虞、模通用的共只三见，[④]仅占着总数的百分之五，所以断定杜甫近体诗里，鱼独用，虞、模同用。

由此可见杜甫古体诗里的用韵比近体诗里要宽得多；诗韵当中有这宽、严两式的区分，以杜甫及其他诸家为证，也可以知道是唐代开始形成的。

---

① 参看本文附录二。
② 参看本文附录一。
③ 参看本文附录二。
④ 参看本文附录一。

三、杜甫近体诗的用韵系统

根据杜甫近体诗里所见各韵独用、同用的次数,求得它的用韵系统如下:

上平　东(独用)　冬、锺(同用)　江(独用)　支(独用)
　　　脂、之(同用)　微(独用)　鱼(独用)　虞、模(同用)
　　　齐(独用)　灰、咍(同用)　真、谆、臻、欣(同用)
　　　文(独用)　元、魂、痕(同用)　寒、桓(同用)
　　　删、山(同用)

下平　先、仙(同用)　萧、宵(同用)　肴(独用)　豪(独用)
　　　歌、戈(同用)　麻(独用)　阳、唐(同用)
　　　庚、耕、清(同用)　青(独用)　蒸、登(同用)
　　　尤、侯、幽(同用)　侵(独用)　覃、谈(同用)
　　　盐、添(同用)
　　　(其他诸韵,如佳、皆等,无征)

把这种系统来跟《广韵》韵目下所注明的同用、独用之例比较起来,两相出入的,只有支和脂、之有分析的趋势以及真、谆、臻和欣合用而已(《广韵》所注:支、脂、之同用;真、谆、臻同用,欣独用)。可见唐代的功令,和宋景德、祥符间所定的“悬科取士,考核程准”,[①]实在没有多大的变化。

封演《闻见记》说:“隋陆法言与颜、魏诸公定南、北音,撰为《切韵》,凡一万二千一百五十八字,以为为文楷式,而先、仙,删、山之类,分为别韵,属文之士共苦其苛细。国初许敬宗等详议,以其韵窄,举合而用之,法言所谓‘欲广文路,自可清浊皆通’者也。”戴震谓:“《广韵》韵目下独用、同用之注,即唐初许敬宗等所详议,‘以其

① 见《广韵》卷首《祥符勑牒》。

韵窄，举合而用之’者也。”[①]可是王应麟说：“景德四年，龙图待制戚纶等承诏详定考试声韵。纶等以殿中丞邱雍所定《切韵》同用、独用例及新定条例参定。”[②]究竟《广韵》韵目下所注同用、独用之例和唐初许敬宗等所详议的条例，彼此之间有什么的关系？要解答这个问题，只有考察唐代各家近体诗的用韵情况，并且比较唐、宋两朝功令的异同。现在从杜甫近体诗的用韵系统来看，宋景德年间邱雍等所定同用、独用的条例，绝大部分是沿用唐初以来所议定的；换句话说，宋初对手唐代的功令并没有很大的变化。因此，戴震所说“《广韵》同用、独用之注，乃唐初功令”，大体上是与事实相符合的；如果一定要指它“定于宋人，出自邱雍”，那反而不合于唐人用韵的情况了。

四、《切韵》一系韵书的性质和发展

从杜甫近体诗的用韵系统来看《切韵》一系的韵书，又可以确定它们的性质，并且考明《平水韵》的形成也是源出于唐代的。陆法言《切韵》综合六朝到隋代南北各地的语音，又集合六朝诸家所分析的韵部，大都取其所分而不取其所合，[③]定为一种繁密的韵部。《切韵》这种繁密的音系是一种综合的系统。到了唐代，任何一处方音的韵部，总比《切韵》的分部有显著的简化。[④] 韵书原来也是为着创作诗文而设[⑤]；《切韵》这样繁密的韵部，当初就不宜于

---

① 见《声韵考》卷一。

② 见《玉海》卷四十五。

③ 参看陆法言《切韵序》，及唐写本王仁煦《刊谬补缺切韵》目录下附注。

④ 唐李涪《刊误》谓《切韵》“有字同一声，分为两韵”；就是由于唐代各地语音分韵较《切韵》为简化。

⑤ 陆法言《切韵序》：“欲广文路，自可清浊皆通；若赏知音，即须轻重有异；……私训诸弟子，凡有文藻，即须明声韵。”孙愐《唐韵序》论曰：“切韵者，本乎四声，纽以双声叠韵，欲使文章丽则，韵调精明于古人耳。……若细分其条目，则令韵部繁碎，徒拘桎于文辞耳。”

诗文上押韵之用，所以陆法言说："欲广文路，自可清浊皆通；若赏知音，即须轻重有异。"唐初作文之士，已经"苦其苛细"而有"以其韵窄，举合而用之"的建议。唐初的功令，为唐代作家所遵守，绝大部分又为宋初所沿用；所以《广韵》二百六韵目录下同用、独用之注，大体上符合于杜甫近体诗的用韵系统。《广韵》以后不久，到景祐年间，刊修《礼部韵略》，又依其例刊修《集韵》，改并了十三处；就是把《广韵》上原来独用的韵十三处，改为同用。[①] 后来更把这种通用的韵部一一加以并合，又把原来不同用的上声迥和拯、等，去声径和证、嶝，也加以并合；于是原来《广韵》的二百六韵变成为《平水韵》的一百六韵了。这是因为《切韵》一系的韵书，专为创作诗文的目的来使用，逐渐消失了审辨音韵的宗旨；所以原来注明同用的各部加以并合，即遇有原不同用的窄韵，也为着便于诗文上的押韵而并合起来了。实际这种并合韵部的趋势，在唐初的功令和唐代作家的用韵上就已经有了端倪了。杜甫近体诗的用韵系统，就是把当时同用的韵部并合起来，对《切韵》一系韵书发展的趋势，实在有一种启示的作用。

《平水韵》的出世，就现在所知道的，应当在金朝初年，当公元十二世纪的末叶。从前以为《礼部韵略》和《集韵》以后的并合韵部，是开始于刘渊的《壬子新刊礼部韵略》。[②] 刘渊此书的韵目，见于黄公绍《古今韵会》(今有熊忠《举要》)，是一百七部，就是并合《集韵》以来同用的各部，又并合去声径和证、嶝。《韵会》凡例称"江北平水刘渊"，于是刘渊此书有《平水韵》的名称。依据钱大昕及王国维先后的考证，金时早已有一百六部的韵目；在刘渊书出世

---

① 王应麟《玉海》卷四十五："景祐四年六月丙申，以丁度所修《韵略》五卷刊行。初，说书贾昌朝言《韵略》多无训释，疑混声，重迭字，举人误用。诏度等刊定窄韵十三，许附近通用，混声、重字，具为解注。"

② 所谓"壬子"，当公元1252年；刘渊书的刊行，是在宋理宗时。

以前，王文郁的《平水新刊韵略》已用一百六部的韵目；而王文郁及刘渊等书都以“新刊”为名，它们都别有所本，可见《平水韵》的出世，应当在金朝初年。[①] 到了元代，阴时夫撰《韵府群玉》，即依据《平水韵》的韵目而编成的类书，清代的《佩文韵府》就是以此书为蓝本的。明朝以来各种本子的《诗韵》，也都是从此书节录而成的。因之，把梁朝沈约的《四声谱》推为诗韵的鼻祖，认为一百六部的韵目是沈约所定的，这种说法，总未免谫陋可笑了。

沈约所著《四声谱》的内容，是不是有关于分列韵部的问题，现在不得而知。可是，陆法言《切韵》自序里举出六朝诸家的韵书，并没有提到沈约的《四声谱》；因此断定《切韵》一系韵书里的分部，和《四声谱》的内容并没有直接的关系。所以关于《平水韵》上四声平仄以外的一个分部问题，不应当推始于沈约，而应当推始于六朝其他诸家和陆法言《切韵》。陆法言综合六朝诸家的韵书，定为一种繁密的韵部系统；唐初为着创作诗文的便利，议定“合用”的条例，在这种韵部系统的基础上订立一代的功令，为唐代作家所遵守。杜甫近体诗的用韵系统，就是反映这种情况。杜甫近体诗的用韵系统，可以作为唐代功令的代表，犹之乎《礼部韵略》和《平水韵》代表着宋时和金时的功令一样。

---

① 自从钱大昕见了元椠王文郁《平水新刊韵略》，才知道并韵不始于刘渊（见《潜研堂文集》）。王文郁书，卷首有许古序，称“平水书籍王文郁”，署正大六年己丑；正大是金哀宗年号，六年己丑，当公元 1229 年，前于刘渊书的刊行有二十三年。又平水，系平阳府属，在金时曾设书籍之官，故称“平水书籍”。王文郁书已列着一百六部，而和刘书皆称“新刊”，它们应各有所本。王国维又见有金张天锡《草书韵会》，也列着一百六部的韵目；书前有赵秉文序，署正大八年，又可证明此书与王文郁的《韵略》，刊行几为同时（仅相差二年），它们所列一百六部自然都别有所本（参看王氏《观堂集林》卷八）。今考《小学考》转录《山西通志》书目，有毛麾《平水韵》，麾为平阳人，金大定十六年授校书郎，并有《平水集》。大定是金世宗年号，十六年当公元 1176 年；更可见《平水韵》的书名，早已出现于金初；二百六部之并为一百六部或一百七部，在十二世纪末叶已很通行了。其所以名为《平水韵》的，大概是由于平水人所定，或经平水书籍所刊行。王文郁和刘渊等人的书，都把原来旧本加以增修，故曰“新刊”，所以都有《平水韵》的名称。

五、杜甫古体诗的用韵系统

近体诗格律较严，在用韵上又有当时功令的限制，对于诗人发抒情思及记载事实的效用，常常不及古体诗来得大。古体诗的用韵，一方面由于摹古类推的作用，韵部特别放宽；另一方面也由于韵部的放宽，格律的比较自由，可以容纳作家所操的活语和当时实际的方音。杜甫古体诗的用韵系统，也就是反映这种情况。

根据杜甫古体诗里所见各韵独用、同用的次数，求得它的用韵系统如下：

平声	上声	去声
东、冬、锺(同用)	董、肿(同用)	送、宋、用(同用)
(江)①	(讲)	(绛)
支、脂、之、微(同用)	纸、旨、止、尾(同用)	置、至、志、未(同用)
鱼、虞、模(同用)	语、麌、姥(同用)	御、遇、暮(同用)
齐(独用)	荠(独用)	霁、祭、废(同用)
灰、咍(皆)(同用)	(贿、海、骇)(同用)	泰、队、代(怪)(同用)
(1) 真、谆、臻、欣	轸、准、隐	震、稕(焮)
(2) 文	(吻)	问
(3) 元、魂、痕	沅、混(很)	愿、慁、恨
(4) 寒、桓	(旱、缓)	翰、换
(5) 删、山	(潸、产)	(谏、裥)
(6) 先、仙	铣、狝	霰、线
以上(同用)	以上(同用)	以上(同用)
萧、宵(同用)	篠、小(同用)	啸、笑(同用)
肴、豪(同用)	巧、皓(同用)	(效、号)(同用)
歌、戈(同用)	哿、果(同用)	箇、过(同用)
麻、佳(同用)	马(蟹)(同用)	祃(卦)(同用)
阳、唐(同用)	养、荡(同用)	漾、宕(同用)
庚、耕、清、青(同用)	梗、耿、静、迥(同用)	映(诤)劲、径(同用)
蒸、登(同用)	(拯、等)(同用)	证(嶝)(同用)
尤、侯、幽(同用)	有、厚、(黝)(同用)	宥、候、(幼)(同用)

① 凡加括弧的韵目，表示作品无征或未能确定情况，下仿此。

侵(独用)　　(寝)(独用)　　(沁)(独用)
(覃、谈)　　(感、敢)　　(勘、阚)

(盐、添、咸)衔(严、凡)(同用)(琰、忝、豏、槛、俨、范)(同用)艳、㮇、(陷、鉴、酽、梵)(同用)
入　声
屋、沃、烛、职、德(同用)
质、术、栉、物、月、没、曷、末、黠、鎋、屑、薛(同用)
药、铎(觉)(同用)
陌、麦、昔、锡(同用)
缉(独用)
(合、盍)
葉、怗、洽、狎(乏)(同用)

跟近体诗的用韵系统比较起来,显然古体诗要宽得多了。象东和冬、锺的同用,支、脂、之和微的同用,鱼和虞、模的同用,肴和豪的同用,庚、耕、清和青的同用,以及真、谆到先、仙这十几韵混并的趋向,就是根据近体诗的用韵系统再加以并合的结果。关于入声的用韵,又比平、上、去三声为宽,例如平声东、冬、锺和蒸、登不见有通用的迹象,上、去也是如此,而入声屋、沃、烛和职、德却可以并合为一。近体诗的用韵系统代表当时的功令,古体诗的用韵系统则是由近体诗所用的韵部再加以并合而成,可以说是一种特别放宽的押韵条例。因为只有近体诗里所能分而古体诗里所不能分的韵部,并没有发现与此相反的事实,所以把近体和古体两种诗韵认定为严式和宽式两种不同的系统。

六、近体和古体在用韵上的交互影响

从杜甫诗的用韵当中,不但看出诗韵有宽、严两式的区分及其形成的由来,而且发现这两种用韵系统在实际诗文创作中的交互影响。近体诗是从汉魏六朝的古诗上发展出来的;由汉魏古诗演变成为齐梁以后的新体诗,再演变成为唐初的律绝诗,诗歌有逐渐律化的趋势。可是，在律绝诗形成的同时，又由于摹仿汉魏六朝的古诗而产生了古体诗。唐代的古体诗是在律绝诗形成之后产生的，在体制上要受律绝诗的影响。例如杜甫古体诗中，上下句开头两字，常常平仄相对；[①]上下两句也往往成为对仗。象《自京赴奉先县咏怀五百字》"朱门酒肉臭，路有冻死骨；荣枯咫尺异，惆怅难再述"；"生常免租税，名不隶征伐；抚迹犹酸辛，平人固骚屑；默思失业徒，因念远戍卒"；这些句里，上下句开头两字平仄相对，又隐然有对仗之势。这种古体诗，在格律上显然是受有近体诗的影响的。杜甫古体诗的用韵，也参杂了一些近体诗韵的色彩；在他的这种宽式的用韵系统中，也可以看出"宽中带严"的情况。例如真、谆到先、仙这十多韵，在杜甫古体诗里混合为一部；其中又显然分为六组，真、谆、臻、欣一组，文一组，元、魂、痕一组，寒、桓一组，删、山一组，先、仙一组。[②] 入声质、术到屑、薛这十多韵，杜甫古体诗里也合并为一部，同样也可以分质、术、栉为一组，月、末为一组，屑、薛为一组等，正和平、上、去相对应。[③] 又如东和冬、锺，鱼和虞、模，庚、耕、清和青，以及入声屋、沃、烛和职、德等，从杜甫古体诗韵字所见次数的比较上看来，显然有混中带分的迹象。这是古体诗的用韵受了近体诗的影响的。

反转来，近体诗在格律上和用韵上有时也受了古体诗的影响。律绝诗里关于平仄的格式有拗体，律诗里的颔联和颈联也有很多失对的，这就是格律上受了古体诗的影响。杜甫近体诗有严中带

---

① 胡小石《北征小笺》："古诗平侧问题，清初王、赵诸家，互相诋諆，争之而卒不能定。然就《北征》言之，其每韵二句之首两字皆平侧相谐(仅有极少例外)，大符'前有浮声，后须切响'之旨。求诸前贤，建安之曹、刘，正始之阮，太康之潘、陆，义熙之陶，元嘉之颜、谢，皆不如此。故永明以后之古体，实不同于永明以前之古体；声律之说，影响所被，固不仅在近体诗也。"(载《江海学刊》1962 年 4 月号)

② 参看本文附录二。

③ 同上。

宽的情况，其中有拗体，又有似对非对的句子，在用韵上也有偶然出韵的事例。例如在用先、仙韵的七十多次当中偶然一次把一个元韵的“骞”字押入先、仙韵里（《寄岳州贾司马六丈巴州严八使君两阁老五十韵》）；在用青韵的二十多次当中，偶然一次把一个清韵的“清”字押入青韵里（《军中醉饮寄沈八刘叟》）；象这样的事例，在近体诗的用韵系统中固然算得是“出韵”，但在古体诗的用韵系统中却正是合于规则的。这种事例也正是因为受了古体诗用韵的影响而产生的。依此来推论，杜甫近体诗里，东和冬的偶然一次相押，支和脂、之的偶然三次相押，鱼和虞、模的偶然三次相押，也只是一些偶然出现的“严中带宽”的事例罢了。[①] 它们的产生，也正是由于受了古体诗用韵的影响而来的。

七、唐代实际语音的探测

近体诗的用韵系统，原来代表当时政府的功令，可是也有偶然产生的“严中带宽”的现象；这是因为受了古体诗用韵的影响，实际上一方面也是因为受了作家所操活语的影响。古体诗的韵部特别放宽，一方面固然是摹古类推的结果，例如平声真、谆到先、仙这十几韵并为一部，入声质、术到屑、薛并为一部，屋、沃、烛和职、德并为一部等，显然是受了汉魏甚至周秦的“古诗”用韵的影响；可是另一方面也是由于容纳着作家实际的活语和当代的方音。从杜甫古体诗的用韵当中，可以认定这个伟大诗人往往采取当时的秦音加进作品里去。这种“以秦音入诗”的现象，不是创始于白居易《秦中吟》一类的作品，而应当推始于杜甫古体诗。杜甫是在七一二年出生于河南巩县，少年时居于洛阳，壮年游历吴、越、齐、赵，在七四六年，他三十五岁时才到了长安。他住了长安几年之后，更深入生活，看透了

---

① 参看本文附录一。

当时腐败的政治，身受了贫穷的压迫，激发为诗，就在作品的质量上起了大的变化。杜甫留给我们一千几百首的诗歌，绝大部分是他四十岁以后的作品；[①]可见七五〇年左右是杜甫的诗歌创作一生当中的一个大关键，在作品的数量上也起了大变化。这种变化当然是关于杜甫一生的遭遇经历以至唐代整个政治社会的历史变迁。而就诗歌的语言来说，杜甫以当代最有势力的一种方音——唐代的长安音——加进他的诗歌语言中，也应当是在这几年间开始的。这使得他的作品更切近于人民大众的生活。诗歌和实际活语的结合，就给诗歌本身以无限的生命力。"秦中自古帝王州"，[②]长安是当时政治、经济和文化的中心，长安音在当时应当是处于标准语音的地位。杜甫吸取当时秦音到他的作品中的现象，可以举出下列的几点来说：

（一）佳、麻两韵的合并。杜甫古体诗《喜晴》和《柴门》二首，"佳、涯、崖、柴"等字与麻韵的字相押；又"涯"字，在近体诗中都押入麻韵。这与慧琳《一切经音义》所根据的秦音相合（"涯"，慧琳音"五家切"）。[③]

（二）去、上两声的通押。杜甫古体诗《悲陈陶》和《石壕吏》二首，以去声的"至"字与上声旨、止二韵相押；《雷》一首，以去声的"污"字与上声麌、姥二韵相押；《狄明府》一首，以去声的"泥"字与上声荠韵相押；《忆昔行》一首，以去声的"佐"字与上声哿、果二韵相押：这是把去声字押到上声韵里去的。《石壕吏》《送高司直寻封阆州》《魏将军歌》和《咏怀二首》，以上声的"苦""柱""武""主"等字与去声遇、暮两韵相押；《病柏》一首，以上声的"改"字与去声泰、怪、队三韵相押；《韦讽录事宅观曹将军画马图》一首，以上声的

① 参看冯至：《杜甫传》，北京人民文学出版社1952年版。

② 杜甫：《秋兴八首》。

③ 参看黄淬伯：《慧琳〈一切经音义〉反切考》（中央研究院历史语言研究所专刊之六）卷三，第37页。

“稳”字与去声稕、慁二韵相押;《行官张望补稻畦水归》一首,以上声的“旱”字与去声翰、换二韵相押;《逃难》一首,亦以上声的“暖”字与去声翰、换相押:这是把上声字押到去声韵里去的。现经考明的唐代西北方音里,确有上、去两声混同的现象,尤其是全浊上声的变为去声,最为明显。[①] 杜甫诗里上、去两声的通押,可能是由于当时秦音中全浊上声变为去声因而发生类推的作用。

(三)韵部的放宽。杜甫古体诗的用韵,特别放宽,一方面是摹古类推的结果,另一方面也是由于实际方音上的混同。例如《夏日叹》一首,以齐韵的“泥”字与皆、咍二韵的字相押;《咏怀二首》,又以齐韵的“啼”字与支、之、微三韵相押;《佳人》一首,以觉韵的“浊”字与屋、烛二韵相押;《两当县吴十侍御江上宅》一首,以职、德韵的“黑”“息”二字与陌、麦、昔、锡四韵相押:这一类现象使得古体诗的用韵更加放宽,似乎并不合于杜甫古体诗韵一般的通例,却有很多跟现今考明的唐代西北方音相符合的。[②]

(四)入声韵尾的逐渐失落。杜甫古体诗《北征》一篇里,以锡韵的“析”字押进质、术、月、没诸韵当中,这是把[-k]与[-t]两系的入声字相混了。又《骢马行》一首,以辖韵的“帕”字与去声祃的“下、价、亚、夜”等字相押,可见“帕”字的入声韵尾[-t]在当时已经失落了(“帕”字在《中原音韵》里属于“家麻”)。不同韵尾的入声字相混,和原来的入声字变为去声,这两种现象都是表示着入声韵尾的逐渐衰落。陆法言《切韵序》里说:“秦陇则去声为入”;不是说秦陇方言里去声变做入声,而是指去声替代入声的现象;这在杜甫诗的用韵中可以得到一点启示。

---

① 参看罗常培:《唐五代西北方音》(中央研究院历史语言研究所单刊甲种之十二),第122—129页。

② 参看罗常培:《唐五代西北方音》,第30—65页,及末附《五种汉藏对音韵母比较表》(甲)(乙)(丙)。

上面几点就是从杜甫诗韵当中看出当时实际语音的情况——唐代长安音的情况。同时。我们也可以看出杜甫诗韵和当时实际活语的关系。文学的生命是和语言的生命密切相结合的。杜甫作品当中,光芒万丈、价值最高的名篇,如《兵车行》《自京赴奉先县咏怀五百字》《哀江头》《北征》《洗兵马》《三吏》《三别》等,大都属于古体诗。这些名篇,在内容方面最富于人民性,在形式方面格律比较自由,反映当时实际的活语的。我们因此认识到,文学形式和内容的一致性,文学与语言的联系性;文学作品中吸取实际的活语,就可以加强作品本身的生命力。

八、结语

本文的要点是:要从语言学、音韵学的角度来研究杜诗的用韵,必须把杜甫诗的近体和古体分开来考察。杜甫近体诗的用韵是遵守唐代的功令的,它的系统是就《切韵》一类书中繁密的韵部,定出同用、独用之例,可称为诗韵中的严式。杜甫古体诗的韵部特别放宽,它的系统是就近体诗的分部再加以合并,可称为诗韵中的宽式。从杜甫近体诗的用韵系统来看,可以知道唐代的功令和宋初《广韵》韵目所注同用、独用之例相差无几;因而推知《切韵》一系韵书发展的趋势和《平水韵》形成的由来,实在是源出于唐代的。从杜甫古体诗的用韵系统来看,可以知道古体诗韵部的特别放宽,一方面是由于摹仿"古诗"而加以类推,因而产生吴棫《韵补》的古韵通转之说;另一方面也是由于实际方音上的混同,诗韵里反映着当时的长安音。杜甫诗中最富于人民性的名篇,大都属于格律比较自由并且容纳有当时实际活语的古体诗。因此,我们不但可以从杜甫诗用韵的研究来探测唐代的秦音,而且认识到诗歌的语言必须要吸取实际的活语,因为文学的生命力与语言的生命力两者是密切相联、不可分割的。

附　　录

一、杜甫近体诗中所见各韵独用、同用次数统计表(均为平声)

东独用	52
东冬同用	1
冬锺同用	1
锺独用	7
江独用	2
支独用	26
支脂之同用	3
支之同用	1
脂之同用	38
之独用	9
微独用	48
鱼独用	26
鱼虞同用	2
鱼虞模同用	1
虞独用	2
虞模同用	26
模独用	3
齐独用	26
灰咍同用	51
咍独用	4
真独用	27
真谆同用	48
真谆臻欣同用	3
文独用	34
元魂同用	16
元魂痕同用	13
魂独用	11
魂痕同用	5
寒独用	12
寒桓同用	20
删山同用	26
先独用	4
先仙同用	67
仙独用	3
萧宵同用	18
宵独用	9
肴独用	3
豪独用	18
歌独用	6
歌戈同用	29
麻独用	34
阳独用	12
阳唐同用	58
庚独用	4
庚耕清同用	6
庚清同用	61
清独用	3
蒸独用	2
蒸登同用	5
登独用	1
尤独用	17
尤侯同用	49
尤侯幽同用	5
尤幽同用	3
侯独用	1
侵独用	41
覃独用	1
覃谈同用	2
盐独用	2
盐添同用	5

二、杜甫古体诗中所见各韵独用、同用次数统计表

平声	上声	去声	入声
东独用 16			屋独用 2
东冬同用 1			屋沃同用 1
东冬锺同用 3			屋沃烛同用 2
东锺同用 2	董肿同用 4	送用同用 2	屋烛同用 8
锺独用 3			烛独用 1
		宋用同用 1	
			屋烛觉独用 1
			屋沃烛德同用 2
			屋沃职德同用 1
			屋烛职德同用 4
			觉独用 1
			觉药铎同用 1
支独用 7			
	纸旨同用 1		
支脂之微同用 6	纸旨止尾同用 1	置至志未同用 2	
	纸旨止同用 3		
支脂微同用 3		置至未同用 1	
支之同用 2	纸止同用 2		
支之微同用 1	纸止尾同用 1		
支之微齐同用 1			
脂独用 1		至独用 2	
脂之同用 7	旨止同用 9	至志同用 8	
		至志未同用 2	
之独用 1	止独用 1	志独用 1	
		志未同用 1	
微独用 6			

续 表

平 声	上 声	去 声	入 声
鱼独用 5	语独用 3		
鱼虞同用 1	语麌同用 2		
鱼虞模同用 6	语麌姥同用 1	御遇暮同用 2	
虞独用 1			
虞模同用 10	麌姥同用 10	遇暮同用 10	
	姥独用 2		
齐独用 8	荠独用 2	霁独用 2	
		霁祭同用 4	
		霁祭怪同用 1	
齐皆咍同用 1		霁祭废同用 1	
佳麻同用 2			
		泰怪队同用 1	
		泰队代同用 2	
		泰代同用 1	
灰咍同用 12		队代同用 1	
咍独用 2			
真独用 7		震独用 1	质独用 5
真谆同用 6	轸准同用 1		质术同用 1
		稕独用 1	
真谆臻同用 1			质术栉同用 2
真谆欣同用 4			质栉同用 1
真谆臻欣同用 1			质术栉物月没曷末黠辖屑薛同用 1
真文同用 1			
真欣同用 1			
真文魂同用 1			
真魂寒同用 1			
			质术栉物月没曷末黠屑薛同用 1
			质术栉物没同用 1
	轸准隐混同用 1	稕慁同用 1	质术屑薛同用 1
文独用 6			质术物月屑薛同用 1
文魂同用 2		问恨同用 1	质物月没曷末薛同用 1
文魂寒桓删山先仙同用 1	阮独用 1	愿独用 1	术没同用 1

续　表

平　声	上　声	去　声	入　声
元魂痕同用　7			
元魂痕桓同用　1			月没同用　2
元寒同用　1			
元寒仙同用　1	阮狝同用　1	愿霰线同用　1	月没曷末同用　1
			月屑薛同用　2
魂独用　3			
魂痕同用　3			没独用　1
魂痕山先仙同用　1			没薛同用　1
魂寒桓山先仙同用　1			
寒独用　1			末独用　1
寒桓同用　7		翰换同用　5	
		翰换霰线同用　1	
删山同用　6			
先独用　2		霰独用　1	
先仙同用　14	铣狝同用　1	霰线同用　8	屑薛同用　5
仙独用　1			薛独用　3
萧宵同用	篠小同用　2	啸笑同用　4	
宵独用	小独用　1	笑独用　1	
肴豪同用	巧皓同用　1		
豪独用　12	皓独用　13		
歌独用　3			
歌戈同用　5	哿果同用　1	箇过同用　1	
		过独用　1	
麻独用　2	马独用　3	祃独用　2	
阳独用　3	养独用　1	漾独用　5	
阳唐同用　25	养荡同用　2	漾宕同用　4	药铎同用　8
唐独用　1			铎独用　1

续　表

平　声		上　声		去　声		入　声	
		梗独用	1			陌独用	2
庚耕同用	1						
庚耕清同用	3					陌麦昔同用	1
		梗耿静迥同用	2			陌麦昔锡同用	7
庚清同用	9	梗静同用	2	映劲同用	1	陌昔同用	5
庚清青同用	3	梗静迥同用	1	映劲径同用	2	陌昔锡同用	9
耕清同用	2	静迥同用	2			麦昔锡同用	1
青独用	5					昔锡同用	3
						陌麦昔锡职德同用	1
蒸登同用	3			证独用	1	职独用	1
						职德同用	12
尤独用	6	有独用	2				
尤侯同用	12	有厚同用	11	宥候同用	2		
尤侯幽同用	6						
尤幽同用	2						
		厚独用	1				
侵独用	5					缉独用	10
				艳㮇同用	1	葉怗洽狎业同用	1
衔凡同用	1						
						葉业同用	1

（《复旦大学学报》1962 年第 1 期）

汉语词源学的评价及其他

——与岑麒祥先生商榷

岑麒祥先生在《新建设》1962 年第 8 期里发表了《词源研究的意义和基本原则》(以下简称岑文)一文,其中有好几处引用了汉语和汉语词源学的例证。读了岑先生这篇文章之后,更把其中的例证细细审查一番,觉得有不少值得商榷的地方,用特一一地提出来,向读者和岑先生请教。

岑文的内容,所持的理论和叙说的层次以及种种提法,几乎完全和苏联学者阿巴耶夫在《印欧语言历史比较研究的几个问题》[①]当中所写的第六章《论词源研究的原则》相雷同。我们把陈嘉同志所译阿巴耶夫这篇文章(以下简称阿文)来跟岑文对照一下,似乎可以断定岑文是依据于阿文来写的;虽然岑先生自己没有声明,我们根据迹象可以这样断定。只是岑文有好几处把阿文原来所举印欧语系中的例证,改换做汉语中的例证,也有几处增添了一两个汉语词源学的事例。就岑文所举这些汉语和汉语词源学的例证来看,似乎有一些是不符合汉语和汉语词源学的事实的,也有一些是不符合阿文原来的意旨的。这里大略按着问题的性质和在原文中出现的先后,列举说明如下:

---

① Вопросъг методики сраВнитель — исторического изучения индо — европейских языков,苏联科学出版社 1956 年版。阿巴耶夫(В. И. АσаеВ)的文章是该书的第六章。

一、关于汉语词源学的评价

岑文第一节第二段(《新建设》1962 年第 8 期,第 1 页)和第三节第一段(第 3 页),就在阿文说到古希腊、罗马时代的词源学著作的地方,两次提出了我国汉代刘熙的《释名》,说它“就是要探求事物之所以得名的”。事实上,我国传统语言学中,词源研究占着很重要的部分;所谓探求事物之所以得名的工作,在汉代以前,早已经在进行了。《释名》用音同音近的字来解释词义的方法,就是声训;先秦文献的“本文”当中的训诂,很多已经应用这种声训的方法了。例如:“乾,健也;坤,顺也;坎,陷也。”(《易·说卦》)“政者,正也。”(《论语·颜渊》)“征之为言正也。”(《孟子·尽心下》)“礼者,人之所履也。”(《荀子·大略》)又在《释名》以前的语言学著作,如《尔雅》《方言》《说文》等,内中也很多应用声训的方法。下至清代训诂学家的著作,如郝懿行的《尔雅义疏》、王念孙的《广雅疏证》、钱绎的《方言笺疏》等,更把声训的理论和方法扩大起来运用了。近代如章炳麟的《文始》、王国维的《尔雅草木虫鱼鸟兽名释例》、杨树达的《积微居小学金石论丛》等书里,也包罗着这种词源学的丰富的资料。岑文说:“词源研究无论是在东方或西方都有很悠久的历史”(第 2—3 页);可是没有把汉语词源学已往的一些成就和特别发达的实际情况约略地叙说,而只提起了《释名》一书。这显然是对于我国传统语言学中的词源研究,没有恰当的评价。

二、汉语中避讳和词源的关系

岑文第一节第三段(第 1 页)里,把阿文所举 перстень(镶宝石的戒指)这个例子,改换做《负暄杂录》里所说鸜鹆、八哥的例子,说:“假如我们据以断定‘八哥’的定名出于南唐李煜(其实不一定可靠),这就是它的起源。”我认为岑文所改成的这个例子,是不伦不类的。阿文原来举的是一个合成词，由一个词干（перст 手指）加上一个词缀合成的，用来表明这样的事例是容易找到它的词源的。可是，一到岑文里，就改变做我国旧时的一个避讳改名的例子了！按《负暄杂录》里"物以讳易"一条的原文[①]如下：

"物以讳避，相传已久。今姑举其数端：如石晋讳敬，淬镜者用铁牌。本朝避太祖讳，以香印字近之，乃名锣。山药本名薯蓣，唐代宗讳豫，改名薯药；本朝避英宗讳，遂名山药。炊饼本名蒸饼，避仁宗讳，故改。南唐李主讳煜，改鸜鹆为八哥。钱王讳镠，改石榴为金樱；至今吴中金、刘二姓，不可辨：皆此类也。"[②]

这是指唐宋以后改变古礼"不讳嫌名"的旧俗，[③]避讳到了音同或音近的字了。例如宋太祖名匡胤，就避讳"印"字；宋仁宗名祯，就避讳"蒸"字；宋英宗名曙，就避讳"薯"字等。这样因为避讳而更改事物的名称，跟阿文原来所讲容易找到词源的合成词，显然是两种不同性质的事实。

由于避讳而更改事物的名称，固然促使产生同实异名的现象，即同一事物而具有不同的名称，但是也常常利用原有的异名来进行避讳的；这就是说，避去某种事物的这一个名称，而采用它原来所具有的另一个名称。这样的避讳改名，实际还是沿袭旧称，不是另创新名。在这种情况下，我们既然不能误认那是什么新名，当然也不能假定它是起源于避讳的当时。"南唐李主讳煜，改鸜鹆为八哥"；这里的"八哥"，并不能指明为南唐时所创立的新名。罗愿《尔雅翼》："鸜鹆，……字书谓之哵哵鸟，一作鵅鸠。……飞则见如字书之八云。"[④]按《广韵》："哵"，与"八"同为"博拔切"，注云：

---

① 载《说郛》百卷本第十八卷。
② 《负暄杂录》，系宋时顾文荐所撰，故称宋时为本朝。
③ 参看韩愈：《讳辨》。
④ 《尔雅翼》卷十四。

“唎唎鸟。”[1]宋初重修的《广韵》，收有“唎”字，当是根据于更早的字书。“唎唎”之成为“八哥”，犹之“鸚鵡”之成为“鸚哥”。“鸜鹆”“雊鹆”与“唎唎”“八哥”，是原有的同实异名。南唐李煜当时的改鸜鹆为八哥，实际还是沿用“唎唎鸟”的旧称。因之，事实上并没有可能假定“八哥”的定名出于南唐李煜的时候；更可以见得这样“避讳改名”的事实，是不能用来替代阿文所举容易找到词源的例子的。

三、汉语词源学的内容问题

岑文第一节第六段（第 1—2 页），说到词源研究的内容，举出了三个方面：“(1) 就某一种语言的基本的、原有的词……跟亲属语言和方言词相比较，……(2) 就某一种语言的合成词……确定这些词的组成部分，……找出它们的历史联系；(3) 就某一种语言的外来词……找出它们和有关外语的联系。”这里是跟阿文第一节里所讲的内容一模一样的。但是，阿文是就历史比较方法的范围来讲的，说：“在这种方法的范围内，词源学的实际内容可分为……三个方面。”岑文删去了“在这种方法的范围内”一句，只说“论其内容，大致包含有……三个方面”。这显然是岑文删节了阿文，以至走了样儿的。

又岑文既然两次提出了刘熙的《释名》，作为我国词源研究的代表著作，那末，所讲的词源学内容，当然应该包括《释名》的内容。《释名》应用声训的方法来解释词义，它的序言里说：“名之于实，各有义类”；这就是从语音出发来探究词语相互间的义类关系及其同源孳乳的事实。后来的语言学家把这种音近义通的理论扩大起来运用，就发展成为汉语词源学上语词族属关系的研究；这种研究，

---

① 《广韵》入声十四黠。或说“唎唎”源出于阿拉伯语，在唐以前输进中国来的。

就是依据字音相近、义类相同的事实，来推求汉语词汇内部当中许多由同源孳乳而来的语词族属。由于汉语发展历史的久远及其本身词汇的极端丰富，这种族属关系的研究，早已成为汉语词源学中的主要工作了。虽然在工作的进行当中，所用的方法还不很精密，甚至还有一些穿凿附会的地方，但是已有的成绩，不仅可以作为科学的汉语词源研究的基础，并且成为进行汉语跟其他亲属语言比较研究的必备的知识。我们现在要建立汉藏语系语言的比较语言学，首先必须把汉语词汇内部当中许多语词的族属关系搞清楚，从这种工作的基础上再进行汉语跟其他汉藏语系语言的比较研究。这是汉语词源学的重要内容，也是汉语词源学的一个特点。对于汉语词源学，在这一点上必须要有正确的评价。可是，岑文所举出的词源研究三个方面的内容，既然失却了阿文原来的意旨，同时又不符合汉语词源研究的实际；表面上提出了《释名》一书，好象照顾到汉语方面研究的事实，而实则漠视了汉语词源学的特点和重要内容。

四、"字源学"和词源学的关系

岑文第二节第四段(第 2 页)，依据阿文，说到了词源研究上表明思维发展的一个重要的过程，即一般的、抽象的概念是在具体的、形象的观念的基础上逐渐形成的。在这里，岑文除了依据阿文举出古伊朗语 suxra(红的)和奥塞汀语 arf(深的)两个例子以外，又增加了汉语的"本""末""深""浅"这四个字的例子。不错，字义的发展，确实有不少是从具体的形象的意义演变成为一般的抽象的。"本""末"原来是指"树根""树梢"，后来也用以指一般事物的本末；"深""浅"原来是指"水"的深浅，后来也用以指一般程度的深浅。但是，汉语上的"字义"，毕竟不等于"词义"。从汉字形体的分析和"字源"的研究，可以知道各个字的"本义"；这种本义的认识，对于词源的研究很有帮助。汉字“字源学”和汉语词源学有相互启发、相互促进的作用，这也是汉语词源学本身的一个特点，应该获得适当的评价的。但是，“字源”研究的结果，毕竟不能用来充当真正的“词源”的实例；这两者之间，必须加以区别，不能用来相互替代。

因为，字源的研究，注重在分析字形和探讨形、义相关的历史；词源的研究，则注重在比较声音形式和音、义相关的历史。[①] 例如“末”，从字形的分析，固然知道它的本义是指“树梢”；可是从音读的比较研究，却断定它所代表的词是跟“尾”“微”等有同源的关系。《晋书·顾恺之传》：“恺之每食甘蔗，恒自尾至本；人或怪之，云：‘渐入佳境。’”可见“尾”和“末”是音近义通的。（上古音去、入相通，明、微二母不分。）《释名》：“尾，微也，承脊之末稍微杀也。”按，“微末”的微，其本字为“散”；朱骏声《说文通训定声》：“散，秒也，从耑，从攸省，会意。《六书故》引唐本《说文》：‘散，见其耑也。’凡微妙字，经传皆以‘微’为之。”因此断定“末”这个词，原来是包含有“微末”的意思，不见得是由“树梢”义变来的。又如“深”，从这个字的“形旁”来看，固然知道它是指“水”；可是从它的“声旁”来看，“罙”是从穴中有火，从又，表示在穴洞中举火探求，可能这个意义便是“幽深”“深沉”“深远”等概念所由形成的。又从“深”和“罙”“探”（《说文》：“远取之也。”）等词的同源关系上，也可以断定“深”原来包含有“幽深”“深沉”“深远”等义，不见得是由“水深”变来的。依据《说文》，“深”是水名，“出桂阳南平，西入营道”；原来也不是以“水深”为其本义。由此可见字源学上的现象，不能用来替代词源

---

① 王国维《尔雅草木虫鱼鸟兽名释例序》述沈子培语：“文字有字原，有音原。字原之学，由许氏《说文》以上溯殷周古文止矣；……音原之学，自汉魏以溯诸群经、《尔雅》止矣……”又沈兼士《金文编序》：“居尝谓现代治文字学者之先务有二事：一以卜辞金文参验《说文》，以索形体之原始。……一以古代字书传注所载之音训，参验《说文》，以探语言之根株。……”

的研究。岑文对于阿文,增添了汉语的“本”“末”“深”“浅”四个字的例子,用来说明从词源研究上所看出的一个思维发展的过程,实在是以“字源学”上的现象来代替词源的研究。这不但不符合汉语词源学的事实,而且跟阿文原来所举古伊朗语 suxra、奥塞汀语 arf 等的例子也是不相称的。

五、汉语中的底层问题

岑文第三节第四段(第 3 页),说到“底层”问题,除了依据阿文举出“俄语某些方言中找到芬兰语的底层,印度—雅利安诸语中找到达罗毗荼语的底层”来做例证以外,又增添了汉语上的实例,说“在汉语的有些方言中可以找到古粤语、古闽越语或古吴越语的底层”。就我们所知道的,底层现象是不同民族语言相交配后所产生的一种现象;甲民族语言,在某个地区内,被乙民族语言所同化,可是还留有遗迹,这就成为乙民族语言中的底层。岑文在这里所提出的古粤语、古闽越语或古吴越语,是跟汉语不同的民族语言呢,还只是古汉语的不同方言呢?岑文并没有明白地交代。所谓古粤语、古闽越语或古吴越语,对于汉语的某些方言的关系,是不是象芬兰语对于俄语某些方言那样的关系,象达罗毗荼语对于印度—雅利安诸语言中那样的一些关系呢?在这个问题上,如果还不能作出肯定的答复,那末,岑文在这里所说汉语的某些方言中可以找出古粤语等等的底层,是不是恰当地可以作为底层现象的例证;又这样增添的实例,跟阿文原来举的是不是也相称,这都是值得商榷的。

六、汉语音韵学与语音对应的规律

岑文第三节第六段(第 3 页),说到语音对应的规律,举出广州话的“袂”,上海话的“裤”和普通话的“裤子”来做例证,认为它们有“词源上的联系”,“因为它们的声母都源出于古代汉语的‘溪’母

[k‘]，在合口呼韵母前，上海话和普通话仍念‘溪’母，而在广州话却已变成‘非’母[f]，这就是它们之间的一个语音对应规律”。这里牵涉到汉语音韵学的性质问题。汉语音韵的研究，有一个特点，就是须把“音类”的问题和“音值”的问题区分开来。岑文在这里所说的“溪”母、“非”母等，究竟是音类的名称，还是音值的标志，有点纠缠不清。一般所称引的宋人三十六字母，实在只是音类的名称，所谓“溪”母、“非”母，只是指古代汉语上属于“溪”母、“非”母的字。如果岑文在这里是指这样的音类，那末，无论是上海话、普通话的“裤”或是广州话的“袂”，原来都属于古汉语“溪”母的。“袂”是不会成为古汉语的“非”母字的。如果岑文所谓“溪”母、“非”母，不是指这样的音类，而是用来代表古汉语的[k‘]、[f]，那末，“溪”母在古汉语里假定做[k‘]，固然没有什么疑问，可是，把“非”母假定做[f]，又怎样来解释三十六字母上，“非”“敷”两母的区别呢？如果我们认定古汉语里“非”“敷”的区别是[pf]和[pf‘]，不是[f]和[f‘]（因为一般送气和不送气的区别，总是在塞音、塞擦音当中，不是在擦音当中），那末，“非”母在古汉语里应该是[pf]，而不是[f]了。岑文把“非”母假定做[f]，是值得商榷的；而且在这里的提法，又是把汉语音韵学上的音类和音值两种问题纠缠在一起了。

又所谓语音对应的规律，当然不是指少数语词中相对应的现象，而是概括一系列的语词的。例如阿文原来举的俄语词首辅音 б 和拉丁语 f 的相对应，是概括俄语 брат、беру 等和拉丁语 frater、fero 等一系列的语词相对应的现象，它们的词首辅音都是从印欧语的 * bh一变来的。至于岑文所举出汉语方言中“袂”“裤”的例证，又是怎样的情况呢？古汉语里“溪”母合口呼的字，在普通话、上海话里，一、二等大部分是[k‘]，三、四等绝大部分是[tɕ‘]；在广州话里，一、二等分做三支：一支是[k‘]（例如“跨”），一支是[h]（例如“腔”），又一支才是[f]（例如“袂”），三、四等只有：[k‘]、[h]

两支,没有变成[f]的。[①] 由此可见用“袪”“裤”的例证来说明汉语上语音对应的规律,它的概括性是比较差的。倒是古汉语的“晓”母,[②]在合口呼韵母前,到了广州话里变成[f]的,更为显著。岑文不举此而举彼,显然在例证的取舍上并不很妥当。

七、论词源学上的类推方法

岑文第三节第九段(第4页),说到语义发展的规律性,依据阿文所举印欧语系的各种语言中“城”这个词的原始意义,都是出于“城堡”“堡垒”这个概念,因而说:“在汉语里,‘城’这个词总是跟‘城垣’‘城墙’‘城池’等联系在一起的,现在许多地方的城墙虽已拆除,但是提起‘城’来总会使人想起从前曾有过一堵高大的围墙围住。”这是依据印欧语里的词源事实来类推到汉语里来了。尽管印欧语系的各种语言中“城”这个词都是由于“防御敌人”的意义而起,汉语里“城”这个词的原始意义却并不如此。语义发展的规律性,应该象语音对应的现象一样,是在同系族的亲属语言中显现出来的;汉语既然跟印欧语系的语言不同系族,怎么可以依据它们的词源来类推呢?岑文所用的这种类推方法,把外国语的帽子套在汉语的头上,这是不能适合的。

就汉语的事实来说,“城”这个词固然跟“城垣”“城墙”“城池”等联系在一起,但是也跟“城市”“城镇”“城邑”“京城”“都城”等联系在一起,并不一定源出于“防御敌人”的意义。《说文》:“城,所以盛民也,从土,从成,会意,成亦声”;《释名・释宫室》:“城,盛也,盛受国都也”;《白虎通》:“城之为言宬也。”按,“城”“盛”“宬”等字,都是从“成”得声的。《说文》:“成,就也,从戊,丁声”;朱骏声《说文通训定声》谓“从茂省”。又《说文》:“盛,黍稷在器中以祀者也,从皿,

① 参见中译本《中国音韵学研究》,第242页。
② 同上书,第264页。

成声”，“宬，屋所容受也，从宀，成声”。“成”字又是从“丁”得声的。《广雅·释诂》：“丁，强也”；“丁”有“壮盛”义，与“成”的“成就”“茂盛”义相通。“城”，又与从“丁”得声的“亭”音义相通；《说文》：“亭，民所安定也，亭有楼，从高省，丁声。”总之，从“成”“城”等词的音义关系上来观察，它们的词源应该是出于“成长”“生聚”；“聚集”等的意义。由“成长”引申为“茂盛”义；由“生聚”引申为“安定”“盛受”等义；又由“聚集”引申为“堆积”“层叠”等义。《尔雅·释丘》：“丘一成为敦丘”；郭璞注：“成，犹重也，《周礼》曰：‘为坛三成’；今江东呼地高堆者为敦。”又《吕氏春秋·音初》：“为之九成之台”；可见“成”“城”有“层叠”的意义。由于“城”这个词具有“堆积”“层叠”的意义，所以它“总是跟‘城垣’‘城墙’‘城池’等联系在一起”，也总会使人想起“一堵高大的围墙”了。因此我们可以断定“城”的原始意义，并不是出于“堡垒”和“防御敌人”的概念。岑文应用类推的方法，依据印欧语系语言中的词源学的结论来套到汉语里来，这是很不适合的。

八、所谓语音规律的例外现象

岑文第四节第三段（第 4—5 页），说到语音规律的一些例外的“反常的”现象，依据阿文原举的例证，举出印欧语系的语言中一些动摇于 satem 和 kentum 语言规律之间的现象来说明。此外，又增添了汉语上的几个例子，说：“例如汉语的‘佳’和‘街’在古代都是‘古膎切’，现在广州话都念 gāi（这里用的是汉语拼音方案字母），而普通话‘佳’念 jiā，‘街’念 jiē，这样一来，就不合它们之间的语音对应规律。‘搅’在古代是‘古巧切’，现在普通话变成 jiǎu，而跟它同源的‘搞’却念 gǎu（普通话的‘搞’是一个方言词）。‘丸’，广州话念 yün ，而‘肉丸’（狮子头）却说成 yùkwǎn（广州话‘肉丸’的‘丸’之所以念 wǎn 是因为受了普通话的影响）。这些都是所谓'反常的'语音现象。"把这段话仔细审察一下,就可以看出岑文在这里所增添的汉语的例证,实在不能算是真正例外的"反常的"语音现象。兹一一分析说明如下:

"佳"和"街",在《广韵》上平十三佳,固然都是"古膎切",但是"街"字又出现于十四皆;"皆"和"街"又都是"古谐切"。普通话"佳"念 jiā,"街"念 jiē,从"街"字的又读和"佳""皆"两韵的区别来看,正是合于语音发展的规律的。岑文在这里只举出"佳"和"街"在古代是同音字,而没有注意到《广韵》中的"又音"现象,没有考明"街"字原来是有两读的。因此,所谓"佳"和"街"广州话都念 gāi,而普通话"佳"念 jiā,"街"念 jiē,"不合它们之间的语音对应规律",这样的论断显然是由于片面的观察的结果。

"搅"和"搞"是同源词,但是它们在普通话词汇里的性质以及历史上的事实,彼此有很大的区别。单独的"搅",在文言里是常用的;《诗·小雅·何人斯》:"只搅我心";毛主席《念奴娇·昆仑》词:"搅得周天寒彻。"又《红楼梦》第四十五回:"原该歇了,又搅的你劳了半日神";都是单独用的。可是到了现代普通话里,"搅"只用作合成词里的词素,如"搅和""搅扰""搅拌机"等词里的"搅"。至于"搞",当是"搅"字古文"捁"的后起异体字。[①] 它大概是近代从方言中流传到普通话里来的。在现今普通话里,"搅"是古语词,"搞"是方言词,两者的性质不同;又"搅"是从书本上流传下来的,"搞"是从方言中输进来的,历史的事实也不同。因此,"搅"变成了 jiǎu(汉语拼音字母上应该是 jiǎo),而"搞"却念 gǎu(汉语拼音字母上应该是 gǎo),从表面上看来似乎有一些跟一般倾向不相一致的例外,实在是可以用它们的历史事实来解释的。

广州话"丸"念 yün,而"肉丸"却说成 yùkwǎn;岑文自注:"广

① "捁"字见《后汉书·马融传》"捁羽群"注。又《集韵》肴韵里所录的"搞",音"敲";号韵里所录的"搞",同"靠";它们是另外的两个字。

州话‘肉丸’的丸，之所以念 wán 是因为受了普通话的影响。”我们还可以根据发音上的条件来解释，广州话“肉丸”yùkyün 之所以说成 yúkwán，也是一种“顺异化”的结果。所以这个例子，从表面上看来似乎是语音演变的例外现象，其实也是可以用发音的条件和历史的事实来解释的。

从上面的分析和说明，就可以知道岑文对于语音规律的例外现象，所增添的汉语例证，实在都不能算是真正例外的“反常的”语音现象，跟阿文原来举出的印欧语上的一些例子也是不相称的。

九、“同实异名”产生的两个途径

岑文第四节第六段（第 5 页），说到语义规律上的一些纷歧错杂的现象，就举出了一些“异名同实”的例子，除了阿文原有的印欧语系语言中关于“熊”的一例以外，又增添了汉语方言中“蚯蚓”的异名“曲蟮”“河仙”“土奴”“黄犬”和“荸荠”的异名“地栗”“马蹄”这样两个例证。事实上，岑文在这里所增添的关于汉语方言的这样两个例证，是跟阿文的原意不相称的。因为阿文原来是指出同一种事物而在各种语言中命名取义不同，以致语义规律上产生纷歧错杂的现象；可是岑文所举出汉语方言中“蚯蚓”和“荸荠”的种种异名，并不都是由于命名取义的不同，而有不少是由于同一名称的方音转变。王国维《尔雅草木虫鱼鸟兽名释例》上，曾经举出“凡雅俗多同名而稍变其音（如‘萑，蓷；粢，稷’之类）”一例，[①]这就是指同一名称的方音转变。“同实异名”的产生，主要的有两个途径：一个是由于各种语言或方言中命名取义的不同，另一个就是由于同一名称的语音转变，这两者是不容混淆的。

“蚯蚓”和“曲蟮”，就是由于语音的转变而起；兹节引王念孙的

① 《观堂集林》卷五。

话为证：

“《尔雅》：‘蛬蚓，竖蚕’；郭璞注云：‘即蜿蟺也，江东呼寒蚓。’蛬蚓，蚯蚓，声之转也。又转而为曲蟺。《古今注》云：‘蚯蚓，一名蜿蟺，一名曲蟺，……’一作蛐蟮。……又转而为蠢蠕，为朐腮。……今扬州人谓之寒蛲，即寒蚓也。《广韵》云：‘蛲，蚯蚓也，吴楚呼为寒蛲。’……丘蚓之形屈曲，故谓之蜿蟺，又谓之蝍；蜿蟺之言宛转也，蝍之言曲也。各本俱脱蝍字，《集韵》引《广雅》：‘蝍，蜿蟺也。’……”①

因此知道“蚯蚓”的名称，在古代文献中有“蛬”（《说文》：“蟺，螾也”；“螾”即“蚓”）、“蚓”“蝍”“曲蟺”“蜿蟺”“蠢蠕”“寒蛲”等等。这些似乎是不同的名称，实则其中很多只是同名而音转。因而推定岑文所举的“河仙”“黄犬”，可能也是“蜿蟺”“寒蛲”等的转音。（“黄犬”的“犬”，可能是“曲蟮”的合音，犹之乎“蛬”是“蚯蚓”的合音。）至于“荸荠”，就是《尔雅》《说文》中所称的“凫茈”；郝懿行说：“《说文》：‘芍，凫茈也。’……《本草衍义》作‘葧脐’。今呼‘蒲荠’，亦呼‘必齐’，并语声之转也。”②因而推定岑文所举的“马蹄”，也可能就是“葧脐”“蒲荠”等的转音。由此可见岑文所举出汉语方言中“蚯蚓”和“荸荠”的种种异名，实际上其中很多只是同一名称的方音转变；在这里跟阿文原来以命名取义的不同来说明语义纷歧的意旨，是不相符合的。实际上是同一名称，由于“语声之转”而成为异名，这种同实异名产生的途径在汉语上是很重要的，岑文把它和那种命名取义的纷歧现象混淆起来了。

十、词源学和历史考古学的关系

岑文第五节的末了一段（第7页），讲到词源研究与历史学、民

① 《广雅疏证》卷十下“蚯蚓”条。
② 《尔雅义疏》“芍、凫茈”条。

俗学、考古学等的关系，说：“我国汉语北方话的‘隔壁’，广州话叫做‘隔篱’，这可以反映原始广州人是以篱笆做墙壁的。”必须指出，这样的推断是很靠不住的。我们知道，历史材料可以用来解释语言现象，词源研究的结果也可以用来阐明历史上的一些问题；但是语言现象的本身，依然还是一个历史的问题。阿文原来举出印欧语系的语言中表示“牲畜”的词，跟表示“财宝”的词有词源上的关系，因而推断“古代”斯拉夫人与日耳曼人曾经是用牲畜作为财宝的。要注意这里只是泛指“古代”，没有质言某个时代或原始时期。我们现在要提出一个具体的问题：广州话把“隔壁”叫做“隔篱”，这种现象是不是“原始”广州话里所具有的呢？我们知道，“隔篱”这个词语是古代文学作品中常见的；例如杜甫《客至》诗：“肯与邻翁相对饮，隔篱呼取尽余杯”；熊鉌《捣衣曲》：“隔篱翁媪寐不熟，月落尚闻砧杵声。”好象不大可能，这个词语是古代诗文中从广州方言里吸收过来的；比较可能的，它是从古代文学语言中流传到广州方言里去的。现在，既然还不能确定这种语言现象是“原始”广州话所具有的，就不能用来推断“原始”广州人具有那种风俗习惯。岑文在这里，除了依据阿文举出一些印欧语系语言中表示“财宝”和“牲畜”的词以外，又增添了广州话“隔篱”这样一个例子，两者是极不相称的；而且那种推断，并不符合于历史主义的原则。因为运用词源学的材料来阐明历史上的问题，首先须要考明词汇本身的历史。阿文当中有这样一句话：“词源学并不是语言学中的一门什么特殊的、独立的学科，而只是历史词汇学的组成部分”；岑文也是讲词源研究的原则的，可是在这里却忽视了词源学上最基本的历史主义的原则。

总括上面所列的许多问题来看，可见岑文所举出有关汉语词源学的例证，无论是就阿文原来举的印欧语系语言中的事例加以更换的，或者加以补充的，其中有些是不符合汉语和汉语词源学的事实的，又有些不符合阿文原来的意旨的，特别是对于汉语词源学没有恰当的评价。似乎应该提出来供大家讨论、研究，还请读者和岑先生不吝指教。

（《江海学刊》1963 年 7 月号）

《黄侃论学杂著》前言

黄侃（1886—1935），字季刚，晚年自号量守居士，湖北蕲春人，是章炳麟以后的著名的音韵训诂学家之一；同时他在文学理论和哲学方面，也持有一些独特的见解。

黄侃的青年时代，正当清王朝面临总崩溃的时候，他曾抱有旧民主主义革命思想，参加过实际的政治活动。清政府要缉捕他，就到日本去避难。恰好这时章炳麟正在日本举办国学讲习会，他就加入学习，做了章氏的弟子。辛亥革命后回国，逐渐离开了政治活动，专事教学，历任武昌高等师范、北京大学、东北大学、中央大学、金陵大学等校教授，前后二十多年。

他的论学著作，生前发表的很少。死后，前中央大学出版的《文艺丛刊》特为编印《黄季刚先生遗著专号》，收录的有十九种。这里编印的《黄侃论学杂著》，就是从原印的十九种当中，抽出《文心雕龙札记》一种作为单行，并删去《冯桂芬说文略注考正书目》一种，共为十七种。因为其中绝大部分是关于语言文字学的，尤其是音韵方面的论著占着半数；所以就依据“小学”分类上的“形体”“音韵”“训诂”三门来编次；属于“小学”以外的，列在最后；总称为《黄侃论学杂著》。

现在，我们就把这十七种论著的主要内容简单地介绍一下，然后再来对他的学术成就作一些说明和估价：

《说文略说》 说明《说文》的性质及其内容：首先，依据《说文序》中“庖牺作卦”“仓颉作书”等语，来阐明文字的起源和“文”与“字”制造的先后问题。其次，又依据《说文序》中所说“六书”定义及“改易殊体”“孳乳浸多”等语，来讲文字的类例以及“变易”和“孳乳”的两大规律。“变易”是指字形虽异而实为同字；如《说文》所录“重文”以及后代因读音小变而别造异文之类。“孳乳”是指形义俱变而“语原”实同；凡“孳乳”之字，其间“语原”的关系，有容易识别的，也有难以识别的。第三，关于“六书”和字体的关系问题，认为全部汉字中，即使不是《说文》的正体，甚至是讹变的字，也都不出于“六书”的范围。第四，讲字书编制的源流，谓字书体裁可以分为九种。第五，论到《说文》自身的依据问题，谓“《说文》之为书，盖无一字、无一解不有所依据，即令与他书违悖，亦必有其故”（见本书第24页）。孙诒让《名原序》里主张根据金石、甲骨古文来补正许书，顾炎武《日知录》里对许书说解有所疑难，黄侃一一加以反驳，并且申明《说文》中的“六书”“字体”“说解”，都有所依据。最后，列举东汉到唐宋之间研究《说文》的学者，以指明今本《说文》的渊源所自。

《说文说解常用字》 汇录《说文》各正字下“说解”中常用的字，按着笔画排次，并一一注明卷数，以供研究许书“字体”时的参考。

《音略》 这是黄侃音韵学说的一种纲领式的著作：首先叙列“略例”，指出他的学说渊源所自；他继承了顾炎武、江永、戴震、钱大昕、段玉裁、孔广森、王念孙、严可均、陈澧以至章炳麟这些音韵学家的成就，而这些人当中对他的学说影响最大的，除了他的本师章炳麟之外，应该算是戴震和陈澧两家。其次，叙列“今声”为四十一类，就是依据陈澧《切韵考》的四十类，又将其中的“明、微”分开，共得四十一类；更参照江永《音学辨微》的辨七音法，说明这四十一类的发音法。第三，叙列“古声”为十九类，谓确定古声十九类，是由区别今声四十一类中的“本声”和“变声”而来。第四，解说“今韵”，参照江永、陈澧的研究成果来分析《广韵》的韵类，谓“《广韵》虽二百有六，若按诸韵理，尚宜再分。……日取江、陈之说细绎之，因得明今韵之分类”（第77页）。又把分析出来的“今韵”韵类总括为二十三摄。第五，解说“古韵”，依据章氏的二十三部，再加上戴震所列出的入声，定古韵“阴声”八部、“阳声”十部、“入声”十部，共二十八部，并且一一说明其读音。最后，解说“反切”的方法。

《声韵略说》 这篇是指示研究声韵的途径和方法的：第一，说明研究声韵的重要性，又指明研究的途径就在《说文》和《广韵》两书当中。第二，论字音的起源，是由于表情感、拟物形、象物声等。第三，论古今声韵的异同及其变化的由来，谓古、今声韵条例有其共同性，也有其差异性，声韵的变迁是由于时代的不同，也是由于地域的不同。第四，谓根据《说文》中“形声”“重文”“训释”等，可以考明古代的正音和变音。第五，谓根据《诗经》中的“韵字”“连字”“对字”等，也可以考明古代的正音和变音。第六，讲反切以前证明读音的方法，有“形声”“连字”“韵文”“异文”“声训”“合声”“举读”等。最后，关于反切的起源问题，依据颜之推、陆德明及张守节三人之说，断定反切起子孙炎；对其他异说，一一加以批驳。

《声韵通例》 说明声韵学的术语以及古今音变、声韵通转和反切的规律。所附《与人论治小学书》，讨论了五个问题：第一，关于研究《说文》的方法，谓先须分别“六书”，再搞通各字的今音和古音，这样就可以知道“本字、通假字”“本义、引申义”的分别。第二，关于研究音韵的途径，谓研究音韵学，必定要以《广韵》为宗。《广韵》四十一声类中，有“本声”和“变声”；二百六韵中，凡是只包含有“古本声”的，认为是“古本音”，参杂有“今变声”的，认为是“今变音”不但有古今音的分别，而且声音通转、旁转、对转的规律，也都具备于《广韵》当中。通了《广韵》，再比合《说文》，参证《诗经》，这样就可以了解古音了。第三，关于诗赋的用韵，谓作韵文应取《广韵》当中古音和今音相同的来用韵。第四，关于音韵与训诂的关系，谓王念孙《广雅疏证》、郝懿行《尔雅义疏》等，都是"以音理贯穿义诂"（第162页），其中有"音同""音近""音转"等例。第五，关于章炳麟《文始》一书的内容，谓《文始》是"总集字学、音学之大成"（第164页）的著作。

《诗音上作平证》　举出《诗经》韵字中上声和平声相押之例，认为上声，古皆作平，以证明古音只有平、入之分。

《说文声母字重音钞》　凡是《说文》形声的声旁字（称为形声"声母"），有两种以上的读法的（称为异读"重音"），一一注明其反切及"又音"，按着原来的部首排列出来，以为考求古今音变时的参证。

《广韵的声势及对转表》　分析《广韵》各部的韵母，把它们分为阴声、入声、阳声三大类型，又依据韵母的性质列为对转表，并一一注明其开合洪细，共为九类、二十六摄、七十二对转、三百三十九小类。

《谈添盍帖分四部说》　认为谈、盍两部也是"古本韵"，应当把它们跟添、帖区分开来；举出《说文》形声"声母"，《诗经》和他书用韵、叠韵、声训、音读，来证明这四部应当区分；又根据韵部对比的关系和古音相通的事实，来断定覃、谈、添、合、盍、帖六部就是痕、寒、先、没、曷、屑六部的收唇音。《广韵》从真到先的十四韵，顾炎武合成一部，江永分为两部，段玉裁分为三部；入声也因之分为三部；这些就是痕、寒、先、没、曷、屑六部。至于《广韵》从侵至凡的九韵，顾炎武合成一部，江永分为两部；入声也随着分为两部；从此没有一个古音学家主张再加分析的。在这篇里，黄侃却主张覃、谈、添、合、盍、帖，平入共分六部；这是值得古音研究者注意的。

《反切解释上编》　列表说明《广韵》四百四十多个反切上字的

古今读音，有《广韵》切语上字分配四十一声类表，四十一声类读法表，切语上字读法表，字母声类古声类分合表等。

《求本字捷术》　指出依据“音同”“音近”“音转”三例，作为从“假借字”考求“本字”的途径。

《尔雅略说》　这篇说明《尔雅》一书的性质和研究的途径：第一，解释《尔雅》书名。第二，关于《尔雅》的作者问题，断定郑玄“孔子门人所作”之说为不误。第三，指出《尔雅》和群经古籍的关系以及历来经师备习《尔雅》的事实。第四，叙录历代注释《尔雅》的书，从汉代诸家到郭璞的注，再从郭璞到陆德明的音义和邢昺的义疏，以及宋人的《尔雅》之学。第五，叙录清代诸家的《尔雅》之学，并一一评论其得失；由于清代《说文》和古音之学大盛，所以有邵晋涵《尔雅正义》、郝懿行《尔雅义疏》那样超轶前代的著作。第六，指明《说文》和古音学书，应作为研究《尔雅》的工具和基础，并说明古音学内容的大概。

《春秋名字解诂补谊》　古人名和字，多相关联，而故训往往难晓。本篇就王引之《春秋名字解诂》及俞樾《补谊》，再加以订补；王、俞书中阙疑未说或未能确定的，有二十多条，一一加以解释。如鲁公子买，字子丛，以为“买、密”声转得通，而引襄三十一年《左传》：“莒密州字买朱鉏”为证；因谓“密”有聚义，“丛”于《说文》亦训聚，故“密、丛”对举。

《蕲春语》　依据《说文》《广韵》等书来解释蕲春一带的方言俗语，其方法和体例，与章炳麟《新方言》相同。

《讲尚书条例》　指出关于《尚书》今、古文争论中应当加以清理的几个重要问题，以及研究《尚书》时应当注意的“文字”“义理”“史事”“制度”等方面。

《礼学略说》　只有上篇，说明研究《仪礼》《周礼》《礼记》等书的途径和方法，主要有下列几点：第一，礼学之所以不容易研究，是由于“古书残缺”“古制茫昧”“古文简奥”“异说纷纭”；因此研究时必须把“明文”和“师说”，“经义”和“事证”相互稽考。第二，指明礼学应以郑玄的《三礼》注为宗；并叙论郑玄以后至于唐、宋、元、明各代礼学之书；又说“清代礼家辈出，日趋精密”（第452页）。第三，指出研究礼书的步骤：首先要“辨字读”“析章句”，次则“审名义”“求条例”“括纲要”。第四，说明礼学的内容。有“礼意”（各种礼节的意义），“礼具”（各种礼节有关的名物），“礼文”（关于礼节繁简的度数）。第五，后代对于礼书所产生的疑难，一一加以辨正。

《汉唐玄学论》　这篇是讲中古时期玄学的源流和派别的。谓我国中古时期谈论玄理的，起于西汉末，渐盛于东汉，极盛于魏晋，至唐而衰歇。其中论点：推举王充《论衡》在玄理上的贡献；表彰《列子》、伪《古文尚书》、《孔丛子》三种伪书的价值；谓范缜《神灭论》，原出于《礼记·祭义》“魂魄即形神”之说；谓魏晋六朝的经生，多“持佛理以解儒书”（第486页）；谓我国玄学，“多论人生，而少谈宇宙”（第488页）；这些都是研究我国哲学史者所当注意的。

从这十七种论著的主要内容上看来，就可以知道黄侃的论学主张，有下列的几个特点：

首先，在治学方法上，他继承了三百年来“汉学家”的传统，以“小学”为“经学”的基础，这就是说，把语言文字学作为研究我国历史文化的基本工具。所以他说，研究《尚书》《三礼》等，首先要“考文字”“辨字读”“析章句”。至于研究语言文字学的时候，又首先要讲求音韵。顾炎武《答李之德书》里说过：“读九经，自考文始；考文，自知音始；以至诸子百家之书，亦莫不皆然。”黄侃却更进一步，从“形”“音”“义”这三种要素产生的先后关系上来确定这三方面研究的先后程序。他说：“小学分形、音、义三部。……案，三者虽分，其实同依一体。……三者之中，又以声为最先，义次之，形为最后。”(第93页)所以他一生治学，首先致力于音韵，建立了自己的一个古音学体系。这是黄侃的学术成就的特点之一。

其次，关于怎样来研究语言文字学的问题，黄侃主张以《说文》和《广韵》两书为基础。他认为不但研究文字，而且研究古音，都应当以《说文》为根据。他说：“近世讲《说文》者，多即以求古音，于是造字时之音理，稍稍可说。”(第106页)他又主张根据《说文》和古音研究来读《尔雅》，把《说文》和古音研究作为“治《尔雅》之资粮”(第396页)。至于研究《说文》的方法，他主张：“研治《说文》，先以分别六书为急。”(第145页)又说：“更以《广韵》校其音读”；因为“古今音异，必能正读今音，乃可得古音之条理”(第147页)。这里所谓“古音”，是专指周汉古音；所谓“今音”，是指《广韵》等书里所反映出来的读音。黄侃认为从《说文》《诗经》等书来研究古音，不但要用《广韵》来做衡量的标准，而且认为周汉古音就包罗在《广韵》一书里。他说：“古本音即在《广韵》二百六部中；《广韵》所收，乃包举周汉至陈隋之音，非别有所谓古本音也。”(第149页)所以他主张“以《说文》为主，而求制字时之声音；以《广韵》为主，而考三代迄于六朝之音变”(第94页)。这样以《说文》和《广韵》两书作为我国语言文字学的基础，是黄侃的学术成就的特点之二。

最后，黄侃自己标明“音学之进步”，有两个方面：第一方面，他吸取陈澧研究的成果，根据《广韵》来贯通“古音”和“今音”；第二方面，又根据《说文》和古音的研究，来贯通“字原”和“语原”。这里所谓“字原”，是指文字制作原始的形体；所谓“语原”，是指“音、义相关”，各种事物得名的由来。他说：

> 往者，古韵、今韵、等韵之学，各有专家，而苦无条贯。自番禺陈氏出，而后《广韵》之理明；《广韵》明，而后古韵明；今古之音尽明，而后等韵之纠纷始解。此音学之进步，一也。

> 声义同条之理，清儒多能明之，而未有应用以完全解说造字之理者。侃以愚陋，盖尝陈说于我本师；本师采焉以造《文始》，于是转注、假借之义大明；令诸夏之文，少则九千，多或数万，皆可绳穿条贯，得其统纪。此音学之进步，二也(第 94 页)。

这里所说从《广韵》来贯通古韵、今韵及等韵之学，从《说文》和古音的研究来阐发“声、义通条之理”，因而贯通“字原”和“语原”，这两个方面的进步，正是黄侃在音韵训诂学上，可以认为超出前人、具有自己独立见解的所在。这是他的学术成就的特点之三。

要之，黄侃论学的主张，虽然似觉过于守旧，笃守“师说”，重视“家法”，可是从上面所列他的学术成就的几个特点看来，他还是具有自己独立的见解的；尤其在古音学方面，他继承前人研究的成果(第 63 页)，而加以融会贯通，建立了自己的一个古音学体系，卓然成一家言。所以有人称黄侃是三百年间古音学研究的一位殿后人，是有点理由的。

不过，黄侃的学术成就，如果依据当前语言学界一般公认的学说来衡量，其中也存在着许多问题。这里只就比较显著的问题当中举出四点来谈谈：

第一点，关于《广韵》这部书的性质问题。

《广韵》是承袭《切韵》《唐韵》而作的。陆法言《切韵序》里说：“因论南北是非，古今通塞”；这里所谓“古今”，一般认为最多只能包括魏晋到陈隋间的读音，不能把“周汉”或“三代”之音包举无遗。历来古音学家，考证周汉时代声、韵的部类，大都只能利用《广韵》的韵部来进行比较，以显出古韵、今韵分合的变化；这就是江永《古韵标准·例言》所说：“古韵既无书，不得不借今韵离合以求古音。”陈澧在《切韵考》里分析《广韵》的声类，把照、穿、床、审、禅五母分为九类，又把喻母分为两类，主要的目的是在表明《广韵》的声类系统与等韵图上的三十六字母有一些差异。我们根据陈澧等所分析的声类来比对周汉古音，更可以显出古今声类分合的变化。黄侃把照、穿、床、审、禅五母的九类分属于古声“舌音”和“齿音”之下，可以说明这两组的来源不同，这是很对的。只是，他把喻母的两类同属于古影母之下，完全把它们的来源弄错了，有待于后来的补正。据今人研究，《广韵》里的声类和韵部，只能认为是代表魏晋隋唐间的读音系统，不能认为连周汉古音也包罗在内。就《广韵》的性质来说，它在周汉古音的研究方面，只能用来作为声、韵部类分合变化的一种衡量标准，不能用来“考三代迄于六朝之音变”。这是存在的问题之一。

第二点，关于音韵学上“音类”与“音值”的区分问题。

我国音韵学上所谓“音类”，是指当时各字所属的部类；所谓“音值”，是指当时各部或各类字的确凿读音。“音类”的考证，“音值”的拟测，这两件事当然有密切的联系，但是一定要加以区分，不能混为一谈。例如在古韵上有歌部、模部等；古韵上的歌部，包括《广韵》里的歌韵、戈韵以及支韵一部分、麻韵一部分的字（举平声，赅上、去）；古韵上的模部，包括《广韵》里鱼韵、模韵以及虞韵一部分、麻韵一部分的字；这些就是关于古、今韵的“音类”分合异同问题。至于周汉时代的歌部究竟应该读什么元音，模部应该读什么元音，有没有某种韵尾，它们和《切韵》或《广韵》里的歌韵、鱼韵等，在实际读音上究竟有什么异同；这些又是关于古、今音的“音值”测定问题。这两种问题的研究，常常须要分开做两步走；不能把它们混淆起来。可惜黄侃的音韵学说里，正是缺乏对这两种问题区分的观念的。

黄侃所谓“古本音即在《广韵》二百六部中”（第 149 页）；这句话就意味着古音和今音的“音值”都已经完全确定了，因而断言：今音中一部分与古音“音值”相同的，就是“古本音”；另一部分与古音“音值”不相同的，就是“今变音”。现在我们来看黄侃所确定的古、今各部或各类字的“读音”，实在是依据于明清时代所谓“晚期”的等韵学而来的（第63—90页）；用这样的“读音”来比对宋元时代所谓“初期”的等韵学，已经是格格不相入了，因而又产生“一、四等为古本韵，二、三等为今变韵”之说。他说：“大抵古声于等韵只具一、四等，从而《广韵》韵部，与一、四等相应者，必为古本韵，不在一、四等者，必为后来变韵。”（第399—400页）由此可见黄侃所谓“今、古之音尽明，而后等韵之纠纷始解”（第94页），正是用明清等韵学说来掩盖宋元等韵学的一种结果，实际上反而把等韵的系统搅乱了。他又把这样的“读音”施加于《广韵》以至于周汉古音，认为古、今“音类”相同的，“音值”也相同；“音类”有变异的，“音值”也有变异。这样把“音类”和“音值”两种问题混淆起来，因之他所谓《广韵》中有“古本音”和“今变音”之说，恐怕不能用来贯通古音和今音，实际上反而把古、今的读音系统混乱了。这是存在的问题之二。

第三点，关于汉语语音发展的内部规律问题。

黄侃所谓《广韵》中包罗“古本音”和“今变音”，这种学说，实在是以“古音简，今音繁”的论断来做基础的；就是说，他首先断定周汉古音里声、韵、调的种类都比《广韵》里要简少。“古声”十九类，“今声”四十一类，“古本声”就包罗在四十一类当中。“古韵”二十八部，“今韵”二百六部，“古本韵”（歌、戈，寒、桓，曷、末，魂、痕，各自合并）就包罗在二百六部当中。“今韵”分平、上、去、入四声，古音“惟有平、入而已”（第62页）；所以古音的声调也包罗在今音当中。从周汉到了隋唐之间，汉语里声、韵、调的种类，究竟是由“简”而趋于“繁”呢，或者是由“繁”而趋于“简”呢？这是关于汉语语音发展的内部规律的问题，值得大家慎重地研究的。依据现今语言学界一般的看法，认为周汉古音中的每一个“韵部”，实际上包括好多个韵母，它的范围远比《广韵》里所谓“韵部”要大得多。“今音”

中的喻母，也是从周汉古音中失落声母的结果而形成的。又从汉藏语系许多语言的比较研究来看，我们还可以肯定：周汉古音中韵尾的种类，比“今音”里要丰富；当时声调的种类，也不比“今音”里少；而且周汉古音中具有“复辅音”的声母，到“今音”里都单化了。这些事实，都使得我们认识到“古音简，今音繁”的论断是不能成立的。这是存在的问题之三。

第四点，关于许书在字原学上的价值问题。

就近代语言文字学的发展情况来看，是不是单纯根据《说文》和古音的研究，就可以贯通“字原”和“语原”呢？关于许书在字原学上的价值问题，实际就是关于金石古文字学和甲骨古文字学对于汉字研究的贡献问题。章炳麟和黄侃，他们讲文字和古音，绝对以许书为宗，这种学说的片面性，早已有定评，这里不必赘说。此外，还有“字原”和“语原”两者之间的关系问题：“字原”和“语原”是密切地相联系的，两者的研究也应当相辅而行；但是两者之间又应当有严格的区分，不能用来互相替代、把它们等同起来。章炳麟《文始》里，把《说文》中一些“初文”的研究作为汉语语原的研究，还是值得商榷的。由此可见，黄侃所谓应用“声义同条之理”以完全解说“造字之理”（第 94 页），恐怕不能用来贯通“字原”和“语原”，实际上反而把“字原”的研究和“语原”的事实混同起来了。这是存在的问题之四。

从上面所举的四点来看，我们就可以知道，黄侃论学的主张，和我们当前语言学界的一般看法是有很大的距离的。但是，不管怎么样，黄侃能够继承前人的研究成果，又能够有所发明，用自己的见解来建立一个古音学体系，这在他自己的研究范围内，确实是勇于创造的。所以，在我国语言学史上，是有他应有的地位的。

还有一项应当注意的事实，就是黄侃对于其师章炳麟的学说，并不是一味遵从，斤斤守着不变的。这里举出几个显著的例子：

一、关于古声十九类的一项“发明”。关于古声十九类，他说：“吾师初不谓然，后乃见信；其所著《葑汉微言》，论古声类，亦改从侃说矣。”（第 69 页）章氏《葑汉微言》：“黄侃云：歌部音本为元音；观《广韵》歌、戈二韵音切，可以证知古纽消息；……此亦一发明。”黄侃之所以能够建立自己的一个古音学体系，一方面固然是由于继承前人的研究成果，另一方面也是由于章氏所谓有他自己的这项“发明”。

二、关于“旁转”等的名目。大家知道，章氏的《成均图》，除了阴阳“对转”之例以外，又列着“旁转”“次旁转”“旁对转”等的名目。黄侃却说：“古音通转之理；前人多立对转；旁转之名；今谓对转于音理实有，其余名目皆可不立；以双声、叠韵二理，可赅括而无余也。”（第 63 页）

三、关于反切的起源问题。关于反切的产生，章炳麟在《音理论》（《国故论衡》上）里，断定应劭时已经有反语。吴承仕也有相同的说法。黄侃却依从颜之推等人，说反切起于孙炎，而反驳吴承仕之说（第 122—136 页），实际就是反驳章氏。

四、对于陈澧《切韵考》的评价。章氏《音理论》，对于陈澧《切韵考》里运用反切上下字来考证《切韵》声、韵部类的这种方法，并不赞成。黄侃却特别推崇陈澧此书，谓：“信乎今音之管籥，古音之津梁也。”（第 149 页）

五、关于古声里舌音和齿音的分界。章氏在《国故论衡》等书里所定的《纽目表》，认为“正齿音”的照组与“齿头音”的精组全部合并成为古声里的“齿音”。黄侃却依据陈澧《切韵考》里对于“正齿音”一组的分析，把原来的照、穿、床、审、禅五母分为九类，这就是说，在“正齿音”的五母当中，再分出了庄、初、床、疏四类。他又采取了这种研究的成果，把庄、初、床、疏四类与“齿头音”精组合起来成为古声里的“齿音”，又把“正齿音”的其余五类，照、穿、神、审、禅，分归于“舌音”之下。他这样确立了古声里舌音和齿音的分界，因而订正了章氏《纽目表》里的错误。

从上面所举出的这些事例看来，可以说，黄侃在有些方面实在也有“青出于蓝”的地方。并且从而可以知道黄侃在学术上具有自己独立的见解，究竟是怎样来的。当然，他所坚持的，并不一定都是对的；可是他那种独创精神，还是值得我们重视的。

1964 年 6 月，于上海

文言文的教学问题

一、文言文的性质

文言文是古代的书面语。我们知道，语言中的基本词汇和语法构造是语言的基础。文言文里，有很多词语、词义，虚词用法，结构形式，是属于古代汉语的。这就是文言文的本质特点。我们对于文言文的教学，往往是在熟练现代语言的基础上来进行的，因之文言文教学当中要克服的一个突出矛盾，就是现代汉语和古代汉语之间的差别。

我们可以从文言文的教材当中，摘录出一些辞句，再把它们翻译成为白话文，两相对照一下，就会看出文言文的一些特点。文言文的作品，尽管有的作者年代相差很远，可是它们的语言基础相同，就有许多共同的特点。举例说明如下：

（一）单音词比现代汉语里要多，文言文里许多单音词，往往到白话文里变成双音词。例如：

> 屠暴起，以刀劈狼首，又数刀毙之。（《聊斋志异·狼》）
> （屠户突然跃起，用刀劈狼的头部，再几刀结果了它。）

这里的“屠”是“屠户”，“暴”是“突然”，“起”是“跃起”；这些都是单音和双音的不同。

（二）有些词语的意义，和现代语里所用的不完全相同。例如“受业”的“受”，现代语里只是表示“承受”“接受”的意义，但《师说》“师者，所以传道、受业、解惑也”一句里的“受”，却用来表示“传授”“教授”的意义。又如“所以”，原来是一种“所”字结构，到了现代语里只是表示因果关系，上引一句里却表示使用关系，作“用它来”或“用来”讲。

（三）词性活用的现象，也比现代语里要多。例如：

沛公军霸上，未得与项羽相见。（《史记·项羽本纪》）

令善射者去阏与五十里而军。（《史记·廉颇蔺相如列传》）

这里的“军”，是名词用作动词，作“驻军、扎营”讲。可见在一个状语后，或者一个补语前的名词，可以用作动词。又如“又数刀毙之”这句里的“毙”，是自动词用作他动词，作“结果了（它）”讲；又如：

君将哀而生之乎？（柳宗元《捕蛇者说》）（您要哀怜我，使我活下去吗？）

这里的“生”，作“使活下去”讲。在一个宾语前的自动词，用作他动词。

（四）文言文里，“之、于、者、也”等虚词形式，显然与白话文里不同；而虚词用法，也复杂得多。有些文言虚词，有几种不同的语法意义。例如：

少时，一狼径去；其一犬坐于前。（《狼》）（一忽儿过去了，一只狼直捷走开了；另一只狼象狗一样坐在前面。）

这里“坐于前”的“于”，是表示处所关系。又如：

学不可以已。青，取之于蓝而青于蓝；冰，水为之而寒于水。(《荀子·劝学》)(学习是不可以停止的。比如靛青这种颜料，是从蓝草里提取出来的，却比蓝草还青；冰，是水凝成的，却比水还冷。)

这里“取之于蓝”的“于”，是表示从由关系；“青于蓝”“寒于水”的“于”，是表示比较关系。此外，“于”的用法还有好多种，如表示对向关系、时间关系、被动关系等等。到了现代语里，有些用法已经为别种词语或结构所代替，有些已经分化为“对于、由于、关于、在于”等，意义趋于专一化。“于”的本身，也逐渐成为带有对向意味的一种词缀。

(五) 文言文里，语法结构当中词序的规则，往往有不少例外的情况。例如：

硕鼠硕鼠，无食我黍！三岁贯女，莫我肯顾。(《诗经·魏风·硕鼠》)(大老鼠，大老鼠，别吃我们的庄稼！好几年养活了你，你却对我们毫不顾惜。)

这里用了三个动宾结构，只有第三个“莫我肯顾”，其中宾语放在动词前，不说成“莫肯顾我”。因为第一个动宾结构，前面有否定副词“无(毋)”，而用名词“黍”作宾语；第二个动宾结构里，代词“女(汝)”作宾语，可是前面没有否定副词；只有第三个动宾结构，前面有否定副词“莫”，又用代词“我”作宾语，两种条件齐备，所以宾语放在动词前。我们从古文的句法结构当中，得出这样一条规律：动宾结构里代词作宾语，前面又有否定副词，宾语往往就放在动词前。这是古汉语语法的一条特殊规律，现代语里不管这一套。

以上举出的文言文作品的特点，虽然只是代表古代汉语词汇、语法上部分的特点，可是已经足以使我们明确地认识现代汉语和古代汉语之间的矛盾性。文言文和白话文，既然有这么多的差异，那么，我们为什么一定要学习文言文呢？

二、学习文言文的意义和目的

关于学习文言文的意义和目的，可以分做下列三方面来说：

第一，为着要批判地继承和吸收古代文化的遗产，一定要掌握文言文这个工具。列宁说过："只有用人类创造的全部知识财富来丰富自己的头脑，才能成为共产主义者。"所以我们一定要遵循毛主席"古为今用"的教导，批判地继承和吸收古代文化的遗产。我们要研究中国的社会发展史、文学史、科学史等，就必须阅读古书，掌握古代汉语。

第二，为着要探讨现代汉语形成的由来，必须研究古代汉语。现代汉语的词汇、语法，是由古代汉语词汇、语法发展变化的结果，是经过千百年代演变和积累而成的。古代汉语和现代汉语的关系，是"源"和"流"的关系；两者之间，一方面有矛盾性，另一方面又有同一性。这可以根据下列的几种事实来说明：

（一）现代语里仍然保存着古代语上沿用下来的许多最基本的单音词。例如上文所举《荀子·劝学》篇的两句里，"学、不、青、出、蓝、冰、水、寒"等单音的基本词，现代语上继续保持着不变。这可以证明语言中基本词汇的稳固性。同样，语法构造在古今语的比较上，也有很多的一致性。语法结构里各种成分的序次，除了少数特殊的例外情况，如上文举出的宾语位置有差异以外，多数是古今语相同的。这也证明了语言中语法构造的稳固性。

（二）现代语里有很多双音的复合词，是用古代语里的单音词作为构成它们的“词素”的。例如文言文里，“图谋”的“图”，现代语上不单用了，而在“企图、希图、妄图、力图”等复合词里保存着；“手足”的“足”；现代语上不单用了，而在“足迹、足下、失足、足球”等复合词里保存着；“首尾”的“首”，现代语也不单用了，而在“首领、首饰、首肯”等复合词里保存着。这种现象，表明了汉语词汇双音化和复合化的趋势，也表明了现代语对于古代语的继承性。

（三）现代语里有很多常用的词，是采取古代熟语、成语、谚语、警句当中的成分而凝结起来的。例如“启发”，语出《论语·述而》“不愤不启，不悱不发”；“琢磨”，语出《诗经·卫风·淇澳》“如切如磋，如琢如磨”；“矛盾”，语出《韩非子·说难》“以子之矛，陷子之盾”。这种现象，也表明了现代语对于古代语的继承性。

（四）现代语里有许多常用的虚词，粗略看起来，好象书写形式上与文言虚词截然不同，一经仔细研究，就可以知道它们原来就是古语虚词发展变化的结果。例如“逝者如斯夫！”（流去的象这样的吧！）这句里的“夫”，表示感叹和揣测的语气，就是现代语里的“吧”。“古之学者必有师”这句里的“之”，表示一种修饰关系，就是现代语里的“的”。又如：“技止此耳！”（柳宗元《黔之驴》）这句里的“耳”，是“而已”的合音词，表示一种“仅然”（仅仅如此）的直陈语气，意义上相当于现代语的“罢了”，实际就是现代语的“呢”，只是用法上有所发展变化罢了。这些原来同一的词，而在古今书写的形式上截然不同，是由于古今读音变化的结果；我们根据古今读音变化的规律（这里不能细谈）来断定，古代汉语和现代汉语的虚词用法，有很多是“源”和“流”的关系，因而更明确地认识古代语和现代语之间的同一性。

根据上面列举的一些事实，就可以了解我们要探讨现代汉语的来源，要彻底搞通现代语的词汇、语法，就必须研究汉语发展的历史，就必须学好文言文。

第三，为着要提高写作的能力，应用一些古代语里很精炼的、到今天还有生气的词语和结构，使得我们的语言更为准确、鲜明、生动。毛主席在《反对党八股》这篇光辉的著作里，指示我们学习语言的途径，除了“要向人民群众学习语言”和“要从外国语言中吸收我们所需要的成分”以外，“我们还要学习古人语言中有生命的东西”。鲁迅的著作当中运用文言词语和古语结构的很多。例如《记念刘和珍君》这篇著名作品，内中应用不少文言词语，使我们在庄严沉郁的气氛中，感到无限的悲愤，甚至有不忍卒读之感。如下列的句子：

> 我将深味这非人间的浓黑的悲凉；……
>
> 真的猛士，敢于直面惨淡的人生，敢于正视淋漓的鲜血。

内中“深味”的“味”和“直面”的“面”，都是名词活用作动词，各自与跟随在后头的宾语构成动宾结构，这也是吸收古语，用以增进语言的庄严性和精炼性。由此可知，要使我们的语言更为准确、鲜明、生动，必须遵循毛主席的教导，效法鲁迅的作品，吸收古人语言中有生命的词语和结构，使得历代的文言文成为丰富现代汉语的一种源泉。

总起来说，我们为着要批判地继承祖国的文化遗产，为着要研究汉语发展的历史，为着要加强我们语言的表现力，都必须学好、教好文言文。

三、关于教学文言文的方法

文言文的教材，是多种多样的；学生们的情况，也各不相同。因之文言文的教学方法，必须是机动灵活的。但是，无论采取什么方法，总是离不了教材本身的语言分析。这里只就教材的语言分析上应当注意的地方提出下列的三点来谈谈：

第一点，最重要的，是揭露出古今语言的矛盾性。也就是揭示古代汉语和现代汉语之间的差异。我们可采用比较的方法，从文言文教材和白话译文的对照中揭示出古汉语的种种特点，从中看出古今语言在词汇形式、词义内容、词性活用、虚词用法、语法结构等方面的变异。

第二点，在揭示古今语言矛盾的同时，又必须指出现代语对于古代语的同一性和继承性。因为在教学上，如果只注意于古今语相矛盾的一面，或者过分夸大两者之间的矛盾性，就容易使学生们对学习文言文产生畏难的心理。为着袪除这种畏难心理，必须指出现代语的词汇和语法里，有很多保存或沿用古代语的成分。而且有些现代白话文的名著中，往往因应用了文言词语和古语结构，而增强了语言的表达力。这样可以使学生们了解语言是历史的范畴，古代语和现代语原来是源流相承、不可分割的。

第三点，进一步的要求，根据文言文的教材，引导学生们从古今语言的变异上，去探求语言的规律性。文言文教学当中有关的这种规律性，可以分做两类：一类是代表古汉语的特点的，就是古汉语的特殊规律；另一类是代表古今语言变异的趋势的，就是汉语发展的规律。认识古汉语的规律，对于我们理解古文有很大的帮助。如古汉语中同一个动词，往往可以表示主动，也可以表示被动，这就是关于古汉语的一条规律。我们从文言文的教材当中，类集一些用词相同、结构相同的辞句，归纳成种种格式，并且求得其确切的解释，这就是规律的运用。例如《列子·汤问》“愚公移山”这篇里如下的辞句：

以君之力，曾不能损魁父之丘，如太行、王屋何？（凭您的力量，还不能挖掉魁父那样的小山，能把太行、王屋这两座大山怎么样?)

以残年余力,曾不能毁山之一毛,其如土石何?(凭您残留的岁月和剩余的力量,还不能毁损两座大山上的一草一木,拿[这许多]泥土石头怎么办?)

汝心之固,固不可彻,曾不若孀妻弱子。(你思想的顽固,顽固到搞不通的地步了,还不及那寡妇小儿开通。)

这里的"曾",讲作"尚",就是现代语的"还";"曾不能""曾不若",就是"还不能""还不及"。这可以认为是一种格式。这里的"如……何",也是古代语的一种格式,讲作"把……怎么样?""拿……怎么办?"表示"反问"的语气。这样的格式,就是古文的"辞例",也就是古汉语的特殊规律。拿这些古汉语的规律来跟现代语里的相比较,就可以从古今语言的变异上看出汉语发展的种种趋势,因而认识了整个汉语发展的种种规律。这在上文所说当中,也约略地可以看出一些,如词汇的双音化和复合化,词义的明确化,词性的确定化,虚词用法的专一化,语法结构里词序的规则化,等等;文言文的教学上,须要接触到一些。但是,这些毕竟属于整个汉语史的问题,说来话长,这里只得从略了。

(《语文学习丛刊》〔上海〕1978 年第 3 期)

破除迷信　解放思想

六十年代在上海刊行的《中华文史论丛》，停刊了十多年，现在复刊了。这是值得庆贺的大喜事；特别是我们爱好文学、史学的同志们，更觉欢欣鼓舞。《中华文史论丛》复刊，说明了“四人帮”反革命阴谋集团粉碎之后，驱除妖氛，大地回春，科学文化界都恢复了青春活力，欣欣向荣，齐向实现“四个现代化”的目标而奋勇前进。英明领袖华主席在全国科学大会上的讲话里指示：“我们的口号是：学习、学习、再学习，团结、团结、再团结。”《中华文史论丛》是文学、史学爱好者共同学习、争鸣齐放、互相切磋观摩的园地，是我们学术界密切联系、搞好团结、共同携手前进的园地。万恶的“四人帮”，为了实现篡党夺权的阴谋，肆意摧残文化，糟蹋学术，搞什么“阴谋文艺”“影射史学”；同时肆意破坏团结，制造分裂，诬陷、打击、迫害我们学术界，无所不用其极，说我们是“资产阶级知识分子”“臭老九”。“四人帮”是我们学习的大敌，是我们团结的大敌。“四人帮”打倒了，我们学习、团结的最大障碍除去了。但是“四人帮”所留下的影响和余毒，还远远没有肃清。华主席讲话里又指示我们要“鼓舞亿万人民群众，破除迷信，解放思想，打掉自卑感，砍去妄自菲薄，振奋敢想、敢说、敢做的大无畏创造精神，努力学习和实践”，使我们深感学术界受了“四人帮”的毒害，心有余悸，那种“自卑感”思想，“妄自菲薄”、畏难、怕事的情况，还是严重地存在。

例如我所知道目前正在进行的《汉语大字典》《汉语大词典》编写工作，总是缩手缩脚，没有敢想、敢说、敢做的大无畏创造精神。我曾建议：《大字典》《大词典》一定要吸收字源和词源研究的成果，引用古文字学上的材料；这样才可以供作我们文史研究参考的工具书。可是，由于学术界的自卑感思想和妄自菲薄作祟，我的注重字源和词源的建议得不到采纳。试问，不讲文字、词语的源流，这样的字典、辞书对于文史研究工作，有什么参考的价值呢？所以我们研究文史，首先必须努力揭批“四人帮”，肃清其流毒和影响。这样，才能发扬敢想、敢说、敢做的大无畏创作精神，开展我们的文史研究工作，才能对批判继承我国的文化遗产，对繁荣社会主义学术园地，有所贡献。

（《中华文史论丛》1978 年第 7 辑）

汉语语音发展的规律

语言学的主要任务，在于研究语言内部发展的规律。汉语音韵学的主要任务，也在于研究汉语语音的发展规律。认识和掌握汉语语音发展的规律，不但为探讨整个汉语发展的方向者所必要，也是诵读古籍、考究古今语文同异者，以至目前从事文字改革、创制新拼音文字者所必需。而要认识和掌握汉语语音发展的规律，又必须对于汉语语音发展历史的各个阶段上声、韵、调三方面，分别考证其音类，测定其音值，然后进行各个阶段声、韵、调系统的比较，这样才能揭示汉语语音发展的趋向。关于汉语语音发展的趋向问题，前代学者曾经有“古音简，今音繁”之说，认为周汉上古音中声、韵、调的种类，比《切韵》一系“今音”韵书中所反映出来的要简少。现在研究的结果，正是适得其反。从汉语的上古音到中古音，再到近代音，观察声、韵、调三方面发展的趋向，应当得到“古音繁，今音简”的结论。具体的事实，可以总括为下列的八个方面来说明：

一、起首辅音的失落和复辅音声母的单化

首先要说明的，是三十六字母上的“喻母”的来源问题。等韵图上的“喻母”，一般是用来指没有起首辅音的“零声母”的字，原来却是有起首辅音的，原来它的起首辅音是逐渐失落了的。等韵图

上的“喻母”,分做两类：一类排在四等,叫做“喻四”;一类排在三等,叫做“喻三”。在中古初期的《切韵》音系中,“喻四”一类,即“余”类或“以”类,已经是“零声母”的字了;而“喻三”一类,即“云”类或“于”类,还是属于“匣母”三等,带有[ɣj-],即颚化了的[ɣ-]。到了唐朝中叶以后,这个“匣母”三等的[ɣj-]也失落了,跟“喻四”合并,成为等韵字母中的“喻母”。从这点上看来,中古音初期和晚期相比较,晚期的“零声母”字,比初期的要多。“喻三”一类要到唐朝中叶以后才把它的声母[ɣj-]失落了。“喻四”一类,则在中古初期已经是“零声母”的字;原来在上古音中“喻四”大部分是带有声母[d-]的,所以有“喻四归定”之说;小部分是带有声母[g-]的。例如:“移”,是“弋支切”,而在形声系统里是“多”声;“迪”,“由”声,而“由”在反切上是“以周切”。又如“均”,是“居匀切”,而在形声系统里是“匀”声,“匀”又是“羊伦切”。因此断定“移”“由”原来在上古音中是带有声母[d-],“匀”原来是带有声母[g-]。它们到中古初期,[d-]、[g-]统已经失落了,变为“零声母”的字。到中古晚期,“匣母”三等的字,又失落了声母,与“喻四”合并,成为等韵字母上的“喻母”了。

其次,关于“疑母”“微母”“日母”的发展,即几个鼻音声母的简化和失落问题。“疑母”,原来是[ŋ-]的音,到了近代,“疑母”字的[ŋ-]音大部分消失,例如“五”“鱼”等;小部分并入于[nj-],例如“牛”“凝”等。“微母”,原来是由[m-]变来的[ɱ-],是唇齿鼻音;到了近代,鼻音逐渐消失,经过了[v-]以至于辅音失落,成为“w”音起首的“零声母”的字。“日母”,原来是[ȵ-],是一种舌面鼻音;其中属于“止摄”的,韵母有形成舌尖元音[ɿ]、[ʅ]的倾向,声母也因受卷舌化的影响,逐渐失落成为“儿韵”[ɚ]的字,如“儿”“耳”“二”等;其余“日母”的字,由[ȵ-]经过[ȵʑ-],[ʑ-]变为浊擦音的[ʐ-]。根据“疑、微、日”三母发展的历史,我们也看出“零声母”的范围的逐渐扩大。

此外还有一个“影母”，原来是个喉塞音声母[ʔ-]；在中古初期，依据颚化与否分为“乌”“於”两类；到了近代，与“喻母”等“零声母”的字逐渐合并，可以见得它的喉塞音声母失落了。

又其次，是关于复辅音声母的单化问题。从上古音到中古音的发展过程当中，起首辅音的失落现象，有一些是不容易看出来的，甚至是难以估计的。因为上古音里确实有不少的各种各样的复辅音声母，根据目前研究的阶段，只能确认这种复辅音声母的存在，至于上古音里究竟有多少种复辅音的形式，以及它们怎样单化、失落、发展成为中古音的声母系统，目前研究的结果还不能有确凿的解答。

上古文字形声系统里，有不少声母发音部位不相同的字相“谐声”。例如：“格”，“各”声[k-]，“洛”“路”[l-]也是“各”声；“绿”，“录”声[l-]，“剥”[p-]也是“录”声；“贪”[t-]，“今”声[k-]；“唐”[t-]，“庚”声[k-]；“刿”[k-]，“岁”声[s-]；“所”[ʃ-]，“户”声[ɣ-]；“楔”[s-]，“契”声[k-]；“更”[k-]，“丙”声[p-]；“匋”[t-]，“勹”声[p-]；“犀”[s-]，“尾”声[m-]等等；根据这些事实，我们可以测定上古音里有象[kl-]、[pl-]、[kt-]、[sk-]、[sɣ]、[sk-]、[pk-]、[pt-]、[sm-]等等“双辅音”声母的存在。

此外，还有好几个声母部位不相同的字相谐声的。例如“庞”[b-]，“龙”声[l-]，而“宠”[t-]、“龚”[k-]，又都是“龙”声[l-]；“瘳”[t-]，“翏”声[l-]，而“缪”[m-]、“膠”[k-]，又都是“翏”声[l-]等等；根据这样的事实，我们又可以测定上古音里又有象[btl-]、[kdl-]、[ktbl-]、[mdl-]、[kdml-]等等“三辅音”“四辅音”声母的存在。

这样的“谐声”上的事例，又可以获得其它语言文字上的证明：

（一）重文。“重文”，即“同字异体”，有些可以用来证明上古复辅音的存在。例如“冰”[p-]和“凝”[ŋ-]；“命”[m-]和“令”[l-]；

“麦”[m-]和“来”[l-];“及”[g-]和“逮”[d-]等等。

（二）读若。《说文解字》标明读音的“读若”当中,有些反映上古复辅音声母的存在。例如“棆”[l-],读若“屯”[t-];“覼”[l-],读若“池”[d-];“绺”[k-],读若“柳”[l-]等等。

（三）异读。“一字异读”的现象当中,有些也足以说明上古音里复辅音声母的存在。例如“谷”,“古禄切”[k-],又“欲”[o-]、“鹿”[l-]二音;“籍”,“其立切”[g-],又“楚洽切”[tʂʻ-]等等。

（四）古语。古代口语上有些“复音词”,足以证明是复辅音的结构。例如“不律”为“笔”,“不来”为“霾”等等。

（五）方言。现代方言土语当中也有些“复音词”,可以证明原来是复辅音结构。例如“角落”为“角”,“突栾”为“团”等等。

（六）“汉藏语系”诸语言。汉藏语系的诸语言,既然与汉语有亲属的关系,那么,它们的复辅音的拼法,正可以证明上古汉语具有复辅音声母。例如暹罗语说“蓝”,是“kram”;说“烙”,是“klak”等等。

有了这许多事实的证据,我们确信上古音里复辅音声母的存在。不过当时究竟有多少种复辅音的形式,后来又怎样地单化、失落以至只有单辅音的声母,现在还不能有确凿的论断。但是,复辅音声母的单化,这种趋向是很显然的。复辅音的单化,也是由声母局部的失落所形成的。又在形声字的系统中,“喻母”字也有跟几个声母部位不相同的字相谐声;例如“祥”[z-],“羊”声,“姜”[k-],也是“羊”声;“遗”,“贵”声[k-],“隤”[d-]也是“贵”声等等。这样的事例,也使我们相信上古音里复辅音声母又有整个失落的情况。

总起来说,从上古到中古,又从中古到近代,汉语字音里起首辅音的逐渐失落,是代表语音发展的一种趋向的。

二、浊音声母的清化和鼻音声母的简化

浊音声母,在中古音的《切韵》系统里,分做“全浊”“次浊”两大

类。全浊声母是指作为起首辅音的“浊塞音”“浊塞擦音”“浊擦音”，即“群”“定”“澄”“并”“奉”“从”“床”“邪”“禅”“匣”诸母（[g-]、[d-]、[ȡ-]、[b-]、[v-]、[dz-]、[ʤ-]、[z-]、[ʑ-]、[ɣ-]）；次浊声母是指作为起首辅音的“鼻音”“边音”以及“零声母”，即“疑”“泥”“娘”“明”“微”“来”“日”“喻”诸母（[ŋ-]、[n-]、[nj-]、[m-]、[ɱ-]、[l-]、[ȵ-]、[o-]）。中古音的全浊声母的“平声”字，到了近代，变为“次清”，即送气的清塞音、清塞擦音；全浊声母的“仄声”字，变为“全清”，即不送气的清塞音、清塞擦音。例如“同”[d-]，平声变为[t‘-]；“动”[d-]，仄声变为[t-]。全浊中的擦音，一概由浊擦音变为清擦音。例如“奉”[v-]，变为[f-]等等。

从中古到近代，全浊声母归并于清音当中，声母的种类自然趋于简化。例如“舌头音”一组的“端”“透”“定”“泥”四母（[t-]、[t‘-]、[d-]、[n-]），只剩得“端”“透”“泥”三母（[t-]、[t‘-]、[n-]）了。“齿头音”一组的“精”“清”“从”“心”“邪”五母（[ts-]、[ts‘-]、[dz-]、[s-]、[z-]），也只剩得“精”“清”“心”三母（[ts-]、[ts‘-]、[s-]）了。

至于中古到近代的次浊声母，也显然有简化的趋势。到了近代，次浊声母中留存不变的，只有“明、泥、来”三母了；上文讲到声母失落的趋向，同时使得鼻音声母趋于简化。例如“疑母”，除了一小部分并入于“泥母”以外，其余一概消失，变为零声母了。“微母”也经过[ɱ-]和[v-]变化的过程，统统失落成为零声母了。“日母”，大部分由鼻音变为浊擦音（由[ȵ-]经过[ȵʑ-]、[ʑ]变为[ʐ]），小部分变为零声母的“儿韵”字。到了近代后期，鼻音声母只剩得“明”[m-]、“泥”[n-]二母了。这是近代声母明显地简化的趋势。

在上古到中古的发展的过程中，从声母的失落和复辅音的单化这种趋势看来，我们也可以断定从上古到中古的声母系统也必然是趋于简化的。

三、鼻音韵尾的简化和闭口韵的消失

鼻音韵尾，在上古音当中，至少象中古音里那样有[-m]、[-n]、[-ŋ]三类。经过中古，到了近代后期，只有[-n]、[-ŋ]两类了。[-m]一类的“闭口韵”，并入到[-n]当中去了。从上古到中古的发展过程中，闭口韵的字逐渐减少，[-m]一类的范围逐渐缩小。例如“风”字，在《诗经》里常常跟“林”“心”“钦”等闭口韵的字相押韵；“中”“冲”，在《诗经》里也跟“骖”“阴”相押韵。由此可见闭口韵的字，上古时比中古时要多；[-m]一类的范围，上古时比中古时要大。同样，中古时原来有一些[-m]韵尾的字，到了近代初期，如“帆”“凡”“范”“泛”等，也并入到[-n]一类当中去了。(《中原音韵》中并入于“寒山”部。)到了近代后期，闭口韵的字，完全并入于[-n]音当中去了。(《中原音韵》里，“侵寻”“监咸”“廉纤”三部，到这时完全消灭了。)这是汉语语音发展当中鼻音韵尾种类减少的一种趋向。

四、塞音韵尾的失落和开音节字的增多

汉语里原来带有韵尾辅音的“闭音节”的字，有很多由于韵尾辅音的失落，或者转化为元音韵尾，它们就变成“开音节”的字了。在中古时期，所谓“阴声韵”的字，就是这种没有韵尾辅音或者以元音为韵尾的“开音节”的字；它们却是在上古音初期“谐声”时代，原来是带有[-b]、[-d]、[-g]等收尾辅音的。后来到上古音中期“《诗经》韵语”时代，它们当中的[-b]类字，合并到[-d]类当中去了，所以在“《诗经》韵语”时代，没有[-b]类的收尾辅音，而只有[-d]、[-g]等收尾辅音了。例如：“立”和“位”，“内”和“纳”，在古文字或古书上认为是同字或同词，“立”“纳”是入声字，带有[-p]的韵尾，“位”“内”既然与之谐声，原来也是带有[-b]的韵尾辅音；到了“《诗经》

韵语”时代，这种[-b]的韵尾辅音，因为唇音的“异化作用”，或者[-d]音的“类化作用”，并归于[-d]一类当中去了。所以“位”“内”等字，在上古时期，是由[-b]类转化成为[-d]类的。这是在上古音阶段当中“浊塞音”韵尾的一种简化的趋势。从上古再到中古的发展过程中，“阴声韵”字原来所带有的浊塞音韵尾，全部失落，或者转化为元音韵尾，统统成为“开音节”的字了。

中古时代“入声韵”的字，还是带有[-p]、[-t]、[-k]清塞音韵尾的。入声字原来也是闭音节的字，从中古音发展到近代音，入声韵的这几类清塞音韵尾，也全部失落或者转化为元音韵尾（中间可能经过“喉塞音”韵尾[-ʔ]的阶段）；因之入声韵的字，也成为“开音节”的了。

所以塞音韵尾的失落和开音节的字的增多，是汉语发展的一种明显趋势。

五、韵母中元音的混同化和呼等的简化

中古时期《切韵》音系的韵母中，元音分部比较细密；《切韵序》里所说“捃选精切，除削疏缓”，“剖析毫厘，分别黍累”；大部分应当是指这种元音分部的情况。这种详密分析的韵部，应当是从上古音中流传下来的。关于上古音的韵部。向来根据“阴、阳、入”三分法的，有戴震的二十五部、黄侃的二十八部以及近人的二十九部、三十部、三十一部之说，虽然不尽相同，可是一致地认为：一个韵部总是包括好几个韵母，决不是指二三十个韵部便是代表了上古音的二三十个韵母。我们并不想把上古音的韵部来跟后代等韵上的“韵摄”等同起来看，但是中古音里“开合等第”之分，确实在上古音里已见其端倪了；不然的话，中古音里“开合”“洪细”“深浅”等等的分别，难道是凭空发生、前无继承的吗？近人在拟测上古音“音值”的工作中还提出种种的假定：“长短”音的分别，“松紧”音的分

别，特殊“介音”的分别等等。这些假定，尽管没有取得一致的论断，而问题的提出，正足以显示上古汉语韵部中元音的“音色”，并不比中古《切韵》音系里要简单，相反的，可能还要更复杂一些。

至于从中古到近代，韵母里元音混同化的趋势是很显然的。《切韵》一系的“韵书”，从《广韵》到《平水诗韵》，是向并韵方面发展的；“诗韵”和“曲韵”的比较，更显示了近代韵母系统的简化。等韵图上，由“四十三转”并为“十六摄”，再由“十六摄”并成“十二摄”；同时等韵图内部，又由“开、合”各“四等”并成“开、合”“洪、细”共“四呼”；这样分韵的简化，都足以显示韵母里元音混同化的趋势。

特别是“并等为呼”的现象，反映韵母中元音混同化的趋势最为显著。原来是开口四等、合口四等，共可得八个韵母，可是后来，大体上开口一、二等并成“开口呼”，开口三、四等并成“齐齿呼”，合口一、二等并成“合口呼”，合口三、四等并成“撮口呼”，只剩得四种音了。这是由于韵母里主要元音混同化的结果。

例如中古音里，开口的“寒、删、仙、先”，四韵的区别是在元音上，即[ɑn]、[an]、[iæn]、[(i)ɛn]四个韵母，到了近代，只剩得[an]、[iɛn]两个韵母了。合口的“桓、删、仙、先”四韵也是如此，即[uɑn]、[wan]、[iwæn]、[(i)wɛn]四个韵母，到了近代，也只剩得[uan]、[yɛn]两个韵母了。

元音的混同化，造成呼等的简化，由开口四等、合口四等，并成开、合共四呼；韵母的种类也随着减少了。

六、音节里元音的逐渐占优势和音节结构的单纯化

上古音里，我们断定了有复辅音声母的存在，到了中古音里，复辅音都已经单化了。同时字音的起首辅音和韵尾辅音又有不少失落了。这些现象都足以表明字音的音节结构当中，辅音成分的逐渐减退，元音成分的逐渐占优势。在拼音的规则上，元音也逐渐

成为音节结构里拼音的决定成分；同时拼音规则本身，也逐渐趋于单纯化。现代普通话的音节结构中，作为起首辅音的“声母”的，只有二十一个，即二十一个声母；作为中介元音的“韵头”的，只有[i]、[u]、[y]三个；作为主要元音的“韵腹”的，只有[ɿ]、[ʅ]、[i]、[u]、[y]、[a]、[o]、[ɤ]、[ɛ]、[ɚ]十个；作为收尾元音的，只有[i]、[u]两个；作为收尾辅音(即辅音韵尾)的，只有[n]、[ŋ]两个。音素的种类趋于减少，拼音的规则也趋于单纯了。

由于元音在音节结构中占了优势，元音的性质决定了音素拼合的方式。韵母里元音的性质，可以分做[a]、[i]、[u]、[y]四类，因之韵母的种类也分做“开、齐、合、撮”四呼：韵头、韵腹都没有[i]、[u]、[y]的元音的，是开口呼的[a]类；韵头、韵腹有[i]的元音的，是齐齿呼的[i]类；有[u]的元音的，是合口呼的[u]类；有[y]的元音的，是撮口呼的[y]类。现代普通话语音里，由于拼音规则的单纯化，就用这四类元音的性质来分配四呼与声母种类的拼合方式。普通话语音的拼合方式：[k-]、[k‘-]、[x-]一组，[tʂ-]、[tʂ‘-]、[ʂ]、[ʐ-]一组，[ts-]、[ts‘-]、[s-]一组，它们声母都只有开口呼、合口呼，即只有跟[a]类、[u]类相拼合的；反之，[tɕ-]、[tɕ‘-]、[ɕ-]一组的声母，又只有齐齿呼、撮口呼，即只有跟[i]类、[y]类相拼合的。关于四呼的分配，在元音韵尾的种类中，也有明显的规则：[-u]韵尾的字，没有合口呼、撮口呼；[-i]韵尾的字，又没有齐齿呼、撮口呼。这些现象，都是由元音的性质决定了拼音的规则，而使得音节结构趋于单纯化的。

七、入声的消失和声调种类的减少

上古音里声调的种类，依据《诗经》韵语中多数平押平、上去押上去、入押入的现象(其他先秦文献中也有此种现象，新出土的古文字资料也可以作证，如马王堆三号墓出土的竹书也有四声分用的现象。参看《中国语文》一九七九年第六期裘锡圭《谈谈古文字资料对古汉语研究的重要性》),可以断定当时具备平、上、去、入四声,只是有个别的字与后代所属的调类有所变异罢了。例如“庆”,上古原属于平声;“偕”,上古原属于上声等等;此即江有诰《唐韵四声正》所谓“古四声不同今韵”之说。

《说文》中“读若”之例,也有些是反映上古分别四声的。例如“莠”,“秀声,读若酉”,这里“秀”是去声,“酉”是上声,读若是用来指明“莠”应读上声的;“扮”,“分声,读若粉”,这里“分”是平声,“粉”是上声,读若是用来指明“扮”应读上声的。这样的读若之例,显然是说明形声的系统,不足以区分四声,所以不得不用“读若”来分别指明。这也可以证明“古无去声”“古只有平入之分”种种谬说的不合事实。

中古音的四声,依据声母的清浊分为“阴、阳”调类,共为八调;上古音里,既然有四声,声母又分清浊,声调至少应有八类。这在汉藏语系诸语言中可以得到许多证明。中古音的四声,依据声母的清浊,分为阴平、阳平、阴上、阳上、阴去、阳去、阴入、阳入八类。到了近代,入声两调归到平、上、去三声当中,上去两声的阴阳调也由于全浊声母的清化,都合并起来了(全浊上声又合并于去声)。只有平声分阴、阳,还留着一点遗迹。从汉语声调系统的发展来看,从声调系统在各种方音中纷歧的情况来看,我们观察到凡是保存古音越多的方音中声调种类也越多;反之,越接近于现代语音的方音中声调种类也越少。这足以显示汉语语音发展中声调种类趋于减少的倾向。

八、声调上平仄长短关系的消失和轻重音的趋于重要的地位

声母、韵母、声调的种类趋于减少,音节结构趋于单纯化,使得

实际读音中"同音字"日益增多。在使用语言时,要免除同音字增多因而发生词义上的混淆,就必须促进词语形式的复合化和复音化。在大量产生的复音词语中,"轻重音"的区别,自然趋于显著的地位;"轻声字"在实际语言中的作用,也日益显著起来了。

中古初期,由于"四声"区别而形成的"平仄"系统,是属于长短音的关系;根据平、仄而构成诗歌的格律,是一种"长短律"。大概古时平声字属于平衡调,即所谓"平声平道莫低昂",是可以延长的,所以归为长音的一类,叫做"平"类。上、去两声属于非平衡调,即所谓"上声高呼猛烈强,去声分明哀远道",都是不可以延长的,所以跟所谓"入声短促急收藏"的促调入声归为短音的一类,叫做"仄"类。平仄的分别,既然是由于声调的平衡不平衡而影响于长短关系,所以在名义上也不叫"长短",而叫"平仄"("仄"或作"侧")。名义上尽管叫"平仄",或者叫"飞沉""浮声""切响"等等,实质上总是一种长短关系,所以说"沉则响发而断,飞则声飏不还"。中古时,在华梵对译的梵文字母中,用平声字译长音字母,用仄声字译短音字母,这也可以证明平仄分别是长短音的关系。

到了近代,平、上、去、入四声,变为阴平、阳平、上、去四调,即所谓"平分阴阳、入派三声",平仄的系统也随着打破了;平仄的区别和由平仄所构成的诗歌"长短律",行将让位于轻重音的区别和由此而构成的诗歌"轻重律"了。

上面举出汉语语音史上的八种趋势,显示着汉语上声、韵、调的种类是趋于简化的,是不是可以作为汉语语音发展的八条规律来看待?是不是可以提供研究古今汉语和汉语史的学者以至从事文字改革、研制新拼音文字的学者作为参考资料?还请汉语音韵学家加以审定。

(《语文论丛》1979 年第 1 期)

关于汉语的语法体系问题

汉语语法学的建立,从开始到现在,已经快要一个世纪了。在这八九十年中间,研究、学习汉语语法的,几乎全部抄袭西洋语法学的理论,或者以西洋语言的语法体系做基础,来建立汉语的语法体系。有时发现一些汉语语法的特点,觉得为西洋语法学上所不能概括的,就陆续加以增添补缀。越到后来,发现的特点越多,这种增添补缀的地方也越繁。所以越是新近发表的汉语语法学著作,内中阐述的语法体系表面上好象较前更精密了,实际上却是使学习的人越感到烦琐和难懂难记了。特别是工农大众,没有学过西洋语言的语法,而想要掌握汉语语法的规律,更感到近人一些汉语语法学著作内中阐述的体系,实在烦琐难学,不合他们的需要。为着普及文化,为着便于工农大众学习文化,为着提高学校教育的效率,我们要进行文字改革,更要精简当前的一些"学校语法体系"。鲁迅在《门外文谈》里说过:"要精密,当然不得不繁,但繁得很,就又变了'难',有些妨碍普及了。最好是另有一种简而不陋的东西。"当今一些"学校语法体系"之所以"繁"而"难",就是因为原来建立这种体系是根据于西洋语法学的理论,是以西洋语言的语法体系来做基础,受了许多洋框框束缚的缘故。要把我们的"学校语法体系"做到简而不陋,使它便于工农大众的学习,便于学校里的语文教学,首先须要打破许多洋框框的束缚,清除汉语语法学上一些洋教条的影响。当然，西洋语言的语法现象和西洋语法学的理论，有很多可以供我们研究汉语的借镜；但是我们必须坚持“洋为中用”的原则，不能受洋框框的束缚。

哪些是汉语语法学中的洋框框呢？我认为主要的有这三种：一种是关于词类问题，有“九品”之说，即把所有的词分为九类；另一种是关于结构形式的问题，有“动词谓语”之说，即把所有动词和谓语牵合在一起；还有一种是关于句子类型的问题，又有“主谓结构就是句子”之说，即把所有主谓结构统统认为是句子，或者把具有主语和谓语两部分的句子才认为是意思“完整”的句子。词类、结构形式和句子类型这三方面的问题，占据语法学上的主要部分。以上举出的三种洋框框，好象是三条绳索，捆着本世纪的汉语语法学，使它不从正常健康的方面发展，而向着复杂畸形的方面发展。兹逐一说明如下：

一、关于词类问题

英语语法上的词类，一般分做九类，即名、代、动、形、副、连、介、叹八类，加上冠词一类，共为九类。在汉语语法学上，开始抄袭西洋语法体系的时候，就发现汉语里没有冠词，而有一些助词（或语气词），例如“焉、哉、乎、也”，“的、吗、了、呢”等，就去了冠词一类，加进助词一类，仍然是九类，这就是词类“九品”之说。这样的分法，显然是用西洋的语法体系做基础，虽然加以增损，而并没有分析综合，并没有就汉语实际的情况重新分类。后来汉语语法学的发展，就在这样的基础上，把词类的分别逐渐加以“精密化”，按汉语的情况添添补补，实词方面，加数词、量词和助动词；虚词方面，把助词分做语气助词（语气词）、结构助词、时态助词等；到了目前，就有十二、三、四类之多。[①] 这样似乎比较过去要“精密”了，实

① 参看1973年8月北京商务版北大编《语法修辞》，1974年6月上海人民版上海师大与复旦大学编《语法修辞逻辑》第一分册。

际却不免是更加“繁”了,“难”了。因为只是就“九品”之说的基础上添添补补,没有打破原来的洋框框,重新加以分析综合,这样造成的词类体系,总要繁多起来,臃肿起来。

例如“连词”和“介词”,在汉语里实在没有分别的必要。“和、跟、同、与”等,有时用在联合结构里,有时用在偏正结构里,都一样地表示“连与关系”,也不必把它们都认为是“一词两属”(一个词兼属连词、介词两类),更无需勉强仿效英语的 and、with 相区别,就把“和”“同”规定用法的分工。又所谓“连词”如“虽然”“既然”“因而”“所以”等,与所谓“连接副词”的“又”“就”等同样地可以放在主语和谓语之间,跟西洋语言里的“连词”,用法并不相同。西洋语言里的“介词”,总是放在它的所谓“宾语”的前面,所以原来称为“前置词”,汉语并不一定。例如“夜以继日”“一以当十”等,“以”放在“夜”“一”等之后,语意上对“夜”“一”等有所加重,而同是表示“使用关系”。还有结构助词,是用来表示修饰关系或补充说明关系;时态助词是用来表示同时的关系或不同时的关系,或者紧接的关系或不紧接的关系。例如“站着讲”,表示“站”和“讲”是同时关系;“讨论了就修改”,表示“讨论”和“修改”是不同时的紧接关系;“讨论过才修改”,表示“讨论”和“修改”是不同时又不紧接的关系(对于单独的一个动词,也可以用这样方式来表示那种行动与说话当时的关系)。因之所谓“连词”“介词”“连接副词”“结构助词”“时态助词”,都是用来表示种种关系的意义,都是用来表示“关系”这种“语法意义”,也可以总括为“关系词”一类。

又如所谓“叹词”,在汉语里实在不只是用来表示感叹,还有表示答应、疑惑、禁止等的声音,是一种纯粹的语气词,可以单独用来表示一种语气,与语气助词、语气副词应当归并做一类。独立的感叹一类的声音,一经放在语句的末尾,便是所谓语气助词了。例如“啊”,可以认为是独立的感叹声,也可以认为是语句末尾的助词

（音变而为“啊、呀、哇、哪”四种）；文言的“呜呼”，是独立的感叹声，放在语句末尾就成为语气助词的“乎”。一般以为放在语末的是语气助词，放在语中的是语气副词，这是跟我们传统的助词分类不合的。我国过去讲助词，只分语首、语中、语末，没有因此来划成不同的三类，而只是依据一般用法来区分。又如判断词的“是”，有些语法书上归成动词的附类，更多的是把它归入于动词，这明明是抄袭西洋语法体系的结果。有些书里，更把“是”后面跟着的词语——西洋语法学上所谓“表语”或“主词的补足语”——认为是宾语。其实英语里的“verb to be”，有“实在”“存在”的意义，具有动词的形态变化，是一个动词。汉语里的“是”，原来是个指示代词，跟“之、此、斯”等同义，引申为“正确”的意义，与“非”相对，又虚化用来表示“肯定”“确实”的意思，显然和“verb to be”性质不同。既然把“是”归成“判断词”，认为是表示断定的意味，就该归属于语气词。因为“是”有“正确”“确实”的意义，属于形容词，所以可受一些副词或一些状语的修饰。例如“其言甚是”这句话里的“是”，受程度副词的修饰，显然是个形容词（形容词有时活用作动词，如“是其所是”）。因此，我们断定“是”这个词，是由指示代词和形容词虚化而成为表示“断定”的语气词。从“是”这个词的意义发展来看，绝不能与英语的“verb to be”牵合起来；如果认为是“系词”“联系动词”，那么，旧戏台辞“我乃某某是也”，这里的“是”又该怎样解释呢？因之所谓“叹词”“语气助词”“语气副词”和“判断词”，都是用来表示种种语气的，都是用来表示“语气”这种“语法意义”，也可以总括为“语气词”一类。

这就是在词类方面须要打破的洋框框。

二、关于结构形式问题

英语语法上的“谓语”，一定是由动词来充当，凡是谓语一定是个动词，所以叫做“动词谓语”。但是英语里的动词，又有“限定动词”和“非限定动词”的严格区别（或称为“有限动词”和“无限动词”，“有定式动词”和“无定式动词”的区别）；作谓语的一定是“限定动词”，在词形上区分“时间”，又“人称”和“数目”与主谓结构里的主语形式协同一致；其它非限定动词或别种形式的动词（如“动词分词”“动名词”等），都不作为谓语的。所以在英语里的句子，只要找到“限定动词”，就找到了这个句子的谓语或谓语部分的中心词，也就找到了主谓结构里和动词形式上人称、数目协同一致的主语，因而也就掌握了整个句子里的骨干，即主语和谓语两部分。至于汉语里，可完全不是这样的情况，动词形式上既没有限定非限定的分别，也不象英语里一般句子那样总是要求有限定动词来做谓语，所以“动词谓语”之说，是根本不适合于汉语的实际情况的。可是，汉语语法学上深受这种“动词谓语”理论的影响，依据“动词作谓语”这个前提来观察、分析汉语里的句子，认为独立的动词或动宾结构所造成的句子，叫做“无主句”；在一个主语下面出现连续的几个动词的，叫做“复杂谓语”或“复合谓语”。而由这样连续的几个动词所造成的词组结构，在整个句子里不是供作谓语用的，也依然叫做“复杂谓语”或“复合谓语”。这种所谓“复杂谓语”或“复合谓语”里连续的几个动词，有的认为是同属于一个主语的，有的认为不是同属于一个主语的，于是又立起“连动式”“兼语式”等的名目。“连动式”，或称为“连谓式”；“兼语式”，或称为“递系式”“递谓式”“连环句”。其实所谓“连动式”当中，凡是表示一连串有连贯性的动作的，可以隶属于联合结构（顺递的联合）；几个动词或动词性的词语所构成的一种联合词组，在整个句子里，可以作谓语用，也可以不作谓语用。所谓“兼语式”，实际是一种补语式的偏正结构，后一个动词或动词性的词语供作前一个动宾结构的“目的补语”或“结果补语”。因之，所谓“复杂谓语”或“复合谓语”，不一定是作谓语用的，就不应当拘守“动词谓语”之说，把它们和谓语牵合在一起，而应当分别归属于联合词组和偏正词组。

这就是在结构形式方面须要打破的洋框框。

三、关于句子类型问题

英语语法上的“句子”，一定是由主谓结构组成的，一般所谓“简单句”，就是指一个简单的主谓结构；所谓“复杂句”里的“子句”，也是个主谓结构；“复合句”里的“分句”，也都是主谓结构；而无论怎样复杂的“复杂句”，也总是一个整体的主谓结构。总之，西洋语言里的“句子”概念，是和主谓结构分不开的。上面讲过，英语语法上的谓语，一定是由“限定动词”来充当，因之所谓“句子”，无论是“简单句”“复杂句”或“复杂句”里的“子句”，“复合句”里的“分句”，都是由“限定动词”作谓语和词形上人称、数目与之协同一致的主语组织起来的主谓结构所造成的（只有个别的祈使句、感叹句等一些例外）。总之，西洋语言里，凡是主谓结构都是句子，也只有主谓结构才是句子（古拉丁语里，一个动词就包含一个主谓结构，也就是一个句子）。在我们汉语里，可完全不是这样的情况。有些语法书上，说到汉语句子类型的问题，常常分做“主谓结构句”和“非主谓结构句”（或称为“主谓句”和“非主谓句”）两大类。这样从结构形式方面来区分汉语句子的类型，承认汉语里的句子结构并不都是包含主语、谓语两部分的“双部句”，把“独词句”“无主句”等都归入于“非主谓结构句”，似乎是很合理的。但是，事实上汉语里也有用“偏正结构”“动宾结构”“联合结构”等类词组造成的句子；既然从结构形式方面来区分句子类型，那么为什么不列出“偏正结构句”“动宾结构句”“联合结构句”呢？又有些语法书上说：汉语里的句子虽然分做“主谓结构句”和“非主谓结构句”两大类，还是“主谓结构句”占据了大多数，在分析句子的时候，应该注重“两分法”，即把句子分做主语、谓语两部分。这种观点，显然是受了西洋语法学的影响，同时又单用一些说理的散文作为语法分析的材料，因而引起一种错觉，所得出的论断，是不合事实的。如果用诗歌、小说、戏曲等文艺作品作为语法分析的材料，也许从中会得出相反的结论。这里引据一段新闻报道方面的材料，是“香港研究用电子计算机将中文译成英文”的经验①，摘录如下：

“其间最主要的困难，乃是中英文字句结构的不同。……发觉中国百分之九十的语句，都没有‘主词’及‘动词’，而一般人却接受主词及动词的语句才是对的。在中国语句上特别加上‘主词’和‘动词’，有时觉得很怪。但英文则截然不同。故需要首先在待译的中文讲义上，细读每一句，务使每一句的‘主词’‘动词’及‘叙述部’[都出现]，始可进行将中文翻为电码的步骤。……问题是由英文译成的中文，必定每句都出现主词和动词，那么与平日惯用的中文语句比较，经译出的中文会令人感到很怪。……由于技术上的困难，文学性的作品，很难经由电脑翻译。文学之难是每个人对语文的感受不同。故目前的翻译者均为科学性讲义及一些直叙性的句子。”

这种报道，在语法研究上，似乎还说得不够详尽；说汉语百分之九十的句子，都没有主词及动词，也有待于进一步的调查核实。但其中指出汉语和英语的句子结构截然不同，英语里由一个主语和一个动词谓语组成的主谓结构，总是一个句子；汉语里的句子，不一定是主谓结构句，而汉语的所谓“主谓结构句”，也不一定是动词作谓语。现代汉语里的“主谓结构句”，有用名词作谓语的，有用形容词作谓语的，也有一些用偏正结构、主谓结构、联合结构作谓语的，绝不象英语里那样“限定动词作谓语，主谓结构作句子”。“限

① 载《参考消息》1972年11月30日第四版。

定动词作谓语，主谓结构作句子”，这两条是英语语法的主要规律；拿英语的语法规律来说明汉语的句子结构，当然是格格不相入的。

报道又说：“一般人却接受主词及动词的语句才是对的”，这就揭穿了一般语法书上用英语语法框框来约束汉语语法现象的不合理的情况。可见汉语语法学上关于句子的概念，受了西洋语言“主谓结构就是句子”这种框框的束缚，是根深蒂固的；由此而造成汉语语法学上烦琐哲学的弊病，产生许多烦琐的名辞、术语和分类，也是很显著的。例如“单句”“复句”“简单句”“复杂句”“无主句”“单部句”“双部句”“句子形式”“子句”“分句”“包孕句”“紧缩句”“主谓句”“非主谓句”“连环句”等等，都是由“主谓结构组成句子”这种洋框框所产生出来的。现在要矫正这种弊病，必须把汉语语法学上的句子问题和结构问题分开来。结构的分析和句子类型的区分，本来是两码事；只是因为西洋语言里“主语和动词谓语构成句子”的事实，在汉语语法学上形成了“主谓结构就是句子”这种洋框框，就使得句子问题和结构问题纠缠不清，凭空造出一些烦琐的名辞、术语和分类。如果专从“语气”和“语调”方面来区分句子类型，而把结构的分析归属于结构自身的简单或繁复的问题，认为与句子的成立问题无关，就可以廓清历来所受“主谓结构就是句子”这种洋框框束缚的毒害。例如认为主谓结构在汉语中可以作主语、谓语、宾语，也可以作定语、状语、补语，那么还要引用“子句”“包孕句”等名目来分析吗？认为两个或几个主谓结构可以构成一个联合结构，或者一个偏正结构，那么还要引用“单句”“复句”“分句”“等列复句”“主从复句”等的名目来分析吗？从“独词句”到“多重复句”，都是属于句子的范围；实际都是关于结构的繁简问题，与句子根本的性质及其所以成立的问题无关。汉语里句子的成立，是关于语气和语调的现象，与结构的繁简无关。

此外，还有一个所谓“句子成分”的问题。句子的成立，在汉语中，既然与结构的繁简无关，什么结构都可以成立句子，那么，所谓“句子成分”的主语、谓语、宾语、定语、状语、补语等，实际都是“结构成分”，它们都是用来组成一般的词组结构的，不应当称为“句子成分”。尤其不应当的，把主语、谓语、宾语称为“主要的句子成分”，把定语、状语、补语称为“附属的句子成分”；这种理论，我们更要反对。其所以把结构成分区别为“主要成分”和“附属成分”，就是由于认为主、谓、宾是一个句子的骨干，而定、状、补只是枝叶而已。这种理论，适合于西洋语言，而和汉语的实际情况格格不入的。语法分析中的主语、谓语“两分法”，就是首先把句子分析为主语部分和谓语部分，就是把主语、动词谓语及其附带的宾语认做句子的主要成分这种违背汉语事实的理论所产生出来的。总而言之，关于句子的构成问题，汉语语法学上所引用的名辞、术语和分析方法，很多是采取西洋语法体系及其理论来生搬硬套的结果。我们现在把句子类型和结构问题划分清楚，那么，什么是主要成分，什么是附属成分等等的区别，自然而然地取消了。又句子的成立，既然是关于语气和语调，不关于结构，那么，那种根据结构上意思的完整不完整来断定是不是句子的理论，也自然而然地破除了。

这就是在句子类型方面须要打破的洋框框。

总起来说，汉语语法学中，如上所列的词类方面、结构形式方面、句子类型方面这三种洋框框，一定要打破，廓清其毒害，才能使得汉语语法体系上消除一些烦琐的名辞、术语，简化一些不必要的分类，免除学习上“繁”而“难”的弊病，因而将它编成一种简而不陋的教材，以利于普及文化，便于工农大众学习文化，同时也提高学校教育的效率。毛主席曾经指示我们：“现状和习惯往往容易把人们的头脑束缚得紧紧的。即使是革命者有时也不能免。”①

① 《一个极其重要的政策》，《毛泽东选集》，1966 年横排一卷本，第 838 页。

汉语语法学上，抄袭西洋语法的理论，早已成为习惯了，经过这八九十年，以致形成现在这样繁复臃肿的“学校语法体系”。是因循不改，让它继续受许多洋框框的紧紧束缚呢？还是起来革命，打破许多洋框框，建立自己的语法体系，作为我们实现新时期的总任务的一个方面呢？正等待着我们汉语学界的抉择。

如果我们决定采取打破西洋语法理论的束缚、建立汉语自己的语法体系的革命道路，那末，首先就要大大地精简现行教学上应用的“学校语法体系”的内容，把那些烦琐的用语尽量地删除，把那些繁复的分类尽量地合并，务使在词类方面，结构形式方面、句子类型方面都切合于汉语语法的实际情况，并便利于目前教学的进行。

汉语里的词，分做“实词”和“虚词”两大类：实词的定义，是代表种种事物的概念，并作为一般语法结构的成分；虚词的定义，是表示概念和概念之间的关系（亦即语法结构中各个成分之间的关系）以及整个辞句的语气。这里所讲的一般语法结构的成分，共有六种，如下表：

一般语法结构的成分
- 主语——表述的对象
- 谓语——用来表述主语
- 宾语——动作支配的对象
- 定语——用来修饰名词或名词性词语
- 状语——用来修饰动词或形容词
- 补语——用来补充说明动词或形容词

此外，还有“同位成分”“外位成分”“复指成分”等，可作为特殊的结构成分来处理或看待。

实词的种类，依据它们所代表的概念和充当的语法结构的成分来区分，共有六类；虚词的种类，依据“关系”和“语气”两种语法意义来区分，可以简括为两类，比较现行语法教学体系中的虚词种类大大地精简了。这里将词类列表如下：

- 词类
  - 实词
    - 名　词——表示实体概念——主、宾(定、状、补、谓)(这里表明名词经常在语法结构中充当主语、宾语，有时也充当定语、状语、补语、谓语。下仿此。)
    - 动　词——表示动作、变化的概念——谓(定、状、补、主、宾)
    - 形容词——表示性质、状态的概念——定、状、补(谓、主、宾)
    - 数量词——表示数量的概念——定(状、补、谓、主、宾)(古代汉语里量词不发达，常用数词概括量的概念。)
    - 副　词——表示程度、范围、否定、时间、处所等的概念——状(补)
    - 代　词——指示或代替一切实词。
  - 虚词
    - 关系词——表示词组结构中概念和概念之间的各种关系。(包括现行语法体系中的“连词”“介词”“结构助词”“时态助词”“连接副词”。)
    - 语气词——表示整个辞句的语气。(包括现行语法体系中的“叹词”“语气助词”“语气副词”“判断词”。)

语法结构的形式，可以分为主谓结构、动宾结构、偏正结构、联合结构四种；偏正结构当中，又可以分为定语式、状语式、补语式三种；联合结构当中，又可以分为并列式和顺递式两种。列表如下：

- 一般的语法结构
  - 主谓结构——包含表述关系
  - 动宾结构——包含支配关系
  - 偏正结构——包含修饰关系
    - 定语式(定——名)
    - 状语式(状——动、形)
    - 补语式(动、形——补)
  - 联合结构
    - 并列式——包含并列关系
    - 顺递式——包含顺递关系

此外，还有“方位结构”“时态结构”“趋向结构”“的字结构”“者字结构”“所字结构”等，可作特殊的结构来处理或看待。

这些语法结构，可以一个套一个，或者一个包含一个。例如一个补充式的偏正结构，可以包含一个动宾结构；换句话说，一个动宾结构，可以套在一个补充式的偏正结构里面，构成一种“动宾·补”的结构。现行的学校语法体系里所谓“兼语式”，实际就是这种“动宾·补”结构的一个形式。我们讲了这种“动宾·补”结构，自然可以把所谓“兼语式”这个名辞用语精简掉。

又，现行学校语法体系里所谓“连动式”，也可以纳入顺递式的联合结构当中，不必另立“连动”的名目。因为一般的联合成分当中，原来也具有一定顺序的关系，不单是表示行动的动词为然；例如列叙的朝代名称，也常常应用顺递式的联合结构。所以把联合结构区分做“并列式”和“顺递式”两种，是语法事实上必要的；而另立“连动式”的名目，是多余的。

原来“连动式”这个用语之所以产生，就是由于汉语的语法事实套不进西洋语法体系的结果。因为汉语的动词形式，既然没有限定和非限定的分别，所以在连续应用几个动词的结构当中，决不定哪一个是谓语部分的中心词。“连动式”名辞的设立，就是用来弥缝中西语法的矛盾。我们要建立汉语自己的语法体系，用不着再有这种调和色彩的名目。

关于句子类型的问题，也应该这样。在汉语里，句子成立的要素，不是属于词组结构的形式，各种各样的结构都可以成为句子，不象西洋语言的语法里一定要有限定动词作谓语的主谓结构才能成为句子。在西洋语言的语法里，不但各个独立的句子，而且复杂句当中的“子句”和复合句当中的“分句”，也都要有这样限定动词作谓语的主谓结构来构成；所以西洋语言里句子和非句子在语法结构上是分得很清楚的。汉语里的情况不是如此，汉语里句子成立的要素既然不是属于语法结构的形式，那么，依据语法结构来区分句子的类型，在汉语里是牛头不对马嘴的；在汉语语法里所谓“单句”“复句”“子句”“分句”“句子形式”等等名目，实在是多余的，不必要的。又所谓“无主句”的名目，也是根据主谓结构才成为句子的观念而来，现在要建立汉语自己的语法体系，也用不着这样有调和色彩的名辞用语。

主谓结构才成为句子的观念，唯一的根据，是“主项和谓项才构成一个完整的命题”这种形式逻辑。我们知道，语言是用来表现逻辑的；反转来，形式逻辑也一定要受语言习惯的反作用。“主项和谓项构成命题”，这种西洋形式逻辑的形成，恰恰是受了西洋语言上主谓结构才成为句子的这种习惯的影响。汉语的语法事实，既然和西洋不同，那么，汉语的语法理论，当然不应当受西洋形式逻辑的限制。这个语言和逻辑的关系问题，容当另为文讨论。

在汉语里，句子成立的要素，不是属于语法结构，而是属于语气和语调；汉语里不论哪一种结构，主谓结构也好，其他各种结构也好，有一定的语气和语调的，才是句子；没有一定的语气和语调的，就不是句子。所以语气词，在标明句子类型上的作用，特别显著。汉语里，“测度句”和“反问句”，都有独特的语气词来标明，也有独特的语调，所以除了“学校语法体系”中所列的“直陈句”“疑问句”“感叹句”“祈使句”四类之外，还应当增进“测度句”“反问句”两类，共为六类。列表如下：

汉语的句子类型
- 直陈句——表示断定，毫不疑惑。
- 测度句——表示揣测，疑而不问。
- 疑问句——提出问题，又疑又问。
- 反问句——表示坚决，不疑而问。
- 感叹句——表示感情激动，要求听话人同情。
- 祈使句——表示命令或请求，也或表示禁止或劝阻。

（《复旦学报》〔语言文字专辑〕1980 年 9 月）

汉语同源词的孳乳

一、汉语词汇的丰富性

汉语是世界上最丰富、最发达的语言之一。汉语的丰富和发达，在它的词汇上充分地表现出来。汉语基本词汇的丰富性，词汇成分的复杂性，构词方式的多样性，都是促进汉语日益丰富发达的因素。汉语同源词的孳乳，又是和这几种因素息息相关的。

语言里同源词的孳乳，一般认为是属于构词法的范围，实际上由同一词源孳生多个词语，不仅仅是词语相互派生，相互蕃殖的结果，也是由于古语词、方言词等多种不同的来源，把产生出来的词语不断地输进到基本词汇和一般词汇中去，因而使整个词汇不断地积累、丰富起来。

所谓“同源词”，是指音近义通或音同义近，可以认为同一词源，即表示相关意义的音素所派生出来的词。例如《说文·走部》：“走，趋也”；“趋，走也”；“走”和“趋”，是音近义同的同源词。因为它们不但词义“互训”，在语音上也同具有一个“齿音”的声母，而且同是属于上古音的“侯部”。至于“赴，趋也”；“赴”虽然和“走”词义“同训”，又在上古音中同属“侯部”，但它的声母属于“唇音”，与“走”“趋”音不相类，不能认为是同源词。又如“旁，溥也”；“滂，沛也”；“旁”、“滂”，不但音相近，而且同具有“普遍”的意义，可以认为是同源词。至于“房，室在傍者也”；“膀，胁也”；“傍，附行也”；“傍，近也”；这里的“房”“膀”“徬”“傍”等词，都有“近旁”的意义，又是另一组的同源词。因为它们与“旁”“滂”，音虽相同相近，而词义却有显著的差别，在词源上应当分做两组。总之，同源词一定要在“音义并通”的条件下，才能成立的。从词汇的发展上来看，同源词是在语音和词义两种要素相互适应的基础上产生出来的。

二、语音和词义的关系

汉语之所以这样丰富、发达，从词汇内部的发展历史来看，是由于语音和词义两种要素的矛盾性和适应性。作为语言建筑材料的词汇，必须用语音来做物质外壳，每一个词，都是声音和意义两者相结合的统一体；所以语音和词义之间有一定的适应性。但是，词义是客观事物的反映，客观事物和它们的名称之间，没有必然的联系；因之词义和语音之间的矛盾性，却是绝对的。而且语音和词义两种现象，各有它自己的特质，各自包含着特殊的矛盾。例如语音内部发音作用的简易化和表意作用的明晰化之间的矛盾，词义内部概括作用和区别作用两方面的矛盾等等。因之，语言上语音的发展和词义的发展，彼此是有很显著的不平衡性。在一个词的统一体中，声音和意义两种要素是具有绝对的矛盾性。一般所谓“同音词”，就是“同音异义”的词；所谓“同义词”，就是“同义异音”的词；“同音异义”和“同义异音”的现象，暴露着语音和词义两种要素的矛盾性。

可是，话又说回来，语音和词义，既然存在于同一个词的统一体中，彼此之间又具有相互依存、相互联系的一定适应性，这种适应性，在词汇发展的过程中，对于新词的产生和词汇的丰富化，就起了极大的促进作用。因为语言和词义之间，具有相对的联系性和适应性，意义相近，特征相类的事物，在命名的时候，很可能用相同或相近的音素来表示。这就是语言中在一定的历史条件下所形成的"音同义通"的现象，我们要根据这种事实来探究由同一词源所孳生出来的一类一类"音义相关"的事物名称。

三、词义相同相类的同源词

从词义方面来区分同源词，最常见的是词义相同相类的，其次是相对相反的。词义相同或相类的，例如：

"空，窍也"；"窍，空也"；"窖，地藏也"；"孔，通也"；"口，人所以言食也"；"喉，咽也"；"匈(胸)，膺也"；"广，殿之大屋也"；"圹，堑穴也"；"潢，积水也"；"隍，城池也"；"沟，水渎"；"叡，沟也"；"谷，泉出通川为谷"；"峪，谷也"；"匡(筐)，饭器，筥也(框、眶等皆有中空之义)"；"康(糠)，谷皮也"；"歉，饥虚也"；"㡉，屋㡉㝗也"；"壳，帱帐之象"(朱骏声说：凡物之郭甲在外者曰壳，字作壳，书皆以壳为之)。

这些词都有"中空"的意义，或指"中空之物"。它们在上古音中，都有一个舌根音或喉塞音的声母，又同是具有一个舌根音(包括舌根鼻音)的韵尾的，可以认为是同源词。又如：

"冡(蒙)，覆也"；"幏，盖衣也"；"矇，童矇也，一曰，不明也"(《广雅·释诂三》："矇，盲也。")；"醭，䉬生衣也"；"濛，微雨"(《广雅·释训》："霿霿，雨也。")；"瞢，目不明也"；"梦，不明也"；"懜，不明也"；"儚，惛也"；"冥，幽也"；"瞑，翕目也"；"幎，幔也"；"覭，小见也"；"溟，小雨溟溟也"；"盲，目无牟子也"；"忘，不识也"；"㠵，水广也"(字亦作"茫")；"荒，芜也，草淹地也"；"茻，众艸也"；"莫，日且冥也"；"眊，目少精也"；"耄，愦眊不知所为"(《释名·释姿容》："望，茫也，远视茫茫也"；又"望，惘也，视远惘惘也")。这些词，都有"蒙蔽不明"义，它们在上古音中同是具有一个双唇鼻音的声母，又同是具有一个舌根音韵尾的，可以认为是同源词。又如：

"奄，覆也，大有余也"；"晻，不明也"；"罨，罕也"("罕，网也")；

“掩，敛也”；“弇，盖也”；“裺，褗谓之裺，掩颈下者（小儿涎衣）”；“渰，雨云貌”；“厌，笮也”（与“厍”“陕”同）；“盇，覆也”（字亦作“盖”）；“榼，酒器也”；“馌，饷田也，野馈曰馌”；“合，亼口也”；“敆，合会也”；“翕，起也，敛翼而起飞”；“柗，剑柙也”（谓剑匣）；“阖，门扇”（用来闭翕之物）；“甲，从木戴孚甲之象”；“柙，槛，以藏虎兕”；“槛，栊也”；“今，从亼从乛”（当为掩覆之义）；“含，嗛也”；“嗛，口有所衔也”；“闸，开闭门也”；“匣，匮也”（与“匧”“箧”义同）；“夹，持也”；“挟，俾持也”。

这些词，同是有“掩盖蕴藏”的意义，又在上古音中，同具有一个舌根音或喉塞音的声母和双唇音的韵尾，可以认为同源词。

以上所举，是同义的同源词，即“义之相同相近者，由一音之变”。[①] 我们依据上古音的系统来对比它们的声音形式，才能看出它们相互间的“音同义通”的关系，才能看出它们由同一原始的“词素”孳生蕃衍的痕迹。

四、词义相对相反的同源词

“同音孳乳”的现象，不但在一些同义词或近义词当中经常发现，而且在一些“反义词”中也常常见到，即所谓“义之相对相反者，亦常由一音之变”（章氏《国故论衡》上）。这些可以说是“反义的同源词”。例如“明”“盲”，它们同是在上古音的“阳部”“明纽”的音，而意义恰恰相反；又如“腹”和“背”，它们都是上古音的“帮纽”的音，一个是在“沃部”（“幽部”的入声），一个是在“之部”，韵部也相近，而意义却恰恰相对。他如“夫”和“妇”〔p(b)—g〕；“聪”和“聋”〔ts‘(l)—ŋ〕；“消”和“息”〔s—g(k)〕；“教”和“学”〔k(ɣ)—g(k)〕，“陟”和“垫”〔t(d)—(k)p〕；“天”和“地”〔t‘(d)—n(d)〕；“本”和

---

① 参看章炳麟：《国故论衡上・转注假借说》。

“末”〔p(m)—n(t)〕;“题”和“蹏”(蹄)〔d—g〕;“顶”和“底”〔t-ŋ(g)〕等等。它们相互之间在声音形式上,起首辅音及收尾辅音都相类相近,或为双声,或为叠韵,但在意义上,又各自相对相反。

因为相对或相反的意义,是反映着客观上矛盾对立的事物。毛主席《矛盾论》关于矛盾同一性的理论,说:“一切矛盾着的东西,互相联系着,不但在一定条件之下共处于一个统一体中,而且在一定条件之下互相转化,这就是矛盾的同一性的全部意义。”矛盾对立的事物,双方处于一个统一体中是互相依存的,所以反映这种关系的相对或相反的意义,也必定是互相联系的。矛盾对立的事物,又在一定条件之下各向着相反的方面转化;因之反映着这种转化的过程,在词义的发展当中,就有“反训”的现象,如“乱”训“治”,“故”训“今”之类。这就是同一个词或词素而有相对或相反的意义。这样词义向着对立面转化的发展结果,运用到新词的构造和孳生当中,就成为同一词源里产生出反义词的现象。

这里再举从“尧”得声的一些字作为一个说明的实例。《说文》:“尧,高也,从垚在兀上,高远也”;“垚,土高也,从三土”。从“尧”得声的字,有很多个包含有“高大”义。如“峣”,是指高山;“顤”,是指高长的头;“骁”,是指高大的马;“獟”,是指高大的犬;“翘”,是指长大的尾巴;“趬”,是指高高地举足。可是其中也有几个包含有“短小义”。如“侥”(焦侥),是指短小的人;“蛲”(蛲虫),是指腹中的小虫;“铙”(小钲),是指一种小铃。这样的事实,正说明了由同一语源上产生出来的词,不但有意义相类或相同的,也有意义相对或相反的,用同样或类似一个语音来表示矛盾对立的意义;这又说明语音和词义之间,又相适应,又相矛盾的情况,更促进了新词的产生和词汇的丰富化。

上面举出的同源词,无论是同义的或反义的,都是属于单音节和单音节的比照,因而看出单音词之间的孳乳。从同源词的声音形式来看，除了单音词之间同音孳乳的现象以外，还有单音词和双音词之间相转化的现象，双音词和双音词之间相转化的现象。试在下文分述之。

五、单音词和双音词的相互转化

单音词和双音词之间的相互转化，在汉语里有三种显著的现象：第一种是单音词和迭音词的相互转化；第二种是“合音词”的变化；第三种是联绵词的分合变化。这三种现象，都使得词语形式多样化，因而促进了词汇的丰富化。

古代语里所谓“重言迭字”，大都是由于声音的延缓和伸长而产生的。因为语气有缓急，单音词的延缓，可以成为重言迭字，并不象后代的“重迭形式”那样用来表示特殊意义的变化。例如《诗经》里，“燕燕于飞”的“燕燕”，就是指“燕”；“有客宿宿，有客信信”，就是指“宿”和“信”（《毛传》：“一宿曰宿，再宿曰信。”）；“于时言言，于时语语”的“言言”和“语语”就是“言”和“语”（《毛传》：“直言曰言，论难曰语。”）；“行迈迟迟”的“迟迟”，也就是“迟”；“哀哀父母”的“哀哀”，也就是“哀”。《尔雅·释训》里举出的一些重言迭字，如“明明”，就是明察的“明”；“肃肃”，就是肃敬的“肃”；“廱廱”，就是廱和的“廱”；等等。这些也都是语音长短的关系，不必认为是表示特殊意义的变化。刘师培《正名隅论》里论到这种关系，谓“单词为用，与重语相同；所谓重语者，亦仅发音时延长之语耳。短言之则为一字，长言之则为重语”。古代语里，名词、动词、形容词等的重迭，只是由于单音词声音的延长作用，大概到了上古后期，才逐渐发展成为有特殊表义作用的重迭形式；在最初只是纯粹的语音变化。但是，迭音词也好，重迭形式也好，在词汇上，不能不说是构词方式多样化的现象。

语气有缓急，声音的缩短，又可以使得双音节的词缩短成为单音节。“合音词”的产生，就是由于语音的紧缩作用。这种现象在现代语里也常有发现。如“不用”为“甭”，“不要”为“别”，“多早晚”为“多咱(喒、偺)”之类，都是；古代语里，更为常见。尤其在上古语里这种合音词特别多。例如“不可”为“叵”，“何不”为“盍”，“如是”为“尔”，“而已”为“耳”，“之于”为“诸”，“之乎”为“诸”，“者欤”为“诸”，“奈何”为“那”，“者焉”为“旃”，“之矣”为“只”等等，是虚词性的合音词。又如“蒺藜”为“茨”，“葫芦”为“壶”，“鞠藭”为“芎”，“丁宁”为“钲”，“僻倪”为“陴”，“终葵”为“椎”，“蚯蚓”为“螼”，“蟋蟀”为“蛩”，“鹘鸼”为“鸠”，“邂逅”为“遘”，“扶摇”为“飙”等，又是实词性的合音词。“慢声为二，急声为一”，这种合音词的变化，纯粹属于语音缓急长短的关系，一般认为是“反切”的注音方法的萌芽，实际对于词汇的发展也起了很大的促进作用。

语音单复分合的变化，对于联绵词的孳乳分化，也起了很大的作用。所谓联绵词，一般认为是纯粹的复音词，内中两个成分不能分开来解释，所以说“连语之字，不可分训”。但是古代语里，也有把联绵词里的两个音节分开来应用的。例如《诗经》：“我马玄黄”的“玄黄”，是个双声连语，形容马病，本来不可以分用的；可是在“何草不黄”“何草不玄”这样的句子里，又是分开来应用了。《礼记·曲礼》：“卜筮者，……所以使民决嫌疑，定犹与也”，这里的“犹与”是一个双声连语，形容迟疑的状态，本来是不可以分用的；可是《老子》里：“与兮若冬涉川，犹兮若畏四邻”；这里就分开来应用了。又如“盘薄”是一个双声连语，而“盘薄之石”，可谓之“盘石”，也可谓之“薄石”；这样“盘”和“薄”也可以分开来应用了。[①] 联绵词的分合变化，就是语词形式上单音节和复音节的相互转化，对于词汇的孳乳分化，也起了促进作用。

---

① 参考郭绍虞：《语文通论·中国语词之弹性作用》，开明书店版。

原来联绵词的形成，是跟合音词的变化以及单音词和迭音词的互相转化，有密切的联系的。由单音词引衍成为迭音词，由迭音词的成分依据双声叠韵的变化而形成联绵词，再由联绵词的分合和合音词的变化，又形成了单音词。这是一方面关于单音节和双音节的互相转化，同时另一方面又关于双音节和双音节之间的转化。

六、双音词和双音词之间的孳乳分化

我们知道，联绵词的构造，很多属于双声、叠韵的关系，在联绵词里的两个音节之间，或属双声，或属叠韵，所以构成许多双声连语、叠韵连语。这种现象之所以产生，是由于联绵词的孳乳分化，大都根据于双声、叠韵的原理。由单音词引衍为迭音词，再由迭音词变化成为许多联绵词。大都是根据于双声叠韵的原理来转化的。例如“迟疑”的“迟”，引衍成为“迟迟”，再转变成为“彳亍”“踯躅”“踌躇”“踟蹰”“犹豫”“游移”“犹夷”等等。“卒然”的“卒”（本字是“猝”）引衍成为“卒卒”，再转变为“仓卒”、“忽促”、“造次”、“匆忙”、“仓皇”（苍黄）、“章皇”等。又如“宴宴”（晏晏）为“燕婉”，“茸茸”为“蒙戎”，“亹亹”为“黾勉”，“皇皇”为“鞅掌”，都是迭音词和联绵词相转化的。“般桓”为“旁皇”（徬徨）、“徘徊”、“徬徉”、“屏营”，“逍遥”为“相羊”“徜徉”“徙倚”“从容”等，“荒唐”为“混沌”“澒洞”“浩荡”“糊涂”等，“漫漶”为“濛鸿”“模糊”等，“芥蒂”为“疙瘩”等，“扞格”为“戛咕”“尬尴”等等，又都是联绵词和联绵词的相互转化的。这几种现象，都是根据于同音或双声、叠韵的原理，因而产生了许许多多音同或双声、叠韵的联绵词。汉语语音里的双声、叠韵的关系，实在是词汇发展中孳乳蕃衍和丰富化的一个关键问题。

结语

上面所说关于汉语同源词的孳乳，有单音词和单音词之间的，也有单音词和双音词之间的，又有双音词和双音词之间的，而在声音形式上都用音同、音近、双声、叠韵的原理作为相互转化的关键。这种孳乳转化的现象，一方面属于构词法不断产生新词的范围，另一方面也由于词汇成分来源多种，吸收古语词、方言词的结果。例如：《方言》："逆，迎也，自关而东曰逆，自关而西曰迎。""逆"和"迎"，原来都是方言词，同一个词而在不同地区的声音形式有所差异，后来同是吸收到文学语言中，这就是单音词和单音词之间在方言上相互孳乳的现象。又如《方言》"鴈，自关而东谓之鴚鵝，南楚之外谓之鵝，或谓之鶬鴚"；郭璞注："今江东通呼为鴚。""鴈""鵝""鴚"是单音词在方言中的孳乳分化；"鶬鴚""鴚鵝"，又是双音词在方言中的孳乳分化，同时双音词和单音词又互相孳乳分化，而同是吸收到文学语言里来，使得汉语词汇日益丰富。又如"不律"为"笔"，"於菟"为"虎"等，又可以说明合音词的变化在方言和古今语孳乳分化当中的作用。总之，同源词的孳乳和汉语基本语汇的丰富性，词汇成分来源的复杂性，构词方式、方法的多样性，彼此相关，互相促进，使得汉语词汇日益丰富，日益发达。

1980 年春

（《扬州师院学报》1980 年第 3 期）

音韵学的功用

音韵学是文字学中的一个部门。文字包含有形、音、义三种要素，因之文字学也包括形体、音韵、训诂三个部门。汉语音韵学原来是研究汉字读音方面的现象的，也叫字音学；因为汉字读音和汉语语音两者是不可分割的，汉字字音学实际上也就是汉语音韵学。

为什么要研究汉语音韵呢？这是关于音韵学的功用问题。音韵学的功用很多，这里举出显著的六点来讲：

一、认识文字的构造　汉字绝大部分属于“形声字”，就是由半边表示意义的“形旁”和半边表示读音的“声旁”拼合起来的。要认识形声字里这种“声旁”的表音作用，必须对于上古音韵①有相当的了解。例如“江，工声”，“江”字用“工”字作为声旁，如果不懂得“韵书”②里的“东韵”和“江韵”在上古音里原来相通的条例③，就不会了解“江”“工”两字相“谐声”的缘故。又如“海”字用“每”字作为声旁，如果不懂得“三十六字母”④里的“明母”和“晓母”，在上古

---

① 这里的“上古”，是指周汉时代；上古音韵，大体上是指《诗经》音和《说文》音。

② 指《广韵》一类的书，代表中古时代（六朝唐宋）的音韵。

③ 《广韵》里“东韵”的字和“江韵”的字，在《诗经》里相押韵，在文字上相谐声，因之清代古音学家建立一条“东江同部”之例。

④ 宋人的“等韵图”上，用“三十六字母”作为当时声母的标目，例如用“明母”代表[m-]的音，用“晓母”代表[x-]的音。

音里有很多相通的字①，就不会了解"梅、敏、晦"②（"明母"的字）和"海、晦、悔"（"晓母"的字）都是"从每得声"的原因。

二、认识文字上的假借　古书里的应用文字，关于某种意义，往往不用"本字"③来表示，而用"假借字"来替代。这种借用别的字来替代的办法，就是根据字和字之间的同音关系来借用的办法，也就是同音替代的方法。如果对于古代音韵没有相当的认识，就不能认清字和字之间原来的同音关系，也就不能了解这种假借的用字方法的由来。例如：

> 秦惠王车裂商君以徇，曰："莫如商君反者！"（《史记·商君列传》）

这里用"日暮"的"莫"字来代替"禁止之词"的"毋"字；如果不懂得"古无轻唇音"④的条例，就不知道"毋"字原来读如重唇音的"莫"，"毋"和"莫"有同音关系，所以得相假借。又如：

> "……以五十步笑百步，则何如？"曰："不可，直不百步耳，是亦走也。"（《孟子·梁惠王上》）

---

① "明母"的字和"晓母"的字，在文字上有不少相谐声的事例，因之有的古音学家认为这样相通的字，可能上古音里原来是兼具有[x-]、[m-]两种性质的一种辅音，或者就是一种"复辅音"。

② "晦"，就是"亩"字。

③ "本字"，就是用其"本义"的字，"本字"和"假借字"，都是就文字的应用来说。例如"莫"字的"本义"是"日暮"，用来表示"日暮"，就是"本字"；用来表示"禁止"，是代替"毋"，就是"假借字"。

④ "古无轻唇音"之说，是清代钱大昕所首倡，谓上古没有唇齿音（轻唇音）一组的声母，三十六字母中的"非、敷、奉、微"（[f-]、[f'-]、[v-]、[ɱ-]）四母，上古都读成双唇音（重唇音），如"毋"字，原来读如"莫"。

这里又用“正直”的“直”来代替“独特”的“特”；如果不懂得“上古音舌头、舌上不分”①的条例，也就不知道“直”字原来读如舌头音的“特”，“直”和“特”有同音关系，所以得相假借。

三、认识字音和字义的联系　一般语言学上，语音和语义两方面的现象，总认为没有固定的必然的联系；用哪样读音的字来表示哪样的意义，原来是任意的，不是必然的。这是字音和字义之间的绝对矛盾性。但是，在一定条件下，字音和字义之间也有相对的适应性，有时也用相类似的字音来表示相类相关的意义。这种“音同义通”的关系，往往就是“同源词”孳乳的现象，即可以认为是由同一“语源”派生出来的词，声音相类似，意义也往往相类相关。要探讨汉语的语源，就必须认识这种“音同义通”的关系，也就须要对于上古音韵有相当的了解。例如“孔”和“窍”②，“康（糠）”和“壳”③，“亡”和“无”④，“尾”和“末”⑤等等，都是两两有同源关系的词；如果我们不懂得它们相互之间，不但在上古音里声母相同，而且在韵母上有“阴、阳、入对转”⑥的关系，也就不能了解它们两两“音同义通”的关系。

四、有助于古汉语的语法研究　汉语里的虚词，是汉语的一种重要的语法成分。所以虚词的解释，在汉语语法研究当中占据

---

① “上古音舌头、舌上不分”之说，也是钱大昕所首倡；钱氏文章，原名“舌音类隔之说不可信”，谓三十六字母里“知、彻、澄、娘”舌上音一组和“端、透、定、泥”舌头音一组在上古音里不分。

② “孔”字在上古音的形式是[k‘—ŋ]，“窍”字是[k‘—g]，它们的声母和韵尾都相类相同。

③ “康”字本义为“谷糠”，在上古音的形式是[k‘—ŋ]，“壳”字是[k‘—k]，它们的声母和韵尾都相类相同。

④ “亡”字在上古音的形式是[m—ŋ]，“无”字是[m—g]，它们的声母和韵尾都相类相同。

⑤ “尾”字在上古音的形式是[m—d]，“末”字是[m—t]，声母和韵尾都相类相同。

⑥ 上古的“阴声韵”，原来有三种浊塞音韵尾，即[-b]、[-d]、[-g]三种；“阳声韵”有三种鼻音韵尾，即[-m]、[-n]、[-ŋ]；“入声韵”有三种清塞音韵尾，即[p-]、[t-]、[-k]。阴、阳、入各部，除双声关系以外，又各以其相类的韵尾得相通转。

重要的地位；特别是在文言文里，虚词解释不当，就读不懂它。而要正确解释文言文里的虚词，也必须对于上古音韵有相当的了解。例如：

子在川上曰："逝者如斯夫！不舍昼夜。"（《论语·子罕篇》）

我们懂得了"古无轻唇音"的条例，就知道这里的"夫"，读成"吧"字的音[①]，也就是现代语里的"吧"，用来表示惊叹或测度的语气。又如：

绿蚁新醅酒，红泥小火炉。晚来天欲雪，能饮一杯无？（白居易《问刘十九》）

同样，我们懂得了"古无轻唇音"，也就知道这里的"无"，古音读成"吗"字的音[②]，也就是现代语的"吗"，是个表示疑问的语气词。又如：

其雨其雨，杲杲出日。（《诗经·卫风·伯兮》）

这里的"其"字，原来应当读成"该"字的音[③]，表示测度的语气；"其雨其雨"，就是说"该下雨了吧，该下雨了吧！"

五、有助于文学作品的研究　历代的文学作品，特别是诗歌，常常要押韵，或者是"连句韵"，或者是"隔句韵"。如果不知道历代

① "夫"字上古音读成[piag]，中古读[piwo]或[fo]；所以知道文言文里的"夫"即现代的"吧"。

② "无"字上古音读成[miag]，中古读[miwo]或[ɱo]；所以知道这里的"无"即现代语的"吗"。

③ "其"字是属于"群母"，原来是舌根音声母的字，读成"该"。

音韵的变迁，就不能认定历代诗歌里哪些是押韵的字。例如：

东门之池，可以沤麻；彼美淑姬，可与晤歌。（《诗经·陈风·东门之池》）

这里的“池”“麻”“歌”三个字，原来在上古音里同属于一个韵部（“歌”部）①，所以它们是押韵的字。又历代诗歌作品当中，常常引用一些双声、叠韵的“联绵词”或内部读音相似的“复合词”，用来增进声音谐和的美感。例如：

风尘荏苒音书绝，关塞萧条行路难。（杜甫《宿府》）
田园寥落干戈后，骨肉流离道路中。（白居易《望月有感》）

这里的“荏苒”是双声联绵词②，“萧条”是叠韵联绵词③，“寥落”“流离”是双声联绵词④，“干戈”“道路”也是双声或“近双声”的复合词，“路”和“难”也是“近双声”的关系⑤。这样应用双声、叠韵的词语来增进诗歌作品里的声音谐和感，也必须具有音韵学的知识才能加以说明。

六、有助于历史的研究　历史上的人名、地名，往往同是一人或一地，而古书里所用来记载的文字不同。不懂得古今读音变化

---

① 在韵书里，“池”是属于“支韵”，“麻”是属于“麻韵”，“歌”是属于“歌韵”。上古音的“歌”部，包括韵书里的“歌、戈”以及“支韵”的一部分，“麻韵”的一部分，所以“池”“麻”“歌”三字在《诗经》里得相押韵。

② “荏苒”两字同属于“日母”，也同属于“闭口韵”，韵母也相近。

③ “萧条”两字同属于《广韵》“萧韵”。

④ “寥落”“流离”都属于“来母”的字。

⑤ “干戈”两字同属于“见母”字。“道”是“端母”字，“路”是“来母”字，“难”是“泥母”字，都属于舌尖部位；凡发音部位相同的声母字，都可以称为“近双声”，或叫做“旁纽双声”。

的规律，就不知道何以一人一物而有异名，或者因为异名而竟然误认为异人异物，例如“皋陶”就是“咎繇”；要说明其所以然，我们不但须要知道“咎”字原来有“皋”音的一读，同时还要了解“繇”之所以写成“陶”，是依据于“喻四归定”[①]的条例，这就是说，“喻母”四等一类的字，在上古音里原来归属于“定母”。“陶”是定母字，“繇”是“喻母”四等字，依据于“喻四归定”的条例，“繇”可以写成“陶”；“陶”，后代也可以读成“繇”。又如“陈完”就是“田完”，这又须要用“古音舌头、舌上不分”的条例来解释[②]。“伏羲”就是“庖牺”，“逢蒙”就是“蓬蒙”“逢门”；还有地名的“汶山”就是“岷山”，“孟诸”就是“望诸”“孟猪”“明都”等等，也须要用“古无轻唇音”的条例（同时也要用“舌头、舌上不分”的条例）来解释[③]。所以研究历史也必须具有音韵学的知识。

音韵学的功用很多，上面所举出的六点，是比较显著的。我们明了了研究汉语音韵的重要性，解决了为什么要研究汉语音韵的问题，就可以使得我们加强研究音韵学的决心，不至于面对研究过程当中的一些困难而畏缩不前。

（《语文学习》1980 年第 9 期）

---

① 等韵学上把“喻母”的字分为两类，一类排在三等，叫做“喻三”；一类排在四等，叫做“喻四”。这两类的分别，是由于上古音中的来源不同：“喻三归匣”，是指三等一类原来属于“匣母”；“喻四归定”，是指四等一类原来属于“定母”。

② “舌头、舌上不分”的条例见本书第 527 页注①。“陈”“田”两字，除了舌头、舌上的关系以外，还由于古韵“真”“先”同部。“陈”是“真韵”字，“田”是“先韵”字，它们在上古音中原来是同部的。

③ “古无轻唇音”的条例见本书第 526 页注④。“望诸”和“明都”两名，除了轻唇、重唇的关系以外，还由于舌头、舌上的关系。

焦点在“典”字上

语文词典是有阶级性的。这在文化大革命以前，一般已经是公认了的。因为有明显的事实可以证明。在阶级社会里，人是有阶级性的；人的种种活动，往往打着阶级的烙印。从有语文词典出世起，没有一部是超阶级的人所编写的。当《汉语大词典》编写工作开始的时候，就有人对《大汉和》进行批判；它的收词、释义、引例，都很鲜明地暴露它的封建主义和帝国主义者的面目。从《说文解字》到《康熙字典》，也都充分地表示旧时“经生”拥护封建统治的思想。新旧《辞海》的对照，也足以表明它们是两个时代、两个阶级的区别。从这些显著的事实来看，我们实在不能否定语文词典的阶级性。

语文本身和语文词典，有不同的性质。语言是没有阶级性的。因为语言（这里包括书面语）是一种交际的工具，是全民性的，是社会上各个不同的阶级所共同使用的。语文词典的性质和语文本身不同，不同的焦点是在这个“典”字上。“典”是“典范”“典则”的意思；人们使用语言，总要有个标准；“词典”就是要起“示范”作用。因之历来的词典，决不是对于种种语言的材料加以纯客观的记录和诠释，而是在收词、释义、引例等诸方面都有所抉择，有所取舍，有所好恶，有所爱憎，有所褒贬，有所“隐恶扬善”……对于种种语言材料的这样爱憎、取舍……的“示范”作用，就是这个“典”字的作用，也就显示了词典的政治性和阶级性。

由于语文本身和语文词典的根本性质不同，它们对于语言上一部分有政治性、阶级性的词语及词义的关系，也因之有区别。这部分有政治性、阶级性的词语及词义，在语言材料的整体上只是少量的，局部的，无关轻重的，并不足以损害语言本身的全民性及其交际作用的共同性。可是这部分，在词典的编制上却是决定性的成分；因为词典对于语言材料有所爱憎、取舍等等的作用，所以这部分，尽管也在整体上是少量的，局部的，却正足以显示词典的政治性和阶级性，在决定词典的性质上有重大的关系。因之根据对这部分的处理态度，用来指明语文词典的阶级属性，正是“透过现象看本质”，而不是所谓“以偏概全”的一种思想方法。

这里有个问题：语文词典既然有明显的阶级性，为什么属于某一个阶级的词典而在其他不同的阶级也可以应用呢？例如《说文解字》《康熙字典》等，是属于封建阶级的词典，为什么我们现在阅读古书、研究字源、考证古训的时候，还用得着它们呢？这个问题的提出，促使我们对于语文词典的性质还应当作更进一步的探讨，要求更确切的理解。语文词典是人们用来读书求解、辨析疑难的工具书，因之人们对于它的要求，主要的是在它能够客观地反映语言材料的实际情况。我们现在之所以还要应用《说文解字》《康熙字典》等书，当然是因为它们还大部分能够客观地反映古代语文材料的实际情况。由此可见，语文词典的存在的价值，主要的是在于它的科学性，而不在于它的政治性。

我们要彻底了解语文词典的性质，又须得把它的政治性和科学性的关系搞清楚。政治和科学的关系，也有阶级的区别：反动统治阶级的政治，和科学是矛盾的，无产阶级的政治，和科学是统一的。我们现在在无产阶级领导下所编制的词典，由于它的政治性和科学性的统一，因之加强它的科学性，就是加强它的无产阶级的政治性;反转来,加强了它的无产阶级的政治性,也就是加强它的科学性。我们认定目前编制的词典也有阶级性,是从它的无产阶级政治性和科学性相统一的角度来观察的,也正是为着加强它的科学性,提高它的存在的价值。

林彪、“四人帮”恰恰是在这一点上破坏了我们的词典工作。他们空喊“政治第一”,要用政治代替业务,把政治和科学完全割裂开来,说是“把无产阶级专政落实到每一个词条”。他们是反马克思主义、反无产阶级、反科学的,用意在摧残文化事业,破坏词典工作。我们要拨乱反正,要肃清他们在词典工作中的遗毒,决不是仅仅否定语文词典的阶级性所能办到的;恰恰相反,我们须要认定语文词典的阶级性,目的正是在加强词典的无产阶级的政治性,也就是加强它的科学性。

(《辞书研究》1980 年 4 月)

“同义为训”与“同义并行复合词”的产生

一、同义词在语言中的作用

汉语词汇的丰富性，表现在“同义词”的丰富上。解释词义的方法，也常常以这种丰富的同义词做基础，在训诂学上形成“同义为训”的体例，即以同义词来做训释词，指明被训释词和训释词之间是同义关系。古代训诂学的专书，如《尔雅》等，首先是把同义词类集起来分列成各条，再从各条中分别采取比较普通常用的词（一般称为“基本词”）来做训释，这就是“同义为训”。郭璞《尔雅序》里所谓“总绝代之离词，辩同实而殊号者”，也就是关于同义词的类集、训释和辨析。

同义词是指不同的词而它们所表示的某种概念或某种用法基本上相同的。语言中，除了同义词之外，还有“同音词”“同源词”等的现象。同音词是指不同的词而它们的声音形式相同的；同源词是指不同的词在历史上声音形式相类相同，意义又相关联，可以认为是由同一语源派生出来的。同义词和同音词、同源词等的区别，是从词汇、词义上不同的角度来辨析的结果，不是截然界限分明，而是经常有相互交叉的现象。例如《说文》：“琱，治玉也”；“琢，治玉也”；“琱”和“琢”，同以“治玉”为训，是同义词，而它们在历史上读音又相类相近：“琱”，《广韵》：“都聊切”，上古音属“幽”部；“琢”，

《广韵》:“竹角切”,上古音属“屋”部;它们的声母是舌头、舌上的关系,它们的韵尾又是同具有舌根音韵尾([-g]、[-k])。因之断定“琱”和“琢”,又是同源词。又据《广韵》,“彫”和“琱”,“斲”和“琢”,都是同音词;《说文》:“彫,琢文也”;“斲,斫也”;“彫”和“琱”,“斲”和“琢”,意义又都相近相关联,既可说是同义词,也可说是同源词。(在文字上“琱琢”可以写成“彫斲”。)可见同义词的范围,和同音词、同源词等常常有相互交叉的关系,有些同义词是兼属于同音词或同源词的。

同义词的掌握,不但在修辞上可以供作词语的替换运用,避免词、字的重复累赘,而且在表达上能够适应事物的微细差别,选用最恰当的词语。因为同义词当中,很少有意义绝对完全相同的,有的是它们所表示概念内容上的差异,有的是风格、感情色彩等的不同。兹将《说文》中所录这样差别的例子举出几个如下:

脂(戴角者脂,无角者膏):膏(肥少);

言(直言曰言,论难曰语):语(论也);

饥(谷不熟为饥):馑(蔬不熟为馑);

性(人之阳气性善者也):情(人之阴气有欲者);

媒(谋也,谋合二姓):妁(酌也,斟酌二姓也);

婚(妇家也,《礼》:娶妇以昏时):姻(婿家也,女之所因,故曰姻);

雷(阴阳薄动,雷雨生物者也):霆(雷余声也,铃铃,所以挺出万物);

关(以木横持门户也):阖(关下牡也);

洗(洒足也):澡(洒手也);

沐(濯发也):浴(洒身也)。

这些有微细差别的同义词,在写作或讲解的需要时,应当把它们相对起来,一一加以区别。

但是这样在意义上有微细差别的词，它们所表示的基本概念和用法又是相类相同的，所以彼此可以联合起来表示一个共同的意义，如脂膏、言语、饥馑、性情、媒妁、婚姻、雷霆、关阖、洗澡、沐浴等等。这种同义词的联合结构，又往往经过不断的多次使用，就凝结成为复合词，叫做“同义并行复合词”。所谓“并行”，是指内部成分所表示的概念有等同、并列的关系，不是相属的关系，所以语法组织上、构词形式上成为联合结构。

这种同义并行复合词，既然是由于同义词的联合使用而产生的，所以常常与训诂学上“同义为训”的体例密切相关。例如：《尔雅·释诂》：“始也”一条里“首”“基”“肇”“元”等，经常和它们的训释词“始”联合起来使用，结果就凝结成为“首始”“始基”“肇始”“元始”等的复合词。“乐也”一条里“悦”“喜”“康”“般”等，经常和它们的训释词“乐”联合起来使用，结果也就凝结成为“悦乐”“喜乐”“康乐”“般乐”等的复合词。又如《释言》：“庇，荫也”；“明，朗也”；“奔，走也”；“懈，怠也”；……这些条里的“庇”“明”“奔”“懈”等，各自经常和训释词“荫”“朗”“走”“怠”等联合起来使用，也就分别凝结成为“庇荫”“明朗”“奔走”“懈怠”等等同义并行复合词。因为同义词相训释的过程，实际上就是同义词相联合使用的过程，所以同义词在训诂上的作用，与构词上同义并行复合词的产生密切相关。

总起来说，同义词的丰富性，使得词义解释上形成了“同义为训”的体例；同义词在训诂学上这种作用，又促使同义词之间的经常联合起来运用，因而产生了大量的同义并行复合词。这种同义并行复合词的大量产生，更增加了词汇当中同义词的丰富性。这样循环往复，相互推进，使得汉语越发展，词汇越丰富，越纷繁，因而用来解释词义的训诂体例也越发达，越完密。汉语同义词的丰富性，从训诂的体例上也可以看出来。

二、从训诂体例上来看同义词的丰富性

训诂学上有“同训”“互训”“递训”之例:“同训”之例,即甲、乙两词同用丙来训释;“互训”之例,即甲用乙来训释,乙又用甲来训释;“递训”之例,即甲用乙来训释,乙又用丙来训释,甲、乙、丙递用。陈澧《切韵考》从反切用字的“同用”“互用”“递用”之例来考证《广韵》的“声类”和“韵类”,凡是反切用字有同用、互用、递用的关系的,便可以系联为一类。我们也可以在训诂学上仿照这种办法来系联“义类”,凡是训诂上有同训、互训、递训的关系的,往往可以认为同义词。因为同义词所表示的概念是并行的,不是相属的,所以它们在语法组织上、构词形式上有组成同义联合结构的能力。因之训诂学上根据“同训”“互训”“递训”之例所系联的“义类”,又在语法组织上、构词形式上得到证实,我们就可以确定甲、乙或甲、乙、丙等词都是同义词。

这里将训诂学上“同训”“互训”“递训”三种体例及其和构词法的关系,一一举例说明,以显示汉语同义词的丰富性。

(一) 同训之例:

《尔雅·释诂》等篇里各条所录,都是同训的关系,又往往互相结合成为同义并行复合词。例如:“命”和“令”,同训“告也”,又相结合成为“命令”;“畀”和“予”,同训“赐也”,又相结合成为“畀予”等等。兹再将《说文》所录举例如下:

琱(治玉也):琢(治玉也)——琱琢;

冷(寒也):溧(寒也):寒——寒冷、冷溧;

迅(疾也):速(疾也):疾——迅疾、迅速;

凄(痛也):恻(痛也)——凄恻;

把(握也):持(握也):握——把握、把持;

排(挤也):抵(挤也):挤——排挤、排抵;

诏（告也）：谕（告也）——诏谕；

训（说教也）：诲（晓教也）：教——教训、训诲；

然（烧也）：爇（烧也）：烧——然（燃）烧、然爇；

燔（爇也）：烧（爇也）——燔烧。

以上举出的例子，是甲、乙两词同用丙来训释，同时甲乙或甲丙、乙丙又组成了同义并行复合词或者一种同义词的联合结构；我们因此可以确定甲、乙两个或甲、乙、丙三个都是同义词。

（二）互训之例：

《尔雅》里所录，有很多互训的词，又往往互相结合成为同义并行复合词。例如《释诂》"遐，远也"；"远，遐也"；"遐""远"两词互训，又相结合成为"遐远"。又，"劳，勤也"；"勤，劳也"；"勤""劳"两词互训，又相结合成为"勤劳"。《释宫》："宫谓之室，室谓之宫。""宫""室"两词互训，又相结合成为"宫室"等等。兹再将《说文》所录举例如下：

吹（嘘也）：嘘（吹也）——吹嘘；

讽（诵也）：诵（讽也）——讽诵；

歌（咏也）：咏（歌也）——歌咏；

偏（颇也）：颇（头偏也）——偏颇；

险（阻难也）：阻（险也）——险阻；

奉（承也）：承（奉也）——奉承；

讇（谄）（谀也）：谀（谄也）——谄谀；

意（志也）：志（意也）——意志；

追（逐也）：逐（追也）——追逐；

辽（远也）：远（辽也）——辽远；

排（挤也）：挤（排也）——排挤；

吟（呻也）：呻（吟也）——呻吟；

敷（敂也）：敂（敷也）——敷敂；

杀（戮也）：戮（杀也）——杀戮。

以上举出的例子，是甲、乙两词互相训释，同时又结合成为同义并行复合词或者一种同义词的联合结构，我们也可以确定甲、乙两个是同义词。

（三）递训之例：

《尔雅》里所录，有很多递相训释的词，又往往结合起来组成同义并行复合词。例如《释诂》：“绩，功也”；“功，成也”；“绩”“功”“成”三词，递相为训，又结合成为“功绩”“成绩”“成功”。又：“宁，安也”；“安，止也”；“宁”“安”“止”三词递相为训，又结合成为“安宁”“宁止”等等。兹再将《说文》所录举例如下：

请（谒也）：谒（白也）——请谒；

论（议也）：议（语也）：语——议论、论语；

谲（诈也）：诈（欺也）：欺——谲诈、欺诈；

诽（谤也）：谤（毁也）：毁——诽谤、毁谤；

惶（恐也）：恐（惧也）：惧——惧恐、恐惧；

恨（怨也）：怨（恚也）——怨恨；

税（租也）：租（田赋也）：赋——租税、赋税；

借（假也）：假（非真也）——假借；

怙（恃也）：恃（赖也）——怙恃；

祸（害也）：害（伤也）：伤——祸害、伤害。

以上举出的例子，是甲用乙来训释，乙用丙来训释，甲、乙、丙三词递相为训，同时甲、乙或甲、丙或乙、丙又往往结合成为同义并行复合词或者一种同义词的联合结构，我们也可以确定甲、乙两个或甲、乙、丙三个都是同义词。

从上面所讲训诂学上同训、互训、递训的体例及其和构词法的关系，可以见到汉语同义词的丰富性。这种同义词的丰富性，促使训诂学上广泛地应用“同义为训”的方法，因而在构词法上又促使同义并行复合词不断的产生。这种同义复合词的不断产生，更增加了词汇当中同义词的丰富性。

三、《说文》中所见“同义为训”和构成同义复合词之例

“同义为训”的方法，即以同义词作为训释词，指明训释词和被训释词之间是同义关系。这种训诂方法的不断运用，就使得一些同义词经常联合起来应用，因而促使同义复合词的产生。这里从《说文》说解中所见到的这样事例举出一些如下：

“祐，助也”——祐助；

“祓，除恶祭也”——祓除；

“祷，告事求福也”——祷告；

“禁，吉凶之忌也”——禁忌；

“小，物之微也”——微小；

“分，别也”——分别；

“公，平分也”——公平；

“释，解也”——解释；

“咙，喉也”——喉咙；

“喉，咽也”——咽喉；

“各，异辞也”——各异；

“局，促也”——局促；

“丧，亡也”——丧亡；

“造，就也”——造就；

“逾，越进也”——逾越(越)；

“迎，逢也”——逢迎；

“遭，遇也”——遭遇；

“通，达也”——通达；

“徙，移也”——移徙；

“读，诵书也”——诵读；
“譬，谕也”——譬谕；
“䜣，喜也”——䜣（欣）喜；
“调，和也”——调和；
“谩，欺也”——欺谩；
“攻，击也”——攻击；
“敏，疾也”——敏疾；
“督，察也”——督察；
“乖，戾也”——乖戾；
“壑，沟也”——沟壑；
“殆，危也”——危殆；
“殇，腐也”——腐殇（朽）；
“残，贼也”——残贼；
“肌，肉也”——肌肉；
“胪（肤），皮也”——皮肤；
“制，裁也”——制裁；
“办（创），伤也”——创伤；
“触，抵也”——抵触；
“宁，愿词也”——宁愿；
“亏，气损也”——亏损；
“馆，客舍也”——馆舍；
“墙，垣蔽也”——垣墙；
“柢，木根也”——根柢；
“华，荣也”——荣华；
“囿，苑有垣也”——苑囿；
“邦，国也”——邦国；
“稀，疏也”——稀疏；

"盗,安也"——安盗;
"完,全也"——完全;
"宥,宽也"——宽宥;
"寄,托也"——寄托;
"宄,奸也"——奸宄;
"宫,室也"——宫室;
"穿,通也"——穿通;
"疲,劳也"——疲劳;
"罟,网也"——网罟;
"促,迫也"——迫促;
"伛,偻也"——伛偻;
"复,重衣皃"——重复;
"歇,息也"——歇息;
"契,大约也"——契约;
"惇,厚也"——惇厚;
"想,冀思也"——思想;
"悟,觉也"——觉悟;
"慰,安也"——安慰;
"懋,勉也"——懋勉;
"怠,慢也"——怠慢;
"憎,恶也"——憎恶;
"悲,痛也"——悲痛;
"注,灌也"——灌注;
"汁,液也"——液汁;
"涕,泣也"——涕泣;
"接,交也"——交接;
"招,手呼也"——招呼;

"摇,动也"——摇动;
"技,巧也"——技巧;
"振,举救也"——振救;
"捐,弃也"——捐弃;
"均,平遍也"——平均;
"增,益也"——增益;
"阴,暗也"——阴暗;
"阽,壁危也"——阽危;
"继,续也"——继续;
"坏,败也"——败坏;
"畍,境也"——境界;
"畺,界也"——畺(疆)界。

上面列出《说文》说解中的许多例子,说明了训诂上训释词和被训释词之间的同义关系,促成许多同义并行复合词或同义联合结构的产生。而这种向义复合词和同义联合结构的组成,正足以证明这种训诂方法是在同义词丰富性的基础上形成的,这种方法是利用同义词作为训释词的。同义词在训诂上和构词上的这种交互作用,又更增强了同义词自身的丰富性。

四、训诂学与构词法的关系

从同义词在训诂上和构词上的这种交互作用,我们又可以推知训诂学和构词法原来有密切的联系。构词是使单词组成复词,其目的原来与训诂上的要求了解词义、明确词义相一致的。《荀子·正名篇》说:"单足以喻则单,单不足以喻则兼";这里所谓"兼",就是由单词合成的复词。在构词上之所以要使单词合成复词,其关键就是在这个"喻"字上,"喻"是"晓喻"的意思,要求了解词义,明确词义,与《说文序》里所谓"厥谊不昭,爰明以谕"的"谕",

意义相同。训诂和构词，都是为着加强语文的明显性和准确性，都是为着阐明词义，通晓名物，达到相互了解、沟通思想、发挥语言的交际作用。构词上的“化单为复”，把构词成分结合起来，实际就象训诂上训释词和被训释词的关系一样，有互相注释的作用。所以一个同义词的联合结构，也就包含着一个“同义为训”的体例；换句话说，同义词相联合使用的过程，也就是同义词相训释的过程。这便是同义词之所以在训诂上和构词上发生交互作用的原因。

（《扬州师院学报》1981 年第 3 期）

汉字的特性及其对社会、文化的作用

一、世界文字的种类及其不同的特性

世界上的文字，可以分做下列的三大类：

第一类是“图画文字”，用文字形体直接表示语言的意义的。例如埃及、巴比伦、中国上古的文字。

第二类是“表意文字”，其中有一部分原来是用字形直接表示意义的；又有一部分是用字形来标明读音的，就是语言的声音；而结果不论是表示意义或是标明读音，总是把书写上的字形作为语言意义的习惯记号，所以叫做“表意文字”。我国现在应用的汉字，就是属于这一类。

第三类是标音文字，就是用字母的拼音标明语言的声音。现今多数国家都应用拼音文字。我国现在应用的拼音字母，就是采用国际上拼音文字的字母来制定的。

这三类文字不同的特点，是从文字里“形、音、义”三种要素的不同关系表现出来。图画文字是用字形直接表示意义，再从意义联想到语言上的词、词素或音节，从而认定各个字体在语言上的读音。可见图画文字里的字形和语言上的声音是处于一种间接的关系。其中形、音、义三种要素的关系，如下式：

形——义——音

标音文字的特性，恰恰与图画文字相反。它是用字母的拼法作为字形，来标明读音的组织，使人们从语言上的声音直接认定语言中的词、词素或其他语言的成分；懂得了语言，也就掌握了语言的意义。可见标音文字的字形和语言上的声音是直接联系的。其中形、音、义三种要素的关系，又如下式：

形——音——义

至于表意文字的特性，是介于图画文字和标音文字两者的中间。其中一部分原来是用字形直接表示意义的，留存有图画文字的遗迹；可是经过书体的演变，已经失去了图画的原形。另一部分原来又是有用字形来标明读音的倾向，可是没有分析读音的组织，没有进到字母拼音制度，同时又由于读音本身的演变，原来标音的效用也已经不很明显了。所以表意文字是采取表义和标音的混合制，它的形、音、义三种要素之间的关系是比较复杂的；它们不象上面所说两类文字那样单纯的直线关系，而应当象如下的三角关系：

形
／＼
音——义

但是，从表意文字的应用原则来看，不论是表义或是标音，总是把许多的字体作为习惯上意义的记号。因之它同语言上的声音，总是不能象标音文字那样直接联系的。

二、汉字的构造和应用

表意文字的特性，在汉字的构造方面表现出来，是采取表义、标音多种原则的混合制。

汉字当中，原来是用单纯的图画来构成的，就是象形字。例如“人、口、刀、鸟、木”等，原来就是画出人、口、刀、鸟、木的图形。

又有些原来是用单纯的符号来构成的，也有些是附以符号于图画来构成的，统叫做指事字。例如“一、二、三”是表示数目的符号，“八”原来是表示分别的符号，“回”原来是表示回旋的符号等等，这些都是用单纯的符号构成的。又如“刃”，其中一点是指刀口所在；“本”，其中一画是指树根所在等等。这些是附以符号于图画来构成的。

又有些是用象形字和指事字拼合起来表示一种意义而构成的，叫做会意字。例如“鸣”，把“鸟”和“口”拼合起来，表示“鸟叫”。这是象形字和象形字拼合起来构成的。又如“分”，把“刀”和“八”拼合起来表示“用刀劈分”；“公”，把“八”和“厶”（原来是画个圆圈，作为“私有范围”的符号）拼合起来表示“背离自私”的意义。《韩非子・五蠹》：“自环者谓之‘私’，背私谓之‘公’。”这是指事字和象形字或者指事字和指事字拼合起来构成的。它们的拼合都是用来表示一种意义的，所以叫做会意字。

还有许多字的拼合成分，有的是表示意义的，有的是标明读音的，叫做形声字。凡是字形里标音的成分相同的字，我们可以认为它们原来是读音相同或相类的；例如“江”和“杠”，“河”和“何”等等。不过这种形声字里，哪一种拼合成分是“形”，用来表义的，哪一种成分是“声”，用来标音的，须要仔细辨认，一不小心，就要弄错。例如“复杂”的“杂”，繁体字作“雜、襍”，是“从衣，集声”，原意是“五彩相合”，指一种“花衣服”；“虽然”的“虽”，繁体字作“雖”，是“从虫，唯声”，原意是“似蜥蜴而大”，指壁虎一类的虫。

从上面所举的例子看来，可以知道汉字的构造是相当复杂的，采取表义、标音多种原则的混合制，至少有“六书”的前四种，即象形、指事、会意、形声四种造字的基本方法。

“六书”的另两种：转注、假借，是汉字应用的两种基本方法。汉字的应用，不一定要依据造字的本义，即依据字体原来构造上所表示的意义，而常常用来表示由本义引申出来的引申义，或者用来表示因同音假借而起的假借义。用来表示字体的引申义的，我们叫做转注字；用来表示字体的假借义的，我们叫做假借字。

所谓“转注”的“注”，经常有两种意义，一种是“灌注”的“注”，另一种是“注释”的“注”（也写做“註”）。有些原来“本义”不相同的字，由于词义的引申转变而注成一义，可以互相注释的。例如“止”字，原来是象“足趾”形，它的本义是“足趾”；由于足趾站在地上，引申为“地址”义，所以《说文》里说：“下基也”；“地址”和“地基”词义相同，可以互相注释。（《说文》里又说：“象艸木出有址，故以止为足”；指点出“址”字，是对的；而把“足趾”形认为“象艸木出”是错误的。）又如“初”字，《说文》里说：“始也，从刀、从衣，裁，衣之始也”；“初”字原来本义是“裁衣服”的“裁”，由于“裁，衣之始也”，也就引申为“始也”；《说文》又说：“始，女之初也”，“初”与“始”因为引申转为同义，所以互相注释。

所谓“假借”，就是借音同或音近的字来相替代的方法。因为语言上产生的词，层出不穷，文字上要给每一个词造出一个字来代表，其势不可能，所以只得应用“同音替代”的方法。这便是“本无其字，依声托事”的假借。例如表示“虽然”的“虽”，语言上有这词，却没有相应的文字，就借用“虽虫”的“虽”来代替它。表示“然而”的“而”也没有给它造出相应的文字，就借用原来表示“颊毛”的“而”（《说文》：“而，颊毛也，象毛之形”；其中一画是指面颊）来代替它。这样本来没有字的词，文字上只得应用假借的方法。也有些是由于实际上“同音替代”的方法应用惯了，即使本来有字代表的词，也往往借用音同或音近的字来代替，这又是“本有其字，同音通假”，也是一种假借现象。例如“辟”字，可以用来代替“退避”的“避”，也可以用来代替“邪僻”的“僻”，也可以用来代替“开辟”的“辟”等等。

总之，假借和转注，都是使得同一个字产生几种不同的意义；

反转来，也使得同一种意义应用几个不同的字来代表。汉字当中，这种同字异义、同义异字的现象，都是由假借和转注两种基本方法形成的。汉字这种表意文字的特性，某个字代表它的本义，或者代表它的引申、假借义，也是在应用的习惯上确定起来的。

三、汉字对社会文化的作用

文字上的这种表意作用，在应用的习惯上确定了以后，字形和它所代表的意义，都具有强固的保守性。尽管汉字中有一部分具有标音的倾向，而字形的构造不能跟着古今读音的发展而变化，也不能随着南北方音的纷歧而变更。自从秦汉“书同文字”以来，这二三千年中，除了书体形式上、笔势上有一些变异以外，字体构造及其应用所代表的词义，大都因循旧习，没有加以改动。这种强固保守性和“单音节制”的汉字，又使得一般应用的文辞，成为一种以古代汉语基本词汇、语法构造为基础的简炼的文言文；汉字又依靠了这种文言文来广为传播，相得益彰，更增强了语文的保守性。这种语文的保守性，对于我国的社会、文化，在过去闭关自守的时代，也起过一些积极的作用。其最显著的有如下几点：

（一）我国在这样广大的国土上，能够几千年来维持统一的局面。我国幅员辽阔，方言复杂，至今有八大方言区：北方方言区，吴方言区，湘方言区，赣方言区，客家方言区，闽北方言区，闽南方言区，粤方言区。这八大方言区里，除了北方方言区内部比较统一以外，其他方言区里还有不少次方言区或小方言区，彼此语言隔阂；现代如此情况，往昔更加严重。二千多年来，这样领土广大的国家作为维系统一的工具的，就是这种表意文字和由它写成的一种文言文。汉字对维持我国统一的局面以至历史上就形成这样的大国，实在有不小的帮助。但是因此而作为反对汉字拼音化的理由,那就很错误了。因为靠汉字来维系统一,是在过去的闭关自守时代。现在是与各国互相竞争、互相交流的时代,国家要现代化,语文也要现代化。

(二)我国是多民族的国家,其中人数最多的是汉族;从历史上看,汉族的血统是极混杂的,几千年来所吸收、同化的异族,当以千百计;异族人来中国更姓名、习文教、通婚姻的,不知凡几。汉族的形成和汉族文化的影响于国内及东亚诸民族,都是跟这种表意文字的传播有关。

(三)汉族文化,历史悠久,而且直线相承,未曾中断。世界上开化最早的国家,我国以外,还有巴比伦、埃及、印度、墨西哥等;可是这些古代的国家早已灭亡,文化中断,没有象我国那样把古代文化一直继承下来的。这也跟我国这种独存的“前人所以垂后,后人所以识古”的文字有关。

(四)用汉字记载下来的文献特别丰富,所以我国的史料,也就特别丰富。单就史籍当中的“正史”而言,从《史记》《汉书》到《明史》,就有三千五百卷。再就历代官方所著录的书籍来说,如《汉书·艺文志》所录的,有一万四千九百九十四卷;《隋书·经籍志》所录的,有五万零九百八十九卷;《宋史·艺文志》所录的,有十一万九千九百七十二卷;清代《四库全书总目》所录的,有十七万一千五百五十八卷。我们看到历代留存下来我国书籍的浩繁,不能不推许汉字在历史上的功绩。

上面举出的四点,可以见得汉字对于我国社会文化,在历史上曾经起过积极的作用的,确有它的不可磨灭的功绩。由于客观形势的发展,特别是当今要把我国在党的领导下建设成为现代化的社会主义的强国,汉字更暴露了它的保守性和落后性,与汉语及形势的发展都不相适应。汉字结构复杂,笔画繁密,字数众多,难写、难认、难记,从普及教育的效果上,从编制和检查的方法上,从传递信息的技术上，从记录、打字、排印的速度上，无论从哪一方面看，汉字实在有改革的必要。一句话，就是说："文字必须改革，要走世界文字共同的拼音方向。"

（《语文学习》1981 年第 9 期）

文字改革是近代和现代语文改革运动的中心环节

今天，全国高等院校文字改革学会经过两年多的辛勤筹备，在各地高等院校纷纷成立文字改革研究会或研究小组的基础上，宣告胜利成立了！今后有这样声势浩大的群众性组织来推动，文字改革工作一定能够顺利地展开，汉字拼音化，也一定能够加速实现。敬致以衷诚的、热烈的祝贺！

文字改革是近代和现代整个语文改革运动的一个中心环节；文改工作不能离开语文的科学研究，必须要接受语文科研的成果的指导，才能达到胜利。各地高等院校是国内各地区的文化中心，是培养语文工作干部的场所，是各地区语文专业人才集中的所在，所以成为各地区的语文科学研究的重要基地。由各地高等院校的师生来进行文改工作，边进行，边搞语文科学研究以达成胜利；这是几十年来在实际文改工作中积累经验所得出的一个结论。

为什么文改工作一定要接受语文科研的成果的指导，一定要跟语文科研工作互相配合呢？因为语文科研的主要任务，在发现和掌握语文内部的发展规律。我们要进行社会主义建设，就必须按照一定客观规律办事；我们要搞文改工作，也必须按照语文发展的规律来搞。“世界文字共同的拼音方向”，就是世界文字发展的一条基本规律。如果盲目地空想地背离语文发展的规律来搞，势必至于受到群众的抵制而归于失败，至少也要走弯路，推迟胜利的到来。例如有人为着要解决“同音词”问题，在拟议的拼音文字的方案中，主张保留“尖团”音的区分，主张保留“万、广、兀”三个声母，主张保留“入声字”。这三种主张，我认为都不合于汉语语音发展的规律的。保留“尖团”音的区分，是违背“同化作用”的规律的；保留“万、广、兀”三个声母，是违背“音素失落”的规律的；保留“入声字”，是违背汉语“声调种类减少”的趋势的。这样的拼音文字是行不通的。又所谓“同音词”问题，究竟是同音“词”问题，还是同音“字”问题？如果真是同音“词”的问题，那么，汉语词汇方面有一条“复合化”和“双音化”的规律，正可以用来作为分化同音词的依据，何必定要向语音方面勉强分析呢？这样看来，语文科学研究有没有成果，直接关系文改工作的好坏，两者是息息相关，不能分离的。

各地高等院校，既是语文科研的基地，又是语文教学的中心。语文教学和语文科研两者也是息息相关的；语文科研的成果，就是语文教学的教材内容，而语文教学的实践，也就是语文科研工作的试验场所。各地高等院校里，除了设立各种语文课程以外，又有其他各种学科，同时也具有各种学科有关的科研和教学的配备，包括人才和图书资料等；因而具有研究语文改革有关的各种边缘学科问题的特殊条件。这样对语文科研工作的多种有利困难，相互促进，各地高等院校的科研成果，一定丰富累累，美不胜收！

现在又在这样的基础上成立一个统辖全局、集中指挥的全国高等院校文字改革研究的总会，使得分散在各地院校的文改科研工作统一起来，联合起来；这样就更便于互相联系，互相学习，互相促进；更便于团结一致，统筹全局，通力协作。这真是抓到了整个语文改革运动的关键性工作！胜利在望了！前途一片光明！敬祝大会胜利成功！

1981年7月

（《语文现代化》1981年第5辑）

从训诂学上来看古汉语的基本词

一、基本词的性质

关于基本词的性质，斯大林《马克思主义和语言学问题》有明白的指示。他说："语言的词汇中的主要东西就是基本词汇，其中也包括成为它的核心的全部根词。基本词汇比语言的词汇窄小得多，可是它的生命却长久得多，它在千百年的长时期中生存着，并且为构成新词提供基础。"[①]我们从这段话里，可以认定基本词具有下列的三种性质：

第一种是它的全民性。因为基本词是全民族语言词汇中的主要东西，所以是全民族的人所普遍认识、普遍使用的；不分地区，不分行业和社会地位，凡是同一民族里的人都要应用的。因之基本词和那些限于某一范围内使用的方言词、专门用语等不同；方言词有地方性和地方色彩，专门用语有行业性和社会性（或称为"社会方言"），都是和基本词的全民性相对立的。又由于基本词是语言词汇中的主要东西，有些基本词就成为全民族的人日常生活所不可缺少的语言词汇成分，它的全民性又是和常用性密切联系的，基本词不但为全民族所普遍使用而且经常使用，以致成为一般人所熟知习闻的东西。

---

① 《马克思主义和语言学问题》，第 15 页。

第二种是它的稳固性。因为基本词的生命长久，在千百年的长时期中生存着，所以它和语法构造是语言的基础，共同构成语言本身的稳固性。基本词的这种稳固性，又是以它所代表的客观事物、客观现象的稳固性来做基础的。例如天、人、山、水、草、木、牛、羊、大、小、行、走等等，在金石甲骨古文上记载下来到现在大多数没有变化，它们所代表的客观事物、客观现象没有变化，这些事物、现象的名称也自然没有变化的需要。当然，语言词汇中一部分的词，要随着社会的发展而发展，要随着新事物、新现象的产生而产生，要随着旧事物、旧现象的消失而消失；那些有时代性的古语词，正是和这种有稳固性的基本词相对立的。由于基本词汇的这种稳固性，所以大部分的基本词经千百年长时期而不变，为全民族的人所普遍认识、普遍使用，更增强了它的全民性和常用性。

第三种是它的极强的构词能力。因为基本词汇包括成为它的核心的全部根词，为构成新词提供基础，所以有些基本词具有极强的构词能力，经常作为构造其它词语的基本成分。例如"田"是一个根词，作为田地、田功、农田、田亩、田赋、田畴、田塍、田舍、田家、田园、田猎、田鸡、田螺(现代语里还有"试验田"等)这些词的词根。因之基本词除了一般人日常应用以外，又在各种词语的内部结构当中常常应用到它来作为构造的基本成分，这样更加增强和显示了它的常用性、稳固性。

上面所列举的基本词的三种性质，是相互联系、相互助长的，都是使得基本词在千百年的长时期中为全民族所普遍认识、普遍使用，为一般人所熟知习闻，"见词明义"。

由于这样的性质，对于基本词的词义，就一般的情况来说，是用不着再加以解释的了。一般人在长时期的日常应用当中，对于一些基本词所表示的概念和具有的用法，已经完全通晓，无需乎再加以解释了。因之许多训诂学专书，如《尔雅》《方言》《广雅》之类，以及许多古籍当中的注解，往往略去了对多数基本词的解释，而注重于古语词、方言词、专门用语等的解释。对于基本词，不但不再加以解释，而且经常用来解释古语词、方言词、专门用语等，作为它们的“训释词”，作为解释其它各种词语之用。

郭璞《尔雅注》“始也”一条下说：“此所以释古今之异言，通方俗之殊语。”他所谓“古今之异言，方俗之殊语”，大都是指古汉语中的古语词、方言词、专门用语（或称为社会方言）等；这些是一般人所需要加以解释的，就作为解释的主要对象。而进行解释时，由已知推向未知，就用一般人所熟知习闻的基本词作为注释的工具，我们可以称之为训诂学上的训释词。

二、训诂学上的训释词

古汉语的基本词，在训诂学上常常作为解释词义之用，不但本身不再需要加以解释，而且作为通晓别的词语的基础和工具，作为注释古语词、方言词、专门用语的训释词。这里分别举些例子说明如下：

（一）古汉语中用基本词训释古语词举例

《尔雅·释言》：“若、惠，顺也。”《书·尧典》：“钦若昊天”，《史记·五帝本纪》作“敬顺昊天”；这是以翻译作为训诂，就是以基本词替换当时的古语词。又伪《大禹谟》：“惠迪吉，从逆凶，惟影响”；《伪孔传》：“迪，道也。顺道吉，从逆凶。吉凶之报，若影之随形，响之应声，言不虚。”这里的“若”“惠”，是当时的古语词，“顺”是基本词；用“顺”来注释“若”“惠”，即以基本词训释古语词之例。

《尔雅·释诂》：“庶，众也。”《书·尧典》：“庶绩咸熙”，《史记·五帝本纪》作“众功皆兴”。《诗·大雅·灵台》：“庶民攻之”，“庶民子来”；“庶民”，郑笺训为“众民”。这里的“庶”，是当时的古语词，“众”是基本词；用“众”来训释“庶”，即以基本词训释古语词之例。

《尔雅·释诂》:“佥、咸,皆也。”《书·尧典》:“佥曰伯夷”(今本在《舜典》中),《史记·五帝本纪》作“皆曰伯夷可”。又《书·皋陶谟》:“咸若是”,《史记·夏本纪》作“皆若是”。这里的“佥”“咸”,是当时的古语词,“皆”是基本词;这也是以基本词训释古语词之例。

“佥”又是当时的方言词。《方言》卷七:“佥,皆也,自山而东,五国之郊曰佥”;根据《方言》的记载,可能这个词是古汉语的古语词而留存于当时山东一带的方言当中的,可以称为古语兼方言词。

这种古语兼方言词的现象,再可以举出“徯”这个词为例。《尔雅·释诂》:“徯,待也”,郭注:“今河北人语亦然”;在魏晋时,“徯”是方言词。可是《书·仲虺之诰》:“徯予后,后来其苏”;《孟子·梁惠王下》引《书》同;“徯”,也是古汉语里的古语词。这里的“待”,是基本词,是用来训释“徯”这个古语兼方言词的。

(二)古汉语中用基本词训释方言词举例

《尔雅·释诂》:“介,大也”;《方言》卷一:“东齐海岱之间曰介。”又《楚辞·离骚》:“彼尧舜之耿介兮”,王逸注:“介,大也。”这里的“介”是古汉语中的方言词,“大”是基本词;这是用基本词训释方言词之例。

《尔雅·释诂》:“適、徂、逝,往也”;邢疏引《方言》云:“逝,秦晋语也;徂,齐语也;適,宋鲁语也;往,凡语也。”《书·大诰》:“若昔,朕其逝”;《伪孔传》:“顺古道,我其往东征矣。”《诗·豳风·东山》:“我徂东山”;郑笺:“我往之东山。”《诗·魏风·硕鼠》:“適彼乐土”;郑笺谓:“与之诀别之乐土”;“之乐土”,即“往乐土”。同篇:“谁之永号”;郑笺:“之,往也。”又《小雅·巷伯》:“谁適与谋”;郑笺:“適,往也。”这里的“適、徂、逝”是方言词,“往”是“凡语”,即全民性的基本词;这也是古汉语中用基本词训释方言词之例。

(三)古汉语中用基本词训释专门用语举例

由于专门用语具有行业性、社会性,和基本词的全民性相对立，所以在词义上往往属于专义性的事物和现象。王国维《尔雅草木虫鱼鸟兽释例》里，有一条是说："凡俗名多取雅之共名，而以其别别之"；例如"柽"为"河柳"，"鱏"为"白鱼"，"蟒"为"王蛇"等等，其中"柳""鱼""蛇"等一般是广义性的"共名"，再加上"河""白""王"等的区别词，构成复合词语用来代替"柽""鱏""蟒"等专义性的"别名"。实际上那些广义性的共名，原来就是一般常用的基本词；那些专义性的别名，也就是限于一定范围内应用的专门用语。又那些在共名上附加的区别词，用来构成复合词语以代替别名的，实际也是一般常用的基本词；而所谓代替作用，实际也就是解释作用；换句话说，用基本词附加基本词来解释一些专门用语。这里，再举出几个这样的例子：

《尔雅·释器》："鸟罟谓之羅，兔罟谓之罝，麋罟谓之罞，彘罟谓之羉，鱼罟谓之罛。"郭璞注："羅谓羅络之"，"罝犹遮也"；"罞，冒其头也"；"羉，幕也"；"罛，最大罟也"。"羅""罝""罞""羉""罛"，都是网罟一类的专名，各有专义，是当时的专门用语(其中的"羉"，后来也形成为基本词)。《说文》"网部"："罟，网也。"《孟子·梁惠王上》："数罟不入洿池"；"罟"，是古汉语里网(網)罟的总名，是广义性的基本词。在这个共名上附加"鸟""兔""麋""彘""鱼"这些区别词，用来解释"羅""罝""罞""羉""罛"这些专门用语。

《尔雅·释器》："鼎，绝大谓之鼐，圜弇上谓之鼒，附耳外谓之釴，款足者谓之鬲"；邢疏："此别鼎名也：鼎最大者名鼐，体圆敛上而小口者名鼒；《诗·周颂》云：'鼎鼐及鼒'，附耳在鼎表者名釴；款，阔也，谓鼎足相去疏阔者名鬲。"这里，"鼎"，是共名，是广义性的基本词；"鼐""鼒""釴""鬲"，是别名，属于鼎的一类而各有其特殊性，各有其专义，都是专门用语，都可以用"鼎"这个基本词来训释。

《尔雅·释诂》："禋、祀、祠、蒸、尝、禴，祭也。"《说文》："禋，洁祀也；一曰精意以享为禋。"又《说文》："祀，祭无已也"；《公羊传·

定公八年》何休《解诂》："言祀者，无已长久之辞。""禋"是指临时的祭，"祀"是指经常的祭，都是属于"祭"的下位概念。但表示长久祭的"祀"，又有它的下位概念；《尔雅·释天》："春祭曰祠，夏祭曰礿（禴），秋祭曰尝，冬祭曰蒸。""祠""禴""尝""蒸"，都是指经常的祭祀而各有专义；"祭"是广义性的基本词，"祀"也可以认为是当时的基本词，也有它的概括性；因之"祭"和"祀"都可以用来解释关于祭祀的专门用语。

《尔雅·释诂》："崩、薨、无禄、卒、徂、落、殪，死也。"《礼记·典礼》："天子死曰崩，诸侯曰薨，大夫曰卒（猝），士曰不禄，庶人曰死"；"崩""薨""卒""不禄"，是用来分别尊卑贵贱，是阶级同行语（专门用语中的一种），"徂落"是帝尧死之称，也是阶级同行语。《左传·隐公八年》："前后击之，尽殪"；杜《注》："殪，死也"；"殪"是专指战斗而死；不特指人，《楚辞·国殇》："左骖殪兮右刃伤"，也指马战斗而死。"死"是广义性的基本词，可以用来训释许多关于死亡的专义性用语。

从上面所举的三种例子来看，我们可以认定一般训诂书和古籍注解中经常是用基本词作为训释词，来解释词汇中的其他词语。词汇学中作为基本词的条件，也就是训诂学上作为训释词的条件。一般的训诂，只是从已知推向未知；基本词不但为一般人所通晓，而且作为通晓其他词语的基础和工具，作为古语词、方言词、专门用语等的训释词。一般的训诂的前提，是认为基本词本身用不着再加以解释了。但是，假使基本词本身又需要加以解释的时候，那么，我们应当用什么方法来训释呢？应当用什么来作训释词呢？象许慎《说文解字》那样的古汉语词典，全书体例是"每字必释其义"，它是和一般训诂书及古籍注解中那样认为需要加以解释时才加以解释的情况不同。《说文》的说解当中，怎样来解释古汉语里的基本词，这是值得注意的问题。

三、《说文》中关于基本词的说解

《说文》是一部字书，每字必释其义，和一般训诂书，如《尔雅》《方言》之类，和古籍中的注解，体例不同；但是它的著作，是在《尔雅》《方言》等训诂书以及大量的古籍注解产生、行世之后，不能不受其影响，有意无意地沿袭一般训诂上用基本词作为训释词的成规。骤然看起来，《说文》里每字都有说解，与一般训诂上只是注重于古语词、方言词、专门用语等的训释，有所不同，实际上《说文》里的说解也是遵守由已知推向未知的原则，还是应用一般人所熟知习闻的基本词来作训释词，这种主张，和一般的训诂并无不同。只是训诂的对象，《说文》里更加扩大；《说文》所要解释的范围，除古语词、方言词、专门用语等以外，还包括基本词本身；除词义以外，还涉及字形和字音。因之《说文》里训释的体例，比一般的训诂更加精密完备。《说文》里关于基本词的训释，最显著的可以举出下列的六种方式：

（一）同义为训。由于古汉语里基本词汇的丰富性，基本词汇当中有不少同义词，在许多基本词中间有不少词义相类相近的，可以用来相训释，这就是同义为训。《尔雅》一类书里，最常见的是"同训"之例，即甲、乙两词，同用丙来训释，足见甲、乙、丙三词同义；也有"互训"之例，即甲、乙两词互相训释，足见甲、乙两词同义。例如《尔雅·释诂》："众，多也；多，众也。"又"勤，劳也；劳，勤也"。又《释宫》："宫谓之室，室谓之宫。"《说文》中所见，除同训、互训之例以外，还有"递训"之例，即甲用乙来训释，乙又用丙来训释，足见甲、乙、丙三词同义。这里将《说文》中所见同训、互训、递训的同义基本词分别举出几个例子如下：

《说文》中基本词同训之例："走，趋也；赴，趋也。""速，疾也；迅，疾也。""晓，明也；旦，明也。""八，别也；分，别也。""训，说教也；

诲，晓教也。”“持，握也；把，握也。”“冷，寒也；溧，寒也。”“疾，病也；痛，病也。”

《说文》中基本词互训之例：“步，行也；行，人之步趋也。”“信，诚也；诚，信也。”“意，志也；志，意也。”“疾，病也；病，疾加也。”“走，趋也；趋，走也。”“追，逐也；逐，追也。”“舟，船也；船，舟也。”“讽，诵也；诵，讽也。”“歌，咏也；咏，歌也。”

《说文》中基本词递训之例：“正，是也；是，直也。”“返，还也；还，复也。”“迩，近也；近，附也。”“论，议也；议，语也。”“惶，恐也；恐，惧也。”“恨，怨也；怨，恚也。”“税，租也；租，田赋也。”“刀，兵也；兵，械也。”“罟，网也；网，庖牺所结绳以渔。”“咙，喉也；喉，咽也。”“佗，负何也；何，儋也。”“定，安也；安，静也。”

上面所举同训、互训、递训的例子，都是基本词的同义为训。

（二）反义否定为训。由于古汉语基本词汇的丰富性，基本词汇当中，不但有不少同义词，还有不少反义词；在许多基本词中间，有不少词义相对相反的，有时也用这种反义词的否定来相训释，这就是反义否定为训。词义相对相反的，又加以否定，实际和词义相类相近的同义为训，其作用相仿。这里将《说文》中所见这种反义否定为训的例子举出几个来说明如下：

“少，不多也”；“多”是“少”的反义词，“不多”就是“少”的反义否定。

“假，非真也”；“真”是“假”的反义词，“非真”就是“假”的反义否定。

“很，不听从也”；“听从”是“很”的反义词；“不听从”就是“很”的反义否定。

“旱，不雨也”；“雨”（下雨），是“旱”的反义词，“不雨”就是“旱”的反义否定。

其他，《说文》中所见者，如“跛，行不正也”；“达，行不相遇也”；

“㬎，不久也”；“暂，不久也”；“秕，不成粟也”；“粹，不杂也”，“宋，无人声也”；“顷，头不正也”；“次，不前，不精也”；“辤，不受也”；等等，都是反义否定为训的基本词。

（三）相关义为训。在丰富的古汉语基本词汇当中，除了有不少的同义词、反义词之外，还有更多的词义上相联系的词，用来反映客观上相联系的事物和现象；在许多的这种词义相联系的词中间，又形成相训释的一种方式，这就是相关义为训。这里将《说文》中所见这种相关义为训的例子举出几个来说明如下：

“聿（笔），所以书也。”“書（𦘠），箸也”；《说文序》：“箸于竹帛谓之书。”这样的解释，指明笔是书写的工具，书写是笔的主要作用。

“口，人所以言、食也。”这样的解释，指明口是人们的言语器官和饮食器官。这两方面的作用，在“口实”这个词的意义上又可以得到证明：“口实”，在言语方面是指“话柄”；在饮食方面是指“食物、食品”。

“耳，主听也。”这是指明两耳是听官。

“舌，在口，所以言也，别味也。”舌头在口腔里也发生言语作用，饮食时又有辨味作用。“口舌”这个词，用以指言语以及关于言语的争执。

“斤，斫木也”；“斧，斫也”；“斫，击也”。这样的解释，指明“斧斤”是伐木的工具。《孟子·梁惠王上》：“斧斤以时入山林，林木不可胜用也。”这里的“斧斤”，也成为一个基本词了。

“丝，蚕所吐也”；“蚕，任丝也”（或本“任”作“妊”）。这样的解释，指明“蚕”和“丝”的相关义。

“针，所以缝也”；“箴，缀衣箴也”。这样的解释，指明“针”或“箴”和“缀衣”“缝衣”的相关义。

“钻，所以穿也。”这样的解释；指明“钻”和“穿”的相关义。

这种相关义为训，在《说文》的说解中是广泛地应用的，又因为

《说文》是“形书”，也常常应用这种方式来说明字形的构造。因之，在训诂上是词义相关的，在文字上却成为字形内部的分析和连属。这里举出一两个例子来说明：

“雨，水从雲下也。一象天，冂象雲，水霝其间也。”“水”“雲”和“雨”，在语言上都是基本词，词义有相联系；在汉字字形上，恰好表示着它们之间的这种联系：水从天上四布的密云一直下来，有雨点霝其间。

“州，水中可居曰州，周绕其旁，从重川。……《诗》曰：‘在河之州（洲）。’”《尔雅・释水》：“水中可居者曰洲”；邢《疏》引李巡云：“四方皆有水，中央独可居。”谓水绕其旁，中央可居，这是下了“州”的定义；谓其字从重川，又将它的定义结合其字的构造。

这样的解释，又将相关义为训结合于文字的“形训”了。

（四）本字为训。《说文》里关于基本词的解释，有时一方面用相关义为训，一方面又指出这种词义的“本字”，也可以说是本字为训。例如上文所举“箴，缀衣箴也”；这种训释的方式，一方面表示缀衣和箴的关系，一方面又指出箴的本字。这种本字为训，在《说文》的说解中，又有多种形式：多数是用相关义和本字构成一个修饰关系的偏正词组或词。举出一些例子如下：

“道，所行道也。”“足，人之足也。”“心，人心，土藏，在身之中。”“角，兽角也。”“时，四时也。”“金，五色金也。”“夫，丈夫。”“毛，眉发之属及兽毛也。”“墨，书墨也。”“指，手指也。”“巾，佩巾也。”“佩，大带佩也。”“畜，田畜也。”“几，踞几也。”“风，八风也。”

也有少数用同义、类义或相关义和本字构成一个联合结构或它种结构。例如：

“左，手相左助也。”“矢，弓弩矢也。”“祭，祭祀也。”“临，监临也。”“形，象形也。”“欺，诈欺也。”“闻，知闻也。”

又因为《说文》是“形书”，对于基本词的用本字为训，也就很多结合于文字的“形训”；这里举几个例子说明如下：

“大，天大、地大、人亦大，故大象人形”；原本《老子》的话，引来表示大字象人形的意义。

“石，山石也，在厂之下，口象形。”“厂，山石之崖岩，人可居，象形。”谓石是山石，表明石字从厂之意。同样，“厚，山陵之厚也”；谓厚属于山陵，也是表明厚字从厂之意。

“血，祭所荐牲血也；从皿，一象血形。”朱骏声谓“从皿，一指事”；这里谓血是祭祀时所荐，表明血字从皿之意。

“交，交胫也，从大，象交形。”段注：“交胫谓之交，引申之谓凡交之称，故烄下曰：交也；烄下曰交木然也；敎下曰：交灼木也。……”这里谓交胫，表明交字象两足相交之形。

“取，捕取也；从又，从耳。《周礼》：‘获者取左耳’；《司马法》曰：‘载献聝’；聝者，耳也。”又“耳”部：“聝，军战断耳也；《春秋传》曰：‘以为俘聝。’”这里说取是捕取，表明取字从又、从耳之意。

“予，推予也，象相予之形。”依据字形，相推予是予字的本义。

形训是依据字形的构造来解释；还有一种“声训”，又是根据基本词的音义关系来解释，可以称为同音为训。

（五）同音为训。语音和词义之间，本来没有固定的必然的联系，词义相类相关的，不必定有音同音近的关系。但是在一定的条件下，语音和词义之间又有相对的适应性，语言中可以有“音同义通”的现象。因之在训诂上有“声训”之例，即以同音词相训释的方式。《说文》中经常用这种同音为训来解释基本词，举例如下：

“日，实也。”“月，阙也。”“羊，祥也。”“马，怒也，武也。”“木，冒也，冒地而生。”“土，地之吐生物者也。”“山，宣也，宣气散生万物。”“室，实也。”“户，护也。”“门，闻也。”“房，室在旁也。”“闾，侣也，二十五家相群侣也。”“城，以盛民也。”“田，陈也。”“龟，舊也。”“像，象也。”“谊，人所宜也。”“妃，匹也。”“妇，服也。”“尾，微也。”

这种同音为训的方式，在《说文》的说解中，也是广泛地应用的。这足以显示汉语丰富的基本词汇当中，又有不少"音同义通"的现象。在训诂学上所谓"声训"，在语言学上就是同源关系，即训释词和被训释词之间，不但词义上相类相关，在音韵上又是相同相近，可以认为由同一语源派生出来的"同源词"。同源词的众多，也表明语言词汇的丰富和发达。

形训、声训之外，其他训诂的方式，都可以说是属于"义训"。义训又有两方面：一方面关于词义的内涵的，上面所举同义为训、反义否定为训、相关义为训等，都是关于词义内涵；另一方面关于词义的外延的，即关于词义所概括的范围问题。种属名为训，就是关于词义的范围的问题。

（六）种属名为训。上文举出的用基本词训释专门用语的例子，我们从中看到基本词一般是广义性的共名，而与之对立的专门用语，常常是专义性的别名；因之基本词往往是代表一类事物或现象的总称，即一般分类学上所谓"种属名"，而专门用语则经常是代表"种属名"的下位概念。《说文》的说解中，对于一些基本词，也常常用种属名为训的，举例如下：

"屮，百芔也。""芔，屮之总名也。""竹，冬生屮。""牛，大牲也。""牡，畜父也。""牝，畜母也。""鸟，长尾禽总名也。""隹，鸟之短尾总名也。""雄，鸟父也。""雌，鸟母也。""鼠，穴蟲之总名也。""禾，嘉谷也。""谷，续也，百谷之总名。""蟲，有足谓之蟲，无足谓之豸。""蚰，蟲之总名。""车，舆轮之总名。""舆，车舆也。"

从以上所举《说文》中对古汉语基本词的六种解释方式来看，可以知道《说文》是字书，和一般训诂书及古书注解中只是用来解释古语词、方言词、专门用语等不同，它还要解释基本词本身；又解释的时候，也不象一般训诂只是关于词义，它还要涉及字形和字音，体例也较为精密完备。但是，《说文》还是利用一般人所熟知习闻的基本词作为训释一切词语的工具。这一点，是继承一般训诂的传统而来的，只不过《说文》不但应用基本词来训释其它词语，还要用来训释基本词本身，这更足以显示基本词的性质。

四、训诂学与词汇成分的研究

应用训诂学上的材料，来研究古汉语的词汇成分，来分析汉语词汇成分的性质，这是汉语词汇学中的一个新途径。

词汇当中的主要东西，是基本词汇；词汇学的主要问题，也是许多基本词的性质问题。斯大林《马克思主义和语言学问题》指出的基本词汇的三种性质——全民性，为一般人所经常使用；稳固性，历经长时期而不变；极强的构词能力，经常作为构词成分——我们在训诂学上得到了证明。许多基本词，因为具有这三种性质，所以为一般人所普遍认识、普遍使用，为一般人所熟知习闻；在日常情况下，它们本身是用不着再加以解释的，而作为解释别的词语之用。在一般训诂中，基本词经常作为解释其他各种词语的训释词，它们本身往往不作为主要的训释对象。

如果基本词还是需要加以解释的时候，象《说文》那样每字必释其义的场合，则用基本词训释基本词之例，采取同义为训、反义否定为训、相关义为训、本字为训以及同音为训（即以同源词为训）等的方式。我们从这些训诂的方式当中，可以推知古汉语的基本词汇里，有不少同义词、反义词、同源词，又有很多意义上相联系的词；于以见得古汉语基本词汇的丰富性，于以见得古汉语已经是一种极其丰富、发达的语言。

跟基本词的性质相对立的，上文提到的，有古语词的时代性，方言词的地区性，还有专门用语的行业性和社会性，它们都是限于一定范围内使用的词，正是跟基本词的全民性、稳固性、常用性和极强的构词能力等相区别。此外，从《说文》训释基本词的方式中，还发现一种用种属名为训之例，就是基本词经常用来代表广义性的共名，正跟专门用语用来代表专义性的别名相对立。是不是基本词的性质，除了斯大林指出的三方面以外，还有一种词义范围上概括较广的广义性，这是值得我们深入研究的。

关于词汇成分，除了上文所提出的几种以外，还有一种外来词，就是从别的民族语言中传到汉语里来的词语。在我国训诂学上，在《尔雅》《方言》《说文》一类的书里，对于许多外来词，常常作为方言词来看待，把它们和方俗殊语一样地处理；因之现在讨论训诂学和词汇成分的关系问题，可以把古汉语的许多外来词隶属于方言词的范围之内，似乎不必再把它们提出来讨论。

总起来说：在古汉语丰富的词汇基础上发展起来的训诂学，我们可以从中看出古汉语各种词汇成分的性质。语言词汇中的主要东西是基本词汇。没有这许多基本词，就不成其为语言，训诂学也根本不能成立。许多基本词在训诂学上的主要作用，显示了基本词汇的几种重要性质；从基本词汇的性质上，也显示了与之对立的其他各种词汇成分的性质。所以应用训诂学上的材料，来研究古汉语的词汇成分，可以说这是汉语词汇学中的一个新途径。

（上海语文学会 1982 年年会论文）

“字”和“义”

读古书，首先遇着的一个难点，就是“字”和“意义”的矛盾。古书里，往往同是一个字，在这里是这样的解释；在那里又是那样的解释；这就是“同字异义”的现象。反转来，往往同是一种意义，在这里用这个字来表示；在那里又是用那个字来表示；这就是“同义异字”的现象。俞樾的《古书疑义举例》，开头就举出“上下文异字同义”和“同字异义”的一些例子，这里各录其中的一个例子，作为代表：

“《论语·卫灵公篇》：‘臧文仲其窃位者与，知柳下惠之贤而不与立也。’古文‘位’‘立’同字。此章‘立’字当读为‘位’，‘不与立’即‘不与位’，言‘知柳下惠之贤而不与之禄位也’。上文‘窃位’字作‘位’，下文‘不与位’字作‘立’，异字而同义也。”

“《论语·公冶长篇》：‘子路有闻，未之能行，惟恐有闻。’上‘有’字乃有无之‘有’；下‘有’字，乃‘又’字也；言‘有闻而未行，惟恐又闻’也。”

怎样来克服这种字和意义的矛盾呢？

首先，必须推究“同字异义”和“同义异字”这两种现象产生的由来。而这又必须认识文字应用的两种途径：一种是“引申”，另一种是“假借”。每一个字，都一定有它的一种“本义”，即它在原始制作时所表示的意义。但是各字在实际应用当中，不一定用来表示它的本义，有时用它来表示由本义引申出来的“引申义”，有时又用它来代表另一个“同音词”，因而产生的“假借义”。例如“树立”的“立”，可以用来表示由“树立”引申出来的“位置”义（“树立”必定要占据一个“位置”），所以古文“立”“位”同字。“有无”的“有”，和“又亦”的“又”读音相同（或相近），所以“有”可以用来代表“又”，因而具有“又亦”这种“假借义”。我们从“字”的角度来看意义，同是一个字，除了它的本义以外，可以有它的“引申义”，又可以有“假借义”，这就是“同字异义”这种现象产生的原因。

反转来，我们从“意义”的角度来看字，同是一种意义，可以有它的“本字”，又可以有它的“假借字”；而本字当中，又可以有“初文”和“后起字”的分别。例如“立”和“位”这种意义，“立”是“初文”，“位”是“后起字”。这又是“同义异字”这种现象产生的原因。必须在同字异义当中考明它的“本义”，在同义异字当中考明它的“本字”或“初文”。而应用它的本义的，就是“本字”或“初文”，因之关键所在，就是“考明各字的本义”。东汉时许慎所作的《说文解字》和清代段玉裁所著的《说文解字注》两部书，就是研究字的本义的重要典籍。它们采取字典的形式，但和一般字典不同。一般字典往往只搜罗一些通行的意义，而许氏《说文》和段氏的注解，它们的主要意旨，就是在于考明各字的本义，很值得自学语文的青年们研读。

《说文解字》是怎样来说明各字的本义呢？段玉裁的注解又是怎样来证明许氏所说呢？

文字有“形、音、义”三种要素，要解释字义，必定要牵涉字形和字音。对于每个字，都必须综合“形、音、义”三方面来研究。例如《说文》：“元，始也，从一，从兀”；段注：“凡篆一字，先训其义，若‘始也’‘颠也’是；次释其形，若‘从某，某声’是；次释其音，若‘某声’及‘读若某’是；合三者以完一篆。”《说文》里，有时依据形体的分析和

“字源”的研究来说明字的本义。例如“天，至高无上，从一大；”段注：“是其大无有二也，故从一大，于六书为会意。凡会意合二字以成语，如‘一大’‘人言’‘止戈’皆是。”有时又根据音韵的比类和“语源”的探究来说明字的本义。例如“天，颠也”；段注：“此以同部叠韵为训也。凡‘门，闻也’；‘户，护也’；‘尾，微也’；‘发，拨也’，皆此例。”由此可见，许氏和段氏之书，都是综合“形、音、义”三种要素来考明各字的本义的。

一般人都把《说文》归入于“形书”类，这是因为《说文》首创“部首制”，根据文字的“从属”的关系，把九千三百多字分做“部首字”和“部中字”两大类，就是用五百四十个部首字来统属其余八千八百多个部中字。《说文解字》和《说文解字注》两书，指示我们怎样考明文字的本义，教我们推究古书里“同字异义”“同义异字”这两种现象产生的由来，因而它们是青年们阅读古书、自学古文极重要的工具书。

（《文汇报》1982 年 5 月 25 日）

关于旧诗的格律

旧体诗共有六种：先秦古诗，汉魏六朝古诗，律绝诗（近体诗），古体诗，词，曲。这六种以后，就是新诗了。新诗的格律问题暂且不谈，这里只谈旧诗的格律。

分析旧诗的格律，有五种现象可以作为构成诗歌格律的要素提出来讨论。这五种是：一、押韵脚；二、调平仄；三、讲对仗；四、整字数；五、定句式。我们要读古时诗歌，必须对这五种要素有所理解。

一、押韵脚

（一）押韵的意义

采取韵母相同或相近的字来押韵，就是把字音后半部分相同或相近的字排在句子的末了，使各句或相隔的几句末了字音的韵腹和韵尾相同或相近。这样让读者、听者感到诗歌声音的和谐，因而产生一种美感。押韵是构成诗歌节奏的要素的一种。某一个音经过一定间隔重现一次，再经过一定间隔，又重现一次，这样构成了往返回复的旋律。所以押韵成为诗歌格律形式的一种要素。例如：

红军不怕远征难　　nan——an
万水千山只等闲　　xian——an

独立寒秋，湘江北去，橘子洲头 tou
看万山红遍，层林尽染，漫江碧透，百舸争流 liou

这里的 an、ou 就是韵，其中 a、o 是“韵腹”，n、u 是“韵尾”。

(二) 押韵的方式

韵母相同或相近的字有间隔地重复再现，有的间隔得多一些，有的间隔得少一些，就形成了押韵的不同方式，以连句韵、隔句韵最为常见。

周朝古诗（以《诗经》为代表）以连句、隔句的押韵为最多。律绝诗，以隔句韵为常规。诗的有无格律，首先在于这种押韵的情况。古诗可以换韵，律绝诗不能换韵，必须一韵到底。

词的用韵，词牌里有规定，例如：《沁园春》，隔三四句押韵，不换韵。《菩萨蛮》，句句有韵，连句韵，中间换韵。

(三) 用韵的系统——韵部的分合

诗歌跟随时代变化，形成历代不同的诗体。语言也跟随时代变化，历代诗歌各自依据其时代的读音来押韵。历代的语音系统不同，诗歌用韵的系统也就不同，这样就关系到韵部的分合（依据韵母相同相近的字归成各部，叫做韵部），例如：哪些字和哪些字可以押韵，哪些字与哪些字不能押韵，各依据历代不同的韵部。

周代古诗用韵依据《诗经》韵系统。与后代押韵情况大不相同。如《诗经·东门之池》：“东门之池，可以沤麻；彼美淑姬，可以晤歌。”这里池，四支；麻，六麻；歌，五歌；在《诗经》中却成为一部，成为“歌部”。

汉魏六朝古诗——五言诗与《诗经》用韵不同，而渐渐接近于《平水诗韵》。例如《木兰诗》：

万里赴戎机，关山度若飞，

朔气传金柝，寒光照铁衣，
将军百战死，壮士十年归。（五微）

或者比起《平水诗韵》来更宽些，如《孔雀东南飞》：

新妇谓府吏：
“感君区区怀。
君既若见录，
不久望君来。
君当作磐石，
妾当作蒲苇。
蒲苇纫如丝，
磐石无转移。
我有亲父兄，
性行暴如雷。
恐不任我意，
逆以煎我怀。”
举手长劳劳，
二情同依依。

以上一段，将十灰、四支、五微合为一部。隋唐律绝诗用《平水诗韵》一百零六韵。如杜甫《春望》：

国破山河在，城春草木深。
感时花溅泪，恨别鸟惊心。
烽火连三月，家书抵万金。
白头搔更短，浑欲不胜簪。（十二侵）

在杜甫《秋兴》八首中间四支两首，五微一首，毫不相混：

闻道长安似弈棋，
百年世事不胜悲。（四支）
昆吾御宿自逶迤，
紫阁峰阴入渼陂。（四支）

千家山郭静朝晖，
日日江楼坐翠微。（五微）

唐宋古体诗又较《平水诗韵》要宽。如李白《春思》：

燕草如碧丝，秦桑低绿枝。
当君怀归日，是妾断肠时。
春风不相识，何事入罗帏。

四支、五微又相混，但是与十灰分开来。又如李白《长干行》：

郎骑竹马来，绕床弄青梅，
同居长干里，两小无嫌猜。
……

这一大段四支、五微相混，而又与十灰分开，可见古体诗与汉魏六朝古诗用韵系统不同，古体诗更接近于《平水韵》。

词所用的词韵，又较《平水韵》为宽，接近于现代音，例如苏轼《水调歌头》：

明月几时有？把酒问青天。
不知天上宫阙，今夕是何年。
我欲乘风归去，
又恐琼楼玉宇，高处不胜寒。
起舞弄清影，何似在人间！

天、年、寒、间，一先、十四寒、十五删相通押；在诗韵中多分开用。

曲所用的曲韵，依照《中原音韵》十九部，更近于现代音。例从略。

(四) 押韵与平仄的关系

诗歌一般平仄不通押，先秦古诗，大体上平押平，仄押仄，平仄不通押，不过平仄四声，与后代不完全相同。例如《诗经·关雎》：

参差荇菜，左右流之。
窈窕淑女，寤寐求之。(平声韵)
求之不得，寤寐思服。
悠哉悠哉，辗转反侧。(仄声韵)

汉魏六朝古诗，也是平仄不通押。律绝诗(近体诗)一般只用平声韵，一韵到底，不能换韵，平仄更不能通押，以平为收，是韵字所在；仄收之句，不是韵字所在。一般只用平声韵，第二、第四、第六双数句押韵。第一句可以仄收，可以平收，平收押韵，仄收不押韵。古体诗与先秦汉魏古诗相仿，一般平仄不通押，可以换韵，平押平，仄押仄。

词由词牌规定，哪些地方用仄声韵，哪些地方用平声韵，哪些地方换韵，也都有规定。一般平仄不通押，平押平，上去押上去，入押入。

曲由曲牌规定，哪些地方用平，哪些地方用仄，也都有规定；与词最大的不同：曲，平仄通押，以韵部为纲。平仄通押，与现今白话诗相同，而与诗韵的以四声为纲恰恰相反。例如马致远《天净沙》：

枯藤老树昏鸦，小桥流水人家。
古道西风瘦马，夕阳西下，
断肠人在天涯。

押韵与平仄很有关系，押韵顾到平仄，关系到诗歌体裁的分别。换言之，押韵的系统与诗歌体制都同平仄的分别有关。

二、调平仄

(一) 平仄长短的实质

平仄的分别，是根据中古平上去入的四声系统，平是平，上去入合为仄，分成两大类。平是长音步所在，仄是短音步所在，主要是长短的分别。由平仄构成的诗歌格律，是一种长短律。这种看法的根据何在？列举如下：

1. 根据向来相传的四声区别

最明确的有释真空《玉钥匙歌诀》：“平声平道莫低昂，上声高呼猛烈强，去声分明哀远道，入声短促急收藏。”这种说法，在近代科学研究结果中得到证实。刘复《四声实验录》的结论：

平声平直，曲折最少——平衡调。上去两声，曲折最多，或上升，或下降，或降升，或升降，总之，非平衡调。入声最短，促调。

平衡调可以延长，延长而不变；非平衡调，不可延长，延长而变为平衡调。不可以延长的，与促调合并为仄声，短音步所在。可以延长的平声，独成一类，为平声，长音步所在。

2. 根据六朝人关于平仄的描写

平仄的名称，确定在唐朝，六朝时有了这种分别，而没有这种名称，当时描写平仄的分别是这样的：

沈约《宋书·谢灵运传论》："前有浮声，后须切响"；刘勰《文心雕龙》："声有飞沉，飞则声飏不还，沉则响发而断。"

"飞""浮声"，"声飏不还"；"沉""切响"，"响发而断"；浮声和切响显然是长短的分别，由声调而影响长短。

3. 根据诵读诗歌的经验

平声所在的音步，读音要延长（象乐谱上的拍子，二拍）；仄声所在的音步，读音要缩短。如：

黄沙	直上	白云	间，
延长（二拍）	缩短（一拍）	延长（二拍）	延长（二拍）
一片	孤城	万仞	山。
缩短（一拍）	延长（二拍）	缩短（一拍）	延长（二拍）

红军	不怕	远征	难，
延长（二拍）	缩短（一拍）	延长（二拍）	延长（二拍）
万水	千山	只等	闲。
缩短（一拍）	延长（二拍）	缩短（一拍）	延长（二拍）

每句分四个音步，大都长短相间；整齐中又有变化。

4. 根据中古梵汉对译的梵文字母

梵文字母，元音有长短的分别，用汉字译音，用平声字译长音字母，用仄声字译短音字母。如：

a	i	u	ā	ī	ū
哀	壹	坞	阿	伊	乌

可见平仄为长短音的分别。

(二) 辨认平仄的方法

1. 从古今字调(声调)的变化上来分辨

古音分平上去入，平仄分别根据于平上去入，到现代普通话标准语音里变为阴平、阳平、上、去。从古四声到现代四声，平仄分别起了一些变化。平分阴阳，入派三声(分派到平上去三声当中去了)。

平声字分派到阴平、阳平中，但还是平声一类，上声字一部分分派到去声中，其它上、去还是上、去，总归是仄声一类。

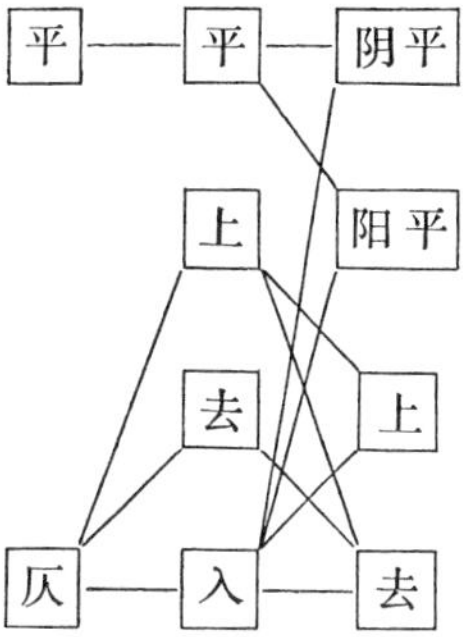

只有入声字有部分变为上、去，有部分变为阴平、阳平；变上、去的总归是仄声，没问题；所成问题的，就是古音的入声字变为现代的阴平、阳平的，要作为仄声来认，仍把它们作为入声来看。原来入声变为阴平、阳平的，大约有二百多字，只消记住，认为仄声。其他阴平、阳平，一概归入平声一类。换句话说：从现代普通话的阴平、阳平的字当中，拣出原来古音入声字，作为仄声看待，问题就解决了。例如：一、七、八、十，今读阴平、阳平，二、四、五、六、九，今读上声、去声，以上都是仄声字。“一、七、八、十”是变成阴平、阳平的入声字，它们原来是仄声，仍作为仄声看待。

2. 利用现代有入声的方言来分辨

原来的入声字，变为现代的阴平、阳平的，不过两百多字。

这两百多字原来属于古音入声的，照现代有入声的方言读法去念，就认出它们是仄声字了。“一、七、八、十”在吴语中就仍念入声。

3. 从日常使用的词语当中识别

单音词中有的因同义词关系而分别平仄，即同义字而分平仄：

根——本　枝——叶　性——情　基——地　心——意

知——识　劳——苦　欢——喜

有的因类义关系而分别平仄，即类义字而分平仄：

鱼——鸟　禽——兽　兵——马　花——草　千——万

鸡——犬　三——两　三——四　人——物

有的因反义关系而分别平仄，即反义字而分平仄：

今——古　天——地　男——女　明——暗　劳——逸

虚——实　优——劣　生——死

成语中包含平仄相间的两部分，实际包含平仄两词。如：

同心同德　心旷神怡　惊天动地　好学深思　日新月异

排山倒海　弃暗投明　专心致志　千军万马　万水千山

万紫千红　破釜沉舟　喜见乐闻　雪中送炭　锦上添花

阳春白雪　走马看花　下里巴人

平仄相间，合于语言自然的规律，所以在诗歌中形成一种格律，成为本民族所喜见乐闻的形式。

(三) 平仄在诗歌当中的运用

1. 律诗(格律诗)与非律诗的区别

毛泽东同志在给陈毅同志谈诗的一封信中说：“律诗要讲平仄，不讲平仄，即非律诗。”律诗与非律诗(大都指古体诗而言)主要的区别，就在于讲不讲平仄。

律诗的一半(半截)，就是绝诗，一般的律诗是八句(或者七言，或者五言)，绝诗是四句。各句都要采取平仄相间的格式。

2. 各句平仄相间的格式

五言诗句的四种格式：

甲、仄起仄收　仄仄平平仄

　　“共向雷锋学”“白日依山尽”

乙、平起平收　平平仄仄平

　　“如君领会多”“黄河入海流”

丙、平起仄收　平平平仄仄

　　“利人糜顶踵”“欲穷千里目”

丁、仄起平收　仄仄仄平平

　　“示范耿星河”“更上一层楼”

五言诗中，“二、四”两字是音步所在。

七言诗中，“二、四、六”三字是音步所在。

二、四、六分明，平仄要调；一、三、五可勿论，非音步所在。

七言诗句的四种格式：

甲、仄起仄收　仄仄平平平仄仄

　　“两个黄鹂鸣翠柳”

乙、平起平收　平平仄仄仄平平

“一行白鹭上青天”

丙、平起仄收　平平仄仄平平仄

“窗含西岭千秋雪”

丁、仄起平收　仄仄平平仄仄平

“门泊东吴万里船”

一、三、五不论，二、四、六分明，因为一、三、五非音步所在。

3. 平仄各句的排列

律绝诗第一句可以仄起，也可以平起，无论各句怎样排列，总要遵守“粘”“对”两种规则：

律诗八句第一、三、五、七句为单数句；第二、四、六、八句为双数句。单数句与双数句构成一联，平仄要相对。上句是平平仄仄，下句是仄仄平平；上句平起，下句仄起；上句是仄仄平平，下句是平平仄仄；上句仄起，下句平起。第一联的双数句与第二联的单数句，平仄要相同，这叫做“粘”。律诗八句，成为四联，各联的上下两句，平仄要“对”。上一联的第二句（双数句），与下一联的第一句（单数句），平仄要“粘”。律诗八句的平仄关系：

1　2　3　4　5　6　7　8
对　粘　对　粘　对　粘　对

李白《登金陵凤凰台》没遵守上述规则，就是“失粘”。关于平仄句的排列，首联的第一句，可以平收，也可以仄收，平收的要押韵，第一句平收，就与第二句连句为韵。除首联第一句可平收可仄收以外，其他各联单数句仄收，双数句平收，仄收不押韵，平收句押韵。一般律绝诗，都是押平韵，一韵到底，中间不许换韵。关于平仄押韵的关系问题，上面讲过了，这里不重复。律诗中间两联上下句都须讲对仗，不但平仄要相对而意义上也要相对。

三、讲对仗

（一）对仗的意义

对仗，或称为对偶，即同一联的上下句，各个字词，除平仄相对以外，又在意义上、词性上依次相对；同时词和辞句的形式、语法结构又要求相类相同。试以一个对子作例：

铁肩担道义　妙手著文章

肩、手，类义字；担、著，动词；铁肩、妙手，偏正结构；道义——担道义，文章——著文章，动宾结构。又如：

高天滚滚寒流急　大地微微暖气吹

主谓结构相对，迭音词相对。

（二）诗体与对仗的关系

从先秦古诗到汉魏六朝古诗，有逐渐骈俪化的倾向。

从古诗逐渐产生律绝诗，律诗中间二联，须要对仗。杜甫律诗《春望》的颔联、颈联：

感时花溅泪，
恨别鸟惊心。
烽火连三月，

家书抵万金。

绝句不必讲对仗，也可以讲对仗。杜甫绝句：

两个黄鹂鸣翠柳，
一行白鹭上青天。
窗含西岭千秋雪，
门泊东吴万里船。

古体诗不调平仄，不讲对仗，可以说是复古的自由诗。词曲要调平仄，也要讲对仗，哪些地方平仄要哪种格式，哪些地方要对仗，统由词牌、曲牌规定。例如《沁园春》：

鹰击长空，鱼翔浅底，万类霜天竞自由。
山舞银蛇，原驰蜡象，欲与天公试比高。

《浣溪沙》的后半段一二句要对仗：

不是一人能领导，那容百族共骈阗。
一唱雄鸡天下白，万方乐奏有于阗。

四、整字数

（一）各句的字数

汉字一个字一个音节。字或称言。先秦古诗以四言诗为主，以《诗经》为代表。汉魏六朝古诗以五言为主，如《古诗十九首》等。律绝诗，五律七律、五绝七绝。古体诗，五古、七古，比较自由。词，长短句,词牌规定长句或短句。曲,与词很相近,曲牌极严格,各句或长或短曲牌极严格,各句或长或短,听于曲牌。

(二) 整篇的字数

古诗、古体诗,整篇里句子多少、字数多少不一定,随兴之所至。

律诗八句,绝诗四句,整篇字数:七律五十六字,五律四十字;七绝二十八字,五绝二十字。排律,中间句子及字数可以延伸。

词各句长短参差,而整篇字数有词谱确定。各调规定每篇字数。

曲可以加衬字,整篇字数不定,比较自由。

五、定句式

(一) 诗歌一般的句式

四言诗二二句式;五言诗、七言诗有“三字尾”,五言诗二三句式;七言诗四三句式或二二三句式。例如:

国破山河在,城春草木深。
剑外忽传收蓟北,初闻涕泪满衣裳。

(二) 词曲中特殊的句式

一四句式,例:“看 | 万山红遍”“数 | 风流人物”“到 | 中流击水”,“问 | 苍茫大地”,“望 | 长城内外”。

一七句式,例:“引 | 无数英雄竞折腰”“忆 | 往昔峥嵘岁月稠”。

三字句,二一句式,例:“几时有”“斜阳外”“伤情处”。

一二句式,例:“问青天”“人长久”“不思量”。

(《徐州师范学院学报》1982 年第 4 期)

诗歌押韵和格律问题补议

读了《文汇报》今年2月2日第4版上所载冯英子同志《浅谈反切、押韵和格律》一文，其中有几点关于诗歌押韵和格律的问题，觉得可以商榷，兹列出如下：

一、冯文说："目前不少写旧诗所依据的，是金人的'平水韵'，而填词所依据的，则是《中原音韵》。"这里是把"填词"和"作曲子"两者混合起来了。填词所依据的，应当是《词林正韵》等书；《中原音韵》是"北曲韵书"，不是"填词"所应用的。

二、冯文又说："至于词的格律，则更加严密……它的每一个字，都要依照曲调的抑扬高下，妥善安排，而且每个字的发音次第，都可读出平、上、去、入四种不同的音。所以称为'填词'，就是按照它固定的声韵，一字一定的填进去。"这里讲的，和事实不尽相符。"填词"的绝大部分，是要遵守平仄的格律；少数个别的地方又须要分别平、上、去、入四声。

三、冯文又说："诗词要有一定的格律。但古人的作品中，也有不少出格之作。李白的'平林漠漠烟如织'，一连用几个平声。王昌龄的'玉颜不及寒鸦色'，刘禹锡的'种桃道士归何处'，前者有五字入声，后者用五字去声……"这里讲的，更没有事实的根据。所举出的李白等诗词句子，都是合于"平平仄仄平平仄"的格律，所谓"出格之作"，不知何所指。李白的词句，没有连用几个平声；王昌龄的诗句，也没有“五字入声”；刘禹锡的诗句，也没有用“五字去声”。

（《文汇报》1982 年 2 月 16 日）

治学谨严的语言学家赵元任先生

二十年代，清华大学国学研究院曾经聘请胡适之，胡谢绝说：不敢当，我不是第一流的学者。后来，研究院聘请了王国维、陈寅恪、赵元任和李济，号称“四大名师”。赵元任先生在学术界的地位，由此可见一斑。可以说，赵先生是我国也是世界著名的语言学家，他的一生对于我国以及世界语言学事业都有极其巨大的贡献。

我国的汉语音韵学素称发达，从东汉梵文拼音学理输入、反切风行以来，其间经过魏晋的声律之学，隋唐以降的韵书韵图，以至明清的古音学，上下将近两千年，源远流长，文献丰富，成就巨大。但由于小学一直作为经学的附庸，其主要目的是解释经典文字的形、音、义，而不是把语言看作一个完整的体系，研究其内部结构和发展规律，因此汉语音韵学又一直受到严重的束缚。以上古音的研究为例，从清初顾炎武离析唐韵开始，经过段玉裁、王念孙、江有诰、章炳麟等的不断修订补充，归纳了《诗经》的韵部，分析了谐声系统，基本弄清了上古到中古韵类分合的情况。从清儒所掌握的材料和方法说，已经到了登峰造极的地步。以后黄侃分为28部，也只是祖述前贤，并无创新。他自己说：“二十八部之立，皆本昔人，曾未以臆见加入。”(《音略》)所以，由于传统音韵学观点、方法的限制，上古音的研究似乎已经无法继续深入了。

从明朝末年开始，西洋传教士运用罗马字母拼切中国各地方音，西方拼音学理逐渐传进我国。五四运动以后，西方现代语言学理论和研究方法，在我国得到更为广泛的传播，汉语音韵学的研究也随之发生了巨大的变化。钢和泰、马伯乐、高本汉等西方汉学家采用历史比较法研究汉语音韵，不仅考证古音的音类，而且拟测古音的音值，使人们眼界大开。过去的研究，材料不过谐声、音训、韵文、异文等数种，方法限于归纳；现在的研究，材料更添有现代方言、中外译音甚至汉藏语言等，方法则归纳、演绎并重。历史比较语言学为汉语音韵的发展开辟了一条完全崭新的道路。赵元任先生就是我国采用新观点新方法新材料研究汉语音韵的前驱者之一。

在西方汉学家中，研究最有成绩的，当首推高本汉，他的名著是《中国音韵学研究》。在此书中，高氏首先继承清儒研究的成果，归纳了中古汉语的音类，然后依据三十三种现代汉语方言以及日、朝、越语在中古时期的汉语借词，为中古汉语的音类拟测了具体的音值。为了介绍高氏的先进方法，推动汉语音韵学的发展，赵元任先生与罗常培、李方桂先生等翻译出版了《中国声韵学研究》。他们通力合作，悉心译校，惨淡经营，五年乃成。在抗日战争的艰难岁月，翻译出版这一巨著，诚非易事。不仅如此，译本还修正了原著中许多错误，加注了许多正确意见，使此书更为完美，这就尤非平常人所能为。《中国声韵学研究》至今仍是治汉语音韵的学者必读的重要参考书，这与赵元任先生等的贡献是分不开的。

我们要读中国的古书，就必定要了解音韵学知识。但传统音韵学著作却很难读懂。自从西方拼音学理和历史比较语言学传入我国以后，汉语音韵学就由玄学变为科学，就由少数人才能掌握的专门学问变为广大群众都能运用的重要工具。究其原因，主要是：一、汉字是表意文字，而传统音韵学用汉字来代表声类和韵部的读音，没有利用拼音的符号。当汉字的读音随时、地变迁以后，前人所注的声类和韵部的读音也就无法确定了。《广韵》“一东”“二冬”，究竟读音如何？“见溪群疑”，又怎样发声？而运用拼音字母标音，东韵为 ung，冬韵为 ong，“见溪群疑”为[k　kʻ　g　ŋ]，一清二楚。二、传统音韵学有许多含混的名词，分析声韵又多不合语音学原理。宫商角徵羽，喉牙舌齿唇，常有混淆不清处，发送收声，戛透轹捺，均无明确解说。若以语音学原理解之，则前者发音部位各不相同，后者发音方法区别显然。黄侃先生曾云：

> 音韵学之至，不能以口，不能以耳，则以心知。故口得者半，耳得者半，心得者亦半。犹三十六母知照、彻穿之不分，唐以前以后读皆同耳，就唐韵知之，吾口耳不能分，独心能分之耳。①

这段话反映了传统音韵学不知音标，不懂语音学原理，无法区分和说明古音，只好求助于“心”的一种无可奈何的境况。可谓“考古功多，审音功浅”。其实，无论哪一种古语、方言，为了实现其交际功能，其中所有的音都必定是口念得出，耳听得清。语音是语言的物质外壳，毫无神秘可言。正如赵元任先生所说：

> 音位论对语言研究最大的用处，是在能够把须得辨别的声音都辨别出来，不管它多么微细，而把无须辨别的声音故意混为一谈，不管它在声音上是差得多远。(《语言问题》)

音韵学是研究语音的，它理所当然应该通过口耳把须要辨别的声音辨别出来。三十六母的“知照彻穿”，用国际音标表示就是ȶ、tɕ、ȶʻ、tɕʻ，口耳完全能分。用语音学术语来说，“知彻照穿”都是

---

① 转引自《江苏省语言学会会刊》1981 年第 2 期。

舌面前音，但发音方法有别，“知彻”为塞音，“照穿”为塞擦音，在理论上也完全能分。描写“知彻澄娘”的[ȶ、ȶʻ、ȡ、ȵ]原非国际音标所有，是赵先生为适合汉语实际而提议添置的。

赵先生的《汉语中古音中辨字与不辨字的区别》（*Distinctions and Non-distinctions within Ancient Chinese*）是把音位学引进汉语音韵研究的第一篇著作。文章指出：

> 当我们参考反切分组和现代方言读音而得到一个出发点的时候，仍然应当注意各个字内声母和韵母的实际配合关系。

高本汉认为中古汉语有 i 和i̯、u 和 w 四种介音，赵先生指出：

> i 在未变化的 e 前面始终是开的，在独处或在 ĕ 和其他元音前面始终是闭的，故实际只存在一个 i 音位。

对于 u 和 w 也同样，

> 只有一个 u 音位，它是元音性还是辅音性介音，是主要元音还是韵尾，则取决于它的语音环境。

这样就简化了高氏的体系。从更深的意义上说，音位学考虑到了语言的社会因素，它使汉语音韵的研究成果更合乎历史事实。

音位学在汉语音韵学中具有重要的价值。一方面，方言或亲属语言的比较必须在各自音位系统的基础上才能进行，比如广州话与《切韵》系统之间的比较；另一方面，在一个语言的内部，也可根据音位聚合和组合的系统性研究其历史演变，所谓“内部拟测法”即指此。例如李方桂先生《上古音研究》根据中古庄系（照二）、章系(照三)声母与韵母的特殊组合关系,认为庄系是上古 * tsr-等演变而来,章系是上古 * tj-等演变而来。章炳麟先生有“古音娘日二纽归泥说”,其实从中古音位的组合关系看,泥母与日母并非完全互补,它们在三等韵中有对立,故董同龢先生认为章氏的“结论只有一半可信”。(《上古音韵表稿》)管燮初先生统计《说文》谐声字的声类情况[①],泥日相谐 56 次,心日相谐 26 次,疑日相谐 21 次,例如疑母字倪輗霓从兒声,兒,日母字,日母字儒濡从需声,需,心母字,这些都不容忽视,很可能是一些冠音和辅音的组合。所以我主张上古“泥娘不分,泥日相近”。

与汉语音韵学相似,传统的汉语方言学也一直受到严重束缚。西汉扬雄《方言》曾经是世界上最早的一部方言比较词汇集,它有重视口语、记录语词不受汉字形体限制等优点,但在一千多年中没有能够发扬光大。五四运动前后,西方现代语言学理论输入我国以后,赵元任先生首先运用现代方言学的观点、方法,发表了《现代吴语的研究》。此书审音精细,记音准确,记录了吴语区 33 个地点方言,整理了声、韵、调三个对照表,概括了各个地点方言的特点和整个吴语区的共同特点,并和古音、“国音”作了比较。《现代吴语的研究》是现代汉语方言学正式诞生的标志,赵先生的实践,奠定了汉语方言学发展的基石。此后,赵先生又陆续写出了《钟祥方言记》《台山语料》《湖北方言调查报告》《中山方言》等大量著作。

汉语方言学的建立,对改革汉字、推广普通话具有重要意义。赵先生做过大量方言调查实际工作,有丰富的经验,他又懂得物理、懂音乐,所以耳朵特别灵。他指出汉语方言中浊音声母“並定群”比国际音标[b、d、g]要松一些,严格应写作[ḅ、ḍ、ġ]。赵先生认为,印欧语辅音清浊的区别极重要,而汉语北京音中,全浊声母

① 《中国语文》1982 年第 1 期。

早已分化，清浊对立已经消失，送气不送气倒很重要。于是在制订拼音字时借用 b、p 代替[p、p‘]。现在的汉语拼音方案沿用了赵先生的发明。

汉语方言学对于汉语音韵学的研究也有重大意义。因为现代方言是从古代语言演变而来，通过现代方言的比较，可以推测古代语言的大概面貌并构拟其音值。

我国等韵学分为宋元学派和明清学派。宋元学派的等韵学一般依据《切韵》系统，声韵比较繁复，和现代南方方言多有相合之处；明清学派的等韵学一般依据“北音”系统，声韵比较简化，和现代北方方言比较切近。由于依据的语音系统不同，所以明清学派往往不能理解宋元等韵学。章炳麟先生认为：

> 阖口为一等，撮口其细也；开口为一等，齐齿其细也，本则有二，二又为四，此易简可以告童孺者。季宋以降，或谓阖口开口皆四等，而同母同收者可分为八，是乃空有名无其实，使人哽介不能作语。（《国故论衡·音理论》）

黄侃先生则以其古本韵、今变韵之说加以解释，以为一四等是古本韵之洪细，二三等是今变韵之洪细。他说：

> 等韵之弊，在于破碎。……顾其理有暗与古会者，则其所谓一等音，由今验之，皆古本音也。此等韵巧妙处。其他则缤纷连结，不可办理。（《与友人论治小学书》）

其实，如果观察一下南方方言，一二三四等之有区别便不难索解。在广州话中，效摄二等肴韵与一等豪韵、三等宵韵四等萧韵均有别，如“高”[kou]、“交”[kau]、“骄”[kiu]、“浇”[kiu]，可证三等不同于一二四等。在浙江许多方言中，咸山两摄的三等字与四等字有别，我的故乡浦江方言中，“仙”[sɪɪ]、“先”[sia]，“连”[lɪɪ]、“莲”[lia]均有区别，可证三等不同于四等。更有甚者，在厦门、福州、温州、汕头等地方言中，至今还保持着支脂祭真仙宵侵盐等韵重纽的区别。重纽A类B类韵书列于同韵之中，而以反切不同区分之，可见AB两类音值极为相近。而宋人韵图以重纽A类列于四等，B类列于三等，其审音之精细，令人惊叹。可见中古音二呼八等是有客观根据的。进而言之，由汉藏语言比较，可以确认中古二等字在上古有r介音，如“马”，缅甸语mrang；“江”，泰语khlong、藏语klung；“甲”，藏语khrap。[1] 这样，一等和二等本身来源就不同，所谓一等是古本韵，二等是今变韵的说法，其错误就更为明显了。

有人说，韵图中的“等”是“洪、细”的古今南北综合物。此说实不经一驳。即以重唇音和轻唇音的分化为例，现代汉语所有方言中，凡是重唇音变轻唇音的只限于东三、锺、微、虞、废、文、元、阳、尤、凡(举平以赅上去入)十韵，这十韵的“帮滂并”变成“非敷奉”，东三和尤韵的明母不变，其余韵的“明”变成“微”，废、锺两韵无明母。在等韵图中，这十韵全部出现在三等。试问，如果“等”是个综合物，能够表现出这样严整的规律吗？在现代汉语方言中，有的方言重唇音已经分化，有的方言至今没有分化，如闽方言，有的方言虽已分化，但有强式遗留，如吴方言的“肥皂”之“肥”、“预防”之“防”，又有的方言轻唇音中混入了其他声母，如粤方言的“科、花”均读[f-]。由此可知，重唇和轻唇的分化在汉语各方言中是不同时发生的，在宋代方言中也完全可能出现类似上述种种分歧的情况，那么，古人又如何综合呢？

---

① 王力先生根据古汉越语替二等字构拟了e介音，但古汉越语年代较迟，e当来自r。

因此，现代汉语方言乃是汉语音韵学取之不尽、用之不竭的材料宝库。从顾炎武到章炳麟、黄侃，他们在汉语音韵学上的贡献诚不可没，但也表现出了时代的局限。我们当继承他们之所长，避免他们之所短。赵元任先生在熟识书本知识的同时，注重活语言的调查，并在汉语音韵的研究中把两者紧密地结合起来，他是语言工作者的楷模。

清代学者提倡实事求是、无征不信的作风，他们的学问因此被誉为“朴学”。以赵元任先生为代表的老一辈中国语言学家继承了清代学者的朴实精神，同时又汲取了世界上的先进科学方法，使汉语音韵和汉语方言等学科获得了巨大的成果。赵元任先生的治学途径是永远值得我们学习的。

1983 年 2 月 20 日

（香港《语文杂志》1983 年 11 月）

张世禄全集

第八卷

8

Collected Translations

译文集

张世禄 著 申小龙 编

中国出版集团 東方出版中心

编辑凡例

一、本书收录的著作，在语言、文字和标点符号上，尽可能保留原文的风格。

二、本书收录的著作，其内部标题序号，依照其与全书统一序号的对应，作了调整。

三、由于历史文献辑佚的困难，本书对文献中难以辨认的文字，作了打黑码处理。对已经辨认的文字中可能存在的误读，尽可能联系上下文酌定。

四、本书收录的著作，个别在章节、体例和标题内容上做了适应出版的整合工作。

五、本书收录的译文，部分在译者手稿中出现注释缺损，现据相关出版文献订补。

六、本书对旧版文字成例之取舍尊重独立的字义，并适当照顾历史习惯：

1. 不改动的词语(示例)

辨说	科白	旁驸	语意	苍颉	名辞	展转	那末	峙踞
辨论	免强	色采	贯串	透切	蕃殖	反覆	沈重	参杂
颚化	孳生	蕃衍	为着	对向	成份	太形	甚么	记念
愈益	傅会	笔划	推重	特出	邱陵	阑入	偶而	洗炼
真象	真相	纪录	掉换	引伸	借贷	从新	薰灼	弯屈
原素	原泉	澈底	没煞	厌足	便易	凭籍	纷歧	倣效
策勳	涵义	直截	抵当	工夫	惟一	慢骂	赅括	遗流
二个	致疑	发见	揉合	偏面	起原	参进	暂短	委宛
仓猝	骗诈	驾御	疏理	畺界	映象	原于	愤闷	附合
各各	各别	交插	纪载	吸受	激刺	包晕	联接	接联
表显	施予	检察	薰染	地土	已往	画象	媚妩	答理
跌交	接合	排泻	隄防	筹画	策画	谋画	藩著	连络
连系								

暴发音　哗喇喇　以致于

赤首圜题　训诂之指　信而有证　莫明其妙　由博反约
穷源竟委　智识分子　混然一体

一日千里之概

斯干的纳维亚(斯堪的纳维亚)

普通(副词)　象(动词)　成功(及物动词)　的(状语、补语助词)

2. 不改动的标点(示例)

总之： 总而论之：

3. 改动的词语(示例)

如左→如下	右设→下设	两傍→两旁
意像→意象	歧异→歧异	部份→部分
供献→贡献	了望→瞭望	蹓跶→溜达
钞成→抄成	偁→称	会总→汇总
豫告→预告	份子→分子	简炼→简练
沿习→沿袭	原流→源流	浅鲜→浅显
表章→表彰	迭韵→叠韵	纪录品→记录品

恰如其份→恰如其分

目　录

约瑟夫·房德里耶斯《语言论》

高本汉《中国语与中国文》

高本汉《汉语词类》

高本汉《老子韵考》

高本汉《诗经研究》

高本汉《中文解析字典序》

福尔《语言学通论》

布龙菲尔德《世界的语言》

语言论

约瑟夫·房德里耶斯（J. Vendryes）著

一、叙论·语言之起源[①]

关于语言起源之问题，实不属语言学之范围，此说常足引起惊奇之感；而实则所言非虚也。盖近今百年间，多数著述之士对于语言之起源，已误入歧途，而人皆莫之觉察者。彼等主要之错误，实由误认此种问题为语言史上之问题，似以语言之起源即为各种语言所由发生者然。

语言学之研究对象，为口说的与记载的两种语言，因借助于所能探究之最古文献，而推寻其历史。惟探究已往之历史，常自觉所从事之语言，皆为极度演化之结果，自此以上即无可知者。若以为藉现存语言之比较研究，即可获得原始语言之构拟，此种念想，又属虚妄者矣，虽在比较语言学之创始期，或曾有此种设想[②]，然早

---

① 对于此问题良好之叙述，可参看 Borinski（K.），*Der Wrspung des Sprache*，Halle，1911，pp.3—20；及 Jespersen（O），*Progress in Language*，2nd edn. London，pp.328—365.全书皆因此问题而发生者。至于同时用以指示已往主要之趋势与阶段者，其主要论文为 J.-J. Rousseau，*Essai sur l'osigine des langues*（遗著）；Herder，*Gebust des Sprache mit des ganzen Entwicklung* 1851；Steinthal，*Hespung des Sprache in Zusammenhang mit den zetzten Tragen alles Wissens*，1851（4th ed.，1888）；Renan（E），*Essai sur l'arigin du langage*，3rd edn.，Paris，1862.

② 最显著者 Tsanz Bopp，*Vergleichende Grammatik des Sanskrit*，*Zend Griechischen*，*Lateinischen*，*Letthauischen*，*Gothischen*，*und Deutschen*，Berlin，1833.；参看 Delbrück（B.），*Zur Stellung des Verbums*，Leipzig，1911.，p.2 及 Thomsen（V.），*Sprogvidenskabens Histoise*，Copenhagen，1902. 又参看 Whitney（D.），*Hanguage and the Study of Language*，New York and London.

已绝灭矣。

某等语言，业已证明为较古之物，而现代所行用者，亦有几种可知其二千余年前之形式。惟吾人所知最古之语言，有时所称为"母语"者，绝非指为"原始"之意。此等古语，虽与现今所行用者殊异，亦仅足供语言业已发生演变之指示而已；非谓语言之如何起源也。

依野蛮人语言之研究，亦不能追溯于太古时期。野蛮人虽常误称为原始民族，实非原始之意。彼等某几种之语言，其复杂之现象有近于吾侪所行用者，然又有几种所具简单之情形，亦有为吾侪最简单之语言所未及者。复杂与简单之两类，皆为演变之结果，而其最初之出发点，则又吾人所未知者。所谓文明人之语言，苟与野蛮人真有差异，则其差异乃属语言所表现之思想，而非属语言之自身。未开化民族之语言，足供吾人研究语言与思想间种种关系时以有用之参考①，而于何者为原始形式之问题，实无所补益也。

或者更欲向儿童之语言中寻求之②，结果亦属枉然。因儿童仅使吾人知其如何获得一种有组织之语言，不能予吾人以何为原始语言之观念。儿童将听得成人之语言加以学习；此种学习之进行，吾人观察之，可藉以多得语言演变所依据的起因之一种指示。然儿童仅以其所获得者还示于吾人，仅就其环境所赐予之成分上

---

① Lévy-Bruhl (L.), *Les fonctions mentales dans les sociétés inféieuses*, Pasis, 1910.

② 关于儿童之语言，参照：特别是 *Lasa and William Stern's Die Kindersprache*, Leipzig (1907)。又参看：Meumann, *Die Sprache des Kindes*, Zürich (1903)。Abhandlungen herausgelen von des Gesellschaft für deutsche sprache in züsich; ch. Roussey, "notes sur l'apprentissage de la parole chez un enfant," *la Parole*, Paris (1899—1900); m. Grammont, "observations sur la langage des enfants," *mélanges linguistiques*, *A. meillet* 纪念刊, Paris, 1902, pp. 61—82; O. Bloch, "notes sur le langage d'un enfant," *mémoires de la société de Linquistique*, Paris, Romania, Paris, p.37; J. Ronjat le développement du langage observé chez enfant bilingul, Paris (1913).

加以工作，而从此等之成分组织其语词与语句。彼之工作为模仿，而非创造；实无所谓自发性者也。彼所引进，或亦有新创之表现，总出于其不自觉。此等创新之表现，实由以就近之事物应用为满足，所谓自然之惰性而来，并非出于何种有意之创造活动也。

无论研究所知最古之语言、野蛮人之语言，或儿童学习之语言，当前之对象，总为业已形成之一种组织，历经多世纪及无数代之工作而预置者。语言起源之问题，实出于语言学者推断之外。以此问题实际与人类及社会起源之问题息息相关，而属于原始人类历史之范围也。语言之演进正与人智之发展及社会之组成相关。人类语言最初究取何种形式，绝无解答之可能，所可能者，仅在竭力确定使语言得以发生之种种情形耳。此即关于心理学及社会学矣。

对于语言所能给予最普通之定义，为“一种符号之制度”①。因之，语言起源之研究，意指搜寻人类所能自然支配之特种符号以及使得人类应用此种符号之情形。

符号之意义，即一切可用作人与人间交通工具之记号。符号既有多种，故语言亦需有多种。任何感官皆可用以创制一种语言。有嗅觉语、触觉语、视觉语、听觉语。不论何时，当双方将某种意义归属于某种行动，而用此种行动以为相互通达之举，即为语言矣。衣服上施放一种香气，袋上突出一红色或黄色之手帕，稍稍伸臂而摇手——凡属此等皆直接构成语言之要素，任何两人得以为共作传达命令或讯息之用也。

然在各种可称为语言之中，有一种较其余特为重要者，因其具备各种表现之方法。此即听觉之语言是矣，亦称为口说语或发音语，此书以下所论亦仅属此种语言。有时视觉之语言亦与之相伴

---

① B. Lersy, *Le langrge*, Paris, 1905.

而生，通常则仍为其辅助之用而已。一切人类间，在某种范围内，常应用手势以加强所说之语言，而面部之表现，其传达情思之用，亦不减于声音。拟态亦为一种视觉之语言，文字又必应认为属于此类，以通常各种文字制度皆根据于语言之表征也。

视觉之语言，其历史之久远，或一如听觉之语言。吾人实无理可信，亦决无法可证，此之发生较早于彼者。

于今所行用多数视觉之语言乃直接发生于听觉之语言。此于文字实为确信，将于第五编见之，而于旗语亦确信其如此。例如海上应用之旗语，即欲为实在语言之词句供其视觉之等值物而已。关于用为代表思想之符号因如何而发生，并不予吾人以何种启示。采取一种特殊的符号而不采取别种者，乃依据于习惯，而一种习惯又具有某许多限制者。此等语言实当规定为人工者也。有一种视觉语言之自然应用为吾人所熟知者，即手势语，某等野蛮民族常应用之，以与听觉之语言相辅而行①。吾人于此之研究，并非伴于口语而生之手势，如在文明人中所得见者，而为一种手势之制度，独自以表达口语所表示之思想者。此实一未经成熟之语言，而亦有其所特具之便利处，因其可用之于隔距相远、声音未违而眼官仍能辨别动作之所在。有时因恐应用声音足以引起在旁者之注意，亦愿用此手势语。一般学童在教室中常用此无声之交通工具。因此可知手势语原为实用而发生者。而在野蛮人中又特为妇女所应用，此种事实更引起别一解释。男女之间具有各异之语言，常由于宗教上之起因②。男人所用口语既禁用于妇女，于是妇女只得自己别创一种特别之词汇而应用之，必要时遂以手势自由替代声音矣。因之关于手势语之留存，其解释可归原于种种禁忌所生之拘

① W. Wundt, *Völkerpsychologie*, vd. I: Die Sprache, 3nd edn. Strassburg, 1911—1912, p.128.

② Gennep (van A.), *Religions mocuss et légendes*, Paris, 1908—1909, p.265.ff.

束而来。然无论其起因为何,总不过为听觉语言之替代品而已,彼必自行适合于听觉语中者。

聋哑者之手势语,亦以听觉语言为其基础。盖因手势而使受此困苦者得知日常语言之方法与规则,而因以使彼等能互相通达,能诵读听与说者之所书写。用一种感觉替代别种,吾人可使彼等能应用符号相交通。

聋哑者之情形,招引吾人对于语言上应用符号之起源发一反省。吾人可自问,语言之获得一事,是由教育之结果?抑反之,由于天性与自发。对于此点,正常之儿童毫无足以诏示于吾人者。彼等有生以来,即能觉知外界之一切。彼等在发音以前,已因听受而与环境发生接触,从说话之际,即自觉已属社会交接上经纬纵横中之一部。此于盲哑者则不然,一种符号之了解,必须施以醒觉。聋哑者不能学习口说之语言,因天然之缺陷,自幼少即未感受人们能用口语者所给予正常儿童之种种影响。惟聋哑者能视,彼等之眼官当使其知语言所发生之用途。因此,吾人欲解答当前建立之问题,必需乎深探一种人之心中,即完全与外界隔离者,或因胎生之缺陷,或生来即完全被禁闭与人交通者。第二种假设,明知荒诞不经,仅需要述及而已。盖如何能使人类离去及禁止其感觉之用,以致其头脑如禁闭于幽室,与外界隔断一切交通之状乎?

吾人皆知埃及王萨美的库斯(Psammetichus)曾举行一种奇异之试验,即为希罗多德(Herodotus)所描写者(Ⅱ,2)。此埃及王欲明弗里家人(Phrygians)是否为比埃及人较古之一种民族,于是使其甫生之两子,置于某处以禁绝聆听任何人之语言。如是者数月,后忽觉察此两孩要求食物时,用 Bεkás 一辞,即弗里家语"面包"之意,萨美的库斯以此推定弗里家语实较埃及语为古。吾人更可以推断语言之能力在人类实由天赋。萨美的库斯此种试验之真实可靠,果诚经举行者,则显然可信无疑也。

虽然,又有试验,初见之似更可资以断定者。此等研究,关于生来又聋又盲之人,因此与外界绝断交接者。例如关于法女马利卫挺(Marie Heurtin)①及美女赫楞刻勒(Helen Keller)②之事。后者尤令人特感兴趣。此女获受一种教育,其成就之巨,足使其能用几种语言以诵读及写作、文学、哲学之作品。彼所写作,既未因环境之影响,而受有浪漫性之色彩,其中包含几种有趣之指示。

赫楞刻勒之语言为教育之结果。有一刊行之书,以带有情感之笔描写关于渠当时之情景③,即渠经过几度试行失败之后,终以使得明了一种符号之价值。在彼之日,将世界对渠藏匿之面幕遂行揭开,而使事物与语词结合之复杂组织,亦遂显示无遗。然此种情景之有趣,原本属于个人者。赫楞刻勒实居于人生通常情形之外;渠之事例,终属于例外者也。最初行用语言之人类,当不能如此不幸之女子所为,以了解一种符号之意义者。因之,在一非正常状态之人,因其残废而被剥夺与世界交通之任何工具者,其语言发展之事例,终不足以使吾人推知正常人组成之社会中语言发展之情状。语言之构成,实以社会为其基础,当人类感有彼此交通之需要时,从此开始即有语言之存在。此实为一群具有感官之人类彼此接触之结果,而依相互间之关系,应用天然使得彼等支配之工具;彼等缺乏口语时用手势,手势不足时用面部表现。最佳之试验,当为萨美的库斯之所为者,使二数或更多之儿童聚集一处,彼等皆各全部隔绝一切教育之影响,为不知语言之性质者。不论彼等所属之种族为何,亦不关于遗传性质之问题,此等儿童终将依其天性创造一种为彼等自用之语言,而终不为弗里家语,此似可无疑

---

① Louis Arnould, *Ames en prison*, Paris, 10th edition (1919).

② W. Stern, Helln Keller, *Die Entwicklung wund Erziehung einer Taubstummblinden*, Berlin (1905).

③ Gérard Harry, *de misacle des hommes*, Paris.

者也。感官之有动作,终为必要与不可避免之事实。必也,一经开始,即已如此。用此语言者,显然为社会之事实,尤其因社会之接触而产生者也。语言成为联合社会最坚强之束带,而因社会人群之存在遂日趋于发展。

当人类脑力之发展,适足以应用语言之际,语言即成为一种社会之事实。仅需两人已准备造成语言,即可发展为一种语言。此于语言,如于人类之一切发明,信然。常足引起问题者,即人类原始之语言究为单元,抑为多元?惟此问题,实无关重要。不论何时,智力之进步达于某一完美之点,当时各种新奇之发见不期而至,其在各处亦不约而同。例如学者,到处有在,觉其来临,正如果园中秋季之期待瓜熟蒂落焉。

在心理方面,原始语言之行为正在给予符号以一种表征之价值。此种心理之程序实为人类语言与禽兽声音之所由分①。将两者截然别异,而谓禽兽声音属于自然,人类语言属于人工及传习者,此实谬误也。人类语言之自然性,并不减于禽兽之声音,惟其程度较高,因人类给予符号以一种客观之价值,同时能依据习惯加以无限之分别。因此人类语言与禽兽之差异,正在将符号之性质提高其价值②。猿狗百禽之属,能使其同类互相了解;有呼喊、容止、歌唱以与快乐、恐惧、愿望及饥饿等某种生理之状态相值。此

---

① H. Steinathal, *Abris des Sprachwissens chaft*, 2nd edn., pp.324—358; R.M. Meger, *Internationale zeitschrift füs allgemline Sprachwissenschaft*, Leipzig,第十二卷,p.307。

② 洛索特氏曾将此种意义作强力之表示,其言曰:“禽兽之受于声音之影响者,乃因乎声音代表一种发出与震动之气息而已,并非因乎声音之具有一种相约定之表示,适于吾人所称为说话与听受者。”(Logique, Annales de Bretagne, Rennes,第二十四卷)。参照 *Traité de la connaissannce de Dieu et de soi-même* 第五章第五节:“所‘觉察’于声音或语词者,就物理生理言之,因其扰动空气,遂传达于听官与脑际,此为一事也,而又有与此异趣者,则认之为人群间约定之一种符号,以唤起其所表示事物之观念。后者之程序,正吾人所称为了解一种语言也;在禽兽中,实与此种迹象可寻焉。”

等呼喊，有某几种与特殊之需要颇相适合，故几可译为人类语言之短句。惟禽兽尚不以整句为自身之表现①。彼等之呼喊，虽似复杂，而不能将组织之成分加以区分，有如吾人区分句中各替代成分之语词所为者。对于禽兽，语句实无别于语词。又其所谓语词，无论为呼喊或表征，实无独立客观之价值。更因禽兽之语言不依习惯而确定，固不容有演变或进步。实际，往时禽兽之呼喊，并无可以指明与今日有区别之处。当鸟类被喂哺时，发出叫声以吸引提伸食料于彼之手，并未觉察其叫声为符号之用②。禽兽之语言，包含符号与其所指示之事物直接相结合者，为欲此种结合或未显现之际而符号仍设想其价值，不依附于所指示之事物而存在，故需有一种心理进程之必要，此即所以示明人类语言之起点也。

人类心理演化之谜，一部分须因人类学上之材料而得解明之。人类学一科诏示吾人以穴居人头骨之情状类似于人猿。例如圣者寺院（Chapelle-aux-Saints）之头盖骨中所留置认为发生语言之部位，其绉襞之区域殊为狭小。因之，吾人可以假定语言之发展，实由人脑一种自然生长之结果。但，如此之假设并不必使吾人定须全部接受著名之勃洛卡氏（Broca's）大脑位置说③。此种学说，现今诚已不复如往时之为一般所推许。目前有不信任之趋势。最近之研究且声明欲完全推翻之。盖其说最受人疑难之处即在将一复杂之问题过分加以简单化。在大脑之第三前左绉襞，即认为发生

---

① L. Boutan, "Pesudo-language," *Bordeaux* (1913), Actes de la société linnéenne de Bardeaux；参照 Meillet, *Bulletin de tla Saciéte de linguistique*, Paris，第十八卷，第 177 页。

② 关于鸟类之语言，参照布累尔氏（M. Bréal）细密之观察，*Revue des revues* 三十三卷（1900），pp.629—32，转载于 *Bulletin de la Sociéte de linguistique*, Paris，第十一卷，第 110—115 页。

③ 关于此问题，参照 Dagnan. Bouveret 精彩之提要，*Revue de métaphysique et de morale*, Paris，十六卷（1908），第 466 等页。又参照 Dr. P. Marie 之论文及 Dr. T. Moutien 之书 *L'aphasie de Broca*, Paris (1908)。

语言之部位集中所在，勃洛卡氏仅加以粗略的测量；尤其在说明脑中规定各大区域以相当于精神之各大分界，勃洛卡氏实误解语言与思想之联系。以为人脑有如一种文法之景象，建置于一平面，可为各词品划成各部者然，此实谬论也。语言之现象，其分布于脑中实较勃洛卡氏所想像者，远为具有更自由与广大之情状。因各种受伤所发生之自动失语症，勃洛卡氏说实以彼等之事例为其根基，其中常有一伤害之部位，固可无疑。然属于知觉之失语症，依卫尔涅格氏（Wernicke）所立论者，常须预定一种普通之智力缺陷；且其间常遇有替代之现象，邻近之中心可藉此以替代受有伤害部分之工作。更有进者，人脑外皮各层之配置，可使一种伤害引触各种之纷扰，即第三前左绉襞，亦依受感动之绉襞部分而被延及矣①。总之，语言位置之原则，纵使吾人可以接受，而此种位置之详细情形，仍须加以探究者也。

因此，吾人当解释史前人类学所给予之材料，此际必须小心体察。苟将彼等认识过于狭隘，将穴居人之头盖骨测度一如时人之所为者，则势必至于断定穴居人之为犯失语症者矣。然穴居人所具之头脑，必较吾人所具不适于语言之活动者，此可无疑也。而吾人又可假定穴居人之智力活动亦甚多缺乏者。

于此种悠远之先祖，其头脑既尚未有思想之发展，则其语言最初或纯属于情感者。其起也，举例言之，殆如一种简单之歌声，用以调节脚步及操作之时间者②，或如一种呼声，近似于禽兽表痛苦或快乐，示恐惧或饥饿之声者。随后，此种呼喊渐具有表征之价值，而认为一种符号旁人可得而复述者；于是人类拥有此种便利之手续受其支配，遂利用之以与其同朋相交通矣，于其同朋预期或招

---

① W. Wundt, *Vökerpsychologie*，第一卷 *Die Sprache*，第三版 Strassbirg, 1911—1912，第一卷，第 494 页。

② K. Büches, *Arbeit und Rhythmus*，第三版，Leipzig(1912)。

致一种行动矣。语言在演成为理智之工具以前,必业为一种行动之工具,亦为受人类支配最有效力之工具矣。迨心中一经发觉符号之意义以后,再进一步即演成此种新奇之发明,使发音器具与头脑运用,相随俱进,日臻于完美矣。最早先之人群中,因管理全体社会之法则付诸实施,语言亦趋于固定。尤其在集体举行各种仪式时,全群之人皆施以相同之声音显示[①]。于是此呼喊或歌唱之组织成分具有一种符号之价值,为各个人所保持以为自身之用者。又藉人群往来日增繁复,此种复杂之工具,种种思想情感皆可用以表示者,遂渐渐以无上丰富之形式呈现于世上矣。

此种假设,虽无确实之证据,总为似可信任之说。此说之目的,在使语言晓然为一种人类活动自然之产物,一种人类能力适应社会需要之结果[②]。然吾人必以符号之觉察为起点。自此种事实一经承认,语言遂因继续不断之变异而从此展开矣。

惟此种变异如何发生,而由呼喊之记号究经何种之阶段,以达于如此复杂之表现形式,如法语一类中彼等所组成之丰富状态者,吾人依据上文　　页中所曾叙述之理论,而欲于此等问题试加以任何较多之决定,或试寻任何之发现,则未免粗率矣。在各种语言中,必有某几种基本之形式,以别异于往后所获而掩盖其上者,因此,所期待于语言学者,即从此等重叠之增添物为着手,而指示最初组成语言之彼等部分。有时语言学者亦勇于作一答案。然吾人必断然声明无一答案之有价值者也。通常由已知以推未知之方法于此实告无效。吾人所已知语言演化之基本原则,并不必适用于智力与吾人相差甚远之人民所用者。语言之研究足以示明其发

① K. Borinski, *Des Tisspung des Sprache*, Halle, 1911,第 38 页。

② “语言起初成为社会之制度,其形式仅依乎自然之起因”。(J.-J. Rousseau, *Essai sur l'origine des langues*)

展，并不沿诸直线之途径而依据任何符合论理之承袭者。若设想人类精神之上，可以开始即用波耳·若雅尔语法（Port-Royal Grammar）施之，而认为固定之结构，以一种合式之进程填实其中者然，此其为错误者也。

在符号与其所表示之事物，语言形式与其所代表之事物，两者间绝无一种自然之联系，所谓联系者，仅出于某等情状而兴起者耳。已往实有一度长期间，信任最初语言之行动在于给予名称于事物，即所谓创制一种词汇者。此种观念，琉克理细阿（Lucretius）即用常被人称述之句表示之：

“实用表示事物之名称”（Utilitas expressit nomina rerum）

其中以为语言之起源必须归于某种特殊需要之满足，颇为正确也。在法国，十八世纪时，德波斯（Charles de Bosses）[①]试用语词所表现之意义以说明其外表之形式。其研究之目的，实在构拟一种声音之应用记号，以为原始人民或用之以创制语词者。如此之试探，于今仅足引为笑柄而已。主要之意义，并非以特殊之名称标明实物，而为以流行之价值适用于语词，依据于行用者相互间之一种默契，以使语词成为一种交换之工具，正如吾人以现金或纸币替代所付与之各类实物者然。

与吾侪时代更近之际，某等语言学者更创进各种学说，以为各词汇之形成由于类似犬吠之呼喊或别由一组足供提示各种实物之声音而来[②]。约当同时，吠陀古典派学者以一切神话归于电光或

---

① *Traité de la formation mécaniqul des langues*，Paris（1765）；参照 R. M. Meyer，*Indogesmanische Torschungen*，Strassburg，十二卷，第 243 页。

② 详可参看 O. Bespersen，*Progcess in Language*，第二版，London，第 330 页下面及 K. Borinski，*Des ussprung des Speache*，Halle，第 11 页下面，第 39 页。

太阳之行程。是时语言学家与神话学家皆满足于现象之简括的概念。关于语言起源于名词抑动词，曾发生争论；动词表现行动，而名词指示观念及实物之性状。惟名词与动词虽于吾侪似有区分，而于语法之此两“极端”间并无主要之相反性。犬吠声究为表示“我饥”或“给予食物”或“此善”，抑“我已食完”乎？皆非——或俱是。吾人可随意解释之，以一动词或一名词，以一请求语或一过去时。无论吾侪用何种之努力，原始之“吠声”与吾人最古之语言，两者间有鸿沟之划分，终无可加以联接者。

对于激引语言原始形式之研究，所曾有贡献者，即建立于语言学与地理学、植物学、动物学诸自然科学间之比较。然此种不适当之比较，于其主题并无良好之贡献。苟吾人欲于语言求得各种类比之现象，无宁当于社会科学中求之。米雪尔·布累尔(Michel Bréal)即将印欧语之动词活用法比较于“庞大之行政与司法制度——国会或君主之参事会——彼等发生于基本之需要，逐渐演成为歧异之现象，并扩展其性质，以至于一较，后之时代，发见其机构过于笨重，遂截削其一部分，而分散其功能于数自由与独立之个体中，此等个体在某种程度及依彼等原属一体可见之指示，仍保持一部分之原初概念也。”①

此种比较可以适用于普通之语言，因语言为一种制度也。然于语言，实有某等较固定之要素，而比之政治制度，其受诸人类自由之意志者亦较少也。此种要素即为语音，吾侪将以此为研究之始。

---

① Memoijes de la société de Linguistique, Paris，第11、64页。

二、语　音

(一) 语 音 机 关①

吾人所谓“声音”,即指某种震动对于听官所发生之结果。在语言中,此种震动即由发言者之声音器具所产生者。因此关于语音之科学,或称为发音学者,应包括三部分,以分别研究音之产生、传递与感受。产生与感受二者,在语言中为同等重要之现象,因语言之所以兴起,至少必有两人相交接,而所说之语词亦必欲其为听受者。语音之感受,亦称为听取,似在语言之演变中占一重要之地位;以各行用语言之人获得与建立其发音系统,必应用其听官也。在语言之研究,理论上自不能认听取一项以为有过分重大之地位。

然实际上发音学一科久已限于语音产生之研究矣。

语言学者几不自关心于听取一项,而将彼之研究让诸生理学家。此种限制实属正当者。关于语言,听者所接获听取之语象,价值所在,仅就听者能将彼等变为自动之语象,因而自身亦结果变为能说者。换言之,听者必可能拥有说者所已变为行动之语象。此即语言构成之条件也。因之,发音学上可不顾语言听取之一面,以当两人用同一语言会谈之际,听取之事已预定双方有同等“发音”

---

① 通论此问题者,参看 Rousselot、Roudet、Poirot、Passy、Sweet、Gespersen、E. Wheeler、Scripture、Uiĉtor、Gutzmann、Sievers、Trautmann 诸氏之著作。

能力之存在。双方仅有一相同之功用，其限制亦相符合。关于神经中枢一种细心之研究，将使吾人能将彼等区分之，固属无疑；然如此之分析，并非隶于发音学之范围者矣。

时至今日，语音之传递似为语音学家主要关心之现象①；盖欲先从事于震动之分析——一种广大研究之对象，趋于纯粹物理学之领域，除非于数理之学有良好之基础者，实无从问津焉。语音学上因之获得一特殊之确定方法；尤其拥有此种工具，藉震动之速率与形式，以使声音各具特质者区别之。本书中仍当依附于旧时学派之习惯，将自身限于研究语音之产生，即所谓发音，以及描写发音之种种结果，即种种“音素”也。

人类发音之器具，包含有：一风箱，即肺也；及一音管，即气管也；气管之上端为一双扇之突出物所紧闭，即声带也。因此发音之具为一风琴，具有两簧之风琴也。声带之此种配置，足以示明人类发音器实较其他一切发音器为优。声带具有一种柔韧性，为箫笛之必为坚筒者所不及。因其细密之机构，使数对肌肉自由活动，遂能配成各异之位置。或紧闭，或稍开，或全开，可使全部震动，或一部震动，而依其紧张之程度而变化。凡此皆使语言得有各种之资料以供其用焉。

同时，发音器具若仅包含有声带，则未免为极不完备者矣。其将仅能发出元音，而此种元音亦将较吾人通常所发者远不能加以别异矣。

实际，肺部所驱出之气流，当其使声带发生震动之际，即发出

---

① 特须参照 P. Rousselot，（*Hes medification phonétiques du Pangage étudiées dans le patios d'une famille de Calleprouin*，Paris，1892；）*Principes de phonétique expérimentale*，Paris，1897—1909；J. Poirot，“Phonetik”（from *The Handluch der physiologischen methodik*，R. Tigerstedt 所编纂者），Leipzig，1910.

“乐音”者。因震动能随空气之供给所允许之时间尽量持续不断[①],而且依轻重强弱可有各种别异,“乐音”遂具有三种特性,即音长、音高与音强是也。又依各个元音因于此种事实,即肌肉之活动使声带上下升降,遂致伸长或缩短其音管,而发生别异者。

然发音器具终有必不可少之补充,即声门开进至于各种空穴所给予者——咽头、鼻腔,尤其为口腔。此等空穴之四壁,大部分俱有伸缩性,用为“乐音”之共鸣器,而使各元音具其自有之音色。此种共鸣器,为柔韧伸缩自如之器物,可从中变化其大小形状。第一处为小舌或软口盖,为能闭塞鼻腔之通道,而阻止彼方之一切共鸣作用者。当发元音 a 时,舌头伸展几放平于口中。惟在别种元音之情形舌头即更易位置俾随各个情形以形成内中适合之共鸣器。有时舌头向前向上而动,因以减小口腔前部之形状;有时舌头向后而动,因以减小后部之形状。在前者之情形,构成之共鸣器,以为舌前或前部之元音,自 a 起至于开 e、合 e、开 i、合 i。在后者之情形,构成所谓舌后或后部之元音,即常自 a 起至于开 o、合 o、开 u、合 u[②]。前部与后部各组中 i 与 u 最为闭合,构成其音时舌头尽量提高其位置,以至最接近于口盖。a 为一切元音中之最开者。更有进者,各元音又因各异共鸣器之形状,亦即舌头所放之各异位置而有各种不同之音色。例如,巴黎之法语,即有三种不同之 a,依听觉易于察别者。pâte 中之 a 为闭合者,patte 中为开张者,carotte 中为折衷者。

惟当构成适于各元音之共鸣作用时,不仅舌头为发动之机关而已。两唇之各异位置,在各元音中吾人亦必须计及之。在《醉心贵族的小市民》(*Bourgeois Gentilhomme*)一书中,有熟知之一情

① Roudet 氏云:“依随于发语时空气之给予及种种发音之结果。”(*La Parole*, Paris,1900 第二卷,pp.201—230。)

② 一切元音皆有其欧陆上之价值。

景，吾人因以获得关于发生元音时两唇动作之明示，而于哈利加纳苏（Halicarnassus）之带奥奈萨斯（Dionysus），吾人亦以知希腊人虽于语音学极为粗陋，却已深悉此问题，与摩利尔（Molière）之同时人不相上下（Δϵpi σvrϴ'ϵσϵωϛ óvoμáτwv.第十六章）。依诸事实，读 w 音时，两唇向前伸出作圆形，而读 i 时，口角缩进而引两唇向后，此易见者也。在发 o（开 o 与合 o）与 e（开 e 与合 e）两音之际，唇之位置亦正处于相反之两端。语言中用此相同之唇舌位置以创制混杂之一组，即法语 ew 之音也。用前部元音（è、é、i）之舌位与后部元音（ò、ó、u）之唇位两相混杂，即得三音，几恰合于法语下列之三元音，开 eu（beurre）、合 eu（queue）及 u（flûte），后者通常在语音学中写成 ü。

一种语言与别种语言之间，于各异元音之差别甚巨；例如英语几无一单元音与法语完全相同者。

音素常分为辅音与元音。就事实立论，此种分别依音缀之定义修正之。同时，同一之音素可在音缀中作辅音用或作元音用。虽在两者间，或有功能之差异，而在音之实际性质中并无区别，亦无确定之界限以分别之。各种元音与辅音构成“一组自然之音素，仅其两极端可显然分别者”①。

此连串之音素，元音 a、e 及 o，正如上述者，位于其一极端。在另一极端，即为辅音之清塞音 p、t、k。此等辅音仅为噪音，其构成时气息暂为某阻碍处所闭塞。此种阻碍通常发生于口腔，有时为两唇所构成，有时为舌尖或舌根所构成。阻碍在两唇时，为双唇塞音，在舌尖时为舌尖塞音，在舌根时为舌根塞音。而又有他种塞音，其调节之处却在口腔之后；即喉头音、咽头音、声门音。

---

① Rousselot 氏之说，为 Roudet 氏 *Eliments de phonétique générale*，Paris，1911，一书中所引述。

因两唇之闭合,常在同一地位,故仅有一种双唇之清塞音。若仅就闭合之部位以言,不论及音势之差异,则一切语言中之 p 音,实相同者。反之,舌尖留有活动之余地,而舌根亦可沿硬软口盖之全程活动,故可自由构成多种之接合,而如何依闭合处之各异可有几种舌尖音及舌根音者,吾人亦不难了然矣。舌尖最通常抵及于上齿,此所以依兹构成之辅音,亦称为齿音,如法语之 t 是也。惟舌尖亦可抵及于牙床,如英语 take 或 tise 中舌尖音之例,如此即为一种齿龈之辅音矣。最后,舌尖卷向于后,可触于口盖,因而发生某等语言学家所称为卷舌音者。此等卷舌音,亦如齿龈音,仅为特种之舌尖音而已。

所谓舌根音,其音素更容有多种差异。舌根之任何一点触及口盖之任何一点,皆可成为一舌根音。如其闭塞发生于硬口盖,即得一口盖音(法语 qui 中之 k);如发生于软口盖,趋近于小舌,即得一小舌音,有如德语 kuh 中之 k。口盖音与小舌音之中又再可有各种差异;例如依硬口盖上接触点之距离可区分为前口盖音与后口盖音。

吾人如是规定接触之部位,再考察闭塞之机关。气息自肺部驱出;通过开张之声门,以进于口腔,于是依上文所述之方法骤然停闭于两唇、上齿或口盖。及停闭又突然放开,气息能继续流出。因之,在各塞音中,有分明之三步骤:一为闭合或闭塞,二为长时或短时之停顿,三为开放或暴发[①]。例如在发单音 t 时,闭塞之后随即暴发,停顿之时间几减少至于不能觉察。反之,在吾人所称为双重辅音中,此三阶段即可显然分别,实不过所发出者为长辅音而具有较重之音势耳。若除去音势不论,atta 一群之音与 ata 一群之所分别者,正因乎气息闭塞与暴发间有一停顿可借听官以觉察之

① Rosapelly 氏云:"在塞音中,发音之阶段必有关于闭塞与暴发者。"*Mémoires de la Société de Linguistique*, Paris,第十卷,pp.347—363。

事实。故谓 atta 由双辅音所组成、ata 仅由单辅音组成者，实为正当也。在此两群中，两元音间之成分恰相同；一闭塞之成分随以一开放之成分。惟于 ata 闭塞之后立即开放，而于 atta 则闭塞与随即开放之间为停顿所阻隔，以延续闭合之时间。

唯闭音与暴发音之区别，当接触点有变换时甚为显著。吾人可想像舌尖抵于上齿之顷气息正待通过，而闭塞一经构成，舌根即又忽然抵及于口盖，于是气息之开放遂发生于此处矣。因之得一唯闭音之 t 随附一暴发音之 k，即一种 tk 之结合音也，例如 atka 中之音。换之，如其接触原发生于舌根，而当闭塞中舌尖又抵及于上齿，即得一唯闭音之 k 随附一暴发音之 t，如 akta 中之结合音是也。

上文所言可使吾人觉察 a 类之元音与 t 类之辅音间分别所在。就生理以言，在此两类音素之间，除由肺部驱出之气所构成者外，即无一点相同者。惟在一连串之音素，处于此两极端间者，则有余地以容纳众多之中介音。

吾人可想像闭塞之开始即非完全，而构成某种狭小之通道，气息仍可通过。于是不成为塞音或暂音，而得一通音（spirant）或久音，亦称为擦音，以其具有一种摩擦声音之性质也。此种音之构成，不由一种闭合之孔道忽然开张以容许积聚之气息通过，而由留置极端狭小之通路以容许气息之嘶嘶摩擦而过。此等通音亦自有一切塞音所具有之调节部位。凡在塞音所构成之接触各处，一当两唇或舌尖、舌根容许气息之通过，即可设想一与其相当之通音。通音可有唇齿（法语之 f）、上齿（法语之 s）、牙床（英语 thank 或 thick 中之 th）、口盖（德语 ich 中之 ch）、中口盖（法语 cheval 中之 ch）、悬舌（德语 Buch 中之 ch）诸音以及一切各异部位所容有之差别音。口腔之后部亦可构成各种通音与擦音——喉头音、咽头音以及如阿拉伯语 haïn 中之声门音。

介于塞音与通音之间，又有一组音素存在；此等常称为半塞音,或以称为塞擦音(affricatives)较妥。此等音之性质即在一种不完全紧密之闭合。亦如塞音具有闭塞,惟此种闭塞随附一轻微之开张动作,因之塞音结果成为通音者。此种擦音为一虚空之塞音。常为某等语言所应用,而写为 pf、ts、kch 等者。ts 与 kch 二者久为南德方言所具有,而 kch 之音在巴达维亚及瑞士地方之德语中亦仍可显然闻及。

擦音,即至于通音,仍与元音相距甚远。但此种距离究不如元音与塞音间相去之远,因通音正如元音之具有长度也。吾人可就肺部气息所容许者将 f、s 或 ch 尽量延续之。惟可有一种方法使得塞音以及通音与擦音,较接近于元音;此即给予彼等以"乐音"也。

吾人已曾假定一种辅音之发出,声带保持不动。于此仅得清音(surd)或不响之辅音,即谓辅音之不带"乐音"者;英语、德语各以"无乐音化"(voiceless)、"无声之音"(stimmlos)名之。然苟吾人允许声带振动,有如构得元音时之所为者,则获"浊音"(sonant),即所谓"乐音化"(voiced)或"有声"(stimmhaft)之辅音矣。浊音与清音之区别,即在前者发出时,声带在振动之进程中,其他动作正无异也。此种区别,当将塞音 p 与 b、t 与 d、k 与 g,或将通音 f 与 v、s 与 z,法语 ch 与 j 更妥,不断诵读时,极易于觉察。苟将两耳掩住。一方将此等音一一读出,则关于浊音者即觉头部诸空穴中有声带振动所产生之共鸣作用。因此吾人至今所称举之一切辅音,即塞音、擦音及通音三种,自然皆得乐音化,故吾人若将可能发出之辅音计其数目,则必须加倍于上文所列者,以清音之中可加以浊音也。

兹再论及处于元音与辅音间一组之音素,彼等因介于两者间,通常即称为半元音。反之,彼等亦正因此而可称为半辅音,盖以彼等所具元音之性质,受有辅音因素之影响,实较所具乐音化,辅音之性质为显著也。在上文所列之元音中,u、i 与 ü 定为闭合之元音,实因此事实而显示其特性,即为构成彼等特殊之共鸣作用,舌体上升(退后或前进,视其情形而定)至于减少舌与口盖间相距最小空间之情形。因斯结果,u、i 或 ü 之发音,实惹起一种摩擦之噪音,因空气经过舌与口盖间而发生者也。

摩擦之噪音为辅音之成分。此种成分在此三元音之发出时,确较浊通音之发出时为隐微,然当吾人将 u、i 或 ü 与 a 元音相比较时,即成为显著者矣。应用听感最佳之方法,即将各异之元音变成耳语音,而连续细听之。在耳语之际,不容有响亮之音,因之摒除"乐音",一切减至单纯之噪音[①]。如此之际,a 音又为各种元音中最鲜能觉察者,而 u、i 与 ü 以其包含有辅音性之成素,即属易于听察矣。

语言中常利用此种辅音性之成素以构成 u、i 与 ü 之辅音。相同之音素,在各事例中仍留存不变而依两种各异之方式应用之。相当于 i 与 u 之辅音常写为 y 与 w。其在法语见于 yeux、meilleur、oui 与 ouate 诸字中。辅音性之 ü,颇为罕见,与特种之符号;其在法语,见于 cuise、lui、tuer、puiser 诸字中。

半元音之一类,又包括 e 与 r 两种滑音,后者或以更确当之名辞"滚音"称述之。此等辅音,在口腔中有一固定之调节处,亦可有一固定之舌体位置,其与声带振动相伴也亦可有可无。通常彼等为浊音,惟亦有几种语言中 l 与 n 可为清音者。l 之滑音为一种边音。所以称为边音者,以其舌尖抵于口盖时,舌体之边缘降下以至使空气沿边通过之情状。因此吾人知其音有某几点与舌头音相同。实际在法语中,关于 l 与 d,舌尖所发生之运动几全相一致。此外,别有两种之 l 音;一种滑音 l 由舌前部分举向于硬口盖而构成者;又有一种为小舌音之 l,由舌之中部及后部在软口盖旁中凹

① 关于耳语音,参照 Paul Olivier, *La Parole*, Paris, 1899, p.20 下面。

像一匙形而构成者。小舌音之 l 见于拉丁语中，而斯拉夫语言应用之尤广。

滑音 r 之构成，因在口腔中闭塞之弹性部分起一种振动，主要由于舌之一种振动也。舌尖音之 r 即由舌尖振动之结果，舌根音之 r 亦即需舌后起一种振动以成。此等 r 之音，自容有如舌尖舌根诸音同样之变异。最后有一种小舌音之 r，由小舌之振动而产生者。此亦称为一种喉音之 r，如其自然之语言不具此音，则此音实为最难发者。现代英语中仅用舌尖音之 r，而其振动之处，亦如英语一切舌尖音，在舌头之顶尖也。

吾人因以上之叙述可知此两种滑音具有辅音之一切性质；而实际 rateau、loquet、crapaud、claquer、tarin、milan、halte、article 诸字中之滑音，正与 bateau、coquet、taquin、mitan、tact、aptitude 诸字中之暴发音，其构成之部位相同。惟在发 l 或 r 之际，舌之位置所构成之共鸣作用，有如元音中之所为者。此外，滑音又可以延长；其为浊音时，因其本身之性质，又可如元音之用以构成一音缀。德语 ackar 或 löffel 等字中，最末一音缀所包含之音素，除供作元音用之一 r 及一 l 外，几无他物。某等语言，如捷克语，通常用 r 为元音，而在书写上仅以辅音之 r 表示之；例如 krk（头颈）、prst（指头）、vrch（顶上）。

方在上文所论之音素，可为元音或辅音无所分别者，更可用于另一种方式中，即一复元音之第二成素也。吾人所谓复元音者，即指两元音之结合以组成单一之音缀者。惟此两元音并非具有相同之价值，因复元音由一较强之成分与一较弱之成分组合而成，通常第二之成分即为弱者。i 与 u 为闭合元音，故最善于自供为较弱或第二成分之用者。例如在 ey、oy、ay、ew、ow、äw 中，其随附于元音后之音，不应称为元音，亦不应称为辅音；彼为一复元音之成素而已。几种印欧之语言足以证明复元音之第二成素，实际之功用，有异于元音或辅音之功用。同时,其语言中亦允许滑音之 l 及 r 供为复元音之第二成素者。立陶宛语正将 er 及 el 一种特殊之用法保存至今,而与 ey 与 ew 之用法相配当者①。

最后,常有一类重要之音素,迄未论及者,即鼻音是也。凡属上文所陈述之音,吾人曾假定,小舌留置闭合于口盖末后之顶部,因此将空气摒除于鼻腔之外。然小舌可以垂下至于舌体之底面,于是自肺部驱出之空气进入于鼻腔而自鼻通出,一如通出于双唇者。实际,一种完全之闭塞罕有发生。各种元音之构成,业已认为确有小量之空气引其通路于鼻腔。惟语言中必以之为一完全之孔道,用以构成吾人所谓鼻音者。例外之事则因机关之特性,凡属上文叙述之音素、辅音与元音,皆有一种鼻音之异质。当发一音时,小舌垂下,而不变其舌体之调节与部位,则无论为元音或辅音,吾人即得一鼻音矣。凡属法人皆熟认鼻化元音,因其母语拥有大量之鼻化元音也。所写之音缀,如 an、on、in、un,代表 un 音者,其中鼻腔之共鸣作用即加于各元音之自然音质上。当小舌垂下,在发一元音时,来自喉门之一部分空气取鼻腔之路通出,则其元音为鼻化矣。所应注意者,在书写之代表中,鼻化元音之 an、in 及 un,并不与 a、i、ü 恰相配对,而乃与 ò、è 及 eu 相配对也。

即用相同之机关构成鼻化之辅音。因之一切辅音皆可鼻化,而某几种语言认为具有 v、l,与 r 之一种鼻化形式。惟通常吾人仅将鼻音一辞留予浊塞音之具有鼻腔共鸣者。当发 b、d、g 之塞音时,小舌仍垂下,即得 m、n,西班牙语 ñ(法文中写为 gn)之鼻音。此等音素可以延长,而气息自然只由鼻孔通出,因口腔中之闭塞,阻止气息之任何通道也。鼻音之种类一如浊塞音之繁多也。彼等相当于清塞音而于理论上亦属可能者,却于事实上之应用略为稀少也。

---

① A. Meillet, *Introduction a l'étude comparative des langues indo-euorpéennes*, 第四版,Paris.

吾人正于上文知悉鼻音具有长度及乐音,而自鼻腔又带有一种共鸣作用者。换言之,彼等正如滑音可充作元音者。事实上多种语言具有鼻元音,吾人亦知彼等之存在于印欧语中。今日在德语 atem 及 bieten 等字之第二音缀中犹甚清晰可听及之也。抑尤进者,印欧语用鼻音 n 及 m 以为复元音之副次成分,例如将 en、em、on、om 与 ei、eu、oi、ou 一律看待也。古希腊语尚留有此种用法之遗迹于其重读中,而立陶宛语犹供吾人以相同之事例①。

鼻音,显觉其于人类发音机关所构成之音类增多不少矣。然即有此等之音,尚未竭尽其可能之变化。吾人可能发出之音类几可至于无限,其所以致此之故,即在组成彼等之成分大多数可以互相变化,而含有甚多之各异性。

一种元音之构成必依于一固定之音高,用一固定之音势,并在一固定之时间;以音调、音势,与音量足以使各种元音之变异更加繁复焉。而因同一语言中可有各异之音量,又音调及音势容许有各种节奏与语调变化,此种各异之变化遂使其本身中包含繁复错综之起因焉②。

在古典之语言中,音量之作用可因彼等诗歌之造作关系上觉察之。梵语中亦复如是。关于音调吾人更于亚洲东部之某几种语言获得显著之例证,其中仅用语调足以区别语词之意义与价值,否则,即为完全同音矣。中国语中,一单音缀可依六种各异之调读

---

① A. Meillet, *Introduction a l'étude comparative des langues indo-euorpéennes*, p.89.

② 关于斯拉夫及波罗的族语言中音量音调与音势之关系,参照:尤其为 T. de Sanssure 之佳作, *Mémoires de la société de Linguistique*, Paris,第八卷 p.425,及 *Indogermanische Torschungen*, Strassbung, Anz,第六卷 p.157,又 Ganthiot, *Mémoires de la société de Linguistique*, Paris,第十一卷 p.336;并参照 Tortunalov, *Beiträge zur kunde der indogermanischen Sprachen* (Bezzenlergeris Beiträge), Göttingen,第二十二卷,p.153。

之,或以各异之调指示六种不同之事物。在安南语中更有较大之歧异[1];对于 co 之一音缀,可计得十五种之读法,以相当于多种各异之意义[2]。

此外更有一种可能之变异,即在适合于各元音之共鸣作用,其构成之方式中亦得发生。于是有德语硬元音之硬触(hard attack, the fester Einsatz)与软触(soft attack or leiser Einsatz)之异焉。其分别所在即当读出一起首元音时,声门开启之方法如何。在硬触中声门骤然开启,遂将元音与列于其前之音分隔甚为清晰;此种方法北部德语惯用之。以此区别一德人与一法人或英人,实甚合标准之分法,以法语、英语俱用软触者也。英国语音学家厄尔力斯(Ellis)曾用一佳妙之比喻以明其区别。晨旦发曙,冉冉而不自觉,因之昏夜何时止,白昼何时起,实难截然为之分界。此即元音之软触也。反之,白昼中午之顷,闭合之窗扇骤然开启,光线霎时全部涌入室内者,此即硬触也。此种突然之列前并不限于声门之开启而已。某种语言,例如丹麦语,且以之显示闭合。此种阻塞或"停顿"之发生,即直接在元音之后,当气息完全泄出之际。(德语中之 stoss,丹麦语中之 stød。)丹麦语中"anden"(鸭子)与"anden"(别个)二字之分别,亦仅在此种"停顿"(stød)之存在与否耳。某几种英语之方言,尤其在苏格兰一带所行用者亦给予此种"声门停闭"同等佳妙之例[3]。

又辅音之构成,除在上文所述调节作用之区别以外,亦容许另有甚重要之歧异。在此应叙述者至少有二种;一由于肌肉之用力,一因乎声门开张之范围也。

一切语言在各种调节动作之构成时所费肌肉之力量,并不需

① P. Cadière, *Phonetrique annamite*, Paris, 1901, p.79 下面。
② Grammont, *Mémoires de la Société de Linguistique*, Paris, 第十六卷, p.75.
③ O. gespersen, *Le[redacted]luch der Phonetik*, 第二版, Leipzig, 1913, p.79.

要有同等之程度。在某几种语言中，所用力量减至一种不必重视之程度，因之语言沿着一种联续轻易之方式流滑而过，维持音节之平衡状态。反之，在别种语言中，肌肉甚为用力，使吾人于听感中产生一种剧烈之印象，有突然之停顿、急引及振动者。

即在同一语言中，某几种音素常较别种需要更多肌肉之用力。此种事实古代希腊人曾注意及之，彼等将辅音区分为强弱之二类也。大概音势之差异常关于浊音清音之分别。过去之古希腊语既如此，现今之法语亦复若斯，其中 p、t、k 之辅音，既为清音，同时又须强力读之，而 b、d、g 之辅音不然，一方为浊辅音，一方又为弱读者。惟有某几种语言，其中关于此种差别并不显著，或以各异之方式构成之。因此分别法语与德语之塞音，即在德语中，尤在南部德语，浊塞音之 b、d、g 为强音，其于法人之听感中，有如介于清音与浊音之中间音者，有时或且更比浊音较密近于清音者然。反之，清塞音之 p、t、k 在南部德语中常为弱音；在英人视之，以为其非送气之时读出也。

另一种使辅音读法上发生歧异者，在于声门开张之形状。有用开张之声门所构成之塞音，更有用闭合之声门所构成之塞音。

如法语，亦如斯拉夫语及古希腊语中，当发塞音时，其间声门闭合，即两声带牵合为一。因之彼等，如其塞音为清者，即为随后之元音预作振动之准备；如为一浊音者，则当塞音之闭塞一经开始，即为之发乐音。反之，如在日耳曼语言中之普通情形[①]，当声门开张时，声带为欲使辅音在闭合之顷即发乐音，或在随即暴发之后发一元音，当自置于振动之地位以前，尚需一相当长度之时间。为因塞音与声带发生振动之间缺乏联合作用，而有一稍微之稽延，

① A. Meillet, *Caractères généraux des langues germaniques*, p.36 及 *Bulletin de la société de linguistique*, Paris 第十六卷，第 153 页；又 M. Grammont, *Traité pratique de prononciation branfaise*, Paris, 1914, p.84.

此则至为普通者也。凡属此等音在德语与法语间之主要区别，即在此种事实，德语中声带振动之开始较法语中为延缓耳。法人之听一德人读 ba、da 或 ga，所以认其音似为 pa、ta、ka 者，此更其一因也。在法语中，辅音自阻合之起首阶段即为浊音；在德语中辅音之开始部分为清音，因其浊音直待阻塞以后一相当时期方行开始产生也。

关于声门开张之读法又演成另一种结果。在全部闭塞之时间以内，因口腔中在咽头之末更无阻止气息通路之处，于是由肺部驱出之气息继续聚集于口腔中；反之，当声门闭合时，声带阻碍气息之通路，或至少一部分如此。结果所至，在声门开张之顷，气息自口腔泄出常显为较猛烈者；而在声门闭合之顷，声门即在某一范围内用为对于气流之一种中和调节器矣。通常气息输出较猛烈时，吾人在暴发之顷即听得一种噪音显为气息之突然泄出者，此即吾人所用不甚适切之术语"吐气"(aspiration)称之也。反之，正方如所述，预为随后之元音构成声带振动之作势，既有稍微之延缓，则在未曾构成任何元音与辅音之际，流过一多少长短之时间。此时间自然为吐气而设，于是最后吾人即得一所谓吐气之辅音矣。吾人不发 p、t、k 之音，而构成 ph、th、kh 诸字母所示之音矣。属于此类之辅音，在一南德人之口语中，如令其读法文之"le pavé de Paris, une tasse de thé, un carreau de cassé"诸辞语，即极易辨别者矣。

在上文所述，吾人实远未竭尽一切可能之音素，因尽吾人所已计及者，仅为一种呼气所构成之音素而已。惟又尚有一类吸气之音素。依理论言之，吾人可将上文所列之音素重加分类，设想彼等为"吸气"所构成者。于此即将上列之数加倍者矣。惟吸气一辞并非正确者，因在此种音素之吸入时，并非真正将气息吸入于呼吸器内。此等音之发生，仅由于一种内吸之动作而已；彼等常称为“唧唧声”(clicks)者①。

吸气音或唧唧声似颇稀少。据云，某种非洲土语惯常应用之，惟在印欧语言之语音系统中彼等则未出现。而仅或此或彼偶尔有遇及者。所能确断者，现代布勒通语(Breton)中，在第一人称多数之末尾，p 音之发展(例如“karomp”吾等爱，出于“karom”)仅由于唧唧声之存在耳②。而此亦为现代印欧语之例外事已矣。

虽然，唧唧声在一切语言中常用作感叹词。例如法语有一吸气之 t 以表示疑惑或引起注意：吾人亦用一吸气之舌尖牙床音 t 以表示赞美或惊奇；有时用吸气之 f 以表示食欲之满足，有时用以表示努力、痛苦之感觉，不论或为锐利，或为轻微之感觉经验也。法文之“oui”(“是”)当其指示疑惑或殷勤之意，常为吸气之音，而在“non”之一字(“不是”之意)当用低调或不经意发出时，亦如之。

(二) 语音系统及其演变

吾人可能发出之音素，其数量几于无限。无论何种乐器，总不能发出各异之音，有如人类发音机关之所构成者。惟实际语言决不利用一切所有之音素。反之，各种语言中音素之数量实为有限者。

一种语言中音素之数量，自然不能依其字母中符号之数计算之。通常语言所有之音较其字母之符号为多。英、法、意、德诸语中正如此情形也。然其音素数量，大概以言，总难有超出六十以上

① L. Havet, *Mémoires de la saciété de Linguistique*, Paris，第二卷，p.221；Ch. Sacleux, *Essai de phonélique avec son application a'l'étude des idiomes africaions*, Paris, 1905, p.44.

② P. Rousselot, *Principes de Phonétique expérimentale*, Paris, 1897—1909，第一卷，p.492；又参照 Loth, *Revve celtique*, Paris 第十六卷，p.201。

者，或竟远少于此。

如此之估计无足使人惊异者；因人类发音器所构成之音素，种类过繁，任何语言中所应用之数不能过多，以致使行用者感于困扰也。此外，又因多种可能发出之音互不相容，此实由于语音机关之构造使然也。

各种语言中之音素彼此间常有密切之联系。彼等自组成一种附合而紧凑之系统，其中各部分皆相对相当。此即语音学首要之法则，极端重要，以意在语言之由构成者，非为各个孤立之音素，而为一套有系统之音素也。

彼熟习于外国语者，即易知各种语言自有一种“语音系统”，为其所特具者。彼等当由一种语言移转于他种语言之时，并不细心察别各个语词，而将发音机关一一适合于正确之部位，以发出组成此语词之音素者。如依此行之，彼等将永不能成功为流利之发语。当由一种语言变为他种之际，只须将发音机关一次移转，依一普遍之方法，即能适合于全部。彼等所说之外国语，如为一熟习者，发音机关有一不自觉之适合，因此一切音素即适用于此外国语矣。精通异语者，有如玩弄提琴之徒，以移动其键盘，即给予一特殊价值于其所构成之音矣。此种适合作用，在说一种生疏之语言后，有一长短之期间所经过之劳苦中，即可预知之。发音机关势必被迫进于各种新部位，即需有肌肉之相等新努力。如此加于彼等之练习，苟延长之，即极易引起劳苦。抑且，彼等当其说自己之土语时而欲仿效一种外国语之发音，即自知所需以产生如愿效果之事，仅为吾人可称为一种发音部位之转变而已。当此种部位转变成就之时，即同属一页之法语可使吾人得一为英人或德人读之之印象。

一种语音系统之存在即为一种平衡法则之结果。在一切机关之间，彼树立一种平衡之状态，以使彼等在某一音中通力合作，因此某一机关所采用之各部位，即有其他机关与之相应之部位。而此种协合作用又不仅限于发音机关之部位;依样扩展至于肌肉之势力。例如,某等音素较其他之发音,用更多之气息,或用更大之调节努力。此外,音量之差异又常参合有音色之区分。

法语中 a 与 o 二种元音,通常即依其为长元音或短元音而在音色上发生差别。例如,在 pâte 与 patte、côte 与 cotte、saute 与 sotte 等字间之读音,即可见之。德语中,短 e 与长 e 之间,短 o 与长 o 之间,亦存在一种类似之差别;如 Stehen 及 Reh 二字中之与 Stalle 及 Retten 二字中对比,或 Sohe 及 Boden 二字中之与 Kommen、Gott 二字中对比等等。其他多种语言亦同此情形也。

在任何语言发展之过程中,语音系统决非为固定者。当吾人静自省察语音系统转变所依之方式及维持其平衡状态之种种情形,于此即可了然矣。

吾人当幼年时语音系统成为固定,于是终其身,除自足以影响发音机关之种种偶然事件以外,遂趋于静止不变之状。然学习之完成并非一蹴而几。当幼年期间,在语言之发展中处于主要地位,儿童继续不断,日复一日,积贮彼正所听及而试以重述之语词。此等并非彼所学习发出单独之音素,而为语词或语词之结合也。因之其发音机关必须使自身适合于此等结合音之产生,此等结合音有时为极端复杂者。儿童当其初试时罕有成功者。彼必须经几度之努力,参照人们所说予彼之音读以改正其发音,直至其自觉能重述恰如其所听及者为止。当其学习之终了,所永久采用之形式即组成其语音系统者,此乃因其不断之尝试,以消除不正确之音,并使其声带柔顺如意足副其完美之发音,遂为彼所建立者也[①]。此等运动之构成最后乃成为自动者发音机关有一种自觉性,可比于钢琴家指头之所具,随双眼所视乐谱上指示之符号,以机械式之动

---

① 参照前章起首处所述各书,并 A. Meillet, *Revue meternationale de soriologil*, Paris,第一卷第 311 页及第二卷第 860 页。

作运于各音键上。

音读之传袭,自一代至一代,实为中断者,此因儿童势必重再学习各种事物使然。当学习中,遗传之性质占有重要成分固可无疑,惟多种事实之发生使各新生之一代中足以影响发音之完全状态,其情形亦不难推知也。诚然,当儿童学习终了之际,其发音系统恰如其父母之所有者,实罕有过及也。某等语音学家竟声明此种事例永未发生。

此种组成语音系统之复杂运动,在其交互作用中,机关或扩大其动作,或阻止之,使限于一微小之范围。一种肌肉在实行一种运动时,或稍轻微迟缓,反之或为非常之用劲与急速。结果,历代之语音系统,相互间遂有不相一致之所在。此种不相一致之处,原可为一至微小之事,而于听觉中亦或且置之不察;然其终极则又甚巨大者,因此所指不啻为语音系统之联续中一种拆裂也。虽然,有时不相一致之处却甚显而易见。儿童之发音异于其父母,而用一套相异之音以替代彼等之所具有者。例如某一儿童获得一种习惯,不将舌尖抵及于上齿而将其抵于上牙床之顶部,于是不发法语之舌尖音而读英语之 t 及 d 矣。

此种语音之变迁呈现几种极重要之情状。其一为“不自觉者”。儿童之语言或相差过远,或不甚相远,并不觉其努力之过与不及处。彼以为其发音相似于父母,而实则相异。此种演变不自觉之性质,遂认为其永久不变矣。如儿童觉察其发音之错误,则将努力以自校正。

更进,则变迁为“绝对者”。即谓变迁之为完全而无可补救者。此种现象不应认为自然之创造,将一新成分加于系统中,而应认为一实在成分之演变。此种演变预为假定,儿童不能将其所听得之音素加以正确之重述。颇堪注意者,所消除之音素而代以别种者,常为一切音素中对其系统生疏之一种也。在发一种滑音 l 时,无有过于今日操法语者之困难,正已将其除去矣。

最后,则变迁为“有规则者”,即谓其趋向已为往时在前之变迁所决定者。此种现象,由建立系统之平衡状态、诸成分之性质,以解释之。在一切语音系统中有几种显著之成分,以梳理约束其他之成分。任何形式之语言,吾人当描写其系统时,常可参照舌头位置、气息强势或肌肉努力几种共同之原则,求得此种语言之一切特征。此等共通之原则仅适用于某个时期,固属无疑,因历代之系统必有多少之变迁;然在所指某一时期,此等原则实组成其语之轮廓与结构。从语言逐渐深化之观点以言,此等共通之原则实表示其几种自然之倾向。且也,将一种语言之各异两时期比较之,确已证明后时期所显示之演变在前一时期中已具其萌芽。

语音演变中有规则之标准事例,即日耳曼语之“音变”(sound-shifting,德语称为 Lautver schiebung)①是也。此种现象发现于日耳曼语以外之他种语言中:例如阿美尼亚语(Armenian)及奥赛狄克语(Ossetic)中。发展之首先起因,在于具有声门闭合与声门开张之两种音读间。

当一种民族,如德人,惯于用开张之声门发语时,浊塞音与清塞音即归属于一组之变音,盖因声带振动之开始时有一度停留也。一方面,如在 da 或 ba 之一组。当闭塞构成之顷,声带并不立即开始振动,于是辅音之大部分多少已变为清音矣;而结果即酿成全部

---

① 于此所述此种现象之解释,为一般法国语言学家所称许赞同者(A. Meillet, *Caractères généraux des langues germaniques*, 第 27 页; Gauthiot, *Mémoires de la Société de Linguistique*, Paris, 十一卷, 第 192 页; Vendryes, *Mélanges linguistiques in honour of A. Meillet*, Paris, 1902, 第 130 页)。并非各人皆承认者;现可参照 Wundt, *Völkerpsychologie*, vol. Ⅰ: Die Sprache, 3nd edn, Strassburg, 第二节, 第 405 页; H.W. Meyer, *Zeitschrift der deutsches Altertum* (Haupt's Zeitschrift), Leipzig, from 1841, 第四十五卷第 107 页以下; H. Hirt, *Die Indogermaninen*, *ihre Verbreitung*, *ihre Vrheimat*, *und ihre kuetun*, 2 vols, Strassburg, 1905—1907, 第 615 页; S. Feist, *Beiträge Zur Geschichte der deutschen Sprache und Literatur* (Paul and Braune's Beiträge), Halle from 1874, 第三十六卷第 307 页, 又第三十七卷第 112 页。

浊音变为清音之倾向。另一方面，如在 ta 或 pa 之一组，当塞音暴发与随后 a 音构成之间，必有多少短时之空隙。而暴发作用又容许气流自由通过。于是具有一种自然之趋向，将塞音变为一种送气音，或竟变为一种摩擦音，尤其当暴发作用剧烈之时，尤其当发音机关，不管正在寻求泄出之气息骤然奔放，并不立即回复于其余之一种部位时。于是吾人获得 zha、pha 或且 tsa、pfa 之音矣。若气息之奔放，更使阻塞成为不完全之状，于是对于送气音及摩擦音之倾向又趋于通音矣(pa、fa)①。

吾人正已说明两种之程序，在日耳曼语言之历史中实占有重大之作用。因此两种程序，遂使印度、日耳曼语之浊塞音常相当于日耳曼语普通之清音(哥德语之 skapjan 等于英语之 shape，哥德语之 itan 等于英语之 eat，古代高地德语之 melkan 等于英语之 milk，而在拉丁语中则为 scabo、edo、mulgeo，可资比较)；清塞音常相当于日耳曼语之通音(哥德语之 hligan，等于英语之 fly，又 pahan“静寂”之意，而在希腊语中则为κλέπτw，在拉丁语中为 taceo，可资比较)。此等即仅日耳曼语所特具之两种变化②。惟自清塞音演变而来之通音，并非常为清音；有多种事例显现一浊音者。丹麦语言学家味纳尔(Verner)氏推究其故，谓变成浊音者仅属于随后之音缀在印度、日耳曼语中不带重音之语词③。

事实上有某等多数不同之倾向常穿插于音变之相互作用。例如，在几种其他语言中，清通音变为浊音常处于互相乐音化之位置

---

① 此地 n 之符号表示在英语中所听及之舌齿通音，即 thick 或 thank 中之 th。

② 日耳曼语此种音变之法则，虽在格黎牧氏(Jacob Grimm)以前已为剌斯克氏(Dane Rask)所发见，而一般德人称之为格黎牧法则(Grimm's daws)，他国语言学家亦依从之；参照 H. Perdersen, *Et Blik pa sprogvidenskabens Historie*, Copenhagen, 1916，第 52 页以下。

③ 在一著名之论文中，*Zeitschrift für vergleichende Sprachforschung Kuhn's zeitschrift*, Berlin, from 1852，第二十三卷，第 97 页。

(味纳尔氏之发现仅于此种共通之原则供为一种正确之试验)。又另有一种趋向,浊通音以在说者一种返跳作用。对于弱音化之反动,彼等即依此演变成为浊塞音。后一种事例曾发生于德语中,例如对于英语之 thin、thumb 与 thorn,德语中之语词与之相当者为 dünn、Daumen 与 Dorn,彼等在变为塞音以前,原为通音。此种演化在舌尖音之事例中最显而易见。更散布偶见于德语范围之外(英语之 gold、wild,与哥德语 gulp、wilpeis 可资比较)。其他几种通音在此方面显示相同之演化[①];例如几种方言中,起首音之 w 变为 b(was 读为 bas、weil 读为 beil),或者 j 在 r 后者变为 g(Ferge 即英语之 pilot,又 Scherge 即英语之 sergeant,俱由原始之 verjo、scerjo 演变而来)。

此等事例表示日耳曼语所经过之演变,不能归隶于一简单之法则。虽然,概括一切因于特殊情形之演变,在先史期之音变中所显示共通之倾向,其在日耳曼语言之历史上仍继续可以觉察者,固显然无疑也;因此约当西元后第六世纪时,古高地德语业已完成其第二种音变之后,现代德语,至少在南部方言中,又已开始准备第三种变化矣;在此范围之另一部分,丹麦语言,今更有一种新音变存在于演化之程序中矣[②]。

如音变之一种现象,实为规律性与持续性之佳例,同时指示语音之演变常可扩展于极大一部分之人口。为欲估定一种音变之性质,仅将儿童之音读持以与其父母之音读相校量,即谓仅观察各代孤独之个人,实不敷足。在语言学家之眼光中,依于任何现象之演变,仅属于发生在各个人之一全群语言中者。

---

① O. Behaghel, *Geschichte der deutschen Sprache*, Straccburg, 1911,第 201、204 页。

② Braune, *Beiträge zur Geschichte der deutschen Sprache and Literatur* (Paul to and Braune's Beiträge), Halle, from 1874,第三十六卷,第 564 页。

最大之语音演变发生于由一代至另一代之过程中间。吾人仍须决定个人之变迁与共通之变迁对于一代之全部儿童具有何种关系。或遇有儿童,因其天生缺陷之某种组织,不能读出某几种音,换言之,即有一种读音之缺陷。此种个人之缺陷通常仅为生理学家所注意。对于语言学家,同属此种情形亦可供作指示一种语言倾向之用。有时此种情形实仅在于一种自然倾向之扩张。此等故亦属病态者,意谓此等陷入于一种语音系统之弱点。此等表示何处地方为抵抗最弱之所在,及何种方向为语音新趋势胁领语言之所取。虽然,此种工作在语言学之区域上需要极端之谨慎,大概以言,吾人留置此种工作于研究范围以外,实最适当;为欲认定一种倾向,必须研究较多之个人。

往昔一长期间,常信一切语音之变迁,开始于一个人,仅由个人之变迁而普遍化者也。此种观念实不正确。任何个人,凡其同伴天性上所拒绝之发音,即绝无权力将此种发音加施于彼辈之上。实无力可将一种语音变迁使之普遍化。为欲使一种语音变迁成为社会一群普遍之采用,则其群中全体分子必具有一种天生采用之之自然倾向①。如将此种归于模仿之作用,于此实出论点之外。一种反常之读音使其造作者不能有信从之人,通常亦徒令其自身成为可笑者而已。

吾人或可于此提出,时尚为决定之起因,在某等事例中亦不能否认此说。吾人所知,法国因"五人执政时期"(Directoire Period)之贵族社会,模仿波哈内家(Beauharnais family),依于产在美洲法、西领地之欧人之习惯,不发 r 之音,以致一时将此种辅音归于消灭。此为法国"五人执政时代"贵族子弟(incroyalles)之习尚,延续并不久,除在印刷品之小史及历书以外已不留遗迹矣。在古代所知,亦

① Meillet, *Revue internationale de sociologie*, Paris,第一卷,第 311 页;*Année sociologique*, Paris, from 1898,第 860 页,及第九卷第 595 页。

有相同于此变态之习尚。亚尔西巴德(Alcibiades)惯于将 r 之音读为 l(亚理斯多芬 Aristophanes 之 *Wasps* 一书,四四—四六),而其子亦以为模仿之正当(阿基波斯〔Archippos〕,为波卢塔克(Plutarch)之 *Life of Alcibiades* 书中,四一,所指明)。卡塔拉斯(Catullus)嘲诮其时一罗马人名阿流斯(Arrrius)者,谓彼模仿希腊人,将拉丁语之 c 加以送气,例如读 commode 为 chommode。

此等属于例外之事,正确说明之,适足以证实其规则而已。诚然,所当注意者,此等语音之变迁皆不发生效果。拉丁语之人民仍继续,读彼之 c 为一塞音,而在拉丁语言中 c 音之历史,并未被阿流斯其人所代表之习尚一度间断。此突起之人所具特殊之音读,对于拉丁语之语音系统,始终列于局外者也。固或可坚持者,当多少时间内,果曾存在于某几个孤独之语词中。然此不复属于语音之事,而仅为词汇上之事矣。而且,所引起之问题,卡塔拉斯所遗笑此种狂妄之事,究竟是否不仅属于词汇上者。阿流斯在其语言中将各个 c 音变为 ch,即谓有系统之更易此音为彼音,似当并非如此者。其所为者,显然在某等语词中输进 ch 以代替 c,为欲使此等语词近似于希腊语也。

至于"五人执政时期"一般贵族子弟之事例,则又异于是,因彼辈将属于别一法语方言,即马耳的尼加(Martinique)地方欧洲人种所操者,一种特殊之音读输入于正常之法语,即巴黎之法语中。虽然,法语中 r 之消灭,似依据于语言上一种共通之倾向,至少就舌根音之 r 为巴黎法语之特征者以言而然也。在某几处地方,一语词之末,一辅音之后,以至在两元音中间之位置,此种 r 现今几不能识别矣。如果不因学者智识及传统文书之影响,或者其音业已消灭矣。英语舌尖音之 r,在发音节制上颇不相同,亦似此逐渐在消灭之中,而多数操英语者,或不觉察此种事实,已不复应用此音矣。

在比较语言学中,惯常用"法则"之形式,以表示语音之变迁①。此即所谓日耳曼语音变之"格黎牧法则"(Grimm's law)是也。吾人在上文所述已可估量归属"法则"一辞应具之价值。语言学上已成著名之一句声述,曾宣示"语音法则之应用为盲目而具有盲目之必然性者"(die Lautgesetze wirken blind, mit blinder Notwendigkeit)②。此种声述在当时曾引起剧烈之争论,以今视之,诚使吾人不禁哑然失笑者。吾人在极小范围内关于彼之所能表示者,因其对于语音法则予以全然一种无凭之威权,似不免轻率之弊。语音法则并非一种永恒不变之原则。于此而引入于误解者,应用此"法则"之名辞失当故也。

法律之制成,用以约束人之行为,而因以为将来之保障;如刑法用以节制犯罪之命运,而民法用以指示国民之行为者也。不幸"法律"一辞竟伸展其应用,包括自然之法则;夫所谓自然之法则者,如在物理学或化学上,依据经验而建立者也。此种伸展之意义,其成立之由来,主要实因乎事实上,在此等科学中之实验足以显示现象间一种永恒之关系;以此,单为说明关系之法则,遂予吾人以一种光乎实验之印象,而实则其仅依随于实验之后者也。虽然,应用于此种意义之"法则"一辞,竟将一种强迫之性质隶属之,乃为语言之误用也。

---

① 参照在 Van Ginneken, *Principes de linguistique psychologique*(自荷兰文翻译而来),Paris, Amsterdam, Leipzig, 1907,第 462 页中之书目,尤其须参照:Meillet, "Les lois phorétiques," *Revue imternationale de sociologie*, Paris,第一卷,第 32 页;Wechster, "Gibtes Lautgesetze?"; B. Delbrück, "Das Wesen der Lautgesetze,"〔Annalen der naturphilosophie (Ostwald's Annalen)第一卷,第 277—308 页(一九〇二年)〕;J. Vendryes, "Réflexions sur les lois phonétiques"(*Mélangges linguistiques in honor of A. meillet*, Paris, 115—130,(1902)),又 Baudonin de Courtenay, *Versuch einer Theorie phonetischer Altunationen*, Strassburg, 1895。

② 此为德国语言学家 Hermam Osthoff 在一八九〇年时之语。而语音法则之存在,当一八七〇年与一八八〇年间,始被指明为一种原则矣。参照 H. Schuchardt, *Ueber die Laut-gesetze glgen die lunggrammatiker*, Berlin, 1885。

语音法则决不能与物理学及化学上之法则相混合。某一语言中两种持续之现象,其间相合之联锁,乃属于一种实际情形,而非属于一种自然定律者。吾人不能由因推果以预定某一音之行将如何演化,因在语音之演化中,尝有多种各异而不及推知之因素参杂其间。惟以一种公式表示过去所已发生之变化,则语音法则有绝对之效用。此种效用之存在,乃因乎语音系统共通之一致性与已往发生之变化有其规则性也。因此等性质影响于发音之全体,不仅影响于孤独之语词,是以包含相同音素之语词,即依相同之方法而变化。此等法则,实仅为对于统属相对相当之事实,其间多种程序与规则加以总括之之公式而已。

因此,此等语音法则可使吾人将存在于任何语言中各音之历史,总括于某几种公式之内,而供吾人对于各音所曾遭遇之变迁以一种启示。如在某一语言中,吾人知其一语词之形式,可以用一种语音法则说明其原委,则凡此语言中属于该法则范围以内之其他一切语词,吾人亦得知其形式矣。设有某两种方言同由一种语言产生以出者,而依据于一种固定之法则者,则此种法则之认识,即足以显示分别包含于两方言中之语音原则矣。苟我已知德语中用一起首之音素 z,替代保存于英语中之原来音素 t,则我可立即了解为何发见德语中之 Zähre 相当于英语中之 tear;而我又可了解 Zehn 之相当于 ten,Zwingen 之相当于 twinge,Zunge 之相当于 tongue 等等。此等语词中之一个,即可使吾人预知其他。常有遇见之事,语言学家以类推方法测定某一业已失传语词之形式,而因一种新文献之发现,其中实含有此语词,竟以证成其说者。一切语源学之研究皆以语音法则为基础。任何语源学家,若不认识语音法则,其努力必归无效。

至于此等法则对于学习外国语,如何有助,则亦甚易指明者。苟学习一种新语言,已知此种语言与彼等业已学成之语言间,为其约束语音相当之几许规则，即于学习上有莫大之助益。例如，苟知西班牙语将拉丁语之起首音 f 变为 h，即知 faire 之为 hacer、farine 之为 harina、foin 之为 heno、fer 之为 hierro、fils 之为 hijo、feuille 之为 hoja、fumée 之为 humo 等等矣。在此等事例中，实有一种引导记忆之前迹，而在必要时又可依某种正确性之保证，得以表出其合宜之形式。然因此而陷于错误者仍不乏可能之机会。其错误之发生，或更由于机宜之不合以及语音法则过分之扩大应用（例如语言之“过分俗语化”或“过分都市化”，下文有论及者）。在上文之事例中，易引入错误者，如于西班牙语“火”之语词，依循拉丁语 focus、意大利语 fuoco 及法语 feu 相互间相对相当之路线，试预为拟构。而实际之形式为 fuego，而并非为 hugeo，因西班牙语中，起首之 f 音在 u 之前者，并不变成 h，此即其缺陷之所在也。而加斯科（Gasco）各地之方言在此方面，却又较西班牙语尤为深进；彼等关于 feu 之语词为 huek，将起首音之 f，在各种地位中，皆变为 h 矣①。

因之，语言学家首先须考虑者，必为语音法则所适用之情形及其在空间与时间之范围，加以恰当之规定。

事实上，语音之变迁必受有时间之限制。其变迁之行动所能及者，一经对于彼等语词业已发生效力时，则表示此种变迁之法则即归于空漠无用矣。语言可重生新之结合音，有完全相似于彼等往前音变影响之所及者，惟此等结合音将存留于今而无所变化。遂谓其不复依据于法则者矣。因之一切语言中皆有其同源转成之语词，即指两语词由同一来源而在各异时期输入于语言中者。其最古之形式可得而识别者，即因彼等由于语音变迁之影响，业已经过较大之变化，而此种语音变迁，当较晚近之形式输进之时，又不复有作用矣。法语中有 avoué 与 avocat、loyal 与 légal，此等语词

---

① 参照 Meillet, *Linguistique historique et linguistique générale*, Scientia（亦用法、英、德文之论集），Bologna, from 1907（一九〇八年），第 5 页。

皆各自由同一拉丁语之原形转化而来。惟其第二种形式进入于法语中,实与第一种所采取之途径不同,盖在当时,业使较早之形式中发生变化之音变,久已失其效用矣。

类此之事,即某几种语言间所建立相比对之公式,有时却为自别一语言借入之形式所破坏。德语之 ss 即属英语中之单独或复叠介音 t,是以德语之 lesser、wasser,即属英语之 letter、water。然此两种语言皆具有同一形式之语词 lutter,而德语之 messe,即属英语中之 mass(例如 Christmas、Lammas 等字中者),凡此两种现象,皆依各异之方式,反背上述之法则。其原因即在 lutter 与 mass(Messe)二者皆由拉丁语借入之故也。

然,纵使吾人将各种情形,凡以决定语音法则之效力及范围,并以说明,例外之显然为自然事实者,尽皆放置在前,而于一切困难之祛除,常难臻于成功者。此盖有几种困难属于方法本身上所固有者。第一点,语音法则用以记录音变之结果,而于音变之性质仅予以极小限度之说明;又第二点,语音法则亦仅为一部分复杂程序之平均数而已。

语音之变迁,其因乎"替代作用"(substitution)者,必须别于由"演化作用"(evolution)而发生者。例如,当一音应用某种正常之变更而演成为另一音时,则为深化作用矣。如伊得夫龙斯(ile-de-trance)之法语中,拉丁语之长合 e 已变成为 wè,再变为 wa(今写为 oi 者,依于一种古式之拼写,当十三世纪时业已不复为实际读音之合宜拼写者矣)。在法国此等处,即将写为 loi、roi、poire、loir 者,读为 lwa、rwa、pwar、lwar。此为巴黎法语正常之读法。当吾人听及此音由远离法京之人民所发出者,通常乃由巴黎法语中借入,并非因乎彼等自身语言中何种自然之演变。关于此之证据,常由彼等自身土音中可得之,从中到处保存有合于彼等自然之读音,或用一种较古之形式,或在某几特殊之语词中者。因此在某地方音中,吾人可听及一种 lèr 之音,以读 loir 者,关于 poire 亦复如此。而 poire 之读音却因模仿而变,即所谓借入者也[①]。

语音变迁中借入之成分,其重要之性质,于造成一切文学语中可以见之。如北日耳曼语以 ai 与 au 替代 i 与 u 单独之音素,此即因乎借贷而来;非自然之变迁也。同然者,萨克森人采取德语之标准读音,说 müssen 与 schön,而不说 missen 与 schèn,此亦因替代作用而非因演化作用之变迁也[②]。

虽然,语音法则之叙述,并不显示音变之性质。故欲认定正常与自然之音变所受地理区域之限制,必需有附加之证验及特殊之考察,除此以外,则为因乎模仿之替代作用之结果矣。大概古典语言之历史中,当构成一种语音法则之公式时,就其范围内以包括一广大区域之全部,常有对于此种法则所归属不合程序之事实,亦因乎替代作用与演化作用间一种未曾觉察之淆乱使然也。

其他多种变化之起因,更有超出于语音法则之外者。吾人谓气音之 h 或通音之 w(希腊字母之名为 digamma 者)业已消灭于希腊语,此时即以一简单之叙述总括之,此为一种极端复杂之演化,不仅语音为从中之因素也。吾人须参考美耶尔氏(A. Meillet) Aperçu 之书[③],观察此两种音所遭受读法之变更,以及政治与社会之环境影响,如何曾使此种读音在某等方言中趋于保持或留存,而在别种方言中归于消灭。事实上,起首音之 h,虽在希腊现代各种方言中已不见有遗迹,而其消灭之历史实包含有相当长度之期间;

---

① 关于方言中此种借入音读之特性,参看 Grammont, *Mémoires de la Société de Linguistique*, Paris 第十卷,第 293 页,及 A. Teracher, *Les qires morphologiques dans les parlers populaires du nord-cuest de l'Angoumois*, Paris, 1914《叙论》。

② Poirot, *Année sociologique*, Paris, from 1898,第九卷,第 603 页;参照 O. Bremer, *Deutsche Phonetik*, Leipzig, 1893,第 11 页,又对于英语,G. Storm, *Englische Philologie*,第二版,一八九二年,第 820 页。

③ A. Meillet, *Aperçu d'une histoise de la langue grecque*,第二版,Paris,一九二〇年,第 24、27、167 页。

在亚洲之爱奥尼亚(Ionian)方言以及列斯堡(Lesbos)之意奥连语(Acolian)中,又已不复有此音读,而在西元后之时代吾人尚可见其留存确定之遗迹。关于 w 音之消灭(digamma 一字母之音)更需有较长之期间。爱奥尼亚及阿提格(Attic)等地在有史时期以前业将此音消失,而在拉哥尼亚(Laconia)地方,当赫息启阿斯(Hesychius)从中参与之编纂辞书时,固仍有读此音者,或在现今之际亦尚未完全绝灭者,以今擦哥尼亚(Tsaconian)地方,当说"小绵羊"之 vanne(希腊语 Fapviov)一词时似仍用其音也。虽然,希腊语及一切希腊方言之共同趋势,将 h 以及 w 归于消灭者,则固无疑也;因之语言学家之谓此种消灭,即使今之擦哥尼亚方言构成其例外,总为希腊语之一种语音法则者,亦属正当也。由此而归结于一公式以指示语言之趋向,并总述一种语音之演化,实际其中包含有甚多因时因地而异之因素也。

凡足以表示语言特性之重大音变,吾人一检察其中大部分之事实,皆可得此同一之结论。

语言学家所构成语音法则之公式,仅足适合表示关于某时与某地。一种音变之发生,其通行于任何广大之区域,有如在法语、德语、希腊语或拉丁语所行用之处者,非全为一蹴而几。然吾人仍可谓法语已将拉丁语之长合 e 变为 oi,或谓德语语词中 ss 之音相当于英语中单或复之 t 音所在。事实上,吾人苟从字典中一一举其实例,一切由借贷而发生之例外自行除出之后,遂不复有一反背规则之单字者矣。对于语言历史家,仅检察结果而其测度亦仅限于一种共通之发展者,则语音法则几属于绝对性。然若考察实际行用之语言,而在一种语音演变发生之际,旅行于一相当广大之区域,即见种种变迁依于完全相异之情形而存在。苟欲确定在某一地、某一时之内一种语音演化之日期,则将不免归结于此,即将注意力仅限于一单个人上,而将彼与其祖先其子孙一一比较矣。

苟将一语言中之各种方言，依其历史上各时期所能收取之材料，集合观之，则对于各音之演化，皆可获有一合于规则之曲线。又，自地理上以言，吾人在某一区域内，亦获见相似之一种循序渐进之音变，盖因乎此种事实，即由一村镇进入于另一村镇，于其演化上必经过中间多种过渡之阶段。

现今布勒通语(Breton)具有一种以 f 替代复合音之写为 c'hw 者之趋势。此种复合音包含一清舌根通音随附以一半元音 w 如英语中之所发者。在里奥那(Léonard)之北部布勒通语各地，此种音仍可明晰听及之：c'hwéc'h"六"，c'hwero"苦"；在其西南，答涅内(Dovarnenez)与傍特度拉斯(Pointedu Raz)之间，同此两语词读为 fèc'h、fero，用法语 fève 或 faire 之通音 f 也[①]。

在理论上甚易列出此种发展之各异阶段。c'h 之音，其始必已变为单个之气音，如希腊语或德语 h 粗率呼气之音也。此种变迁在其他语言，尤其在德语本身中极易见之。同时 w 之音又趋于变为唇齿之通音，结果即成为一简单之 v。此种变迁亦有同等众多之证验，并可称述为古典者，因其遇见于多种语言中，首始为普通拉丁语及德语。因之古代 c'hw 之形式变为 hv 矣。而此种 hv 之形式，嗣后又遭受一种可以预料必有之演变。h 之气音牵涉于声带之振动，以致侵占 v 之地位，而使其变为一清音之 f 矣。如此者，古爱尔兰语 hw 之形式(由 sw 变来，并非如布勒通语中之由 c'hw 者)常变成 f。如此由 c'hw 演化为 f，假定中间几种过渡之形式，皆合于正规者，正适合于业在他处叙述之事实。

当吾人离去里奥那地方，而依沙多林(Châteaulin)与洛克洛南(Locronan)之路线，向于答涅内地方之时，即见散离于行用布勒通语之地域上者，有甚多地理上之区域，正相合于彼等语言学上之阶

---

① J. Loth, *Revue celtique*, Paris, from 1870，第十八卷，第 338 页，又 Vendryes, *Annales de Bretagne*, Rennes, from 1886，第十六卷，第 300 页。

段，为吾人依据理论所构拟者。吾人依据一种方式，可以立即确凿拟定业已发生之音变历史：吾人自 c'hw 入于 hw，再入于 hv，于是成为 f；此等音素在地理上之区域又彼此依据循序渐进之阶段持续进行。大概言之，谓现代布勒通语中由 c'hw 以至 f 之演变，乃因乎语音之趋势者，固属正当；惟在实际之事，则此种变迁亦仅在地域之某一部分完全实现，而须预定一种复杂程序之持续进行，关于此又为语音法则所未予以指明者也。

对于语音变迁例外之事自属难免。吾人已见有数例，因语词输入于一种语言中，此际应将彼等变化之"法则"，却已不复发生效力矣。此仅为一种借贷之事，且关于此种借贷之日期者。一切语言历史上大多数例外之发生皆属借贷之结果，即所谓外来之影响也。

其他多种例外之事有因乎内在之影响者，此可总括为吾人所称之"类比作用"。类比作用者，即因一种语言中其他语词之势力使任一特殊之语词免除语音法则之执行，或对于彼等语音法则所应发生之变迁而加以补偿。例如在正常之法语中将一原来 a 音前之拉丁语 c 变为 ch。如法语之 chien、chèure、cheval、chantre 即为拉丁语之 canem、capram、caballum、cantor。châsse 之一语直接由拉丁语之 capse 变来。而自一种南方之言中借入之一语词却为 caisse，此即为彼字之同源语词也，当其输入于法语之时，在上所举之语音法则已不发生效力矣。此即属因上文所述外来影响而变迁之一例。然，苟吾人一察拉丁语之 vincat，此为 vinco 一动词之假设语气，即当预想法语之形式应为 vainche。而实际之形式却为 vainque，因在此种假设语气之形式中，又依过去分词 vaincu 一种形式之类比作用，重新建立一暴发音，盖彼中暴发音之在 u 音前者，固依据常规仍保持不变也。

类比作用正继续不断将语音法则之行动加以纠正或妨碍。音素合于常规之发展常受类比作用行动之阻碍；有一卓越之语源学家,爱好到处能得整齐纯一之现象,实已声明,谓彼有时“深觉因类比作用所构成之侵夺而感一极大之困扰”①。事实上,甚难得一语音演变之程序,未多少受有类比作用之触动与烦扰者。而所发生之一种影响者,常为其他语词之意义关系,并造成多种通俗之语源学上事实,为语音学家所感受一种“威胁之物”。关于此问题,下文将再论及。

吾人于此又必须细论“过分都市化”(hyper-urbanism)与“过分俗语化”(hyper-dialectism)之现象②。过分都市化实由对于正当语言认定时所产生之过分观念,并因彼等以语言高雅之应用自夸而起。意大利之农夫因欲说罗马之拉丁语而知其京都语言中复元音之 an 常相当于其自身方言中之长 o,于是将 plostrum 说为 planstrum,将 coda 说为 cauda,将 plodere 说为 plaudere。此等即过分都市化也。在语源学上,此三语词中之 o 音实代表较古之形式。惟一般市民亦因恐其语言中被认为粗野而有一种趋于过分都市化之自然倾向,遂预有心愿以采用 plaustrum、cauda 及 plaudere 矣。事实上就吾人所知,此种读音已通行于罗马本地,而较古之罗马人或已应用之。参议员夫罗剌斯(Senater Feorus)曾有一次责令惠司巴西安(Vespasian)说 plostrum,于此惠司巴西安即以招呼参议员曰“致敬夫拉累(Salue Flaure)”如此巧妙报答之。惠司巴西安即得直。Plostrum 为正当之形式;Plaustrum 乃与所谓 Flaurus 者同属一种过分都市化之形式也。

当说一种外地之方言时,常因对于语词之正当形式疑惑不定而易蹈错误。常见之错误乃属过于正确者,因一种过分之纯粹化

① A Thomas, *Mélanges d'étymologie française*, Paris, 1902. *Essais de pluilologie française*, Paris, 1898. *Nouveaux essais de philologie française*, Paris, 1905,第三卷,第 32 页。

② H. Oerttel, *Lectures on the Study of language*, New York and London, 1902,第 148 页以下。

而发生差失者。当希腊人试依不属自己之一种方言写作时，常犯有此种错误。举例言之，应用多利亚语（Doric）之毕达哥利亚（Pythagorean）作者中，有多种过分俗语化之形式。因彼辈（或彼等之抄录者）知阿提格语之 ŋ，常相当于多利亚语中之长 a，于是将多处阿提格语之一 ŋ 音变为 a，而在多利亚语固必为保持 ŋ 之音者：例如在毕达哥利亚作者中见有以 aἴσθaσιs、κίνaσιs、ἀμεγάβλaγos 等替代 aἴσθŋσιs、kίνŋσιs、άμεγάβλŋγos。似乎在某一时期，当希腊各种方言融合成一种普通语时，每值当时人欲写出一种方言之际，亦常有类此之错误。因多种方言之混合，散布有普通语之形式，往往其中甚难辨别真正之方言成分与非方言成分，此种情形极易引起差错。纵属生来即操某一方言之人，亦易陷于过分俗语化。

吾人在上文之叙述中，业已指出多种事例，其中合于常规之语音倾向进与性质各异之倾向相抵触。此种事例在语言史上必已数见不鲜，而吾人亦必将一切语音史上所见不规则之状态归属于彼等。尤其常有之事，一种民族变更其语言，因而同语言为各异民族之人所行用。有时一种征服他人之民族将其语亦传施于被征服者；有时以政治或社会之环境关系迫使一种人民采用邻近之一种语言。因之，某等语言业已发展有特异而急速之变化，因采用一种新语言之人，常将其所遗弃语言中读音之特征保持不失。此即高卢语之影响所以见于高卢（Gaul）地方普通拉丁语之语音中也。诚然，罗马语系之语言学家关于此点之意见并不一致①。惟在地理上相毗连之异族语言中见有相同之语音演变，如里窝尼亚语

① W. Meyer-Lübke, *Einführung in das studium der romanischen Sprachwissen schaft*, Heidellerg, 1901，第 170 页。关于斯拉夫语对罗马尼亚语之影响，参照 Densusianu, *Histoire de la langue roumaine*, Paris, 1901，第一卷，第 241 页。

(Livonian,属于芬兰语系)之与勒特语(Littish,属于印欧语族)①,阿美尼亚语(Armenian,属印欧语)之与乔其亚语(Geargian)者,则确然无疑也。

某等语言学家有一种倾向,即将语言之变化加以扩大,而将主要音变之起源亦归属于此种之进程②。事实上,自发的音变之产生,由于语音系统中一种自然变化之结果,而此种变化即为语言本身之应用上所长成而自认为正当者也。

关于语言发展之研究,可使吾人在一连串之音变中,辨明彼等因乎外来影响之音变。语言学家,如于某一语言,在其演化上之任一特定时期,开始即从事于语音系统之研究,则于此语言之晚后历史中,其潜伏在较古时期内种种正常趋向之影响,即易于辨认矣。

此种研究可期得共通性之结果。如将已知其历史之语言,一切彼等所给予之事实加以比较与整理,则语音变迁合于常规之进程即可因以建立。此种工作尚未臻于完成者。同时,任何语言学家,其已知几种语言之语音史者,即已能作甚少迟疑之论定,于两种相比之语音阶段中,论定其何者为较古,与其变迁之如何产生者。

(三) 发音语词与语像

吾人在上所已论及之语音变迁,乃由于语音系统演变之结果。在各音单位中变化之起因,必须于此等音素与整个系统上之关系中寻求之。然此类之音变,并非语言学家所仅须考察者。

---

① O. Jespersen, *Lehrbuch der Phonetik*,第二版,Leipzig,1913,第79页。

② 特须参照 Gamillscheg, *Ueber Lautsubstitution* 〔Principienfragen der romanischen sprachwissenschaft (1911),第162—191页〕,又 B. Delbrück, *Grundfragen der Sprachforshung*, 1901,第152页。

语言中并无孤独存在之音素。此不仅指音素无独立之存在，因彼等既在各语言中组成一系统，故彼等除用一种抽象之程序以外，自不能一一分析之；而此又指彼等不能分别应用也。吾人不可仅论及音素之结合。最短之语句或语词，亦预定有一连串复杂之发音动作与多种动作之结合，而自此等结合中，遂起包含几类音变之相互行动。凡因与同一语词内其他音素之联接致起音素之变化，可名为接触之变迁。此等变迁在语言史上之重要并不减于上文所述者①。

虽然，吾人在进而研究此等变迁之前，必先将结合音群之界限，就中接触之变迁所自起者加以确定，或为加以分别而必将其规定为“发音之语词”（phonetic word）。

吾人当前之问题，可分两层；第一在决定任何特殊语言内之一语句，单从组成其音素之观点上考量，是否容许行用语言者所觉察之区分；又第二，此等区分是否与心理上或文法上之区分相符合。

关于第一问题，吾人可毫无迟疑作一肯定之答复。盖在某一短句内自然有语音区分之存在，固无疑也。事实上，此种区分又有几类。

其中最显著之一类，即为音缀之区分。凡行用语言者莫不有是之觉察，正如精神病理学上所证明者②。业经注意于健忘症之事例，其中完全忘失语词者，而独存有音缀之感觉。患斯病者仅能用语词中组成音缀之数目以指示语词所代表之事物。彼不能说出 chapeau 或 tabouret，仅用指头以示明此等语词前者包含二音缀，

---

① E. Sievers, *Grundzüge der Phonetik*, 5th edn. Leipzig, 1901，第 377 页。一种由斯拉夫语言中获取事实之显著报告，见于 O. Broch, *Slavische Phonetik*, Heidelberg, 1911，第 185 页。

② 参照 P. Rousselot, *Principes de phonétique expérimentale*, Paris, 1897—1909，第二卷，第 969 页。

而后者包含三音缀。彼已忘却读此语词时所需之发音动作,而仍知其有多少。诚然,吾人不容有此种经验之实试,盖因人民已学习诵读之后,于此有依获得之习惯输入一成分,又何者主要属于书写之语言与何者属于口说之语言,亦分别之不可能者也。实际,依据手写文字所获得之习惯,与依据眼视文字所获得者,亦于此可相混乱,而搅扰事实适当之合比。

吾人从诗歌作法上可引出强固之结论。大多数之语言中,其诗歌之韵律依据于音缀之数目以成立者,纵有时未知有文字之语言中,与夫诗歌纯用口授相传习之语言中,亦复如是。例如当印度及希腊文学开始发达之际,长篇诗歌之构成,实严格依附于音缀数目上之规则,至少就丰富吠陀诗之嫡系诗人或列斯比亚(Lesbian)抒情诗之开创者以判断为如是也[①]。文字之创始又可增强其证据。在音读之书写上,最初即依音缀以记录语言。音缀之区分发生在前,而字母之区分或且延一多少时期始行产生(参看第五编)。盖于一音缀中成分之区别,需有长时与细心之分析。最初之字母即预期此种分析之由来;彼等乃属于音缀者也。

音缀之区分且在语词区分以前。多种语言现存最古之文辞中,其语词并不彼此辨别。常依音缀书写之规则,前一语词之末尾混合于后一语词之起首;各种印度古代文字中情形如是也。塞浦鲁斯(Cypriote)文字中,其属音缀者,即将希腊语之 Tών αἱλών, τòν àργυρυν 仍写为 to na i lo ne, to na ra ku ro ne。

是可见当写作者欲将一听及或发出之短句记录为文字时,似最先引起其注意者为音缀之区分。实际,吾人已知教育不良之人民,其于正确区分语词固甚感困难,反之,于音缀之分析,则颇灵敏者。是属后者似较为自然,而属前者则只为自古传习,须经学问而

① L. Havet, *Métrique grecque et latine*, 3rd edn. Paris, 1893,第 166 页。

练习者。

虽然，音缀一辞，欲予以定义亦决非易事①。试举最简之事，其中有一连串相间之辅音与元音，例如法语 L'Académie des Beaux Arts 之一音群，读为 lakadé midébozar。吾人自上文所示辅音、元音之定义中，可于此获得区分音缀标准之原则。一切元音需口腔之开张。此种开张各依形状而不同，然总较辅音之所需者为大。实际某等辅音，如塞音竟毫无开张者。其他辅音，固需有口腔之开张，即属摩擦音之性质，亦示其开张之相当狭小。是以如上所举之一音群，足以表示一串发音上开张闭合之连续相间，其闭合之音，有时几近于完全之阻塞。凡在广大开张之处，即相当于元音所在；其闭合之发音，亦即相当于辅音所在。此种事实由一圆柱记音器构成之音图上得一显明之表示。依据记音笔之动作，可以读出音缀之区分。元音之描写即在曲线之高峰处，而其低落处亦即示构成辅音之闭合时。

对于各音缀起讫点正确之显示，实包含极细密之工作。洛特氏(M. Roudet)谓吾人对于音缀之分别可依观察者之观点而具有三方面之现象。氏云："当吾人自前一音缀转至后一音缀之时，即有一突然之变化，影响于呼气之常序，发音之动作以及听感之觉察。"②此三重之变化，在某多种之事例中，可使吾人得以决定音缀之界限。然在其他多种事例中，则又可任意区分者。如试以决定何处正确之点为位于两山峰间一谷底所在，即以为确定是种之区分，则未免近于儿戏者矣。

关于发音语词之定义，不免为任意者，因常有各音缀，或竟各

---

① 此数行业已写成，尚在索绪尔《语言学原论》一书刊布以前；索氏(F. de Sanssure)书原名 *Cours de linguistique générale*，Paris and haussanne，1916，其中第64页以下(尤著者在第89页)包含有关于音缀极深研几之学说。

② L. Roudet，*Eléments de phonétique générale*，Paris，1911，第182页。

群之音缀，吾人不知其是否合为独立之语词或附着于邻近之语词。此种区分，依于所论之语言，则大概清楚分明者。

重音应可作为解答此问题之一工具。吾人已知气息自气管孔道之泄出，并非依于完全相同之方式而产生者。气息之喷出并非持续不已，因管制气程之肌肉有时动作敏捷，有时迟缓。因此依据于语言及说者之各异，有时增进速率，有时减低，其阻塞也亦有时而多，有时而少。换言之，所说之词语，其本身中即包含有一种节奏之原则，即加重之节拍与未加重者相间隔也。吾人正如将一段乐歌区分为几度而不计其曲调，在任一语言之段落中亦复如是，可不计其意义而认为有几许之节落；其较之乐歌上，固节落之度数少有规则而多有变化，然依于加重节拍一种周期性之回旋动作，则无二致。语言之本身实有节奏中之升降焉。

此等升高处常有一种心理上之价值。产生音势与音高之肌肉动作，几可谓其有时由心理上之起因以决定之。重音者，似将生命吹入于失气之发音体中也。试自古文法家借得一喻以明之，重音者，语词之"灵魂"也；不论影响于音势或音高，总使语词具有其性格与生命。虽然，重音尚不足为规定语词之用也①。

第一点，重音规定语词之界限，仅为不完全者。某等语言中，重音之位置显然决定在语词之末尾；而在别种语言中，重音在末尾或末尾之第二音缀上，又在别种语言中却在语词之起首上。然此等事例并未竭尽一切可能之变异；实在，有某等语言中，重音之变化绝无语词分界之指示。另一方面，可遇及数语词合为一群，而其中仅有一重音；或反之，单一之语词却可具有二重音。希腊语与梵语足证印欧语中具有所谓接尾词者，即短语词绝无独立之应用，而仅附着于前列之语词。现代吾侪之语言中，应用音势之重音者，某

---

① 参看格拉蒙氏关于法语重音深探之记录，M. Grammont, *Traité pratique de prononciation française*, Paris, 1914，第121页。

等语词合成一群，仅以单一发音之力量读之，而气息之加强亦仅在一音缀上。另一方面，吾人所知之梵语，其语词具有二重音者，而在应用音势之语言中，常有发生一次重音，以附加于主要之重音。

因之，重音与语词之间不能建立固定恒常之关系。例如有具有音调重音之语言，其中某等主要之语词竟不加重音者，梵语几种用法之动词是也。梵语虽其语句中动词极为重要，而通常主要子句上，彼因为微弱之音。因之，吾人切不可以一语词之独立性质，表现效用，与重音之所在混为一谈，如俄语此等例中，ú morja（近于海）、ná zemlju（在地上）、pó gorodu（在乡镇中），其名词即随附于介词上者[①]。别一方面，所当注意者，重音并无置于语词中最要音缀上之必要。例如，法语中重音在末尾之音缀上，换言之，即常在接尾语等之形式成分上，而同时语根固不加重音者[②]。

凡此等一切事实，势皆使吾人必将发音上之语词规定其与重音无关者也。

多种语言中，一语词末尾之音缀，依法国语音学家所用术语称为"尾音"者，常用特殊之发音，以别于起首及中间之音缀[③]。正如高梯沃特氏（Gauthiot）之所示者，此种末尾之音缀，其长度或重音，俱不关于语词形态学上之价值，总为"微弱"者。此种末尾音缀微弱状态之共通原则，其应用上依语言而异；而微弱之本身总多少存在者也。又此种原则之应用上，亦发见其本身之证据，因此等微弱状态愈显明者，语词本身愈形其独立性与自动性。是则末尾音缀之特殊读法，即足为其存在之一种有效表示，而规定其界限者也。

---

① P. Boyer and N. Spéranski, *Mannel de langue russe*, Paris, 1905，第 31 页第二及第 91 页第二。

② O. Gespersen, *Growth and Structure of the English Language*, Leipzig, 1912，第 26 页及此以下。

③ R. Gauthiot, *La finde mot en indo-européen*, Paris, 1915，第 34—35 页。

吾人既认定发音语词之存在，于是可进而研究其中依组织成分彼此间相互动作所产生之种种变化矣。

吾人正所研究之事实，即随附于语词作为一发音单位而存在，因以发生彼等通常现象之一种；此即接触变迁之一例也。印欧语言中，末尾音缀之发展，依于一种特殊之方式者，仅因其属于末尾而已；即谓因其所占据之地位而不关于其他一切之理由。此等某几种语言中，如此种末尾音微弱化之共通原则或变成稍为脆弱，有如例外情形竟容许此一或彼一末尾音缀之仍未变动者，是则一部分由于一切语言对于末尾音缀之分离性质，并不维持其同等之正确，而一部分又由于特殊之作用，横过于末尾音缀变为微弱所依据之共通作用。

因之，拉丁语中末尾之 m，久已不复读出矣，而 rem 一语词仍保持其鼻音，法语 rien 字中即其所存之遗迹耳。此由于彼为一简短之单音缀语词，亦由于此等语词常拒绝冗长语词中所通行之变化。反之，冗长之语词有时因其冗长而遭遇特殊之变化①。此于常用之语词尤为正确，盖因其常用，即在彼等未说出以前已为人所了解，是以说者可免将彼等完全发出之需要，而用一种减缩之形式固自以为敷足矣。故发音上之减退特为显著。此等语词在其性质上为附属者，或为预成之公式，从中并不发生为求了解而清晰发音之必要。一切语言中，其助词、介词及联词常由往时业已变成文法上助动词之独立语词转化而来。是以现代希腊语中有尾词之 θá 与 äs，一以表示将来，一以表示假设②：xáνω（我遗失），θàxúνω（我将遗失）；áγαπῶ（我爱），θáγαπῶ（我将爱）；ϵἶμαι（我是），äsϵἶμαι（我或许是）；γρáφω（我写），àsγρáφη（让他写）。其前者溯源于 θὲνá，此则在十三世纪时业已显现者，而仅为 θέλωϊνα（我将为）之一种缩写

① A. Meillet, *Mémoires de la Société de Linguistique*, Paris，第十三卷，第 26 页。

② H. Pernot, *Grammaire du grec moderne*, Paris，第 125 页，二三六节，第一。

而已;后者乃属 ἄφϵs 之缩写,原在古希腊语中为表示希求之意,如英语 let 一字者(比照英语之 let us go, let him write)。在此两事例中,减缩之作用皆可认为超越语言正常之发音规则者,而依所论此等语词之文法性质以解释之。

法语中普通将"oui monsieur""oui mademoiselle"说为 wimsyoe 与 wimmzel;又西班牙语中将"vestra merced"说为 usted;德语中将"guten Morgen"说为 gomoen 及 moen,或将"behüte dich Gott"说为 phyatdigot。此等为不规则之现象。吾人试以一种"语言速度"之学说解释之;wimsgoe,gmoen 或当为"急读"之形式,而 oui monsieur、guten morgen 当为"缓读"之形式也。然此种解释殊不足使吾人满意。实则发语之速度因各异之语言而不同;法语或英语说时较德语为速,北部德语又较南部德语为速。惟此种情形决非为同一语词同时以两种形式存在于一种语言中,而其中一形式可依对话时之迟速任意择用之者。实际 Morgen 或 monsieur 之一语词系存在于思想中,而 moen 或 msyoe 之一语词则为语音机关所发出者。此又足以代表一种语音倾向之实施至于极端者。足示一种语音倾向之影响,如无物以为制止,则将伊于胡底;实际其为一种形式之限制也①。

在发音语词之中一切成分并无一种相等之价值。有为强者,亦有为弱者;有为主占者,亦有为被主占者,有对于破坏之势力能予以抵抗,而亦有对之即行屈服者②。主占与抵抗为两种主要之因素,其所限制及发起,必当为各语言历史学家,对于从事分析之语音系统,所应首先决定者。实际每一语言之语音结构,皆容有特

① J. Vendryes, "Réflexions sur les lois phonétiques",载 *Mélanges lin guistiques in houor of A. meillet*, Paris, 1902,第 122 页。

② 参看 C. Juret, *Dominance et résistance dans la phonétique latine*, Paris, 1913。

殊之主占与抵抗。每一语言特殊之语音演化，必由各种相竞争之音素在彼此需求间所建立均衡势力之结果而来。虽然，除此足为各语言特征之语音作用以外，尚有某等共同之作用自形显示于一切语言中者，此即关于生理与心理多种自然倾向之表示也。更有进者，上章所探讨之现象，常因产生此等现象之语言，其语音系统中某种特殊变迁之结果，而此等现象之产生纵在一种以上之语言中各自独立者，然吾人现正所讨论者，乃由于共通之作用，其活动之原则实足统属各语言所具特异之情形也。

在塞音中，闭合与暴发之成分间有一种区别；前者在听感上不甚显著，因其发音作用上较后者为微弱。此种情形遂使闭合音受有意外之变化。例如 akta 之一结合音，其中唯闭音之 k 较随于其后之暴发音 t 少有抵御性。于此有两种相反之倾向，可使结合音中发生一种变化之结果。说者纯以懒惰之故，将 k 之发音消灭，一经闭合立即将其舌尖处于 t 音之位置；最后结果成为具有一长 t 之 atta 矣。此种程序见于意大利语，其中拉丁语之 actus、strictus 业已变为 atto、stretto 矣。或者，又以说者愿将 k 音正确发出，可于唯闭音 k 之后随以一轻微之暴发，此轻微之暴发即于同一位置所构成而在转移至 t 音暴发之前者。法人中以其发音正确自傲者，常听及此种音读：其将 facteur 写成 faqueteur 者即可为证也。k 音之暴发虽似甚短促，而事实上于一未长成之元音，例如减损隐匿之元音称为哑 e 者，却有极严重之结果。在前者之事例中产生“适应作用”（accommodation）[①]，而在后者之事例中产生“增殖作用”（epenthesis）。

然尚有第三种演变之可能，二相接之音素，不凑合其成分以增进彼此间之类似，有时以至完全相同，亦不输进其间一缓冲之音素以阻止相互之动作而以各自相保者，乃利用彼此间之

---

① J. Vendryes, *Mémoires de la Société de Linguistique*, Paris, 1909，第十六卷，第 53 页。

区别，扩大其异点直至不复有类似之处而止。此种程序又为“离异作用”(differentiation)[①]，正与适应作用相反者也。于此，再用kt之结合音为例，如伊兰语系及克勒特语系之语言，其中将第一塞音变为一种通音，结果即成为-cht-。

或为适应，或为增殖，或为离异，其演变之性质则依语言上语音系统共通之情形决定之。此三种程序常因消除难读之结合音而发生其作用者。

语言上消除此等特殊之音素或音群，常由于生理上之原因。音读之难易纯为相对之概念，在说者固甚确定无疑，而于各语言却变异多端。吾人若于语言之组织无彻底之了解，即不能估定之。事实上发音之习惯即为难易区分之基础，因之某一音群，某一民族所认为难读者而于一邻近之民族或认为甚易者。

虽然，有某等之音群，通常在其性质上依于语音机关正常之组织而属于难读者。此等音群可称为不坚定之结合音。在任何时期，因缘之凑合将此等结合音产生于某一语言中，吾人可断定此语言必设法将其消灭之。惟消灭之方法有不同而已。

于此，例如tn，即为不坚定者。如atna一形式中t之发音部位适与n相同，在两a音之间，舌头无需移动；仅软口盖之动作起声带之振动构成t音与鼻音间之区别。欲求其确切即需有精细之支配。如此为之固亦可能，如Etna之一文艺形式上即用以为语词。吾人所知之事实，专有名词抵御因接触变化而起之语音演化，常较其他语词为优。然在最普通之语词中，不坚定之tn音群，总设法使其归于消灭者。有时因适应作用而促其消灭；软口盖自开始即行垂下，同时在两a音之间声带又继续不断振动。结果遂为anna(如拉丁语中之annus与哥德语之apns相比，俱自较古之

① A. Meillet, *Mémoires de la Société de Linguistique*, Paris, 1909，第十二卷，第14页以下。

atnos 演变而来者)。有时亦发生离异作用。或影响于塞音,或影响于鼻音,依情形而异。舌头为欲除去一种难以维持之均衡地位,遂于此两音素间扩大其区别,于是结果或成为 akna(如在安布立亚语,其中相当于拉丁语 annus 之形式为 akno),或成为 atra,如在某等克勒特之语言中,尤其在布勒通语,其中之 traon(河底山谷之意)由一更古之 tnaon 变来者。最后第三种消灭之程序乃属于增殖作用者。因 t 与 n 二音并列一处使发音上之困难,此种困难即于两者间输入一元音而得消除;例如威尔斯语之 tyno(读为 teno,即具有法语哑 e 之性质者)相当于布勒通语之 traon。

上列诸事例,吾人所讨论者,仅关于相互接触之音素;而均衡现象与彼此影响亦同样使相远之音素上发生作用;此等音素,或被中间多音素使其隔离者,或竟属于各异之音缀者,在发音语词中所占位置相距甚远者。如此而发生之变化程序为"同化作用"(assimilation)、"转位作用"(metathesis)及"同化作用"(dissimilation)[①]。

所谓"同化作用",即在分离之两音间,其一音自别一音上输入一种或几种之成分,以期于彼此完全相融合者。最常见之情形,被同化之音素,常在其所同化于别一音素之前,换言之,其作用为逆行者。说者预存一种努力以读出处于音群中间之某音,于是发出其音常较彼所应发出者为早,在语音之连续中遂两度构成其所愿发之音矣。通常被同化之音素置近于其他音素,足使语词之误解不致发生。例如,拉丁语的祖先民族将 pequo(我烹调)说为 quequo,古典文辞上之 coquo 即由此而来者。惟同化作用亦可倒

① 参看 M. Grammout 之著作,最要者 *La dissimilation consonantique*, Dijon, 1895 以及其多篇关于各种语言中转位作用之论文,最著者载 *Mémoires de la Société de Linguistique*, Paris,第十三卷,第 73 页以下及 Mélanges Louis Havet, *Phiologie et Linguistique*, Paris, 1909,第 179 页。又参看 H. Perrot, *Études de linguistique néo-hellénique*, *I*, Paris, 1907,第 540 页。

序行之；例如通俗之法语中将 jusque 说为 juchque，此仅以一气化之口盖音替代一齿音，并无乐音化之变更。

“转位作用”与同化作用之起因相仿——依于误解与不经意；然其结果则完全相异。说者不重复同样之发音动作，而仅倒转两种动作。因之转位作用似为位于同一语词两音缀间之辅音或元音一种交换行动。例如葡萄牙语将 festra 说为 fresta（窗十）；某种布勒通语之方言将 debri 说为 drebi（食）。又古希腊语 κάτοπγρον（镜十）一语词变为 κάτροπτον。

最后所谓“异化作用”，为与同化作用一种相反之程序，即系使某种发音动作本应造出两次者而只变为一次[①]：例如西班牙语之 arbol 与布罗温斯语（Provençal）之 albre 皆自拉丁语之 arbarem 变来。此两种事例中，依于相反之构置，而皆使产生 r 音所需之动作不用两次而仅用一次，于是其后采用一种相异之动作，结果遂产生滑音 l 矣。常见之事，异化作用仅为遗下音素之完全消灭者。例如古希腊语之δρύφακτοs（木栅），由δρύφρακτοs变来者。

此三种程序之发生，其所依之列次由特殊之种种起因以决定之；语言学家应于各事例中细察其起因。音势之重音，在转位作用与异化作用中实为管制音素排置之一种起因。惟吾人又必须计及音素之性质及彼等在语词内相关之位置。

接触之变迁并不产生新音素。因之，异化作用对其所施行之语言，绝不创作音素之新异者。“异化作用之正常行动，若其结果为产生新音素，则于下列两事必遇有其一：或者，不常见之音素立即以其语言中最近似之相当音素替代之，或者，觉得此种替代过于艰难，或其最近似之音素仍觉差异过巨，则其音素或音群仍留存不变。”（格拉蒙氏之言）在此种情形中并不发生异化作用，若或发生，

---

① 除格拉蒙氏容博之书以外，又参看 K. Brugmann，*Das wésen der lautlichen Dissimilation*，Leipzig（1909）。

则宁取于相反之方向。凡说者于不能读出之音而令其读出时所生不自觉之感，即以维持其趋向于异化作用者，将语词之排置颠倒之，而于应被异化之音素复赋以一种附加之力量，以为其便于重行建立均衡之状态；于是异化作用即谓被倒置矣。

同样，又为因于心理上之原因，若说者明知语词之语源，则异化作用亦不发生，或变更其方向。若说者仅于语词应受异化之部分有语源学上适当之感觉，则其结果通常亦为一种反向之异化作用。若语词之各部分在语源学上皆一起明白者，则竟无异化作用矣。有时最强者为接头语，有时为语根。例如，pruneraie 一语词受异化时应在法语中变为 pluneraie，然因其语根 prune 较强，故今之形式为 prunelaie，且因 prunelle 一语词之存在更足以增强之。又如西班牙语之 sombrero（帽子），或希腊语之 άνδρο Bópos（食人者），此等事例中并未有异化作用者，盖以两 r 音所属音缀之成分俱于说者同等之重要。格拉蒙氏（M. Grammont）曾将异化作用之事实归属于一简单之法则：最强之音素将最弱者异化。若彼等具有同等之力量时，则俱坚持不变。

因之，吾人进而研究主占与抵抗间之一种竞争。此种竞争实为限于语音机关者。盖就各语言语音组织之范围以内，诚有某等成分较强于其他成分者，固矣！（参照上章）。然于此所论各成分相对之力量，主要者则具在于心理中。在音之连续中所生变异，乃由心理概念与语音机关间失却协合之结果。彼等因于一种注意之缺乏。有时此种注意过于扩大，过分集中于某一点，而致残害其他部分，或者散布于组成语词之各异成分中，而彼此不相均等；有时却正与之相反，将注意置诸一旁而除去机关之作用以致其自然懒惰之状态。

为欲精确估量此等变迁之价值，吾人需有普通语音学及各语言所特具语音系统之一种详密智识。吾人又需有能力以认识一种变迁与归属于心理程序上之关系——因依最后之分析，此种变迁之起因盖在说者之心理中也。

此种结论引致吾人出一语，以说及语词与思想间之关系。虽此问题，主要属于心理学上者，而语言学者不能以为可置之不问①。

当吾人聆听说一种异语为吾人所不了解者，此时听官所觉受，乃属或长或短之音群，中有静寂间隔而组成之物。如吾人了解其语言，则听官所感受此等之音群，即在心中唤起各群相当之记号，每一群之记号，在方法学上言之，即为一语句也。是以语音与语句为两种实在之物，在语言之总括分析上所首须认定者也，此种语言之分析，基于吾人知觉上一种不了解之语言与一种了解之语言所产生各异之印象。

吾人心中所显现一切之形象，诚不必皆用语音以表达之。例如思想，并不需要语音机关之演习，是固甚然；惟思想实则为内在之语言，其中语句之联接正如在发出之语言中者②。又在思想中所构成之各一语句，在全部力量上实包含语言上之一切发音动作。纵在无音以表出时，思想亦沿语音之路线以进行。实在吾人频常给予思想以在其相当之语词中得有发泄之机会而不自觉。殆似思想对于语音机关之担负过于繁重而在不知不觉间发动机关，正像一笨拙粗率之人，检察一副机器，不自拘囿于想象中之经验，即行使之开动者然。

---

① 特别须参照 B. Erdmann，"Die psychologischen Grundlagen der Beziehungen zwischen Spaechen und Denken"（*Archiv F. System Philosophie* 第二卷（一八九六年），第355—416页，及 F. Manthner，*Beiträge zu einer Kritik der Sprache*，3 *vols*.，Stuttgart，1900—1902 第一卷，第164页。J. Van Ginneken，*Principes de linguistique psychologique*（自荷兰文译出），Paris，Amsterdam，Leipzig，1907 一书中各处，可见有关于此问题之众多参考书目。

② V. Egger，*La Parole mtérieure*，Paris，1881.

吾人必让心理学家以决定可能发音之动作对于精神上之语言所需要之程度。此种需要断然为习惯之结果而非由自然所施予者。然吾人可主张聋哑者之思想有异于常人者。吾人以自表现所依据之形式,约束思想以至于某种境地,使其不复有独立之存在,与其所附合之语音亦不能相离,即与潜在可能之语音,其在未经具体现出之时,亦复如是。语音机关固可不受思想之影响,可无目的以自发音,然此事实并不足以反对此种设想。苟吾人试发一连串各异之音而不具有意义,则绝不能发成复杂之音,有如指定为发表一种思想时者。吾人通常将自身限于重述存在语言中之各种音群,即谓语音机关业已惯常所构成,而为表达意义内容所通用之音也。

心理上之单位,其预在语词之前者,可称为"语象"(verbal image)。此为一方面思想欲在语言中得其表现因而努力造成之一种标记,一方面又为可能语音之一种集合——皆准备以为表现者也。语象故为两面者,一面直接进向于心中之深处,另一面反射于构造语音之机关。自其具体之实现观之,语象用语音以语音为自身之表白,而在心理上之起源又为精神程序之一种产物。因之,语象者,联合上所叙述两重因素之两方面而为语言学家与心理学家共同之园地。

在心理学家[①],以为语象系一种复杂之产物,由口说的、听觉的、视觉的及手造的,此四种形象重叠或联合之结果。此四分之说由来已久;大卫·哈德烈(David Hartley)在其约当一七四〇年所著《人类之观察》(*Observations on man*)一书中业已有此种设想。吾人已知其在沙科(Charcat)学派之著作中占有何等重要之地位。沙科氏诏示吾人,谓每一语词由四种形象之联合所构成,此四种形

① 参照 Dagnan-Bouveret, *Revue de métaphysique et de morale Paris*,一八九三年以后,第十六卷,第 466 页以下。

象可归为两类：一类为感觉的形象（听觉的与视觉的），一类为动力的形象（口说的与手造的）；或同此原素之另一种分类，一类为发音的形象（听觉的与口说的），一类为书写的形象。此种定义，可为之申辩者，盖其既不适用于“语词”而只适用于语象也。无论如何，语象之分析对于语言学家仅有极少之兴趣。大脑神经活动之种种情形，为心理学家之主要职务所在，仍留置于语言学者园地之外。

吾人于此可认语象为一全体，而其部分对吾等研究语言者避去矣。至少心理学家所认定成分中之两种，即视觉的与手造的形象，毕竟不能重视，因彼等关于书写之语言也。对于不能诵读与写作之人，其发生作用之成分仅为口语的与听觉的形象。而此两种形象，吾人在第一章之开始，即已说明其理由，应减缩为一。

同时吾人亦未留意于语象创始中所起之种种变异。吾人可假定语象之固定构成，实在一般成人行用其本地语者之脑际。吾人所论，自然为一般成人之正常语言，盖其行用之者，已在其早先儿童时代经过学习之后也。

各儿童必为自身创作其语言；因之语象者，毕竟仅为经验之事实，在脑中所变成语言之可能性，而必为儿童逐渐以获得与发展也。吾人不能依据成人时代学得一种异语，其经过情形之观察，以想见儿童时语言发展之阶段，因吾人在学习一种异语之开始阶段中，事事参考于吾人之本土语也。吾人以替代作用开始进行，并试行寻求相等之辞语，以正所学习语言之。语词与语句积贮于记忆中，一一对照于本有语言之语词与语句。且此种开始之阶段常为完全读书式者。从事于书写之语词而以某种多少带有人工性之文法组织作为基础。儿童脑际所发生者，固完全为一种相异之程序也。儿童聆听环绕其旁者说出各种完全之语句，相当于某种命令、需求，或仅某种事实之表现：“你要离开”“我饥饿了”“今日天气好”等等。凡属此等积贮于脑际、兴起甚多之语象，依其增多而成为更正确者，盖以应用儿童心中即能自惯之替代作用，此等形象变为能代表无限各异之事物、观念及感想等，并各依思想之深浅色度为之渲染。当其学习工作完毕之际，儿童即拥有一套完全发展成功之语象，一经须其发出一命令、表示一需求或叙述一事实，即在其脑际自然涌出，准备在语言中寻求表现矣。对于语象之产生所需理智上之努力，迅速成为极简单熟悉致使儿童不复觉有此者然，而语象之构成立即随以需求之触起或一种愿望之冲动，同时此又立即随以其语言之表现。

儿童在其被迫学习进行中，必经过多种复杂之训练。彼惯于将其听及之音加以复述。然彼之所听及者，绝非多种孤独之音素；而为以一种赋有意义之"结集音"显现者，因之彼所学习者亦为将其发音机关适合于各种部位以相当于各异之音素，并将某一种意义附于如此发出之音群。一切音素并不占有同等之重要；某几音素主占其他音素，正如吾人在语音演变之研究中所指示者。然理智上之成分，其以组成内容而以音素为形式上之表现者，所占优势，亦容有多种之等级。例如某等成分投射与吸引注意力，比之其他成分具有较显著之明示。结果，即关于彼等组织之成分，语象亦为一连串之印象所构成，一一附加于最主要而永不能完全之经验。此种最主要之印象，其在理智之领域中，亦仅取相当于语音上显著成分以为如此性质之标记。而次要之性质以至最后极细小之节目连续显现于此种语象中，亦仅为甚逐渐之进行也。

当语象最后构成以前无论学习期间经过如何长久，以及其成熟中无论发展经过如何阶段，而其特著之性质，在语言学家之眼光中，实为一整个之单位。一切其所由组成之成分融合为一单个之行动，为基本之语言现象，此外语言学家即无法深入者矣。当儿童说："不要吃。"意思指示其不喜其稀汤或餐饭，或者彼不愿食，其心中之语象指令其语句之表现者，虽仍属初创，而系一妥适协合之整体。迨其后儿童长成时，彼将说“我不要什么餐饭（或汤菜）”，或者“我宁愿没有什么”，或者“我极愿没有汤菜”。此等各语句所依据之语象较为丰富，而较儿童语句之语象拥有更多之意义浓度矣。虽然，两者之皆为整个单位，则固无异也。

吾人于是可将“语句”之定义，规定为因于语音之媒介从中表现及了解语象之形式。语句正如语象系语言中一种基本之成分。两人互相谈话即彼此交换语句。吾人所学习者，亦在以语句说话并以语句思想。语象可为极端复杂者；语句甚易倾向于极端各异之表现而为一最具有弹性之成分。某等语句只包含一单个语词：“来！”“不！”“呜呼！”“肃静！”此等句各表现一义，其自身皆完全无缺者。然语句恰与语象有相同之容量；且不限于语音之范围，因一单个之气息常不适合于一语句，有时同一语句内可包含两个或多
“我宁愿没有什么”，或者“我极愿没有汤菜”。此等各语句所依据之语象较为丰富，而较儿童语句之语象拥有更多之意义浓度矣。虽然，两者之皆为整个单位，则固无异也。

吾人于是可将“语句”之定义，规定为因于语音之媒介从中表现及了解语象之形式。语句正如语象系语言中一种基本之成分。两人互相谈话即彼此交换语句。吾人所学习者，亦在以语句说话并以语句思想。语象可为极端复杂者；语句甚易倾向于极端各异之表现而为一最具有弹性之成分。某等语句只包含一单个语词：“来！”“不！”“呜呼！”“肃静！”此等句各表现一义，其自身皆完全无缺者。然语句恰与语象有相同之容量；且不限于语音之范围，因一单个之气息常不适合于一语句，有时同一语句内可包含两个或多个之气息。语音机关之动作，随心之所欲，因于其缺点而受限制者，莫过如吹箫、玩笛者然，必以其有吸气之需要。语句之表现容有一切各异之等级，自儿童用以表示一种需求未成熟之发音，以至具有复杂而均衡和谐之节拍，以为一狄摩西尼（Démosthènes）、一

西塞禄(Cicéro)或一波绪亚(Bossuet)思想之外表者。

由此种定义而论,语句完全概括语象者,固已显然矣;语句与语象两俱,仅受制于吾心构成集合体之能力。是以吾人必将语象之范围更形扩张,较通常一般之观念为大,并不将其限制于一单个之语词。两者间仅有此种分别,即语句为一具体实在之物,是以归属于一切随有实现之事者。陶匠将一片陶器投入炉灶中,绝不能确定其烧化之结果;而常有测定之可能者,炉火或过烈而焚灼陶土,或过微而不足以显出色彩。语象预存于脑中者亦正如是,其通过语音机关也,绝不能保其无虞。

是或可举一例以明之。我想像一人无意间正刺伤我,遂呼出:"呵! 你刺伤了我!"

其间行动连续之经过甚易将其拟测。一种刺伤之感觉传达于神经中枢,迅速引起一语象,随即变为上述之语句。其间连接极为敏捷,故呼声立即随刺伤而出。吾人称一种语象为思想,乃依据获得之习惯,对我所发出之呼声,给予之此种形式。此或与不具主动动词之一种语言中者有异,因彼以被动式表现行动也:"我——被你刺伤了"。此两种语象之各异常仅为两种语言之各异。例如德人所谓"Ich bin es",法人谓为"C'est mor"。于此语象即依各异之结合。如"Ah! tu m'as piqué!"(你刺伤了我)一句正相合于一般正常法人之语象。然吾人试想像,我犯一错误而说"Ah! tu m'as quipé!"构成一种辅音之转位,英语中通常所认为一种"式"(Spoonerism)(德语为 Schüttel form)者①。然其语象并无变更。如其在语言中之实现有缺陷,则惟因乎犯有施行时之错误而已。发出之语句并不相合于构成之语象;误会即起于两相谈话之中。

其中自然亦有所犯错失应归于语象本身之事例。虽然我熟悉

① R. Meringer and Mayer, *Verspsechen und Verlesen*, Stuttjart, 1895.

我友度龙(Durand),而在谈话之进行中我或呼之为勒布朗(Lebrun),则又为我别一友之名。此固不复为一种归于语音机关之体质错误矣。常人中或于此种事例谓“gene sais pourquoi j'avais Lebrun dans l'esprit”(我不知何故竟有勒布朗在吾心中者)。而揆诸实际,却因错误之名字已自暗中径入心上构成之语象中矣。此种区别固属显然者。

总之,语象与语句由相同之成分以构成,而此种成分亦即语法学家惯常所称为语词者。此章中业已研究发音之语词,惟依流行之语法学上意义,此种发音之语词或单位或可包含几个“语词”,且竟亦具有依于语言上多少明白规定之界限者。为欲将“语词”之义更有完全之规定,吾人必须从文法学之观点以分析其成分。此则为下章研究之对象矣。

三、文　　法

（一）语词与形态成分

各语句中包含有二种各异之成分：其一种为表现某许多代表观念之辞语，另一种则为指示存在于观念间某等之关系。如说“马跑”，心中即有两观念，“马”也，“跑”也，而以此“马跑”之叙述联合此两观念。如说“彼得之屋宏大”，心中“屋”“彼得”及“宏大”之观念，亦即同样联合于构成是句之叙述中。

是则可知，吾人承受语言所呈现于吾人之事实，即谓吾人之想及语象，及依语言为其外表之形式而行之者也。此为对于上述观念所应归属之意义，即“吾人以语句为思想”者。吾人假定依据某种不自觉之习惯，联合一语词与一实体（此事例中即为“马”）之智力行动发生于心脑中，并与之联带发生者，有使此实体结合于一动作之行动；而此种行动，当吾人说“马跑”之际，又使动作限于狭小之时间范围以内。

此种由语言所包含之智力行动，概括两种连续进行之工作：一为分析之程序，当意象构成之后，心中即于此区分某许多之成分，盖在其间欲建立一种联接者（于此即“马”与“跑”）；随后乃为一综合之程序，此等各异之成分，心中所承认及分析者，即于此重新结合以构成语象也。综合之程序，独关于语言研究。因仅此最足令人注意，盖由此种综合进行之各异形式，造成各种语言结构上别异之结果①。

吾人试假定各异人类之心脑，其获得“马跑”相同之视觉印象，实依均等之程度；又吾人姑认定彼等依相同之方式，以分析构成此种意象之成分，并于“马”与“跑”之间，建立恰为相同之联接（此虽或为一不甚可靠之推论）。而此种联接之表现，在各语言中即当各具有一特殊之形式；语象当依各异之方式联接者也。因此，本章开始时所假定之两种区分，非纯为一理论之学说。其区分适当于吾人所可称为形态与意义之成分也。

吾人将“意义成分”（semantemes）认为语言上之成分，以表现意象（répresentations）之观念者；于此事例，即“马”之观念，或“跑”之观念；又将“形态成分”（morphemes）认为彼等之成分，以表现观念间之联接者。于此，“跑”之事实，依通常之一种方式联接于“马”者，即归于第三人称单数之指示。因此，形态成分用以表现心中所建立种种意义成分间之关系。而意义成分则仅为意象之客观的成分，当于本书专论词汇部分另行考察之。

形态成分通常为一语音之成分（一音素、一音缀或竟为数音缀），以指示语句中各观念间文法之关系。

如一希腊语句 Βωμὸ καλὸν α'νέθηκεν Σιμωνίδηs（施蒙尼迪 Simonides 树起一美丽之祭坛）中，极易认定显示语句之基本观念（“施蒙尼迪”“树起”“祭坛”“美丽”）有数音缀，而此外与之相并者，更有其他数音缀，彼等之功用完全属于指示：“美丽”之性状归于“祭坛”，而在已往某时实行“树起”此处所指“祭坛”之动作者，“施蒙尼迪”也。此等第一种之音缀为意义之成分，第二种为形态之成

① F.N. Finck, *Die Haupttypen des Sprachbaus*, Leipzig，一九一〇年版，第 4 页。

分。或举法语下列各组之语词为例：pour donner、je donne、tu donnais、la donation、des donateurs、au donataire。一经分析，即显见一永恒不变之成分 don 之一音缀，以使此等语词皆关联于“给予”之观念。惟在此等各组中，又有某多种语音之成分，用以指示吾人所论述者为一动词或一名词，语词为何种性质，属于何种文法之范畴（性别、数目、人称），以及彼等在句中与其他语词联接之关系。此等成分即为形态者也。

此等形态之成分，有某许多并无独立之存在，欲将其发现，必须将语词加以分析。彼等称为接尾语或形式上之语尾。其他许多，如法语上之代词及冠词，则在书写上与其余语词分离者。然此种分别于此却无关重要。

如将上文所举之希腊语句，在宾语与动词之间介入 ἄν 之语词：Βωμὸν καλὸν ἄν ἀνέθηκεν，其意义遂立即变化矣；此 ἄν 为一种形态之成分，使语句具有一特殊之假设意味。其加于过去动词 ἀνέθηκεν之上用以表示假设虚拟之语式，于是句意变为：“彼当已树起一美丽之祭坛”矣。同样在梵语中，iti 两音缀之加于任何语句，即暗示其句之为一引语；iti 为一种形态之成分矣。土俗之法语，具有一性质相同之形式，即于 quidi（阳性）或 quèdi（阴性）是也。一比较法语下列之两语句：“Tu as tort”与“Tu as tort，quidi”，立即觉察第一句为直接之叙述，而第二句属于一故事之部分，并具有一种引述之性质者也。

形态之成分介入于语词或语句中，究依何种叙次，其占据何种位置，或在语言中所给予彼等之排次或重要性，则所关甚少。吾人将希腊语“ἐποίησεν”（彼曾做）之附加音 ἐ-，接尾语-σ-及形式成分 εν 与法语“il a fait”之起首两音缀，归属于同一类。因此等成分，在起源上虽相异，而于彼等各自之语言中皆有性质相同之作用。

形态之成分是否有曲折之变化,亦所关微少。文学之阿拉伯语 Kana Zaydun yaqtulu,仅为"扎特(Zaid)曾杀"之意。而揆诸实际,为欲显示过去时之连续行动,阿拉伯语之不完了时之动词置于表明存在之动词前方,而两者皆有变化[①]:

第一人称单数 ………………………………… kuntu aqtulu
第二人称单数阳性 ……………………… kunta taqtulu
第二人称单数阴性 ……………………… kunti taqtulina
第三人称单数阳性 ……………………………… kāna yaktulu
第三人称单数阴性 ………………… kānat taqtulu,等等

其两种形式常于意识中认为一单位,不管彼等中间可列入一语词。盖其第一种仅为一形态之成分而已。

最后,形态之成分属于单一或两相分离之语音成分,亦所关微少。盖有某种形态成分由于两孤立之语词经智力上结合而凝成者,几已具有一不可分解之个体。法语中,否定之词即以语句上甚少并置一处之两种成分表示之:je ne mange pas,而与希腊语中之 σύκ ίασίω 或爱尔兰语中之 nitoimlim,其为凝合之个体正不相上下也。

因此,此第一类之形态成分,不论形式上或单或复,总以介入于句中或联接于意义成分之语音成分为表示者也。

至于第二类,包括彼等意义成分上语音成分之本质中所固有者。较之第一类殊为微细,然在语言上其重要实相等也。

关于此类最佳之例,允推印欧语及塞姆语之元音转换。此种事例非为附加于一意义成分之语音成分,借以使其具有一种形态

---

① C. Brockelmann, *Grundriss der vergleichenden Granmmatik der Semitischen Sprachen*, Berlin,一九〇七—八年,第二卷,第 509 页。

学上之价值者。而仅为应用意义成分中之语音成分，即以指示其形态学上之功用者。例如，英语中“men”或“feet”为单数“man”“foot”之多数式；“held”或“struck”为过去分词之形式，相反于无限动词之“hold”“strike”。其间别异所在即属于元音之音色，其实际即为充任一种形态之成分，因其应用本身以指示语词形态学上之价值也。德语中亦复如此。“wir gaben”（我等曾给予）相反于“wir geben”（我等给予）及“gib”（给予）（命令式）。中部威尔斯语（Middle-Welsh）亦近于是，其中多数式之“brein”“myr”“wyn”相反于单数式之“bran”（乌鸦）、“mor”（海）、“oen”（羊）。元音转换在最古之印欧语言，如希腊语或梵语中亦为一种主要之形态学上成分。实则吾人可谓印欧语中各语词之形态学上价值几乎完全依字根元音之音色规定之。塞姆语言中之事例，亦复如是，有如由现代阿拉伯语中所可收集者；“himar”（驴子）之多数式有一“hamir”[①]。此种进行极有势力，以致扩展于新近由西班牙语或法语借入之语词中：“resibo”（一收据），多数式“ruāseb”；“bābor”（一汽艇），多数式“buāber”；“chanbīt”（一教区之巡警），多数式“chuānbet”，等等。此所以称为“破碎不规则”或“本身内在”之多数式也。

“内在之形式变化”一辞，即示明元音转换正与一种附加于语词之变形成分，具有相同之作用。实际，英语及威尔斯语中，名词之多数式，普通以附加一种特殊之形式成分构成之：英语“boot”，多数式“boots”；“loss”，多数式“losses”；威尔斯语“penn”（头），多数式“pennau”；“coed”（木块），多数式“coedydd”，等等。阿拉伯语中，阴性之名词皆以一种形式成分之附加构成其多数式。德语中亦如是，过去式之异于现在式，即用附加语之-t-：“ich rede”（我

---

① C. Brockelmann，*Grundriss der vergleichenden Grammatik der Semitischan Sprachen*，第一卷，第 431 页。

说),过去式“ich redete”;“ich lebe”(我住),过去式“ich lebte”,等等。试将此等事例与前一类比较之,可见元音转换与形式变化为两种价值相等之形态成分。

重音亦为一种极重要之形态成分。重音在某等语言中足以为规定语词形态学上价值之辅助。吾人于此将普通重音之意义指为音高之重音,即声调是也。在希腊语及梵语中——并以对于此两种语言之证据,其他几种属于同族之语言,例如立陶宛语及斯拉夫语,可以作比证——声调现象为语词一种表示性质之成分,与一接尾语或形式成分正相同也。因有某等形式,在其他各方面完全彼此无别,常仅以声调为其区分者;希腊语中使 γράφειν(书写)或 πένεθαϊ(悲伤)之表明现在时;ταμεῖν(割绝)或 γενέδθαι(被生)之表明过去时者,声调也;而用以区分 τόμos(割绝,现在式)与 τομós(割绝,接续式),及表明希腊语复词中,如 πατροκτόνos(某杀其父)、πατρόκτονos(为其父所杀)之类,主动式与被动式间之别异者,亦仅为声调也。声调之作用总为较可注意之事,因印欧语言以其极端富于形态学,语词本身间之关系拥有各种表现之方法,而如此等语词竟有此种作用也。

远东之各种语言中,以其文法之成分较为稀少,吾人殊可了解当中之声调现象有更大之作用。此等语言为形态学上之目的,已精巧利用声调之一切伸缩、排比、变化,凡为其语音系统之所容许者①。而在非洲某等土语中,亦可察及有相类之事实②。例如佛耳语(Ful)中,即以声调变化表示否定之意。如 mi warata 之一组,

---

① 参照关于安南语,Grammont, *Mémoires de la société de linguis tique*, Paris, 卷十六,第 75 页。

② D. Westermann, *Grammatik der Ewe-Sprachen*, Berlin, 一九〇七年版,第 37 页以下。

苟末尾之 a 具有与句中其他部分相同之声调，则意谓“我要杀”（用以表示现在时“我杀”之意）；苟若末尾之 a 以一较高之声调发出之，则为“我不要杀”矣。于此乐音之上升实具有一种形态成分之价值。

关于各种声调在形态学上之价值，有必不能忽视者，即在某等语言中，一重要成分为空调者，即谓声调变化之无存也。例如，梵语中动词之为强调或非强调，视其在句中之特殊应用。所以，在此等各自之功用中，动词自然以声调变化之无存，一如其存在者之明显表示性质也。

于是迫使吾人于上述之各种形态成分以外，又须加上更较微妙之一种，而比之其他各种之表现作用并不较差者，此可称无形之形态成分。此等在形态学上实担任一重大之职务。其价值根本建立于与其他形态成分两相对照之中，而终不因此减少其价值。在乐歌中，休止之处常与曲调本身之表现作用不相上下，盖曲调上正为其所置列，而曲调之延续亦为其所间断者也。在谈话中，亦有善于达意之静默处。故在语言中无形之形态成分正与任何其他之形态成分相同者也。印欧语中有某等名词，其单数之主位不容有形式之成分，换言之，即为无形者也。此种形式成分之无存，以与各种表征其他名词之形式成分两相对照，即足以显示所指之主位形式矣。印欧语中更有一事例，常以此种方式为表征者，至少在较早期间为如此——即属呼位是也。又此种特点在同类于呼位之动词形式、第二人称单数之命令式中，亦复遇及。因此，印欧语或塞姆语之元音转换中，空缺之语段正与其他形态成分之作用同等重要。

吾人于是论及形态成分之最后一类矣，其与以前各类相比，较少具体。彼等盖仅依句中意义成分所占据各自之位置而成立者也。

拉丁语中，如说 regis domus，则联接此二语词之领属关系，以位格之形式变化表示之，而“附加语尾”（désinences）指示此等语词彼此相关之作用。法语短句 la maison du roi 之中，其附属词 la 与 du 为文法上之助语词，所充任之功用正与拉丁语之“附加语尾”相同。抑有进者，拉丁语与法语间于此之别异，犹有语词序次在前者之较为自由也；吾人可说 regis domus 或 domus regis，几无异致，而于法语中倒置为 du roi la maison，则除诗歌中之外，今殆不复容许矣。然纵使此种倒置之语似稍觉生硬，尚不致使其意义发生纷扰，两语词间之关系固仍可了解者也。反之，更有某等语言，其中如此之关系仅以语词各自之位置表示之者；例如威尔斯语中，即为 ti brenhin 一语（自 ti“屋子”而 brenhin“王”），领有者常置于所领有物之后；或者，中国语中之“王殿”wang tien（wang“王”及 tien“殿”），则复以所领有物置于领有者之后。在此两种语言中，语词间依附之关系并不用任何外表之符号以为指示，而仅以语词序次表明之，因此语词序次之为不可变动者。凡在业已丧失其位格形式变化之语言中，则表现位格之关系，通常或应用助语词（介词、冠词等），或以语词各自之位置造成之[①]。

当吾人于法语中说 pierre frappe paul 之际，语音上所表现之形态成分实仅为空虚者；盖 frappe 之动词形式，实际因其他动词之形式，如 frappons、frappez、frappera、frapperait、frappant 等之对照而以缺乏一种“附加语尾”为其性质之表征。其所以表示动词之为现在直陈词及第三人称单数者，即其任何语尾之无存也。然主语与动词以及动词与宾语之关系并无外表指示之符号。此即法语之所以别异于拉丁语者，盖在拉丁语上，如 petrus caedit paulum 一句中，us 与 um 之附加语已暴露两名词在句中所负之职位，表示何者为主语，何者为宾语。至于法语上则仅以语词序次为指示者矣。换言之：语词序次于此实为一种形态之成分。又当拉丁语中

① 参照关于伊兰语，Gauthiot，*Mélanyes d'indianisme in honor of Sylvain-Lévi*，Paris，一九一一年，第 113—114 页。

吾人可将三语词之序次，随心所欲，加以变换，并无关于使意义明晰之偏见存于其间者，此际若在法语则决不能变换语序而无意义之更易。如说 paul frappe pierre 以替代 pierre frappe paul，正如拉丁语中将 paulum caedit petrus 之说为 paulus caedit petrum，其混乱位格之用法者，犯同一之错误。

吾人业已认定形态成分主要之三类矣，于是必须考察形态成分与意义成分两者间之关系性质。

在某等语言中此两种成分互相结合，以成为如此之方式，即各语词将其意义之价值与其形态学上之功用俱一起表现之者。塞姆语与印欧语皆属此类。例如，希腊语ἔδωκε一语词，于其本身即为完了及有限之动词。其意义成分于此即以吾人所称为语根者代表之；在此事例，-δω-，表现“给予”之观念。其余之成分，则指示吾人以此种观念关于过去时而其主语为单数者：“他已经给予了。”此语词中任何成分俱不能独立存在；语根之-δω-，接尾语之-k-，“附加语尾”之ε，以及前加元音之ἐ-无一能自立于结合体ἔδωκε或类此者之外。此等纯为可变异之成分，因语根以及接尾语与附加语尾皆可得变异者。例如，吾人可说ἔθηκε，或ἔδωκα，或δώδω，或δίδωμι；即属语根亦依据文法上意念所指示之种种变异，δίδωμεν即为δίδωμι之对照。不管语词中之如何复杂，而使其成为一整个之凝合体者，即以各成分之序次乃固定不移也；彼等互相维系凝固，而在意诚中创生一单个辞语之印象，有如吾人在法语中之“ila donné”俱以表示时间与数目者然。

塞姆语动词时式之变化亦具有与此相同之例。吾人一经知其由同一语根演成之一切形式中皆具有相同之三辅音根，即于其元音变化、接尾语及“附加语尾”等，不复致生如何之困扰矣。阿拉伯语 gátala（他已经杀了）之一种形式，正与希腊语之ἔδωκε为同类之个体；此乃包含一意义成分，即语根之 qtl，并某许多形态成分，使以 qátala 之形式别异于其他一切由同此语根所演成者；qātala（他曾要杀，他已经开战），taqā́tālā（他们都曾相杀），maqtūl（曾杀），uqtul（杀，现在时第三人称，单数），yaqtulu（他杀）（或将杀，接续式），qātil（正杀），等等。塞姆语之动词变化更以表示性别：qatálta（你已经杀了）属阳性，相反于 qätálti（你已经杀了）之属阴性者；第三人称亦复如此，qátala（他已经杀了）属阳性，而 qátälat（她已经杀了）属阴性。

因此可知印欧族与塞姆族之语言中，混合有两种形态成分，即元音转换与接添作用，然依于各异之程度。元音转换在塞姆语中比较占有重要之地位。“此等语言有一种奇异之方式，以辅音表示基本观念而以元音表示附属之限制与变化，遂产生一种语词内部形式变化之系统”①。“阿拉伯之语根仅以其辅音为表征。至于元音，则任何语根中之各辅音皆可接以 ă、ā、ĭ、ī、ŭ、ū 或空缺，而成为七种形式，又此七种形式，一一用以表征方法上之功用”②。因此塞姆族之语言不因种种接添语之助，即能构成众多之转化语词；阿拉伯语 kátaba（他已经书写了），kā́tib（书写者），kitkā́b（书籍）（为已被书写之物）。

在印欧语中，若无接尾语之助，即不能依此种方式构成语词。例如，将上列阿拉伯语之三语词，试与希腊语之 συγγράφειν、συγγραφεύs 及 σύγγραμμα 比较之，即可知矣。然印欧语中，亦如塞姆语，元音转换之目的，对于所谓语根者，使其与接尾语之组织相分离，而将表现方面极度之限量集中于其上，因而赋予以一种特殊之价值。引用语言者亦深觉语根为一实在之物，盖以其具有此种

---

① E. Renan，*Grammaire générale et comparée des languer Sémitiques*，Ⅰ.

② A. Meillet，*Introduction a l'étude comparative des langues indo-euro-pélnnes*，第四版，Paris，第 133 页。

事实，即以相异之元音状态各自适合于相异之应用也。语根之真实性即存在于此种变异之中。元音转换之原则可使此等成分具有一种交互替代之作用。此实为一极精细极微妙之相互动作，为塞姆族与印欧族之语言意识上所养成者也。

吾人对于语根与字根决不可相混。例如法语之 aim-er、part-ir、recev-oir 诸字中，吾人可依据分析以认定 aim-、part-、recev-诸成分；惟此等成分仅为文法上实在之物，引用语言者对于彼等之存在甚难知觉。文法学家称之为“字根”(Redicals)。德语中，元音转换之原则使字根具有较明白之价值。geben 与 gab，或 nehmen，nahm 与 genommen 之相对照，在某种范围，可以传递一单独成分之观念，即以 g-b 或 n-m 之辅音为其表征者，盖在其中，某等元音当依其所表现之意义而出现者也。在印欧语族中，吾人必须追溯于古希腊语，尤其于梵语，以获得最确实之“语根”(root)观念。

虽然，印欧语与塞姆语通常于元音转换之外，更应用接添语(接尾语或附加语尾)。印欧语中仅用元音转换以表示一语词之性质者，其事例甚为稀少，因之语言学家必认为此种事例，其语词具有一空虚之接尾语或一空虚之“附加语尾”。希腊语 φώρ 之与 φέρειν 或 φόρος 相比，即其例也。是故，印欧语之语根，虽有如此重大之形态学上价值，而总无独立之存在者也。此盖为一种习惯，常根据于一种事实任意武断之分析，当时遂使印度之文法学家惯于分解其语词并以发现其语根，因此现今梵文字典仍将动词之形式追溯于一种理想上之类型，即吾人所称为语根者，而一切形式皆将依接尾语之增加，由此产生者也。

至接尾语亦无独立之存在，其所有一切实在之性质，亦如语根，须归其原因于元音转换及赋予彼之意义，故常为极端确定者。例如一希腊语词 πατήρ、πατρός、πατέρες，其中元音转换对于各事例中所具有之接尾语(-τηρ-、τερ-、-τρ-)给予一确定之价值。ἀπάτωρ，多数式为ἀπάτορες,此一语词仅为前者之复合词,又予吾人以接尾语之两种新形式(-τωρ-、-τορ-)。此为指示关系之接尾语也。

至“附加语尾”与接尾语相比,亦甚相近;彼等亦为增添于语根之成分。彼等仅能依其用法以区别于接尾语,因接尾语指示语词所属普通之范畴(主动、方位、方法、增大、减小等等),而附加语尾仅以表示语词在句中之品性。因此,两者具有各异之功用,惟自语词构造之观点以言,在印欧语与塞姆语两者中,俱为同一字体之形态成分。

接尾语与附加语尾为增添于语根者。此为印欧语语词构造之正常方法,然其间亦不无变异者。置列于语根前之前加元音即为一种例外;例如 λύω、ἔλυσα 之一动词中,其指示过去时者,恰如λύσω之 σ 以指示未来时也。

是故,吾人遭遇与印欧语或塞姆语上所流行之情形相反者,可不必惊异,即字首之形式变化是也。纵属法语,亦给予吾人以几分此种之启示,在以元音为起首之语词,其多数式即以一接头语之舌齿音表示之:arbre、z-arbres;homme、z-hommes;oeuf、z-oeufs;oie、z-oies。通俗之语言并予吾人一奇异之例,即将此种特点扩展于动词之 zyeuter,乃由 oeil 一语词之多数式演化而来者也。在洛林(Lorraine)某等方言中,将 eux、elles 及 zout(彼等者)(依于nout、vout 之类比)说为 zous 及 zelles[①]。

虽然,此仅为法语中偶然例外之事,对于基本情形并无何等影响。反之,某等塞姆语言,如阿拉伯语,具有真正一种字首之形式变化。例如,在阿拉伯语两种时间之一,未完了时,其中人称常以置于语词起首之接添语指示之:

第一人称,单数式 aqtulu,多数式 naqtulu。

---

① E. Rolland, *Reoue celtique*, Paris,一八七〇年以后,卷五,第 151 页。

第二人称，阳性 taqtulu，多数 taqtulūna，双数 taqtulāni，阴性 taqtulina，多数 taqtulna。

第三人称，阳性 yaqtulu，多数 yaqtulūna，双数 yaktulāni，阴性 taqtulu，多数 yaqtulna，yaqtulāni。

乔其亚语(Geargian)系来自各异之一族，而其中亦见有语词起首上形式变化与此相同之显例，而吾人亦于是断论：接添作用之手续乃系将形态学上之成分增添于语根者，可或置于前，或置于后。

在印欧语、塞姆语等之语言中，其由语根及接添语构成之语词系一完全与独立之实在物，至与此种情形相反者，更有一批之语言，其中形态成分大致乃与意义成分相独立者。最显明之类型，即在一种语言中将语词区分为二类，若用中国之术语表之，即所谓"实字"与"虚字"也。实字为意义之成分，虚字则为形态之成分也。后者绝非重音之所在。例如"的"ti 字为附属之表征，即虚字也："我的儿子"wo ti ul-tsu。"的"字之功用相当于法语中之 de，英语中领位之 s，有时竟用以指明附属之意义，故相等于一联词。虚字通常仅为实字特殊化及无声调之形式。例如"儿"ul 与"子"tsu 两实字俱表明"儿子"之义，通常却作虚字用，加诸其他实字之上，遂全失其本义矣。"门"men、"刀"tao，附以表示名词之"儿"ul 或"子"tsu，即变为 men-ul(读为 möl)或 tao-tsu(读为 taoze)。动词之"了"leao，为"完成"之义，用为虚字(读为 la)以表明过去时矣；"来了"lai la，实为"来之完成"之义，以示明"已经来"也。有时并可结联同一语词之两种形式，同时一为实字，一为虚字："了了"leao-ls(已经完成了)。

在印欧语中亦不乏虚字佳妙之例。梵语中之 iti，以表明辞语之为引述者，即其一也。其他如古希腊语中之ἄν，现代希腊语中之

θά或äs。在一字典中，实无法将此等语词加以翻译；盖其无具体之意义，而仅为协助注释之用，与其谓为语词，毋宁为代数之价值也。彼等时常又不能独自存在。彼等之获有意义仅在与某别一语言学上相接触之时，盖与之构成一整体，如此方使心中就其全体而得实现也；αν 实独自并不表示何种意义，而ἂνἑποίει、ἂνποιῆ即在希腊语中有其一定之意义矣。法语有某等虚字，例如，存在于介词中。法语之介词 à，实无法在德语中译为别一单个之介词：à pied（德语 Zu Fuss）、à Beilin！（德语 nach Berlin！）、à la côte（德语 an der küste）、à l'étroit（德语 in der Enge）、à regret（德语 mit Bedauem）、à mes frais（德语 auf meine kosten）、à part（德语 bei seite）、à six heures（德语 um sechs uhr），等等。法语之助词 être 或 avoir，有如英语中之助词 do、shall、will，皆仅为虚词。性质与之相同者，为丹麦语中之助词 mon，曾一度多少表明一种未来时之空泛意义，迄今乃成为仅属动词之陪伴词，尤其当疑问之情形最为常见，因之现今吾人可认 mon 为一疑问副词，实较认为一动词者为适当也：mon han kommer？（他要去吗？），义为“知道是否他要去？”

某几种印欧语言虽如此创成虚词，然印欧语与塞姆语之语词大体上总以自成一单位为其特征。形态成分与意义成分以不可分解之方式相结合者。反之，却有多种语言，其中之结合接联乃大致为松懈者。

中国语中，虽其虚字之位置绝对固定，其不能随意移置较之英语、法语中实有过无不及者，然其虚字总具有某种独立之性质，第一，因其可省去不用，“门”men 之一字与用“门儿”men-eul 二字固无异趣；又第二，由于相反之理由，盖有时为加重其所表现之意义而重复应用，并与其所牵涉之语词两相分离者：“了了这了”leao la che la（意谓“完毕此事”）。

芬诺·乌格拉里亚语与土耳其、鞑靼语，盖为语言中形态成分与意义成分间最少明白确定联接之显示者。匈牙利语中，其一组语词在语句上彼此相谐合而功用相同者，则于其间有时仅在最后一字之末尾有形态成分之表示：a jóember-nek(对于好人)(并不为 as-nak jó-nak ember-nek)、a nagy varos-ban(在大城中)[①]。土耳其语中，如 kizlari(他的女儿们)一语词，其多数式之表征-lar-，插入于意义成分 kiz(女儿)与领属的接尾语-i(kizi，他的女儿，为少数式)两者之间[②]。

又土耳其语中，两种成分之结合甚为薄弱，因之形态成分之叙次亦非固定者。在法语中不能将 nous l'avons vu 说为 nous aoons le vu，亦不能将 je ne t'aime pas 说为 jáime te ne pas；而土耳其人说 sevmišlerdir(他们已经爱了)，或 sevmišdirler；说 seveženklerdir(他们将要爱)，或 sevežekdirler；说 seviyorlar idi(他们曾经爱)，或 seviyor idiler；说 sevdim idi(我已经爱了)，或 sevdi idim；说 sevsem idi(假使我爱了)，或 sevse idim，则皆彼此无异致。

此等各组皆可加以分析解剖。除出具有固定位置而居于起首之语根以外，其他各种成分用以表示时间、人称，或数目者，对于语根与邻近成分俱足以独立，散布于全体语词中亦具有相当之自由。在大体上彼等固无独立之存在。例如 lar(ler)一种成分，其不能单独存在，正如一种希腊语或拉丁语上之成分也。然此种成分与其意义成分之间，彼此结合之松懈程度，实较一希腊语语尾与其所属字根之间者，不啻倍蓰也。依常例，dir 之成分，用以表明一实质动词之第三人称单数式；为欲构成其相当之多数式，必须加以 ler。然在古代奥士缦理(Osmanli)之文献中，dir-ler 之叙次，纵当此等

① 系 Schleichen 及 V. Thomsen 所记录为 O. Jespersen，*Progress in Language*，第二版，London，第 37 页所引。

② R. Ganthiot，*La fin de mot en indo-ewropéen*，Paris，一九一三年版，第 31—32 页。

成分用以正确表示一实质动词之第三人称多数式时，亦可以移易更换其位置。

某几种语言为表示形态成分，较其他成分用更多之语词。土耳其语，有如上之所述者，固将彼等形态成分之位置任意变更，然并不将彼等复用两次。可说 seviyor idiler，或说 seviyorlar idi，固无二致，然从不将两种表现之方法混合应用以成为 seviyorlar idiler 者。而重复之应用，上文关于中国语曾提及之，却在某等语言，如班图（Bantu）语族之语言中，极为通行喜用之事，盖内中对于各种文法上之范畴，在各语词上即有一类别之指示以为表现，而并不计字数之多少也。例如苏俾亚语（Soubiyr）中“小女子们正在行走”一句，当以 ba-kazana ba-enda，或且以 b-o ba-kazana ba-enda 为表现者，其中之 ba 即为多数人之类别指示；又如“优美之人也”一语，说为 mu-ntu mu-lotu，其中之 mu-即为单数人之类别指示。如此在班图语中有十七种之类别指示，而在某等方言中竟有二十三种者。

班图语之种种接头语，相等于佛耳语（Ful）及西非洲语族，所称为服尔泰（Voltaic）土语中之种种接尾语。佛耳语中，共有二十一类，其中之四类为多数式。例如，在表示“命令”之意，其语根 lām 中，即有：lām-do（代名词之类属 o 者）（首领）、lām-u（代名词之类属 ngu 者）（主权）、lām-de（代名词之类属 nde 者）（一个号令）、lam-be（代名词之类属 be 者）（君主等、首领等），等等。在此族语言中语根绝不见有孤独应用者，而常以一类别之指示陪伴之。于是在句中各成分上重复应用此种类别之指示矣：debb-o danne-è-dyo。（此白妇人）、rew-be ran-è-be be（此等白妇人们），等等。

属于此类之语言，其中形态学乃与全部语言经奥妙之交织而成。其形态成分仅能依精细之分析加以区别，而其结果，语句即完全成为失联与零碎者，最后且为不可认者矣。

与此相反之事情，却存在于某等美洲语言中，其形态成分与意义成分，乃分别明晓而显示者。形态学上之表征即在语句起首，向前集合一处者，并给出一种意念之代数式的总述；故除出随后之名词以外，一切皆显现于是矣。例如欲说“那男人用一把刀杀了那妇人”，其语句便当如下式：他——她——那个——用＝杀——男人——妇人——刀（钦诺克语 Chinook）[①]。凡在吾人所加入句中之横线以前者，仅包含文法上之表征，即形态之成分也；出于其后者，乃为意义之成分。

吾人对如此奇特之结构，无需表示极端之惊异。盖口说之法语有某等变相之表现方法，却与此相类似者。常听及人们在通俗谈话中说：Elle n'y a encore pas = voyagé, ta cousine, en Afrique（她还未曾去吗，你的侄女，到非洲?）或 Il l'a ti jamais = attrapé le gendarme, son voleur?（宪兵曾常捉贼吗?）。凡在横线以前者，与之相类，仅属于形态之成分——以为主语、宾语（直接或间接），性别、数目、时间以及语句否定或疑问性质之表征者也。因此，吾人在知其所论述者为何人与何事何物以前，已知语句一切文法上之成分矣。凡其仍所需以构成完全之语句者，则为人物以及彼等所发行动之一种指示，即属当时之事实而已。以抽象之事实列置于首，而以其具体者列置于末。

由于形态学上手续之此种分别，故于“语词”（word）一辞之定义，必依各语言而分别规定之。

有多种语言，其中之语词极易定为一独立与不能分析之单位，而又有其他多种。其中之语词，在某种意义上融合于语句之本体

---

① L. Boas, *Hand book of American. Indian Languager*, Washington，一九一一年，叙论，第 38 页。

中，惟因其有一群各异之成分环绕之，故不能真正规定其单位。法语 je ne l'ai pas vu(我不曾看见它)一句中，由平常文法上之分解，认为有七语词。而实际，仅有一而已，惟此为一复合之语词，由某许多互相凑合之形态成分所构造也。彼等并无独立之存在；彼等之价值，仅在于吾人心意上可得互相变换者，因可说 je ne t'ai pas vu、tu ne m'avais pas vu、nous ne vous aurons par vu 等，如是随吾人所欲以变化语词之组织成分。而吾人必须注意此等成分间各种相关之变异者，固无疑也。其中 je、me、tu、le 实仅属单纯形态之成分，无任何独立之存在，故不能分开应用。je 仅存在于一结合体，如 je parle(我讲)、je cows(我跑)等之中；me 亦如是，仅能应用于 je me dis(我告诉我自己)、tu me frappes(你打我)一类之短句中。苟不以此种事实，即在代名词与动词之间可以介入一种或数种之成分(je dis、je le dis、je me le dis pas)；则吾人将认 je dis 中之 je 等于拉丁语上 dic-o 中末尾之 o 而假定法语之有语首变化矣；jedis、tu-dis、il-dit(读为 idi)。法语并未达于彼之阶段；而业已指明代名词之主语渐渐倾向于与动词相融合，盖已经数世纪矣。吾人今日固不当说下列之句，有如剌柏雷(Rabelais)之所为者："Je, dit Picrochole, les prendrai à merci."(我，毕格洛科 Picrockot 说，以仁慈看待他们)反之，流行习惯，纵在主语已表出之时，却又应用第三人称中之代名词："Le père, il dit ce quil vent"(父亲，他说他所喜欢的)，"Les bowrgeois, ils ont bien de la chance"(中等阶级的人，他们是好了)，等等。惟如 nous、vous 等之一类形态成分，在某种范围内，亦颇近似于一语词，因同一形式可占一重读之位置，同时并相当于 je、me 及 moi；相当于 tu、te 及 toi；相当于 il、le 及 lui。此于规定语词范围之问题，更增进其复杂之程度矣，在动词形式之中，除出存有副词与否定词者外，其于形态成分与语词两者之情形间，实颇踌躇也。故可谓法语中语词之界限为极不确定者。

如土耳其语等确亦如此，其中形态学上之成分在两种意义成分之间，或属彼属此疑惑不定，或左右相悬，两俱疏懈。土耳其语中语词之单位，乃为一种语音之现象所保持者，即元音之谐同一致，依据一主要音缀而决定各异音缀之元音性质也。班图语词之单位又出于另一种起因，即出于类别指示之应用，依句中语词之职务而决定其属于各形态学上之范畴也。虽然，吾人在班图语中，正如在法语或土语中者，势迫将各种成分概括于“语词”一辞之下，因彼等觉有一种替代之性质，是以与意义成分亦仅有一种极松懈之关联也①。最后关于某等美洲未开化民族之语言，如依士企摩人（Eskimo）之格林兰方言等，情形亦复如是，盖其中语句上之分界绝不能确定，而有依句数以构成字数及依字数以构成句数之倾向也②。

反之，在塞姆族语言中，以及早先之印欧族语言，如梵语、吠陀语（Vedic）或希腊语中，其语词有一种完全之自决权，而以各种特殊之语音上支配为其表征，例如收尾之音缀或重音均衡之精细作用等。语词在其本身以内即带有其用法之指示及其形态学上价值之表现；故所具完全无缺，不复遗有再需表白者矣。中国之语词，因各异之理由，亦易于规定者。虽然，中国之语词，一经与其上下文分离之后，即丧失其表现之价值，仅具有一种空泛抽象之意义，无关于特殊之用法者矣。

因之，吾人不能对于“语词”试拟任何可适用于一切语言之定义，或者仅有美耶尔氏（M. Meillet）所拟之定义庶乎其可者，因其将文法上应用及其表现之任何解释故意除去，其言曰：“语词者，乃由某一意义与某一音群联想之结果，亦可具有某种文法上之应用也。”③

---

① R. Gauthiot, *La fin de mot en indo-européen*, Paris，一九一三年版，第34—35页。

② F.N. Finck, *Die Haukttypen des Sprachbaus*, Leipzig，一九一〇年版，第31页。

③ *Revue de métaphysique et de morale*, Paris，一八九三年以后，第11页。

(二)文法之范畴

对于应用形态成分所表现之概念,吾人予以名称曰"文法之范畴"(grammatical categories)①。

如性别、数目、人称、时间与语式、疑问与否定、附属、目的、使用,等等,为语言中之文法范畴,盖此等概念,就中以特殊之形态成分为表现者也。各人皆可依据其于语言上之智识以决定彼等数量之多少与彼等性质之种类、范畴之多少。正如形态成分之多少,自然依各语言而异者也。就上章所述之义而论,一种语言所具有之文法愈少,即其所具有之文法范畴亦愈少。虽然,在某等语言,其数量固甚众多也。

无论何种语言、文法之范畴仅能以其表出所依据之形式规定之。古希腊语曾有一种语式称为希求式者,在其某几种用法中曾相当于今法语之假设式,而粗略以言,则用以表现愿望者也。吾人不能谓任何语言皆有一种希求式,除非其于此种语式具有一特殊之形式者。而在假设式与希求式相混之语言中——如在印欧族之多数语言中者——人民习于单一固定之形式,自不复将从前以两种显异之形式所表现之两种用法加以区别矣。仅有一种语式留存,可称之为希求式或假设式并无异趣,盖于行用语言者,彼仅为单一之语词而已。此种感觉实因乎形式之一致,而不计及其用法之别异也。然此毕竟并不阻止新形式之产生,以适合于语言上之各种用法而不复有一特殊之表现形式者。例如,过去式与完了式之相混,或毋宁谓为古代完了式之变为一历史时间,使多种语言中

① 参照 Göbel, "Die grammatischen Kategorien"(*Nene Jahrbüchen für das klassische Altertum*, Leipzig,一八九八年以后,五卷,第 189 页以下,Jahrg.3, Abt.1); J. Van Ginneken, *Principes de lingnistique psychologique*(由荷兰文翻译本),Paris, Amsterdam, Leiprig,一九〇七年出版,第 65 页以下。

消除其表现完了时之应用。某几种语言遂致退于完了，或之缺乏，仍以缺此形式而相持续；别几种语言则又创生一完了时之新形式，惟与业已遗失之古形式，彼此所根据之方法有异而已。

因之文法范畴常关于所论之语言，并关于各语言历史上之一特殊时期。例如，希腊语之希求式仅延续于某一时期，可截然加以划定者。吾人已知在日耳曼语中之何代上，依沿单一之过去时形式，而生起一种新形式以在意义上适合于古代之完了时者。实在，文法范畴之历史，常可为各语言加以正确之建立。然范畴之系统在各相异之语言中却又在各异之形式下显现者。法语之文法建立于十七与十八世纪时，而依仿于古希腊语及拉丁语者——自是遂留置于乖离之途矣。吾人仍运用一套不切合实际之术语而于法语之组织具有一种不正确之观念。若仅依亚里士多德学派所建立之原则以统概法语之文法，则可断定其与事实之相距有甚远者。

文法范畴之分类，隶属于普通形态学之范围以内，而为至今仍待完成之一种工作。苟吾人承认范畴之有多少，一如聚合一切语言上形态成分之所有者，则必进至关于彼等数量之极限者矣。若依经验上之方法，则于此将限制吾人自身，以归于考察几种从较普通中选择而来之范畴，如“性别”(gender)、“数目”(number)、“时间”(tense)及“语气”(voice)等者。从此种之研究，则有用之原则与事实，行将出现，而可得合宜概述之者。

性别之范畴，举例言之，自印欧语或塞姆语之极早阶段中即已存在[1]，其施诸语言上极为严格，因之某一实体之观念，一经进入

---

[1] 关于性别，参照 L. Adam, *Le genre dans les diverses*, Paris，一八八三年版；H. Winkler, *Das grammatische Geschlecht*, Berlin，一八八九年版；K. Brugmann, *Internationale Zeitschrift für allgemeine Sprachwissenschaft*, Leipzig 第四(一八八九年)，第 100—109 页；M. Barone, *Sull origine del genere grammaticale nell*, Indoenropeo, naples，一九〇七年版。

行用语言者之心中,即已设置有一种性别,以为其特征,且常为其所具仅有之特征者。吾人在法语上区别 le poids(重量)之与 la poix(松香)、le père(父亲)之与 la paire(一对)——两语词仅在写法上相异者,且有更佳之例,如 le livre(书籍)之与 la livre(法磅),或 le poêle(炒锅)之与 la poêle(火炉),则又拼法相同者,凡此皆惟恃性别者也;又如德语中 die kiefer(枞树)之与 der kiefer(牙骨),亦属同例。外国人学本国语,其所犯惨痛之错误中,实与有其他方面更过于性别之混乱者。若如此之错误过于常见,则将使语言成为不可通晓者矣。

然于文法上之性别并无合理之根据。吾人不能说明为何 la table(桌子)、la chaise(椅子)、la salieie(盐缸)等字为阴性,而 le talowret(凳子)、le fauteuil(靠手椅)、le sucrier(糖碗)等字为阳性。在一无亲近关系之语言中,其相当之名词往往所属之性别各异;德语中说 der sessel(靠手椅),及 der stuhl(椅子),der Löffel(调羹),及 der kegel(九柱戏),其性别,适与法语之 la cuiller(调羹)及 la quille(九柱戏)相反。

抑且,吾人已知在时代之演进上,性别之何等易于变更者。在拉丁语系、日耳曼语系及克勒特语系各种语言演化之历史上,关于性别变迁之例,至为众多①。法语中,“阴性”或“阳性”之语尾常产生性别上一种相当相对之变迁。实有极多之例,其中许多带有“阴性”语尾之字,在正当之习惯中业已变为固定之阳性字,却在流俗语言中仍给予阴性之性别,尤其当一起首元音阻止有限冠词以指示性别之时,如在 exercice(练习)、orage(暴风雨)、ouvrage(工

① 关于法语,参照 F. Brunot, *Grammaire his torique de la langue française*, Paris,第 233 页;关于德语,参照 O. Behaghel, *Geschichte dei dentschen Sprache*, Strassburg,一九一一年版,第 318 页;关于威尔斯语,参照 J. Morris-Jones, *A Welsh Grammar*, Oxfud,一九一三年版,第 228—229 页。

作)等字中者。又如 prophète(预言家)及 pape(教皇)等字,竟亦因其语尾而在中世纪时认为阴性者。此足以显示自然之性别与文法上性别之相异者矣。法语中仍将 l'ordonnance(传令兵)及 la sentinelle(哨兵)成为阴性者,盖当指明较强性属之人时,正如罗马人古时之说 anxilia 或 uigilia 也。

法语中文法上之性别,对于表现自然之性别极不适合,因之所遇之事例约有四分之三,无法以文法上性别表示性属之各异。médecin(医生)或 professeur(教授),此等语词并无阴性者。则如何将彼等适用于妇女,又不免令人发生极大之困难矣。在法语中不能说 médecine 或 professense,又在前者之例更显而易见,因事实上 médecine(医学)一字有其相异之义也。而纵以阴性之冠词用于 médecin 与 professeur 等之语词,有如希腊人之于ἡΛεόντιον,或罗马人之于 illum senium(忒棱斯 Terence)者然,亦不足以解决全部之困难。La médecin、la professeur,在法人听之,殊觉刺耳不惯。在正当之法语中,吾人势必至于说 la femme médecin、la femme professeur,应用 femme 一字作为一种指示性属之形态成分。于是吾人之不幸在法语,正如在一种缺乏性别区分之语言中者矣。相同之事例,如英语之用 he 与 she 为形态成分(例如,he-goat 或she-goat),及爱尔兰语之将 ban(由 ben"妇女"演成者)一成分置列于前:ban-dia(女神)、ban-file(女诗人)、ban-tuath(女巫),等等。吾人且在法语中说 une femme cocker(女——马夫),或 une femme cochère(女——女马夫)矣。吾人如此凭借于 femme 之形态成分。于是 une cochère 一语,其本身反觉刺耳不惯矣。

时至今日,法语在此方面甚近似于原始之印欧语。盖当时并无自然性别在形态学上之表现[①]。而且,印欧语之语词,实无有以

① Ernout, *Mélanges de linguistique in honor of F. de Saussure*, Paris,一九〇八年版,第 211 页。

其确实之形式表示阴阳间之任何区别者：toga 与 scriba，cesculus 与 famulus，arbor 与 dolor，其各组间虽前一语词为阴性，后一语词为阳性，而其变化皆恰合于拉丁语上所采取之方式。苟在几种语言中，阴阳性之区别分配于某等接尾语之间，举例言之，有如在哥德语中者，其语词之相当于第一种拉丁语变形者（toga 之类）为阴性，而其相当于第二种变形者（famulus 之类）为阳性，则此种现象之由来仅为后来创新之结果而已。希腊语之 πατήρ（父亲），与 μήγηρ（母亲）、υίós（儿子），与 νυós（媳妇）等字，亦与印欧语有相同之变形。

诚然，中性一类必须分开论列者。此盖仅为依其形式而得规定之性别；希腊语中之 τέκνον（儿童）与 στέγos（领位，στέγονs）（屋顶），σίναπι（芥菜）与μέσυ（蜜汁），以及拉丁语之 templum 与 corpus（领位 corporis），mare 与 carnu，皆显然为中性者，印欧语之中性乃系一特殊之性别；相反于两种性属之别，而有更受限制之范围。关于彼之事例仅有一种在于其自身之形式中者，此似亦可示明其范畴渐归于绝灭而在全部系统上并无真正之独立。彼与其他两种性别之关系，实为补充之用，当某等观念对于阳性之相反于阴性，或阴性之相反于阳性，俱觉中立无倚者，遂以表现之也。例如，认为无活动性而不能赋予以人权之实物，常以此指示之，又集合之观念亦频以此为表现者。

然则，印欧语之性别究存在于何物中乎？仅存在于谐合中也。希腊语上 πατήρ 之为阳性者，因吾人说όπαγήράγαθós 也；又 μήγηρ 之为阴性者，因吾人说ήμήγτηράγαθή也。其冠词与形容词，以指示限制实体之意义者，依其语词之性别而有各异之形式。此种事实在性别之历史上遂遗下重要之结果。性别依随谐合在语音上之表现而有兴革变迁。在某等事例中，因于语音系统上之遇合，谐合作用不复有所指示，或仅部分受有指示者，性别亦渐至湮灭或归于废弃矣。法语中，亦如在古希腊语中者，其维持性别者，冠词与形容词也。然冠词列在以一元音为起首之一切语词前者，即具有相同之形式：l'aurore（曙光）、l'abîme（深渊），于是在此等语词中之性别，比之在其他语词中者，较为分别不显。实在，普通具有起首元音之语词，在法语之历史上已受有一种性别之变迁。抑且，当限制彼等之形容词，其性别又含糊不明时，即不复有何等性别之表示遗留者矣，l'aurore est splendide（曙光明亮），或 l'alîme est sombse（深渊黑暗）。仅当吾人说 l'awrore est belle（曙光美丽），或 l'abîme est profound（深渊沉沉）之时，aurore 与 alîme 二字始具有性别耳。

英语之此种情形，较法语尤为深进。古英语在单数之冠词中有三种各异之形式以表示三种性别：sé、séo 及 Ꞇaet。当时对于冠词竟具有一种完全之变形作用，对于各数目具有四种相异之情形。然此种变形作用迅速归于简单化。第一步，一切称指单数之形式因类比作用变为 te、teo、taet；于是第二步，阳性与阴性在 de 之单一形式下相混；最后第三步，中性之形式被遗弃，遂于单数中仅留下单一之形式矣，而此更与多数之形式相同者。因冠词丧失其变形作用，遂剥夺语言中之性别，盖形容词亦循斯结果被剥夺其变形作用矣。丹麦语于此方面之演化并无如是之深进；仍具有 den 以表示阴阳性，而有 det 以表示中性；在多数中复有 de 以表示三性全体。其冠词在语音上之演化容许其保持两种性别，然此两种性别，就彼等之起源而论，并与法语中之阴性与阳性无当也。

此不足据以为研究印欧语中文法上性别之起源①。有几语言学家曾于此加以试探，尚未获得满意之结论。盖此问题实越出印

① 特须参照上注中所引述 H. Winkler，K. Brugmann，Mario Barone 诸家书中之语，又：B.I. Wheeler，"The Origin of grammatical gender." *Transactions of the Philological Societz*，London，二卷，第 528、545 页（一八九九年）。

欧语文法狭小范围之外；此实为普通语言学上之问题，须论及其他各族之语言也。如佛累次(Frazer)等之人类学家曾假定两种性别间之区分与妇女所用特种之语言或有关联，欲借此以寻求解答；例如同一名词依于男女性之所用而有两种各异之形式[①]。然此问题并不至于如此简单。盖性别并不仅在于一种阳性之相反于阴性而已，印欧语固亦具有一种中性也。

在某等美洲与非洲土语中，性别呈现一完全特殊之情形。例如阿尔衮琴语(Algonkin)区分无生气与有生气两种性别[②]。其在各异实物中性别之分配并无如此之显示。有生气之一类，除动物之外，包括树木、石头、太阳、月亮、星、雷、雪、冰、谷、面包、烟草、雪车、火石，等等。事实上"此种性别之区分为绝对而基本者，因其决定名词之多数，领属之表现，指示之代名词、动词，及形容词也。"[③]关于两种性别间实物之分配，其已发生一种类比之扩展作用者，固无疑也。斯拉夫语中亦有一种有生气之性别在焉。其起源，尤为其扩展之由来，可用从原始印欧语上一种有规律之形态上发展以说明之[④]。阿美尼亚语(Armenian)中，亦有一种趋向，将有生气者与无生气者列于两相对立之地位[⑤]；而西班牙语中，在动词之后——在古法语中且在名词之后(le bourg le roi, les maisons du bourg)，亦复如是。在别处，吾人亦遇及它种之相对立者。例如东非洲一族名玛赛(masai)者，其语言中有一种性别以代表大而

---

① Van A. Gennep, *Religions mceurs et légendes*, Paris 一九〇八、一九〇九年，第 265 页。

② J.P.B. de Josselin de Jong, De waardeeringsonderscheiding van "levend" en "levenloos" in het Indo europeesch vergeleken met hetzefde verschijnsel in enkele Algonkintalen.论文，Leiden(一九一二年)。

③ L. Adam, *Le geure dans les diverses langues*, Paris，一八九三年版。

④ A. Meillet, *Recherches sur l'emploi du génitif-accusatif en vienxslave*, Paris，一八九七年版。

⑤ Adjarian, *Classification des dialects arméniens*, Paris，第 18、47 页。

强之物，另一种以代表小而弱之物[1]；关于此种区分或即以阳性与阴性之一种相反武断解释之：ol tungani(人)，en dungani(细小的人)。于此简单谓其有一强性与一弱性者，当更佳也。此种范畴较之吾人在别处所称叙为指小辞者其相距或不远也。

在非洲语言中性别称为“类别”。班图土语即统属于“类别”之存在中，各类有一特殊之接头语为之表征，语言中一切语词皆分配于其间。吾人业已举出其例。其分类之指示，正如希腊语与拉丁语语词中性别之重要。此为一种自身所施予智力上之需求。对于各字之分类指示，至为重要，故在语句之叙述中凡有关于彼之语词，皆一一重复应用之(此“分类之指示”一辞乃用以称指示类别之语音成分者)。或当推想一似其中之主要语词，将其自身之色彩施加于附属在彼之语词上者然。

印欧语中之性别仅为表现班图语上“类别”之另一种方式而已。此足以代表一种智力上之尝试，将名词所表现极端各异之观念加以分类者。此种分类之原则，其相合于印欧族远祖所接受之世界概念者，固无疑也；而种种神秘与宗教上之动机助进其趋于固定。迨其原始目的之认识久已丧失以后，而相传之形式犹持续不断者也。

又有文法之范畴，其于实际较之性别更有密切之关系，而依现今之世界概念亦断定其为合理正当者：此即数目与时间是也。依据我所说者，无论为 the horse eats 或 the horses will eat，我总表现两种相反之观念，即单数之相反于多数，现在时之相反于将来时也。此正合于经验上之事实者。惟当吾人将此两种最普通之范畴

---

① merker，“Die masai”为 Feist，*Zeitschrift fün dentsche wortforschung*，Strassburg，一九〇〇年版，三七卷，第 23 页所引。

检察其在各异语言中如何以表现之之际，即可见及两点：其一，彼等所呈现之形式，足以限制普通一般之性质；其二，彼等在实际习惯上甚少具有吾人所希冀之适当满意之表现。

法语中有一单数及多数；然单数与多数之区分，在法语固以构成数目之范畴者，而并非此种范畴之仅有现象。有某等语言，曾一度具有，或现仍持有一种双数之数目者。印欧语族中曾有此种双数，在历史时期上依于所指语言，持续一较短或较长之期间，而后几自全部语言中逐渐归于消灭[①]。其在印度，《吠陀经》与经典之梵语具有双数，正相反于业已丧失双数之普拉克利语(Prakrit)及巴利语(Pali)。古波斯语及赠达语(Zend)应用双数极为严格，然在拍哈拉味语(Pehlevi)中已无其遗迹矣。阿美尼亚语与拉丁语，就吾人所知其极早时期中皆无此双数。古斯拉夫语中双数之现象甚为活跃，今日之某等方言，如斯洛伐厄亚语(Slovenian)及汶德人之劳尼次语(Wendish Lausitz)(萨克森 Saxony)仍有其表征。在某等立陶宛语之方言中仅至今进行于消灭。哥德语仅在代名词及动词有双数之表现，而古高地德语(Old High-german)之代名词亦不过有其遗迹耳。然此等遗迹之归于乌有乃甚迟缓者，在今日巴伐利亚之方言中犹遇有双数之代名词 ös 及 enk，而彼等自第十三世纪末以前之书写语言却已消灭矣。克勒特语族中，爱尔兰语独依极古代之形式，保持双数于名词之变化中，然此种数目，即于此亦仅据有游移不定之地位，因属于双数之名词，恒必伴以“二”之表明名词者。古代希腊语呈现一种极端之变异，其所指示总不止一种方式，而其结果却将双数消除净尽[②]。盖此为一切印欧语言之一般趋势也。而此种消除之发生，所以各语系彼此在相隔甚远之期间

---

① K. Brugmann 与 B. Delbrück，*Grundriss der vergleichenden Grammatik der indo germanischen sprachen*，第二版，Strass burg，第二卷第二编，第 195 页。

② A. Cungy，*Le nombre duel en grec*，Paris，一九〇六年。

者，则又由于历史上之种种起因。

吾人必须认定双数之应用乃适合一种需要，有异于任何现今吾人之思想习惯所能提示者。吾人今日对于双数之相反于多数，固不能通晓其理由所在。然在数目之范畴中亦有别种之区分，为吾人所未曾表现而却应具有一文法上之形式者，即集合与纯一之分是也。在法语中实无法以区分此两种观念；此常使吾人受困之一种缺憾也。吾人在某等文法学上关于“gelée de groseille”或“de groseilles”（覆盆子之果汁），“confiture de pomme”或“de pommes”（苹果蜜饯）所见一切之讨论，毕竟可归结于多数与集合间之混乱，而由对于集合缺乏一种文法范畴之原因也。当吾人说“le cheval court”（马跑）之际，吾人亦受类似之困厄，因不能确实指定吾人所暗示者是否为一特殊孤独之马，抑或为一般众多之马也。吾人并不曾区分单个之与种类，以及特殊之与一般。在此方面，印欧语言几全部与法语之情形相同者[①]：彼等对于数目范畴某等重要之现象，并无有依于常规之表现。

在“时间”（tense）之范畴中亦有种种缺点[②]。如法语与德语等之语言中，其主要表明“时间”者，动词也。德语上动词称为“Zeitwort”（意谓“时间之词”）。在法语中有各异时间之全部阶程，不仅适合于过去、现在与未来三种之区分，并适合于时间上相对之分别。其中可有方法以表明过去中之未来时，及未来中之过去时。在此方面甚少语言有如法语之丰富者。德语中除一过去时外几无有任何之变异；将法语之不完时与过去有限时混为

---

① 克勒特语发展为一种单数；参照 H. Pedersen，*Vergleichende Grammatik der Keltischen Sprachen*，Göttingen，一九〇九——九一三年，第二卷，第 58 页。

② 参照 Herbig，*Indogermanische Forschungen*，Strassburg，一八九一年以后，第六卷，第 170 页以下。

单一之形式，如 ich liebte 是也；而此一形式在德国之某等部分竟趋于用以替代 ich habe geliebt 一类之过去分析时；反之在某等其他部分却又以过去分析时总概全部过去时之表现于其本身中。法语上关于时间之丰富系出自拉丁语，盖拉丁语亦具备极富裕之一组也。

然拉丁语上时间之表现乃为一种新创之举。比较文法学上诏示吾人以印欧语上主要在表示“现状”①。

接续时之范畴即称为“现状”(aspect)者②。法语中之时间，用以表示一种动作当其完成、正完成或将完成之顷。并不计及此种动作正在完成之连续中间。而此即为一种重要之观念，在某等动词中，且以之为其他一切意义辨认之中心。印欧语关于表示时间所预存之观念，远较行动之连续为少。其在一种动作中关于时间之注视，对于动作应在何时完成(过去、现在或未来)之指示，远不如接续时之指示为甚，即在动作之连续中是否有所觉察，或在动作之发展中究在某一点——是否其完成之在起点，抑在终点，是否动作之发生一次或重复数次，以及是否动作具有一界限与一结果，凡属此等之指示，较为注重也。由于此种原因，吾人在比较文法学上所区分者，为连续之动词乎，抑即时之动词乎，为完了时乎，抑未完了时乎，其开始者乎，重复者乎，终末者乎，等等也。苟吾人将此等表示之各殊意味置诸不论，或若以寻求法语等中所表现各殊时间之观念为出发点，则将对于梵语或古代希腊语上动词系统之了解，殆属不可能者矣。古代希腊语中，现在时、过去时与完了时彼此间之别异，乃寄托于动词之“现状”中者。斯拉夫语言保持此种重视

① K. Brugmann, B. Delbrück, *Grundriss der vergleichenden Grammatik der indogermanischen Sprachen* 第二卷，第3、68页。

② D. Barbelenet, *De l'aspect verbal en latin*, Paris，一九一三年版；M. Barone, *Sui verli perfettivi in Plauto e in Terenzio*, Rome，一九〇八年版。

现状过于时间之习惯,曾经过一长时期,而于某一程度中,其在今日又复如是也。此等语言上之动词,皆隶属于一种“现状”之范畴,即为各动词之表征,而其对于动词之决定,正不下于法语中之以过去时与将来时为动词表征也①。此即构成俄语与法语间主要之别异,亦为法国人等学习俄语时所遭遇之一种最大困难也。

关于时间之表现,塞姆族语言所具有者,与古印欧语之类型密切相近似。塞姆语大体上并无其区分一动词各殊时间之方法。然在另一方面,其对于变化主位之动词关系,却具有可惊之方法变异,例如表示造因式、相反式、助势式、希望式、推动式、判定式、交互式与反照式等是也。此等专门术语皆用以示明塞姆语动词之各异范畴,其在各种方言中所保持者,或较多较少,程度有异耳。塞姆语中实仅有两种时间,正当称之,即为未完了时与完了时,由各异之原语演化而来者。然此所谓完了与未完了之名辞,在任何语词之意义上决不能认为与法语中所用之名辞适相吻合。彼等必须依一种语源学之意义,用以表示一种动作或为完成者,或为未完成者。换言之,塞姆语中,正如在印欧语中者,其主要之表现乃为时间之连续而非时间之种类也。例如亚西利亚语(Assyrian)依现在时与未来时之义以应用“完了时”,而阿拉伯语中则又以“未完了时”为未来时之表明,不下于为现在时也。“在希伯来语中,其称为未来时之形式殊不正当,盖用以表示在叙述中之过去时也。抑有进者,其所称为过去时之形式者,则可任意用以表示未来时。吾人已知,为此种原因,先知经典上文辞之解释几多归于暗晦者乎。此种模棱两可之现象,乃原出于事实上,起初所缺乏之时间观念,随后又附加以若干笨拙之形式,使其凑合于不相适切之一种变用法中”②。

---

① A. Mazon, *Emploi des aspects du verbe russe*, Paris,一九一四年版。

② M. Bréal, *Mémoires de la Société de Linguistique*, Paris,第十一卷,第271页。

是以,时间之文法范畴正如数目之文法范畴,其在多方面乃为不适切者。纵在其应用之规定范围以内,亦常不足以与所应表现之观念密切相合。在多种印欧语言中,其未来时与过去时,不得不以并非未来时与并非过去时之形式以为表现。拉丁语虽具有一种未来时,而普罗塔斯(Plautus),当其说下列一句时:peristis nisi iam hunc abducitis(俘虏 Captivis,七四九年),即用现在时以表示显然关于未来时之一种动作者。法语中亦有类此者,如通常说:“j'y vais”以替代“je vais y aller”“je m'apprête à y aller”“jïrai”是也。拉辛(Racine)在《柏勒奈栖》(*Bérénice*)中说:

Peut-êtse avant la nuit l'heureuse Bérénice
change le nom de reine au nom d'impératrice.
(或者晚上以前多福的柏勒奈栖,要更换女王名号为女帝。)(译者案:change 实所指为未来时。)

德语平常即用现在时以替代未来时。如“ich werde kommen”等之笨拙结构,大体在文法书上或外国人所说之德国语中遇见之。至于德国人自身在谈话中只简单说“ich komme”。实在,应用现在时以替代将来时之职务,系语言上一种普通之趋势也:古现在时之一形式在俄语、威尔斯语、结儿语(Gaelic)等中尚用作为一种将来时者。

虽然,在法语中,单属未来时却可表示现在时(如“gl sera à Paris à l'heure qu'il est”),或未来时以前又可有一种过去时之价值(如“nul ne se ressouvient d'un mot qu'il aura dit”, La Bruyère)。在此两种事例中,其未来时俱将一种特殊之意味(可能、结果)输入语句中者,固无疑也,然事实上于此仍为关于一现在时或过去时矣。

过去时亦可用现在时以表现之。此在记叙中常有见及,因此吾人有所谓历史的现在时者，文人于此觉其具有一种特殊之引人风味。盖谓现在时实较能表达，较能描写，可使当时之情景复活现于读者之眼前，而使吾人在思想上联接于动作所发生之顷。此固持之有故者。然如是之解释，且正可于现在时之用作未来时者一样适用，在文法学家之观点上并无价值。于是不得不作下列之申辩：一著作家为艺术上之目的，可应用某种表现之变动，因之其所判定为较能表达或较为雅丽者，语言上自必首先供应之，而现在时与过去时各自之界限在一种文法之意义上，遂必少有区分，因其甚易由此越至彼而并不伤害意义之显明者。

过去时事实上亦可同样用以表明现在时。古代希腊语即以本用为表明过去之一种时间，而表示具有一般关系之语句上或格言上一种习用之现在时：例如《荷马史诗》中便说：

ös κε θεοîs έπιπείθηται μάλατέ ëκλυον αύτοῦ

正用一过去时而在法语或英语上自将译为如下之现在时者："unto him who obeys the gods, the gods hearken."（服从神者，神听及之）此种过去时即所谓属于格言者：用以表明一种动作，其在事实上并无时间性之隶属，正如一切经验之真理，可认为合于未来时、现在时或过去时也。在法语及其他多数语言中，似以现在时表明此种格言上之用法，认为最适合者；惟法语于此亦可应用未来时，拉丁语上亦可如是："pulcra mulier nuda erit quam purpurata pulcrior."（Plautus, mostellaria，六十九卷，参照一〇四一卷）

吾人在法语或英语上所称为"现在时"者，乃系一种伸缩性之时间，正如上所述，所以助成未来时与过去时之表现者也；此外又广泛应用于一种动作之严格限制为实际现在时者（"voila le tramway qui passe"——"the tram is passing"——车子正在过去），或适用于一种习常之行动(j'y passe tous les dimanches"——"I pass these every Sunday——我每星期日经过那边),或适用于一种动作并不关于任何确定之时间者("le tram way passe dans cette sue" ——"the tran runs along this street"——车子沿街而行)。

苟吾人试将语言上在时间应用中所呈现一切不适合之处尽行列举,势必永不能成者。在法语中,假设之过去时,或至少属于吾人用此名辞所描写之一种时间,而可在说及将来时之中应用之:"si l'on me confiait cette affaine, je l'aurais bien vite terminée"——"if this matter were left to me, I should soon have finished it"(如果此事曾经留给我的话,我将立刻完了它了),此不更可娱者乎?此种用法之起源,无疑可易于推寻;盖简单为一类比作用之问题而已。法语之假设式为一将来之未完了时,而类比作用亦即起于两语句中之动词各为现在时与未来时者:"si l'on me confie cette affaine, je l'ausai bien vite terminée"——"if this matter is left to me, I shall soon have finished it"(如果此事留给我的话,我将立刻完了它了)。此可显示语言上随其支配以利用原料之如何容易,并且使时间范畴归于就绪之如何困难。时间之范畴常更难以规定者也。

"口气"(voice)之范畴又更为难以规定者[1]。吾人所了解于"口气"者,乃为动词所说明之动作,其与主语关系上一种之情状,依据吾人所认之动作或为其主体所构成,或为其所经历,或因其关系,有其参与而后构构成者。希腊语上,口气之典型的分类,即主

① 关于主动与被动口气之反照,参看 Uhlenbeck, *Indogermanische Forschungen*, Strassburg,一八九一年以后,十二卷,第 170 页;Schuchardt, *Indogermanische Forschungen*,十七卷,第 528、531 页;以及 Finck, *Zeitschrift für romanische Philologie* (Gröber's Zeitschrift), Halle,一八七七年以后,卷十二,第 209、232 页。

动、中动与被动之对照：νιζω、νίζομαι（“我洗”“我洗我自己”及“我被洗”）。然此三种口气间之区分在希腊语上并非截然划定者。其构成被动之口气者，与其谓为动词之形式，毋宁为介词之宾语：ύφ “Εκτοροs δαμείs”（为赫克忒 Hector 所降服）认为被动，而ϋφ、“Εκτοροs πεσών”（屈服于赫克忒征伐之下）则又为主动，仅依一种文法上之习惯而已。此两种表现所传示之观念相同，最初大概前者并不比后者较有被动之意。拉丁语上，某等被动口气，如 uapulo（我被打了）之类，却有一主动之形式。一般论之，吾人在古典之语言中所了解于一主动之动词者，或者为某一接尾语或形式成分所真正规定，而此并非依据意义以规定之也：苟 je donne（我给予）或 je frappe（我打击）为主动，则 je dors（我睡）、je meurs（我死）、je souffre（我受苦）如何又可为主动乎？

在多数印欧语言中主动与被动两种动词间之区分，实为虚幻，盖所谓被动者几非永为主动之相反义。一种特殊之观念，通常输入于被动之口气中，即所以变化或限制其性质。被动口气常用以表示一种完成之动作——全部完了者——此所以极多法语之动词应用“to be”一词以表明其过去时者也。在拉丁语上业已有此例矣。抑有进者，拉丁语中被动口气又有一种特殊之用法，即不适当之称为“非人身被动”者；其所简直称为“非人身”（impersonal）者，以其并无包含被动之迹象；curritur（某跑）、luditur（某正在游玩）、itum est（某曾去）。法语亦有相似之例，即用一无定之代名词 on，或将动词变为反身式：il se joue un grand jeu（a great game is being played——一大游戏正在玩了），il se fait une grande course（a great sace is being sun——一大竞走正在跑了）。法语与其他多种语言中，反身动词实为表示“被动”之一种方法；cela se dit（这个说了）、cette sobe se parte（这件袍子穿了）。此等词句中皆具有特殊之情形，即真正主动之人物并无表出者也。彼等并非认作被动的形式,除非依一种特殊之意义以了解其为被动,而不作为主动之相反者耳。

语言上所感受之混乱,乃由于附属意旨输入于主动与被动之表现中,因之两者间基本之反照遂以减少。虽然,此种基本之反照,其本身究属正当否乎?苟“我打击”与“我被打击”两者间之区分,仅寄托于其所包含两人身之文法关系中,则当无需对此更加以注意矣。其殆仅为一种因乎习惯或便利之习用的支配而已。某等语言或当喜用第一种表现之形式,其他语言当喜用第二种,又有其他语言或竟两种俱接受,凡此者殆皆仅为历史的演化之结果。事实上,法语具有一主动与被动(后者依于一种稍为严格的意义),而印欧语似乎除主动之外,别无所知。其他多种语言,则又恰与相反,趋于将口气减至只剩被动矣。

事实上,对于主语一体与外界之关系,有两种察定之方法:主体可为主动,换言之,出于其自已意志之动作对其环境上有某一种效果(彼得打击保罗);或可为受动,即为其环境所影响者(保罗为彼得所打击)。在此两例中,其反照极为明白;一为出击者,另一为受击者;固无可疑之余地也。虽然,有多种事例,其中主动与被动之作用为相均衡及相含混者;又有别种事例,其中后者实超过于前者。如说“彼得看见保罗”或“彼得喜欢保罗”,则两人之动作为相互者,亦可认为主动,或认为被动。例如景色为一被接受之现象;“彼得之眼膜为某一景象所感动”。关于爱情与友谊,理亦相同:“彼得觉有某种感触。”于此实无所谓主动者。吾人可信,如为比较合于理论,则将“主动”之动词留给其中动作发生一结果之事例,而应用另一类之动词,可依吾人之心意称为“被动”或“感动”(affective)者,以表示别等事例,即其中主体经历一种情感触动上之变化者。

此即实际上为佐治亚语(Georgian)一类语言中两大动词范畴

之根据①。佐治亚语有两类之形式变化：visurveb（我愿意）与 msurs（愿意是我的），vikvareb（我爱）与 mikvars（爱是我的），等等。此两种类型已促起两相并比之动词变用法，一为主动，一为感动；此两类，佐治亚语在同一动词中联合应用之（同时常利用输进一种时间上之区别），或依据意义而分布在动词之中，此或为吾人所应指出者。例如说 mesmis（听是我的）（意即“我听”）用感动口气，而 uxédav（我见）属于主动口气矣；mezéra（相信是我的）（意即“我相信”），mgonia（思想是我的）（意即“我思想”），属于感动；而 vaseneb（我建筑）、vtser（我写作），又属于主动；等等。此种分别，在印欧语言中固所未知也。

虽然，在法语中却亦有其几种指示，如在 je crois（我以为）与 m'est avis（我的意见是）间，在 je vois（我看见）与 il m'appasait（显现于我）间之反照，此即主动与感动间区分之佳例也。法语中常喜用主动以致于如此范围，使 il me souvient（我记忆，即使我记忆）一类之语句变为主动，以违背于一切理论者。

Je m'en souviens 亦属悖理，亦属粗俗，然服加拉斯氏（Vaugelas）诏示吾人以 il m'en souvient，当时在朝廷中“喜用”之。在 regretter 一动词中亦遇有相同之事例（je regrette——“我懊丧”——乃由 il me regrette，“regret est a moi”演化而来者；参照意大利语 mi rincresce）。德语中之 ahnen 与 grarsen 一类动词亦复如是：（Ich ahne etwas——“我猜想某事”——乃由 es ahnt mis 或 es ahnt mich etwas 演化而来者；ich graue mich vor etwas——“我战栗于某事”——乃用以替代 es graut mir vor etwas 者。）又拉丁语中 pceniteo 一动词（我悔恨）乃由 me pcenitet（我自恨）演化而来者。

---

① 所举之例系采自 F.N. Finck，*Die Haupttypen des sprachbaus*，Leipzig，一九一〇年版，第 133 页；又参照 Schuchardt，*Sitzungsherichte der kais Akademie der Wissenschaften*，Wien，一八四八年以后，一二三卷（一八九五年），第 1191 页。

由感动之口气转变为主动，在此等事例中，亦足以代表由非人身之转变为人身者——而在某等语言中喜用后者。此种趋向在拉丁语上极为明显，其中人身之被动口气系来自非人身之被动：inuidetur mihi 列在 inuideor（他们对我猜忌）之前，正如 uitam uiuitur（某过了某的生活）（Ennius，trag，一九〇卷）列在 uita uiuitur（生活被过了）之形式以前也。类此者，丹麦语中说 jeg blev budt to kroner（我被贡献两王冠）以替代 mig blev budt to kroner（两王冠被贡献于我）；说 jeg blev forbudt Adgang til ...（我已被拒绝通过到……了）以替代 mig blev forbudt Adgang til ...（通过至……已被拒绝于我了），盖后者方仅为逻辑上之合理者。

因此吾人可见主动与被动之范畴，彼此间之区别，其根据殊为薄弱也。

而在及物与不及物动词间之区分，亦为古典文法上占据极重要之部分者，然亦并无较稳固之基础。此种区分为文法家所常用，吾人视之一若极其自然，故于其规定竟似无所谓困难者；然吾人必谓此自为解释已耳。揆诸实际，实无有较此更难以规定者。拉丁语上所谓及物动词者，即以其带有一居于宾位之直接宾语（amo patrem）；法语上所谓及物动词者，亦以其直接随有一不用介词之宾语（j'aime mon père）（我爱我父）也。反之，彼动词之所谓不及物者，拉丁语上即以其宾语之居于间接宾位也，法语上即以其宾语之前列有介词 a 者也；例如 noceo patri，je nuis à mon père（我害及我父）。虽然，noceo 与 patri 间之关系，恰恰相同于 amo 间 patrem 之关系也。实在，吾人已知其间结构上之区分纯为偶然发生者。盖 nocere alicui 殆系因与 obesse、officere alicui 之类比而发展以成者。此等之结构，其一种常牵引至于别一种。在任何语言发展之过程中，此等结构常见其有变更，不及物动词之变为及物，与及物动词之变为不及物[①]。希腊语上 παραινεῖν 一动词在古典时期为及物者，而在《使徒事迹》中(*Acts of the Apostles*，27,22)却见有 παραινῶύμίν。反之，及物动词之 διδάσκειν 又变为不及物者矣；如见于《默示录》(*Apocalypse*，2,14)之 ἐδίδασκεν τῷ Βαλάκ。雅典散文中，χρῆθαι 之后用一间接宾语，然其后用一直接宾语者，又见于克利地刻文及希腊文之《新约全书》(与科林斯人《第一书翰》*First Epistle to the Corinthians*，7,31)中。拉丁语上之 mederi(留心、当心)，原隶以一直接宾语，嗣乃隶以一间接宾语(mederi oculos，mederi oculis)。末乃以相同之观念，有时可用一及物动词或用一不及物动词表明之。法语中说“j'aide ma mère”(我助我母)、“je suir mon père”(我从我父)，然在德语之语句结构则为“ich helfe der mutter”“ich folge dem Vater”矣。俄语中说“blagoderjù vas”有如法语之“je vous remerciè”(我感谢你)，而在德语则为“ich danke Ihnen”矣；又拉丁语上表明“结婚”“宽恕”“祝福”之 nubere、parcere、benedicere，其后乃应用间接宾语。

对于须要教学语言之文法学家，其区分之为正当固属无疑，因其正在论及两种各异之结构，而当说 noceo patrem 或 ich helfe die mutter 之时，则谓之不正确矣。然此仅为形式上之一种分别。纵若历史上予以承认与解释，理论上并不认其为正当。

及物与不及物动词间之反照，可依如下之方法予以更佳之说明。自及物动词之观念假定一宾语以来，吾人可将一切动词，其动作之具有一目的而为语句中所表现者，称为及物动词；反之，将一切动词，可无用一如此之宾语者，称为不及物动词。因之发生此等句法上之相反现象，如 j'aime Rose(我爱洛兹)之与 la maison où j'aime(此房，其中为我所爱者)，及 cet homme boit du vin(此人饮

---

① 关于十六世纪之法语，参照 F. Brunot，*Histoire de la langue française*，Paris，(共五卷)第二卷，第 439 页。

酒)之与 qui a bu boira(谁饮了酒)是也。其不用一宾语之动词为不及物者,因其所表示之动作并无关于目的物也。虽然,此种区别虽属合于逻辑,亦不能长拘执之以无损于逻辑之自身。例如“ils prennent ces allumettes”(他们拿着火柴)之与“ces allumettes prennent”(火柴拿着),或“le chien a crevé la toile”(狗撕开帐幕)之与“le chien a crevé”(狗撕开了)一类之辞句中,吾人即遇及之。然其事例犹有异者。后列两对语句中,其动词(prendre“拿着”、crever“撕破”)用于一种绝对之意义,为关于主语之动作,而 aimen(爱)、boire(饮)两动词,若其在不带有宾语之句中,便为表明一种无确定之动作矣。另一方面,吾人可认 je pars à Paris(我动身到巴黎)中者为一及物动词,因其关于一宾语以表明动作之目的者,尤其因此相同之宾语在多种语言中(拉丁语、爱尔兰语、希腊语、梵语等)用直接宾语表之者:拉丁语 pets urbem。然则,在 je pars dimanche(我礼拜日动身)一句中,吾人有一时间之补足语以替代一地位之补足语者,其动词之 partir 究可列为不及物动词否乎?关于此点需要甚多讨论。又下列两句:j'attends Pierre(我等候皮耳)与 j'attends à demain(我等候到明天),将如何区别之乎?又如 tournez la meule(转动磨石)与 tournez à droite(向右转动)两句间之分别,吾人将如何表示之乎?苟吾人将此等动词归类于及物者——又可有别法以归其类乎?苟吾人将 tournez à droite 牵联于 tournez le coin——则同一语词可谓为指明两种极不相同之用法;因在 tournez la mlule,其动词为使然词(使磨石转动),而在 tournez à droite,则为反身词(转动你向右),即指主语自身同时亦为动作之目的者。拉丁语上亦有相似之例:saepe stylum uertas(常转动你的小剑)与 uerte hac(于此转动)[1]。

---

① 参照 Ernout, *Mémoires de la Société de Linguistique*, Paris, 十五卷,第325页。

吾人对于一种语言中文法、范畴之分析，进行愈深，则将所见彼等归于任何逻辑系统之不可能，亦愈明显。此可用极佳之文法背景以解释之，即各语言之文法，吾人不论就其历史上之何点观察之，总为各自影响于文法系统各点上复杂活动之结果。苟形态学上种种转变之起源存在于吾人所谓类比作用之中，则此种类比作用之结果，决不引致逻辑于其系统中也。

另一方面，若设想在语言历史上一极早时期，其文法范畴，恰符合于意识中之逻辑范畴，而经过许多世纪，彼等乃逐渐变更以积成一习惯之结果者，此种设想，亦无法以证明其为正确。盖无论吾人追溯语言之历史如何深远，总绝不能追至任何未经强烈演化之境地。现今所行用之语言，其已知之最古形式较之晚后之形式，彼此与逻辑之关系，并不相上下。

若依其语言中所具有之文法、范畴，试以判定其人民之智力，此乃常为愚蠢之事。盖有多种语言，在一极长之时期中，已将对其原先存在不复有任何证据之范畴，持续之作为文法程序者。此在性别之范畴中，吾人可得其一例。苟吾人遇及一法语之语句，其中有 table(桌子)与 tabouret(凳子)两名词性别之相反者，似由某种野蛮人之语言输入者，则吾人事实上亦信其为关于班图语矣。巴列氏(M. Bally)已举出此等互相类似之显著例子，其应用及固执某等文法、范畴，在文明人与野蛮人语言之间，盖已证实之矣[①]。

有时见及某等文法、范畴归于废弃或变更其形式，而新范畴亦径创出。语言学家有从此种事实以断定人类之智力进步趋向于抽象化者。此种断案有时正确。然不可一概而论。印欧语并无“无限动词”；不能说“携”，亦不能说“做”，而只能说“我携”或“我做”。无限动词之创立，在各印欧族之语言中所独自产生，为趋于抽象化

① Ch. Bally, *Le langage et la vie*, Geneva，一九一三年版，第 107 页。

之程序上一大进步。然亦有业已丧失无限动词之语言——例如现代希腊语及保加利亚语。此并不隐示希腊人或保加利亚人业已丧失依抽象方法认明一动作意义之能力。

事实上某等野蛮民族，在数目上除双数外又有三数者，亦并不隐示此等民族仅能计数至于三[①]。数目之文法、范畴与数目之认识固两不相干也。柏拉纳脱氏(M. Planert)亦已同样指出，使动之意识与用以表现使动之文法、范畴必须分别；苟马来语并不表现使动之意义，便不阻止彼等如此之思想[②]。并且，各种口气变化与手势姿态，在进程上补足某等范畴之缺陷。

语言中苟常保持无用之文法、范畴，并无理由可言，则在必需时创造新范畴之际，彼等亦绝不归于消灭。在上文，吾人将表明时间之语言与表明现状者列于相反之地位。根据印欧语言历史上所呈现之事实，吾人可谓时间之意识，较之现状之意识为晚近发生者，并已取而代之矣。虽然，在现代表现时间意识最佳之语言中，其于现状之意识固非漠然无所知也。

例如，日耳曼语言为欲表现其所缺乏之接续时，业已利用现在分词而以一实在意义之动词作为助词者。中世纪之高地德语中，业已存在此等之辞语，如 all die mich sehende sint(都看见我的那些人)(*Der Arme Heinrich*，六七三)或 der siter ... mit tem der lewe varend ist(武士……狮子与之旅行者)(*Iwein*，二九八六)是也。英语之 I am going、I was going 一类辞语，固已应用甚广，亦由相同之需要而起。吾人已知十六世纪之法语中，曾试以 être 或 aller 等动词相同之形式造成一接续词，而为马雷布(Malherbe)与

① L. Lévy-Bruhl, *Les fonctions mentales dans les sociétés inférienres*, Paris，一九〇五年版，第 157 页。

② Planert, "Die grammatischen Kategorien in ihrem Verhältnis zur kausalität. Eine untersuchung am malay is chen" (*Zeitschrift der dèutschen morgen ländischen Gesellschaft*. Leipzig，一八四七年以后，第九卷，一九〇六年，第 759、768 页)

美那日(ménage)所不喜用,遂归于无成。虽然,筏屠耳(Voiture)仍用之:Cette prison qui va vous renfermant.又拉封腾(La Fontaine):ge me vais désaltérant.

法语,其别异于其他一切语言者以有表现时间之丰富方法,曾建立两种表示现状之方式,而联合应用之者,已数世纪矣[①]。其一种方式即在应用动词之接头语 re-,以表明相反于连续之瞬息动作。例如,rabattre、rabaisser,并非以示重新或一再掷下之义,而仅为掷下之后随即提起之意,固无关于动作所需之时间也。苟其动作仍呈现于心中,正在进行而待于完成者,则仅用 abattre 或 abaisser 矣。同样,réveiller 某人,以示彼并不继续睡眠,即彼正醒觉;而 remarquer 某物,以示此物之为 marqué 与仍属 marqné 者。各处通俗语言中,具有 re-之动词,凡只认为动作之结果时,即趋于以为替代单独之动词矣。例如 trnis 一字,现今仅用以描写婚姻联合之仪式,此外即皆属 réunir 者矣;mercier(感谢)一字,十六世纪时仍用之,今已为 remercier 所替代者矣;ralentir 为"使之迟缓,减低速率"之义;ramasser(聚集)、recueillis(收拾)、regarder(注视)业已认为与 amasser、cueillir 及 garder 之义全异者矣:rattraper(捕获)一字,用于其适当之意义;attraper 除依一种藻饰之用法以外,仅稀少用之者矣。今法语中以 rapportez 或 remportez moi ça 替代 appartez、empartez 矣;以 renfermez le chat、refermez la porte 及"rentrez done"替代"entrez donc","进于一绝未进入之屋中"矣;并说"prends garde de répandre"(不如此泼出)者矣,等等。在法语中此等例子业已古老;《那旁之爱》(*Aimeri de Narbone*)一书已见有 rale vos en 一类之辞语,以替代 allez-vous en 等矣。于此之接头语,显然以增加短语之表现作用。此种程序在法语中实

① D. Barbelenet, *Mélanges linguistique in honour of A. Meillet*, Paris,一九〇二年版,第 8 页以下。

甚根深蒂固，亦已见于拉丁语中，又其来源抑且更为久远者，因在日耳曼语与波罗的斯拉夫语族中已同样遇及之矣。

虽然，法语上并不拘于此种程序；尚有另一种表现“现状”观念之方法；即应用一反身动词也。试将 défiler、trotter 与 se défiler、se trotter 比较之。其二者常相结合；反身动身常与一种动词之接头语合用，或与 é-，或与 en-：s'en aller、s'enfuir、s'envoler，s'écrouler 等，当其与单独之相当动词两相比较时，即为此种极佳之例也。因此不能谓法语不可表现“现状”，盖一经需要之发生，即设立一种方式以表现之者。虽然，在法语中，“现状”并非一种合于常规之范畴。吾人不能举出某一动词而指明其为接续式或反覆式，有如吾人之能指出其将来时或不完了时者然。至于另有多种语言，如俄语等，其中“现状”之概念极占重要，以致成为全部动词系统之主要原则；然在法语以及拉丁语中，则仅为孤独之留存，或以应付偶然之需要已耳。

各异语言上文法之范畴，彼此间有某等重要之差异。无论何种形态学上之系统，其所包含占有主要位置而统概之之范畴，总不过一有限之数耳。然在各系统之中，输进某种属于另一系统而与其相矛盾之成分，即足与完全建立之范畴相并，以代表其他范畴正在消灭或构造之进行中者。

在别方面，此等范畴之中，可建立某一首要者；盖有某等范畴仅为其较普通者之特殊情状而已。是以，吾人论及主动与被动，一若彼等为两种之文法范畴；然此两者极易牵联为一。例如，一种语言实际并不应用主动口气，便不能翻译“我爱你”之句；然此亦仅以示明其不能将此句“逐字”翻译耳；吾人以所谓“主动”之动词，其所表现之关系，或直以一各异之方式表现之耳。

类此者，吾人依希腊语或拉丁语上“属位”所了解之意义，即为中国语上无可类比之一种文法范畴；而在法语或威尔斯语上亦俱无之。法语用 le livre de Pierre 以替代拉丁语之 liber Petri。中国语则以两字所列之位置与其中之序次，表现两实体间之关系，将被管属之字列于管属字之前："汉朝"Han tchaou。威尔斯语之序次正与相反：aber yr afon(等于英语之 the mouth of the river，译言"河口"也)。其谓中国语或威尔斯语之属位者，正与谓法语之属位同一荒谬。虽然，在拉丁语中，吾人已知其附加于名词之属位，可以一形容词替代之；如将 uirtus cθsaris 可说为 uirtus coesaria。此在俄语中已成为规则者。法语中亦如是，其 le livre de Pierre 之方式，非仅为流行用法上之一种类型而已；le palais royal 或 les livres silyllins，la maison à Pierre 或 la vache à Colas，l'hôtel Dieu 或 la rue Gambetta 亦同等通行者也。因此，吾人亦于是拥有一种以上之文法范畴以表现一特殊之逻辑的范畴者矣。德语在 Vaters Haus 与 das Haus des Vaters 之辞语中俱皆有一属位之意义，然又可说为 meinem Vater Sein Haus，则颇为相异之一种表现者矣。吾人心中牢记此等之变异，乃仅由动词意象所依以组成之方式，演化而来者，便可确认一简单普通之范畴，足以统括上述一切之语言者，即为一种附属之范畴也。此可统括拉丁语与希腊语之属位，正亦可赅中国语与威尔斯语之序次，或法语上介词 de 之用法。

此种附属之范畴，在吾人视之似为单一之真理，而其本身却包含有再可分析，于逻辑上为正当者。例如法语中之说 sa beauté est éclatante 或 la beauté en est éclatante，乃依于是否吾人所指为一妇人，抑或为一图画；或者用普通之名辞，所指为一人乎，抑为一无生之物乎。然吾人之说 le père de Pierre 与 la culotte de Pierre，则固无别异，其时并不想及此等语词彼此所负有相互之关系。而在另一方面，西非洲的一种语言名曼丁哥(Mandingo)者，竟将 a fa(他的父亲)与 a-ta kursi(他的裤子)加以区别：在此两事例中领属之意应有分别，因父亲不属于其子，而裤子则属于其领有者也[①]。此种语言中附属之范畴,因属有与非属有两者间之区别而更形复杂矣。在法语中,此种区别虽于反省上似为合法正当,而终未造出。

文法与逻辑间之失谐,乃因乎事实上文法之范畴与逻辑之范畴甚少相配合者。

彼等之数量亦罕有一致者。吾人若试以逻辑上之分类为整理文法事实之用,则甚易构成一种任意武断之支配者矣;有时吾人将符合于文法上情状之事实,配置于相异的逻辑范畴之下——如此则侵害于语言者矣——而又有时将逻辑观点上不能通行之事实,却依符合于文法上之范畴以类聚之——如此则又侵害于理论者矣。是以,最简单之方法,莫若在此两种分类之间择一从之。此所以文法学家之进行,实为正当者也,盖彼等所用之术语,虽为武断而常系不合理论者,却有其文法学上之价值。惟有一事所需求于彼辈者,即彼等之分类,苟损害于逻辑,至少必须适合于其正在研究之语言上文法情形。文法之范畴,虽在各种语言中不相一致,而其在特定之语言中具有生活力者,即于智力上具有一种约束之权力。

至于论理学家之职务,在规定逻辑之范畴,在决定是否混杂之文法范畴,其背后尚有逻辑之范畴,为人类脑力所组成,以增强及施加于一切语言上者。设想此问题置诸一十七世纪时之人,其为卡替西安派(Cartesian)哲学及皇门教派论理学所侵占者;彼将毫不迟疑作一肯定之答覆。笛卡儿(Descartes)云:"理解之善者,乃世上分布最广远之物……人之所以为人,以及其所以异于禽兽者,亦惟此物而已;余愿相信其在各个人中皆为完善无缺者。"又拉布

---

① M. Delafosse. *Bulletin de la Société de linguistique*, Paris,十八卷(一九一三年),第343页。

律耶(La Bruyère)更前进于此思想家之理论,其言曰:"理智为普遍统一者,凡人类所在之处,莫不承认其权力。"以为人类意识,无论何处皆统属于一致不变之法则,此种观念为当时任何人所接受者。其在今日似已发生疑难者矣[①]。

虽然,各异民族智力之习惯,无论其间之变异如何,总不能否认其有某等基本特性之存在。逻辑,以及某等广大之逻辑范畴,固为一切有思想之人所同具也。此等逻辑之观念,自然为文法范畴之根据。然则,或此或彼,究何自以获得彼等之真实性者乎?

爱弥尔度耳克亥谟(Émile Durkheim)[②]将范畴之存在归原于一种需求,此种需求之于理智生活犹道德约束之于意志也;换言之,范畴出于社会之起因而依于社会而存在者。于此吾人再度遭遇一种社会因素之影响,盖在语音转变之起源中业已显然者矣。惟有此种因素可以说明种种语音之法则。夫使同一集团之分子皆受约束,依同一之方式而发音者,此种需求并无形而下与形而上之起因。其依一种普遍化之个人偶然经历以为指示者,亦不能有较佳之解释。盖绝无有如此强大之权威,足以迫使大众模仿一个人之特殊习惯者。语音之约束力至为强大,致使无单一之个人能逸出其羁绊。种种范畴亦若是也。盖二者之约束力,俱由社会羁勒之力量中引延而来者也。

(三) 语词各异之种类[③]

关于词类之区分,困难至巨,迄今尚未有构得满意之解答。依

---

① L. Lévy-Bruhl, *Les fonctions mentales dans les sociétés inferieures*, Paris,一九一〇年版,第 7 页。

② *Revue de métaphysique et de morale*, Paris,一九〇九年,第 747 页。

③ 参看 I. Von Rozwadowski, *Wortbildung und wartledeuturg*, Heigelberg,一八七八年版;O. Jespersen, *Sprogets logik*, Copenhagen,一九一三年版。

据一种追溯于希腊论理学家传来之说法，吾侪之古典文法上谓有十类。然此种分类实不足以经受试验。即于此种分类所以构成之原来语言，已应用之有极大困难，无怪乎其于多种语言毕竟不能适合者矣。苟一经细密考察，即见其不能不加以变更者。

首先，吾人必将感叹词置诸一旁。无论感叹词在普通习惯中果为重要与否，总于本性上与其他词类有别异，不能与彼等置于同一之分类中。盖感叹词不常依从语音之法则，辄包含自身所有之音素，例如多种现代语言中所见之唧唧音，或法语 pff 之摩擦音。通常彼与形态学并无何等之关系。彼乃代表一种特殊之语言形式，为情感的，有时或为活动的也。无论如何，总留置于理智的语言组织之外者也。俟下章再论及之。

其次，又须将形态成分除外。吾人现今文法上之“词类”，颇有一部分除所谓助语词，如介词、联词之类以外，实无他物。彼等之职务在别种语言中，或用一种完全相异之形态学上程序以替代补充之。法语即用 le livre de Pierre 以译拉丁语之 liber Petri。法语之 on disait que le comte était mort 相当于德语之 man sagte, der Graf sei gestorben(说伯爵已死了)。应用假设之语式足以表示附属子句之性质。即在同一语言中形态成分亦可有各异方式之应用。德语上亦用“man sagtc, dass der Graf gestorben ist(或 sei)”。拉丁语上，rogo venias 与 rogo ut venias 两种辞语亦俱应用。法语在长久时期中，应用 le bois le rois 及 le bois la dame，以与 le chimin du bois 及 l'arbre de la forêt 相并行者。其中 de、que、dass、ut 等字为形态成分，用以表明存在于各语词与语句间之关系。一般之联词与介词，其形式各异。然有多种语言，其中语词间与语句间之某等关系，依同一之方式以表现之。中国语中，“的”ti 之成分，凡名词中与子句中之附属关系，俱用以表明之也。

凡冠词所在处，亦仅为一种形态成分。大概不过为一种指示词，在其意义上已大为减退者，而用为一种类别词矣；彼乃显示名词之性别与数目，又更为常见者，用作一种决定素。彼乃具有一切文法系统上之特征也。

身称代名词亦复如是：je lis 等于拉丁语之 lego，正如 tu lis、il lit 之等于 legis、legit 也。法语之以 je、tu、il 表现者，即拉丁语之以形式变化表现之也。当代名词独自应用之时，或吾人所应谓着重之时，则代行一实体词之全部职务矣。试将 Viens-tu，toi? 与 Viens-tu Pierre? 或 moi je suis grand 与 Pierre、il est petit 之两语句比较之。代名词之 toi、moi 与实体词之 Pierre，其价值固相同也。诚然，在某等方面，身称代名词甚接近于动词。因其职务常为动词之形态成分所表明者，故在心理上颇易将其归入动词之类，而在形式上亦遂根据于动词之类比作用[①]。例如，意大利语中代名词之 eglino、elleno 所具有之语尾，正适合于动词之第三身多数者；同样，威尔斯语中，说 hwynt（他们宾位）以替代 hwy 者，即依据于动词语尾-ynt 之形式也。在另一方面，吾人已知，凡在动词中保持有双数之语言，纵或在名词中业已遗失双数，而在代名词中仍亦留存之也。是以代名词虽用如名词，而有时受有动词之影响，然总非构成一独立之词类者也。

形容词，又常与实体词勉强以为区别者。印欧语言中，此两者似同出于一源，在多种事例上亦保存有一种相同之形式。拉丁语或希腊语中，实无以区别 bonus ἀγαθός 之为形容词，equus 或ἵππος 之为实体词；在两种事例中其形式变化彼此相同。自然，用法上足以透露彼等真实之性质。然吾人必不可忘失彼等有时恰相均等适用于同一之用法。吾人可说"je suis fort"，亦可说"je suis roi"；可说"un homme est grand"，亦可说"in grand est homme"。实体词

---

① Johann Schmidt, *Zeitschrift für vergleichende Sprachforschung* （Kuhn's Zeitschrift），Berlin，一八五二年以后，卷三六，第 403 页。

与形容词在一切语言中，依此方式可得互相转换矣，而在文法之观点上，彼等之间实无判然之界限。彼等俱可并归于单一之类别中，即名词之类也。

依此种消除之程序逐一追进，结果仅剩得两完全之“词类”，名词与动词矣。其他一切之词类皆归属于此基本之两类以内者矣。今所留待于吾人者，仅为发现动词与名词是否代表两种主要之相异功用。

如独依某等语言，例如印欧语族，以为判断，则于动词与名词间基本之区别，吾人承认之自毫不迟疑者矣。即此两种观念，苟混同之，则似可笑者矣。事实上，印欧语之形态学上对于此两类之接尾语及形式成分，呈现各异之两组。一梵语或古希腊语之形式是否属于名词，抑或动词，在十有九之事例中吾人可立即认定者也。同一之范畴而于两种词类亦具有各异之表现：例如，人称或数目。希腊语用 λέγω 以表示“我说”，而用ὁλόγos μον 以表示“我的说话”；其对于第一人称之表征在两种事例中为各异者。名词与动词之“多数”形式亦似此无有相同者。总之，名词与动词有两种相配对之形态学上的系统，彼此各自独立者。

然一经由印欧语转至于塞姆族语言，此种判然之区分便不能维持矣。阿拉伯语并不缺乏名词变用法及动词时式变化之形态成分；ūna 之形式成分用以表明未完了时之阳性第二及第三人称多数者，乃用以显示语言中极多属于阳性字之多数者。双数之形式成分 āni，属于相同之人称与相同之时间者，为名词唯一之双数形式。阿拉伯语中名词与动词变用法之关系，并不限于某等形式成分上之相似；其显然在于文法系统之真实基础也。三种名词的位格（主位、直接与间接宾位）与三种动词未完了时的语式（直叙式、假设式、条件式〔或，依别种文法学家的说法，节略式〕）之间，有一显著之配对。阿拉伯文法学家自身亦承认此种配对之情形，并将其译或彼等所创之术语。

在芬诺·乌格拉里亚语言中，动词与名词有极多共通之点，因之几可谓——虽或不甚正确——其无别者。事实上，于此之动词，常似为原始属于名词者，故有时仍受与名词相同的形态成分之影响。是以有共通之接尾语①。窝姑利亚语（Wogulian）之 mini（彼去）、ali（彼杀），其形式之构成颇似 puri（携取，相当于英语之 taking）、uri（把持，相当于 holding）；芬兰语之 antaa（彼给予），实以表明"给予"（相当于英语之 giving）者。此仅为应用纯粹名词。

最后，又有其他语言，如远东语言者之存在，其中名词与动词之无由决定，乃因一种文法之基本原理而实现者。古典之中国语中，实际同一语词可用为一名词，或一动词；惟有语词之位置以表明其所用者为何义。此种古典式之一例见于"老老，幼幼"lao lao、yeo yeo 之句中（以老人之遇遇老人，以儿童之遇遇儿童），其间一"老"字或一"幼"字可以作为一实体词，作"老人"或"儿童"解，又可以作为动词，作"以老人或儿童之遇遇之"解。惟如此等显著之例实甚稀少。通常，语词用作动词时，辄伴以声调之转变，又如必需时，更伴以起首辅音的转换，此种转换现今即以送气音与不送气音间之分别表示之。例如，"好"haò（良好）与"好"haó（爱好）；"藏"tsáng（库藏）与"藏"ts'âng（藏匿），"传"chūán（传注）与"传"ch'ūân（传授）。现代通行语中更有别种方法以直接区分动词与实体词之功能。不论语词序次及连接次序之重要——"主语"——"动词"——"补足语"——其决定语词性质之接添语常可以显出其一种性质；表明名词之接添语殆为"儿"eul"子"tseu。表明动词者为"着"cho（由"着用""着放"之"着"chao 演化而来），例如"坐着"tso cho"着着"（衣衫）chao cho，尤其佳者，为表明时间之接添语，"了"

---

① J. Szinnyei, *Finnisch-Ugrische Forsclungen*, Helsingfors，一八九一年以后，第五卷（一九〇五年），第 62 页。

leao 或“过”kuuo 以表过去时,“要”yao 以表未来时。

苟如此遇及同一中国语词可用为动词,亦可用为名词时,则发言者将此两词类之分别明白显示之。中国文法学家在“实字”之中,又分“活动”之字(“活字”)与“死静”之字(“静字”);彼辈谓前者具有活动之意义,后者则为静止受动之义。实体词与形容词包括于静字之中,而含有动作之动词,则为活字矣。依此种原则而推出之附则,当动词用为静止受动之义时,即采用与名词相同之声调;依调之转变而成为静字者矣。因此,名词与动词之间,以此种难以确定之情形归属于中国语者,乃系皮相之谈,而非符合于实际者。关于所用语词,其价值或为实体词,或为动词,绝不至有疑惑者。

在此方面与中国语极相类似之一种语言,即为英语。极多之英语上实体词可用作动词,并无异趣者,而语言中亦有容许任何名词用作动词之趋向。如 fire 一字可为名词,亦可为动词;竟又如一名词者,可为形容词,亦可为实体词;又如一动词者,将其表征活动或静止之恰当意味,留置于游移不定之境。此字实际为一抽象之观念,引导其自身于任何所欲适用之具体义。下列各语句可为明证,盖此字在各句中虽意义有变异而其形式无所更易者:put the pistol on the fise; I fire the pistol; a fire-fly; o people, so easy to fire! 英语上语词之可如此方式应用者,又何其多耶!由实体词之 frown 演成为 to frown;由 book 演成为 to book;由 bomb 演成为 to bomb,等等。

然吾人决不能容许自身受幻觉之累害。在原则上,fire 一字亦为名词,亦为动词。然燃烧之火与使一火致于燃烧,此两种观念之殊异,无论如何总为确实者也。如说“there is fire”或“fire this”,心中即具有两种殊异之观念,在听受者之心意中亦产生两种各异之反应。盖在第一句为构成一叙述,在第二句命令一动作也。关于 fire 一类语词之价值,凡遇及须分别如上所举之两语句,其在英语中并不较在中国语中更为迟疑难定也。听受者立即认定其语词之为名词或为动词，以其在语句中之用法，尤其因乎相伴之形态成分也。依据所说，是否为 a (the) fire，或为 to fire、my fire，或为 I fire，即以指示其语词之是否为名词，或为动词。单属形态成分之各异，已足以表示其语词各异之价值而不致有疑混之发生也。形态成分之 a(the)或 g 于此即充任如古希腊语等形式成分之职务矣：I fire 即为 αἴθω，又 αἴθos 亦即 a(the) fire。

动词与名词间之殊异，在一英语或一中国语单独存在之语词，不常明显者，待其语词一经置列于语句中即显出矣；此非为形式之问题，而为用法之问题。换言之，吾人必须追溯于“语象”之构成，其中词类之多种成分互相混合，以证实动词与名词间之殊异。虽有多种语言，其间名词与动词无各异之形式，而一切语言之所以区别“实在语句”(substantive sentence)与“动作语句”(verbal sentence)者，则其揆一也[①]。

动作语句表现一种动作，关于某一时间，属于某一期间以内，归属某一主语，必要时并直接指向于某一宾语。“Listen to the music.”“Peter drank some wine.”“the horse will draw the carriage.”等等。动作语句之目的，为对于一种动作之命令，叙述或描绘。希求式、直叙式与假设式——吾人于此必须附加以未来时或条件语——此三者，即代表动作语句显分之三类也。如下之语句可包含一单独之语词：法语之 prends(执持)，拉丁语之 ueniam(我要来)，希腊语之 τέθνηκα(我死了)，阿拉伯语 kālu(说是)。亦有遇及，此单一之语词即为一实在句者。当说法语之“Feu!”“Halte!”“Place!”或说英语之“Silence!”“Attention!”其时

---

① 特须参考 Meillet, *Mémoires de la Société de linguistique*, Paris，十四卷，第1页以下。

吾人发出命令以实行一种动作，正与说法语之“Prends!”或英语之“come”“stop”无异者也。逻辑上，动词为表现动作者。惟希求式仅在逻辑意义上部分属于语言。盖以其为语言之主动语式，而可以一叫声表示之者。吾人即说“ssh!”以禁止喧哗：发一种“祝祝”之音以赶马者。此等为希求语之定式，不属于动词之文法系统者也。

对于动作语句之分析，供吾人以动词形式之一种领域。第一为希求式，某等方面竟完全留置于所构成的动词之外，而可以一名词，或更常见者，以一无限动词表示之；次之，为直叙式（现在或过去），以叙述一种事实之存在者；最后，为未定式或推度式矣。

与之完全相异者则为实在语句，乃以表示某一性状归属于某一实体者也：“the horse is new”“lunch is ready”“the entrance is on the right”“Cyrus is King”“Zayd is wise”。实在语句包含两辞，一为主语，一为区别字；此两者俱属于实体或实在之类也。亚理士多德派之论理学家于语句之两种类型极为了解；然彼等将此两类语句消减为单独之一类，盖以分解动作语句而遂引入实在之动词：le cheval court = le cheval est courant，或 the brook flows = the brook is flowing。虽有少数之错失亦甚坚持之。此种单类之说法以其形而上学之含义，而益增稳固。盖哲学家，受欺于“实在”动词之名号，遂断定动词所表现者之实在性质与区别字之偶然性质，两者间之反照为虚伪也。一种完全逻辑之体系建立于 to be 一动词之原本性质上，将其认为各句中大小诸辞之主要联锁，亦即为肯定语之表现形式，并为一切理论必须凭借之基础也。然语言学上雅不愿支持此种烦琐哲学之体系，已将其基础自彼之下分出者矣。甚多语言上之证据，足以示明动作语句之与 to be 一词无涉，盖 to be 一词之引入实在语句中作为“系词”者，为时相当晚后也。

印欧语中实在语句正常之形式并无系词，而所以认为实在语句者，亦因其纯粹之形式也。区别字单是置列于主语之次，其间两种成分相互之序，在各语句中依特殊之规则以固定之。例如，古希腊语中，见其正常之用法：κρείσσων γάρ Βασιλεύs（译成英语：for the king [is] stronger）（《伊里亚特》*Ilidad*，第一，八〇句），πάρ ἔμοιγε καὶἄλλοι（英语：others [are] near me）（《伊里亚特》第一，一七四句）；又古波斯语中 manā pitā vištāpsa（英语：my father [is] vishtaspa）或梵语中 trám vârunas（英语：thou (art) varuna）。纯粹之实在语句尚保存于俄语中，如说：zavtrak' gotov'（英语：breakfast [is] ready），或 dom' nov'（英语：the house [is] new）。形容词于此即具有区别字之形式；"the new house"可用别种方法如 dom'novy 者，以表现之。古爱尔兰语中，此种之对照，以两辞之位置表示之：infer maith（等于英语之 the good man）而 maith infer（等于英语之 the man [is] good）；法语对于此种同一意义之相对传示方法，用 les marrons chauds（英语：hot chestnuts）及 chauds, les marrons（英语：hot the chestnuts [are]）。中国语中此种对照之形更为常见："大国"ta kuak（英语：the great state），相反于"国大"kuok ta（英语：the state [is] great）。

纯粹之实在语句不用系词者，为极多语言中所常见，塞姆语与芬诺·乌格里亚语用之甚为普通。如阿拉伯语之 zaydun álimun（英语：zaïd [is] wise），及匈牙利语之 zaég kék（英语：the sky [is] blue）①。芬诺·乌格里亚语中纯粹之实在语句应用甚广，故俄语中此种类型之语句所以保持者，亦因受其族语言之影响也②。班图族之语言亦以用此种纯粹之实在语句为常③。例如斯瓦喜利

① S. Szimonyei, *Die ungarische Sprache*, Strassburg，一九〇七年版，第 403 页。

② Ganthiot, *Mémoires de la Société de Linguistique*, Paris，十五卷，第 225 页以下。

③ Sacleux, *Revue de philologie, de littérature, et d'lu'stoire anciennes*, Paris，一八七七年以后，第十五卷，第 152 页以下。

语(Swahili)之 simba mui(英语：the lion [is] bad)，其中形容词之区别语，以 mu-音缀上之重读表示之。而为于两辞之关系，予以更佳之表白，有时即引入一代名词于其间：mti u mkulu(英语：the tree [is] large)，或较合实际者，乃为英语之“tree-him-large”，如此情形遂致其土人说法语时，将 l'homme est fart(英语：the man is strong)说为 l'homme lui fort(英语：the man him-strong)。此种代名词，常以无定不变之代名词 i 替代之，又与各种指示之成分相结合，卒致变为斯瓦喜利语上之一种动词的系词：mti ni mkulu (英语：the tree is large)。

吾人于此可以细察动词的系词，其发生时所依据之实际进程矣。印欧语中，系词大都为一古时独立之动词而业已丧失其本身实在之意义者，而将系词引入于实在语句中者则易于解释矣。盖实际有一观念，仅以主语与述语不能表示之者——时间之观念也。就其为时间关系之表征而言，则动词自成为必需应用者矣。如匈牙利语，为译英语之“the sky was blue”，势必须用 az ég kék vala 之辞语，增入实在动词之未完了式，用以表示过去时，同时又作为一系词也。又荷马在 τόδέτοι ξεινήϊον ἕσται(等于英语：this will be thy gift of hospitality)一句中应用未来时之ἕσται，因其需以表示时间者。语式亦为属于动词形态所表示观念之一种；因之需要表示语式之句，亦必需引入一系词于其中：εἶs δέ τιs ἀρχός ἀνὴρ Βουληφόροs ἔστω。

当语式或时间必须表明时，系词遂一度参入实在语句中，于是有时纵在意义上无所增进时，亦引入于句中矣。例如拉丁语中，纯粹之实在语句乃为例外者，正常之形式则具有一系词：Deus bonus est, avarus est homo。其他如法语中(如 les marrons sont chauds)，英语中(如 life is short)，阿美尼亚语中以及俄语以外某等斯拉夫语中等，皆如此者也。是以某等文法学家遂断定系词曾为语句之原本成分。实则语词之历史足证其并不如斯者。一切印欧族之语言,其系词取自动词之语根而逐渐丧失其意义者。例如,es-之语根,在一极早时期供作系词之用,而实表明"存在"或"生活"者;梵语中之分词 sat,意指"生存之物",而其演成之字 sa tyas,亦意指"真实";希腊语中,τάὄντα 表明"实在"。吾人可追寻减退之程序,使"生存"或"存在"之动词消除,以致仅为一种系词之用。

虽然,多种语言对于语根 es-之当作此种用法,并不以为满足①。其于 to be 一词,尚有许多替代字,以用作系词者。应用最广之一字,为一动词之以"生长""增进"为其确当意义者。在希腊语之 φύειν 尚留存此种意义;然梵语中之 bhávati 已有"变成"(it becomes)之义,最后乃为"是"(it is)矣。古英语中之 béo,表明"我是"(I am),一如爱尔兰语之 biu;拉丁语由此语根以演成其过去式之 fuit(he was),斯拉夫语又由此演成一组实在动词之形式(byti 即英语之"to be",bychŭ 即英语之"I was",等等)。更有其他语根亦曾供作此用者:希腊语中 γίγνομαι(即英语之 I become),一如拉丁语之 uersor,其与 to be 一词甚相密近也。拉丁语之 stare,即为法语未完了式 j'etais 之所由出;又德语自一表明"住居"(to inhabit)之语根(梵语 vásati,意指"他住",即英语之 he dwells),取得其实在动词之几种形式(德语 ich war,gewesen)。俄语,或者对于 to be 一词,包含有最多种之替代字。其应用 sidjêt("位于",英语:to be seated),ležât("置于",英语:to be lying down),stoját("立于",英语:to be standing),sostoját("组成"英语:to be composed),predstavlját,soboiu("看似"英语:to appear as)等

① 参看 J. and E. Marouzeau, *Mélanges d'indianisme in honour of Sylvain-Lévi*, Paris,一九一一年版,第 151 页,及所引述之书目。

者[①],盖依于所欲表现意义之适当情调。虽然,此等动词所应用之语句,仅为部分的实在句;因表明系词之所在,固以此为彼等之基本用法,却为此等动词由真实意义演成的情调所遮掩。彼等极近似于古代语上常见之语句,其中形容词之区别字附合于某动词者:希腊语 κόλακϵs ἀκούονσιν(“彼等听及自身被称为谄谀者”,英语:they heard themselves called flaterers),希腊语 χθιšòs ὂβη κατά δπῖτα(“他昨天曾赴宴”,英语:he went to feast yesterday);拉丁语 ibant oabscuri(“他们曾在暗黑中行走”,英语:they walked in the dark);古斯拉夫语 pade nicî(“他曾落下来”,英语:he fell down)。

吾人可称此等语句为实在的动词句,因其将上文所比照两种类型之性质加以混合也。彼等以实在句为基础,而引入一动词于其中。反之,更有动词的实在句,盖其中之动词为一实在语词之句法所更替,正如上章所举之例者,如法语之以 il m'est avis 替代 je pense,或拉丁语之以 opus est mihi 替代 egeo 是也。某等语言,于此种动词之实在句,特别爱好。处于印欧语区域之两端,见有两系语言,其中甚通用动词的实在句者:其一即印度之语言,另一即爱尔兰与大不列颠之克勒特土语也。

在古典之梵语,以及早至《摩诃波罗陀》(*Mahâbhârata*)之语言,显有一种趋势,以一分词替代动词之身称形式者,而此分词,必要时又伴以某种形式之系词。此所谓以实在句替代动词句者,并非如彼此侵占之甚。因其所须表现之观念仍为一动词之领属;仍为一种动作或情状,而非为一种性质也。例如,说:kva yūyam ušitās(帕坦查力 Patanjali)(等于英语之 where have you been living?),用一主位多数之分词 ušitās 以替代第二人称多数式之动

① P. Boyer and N. Spéranski, *Mannel de langue russe*, Paris,第 249 页以下。波兰语中常用多种替代字与之相等。

词 ūša。此种类型之语句，其应用比率，与时俱增；古典之梵语中，所见至众，盖分词之用，实为此中之特色也。分词之语句，其发展之结果，在多种事例中每致使用被动式以替代主动式者。例如，在《摩诃波罗陀》之散文辞句中，业已有如下之语句：mayā vrta upādhyāyas(等于英语之 I have chosen a master)——实则为英语之“by me [has been] chosen a master”；tvayā parāddham(等于英语之 thou hast committed an error)——实则为英语之“by thou [it has been] wrong done”；avābhyām apūpo dattas(等于英语之 we two have given a cake)——实则为英语之“by us two a cake [has been] given”。

克勒特语中，其于毁损人称式之发展，乃属于无限动词者。语句中表现动作之语词，在形式上与其为动词者，毋宁为实在词。例如，下列各句，系采自马皮诺琴(malinogion)之威尔斯语者：gobeith yw gennyf, y neges yd eloch ymdanei, y chaffel(等于英语：I hope you will succeed in the affair you are about to negotiate.——实际则为“hope is mine, the affair that you will go, on the subject of it, its obtain.”)。一类此之例见于现代爱尔兰语著名之《狄雅缪特与格累纳》(*Diarmuid and Grainne*)故事中：creud adhbhar na moichéirghe sin ort(等于英语：why hast thou risen so early? ——实则为“what cause of this early-to-rise by thee?”)，或更有一例：na biodh fios as do tusais ag aon duine go teacht tar ais duinn aris(等于英语：let no one know that we are away until we have returned——实则为“that there be not knowledge of our journey to no man till the return of us anew.”)克勒特语之动名词，与动词之关系极为密切，以致容有动词之接头语，以为时间变用法之表征；例如，动词接头语之 ry 为表示过去时者，而在中世纪威尔斯语中可说：gwedy clybot yn

Rufein ry aresgyn o Carawn ynys Brydein(等于英语：when it became known in Rome that Carawn had conquered the Island of Britain——实则为“after to make known in Rome to have conquered by Carawan the is land of Britain.”)。

在名词与动词之各种用法中，有彼此相反而代表思想之两种各异形式者，然亦有互相调和而彼此相侵入者。此两者间之联锁，即属上文所论之实在的动词句与动词的实在句。此等句中之主要成分，乃为半属名词半属动词之语词。有时此种语词属于中国语上称为“静止受动”一类之动词；有时属于名词之具有动词性者，实在词或形容词之有表示动作的性质者，换言之，即无限动词或分词也。梵语与克勒特语以用此等动名词，示明某等事例中一动词之观念可用一名词表之者。此种可能之事，凡属从事希腊或拉丁文辞之翻译者，莫不熟悉之。法国学校中之修辞学家，须学成一种技术，无论是否为求更密近于古文辞之语序，抑或为求字句之典丽与声音之和谐，有时以一名词替代一动词，有时以一动词替代一名词。是以，于动名词之价值，亦当加以更细心之考察矣。

无限动词，适合言之，实为动作之名词，然并非动作之名词皆为无限动词也。极多之印欧语言中，动作之名词，有以表明其如此性质之特种接尾语构成之者。通常，彼等直接联接于一动词之语根，而在某种范围，以构成动词系统之一部。例如在语尾变化与变用法中，彼等于动词之此种密切关联，不止保持一种迹象。吾人已知，名词之有系统的别于动词者，即以其所带之宾语属于领位，以替代宾语之属于直接宾位者。然亦有多种语言，其中动作之名词乃将宾语置于直接宾位者。古拉丁语曾保持有此种用法之迹象，因在普罗塔斯(Plautus)中，有此类之语句：“quid tibi nos tactio'st?”或：“quid tibi hanc rem hanc rem curatio?”

同样,分词属于更通常之一类名词,以表明关于动作中之人物,换言之,即依于动作之为被动或主动,而定其为完成之或遭受之者。此等名词即所谓发动之名词。然发动之名词,大体上其形式上有如动作之名词,并不以其形式显示口气上之区别。分词有时显示动词之变形属于直接宾位者;例如,拉丁语上 imitatus est eum("他曾模仿他",英语:he imitated him)一句,写为 imitor eum。此种变形常扩展于其他不为分词之发动的名词;在普罗塔斯中,见有:arator insta(等于英语:he who asks for righteous things)。此必已为拉丁语上一种通行之表现形式,因后来又行重见者:peccatorum ueniam promittor(等于英语:he who promises the forgiveness of sinners)。然此种形式更见于别种语言中;梵语之 dâta vásūni(英语:he who gives goods);古波斯语之 ahuramazdā owvām danšta biyā(英语:that Ahuramazda may love thee——实则为"be lover, thee");赠特语(Zend)之 puθrem varšta(英语:he who hegets the son);希腊语之 πολλά συνίστωρ αύτοφόνα κακά(Æschulus Agm. 1090)(英语:accomplice of a large nuber of criminal suicides)。

动作之名词与发动之名词,通常以特种形态成分为其表征者,常易于分别。彼等在名词之通类以内,又组成两种显然区分特殊之副类。吾人可将使用之名词与名词之表明一种动作结果者包括于彼等之中。使用之名词亦常带有特殊之接尾语:例如希腊语之-τρον,拉丁语之-trum 或-clum;又此种接尾语附加于动词之语根;ἄροτρον, aratrum,以指耕田时所用之器具"犁锄",又 poclum 为用以吸饮之器皿,以指"杯"者。是以此等语词在意义上、形式上,俱与发动之名词密切相关,此于使用之名词接尾语-trs-,与发动之名词接尾语-ter-、tor-,两相比照,可以见之。

关于名词之表明一种动作之结果或目的者,其来源大体本属于动作之名词本身者。如法语中 coupure 为 couper 之结果，pâture 为 paître 之结果，bordure 为 border 之结果。然 coupure 一词用以指儿童用小刀在手指上所划成之伤痕，或新闻报纸上截剪之一段者矣；pâture 一词用以指所食之草秣者矣，而 bardure 一词亦用以指一衣服或一草地之外缘者矣。因此，法语上极多之动作的名词，可用为目的之名词者。凡属印欧族之语言皆具有此种之例。

上文所讨论之各类，包括一相当数量之普通名词。此等普通名词或动物名称，事实上有多为古时动作或发动或使用之名词，而经特殊化者。分词或动词性的形容词，仅为发动的名词一种较普遍化之形式，已属甚多普通名词之来源；法语 serpens（蛇）为“爬行之物”（英语：the crawling one，that which crawls）；希腊语 οδούs、拉丁语 dens（牙齿）为“食者”（英语：“that which eats”）；又梵语之 radanas（牙齿）亦为“咬者”（英语：“that which gnaws”）（radati 等于英语之“he gnaws”）。凡明一种动作结果者包括于彼等之中。使用之名词亦常带有特殊之接尾语：例如希腊语之-τρον、拉丁语之-trum 或-clum；又此种接尾语附加于动词之语根；ἄροτρον、aratrum，以指耕田时所用之器具“犁锄”，又 poclum 为用以吸饮之器皿，以指“杯”者。是以此等语词在意义上、形式上，俱与发动之名词密切相关，此于使用之名词接尾语-trs-，与发动之名词接尾语-ter-、tor-，两相比照，可以见之。

实在的语句中，见有与动词的语句中动作之名词恰相配合者——即为性质之抽象名词也。试举英语之 I worship God 与 God is good 二句为例。“goodness”为“being good”之性质，而“worship”为“worshipping”之结果也。因此，抽象名词自然由名词句演化而来。有多种事例，其中抽象名词与动作名词之关系甚为密切者——例如，当动作的名词牵联于一动词，而此动词之意义属于被动者多，主动者少之时。是以动词句之包含此类动词者，甚近似于动词的实在句，如上文所述者，而彼此可相转换也。例如，丹麦语中，相当于动词 elske（等于英语之“to love”）之动作名词为 kjœrlighed（等于英语之“tenderness”——“being kjœrhg”或“being tender”之性质）。法语之 endurance，为动作之名词，亦为抽象名词。从动词句之 Pierre endure la faim（等于英语：Peter endures hungier），得有“l’endurance de la faim”（“忍受”之动作）；但从实在句之 Pierre est endurant（英语：Peter is enduring），得有“l’endurance de Pierre”（“坚忍”之性质）。因此“endurance”为“being enduring”之性质，有如“clemency”或“patience”之为“being clement 或 patient”之性质也。

吾人乃由抽象名词之类，转至于具体名词之类，因前者常用为一种具体之意义。抽象观念所表现之势力，似易为意识上所把握。如拉丁语上之-tut 或-tat、法语上之-té-、德语上之-ung-，此等用以表征抽象名词之接尾语，亦见于具体名词中。此等事例上由抽象而转为具体者，仅以意象替代观念而已。在实际习惯中此种替代作用之易于实现者，有时因语词应用于多数，有时因其用作性质形容词也。例如法语之 uirtutes，为 uirtus（英语：virtue）之多数式，适用于有德之行事（在教派的语言中常用为“奇迹”——英语：“miracles”——之义）；laus（英语：glary）之多数式——lands 表明“赞颂，称扬赞美之行为或言辞”。法语上之 largesse，complaisance，提示抽象之观念；而 largesses、complaisances 却为具体之意义，俾使抽象观念实现之事实。故使语词之价值变更者，多数之用法也。其作为性质形容词之用者，亦有相同之效；例如法语之 douceur，为“being doux 或 sweet”（甘甜）之性质，然亦可为“甜品”（douce 之物品）——“ce remède est une douceur”。同样，德语中抽象之语词 Bescherung（贡献）、schande（羞惭）而可用为实物于此等句中：“das ist eine schöne Bescherung”“dies Verfahren ist eine Schande für eine Famile.”等等。

抽象语词趋向于具体之演化，其最后结果为变成一形容词。如下列之句：“This man is all goodness.”“this woman is virtue itself.”其中之goodness、wirtue用作性质形容词者。此由于形容词常为古时实体词之代表故也。拉丁语上之uber(等于英语：fecund)，仅为实体词uber(等于英语：breast)之变为形容词者耳。此种用法盖由ager uber(英语：a field that is a breast)——即谓生产众多，与滋养之田——一类辞语演化而成者。此种创新，乃在给予实体词以一形容词多数之变形；吾人说agri uberes以替代agri ubera，在后者之中，第二之实体词原并列于第一之实体词，为同位者也。由于arua ubera等一种适合使用之混淆，遂使其创新更易于实现。比较之程度虽仅属于形容词，而实体词亦见于比较级及最上级中：中世德语中，scheder为schade(英语：pity)之比较级。实际，当任何人说德语之es ist schade、法语之c'est dommage(英语：it is pity)，其时用作形容词之实体词，必可容有比较之程度。

事实上实体词之易变为形容词，足示在彼两者之间并无主要之分别。在“Peter is good”与“goodness is a virtue”之间，具有此种分别，固属无疑，即good一字表明个别化之性质，其于某一人物，此即指Peter者，以成为具体——而goodness一字表明性质自身之抽象的觉察者。然苟说“Peter's goodness is great”，即于goodness一字给予以一补足词之此种事实，以指出具有goodness性质之个别人物矣；其语句正与说“Peter is greatly good”之意义相同者也。故两者间之分别，仅在于语象之构成而已。

实体词与形容词之相反，苟吾人将同一语词具此两种用法之语句并列相校，或较为明白也[①]。例如，将les blessés allemands

---

① O. Jespersen, *Sprogets logik*, Copenhagen，一九一三年版，第19页。

(英语:the German wounded)与 les Allemands blessés(英语:the wounded Germans);des savants sourds(英语:deaf scholars)与 des sourds savants(英语:learned deaf)等比较之。其各组之第一字为实体词,第二字为形容词,固无疑也。分别即在于观点上。苟将"伤者"认为一整体,则于其中区别各异之国别,说德国、法国或俄国之"伤兵"者矣。苟将"德国兵"认为一整体,则于其中区别死者、伤者、失踪者、健全者等,而说伤的、死的或健全的"德国兵"者矣。吾人常以说形容词"内容"之范围大于实体词者,为此种区别之表现。此于吾人增入"为说者"之情形上诚属真确。问题所在实非为内容上是否"学者"之范围大于"哑者",抑或"哑者"之大于"学者",是否"伤者"之范围大于"德国兵",抑或"德国兵"之大于"伤者",而为说者当时所想,是否为"学者"之类,抑或为"哑者"之类,是否以"伤者"为一整体(例如在医院中),抑或以"德国兵"为一整体(例如指一军队)也。

在二实体词间之内容上,亦可有此同样之分别。假定说"l'enfant roi"或"le roi enfant";在各辞语中,其第二字在与第一字之关系上作为形容词用也。在前一事例中,说者之心中以"儿童"之类为基本观念,第二事例中以"君王"之类为基本观念——两种完全相异之观点也。

形容词亦可转变为实体词。此种事例之发生,辄在形容词所表示之普通性质用以指一特殊个体时,换言之,即因其自然性质上,由无限变为有限之时也。此种区分极为重要,故在极多语言之形态学上加以特种之指示。梵语与古希腊上有时重音足以表示之;λευκόs(白)与 λεῦκos(白鱼)。通常性质之有指定者,以附加于形容词之特种接尾语表示之。希腊语与拉丁语中为一鼻音之接尾语。例如,στραβόs 指"眼之斜视"(形容词),而 Ετράβων 指"斜视之人""斜视者"(名词);catus 指"奸诈",而 cats(普通名词为 catonis)指

“奸诈之人”“险诈者”；rufus 为“红”，而 Rufus（普通名词为 Rufonis）为“红者”；由此，亦已使此等有指定之形容词用作特别名词者。法语中，其特定之性质，以冠词指示之。将“vous êtes impertinent”（“汝为卤莽无礼”，英语：impertinent）与“vows êtes un impertinent”（“汝为一卤莽无礼者”，英语：an impertinent fellow）或 l'impertinent（英语：the sancy one）比较之。当形容词前列一冠词时，其所含之义不特所指之人具有“卤莽无礼”之性质，而且此种性质，所谓集中于彼，以为彼之归类与分别者。此所以由形容词演成之特别名词具有限定之形式也。呼位亦复如是，因向任何人自陈时，并毋须表明彼具有某某等特殊之性质，而仅愿以彼在人格上所具有之某一性质以指称之。日耳曼语中，以及斯拉夫语中，形容词依于其为有限的或无限的，容有两种各异之变形；例如哥德语之呼位中，形容词即有限定之形式：atta weiha（英语：O！holy father），bropryus meinai liubans（英语：O！my dear brothers）。法语中，正如前例所示，以冠词表示有限者：不为 un monsieur impertinent，而为 monsieur l'impertinent；法语中亦说 hé，le gros！le poilu！l'enflé！此即为固有或特别名词上存有冠词之起源也：Lebeau，Legrand，Leroux。

因为事实上法语中以冠词表现限定之作用，故每一语言上之辞语、冠词皆可给予以一实体词之价值；例如，un pourquoi、des si et des mais。纵属一整句，亦可成为实体词。苟动词的语句具有一种普通之意义，业已认为抽象者，则冠词可变成一实体词之记号。一儿童当火车启行时，听及汽笛鸣矣而目睹火车行矣；于是综合其印象而谓“呜呜者去矣”（puff-puff goes），即将“声音”与“启行”之两种印象加以结合者也。吾人于此除一动词句外别无所有矣。然儿童将火车之印象加以普遍化而注以名曰“呜呜者去”。盖火车之于彼，为一“行去”之物而构成“呜呜之声”者。彼将谓：“呜呜者去”已去矣，“呜呜者去”为长形，充满而载有货物者，等等。(the puff-puff-go has gone, the puff-puff-go was full, long, laden with merchandise, etc.)彼即置一冠词于动词句前，以使此动词句成为一实体词。此即法语上甚多语词之来源也：un m'as-tu vu, le qu'en dira-t-on, au décrochez-moi ca, une marie couche-toi là[①]。此为变形之语言应用一形式成分以构成此种词语者也。雄辩之太尔阿尔匹安(ulpian of Tyre)，姓为 Κειτονκειτos 者，因于κεῖται ἦοὐ κείται 之定式也；即英语之“Is that so or not?”(是不是?)一短语常出于其口者也。甚多复合之梵语名词，实际为如此之短句节缩以成：ahampūrvas(实为“我第一”)在《里格吠陀》(Rig-veda)中为一兵车之性质形容词(Ⅰ,183,3)(其在竞走中当为得胜者)。有时对于希腊语上如ἑλκεσίπεπλos(英语：trail-gown)、τανυσίπτερos(英语：spreadwing)、δακέθυμos(英语：bite-heart)一类语词之第一分子，究为一名词或一动词，不免发生疑惑[②]。然与可置疑之余地；彼等决为动词者，有如法语之 prie-Dieu、traîne-misère、meust-de-faim、vide-gousset、brise-miche，等等。儿童谈话中，“香味”称为“好嗅”(法语：sent-bon，英语：smell-good)。然此等复合语词，各以其整个为断，则显然为实体词也。

因此显出名词之一种分类，包括一切实体词与形容词(同样，自然包括情状之副词)者；一方面，有动作之名词，与发动之名词，如动词句之所规定，并有使用与目的之名词为其所演成者；另一方面，与之并行者，更有抽象与具体之性质的名词(实体词与形容

---

① 关于匈牙利语类似之例，参照 S. Szimonyei, *Die ungarische Sprache*, Strassburg，一九〇七年版，第 244 页。

② H. Osthoff, *Das Verbum in der Nominalkomposition*, Jena，一八七七年版，又 F. Mennier, *Les composés syntactiques*, Paris，一八七二年版。

词)，如实在句之所规定，其结果亦产出一部分目的之名词。吾人亦已指出有依于语式(希求式、直陈式、假设式[将来的与条件的])以区分动词之方法。名词与动词代表语言之“活的成分”(living elements)，以与“文法标记”(grammatical devices)(介词、联词、冠词或代名词)相对立者也。吾人觉察，欲得一方法以建立语言上语词之一种普通的分类，在逻辑上既为正确而又不违背于主要语言文法之规则者，并非不可能。吾人正所分别之语词类型，事实上乃因各种语言中通常为特殊之形态成分所表征者也。

虽然，此种逻辑之分类，并非语言上语词可得区分之独一无二的方法。吾人亦可假定或设想一种心理的分类法，即不仅根据于语词中固有的表征之本然性质，并且根据于心意中附著于此等表征之重要性[①]。心理之现象常与逻辑方面相并存在，彼此在畸重畸轻之间可为互相决定之因素。虽然，前者较之后者，有时却更多变化。并且，得有可供实验证明之便利。心理学家，依据记忆现象之研究，能切实量度心意中各语词所具有之相对的“附著”(adhesive)力量。由此种研究所得之结论，即引至一种分类，根据于语词被遗忘之速度者。

对于某一句上各成分相对的重要性之估计，有一极简单之方法。即将该句读予各人而询问其所首先并最注意者为何字。各人答案大都一致。“实字”较形态成分，名词较动词，又具体名词较抽象名词，更占显著之地位。最显著之语词，即为彼等立刻触引一视觉之影像者，尤其为人名与地名(假定被问者业已知其为人名、地名)。说予某人“我正往麦郎(Melun)”；或“我不能往麦郎”；或“我或者要往麦郎”。在此三事例中，最先及最自然呈现于心意中之影像者，皆为一栖居草树中之一小市镇，有其灰色之屋顶平铺在山面

---

① 参看 J. Van Ginneken，*Principes de linguistique psychologique*(自荷兰文翻译本)，Paris，Amsterdam，Leipzig，一九〇七年版，第 62 页以下，有自 Binet 引述者。

者。彼将见有石桥之环拱横跨于森纳(Seine)河上,并有高白杨树行列于两岸,或另有细长尖塔矗起于市镇中或更有老市区之某屋为彼所熟认者。此种景象为立时发生而出于自然者。旅行之观念仅呈现自身于彼之心意中,以及关于旅行是否将发生之反省作用而已。故否定之词,正如一切形态成分,并无诗歌上之价值也。

此种事实对于语言之美术的应用,正亦不无其效果。某等写作者,因不提防此种事实,常构成合韵律的真正反照之辞语。为欲将某一印象之反面传达于读者,苟附著一否定词于描写之辞语上,实不足以副之——因为此并非压束人所欲以排除的印象之方法;反之,因除去其印象之努力,适足以触起之。当代一位诗人欲描写在炎夏正午烈日逼人之下的一花园,写下列法语之句:

Et d'entre les rameaux que ne ment nul essor
d'ailes et que pas une brise ne balance,
dardent de grands rayons commme des glaives d'or.
(英语:Through the branches, never stirred
By fluttring wing nor breath of wind
sunleams glance, like golden swords.)
("树林丛里岂摇摇,
不为翼打与风飘,
日光照耀似金刀。")

此等诗句可推度其引起"鸟翼频打"与"微风飘摇"之印象,而用否定词亦不足以销除自读者心意中之此种印象也。

爱雷笛亚(Héré dia)在单一之诗句中表现其观念者,较确切多矣:

Tout dort sous les grands bois accablés de soleil.
(英语：In the woods oppressed with heat everything sleeps.)
(“暑气炎炎逼林丛，百物悄悄昏睡中。”)

文法上之形态成分，与所可称为表现之形态成分者，于此并不相混淆也。

吾人可易于觉察，依据语词诗歌上之价值以排列所建立彼等之一种领域，而其价值最高与最低之辞语，当为特别名词之触引人或地之观念者，与夫形态成分及单纯之文法记号，如介词、冠词或者否定词者。在此两者之间，则凡分别抽象与具体者，莫不列置之，而即其间便包含全部辞汇于内。然正在由具体至抽象之转接中间，语词之避免记忆者也。李播氏(Th. Ribot)于是列定一相反之序次[1]；第一为特别名词，次为普通名词，再次为形容词，最后为动词。吾人可举出此种序次之例外，盖因其误以通常文法上之分类认为列序之基础也。其等普通名词，甚至某等形容词，正如特别名词之为具体者。名词之抽象与具体的价值，可因各个人而相异，亦以各异之语言而不同。在古典之语言中，甚至在法语中，动词显然带有形态之成分，多少遂使其归于抽象语词之类。虽然，动词者，纵或有其他并无任何种可成形像之价值，而实有引出影像正与名词相同者也。

大体上，特别名词首被遗忘；具体的实体词(常仅为特别名词者)之遗忘，较之抽象的实体词或形容词为速，此其事实也。动词中，无定式之生存，常在直叙式被遗忘之后。吾人心意中最坚定之成分，即为文法上之表识。总之，抽象之语词，比具体者有一种较大之保持力量。盖抽象语词以一种理智之努力透入于心意中，而

---

① *Les maladies de la mémoire*，Paris，一八八三年第二版，第 165 页。参照 J. Van Ginneken，*Principes de linguistique psychologique*，第 71 页以下。

需要某种固定的智力之注意，至于具体语词仅为知觉的识阈上一种实物之反应；此种事实之可为说明其理由者，无疑也。因之，在某一语句中，具体之语词虽触引心理上之影像，比之抽象语词较为锐捷，而其被遗忘也亦较速。此或因影像之明确，遂使吾人于其所带有之名号，即不较注重者，使然也。

由此种原则之立场，以为词类之重新支配，当与通常之分类大相径庭。动词、形容词与实体词，当依据一新方法以为归类，介词与副词亦复如是。例如法语 plein（充满）一字，其在 plein la rue，plein les cheveux 中者，虽此种介词较之“[aller] à la rue”“[prendne] aux cheveux”中之 à 少有抽象之性质，而必应认为一介词也。此种分类之观念，迄于今日似尚未有甚深之进境。于此已足以表明其发展之可能与兴趣者矣。如于此问题再欲谋深造，则将侵入词汇之范围，并将进于情感语言之领域，关于前者须另制一编以之为主题，后者则于下章详论之。

（四）情感之语言

吾人至此仅已论及观念在逻辑上表达所用之方法，换言之，吾人仅已研究语言之为理智之工具者而已。然说话时，非仅以表达观念。其目的又在使吾同类之人有所反应，并使吾人自身之情感得有表现也。即谓：吾人苟将其区别以理智、意志、情感此种相传之三分法为根据者，则于论理之语言以外，固必须考察动人的与情感的语言也。

动人的语言，毕竟尚少有研究。然却具有其重要性，而当想像人类语言创始之时，此又属显然者矣。此外，在历史之程序上，又表明其自身之法则。自文法上观之，其领域所在，为动词上之希求式与名词上之呼位，此二者在彼等各自之范畴中，俱有特殊之形式与用法。在上文诸页中，吾人将“Be quiet！”等之动词、“Silence！”等之名词与“ssh！”等之叹词隶属于单一之概念中，当时实只因论及动人之语言，方有此种相混之可能，盖动人之语言中动词与名词之分别，已为其所掩没者矣。动人之语言固常由逻辑之语言中吸引其给养，从中借用某等现成之文法的辞语，虽然如此，而其自身必具有一相当之地位；因其有本身之功用，并应用其自有之特殊方法也。然其合宜之研究，迄今仍留待于吾人者。

于此当以较长之篇幅，讨论情感之语言。最近二十年来，此已为深入研究之主题，业已规定其范围而说明其进程者矣①。

伽伯林氏（G. von der Gabelentz）曾有言曰：“人之用语言，不特以表现某种事物，亦以表现其自己也。”是以吾人不仅须计及表达观念所用之方法，又须计及存在此等观念间之关系及发言者之情感。换言之，一切语言必须将可得分析之辞语与发言者由其自身原因所附加之人格的成分，即将论理的与情感的成分，二者间加以区别也②。

此两种成分在语言中常互相混杂。除出学术上，尤其科学上之语言，依据定义为超轶于寻常生活之外者，此外则一种观念之表现，绝不能脱离某等情感之色彩。在感情的基础上，实无有相当于

---

① 特别须参阅 M.M. Bally 与 Sechehaye 之著作，彼辈对于本章之大部分，业予以鼓励。Ch. Bally 之“L'Etude systématique des moyens d'expression”（*Neuere Sprachen*，第十四卷）；“Stylistique et linguistique générale”在 *Archio für das Studium der neueren Sprachen und Literaturen*，Braunschweig，二百廿八卷（一九一二年），第87—126页；*Précis de stylistique*，Geneva，一九〇五年版；*Traitè de stylistique frangaise*，Paris and Heidelberg，一九〇九年版；Ch.-A. Séchehayl，*Programme et méthodes de la linguistique thessique*，Geneva，Paris，and Leipzig，一九〇八年版。又参看 K. Vossler，*Sprache als schōpfung und Entuickelung*，Heidelberg，一九一三年版。在 M. Lanson 之著作。*Conseils sur l'ast d'écrise et l'ast de la prose* 当中，亦将见有文体原则之一种实在的应用。

② Sechehage，*Mélanges de linguistiques in honor of F. de Saussure*，Paris，一九〇八年，第184页以下。

缺乏情感之标记,而只有相当于彼此相异之感触者。当几种相并之辞语,试用以表现同一之观念时,其中甚少有一纯粹属于理智,并完全以赤裸裸之单纯状态表示一理由或呈现一事实者。如见一意外之事发生,而对受害者之怜悯,遂喊出:“唉！可怜的人!”又如与一不期而遇之友人相值,亦叹曰:“你,在此!”此等语句显然有一种情感之价值。若以逻辑之推论的语言表示之,则当集合之成为“我悯惜这个可怜的人”或“我骇异了看见你在这儿”。设想此两类之语句,苟真正应用之,则彼等将并无情感之价值,确异于上所举之感叹句,而仍甚显著者乎？吾人在此等事例中,或经历一种愿望以从意外事件上获得一道德之教训,或于遇及友人时所感觉之骇异上加上一种斥责;或者压制感触过分激烈之暴发,努力寻求某种之泄出。在此等之事例,欲不为情感之表现,实际适足以证明情感之存在也。

极其平凡之语句,亦难得有不包含情感之成分者。如说“彼得击保罗”,似欲表现此两人间为“击”之动作所结合的一种简单关系。至少所称为逻辑之分析程序将见其并无其他成分包含在内。然,揆诸实际,此等之语句绝不为一种关系之逻辑的表现。某等情感之色彩常附加于其上也。“彼得击保罗”之事实,绝非于我之无关紧要者。果真于我无关紧要,则必不为是种说明者矣。我所发出之语句,与在一历史书上所读及者,其于我所具之价值完全不同,盖在历史书上或关于一彼得王与一保罗王之事,彼等之于我并无可以发生私人关心之理由。一种历史的记载常为客观者也。因此之故,当学童诵习历史课时,即列述人们在互相争斗中所犯种种之罪恶,亦不为之转动毛发也。盖以渠之视彼等投射于远古时期中,多年之过程以使与渠分隔者,故于渠无所感触也。实在,渠毋宁以彼等为娱乐而已。反之,如诵读一吾人自己门中犯一罪恶之报告,则不能不有所颤动矣。在上所举之例中,我发出此语句时,每依于彼得与保罗之为我的儿童或生疏的儿童，依于彼等之年龄大小与能力强弱，或其他易于想像之情形，而有各种不同之感触——愿以申斥或警吓乎，愤恨或嫉怒乎，满意或激励乎，嘉许或骇异乎。

凡此等感触，自然皆以语音之声调与曲折，辞气之缓急，置于此字或彼字之重音，或竟以与辞语相伴之姿势容态[①]，表现之也。同一语句之发出，可有千百种各异之方式，以各自符合于极微细之情调。一演剧家对于其舞台上之说白，必于各语句寻求适当之表现与合宜之音调，此即为其才能最正确之表征也。彼取剧本上印刷之辞语，原为固定之死语而失其表现作用者，乃以彼之声音使之复活，而吹入生气于其中。是以一语句之全部内容，当知其组成之之语词及分析其文法之成分时，实尚未穷尽者也。盖仍有一种情感之价值，必须计及者。

此应为心理学家之工作，以研究种种感触之性质者，而应为戏剧家之工作亦程度相等，盖以使之复在舞台上演出者；然固不能为语言学家之事也。此等感触之关于语言学家者，仅就其应用语言以为表现者耳。虽然，此等仍留置于语言领域之外，颇似一层薄雾，环流于思想之表现，而无其文法上之形式者。吾人苟谓“彼得击保罗”Peter strikes Paul 一类之语句，其发出绝不至无有供其以适当情感色彩之某种音调者，此固甚确实也。然实际上，人体占有一固定不移之地位，此又不能否认者也。所谓静止之地位，正如其他之地位一样确实。雕刻家之职务，在知肌肉所构成之形式，以适合人体一切之姿态，因是雕刻家不能对于人体解剖作过分穷尽之研究。而解剖学家之分解人体各部者，亦可免去人体运动之考察。无论其运动为何，而发动之人体，总常为同一者也。同样，无论音调及相伴于一句辞语之姿态容止，其变化若何，而语言学家之于彼

① 参看 Bourdon，*L'expression des émotions et des tendances dans le lingage*，Paris，一八九二年版。

等,凡在语句之文法组织仍属不变时,总可置诸不顾也。

虽然,有多种事例,其中情感之表现,非为施加于文法的表现之上,而为与文法表现相混杂,以至使之变更者。

语言上之情感作用,通常以两种方法表现之:一为语词之选择,一为语句中语词所占之位置。即谓词汇与措词二者,为情感的语言两种主要之资料也。关于词汇,将另加以研究,吾人亦将于彼处见情感作用在词义上之产生变化,具有何等显著之功用。吾人于此处只需指明彼等之事例,其中语词情感作用之部分乃隶属于接尾语者,即隶属于一种形态上之成分者。如此之事例颇为常见。当一语词具有极强情感之内容而含有某种接尾语时,即可遇及,接尾语因浸透有此种表现之内容,遂将在其本身之内,集中语词一切表现之力量,而变为表现的成分者矣。例如,-aille 之接尾语,其本身上并不产生任何观念,如在 bataille(交战)中者,并无价值也。然因其构成 canaille(流氓)、marmaille(小儿)等等一类贬抑的语词之部分,其自身亦遂具有一种贬抑之意义,而各人亦感有轻蔑之意味,如 prêtraille(众教士)或 radicaille 之所启示者。在甚多语词中,接尾语之-ard 与-asse 亦有一种类似之表征。吾人所称为"指小字",即因彼等之目的,在于缩小中提示彼等所关联的语词之观念,遂常具有小巧、珍视或且柔弱、同情,与怜悯之一种附加的提示。Maisonette(小房)与 jardinet(小花园)二字,不仅包含中等形状的房屋花园之意,且接尾语之-ette,于此实为表示感触之形态成分也。形态学于此对于表现内容之贡献,正如词汇在应用一性质形容词中之所为者——ma petite maison,mon panure petit jardin。

同样,语词之序次在文法上亦有重大之关系[①]。各种语言在语词序次上所容许自由之程度,彼此相差甚巨。常可区分为两种

① 参看 H. Weil, *L'ordre des mots*,第三版,Paris,一八七九年,不管它的出版日期。

语言：一种具有自由之语序，一种具有固定之语序；然如此之区别，揆诸事实，并不甚正当。实际上无一语言，其中语序完全自由者；亦无一语言，其语序固定不移者。古希腊语，正如印欧语，认为语序自由之一种语言。然可引一柏拉图之语以明之，吾人不能依于意想任便搅动语词，有如牌戏之许多号码任便在袋中搅动者然。反之，法语或德语中，中国语或土耳其语中，虽认为语序固定者，而亦容许有某种伸缩性，苟变更其语序，亦不至成为完全不可了解者。当然，一切依据于所造成变更之种类。

确实之事，有多种语言，其中语词序次占有一种文法上之职务，又其中语序之自由，自然受有顺序的形态上的价值之限制。反之，有其他多种语言，其中之文法并无迫定序次之施予。苟语词的位置加以更易，至少彼此间的逻辑关系不至于搅乱。例如，拉丁语上可说 Petrus cœdit Paulum 或 Petus Paulum cœdit，或 Paulum cœdit Petrus，关于主语、动词或补足语，不至引起任何疑惑。逻辑之分析可发现其无所分别。然此三种序次，于价值上并非同等者，当时罗马本地人亦不至误用。关于最上等作家手中之拉丁语句的研究，示明事实上，虽常难解除或理清彼等纷歧错杂之现象，而亦具有严格规律以相遵守者。在各事例中，与其为合理的规则，毋宁为感触之关系。有一种正常、普通之序次，自然发生于心意中者[①]。此种序次固或可弃置不用，然其所以弃置不用，实以显示一种目的，即在给予一特殊语词以显著地位为欲吸引听受者之注意力于其上也。此系文体上一种巧计，可得造成为精美之技术者。实在，措词之研究常侵入文体风格研究之范围。

此种之研究乃属极精细之事，因其需要语言之熟练的理会与文学风趣之众多的细辨，再联合对于所考察语言一种可贵之语文

① L. Havet, *Mélanges nicole*，第 225—232 页。

历史的复杂智识。因是，至今所已攻修者仅属一有限之范围。纵如古典的语文学上者久已努力耕耘之园地，其于一语句中各语词相互间位置之有方法的探究，亦属一种晚近发展之事。并且适合于此种探究之方法，亦仅现今始标出者①。吾人今日所可信者：为欲从文法学家的观点以研究一种语言之措词，绝不可自一大宗的语句中试以求得一平均现象，寻出排置语词所依据之序次。盖因第一点，语句之各种类型必须加以区别；其次，在此等每一类型中，又须区别特殊各群之以其语序为主要者。在语句中，通常之用法不仅在于置一语词于另一语词之后，又在于依某等位置结合某等语词之各群。例如，一实在语句中，其可能之分别缩减为两辞：主语与表语也。动词，如竟表出者，则属诸表语，而动词在表语上关系之位置，即组成第二种可能之分别，以独立于第一种者。拉丁语上正常之序次，为 homo auarus est，或为 auarus est homo，乃依据于“人”的观念或“贪婪”的观念须更加以注重者。在此两种事例中意味之各异常不甚著明；而为“人”之“贪婪”一种单纯之叙述而已。此两种语序代表实在语句通常之类型。除非因佳妙之理由，不能弃置之。是以，如倒转为 homo est auarus，即变更系词之价值；其语句则变成如法语上实在动词句之类矣：例如在 il se trouve bien 或 il paraît grand 中者。其系词，固无有变成绝对独立者，而已不复如实在句中之极无定形者矣。在英语上可译为“He is it, the miser”或“it happens to him to the avaricious”“he finds himself to be avaricious”等句。拉丁语上 auarus homo est，此种离散之配置，乃以加重“贪婪”一字：英语为“it is avaricious that man is”，或“avarice is the

① 特别须参看 J. Marouzeari，*La phrase à verbe être en latin*，Paris，一九一〇年，及 *Revue dephilologie*，*de littérature*，*et d'listoire anciennes*，Paris(一九〇六年)，第 309 页以下，Kieckers，“Die Stellung des Verbs im Griechischen und in den verwandten Sprachen”，Strasburg（一九一一年），又 *Indogermanische Farschungen*，Strassburg，第 145 页，又 *Neue Jahrbücher für das Klassische Altertum*，Leipzig，第 7 页。

weakness of the man"等。总之具有 to be 一词之实在语句，其中语词序次所以传达主语或表语各自之重要性，以及 to be 一词之两种价值——一为单纯之系词，另一为表明实在之动词也。

在一动词句中，主要之各类为主语动词及宾语(直接或间接)，此等各类自身又包含一个或几个语词，依于其有无相伴之语词，例如主语可伴以性质形容词或各种关系词，动词可伴以多少数量之副词也。首先必须决定是否动词在主语之前，抑或主语在动词之前；次则定其如何引入宾语于如此建立之序次中。吾人于是承认：除出语序具有一种形态学上价值之事例以外，动词与主语各自之位置，实以各语言中某种类型之语句最为显著而决定之也，最后是种类型之语句乃施加于流行用法之上矣。纵在希腊语与拉丁语一类语言中，其语序之有固定，亦远较吾人在初视时所推想者。例如，吾人已知古希腊语中有某等辞语具有不变之词序，常说ἔδοξε τῆβουλῆ而不说 τῆβουλῆἔδοξεν。在文艺作品之标记及书首题辞中，惯将动词置于语句之中间，而以主语及其限制词配合之：Πυρρός ἐποίησεν Ἀθηναῖος。在那克索斯(Naxos)所发见六世纪时古爱奥尼亚之书首题辞中，吾人得读 Νικανδρη μ'ανέθεκεν εκηβολοι εσχεαρηι。此一事例中动词置于句末，仅属罕有者耳。苟吾人从此等再作深进之探究，则必将承认极多古希腊语之各类语句中有其正常之序次者，可无疑也。虽然，此并不足以证明，其中并无游移难定之序次，以留待写作者之任意选择者也。

在词序有固定，而无其形态学上价值之语言中，所以致其固定之原因，通常由语言本身情形之细心考察，可得显示者。词序之成为固定，普通每需一极长久之期间。克勒特语之此种序次，早至最古之爱尔兰文辞中业已固定①：动词置于语句之起首，其前仅有动

① Vendryes, *Mémoires de la Société de Linguistique*, Paris,第十七卷,第 337 页。

词之接头语，此种接头语在克勒特语中之应用又甚自由者；其次列主语，最后乃列宾语。此种将动词列于主语前之位置，显然第一由于事实上，克勒特语常在接头语与动词之间插入代名词之宾语（此种宾语亦甚多应用）；第二又由于印欧语之习惯，常以句中之第二位给予接尾之代名词（在第一加重的语词之后者）。此遂使早先克勒特语句以成所谓板定之形式者，其中包含一动词及其接头语，与众多之代名词宾语，此种宾语乃较为众多者。因此，一切语句遂皆注定以同一之方式为起首：动词之接头语、代名词之宾语、动词；而主语亦只得列于最后矣。是其产生此种习惯上之词序者，因当时固守自古之传习也。虽然，有须加以说明者，此种序次有某等实用上之限制，而当时过境迁，亦不甚严格遵守矣。

日耳曼语中之情形颇有差异。德语应用两种序次，同等严格，乃依据于语句之性质者。主要子句中，动词常居于第二位，主语与宾语（或区别字）可随发言者之意旨或置在前，或置在后。附从子句中，动词常置于句末，在主语与宾语之后。故在主要子句，可说“der wolf lebt im Walde”，或“im Walde lebt der Wolf”；“der könig ist blind”，或“blind ist der könig”；然在附从子句中：[man weiss das]“der Wolf im Walde lebt”“der könig blind ist”。此两种序次之确定，乃因乎一种历史上渐进的程序。古日耳曼语中正常的与偶然随意的序次间之违异，依于各种类型之语句而有纷歧错杂之现象。显然在现今所知仍甚稀少之情形下业经发生单纯化之事①。今德语之人，给予动词以一固定之位置，而仍保留其自由权以随意支配其他语词者；又各种序次各有其自身之表征。相并于正常语序之自然为各个人所适用者，更有其他多种语序发生之可能，以使发言者随其所欲而从中择用之。

---

① B. Delbrück, *Zur Stellung des Verbums*, Leipzig（一九一一年）。

情感的语言与逻辑的语言，其间主要之差别，在于语句之结构上。此种差别，当吾人比较书写的与口说的语言之时，即明显表出矣。法语中，两者彼此相距颇远，故一法人绝不依其所写者而说，亦罕依其所说而写。在各个事例中，除出一种词汇上之差异以外，尚有在语词配置上之差异。凡书写的语句，其语词引延放置所依论理之序次，在口说的语句中总多少加以破坏者。如下列之语句乃属于书写的语句：Il faut venir vite；quant à moi，jen'ai pas le temps de penser à cette affaire；cette mère deeste son enfant。然在口说的语言中，十中有九，其形式几完全相异者：Venez，vite! Du temps，voyons；est-ce que j'en ai，moi，pour pensen à cette affaire-là；son enfant，mais elle le déteste，cette mère①。

吾人在书写的语句中，关于均衡之语句，具有其附属子句，其联接词、关系代名词，以及其一切节拍之装饰物，究将何所说及乎？吾人在口说的语言中甚难有如此说者：Quand nous aurons traversé le bois et que nous aurons atteint la maison de garde que vous connaissez，auec son mur tapissé de lierre，nous tournerson à gauche jusqu' à ce que nous ayons trouué un endroit convenable powr y déjeuner sur l'herbe.（当吾人越过树林，到达汝所认识的看守者之房屋，其墙壁间有长藤悬挂者，斯时吾人将向左出发，直待寻得一适宜处所，可供吾人之野餐者。）而宁说为：nous traverserons le bois，et puis nous irons jusqu'a la maison，vous savez la maison du garde，vous la connaissez bien，celle qui a un mun tout couvert de lierre，et puis nous tournerons à gauche，nous chercherons un bon endroit，et puis alors nous déjeunerons sur l'herbe.（吾人走过树林，于是到达一房屋——属于汝所知之看守者，有长藤在其壁间——于是

① 此等例子皆取自 Bally 者。

又向左转，其中吾人应得一佳处，以供野餐者。）书写的语言竭力将各种成分联合成为一凝固之整理，似在口说的语言中乃将彼等分析而散置之：其序次亦竟完全相异者。盖此不复为现今文法之论理的序次矣。此亦有其论理，然此种论理，主要为情感者；各种观念之配置又依据于发言者所给予彼等，或愿向其听受者所提示之主观的重要性，故不斤斤保持一种理智的合法程序上之客观规则也。

在口说的语言中，纯粹文法意义上一切之观念，不复存在者矣。例如说 L'homme que vous voyez là-bas assis sur la grèue est celui que j'ai rencontré hier à la gare（汝所见坐下在沙滩上之人，即我昨日在车站中所遇及者），乃应用书写语言之程序而仅构成一句者。然在口说中，便须说：vous voyez bien cet homme——là-bas——il est assis sur la grève——eh bien！je l'ai rencontré hier，il était à la gare.（你看见那个人，坐在那边——他正在沙滩上——是呵！我昨天遇着他呢，当时他在车站中）。吾人于此便有如许之语句，究竟多少？甚难质言。想像其在标明线号处之停顿：如 là-bas 等语词，本身即当构成一句，恰如用以置答一疑问者然——“此人在何处？——坐在那儿”。而 il est assis sur la grève 之一句，苟在其中所由构成之两部分间加以停顿，亦竟易变为二句矣：“il est assis”，[il est]“sur la grève”（或“[c'est] sur la grève [qu'] il est assis”）。文法上语句之分界，于此至为游移难定，吾人最好弃置一切企图以为决定此等分界者。在某种意义上，仅有一语句。其中之语象，虽依随有一种活动之发展，实仅一而已。然在书写语中用一整体以显现之际，而付之口说时，则割裂为简短之各部分，此等部分之多少与强度，又依于发言者自身之印象，及其为将彼等传达之生动上所感需要以定之。

吾人由上列之例，可知书写语上应用附从句之处，口说语上即应用并列句。以在说话时，并不应用文法之联接关系，以包罗思想而使语句具有论断式之简明的形式。口说语为柔韧活泼者也;盖以最简短与单纯之方式,指示各子句间之联接。法语中如 et 或 mais 之联词,常足敷此等之用。语言上,为欲表明附从句,常具有一种倾向,以使用一特别之辞语,其于一切事例上皆适合无间者也。因之,在其历史之进程中,吾人得知印欧语为其自身,创生一种接合之工具,而依此途径,遂演成关联作用之一种系统矣。在最初阶段中,语调之使用,极其重要;两句间之关联作用,即以动词上各异之音调或以某等附属词复述于各句中表示之。某等语言尚保留此等形式之交互作用,而此等形式又依于子句之为主句或从句而异。然一般之语言,总以引用附属词,(关系之代词,或联词)即为满足,而予彼等以介进附从子句之功能,亦即所谓标明附从句之功能也。吾人只消在法语中想到联词 que 之遭遇。书写语上,为欲求得精确,并有细密装置之闲暇,愿意将各句间联接之辞语,依于思想之特殊情形,而使之种类增多也;至于口说语,则只倾向于采用一种记号,留待听受者自行揣度其所用联接作用之性质。是以在同一之口语中,同一之联词,有时表示"因为""because",有时表示"虽然""although","因此""in order that",及"当时""when"。口说之法语中,普通人拒用 dont、auquel、pow、lequel 诸字,似认为笨重与不便者;而以一 que 字标明联接关系即认为满足,盖以听受者在其所观察之相关联之子句中,自后即可认辨其间联接关系之性质。是以法国人通常不说"l'hrmme dont je connais la fille","le patron pour lequel je trauaille","le panore à qui je fais l'anmône",而说为:"l'homme que je connais sa fille","le patron que je travaille pour lui"及"le pauore que je lui fais l'anmône"矣。此等现代法语中所发现之辞语转变,在中世纪之多种克勒特方言中已习见不鲜[①]。

---

① 彼等又在德国沿斯拉夫区域之地带中,遇及之;参看 O. Behaghel, *Geschichte der dentschen Sprache*, Strassburg(一九一一年),第 30 页。

彼等对于口说语与书写语彼此相独立之现象，固已揭示无遗矣。

其所以为口说语言之特征者，即在思想上主要之辞语，加以重读，便自以为满足。此等辞语常单独出现，而占句中之主要地位，同时各语词之逻辑关系，与一句之各组织部分，或者必要时，利用说话时之调头及姿态，以为不甚完满之表示，或者竟无所表示，而惟恃直觉作用以为补偿者。因之，此等口说语言甚密合于天然之语言；其所以称为天然之语言者，因自心中，在强烈情感之逼迫下，自然涌出者也。是以其显著之语词，常置于卓越之地位上，因发言者实无闲情与时间，依于反省的及有组织的语言之严格规则，以镕铸其思想也。故天然之语言与文法之语言，常在确定的相反状态之中。

于此可起一疑问，即此等形式，其间究以何者必为较古乎？又天然之语言是否混杂于情感之语言？当一人忽遇及其所不期望之人物，以惊骇情状呼出“You here!”（你这儿！），于此，严格以言，可坚持此惊叹语之根源为文法之辞语“You are here!”（你是在这儿！）或“I am astonished that you should be here.”（我惊奇你是居然在这儿）。文法学家至少亦毫无犹豫以此为解释，谓其为省略语或“意会”语，即借助于文法上之样式以说明之。

然儿童之语言，对于吾人解答此问题，可有最佳之佐助。儿童说出“papa here”（爸爸这儿），意指其父已来或正在其前，仅能表白一种事实之叙述。于是，后来，儿童获得反省之能力，又获有才智以分析其概念而在语言中能完全表白之，其时彼将说“papa is here”（爸爸是在这儿），或“papa has come here”（爸爸已来到此地了），而不说“papa here”矣。由是吾人必须设想，此为一种转移，由天然的非文法的语言，进至有文法的组织而无情感的基础之语言者乎？此又至为粗率者矣。因儿童并不以其初步之语句“papa here”上，给予客观的性质，为其起点者也。其最初发出之呼声实为愿望、意向，或需求之表示，当初彼说出“papa here”之时，正为表示再见其父时之快乐，或欲见其父而请其前来之愿望。事后结果，乃在儿童智力发展之中，而以假设成分之消除，遂发生“papa here”之客观的辞语；更在其后，此种观念再因加入一动词，转而具有完全的文法之辞语矣；然儿童必以一种情感之方式为其始基，则固无疑也。

某等语言学家，同时又为心理学者，亦倾向于相信，关于儿童，感情的语言常在理智的语言之前①。此仅依一种逐渐之程序，其智慧将感官上所得与种种情感转变为种种观念，而每一观念又自行脱离情感之成分而独立，惟未完全消灭情感之成分而已。

依于逻辑组织的文法之语言，事实上永不能与情感之语言分离。两者间实有不断之交互影响。吾人正已认明一切语言中，语词序次之所以趋于固定者，或因文法上置放有某种程序，或因于同一类型之一切语句上，采用同一之程序，业已演成为习惯。此种现象并不阻止情感作用在一句之结构方面，具有各种不同之表现方法。有时将语句之一语词或一部分特行放出以置于句前，嗣后又不采取一种形态成分，如一附属字或称代词之方式者；有时将其放置于句末，并与句中分立，而在语句之本身上并无预先之明示；有时或竟将语句之联贯关系突然分裂，在后的半段又依新方式演成以与前半段并无关系者。此等之各种措置，在口说语言中极为普通，当其为发生某种效果之必需时，常亦为书写语言所借取。

拉布律耶(La Bruyère)所云：“Un homme de talent et de réputation, s'il est chagrin et austère, il effarouche les jeanes

① 特须参照 Ch.-A. Séchehaye, *Programme et méthodes de la lingnistique theorique*, Geneva, Paris and Leipzig.(一九〇八年)，第 67 页以下，参照 L. Lévy Bruhl, *Les fonctions mentales dans les sociétés inférieures*, Paris,(一九一〇年)，第 27 页及以下。

gens."更佳者,所云"Un noble, sil uit chez lui dans sa province, il vit libre, mais sans appui."其句可称为艺术之作品,惟为一种日常谈话之方式以写成者,固甚显然矣[①]。又如:"Ce panvre monsieur, il était si bon."及"Un enfant sage, on lui donne tout ce qu'il veut."亦复如是。多种语言引用此等相同之方式。在德语中,亦遇及之:"der kirchhof, er liegt wie am Tage, die Glocke, sie donnert ein mächtiges Eins."英语中亦可给予甚多相同之例子,而古波斯语中,亦曾见之[②]。马来坡利尼西亚语中,此又为日常习用者。最后,亦见于中国语中。如说"wo me kien kour t'a ti fang tseu"(我没见过他的房子)时,可改说为"t'a ti fang tsen wo me yeou kien kouo"(他的房子我没有见过)。

即于法语所指示者,亦显然在此两种变异之辞语间,其始也,便具有多少不同之意味。一为平庸空泛之辞语,一则为感觉的特殊意味之表现,惟此种感觉之意味,其程度有上下耳。然亦常可遇及后者之应用,加施于平凡之辞语上,而以为前者之替代。原为情感的,竟由此而成为文法的。例如法语中,可说"Cet homme là, sa maison est belle."以代替"la maison de cet homme-là est belle"。如爱尔兰语一类之语言中,其应用领有语(prolepsis)时,常说:"his house of this man"以替代"the house of this man"。德语中,或说"das Haus meines Vaters ist schön"或说"meine, Vaters Haus ist schön",可任择其一;然在方言之说法中,却演成另一种辞语:"meinem Vater sein Haus ist schön."盖将领有语之应用与间接受事位相混,以替代领属位而表示领属之义者。某等现代之德国方言中,此种变异之说法,仅有一用之。例如,科堡(Coburg)地方[③],

① Brunot, LVII, t. III, p.485.

② Meillet, Grammaire du vieux-perse, p.11.

③ Ed. Hermann, Griechische Forschungen, I, Leipzig, Feubner(1912).

不知“meines Vaters Haus”之说法，其惟一流行之形式为：“maen fader sae haos”(其中之 maen 为间接的直接受事位之形式，其主事位为 mae)。此种通俗及方言性之形式在文学语言中绝不流行；哥德(Goethe)之作品给予其例而已。于此即为属于情感语言之一种程序，渗入于文法中者。

有时文法之范畴，竟亦利用属于情感语言之一种进程，以表现之。诚然，其中有某等，将其自身特借予于情感语言者。吾人当研究时间之范畴时，深知接续时之何等重要；吾人所谓接续时者，虽为一种情态，而为吾人所假定之某种行动，即吾人所由窥见特殊之一斑也。是以首要者为一种观点问题，而因观点之选择为一主观之事，故其一部分归属于情感者也。在吾人文法学上所分别之时间中，有一种为特著之主观者，即未来时是也。一种动作将发生于未来之某一时间，吾人表现此种观念之际，照例并不限制吾人思想于客观的完成之动作。同时，吾人不啻常以表示吾人自身对于此种未来之动作，具有何等之关系。

是以，未来时与过去时之间，有一种区别在焉。过去时为一种客观之时间，因其不复依附于吾人而存在，吾人对之亦无何等影响也。故可称为历史的时间。反之，未来时却为一切联合于不可预知之玄想所环绕，而可有留置于期待、愿意、恐惧与希望千百种感觉之余地。如余说“我明天要做那个”，斯时余不特认定其动作明日将为余所完成，且将余之语句掩盖于一种主观之气氛中，此则于余实将一切各异意义之气味输入于彼也，因此，是种语句通常遂意指“我愿意”或“我同意”，或“我害怕”，或仅为“我趋向于”[做那个，等等]。

各种语言中未来时演成之历史，可为证实此等观察之用[①]。

---

① V. Magnien, XC 和 Ribezzo, CCXXVII.

未来时常用意欲或愿望之辞以为表示，换言之其原始即为情感之辞语也。中国语乃以动词前加一 yao“要”字构成某未来时，wo yao lai(我要来)。英语上则有“I will”或“I shall do”。现今希腊语已用一种分析之结构替代其古语上之未来时，此种结构应追源于 θέλωϊνα(我愿意那个)、保加利亚语(Bulgarian)中，自十三世纪以来，未来时即已用动词之 chotèti(愿意)，当作为一助动词者，表示之①。法语中，某种方言亦有以 Il ne veut pas pleuvoir 替代 il ne pleuvra pas 者，又就吾人所知，法语 aimerai 一类未来时之形式，源出于 amare habeo 之结合，其中 habeo 一动词，表示说者意指在动作中所参与之部分。事实上，所用以表示未来时之形式极繁复而常易变化，即足以证明此种“时间”大部分属于情感者。

辞语之重叠，亦属彼等原出情感语言而因引用于逻辑的语言演成仅为文法的方式者之另一种程序。吾人必须于表现一种情感之获有激发的强力者，寻求其起点。多种语言中，最上级之形容语，即在于形容词之重复。于此文法之应用，乃由情感之应用发生者，至为显然。其始也，辞语之重复仅为对于某辞加重语气之一种方法：c'est beau，bean。然其渐也，此种进程丧失其情感之价值，似为表示过多或尽量之一种便利的方法，与任何情感之表现一若无关者。即以 il est gros gros 替代 il est très gros。此为塞姆语最上级形容语惟一之形式，迄今尚流行于爱西屋皮亚语(Ethiopian)中，例如，现代希腊语有 ζεστά ζεστά κολλούρια(piping hot jam-rolls)，εἶσαι πολὺ πολὺ κακós(you are exceedingly naughty)②。

虽然，法语一类之语言中，此种程序绝未演成单纯的文法者(因法语之文法另有一种构成最上级形容语之方法)，尚能保持重

---

① Vondrak，CCXVII，t. I，p.178.

② Pernot，CIX，p.90，160.

复辞语之情感的价值。是以,il est gros gros 并不恰与 il est très gros 所传示之意义相同。吾人试将 il n'est pas très joli 与 il n'est pas joli、joli 两类之语句比较之,更可觉其彼此之相异。吾人试假定此等语句作为讥讽之用;则在后一类语句上,讥讽之意味较之前一类较为浓厚也。

辞语之重叠,见诸印欧语或塞姆语之动词系统中者,确有其情感之起源。就吾人所知,在此等语言中,此乃供作几种用法。印欧语上最显异之一种,即为表示完全之动作。此在古希腊语完了时之重叠语上见其价值①。语根起首音缀之重复,给予一种加重作用于彼,相当于整个动词意义之价值。塞姆语上,动词之重叠仅在于辅音之增长,换言之,即在所谓重叠辅音用以替代单个辅音也。于此,其情感之价值亦甚明显。彼乃用以为一种加重作用之特征②:阿拉伯语 chábat(他敲打)、chábbat(他敲打得很重)、kásar(他裂开)、kassar(他破裂得粉碎),等等。又,名词亦显示其迹象,以复叠语为构成"多数"之一种极古的方法,此亦由于情感起源之显然者也。

此等事例,皆为感觉之表现演成文法之程序,而逻辑之语言乃采自情感之语言者。其相反之事例亦所常见。一切口说语言中,颇有多种纯粹情感价值之细小的语词,其属于逻辑方面极少,因之有时彼等所用以表明之一种意义,恰与其真正的意义相反者。不特语词如是,并有动词、主语及补足语之完全语句,亦可如此应用者,或为简短之句,发言者从中颇能以最初步之分析,认明各个语词者。整个之传示,除一种情感以外,实于心中一无所有。例如,"par exemple!"一语为表示惊骇,或"vous savez"为一允许之语。此等短句所表现之内容渐渐增强,以至其逻辑之价值消除净尽。由

① J. Mackernagel, CCXX.
② Brockelmann, CXL VIII, t. I, p.508.

逻辑的语言转移为情感的语言,其发生乃因最初过于常用,消尽其一切含义所致。凡人听及使其惊骇之事,答云:“Ah! par exemple?”于此所表明者,乃为希冀说者以举例之方式给予一种说明。于是演成一种习惯,说“par exemple!”以示出乎意料之任何承认,即无事例可供作证明之用,亦不需自己解释者。最后,此种感叹渐成为一种叹词之用,而“par exemple”变为惊异、疑惑、轻慢、愤怒、惧怕之呼声矣。此种成语,渲染有各种不同之意味,现已演成为一种情感之辞语;然其创生也,固甚显然由逻辑的意义演化而来,可极易测定者。

语言之演进并不于此停止。原为情感的公式,后复甚速归于残毁,此其本性之特征也。情感之显示归于消灭,不久即无所遗留,仅一毫无色彩之短句而已。口说之语言,任便以多种无所表示之辞语,间隔于其语句中,即在有意义之语词间,甚多填塞其中:tiens, allez-y, penses-tu, voyez-vous, niest-ce-pas? 皆法语中通常之例也。任何人无不见其自身在日常谈话中应用此种之短句。此等字句,原为逻辑的,而变为情感的,结果又为自身无义者。在一种演化之程序上,即刻将彼等理智的与情感的性质剥夺净尽,是乃此种最后之阶段也。

是以,情感作用渗入文法之语言中,并将其消灭分散,文法上不固定之状态,大部分即由此种行动以解释之。文法之逻辑的理想,当为一辞语各以示一功用,而一功用必各有一辞语以示之者。欲实现如此之理想,则语言当固定如代数者然,其各个公式一经建立,即保留不变而足为各种可能的活动之准则。惟语句固非代数之公式也。情感作用常将思想之逻辑的表现掩盖其上而施以色彩。吾人永不将同一之语句发出两次:同一之语词永不在恰恰同一之意义上运用两次;在语言中实无两种事实绝对相同者。所以致此之理由,即在于种种环境不断变更吾人情感之境况使然也。

(五)形态之转变[①]

各种活语,其形态学上之结构皆非固定者。此依上章所举事实以言,固已彰明照著矣。纵当吾人研究一种死语之际,彼固经文法学家之努力而为固定化者,然一俟吾人试引用规则于彼,即承认其中有多种出入违忤之现象。尽量除出各个人之"错误",有时为多数正当的作家所不免者;而某等"缺点",实在各语言之形态本身中确已具有,即属最高等文化之语言,亦所难免。各种规则皆有其例外,彼等在逻辑上又非可认为正当者。总之,各个发言者所应用之形态的系统,在其本身内,包含有甚多转变之因素,一如语音的系统者然。

虽然,语音系统与形态系统两者间,对于此等变迁所依据之方法,其中实有别异之处。大多数之语音演变,音素所遭受者不关于语词,形态之演变则异乎是,只有关于语词者,而不关于一般之形态成分。此不仅因乎形态成分通常构成语词之整个部分,主要之原因尤在使形态转变之发生者,不属于心理上之种种范畴,乃属于语言上处理彼等之用法。

形态之转变,常创始于某种特定之用法,是以常有其有限之范围。盖其所变更者,非为整个之系统,如在某等语音演变中者,而仅为整个系统中之某一成分而已,此又与某种特定之用法相关联者也。

此两种程序间之别异,即在彼等之结果上显示之。语音之发展为全部者,不留有遗置未变者;盖以一新现状替代一旧现状者。形态之演化,则不然,罕有影响于一切与其种种规则相牵涉之事

---

① 参看 Meillet, *L'evolution des formes grammaticales*(XLii,一九一二年,第384页)。

例。而仅相伴于产生之新形式，常容许有多多少少之旧形式继续存在者，亦继续应用者。是以，从已往形态演变历史之各阶段中，莫不有其遗存之物。法语上，无限式之 courir，用以为替代古时之 courre 者；而 chasse à courre 仍留存于今，又如 rompre 及 moudre 一类之无限式亦仍继续应用。多数式之 les chacals，其存在也，并不阻止 les chevaux 之一式。在第二人称多数式中，vous dites 仍行保存，而 vous prédisez，vous contredisez 亦付诸应用，同时 vous contrefaites 又相合于 vous faites 一式。今法语上仍说 l'Hôtel-Dieu、le monument Victor Hugo、la sue Gambetta，而在 la maison de Dieu、les poésies de Victor Hugo、la solitique de Gambetta 等等一类之事例中，则用介词者矣。此等违异之处，在一种语言中几为不自觉者，而在任何事例上，其决无因此感受不便者。

有两种普通之趋势，主持形态之变迁；其一出于"纯一"(uniformity)之需求，凡变成不甚常用之形态成分，使归于消灭；另一则出于"表现"(express)之需求，趋于新形态成分之创造也。

吾人将不甚常用之形态成分，再减少使之规则化，以使其归于消灭；换言之：即借助于"类比作用"(analogy)以满足纯一之需求也①。类比作用一辞，显示心理上之一种程序，以创造一形式、一语词或一辞语之转变，依据于一种已知之模型者也。儿童之说 j'ai li 以代替 j'ai lu 者，依仿于 j'ai ri 也；或者，其在业已 approché 于桌子之后，请求某人将渠自桌子 déprocher 也，盖创出两种类比之形式矣。因类比作用，可使一无学识之人，自傲于其正当之说法，将说 je ne me remets pas de vous，以替代其说 je ne me rappelle pas

① V. Henry, *Essai sur l'analogie*, Paris，一八八三年；P. Giles, *A Short Mannal of Comparative Philogy*，第二版，London，一九〇一年，第 58 页；H. Oertel, *Lectures on the Study of Language*, New York and London，一九〇二年，第 150 页；H. Paul, *Prinzipien der Sprachgeschichte*，第四版，Halle，一九〇九年，第 96 页；等等，参照 Meillet, *Rerue internationale de sociologie*, Paris，第二卷，第 860 页。

de vous 者，盖依于 je ne me souviens pas de vous 之模型也。

类此作用，实为一切形态学上现象之基础。吾人常依于类比作用以为说话：文法上所供设之动词变化例，即学子所受以遵循之唯一的模型。例如，余知对于无定式之 finir，有一相当之未来时式，为 finirai。当遇及需要用另一动词收尾于 ir 者之未来时式，例如 crépir 或 polir，其时余毫不迟疑说出：je crépirai，je polirai。然苟以此同一之方法继续应用，又自 venir 构成未来时式之 venirai，则余依据类比作用创造一不合习惯用法之形式矣。虽然，历史上却指示此种创出者终于后来通行于世。经一长久期间，je tressaudrai、je défaudrai 曾用为 tressaillir 与 défaillir 两动词之未来时式；现今则此等未来时式又照规则以构成者矣：je tressaillirai、je défaillirai，此等形式之终于得胜者，盖由于受有规则的动词变化之影响也。

语言学家久已用代数上一种比例之公式，表示类比之作用：a:b::c:x，即谓 finir 之于 finirai，犹 tressaillir 之于 tressaillirai 也。因此，由数理的推求，得出新的未来时式。然吾人常须免除，将此种数理的推求应用于其性质或内容不相适合之事物。因此种事例中，代数公式并不足以给予一切遭遇之正确的观念。且有危险给予一种印象，以为其演变为有意而自觉者，盖揆诸实际，却甚相反者。抑有进者，其规则又罕有仅包含四个名辞者。凡为吸引类比作用之形式，照例并非一种孤独之成分，而为总括几种各异成分之符号。吾人苟仍欲根据代数学之立场，则至少，其公式必须改正为 p:p′::a:x，其中 p 与 p′ 乃代表不定之数量者。实在，一方面，因与 finirai 之比较而使由 tressaillir 产出一 tressaillirai 之形式者，非仅为无定式之 finir，而为一切与此两动词形式相同之字。另一方面，finir 之此种行动，又为代表之形式，凡动词之收尾于-ir，具有一未来时-irai 之形式者，皆为之佐助也。

然代数公式于此事之主要缺点，尤在彼等并未计及种种形式相对之价值。在 tressaillir 与 défaillir 未来时之事例上，对于类比作用之功效，即有一种佳妙之解释：苟将彼等回置于规则之范围内，乃因彼等极罕有应用而使然也。若在直说之现在时上，便不如是，吾人仍继续说 nous tressaillons, vous défaillez；并不计及 nous finissons, vous finissez 矣。于此，类比作用之效力并不甚强，盖直叙之现在时固较未来时更为常用也。是以，一切之决定，惟视发言者心中所有各种形式间，对于优胜与抵拒之竞争如何耳。类比作用，在某种范围内，又依据于最少劳力之原则，即禁忌关于无用的资料在记忆上过分之负担也。彼所消除之形式即为意义上弱读之形式，因罕有应用，记忆并不将彼等保持者。类比作用仅能因记忆之失败而得取胜；不规则之形式，罕有应用而被遗忘，于是依据规则而加以重造。

儿童在彼等学习语言之时期中，创造一大宗之新字，皆由类比作用为之导引者也。此等新造之字，大多数经后来之改正，归于消灭，因其大都仅为各个人之歧异，或由于语言上误会，或由于一知半解之结果。然有几个却甚适合于一般语言上之意旨，最后乃得留存者。常见有同一代之各个人，皆自然引入构成同一之谬误，于是施于彼等有如一定律者然，终演成为规则矣。是以教师之努力，对于任何演变之影响，其效甚微。常有某等公然错误之辞语，纵属文雅之人民亦通用之者。吾人一见文法上并未予彼等以正式之允许，则又不免惊异者矣。

文法常与语言之自然趋势处于参商之境地。在一国内，文法学家使用绝大之影响于其中，则语言上使类比作用发生效力者，其倾向亦较少；类比之创造所得者，早被窒碍不行，而无有留存矣。为欲使彼等能通行，必须常常而有规则的加以复习。十六世纪时，文法学家之工作，尚未获得嗣后所达到之范围与实效，吾人见当时颇有不少引用上之错误,此等错误尚未能获得构成法则之势力[1]。拉布勒(Rabelais)曾说 je finois 以替代 je finissais;吾人现仅存后者之形式。虽然,同时之语言为此而求其补偿,不计较于文法,业已将现今以前认为错误之某等辞语转变,施诸应用,而获成就者矣。各人皆说 je m'en rappelle 以替代 je me le rappelle,而粗俗之短句 de façon à ce que 以替代 de façon que 者,亦渐渐引入于口语,甚至书写,之用法中矣。吾人纵或有遗憾在心,而必须承认,此等错失正为语言上一种自然之趋向也。

虽然,又有种种形式,抗拒类比作用之施行,因以称为不规则者。一切语言上之文法,多少总有不规则之名词与动词。彼等亦称为强读式,以别于弱读式之容许自身为类比作用所调整者。强读式列在规则之外。彼等对于类比作用之抗拒,乃因乎彼等为常用之字,因频繁应用致使保持于吾人之记忆中,不被遗忘,故不容许有被变更者。彼等置放有各自一切之特征,大体上彼等自身不适于作为模型之用,或供作类比行动之起点。是以,一切语言中,其最普通之动词大都为强读式,换言之,即属不规则者。一切之最不规则者,为实在之动词,因其为最常用者也。法语中 il est 与 ils sont 两者间之对照,乃极端古老者;至少在书写之形式上,仍可追溯于印欧语动词变化法之一种程序,此则在法语之其他任何处所,早已无存者矣。拉丁语在其最普通之动词上,仍保存此类之遗迹;法语则仅有动词之 être,惟其不规则之变化似不致受任何方面之摇动耳。

非谓强读式可永不受时间之侵蚀。许多语言中之实在动词,亦显示一种类比作用的齐整化之迹象,业已使其动词变化法之变更者。例如波兰语中第一人称之 jestem(我是),业已依于第三人称之 jest(他是)而改造者。惟此等程序大都受有限制,并不足以

① F. Brunot, *Histoire de la langue française*, Paris,第二卷。

阻止实在动词,整个上其不规则形式之留存。某等语言具有真正丰富之“强读的”变化法,如德语上者,实有机缘以保持之而历一长久时期,盖以种种不规则之形式,彼此能相互支持者。其中有几个,语言上逐渐消灭之,而使归于规则之范围以内者,固无疑也。吾人颇可列出一强读动词表,其在晚近数世纪中业已变为弱读者。彼等之数量,正在增进之中;弱读式之输入,初与强读式相并,终乃通行于世。某等方言有以 ich verlierte(我曾遗失,I lost)替代 ich verlor 者;以 ich springte(我曾跳跃,I jumped)代表 ich sprang 者,以 ich fangte(我曾取,I took)代表 ich fing 者;以 gefangt(已取,taken)代表 gefangen 者。在许多动词中,其现在时的直叙式与命令式,业于其形式变化之齐整上获得成就矣。由 fliegen(飞,to fly)而来之 du fleugst、er fleugt,以及由 lügen(躺,to lie)而来之 du leugst、er leugt 皆不复为正当之用法者矣。某等方言有以 nüm(携取,take)或 hälf(辅助,help)替代 nimm,hilf 者。曼尼亨姆(Mannheim)之方言,有以 ich geb、du gebsh、er gebt 替代 ich gebe、du gibst、er gibt 者[1]。英语中,类比之整齐化更流行于较广之范围,是以其中之动词仍保存强读者,数量极为有限,而此有限之数量亦正趋于减少。Pickwick Papers 中,the Boots of the White Hart Inn 说:

“he know'd [knew] nothing about parishes”,又:

“ven he seed [saw] the ghost”,等等——

而所举出之动词,俱在最普通所应用之中者也。

有时类比作用足以影响于同一动词自内发生之变化。德语上,wurde 之用于少数式,以替代 ward 者,因与多数式 wurden 之类比也。动词过去时之变形,在德语中之齐一化,早已发生,而大

---

[1] O. Behaghel, *Geschichte der deutschen Sprache*, Strassbrug,一九一一年,第247页。

都已通行者,即为少数式之元音。例如:wir warfen(我们曾投掷,we threw)乃因 ich warf(古高地德语 warf, wurfum)而改制者也;wir zogen(我们曾拖曳,we pulled)因模仿 ich zog(古高地德语 zöh, zugum)而来者也。果若 ward wurden 之一对,留存至于今日,则因乎动词 werden(变成,to become)之重要及其应用之频繁使然也;又若 wurde wurden 之一对,已用一少数式中弱读动词之语尾创造而来,则又因乎 hatte hatten、wollte wollten、musste,mussten 等类此各对之影响使然者,盖彼等亦多少用作助动字也。此并非意示,如同 wurde 一类之类比的形式,并不见于日耳曼语言之历史中者。古高地德语中,biginnan(开始,to begin)一动词,相并于过去式之 bigan,拥有另一较常用之形式 bigonda 或 bigunda。古萨克森语由 fundan(发见,to find)一动词,应用一过去式之 funda,以伴于 fand;古英语亦由此动词,因与多数式 fundun 之类比,而于少数式中具有 funde。然无论如何,wurde 之创生,总为独立者。类比的动作之事例,皆需要分别处理之,苟吾人欲了解类比作用之意义,则首先必须明其来源。

此种来源,即在某种足为模范的形式,之存于语言中者。此种事例,并非将意识中所自陈述之计划的整体,借于不断的获益而加以实行者。有时类比作用的行动,其结果使不规则的形式、数量趋于缩小,使强读之类型,亦趋于减退,此固无疑也。然此并非一种绝对的规例。有时可遇及,某等强读之动词将使彼等自身印入于心中,以至成为供作模型之用,而囊括几个弱读的动词,使沿彼等自身以俱变。大体上,殊有特殊之理由以证实类比作用之为正当也。德语中,强式之动词变化包含多种明显规定之范畴者,此种程序业已发生多次矣;ich frage 由 fragen(询问,to ask)变来者,为一种古代之类比作用的创作,业经趋于完全消灭之途径。然在几种方言中,吾人见有 ich jug 之由 jagen(打猎,to hunt)而来,ich kuf

之由 kaufen(购买,to buy)而来,等等。此等动词现今属于强式动词之合于规则的范畴者矣。另一方面,英语中,亦如法语中者,强式之动词乃真正为不规则者,孤独之例外并不组成一系统,其机械动作之显然存在于说者的心意中者。虽然,亦可遇及,此等不规则的动词三三两两以合为一群,而各自彼此间互相增强及保证者。例如,pondre(产生[卵]、to lay [eggs])与 tondre(剪破,to shear)两动词,其原始并无有相同之处(拉丁语中,pondre 与 tondre 属于两种各异之动词变化),而现今却以同一之方式变化矣。

此中一切,甚少合于逻辑者。“心意之不固定乃因乎自然,绝不一直向前。何以故?因其寻求类比作用之依据也;因其昧于事物间之真实关系,仅趋向于外表之近似,而在其演进之中,并不常使其所向之目的归于实现也”。约翰·保罗(Jean Paul)此语(Tagebuch,一七八二年八月九日)之思想,正可适用于吾人于此所研究之种种程序。居于彼等背后之原则,可无疑者为趋向于吸收各异之形式,以在一单独形式之内,此实由于心意自然的懒惰之结果也。然此种归向于“纯一”之趋势,并非如某等作者所声述,以为即属“谐同”之趋向。谐同者,乃为一种逻辑之原则,依于是,则各种文法之功用,各有一单个之符号以表示之,而各个符号亦单为表示一种功用。是为文法对于逻辑之一种理想的适合。由已往过去之事实,可以明认此种理想之距离于实现,何等遥远。吾人之心意绝不将文法之形态完全加以变更;在某一时期彼仅集中于系统之一部分——而此为一极小之部分。又因其所使用于各异部分上之影响,绝不依据一种愿望之指向,以臻于任何有步骤之计划,而只受意外不测的境遇之启示,是以在大体上,整个之结果总为缺乏联系与和谐者。

德语中-er 一种形式成分,在此方面极可供启迪之用[①]。此种

---

① W. Streitberg, *Lungermanische Grammatik*, Heidelberg,一八九四年,第 103 页。

形式成分，为极众多中性的语词多数式之特征，宜其因类比作用而为普遍化之接尾语。印欧语上各种中性的语根之中，有几个特具有一接尾语-es-者，在拉丁语中(取于-er-之形式者)可以认出，由于genus、多数式gen-er-a等一类之浅形也。德语中，其齿音似在此等境况下已变为r者，此类中性之语词以古代之语尾丧失后，遂配置有一新语尾之-er，用为别于单数式之多数式，于是此乃为多数式之特征矣。因此种形式成分为显明表意者，罕有被失落之虞，又依类比作用扩展至于颇多原非具有-es-语根之中性的语词。是以，依kalb(小牛，calf)、多数式kälber(原为此等-es-语根中之一字)之类比，吾人得有Haus、多数式Häuser；Buch，多数式Bücher；Fass，多数式Fässer；Glas，多数式Glässer；Geld，多数式Gelder；Wort，多数式Wörter。虽然，仍有甚多之中性的语词以别种方法构成其多数式者：Mass，多数式Masse；Rose，多数式Rosse；Auge，多数式Augen等等。另一方面，-er之形式成分又见于众多之阳性的语词中：Rand，多数式Ränder；Gott，多数式Götter；Wurm，多数式Würmer，等等，因之类比作用，于其所创造之语尾给予单一之功用者，实未臻于成功也。

然则，吾人何以设想种种人工的语言之建置于逻辑的方法上者，树立在前乎？盖以此等人工的语言只可认为特殊的语言——专用的语言或符号的条例。少数人民应用此等语言者共相遵守，足以使其维持不变。然如此等语言转而为实际的活语，即不能如是矣，因苟为活语，彼等将迅速受有变迁矣。各异之价值将交付于各异之形式，而某等形式将较其他形式更居于重要之地位；类比作用之法则，将归于使用，而混杂之现象，终将继原初整美之程序以起。多种重要之形式，稍稍构成类比作用的光射之中心；彼等由各个方向及为各异原因，吸引其他之形式以归于自己。因之具有相互交错之类比的方法，为吾人直线型之理解所不能调整者矣。

理想的逻辑语言实只是一种梦想。此使人忆及园丁之所为者,彼园丁之想像,以为业已播植各种子,依完整计划之程序恰相一致,而付予彼等亦恰为同样之细心,则其园地自必常有同样大小之草树,依同样方式而排置,具有同样数量之花朵与果实者。殊不知天壤间有过多各异之起因,为人力所不能控制者,足以变更生物之境况。语言正复如是,其中之类比作用,实常为逻辑之劲敌,虽其为响应纯一之需求而应用理智以满足之者,终与逻辑相左者也①。

表现之需求,亦如纯一者然,绝不能完全满足者也;然于寻求满足之际,心意被引进以补偿种种形式之消耗,结果遂以变更形态矣。

某等形态成分,以语言中语音演化之结果,成为极端微薄,因之彼等不复有如何用处;有时彼等竟至完全毁灭。于是或者必须加以改造,或者加以复原。在拉丁语一类之变形语中,当此种程序附结于收尾之字音时,则全部之形式变化必须加以复置。语音法则之行动业已将彼等摧毁以后,形态上所存留之残余,罕有明显足资以为保存者矣。例如,在西元后第一世纪之土俗拉丁语中,形式变化逐渐消灭矣。其在各类变形中所留存者,仅为主位与宾位之两相对照,有时审慎周详依据类比作用而加以复置。新拉丁语之动词变化亦甚多得力于类比作用。法语中,-ons 与-es 之形式成分

---

① 关于人工的语言,参考 *L. Couturat and Lean. Histoire de la langue universelle*. Paris,一九〇三年,及 *Revue de métaphysique et de morale*, Paris,一九〇八年,第 761 页;一九一一年,第 509 页;一九一二年,第 1 页。又参看 *The Bulletin de la Société française de philosophie*,一九一二年,第 47—84 页。Brugmann 与 Leskien 所确述一种语言的自然之异议,"Zur Kritic der künstlichen Weltsprachen", Strasbourg(一九〇七年),业已为 Baudouin de Courtenay (Annalen der Naturphilosophie. *Ostwald's Annalen*,第六卷,第 385 页)加以讨论矣。参照 *Indo germanische Farschungen*, Strassburg,二十二卷,第 365 页。

为第一人称多数之表征者，乃由于类比作用扩展之结果。-iss-之成分在 finissons、finissez、finissais 等字中者，原初为拉丁语之接尾语-isc-；盖取自某等动词扩展至全部之动词变化，随后演成为其表征之符号者。过去分词 eu（从前为 évu）、vu（从前为 véu）lu、tenu、rompu 等之形式成分-u，由一种分词之语尾-utus 演成，关于此之拉丁语例子甚为稀少。然于此，因语音消耗之失落者亦须加以补偿。古代分词之 habitus、uisus、lectus、tentus、ruptus 等，未在或不能在法语中有所代表，除非在并无形态表现之形式下者。是以，此为一种表意的语尾成分之类比作用扩展者也。

虽然，凡此所为尚未敷足。纵使类比之功，使拉丁语上变形作用之残余归于复活，而于一切文法的范畴皆予以表现，终觉困难也。另一种程序遂发生于其间矣，此又在于介词上加增其重要，冠词上发展其功能，代词上又利用其职务——简言之，创生附属补助的语词具有形态成分之功用者一种完全系统也。现今，吾人所说 la sœur、de la sœur、à la sœur 或 je lis、tu lis、il lit，在往时拉丁语上则说 soror、sororis、sorori 或 lego、legis、legit 者。关于法语上此等短句转变之起点，确已见于拉丁语中，例如其中之介词当时业已具有多种用法，而常以增强位格变形之显示者；只是法语上之 à 与 de 为文法之符号，较之拉丁语上 ad 或 de，所含具体之价值较少耳，盖拉丁语上之 ad 或 de 仍具有一种固定的方位之价值也。虽然，ad 与 de 业已为形态成分者矣。

拉丁语上之介词对于法语自不敷用；新的介词势必加以创作；而为此种目的，除出拉丁语副词或介词之结合体，如 dans、après、sous、avec 等以外，又应用存在于语言中之他种语词。例如，由实体语词 casa 生出 chez。法兰西之某等地区中，吾人仍得见 chez Pierre，chez Rolland（彼得之屋，Peter's house；罗兰之屋，Roland's house）一类之地名。某等分词或形容词已成为真正之介词：

"pendant la nuit""vu les circonstances""nonobstant la défense""excepté le dimanche""malgré la pluie""sanf erreur""plein la rue"。相类之事实亦见于其他许多之语言中。例如,在某等现代印度之语言中(例如星加利斯语 Singalese 中),其领位之意义,即应用 ge 之形式成分以构成者,此种形式成分乃为古代梵语表明方位之 grhe(在房子里),正有如法语中之将 le lovre de Pierre 说为 le livre chez Pierre 者然。匈牙利语之形式成分-vle-,表示工具之使用,可译为英语之"with",由古代一独立语词 vāγl-或 vāγd(靠了,"by force of",用了"by means of")使用位格之意义所演成者。英语中,如 concerning,past(如在"half past two"中者)一类之语词;同样,德语之 trotz(等于英语之 despite)、betreffend(等于英语之 with respect to),或丹麦语之 undtagen(等于英语之 except)等,皆为纯粹之介词也。

凡此等语词,在中国之文法的意义上,皆已成为"虚字"者。此实超越于类比作用的程序之上,而使实字转变为虚字,以为形态上补偿其遗失者。语言上所应用之文法工具,乃为古代独立自主的语词之残余,使适合于彼等之意义成为空虚,而若符号之应用,作为单纯之代表物。

多种语言中,可追究其众多之成分,如介词、联词,或冠词演化之经过;皆符合于此种普通 一般之类型。希腊语中 μετά(相当于英语之 with)、μέσφι、μέχρι(相当于英语之 up to),在语原学上关联于一表示"milieu"之语词,正如 πεδά(相当于英语之 after)之关联于表明"足胫"的语词者(参照亚美尼亚语中之介词 yet[after])。又 lorsque(当其时)、du moment que 一类之联词亦见于几种语言中。拉丁语之 magis(等于英语之 more),在法语中已成为反意之联词 mais,甚像晚近希腊语之 μᾶλλον:由"不是这个,宁为那个"(not this, rather that)之观念,转移为"不是这个,而是那个"(not this, but that)矣。一切语言中之有定冠词皆为古代之指示字;又在日耳曼语、克勒特语、现代希腊语及拉丁系之语言中,其无定冠词莫不由一数目的名词,表明“单一”者所演化而来。法语、日耳曼语、克勒特语及亚美尼亚语中表明“人”之语词,已成为一种文法之工具,用以表示无定的(法语 on dit,德语 man sagt、布勒通语 neuz ketden——“没有人”“there is no one”、亚美尼亚语 marth egav“有人来了吗?”“has someone come?”);而有时亦用以表示有定的(威尔斯语 y gur,等于英语之“he who”“which one”)。

所谓助动词亦属虚字。英语之“to do 在 do you see? I don't see.”一类之短句中,用作一种文法之工具。德语对于同一之动词 tun,其用法亦相似,至少在方言中者:er tat schiessen(即英语之 he did shoot, he shot)、er tut sich wenden(即 he does turn, he turns [himself] round)。在一切语言中,此等同类之动词大都用作辅助字。例如,“愿意”或“职责”之观念,仅作为一种表现结局,将来时者。“持有”“占据”之观念,用以表明完了时者,或完成之动作。是以英语上之 I will go, I shall find;现代亚美尼亚语上之 bidi anem(即英语之 I will do);法语上之 j'ai conquis;德语上之 ich habe gedacht(即英语之 I have thought);现代希腊语上之 θάχάνω(即英语之 I shall lose),ἔχω χαμένο(即英语之 I have lost)等,皆其例也。书写上,吾人每将虚字与其相伴之实字分离;然此不过为字法之习惯耳。

现代法语中,又有种种事例,其中两种成分紧密联合之后,虚字已变成为接尾语矣;例如,在未来时或假设语中:j'aimerai、je lirai 乃从低拉丁语 amare habeo、legere habe bam 所演成者。法语之情态副词,乃由加一接尾语-ment 于形容词上以构成者;此种接尾语仅为古拉丁语由 mens(英语之“mind”)一语词而来之使用位格 mente。西元前第一世纪时,在拉丁语上业已发见 mente 一语词种种用法为此副词性功用之先导者矣：constanti mente，obstinata mente，liquida mente（Catullus，64，210 及 239；8，Ⅱ，63，46）；sagaci mente（Lucretius，Ⅰ，1022）。而于下列之情形自无足惊奇者矣：希腊语[①]具有 ϵύδόξω φρϵυί（Aeschylus，choeph，Ⅴ.303）或 γηθούση φρϵνί（同上，Ⅴ.772）一类之辞语，恰可译成为拉丁语之 gloriosa mente（法语之 glorieusement）或 lœta mente（意大利语之 lietamente）。此等辞语乃建立于一种流行的模型之上者。拉丁语中正如在希腊语中者，常有遇及语词之具有变异的意义者，当取于一种普通的意义时，可与种种形容词相联合于一类似副词之性质中（ἀέκοντι νόῳ、νηλέϊ θυμῷ、κακῇ καρδίᾳ、τλήμονι ψυχή等，studioso animo、turpicorde、ardenti pectore、miris modis、certa lege 等）。凡此等拉丁之辞语中，实体字保持其价值，仅稍稍减弱而已，乃拉丁系之语言遂已从彼等中采用一包含 mente 之语词者，而将其转变为一虚字。他种语言应用他种语词。例如，德语业已采取 weise（等于英语之 fashion），用之为一种副词的接尾语：glücklicher weise（等于英语之 happily）。斯干的那维亚语言以同此之方式应用 vis（亦相当于英语之 fashion）：丹麦语由 heldig 以成 heldigvis（英语 happily）；瑞典语由 lycklig 以成 lyckligvis（英语 ditto）。又亚美尼亚语已应用 bar（英语 fashion）与 pês（英语 farm、aspect）以创生种种情状之副词；例如，由 burn（英语 power）以成 brnabar（英语 powerfully），由 darn（英语 bitter）以成 darnapês（英语 bitterly）。此等同样作用之语词有甚多可供采用，心意中业已采取其一，遂舍弃其他者矣。

法语中关于否定副词亦遇有同样之事。吾人深知一般否定作用何等具有传染之效，并如何扩展于其所欲接触之语词：aucun、

---

① Paul Shorey，*Classical Philology*，Chicago，第五卷（一九一〇年），第 83 页。

personne、du tout 为法语之佳例，正如西班牙语上之 nada（由 rem natam 而来）。最初，法语上说：je ne vois point、je ne mange mie、je ne marche pas，je ne bois goutte 等，凡语句中否定作用之以副词 ne 为表示者，其被动词管属之语词皆须辨正为如下之意义：je ne vois pas un point、je ne mange pas une mie 等等。然否定之价值将其自身传达于被管属之语词，甚为彻底，因之其真实之价值致被摧残，而其语词亦成为一否定词，现可用与任何动词以否定任何事实者。pas 与 point 两字现仍为否定之副词。不过，彼等在同一人用之，并非无别者：goutte 一字仅在某等辞语中尚有留存（je n'entends goutte，je ne vois goutte），而 mie 却已完全不见于口语中矣；惟亦经一长期间，je ne dors mie、je ne souffle mie、je n'écoute mie 尚得应用者；若其语词之价值，在意识上最小之感觉业已保持，则此种情形当无发生之可能。

实字在变成一单纯的接尾语以前，渐渐不知不觉间丧失其自身所具之意义。在各种语言中，成为制造复合语词之事实者，甚易见此种现象之如何发生。德语以 Mann 字作为第二段而构成不少之复合语词：Bergmann（英语 miner），Dienstmann（英语 man-of-all-work），Fuhrmann（英语 carrier），Kaufmann（英语 merchant）；同样，以 Frau 字亦如此：Hansfrau（英语 house wife），Waschfrau（英语 washerwoman）。此等语词确为复合字，一般亦觉其为如此。Mann 与 Frau 各自分离而存在，使此种复合组织不致泯没，而事实上 Dienstleute Kauflente 之多数式之通用于世，亦足以增强此种复合语词的建立之感觉。然，组成复合字之两种成分，并非以同等重要之地位处于吾人心意上，则固又确切无疑也。重音之置放于第一语词上，遂将第二语词投入于辅助之地位，而在此重音之位置与意义相符合者。可见其第一成分为语词之表意的部分；第二成分则具有主要的形态之价值也。Bergmann、Fuhrmann、

Kaufmann 各字译为法语，则为 mineur、voiturier、négociant 矣，德语复合字之第二段，即以一单纯之接尾语代替之，此又甚明显者也。因此吾人可断言-mann 之成分，在德语中虽不能谓为一接尾语，然其向于此种路途上进行，则可无疑，或者将有真实如此演成之一日。因其第一成分完全吸受心理上之注意力，第二成分则减退至于类似一接尾语之性能矣①。

日耳曼语中有几种接尾语，即以此种方式构成之者。古高地德语有 ni scouuos thu heit manno (non respicis personam hominum，见于 *Mathew* Ⅻ*ii*，15)；于是 heit 之语词用于复合字中：man-heit(英语 humanity)、vip-heit(英语 femininity，women)，而最后又成为现今接尾语中一种最普通应用者矣(Menschheit 等于英语之 humanity、Schönheit 等于英语之 beauty 等)。接尾语之-lich 或-tum其创生之由来亦可以同此之方式追究之。-lich 接尾语，为古代之实体字，表示“身体样式”之意，至今尚保存于 Leichnam(尸体)或 Leichdorn(脚上鸡眼)之中；其见于 gleich 中者，作为一复合字，具有与 semblable 或 like 相同之义；又以-lich 之形式，在 weiblich(英语 womanly，妇人之态)、lieblich(英语 lovely，可爱之状)等字中者，已成为一接尾语矣。-tum 一接尾语，当第九世纪时，奥特夫里(Otfrid)诗中(其字为 duam，有“行为”或“功能”之义)，仍为一独立之实体字；rîhhiduam 一字(即英语 empire 之意)，现为 Reichtum，为当时所用者；依扩展之作用，遂有今日之 Dentschtum、Yankeetun 等。古英语上，亦见有同此之倾向，其中 wéfhad 相当于古德语之 vîp-heit，cynedôm(即现今之 kingdom)相当于 königtum(英语 royalty)，woroldlic 相当于 webtlich。

凡变成接尾语之语词，在丧失原适合于彼等之意义时，即获得

① O. Ganzmann，*Leber Sprach und Sachvorstellungen*，Berlin，一九〇二年，第26页。

一种抽象之价值，以使彼等对于种种形态学上之范畴，或彼或此，成为合宜之表现工具。例如，某等表现性质，而他种则表现情状者；某等为主动的名词之特征，而他种则为动作的名词之特征。此种抽象之价值，并不阻止彼等渲染于各个意义上之情调，过于迟缓。例如，-ard之接尾语，为法语所采自日耳曼语者，日耳曼语中依hard之形式，用为特别名词上之第二成分（Bernhard、Oberhard、Richard等），而在法语中假定以一种贬损的示意，由类比作用所发展而来者。然类比作用却于buvard或foulard一类语词之事例上并不生效，盖此等语词中接尾语已保持其普通抽象之价值，并无任何感情的意味，此可证感情的意味乃于较晚之时所附加者也。

虚字真正之特征即其所具抽象之性质。其建立为一虚字也愈多，则其抽象价值之增进也亦愈深，以至为某等形态成分，结果变为代数之符号以外别无所有，不能译成为他种语言者。古希腊语上之äv或梵语上之iti，即其事例也。可无疑者，此等形态成分原由实字演化而来，其在语言中原具有一种具体的意义，恰似现代希腊语上之语尾字θá与äs者。是以，彼等之演化为形态成分，可谓发生于由具体以至抽象，亦如由特殊以至普通之过程中者。

有极佳之一例，总括一切包含于形态成分的制造之程序者，法语之疑问的语尾词-ti可以当之。

巴黎·加斯顿（Gaston Paris）为最初指出关于此语尾词之特殊兴趣者，此在当时之语言中极其通行[①]。像第三人称少数之il aime一类形式，用作疑问句，在中世纪之法语中变为aime-il者，仍于十七世纪之初期流行通用。因受第三人称多数之影响，收尾于一t音者（ils aiment, aiment-ils），于是一t音遂引入于少数式中，以增强疑问之形式；否则，即因固定表现之缺乏，而蹈消灭之危险

① Romania, Paris，第六卷，第438页；参照第七卷，第599页。

矣。因之,现有 aime-t-il,乃由一种起首音的类比扩展之结果。虽然,在疑问辞句中,第三人称遂较之他种人称保持一特权之地位。此 t 者,因在两种事例中(il aime, ils aiment)其读为 èm 者,故并不存在于非疑问辞句之中,古时实真正为疑问句之符号,而为他种人称(aimé-je、aimes-tu、aimons-nous、aimez-vous)所未曾具有者。在此等形式中,其一,aimé-je,以发音情形之故,陷入于低下之地位,而在某等事例中,竟固定的加以排除(cours-je、lis-je、pars-je、sers-je 等);其他两者,aimons-nous 与 aimez-vous,又与反身式之动词足资混淆,因之丧失彼等大部分表现之价值。此种情形对于疑问语之第三人称,有裨益之增进,盖其为简短而明白者,此外,又当主语为一名词时,应用之:pierre aime-t-il? 更有进者,在疑问语之形式中,末尾 il 之音,依于一种正常的语音程序以变为 i(参照 coutil、nombril、persil),至少在用一元音为起首之动词中,将其与代词接合之联系(il aime、aime-ti?)打断矣。于是彼特在一种疑问的意义上,渐渐假定一独立成分之价值矣。疑问语 ti 之最后扩展遂处于有利地位,而其成功,又因法语之自然趋向,以一种极紧密之联接使代词之主语附着于动词上,而得保证。凡两者可不致联接之事例渐渐成为稀少矣:je le dis、tu le sais 在口说语言中为 je dis ça、tu sais ça 所替代者矣,吾人又可以预知有一日代词 je、tu、il、nous、ils 将不复与动词相分离者矣。自此以后,表明疑问语之词序倒置亦渐渐失其作用。Pierre aime-ti 一语中之 ti 成分,遂为表现疑问语最简单最实用者;扩展至于 ilaime-ti,再至于 j'aime-ti、tu aimes-ti、nous aimons-ti、[ces enfants] s'aimeront-ti,对于语言上所特别依附的主语及动词之顺序并无变更。

疑问语之语尾词 ti,其扩大之应用,可见因乎一连串之类比作用的扩展,在各个事例上皆为特殊之境遇所助成者。现今彼为普通关系之一抽象的符号,因其适用于一切类型之疑问句,无所别异者矣。彼为特别的疑问符号,为法语所需用者。

吾人可见其演化之由来,因乎何等屈折不挠之机智。

苟在法语中并无正写法之传习,又若该语言至今日始行收集编纂一如野蛮人之语言者,则语尾词 ti 将与列于其前之动词不相分离矣。ʒemti、ʒemtipa(等于 j'aime-ti、j'aime-ti pas)皆将写作单个之语词,而疑问语尾词正如否定词,即将转为一种形式之成分——转为一种加接语,与一希腊或拉丁语之接尾语或词尾处于相同之地位也。ti 或 pa 之来源亦当无法以预测之;彼等将认为文法上之符号,缺乏彼等自身所具之任何意义也。

大概言之,印欧语或塞姆语之形式变化,由于原为种种独立的成分接合于语根之结果,彼等开始时仅在与语根相邻接之中漂浮而已,久而成为与之凝合为一矣[①]。吾人对于其出发之处竟茫然不知。试欲发见,第一人称多数或使用位的形式成分,一种表始初动词或一种抽象实体词的接尾语之原始形式与示意,亦当属于徒劳也。然吾人可以断言,此等形式变化之成分,乃由古代种种独立自主的语词类比作用扩展之结果,彼等业已多少被摧毁而减削以至为种种文法符号之职务者。实在,除此而外,别无他种使文法形态上可致补偿与更新之途径也。

---

① 特须参看 Hirt, *Indogermanische Forschungen*, Strassburg,第十七卷,第 36 页及以下;H. Oertel 与 E.F. Morris, "An examination of the theoris regarding the nature and orig in of Indo. European inflection"(*Harvard Studies in Classical Philogy*, Boston,第十六卷,第 63—122 页)。

四、词 汇（摘 译）

（一）词汇的性质和范围①

"语词"的意义的价值，就是说它们在语句里所担任的职务以外之独立的意义。虽然"形式的成分"（文法关系的表现的形式）常常跟"意义的成分"属于某一单个整体的部分，此至于使语词的分析，臻于不可能的境地（详前第二篇文法篇），但是"形态"究竟是独立于意义的价值的。正跟它独立于语词发音上的价值的那样。"词汇"（vocabulary）这个名辞，是用来指称属于一种语言的一切语词，从它们意义的价值的观点上来认识的。音读、文法形式和词汇，这三种体系，可以各自分别的演化，而在各异的起因的影响之下。某些语言，并没有变更它们的音读和形态，而革新了它们的词汇。各异的词汇，可以镕铸在同一文法的模型当中的。

关于词汇的研究的科学，称为"语源学"（etymology）②。它的职务，在把字典里的语词，一一地加以考察，并作了某种企图，以指明它们从什么地方发生的，在什么时候，用什么样子构成的，以及经过了那些变化，因而获知了它们本来所具有的状貌。所以语源学是一种历史的科学。就历史根据的资料的范围所能追溯的，以

① K. O. Erdmann, CLVII; Rozwadowski, CXCIII.

② 关于词源学，试参看 M. A. Thomas 的著作。又参考 Thurneysen, CCXIV.

确定各个语词最古的形式，并且研究它曾经依照怎样的方式来变化的，它在意义和用法上曾经遭受过那些的更动。要设法来指明语源学的重要性，似乎大可不必的。因为靠了这种科学上的论据，使得现今比较的语音学和形态学，都能够在一种坚固的基础上面建立起来了。语源学、语音学和形态学，三者之间，是互相资助的。语源学家，一经掌握了管制语音跟文法形式两者间联系的种种规则，而把这些规则加以正确地运用，便能够对于语言的研究，作出一种最有效用的贡献。

可是，语源学对于一种词汇的性质，会产生出一种空虚不切实的观念，因为它所讨论到的，只是关于一种词汇的怎样构成罢了。语词的应用，并不是依据于它们的历史的价值。人们意识里，对于语词经过了的种种意义的演化——纵使假定时常知道的——实际也已经忘失了。语词，通常具有一种“现行的”(current)价值，就是说只限于它们被应用起来的时际的，以及一种“特定的”(particular)价值，就是只关于它们所形成的暂时的用法[①]。

当翻阅一种语源学的字典之时，最强烈地呈现于我们的事实，就是大多数的语词，并没有任何值得欣赏的语源的研究，而意义上所遭受过的变化，却是出乎意外的繁复。一切专门术语上的名辞，我们绝不能仅仅靠了语源学的论据来解释。用法上把各个语词放进了一种确切的价值，并没有顾虑到它们任何在过去所具有的意义。

如果在同一种语言里，用同一群的声音，来表示两种相异的意义，那完全出于偶然的机会。有时固然遇见这样的情形在语源学上是属于同一的语词的。可是相异的意义，联合于一群的声音，其中实大有偶然碰巧的成因；所以语源学家总把它们区别为两个各异的语词。同音异义的语词，它们的存在，跟语词历史的关系，并不相干。

---

① Bally，XLV，pp.21 和 47.

不仅如此，我们说某一语词可以指出几种事物，这时在某种意味上也是受了幻觉的欺蒙。一个语词所具有各种不同的意义当中，只有一种意义在内部知觉上浮露出来，这便是依据“上下文”(context)来决定的那一种意义[①]。其他的几种意义，都被消除，绝迹而不见了。所以，表面上似乎是同一个语词，可是在实际各个辞句当中表现出来的，有两种或三种不同的意义，实际也便是应用了两个或三个不同的语词；当说话的时候，说者和听者，在这两个或三个语词之间，都没有建立了任何的联系。

承认这些语词可以具有一种“本义”(原初的基本的意义)和几种“后起义”(由本义上演变而来的)，那是从历史的观点上来叙说的问题，并非我们在这里讨论的中心。那些人们，对于语言全部的发展，一目而能了然于胸中的，自然知道钢“笔”的“plume”是从鹅“毛”的“plume”的意义上演化而来的。法语里“plume”这个名词，“笔”的意思，无疑的是“羽毛”这种本义上演变出来的后起义。这里，便是同一个语词，在历史的演进当中，已经获取了两种各异的通用义；所以在一种擅长于表示一个语词所具有种种意义的全部系列的字典里，当解释法语“plume”一字的时候，很可以把“笔”这种意义，列叙在“羽毛”的意义之下。但是，现今操法语的人，确实在这两种不同的用法上，认定为两个不同的语词了。这两个语词之相别异，正是跟一切同音异义的语词之相别异的一样。

或者，可以说这种语词当某一时期，曾经作为“隐比”(metapher)的用法。但是，这种用法，实在为时很暂。在流行的惯用上，一个语词当一个时期，仅仅具有一种意义。当“plume”这个语词，说者作为“笔”的意义来应用的时候，虽然知道一种“鹅毛”的“plume”曾经一度作为书写之用，可是所应用的“plume”这个语词，终究属于

① 参看 B. Leroy, LXXXVII, p.97 所引 Paulhan 的话。

一种书写的工具的意义，并没有运用隐比的观念存乎其间；听者和读者的了解，也恰恰是如此。隐比是一种缩减了的比喻，要鉴别它，还需要相当的努力；这种努力当悠闲读书的时候，固然是我们所愿意做的，可是在谈话中间，并无暇及此了。语言是要求正确和明白的；谈话中间首先须留心的便是免除混淆。所谓“双关语”(pun)，照定义说，并非一种正常的修辞，而只是一种艺术的形式，正像各种艺术的产品，需要特别的注意的。凡喜欢这种行径的，必定深切了解预先作准备的地步之必要，以获得听者的注意，使听者一经预告，便去寻求此中的智巧。如果真正的一个语词，把种种意义一下子地统统呈现出来，那末，我们在谈话的进行中间，便为连串的双关寓意所产生强烈的印象而受苦无穷了。

许多语词的意义，固然是原出于隐比的作用，但是实际上应用起来，便不能依据比喻的方法来认识它们；如果处处依据比喻来解释，便把通常流行的语言，变为极端荒诞可笑的了。通常流行的语言当中，“隐比”已经不见于语词所形成的用法里，因为语词在语源上的努力已经被消灭了。

因此可知语词的价值是由“上下文”来决定的；在各个事例里，语词周围所环绕的空气，立即确定了它的价值。不管语词具有的种种意义怎样的复杂，总把一种“特定”的价值，施加在它的上面的，这便是“上下文”。使语词脱离了它在记忆上相关联而积聚起来的一切预存着的意象的羁绊，并且给它一种“现在”的价值的，也便是“上下文”。不过，语词离开了它所形成的用法，仍旧具有它的一切潜伏的真实的意义，隐藏在人们意识当中预备兴起，并把它自身适应于任何可能唤起它的情况。

一个语词可能配置的种种用法，不管怎样的复杂，并不必需在它的上面供献出一种共通的价值。语词在它可能具有的各种不同的价值之间，不能再形成何种意义了：每一种价值，只是整整地在那儿期待着一种确定它自身的符号。如果有疑惑难定的所在，那不是关于它的意义的本身，而只是关于它所被引进的那种情况。一个语词所具有各种不同的惯用法，在人们心意里不会相混。它们各自留待人们的使用，一直等到被需用的那个时候。可是，我们所能想到的，只是一个语词而已。

语词，它的本身并非孤立的。它印在人们心意上的，是它跟各种业已把它先前引进过的上下文，以及它所进入过的一切的集合体。人们立刻把它连接于几种"语词的族类"(families of words)。依照人们想像的能力，它引起了许许多多由它向每一方面涌出的种种意象。

在人们心意上，没有一个语词是孤立的。相反的，人们的心意常常要把许多语词类集起来，并要在它们中间发现新的联结。它们常常依据意义的成分，或形态的成分，或且单单依据它们所由组成的语音成素，联接于语言上的"族类"。它们常依着彼此间所具有的共同的成素，来互相联合、互相类集；一个语词往往依据它所具有的这一种成素联合于这一群，又依据于那一种成素联合于那一群。所以我们看出了有许多"词类"或"字族"，是彼此相互地交错着的。

语词的类集，依据于它们的语音成素，在所谓"通俗的语源学"当中是极端重要的。人们心意上常常要在许多语词外表的形式之间建立种种联系，可是它们有时在意义方面竟然是相反背的。跟某一较为常用或熟悉的语词，具有一种空泛的类似，有时会产生一种同化作用，由此而引起了奇异的种种形式的毁坏。因为形式的毁坏，就把真正的语源事实忘失了，或且变成和别个语词形式相类似，就引起了附会可笑的解释，有时竟然因此而产生许多无稽的传说故事。名号既然用为思想的媒介，就树起了谐音和同化以及超出一切理路的接合的感应作用。人们当然容易判定它们是不合理智的附会，可是由于幼稚的想像的产物，就立刻使它们好像具有一种真实的空气。因之神学只不过是语言的一种病态，此说已为争论和辩证的焦点。医药上的许多迷信也很相似，乡村和流俗社会里，有不少医疗的方法和药品，只不过是它们名号本身所给予双关语意，因而产生的德性。这是由于语词常常具有一种“象征的”价值的缘故。

情感的语言和理智的语言，这两种东西沉浸在通常的说话当中，语词便是最常见地由于这两种东西的融合物。一个语词的解释，并非纯粹是字典里所见到的抽象的定义；在各个语词理智方面的意义的周围，还浮起一层情感的空气，掩盖着、透进着，并且给着它在每一种用法上某些暂时的色彩。纵使对于那些极少想像和感受作用的人们，一个语词所表现的抽象的和共通的观念，也渲染着某些细致的色彩，以构成它的意趣的表示。

这种表示的作用，实在具有各种不同的性质和众多复杂的原因。主要的，便是在语词的意义和它所由组成的声音之间两相协合的结果。原来声音和意义之间并没有一种固定的谐和。词汇也并非源出于整组的摹声的语根。摹声说以为事物的名称都是要适合自然的本质，早已为语言学家所否认。不过，声音和意义之间的两相谐合，这种假设，固然不足以解答词汇的形成问题，而就人们心意上某种状态来说，却也并非全无价值的。固然，同样具有某些声音，不必同样具有某种意义；反转来，具有这种意义的，也不必定用这种声音来表示。可是，某个语词的表示作用，有时就因为它所由组成的声音，在声音本身上容易触起所代表的意象而显出来的，这是确实的。

实在，声音或声音的结合体当中，对于表现的作用，有各种不同的效能；在这中间便存在着摹声的秘诀。音乐家晓得运用各种不同的音调来表现各种不同的情思；哪一种调子是适合于粗野的，哪一种调子是汇和的、甜蜜的，哪一种调子是雄壮的。音乐家对于某种场合常选择最适合于它的乐调；如果更换了，便要贬损或失却一个乐曲的意义和价值。作曲家也必定晓得在调子上所感到的种种情思，而构成种种乐曲来表现它们。诗歌的艺术，也同样地运用语词的声音来作合适的表现。诗人如果把语词的发音成分在连续和对比上作巧妙的排置，会使语词的表现作用产生种种意想不到的效力。

不论哪一个语词，总要在人们心意上预先引起某种特殊的意象——喜悦的、悲愁的、快乐的、惊骇的、伟大的、细小的、可赞美的、可嘲笑的等等——这种意象常超离于它的真实的意义，而显现在人们认识它的意义之前。对于未认识的人，他的名字本身也会使我们预先引起关于他的一种观念——通常当然是一种不很确实的观念。语词的情形也是如此。我们对于种种事物，常常因为它们所具有名称，引起了种种自发的印象，就存在着先入为主的观念。

一种事物和它的名称之间，建树了相互的谐合，我们所遵从的这种心理上的习惯，实在跟人类的原始一样的久远。名称不仅是认为惯常的记号，也认为是事物整体上的一部分，事物一切特质里的一方面；这种习惯的相沿实在经过了一个很长远的期间。这在语言上的禁忌当中，便可以得到许多例证。语词的作为记号，并非是偶然遇合和茫无抉择而随便乱用的；语词实在具有一种巫术上的价值，因而发生咒语和祝诅的魔力。尤其书写上的辞语，较口说上的，更加有巫术上的势力。在诗歌当中，因为许多语词是依照韵律来配合约束的，特别蕴藏着这种强烈的效用。

早先讥讽诗，原来具有巫术上的势力和效用；当时讥讽诗或者就是诅咒语，而撰作此等诗歌的人也，就是巫觋。后来因为文明的进步，讥讽诗才渐渐跟诅咒语划分开来；不过，原始它们却是二而一的东西，在许多地方尚经一度长的期间，继续存在着。又早先巫士便是医师，巫医二者也是合一的；当是以为疾病是由于恶魔的作祟，巫士认识或发现恶魔的名字和称呼，便把握着治疗的法术；因为病人相信巫士依据名称而得知道引起疾病的隐匿的恶魔，就靠此而获得了解救。这种原始民族的习俗，虽然属于可笑的迷信，但是到了今日，还留存着潜势力；声音和意义相连，名号认为实在，仍旧深藏在人们的意识当中。

因为声音，观念以及事物之间彼此通联，树起了语词相互间交错的类比的关系——这些是人们心意对于词汇上活动的结果。所以当一个语词浮现于我们意识里的时候，它并不是孤立的。纵使它仅仅在单个方面显出了它自身，却也有别的许多语词留置着做了它的背景；因之它就依着某一方向，使得种种意念和感觉汇成为整体的一群，而用细致的联琐来随附着它，常常准备着浮露于表面。所以贮存于我们心意里的语词，都是参与着我们一切理智的和情感的生活。

关于词汇的范围，某些语言学者，曾经想用数字来解答这个问题。有人研究乡村农夫的语言，以为农村所用的语词，没有超过三百之数的。有人以为沙士比亚的词汇，包含一五〇〇〇的语词，也有以为沙士比亚所用约有二四〇〇〇的语词；密尔顿所用有七〇〇〇到八〇〇〇的语词；如《荷马史诗》有九〇〇〇；《旧约全书》有五六四二；《新约全书》有四八〇〇。这种方法，想用数字来研究词汇的范围，并没有什么收获。尤其文学作品，更不足以代表词汇的全体。荷马诗或沙士比亚的戏剧里，有多少语词，固然可以算得出来；但是要想用这种方法来建立一个荷马或沙士比亚的词汇，那就幼稚可笑了。一种作品的词汇，其中所包含的语词，作者有时偶然间掇拾到的，有时从书本上采掘得来的；并非由作者故意创造出来的。我们绝对不能把作者本人的词汇，和作品所根据的字典混为一谈。字典常是混合性的；贵族用的语词和平民所用的，专门性的语词和普通性的,都排列在一起。每一种字典里,常混合着几种的词汇。作者对于他的作品,除了应用他在现行的说话里的语词以外,又增加别的许多种——上古语的、方言上的、科学上的及土俗语上的——以使他的文辞丰富起来,常常因此而构成了作品本身的美满的价值。

实在,没有人可以知道他自己词汇的范围,也没有方法对这种范围加以估计。如果字典里所载的语词,都是可以一个一个地唤起观念的,实际为着适合它们所唤起的观念,一个一个地来应用,也是不够的。因为语词在人们心意上的排列,不像书本上的字体和军队上的士兵,一行一行的,完全依照人工的状态来配置的。我们并不恰恰知道:智力的活动究竟是从哪一种深度里来引用语词,来支配语词于语句里,或流入语词于说话里的。语词在人们心意里,绝对不是一个一个地孤立的,而总是一群语词的各分子,从整群里以获得各个分子的势力。可是,关于一群一群的语词的散布,不论依据着文法上的和心理上的,历史上的和社会上的种种理由,总使得任何用数字来估计词汇的企图,无法实现。

从文法的观点上,语词的数量是无法估计的。语词常包含有组织上的种种成分,便很难加以划分,便很难规定了语词的单位。形态的成分,当然不算在词汇的范围里;可是有许多语词,只是形态的成分;而有些形态的成分,却仍旧是单个的语词。例如,"否定词"在许多语言里是用单独的语词来代表的;而在某些语言里,否定的意义,只是在动词上一种形态成分里表示出来的。又依据语词某种构成的方法,利用"接尾语"或别种形态成分,可以创制许多字典上载不胜载的语词;这种字典上所未载的语词,只要人们需用着它们,便立刻可以把它们创制出来;所以它们在语言的意识当中是实有的,便不能把它们摒诸词汇的范围之外。因之从文法的观点上来看,词汇应当是无限制的。

从语词用法的严格的意义方面来看，也是如此。一个语词通常有几种用法，便具有几种意义；而每一种意义跟其他各种，又是彼此相独立的，因为说者在实际应用这个语词的时候，心意上只有一种意义。因此，我们可以作这样的主见：一种词汇所包含的各异的语词，应当依据每一个语词所具有的各异的用法，来计算它们的多少。而在日常运用语词当中，用法上可以创生新鲜的方式，所以每一个语词的用法可以有无限的数量，因之只要语言本身是个活的，便可以无穷无尽地增进一种词汇。这样，同一个语词便要计算好多次，而又不可能说定究竟是几多次。

可是，在另一种观点上，许多语词又是不应该计算在一种词汇里头的。例如固有名词（即特别名词）本身并无有任何的解释，只在人们的记忆中存在，不应该算在词汇里；而有些普通名词，如“草木虫鱼鸟兽之名”，实际上也是由于“多闻多识”而来，跟日常的生活关系并不密切，也很多要划出于词汇的范围之外。如果我们把一种词汇加以检查，一一地分析内中所包含的语词，并加以挑选和抉择，便立刻可以见到受过教育或文化水准较高的人们，头脑中所记取的语词比较众多，而一部分是日常生活里所不用的，徒然挤塞在记忆当中罢了。不过，从最熟悉的和日常生活里最常用的语词，到了那些偶然间输进于记忆当中，日常绝不应用的，这两个极端中间，并没有可以明确认识的界线。所以究竟那些语词应该摒诸词汇的范围以外，也难以定出一个界限。

一种词汇以一种实际社会的生活为基础。掌握了二种三种的词汇，通常并非是把这二种三种词汇加以混杂的，而只是就某种生活的需要来应用某种词汇罢了；适应生活的能力提高，并非把一种词汇增多了二倍或三倍。多精通二国或三国的语言，并非增多二倍或三倍的词汇，而只是增多二方面或三方面适应生活环境的能力而已。其他如职业上或学术上专门的词汇，也是如此；如果多精通一项，便是增加一方面适应生活需要的能力，并非使日常所用的词汇增加了一倍。同是一个人，可以在会客室里、军营里和田野间分别运用三套词汇，而不能把这三套词汇混杂起来，运用到一种生活的环境里去。各异的词汇，是由于各异的生活需要的结果；一种词汇的增进，也是要适应着一种实际生活需要的发展。

由上所论，可以知道词汇的性质和范围，并不是简单的固定的，而是复杂的流动的；尤其在语词用法的意义方面，更是富有变化性。下文要来讨论词汇的变化现象。

（二）语词的意义是怎样变化的[①]

在语言的演化上，发音、形态和词汇三者，是分道扬镳的。语音系统，在一个人的很幼少时期，就成为固定了的，从此就保持着不变。除了由于教育的结果，一种自觉的变化以外，如果一种外乡的生疏的语音流进来足以毁坏那种"父子相传"的语音，便会坚持着幼少时期中所固定了的发音系统，以至终其身而不变。形态的系统，也同样的具有固定性；它的建立起来，确是比较稍为晚后的，但是一经建立之后，也不会发生多大的变化。形态上的变化，不是发生在同一代的进行当中的，而只是在上一代跟下一代转接的中间才遇着的，这也是跟语音上的变化情形想像。语音的和文法的系统，都只是经过一次的建立，而因为它们都要依靠着说话的人意识上的同一感，所以具有它们的固定性。

词汇恰好相反，因为依据于生活的环境的，所以绝无固定性。

---

① 一般参考：Bréal，LV；Nyrop，CV，vol. iv，和 CLXXXVI；Jaberg，XXXVIII，vol.XXV，p.561 起（这个问题的文献和历史）。特别参考：E. Littré，*Comment les mots changent de sens*（Michel Bréal 作序和加注），Paris（1888）；A. Meillet，"Comment les mots changent de sens"（II，1905—1906，pp. 1—38）；Paul，CLXXXVIII，chap，iv；Persson，CXC，t.ii，p.968 起。

每一个说话的人，从开始生长以至于终了，从他的环境当中不断地输进了语词，以不断地建树他的词汇，不但增进它，而且减少它、改变它。语词继续不断地来去，某些新来，某些离去。可是新来的语词并不常常把原有的旧语词驱逐出去；人们的心意使得它自身能适合于许多"同义的"和"同源的"语词（Synonyms, doublets）的存在，而常以各异的用法来委派这些同义的或同源的语词。人们的生活很便利于词汇的改变，使得语词上变化的种种因素增繁起来。社会上的种种关系、种种需要，以及各种不同的专门性的供应，一切合力地来引起词汇上的变化，把旧的语词取消了，或者变更它们的意义，并且要求新的语词的创制。人们的心意致力于语汇上的工作是无片刻停留的。总之，没有一种园地当中，使得现象变化的因素，比词汇再复杂、众多或各异的了。

我们说到词汇上的变更，便会想到"语词生命"的一种说法。实在，那种说法，并不很正确的。一个语词，不能认为是一种有生命的实体。用生命来比拟，只是表面上的。语词并不像我们人的那样有生有死。固然我们遇见某几个语词，可以确定它们在某一年、某一时期才发生，或者才通行起来的；但是，揆诸实际，也往往是由于某个区域或某个部门原来所用而扩张起来的结果，或者竟是从外国语或外乡语上输进过来的借贷语词，总不能来跟生命的产出相比。纵使某个久已废弃不用的古代语上的语词，到后来又被流通应用起来，我们也不能认定这个语词的生命是死后的复活，而只可以认为它是从古代语上输进来的一个新语词。有时一个语词输到外国语里去，经过一度期间，又从外国语上输回到本国语里来；这也不能用一个跑出去又跑回来的旅客来相比拟，实际上它也只是一个从外国语上输入后代本国语里的借贷语词；并非古代语词的"璧还"，它的形式或意义跟原来古代的那个语词颇有些两样。

不过，在语源的科学上，把语词从古代语上的历史和在外国语上的踪迹都追究出来，这是极端有用处的。我们知道，语词并没有独立的存在；它们只是存在于人们的意识当中。而意识的不断不停的活动，却是在词汇上反映出来。如果把镜子里的形象当作活的人物来看待，当然要指斥为错误的；在真真实际上，形象是没有生命的。只是，镜子把摆在前面的种种姿态，正确地反映出来罢了。我们把形象跟被反映的人物，估定或解释为在相同的地位和基础之上，这是很正当的。这种很简单的理解，便足以使得我们认清了从语源学上所获得的种种结果的真正价值。

但是，有一件事必须注意的——就是，语源学上，尽管极耐心地把某些语词的历史，当作它们自身的一一考证出来，也不能认为是工作的完成。语源学上，如果只是把语词各自孤立起来研究，就失了它本身的意味；因为一件特殊的事实，纵使科学地建树起来的，如果我们不能从它来推定一种可以适用于其他许多事实的共通的原则，也只是儿戏罢了。可是，现在还有许多语源的研究并不容许有共通的断论。实在，单是把各个语词的来源，作分别的孤立的追究，或许对于历史事实的探讨上有所裨益，而在语言学的整个体系上，并没有什么贡献。语言学之所以要运用语源的研究，只是为着收集关于意义变化方面尽可能得到绝大多数的互相类似的事实，而从这种研究上抽出了语词意义的演化所依据的某些共通的规律。这些规律并非在语词本身当中本来固有的。所谓“语词生命”的说法，便是要我们相信语词本身有一种内在的法则以统制着意义的变化。其实，这种说法，最多也不过是一个抽象的空洞的比拟，并没有把握着语词所代表的具体的现实方面。

语词在人们意识当中并非一一地作为孤立的个体而陈列着的，而是彼此一群一群地互相类集起来的；这种类集的作用，在语词的意义上也要发生强烈的影响。依据“语义成分”所组成的字族当中，语词彼此间的联系，在传习的意义上约束着各个语词；或者同一族类里的一个主要语词,如果因为偶然的遭遇,在意义上发生变更了,就会吸引着其他语词,也跟随了它,一同趋向于新的意义。语词上的“同族感”,使得同一族类的许多语词,保持着团结。如果它们彼此间的联系松懈了或者断绝了,便无法阻止它们在意义上的游荡和分散;或者当中的某个语词竟然会移置于他处而跟别一族类联合起来。依据“形态成分”所组成的族类在语词意义上,也同样的有重大的影响。语词之间,如果在形态方面有紧密的联系,对于它们传习上的意义,也发生了约束的作用;如果形态方面的联系,薄弱了或者泯失了,它们的意义,也各自分头地发展了。

属于同一族类的语词,在意义方面,彼此发生了交互的影响;而同时人们的心意又对于这些语词,在不知不觉之间,限定它们用以表示种种特殊的意义,粗略地来把它们配置于限定的各异的用法当中。因之,在实际的用法上,语词的支配更加容易使它们走向意义变化的路途上,这时便是用“上下文”来决定的。各个语词,当它被引用的时候,完全是被指定来表示一种特殊的暂时的意义,当然要把它引用于别处的种种价值,置之不顾;可是,就是因为这个事实,语词具有这样各异的意义,便使得它的应用,在表明事物的作用上发生连续不断的效果。这是依着两方面显示出来的。一方面,同一个语词,常常应用在同一种“上下文”里的,会引起人们心意上的误解,因为不能依据比较的方法来决定语词确凿的价值,就倾向于意义的转变了。另一方面,同一个语词,常常应用在各种不同的“上下文”里的,也配定着它走向意义的递更和变化的路途上。

当听到或读到一个句子的时候,内中所包含的语词,是彼此互相解释的。假使内中遇见了一个生疏的语词,自然要依据上下文来寻求它的解释。这样用猜想的方法来获取的意义,一时可能是错误的,不过后来在别个句子里再遇见了这个语词,再依据上下文来解释,便往往把先前的错误纠正过来了。人们心意上对于各个语词的意义，是这样地来确定的。可是，某些语词，只有一种很受限制的用法，就是只伴随着某些别的语词才应用到的，此外就不再遇见了它们。像这样的语词，就很容易招致误解，因为用法上不容易显出它们确凿的意义。误解的意义既然很容易随附着它们，所以往往使得它们脱离了原来所表明的意旨了。实在，人们的心意总是尽量应用所能运用的方法，以把握各个语词确凿的意义；但是各个语词的用法，往往各自依据于特有的情景，这样就容易使心意偏斜于错误的方向，而由意义的误解以至使得意义的变更。尤其一个语词常常应用在许多各异的“上下文”里的，更加容易引起意义上的变更；因为在它的每一种用法上，人们的心意总是指向着一个新的方面，这样连续不断的进行的结果，就提供着种种新意义的创生。因此，就发生“一字歧义”(polysemeia)的现象了。

所谓“一字歧义”，就是指语词可以容受各种不同的意义，以适合它的各种不同的用法，并且在语言当中以具有了这些各异的意义而持续它自身的存在。法语的“bureau”这个语词，便是一字歧义的很好的例子，最初是表示“一种呢绒的料子”，转而为“用这种绒料所掩盖的一个器具”，再转而为“写字间里所用的一个器具”“设有这种器具的写字间”“在这种房间里进行的行业”“从事于这种行业的人物”，最后又转为“一群人物指导着的一个机构或团体”。新的意义的创生，并不必要摧毁了许多旧的意义。“bureau”这个语词，除了那种最初的意义(一种呢绒的料子)以外，其他各种在现今法语里，都还有流行的势力。意义种种变化的方面，往往不是单纯的垂直线的，而是繁复的放射型的；它们从一个基本意义的周围的各种方向上移动；而每一个后起的意义，又可以再转而为语义放射作用的一个新中心[①]。

① Darmesteter，LXII，p.74.

一个语词可以转化出来许多种不同的用法,往往这许多种当中的一种是最占着优势的,一般粗略地认定它为最正当的意义,也把它放进字典的记载上去。如果一个语词有了两种或三种这样特别显著(不能减去不算的)的意义,便应当认为实在是两个或三个各异的语词。但是这种特别显著的意义,不能长久保证它无损失,它被环绕着许多后起的次要的意义;这些次要的意义常常准备着跑到前面来,要把它的地位"取而代之"。新的意义,好像树枝那样,吸取了液汁,把主干耗尽而自己发展了,它慢慢安稳地滋长起来,以至于夺取了旧的意义的地位;于是语词就获得一个不同的意义了。

属于同一个语词的多种各异的意义当中,往往有一种意义,比其他各种,最容易印进人们的意识上而把它自身确立起来的;我们要说明怎样会如此的原因,可以从许多"名词"变成"动词"的情形上,来求得一个解释。表示一种"实体"的名词跟"动作"的关系,当然可以有许多的种类,但是从一个名词转变出来的动词,只表现了这些关系当中的一种。例如,拉丁语上有两个动词都是从"pilus"(毛发)这名词上转变出来的,一个是上古时期的"pilare"表明"用毛发来掩盖"之意,另一个是帝国时代的"pilare"却表明"拔除毛发"之意。它们属于不同的时代,出于各异的环境,没有可以应用的规则来说明它们意义演成的理由;或者,这便是一种规则:用那个动词表现出来的那种特殊的动作,在确定意义的当时,或许一般觉得是最足以表示它的特性的。

在一个语词所包含的各异的意义当中,可以有强弱的划分。强的意义,当然不必是最古的,当语词显现出来的时候,便印入了人们的意识里,所以在用法上占有重要的位置;其他弱的意义,属于比较稀少或特别的用法,就落到后面的或次要的地位,必定要依靠别的语词的帮助,才显示出来或使人明了的。但是,意义上这种强弱的划分,并不是绝对的、固定的;仍当依据于一切用法上的变换和摇动,以产出一字歧义的现象。

语词在意义方面所遭受的各种变化,可以分做三大类:“缩小”(restriction)、“扩大”(extension)、“变换”(displacement)。意义的缩小,就是从普通的变为特殊的;意义的扩大,恰好相反,就是从特殊的变为普通的;意义的变换,就是从这一种变为那一种,在意义所概括的范围方面来看,并没有什么变异的(例如“器物”的意义和“质料”的意义相变,“原因”的意义和“结果”的意义相变,“标记”的意义和“实物”的意义相变,等等)。“缩小”和“扩大”,通常很多是由意义的“变换”上自然地产生出来的;意义的“变换”又具有各种各样的形式,文法学者每每给了它们许多专门的名称(“隐比”metaphor、“替代”synecdoche、“换喻”metonymy、“强比”catachresis,等等),这里不必细说。

我们依据生活的实际情形,来说明这三大类的意义变化怎样在实际上应用起来,或者是比较有趣的。义的缩小,是发生在一个普通的名称,适用于特殊的一种,说话的人认为是代表这特殊的一种的时候。一定知道听受的人是了解的,所以不必应用那个确当适合的名称,而只是引用一个普通的近似的,就觉得很够了。例如“牲口”或“牲畜”这个名词,耕田的农人说起来,实际只是指“牛”;骑兵的队伍里说起来,只是指“马”;牧羊的人说起来,只是称“羊”;赶驴子、骡子的人说起来,只是称“驴”“骡”。这种实际生活上名词“特殊化的作用”(specialization),当然要在语言历史上留了许多遗迹。例如法语的“oie”(鹅)是从拉丁语的“auca”(一个“鸟类”的通名)变来的[①]。有时特殊化的作用只是由于一种“省略语”的结果,例如希腊语上,原来“被剥夺的”(πηρός)这个语词,现代用来指

① Niedermann, XXX(Anzeiger), vol.xviii, p.75.

称“盲人”了；大概因为觉得“视力的被剥夺”是最可怕的一种，所以认为无需乎把它详细地说出来。不过，这里所举的，一般喜欢应用“婉说法”(euphemism)总是一个主要的因素。应用了普通的名称，也足以免除觉得太粗俗的特殊的名称。

一般的用法上，许多共通的名辞，实在很少依着它们原有的共通的意义来应用的——或者只是哲学家们属于例外。通常说话的人只是认它们为活动上的特殊的一种。例如英语的“operation”(施行手法)这个语词，关于外科医学上，作“开刀”的意义讲；关于财政经济上，作“经营”的意义讲；关于军事上，作“指挥”的意义讲；关于树林管理上，作“砍伐”的意义讲；关于数学上，作“演算”的意义讲；关于宗教和神学上，又另有一种特殊的意义。“season”(季节)这个语词，也是如此，往往用来表明当地的人认为重大的某种工作的进行时期，所以它的意义，是依据于活动的种类和进行的地方而各异的。说话的人所用的是个共通的名称，而所指的，只是他在内中特别关注的一种，只是他所最熟悉的一种。几乎每一个具有普通的意义的语词，不论在那一种语言里，都可以见到这种“特殊化”的现象。不管语词的意义，怎样的显明和确定，可是实际应用上，总往往要缩小了意义的范围。

“普遍化”(generalization)的进行，是把一个特殊的“种名”用作为普通的“类名”，这是比较的不常见，但是同样的有实证的。例如，南斯拉夫语里，“玫瑰花”的名称，已经扩大为普通的“花”名[1](斯洛伐尼亚语的“roža”、克罗西亚语的“rožica”)。这个普通的花名，并且展延到了德语及意大利的某种方言当中。这种关于词汇意义的扩张的事实，很足以证明：有某些语义的范畴，内中“类名”和“种名”的关系，是随便地混乱的。属于这种“类名”的事

---

① Schucharts, CCII，试比较 Murko, XXXIII, vol.ii, p.147.

物当中，意义上因为相接近以致于相“转换”，是特别常见的。各个语词有了它的专义，用以指称一种特殊的事物；可是在人们的意识里，因为它属于普通的一类当中，便发生一些普通的意味，一到了共通的观念比它的特殊义更占优势的时候，便用它来指称同类当中的别些事物了。这种现象也很常见，尤其关于动植物的、肉体上的、疾病的及颜色的种种名称。意义的扩大，也可以说是一种不自觉的“变换”。例如拉丁语的“bucca”（面颊）转而为法语的“bouche”（口部）。至于自觉的变换，大都由于应用“隐比”或“替代”的结果。各种语言里，对于肉体上隐秘的部分，往往因为嫌于粗俗或猥亵，所以不用“本名”而用“代名”或“比喻”来指称。又如知觉上用“闻”来表明“嗅”，也是一种“代名”；希腊语、日耳曼等语里，表明“聋”“哑”这种意义的语词（“deaf”“dumb”等），多数是由“盲”的意义的语根演化而来，这也是由“替代”以至于“变换”的显例。大概由这一种意义转变而为那一种，都是因为人们意识里已经在彼此两种意义之间建立了“对等”的关系的缘故。

关于语义变化的研究，还可以从心理的观点上出发，就是从语词所表现的观念，它的本身发展上来考察。例如，一次二次的“次”，这个观念在各种语言里，大都是从“走路”“行程”“旅行”的观念发展而来。拉丁语的“uices”“uicissen”，哥德语的“zinp̌s”，立陶宛语的“atuèjà”，爱尔兰语的“fecht”，威尔斯语的“gwaith”，低地德语的“Reise”，瑞典、挪威语的“gang”原来都是表明“旅行”“行走”的观念，后来才转变为次数的“次”的意思（中国语的“趟”，也是原来“行走”的意思；“次”字，原初是旅行当中“停宿”的意思，《左传》“凡师一宿为舍，再宿为信，过信为次”；“回”字，行走时“回旋”“回转”的意思；“遭”字，词曲里所常用，原为“遭遇”之意，行走中所“遭遇”，又有“巡行”之意，如言“周遭”。此等字表明次数的“次”，也都原来包含有“行走”的意义）。因为一般心理上，把行走或行走中的动作当做次数的计算来应用，就转变为次数的观念了。这些语言里，都各自独立地完成了这种意义自然的发展；可以认为是由于心理上一种共同的趋向的产物。固然有时因为两种语言（或多种语言）相互接触，彼此要发生模仿作用，以创制新语词；这可以说是一种"通译"的借贷作用。借贷语，通常都是"译音"的形式；这里所说意义上类似的发展结果，有的出于"译意"的借贷语，并不必是由于各自独立的发展。（例如英语的"become"，模仿法语的"devenia"，从"来了"成为"变做"的意义。）但是，某两种语言，在语词意义上有相同的发展，而在历史上并没有接触和借贷的关系，便不能不断定它们都是本然的自发的，以创作意义的变化，而因为心理上彼此有共同的趋向，就获得了相类的结果。

"痛苦"的观念常和"重大"的意义相联，正像"猛烈"之于"强力"一样。德语的"sehr"（甚、很），是从"sêro"（痛苦）这个语词演变而成的；就是把原来"痛苦"的意义，演变而为表示"重大"份量的副词。拉丁语的"saluus"（苦痛、苛虐）在古代也已经用来表明"大量"的意思；希腊语的 δαινῶs（可怕）或"αὶνῶs"（苛虐）也同样用来表明"大量"之义。它们都是由于意义上各自独立地发展的结果。中国的"甚"字，从甘匹，《说文》："尤，安乐也。"从"安乐"义演成"尤甚"义，似与"痛苦"之演成"尤甚"义相反，实则都是由于感觉上的刺激，联想到份量的深重而来。"很""佷""狠"有"违戾"义，亦有"狠毒""凶狠"义，所以也演成表示"大量"的意思。"痛"字亦有表示"大量"之义，如言"痛快""痛打"（亦可言"毒打"）、"痛斥""痛骂""痛恨""痛饮"等，即谓"大快""大打"等。此颇可与英语之"awfully"相比，由"可怕"义演为"大量"义。此外"怜悯"的观念，常和"温柔"的观念相联；这是因为心理上由于"怜悯"引起了同情，就跟"爱惜"的意义相联了。所以"可怜""娇小""贫弱"等义的形容词，可以演变为表示"可爱""可亲""良好"等等的意义。反转来，

"善良""老实""天真"等的形容词，反成为"柔弱""软弱""笨拙"的表示。例如英语的"silly"、德语的"albern"、北部威尔斯语的"gwirion"，原来是各自表示"无忤""和蔼""诚实"的意义，现今却都为"愚笨""昏庸"的形容词。因此有许多尊敬的辞语，反而用起来的时候，包含有轻蔑、侮辱的意味。

因为"弱小"的，要自然地引起我们的同情心；"善良"的，或许本质上便有"柔弱""简朴"的成分的存在；"激烈"的，也预定着是有力有势的，要引起我们对它发生"伟大"的感觉。所以上面所述种种意义的变化，实在只是一半出于心理方面的，而另一半也是由于语词所指称的"客体"或"对象"，它本身的真实的性质上已经提供了这样的变化。可以说：从一种观念转变到另一种观念，在这中间，人们的意识，只是随附着客观的经验，把整整的一连串的观察，总结于一单个的语词当中而已。不过，人们的意识，既然参与了这种意义变化上的重大的作用，我们说是由于心理方面的变化，也并不为过分。如果单靠经验上的观察，而意识上不晓得怎样地来引出合适的推断，便不足以形成了这种意义的变化。因之，每一个语词意义的转变，总可以显出说话的人在心理上的一种推动作用。尤其因为各个社会不同的阶层之间，各异的国家、地域、种族之间，充满着仇恨、歧视、轻蔑的心理，以及讥讽、责备、欺侮等的意味，更使得语词原来所具有的意义，加速地趋于毁坏。例如法语的"parler"（说话）这个语词，转而为西班牙语的"parlar"，便变成恶意的用法了。法语里的"madame"，是对妇人的一种尊称，英语里也是如此。可是一到了德语里，便是庸俗的称呼，在柏林地方只有下层社会里应用"madamschen"这个辞语。

根据语言上各种意义变化的考察，以从事于社会民族心理的研究；此种研究，一方面可以发现各民族社会间种种相同的心理倾向，或可以用为代表人类精神的共同的倾向；但是另一方面，各民族社会间，又有纷歧错综的现象，在语言心理上表示出来的。例如德语与法语之间，便有某些显明的心理上的差异，用种种鸟兽之类动物的名字来称指熟悉的人，在法语上觉得参杂有讥笑、轻视或侮辱的成分，在德语上却认为表示亲爱的意味。又如“鄙贱”“憎恨”“斥责”等的意味的辞语，用来称指自己的亲属，在法语上不易多见，而在德语上却认为毫不奇怪的常事。这种现象，常常是关于各民族社会的习惯，也常常要发生变化，并不足以代表各民族社会心理上的绝对的分别。

我们再可以从社会的或经济的背景上来看语义变化的现象。例如在欧洲许多语言里，“在内”和“在外”的观念，常用“屋内”与“田野”或“门内”与“门外”来表示。希腊语、拉丁语等每以“家内”和“家外”，或“屋内”和“屋外”来表示内外的区分；这足以表明家族制度的社会里，全家住在同一房屋内，门户之外便是属于家族范围以外了。又当游牧社会里，货币、钱财及产业等，都以“家畜”做它们的代名；因之语言里关于此类的语词，都是源出于“家畜”的意义。例如英语的“fee”、德语的“kanfen”、斯拉夫语的“skotu”、哥德语的“skatts”等，凡关于“财产”“商业”“物价”“货赀”等义，都是原来和“家畜”的意义相关联的。因此，可以知道词汇的演化，受有社会因素的影响。

（三）表现观念的辞语是怎样变化的[①]

上章是讨论语词怎样变更它的意义；现在又可以反转来看：从意义方面来看语词的变化，讨论意义或观念怎样变更它的语词。

---

① 参看 Gilliéron, *Généalogie des mots qui ont désigné l'abeille*, Paris, 1918; *La faillite de l'étymologie phonétique*, 1919; *Les étymologies des étymologistes et celles du peuple*, 1922.

我们如果把一种词汇的历史，划分做两个时期，而比较这两个时期的异同，便见到了许多语词的遭遇上的分别：有些被废弃不用了，有些是新出的流行起来，把原有的旧的语词“取而代之”了，有些语词仍旧通行着，仍旧用来指称同样的事物，除了依据语音的演化，在读音上有些变化以外，一切仍保持着不变；而有些表现事物的语词或事物的名称，却已经过了好几次的变更和刷新了。只要那些语言，我们知道了它们的历史的，我们便可以在词汇的研究上，很容易收集得到这类的事实，因为一切词汇，总是多少地要受着修订和改造的。至于这种修订或改变的原因，是很复杂的，有时并且轶出于我们探讨的能力之外。因为关于词汇的研究的资料，每一个语词就有一种特殊的情形；词汇是依据于种种偶然的接触而成，如果历史上没有关于各种情形的事实的记载，就不可能作预见地来推定。但是，对于词汇的修订和更改，有种种一般的共通的原因，可以用来解释许多的事实。这些原因，如果是蕴藏在说话的人的心理当中的，便可以从个人方面来认识；如果是蕴藏在关于语言所由发生的环境的习俗当中的，便可以从社会方面来认识。

有些语词，因为在应用上已经势力薄弱并觉得太陈旧了，不再完全表现往时所附着于它们的意义，在这时候，它们便通常为说话的人所废弃不用。这种本身消耗的原因，或者是属于语音上的，或者意义上的①。许多很短小的语词，常缺少表现的作用，当语音的演变要把它们缩减的时候，便特别容易归于消灭。例如拉丁语的“os”(口)这个语词，在现今法语以及其他任何拉丁语系的语言里，已经没有把它留存着了。新起的用来替代旧语词的，往往它们的“躯干”比原来的那些旧语词要长。有些利用了原来的“接尾语”，以增长它们的“躯干”，因此就保存下来了；很多也因为缺少了这种

① Brunot, LVII, vol 1, p.131; Meillet, *Linguistique historique et linguistique générale*, p.264.

增长的作用,就被习俗上摒弃而归于死亡了。有时一个语词,由于语音演变的结果,跟别一个语词过于相似了,也有被废弃的趋向。同音异义的语词易于相混;要补救这种混淆的弊病,也就丢弃了一个同音语词,而引进了一个新语词来替代它。例如,拉丁语的"serrare"(锯解),现今只是在法语区域的几个部分里还留存着①,远不如往时那样流行得广阔而一致;它在许多地方被后来源出于拉丁语上较早的形式的一些语词:"secare""resecare"或"sectare"所代替了;这是因为它跟"serare"(关闭)这个动词,过于相似,完全要成为同音语词了。同时应用这两个动词的地方,当然要感到某些的不便;语言上为着要避免这种不便,就造成那种废弃同音语词的结果。

这些事例,由于语音方面的缘故,而引用新语词来替代旧语词。可是我们对于这种语音方面的重要性,切不可过于夸张,因为单凭语音上的原因,并不足以解释许多的事实;语词的被废弃,除了它们因为形式上的不方便以外,常有别的种种理由。我们常可以注意到:语言上怎样来处理许多同音异义的语词,就是利用"上下文"来防止同音语词相混淆时所引起的误解;这样就使得它们可以并存而不觉得困难。语言上为着要保持许多短小的语词的存在,可以利用别的语词给它们来作永久性的支撑。例如,法语的"sain"(稳固)、"sanf"(安全),这两个形容词,很少单独地应用;因为它们很难各自单独的存在,所以两相结合起来,就使得两个微弱的单位,互相保持而留存着:法语上总是说"sain et sanf"("稳固和安全",即英语的"sound and safe")。"地名"应该不属于容易忘失的语词之内,可是如果它们是单音缀的,即单音节的,而要保持它们的应用,便把一个普通名词跟它们结合起来,以作为支撑;例如

① Gilliéron LXXV.

法语上不说“Ain”或“Eu”，而说“la rivière d’Ain”或“la ville d’Eu”。或者加上了一个成分，以增长它们的形式。这些都是为着补救语音的消耗的。

意义的消耗，也是同样的严重的。语词常常的被应用，会耗损了语词的意义，正像它在语音形式上的消耗那样；尤其在具有表现势力的语词的情形当中，特别因为常常应用，很快地减损了它的表现的价值。语词变成暗晦、陈旧而褪色了。我们考察了那些描写情感的语词，便可以见到原来最强烈的，怎样渐渐地归于无精无彩，终于因为丧失了表现的力量而被废弃不用了。这种现象，在关于表示“份量”的许多辞语里，可以得到很好的证明。例如法语的“très”(很、甚)，就是拉丁语的“trans”(原来是“通过”“超过”“超出”的意思，用来表示“大量”的意义，成为一个副词)。到了现在，这个语词，渐渐丧失了它的势力，不够表示“极端”“最最”等的意味，于是通常必定要应用“parfaitement”“completment”“absolument”“tout à fait”(“完全地”“极端地”“绝对地”“整整地”)等的副词，才能够把“充分”“大量”的意思，明显地表示出来。而且这一类的副词，只要说话的人觉得需要，随时可以利用形容词来创制。不过，表示“份量”的副词性愈强烈，原来形容词所具有的意义也愈减退；一经到了完全变为表示“份量”的副词，又觉得不够强烈，而需要新的创制了。

一切具有表现力量的语词，总要逐渐减弱它们的价值，以至于不得不被修改和增订。语言上有许多意义相类似的语词，它们原来不是“同义字”(synonyms)而是依据于各异的环境上发生出来的，可是一个跟一个地增多起来；当前一个势力薄弱了，后一个就起来以获取更大的力量，随后又因为应用太久了，渐渐消耗以至于薄弱，于是更有后者创制出来，把它取而代之了。

某种观念或事物，和日常生活的关系最密切的，它所提醒的各种情感,也是最富有差别性,所以最需要常常来修改它的表现的内容,用来表现它的各异的语词,也自然特别地增多了。例如关于"饮食""说话"及"手足的动作"等,各种语言中所创制的语词特别的丰富。

某些两相对立的事物,因为人们意识当中觉得它们有两相比照的必要,所以急于要区别它们。如果有意义上相对立而语音形式上相类似的两个语词,那末,其中的一个,往往被废弃不用而另用一个足以显示别异的语词来替代它。例如法语上关于"子女"的名称,通常不依照旧的习惯,说"fils""fille",而说"garçon""fille",等于英语的"boy""girl"。中国语上不说"夫妇",而说"夫妻"(似乎说"儿女",也不及说"子女"来得明显)。不说"接受",而说"赐受"或"受予"等等。又如德语里现今不说"Frô""Frau"(先生、太太)而说"Herr""Frau";法语里现今也不说"dame""madame",而说"monsieur""madame",等于现今英语里所说的"gentleman""lady"。此等语词的变更,为着要显示"比照"的情形,也是属于一种心理的因素。

但是,单是从心理方面来解释,即使在上面所举的例子里,也不足以说明一切。语词所遭受的耗损,常常多少地由于一种社会环境的特殊的影响。所以我们必须从社会方面来考察词汇的改变和刷新的现象。因要求"合宜"和"正当"的理由,把应用的语词加以更改,这是很明显的由于社会的因素。凡是社会上认为是粗野和猥鄙的种种行为,好像不愿意去说它们;表明这些行为的语词,也往往要在文化较高的人民的词汇上,被消灭的。各种用来称指这些行为的辞语,一到了文雅的人的耳朵里,变成为粗野的和无礼貌的,这时便不再把它们留存起来了。那些语词是文雅的,或者是粗鄙的,单是由社会的习惯来决定的,而同是一个语词,从这方面转移到那方面,也便是它的性质上的改变。有时外国语上认为粗鄙的语词,输进到本国语里来,往往可以减少它的粗率的意味;这便是一种利用"借贷语词"的"婉说法"(euphemisms)。婉说语的应用,就是要避去或消除鄙野的语词;例如不说"死",而说"过世""病故""不在"或者"安息了"等等;这便是把语词"软化"起来,以减少那个"死亡"的意象的痛苦性。

社会上认为有刺激性的语词,它们的数量和程度,依据于环境和时代而各异。当文雅的时期,或在女性的情调比较浓厚的社会里,认为有刺激性的语词,便要增多起来了;于是词汇的范围就要渐渐的缩小了,一般人也常用"隐语"来说话。如果常遇有某种情况,迫得我们要寻求语词来表明事物的时候,便是从使我们来修改词汇了。医生在中国,往往对病人不说"开刀",而要说"施行手术";在英法等国,连"手术"(operation)这个语词,最近也被废弃了,而用"居间"(intervention)这个字来代表它,就是要避免过于率直而引起病人的恐怖和不安宁,显然用"外科居间"来替代"手术"是更加新颖活泼,更加谨慎小心,而在观念上又增加暗昧游移的意味,使得病人又减少了一些刺激。

"婉说语"只是"禁忌语"(verbal taboo)的一种文雅的和修炼过的形式。在野蛮人当中,常认为许多语词具有神秘的性质,以阻止某些人的使用;文明的社会当然要消除了这些野蛮习俗上的遗迹。可是,如果追溯了最高文明的语言的历史,便可以见到禁忌语的现象,正跟野蛮人的语言里的一样的明显[①]。许多民族认为"左边"是具有巫术性的方向,藏着足以引致病恶的潜势力;所以说到左边的名称,也常常是被禁止的。这种禁止的结果,便是需要去寻求一些"译意的"或"隐比的"语词,用来称指左边。因之,许多印欧语言把称指右边的相同的语词留存下来,而对于左边却有许多各异的称呼,这许多各异的称呼,未经很广地流行,就仍旧归于消灭,

① Meillet, *Quelques hypothèses sur les interdictions de vocabuiaire dans ies langues indo-européennes*(1906).

而被别的语词来替代了。

对于某些观念和事物上的禁忌的指示,当然最明确的,是属于隐比语的存在当中;可是也在用以称指这些观念和事物的有了众多各异的辞语这种情形上看出来。例如爱尔兰语,对于“熊”和“鲑鱼”,各有了十几个的名称;这两种动物,我们根据别些资料而知道的,是在流俗的想像里属于禁忌之列。猎人对于要猎取的动物,也随附着一种巫术的势力;所以很多动物也属于禁忌语;野兽也有多种是常用“同义字”来称指的。禁忌语上产生的结果,不但用一个语词来替代另一个语词,而且将现存的许多语词加以改变和毁坏;把语词里的一个字母更改了或替换了,认为可以减少触犯的和危险的势力,而不致损害了它的意义上的价值。各人可以立即了解用意的所在;因为这种隐蔽的作用,只是把语词的刺激性方面或语义上粗鲁的意味,掩藏起来,而仍容许它的主要的行节和共通的面貌得以清楚的显现。许多语言里的“咒语”要受到一种传习的改变,以使得它们引进于上等的社会当中。例如英语的“bloody”实在只是从“By Our Lady”演成一种传习的咒语。

关于生理上的残毁或废疾的种种名称,特别容易成为禁忌语;因之日耳曼语里把表明一种生理上残废的单个语根,依据了语音成分的变化,竟然产出了三个各异的语词;我们对这种事例,自然也不会怪异了。哥德语保存了三个语词:“daufs”“dumbs”“bauþs”(deafness、dunbness、imbecility)以表示“耳聋”“瘖哑”“衰弱”三种意义,而这同一的语根,还在希腊语里的 τυφλός(盲目),留存着它的一个派生字。关于“基层、深度”这种意义的一个语根(即法语的“monde”“世界”所由演成的),在许多各异的印欧语言当中,也呈现着某些奇特的变化。它的种种变化的形式,约有八九种,因普通音变的规律(同化作用、异化作用、位置转换等)及应用鼻音“接腹语”或语根的插入语而彼此互相歧异。例如拉丁语的“mundus”、爱尔兰语的“domun”、古斯拉夫语的“duno”等，都是属于这个字族。现在可以无疑的，这种语根的许多变化，是由于宗教上的起因。因为这个语词表示“基层”义，又扩大而为“世界”义，原来是个禁忌的语词；要消除它的音读而为着表现得无危险，就把它加以变化，以致使它不触犯忌讳，而仍可了解。这些变化很显然地合于正常语言的音变，可以归于“结合音变”的各种规律当中；似乎它的特殊音读由于语言上的错误而来。但是，这种明显的错误，是有意的、经过考量的，是为着神秘的或适合当时的种种理由，就运用了这种语言的错误和转换①。

关于词汇改变所以发生的许多社会的起因当中，我们必得要记着的，便是说话的人的事务和职业。所谓“文化的”语词就是用以称指社会团体的种种智力的或手力的(脑力的或体力的)活动的语词。当人类经济事业上，实现了任何的进步的时候，这种进步必定是由种种新式的生产工具和手续的应用上表现出来的；对于这些新工具和新手续，便要创制了许多相当的新语词。装备和制造方面的变更，自然在词汇上要反照出来。例如代表“面包”这种实物，哥德语里有“hlaifs”这个语词，到现代英语里成为“loaf”；这个语词，原来是表示一种未发酵过的面包。后来发酵术发明和应用之后，相当于后代制造的新式面包，又有一个新名称产生出来，即古高地德语的“brot”、古冰洲语的“braud”，演成为现代德语的“Brot”、英语的“bread”；而原来的“loaf”这个语词，在现代许多日耳曼语言里仍旧留存着，不过用作一种特殊的意义，或带有诗歌文学的意味。一个新语词的创生，并不必需地要毁坏了旧语词，而只是把旧语词放逐到了词汇的一个特殊的部分罢了。在大多数的印欧语族的语言当中，关于“马”这种实物的语词，常常更换，所以它

① 参看 Cadiére，LVIII，p.30，在这里可以找到一些这一类因为讲礼貌而发生变形的例子。

的名称,比“狗”“牛”的名称要繁杂得多。我们对于这种现象,不能用禁忌语的例子来解释,也不能认为由于“马”的种类特别繁多;只能就实际社会的生活上“马”的应用特别适合于各种目的,以推定它的众多的名称的由来。“马”的应用,有鞍马、拖马、犁马、战马等;即在军事上,军马也不同于工马;这些各异的用法,在各个不同的社会阶层里,当时便各自引用特殊的语词来一一地代表,所以它的名称就繁多起来了。某种实物因为应用方面的繁多,就产生许多各异的辞语;所收付的“钱财”,便是个显著的例子,有“利润”“资本”“利息”“本钱”“薪金”“酬劳费”“代价”“束脩”“佣金”“工资”“津贴”“车马费”“酒钱”“小账”,等等;这种繁杂的词汇,便足以反照社会秩序上的复杂的状态。

立陶宛语为乡村田野的人民的语言,关于“颜色”的名称,不下有五六个;可是它们并不是同义的语词,而是适用于各异的实物,或关于“羊毛”,或关于“鹅”,或关于“马”,或关于人的毛发及其他家畜。又关于“斑点”及“杂色”的名称,亦依据于动物的种类以为分别。这种现象说明了一种民族是家畜的饲养者,并且是认为颜色的外表有重要意义的人民。因为在饲养各种家畜的人民当中,便有一种趋向,以创制一些颜色名称的词汇,特别适合于他们所关注的禽兽。“特殊语”上所创制的语言自主作用,结果自然对于“普通语”上词汇的增进,有不少的裨益。

在已往各个时代当中,贵族自成一紧密的阶级。住在“沙龙”(应接的客厅)里,而以自己阶级的优美的语言自豪自傲,因此就产生了一种贵族的词汇,从中排除了每个属于平民的语词。似乎在平等的智慧上,而贵族却有超出于人民通常流行的特权,以更精选的更合宜于当时的来表现了他们自己[①]。这种精选了的词汇,使

① Considérations sur les moeurs, 5me édition, Paris(1767), p.211.

得当时立刻可以显出说话的人所隶属的那个阶层，而在现今看来，是一个固定的整体，给予我们某些完整的和限定的印象。可是，事实上这种词汇只是从一天一天地变幻无常和朝生暮死的许多辞语上建立起来的；这许多辞语原来又是由隐语、谐语或巧饰的说话当中产生出来的，很快的生长，也很快的消亡；正是代表当时悠闲阶级的生活的面貌。到后来贵族已经不复成为一个特殊的阶级。所谓贵族的词汇，如应接室里的语言以及趋承贵妇以求爱的语言，都成为历史的陈迹，或者已经融合于现今的普通语当中了。

各异的特殊语，彼此间交互的影响，在词汇的变化上，也发生了很大的作用。普通语里，有些语词是从军营当中的语言上传授过来的，这是因为要增进显豁或加强语气而引用的；有些语词是从应接室当中的语言上采取过来的，这又是因为要增进文雅或缓和语气而引用的。往往某种外族语，拥有当时的政治、经济上或文化、宗教上的某种权势，就使得本国语的词汇，因吸引这种外族语的语词，而引起很多的变化。例如北欧各国的语言，包含有很多拉丁语的词汇。中国中古时代吸引了甚多梵文上的词汇，到了近代又输进了许多西洋的名词；东亚各国语言上，包含很多中国语的词汇，也是同例。这种从外国语上输进来的语词，并不必是为着表现新奇的事物和意义，也往往是由于那种外国语在本国的社会生活及意识上拥有某一方面的权势，就将本国的原有语词废弃了而采用那种外国语词。所以权势的观念，也是词汇改造的一种社会的因素。

词汇改造的进行，在语言变化的步骤上，通常可以有几种类型。即使在一种语言自身的内部，词汇的变化，也是没有穷尽的。把一个广义的语词变为狭义，即依据意义的特殊化，以构成它的专指的意义，或者把某个具有专义的语词因换喻与隐比而扩大它的意义，凡属此等变化皆可以在一种语言自身的词汇范围以内进行的,惟此等仅为新意义的创造而已。至于语词的派生作用和复合作用,便足以增进词汇改造的可能性,供给了语词创制的园地。派生的语词一经创制成功,便认为是一个新语词,适合于其代表的事物,在意义上也不必与由同一语根派生出来的其他语词相类相同了。复合语词的情形也是如此,两个单词结合成为一复词,便在意识上构成了一单个的语象,不复与原来的单词意义相牵联了。人名有时用作为物名,因某物为某人所制作、管理或经售等等,就以其人名来称指其物。这种步骤的运用,并不必预定为一种新事物的发明;有时极端熟悉的事物,因欲更换它的名称,也适用了这种步骤。

如果在语言自身的内部,种种改造词汇的方法,还觉得不够应用,便向别种语言上去设法,应用"借贷"的方法了。因为某种特殊的情况,普通语与土俗语、俚语之间,本国语与外国语之间,发生了借贷作用。例如文化性的语词,常为借贷而来。这种借贷的语词,跟随其所指称的事物与意义,以推广传习于各处。希腊语和拉丁语的词汇传布于欧洲各地,现今西洋的词汇传布于全世界,都是因为各种新事物、新意义,使得文化落后的民族深觉奇异,而一时本国语上又无适当的名称以为代表,就应用借贷语词了。所以借贷作用,也是一种刷新词汇的方法,同时也代表了文化传播的现象。

除了邻近的民族在语言上互相借贷以外,后代的语言又往往以某种古语(死语)或经典语来做它创制新语词的储备库。到了有某种新事物、新意义发现出来,便向古语或经典当中去吸引制造新语词的资料。法语、英语几全以拉丁语为其新语词的源泉,仅在结合的形式上,为着适应各自的习惯而稍加以变化。德语上吸收拉丁语的成分,较英语为少;因德语自身有多种方言上的资料,可供吸收,并且大量应用复合作用的步骤,以增进它的词汇。许多斯拉夫族的语言,几全以古希腊语为它们创制新语词的储备库;尤其是俄语，更因教会的势力，保留了古斯拉夫语的接触，又以古斯拉夫语为其吸引语言资料的源泉。因此，可知对于改造词汇，某些语言实在有很多种的便利，难怪英语、法语等，拥有大量的词汇，包含有许多同义语词；它们很快的把旧有的废弃了而从储备库上去吸引新的，层出不穷地来改造词汇。它们从语言资料的源泉上，取之不尽，用之不竭，即为暂时的应用，也自由吸收资料以制造新语词，就不免产生它们词汇臃肿的流弊。中国语的词汇增进，也很多采自古代的经典文学：即所谓日本的新名辞，亦以中国的古书为其源泉。例如"企图""联邦""共和""革命"等，皆为古书上所原有，惟稍加刷新，有时并加以复合作用而已。

因之，完全以结合语音的方法来创制新语词，其例实不多见。有些俚语中，故意把原有语词上语音的配制，加以变更（例如中国语的"切口"之类）。只是一种摧毁的现象，并非创制的步骤。偶尔有些摹声的语词，为着新奇事物的发明而特为创制的，似乎与原有语词的意义毫无关联，可以认为是一种语词的创造；实则摹声的原则，并非如创制者的理想，以为是客观的、固定的。一个摹声的语词，在声音和意义之间，不能不参杂有主观的联想作用；在创制者认为是纯客观的摹声的，在别人心理上，却往往引起了各异的印象。因为声音在语词上的配制，以及声音和意义两者间的联想作用，各民族社会有各自的习惯；以至各音的"音质"，也受了民族社会的习惯的限制，实际上并非由各人随意的发音；所以对于同一种客观的事物，各种语言里同用摹声的方法来创造新语词，结果，并不完全相同。各人的创造，各有他的历史的背景，各有他的历代相传的习惯。这样看来，语词实在没有绝对的创造；绝对的创造，只是一种幻觉而已。语言演化的原则上规定着的、演化的现象，是依据原有成分上的改进，无所谓真正的创造与发明。

五、语言之构成

（一）共同的与个别的语言

吾人对于语言各部分，业已加以深切之分析，然仅能传示一种片段不完全之观念。吾人在三种成分间所推出之区分，即上列各章所专论者——语音、文法形式与语词，此乃为人工之区分也。彼等虽似可区分，而实有密切之关联，并无相隔异之存在者。彼等融合于一个体中，此个体即语言之本身也。是以，语言学者之工作，当其造成此等成分之一种分析时，尚未可谓完成。留置于彼之工作，即依此等成分当其凝合于一完全之整体中而研究之；换言之，即关于语言之如何进行也。

惟当吾人担任制定语言之一种普通学说时，必须防备一种两面之危险。依据亨利氏（Victor Henry）所指出的矛盾之一种[①]，语言一方面为单个之整体，另一方面又为众多歧异者；语言对于一切人民共通者，而又无限的依各个发言者而歧异。

两个人间绝无有说话恰然相似者，此固显然也。对于能观察语言仅依其个人的特征之语音学家，语言实限于个人者。在描写的语音学之缺点中，不仅其将语言学限于研究个人事实之习惯。

---

① Victor Henry，LXXXIII，p.56 及以后。

而彼欲在语言上寻求人类精神方面感想、情绪、热情之反应者，亦将其所观察之事实，认为个人之现象。符号一经为传习所承认，便具有一种共通的价值。然使得种种符号发生，并借以证实其多少存在于初生时期之各种特殊的行为，仅能一一依彼等个人之种种表示以理解之。一切语言之革新认为创始于个人者，或非正确，然各个人将其自身所特有之某等革新输入于语言中，则固可认为无疑也。由此以言，虽谓有多少个人，即有多少各异之语言者，究非过论也。

然在另一方面，谓仅有一种人类之语言，在各种范围内有其基本的相符合者，亦不得认为非是。普通语言学上试将各种原则化成公式，以适用于各类之语言者，实此种观念之所由出也。实际上，一切民族中之语音系统，皆依随于相同的普通法则；吾人在彼等间所察出之歧异，仅为特殊的境遇使然者。形态学上之表现方法，有甚多歧异，固亦无疑；然此等歧异之可追溯于三种或四种主要的类型，而此三四种类型之自身上亦非绝对的存在，盖依历史之诏示，彼等固相互浸没者也。而且，彼等之任何一种，绝不足以表示任何单一人类的语言之特性。至于词汇，亦基于某一群音素联合于某一种观念之原则上而成立者。此种原则，无论何处皆相同，而适合于一般之语言。

因此，一种普通之语言学说，其开始即面临是种之困难；语言学者不知将其研究之界限置于何处，一方面个人的考察，另一方面推广及于人类的考察，游移来往于两者间，不知所定。虽然，是种困难，一经将语言认作实际之事，而非抽象之物，有任何此种尝试时，立即可以消除净尽也。语言乃为一种活动之形式，具有实用上之目的，因之吾人而欲了解之，必须在其对于人生活动的全体之关系上以为研究，即关于生活本身以为研究也。

吾人业已提及“语言之生活”矣。此种暗喻，虽认为何等不适切，不显明，然总可以利用之，作为一种假设，以供研究之引导，并使教授上之揭示较为便利也。然吾人业已极深研讨之所依据者，仅为语言学者心智上所创生抽象之物；几与所谓语言之生活适相违背，因关于此等事物即属遗去生活者——语音、文法形式及语词。吾人现今所必须关注之生活，乃为人生活动及有其存在所依据之彼等情状的总和——在其无限的显示中之事实也。因之吾人所了解之生活，语言亦参与其中，此固甚显然者。然处于彼之事例中，吾人所面临者，不复为抽象原则之一种理论的系统，而仅为关于地球上一切所说形形色色之实际的语言矣。

共同的语言与个别的语言，两者间具有此种区别；共同的语言为人类用以说话时所处置之彼等物理的与心理的程序的总和，而个别的语言则代表此等程序之实际的利用。是以，吾人为欲获得一"语言"之定义，必须轶出于上列诸章中吾人自身所划定的制限之外，而研究语言在人类组织的社会上所担任之职务矣。

开始呈现于吾人心上之观念，第一，即为语言之关联于种族也。现存普通语言学唯一浩大之手册，为米勒氏（Friedrich Müller）所著者[1]，即建立于此种观念之上。著者依次审查曲发系人民之语言与直发系之语言，遂据种族之特征以为语言之分类。通常读者觉得此种分配之新奇，实无有可与相并者；然无论事实上之如何紧要，纵在原则上亦经不起考验。关于种族之意见，常须附有甚多保留之条件[2]。在语言之递擅变迁中，无论种族上的变更所施予之影响如何，此两种概念之联系终属不能成立者。吾人必不可将人种遗传之特征以与语言、宗教及文化一类之制度相混合，

① Friedrich Müller，CLXXXV；又参看 Byrne，CXXXI，vol.i，p.45.
② E. Renan，CXI，p.XV.

盖此等制度为极易演变之物，可以借用及交换者[1]。一览现代欧洲之语言区域的地图，便见有极复杂之种族可以隐藏于同一语言之统一下。在法国生长的黑人或日本人，其境遇与法国小孩无异，其操法语亦与法人相同。此种事实，即足以使融合语言于种族之任何企图，归于无用者矣。

吾人尚可推论，以至谓某一种意识足与各语言相当者乎？关于民族的心理学上论及一种法人的意识与一种德人的意识；苟信认语言仅为意识之一种表现，则两者间之区别，应可于语言中寻求其表征。此种理论，原则上固无可非议，惜难以证实，事实上亦具有许多相违异之处。第一点，吾人必须小心提防，使不致推论，以为各别之意识即指各异之头脑者。此又将种族之观念引入于一种心理学上之问题。纵在一白人与一黑人之对照中，吾人亦并无理由可以相信，肤色或嘴形足以代表特殊之头脑，以产生与吾人相异之思想者。

在任何事例上，此种理论不能适用于白种人之各个人，因彼此之间，固无主要之人种差异也。吾人已知眼睛、发肤之颜色，头盖及面部之构造，从人种学之观点上，并无供以区别一德人与一法人之标准，从语言学之观点上，更不足论矣。然在此两种民族间，有其意识上之一种别异——即各有其民族之好尚、习惯及性情者，则又无疑也。唯此等民族之偏性，有如语言自身，皆为结果之显现，而非其原因也。认语言为意识之产物，正如认意识为语言之产物，属于同一之武断。二者皆由环境使然，俱为文化之产物。

此种结论之声明，并非为使彼等梦想寻求语言与意识两种观念间之关联者，因以气沮。盖语言与意识虽非彼此相互间之产物，而可能为同由别种因素所产生者，遂呈现有相同之特性。一种语

---

① Whitney, CXXIX, p.231.

言苟为某一种思想形式之表征，则语言之比较的分析，应归引于民族心理学中矣。赫特尔氏(Herder)曾在关于语言起源之论文中创立此种观念，罕伯特氏(Wilhelm von Húmbolt)与斯泰因塔尔(Steinthal)亦主持之。近今，另一德国语言学家芬克氏(F. N. Finck)，复重提罕伯特之说而思所以完成之[1]。据彼之意见，以为一种语言必须认作仅属表明民族精神之一种行动：因之，语言只是一些"表征"(répresentations)，对于心理学家之眼光上，并无供有可以接触之实际。如认彼等为实际之物，则为幻觉所欺蒙者矣。对于彼等须应用一种完全的主观方法，不应由语言论起，盖语言仅属一种结果而已，而应由创生语言之心智论起。此种方法最适合于研究心理活动之某等产物，例如通俗的迷信之类；其于惊惧、幻梦或信仰之研究，亦同等有效。然此乃将吾人远离于语言学之领域矣。

吾人可对芬克氏回答以一种语言仍为一种实际之物[2]。语言因其具有语音与形态，有其自身之存在性，可离发言者之心理趋向而独立者也。行用语言者将以其语言作为某种组织完好之物，有如置于其手中之工具者然。彼可依各异之目的而应用之；或为日常之需要而应用之，或为道德之显示而应用之。而语言则犹是此同一之工具，语言学者之职责，正在于研究此种工具之主要的与永久的性质。因之，芬克氏所坚持反对之客观的方法，正为完全适用于语言学上者，而语言自可离开意识以为独立研究者也。

更有进者，不论何种足以影响语言之起因，并不必对于意识上发生均等之影响。语言中主要的与永久的成分，乃依据于与心意无干之原则而变更者也。其引起一种"语言生活"之假设，乃与一切心理的、生理的或社会的生活无关。事实上，在两种语言间可得

① CLX.

② Meillet, II, vol.x, p.664.

观察之种种区别,在此等语言的历史之任何时期,纵属此等语言有关系的民族之任何时代,亦必须用各语言演化上之纯粹的语言现象以为解释,是以对于民族之心意,并不证实其论断。

此种观察,亦适用于可将两种语言区分之最显著的特性。例如语词序次为极有意义之一种程序。彼之根源,似深入于语言之意识中,因在语象的配置之起源上可见其为不谬。然吾人已知德语、爱尔兰语或现代亚美尼亚语中,一语句之构成,乃为此等语言上特殊的形态转变之结果;当语言的历史学者校阅过去之事实时,即在甚歧异的措辞结构上,发见依于各语言演化以为解释之内在的法则之进行。

将应用语词联合的程序之语言以与另一方面利用语词派生的程序之语言两相比照,此乃自然与合理之举;例如希腊语之别于拉丁语,德语之别于法语。显然此等亦呈现两种各异的心意之类型,因在一方面,其心意上将表现之记号分离以后,便将由分析而得之各种成分逐一表出之;而在另一方面,其心意上仅将此种记号之一部分表示之,而将替代其他部分之工作留给于听受者。虽然,此两种程序,在事实上,乃由多少业经演化而成之习惯上所由发生者;并且两方面绝非相互的排拒,各语言中彼等之应用亦仅为程度上之差异而已。盖在任何一种语言中,当某一时期足使某一种类型特占优胜,以致此种类型在历代的经过上一再复述者。故此乃为形态学上各种程序竞争之直接的结果,绝不依据于心意上之各别。

心意之在此两方面实并无别异。其别异者仅为表现耳。事实上某一语言之说"liber Petri"与别一种语言之说"le blivre de Pierre",并不包含操此两种语言之人民以各异的方式怀有领属之关系,而仅为以各异的方式表现之耳。又此种各异并有历史之原因存乎其间。就吾人研究工具之现阶段的情状,欲以语言之性质做发现一种人民精神之任何尝试,终属幻想冒失之举。纵属词汇方面，其于心意之反映，亦为不完全者。法语中仅有“louer”一语词以对译德语之“miethen”与“ver miethen”两语词，彼等之意义（“租入”与“租出”）适为相对相反者。在法语中，此固为令人困恼混淆之事；然反之，在德语中亦仅有一“lehnen”语词，以表示“借出”与“借入”之两种相反的意义。吾人亦已知许多语言应用同一语词以表明“卖出”与“买进”[①]。吾人果应由此等事实中以引出任何指示，以为各异之民族依不同方式怀想一种借贷或一种交易者乎？决非也。一种词汇绝不能尽行显示思想之一切方面。语词之种类总较观念为少。惟通常之习用上仍觉其能密切近似，盖有别种方法以免除混淆之弊也。各语词之意义能依据上下文使其明白清楚，苟其未足，则语言上亦绝不致丧失此种缺憾之弥补。实际上，法语中甚少因“louer”之语词而感受混淆之苦；德语中亦并不因“lehnen”之语词，其所感受混淆之苦，较之布勒通语因仅有“glas”一语词以表明“绿”与“蓝”，或因表明“天蓝”“豆绿”须用同一方式之所感受者为尤多也。吾人无论考察何系之语言，苟试欲寻求一种特殊的心意之指示，似乎吾人总陷于错误者矣。此则并非谓心意与语言两者间毫无关系者也。语言有时并且可以约束及调节心意。常将动词放置于某一地位，此种习惯引进一种特别的思考之方法，并在一种辩论之程序上可有某种影响。法、德、英人之思想，在某种范围内，实依附于语言者。一种轻松柔和之语言，其中文法减少至最小限度者，容许思想依极度之明晰而显现，并让其活动之自由。否则，一种严格笨重之语言，其种种限制，即足以阻塞思想。虽然，说者之心意为欲适合自身于任何语言形式，无论如何总有所反应。故以操某种语言的民族之偏性，将此种语言下一定义，实属不可能者。依其社会之状态，以为语言之研究，给予

① 例如汉语说 mǎi 和 mài，只有声调的不同。

吾人以一种语言性质之最佳的观念。

谓人类原为一种社会之动物，于今已属至当不易之论。有一种偏向，对于人类的社会性，足为最显豁之证明者，厥在彼之本性，即使居住于社会集团中之个人，督促其造成共同的动机，以就彼等相似之环境或特质论之，当最初之遭遇中，实欲使其自身对于同一范围内而并不呈现相同的特征之人，处于相反之地位者也。

此种天性至为强烈，在各社会机构之一切部门中皆可发见；于社会集团之事实中，即具有其起原。一孤独之法人，当其在一荒岛中与一波斯人相遇时，彼此俱将忘却彼等相互间之异点，自然皆欲求得造成共通之动机。彼等均同处于此种孤独之状态中，遂演成其相反伴之谊。然若一波斯人旅行于法国，偶尔出现在王后散步场，于是民族的情感，所以增强团体之存在者，便将提示法人以下列之名句："任何人，如何可为波斯人乎？"一孤独之骑士可与其所相遇之一步卒友如兄弟；然在城市中，同时有武装之卫队驻立于其间，则此种杂乱之相交，即常足引起争议，迫使权势以干涉及重立秩序者。又此并不必需为两种各异之部队，彼等之工作、服装及补充处所，为各异者。即在同一队、同一营之中，亦常在两排或两行伍间引起竞争，盖其主要争持之原因，为两种服役、两种号令或两种番号之不同也。最微细之区别可以增燃此种争执。可谓人群之一经集合，即利用琐细之情境，以为一种特殊的团体意识之护符，而与别一团体对立者。

此并非一种因乎某等好胜心的作用所发虚荣的动机之事。盖一般"团体精神"（Esprit de corps）实在随伴有某种内向的满足——一种自傲的心理，每欲触犯及压抑旁人者。惟此等心理乃团体精神所生之结果，而非创生团体精神者。其创生之者，即属社会集团之事实。团体自身并不具有关于人格之事，其集成团体之许多个人各自的价值，亦未尝计及之。一个新进者，自从进入团体之时，即承认有与旁人相同之权利；最多亦仅须经过某种假装之考验，以示值得进入于彼等之中，有如学校或军队之徽章或佩带然，盖此等徽章佩带，或仅为古时开始的仪式之一种遗迹也。其后，团体并非用法律之条文以为管制。其联合各分子之约束物，并非任何先前预存的了解之结果，亦非由外界所施予的任何势力。彼之存在，乃仅属于职业、兴趣及需要之一种集团而已；其力量亦当他种具有各异的职业，兴趣及愿望之团体与之相伴存在时，因而比较的增强。

在任何社会的团体中，无论其性质若何，其大小若何，语言总具有一种基本的重要之作用。语言为联合团体中各分子的最强烈之约束物，同时亦为彼等公共生活之表征与保障。在确定团体之个性上，岂有何种工具比语言更为有较大之功效者乎？语言者，柔顺、婉转，亦富于意义之精美的遮盖，遂引进其自身于多种复杂之用途，并组成为联合一团体各分子之约束物；语言者，为彼等相承认之一种符号，亦为彼等相友爱之一种表征也。

团体中各分子皆具有一种感觉，以为彼所操之一种语言，乃异于邻近团体之所操者。因之，语言在操之者所具有的感觉之集团中，有其一种真实的存在。此种定义，初见之似纯属主观者，却亦有事实之根据，即对于语言上集团之意觉，在各发言者之意识中，更附有某一语言理想之感觉，此种语言理想即各人自身努力以求实现者①。

在同一团体之各个人间，自然建立有一种默认的了解，为欲维持语言，以依据于指定之规则者。此种规则常依附于习惯，而并非无理由者。然习惯亦非武断的，事实上颇为反于武断者。习惯常

---

① 关于语言准确性的理想，试参看 Noreen，XXX，vol，1(1982)，和 Setälä，XXVIII，vol.iv(1904)，pp.20—79.

为集团之兴趣所决定,此种情形中,所谓集团之兴趣,即属必使彼等自身受人了解之需要。是以,团体中各分子将其自身,在不知不觉间及在天性上,置立于任何武断举动的引进之相反的地位。孤独的违犯习惯之举,即当立被发现,而对于违犯者之讥笑已足够惩罚之,并足以剥夺其任何重犯错误之企图。至若一种通俗习惯之违背,假定具有法则之势力,则集团之各分子皆必均等的倾向于违犯之;换言之,彼必已视作为规则的,而不复认为规则之违反矣。

此种规则之严格,至为显著,对于一切语言的集团及一切语言,皆属确切无疑。纵属文雅之人,吾辈亦有时听到彼等表示惊异,以为村夫俗子之语言竟亦具有规则,而有其自身之一种文法。彼等设想规则仅存在于给予学童之书本上,而一种非书写之语言不能具有任何之规则。此则虚谬之谈也。乡村之土语,或方言,常较文法书上所学习之语言,统属于更严格之规则。书写的语言,在学者之中容许疑问及讨论,超于其上者,有如贺拉西(Horace)所谓乃属语法书抬杠(grammatici certant)也。然彼等之操一种土语者,却几不能有所疑问。试聆一村夫俗子讨论一乡村之土语,彼将立即发现一般生疏人所不易觉察之异点,且自傲而认定其自身及其村庄之人民仅为说话适宜而正确者,并以为说话正确之方式终止于其村庄一边的界线之小河。

一般男女人民对于彼等之语言,常有一种确切之观念;彼等以稀有之精细,觉察最微小的违异于其语言规则者。马雷布氏(Malherbe)曾在福恩港(Port-an-foin)之守门者中,见有对于语言一种最精密之感觉;彼曾谓即以此等守门者作为其个人之教师①。吾人已知曾在雅典之市街上,何等不幸降临于列斯堡(Les bos)之提奥夫剌斯塔(Theophrastus)。当其询问某货品之价格时,市民

① Mémoires pour la vie de Malherbe, par le marquis de Ragan-svlvii.

中之一妇人即依其语言认彼为一生客①。实在,当发生关于习惯之一问题任何疑惑时,必须询诸人民。在学院中,固可对于"automobile"(摩托车)一字,讨论其为阳性,抑为阴性,因而集合许多正反之争论。此皆属理论者。实际上,人民即刻决定此字之为阴性者。若果有一疑惑之时,乃因乎多种事例中此字之性别不能有所显示之故,其结果亦仅可谓在此字之某等用法中无有性别而已。然当其被觉具有性别之处,则彼性别即建立属于阴性者矣:"une belle, une grande, automobile, láutomobile est verte ou grise."

此种对于合宜与确定之要求在使习惯之固定化,乃于任何所指之集团中以构成一种语言者。然若吾人欲寻求任何语言之完美的实现,则决不能见及之矣②。有许多人民操法语,然并无说法语者争欲供一种法则及一种例子以给予旁人者。吾人所称为法语,并非存在于任何人类所口说之语言中。欲问何处所说为最佳之法语,亦同为无谓之问题。最佳之法语,只是一种"理想",拉布律耶(La Brugère)应用此辞,即属于此种意义:盖为一种假托,有如芝诺学派(Stoies)之智人,在精神与肉体上完全、美丽、良善、健康者——"至少"如诗人所有者、"当其不因迟钝愚鲁所受困扰之时"者然。最佳之法语亦如此,免除记忆之失错、俗语之音误、土话之违异者也。此为一种理想,可以追求而绝不能获得者;为移动中之一种力量,只应规定为进行所趋之目的;为一种可有之真实,实际上却绝不能兑现者;为一种变化,却永不能前来者。

吾人可将上列所云总括之,可谓一种共同的语言乃为理想的

① Cicero, Brutus, vol.XIvi, p.172; Quitilian, vol.viii, p.1.
② Meillet, XCIII, p.357.

语言形式,施加于同一社会团体中之一切个人者。

唯吾人尚须规定团体之意义。此一语词,将为随后数章讨论之对象,因团体之性质与形状,所以决定语言之特性者也。在法国,一方面有文学之用语,各处用作为一种书写之语言,而文雅之人民欲在说话中求其实现者也;另一方面又有多种方言,例如法兰斯·孔德(Franche-Comté)之方言、利穆臧(Limousin)之方言,彼等自身又重分为许多各异之土语。是以,语言之众多,一如团体之众多也。在别一方面,如巴黎之一城中,即有甚多各异之语言,上下相互迭置者。会客室中之语言异于军营中之语言,中产阶级之语言亦异于劳工阶级之语言;有宫阙之戏语,有近郭之暗语。此等语言有时彼此间极为相异,以致甚能了解其中之一种,而毫不了解别一种者。

此种歧异乃因乎社会关系之复杂现象,一个人既甚少完全生活于单一的社会团体中,故一种语言亦甚难有绝不包括别种团体者。各个人,在其移居之过程中,每将其原来团体之语言携之俱去,遂在其所引进之邻近团体上遗留其影响矣。

纵属两家族相伴以处者,并不应用恰恰相同之语言;惟其别异之处,即若开始时包含有纷歧之原则,以待将来自行显现者,目前因感其微小,吾人亦可暂时不计及之。更以此两家族之间,用为交换思想的媒介之语言,亦势须产生两种语言之融合物,因自其开始,两者交互之关系即将趋于减少其别异,而建立一种公共之形式。设想共居一处之两兄弟,而担任各异之职业。各人在其工作场所,当与两不相同之团体相接触,势必各自随附于不同团体之思想、职业及工具的习惯,而采用其语言。然此两兄弟间各日中所树成之别异——虽或偶然彼此一度长时期不相见,似得在流行的口语上,演成彼等不复说相同之语言矣——却即在每晚彼等相交接之际,便归于消灭。因之彼等在每数小时中,每次顺从两种各异之倾向,而彼等之共通语言,频频将外界所引进某等脱节之成分涤除之者。

此为一极佳之例子,以示争取均衡之理,盖其为一切语言演化所依据之法则也。两种相背之趋势,吸引各种语言于相反之方向[①]。其一,即分化之趋势。语言之发展,有如在上列数章中之所概述者,常趋于分化成为迭增无已的许多部分。结果为渐次的分解,其分解之速度即以一种语言所接受之应用总数为比例。各个团体苟各自留存,夺去一切互相接触之机会,自当绝然无望的注定于此种有增无已之分解中矣。然完全的分化却永无达成之日。有一种最重要之理由,阻之于其途。盖事实上,无止限的使团体趋于窄小,彼此间原用语言为交通之媒介者,势必至将语言剥夺其所以存在之理由;因语言苟演成为不适于人们间之交通媒介,则只有将其自身归于消灭而已。因之,另有一种统一之趋势,恒常进行以反抗分化之趋势者,而均衡之局重行建立矣。由于此两种趋势之交互作用,遂起有语言中彼等各异之种类,如方言、特殊语及普通语等,吾人即将考察之。

(二) 方言与特殊语[②]

将一种语言依地理区域划定之,以与类型相异之语言相对照者,常为可能之事。吾人已知法语之界线,正置于其与德语、巴斯

---

① Meillet, "Unification et differentiation dans les langues"〔XLII(1911), p.402〕.

② 关于方言的问题,参看:Ascoli, *L'Italia dialettale*(XLI, vol.viii, pp.99—120),L. Gauchat, "Gibt es Mundartgrenzen"(XXV, vol.cxi, 1904, pp.365—403); Tappolet, *Ueber die Bedeutung der Sprachgeogroaphie*, *Festschtift Morf*, p.385 ff.; J. Huber, *Sprachgeographie*, III, vol.i, p.89ff;特别是 Gilliéron, Jaberg, Terracher 的著作。关于特殊语言一般参看:Lasch, *Mitteilungen der Anthropologischen Gesellschaft zu Wien*(1907); Van Gennep, XIV(1908), i, p.32,和 LXXIV.

克语或布勒通语开始相抵触之处。此等界线几可划定于某一村镇上,或竟在村镇本身范围内之某一山谷,或某一小河;仅仅一街道常可为分界之线。是以吾人能称举法语、德语、意大利语、匈牙利语或塞尔维亚语。凡此等语言皆互相差异,而得以固定划分之者。

虽然,吾人当追寻法语与布罗温斯语、高地或低地德语、塞尔维亚语或保加利亚语各自之疆界时,即经历到某种困难。盖吾人于此所论,不复关于起源各异之两种语言,因历史上之机缘使相接触者,而为关于起源相同之语言,因彼等历史上之环境已归于分化者矣。其间彼此之移转,不易觉察,彼等相互之区别,在表现之装备上亦无任何显著之违异。故在同一语言区域之各种方言间,当吾人试欲建立分界线之时,其困难将更为繁重矣。

现今的一种既成之事实,即语言上之特点绝无有与分布之地域相符合者;换言之,即同音圈线彼此并非相凑合,而仅为相独立耳。

在此方面,一种语言地图之考验,最足以资启迪。《法国语言图表》(*Atlas Linguistique de la France*)[①]对于各处观察所得之别异,给予以不同的界线。吾人试设想十数小村庄在某法国县份上,散处于一广大之区域。此等村庄之居民,却皆操同一之语言,即谓彼等之说话具有法语一种特殊类型之统一性,在历史上言之,亦为一连续地带上同一语言独立发展之结果。同时,在一村庄与别一村庄之间,却有显著之差异。从语音、文法及词汇之观点上,对于各村庄,可给予一种各异之描写[②]。惟某一村庄之特点或多或少,罕有不扩张至于邻近之村庄者。然各种特点,就单一的观察,其地理上之界限常少有符合。因之,十二村庄中五六个考验之结果,有

---

① *Atlas linguistique de la France*, Champion, Paris;参看 Gilliéron et Roques, LXXVI.

② Gauchat, "L'unité phonétique dans le patois d'une commune" (*Festschrift Morf*, pp.175—232)

将别个具有 e 音之处读为 a 音者，有将别个具有 u 音之处读为 o 音者。而由 a 音至 e 音移转之界线，并不同于由 o 音至 u 音移转之界线；因之，此等变异发生所在之村庄，并非相同者。换言之，分布各异耳。

例如，在兰德(Landes)县中[1]，对于“joug”一字之读音，可分为四个区域，大小不等，其分布约略如下：

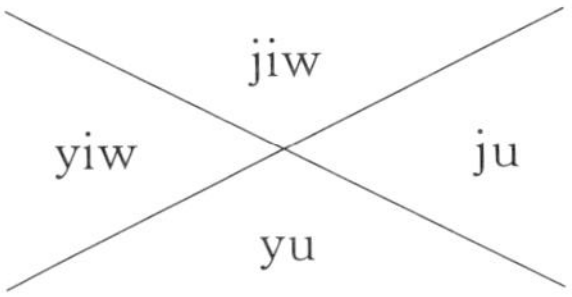

此所举之例中，其疆界线置列之根据，一为将起首音之 y 读为 j(法语的 j 音者)，二为将 u 音读为 iw 者。此两种语音现象之区域，彼此并不相符合；而又皆不符合于 d 与 z 两音之转换，此两音之转换实际上又须将其地区分为两部者[2]：

laide/laize

又皆不符合于此种形态上之现象，如单纯的与复合的过去时(il écrasa、il a écrasé)间彼此相反之形式，其分界却构成一弯曲线，又将此县之土地划分为奇异之样式者矣[3]。

当研究此县之词汇时，吾人见有四个各别之语词——estan、yourgue、pesque 及 clote[4]——依所居村镇不同各以代表“étang”(池塘)者，并有三个语词各以代表“corbeau”(抢夺)——croque、corbe、

① Millardet, CII, p.245.
② 同上书，p.249.
③ 同上书，p.199.
④ 同上书，p.208.

courbas[①]；而此等语词所引用之区域，并不一一适合于彼等具有各异的语词以代表“étang”之区域。因之，关于词汇之资料，正显然与关于语音及形态者，呈现同样不规则之分布状态。

此种事实上之情状、自然之结果，使许多语言学家抱持方言并无存在之一种意见。对于此等学者，由语言发展所生出之语言上的情状，仅可以在两种现象之下以为推想：其一属于语言方面，为一广大的整体，一切说话之方土的形式可归属其中；其二属于说话之方土的特殊的形式方面，即由语言分裂以成音。大致言之，此即为拉丁语言学家所持之概念，加斯顿·巴黎(Gaston Paris)及保罗·迈尔(Paul Meyer)二氏曾以极精炼之方法说明是种概念。前者云：“北省(North)之法语人民与中部(Midi)之法语人民，无真正之界限可以分析之；从法国国土之一端以达于另一端，其通俗的说话之扩展，有如一巨大之帷幕，其错综之色彩，相互遮掩，致在各点上罕能觉察其循序渐进之痕迹者然。”[②]

约安·斯密特(Johann Schmidt)之“波浪学说”(Wave Theory, Wellen-theoie)亦接近于此种概念[③]。后者主张每一种语言的事实，其展布如波浪然，施于各地上；此种波浪渐次的前进，并无确定之界限。彼盖将一种印欧语言之研究以为其学说之根据，因印欧语言中之同音圈线事实上并无有较拉丁语言中之同音圈线更为相符合者。虽然，美耶尔氏(M. Meilet)在其卫护印欧语方言之真实存在，实甚为正当者[④]。氏曾表示从印欧语以来，方言之一种分布可得建立者。此种分布，依据于如下之原则，即无论在何处大多数

---

① Millardet, CII, p.175.

② Dauzat, LXV, p. 217ff, 其中曾引证 Schuchardt, Ascoli, G. paris, 和 P. Meyer, 试比较 G. Paris, CVI, p.434.

③ CXCIX; K. Brugmann, XXXI, vol.i, p.226ff.

④ XCVII.

之语言界线实际上相符合者，称之为方言，总属正当。在任何区域，其中发现有共同的特点，即一种确定之方言在焉。纵若两个毗连之区域，其间界线须认为似颇流动者，而各区域仍可以某等共通的征象，为其他区域所不具者；划定之作为一整体，此则仍属确实者。例如，布罗温斯语与法语实则只为同一语言之两种方言；纵使地图上或许难以追寻一条恰当之界线，以精确显示何处为法语之终点，何处为布罗温斯语之起点，然各自为一整体，各已获得其特征以达于足够之数，并已足够明白表示以使混杂之不可能者矣。

即在法语范围之内，吾人亦可选定某等特殊之征象，足以规定为方言者，借以建立方言之分区。例如，毕伽的(Picardy)之方言歧异于伊得法兰斯(Île-de-France)之法语，其中保存吸气音之 c，此音在法语区域内业已转变成为现代写法之 ch——keval、kamp、kar，等于较新之字 cheval、champ、char。诚然，此种标准，在毕伽的方言与法语之比照上业已证其为精当，而对于此种毕伽的语之别异于其北方邻邑窝伦(Wallon)语或其西邻之诺曼第(Normandy)方言者，则如保罗迈尔之所指出，为无任何之价值矣。虽然，在毕伽的语与窝伦语之间，或在毕伽的语与诺曼第方言之间，却另有其区别之特征，以使粗略的划定此等方言界线成为可能者。

更有进者，应用此等法语的歧异方言之人民，并不使彼等混杂。方言之分区，适合于人民心理上一种真正的感觉，此等人民在同一地域内说话之方式异于其邻地人民之所为者。过去期中，毕伽的之人民显然感觉其方言异于伊得法兰斯之法语，并异于窝伦或诺曼之法语。当时之解释，以为毕伽的语自成一整体，虽说时不免有地方上微细之差异，而扩张在一广大之区域上，遍此区域中，曾以某等著要之特点为其表征，在当时应用之者之心理上，即以将其别异于邻近之方言者。此亦足以释明文学作品中有用毕伽的之法语写成之如何使然。

所可无疑者，往后吾人当知之，即根据于方言之文学的语言——吾人可谓其具有一种方言之基础者——并不恰恰代表此种方言区域中任何一地之语言。此于中世纪之法国与古代之希腊，同样可为明证也。然此所言并非指方言之不存在。彼之存在，有如普通语相同之程度；彼乃具有某一种理想的存在者。对于一法人，Sanit Alexis 所由写成之一种方言，乃别异于 Saint Leger 或 Cantilène de Sainte Eulalie 之所由写成者。

在希腊，叙事诗之方言，并非即属抒情诗之方言；而在戏剧中，对话与合唱所应用之方言又相各别。此等方言原始皆根据于某等特殊地方之说话，其地方或在希腊之海岛，或在大陆上，大概俱有相当广大之范围者；又此等方言，各具有许多足为表征之特点，足使其得称为方言者。因诗人将其放置于应用，久之遂成为文学之语言矣，此种类型之文学语，实与特殊语甚少区别。

业将方言之意义如此规定矣，在研究其与普通语的关系以前，应将有一言以论及特殊语。因此等特殊语，颇类似方言，惟其起因各异，乃由社会的分化而发生者。

“特殊语”一辞，吾人以指一种语言，单为处于特殊环境中之许多个人的集体所应用者也。法律的语言便可引为佐证。律师当行使其专门职业时所应用之语言，离去其日常说话时所用者，相差甚远。另一例证又可于教会的语言中见之。当向神祈祷之时，常用一种特殊语，正如罗马教堂的牧师应用拉丁语者然。宗教上的辞句必须计入于特殊语之中。最后，凡属俚语之形式，皆为特殊语。学生、工匠及盗贼皆应用其自己之一种语言。此等特殊语之种类至为众多，而所以称为特殊语者，因事实上，别异于流行之语言，且在一种有限数之个人间，大概供作秘密的交通工具也。皆有此流行之语言以为普通之用，是以在同一普通语之关系上，其乃为特殊语矣；一考察特殊语之构造，即可见其为一种普通的倾向，将其语言适合于特殊团体的功用之产物也。

此等特殊语，亦有与通常之用语完全相异者——例如拉丁语，学者久已用为国际上交通之具。彼等竟选取一种死语，以为彼此相传达之特殊语；天主教的牧师亦如之，以此作为彼等对神祈祷之语言。梵语，为另一种死语，在印度仍为婆罗门教有道者即属文人阶级所沿用之语言。至其他异于活语的祷告语言之例子，吾人可称述希腊语、古斯拉夫语、亚美尼亚语，更佳者，则有科普替克语(Coptic)，仍保存作为宗教上的语言，而其人民平常所说，却为一种属于完全各异的语族之语言——阿剌伯语。此即以特殊之环境作为解释者：在学者的拉丁语之事例，因需要使许多各异之国家得相了解也；在宗教上的语言之事例，因顺从于传统，更因需要使在神圣与世俗之间有所别异也。

一般情形中，特殊语大都由某种活语之普通的基础上发展而来。惟其中有几种，亦竟为如拉丁语之死语者；例如，法庭上之语言，其中每一辞语业已获得一种确定之涵义，为律师所必须熟稔，且必须求其恰恰适合者。实在，此仅为一种专门之语言，正如医士撰作一种医药上的报告时所用者，或科学家为科学上之事所应用者。专门的语言，盖因对于某等通常习用上所缺乏之事物或观念，须给予以名称之需要而产生者；又所以适用增进“科学上的准确”之要求——即谓，对于通常语言所描写之事物亦颇适合者，给予以绝不含混之辞语。有时创造特别之语词，而有时亦将通常说话中之语词，用为一种特别之意义——例如物理学家所应用“体积”(mass)、“速率”(velocity)、“力”(force)等之术语。由此以言，专门语亦属于“俚语”(slang)之列①。

① 关于隐语，试参看 F. Michel, *Études de phiologie comparée sur l'argot*, Paris, 1856; L. Sainéan, CXIX；以及 Marcel Schwob 和 M. Dauzat 的著作。

"俚语"一语词为现今一个极空泛的名辞。实际上,只是特殊语之别名而已,俚语种类之有多少,即依于特殊化的团体之多少耳。俚语之特色,即在其有无限之种类:常常依据于种种环境及地位而有种种变化。每一种社会团体,每一种行业或专艺,皆有其俚语。学校中学童之俚语因各校而异,有时并具有各种形式;兵士之俚语亦同样因各队而异,在各个军站中亦常不一致;缝衣匠及洗衣匠,矿工及水手,皆有彼等特殊之俚语。

最后,又有"盗贼之暗语"。"切口"(argot)一词最初归于应用者,乃关于法语的歧异。迄于十九世纪初期为止,法国往时曾有真正的盗贼的公会,拥有一种特殊语,为会议所决定,而由各会员之意志以维持之。此即为"切口",其前被称为"暗语"(jorgon),因此两词,原二而一也。其异名,英语上谓之"cant"(现今以"jargon""lingo"或"slang"较为通用,至"cant"一字在最近三十年内,几已丧失此种意义,一般仅解作粉饰的语言之义),德语上谓之"Rotwelsch"或"Gaunersprache",意大利语上谓之"furbesche",西班牙语上谓之"germania",葡萄牙语上谓之"calã",罗马尼亚语上谓之"smechereasca"等等。研究俚语者,每仍以盗贼之语言为其研究之根据。然其定义最为含糊,盖当今之日,盗贼不复组成一秘密之社团,其社员皆说话相同者。操俚语之人民乃出自社会之各阶层,而所谓盗贼之世界者,包含有代表各种地方、各种阶级及各种境遇之人员。当盗贼集合之时,乃依于某种暂时之需要以成为独立的小团体,彼等不认有领袖能将其意志施加于彼等之上,有如另一图纳王(Roi de Thunes)或大科塞(Grand Coesre)者。在外表上彼等无可加以显别,其混杂于社会上亦一如旁人,惟将彼等自己寄生于高尚的社会之边缘而已。在此等情形之下,如何能坚持一种截然确定之盗贼语乎?

俚语之特质,主要在于一种词汇上之特异。盖其事实上为一种普通语之特殊化者，又既仅依反照于此种普通语而存在，故任何应用俚语之际，必定需要感到两者间之关系。至于语音上或形态上之任何扭曲，纵使程度甚为微小，亦将结果使联合俚语于其所发生的普通语间之关系归于中断。

而且，形态与语音为组成系统者，苟其系统贸然加以干预，则不复为十分相同之系统矣。故俚语不能伤害及之。偶有某等读音之习惯应用于俚语中而以助成其特殊之表征者，固属无疑。是以巴黎附郭之切口，具有某等特征，足以显示其说者在社会上之等级。然吾人于此必须分别原为各异之两事。巴黎附郭一带之自然的读音并非正常的法语读音。此等地带有其自己之发音，而无关于词汇者。吾人可听及工人说极佳之法语而具有附郭地带之特异的语调，反之，交际上人物引用一种俚语之词汇而具有极文雅的读音。如发见附郭地带的读音与俚语的词汇合并出于同一说者之口，则只是两种各不相干之事偶然联合在一起而已。

因此，吾人可将俚语之特质缩减至仅属于词汇一项；惟仍须释明此等词汇上之变异如何而发生耳。最简单之手续，即在通常词汇上语词之特殊的应用。吾人业已提及一种普通的辞语，如travail、ouvrage、opération之类，在各异的人民之口说中，依于此等语词所关之职业，常感有一种特殊之意义。此种词义特殊化之现象，即以奠定俚语之基础。

隐比的方法为俚语上最喜欢采用之一种，另一种则为固有名词之用作普通名词者。此等手续在通常语言中俱有其例证，故在此种关系上，俚语并不足以显示其特异之处。或者仅于手续之施行中，有其某种特异之所在。实在，隐比与换比之在俚语中，特别频频加以运用；惟此等修饰的词句，当惟一为着加重及维持通常语与俚语间别异之目的而感有缺乏之时，则此等即速归于废弃，而须加以新造矣。是以俚语中之废弃其词语，较之其他任何语言中为速者,实不足惊异也。又此等新创的作用常兼为有意的与偶然的。吾人于此即论及俚语与通常语间主要性质之差异矣。虽在原则上及结构上,俚语为一种自然之语言,然已接近于人工语言,得借个人之创造而随意养成之者。团体中某一分子之优异地位,得将一名词因团体生活的特殊环境而产生者提示于旁人,此即个人之幻想对于新字创制之贡献也。

虽然,此于其事之全部说明,犹未足也。正常语言之进行方法,即在个人的特殊活动有以增强之之时,亦于俚语所需求之新语词上微小的变化,并不具备以恒常之供给。于是外人语的词汇亦置列于被采纳之下。吾人于此必须以一种广义了解"外人语"一词,即以指一切并未构成俚语生长所在的普通语之部分者。因之,展布于广大区域上的语言具有地方性者,以及方言俗语在其性质上为较小的"普通语",附属于一国之公共语者,甚至邻近国家中所说之外人语,凡此等皆于俚语之创制与刷新,有所贡献者也。例如德国之 Rotwelsch 语中,富有犹太德语之语词;西班牙之 germania 语中,有重要的吉普息语(Gipsy)的成分。罗马尼亚之 Smechereasca 语,即混杂罗马尼亚语、马札儿语(Magyar)、俄语、犹太德语及吉普息语之成分者;英语中之 slang(往时所称为 cant 者),常有时遇见爱尔兰之语词,如"twig"("了解")等(爱尔兰语"twigim",等于英语之"I understand""我了解")。法国政治学校(Ecole Polytechnique)学生之暗语,包含有德语之语词"Schicksal"("命运、机会")①。大体上,法国之暗语,包含甚少外人语之名辞(阿剌伯语、吉普息语、犹太德语的);其主要的资料由本土之成分上借入者,然于地方语亦一如母语,能完全代表之②。

---

① Marcel Cohen VI, vol.xv, p.170.

② 参看 E. M. Ernault 的一篇关于布列塔尼隐语的很有趣的论文,载于 VIII vol. xiv, p.267.

用以构成俚语之成分，既如此复杂，故其结果，甚多古语之成分遂发现于其中。事实上，意义的特殊化作用或仅为借贷关系，一经将某一语词输入于俚语中，传习上遂保留之，常延至流行语言中久已丧失之之后。例如，古日耳曼之语词中“lütt”（“微小”）仍在Rotwelsh语中用以代表“kleim”者；又如“occire”一动词，几世纪以前已不见于通常之法语中，而仍存在于暗语中用以替代“tuer”（“杀戮”）者，吾人见及此等，似不免惊异矣。此等即属古语，惟常见有明显之古语，而实际上仅为晚近由文学书上借贷而来者，久之，遂于此两种手续间难以区别矣。

由书本语言上之借贷，常为一种个人之行动；而属于组成俚语之人工的手续。此等手续有甚多之种类。例如，将语词之外表形式加以扭曲；即有时将一种俚语之接尾语，用以替代属于通常语之接尾语。此见于法国之暗语者，如“épicier”之变为“epismar”，及“Auvergnat”之变为“Auverpin”；又如德国之Rotwelsch语将“kaufmann”变为“kofmich”。另一种分割之手续，只是将语音上有规律的变迁加以扩大而已。在前面所指明之理由以解释语音演变之扩张者，亦于俚语中有其作用。说者容许其自身将语词读为缩减的形式，此于俚语中为特著者。盖其所对之陈说之听受者，为数有限，大都已准备将其了解，并与彼业已具有预先之默契者也。结果，遂见有甚多节缩语、省首语、简化语、省尾语及语音上不规则的变化以助成趋使俚语为未经加入团体者所不能了解者。同时，异化作用、同化作用及倒转作用亦在口说之俚语之获得一块膏腴之地，以为彼等聚集之所，因其中并无严苛的规则以禁阻彼等之蕃殖也。最后又有人工的分割变化，其发生与正常语言之情形不甚相干者。此等之例，可于loucherbème及javanais两种暗语中见之。前者在于移置第一字母于语词之末，并以l替代第一字母，更用一俚语之接尾语以完成其扭曲之语词；javanais则在插入某等音缀于语词中(ar、oc、al、em 等,而尤以 av 或 va 为特著),此"javanais"一辞之所以派生者无疑也。

Loucherbème 语,历史并不甚古,其发生时期,决不远过于十九世纪之初;巴黎贫民区之 javanais 语,显然更为晚近所发生者。惟此两种暗语之形式,其所用以获得之手续,自远比彼等之发生为古,而必已为一切时期及一切地方,凡人民欲求变更其语言者所应用矣。今判查布(Punjab)地方,有一派盗贼,即以 ma 音缀插入于通常判查布语之语词中,遂创生一种特殊语者也①。在完成一切之中,此为一极简单之手续。吾人已深知新语词之创制实不甚易易。苟吾人更于邻近语言之词汇上,别无以供吾人随意引出新语词之机会,则正可常依某种有规则的原理,以变化现存之语词。此种毁坏形式之手续为甚多之俚语所采用。法国儿童在学校中常应用 javanais 语,英国之儿女亦行用多种英语的相类的俚语,而在日耳曼及斯拉夫的诸国之教育学术机关中亦见有同样手续在进行者。

谜语的文法学家,吾人只知其在味锦尼阿斯·马洛(Virgilius Maro)之一个野心的笔名之下,约生于西元后第五世纪时,似曾为一种特殊语之创制者,此种特殊语在爱尔兰的学校中曾长久重视之。此种语言即在以音缀之重叠、割断或转置将一流行之语词加以扭曲者也。历经相当时期,遂转变并长成为一种集合的语言,爱尔兰语所称为 ber ba na filed,即"诗人之语言"者。此为一种俚语,包含混杂之语词,即由拉丁语、希腊语与希伯来语而来之语词以及其本土语词,或已不用而采自古代文辞上者,最后还有普通应用上语词加以倒置或用别种方法加以扭曲者。此种语言,吾人现今仍见有其几个例子,常难以解释,当时盖在学校中因传习而保存

① T. G. Bailey,"On the secret words of the Cûlûâs"(*Proceedings of the Asiatic Society of Bengal*, (1902).

作为一种秘密语者。吾人未知当时其用于口说中之范围若何。或者仅为一种书写上之制度,有如巫觋及制作符箓者之语言然。

巫术的公式,吾人主要的在希腊、意大利及非洲之坟墓中所发见,书写于铅片上者,常显示同样原则之施行,即外人语词之应用及本土语词之分割也[1]。惟在此种事例,其动机又属不同;盖为建立与别一世界的某种传达之工具而起者,故其内中辞语之表现,受有某等意念的影响,固与此等之语言不相涉者也。

此最后之一点引致吾人费一辞,以说及由神秘意念所发生的许多特殊语之问题。

曾探访未开化国家之旅行家及曾整理旅行家所给予的各种报告之人种学家,皆证明特殊语在未开化社会中所具有之重要性。在同一语言中因宗教上的原因而产生各异的词汇,其各异之处,在于应用语词之方式以及语词所用以代表之事物。事实上,此等人氏之中,“其所谓神圣之领域较之吾人所有者远为广大。……其一种社会的活动,各个时期上总常常参杂于巫道宗教的仪式当中,而在此种活动发生之每一时期,理论上必需要应用一种特殊语。……大概,此等特殊之语言,暂时所应用者,性质上为片段的,或虽为分散的,至少必完全包含多少禁用之日常语上的词语,即所谓语言上之禁忌也”[2]。各种呈现有神圣性质之事物,其所包括者,自无需说明的为各种形状式样下之神明,以及酋长、死者,并供奉关于彼等之物体,代表彼等之动物等,凡此皆需有一种特殊语之应用者也。又应用于通常认为具有神圣性质之行为,例如捕鱼、打猎、航海、战争,甚至某等特别的行为,其神圣性质乃由关于地方的或暂时的收入之事而发生者。印度尼西亚地方,樟脑与黄金的采

---

① Audollent, *Defixionum tabelloe*, Paris, 1904.

② Van Gennep, XIV(1908), p. 327ff; R. Lasch, *Mitteil der anthropol*, *Gesellsch*, Wien(1907).

集者俱有一种特殊语。

更普通的语言特殊化之一种，乃由男女性别之结果。女人所应用之语言不与男人相同；纵当女人明了男人所用之语词时，然无读出之之权利。因之，有两种各异之词汇，恰相并行者，每一种物体总依于说者之性别而有两个名号。例如在卡立布族中，男人说卡立布语（Carib），而女人则说阿洛瓦克语（Arowak）①。有时语言上的歧异，以表示社会品级上之歧异。在爪哇地方，其土人中尊者对于卑者说 ngoko 语，而卑者回答之则用 kromo 语②。

并且，有时属于各异世代之人民亦应用各异之语言。在东非洲之玛赛人（Masai）当中，男性的民众，依其年龄分为两级，每一阶级有其禁用某等食物之严格规则，结果亦禁用某等语词矣③。年龄较大之男人不可接触一戮死的动物之头或尾，故必须应用特殊之名辞以表明头或尾。反之，年轻之男人不许食冬瓜、南瓜之类。是以当在旁人之前，苟忘却而称指对于其人所禁忌之一种行动，即为一种极严重的触犯行为矣。此等规则乃出于宗教之意念，盖两个团体被认为系包括种族中一切男性个人的一种神秘集体之两半。此两半之间，其歧异处即以各异之实际行为表示之，于是势必流而为词汇上之各别矣。

此种情形，间接属于进身的仪式之类目，在未开化之人民中所认为极重要者。由某一种年龄与某一种神秘团体进入于另一种时，其过程中随伴有特殊的仪式。此即所以区分新进者，于其往时之境况，而以示其可进入于一个新境况矣。是以，有秘密语之应用，此等秘密语在新进者入于共同的社会之后，大致被保持其全部。

---

① L. Adam, *Du parler des hommes et du parler des femmes dans la langue caraibe*, Paris, 1879.

② Von der Gabelentz, CLXIII, p.244.

③ Capit. Merker, *Die Masai*, *Ethnographische Monographie eines ostafrikanischen Semitenvolkes*(1910), p.71；转引自 S. Feist.XXVI, vol.xxxvii, p.113.

相反的两个世界，一为实在的，另一为神秘的；或者一为良善的，另一为丑恶的，即所以构成甚多宗教之基础也。此种二元论常创生语言上的一种区分。在阿维斯塔法中，约有二十个语词具有双重的词汇，应用此种或应用彼种词汇，依据其所说关于良善之主的 Ormuzd，抑或关于罪恶之主的 Ahriman①。同一种行动具有双重的含意，一为实在的，另一为神秘的；当其进入于巫道的领域时，便以一新奇特异之语词表示之。祭司所奉献之祭祀，有以从某一世界超度于另一世界为主要之目的②。而且，在一切地方，献祭包含一种特殊语之应用，即吾人所谓宗教的语言也。因此，现代欧洲之宗教的语言，皆有巫道以为其原始的基础，便将吾人追溯于未开化的人民之行为与信仰矣。而且，吾人于此种事例正如于其他各种事例中，必须谨慎，莫将文明的与野蛮的人民间这别异加以扩张。关于特殊的语言之创生，其决定之因素在两者间根本并无别异。吾等具有最高文化程度的语言，亦呈现某等特殊化之迹象，此等迹象苟在三比西人（Zambesi）或苏门答腊（Sumatrd）地方上遭遇之，则吾人必预将其归于一种神秘之意识矣。语言上之禁忌，业已证明其在欧洲一切词汇之构成上甚为重要，即纯为一种神秘的手续者。今日即有何等众多之人民避免称述某等语词，因惧怕竟致遭逢此等语词所表明之祸患也。“毋存预兆！”（Absit Omen！）为野蛮人之定律，而其归于事物名称上之影响，亦仅为一种迷信的意识之遗留耳。即在今日，吾人亦有一种特殊的方言之例，较限制于女人之用者尤为深进。在德国之犹太人中，其说犹太德语者，便有两种各异之词汇在焉，用以区别何时事物为犹太的、何时为非犹太

---

① 参看 J. Darmesteter，LXIV.

② Hubert et Mauss，“Essai sur la nature et la fonction du sacrifice，”载 LXXXV，pp.7—130.

的[1]；且又有依于男女性之别异；例如在祝贺之际，男人之说话或问答用希伯来语，而女人则用德语。

虽然，所可致问者，今时野蛮国家中，仍有为从事于特别业务者所应用之特殊语，究是否得为应用者迷信心理之证据。吾人所有俚语之特殊形式，为吾人专门职业所特具者，正如马来亚语中，黄金及樟脑的采收者之有其特殊语者然。布勒通地方缝衣匠之语言（所谓 langaj kéméner）业已加以研究[2]；以及于爱尔兰与苏格兰地方铜匠所应用（所谓 shelta），别种技工所应用之语言等[3]。此等或如 berla na filed 语然，盖为一种古代神秘语之遗迹；惟其所以保持至今，可用一种团体之需要与传统以解释之，此种特别之团体，其职业已使彼等别异于其同胞者。

特殊的语言为社会上区分之结果。是以在原则上，实如方言一样为自然的语言，惟其常为即由一种普通语的中心上生出者，并常自普通语中不断地吸取其给养焉。

（三）标准语或普通语

吾人在本编第一章之末尾，指明语言标准化之作用为社会的需要，实至于何种程度矣。苟社会对于语言上之分解并无反抗的行动，则世界将成为日渐生长以趋于完全歧异的方言之旋涡矣。然操某种语言之人民常趋于保存之，欲使其不变；抑有进者，同一社会团体的各分子间所恒常发生之谈话交接，即包含有其语言的标准化作用。各种方言固由此种手续演成，然“标准的语言”凌驾

---

① Ernest Lévy，VI，vol xviii，p.333.

② Ernault，VIII，vols xxvi，xxvii.

③ 参看 R. I. Best，*Bibliography of Irish philology and Literature*，Dublin.1913，p.50.

于各种方言之上者亦应运而生矣。

一种标准语之构成与一种方言之构成，其间有某等区别，此固无需赘述者。方言之天然的发生，因乎语言上动作之相互感应而来。不论何处在毗连的地带上，凡流行的说话显示有共通的特点并显然于说者有一种普遍的相类似处，便存在一种方言矣。大致上，方言总可得而规定之者。吾人业已指出一切语言上的准则，其集合的效用永不能固定方言之范围。语言学家对于选择现象以在其地图上建立方言之区分，其中常不免有独断之举。方言之区分，正如彼等自然的地域，为一个国家中之所划分者然[①]；因彼等有时并不供作为政治区分之一种基础，故其疆界常在游移不定之中。森内玛伦（Seine-et-Marne）之居民说布里厄语（Brie）、加提奈语（Gâtinais）及梦托哀语（Montois）。然此等各异之名称，或相合于某等地理上的性质，并非代表现今任何严格划定之地域；已往纵属有一时可称述布里厄、梦托哀等县之疆界，而亦最多为一种地理上之辞语，此外则别无所有者矣。

一种方言，当其符合于政治上之区划时，即最为固定者，其疆界亦常能支持甚久，直至于所以规定之之境况以后[②]。例如，今日之德国，吾人见有其许多地域中，同音圈线在某几点上相凑合之处，亦符合于一七八九年以前之政治上的界线。此等界线大都可追溯于十六世纪，甚至十五世纪之时；又为宗教上的界线，因之宗教上的影响合并于政治上的影响以保持此等方言之分划。在布勒塔尼地方亦如是，其中雷翁（Léon）、科诺耶（Cornouailles）及特勒癸（Tréguier）等方言之界线，有甚多处仍甚显然符合于古时国内宗教上与政治上之分界。例如，所可惊异者，吾人竟得见特勒癸之

---

① L. Gallois, *Régions naturelles et noms de pays*, Paris(1908).

② L. Febrve,"Histoire et dialectologie",载于 *Revue de Synthèse historique*, vol. xii, p.249.

方言与雷翁之方言，彼此以摩耳雷河(Morlaix Priver)为界，往时此即为两个教区之分界线；于是跨越是河之摩耳雷城，由语言学观点上亦区分而为两部矣。此并非谓该河两边的人民互不了解其说话。而只是有某等许多语言上的特点，其通行的区域，适精密的以同一地方为界限；亦如德国内几种方言之事例，其同音圈线既互相凑合，并符合于古来政治上之管辖区划者。

虽然，此等政治的或经济的因素虽可谓重要，而方言原本为一种语言上的实在之物。在各种方言之造成上，纵有时须完全承认外来之影响，然其主要的基础，则在语言成分之自然发展者终属不变之事实也。

至于折衷语或标准语，通行于一切应用由彼演成之各种方言的地域上者，其事例则大相径庭。此则恒为出于语言本身之外的情境所定出者。或因乎一种有组织的政治势力之扩展，或因乎一种优异的社会阶级之影响，或因乎一种文学作品之权威。无论其为吾人所承认之起源若何，而所以助其保持勿坠者，总常有政治的、社会的或经济的原因存焉。“惟有文明能使一种语言展布于广大众多的庶民上者”[①]。而当普通语变成纷歧及分裂为几个部分之时，乃因所以维持其不坠之社会的约束，业已归于松懈故也。是以，吾人必须对于标准语或普通语的构成，作一独立分离的研究，并用历史上的事例，以显示其生长、发荣，及衰歇所由之起因。

在每一种标准语或普通语的基础上，总有另外的某种语言。此种标准语或普通语，为说话各异的许多个人所采用。此种作为基础的语言何以占据优异之地位，以及其所以展布于许多土语的地域上之原因，惟有历史上的种种影响足以解答之。虽然，语言学

① E. Renan, CXI, p.101.

者首先必须决定何者属于此种语言。

在各个国家的特殊情形，以决定何者为其标准语；广大之标准语，无论为古代或现代者，总各以其一种特别之方式而产生者。在某等事例中，彼即属一种方言，即为某一地方之语言，业已展布于邻近之地方而成为普通语或标准语者。在古代之希腊，即属此例，因当亚历山大时代，古希腊之 κοινή语已构成矣。此种 κοινή语，本质上即为雅典的方言。在第五世纪以前，此种方言仅为“一土语，属于一处孤独的地域，甚少异乡之人引至其处；其人民，性质上完全淳朴，为比较纯一者”[①]。普通的语言在其前业已存在于希腊，尤其在殖民地中。爱奥尼亚语（Ionic）在其沿小亚细亚海岸上扩张以后，即成为标准语，因其显赫有名之代表为希罗多德（Herodotus），故为吾人所熟稔。吾人虽有历史家之证明，以知当时有某许多各异的土语存在于多德卡波里斯（Dodecapolis），而与此等土语共相扩展之一种标准语亦已被应用矣。然当时政治上之环境，终不容此种标准的爱奥尼亚语以臻于与后来雅典语所获得之相同的重要地位。雅典语实借特别的集合种种复杂之起因，以成为当时希腊的世界全部通行之语言，正在波斯战争完了与马其顿帝国组成之间的整个世纪中。其所以集合树成雅典方言之此种优异地位的起因当中，首为阿垦米泥王朝（Achæmenidæ）的帝国倾覆以后遗予雅典之政治的任务。然雅典语之透入的势力，尤因其诗人及艺术家之声誉而增强。故雅典之所以得有建立是种标准语之尊荣者，乃因其为当时之一政治的、艺术的及文学的中心，是以自西元前第四世纪至西元后第九世纪之时期，其语言即先作希腊任何地方表现思想的媒介物。此种语言乃为雅典方言之产余物，因其为此一地方之范围内所操者；只是当时将雅典方言得适用于操各异的方

① Meillet，XCIII，pp.243—4。参看 Kretschmer，CLXXVII；thumb，CCXIII；Hoffmann，CLXVIII.

言，甚至操各异的语言之人民而已。

在古代之意大利，似与此种情形不甚相同[①]。拉丁语成为意大利，后来又成为整个欧西的世界之标准语者，实质上为罗马之语言，即为一个城市之语言，与其地以外之方言相别异者。其始也“城市语”(sernio urbanus)将“乡间语”(sermo rusticus)逐渐息灭，后又在其领域中吞并邻近之方言，如萨宾语(Sabine)、马西安语(Marscian)等，更吞并意大利之其他各种语言，如奥斯干语(Oscan)、安布立亚语(Umbrian)、伊特剌斯坎语(Etruscans)，克勒特语(Celts)及希腊语等。吾人于此所面临者，乃为城市建作政治上国都者之重要性矣。

标准的法语亦同样由国家之都城以植其根基者。巴黎在政治上之重要性以及其国土之直接环绕其间，即足以释明何以伊得法兰西之方言——“法语”——当时为邻近诸省郡所采用，即依彼等融合于王国以为比例者，并何以后来成为自丹的克(Dundisk)至彼比永(Perpignan)，及自布勒斯特(Brest)至沙穆泥(Chamonix)之一种智识交换的工具者。伊得法兰西之法语，当时不特凌驾于同一语族，即同由拉丁语演成的各种方言之上，且又供作佛勒明(Flemings)及布勒通(Bretons)，其本地语乃属日耳曼语系或克勒特语系者之一种标准或普通的语言。在法兰西东南地方，彼又深入巴斯克语之领域，以供为其普通语。彼且不限于法国的政治疆界以内，因比利士及瑞士之某等部分在语言上便属于法语区域，其他旧的或新的殖民地传布法语的应用于海外者，更无庸称述矣[②]。此种普通或折衷的法语之历史，其构成之由来及其在地理上之扩张，与法国政治、经济及社会的历史息息相关；两者间，欲知其一，

---

① Stolz, CCVIII.

② 参看 *La langue française dans le monde*（Alliance Française 出版），Pairs, 1900.

必须明其二。虽然，法语之发源在于其都城，而由于此都城内之某一阶级——中产阶级。此种事实已为布鲁诺氏（M. Brunot），以灵巧的方式所证明者矣[1]。此种普通语，当其在十七世纪成为固定之时，实属巴黎的中产阶级——"市民"——之语言。朝廷上遵用之，于是延及于各地方；而大写作家之应用，遂赋予以权力，卒使其建树为今日之法语矣。至于方言之影响，几无从察见。

标准的西班牙语之完成，其时期远早于法语。当摩尔人侵入（Moorish conquest）之时（在西元后七一一年），此半岛上业已包含三个巨大而极度歧异的方言之集团：西面之加里西亚语（Galician），东面之卡塔拉语（Catalan），以及展布于一广大区域上之中部集团。标准西班牙语之演出，乃从此区域内之一种北部的方言，即所谓古卡斯提里亚语（Old Castilian），行用于旁近巴斯克之省郡者也。卡斯提里亚语由于西班牙政治、历史上发生的种种原因，向南方展布，渐凌驾于中部集团之其他方言上。然在卡斯提里亚语地域之左右两旁，甚至今日尚保存其此等原有方言之代表，即在雷温（Leon）与亚拉冈（Aragon）两处之土语中；此两处土语间，颇有几种奇异之类似。卡斯提里亚语，籍乎亚丰琐第十王（King Alfonso Ⅹ，1252—1284）之力，以成为十三世纪时之一种文学语；彼之所成于西班牙者，犹不久以后丹第（Dante）之所成于意大利也。因此标准的西班牙语乃出于卡斯提尔（Castile）地方政治的与文学的优异尊崇之结果。此种优异与尊崇并未扩展于葡萄牙，因其自第十一世纪末期，业已组成一独立之国家矣。葡萄牙地方的方言，常属于古时西面的集团。因之，古葡萄牙语与加里西亚语属于同类。惟在第十六世纪时，里斯本（Lisbon）成为都城，其地之重要，并以大诗人喀摩英（Camoens，1525—1580）之影响，遂使

---

① LII，vol.iii；又参看 Rosset，CXII.

其国之中部方言获得崇高的地位，而变为文学的葡语之标准矣。至于加里西亚地方今日所操之方言，其所给予之印象，乃为古代之葡语停止其演化者，惟亦深染有西班牙语之色彩耳[①]。

标准的英语，较之法语及西语，自其历史开始以来，乃显有各种方言所施予的甚多影响之痕迹者[②]。此乃由于事实上伦敦之城市为"君王的英语"之所构成处，适位于几种方言之会集点。而且，适遇正当标准语在其构成的进程中，其时伦敦的城市忽然开始长成，其地聚集来自各省地区之移民，彼等混杂于古时原有之居民中。此种移民携有许多方言之影响施加于普通语之上至为强烈，因之当十七世纪时，标准英语之读音，远未固定化，仍容有许多歧异之处。于今其迹象犹可得见者。虽然，此种来自各省区之移民，更有一种附加之效果，即于都城与各省区之间，产生继续不断的居民之交换；而此足以证明极端有助于语言普通或标准的形式之展布者。是以英国语言相对的统一，乃因乎其都城之重要使然，惟其情形又与法语之所以固定者又不甚相同，是以法语之统一较为彻底。

当今之世，在巴尔干半岛业已创生多种标准语。所可无疑者，将来当使彼等变更，且扩展彼等之地域。彼等之标准化，亦因乎各个都城之存在。南部塞尔人(Southern Serbs)之许多方言，与柏尔格剌德(Belgrade)地方书写的及口说的塞尔维亚语迥然各异[③]，其在各处有轻重音，并有一种大加简化的形式变异之系统，而无音量上之别异。在许多方面，此等方言为塞尔维亚语与保加利亚语两者之中间物；实际上，划定两种语言间之方言的界线，为不可能之

① 这一段的资料录自 Amerigo Castro；特此表示感谢。关于葡萄牙语，参看 Leite de Vasconcellos，CXXVII.

② W. Horn，CLXIX 和 CLXX；Morsbach，CLXXXIII.

③ O. Broch，"Die Dialekte des südlichsten Serbiens，" Vienna(1903)(*Schriften der Balkan-Commission*，Linguist，Abteilung，vol.iii)

事。然自巴尔干战争结束以来,一种普通的塞尔维亚语已侵略及并吞此等南部之方言,盖其地带已划入于塞尔维亚王国之政治的界限以内矣。例如,关于标准的文学语用以替代所谓伊克凡语(Ikavian)的方言[①],其所取之方法,吾人已获得甚佳之报告。主要的转变,即在用 iye 的音群,以代替 i 音者。此种替代之方法,在塞尔维亚语中更因家族单位——即称为 zadruga 者[②]——之存在,使其易于实现。显然在各个 zadruga 以内,必须说单一的语言;然以婚姻关系,使其地区以外与方言各异之妇女,陆续引进于 zadruga 中。因之,各种方语罕有保持不变之机会,于是普通语逐渐生长矣。而文学语遂成为该王国内一切塞尔人之标准语。

在德国,其地之都城系属甚晚近而长成者,且在全国中亦并非赋有无可比敌的崇高地位者,故其标准语之展布不关于政治之统一。标准之德语,其基本原为一种"书写语";此种书写语之成就乃由于宗教上之起因,而其缘始则又因乎殖民之需要而来[③]。"宗教改革"使路德(Luther)的德语展布于低地德意志之全部;业当十六世纪之末,仅有行用于此区域内之书写语,乃为一种普通之文学语。其展布于南德旧教地区及新教之瑞士,较为迟晚。然路德本人亦仅引用久已具备之一种工具耳。自从第十四世纪初期,或且第十三世纪以来,德国许多市区与封土之法庭中,业已有采用一种异于各地方言的标准普通语之趋势。皇室法庭首创其例[④],盖欲以除去方言的特异,而在其裁判权力所及之一切地区,应用同一的

---

① H. Hirt,"Der ikavische Dialekt im Königreiche Serbien"(XXXIX, phil. hist. klasse, t.146, 1903)

② "婚姻是语言和地方史之间恒常的人文中介之一,"Terracher, CXXIV, pp.X 和 228。

③ Kluge, CLXXV 和 CLXXVI; Gutjahr, *Die Anfänge der neuhochdeutschen Schriftsprache vor Luther*, Halle(1910)

④ Socin, CCVI, pp.164,203.

语言者。当十四世纪时，查理第四帝(Emperor Charles Ⅳ)的朝代中，此种趋势显然可睹。皇室法庭之语言，由于事实上以其为唯一的殖民之语言，遂聚集其推动力。实在，德语逐渐侵入于斯拉伐尼克语的区域，而取斯拉伐尼克的语言而代之。是以，标准德语形成于东部德意志之殖民的各城市中，而因宗教改革，获得其文学上之价值，并因印刷术之发明的结果变为固定，遂成为全部受有教化的德意志之书写语矣。

俄语之历史与此又颇不同①。在全部中世纪的期间，俄人书写的语言属于斯拉伐尼克语，为初次翻译《圣经》者所应用。此种斯拉伐尼克语以南部(萨罗尼加 Salonica 附近)之斯拉夫语为根据，在俄罗斯曾遭受某种的适用，惟与俄语本身并未成为相符者。当时未受教育的人民虽甚多依其口语以为书写，而文学语则仍为教会上之斯拉伐尼克语。自彼得大帝(Peter the Great)以来，语言始渐脱离此种南部的教会所用斯拉伐尼克语之影响，正如西欧语言，尤其法语与德语所遭遇者然，依从于中部俄语，为其故都莫斯科所行用者。在十九世纪之演进中，俄语遂成为一种文学语，仍包含有南部斯拉伐尼克语的教会上所用者之遗迹，而主要部分则以流行之口语为依据矣。

波兰语自从十四世纪之初期已为一种文学语，然于此方面始在十六世纪时克拉科(Cracow，小波兰)之地域中放出光彩。同时，此种文学的及标准的波兰语并非彼处地土之语言；而由波森(Posen)及格尼苏(Gnesen)地域(大波兰)，为第十世纪时波兰人种的摇篮所在而来者。是以，在波兰四种巨大的方言集团中，马梭夫语(Mazovian)、波斯那尼语(Posnanian)、克拉科夫语(Cracovian)、

---

① Будде, Очерк цистории современного русского литературного язцка XVII－XIX вв,《Энциклопедня Славянской филологии》, вып.XII, 1908г.

剌得尼语(Ruthenian)[①],以波斯那尼语供作普通文学语之一种基础。此种语言发展于小波兰地方,而在剌得尼亚,其地之东部分——即谓在一部分殖民的地域,并非原始属于人种地理上之波兰者——完成其结构之形式。

最后,有许多标准语,纯具有一种文学上之起源者。例如,意大利语即属于此种情形[②],其经固定为地理上的意大利之普通语言,在第十四世纪之初期,盖籍乎丹第(Dante)、佩脱拉克(Petrarch)及薄伽邱(Boccaccio)一类写作家之权威与影响使然,其时国家尚未有政治上之统一也。此等大作家所应用之语言,必然为其近旁所口说者,是以有 lingua toscana 之名,自丹第以来,为意大利文学界所沿用。虽然,此种名称,并非含有意大利的文学语由某一省份的方言扩张而生长之意。丹第所提举为文学语的阶段,随后遂定为全部意大利的普通语之语言,主要部分乃为一城市语——佛罗棱萨(Florence)——而且为此城市中上流社会之语言。至多斯加纳的方言(Tuscan)所呈现某等特异之点,实绝未为文学语上所引用。例如,彼将介于元音间的 c 音变为一摩擦音,将 fuoco 说为 fuoho、将 la casa 说为 la hasa 等。虽然,使佛罗棱萨成为普通于全部意大利的标准语之所在地,必谓有别一类之几种原因致然者,方得为持平之论。盖此城市,除出其写作家之荣誉及其为一文学中心之重要以外,又因其位于波伦亚(Bologna)与罗马之间,故注定为供作意大利诸智识城市间之一种关联的链环。而且,佛罗棱萨的方言具有某等精细的本质,足以保荐其最合于供作标准语的职务者。其

---

① 参看 Casimir Nitsch, *Mowq ludu polskiego*, Cracow(1911).

② D'Ovidio, "Lingua e dialetto"(XLI, vol.i pp.564—583); G. Ascoli, "Il toscano e il linguaggio letterario degli Italiani"(XLI, vol.viii, p.128); Pio Rajna, "Origine della lingua italiana"[(*Manuale della 'letteratura italiana*, par d'Ancona e Baccii, vol.i, znd ed.(1908), pp.15—24).

与原来之拉丁语亦较密近，是以对于受有教育的意大利人，亦易于将其地之方言更换成为普通语。凡此皆所以准备使 lingua toscana 获得优胜者；迨当十四世纪时，威尼斯的美文学家本波(Bembo)以之写其作品，乃臻于完成矣。

吾人业已讨论此等标准语所以构成之方法，其于此等语言与方言间所存在之关系，自然施予其影响。当标准语本身仅为一种方言，而以环境关系使其势力超越于邻近的其他方言之上，斯时其他方言甚易为标准语所吞并。凡供作标准语的一种基础之方言，必被赋有一种威权足以凌驾于其他方言上者。可无疑者，彼常丧失其外面上之特征。例如，雅典方言当其变成希腊人之通语时，即被剥夺其某等显著的特征。惟其他方言与标准语接触时，便速即判定其丧失生命之活力矣。若非特殊的情形，因将彼等变成特殊语或文学语以增添此种活力，则方言渐失去彼等地方之界限，最后乃被并入于标准语中。法兰西之北部，实际并无方言留存，甚至标准语与地方上土语间之中立地带，亦不复存在。现今毕伽的(Picardy)之本地人仅知有两种语言：其本乡语及标准法语。后者乃得之于学校中，并每晨在报章上遇及之。因之，地方式之语言渐渐为借自普通语上的成分所浸透。苟或偶然某等借自土语上之成分，潜入于标准语中，则于此种情形，万不可认彼等为古代方言留存之物，或认为在构成的进程中一种新事物之证据；彼等乃仅为由土语在标准语上一种反映所生之现象耳。吾人必须追溯几个世纪以前，以寻求毕伽的方言中之文辞。此种方言之死亡，盖在说者意识上丧失方言的独立与尊严之际。

关于古代希腊或意大利所发生之情形，吾人并无获得详尽之报告。虽然，大体上，其他方言总多少被并于标准的希腊语及拉丁语之中。希腊的 κοινή语，为一切现代希腊方言之基础。标准化的作用一经完成，依于历史的法则，一种新的分派即又发生，惟所沿之路线不同耳；故在现代希腊语之各种方言中，不能发见相合于κοινή语构成时期以先的古代方言之事迹。各地土语之形式，必已彻底参合自身于普通语之性质中，致使彼等不复能认别也无疑，只于读音之细节或词汇之情形中为除外耳。纵属古代之刻文，与口语相密近者，亦不足供为当时方言留存之证验①。

在意大利，拉丁语曾吞并多种语言为吾人现今所甚少知及者，以及许多方言当时之接近于罗马的方言者。经某等语言学家之努力，已使吾人于拉丁语之词汇、形态及发音上选出某些方言之形状，或者在某种范围内可认为留存于现代意大利之方言中者②。

各种方言对于凝成一种标准语的贡献，亦有其各异之程度。彼等之与供作标准语的基础之方言最密切相类似者，自然最早归于消灭。此种陈述，或为老生常谈，而于语言交接之研究上极占重要。例如，丹麦语与诺尔曼的法语（Narman French）对于英语各自所施予的影响，其中有明显之别异③。英语之文法的结构甚少受有诺尔曼法语之影响，而丹麦语之迹象印进于英语上者则至为深刻；文法体系之衰退与简化，在大部为丹麦人占据之区域所演成者，较之在英格兰南部，诺尔曼人移殖之处，早过两个世纪。除出社会的与政治的关系以外——所应注意者，在英格兰地方诺尔曼人数量上相当稀少，并常组成一特殊的阶级——关于此种显著的差别之原因，乃在于此所论各种语言之间，其彼此具有的关系，有程度之异耳。自文法的观点以言，英语与丹麦语具有亲密之关系，为英语与诺尔曼法语之间所无有者也。

---

① Thumb, CCXIII.

② 参看 G. Mohl, *Chronologie du Latin vulgaire*; A. Ernout, LXX; de Ribezzo, “Reliquie italiche nei dialetti dell’ Italia meriodionale”(*Atti Accad Arch. Lett. Bell. Arti, Napoli*, i, 1908).

③ Jespersen, CXXXIV, pp.170—173).

标准语之原为书写的语言者，例如德语或意大利语，其所处之地位，以视彼等之方言，颇为相异。标准语所表出之模样，对于方言不致树起相反背之处，盖各方言固无有相侵占者也。此即关于两种相异的语言彼此相叠置之问题。一种统一之感觉，较大于各地方言上所具者，而比之标准语上所具却较有限制者，使全国中罕有冲突的危险之存在。例如，在皮德梦特（Piedmont）或伦巴底（Lombardy）地方，谈话上的语言与书本上的语言并不两相符合。书本的语言显示为人工者及属于古代者；实际为一种失其天然生长的性质之死语，又如亚斯科利氏（Ascoli）所谓失其保障（Sicurezza）者也①。现代德国地方，亦同此情形，吾人仍得举出几种方言。此等方言占据介于土语与标准语之一种中间的地位。依通俗之意，此等方言所代表之语言，属于相当广大之区域，多少可加以明白之规定者。在文学及报章中亦自有其地位。而普通语，因无统一之音读，亦受此等方言之影响，在各个区域中所说者并不相同。除出属于中上级、特受优良教育之人民以外，各个德人对于标准语之音读多少为地方性者。标准德语在书写上各处地方一致无异；而在诵读上极为纷歧，遂使考察者甚易指出说者为何处地方之人。至于法国各地读音上所见诸处之歧异，较之德国方言之读音，则固不足道矣。

虽然，吾人须谓标准书写的德语与各地的方言，其间之分界并非绝对者。事实上，正如吾人之所期望，在彼等之间有继续不断之交换，彼等常彼此互相浸透。而此种互相浸透之结果，即为方言性质之一种削弱；以至如往前之事例中，吾人于此可得预言者，即方言之逐渐消灭也。惟于此种方言与标准语间之竞争当中，吾人必须计及一主要之因素，为吾人所尚未论及者，即为彼等之相对的固

① Ascoli, XLI, vol.viii, p.126.

定性也。

美耶儿氏(M. Meillet)之所论于希腊 κοινή语者[1],吾人可适用于各种标准语,其言曰:“彼为一种理想的模样,渐渐依于时序而成为古老者,渐渐离去于流行口语之趋向,日形相远者;而又为一种不断增进之努力,以使语言演化上之自然趋势,适合向于此种模样。”标准的语言“并非一种固定化之语言,亦非依据常规而演进者。彼乃为一种语言,其中具有一种均衡作用,频频在固定与演进之间变化者也”。此种均衡作用,实不易维持。当普通语扩展于一极广大之地域上,其中居民不时有流动,而各社会阶层又交错混合,斯时势必被置于向着演变之逼迫的影响中。苟普通语让步而承受变更,则其结局业已横于目前矣,因其在行用之各异地域中,固无有能阻止其依于各异的形状与程度而变更者。历史上已献予许多的此种分化之例。然在此种分化发生之前,普通语必抵抗变更于一长久之时期,盖有其政治上的情况及种种教导的制度与管理的保守主义之势力以为支持也。而其最有效之卫护物,仍属于书写上的文字。

于此仅有一个问题须讨论者,即关于书写的语言——对此,当于较后,专辟一章以讨论之——究其影响于普通语之发展者,至于何种程度。书写语常代表一种传统及许多保守的规则。传统的存在不必恃乎书写固可无疑。当罗马凯撒帝之时,高卢人(Gauls)中存在有某一传统法则之团体,其传统之法则,乃由德鲁伊僧侣(Druids)使其生徒记识于心中,即以此保持其一代一代之传授者。印度地方,当文字未曾应用之时,宗教上的辞语亦复同样以口授方法相传者,而未遭遇少许之变易。然传统而得书写之增强,则必获

---

① XCIII, p.263.

得增进之强固与抵抗之力量，此又无待赘言者矣。

吾人必不可将书写语与文学语混为一谈。此两种观念虽有时两相符合，然亦有不少彼此相反对及相违背之事例。书写语常为标准语之代表，而一般文学语则颇与之歧异者。许多国家中，文士、诗人及小说家，每构成一特殊之阶级，具有彼等自有之传统、习惯及特权；因之，彼等之语言亦具有特殊语之一切性质，需要学习而施予技术上之训练者。甚至遇有诗人之职责泰半为宗教性者，而同时某等文学亦即为宗教上之语言。例如，梵语曾保持此种性质于一长久之时期。古代希腊，其著名的抒情诗篇之种种特点，确因乎此种事实，即俱以此等特殊的宗教语言为其根据者也。除出一切宗教上的影响以外，并且在许多世纪中，发生有许多文学语，限于某等极为固定之用途者。希腊叙事诗的语言，即属此种特殊的文学语之一类，彼在诗人手中形成，而一经固定，不复变更者。在古代希腊，凡欲从叙事诗之沉思上寻求兴感者，则其所应用之语言，决不相合于当时任何之口说语；《阿坡罗尼阿斯》(*Apollonius of Rhodes*)与《琴塔斯》(*Quintus of Smyrna*)俱符合于荷马的传统。同样，在雅典，亦发生一种习惯，对于悲剧中之歌唱部分，应用一种染有多里亚语(Doric)色彩之固定的语言，而根本上又非任何特种多里亚方言之代表。在古代印度，亦有多种大概具有方言背境之文学语，仅为某类之诗人应用于某类文学之作品者。彼等显然与当时的标准语有主要之区别。马来亚人并不口说印欧之语言，却应用一种称为 Kawz 之特殊语，以为彼等的文学工具，乃富有梵语之成分者[1]。

虽然，除开此等文学语源出于特殊语之事例，吾人亦甚易明了文学语与普通语间之区别。盖事实上，标准语之基本的性质，即供

---

[1] 参看 W. von Humboldt 的名著 *Ueber die Kauisprache auf der Insel Java*, Berlin, 1836—1839.

作各种语言相异的人民应用之以为彼此间的媒介。当此种语言展布于一地域之上，斯时因供以创制此种媒介之成分，渐以众多，于是势必将其标准降低。因此，尽管理智上之选取占有优势，终属标准语之传布也愈远，其借取于较下层人民之成分也亦愈多。乃尽速的逐渐变成无生命者、中间性者、无色彩者。于是得以其消极之性质——脆弱的与陈旧的——规定之矣。

然文学之士却需要一种自身的工具，可用以表现其个性及感应之能力。巴累斯氏（M. Barrès）曾谓："语言一经成为普通应用之形式，便只能表现粗疏之事物。"①福罗贝尔有其两种写作的方式，依于彼或者正为通常写一亲密之书信，或者正以其自身所制定的风格，为构成文学之作品。"艺术的写作"常为对于标准语之一种反背的行动。实在，其于某种范围内，乃为一种俚语，一种文学的俚语，虽有许多种类，及在高蹈派、象征派或颓废派之事例上遇有各异的情形，而无论如何总为流行语言之一种变化也。此等俚语之形式，限于文学之宝宫，亦限于少数之进学者，固无关于吾人此之所论。最多，亦仅仅需要述及其于普通语上，有时供给某等语词或表现之形式而已。然吾人对于彼等之事例，其中文学语即属书写语者，以及此两者皆用以表现标准语所表出之模样者，则须加以更密切之注意。

写作家对于标准语之构成，其所给予之贡献至为巨大。法人在学校中所学习之法语，其所以得此者，乃因乎著作家与文法家合并努力之结果也②。彼辈业已为一般应用者制成此种精美之工具，并谨谨小心使其不致生锈染污。在法国，语言上之提炼，经过几个世纪之实行矣，似乎此种工作不免属于琐屑拘泥之诡辩，然吾

① Barrès, *Un homme libre*, pp.87—88.

② 参看 Brunot, LVII, vol.iv, P.219 起；又参看 Alexis François, *La grammaire du Purisme et l'Académie française au xviii siécie*, Paris(1905).

人却已由此种工作上接获极多之利益，彼辈实行此种工作者理应得到感谢。凡应用此种语言之人，皆借乎学校教师之因最佳作家的研究而受薰陶者，遂得任意使用一种最适当之形式以表现其思想；一种语言，其中凡有语词皆有一恰当之意义，并且一切语言的形式皆确定于彼等意义上最细微之差别者。此等学校教师，将书写语上足以抵触自然之感觉与佳妙之意味者尽行革除之，使其顺适于合理及文雅之规则，故已致成其如波部耳氏(Bouhours)所谓能“支住最强烈之题目，而提起最微弱者”。总之，彼辈业已促其前进，使之适合于心意上一切之需求。而标准语又从彼辈所实行之工作上获得广大之裨益。其已臻成明晰、端丽、精确、多变，以及里发洛尔(Rivarol)所谓“属于其天性上之完美者矣”！

大写作家对于语词所为者，正如往时君主对于货币之所为。给予之以任何彼辈所认为适合之价值，并决定其为一般人所应承受之价格。彼辈之精神已有某部分传入于现代之法人中；法人所说固为法语，而指令法人所应用之语词者，则为巴斯噶(Pascal)及拉洛士佛科(La Rochefoucauld)、拉布律耶(La Bruyère)及波绪亚(Bossuet)、孟德斯鸠(Montesquieu)及福耳特耳(Voltaire)其人也。各个人所受之教育，虽或甚少，而当其说话之际，固沉浸于此等无尽藏之蓄水池中，从无有加以怀疑者也。吾人于此，在心意中有某一并时的法国写作家，适当言之，其语言乃为法国经典之一种复制品。彼或可对于一切试欲写作法语之人，供给一种模范，盖彼以绝对的完美，实现法语的文学之理想，而依其一般的及“普通的”形式者也。事实上，吾人在其每种作品中，在其对于许多语词之使用，及其联合语词之方法中，甚至在许多语句之格式与韵律中，承认吾人的伟大名家之印象矣。欲欣赏一如此精细的文艺作品，必需有一种熟练的兴味。然于此种具有美丽的光彩之精巧的组织物中，能认别组成之之各经纬线的重要，其间自有一种乐趣。若推想某一日来临，无人能享受此种乐趣，斯时教育须变更其性质与目的，而停止其于最佳者之关注，是则为痛苦之举矣；盖彼时公众不复了解其价值，而将践踏此种细巧之组织物，及其意义上一切精美的错综变化者矣。

可无疑者，此乃由于文艺之各个形式，皆已出于群众能力所及以外之故。而亦由于一种“普通的”形式的创制，无论如何的完美，实仅为某一语言的历史上之一时期而已；抑有进者，并由于一种书写语仅属少许后于其口说语者之故也。

一种书写语之构成显示语言演化上之一个停歇站。以其形式凝固而僵化，失其生活上自然之弹性矣。然因此而想像语言常可停止者，则却为一种幻觉。其所以给予此种停止之印象者，乃因乎事实上一种人工的语言叠置于自然的语言之上；其两者间之差异，始而隐微，继而渐渐显著，与时俱进，以迄于达异终至显然，而归于分裂。此种书写语之创制，可用河面上冰层之形成以为比喻。冰由河水而成，其本身实为河中实际之水——而又非为河流。儿童一见为冰，即以为河流不复存在，其流程业已停止矣。然此仅为一种幻觉耳。冰层以下之河水固仍不断流下至于平原者。若冰层破裂，即见突然潺湲之流水，一如其汹涌滚滚而去者。此即为语言的河流之一种形象。书写语为其水上之冰层；而在禁锢河流的冰层以下，仍流去不息者，则为通俗与自然之语言也；至其产生冰块而终不能遏止流水之冷气，则为文法学家及学校教师所实行之固定化的举动也；又使语言得其自由之太阳光，则为生活上不可遏制之势力，超胜于规则而破坏传统之枷锁者也。

今日之法语对于上列之比喻，即足供为明证。书写语与口说语间之差异，日渐显著；在措辞上，在词汇上，俱不相合。甚至在形态上亦呈现其歧异：过去时的有定式与未了时的假设式已不复在口说语上应用者矣。尤其在词汇上两者之歧异特为显明。法人所书写者为一种死语，当追溯其时期于第十七世纪时之写作家；至今并世作家，吾人在上文所暗指者，对于此种死语之表出，却完全无缺。然口语上所说者即为极相异之式样。法语上通行之词汇，自第十七世纪以来业已变更①。书写的语词与口说的语词，两者间之对照，令人想起平民的与贵族的语词之对照；吾人在书写上，对于甚多谈话中所应用之语词，究应引用之与否，每觉迟疑不决。如有说话即依其书写语者，便给予一种做作的及反常的印象矣。此种人物，日渐归于稀少矣。

上流人物曾依传统，保持一种古式的语言，历经一长久时期，盖因书写语之应用为之鼓励也；而仅在下层的人民中，一种自然的语言之生长，使语言之表现的成分归于复活者，始显然可见。至今，上流阶级之人工的语言已趋于消灭，而改用此种通俗的语言矣；一般炼语家每于此种"俗语化"之现象，表示悲悼；然彼辈之怨诉，终属徒然②。更有进一步之结果，书写语竟亦被其沾染；日常书报，常为粗野之人所匆促写就者，即渐多采用口说语之辞语、形式甚至其结构者矣。如"je m'en rapelle"之误句，"de façon à ce que"之粗俗的短语，竟常用之。其他许多的"错误"，其粗俗不减于此等者，几可每日见于此类之书报中。一传布甚广之巴黎的新闻报纸，可从中收集以得如下一类之辞语"il demandaàce que... avec cette brusquerie dont il ne se départ jamais... cette afaire ressort de la Préfecture de police... il ne se gêna pas pour l'agoniser de sottises... au point de vue pécunier... alors il s'enfuya"，等等。于此须预先注意者，在此种粗鄙之俗语中却有许多回复于书写语之现象。例如，"se départia de, ressortir à"并非属于口说语之短语；

① 参看 F. Gohin, *Les transformafions de la langue française pendant la deuxième moitié du xviii siécle*(1740—1789), Paris(1903).

② 特别参看 E. Deschanel, LXVII, 和 P. Stapfer, CXXIII.

过去时有定式之应用，亦为书写语之特殊的形式。彼构成此等错误之新闻杂志的记者，显然愿欲应用书写语之格调，而因缺乏文学之修养，遂取做作的及常为假造的成分，以装置其所书写者。类于是例者，*Gregory of Tours* 之书中，因受附近口说语之影响，其拉丁语麕集许多错误，而仍应用主动兼受动之动词，久已不见于口说语中者；其所用之主动兼受动的动词，又有甚多并非存在于古典的拉丁语中者①。

虽然，吾人为法国出版物之名誉辩护，必须承认许多巨大的新闻报纸中，其语言保持一种文学的形式，其中之通讯员及访员亦遵用法国书写语之规则，并无大讹。苟是类之新闻报纸，其数量趋于减少，而不趋于增多，则彼等在写作法文上之正确的水准，依比例而加高矣。对于周围之鄙俗，有一种相反的行动之需求，因之对于语言之提炼，其恳切之心理亦只有增强矣。是以，巴黎的出版物，包括新闻报纸在内，适合言之，并不皆依同一种语言以为写作者。通俗之报纸上，大概依于一种文学语的形式，几以完全应用口说的法语。至于另外巨大之每日的书报上，其语言则可为最佳的作家之明证；乃为纯粹之"文学的法语"也。

惟此种文学的法语乃为一进修而得之语言；其与口说语间之差异甚巨，因之常需要一长期的及困苦的进修，与勤恳的练习。无人能知其继续实习究应如何长久——所指为其学得此种语言之实习也。无论如何，吾人可得预知者，此种文学的法语之命运，行将同于拉丁语矣。所保存者，将为一种死语，其规则与词汇乃为一经固定而不变者。活语行将与之独立，而继续不断的发展，有如罗马语系之各种语言所为者然。充其量，亦惟此种文学语供作一贮积之所，以增进活语词汇之丰富而已。一种文学的法语之与流俗的

---

① M.Bonnet, L, p.402

法语相对照，当如有两种之阿拉伯语互相对照，亦如中国官话之相反于各地的口说语者然[①]。果若法国发生一种缀字拼法之完全的改革，则此两种法语间之歧异，将使吾人无不震惊者矣。

自然，文学的法语之存在，并不足以阻止一种处于其表面下的标准普通语之构成 。鄙俗的拉丁语，即为罗马语系各种语言所由产生者，其本身甚异于古典的拉丁语；而古典的拉丁语，当奥索尼阿斯（Ausonius）与克罗狄安（Claudian）之时仍付诸书写者。古希腊时代，与 κοινή语相并行者有一种人工的文学语，其词汇，并且形态，亦与之相异。

事实上，可以有几种普通语，并时交相叠置者。

古代印度，原为宗教语言的梵语，当外人统治的朝代中制定其应用于世俗之目的，斯时遂变成为一种标准的文学语。至今则为一种学术的语言，属于较高的文化界，并亦属于宗教界者。如《摩诃波罗陀》（*Mahâbhârata*）及《普罗那》（*Puranas*）一类之文辞，仍在寺院中讽诵；正如拉丁文之仍在旧教教堂中应用者然。惟梵文之流布，远出于任何印度语的区域之外，此则无需申说者。计其区域，不特包括印度半岛之全部，在其地应用之者，为种族语言极相异之人民，而婆罗门与佛教的宣教僧徒，又复将其远输于彼辈传教事业所及之地。

梵语之存在并不阻止别种标准语之兴起。当比较晚后之时期（约当基督诞生之时），梵语方演成为一种文学语，而在此甚久以前，几种较晚出之语言却早已用作普通的书写语矣。约西元前二五〇年以来，阿育王（King Asoka）在其铭刻中即利用此等语言作为正式之官话矣；而别种语言——例如巴利文（Pali）——又与梵语相并流行，用为宗教的语言，并在写佛教经论上应用之。最后，在

① Steinthal, CCVII, p.53.

戏剧中,某等文学语之名为普拉克利(Prakrits)者,通常亦与梵语相并应用。此又几许令人回忆于希腊之抒情诗与叙事诗的语言矣①。

然在此等普拉克利语专断的固定之下②,许多方言土语正又构成于一早先时期,于今仍有证验者也。其中有几种已曾取得重要之地位,足供文学之需用——例如,Hindi、Bengali、Marathi 等语。而今印度仍有一种普通语,即印度斯坦语(Hindustani),适合言之,并非代表真正之方言。

吾人可用此印度语言之例以为是章之结束。盖于标准的或普通的语言与广州土语间及其相互间之关系,予以奇妙之解释。又足以表示,对于划定彼等的成分间界限之追寻,或于彼等透入及互相反应至于何点上之决定,皆有根本的困难。因事实上,普通语之构成,以至其发展与分化,为出于语言范围以外之历史的因素,即为文明本身的各种活动所调节者也。

(四)语言交互的影响③

关于语言一种不断的、连续的发展之理想,因受来自外间各种影响所遮蔽,常罕有能实现者。反之,邻近几种语言交互的影响,却在语言的发展上占有重要之职位。

几种语言间之接触,属于历史上必然的需要,因此势必至引进

① F. Lacôte, *Essai sur Gunâdhya et la Brhatkathâ*, pp.40—59.

② 参看 Jules Bloch, XLIX.

③ H. Schuchardt, CCIII; E. Windisch, *Zur Theorie der Mischsprachen and Lehnwörter* [XL, Leipzig (1897), pp. 101—126]。关于原理,参看 Schuchardt, *Kreolische Studien*, XXXIX(1882—1990), vol, 101—5, pp.116 和 122; XXXVIII, vols. xii, xiii, pp. 476 和 508, vol. xv, pp. 88—123, XV, vol. vi (1912). Sayce, CXXXVIII, vol.i, p.219 有些混合语的例子。

于透入的作用。吾人眼前及一切附近,有历史上业已混杂各种操异语之许多地区。在此种地区中,因商业之扩张及交通之需要,需求几种语言之智识及普通的运用。巴尔干半岛常为各种语言、种族、国家及宗教的混杂之处,迄今犹如是也。斯拉夫人、希腊人、阿尔巴尼亚人、罗马尼亚人、土耳其人、犹太人及亚美尼亚人组成大大小小的集团,皆混合居于此地。在色雷斯(Thrace)地方有希腊人,在马其顿地方有罗马尼亚人,在阿尔巴尼亚地方有塞尔维亚人,在希腊地方有阿尔巴尼亚人。在此地域中,无一处可以划分政治的界线,以符合于种族的或宗教的分界。基督教的正教派及罗马教派、回回教与犹太教,皆于各个种族及国家中占有其部分。而许多各异的语言,大概供作保存此等宗教及国家之用者,更增加一种混乱之成分;在此并相通行者见有塞尔维亚语之与保加利亚语,希腊语之与阿尔巴尼亚语,罗马尼亚语之与土耳其语,亚美尼亚语及最后一种犹太人所说之西班牙语;此之所列,仅为较大之语系,尚未计及许多之方言也。

一种同样的情势,在今日之欧洲似为例外者,必更常为历史过程上的规则。在语言之观点上,其所致之结果甚为重大。当两种或多种语言互相接触之际,彼等必多少发生互相的反应。凭乎此种真理,某等语言学家且进而至于谓:世上无一种语言不为某许多方面之混杂语者。是以吾人必需考察语言接触所以发生之情形,以及此种接触在语言上所演成之结果。

因各种语言在彼等之生活上各不相同,结果遂有某种语言较之他种为更易受影响者;是以两种语言之相接触,一似常显示其本身为竞争之状态,实则非正确如此表出者。

在两种著名的文明之语言,如德语与法语之事例中,彼等在生活力上相等,而在构成上则大异,因之彼等所置列之竞争状态,对于语言之本身上并无巨大之效果，而几全在一种经济的范围内以实行之者。各宗派置备交战之主角，而胜利之获得，却在于生活之取舍中。吾人闻及某瑞士之村镇，其中德语逐出法语者；另一村镇却发生相反之事①。吾人不欲于此讨论语言上各自之优点。此等村镇的居民，具有两种相等的本质及效率之工具，已择定其中一种最足以应付彼等之需求者。或者常有一种趋势，依据于经济关系的发展属于其此面或彼面，以转移语言之界线。故仅实际的关系，足以管制此种环境而决定采取某种或他种语言；否则，此两种语言当长留于均衡的形势之中矣。

除出经济的情形以外，政治的状况亦必须计及之。某等人民，因具有忠爱祖国之感，或者为欲表示其独立，并反抗一种邻近之势力，遂更加强力固守某一特别之语言，或且发展之以示较他种为爱好者。例如，比利时地方，佛来铭语（Flemish）与法语各自所处之地位，不仅依于经济之情形，亦因乎政治之动机，为语言学家所必须注意者也。已往二十年间，在爱尔兰有一种提倡复活祖国语言之运动；此种运动之缘起，原为政治上者，而主要的动机，则欲使其人民脱离传统的敌人语——英语。法语之在亚尔萨斯（Alsace），已往绝不如其地归并于德意志帝国的期间之如是通行者。当一八七一年以前，其地为法国的一部之时，并未曾施加以语言之禁制，故当时罕有原因以除去地方上德语之应用也。

政治上的原因引领巴尔干诸国中语言之竞争，其范围至为广大，然宗教方面亦占有一种重要的作用。如亚美尼亚语一类之语言，其生活力之由来，大部分因乎事实上有独立之亚美尼亚教会存在也。宗教的集团之感觉，足以增进一种语言之抵抗力量。当一六八八年，在南非洲，法国新教徒之逃亡者曾组成好望角殖民地

① Zimmerli, *Die deutsch-französiche Sprachgrenze in der Schweiz*（第一部分 Göttingen 论文，1891；第二部分在 Geneva 和 Basle 提出，1895 和 1899）。

(Cape Colony)四分之一的人口;惟因荷兰语为其地之官场的、公众的、政治的及宗教的语言,故法语在一个世纪之过程中归于消灭。

一种相等的强烈动人之因素,足以维持及强固许多语言之完整者,即一种威严之心理是也。古代罗马人民绝不准许学习彼等所谓蛮族之一种土语"quorum nomina wix est eloqui ore Romano"(Pomponius Mela, Ⅲ,3);当时在意大利,即伊特剌斯坎语(Etruscan)、鄂斯伽语(Oscan)及犹木布里亚语(Umbrian),亦为拉丁语所消灭。是时拉丁语之威严感,极为伟大,高卢被征服之后,整整一个世纪之后,才得派遣雄辩的宣讲师于罗马。

希腊人不愿牺牲其固有之语言,以采用其所藐视的征服者之语言;此种坚决之意志,使希腊语历经年代而保存勿替。土耳其语绝不能挤去而代之,且亦不能侵占之。压制者之语言,当时供作行政上必需之用,而当意大利人处于此际,绝不使被征服者之语言(lingua del cuore)让步于征服者之语言(lingua del pane)。

一种语言的威严,常为其价值所保证。在希腊之事例中,此种价值至巨,大大超过土耳其语所具有之身价。土耳其语,虽为征服者之语言,然并非为一种文化的语言,是以不能与希腊语相竞以胜过之;盖希腊语代表一种文化,其可崇敬者,不啻千百倍于彼也。

此种语言身价之重要,在许多地方皆可显然见之。吾人几可于各处见其成效。亚美尼亚语之在欧洲,对俄语让步;而波兰语却在前沙皇帝国之西郊,曾抵制俄语。因其与俄语,两者强力相等,互不相下者。至某等印欧语或塞姆语,如阿拉伯语者,其天性之宜于发展,则又确为由种种复杂的原因而来,语言本身所具有之价值,固无与于其中也。

孤独的语言核心,适因机缘,投掷于一种操异语的人民之中,则罕有能维持不变者;无论其所投入之环境,具有一种高等的文化之语言与否，终必速被并吞。吾人已知许多种族上各异的人群之在美国者，彼等语言与英语相并时之如何难以维持其完整者矣。纵为德语，亦终受严重之影响，速即归于衰落；一种美国之德语，已逐渐达于依据"Uncle does not like milk"以说"Milch gleicht der Onkel nit"之所矣①。约当十八世纪之中叶，一种斯瓦比亚人(Swabian)的殖民，定居于西班牙摩累那山脉(Sierra Morena)之麓。至今其处德语之痕迹，除在几个少数家族的名字上以外，已不可复见矣②。同样，《南特敕令》(Edit of nantes)废止以后，法人之逃亡者定居于德国或尼德兰地方，其所操之法语，对于其所被环绕之语言，并无长久之抵抗。法兰克福(Frankfort)之北部，有某许多村镇，为法人所定居，至今仍留于其处，而其语言则即为邻近村镇之德语矣。反之，自十四世纪以来，正在斯洛伐尼亚语的区域之中，却仍有德语留存于哥特瑟(Gottsche)山谷者矣③。其所以保持者，确由于经济上的情形助成之；此外则为反抗斯拉夫势力之祖国威严感，固无庸称述矣。而尤有进者，从文化之观点以言，德语又较斯洛伐尼亚语，更适合于扩展者。此两种语言固非势均力敌者。虽然，完全环绕于其地区所行用之斯洛伐尼亚语，当不至受哥特瑟的德语之影响，此又易于了然者也。惟在此所论之观点上，德语之所以能维持其地位，此种事实之惟一的解释，则以斯洛伐尼亚语的较卑下之故。

现今吾人再行观察一种较高的有组织的文化之普通语或标准语，其影响之施于一群各异而缺乏统一与联合的土语。此种事例，在布勒塔尼(Brittany)地方布勒通语与法语间之关系上见之。彼

① Baumgartner, "Die deutsche Sprache in Amerika," 转引自 Meillet, IV; XVIII, vol. cxvi.

② S. Feist, XXVI, vol.xxxvi, p.344n.

③ Ad. Hauffen, *Die deutsche Sprachinsel Gottschee*, Graz (1895); H. Tschinkel, *Grammatik der Gottscheer Mundart*, Halle,(1908).

等之争持状态，与瑞士地方德语同法语之状态，并无相类似处；盖在瑞士之两种语言，或前进，或后退，有如两军之相对垒，可各自防守于一长久时期。然苟其中之一退却或前进，即发生语言界线之真正转移矣，而人民亦当确定说法语或德语。至于布勒通语与法语间，则不然，虽在布勒塔尼，法语所构成之进展，莫可讳言，而其语言界线却已历经数世纪罕有变更[①]。吾人已知当十一世纪时，布勒通语所占据之一区域，罕有较今日为更广大者，即自西北至东南，沿行一条似直线形之范围以内；此线起自盆波耳(Paimpol)与圣布里乌克(Saint-Brieuc)间海岸上之普卢哈(Plouha)，以迄于经过昆丁(Quintin)下面及厄耳文(Elven)上面的微兰河(The Vilaine)之口。至在此线之右，沿用法语，或彼等所称为迦洛(gallot)方言者，几已历经千年于兹矣。左右两种语言间之争持，呈现其自身于一种特殊的情状之下。吾人再来应用两个相对立的军队之比喻。于此，不复为一个军队排置于战争行列之中，亦非为任何战胜者迫使被征服者败退，因而获得占领土地之问题。此实仅为由一种语言将许多成分，不断转入于另一种语言者也：此等成分有如私逃之兵士频频转入于对方军营内，于是该处势必至发见其本身并无本队之兵士留存者矣。故吾人于此所论乃为和平之渗透，而非侵略之战争。

吾人再来考验上文所画一线的西面之情形。一切布勒通之方言，并无例外，皆受法语之侵入。较复杂的文明之语言，随携有代表新事物、新观念及新形状的新语词之输送。自从十五世纪末叶以后，法国的文学与宗教，业将法语的语词，不断输入于布勒通的语言中；盖因乎事实上，法语自然供给布勒通人以彼等所信奉的书籍之样本。因此，布勒通语逐渐演成限于村野间的或特殊的用途。

---

① 参看 Paal Sébillot, *Revue d'Ethnographie*, 1886 年 1 月号；J.Loth, VIII, vol. xxiv, p.295 和 xxviii, p.374.

军事上之服役，以及最近五十年间学校中法语之教习，仅有促成之作用。同时，在两种语言间竞争之情形上亦已发生一种变化。

在一度长久时期，布勒通语被法语之透入，曾为一种不自觉的内部变化所致成，布勒通语在内部上接受日渐增多之法语的语词，并不觉其有任何演成之变异。然大多数之布勒通人，即将法语语词输入于彼等之语言中，仍继续说布勒通语。今日，大多数之人民为操两种语言者；是以，此两种语言间之竞争，业已在某种方式上，由日常商业之场所转移至于各个说话者之心中矣。此种竞争之方式亦同样对于布勒通语不利。盖法语的知识所供献之材料，无限超过于单独布勒通语所供给于说者也。事实上，法语为中流社会之语言，几为都市的社会完全应用，遂使乡村少女渴欲采用之，有如彼等之急于仿效此等时髦人民之衣饰者然。更有进者，布勒通人民与中流社会之来往交接日渐频繁；职工及家庭雇佣皆与彼等之雇主说法语。来往旅行贸易之发展，在外国人及城市人上，对于本地居民供有极大之利源，依彼之便利，是以说法语，而实已为必需者矣。某种度过之生活，亦影响于语言。盖事实上，布勒通语在沿海一带所说，较之内地为少，其理由即为操航海事业之人民，获得彼等生计，必须离去故家，而每日相与接触者，为说别种语言，至少别种方言之人民。因此使彼等宜于应用一种法语之类的普通语，以适合彼等之职业。最后，沿于布勒通海岸，建有主要之交通线，而主要之市镇位于其上；结果，其地商业交易频繁，旅客不断往来①。于是法语成为布勒塔尼之普通语或标准语，而布勒通语则有其方言上之错杂，绝不能为普通语或标准语。由此以言，法语与布勒通语间之争胜，毕竟当追寻于经济的起因，而决定此种争持之特殊形势者，则为两种供作表现工具的语言，本身各自所具有之价值也。

---

① Camille Vallaux, *La Basse-Bretagne*, Paris, 1907.

因此，布勒通语终必归于消灭，似可得而断言者；惟吾人不应过早忽遽宣布其消灭。布勒通语仍具有极丰富之生命。除开布勒通人对于其民族传统之信奉以外，在布勒通的布勒塔尼地方，人口之增加，亦为维持语言上一强有力之因素。另一方面，操两种语言之利益，亦足鼓励布勒通人在彼等自身中行用布勒通语。其为一种现成的特殊语，供以保全彼等之独立者。布勒通语在某等沙丁鱼的渔场及煤炭的矿场中工作者之集团中，并为工作于盐田的所谓“沼泽工人”(Paludiers)、石板工人及游行商客，供作为一种特殊语，可以保存经一长久之时期；而依于此种形式，无人能有把握以判断其寿命之限度。或者其能自行刷新而重生，经历长久，一如有巨大人群足以维持其完整，而供作为彼等的一种特殊语之时。

虽然，业已有许多语言上的岛屿，其中之布勒通语归于消灭者。汉纳波(Hannebot)之企业工人，于此仅说法语。更显著者，为给龙德(Guérande)半岛之事例，其地上真正布勒通人的布勒通语，仅限于巴兹(Batz)市区之四个小村落，其主要的居民为盐田之工人。而于此布勒通语之生存，亦且在不稳定之状态中。因限制此语岛之圆圈日渐缩小，以至减退为一极微小的区域，同时其地以内说布勒通语之人数亦渐形减少。此地五十岁以下之人民已不复应用布勒通语，其儿童亦不复懂得其父母所说者。吾人可以预见布勒通语行将从世界上之此角落归于消灭之时期所在。

又有其他多种语言业已遭遇同样之命运。索拉维亚语(Sorabian)或汶德语(Wendish)，一种斯洛伐尼克语的方言，现今行用于斯普累窝尔德(Spreewald)(劳西次 Lausitz)；然其姊妹语之波拉维亚语(Polabian)，往时曾行用于易北河(the Elbe)之下流地带，当十八世纪时归于消灭矣。普鲁士语(Prussian)为一种波罗的语(Baltic)之方言，当十六世纪之末期，仍生存于但泽(Dantzig)与哥尼斯堡(Königsberg)间之沿海一带，而今则无遗迹存焉矣。在英格兰，克勒特语之方言科尔语(Carnish)，当中世纪时，必已占据全部半岛，包括现代之得汶港(Devon)，并联接于横跨布里斯它尔海峡(Bristol Channel)之威尔斯区域者，今则已归实际之消灭矣。依据稗史的记载，最后说科尔语者为一名多雷盆特累斯(Dolly Pentreath)之妇人，彼至一百零二岁，当一七七七年十二月二十六日，死于盆赞斯(Penzance)附近之圣保罗(St. Paul)。惟在十九世纪之时期中，用科尔语之零碎的祝辞、誓辞及短语，仍得闻及于村夫农人之口；当一八七五年，仍有康瓦尔地方之老人，能以科尔语计数至于二十[①]。

今所发生之问题，即决定吾人谓一种语言死亡时之意旨为何，并在何点上吾人必须认之为如此。

波拉维亚语已被并入于德语言中，同时科尔语亦已并入于英语中，而今日之布勒通语正又逐渐为法语所并吞矣。然康瓦尔之首府，除出古语词或科尔语词之连属语依传统保存以外，仍留存有许多古代土语之遗迹。同样，在布勒塔尼所说之法语，及在爱尔兰所说之英语[②]，皆漏露有布勒通语及爱尔兰语之影响。不仅词汇上多少沾染有土语遗留之语词与辞语，在语音上，甚至某等形态之细节上，例如语词之序次或介词之使用，亦受有土语之反应。是以在布勒塔尼地方，市镇上的法语中，其重音之配置常依于布勒通语之式样，并亦保存布勒通语上所具有之强度。行用于京木卑尔(Quimper)之法语中，字末第二之音缀，加以极强之重读；末尾之浊音常变成清音，尤其为通音(une chemisse neuf, un fromache, 等)；"faire"一字(在布勒通语中作为"ober"之义)用作一真正之助词("pour faire le diable s'irriter"等于"pour que le diable s'irrte")；被动词之补足语，用介词之"avec"(布勒通语，为 gant)以

① VIII, vol, iii, p.239.

② Joyce, *English as we speak in Ireland*, London, 2nd edition(1910).

介进之:“tué avec son voisin”(以替代“par”者)等。同样,在爱尔兰所说之英语亦保存古爱尔兰语的习惯,如以“of you”代替“from you”或以“againot”作为“with”之义,或且以“what way”作为“How”之义,翻译爱尔兰语之“cad chaoi bh-fuil tu?”及“ann a cheann”或“it does be”之义,即用一种直译法,将一系词(lacuna)补进于英语的动词之中。

因此,布勒通语与爱尔兰语,尽在事实上彼等自身受有法语及英语成分之沾染,而彼等又皆使侵入的语言受其影响者也。

然则果有一日将使布勒通语完全为法语所浸透,致其似为一种晚出的方言,较之他种方言,虽呈现各异的特征,而终罕有更特殊的所在者乎?果真必须如此,则将指定一种语言得称为死亡之时日,乃为不可能者矣。在某等读音上、结构上,尤其孤立的语词上,常存有已往消失语言之残迹,例如孤立的语词似乎为法语由布勒通语上借入者,而实则为布勒通语之留存的成分,为借入的法语成分所环绕者。吾人当不复能说明,在某一指定之时际,抑为仍应用一种布勒通语之形式,完全浸透于法语者,或为行用法语之包含布勒通语的留存物者。布勒通语之融化于法语中,犹一块糖之融化于水。在如此之事例,吾人固可谓“布勒通语不复存在”也无疑。惟吾人正不当仅依形似以为判断乎?事实上,布勒通语之存在,当与由其借来的成分之应用,一样久远。然照此计算,则克勒特语系之各种高卢语(Gaulish)亦不为死语矣,因在法语中随处有某等由高卢语派生而来之语词;又法国人所说者,除出拉丁语以外,犹有其他某些大概熟稔之语言——凡此等语言,事实上,皆在时代之过程中,业已与拉丁语及法语相混杂者矣。对于事实之此种解释,其所符合之学说盖以为一切语言,多少总为混合语者。然另一种学说[①]之解

① 参看 Meillet, XLII, vol.xv, p.403.

释，却与之相反，以为在某一时期只行用一种语言。所说之语言，具有一切异语之成分，殆皆依分析而发现存于其中者，是以其统一性独自永居于说者之意识中。一种语言固甚易与别种相融合，然说者由某一种语言进至另一种时，总必须发一跳。常必有一确定之时际，彼当自觉离去第一种语言而采用第二种矣。法语总为一种拉丁语言，英语总为一种日耳曼语言，无论彼等所已遭受外来之影响如何，而因事实上法人、英人总有说其祖先的语言之意觉；又因，若将法语、英语追溯至于拉丁语及共同的日耳曼语，则将见有一种连续不断之现象，即关于其说者莫不具有传授单一的同一的语言之感觉与意志也。

此为两种甚相反背之学说。为欲试求其间之调和，吾人必须考察异语成分之增入，究在何点上方能与一种语言之本质的统一性相融和者。

吾人将语言间所发生之词汇的互相借贷，遗置于一旁。此种借贷之一特质，即并不显露应用者说及或且知及其所由借来之语言。是以法国的猎人，其语言富有英语之语词，纵或对于此等英语语词之读音极为正确，而并不懂得英语。因此，词汇的借贷，无论其范围如何广大，仍属于固有的语言以外之事。

虽然，另有别种的借贷，预定有一种内心的渗透，由此种语言系统以达于彼种者也。此等乃为一种结构摹仿于他种语言之结果，业已举出其例子矣。

此种将一异语的结构，叠置于自然的语言上之现象，常由两种语象之混乱而来，此两种语象各自相当于一各异之语言，而说者迷惑于其间者也。此种混乱之发生，或关于语词，或关于结构，而其起因则常相同。当一初级的儿童，粗率的用“da mihi mea vacca”翻译“give me my cow”一句，或用“Petrus est segem”翻译“Peter is the king"一句之时，彼已迷惑于英语语词的"my cow"或"the king"可为主语，亦可为宾语之事实矣。又如一斯洛伐尼亚人将意大利语"dammi la mia vacca"说作"dajma moja krava"（应用主位以替代宾位）者，亦恰为同样之事。此并非属于吾人所谓位格之混乱问题，因其辞语虽倒置，而宾语或主语之意义仍秩然不紊；而实应属于语象之一种混乱者，其所说乃为意大利语之斯洛伐尼亚语也[①]。其程度相差不多者，发生于一瑞士作家，如迈尔氏（K. F. Meyer）之例，彼写出"er ist kränker als du nicht denkst"（英语之"he is more ill than you think"）。此种德语上之错误，乃由事实上写者心中存有比较意义的否定概念，通行于法语或意大利语中者，因而发生也；彼正将罗马语系的思想习惯混合于日耳曼的语词者。

此类错误流行甚广。甚至语句之结构亦摹仿于他种语言，以是，属于某语之语词序次，有时进入于其毗邻的语言中。例如，奥地利的德语，因受斯拉夫语之影响，遂于语词序次上使其自身得有极自由之措置。述语或宾语可随意置于语句之起端"guten Morgen wünsch, ich Ihnen"（英语"I wish you good mornig"），"Recht hat er"（英语"he is right"），"gut ist's gegangen"（英语"it went off well"）等等，正如可得在斯拉夫语中所说者然。在波希米亚，可闻及"Schwester haben wir ganz kleine"（英语："We have quite small sisters."），乃依于捷克语"sestru máme malickou"之模样也。在南奥，斯拉夫语之影响，在否定词所占之位置上特为可见"nicht scheut er sich, ihn zu verleumden"（英语："He is not ashamed to slunder him."），此实仅为斯洛伐尼亚语"ne se sramuje ga obrekovati"之直译而已。

一人常惯用两种各异的语言以表达其自己者，有时不知不觉

---

① 这个例子和以下的例子都转引自 Schuchardt, CCIII, p.90.

间应用此种语言之习语，而所说却为彼种语言者。威尔斯语中，表明形容词最高度之意义，应用“iawn”（等于英语之“true”），此字相当于英语之“very”；因之，“da iawn”乃摹仿于“very good”者。增加副词于动词，以限制其意义者，此种习惯为日耳曼语言之特质。而亦见于毗邻英语或德语之地域中，因受英语或德语等之影响使然也。威尔斯语中，“call allan”摹仿于英语“to find out”，“dy fodi fyny”摹仿于“to come up”，“torri i lawr”摹仿于“to break down”，“shoddi i fyny”摹仿于“to give up”。同样，在给儿语（Gaelic）中，“cuiras”为“to put out”之直译，“cuir”为“to put on”之直译等。瑞士地方给里孙（Grisons）人所说之拉第诺语（Ladino）中，具有“drizer owr”相当于英语的“to carry out”（德语的“ausrichten”），“gnir avaunt”相当于英语的“to happen”（德语的“vorhommen”），或“vair aint”相当于英语的“to examine”（德语的“einsehen”）。吾人于此濒于词汇与形态间之分界线矣。

某等直译的辞语，对于形态上，更有一种直接的影响，并且似可以使之变更。波兰语之某等土语形式中，因与德语常相接触，发生一种过去时无定式，具有助词“to have”者：“ja to mom sprzedané”（英语“I have sold”，德语“Ich habe verkauft”）即以代替正确的波兰语“sprzedatem”者①。

在意大利，甘波巴索（Campobasso）者，有一种塞尔波、哥罗西亚人（Serbo-Croatiam）之移民，约当十五世纪时来自伊利里亚（Illyria）者，现今仍行用一种属于斯托卡维亚语（Stokavian）的类型之方言。其用意大利语之冠词，遵循一种完全斯拉夫语句之形式“da mi kàze le pute”（英语“in order to show me the way”）。

斯洛伐尼亚语不特自德语中借入动词、副词、语尾词与数目的

---

① Casimir Nitsch, *Mowa ludu polskiego*, Cracow, p.136.

名词，且依德语的模型，发展成一种冠词，并常用一种被动式。

在印度，芒加罗耳(Mangalore)之葡萄牙语，因受英语的影响，遂有一种趋向，输入附有领物符号的 s，用以表示领有之义者。起初说"governor's casa"，继则说"governador's case"以相当于英语之"governor's house"；此可见葡语已获得一种英语的形式成分矣。

吾人已知，地理上毗连之各异的语言中，常见有共同之语音的特征。其在形态学方面亦复如是。例如，芬兰语上附以述语的使用格之应用，乃起于彼等业与芬兰语接触之印欧族的语言(斯拉夫语与波罗的语)①。此种现象并不阻止斯拉夫语与芬兰语两者在形态上之歧异。惟如上文所述之此等借贷作用，足以累及形态系统之完整。当借贷限于一部分语言之形式时，此等可转作词汇为借贷；然若借入的结构供作一种样式，且将一种有定的语像印入于心中，则语言送获得一种新的形态上之程序矣。

其较早的文法系统之完全消除，或且可以实现。例如，吾人可谓葡萄牙语采用"homem's case"之结构，以排去"a casa do homem"者也。此于其语言上一般的形态系统当无所变更；而仅为一新的机轮或一异机单片的机械输进于其机器中之事。然若葡萄牙语的形态系统遭遇此种性质之几个变化，将或至有一日，说者当不能谓其所行用，究为英语，抑为葡语乎？而语言学的学者亦将无有更佳之事例乎？

为答覆此问题，吾人可从某等混合语之研究，收集可贵之指示。此等语言现今存在者，不幸彼等的存在，仅在作证上有几分疑惑之情形下而确立者。吾人业已举出亚美尼亚吉普息人(Gipsies)的语言之例，此种语言一方面保存吉普息人罗曼纳语(Romany)之词

① Meillet, IV, vol.xii, lxxvi.

汇，一方面却又完全遵用亚美尼亚语之形态系统，因此，彼只是亚美尼亚语之具有一种罗曼纳语的词汇而已。此种事例又为英格兰地方行用之罗曼纳语所证明。早先时期，在英格兰之吉普息人行用纯粹之罗曼纳语；其后，彼等保留其罗曼纳语之词汇，而将英语之形式成分并合之。例如，“Komóve te jal adré mi Duvelésko kēri kana mervóa”（英语“I wish to go to the house of God when I die”）一类之句，在较晚后之吉普息语言中，变成为下列之句矣：“I'd kom to jal adré mi Duvel's ker when mandi mer's.”①此两种事例，其事实正两相符合，而必当以同一方法解释之。其奇异所在，即此两事例皆未免令人怀疑，至少有部分属于人工者。使人几疑有一种奥妙的动机，以为此两种事实之背景者——即一种趋向，以译成英语或亚美尼亚语，而无意之间将罗曼纳语以为替代英语或亚美尼亚语之语词。在此种事例中，不必问及究为罗曼纳语之获得别种语言的形态，抑宁为英语或亚美尼亚语之为罗曼纳语所残毁。盖由此等事实中引出任何一定之结论，当为含有几分危险之举也。

虽然，混合的语言之有趣，正因彼等通常亦为毁损的语言之例也。而此种事实正可使吾人更能了解彼等混合之情形。

相接触之语言，顺从其所受交互之影响，结果即互有损失。盖需要寻求某等急速的方法，以使自身之易被了解，遂引致邻近人民造成相互间之牺牲；将各自语言中过于特异之事加以消除，而仅将彼等与邻近语言所共有的一般现象加以保存。

现今，高加索地方，有如巴尔干半岛，呈现其众多语言之混合。鞑靼语（Tartar）、亚美尼亚语、乔治亚语（Georgian）、塞加西亚语（Circassian），以极复杂之方言遮盖其地，彼等常甚多变异，以致语

① Pischel，转引自 Schuchardt，CCIII，pp.8—9.

言学家不能追寻其来源。此等语言速行衰退之主要原因，确为受彼等邻人之影响。于此吾人有极佳之例，为语言损毁出于极密切之接触者。在达格斯敦(Daghestan)之东南部分、撒母河(Samur)之两岸上，见有一批方言属于库令系(Kurine)之语言。此等方言已逐渐为亚美尼亚语及鞑靼语之洪流所淹没，彼等之地区亦渐形缩减，以至纵在彼等行用之狭小的范围以内，二种邻近语言之势力亦不断进而侵迫之。此种腐蚀的行动，并非在各部分同等强烈者，而各处皆有感到；又若相信得尔氏之言，得尔氏者曾于此等事实造有最深切之研究者也①，则此种行动最显著之结果，即在于一种形态之简单化。

早至一八一九年，格黎牧(Grimm)已曾坚持语言间竞争之不可避免的结果，即为其文法之消失②。此并非为不可避免者，然事实上仍属此种结果之常见。流至海外之语言，因暴露于多种各异的势力下，所开之语言又常与彼等相差甚巨，故通常丧失彼等个别之特性，较速于他种语言。语言之移置亦常为其衰败之起因。例如，希腊诸殖民地之方言间，其歧异适与希腊主要城市之方言相反照者，此种移置可以解释之。对于他种极为可能之起因，业已进用于此等歧异之解释中者，吾人必须决再加上希腊人扩展其活动力的地土上所行用之非希腊语的影响。纵或不认所论的语言，对于行用在殖民地的希腊方言之构成，有影响的发生，而形态之相对的简化及其语音现象之许多的毁坏，乃因乎各异的语言之接近者，亦属可能之事。行用此等各异的语言之人民，当其欲说希腊语时，曾将某等表现其自身之新方法施加于希腊语之上，而仅组成其地人口一小部分之希腊人，亦势必使其自身迁就之。

---

① A. Dirr, *Mitteilungen der anthropol. Gesellschaft in Wien*, vol. xxxix, p.301 和 xl, p.22.

② J. Grimm, *Deutsche Grammatik*, pp.xxxii 和 177.

此种语言之实情,或者只已足助成一种普通语之建立。自从希腊许多方言因受外部影响之结果,业已消除彼等几种最显著之特点时,此等方言即宜于并入 κοινή中。于此在同一语言之许多方言所确信无疑者,在许多各异的语言之历史上,亦可为例证。类似之行动与反应,产生类似之结果。即依此种方法,建立两种或多种语言间之一均衡局势,结果为造成一混合语,遂以供作普通语者。通常,总有一种占优势之语言,以作为此种混合之基础者①。然亦可遇及,一种普通语由各异的语言甚平均之调和而来者。此即行用于地中海各港口的 Sabir 语之事例。此为法语、西班牙语、希腊语、意大利语及阿拉伯语之一种混合。此等语言皆供以构成 Sabir 语者,尤其关于其词汇部分;至各个语言之文法的特点,已消除无存焉。

洋泾浜语(Pidgin-English),供作远东各港口一种普通语者,及杂碎的英语(broken-English),为塞拉勒窝内(Sierra Leone)之本地人所行用者,亦如 Sabir 语,为混合之语言②。

洋泾浜语具有中国语之一种基础,中国语者,即以最小限度之文法为其特色。洋泾浜语,确当以言,即属中国语而具有英语之词汇者。此种英语之词汇,依其发生之事状,显然将其自身借供于此种用途者,洋泾浜语之语句即借以造成,而其中语词之序次则恰为中国语之序次也。此常产生一种可以玩乐之结合,而如吾人前所说者,证明两种语言之习惯间,于此有亲密关系存焉。吾人决须于此有一指定之语言以为其混合之基础,而即因此种语言之特性,几乎完全不具有文法,特别使其适合于落到彼身上之职务。

---

① E. Windisch,同前书,p.104,113.

② 洋泾浜英语的例子见 Leland(C. G.), *Pidgin-English*, "Sing-song" in the China English dialect, 5th ed.(1900)。关于破碎英语参看 F. W. H. Migeod, CXXXVI.关于马达加斯加阿拉伯语,请参看 G. Ferrand, VI, vol.xiii, p.413.

产于法属或西班牙属美洲殖民地之欧人，所谓 Creole 者，其方言亦可举以为混合的语言之例。彼等根据于一种欧洲的语言，法语、西班牙语或英语。惟在 Creole 语中，此等欧洲的语言，显示彼等之形态上的特点已被毁损，减退至于破碎之情状。有如粗砂之除去石灰，或石块之缺乏水泥——为琐碎不成形状之物者然。为欲办理贸易，需要与异国商人实行交谈，遂迫使本地人学习一种外国语；此种外国语业已排挤其祖国语而臻于完成。然彼等之学习此种语言又绝非完功者。仅限于其表面上之特点，代表通常实物及生活上主要行动之辞语；至其内部语言之精要，所具复杂之现象，绝不曾为本地人所融合。

关于此种现象，可谓为有社会之原因存焉。例如 Creole 语，为下流人物或一种附属的阶级之语言，至其上流阶级绝未阻难或愿望使彼等正确说何种语言。是以 Creole 一类语言，在某种范围内为特殊语；其与上述之罗曼纳语，虽原因完全各别，而正属于同类者也。惟此等 Creole 的形式之语言，正如 Sabir 语、洋泾浜语及杂碎英语，吾人于其中见有由两种或多种各异的语言融合而来之混合语言；此等语言也被剥夺形态上之特点，即不能归属于其建立所自出之任何一种语言。此为真正的语言上杂种生殖之例。下章中，吾人行将见及此所遗下之结果。

（五）语言间之系属与比较的方法①

“系属”一辞，应用于语言上之事，甚为含混，常引致彼辈未经熟练之语言学家于错失中。更不可原恕者，某等语言学家并且有时庄严的举出一仅属比喻之辞语，而依荷西儿氏（Hozier）之样式，

---

①　参看 Meillet，“Le Probléme de la parenté des langues”（XLII，vol.xv，1914，p.403），和上一章提到的 Schuchardt 的著作。

建立关于语言的谱系树。彼辈依此一种结果,自信极可保证者,例如谓法语或意大利语曾由拉丁语上生出者,并说及母语、儿女语、姊妹语等。此乃为一种不幸之术语,因其对于语言间之关系,给予一讹误之观念也。语言之“关系”,与亲属谱系或父子血统在此等名辞之生理学的意义上,其间并无相一致之处。

一种语言并不生出另一种;亦无语言学家能指定一种语言生出之时日。谓法语由拉丁语上派生而来者,意指法语在某一地区于历代之过程上为拉丁语所收取之语言。在许多方面,法语只为拉丁语。无论吾人探究法语之历史,回溯如何久远,总见有一宗各异之情状,依一直序互相追随而逐渐以接近于拉丁语者。惟欲指定其中一点为拉丁语所告终,为法语所自始者,总属不可能之事。法语之历史具有许多空缺,而有许多时期,吾人仅获得所关甚少之报告,却为语言的构成上纵横交错之际。另一方面,使其自拉丁语上分离日远之活动,又非恒为单纯一致者。虽然,尽有各种之递更,而法语与拉丁语间总存有明显之历史的“持续”,以组成其间之关系者也。此所论之基本情状,吾人可称之为连继。

另有一种情状须加以考察者,即属年代史上之事。

前所论关于语言自然的分裂为各异之支派,依此,则“系属”一辞,可预为推广至于由同一语言上所生出之两种方言。在某一区域以内,其行用之语言原为恰恰相同之形式,却演成再分析为某许多方言集团,每一集团有其自身之特征,各自扩展至多数或少数之邻近的集团。此等集团,可谓为相关者,尽其个别之遭遇变异如何,而仍为如此者。未离异以前之普通语,与其后结果所构成之方言,两者间无论其开始之差异如何巨大,而必须承认其间之系属,因其既为一种认定之历史的事实也。

吾人无需计及政治上或社会上的情形在语言方面所起之种种变异;语言之系属,包括方言之减削至于地方性的语言情状者、土语及职业性的俚语，以及语言之升举至于普通语的阶段者。皮伽耳语（Picard）与诺尔曼语（Norman），波亚得汶语（Poitevin）与柏里冈语（Berrichon）皆为互相系属者，而又同等的系属于法语（即伊得法兰斯之方言）已成为一种标准语，通行于一广大之地域者。苟于研究法语历史之学者，排除法语所包含的各种变异，以为重要之事，则于愿得其语言发展之统体的一般观察者，亦当容许其认之为一种语言，历经此种语言一切存在之时代，而发展与变更者也。实在，一种语言所遭受之变更，大部分乃因乎其本质的演化。方言之分裂，与普通语之构成及其凌驾于其所渗透常更深刻之土语上——凡此种广大的程序，吾人业已将其历史大略叙述矣，却皆发生在法语的范围以内，而并无以任何方式阻扰其许多方言间相互之联系[①]。

在任何系属中，常有程度之差异。例如布罗温斯语（Provencal）为一种普通语，包含有许多其所凌驾之地方性的土语。吾人已知布罗温斯语自身为许多土语经统一而产生者，而此等土语自身，又由与法兰西北部之语言同一源头派生而来者，即谓皆为同等的由拉丁语上派生者。自然，在各种布罗温斯的土语之间，其亲属关系，较之在彼等中任何一种与某一法语的方言之间者，更为密切也。其组成法语与布罗温斯语间之链锁者，乃为一种先于彼等两者之同一的语言。彼等仅为单一语言之歧异的情状，历经年代而仍保存其歧异者；此种单一的语言，可称为高卢之土俗拉丁语（Vulagar Latin of Garl），惟其名字所关甚少耳。此即意指，为欲建树两种语言间之亲属关系，吾人必须结合前所称述之两种情状——即连继之情状与年代史之情状是也。

虽然，此种结合尚可推广进于空间的及现世的，而使其概括一

---

① 参看 Meyer-Lubke, CLXXXI, Bourciez, LI, Zauner, CCXXIV.

切同样由拉丁语派生而来之罗马系的语言。吾人所谓高卢之土俗拉丁语,只为共通的土俗拉丁语之一种特别的形式而已,大约与之甚少歧异者;此种共通的土俗拉丁语,在意大利产生意大利语,在西班牙产生西班牙语,在葡萄牙产生葡萄牙语,在罗马尼亚产生罗马尼亚语,于此仅举其主要之代表而已。凡属此等皆为普通语,借文学的传统而为标准化,借政治的情形而得维持及为普通化,并各自与由彼等派生之众多的方言及准方言共同扩张。凡在此等方言间之系属,在程度上相差甚巨;姑且将普通语与其土语间之纷歧暂置不谈。有几种仅属晚近方歧异者,其关联仍甚密近;另有几种却已分离极久,以至彼等间不复有多大共同之处——例如一种葡萄牙的土语与一种罗马尼亚之土语。除出现今吾人在此所不欲考察之外间的种种影响以外,彼等之相违异,乃因乎独立之发展而来。然在语言学家之眼光,毕竟葡萄牙语与罗马尼亚语仅为同一语言,拉丁语之两种变相而已。

吾人于此种拉丁语甚为熟悉。因此能循斯路径,引致于现今应用中之罗马系的语言,并依吾人所估计各自变更之重要,决定彼此相系属之程度。关于罗马语系诸国政治的与社会的历史之智识,其所贡献于罗马语系之学者,有何等价值之辅助,自无需说明。此种智识供有一种永久不易之管束,以指认时日,归属于造成人民与语言两者交互的历史上界石之事件。然当吾人追溯于拉丁语之际,所有文证即达于终点;约当西元前第三世纪以前拉丁语言之情形如何,吾人已无所知矣。是以在此一种亲属关系之建立,会合信托于语言上与历史上之资料者,即失去所以组成其保证及其坚定者矣。然吾人却能追溯于一种先世拉丁语的时期,实借乎"比较的方法",其职务现今必须规定之①。

---

① 参看 Meillet,"Sur la méthode de la grammaire comparée",vol.x,1913,pp.1—15.关于这方法的主要成果,Porzezinski CXCII,pp.39—80 有很清楚的说明。

比较的方法，单为施用于已往之历史的方法。其中含有将适合于历史时期之理论，扩充至于缺乏文证的时代者。

吾人方已见及，现代罗马系之语言，皆从拉丁语上派生为各式的、独立而并行之演化以成者。其所以组成罗马系语言之统一者，即为凡属彼等所共通的形状之某一种“总和”也；彼等相互之关系亦即因此种种形状而认定之。其大多数之形状业已在拉丁语上大致有明白之表示。其少数之形状则为新创见而共通于一切彼等之语言；惟因在一切罗马系的语言中得有确证者，纵其恰相符合之形状并不存在于拉丁语中，亦可认为即属彼一甚少熟知的语言阶段，所谓土俗拉丁语者之遗留物；土俗拉丁语者，乃介于古典的拉丁语与罗马系的语言之居间物也。因此吾人得有一种关于罗马语系之比较文法；不特借此使吾人能建立此等语言对于拉丁语之直接的连继，并且因以重构一个语言阶段的文法，其所关的文证甚少对吾人有助，或竟毫无者。

然拉丁语本身并非一种孤独的语言，与他种语言无关联者。其文法显有许多形状与希腊语共同之处，已为古人所深觉。现代学者亦已发见希腊语与拉丁语皆联属于其他语言之集团；此等语言集团，以梵语为起点，展布于旧世界之一极大部分，自印度以至欧洲的极西处。对于此等语言，因缺乏一更佳之名辞。遂给予以印欧语之名号。自然，此等“语言”必须于上面所给予之字的意义中，以了解之；彼等乃为语言的集团，在历史上某一规定的时期，或能臻于一种大致完全的统一，惟在年代过程中，依于曾经叙述之方式，皆已归于分裂与歧异者矣。

集合凡属此等语言所共通之形状，因以组成所谓印欧语言之比较文法①；印欧语的比较文法只将其种种规则安置于一大批的

① 主要参看 Brugmann und Delbrück，CL 和 Meillet，XCIV.印欧系语言历史比较语法的奠基者是德国人 Franz Bopp，CXLV.其后有 Schleicher，CXCV.又参看 F. de Saussure，CXXI；Hirt，CLXVI 和 CLXVII；Bechtel，CXLIII；Hübschmann，CLXXI；Schrader，CC，CCI CCII；Feist，CLVIII，CLIX.

范围较小之比较文法上，即罗马语系、斯拉夫语系及日耳曼语系等的语言之比较文法也。此等语言之比较文法，各以一种语言情状之重构常系纯粹之拟测者为其目的，例如所谓原始的或共通的日耳曼语[①]或原始的斯拉夫语，以及在另一范围内恰相当于土俗拉丁语（或共通的罗马语），即罗马系的语言之比较文法所追寻者也。拉丁语之存在，对罗马语系的学者给予一种非常强固之基础，以建树彼辈之推断于其上。斯拉夫语系与日耳曼语系的语言学家常必以懊丧之情绪，承认关于共通的斯拉夫语或共通的日耳曼语文证材料之欠缺；否则，正可用以为彼辈的重构之极可宝贵的确证。虽然，吾人必不可故意扩张日耳曼语系或斯拉夫语系的语言学家在此方面之贫乏，其与罗马语系之同业者相较，彼不过在拉丁语中得有校正其推断之一种凭据而已。彼必须不参考于拉丁语而树起其假设，有时并指出真实的连继并不在古典的拉丁文中，却在其所重建的土俗拉丁语之大厦中，即此引以为乐。对于罗马语系的语言学家，以假设重构得成而在土俗拉丁语的名字下之共通语，较之在文辞中之古典的拉丁语，常具有一种更大的精确性。又拉丁语本身，常被罗马语系的语言学家只利用作为土俗拉丁语之重构上一种佐助；土俗拉丁语之重构，乃为彼辈工作之起点与终极的目标。

重构印欧语的语言学家，因其通常所处理者，为许多以假设方法掇拾拼合而成之共通的语言，遂见其自身益复规定于更属拟测的工作。语言学家之所谓印欧语，并无具体的存在；而只为一般所称“语言链锁的一种系统”而已。

因此，印欧语上最有造就的权威，并不能以此种语言表出如英语的“the horse suns”或“the house is large”一类简单之语句。彼辈当中最有学问者的智识，并不超过于许多文法结构之原则。无

---

① F. Kluge, CLXXIV.

人能说印欧语，惟有语言学家，亦只须能告示吾人以此种语言之文法范畴，其中用以表现彼等之方式，及其种种接尾语与词尾之价值而已。

而此等正为精要之点，因其允许吾人依语言学的方法，建立许多语言间在历史上之相互的系属。比较的方法，虽其所面临者为极久远之已往，而实际上所牵涉，却只为较晚后之种种发展，盖其效果乃使借文件的资料为作证之语言，得以明了其底细而已。由印欧语言的比较文法上所取获之最分明的结果，即在决定此等语言间彼此之系属①。因此，印度与波斯的语言、斯拉夫语与日耳曼语、罗马语与克勒特语，由时间的观点以为考察，凡此等等对于语言学家，亦不过认为由单一的语言情状上连续变异之结果而已；此单一的语言情状，皆在此等语言之先，而称为印欧语者。

再追溯上去，犹有可能乎？并无理由使吾人怀疑此种之可能：某等现代的语言学家且似有是之自信。吾人已知印欧语言的比较文法如何重构以成，即借他种比较文法而将其叠置于上者。是以容许吾人所期望者，因继续清除许多蒙蔽语言历史之积累，亦因整理出各种语言基本上的共通原则，遂使吾人终能重构以成某等共通语，其与印欧语之关系，犹共通的斯拉夫语之与共通的日耳曼语也，犹拉丁语之与希腊语也，犹更晚近的时期中法语之与意大利语也。

在印欧语与荷兰乌克兰语之间，有某几点之相类，业经建立久矣。在塞姆语之范围内，比较的工作亦极有进步，吾人从中见有几许特质上的形状，其与印欧语具有一种奇异之相类。是以有几个语言学家已设想一语言集团，将塞姆语言与印欧语言俱包括其中

---

① 关于近二十年来在中亚细亚发现的印欧系新语言的文献，特别参看 Meillet et Sylvain Lévi, V, 1910—1913，和 VI, vols.xvii, xviii; Gauthiot, V, 1911 和 LXXII(b). 研究成果，Meillet 在 *Revue du Mois*, Aug, 1912 有所描述。

之可能矣[1]。因此,两者终或可变为一单个语言集团之代表;法语,如削减至最后的界限,便当与阿拉伯语或爱西屋皮亚语(Ethiopian)为同一的语言,正犹业已证明其与俄语、波斯语及爱尔兰语为同一语言者然。吾人必不可因震惊于此等语言间之歧异而容许自身脱退是种企图。苟印欧塞姆语的集团之假设,果真为冒险之举,则决不因于其所联合以组成一体的语言极端纷歧之故。事实上,依近今的指示,塞姆语之于印欧语;较之其他尽所划定之语言集团,为更接近者也。然则此等语言集团,亦可依其顺序,渐次减约,以至彼等消融于较大的个体,在历史上相叠置者乎[2]? 此乃将来之秘事;盖尚有众多之语言,毫未经施用比较的方法者,关于彼等并未有结论也。

比较方法之可贵,已属显然,惟其中固有之种种缺点,亦甚明显。盖完全根据于语言学之原则,所可期望于相关的科学系统之辅助,仅属少数。事实上,吾人必须防止,比较方法上所显示之方言的系属,混乱于种族及文化之系属。此乃三种分别之研究的门类。

在史前时代的区界中,有三类学者各自独立的工作:人类学家、考古学家及语言学家。人类学家所处理者,为骸骨与骷髅;考古学家所处理者,为饰物、兵器、陶器一类文化上的实物,各种各色的器械用具,总之,为史前人类的一切装备;至于语言学之工作,则在语音、语词之比较。凡此三者,皆关注于产生一种对于事物之有系统方法的排置。在各自的范围内,构成许多组别,并在其相互间尽其可能以建立年代先后与自然发展之种种联系。然而,无论如

① Hetmann Mölller, CLXXXIV, 和 *Indo-europaeisk-semitisk sammenlignende Glossarium*, Copenhagen(1909); Pedersen, XXX, vol.xxii, p.341; Cuny, XIII.

② Trombetti, CXXVIII.

何，彼辈终于各自所具有之组别上谋取时代之相互凑合，并未获得成功。盖此三者之间，并无共通的准绳之存在。

比较文法提供一种方法，依据语言各自之特性以为其分类，并将其集成为许多系族者也。借乎语音及形式之比较，发现许多新创的学说，并持以与较古阶段上之遗存的语言相比对。语言学家已于印欧语言的史前阶段之重构，获得成功。然彼辈对于当时行用此等语言之人民，并无所知。彼辈不能叙说希腊人或日耳曼人、拉丁语的或克勒特语的人民之先祖为谁。盖仅知日耳曼语与希腊语，拉丁语与克勒特语在达于文辞上所显示之阶段以前，曾经过何种递更而已。纵属彼辈所施加于重构的语言之名号，亦纯为任意使用与习惯相沿者。如“印欧语”（Indo-European）、“意大利语”（Italic）、“克勒特语”（Celtic），或“共通的日耳曼语”（common Germanic）一类之名字，除出严格的在语言学上之应用以外，并无何种意义。彼等仅为语言学上之名辞，只于语言学家有其标记的作用。

考古学家所应用之名辞，亦同样限于彼辈考古学上之施行。当某一类型的许多古瓶或古刀，业已编列其组别，而其所属地理上之区域，亦已决定，斯时便觉无以名其所属之特别的文化。因古器并无名字，是以为考论的便利计，不得不就其发现之地点上所演出之习用的名字以给与之。考古学家所谓霍尔斯塔特的遗址（the situlx of Hallsttat）或拉田纳的宝刀（swords of La Tène），维拉诺维亚的饰物（Villanovian decoration）或昂惹底茨的石器（grave-furniture of Aunjetitz），皆是类也。同样，人类学家亦谓尼安德塔尔人（Neanderthal man）或沙贝尔·奥·珊人的头骨（Chapelle-aux-Saints skull），并比对各异地方的长头和短头之人民，而不能告示吾人以相当于其人种学之区分者，究为何等语言。

吾人纵当手中持一古人之头骨时，亦绝不知其脑盖内所包含者为何种语词与观念之联想，其神经中枢上所构成者为何种语像。吾人业已叙述在语言与种族两者之间树立任何关联，实为不可能之事。同样，欲决定吾人所知其语言之人民究用何种器具，以及语言与文明两者之配应究至何种程度，亦属无能为力者。只有一事为确定，在历史上亦常得明证者：即关于人民，所属种族各异而所说语言相同，或所说语言各异而所用器具相同，皆为可能之事。在用具与兵器之构造上一种改良，亦并非单一民族之特权；实在，依据考古学上所分之时期（石器时代、铜器时代及铁器时代）以推算史前的欧洲人种上之种种活动，乃为不可能之举。直至印刷术发明之时，遂立即扩张于许多民族在种族与语言上之各异，有如德、法、意者。是以，欲在上述三类科学研究的结果之间，树立任何相互的谐合，不特实际上为困难，在理论上亦属不可能也。语言上之系属，实不能从考古学或人类学上求得多大之确证。语言学家从关联的科学上所能求得者，充其量亦只为某等直接的假设或为某等约束以校正其所研究而已。至于语言上系属之证明，除应用语言学的方法外，别无可用也。

更复退至本身的资力，比较方法有时亦无效用。盖其预先假定语言之演化为有规则及连续性，而无外力之间断者。彼虽为历史方法的一种扩张，而有几分蔑视历史者，因其只应用理论上之根据，将历史设想为一种简单化之形式，减约至于许多原因及结果之一种有规则的连继，而竟割去一切历史真实性之所以组成者，即繁复错综之事实。吾人亦可加以辩说，谓此乃依据于事势所必然之理。故不顾语言发展的背景上种种政治与社会之情形，而用语言学的方法以重构其史前之经过。因经验上已显示一切语言传授之连续性，是以在此实进行于安稳的基地之上。惟在历史发展的背景之种种情形上，无其精确的根据，吾人从比较方法所引出关于决定语言系属之论证，终不免大受减弱也。

于是再退至语言生长的亲属关系之决定，借乎许多语言本身间之类似者。此实为一种危险之举动。在自然界，有时遇及亲属的两个人极相类似，以至或竟误以此为彼者。然并未遇及，凡属各人之形貌相似者，皆为亲属也。故以语言的系属上之相类似，亦常为欺蒙之事。

尤其关于词汇方面，特别有此种之事例。语源学上已证明，其历史为吾人所知之语言中，有许多语词形式密切相似，或且相同者，在历史的观点上并无有何等之共通现象，而亦可具有相同之义。于此有一常被称引之例，即“bad”一字，在英语与波斯语上，虽毫无语源上之关联，却具有相同之义。更可用德语“Feuer”一字与此为比，此字与法语之“feu”（英语：“fire”），除出意义相同之外，原来并无共通之关系。同样，英语之“whole”与希腊语之“δλos”；拉丁语之“femina”与古萨克森语（Old Saxon）之“fêmea”，“fêmia”意指相同者；拉丁语之“locus”与梵语之“lokas”（世界）；现代希腊语之“μάτι”（眼睛）与坡里内西亚语（Polynesian）之“mata”（看见）；等等，其间皆仅有一种偶然的外表之类似。如此之例，不胜枚举。

词汇且可以完全变换，而在语言中语音上或文法结构上，并无何等显著之更改。对任何一种语言，苟欲研究其文化，必须于其词汇有深切之认识，此极关重要之事。是以词汇在语言学与考古学两者间构成一道桥梁。然桥梁之两端，仍引致于断巷绝径；盖由某一种词汇上绝不能因以推知某一类型之语言，或且某一类型之用具也。

更将吾人自身限于印欧语之范围，吾人已知在西欧与南欧，有两种属于史前时期之巨大的词汇，其分界并不符合于语言之界线。一种称为西部（Western）词汇，展延于意大利语、克勒特语及日耳曼语的领域之上，并在波罗的斯拉夫语，尤其在波罗的语中，与一种真正属于东方的（Oriental）词汇相混合者；另一种称为地中海

(Mediterranean)词汇，在希腊语中尤易认定，而在意大利的某一类方言中——拉丁语，其中之最重要者——进入与西部词汇相竞争，遂将其一部分取而代之者。因此，克勒特语与日耳曼语以及在某一范围内之意大利语，有其众多之共通的辞语。然自文法的结构以观，此三种语言间却与亲密的系属相差甚远。克勒特语与意大利语之间，其形态上之联系，实甚为密近[①]，以致某等语言学家已抱持意大利、克勒特语为一个单位之假定。惟日耳曼语之文法结构，甚异于克勒特语者，如在某等方面，接近于意大利语，而在其他方面却又与波罗的斯拉夫语具有同等的类似。总之：此等各异之语言，其形态上之亲属关系，与其词汇间之关系并不两相符合也。

至于语音上之关系，亦无有何等较谐合之处。事实上，于此欲搜寻语音，将其引入相干之事，似不免怪异矣。语音变化之发生，固无疑为机械性者，不关于说者之意志，更不关于说者之智识；而其所依之原则井然有条，其造成之结果却又纷纭错杂，以致某一类型的语言，其所有任何一种特性，不能于语音变化上反覆重睹之。抑有进者，语音变化之主要特征即在其绝对性；是以在此种情形无需，如形态上，注意于弱读式与强读式之区分；强读式者，即现今已变更的较古形式之忠实记录。形态上借其留存之形式以泄露其语原，遂使吾人得有可能以认识亲属之联系。

语音上，不遗有留存之形式，故于此方面无足征焉。

纵若吾人之研究，限于形态上之标准，则亦不能清除种种困难，因形态上亦有其含混不明之处。吾人根据文法结构上之类似，以建立语言的系属；盖设想所讨论的结构，乃依一种有规则及连续

① 参看 Dottin，LXVIII；Hirt，CLXVII；Feist，CXIX.

的方式而变更者。然究有何物以保证此种连续性乎？

吾人已知形态受有外界势力之侵袭何等众多；如果此等势力始终只影响于其附属的及浮面的现状，则仍可保持其特性，足使吾人得以取决自然生长的亲属关系。然吾人可想像一种极端的事例，其中同一种语言因重复施加以影响，久之，遂几以相等的程度，混合两种邻近的语言集团之形态的手续。此种事例——虽甚少有发生——在上文一段中，曾施用一杂种生殖之名辞。吾人从自然的历史界上，其中情形极为纷歧者，即可知当杂种生殖不断的破坏秩序与统一之时，将许多语言类别为系族之何等困难者矣。在语言杂种生殖之事例中，此种形态的标准遂失其效用。

同时，当形态的变更发生极剧烈，或在如此一长期的间隔以后，致使所论的两种语言，虽派生于同一的先前之类型，而从形态上以观已不复有任何共通之处，此际形态的标准之一切效力亦归于毁坏矣。苟吾人仅知法语为一口说语，并依于现今的形式，又若于罗马系的语言及拉丁语，亦一无所知，则吾人对于法语为一种印欧语之证明，便不如此易易；盖某等结构的细节，例如："il est、il sont"（读为 ilè，ison）一类之对比，或其更佳者，数目的名词与身称的代名词，以及词汇上某等形状，如系属之种种名辞的例，凡此固皆法语之保存有印欧语者。谁知是否不能发见更为强有力之理由，将其关联于塞姆语或芬兰乌克兰语者乎？

在地面上某等处，或许尚有可定为印欧的语言者，此等语言因无历史可述，并为未经识字的人民所行用，或已将一切可以泄露其起源之种种形状丧失净尽。依语音的方法以为判断，将无法以证明彼等之系属于希腊语、拉丁语或梵语者。然此种方法亦可使吾人依其结果，归结于不可避免之断论，即证明两种语言为不相关联者，亦为同等不可能之事。

吾人仍可更进一步。苟形态的标准用以证明语言之系属，则形态必须明白表明其特性，足使吾人建立此种亲属关系；否则，便有使吾人的论证变为不可能之危险。是以有许多阶段，在语言系属之决定上，并无涉及其语言之历史的关系，而仅及于其形态结构所具有的个性之程度。有许多语言，具有一种极复杂的文法，拥有一整套之错综的形态成分、类别语、接尾语，而各有一固定之位置，并将一连串的特殊的性质与之归入于语句结构中。班图语族的语言即属其例。此等语言甚难学习，而有强烈显示形态的情状之便利。苟吾人在地面上任何一处——无论何处——见有一种语言所具形态结构的特性与之相同者，其所运用之接尾作用及类别作用的手续亦相同者，或其手续之相异处可以解释为因于正常的语音转变而来者，则吾人断定此种语言之属于班图语族，并在此种语言集团的比较文法之研究上应用之，必为正当之举矣。

虽然，在另一方面，有许多语言并无所谓文法者，惟其整个的形态，包含于比较不易觉知之手续中，即以许多孤独的语词相结合者也。吾人业已称举苏丹(Sudan)的语言或远东的许言，以为此类之例。彼等的个别性质，不甚显明；语词序次的手续，除出事实上远较语音的形态成分少有歧异以外，于作证上亦远少有价值。盖仅为置列某一语词于句中一特定部分之事例，如爱尔兰语中动词列于句首、土耳其语中动词列于句末，是则语词序次通常仅为机械的手续，一部分属于形态者，而结果可用语言的通常情形以为解释。另一方面，如在中国语，其中依于某种通常之手续，语词序次乃依附于所必须表出之观念者；此种手续遗留有某种理智的及绝对的性质，事实上使其对于任何欲构成一种通常人类的心智范畴之学说者极感兴趋，而独于语言的历史学者，当欲在任何某一语言中发见详细特性以使其区别于其他语言之时，则觉困扰无所措矣。而在此种极点上，语言之系属，更不能精确规定；吾人于此种事例，惟一之资料，当为词汇，而词汇又不可信任，吾人已知之矣。中国语上所谓“wôo pu pha tha”(我不怕他)一句,直译成法语,便为“moi pas cracindre lui”。此为法语中特殊之一类,即称为“小黑人”(petit-négre)的法语是也。而仍有西非洲之土人,常说此类之法语。苟彼等说中国语,当用同一的方法说之,只应用各异之语词,即谓应用各异之语音而已。于是此种“小黑人语”当具有一种法语的词汇及一种中国语的词汇矣,然其语像则相同,吾人必不能从中发现任何法语或中国语之思想的形式。

如是,吾人于此种如上所述几完全缺乏文法更因外力变乱其词汇之语言,究如何类别其系族乎?此种情形,即以西非洲之许多语言为例,其词汇由于某等历史上的环境极端的纷歧错杂,亦除出少数例外,皆显露同等的一种贫乏之文法发展者①。吾人既无从探知此等语言之先期的情状,在其历史上几无法以追溯远过于半世纪以前,故欲决定其词汇的起源及如何构成者,常为不可能之事。是以吾人亦无法以建立彼等系族之树,或者,无论如何吾人之所类别总留有许多疑惑未定之余地。吾人以缺乏资料而受苦,亦以此种方法的本身而受苦,盖其阻止吾人向其他科学的系统上追求补进语言证据中之缺陷也。

因之,吾人迫不获已,以断定语言系属之指示仅为相对者耳。首先,依据于语言本身上有用之论证,更以政治的及社会的历史证实之,遂供给吾人相当巨大的一宗凭据。然当吾人所讨论之一种语言,其历史无可探知时,则亦惟依据于文法形式之丰富与复杂。最后,必须牢记者,在某一系族以内,其亲属关系常为各种方言间彼此交互的行动影响所扰乱者。

某等语言的理论家,将宣称此乃无关重要之事。彼辈以为语

① Delafosse, VI, vol, xvi, p.386.

言之系属为绝对者，无关于显示的作用。实则彼辈将其根据于各个说者之意志及行用与父母相同的语言之意识。在多数事例中，此种对于语言连续性之感觉，足以规定系属本身之存在，自亦确信。然关于行用语言者有犯错误之可能，吾人终不完全置诸不顾。苟吾人承认杂种生殖，将两种语言的特性融合于一种语言中，则可遇及一种语言的系统不知不觉间转入于他种之中者。新的一代之人，当已变更其语言而不实觉其如此者。此确为一种极端之事例，在文明民族中，几难举出其实例，而在某等语言的及社会的情形之下亦可意料及之。此虽于语言的系属公然认为有致命之打击，在此终不能加以忽视。是则不特任何系属之显示，成为不可能之事，即其种种倾向亦湮没不可见矣。

幸而在大多数语言中，尤其彼等的历史已有良好之建立者，其亲属关系能以显然的确实性规定之矣。语言学者已在类别语言为系族方面获得成功，如印欧语族[①]、塞姆语族[②]、芬兰乌克兰语族[③]、班图语族[④]、马来坡里内西亚语族[⑤]等等；此等语族中，内部之系属有时在细节上发生疑问，而原则上，并无可争辩者。比较语言学之进步，势必将增多语言系族的合宜建立者之数量，此固无疑也。

① Brugmann und Delbrück，CL；Meillet，XCIV.

② Brockelmann，CXLVIII.

③ Szinnyei，CCXII.

④ Meinhof，CLXXIX.

⑤ Brandstetter，*Monographien zur indonesischen Sprachforschung*. Lucene，1906 ff.又参看 G.Ferrand，LXXI.

六、书写之文字

文字之起源与发展①

语言起源之问题，虽不认有任何满意之解答，而于文字起源之问题，却并非如此情形者。盖其可得直接着手，并自每一角度及其一切位置上以为观察，因文字之起源乃较为晚近之事也。古代的语言为吾人所知者，仅自彼等付之书写的时期以来而已；然即自彼时，始有许多为吾人所知，且最初一种文辞归于吾人所有者，亦常为保存此种古语于书写上的最早者。在另一方面，有为时甚晚之语言，直至今日，及几在目前，始有文字之记录。因之，吾人可得研究口说语变为书写语所经种种手续之活例，并断定关于机械式的种种结果。

同时，吾人为欲了解文字起源之问题，必须除去吾人文明的心理习惯。文字之象征的性质为吾人所假定之事。吾人的儿童仅需要少许之训练与反省，即可了解彼等所见用黑白书写于置在其前之书籍中者，即为彼等所听的语词之形像。彼等对于此种心理上

---

① 一般参看 Ph. Benrger，XLVIII，Danzel，CLI，Lévy-Bruhl，LXXXVIII 和 Maspéro 在他的 *Histoire des Peuples de l'orient* 中的最后一章。关于文字赖以产生和完善的物质过程，参看 de Morgan 的著作 *l'Humanité préhistorique*，p.217 及以下，其中关于思想的比喻表达法一章的行文和例证大大补充了本章的资料。

之运行，即在以图形配比于语音，并将所见与所闻的表象结合于某一“语词”之概念中者，立已成为惯常矣。吾人幼童之际，使用心智以完成此种运行所需之时间极为短促，致吾人并且不能记忆之。书写语言之观念，已为吾人毫不费力在一种半自然的方式中，以臻于完成者。

惟此种观念并非天赋者，则又为确定也。吾人遥远之祖先，对于此种观念备具以人类之智力，遂使吾人的工作成为简易，故借乎彼等理智上的暗中追寻，吾人之获益非浅矣。然则彼等在此种运行上以完成其脑力，传授至于吾人今日实行之一如机械者，究已费去若干时间与精力乎？

吾人已知人类在书写语词之前，业已开始书写其观念。图画即最初用为实物之表征。虽然，纵属此种图画亦并非一蹴而几者；应用图画以为观念之标记，必先假定人类已知刻画标记之理智的价值。现今之野蛮人，仍完全以形象指认为实物。此种指认，似于吾人甚奇异者，盖未超出于幻想或粗鲁的纷乱使然。此乃由于事实上，野蛮人依一种神秘的方式以设想一切之事物，种种形象与实物者也。在彼之心目中，外界的一切，显为一连串的现象所构成，富有隐秘的性质，其彼此间相互之关联，并非依据于相反之定律者。彼自身之活动，亦仅为外界的组织物之部分而已。彼在可见与不可见之宇宙间，不具有某种反响之行动，即在所不为。吾人所谓迷信者，即属以一种神秘的意义赋于最通常的行为，并于最各异之事件间建立某种隐藏的关系，是为野蛮人平常心理之状态。此在关于标记之应用上，甚为显明者。

描画一文明人，以树枝，或于沙上、石上记一十字形，标明其路径。彼之如此，乃为重寻其路径，或供给某种路径指示于其后随的同伴之纯理智的动机所引导者也。然于野蛮人，仅仅一种标记之描写,即具有其种种神秘的含意,统足以激励各种不同的动机。将一树枝置放于路上,乃为取得所踏土地之领有权,念唱或放出一种咒语,摄引或驱退一个鬼怪,猎取一不可见之敌人而阻其路径者;或竟反之,乃为其留一祝誓使汝受损以获益者;总之,意欲一举以完成某一行动,其结果无论为益为害,总使全部存在之世界有其反应者。

同样,一驴或一犬之画图,在文明人的心中引出一驴或一犬之观念,此外别无所有。然于野蛮人,却即为驴与犬之本身。是以,苟一画图所表示者,非为一无害之动物,而为某种凶恶之野兽,或暴悍之敌人,其于观者当显示何等可怕之结果乎?因此,标记之语言包含一切口说语之巫道的可能性,例如禁忌语及婉讳语之类。画出一虎或一河马,正与以名字称举之者,有同样之危险,盖形象亦如名字,在神秘的心理上,即为此种动物之一部分也[①]。或有进者,或指认的起源种种相反之动机上,野蛮人对于敌人或某种可怖的动物,为欲和解或安抚之,遂谨谨小心以为表示,于是又将其转变成为一种可贵之盟友。某等野蛮人绘一蛇或一豹于其兵器上,意以为此等动物当赐予其一部分之威力,于彼等所装饰的实物上。如此装饰者,其戈矛或盾蔽上,即变成赋予有巫道的功效。例如,豹之为物,足以传示强力;蛇之为物,亦巧于摧毁敌人之诱陷其主人之企图。依于此种方法,遂建立种种拜物与咒符之整个系统,足以表明野蛮人在象征的造型上种种神秘的概念。

将未开化的人类心智活动之志向,仅限于如此狭小之境界,显然不免为一种夸张失实之举。吾人必应容许其稍有宽放之处,并承认其必已随时摆脱种种神秘的抑制之羁绊。某种标记或可供彼为一种反射作用,证明彼对于向外表现之不自觉的需要,即对于其

---

① Darzel, CLI, p.67,72,73.

人格之投影也。此为如学童之一种游戏,以小刀刻写其名字于墙上,或如一人当其于日光及新鲜空气之丰富的享乐时,不经意的以手杖击去花枝之头者然。吾人且可允许未开化之人,有某种能力以为艺术的享乐。何不可乎?盖穴居人在驯鹿骨上所绘之图像,其技术上之成功与完美,令人忆起日本艺术家之作品。此等Utamaro与Hokusai(日本著名版画家)之遥远的先导者,亦颇可以其造诣自傲矣。彼等造成此等作品时,除出感受美术上的满足以外,固无其他理由可言,则何故不当用以自娱者乎?吾人将原始人类心智活动的资料,尽力加以详细之分析,斯时自必断然注重于反射的动作与美术的动机。惟未开化之人与文明人之间,总有一种主要之区别。文明人亦可脱离其理智所施加于彼之种种规则。而当再回转至其自身,恢复其平衡之时,则可谓为其心中自然返回至于事物之理性的概念;实在,彼只是因理智之应用而知觉其愚鲁者矣。反之,至于未开化的人之心意,其自然之状态乃为神秘之状态。其心中浸透于神秘主义极为深切,以是为滋养,以是为扶持者也。未开化之人,纵或有一时似脱出此种自然之状态,而仍有深根固柢于其所自然之神秘主义者存焉。

吾人今日所有之文字,其原则乃属于理性者,未开化之人对于标记或形象的观念,实摈除此种文字之可能性。是以文字发展之历史,预先假定一种理性的心智业已演成,并已摆脱神秘主义的束缚者矣。此固非一蹴而几者。其出发之点,无疑为事实上一种标记包含有众多之各异的意旨,并借以实现许多各异之目的[①]。一种符箓拥有巫术的效用,而其标记亦为实物之体质的描绘,即依此以印进于心上者。渐渐,标记之巫术的用意归于消除,其主观的与神秘的指示,亦变成附属于客观的与理性的涵义,最后后者乃将前

① Darzel, CLI, p.48.

者取而代之矣。雕刻于矛柄上之豹头，确为赋予巫术的效用而装置者；然亦可使主有者得以指认为其所属之兵器，盖或邻人所属并不具有同样之标记也。于是成为一种财产之标识。以巫术的用意，将树枝留置于地上者，亦证明甚可用作路径的指标；因此，偶然成为辅助记忆之记号，而于神秘的行动中，输入一种理性的成分；于是渐渐长成势力，结果遂以此为主矣。是以吾人认定此等财产的标识与辅助记忆的记号，乃为文字之端倪者，宜也[①]。

惟于辅助记忆之标识，仍仅臻于文字之半途的阶段。因此等标记，可用以代表一种思想所采取的某等形式，而绝不能表现思想之本身。于此，具备一著名之例子，即澳洲土人之“使者之棒”(messenger-sticks)。此类棒杆上，布满有刻纹，用以传递报告与命令——有时为一批极复杂的命令——惟未经习知者不能解释之。使者之棒，如果无使者自己的存在，便为不可通晓者。其于发送者，原为防止过失及作伪之一种凭借而已。棒杆只供作一种引导，一种记忆之助。其刻纹之结合，仅于所构成之传达上，给示一种代数的与计算的图形，一个纲目而已。所指示者，为观念之数量与顺序，而非为代表种种观念之本身。

至少，观念之大多数，无法以代表之；盖通讯的两对方之间，隐藏有一种秘密的记码，为使者所未知；依据此种密码的制度，一个特殊的刻纹代表一种特殊的观念。诚然，吾人于此已具有一种文字的形式，无疑为原形的，且其方法的使用上极受限制者，而尚可使两人得以实质的意义通达思想，与文字的范围所在，固趋于极近矣。

与“使者之棒”属同一类型者，有秘鲁土人之“结子”(quippos)与易洛魁人(Iroquois)之“贝带”(wampums)。吾人依此两名辞即知

① A. van Gennep, Revue des traditions populaires(1906), pp.73—78; LXXIV 2e série, Paris(1909).

其所指为何。“结子”者，乃由各种颜色的羊毛线编成之绳索，具有多多少少复杂的结子，位于各种不同之高度者也。将线上种种颜色结子的厚度及位置相配合，并依某等习用法将绳索束在一起，用以为一种工具，能象征的代表种种观念，并依规定的顺序呈现此等观念。格剌斐格纳（Madame de Graffigny）的《秘鲁女人》（*Lettres d'une Péruvienne*）一书中，结子制度占一重要的成分。故在法国文学中应得有以称举之者。“贝带”者，为一种组带，由贝壳切成碎片，编织为种种模样，又配合构成几何式的图形者也。其中有几个，据谓所包含之贝片不下有六千至七千枚。所知最长之一带，具有四十九串。在结子与贝带中，吾人见有一种新成分之利用，即颜色，使表现之工具上增加变化，于此种表现的作用上亦因以增进其巧妙。

虽然，结子与贝带在彼等自身的方法中虽或臻于完美，而终未超出于辅助记忆的图谋；又彼等的配合作用，纵或证明其有提示某等观念的可能性之存在，而终未能媲美于文字，以求表现一切之观念者也。结子与贝带因限于彼等所由制成之物质，不能发展成为一种文字的系统。盖其不容有任何实用上之进步。某等论著者，有宣称结子至少可能供作字母的结联之用；然此亦不过为在其发明与运用长久之后，企图使其适用于西文的字母而已。爱尔兰地方所行用之欧甘字母（Ogham alphabet），即依此种方法仿效拉丁字母以制成者也，其笔画横过高起石块之边缘。类于此等之企图，终不能有所成就。

文字之发展，显然依于别种方法。其出发点乃为表示视官可得感受的实物观念之形像，尤其绘画于石块或泥土，树皮或羊皮上之形像。

当标记一经认为客观实物的代表，斯时文字便开始发生矣。尤利西斯（Ulysses）在埃尔佩诺尔（Elpenor）墓上所树立之划桨

(Odyssey Ⅺ,77;Ⅻ,25),可推论为希腊最初的碑铭。此划桨,意欲使路人记起死者之职业,恰如现今店商的绘图及类似之标记,以指示其营业与所言货物之性质;或如教堂之奉献物,以指示信奉者之谢感。此划桨为一种表记之符号。人类久已行用此类表记式的语言,即在历史时期中,吾人易认之为仅成譬喻的用法者,犹为如是也。证诸希罗多德(Herodotus)所载(Ⅳ,131),西徐亚人(Scythians)送至大流士(Darius)之公文,乃以一鸟、一鼠、一蛙及五箭制成之。此即构成一种以标记为传达的信件,其意义为一圣哲名 Gobryas 者所释明。

当人类学得绘画,并将实物的标记造作图画之时,遂成就极大之进步。配合一连串之图形,可用以告诉一个紧凑联贯的故事。此种活动的图画,已于史前时期斯干的那维亚的石壁上所发现之图刻中见之;再有现今美洲野蛮人中所应用者,尚可见及之①。厄比纳尔(Épinal)的图画,亦有几许可供作类似之例。吾人推想至活动影戏所描写之一段新闻,以代替阅读于新闻报章中者,更可对之得一确切的观念矣。

由此种意符的文字,生出吾人所知之最古文字,并由此可追寻人类行用之各种文字的系统。意符文字,即在以适切的标记代表各种观念或实物。吾人可以参考现今完全熟稔之三类文字,以获得其原始字体之一种明白的观念——中国字体、楔形文字与埃及的象形文字。虽然,于此有一要点须认明者,即此等留存之文字,并无一仍为纯粹之意符,并在吾人所知关于此等文字之最早时期中,意符已不复超出于其中有限的一部分作用之外者矣,理由所在,盖意符并不统统适合于其用途,而遗留于想像所应资助者过多也。

---

① De Morgan, op, cit,《论文字》章。

纵使假定每一种观念，在今日可配得一个适切指定的标记——实际上不能实现之事——则此种复杂的系统，亦当不适用于明日，盖绝不能把握一切思想的无限变化并追随其不断的更改也。一种绝对固定的意符文字，当如一种禁锢思想之硬衣者然；思想当即顷刻裂开其桎梏，并将留存之零片亦归于无用。如此一类之文字，最多亦只能于某种秘奥的科学中有实用之价值，一经固定，即永归于不变者。或可供为实验室的工作上一种代数式制之用；然绝不能使其通俗化，亦不能供作为通常教育或社会进步上所用之一种工具。在意符文字的系统中，虽已造成种种的改正，而就吾人所知，中国与埃及的象形文字仍暴露于此种之指摘。

意符文字之一种便利——或者唯一的——在其可使操异语之人民得以阅读。海军上的旗语制，虽各水手所操语言不同，而皆能了解之。意符所代表者为观念，而非语音，与旗语有相同之便利；盖遏止语词之作为媒介，而重生语言思想，以替代口说语者也。对于此种便利，甚易指明其虚伪性质。一种旗语，据其规定，仅施用于极少数之精确的及专门的观念，即为不变之观念，同业人中彼此协定以建立者也。然旗语不能普遍化。因使意符具有任何普遍化之意义，则其所包含之标记，必当全部为凡属通常人皆能立即了解者。如此之期望实属空想。苟完全关于鸟雀、羽毛、牡牛、太阳等等一类具体的观念，自不见有困难。然一经涉及抽象的观念，便发生困难。若于此等抽象的观念采用意想的或武断的意符，便须超离于真正意符文字之原则；若在另一方面，吾人利用表出具体实物之意符，例如取“笔”以表明“公正”，取“牛”以表明“财富”，取“眼”以表明“王权”等，如此则又必创造一种含混不清之文字系统者矣。

又于文法上若何？意符文字实无法以表现之。某等语言使其自身适合于此种严重的缺点并无多大烦劳，固属无疑——以其语言并无变形作也。当其文法全部属于一种特殊的语词序次之时，意符文字自甚易表现之。甚显明者，苟于“我”“愿”“食”“肉”诸观念，各有一特殊之标记，则一短短的 petit-nègré 语之句子，如“moi vouloir manger viande”者，可用意符文字得正确写成之；盖其既足以建立诸字体依以诵读之语序，即属毕事矣。是以其形态，吾人前已述之，即存在于语序中者。然此并未使吾人引至极点，因一种语言在文法上，虽如吾人所假定者之贫乏，而仍有其基本的文法标识，为意符所不克自然表出者，例如个别的与种类的，名词与动词间之区别，以及时间、语式、否定等等。若此等标识，以特殊的记号写成之，附加于表明观念之字体，有如一种指数附加于代数的符号者然，则吾人便将一种新要素输入于文字中矣，即属虚字与实字两种记号之别也。如是，意符文字当立即成为复杂矣，因其当依据于两种各异之系统也；或者，更进而以特别的字体附加于意符上，用以示明其所谓文法之价值，如是，意符的类型又可以百数不同的方式变更之，盖依据于其所代表的语词之用法，及其所接连之种种的新成分也。因此，意符之字体当倍增其数以至无穷，将使文字不适于实用。或者一个意符可随接以一个或多个虚字的标记，用以指示其文法的价值。在此的不便，又为事实上欲表现甚至单个的指示，亦必须用几个标记并列于一处。第一种手续最适宜于单音缀的语言，实际在远东语言之正式文字中确已应用之矣，中国文字即为其例。惟严格以言，纵在中国文字中，亦配合有第二种的手续，盖单依表意文字的原则以写出一种语言，困难至多也。

无有一种意符文字保留不变其性质者。此盖无疑的，不仅由于此种文字形式之显明的缺点，亦因乎一种必需的演化，使书写语成为思想的语言与口说的语言两者中间的媒介。心中为欲表达思想，可有各种手续供其调用；有手势、语音，并造作形像。此等手续可得使用习用上的标记，俾能适合于各种不同的事例，而常为复叠的应用。可无疑者，有种种事例中，手势之表现观念较诸语音为完美，而语音又较形像为完美。然，大概语音之表征的价值，不久即与形象之表征的价值趋于符合一致，必要时亦能取而代之。形象与语音彼此可得互相替代。一经两者达于同等价值之境，形象即得用作，其初为语音之表征，继乃为语音之书写的记录。于是，实物之名称，既依其结果与实物相关联，则此名称亦趋于触起观念之形象相关联矣。依于此，代表实物之标记，遂成为表明实物的语音之标记。而音标文字生焉。

试设想一个代表"猪"之书写的标记，法语上为"porc"者（英语："pig"），原只是表明"猪"。此一标记，法语读为"porc"者，终至不复用以代表此种动物，而将用以代表其所具有之名称，更进而代表组成此名称之语音。因此，将用于标音上，以代表每个具有与此"猪"的标记相类读音之语词；如是，无论所涉及者为法语上之"porc""port"或为"pores"，总用以写出法语上"por"之音而已。犹有进者，在一个具有数音缀之语词中，亦不问其意义如何，总皆以此供为写出"por"的音缀之用。例如应用于"transporter""colporteur""pornographe"等一类之语词中者。此即为应用于制造图画哑谜的游戏中之手续；假如欲给示"catastrophe"（灾难）一字之观念，便绘出一猫"cat"、一驴"ass"一纪念碑"trophy"之图画矣。

惟在造作画谜的游戏中，仅属一种任意的幻想者，在音标的意符文字中，乃因习用而严格的建立。虽然，此类文字有两种严重的不便处。因前所叙述之理由，标记之数量必需有限，而观念之数量却为无穷。观念既较应用之标记为众多，于是习用上必需以数个观念归属于一个相同的标记。照例，属于同一标记之下的观念，常为相通者，或为其主要观念之相合或代表者。例如，在楔形文字中，一个圆圈形不仅代表"太阳"，亦且以指"光线""闪光""白色"

“日子”；埃及的象形文字中，一个“眼睛”亦用以表明“视觉”“注视”“知识”。此等观念在说话中又各以相异的语音表现之，于是标记之语音的价值，亦随许多新增之观念而滋多矣。楔形文字中，同一标记可以代表自十五至二十种各异的读音。谓一符为“多音”者，即此之所指也。

反之，各种语言中，又可见其含有某种音读，本身即构成一语词，却代表许多不同之事物。例如“por”之一音，前已称述之者，在法语“porc”“port”“pore”等语词中；或“vin”之音，在法语“vin”“vingt”“vint”“vaine”等语词中；“sin”之音，在“saint”“sein”“sain”“cing”“ceint”“seing”等中。一种意符文字的系统，自然对于此等语词，各以许多相异之标记代表之；仍用法语上之例子，即指“por”之音，当有三种标记；“vin”之音，五个；“sin”之音，六个。楔形文字中，已见有用十七个标记，以代表“tou”之音缀者。所谓众符为“同音”者即此之所指也。

“同音”与“多音”，代表两种相反的缺点，实际上应互相抵消者。有时确遇及此种情形，然上述诸例，亦足以启示一般欲将彼等解释者所常面临之种种不可克服的困难①。

亚述人采用楔形文字之时，改正“多音”之缺点，即应用补充的语音标记；在写一语词为一意符之后，又用音标写其末尾的音缀，以指示其读音。此种意符与音标之混合，即为亚述文字之一种特色，亦为其烦难处之一，而亦即为“多音”的固有缺点所必然引致者也②。

“同音”现象亦有一种相等的严重之缺点，因其用同一音读所

---

① 关于楔形文字解读的历史，参看 J. Menant，Les écritures cunéiformes，Paris (1864)。赫赫有名的有 Grotefend，Eug. Burnouf，Chr. Lassen，H. Rawlinson，Oppert.关于神圣书体真正的先驱者是 Fr.Champollion，jeun；后继者必须举出 Ch. Lenormant，de Rougé，Salvolini，Lepsius，Birch，Brugsch 和 Maspéro.

② 参看 Fossey，LXXII，t.1.

表现之种种观念，须予以选择。为欲补救此种缺点，遂发明一种供给“指引”之手续。一个“指引”即为一种补充的标记，附加于标音的意符上，以指明其精确的意义者。补充的音标，所以指示一个意符之真正的音读，“指引”则不然，乃使其得以明示几个同音语词之中，以何者为正当也。姑且再度应用上述之例子，设想一个意符以代表 por 之音。为欲免除一切混淆之弊，此意符必当配合特别的标记，以示明意指一种动物（porc）、一个海港（port），携取某物（port）、行为举止（port）或皮上毛孔（pore）。是则此种标记当供作解谜的指引也。

施用此种方法以为处理者，可于中国文字中得其最有系统最完备之例子。吾人业已称举中国语配给自身于意符文字，较诸别种语言为如何更多适宜者矣，盖其无有变形作用也。中国文字中，为欲抵制“同音”之不便，有某等指引（字根、形旁）必须配合于标音的意符（声旁），其功用即为指明语词之意义。在一长久的期间，存有无限数之此种“形旁”，惟在一六一六年时，规定为二百十四个。中国的名辞，称为“部”，即“种类”之意也。实际乃为词义之决定素，用以表明普通的观念、社会的与自然的门类及心智的范畴者。是以，中国的字体常由两种成分构成之：第一种，称为“声旁”，原为一种意符而变成为音标者，表明语词音缀的读音；第二种，称为“形旁”，以规定语词的意义，因而给示解谜之指引者也。

西亚的楔形文字与埃及的象形文字，其系统原初乃为变形的语言而发明者，其语词亦包含数个音缀。是以，能使中国文字臻成于完美之手续，在彼等却并不致有多大之进境。

然埃及人确曾发明意义的决定素，其时盖已获得与中国文字的“部”价值相同之物。例如，象形文字之读为 ankh 者，可以表明“生活”或“耳朵”；而当具有“耳朵”之意义时，便随附以一个“耳朵”之图画，即供作一种决定素之用。此等决定素之用，纵当埃及文字业已成为音标之时，犹依传统保存，可偶然见之。至于楔形文字，绝未将其隐伏的许多混淆之弊扫除净尽，纵当其行用最广之时，犹复如是。为欲致成其实用上之价值，楔形文字遂不得转变为音缀的文字，吾人于大流士的铭刻中，已见其如此，用以写出古波斯语，即印欧语言中之一种也。虽然，大致以言，其盖为一切意符文字的形式中之生命最短者，阿悬米泥王朝（Achæmenidæ）之楔形文字，殆为其最后之推行。不久其在各处即为许多音标文字之系统所继替，其中最著者为阿剌美易克文字（Aramaic），乃由腓尼基字母上所演成者。

腓尼基字母，因其自西元前九〇〇年之时期，出现于米沙（Mesa）（在卢甫耳 the Louvre）之石柱上，或者遂认之为埃及象形文字所产出者。惟此种递嬗演化，系逐渐发生、经过许多中间的阶段。吾人业已叙说，由意符变成音标，中间如何包含一种自然之演化者矣。某等文字之形式，如中国文字，仍留滞于意符与音标两者间之中途，盖借乎一种巧妙之合体字的系统也。虽然，由象形文字的系统，尤其当用以写出一种变形语之时，迟早必发展成为音标文字，此为势所必然者也。

音缀制度，首被触起。此种阶段，颇为有趣，以其深觉音缀之重要性。惟于此必须指出者，音缀制之本身，乃由意符的演化之一种结果——自然在一种单音缀的语言中，盖其各语词只含一音缀也。在别种语言中，亦产生相同的结果，因事实上各种意符所用以指明者，仅为其所代表的语词上许多音缀中之一个（通常为居首的音缀）而已。其原因所在，盖如塞姆族的字母中，各个字母之名称，即为某种实物之名字，其名字以此所定之字母为起首也；爱尔兰的 ogham 字母，亦同于此例。并以区分为音缀，又有简约之便利。其于音缀之起首辅音，标明特为精确，而于不具复合辅音之语言，以及其中元音之音色可依形态为决定，如塞姆语中者，亦颇为适合。是以，在许多事例中，此种中间的阶段可为确定者。塞姆的文字中，元音标记之增入，为时较晚，盖当行用其语言之人民，知其为不完美的孤单之际也。

音缀制亦存在于远东。日本文由中国文字中，经过各种试验，无需于此细述者，后乃于第九世纪时采用一个音缀表，包含取自中国意符文字之四十七个基本符号，称为“片假名”（Kata Kana 等于偏面的字体）者；然日本人甚少单独应用之。现今其文字之系统，犹为汉字与音缀字母两者之混合体。另一方面，高丽人所认为代表其国之文字，乃源自阿剌美易克文之一种音缀制，为其自由采用而来者。

居伯罗文字（Cypriot）亦须分归于音缀制度之中，曾用以写出希腊语，借乎此种事实，故现今已得其解释之成功[1]；吾人于此种文字之所有者，亦大部分为希腊语之原文。居伯罗文之起源尚未得到，惟可确定者，当时并非为希腊语而创制，因其写出希腊语之样式，极不完美也。现今在居伯罗本土，希腊字母已取而代之矣。

使文字臻于完美之最后阶段，有一种字母制代表之。盖在音缀表上，欲表明元音，而并无增多符号之数量，字母制之产生，即出乎此种需求。塞姆文之音缀表，在其历史上之某一期间，为欲使其易于诵读，曾具备有元音性的记号，所谓 matres lectionis 者。希腊字母中，即将 matres lectionis 之原则，巧妙运用，以创制代表各元音之特殊的符号。芮农氏（Renan）曾谓“字母制度乃为塞姆人之一种发明”。可能为如是。然在今日，吾人并不紧紧依附于此种古训，谓希腊人自腓尼基人以得其字母者。例如，杜索特氏（M. Dussaud）业已提起，谓发明字母的荣耀应归隶于爱琴文明，为克利地的碑刻等

---

① 参看 Bréal, Sur le déchiffrement des inscriptions chypriotes（Journal des Savants, aout-sept.1877）.

物，予吾人——且更贫乏的——表出之矣。希腊人之获得字母，其来自爱琴人者，或可如来自腓尼基者相同。无论如何，腓尼基字母对于希腊人显然有极大之影响，因希腊字母之名称上可以证之（尤其应参照希罗多德 *Herodotus* 书，Ⅴ.58，称字母为 Φοινικήια γρύμματα）。希腊字母为爱奥尼亚人所完成，不久即统一展布于全部希腊的世界之上。随后，希腊人又将其字母运至西方。经过邱米（Cumæ），即卡尔契斯（Chalchis）的俾卑亚人（Enbœans）之一殖民地，以达于意大利之拉丁人及伊特剌斯坎人（Etruscans）。因马赛（Marseilles）开辟之结果，遂展布于罗尼河（the Rhone）流域；晚至西元后之初期，于此又可见有当时高卢人之刻文，乃以希腊字体写出者。

其在东方，阿剌美易克人因于历史的环境，占有极重要之地位，为传布字母之应用者。阿剌美易克人当时活动之重要，实因文字上所发生之改革有以助成之。正如埃及象形文字，因应用纸草及为文字书写迅速之需求，始变为祭司体，继变成平民体；腓尼基文字亦同样在阿剌美易克文中，成为一种潦草的及实用的形式；其角隅削为圆转之形，各字的头锋消失，诸笔画以曲尾为收。阿剌美易克字母传布至于印度，而中央亚细亚所行用之文字系统，大多数亦由此演化而成。最后，并达于远东，因现今在高丽文字中仍可得追寻之也。

字母的文字，为吾人书写演化上之最后阶段，自西元后初期以来，借乎希腊人及罗马人之力，传布于欧洲的全部。

此在历史上，可用基督教之弘布以为解释。传布福音之使徒，对异教的人民讲道之时，又教彼等诵读《圣经》；传道者为此种目的，势必将其自身所应用之字母，设法归于一种模型之内。因此，希腊字母，借乎乌尔匪拉（Ulfilas）之力，供作哥德文之模型，借乎息立尔（Cyril）及麦托第奥斯（Methodius）之力，供作斯拉窝尼亚文之模型。另一方面，古德文、古英文及古爱尔兰文乃由拉丁字母上演成者。

大体上，吾人已知上文所称举的字母之特别形式，如何归于存在者。例如，乌尔匪拉当初即从希腊文上，选取一切足以表明彼自己语言中所有的音之字母，而保留其原来之价值。至于其他的音，彼乃施用余存之字母，其施用之成功程度，颇不一致。例如，希腊文之 Ψ，用以写出舌尖摩擦的清音，又 Θ 用以表 hw 之音；在必要之处，彼且取材于别种语言之字母。例如，哥德文 F 之字母，无疑由拉丁字母上借得者，又其中两个符号，乃由古北欧文字(Runic)上采入者。对于其他许多字母的历史上，亦可举出相类于此种之事实。尤其为希腊字母，足以显示当时希腊人，将所谓腓尼基文字适合于彼等之语言中，亦取类似的自由方式。

无论如何，由希腊文上演出之字母与由拉丁文上演出者，两者间总有一种主要之差异。前者之制成，具有显著之精确性，盖制定之者对于语音关系拥有一种极确切之知识，并在写出读音的精细变化中亦显出其罕有的敏锐眼光。乌尔匪拉之哥德字母，为一种值得推赞的工具，既适切，又精确者；息立尔与麦托第奥斯之斯拉窝尼亚字母，亦为一真实之杰作。此等字母，其与盎格罗-萨克森或爱尔兰的字母，彼此相差为何如耶！盖后者业已在数世纪中努力觅取种种方法，以使其语言适合于拉丁字母，而绝未臻于成功也。

事实上，盖因拉丁字母，对于彼等所竭力用以达成之目的，■■■相合宜者。两种语言之音读系统，彼此间实尽其所能之差异。拉丁语有甚众多的破裂音：浊音的，及清音的；反之，爱尔兰语却为一种摩擦音之语言。此外，爱尔兰语较之拉丁语，又有更多歧异的音。爱尔兰的文字，实以零碎的方式费去许多试验，并因连续使用散漫的偏面方法，逐渐积合而成者。对于读者方面，几乎不断需用一种索解的努力。其与哥德文字,正相距于两个极端;哥德文字,乃其制作者所意想为一种有系统之整体——然而,制作者却并不完全应获成功之美名。苟乌尔匪拉成功之所在,即属当时爱尔兰僧徒致于失败之处,则由于乌尔匪拉之制作,其预为配置之境地较良好故也。吾人所知,哥德语在文法上,呈现美丽之整齐状态,足以透露一种业已固定化及标准化之普通语。爱尔兰语则不然,正当设法将其写成文字之时,实处于一种难以形容之杂乱状态中。在古斯拉窝尼亚语与古德语,或古英语之间,亦可引进一种相类之比较。

中国语与中国文

[瑞典] 高本汉 著

作 者 简 介

著 者

高本汉(Klas Bernhard Johannes Karlgren,瑞典人,一八八九——一九七八),歌德堡大学教授、校长,远东考古博物馆馆长。高本汉是瑞典最有影响的汉学家,瑞典汉学作为一门专门学科的建立,他起了决定性的作用。他一生著述达百部之多,研究范围包括汉语音韵学、方言学、词典学、文献学、考古学、文学、艺术和宗教。他在中国历代学者研究成果的基础上,运用欧洲比较语言学的方法,探讨古今汉语语音和汉字的演变,创见颇多。

序

近几十年，我国学术界的现象，大致不外两种趋势：第一种是一般顽固的学者，专门抱着一种“保存国粹”的观念，不论青红皂白，开口便说中国文化是如何久远，学术是如何高明。但是中国文化和学术的真象，和它在世界上的价值，他们却始终莫明其妙。这可说是一种无理由的守旧。另有一种人，却与守旧派恰好立于相反的地位，他们专和从前的人作对：或是吸取一点欧美学术的皮毛，完全鄙薄我国固有的文化和学术；或是寻着一个单词孤证，就立刻的标新立异，自以为高出于古人，更以为高出于世界的学者。实际却把一切真象，完全蒙蔽了。这可说是一种无价值的好新。这两种趋势，直到现在，仍然是在我国学术界占有很大的势力。但是一部分的学者，业已知道这两种趋势，只是使中国文化和学术，陷于永久不见天日的两种刑具；他们对于我国学术界，是永久没有什么贡献的。于是想另辟一条新的途径。这条新的途径，就是要利用各种科学的知识，和科学的方法，来从新估量中国文化和学术的价值。这一点不能不说是中国学术界的曙光。不过考察他们的实际，仍然有两种弊病，未能免除：一是科学上的基本知识，没有充分的了解，所以仅仅能够做到利用科学方法这一点，就是偶有所得，也是很肤浅的。二是受本国文化的薰染太深，无形中受了环境的束缚，就是很能够知道注重客观的，也时时不免为主观所蒙蔽。

许多新的问题，也许放在目前，大家也不会瞧见，实际连利用科学方法这一层，也很少人做得到。因为有了这两个弊病，所以知道向着这条路走的人虽然不少，而实际能够走上这条路的，确是等于“凤毛麟角”了。

外国学者对于中国文化和学术的研究，远如欧美，近如日本，这几十年中都很有长足的进步。虽然他们对于中国的语言文字和社会情形，有时不免有隔膜的毛病。但是他们却也有中国学者所没有两种长处：一是科学上的基本知识，大致都很有充分的了解。二是他们没有受中国文化的薰染，不至为主观所蒙蔽。所以他们中间很能产出几个伟大的学者，对于中国文化和学术上，时常能够提出新的见解；也确实对于中国学术界上，能够有重大的贡献。瑞典的高本汉（B.Karlgren）便是其中的一个。他对于中国文字语音以及文法上的研究，都已经有很好的成绩。前几年胡适之先生，已经略为介绍过了。这本书在他的著作中间，虽然不算是一种精深的作品；但是前几章讨论中国语没有形式的变化，以及复合语词，白话文中的助语词等各种变化成立的原因，都是很有价值的见解。就是解释中国古代文字的原始和变迁，也能打破“六书”的陈见。种种地方，都可以表现我前面所举的两种长处——科学上的基本知识，和没有受中国文化的薰染。假使他没有世界语音学的知识，他的学问，决不能成功；假使他要为主观所蒙蔽，他也没有这许多新的见解。这是什么人都可以看得出的。

我的朋友张世禄先生，素来对于中国文字声韵的研究，就很努力，近年更发奋研究世界语音学。对于高本汉的著作，探讨很勤；今年暑假，以其余力，译成此书。叫我略说几句我所想说的话，也算做一篇序文。我很惭愧！对于这方面，很少用功，没有能说几句有价值的批评。但是我和张君过从很密切，我很了解他是知道向着新的途径去走，而又能够走上新途径的人。他不独深知无理由的守旧和好新都是无用，而且很明了没有科学上的基本知识和完全客观的态度，都也永久不会成功，他现在正向着这条新的途径去走，将来一定会有很好的成绩给我们看。这一本译书，不过算是一个“嚆矢”罢了。

中华民国十九年八月十三日

杨筠如序于上海暨南大学

本书注音说明——和注音符号的对照

p　等于注音符号的ㄅ。

p‘　等于注音符号的ㄆ。

m　等于注音符号的ㄇ。

f　等于注音符号的ㄈ。

t　等于注音符号的ㄉ。

t‘　等于注音符号的ㄊ。

n　等于注音符号的ㄋ。

l　等于注音符号的ㄌ。

k　等于注音符号的ㄍ。

k‘　等于注音符号的ㄎ。

ng　等于注音符号的ㄫ。

h　等于注音符号的ㄏ。

k　用在 i 和 ü 的前面时,等于注音符号的ㄐ。

k‘　用在 i 和 ü 的前面时,等于注音符号的ㄑ。

n　用在 i 和 ü 的前面时,等于注音符号的ㄬ。

h　用在 i 和 ü 的前面时,等于注音符号的ㄒ。

ch　等于注音符号的ㄓ。

ch‘　等于注音符号的ㄔ。

sh　等于注音符号的ㄕ。

j　等于注音符号的ㄖ。

ts　等于注音符号的ㄗ。

ts‘　等于注音符号的ㄘ。

s　等于注音符号的ㄙ。

i　等于注音符号的ㄧ。

u　等于注音符号的ㄨ。

ü　等于注音符号的ㄩ。

a　等于注音符号的ㄚ。

o　等于注音符号的ㄛ。

ê　等于注音符号的ㄜ。

e　等于注音符号的ㄝ。

ai　等于注音符号的ㄞ。

ei　等于注音符号的ㄟ。

ao　等于注音符号的ㄠ。

ou　等于注音符号的ㄡ。

θn　等于注音符号的ㄢ。

én　等于注音符号的ㄣ。

ang　等于注音符号的ㄤ。

éng　等于注音符号的ㄥ。

r　等于注音符号的ㄦ。

ï　注音符号上作ㄖ,ㄙ,即“之”“诗”等字的母音。

y　等于注音符号上用作子音的ㄧ,ㄩ;即另一母音前面的ㄧ,ㄩ。

w　等于注音符号上用作子音的ㄨ;即另一母音前面的ㄨ。

导　言

叙目

十九、中国语上的修辞
二十、藻饰辞语在日常生活上的应用

(一) 本书的价值

这本小书《中国语与中国文》(*Sound and Symbol in Chinese*),是牛津大学出版部"The World's Manuals"丛书里的一种,出版于一九二三年。内中文辞和学理都很浅显。但是把中国语文上种种重要问题,都已经给予读者以确切明了的观念,不啻为高本汉先生对于自己全部研究的结果,写出一个总括的报告。我们要读他别种的论著,还是先读这本书,最为便利。所以我很愿意费了一月之力,把他译出来,以贡献于国人。

(二) 译述的经过

本年春间,吾友贺昌群先生译完高本汉的《中国语言学研究》(*Philology and Ancient China*),请我负校订之责;该书内容和本书有许多互相发明的地方,而据现在中国学术界的情形,本书的介绍尤为重要,因引起我译述本书的动机。就趁此暑期的余暇,来做这种工作。同时得了学术界前辈傅纬平先生的许多指示,以及贺昌群、唐敬杲二先生的热情鼓励,并承杨筠如先生代我作序。对于这几位辅助我的学者,我是要深深的表感谢的。

兹为了读者便利起见,再将本书内容的大概,做个提要。

(三) 本书内容的基本问题

本书共分六章,就可以分做下面这六个基本问题:

1. 中国语言的起源和历史，是怎样的呢？

2. 中国语言的特性，是怎样的呢？

3. 中国语言演进的趋势，是怎样的呢？

4. 中国文字，对于语言的关系，是怎样的呢？

5. 中国语言的结构，是怎样的呢？

6. 中国语言上的修辞方法，是怎样的呢？

这六个基本问题，还有其他许多相关联的问题；我就依本书内容的序次，将高本汉先生对于这些问题的解答，简略的叙述一下。

（四）中国语在世界上的地位

中国语，应用的范围最广，现在通行中国语的人民，不下有四万万。而且中国语包含有丰富优美的文学，具有很长久的历史。在纵的和横的两方面看来，它在世界上实在占一个最重要的地位。

（五）中国语的起源和历史

要解答中国语的历史问题，西洋有许多学者，曾经根据民族迁徙的学说，来证明中国语是起源于西亚的。但是在事实上没有确凿的证据。比较靠得住的方法，还是依照中国文书上的传说，来说明中国民族和中国语言的起源。中国确凿的历史说是起于伏牺、神农、黄帝时（大约在西元前二十七世纪以前）。到了尧舜禹（西元前二十四纪以后），就进入中国文化的黄金时代。我们现在对于这些传说，是应当承认呢？还是应当否认呢？在中国地方，因为历代政局的扰攘，所遗留的故物，可以为考证的工具的，实在很少。二十年前，河南曾经有龟甲文的发现，据一般的考证，是殷商时代（西元前第二千年时)的遗物,为中国现存文字最古的标本。中国古代的文书记载,因为受秦始皇焚书(西元前三世纪时)的影响,统已绝灭无存;现在所见到的,都是汉代以后传写下来的。我们对于这些后代传写下来的经书等等,大致可以取信任的态度;因为中国历代学者对于经文是很尊崇的。《书经》里开首的几篇,是关于尧舜禹的政典,说是西元前二十四世纪二十三世纪间的作品。龟甲文字为中国现存最早的文字,西元前第二千年时的遗物;可是已经很精美,很技巧了。因此我们可以假定在这种文字之先,还有几个世纪是行用略较初等的文字;而假定这几篇是作于西元前二千数百年时,也是可能的。并且《尧典》上有一段关于天文的事实,利用历法来推定这篇文辞的年代,大约是作于西元前二十世纪以前。那么,中国文化和中国语是在西元前二千年以前,已经存在于中国的地域了。

(六)考求中国古语的方法

但是我们要考求中国古代的语言,实在是个很困难的工作;因为中国文字是表意的,并非像西洋那样是表音的,不足以记录历代音读的变迁。现代中国人读古书,完全依据各自方言上的读法。因此我们要考求古语,只能从现代各种方言上着手;因为现代的各种方言都是从古代的语言上分化出来的;根据现代方言比较的研究,可以综合为古代的语言。此外,西元后数百年间,中国人受印度拼音学理的影响,将中国字音排成为许多音韵表;这种对于古代语音的研究,有很大的价值。又西元前第一千年时,中国人和西亚、中亚的民族,已经发生了密切的关系;中国的名辞,外国民族用拼音字母记录出来;外国的名辞,中国人也用中国文字直译出来。这些译名,对于古代语言的研究,也给予我们以许多可贵的启示。

西元后第一千年时，中国文化渐次输入于日本、高丽、安南；中国的语词和成语，也大批的输入于这三国的语言中；所以我们可以利用日本译音、高丽译音、安南译音来考求古代的中国语。不过以上的种种方法和途径，只能用来考明隋唐时代（西元后五六世纪）的语音；至于周汉时代（西元第一千年时）的古音，那就很难考明白了。

（七）中国语的特性——孤立的和单音缀的

中国各个时代的语言，有两种共同的特性，就是孤立的和单音缀的。印度欧洲语言里，各个语词的形式常因其在语句上的功用不同而发生变化；文法上“格位”“数目”“人称”“时间”等的范畴，常用形式变化的附添语（如英语上表明动词的过去时，常用-ed 之类）表示出来。中国语里，没有语词的形式变化，所以各个语词在语句上是孤立的。语词可以分做二种：一种是单纯语词，一种是复合语词。单纯语词是语言上代表意义的各个独立的单位；由两个以上的单纯语词所组成的，叫做复合语词。单纯语词又可以分做两种：一种是语根语词，一种是转成语词。语根语词是不能分析为各个部分的（如英语的 write 等），转成语词就是由语根语词加上转成作用上的附添语所组成的，可以分析为各个部分（如英语的 writer，由 write 和-er 这个附添语所组成的）。转成上的附添语，也有表明各种范畴的作用，如英语上的-er，用来表示“行动者的名辞”。中国语上，凡是单纯语词，都是单音缀的，没有多音缀的或双音缀的语根语词，所以中国语是单音缀的。凡是中国语的语词，既没有应用形式变化的附添语所分化成功的，也没有应用转成作用的附添语所组织成功的，和西洋各国的语言正是相反。中国这种“纯一”的特性，在上古语言里，偶然见到一二的例外，如“吾”“我”“汝”“尔”有宾主之分，足以证明中国语的倾向，也是由变形进趋于孤立的，和印度欧洲语言演化的阶级相同。印度欧洲语中，如梵语、希腊语、拉丁语，形式变化甚繁，至于现代的英语上，多化为简单了。而中国语的这种演化，更较英语尤为深进。

（八）中国语演进的趋势——语音的单纯化

中国语的单音缀制，在语词的组织上，发生了许多显著的现象；中国语从古以来，就具有很丰富的词汇，而能够读出的音缀，并不很多。又在历代演化的过程上，总趋向于语音的单纯化；因之同音语词的发生，日见增多。在西元后五世纪时，中国语上，语词的音缀，其语首部分已经不容有一个以上的子音（如英语的 strong、bread 之类，是中国语上所没有的）。音缀的末尾，总是以母音或子音的-p、-t、-k、-m、-n、-ng 为收。那时语音上有这样的限制，所以有许多意义上语源上绝不相关的语词，已经变为同音的了（如“羔”“高”“膏”等字，都读为 kau），对于口语上的了解，已经发生了障碍。欧洲语言上也有这种事例，如英语上的 read 和 reed，bear 和 bare 之类，但是没有中国语上那样的利害，尚不至于引起意义上的误会。还有一层，在中国地方，这种语音单纯化的趋势，并非各个区域内完全一致的。从西元后五世纪，到了现代，语尾的-p、-t、-k，在某些地方上，还保存着，而在他处已经丧失了；浊音的语首 b‘-、d‘-、g‘-，在某些地方上，还保存着，而在他处已经变为 p-、t-、k-或 p‘-、t‘-、k‘-的音了。这样，中国地方就演成了许多种的方言。中国方言复杂的情形，实出于我们意想之外；尤其在东南沿海一带，最为纷歧错杂。扬子江以北，以及中部、西南诸省，语言比较的统一，称为官话区域；现今改称官话为国语。国语区域中，尤以往时首都北京的语言，最为流行。国语上因语音单纯化的结果，把语尾-p、

-t、-k 遗失了，把-m 变为-n 了，把语首的 b‘-、d‘-、g‘-带声暴发音变为不带声的暴发音了；母音上也有许多受了单纯化的。因此本来音读不同的语词，多数都变为同音的了（如“到”“盗”，五世纪时，一读为 tau，一读为 d‘au，现在统读为 tau 了；“南”“难”，五世纪时，一读为 nam，一读为 nan，现在统读为 nan 了）。而言语上的困难，又大大的激增。北京语实在是一种最可怜的方言，总共只有四百二十个音缀；普通的语词，不下有四千个，这四千多个的语词，统须支配于四百二十个音缀当中。同音语词的增进，使听受者受了极大的困难，于此也可以想见了。

（九）语言原料实际的改造

语言上同音语词的增进，自然需要有补救的方法。第一种的补救方法，是利用各异的音调来分辨同音的语词。中国语在六世纪时，已经有平上去入四种音调，这四种又分为高调和低调，因此共有八种音调。到了现在，依据方言上的纷变，各种方言里，有各种不同的音调，例如广东语里不下有九种，而北京语里只有四种。北京语里四种音调，就是阴平、阳平、上声、去声；例如一个 i 音，可以分做 i¯、iˊ、iˇ、iˋ四种读法。说话时，不能把音调读错；假使读错了音调，就要发生意义上的误会。例如“贵”读去声 kueiˋ，假使读为上声 kueiˇ，就变为“鬼”；那末，“贵国”就变做“鬼国”了。所以这种音调的分辨，在语言上的功用很大。但是同音语词过多，音调的分辨仍不是完美的补救方法。于是实际上，不能不把语言的原料改造一番；就是在单纯语词上，附加了表白的辞语。所附加的辞语，又可以分做下列的几种：

1. 把意义相同或相似的单纯语词，连接在一起。例如说一个“意”iˋ，和“亿”“异”“邑”“益”等容易相混，说一个“思”shï¯，和“斯”

“斯”“私”“司”容易相混；把“意”和“思”连接在一起，成为 ì-shï¯ 用来代表“意”或“思”这个观念，就没有混淆的弊病了。

2. 把单纯的动词附加论理上它所固有的宾词。例如，不说“我骑”，而说“我骑马”；不说“我读”，而说“我读书”。

3. 把本身意义不甚显明的尾语，如“头”“子”“儿”之类，附加在单纯的名词之后。例如，不说“指”，而说“指头”；不说“桌”，而说“桌子”；不说“风”，而说“风儿”。这种尾语的本身，不是独立的语词，和转成语词上的附添语，有同样的性质；这一点，中国语颇有接近印度欧洲语言的趋势。

4. 名词之前，假使用数目字或指示代名词，疑问代名词时，就插入了许多类别的辞语。如说“一衫”和“一山”，都是 i¯ shan¯ 的音，容易相混；就说做“一件衫”“一座山”，在“衫”之前加上“件”kien，在“山”之前加上“座”tso，就彼此分辨得很清楚了。这种类别的辞语，和名词意义上的类别相应，实在是中国人一种巧妙的发明。

（十）文言和白话的分叉点

因同音语词的增进，在口语上不能不把应用的词类改造一番，但是，在书写上仍是没有改造的必要。因为中国文字是表意的，不是表音的，单纯语词，无论在音读上怎样的变迁，在口语上怎样的含混，而在书写上总是分辨得很明晰的。例如说一个 ì音，不知所说的究竟是哪一个 ì音的字，而在文字上，写一个“意”，和“异”“臆”“邑”“益”等字绝对不会相混。又中国人喜欢摹仿古代的文体，因此中国文字的特性，使中国地方，产生了一种文雅简洁的文言。在口语上必须将语言的原料加以改造，而在书写上仍可以应用这种简练的文体。历代书写方面，都喜欢用文言记载，而不喜欢用鄙陋的俗语；因此就演成“文言”和“白话”的区别。即在今日，大部分的中国人在书写上还是应用文言的。

（十一）中国文言和文字的价值

中国文字可以离开实际的语言而表明意义；因此文言和口语的分离，在实用方面，有很大的价值。中国一经学会了文言，在纵的方面，可以不管古今音读的变迁，而能了解数千百年前的文书；所以中国人对于古代的文化。能有极端的认识和尊敬，这是西洋方面所没有的。在横的方面，各人可以依照各自的方言去阅读书信，而仍能了解意义；方言不同的人，在古语上虽然有所阻碍，而在书写上有此简捷便利的工具，彼此可以相接；所以文言在口语上失其效用，而在视官方面，却成为一种书写的世界语。现在来往的书信和公文，以及古代的文书记载，他人诵读起来，我们听不懂（因为文体的简练和字音的单纯，不仅因为方言的歧异而已）；可是大家都能看得明了的。中国人为何不废弃这种表意的文字，而采取音标的字母，内中有很大的理由。中国文字，在学童识字的效率方面，虽然不及音标字母那么简易；可是，中国全部文化的基础，都建筑在这种文字之上，而各处散漫的人民，彼此能互相维系，以形成这样一个大国家，也未始不是这种文字的功用哩！

（十二）中国文字的起源和构造

中国文字传说是起于伏牺，到了黄帝时，仓颉始制作正式的文字。我们晓得，中国现存最古的文书，是作于西元前二千年以前；而河南发现的龟甲文里，可以看见西元前第二千年时，书写上已经有很高等的技巧了。那末，传说上，假定中国文字是起于西元前第三千年的中叶，是很合理的。中国文字，是一种复杂的产品，依据了许多原则构造成功的，兹一一说明如下：

1. 最早的文字是许多物体的图象，叫做图画文字。这种图象，最初必定是很显明的，很详细的，后来因为书写上的变迁有许多已经成为暗晦不易了解了。如“日”“月”“山”“川”“虫”“鱼”“鸟”“马”“耳”“目”“手”“口”“弓”“矢”“车”“刀”等字，古代是写做、、、、、、、、、、、、、、、等；这种就是所谓“象形”字。

2. 图画文字，只适用于表明具体的事物；至于要表明抽象的观念，就不得不用符号来表明，这种就是所谓“指事”字。如“一”“二”“三”，以及“上”“下”的、等。或者应用具体实物的图象，来代表抽象的语词。如写一个“高”字的，是画了一座塔来代表“高耸”的意义；写一个“行”字的，是画了足迹的形象来代表“行走”的意义。或者应用具体的同音语词，来代表抽象的观念，如“来”字的，画了麦芒的植物，用来代表“行来”的意义；“万”字的，本是毒螯的形象，用来代表“十千”的意义。这种就是所谓声音“假借”。

3. 但是单纯的图象，对于种种意义的表明，总是不敷应用的，于是再进而发明许多“合体字”。第一步是论理上的合体字，由两个以上的单体字，依论理的关系，合并起来，以代表一个新观念。两种实物的结合，或者对于所表现的性质和情状，都很显明的；例如“明”字，由“日”和“月”结合，以表示“光明”的意义。或者两种实物共同的存在，足以提示一种观念，如“好”字，由“子”和“女”结合，以表示“美好”的意义。或者两种实物的结合，其中一个是依附于另一个之上；例如“坐”字，等于两个人在泥土上。这种合体字，不但可以表明抽象的意义，也可以代表具体的实物；例如“妇”字等于一个女人握着一帚。这类论理上的合体字，就是所谓“会意”字。

4. 论理上的合体字，有一种缺点，就是需要创制的心思，未免过巨；这种方法，所以太繁难；于是第二步不能不另创一种新方法；就是音标的合体字。起初原于声音的“假借”，如毒螯的“万”字，用来表明“十千”，乃是很笨拙的。中国人把这种方法修正一下，就成为一种精巧简捷的方法，把表意的部分和表音的部分结合成为许多新的合体字。例如“杠”“江”“扛”“贡”四字，表意的部分是“木”“水”“手”“贝”；意义绝不相同，而音读相似，都和“工”字的音相同或相似。这种音标的合体字，就是所谓“形声”字；中国文字，十之八九，都由于这种方法造成的。这种音标文字，表音的作用，实在很微小，和字母文字不同。第一是用整个的音缀当作分析语音的单位。第二这种音标文字的构造，一经固定之后，不能随语音的演化而加以更改。如“工”在“扛”“江”等字里，现代国语上只有一种极暗昧的表音作用。所以中国文字毕竟是表意的，不是表音的。

（十三）中国字典的编制

中国文字的特性，使字典的编制，成为实用上一个很困难的问题。中国现行的字典，有一种是依照语音来编制，不过不像西洋那样依照语首字母的次序来排列的，而是根据四声及语尾分为许多韵部。对于这种字典，先须晓得了某字的音读，再用来考查某字的意义，及由某字所组成的成语或复合语词。假使没有晓得某字的音读，那就须采用另外一种字典。那是依照字根（即所谓“部首”）和笔画两种原则排比成功的。字根的先后，依笔画的多少排成一表；我们要查考某字，先须认定它是属于那一个字根之下，再依它除去字根后所剩的笔画数，去寻求，就可以得到了。中国字的笔画在书写上的程序和次数，是固定的；所以要考查中国字典又须熟习中国字的写法。

（十四）书体的演进

中国文字的构造，先由图画文字，进而为论理上的合体字，再进而为音标的合体字，合体字的发生，大约在周代末叶以后（西元前数百年间）。此时，结构上的演进，已告完成。另有一种形式上的演化，进行到了更后的时期。当西元前第一千年以前，文字的书写是很纷歧的；各个字的异体很多，例如一个马字有、、等异体。到了西元前八百年时，确定了一种“大篆”。书体上就比较的统一。后来因书吏任意的书写，字体又形纷歧。西元前三世纪末，李斯出来担任统一的工作，制定一种“小篆”，对于往时字体，多加以省略或更改。后来因为用毛笔来代替刀刻，用缣帛纸张来代替竹木，因文具的变更，就发生一种新书体，叫做“楷书”。毛笔引用之后，可以写得很快，容易使人趋于草率，就发生种种“行书”和“草书”；对于原来小篆的图象，更不相像了。从小篆变为楷书，已经使我们错认了字源上的关系；因此我们现在对于中国字的认识，大部分都是机械的去强记，而一方面文字的来源和历史，成为一种专门的研究。西元后一百年间，许慎作《说文解字》一书，本来要想表扬李斯的小篆，以遏止当时书写上的粗率和放纵；后来竟成为文字学的经典，历代注释增订此书者很多。中国文字学的研究，现在还没有到了结局，许多字的字源关系，还没有明白的建立；在将来的支那学上，这实在是个重要的工作。中国文字是中国人精神创造力的产品，并不是从他族上借来的；书体很美丽可爱，所以中国人常应用他为艺术的装饰品。而且学习起来，也并不见得怎样繁难；只须熟悉了几百个的单体字，就得到了各种合体字里所包含的分子。

（十五）中国语的语句结构

我们上面说过中国的语词，和代表它的文字，只是关于语言上的原料；我们进一步再来讨论中国语上语句的结构。我们晓得，印度欧洲语言里，语词在语句上的功用，是用形式变化来表明的。中国语上，没有形式变化的各种语尾，同是一个语词的形式，可以应用于各种范畴之上。在这方面，印度欧洲语言演化的趋势；颇有接近于中国语的倾向。惟中国语上完全没有形式变化，没有正式的词品，实在和西洋各种语言相反；一个语词，不论它词品怎样的变化，形式总是固定的。这种情形在中国语上，或者不无例外，如利用音调的不同，来表明各种的词品；一个"好"字读做 hau˘，作形容词用，读做 hau`就作动词用了。又如应用许多助语词，例如"要"字，我们说"怕要死"，内中的"要"，并没有"需要、要求"的意思，而是"将来"的意味，我们因此可以确定后面接着的语词，必定是个动词。又有许多助语词，已经变成纯粹的附添语，例如"的"字。用在两个语词的中间，以表明前一个语词是后一个的附加辞。这个"的"字，在文言上，就是"之"字，大概由于指示代名词演化成功的（"父之心"从前是说做"父、此心"）。那末，中国语就有了形式变化的附添语了，有了词品了。但是少数的例外，决不足以概括全体；这种助语词和词品应用的趋势，是很微小的，在需要表白或协调音律时，才不能免除；通常可以随意用不用。例如"他的父"，也可以说做"他父"；所以我们说中国语没有形式变化，仍是可以成立的。

（十六）语句上语词的序次

中国构造语句的主要方法，是应用一种井然不紊的语词序次。

主词总在动词之前，宾辞总在动词之后，附加的区别辞总在他的主辞之前。这种序次和英语上很相似；不过英语上疑问的语句，常把原来的序次颠倒一下，却和中国语不同。疑问的语句，一种是要求决定的，一种是要求告诉的。要求决定的疑问，英语上只能说 Will he come? 把 He will come.这个语句里的序次颠倒一下；而中国语上，或是说："他来吗？"或是说："他来不来？"对于原来语词的序次，没有更动。要求告诉的疑问，英语上只能说 Who is he? 而中国语上，或是说："他是谁？"或是说："他是谁呢？"应用疑问代名词或加以疑问的助语词以外，总是没有把主辞和动词的序次颠倒的。但是中国语上，也另有一种文法上的范畴，是应用语词序次的变化来表明的。在单纯的动词上，加上一个否定的语词"不"，如说"他不拿"，是很简单的。至于在复合的动词上，加上否定的语词"不"，就可以表明两种不同的意义：如说"他不拿去"，只是否定的意思；假使说"他拿不去"，就有"他不能拿去"的意思了。

（十七）学习中国语困难的情形

要解释中国的文辞，有三种主要的困难：

1. 单纯语词的意义，过于繁复；大多数的语词，都包含有许多种不同的意义。例如一个"节"字，有"节制""礼节""气节""贞节"等意义；听者或读者，只能依据上下文的辅助，来断定这许多种的意义中，说者或作者所指是那一种。

2. 单纯语词的意义，既然很繁复，那末，它们所结合成功的复合语词，有许多固然容易了解，而有许多是很不容易了解的。例如"先生""东西"等，依据它们所包含的分子直白的解释，实在很不明了。又有许多，它们所包含的分子，意义上彼此绝不相关的。例如"天赋""顾命""东道"等。复合语词，有许多是专门名辞；如"秀才"

“举人”“进士”等。有许多是类比的组织，如因“先生”的类比作用，而发生“学生”“医生”等；皆须加以解释的才能明了。

3. 某个复合语词的省略，成为单纯语词，就用这个单纯语词和它个语词的结合，另成为一个复合语词。例如“股人”省略为“股”，再和“票”结合，成为“股票”这个语词。这种省略的形式，在西洋语上是固定的；在中国语上，却极端的自由。如说“日兵”来替代“日本兵”，说“众生”来替代“众学生”等。

分析中国语的语句，也有许多的困难：

1. 中国语缺乏形式变化，语句上的结构，只有语词的序次来表明；而中国人不喜欢语句上的明晰，极端采取简略的文体。学习者只能从上下文里猜度它的意义。中国文言上的语句，即使对于支那学的专家，也常要发生种种疑难。

2. 有时常遇见一个含混的语句，直白的解释，常发生了许多种不同的意义，而在文法上，都可以通的。我们须对于中国语文有充分的阅读经验，才能自觉真正的解释究竟是哪一种的意义。

3. 中国文辞上，缺乏标点的方法，和西洋的情形正是相反。语句的各部分，没有句号、分号、逗号和短画等表明出来，专名上也没有特别的标明；因之在语句的分析上，容易发生失错。现在虽摹仿西洋，竭力推行新式标点符号，而在文书报纸中，仍未普遍的应用。又中国私人的名氏很复杂，一个人有种种不同的名号；所以要分析中国文辞，必须对于历史上的事实，十分的熟悉。

（十八）中国语上的修辞

中国语上语词意义的繁复错综，语句组织的空漠无定；因此，要熟悉中国语文，必须有阅读上的经验。中国人从少起就把文书课本一册一册来记诵；养成大家对于古代的历史和文学，具有特别的熟悉和敬爱心。所以著作家得了一个大资产，以备文辞修饰的应用。中国语上的修辞，可以分做下列几种：

1. 引证。把古代文书上引证得来的文辞，以表明一种意义。例如引据陶渊明的“知今是而昨非，”表明“懊悔”的意义等。

2. 隐喻。无论哪一种语言上，包含隐语，是很丰富的；不过有些已经消失了它们隐喻的风味，有些还是觉得它们有隐喻的性质。例如以“坐井观天”表明“心地狭小”等。

3. 文书上的隐喻。就是隐喻语出于文书上的。有些对于所表现的意义很明显的，而又因为根据于古代文书上，本身价值更觉增进。例如“唇亡齿寒”这个成语，是用否定的形式表明“合群即强”的意义；而因为出于《左传》上，它的价值，更觉增进了。有些完全是引据于文书上的，它们本身的意义，不很显明。例如“伐柯”，用来指“婚姻上的媒介”，是出于《诗经》上的。还有一种文书上的隐喻语，即在文书原本上也极暗晦。例如隋代史记上，李谔说“月露风云”以指当时的文学风气；后代就用来表明一切的文学。中国语上这种专门的名辞是很丰富的。

4. 称呼上的引喻。就是对人对己，称呼上有特别的辞语，在尺牍中应用很广。例如称人的来信为“玉简”，称人的房子为“崇第”，称自己为“鄙仆”，称自己的房子为“茅庐”等。

5. 历史上的引喻，就是引据历史上的事实——有时是很隐僻的事实——来表明一种意义。例如称“佳婿”为“东床”，称“辞职告退”为“挂冠”等。

（十九）藻饰辞语在日常生活上的应用

这种藻饰的辞语，不但是供一般饱学者自己的玩弄，即在普通日常生活中，应用也很广。例如医生的门牌上，总是写着“橘井”

"杏林"等字样。橘井是苏仙公的故事,杏林是董奉的故事。上流社会彼此说话中间,介杂有许多文书上的成语;如说"三十岁",有些人却说做"而立",没有熟读《论语》的人,就不懂得这个意义了。称呼上凡是对人的,总是用"贵""宝""大""尊""台""令"等字样;对己的,总是用"贱""鄙""敝""下""小"等字样;这确是中国语言上特别显著的情形。

十九年八月二十日,在上海寓所

第一章

世界上几千种语言，其中不论哪一种，对于研究人类语言组织和演化的学者，总是极有价值的材料。例如一种南洋语，或者一种黑人语，它的语音法则和形式变化，在比较语言学里，正和拉丁语、日耳曼语上这类的现象有同样的启示作用。至于一般普通的群众，就不是抱了这种主见，他们看各种语言，并不是有同等的价值的。一方面，凡是一种语言传布的范围愈广，就是应用这种语言的人数愈多，就认它在实用上愈占重要；另一方面，一种语言的有无价值，只是看它有没有包含丰富可贵的文学，而且在人类文化上占了怎么一个地位。依据这两点看来，有一种语言，在世界上实在占一个很显著的地位，但是欧洲人直到近来方才很多的注意它；这是很显明的，是指中国语。应用中国语的人数，比较任何种语言要多；同时，中国语又包含有丰富优美的文学，它在东亚的地位，可以和拉丁语、希腊语之在欧洲相比。

以中国语为母语的人民，究竟多少，现在还没有正确的数目；中国的户口调查，比较欧洲各国难靠，近年约略的估计，结果也迭有不同的数目。所以我们现在只能大概说中国语流行的区域，在亚洲的东部和南部，比较欧洲的全部，还要广大；通行中国语的人口，约略在三万万和四万万之间。此外还有许多中国的殖民地，分布于世界他处；最显著的，如海峡殖民地及北美西部，也是通行中国语的。其他，还有日本、高丽、安南的文言，也是依据于中国语的。

中国语不但在应用的范围上，超过欧洲几种最通行的语言，如英语、德语、法语、俄语、西班牙语；而且从文化上的势力看来，也可以和这几种语言互相媲美，立于同等的地位。欧西语言成为高等文明的传播工具，是近世几百年以内的事；至于中国有了四千年的文学，这种文学，至西元前数世纪时已完全臻于成熟，内中包含哲学、历史的考证，以及纯文艺、纯美术的作品很多。

刚才我们说中国的文学有了四千年的生命，这不过给它一个大略的数目。这里我们就归引到一个问题，这个在中国语言现象的研究上，所认为最重要的问题。就是，我们现在追溯中国语，可以到了一个什么时代？关于中国语的起源和它古先的历史，可以应用什么来考证？一般学者竭力要想解答这几个疑问，曾经试用过两种不同的方法。

其中第一种方法是十九世纪某几个学者所采用的；他们依着那时思想界上流行的趋向，以为文明很少是土产的，一种文明的产生大都不是由一种民族自己发展出来，乃是从各种民族里因迁徙移民而聚集的结果。这几个学者想把中国语和西亚的某几种语言联合起来，就假定西元前三千年时，有一种民族从中央亚洲迁徙到现在中国的北部。利希陀芬（F. von Richthofen）氏曾经悬测原始中国民族迁徙的途径；利氏是个著名的地理学家，而并不是支那学家。拉克伯里（Terrien de Lacouperie）氏也曾竭力证明：中国民族原来是居住于巴比伦尼亚附近，因得习楔形文字，后来渐渐加以变化，以至发达为中国文字。

这几家学说，是苦于没有确实的证据，所以都不能成立。说中国语和西亚各种语言有关联的地方，到了现在还是证明不出来。关于中国语的亲属问题，只有一点事实是可以相信的，就是中国语和暹罗语以及印度支那半岛上的几种语言，合成为印度支那这大语系的一支，称为中国暹罗语系；其他一支就是西藏缅甸语系。可是，即使这几种语言，它们和中国语的亲属关系，也不见得十分切近。至于印度支那语系里各种语言，究竟和它种语系——如阿尔泰语（包括土耳其的各种语言，高丽语和日本语也常联属于此）、闪族语（希伯来语、阿剌伯语等）、芬诺乌克兰语（芬兰语、拉拍兰语、匈牙利语）或印度欧洲语（包括梵语、希腊语、斯拉夫语、条顿语）——有否若何联属的关系，这个问题，在严格的科学研究上，自然更不能成立了。所以要想依据民族迁徙的学说，来解答中国语最古历史上的疑问，更是完全失败了。

要解决这个问题，比较靠得住的方法，还是根据中国文书上的传说，来说明太古时代中国民族和中国语过去的繁荣。大家都知道，中国的文化是很古远的。即在西洋人的心理中，也觉得它有极端古远的历史，普通都这样说，中国文化在西元前五千年或六千年时，已经发达到了极高的程度。而中国人自己却以为并没有这样古远。中国人正和他种古民族一样，承认历史上有个广大的传疑时代；中国人以为确实的史实是起于三皇，即伏牺（中国人以为在西元前二十九世纪时）、神农（在西元前二十八世纪时）及黄帝（在西元前二十七世纪时）。讲起三皇的姓氏，就会联想到种种文明分子，如书写的技术、宗教的信仰，等等，之所由起。稍后到了尧（在西元前二十四世纪时）、舜（西元前二十三世纪时）、禹（约当西元前二二〇〇年）三帝在位时，中国人才称为历史上的黄金时代。大概以为中国社会组织的创始和发展，都是出于此时的。所以，依照中国人自己的传说，中国文化的年代，并没有埃及文化那样古远——不过以历史的总时间计算，中国和埃及恰好相等；因埃及本地的文化，早已灭亡了，而现在中国的人民，还是继承尧舜禹的真正的后裔。

中国人的传说，就是如此。这种从现代批评的眼光看来，应该怎样的说法？对于中国正史上的记载，还是应该承认呢？还是否认呢？

要解答这个疑问，研究者可以有两种史料做根据：一种是古物，一种是文献；但是一讲到这两种史料的本身，就有许多极困难的事实，横于我们的前面了。

古代的世界上，文化发达的民族，如巴比伦人、埃及人、希腊人，都有了古物和记载，很丰富的宝藏流传给我们；因此现代的学者，能深刻的研究他们的历史。在中国地方，人民对于古代的历史，极端的尊崇，正可以此自豪；那末，依理，我们应当希望中国有这样丰富的遗迹了。可是，实在很失望的，史料方面却是极少。造成这种失望的事实，是有两种原因的。

第一点，因为中国后代的历史，充满了棼乱的政事，很少有和平安静的日子。数千年来，朝代屡屡更替；剧烈的争权夺势，不断的发生，于是破坏的事情，也接连的出现了。野蛮的游牧民族，如匈奴、蒙古人、满洲人，又时时来倾覆中国——满洲人近在十七世纪——常常有野蛮的举动来破坏中国的文学美术。当这种棼乱的时代，有许多金属的艺术作品被镕铸了，图书等等也被摧残了；古物之得遗留于今者，不过残存而已。可是，我们应当注意的，中国人对于坟墓，有一种宗教的崇拜心理，不许考古家的发掘。所以这老旧中国里许多历史上的地土中，必有丰富的宝藏蕴埋着，到今还未曾经人发现出来的。

不过，据现在说，中国奇贵的古物，可直接借以为确实考定中国文化的年代的，所剩存者实在不多。有许多保留下来的铜器，内中文字——所存在者——多隐约不明。

虽然，约当二十年前，一个有趣的发现，在古代文化中心的河南省地方，却是丰富的。一大批的龟甲骨片——据说有几千片——在地发现出来；甲骨上有某种尖器所镌成的古文字。对于这宗宝贵的发现，在某种书报上，曾经发生怀疑过。因为中国有许多热心的收藏家，又有许多很善于假造古董的，自然不免造出许多伪品以图营利；龟甲骨片上的文字，其中有不少部分是近人所假造的，所以一经仔细的检验就可以知道，怀疑的人也并不是完全没有理由的。可是，从真伪杂糅之中，我们也很容易把他们辨出来。事实上这种骨片，年代都经过很久了；但是有许多片上的文字，笔画尖利清楚，而另有许多片上，笔画的沿边有小小的裂痕；这是很明了的，假造古董的人摹仿骨片上的文字，镌刻于无文字的骨片上，却不知道现在要在这种朽骨上镌刻了文字，必不免有许多破碎的笔画的。但是其中真的标本，还是很多，我们不难把他们检别出来。而且矿物学家会经考查在发现这宗真文字的掘土中，有某种结晶物，足以证明这些骨片，埋藏于地下，已历有很久的年代了。

不幸的，这些珍贵的遗物，因彼此卖买，流散在各处了，而有一大部分落入于西洋收藏家的手里；另有许多，中国的考古家也曾经把他们的真迹影行出来。这种龟甲骨片，中国古时似乎以之为占卜之用；把他们用火器来薰灼，就显现了许多裂纹。这种裂纹和文字有许多形似的地方就依据他们来解释；骨片的背面，就写了所卜的年月事件，现在留下来的就是这种文字。

关于这种文字年代的考证，支那学者曾经有两种不同的意见。有几个学者不承认他们是西元前十世纪以前的文字，另一派学者则指为商殷时代的文字，在西元前一七六六年至前一一二二年之间，（依照中国人的传说）。这两说中，后一说比较可靠。因为中国在周朝（西元前一一二二年——前二四九年）初年，书写的实用，已经很普遍了，此层后文当论及之；而在河南所发现的文字，比较上实为原始的作品。所以我们大概可以断定——除了几种铜器上的文字，或者还要近古一点以外——龟甲骨片上的文字是现今中国所存最古的标本，大约为西元前第二千年之古物。

原始时期的古物，留存既然很少，而确实的记载在西元前三世纪以前者亦已无存。这种记载的完全绝灭，并不仅由后代之棼乱扰攘所致。中国历史上有特别的一年（西元前二一三年），大宗文书记载一定因此而归于绝灭，所以从那一年之后，往时记载之流传下来，就很少了。文书上这个大打击，就是中国的一个最大的君主秦始皇所赐予的。西元前三世纪时，适当战国，群雄并立，互相吞并，最强者为秦；始皇做了秦国君主之后，就先后剪灭诸国，统一宇内，集大权于一身，使中国封建制度从此告一段落。可是，那时有一班保守的文臣，对始皇的主张竭力的提出反对；他们反对的根据，常引用过去经典上所载的古代政治制度。始皇原来是个很激烈的人，要禁止他们的顽抗，马上就想出一个办法来。他下了一道诏谕，令天下“焚书”，切实施行。往时的文献，只有极少数的几种，还被学者隐藏下来。其余大宗的古代记载，大概统已一扫净尽了。

那末，现今的历史家，只有少数遗器上的文字做根据，而没有古代的记载可凭借，似乎研究古史是绝端的困难了。但是事实上并不是那样绝望的。焚书的结果，实际并没有如始皇所期那样完全的绝灭。过了几年，始皇死了，秦朝也随着灭亡了。这时兴起的是汉朝（西元前二〇六年——西元后二二〇年），汉朝最著名的事业，就是竭力的补救焚书的损失。没有受过秦火的几种遗书，搜求到了，把它们编纂、注释起来；还有几个学者，能够背诵经文的——这种事情到了现在还是很普通的——便把他们默写出来。古代文献居然得到殉教的光荣，因之特别的受人崇拜，而风行于全国，而且那时因经典的编纂和训释，这种工作的关系，就兴起了一种深切纯理的哲学。结果，焚书的影响，反而使中国智识界得着一个大进步。

一般学者，专以诵习经书为业的，自然会成功考古学和文字学的专家;因此我们从最早的时候,就可以得到许多书籍,是记载彝器以及彝器上所载的文字的。经过了二十个世纪,这许多书的原本虽已不见了,可是中国文献的授受,忠实的传写,使这种书籍还能保留到了现在。

这里自然要起一个疑问:就是,现在的研究,是否可以信任这种传写的材料?这许多经文,现在所认为古代的经典,究竟还是真的呢?还是西元前第二世纪的学者所假造出来的呢?所传写的铜器等等,内有许多奇怪的古文字,究竟还是忠实的做出来的呢?还是幻想的虚构出来的呢?对于这个疑问,我们可以稳定的置一个回答,对中国学术界是很取赞奖的态度。过去中国的文献学家,他们的工作大都很精密的,而且能应用科学的方法,也不下于现在西洋的研究。各派解经的学者,彼此争论之间,我们可以看出:他们对待古代的经文,实有一种尊崇的态度,和学者谨严的精神;所以大概的说来——自然有许多例外——我们可以绝对的信任这些经文。许多遗器古物,先后发现出来的,也可用来证明中国考古学家的可靠。例如,刚才说过河南的发现,可以表见他们内中的古文字,正和历代中国学者所传写下来在他种器物上的,并没有什么两样。

这样看来,我们要想明白中国文化和中国文献的年代,自不得不从汉代学者所保留下来的文献上去考求了;其中最主要的,是孔子的经典。孔子——亦称孔夫子,往时耶稣社教士译成拉丁文的形式,为“Confucius”——是个政治家、哲学家,约当西元前五〇〇年时兴起的。那时因封建制度衰败的结果,政治和社会上演成凶恶的局面,孔子就出来,竟成了一个中国文化的救世主。他把中国讲人伦道德的古书收集起来,加以修订,而传之于后人;这些书经过他修订的,后来就成为中国之经典。这些经典,包括:《诗经》,是一部从西元前八世纪到孔子时代中国诗歌的总集;《书经》,是一部历史的记载，内中大部分录有古代帝王的名言伟论；《易经》，是一部讲八卦的奇书，以备卜筮之用，而认为含有深奥的哲理的；《礼记》，是讲人生一切礼仪的标准的；及《春秋》，是从西元前七二二年到四八四年间的鲁国史记，曾经孔子笔削过的。这《五经》更和其他几种书籍，合成为一宗经典的文学；历代以来，中国人的思想都受其镕铸；后世文学也都沾染了经典的色彩，常以经文中的一二语为其题旨；一直到了现在，这些经典还可说是中国人心理最好的代表。

孔子的经典中，我们这里应当论及的是《书经》一书，因为《书经》有关于解答中国文化年代的问题。这书开首的几篇，是关于尧舜禹的政典；前面说过，尧舜禹是黄金时代的君主，中国人以为在西元前二十四世纪和前二十三世纪间的。要假定这几篇政典的文辞，如中国人所说这样古，实在没有什么不可能的。我们已经晓得河南发现的龟甲文字，定为西元前第二千年间之物。这种文字确是比较原始的作品，但是所写作的已经觉得很精美，很技巧了。因此我们可以假定，在这种文字之先，总还有几个世纪行用略较初等的文字；所以假定《书经》上最古的几篇，是作于较早的几个世纪，并非毫无理由的。

可是，还有一件很幸运的事情，能使这概然的论断再说进一步。《书经》上第一篇，名为《尧典》，中间有一段讲到历法，我们就可利用他来计算这篇经文正确的年代。这段文辞是说尧帝怎样的令几个天文家，到国内各处观象台去观察天文，测画日月星辰在黄道带内的行动，各使人民知道天时（“乃命羲和，钦若昊天，历象日月星辰，敬授民时”）。后面接着天文上种种观察，关于日月星辰在冬至、夏至、春分、秋分间的位置；这种启示，实具有绝大的价值。现在不难把其中所讲天文上的事情，一一证实；法国有个天文家索绪耳（L. de Saussure）氏曾经主张：中国天文历数的科学和《尧典》

里关于天文的一段文辞，是起于西元前二十四世纪的，而且早先更古的原始历法中，有三种分明的现象还可以考证出来。

这样看来，中国传说里对于外国民族移入的事实，没有什么暗示，外国史记上也毕竟寻不出什么佐证；可是，从它本身上的证据，我们大概可以断定：中国历来的传说，以为尧帝在西元前二十四世纪时当国，这是不错的；当那样古远的时代，中国人里已经有很精巧的天文家了；他们把值得记忆的事实，用了中国的文字语言记录出来，事情发生之后，他们也就立刻将大概的情形写出他们的报告；总之，中国文化已经成熟了——当然有过去许多的世纪做了根基——这种文化和中国的语言相合，当西元前二千年光景已经存在于中国的地土了。于是我们试把这四千年中间中国语言演化的历史，做一个极简单、极明确的观察。

第二章

我们要想在中国语言这个广大的范围里，寻出我们研究的途径，如果开始把文字上和经书上保存下来的古代语言，做一番考究，立刻可以明了一种事实：凡是研究中国文化的，总要感觉得到的就是，中国的事情，常常和西洋普通的情形极端相反的。例如，学者观察许多记载斯干的那维亚语的最古的纪念碑，许多古代西文的石刻，他第一步就着手来决定这些古代西文各个的音读，它们的发音价值；各个音读决定了之后，他再把刻文上的各个语词拼缀出来，于是才能依据声音上的相通（依据于某几种法则），把这些语词和许多中古的斯干的那维亚语上语词证明相同。总之：他只能用这种方法，利用古代的音读，才可以得到各个语词的意义。

在中国语里，正和这程序恰好相反。中国的古字，有许多还是和现代所行用的相同。经过了许多世纪，它们的"形体"确是有大部分发生了变化，可是它们所代表的"意象"，仍和古代相同的。每一个字体，总是代表一整个的语词。例如Θ字就是现在的"日"字，意义是指"太阳"；或（古代同字的异体），就是现在的"月"字，意义是指"太阴"。这两个字体，都是它们所表明的实物的简单图象。我们看着字体，就直接可以得到语词的意义；但是，字体的组织，不是一种音标，而是一种意标，字体上对于古代"声音"的形式，一点也没有表示出来。现在晓得了这两个语词，在国语上的读法，第一个为 jī,第二个为 yüe,可是对于古代怎样的读法,仍旧无从知道,因为经过了许多世纪,这两个语词的音读,已经把过去的声音形式发生了变化。结果,古代的经典,现代的人只能诵读他们的意义,不能诵读他们的声音。现代中国人朗诵中国古代文学上的语词,只是用现代的音读——一个北京人读为 jī yüe,而一个广东人读为 yat,üt——没有想到古代是怎样的读法,大部分的人连对于古代和现代在音读方面有很大的变异,也没有知道呢。

对于别种语言的研究,第一步的工作是在确定古代字体的发音价值;发音价值一经确定,音读也就可以决定了。在中国语里,正和这种情形相反,我们现在只看到许多字,它们是代表整个语词的符号——这种符号不是代表古代的音读,所以当时它们怎样的读法,现在不能记录出来。结果,对于古代中国语的研究,这种文字的研究,实占一个显著的地位。我们后面将要讨论到中国文字的组织和历史,这个有趣的问题。

表意文字的性质,使学者可以明了古代各个字的原来的意义。但是没有把古代语言实际的情形,给予一个明白的表示,因此对于语言学者有很大的不利。那末,我们就完全不能考明几百年前所说的语言了吗?

语言学者这里所当应付的问题,有可以相比照的地方。西洋语言的科学,根据许多亲属的语言,考求他们所从发展的原始语,已经成功了。原始印度欧洲语,就是梵语、希腊语、拉丁语、德语、俄语,这许多各异的语言所从发生的;它的几种重要现象已经考明出来了,它是怎样的纷变而为这许多各异的语言,也已经发现出来了,这是语言学上一件最得意的事。中国地方既然有许多种方言存在着,他们彼此的差异,举个例,正如北德意志方言和南德意志方言那样差异,言语学者在这里的工作是和西洋很相像的;那末,关于古代中国语,我们从各种方言的比较研究上,引出许多结论,当然是可能的。

这许多方言本身上的证据，更可加上别方面的证据。佛教传入中国，是在西元后最初几百年间，那时许多印度的梵僧到中国来。那些梵僧是古时高等的专精语言学家，他们教授中国人依着文法来研究中国的语言。于是发生一种结果，中国的学者开始来排列中国语上音韵的部类：在字典中，把发声相同的语词以及收韵相同的语词聚集在一起；又把其中取出许多语词做标本，列成为几个总表；表中就是依照语词彼此发音上的关系，来归成许多部类（例如某一类的语词有 t-、t'-、d'-、n-的音，另一类的语词有 p-、p'-、b'-、m-的音，等等）。古代学者这种语言学上的工作，对于现代的学者是有很大的价值的。

更有进者，在西元前最后的两个世纪中，以及西元后最初的一千年间，中国人大概和中亚西亚的各种民族已经发生了密切的关系；这些外国民族的记载上，有关于他们所接触的中国事实以及中国的文献，现在的研究从这些记载上得了不少的帮助。这些外国民族将他们所听到的中国语词，竭力的用拼音字母写出来；而另一方面，中国人也把外国的名辞——种族名、人名、神名、国名等——用中国字翻译出来。这些译名对于许多中国字古音的读法，给予我们以一个切近的观念。例如 Buddha 这个名辞，翻做“佛”字，现在国语上读为 fo。我们依据方音比较的研究，可以得到了下面一个结论：这个字在中国古音上，原是读为 b'juêt（在某种古方言上是读为 b'juêd），它和原文的 Buddha 就觉得很适合了。

中国人和化外民族的交通，固然给予语言学者许多可贵的线索，而感受中国文化的海外民族，从他们得来的启示，更是丰富可贵。西元后最初一千年间，中国的文化很普遍的输入于高丽和日本；那时以前，这两个国家还是只具有初等的文化。那时稍后，中国文化又输入于安南。因为这种文化的输入，所以有一大批的中国语词和成语,也同时转入于高丽、日本及安南的语言中;这些转入的语词和成语,在语言学上,实是很宝贵的材料。这些借入外国的语词,自然在外国的地土上,已经为外国的语音法则演变过了;但是,这些语音演化的法则,是可以推定的;而在许多事实中,旧有的拼法,还显示着演化的轨迹。例如"劫"这个语词,国语上读为kie,广东语读为kīp,等等。我们可以有理由相信(依据方言的比较及中国古语的材料)这个语词在古音上是读为kịăp;这个便可以应用日本译音来证明。日本译音上,这个语词现在读为kio,但是古代原来的拼音形式是kefu,而这个kefu,在一千五百年前借入的时候,我们可以证明,本来是读为kepu(-u是寄从的母音)的。日本音的演化是kepu→kefu→ke(w)u→keu→kiō,于是我们考明这个语词的古读。可以从日本原来的音读形式上,得着一个强有力的证据了。

应用这样的方法,欧洲的科学是能够——这些问题虽然最近才认真的研究起来——把西元后六世纪时的中国语,给出一个很明确的显示。至若关于更古的时代,如孔子经典上的语言,较此还要早过一千年或二千年,能这样考明的,那就不多了。我们现今对于中国上古的语音系统,只能有一个很空漠的观念罢了。

现在我们必要论到中国的语言了;它有几种特性,使它具有特别的组织的,我们也要找了出来。中国各个时代的语言,就我们现在所知道的,我们立刻注意到它们共同的特性。这些特性,曾经概括为两大端来说明。一方面,中国语是单音缀的;另一方面,又是孤立的,就是,看待各个语词好像各个孤立的单位,没有因它们在语句上功用的不同而发生变化的。德国学者芬克(F. N. Finck)氏著有一本小书《言语组织概论》(*Die Haupttypen des Sprachbaus*, Leipzig, 1910),内中论到语言学上不同系族的八种语言,将它们的性质给出一个确切的描述;他说中国语的特性是:"有两种特性共同存在着，于是使这种语言的组织上显出很奇异的状态。一方面，中国语的语词——虽然不是绝对完全的，却是占极大的多数——只包含着单个的音缀；另一方面，这许多单音缀的语词，对于语句全体的关系，不是用语词本身上的某种标识表明出来的，第一步乃是用固定的语词序次，次之——比较的不重要——用附加的语词来表明；所附加的语词，它们原来具体的意义，很受消失，因之它们只能用为形式上目的，有点像西洋人所谓助语词。”

我们试来探究中国语的第二种特性。大家都知道，印度欧洲语言里，凡是同一个语词意义的变异，是用形式变化上的各种附添语表明出来。假使我们比较 puella、puellae、puellam、puellā、puellas、puellarum、puellis 这些形式，就可以看出他们都包含着 puell-（小女子）这个分子，而都具有“小女子”这个共同的意义；但是它们的意义，因带有各种形式不同的附添语，而彼此发生差异。这种附添语，单独存在的时候，它自己本身没有什么意义，但是一经附合于语词上，便具有意义了；因为它是用来表示 puell-这个分子所属的范畴。例如 puellarum 这个形式里，不下有三种范畴的显示：第一，这个-a-是表明“阴性”的范畴（以别于 puerorum 里的-o-）；第二，这个-rum 是表明“复数”的范畴；第三，同是-arum 这个附添语，包含有主有的意思，所以它是表明“领位”的。依同样的方法，德语里 betest 这个形式，是表明“单数”，“第二人称”和“现在时”这些范畴。

印度欧洲语以及其他许多语言中，大部分都是利用形式变化的附添语，因之有很明晰的结果；而中国语里完全没有采取这些方法，所以语词的应用，不论它各种的功用和关系，总是没有变化的。“人”jên 这个语词，可以代表英语上的“man”“man's”“men”“men's”和“the man”“the man's”“the men”“the men's”；“有人在门外”yu jên tsai mên wai 这个语句，意思可以说是英语的“there is (il y a)a man outside the gate”,但是也可以说是“there are people outside the gate”。“人心”jên sin 这个成语,可以说等于英语的“the heart of the man”,也可说等于“the heart of man”或“the hearts of(the) men”。这个成语上没有记号来表明数目(man 或 men)、格位(man 或 man's)、有定或无定的形式(man、a man 或 the man)。依同样的理,“来”(lai)这个语词,可以说等于无定式的“to come”,也可以说等于这个动词各种的形式,例如德语里这个动词形式的变化: komme、kommst、kommt、kommen、kommet。“他娘昨天打他”t'a niang tso t'ien ta t'a 这个语句里,我们可以看出中国语在动词上没有如英语的-ed(过去时的语尾)那种东西,也没有英语里那样领位范畴“his”和宾位范畴“him”的区别。

至于论到另一种单音缀制的特性,说中国语的语词——或者不无例外,可是总占着大部分——只包含单个的音缀,这句话千万不要误会。我们对于中国语,正如他种语里一样,自然须把复合语词(composita)和单纯语词(simplicia)分辨清楚。我们所谓复合语词,是指语词包含有二个或多个的部分的;其中每个部分,正如独立的语词,自己可以单独存在的(形式上并没有变化,或稍有变化)。中国语上这种复合语词是很丰富的;这种复合语词当然可以包含有二个或多个的音缀,例如“金表”kin-piao、“吸铁石”hi-t'ie-shï。但是各个单纯语词,照例总是包含着——有几个例外,可是不很重要。——单个的音缀,譬如英语上所用的单纯语词,有一个音缀的,有两个或多个音缀的,例如 go、club、kitchen、window、anchor、writer、flogging、leanness、unbearable,而中国语上所用的语词,都是单音缀的原料。

刚才上面所举几个英语的语词当中,有些——go、club、kitchen、window、anchor——是不能把它们分析为组成的小部分(这句话必须从现代英语的观点上看: 在语原学上,它们就可以重行分析的了，例如 kitch←古英语 cycene←拉丁语 coquina←window 斯干的那维亚语 wind-auga“风眼”），这些可以叫做语根语词。其余的几个，可以分做各个部分的，如：writ-er、flog（g）-ing、lean-ness、un-bear-able，但是它们大概也是单纯语词，并非复合语词；因为其中的部分如-er、-ing、-ness、un-、able，不能当作独立的语词来应用。凡是这一类的语词，叫做转成语词，是应用刚才所说的许多附添语构成的；我们把这些附添语割去了之后，常常可以得到他们所由转成的语根语词（write、flog、lean、bear）。

所以，中国语，用英语来比较，它的单音缀制包含有两件事情。第一件，凡是中国语上的单纯语词，总是语根语词；换一句话，应用转成语词上的附添语以构成新语词，这是中国语里所不容有的。例如，在英语里，我们从 shoot 这个动词得到 shooting 这个动名词；他们所表示的两种意义，翻做中国语，同是一个“射”shê；同样，英语的 transgress 和 transgression 同是一个“过”kuo。依论理上说，这种事实正是和中国语“孤立”制的现象——就是不容有变形上的附添语（如 puellarum 里的 arum）——相符合的；因为变形上和转成上的附添语，从记号学上的观点看来，其目的正是相类似的。我们已经晓得，形式变化的附添语，是表明各种的范畴（格位、数目、人称、时间）。而转成作用的附添语，也有类似的功用：例如，英语里的-er 是表明“代替行动者的名词”（nomina agentis）这种范畴的，如 writer、swindler、brewer、baker、-ness 是表明“指示性质的名词”这种范畴的，如 leanness、ugliness、sharpness、swiftness，等等。凡是中国语的单纯语词，都是语根语词，正因为上文所讲中国语孤立的性质，我们说过那种相同的趋向：中国语普通总是不用附添语来表明各种范畴的。

第二件，中国语并不是和他种语言一样，它没有多音缀的语根语词。在英语里，我们把许多转成语词的附添语割去了之后，固然常可以得到单音缀的语根语词，flogg-ing、lean-ness，等等。但是，也常可以得到双音缀的或多音缀的。古代印度欧洲的母语里，有单音缀的语根语词，也有双音缀的语根语词；而芬兰、乌克兰语言里，大概都是双音缀的语根语词。中国语的语根语词，都是单音缀的，这种制度和这两大语系的语言比较起来，彼此是显然处于绝端相反的地位。

我们说中国语的定义，一方面是孤立语，他方面是单音缀语，这是完全根据于和别种语言的比较上说；但是，给它定义为单音缀的，同时也必须考察中国语的本身。从这个定义的反面看来，这里也许有点出入的地方；但是，假使我们把相对的和绝对的描述分离开来，就要看到相对的描述上各种特性，可以归纳为一单个绝对的性质。所以中国语，依据相对的眼光看来，就是从印度欧洲语言的背景上观察，它是有三种“否定”的特性：

1. 中国语确是没有——他种语言确是有的——双音缀或多音缀的语根语词 kitchen、anchor。

2. 中国语没有一种单纯语词，是由转成上的附添语所构成的 writ-er、lean-ness。

3. 中国语没有一种语词，是由变形上的附添语所分化出来的 puellarum。

以上这三种特性，把第一种和第二种合并起来，就可以晓得中国语没有一种单纯语词是具有一个以上的音缀的；把第二种和第三种合并起来，就可以晓得，中国语没有应用附添语来表示文法上的各种范畴。这三种否定的特性，实际上就是等于下面所说这单个的肯定的特性。

从绝对的观点上，考察中国语的本身，它有一种特别的性质，就是，我们假使把它的语句上所包含的单纯语词分析出来（或是独立的语词，或是复合语词上的分子），就可以见得这些语词都是固定的单音缀。

中国的语词，好像一套建筑的木料，都是同一的形式模样，集合拢来，构成功所谓语句。

这种“纯一”的状态，虽然是它语言现象中一种最显著重要的特性，可是并非亘古至今都是这样的。中国语里“音调”上几种特点（详后第三章）：还留下双音缀语根语词的遗迹，就是转成作用的附添语的残痕；又周代（西元前一一二二年——前二四九年）的末年，其中许多散文足以表示当时在人称代名词上，具有格位的形式变化[①]。现代英语上名词的主位和宾位（如 the man 和 the man）已经没有形式变化的区别了；但是代名词上还保存着古代语言的遗迹，如 I、me thou、thee。从前的中国语正和现代的英语一样，主位的“吾”nguo 相当于英语的 I，宾位的“我”nga 相当于英语的 me；主位的“汝”ńi̯ʷo 相当于英语的 thou，宾位的“尔”ńia 相当于英语的 thee。早先的学说把中国语分列为“初等”的语言，以为它还未进到变形的阶级，这种学说恰好和真理相反。事实上，中国语正和印度欧洲语言演化的轨迹相同，综合语上的语尾渐渐亡失了，而直诉于听受者（或诵读者）纯粹的论理分析力。现代的英语，在这方面，或者是印欧语系中最高等进化的语言；而中国语已经比它更为深进了。

---

① 参看著者在一九二〇年《亚细亚杂志》（*Jouranl Asiatique*）上所发表的文章。

第三章

假使我们着手把中国语的语词——主要的是单纯语词——怎样的组织来探究一下，就可以晓得这种单音缀制已经发生了许多很显著的结果。可以读出的音缀，其数目并非无限的。语言上所产生的语词愈多。——我们须知道，我们现在所讲的中国语是一种文明国家的语言，它在最早的时代有了丰富的词汇——要阻止二个或多个的语词变为音读上的相似（即或不变为绝对的相同），也愈困难。中国语，在它演化的过程上，尽我们所能考见的，总是趋向于声音的单纯化；因为这种事实，所以同音语词大大的增多起来。中国语在最古的时代，具有怎样一种复杂的程度，是一个现在还未能解决的问题；但是远在西元后五百年时，中国语在语词的起首，已经不容有“一个”以上的子音了（单有一个例外，是某种“合成摩擦音”：ts、dz、ch、dj——这种音可以认为单纯的音素）。所以像pi、p'i、b'i、mi、ti、t'i、d'i、tsi、to'i、li、ngi（ng 如在英语 song 里的音），这类的语词是可以有的；而子音的结合，如英语 strong 里的str、break 里的 br、try 里的 tr、flush 里的 fl、plan 里的 pl，就没有的了。在音缀收尾的音上，同音的现象更是显著。中国语里，各个语词（当那时候）总是以母音或 p、t、k、m、n、ng 收尾的，正如古代希腊语上收尾的音必为母音或 n、r、s（连个 x）一样。所以这种语言的精神，容有 ka、kat、kap、kak、kam、kang 这样的音缀，而不容有如英语的 tub、if、hug、sail、far、as、sharp、dust、short、lump 等语词。这样加以限制的范围是显见的。于是在这个时代，语言上已经达到了一种情景：有许多语词，在意义上或语源上一点也没有关系的，而在音读上已经变为相同的了。例如，kau 这个音，可以有“高”“膏”“糕”“羔”四个语源上各异的语词。

固然，这种例子在别种语言上也可以见到。法语里，vin 和 vain 二个语词，它们从前的音读是不同的（因此拼法上还是不同），而现在的音读上已经变为 $vä^{n}$ 这个相同的音了。英语里 read 和 reed 虽然他们的拼法表示着从前音读的相异，而现在的读法完全相同。另外的例子还有 bear（名词）、bear（动词）和 bare；又瑞典语里，led 这个音缀所代表历史上各异的语词，不下有十三个。但是欧洲各种语言，这种事例并不见得怎样多，怎样严重，所以罕有因此而引起意义上的误会的。可是中国语里，在刚才我们所说那个时代，许多同音语词已经对于口语上的了解，发生了障碍。

这种情形，犹更有进者。从那时起，中国语沿着语音的单纯化这条路径走，更为深进了；而这种单纯化的趋势，在中国各地方上进行，并不是彼此一致的；因为这种事实，内中情形，更加复杂了。语尾的-p、-t、-k，在某些区域内，已经丧失了，而在另一些区域内，仍旧保存着；古时浊音的语首 b‘-、d‘-、g‘-，在某些部分还留存着，而在别些部分，已经变为 p-、t-、k-或 p‘-、t‘-、k‘-等音。这样，中国语就分裂为很多种的方音了。

现今中国究竟有几多种不同的方言，还是没有确定。我们只从这个大国的各部分上，得着几十种语言的标本罢了。我们从这几十种方言里，就可以看出；有几处地方，在某个大区域上语言大致相同；另有几处地方，则语言纷歧，旅行者几乎在二三英里以内，就遇到一种新语言，常有邻近村坊的居民，彼此也很不易互相了解。尤其在中国南方沿海一带，从印度支那半岛的边界上到了扬子江口，这种语言纷歧的情形，最为显著。这些区域内，许多最古远、最纷歧的方言混杂其间；因之中国南方一带的本国商人，凡是不能熟习这一大批的方言的，承愿去学上许多英语里的辞语，而依中国的形式把他们结合起来，成为语句。所以在南方商业兴盛的地带，发生了一种中英混合语，就是大家所谓“洋泾浜语”（Pidgin-English）。

中国扬子江以北的一大部分，以及靠近扬子江南岸的几处地方，语言比较的很统一。固然也有许多纷歧的现象，但是这种纷歧，并不见得那样利害，所以北方各省的居民，言语上并没有什么障碍，只须经过短期间的练习，彼此就能互相了解。中国北方的语言，欧洲称为 mandarin language，简称为 mandarin，中国名称是“官话”（kuan kua）（译者按，现在国人改称“国语”）。国语中最流行的一种，是往时首都北京的语言；欧洲人所著的字典，大都依据北京的方言，当他是一种“高等的中国语”①。

假使我们把现代的国语，和西元后五百年时的语言比较一下，就可以看出上文所说语音的单纯化，曾经留下很显著的痕迹。法语上已经丧失了许多语尾的子音（虽然他们在书写上还是保存着，有时在音的结合上，还是读出的）。例如，lu（“loup”）、pa（“pas”）、pye（“pied”）、yö（“yeux”）、do^{u}（“dout”）——因之他们常把原来各异的语词，变为相混了，例如，ku（“cou”“coup”和“cous”）——中国语上也正是这样，把原来语词收尾的-p、-t、-k 失去了，因之许多语词都变为同音的了。六世纪时的语言把“歌”读为 ka，“蛤”读为 kap，“割”读为 kat，“各”读为 kak，还是分辨得清楚的；可是因为语尾丧失的结果，这几个语词第一步都变做 ka，第二步再把 a 变做

---

① 中国北方话和南方话彼此绝异，我们只想它们为各异的方言，而不认为不同的语言，似乎是不应当的罢。那知道，它们所以这样歧异的缘故，纯由于“语音”演化的结果；至于另在文法方面，它们彼此仍是十分相合的，所以它们不能认为各异的语言。

o,而成为 ko;因此 ko 这个音,意思可以指“歌”,也可以指“蛤”“割”“各”。又古音“南”读为 nam,“难”读为 nan;因为把语尾 m 变做 n,于是“南”和“难”都读为 nan 了。还有一层,在中国北方音里,把古音语首的带声暴发音 b'-、d‘-、g‘-,统变做不带声的音;因此古音上“到”tau,和“盗”d‘au 在国语里一齐读为 tau 了。母音的原质,也有受了单纯化的。古音上的“狸”li、“离”lie、“礼”liei 现在统统读为 li 了;又古音的“居”ki̯ ʷo 和“拘”ki̯u 二个语词,现在都读为 kü 了。

果真中国语约当西元后五世纪时,已经具有许多不便的同音语词,那末,这种语音简单化的深进,正如上文所说那样激烈,更足以使障碍的发生愈加增剧,这是很显然的。现代各种方言里,词类都是很贫乏的,具有多数的同音语词。北京的国语是一种最可怜的方言,老实说,它只具有四百二十个各异的音缀,而即在这四百二十个的音缀中,也有许多彼此容易相混的。例如,我们可以见到下面这十九个音缀:chêng、ch‘êng、fêng、hêng、jêng、kêng、k‘êng、lêng、mêng、nêng、pêng、p‘êng、sêng、shêng、têng、t‘êng、tsêng、ts‘êng、wêng。所以外国人听了北京人的讲话,常得着一种印象,以为他所讲的,只有几十个词汇,在那里连续的反复说出罢了;这也是难怪的。

于是,这种高等进化的语言,内中情形,凡是单纯语词,须统统支配在这四百二十个的音缀里。一本小字典,其中只包含语言上最普通的语词,也约有四千二百个单纯语词;平均一个音缀,须代替十个各异的语词。但是,语词支配于这许多音缀里,并不一定要完全均匀的;所以有时一组里的同音语词,其数比较少,有时却很多。四千二百个普通的语词中,只有二个是读为 jun,而有六十九个统统读为 i,五十九个读为 shï,二十九个读为 ku,等等。可是,这种似乎混棼的情景里,却有一线光明出现。中国语上同音的语词，常利用某种语音的原素减少了它们许多不便的地方；这种就是乐音上的高低，或称“音调”，这是我们所要讨论的。乐音上的高低，在史前时代印度欧洲的语言里，也有这种现象；不过现在大多数印欧子语里，已经没有遗存了。只有瑞典语、挪威语、塞尔维亚哥罗西亚语、立陶宛语这几种语言中，还保存着。中国语中，这种现象却占很重要的地位。每一个中国语的语词，总有一个固定的调子，凡语词在发音上别一方面完全相同的，却可以应用他们不同的调子来区别。瑞典人把 gìftet（结婚）和 gíftet（毒物）这两个语词，即用调子来区别；中国人正是这样，利用语词的音调来辨别他们。六世纪时的中国语，已经有平、上、去、入四种音调，而平、上、去、入这四调，又都可以读为高调或低调（译者按，即清浊）。于是那时有了八种调子（按即清平，浊平，清上，浊上，清去，浊去，清入，浊入）。音调的系统，正和普通的语音系统一样，历代以来，也受了不少的变迁；因之现代各种方言里，音调的数目又彼此不同。例如广东地方至少有九种音调，而北京的国语里，只有四种：

平调，好像在英语里，通常没有感情作用时所说的 yes¯（案即阴平）；

急速直接的上升调，好像在英语里，询问时所说的 yes´——你要什么？（案即阳平）；

纡缓间断的上升调，好像在英语里疑惑不决时所说的 yes˘（案即上声）；

降下调，好像在英语里扬扬得意时所说的 yes`二——你在此！（案即去声）。

北京人要是说 chú¯，意思就指“猪”；要是说 chu´，意思就指“竹”；要是说 chu˘，就指“主”（主人、天主）；要是说 chu`，就指“住”。一个外国的教士，假使把 chu¯（猪）和 chu˘（主）混乱不清，把“天主”说做“猪”了，这显然是要闯祸的。又 kuei `意思是指“贵”，文雅的称呼式上常用到的；而别一方面，kuei˘意思是指“鬼”。假使把 kuei`kuo 说做 kuei˘kuo，那“贵国”变做“鬼国”了；我们须免除了这种误会，显然是很要紧的。不过，这种音调的存在，虽然足以减少许多实在的同音语词，而并不是一个完美的补救的方法，这又是很显然的。我们已经说过，四千二百个语词当中，有了六十九个都是 i 的形式。现在我们把这个数目用四来除一下，每个音调里，仍有十七个同音的语词；那末，同音的还是太多，仍有不便的地方。当然这许多语词，不是平均分配于这四种音调之下：北京语里这六十九个 i 音的语词，其中有七个属于第一种音调（案即阴平），有十七个属于第二种音调（阳平），有七个属于第三种音调（上声），属于第四种音调的（去声），不下有三十八个。第一种音调里的 iˉ，意义是指“一”，也是指“衣”“依”“医”；第二种音调里的 iˊ，意义是指“夷”，也是指“胰”“宜”“呢”“疑”“移”；第三种音调里的 i˘，意义是指“携”，也是指“椅”“毅”“蚁”“已”；第四种音调里的 i`，意义是指“意”“亿”“拟”“臆”“异”“翼”“邑”“驿”“译”“义”“议”“益”“缢”等。所以，这种情形正如英语上 dear 与 deer、bare 与 bear，以同样的音代表各异的字；不过西洋语言里这种只是例外，而在中国语上显然已经成为通例了。

在西洋人的心理中，于此定要发生一个疑问：这种语言既然有这样多的同音语词，那末，我们实际上如何应用它呢？当一个人听到一个 iˉ音，他怎样晓得说者的意思是指“衣”“医”或“依”呢？对于这个疑问，只有一种解答：假使说者没有借助于几种表白的方法，那是绝对的不行的。于是我们这里要进入中国语言史上极端重要的一章了。

中国语的单纯语词，假使在语音上还是很复杂，足以使它们彼此分别的，那末，构造语句就可以应用这些单纯语词，而使旁人也会了解。但是，同音语词的数目愈加增进，说者就更须于单纯语词上，附加以表白的东西，这样，就简直把语言的原料改造一番。所以西元后最初的几个世纪中，中国的口语就完全的改变了。

所附加的东西，有好几种，其中最普通而且最特别重要的，是一种组织，可以叫做同义复合语词。这种组织是把二个单纯语词连接在一起，而这两个单纯语词的意义相同，至少也相类似，从前是单独应用的。我们已经晓得普通的语词，不下有三十八个都是读为 ì音的，其中有一个意义是“意”。听者假使只听到一个单独的 ì音，那他显然不能断定说者究竟所指的是“意”，或是其余三十七个 ì音中的某个语词。可是，还有一个音缀 sï⁻意义是指“思”，也是指“斯”“厮”“私”“撕”“司”等。所以单说一个 sï 音，正是和单说一个 ì音，一样的不明了。但是现在中国语上把这两个音放在一起，说做 ì -sï⁻，那是表明说者想把一个 ì——“意”和一个 sï⁻——“思”结合在一起，用这样的方法，对于“意思”这个观念，就得到了一个明白的辞语。“意”这个语词，最古的读法，究竟怎样，我们不能知道，只知道现在的国语上变做 ì音了；凡是中国古语上应用“意”这单个语词的地方，现今北京语上都用“意思”ì -sï⁻这个同义复合语词了。依同样的方法，k‘an`意思不仅是指“看”，也是指“勘”；kien`意思是指“见”“建”“健”“谏”等；把这两个音结合起来成为 k‘an` -kien`，对于“看见”这个意义，就得到了一个明白的辞语。这种表白的结构，其方法大大的采用了；现今俗语里，这类复合语词几千几千的，可以遇到；又这种方法即在洋泾浜语里也已经输进了：所以英语的 to see，洋泾浜语作 look-see。无疑的，这种辞语将来会渐渐的不当做复合语词看待；它们将来只认为单纯语词；于是单音缀的中国语也要演化成为多音缀的语言了。

此外，另有一类表白的复合语词，是用许多动词组成的，把原来单纯的动词，加以论理上它所固有的宾词。英语上说 I eat（我吃），I read（我读），I write（我写），I ride（我骑），I walk（我走），I speak(我说);在中国语上,说"我吃饭""我读书""我写字""我骑马""我走路""我说话";这样,就得到了一个更明白的结果。

上面所说的几种复合语词,内中各个分子的意义在中国人的心理上还是觉得十分显明的;至于另外有许多复合语词,其中第二个分子的意义,已经丧失了它的色彩了。例如国语上有个语词"头"t'ou,它是附着于别个语词上,用来表示所指的物体有突出的一"头"。后来,这种用法已经成为普遍化,凡是语词表明这类物体的,通常都有"头"t'ou 这个语词当做它们的尾语了:"指头" chï-t'ou ══指,"骨头"ku-t'ou ══骨,"馒头" man-t'ou ══馒,等等。

在这种复合语词里,t'ou 这个语词"头"的意义已经渐渐的衰退;这个音缀也变为很不重读的音,只是用来表示一类有突出部分的物体罢了。依据同样的方法,"儿"er、"子"tsï 这二个语词,意思都是指"儿子"而加到旁的语词上,用来表示所指物体的细小者,从"风"fêng 而构成"风儿"fêng'r,或且(减缩了)为 fêr,意思是指"微风"。这样,"子"tsï 和"儿"er 竟然成为指小的尾语了。可是连这点意义也已经消失,现今他们只附加于表明实物存在的语词之上:依例,他们只当做"名词"的语尾罢了。国语上普通只说"桌子"cho-tsï,不说"桌"cho。

尽我们所能查考的范围,中国语在更早的时代,是没有转成语词上的尾语的,到了近世,竟然发生了"头"t'ou 和"子"tsï 这样尾语,这是一件奇异的事实。我们看西洋语言里,有同样的尾语,而且它们的来源极相类似,真是有趣。例如德语在古代和中古的时候,有个独立的语词 heit,意思是指"性质",变成了复合语词里的第二个分子;如 Schönheit,意思是"美丽的性质"。后来这个独立的语词废弃不用,到了今日,只是为语词里的尾语了,如 Schönheit、Einzelnheit、Verschiedenheit,等等。现代中国语里所构成的尾语当然不多,所以一般人说中国语是一种无语尾变化的语言，此说至今还没有受了摇动。但是，这几个尾语是一种极有趣的表征，上文所讨论的语音简单化，怎样的迫着语言的演进，渐渐走入于完全新的途径，而使它接近于欧洲语言的系统，就可以从这几个尾语上看出来。

另外还有一种附加的表白东西，也是很重要，很有趣的，可以叫做“类别的辞语”。许多名词，假使用数目字或指示的和疑问的代名词来限制它们，这种类别辞语就放在它们的前面。shan⁻这个音缀，第一种意义是指“山”，第二种是指“衫”。我们在 i⁻ shan⁻(i⁻意思是指“一”)这个语词的结合上，绝对不能断定它是应当翻做“一山”，还是应当翻做“一衫”。可是，这里有个语词 tso 意思是指“座”，另有个语词 kien 意思是指“件”；中国语上利用了这两个语词，就把这个困难解决了。“一山”，中国人说做“一座山”i tso shan，“一衫”说做“一件衫”i kien shan。依据同样的方法，我们有了下面这些例子：“三(座)山”san tso shan，“这(座)山”che tso shan，“那(座)山”na˘tso shan，“三(件)衫”san kien shan，“这(件)衫”che kien shan，“那(件)衫”na˘kien shan。从上面这些例子看来，可以晓得这种类别辞语，它的功用在使听者对于后面所跟着语词的性质，得到了一个启示，使听者知道后面的语词是属于哪一种范畴，因此能把这个语词和它的同音语词分辨起来，也比较的容易了。

关于这种类别辞语的选择，实是中国人一种巧妙的发明。“口”k‘on 这个语词，是应用于具有圆口的物体，例如“一口井”“一口镬”“一口猪”“一口人”。“条”t‘iao 这个语词是用来表明长形物体的类别辞语：“一条街”“一条绳”“一条腿”“一条蛇”“一条狗”(原文如此！)“一条凳”。“座”tso 不但用来表明山，又用来表明如“一座城”“一座寺院”“一座旅馆”“一座当铺”，等等。此外还有“盏”chan，用于“一盏灯”“一盏酒杯”；“位”wei 用于“一位先生”“一位太太”“一位大人”；“管”kuan 用于“一管笔”“一管笛”。最后，我们可以举个“挂”kua，如用于“一挂钱”（中国地方，铜钱是用绳串起来的）；“一挂帐”“一挂颈串”“一挂须”；又“顶”ting，又用于“一顶山”“一顶帽”“一顶轿”（中国地方的轿，上面装有顶球的）。假使没有旁的类别辞语可以适用，常常可以应用这个“个”ko；它的意义当然不很明显，但是，无论如何，总能提示后面接着的语词所指是一种具体的实物，如“一个人”i ko jên（洋泾浜语上作 one peace man）。

因为语音的单纯化，结果使同音语词倍增，而口语上的词类，也因之起了急剧的变迁；为了这种情形的发生，中国的文字——一种意义的符号，不是语音的记载——它的奇异的性质，就造成它一个显著的地位。假使中国语已经具有一种欧洲那样的拼音字母，那末，凡是这许多单纯语词，以及 is、chïs 和 kus，等等。在书写时和说话时，都很不容易分辨的了。可是，中国的文字，凡是在听官上同音的语词，在视官上都可以把它们分辨出来。三十八个 ì（属于降调的）音的语词，其中各个 ì音语词，各有它自己的文字，不必要考究语音上是怎样的读法（或者随时音读不断的变迁），也是以表现各国语词的意义；所以在文字上，没有一个 ì音的语词，和其他 ì音的语词，是不能完全分辨出来的。上文说过，说话时只是用一个单纯的 ì音来代表“意，”是不适用的，必须把它扩大成为 ì` -sï¯（意思）才行；而在文字上单写一个“意”字来代表 ì就很够了，因为“意”字对于“意思”这个观念，是个很满意的、明晰的符号。所以口语上必须把语词的原料重新改造一番，而文言上是无需把古来单纯语词的词类加以更改的。文言上这种保守主义不但不会引起义意的含糊不清，而且可以得着一种简洁分明的文体；所以中国人在书写上不喜欢采用新的通俗语体——从孔子的经典一直到了汉代兴盛的博雅文学，完全是用古式简练的文体写出来的；凡是这样愈古的文学，在传统上愈要受人的欢迎和崇拜。自然事实是如此，中国人认定这古式整肃的文辞，是古代名人的作品，而且在“书写”

上，十分简捷和明了，以为这种文辞正是一种“文雅优美”的语言，和俗语的“鄙陋”不值得书写的，恰好相反。所以中国人无论何时，要用文字发表，总继续不断的应用文言，因此在中国地方，就发生了“文言”和“俗语”的区别。

这种文言和俗语的区别，究竟起于什么时代，现在还不能正确的断说。当然这种分歧的趋势是渐渐的，但是在西元后，没有多个世纪，这种趋异已经成立了，这是可无疑的。当西元后第一千年的末期，出了一种戏曲文学，我们从它可以看出内中一种语言，是和现代的俗语十分密近的。稍后，又产生一种小说文学，是用一种“国语”形式的文体写出来的。中国学者在他们文学上或目录学上的作品中，把这些戏曲小说的文学隐隐的忽视过了，这可见得中国人鄙视俗语的特性。所以“小说”siao shuo 说是“小的记述”。即在今日，一般文人在文辞上还是很不愿意应用俗语。大部分普通的文书和记载，都是用文言的体式写成的。近来某几种报纸，曾经试用“白话”pai hua（就是土俗的体式）——至少其中也有一二行。——可是并没有多大的成功；因此也许还要触怒了多数定报的人，以为这样，就是讽示着他们不能看懂文言报呢！

这种分离的结果，是很简单的。中国地方有许多种各异的方言俗语，可是全部人民有了一种书本上的语言，以旧式的文体当作书写上的世界语，熟悉了这种文体，就于实用方面有很大的价值。中国人要感谢这种很精巧的交通工具，不但可以不愿方言上一切的纷歧，彼此仍能互相交接——所以北京地方所刊布的报纸，在广东地方也一样的通达无碍——而且可以和已往的古人亲密的交接，这种情形在西洋人士是很难办到的。文言是千余年来一种人工的制造品，虽然也有文体上种种的差异，可是在本质方面，历代以来总是大致的相同。中国人一经学会了这种文言，那末，所读的诗篇，无论是西元后初年，或是西元后千余年，或是最近所著的，从语言上观点看来，总之对他没有什么区别；无论哪个时代的诗篇，他一样的可以理会，也一样的可以观赏。在别个国家里，文学上的语言依随口语而演化，经过了几百年，就演成了一种新式的文言。现今英国人，在他自己的文书里，通常很难读至三四百年以前的作品，至于最早时代的文书，他必须对于语言文辞上有特别的研究之后，才能了解。中国几千年的文学，对于中国人是公开的；而中国人对于本国古代的文化，具有极端的敬爱和认识，大都就是由于中国文言的特异性质所致。

我们说过，中国的文言是一种世界语，可是，应当注意的，它专是一种“书写”上的世界语，在这一方面，固然是独一无二的。为何要致此的原因，我们显示过好几次了：中国的文字，不是表示语词的音读，现今中国人对于这些语词古代的读法，连一点极薄弱的观念也没有。结果，无论那个中国人诵读某种文书上的语词，总是依照他自己现在方言上的读法。上文说过的“月”字（原来是一个月亮的图象，见上第十五页），约当西元后五世纪时是读为 ngi̯ʷʻet——这个事实是现今西洋比较语言学者所考明的，而中国人自己并不知道——现在北京人读为 yüe，广东人读为 üt，福州人读为 ngʷok，上海人读为 yö。所以，在这个广大的国家里，从北京所发的一道命令，各处地方都能读得懂；可是广东人把它朗诵起来，这种读法，对于北京人就完全听不懂了。

不仅是如此。即使一个北京人朗诵这道命令，各个语词，一一的依照他的方言上那样读法，假使读者顺着原文的语词，一个一个读下去，在另一个北京人听起来，不看文字也不能懂得各个单句的意义。这种原因是很显然的。我们已经说过，俗语上要辨别许多同音语词，就产生了各种表白的方法；在文言上是缺少了这些方法。这道命令里当然包含有许多简约的语词，它们和其他几个语词的音读极相类似，所以在听官上完全失其提示作用。假使应用视官来读原文，那末，凡是 is、sïs、chïs 等，都可以利用它们各异的文字，把它们辨别出来；可是，眼睛一离开了纸上，纯粹靠着听官的作用，那语句上包含着许多同音语词，结果就完全不能了解了。

因同一的理由，中国人他自己可以读古代的文书，但是旁的人读起来，他就不能懂得：读者对于原书上各个语词，在原书制作的时候是怎样的读法，他们在什么时候还是分辨得很清楚的，他完全不知道，所以读这许多语词，必须要翻做现在的音读；而同音语词的发生，就对于听者形成了莫可打破的障碍。所以中国专业说书的人，不能把旧式的故事逐字的诵读，他们一定要把所读的古书原文演绎成为俗语，才可以使听者明了。

中国口语和文言有一种特别的关系，尤其是文言的性质，是一种用眼看得懂，而单用耳听不懂的语言，因此我们要说明一件奇异的事实，就是说，中国这种特别的文字是“必不可少”的。这里，欧洲人必须要发生一个疑问：中国人为何不废除了中国奇形老朽的文字，而采取西洋简单实用的字母呢？他们猝然间的回答，就以为：假使中国人在文字方面不把自己升高到了西洋那般优胜的地位，那末，无疑的，中国人必定是保守，不切实际的民族。

对于一个问题，没有熟悉了内中的情形，就粗率的下了判断，可也想不出别的例子，还要比这样再危险的。要把中国文字变做西洋的字母，这样一个改革，究竟对于中国人有什么利益？有什么损失？

利益所在可以总括做这样说：中国的学童将因此减省了一二年的苦工。普通的语词不过四千多，我们说过，一个语词就有了一个文字来代表，那末，普通的文字也不过四千多。中国最完全的字典所录字数，固然比较这样要多了十几倍，但是，其中大多数是他字特别的异体，也有许多字是在古代文书上偶然的见到。以备遇着的时候，可以查考。即使中国很博雅的人，所能烦记，大致也不过六千字。如我们所说的四千字，是普通一个很高的数目，有了三千字，也就可以得着进境了。这样字数对于颖悟的学童，实在是个轻易的工作；一个外国的成人，经过了一年的学习，要熟悉二千到三千的字数，并不见得有如何困难。

为了省去这种劳力，究竟要付什么代价呢？第一点，中国人因为要采用字母的文字，就不得不废弃了中国四千年来的文学，又因此而废弃了中国全部文化的骨干。所以致此的原因，是因为中国的文书一经译成了音标文字，就变为绝对的不能了解了；我们晓得，原书上无论那一课，总有几十个同音的单纯语词，如 i、li、shï、sï、ku 等。中国的文书，卷帙繁多，为世界最，谁想这样严重的建议，说中国人须把这些文书翻成为俗语（又是那一种俗语呢），要担负这个工作呢？——而且这种翻译的工作是完全不能实行的。

第二点，这个大国里，各处地方都能彼此结合，是由于中国的文言，一种书写上的世界语做了维系的工具，假使采取音标文字，那这种维系的能力就要摧破了。例如，北京人用音标文字根据北京的方言写成了一件公文，对于广东人或其他中国各地方的居民，都是不明了的。至于现在，中国人有了这种交通工具，可以通行于各个地域；这种工具是很精巧的，很得用的；历代以来，中国所以能保存政治上的统一，大部分也不得不归功于这种文言的统一势力。

中国人果真不愿废弃这种特别的文字，以采用西洋的字母，那决不是由于笨拙顽固的保守主义所致。中国的文字和中国的语言情形，非常适合，所以它是必不可少的；中国人一旦把这种文字废弃了，就是把中国文化实在的基础降伏于他人了。

第四章

中国文字的起源和最早的历史，正如语言民族的起源历史一样，都为故传的云雾所蒙蔽。

很早以前，当中国黄金时代，有龙马出于黄河，它的背上，负有奇异的图象，献示于伏牺（伏牺是中国“五帝”中第一个君主，在西元前二十九世纪时）。这个君主就抄录这种图象，构成了一种奥妙的字体，就是后来《易经》（《五经》的一种）的基础。到了第三个君主黄帝时，有个相臣仓颉沿着发明的途径上，更进一步，制作最初原始的文字。

假使我们揭去了这种故传虚幻的外表，就得到素朴的事实：中国的传说以文字的创始，在西元前第三千年的中叶；而一点也没有暗示着国外的来源。关于这几点，即在科学化的支那学上，也不难承认中国传说的不错。我们已经晓得中国现存最古的文书是作于西元前二千年以前，而河南龟甲文的发现，可以证明西元前第二千年书写上已经有很高等的技巧。所以中国人说文字的创始，在西元前第三千年的中叶，是很合理的。十九世纪的学说以中国文字起源于外国，现在既然无从证明，那末，中国人的意见以为文字是中国本土的发明，似乎是最为可信。

中国的文字是一种很复杂的产品。第一点，中国字决不是依照相同的几个原则构造成功的；这种文字，在最早经了许多世纪的生长，依据于一种演化的途径，所产出的主要字体，不下有三种，在它们构成的“方法”上彼此不同。第二点，书写的技巧，事实上自然要起种种变迁；因为，如现代欧洲人所写的字体，当然和罗马人以及中世纪僧徒所写的，不十分相同，中国人也是这样，在时代的过程上，常把文字的“形式”起了急剧的变迁；而这种形式上的演化，大约到了西元后初年方才完成。

现在，我们着手来考察中国字体构成所依据的各种原则。

中国文字最早的形式，成立于物体的图画。现今大多数通行的字，为一般所应用的，其中还有许多是这种画象，中国人叫做“象形”，已有三四千年之久了。这种画象，即在它们现在的形式，常是十分的明白。至于另外有许多字，过去的认识已经把他们发生了曲解；又有许多字，即使在我们所知道最古的形式上，也是很干瘠而不显明。大概这些字在原始时期中，它们必定是很丰富很详细的画象，后来因为便利起见，渐渐的减缩为几笔。

这种图画文字，自然大多数是关于自然界的现象。“日”yï 和“月”yüo 这二个字，上文已经说过了。“火”huo 是画为火光上升之形，火（即今“火”字，缩写则为灬）；“水”shuei 是画流水之形，巛（即今“水”字，缩写为三点水，氵）。和这个有点相像的，是“川”ch‘uan，画河流之形，巛（即今“川”字）。“雨”yü 是表明雨滴从天下降，雨（即今“雨”字）。“土”t‘u 是代表两层的泥土，其中又有一个出芽的草木：土。“石”shï 是表明山崖上有块石：石（即今“石”字）。“金”kin 字，其中又有个“土”字，而有金块在内，金（即今“金”字）。“山”shan 字是一个简明的山形，山（即今“山”字）；同样，“谷”ku 也是一个简明的谷形，谷（即今“谷”字）象山谷向着谷口渐渐广大的状态。又有许多字是指草木植物的：“木”mu，即木，“果”kuo 即果，“朿”ts‘ï 即朿，“竹”chu 即𥫗，“米”mi 即米。关于动物一类，也有许多表示出来。古代中国语上把“鸟”niao 和“隹”chuei 区别为二字，“鸟”即，是一种长尾鸟；“隹”即，是一种一尾鸟。此外，又有“鱼”yü 即，“虫”ch‘ung 即；以及各种四足的动物，如“马”ma 即，“羊”yang 即，“牛”niu 即，后面这两个字是用它们不同的角来区分的；又最简略的图象，如“犬”k‘üan 即（缩写为），及“豕”shï 即。

关于人类及人体上的，又有许多字。“人”jên 是用一个简朴的图象（即今“人”字）来代表，使我们记得《莎氏乐府》上所说的“出叉的红萝卜”（forked radish）。另外有个人的画象——已经用来代表“大”ta 这个语词——是（即今“大”字）。至于代表“女”nü 的，原来有好几个图象。（即“女”字）是正面看的形象，（亦“女”字）是侧面看的形象。后面这个形象已经减省了，近代这个形式“女”已经失去了原来描摹妇女媚妩的观念。“儿子”是两个各别的语词，就有两种各别的方法来描画。代表“子”tsi 这个语词的是（即“子”字，两腿是包裹起来的）？代表“儿”êr 这个语词的是（即“儿”字），这个形象，据学者的解释，以为小儿颅门尚开，可以显见的。“身”shên 字的，显然看出凸出的腹部，而身体上各部分也很巧妙的表示出来。例如“目”mu 字的，“眉”mei 字的，“耳”êr 字的，“口”k‘ou 字的。口上特别的产品，其符号为“言”yen 字，是很奇异的。此外，我们又有个“心”sin 字的，以及代表“手”上的各种形式：“手”shou 字的（缩写为），“又”yu 字的，再从，“又”得个“廾”kung 字的，拱手的意思，又“寸”ts‘un 字的。最后，我们可以举个“力”li 字的，用来表明强力的意思。

对于古代中国文化的发生，也有许多可以供侧面的观察。中国至少从西元前第三千年的中叶起，是一种勤劳的耕种民族，所以“田”t‘ien 字和“畺”字，都给示我们以一个简单适切的描画。古代乡村社会一个有趣的观念，从这个“井”tsing 字上，也可以看出来“井”字现在指汲水的井，这个字的古式是，表明怎样的八家组成一村，共耕中央的公田，以代纳税，而汲水的井，也在中央的地方。又有表明房屋的各部分的。从“宀”mien 字的，“广”yen 字的广，我们看出两种异式的屋顶。从这个“门”mên 字，可以断定古代中国人已有折扇门了，而紧闭门户是用“闩”shuan 的。比较讲究一点的房屋，是“宫”kung 屋顶之下有好几个房子：（即今“宫”字）。古代中国有了塔的建筑，可以从这个“京”king 字看出来：（即今“京”字），后来又变做京都的意义（如北京、南京等）。中国人为保护自己、防备邻国的侵略，早晓得怎样的守卫城墙，可以从这个“郭”kuo 字看出来：（这个字，现在变坏了，右旁又加上一个新分子，成为“郭”字），从此我们晓得古代城墙有了堞楼门互相对立；这种造法，现在还是存在，足以表明中国城市的样式，不过城墙大都不是圆形而是方形的。

古代许多器具的图象当中，有很多关于战术的，如“弓”kung 字的，“矢”shi 字的；另有许多是表明和平的职业的，如“刀”tao 字的。“工”kung 字本是工匠的矩尺，后来变做工作的意义，又“车”ch‘ê 字的。这里，我们又可举个“网”wang 字的（缩写为）；又“两”liang 字的，表明一管秤，两边挂着重物，这个字可以用为斤两的两，也可用为两三的两；又“贝”pei 字的，是指贝壳，往古曾当做钱币用的。

我们曾经举过“木”mu 的图象；把这个图象垂直的剖成两个，一边就是“爿”ts‘iang 字的，另一边就是“片”pien 字的。从“帚”chou 字的，我们看到一只手握着那帚的状态。“巾”kin 字的，和这个图象也有几分相似。“带”tai 字的，更是一个精致的图象，这里，我们可以看出裙裳之类从腰带挂下来，腰带上更携有许多小物件。“衣”i 字的，这个图象是表明衣袖裙裳。制造衣裳我们所得到最精细的原料是用“糸”mi 字的，这个图象表明出来，画有蚕茧和丝线的形状；传说上以发明养蚕归功于黄帝的夫人嫘祖。

有许多字是画各种饮食器具的样式，例如，“皿”ming字的，有块基脚和两只柄，(就是后来的盘)；又“壶”hu字的。我们根据经书，晓得中国古代有各种肉鱼食品，或是鲜的，或是腌的，并加以胡椒醋酱之类。一个很有趣味的字，足以表明古代也用晒干的肉，是“肉”jou字的，即今“肉”字，缩写为，即月，不幸现代这个字的形式，和月亮的“月”yüe，变为相同的了。这个字普通是指鲜肉及肉类：这里我们看出许多肉片用一条绳子扎在一起。中国古代的弟子用一捆干肉送给他们的老师，所以现在中国语上常以“束脩”这个辞语来代表“教薪”，还有这个旧习上的遗念。制造发酵的饮料，这种技术，在中国是很古的；“酉”yu字，古体为，意思是指“酒”，而用来表明盛酒的坛。

上面讲过了许多家室、衣食的文字。还有许多字是表明高等文化的原质。从“聿”yü字的，我们有了一个最古文具的图象，是一种尖器用来雕刻文字于兽骨龟甲或竹木的上面。后来竹木渐渐成为正式的文具，写者应用狭长的竹片，从顶上写下。竹片有连续的，就编成一起，于是成为一本书，这个可以从古写的“册”ts‘ê字看出来。现今中国的书籍，还有这种装置的遗迹。读者从书页的右面顶上起读，一直到了页脚，于是再往左边第二行的顶上(在西洋的书籍里算是最末一页的，在中国书上应该是第一页)。

在别种文明的产物上，还可以看到音乐的器具。“乐”字的，是放在一个架上的钟鼓；这个字可以代表娱乐的乐lo，也可以代表音乐的乐yo。“卜”pu字和“兆”chao字都足以表明古代卜者所用的器具；它们是指兽骨龟甲上的裂纹(上文关于河南龟甲的发现曾经说过)，卜者依这种裂纹和各个字体的形似来解释的。我们还有一个很奇异的“鬼”kuei字，：头的形状颇似古式的。这个字有几种异体，还具有一个小的卷曲之物，(亦“鬼”字)；这卷曲

之物，有几个解说者，释为鬼神在空中疾趋而过，好像旋卷的东西，另有几个解说者，释为鬼的尾巴，较为自然。

图画文字适用于代表具体的事物，是很值得赞美的；这种字体已经有几千成为通行的了。但是抽象的观念怎样的表示出来呢？固然，即使抽象的观念，也有一部分可以用图画代表出来。中国文字，属于本国语言学者所谓“指事”这一类的，有百余字。所以我们有“一”i、“二”êr、“三”san 等字，以及“上”shang 字的丄，和丄相反的，又有“下”hia 字的丅。“分析”这个观念，很适当约用)((即今“八”pa 字)这个符号来代表，在很早的时候，“八”用作数目字，因为“八”的数目最可以除尽的。“中”chung 字表明“当中、中心”的意义，是很明了的。“回”huei 字的囘，是表明“旋转、回转、回复”的意义。有几个代表数目的字，解说者依照字形来类聚他们的解释，虽然常是不对，也很精巧有趣；这些很古的字，真正的起源，现在我们已经不能考出了。例如“五”wu 字，古代写做㐅。这个数目，在中国的表征上是很重要的，正如西洋的三数和七数：例如五行、五胜、五德、五恶之类。这个字，有说是代表五方：东、南、西、北及中央。这种说法又可以用来解释：为什么后来再装上两画，如五(亦即“五”字)，这是表示宇宙上创造天地五方的两大势力，就是“阳”yang，属于上天、光明、美善、生长、积极、雄性等的原理，和“阴”yin，属于下地、黑暗、丑恶、容受、消极、雌性等的原理。他们又以同样的根据来解释“十”shï 字，以为是代表全数的方位，宇宙的全体，这是一个完数，为单数的最高者。

虽然，应用这种“指事”来表现抽象的观念，比较上只有少数的几个表现得满意，这是显然的。所以还须依赖别种好方法。

有个普通的方法，是应用具体实物的图象来代表一个抽象的观念；这个观念或者和那个实物很有密切的关系，或者借了那个实物可以很强的把它提示出来。例如“相交、接触、相关”的意义，写做“交”kiao 字的，就是一个人以两腿相交。“高”的意义，用“高”kao 字的来代表，就是一座塔。“行”的意义，是用通常走路的行迹来代表：（即今“行”hing 字，就是足迹）。“北方”的意义，是用“北”pei 字的来代表，画上两个人，背对背的站着；正是表示“掉转头来，向着那个人的背面走去”——因为中国地方常认北方为后背，以南方为面前，所以房门、王位等等都是朝南的。

另外一种方法，是借一个具体的同音语词来代表的。例如一个“来”字，代表“麦类”的意义，又代表通常“行来”的意义，现在北京音上统读做 lai。在古代中国语上，这两个语词显然是同音的，因为我们晓得代表“行来”的这个语词很难描画出来，而代表“麦类”的这个语词很容易描画，（即今“来”字，像具有麦芒的植物）；所以从极古远的时代，“行来”就已经写做“来”字了。依据同样的方法，“万”wan 字的，本是指一种“毒螫”，用来代表意义比较复杂“十千”的万。这种方法，因为过于轻率任意，是很危险的；假使用得太普遍了，那这种文字就有含糊不清的影响；但是，古代语言上或者没有很多的同音语词，所以这种方法应用的范围，也决不至于很广泛的。

这几种方法，中国人无论怎样运用得巧妙，对于制造大多数抽象意义的文字，总是不敷应用的。不但是这样，而且有许多具体的语词，也不能用单纯的图象就足以表明的。所以必须有再进一步的发明；因之就发生了许多“合体字”，是根据固有的单纯图象来创制的。

第一步就做出一类重要字体的发明，叫做“会意”，由意义的会合而成，所以是论理上的合体字。把两个或两个以上的单纯图象合并起来，使他们的意义发生论理上的关系，于是所产出的合体字，可以用来代表一个新观念。这种便利的方法，应用得很广，通常字体由这样构成的，不下有千个。这许多结合的字体，所包含论理上的关系，也有不同的种类，我们可以把它们举出几个例子来。

结合的字体，一种显著的形式，是两种实物的结合，这两种实物对于所表现的性质或情状，都是很显明的，至少也都共同具有这种性质或情状。于此我们得个“明”ming 字，是用“日”加上“月”来表示“明”的意义；“鲜”sien 字是用“鱼”加上“羊”来表示“鲜”的意义（很明白的，鱼和羊总是鲜的好吃）；“件”kien 字是用“人”加上“牛”来表示件的意义，因为人和牛对于单个的事物，是两个模范的代表。

还有一种结合的字体，是两种实物的结合，这两种实物共同的存在，就足以提示一种观念。这类的例子，如“好”hao 字，由“女”字和“子”字结合而成，所包含的意思是人有了子和女，就快乐了。对于女性的轻视，有个“奸”kien 字，包含三个（意思是指好几个）女字，以表示“奸”的意义。另外的例子，如“宁”ning 字，“安宁”的意义（宀是房屋，心在房屋器皿之间）；“友”yu 字的，表明“友谊、朋友”（两手交接）；与此相似的有“共”kung 字的，表明“共同”（四手相连）。这种结合的字体，特别有趣的是个“思”sï 字的，表明“思想”（脑和心的合作，就产生了思想）；“召”chao 字是“裁判”的意思，由口字（用口来判决）和刀字（中国古代各种通常的肉刑都用刀割）合成；“设”shê 是“设施，建设”的意思，由言字（发命令）和殳（手里的鞭策）合成；又“黑”hei 字的，由火焰和一个孔隙（就是通烟的烟囱）合成，就是所发生的烟煤。

而论理上的合体字，最普通的形式，尤其是用两个实物来表明，其中一个是依附于另一个之上。代表抽象语词的文字，由这样造成的，其中很多是动词。动作的意义不能用单个的形象表现出来，就可以利用结合的字体来显示。所以我们从一个人字，得了许多动作：“坐”tso 字，等于两个人在泥土上；“闪”shan 字，具有发出的意义，等于一个人从门里跑出来；“见”kien 字，等于一个人（有两条腿的）加上一目；“休”hiu 字，等于一个人在树荫底下休息；“伏”fu 字，等于一个人伏起来好像狗的样子。从手字又发生了许多字，例如“开”k‘ai 字，等于用两手（廾）开门闩；“算”suan 字，等于两手掌理竹制的目状的算盘；“看”k‘an 字，等于一只手放在目的上部，我们远看时常用手隐护两眼；“取”ts‘ü 字，等于右手捉住一耳。由言字构成的，如“计”ki 字等于言字加上十字（十数为单数的最高级，自此以下都是合成数，所以有计算的意义）；“誩”king 字，相争的意思，等于两方各执一辞，彼此相争；“狱”yü 字，意思是指“讼狱”（于是又来指“监狱”，是通常讼狱的结果），等于两只犬在那里争讼——这是一个精细悦目的讽刺画。从口字构成的，如“告”kau 字，等于一只牛用口来触物；“哭”k‘u 字，等于一只犬和几个口；“占”chan 字，等于用口读卜辞上的裂纹（在兽骨龟甲上的）。此外各种混杂的合体字里，可以举出个“焦”tsiao 字，等于火在一只鸟底下要烫焦了，和“益”i 字的，等于水溢出器皿的缘边；“瞿”kü 字，表明恐惧的意思，等于鸟的两目；“分”fên 字等于刀字加上八字，用刀来分析。

论理上的合体字，代表抽象语词的，其中有许多是表明性质的。“美”mei 字是一个显著的例，等于一只大的羊。“左”tso 字，等于左手做工，“右”yu 字，等于右手为口（拿食物入口的）。这两个字似乎可以表明中国人古代的习惯。“古”ku 字比较牵强一点，等于十口，就是古时遗流的东西，由十代相传下来的。夸大的字体是：“匆”ts‘ung 字的，表明“匆忙”的意义：心在窗中；“危”wei 字的，表明“危险”的意义：一个人用一脚立于石崖之上。“白”pai 字的，表明太阳向上照，太阳上升，就白了；“东”tung 字表明太阳从天边的树木的后面升出来，就是“东方”。“只”chï 字可以看一只鸟拿在手里，这个字正和“双”shuang 字相反，双字，是两只鸟拿在手里。“昔”si 字的，是画了许多肉片在太阳下晒干，原来是

指“陈旧”，后来变为“古昔”的意思，正和“新鲜”相反。“强”k‘iang 字，是弓矢射过几处畺田，代表“强有力”的意思，是很巧妙的。“男”nan 字，等于力田，表明在田操作是男子应有的职务。正和女子的在家相反。分字和贝字相结合，成为“贫”p‘in 字——贝是指资财，“贫穷”乃资财分散的结果。

这种结合的字体不但可以表明抽象的意义，也可以代表具体的实物。“囚”siu 字表明一个人在囚笼里，我们很容易看出他是一个“囚犯”或“俘虏”。“夷”i 是一个大人背着一弓，表明他是“野人”。此外还有许多有趣的例子，“妇”fu 字等于一个女人握着一帚；“奴”nu 字等于用手抢来的奴婢；“仙”sien 等于一个人隐息在山上。其余还有许多很简明显豁的，如“父”fu 字的，等于用手执朴以教；“股”ku 字，等于受鞭笞地方的肉；“器”k‘i 字，等于四口一犬，就是喂饲许多狗的器皿；“家”kia 字，等于豕在屋顶下；“李”li 字，等于生子的树木。还有很清晰明了的，如“桑”sang 字，等于许多手在树木里采桑叶；“泉”ts‘üan 字，等于白的水（译者案，此说非是，泉字古本作，就是从山窟里流出的水，参看后文）。“库”k‘u 字，等于放车的房子；“丈”chang 字的，等于十手，表明十只手那么长；“灰”huei 字的，等于用手从火里取出来的东西；“蚤”tsao 字的，等于搔人的虫；最后又有一个“狄”ti 字，等于火狗，用来指“野人”。

上面讲过各种论理上的合理字，对于单纯的图象所不能表明的语词，虽然都表现得异常适当，可是有一种缺点，就是他们所需要创制的心思，未免过巨了。等到需要创制代表几千个语词的文字，那这种方法过于困难，就不能适用了。所以古代中国人又要靠着一种完全新的方法，利用了它，可以创出无限数的新字。

这种新方法，是一种音标的字体。可是决不能说，这是表示中国人已经采用了字母文字。字母文字的原则，其目的只在表明语词的声音,没有计及它的意义,只是分析语词声音组织上的各部分;例如英语里 c-u-t 一字,现在我们看来,似乎是很简单,很自然的了,可是在人类的发明上,实在是个很费时的东西。这种方法,和中国人的思想路径,适相异趋。一方面,中国人惯用了的字体,是表示语词的意义的,他们决不愿完全放弃这个表意的原则。另一方面,上文说过,中国人已经具有几个字是属于一种原始的表音字体,就是声音"假借",例如有个"万"字是表明一种"毒螫",国语上读做 wan,另有一个语词和它同音的,意思是指"十千",国语上也读做 wan,就用这个"万"字来替代(参看上文第六一页)。可是,中国人得了别种原则的辅助,把这种笨拙的假借方法修正一下,就使他变成为一种很精巧简捷的方法。例如"寸"字的(手的大拇指上标上了一点,译者案,此说非是。寸字的一画是表明臂上离开手掌一寸的地方)。国语上读做 ts'un,假使没有加以变化,不能用来代表"村落"的"村"(国语上也读做 ts'un)这个语词,因为这样就要引起误会的;所以中国人把这寸字加上了一个"木"的图象(木,显然是建筑的材料),就得了一个"村"字。村字的右旁是表示这个语词的音读和"寸"字相同——中国人那时还没有到了分析语词声音的程度,只是把整个的合体当做语音的单位,而这个字的左旁,是一种限制的符号,表示它"不是"指"寸"字所代表的那个语词,而是和寸同音,有关于"木料"的那个语词,就是"村"。这种方法,用来表音的,又不必需要"绝对"同音的语词,只是在声音上有密近的类似就够了;因之这种方法,更觉合于实用了。

这种新字一定要包含两部分:一部是"音标",用来表明——或者至少提示着——这个语词的音读,一部是"意标"(欧洲人普通说他是"字根",这是一个含混的名辞,因为使人容易误会做语源学上语根的观念)。用来表明——或者至少提示着——这个语词的意义,或者它所属于范畴。

举出几个例子，就可以表明这种新方法有怎样的效用。假使我们比较下面的几个语词：

坊 fang　　街坊
纺 fang　　纺纱
访 fang　　访问
钫 fang　　钟钫
枋 fang　　枋木

就可以看出它们在现代国语上有个相同的音读 fang。这个音和“方”fang 字（一个古代的图画文字）的音读相同；因为“方”这个原质，都成了它们的一部分，所以很显然的，古代的中国语上，它们必定已经和“方”的音都相同或相似了，所以把“方”字插入于这五个字，只是表明它们的音读和“方”这个语词大致的相同。于是“方”成为这几个合体字的“音标”。至于意义方面，这几个语词大相径庭；它们彼此不同的意义，也用字体来精密的区别。“街坊”的“坊”fang，以加上一个“土”字来表明，这个“土”字就是它的意标部分，就是“字根”；“纺纱”的“纺”fang，它的字根是“糸”，也足以提示它的意义；“访问”的“访”fang，它的字根是“言”；“钟钫”的“钫”fang，它的字根是“金”；“枋木”的“枋”fang，它的字根是“木”。

“工”kung 字（木匠所用矩尺的图象）是一个很普通的音标，见于下面这些字里：“功”kung（它的字根是“力”），“讧”hung（它的字根是“言”），“灯”hung（它的字根是“火”），“红”hung（它的字根是“糸”），“扛”kang（它的字根是“手”），“杠”kang（它的字根是“木”），“江”kiang（它的字根是“水”）和“贡”kung（它的字根是“贝”）。我们必定看到这些语词在现代国语上并非完全同音的，但是也有极强的类似性，它们在古代语上，也必定是相似的。

这种音标并不必一定是单纯的图画文字。有许多字，他们自己是由二个或多个单体字组织成功的，而又为另外许多新合体字的音标。例如“分”fên(用刀劈分)：是“纷”fên(它的字根是“糸”)，“粉”fen(它的字根是“米”)，“忿”fên(它的字根是“心”)，“吩”fên(它的字根是“口”)，“枌”fên(它的字根是“木”)，“盆”p‘en(它的字根是“皿”)，“盼”p‘an(它的字根是“目”)这些字的音标。同样的例子，如“古”ku(十口相传)：是“姑”ku(它的字根是“女”)，“诂”ku(它的字根是“言”)，“枯”k‘u(它的字根是“木”)，“固”ku(它的字根是“□”)等字的音标。而且，由这样一个字根和一个音标所组织成的合体字，也可以认做一个单位，以为另一个新字的音标。例如刚才说过的“固”ku字，和“人”这个字根相合成为“个”ko这个新字。要把这个新字分析起来，就须经历下面这个冗长的程序：把“个”ko字分做字根“人”和音标“固”ku；这个“固”字又是字根“□”和音标“古”组织成功的；而这个“古”字又分析为“十”和“口”两个原质。

这种方法是应用一个表意的字根，和一个表音的音标，来组成新字的；中国人因此得到一个简单便利的手术，任意来创制许多新字。中国字的最大多数——约有十分之九——是用这种方法造成的。

说到这里，也难怪读者要发生了一种驳论，以为从这一类的合体字上，中国语实在具有一种音标文字。那末，对于我们前面所说的：中国字只是表示语词的意义，没有表示它的声音，自然要发生一种反对的论调。可是，这种反对的论调，并没有什么效力。中国文字史上，在某个时期，某种范围内，确为音标文字；但是不久就变了。凡是有字母文字的语言里，大概字形的演化，总是紧密的随着音读的变迁。例如英语里的副词 faste，音读上失去了末尾的一个音缀，于是书写上也把末尾的 e 废去了。英国人在文字方面还是显著的保守者；至如德国人很忠实的依据音读的变迁来改进字母的拼法。而在中国文字上，一点也没有变更。文字的构造在数千年前一经固定了之后，许多语词的声音，大都已经受到极大的变化，而字形始终没有随着改进。至于文字，经过了许多世纪语音的演化，而它的音标还保存着原来的功用的，实在只有少数的例子。例如"方"fang足以适切的表示"坊"fang、"访"fang等字的音读，实是由于偶然碰巧的事实：原来这几个语词，声音上极相类似，所以用"方"做这几个合体字的音标，后来因为语音演化的结果，它们完全变为同音语词了——在现今国语上都是读fang。可是，旁的许多字就不是怎样了。例如"工"kung，在"扛"kang、"江"kiang这两个字里，现今只有一种暧昧的表音作用。还有许多事例当中，因为语音演化的结果，使语词的音读大大的纷歧，于是合体字的读法和它的音标，很难看出彼此有类似的地方。例如"占"chan和"帖"两个语词，现在的音读完全不同；假使我们不能证明这两个语词在西元后第六世纪的语音里，还是很相似的，那末，我们绝对不能相信"占"chan这个字，可以做"帖"t'ie字里的音标；它们在六世纪时的音读比较现在相似得多：那时"占"chan字是读tś̑i̯än，"帖"t'ie字是读t'iep，它们的语首同属一个部位，语尾也同属一个部位，而母音也极相似。

这样看来，假使所谓"音标字体"，即在古代也是极粗陋的——音标和转成字很少是正确的同音的，所以前者不足以供为后者确凿的音读的表率。——那末，在后来二三千年中，经过语音不断的变迁，这种音标的效用，全部都更靠不住了。

中国文字的特性，当然使中国字典的编制成为实用上一个很困难的问题。所采用的编制方法，约有好几种。有许多字典，正如西洋一样，是依照语音来编制的。但是中国人类别语词，不是如西洋那样依照语首的字母的，乃是第一步依照音调来分做四大类，第二步再把这四大类中，依照语尾来分韵。把语词归成各个韵部，每一韵部里的语词,又依照语首的子音来排列。在这一种音标字典中,显然的,我们只能用来查考一个已经晓得了音读的语词,因为,我们说过中国字不是表示音读的;我们只能应用这种字典来查考许多成语或复合语词的意义,而它们第一个分子的意义先已晓得了。我们要查考一个没有知道音读的语词,那不得不应用另外一种字典(或者依据同样的原则所编成字根的索引,通常大都附录于刚才所说的音标字典中)。我们说过,全部中国字中有十分之九是用一个字根和一个音标组成的。此外,还有一小部分的图象,确是通用做字根的,事实上也只不过二百之数。这些相同的字根,在一大群的复合字中,再三循环的显现着。例如四千个最普通的语词当中,不下有一百七十五个用"口"字做它们的字根,有一百二十个用"糸"字做它们的字根,等等。可是,中国人已经把字典全部的体系,四百十四个字根列成一表。这个表是依照各个字根笔画的数目来排列的:用一画写的字根放在起首,然后用二画写的字根接在后面,这样递降下去,以至于用十七画写的字根为止。其余的文字,统排列在这些字根之下,他们除出了字根之外,所包含的笔画数目,就用来做排列它们序次的标准。举出几个例子,就更明了了。譬如我们要查考一个"女"字。"女"字是一个普通的图象,是一个单体字,我们可以从二百十四个的字根中寻了出来。我们从三画的字根里去寻,得着它在第三十八个上,在这里注出它是读nü,意义是"妇女"。我们要查考另一个"好"字。这字包含着二个普通的图象,它们都是字根表上所具有的。两个都是三画,在三画的字根中,我们寻得"好"字左边的这个是在第三十八,右边的这个是第三十九。那末,这两个字根,究竟应该往哪一个的下面去查考"好"这个合体字呢?关于这一点,我们确是没有方法可以立刻来断定;我们必定要往第一个上试寻,然后再及于第二个上。我们从左边这字根第三十八个"女"字上着手,除去了女字,计算右边的

“子”字，是三画。我们翻开字典，在第三十八个字根里；再去寻三画的字（除出这字根的笔画数），我们就得了“好”字，查出它是读 hao，意思是“美也、善也”。又，假使我们要考查一个“姑”字，立刻认定它左旁的“女”是第三十八个字根，右旁的“古”字，算得五画。在第三十八个字根下，五画的字里，就很容易寻得这个“姑”字；它是读 ku，意思是“姑母”——右旁的那部分是一个音标（古音为 ku）。

我们计算“女”字为三画，“古”字为五画，似乎是有几分不合理的。在通常的人看来，它们似乎应该包含有四画和六画。这个疑难，可以用中国人写字的事实来解明，中国人计算笔画，依照写字的方法，对于写字有许多很严格的规则；写出的笔画有一定的次数，一定的程序。一个“口”字，必须分做三次写出，而依照这样一种程序：“丨”加上“㇆”加上“一”等于“口”；一个“女”字分做三次写出，依照这样一个程序：“一”加上“㇛”加上“丿”等于“女”。所以要想在中国字典上能查考中国字，必须要晓得中国字是怎样写的。

中国文字在它的结构上，是这样的复杂的。达到了这样复杂的程度，不但要经过了许多世纪的时间，而且要费了许多人的心思和脑力。这种演化的过程大致如下。最古的时代所引用的，是一种图画文字，这样继续了一个长时期；于是第一步进而为论理的合体字，后来又进而为音标的合体字，因此文字的数目范围大大的增进了。这种演化的层次，可以用古代的刻文来证明的。在殷商时代（西元前一七六六年——前一一二二年）的刻文里，几乎没有音标的合体字，只有很多论理的合体字，但是也没有单体的图象那样多。大部分音标的合体字，使文字上发生最大的一类的，显然是创制于文盛的周代（西元前一一二二年——前二四九年），尤其是周代的末期，或者还要后一点。而有许多论理的合体字，它们的性质，包含有丰富的意想力，足以表示这种字的创造，并非由于初等的书吏，而是一般很高等的学者所为；那末，这些字的发生，也是比较的晚后。这样看来,我们要寻求真正的原始文字,必须要返归于这些单体的图象。

中国文字,结构上的演化,在西元以前,早已经完成了,但是另有一种形式上的演化,进行到了更后的时期。

西元前第一千年以前,书写上技艺的演进,究竟是怎般的,因为材料的缺乏,很难考明。我们现在只能说当时各个字形式上的异体是很多的,是很纷歧的。例如我们举出代表“马”这个语词的文字,就有下面这几个异体:、、(即今“马”字);又如代表“鱼”这个语词的文字,可以写出、、,等(即今“鱼”字)。关于“犬”这个语词的文字,有、、(即今“犬”字)这些形式;关于“耳”这个语词的文字,有、、(即今“耳”字)这些异体;关于“山”这个语词的文字,有、(即今“山”字)等这些异体。根据中国的传说,约当西元前八百年时,颁布一种官令的字目,确定了一种比较统一的书体,就是所谓“大篆”文字;但是,这种书体,仍是过于古式而难以记忆和书写的;而一般书吏又很粗心,所以他们各因自己的便利,写成了各种字形,结果,中国字体就有很衰败的现象。孔子曾经对那时情形给我们以一个暗示,凄然的说道:“我曾经看见许多书吏(因为他们所不知道的文字),就留了许多空白的地方;到了现在就没有了。”(“吾犹及史之阙文也,今无已夫!”)最后自然必须有个改革。当西元前二百十三年,秦相李斯愤恨当时一般人的讥讽,就煽动秦始皇实行大焚书,又颁布一种新的官令字目,以为书吏的表率,而统一了中国字体。李斯曾竭力保存古代的字体,但是他把古字加以简省,常用简略的几笔来替代一个古代精细的画象。上文所举几个文字的异体,在这种新书体里,便成为下面这几个形式:(即“马”),(即“鱼”),(即“犬”),(即“耳”),(即“山”)。这种字体,凡是李斯所订定的,叫做“小篆”。因为焚书的缘故,我们所看到中国大部分的字体,只是用小篆写

的。上面所举几个古代图画文字的例子，为简便起见，都变为这种书体了。比这种较古的字体，偶然在铜器等等的刻文里保存下来，和这种小篆比较一下，也可以晓得李斯对于古代文字常有误解的地方，有时他又竭力的用新字来替代古字。例如，有个古字，所代表的语词，意思是指“伸张、引伸、伸出”，等等。他不懂得这个字，就用一个大致相似的字来替代——或者是某个草率的书吏所杜撰的一个异体——两手伸张一种长的东西（即今“申”字）。所以李斯的小篆，在许多字例上看来，实在是一种完全新的字体。

虽然，小篆在文字形式上的演化，绝对不是最后的一级。小篆引用之后，不到了几年工夫，就进入于另一个新状态。这种由于书写上原料的变迁。从前写字是用刀或尖器刻于木版或竹简之上；到了这时，发明了一种墨水；又有一个人——传说是蒙恬将军——想到用骆驼毛来制笔。第一步曾经用缣帛来代替竹木，不久之后，就用纸来写字；中国纸的发明，说是在西元后一〇五年，从那时到今，中国书写上的原料，就没有变过。现今中国人用一种尖细的毛笔渍着墨水来书写的。

用了古代的尖器，许多弯屈的曲线，可以随着意旨写出的；用了毛笔之后，那更细密了。假使逆着笔毛的势写去，笔毛就要迸出，有几处笔画也要污损了。所以引用了这种书写的新工具之后，文字的形式就急剧的发生了变化。小篆的形式因为受了毛笔的变化，就成为一种新书体，叫做“楷书”。一直到了现在，成为官令的文字，用于习字本上，并为书法上、公文上的标本，为印刷体的根据。

用了毛笔，可以写得很快，可是容易使人趋于草率；而要写得快，就把文字的形式牺牲了。所以第一步就起了一种微细的变化，叫做“行书”；第二步就成为一种速写体；这种速写体，有个生动的名称，叫做“草书”或“草字”。这种草书并不像西洋的速记术那样，有一种严格齐整的系统,而是一种很随意伸缩的体制,容许个性的或其他种种的变化,字根的缩写也可以有许多不同的样式。有一种叫做“小草”还是稍有规则的,可是有一种“大草”几乎使人受了极大的困难。下面这个表,可以显示毛笔的应用,怎样的贬损了中国文字:

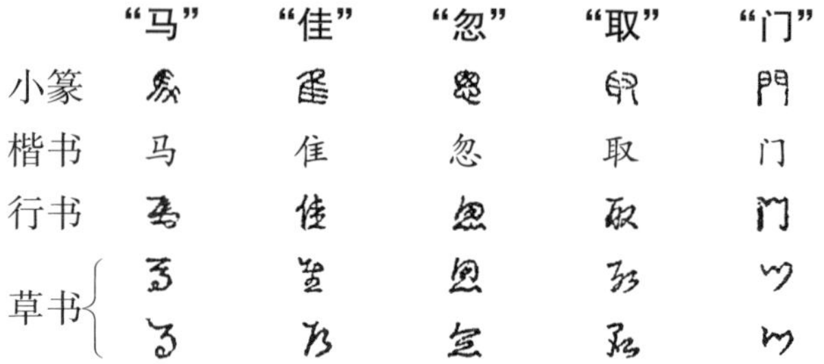

我们可以看出行书和草书,对于小篆原来的图象,已经很不相似了;即使楷书也和小篆大不相同,只是偶然间——如“门”字之类——我们还可以认出原来图象的笔画。我们观察从生动的图画怎样的转变做牵强的形象,有时在技术上却很微细,这是很奇怪的。“马”字和“鸟”字在小篆的形式上,还是容易认出的图象,但是楷书的形式,事实上虽然变得很少,而和马的形象或鸟的形象,一点也不相似了。

由小篆转变而为楷书,有时也使我们错认了字源上的关系。例如“泉”字原始的字形和小篆上,都作,这是一个泉水的很适当的图画:画了一个山石上的空隙,泉水从中流出。而楷书上这个字作泉,似乎由“白”和“水”二字所结合而成;并且给了泉水一个很好的定义,说是“白水”,显然因为当时某个书吏善于推想,在小篆变为楷书的中间,就引用了一个流行的字源学说的分子。

从上面所说,可以晓得西元后二千年间所用的楷书,对于文字原来的组织,并没有给予我们以许多线索;一方面常把许多图像摧毁了,以致失去原形,成为不能认识;另一方面,尚有各种错误的解释：楷书的作者，也许已经对小篆发生了曲解，而小篆的作者李斯，也许又对古代的字体发生了曲解。这样，中国本地人或西洋人为实用上起见，要学习中国文字——第一步学楷书，第二步再学行书草书——就不得不记忆一大批纯粹习惯上的符号。有时，例如“明”字（等于“日”加上“月”），它的字源上的组织，经过了几千年，还是很明显的，结果可以补助我们的记忆。但是大部分都没有这种效用，对于它们的形体、意义和在某种方言上的音读，只得很机械的去强记熟读。

所以中国文字各种历史的起源，成为现今科学研究上的主要问题；可是，这一项学问，古代已经具有了，要晓得中国学者在许多世纪以前，已经用心研究这一项学问。

楷书和草书的发生，此种形式的演化，完成于西元前，那时关于文字上的粗率和放纵，已经达于极点，几乎有摇动文字生存的趋势。一般学者以为写了当时流行的书体，觉得自己很耻辱的。在这种危险的时候，有一个许慎起来拯救文字，他在西元后一百年著成他的字典《说文解字》，因之引起学者对于字源学和正字学上的兴趣。在这本书里，他对于流行的字体下了批评的观察，又将李斯的字目，加以条理的刊布，传给当时一般学友，这样他就把毁坏字体的趋势遏止住了。他这部书受了普遍的称颂，现今评注家尊视“《说文》为一种经书”。从那时以后，在一般重要的书籍及公文中，都应用楷书，而个性的行书和草书，只限于私人之间。许氏《说文》更有一个重要的结果，使一般对于文字历史的研究，得着一个激励。自从此书出世，中国的学者就用其心思于研究的工作，从古代中国的遗物上，搜寻了他们所保存下来的篆文的异体，使渐渐的进于光明的境界。这些研究的结果，刊布的很多，或者把《说文》加以注释，或者把《说文》的原本加以扩大和刷新；这些工作实在有很大的价值，因为所登载的对象，大部是久已湮没了的，文字史上有许多疑难的地方，可以应用它们而得个明白的。

这里要说明的，搜寻中国文字最古的形式，这种工作，离开了结局还是很远。中国的文献学者，虽然是很热心很精到的，可是每每把自己所得的结果，认为满足了；这些在批评的科学上，当然不能认为合于需要。有许多字，他们费了很大的心力，求得一个解释，也不过闹出许多笑话罢了。例如"王"wang 这个字，他们以为最好的解释是：内中的"丨"一是个人，"三"是天地人，这个人能贯通天地人的，就叫做王！又如上文说"五"字和"十"字的解释，就有学者推想的意味。这样看来，关于中国的文字，虽然大部分的字源关系，已经很明白的建立了，尚有许多地方留待后人努力的。中国地土贡献出许多考古学上宝贵的材料，所以要将中国文字的历史重新举起，而把它认为一个更深切的研究对象；这个在将来的支那学上，实在是一件重要的工作。

中国文字是真正的一种中国精神创造力的产品，并不像西洋文字是由古代远方的异族借得来的(译者案，西洋文字的字母源于腓尼基人，而出自埃及和巴比伦。皆和欧洲人为异族)。中国地方对于文字特别的敬爱，这种又是西洋人所不能理会的。中国文字有了丰富悦目的形式，使人能发生无穷的想像，不比西洋文字那样质实无趣，所以对于中国文字的敬爱更是增进。中国文字好像一个美丽可爱的贵妇，西洋文字好像一个有用而不美的贱婢。中国文字常常很多因为艺术上的目的而写作。书法学是绘画术之母，而两者常有密切的关系；专门的书法家在中国常为一般所重视，正和第一流的画家一样。西洋人装饰房子只用图画，不用文字的，而中国人常用书法家所写成的白纸黑字的格言，悬挂于壁上，当做房子里的点缀品。中国人在书法上能巧运其笔，就可以成名，正如在绘画上一样。因为书和画有密切的关系，所以中国的艺术家常为书法家而兼绘画家，在他们的画作上，喜欢插入几行字，他们把这种点缀的方法运用得很巧妙。这几行字大都是某首古诗上短的节句;酷爱文学的人(他们当然熟悉这全首的古诗),看到这个节句,就觉得这画上又添进一种怡情的附属品了。因之文学和书法又发生了密切的关系,这又是西洋人所不能理会的。他们署名于题辞的下面,写得很精致优美;又加盖了红印,内中也有他们的名字。画幅上的题辞,偶然有用楷书写的,可是不常用;大概艺术家喜欢用上古的篆文(尤其在红印里的名字),或者喜欢行书或草书。艺术家在中国地方正如在西洋一样,都是一般不守常规的人民,所以他们的草书有时很个性的,很混杂的。"富"fu、"寿"shou 两个字,是大家所信奉的,常用为装饰的目的。这两个字约有几十个的异体;用这些字写成的匾对等等,在中国各处可以购买得到,这是很特别的。实际上,中国装饰的文字是一种专门的学习,需要长时期的严格训练。支那学者以为这一项在学术不很重要,很少愿意牺牲时间来研究;因此,如在博物馆中的作品,他们常聘请中国的专家来共同制作,因为这一班人从少起就已经熟习了中国文字的奥妙。

这项专门的学习是很费气力的,但是,为通常的目的而学习三四千年以来的楷体字,那并不是很繁难的工作。我们熟悉了几百个最普通的单体字(许多单纯的图象),就得着各种合体字(或论理的合体字,或音标的合体字)里常见的分子;因此要学习新字,只须学习这些新字里所包含的分子,或者应用西洋的语言,来表明他们怎样的拼法。

第五章

前面几章里，我们已经讨论中国的单纯语词，以及代表它们的文字；不过只是关于语言的原料，还没有论到中国语是怎样一种表现思想的工具。语词是用一种分析的手续所得来的单位，但是语言上的单位，并不是语词，而是语句，不过有时某种语句上只包含一单个的语词罢了，如“是”“琼斯”（要回答这样一句问语的时候，如：“是什么人？”）。

我们第二步要询问的是：中国语上的语句是怎样构造的呢？语词是怎样结合起来表现思想的呢？

中国语里各个字是固定的单音缀，这种情形在确立语句的结构上，很有绝大的势力。印度欧洲语言里，一个语词具有各种的形式，就是形式变化；语词在它的语句上所占有的地位，是应用这种形式变化来表明的。在一个通常的语句中，听者或读者靠着形式变化语尾的指导，立刻可以懂得它的意义。例如在下面这个英语的语句里：

Albert's mother gives him cakes.

我们立刻看出其中 gives 是有定式的，为述辞上的动词；又 Albert's 不能当做主辞用，因为它，很显明的表示出来，是别一个语词的附加辞（是属于领位的）；him 也不能当做主辞用，因为它是属于宾位的；还有两个语词，它们的形式都可以有做主辞的资格——mother 和 cakes——其中前一个必定是主辞，因为 gives 这个动词(属于单数的)，不适合于 cakes。英语里有许多形式变化已经衰退了，但是还可以应用语词的形式变化来指定它们在一个语句上的功用；至于别种印度欧洲语言上，如拉丁语、俄语、德语，措辞上的种种关系，更表明得很正确。例如拉丁语上这个语句：

Pater amat filium.

其中主辞和述辞，功用上的分别，很明白的用形式变化表示出来；而英语上同是这个语句：

The father loves his son.

哪个是主辞，哪个是述辞，听者只从语词的序次上看出来。形式变化的各种语尾，在无论哪种语言上，似乎是很可宝贵的东西，把它们废除了，未免太可惜了；但是在事实上印度欧洲语的演化，有渐渐把它们全部废除的倾向。对于听者的传达，凡是从前应用了形式变化的地方，现在渐渐改用它种方法来表明。在这一方面，欧洲的各种语言有渐渐变为中国语的倾向；从这一点来观察，可以知道中国语比较西洋任何种语言总为先进的，因为中国语差不多已经到达了无附添语的时期。

中国语这种事实上的情形和习见于西洋方面的，正是完全异趋，我们只须提及它缺乏形式变化，这个实在的断案，就很显然的了，就是：中国语，大概说来，没有正式的词品的。

一个实物，一件事情，具体的或抽象的，例如“人”“快乐”之类，可以为一个述辞的主辞或一种动作的宾辞，又可以用为领位的，或者表明其余一切的个体。印度欧洲各种语言里，是应用各种附添语来表明这些功用，因此应用了各异的形式，就成功所谓“变形”(paradigms)，例如拉丁语上的变形：homo、hominem、hominis、homines、hominum等等，组成文法上“名词”的这个范畴。这样，拉丁语上就有一种正式的词类，叫做“名词”，大概和心理上“事物”这个范畴恰好相当。同样，如英语上“动词”的变形，call、calls、called之类，内中语尾s和-ed是表明动作进行上某几种规定的状态，因此就产生了一种“动词”正式的范畴，正和心理上“动作”这个范畴相当。中国人在心理上当然和西洋人一样，具有各种范畴；可是在言语上，中国人却没有各种相当的词品。某种现象，例如一个急引的动作，我们可以当它发生的时候，没有动作者的关系：如“急引得很强”(英语 The jerk was very strong.)；或者也可以当它为某人发出的动作，如“他急引他的臂”(英语 He jerked his a arm.)。在前一个语句里，英语上的表现方法，必须要采取名词上各种变形(主位 jerk，领位 jerk's，复数 jerks)的一种；在后一句里，英语上必须要采取动词上各种变形(jerk、jerks、jerked)的一种。至于在中国语上，就没有这种分别。中国语说“急引得很强”“他急引他的臂”，两个语句里所用“急引”这个语词的形式，正是完全的一样。从心理上的观察，虽然这个语词在两句里的功用不同，可是在语言上，总认“急引”这个语词，正是完全一样的。

再另举几个例。“长”chang这个语词在“子长”tsï chang这个语里，其功用适相当于英语上的一个动词；在“长子”chang tsï这个辞语里，适相当于英语上的一个形容词；在“长吾长”chang wo chang这个成语里，第一个是动词，第二个是名词。“父”fu这个语词通常有个很具体的意义，例如“父来”fu lai，“父兄”fu hiung。但是“父父”fu fu这个成语并不像我们所猜度的，是“父的父(==祖父)”的意义，因为这样虽然在文法上可以解释，但是实在的意义是

“以父待父(——待父以孝)”;这样对于中国语的文法也没有违背的地方。又如一个“上”shang字,抵过英语上许多种词品;这个语词基本的意义是“在上”。“上”shang可以说是“在上的人、皇上”,那就相当于一个名词,英语 the emperor;“上边”shang pien的“上”就相当于一个形容词,英语 the above side,“上马”shang ma的“上”,就相当于一个动词,英语 to mount a horse;“马上”ma shang的“上”,就相当于一个介词,英语 on the horse;“上有天”shang yu t'ien的“上”,就相当于一个副词,英语 above there heaven。

说中国语的语词,没有形式上的类别,只适合于一般大概的情形。这个正如普通文法的规则一样,也不无例外,下文所举的几点,可以证明:

要表明形式变化的各种范畴,不但只有应用附添语的一种方法。此外还有两种方法:有时可以应用内部的形式变化,例如英语上有用母音的变化来表明的:man、men;bind、bound。另一方面,又可以应用助语词——这种正和纯粹的附添语完全相反,因为附添语自己单独是不能表明意义的——助语词在语言中别处地方用做独立的语词,而当用为形式变化的目的时,其意义比较的微弱。例如英语下面这个语句:

I have been in London.

其中 have 是一个助语词(和 I have five shillings.这个语句里的 have 比较一下,就可以知道这个 have 的意义才是完全的)。

这两种的形式变化,中国语上也有相似的现象。

内部的形式变化,在中国语上所发生的各种形式,不是在音缀上的母音,而是在它的“音调”。这种和英语上的变化,并不是完全相同,而是极相似的。“好”hao˘这个语词,意思不但是指“美好”

(形容词),也是指“爱好”(动词),便读为 haoˋ。这里,中国语也具有形式上的差别,和心理上的各种范畴相应;这里,意思是指中国语上也有一种现象,和词品上的差别相应。但是,这类的例子比较的少,并不足以摇动中国语形式上没有词类的这个通则。

形式变化最重要的事例,是应用了许多助语词;这种助语词在俗语上和文言上都所具有的。俗语上最显明的例子,是“要”yao这个未来时的助语词。“要”yao 这个语词独立应用时,意思是指“愿意、需要”,而“他要来”t‘a yao lai 这个语句,意思就为“他将来了”,等于英语的 He will come。用英语的 will 来比,是很完全的;我们更可用“怕要死”p‘a yao sï 这个语句来解释,内中的“要”yao就显然没有“愿意,需要”这个完全的意义了。俗语上另外有个很普通的助语词“了”liao;这个语词独立应用时,意思是“完了”。当做助语词用时,便是表明主要的动词所表现的动作,乃是完了的:“他去了”t‘a k‘ü liao,就等于英语的 He went。再举一个文言上的例子,有个动词“以”i,意思是指“用”;这个语词很多当做助语词看待,用来表明一种工具的意义,例如“以手扶之”i shou fu chï,意思是“用手来扶他”。这样一个动词,它本来完全的意义是“应用”,这里却变做一个介词了。

有时这种助语词也变成纯粹的附添语。它们单独应用时所具有一切的意义已经消灭了,已经减缩了,等于一个英语上形式变化的附添语。例如现代法语里的有定冠词,如在“le-gar-çon, l’homme”里,le、la、l’ 只是一种附添语,没有单独应用的,而且他们自己也没有单独的意义;这种冠词,本来就是指示代名词“ille”,后来渐渐缩减,把这个独立的语词变成为附添语的冠词,可是大家久已不知道了。中国语里也发生这样相类的事情。例如国语里有个音缀“的”ti,放在一个语词或一群语词的后面,用来表明这个语词或这群语词是后面另一个语词的附加辞。这个“的”ti,我们不妨在英语上稍稍破坏习惯，用“y”这个语尾来直译他的功用（y 等于德语的-g）：“张三的娘”（chang-san-ti niang），就是英语的 chang-san-y mother（德语的 die Chang-San-ige Mutter），等于 Chang-San's mother；“好的人”hao-ti jên，就是英语的 good-y man，等于 a good man；“说话的样子”shuo-hua-ti yang-tsï，就是英语的 speak-word-y-manner ═══ manner of speaking，“桌子上的土”cho-tsï-shang-ti t'u，就是英语的 table-upon-y dust ═══ the dust upon the table；“昨天来的人”tso-t'ien lai-ti jên，就是英语的 yesterday come-y man ═══ the man who came yesterday，等等。俗语里实在没有一个独立的“的”ti 具有一个相类似关联的意义，所以我们从现代国语的立场上看，这个“的”ti，纯粹是个形式变化的附添语，为一种附加辞的记号。

用中国文言来比较，就可以明白这个“的”ti 大概是出于一种助语词；从文言里，我们看到“之”chï 的这个音缀，恰好和俗语上的“的”ti 相当，都是附加辞的记号：例如“父之心”fu-chï sin，就是英语的 father-y heart ═══ the father's heart；文言上的“之”chï 和俗语上的“的”ti，彼此有字源上的关系，这是无疑的。极古时代的文言里，这个音缀，除了表明附加辞的功用以外，似乎还有一种意义，是当做独立的语词应用的，就是“这个、这些”；例如“之子”chï tsï，等于英语的 this young man。所以这个语词用为附加辞的记号，也不过由一个代名词缩减而成的；“父之心”，从前是用“父、此心”表现出来的。

文言上也有几个形式变化的分子，没有完全的意义，不当做独立的语词来应用，所以也可以归为纯粹的附添语。例如有个“者”chê 字，是用来构成名词的。这个“者”连接于“死”sï 这个动词，便成了两种动名词：“死者”sï-chê 意思是指“死的动作”，相当于英语的 to die，death；“死者”sï-chê，意思是指“死的人”，相当于英语的

the dying，the dead man。但是，这个“者”chê，虽然没有当做独立的语词来应用，而和上文所说的“之”chï 或者有字源上的关系，大概也是起源于代名词的。

我们的前面，有了这几种新鲜的事实，读者心理上对于上文所论及的或许要发生了两种疑难。第一点，既然俗语上和文言上都有形式变化的分子，如“的”ti、“者”chê 之类，它们的存在，都没有独立语词的性质；那末，中国语毕竟必是一种有附添语和形式变化的语言了。是的，无疑的，可是少数的例外，不能用来概括全体。中国语里确实无疑的附添语，实在很少。而且我们上文已经讨论过，我们进一步可以推迹这些附添语是由助语词的演化成功的，而这些助语词也是由独立的语词演化成功的（“的”ti、“之”chï 以及“者”chê 都是源出于代名词的）；所以最多我们只能说，中国语上有某种趋势是倾向于形式变化的附添语——正如我们上文所指明的（第四〇页）是倾向于转成作用的附添语——不过这种趋势是很微弱的，那末，说中国语是一种没有形式变和附添语的语言，这种大概的描述，当然还可以成立的。

第二点，我们可以说，既然中国语应用了许多助语词，那末，它必定应该具有词品的。许多语词，凡是应用“要”yao（未来时）这个助语词加以变化的，它们因此就注定为动词了。我们对于这个疑难，可以回答说，中国语上不管它有助语词的应用，我们总不能承认它有动词、名词，等等的存在。因为中国语上为了形式变化的目的而应用助语词，比较英语及他种语言上，实在占一个很不重要的地位；在英语及他种语言上，助语词是一种文法上有规则的工具，而在中国语上，不但所有的助语词只有很少的几个，而且又不是拘束的。英语里如这样一个语句：

His mother whacked him yesterday.

当然只能有这种表现的方法。可是，中国语里，有许多形式可以任意的选择，或者采用和英语这种相当的形式，或者采用另一种的形式，这种形式假使在英语上可能的话，便成为

He mother whack he yesterday.

这样一个语句了。所以中国语或者是：

"他的娘昨天打了他" t'a- ti niang tso- t'ien ta- liao t'a

或者是：

"他娘昨天打他" ta niang tso-t'ien ta t'a

事实上，助语词只是为了明晰起见而必需应用的时候，才不能免除。否则，便可随意的应用；有时因为协韵和调音的缘故，才用到它们。即使联词，西洋人看来，似乎是不能少的，在中国语上也时常可以不用，例如：

"他不给你钱，我就给你" t'a pu kei ni ts'ien wo tsiu kei ni

在英语上应当说做：

If he does not give you money, I will give you.

必须有个 if。又如：

“他来了，请告诉我” t‘a lai liao t’ sing kau su wo

在英语上应当说做：

When he has come, please tell me.

必须有个 when。现代国语上的助语词，比之二千多年前孔子经典的语言上确是较少，而大部分又可以不需用形式变化的附添语及助语词的。那末，我们说中国语是没有形式变化的语言，这种大概的描述，仍是很适合的。

关于中国语的结构，我们说过的，大都只是属于它消极方面的性质：语言上形式变化的附添语既为一般所缺乏，助语词的应用也是很有限制的。那末，中国语上构造明晰的语句，所应用的积极方法是什么呢？我们可以回答一句，主要的方法是应用一种井然不紊的语词序次。英语上 The father loves the son 这个语句里，哪个名词是主辞，哪个名词是宾辞，只有语词的序次来表明；中国人也正如英语里这种方法，表现这件同样事情，也是用同样的方式：

“父爱子”fu ai tsï，相当于英语的 The father loves the son.
但是，要说：

“子爱父”tsï ai fu，就相当于英语的 The son loves the father.
中国语里所采用的语词序次，大概对于英国人也是很自然的。我们从所举的这个语句，归纳得一个序次：

主辞，加上动词，加上宾辞。

附加的区别辞，常放在它的主体语词之前；例如“严父”yen fu，相当于英语的 the stern father（但是说“父严”fu yen，就相当于英语的 The father is stern.）；在这一方面，英语和中国语间很相一致，比之英语和法语间还要一致；因为法语里附加的区别辞，常放在名词之后（如 cet homme excellent）。只有副词的成语常有许多不同的位置。这几种规则，虽然不无例外，但是从全体上看来，总是很准确的；对于中国语句的分析，通常总以这几种规则做基础。

但是，中国语句里这种固定的序次，也和英语的习惯有几点极不相同的地方。关于这一层，有两种有趣的现象值得指出的。

英语上表明“疑问”的一种范畴，常用原来语词颠倒的序次。我们疑问的语句，有两种：一种是要求决定的疑问，一种是要求告诉的疑问。英语上要求决定的疑问（用 yes 或 no 回答的，主辞和述辞都已经晓得了，这种疑问，就是要决定那一个述辞可以适合于这一个主辞），除出颠倒语词的序次（还伴着一种疑问的语调）以外，就没有别种形式了；如 Will he come? 就是 He will come 这个语句里序次的颠倒。中国语上就不用这种方法，因为在严格的序次里，一经颠倒，就要发生混淆的。所以把通常的序次，依旧保存着，而表明“要求决定的疑问”这种范畴，就应用了别的两种方法。或者是：

“他来么（或吗）？”t'a lai mo（或 ma）

“么”mo 或“吗”ma 是一种疑问句上收尾的语（词可以和拉丁语的 ne，num，nonne 比较）。回答一声：“是”yes 或“不”no。或者是：

“他来不来？”t'a lai pu lai

第一种的成句法，可以无需说明。第二种的成句法，也不难了解。说者预定了两种可能的答句——“他来”；“他不来”——听者就从中任择了一种：“（他将）来”lai，或“（他将）不来”pu lai。

至于要求告诉的疑问（这种疑问，语句上的某个分子，总有几分不晓得的，就用答句上“a 等于 x”这种形式来解明）。常常包含一种疑问代名词，或者一种疑问副词；例如英语的 Who is he? What is he? Where is he? When will he come? 单是从这种疑问的语词上,听者就晓得有一种疑问的意思了;所以英语里因为这种和要求决定的疑问起了类比的作用,也把语词的序次颠倒,这实在是无需要的。语词序次没有颠倒,也是十分的显明;如:He is who? He is what? 等等。这样就和中国语的序次,在论理上很相符合了:

“他是谁?”t‘a shï shuei

但是,假使我们把这种语句的疑问性质,表明得强一点,就可以加上“呢”ni 这个收尾的疑问语词(不是属于第一种范畴的“么”mo 或“吗”ma):

“他是谁呢?”t‘a shï shuei ni

中国语里没有和英语上那样的形式,把主辞加上述辞这种序次颠倒的,可是在现代国语上,另有一种文法上的范畴,单是用语词序次的变化表明出来。我们说过,副词成语的位置,是依照某几种规则的,我们在此地不能详细论列。“不”not 是表明动词的否定辞,我们现在且当它做一个副词的成语,来观察怎样利用副词的移动,依照一种有趣的方法,以表明各种的范畴。假使语词只是单纯的否定的,那个否定辞就放在它的前面,例如“他不来”t‘a pu lai,相当于英语的 He does not come。现在国语上有一大批的复合动词,由一个主体动词和一个或二三个的辅助动词组织成功的,相当于英语里的动词加上介词,或动词加上副词的复合语词;例如“拿去”na-k‘ü 等于英语的 take away,“打开”ta-k‘ai 等于英语的 hew apart,“说完”shuo-wan 等于英语的 speak to an end,“打倒”ta-tao 等于英语的 throw over,等等。假使否定辞不放在动词的前面,而插入这种复合动词里各个分子的中间,那就是表明一种“能具”capability 的范畴(或者说得确切一点,是“不能具”,因为这种语句总是否定的)。

“他拿去”t‘a na-k‘ü,等于英语的 He takes away.;

“他不拿去”t‘a pu na-k‘ü，等于英语的 He does not take away.；

“他拿不去”t‘a na-pu-k‘ü，等于英语的 He cannot take away.。这种是国语里一个极普通的现象，对于应用语词序次以表明各种文法上的范畴，这也是一个极显著的例子。

中国语句的组织，实际上是怎样构成的，我们可以引用许多连接的散文来做说明的标本。这里所举出的，第一篇，是现代国语里一种北京方言的例子：

有 一 个 年 轻 的 人，是 个 傻 子。他 的 爹
yu i ko nien k‘ing ti jên shï ko sha tsï t‘a ti tie
娘 嫌 他 傻，给 他 银 子，叫 他 出 去 学
niang hien t‘a sha kei t‘a yin tsï kiao t‘a ch‘u k‘ü hüe
俏 的。
tsiao ti。

他 就 走 了。到 了 外 边，来 到 一 棵 树
t‘a tsiu tsou liao tao liao wai pien lai tao i k‘o shu
底 下。那 树 上 有 一 大 些 个 家 雀，哳 哳 哳
ti hia na shu shang yu i ta sie ko kia tsiao cha cha cha
哳 的 乱 叫。忽 然 来 了 一 个 枭 子，往 树
cha ti luan kiao hu jan lai liao i ko yao tsï wang shu
上 一 落。吓 得 那 家 雀 都 不 敢 叫 了。可
shang i lo hia tê na kia ts’iao tu pu kan kiao liao k‘o
巧 有 一 个 念 书 的 人，也 在 树 底 下 坐 着 呢。
k‘iao yu i ko nien shu ti jên ye tsai shu ti hia tso cho ni
就 说：一 鸟 入 林，百 鸟 哑 音 啊。那 个 傻 子
tsiu shuo i niao ju lin pai niao ya yin a na ko sha tsï
就 问：先 生 你 说 什 么？那 个 人 不 愿
tsiu wên sien sheng ni shuo shên- mo na ko jên pu yüan
意 答 理 他 说：我 爱 说 什 么，说 什 么；
i ta li t‘a shuo wo ai shuo shên- mo shuo shên- mo
不 用 你 管 我。他 说：先 生 教 给 我，
pu yung ni kuan wo t‘a shuo sien shêng kiao kei wo
我 给 你 银 子。那 个 人 说：那 也 行 了。要
wo kei ni yin tsï na ko jen shuo na ye hing liao yao

了他的银子，教给他说：一鸟入林，百鸟
liao t'a ti yin tsï kiao kei t'a shuo i niao yu lin pai niao
哑音。刚学会了，那个傻子又往别处去
ya yin kan hüe huei liao na ko sha tsï yu wang pie ch'u kü
了。走到了一个井。冬天那挑水的
liao tsou tao liao i ko tsing tung t'ien na t'iao shuei ti
撒的水，井台上冻成冰淋了。
sa ti shuei tsing t'ai shang tung ch'êng ping ling liao

有一个老头子牵着一匹老驴来饮来
yu i ko lao t'ou tsï k'ien cho i p'i lao lü lai yin lai
了。这驴往井台上，一上就塌倒
liao chê lü wang tsing t'ai shang i shang tsiu t'a tao
了。那老头子着了急，就喊叫说：给
liao na lao t'ou tsï chao liao chi tsiu han kiao shuo kei
我抽驴来罢！给我抽驴来罢！那个傻子
wo ch'ou lü lai pa kei wo ch'ou lü lai pa na ko sha tsï
就问：你说什么？那老头急得喊着
tsiu wên ni shuo shen- mo na lao t'ou ki tê han cho
说：给我抽驴来！我没有说别的。他
shuo kei wo ch'ou lü lai wo mei yu shuo pie ti t'a
说：你教给我，我给你银子。那老头说：
shuo ni kiao kei wo wo kei ni yin tsï na lao t'ou shuo
行了。就教给他说：给我抽驴来罢。
hing liao tsiu kiao kei t'a shuo kei wo ch'ou lü lai pa
那傻子给了他银子，就回了家了。他爹
na sha tsï kei liao t'a yin tsï tsiu huei liao kia liao t'a tie
娘看见他回来了，就很欢喜的。街
niang k'au kien t'a huei lai liao tsiu hên huan- hi- ti kie
坊邻舍的也都来看他来了。正在说话
fang lin shê ti ye tu lai k'an t'a lai liao chêng tsai shuo hua
的时候，众人乱响，那傻子的娘来了。
ti shï hou chung jên luan jang na sha tsï ti niang lai liao
进了门，众人都立起来，不念一声。那
tsin liao mên chung jên tu li k'i lai pu nien i shêng na
傻子就说：一鸟入林，百鸟哑音。他爹
sha tsï tsiu shuo i niao ju lin pai niao ya yin t'a tie
听见他说的这话，就欢喜的哈哈大
t'ing kien t'a shuo ti chê hua tsiu huan- hi ti ha ha ta

笑。 笑 着 笑 着 一 下 子 跌 了 个 交 ，就 跌 倒
siao siao cho siao cho i hia tsï tie liao ko kiao tsiu tie tao
了 。那 傻 子 就 喊 叫 说 ：给 我 抽 驴 来！
liao na sha tsï tsiu han kiao shuo kei wo ch'ou lü lai
给 我 抽 驴 来！
kei wo ch'ou lü lai

这是一个现代俗语的例子。我们试将下面文言上的标本和这个比较一下：

田 饶 事 鲁 哀 公，而 不 见 察，谓
T'ien Kiao shï Lu Ai Kung êr pu kien ch'a wei
哀 公 曰：君 独 不 见 夫 鸡 乎？ 首 戴 冠
Hi Kung yüe kün tu pu kien fu ki hu shou tai kuan
者，文 也。足 附 距 者，武 也。敌 在 前 敢
chê wên ye tsu fu kü chê wu ye ti tsai ts'ien kan
斗 者，勇 也。得 食 相 告，仁 也。 守 夜 不
tou chê yung ye tê shï siang kao jên ye shou ye pu
失 时，信 也。鸡 者，此 五 德，君 犹 日 瀹 而 食 之
shï shï sin ye ki chê tsï wu tê kün yu jï yo êr shï chï
者，何 也？ 则 以 其 所 从 来 者，近 也。
chê ho ye tsê i k'i so tsing lai ahê kin ye
夫 黄 鹄 一 举 千 里，止 君 池 囿，食 君
fu huang ku i kü ts'ien li chï kün ch'ï yu ch'ï kün
鱼 鳖，啄 君 黍 粮 ，无 此 五 者，君 犹 贵
yü pie cho kün shu liang wu ts'ï wu chê kün yu kuei
之，以 其 所 从 来 者 远 矣。 臣 将 去 君，
chï i k'i so ts'ung lai ahê yüan i ch'ên tsiang k'ü kün
黄 鹄 举 矣。
huang ku kü i

我们要解释中国这样的文辞，就要遇着三种主要的困难，这里我们当进而来叙述它们。

其中一种困难，在各个语词所包含的意义显然过于繁复。一个语词，在不同的关系上，现出许多不同的意义，因之我们几乎不

能认它为同一个语词。这种现象的本身,实在没有什么例外。同类的事情,在各种语言上,都可以见到。且举一个英语的例子,spirit 这个语词,有很多各异的意义:“精神”“灵魂”,“鬼神”“妖怪”,“生机”,“生气”“热诚”“精力”,“勇敢”,“性情”“神气”,“精意”,“醇酒”,等等。可是,这种情形在中国语里,风行的程度,更可惊异。其原由,因为中国语具有几千年来的一种文言,大多数的语词,经过了时代的变迁,分裂为许多不同的意义。几百个最普通的语词,也是很混淆的;因之听者对于某个语词也只能靠了上下文的辅助,来猜度:它许多意义中,说者所指究竟属于哪一种意义;这些普通的语词,对于表明一个语句的意义,没有供给了可靠的方法,常引起疑惑的困难情形。所以对于一个特别的语词,要学得它怎样的写法,怎样的读法,意思是什么,是很不容易的。这种情形,实出于意想之外;要考查他的意义,等于一部字典里一页或几页书的研究。

有许多空泛的语词,在它们单独应用的时候,意义方面已经很纷歧了;另外有许多语词,在它们和别个语词结合应用(在复合语词或固定的成语中)的时候,特别的困难。前一种的例子,我们可以举一个“经”king 字来观察,它原来的意义,“织机上的经线”是很具体的,专门的;所以现今写这个字,旁边有个“糸”,用做表意的部分。从这种意义,就发生各种副意义:有机体上大的脉络,如动脉、静脉、神经等,也叫做“经”;(地理上的经度)如子午线、经线等,也叫做“经”;又如“经营”“经纪”“经略”“经济”“经制”“经界”“经纶”(都是关于国家的);又如“经星”(关于星的);此外如“经常”“经义”“经书”;“佛经”“念经”;“经用”“经验”“经遭”;“经历”“经过”“早经”“业经”;都是“经”的意义。单认识这个字,以及它某几种意义,在语句里,并不足以完全了解它,这是显然的;只有从上下文的关系,可以看出来。另举“节”tsie 这个语词做例,它基本的意义,是“竹上的节”，所以这个字，有“竹”做它的字根。普通渐渐用做“转节”“肢节”的意思，于是就演化成为下面这一大批的意义：“节段”“节落”“节目”；“时节”（一年里转接的期间，新的时节，从此开始了）；“关节”（注意拉丁语里这个语词，也有同样的历史），“事节”；“符节”（君主赐予诸侯的竹牌）；（系统的连接，好像竹上的节落）“节制”“节度”“礼节”“节文”“节概”“调节”“忠节”“裁节”“节操”“贞节”（是说寡妇的）；“节守”“节欲”“节奏”，等等。又如“故”ku 意思是指“缘故”“故所以”；（有个缘故，所以）“故意”；（和缘故相对的）“事故”；（不快乐的缘故）“物故”“病故”“作故”；又有“故乡”的“故”（不是新的，“故乡”ku hiaug 就是本乡）；“故人”的“故”（旧的，就是亲密的，朋友）；“故代”的“故”（例如历史上的“故事”ku shï）。“生”shêng 这个语词，意思是指“生活”“产生”“生产”“新生”；又“未煮熟的”，也叫做“生”；“不亲属的”，也叫做“生”（例如“生子”shêng tsï 这个语词是西洋所没有的）；所以“生人”shêng jên 这个语词的意义，可以说是“生出一个人”，也可以说是“一个生疏的人”。“天”t‘ien 这个语词有许多副意义；“天天”“天时”“天气”（由天所赋予者），“天然”“天性”（属于天的代表者）；“所天”“帝天”，等等。“命”ming 原始的意义是“命令”，但是也指“天命”，所以有“命运”“年命”“生命”等等。“本”pên 这个语词，意思是指树的“根本”，它的副意义，是“基本”“本质”“本原”“本有”“本要”“本部”“本始”“本然”“本性”“本真”等；又如“本乡”的“本”（“故旧”的意思，和“生疏”相反）；“本家”的“本”（是指“自我”的意义）。

有很多的语词，假使它们独立应用的时候，意义不很明显，那末，依据它们单独的意义，要想了解它们所结合的成语，就很困难了，有时或并且不可能的。自然有大部分明显的成语，如“金表”kin piao 之类；但是，比较这种情形要复杂的，也是很多。有许多成语，虽然意义不明显，也是容易了解的，如下面所举的几个：

“看”k‘an，意思是指“看见”“察看”；又“中”chung，意思是指“中心”“得中”“中意”，等等。“看中”k‘an-chung，意思是“察看得中意”，就是“愿取”。

“外”wai，意思是指“外边”“外面”“余外”；又“号”hao 意思是指“呼号”“称号”；“外号”wai-hao，意思是指“余外的称号”，就是“绰号”。

“希”hi，意思是指“希少”“希薄”；又“图”tu，意思是指“图书”“图谋”；“希图”hi-tu，意思是指“认为希少而图谋”，就是“热望”“寻求”。

“光”kuang，意思是指“光明”；“阴”yin，意思是指“黑暗”；“光阴”kuang-yin，意思是指“光明和黑暗的连续”，就是“时间的过去”“时间”。

“土”t‘u，意思是指“地土”，“音”yin，意思是指“声音”；“土音”t‘u-yin意思是指“地方上的音读”，就是“方言”。

“要”yao，意思是指“需要”“要求”；“命”ming，意思是指“命令”“天命”“命运”“年命”；“要命”yao-ming，意思是指“需要他的生命”，就是“可怕”。有时，也很可以应用西洋语言上表现的形式来比较，如“手”shou，意思是指“两手”；又“下”hia 是指“下面”“底下”；“手下”shou-hia，是指“两手的底下”，就是“立刻”的意思；这个可以和法语的“main-tenant”比较。

其次，我们有许多复合语词，它们所代表的观念，是很不容易明了的，没有旁的辅助，几乎不能得到它们的意义；再有许多复合语词，其中一个或两个分子是意义上绝不相关的单纯语词，因之那一种的应用才是适合，我们很不容易看出来。第一种的复合语词，举一个例子，如“先生”sien-shêng，就是“先时所生的”，指“长辈”“主人”“教员”“贵人”，等等。另外许多标本的例子，如“东西”tung-si（或东或西，实在不知是那一个），是指一个无定的物体，“一种事物”；又如“宪台”hien-t‘ai，就是“宪法的堡垒”，是指“官吏”“显职”等。第二种的复合语词，其中显出困难的情形，正如下面所举的几个事例：

“天”t‘ien，意思是指“上天”“天时”“天节”“天气”“天生”“天然”“帝天”，等等；而“分”fên，意思是指“部分”“股分”“定分”；“天分”t‘ien-fên，意思是指“天所生的部分”，就是“天赋”。

“顾”ku，有“回顾”“看顾”“顾及”“顾念”“顾忌”“指顾”“顾问”“管顾”“照顾”等的意义；“命”ming，有“命令”“天命”“生命”“年命”等的意义；“顾命”ku-ming，是“顾念的命令”，就是“遗嘱”。

“东”tung，有“东边”“东方”“东家”“房东”等的意义；而“道”tao，有“道街”“道路”“道理”“道真”“道德”“说道”“称道”等的意义；“东道”tung-tao，意思是指“东家的道理”，“主人的款待”，就是“东道主”。

复合语词，凡是初眼看去，不容易明了，必须加以解释的，可以分做二种：一种是专门的名辞，是需要一种所关实在的知识的；一种是类比的组织。

专门的名辞，可以用下面这几个语词来做例证：“秀才”siu-ts‘ai；“举人”kü-jên，“进士”tsin-shï，这是从前考试学位上三种特别的名辞，有几像现在的“学士”“硕士”“博士”。“日本”jï-pên 意思是指“太阳的本源”，用来指东方的日本国，nippon 这个辞语正是从中国古代借入的语词，在日本译音上，同是 jï-pên 的形式。“巡抚”sün-fu，意思是指“一省的治理者”。“手谈”shou-tan，用手指谈话，是指“下棋”。“股人”ku-jên，是“公司的主有者”的专门名辞（可以用西洋的 member 一字来比较；案 member 原来是“肢体”的意思，也用来表明“分子”“人员”等）。

有许多复合语词，是由类比作用组成的。我们刚才已经说过的“先生”sien-shêng，是指“主人”“教员”，等等。因“先生”这个语词，第一步就组成和它相关的一个语词，“学生”hüe-shêng；第二步更以“先生”“学生”这两个语词的类比作用。便成了各种有“生”shêng 字的语词，如“医生”i shêng，等等。

中国语上的词汇，除出大部分这种意义繁复的语词之外，还有更深的困难所在：有许多显然是单纯语词的，在组成某几种复合语词上，它们便是起首的一个分子，而依据一种省略的方法，就用来代表这些复合语词。在英语本身上，也有这种事情的许多例子。如 stage-coach 意思是指“驿马车”，这个语词减省为起首一个分子 stage；而这个 stage，又可依通常的方法，和它种语词结合成为另一种复合语词，如 stage-driver，意思是指“驿马车之御者”。这种程序，在中国语上极普通的。“股人”ku-jên 这个语词里的“股”ku 字，和“票”p'iao 这个语词，结合成为“股票”ku-p'iao；后来又单用这个“股”ku 字来代替“股票”。同样，“东西”tung-si 这个语词起首的部分“东”tung 字，可以单独用来代表“东西”tung-si 这个复合语词的意义，而又可以和它个语词结合起来，如“古东”ku-tung，指“古代的东西”(案现在统写做“古董”)。

应用省略的形式，来创制复合语词，关于这一层，我们已经讨论过许多例子，而复合语词的本身，在应用这种省略的形式上，也极端的自由。英语里这种省略的语词，可以举出：taxi 之于 taximeter 或 taxicab，tops 之于 top boots，clay 之于 clay pipe；但是这些省略的形式都是固定的、大家公认的，要是越出这许多缩写字以外，那就要发生不能了解的危险。可是，在中国文言上，关于这方面，却有极端自由的余地。文言上很讲究音律的协和和辞句的简洁；假使作者为了这种需要，对于无论哪个复合语词，几乎都可以使它们的形式化为简略的。我们已经晓得“日本”jï-pên 是指日本国。但是，一个新闻记者，假使讲到日本的兵士，他就毫不迟疑的写做“日兵”jï-ping，而不写为“日本兵”jï-pên-ping，所省略的分子，只留给读者自己去补足罢。同样，我们可以说“众生”chung-shêng来代替“众学生”chupg-hüe-shêng。又如从前人说“两院”liang-yüan，我们要晓得这是指“一省里的两个长官”（总督、巡抚）。要解明这个语词，便须有一个冗长的注释。我们说过，“巡抚”sün-fu是指“一省的长官”。从“巡抚”这个语词的省略，便组成另一个复合语词，“抚院”fu-yüan，就是“巡抚的衙门”；而这个语词又渐渐用来指“巡抚”的本身（土耳其称皇帝为the Sublime Port“至尊的朝廷”，和这个正可以相比较）。此外，还有个语词“部院”pu-yüan，就是“总督的衙门”；后来就用来指“总督”的本身。所以我们说“两院”liang-yüan，就是指“两个长官”；其中第二个分子“院”yüan字，是经过两次省略的结果，是“抚院”fu-yüan和“部院”pu-yüan两个语词的省文。

中国语上最困难的情形，我们此地已经详细的示例过：大多数中国语的语词，意义的应用，极端自由；据本书著者的意见，这个对于许多不得不要熟习这种奇异的语言的学者，实在是个最严重的——即使不是真正最大的——困阻。而在中国语句的分析上，又增进了二重很大的障碍。

内中的一种，只是我们说过了好几次的那种现象的结果。我们已经指明的，欧洲语言的演进，常趋向于形式的单纯化：形式变化上种种表白的分子渐渐废除，对于听者猜度的力量，愈加需要；没有这种文法上的标记，只需要听者寻求意境的能力；许多语词在说者和作者心理上的种种范畴，听者也失去了这种文法上标记的辅助，只是需要这种能力把它们归纳出来。如希腊语、拉丁语等，比较上这方面的倾向还少，但是印度欧洲语系中，最近代的、最“实用”的英语，向着这个途径上进行，已经很远了。上文说过，中国语在这方面，更为深进，几乎完全到达了没有形式变化的境地。结果，使它对于解释者“猜度”能力的需要，特别的强；而中国语的语句里,语词彼此的关系,没有形式上的表明,只有它一种主要的措辞方法,语词的序次也不过在某种程度上略资补救。可是,这种含混的地方,中国人不但不因之感受了困难,反而愿意养成它;即使应用语词序次这种方法的观察,所得到明晰的程度,也对它采取极端嫌弃的态度。中国语的语句,比较欧洲语实在是一种很"简略的辨论法"(brachylogical)。我们晓得,许多用在电报上的语言中,我们表示意义所应用的语词,要力求减少;例如英语上下面这个电文:

> Going New York important business tell Jones forward trunck Liverpool Monday.

在欧洲语言里,我们对于语句上两个基本的要素,主辞和述辞,无论哪一个,大概不把它取消了的;可是,在中国语里,主辞和述辞,假使其中的一个可以从上下文里看懂的,那就无需辞费,把它们统统表辞出来。一个英国人拒绝购买某种东西的时候,他就说:I won't buy it;这样,把主辞和宾辞(I 和 it),很细心的表示出来。一个中国人却以为这个主辞和这个宾辞,都是辞费,无需表明出来的,只简单说:"不买"pu mai。

中国语这"简略"(sketchy)的性质,缺乏详细明晰的指目,显然没有正式的语句结构,使学习的途径上发生了严重的困难。要得到语句上的意义,只是把其中的语词一个一个的直译——遇到了含混的语词,也只得把它一种一种的意义来尝试——这样从上下文里竭力的求得许多断案;否则,就没有办法了。譬如,拉丁语上的语句,就没有这种类似的情形。一个聪颖的学童,熟悉了普通的文法,有了字典的辅助,并且依据了形式的分析;对于拉丁语上无论那一个语句,总是能把捉它的意义的(只要内容所讲的事实,对于他不是过分的生疏的)。但是中国语的语句,即使对于一个支那学的专家,也可以发生了疑难;他究竟应当怎样的解释,常不能断定。偶然间有时把语词一个一个的直译,立刻就得到他明白显著的意义。但是,也常有一串连续的语词,需要我们全部的智力,才能从中求出一种意义。又常见一个语句,可以容许好几种的解释,而在文法上,都可以通的。于是你必须具有一种灵敏的感觉,必须足够的"中国语文化"(Sinicized),才能"自觉"那种意义是正当的——这种情形,在简略的文言上,比较现代的口语尤为特别的适合。对于中国语文,这种自觉的"气味",只是依据充分的阅读,才能显出。我们试来观察几个文言上的例子。

下面是《礼记》上一段很容易的文辞,讲明"三从"san ts'ung 的道理,就是"妇女三种服从的义务":

无 专 制 之 义,有 三 从 之 道:在 家
wu chuan chï chï i yu san ts'ung chï tao tsai hia
从 父,事 人 从 夫,夫 死 从 子。
ts'ung fu shï jên ts'ung fu fu sï ts'ung tsï

〔妇女〕没有自治的权力,(自由的行为),〔她〕有三种服从的义务:在〔她父母的〕家里,〔她〕服从父亲;〔当她〕出嫁了,〔她〕服从丈夫;〔当〕丈夫死了,〔她〕服从〔她的〕儿子。

下面这一段,是出于晋代的史传上的,也很容易读下去。一个官吏召至一个权相的前面,明知道他自己要被杀了。可是,他很勇敢的声说:

闻 天 下 有 道,守 在 四 裔,明 公 何 须
wên tïen hia yu tao shou tsai sï i ming kung ho sü
壁 后 之 人?
pi hou ch jên

〔我〕曾经听到,〔正当〕(天下,就是)国家有(道,就是道义,就是)好的政府,〔人民〕在〔国家的〕四边上,也被(守,就是)保护的;明公,〔你〕为何在墙壁后面要放了〔武装的〕人呢?

又下面这个语句,是某个学者对于另一个学者评论的话,就没有像那样的容易了。

名 下 定 无 虚 士 。
ming hia ting wu hü shï

〔他是〕一个学者,依〔他的〕(名,等于)名誉(定,等于)必然(无,等于)不是虚空的。就是,得了很好的名誉的人,必定是个学者。

朱熹(西元后十二世纪时人)的这一行诗,更加难懂了:

颜 生 躬 四 勿 , 曾 子 日 三 省 。
yen shêng kung sï wu Tsêng tsï jï san sing

颜生(“生”shêng 字是代替“学者”,看第一一五页),(躬,等于)身上注意四项(勿,等于)勿做,曾夫子考察〔自身〕每日三次。四“勿”就是——“非礼勿视,非礼勿听,非礼勿言,非礼勿动”。

下面这段《礼记》上的文辞,至少可以说不能有显明的解释。当着一个大饥荒,有个人几乎要饿死了,到了善士黔敖的前面来乞食,黔敖就轻率的给他饭吃。那个饿的人承愿死,不愿受了这个赐予,说了下面的话:

不 食 嗟 来 之 食 。
pu shï küe laï chï shï

〔我〕不吃一种“嗟! 来!”的食物。就是,一种食物由别人叫一声“来!”给他的(用一种很不客气的神气给他的)。

又有一段文辞，也是一样困难的，是出于另一种《礼经》，叫做《仪礼》。曾参是一个仁孝的模范者。他于此道给予我们一个显著的例证；因为他的妻子，奉侍姑母，煮了东西不好，他就弃绝了他的妻子。另有一个对他抗议，说：

非 七 出 也。
fei ts'i ch'u ye

"出"ch'u 这个语词，有时可以具有使因的意义："使得某人出去。"就是"弃绝"；这个语句的意思是：〔这〕不是七种〔合法的〕出妻〔原因的一种〕。可是曾参仍坚持他的主张，以为这是合于出妻的合法原因的第三种条件，这七种是——"无子，淫佚，不事舅姑，口舌，盗窃，妒忌，恶疾。"

上文所说的几个例句，虽然难懂，但是，至少，他们也只感受了一种的解释。可是，无论哪种经文里，我们可以见到许多含混的文辞。下面这句简练的文辞，是古代执法官吏的一种信条；又含混，又好玩的，可以取来做个例子：

失 入 不 如 失 出 。
shï ju pu ju shï ch'u

第一步我们先注意"不如"这个普通的语词，意思是"不等于"或"较卑于，较劣于"；又"入"ju 和"出"ch'u 二个语词，须当做使因的意义来解释，意思是"使入"就是"下狱"，"使出"就是"释放"。这个语句，依直白自然的解释，意思似乎是"疏忽了下狱，较劣于疏忽了释放"。幸亏得实在的意义不是这样。中国人无论在事实上是怎样，在思想上，总归是很人道的；所以这个语句，正当的解释，是："弄错了下狱的案子，较劣于弄错了释放的案子。"就是"使一个无罪的人下狱，较劣于使一个有罪的人释放”。

我们读到一句古代描写征伐的文辞：“死者十九”sï chê shï kiu，这里我们要小心，切不可直白解释为“被杀的人有十九个”。这样，在文法上固然是对的；“十九”shï-kiu 这个语词，在通常的情形中，正如法语的“dix-neuf”意思是十九个。可是，此地合理的解释，决不是这样的意义；真正的意义，是：“被杀的人（十之九，等于）十个里有九个。”所以这个“十”shï 字，在措辞上是属于领位的表分字。

《书经》里有一句文辞“太康尸位”T‘ai K’ang shï wei。这个语句，容易解释做：“太康〔帝〕的（尸位，等于）坟墓。”但是，意思不是这样，应该是“太康〔帝〕（尸位，等于）登位好像一个尸首”；就是说他懒惰不留心政治。

对法官的呈请书里，有个普通的成语：

笔 舒 丹 而 霜 肃。
pi shu tan êr shuang su

这个成语，关于法官用红字签批判决书的这种事实。依照文法上，可以这样的解释：“〔你的〕笔舒着丹，于是霜成了严肃（有严厉的结果）。”但是，实在的意义不是这样。这个成语全体是一个极端尊敬的颂辞，应当解释为：“〔你的〕笔舒着丹，而〔你是〕（霜肃，等于）如霜那样严肃。”

另有个例子：

心 之 忧 危，如 蹈 虎 尾，涉 于 春 冰。
sin chï yu wei　jo tao hu wei　chê yü ch‘un ping

依据文法上很好的解释，就为：“心里的忧愁，好像踏着虎的尾巴，走上春天的冰，那样危急。”但是这不是正确的解释。真正的解释没有那样十分的明白：“〔我的〕心里（忧，等于）害怕着危险，好像踏着虎的尾巴，走上春天的冰〔那样害怕〕。”

对于中国语句的分析，第三种主要的困难，是属于书写上的性质，所以这种只在文言里遇见。西洋许多语言中，现在应用了某几种巧妙的方法，来表明语句上的原质和词品；中国语里缺乏这些巧妙的方法，实是一个很利害的缺点。这些方法，可以分做两种。

一方面，表明语言上的各种词品，是怎样的连接的；语句、子句等，用句号、分号、逗号等分离出来；复合语词是不应该像单个的语词那样连接的写着，中间就用短画来表明。诸如此类，它们的应用，固然没有严格的法则来规定；各种语言里，标点的方法，也各不相同；即在一种语言中，各个作者，也彼此相异；又复合语词，写做一个或几个语词，也很不一致（如英语的 gold-beater 写做二个语词，而 goldsmith 就写做一个；法语的 tandis que，写做二个语词，而 puisque 就写做一个）；但是，大概说起来，欧洲人表明语言上论理的关系，可以说有了一种满意方法。中国人就不是这样。最近的时候，固然开始输入了标点符号，尤其在报纸上及学校课本上最为风行；但是多数的人还是认它为不学者一种辅助的工具罢了，许多重要书籍的印本上，语词、子句、语句等，彼此连续不断的写着，一点也没有把他们分离出来。而中国的文字，在复合语词上——无论古代的书籍，或现代的学校课本里——总没有分辨的记号，常把它们所包含的分子当做独立的语词看待。在这一方面，缺乏表明符号，对于语句的分析，增加了很大的困难。事实上，中国语上，许多错误的解释和翻译，大半直接由于语句的误分，而发生了失错。我们试把司马迁（西元前一世纪的人）《史记》上一段文辞来分析，可以示明一句话能发生了各异的结果：

翟 公 为 廷 尉，宾 客 盈 门；及 废，门
Ti Kung wei t'ing wei pin k'o ying mên ki fei mên
外 可 设 雀 罗。
wai ko shê ta'iao lo

假使我们把这段文辞，这样的标点："翟公为廷，尉宾客，盈门；及废门外，可设雀罗。"就可以演成下面的意义："翟公造了一个廷，他为看守宾客，把门关住；一等到〔把他们〕放出门外，〔他〕可以设了一个雀网，〔也不至受了惊动〕。"这样和中国语的文法，也没有违背，可是和正确的解释，完全两样了。我们必须把这段文辞这样的标点："翟公为廷尉，宾客盈门；及废，门外可设雀罗。"而演成："翟公〔当时〕做了廷尉，宾客盈〔他的〕门；等到〔他被〕（废，等于）免职，〔他〕可以设一个雀网在〔他的〕门外，〔也不至受了惊动〕（等于，没有一个人来看他了）。"

另一方面，欧洲人应用字母的大写表明专有的名辞。如英语上的Mark、Hill、Brown、Lee、Turner、Meadows，这许多是专名，决不会引起误会的。可是中国语里，通常在书写上没有把这种专名特别的分辨出来；因此，课文上所遇见的专名，有时竟成为疏忽的陷阱。有许多地方，把所说的语词直白的解释，其意义在上下文里是绝端不会有的；这样，固然可以显示这些语词的本身，是属于专名的。但是这种情形并非常例。译释者把代表专名的语词，毫不迟疑的，用通常直白的意义来解释，而在上下文里，也似乎可以相通，这种事情也是常有的。试举下面这段文辞为例：

桓 公 使 管 仲 求 宁 戚。
Huan kung shï Kuan chung k'iu ning ts'i

内中"管仲"二字是个专名，很显然的；自然可以把这段文辞解释为："桓武的公侯，使管仲去寻求一个安宁的亲戚"；但是实际上正

确的解释，是："桓公使管仲去寻求宁戚。"

又关于汉代高祖帝朝廷上的记载，我们见到一句：——

叔 孙 通 制 立 朝 仪。
shu sun t'ung chï li ch'ao i

也将毫不迟疑的解释为："〔帝的〕叔和孙把朝廷的仪式统统制定排列了。"——实在"叔孙通"是个相臣的名字呢！

下面这个语句，正有同样的危险，这个语句，是说明一个有才的人，没有得到他们应得的高位。

千 里 之 技，不 逢 伯 乐，伏 枥 而 悲。
ts'ien li chï ki pu fêng po lo fu li êr pei

最自然的解释，似乎是："〔能跑得〕一千里〔路程〕的技艺，没有遇着公伯的（快乐，等于）欣赏，就不能不伏着〔车〕枥而悲伤。"可是，这样是错的，因为"伯乐"Po lo一个著名相马者的名字；这个语句的意思，是："〔能跑得〕一千里〔路程〕的技艺，而没有遇着一个伯乐，（就是一个能赏识他的好才具者），就不能不伏着车枥〔的下面〕而悲伤了。"

中国人关于私人的名氏，也有一种奢华的习气，因此在认定专名上，又增进了很多的困难。社会上稍为重要一点的人物，每个人总有一大批的名称。新生的小孩，他的母亲就给他一个"乳名"；进了学校之后，先生就给他一个"书名"来替代乳名。这两种名字没有什么价值，文书上也少有记载。到了成人之后，他取了一个通常的名字，叫做"官名"。除了官名之外，他又取得一个文名；更进一步，他自己取了或由朋友给他取了一个或多个的"幻名"。末了，假使他是一个很著名的人，他死后，又得了一个"谥名"。文书上这几种名字都可用来代表他。这里举一个例，西元后十一世纪有个著名的学者司马光。“光”是他的通名，意思是“光明”。他的文名是“君实”，而敕谥为“文正”。在这种情形之下，课文上即使比较显著的人物，我们也必须对于中国的历史十分的熟悉，然后可以认定他们的名字；至于满天微小的星，更不必说了。

这种因为书写上缺乏了分辨的记号，因之发生含混的弊病；上文所说的各种情形，实为引起疑惑的主要原因，而这种含混的弊病，显然足以增进疑惑的原素。

第六章

我们上面讲到中国语上的单纯语词以及它们代表出来的文字，它们结合为复合语词，成语，和语句种种的形式，已经把中国语的结构说一个大概了。但是，还有重要的一点留存着，就是词句上人工的修饰。无论哪一种语言，假使对于它的风格，没有相当的注意，那就不能正确的表彰它的性质。这种在中国语上更为特别的重要，因为某几种风格上的特性，在它的应用上实占着一个显著的地位；而这几种特性，间接就是上章所讨论的现象的一种结果。

这是很显然的，语词意义的繁复错综、语句组织的空漠无定、书写上种种辅助记号的缺乏，中国语上这几种性质连累着：文言的学得和熟悉，不是由于文法规则上的练习，而只由于诵读上的经验。有了良教师的指导，并依据可靠的注释来校正他的解说，一课一课不断的诵读，只有这种方法，可以用得。实行了几年之后，我们才能得一种真实的意义，具有一种言语上的感觉力，把语句真正的意义，几乎成为自然的显现。初学者每每要遇着语句，依据文法而发生许多种不同的解释；可是成熟的注释者，就立刻能觉察其中哪一种是正确的解释。无论是中国的本地人，或外国人学习中国语文的，都离不了这种情形。中国人要读中国的文书，正不得不用欧洲人所用的同样方法。要明了这种情形，我们可以看：中国学校里从古代一直到了本世纪的初年，所采取的教学方法。在初级学校里，儿童开始把文书课本一册一册的来记诵，同时也熟习了许多文字；到了高年级；先生们才把这些课本内容的意义，传示一点给儿童。这种实在的教学法有一个大利益：儿童在他们感受力极强的时代，把许多文言上模范的课本记诵在心里，一经明了他们的意义，就可用为进读他种文书启钥的工具。那时中国学生即使在低年级里，必须背诵几种大部的经典，并须熟记历代名家所作几百篇的文章和几百首的诗歌。这种学习的课程，采用了已经二千年，养成大家，于古代文书，具有特别的熟悉；结果，对古代的历史和文学，又发生了一种崇视敬爱的心理；这种实在是中国人的特色。这种聚集成功的大资产，以供中国著作家任意的使用，在他文辞的修饰上自然能得到有效的结果。

这种文辞的修饰，可以采用好几种方法，试将他们简略的说明如下：最便当的方法，自然是“引证”（quotation）。凡是一种事物的发生，可以从某种经典上直接借得一个适合的文辞来表明的，中国就立刻把它引证过来。西洋各国里有许多伶人，在他们表演中，他们几乎随时可以插入许多“打诨”（gag）；也有许多作者，滥引文书，但是大家都认这种是劣等的风味。这种在中国恰好相反，正认为高妙的文雅，而表示绝艺的地方。一个人要说明他自己受了一个大失错，可以这样的告示我：“以德报怨”i tê pao yüan，这是借引孔子书上的文辞。或者他背了一句“知今是而昨非”chï kin shi êr tso fei，这是从陶渊明的一篇名作上引来的。

这种引证的文辞，假使诗文里包含巧妙的风格，和修辞上的词藻，那末最有特别的用处。我们在各种语言中，表现意义，大部分都应用隐喻或词藻，这是大家都知道的事实。只有一小部分的现象，是用直接明白的语言表现出来；例如“太阳照来”或“狗咬在这个乞丐的脚上”。藻饰的成语实在无限数的，而现在还觉得它们是属于藻饰的，例如“他是明星”之类；可是更有许多辞语实在具有藻饰的性质,而现在已经消失了藻饰的感觉,例如“思想的范围”“工作的本体”等。所以有句格言,说“语言是消失了的隐喻之陈列所”,实在有几分真理。

中国语也不外是例。你可以从中发现着无数的隐喻语,或是活的,就是现在还觉得的;或是死的,就是已经消失了的。前面几章里所讨论的辞语,有几个是消失了的隐喻语,正可以用来做很好的标本,例如“手下”shou hia,等于“立刻”。这个成语里,中国人当然很少觉得它具有绝妙的藻饰性质,正如法国人说“maintenant”这个语词时所觉得的一样。而中国语里,完全活的隐喻语,也实在是很丰富的。例如,有个辞语“坐井观天”tso tsing kuan t‘ien 等于“心地狭小”。

这类的隐喻语,假使包含在引证的文辞上,中国人尤为欢迎;换句话说,能用一个有历史依据的隐喻语,中国人最所欢迎。

有许多文书上借来藻饰的成语,它们本身很完满,很明了,对于实在的事物,正是一个有力的说明,即使未曾知道它们的来原,也可以得着同样的效果。而在一般熟悉古代人物的学者,这些藻饰的成语,除了这种实际的价值以外,还有主观爱好方面很高的价值。如“冬日可爱”这个隐喻的成语,它的本身是很精美的;而因为原出于《左传》,它的价值更大大的增进,因为《左传》是古代经典的一种,为注释孔子的《春秋》而作的;这个成语在《左传》上是用来表明赵衰的,因为他是一个很受爱戴的贤大夫。依据同样的方法,“开门揖盗”这个成语,把“无疑虑和不谨慎”的行为表现得生动如画;可是它的真正的价值,只是因为见于中国史书上而发生的。吴大帝孙权(西元后三世纪时),当他的兄弟死了,他过依中国旧教,专心于丧礼,而置政务于不顾。张昭于是出来诤谏他,说了下面的话:“现在奸臣贼子都来攻击我们,豺狼充满于道路;而你只顾着丧礼,这样就是等于开门而揖盗了!”(“今奸宄竞逐,豺狼当道,乃欲哀亲戚，顾礼制，是犹开门而揖盗，未可以为仁也。”）再有一个例子，“唇亡而齿寒”这个成语，是用一种否定的形式来表明西洋“合群即强”（Union is strength.）这句格言的同样意义。这个隐喻语也是采取于《左传》上，而为当时某个政治家的言论。

但是，还有许多成语，完全是文书上借得的性质，很显然的；因为事实上，这些隐喻语的本身不能了解，在读者（或听者）方面，逼着要知道它们在文书上的来源；否则，便不能了解它们的意义。这种不能了解的原因，可以分做好几方面来说。

包含着隐喻语的引句，可以从它所存在的全文中。割断得来的，因此，读者要把捉它的意义，必须要知道它所从割断来的全部文辞。这种割断的语句很常见的。例如“有影以成三 4 人”这个成语表明“幽静的快乐”，而出于下面这首小诗，是大诗人李太白（西元后八世纪时）所作的：

花　间　一　壶　酒　　独　酌　无　相　亲
hua kien i hu tsiu　　tu cho wu siang-t‘sin

举　杯　邀　明　月　　对　影　成　三　人
kü pei yao ming yüe　　tuei yingch‘êng san jên

（“亲”ts‘in 和“人”jêu 古代是叶韵的：“亲”读 ts‘iĕn，“人”读 njiĕn）。“我在花当中，有了一壶酒，独自斟满着杯，没有伴侣；我就举着杯邀请明月，又和我的影子，成了三个相伴的人。”

另有一首诗，是“伐柯”这个成语所从出的；“伐柯”，意思是指“得着一个媒人来进行婚姻”。这首诗，载在《诗经》里，关于古代用媒人议定婚姻的习俗，现代还是很风行的：

伐　柯　如　何？　　非　斧　不　克。
fa k‘o ju- ho　　fei fu pu k‘ê

取	妻	如	何？		非	媒	不	得。
ts'ü	to'i	ju-	ho		fei	mei	pu	tê

“怎样伐柯呢？没有斧子，就伐不来的；怎样取妻呢？没有媒人是得不到的。”

此外还有一首诗，构成了“座上有南来之客”这个成语，意思是“紧闭着你的口，不要说粗率的话”。这段诗，录如下：

座	上	若	有	江	南	客，
tso	shang	jo	yu	kiang	nan	k'o
莫	向	春	风	吹	鹧	鸪。
mo	hiang	ch'un	fêng	ch'ang	chê-	ku

“假使座上有个江南（南方）来的客人，当春风吹着的时候，不要唱出鹧鸪的歌声。”据中国人说，鹧鸪只欢喜向南方飞去的，所以大家认它为怀思家乡的一种代表。

“五云”wu yün 这个简略的描语，常用来表明“署名”的意思，是本于唐朝韦陟的故事。韦陟用一种恣纵奇妙的草体来署他的名字，常说：“我的名字，陟，宛如五朵云。”

可是，隐喻语的引句，不必定是因受割断而不能了解的。即使在文书里原来的底子上，也常有很牵强不自然的文辞；所以只细心观察它的上下文，才能懂得它的意义。而后代中国人又喜欢炫耀这种隐喻语，结果自然是很暗晦的。例如隋代史记上载着：一个学者李谔上奏章到隋帝，以当时的文学取譬为“月露风云”yüe lu fêng yün；从那时以后，就用“月露风云”这个成语来代表“文学”的意义了。从前有一次用辞语上生硬的藻饰，叫镜子为“寿光侯”shou kuang hou，从此“寿光侯”就成为习惯上代表“镜子”的辞语（译者案：王度《古镜记》称镜为“寿光先生”）。

依这种方法，渐渐集合成为专门名辞的宝藏，这些专门名辞的本身是很不容易了解的。它们在某种程度上正可以和古冰洲语诗歌的“见识”kenning，如以“龙床”the dragon's bed 代表“金子”之类，互相比仿。这种文辞活动所及的范围，最有力的例证，是用“平原督邮”ping-yüan tu-yu 代替“劣等的酒”，“青州从事”Ts'ing-chou ts'ung-shï 代替“优等的酒”。中国人说：美酒可以及于“脐”ts'i（腹脐），而劣酒只能及于“膈”ko（横膈膜）。这个“脐”ts'i 字，恰好和另一个也读为 ts'i 音的“齐”字形体相似，而“齐”为一个地方的名辞，属于青州治下；所以美酒叫做“青州从事”。另一方面，“膈”ko 字，和另一个也读为 ko 音的“鬲”字，形体相似，而“鬲”也是一个地名，属于平原县治；又因为劣酒止于“膈”，所以叫它是“平原督邮”（督邮是管理转递的首领）。桓温（西元后四世纪时）的主簿是一个酒的鉴赏家，发出这种文学上的诙谐语，正可用为代表中国语的精美智巧的一个例子。

还有特别的一部分，其中这类费解的引喻语占有绝大的价值，就是许多称呼上文雅的形式。你要尊敬受说的人，就把他和他的一切统统抬高起来，而把你自己和你的一切统统降低下去。这是全部东方普通的情形。所以我们在尺牍的体裁上，有了一个广大的范围，可以尽量的应用藻饰语。你称你自己为“鄙仆”，称你的房子为“茅庐”，称你的妻子为“执巾、执箕”，称你的儿子为“小犬”，等等。而对于受说的人，称他的房子为“崇第”，称他的来信为“玉简”，称他的父亲为“尊公”；你要请求他来，说准予“烦劳尊驾”和“光临茅舍”，就是说他来访问，你就得了荣耀。在尺牍的体裁里，时常有机会用到古代所遗留的精巧的夸饰语。例如，要请一个人来辅助你、推荐你，就可以对他说“毋惜金玉之口”“俾我得托荫庇”。

另有一种文体上的修饰，它的风行，也不亚于引证的方法，就是历史的引喻。这种修辞上的藻饰，西洋方面也是有的。西洋语言里用历史上或神话上的事情来做引喻的，也有许多很流行的。例如英语的“to go to Canossa”“to meet one's Waterloo”“to recognize one's Pappenheimers”“to fight wind mills, this then was the poodle's purport”，等等。但是，在中国语里，这种引喻已经成为狂癖了。中国四千年的历史，自然使这种收集的人得着一个丰富的地域——要晓得，这种引喻语上所采取的材料，并不一定是最伟大最显著的事情；巧妙的著作家常用琐细的事情，或者只在精深学者所知道的故事，来做引喻。

取“倒屣”tao si 这个辞语做个例子，它的意义已经成为一种“谦恭的迎接”了；因为古代有个著名的蔡邕，听说王粲在门外要来看他，他就很匆促的出去迎接，因之他的屣也倒穿了。“东床”tung ch'uang 这个辞语意义所以等于“佳婿”，是因为下面这个缘故。太尉郄鉴要想把他的女儿配给王导的子弟，就写信给他来寻求了。王导就叫这个带信的人，自己向诸子弟中去寻求一个最合意的。其余子弟听到了，马上做出矫装的样子，只有一个最少的“坦腹东床”，就是“坦着腹卧在东边的(就是最佳的)床上”，口上大嚼东西，和他贞洁的兄弟谈笑着。郄鉴晓得了这个，他就立刻决定说：这个潇洒的少年，正是我所要的“佳婿”。

“失马塞翁”shï ma sê mêng，就是“塞上一个失了马的老叟”，正和“一个有远虑的人”意义相同。哲学家淮南子，他的书上叙说下面这个故事。从前有个老叟，住在长城的边塞上，他有一匹马走失了，邻居都来吊他。可是，这个老叟，对他们说：“慢慢，这件不幸事，安知后来不成为福呢?”果然，他的马一天回来了，又伴带一匹美丽的胡马来。邻居都来贺他；这个老叟又说：“不要慌，这件事安知后来不成为祸呢?”不久，老叟的儿子，果然因为骑这匹新马，跌下来成为一个蹩脚的人了。邻居又来吊他，老叟回答说：“谁知道这件事不会变成了幸福呢?”不久，胡人大举侵入，其地年少的人都召去战争，十个有九个都杀死了。这个蹩脚的儿子，自然留在家里；因此，这个老叟，到死还有一个儿子来扶养他。

另有一个哲学家庄子，是下面这个故事的主人翁。就是“鼓盆之歌”ku p'ên chï ko 这个隐喻语所从来的；就是“鼓着盆而唱歌”，意思乃是指“妻死之感”。庄子妻死，惠子来吊他。庄子方在那里箕踞而坐，并且鼓着盆唱着歌。惠子就说：“你不哀痛，已经够了；还这样的快乐起来，未免太过分罢！”庄子回答说：“死人很平安的休息在一个伟大的场所里。假使我为他悲哀哭泣，就是不懂得天意了；所以我一点也不悲哀的。”又“挂神武之冠”kua shên wu chï kuan，意思是等于“辞职告退”。这个辞语是由于下面这个事实。陶弘景（西元前四九三年时，当他辞去官职的时候，把他的礼帽挂在南京的神武门（译者案：《南史·陶弘景传》：“永明十年，脱朝服挂神虎门，上表辞禄。”神虎门因唐人避讳，改为神武门）。“东山之费”tung shan chï fei，意思是指“优待戚友”。史上载着说：谢安石（西元后四世纪时），当他离官告退时，在东山地方造了一个别墅，款待亲友子侄，很是隆重。最末了一个例子，可以举出“冰人”ping jên 这个辞语，意思是指“媒人”。有个令狐策做了一个梦：他立冰的上面，而和冰下一个不相识的人谈话。他就到一个预言家那边去问这个梦的意义。那个雅人（案即索统）就说：“冰上是男子之象（阳），冰下是女子之象（阴），当冰融化的时候，就是一件男女婚姻的事，而你适居中间，要做了一个媒人。”后来，这个预言果然成为事实。

中国的著作家，不是为了一般通俗而写作，乃是供一班和他自己饱学相似的学者看读的；各种引喻语大都很奥妙，因此中国人觉得有编纂类书的必要，把各种引证语和引喻语编成大字典，以辅助学者。

可是，这种学问上的事实，虽然为了种种文学上主要的目的而设，但是它的应用并不是只限于书本上的。在日常生活的交接上，也占有极重要的地位。我们只须往中国的城市里一看各种的招牌，就可以晓得这种情形。一个欧洲的医生，只须将他的招牌，写着“John Smith，M. D.”之类，这样毫无诗意，而却很有效力的，就很可以自满足了。可是，你要晓得，中国医生的门前，总要写着这类文字：

“橘井”kü tsing，

“杏林”hing lin。

其解释如下。对于第一个例：有个苏耽（案，就是苏仙公），将要脱离人世的时候，对他的母亲说：“明年此地定要发生一个大疫；只须吃了我们门外橘树上的一瓣叶，以及我们园井里的一点水，就立刻可以疗疫了。”他这样说过，就驾上云雾，从空中不见了。他的预言，果然成为事实；因为他的指示，几千人的性命，都救转来。对于第二个例：董奉是个有名的医生。他有个癖性，来请他医治的，不要他们的费，只要几株杏树。病重的，他要五株；病轻的，一株。不久，他就有了一个大杏林，并且养了许多老虎来看守。

受过教育的人，他们普通谈话当中，也增入了大部分的藻饰语。外国人到了中国来，只要注意一点，他就可以觉得：他自己虽然已经熟悉了普通人的语言，而对于上流社会的谈话，仍是莫明其妙的。本书的著者和亲爱的中国人谈话，所说给他的，很能完全了解；可是他们彼此谈话的时候，他几乎一句话也不懂；这是时常遇着的。中国人在谈话之间，也喜欢炫耀自己的博学多闻，因此一般外国人从少未曾饱受这大批的见闻的，即使用尽了他们的智巧，也绝对不能懂得智识界上的谈话。只须举一个例来说明就够了。我问一个中国的雅人，问他的年纪，他可以回答一句：“而立”êr li。这两个字的意义，直白说只是“于是站住”，实在太不容易明了。但是，假使我，一如中国受过教育的人，能够记得孔子的书籍，就晓得在《论语》第一册第二章第四段里,有下面这一段文辞:"十五而志于学;三十而立 san shï êr li;四十而不惑……"所以对我说话的人,回答说,他的年纪是"而立"êr li 意思是他现在已经三十岁了。

文体上的藻饰,还有一种很特别的,中国各级的人民,无论受过教育或未受过教育的,在文雅的称呼上,总有许多夸饰的辞语(上文已经说过),任他们应用。夸饰的辞语,不但限于一方面,而且各方面都很完全的;一切事物,属于受说的人,用这类附加的区别辞来表明,如"贵"kuei,"宝"pao,"台"t'ai,"大"ta,"令"ling;而关于说者的一切事物,总是用这类区别辞表明,如"贱"tsien,"下"hia,"小"siao 等。

我会见一个雅人,第一次见面时,他当然要问"贵姓?"kuei sing? 我就回答说"贱姓高"tsin sing kao(Karlgren)。他第二次就要问:"贵国?"我回答说:"敝国是瑞典。"询问一个人的家庭,既然是文雅上极大的表示,这里就须轮着我来问他:"尊公?"就是问他的父亲;"尊阃?"就是问他的妻子;"令郎?"就是问他的儿子;"令爱?"或"令媛?"或"千金?"就是问他的女儿? 他或者要回答说:"小弟"——他认我为长兄——有五个"小犬。"就是,指他的儿子;一个"赔钱货",指他的女儿;快要"出阁"了,就是快要出嫁了;他的"贱内"或"拙荆""鄙妇",指他的妻子是不值得挂齿的。

斯密斯(Arthur Smith)氏有许多关于中国社会的著作,颇为著名;他的书,虽然不免有过于酷刻的地方,也很有精到处;他叙说下面这个故事:

一个客人来了,穿着他最讲究的袍子,坐在应接室里,等待他的主人来见。那时正好有一个老鼠在屋梁上跳跃,梁上安放着一个油瓶,原来是为防备老鼠来吃的。那老鼠却慢慢将它的鼻子钻进瓶里。忽然,因为客人来了,受了惊动,马上跑走了;因此翻倒了那个油瓶,正好直接跌上那个客人的身上。客人因之受了一个大击，而他那件精美的衣服，也浸透了油，被弄坏了。那个客人受了这样晦气，发怒得脸上现出青紫的颜色。恰好此时主人进来，彼此如仪相见毕，客人就开始来说明这种情形："我走进你的贵室里，坐在你的贵梁下面，当时我轻忽的惊动你的贵鼠，贵鼠逃走了，翻倒你的贵油瓶，跌在我的敝衣上。为了这个缘故，所以我在你的尊前，现出这种鄙陋可笑的态度来了。"

我们现在把中国语言情形简略的叙论，这个启示的故事，正是对他很确切适合的。

汉语词类

［瑞典］高本汉 著

译 者 序 言

（一） 对于高本汉先生的学说，近年来国内已经有不少的译述。本篇序文的后面，附列着高先生所自拟的小传和著作目录；所以关于介绍高先生的话，此地无庸赘述。

（二） 本书原名 *Word Families in Chinese*，登载于《远东古物陈列馆集刊》（*The Bulletin of the Museum of Far Eastern Antiquities*）第五卷；书中所称本刊字样，就是指此种集刊。

（三） 月前罗常培先生在《东方杂志》第三十二卷十四号，发表一篇《中国音韵学的外来影响》，内中对于高先生的学说以及本书的内容，曾有一段简明的叙述，请读者参看罗先生原文。

（四） 罗先生称本书为《汉语中的字系》；译者拟译为《中国语词的族类》，后来罗先生给译者的信，改称《汉语词类》，较为简明，因采用之。

（五） 本书大致分为前后两部分：前面的一部分是讨论几种上古音中的问题，罗先生说这是高氏“对于中国上古音最近的总结论”。后面的一部分是依着拟定的上古音，把中国语中的二千多个语词一类一类的分列，以表明同属一类的语词，在语源学上可认为是有亲族关系的；罗先生说“他已经能够充分利用清朝古韵学家考证的结果，渐渐从古音韵学转向古语言学了”。所以后面的一部分可说是中国语源学的研究,至少可认为是语源研究的初步工作。

(六) 要研究中国的语源学,势必至于进入印度支那比较语言学的范围。而要把中国的语词来和中国藏语、暹罗语上的相比较,第一步的工作还须在考定中国上古音。依着中国上古的音读分列中国语词的族类,这就是奠定印度支那比较语言学的基础。

(七) 中国过去讲音韵训诂的,总是跳不出双声叠韵的圈套,只是把一个字音分做声和韵的两部分;现在把一个字音分做起首辅音、中介元音、主要元音、收尾辅音的几部分,就觉得过去的粗疏简陋了。而且对于古音上某某是双声、某某是叠韵,从前也只是一种模糊的观念;现在利用音标把各个语词的拼切一一详细考明出来以互相校量,实在觉得深切著明多了。

(八) 过去国内讲音韵训诂的,很少注意到收尾的辅音,于是对于许多明明是同源的语词,只说它们是什么"双声相转""一声之转""阴阳入的对转、旁转",而不知道它们有个性质相同的收尾辅音。例如"迎"之与"逆";"彤"之与"赤";"策"之与"牍";"沚"之与"岛""洲""州";谁注意到它们原来都是以舌根音作收尾的。又如"圆""圜"之与"围""回";"丹"之与"紫";"分"之与"别";谁注意到它们原来都是以舌尖音收尾的?我们必须要知道上古语词的收尾音和后代有很多歧异的现象。近代西洋的学者尤其是高本汉先生,研究中国语的,很注意这个收尾音的问题。

(九) 高本汉先生研究中国的上古音,以他所考定的隋唐音做个基础。所以本书的读者,同时最好要参看他所著的下列几种著作:

1.《中国音韵学研究》(*Études sur la Phonologie Chinoise*);
2.《中国古音的构拟》(*The Reconstruction of Ancient Chinese*);
3.《中国语分析字典》(*Analytic Dictionary of Chinese*);
4.《谐声字体的原则》(*A Principle in the Phonetic Compounds*);
5.《上古中国音当中的几个问题》(*Problems in Archaic Chinese*);
6.《藏语与中国语》(*Tibetan and Chinese*);
7.《诗经研究》(*Shï King Researches*),《颂诗的押韵》(*The Rimes in the Sung Section of the Shï King*);
8.《老子韵语》(*The Poetical Parts in Lao-Tsï*)。

因为这些和本书有间接直接的关系,本书里也有很多处引据它们的。

(十) 本书前面的一部分,一段论到上古音中以舌尖音收尾的诸部,就是关于《真》《谆》《元》《至》《脂》《祭》诸部(依王念孙《古韵表》的部目)上古音读的拟构。高先生对于《脂》部,不赞成林语堂先生《语言学论丛》上的解释,而因藏语里的启示假定着一个 *r* 的收尾音。又一段论到上古音中以舌根音收尾的诸部,许多话是对李方桂先生《东冬屋沃之上古音》(《历史语言研究所集刊》第三本第三分)一文而发的,因而测定《东耕幽宵》等部的音读;译者曾经为此事访问过李先生,据说他不久又有一文快要发表,为着讨论这个问题答复高先生的①。

(十一) 本书对于上古音以双唇音收尾的诸部,并没有一段专门讨论的文章;大概高本汉先生以为在这方面过去所拟定的,并未发生什么疑问。至于上古音的起首辅音,本书也只讨论到复合辅

---

① 请读者参看《历史语言研究所集刊》第五本第一分李方桂《论中国上古音的 *-i̯wəng, *-i̯wək, *-i̯wəg》。二十五年十月,译者补注。

音的问题；高先生说，上古音的语词必定有许多是具有繁复的起首音的，这种现象必待将来印度支那语言的比较研究才可以完全明白。

（十二）本书后面的一部分是依着上古的收尾辅音，先列成收舌根音的、收舌尖音的、收双唇音的三大组。其次再依起首辅音的性质分做四组；于是把二千多个的语词，依着它们的起首辅音和收尾辅音的性质，列成十个表（没有收尾辅音的，略而不论）。这十个表中的语词，又依意义上的相同或相通把它们各自类集起来，以表明它们的亲族关系。又从这些例子上归纳得起首辅音、中介元音、主要元音、收尾辅音上种种转换的法则。中国语源的研究，可以说到此方成为一种真正的科学。

（十三）去年冬间，高先生送赠原著一册给卫聚贤先生，卫先生就交给译者从事译述。嗣因译者讲课忙碌，中间又曾东渡一行，随译随辍，至今年秋间，才行竣事。过去数月间，蒙卫先生的从旁鼓励，又蒙他和张凤先生的多多指导，译者应该在此一表谢意。尤其对于卫先生，假使没有他，译者便不会有这种工作。

（十四）本书前后有互相参照之处，原文所注明"上文某页，下文某页"的，译者一并改为译文排印后的页码，而特加括弧，注明"原文某页"。原著排印略有错误，译者随时加以校正；间亦附以案语。原文附注则列有"原注"等字样，以别于译者的案语。

（十五）序文后面所附的《音标说明》是译者应用国际音标来参照说明；读者懂得国际音标的，因此就可以了解高本汉先生所用的音标了。

（十六）随后附着高本汉先生的小传和著作目录，是高先生自己所撰述的，本年八月间寄到卫先生处，转交译者在此发表的。

译者张世禄

民国二十四年九月于暨南大学

本书音标说明

元　　音

â＝国际音标的[*ɑ*]	ɛ＝[ɛ]
a＝[a]	ə＝[ə]
å＝[ɔ]	*i*＝[i]
ä＝[æ]	*ô*＝[o]较合
ɒ＝[ɐ]	*o*＝[o]较开
e＝[e]	*u*＝[u]

ŭ、*ă* 或*ộ* *ạ*等，系指 *u*、*a*、*ô* 等之短音；

i̯、*e̯*、*ə̯*等，系指 *i*、*e*、*ə* 等之弱音，非主要元音；

w＝[w]，为辅音性之双唇元音，常用以表明圆唇化作用；

j＝[j]，为辅音性之舌前元音，常用以表明舌前化作用。

辅　　音

b＝[b]	*v*＝[v]
p＝[p]	*t*＝[t]
m＝[m]	*d*＝[d]
f＝[f]	*n*＝[n]

n=[n]	*ś*=[ɕ]
l=[L]	*ź*=[ʑ]
r=[ɹ]	*ń*=[ɲ]
s=[S]	*k*=[K]
z=[Z]	*g*=[g]
ṣ=[ʂ]	*ng*=[ŋ]
ẓ=[ʐ]	*x*=[X]
t̂=[ȶ]	*γ*=[ɡ]
d̂=[ȡ]	·=[ʔ]

ts、*tṣ*、*tś*等，系指 *t* 与 *s*、*ṣ*、*ś*等所组成之合成摩擦音；

t‘、*p*‘、*k*‘、*ts*‘等，系指 *t*、*p*、*k*、*ts* 等之送气音。

高本汉先生小传

Bernhard Karlgren, born 1889, student in the Upsala University 1907, B. A. there 1909, studies in China 1909 - 1912, Paris 1912 - 1914, Doctor of Philosophy, Upsala 1915, Docent (assistant professor) of Sinology there 1915, Professor of Far Eastern languages and civilization at the Göteborg (Gothenburg) University 1918, Prorector of the University 1927, Rector (President) of the University from 1931 until now and to continue. Member of the Royal Academy of History and Letters, Stockholm, 1933, Member of the Royal Academy of Sciences, Stockholm, 1935. Corresponding Member of the National Research Institute of History and Philology (Academia Sinica) of China 1928, Honorary Member of the Royal Asiatic Society of Great Britain and Ireland 1929, Honorary Member of the Ecole Française d'Extreme Orient, Hanoi, 1930, Honoray member of the Société Asiatique, Paris, 1935. Stands in regular cooperation with the Museum of Far Eastern Antiquities, Stockholm, since 1929. Married 1916, two children (one boy and one girl).

高本汉先生，生于一八八九年，当一九〇七年时进乌布萨拉大学肄业，一九〇九年时得文学士学位，自一九〇九年至一二年间在中国研究，一九一二年至一四年间又在巴黎研究，当一九一五年时在乌布萨拉得哲学博士学位，旋任该处中国学的副教授，到了一九一八年在哥腾堡大学担任远东语言和文化的教授，一九二七年任该大学的代理校长，一九三一年以来任该大学的校长，迄今仍继续任斯职。至于高本汉先生所参加的学术团体：一九三三年时为斯德哥尔摩地方王家文史学会的会员，一九三五年又为斯德哥尔摩地方王家科学会的会员。一九二八年任中国中央研究院历史语言研究所通讯研究员，一九二九年任英国王家亚细亚学会名誉会员，一九三〇年任河内地方远东法文学院的名誉会员，一九三五年任巴黎地方亚细亚学会的名誉会员。从一九二九以来和斯德哥尔摩地方远东古物陈列馆常川合作研究。高本汉先生婚于一九一六年，现今有一男一女。

高本汉先生著作目录

WORKS ON CHINA BY BERNHARD KARLGREN(关于中国的著作)：

Études sur la Phonologie Chinoise (4 vols. 1915－1926).

A Mandarin Phonetic Reader in the Pekinese Dialect (1917).

Sound and Symbol in Chinese (1923).

Prononciation Ancienne de Caractères Chinois Figurant dans les Transcriptions Bouddhiques (T'oung Pao, 1919).

Le Proto-Chinois, Langue Flexionnelle (Journal Asiatique, 1920).

Contribution à l'Analyse des Caractères Chinois (Asia Major, 1922).

The Reconstruction of Ancient Chinese (T'oung Pao, 1922).

Analytic Dictionary of Chinese and Sino-Japanese (1923).

A Principle in the Phonetic Compounds of the Chinese Script (Asia Major, 1925).

Philology and Ancient China (Oslo, 1926).

On the Authenticity and Nature of the Tso Chuan (Gothenburg, 1926).

Problems in Archaic Chinese (*Journal of the Royal Asiatic Soc*. 1928).

The Romanization of Chinese (London, 1928).

The Authenticity of Ancient Chinese Texts (*Bulletin of the Museum of Far Eastern Antiquities*, Stockholm, 1929).

Some Fecundity Symbolsim Ancient China (Ibid., 1930).

The Early History of Chou Li and the Tso Chuan Texts (Ibid., 1931).

Shi King Researches (Ibid., 1932).

Word Families in Chinese (Ibid., 1934).

Early Chinese Mirror Inscriptions (Ibid., 1935).

On the Date of the Piao Bells (Ibid., 1935).

Tibetan and Chinese (T'oung Pao, 1931).

The Poetical Parts in Lao-Tsi (Gothenburg, 1932).

Some Turkish Transcriptions in the Light of Irregular Aspirates in Mandarin (Peking, 1933).

The Pronoun Küe in the Shu King (Gothenburg, 1933).

The Rimes in the Sung Section of the Shi King (Gothenburg, 1935).

Various Books in Swedish about Chinese History, Language, Literature, Philosophy, Religion (其他用瑞典文写的关于中国历史、语言、文学、哲学、宗教等的书籍又有多种).

研究中国语音历史的一个主要目的，是在准备做印度支那[①]比较语言学的基础——所谓印度支那比较语言学，就是把中国语、台语[②]、西藏缅甸语作一种系统的比较，这些语言虽然是歧异的方言，而为亲属的语言确实无疑。可是，依我的见解，这种的研究并不宜于掇拾孤独的中国"语词"而把它们来和孤独的西藏或暹罗语词相比较。其理由是在中国语上并非包含着某某数千独立的单音缀，它们彼此间毫无亲属关系的；中国语里也正和其他一切语言里一样，语词组成许多族类，各类的亲属语词由同一本原的语根所构成的。例如中国语的"目"上古音 *mi̯ôk*[③]（眼睛），如果我们没有先把这个 *mi̯ôk* 所属的族类建立起来，就不能证明它和藏语的 *mig*（眼睛）系属同一的。"眸"这个语词上古音 *mi̯ôg*（瞳睛），它和 *mi̯ôk* 属于同类，确是无疑：也正是相像这个 *mi̯ôg* 乃直接相合于藏语的 *mig* 的。换句话说，当印度支那比较语言学能够安全的着手进行以前，在各语系当中，还有一种伟大的工作须待完成的。中国语里的语词必须依照原初的亲族关系把它们一类一类的分列起来，在台语和西藏缅甸语里也是如此。从此，而且只是从此，我们才可以把这三大语系的"语词族类"加以比较，而期待可靠的结果。

说中国语的某些语词彼此间有亲属的关系，这自然不是一种创新的见解。奥古斯德·康拉底（August Conrady）在他的开先的

---

① 译者案："*Sinitic*"一语，直译似应为支那语，恐与单指中国的相混，改译印度支那语，与原意相称。下仿此。吾友苏君谓应译震旦或较称。

② 译者案：台语即暹罗语。

③ 原注：本文所谓上古音是指中国上古时的音读，代表《诗经》的语言；而所谓古音是指中国古时的音读，代表隋朝《切韵》的语言。

作品《印度支那语上使然指称的附属词》(《*Eine Indo-Chinesische Caustiv-Denominativ-Bildung*》,1896 年出版)当中,已经用这种见解作为基本的出发点了。我的《分析字典》里也曾在许多事例上,指出语词间这种亲族的关系,不仅是那些同一个语词而用两个各异的字体来代表的例子——例如“集”*dzʻi̯əp*,“辑”*dzʻi̯əp*,因之似乎是两个语词了——而且又如“夹”古音 *kap*(夹紧):“狭”古音 *γap*(狭窄)那样的事例——它们显然是亲属的语词。实在,中国文字上并且常有表示两个亲属的形式,而用同一个字体来代表它们的,例如“长”*d̂ʻi̯ang*①(长远,长久):“长”*t̂i̯ang*(生长,长成)。但是中国语词的族类这个问题,还要拿来做一种更有系统的研究,这是很要紧的。本文是要作简单初步的讨论,我还希望更有巨大的作品能够早日刊行于世,这不过作为一个引论罢了。

在进入这个主题以前,我还要说一些冗长的话。我们研究中国语词的族类,既然对于中国上古音,就是《诗经》和(稍古的)谐声字体的语言,上溯到了周代的初期,能够得到相当详细的了解。所以我们不当以《切韵》的语言(古音)做个基础,它是比较晚后的(西元后六世纪时)。关于那种上古的语言,我是愿意先来作一些相当广大的考察的。

我在《诗经研究》(本刊第四卷)当中,已经研究过中国上古音里某些声音的部类,这里我也愿意论到关于那些部类的几点;在那篇论文里,我还遗留着别些《诗经》韵部的考证给后来的讨论,这里也愿意拿它们来作一个详细的解析。

---

① 原注:我早先的作品当中常惯所用的标音符号,表明舌前暴发音的是如此:*t′*、*d′* 等,这是不方便的,因为上面的一撇,容易和送气的符号相混,尤其是两者合起来更觉得笨拙,例如 *d̂ʻi̯ang*。所以在本文当中,我用辅音上的一个弧形来代替它:*t̂*、*d̂*。

一、上古音里以舌尖辅音收尾的诸部

中国古音里(《切韵》)有-*i̯ən* 和-*i̯ĕn* 两韵,彼此间语词的分布,是依着一种很显然的机械的方式(参看《中国音韵学研究》第174 页):

ki̯ĕn, *ki̯uĕn*; *t̂i̯ĕn*, *t̂i̯uĕn*; *li̯ĕn*, *li̯uĕn*; *tsi̯ĕn*, *tŝi̯uĕn*; *pi̯ĕn*, ○;
ki̯ən, *ki̯uən*; ○ ○ ○ ○ ○ ○ ○ *pi̯uən*。

i̯ən,*i̯uən* 的收尾音,在舌前音和舌尖音之后的,没有存在了,只是有在舌根音和双唇音之后的。自然要使我们推想到,这是由于普遍的消合作用趋势的一种结果,这种趋势在中国语上是很显著的,中国上古音里本来同具有两类:*t̂i̯ĕn* 和*t̂i̯ən*,可是这些已经混入于古音的*t̂i̯ĕn* 了。

这种情形确是如此,可以用《诗经》的押韵来证明。让我们先来叙说,我们须把这里所讨论的几类语词和上古音里具有 *â*、*a*(长音)及 *ă*(短音)完全分析开来。它们组成《诗经》的一个韵部,这里称为 A 部,就是段玉裁很著名的《六书音均表》里的第十四部、王念孙同样重要的《古韵部》(在《高邮王氏遗书》中)里的第九部。我无需把他们所列的表全部抄录出来;可以应用几个代表的语词很简便的来总括的叙述,我又把这几个代表的语词填入上古音和古音的读法[①]：

	干	管	颜	关	展	转	见	涓
上古音	*kân*，	*kẉân*；	*ngan*，	*kwan*；	*ti̯an*，	*ti̯wan*；	*kian*，	*kiwan*；
古　音	*kân*，	*kwân*；	*ngan*，	*kwan*；	*t̂i̯än*，	*t̂i̯wän*；	*kien*，	*kiwen*；

	闲	患	言	原
上古音	*kăn*，	*g'wăn*；	*ngi̯ăn*，	*ngi̯wăn*。
古　音	*kạn*，	*γwạn*；	*ngi̯ɒn*，	*ngi̯wan*。

和这个*A*韵部很显然划分的是两个另外的《诗》韵部：

B. 段氏的第十二部，等于王氏的第七部。这里主要的语词是：

---

1. 贤年天田甸颠阗电填千翩。　2. 渊。
3. 姻驷引榛溱臻蓁陈臣尘身申神人仁麟亲信薪尽烬宾滨频蘋泯。　4. 均旬询洵。

---

1. 具有古音的-*ien*：*γien* 等；
2. 具有古音的-*iwen*：*˙iwen*；
3. 具有古音的-*i̯ĕn*：*˙i̯ĕn* 等；
4. 具有古音的-*i̯uĕn*：*ki̯uĕn* 等。

C. 段氏的第十三部，等于王氏的第八部。这里主要的语词是：

---

1. 艮跟。　2. 昆哼存飧孙遁奔璊门。

① 原注：第七个字不见于《诗韵》，可是属于这个韵部的。

3. 蕲芹欣隐。　4. 君群训熏愠云云员芬焚雰闻问。
5. 振辰晨畛忍贫緍痻。　6. 春漘顺鹑犉轮沦。
7. 先洒殄。　8. 艰。　9. 鳏盼。
10. 巾墐殷慇。　11. 诜闵。　12. 陨困。

---

1. 具有古音的-*ən*: *kən*;
2. 具有古音的-*uən*: *kuən* 等;
3. 具有古音的-*i̯ən*: *gʻi̯ən* 等;
4. 具有古音的-*i̯uən*: *ki̯uən* 等;
5. 具有古音的-*i̯ĕn*: *tśi̯ĕn* 等;
6. 具有古音的-*i̯uĕn*: *tśʻi̯uĕn* 等;
7. 具有古音的-*ien*: *sien* 等;
8. 具有古音的-*ạn*: *kạn* 等;
9. 具有古音的-*wạn*: *kwạn* 等;
10. 具有古音的-*i̯ĕn*: *ki̯ĕn* 等;
11. 具有古音的*i̯ɛn*: *tṣi̯ɛn* 等;
12. 具有古音的-*i̯wɛn*: *ji̯wɛn* 等。

要预先注意的两点:

其一,我在几个事例上,列入了《诗》韵里所未见的字,而是属于这个韵部的,因为依据其他上古的文辞或它们的谐声而知道的。其二,第十一行的第二个字,依照它的古音的读法,应该列入 *w* 的一行(第十二行);既然它在上古音里是没有 *w* 的,所以我把它列入无 *w* 的一行(第十一行)。

后面的这种现象是很重要的一点,这是关于几个普通的语词。我曾经得到了一个断案,在《切韵》时代有两种"合口"的 *w*: 一种是原有的，上古音的，拼在一切的起音之后；一种是附属的，晚后的，只是拼在 *p*、*p'*、*b'*、*m* 之后而由于起音双唇调节作用的扩大的。原有的 *pi̯w-* 在《切韵》时代照常规都变成了 *f(w)-*："方" *pi̯wang*＞*fwang*、"分" *pi̯wən*＞*fuən*、"非" *pjwe̯i*＞*fwe̯i* 等，可是一个附属的而显然更轻微的 *w* 并没有起这种变化。如"丙"古音 *pi̯wɒng*、"平" *b'i̯wɒng*、"明" *mi̯wɒng* 在《切韵》时代确是已经有了一个 *w*，这是实在的（"丙"字是用"永"字的音拼切的），但是这个 *pi̯w-* 既然"没有"变成了 *fw-*，所以我断定上古音的形式是 *pi̯ăng*、*b'i̯ăng*、*mi̯ăng*，而那个 *w* 是附属的，寄从的。这种事例，在宋韵表里，除了《梗》摄之外，又见之于《止》摄、《山》摄、和《臻》摄当中（《中国音韵学研究》第 149、171、177、185 页）。

如果我们现在回头来看我们《诗经》韵的 *B* 部和 *C* 部，细察它们，就见到 *B* 部在《切韵》语言里单是具有 *e* 的元音：*-en* 或 *-ĕn*；*C* 部就有一大部分是具有 *ə* 的：*-ən*、*-uən*、*-i̯ən*、*-i̯uən*，此外又具有 *-ĕn*、*-en*、*-a̯n* 和 *-ɛn* 的。照我的意见，这里 *C* 部当中 *-ən* 的韵素是原本的、主要的，而一切的 *-ĕn* 和 *-en* 是附属的，这并不能有些许可疑的地方。所以 *C* 部的第五行是上古音的 *t̂i̯ən* 等，第六行是上古音的 *t̂'i̯wən* 等；但是 *-i̯ən* 在舌根之后以及双唇音之后而具有"合口音"的，保存到了《切韵》时代。第二行 *g'i̯ən*，第四行 *ki̯uən*，*pi̯uən*，可是在舌前音和舌尖音之后以及双唇音之后而具有"开口音"的，*-ən* 变成了＞*-ĕn*：第五行上古音 *t̂i̯ən*＞古音 *tśi̯ĕn*，第六行上古音 *t̂'i̯wən*＞古音 *tś'i̯uĕn*。这是解释上面第四页（原文第 2 页）上所列的空缺啊！在《切韵》里只有 *ki̯ən*、*ki̯uən* 和 *pi̯uən* 的几类，而没有 *t̂i̯ən*、*t̂i̯uən*、*tsi̯ən*、*tsi̯uən* 等的几类——因为后者存在于中国上古音里的，转变为 *tśi̯ĕn*、*tśi̯uĕn*、*tsi̯ĕn*、*tśi̯uĕn*，因之和 *B* 部原来的（上古音的）*i̯ĕn*、*i̯wĕn*（第三行和第四行）相混同了。*C* 部第七行正和这个相符合的，就容易来解释了。正如第五行里上古音

的 *si̯ən*(具有短的*i̯*音)变成了古音的 *si̯ĕn*(在舌尖音之后的),同样上古音的"先"*siən*(具有长的 *i* 音)变为古音 *sien*(同样在舌尖音之后的)。

抵触了这种一般的说法的,似乎有个很大的疑难:就是我所列入第十行的语词:"巾"古音 *ki̯ĕn* 等。假使一个上古音的 *ki̯ən* 保存了它的 *ə*(在舌根音之后的):第二行 *gʻi̯ən* 等。那末,我们怎样能够解释同是这个韵部里的第十行的 *ki̯ĕn* 等具有舌根音之后的 *ĕ* 呢?对于这个疑难的解答,我们讨论了 *C* 部第八、第九、第十一和第十二行之后就立刻会得到的。

在第八和第九行的-*ạn* 不能认为是原有的,因为那样,这些行里的语词就要押韵于上面的 *A* 部了。它们上古音的音值是什么,这是不难发见的。在我的《诗经研究》里,我曾经表示过:"革"上古音 *kɛk*(具有一个开,短而轻松的 *ä* 音:ɛ)和"戒"*kɛg*(＞古音 *kại*)押韵于 *ək*、-*əg*。所以 ɛ 和 ə 在《诗经》押韵上照常规是并合的。我断定了在我们的 *C* 部当中,古音的-*ạn*、-*wạn*(第八、第九行)是从上古音的-ɛn,-*wɛn* 转变而来的:第八行 *kɛn*,第九行 *kwɛn*。

其次我们再来看第十一行和第十二行。关于这一点,我能够在这里改进我所拟构的古音系统(《切韵》)觉得很愉快。第十一行在《切韵》里是它自己的一韵(《内府藏唐写本切韵》和《广韵》平声里的第十九部),我对它竟未能给以独立的收音;对于第十二行我也曾经给以一种很不满意的构拟,我给它和第六行的分别,只是应用"合口"*w* 里的差异:第六行-*i̯uĕn*:第十二行-*i̯wĕn*。实在这是很不自然而可疑惑的,先时我自己也曾经说过,须要寻求一个新的解决。我们的《诗经》韵系统帮助我们解决这个疑难。第十一行和第十二行是*i̯*音的相配于第八行和第九行的-ɛn,*wɛn*:第十一行 *tṣi̯ɛn*,第十二行 *ji̯wɛn*(上古音 *gi̯wɛn*)。上面第七页(原文第 3 页)这个表里我已经填进了这些音值是因为预先作了这个讨论的。

我们现在可以回头来讲那神秘难明的第十行的“巾”古音 *ki̯ĕn* 了，这个就用第十一行和第十二行的系统来解释。假使我们把后二者合起来看，我们有了 *tṣi̯ɛn* 和 *mi̯ɛn*，我们又有了 *gi̯wɛn*，可是我们并没有 *ki̯ɛn* 的形式，就是在舌根音和喉音（它们是中国语上最常见的起音）之后的“开口”收音遗失着。这是显然的，在第十行的“巾”“殷”古音 *ki̯ĕn*，*i̯ĕn*《诗》韵不列于 *B* 部（上古音-*i̯ĕn*、-*i̯en*）而列于 *C* 部（它们所具有的上古音，共总是-*ən*、-*i̯ən*、-*wən*、*i̯wən*、-*i̯ən*、*tṣ*/*i̯ɛn*、-*i̯wɛn*）的，我们正有个遗失的上古音 *ki̯ɛn* 一类。这样我们就得着一个解释，一方面它们之所以列入于这个 *C* 韵部里（和《诗经》的 *ɛk*：*ək*，*ɛg*：*əg* 各部对照），另一方面它们之所以演进到了中国古音：

上古音 *k*/*i̯ɛn*＞古音 *ki̯ĕn*；

上古音 *tṣ*/*i̯ɛn*＞古音 *tṣi̯ɛn*；

上古音 *k*/*i̯wɛn*＞古音 *ki̯wɛn*。

我们或许可以期望，在“合口”当中，正如“开口”里一样，在舌根音之后的，-*i̯wɛn* 也要变成-*i̯wĕn*。不错，在这个方向上确是有一种很强的趋势。“囷”这个语词在《广韵》里有 *g*‘*i̯wɛn* 和 *ki̯wĕn*（是《真》韵，不是《谆》*i̯uĕn* 韵！）两种读法，“麇”这个语词是读为 *ki̯wĕn*（不是*i̯uĕn*！）。

对于我们这种说法，更有一个很强力的证据，第十行（“巾”等）的古音-*i̯ĕn* 和 *B* 部的-*i̯ĕn*（“因”类）在上古音里有个不同的来源，它和上古音的-*i̯ən*（“斤”类）*C* 部第三行，比之它和“因”类（*B* 部第三行）实在更为接近。日本的吴音是我们现今所能详细认识的一种最古的方言，当中“因”类（*B* 部第三行），上古音-*i̯ən*，是译为-*in*；“斤”类，“隐”（*C* 部第三行），上古音-*i̯ən*，照常规是译为-*on*；现在，*C* 部第十行的“巾”“殷”“慇”这些语词在吴音里并不是译为 *kin*、*in*、*in*，而是译为 *kon*、*on*、*on*。显然，在吴音所根据的方言当中，这些语词里的上古音 *ki̯ɛn*、*·iɛn*、*·iɛn*，已经变为 *ki̯ən*、*·iən*、*·iən*，因此合于 *C* 部第三行的一类（“斤”*ki̯ən*，“隐”*·i̯ən*），并不像《切韵》里的那样变为 *ki̯ĕn*、*·iĕn*（合于 *B* 部第三行的一类，“因”*·i̯ĕn*）了。

我们现在可以填进我们的 *B* 表和 *C* 表上古音的音值：

B.	上古音	古音		上古音	古音
	1. *ien*	>*ien*；		2. *iwen*	>*iwen*；
	3. *i̯ĕn*	>*i̯ĕn*；		4. *i̯wĕn*	>*i̯uĕn*。

C.	上古音	古音		上古音	古音
	1. *ən*	>*ən*；		2. *wən*	>*uən*；
	3. *k/i̯ən*	>*k/i̯ən*；		4. *k/i̯wən*	>*k/i̯uən*；
	5. *t̂/i̯ən*	>*tś/i̯ĕn*；		6. *t̂/i̯wən*	>*tś/i̯uĕn*；
	7. *iən*	>*ien*；		8. *ɛn*	>*ạn*；
	9. *wɛn*	>*wạn*；		10. *k/i̯ɛn*	>*k/i̯ĕn*；
	11. *tṣ/i̯ɛn*	>*tṣ/i̯ɛn*；		12. *i̯wɛn*	>*i̯wɛn*。

上面所研究 *A*、*B* 和 *C* 这三个韵部，和它们相配的有 *D*、*E* 和 *F* 收尾于 *-t* 和 *-d* 的三部。把它们拿来讨论以前，我愿意要举出预先须注意的一点。在我的《中国语分析字典》（1923 年）里，我曾经指出许多“谐声”的事例，如“割”古音 *kât*：“害”*γâi`*，“列”*li̯ät*：“列”*li̯äi`*，显示着 *âi`*、*i̯äi`* 当中在《切韵》时代以前一个上古音的收尾舌尖音失去了，或者更因元音化而变成 *-i* 的音了；又在这些事例当中，照常规既然具有一种“降音调”，所以我断定那种舌尖音，我所认为是 *-d* 的（*γâd*、*liäd* 显然区别于 *kât*、*li̯ät*），它的丧失就产生了这种降音调。我在某些较后的论文当中，修改了我的学说，而谓上古音的收尾舌尖音在 *γâi* 和 *li̯äi* 里的也同样是个 *-t*，而那种降音

调也是原来具有的，就注定了这种演化：“割”*kâtˉ*、“列”*li̯ätˉ*还保存了它们的-*t*，可是“害”*γâtˋ*和“例”*li̯ätˋ*因具有降音调而把-*t* 元音化了（同样，“白”*b‘ ɒk*＞*b‘ ɒk*；“怕”*p‘ ɒkˋ*＞*p‘aˋ*）。这种修正的学说有很大的便利（见《诗经研究》第 119 页）；可是这里我忽然要转向过来，回到我在《分析字典》当中所草定的原来的说法。我所以要如此的理由，将在下文第五十四页（原文第 23 页）里说明。

我们现在回头来说-*t*、-*d* 的相配于 *A*、*B* 和 *C* 三部。当中的二部（-*at* 的一类和-*ət* 的一类）段玉裁曾经误混为一：他的第十五部（入声部分）。这是在他另外精美的《诗》韵论里的一个弱点。关于这一点，王念孙比段氏高明；他很清楚的析为三部。

D. 王氏的第十四部等于段氏第十五部的入声部分。主要的语词是：

---

1. 葛曷渴褐怛达阏。 2. 带大害艾蔼拔肺茷。
3. 括佸活阔涉掇夺撮捋茇拨秣。 4. 外哕祋兑脱翙。
5. 杀。 6. 虿。 7. 八。 8. 哙败迈。
9. 桀揭愒孽舌烈灭。 10. 厉栵逝晢世泄愒。
11. 说惙绝威。 12. 帨说卫岁蹶。 13. 截。 14. 蛶。
15. 韰。 16. 瘵。 17. 刮。 18. 拜。 19. 揭竭偈。
20. 刈。 21. 蕨阙月越钺发伐髪。 22. 吠喙。

---

1. 具有古音的-*ât*: *kât* 等；
2. 具有古音的-*âiˋ*: *tâi* 等；
3. 具有古音的-*uât*: *kuât* 等；

4. 具有古音的-*uâi`*: *nguâi* 等；
5. 具有古音的-*at*: *sat*，
6. 具有古音的-*ai`*: *t̂'ai*；
7. 具有古音的-*wat*: *pwat*；
8. 具有古音的-*wai`*: *k'wai* 等；
9. 具有古音的-*i̯ät*: *g'i̯ät* 等；
10. 具有古音的-*i̯äi`*: *li̯äi* 等；
11. 具有古音的-*i̯wät*: *i̯wät* 等；
12. 具有古音的-*i̯wäi`*: *śi̯wäi* 等；
13. 具有古音的-*iet*: *dz'iet*；
14. 具有古音的-*iei`*: *tiei*；
15. 具有古音的-*ạt*: *kạt*；
16. 具有古音的-*ại`*: *tṣại*；
17. 具有古音的-*wạt*: *kwạt*；
18. 具有古音的-*wại`*: *pwại*；
19. 具有古音的-*i̯ɒt*: *ki̯ɒt* 等；
20. 具有古音的-*i̯ɒi*: *ngi̯ɒi*；
21. 具有古音的-*i̯wɒt*: *ki̯wɒt* 等；
22. 具有古音的-*i̯wɒi`*: *b'i̯wɒi*。

开始就见到单数行和双数行之间一种严格的对照。前者的收音-*t* 相配于后者的收音-*i*。这个-*i* 乃是遗失了的-*d* 的痕迹，-*d* 音失落而使成为降音调(去声)："葛"*kât* 保存了它的-*t*，可是"带"*tâd* 已经变为>*tâi`*了。

更进，这个韵部的全体又是和上面 *A* 部里的-*n* 一类正确的相配。于是我们求得下列的上古音音值：

D 部				A 部	
1. *ât*,	2. *âd*;	3. *wât*,	4. *wâd*;	*ân*;	*wân*;
5. *at*,	6. *ad*;	7. *wat*,	8. *wad*;	*an*;	*wan*;
9. *i̯at*,	10. *i̯ad*;	11. *i̯wat*,	12. *i̯wad*;	*i̯an*;	*i̯wan*;
13. *iat*,	14. *iad*;	○	○	*ian*;	(*iwan*);
15. *ăt*,	16. *ăd*;	17. *wăt*,	18. *wăd*;	*ăn*;	*wăn*;
19. *i̯ăt*,	20. *i̯ăd*;	21. *i̯wăt*,	22. *i̯wăd*;	*i̯ăn*;	*i̯wăn*。

现在我们可以论到 *E* 部了,乃是-*t* 和-*d* 的音相配于 *B* 部的。主要的语词是:

---

1. 结袺襭噎耋垤瓞节。 2. 嚏曀。 3. 血穴。

4. 吉一逸室实窒秩挃栉瑟日漆七疾栗慄匹韠駜密。

5. 至。 6. 恤。

---

1. 具有古音的-*iet*: *kiet* 等;

2. 具有古音的-*iei*`: *tiei* 等;

3. 具有古音的-*iwet*: *xiwet* 等;

4. 具有古音的-*i̯ĕt*: *ki̯ĕt* 等;

5. 具有古音的-*i*`: *tśi*;

6. 具有古音的-*i̯uĕt*: *si̯uĕt*。

这里又是第一行和第二行、第四行和第五行各具有相同的上古音收音,只因-*t*: -*d* 的相异而分别罢了,后者又因元音化变为-*i* 而成降音调。因此我们求得下列的上古音音值:

E 部		B 部
1. *iet*,	2. *ied*;	*ien*
3. *iwet*;		*iwen*
4. *i̯ĕt*,	5. *i̯ĕd*;	*i̯ĕn*
6. *i̯wĕt*。		*i̯wĕn*。

稍为复杂一点的乃是 *F* 部，是-*t* 和-*d* 的音相配于 *C* 部的。主要的语词是：

---

1. ○ 2. 溉爱僾。 3. 卒没。 4. 对怼退溃荟妹内。
5. 仡。 6. 气塈。 7. 郁弗茀拂。 8. 贵谓渭蔚味。
9. 飏 10. 利莅肆四驷佽比纰寐畀。
11. 出卒述軏率律。 12. 类遂檖穟醉萃谇瘁穗。
13. 擎。 14. 戾棣淠。 15. 阕。 16. 惠嘒。 17. 戛。
18. 届。 19. 滑。 20. 篑。 21. 暨。 22. 弃器。
23. 橘。 24. 匮季悸位。

---

1. 没有代表的字体；
2. 具有古音的-*âi̖*: *kâi* 等；
3. 具有古音的-*uət*: *tsuət* 等；
4. 具有古音的-*uâi̖*: *tuâi* 等；
5. 具有古音的-*i̯ət*: *ngi̯ət*；
6. 具有古音的-*je̯i̖*: *k'je̯i* 等；
7. 具有古音的-*i̯uət*: *˙i̯uət* 等；
8. 具有古音的 *jwe̯i̖*: *kjwe̯i* 等；
9. 具有古音的-*i̯ĕt*: *li̯ĕt*；
10. 具有古音的-*i̖*: *lji* 等；
11. 具有古音的-*i̯uĕt*: *tś'i̯uĕt* 等；
12. 具有古音的-*wi̖*: *ljwi* 等；
13. 具有古音的-*iet*: *p'iet*；
14. 具有古音的-*iei̖*: *liei* 等；
15. 具有古音的-*iwet*: *k'iwet*；

16. 具有古音的-*iweiˋ*: *γiwei* 等;
17. 具有古音的-*ạt*: *kạt*;
18. 具有古音的-*ạiˋ*: *kại*;
19. 具有古音的-*wạt*: *γwạt*;
20. 具有古音的-*wạiˋ*: *k'wại*;
21. 具有古音的-*i̯ĕt*: *ki̯ĕt*(姓族名);
22. 具有古音的-*iˋ*: *k'ji* 等;
23. 具有古音的-*i̯uĕt*: *ki̯uĕt*;
24. 具有古音的-*wiˋ*: *kjwi* 等。

这里,又是像 *D* 部和 *E* 部里的,双数行具有和单数行相同的上古音收音,只是前者的-*d* 和后者的-*t* 不同罢了。-*d* 音已经变成-*i* 而产生降音调了。-*əx* 的音在-*t* 组里并无代表的字体,只是在-*d* 组里有的。第二行 *kəd* 变成了>*kâiˋ*(参照-*g* 部,其中的"来"上古音 *ləg* 变成了>古音 *lâi*,见《诗经研究》第 124 页)。依同样的方式,第三行-*uət*(-*wət*)还保存着,可是第四行-*uəd* (-*wəd*)已经变为 *uâiˋ*了。这种情形可以用"倳"这个字体来巧妙的证明,它兼具有古音 *t'uət* 和 *t'uâiˋ*两种读法(上古音 *t'wət* 和 *t'wəd*)。

更进,第六行-*jẹiˋ*是-*d* 音的相配于第五行-*i̯ət*,又-*jwẹiˋ*的相配于-*i̯uət* 有许多两读和"谐声"的字体来证明。例如"气"的两读 *k'i̯ət* 和 *k'jẹiˋ*(上古音 *k'iət* 和 *k'i̯əd*),"蔚"的两读˙*i̯uət* 和˙*jwẹiˋ*(上古音˙*i̯wət* 和˙*i̯wəd*),"沸"的两读 *pi̯uət* 和 *pjwẹiˋ*(上古音 *pi̯wət* 和 *pi̯wəd*),"弗"*pi̯uət* 谐声于"疿"*pjwẹiˋ*(上古音 *pi̯wət* 谐声于 *pi̯wəd*)等。

在这一类里,正如 *C* 部里的一样,上古音的-*i̯ət* 依据于在它前面的是个舌根音和双唇音或者是个舌尖音和舌前音而具有一种不同的演化。正如上古音 k/i̯ən>古音 k/i̯ən，而上古音î/i̯ən>古音 tśi̯ĕn（参看上面 C 部）。同样的方式，第五行上古音 k/i̯ət>古音 k/i̯ət，而第九行上古音î/i̯ət>古音 tśi̯ĕt；又依同样的方式，第六行上古音 k/i̯əd>古音 k/je̯i`，而第十行上古音î/i̯əd>古音 tś/i`。“合口”语词的情形也恰是一样：第七行上古音 k/i̯wət>古音 k/i̯uət，而第十一行上古音î/i̯wət>古音 tś/i̯uĕt；又第八行上古音 k/i̯wəd>古音 k/jwe̯i`，而第十二行上古音î/i̯wəd>古音 tś/wi`。

我们再可以接下去：具有长 i 的，正如上古音-iən>古音-ien。同样，这里第十三行上古音-iət>古音-iet 和第十四行上古音-iəd>古音-iei`；第十五行上古音-iwət>古音-iwet 和第十六行上古音-iwəd>古音-iwei`。

最后，正如上古音-ɛn>古音-ạn，同样第十七行上古音-ɛt>古音-ạt 和第十八行上古音-ɛd>古音-ại`；第十九行上古音-wɛt>-wạt，和第二十行上古音-wɛd>-wại`。又相配于上古音-iɛn、-iwɛn的，我们这里有了第二十一行上古音 k/i̯ɛt>古音k/i̯ĕt 和第二十二行上古音 k/i̯ɛd>古音 k/ji`；第二十三行上古音 k/iwɛt>古音 k/i̯uĕt 和第二十四行上古音 k/i̯wɛd>古音k/jwi`。

我们可以把这一切总述在下表当中：

F 部		C 部	
上古音	古音	上古音	古音
1.（ət）	1.（ət）	ən	ən
2. əd	2. âi`		
3. wət	3. uət	wən	uən
4. wəd	4. uâi`		
5. k/i̯ət	5. k/i̯ət	k/i̯ən	k/i̯ən

续 表

F 部		C 部	
上古音	古音	上古音	古音
6. *k/i̯əd*	6. *k/je̯i`*		
7. *k/i̯wət*	7. *k/i̯uət*	*k/i̯wən*	*k/i̯uən*
8. *k/i̯wəd*	8. *k/jwe̯i`*		
9. *t̂/i̯ət*	9. *tś/i̯ĕt*	*t̂/i̯ən*	*tś/i̯ĕn*
10. *t̂/i̯əd*	10. *tś/i`*		
11. *t̂/i̯wət*	11. *tś/i̯uĕt*	*t̂/i̯wən*	*t̂ś/i̯uĕn*
12. *t̂/i̯wəd*	12. *tś/wi`*		
13. *iət*	13. *iet*	*iən*	*ien*
14. *iəd*	14. *iei`*		
15. *iwət*	15. *iwet*	○	○
16. *iwəd*	16. *iwei`*		
17. ɛt	17. *ạt*	ɛn	*ạn*
18. ɛd	18. *ại`*		
19. *wɛt*	19. *wạt*	*wɛn*	*wạn*
20. *wɛd*	20. *wại`*		
21. *i̯ɛt*	21. *i̯ĕt*	*i̯ɛn*	*i̯ɛn*, *i̯ĕn*
22. *i̯ɛd*	22. *i`*		
23. *i̯wɛt*	23. *i̯uĕt*	*i̯wɛn*	*i̯wɛn*, *i̯wĕn*
24. *i̯wɛd*	24. *wi`*		

在最后的这一部 *F* 当中，我们有了大多数具有古音收尾-*ẹ̯i* 和-*i* 的语词。我又曾经表示过，这些收尾音是一个上古音-*d* 的遗迹。可是，同样的这种收尾音，-*ẹ̯i* 和-*i* 仍又见于《诗经》的别一个

大韵部中，它也必需要拿来考察的：*G* 部见王念孙的第十三部，等于段玉裁第十五部(只是这后者一半)。主要的语词是：

---

1. 哀。 2. 回嵬隤推颓摧罪雷罍枚。
3. 几畿岂颀晞衣依。 4. 归违炜苇围韡畏威飞菲腓骓霏微薇尾。
5. 脂指旨坻蓍底邸祗鸱砥稚迟师尸屎矢视夷荑桋訑资茨咨姊泚玼秭私死兕履毗膍匕妣悲美眉湄麋郿。
6. 追水维唯鹭惟崔绥累藟。
7. 氐弟涕体妻萋棲淒齐荠穄蛴跻隮侪济泲犀祢沵鳢醴黎泥迷。 8. 皆偕阶喈湝。 9. 怀坏。 10. 几饥祁伊。
11. 葵骙遗。 12. 迩猕。 13. 毁萎。

---

1. 具有古音的-*âi*: *âi*；
2. 具有古音的-*uâi*: *γuâi* 等；
3. 具有古音的-*e̯i*: *kje̯i* 等；
4. 具有古音的-*we̯i*: *kjwe̯i* 等；
5. 具有古音的-*i*: *tśi* 等；
6. 具有古音的-*wi*: *t̂wi* 等；
7. 具有古音的-*iei*: *tiei* 等；
8. 具有古音的-*ại*: *kại* 等；
9. 具有古音的-*wại*: *γwại* 等；
10. 具有古音的-*i*: *kji* 等；
11. 具有古音的-*wi*: *g‘jwi* 等；
12. 具有古音的-*ie̯*: *ńźie̯*等；
13. 具有古音的-*wie̯*: *xjwie̯*等。

这个韵部的解释或许似乎是很简单的：一切的语词差不多都是以-*i* 音收尾的，而因此押韵，又因为那种事实，我们就可以推想它是代表原来具有上古音收尾-*i* 的语词了。但是，事实上的问题乃是极其复杂的，需要广大的探究。

我上面讨论 *C* 部时曾经把几种奇怪的押韵故意遗留着，其中如古音的 *ən* 和 -*iei* 押韵，例如"晨"："辉"："旗"：古音*źi̯ĕn*（>上古音*d̂i̯ən*）：*xjwe̯i*：*g'je̯i*（《庭燎》诗）；"芹"："旗"：古音 *g'i̯ən*：*g'je̯i*（《采菽》诗）。这些事例是比较有趣的，因为"辉"*xjwe̯i* 以"军"古音 *ki̯uən*（具有-*n* 的）为音符，又"旗"以"斤"*ki̯ən* 为音符。它们自然使我们记起关于别种元音的事例，其中也是具有-*n* 的语词和收尾于元音的语词有押韵和谐声的关系，例如"傩"古音 *nâ* 以"难"*nân* 为音符；"皤"*b'uâ* 以"番"*b'i̯wɒn* 为音符而和"翰"*γân* 押韵（《易经》第二十二卦）；"鼍"*d'â* 以"单"*tân* 为音符，而和"睅"押韵（《左传·宣二年》）。在一切这些事例上很自然的要想到鼻音化的现象，如同某个 *ân* 变成了-*a*ⁿ>-*â*，某个-*i̯ən* 变成了·*i̯ə*ⁿ>*i̯e*ⁿ>*i̯e̯i*。我在本报第一卷第 182 页里曾经提出过这种说法，又《林语堂》教授在他的《语言学论丛》第 82 页以下，也是同样的计议。

这种说法要提示"傩"原来是* *nân*，"皤"* *b'wân*，"鼍"* *d'ân*，又"旗"原来也是* *g'i̯ən*，它们因为鼻音化而分别变成古音的 *nâ*、*b'uâ*、*d'â* 和 *g'je̯i*。但是，果真如此，我们便须解答这个疑问：这种鼻音化曾经怎样的进行呢？假使"单"是上古音的 *tân* 而恒常保持了它的-*n*（古音 *tân*，北京音 *tan*），那末，"鼍"假使是上古音的* *d'ân*，怎样会把它的-*n* 消除了而变为古音的 *d'â*（北京音 *t'o*）呢？它们怎样会有不同的发展呢？依同样的方式，假使"旗"和"芹"都是上古音的 *g'i̯ən*，怎样前者会变成古音 *g'je̯i*（北京音 *k'i*）而后者变成古音的 *g'i̯ən*（北京音 *k'in*）呢？在"同一界线的语言范围以内"，没有这种可能的。如果是如此，那必定是由于"方言混合”的一种结果。《诗经》和“谐声”字体的语言，就是高等中国语（High Chinese），在这种主要的语言界线当中，*-n* 被保持而流传到了《切韵》时代，可是在某种或某几种居于高等中国语的侧面的（和它并行的）方言当中，*-n* 却受鼻音化了：所谓从这种不正轨的方言当中，像“鼍”*d'â*、“旗”*g'jei̯* 的几个形式透入了高等中国语里，于是把这些语词正常的形式 * *d'ân*、* *g'i̯ən*“排除”而替代它们了。所以，在中国古音里（《切韵》）我们得到了“鼍”*d'â*（方言的借贷语词）可是又有“单”*tân*（正常的形式），得到了“旗”*g'jei̯*（方言的形式）可是又有“芹”*g'iən*（正常的形式）。

对于这样的一种解释，在原则上便没有反对的余地。我们在别些语言当中可以见到许多类似的现象。例如，在法语里我们有了“*cage*”“*canevas*”“*caillou*”这些语词。它们在高等法语当中，依据那种语言正常的语音法则，应该适当的读为“*chage*”“*chanevas*”“*chaillou*”，这种具有“*ch-*”的形式也确实存在于早先的时候。可是，在高等法语里，被“*cage*”“*canevas*”“*caillou*”这些方言的形式（毕伽的 *Picardie*，诺曼底 *Normandie*）“排除”了。又，在高等瑞典语里，“*spår*（*spōr*）”“*lēn*”“*stråk*（*strōk*）”“*påse*（*pose*）”这些语词照常规应该是“*spŏrr*”“*lĕnn*”“*strŏkk*”“*pŏsse*”（参照“*bŏrr*”“*tĕnn*”“*lŏkk*”“*mŏsse*”），可是它们得到了长元音，因为它们是从别种方言上借贷而来的形式，并非高等瑞典语所正常依据的。北京语中在某些特有的事例上也可以见到同样的现象。“孕”和“贞”照常规应该为北京音“*ying*”和“*cheng*”，可是它们因受某种方言里 *-ng*＞*-n* 的影响读为“*yün*”和“*chen*”了。又某些上古音的语词同样转进于它们所不应隶属的中国古音的韵部里：“生”上古音 *sĕng* 应该为古音的 *sɛng*（《广韵》第十三韵），可是实际上却是古音的 *sɒng*（《广韵》第十二韵）；“川”上古音 *t̂'i̯wən*（上面的 C 部）应该为古音的 *tś'i̯uĕn*（《广韵》第十八韵），可是实际上却是古

音的 *tś'iwän*(《广韵》二卷第二韵)。这里常为一种特有的不依常规的问题。

实在,我在过去一个长久的期间,也设想这种解决是不错的。可是我研究了这个问题愈长久,愈要相信这种解决必定是错的。西门氏(W. Simon)所发表过的(《上古中国语收尾辅音的拟测》*Zur Rekonstruktion der altchinesischen Endkonsonanten II*,第8页),我虽然并不和他相同,可是渐渐发生了和他接近的一种意见。

这里必须把上古音押韵、谐声字体及假借当中-*n* 的收尾音和元音的收尾音彼此转换的许多重要的事例,统统拿来作一个总检查。我把表上所列的限定于先汉或汉代的事例;出于《切韵》和《集韵》的晚后例子,所关的语词没有六朝以前的证据,自然不足以用来证明上古音。这个总检查当中所注明的音读都是用中国古音的。

1. 傩　2. 左　3. 难　4. 瘅　5. 鼍　6. 鼋　7. 瘆

8. 啴　9. 椯　10. 揣　11. 团　12. 抟　13. 瑞

14. 惴　15. 温　16. 战　17. 缦　18. 遄　19. 穑

20. 端　21. 擎　22. 婴　23. 婴姗　24. 婆娑

25. 裸　26. 灌　27. 果　28. 番　29. 啴翰宪　30. 皤

31. 翰　32. 睅　33. 磻　34. 磻　35. 播　36. 盘

37. 覤　38. 浼　39. 殄　40. 烜　41. 毁　42. 火

43. 觯　44. 觗　45. 窝　46. 敦　47. 遗摧

48. 镎　49. 群　50. 憝　51. 懒溷　52. 焞　53. 雷威

54. 贲　55. 变　56. 辰　57. 屯　58. 自堆

59. 翚挥　60. 楎　61. 烽辉晖　62. 晨　63. 晖

64. 晕　65. 韗　66. 嵬　67. 萎　68. 莙　69. 威

70. 归　71. 山　72. 偕　73. 迹　74. 近　75. 微

76. 远　77. 祈　78. 蕲　79. 靳　80. 旗　81. 芹

82. 颀 83. 衣妻私 84. 恳 85. 至 86. 圻

87. 畿 88. 垠 89. 沂 90. 衣 91. 冠 92. 殷

93. 匪 94. 分 95. 洗 96. 西 97. 栖棲 98. 茜

99. 哂 100. 西施 101. 先施 102. 棲䞇

103. 殷辰 104. 巡 105. 战巅民门安眠闲 106. 酒

107. 殄 108. 汛 109. 犀 110. 寅 111. 牝

112. 死 113. 伊 114. 垔 115. 祇 116. 振

117. 震 118. 榰 119. 礼 120. 选 121. 兕

122. 先还 123. 泚 124. 泋 125. 鲜 126. 水

127. 弟 128. 准 129. 悲 130. 门

I. 已经说过的 1. *nâ*，在《诗》(《竹竿》)里是和 2. *tsâ* 押韵的，可是又以 *nân* 为音符。

II. *nâ* 这个语词(广大也)或(《诗·隰桑》)写作(假借)3. *nân*。

III. 4. 这个语词，《广韵》有 *tân* 和 *tâ* 的两读；以 *tân* 为音符。《诗板》押韵作 *tân*。

IV. 已经说过的 5. *d'â*(《切韵》，非《广韵》，有一种*d'ân* 的异读)以 *tân* 为音符而和 6. *ngi̯wɐn* 押韵(《礼记·月令》)。

V. 7.《切韵》音 *t'â* 和 *t'ân*(《唐韵》也音 *tâ*，《切韵》里无此音)；以 *tâ* 为音符；《说文》引《诗·四牡》作 7.；毛本作 8. *t'ân*。

VI. 9. *tuâ*《说文》："棰也"(一种马鞭)，以 *tuân* 为音符。此字无先汉文书上的例子。

VII. 10. 古音 *tś'wie̯*(揣量)，以 *tuân* 为音符。《前汉书》上所载贾谊(约西元前 168 年)作的赋(四十八卷第三页)，此字假借用来代表 11，*d'uân*。郭璞注《方言》读作*źi̯wän*。

VIII. 13. *źwie̯*，以 *tuân* 为音符。

IX. 14. *tświe̯*以 *tuân* 为音符，和 15. *˙uən* 及 16. *tsi̯än*(《诗·小宛》)，又和 17. *muân*(《庄子·齐物论》)押韵。《孟子》二(*Legge*

氏本）丁氏以 18. 读为 *tsi̯wän* 来替代 14。

X. 19.《玉篇》音 *tuân* 和 *tuâ*，以 *tuân* 为音符；《说文》谓："读若 20.（*tuân*）"。

XI. 21. *b'uân* 和 *b'uâ*，以 *puân* 为音符。

XII. 22. *b'uân* 和 *b'uâ*；用在 24. *b'uân-sân* 这个双音缀的语词当中（司马相如《子虚赋》，《文选》卷七，第十四页；李善注读为 *b'uân*），可是这个显然和《诗》里（《东门之枌》）的 24 *b'uâ-ṣa*（《尔雅》里也如此）是同一的语词。

XIII. 25. *kuân*（灌薁）。古代注释家（毛亨、许慎、郑众、郑玄）都训作 26. *kuân*（灌薁），它在语原学上必定和这个有亲属关系的；可是，它又以 27. *kuâ* 作为音符。

XIV. 28. *b'i̯wɐm*（足迹）、*p'i̯wɐm*（次数）、*b'uân*，*p'uân*、*b'uâ* 各异的地名，*puâ*（勇敢）。《诗》（《崧高》）里，它和 29. *tân*、*γân*、*xi̯ɐm* 押韵。

XV. 30. *b'uâ*、*puâ*。《易经》（第二十二卦）里，它和 31. *γân* 押韵，《左传》（宣二年）里，又和 32.*γân* 押韵。

XVI. 33. *b'uân* 一个地名，*puâ*（用作箭镞的石头），参照 34. *puâ*。

XVII. 35. *puâ*；《管子》（《弟子职》，第五十九节）里和 36. *b'uân* 押韵（今本已误，增衍一文，致破坏韵律，必须删除）。

XVIII. 37. *luâ* 以 *luân* 为音符。

XIX. 38. *muâi* 以 *mi̯än* 为音符，《诗》（《新台》）里和 39. 上古音 *d'iən* 押韵；可是唐朝的一个注释家丁公著对于《孟子》二里的（Legge 氏本）也给以 *muân* 的一种读法（见孙奭《音义》中）。又郭璞（约西元后 324 年）注《方言》（三卷四页）也已经给以此读。

XX. 40. *xi̯wɐm*（暴干），《易经》（《说卦》）；*xjwie*（火），《周礼》

(《司烜氏》),《广韵》和《经典释文》如此读。它们都是根据于郑玄的,他说这个读如 41.(齐语用来代表 42. 的语词)。

XXI. 43. *tśie̯*(《广韵》《玉篇》《礼记·檀弓》《经典释文》及《经典释文》引《字林》)。以 *tan* 为音符。《说文》或读为 41,乃是以 *źi̯ĕn* 为音符的。

XXII. 45. *niei*,以 *nân* 为音符。

XXIII. 46. 通常有各种的异读异义(许多的是假借):*tuən*、*tśiuĕn*、*t'uən*、*d'uən*、*d'uân*、*tuâi*。《诗》(《北门》)里,它和 47. *jwi*、*ts'uâi*;于是毛亨读为 *tuən*,郑玄读为 *tuai*。

XXIV. 48. *źi̯uĕn*(上古音 *d̂i̯wən*)、*tuən*(一种钟类之乐器);*d'uâi*(枪的根端)。《诗》(《小戎》)里它以 *d'uâi* 的音和 49. *g'i̯uən* 押韵。

XXV. 50. *d'uâi* 以 46. *tuən* 为音符。宋玉《风赋》(《文选》卷十三,第二页)里,用在一个复音语词51. *d'uai-γuən* 当中,这个复音语词虽然在注释里读为 *d'uâi* 的音,我想应该读为 *d'uən-γuən*(依于无数的这种复音语词的形式)。

XXVI. 52. *t'uən* 和 *t'uai*。《诗》(《采芑》)里和 53. *luâi*、*·jwe̯i* 押韵。

XXVII. 54. 具有许多古音的读法:*pjie̯*、*b'jwe̯i*、*b'i̯uən*、*pi̯uən*、*b'uən*。对于《易经》(第二十二卦)的 *pjie*,郑玄谓:"义同 55. *pi̯än*"(见于《经典释文》),这个显然是一个音训(以恰相同音的语词来解释意义的)。依 *puən* 的读法它在《左传》(僖五年)里和 56. *źi̯ĕn*(上古音 *d̂i̯ən*)押韵。

XXVIII. 57. *t̂i̯uĕn* 在《庄子》(《至乐》末段)里,依假借用来代表 58. *tuâi*。

XXIX. 59. *xjwe̯i* 以 *ki̯uən* 为音符。

XXX. 60. *γuən*(犁上曲木);*xjwa̯i*(挂衣木钉)。

XXXI. 61. *xjwe̯i*(光辉)在《诗》(《庭燎》)里和 62. *źi̯ĕn* 押韵(Legge 氏译作"smoke,"读为"*huăn*,"就是古音的 *xi̯uən*;又 *Couvreur* 氏译作"*fumée*"而读 *hiun*,就是古音 *xi̯uən*;他们都是依据于朱熹的,朱氏捏造了一个"诗"读;毛亨说是义同"光"*kuang*,表明这个语词通常的音义的,陆德明注其下说:"读如 63. *x̣jwə̣i*")。《广韵》和《集韵》所注明的别种音读是 *xi̯uən*、*xi̯wɒn*、*ɣuen*,可是关于它们并没有先汉的例子。不过在《周礼》(《眡祲》)里,它依假借用来代表 64. *ji̯uən*,又在《礼记》(《祭统》)里,用来代表 65. *ji̯uən*。

XXXII. 66. *nguâi* 和 67. *˙jwie̯* 在《诗》(《谷风》)里和 *˙i̯wɒn* 押韵。

XXXIII. 关于 68. *ki̯wɛn*,《说文》说:"读若 69. *jwe̯i*"。

XXXIV. 70. *kjwe̯i* 在《诗》(《东山》)里和 71. *ṣạn* 押韵(是段玉裁所不承认的,而王念孙、江有诰和朱骏声都承认如此)。

XXXV. 72. *kạ̣i* 和 73. *ńźie* 在《诗》(《杕杜》)里都和74. *g'i̯ən* 押韵。

XXXVI. 75. *mjwe̯i* 在《大戴礼》(《五帝德》)里和 76. *ji̯w ɒn* 押韵。

XXXVII. 77. *g'je̯i*(祈祷)以 *ki̯ən* 为音符。

XXXVIII. 78. (草名)读为 *g'je̯i* 和 *g'i̯ən*,以 *ki̯ən* 为音符,一方面依假借用来代表 77. *g'je̯i*(祈祷)(在铜器文上很通常的)另一方面在张衡《西京赋》(《文选》卷二,第七页)里又用来代表 79. *ki̯ən*。

XXXIX. 80. *g'je̯i* 以 *ki̯ən* 为音符,在《诗》(《庭燎》)和《左传》(僖五年)里,它和 62. *źi̯ĕn* 押韵,《诗》(《采菽》)里又和 81. *g'iən* 押韵。

XL. 82. *g'je̯i*,在《诗》(《硕人》)里和 83. *˙je̯i*、*ts'iei*、*si* 押韵,以 *ki̯ən* 为音符。又,在《礼》(《檀弓》)里依假借或是用来代表

84. *k'ən*(依陆德明说),或更是用来代表 74. *g'iən*(依朱骏声说,乃是根据于郑玄的注,以为“等于 85.”)。又在《周礼》(《考工记·辀人》)里依假借用来代表“坚强”的一个语词,郑众(西元前一世纪)所读为 *k'ən* 的。

XLI. 86. *g'je̯i* 和 87. *g'je̯i* 同,也用来代表 88. *ngi̯ən*,又以 *ki̯ən* 为音符。

XLII. 89. *ngje̯i* 以 *ki̯ən* 为音符,又依假借用来代表 88. *ngi̯ən*(《前汉书·叙传》)

XLIII. 90. *˙je̯i* 在《楚辞》(《卜居》)里和 91. *kuân* 押韵。

XLIV. 92. 上古音 *˙iɛn* 郑玄(《礼记·中庸》注)说是齐人读如 90. *˙je̯i*(参看林语堂《语言学论丛》)。

XLV. 93. *pjwe̯i*《周礼》(《冢宰》)里依假借用来代表 94. *pi̯uən*——依照郑玄所说已经是如此。

XLVI. 74. *g'i̯ən* 在《礼记》(《祭法》,*Couvreur* 氏本第 259 页)里依假借用来代表 80. (77)*g'je̯i*——依照郑玄所说已经是如此。

XLVII. 95. *sien* 和 *siei*;以 *sien* 为音符。

XLVIII. 96. *siei*(鸟巢)等于 97 *siei*。依假借用作“西”*siei*。但是它又作音符于 98. *ts'ien* 和 99. *śiĕn* 当中。100. “西施”这个名字枚乘的《七发》(《文选》卷三十四,第五页)里写作 101. “先施”,又唐时李善这个注释家在这段文辞的注上引证《战国策》(《齐策》四),因以表示他的《国策》本子是有“先施”的。96. *siei*,一方面在《诗》(《六月》)里和 102. *siei g'jwi* 押韵,另一方面又和各种 *-n* 音的语词押韵:《诗》(《桑柔》)里押 103. *˙i̯ɛn*、*źi̯ĕn*;《礼记》(《祭义》)里押 104. *zi̯wĕn*;在《易林》(三:一,十一:五十四,十二:三十七,十二:五十一,十三:七,十三:三十四,二十七:十四,三十二:五十四,三十七:五十四,四十三:十二,五十一:八)和一大批的-*n* 音的语词押韵(105. *tśi̯än* 等)。

XLIX. 106. *ṣai*(混拨)、*siei*(洗涤)。依后面这种读法它和上面的 95. (*siei*、*sien*)是同一的。又这个字体依假借用来代表别些各种具有-*n* 音的语词:*sien*(敬肃)(《礼记·玉藻》),*sien* 和 *siei*(惊惧)(《庄子·庚桑楚》)。在《诗》(《新台》)里的,陆德明读为 *ts'uâi*,可是它和 107. *d'ien* 押韵。*ṣai*(洒拨)须要用来和 108. *si̯ĕn*、*sien*(洒拨)相比。

L. 109. *siei* 以 *si̯ĕn* 为音符。

LI. 110.《切韵·玉篇》以及陆德明(《尚书音义》一,第三页)都读为 *·i̯ĕn*。110. 并未曾见到用在押韵上,可是谐声于各种以-*n* 收尾的语词当中。

LII. 111. *b'i̯ĕn* 和 *b'ji*(《玉篇》《广韵》《经典释文》)。它在《老子》里和 112. *si* 押韵。

LIII. 113. *·i* 在东汉熹平时的《石经》上《洪范》一篇里依假借用来代表 114. *·i̯ĕn*。

LIV. 在《礼记》(《内则》,*Couvreur* 氏本第 666 页)里的 115. *tśi* 郑玄给以 116. *tśi̯ĕn* 的异读,又同是这个字体,在《尚书》(《无逸》,*Couvreur* 氏本第 291 页)里的,司马迁(《史记·鲁周公世家》)又翻作 117. *tśi̯ĕn*。

LV. 116. (异体 117.)*tśi̯ĕn* 在《易经》(第三十二卦)里的《说文》引作 118. *tśi*。

LVI. 119. *liei* 在《礼记》(《礼运》)里和 120. *si̯wän* 押韵。

LVII. 121. *siei* 在《楚辞》(《招魂》)里和 122. *sien*、*γwan* 押韵。

LVIII. 123. *ts'i* 和 124. *mji̯e* 在《诗》(《新台》)里和 125. *si̯än* 押韵。

LIX. 126. *świ* 和 127. *d'iei* 在《诗》(《沔水》)里和 128. *tśi̯uĕn*

押韵。

LX. 129. *pjwi* 在《易林》(六十四：五)里和 130. *muən* 押韵。

我们见到-*n* 音的语词收尾于元音的语词彼此相接合的极其众多,而方音上鼻音化的那种解释也因此觉得有些可疑的了。可是我们如果把这些事例的几个更细密的考察,便更要觉得可疑的了;那种学说实在是很难成立的。

第一点,我们必须追诉于“两种”各异的鼻音化的现象:

(甲) 像 XXXIX.“旗”*g‘je̯i* 具有“斤”*ki̯ən* 的音符而和“晨”*źi̯ĕn* 上古音*d̂i̯ən* 押韵这样的事例当中,我们便不得不要说古音-*i* 的语词“旗”*g‘je̯i* 原来是具有-*n* 的:* *g‘i̯ən*,因此它得到“斤”的音符而和 -*n* 的语词 *d̂i̯ən* 押韵。可是“在方言上”它的演化是 *g‘i̯ən*>*g‘iə*^{n}>*g‘je̯i*。换句话说,一种鼻音化在《诗经》语言中,在“谐声”语言中以及较后高等中国语的主要界线当中都所“未曾”存在的,却发生于方言当中,而从这种未曾知道的方言上透入了(由于某许多的借贷语词)《切韵》语言里。

(乙) 另一方面,像 LVIII.“泚”*ts‘i* 和“鲜”*si̯än* 押韵这样的事例当中,我们便不得不要假定古音-*n* 的语词 *si̯än* 是在某种上古的方言上已经被鼻音化了:*si̯än*>*si̯a*^{n}>*si̯äi*,因此可以——在一种具有方言色彩的《诗》篇当中——和-*i* 音的语词“泚”*ts‘i* 押韵。换句话说,一种《诗》篇要对我们显示着一种鼻音化,是在往后时期上并未曾留下何种遗迹的,在《切韵》的语言里也未曾有反照出来的。

必需要有这两种各异的鼻音化学说,这已经是很烦扰的了;我们更进一步又必须假定*i̯ən*>*i̯ə*^{n}> *i̯e̯i* 和 *ân*>*â*^{n}>*â* 这种全部的转变在方言上已经进行于《诗经》时代了。在某种方言中,“旗”还是具有它的-*n* * *g‘i̯ən* 乃是“旗”:“芹”*g‘i̯ən*(《诗·采菽》)这一类押韵所根据的,可是在另一种方言中,原来同音语词的“颀”* *g‘i̯ən* 已经变成了 *g‘je̯i*,这又是“颀”:“衣”*·je̯i*:“妻”*ts‘iei*(《诗·硕人》)这一类押韵所根据的。同样,“西”(XLVIII)在《桑柔》诗的方言里曾经是* *siən* 的音,可是在《六月》诗的方言里又是 *siei* 的音。“鼍”在谐声字体(以“单”*tân* 为标音)和《礼记・月令》里“鼍”:“鼋”*ngi̯wɒn* 的押韵所根据的方言当中是个* *dân* 的音,可是,“傩”在《诗经》时代《竹竿》诗的方言当中(和“左”*tsâ* 押韵)又已经是* *na* 的音了。这种说法完全是极端不得成立的。

第三点,是最坏的一点——我们很难设想一种方言上鼻音化的性质可以解释上面所列-*i*: -*n* 的接合。我们只可以妥切的假定“鲜”*siän* 在方言上因为要和“泚”*ts'i* 押韵变成了 *si̯äⁿ*>*si̯äi*。但是对于“山”*ṣạn*(上古音 *săn*)和“归”*kjwe̯i* 的押韵,或“冠”*kuân* 和“衣”*'je̯i* 的押韵,又怎么办呢?这里我们便不能妥切的假定 *săn*>* *sai*,*kuân*>* *kuai* 在方言上的转变。即或我们这样的大胆,也便要归引于不可能的结果了;因为假使 *kuân*>方言上的* *kuai* 是为了和 *kjwe̯i*(原来具有音的)押韵的,那末,“傩”为了和“左”*tsâ* 押韵,怎么可以是* *nân*>方言上的* *nâ* 而不是 *nâi* 呢?显然这种说法完全是不可能的。

于是,我们只有废弃鼻音化的学说以为解释共总这些-*i*: -*n* 相接合的一种用途,而要搜寻别种方法了。

其次,我们也可以设想那种的可能,就是我们不必适用一种方言的现象,而“旗”只是一个真正上古音的-*n* 语词(既然它有了 *kiən* 为音符而和-*n* 语词押韵),不过在某方面和“近”*g'i̯ən* 的有些不同罢了。于是这种说法要解释为何前者变成了古音的 *g'je̯i* 而后者变为古音 *g'i̯ən*。一看上面所列的事例,凡是关于-*n* 的语词和元音收尾的语词彼此相接合的,就使我们认定这并不是属于一种元音性质的问题——具有各类的元音,这些元音也都同样的显现于保持-*n* 音到了现今的语词当中。这也不是属于一种音调的问题。

对于某些语词,似乎也可以引起一个舌前音-*ń* 的假定:"旗" * *g'i̯əń*:"近"*g'iən*。这种说法要解释为何 *g'i̯əń* 变成了 *g'je̯i* 而 *g'i̯ən* 保存了它的-*n*: *g'i̯ən*,这是很巧妙的。另一方面,也还可以用来解释为何一个假定的"颀"* *g'i̯əń* 能够和一个"衣"·*je̯i* 押韵——因为它的舌前化(*i* 音的意味)的语尾的缘故。但是我们立刻就相信这种解释的不可能,它只可以用来说明几个事例。它永不能适用于"山"上古音 *săn* 和"归"*kjue̯i* 押韵或"匪"假借用来代表"分"*pi̯wən* 这一类的事例,因为我们不能推想一个舌前音的-*ń* 也存在于 *săn* 和 *pi̯uən* 当中,它们是把-*n* 保存于《切韵》时以至现在的;这种说法也不适用于"傩"*nâ*(<* *nân*?)和"左"*tsâ* 押韵"皤" *b'uâ* 和"睅"*ɣân* 押韵这一类的事例。那又是很显然的了,设有一种说明可以认为是对的,总不能解决"一切"这些相接合的问题,而这些相接合的确是彼此有关系,必须有一种共通的解释。而且,建立"旗"*g'i̯əń*:"近"*g'i̯ən* 这样一种上古音的对偶,这是很大胆的,因为那样我们必须要推寻为何-*n* 在某个事例上是"滑音性"(*mouillé*):-*ń*,而在别个事例上却并不是的一种理由;仅仅说这是由于未曾知道的一种早先现象(在先世中国语里的),那便使人很不满意的了。

最后,我们可以设想在一切这些事例(I－LX)当中一部分在古音上收尾于元音的也曾经具有上古音的-*n*,不过那个-*n* 比之保存下来的-*n* 较为薄弱罢了:"旗"*g'i̯əṇ*(短的-*n*):"近"*g'i̯ən*(长的-*n*),"傩"*nâṇ*(短的-*n*):"难"*nân*(长的-*n*)等。但是这种说法又要适用另外一种的推诿,就是归于我们所未曾知道的先世中国语了,刚才说过,这种学说本身上是太冒险的。而且,上面 I－LX 当中各种-*i* 音的语词既然和上面《诗》韵 *G* 部全体的语词自由押韵,那末,我们在这个韵部的全体也就必须要适用一个微弱的语尾-*ṇ* 音了。而这种又是绝对不可能的,因为那样我们便永不能解释为何这个韵部在通常事例上是和我们上面的 *C* 部划分得很清楚的。

我们知道这些试行的解决都不能成功。我们要是始终坚持“俳”“皤”*b'uâ*,“旗”*g'jęi* 等类一切这些语词,真真具有一个上古音的-*n*,而依某种或别种方式丧失了的,我们便不能得到一个圆满的解释。我们定要向着另外的一方进行,而要把这一大类的收尾于-*i* 的语词更细细的考察,查验它们的-*i* 是否除了中国上古音里的-*n* 或-*i* 之外,还可以代表了旁的东西。

从收尾于舌根音的几类当中所得来的经验,曾经指示我们上古音的收尾音-*g* 极大多数遗失了以致发生着-*i* 音,例如“来”*lәg*>*lâi*,“戒”*kɛg*>*kạі*,“子”*tsi̯әg*>*tsi*,“贿”*xwәg*>*xuәg*>*xuâi*。同样,如上所述(*D*、*E*、*F* 各部),-*d* 音变成了-*i*: *li̯ad*>*li̯äi*、*ti̯ĕt*>*tśi*、*g'âd*>*γâi* 等。如今我们在目前的-*i* 这一类(*G* 部)里,见到-*âi*、-*ại*、-*ęi*、-*iei* 等各类的语词,这时很自然的要猜想,一切这些-*i* 音是由某种收尾辅音的元音化;那不过是依据于中国语言上那种确实证明的一般演化罢了,和 -*n* 音的语词彼此常常相通,显示着在这样的一种事例上必定是某种“舌尖”收尾音问题。

还有一种事实可以增强这种说法,除了上面所引证的押韵、谐声以及假借当中许多-*i* 音和-*n* 音语词彼此相接合的以外,又在-*i* 音和-*n* 语词之间有一种语源学的关系可以推寻出来,在许多事例上是具有很大的确实性的:

(a)“衣”˙*jęi*(衣服)和“隐”˙*i̯әn*(遮蔽,隐藏)之间;

(b)“扆”˙*jęi*(一种遮蔽物),“翳”˙*iei*(一种遮蔽物)和“隐”˙*iәn*(遮蔽,隐藏)之间;

(c)“依”˙*jęi*(依靠)和“隐”˙*i̯әn*(依靠)(常语谓“隐几”,即“靠着几子”)之间。

(d)“几”*kjęi*(近于)(常语谓“几近”,即“近于”)和“近”*g'i̯әn*(近于)之间;

(e) “畿”*g‘je̯i*（近畿、王畿）和“近”（近于）之间；

(f) “饥”*kje̯i*（饥荒），“饥”*kji*（饥荒）和“馑”（饥荒）*g‘i̯ɛn* 之间；

(g) “水”*świ*（水）和“准”*tśi̯uĕn*（上古音*t̂i̯wən*）（水准线）之间；

(h) “围”*jwe̯i*（围绕，周围）和“运”*ji̯uən*（运转）之间；

(i) “纬”*jwe̯i*（织物）和“纬”*ji̯uən*（织物）之间；

(j) “飞”*pjwe̯i*（飞）和“奋”*pi̯uən*（奋起，奋飞）之间。

这里，更是在押韵，谐声和假借之外的，也可以明白显出-*i* 是一个遗失了的舌尖音之遗迹。

现在我们要来决定这个舌尖音的性质，我们这时究竟不应该像西门氏那样（在所引的书里），在这里也列着一个和 *D*、*E*、*F* 各部里相同的舌尖音。如“例”*li̯äi*以“列”*li̯ät* 为音符（西门氏注作“例”*li̯ađ*，“旗”*g‘jeđ*）这一类的事例。它们绝对是两样的。在 *li̯äi* 类（*D*、*E*、*F* 各部）当中——上古音的-*d*——在押韵和谐声上是和 -*t* 的音相交接的；这里，在“旗”*g‘je̯i* 类（*G* 部）当中，是和 -*n* 的音相交接的（上面 I－LX 的事例）。这两类实际绝不会相混。

在我们 *G* 部的-*i* 音语词里，舌尖收尾音过去不会是个-*t*，因为照常规它们并不和入声的-*t* 押韵；我们不能测定“旗”上古音 *g‘jet* 等。

因同样的理由它也不会是个-*d*。-*d* 音的语词是在 *F* 部里的，通常和 -*t* 音的语词押韵，正如从别些韵部上得来的经验显示我们，例如-*ək* 和 -*əg* 很自由的押韵。可是这里我们的 *G* 部和 *F* 部有很少押韵的关系；另一方面，-*t*、-*d* 音的语词实际永不和-*n* 音的语词押韵，而我们的 *G* 部，刚才看见过了，有怎样众多的-*n* 音的关系。所以-*d* 和-*t* 一样的须加以摈斥；我们不能适用“旗”上古音 *g‘jed* 等。

它决不能是个-*n*。为何“旗”不能有个-*n* 的音，已经讨论得很多了。测定“旗”* *g'i̯ən*（>*g'je̯i*）、“礼”* *lien*（>*liei*）、“回”* *g'uân*（>*γuâi*）乃是不可能的，因为那样，我们便无法解释为何有了“近”*g'i̯ən*“怜”*lien*、“丸”*γuân* 保存着的-*n*。

换句话说，这个收尾的舌尖音不会是-*t* 或-*d* 或-*n*。那末，还有什么遗留着呢？显然是-*r*、-*l* 和-*s* 的了。

这里有一种显明的事实，藏语，无疑的是中国语的亲属语，它有很多的语词是属于-*r*、-*l*、-*s* 各类的，例如 *dur*、*dul*、*dus* 等。希望中国语上也有某些和它相符合的词类，这并不是不合理的，而可以推测这些词类潜伏于其间的，惟一的音韵部类，也就是我们这个《诗》韵的 G 部，就是古音上收尾于-*i* 音的语词。我在别处地方以及上文的第一页里曾经说过，我们要把孤独的藏语词拿来和汉语语词比较，我认为尚未到了成熟时期；所以下列的事例并不是当作真正同一的语词，不过作为一些例子；怎样的“可以”证明汉语语词和藏语-*s*、-*r* 和-*l* 的语词相符合罢了：

藏语“*g-ńis*”（二），等于中语“二”*ńi*（西门氏著《藏语与汉语词的比较》*Tibetisch-Chinesische Wortgleichungen*，1930 年出版，第 29 页）；

藏语“*lus*”（身体），等于中语“体”*t'iei*（西门氏书，第 30 页；这个字的音符是 *liei*）；

藏语“*bras*”（米），等于中语的“米”*miei*（西门氏书，第 30 页）；

藏语“*'p'ur*”（飞），等于中语的“飞”*pjwei*；

藏语“*k'or*”（回复），等于中语的“归”*kjwe̯i*；

藏语“*ser*”（指头），等于中语的“指”*tśi*；

藏语“*ts'il*”（肥，脂油），等于中语的“脂”*tśi*（西门氏书，第 27 页）。

一个-*r* 收尾音的可能的指示，发见于“师”古音 *ṣi* 这个语词里，它是属于我们的 *G* 部，当初汉时用来称"狮子"的，这是其先中国所未曾知道的动物，这个问题很有趣的联接于另外一个借贷语词，是用这部的各种语词来代表的。伯希和氏（Pelliot）曾经很聪明的见到这些形式都指示着一个-*r* 音。他说（《通报》第二十六期，1929 年出版，第 141 页）："腰带的金属扣子，有一个匈奴的名词来表示，见于中国文书上'鲜卑'*si̯än-pjie̯*，'师比'*ṣi pji*……'犀毗'*siei-b'ji*，'犀比'*siei-pji*……'私钍'*si-b'ji* 这些译文上；这个名词原来的形式是无从知道了……自然是一个名词……天然因此想起那个 *sien-pi* 的部落（同样的写法）……鲜卑的这个老名词留存于唐朝'室韦'①*che-wei* 这个部落当中，并不是不可能的，因此也假定古代原来的形式 * *särbi*、* *serbi*（因一种奇异的符合，'师比'的'师'汉时用来翻译狮子的这个新奇名词，它是残留着收尾的-*r* 音，也关于波斯语的 *šēr*）。"关于这些语词里的收尾音的-*r*，很觉得伯希和是对的。*ṣi*（狮子）或者那时是用来翻译一个伊兰语的 *šarγ*，这是依据我的朋友摩尔哲斯帝纳教授（Prof. G. Morgenstierne）所告诉我的。

要是我们 *G* 部的语词原初是这样收尾于-*r*、-*l*、-*s* 的，那末，在《诗经》时代它们并非有某些是收尾于-*r*，有别些是收尾于-*l*，又有别些是收尾于-*s* 的，这是显然的。它们的押韵都是依着常规，又彼此间是很自由的，因此并无可能再依着-*r*: -*l*: -*s* 把这个韵部重分为小类，或者都是具有-*r* 的音，或者都是具有-*l* 的音，或者都是具有-*s* 的音。

从中抉择，并非难事。所推究的这个语尾乃是-*r*，它们里的一个-*s* 音是最容易被废弃的。如同"旗"*g'je̯i*: "芹"*g'i̯ən* 这种的押韵当中，我们不能列着一个"旗"*g'i̯əs* 的音，"斤"*ki̯ən* 也不能作为

---

① 唐时为 *śi̯ĕð-jwe̯i*。

一个“旗”*g'i̯əs* 的音符；“匪”*pjwe̯i* 假使是个上古音的 *pi̯wəs*，也便不能依假借用来代表“分”*pi̯wən*。从押韵、谐声和假借的观点上看来，*-r* 和*-l* 是同等的可能。如同“旗”*g'iər*:“芹” *g'i̯ən* 的一种押韵，如同“旗” *g'i̯ər*:“斤”*ki̯ən* 的一种谐声，和“匪”*pi̯wər* 用来代表“分”*pi̯wən* 的这样一种假借，是可以通的；它们并不很相宜，所以它们的发生也只是例外的（上文 I－LX 的事例），实在是不很正常的押韵、不很确切的谐声和假借，可是它们还是时常的发现；*-l* 的音也和*-r* 同等的相宜也同样的不相宜：*g'i̯əl*: *g'i̯ən*，*pi̯wəl*: *pi̯wən*。但是我的决定却赞成*-r* 而不赞成*-l*，乃是根据于那种事实的，就是我们设想先世中国语*-s*＞上古音*-r*（例如“二”*ńiəs*＞*ńi̯ər*）的一种演化比之先世中国语*-s*＞上古音*-l*（*ńi̯əs*＞*ńi̯əl*）较为容易。后面的这种要违背一切语言学上的经验。前面的那种却是普通常见的变化。我只需回想日尔曼语的收尾音*-s*，照例变成古冰洲语（Old Icelandic）的*-r*: 哥德语“*sunus*”:冰洲语“*sunr*”；及拉丁语上的“*r* 音化”（*rhotacism*）（“*generis*”里的 *genes-*＞*gener-*，动词“*esse*”里的 *es*＞*er*）。而且，这种亲属语的藏语更特别的足以启示的，其中有时发生着语尾辅音上*-s*: *-r* 的一种转换：“*mdzes-pa*”（美丽）：“*mts'ar-ba*”（美丽）；“*byus*”（无幸运）：“*byur*”（无幸运）等等。

所以，我断定先世中国语的这三种形式，*a/s*、*a/l*、*a/r* 都变成了上古音的 *a/r*，而我们的 *G* 部的全体都是收尾于 *-r* 的。

我在这里是合于正轨的，我以为已经得到证明了，我们再回转到上面第二十三页（原文第 11 页）里所列 *G* 部的表而填入上古音的音值。证实了这个具有舌尖音收尾*-r* 的韵部恰好成为先时所研究的另外两个具有舌尖音收尾*-n* 和*-t*（*-d*）的韵部、*C* 部和 *F* 部的一种对比，我认为这是一个强固的论证：

G 部(第二十三页)(原文第 11 页) 上古音	古音	F 部(第二十二页)(原文第 10 页) 上古音	古音	C 部(第二十二页)(原文第 10 页) 上古音	古音
1. *ər*	>*âi*	(*ət*), *əd*	>—, *âi`*	*ən*	>*ən*
2. *wər*	>*uâi*	*wət*, *wəd*	>*uət*, *uâi`*	*wən*	>*uən*
3. *k/i̯ər*	>*k/je̯i*	*k/i̯ət*, *k/i̯əd*	>*k/i̯ət*, *k/je̯i`*	*k/i̯ən*	>*k/i̯ən*
4. *k/i̯wər*	>*k/jwe̯i*	*k/i̯wət*, *k/i̯wəd*	>*k/i̯uət*, *k/jwe̯i`*	*k/i̯wən*	>*k/i̯wən*
5. *t̂/i̯er*	>*tś/i*	*t̂/i̯ət*, *t̂/i̯əd*	>*tś/i̯ět*, *tś/i`*	*t̂/i̯ən*	>*tś/i̯ěn*
6. *t̂/i̯wər*	>*tś/wi*	*t̂/i̯wət*, *t̂/i̯wəd*	>*tś/i̯uět*, *tś/wi`*	*t̂/i̯wən*	>*tś/i̯uěn*
7. *iər*	>*ici*	*iət*, *iəd*	>*iet*, *iei`*	*iən*	>*ien*
8. *ɛr*	>*ại*	*ɛt*, *ɛd*	>*ạt*, *ại`*	*ɛn*	>*ạn*
9. *wɛr*	>*wại*	*wɛt*, *wɛd*	>*wạt*, *wại`*	*wɛn*	>*wạn*
10. *i̯ɛr*	>*i*	*i̯ɛt*, *i̯ɛd*	>*i̯ět*, *i`*	*i̯ɛn*	>*i̯ɛn*, *i̯ěn*
11. *i̯wɛr*	>*wi*	*i̯wɛt*, *i̯wɛd*	>*i̯uět*, *wi`*	*i̯wɛn*	>*i̯wɛn*, *i̯wěn*

就第二十三页上 G 表的第一行到第十一行看来,这是配合得很整齐的。因此只有两行留着要说明的了:第十二行古音 *ńźie̯* 和第十三行 *xjwie̯*。这两行押韵的例子很少,又只能认为是例外的,正如别些照常规分析的韵部,彼此间也可以偶然发生混乱的。我们这里有一些 *a*: *ə* 的相押:第十二行上古音的 *ńi̯ar*、*mi̯ar*,第十三行上古音的 *xi̯war*、*˙i̯war* 和 -*ər* 音的语词押韵[①],正如 *a*: *ə* 两音(*A*: *C* 两部)有一种不规则的押韵,例如《诗·楚茨》里:“熯”*xân*(*A* 部):“愆”*k‘i̯an*(*A* 部):“孙”*suən*(*C* 部);《诗·小戎》里:“群”*g‘i̯wən*(*C* 部):“苑”*i̯wăn*(*A* 部)。

---

① 以“尔”为音符的一组是很难明白的。它自己是古音的 *ńźi̯e̯*<*ńźie̯*,这个语词是没有收尾辅音的。但是一方面它依假借用来代表“耳”上古音 *ńi̯əg*,由它转成的“弥”古音 *mji̯e* 也用来代表“弭”*mji̯e*<*mi̯ěg*,它们都指示着一个收尾舌根音;另一方面它又作音符于“浾”古音 *niei*<*niər* 和“迩”古音 *ńźi̯e̯*<*ńiar* 当中,它们是具有舌尖收尾音的。说是依段玉裁,它在周时属于第十五部(-*r*)而在汉时属于第十六部(-*g*),这是一种不妥当的说法。大概我们在这里得到了有分别的几组而在很早的一个时期混乱了的。

关于我们上面所列的表，这里又宜于回头来讨论上古音收尾-*d* 的问题了。我所以把具有下降调的-*t*`>-*i*，我的这种设想除去了而回转到《分析字典》上-*d*>-*i*，我的那种拟构正是因为-*t*`的说法并不足以满足上古语言的一般系统。我早先曾经表示过（依从西门氏最初贡献的意见），中国上古音具有-*k* 音的语词，也具有很大类的-*g* 音的语词。实在，如果有了-*t* 音和-*r* 音的语词而没有-*d* 音的语词，那觉得是不合常道的。因此大家的推度，在上面 *D*、*E*、*F* 各部的-*i* 音部分当中，总要赞成一个-*d* 而不赞成-*t*`。但是推度并非就是证据。我用别的方法求得了证据。我上面说过，*F* 部照常规并“不”和 *G* 部，就是-*r* 音的语词押韵。可是也有某些例外，而且这些是极其重要的。我要举出几个例子：

1. 闳：济　2. 至：礼　3. 利：济　4. 利：礼　5. 致：示死　6. 隧：衰阶　7. 至：济死　8. 比：累水　9. 弃：饥　10. 至：视　11. 至利：视　12. 利：威指　13. 位气：威　14. 瘁：硙　15. 慄：欷。

1.《诗·载驰》；　2.《诗·宾之初筵》；　3.《易·系辞下》；　4.《礼记·坊记》　5.《礼记·儒行》；　6.《礼记·曲礼》；　7.《楚辞·九辩》；　8. 宋玉《高唐赋》；　9.《书·舜典》；　10.《庄子·知北游》；　11.《荀子·成相》；　12.《韩非子·主道》；　13.《韩非子·解老》；　14.《管子·心术》；　15. 宋玉《风赋》。

在双点符号左边的语词属于 *F* 部，在右边的语词属于 *G*(-*r*)部。现在有一种显著的事实，就是只在一个事例当中(15) 我能够见到真正一个入声的-*t* 和-*r* 押韵的。其他一切事例上就是关于一个收尾舌尖音的问题，在中国古音以前失去了以致成为一种降音调的；这个舌尖音，我起初说是-*d*，后来又说是-*t*`。这里十分明白了，前面的一说必定是对的。因为假使那时是个-*t*`

的音，便无何种理由来说明，为什么-*r* 音和-*t*音的押韵必定要比和-*t* 音的押韵为多。另一方面，要是那时是个-*d* 音，便只是这种理由，-*r* 音和-*d* 音的押韵比和-*t* 音的押韵要容易。因此我们很可以了解上列的事例了，照常规-*t* 和-*d* 都不应和-*r* 押韵；可是例外的押韵-*d*: -*r* 有时可以发生的，因为-*d* 和-*r* 在发音上很相类似的，而-*t*: -*r* 便很难发生的了。

因这些的考虑使得我回转到了我原来在《分析字典》里-*d* 音（以及"怕"等字里的-*g* 音）的构定。实在，对于我在《诗经研究》里所讨论的现象，因此也必需寻求一个解释了。异日有缘，我当回头来讨论那个问题。

我们得到了一个收尾的-*r* 音以解决 *G* 部的，假使回转到上面所举 I－LX 的事例——必须要记得它们毕竟都是例外的，是不正常的押韵，谐声和假借——我们就得到下列的结果：

I. *nâr* 以 *nân* 为音符，又例外的和 2. *tsâ* 押韵（-*âr*: -*â* 偶然的相押在发音上并不很急剧的；参照高等英语的读"*far*"音，实际上只是后面跟着一个元音的时候，才把那个-*r* 读出来）。

II. *nâr*（扩大）假借写作 3. *nân*。

III. 4. 有 *târ* 和 *tân* 两种读法。

IV. 5. *d'âr* 和 *d'ân* 以 *tân* 为音符，又和 6. *ngi̯wăn* 押韵；

V. 7. *t'âr* 和 *t'ân* 以 *tâ* 为音符（参照上面 I.）

VI. 9. *twâr* 以 *twân* 为音符。

VII. 10. *t̂'i̯war* 以 *twân* 为音符，假借用来代表 11.，12. *d'wân*，郭璞读为 *źiwän*<*d̂i̯wan*。

VIII. 13. *d̂i̯war* 以 *twân* 为音符。

IX. 14. *t̂i̯war* 以 *twân* 为音符，和 15. *˙wən*、16. *t̂i̯an*、17. *mwân* 押韵。

X. 19. *twân* 和 *twâr* 以 *twân* 为音符,《说文》"读若 20. *twân*"。

XI., XII. 21, 22. *b'wân* 和 *b'wâr* 以 *b'wân* 为音符。

XIII. 25. *kwân* 以 27. *kwâr* 为音符[这"果"的一组都具有-*r* 音的,因事实上它并没有押入于-*â* 部(段氏第十七部),而得证明的]。

XIV. 28. *b'i̯wăn*、*p'i̯wăn*、*b'wân*、*p'wân*、*b'wâr*、*pwâr*。

XV. 30. *b'war*、*pwâr* 和 31, 32 *g'ân* 押韵。

XVI. 33. *b'wân*、*pwâr*。怎样这个是用来代表34. *pwâ* 的,乃是一个繁复的问题;这必定是合理的表示着,-*r* 音遗失了的形式必定很早已经发生了。

XVII. 35. *pwâr* 和 36. *b'wân* 押韵。

XVIII. 37. *lwâr*,以 *lwân* 为音符。

XIX. 38. *mwâr*、*mwân*。

XX. 40. *xi̯wăn*、*xi̯war*、41. *xi̯war*;注意,42. 必定具有两种上古音的读法:《诗经》里的 *xwər*(照常规是押入于 *G* 部的)和 *xwâr*>《切韵》*xuâ*>国音 *huo*。

XXI. 43. *t̂i̯ar* 以 *tân* 为音符(或是 44. *d̂i̯ən*)。

XXII. 45. *niər* 以 *nân* 为音符。

XXIII. 46. *twən*、*t̂i̯wən*、*t'wən*、*d'wən*、*d'wân*、*d'wər*(和 47. *g'i̯wɛr*、*ts'wər* 押韵)。

XXIV. 48. *d̂i̯wən*、*twən*、*d'wər* (*d'wər* 和 49. *g'i̯wən* 押韵)。

XXV. 50. *d'wər*。

XXVI. 52. *t'wən*、*t'wər* 和 53. *lwər*、*'i̯wər* 押韵。

XXVII. 54. *pi̯ar*、*b'i̯wər*、*b'i̯wən*、*pi̯wən*、*b'wən*; *pi̯ar*(郑玄)释为 55. *pi̯an*(<*pli̯an*)。

XXVIII. 57. *ti̯wən* 假借用来代表 58. *twər*。

XXIX. 59. *xi̯wər* 以 *ki̯wən* 为音符。

XXX. 60. *g'wən* 和 *xi̯wər*。

XXXI. 61. *xi̯wər* 和 62. *d̂i̯ən* 押韵，假借用来代表 64，65. *g'i̯wən*。

XXXII. 66. *ngwər* 及 67. *˙i̯war* 和 *˙i̯wăn* 押韵。

XXXIII. 68. *ki̯wɛn*。《说文》谓"读若 *˙i̯wər*"（根据于读音上极相类似的一种解释）。

XXXIV. 70. *ki̯wər* 和 71. *săn* 为例外的押韵。

XXXV. 72. *kɛr* 及 73. *ńi̯ar* 和 74. *g'iən* 押韵。

XXXVI. 75. *mi̯wər* 和 76. *gi̯wăn* 押韵。

XXXVII. 77. *g'i̯ər* 以 *ki̯ən* 为音符。

XXXVIII. 78. *g'iər* 和 *g'iən*，假借用来代表 77. *g'i̯ər* 和 79. *g'i̯ən*。

XXXIX. 80. *g'i̯ər* 以 *ki̯ən* 为音符，和 62. *d̂i̯ən* 及 81. *g'i̯ən* 押韵。

XL. 82. *g'i̯ər* 和 83. *˙i̯ər*、*ts'iər*、*si̯ər* 押韵，以 *ki̯ən* 为音符，又依假借用来代表 84. *k'ən*，或是更适合的用来代表 74. *g'i̯ən*。

XLI. 86. *g'i̯ər* 依假借用来代表 88. *ngi̯ən*。

XLII. 89. *ngi̯ər* 以 *ki̯ən* 为标音，又依假借用来代表88. *ngi̯ən*。

XLIII. 90. *˙i̯ər* 和 91. *kwân* 为例外的押韵。

XLIV. 92. *˙i̯ən*，郑玄说是齐人读"如"90. *˙i̯ər*。

XLV. 93. *pi̯wər* 依假借用来代表 94. *pi̯wən*。

XLVI. 74. *g'i̯ən* 依假借用来代表 80.（77.）*g'i̯ər*。

XLVII. 95. *siən* 和 *siər* 以 *siən* 为音符。

XLVIII. 96. *siər* 等于 97. *siər*，假借以为 *siər*（西方），作音符于 98. *ts'iən* 和 99. *śi̯ən* 当中。"西方"的 *siər* 和 102. *siər*、*g'i̯wɛr*，又和 103. *˙i̯ən*、*d̂i̯ən*，104. *dz'i̯wən* 等押韵。

XLIX. 106. sɛr(洒拨)、siər(洗涤)假借用来代表 siən(敬肃)、siər(惊惧)。《诗·新台》里，读为tsʻwər和 107. dʻiən 押韵；和 108. si̯ən(洒拨)为亲属语词。

L. 109. siər 以 si̯ən 为音符。

LI. 110. di̯ən 和 di̯ər。

LII. 111. bʻi̯ən 和 bʻi̯ər，和 112. si̯ər 押韵。

LIII. 113. ·i̯ɛr 依假借用来代表 114. ·i̯ən。

LIV. 115. ti̯ər，有 116. t̂i̯ən 的异读。

LV. 116.(117.) t̂i̯ən 有 118. t̂i̯ər 的音读。

LVI. 119. liər 和 120. si̯wăn 为例外的押韵。

LVII. 121. siər 和 122. siən、gʻwɛn 押韵。

LVIII. 123. tsʻi̯ər 及 124. mi̯ar 和 125. si̯an 押韵。

LIX. 126. śi̯wər 及 127. dʻiər 和 128. t̂i̯wən 押韵。

LX. 129. pi̯ər 和 130. mwən 押韵。

虽然这些押韵、谐声和假借是例外的，可是为数众多很足以显示，当上古时中国人对于-n 音和 -r 音的语词间密切的亲族关系，具有一种很强的感觉。这种不仅是由于发音上的类似(如同·iər: kwân 这一类的押韵，在发音上必定认为是很不妥当的)，也是，而且最重要的，因为它们有了许多-n: -r 音的双偶语词，它们所知道而且觉得是亲属的、同一语根的两种形态。我们再回头来看上文上的例子：

(a) ·i̯ər(衣服)：·i̯ən(遮蔽、隐藏)；

(b) ·i̯ər(遮蔽物)，·iər(遮蔽物)：·iən(遮蔽、隐藏)。

(c) ·i̯ər(依靠)：·iən(依靠)；

(d) ki̯ər(近于)：gʻi̯ən(近于)；

(e) gʻi̯ər(近畿、王畿)：gʻi̯ən(近于)；

(f) *ki̯ər*(饥荒),*ki̯ɛr*(饥荒):*g'i̯ɛn*(饥荒);

(g) *śi̯wər*(水):*t̂i̯wən*(水准线);

(h) *gi̯wər*(围绕):*gi̯wən*(运转);

(i) *gi̯wər*(织物):*gi̯wən*(织物);

(j) *pi̯wər*(飞):*pi̯wən*(飞起)。

在这些事例上我现在还可以加进下列的几条,是出于我们上面Ⅰ-LX的事例当中的,它们也显然是这类同一语根的两种形态:

III. 4. *târ* 和 *tân*(痛苦、疾病);

IV. 5. *d'âr* 和 *d'ân*(大蜥蜴);

V. 7. *t'ar* 和 *t'ân*(疲困);

X. 19. *twâr* 和 *twân*(稻麦垂下之穗);

XI. 21. *b'wâr* 和 *b'wân*(搬开);

XIX. 38. *mwâr* 和 *mwân*(沾污);

XX. 42, 41, 40. *xwər*、*xwâr*、*xi̯war* 和 *xi̯wăn*(火);

XXVI. 52. *t'wər* 和 *t'wən*(整列完齐之状);

XXXIII. 78. *g'i̯ər* 和 *g'i̯ən*(一种草名);

XLVII. 95. *siər* 和 *siən*(洗涤);

XLIX. 106. *sɛr* 和 *si̯ĕn*(洒泼);

LI. 110. *di̯ər* 和 *di̯ən*(敬肃);

LII. 111. *b'i̯ər* 和 *b'i̯ən*(雌)。

这种事例为数众多,很足以构成一种似乎大胆的学说,就是在同一类似的语根以内-*r*~-*n* 两音的一种转换。而且,我们在藏语里也见到和这种相并的事实是很足以启示我们的;在藏语中,-*r*~-*n*、-*l*~-*n* 以及-*r*~-*l* 都有一种通常的转换:

-*r*~-*n*:

"*sbur-ma*"(糖):"*spun-pa*""*sbun-pa*"(糠);

"*gčer-ba*"(袒、裸):"*rǰen-pa*"(袒、裸);

"*byor-ba*"(来到):"*'byor-ba*"(来到);

"*dkor*"(珍奇、宝贵):"*dkon*"(贵重品);

"*gnyer-ba*"(忍耐):"*nyen-pa*"(受苦、劳苦);

"*nyer-ba*"(制熟、使软):"*muyen-pa*"(柔、软);

"*star-ba*"(紧缚):"*brtan-pa*"(坚固),"*gtan*"(关闭门户)。

-l～-n:

"*p'ul*"(完全、完美):"*p'un*"(完全、完美);

"*rtsol-ba*"(勤奋、努力):"*brtson-pa*"(勤奋、努力);

"*'dra-ba*"(拆毁、扯碎):"*'dren-ba*"(牵曳、裂出);

-r～-l:

"*dgar-ba*"(分开):"*gol-ba*"(分开);

"*'byer-ba*"(退避、移开):"*'byol-ba*"(退避、让开);

"*gžor-ba*, *gžer-ba*"(秤量):"*gžal-ba*"(秤量);

"*k'al*"(负担、货载):"*k'ur*"(负担、质载);

"*ǰur-ba*""*'dzur-ba*""*'čor-ba*"(避匿):"*ǰol-ba*"(退匿);

"*sbyor-ba*"(联接、混合):"*spel-ba*"(联接、混合);

"*'k'yer-ba*"(拿去),"*'k'ur-ba*"(拿取):"*skyel-ba*"(拿去),"*'k'yol-ba*"(被拿);

"*'k'or-ba*""*k'yir-ba*"(旋转):"*'k'al-ba*""*'kel-ba*"(缠绕、旋转),"*'k'yil-ba*"(缠绕);

"*sgor-ba*"(沸腾);"*skol-ba*"(沸腾)。

这里所略述的,中国上古音建立的系统,表示着我已经得到那个结论了:凡是上古音的音缀里,用一个-*i* 音作为收尾和主要元音的,当时毕竟没有存在;*i*(强的、元音性的)或*i̯*(短的、辅音性的)只是作为一个'中介的 *i*'而显现的,只是音缀当中的一种附属成分，和别种元音混合起来的。这是表示着，我在重要的一点上对于西门氏的拟构，就他所断定我们 *G* 部里的一个收尾收尖音来说（虽然并不是我所得到的一个-*γ* 音），我却不得不放弃我的反对（藏语和汉语《通报》，1931 年，第 24 页以下）了。他关于印度支那语上收尾辅音的一般学说，似乎我也要舍弃我在那边所发表的批评和反对了。我曾经（在所注那篇论文里第 31、32 页）从一切印度支那语的语言上引证"四"（古音 *si*）、"死"（古音 *si*）以及"水"（古音 *świ*）这几个语词语根的许多形式，以表明各个形式都暗示着印度支那语的语根是收尾于"元音"的，并非收尾于舌尖"辅音"的，所以我曾经反对西门氏凭借于中国语舌尖音的形式——我所争论的一个舌尖音——而列着先世藏语的"四"*bžiδ* 和"死"*śiδ*。现在，因为"四"："纰"："畀"（*si*）:*bi̯ əd* :*pi̯əd*（因谐声上的理由，后面二个字的 -*d* 音是确凿的）这类的押韵，我不能不承认"四"*siəd* 里那个 -*d* 音了；又因为上面所说的各种理由，我也不能不承认"死"里那个-*r* 音。这时，推论的结果似乎我要承受西门氏的先世藏语 *bžiδ*，*śiδ*（或者近于这样，至少是"某个"舌尖收尾音）了，就是指印度支那语上这些语词里一个收尖收尾音。

但是表面上虽是如此，而并不。在刚才所引的那篇论文当中，我曾经举出广博的例子，显示中国语-*k* 及-*t* 的语词和"原始的"（一般印度支那语的）-*k* 及-*t*，我们须加以区别的，例如"六"上古音 *li̯ôk*（第 18 页）、"八"*pwat*（第 15 页）在大多数的印度支那语里是具有它们的-*k* 及-*t* 的；至于单是中国语上-*k* 及-*t* 的语词，其中这些-*k* 及-*t* 必定是一种"新创"的，是一种或几种印度支那语言里的某类接尾语，而并非原始的，它们所共同具有的。关于这样的例子我曾经举出"百"上古音 *păk*（第 17 页）、"日"*ńi̯ĕt*（第 9 页）、"月"*ngi̯wăt*（第 21 页）——它们都是具有元音收尾的印度支那语根的代表。"九"*ki̯ŭg* 字里的-*g* 音也正是相同，它必定是中国语上特殊的现象，在别种印度支那语里并无符合的形式（藏语的 *dgu* 等，在所引的论文里第 36 页）。现今，“四”（藏语 *bži* 等）、“死”（藏语 *śi* 等）、“水”（藏语 *č'u* 等）这些语词也是元音收尾的印度支那语根的代表（在所引的论文里第 31、32 页），所以从中国上古音的“四”*si̯əd*“死”、*si̯ər*“水”*śi̯wər* 上，我无论如何不敢断定印度支那语的任何收尾舌尖音。它们的收尾辅音也正如“日”*ńi̯ět* 及“月”*ngi̯wăt* 里的一样，是中国语上特有的。

必须要加重说明的，大家所知道“具有”真正印度支那语的 *-k*、*-t*（“六”“八”）这种的事例，其中 *-k* 和 *-t* 的音“曾”发现于极大多数的印度支那语言当中，显示着印度支那语的 *-k* 和 *-t*，“除了中国语之外，在其他一切语言中并没有不显现出来”，只因为有了这种反照的事实，所以我否认“日”*ńi̯ět*、“月”*ngi̯wăt* 这样事例当中的一个原始印度支那语的 *-t* 音和“四”*si̯əd* 里的一个 *-d* 音。假使不是因为有了这种反照，我便不否认在后面的那个当中有原始印度支那语的 *-d* 音在理论上的可能，它是除了中国语外在其他一切语言中遗失了的。在理论方面，这种情形本身上是可以容许的。我们必须记得——除了中国汉语之外——只关于一种语言藏语，我们所知道的可达于西元后第七世纪那样古的一个时期；关于暹罗语只不过西元后的第十三世纪。其他大多数的印度支那语，我们只知道它们现代的以及确实经过极强演化了的形式。从一切现代的日尔曼语言中，我们绝不能拟构一种古代日尔曼语，至少类似于我们靠了哥德文辞和印欧比较语言学所知道的那种古代日尔曼语。从冰洲语的“*steinn*”、德语的“*stein*”、瑞典语的“*sten*”、英语的“*stone*”，我们绝不能推出古代日尔曼语的“*stainaz*”。这种理由是显然的。在这些日尔曼的人民当中，固有的附着某种共同的心理倾向，这种倾向——即使这些人民的交接断绝之后——总要使他们的语言“沿着并行的路线”而起演化。所以“*stainaz*”遗失了它的收尾辅音以及它末尾的元音，在这些语言中是彼此独立而依据于一种并行的演化的。在一切的印度支那语言当中正可以发生同样的情形，所以依据一种并行的发展，在“四”这个语词里都丧失了它们的-*d*，只是除了中国上古音（后来的中国语上却也是如此）。那就是我所以说要否认“四”*si̯əd* 里的一个-*d* 音是这样一种全般的遗失，只因为和那些语词“保存了”印度支那语收尾辅音的相反照的缘故。

我们一经想到，例如暹罗语和中国语间的一种比较，那就是很必需的要记着这种独立而并行演化的可能。马伯乐氏（H. Maspero）在他的《唐代长安方音的研究》（《远东学报》*B E F E O*，1920 年）这篇论文里曾经举出一批暹罗与中国语词的比较，其中的几个似乎是很可相信的①。假使我们把暹罗语的形式和我所拟构的中国古音（西元后六世纪时）和中国上古音排成一个表，那末，暹罗语的形式似乎“对于”我上古音的拟构给予着破坏的证据：

暹语	古音	上古音
“九”*ka̯o*	*ki̯ə̯u*	*ki̯ŭg*
“旧”*ka̯o*	*gʻi̯ə̯u*	*gʻi̯ŭg*
“丘”*kʻa̯o*	*kʻi̯ə̯u*	*kʻi̯ŭg*
“牛”*ngua̯*	*ngi̯ə̯u*	*ngi̯ŭg*
“告”*klau*	*kâu*	*kôg*
“袋”*tai*	*dʻâi*	*dʻəg*
“害”*hai*	*ɣâi*	*gʻâd*
“鸡”*kai*	*kiei*	*kiər*

似乎暹语的形式不许拟构上古音的收尾辅音了。可是，就在

① 在全体上看来自然是很不准确的；第 84 页上举出暹罗语的 kʻao 以为相等于中国语的“丘”，第 86 页上又是暹语的 kʻua̯以为等于这个相同的语词！

这些的几个语词当中，也有它们存在的绝对的证据。

“旧”和“时”押韵，而“时”也常常和 *-k* 音的字押韵（例如《庄子》：《大宗师》，《淮南子》：《览冥》，《逸周书》：《度训》等）；

“丘”在《楚辞》里和“之”押韵，而“之”常和 *-k* 音的字押韵（例如《书》：《吕刑》，《荀子》：《君道》）；在《荀子》：《大略》里它又和“背”押韵，“背”字有“北” *pək* 这个成分，确是收尾于 *-g* 音的。

“牛”在《诗》里和“哉”押韵，而“哉”常和 *-k* 音的字押韵（例如《庄子》：《大宗师》和《山木》等，“哉”和“载”具有同样的音符，照常规“载”又和 *-k* 音的字押韵，而用来代表“则” *tsək* 的），又在《庄子》里和“来”押韵，“来”是照常规和 *-k* 音的语词押韵的（例子甚多）；

“告”有两种古音的读法 *kâu* 和 *kuok*，照常规和 *-k* 音的字押韵（到处可以看到）；关于它的上古收尾的舌根音，并不能有些许可疑的地方；

“袋”具有和“貣” *d'ək* 以及“贷” *t'âi* 和 *t'ək* 同样的音符；它的音符“代”以“弋” *(d)i̯ək* 为音符；

“害” *γâi* 是作音符于“割” *kât* 字当中的，又依假借用来代表“曷” *γât*。

因此，虽然暹罗语上是那样，我们总不得不承认这些语词里上古收尾的辅音，我又见不到何种理由，以为先世台语（*Proto-T'ai*）不能同样有收尾的辅音，正如中国语上依同样的方式又根据于并行的演化，遗失了或变成了 *-u*、*-i* 的。

论到这里，我们就几点显著的地方来观察中国藏语音和中国汉语音在最近千年间并行演化的状态，实在是很有趣味的。中国藏语收尾的 *-d* 音在中部地带遗失了的：*nad* > *nä*、*bod* > *b'ö*、*dpyid* > *či* 等，正如中国北方全部入声的 *-t* 遗失了的一样：“八”

pwat>*pa*、“七”*ts‘i̯ĕt*>*ts‘i*、“骨”*kuət*>*ku* 等。又藏语里某些乐音化的起首音就是摩擦音，变成了气音；也正如中国语全部，除了吴音之外，某些乐音化的起首音就是暴发音，合成摩擦音，和摩擦音变成了气音的一样：中国语“是”*źie̯*>*šï*，“祥”*zi̯ang*>*siang*，藏语 *ža*>*ša*、*za*>*sa*。

二、上古音里以舌根辅音收尾的诸部

关于上古收尾于舌尖音的语词，已经讨论完了，至于以-*k*、-*g*、-*ng* 收尾的语词的问题，在我的《诗经研究》里已经讲过很多，我愿意再拿来讨论。李方桂教授最近发表了一篇论文：《东冬屋沃之上古音》(*Ancient Chinese-ung*，*-uk*，*-uong*，*-uok*，*etc. in Archaic Chinese*)（中央研究院《历史语言研究所集刊》第三本第三分，1933 年出版），其中大部分是对于我的结论的一个争辩，而是他自己拟构的一种系统。这篇论文里包含很多有趣的观察和意见，在某几点上我又因他的计议得修正我的系统；但是就全体而言，我总不能接受他的结论，据我的意见，他的拟构的计画又是不可能的。

我所认为可以接受的几点当中，第一我是指他的意见，以为谐声的字体必定较《诗经》的诗歌为“更古”，这种事实我从前曾经怀疑过的。其实，在上面这-*ət* 部(*F*)里，有某些现象证明李氏的意见。其中我们见到，很依常规的，“内”及“对”和 -*t* 音的语词押韵，这种显然是《诗》的 *nwəd*、*twəd*。可是“内”字原来有个-*b* 音也是很确实的。那个双唇的收尾音从“纳”上古音 *nəp*（古音 *nâp*，国音 *na*）字上显示出来，它原来只写作“内”；又显然的，这个上古音的 *nəp*（纳进）：“内”*nwəb*（内部）：“入”*ńi̯əp*（进入）只是同一语根的三种形态罢了，又“对”*twəb*（对答、对当等）相当于“答”*təp*（对答），正如 *nwəb*（内部）相当于 *nəp*（纳进）。《诗经》时代的 *nwəb* 已经依据异化作用[1]变成了 *nwəd*。

李氏论文当中另外有价值的一点是关于我《诗经研究》里第136—140页上所讨论的语词，例如“路”字。这个字既然以“各”*klâk* 作为音符，所以是个原来的 *glâg*。可是它在《诗经》里和“故”*ko* 类的语词押韵，而绝没有和入声的 *tsâk* 等押韵。李氏曾经设想它在谐声时代和《诗经》时代之间已经遗失了它的收尾音 -*g*。但是既然照常规“故”*ko* 类和“家”*kå* 类押韵，“路”类又和“故”类押韵而并没有和“家”*kå* 类押韵，所以我曾经断定“路”在《诗》里不单是 *glo* 的音，因此我又曾经假定一个闭塞的收尾音：“家”*kå*“故”*ko*：“路”glo_k。现在李氏调转来，提出一个收尾的喉音：“路”*glo*.（‘声门塞音’），它在现代方言里替代一个早先入声的 -*k* 是极其普通的，李氏因此得到一种很巧妙的押韵的系统：*kå: ko*、*ko: glo˙*，而绝无 *kå: glo˙*，因为后面的两个在发音上太不相似了。我想这种解释比我自己的要好得多。所以我们要说收尾的 -*g* 音，在 *e*、*ə*、*o* 和 *u* 之后的，当《诗经》时代仍旧存在着（例如“来”*ləg* 和 -*k* 的音押韵），可是在元音 *a* 之后的很早变成了。（声门塞音）：“路”*glâg*，“怕”*p‘ăg*，“夜”*zi̯ag* 变成了 *glâ*.. *p‘a˙*、*zi̯a˙*，这些音在《诗》的语言中又变成了 *glo˙*、*p‘o˙*、*zi̯o˙*，因此可以释明它们在段玉裁的第五部里的押韵，否则便无法可以解释的了。

就这些上，是很好的。但是其余，李氏的拟构却很令人失望的。他似乎以一种假说作出发点，就是每一个上古音元音必定和每一个上古的收尾辅音结合而存在的——假使有了空缺，便必定是拟构的错误了。8×8=64个方格的象棋盘必定要把64个方格

---

[1] 原注：当我说到谐声字体的年代，这时必须要把我自己表明更精密一点。年代较后的许多谐声的字体在周初都写作“无形旁的”，正确说起来，就是它们只是假借的字体，往后才把它们加进了特殊意义的形旁的。从语言学的观点看来，那时是否单独用作“音符”的，或者是否写作一个具有一个明白的意符（“形旁”）的，这自然是无关紧要的。

一个一个装满着，否则，便是我们走错路途了。至少要说，这是一个滑稽的名言。我所知道的语言并无具有这种组织的，我也看不出为何中国语却必须是这样的一种语言。李氏见到中国古音，在-*əng*一类里的：

1. 登	2. 肱	3. ○
4. 兢	5. ○	6. 弓

1. *əng*	2. *wəng*	3. ○
4. *i̯əng*	5. ○	6. *i̯ung*

既然没有古音的*i̯wəng*，又没有古音的-*ung*（在《诗》韵的这一类里），他就断定它们的上古音：

1. *əng*	2. *wəng*	3. ○
4. *i̯əng*	5. ○	6. *i̯wəng*

实在，看起来这是很巧妙的，但是一经应用于-*k* 音和-*g* 音相当的语词，那就极端困难的了。

1. 得	2. 国	3. ○
4. 亟	5. 域	6. 囿
7. 来	8. 灰	9. 母
10. 子	11. 龟	12. 久

在中国古音里它们是：

1. *tək*	2. *kwək*	3. ○
4. *ki̯ək*	5. *ji̯wək*	6. *ji̯uk*
7. *lâi*	8. *xuâi*	9. *məu*
10. *tsi*	11. *kjwi*	12. *ki̯ə̯u*

李氏依据于他解释-*ng* 音语词的类比，就不得不把 5. 和 6.、8.

和 9. 以及 11. 和 12. 测定相同的上古收尾音。于是：

1. *tək*	2. *kwək*	3. ○
4. *ki̯ək*	5. *gi̯wək*	6. *gi̯wək*
7. *ləg*	8. *xwəg*	9. *mwəg*
10. *tsi̯əg*	11. *ki̯wəg*	12. *ki̯wəg*

但是，这样一个上古音的-*i̯wək* 有时可以成为古音的-*i̯wək*，有时也可以为-*i̯uk*；一个上古音的-*wəg* 有时可以成为古音的-*uâi*，有时也可以为-*əu*；又一个上古音的-*i̯wəg* 有时可以成为古音的-*wi*，有时也可以为-*i̯ə̯u*。既然是不可能的，他就不得不对于这些歧异的处置要寻求解释。

第一处(5.∶6.)，一部分他须要论到双唇音起首的语词，例如"副"*p'i̯wək*∶"服"*b'i̯uk*。这些并不发生真实的困难，因为 *p'i̯wak* 里的 *w* 是一个'假的合口'音上古音的形式是开口的 *p'i̯ək*。一部分他须要论到舌根起首的语词："域"(*g*) *i̯wək*: 囿(*g*) *i̯uk*，这里李氏没有别的更好方法来解除困难，只是归引于'类比作用'罢了："囿"* *gi̯wək* 因受《诗》韵别一类里其他 -*i̯uk* 音的语词的影响，依类比作用变成了古音的(*g*)*i̯uk*——但是"域"*gi̯wək*(古音 *ji̯wək*)并"没有"受了这种类比作用的影响！他又发表这种带有严重性的判断："我们讨论中国音韵学的时候，竟很少应用到了类比作用，可是这种有效的原则在许多语言中，证据很多，不能不在中国语言中留有遗迹……我相信，高本汉的拟构失败了，因为……他不曾确切的认明某些类比作用的进行是极端重要的。"①我深怕我很知道了各种语言里类比作用进行的重要，因此而觉得不能依李氏这种侥幸而混乱的方法来引用：我们如果要解释一种由于类比作用的演

---

① 译者案：李氏此文在中央研究院《历史语言研究所集刊》上所发表的，是用英文写的；因将本书所节引的照译为中文。

化，我们必须示明哪一个或哪几个特定的语词曾经受了另外哪一个或几个特定的语词的影响，并且它们为何要这样；对于一个“囿”* *gi̯wək*>*ji̯uk*，假使同时我们没有示明为何“域”*gi̯wək* 并未“同样”的变成*ji̯uk* 而仍为古音的 *ji̯wək*，那末，就“决不”允许我们用类比作用来解释。李氏在这里已经离开言语科学的立场了①。

第二处(8.：9.)，李氏要说明为何某些-*wəg* 变成了-*uâi*，而别些变成了-*ə̯u*。这里，他寻得比较一种很聪明的解释。他想其中有音调上的差别：上声（升调）字的-*wəg* 变成了-*ə̯u*，平声（平调）字的-*wəg* 变成了 *uâi*。假使真正是如此的，这便是一个美妙的方法。李氏为要证明是如此，就从《广韵》上引出一些统计。他所举给我们的字体，其中许多是六朝时的构造，并非发生于周、秦、汉时代的——毕竟不足以用来证明的（这是一种方法上的错误，统李氏论文当中，时有发见）。假使我们抱定真正适切的语词，尤其是那些存于《诗经》当中的，我们便见到，例如平声字的“掊”*b‘ə̯u*，依李氏须是 *b‘uâi*，又上声字的“每”*muâi* 和“悔”*xuâi* 依李氏须是 *mə̯u*，*xə̯u*。后面的二字，既然在这种语言里属于最普通的语词，所以它们特别的重要。李氏须把这些上声字的 *muâi*、*xuâi* 认为是‘例外的’了！

要是李氏的音调说是这样显然不成功的，我就毫不迟疑的要想，过去我在《诗经研究》里假定 9. 上古音的 *mug* 乃是错误的。必须注意，9. -*ə̯u* 单是拼在双唇音之后的：*pə̯u*、*b‘ə̯u*、*mə̯u*。另一方面，7. *âi* 拼在一切的起首音之后：*kâi*、*tâi*、*lâi*、*tsâi*，只是“除了双唇音之后”；是没有 *pâi*、*b‘âi*、*mâi* 的音的。我断定 9. *mə̯u* 是双

---

① 原注：必须要记得，这里并不是关于*i̯wək* 和*i̯uk* 间一种读法“变异”的问题，如同北京语里，“学”可以读为 *hüe*，也可以读为 *hiao* 和 *hüo*；“角”可以读为 *küe*，也可以读为 *kiao* 和 *küo*，乃是由于方言混合的结果。这里却是有某些语词单具有古音*i̯wək* 的读法，另外有某些语词单具有 *i̯uk* 读法的。

唇音起首的一类，相对于那些 7. *âi*：7. *kəg*＞*kâi*、*ləg*＞*lâi*、*tsəg*＞*tsâi*：9. *məg*＞*mə̯u*。

对于这种说法有一种疑难似乎是很重要的：谐声字体里的一种普通条例，说是开口和合口的语词没有互相的应用。一个 *kân* 很少作为一个 *kuân* 里的音符，反之，也是如此。但是这里有个“母”*mə̯u* 是“每”*muâi* 字里的音符，那末，要建立“母”上古音 *məg*，作音符于“每”*mwəg*，是可以的吗？

是的，可以的。因为具有双唇起首音的语词是那种普通条例的例外。举出几个例子就足以表明这种情形。

1. 非排　2. 分贫　3. 麻摩　4. 曼慢　5. 门闽
6. 免晚　7. 皮波。

1. 古音 *pjuə̯i*：*b'ai*；2. *pi̯wən*：*b'i̯ĕn*；3. *ma*：*muâ*；4. *muân*：*man*；5. *muən*：*mi̯ĕn*；6. *mi̯än*: *mi̯wɒn*；7. *b'jiə̯*(＜*b'ia*)：*puâ*。因此，一个 *məg* 很可以用作一个 *mwəg* 里的音符。而且，同是这个“每”*mwəg*，又确是一个显然开口语词“海”*xâi*(＜*xməg*)里的音符。

等三处(11.：12.)，李氏须说明为何某些-*i̯wəg* 变成-*wi* 而别些变成-*i̯əu*。这里难解的事例，某一半是可以除去的。在我们这部里有舌根音起首的语词(*kjwi*: *ki̯əu*)，也有双唇音起首的语词(*pjwi*: *pi̯əu*)。*pjwi* 并没有变成唐朝的(和较后的)*fi*，而保存了它们的 *p*-，这里就是显示合口的 *w* 是个后起的，是附加于起首音 *p*-的，因此它们并不是上古音的 *pi̯wəg*，而是 *pi̯əg*，这是无需起疑的。可是总还留着 *kjwi*：*ki̯ə̯u* 的差异要李氏来解释；他在此不能引证于音调，所以他想这种差异是由于‘方音的一种区别，或是在一种方音里的变化。’那末，这种便是我在上面举例过的那一类事例了：方音的一种混合，《切韵》的语言曾经从亲属的方言当中得到某些-*wi* 音的语词，这种音就把正常的-*i̯ə̯u* 废弃了或者是反转来的事实。

最后的这种意思，虽然我们立刻要晓得，毕竟不是必需要如此的，它的本身上自然也并非不可能。但是，我们看到，李氏因为要克服“三种”严重的困难，就是阻碍他的拟构的计画的，就要引用“三种”不同的解释：一种是类比作用说，并没有科学上的基础；一种是音调说，却被其中最普通的语词所否认的了；又一种是切韵语言当中的‘方言变异’说——那末要依从他，也是不可能的了。

简单的道理只是五个古音的收尾音-*ək*、-*wək*、-*i̯ək*、-*i̯wək*、-*i̯uk* 不能减少成功为“一个”上古音的收尾音(*i̯*)(*w*)*ək*；又六个古音的收尾音-*âi*、-*uâi*、-*ə̯u*、-*i*、-*wi*、-*i̯əu* 不能减少成功为“一个”上古音的收尾音-(*i̯*)(*w*)*əg*。我有很可能的理由以维持我早先的拟构(只除了关于 9. 的)：

1. *ek*	2. *wək*	3. ○
4. *i̯ək*	5. *i̯wək*	6. *i̯uk*
7. *k*/*əg*	8. *wəg*	9. *m*/*əg*
10. *i̯əg*	11. *i̯wəg*	12. *i̯ug*

不过，要是我要这样，我还须对于两个问题须给予合意的答复：这个《诗》韵部里为何有-*i̯ung* -*i̯uk* -*i̯ug* 的存在，而没有-*ung* -*uk* -*ug* 的呢？又-*i̯ung* 为何要和-*əng* -*i̯əng* 押韵，-*i̯uk* 为何要和-*ək* -*i̯ək* 甚至和-*ɛk* 押韵的呢？——从听感上观察，显然是一种不妥切的押韵。我想，要解答这两个问题是可能的。

假使李氏在这个韵部里很苛刻的要除去我的 *i̯ung*、*i̯uk*，*i̯ug*，那便是因为他想到这些上古音的收韵已经发现于另外一类《诗》韵当中，就是段氏的第九部、王氏的第一部。在这部里我看到古音有五类的语词：

1. “江”古音 *kång*：　2. “工”*kung*：　3. “宫”*ki̯ung*：
4. “冬”*tuong*：　5. “恭”*ki̯wong*。

又,在入声里和它们相配的:

1. "角"*kåk*:　2. "谷"*kuk*:　2. "匊"*ki̯uk*:
4. "酷"*k'uok*:　5. "曲"*k'i̯wok*。

古音的-*ång*: -*ung*: -*i̯ung*: -*uong*: -*i̯wong* 在《诗经》当中或是组成一个韵部,或是组成两个韵部(又-*åk*: -*uk*: -*i̯uk*: -*uok*: -*i̯wok* 或是组成一部,或是组成两部),这是中国语文学家当中一个很大的争论问题。两个最大的权威,段玉裁和王念孙却赞成是"一"部(不过,王氏只就-*ng* 的语词而言),又著名的语言学家朱骏声也是依从他们的。可是另外两个专家,孙广森和江有诰认为分析这-*ng* 音的两类(并且-*k*·音的两类)是可能的。一类是由古音的-*ång*、-*ung*、-*i̯wong* 组成的;一类是由古音的-*uong* 和-*iung* 组成的。李方桂依从后者。他引据了许多的材料以表明,一方面古音的-*ång*: -*ung*: -*i̯wong* 之间(以及-*åk*: -*uk*: -*i̯wok*),另一方面古音的-*uong*: -*i̯ung* 之间(以及-*uok*: -*i̯uk* 之间),不但在《诗》韵里而且在谐声字体当中,各自具有通常和密切的关联;可是一个-*uong* 或一个*i̯ung* 混入于-*ång*: -*ung*: -*i̯wong* 各组里的,或者反过来,一个-*ång*、一个-*ung* 或一个*i̯wong* 混入于-*uong*: -*i̯ung* 各组里的(同样也在-*k* 音的各类里),乃是一种比较稀少的现象(虽然并不是绝对没有)。依我的意见,他是对的,并没有些许可疑的地方。"降"这个字古音 *kång*,照常规和 -*uong*、-*i̯ung* 联合,而并没有和别些-*ång*,也没有和 -*ung*、-*i̯wong* 联合,这个似乎是一种障碍,李氏很敏锐的猜想,以为这是异于别些古音 *kång* 的一个语词。他引出了完全合法的结论,以为我早先拟构的系统:

	1.	2.	3.	4.	5.
上古音	*ång*	*ong*	*i̯ong*	*uong*	*i̯wong*
古　音	*ång*	*ung*	*i̯ung*	*uong*	*i̯wong*

是有缺点的，因为并不曾解明 1. ：2. ：5.对 3. ：4.这些押韵和谐声上奇异的相互关系。所以他以为古音的*-ång: -ung: -i̯wong* 在中国上古音里有一种的主要元音，*-uong: -i̯ung* 另有一种的主要元音。又前面的几组既然包含着*-ång*，他就断定那些是上古音的 1. *ång:* 2. *ong:* 3. *i̯ong*（*-ong* 变成古音的*-ung*，又*-i̯ong* 进而为*-i̯wong* 正如我所证明的*-i̯o*＞*-i̯wo*.），而后面的几组是上古音的 4. *-ung:* 3. *-i̯ung*（*-ung* 进而为古音的*-uong*）。同样，古音的 1. *-åk:* 2. *-uk:* 5. *-i̯wok* 是上古音的*-åk: -ok: -i̯ok*，组成一个韵类；又，古音的 4. *-uok:* 3. *-i̯uk* 是上古音的*-uk: -i̯uk* 组成另一个韵类。

这种说法似乎是很巧妙的，我也承认我初次看到很要倾向于接受它。可是终于不能承受。因为有各种的疑难。就李氏所说得对的，只是在这细分的两部，主要的元音上有一些差别；但是在其余的地方，他便陷于错误了。

第一处，必须记得，在这两类之间，并没有保持着一种“严格”的分界。它们常常混用，足以使段氏和王氏联合它们为一大韵部（王氏只就*-ng* 音的语词而言）。《诗》（《烈文》）押“邦”*pång:* “崇”*tṣ‘i̯ung*，《易经》也常押“邦”*pång:*“中”*ti̯ung*。那末，这时李氏的上古音音值：*pång: tṣ‘i̯ung*、*pång: ti̯ung* 便不很可信了。

第二处，可以争辩的，它是违背了古代方音上的证据。我在《诗经研究》里，曾经提出古音的“工”*-ung*、“谷”*-uk* 和“宫”*-i̯ung*、“匊”*-i̯uk* 是由上古音的*-ong: -ok: -i̯ong*、*-i̯ok*（*ung*＜*ong* 是李氏所承认的）转变而来的，这是因为我能够示明，即在《切韵》时代也有许多方音是具有 *o* 的音素的。如今，不但关于*-uk*（“谷”，李氏的上古音*-ok*）而且关于*-i̯uk*（“匊”李氏的上古音*-i̯uk*），这是确实的，它们在日译吴音里照例具有一个 *o* 音（参看《诗经研究》）：《切韵》*ki̯uk tś‘i̯uk li̯uk si̯uk pi̯uk mi̯uk*＝吴音的 *koku soku roku soku poku moku*，又拼在双唇音之后的汉音和高丽译音里也是如此：《切韵》

mi̯uk＝汉音 *boku*，高丽译音 *mok*。更其重要的：《切韵·冬》韵，依照李氏便是上古音的-*ung*，在高丽译音上照例却都是-*ong*，在汉音和吴音上又都是-*ou*！假使我们对于"公""谷"《切韵》的-*ung*、-*uk*，因为《切韵》语言的亲属的方言具有 *o* 音，就把它们断定为上古音的-*ong*、-*ok*，那末，我们似乎迫得也要把"冬"（《切韵》-*uong*）列成一个上古音的-*o*，因为这个音也恰是表示同样的现象的。可是，这种疑难并不很要紧，因为，我把《切韵》的-*ung*、-*uk* 测定为上古音的"工"-*ong*、"谷"-*ok* 乃是错误的，关于此点我们就可以见到（我立刻要回转来讨论这个问题）；实在，隋时的各种方音对于中国上古音上的这些收尾音具有一种极纷歧的形式，要从它们引出牵强的结论也是危险的。

第三处，还有一种疑难，尤其利害的。有某些上古音的押韵和李氏的解释不相符合。因为"破格的诗体"，于是随处遇着比较自由的押韵，就是各异韵部的相押，而这些也常是很重要的。我们看到《诗》（《烈文》）里的"崇"古音 *dẓ'i̯ung*："皇"*ɣwâng*；《易经》（《艮》）里的"躬"*ki̯ung*："正"*tśi̯äng*："终"*tśi̯ung*；《楚辞》（《九章》）里的"中"*ti̯ung*："穷"*g'i̯ung*："行"*ɣɒng*（<*g'ăng*），等等。这时我们就可以安然的断说，以为上古音的 *i̯ung* 就是古音的 *iung* 乃绝对要否认的。不正则的押韵如一种-*ong*：-*âng*、一种-*ong*：-*äng*、一种-*ong*：-*ăng* 是可以行的，但是一种-*ung*：-*âng*、一种-*ung*：-*äng*、一种-*ung*：-*ăng* 那就不行了。不，古音的-*i̯ung* 无疑的是某种上古音-*i̯ong*；古音的-*uong* 具有某种 *o* 音也是无容争论的。

现在，对于这细分的两部，既然我早先的拟构显明的不通，那末，我们怎样的去解释呢？我想，我们的研究最好不要从-*ng* 的语词入手，而从-*k* 和-*g* 的语词开始进行；因为这里，正如-*əng* 部里的一样，事实上-*ng* 的语词在一切可能的联合关系上完全代表出来的，比之-*k* 和-*g* 的语词要稀少。我们试把代表的语词列出一个表，它们是代表归入这《诗经》三个韵部（关于-*ng* 的语词只有二部）里的各种古音的收尾音，在谐声字体上的区别也是很相符合的（要注意这点是极端重要的）。我为着下文讨论的便利起见，就依一种特别的方式来排列它们。

Ⅰ		Ⅱ		Ⅲ	
		11. 乐	12. ○		
1. 学	2. 包	13. 较	14. 郊	23. 角	24. 彀
3. 酷	4. 老	15. 沃	16. 高	25. 谷	26. 瞀
5. 匊	6. 休	17. 萑	18. 饫	27. 曲	28. 仆
7. ○	8. 陶	19. 虐	20. 庙		
9. 戚	10. 萧	21. 的	22. 苕		
29. 降				32. 江	
30. 冬				33. 工	
31. 宫				34. 恭	

（24.、26. 和 28.为段氏误入于别部里的；它们的音符足以证明是属于我们这里的Ⅲ部）。

这些代表语词的古音音值是：

Ⅰ		Ⅱ		Ⅲ	
		11. *âk*	12. ○		
1. *åk*	2. *au*	13. *åk*	14. *au*	23. *åk*	24. *ə̯u*
3. *uok*	4. *âu*	15. *uok*	16. *âu*	25. *uk*	26. *ə̯u*
5. *i̯uk*	6. *i̯ə̯u*	17. *i̯uk*	18. *i̯wo*	27. *i̯wok*	28. *i̯u*
7. ○	8. *i̯äu*	19. *i̯ak*	20. *i̯äu*		
9. *iek*	10. *ieu*	21. *iek*	22. *iəu*		
29. *ång*				32. *ång*	
30. *uong*				33. *ung*	
31. *i̯ung*				34. *i̯wong*	

我把-*k* 和-*u* 的语词相并的列着，因此具有两种音读的谐声字体表示着它们的并属。例如“觉”是读 *k'åk*（1），也读 *kau*（2）；“告”是读 *kuok*（3），也读 *kâu*（4）；“祝”是读 *tśi̯uk*（5），也读 *tśi̯ə̯u*（6），等等。

Ⅰ 部是王念孙的第二十一部，Ⅱ 部是他的第二十部，Ⅲ部是他的第十九部(入声)。这三部之间有很不少的相押；我在《诗经研究》里甚至对于Ⅰ和Ⅱ两部的分析是否正当，也起了疑问。经过了长久的考虑才使得我相信，这一种的区别毕竟必需要承认的。Ⅰ和Ⅱ两部，虽然它们的差异并不一定很显著，可是必需要分开来的，正不仅因为《诗经》和别些经典上的用韵关系，虽然有许多的相押，大体上说，定要把这三类彼此分开来的；又是而尤其因为这三部的区别在谐声字体上是明白显示的，这是一种极端有趣极端重要的事实。李方桂氏把这种公表出来是很可嘉尚的①。

所以，就这点上，李氏得了我的信从。但是他的构拟的计画竟遭受着那样大的错误，因之它是完全不能承受的。李氏为着要在这三部里得到一种相异的主要元音，于是“除了”通常的 *o* 和开 *å*——这是 *o* 和 *å* 的“中间音”(如在英语“*all*”里的)之外，竟然又引进了一个第三的开 *o* 音，写作 *ω*，*å* 和 *â* 的中间音！这个在发音上自然是很勉强而且不可能的。更其牵强的，尤在李氏所用来表出这种意思的方式：

① 原注：对于这个原则似乎有一种重要的例外。在谐声字体上Ⅰ和Ⅱ两部的古音 *âu au i̯äu ieu i̯ə̯u*“不仅”和古音的 *uok i̯uk* 互用，依据上面表上的诗韵系统这是它们所应当如此的，可是在某些事例上又和古音的-*uk*(Ⅲ)互用，这是它们所不应当的，参看我的《诗经研究》第 152 页(表)。但是实际上情形并不像那样的恶劣。和古音的 *uok i̯uk* 接合的事例极其众多，而和 -*uk* 接合的却与之相反，表上只有六个事例；其中的五个事例是 *puk p'uk muk*——显然双唇的起首音在这里已经和早先的 *puok* 或类似的音相混合了。而且，六个事例当中只有二个是存在于汉代或汉前的字体。因此这种普通的原则是很坚固的。

Ⅰ		Ⅱ		Ⅲ	
		11. *ωk*(>*âk*)	12. ○		
1. ?	2. *og*(>*au*)	13. *åk*(>*åk*)	14. *åg*(>*an*)	23. *åk*(>*åk*)	24. ?
3. *uk*(>*uok*)	4. *ug*(<*âu*)	15. *wωk*(>*uok*)	16. *ωg*(>*âu*)	25. *ok*(>*uk*)	26. ?
5. *i̯uk*(>*i̯uk*)	6.	17. ?	18. ?	27. *i̯ok*(>*i̯wok*)	28. ?
7. ○	8. ?	19. *i̯ωk*(>*i̯ak*)	20. *i̯ωg*(>*i̯äu*)		
9. *iuk*(>*iek*)	10. *iug*(>*isu*)	21. *iwk*(>*iak*)	22. *iwg*(>*ieu*)		
29. ?				32. *dng*(*ång*)	
30. *ung*(>*uong*)				33. *ong*(>*ung*)	
31. *i̯ung*(>*i̯ung*)				34. *i̯ong*(>*i̯wong*)	

我们一看就可以见到这个,全部怎样的不妥切:

(1) 像李氏Ⅰ部里的那些上古音音值(几乎都具有 *u* 的音素)和Ⅱ部里的那些(几乎都具有较 *å* 更开的一个元音,实际是一个 *â*)这样的不同,而在各个细目上差不多都可以发生同样的古音结果,有谁能坚决的信从?

(2) 关于一切的空缺,特别是 1、24、26、28、29(8、17、18 关系尚轻,我们就要见到的),又是怎么办?系照李氏的系统,要把任何合理的上古音音值填入其中,又如何是可能?李氏竟乖巧的把这些地方避而不论。可是这些语词(以及它们所代表旁的许多语词)明明是属于这些韵部的。假使依据段玉裁,李氏要把 26 和 28 不放在Ⅲ部而放在Ⅰ部,他就要从炒锅跳进水炉里去了;那末,使他给这些类的语词分别寻求上古音的音值,更其不可能的了。他的系统在这里是完全不能维持了。

(3) 假使Ⅱ部有一个介于 *å* 和 *â* 中间的元音,那末Ⅱ部又怎样会和"作"类上古音 *tsâk* 等的语词(段氏第五部)以及Ⅲ部(依李氏为 *åk*)并没有常常的互用,而在Ⅰ部和Ⅱ部之间许多接合的事例上,却和 *-u-* 的语词互用呢?那完全是不可解的。

(4) 为何 13"*åk*,"14"*åg*"并不和 23"*åk*"相押呢。

这种显然都是不可能的。我们要寻求解决的途径,和李氏的那些很不相同。

我们开始先来讨论Ⅲ部，又立刻要认定《诗经研究》里所犯的一种根本错误：借助于日本译音和高丽译音这样晚后的方言来竭力解释它。我的结论以为古音 25. *kuk* 就是上古音的 *kok*，这是没有价值的。我们暂时离开 24、26、28 而专注于主要的各类：23、25、27 古音的 *åk*、*uk*、*i̯wok*，依孔广森和江有诰所证实的，它们组成一个韵部分别于Ⅰ和Ⅱ，我们将要根据上古音的本身来判断它们，有两种显著的事实要拿来讨论的：

（1）在押韵和谐声上，Ⅰ和Ⅱ的 *åk*、*uok*、*i̯uk*，和 *âk*、*i̯ak*、*i̯ek*、*i̯äu*、*i̯eu* 诸类显然都具有开口的语词有通常的关联，而和Ⅲ的 *åk*、*uk*、*i̯wok* 却没有这样的关联。

（2）在不规则的押韵上，Ⅲ部和段氏的第四部极常相混（但是Ⅰ和Ⅱ绝不如此），段氏的第四部为上古音的-*u*、-*i̯u* 是很确实的（参看《诗经研究》第 145 页）。例子：

1. 驱续毂　2. 奏禄　3. 木附属　4. 谷谷垢　5. 属具　6. 谷鲋漏

1.（《诗·小戎》）古音 *k'i̯u*：*zi̯wok*：*kuk*；2.（《诗·楚茨》）古音 *tsə̯u*（＜*tsu*）：*luk*；3.（《诗·角弓》）*muk*：*b'i̯u*：*źi̯wok*；4.（《诗·桑柔》）*kuk*：*kuk*：*kə̯u*（＜*ku*）；5.（《离骚》）*źi̯wok*：*g'i̯u*；6.（《易经·井》）*kuk*：*b'i̯u*：*lə̯u*（＜*lu*）。

实在，这种现象是很明显的，因之王念孙曾经把我们的Ⅲ部（古音 *åk*、*uk*、*i̯wok*）作为相配于古音*ə̯u*、*i̯u*（上古音 *u*、*i̯u*）的入声韵。

这两种事实足以消除关于 25.“谷”古音 *kuk*，27.“曲”*k'i̯wok* 诸类上古音音值的一切疑窦。它们并非像我在《诗经研究》里所假定的 *ok*、*i̯wok*；也不是像李氏所假定的 *ok*、*i̯ok*。它们明明是合口语词：25. *uk*，27. *i̯uk*。所以变则的押韵可以容有上面表上那些样子：上古音 1. *k'i̯u*：*dzi̯uk*：*kuk*；2. *tsu*：*luk*；3. *muk*：*b'i̯u*：*di̯uk*；

4. *kuk: kuk: ku*；5. *di̯uk: gʻi̯u*；6. *kuk: bʻi̯u: lu*。（依李氏的系统：1. *kʻi̯u: dzi̯ok: kok*；2. *tsu: lok* 等等，便很不可解了。）

上古音的-*uk* 在《切韵》的方言里保存着，但是在别种古代的方言里变成了 *uok*（日本译音拼“屋”为 *woku*，“翁”为 *wou*）；*i̯uk* 变成了*i̯wok*。可是在相配的-*ng* 音语词里，上古音 34. -*i̯ung* 透进了我们所知道古代方言的一种最古的，就是日本吴音所根据的吴地方言当中。我们见到（高氏《中国音韵学研究》第 853 页）《切韵》*k°i̯wong*、*gʻi̯wong*、*i̯wong*、*t̂i̯wong*、*li̯wong*、*si̯wong* 等，相当于日本吴音的 *ku*、*gu*、*iu*、*ĕu*、*riu*、*šu* 等。

即此一切通行无阻了。但是 23. 一类古音 *åk* 似乎成为一个严重的阻难。假使 25. 是上古音的 *uk* 而 27. 是*i̯uk*，那末这 23. *åk* 是什么呢？

这是显然的，Ⅲ部的 *åk*（23）和Ⅰ部的 *åk*（1.）以及Ⅱ部的 *åk*（13.）这三类，既然没有一类和任何其他的一类相押韵，所以有一种不同的上古音的来源。Ⅲ部的 *åk*（23），相配于上古音-*g* 的语词 24. 古音-*ə̯u*，而Ⅰ部的 *åk*（1）和Ⅱ部的 *åk*（13）相配于 2，14 古音 *au*，显然Ⅲ部的*åk*（23）比较其他的二类具有一个较“沈浊”的元音。它既然和 25. 上古音 *uk* 以及 27. 上古音*i̯uk* 押韵，又在谐声上常和它们互用，所以必定是某种的 *u* 音。但是分别所在是什么呢？我想秘奥的地方是在“音量”上。

马伯乐是最初注重中国古音里（自然也是上古音里）长元音的（紧元音的）和短元音的（松元音的）音缀之间根本重大的差别的。这是一种富饶的意义，使得我们解决了很多的难题。几乎在各个上古音的韵部当中都有这种的区别。有了 *ang: ăng*；*i̯ang: i̯ăng*；*an: ăn*；*i̯an: i̯ăn*；*ien: i̯ĕn*；*ieng: i̯ĕng*；*am: ăm*；*i̯am: i̯ăm*。假使我们细察 *a* 音诸类里短元音的各韵，便见到它们，当具有介音的*i̯*时，只是存在于舌根音（以及喉头音）和双唇音之后的，而没有存在于舌前音和舌尖音之后的：古音 *ki̯ɒn*、*ki̯wɒn*、*pi̯wɒn*；*ki̯ɒng*、*ki̯wɒng*、*pi̯wɒng* 等诸类；更进，又看到它们没有介音 *i̯* 时，也存在于所谓舌根音和双唇音之后，此外，在某些事例上也存在于 *î*、*d̯*、*tṣ*、*tṣ'*、*dẓ'*，但是没有存在于 *l*、*t*、*t'*、*d'*、*ts*、*ts'*、*dz'*、*s* 之后的：*kɒn*、*pwɒn*、*ṣɒn* 诸类。这里，我们现在的Ⅰ，Ⅱ和Ⅲ部当中，见到古音 *åk* 的三类(1、13、23)恰好具有这种特性：它们主要的只是存在于舌根音和双唇音之后的(*kåk*，*påk*)，以及如"捉"*tṣåk* 等几个事例当中。同样，古音 *ång* 的二类 29、32 是 *kång*、*påmg* 以及一个偶然的 *ṣång* 等。我断定 1、13、23、29、32 诸类是属于这种短元音的音缀，这种也给我们对于Ⅰ，Ⅱ和Ⅲ我们表上各种差别的显示，否则便无法可以解释了。假使我们，第一步，先论到Ⅲ部，我们现在就可以填进上古音的音值：

23. 上古音 *ŭk*>*ŏk*>古音 *åk*；25. 上古音 *uk*>古音 *uk*；27. 上古音 *i̯uk*>古音 *i̯wok*；

又，在相配的-*g* 音诸组里：

24. 上古音 *ŭg*>*u*>古音 *ə̯u*(正如"句"上古音 *ku*>古音 *kəu*)；26. 上古音 *ug*>*u*>古音 *əu*；28. 上古音 *i̯ug*>古音 *i̯u*。

在-*ng* 音诸组里：

32. 上古音 *ŭng*>*ŏng*>古音 *ång*；33. 上古音 *ung*>古音 *ung*；34. 上古音 *i̯ung*>古音 *i̯wong*。

又这里，我们对于上面 *ə* 部当中困扰我们的难题也出于意料的得到解决。那个上古音的韵部里：

əng	*wəng*	○
i̯əng	—	*i̯ung*
ək	*wək*	○
i̯ək	*i̯wək*	*i̯uk*

əg	*wəg*	○
i̯əg	*i̯wəg*	*i̯ug*

我们有了*i̯ung*、*i̯uki̯ug*，可是，说也奇怪，只没有 *ung*、*uk*、*ug*。在现今这部里：

ŭng、*ŭk*、*ŭg*	○ ○ ○
ung、*uk*、*ug*	*i̯ung*、*i̯uk*、*i̯ug*

我们有*ŭng*、*uk*、*ŭg*，可是没有*i̯ŭg*、*i̯ŭk*、*i̯ŭg*！我们看到 *ə* 部里"弓"*i̯ung*、"囿"*i̯uk*、"久"*i̯ug* 只是存在于舌根音（喉头音）和双唇音之后的，*ki̯ung*、*ki̯uk*、*pi̯uk*、*ki̯ug*、*pi̯ug* 诸类，但是并没有其他起首音之后的，因之显然符合于 *a* 音诸类里短元音的各类（*ki̯ăn*、*ki̯wăn*、*pi̯wăn* 而没有其他的起首音的），这时我们一眼可以看到 *ə* 部里的"弓""囿""久"，就是那些类（短元音的）：我们这里Ⅲ部当中正遗失着的*i̯ŭng*、*i̯ŭk*、*i̯ŭg*。

那末，它们为何不和我们这里Ⅲ部当中*ŭng*、*ŭk*、*ŭg* 押韵而和 *ə* 部当中的 *əng*、*ək*、*əg* 押韵呢？其理由是在短的*ŭ*音，当前面有个*i̯*的时候，必定已经改变了，因之使这种音的圆唇性和舌根性较*ŭng*、*ŭk*、*ŭg* 里的要减退了。它必定已经成为某种和瑞典语"*kung*"里的"*u*"或英语"*value*"里的"*u*"相似的音。实在，这种音在构成上和听感上很接近于 *ə* 音；我们也容易了解它在押韵和谐声上与其和狭小的圆唇化及强度的舌根音*ŭ*和 *u* 相接合，毋宁和 *ə* 音相接合。说了这种音之后并且巧妙的解释了文字上和押韵上这种特性，我们可以妥切的写作"弓"*ki̯ŭng*、"囿"*gi̯ŭk*、"久"*ki̯ŭg* 在语源学上是对的，而要记着在这些类的音缀里*ŭ*音比之 *kŭng*、*kŭk*、*kŭg* 诸类里的*ŭ*，具有一种不同的及较开的"音色"。

我们现在把上面里繁杂的Ⅰ部和Ⅱ部拿来查考一下。假使看了它们古音的音值，便有一种令人惊异的类似。对于上古音的这二部，要竭力来寻求主要元音性质上的一种分别，似乎是绝端无谓的。可是，它们既然很明显的区分作相异的韵部——实在具有许多混合的，这样的一种分别必定是存在的。而我们必需的要来解决这个难题。

第一步我们要稍为减除这两部明显的类似点。上面第八十五页的表是正确的，可是它有几分不对。因为所举的几类并非都是同等的正常和普通的。Ⅰ部里“正常”的诸类是1、2、3、4、5、6、9、10；8. *i̯äu* 这一类几乎是难列入的。在某些押韵上，用“陶”古音 *i̯äu* 这个语词代表出来。而且，段玉裁把“莜”*g‘i̯äu*，和“椒”*tsi̯äu*，因为它们所具的音符，列入我们的Ⅰ部，但是在《诗经》里它们只是一度的互相押韵，而没有和其他的语词相押，所以我们不能恰恰断定它们是属于Ⅰ或是属于Ⅱ。《切韵》里具有古音 *i̯äu* 的语词当中，极大多数显然是Ⅱ部的，是具有属于那部的音符的；有几个语词具有属于Ⅰ部的音符，但是因此也并非必需的要把那些语词放入上古音的Ⅰ部，因为这些字体也许由于谐声上Ⅰ部和Ⅱ部之间（无疑的是很相类似的）的相接合。总之，可以说古音的 *i̯äu* 是Ⅱ部里正规和通常的音，照例并不应存在于Ⅰ部当中，正如 *i̯əu*（Ⅰ部，6.）是Ⅰ部里正规和通常的音，毕竟不应存在于Ⅱ部当中的。那末，这里就是Ⅰ和Ⅱ之间一种有力和真正的区别。

Ⅱ部里“正常”的诸类是11、13、14、15、16、19、20、21、22。17和18两类各只有一个单独的语词来代表，这两类既然它们是不能用来建立的，我们也不必计及。它们也许由于单个事例里某种特殊的情形。所以我们可以减少我们这三部正常代表语词的系统，而重行写作如次：

Ⅰ		Ⅱ		Ⅲ	
		9. 乐	10. ○	19. 角	20. 毂
1. 学	2. 包	11. 较	12. 郊	21. 谷	22. 瞀
3. 酷	4. 老	13. 沃	14. 高	23. 曲	24. 仆
5. 匊	6. 休	15. 虐	16. 庙		
7. 戚	8. 萧	17. 的	18. 苕		
25. 降				28. 江	
26. 冬				29. 工	
27. 宫				30. 恭	

在中国古音里：

Ⅰ		Ⅱ		Ⅲ	
		9. *âk*	10. ○		
1. *åk*	2. *au*	11. *åk*	12. *au*	19. *åk*	20. *ə̯u*
3. *uok*	4. *âu*	13. *uok*	14. *âu*	21. *uk*	22. *ə̯u*
5. *i̯uk*	6. *i̯ə̯u*	15. *i̯ak*	16. *i̯äu*	23. *i̯wok*	24. *i̯u*
7. *iek*	8. *ieu*	17. *iek*	18. *ieu*		
25. *ång*				28. *ång*	
26. *uong*				29. *ung*	
27. *i̯ung*				30. *i̯wong*	

既然Ⅲ部是具有 *u* 的音，那末Ⅰ和Ⅱ就不可以再有 *u* 音。又 *ək*、*ɛk*、*âk*、*ak*、*ek* 既然在别的一些《诗经》韵部里见到，那些韵部和我们这里的Ⅰ部和Ⅱ部整然区分的，所以我坚持着我在《诗经研究》所说的，反对着李方桂的意见：以为这两部有了某种的 *o* 当作主要的元音。但是李氏所说Ⅱ部必定比Ⅰ部具有一个“较开”的主要元音，确是对的。这样就使我们把Ⅰ部定为合 *o: ô*，把Ⅱ部定为开 *o:o* 和*ȧ*。于是我们就要适用我们所已经决定的长元音和短元音的音缀间那种区别了：*ŏ* 用来别于 *o*，*ô̆*，用来别于 *ô*（因为印字体上的理由，要除去一个难看的*ô̆*，我就把短 *ô* 写作这样：*ộ*）。

最后我们又可以把上古音音值填进于我们所列的表上，这些音值对于这三部间在押韵上和谐声上的“分界”以及它们彼此间，同样在押韵上以及谐声上许多例外的相接合，都会得到美妙的解释了。要注意这-*ng* 音的一类比之-*k* 和-*g* 的两类，贫乏得多。其中的形式具有介音 *i* 的较少，又只有配属于Ⅰ和Ⅲ的形式，没有配属于Ⅱ的。后面的这一种情形是否因为是原始相异的两类彼此的混乱，现在不能断说；我们只可以说《诗经》韵和谐声上在这里都没有表明符合于-*k* 和-*g* 的语词中那种的区别。

Ⅰ		Ⅱ		Ⅲ	
		9. *åk*（＞*âk*）	10. ○		
1. *âk*（＞*ak*）	2. *ôg*（＞*au*）	11. *åk*（＞*åk*）	12. *åg*（＞*au*）	19. *åk*（＞*åk*）	20. *âg*（＞*ag*）
3. *uk*（＞*uok*）	4. *ôg*（＞*âu*）	13. *ok*（＞*uok*）	14. *og*（＞*âu*）	21. *uk*（＞*uk*）	22. *ug*（＞*əu*）
5. *i̯ôk*（＞*i̯uk*）	6. *iôg*（＞*iə̯u*）	15. *i̯ok*（＞*i̯ak*）	16. *i̯og*（＞*i̯äu*）	23. *i̯ok*（＞*i̯wok*）	24. *i̯ug*（*i̯u*）
7. *iok*（＞*iek*）	8. *iôg*（＞*ieu*）	17. *iok*（＞*iek*）	18. *iog̣*（＞*ieu*）		
25. *ong*（＞*âng*）				28. *ång*（＞*ång*）	
26. *ong*（＞*åong*）				29. *ung*（＞*ung*）	
27. *iung*（＞*iung*）				30. *iong*（＞*iwong*）	

此外，还有舌根音收尾的一类，需要几句话说明的。段氏的第十一部，王氏的第六部包含着具有古音 *ɛng*、*i̯äng*、*ieng* 的语词①，既然这部和段氏第十部的 *ang*、*i̯ang*、*ăng*、*i̯ăng* 等绝不相押，我们可以知道那个舌前元音是属于上古音的。以-*k* 和-*g* 的语词来和这个-*ng* 的韵部相配的是段氏的第十六部、王氏的第十一部，具有古音的-*ie̯*、*iei*、*ai*、*iwei* 的。这个韵部的 *ie̯* 必须要完全分别于段氏第十七部的 *ie̯*（＜*ia*），例如“何”古音 *ɣâ*、“过”*kuâ*（＜*kwâ*）、“皮”*b‘ie̯*（＜*b‘ia*）、“为”*jwie̯*（＜*gwia*）、“加”*ka*，它们在上古音里是具有-*a*（开音缀）的。等十六部里的-*ie̯* 是相配于古音-*i̯äng*

① 原注“生”古音 *ṣɒng* 的一组必要期望它是上古音 *săng* 而押入于-*ang* 部里的。但是它很依规则的押入于 *äng-eng* 一类当中，这是表示着这里的一个上古音 *ĕng* 是不依规则的转入于古音韵 *ɒng* 的。

的-*g* 音。

我在《诗经研究》里（第 157 页）说过，古音-*εng*、-*εk* 两韵："耕"*kεng*、"革"*kεk* 等，前者在诗经里押入於 *e* 音的一类，就是具有-*i̯ang*、-*ieng* 的。后者押于於 *ə* 音的一类就是具有-*ək*、-*əg* 的。这是确实的，但是并不尽然。古音 *εng*（*εk*）包含着两种字体，在上古音的来源上是很相异的。其中的一种，具有一个开、鬆的 *ä* 音：上古音-*εng*、-*εk*，和中性的鬆 *ə*:*əng*、*ək* 押韵；另一种，在中国古音里是"符合"於开 ε 的，（既然"耕"*εng*:"清"*i̯äng*:"青"*ieng* 在《切韵》里是各异的韵）在中国上古音里必定是另外一种的 *ä* 或 *ə*。依据上文（第八页、第一十二页）*B* 部当中，我们有了上古音的 *iĕn*:*ien* 作为收韵的这种类比，我断定在这部里三种主要的收韵是 *ĕng*:*i̯ĕng*:*ieng*，因此我得到下列的系统：

上古音 ε 的一类，押入於-*əng*、-*ək* 部的：

1. 橙	2. 革	3. 戒
4. 宏	5. 麦	6. 怪

1. *εng*（>*εng*）	2. *εk*（>*εk*）	3. *εg*（<*ại*）
4. *wεng*（>*wεng*）	5. *wεk*（>*wεk*）	6. *wεg*（>*wại*）

上古音 *e* 和 *ĕ* 的一类，构成段氏的第十一部和第十六部：

1. 耕	2. 厄	3. 解
4. 嵘	5. 划	6. 挂
7. 清	8. 易	9. 知
10. 营	11. ○	12. ○
13. 青	14. 锡	15. 提
16. 扃	17. 具	18. 圭

1. *ĕng*(>*εng*)	2. *ĕk*(>*εk*)	3. *ĕg*(>*ại*)
4. *wĕng*(>*wεng*)	5. *wĕk*(>*wεk*)	6. *wĕg*(>*wại*)
7. *i̯ĕng*(>*i̯ăng*)	8. *i̯ĕk*(>*i̯ăk*)	9. *i̯ĕg*(>*ia*>*ie̯*)
10. *i̯wĕng*(>*i̯wăng*)	11. ○	12. ○
13. *ieng*(>*ieng*)	14. *iek*(>*iek*)	15. *ieg*(>*iei*)
16. *iweng*(>*iweng*)	17. *iwek*(>*iwek*)	18. *iweg*(>*iwei*)

关于 3. *ĕg*>*ĕi*>*ai* 可与德语的 *ei*>*ai* 相比。*i̯ĕg*>*ia* 那种转变必定很早已经发生了，因为古音的 *ie̯*<上古音*i̯ĕg*（我们现在的这部，段氏的第十六部）和古音的 *ie̯*<上古音 *ia*（段氏的第十七部），它们在《诗经》里是划分得很清楚的，而在《老子》和《庄子》当中已经很自由的相押了。

中国上古音，约当二五〇〇年前的一种语言，把它细微小节的拟构出来，单是靠了内在的证据，没有应用比较印度支那语的材料，并且在某几点上似乎“违背”着暹罗语上那样的证据（参看上文第六十七页），这未免总是冒险的。但是，必须要注意的，我们对于这样的一种构拟，比之那些学者仅仅靠了分散而“晚后”的材料，来拟构一种更早时期的语言的，在立场上实在好得多。上文第六十六页上所引的例子：*steinn*、*steing*、*sten*、*stone*: *stainaz* 是对于后者所犯的危险，极足以启示的。先时语言里的重要现象也许有晚后的材料所绝不能显示的。我们的立场却便宜得多，因为我们有了“材料来考求中国上古音，追溯到这种语言的那个时期”（粗略的说西元前一〇〇〇年——前六〇〇年），这些材料并没有表出具体的音值，这是实在的，但是所表出的，可以说是要给我们填入的一种“框架”，就是只需加以解释的“音韵部类”。而这些早先的材料的价值，因那种事实而大大的增进，就是有了“两种”材料是彼此绝对独立的:《诗经》韵和谐声字体。这两种材料,依着一个很幸运的机缘,都是对于那种实际上同一的语言显出曙光,确实的,在几点上,谐声字体所显示的是这种语言稍为更古的时期(参看上文),但是在大多数的部类当中,彼此妥切的符合是很可惊异的:在这两种材料上可以见到各类音韵当中的语词有同样的区别,同样的分界。这是显然的,《诗经》各篇最后形式的订定和谐声(原来是假借)标准系统的创立,是在同一的中心地带,姑且假定为周代的朝庭上,而方言的纷歧只是在偶然的事例上得显现于押韵和字体当中。

可是,还有一个大缺点要指出来的。假使我们依靠两重的材料,对于上古的元音和收尾辅音的构拟,得有便宜的措置,那末,一论到"起首音"的时候,我们便受很大的阻碍,因为这里只有谐声的"一套"材料可为依据了;自然,这里诗篇是对于我们完全无用的。这是确实的,在许多重要点上,谐声曾经使我们得因以觉察上古的起首音很多异于古音的(*g*ʻ>*γ*, *d̂*>*ź*, *ń*>*ńź*, *t*>*tś*, *s/a*>*ṣa*, *gi*>*ji*, *di̯*>*i̯*等,参看我的《分析字典》);但是上古音和古音间起首音系统的差异,有许多并不曾由这种单独的材料,谐声偶尔显示出来,当然是我们所不能觉察的。尤其是,我所深怕的,也许有很多"复合辅音"存在的地方,我们却只能觉察为单独的辅音的。我们绝不要忘记,在我们的方程式上容有许多这样的 *x*,只待将来因印度支那语的比较才可以把它们填出来的。它们或许在某种范围上使得下列的研究比之初见到时所觉得的更少了确实性。虽然如此,我们却要来尝试一下,相信着这种系统虽或在孤独的几点上有重订的必要,而在大体上总是可靠的。

关于起首的复合辅音,有一点我要说几句话的。我们在谐声上所常见的,有一种 *k-: -l* 和 *p-: l-*的转换,例如"各"古音 *kâk*: "洛"*lâk*,"变"*pi̯än*: "䜌"*li̯wän*,这时似乎要起疑惑,那种复合的

辅音还是存在于 *k*(*p*)音的字,还是存在于 *l* 音的字,或是两者当中都有存在着。这样的三种解释,由因推果,似乎都是有可能性的:

A. "各"*klâk*: "洛"*lâk*; B. "各"*kâk*: "洛"*klâk*(*glâk*); C. "各"*klâk*: "洛"*glâk*。

自然,对于这种情形,不能希望得到固定的条例,因为谐声的字体并非统统建立于恰好相同的诸原则之上的。但是在许多事例里,这三种的说法当中有一种决定是最可取的: C 的说法。

A 的说法在几个例子里是要排除的,就中我们可以有可靠的证据做基础。第一,有个"蓝"字,古音 *lâm*(靛青),先时常常论到的。幸尔这里我们有两重的佐证,因此事实就可以得到一个定案。我们一方面有了"监"古音 *kam* 作为音符,这时,另一方面又有暹罗语的 *k*'*ram*(靛青)<较古的 *gram*,那末,上古音 *lâm* 前面的舌根音是确实的: 上古音 *glâm*(靛青)。此外,还有一个有趣的事情,就中可以表明 *l* 前面的舌根音曾经保存到了前汉时代,这是摩尔琴斯(G. Morgenstierne)教授指示给我的。罗布淖尔上的楼兰城为斯文赫定(Sven Hedin)所首先发见和发掘的,在张骞旅行的报告(西元前二世纪时)上已经称为"楼兰"了,这个外国语词的译文必定是密合于那时的语音的。"楼"(*lou*)字具有和"窭"*g*'*i̯u* 字相同的音符,显示着一个舌根音。又此城有在可哈洛斯底文(Kharoshti)的记载当中称为"Kroraiṃna"(见于斯泰因氏 Stein《近印度》*Serindia*),所以 *ləu* 是汉朝的 *glu*。在这两种的例子上都足以排除 *A* 的说法。

马伯乐(H. Marspero)(《唐代长安的方音》*Le Dialecte de Tch*'*ang-ngan sous les T*'*ang*)曾经指明"变"*pi̯än*(以 *li̯wän* 为音符)这个语词符合于暹罗语的"*plien*"。这说似乎是可信的,如果是对的,那便是一个事例足以排除 *B* 的说法的。又这里可以寻得

古音 *k*-的字（"各"*kâk*），即使下迄汉代也有一种 *kl*-音的遗迹。"各"*kâk* 和"阁"*kâk* 是同音的字，"各"用作"各"*glâk*（依照上面论到 *A* 的说法所云，是要补增 *g*-音的）字里的音符。那末，"阁"是上古音的 *kâk* 或是 *klâk* 呢？它用在《诗经·斯干》里的一个短句"约之阁阁"当中，这里的 *kâk* 不是表明"楼阁"的意义。毛亨（约当西元前二世纪中叶）以早先注释家所常用的一种方法来解释它，他认为是代表另外一个"同音"语词的假借字，说"*kâk kâk* 即为'历历' *liek liek*"。这种音训，假使"阁"是一个上古音的 *kâk*，便不可能，是无意义的了，如果是一个上古音的 *klâk*，便可以明白了："*klâk-klâk* 即为 *liek-liek*"（这样一种音读不同的程度有时发生于假借当中）。这种确是使我们赞成 *C* 的说法，于是我们得到了"各"*klâk*："洛"*glâk* 等。

我们在这种事例里，或许可以得到一个定论，或者似乎还有许多同类的事例；可是在另一方面，我们却不要过于严格的一概而论以断定这是"永常如此的"。说谐声的创作者并不有时适用 *A* 式，有时适用 *B* 式，正如有时适用 *C* 式那样，自然我们是没有保证的。

我们现在最后一步要来排列一串的表，凡是可以认为亲属的语词，就是组成语词的族类的，都把它们列出来。为着开始要慎重起见，我在本篇当中，要遵守着某种稍为狭小的范围。第一点，我把那些只包含着"两种"成分，一个起首音和一个元音（或复合元音）的语词一概舍去。如同 *ku*: *ko*、*pâ*: *pia* 之类的语词一种比较是很冒险的，因为语词的本体"过于短小"了。语词具有"三种成分"，起首音、元音（复合元音）和收尾音的：*kân*: *gi̯an*: *k'i̯wan*；*tung*: *tôk*: *d'ôg* 之类，就中可有得到真实性的机会就无限的扩大了。第二点，这是很可能的，起首音极端相异的语词实在是亲属的——尤其是因别种印度支那语所显示我们的，中国语上一个单纯的起首音常常由于冗长的复合辅音一种剧烈的减缩，藏语“*brg-yad*”＝中国语“*pwat*”“八”——又如“时”上古音*d̂i̯əg* 也许和“期”*g‘i̯əg*；“寿”*d̂i̯ôg* 也许和“考”*k‘ôg* 及“老”*lôg* 有亲族的关系。但是目前我把这样的一切问题留待后来的讨论。这里我遵守着语音上亲属词类的限制，很独自的决定，不越出下列的诸主要部类之外：

我首先依照收尾音把语词分做三大类：

1. *-ng*，*-k*，*-g*；

2. *-m*，*-p*，*-b*；

3. *-n*，*-t*，*-d*，*-r*。

于是我依照上古的起首音把这主要的三类再分为各类：

A. *k-*，*k‘-*，*g-*，*g‘-*，*ng-*，*x-*，*-*；

B. *t-*，*t‘-*，*d-*，*d‘-*，*t̂-*，*t̂‘-*，*d̂-*，*d̂‘-*；*ts-*，*ts‘-*，*dz-*，*dz‘-*，*tṣ‘-*，*dẓ‘-*；*ś-*，*s-*，*z-*，*ṣ-*；

C. *n-*，*ń-*，*l-*；

D：*p-*，*p‘-*，*b‘-*，*m-*。

（语词具有起首的复合辅音的——*kl-*、*gl-*等——我认为是很冒险的材料，因之只在几个事例上引用它们）。

反之，我对于元音没有加以区分。从藏语上所得的经验指示着我们，这种语言的演化有很多的“元音变换”，因之在同一语根之内容有极多变异的韵素。我也要判定中国语里也可以得到同样的现象。

关于“音调”我竟没有加以注意。单是把古音的音调适用于上古音的语词上，乃是不行的，而我们对于上古音的音调系统是否嗣后能够得到一种详细的认识，也还是疑问。所以我在表上所列的语词，彼此间语音实际的差别，比之从注明的形式上所见到的常要加大：正如一种音调的差别，是我的音标上所没有注明的。我希望将来有一篇论文，要回来讨论到这个问题。

列出的各表，其用意所在，千万不要误会。要肯定各类里的语词都“是”亲属的，我现在还相差很远，我的意思只是说它们是“可以测定”为亲属的。在几个事例当中，亲族关系是绝对显著明确的。在更多事例当中，也有极强的可信程度。其余的不过只是一种可能，至少也值得讨论罢了。所以各个小小的“亲族词类”只须认为是一种“框子”，包含着的材料将来是要从中使行选择的。确定的结果只能依据比较印度支那语的研究才可以得到的，因为语音上的符合有时很容易是似是而非的。例如，中国的语词有这样的一大群都是收尾于*-ng* 的，因之我们很可以推想它们当中许多是从印度支那语上收尾辅音很相异的语词转变而来的。又，*č-*和*ś-*的诸组或许是印度支那语上极形错杂的复合辅音一种单纯化的结果。所以，这种的类集，充其量也只有一部分可以说是真正的语词族类；其他许多的符合依理只是由于偶然的。可是我毫不迟疑的来构成这些框子，因为是要做一种初步的工作，我又认定没有别种方法可以来对付这个问题的。

现在这种具有可能性的语词的结集，并非说是已经尽在乎此；还有许多是可以引进的，但是现在我只愿意举出几个例子罢了。

像现在这样的一种研究，关于所引的语词必需要仔细的甄别。它们必须是大家认为真正、实在的语词。如果我们引据《广韵》和《集韵》，应用它们几万的“字典的语词”，或且把最早的字典《尔雅》《苍颉篇》《方言》《说文解字》《广雅》上所举出的一切语词，也拿来放入其中，我们便很容易得到诸极大类的“亲属语词”。但是这种的材料是不能接受的。我所引进的语词只是语言中或者属于最普通流行的语词——这些在我的表上占了大多数——或者，即使不很普通的，也是从前“书本”上有确实的证明的。

A. K-NG 一类的语词

1. 景 2. 镜 3. 光 4. 晃 5. 煌 6. 旺
7. 莹 8. 耿 9. 颎 10. 炯 11. 荧 12. 萤
13. 杲 14. 赫 15. 旭 16. 熙 17. 熹 18. 晓
19. 暵。 20. 行 21. 徨 22. 往 23. 迋 24. 街
25. 巷 26. 邀。 27. 讲 28. 告。 29. 更 30. 改。
31. 麴 32. 酵。 33. 迎 34. 逆。 35. 糠 36. 壳
37. 谷。 38. 瘿 39. 痈。 40. 鸿 41. 鹄。 42. 浴
43. 沃 44. 渥。 45. 形 46. 营 47. 影。 48. 亢
49. 狂 50. 竞。 51. 衡 52. 横 53. 扃 54. 杠。
55. 巠 56. 泾 57. 荥 58. 滢 59. 江 60. 潢
61. 涬 62. 泳 63. 洚 64. 洪 65. 浩 66. 澒
67. 汹 68. 泱 69. 汪 70. 滃。 71. 圹 72. 悭。
73. 惊 74. 警 75. 敬 76. 惶 77. 恇 78. 兢
79. 恭 80. 恐 81. 矍 82. 戄 83. 骇 84. 忌
85. 噩 86. 愕 87. 恍 88. 恂 89. 吓 89. 虩。
91. 冈 92. 擎 93. 陉 94. 嵘 95. 扛 96. 企
97. 起 98. 高 99. 跻 100. 乔 101. 翘 102. 丘
103. 卬 104. 昂 105. 仰 106. 崿 107. 额 108. 岳
109. 崖 110. 危 111. 傲 112. 尧 113. 峣 114. 兴
115. 香 116. 馨 117. 馨。 118. 炕 119. 旷 120. 涸
121. 米 122. 稿 123. 槁 124. 荄 125. 糗 126. 熬
127. 烘 128. 熇。 129. 颈 130. 刭 131. 项。 132. 胫
133. 骸。 134. 康 135. 庆 136. 幸 137. 祺 138. 喜
139. 好。 140. 诓 141. 诳 142. 惑 143. 乖 144. 诖
145. 诡 146. 怪 147. 欺 148. 宄 149. 狡 150. 矫
151. 疑 152. 谎。

1. *ki̯ăng*(光明,光线,景致等义):2. *ki̯ăng*(光线反照器:镜子):3. *kwâng*(光线,光辉):4. *g'wâng*(光明):5. *g'wâng*(光明,放光):6. *gi̯wang*(光明):7. *gi̯wăng*(灿烂,如宝石):8. *kĕng*(明亮):9. 10. *ki̯weng*(光线,光明):11. *g'weng*(光明,光线):12. *g'iweng*(火萤虫):13. *kog*(光明):14. *xăk*(燃烧,显赫):15. *xi̯uk*(光辉):16. *xi̯əg*(光明):17. *xi̯əg*(光明):18. *xi̯og*(放晓,曙光):19. *˙i̯ăng*(明亮)。

20. *g'ang*(行走,行去,所行之路):21. *g'wâng*(行来行去):22. *g'i̯wang*(行走,行去):23. *gi̯wang*(行走,行去):24. *kĕg*(街道):25. *g'ŭng*(街巷,小巷);26. *ngog*(遨游,逍遥)。

27. *kŭng*(讲说,讲明):28. *kôk*, *kôg*(告诉)。

29. *kâng*(变更,更改):30. *kəg*(更改,改变)。

31. *k'i̯ôk*(发酵,酿母):32. *kôg*(发酵,酿母)。

33. *ngi̯ăng*(逢迎,迎接):34. *ngi̯ăk*(迎接,迎逆,反逆)。

35. *k'âng*(谷糠):36. *k'ŭk*(糠壳):37. *kuk*(有壳之物:谷类)。

38. *˙i̯ĕng*(肿胀,瘿瘤):39. *˙i̯ung*(肿疡,脓疮)。

40. *g'ung*(野鹅):41. *kôk*(雪鹅,天鹅)。

42. *gi̯uk*(沐浴):43. *˙ok*(浸沃,濡湿):44. *˙ŭk*(润渥)。

45. *g'ieng*(外形,形状,形式):46. *gi̯wĕng*(画一图形,营谋,营造等):47. *˙i̯âng*(形式,影像,影子)。

48. *k'âng*(猛烈):49. *g'i̯wang*(猛烈,狂妄,狂烈):50. *g'i̯ăng*(剧烈,竞争)。

51. *g'âng*(牛轭,秤衡,横形):52. *g'wang*(横形,横线的):53. *kiweng*(门扃,闩):54. *kŭng*(横木)。

55. *kieng*(地下之小河):56. *kieng*(水流):57. *g'iweng*(小河):58. *g'i̯wĕng*(小河):59. *kŭng*(河流):60. *g'wâng*(积水):

61. *g'ieng*(水涨)：62. *gi̯wĕng*(涉水)：63. *kọng*(洪水，泛滥)：64. *g'ung*(洪水，泛滥)：65. *g'ôg*(水涨)；66. *xung*(水涨)：67. *xi̯ung*(水流，冲水)；68. *i̯ang*(水流，水浮)：69. *˙wâng*(水涨)：70. *˙ung*(水流，水浮)。

71. *k'wâng*(怨恨，烦恼，厌恶)：72. *g'ieng*(烦恼)。

73. *ki̯ăng*(惊骇)：74. *ki̯ăng*(使受惊：警告)：75. *ki̯ăng*(敬畏：敬肃)：76. *g'wâng*(惶恐)：77. *k'i̯ung*(惊怕)：78. *ki̯əng*(惊怕，敬肃)：79. *ki̯ung*(恭敬)：80. *k'i̯ung*(受惊，恐怕)：81. *ki̯wak*(惊视)：82. *ki̯wak*(被惊动)：83. *g'ɛg*(惊骇)：84. *g'i̯əg*(恐怕)：85.，86. *ngâk*(惊吓，受惊)：87. *xwâng*(烦困)：88. *xi̯ung*(骇怕)：89. *xâk*(惊吓)：90. *xi̯âk*(受吓)。

91. *kâng*(山岗)：92. *g'i̯ông*(举起)：93. *g'ieng*(悬崖，险岨)：94. *g'wĕng*(高耸)：95. *kŭng*(抬举)：96. *k'i̯ĕg*(翘足而起)：97. *k'i̯əg*(举起，起身)：98. *kog*(高耸)：99. *k'i̯og*(跻足而起)：101[①]. *g'i̯og*(举起)：102. *k'i̯ôg*(山丘)：103.，104. *ngâng*(高昂，昂举)：105. *ngi̯ang*(仰视，仰面，仰望)：106. *ngâk*(悬崖，山边，山瘠)：107. *ngâk*(头顶，前额)：108. *ngọk*(山岳，峰崿)：109. *ngĕg*(悬崖，山边，山瘠)：110. *ngi̯wĕg*(高危，险岨危险)：111. *ngog*(高傲)：112. *ngiog*(崇高，高耸)：113. *ngiog*(高耸，险岨)：114. *xi̯əng*(举起，兴起)。

115. *xi̯ang*(芳香)：116. *xi̯ang*(麝香)：117. *xi̯eng*(馨香)。

118. *k'ang*(使干)：119. *k'wâng*(旷曝，旷荒，旷废)：120. *g'âk*(干涸)：121. *g'ọk*(枯泉，枯燥)：122. *kog*(稻秆)：123. *kog*(枯燥，枯萎，枯烂)：124. *kôg*(干草)：125. *k'i̯ôg*(干米，干粮)：126. *ngog*(干熬，煮熬)：127. *xung*(烘干，烘焙)：128. *xok*

---

① 译者案：此处应作100，101。

（燥热，火烧）。

129. *ki̯ĕng*（头颈，颈喉）：130. *kieng*（自刭，割头）：131. *g'ŭng*（颈项）。

132. *g'ieng*（胫骨，胫部）：133. *g'ɛg*（胫骨，骨干）。

134. *k'âng*（康年，康泰）：135. *k'iâng*（庆幸，幸福，庆祝）：136. *g'ĕng*（幸福，幸运）：137. *g'i̯əg*（福祉）：138. *xi̯əg*（喜悦，喜庆）：139. *xôg*（嗜好，爱好）。

140. *ki̯wang*（欺骗，诓惑）：141. *g'i̯wang*（欺骗，说诳）：142. *g'wək*（欺骗，惑乱，疑惑）：143. *kwĕg*（欺诈，狡乖）：144. *kwĕg*（欺诈）：145. *ki̯wĕg*（欺诈，诡骗）：146. *kwɛg*（怪乱，怪异）：147. *k'i̯əg*（欺骗，欺诈）：148. *ki̯wəg*（奸宄）：149. *kog*（狡猾）：150. *ki̯og*（矫装）：151. *ngi̯əg*（疑惑，疑虑）：152. *xwâng*（说谎）。

153. 梗	154. 骾	155. 荆	156. 秔	157. 耕	158. 颖
159. 刑	160. 研	161. 获	162. 刻	163. 棘	164. 鹹
165. 刲	166. 铰	167. 锷。	168. 疆	169. 竟	170. 境
171. 坰	172. 亘	173. 穷	174. 郭	175. 极	176. 国
177. 域	178. 囿。	179. 永	180. 咏	181. 恒	182. 久
183. 疚。	184. 纲	185. 绠	186. 缰	187. 襁	188. 经
189. 紘	190. 鞚	191. 蛩	192. 羈	193. 系	194. 系
195. 系	196. 绞	197. 敿	198. 缴	199. 纠	200. 繣
201. 鞅	202. 缨	203. 萦	204. 缢	205. 约。	206. 坑
207. 圹	208. 隍	209. 矿	210. 罄	211. 磬	212. 茔
213. 孔	214. 空	215. 腔	216. 銎	217. 谷	218. 壕
219. 臼	220. 窍	221. 窖	222. 胸	223. 墼	224. 洫
225. 枵	226. 膺	227. 臆。	228. 慊	229. 广	230. 宏
231. 弘	232. 扩	233. 廓	234. 昊	235. 呺。	236. 琼

237. 绛 238. 红。239. 颃 240. 僵 241. 倾 242. 降。
243. 航 244. 匡。245. 公 246. 考 247. 旧 248. 舅
249. 翁。250. 刚 251. 钢 252. 僵 253. 强 254. 竞
255. 劲 256. 确 257. 硬 258. 凝。259. 坬 260. 缸
261. 铏 262. 盎 263. 罌 264. 罂 265. 甕。266. 枉
267. 肱 268. 弓 269. 钁 270. 曲 271. 局 272. 丩
273. 尪 274. 奥 275. 澳。276. 皇 277. 王。278. 获
279. 攫 280. 匊 281. 掬 282. 据 283. 携 284. 右
285. 有 286. 握。287. 拥 288. 厄 289. 扼 290. 戹
291. 轭 292. 嗌 293. 抑 294. 隘。295. 戟 296. 击
297. 掴 298. 殛 299. 礊 300. 考 301. 敲。302. 缟
303. 皓 304. 皞 305. 皦 306. 皎

153. *kăng*(有刺之树,多刺):154. *kăng*(鱼骨,尖刺):155. *ki̯ăng*(荆棘,刺树):156. *kwăng*(麦芒等):157. *kĕng*(犁钩):158. *gi̯wĕng*(芒刺,尖头,尖锐):159. *g‘ieng*(割断:刖足,刑罚):160. *g‘ieng*(使尖锐之器:磨石):161. *g‘wâk*(割稻):162. *k‘ək*(割断):163. *ki̯ək*(荆棘,刺树):164. *kwək*(割去敌人之耳,胜利物):165. *k‘iweg*(戳杀,割断):166. *kog*(尖尾,铰剪);167. *ngâk*(尖尾,刀口沿)。

168. *ki̯ang*(界限,疆界,边疆):169. *ki̯ăng*(界限,完竟,毕竟):170. *ki̯ăng*(界限,境界,境土):171. *kiweng*(界地,边疆):172. *kəng*(亘画,界限):173. *g‘i̯ŭng*(穷尽,界限,尽头,穷究,穷了,贫穷):174. *kwâk*(城郭,城之界线):175. *g‘i̯ek*(极尽,极点):176. *kwək*(疆界之地域:国家,国土):177. *gi̯wək*(疆域,地域,国家):178. *gi̯ŭg*, *giuk*(围界之地:园囿)。

179. *gi̯wăng*(永久,永长,连续,永远):180. *gi̯wăng*(引出词语:咏诵,咏歌):181. *g‘əng*(恒久,恒常):182. *ki̯ŭg*(长久,长

远)：183. *ki̯ŭg*(久病)。

184. *kâng*(小绳，系物，羁绊)：185. *kăng*(长索子)：186. *ki̯ang*(缰辔，缰绳)：187. *ki̯ang*(用以裹束一小孩而携之于背上之绳带)：188. *kieng*(织机上之经线)：189. *g‘wɛng*(系帽之绳，维系)：190. *k‘ung*(马缰，马络头)：191. *ki̯ung*(以皮条系之)：192. *ki̯ĕg*(马络头)：193. *g‘ieg*(维系，束缚)：194，195. *g‘ieg*(束系，连系)：196. *kog*(裹束，绞转，绞死)：197. *ki̯og*(束击)：198. *kiog*(缴绕，束缚)：199. *ki̯ôg*(纠成之索，纠绕)；200. *xwăk*(绳子)：201. *·i̯ang*(马络头)：202. *·i̯ĕng*(帽绳，流苏)：203. *·i̯wĕng*(萦绕)：204. *·iek*(缢死)：205. *·i̯ok*(约束)。

206. *k‘ang*(坑洞，陷坑，壕沟，沟道)：207. *k‘wâng*(坟圹，茔穴，地穴)：208. *g‘wâng*(空洞，城濠)：209. *kwăng*(地矿)：210. *k‘ieng*(罄尽，空穴)：211. *k‘ieng*(有空穴之石：石头发响之乐器)：212. *g‘i̯wĕng*(茔坟)：213. *k‘ung*(孔穴)：214. *k‘ung*(空洞，空虚)：215. *k‘ŭng*(胸腔)：216. *k‘i̯ung*(斧上穿索之孔)：217. *kuk*(山涧，溪谷)：218. *gog*(壕沟)：219. *g‘i̯ôg*(舂臼)：220. *k‘iog*(孔穴)：221. *kộg*(地穴)；222. *xi̯ung*(胸腔)：223. *xâk*(溪谷，沟壑)：224. *xi̯wək*(壕沟，沟道)：225. *xi̯og*(空树，空洞，空虚)：226. *·i̯əng*(胸腔，胸臆)：227. *·i̯ək*(胸臆)。

228. *k‘âng*(心广，慷慨)：229. *kwâng*(广大，广阔，宽广)：230. *g‘wɛng*(宏大，大厅)：231. *g‘wəng*(宏大，宽大)：232. *k‘wâk*(扩大，扩充，扩展)：233. *k‘wâk*(宽阔，宽廓)：234. *g‘ôg*(昊大：如天)：235. *xi̯og*(宽广)。

236. *g‘i̯wĕng*(红色宝石)：237. *kộng* 绛(大红，紫色)：238. *g‘ung*(红色)。

239. *g‘âng*(鸟类飞翔而下)：240. *ki̯ang*(僵仆，僵伏)：241. *k‘i̯wĕng*(下降，倾覆)：242. *kộng*(下降，降落，下坠)。

243. *g'âng*(方筏,两船并合成方形):244. *k'i̯wang*(方形)。

245. *kung*(老人,公公):246. *k'ôg*(考老):247. *g'i̯ôg*(古旧,古老):248. *g'i̯ôg*(老人,娘舅):249. *·ung*(父翁,老翁)。也许"兄"*xi̯wâng*,国音"*hiung*"(兄长)这个语词也属于此。

250. *kâng*(刚强):251. *kâng*(钢铁):252. *ki̯ang*(僵固,僵硬):253. *g'i̯ang*(强固):254. *g'i̯ăng*(强竞)(参看《左氏》僖七年《传》):255. *ki̯ĕng*(强劲,坚劲):256. *k'ŏk*(坚确,确固):257. *ngâng*(坚硬):258. *ngi̯əng*(凝冻:凝固,坚凝,凝厚)。

259. *kŭng*(坻瓶):260. *g'ung*(缸瓶):261. *g'ieng*(汤皿);262. *·âng*(碗子,盆子):263,264. *·ĕng*(缸瓶):265. *·ung*(缸瓶)。

266. *gi̯wang*(枉曲,枉屈):267. *kwəng*(手臂弯曲处):268. *ki̯ŭng*(弯弓):269. *ki̯wak*(钩头刀):270. *k'i̯uk*(弯曲,屈曲):271. *g'i̯uk*(弯曲,拘挛):272. *ki̯ôg*(曲钩):273. *·wâng*(弯腿,跛足):274. *·ôg*(奥窔,弯曲处):275. *·i̯ôk*(弯曲处:河道屈曲之内凹处)。

276. *g'wâng*(皇帝,皇室):277. *gi̯wang*(君王,王家)。

278. *g'wăk*(获取,捉获):279. *ki̯wak*(攫取,攫获):280. *ki̯ôk*(一掬手):281. *ki̯ôk*(双手掬之):282. *ki̯wag*(占据,把捉,据持):283. *g'ieg*(携取,带领):284. *gi̯ŭg*(右手):285. *gi̯ŭg*(占有,主有);286. *ŭk*(把握,握取)。

287. *·i̯ung*(拥挤):288. *·ĕk*(狭隘,狭路):289. *·ĕk*(压迫,闷塞,紧握):290. *·ĕk*(狭道,山隘):291. *·ĕk*(牛轭,遏制):292. *·i̯ĕk*(咽喉):293. *·i̯ək*(抑下):294. *·ĕg*(小路,隘道,狭隘)。

295. *ki̯ak*(长戟):296. *kiek*(打击,攻击,击杀):297. *kwεk*(掴打):298. *ki̯ək*(殛杀):299. *kôg*(用以敲击之大鼓):300. *k'ôg*(考打):301. *k'og*(敲打)。

302. *kog*(素丝):303,304. *g'ôg*(皓白):305. *ki̯ôg*(皞白):

306. *kiog*（皎白）。

307. 鞠　308. 畜。309. 亟　310. 遽　311. 霍　312. 癨。
313. 脚　314. 鞋。315. 隙　316. 却　317. 霩　318. 隔
319. 膈　320. 解　321. 异。322. 殃　323. 恶　324. 亚
325. 虐。326. 冀　327. 欲　328. 求　329. 要。330. 鞹
331. 革。332. 颏　333. 颐。334. 跪　335. 跽。336. 蟹
337. 蓋。338. 簧　339. 学　340. 校　341. 效　342. 教
343. 敩　344. 巧　345. 考。346. 豪　347. 骁　348. 赳。
349. 杳　350. 幽　351. 黝　352. 窈。353. 娇　354. 夭
355. 妖　356. 幺。357. 交　358. 爻　359. 匋　360. 球
361. 毬。362. 枭　363. 鸮　364. 鸺　365. 毫　366. 裘
367. 九　368. 逵　369. 觉。

307. *ki̯ôk*（养育，饲畜）：308. *xi̯ôk*（养育，饲畜）。

309. *ki̯ək*（亟亟，急促）：310. *gʻi̯wag*（急遽，遽疾）；311. *xwâk*（霍然）：312. *xwâk*（急病：霍乱症）。

313. *ki̯ak*（脚腿，足脚）：314. *gʻĕg*（鞋子）。

315. *kʻi̯ak*（裂口，隙缝）：316. *kʻi̯ăk*（离异于人：拒却，辞却）：317. *kʻwâk*（云际隙缝，霩清）：318. *kĕk*（分隔，隔。离）：319. *kĕk*（横膈膜）：320. *kĕg*（离解，分解，解除）：321. *gi̯əg*（分异，不同）。

322. *·i̯ang*（殃祸，灾殃，殃及）：323. *·âk*（丑恶，罪恶，邪恶）：323. *·âg*（恶恨）：324. *·ăg*（卑亚）：325. *ngi̯ok*（暴虐，邪恶，虐待，摧残）。

326. *ki̯ək*（希冀，愿望）：327. *gi̯uk*（愿望，欲求）：328. *gʻi̯ôg*（寻求，祝祷，请求，要求）：329. *·i̯og*（要求，需要）。

330. *kʻwâk*（皮革）：331. *kɛk*（皮鞹，皮革，剥皮）。

332. *gʻəg*（下颔，颔骨）：333. *gʻi̯əg*（下颔，颔骨）。

334. *g‘i̯wĕg*(跪下)：335. *g‘i̯əg*(跪下)。

336. *g‘ĕg*(蟹子)：337. *g‘i̯eg*(小蟹)。

338. *g‘wăng*(黉舍)：339. *g‘ộk*(学习,研学,学校)：340. *kŏg*(学校)：340. *g‘ŏg*(学习,考校,比校)：341. *g‘ŏg*(学习：仿效)：342. *k‘ộg*(教授)：343. *g‘ộg*(教授)：344. *k‘ộg*(训练,习巧)：345. *k‘ôg*(学习,考校)。

346. *g‘og*(豪强,雄豪,勇敢)：347. *kiog*(骁勇)：348. *kiôg*(赳赳,勇武)。

349. *·iog*(日下,冥杳)：350，351. *·i̯ôg*(幽暗,黝黑)：352. *·iôg*(幽闭)。

353. *ki̯og*(娇小,娇美)：354. *i̯og*(幼小,小巧,娇弱,妖鲜,妖美)：355. *·i̯og*(夭卒)[①]：356. *·iôg*(幺小,柔弱)。

357. *kôg*(交互,交织)：358. *g‘ŏg*(交互)。

359. *ki̯ôk*(足球)：360. *g‘i̯ôg*(玉球)：361. *g‘i̯əg*(球类)。

362. *kiŏg*(枭鸟)：363. *giog*(枭鸟)(依《切韵》上当如此读，诸方音上指示着上古音 *xi̯og* 一种读法)：364. *xi̯ôg*(枭鸟)。

365. *g‘og*(毫毛)：366. *g‘i̯ôg*(皮裘)。

367. *ki̯ŭg*(九数)：368. *g‘i̯wəg*(九条路交叉之处)。

369. *kộk*(觉醒)：369. *kộg*(觉醒)。

B. T-NG 一类的语词

1. 偿	2. 贻	3. 赒	4. 赠	5. 赏	6. 赐。
7. 正	8. 政	9. 整	10.征	11. 惩	12. 董
13. 职	14. 饰	15. 敕	16. 帝	17. 治	18. 则
19. 司。	20. 正	21. 直	22. 植	23. 置	24. 莳

① 译者案：354. “夭”，355. “妖”所注明意义，疑有倒置。

25. 栽。	26. 章	27. 程	28. 称	29. 度	30. 尺
31. 测	32. 商	33. 升。	34. 通	35. 桶	36. 筒
37. 筒	38. 衕	39. 衝	40. 铳	41. 渎	42. 窦
43. 窗。	44. 撑	45. 撑	46. 帐	47. 璋	48. 杖
49. 丈	50. 珽	51. 挺	52. 莛	53. 梃	54. 桢
55. 楹	56. 桩	57. 杙	58. 支	59. 枝	60. 肢
61. 条	62. 樯	63. 栅。	64. 上	65. 尚	66. 扬
67. 扬	68. 顶	69. 登	70. 乘	71. 栋	72. 冢
73. 塚	74. 戴	75. 陟	76. 卓	77. 提	78. 台
79. 抬	80. 崇	81. 载	82. 颡	83. 升	84. 嵩。
85. 盈	86. 羸	87. 赢	88. 盛	89. 充	90. 容。
91. 勇	92. 駔	93. 奖	94. 壮	95. 胜。	96. 宠
97. 怿	98. 祉	99. 怡	100. 悰。	101. 侦	102. 瞪
103. 督	104. 觌	105. 瞩	106. 眙	107. 眺	108. 相
109. 惺	110. 省	111. 伺。	112. 打	113. 钲	114. 冲
115. 撞	116. 钟	117. 冲	118. 镛	119. 柝	120. 铎
121. 棹	122. 筑	123. 椓	124. 镯	125. 触	126. 笞
127. 捣	128. 舂。	129. 膛	130. 宕	131. 洞	132. 井
133. 阱。	134. 中	135. 仲。	136. 堂	137. 廷	138. 庭
139. 寺	140. 宗。	141. 胀	142. 涨	143. 肿	144. 瘇
145. 瘴[1]。	147. 成	148. 终	149. 已。		

1. *d̂i̯ang*（补偿）：2. *di̯əg*（贻给，贻赠）：3. *t̂i̯ôg*（赒给）；4. *dz'əng*（赠给，赐赠）：5. *śi̯ang*（赏予，赏赐，报赏）：6. *si̯ĕg*（赐予，赏赐）。

7. *t̂i̯ĕng*（正直，正当）：8. *t̂i̯ĕng*（改正，整顿，整理：政府，政

① 译者案：无 146. 之字，此处序数疑有误。

治）：9. *t̂i̯ĕng*（整顿：整理）：10. *t̂i̯ĕng*（改正，征伐）：11. *dʻi̯əng*（改正，惩罚）：12. *tung*（董正，董治）：13. *t̂i̯ək*（职司，职理，官职，职责）：14，15. *tʻi̯ək*（饬令，饬理）：16. *tieg*（君主，帝王）：17. *dʻi̯əg*（治理）：18. *tsək*（法则，规则）：19. *si̯əg*（司命，治理，司事）。

20.（与前面的比较）*t̂i̯ĕng*（正直）：21. *dʻi̯ək*（正直，直立）：22. *d̂i̯ək*（门柱，树起，植立，栽植）：23. *ti̯əg*（设置，建置，置放）：24. *d̂i̯əg*（建立，莳植）：25. *tsəg*（栽植）。

26. *t̂i̯ang*（章度，章则，章程）：27. *dʻi̯ĕng*（程度，程式，度量之总名）：28. *t̂ʻi̯əng*（称量，天秤）：29. *dʻâk*（量度）：*dʻâg*（一种度量）：30. *t̂ʻi̯ak*（十寸之度名）：31. *tṣʻi̯ək*（测量，测度）：32. *śi̯ang*（商量，估价，商酌）：33. *śi̯əng*（量名）。

34. *tʻung*（通过，交通，统统）：35. *tʻung*（管形：木桶，大桶）：36，37. *dʻung*（管筒，管子）：38. *dʻung*（通道，联同）：39. *t̂ʻi̯ung*（通道，联同）：40. *t̂ʻi̯ông*（斧上之穿孔）：41. *dʻuk*（水闸，阴沟，沟渠，壕沟）：42. *dʻŭg*（水闸，阴沟，沟渠，壕沟）：43. *tṣʻŭng*（通气孔，烟囱，窗子）。

44，45. *tʻăng*（柱子，棍子，支樘）：46. *dʻăng*（撑材，柱子）：47. *t̂i̯ang*（王杖）：48. *dʻi̯ang*（撑杆，棍子）：49. *dʻi̯ang*（十尺之度名）：50. *tʻieng*（王杖，指挥杖）：51. *tʻieng*，*dʻieng*（挺出，坚挺）：52. *dʻieng*（树干，杆子，小杆）：53. *dʻieng*（树干，行杖，棍子）：54. *ti̯ĕng*（棍子）：55. *di̯ĕng*（柱石，列柱）：56. *tŭng*（棍子，柱子，桩子）：57. *di̯ək*（桩子）：58，59. *t̂i̯ĕg*（树枝）：60.（体肢）：61. *dʻiôg*（枝条，条杆）：62. *dzʻi̯ang*（横杠，樯桅）：63. *tṣʻĕk*（横栅，围栅，栏栅）。

64. *d̂i̯ang*（上面，顶上，高上，上升）：65. *d̂i̯ang*（高尚）：66. *di̯ang*（上扬，扬举）：67. *di̯ang*（飞扬）：68. *tieng*（头顶，顶戴，

极顶)：69. *təng*(升登,举登,登乘)：70. *d̂ʻi̯əng*(上升,登乘,乘上)：71. *tung*(栋梁,樯楼)：72. *ti̯ung*(高峰,高耸,丘冈,邱墓)：73. *ti̯ung*(邱墓,坟墓)：74. *təg*(顶戴)：75. *ti̯ək*(上陟,升举)：76. *tŏk*(卓上,卓举)：77. *dʻieg*(提上,提举)：78. *dʻəg*(高台,瞭望台,崇高)：79. *dʻəg*(抬上,抬举,抬行)：80. *dẓʻi̯ông*(崇高,高耸)：81. *tsəg*(置于顶：载上.如车)：82. *sâng*(头顶：上额)：83. *śi̯əng*(上升,升举)：84. *si̯ông*(高耸)。

85. *di̯ĕng*(盈满)：86. *di̯ĕng*(赢满,赢多,赢余)：87. *d̂i̯ĕng*(丰赢,赢余)：88. *d̂i̯ĕng*(盛于,盛载,盛含;丰盛,超盛)：89. *t̂ʻi̯ông*(充满,填充)：90. *di̯ung*(容于：包容,容有)。

91. *di̯ung*(强勇,勇敢)：92. *tsâng*(壮马)：93. *tsi̯ang*(鼓励)：94. *tṣi̯ang*(强壮,勇壮,壮健)：95. *śi̯əng*(胜任,可胜;胜于：胜利)。

96. *tʻi̯ung*(宠爱;得宠)：97. *di̯ak*(悦怿,愉怿,怿乐)：98. *tʻi̯əg*(祉悦,祉福)：99. *di̯əg*(怡悦,怡乐)：100. *dzʻông*(悦乐,欣悰,快乐)。

101. *tʻi̯ĕng*(侦察)：102. *dʻɛng*(凝视)：103. *tôk*(巡查,督察,视验)：104. *dʻi̯ôk*(视察)：105. *t̂i̯uk*(瞩视,瞩望)：106. *tʻi̯əg*(视察)：107. *tʻiog*(眺望)：108. *si̯ang*(注视,视察,相度,注意)：109. *sieng*(静察,心地清明,聪慧,了解)：110. *si̯ĕng*(省视,省问,省察)：111. *si̯əg*(伺候,伺察)。

112. *tieng*(敲打)：113. *t̂i̯ĕng*(小钟,用来敲的)：114. *dʻi̯ông*(冲击)：115. *dʻŭng*(撞击,打击,敲撞)：116. *t̂ʻi̯ung*(钟类)：117. *t̂ʻi̯ung*(冲突)：118. *di̯ung*(大钟)：119. *tʻâk*(木柝,夜间巡查者敲梆之具)：120. *dʻâk*(有舌之钟)：121. *dʻŏk*(击打之槌,推进器：棹桨,划桨)：122. *ti̯ôk*(舂实,捣固,建筑)：123. *tŭk*(椓打,打击)：124. *dʻŭk*(小钟)：125. *t̂ʻi̯uk*(抵触,叩触,触撞,打击)：126. *tʻi̯əg*(笞击,鞭挞)：127. *tôg*(捣击)：128. *śi̯ung*(舂谷,

舂捣）。

129. *t‘âng*（诸方音上指示着一种 *d‘âng* 的音）（空膛，空洞，胸膛，口膛）：130. *d‘âng*（宕穴，地穴，洞穴）：131. *d‘ung*（穴洞，洞孔，地坑）：132. *tsi̯ĕng*（井洞）：133. *dz‘i̯ĕng*（地坑，陷阱，穽孔）。

134. *ti̯ông*（中间，中央，中部，内面）：135. *d‘i̯ông*（中间者：三四兄弟之次长者，三个月中之次月）。

136. *d‘âng*（厅堂）：137. *d‘ieng*（朝廷）：138. *d‘ieng*（庭厅，宫庭）：139. *dzi̯əg*（寺殿）：140. *tsông*（祖寺，寺院）（但是，末一语词，应列入 542 以下较妥）。

141. *ti̯ang*（膨胀，鼓胀，患水肿）：142. *ti̯ang*（涨水，泛滥，升涨）：143. *t̂i̯ung*（肿胀，使肿，肿疡）：144，145. *d̂i̯ung*（脚腿水肿）。

147. *d̂i̯ĕng*（完成，成事，成功）：148. *t̂i̯ông*（终毕，终点）：149. *zi̯əg*（已毕，终点）。

150. 坼	151. 斫	152. 镝	153. 谪	154. 剔	155. 斫
156. 琢	157. 枳	158. 齿	159. 刀	160. 雕	161. 雕
162. 戕	163. 疮	164. 创	165. 斫	166. 茦	167. 责
168. 刺	169. 贼	170. 叟	171. 凿	172. 镞	173. 擉
174. 莿	175. 诔	176. 宰	177. 裁	178. 镃	179. 截
180. 剸	181. 粗	182. 枣	183. 剿	184. 伤	185. 螫
186. 析	187. 削	188. 斯	189. 撕。	190. 张	191. 长
192. 袒	193. 肠	194. 场	195. 掌	196. 常	197. 敞。
198. 党	199. 同	200. 铜	201. 调	202. 相。	203. 等
204. 嶝	205. 增	206. 层	207. 阼。	208. 臊	209. 腥。
210. 糖	211. 棠	212. 橙	213. 蔗	214. 饴	215. 饧。
216. 疼	217. 痛	218. 恫。	219. 葬	220. 赃	221. 仓

222. 藏。 223. 涌 224. 溶 225. 涛 226. 滔 227. 漾。
228. 泽 229. 滴 230. 涿 231. 浞 232. 渍 233. 滋
234. 液。 235. 濯 236. 涤 237. 洮 238. 澡 239. 淅
240. 漱 241. 滫。 242. 阳 243. 昌 244. 曈 245. 的
246. 烛 247. 炽 248. 朝 249. 潮 250. 燿 251. 耀
252. 烑 253. 昭 254. 照 255. 昼 256. 晶 257. 睛
258. 晴 259. 熷 260. 星 261. 晰 262. 烁。 263. 阳
264. 汤 265. 炀 266. 鼎 267. 烝 268. 蒸 269. 融
270. 镕 271. 萚 272. 炙 273. 灼 274. 粥 275. 熟
276. 匋 277. 陶 278. 铸 279. 凋 280. 窑 281. 䍃
282. 熽 283. 炒 284. 灶 285. 焦 286. 湘 287. 鬺
288. 腊 289. 铄 290. 燥 291. 烧 292. 修 293. 销
294. 消。 295. 精 296. 清 297. 净 298. 瀓 299. 澄
300. 湜 301. 淑。

150. *t'âk*(分坼,坼裂):151. *t̂i̯ak*(斫割,砍伐):152. *tiek*(箭矢之倒钩):153. *tĕk*(刺戳:谪责,谪贬):154. *t'iek*(剔开):155. *tŭk*(斫伤,斫伐,割砍):156. *tŭk*(琢玉):157. *t̂i̯ĕg*(多刺之橘树,针刺):158. *t'i̯əg*(牙齿,或专指门齿):159. *tog*(刀类):160,161. *tiôg*(雕玉,雕刻):162. *dz'i̯ang*(戕害,戕杀):163. *tṣ'i̯ang*(疮伤,疮痛):164. *tṣ'i̯ang*(创伤):165. *tṣi̯ak*(割去):166. *tṣ'ĕk*(尖刺):167. *tṣĕk*(责谪,指责):168. *ts'i̯ĕk*, *ts'i̯ĕg*(尖刺,刺伤,责谪,指责):169. *dz'ək*(刺客,盗贼,贼伤,伤害):170. *tṣ'i̯ək*(犁耙之尖锐部分):171. *dz'åk*(钻凿,穿孔器):172. *tsuk*(箭矢之镝):173. *tṣ'ŭk*(戳鱼,刺戳,刺伤):174. *ts'i̯ĕg*(尖刺):175. *ts'i̯ĕg*(责谪,指责):176. *tsəg*(宰割):177. *dz'əg*(裁断):178. *tsi̯əg*(锄头):179. *tsi̯əg*(截切,切去,细切):180. *tṣi̯əg*(刺伤):181. *dzi̯əg*(耒耜):182. *tṣôg*(枣树,多刺的):

183. *tsi̯og*（剿削）：184. *śi̯ang*（伤害，创伤）：185. *śi̯ak*（刺伤）：186. *si̯ĕk*（析开，分析）：187. *si̯ok*（削伐，削去，剥削）：188，189. *si̯ĕg*（撕开）。

190. *ti̯ang*（张开，伸张，铺张，张大，张面）：191. *ti̯ang*（生长，长大）：191. *d'i̯ang*（长张，长远）：192. *t'i̯ang*（长日）：193. *d'i̯ang*（长的：肠）：194. *d'i̯ang*（旷场，场所，空地）：195. *t̂i̯ang*（手掌）：196. *d̂i̯ang*（长久：永常）：197. *t̂'i̯ang*（高敞、高广之所）。

198. *tâng*（同盟，联合，党派，朋党）：199. *d'ung*（同一，合共）：200. *d'ung*（合金，铜）：201. *d'iôg*（调合，调和）；202. *si̯ang*（合一，合共，互相）。

203. *təng*（梯子之等级，层次，等第，程度）：204. *təng*（地层，山层）；205. *tsəng*（一层一层增进：增叠，增多，增加，增上）：206. *dz'əng*（层次，等级，阶段，阶级）：207. *dz'âg*（石级）。

208. *sog*（油腻，生肉之气味，恶臭的）：209. *sieng*（油腻，生肉之气味，恶臭的）。

210. *d'âng*（糖类）：211. *d'âng*（甘棠）：212. *d'ɛng*（橙子：与"柑"*kan* 可以相比，"柑"即"甘"果也。）：213. *t̂iag*（甘蔗）：214. *di̯əg*（糖类，甘甜）；215. *dz'i̯ĕng*（糖类，甜食）。

216. *d'ông*（疼痛，病痛）：217. *t'ung*（疼痛，病痛）：218. *t'ung*（痛苦，哀伤）。

219. *tsâng*（藏匿，埋葬）：220. *tsâng*（藏匿之物）：221. *ts'âng*（仓库）：222. *dz'âng*（藏匿，藏贮，仓库）。

223. *di̯ung*（涌上：如水）：224. *di̯ung*（涌上之水）：225. *d'ôg*（大波）：226. *t'ôg*（涨涌之水）：227. *zi̯ang*（荡漾之水，波浪）。

228. *d'ăk*（润泽）：229. *tiek*（滴落，滴下）：230. *tŭk*（滴下，滴流）；231. *dẓ'ŭk*（浸润）：232. *dz'i̯ĕg*（浸渍）：233. *tsi̯əg*（浸润）：234. *zi̯ak*（液水，液汁）。

235. *dʻŏk*，*dʻŏg*（洗濯，洗刷）：236. *dʻiôk*（洗濯，洗涤）：237. *tʻog*（洗濯，洗刷）；238. *tsog*（洗澡）；239. *siek*（淘米）：240. *ṣi̯ôg*（漱洗）：241. *si̯ôg*（淘米已用之水）：

242. *di̯ang*（太阳之光与热）：243. *t̂ʻi̯ang*（日光，昌明）：244. *dʻung*（正上升之太阳）：245. *tiok*（光明）：246. *ti̯uk*（火炬）：247. *tʻi̯əg*（烧火）：248. *ti̯og*（白昼，早晨）：248. *dʻi̯og*（早朝，朝见等）：249. *dʻi̯og*（早潮）：250，251. *di̯og*（光耀）：252. *di̯og*（光耀，使光明）：253. *ti̯og*（光耀，昭明）：254. *t̂i̯og*（光明，使昭明）：255. *ti̯ôg*（白昼，日时，与夜相反）；256. *tsi̯ĕng*（光明，清明，晶明）：257. *tsi̯ĕng*（瞳睛）：258. *dzʻi̯ĕng*（晴天，晴明）：259. *tsi̯ok*（火炬，爝明）；260. *sieng*（天上之星）：261. *siek*（明晰）：262. *śi̯ok*（光耀，闪烁）。

263.（与上面一类相比）*di̯ang*（太阳之光与热）：264. *tʻâng*（热水）：265. *di̯ang*（烤炙，加热，熔解）：266. *tieng*（火烧之器：三脚器）：267. *t̂i̯əng*（烝发）：268. *t̂i̯əng*（薪柴，发烟）：269. *di̯ông*（融化，加热）：270. *di̯ung*（熔解金属）：271. *tʻâk*（萎枯之叶）：272. *t̂i̯ak*，*t̂i̯ag*（烤炙）：273. *t̂i̯ok*（烤炙，火灼）：274. *t̂i̯ôk*（煮米，稀饭）：275. *d̂i̯ôk*（经火，煮熟，成熟）：276，277. *dʻôg*（烧灶，烧熟之货物：窑炉；陶器）：278. *t̂i̯ôg*（熔铸，铸成之金属）：279. *tiôg*（凋残，凋谢）：280. *di̯og*（窑炉）：281. *di̯og*（岳器，烧过之物）；282. *tsi̯əg*（鼎之一种：火烧之器）：283. *tṣʻŏg*（煎熬，炒熟）：284. *tsôg*（烧炉，炉灶）：285. *tsi̯əg*（灼焦，火焚）；286. *si̯ang*（烧沸）：287. *śi̯ang*（烧沸）：288. *si̯ak*（腊肉）：289. *śi̯ok*（消铄，闪烁）；290. *sog*（使干）：291. *śi̯og*（火烧，使炙）：292. *si̯ôg*（腊肉）：293，294. *si̯og*（金属之锁铄）。

295. *tsi̯ĕng*（纯粹，精细，精粹）：296. *tsʻi̯ĕng*（纯粹，清楚，清明）：297. *dzʻi̯ĕng*（纯净，清净，净除）；298，299. *dʻi̯əng*（清净，纯

净，清明）：300. *d̂i̯ək*（纯净，清明之水）：301. *d̂i̯ôk*（纯净）。

302. 靖　303. 竫　304. 静　305. 寂。306. 怅　307. 惝
308. 忡　309. 啼　310. 忉　311. 悼　312. 怊　313. 愮
314. 惆　315. 怞　316. 怆　317. 恻　318. 懆　319. 悄
320. 憔　321. 愁　322. 丧　323. 惜。324. 惕　325. 怍
326. 竦　327. 悚　328. 肃　329. 葸。330. 赪　331. 裎
332. 彤　333. 赤　334. 骍　335. 奭　336. 蔷　337. 搜。
338. 苍　339. 青。340. 醒　341. 酊　342. 酎　343. 酒
344. 酋。345. 碇　346. 订　347. 定　348. 亭 停 渟。
349. 孕　350. 育　351. 畜　352. 胎　353. 子　354. 孳字
355. 生　356. 姓　357. 性。358. 虰　359. 蜓　360. 蜻。
361. 仓　362. 匆　363. 乍　364. 蹙　365. 促　366. 躁
367. 造　368. 倏　369. 倏　370. 速。371. 羊　372. 牂。
373. 洋　374. 瀛　375. 听　376. 聪。377. 祯　378. 臧
379. 祥　380. 祚。381. 像　382. 似　383. 俏　384. 肖
385. 犹。386. 童　387. 犝　388. 犊。389. 冬　390. 冻
391. 凔　392. 凊　393. 霜。394. 知　395. 智　396. 志
397. 志　398. 悠　399. 想　400. 识　401. 思　402. 犹。
403. 挡　404. 搪　405. 塘　406. 帐　407. 墇　408. 障
409. 厂　410. 城　411. 簦　412. 町　413. 幢　414. 墉
415. 场　416. 遮　417. 帱　418. 畴　419. 裯　420. 侜
421. 墙　422. 眚。423. 擢　424. 搯　425. 由　426. 抽。
427. 尝　428. 食　429. 饎　430. 饔　431. 饲。

302，303，304. *dz'i̯ĕng*（静寂，靖止）：305. *dz'iek*（静寂，寂止）。

306. *t'i̯ang*（惆怅，失意）：307. *î'i̯ang*（忧愁）：308. *t'i̯ông*

（哀伤）：309. *d'ieg*（啼哭）：310. *tog*（哀伤）：311. *d'og*（忧愁）：312. *t'i̯og*（悲伤）：313. *di̯og*（悲伤）：314. *t'i̯ôg*（惆怅）：315. *d'i̯ôg*（伤心）；316. *tṣ'i̯ang*（怆痛）：317. *tṣ'i̯ək*（悲伤，恻隐）：318. *ts'og*（忧愁）：319. *ts'i̯og*（悲苦，伤心）：320. *dz'i̯og*（憔悴）：321. *dẓ'i̯ôg*（悲愁）；322. *sâng*（悼丧）：323. *si̯ak*（痛惜，悲苦，怜惜）。

324. *t'iek*（惊惕，敬惕）；325. *dz'âk*（惭愧）；326，327. *si̯ung*（惊惶，悚敬）：328. *si̯ôk*（惊肃，敬肃）：329. *si̯əg*（畏葸）。

330. *t'i̯ĕng*（红色）：331. *d'i̯ĕng*（袒裸：红色，肉色）：332. *d'ông*（红色）：333. *t'i̯ak*（红色）：334. *si̯ĕng*（赤马）：335. *śi̯ak*（红色）：336. *ṣi̯ək*（红色之花）：337. *ṣi̯ôg*（红色物，红色草料）。

338. *ts'âng*（绿色，青色）：339. *ts'ieng*（绿色，青色）。

340. *d'i̯ĕng*（酒醉）：341. *tieng*（酒醉）：342. *d'i̯ôg*（美酒）：343. *tsi̯ôg*（酒类）：344. *dz'i̯ôg*（酒类）。

345. *tieng*（一种固定器：柱石）：346. *t'ieng*（订定：判决，决定）：347. *d'ieng*（固定，订定）：348*a*. *d'ieng*（停住，停止）：348*b*. *d'ieng*（停止之处，休息处，亭阁）：348*c*. *d'ieng*（停滞之水）①。

349. *di̯əng*（怀胎）：350. *di̯ôk*（养育小孩）：351. *î'i̯ôk*（育养，饲畜，饲养）：352. *t'əg*（子宫，怀胎）；353. *tsi̯əg*（后嗣：儿子）：354. *dz'i̯əg*（孳生，孳养，生产，供养）；355. *sĕng*（生产，生育；生存）：356. *si̯ĕng*（母之关系：种姓，由一母所出）：357. *si̯ĕng*（生来之性质：本性，天性）。

358. *tieng*（蜻蜓）：359. *d'ieng*（蜻蜓）；360. *ts'ieng*（蜻蜓）。

---

① 译者案：348a. 与 348b. 所释意义，疑有倒置。

361. *ts'âng*(仓卒)：362. *ts'ung*(匆促)：363. *tsăg*(忽然，乍然)：364. *tsi̯ôk*(迫促，急促)：365. *ts'i̯uk*(迫促)：366. *tsog*(急躁，急遽)：367. *ts'ôg*(造次)：368，369. *śi̯ôk*(倏忽，忽然)：370. *suk*(急速，急遽)。

371. *zi̯ang*(羊类，雌羊与雄羊)：372. *tsâng*(雌羊)。

373. *zi̯ang*(海洋)：374. *di̯ĕng*(海洋)。

375. *t'ieng*(听取)：376. *ts'ung*(聪闻)。

377. *ti̯ĕng*(祯祥)；378. *tsâng*(祯祥)：379. *dzi̯ang*(祯祥)：380. *dz'âg*(祯祥)。

381. *dzi̯ang*(塑像，形状，形式，像似)：382. *dzi̯əg*(像似，仿佛)：383. *ts'i̯og*(像似，仿佛)；384. *si̯og*(像似，形肖)：385. *zi̯ôg*(像似，仿佛)。

386. *d'ung*(幼小，幼童)：387. *d'ung*(无角之小牛)：388. *d'uk*(小牛)。

389. *tông*(冬天)：390. *tung*(冰冻)；391. *tṣ'i̯ang*(沧冷)：392. *ts'i̯ĕng*(清冷)；393. *si̯ang*(寒霜)。

394. *ti̯ĕg*(有得于心：知道)：395. *ti̯ĕg*(知识，智慧)：396. *ti̯əg*(心志，意想，志愿，决心)：397. *ti̯əg*(有在于心：记志；记载)：398. *di̯ôg*(思及)；399. *si̯ang*(思及)：400. *śi̯ək*(认识)：401. *si̯əg*(思及)：402. *zi̯ôg*(猷谋，计画)。

403. *tâng*(遮蔽，卫护，阻挡，抵挡)：404. *d'âng*(搪塞，搪开)：405. *d'âng*(堤塘)：406. *ti̯ang*(帐幕)：407. *ti̯ang*(堤墇，堤岸)：408. *ti̯ang*(堤障，屏障，障碍，障隔)：409. *t'i̯ang*(遮盖物，隐蔽处，露舍)：410. *di̯ĕng*(城墙)：411. *təng*(伞子)：412. *t'ieng*(田间之高路，沟堤)：413. *d'ŭng*(羽扇，幢蔽，幢帐)：414. *di̯ung*(垣墉)：415. *di̯ĕk*(田间之沟堤，界场)：416. *ti̯ag*(遮蔽，遮护，遮盖，隐藏)：417. *d'ôg*(覆帱)，*d'i̯ôg*(禅帐，车帷)：418. *d'i̯ôg*(田

间之沟堤，田畴）：419. *dʻi̯ôg*（被褥，帐帏）：420. *ti̯ôg*（遮盖，隐藏）；421. *dzʻi̯ang*（墙壁）；422. *sĕng*（目翳；过误，灾患）。

423. *dʻŏk*（擢出）：424. *tʻôg*（搯出，抽出）：425. *di̯ôg*（由来，来由，所由）：426. *tʻi̯ôg*（抽出，拖出）。

427. *d̂i̯ang*（尝味）：428. *d̂ʻi̯ək*（吃食）：429. *t̂ʻi̯əg*（食养品，饮食之物）：430. *tʻog*（过量之食）；431. *dzi̯əg*（食物）。

432. 怠　433. 绰　434. 弨　435. 纵　436. 释　437. 赦
438. 写　439. 泻。440. 踢　441. 倒。442. 菁　443. 葱。
444. 驿　445. 易　446. 蜴　447. 递　448. 代　449. 蜥。
450. 夕　457. 汐　452. 宿　453. 夙　454. 夜　455. 舍
456. 宵。457. 牍　458. 籍　459. 册　460. 策。461. 贷
462. 借　463. 债。464. 等　465. 待　466. 侍　467. 俟
468. 厮　469. 伺。470. 縢　471. 绳　472. 统　473. 绎
474. 织　475. 缴　476. 靮　477. 属　478. 蜘　479. 缔
480. 绹　481. 绦　482. 绍　483. 䌷　484. [illegible]　485. 纣
486. 绸　487. 绶　488. 缯　489. 综　490. 总　491. 席
492. 绩　493. 续　494. 揪　495. 緧　496. [illegible]　497. 囚
498. 索　499. 束　500. 缩　501. 丝　502. 缫　503. 蛸
504. 蟰。505. 媵　506. 踵　507. 跖　508. 廸　509. 躅
510. 踶　511. 蹄　512. 鞮　513. 趾　514. 之　515. 蹈
516. 踪　517. 从　518. 踖　519. 蹐　520. 迹　521. 踧
522. 蹴　523. 足　524. 嗣　525. 舄　526. 适　527. 蹜。
528. 承　529. 择　530. 摭　531. 摘　532. 持　533. 受
534. 授　535. 将　536. 捉　537. 采　538. 操　539. 穑
540. 以　541. 收。542. 烝　543. 众　544. 氏　545. 俦
546. 宗　547. 丛　548. 积　549. 族　550. 曹。551. 稍

552. 小　553. 少。554. 韔　555. 箨　556. 匵　557. 韬
558. 鞘。559. 鹞　560. 雕　561. 鹫。562. 笛　563. 鱐
564. 篪　565. 啸　566. 箫。567. 旌　568. 帜。569. 得
570. 追　571. 到。572. 即　573. 就。574. 作　575. 造。

432. *dʻəg*(懈怠,疏忽):433. *t̂ʻi̯ok*(放松,放纵):434. *t̂ʻi̯og*(弛弓,放松,解放):435. *tsi̯ung*(弛其约束,放松,放纵);436. *śi̯ak*(解释,释放):437. *śi̯ag*(赦放,赦免,恩赦):438. *si̯ag*(释放,放松,放纵):439.(放水,排泻)。

440. *dʻâng*(倒下,失足):441. *tog*(倒下)。

442. *tsi̯ĕng*(韭花):443. *tsʻung*(葱韭,葱菜)。

444. *di̯ak*(马驿,驿站):445. *di̯ĕk*(变易),*di̯ĕg*(可变,活动:容易):446. *di̯ĕk*(避役,蜥蜴):447. *dʻieg*(递更,替代,递变):448. *dʻəg*(代替,更代,变换):449. *siek*(避役,蜥蜴)。

450. *dzi̯ak*(夕晚):451. *dzi̯ak*(晚潮);452. *si̯ôk*(过夜):453. *si̯ôk*(早晨,天亮以前):454. *zi̯ag*(夜晚):455. *śi̯ag*(过夜之处:旅舍,宿舍,屋舍):456. *si̯og*(宵夜,宵暗)。

457. *dʻuk*(书写之简牍,文书):458. *dzʻi̯ak*(典籍,表册,簿籍,载籍):459:460. *tṣʻĕk*(典籍,表册,策簿,史策)。

461. *tʻəg*(借贷,有利息之放债):462. *tsi̯ak*, *tsi̯ag*(借贷,借债):463. *tṣĕg*(负债,欠款)。

464. *təng*(等待):465. *dʻəg*(等待,侍奉,待遇):466. *d̂i̯əg*(侍奉):467. *dẓʻi̯əg*(俟候):468. *si̯ĕg*(厮养卒,侍仆):469. *si̯əg*(伺候,伺奉)。

470. *dʻəng*(线子,绳索,紧系,束缚):471. *d̂i̯əng*(绳线,绳索):472. *tʻung*(线子,统系,联接):473. *di̯ak*(抽绎,茧上抽丝,解释):474. *t̂i̯ək*(织造):475. *t̂i̯ok*(系于弓上之丝线):476. *tiok*(缰绳):477. *t̂i̯uk*(联属,系属);*d̂i̯uk*(关于,附属):478. *t̂i̯ĕg*(织

造者：蜘蛛）：479. *d‘ieg*（缔连，缔结）：480. *d‘ôg*（缠绕，束缚）：481. *t‘ôg*（缠绕之丝绳）：482. *d̂i̯og*（嗣续，联接，结述）：483. *d‘i̯ôg*（丝线，织造，织成之绸）484. *d‘i̯ôg*（皮缰）：485. *d‘i̯ôg*（马尾鞧）：486. *d‘i̯ôg*（绸缪，联系）：487. *d̂i̯ôg*（印上之丝绦）：488. *tsəng*（织成之丝绸）：489. *tsông*（织机上之经线，织造）：490. *tsung*（总合，总集）：491. *dzi̯ak*（纺织物：席子）：492. *tsiek*（缠绕，纺绩）：493. *dzi̯uk*（嗣续，连接，联续）：494. *tsi̯ôg*（揪合，联结）：495，496. *ts‘i̯ôg*（马尾鞧）：497. *dzi̯ôg*（系囚，束缚，囚俘，囚犯）；498. *sâk*（绳索）：499. *śi̯uk*（束缚，束合）：500. *ṣi̯uk*（紧缩，缩合，约束等）：501. *si̯əg*（丝线）：502. *sog*（缫丝，抽绎）：503. *ṣŏg*（织造者：蜘蛛）：504. *siôg*（蜘蛛）。

505. *di̯əng*（随从，护卫者）：506. *t̂i̯ung*（足踵，踵随）：507. *t̂i̯ak*（践踏，蹂躏，足掌）：508. *d‘i̯ôk*（践踏，行走）：509. *d‘i̯uk*（践踏，足迹）：510. *d‘ieg*（踏上，蹴踢）：511. *d‘ieg*（蹄子）：512. *d‘i̯eg*（皮鞋）：513. *t̂i̯əg*（足趾，脚上）：514. *t̂i̯əg*（往到）：515. *d‘ôg*（践踏）；516. *tsi̯ung*（踪迹，踪随）：517. *dz‘i̯ung*（从随）：518. *tsi̯ak*（小心行走）：519. *tsi̯ak*（小步而行）：520. *tsi̯ĕk*（踪迹，遗迹）：521. *tsi̯ôk*（小心行走）：522. *ts‘i̯ôk*（践踏，蹴踢）：523. *tsi̯uk*（脚上）：524. *dzi̯əg*（嗣继，承嗣）：525. *si̯ak*（拖鞋）：526. *śi̯ĕk*（往适）：527. *ṣi̯ôk*（小心行走）。

528. *d̂i̯əng*（保持，接受，奉承）：529. *d‘ăk*（摘择，选择）：530. *t̂i̯ak*（选取，携取）：531. *tĕk*（摘取，摘择）：532. *d‘i̯əg*（执持，保持）：533. *d̂i̯ôg*（接受）534. *d̂i̯og*（接受，传授，系同一语词）；535. *tsi̯ang*（持将，将取）：536. *tṣŭk*（捉取，捕捉）：537. *ts‘əg*（采取，采摘）：538. *ts‘og*（操持，操执）：539. *ṣi̯ək*（稼穑之收获）：540. *zi̯əg*（以用）：541. *śi̯ôg*（收取，收集，收合，收获）。

542. *t̂i̯əng*（众共）：543. *t̂i̯ung*（群众，众多，众共）：544. *d̂i̯ĕg*

(一群：氏族，氏姓)：545. *dʻi̯ôg*(一群，俦众，俦党；俦伴)；546. *tsông*(一宗，祖宗等)：547. *dzʻung*(丛集，成丛)：548. *tsi̯ĕk*(积聚，积集，众多)；*tsi̯ĕg*(柴积)：549. *dzʻuk*(一捆，群众，群类，姓族)：550. *dzʻôg*(群曹，偶曹，群党，多数之词语)。

551. *ṣŏg*(少量，稍为)：552. *si̯og*(短小)：553. *śi̯og*(短小，稀少)。

554. *tʻi̯ang*(弓袋)：555. *tʻâk*(竹茎套)：556. *dʻuk*(匵匣，套子)：557. *tʻôg*(刀鞘，套子)；558. *ṣŏg*(刀鞘，套子)。

559. *di̯og*(肉食鸟，鸢鸟，鹰鹯)：560. *tiôg*(鹰鸟)；561. *dzʻi̯ôg*(鹰鸟，鸷鸟)。

562. *dʻi̯ôk*(笛子)：563，564. *dʻi̯ĕg*(笛子)；565. *siôg*(吹啸，吹嘘)：566. *siôg*(笛子)。

567. *tsi̯ĕng*(旗子，标号)：568. *t̂i̯ək*(旗子，标号)。

569. *tək*(达到，得到)：570. *dʻəg*(达到)：571. *tog*(达到)

572. *tsi̯ək*(往就)：573. *dzʻi̯ôg*(往就)。

574. *tsâk*(造作，制作，行动)：575. *dzʻôg*(制造)。

576. 勺 杓　577. 酌　578. 匙　579. 舀　580. 酬
581. 酢　582. 挑　583. 醻　584. 醮。585. 斥　586. 逐。
587. 沚　588. 岛　589. 州　590. 洲。591. 逖　592. 遥
593. 迢。594. 鬻　595. 籴　596. 赎　597. 市　598. 售
599. 埽　600. 帚　601. 埽　602. 扫。603. 腾　604. 踊
605. 跃　606. 跳　607. 超。608. 螽　609. 虫　610. 请
611. 祝　612. 咒　613. 祝　614. 祷　615. 讨。616. 轴
617. 周　618. 周。619. 嗤　620. 嘲　621. 谯　622. 笑
623. 媸　624. 丑。625. 侗　626. 惷　627. 戇　628. 痴
629. 蚩。630. 是　631. 之　632. 兹　633. 斯。634. 俶

635. 肇 636. 始。637. 橐 638. 袋。639. 箱 640. 笥。
641. 嫡 642. 敌 643. 仇。644. 滓 645. 糟。646. 黛
647. 缁 648. 朔 649. 早 650. 皂。651. 稻 652. 稷
653. 粟。654. 再 655. 双。656. 耻 657. 羞。658. 役
659. 徭。660. 硕 661. 奕。662. 射 663. 弋 664. 矰
665. 擿 666. 爪 667. 蚤 668. 搔 669. 骚。670. 肘
671. 袖 672. 手。673. 昨 674. 昔。675. 则 676. 即。
677. 招 678. 召 679. 诱。680. 证 681. 征。682. 熟
683. 畴。684. 犆 685. 独。686. 动 687. 恒 688. 掉
689. 摇。690. 骋 691. 逃 692. 盗 693. 赵。

576. *d̂i̯ok*(一杓,一掬):577. *t̂i̯ok*(杓满一杯:酌一杯酒,祝饮):578. *d̂i̯ĕg*(匙子,杓子):579. *di̯og*(杓子):580. *d̂i̯ôg*(酌杯,主对实祝饮):581. *dz'âk*(酌杯,宾对主祝饮):582. *t'iog*(大杓);583. *tsi̯og*(酌满一杯而饮之):584. *tsi̯og*(酌出酒,奠祭)。

585. *t̂'i̯ak*(驱逐,屏斥):586. *d'i̯ôk*(驱逐,屏斥)。

587. *t̂i̯əg*(小岛):588. *tog*(岛屿):589, 590. *t̂i̯ôg*(小岛)。

591. *t'iek*(遥远,远离):592. *di̯og*(遥远,远离):593. *d'iog*(遥远,远离)。

594. *di̯ôk*(卖出):595. *d'iok*(买谷):596. *di̯uk*(行商,交易):597. *di̯əg*(市场,街市):598. *di̯ôg*(卖出,买入):599. *t'iog*(卖谷)。

600. *t̂i̯ôg*(扫帚):601, 602. (扫除)。

603. *d'əng*(腾跳):604. *di̯ung*(腾踊,跳跃):605. *di̯ok*(腾踊,跳过,跳跃):606. *d'iog*(腾跳,跳过,跳跃):607. *t'i̯og*(跳跃,跳过)。

608. *t̂i̯ông*(蚱蜢):609. *d'i̯ông*(小虫,害虫)。

610. *ts'i̯ĕng*(请求,祈祷,寻求);611. *t̂i̯ôk*(祝祷):612、613. *t̂i̯ôg*

（呪咀）：614. *tôg*（祝祷）：615. *tʻôg*（讨求，探讨）。

616. *dʻi̯ôk*（枢轴，滚轴）：617. *t̂i̯ôg*（圆周，周旋）：618. *t̂i̯ôg*（圆周，旋转，周年）。

619. *t̂ʻi̯əg*（嗤笑）：620. *tŏg*（嘲弄，嘲笑）：621. *dzʻi̯og*（嘲笑，责詈）：622. *si̯og*（嗤笑）。

623. *t̂ʻi̯əg*（媸丑）：624. *t̂ʻi̯ôg*（丑恶）。

625. *tʻung*（笨惷）：626. *tʻŭng*（笨惷）：627. *tŭng*（笨惷）：628. *tʻi̯əg*（笨惷）：629. *t̂ʻi̯əg*（笨惷）。

630. *d̂i̯ĕg*（这个）：631. *t̂i̯əg*（宾位之他，她，它）：632. *tsi̯əg*（这个）：633. *si̯ĕg*（这个）。

634. *t̂ʻi̯ôk*（开始）：635. *dʻi̯og*（开始）：636. *śi̯əg*（开始）。637. *tʻâk*（囊橐，袋子）：638. *dʻəg*（囊橐，袋子）。

639. *si̯ang*（车箱，箱子）：640. *si̯əg*（方形之箱）。

641. *tiek*（相对者，相伴者，相等者：主妇）：642. *dʻiek*（相对者：仇敌，对敌，仇人）：643. *d̂i̯ôg*（相对者：仇敌，对敌，仇人）。

644. *tṣi̯əg*（渣滓）：645. *tsôg*（糟粕）。

646. *dʻəg*（涂黑眉毛）：647. *tṣi̯əg*（黑色）；648. *såk*（月之初一，北方，故其本义必为“暗黑”也）：649. *tsôg*（早晨）：650. *dzʻôg*（皂黑）。

651. *dʻôg*（谷稻）；652. *tsi̯ək*（黍稷）：653. *si̯uk*（黍稷，谷类之通称）。

654. *tsəg*（两次，第二次）：655. *ṣŭng*（双数，双偶，两俱）。

656. *tʻi̯əg*（羞耻）：657. *si̯ôg*（羞耻）。

658. *di̯ĕk*（劳役，远征）：659. *di̯og*（劳役，远征）。

660. *di̯ak*（硕大）：661. *di̯ĕk*（硕大）。

662. *dʻi̯ak*，*dʻi̯ag*（以弓矢射之）：663. *di̯ək*（系线之矢）：664. *tsəng*（系线之矢）。

665. *d'i̯ĕk*(手搔);666. *tṣôg*(指甲,足爪):667. *tsôg*(手搔;蚤虫):668. *sôg*(以指甲搔之):669. *sôg*(摩马)。

670. *ti̯ôg*(手臂,臂膀):671. *dzi̯ôg*(衣袖):672. *śi̯ôg*(手腕,手臂)。

673. *dz'âk*(昨日):674. *si̯ak*(昨昔,前时,往昔)。

675. *tsək*(那末,于是):676. *tsi̯ək*(那末,于是)。

677. *t̂i̯og*(招请,招手):678. *d'i̯og*(招请,召唤);679. *dzi̯ôg*(招请,引诱,诱惑)。

680. *t̂i̯əng*(证实,证明,证验,证据):681. *ti̯əng*(征实,证明,征验,征据)。

682. *d̂i̯ôk*(谁人,哪个):683. *d'i̯ôg*(谁人?)。

684. *d'ək*(单独,单个):685. *d'uk*(单独,独个)。

686. *d'ung*(运动):687. *d'ung*(感动,受激):688. *d'iog*(摇动):689. *di̯og*(摇动)。

690. *t'i̯ĕng*(奔走,驰骋):691. *d'og*(奔走,逃走):692. *d'ôg*(偷逃,盗贼):693. *d'i̯og*(奔走,急速)。

C. N-N 一类的词语

1. 泑	2. 理。	3. 壤	4. 农。	5. 诺	6. 若。
7. 聆	8. 耳。	9. 攘	10. 掠	11. 搦	12. 捞
13. 撩。	14. 量	15. 料。	16. 朗	17. 亮	18. 烙
19. 珠	20. 暸	21. 燎。	22. 力	23. 劳。	24. 辆
25. 辌	26. 辘	27. 轹	28. 辂。	29. 乐	30. 禄。
31. 笭	32. 笼	33. 簏。	34. 挠	35. 扰	36. 娆。
37. 瀼	38. 零	39. 沥	40. 漉	41. 露	42. 雷
43. 溜。	44. 囹	45. 牢。	46. 戮	47. 刘。	48. 绕
49. 扭	50. 纽	51. 缭。	52. 棱	53. 菱。	54. 能

55. 耐。　56. 曩　57. 仍。　58. 良　59. 令　60. 灵。
61. 陵　62. 垄。　63. 凉　64. 冷　65. 凌。　66. 脓
67. 浓　68. 醲　69. 浪　70. 潦　71. 流。　72. 乃
73. 而。

1. *lək*（石中与矿中之纹理）：2. *li̯əg*（石中与矿中之纹理）。3. *ńi̯ang*（肥沃可耕之地，耕种之土）：4. *nông*（耕种地土，农业）。5. *nâk*（如彼，如是，如此：是的，承诺）：6. *ńi̯ak*（似若，相似，如同，依照）。

7. *lieng*（聆听）：8. *ńi̯əg*（耳官）。

9. *ńi̯ang*（争持，占取，争夺）：10. *gli̯ang*、*dli̯ak*（争持，占取，掠夺）：11. *nĕk*（争持，占取）：12. *log*（占取，捞出）：13. *liog*（争持，撩取）。

14. *li̯ang*（量度）：15. *liog*（量度）。

16. *lâng*（光亮，明朗）：17. *gli̯ang*（光亮，明朗）：18. *glâk*（火烧）：19. *liok*（光彩，玉石之光亮）：20. *liog*（明亮，视官之明了）：21. *liog*（火炬，点火，烧火，光照，明亮）。

22. *li̯ək*（势力，力量）：23. *log*（用力，劳作）。

24. *li̯ang*（车辆，谓取义于"两"，即属两轮之车者，此乃一种鄙俗的词源学说，因有"辆"之许多亲属语词存在而知之）：25. *gli̯ang*（车中可以横卧之处）：26. *li̯əng*（车轮下辗过也）：27. *liok*（车轮下辗过也，轹轹）：28. *glâg*（大车）。

29. *lȧk*（快乐）：30. *luk*（福禄）。

31. *lieng*（筐篮）：32. *lung*（筐篮）：33. *luk*（筐篮）。

34. *nŏg*（挠乱，挠扰）：35. *ńi̯og*（扰乱，挠扰）：36. *niog*（打扰，困恼）。

37. *ńi̯ang*（滴下，瀼露）：38. *lieng*（零雨，滴下）：39. *liek*（滴下，浸润）：40. *luk*（滴下，浸润）：41. *glâg*（瀼露）：42. *li̯ôg*（古时

屋顶开孔处以让雨水滴下；滴下)：43. *li̯ôg*(滴下)。

44. *lieng*(囚牢)：45. *lôg*(羊栏，牢圈，囚牢)。

46. *gli̯ôk*(杀戮)：47. *li̯ôg*(杀戮，屠杀)。

48. *ńi̯og*(萦绕，环绕)：49. *ni̯ôg*(萦绕，扭绕)：50. *ni̯ôg*(萦绕，纽结)：51. *liog*(萦绕，缭绕，绳圈)。

52. *ləng*(方块之木，棱角，严峻，棱边，角隅，菱形者)：53. *li̯əng*(菱形之果：水栗子)。

54. *nəng*(可能，能够)：55. *nəg*(可能，忍耐，忍受；55. 有时用来替代；54. 例如《礼记·礼运》中)。

56. *nâng*(曩昔，古时)：57. *ńi̯əng*(如昔，仍旧)。

58. *li̯ang*(良善)：59. *li̯ĕng*(良善)：60. *lieng*(灵异，神灵)。

61. *li̯əng*(小丘，坟墓)：62. *li̯ung*(小丘，坟墓)。

63. *gli̯ang*(寒凉)：64. *lieng*(寒冷；诸方音指示着一个上古的 *lĕng* 音)：65. *li̯əng*(冰凌)。

66. *nông*(浓水：脓水，脓汁)：67. *ni̯ung*(浓厚，浓富之汁)：68. *ni̯ung*(烈酒，浓酒)。

69. *lâng*(波浪)：70. *log*(行潦，潦水)：71. *li̯ôg*(流水)。

72. *nəg*(于是，那末)：73. *ńi̯əg*(于是，那末)[1]。

---

① 原注：72. 这个语词，古音 *nâi*，上古音 *nəg*，在《〈书经〉上"厥"字的研究》(*The Pronoun küe in the Shu-king*, Göteborgs Högskolas Årsskrift, 1933)我的这篇论文当中已经研究过了。在经典文字中，72. 依常规是用来代表两个语词，古音 *nâi*，(于是，那末)和古音 *nâi*(你的)。前面的这种意义，铜器刻文上大都用另外的字体来表明，可是上古文字中也有时同样用 72.来表明"于是"这种意义，例如《鼄侯鼎》的刻文中(《奇觚室吉金文述》卷二，第 7 页)。

新特勒氏(B. Schindler)，在《小亚细亚杂志》(*Asia Major*, 1933)上，曾经对于我上文所述的论文刊布一种"批评"。实在使我们失望的，我们见到他所研究的上古文法上的助词是由一切种种文书上东拉西扯而来的例子，毫不加以辨别并且没有顾虑到那种重要的事实，那种事实我在十年前已经得到证明了(《左传真伪考》，*On the Authenticity and Nature of Tso Chuan*)：就是一切上古文书里所应用的文法上助词，并不是完全一致的，而是根据于各异的方言具有显著的差别。而且，他的《书经》上的例子大部分是由伪书的各篇上引举而来的呢！

D. P-NG 一类的语词

1. 棚	2. 帲	3. 篷	4. 覆	5. 幞	6. 盲
7. 氓	8. 冥	9. 瞑	10. 懜	11. 蒙	12. 嚎
13. 梦	14. 幪	15. 幂	16. 幎	17. 塓	18. 幕
19. 膜	20. 眊	21. 冒	22. 帽	23. 雺。	24. 默
25. 墨	26. 黑	27. 煤。	28. 溟	29. 濛。	30. 帮
31. 旁	32. 傍	33. 膀	34. 傍	35. 螃	36. 房
37. 蟛	38. 并	39. 竝	40. 朋	41. 副	42. 陪。
43. 明	44. 望。	45. 烹	46. 炳	47. 病	48. 烽
49. 爆	50. 曝	51. 卜	52. 暴	53. 炮	54. 庖
55. 熛	56. 烰。	57. 白	58. 帛	59. 伯。	60. 目
61. 眸。	62. 兵	63. 锋	64. 蜂	65. 峰	66. 剽
67. 芒	68. 铓	69. 虻	70. 萌	71. 苗。	72. 髟
73. 龙	74. 毛	75. 旄	76. 芼。	77. 博	78. 丕
79. 茫	80. 漭	81. 庬	82. 淼。	83. 防	84. 屏
85. 辩	86. 邦	87. 封	88. 陴。	89. 搒	90. 棒
91. 搏	92. 拍	93. 擗	94. 扑。	95. 秉	96. 柄
97. 捧	98. 奉	99. 俸	100. 搏	101. 抷	102. 掊
103. 摸。	104. 擘	105. 劈	106. 辟	107. 派	108. 剖。
109. 瓶	110. 缶	111. 瓿	112. 杯。	113. 绷	114. 纺
115. 缚	116. 保	117. 包	118. 袍	119. 抱	120. 缥。
121. 北	122. 背	123. 背	124. 倍	125. 负。	126. 髈
127. 平	128. 枰	129. 牌	130. 碑	131. 铇	132. 崩
133. 匐	134. 踣	135. 伏	136. 服	137. 仆。	138. 飚
139. 飘	140. 飆	141. 飘	142. 飘。	143. 黾	144. 蟆。
145. 胚	146. 胞。	147. 驳	148. 豹	149. 彪。	150. 脬
151. 鳔。					

1. *b‘ăng*（布篷，庇荫所，草棚）：2. *pĕng*（布篷，草棚）：3. *b‘ung*（草棚，布篷，船篷）：4. *p‘i̯ôk*（遮盖）：5. *b‘i̯uk*（头布，头巾，缠头布，帽子）；6. *măng*（盲目）：7. *măng*（愚惷之人，愚民：普通百姓）：8. *mieng*（太阳隐没：冥暗，暗黑）：9. *mieng*（瞑目，视觉不明）：10. *məng*（懵懵，愚惷，无知）：11. *mung*（蒙蔽，无知）：12. *mung*（瞳睛上之蒙翳，盲目，无知）：13. *mung*（闭眼：入睡，睡梦）：14. *mung*（遮蔽物，头巾）：15. *miek*（盖以头巾）：16. *miek*（遮盖，面罗）：17. *miek*（以灰泥覆之）：18. *mâg*（遮盖物：面罗，帐幕）：19. *mâg*（遮盖肌肉之薄膜）：20. *mog*（视觉矇眬）：21. *môg*（覆盖，面罗，帽子）：22. *môg*（帽子）：23. *mi̯ug*（云雾，迷烟）。

24. *mək*（黑色，暗黑，不响）：25. *mək*（墨水，用烟煤制者）：26. *xmək*（黑色）：27. *mwəg*（墨黑，墨煤；木煤）：28. *mieng*（细雨）：29. *mung*（细雨）。

30. *pwâng*（偏于，辅助，帮助）：31，32. *b‘wâng*（一旁，旁边）：33. *b‘wâng*（体躯之两边，腰旁）：34. *b‘wâng*（走于旁边，依附）：35. *b‘wâng*（旁行者：螃蟹）：36. *b‘i̯wang*（边屋）：37. *b‘ăng*（螃蟹）：38. *pi̯ĕng*（相并，并合，并立）：39. *b‘ieng*（相并，并合，并立）：40. *b‘əng*（同伴，结交，友朋；一双）：41. *p‘i̯ŭk*（相联者，副助者）：42. *b‘wəg*（旁近于，陪同，陪从，相助）。

43. *măi̯ng*（明亮，灿烂，清楚）：44. *mi̯wang*（月之圆满）。45. *p‘ăng*（烹煮，油煎）：46. *pi̯ăng*（烧火，烈火，灿烂）：47. *b‘i̯ăng*（发热：疾病）：48. *p‘i̯ung*（火热，烧火，烽火）：49. *b‘ok*（火爆）：50. *b‘ok*（日曝）：51. *puk*（火灼龟甲以卜）：52. *b‘og*（烈日）：53. *b‘ô̯g*（油煎）：54. *b‘ô̯g*（厨房）：55. *pi̯og*（跳动之火头）：56. *b‘i̯ôg*（蒸发，加热）。

57. *b‘ăk*（白色）：58. *b‘ăk*（白色之丝）：59. *păk*（白人，有白发者：老人，长辈，长兄等）。

60. *mi̯ôk*(眼睛)：61. *mi̯ôg*(眼中之瞳睛)。

62. *pi̯ăng*(尖锐之武器)：63. *pʻi̯ung*(兵器之尖锋，锋利之处)：64. *pʻi̯ung*(黄蜂，蜜蜂，大黄蜂)：65. *pʻi̯ung*(山尖，山峰)：66. *pʻi̯og*(锋利之处，戳刺)；67. *mâng*(草芒，谷针)：68. *mi̯wang*(兵器之尖锋)：69. *măng*(牛蝇)：70. *măng*(萌芽)：71. *mi̯og*(萌芽)。

72. *pi̯og*(长毛)：73. *mŭng*(长毛的)：74. *mog*(毛发)：75. *mog*(犁牛之尾用作旗者)：76. *mog*(遮盖地土之草如毛发然，草类，可食之香草等)。

77. *pâk*(广博，博大)：78. *pʻi̯əg*(宽大，博大，伟大)；79，80. *mâng*(宽大，宏大)：81. *mŭng*(宏大，伟大)：82. *mi̯og*(宽大如海)。

83. *bʻi̯wang*(壁垒，堤防，防卫，防护)：84. *pi̯ĕng*(屏蔽，屏护)；*bʻieng*(屏墙，屏障)：85. *bʻieng*(有屏蔽之乘车)：86. *pŭng*(围墙之地土：邦国，国家)：87. *pi̯ung*(边城，封界，采邑)：88. *bʻi̯ĕg*(胸墙，城障)。

89. *bʻăng*(打击，棒打)：90. *bʻŭng*(木棒，棒打)：91. *păk*(打击)：92. *pʻăk*(拍打)：93. *bʻiek*(捶胸)：94. *pʻuk*(扑打)。

95. *pi̯ăng*(执持，秉执)：96. *pi̯ăng*(柄子)：97. *pʻi̯ung*(以双手执持)：98. *bʻi̯ung*(以双手执持，接奉，奉呈)：99. *bʻi̯ung*(接受之物：薪俸)：100. *păk*(执持)：101，102. *bʻŭg*(执持)；103. *măk*(手里持取，执持，触觉)。

104. *pĕk*(擘分，析开)：105. *pʻiek*(劈分，析开)：106. *bʻiek*(开辟)：107. *pʻĕg*(分开：别派，流水之分枝)：108. *pʻŭg*(劈分，剖开)。

109. *bʻieng*(壶子，瓶子，樽子)：110. *pi̯ôg*(泥壶，瓶子，罐子，樽子)：111. *pʻŭg*(壶子，罐子)：112. *pwəg*(杯子)。

(《方言》以 111.与 109.解明 110.以为是 111.之小者)。

113. *pɛng*(系属,束缚,捆紧,绷带):114. *p‘i̯wang*(束缚,纺绕,纺纱):115. *b‘i̯wak*(系缚,束缚):116. *pôg*(缠绕:保护,保卫,此字增加“系”之形旁,即指缠绕小儿之“褓”衣):117. *pọg*(包裹):118. *b‘ôg*(包裹之物:长袍):119. *b‘ôg*(包入,拥抱);120. *mək*(束缚,三合绳)。

121. *pək*(背面:北方):122. *pwəg*(背脊;背后):123, 124. *b‘wəg*(违背,转身):125. *b‘i̯ŭg*(载于背上)。

126. *pâng*(平板,方板):127. *b‘i̯ăng*(平衡,平顺,平妥):128. *b‘i̯ăng*(削平):129. *b‘ĕg*(平板,方板):130. *pi̯ĕg*(石板,碑碣):131. *b‘ôg*(刨平)。

132. *pəng*(山颓,土崩,崩坏):133, 134. *b‘wək*(踣于地,俯伏):135. *b‘i̯ŭk*(伏于地,俯伏):136. *b‘i̯ŭk*(倒下,平服,自身伏下,降下):137. *p‘i̯ug*(俯伏)。

138、139. *pi̯og*(旋风):140、141. *p‘i̯og*(旋风):142. *b‘i̯og*(旋风)(这几种音读是依据出于敦煌的《切韵写本》的,该本为新泰因所得,现藏于伦敦)。

143. *măng*(虾蟆):144. *măg*(虾蟆,田鸡)。

145. *p‘wəg*(胚胎,胎芽):146. *p‘ọg*(胎衣)。

147. *pŏk*(有斑纹之马,斑驳):148. *pŏg*(有花纹之兽:虎豹):149. *pi̯og*(虎之斑纹,条纹,斑驳)。

150. *p‘ọg*(气胞):151. *b‘i̯og*(鱼之气胞)。

152. 匏	153. 瓢。	154. 复	155. 覆	156. 报。	157. 麦
158. 粦。	159. 觅	160. 慕	161. 侔。	162. 模	163. 摹
164. 貌	165. 描。	166. 芳	167. 馥。	168. 薄	169. 迫
170. 逼。	171. 复	172. 倍。	173. 买	174. 卖	175. 贸。

176. 福　177. 富。178. 谟　179. 媒　180. 谋。181. 漂
182. 浮。183. 访　184. 聘。185. 丰　186. 葎　187. 丰。
188. 培。

152. *b'ọg*(葫芦)：153. *b'i̯og*(葫芦)(和150、151. 为亲属语词：气胞之形?)。

154. *b'i̯ôk*(回转,旋复,转身)：155. *p'i̯ôk*(倾覆,倒转)：156. *pôg*(回复：报复,报答,报酬,报告等)：154. *b'i̯ôg*(反转,再又)。

157. *mwɛk*(小麦,大麦)：158. *mi̯ôg*(大麦)。

159. *miek*(觅取,寻求)：160. *mâg*(想望,寻求)：161. *mi̯ôg*(贪慕)。

162. *mâg*(模型,样式)：163. *mâg*(摹仿)：164. *mŏg*(形式,状貌)：165. *mi̯og*(描摹,描绘)。

166. *pi̯wang*(芬芳)：167. *b'i̯ôk*(馥郁)。

168. *pâk*(迫逼)：169. *păk*(迫逼)：170. *pi̯ək*(迫逼)。

171. *pi̯ôk*(双复)：172. *b'wəg*(倍数)。

173. *wĕg*(买进)：174. *mĕg*(卖出)：175. *mug*(买卖,交易)。

176. *pi̯ŭk*(福禄,荣盛)：177. *pi̯ŭg*(富有)。

178. *mâg*(筹画,计谋)：179. *mwəg*(计谋者,策画者：居间媒介)：180. *mi̯ŭg*(筹画,计谋)。

181. *p'i̯og*(漂浮)：182. *b'i̯ôg*(漂浮)。

183. *p'i̯wang*(访问)：184. *p'i̯ĕng*(访问)。

185. *p'i̯ông*(丰裕,富有,广博,丰丽)：186. *pung*(富庶,富盛之生长)：187. *p'i̯ung*(丰裕,丰丽)。

188. *b'ŭg*(小丘)：189. *b'wəg*(周围筑成小丘：栽培植物)。

E. K-N 一类的语词

1. 斡　2. 丸　3. 还　4. 圜　5. 寰　6. 鬟

7. 环　8. 卷　9. 圈　10. 棬　11. 拳　12. 圜

圆员　13. 瑗　14. 园　15. 缳　16. 铉　17. 困

18. 衮　19. 辊　20. 困　21. 军　22. 运　23. 晕

24. 卫　25. 回　26. 洄　27. 归　28. 围　29. 刓

30. 盌　31. 斡。32. 乾　33. 旱　34. 晛　35. 爟

36. 炫　37. 焜　38. 渴　39. 炜　40. 熯暵　41. 烜

42. 昕　43. 炘　44. 烜　45. 晞　46. 火　47. 毁

48. 烰辉　49. 温　50. 暍　51. 煨。52. 缋　53. 冠

54. 絭　55. 绻　56. 鞙　57. 紧　58. 纮　59. 弦

60. 绲　61. 稛　62. 絪　63. 括　64. 结　65. 髻

66. 继　67. 绢　68. 纥　69. 繘　70. 裹　71. 纬。

72. 竭　73. 讫　74. 届　75. 季　76. 既　77. 暨

78. 迄。79. 奸　80. 奸　81. 幻　82. 猾　83. 谲

84. 狯　85. 谖　86. 赝　87. 嚚。88. 驶　89. 快。

90. 远　91. 越　92. 违。93. 曷　94. 岂　95. 安

96. 焉。97. 宽　98. 阔。99. 恳　100. 悃　101. 慨。

102. 乞　103. 丐　104. 祈。105. 揵　106. 祮　107. 挈

108. 揭　109. 掀　110. 献。111. 龈　112. 龁　113. 齧。

114. 窾　115. 畎　116. 阙　117. 掘　118. 穴　119. 窟

120. 搰　121. 剜　122. 空　123. 抉。124. 官　125. 宦

126. 君　127. 尹。128. 看　129. 见　130. 见　131. 现

132. 观　133. 眷　134. 觐　135. 显　136. 睎　137. 眼。

138. 云　139. 曰　140. 话　141. 谓　142. 言　143. 谚

144. 谒。145. 殷　146. 郁　147. 畏　148. 威。149. 管

筦　150. 莞　151. 蒯　152. 苇。153. 偃　154. 捥

155. 掔　156. 弯　157. 湾　158. 宛　159. 婉　160. 冤

161. 委　162. 隈。

1. kwân（弯曲之柄，斡旋，缠绕）：2. gʻwân（圆滚之物，球丸）：3. gʻwan（旋转，回转）：4. gʻwan（旋转，圜周）：5. gʻwan（圜周之墙）：6. gʻwan（缠绕毛发成结）：7. gʻwan（环圈，环绕）：8. ki̯wan（环卷，卷轴）：8. gʻi̯wan（卷曲）：9. gʻi̯wan（围圈），kʻi̯wan（圆圈，圆周）：10. kʻi̯wan（圆形之木椀）：11. gʻi̯wăn（手做成圆形：拳头）：12. gi̯wan（圆形）：13. gi̯wan，gi̯wăn（玉环）：14. gi̯wăn（围圈：花园，公园）：15. gʻiwen（围繯，繯绕，围束）：16. gʻiwen（鼎扛之两环圈）：17. kʻwən（围困，困闭，困迫）：18. kwən（饰以盘龙之礼服）：19. kwən（车轮平直之旋转）：20. kʻi̯wɛn（圆形之谷仓）：21. ki̯wən（队伍，军队，护卫之步兵环绕着战车，此字即因此义构成者）：22. gi̯wən（运转）：23. gi̯wən（日或月周围之圆光）：24. gi̯wad（环绕，护卫，保卫）：25. gʻwər（旋转，环圈，转身，回转，一回）：26. gʻwər（涡流）：27. ki̯wər（回转）：28. gi̯wər（围绕）：29. ngwân（削成圆形：削去其边隅使成为圆形）：30. ·wân（圆形之碗）：31. ·wât（弯曲之柄，斡旋，缠绕）。

32. kân（干燥），gʻi̯an（日光：天象）：33. gʻân（无雨，干燥）：34. gʻian（早晨，日光初见）：35. kwân（以火镜取火）：36. gʻiwen（光线，炫耀）：37. gʻwən（光线，火炷，火炎）：38. kʻât（干燥：口渴）：39. gi̯wər（火烧，红如火）：40. xân（干燥，温热，焦躁）：41. xiwăn（曝干，加热，点火）：42. xi̯ən（早晨，日光初见）：43. xi̯ən（光明，火热）：44. xi̯war（以火镜取火）：45. xi̯ər（早晨，曝干）：46. xwər、xwâr（火炷）：47. xi̯wər、xi̯war、xwâr（火炷，点火，焚烧）：48. xi̯wər（光辉，点火）：49. ·wən（温热）：50. ·i̯ăt（苦热）：51. ·wər（炭炉中之火）：

52. kʻi̯an（缱缠）：53. kwân（《说文》谓所以絭发弁冕之总名，即系合毛发之带，帽子）：54. ki̯wăn（系束衣袖之线）：55. kʻi̯wăn（缱缠）：56. gʻi̯wan（束马鞍之带）：57. ki̯ĕn（紧束）：58. gʻien（纮

线)：59. *g'ien*(弓弦)：60. *kwən*(绳索,带子)61，62. *k'wən*(捆缚)：63. *kwât*(括束)：64. *kiet*(系束,结子)：65. *kied*(毛发之顶结)：66. *kied*(继承：连接,继续)：67. *kwət*(系束)：68. *g'wət*(流苏)：69. *gi̯wɛt*(汲井之绳)：70. *kwâr*(束缚)：71. *gi̯wər*(纬线)。

72. *g'i̯at*(竭尽,完了)：73. *ki̯ət*(完了,末了,讫止,达于)：74. *kɛd*(完尽,完了,以至于)：75. *ki̯ɛd*(季节,最后)：76. *ki̯əd*(完尽,完结)：77. *ki̯əd*(完尽,完了,达于)；78. *xi̯ət*(以至于)：

79. *kân*(奸淫,奸伪)：80. *kan*(奸淫,奸伪)：81. *g'wăn*(欺幻,幻弄,幻术)：82. *g'wɛt*(奸猾)：83. *ki̯wat*(诡谲)：84. *kwâd*(狡狯)：85. *xi̯wăn*(虚伪)：86. *ngan*(赝造,欺诈)：87. *ngi̯ĕn*(虚伪)。

88. *kiwat*(骏疾之马)：89. *k'wad*(骏疾,快速)。

90. *gi̯wăn*(遥远,离去)：91. *gi̯wăt*(过去,越过,超越)：92. *gi̯wər*(远隔,离开,超越)。

93. *g'ât*(如何,什么,何故?)：94. *k'i̯ər*(如何?)：95. *·ân*(如何?)：96. *·i̯an*(如何?)。

97. *k'wân*(宽厚,宽阔,宽大)：98. *k'wât*(宽厚,宽阔,宽大)。

99. *k'ən*(恳执,热切)：100. *k'wən*(恳执,热切)：101. *kəd*(愤慨,感慨)。

102. *k'i̯ət*(求乞)：103. *kâd*(求乞)：104. *g'i̯ər*(求乞,祈祷)。

105. *g'i̯an*(擎举)：106. *kat*(褶起下裳)：107. *k'iat*(挈举)：108. *ki̯ăt*、*g'i̯at*、*k'i̯ad*(揭举)：109. *xi̯ăn*(掀起)：110. *xi̯ăn*(举而奉呈之)。

111. *k'ən*(咬啮)：112. *g'wət*(咬啮)：113. *ngiat*(咬啮)。

114. *k'wân*(孔窟)：115. *kiwan*(掘成之小沟,沟道)：

116. *k'i̯wăt*(城阙,孔阙,门阙):117. *g'i̯wăt*(掘穴)、*g'i̯wət*(挖掘,发掘):118. *g'iwet*(孔窟,地穴,山洞):119. *k'wət*(孔窟,地穴,山洞):120. *kwət*(挖掘,掘成地穴):121. *'wân*(挖出,挖掘):122. *'wat*(挖掘,发掘):123. *'i̯wat*(挖出,如抉人之眼)。

124. *kwân*(官吏,官司):125. *g'wan*(官宦,官司):126. *ki̯wən*(君主,君王):127. *gi̯wɛn*(官尹,执政者)。

128. *k'ân*(看到,看见):129. *kian*(看到,看见):130,131. *g'ian*(成为可见,现身):132. *kwân*(观看,观察):133. *ki̯wan*(眷顾,眷恋等):134. *g'i̯ən*(被见,现身:得觐见):135. *xi̯an*(显现,显示,显彰):136. *xi̯ər*(视察):137. *ngɛn*(眼睛)。

138. *gi̯wən*(说话,说过):139. *gi̯wăt*(说话):140. *g'wad*(谈话,言语,语词):141. *gi̯wəd*(说话):142. *ngi̯ăn*(谈话):143. *ngi̯an*(传说,谚语):144. *'i̯ăt*(谒告,报告)。

145. *i̯ɛn*(抑郁,殷切,殷勤):146. *'i̯wət*(抑郁,急切):147. *'i̯wər*(畏惧,害怕):148. *'i̯wər*(畏威)。

149. *kwân*(芦管,管子,笛子):150. *g'wân*(菅草):151. *k'wad*(芦草):152. *gi̯wər*(芦草)。

153. *'i̯ăn*(弯屈,俯下):154,155. *'wân*(手腕):156. *'wan*(弯曲,弧形):157. *'wan*(屈曲,海湾):158、159. *'i̯wan*(弯屈:柔弱,屈服:驯良):160. *'i̯wăn*(枉屈,冤屈):161. *'i̯war*(俯下,委屈):162. *'wər*(山湾)。

163. 混　164. 溷　165. 浑　166. 滑。167. 芸　168. 堇
169. 荤　170. 醺　171. 熏　172. 薰　173. 烟。174. 惕
175. 歇　176. 遏　177. 阏。178. 安　179. 晏　180. 燕
181. 宴。182. 限　183. 梱　184. 橛。185. 闲　186. 楗
187. 关。188. 阛　189. 垣　190. 院　191. 堰　192. 苑

193. 垔。 194. 闲间 195. 闲 196. 闲 197. 瞯 198. 峅。
199. 罕 200. 希 201. 稀。 202. 垦 203. 开 204. 闿
205. 启。 206. 权 207. 匀 208. 均 209. 钧。 210. 计
211. 揆。 212. 闲 213. 训。 214. 因 215. 茵 216. 隐
217. 依。 218. 隐 219. 衣 220. 扆 221. 医 222. 瞖
223. 讳。 224. 艱 225. 坚。 226. 侃 227. 悍 228. 僩
229. 撊 230. 健 231. 劼 232. 偈 233. 杰 234. 佶
235. 仡。 236. 活 237. 滑。 238. 盥 239. 灌 240. 祼
241. 浣 242. 浣 243. 斶 244. 洁 245. 溉 246. 醩。
247. 介 248. 铠。 249. 憪 250. 欢 251. 欣。 252. 按
253. 印 254. 轧 255. 抑 256. 尉 257. 尉 258. 慰。
259. 菀 260. 蕴 261. 苑 262. 蔼。 263. 袁 264. 裙。
265. 氤 266. 氲。 267. 饫 268. 餲 269. 饐 270. 饥。
271. 干 272. 扞。 273. 讦 274. 稽。 275. 馑 276. 饥
277. 饥。 278. 恨 279. 忔 280. 悁 281. 怨 282. 愠。
283. 恩 284. 爱。 285. 毁 286. 坏。 287. 咽 288. 噎。
289. 皆 290. 谐。 291. 摕 292. 搴 293. 援 294. 辕
295. 牵 296. 缔 297. 攓 298. 捃 299. 揠。 300. 刊
301. 券 302. 虔 303. 痕 304. 斤 305. 割 306. 戛
307. 刮 308. 钺 309. 锲 310. 剮 311. 害 312. 脍
313. 刽 314. 刉 315. 刿 316. 絜 317. 契 318. 剀
319. 刖 320. 刈 321. 剸。 322. 近 323. 畿 324. 几。
325. 捐 326. 抎 327. 弃 328. 遗。 329. 燕 330. 鳦。
331. 筋 332. 腱。 333. 贯 334. 擐。

163，164，165. *g'wən*(混乱，浑浊)：166. *kwət*(混乱，浑浊)。

167. *gi̯wən*(香草)；168. *xi̯wən*(薰香)：169. *xi̯wən*(洋葱及其他强烈刺鼻之食料)：170. *xi̯wən*(酒之蒸气)：171. *xi̯wən*(烟气)：

172. g‘iwəd(芳兰);173. ·ien(烟气)。

174. k‘i̯ad(停止,歇息):175. xi̯ăt(停止;歇息):176,177. ·ât(遏止,歇息)。

178. ·ân(平安,安静):179. ·an(安乐,平静):180,181. ·ian(逸乐,宴会)。

182. g‘εn(门槛):183. k‘wən(门槛):184. ki̯wăt(门槛)。

185. g‘ăn(门闩,系钉):186. g‘i̯ăn(门闩,系钉):187. kwan(门闩,系钉)。

188. g‘wan(市阛):189. gi̯wăn(城垣):190. ngi̯wăn(有墙之家宅,庭院);191. ·i̯ăn(隄防,城坝):192. i̯wăn(有围栅之地:公园):193. ·i̯εn(城堤,堙塞)。

194. kăn(间隔,间隙):195. g‘ăn(时间之间隔:闲暇):196,197. kăn(从隙缝中窥视:窥察,探视);198. xi̯εn(孔隙,闲隙,不和,争斗)。

199. xăn(稀罕,稀少,少数):200. xi̯ər(稀罕,稀少,少数):201. xi̯ər(稀少,稀薄)。

202. k‘ən(开垦):203. k‘ər(开辟):204. k‘ər(闿辟):205. k‘ier(开启)。

206. g‘i̯wan(天秤,称量):207. gi̯wĕn(相等,均匀):208、209. ki̯wĕn(相等,平均,相称)。

210. kiər(计算,计数):211. g‘i̯wεr(计算,计数,揆度)。

212. g‘ăn(教练,教训,闲习):213. xi̯wən(教训)。

214. ·i̯ĕn(根据,因依,因为等):215. ·i̯ĕn(基础,褥席):216. ·i̯ən(隐依):217. ·i̯ər(依靠,依据)。

218. ·i̯ən(隐藏,隐匿,隐盖,隐蔽):219. ·i̯ər(遮盖,衣裳):220. ·i̯ər(遮蔽物) 221. ·i̯ər(遮护物):222. ·i̯ər(眼白翳);223. xi̯wər(讳藏,隐讳,禁忌)。

224. *kɛn*（不易碎裂之泥土，艰难，困难）：225. *kien*（坚硬，坚忍）。

226. *kʻân*（坚决，坚强，侃直）：227. *gʻân*（强悍，勇敢）：228、229. *gʻăn*（强健，坚强，勇武）：230. *gʻi̯ăn*（强健，壮健）：231. *kʻat*（坚强）：232、233. *gʻi̯at*（强健，勇武，英杰）。234. *gʻi̯ĕt*（坚强，壮健）；235. *ngi̯ət*（强健，勇武）。

236. *gʻwât*（潮湿，相反于干燥者，活泼，生活等）：237. *gʻwɛt*（滑动）。

238. *kwân*（倾水其上，洗手）：239. *kwân*（灌水，泻水，灌洗）：240. *kwân*（倾出酒类，祭奠）：241，242. *gʻwân*（洗濯）：243. *kiwen*（清洁）：244. *kiat*（清洁，清除）：245. *kəd*（灌溉，洗刷）；246. *xwəd*（洗面）。

247. *kăd*（介壳，盔甲）：248. *kʻər*（盔甲）。

249. *gʻăn*（喜欢，喜悦）：250. *xwân*（喜欢，欣悦）：251. *xi̯ən*（喜欢，欣悦）。

252. *˙ân*（按下，按手其上）：253. *˙i̯ĕn*（按下：盖印，印章）：254. *˙at*（辗于车轮下，轧扁）：255. *˙i̯ĕt*（抑下，重压）（依据《诗经》韵上应读为 *˙i̯ĕt*；此字又用以代表 *˙i̯ək* 这个同义的语词）：256. *˙i̯wət*（压抑：以烙铁熨平）：257. *˙i̯wəd*（抑下，抑服，平服）：258. *˙i̯wəd*（平服，安慰，舒服）。

259. *˙i̯wăn*（繁盛之草木，蕴积）：260. *˙i̯wən*（繁盛之草木，蕴积）：261. *˙i̯wət*（繁盛之草木，蕴积）：262. *˙âd*（繁盛之草木，蕴积）。

263. *gi̯wăn*（长衣）：264. *gʻi̯wən*（下裳）。

265. *˙i̯ĕn*（发泄之气）：266. *˙i̯wən*（发泄之气）。

267. *xâd*（腐败污秽之食物）；268. *˙i̯ad*（腐败污秽之食物）：269. *˙i̯ĕd*（腐败污秽之食物）：270. *˙i̯wăd*（腐败污秽之食物）。

271. *kân*（干盾）：272. *gʻân*（预防，捍卫）。

273. *kʻi̯ĕt*（攻究，稽查）：274. *kiər*（攻究，稽查）。

275. *gʻi̯ɛn*（饥荒）：276. *ki̯ɛr*（饥荒）：277. *ki̯ər*（饥荒）。

278. *gʻən*（怨恨，怒恨）：279. *ngi̯ət*（厌憎）；280. *˙i̯wan*（怒恨）：281. *˙i̯wăn*（怨恨，憎恨）：282. *˙i̯wən*（怨恨，憎恨）。

283. *˙ĕn*（恩爱）：284. *˙əd*（恩爱）。

285. *xi̯war*（破坏）：286. *gʻwɛr*（破坏）。

287. *˙ien*（咽喉，吞咽）：288. *˙iet*（食物滞在咽喉，壅塞）。

289. *kɛr*（俱皆）：290. *gʻɛr*（合共，谐合，和谐）。

291，292. *gʻi̯an*（搴出，持取）：293. *gi̯wăn*（搴出，援引，牵引，援取）：294. *gi̯wăn*（牵引物：车杠）：295. *kʻien*（牵引，拉曳，引导）：296. *kʻien*（拉缔之绳，牵引）：297、298. *ki̯wən*（携取，择取）；299. *˙at*（拔起）。

300. *kʻân*（割削）：301. *kʻi̯wăn*（割成之切口：契刻，符契，约剂，契据）：302. *gʻi̯an*（割削，斩杀）（此字依假借用）：303. *gʻən*（切口：裂痕）：304. *ki̯ən*（割削之物：斧斤）：305. *kât*（割削）：306. *kɛt*（戈矛）：307. *kwăt*（割去，刮去）：308. *gi̯wăt*（斧戟）：309. *kʻiat*（钩刀，割削）：310. *gi̯wət*（雕切）：311. *gʻâd*（割削：伤害）：312. *kwâd*（切肉成细块，斩碎）：313. *kwâd*（割去）：314. *kwâd*，*ki̯əd*（创伤）：315. *ki̯wăd*（尖利，割削，创伤）：316、317. *kʻiad*（割刻，契刻）：318. *kər*、*ngər*（镰刀，尖锐，使之尖锐）；319. *ngwăt*、*ngi̯wăt*、*ngwət*（刖足，割去其足）：320. *ngi̯ăd*（刈草，割削）：321. *ngi̯əd*（劓鼻，割去鼻子）。

322. *gʻi̯ən*（接近，附近）：323. *gʻi̯ər*（近畿：王畿）：324. *ki̯ər*（几近，通常用于“几乎”一语中）。

325. *gi̯wăn*（捐弃）：326. *gi̯wən*（遗掷，遗失）：327. *kʻi̯ɛd*（捐弃）：328. *gi̯wɛr*（遗弃，遗失）。

329. *˙i̯an*(燕子)：330. *˙at*(燕子)。
331. *ki̯ən*(筋骨)：332. *gʻi̯ăn*(筋骨之末端)。
333. *kwân*(穿过,贯通)：334. *gʻwan*(穿过,贯通)。

F. T-N 一类的语词

1. 缘 2. 纯 3. 绖 4. 缀 5. 带 6. 维
7. 纂 8. 缵 9. 纠 10. 线 11. 线 12. 绅
13. 绁 14. 绁。 15. 剬 16. 短 17. 断 18. 段
19. 剸 20. 肞 21. 铚 22. 制 23. 制 24. 剃
25. 薙 26. 刬 27. 剪 28. 翦 29. 扌 30. 截
31. 绝 32. 节 33. 切 34. 齑 35. 剂 36. 穧
37. 删。 38. 端 39. 锐 40. 锥 41. 箭 42. 钱
43. 镌 44. 笄 45. 矢。 46. 娠 47. 产。 48. 死
49. 尸。 50. 軅 51. 軆 52. 哂 53. 咥。 54. 亶
55. 真 56. 信 57. 恂。 58. 阅 59. 察。 60. 亲
61. 榇 62. 衬。 63. 巑 64. 崒 65. 崔 66. 山
67. 峻。 68. 殄 69. 残。 70. 散 71. 撒。 72. 酦
73. 瓒。 74. 袒 75. 皻 76. 脱 77. 蜕。 78. 穿
79. 钻。 80. 墩 81. 顿 82. 堆。 83. 趁 84. 逮
85. 至 86. 致 87. 臻。 88. 前 89. 进 90. 晋
91. 賫 92. 賥 93. 祭 94. 齎 95. 先。 96. 出
97. 黜。 98. 津 99. 济。 100. 吞 101. 餐 102. 嘬。
103. 揲 104. 掣 105. 掇 106. 夺 107. 篡 108. 捘
109. 撮 110. 窃 111. 捽。 112. 踬 113. 踹 114. 践
115. 踆 116. 踤 117. 跐。 118. 顺 119. 述 120. 追
121. 殉 122. 遵 123. 循 124. 驯 125. 遂 126. 孙
127. 帅 128. 率。 129. 推 130. 摧 131. 催。 132. 遄

133. 突　134. 蜕　135. 骏　136. 俊　137. 猝　138. 迅。
139. 豚　140. 腯。141. 逸　142. 佚　143. 恣　144. 渫
145. 洩　146. 泄。147. 涕　148. 洟　149. 泗。150. 屯
151. 队　152. 最　153. 萃。154. 赈　155. 资。156. 彗
157. 刷　158. 帨　159. 帅。160. 怛　161. 慱　162. 忳
163. 怛　164. 惙　165. 惴　166. 悴　167. 悽　168. 恤。

1. *di̯wan*（衣服上沿边之带，沿边，沿着，因缘，缘起）：2. *d̂i̯wən*（丝线）：3. *d‘iet*（丧服上所御之麻带）：4. *ti̯wat*、*ti̯wad*（系缀，束紧，缝缀；继承：联接，连续）：5. *tâd*（环腰之带，皮带）：6. *di̯wər*（绳线，维系）：7. *tswân*（红线，纂集，编纂）：8. *tswân*（继承：缵绍）：9. *dzi̯wən*（丝线，束缚）：10，11. *si̯an*（绳线，细线）：12. *śi̯ĕn*（腰带，皮带）：13，14. *si̯at*（系束，束紧）。

15. *twân*（切成细片）：16. *twân*（切短，短小）：17. *twân*，*d‘wân*（削去）：18. *d‘wân*（切成之片段：部分，片段，薄片）：19. *d‘wân*、*ti̯wan*（切成细片）：20. *d̂i̯wan*（把肉切碎）：21. *ti̯ĕt*（钩镰，割稻）：22. *t̂i̯ad*（裁割，截短，制止，节制）：23. *t̂i̯ad*（截割）：24. *t‘iər*（剪发）：25. *t‘iər*（刈草）：26. *ts‘ăn*（割削，截去）：27，28. *tsi̯an*（割削，剪截）：29. *ts‘wən*（割为细片）：30. *dz‘iat*（截去）：31. *dz‘i̯wat*（绝断）：32. *tsiet*（节段）：33. *ts‘iet*（截切）：34. *tsiər*（切细）：35. *dz‘iər*（割削，截短）：36. *dz‘iər*（割稻）：37. *san*（割削）。

38. *twân*（尖端，顶点，末端）：39. *di̯wad*（尖锐，锋利）：40. *ti̯wər*（尖锐，锋利，钻子，尖头）：41. *tsi̯an*（箭矢）：42. *tsi̯an*（锄头）：43. *tsi̯wan*（钻刺，镌刻，雕削）：44. *si̯wən*（尖头：竹笋）：45. *śi̯ər*（箭矢）（这一类或许和前一类是亲属的）。

46. *t̂i̯ən*、*śi̯ən*（怀孕）：47. *san*（生产）。

48. *si̯ər*（死去）：49. *śi̯ər*（尸首）。

50，51. *t'i̯ən*(笑貌)：52. *śi̯ən*(嘻笑)：53. *d'iet*(嘻笑)。

54. *tân*(信实，忠信)：55. *t̂i̯ĕn*(真实，忠信)：56. *si̯ĕn*(信实，相信，忠实)：57. *si̯wĕn*(信实，忠信)。

58. *di̯wat*(考查)：59. *ts'at*(省察)。

60. *ts'i̯ĕn*(接近、亲密、亲爱等)：61. *tṣ'i̯ĕn*(内棺，亲近于身体者)：62. *tṣi̯ĕn*(内衣)。

63. *tswən*(崇高如山，高耸)：64. *dz'i̯wət*、*tsi̯wəd*(山峰)：65. *ts'wər*、*dz'wər*(崇高，高耸，崔嵬)：66. *săn*(山岳)：67. *si̯wən*(崇高，峻峭，高耸)。

68. *d'iən*(残毁，殄灭)：69. *dz'ân*(残杀，杀戮，残毁)。

70. *sân*(散播)：71. *sât*(撒散)。

72. *tsăn*(酒盏)：73. *dz'ân*(奠祭之杯)。

74. *d'ân*(剥脱，卸衣，脱去衣服，袒裸)：75. *ti̯an*(薄皮，剥去)：76. *t'wât*(剥去，剥脱，卸衣，脱衣)：77. *śi̯wad*(如鳞介动物之脱去皮壳)。

78. *t̂'i̯wan*(穿过，钻进)：79. *tswân*(穿进，钻子)。

80，81. *twən*(小丘，积堆)：82. *twər*(小丘，积堆)。

83. *t'i̯ən*(达于，趁着)：84. *d'əd*(达于，趁着)：85. *t̂i̯ĕd*(到达，达于，往到)：86. *ti̯ĕd*(以致于，使至，为82.之使动词)：87. *tsi̯ĕn*(到达，达于)。

88. *dz'ian*(前进，在前，以前)：89. *tsi̯ĕn*(前进，使进)：90. *tsi̯ĕn*(前进)：91、92. *dz'i̯ĕn*(携进贡物，赠品)：93. *tsi̯ad*(进献牺牲，祭祀)：94. *tsiər*(携进贡物，赍送，赠品)：95. *siən*(前进，在先，以先)。

96. *t̂'i̯wət*(出来，携出，出去)：97. *t'i̯wət*(取消，降级)。

98. *tsi̯ĕn*(涉过，浅流)：99. *tsiər*(涉过，浅流)。

100. *t'wən*(吞咽，吞下，吞灭)：101. *ts'ân*(吞咽，吞下，吞

灭)：102. *ts'wad*(吞灭,一口把整片的肉吞下)。

103. *d̂'i̯at*(捉取)：104. *t̂'i̯at*(执持,掣取)：105. *twât*(采摘,携取,执持)：106. *d'wât*(抢夺,夺取,强取)；107. *ts'wan*(强取,擅取)：108. *tswən*(捏抓,携取)：109. *ts'wât*(捏抓,采取,掇集)：110. *ts'iət*(抢夺,窃取)：111. *dz'wət*(执持,捉取)。

112. *ti̯an*(蹍踏,蹂躏)：113. *d̂i̯wan*(脚跟,践踏)：114. *dz'i̯an*(践踏,蹂躏)：115. *dz'wən*(蹴踢,践踏)：116. *dz'wət*(践踏)：117. *ts'iar*(践踏,蹂躏)。

118. *d̂'i̯wən*(依顺,服从,顺从)：119. *d̂'i̯wət*(追述)；120. *ti̯wər*(追逐)：121. *dzi̯wĕn*(从死)：122. *tsi̯wən*(遵从,服从,遵照)：123. *dzi̯wən*(顺从,遵循)：124. *dzi̯wən*(驯服：温顺,驯良,指马)：125. *dzi̯wəd*(遂从)：126. *swən*(继从者：孙子)：127、128. *ṣi̯wət*(使从,率领)：127、128. *ṣi̯wəd*(将帅)。

129. *t'wər*(推进)：130. *dz'wər*(推进,摧迫,挤进)：131. *ts'wər*(推进,催促)。

132. *d̂i̯wan*(急速,湍急)：133. *d'wət*(急速,突然,冲出)：134. *t'wâd*(快马,奔驰)：135. *tsi̯wən*(快马)：136. *tsi̯wən*(灵敏,聪明,天赋)：137. *ts'wət*(猝然)：138. *si̯ĕn*(迅速)。

139. *d'wən*(小猪)：140. *t'wət*(猪肉脂油)。

141、142. *di̯ĕt*(纵逸,逃逸,解除,闲逸)：143. *tsi̯ər*(恣纵,放恣,淫佚)：144. *si̯at*(放水,漏出,分散)：145. *si̯at*(放水,泄漏,解除,分散)、*zi̯ad*(分散)：146. *zi̯ad*(放水,泄放,解除,闲佚)。

147. *t'iər*(眼上滴水,涕泪)：148. *t'iər*、*di̯ər*(鼻上滴水,鼻液)：149. *si̯əd*(鼻液)。

150. *d'wən*(屯集,屯积；一屯之兵士,营屯,置营)：151. *d'wəd*(一队兵士,军队)：152. *dz'wâd*(最集,积取,总集)：153. *dz'i̯wəd*(萃集,众多,萃凝,厚集)。

154. *îi̯ən*（资财）：155. *tsi̯ər*（资财）。

156. *dzi̯wad*（彗帚）：157. *si̯wat*（刷子，刷清）：158. *si̯wad*、*si̯wət*（手巾，手帕）：159. *si̯wət*（手巾，手帕）。

160. *tân*（悲伤，忧愁）：161. *d'wân*（悲伤，忧愁）：162. *d'wən*（悲伤，愁苦）：163. *tât*（悲伤，忧愁）：164. *ti̯wat*（悲伤，愁苦）：165. *îi̯war*（愁苦，急切）：166. *ts'wət*，*dz'i̯wəd*（悲伤，愁苦）：167. *ts'ier*（悲伤，忧愁）：168. *si̯wĕt*（悲痛悲伤，怜悯）。

169. 紩　170. 黹。171. 战　172. 锻　173. 顿　174. 搷
175. 挞　176. 抶　177. 牴　178. 抵　179. 捶　180. 碓
181. 捶　182. 棰　183. 椎　184. 碓。185. 摊　186. 诞
187. 阐　188. 挺　189. 延　190. 筵　191. 演　192. 陈
193. 阵　194. 引　195. 示　196. 申　197. 伸　198. 肆。
199. 蹎　200. 跌　201. 跶　202. 疐　203. 蹶。204. 腨
205. 臀　206. 腿。207. 燀　208. 焞　209. 煎　210. 爨
211. 馔　212. 籑　213. 馂　214. 焌　215. 燧。216. 敦
217. 谆。218. 炭　219. 袗　220. 鬒。221. 田　222. 畛。
223. 铨　224. 忖　225. 寸　226. 揣　227. 算。228. 战
229. 颤　230. 振　231. 震　232. 电。233. 灌　234. 浚
235. 濬　236. 邃。237. 秩　238. 第　239. 弟　240. 娣
241. 梯　242. 次。243. 傺　244. 辍　245. 竣　246. 卒。
247. 撤　248. 逝　249. 遰　250. 迁。251. 歠　252. 醉。
253. 缜　254. 致　255. 贱　256. 仳　257. 屑　258. 细。
259. 弹　260. 展　261. 辗　262. 缠　263. 躔　264. 邅
265. 团　266. 抟　267. 转　268. 传　269. 橼　270. 纱
271. 旋　272. 飈　273. 漩　274. 蜁　275. 璇　276. 徇
277. 旬　278. 巡　279. 睟　280. 宣　281. 蹮　282. 岁。

283. 坦　284. 坛　285. 墠。286. 兕　287. 犀。288. 迭
289. 替。290. 准　291. 水。292. 大　293. 大　294. 泰。
295. 蝉　296. 蟓　297. 蛰。298. 单　299. 禅　300. 但
301. 袒　302. 擅　303. 专。304. 湔　305. 汛　306. 洗
307. 洒。308. 损　309. 衰。310. 旦　311. 晨　312. 暾。
313. 填　314. 瑱　315. 窒。316. 达　317. 彻。318. 丹
319. 袆　320. 缙　321. 茜　322. 绮　323. 紫。324. 齐
325. 妻　326. 侪。327. 术　328. 隧。329. 遁　330. 遁
331. 退　332. 逡　333. 逊。334. 鲜　335. 新。336. 折
337. 脆　338. 碎。339. 舌　340. 誓　341. 说。342. 坠
343. 隤。344. 镦　345. 镈。346. 铁　347. 桎。348. 瘨
349. 疾　350. 瘵　351. 瘠。352. 尽。353. 轶。

169. *dʻi̯ĕt*(缝缀)：170. *ti̯ər*(缝缀,刺绣)。

171. *t̂i̯an*(战斗,战役)：172. *twân*(锻打,锻炼)：173. *twən*(向着地顿首)：174. *dʻien*(敲打,击鼓)：175. *tʻât*(打击,鞭挞)：176. *tʻi̯ĕt*(打击,鞭挞)：177. *tiər*(牴触,抵挡)：178. *tiər*(撞打,抵挡)：179. *twər*(投掷)：180. *twər*(杵子)：181，182. *t̂i̯wər*(打击)：183. *dʻi̯wər*(打击,锻打,杵子)①。

185. *tʻân*(张开,摊开)：186. *dʻân*(张开,张大,巨大,过甚)：187. *t̂ʻi̯an*(张大,阐扬)：188. *tʻi̯an*(引出,引长)：189. *di̯an*(张开,延开、延长等)：190. *di̯an*(所张开之物：筵席)：191. *di̯an*(演大,张开)：192. *dʻi̯ĕn*(张开,成为一行,陈列)：193. *dʻi̯ĕn*(一队兵马列成一行,排阵)：194. *dʻiĕn*(引出,引伸,引导等)：195. *d̂i̯ər*(张出：示知,陈列,宣示,布告,预示)：196. *śi̯ĕn*(申张,张大,申示,重申等)：197. *śi̯ĕn*(伸张,伸出)：198. *si̯ər*(伸张,张开,陈列等)。

① 译者案：184. 原文脱漏。

199. *tien*(颠蹶)：200. *d'iet*(跌倒)：201. *t'ât*：202、203. *ti̯ər*(跌倒)。

204. *d̂i̯wan*(腿之腓部)：205. *d'wən*(臀部,尻部)：206. *t'wər*(腿部,股肉,火腿)。

207. *t'i̯an*(焚烧,煮熟)：208. *t'wən*(火的颜色)，*d'wən*(焚烧占卜所用甲壳之火炷)：209. *tsi̯an*(烤炙,煎炒)：210. *ts'wân*(烧火,焚烧,煮熟)：211，212. *dz'wan*(煮熟之食物)：213. *tsi̯wən*(火制,煮熟之食物)：214. *tswən*、*tsiwən*、*ts'wət*(烧火,焚烧)：215. *dzi̯wəd*(着火,引火)。

216. *twən*(忠实,笃实)：217. *t̂i̯wən*(使成笃实：谆谆教诲)。

218. *t'ân*(煤炭)：219. *t̂i̯ən*(黑色之衣服)：220. *t̂i̯ĕn*(黑发)。

221. *d'ien*(耕种之田)：222. *t̂i̯ən*(田亩高起之边界)。

223. *ts'i̯wan*: 224. *ts'wən*(计算,量度)：225. *ts'wən*(尺寸之寸)：226. *ts̹'i̯war*(量度,揣计)：227. *swân*(计算,估计,计数)。

228、229. *t̂i̯an*(震颤,战慄,振动)：230. *t̂i̯ən*(振动)：231. *t̂i̯ən*(雷震,震动)：232. *d'ien*(空气中之震动：电火,雷电)。

233. *ts'wər*(浚深)：234、235. *si̯wən*(浚深)：236. *si̯wəd*(深邃)。

237. *d'i̯ĕt*(秩序,次第,程度,等级)：238. *d'iər*(顺序,次第,次序,等第)：239. *d'iər*(其次,第二,相反于第一者：弟弟)：240. *d'iər*(妹子)：241. *t'iər*(顺序上之阶级,梯子)：242. *ts'i̯ər*(程序,顺序,其次,第二)。

243. *t'i̯ad*(停止,完毕)(楚地方言)：244. *ti̯wat*(停止,完毕)：245. *ts'i̯wən*(停止,完毕)：246. *tsi̯wət*(停止,完毕,死去)。

247. *t'i̯at*、*d'i̯at*(撤除)：248. *d̂i̯ad*(离去,过去,死去)：249. *d'iad*(离去)：250. *ts'i̯an*(离去,迁除)。

251. *t̂i̯wat*(饮酒)：252. *tsi̯wəd*(酒醉)。

253. *t̂i̯ĕn*（细紧之织物）：254. *dʻi̯ĕd*（细紧之织物）。

255. *dzʻi̯an*（屑细，廉贱，卑贱）：256. *tsʻiar*（细小，屑细）：257. *si̯at*（细小，细微，屑细）：258. *siər*（细小，精细，微薄）。

259. *dʻân*（弹丸，以弹丸射击）：260. *ti̯an*（展开，开出，辗转）：261. *ti̯an*（辗转）：262. *dʻi̯an*（缠绕，缠束）：263. *dʻi̯an*（绕走，天体、路径等之旋转）：264. *dʻi̯an*（旋转）（楚方言）：265. *dʻwân*（团圆）：266. *dʻwân*（抟成圆形）：267. *ti̯wan*（旋转，圆绕）：268. *dʻi̯wan*（绕转，两相传达，移转）：269. *dʻi̯wan*（圆椀，椽子）（圆形，参看《左传·桓公十四年》注解）：270. *t̂i̯ən*（萦绕，旋转）；271. *dzi̯wan*（圆绕，旋转）：272. *dzi̯wan*（旋风）：273. *dzi̯wan*（漩涡）：274. *dzi̯wan*（蜗牛）：275. *dzi̯wan*（圆体）：276. *dzi̯wĕn*（周旋，到处）：277. *dzi̯wĕn*（十日之循环期）：278. *dziwən*（环游，巡视）：279. *tswâd*（完足之循环期，完足之年）：280. *si̯wan*（旋转，向各方去，圆绕，循环，宣布）：281. *siən*（急转，趾头旋回）：282. *si̯wad*（一循环期，一周年）。

283. *tʻân*（平衡，坦直，平坦）：284. *dʻân*（平坛）：285. *d̂i̯an*（清洁平坦露天之地以为祭祀用者）。

286. *dzi̯ər*（犀牛）：287. *siər*（犀牛）。

288. *dʻiet*（替迭：更迭，变换）：289. *tʻiəd*（替代，替换，更换）。

290. *t̂i̯wən*（水准线）：291. *śi̯wər*（水）。

292. *dʻâd*（巨大）：293、294. *tʻâd*（巨大）。

295. *d̂ʻi̯an*（蝉）：296. *dzʻi̯ĕn*（小蝉）：297. *tsat*（小蝉）。

298. *tân*（单个，单独，单单）：299. *tân*（单个，衣之无里者）：300. *dʻân*（单个，单独，只有）：301. *ti̯an*（单个，例如单席）：302. *d̂i̯an*（单自行动，独自负责，专擅）：303. *ti̯wan*（单个，单独，专门，特别）。

304. *tsi̯an*(洗刷)：305. *si̯ĕn*(放水其上，洒水)：306. *siən*(洗足)：306、307. *siər*(洗刷)：307. *sɛr*(放水其上，洒水)。

308. *swən*(减损)：309. *ṣi̯wər*(减损)。

310. *tân*(天亮，早晨)：311. *d̂i̯ən*、*d̂ʻi̯ən*(天亮，早晨)：312. *tʻwən*(日正上升)。

313. *dʻien*(闭塞，填入，阻止)：314. *tʻien*、*ti̯ĕn*(充耳之玉)：315. *ti̯ĕt*，*tiet*(闭塞，填入，阻止)。

316. *dʻât*(贯彻，通过，通达，各处)：317. *dʻi̯at*、*tʻi̯at*(贯彻，通过，通达，各处)。

318. *tân*(朱砂，红色)：319. *t̂i̯an*(红旗)：320. *tsi̯ĕn*(微红之丝，红色)：321. *tsʻiən*(深红，红色之药料)：322. *tsʻiən*(红色之丝)：323. *tsi̯ar*(紫丝，紫色)。

324. *dzʻiər*(均齐，平等，平衡)：325. *tsʻiər*(第一级之夫人，平等，匹配)：326. *dzʻɛr*(相等之群，品汇，种类，同僚)。

327. *d̂ʻi̯wət*(道路、途径、法术等)：328. *dzi̯wəd*(道路，途径；隧道)。

329、330. *dʻwən*(退缩，退隐，退藏，逃遁)：331. *tʻwər*(退缩，退避，退隐)：332. *tsʻi̯wən*(退缩，瑟缩)：333. *swən*(退让，退避，让步)。

334. *si̯an*(鲜美，新鲜)：335. *si̯ĕn*(新鲜)。

336. *t̂i̯at*(碎裂，折断)、*d̂ʻi̯at*(破裂)：337. *tsʻi̯wad*(易于碎裂，脆弱)：338. *swad*(裂成细片，碎片)。

339. *d̂ʻi̯at*(舌头)：340. *d̂i̯ad*(言论，宣誓，宣言)：341. *śi̯wat*(说话，说明)、*śi̯wad*(游说之说)。

342. *dʻi̯wəd*(坠下，崩坠)：343. *dʻwər*(坠下，崩坠)。

344. *dʻwər*(矛戟柄之端以铜冒之者)：345. *dzʻwən*(矛戟柄之端以铜冒之者)。

346. *d‘i̯ad*（脚镣）：347. *ti̯ĕt*（脚镣）。

348. *tien*（疾，病）：349. *dz‘i̯ĕt*（疾，病）：350. *tsɛd*（疾，病）：351. *tsiər*（疾，病）。

352. *tsi̯ĕn*（竭尽）：352. *dz‘i̯ĕn*（竭尽，空乏）。

353. *d‘iet*、*di̯ĕt*（一车轶过他车）。

G. N-N 一类的语词

1. 赧	2. 然	3. 燃	4. 煖	5. 煗	6. 渜
7. 热	8. 爇	9. 日	10. 怩	11. 烂	12. 鍊
13. 炼	14. 烈。	15. 联	16. 连	17. 纶	18. 伦
19. 繂	20. 累	21. 絫	22. 缧	23. 纫。	24. 脔
25. 剌	26. 辣	27. 列	28. 裂	29. 厉	30. 砺
31. 利	32. 犂	33. 耒	34. 刃。	35. 赖	36. 利。
37. 蹸	38. 躏	39. 履。	40. 邻	41. 袓	42. 昵
43. 暱	44. 尼	45. 迩。	46. 镆	47. 嫨	48. 蛎
49. 蜊	50. 洌	51. 溧。			

1. *nan*（面热：赧颜，怕羞）：2、3. *ńi̯an*（燃烧，烤炙）：4、5. *nwân*（温热，暖和）：6. *nwân*（热水）：7. *ńi̯at*（温热，火热）：8. *ńi̯wat*（焚烧，加热）：9. *ńi̯ĕt*（太阳，日热）：10. *ni̯ər*（面热，怩颜，怕羞）：11. *glân*（热透，烂熟等）：12、13. *glian*（熔炼，精炼）：14. *li̯at*（焚烧，炎盛，光明）。

15，16. *li̯an*（联缀，联续，连接）：17. *li̯wən*（丝线）：18. *li̯wən*（约束，人伦）：19. *sli̯wət*（绳子，索子）：20、21. *li̯wər*（束缚，系束，绳线）：22. *li̯wər*（系束，束缚，绳线）：23. *ńi̯ən*（穿线，绳线）。

24. *li̯wan*（*bli̯wan*?）（切细，细片）：25. *lât*（割削）：26. *lât*（割削之意：尖锐，辛辣）：27. *li̯at*（割开：分列，分布）：28. *li̯at*（分裂，裂开）：29、30. *li̯ad*（使尖利之物：磨石）：31. *li̯əd*（尖利）：

32. *liər*（分割者，割削者：耒耜）：33. *lwər*（耒耜）；34. *ńi̯ən*（刀口，刀剑）。

35. *lâd*（利息，利益）：36. *li̯əd*（利息）（此或与前面的一类语根相同：割削而得者，收获）。

37，38. *li̯ĕn*（践踏，蹂躏）：39. *li̯ər*（践踏，蹂躏，鞋子）。

40. *li̯ĕn*（近旁，邻居）：41. *ńi̯ĕt*（贴近身体之衣服）：42、43. *niət*（近旁）：44. *ni̯ər*（近旁）：45. *ńiar*（近旁）。

46. *ńi̯wan*（柔弱，柔软）：47. *nwən*（柔弱，柔软）。

48. *li̯ad*（蛤蜊）：49. *li̯əd*（蛤蜊）。

50. *li̯at*（寒冷）：51. *li̯ĕt*（寒冷）。

H. P-N 一类的语词

1. 翻	2. 翩	3. 奋	4. 翂	5. 飞。	6. 蹯
7. 跋。	8. 般	9. 拌	10. 拨	11. 泼	12. 发
13. 祓	14. 废	15. 费	16. 播。	17. 骈	18. 嫔
19. 匹	20. 比	21. 妣	22. 媲	23. 妃	24. 配。
25. 牝。	26. 采	27. 辨	28. 辩	29. 片	30. 篇
31. 半	32. 判	33. 胖	34. 班	35. 板	36. 版
37. 扁	38. 分	39. 别	40. 伐	41. 刜	42. 仳
43. 剕	44. 刎。	45. 辧	46. 绊	47. 编	48. 幩
49. 綍	50. 绋	51. 绂	52. [illegible]	53. 缗。	54. 坋
55. 粉	56. 坌	57. 拂。	58. 悖	59. 誖。	60. 闻
61. 味。	62. 贝	63. 拜。	64. 愤	65. 悲	66. 闷
67. 濆	68. 闵	69. 免	70. 怫。	71. 扮	72. 扪。
73. 繁	74. 缤	75. 纷	76. 紊。	77. 芬	78. 棻
79. 馞	80. 苾	81. 馡	82. 蜚。	83. 不	84. 弗
85. 咈	86. 匪	87. 非	88. 末	89. 蔑	90. 勿

91. 未。　92. 慢　93. 悗。　94. 𥊍　95. 惽　96. 惛
97. 民　98. 眠　99. 昏　100. 睧　101. 惽　102. 惛
103. 殙　104. 眛　105. 忽　106. 眛　107. 昧　108. 寐
109. 眯　110. 迷。　111. 辒　112. 藩　113. 膑　114. 闭
115. 韠　116. 筚　117. 市　118. 芾　119. 韨　120. 第
121. 茀　122. 蔽　123. 闭　124. 闷　125. 庇　126. 芾
127. 扉　128. 厞　129. 幔　130. 墁　131. 门　132. 阍
133. 幭　134. 密。　135. 本　136. 茇　137. 拔　138. 跋。
139. 肺　140. 鼻。　141. 泌　142. 沸。　143. 败　144. 敝
145. 獘　146. 毙　147. 毕。　148. 播　149. 坟。　150. 粪
151. 肥。　152. 边　153. 偏　154. 滨。　155. 曼。

1. *p‘i̯wăn*(奋飞)：2. *p‘ien*(奋飞)：3、4. *pi̯wən*(奋飞)：5. *pi̯wər*(奋飞)。

6. *b‘i̯wăn*(兽足，爪足)：7. *b‘wât*(爪足，足跟，跋涉，开跋)。

8. *pwân*(般开、分布等)：9. *p‘wân*(拌离)(方言的语词)：10. *pwât*(拨开，分布，拨散，拨动，拨离，拨除)：11. *p‘wât*(抛掷，溢出)：12. *pi̯wăt*(抛出，发起，送出，发动)：13. *p‘i̯wət*(袚除恶力，屏斥)：14. *p‘i̯wăd*(废去)：15. *p‘i̯wəd*(废除，费去，耗费)：16. *pwâr*(播散，播种；播开)。

17. *b‘ien*(两马并列，一对)：18. *b‘i̯ĕn*(匹偶，夫人)：19. *p‘i̯ĕt*(匹偶)：20. *b‘i̯ət*，*b‘i̯ər*，*pi̯ər*(一对，两合：比合、比较等)：21. *pi̯ər*(父之匹偶：死亡之母亲)：22. *p‘iər*(匹偶)：23. *p‘i̯wər*(匹配，夫人)：24. *p‘wər*(匹配，配敌)。

25. *b‘i̯ən*(牛羊之雌者)：25. *b‘i̯ər*(牛羊之雌者)——也可以和前面的一类是亲属的：雄兽之匹配。

26. *b‘ăn*(分析，分辨，察异)：27. *b‘ăn*、*b‘i̯an*(分开，分辨，察异)：28. *b‘i̯an*(辨别，辩异，争辩)：29. *p‘ian*(劈开之木料，裂片，

细片，长条，木板，方版）：30. *pʻi̯an*（劈成之木料：书写之方版）：31. *pwân*（分成各半，各半）：32. *pʻwân*（分剖，分开，判别）：33. *pʻwâṇ*（被害者分劈成为两部之一半）：34. *pwan*（分派）：35、36. *pwan*（木板）：37. *pien*（木板，方板，平扁）：38. *pi̯wən*（分开），*bʻi̯wən*（部分）：39. *pi̯at*，*bʻi̯at*（剖分，分析，分开）：40. *bʻi̯wăt*（斩伐，征伐）：41. *bʻi̯wət*（斩削，击伐）：42. *pʻi̯ər*（分离，部分）：43. *bʻi̯wər*（削去两足，刖足）：44. *mi̯wən*（割削，刎颈）。

45. *bʻi̯an*（索绳）：46. *pwân*（系束：足械，羁绊）：47. *pi̯en*（编织）：48. *bʻi̯wən*（马口铁上之绳索）：49，50. *pi̯wət*（绳子）：51. *pi̯wət*（丝带）：52. *pi̯ər*（绳索：缰绳，马勒）：53. *mi̯ən*（绳子，线子）。

54. *bʻi̯wən*（灰尘）：55. *pi̯wən*（使成粉末：米粉）：56. *pi̯wən*（拂尘）：57. *pʻi̯wət*（拂尘）。

58、59. *bʻwâd*、*bʻwət*（骚扰，违叛）：

60. *mi̯wən*（听闻，臭闻，依"感觉"领受）：61. *mi̯wəd*（尝味，味道）。

62. *pâd*（古时作货币用之贝壳，珍品）：63. *pwăd*（携贝壳作赠，献呈之珍品：礼拜）（"拜"字原初之意义，在最古铜器刻文上之显示，系表明一人呈献着几串的贝壳）。

64. *bʻi̯wən*（悲愤）：65. *pi̯ər*（悲愤）：66、67. *mwən*（愤懑）：68. *mi̯ɛn*（悲哀）：69. *mi̯wən*（丧礼所用之发巾）：70. *bʻi̯wət*（怫郁）。

71. *bʻi̯wăn*（执持，捉取）：72. *mwən*（执持，捉取）。

73. *bʻi̯wăn*（杂乱而多，繁杂）：74. *pʻi̯ĕn*（缤纷，紊乱，繁杂）：75. *pi̯wən*（缤纷，紊乱，繁杂）：76. *mi̯wən*（纷杂，紊乱）。

77. *pʻi̯wən*（强烈之臭味，芬芳）：78. *bʻi̯wən*（香木，芳香属之木料）：79. *bʻwət*（芳香）：80. *bʻi̯ĕt*（芳香）：81. *piwər*（芳香）：

82. *bʻi̯wər*(有臭味之小虫)。

83. *pwət*(不是)(古代字典上并非这样读法,惟此乃系一切方言上所指示者):84. *pi̯wət*(不是)(此字语气上的意义是"不能,不愿"):85. *bʻi̯wət*(说否,违拂):86. *pi̯wər*(不是):87. *pi̯wər*(不是);88. *mwât*(不是)(此字依假借用作如此):89. *miat*(不是)(此字依假借用):90. *mi̯wət*(不要):91. *mi̯wəd*(未曾)。

92. *man*(疏忽,健忘,怠慢):93. *mwən*(疏忽,怠慢)。

94. *mwân*(闭合的眼,昏暗景象):95、96. *mi̯ĕn*(惛愦,愚蠢):97. *mi̯ĕn*(普通人民,昏暗愚蠢者,"愚民"):98. *mien*(两眼闭合,睡眠):99. *xmwən*(黑暗,昏暗,惛愦,愚蠢):100、101、102,103. *xmwən*(暋黑,惛愦):104. *mwât*(视觉障碍):105. *xmwət*(忽略,愚蠢,疏忽):106. *mwâd*(视觉,障碍):107. *mwâd*(天未亮时之黑暗):108. *mi̯əd*(睡眠):109. *miər*(眼中有阻塞,视觉障碍):110. *miər*(盲视:迷乱,迷路)。

111. *pʻi̯wăn*(遮蔽物:车帘):112. *pi̯wăn*(遮蔽:藩篱):113. *bʻi̯ĕn*(膝盖,像遮盖帽形之骨):114. *piat*(闭门,闭合,遮蔽):115. *pi̯ĕt*(膝套):116. *pi̯ĕt*(遮盖,隐蔽:柳枝之藩篱,盖子,树枝制成之小门):117、118、119. *pi̯wət*(膝套):120、121. *pi̯wət*(车帘):122. *piad*(遮盖,隐蔽):123. *piad*(闭户,闭合,遮盖):124. *pi̯ĕd*(闭户,闭合,遮蔽,隐藏,秘密):125. *pi̯əd*(遮盖,隐蔽):126. *pi̯wəd*(遮盖,荫庇):127. *pi̯wər*(闭合者:门叶):128. *bʻi̯wər*(盖着,蔽着,秘藏):129. *mwân*(障蔽,帐子):130. *mwân*(盖覆:涂粉于墙壁上):131. *mwən*(闭合者:门叶,门户,大门):132. *xmwən*(门房):133. *miat*(车前部分之遮盖物):134. *mi̯ĕt*(关出,闭合着,隐藏着,冷僻,秘密,静密)。

135. *pwən*(树木或植物之下部,树干,树根,与树顶,树枝,谷穗相对者):136. *pwât*(树木或植物之下部,干部;根部;稻秆,与谷穗相对者)：137. *b'wat*(拔根，拔起)：138. *b'wât*(垂直物体之最下部，底部，足部，足跟，跋涉)(与表明“干部”“根部”及“底部”之“根”字可以比较)。

139. *pi̯wăd*(呼吸器：肺部)：140. *b'i̯əd*(呼吸器：鼻子)。

141. *pi̯ĕd*(如源泉般喷涌而出)：142. *pi̯wəd*(喷涌而出)。

143. *b'wad*(毁灭，残毁，腐败，败绩)：144. *b'i̯ad*(腐败，残毁，破敝)：145. *b'i̯ad*(坏了，拙劣)：146. *b'i̯ad*(破坏：死亡)：147. *pi̯ĕt*(残毁，使其毕命，终止，完毕)。

148. *b'i̯wăn*(丘坟)：149. *b'i̯wən*(丘坟)。

150. *pi̯wən*(肥料，排泄物，粪类)：151. *b'i̯wər*(肥胖，富庶，肥沃)。

152. *pian*(旁面，边缘，沿边)：153. *p'i̯an*(在一旁，斜面)：154. *pi̯ĕn*(旁边，水之沿边：沿岸，河滩)。

155. *mwân*(长远，引长)：156. *mi̯wân*(长远，引长)。

I. K-M 一类的语词

1. 阎	2. 黔	3. 衾	4. 阖	5. 𬮤	6. 葢
7. 盖	8. 晻	9. 掩	10. 奄	11. 阉	12. 黯
13. 弇	14. 揜	15. 堷	16. 闇	17. 暗	18. 黭
19. 荫	20. 阴。	21. 顄	22. 函	23. 衔	24. 颔
25. 含	26. 琀	27. 颊	28. 颌。	29. 拑	30. 钳
31. 夹	32. 狭	33. 狎	34. 陜	35. 铗	36. 梜
37. 挟	38. 胠	39. 胁。	40. 盐	41. 碱	42. 硷。
43. 欱	44. 吸	45. 噏	46. 饮。	47. 坎	48. 陷
49. 坅	50. 压	51. 擪。	52. 錎	53. 甲。	54. 槛
55. 轞	56. 柙	57. 阹。	58. 龛	59. 箧	60. 匣
61. 笈。	62. 嵁	63. 嵚	64. 岩	65. 隒	66. 崟

67. 险。 68. 瞰 69. 监 70. 鉴 71. 览。 72. 兼
73. 咸 74. 协 75. 洽 76. 祫 77. 合 78. 会
79. 会 80. 翕。 81. 欱 82. 谦 83. 歉 84. 欠。
85. 感 86. 撼。 87. 剑 88. 戡。

1. *gi̯am*(闭合之物：大门)：2. *g'i̯εm*(黑暗,黑色)：3. *k'i̯əm*(遮盖：覆被)：4. *g'âp*(闭合之物：门户,阖闭)：5. *kəp*(闭合之物：闺房之内户)：6、7. *g'âp*, *kâb*(遮盖,盖覆)：8. *'âm*(遮盖着,暗晦,黑暗)：9. *'i̯am*(掩盖,掩藏)：10. *'i̯am*(奄盖,一切奄覆)：11. *'i̯am*(司关闭与看守闺房门户之人,与上面一类中 132.可相比：司阍者,太监)：12. *'εm*(黑暗,黑色)：13、14. *'i̯εm*(掩盖,隐藏)：15. *'em*(以土盖覆,埋葬)：16. *'əm*(闭户,闭合,关闭的,掩盖的,黑暗)：17. *'əm*(昏暗了的太阳,昏暗,黑暗)：18. *'əm*(黑色)：19. *'i̯əm*(遮盖着：荫处)：20. *'i̯əm*(黑暗、暗黑、阴处、北方等)。关于"掩盖"和"昏黑""闭合"："门户"的关联,可用上面*H*.111.—134.一类来相比较。

21. *g'âm*(颚部,颊部)：22. *g'âm*(含在口中)：23. *g'εm*(被含被咬之物：马口铁,含在口中)：24. *g'əm*(颚部,颊部)：25. *g'əm*(口含,包含)：26. *g'əm*(死尸口中所放之物)：27. *kiap*(颚部,颊部,两颊)：28. *g'əp*(颚部,颊部)(或许与下面的一类是亲属的:"夹钳"=颚部?)。

29. *g'i̯am*(夹在两面,夹拑)：30. *g'i̯am*(夹拑之物：铁圈,脚镣,钳子)：31. *kap*(两边夹持,紧挟,夹拑)：32. *g'ap*(两面的迫窄：狭窄)：33. *g'ap*(迫窄着：紧合;亲密)：34. *g'ap*(狭窄,两面的迫窄：裂缝,狭路)：35. *kiap*(钳子)：36. *kiap*(钳子,筷子)：37. *g'iap*(夹在两边,挟在臂下,抱于臂下以扶持之;逼迫,禁压)：38. *k'i̯ăp*(开其旁边,强取);*k'i̯wăb*(身体之两旁,腰窝)：39. *xi̯ăp*(身体之两旁,腰窝;夹在两边,逼迫,禁压)。

40. *gi̯am*（食盐）：41. *g'ɛm*（盐味，加盐的）：42. *ngi̯ăm*（碳酸钠，从盐土上吸引而来）。

43. *xəp*（吸入，引入，吞咽，吸饮）：44、45. *xi̯əp*（吸入，引入，吞饮）：46. *'i̯əm*（吞咽，吸饮）。

47. *k'âm*（陷阱）：48. *g'ăm*（陷阱，投入或落入地洞中）：49. *k'i̯əm*（陷阱）。

50. *'ap*（压下）：51. *'i̯ap*（放下指头于其上）。

52. *g'âm*（铠甲）：53. *kap*（鳞甲，铠甲）。

54. *g'am*（槛笼，以幽禁野兽等者）：55. *g'am*（有栏槛之车）：56. *g'ap*（辖匣，以幽禁野兽等者）：57. *k'i̯wăb*（栏槛，用以围禁野兽者）。

58. *k'əm*（保持，包含，仓库，箱子）：59. *k'i̯ap*（箱子，皮包）：60. *g'ap*（匣子，箱子）：61. *g'i̯ɛp*，*g'i̯əp*（书包，书箱）。

62. *k'əm*（悬崖）：63. *k'i̯əm*（崇高，险峻）：64. *ngam*（悬崖）：65. *ngi̯am*（高岸）：66. *ngi̯əm*（悬崖之高脊）：67. *xi̯am*（崇高，险峻，难以攀登，险阻）。

68. *k'âm* (*k'lâm*?)（览观，看守）：69. *klam*（监视，细察，视察）：70. *klam*（镜子）：71. *glâm*（观览，看守）。

72. *kiam* (*kliam*?)（联合二或二以上之几种事物，兼并，并合，合一，兼有）：73. *g'ɛm*（几种并合：俱皆）：74. *g'iap*（合一，协合，协和）：75. *g'ɛp*（洽同）：76. *g'ɛp*（对于一切祖先，集合的祭祀）：77. *g'əp*（联合，兼并，并合，合一，协合）：78. *g'wəb*（>《诗经》音 *g'wəd*>古音 *ɣuâi*）（会合，并合，合一，协合）：79. *kwəb*（加合：记账）：80. *xi̯əp*（合一，协合，协和）。

81. *k'âm*（自为劣败，欠缺：自谦）：82. *k'iam*（自谦）：83. *k'am*、*k'i̯am*（不足之食物，不足）：84. *k'i̯ăm*（欠缺）（此字作假借用）。

85. *kəm*（感动，感激）：86. *g'əm*（撼动，震撼）。

87. *ki̯ăm*（刀剑）：88. *k'əm*（刺伤，割下）。

K. T-M，N-M，P-M 诸类的语词

1. 鏨	2. 鑱	3. 㓞	4. 揕	5. 鑯	6. 尖
7. 鐕	8. 簪	9. 箴	10. 鍼	11. 锸	12. 插
13. 钑。	14. 斩	15. 芟。	16. 叠	17. 褺	18. 褶
19. 袭。	20. 慑	21. 惵	22. 慑	23. 慹	24. 纤
25. 掺。	26. 湛	27. 潜	28. 潭	29. 沈	30. 垫
31. 深。	32. 倓	33. 憺	34. 恬	35. 怗	36. 寁
37. 骎	38. 捷	39. 驶	40. 惔	41. 炎	42. 燂
43. 煁	44. 痁。	45. 湿	46. 隰。	47. 縶	48. 缉。
49. 瞻	50. 觇。	51. 执	52. 拾	53. 鸷	54. 挚
55. 捷	56. 摄。	57. 谈	58. 詹	59. 谭	60. 諮
61. 喋。	62. 沾	63. 霑	64. 渐	65. 瀸	66. 浸
67. 渗	68. 淫	69. 霪。	70. 忝	71. 慙。	72. 谗
73. 谮。	74. 三	75. 参	76. 参。	77. 儳	78. 参。
79. 遝	80. 接	81. 杂	82. 集	83. 辑	84. 戢。
85. 答	86. 对。	87. 纳	88. 内	89. 内	90. 入。
91. 范	92. 法。				

1. *tsâm*（钻子，凿子，钻刺）：2. *dz'am*（钻子，凿子）：3. *di̯am*（有尖锋的，尖锐）：4. *ti̯əm*（刺穿）：5. *tsi̯am*（钻子，锋利）：6. *tsi̯am*（锋利的尖针，尖锐）：7. *tsəm*（尖针）：8. *tṣi̯əm*（发簪）：9，10. *t̂i̯əm*（尖针）：11. *ts'ap*（长针）：12. *ts'ap*（以铁叉贯穿，穿刺）：13. *səp*（凿子，凿雕）。

14. *tsam*（割去，斩首）：15. *sam*（割草，刈草）。

16. *d'iəp*（层叠，折叠）：17、18. *d'iəp*（有两层材料之衣服，

装夹里的，双层的；折成数层，折叠）：19. dzi̯əp（有两层材料之衣服，装夹里的，双层的；折成数层，折叠）。

20. t̂i̯ap（恐惧，害怕）：21. dʻiap（害怕）：22. t̂i̯ɛp（恐惧，害怕）：23. t̂i̯əp（恐惧，害怕）。

24. si̯am（纤弱，纤薄，精巧，纤小）：25. sɛm（纤弱，精巧）。

26. dʻɛm（沉在水中，深湛）：27. dzʻi̯ɛm（往入深处，潜入水中，潜伏）：28. dʻəm（深沉，深水，深渊）：29. dʻi̯əm（往入深处，沉入水中）：30. dʻiəm（下入泥土深处，深下）：31. śi̯əm（深水，深沉）。

32，33. dʻâm（清静，和平）：34. dʻiam（清静，和平）：35. tʻiap（清静，和平）。

36. tsâm（敏捷）：37. tsʻi̯əm，tṣʻiəm（奔驰，快跑）：38. dzʻi̯ap（敏捷）：39. səp（奔驰，快跑）。

40. dʻâm（焚烧）：41. di̯am（点火，火灾）：42. dʻəm，dzʻi̯ɛm（焚烧，加热）：43. d̂i̯əm（温室）：44. śi̯am（热病）。

45. śi̯əp（湿气，潮湿，水湿）：46. dzi̯əp（沼泽）。

47. ti̯əp（束缚，系联）：48. tsʻi̯əp（联系一起）。

49. t̂i̯am（视察，看见）：50. tʻi̯am（视察，看见）。

51. t̂i̯əp（把捉，执持，捉取）：52. d̂i̯əp（捉取，执持，拾起）：53. t̂i̯əb（捕捉者：肉食鸟）：54. t̂iəb（执持）：55. dzʻi̯ap（捉取：携取捕获物，猎物，猎兽）：56. śi̯ap（执持，保持）。

57. dʻâm（谈话，闲谈）：58. t̂i̯am（空谈）：59. dʻəm（谈话，闲谈）：60. dʻâp（空谈）：61. dʻiap（空谈）。

62，63. ti̯am（浸润）：64，65. tsi̯am（浸润）：66. tsi̯əm（浸润）：67. ṣi̯əm（浸润）：68、69. zi̯əm（淫雨）。

70. tʻiam（使其羞惭，耻辱）：71. dzʻâm（羞惭，羞耻）。

72. dzʻam（谤毁）：73. dẓʻi̯əm（谤毁）。

74. *səm*（三数）：75. *ts'əm*（三人或三物在一起，成三数者）：76. *ṣi̯əm*（天上三星之星座：猎户星座）。

77. *dz'am*（参差）：78. *tṣ'i̯əm*（参差）。

79. *d'âp*（混杂）：80. *tsi̯ap*（联合，接连）：81. *dz'əp*（聚集的，混杂）：82. *dz'i̯əp*（联合，聚集，凑集，混合）：83. *dz'i̯əp*（联合，集合，协和）：84. *tṣi̯əp*（集合）。

85. *təp*（对答）：86. *twəb*（>《诗经》音 *twəd* >古音 *tuâi*）（对答）。

87、88. *nəp*（使入，为 90.之使动词：携入，献呈）：89. *nwəb*（>《诗经》音 *nwəd* >古音 *nuâi*）（内中，里面，在内）：90. *ńi̯əp*（进入）。

91. *b'i̯wăm*（模范，规范，法则，表率）：92. *pi̯wăp*（模范，规范，法则，表率）。

三、转换的法则

读者初次看到上面所建立的语词族类，很容易要发生疑问：在列出的事例当中，语音上是这样极不相同的语词也设想其间一种语原的关系，这不是极端的附会吗？例如 A. 213. *k'ung*: 225. *xi̯og*; B. 64. *d̂i̯ang*: 76. *tŏk*: 79. *d'əg*; E. 93. *g'ât*: 94. *k'iər*; E. 142. *ngi̯an*: 140. *g'wad*; F. 66. *sân*: 65. *dz'wər*——在这种事例当中，所类集的两个语词竟"没有一个"辅音或元音是相同的，这时要把它们一一联合起来，不是不合理的吗？这种疑难似乎是很正当的。可是这样粗率的判断并不正确；从所引举的材料上，我们可以抽出几种普遍的法则，我们必须依据着它们来观察一切这些列出的词类。在下面的结论当中，关于那些各异的法则，我要检出许多比较安全和确信的例子。

四、收尾的辅音

这里我们有了三组不可否认的转换：

1. *ng*～*k*～*g*;

2. *n*～*t*～*d*～*r*;

3. *m*～*p*～*b*。

ng～*k*:

A. 33. *ngi̯ăng*: 34. *ngi̯ăk*; 103. *ngâng*: 106. *ngâk*; 118. *k‘âng*: 120. *g‘âk*; 155. *ki̯ăng*: 163. *ki̯ək*; 172. *kəng*: 175. *g‘i̯ək*; 226. *˙i̯əng*: 227. *˙i̯ək*; 229. *kwâng*: 232. *k‘wâk*; 268. *ki̯ung*: 270. *k‘i̯uk*, 271. *g‘i̯uk*; B. 69. *təng*, 70. *d̂‘i̯əng*: 75. *ti̯ək*: 115. *d‘ŭng*: 123. *tŭk*; 260. *sieng*: 261. *siek*; 269. *di̯ông*: 275. *d̂i̯ôk*; 298. *d‘i̯əng*: 300. *d̂i̯ək*; 302. *dz‘i̯ĕng*: 305. *dz‘iek*; 322. *sâng*: 323. *si̯ak*; 387. *d‘ung*: 388. *d‘uk*; 516. *tsi̯ung*: 523. *tsi̯uk*; 547. *dz‘ung*: 549. *dz‘uk*; C. 10. *gli̯ang* 与 *gli̯ak*; 32. *lung*: 33. *luk*; 38. *lieng*: 39. *liek*; D. 8，9. *mieng*: 15.-17. *miek*; 144. *p‘i̯wang*: 115. *b‘i̯wak*。

ng～*g*:

A. 29. *kăng*: 30. *kəg*; 63. *kộng*: 65. *g‘ôg*; 73. *ki̯ăng*: 84. *g‘i̯əg*; 92. *g‘i̯ăng*: 97. *k‘i̯əg*; 135. *k‘i̯ăng*: 137. *g‘i̯əg*; 132. *g‘ieng*: 133. *g‘ɛg*; B. 69. *təng*: 79. *d‘əg*; 210. *d‘âng*:

213. t̂iag; 308. tʻi̯ông: 314. tʻi̯ôg; 378. tsâng: 380. dzʻâg; 408. t̂i̯ang: 416. t̂i̯ag; 464. təng: 465. dʻəg; 528. d̂i̯əng: 532. dʻi̯əg; C. 25. gli̯ang: 28. glâg: 54. nəng: 55. nəg; D. 84. pi̯ĕng, bʻieng: 88. bʻi̯ĕg: 143. măng: 144. măg。

k～g:

A. 28. kôk 与 kôg; 31. kʻi̯ôk: 32. kôg: 279. ki̯wak: 282. ki̯wag; 290. ˙ĕk: 294. ˙ĕg; 318. kĕk: 320. kĕg; 323. ˙âk 与 âg; 339. gʻộk: 343. gʻộg, 342. kộg, 340. kŏg, gŏg; 369. kộk 与 kộg; B. 22. d̂i̯ək: 24. d̂i̯əg; 29. dʻâk 与 dʻâg; 41. dʻuk: 42. dʻŭg; 169. dzʻək: 177. dzʻəg; 168. tsʻi̯ĕk 与 tsʻi̯ĕg; 170. tṣʻi̯ək: 181. dzi̯əg; 235. dʻŏk 与 dʻŏg; 272. t̂i̯ak 与 t̂i̯ag; 289. śi̯ok: 291. śi̯og, 293. si̯og; 436. śi̯ak: 437. śi̯ag; 445. di̯ĕk 与 di̯ĕg; 450. dzi̯ak; 454. zi̯ag; 452. si̯ôk: 456. si̯og; 462. tsi̯ak 与 tsi̯ag; 548. tsi̯ĕk 与 tsi̯ĕg; 565. siôk: 566. siôg; 569. tək: 570. dʻəg; 576. d̂i̯ok: 579. di̯og; 595. dʻiok: 599. tʻiog; 594. di̯ôk: 598. d̂i̯ôg; 605. di̯ok: 606. dʻiog, 607. tʻi̯og; 611. t̂i̯ôk: 612. t̂i̯ôg; 662. d̂ʻi̯ak 与 d̂ʻi̯ag; 682. d̂i̯ôk: 683. dʻi̯ôg; C. 1. lək 2. li̯əg; D. 24, 25. mək: 27. mwək; 49. bʻok: 52. bʻog; 60. mi̯ôk: 61. mi̯ôg; 104. pĕk: 107. pʻĕg; 121. pək: 122. pwəg, 123, 124. bʻwəg; 135. bʻi̯ŭk: 137. pʻi̯ug; 147. pŏk: 148. pŏg; 154. bʻi̯ôk 与 bʻi̯ôg; 176. pi̯ŭk: 177. pi̯ŭg。

n～t:

E. 1. kwân 与 ˙wât; 32. kân: 38. kʻât; 53. kwân: 63. kwât; 90. gi̯wăn: 91. gi̯wăt; 97. kʻwân: 98. kʻwât; 105. gʻi̯an: 108. gʻi̯at; 121. ˙wân: 122. ˙wat; 138. gi̯wən: 139. gi̯wăt; 163. gʻwən: 166. kwət; 226. kʻân: 231. kʻat; 230. gʻi̯ăn: 232, 233. gʻi̯at; 252. ˙ân: 254. ˙at; 253. i̯ĕn: 255. i̯ĕt;

260. *i̯wən*: 261. *˙i̯wət*; 287. *˙ien*: 288. *˙iet*; 300. *k‘ân*: 305. *kât*; 329. *˙ian*: 330. *˙at*; F. 10. *si̯an*: 13. *si̯at*; 27. *tsi̯an*: 30. *dz‘iat*; 70. *sân*: 71. *sât*; 108. *tswən*: 111. *dz‘wət*; 115. *dz‘wən*: 116. *dz‘wət*; 118. *d̂‘i̯wən*: 119. *d̂‘i̯wət*; 139. *d‘wən*: 140. *t‘wət*; 160. *tân* 与 *tât*; 214. *tswən* 与 *ts‘wət*; 245. *ts‘i̯wən*: 246. *tsi̯wət*; 314. *ti̯ĕn*: 315. *ti̯ĕt*; 313. *d‘ien*: 315. *tiet*; G. 2, 3. *ńi̯an*: 7. *ńi̯at*; 4, 5. *nwân*: 8. *ńi̯wat*; H. 27. *b‘i̯an*: 39. *b‘i̯at*; 48. *b‘i̯wən*: 49.-51. *pi̯wət*; 56. *pi̯wən*, 54. *b‘i̯wən*: 57. *p‘i̯wət*; 64. *b‘i̯wən*: 70. *b‘i̯wət*; 78. *b‘i̯wən*: 79. *b‘wət*; 94. *mwân*: 104. *mwât*; 99.-103. *xmwən*; 105. *xmwət*; 113. *b‘i̯ĕn*: 115. *pi̯ĕt*。

n～*d*:

E. 12. *gi̯wan*: 24. *gi̯wad*; 105. *g‘i̯an*: 108. *k‘i̯ad*; 138. *gi̯wən*: 141. *gi̯wəd*; 149. *kwân*, 150. *g‘wân*: 151. *k‘wad*; 167. *gi̯wən*: 172. *giwəd*; 283. *˙ĕn*: 284. *˙əd*; 300. *k‘ân*: 316, 317. *k‘iad*; F. 123. *dzi̯wən*; 125. *dzi̯wən*: 150. *d‘wən*: 151. *d‘wəd*; 214. *tsi̯wən*: 215. *dzi̯wəd*; 234. *si̯wən*: 236. *si̯wəd*; H. 94. *mwân*: 106. *mwâd*; 98. *mien*: 108. *mi̯əd*。

n～*r*:

这种转换很多的例子已经在上文第四十五、六〇页中举过了。我们更可以举出：E. 19. *kwən*, 22. *gi̯wən*: 25. *g‘wər*. 27. *ki̯wər*, 28. *g‘i̯wər*; 37. *g‘wən*: 39. *gi̯wər*; 42. *xi̯ən*: 45. *xi̯ər*; 49. *˙wən*: 51. *˙wər*; 53. *kwân*: 70. *kwâr*; 158, 160. *˙i̯wăn*: 161. *i̯war*; 202. *k‘ən*: 203, 204. *k‘ər*; F. 2. *d̂i̯wən*: 6. *di̯wər*; 80. *twən*: 82. *twər*; 89, 90. *tsi̯ĕn*: 94. *tsiər*; 98. *tsi̯ĕn*: 99. *tsiər*; 118. *d̂‘i̯wən*: 120. *ti̯wər*; 205. *d‘wən*: 206. *t‘wər*; 223. *tṣ‘i̯wan*: 226. *tṣ‘i̯war*; 306. *siən* 与 *siər*; 308. *swən*: 309. *si̯wər*; 329. *d‘wən*: 331. *t‘wər*; 345. *dz‘wən*: 344. *d‘wər*; G. 17. *li̯wən*: 22. *li̯wər*; 37, 38. *li̯ĕn*:

39. *li̯ər*; H. 77. *pʻi̯wən*, 78. *bʻi̯wən*: 81. *pi̯wər*, 82. *bʻi̯wər*; 95, 96. *mi̯ĕn*: 110. *miər*; 150. *pi̯wən*: 151. *bʻi̯wər*。

t～*d*:

E. 64. *kiet*: 65, 66. *kied*; 78. *ki̯ət*: 76, 77. *ki̯əd*; 83. *kiwat*: 84. *kwâd*; 88. *ki̯wat*: 89. *kʻwad*; 108. *ki̯ăt*, *gʻi̯at* 与 *kʻiad*; 107. *kʻi̯at*: 108. *kʻiad*; 139. *gi̯wăt*: 140. *gʻwad*, 141. *gi̯ʻwəd*; 256. *˙i̯wət*: 257. *˙i̯wəd*; 305. *kât*: 311. *gʻâd*; 307. *kwăt*: 313. *kwâd*; 308. *gi̯wăt*: 315. *ki̯wăd*; 309. *kʻiat*: 316, 317. *kʻiad*; 319. *ngi̯wăt*: 320. *ngi̯ăd*; F. 4. *ti̯wat* 与 *ti̯wad*; 64. *dzʻi̯wət* 与 *tsi̯wəd*; 127, 128. *ṣi̯wət* 与 *ṣi̯wəd*; 144, 145. *si̯at*: 146. *zi̯ad*; 157. *ṣi̯wat*: 158. *ṣi̯wad*; 166. *tsʻwət* 与 *dzʻi̯wəd*; 341. *śi̯wat* 与 *śi̯wad*; G. 25. *lât*, 27. *li̯at*: 29, 30. *li̯ad*; H. 12. *pi̯wăt*, 11. *pʻwât*: 14. *pʻi̯wăd*; 13. *pʻi̯wət*: 15. *pʻi̯wəd*; 58, 59. *bʻwət* 与 *bʻwâd*; 90. *mi̯wət*: 91. *mi̯wəd*; 104. *mwât*: 106. *mwâd*; 114. *piat*: 123. *piad*; 116. *pi̯ĕt*: 124. *pi̯ĕd*; 120, 121. *pi̯wət*: 126. *pi̯wəd*。

t～*r*:

E. 63. *kwât*: 70. *kwâr*; 102. *kʻi̯ət*: 104. *gʻi̯ər*; 146. *i̯wət*: 147, 148. *i̯wər*; F. 64. *dzʻi̯wət*: 65. *dzʻwər*; 119. *d̂ʻi̯wət*: 120. *ti̯wər*; 164. *ti̯wat*: 165. *t̂i̯war*; G. 42, 43. *ni̯ət*: 44. *ni̯ər*; H. 10. *pwât*: 16. *pwâr*; 20. *bʻi̯ət* 与 *bʻi̯ər*; 41. *bʻi̯wət*: 43. *bʻi̯wər*; 79. *bʻwət*: 81. *pi̯wər*, 82. *bʻi̯wər*; 84. *pi̯wət*: 86, 87. *pi̯wər*; 120, 121. *pi̯wət*: 128. *bʻi̯wər*。

d～*r*:

E. 24. *gi̯wad*: 28. *gi̯wər*; 247. *kăd*: 248. *kʻər*; F. 64. *tsi̯wəd*: 65. *tsʻwər*; 236. *si̯wəd*: 233. *tsʻwər*; G. 31. *li̯əd*: 32. *liər*; H. 126. *pi̯wəd*: 128. *bʻi̯wər*。

m～p:

I. 1. *gi̯am*: 4. *g'âp*; 21, 22. *g'âm*: 27. *kiap*; 24－26. *g'əm*: 28. *g'əp*; 29, 30. *g'i̯am*: 37. *g'iap*; 52. *g'âm*: 53. *kap*; 54. *g'am*; 56. *g'ap*; 72. *kiam*: 74. *g'iap*; 73. *g'ɛm*: 75, 76. *g'ɛp*; K. 34. *d'iam*: 35. *t'iap*; 36. *tsâm*: 38. *dz'i̯ap*; 37. *ts'i̯əm*: 39. *səp*; 57. *d'âm*: 60. *d'âp*。

p～b:

I. 38. *k'i̯ăp* 与 *k'i̯wăb*; 77. *g'əp*: 78. *g'wəb*; K. 51. *ti̯əp*: 53, 54. *ti̯əb*; 87. *nəp*: 89. *mwəb*; 85. *təp*: 86. *twəb*。

关于收尾辅音的这些转换,另外的例子,见于下文。

五、起首的辅音

我们在这里首先得到四大组的辅音，各组里的辅音，由同一语根所组成的语词形式当中可以自由的转换：

1. *k*～*k*‘～*g*～*g*‘；

2. *t*～*t*‘～*d*～*d*‘～*î*～*î*‘～*d̂*～*d̂*‘；

3. *ts*～*ts*‘～*dz*～*dz*‘～*tṣ*～*tś*‘～*dz*‘～*s*～*ṣ*～*ź*～*z*.

4. *p*～*p*‘～*b*‘。

例子：

k～*k*‘

A. 32. *kôg*: 31. *k*‘*i̯ôk*; 37. *kuk*: 36. *k*‘*ŭk*; 79. *ki̯ung*; 80. *k*‘*i̯ung*; 148. *ki̯wəg*: 147. *k*‘*i̯əg*; 191. *ki̯ung*: 190. *k*‘*ung*; 268. *ki̯ŭng*: 270. *k*‘*i̯uk*; 331. *kɛk*: 330. *k*‘*wâk*; 342. *kọg*: 344. *k*‘*ôg*; E. 120. *kwət*: 119. *k*‘*wət*; 129. *kian*, 132. *kwân*: 128. *k*‘*ân*; 149. *kwân*: 151. *k*‘*wad*。

k～*g*:

A. 3. *kwâng*: 6. *gi̯wang*; 156. *kwăng*: 158. *gi̯wĕng*; 176. *kwək*: 177. *gi̯wək*; 209. *kwăng*; 212. *gi̯wĕng*; 362. *kiôg*: 363. *gi̯og*; E. 19. *kwən*: 22. *gi̯wən*: 208. *ki̯wĕn*: 207. *gi̯wĕn*; E. 315. *kiwăd*: 308. *gi̯wăt*。

k～*g*‘:

A. 3. *kwâng*: 4, 5. *g'wâng*; 98. *kog*: 100. *g'i̯og*; 140. *ki̯wang*: 141. *g'i̯wang*; 172. *kəng*: 175. *g'i̯ək*; 237. *kọng*: 238. *g'ung*; 250. *kâng*: 253. *g'i̯ang*; 259. *kŭng*: 260. *g'ŭng*; 268. *ki̯ŭng*: 271. *g'i̯uk*; 279. *ki̯wak*: 278. *g'wăk*; 302. *kog*; 303. *g'ôg*; 340. *kŏg* 与 *g'ŏg*; 342. *kọg*: 343. *g'ọg*; 347. *kiog*: 346. *g'og*; 357. *kŏg*: 358. *g'ŏg*; *E*. 1. *kwân*: 2. *g'wân*, 3.－7. *g'wan*; 8. *ki̯wan* 与 *g'i̯wan*; 32. *kân* 与 *g'i̯an*; 32. *kân*: 33. *g'ân*; 57. *ki̯ĕn*: 58. *g'ien*; 67. *kwət*: 68. *g'wət*; 108. *ki̯ăt* 与 *g'i̯at*; 124. *kwân*: 125. *g'wan*; 129. *kian*: 130. *g'ian*; 149. *kwân*: 150. *g'wân*; 166. *kwət*: 163. *g'wən*; 187. *kwan*: 185. *g'ăn*; 195. *kăn* 与 *g'ăn*; 238. *kwân*: 241, 242. *g'wân*; 271. *kân*: 272. *g'ân*; 276. *ki̯ɛr*: 275. *g'i̯ɛn*; 289. *kɛr*; 290. *g'ɛr* 305. *kât*; 311. *g' âd*; 333. *kwân*: 334. *g'wan*; *I*. 31. *kap*: 32.－34. *g'ap*; 35, 36. *kiap*: 37. *g'iap*; 72. *kiam*: 74. *g'iap*; 79. *kwəb*: 78. *g'wəb*; 85. *kəm*: 86. *g'əm*。

k'～*g*:

E. 9. *k'i̯wan*: 12. *gi̯wan*; 301. *ki̯wăn*: 310. *gi̯wət*。

k'～*g'*:

A. 77. *k'i̯wang*: 76. *g'wâng*; 207. *k'wâng*: 208. *g'wâng*; 246. *k'ôg*: 247. *g'i̯ôg*; 270. *k'i̯uk*: 271. *g'i̯uk*; *E*. 9. *k'i̯wan* 与 *g'i̯wan*; 10. *k'i̯wan*: 11. *g'i̯wan*; 102. *k'i̯ət*: 104. *g'i̯ər*; 116. *k'i̯wăt*: 117. *g'i̯wăt*; 119. *k'wət*: 117. *g'i̯wət*; 151. *k'wad*: 150. *g'wân*; 226. *k'ân*: 227. *g'ân*; 300. *k'ân*: 302. *g'i̯an*; *I*. 47. *k'âm*: 48. *g'ăm*; 59. *ki̯ap*: 60. *g'ap*。

g～*g'*:

A. 6. *gi̯wang*: 4. *g'wâng*; 22, 23. *gi̯wang*: 21. *g'wâng*; 58. *gi̯wĕng*: 57. *g'iweng*; 277. *gi̯wang*: 276. *g'wâng*; 333. *gi̯əg*:

332. *g'əg*; *E*. 39. *gi̯wər*: 37. *g'wən*; *I*. 40. *gi̯am*: 41. *g'ɛm*。

t～*t'*:

B. 190，191. *ti̯ang*: 192. *t'i̯ang*; 310. *tog*: 312. *t'i̯og*; 614. *tôg*: 615. *t'ôg*; 627. *tŭng*: 626. *t'ŭng*。

t～*d*:

B. 248. *ti̯og*: 250. *di̯og*; 560. *tiôg*: 559. *di̯og*。

t～*d'*:

B. 69. *təng*; 79. *d'əg*; 103. *tôk*: 104. *d'iôk*; 123. *tŭk*: 124. *d'ŭk*; 134. *ti̯ông*: 135. *d'i̯ông*; 191. *ti̯ang* 与 *d'i̯ang*; 248. *ti̯og*: 249. *d'i̯og*; 310. *tog*: 311. *d'og*; 358. *tieng*: 359. *d'ieng*; 403. *tâng*: 404，405. *d'âng*; 420. *ti̯ôg*; 417，419. *d'i̯ôg*; 531. *tĕk*: 529. *d'ăk*; 569. *tək*: 570. *d'əg*; 641. *tiek*: 642. *d'iek*; *F*. 17. *twân* 与 *d'wân*; 180. *twər*: 183. *d'i̯wər*; 261. *ti̯an*: 262，263. *d'i̯an*; 267. *ti̯wan*: 268. *d'i̯wan*; 298. *tân*: 300. *d'ân*; 314. *ti̯ĕn*: 313. *d'ien*。

t～*t̂*:

B. 190. *ti̯ang*: 195. *t̂i̯ang*; 248. *ti̯og*: 253. *t̂i̯og*; 588. *tog*: 589. *t̂i̯ôg*; 614. *tôg*: 613. *t̂i̯ôg*; 681. *ti̯əng*: 680. *t̂i̯əng*; *F*. 86. *ti̯ĕd*: 85. *t̂i̯ĕd*; 164. *ti̯wat*: 165. *t̂i̯war*: 216. *twən*: 217. *t̂i̯wən*; *K*. 4. *ti̯əm*: 9. *t̂i̯əm*。

t～*t̂'*:

B. 123. *tŭk*: 125. *t̂'i̯uk*; 190. *ti̯ang*: 197. *t̂'i̯ang*。

t～*d̂*:

B. 23. *ti̯əg*; 24. *d̂i̯əg*; 464. *təng*: 466. *d̂i̯əg*; *F*. 112. *ti̯an*: 113. *d̂i̯wan*; 301. *ti̯an*: 302. *d̂i̯an*。

t～*d̂'*:

B. 69. *təng*, 75. *ti̯ək*: 70. *d̂'i̯əng*。

t'~d:

B. 98. *t'i̯əg*: 99. *di̯əg*; 312. *t'i̯og*: 313. *di̯og*; 351. *t̂'i̯ôk*: 350. *di̯ôk*; 426. *t'i̯ôg*: 425. *di̯ôg*; 582. *t'iog*: 579. *di̯og*; F. 148. *t'iər* 与 *di̯ər*; 188. *t'i̯an*: 189. *di̯an*。

t'~d':

B. 34. *t'ung*: 38. *d'ung*; 44. *t'ăng*: 46. *d'ăng*; 51. *t'ieng*与 *d'ieng*; 119. *t'âk*: 120. *d'âk*; 192. *t'i̯ang*: 191. *d'i̯ang*; 217. *t'ung*: 216. *d'ông*; 226. *t'ôg*: 225. *d'ôg*; 237. *t'og*: 235. *d'ŏg*; 314. *t'i̯ôg*: 315. *d'i̯ôg*; 330. *t'i̯ĕng*: 331. *d'i̯ĕng*; 346. *t'ieng*: 347. *d'ieng*; 481. *t'ôg*: 480. *d'ôg*; 599. *t'iog*: 595. *d'iok*; 607. *t'i̯og*; 606. *d'iog*; F. 140. *t'wət*: 139. *d'wən*; 185. *t'ân*: 186. *d'ân*; 206. *t'wər*: 205. *d'wən*; 208. *t'wən*与*d'wən*: 241. *t'iər*: 238. *d'iər*; 247. *t'i̯at* 与 *d'i̯at*; 283. *t'ân*: 284. *d'ân*: 314. *t'ien*: 313. *d'ien*; 317. *t'i̯at* 与 *d'i̯at*; 331. *t'wər*; 329. *d'wən*。

t'~t̂:

B. 14. *t'i̯ək*: 13. *t̂i̯ək*; K. 50. *t'i̯am*: 49. *t̂i̯am*。

t'~t̂':

B. 306. *t'i̯ang*: 307. *t̂'i̯ang*; 628. *t'i̯əg*: 629. *t̂'i̯əg*; F. 97. *t'i̯wət*: 96. *t̂'i̯wət*。

t'~d̂:

B. 599. *t'iog*: 598. *d̂iôg*; F. 283. *t'ân*: 285. *d̂i̯an*。

t'~d̂':

F. 312. *t'wən*: 311. *d̂'i̯ən*。

d~d':

B. 280. *di̯og*: 277. *d'ôg*; 445. *di̯ĕk*, *di̯ĕg*: 447. *d'ieg*; 592. *di̯og*: 593. *d'iog*; 605. *di̯ok*: 606. *d'iog*; 689. *di̯og*: 688.

dʻi̯og; F. 189. di̯an: 186. dʻân; 194. di̯ĕn: 192. dʻi̯ĕn; 353. di̯ĕt 与dʻiet。

d～t̂:

B. 118. di̯ung: 116. t̂i̯ung; 250. di̯og: 253. t̂i̯og。

d～t̂ʻ:

B. 242. di̯ang: 243. t̂ʻi̯ang; F. 189. di̯an: 187. t̂ʻi̯an。

d～d̂:

B. 66. di̯ang; 64. d̂i̯ang; 85. di̯ĕng: 88. d̂i̯ĕng; 269. di̯ông. 275. d̂i̯ôk; 594. di̯ôk: 596. d̂iuk, 598. d̂i̯ôg。

d～d̂ʻ:

B. 66. di̯ang: 70. d̂ʻi̯əng; 663. di̯ək: 672. d̂ʻi̯ak。

dʻ～t̂:

B. 609. dʻi̯ông: 608. t̂i̯ông; 678. dʻi̯og: 677. t̂i̯og; F. 19. dʻwân与t̂i̯wan; 183. dʻi̯wər: 181. t̂i̯wər; K. 21. dʻiap: 20. t̂i̯ap。

dʻ～t̂ʻ:

B. 29. dʻâk: 30. t̂ʻi̯ak; 635. dʻi̯og: 634. t̂ʻi̯ôk。

dʻ～d̂:

B. 21. dʻi̯ək: 22. d̂i̯ək; 298. dʻi̯əng: 300. d̂i̯ək; 465. dʻəg: 466. d̂i̯əg; 470. dʻəng: 471. d̂i̯əng; 532. dʻi̯əg: 528. d̂i̯əng: 683. dʻi̯ôg: 682. d̂i̯ôk; F. 284. dʻân: 285. d̂i̯an。

dʻ～d̂ʻ:

B. 79. dʻəg: 70. d̂ʻi̯əng。

t̂～t̂ʻ:

B. 116. t̂i̯ung: 117. t̂ʻi̯ung。

t̂～d̂:

B. 143. t̂i̯ung: 144. d̂i̯ung; 274. t̂i̯ôk: 275. d̂i̯ôk; 577. t̂i̯ok:

576. *d̂i̯ok*; F. 19. *t̂i̯wan*: 20. *d̂i̯wan*; K. 51. *t̂i̯əp*: 52. *d̂i̯əp*。

ts～*ts*ʻ:

B. 219, 220. *tsâng*; 221. *ts*ʻ*âng*; 295. *tsi̯ĕng*: 296. *ts*ʻ*i̯ĕng*; 366. *tsog*: 367. *ts*ʻ*ôg*; F. 32. *tsiet*: 33. *ts*ʻ*iet*; 214. *tswən* 与 *ts*ʻ*wət*; 246. *tsi̯wət*: 245. *ts*ʻ*i̯wən*。

ts～*dz*:

B. 178. *tsi̯əg*: 181. *dzi̯əg*; 378. *tsâng*: 379. *dzi̯ang*; F. 89. *tsi̯ĕn*: 91. *dzi̯ĕn*; 122. *tsi̯wən*: 123. *dzi̯wən*; 214. *tsi̯wən*: 215. *dzi̯wəd*。

ts～*dz*ʻ:

B. 132. *tsi̯ĕng*: 133. *dz*ʻ*i̯ĕng*; 176. *tsəg*: 177. *dz*ʻ*əg*; 205. *tsəng*: 206. *dz*ʻ*əng*; 219. *tsâng*: 222. *dz*ʻ*âng*; 256. *tsi̯ĕng*: 258. *dz*ʻ*iĕng*; 295. *tsi̯ĕng*: 297. *dz*ʻ*i̯ĕng*; 343. *tsi̯ôg*: 344. *dz*ʻ*i̯ôg*; 353. *tsiəg*: 354. *dz*ʻ*i̯əg*; 378. *tsâng*: 380. *dz*ʻ*âg*; 516. *tsi̯ung*: 517. *dz*ʻ*i̯ung*; F. 34. *tsiər*: 35. *dz*ʻ*iər*; 27. *tsi̯an*: 30. *dz*ʻ*iat*; 64. *tsi̯wəd* 与 *dz*ʻ*i̯wət*; 72. *tsăn*: 73. *dz*ʻ*ân*; 108. *tswən*: 111. *dz*ʻ*wət*; 352. *ts*ʻ*i̯ĕn*: 与 *dz*ʻ*i̯ĕn*。

ts～*tṣ*:

B. 93. *tsi̯ang*: 94. *tṣi̯ang*; 176. *tsəg*: 179. *tṣi̯əg*; K. 7. *tsəm*: 8. *tṣi̯əm*。

ts～*tṣ*ʻ:

B. 172. *tsuk*: 173. *tṣ*ʻ*ŭk*; 284. *tsôg*: 283. *tṣ*ʻ*ôg*。

ts～*s*:

B. 238. *tsog*: 241. *si̯ôg*; 667. *tsôg*: 668. *sôg*; F. 279. *tswâd*: 382. *si̯wad*; K. 14. *tsam*: 15. *sam*。

ts～*ṣ*:

B. 238. *tsog*: 240. *ṣi̯ôg*; 521. *tsi̯ôk*: 527. *ṣi̯ôk*; K. 66. *tsi̯əm*:

67. *ṣi̯əm*。

ts～*ś*:

B. 259. *tsi̯ok*: 262. *śi̯ok*; 285. *tsi̯og*: 291. *śi̯og*: 364. *tsi̯ôk*: 368. *śi̯ôk*。

ts～*z*:

B. 372. *tsâng*: 371. *zi̯ang*; K. 66. *tsi̯əm*: 68. *zi̯əm*。

ts'～*dz*:

B. 495. *ts'i̯ôg*: 497. *dzi̯ôg*。

ts'～*dz'*:

B. 221. *ts'âng*: 222. *dz'âng*; 296. *ts'i̯ĕng*: 297. *dz'i̯ĕng*; 319. *ts'i̯og*: 320. *dz'i̯og*; F. 65. *ts'wər* 与 *dz'wər*; 131. *ts'wər*: 130. *dz'wər*; 166. *ts'wət* 与 *dz'i̯wəd*; 210. *ts'wân*: 211. *dz'wan*; 325. *ts'iər*: 324. *dz'iər*。

ts～*tṣ*:

B. 168. *ts'i̯ĕk*: 167. *tṣĕk*。

ts'～*tṣ'*:

F. 60. *ts'i̯ĕn*: 61, 62. *tṣ'i̯ĕn*; 223. *ts'i̯wan*: 226. *tṣ'i̯war*。

ts'～*dẓ'*:

B. 319. *ts'i̯og*: 321. *dẓ'i̯ôg*。

ts'～*s*:

B. 365. *ts'i̯uk*: 370. *suk*; 383. *ts'i̯og*: 384. *si̯og*; F. 26. *ts'ăn*: 37. *san*; 332. *ts'i̯wən*: 333. *swən*; K. 75. *ts'əm*: 74. *səm*。

ts'～*ṣ*:

K. 75. *ts'əm*: 76. *ṣi̯əm*。

ts'～*ś*:

B. 168. *ts'i̯ĕk*: 185. *śi̯ak*。

ts'～*z*:

B. 383. *tsʻi̯og*: 385. *zi̯ôg*。

dz～tṣ:

B. 181. *dzi̯əg*: 180. *tṣi̯əg*。

dz～tṣʻ:

B. 181. *dzi̯əg*: 170. *tṣʻi̯ək*。

dz～s:

F. 271. *dzi̯wan*: 280. *si̯wan*; 286. *dzi̯ər*: 287. *siər*。

dz～ṣ:

B. 493. *dzi̯uk*: 500. *ṣi̯uk*; F. 125. *dzi̯wəd*: 127. *ṣi̯wəd*。

dz～ś:

B. 671. *dzi̯ôg*; 672. *śi̯ôg*; K. 46. *dzi̯əp*: 45. *śi̯əp*。

dz～z:

B. 450. *dzi̯ak*: 454. *zi̯ag*。

dzʻ～tṣ:

B. 177. *dzʻəg*: 179. *tṣi̯əg*; K. 82. *dzʻi̯əp*: 84. *tṣəp*。

dẓʻ～tṣʻ:

B. 162. *dzʻi̯ang*: 163, 164. *tṣʻi̯ang*; 458. *dzʻi̯ak*: 459. *tṣʻĕk*。

dzʻ～dẓʻ:

B. 320. *dzʻi̯og*: 321. *dẓʻi̯ôg*。

dzʻ～s:

B. 621. *dzʻi̯og*: 622. *si̯og*; 673. *dzʻâk*: 674. *si̯ak*。

dzʻ～ś:

B. 162. *dzʻi̯ang*: 184. *śi̯ang*; K. 55. *dzʻi̯ap*: 56. *śi̯ap*。

tṣ～tṣʻ:

B. 167. *tṣĕk*: 166. *tṣʻĕk*。

tṣ～s:

B. 666. *tṣôg*: 668. *sôg*。

tṣ‘～s:

B. 316. *tṣ‘i̯ang:* 322. *sâng*。

tṣ‘～ṣ:

B. 391. *tṣ‘i̯ang:* 393. *ṣi̯ang*。

tṣ‘～ś:

B. 164. *tṣ‘i̯ang:* 184. *śi̯ang*。

dẓ‘～s:

B. 80. *dẓ‘i̯ông:* 84. *si̯ông:* 467. *dẓ‘i̯əg:* 469. *si̯əg*。

s～ṣ:

B. 241. *si̯ôg:* 240. *ṣi̯ôg;* 504. *siôg:* 503. *ṣŏg;* K. 74. *səm:* 76. *ṣi̯əm*。

s～ś:

B. 286. *si̯ang:* 287. *śi̯ang;* 293. *si̯og:* 289. *śi̯ok;* 552. *si̯og:* 553. *śi̯og;* F. 48. *si̯ər:* 49. *śi̯ər*。

s～z:

B. 384. *si̯og:* 385. *zi̯ôg;* F. 144, 145. *si̯at:* 146. *zi̯ad*。

ṣ～ś:

B. 500. *ṣi̯uk:* 499. *śi̯uk*。

ṣ～z:

K. 67. *ṣi̯əm:* 68. *zi̯əm*。

p～p‘:

D. 91. *pâk:* 92. *p‘ăk;* 104. *pĕk:* 105. *p‘iek;* 138, 139. *pi̯og:* 141. *p‘i̯og;* 186. *pung:* 187. *p‘i̯ung;* H. 12. *pi̯wăt:* 11. *p‘wât,* 14. *p‘i̯wăd;* 21. *pi̯ər:* 22. *p‘iər;* 31. *pwân:* 32, 33. *p‘wân;* 152. *pian:* 153. *p‘i̯an*。

p～b‘;

D. 30. *pwâng:* 31.－35. *b‘wâng;* 38. *pi̯ĕng:* 39. *b‘ieng;*

46. *pi̯ăng*: 47. *bʻi̯ăng*; 59. *păk*: 57，58. *bʻăk*; 84. *pi̯ĕng* 与 *bʻieng*; 117. *pôg*，116. *pôg*: 118，119. *bʻôg*; 122. *pwəg*: 123，124. *bʻwəg*; 130. *pi̯ĕg*: 129. *bʻĕg*; 138，139. *pi̯og*: 142. *bʻi̯og*; *H*. 20. *pi̯ər* 与 *bʻi̯ər*，*bʻi̯ət*; 38. *pi̯wən* 与 *bʻi̯wən*; 39. *pi̯at* 与 *bʻi̯at*; 56. *pi̯wən*: 54. *bʻi̯wən*; 81. *pi̯wər*: 82. *bʻi̯wər*; 84. *pi̯wət*: 85. *bʻi̯wət*; 115. *pi̯ĕt*: 113. *bʻi̯ĕn*; 120. *pi̯wət*，126. *pi̯wəd*: 128. *bʻi̯wər*; 150. *pi̯wən*: 151. *bʻi̯wər*。

pʻ～*bʻ*:

D. 97. *pʻi̯ung*: 98. *bʻi̯ung*; 105. *pʻiek*: 106. *bʻiek*; 114. *pʻi̯wang*; 115. *bʻi̯wak*; 137. *pʻi̯ug*: 135. *bʻi̯ŭk*; 141. *pʻi̯og*: 142. *bʻi̯og*; 150. *pʻô̯g*: 151. *bʻi̯og*; 155. *pʻi̯ôk*: 154. *bʻi̯ôk*; 181. *pʻi̯og*: 182. *bʻi̯ôg*; *H*. 29. *pʻian*，30. *pʻi̯an*: 27. *bʻi̯an*: 77. *pʻi̯wən*; 78. *bʻi̯wən*。

这是容易看到的，在这四组当中有几种的转换是很稀的，而另外的几种却极其普通，极有规则，可以说是中国语的语词转化上几种主要的方法。我要把认为特别重要和正常的指出二种：

不送气的清音和送气的浊音相转换：*t*～*dʻ*，*k*～*gʻ*，*ts*～*dzʻ*，*p*～*bʻ*；

送气的清音和送气的浊音相转换：*tʻ*～*dʻ*，*kʻ*～*gʻ*，*tsʻ*～*dzʻ*，*pʻ*～*bʻ*。

第二步我们还须举出一个很复杂的问题：这四组的起首音，是否可以证明它们和某别些尚未讨论过的起首音相转换，又后者这些起首音它们自己彼此间是否也相转换。这里有了六种疑问须待作答的。它们彼此间是否有一种语源的关系：

1. *k* 的一组和喉头暴发音的·之间；

2. *k* 的一组和 *x* 音之间；

3. *k* 的一组和 *ng* 音之间；

4. *t* 的一组和 *ts* 的一组之间；

5. *p* 的一组和 *m* 音之间；

6. *n*，*ń* 的音和 *l* 音之间。

这六种疑问，前列的四种我想决定要肯定的作答；关于后列的二种适当的例子很少，因之还留有置疑的余地：

k 等～˙：

A. 1. ki̯ăng: 19. ˙i̯ăng; 60. gʻwâng: 69. ˙wâng; 186. ki̯ang: 201. ˙i̯ang; 245. kung: 249. ˙ung; 259. kŭng, 260. gʻŭng: 265. ˙ung; 266. gi̯wang: 273. ˙wâng; 328. gʻi̯ôg: 329. ˙i̯og: 353. ki̯og: 354. ˙i̯og; E. 1. kwân 与 ˙wât; 10. kʻi̯wan: 30. ˙wân; 37. gʻwen: 49. ˙wən; 114. kʻwân: 121. ˙wân; 117. gʻi̯wăt: 123. ˙i̯wat; 189. gi̯wăn: 192. ˙i̯wăn; I. 1. gi̯am: 11. ˙i̯am; 2. gʻi̯ɛm: 12. ɛm。

k 等～*x*：

A. 64. gʻung: 66. xung; 76. gʻwâng: 87. xwâng; 80. kʻi̯ung: 88. xi̯ung; 140. ki̯wang, 141. gʻi̯wang: 152. xwâng; 215. kʻŭng: 222. xi̯ung; 307. ki̯ôk: 308. xi̯ôk; 362. kiôg: 364. xi̯ôg; E. 32. kân: 40. xân; 73. ki̯ət: 78. xi̯ət; 105. gʻi̯an: 109. xi̯ăn; 129. kian, 130. gʻian: 135. xian; 167. gi̯wən: 168. xi̯wən; 174. kʻiad: 175. xi̯ăt; I. 38. kʻi̯ăp: 39. xi̯ăp; 77. gʻəp: 80. xi̯əp。

k 等～*ng*：

A. 250. kâng: 257. ngăng; E. 2. gʻwân: 29. ngwân; 79. kân, 80. kan: 86. ngan; 128. kʻân, 129. kian: 137. ngɛn; 138. gi̯wən: 142. ngi̯ăn; 189. gi̯wăn: 190. ngi̯wăn; 234. gʻi̯ĕt: 235. ngi̯ət; 307. kwăt: 319. ngwăt; 318. kər 与 ngər; I. 40. gi̯am: 42. ngi̯ăm; 63. kʻi̯əm: 66. ngi̯əm。

t 等～*ts* 等:

B. 1. *d̂i̯ang*: 5. *śi̯ang*; 17. *d'i̯əg*: 19. *si̯əg*; 70. *d̂i̯əng*: 83. *śi̯əng*; 69. *təng*: 83. *śi̯əng*; 101. *t'i̯ĕng*: 110. *si̯ĕng*; 106. *t'i̯əg*: 111. *si̯əg*; 151. *t̂i̯ak*: 165. *tṣi̯ak*; 153. *tĕk*: 167. *tṣĕk*: 157. *t̂i̯ĕg*; 174. *ts'i̯ĕg*: 203, 204. *təng*: 205. *tsəng*, 206. *dz'əng*, 230. *tŭk*: 231. *dẓ'ŭk*; 237. *t'og*: 238. *tsog*; 264. *t'âng*: 286. *si̯ang*; 271. *t'âk*: 288. *si̯ak*; 278. *t̂i̯ôg*: 293. *si̯og*; 306. *t'i̯ang*, 307. *t̂'i̯ang*: 316. *tṣ'i̯ang*; 312. *t'i̯og*: 319. *ts'i̯og*, 320. *dz'i̯og*; 314. *t'i̯ôg*, 315. *d'i̯ôg*: 321. *dẓ'i̯ôg*; 330. *t'i̯əng*: 334. *si̯ĕng*; 333. *t̂'i̯ak*: 335. *śi̯ak*; 342. *d'i̯ôg*: 343. *tsi̯ôg*, 344. *dz'i̯ôg*; 358. *tieng*, 359. *d'ieng*; 360. *ts'ieng*; 397. *t̂i̯əg*: 400. *śi̯ək*, 401. *si̯əg*; 398. *di̯ôg*: 402. *zi̯ôg*: 428. *d̂i̯ək*: 428. *dzi̯əg*; 429. *t̂'i̯əg*: 431. *dzi̯əg*; 446. *di̯ĕk*: 449. *siek*; 465. *d'əg*, 466. *d̂i̯əg*: 467. *dẓ'i̯əg*, 469. *si̯əg*; 485. *d'i̯ôg*: 495. *ts'i̯ôg*: 532. *d'i̯əg*: 540. *zi̯əg*; 543. *t̂i̯ung*: 547. *dz'ung*; 557. *t'ôg*: 558. *ṣŏg*; 560. *tiôg*, 559. *di̯og*: 561. *dz'i̯ôg*; 562. *d'iôk*: 565. *siôg*; 600. *t̂i̯ôg*: 601. *sôg*; 630. *d̂i̯ĕg*: 633. *si̯ĕg*; 670. *ti̯ôg*: 671. *dz'i̯ôg*, 672. *śi̯ôg*; F. 2. *d̂i̯wən*: 9. *dzi̯wən*; 46. *t̂i̯ən* 与 *śi̯ən*; 50. *t'i̯ən*: 52. *śi̯ən*; 55. *t̂i̯ĕn*: 56. *si̯ĕn*; 63. *tswən*: 67. *si̯wən*; 83. *t'i̯ĕn*: 87. *tṣi̯ĕn*; 112. *ti̯an*: 114. *dz'i̯an*; 118. *d̂'i̯wən*: 122. *tsi̯wən*, 123. *dzi̯wən*; 119. *d̂'i̯wət*: 127, 128. *si̯wət*; 129. *t'wər*: 131. *ts'wər*, 130. *dz'wər*; 133. *d'wət*: 137. *ts'wət*; 192. *d'i̯ĕn*: 196. *śi̯ĕn*; 290. *t̂i̯wən*: 291. *śi̯wər*; 327. *d̂'i̯wət*: 328. *dzi̯wəd*; 329. *d'wən*: 333. *swən*; 344. *d'wər*: 345. *dz'wən*; K. 3. *di̯am*: 5, 6. *tsi̯am*; 9. *t̂i̯əm*: 7. *tsəm*, 8. *tṣi̯əm*; 16, 17. *d'iəp*: 19. *dzi̯əp*; 26. *d'ɛm*: 27. *dz'iɛm*; 28. *d'əm*: 31. *śi̯əm*; 40. *d'âm*: 44. *śi̯am*; 41. *d'əm* 与 *dzi̯ɛm*; 62. *ti̯am*: 64. *tsi̯am*。

p 等～*m*:

D. 3. *b'ung*: 12. *mung*; 100. *pâk*: 103. *mâk*; H. 64. *b'i̯wən*: 66, 67. *mwən*; 71. *b'i̯wən*: 72. *mwən*; 75. *pi̯wən*: 76. *mi̯wən*; 84. *pi̯wət*: 90. *mi̯wət*。

n, *ń*～*l*:

C. 49, 50. *ni̯ôg*, 48. *ńi̯og*: 51. *liog*; G. 7. *ńi̯at*: 14. *li̯at*; 23. *ńiən*: 17. *li̯wən*。

六、中间的(中介的、附属的)元音

这里我要把语词没有*i̯*、*i*、*w* 的这类(*kân* 类等)设定为 O。在理论上可能的转换如下:

1. O~*i̯*; 2. O~*i*; 3. O~*w*; 4. O~*i̯w*; 5. O~*iw*; 6. *i̯*~*i*; 7. *i̯*~*w*; 8. *i*~*w*; 9. *i*~*i̯w*。

它们的大多数有很好的代表:

O~*i̯*:

A. 4. *gʻwâng*: 6. *gi̯wang*, 7. *gi̯wăng*; 8. *kĕng*: 1. *ki̯ăng*; 32. *kôg*: 31. *kʻi̯ôk*; 66. *xung*: 67. *xi̯ung*; 76. *gʻwâng*: 77. *kʻi̯wang*; 83. *gʻɛg*: 84. *gʻi̯əg*; 89. *xăk*: 90. *xi̯ăk*; 98. *kog*: 100. *gʻi̯og*; 103. *ngâng*: 105. *ngi̯ang*; 134. *kʻâng*: 135. *kʻi̯ăng*; 143, 144. *kwĕg*: 145. *ki̯wĕg*; 149. *kog*: 150. *ki̯og*; 153. *kăng*; 155. *ki̯ăng*; 156. *kwăng*: 158. *gi̯wĕng*; 172. *kəng*. 175. *·gʻi̯ək*: 176. *kwək*: 177. *gi̯wək*; 184. *kâng*, 185. *kăng*: 186, 187. *ki̯ang*; 190. *kʻung*: 191. *ki̯ung*: 196. *kog*: 197. *ki̯og*; 209. *kwăng*: 212. *gi̯wĕng*; 213. *kʻung*: 216. *kʻi̯ung*; 246. *kʻôg*: 247. *gʻi̯ôg*; 250. *kâng*: 252. *ki̯ang*; 257. *ngăng*: 258. *ngi̯əng*; 276. *gʻwâng*: 277. *gi̯wang*; 278. *gʻwăk*: 279. *ki̯wak*; 288, 289. *·ĕk*: 292. *i̯ĕk*; 302. *kog*: 305. *ki̯ŏg*; 318. *kĕk*, 320. *kĕg*: 316. *kʻi̯ăk*; 332. *gʻəg*: 333. *gi̯əg*; 336. *gʻĕg*: 337. *gʻi̯əg*; 365.

g'og: 366. *g'i̯ôg*; B. 29. *d'âk*: 30. *t̂'i̯ak*; 34. *t'ung*: 39. *t̂'i̯ung*; 46. *d'ăng*: 48. *d'i̯ang*; 69. *təng*: 70. *d̂'i̯eng*; 69. *təng*: 75. *ti̯ək*; 71. *tung*: 72. *ti̯ung*; 92. *tsâng*. 94. *tṣi̯ang*; 150. *t'ăk*: 151. *t̂i̯ak*; 166. *tṣ'ĕk*: 168. *ts'i̯ĕk*; 176. *tsəg*, 177. *dz'əg*: 178. *tsi̯əg*, 181. *dzi̯əg*, 179, 180. *tṣi̯əg*; 210. *d'âng*: 213. *t̂i̯ag*; 264. *t'âng*: 265. *di̯ang*; 276, 277. *d'ôg*: 280. *di̯og*; 284. *tsôg*: 285. *tsi̯og*; 290. *sog*: 292. *si̯ôg*; 311. *d'og*, 310. *tog*: 313. *di̯og*, 312. *t'i̯og*; 318. *ts'og*: 319. *ts'i̯og*; 322. *sâng*: 323. *si̯ak*; 355. *sĕng*: 356, 357. *si̯ĕng*; 370. *suk*: 365. *ts'i̯uk*; 372. *tsâng*: 371. *zi̯ang*; 378. *tsâng*: 379. *dzi̯ang*; 403. *tâng*, 405. *d'âng*: 407, 408. *t̂i̯ang*; 417. *d'ôg* 与 *d'i̯ôg*; 424. *t'ôg*: 426. *t'i̯ôg*; 459. *tṣ'ĕk*: 458. *dz'i̯ak*; 463. *tṣĕg*: 462. *tsi̯ag*; 465. *d'əg*: 466. *d̂i̯əg*; 470. *d'əng*: 471. *d̂i̯əng*; 480. *d'ôg*: 485, 486. *d'i̯ôg*; 551. *ṣŏg*: 553. *śi̯og*; 588. *tog*: 589. *t̂i̯ôg*; 601. *sôg*: 600. *t̂i̯ôg*; 614. *tôg*: 612, 613. *t̂i̯ôg*; 673. *dz'âk*: 674. *si̯ak*; 675. *tsək*; 676. *tsi̯ək*; 691. *d'og*: 693. *d'i̯og*; C. 1. *lək*; 2. *li̯əg*; 5. *nâk*: 6. *ńi̯ak*; 28. *glâg*: 25. *gli̯ang*: 34. *nŏg*: 35. *ńi̯og*; 52. *ləng*: 53. *li̯əng*; 70. *log*: 71. *li̯ôg*: 72. *nəg*: 73. *ńi̯əg*; D. 31.-35. *b'wâng*: 36. *b'i̯wâng*; 45. *p'ăng*: 47. *b'i̯ăng*: 53, 54. *b'ọg*: 56. *b'i̯ôg*; 67. *mâng*, 70. *măng*: 68. *mi̯wang*; 86. *pŭng*: 87. *pi̯ung*; 126. *pâng*: 127, 128. *b'i̯ăng*; 129. *b'ĕg*: 130. *pi̯ĕg*; 148. *pŏg*: 149. *pi̯og*; 150. *p'ọg*: 151. *b'i̯og*; 153. *b'i̯og*; 164. *mŏg*: 165. *mi̯og*; 186. *pung*: 187. *p'i̯ung*; E. 1. *kwân*, 2. *g'wân*, 3.-7. *g'wan*: 8. *ki̯wan*, 9. *g'i̯wan*, *k'i̯wan*, 12. *gi̯wan*; 19. *kwən*: 22. *gi̯wən*; 25. *g'wər*: 28. *gi̯wər*; 32. *kân* 与 *g'i̯an*; 37. *g'wən*: 39. *gi̯wər*; 46, 47. *xwâr*: 44, 47. *xi̯war*; 53. *kwân*: 54. *ki̯wăn*; 74. *kɛd*: 75. *ki̯ɛd*; 95. *·ân*: 96. *i̯an*; 106. *kat*: 108. *ki̯ăt*, *g'i̯at*; 120. *kwət*, 119.

k'wət: 117. *g'i̯wət*; 122. *·wat*: 123. *i̯wat*; 132. *kwân*: 133. *ki̯wan*; 140. *g'wad*: 139. *gi̯wăt*; 154. *·wân*, 156. *·wan*: 158. *i̯wăn*, 161. *i̯war*; 185. *g'ăn*: 186. *g'i̯ăn*; 226. *k'ân*, 228. *g'ăn*: 230. *g'i̯an*; 231. *k'at*: 232，233. *g'i̯at*; 300. *k'ân*: 302. *g'i̯an*; 312－314. *kwâd*, 307. *kwăt*: 315. *ki̯wăd*; 319. *ngwăt* 与 *ngi̯wăt*; F. 19. *d'wân* 与 *t̂i̯wan*; 63. *tswən*; 64. *tsi̯wəd*; 74. *d'ân*: 75. *ti̯an*; 166. *ts'wət* 与 *dz'i̯wəd*; 180. *twər*: 181，182. *t̂i̯wər*, 183，184. *d'i̯wər*; 185. *t'ân*; 186. *d'ân*: 188. *t'i̯an*, 187. *t̂'i̯an*, 189－191. *di̯an*; 214. *tswən* 与 *tsi̯wən*; 214. *tswən*, *ts'wət*: 215. *dzi̯wəd*; 216. *twən*: 217. *t̂i̯wən*; 233. *ts'wər*: 234，235. *si̯wən*, 236. *si̯wəd*; 259. *d'ân*: 262，263. *d'i̯an*; 279. *tswâd*: 282. *si̯wad*; 283. *t'ân*, 284. *d'ân*: 285. *d̂i̯an*; 299. *tân*: 301. *ti̯an*; 308. *swən*: 309. *s̤i̯wər*; 316. *d'ât*: 317. *d'i̯at*; 318. *tân*: 319. *t̂i̯an*; 333. *swən*: 332. *ts'i̯wən*; 343. *d'wər*: 342. *d'i̯wəd*; G. 1. *nan*: 2，3. *ńi̯an*; 25. *lât*: 27，28. *li̯at*; H. 10. *pwât*, 11. *p'wât*: 12. *pi̯wăt*, 14. *p'i̯wăd*; 24. *p'wər*: 23. *p'i̯wər*; 26，27. *b'ăn*: 27，28. *b'i̯an*; 66，67. *mwən*: 69. *mi̯wən*; 79. *b'wət*: 81. *pi̯wər*; 83. *pwət*: 84. *pi̯wət*, 87. *pi̯wər*; 125. *pi̯əd*: 126. *pi̯wəd*; 155. *mwân* 与 *mi̯wăn*; I. 8. *·âm*: 9，10. *i̯am*; 12. *·ɛm*: 13，14. *i̯ɛm*; 15－18. *·əm*: 19，20. *i̯əm*; 31. *kap*, 34. *g'ap*: 39. *xi̯ăp*; 43. *xəp*: 44，45. *xi̯əp*; 50. *·ap*: 51. *i̯ap*; 62. *k'əm*: 63. *k'i̯əm*; 64. *ngam*: 65. *ngi̯am*; 77. *g'əp*: 80. *xi̯əp*; 83. *k'am*: 84. *k'i̯am*; K. 1. *tsâm*: 5，6. *tsi̯am*; 7. *tsəm*: 8. *ts̤i̯əm*; 28. *d'əm*: 29. *d'i̯əm*; 36. *tsâm*: 38. *dz'i̯ap*; 40. *d'âm*: 41. *di̯am*; 42. *d'əm*: 43. *di̯əm*; 57. *d'âm*: 58. *t̂i̯am*; 74. *səm*: 76. *s̤i̯əm*; 81. *dz'əp*; 82，83. *dz'i̯əp*; 87. *nəp*: 90. *ńi̯əp*。

O～*i*:

A. 133. *g'ɛg*: 132. *g'ieng*; 196. *kog*: 198. *kiog*; 303. *g'ôg*: 306. *kiog*; 346. *g'og*: 347. *kiog*; B. 103. *tôk*: 104. *d'iôk*; 159. *tog*: 160. *tiôg*; 153. *tĕk*: 152. *tiek*; 235. *d'ŏk*: 236. *d'iôk*; 480. *d'ôg*: 484. *d'iôg*; 503. *ṣ̆ŏg*; 504. *siôg*; C. 12. *log*; 13. *liog*; 34. *nŏg*: 36. *niog*; D. 104. *pĕk*: 105. *p'iek*; E. 84. *kwâd*: 83. *kiwat*; 89. *k'wad*: 88. *kiwat*; 106. *kat*: 107. *k'iat*; 128. *k'ân*: 129. *kian*; 178. *'ân*, 179. *'an*: 180, 181. *'ian*; 203, 204. *k'ər*: 205. *k'iər*; 224. *kɛn*: 225. *kien*; 305. *kât*, 311. *g'âd*: 309. *k'iat*, 316, 317. *k'iad*; 330. *'at*: 331. *'ian*; F. 307. *sɛr* 与 *siər*; 326. *dz'ɛr*; 324. *dz'iər*; 350. *tsɛd*: 351. *tsiər*: G. 11. *glân*: 12, 13. *glian*; I. 21. *g'âm*: 27. *kiap*; 31. *kap*, 32-34. *g'ap*: 35. *kiap*, 37. *g'iap*; 60. *g'ap*: 59. *k'iap*; 83. *k'am* 与 *k'iam*; K. 32, 33. *d'âm*: 34. *d'iam*; 60. *d'âp*: 61. *d'iap*。

O～*w*:

A. 20. *g'ăng*: 21. *g'wâng*; 50. *gi̯ang*: 49. *g'i̯wang*; 51. *g'ăng*; 52. *g'wăng*; 73. *ki̯ăng*: 77. *k'i̯wang*; 147. *k'i̯əg*: 148. *ki̯wəg*; 202. *i̯ĕng*: 203. *i̯wĕng*; 206. *k'ăng*: 207. *k'wâng*; 331. *kɛk*: 330. *k'wâk*: 335. *g'i̯əg*: 334. *g'i̯wĕg*; D. 24, 25. *mək*: 27. *mwəg*; 37. *b'ăng*: 35. *b'wâng*; 40. *b'əng*: 42. *b'wəg*; 43. *mi̯ăng*: 44. *mi̯wang*; 121. *pək*: 122. *pwəg*; E. 45. *xi̯ər*, 42. *xi̯ən*: 46, 48. *xi̯wər*; 52. *k'i̯an*: 55. *k'i̯wăn*; 79. *kân*, 80. *kan*: 81. *g'wăn*; 99. *k'ən*: 100. *k'wən*; 111. *k'ən*: 112. *g'wət*; 128. *k'ân*: 132. *k'wân*; 142. *ngi̯ăn*, 143. *ngi̯an*: 139. *giwăt*, 138. *gi̯wən*; 153. *i̯ăn*: 158, 160. *i̯wăn*; 185. *g'ăn*: 187. *kwan*; 265. *i̯ĕn*: 266. *i̯wən*; 268. *i̯ad*: 270. *i̯wăd*; 291, 292. *g'i̯an*: 293, 294. *gi̯wăn*; 305. *kât*, 311. *g'âd*: 307. *kwăt*, 312, 313. *kwâd*;

F. 41. *tsi̯an*: 43. *tsi̯wan*; 112. *ti̯an*. 113. *d̂i̯wan*; 160. *tân*: 161. *d'wân*; 259. *d'ân*: 265, 266. *d'wân*; 261. *ti̯an*: 267. *ti̯wan*; 302. *d̂i̯an*: 303. *ti̯wan*; G. 1. *nan*: 4, 5. *nwân*; 7. *ńi̯at*: 8. *ńi̯wat*; H. 21. *pi̯ər*: 23. *p'i̯wər*; 26, 27. *b'ăn*: 31. *pwân*, 32. *p'wân*; 68. *mi̯ɛn*: 69. *mi̯wən*; I. 38. *k'i̯ap* 与 *k'i̯wăb*: 77. *g'əp*: 78. *g'wəb*; 85. *təp*: 86. *twəb*; K. 87. *nəp*: 89. *nwəb*。

O～*i̯w*:

A. 20. *g'ăng*: 22. *gi̯wang*; 109. *ngĕg*: 110. *ngi̯wĕg*; 243. *g'âng*: 244. *k'i̯wang*; E. 40. *xân*: 41. *xi̯wăn*; 128. *k'ân*: 133. *ki̯wan*; 300. *k'ân*: 301. *k'i̯wăn*; 305. *kât*; 311. *g'âd*: 308. *gi̯wăt*, 315. *ki̯wăd*; F. 163. *tât*: 164. *ti̯wat*; 259. *d'ân*: 269. *d'i̯wan*。

O～*iw*:

A. 8. *kĕng*: 9, 10. *kiweng*, 11, 12. *g'iweng*。

i̯～*i*:

A. 58. *gi̯wĕng*: 57. *g'iweng*; 129. *ki̯ĕng*: 130. *kieng*; 192. *ki̯ĕg*: 193. *g'ieg*; 197. *ki̯og*: 198. *kiog*; 350. *i̯ôg*: 349. *˙iog*, 352. *i̯ôg*; 354. *i̯og*: 356. *i̯ôg*; 363. *˙gi̯og*, 364. *xi̯ôg*: 362. *kiôg*; B. 54. *ti̯ĕng*: 53. *d'ieng*; 248. *ti̯og*, 253. *t̂iog*: 245. *ti̯ok*; 302－304. *dz'i̯ĕng*: 305. *dz'iek*; 340. *d'i̯ĕng*: 341. *tieng*; 485. *d'iôg*; 484. *d'iôg*; 559. *di̯og*: 560. *tiôg*; 579. *di̯og*: 582. *t'iog*; 592. *di̯og*: 593. *d'iog*; 598. *di̯ôg*: 599. *t'iog*; 605. *di̯ok*, 607. *t'i̯og*: 606. *d'iog*; 689. *d̂iog*: 688. *d'iog*; C. 35. *ńi̯og*: 36. *niog*; D. 38. *pi̯ĕng*: 39. *b'ieng*; 84. *pi̯ĕng* 与 *b'ieng*; E. 108. *ki̯at*, *g'i̯at*: 107. *k'iat*; E. 220. *i̯ər*: 221. *˙iər*; F. 114. *dz'i̯an*: 117. *ts'iar*; 148. *di̯ər* 与 *t'iər*; 176. *t'i̯ĕt*: 174. *d'ien*; 248. *d̂i̯ad*: 249. *d'iad*; 286. *dzi̯ər*: 287. *siər*; 315. *ti̯ĕt* 与 *tiet*;

314. *tiěn* 与 *t'ien*; 353. *di̯ět* 与 *d'iet*; G. 31. *li̯əd*: 32. *liər*; H. 21. *pi̯ər*; 22. *p'iər*; 30. *p'i̯an*: 29. *p'ian*; 153. *p'i̯an*: 152. *pian*; I. 29. *g'i̯am*: 37. *g'iap*; 84. *k'i̯ăm*: 83. *k'iam*。

i～*w*:

A. 1. *ki̯ăng*: 3. *kwâng*; 73. *ki̯ăng*: 76. *g'wâng*; 315. *k'i̯ak*: 317. *k'wâk*; E. 52. *k'i̯an*: 53. *kwân*; 142. *ngi̯ăn*, 143. *ngi̯an*: 140. *g'wad*; 153. *'i̯ăn*: 154. *'wân*, 156. *'wan*; 186. *g'i̯ăn*: 187. *kwan*; F. 105. *twât*: 106. *d'wât*: 104. *t̂'i̯at*, 103. *d̂'i̯at*; 209. *tsi̯an*: 210. *ts'wân*, 211, 212. *dz'wan*; 261. *ti̯an*: 266. *d'wân*; 311. *d̂i̯ən*, *d̂'i̯ən*: 312. *t'wən*; G. 2, 3. *ńi̯an*: 4, 5. *nwân*; H. 21. *pi̯ər*: 24. *p'wər*; 27. *b'i̯an*, 30. *p'i̯an*, 31. *pwân*, 32. *p'wân*; 45. *b'i̯an*: 48. *pwân*; 68. *mi̯ɛn*: 66, 67. *mwən*; 144－146. *b'i̯ad*: 143. *b'wad*。

i～*w*:

A. 93. *g'ieng*; 94. *g'wĕng*; E. 129. *kian*: 132. *kwân*; 309. *k'iat*, 316, 317. *k'iad*: 307. *kwăt*, 312－314. *kwâd*; G. 32. *liər*: 33. *lwər*; H. 22. *p'iər*: 24. *p'wər*; 29. *p'ian*: 32. *p'wân*; 89. *miat*: 88. *mwât*。

i～*i̯w*:

E. 129. *kian*: 133. *ki̯wan*; 210. *kiər*: 211. *g'i̯wɛr*; F. 30. *dz'iat*: 31. *dz'i̯wat*; 281. *siən*: 278. *dzi̯wən*; H. 22. *p'iər*: 23. *p'i̯wər*。

以上所举的例子很够表示 O～*i*, O～*w*, *i̯*～*i* 这些转换,尤其特别的第一种(*kân*～*ki̯an* 之类),是属于中国语上由同一语根产生许多转化语词的基本方法。

七、主要的元音

因上古中国语音系统当中一切元音的转换，这种语言就产生了一种丰富繁杂的“元音变异”的系统，在藏语上这样一种“元音变异”也占据着显著的地位，从这点上看来，中国语确是藏语的亲属语。我首先要把同一主要元音上各种变异的转换举出例子(*â: a: ă; ŏ: o: ộ : ô; ĕ: e; ŭ: u*)，其次再及于各异的主要元音的转换。

â～a:

关于 *â: i̯a* 这类很多的事例(*kân: ki̯an* 等等)，参看上面 *O～i̯* 的转换。另外还有：

E. 2. *g'wân*: 3－7. *g'wan*; 79. *kân*. 80. *kan*; 121. *wân*: 122. *˙wat*; 124. *kwân*: 125. *g'wan*; 154. *˙wân*: 156. *˙wan*; 178. *˙ân*: 179. *˙an*; 252. *˙ân*: 254. *˙at*; 333. *kwân*: 334. *g'wan*; *F*. 210. *ts'wân*: 211, 212. *dz'wan*; *G*. 4, 5. *nwân*: 1. *nan*; *H*. 136. *pwât*: 137. *b'wat*; *I*. 71. *glâm*: 69. *klam*; *K*. 1. *tsâm*: 2. *dz'am*。

â～ă:

A. 76. *g'wâng*: 73. *ki̯ăng*; 134. *k'âng*: 135. *k'i̯ăng*; 184. *kâng*: 185. *kăng*; 207. *k'wâng*: 209. *kwăng*, 206. *k'ăng*: 250. *kâng*; 257. *ngăng*; 323. *˙âk*, *˙âg*: 324. *˙ăg*; *D*. 35. *b'wâng*: 37. *b'ăng*; 67. *mâng*: 70. *măng*; 91. *pâk*: 92. *p'ăk*; 126.

pâng: 127，128. bʻi̯ăng; 168. pâk: 169. păk; 226. kʻân, 277. gʻân: 228，229. gʻăn, 230. gʻi̯ăn; 305. kât, 312－314. kwâd: 307. kwăt, 315. ki̯wăd; F. 73. dzʻân: 72. tsăn; H. 10. pwât: 12. pi̯wăt; I. 47. kʻâm: 48. gʻăm。

a～ă:

A. 6. gi̯wang: 7. gi̯wăng; 22. gi̯wang: 20. gʻăng; 49. gʻi̯wang: 50. gʻi̯ăng; 77. kʻi̯wang; 73. ki̯ăng; 168. ki̯ang: 170. ki̯ăng; 253. gʻi̯ang: 254. gʻi̯ăng; 279. ki̯wak: 278. gʻwăk; B. 48. dʻi̯ang: 46. dʻăng; E. 13. gi̯wan 与 gi̯wăn; 56. gʻi̯wan: 55. kʻi̯wăn; 108. gʻi̯at 与 ki̯ăt; 143. ngi̯an: 142. ngi̯ăn; 161. i̯war: 160. i̯wăn; 280. i̯wan: 281. i̯wăn; F. 37. san: 26. tsʻăn; H. 27. bʻi̯an 与 bʻăn。

ŏ～o:

A. 124. kŏg: 122，123. kog; B. 235. dʻŏg: 237. tʻog; 283. tṣʻŏg: 285. tsi̯og; 551. ṣŏg: 553. śi̯og; C. 34. nŏg: 35. ńi̯og; D. 148. pŏg: 149. pi̯og; 164. mŏg: 165. mi̯og。

ŏ～ộ:

A. 124. kŏg: 121. gʻộk; 340. kŏg: 342. kộg; 340，341. gʻŏg: 343. gʻộg, 339. gộk。

ŏ～ô:

A. 305. ki̯ŏg: 306. kiôg; 340. gʻŏg: 345. kʻôg; B. 235. dʻŏk; 236. dʻiôk; 283. tṣʻŏg: 284. tsôg; 503. ṣŏg: 504. siôg; 666. tṣŏg: 667. tsôg, 668. sôg。

o～ộ:

A. 113. ngiog: 108. ngôk; 122，123. kog: 121. gʻộk; 218. gʻog: 221. kộg; D. 52. bʻog, 49. bʻok: 53，54. bʻộg; 151. bʻi̯og: 150. pʻộg; 153. bʻi̯og: 152. bʻộg。

o～*ô*:

A. 197. *ki̯og*: 199. *ki̯ôg*; 301. *k‘og*: 300. *k‘ôg*; 302. *kog*; 303. *g‘ôg*; 347. *kiog*: 348. *kiôg*; 349. *˙iog*: 352. *˙iôg*; 354. *i̯og*: 356. *˙iôg*; 363. *gi̯og*: 362. *kiôg*; B. 248. *ti̯og*, 253. *t̂i̯og*: 255. *ti̯ôg*; 273. *t̂i̯ok*: 274. *t̂i̯ôk*, 275. *d̂i̯ôk*; 280，281. *di̯og*: 276，277. *d‘ôg*; 285. *tsi̯og*: 284. *tsôg*; 312. *t‘i̯og*, 313. *di̯og*: 314. *t‘i̯ôg*, 315. *d‘i̯ôg*; 319. *ts‘i̯og*, 320. *dz‘i̯og*: 321. *dẓ‘i̯ôg*; 366. *tsog*: 367. *ts‘ôg*; 456. *si̯og*: 452. *si̯ôk*; 559. *di̯og*: 560. *tiôg*; 588. *tog*: 589. *t̂i̯ôg*; 691. *d‘og*: 692. *d‘ôg*; C. 48. *ńi̯og*: 49，50. *ni̯ôg*; 70. *log*: 71. *li̯ôg*; D. 181. *p‘i̯og*: 182. *b‘i̯ôg*。

ộ～*ô*:

A. 121. *g‘ộk*: 125. *k‘i̯ôg*; 344. *k‘ộg*: 345. *kôg*; D. 53，54. *b‘ộg*; 56. *b‘i̯ôg*; 117. *pộg*: 118，119. *b‘ôg*。

ĕ～*e*:

关于这种转换的许多事例参看上面 *o*～*i̯* 及 *o*～*i* 的转换。

ŭ～*u*:

A. 36. *k‘ŭk*: 37. *kuk*; 215. *k‘ŭng*: 214. *k‘ŭng*; 268. *ki̯ŭng*: 270. *k‘i̯uk*; B. 42. *d‘ŭg*: 41. *d‘uk*; 123. *tŭk*: 125. *t̂‘i̯uk*; 115. *d‘ŭng*: 116. *t̂i̯ung*; 626. *t‘ŭng*: 625. *t‘ung*; D. 86. *pŭng*: 87. *pi̯ung*; 90. *b‘ŭng*: 94. *p‘uk*; 101，102. *b‘ŭg*: 98. *b‘i̯ung*; 135，136. *b‘i̯ŭk*: 137. *p‘i̯ug*。

a～*e*:

A. 1. *ki̯ăng*: 8. *kĕng*; 6. *gi̯wang*, 7. *gi̯wăng*: 11，12. *g‘iweng*; 52. *g‘wăng*: 53. *kiweng*; 91. *kâng*: 93. *g‘ieng*; 115. *xi̯ang*: 117. *xieng*; 134. *k‘âng*, 135. *k‘i̯ăng*: 136. *g‘ĕng*; 184. *kâng*, 185. *kăng*: 188. *kieng*; 207. *k‘wâng*, 209. *kwăng*: 212. *gi̯wĕng*; 240. *ki̯ang*: 241. *k‘i̯wĕng*; 253. *g‘i̯ang*, 254. *g‘i̯ăng*:

255. *ki̯ĕng*; B. 5. *śi̯ang*: 6. *si̯ĕg*; 48. *dʻi̯ang*: 53. *dʻieng*; 46. *dʻăng*, 44. *tʻăng*: 54. *ti̯ĕng*; 108. *si̯ang*: 110. *si̯ĕng*; 136. *dʻâng*: 138. *dʻieng*; 151. *t̂i̯ak*: 154. *tʻiek*; 265. *di̯ang*, 264. *tʻâng*: 266. *tieng*; 338. *tsʻâng*: 339. *tsʻieng*; 391. *tṣʻi̯ang*: 392. *tsʻi̯ĕng*; 405. *dʻâng*, 407, 408. *t̂i̯ang*: 410. *d̂i̯ĕng*, 412. *tʻieng*; 444. *di̯ak*: 445. *di̯ĕk*; 458. *dzʻi̯ak*: 459, 460. *tṣʻĕk*; 462. *tsi̯ag*: 403. *tṣĕg*; 529. *dʻăk*: 531. *tĕk*; 660. *d̂i̯ak*: 661. *di̯ĕk*; C. 58. *li̯ang*: 59. *li̯ĕng*, 60. *lieng*; D. 1. *bʻăng*: 2. *pĕng*; 6. *măng*: 9. *mieng*; 31. *bʻwâng*: 38. *pi̯ĕng*, 39. *bʻieng*; 183. *pʻi̯wang*: 184. *pʻi̯ĕng*; E. 9. *gʻi̯wan*, 12. *gi̯wan*, 13. *gi̯wăn*: 15, 16. *gʻiwen*; 34. *gʻian*: 36. *gʻiwen*; 52. *kʻi̯an*: 57. *ki̯ĕn*, 58. *gʻien*; 63. *kwât*: 64. *kiet*; 86. *ngan*: 87. *ngi̯ĕn*; 117. *gʻi̯wăt*: 118. *gʻi̯wet*; 232, 233. *gʻi̯at*: 234. *gʻi̯ĕt*; 252. *ˑân*: 253. *i̯ĕn*; 254. *ˑat*: 255. *i̯ĕt*; 268. *i̯ad*: 269. *i̯ĕd*; F. 30. *dzʻiat*: 32. *tsiet*, 33. *tśiet*; 54. *tân*: 55. *t̂i̯ĕn*; 88. *dzʻian*: 89, 90. *tsi̯ĕn*; 175. *tʻât*: 176. *tʻi̯ĕt*; 186. *dʻân*: 188. *tʻi̯an*, 189. *di̯an*: 192. *dʻi̯ĕn*, 194. *di̯ĕn*; 201. *tʻât*: 200. *dʻiet*; 218. *tʻân*: 219, 220. *t̂i̯ĕn*; 271. *dzi̯wan*: 276, 277. *dzi̯wĕn*; 334. *si̯an*; 335. *si̯ĕn*; 346. *dʻiad*: 347. *d̂i̯ĕt*; G. 7. *ńi̯at*: 9. *ńi̯ĕt*; 50. *li̯at*: 51. *li̯ĕt*; H. 1. *pʻi̯wăn*: 2. *pʻien*; 29. *pʻian*, 30. *pʻi̯an*: 37, *pien*; 46. *pwân*, 45. *bʻi̯an*: 47. *pien*; 73. *bʻi̯wăn*: 74. *pʻi̯ĕn*; 123. *piad*: 124. *pi̯ĕd*; 152. *pian*: 154. *pi̯ĕn*。

a～*ə*:

A. 29. *kăng*: 30. *kəg*; 73. *ki̯ăng*: 78. *ki̯əng*; 92. *gʻi̯ăng*: 114. *xi̯əng*; 153. *kăng*, 155. *ki̯ăng*: 163. *ki̯ək*; 169. *ki̯âng*: 172. *kəng*, 175. *gʻi̯ək*; 229. *kwâng*: 231. *gʻwəng*; 257. *ngăng*: 258. *ngi̯əng*; B. 64. *d̂i̯ang*: 70. *d̂ʻi̯əng*; 265. *di̯ang*, 264. *tʻâng*:

267. t̂i̯əng; 335. śi̯ak: 336. ṣi̯ək; 406. ti̯ang: 411. təng; 662. d̂ʻi̯ak: 663. di̯ək; C. 24. li̯ang: 26. li̯əng; 56. nâng: 57. ńi̯əng; D. 31. bʻwâng: 40. bʻəng, 42. bʻwəg; 168. pâk, 169. păk: 170. pi̯ək; E. 1. kwân, 2. gʻwân, 3－7. gʻwan, 12. gi̯wan, 9. gʻi̯wan, kʻi̯wan, 13. gʻi̯wan: 19. kwən, 17. kʻwən, 22. gi̯wən, 21. ki̯wən; 47. xi̯war 与 xi̯wər; 53. kwân, 54. ki̯wăn, 55. kʻi̯wăn: 60. kwən, 61. kʻwən; 63. kwât: 67. kwət; 72. gʻi̯at: 73. ki̯ət; 117. gʻi̯wăt, 116. kʻi̯wăt: 117. gʻi̯wət, 120. kwət, 119. kʻwət; 130, 131. gʻian: 134. gʻi̯ən; 143. ngi̯ăn, 142. ngi̯ăn: 139. gi̯wən; 140. gʻwad, 139. gi̯wăt: 141. gi̯wəd; 250. xwân: 251. xi̯ən; 259. i̯wăn: 260. i̯wən; 263. gi̯wăn: 264. gʻi̯wən; 280. ˙i̯wan, 281. i̯wăn: 282. i̯wən; 300. kʻân, 302. gʻian: 303. gʻən, 304. ki̯ən; 307. kwăt, 308. gi̯wăt: 310. gi̯wət; 314. kwâd 与 ki̯əd; 319. ngwăt ngi̯wăt 与 ngwət, 320. ngi̯ăd: 321. ngi̯əd; 325. gi̯wăn: 326. gi̯wən; 332. gʻi̯ăn. 331. ki̯ən; F. 1. di̯wan: 2. d̂i̯wən; 88. dzʻian: 95. siən; 114. dzʻi̯an: 115. dzʻwən; 152. dzʻwâd: 153. dzʻi̯wəd; 158. ṣi̯wad 与 ṣi̯wət; 161. dʻwân: 162. dʻwən; 210. tsʻwân, 211. dzʻwan: 214. tswən, 213, 214. tsi̯wən; 228, 229. t̂i̯an: 230, 231. t̂i̯ən; 271. dzi̯wan: 278. dzi̯wən; 310. tân: 311. d̂i̯ən, d̂ʻi̯ən; 337. tsʻi̯wad: 338. swəd; G. 15, 16. li̯an: 17, 18. li̯wən; 29, 30. li̯ad: 49. li̯əd; H. 1. pʻi̯wăn: 3, 4. pi̯wən; 12. pi̯wăt, 14. pʻi̯wăd: 13. pʻi̯wət, 15. pʻi̯wəd; 31. pwân, 32. pʻwân, 27. bʻăn, bʻi̯an: 38. pi̯wən, bʻi̯wən; 40. bʻi̯wăt: 41. bʻi̯wət; 58, 59. bʻwâd 与 bʻwət; 73. bʻi̯wăn: 75. pi̯wən; 88. mwăt, 89. miat: 90. mi̯wət, 91. mi̯wəd; 92. man: 93. mwən; 122. pi̯ad: 125. pi̯əd; 148. bʻi̯wăn: 149. bʻiwən; I. 4. gʻâp: 5. kəp; 8. ˙âm, 9, 10. i̯am: 15－18. ˙əm, 19,

20. *˙i̯əm*; 21, 22. *gʻâm*: 24－26. *gʻəm*; 27. *kiap*: 28. *gʻəp*; 47. *kʻâm*: 49. *kʻi̯əm*; 60. *gʻap*, 59. *kʻiap*: 61. *gʻi̯əp*; 64. *ngam*, 65. *ngi̯am*: 66. *ngi̯əm*; 74. *gʻiap*: 77. *gʻəp*: K. 1. *tsâm*, 2. *dzʻam*; 5. *tsi̯am*: 7. *tsəm*, 8. *tṣi̯əm*; 3. *di̯am*: 4. *ti̯əm*, 9, 10. *t̂i̯əm*; 20. *t̂i̯ap*: 23. *t̂i̯əp*; 36. *tsâm*: 37. *tsʻiəm*; 38. *dzʻi̯ap*: 39. *səp*; 40. *dʻâm*, 41. *di̯am*: 43. *d̂i̯əm*; 57. *dʻâm*, 58. *t̂i̯am*: 59. *dʻəm*; 64, 65. *tsi̯am*: 66. *tsi̯əm*; 72. *dzʻam*: 73. *dẓʻi̯əm*; 77. *dzʻam*: 78. *tṣʻi̯əm*。

a～*ε*:

A. 184. *kâng*: 189. *gʻwεng*; 229. *kwâng*: 230. *gʻwεng*; 230. *kʻwâk*: 331. *kεk*; E. 9. *kʻi̯wan*, 12. *gi̯wan*: 20. *kʻi̯wεn*; 84. *kwâd*, 83. *kiwat*: 82. *gʻwεt*; 124. *kwân*, 125. *gʻwan*: 127. *gi̯wεn*; 128. *kʻân*, 129. *kian*: 137. *ngεn*; 191. *˙i̯ăn*: 193. *˙i̯εn*; 236. *gʻwât*: 237. *gʻwεt*; I. 8. *˙âm*: 12. *˙εm*; 9. *˙i̯am*: 13, 14. *˙i̯εm*; 21, 22. *gʻâm*; 23. *gʻεm*: 40. *gi̯am*: 41. *gʻεm*; 60. *gʻap*, 59. *kʻiap*: 61. *gʻiεp*; 72. *kiam*: 73. *gʻεm*; 74. *gʻiap*: 75. *gʻεp*; K. 20. *t̂i̯ap*: 22. *t̂i̯εp*; 24. *si̯am*: 25. *sεm*。

a～*o*:

A. 106. *ngâk*: 108. *ngọk*; 120. *gʻâk*: 121. *gʻọk*; 239. *gʻâng*: 242. *kọng*: B. 165. *tṣi̯ak*: 187. *si̯ok*; 265. *di̯ang*, 264. *tʻâng*: 269. *di̯ông*; 272. *t̂i̯ak*: 273. *t̂i̯ok*; 288. *si̯ak*: 292. *si̯ôg*; 306. *tʻi̯ang*, 307. *t̂i̯ang*: 308. *tʻi̯ông*; 416. *t̂i̯ag*: 420. *ti̯ôg*, 417, 419. *dʻi̯ôg*; 450. *dzi̯ak*, 454. *zi̯ag*: 452. *si̯ôk*, 456. *si̯og*; 518, 519. *tsi̯ak*: 521. *tsi̯ôk*; 585. *t̂ʻi̯ak*: 586. *dʻi̯ôk*; C. 3. *ńi̯ang*: 4. *nông*; D. 18. *mâg*: 21. *môg*: 160. *mâg*: 161. *mi̯ôg*; 162, 163. *mâg*: 164. *mŏg*, 165. *mi̯og*。

a～*u*:

A. 14. *xâk*: 15. *xi̯uk*; 20. *g ʻăng*: 25. *g ʻŭng*; 51. *g ʻăng*: 54. *kŭng*; 73. *ki̯ăng*, 77. *k ʻi̯wang*: 79. *ki̯ung*, 80. *k ʻi̯ung*; 92. *g ʻi̯ăng*: 95. *kŭng*; 169. *ki̯ăng*: 173. *g ʻi̯ŭng*; B. 46. *d ʻang*, 44. *t ʻăng*: 56. *tŭng*; 119. *t ʻâk*: 123. *tŭk*; 120. *d ʻâk*: 124. *d ʻŭk*; 130. *d ʻâng*: 131. *d ʻung*; 141. *ti̯ang*: 143. *ȶi̯ung*; 151. *ȶi̯ak*: 155. *tŭk*; 198. *tâng*: 199. *d ʻung*; 228. *d ʻăk*: 230. *tŭk*; 361. *ts ʻăng*: 362. *ts ʻung*; 405. *d ʻâng*, 407, 408. *ȶi̯ang*: 414. *di̯ung*; 406. *ti̯ang*: 413. *d ʻŭng*; 498. *sâk*: 500. *ṣi̯uk*, 499. *śi̯uk*; 507. *ȶi̯ak*: 509. *d ʻi̯uk*: D. 1. *b ʻăng*: 3. *b ʻung*; 6. *măng*: 12. *mung*; 46. *pi̯ăng*: 48. *p ʻi̯ung*; 62. *pi̯ăng*: 63. *p ʻi̯ung*; 79. *mâng*: 81. *mŭng*; 83. *b ʻi̯wang*: 87. *pi̯ung*; 89. *b ʻăng*: 90. *b ʻŭng*; 92. *p ʻăk*: 94. *p ʻuk*; 95. *pi̯ăng*: 97. *p ʻi̯ung*, 98. *b ʻi̯ung*; 178. *mâg*: 180. *mi̯ŭg*。

e～ɛ:

B. 101. *t ʻi̯ĕng*: 102. *d ʻɛng*; E. 64. *kiet*: 69. *gi̯wɛt*; 225. *kien*: 224. *kɛn*。

e～ə:

A. 145. *ki̯wĕg*: 148. *ki̯wəg*; 288－291. *ˑĕk*: 293. *i̯ək*; 296. *kiek*: 298. *ki̯ək*; 334. *g ʻi̯wĕg*: 335. *g ʻi̯əg*; 336. *g ʻĕg*: 337. *g ʻi̯əg*; B. 10. *ȶi̯ĕng*: 11. *d ʻi̯əng*; 20. *ȶi̯ĕng*: 21. *d ʻi̯ək*; 27. *d ʻi̯ĕng*: 28. *ȶ ʻi̯əng*; 77. *d ʻieg*: 79. *d ʻəg*; 232. *dz ʻi̯ĕg*: 233. *tsi̯əg*; 266. *tieng*: 267. *ȶi̯əng*; 394, 395. *ti̯ĕg*: 396, 397. *ȶi̯əg*; 445. *di̯ĕk*: 447. *d ʻieg*: 448. *d ʻəg*; 468. *si̯ĕg*: 469. *si̯əg*; 510, 511. *d ʻieg*: 513. *ȶi̯əg*; 630. *ȡi̯ĕg*: 631. *ȶi̯əg*; 633. *si̯ĕg*: 632. *tsi̯əg*; C. 64. *lieng*: 65. *li̯əng*; E. 36. *g ʻiwen*: 37. *g ʻwən*; 57. *ki̯ĕn*, 58. *g ʻien*: 60. *kwən*, 62. *k ʻwən*; 64. *kiet*: 67. *kwət*; 118. *g ʻiwet*: 120. *kwət*, 119. *k ʻwət*; 214, 215. *i̯ĕn*: 216. *i̯ən*; 265.

i̯ĕn: 266. *i̯wən*; 283. *·ĕn*: 284. *·əd*; F. 89. *tsi̯ĕn*: 95. *siən*; 121. *dzi̯wĕn*: 123. *dzi̯wən*; 232. *d'ien*: 231. *ȶi̯ən*; 276. *dzi̯wĕn*: 281. *siən*; 288. *d'iət*: 289. *t'iəd*; 305. *si̯ĕn*: 306. *siən*; 320. *tsi̯ĕn*: 321, 322. *ts'iən*; H. 74. *p'i̯ĕn*: 75. *pi̯wən*; 115. *pi̯ĕt*: 117－119. *pi̯wət*; 116. *pi̯ĕt*: 120, 121. *pi̯wət*; 124. *pi̯ĕd*: 125. *pi̯əd*, 126. *pi̯wəd*; 141. *pi̯ĕd*: 142. *pi̯wəd*。

e～o:

A. 96. *k'i̯ĕg*: 99. *k'i̯og*; 109. *ngĕg*: 113. *ngiog*; 143, 144. *kwĕg*, 145. *ki̯wĕg*: 149. *kog*, 150. *ki̯og*; 193－195. *g'ieg*, 192. *ki̯ĕg*: 197. *ki̯og*, 198. *kiog*, 199. *ki̯ôg*; B. 58, 59. *ȶi̯ĕg*: 61. *d'iôg*; 85. *di̯ĕng*: 89. *ȶ'i̯ông*; 147. *ȡi̯ĕng*: 148. *ȶi̯ôg*; 174. *ts'i̯ĕg*: 182. *tsôg*; 209. *sieng*: 208. *sog*; 261. *siek*: 262. *śi̯ok*; 331. *d'i̯ĕng*: 330. *t'iĕng*: 332. *d'ông*; 479. *d'ieg*: 486. *d'i̯ôg*; 578. *ȡi̯ĕg*: 579. *di̯og*; D. 129. *b'ĕg*: 131. *b'ọg*。

e～u:

A. 129. *ki̯ĕng*, 130. *kieng*: 131. *g'ŭng*; 210, 211. *k'ieng*: 214. *k'ung*, 215. *k'ŭng*; 264. *·ĕng*: 265. *·ung*; 283. *g'ieg*: 284, 285. *gi̯ŭg*; B. 8. *ȶi̯ĕng*: 12. *tung*; 54. *ti̯ĕng*: 56. *tŭng*; 85. *di̯ĕng*, 88. *ȡi̯ĕng*: 90. *di̯ung*; 112. *tieng*; 115. *d'ŭng*; 113. *ȶi̯ĕng*: 116. *ȶi̯ung*, 118. *di̯ung*; 154. *t'iek*: 155. *tŭk*; 229. *tiek*: 230. *tŭk*; 232. *dz'i̯ĕg*: 231. *dẓ'ŭk*; 375. *t'ieng*: 376. *ts'ung*; 410. *ȡi̯ĕng*: 414. *di̯ung*; 442. *tsi̯ĕng*: 443. *ts'ung*; 520. *tsi̯ĕk*: 523. *tsi̯uk*; C. 31. *lieng*: 32. *lung*; D. 2. *pĕng*: 3. *b'ung*; 8, 9. *mieng*: 11, 12. *mung*; 28. *mieng*: 29. *mung*; 173, 174. *mĕg*: 175. *mug*。

ɛ～ə:

A. 83. *g'ɛg*: 84. *g'i̯əg*; 230. *g'wɛng*: 231. *g'wəng*; E.

20. *kʻi̯wɛn*: 22. *gi̯wən*; 74. *kɛd*, 75. *ki̯ɛd*: 76, 77. *ki̯əd*; 137. *ngɛn*: 134. *gʻi̯ən*; 182. *gʻɛn*: 183. *kʻwən*; 275. *gʻi̯ɛn*, 276. *ki̯ɛr*: 277. *ki̯ər*; F. 307. *sɛr* 与 *siər*; 326. *dzʻɛr*: 324. *dzʻiər*; H. 68. *mi̯ɛn*: 66, 67. *mwən*, 69. *mi̯wən*; I. 12. *ˑɛm*, 13, 14. *i̯ɛm*: 15－18. *ˑəm*, 19, 20. *i̯əm*; 23. *gʻɛm*; 25. *gʻəm*; 61. *gʻi̯ɛp* 与 *gʻi̯əp*; 75, 76. *gʻɛp*: 77. *gʻəp*; K. 22. *t̂i̯ɛp*: 23. *t̂i̯əp*; 26. *dʻɛm*: 28. *dʻəm*, 29. *dʻi̯əm*; 27. *dzʻi̯ɛm*: 31. * śi̯əm*。

ə～o:

A. 16, 17. *xi̯əg*: 18. *xiog*; 97. *kʻi̯əg*: 99. *kʻi̯og*, 101. *gʻi̯og*: 138. *xi̯əg*: 139. *xôg*; 147. *kʻi̯əg*: 150. *ki̯og*; B. 2. *di̯əg*: 3. *t̂i̯ôg*; 106. *tʻi̯əg*: 107. *tʻiog*; 176. *tsəg*, 177. *dzʻəg*, 179. *tṣi̯əg*: 183. *tsi̯og*; 247. *t̂ʻi̯əg*: 253, 254. *t̂i̯og*; 267. *t̂i̯əng*: 269. *di̯ông*; 300. *d̂i̯ək*: 301. *d̂i̯ôk*; 382. *dzi̯əg*: 383. *tsʻi̯og*, 384. *si̯og*, 385. *zi̯ôg*; 401. *si̯əg*: 402. *zi̯ôg*; 501. *si̯əg*: 502. *sog*; 513. *t̂i̯əg*: 515. *dʻôg*; 532. *dʻi̯əg*: 533. *d̂i̯ôg*; 537. *tsʻəg*: 538. *tsʻog*; 570. *dʻəg*: 571. *tog*; 587. *t̂i̯əg*: 588. *tog*, 589. *t̂i̯ôg*; 597. *d̂i̯əg*; 598. *d̂i̯ôg*; 619. *t̂ʻi̯əg*: 620. *tŏg*; 623. *t̂ʻi̯əg*: 624. *t̂ʻi̯ôg*; 644. *tṣi̯əg*; 645. *tsôg*; 647. *tṣi̯əg*: 650. *dzʻôg*; D. 145. *pʻwəg*: 146. *pʻọg*。

ə～u:

A. 78. *ki̯əng*: 79. *ki̯ung*; 172. *kəng*: 173. *gʻi̯ŭng*; 267. *kwəng*: 268. *ki̯ŭng*; 326. *ki̯ək*: 327. *gi̯uk*; 368. *gʻi̯wəg*: 367. *ki̯ŭg*; B. 411. *təng*: 413. *dʻŭng*; 470. *dʻəng*, 471. *d̂i̯əng*: 472. *tʻung*; 505. *di̯əng*: 506. *t̂i̯ung*; 542. *t̂i̯əng*: 543. *t̂i̯ung*; 603. *dʻəng*: 604. *di̯ung*; 652. *tsi̯ək*: 653. *si̯uk*; 684. *dʻək*: 685. *dʻuk*; C. 61. *li̯əng*: 62. *li̯ung*; D. 10. *məng*: 11, 12. *mung*; 122. *pwəg*, 123, 124. *bʻwəg*: 125. *bʻi̯ŭg*; 133, 134. *bʻwək*: 135, 136. *bʻi̯ŭk*; 179. *mwəg*: 180. *mi̯ŭg*; 188. *bʻwəg* 与 *bʻŭg*。

o～*u*:

A. 43. *˙ok*: 44. *˙ŭk*; 63. *kọng*: 64. *gʻung*; B. 89. *t̂ʻi̯ông*: 90. *di̯ung*; 103. *tôk*, 104. *dʻiôk*: 105. *t̂i̯uk*; 114. *dʻi̯ông*: 117. *t̂ʻi̯ung*; 122. *ti̯ôk*: 123. *tŭk*; 216. *dʻông*: 217, 218. *tʻung*; 259. *tsi̯ok*; 246. *t̂i̯uk*; 269. *di̯ông*: 270. *di̯ung*; 369. *śi̯ôk*: 370. *suk*; 364. *tsi̯ôk*: 365. *tsʻi̯uk*; 389. *tông*: 390. *tung*; 475. *t̂i̯ok*: 477. *t̂i̯uk*; 508. *dʻiôk*: 509. *dʻi̯uk*; 521. *tsi̯ôk*, 522. *tsʻi̯ôk*: 523. *tsi̯uk*; 594. *di̯ôk*: 596. *d̂i̯uk*; C. 66. *nông*: 67. *ni̯ung*; D. 4. *pʻi̯ôk*: 5. *bʻi̯uk*; 49. *bʻok*: 51. *puk*; 185. *pʻi̯ông*: 187. *pʻi̯ung*。

八、集合的转换

我们现在回转到了上面第二〇〇页上所列的疑问。语词不只具有“一种”的转换而有两种或多种的，可有理由把它们集合起来吗？我们且拿上面所举的第三个例子来说：*E*. 93. *gʻât*(曷)：94. *kʻi̯ər*(岂)。在意义上这种的集合是很妥当的；但是我们须要承受，关于两个语词上各种成分，不下有四种的转换。我们在上面已经证明这四种转换确实的存在：*gʻ*～*kʻ*(极普通)；*o*～*i̯*(极普通)；*â*～*ə*(极普通)；*t*～*r*(很确实也还普通)；那末，我们列出“曷”，“岂”这两个语词：*gʻât*: *kʻi̯ər* 的亲族关系，是假定这四种的转换，可以认为合法的吗？

在理论上，我总说是对的；不过我还要加重的说明，这里正如在一切语言学上，争辩的定案是依据于这个问题的，就是我们是否可以求得“许多相并的例子，显示着各种转换同样的集合”。如果我们可以，那末我想任何人不能否认我们推断的正确。那就是我所以要在这里举出关于复合转换稍稍广博的例子(为要叙述的简单起见，我把论证只限于两种成分：主要的元音和收尾的辅音)：

a～*e* 并合 *ng*～*k*～*g* 的转换(*ang*～*ek*, *ang*～*eg*, *ak*～*eng*, *ak*～*eg*)：

B. 407. *ti̯ang*: 415. *di̯ĕk*; *C*. 9. *ńi̯ang*: 11. *nĕk*; *A*. 140. *ki̯wang*: 145. *ki̯wĕg*; 186. *ki̯ang*: 192. *ki̯ĕg*; *B*. 5. *śi̯ang*: 6. *si̯ĕg*;

48. *dʻi̯ang*: 58. *t̂i̯ĕg*; D. 127, 128. *bʻi̯ăng*: 129. *bʻĕg*, 130. *pi̯ĕg*; B. 333. *t̂ʻi̯ak*: 330. *tʻi̯ĕng*; 335. *śi̯ak*: 334. *si̯ĕng*。

a～*ə*并合*ng*～*k*～*g*的转换(*ang*～*ək*, *ang*～*əg*, *ak*～*eg*, *ag*～*əng*):

A. 155. *ki̯ăng*: 163. *ki̯ək*; 168. *ki̯ang*, 169, 170. *ki̯ăng*: 175. *gʻi̯ək*; B. 427. *d̂i̯ang*: 428. *d̂ʻi̯ək*; A. 73. *ki̯ăng*: 84. *gʻi̯əg*; 92. *gʻi̯ăng*: 97. *kʻi̯əg*; 135. *kʻi̯ăng*: 137. *gʻi̯əg*; B. 1. *d̂i̯ang*: 2. *di̯əg*; 66. *di̯ang*: 79. *dʻəg*; 108. *si̯ang*: 111. *si̯əg*; 162. *dzʻi̯ang*: 177. *dzʻəg*; 210. *dʻâng*: 214. *di̯əg*; 243. *t̂ʻi̯ang* 247. *t̂ʻi̯əg*; 381. *dzi̯ang*: 382. *dzi̯əg*; 399. *si̯ang*: 401. *si̯əg*; 427. *d̂i̯ang*: 429. *t̂ʻi̯əg*; 535. *tsi̯ang*: 540. *zi̯əg*; 639. *si̯ang*: 640. *si̯əg*; B. 97. *di̯ak*: 99. *di̯əg*; 119. *tʻâk*: 126. *tʻi̯əg*; 444. *di̯ak*: 448. *dʻəg*; 498. *sâk*: 501. *si̯əg*; 507. *t̂i̯ak*: 513. *t̂i̯əg*; 637. *tʻâk*: 638. *dʻəg*; B. 207. *dzʻâg*: 206. *dzʻəng*; 416. *t̂i̯ag*: 411. *təng*; D. 18. *mâg*: 10. *məng*。

a～*o*并合*ng*～*k*～*g*的转换(*ang*～*ok*, *ang*～*og*, *ak*～*og*, *ag*～*ok*):

A. 118. *kʻâng*: 121. *gʻôk*; 201. *i̯ang*: 205. *i̯ok*; 250. *kâng*: 256. *kʻŏk*; B. 265. *di̯ang*: 273. *t̂i̯ok*, 275. *d̂i̯ôk*; 286. *si̯ang*, 287. *śi̯ang*: 289. *śi̯ok*; C. 16. *lâng*: 19. *liok*; 24. *li̯ang*: 27. *liok*; D. 45. *pʻăng*: 49. *bʻok*; A. 118. *kʻâng*: 122, 123. *kog*: 186, 187. *ki̯ang*: 197. *ki̯og*, 199. *ki̯ôg*; B. 1. *d̂i̯ang*: 3. *t̂i̯ôg*; 48. *dʻi̯ang*: 61. *dʻiôg*; 242. *di̯ang*: 250－252. *di̯og*; 265. *di̯ang*; 280. *di̯og*, 278. *t̂i̯ôg*; 307. *t̂ʻi̯ang*: 312. *tʻi̯og*, 314. *tʻi̯ôg*; 361. *tsʻâng*: 367. *tsʻôg*; 381. *dzi̯ang*: 385. *zi̯ôg*; 399. *si̯ang*: 402. *zi̯ôg*; 407. *t̂ang*: 418. *dʻi̯ôg*; 406. *tiang*: 420. *ti̯ôg*; 440. *dʻâng*: 441. *tog*; 554. *tʻi̯ang*: 557. *tʻôg*; C. 14. *li̯ang*: 15. *liog*; 16.

lâng: 20, 21. liog; 69. lâng: 70. log, 71. li̯ôg; D. 6. măng: 20. mog; 45. pʻăng: 53, 54. bʻọg; 46. pi̯ăng: 55. pi̯og; 62. pi̯ăng: 66. pʻi̯og; 67. mâng, 70. măng: 71. mi̯og; 79, 80. mâng: 82. miog; 127, 128. bʻi̯ăng: 131. bʻọg; A. 120. gʻâk: 122, 123. kog, 124. kŏg; B. 119. tʻâk: 127. tôg; 165. tṣi̯ak: 183. tsi̯og: 271. tʻâk: 279. tiôg; 272. t̂i̯ak: 278. t̂i̯ôg; 288. si̯ak: 292. si̯ôg; 323. si̯ak: 319. tsʻi̯og; 335. śi̯ak: 337. ṣi̯ôg; 450. dzi̯ak: 456. si̯og; 581. dzʻâk: 583. tsi̯og; B. 454. zi̯ag: 452. si̯ôk。

a～u 并合 ng～k～g 的转换(ang～uk, ak～ung, ag～ung):

A. 266. gi̯wang: 271. gʻi̯uk; B. 554. tʻi̯ang: 556. dʻuk; D. 89. bʻăng: 94. pʻuk; A. 90. xi̯ăk: 88. xi̯ung; B. 120. dʻâk: 116. t̂i̯ung; 119. tʻâk: 115. dʻŭng; D. 91. pâk: 90. bʻŭng; 100. pâk: 97. pʻi̯ung, 98, bʻi̯ung; D. 18. mâg; 11. mung。

e～ə并合 ng～k～g 的转换(eng～ək, eng～əg, ek～əg):

A. 159. gʻieng: 162. kʻək; B. 8. t̂i̯ĕng: 13. t̂i̯ək; 53. dʻieng, 54. ti̯ĕng: 57. di̯ək; 68. tieng: 74. təg; A. 136. gʻĕng: 137. gʻi̯əg; B. 101. tʻi̯ĕng: 106. tʻi̯əg: 110. si̯ĕng: 111. si̯əg; 355. sĕng, 356, 357. si̯ĕng: 354. dzʻi̯əg, 353. tsi̯əg; 445. di̯ĕk: 448. dʻəg; 520. tsi̯ĕk: 524. dzi̯əg; 531. tĕk: 532. dʻi̯əg。

e～o 并合 ng～k～g 的转换(eng～ok, eng～og, ek～og, eg～ok):

A. 202. i̯ĕng: 205. i̯ok; B. 101. tʻieng: 104. dʻiôk; 112. tieng: 122. ti̯ôk; A. 8. kĕng: 13. kog; 61. gʻieng: 65. gʻôg; 93. gʻieng: 102. kʻi̯ôg; 210, 211. kʻieng: 220. kʻiog; B. 53. dʻieng, 54. ti̯ĕng: 61. dʻiôg; 101. tʻi̯ĕng: 107. tʻiog; 112. tieng: 127. tôg; 340. dʻi̯ĕng, 341. tieng: 342. dʻi̯ôg; 412.

tʻieng: 418. *dʻi̯ôg*; C. 44. *lieng*: 45. *lôg*; B. 154. *tʻiek*: 159. *tog*; 239. *siek*: 241. *si̯ôg*; 415. *di̯ĕk*: 418. *dʻi̯ôg*; 642. *dʻiek*: 643. *d̂i̯ôg*; 658. *di̯ĕk*: 659. *di̯og*; C. 39. *liek*: 43. *li̯ôg*; D. 15－17. *miek*: 21. *môg*; 159. *miek*: 161. *mi̯ôg*; A. 109. *ngĕg*: 108. *ngộk*; B. 510. *dʻieg*: 508. *dʻiôk*; 563. *dʻi̯ĕg*: 562. *dʻiôk*; 578. *d̂i̯ĕg*: 576. *d̂i̯ok*。

e～*u* 并合 *ng*～*k*～*g* 的转换(*ek*～*ung*, *eg*～*ung*, *eg*～*uk*):

B. 520. *tsi̯ĕk*: 516. *tsi̯ung*; D. 15，16. *miek*: 11. *mung*; A. 24. *kĕg*: 25. *gʻŭng*; 193. *gʻieg*: 191. *ki̯ung*; B. 58. *t̂i̯ĕg*: 56. *tŭng*; D. 88. *bʻi̯ĕg*; 87. *pi̯ung*; B. 479. *dʻieg*: 477. *t̂i̯uk*; 510. *dʻieg*: 509. *dʻi̯uk*。

ə～*o* 并合 *ng*～*k*～*g* 的转换(*əng*～*ok*, *əng*～*og*, *ək*～*og*, *əg*～*ok*):

B. 267. *t̂i̯əng*: 274. *t̂i̯ôk*; 298，299. *dʻi̯əng*: 301. *d̂i̯ôk*; 470. *dʻəng*, 471. *d̂i̯əng*: 475. *t̂i̯ok*; 603. *dʻəng*: 605. *di̯ok*; C. 26. *liəng*: 27. *li̯ok*; B. 411. *təng*: 417. *dʻôg*; 470. *dʻəng*, 471. *d̂i̯əng*: 483，486. *dʻi̯ôg*; 528. *d̂i̯əng*: 533. *d̂i̯ôg*; 603. *dʻəng*: 606. *dʻiog*; D. 10. *məng*: 21. *môg*; A. 162. *kʻək*: 166. *kog*; 326. *ki̯ək*: 328. *gʻi̯ôg*; B. 57. *di̯ək*: 61. *dʻiôg*; 317. *tṣʻi̯ək*: 319. *tsʻi̯og*, 320. *dzʻi̯og*, 321. *dẓʻi̯ôg*; 336. *ṣi̯ək*: 337. *ṣi̯ôg*; 474. *t̂i̯ək*: 483. *dʻi̯ôg*; 539. *ṣi̯ək*: 541. *śi̯ôg*; 569. *tək*: 571. *tog*; 572. *tsi̯ək*: 573. *dzʻi̯ôg*; C. 22. *li̯ək*: 23. *log*; B. 106. *tʻi̯əg*: 104. *dʻiôk*; 126. *tʻi̯əg*: 122. *ti̯ôk*; 179. *tṣi̯əg*: 187. *si̯ək*; 329. *si̯əg*: 328. *si̯ôk*; 352. *tʻəg*: 350. *di̯ôk*; 597. *d̂i̯əg*: 594. *di̯ôk*; D. 172. *bʻwəg*: 171. *pi̯ôk*。

ə～*u* 并合 *ng*～*k*～*g* 的转换(*əng*～*uk*, *əng*～*ug*, *əg*～*ung*, *əg*～*uk*):

D. 40. bʻəng: 41. pʻi̯ŭk; 132. pəng: 135. bʻi̯ŭk; A. 181. gʻəng: 182. ki̯ŭg; D. 132. pəng: 137. pʻi̯ug; A. 84. gʻi̯əg: 80. kʻiung, 79. ki̯ung; 97. kʻi̯əg: 95. kŭng; B. 126. tʻi̯əg: 115. dʻŭng; 329. si̯əg: 326. si̯ung; 524. dzi̯əg; 516. tsi̯ung, 517. dzʻi̯ung; 628. tʻi̯əg, 629. îʻi̯əg: 626. tʻŭng, 625. tʻung, 627. tŭng; 654. tsəg: 655. ṣŭng; B. 106. tʻi̯əg: 105. îi̯uk; 126. tʻi̯əg: 123. tŭk, 125. îʻi̯uk; 513. îi̯əg: 509. dʻi̯uk; 597. d̂i̯əg: 596. d̂i̯uk; D. 42. bʻwəg: 41. pʻi̯ŭk。

o～u 并合 ng～k～g 的转换(ok～ung, og～ung, og～uk, ok～un):

A. 41. kôk: 40. gʻung; 128. xok: 127. xung; B. 76. tŏk: 72. ti̯ung; 122. ti̯ôk: 115. dʻung; 328. si̯ôk: 326. si̯ung; 605. di̯ok: 604. di̯ung; A. 65. gʻôg: 64. gʻung; 101. gʻi̯og: 95. kŭng; 220. kʻiog: 213. kʻung, 216. kʻi̯ung; 221. kọg: 214. kʻung; 225. xi̯og: 222. xi̯ung; B. 127. tôg: 115. dʻŭng; 225. dʻôg, 226. tʻôg: 223, 224. di̯ung; 417. dʻôg, 417, 419. dʻi̯ôg: 413. dʻŭng; 494. tsi̯ôg: 490. tsung; 481. tʻôg: 472. tʻung; 606. dʻiog, 607. tʻi̯og: 604. di̯ung; D. 21. môg: 11. mung; 55. pi̯og: 48. pʻi̯ung; 66. pʻi̯og: 63. pʻi̯ung; 74. mog: 73. mŭng; 82. mi̯og: 81. mŭng; A. 272. ki̯ôg: 270. kʻi̯uk; 328. gʻi̯ôg: 327. gi̯uk; B. 107. tʻiog: 105. îi̯uk; 127. tôg: 123. tŭk, 125. îʻi̯uk; 159. tog, 160. tiôg: 155, 156. tŭk; 253, 254. îi̯og: 246. îi̯uk; 367. tsʻôg: 365. tsʻi̯uk; 486. dʻi̯ôg; 477. îiuk; 515. dʻôg: 509. dʻi̯uk; 538. tsʻog: 536. tṣŭk; 550. dzʻôg: 549. dzʻuk; 557. tʻôg: 556. dʻuk; C. 42, 43. li̯ôg: 40. luk; A. 280, 281. ki̯ôk: 284, 285. gi̯ŭg。

a～e 并合 n～t～d 的转换(an～et, ad～et, at～en):

E. 230. *g'i̯ăn*: 234. *g'i̯ĕt*; 252. *·ân*: 255. *·i̯ĕt*; F. 346. *d'iad*: 347. *t̂i̯ĕt*; 297. *tsat*: 296. *dz'i̯ĕn*。

a～*ə* 并合 *n*～*t*～*d*～*r* 的转换(*an*～*ət*, *an*～*əd*, *an*～*ər*, *at*～*ən*, *at*～*əd*, *at*～*ər*, *ad*～*ən*, *ad*～*ət*, *ad*～*ər*):

E. 53. *kwân*: 67. *kwət*; 259. *i̯wăn*: 261. *i̯wət*; F. 107. *ts'wan*: 111. *dz'wət*; 132. *d̂i̯wan*: 133. *d'wət*; H. 111. *p'i̯wăn*: 120, 121. *pi̯wət*; E. 302. *g'i̯an*: 314. *ki̯əd*; F. 210. *ts'wân*: 215. *dzi̯wəd*; H. 112. *pi̯wăn*: 126. *pi̯wəd*; E. 1. *kwân*, 2. *g'wân*, 3. *g'wan*: 25, 26. *g'wər*; 40. *xân*: 45. *xi̯ər*; 90. *gi̯wăn*: 92. *gi̯wər*; 135. *xian*: 136. *xi̯ər*; 149. *kwân*, 150. *g'wân*: 152. *gi̯wər*; 157. *·wan*: 162. *·wər*; 199. *wân*: 200. *xi̯ər*; F. 27, 28. *tsi̯an*: 34. *tsi̯ər*, 35. *dz'iər*; 172. *twân*: 180. *twər*; 304. *tsi̯an*: 306, 307. *siər*; G. 1. *nan*: 10. *ni̯ər*; H. 45. *b'i̯an*: 52. *pi̯ər*; E. 63. *kwât*: 60. *kwən*, 61, 62. *k'wən*; 139. *gi̯wăt*: 138. *gi̯wən*; 184. *ki̯wăt*: 183. *k'wən*; 305. *kât*: 303. *g'ən*; F. 109. *tswât*: 108. *tswən*; 164. *ti̯wat*: 162. *d'wən*; H. 39. *pi̯at*, *b'i̯at*: 38. *pi̯wən*, *b'i̯wən*; 136. *pwât*: 135. *pwən*; E. 72. *q'i̯at*: 76. *ki̯əd*; 139. *gi̯wăt*: 141. *gi̯wəd*; 244. *kiat*: 245. *kəd*; 305. *kât*: 314. *ki̯əd*; 319. *ngi̯wăt*: 321. *ngi̯əd*; G. 26. *lât*, 27. *li̯at*: 31. *li̯əd*; H. 11. *p'wât*, 12. *pi̯wăt*: 15. *p'i̯wəd*; 114. *piat*: 125. *pi̯əd*; E. 91. *gi̯wăt*: 92. *gi̯wər*; 93. *g'ât*: 94. *k'i̯ər*; 305. *kât*: 318. *kər*; F. 4. *ti̯wat*: 6. *di̯wər*; 30. *dz'iat*: 34. *tsiər* 35. *dz'iər*; 257. *si̯at*: 258. *siər*; E. 24. *gi̯wad*: 22. *gi̯wən*; 140. *g'wad*: 138. *gi̯wən*; 311. *g'âd*: 303. *g'ən*; F. 279. *tswâd*: 278. *dzi̯wən*; E. 103. *kâd*: 102. *k'i̯ət*; 315. *ki̯wăd*: 310. *gi̯wət*; F. 134. *t'wâd*: 133. *d'wət*; 158. *ṣi̯wad* 与 *ṣi̯wət*; H. 14. *p'i̯wăd*: 13. *p'i̯wət*; H. 58, 59. *b'wâd* 与 *b'wət*; 122. *pi̯ad*:

117，118. *pi̯wət*; E. 24. *gi̯wad*: 28. *gi̯wər*; 103. *kâd*: 104. *g'i̯ər*; 247. *kăd*: 248. *k'ər*; F. 4. *ti̯wad*: 6. *di̯wər*; 22，23. *t̂i̯ad*: 24，25. *t'iər*; 39. *di̯wad*: 40. *t̂i̯wər*; 93. *tsi̯ad*: 94. *tsiər*。

e～*ə* 并合 *n*～*t*～*d*～*r* 的转换(*en*～*əd*, *en*～*ər*, *et*～*ən*, *et*～*əd*, *et*～*ər*)：

E. 283. *'ĕn*: 284. *'əd*; H. 97. *mi̯ĕn*: 108. *mi̯əd*; 113. *b'i̯ĕn*: 125. *pi̯əd*; E. 214. *i̯ĕn*: 217. *i̯ər*; F. 89. *tsi̯ĕn*: 94. *tsiər*; 98. *tsi̯ĕn*: 99. *tsiər*; 196，197. *śi̯ĕn*: 198. *si̯ər*; 305. *si̯ĕn*: 306，307. *siər*; G. 37，38. *li̯ĕn*: 39. *li̯ər*; H. 18. *b'i̯ĕn*: 21. *pi̯ər*，22. *p'iər*; 47. *pien*: 52. *pi̯ər*; 95. *mi̯ĕn*: 110. *miər*; F. 53. *d'iet*: 50. *t'i̯ən*; 288. *d'iet*: 289. *t'iəd*; E. 273. *k'i̯ət*: 274. *kiər*; F. 21. *ti̯ĕt*: 25. *t'iər*; 32. *tsiet*，33. *ts'iet*: 34. *tsiər*，35，36. *dz'iər*; 169. *d'i̯ĕt*: 170. *ti̯ĕr*; 176. *t'i̯ĕt*: 178. *tiər*; 200. *d'iet*: 202，203. *ti̯ər*; 237. *d'i̯ĕt*: 238. *d'iər*; 349. *dz'i̯ĕt*: 351. *tsiər*; H. 19. *p'i̯ĕt*: 22. *p'iər*。

我这样广博的引述了我的材料，是为着要根据这些广大的各组相并的事例，以证明我们依着集合的转换来施行，乃是完全正当的。因此上文第二〇〇页上的例子：*k'ung*: *xi̯og*; *d̂i̯ang*: *tŏk*: *dəg*; *g'ât*: *k'i̯ər*; *ngi̯ăn*: *g'wad*; *săn*: *dz'wər*，就和初次见到了它们以为是不可能的那种情形很不相同了。它们是属于确定建立的各组转换当中的，在原则上认定它们作为广大繁复的语词族类里极端的事例，也无可否定的了。

九、最后应注意的几点

关于中国语词族类这种初步的研究，在未完毕以前，尚须讨论到两个问题。

其中的一个就是：这里所引举的一切材料是否都系“同样性质”的，就是它们都隶属于同一种语言，一种上古的方言吗？如果不是，如果有某些语词所谓从别路来的，是出于这种语言主系以外的方言语词而具有它们方言的语音外表的，因被掇拾而混进于文学上的，那末，这种便必需的要扰乱我们的界线而使我们的结果要发生危虑了。在几种事例上确有这样一种错误发生的危险性，这是我必须坦直指出的。实在，在我的许多表上曾经填进了不少的语词是古书上所直接指明为方言语词的(例如 *B*. 496、*B*. 530、*F*. 243、*H*. 9)。但是，我的施行既然大部分总是关于这种语言最普通的语词(实际上一切的语词都是苏梯尔氏小小的《袖珍字典》*Soothill's Pocket Dictionary* 里所见到的)，所以在大体上这种危险性是很小的。

第二个问题是关于这些转换在文法上的性质。我们看见了千数的例子，因此知道这种语言，依据着这些转换构成了代表同一意义的相并的语词，或语音上多少差异而代表类似的意义的语词。但是这些转换有时是否作为“一种狭义上的纯粹文法功用的表示”？它们确是如此，不过这是一个复杂的题目，是我所希望在别的作品上回来讨论的。我在这里要指出一些事例，只是作为启示的例子罢了，因此知道我们上面所研究的那些转换，也有用来表明各异的词性或同样的文法上的差别。

B. 517. *tsi̯ung*（从者）（名词）：517. *dz'i̯ung*（随从）（动词）；

A. 340. *kŏg*（学校）（名词）：340. *g'ŏg*（考校）（动词）；

D. 122. *pwəg*（背后）（名词）：123、124. *b'wəg*（违背）（动词）；

B. 345. *tieng*（一种固定器，柱石，碇子）（名词）：347. *d'ieng*（固定，订定）（动词）；

B. 353. *tsi̯əg*（小儿，儿子）（名词）：354. *dz'i̯əg*（孳生，生育）（动词）；

E. 271. *kân*（干盾）（名词）：272. *g'ân*（捍卫）（动词）；

H. 38. *pi̯wən*（分开）（动词）：38. *b'i̯wən*（部分）（名词）；

B. 134. *ti̯ông*（中间，中央）（名词）：135. *d'i̯ông*（中间的，仲次）（状词）；

B. 191. *ti̯ang*（生长）（动词）：191. *d'i̯ang*（长短之长）（状词）；

B. 248. *ti̯og*（早晨之朝）（名词）：*d'i̯og*（早晨的）（状词）（＝早朝，朝见）；

B. 649. *tsôg*（早晨）（名词）：650. *dz'ôg*（皂黑）（状词）；

E. 32. *kân*（干燥）（状词）：32. *g'i̯an*（热与光：乾天）（名词）；

E. 129. *kian*（看见）（主动）：130，131. *g'ian*（被见，显现）（被动）；

F. 325. *tšiər*（相齐者：夫妻之妻）（名词）：324. *dz'iər*（相齐）（状词）；

H. 152. *pian*（边面）（名词）：153. *p'i̯an*（偏斜）（状词）；

K. 45. *śi̯əp*（潮湿，水湿）（状词）：46. *dzi̯əp*（沼隰）（名词）；

F. 85. *îi̯ĕd*（到了，至于）（动词）：86. *ti̯ĕd*（使至于，以至于）（为前一语词之使动词）；

F. 96. *t̂ʻi̯wət*(出来,出去)(动词)：97. *tʻi̯wət*(黜除,降黜)(为前一语词之使动词)；

B. 445. *di̯ĕk*(变易)(动词)：445. *di̯ĕg*(可变的：容易)(状词)；

A. 323. *·âk*(丑恶)(状词)：323. *·âg*(憎恶)(动词)；

F. 127、128. *si̯wət*(率领)(动词)：*si̯wəd*(将帅)(名词)；

F. 341. *śi̯wat*(说话之说)(内动词)：*śi̯wad*(游说之说)(外动词)；

B. 29. *dʻâk*(量度)(动词)：*dʻâg*(一种度量之名)(名词)；

B. 428. *d̂ʻi̯ək*(饮食之食)(动词)：428、431. *dzi̯əg*(食物,饲养品)(名词)；

D. 154. *bʻi̯ôk*(回复)(动词)：154. *bʻi̯ôg*(再复)(副词)；

A. 229. *kwâng*(广阔)(状词)：232. *kʻwâk*(扩大)(动词)；

E. 139. *gi̯wăt*(曰,正在说,曾经说)(现在时,过去时之动词)：138. *gi̯wən*(云,说过了)(完了时之动词)；

B. 552. *si̯og*(大小之小)(状词)：551. *ṣŏg*(稍略,小的分量)(名词)；

A. 129. *ki̯ĕng*(头颈)(名词)：130. *kieng*(刎到)(动词)；

E. 142. *ngi̯ăn*(言说)(动词)：143. *ngi̯an*(谚语)(名词)；

H. 138. *bʻwât*(跋,底部,足部,根部)(名词)：137. *bʻwat*(拔起)(动词)；

B. 355. *sĕng*(生育)(动词)：356. *si̯ĕng*(母之关系：种姓)(名词),357. *si̯ĕng*(生来之性质,天性)(名词)：

F. 216. *twən*(敦厚,敦实)(状词)：217. *t̂i̯wən*(使成敦厚：谆谆教诲)(动词)；

G. 7. *ńi̯at*(寒热之热)(状词)：8. *ńi̯wat*(火热,焚烧)(动词)；

H. 83. *pwət*(不)(普通的否定)：84. *pi̯wət*(弗)(不愿,不能

之语气）：87. *pi̯wər*（非）（不是，有一名词作为述词者）：90. *mi̯wət*（勿）（不要，命令式）：91. *mi̯wəd*（未）（未曾，完了之意）；

K. 90. *ńi̯əp*（进入）（外动词与内动词）：87、88. *nəp*（纳进）（使入，使动词）：89. *nwəb*（内部）（名词）。

老子韵考

（The Poetical Parts in Lao-tsï）

高本汉（B. Karlgren） 著

一、老子韵考(上)

在《道德经》里有一些押韵的句子,这种事实,早就为西洋的研究中国学术者所注意了。列格氏(Legge),他所翻译的书大部分是属于散文的,有时插入了一段有韵的文句。另一方面,虽然《老子》的书并不是统统有韵的,可是卫尔哈摩(Wilhelm)把它译成为完全一种自由诗的韵语。西洋的研究中国学术者还没有把这种重要的文书从押韵的观点上来作一种科学方法的分析。实在,这样的做,需要对于中国上古的诗歌有一种深切的智识,可是,这种研究的主题在西方是完全被漠视的。因为现代各字的读法对于有押韵倾向的地方,大半没有什么启示,所以这种研究的主题是极端困难的。如果我们很容易的认明第二章里“生”“成”“形”“倾”sheng：ch’eng：hing：k’ing 是押韵的,那末,依此类推,我们不能怀疑第十章里“离”“儿”“为”li：er：wer 也是押韵的字。为着要认明它们是押韵的,我们就得要回溯到测定的隋朝时候的“音值”(《切韵》,西元后六世纪的)是在我的《汉语分析字典》(*Analytic Dictionary of Chinese*,一九二六年出版)里指示出来的：ljie̯：ńźie̯：jwie̯。可是,即使依据六世纪的语言,来处理这种早过《切韵》千余年的文书,也不能得到完全的帮助。第一章里有“始”shï：“母”mu 是押韵的。隋朝时候的音值是śi：mə̯u,并没有比现代国音的音缀较足以表明它们押韵的情形。这两个字是组成韵语的,我们一经查考

《诗经》的押韵，就可以知道。关于《诗经》的押韵，中国的学者曾经加以很彻底的研究，虽然对于确凿的上古音值的决定他们并没有成功，可是押韵字的部类已经建立起来了；在段玉裁的基本作品的《六书音均表》（在《皇清经解》中）里，像“始”和“母”那样押韵的例子，载录很多。我在一篇和此文同时发表的论文[①]当中，曾把大部分《诗经》的韵类加以详细的语音的分析，并且把各字的上古音读法加以测定。刚才所举的两个字是押韵的。因为“始”是 śi̯əg 而“母”是 mug。

最初鉴定《老子》的书本的，是一个毕沅，从他那时以至现今，中国的学者对于《老子》里的用韵，比西洋的后起者更为注意。但是，依我的意见，这个主题必须加以一种更新的、更有系统的研究，而且，我们就会知道，从此可以发生几种极其有趣和重要的结果。在事实上，即使是精通《诗经》《楚辞》的韵系的专家，也不能适用它的规律于《老子》里的韵语，因为《老子》有一种较自由的韵系，和《诗经》的有许多不同点。

我首先要把《道德经》里押韵的句子，凡属我要打算确定它们的，列出一个完全的表。读者便可以见得全部书上约有四分之三是属于韵语的。对于我这种押韵地方的指认，可以有两种反对的论调发生。一方面，许多句子开始是散文，随后接着一对合律的和相押的韵语，于是再转入一两行散文，这似乎是很可惊疑的。另一方面，许多我所认为押韵的地方——正是我曾经说过的——显然违背了《诗经》《楚辞》精细的押韵规则，所以似乎是可疑的。为着要应付这两种反对的论调，我要从别的上古书当中摘录许多押韵的例子，它们正是具有和上面所说《老子》韵语上的相同的两种特点。这是很显著的事实，中国的学者曾经很勤力的研究《诗经》《楚

① 高本汉的《诗经研究》（*Shï King researches*）载《东方古物陈列馆丛刊》（*Bulletin of the Museum of Far Eastern Antiquities*）第四期（一九三二年）。

辞》和《易经》的用韵，以及别的经典里偶然见到的一些押韵的句子，可是一般对于那些在周、秦、汉时传下的全部伦理书当中所发现的——在散文的篇章当中随处依着极偶然而隐约的状态显现出来的——很丰富的押韵的材料，只是加以极少的注意。对于这种材料的藐视，很为显著，所以段玉裁（在上文所举的那种书里）当他从《书经》上录出几个押韵的例子时候，只是采取一些合于《诗经》韵系的，而忽略了那些违背于《诗经》韵系的。江有诰在他的《唐韵四声正》（在《学术丛编》中）里也曾经从上面所说的伦理著作当中引出一些押韵的例子，可是为数极其有限，而且没有加以系统的分析。

在此文末尾的许多表里，见着这种助证的材料，是我从下列的这些书上引出来的：（一）《书经》；（二）《庄子》；（三）《荀子》；（四）《吕氏春秋》；（五）《管子》；（六）《韩非子》；（七）《淮南子》；（八）《逸周书》。列出的韵表并不是示明已经完尽了的，它们不过是用来作例子罢了。我从《管子》《淮南子》里只是引据起首的几篇而已。在《荀子》书里有两篇，《成相篇》和《赋篇》。完全是韵语，前者有二百十四个押韵的字，后者是一百三十六个；我把它们完全排出于我的韵表之外，因为读者直接在原书上可以容易诵读过去的。

要考究《老子》上的韵语，我们只是用传述的王弼本子，是不能引为满意的；我们必须依据一种鉴定的书本。毕沅的本子对于一种鉴定的《道德经》韵语，是一个很好的基础；而书本鉴定的工作已为中国著述家努力的追求，因之现今的作品在这个研究的主题上供给我们以一种很完全的工具，使不再有所需求了。我要在这里指出罗振玉的《道德经考异》（在《永丰乡人丛著》中）；高亨的《老子正诂》；尤其是马叙伦的《老子核诂》。本文完全是讨论押韵的，所以并不需要把全书的歧异处统统指点出来。凡是不押韵部分的句子，我只是直录通常的王弼本子；而遇到押韵的字有歧异的地方，我便用圆括弧来表明它们,不过只是那些在古音(《切韵》)的读法里有区别的才用来表明。例如第九句里我表明“始” śi 的异于“辞”ai,第十句里“处”tś'jwo 的异于“居”kiwo;至于第一百六十句里,“泮”p'uân 本来也有个“判”的歧异字,但是我没有用括弧来表明。因为“判”和“泮”是同音的(p'uân)。各句里押韵的字用一个圆圈来记明(如一句内有双重的押韵时,用两个圆圈)。

我记录押韵字的时候,遵守着下列的规则。凡是押韵的字,都注明它们古音(《切韵》)的读法。在方括弧里,并且标明一个星号的,填进了上古音(周代)的读法,乃是我在上文所举的论文《诗经研究》里测定了它们的;不过在某些字中并没有注明这种上古音的读法。那些是:

(ㄅ) 以-n、-m、-t、-p 收尾的字和某些古音里以-i 收尾的字,我在所举的论文当中未曾加以研究。所以我现在不愿给它们注明确凿的上古音的音值。它们押韵的作用,依据古音的读法来看,已经很够显明了。

(ㄆ) 在上古音(周代)里恰好和古音(《切韵》)里具有同样收尾音(元音和收尾辅音)的各种押韵的字。凡是这样的字〔除了那些在(ㄅ)条下所说明的〕也都不给它们注明加方括弧的形式。要注意我只是拿收尾音来讨论的。一个 i̯wok 的音,也单是这样的注明;上古音的读法 * gi̯wok 就不用括弧来表明了,因为它和《切韵》的形式只是在起首音上有分别,而不是在收尾音上的。那些对于这种字里上古的起首音感到有兴趣的,就得要查我的《分析字典》,内中总是注明着上古的起首音的。

1. 道可道○非常道○2. 名可名○非常名○3. 无名天地之始○有名万物之母○4. 故常无欲以观其妙○常有欲以观其徼○5. 此两者同○出而异名○6. 同谓之玄○玄之又玄○众妙之门○

第一章:1. d'âu: d'âu [* d'og: d'og] 2. mi̯wɐng: mi̯wɐng

[* mi̯ɐng：miɐng] 3.śi：mə̯u [*śiəg：mug] 4. mi̯äu：kieu [* mi̯åg：kiåg] 5. d'ung：mi̯wɐng [* d'ong：mi̯ang] 6. ɣiwen：muən。（关于1和2，要注意这几个字在《诗经》里彼此自相押韵是普通的。在5句里，我依照王安石的句读点法，这是押韵可以来作助证的。）

7. 故有无相生○难易相成○长短相较（形）○高下相倾○8. 音声相和○前后相随○9.〔是以圣人〕处无为之事○行不言之教○万物作而不辞○（始○）生而不有○为而不恃○10. 功成而弗居○（处○）夫唯弗居○（处○）是以不去○

第二章：7. ʑ̣ɛng：zi̯äng：ɣieng：k'i̯äng 8. ɣuâ：zwie̯ [* g'uâ：dzwia] 9. dẓ'i：kau：zi（śi）：ji̯ə̯u：zi [* dẓ'i̯əg：kåg：dzi̯əg（śi̯əg）：giug：d'iəg] 10. ki̯wo（tś'i̯wo）：k'i̯wo [* ki̯o（t'i̯o）：k'i̯ok]。

11.〔是以圣人之治〕虚其心实其腹○弱其志强其骨○常使民无知无欲○12. 道冲而用之或不盈○（满），渊兮似万物之宗○13. 挫其锐解其纷○和其光同其尘○湛兮似或存○吾不知谁之子象帝之先○

第三章至第四章：11. pi̯uk [* pi̯ok]：kuət：i̯wok 12.i̯äng：tsuong 13. p'iuən：d́'i̯ĕn：dz'uen：sien。

14. 虚而不屈○动而愈出○15. 多言数穷○不如守中○16. 谷神不死○是谓玄牝○17. 玄牝之门○是谓天地根○绵绵若存○用之不勤○18.〔是以圣人〕后其身而身先○外其身而身存○

第五章至第七章：14. k'i̯uət：tś'i̯uət 15. g'i̯ung：t'i̯ung [* g'i̯ong：t̂i̯ong] 16. si：b'ji（依陆德明《经典释文》的读法的） 17. muen：kən：dz'uən：g'i̯ən 18. sien：dz'uən。

19. 居善地心善渊○与善仁○言善信○20. 政善治○事善能○动善时○夫唯不争故无尤○21. 持而行之不如其已○揣而棁之

不可常保○金玉满堂莫之能守○富贵而骄○自遗其咎○功遂身退天之道○

第八章至第九章：19. * i̯wän：ńźi̯ĕn　20. ȡ'i：nəng，nậi：źi：ji̯ə̯u [* d'i̯əg：nəng，nəg：ȡi̯əg：gi̯ug]　21. i：pâu：śi̯ə̯u：ki̯äu：g'i̯əu：d'âu [* zi̯əg：pog：śi̯og：ki̯åg：g'i̯og：d'og]。

22. 载营魄抱一能无离○乎，专气致柔能婴儿○乎，涤除玄览能无疵○乎，爱民治国能无知○乎，天门开阖能无雌○乎，明白四达能无为○乎，23. 生之畜之生而不有○为而不恃○长而不宰○是谓玄德○

第十章：22. ljie̯：ńźie̯：ts'ie̯：tie̯：ts'ie̯：jwie̯[* lia：ńia：ts'ia：tia：ts'ia：gwia]　23. ji̯ə̯u：zi：tsài：tək [* gi̯ug：d'i̯əg：tsəg：tək]。

24. 三十辐○共一毂○25. 五色令人目盲○五音令人耳聋○五味令人口爽○驰骋畋猎令人心发狂○难得之货令人妨○26.〔是以圣人〕为腹○不为目○27. 故去彼○取此○28. 及吾无身○吾有何患○

第十一章至十三章：24. pi̯uk：kuk [* kok]　25. mɐng：lung [* long]：śi̯ng：g'i̯wang：p'i̯wang　26. pi̯uk：mi̯uk [* pi̯ok：mi̯ok]　27. pjwie̯：ts'ie̯[* pwia：ts'ia]　28. śi̯ĕn：ɣwan。

29. 视之不见名曰夷○（几○）听之不闻名曰希○搏之不得名曰微○30. 此三者不可致诘○故混而为一○其上不皦其下不昧○绳绳兮不可名复归于无物○31. 是谓无状之状○无物之象○是谓惚恍○（怳○芒○）32. 迎之不见其首○随之不见其后○33. 执古之道以御今之有○能知古始○是谓道纪○

第十四章：29. i (kje̯i)：χje̯i：mjwe̯i　30. k'i̯ĕt：* i̯ĕt：muâi' [* muât]：mi̯uət　31. dẓ'i̯ang：zi̯ang：χwâng (χi̯wang，mâng)　32. śiəu：ɣə̯u [*śi̯og：g'u]　33. ji̯ə̯u：śi：kji [* gi̯ug：

śiəg：ki̯əg]。

34. 古之善为士者微妙玄通○深不可识夫唯不可识故强为之容○35. 豫(燠○)兮，若冬涉川○○犹○兮，若畏四邻○○36. 俨○兮，其若容(客○○)涣○兮，若冰之将释○○(汋○○液○○)敦○○○兮，其若朴○○旷兮，其若谷○○混○○○兮，其若浊○○

第十五章：34. t'ung [* tong]：i̯wong 35. o * i̯uk：i̯ə̯u [* i̯ok：zi̯og]；o o tś'i̯wän：li̯ĕn 36. o ngi̯ɐm：χuân [* χuâm]；o o k，ɐk：śi̯äk [*śi̯ak] (dz'åk，i̯äk [* zi̯ak]：p'åk：kuk [* kok]：d'åk；o o o tuən：γuən)。

37. 孰能浊以止○(澄○○)静之徐清○○孰能安以久○动之徐生○○保此道者，不欲盈○○夫唯不盈。故能蔽不新成○○

第十五章：37. o tśi：ki̯ə̯u [* ti̯əg：ki̯ug]；o o (d̂'iəng)：ts'iäng：ṣɛng：i̯äng：źi̯äng。

38. 致虚极○守静笃○万物并作○吾以观其后○39. 夫物芸芸○各归其根○40. 归根曰静○是谓复命○复命曰常○知常曰明○不知常妄作凶○知常容○容乃公○公乃王○41. 王乃天天乃道○道乃久○没身不殆○

第十六章：38. g'jək：tuok：tsâk：b'i̯uk [* b'i̯ok] 39. ji̯uən：kən 40. dz'i̯äng：mi̯wɐng [* mi̯ɐng]：źi̯ang：mi̯wɐng [* mi̯ɐng]：χi̯wong：i̯wong：kung [* kong]：ji̯wang 41. d'âu：ki̯ə̯u：d'âi [* d'og：ki̯og：d'əg]。

42. 太上下知有之其次亲而誉○之，其次畏之其次侮○之43. 信不足焉有不信○悠兮其贵言○功成事遂。百姓皆谓我自然○44. 大道废○有仁义○○慧智出○有大伪○○45. 国家昏乱○有忠臣○

第十七章至第十八章：42. i̯wo [* zi̯o]：mi̯u 43. si̯ĕn：ngi̯ɐn：ńźi̯än 44. o pi̯wɐi' [* pi̯wɐt]：tś'i̯uĕt o o ngji̯e：ngjwi̯e̯ [* ngia：

ngwia] 45. luân：źi̯ěn。

46. 绝圣弃智○民利百倍○○绝仁弃义○民复孝慈○○绝巧弃利盗贼无有○○47. 此三者以为文不足○故令有所属○见弃抱朴○少思寡欲○

第十九章：46. o tie̯：ngjie̯[* tia：ngia]；o o b'u ạ́i：dz'i：ji̯ə̯u [* b'uəg：dz'i̯əg：gi̯ug] 47. tsi̯wok：tśi̯wok：påk：i̯wok。

48. 唯之与阿○相去几何○49. 善之与恶○相去何若○50. 人之所畏○不可不畏○51. 荒○(莽芒○)兮，其未央○哉 52. 众人熙熙○如享太牢○如春登台○我独泊兮其未兆○如婴儿之未孩○傫傫兮若无所归○○众人皆有余而我独若遗○○我愚人之心也哉○

第二十章：48. * â：ɣâ 49. * âk：ńźi̯ak 50. * we̯i：* we̯i 51. χwâng (mâng)：i̯ang 52. o χji：lâu：d'âi：tśi̯äu ：ɣậi：tsậi [* χi̯əg：log：d'əg：t́i̯åg：g'əg：tsəg]；o o kjwe̯i：wi。

53. 沌沌○(兮)，俗人昭昭我独昏昏○俗人察察我独闷闷○(闵○)54. 澹兮其若海○(晦○)飂兮若无止○众人皆有以○而我独顽似鄙○我独异于人而贵食母○

第二十章：53. d'uən：χuən：muən 54. xậi (χuậi)：tśi：i：pjwi：mə̯u [* χəg (χuəg)：t'i̯əg：zi̯əg：pjwəg：mug]。

55. 孔德之容○惟道是从○56. 道之为物○惟恍惟惚○57. 惚兮恍○(芒○)兮，其中有象○58. 恍兮惚○兮其中有物○59. 窈兮冥兮其中有精○60. 其精甚真○其中有信○61. 自古及今(自今及古○)其名不去○以阅众甫○

第二十一章：55. i̯wong. dzi̯wong 56. mi̯uət：χuət：57. χwâng (mâng)：zi̯ang 58. χuət：mi̯uət 59. miəng：tsi̯äng 60. tśi̯ěn：si̯ěn 61. kuo：k'iwo：pi̯u [* ko：k'i̯ok：pi̯wo]。

62. 曲则全○枉则直(正○○)窪则盈○○敝则新○63. 少则得○多则惑○64. 是以圣人抱一○以为天下式○65. 不自见故明

〇不自是故彰〇不自伐故有功〇不自矜故长〇夫惟不争〇故天下莫能与之争〇

第二十二章：62. o dz'i̯wän：siĕn：o o tśi̯äng：i̯äng　63. tək：ɣwək　64. *i̯ĕt：śi̯ək　65. mi̯weng [*mi̯ɐng]：tśi̯ang：kung [kong]：ti̯ang：tṣɛng。

66. 希言〇自然〇67. 企者不立跨者不行〇自见者不明〇自是者不彰〇自伐者无功〇自矜者不长〇

第二十三章至第二十四章：66. ngi̯ɐn：ńźi̯än　67. χɐng：mi̯weng [*mi̯ɐng]：tśi̯ang：kung [*kong]：t'i̯ang。

68. 有物混成〇先天地生〇69. 寂兮寥兮独立不改〇周行而不殆〇可以为天下母〇吾不知其名字之曰道〇70. 强为之名曰大〇大曰逝〇逝曰远〇〇远曰返〇〇71. 人法地地法天〇天法道道法自然〇

第二十五章：68. źi̯äng：ṣɛng　69. kâi：d'âi：məu：d'âu [*kəg：d'əg：mug：d'og]　70. o d'âi：źi̯äi [*ḋ'ât'：d'i̯ät]：o o ji̯wɐn：pi̯wɐn　71. t'ien：ńźi̯än。

72. 重为轻根〇静为躁君〇73. 〔是以圣人〕终日行〇不离辎重〇74. 虽有荣观〇燕处超然〇75. 奈何万乘之主〇而以身轻天下〇76. 轻则失本(臣〇)躁则失君〇

第二十六章：72. kən：ki̯uən　73. ɣɐng：d'i̯wong　74. kuân：ńźi̯än　75. tśi̯u：ɣ [*ti̯u：g'å]　76. puən (źi̯ĕn)：ki̯uən。

77. 善行无辙迹〇善言无瑕谪〇善数不用筹策〇78. 善闭无关楗而不可开〇善结无绳约而不可解〇79. 故善人者不善人之师〇不善人者善人之资〇80. 不贵其师〇不受其资〇虽智大迷〇

第二十七章：77. tsi̯äk：t'ɛk：tṣ'ɛk　78. k'âi：kai　79. ṣi：tsi　80. ṣi：tsi：miei。

81. 知其雄，守其雌〇为天下溪〇常德不离〇复归于婴儿〇

82. 知其白○守其黑○为天下式○为天下式○常德不忒○复归于无极○83. 知其荣守其辱○为天下谷○为天下谷○常德乃足○复归于朴○84. 朴散则为器○圣人用之则为官长故大制不割○

第二十八章：81. ts'ie̯：k'iei ljie̯：ńźie [* ts'ia：ʔ：lia：ń'ia] 82. b* ɐk：χək：śi̯ək：t'ək：g'i̯ək　83. ńźi̯wok：kuk [* kok]：tsi̯wok：p'åk　84. k'je̯i' [<-t]：kât。

85. 为者败○之，执者失○之 86. 故物或行或随○或歔或吹○或强或羸○（剉○）或挫或隳○（堕○）

第二十九章：85. b'wai '[* b'wat']：śi̯ĕt　86. zwi ẹ：tś'wie̯：ljwie̯(ts'nâ)：χjwie̯。

以道佐人主者（人主○）不以兵强天下○其师好还○○师之所处○荆棘生焉○○（也），大军之后○必有凶年○○88. 物壮则老○是谓不道○不道早已○

第三十章：87. o tśi̯u：ɣa：tś'i̯wo：ɣə̯u [ti̯u：g'å：t'i̯o：g'u]；o o zi̯wän：i̯än：nion　88. lâu：d'âu：i [* log：d'og：zi̯əg]。

89. 始制有名名亦既有○夫亦将所止○知止可以不殆○譬道之在天下犹用谷之于江海○90. 知人者智自知者明胜人者有力自胜者强○91. 知足者富○强行者有志○不失其所者久○死而不亡者寿○

第三十二章至第三十三章：89. ji̯ən：tśi：d'ậi：χậi [* ging：ti̯əg：d'əg：χəg]　90. mi̯weng [* mi̯ɐng]：g'i̯ang　91. pi̯ə̯u：tśi：ki̯ə̯u źi̯ə̯u [* pi̯ug：ti̯əg：ki̯ug：di̯og]。

92. 大道泛兮，其可左右○万物恃之而生而不辞○功成不名有○93. 执大象○天下往○94. 往而不害○安平泰○95. 乐与饵○过客止○96. 道之出口（言○）淡乎其无味○○视之不足见○听之不足闻○用之不足既○○

第三十四章至第三十五章：92. ji̯əu：zi：ji̯ə̯u [* gi̯ng：dzi̯əg

giug] 93. zi̯ang：ji̯wang 94. ɣâi：t'âi [* g'ât：t'ât'] 95. ńźi：tśi [* ńi̯əg：ti̯əg] 96. o ngiɐn；kien：mi̯uən；o o mjwe̯i：kje̯i [* -t'：-t']。

97. 将欲歙○之，必固张○○之，将欲弱○之，必固强○○之，将欲废○之，必固兴○○之 98. 将欲夺（取○）之，必固与○之 99. 是谓微明○柔弱胜刚强○100. 鱼不可脱于渊○国之利器不可以示人○

第三十四章：97. o χi̯əp：ńźi̯ak：pi̯wɐi' [* piwɐt']；o o ti̯ang：g'i̯ang：χi̯əng 98. ts'i̯u：i̯wo [* zio] 99. miwɐng [* mi̯ɐng]：g'i̯ng 100. i̯wän：ńźi̯en。

101. 道常无为而无不为○侯王若能守之万物将自化○102. 化而欲作○吾将镇之以无名之朴○夫亦将无欲○103. 不欲以静○天下将自定○（正○）

第三十七章：101. jwie̯[* gwia]：χwa 102. tsâk：p'åk：i̯wok 103. ds'i̯äng：d'ieng（tśi̯äng）。

104. 天得一以清○地得一以宁○神得一以灵○谷得一以盈○万物得一以生○侯王得一以为天下贞○（正○）105. 其致之天无以清将恐裂○地无以宁将恐发○神无以灵将恐歇○（泄○）谷无以盈将恐竭○万物无以生将恐灭○侯王无以贵高将恐蹶○106. 不欲琭琭○如玉○107. 珞珞○如石○

第三十九章：104. tsi̯äng：nieng：lieng：i̯äng：ṣɛng：t'i̯äng（tśi̯äng） 105. li̯ät pi̯wɐt：χi̯ɐt（si̯ät）：g'i̯ɐt：mi̯ät：ki̯wɐt 106. luk [* lok]：ngi̯wok 107. lâk：źi̯äk [* ḋ'i̯ak]。

108. 返者道之动○弱者道之用○109. 不笑○不足以为道○110. 明道若昧○进道若退○夷道若类○111. 上德若谷○大白若辱○广德若不足○112. 建德若偷○（媮○输○）质真若渝○大方若隅○113. 大器晚成○大音希声○大象无形○道隐无名○夫惟道

善贷且成○

第四十章至第四十一章：108. d'ung [* d'ong]：i̯wong　109. si̯äu：d'âu [* sj̯åg：d'og]　110. muai：t'nâi：luâi [* muât'：t'uât：luât]　111. kuk [* kok]：ńźi̯wok：tsj̯wok　112. t'əu [* t'u] (ju, śi̯u)：i̯u：ngi̯n　113. źi̯äng：śi̯äng：ɣieng：mi̯wɐng [* mi̯ɐng]：źi̯äng。

114. 天下之至柔驰骋天下之至坚○出于无有入于无间○115. 名与身孰亲身与货孰多得与亡孰病○甚爱必大费多藏必厚亡○116. 知足○不辱○知止○不殆○可以长久○

第四十三章与第四十五章：114. kien：kan　115. b'i̯wɐng [* b'i̯ɐng]：mi̯wang　116. tsi̯wok：ńźi̯wok：tśi：d'ậi：kj̯ə̯u [* — — t'iəg：d'əg：ki̯ng]。

117. 大成若缺○其用不弊○118. 大盈若冲○其用不穷○119. 大直若屈○大巧若拙○大辩若讷○120. 罪莫大于可欲○祸莫大于不知足○咎莫大于欲得○故知足之足常足○121. 不出户○知天下○122. 不窥牖○见天道○其出弥远其知弥少○123. 〔是以圣人〕不行而至不见而名○不为而成○

第四十五章至第四十七章：117. k'iwet：b'i̯äi [* b'i̯ät']　118. ȡ'i̯ung：g'i̯ung [* ȡi̯ong：g'i̯ong]　119. k'i̯uət：tśi̯wät：nuət　120. i̯wok：tsi̯wok：tək：tsi̯wok　121. ɣuo：ɣa [* g'o：g'å]　122. j̯ə̯u：d'âu：śi̯äu [* -i̯og：d'og：śi̯åg]　123. mi̯wɐng [mi̯ɐng]：źi̯äng。

124. 道生○之，德畜之，物形○之，势成○之 125. 故道生○之，德畜○○之，长○之，育○○之，亭○（成○）之，毒○○（熟○○）之，养○（盖）之，覆○○之 126. 生而不有○为而不恃○长而不宰○是谓玄德○

第五十一章：124. ṣɛng：ɣieng：źjäng　125. o ṣɛng：ti̯ang：d'ieng (źi̯äng)：j̯ang：o o χj̯uk：i̯uk：d'uok (źi̯uk)：p'i̯uk

[* χi̯ok：gi̯ok：d'uok (d'i̯ok)：p'i̯ok] 126. jiə̯u：źi：tsậi：tək [* gi̯ug：di̯əg：tsəg：tək]。

124. 天下有始○以为天下母○既得其母○以知其子○既知其子○复守其母○没身不殆○128. 塞其兑闭其门○终身不勤○开其兑济其事○终身不救○130. 见小曰明○守柔曰强○用其光○复归其明○无遗身殃○是为习常○

第五十二章：127. śi：mə̯u：te̯i：mə̯u：d'ậi [*śi̯əg：mug：tsi̯əg：mug：d'əg] 128. muən：g'i̯ən 129. dź'i：ki̯ə̯u [* dź'iog：ki̯og] 130. mi̯wɐng [* mi̯ɐng]：g'i̯ang：kwâng：miwɐng [* mi̯ɐng]：* i̯ang：zi̯ang。

131. 朝甚除○(持)，田甚芜○仓甚虚○服文彩○○带利剑厌饮食○○财货余○是谓盗夸○(芋○)非道也哉○○

第五十三章：131. o d'i̯wo：mi̯u：χi̯wo：i̯wo：k'wa (ji̯u) [* d'i̯o：mi̯wo：χi̯o：di̯o：k'wå (gi̯wo)]；o o ts'ậi：dź'i̯ək：tsậi [* ts'əg：d́'i̯ək：tsəg]。

132. 善建者不拔○善抱者不脱○子孙以祭祀不辍○133. 修之于身○其德乃真○134. 修之于家○其德乃余○135. 修之于乡○其德乃长○136. 修之于邦○(国)，其德乃丰○137. 修之于天下○其德乃普○

第五十五章：132. b'wat：t'uât：t'i̯wät 133. śi̯ěn：tśi̯ěn 134. ka：i̯wo [* kå：di̯o] 135. χi̯ang：d́'i̯ang 136. pång：p'i̯ung [* p'i̯oug] 137. ɣa：p'uo [* g'å：p'o]。

138. 蜂虿虺蛇不赦○猛兽不据○○攫鸟不搏○骨弱筋柔而握固○○未知牝牡之合而全作○139. 知和曰常○知常曰明○益生曰祥○心使气曰强○140. 物壮则老○谓之不道○不道早已○141. 塞其兑○闭其门○○挫其锐○解其纷○○(忿○○)和其光○○○同其尘○○是谓玄同○○○

第五十五章至第五十六章：138. o śi̯äk [*śi̯ak] pâk：tsâk；o o ki̯wo：kuo [*ki̯ok：ko]139. zi̯ang：mi̯weng [*mi̯ɐng]：zi̯ang：g'jang　140. lâu：d'âu：i [*log：d'og：ziog]　141. o d'uâi '：i̯wäi [*d'uât：d i̯ wat']；o o muən：pi̯uon（p'i̯uən）：d'i̯ĕn；o o o kwàng：d'uong。

142. 天下多忌讳〇而民弥贫〇〇民多利器〇国家滋昏〇〇143. 人多伎巧奇物滋起〇法令滋彰盗贼多有〇144. 我无为〇而民自化〇145. 我好静〇而民自正〇146. 我无事〇而民自富〇147. 我无欲〇而民自朴〇

第五十七章：142. o χjwe̯i：k'ji；o o b'i̯ĕn：χuən　143. k'ji：ji̯ə̯u [*k'i̯əg：gi̯ug]　144. jwie̯[*gwia]：χwa　145. dz'i̯äng：tśi̯äng　146. dẓ'i：pi̯ə̯u [*dẓ'i̯əg：pi̯ug]　147. i̯wok：p'åk。

148. 其政闷闷〇（闵〇）其民淳淳〇（偆〇）其政察察〇其民缺缺〇150. 祸兮福之所倚福兮祸之所伏〇孰知其极〇151. 其无正正复为奇善复为妖〇人之迷其日固久〇152. 〔是以圣人〕方而不割〇廉而不刿〇（害〇秽〇）

第五十八章：148. muen（mi̯wĕn）：źi̯uĕn（tś'i̯uĕɐ）　149. tṣ'at：k'iwet　150. b'iuk：g'i̯ək　151. *i̯äu：ki̯ə̯u [**i̯åg：ki̯ug]　152. kât：ki̯wäi [*ki̯wat']（ɣâi' [*g'ât']，*i̯wɐi' [*i̯wɐt']）。

153. 治人事天莫若啬〇夫惟啬是谓早服〇早服体之重积德〇重积德则无不克〇无不克则莫知其极〇莫知其极可以有国〇154. 有国之母〇可以长久〇是谓深根固柢长生久视之道〇155. 治大国若烹小鲜〇以道莅天下其鬼不神〇非其鬼不神其神不伤人〇

第五十九章至第六十章：153. ṣi̯ək：b'i̯uk：tək：k'ək：g'i̯ək：kwək　154. mə̯u ki̯ə̯u：d'âu [*mug：ki̯ug：d'og]　155. si̯än：dz'i̯ĕn：ńźi̯ĕn。

156. 道者万物之奥○善人之宝○不善人之所保○157. 美言可以市尊○行可以加人○158. 为无为事无事○味无味大小多少○报怨以德○159. 轻诺必寡信○多易必多难○

第六十二章至第六十三章：156. * i̯uk，* âu：pâu：pâu［* * i̯ok，* ok'：pog：pog］ 157. tsuən：ńźi̯ĕn 158. dz'i：śi̯äu：tək［* dẓi̯əg：śi̯åg：tək］ 159. śi̯ĕn：nân。

160. 其安易持○其未兆易谋○其脆易泮○○（破），其微易散○○为之于未有○治之于未乱○○161. 合抱之木○生于毫末○162. 九层之台起于累土○千里之行始于足下○163. 为者败○之，执者失○之 164.〔是以圣人〕无为故不败○无执故不失○165. 慎终如始○则无败事○166.〔是以圣人〕欲不欲○不贵难得之货○○学不学○复众人之所过○○以辅万物之自然而不敢为○○

第六十四章：160. o ḍ'i：mi̯ə̯u：ji̯əu［* d'i̯əg：mi̯ug gi̯ug］；o o p'uân：sân：luân 161. muk［* mok］：muât 162. t'uo：γa［* t'o：g'å］ 163，* 164. b'wai'［* b'wat］：śi̯ĕt 165. śi：dẓ'i［*śi̯əg：dẓ'iəg］ 166. oi̯wok：γåk；o o χuâ：kuâ：jwie̯［* gwia］。

167. 故以智治国○国之贼○不以智治国○国之福○知此两者亦稽式○常知稽式是谓玄德○168. 玄德深矣远○矣，与物反○矣169.〔是以圣人〕欲上民以言下○之欲先民以身后○之

第六十五章至第六十六章：167. kwək：dz'ək：kwək：pi̯uk：śiək：tək 168. ji̯wen：pi̯wen 169. γa：yĕu［* g'å：g'u］。

170. 一曰慈二曰俭○三曰不敢为天下先○171. 慈故能勇○俭故能广○不敢为天下先故能成器长○172. 善为士者不武○善战者不怒○善胜敌者不与○（争），善用人者为之下○173. 是谓不争之德○是谓用人之力○是谓配天古之极○

第六十七章至第六十八章：170. g'i̯äm：si̯ĕn（押得不合的）171. i̯wong：kwâng：t'i̯ng 172. mi̯u：nuo：i̯wo：γa［* mi̯wo：no：

zi̯o：g'å]　173. tək：li̯ək：g'i̯ək。

174. 吾不敢为主而为客〇不敢进寸而退尺〇175. 是谓行无行〇攘无臂〇〇扔无敌〇〇执无兵〇176. 知我者希〇则我者贵〇177. 知不知上〇不知者病〇178. 民不畏威〇则大威至〇179. 勇于敢则杀〇勇于不敢则活〇此两者或利或害〇180. 天之所恶〇孰知其故〇181. 〔天之道〕不争而善胜〇不言而善应〇182. 不召而自来〇绰然而善谋〇

第六十九章至第七十三章：174. k'ɐk：tś'i̯äk [* t'i̯ak]　175. o ɣɐng：pi̯wang [* pi̯ɐng]；o o pji [* k']：d'iek　176. χje̯i：kjwe̯i　177. zi̯ang：b'i̯wɐng [* b'i̯ɐng]　178. * we̯i (* -d?)：tśi' [* t* i̯ĕt']　179. sa̤t：ɣuât：ɣâi' [* g'ât']　180. * no：kuo [* * ok：ko]　181. śi̯əng：* i̯əng　182. lâi：mi̯ə̯u [* ləg：mi̯ug]。

二、老子韵考(中)

183.〔是以〕兵强则不胜○木强则兵○(共○)故坚强居下柔弱居上○184. 高者抑之下者举○之,有余者损之不足者补○(与○)之 185. 损不足以奉有余○孰能有余以奉天下○186. 弱之胜强○柔之胜刚○天下莫不知莫能行○187. 受国之垢○是谓社稷主○188. 受国之不祥○是谓天下王○189. 正言○若反○

第七十六章至第七十八章：183.śi̯əng：pi̯wɐng［* pi̯ɐng］(g'i̯wong)：źi̯ang　184. ki̯wo：puo（i̯wo)［* ki̯o：po（zi̯o)］185.i̯wo：ɣa［* di̯o：g'å］　186. g'i̯ang：kâng：ɣɐng　187. kə̯u：ts'i̯u［* ku：t'i̯u］　188. zi̯ang：ji̯wang　189. ngi̯ɐn：pi̯wɐn。

190. 和大怨必有余怨○安可以为善○191. 有德司契○无德司彻○192. 天道无亲○常与善人○193.（至治之极○民各)甘其食○美其服○安其居乐其俗○(安其俗○乐其业○)194. 邻国相望○鸡犬之声相闻民老死不相往来(来往○?)195. 信言不美美言不信○善者不辩辩者不善○

第七十九章至第八十一章：190.i̯wɐn：źi̯än　191. k'iei'［* k'iət'］：d''i̯ät　192. ts'i̯ĕn ńźi̯ĕn　193.（g'i̯ək)：dź'i̯ək：b'i̯uk：zi̯wok（zi̯wok：ngi̯ɐp)　194. mi̯wang：jiwang（各种本子都是“往 ji̯wang 来 lậi”的,但是从押韵上可以知道这两个字是误倒的）　195. si̯ĕn：źi̯än。

我们现在如果把《老子》里押韵的字，属于上面所举《诗经研究》一文列着的各个韵部当中的，拿来细密的考察，便可以见得《老子》里用韵的自由比之《诗经》里要宽大得多。这种用韵的自由是关于下列的几点：

一是关于以-ng、-k、-g 收尾的诸字里的韵素。我们姑且选录某几个可以表示《诗经》韵部的例字（这里只写出它们的上古音音值）：

甲、“刚”âng（“光”wâng），“良”i̯ang（“王”i̯wang），“行”ɐng（“京”i̯ɐng，“横”wɐng，“永”i̯wɐng；

乙、“耕”ɛng（“宏”wɛng），“轻”i̯äng（“倾”i̯wäng），“形”ieng（“萤”iweng）；

丙、“江”ång，“工”ong（“宫”i̯ong），“冬”uong（“恭”iwong）；

丁、“登”əng（“竞”i̯əng，“肱”wəng），“梦”ung（“弓”i̯ung）。

《诗经》对于这四部的分析是很严格的。甲部的字照例绝不和属于乙、丙、丁等部的字押韵。

以-k 收尾的字都和这些以-ng 收尾的例字相当，它们正以同样的方式分散在四个韵部当中，而只有一个例外（“革”ɛk 和丁部里的 ək 押韵，而不和丁部的字相押）：

甲、“名”âk，“夕”i̯ak，“伯”ɐk（“逆”i̯ɐk）；

乙、“益”i̯äk，“敌”iek；

丙、“角”åk，“谷”ok（“菊”i̯ok），“毒”uok（“玉”i̯wok）；

丁、“德”ək（“极”i̯ək，“国”wək），“福”i̯uk，“革”ɛk（麦 wɛk）；

在《诗经》的押韵里，这四部的分别正和那些以-ng 收尾的一样的严格。

而且，以-g 收尾的字也有和这-ng 和-k 两类的某些字相当的：

丙、“交”åg（“庙”i̯åg、“调”iåg）；

丁、“来”əg（“子”i̯əg），“母”ug（“久”i̯ug），“戒”ɛg。

在《诗经》里这两部照例是绝不相混的。

以-ng 收尾的字和以-k 或-g 收尾的字不相押韵；但是-k 的字和-g 的字相押却是很常见的。像“来”ləg：“得”：ək 这样的押韵是很通常的。

这些《诗经》各异的韵部在《老子》里也很多的代表出来；可是除了那些以外，在《老子》里还有更多的韵部，因为在甲、乙、丙、丁各部之间，彼此又自由的相押：

甲部和乙部的相混：40. dźi̯äng：mi̯wɐng：d'i̯ang；65. t'i̯ang：tṣɛng；113. śi̯äng：g'ieng：mi̯ang；123. mi̯ang：d'i̯äng；125. ṣɛng：ti̯ang：d'ieng。

甲部和丙部的相混：5. d'ong：mi̯ɐng；25. mɐng：long：siang；36. k'ɐk：śi̯ak：p'åk；38. tsàk：b'i̯ok；40. kong：gi̯wang；65. kong；t'i̯ang；73. g'ɐng：d'i̯wong；102. tsâk：p'åk：gi̯wok；141. kwâng：d'uong；171. di̯wong；kwâng。

甲部和丁部的相混：38. g'i̯ək：tsàk；82. b'ɐk：χək；97. t'i̯ang：χi̯əng；183. śi̯əng：pi̯ɐng：źi̯ang。

乙部和丙部的相混：12. iäng：tsuong；40. dz'i̯äng：χi̯wong：kong；65. kong：tṣɛng。

丙部和丁部的相混：9. dẓ'əg：kåg；21. zi̯əg：pog：źi̯og：ki̯åg：gi̯ng：d'og；24. pi̯uk：kok；38. g'i̯ək：tuok；41. d'og：ki̯ng：d'əg；52. χi̯əg：log：d'əg；69. kəg：mug：d'og；88，140. log：zi̯əg；91. pi̯ng：t'i̯əg：d'i̯og；116. tsi̯wok：ńi̯wok：t'i̯əg：d'əg：ki̯ng；154. mug：d'og；158. dẓ'i̯əg：śi̯åg：tək；193. dź'i̯ək：b'i̯uk：zi̯wok。

这里所引据的《老子》用韵违背于《诗经》的押韵规则的，我们仍旧要认定它们是真正的押韵，而所以要如此的认定，可以用上文所举其他上古的著述当中同样的韵字来证明。从本文篇末列着的韵表里，可以得到下面的许多例子：

甲部和乙部的相混：Ⅰ. 2，24，38，39，40，46，50，68，69，72，85，89，106；Ⅱ. 18，22，26，28，53，75，93，96，98，104，106，107，124，134，149，153，179，187，195，224，226，336，341；Ⅲ. 34，46，107，117，126，128，134，143，147；Ⅳ. 17，28，30，33，34，37，39，46，54，55，78，80；Ⅴ. 14，38，65，74；Ⅵ. 12，42，51，63；Ⅶ. 12，61，80，88，109，146，151，159，165，189，194，219；Ⅷ. 2，32，35，91，111，115，123，177，206。

甲部和丙部的相混：Ⅰ. 22，39，46，76，85；Ⅱ. 72，94，104，124，150，162，226，288，309；Ⅲ. 8，34，41，76，84，98，107，109，117，134；Ⅳ. 6，24，65，81；Ⅴ. 14，38，74，84；Ⅵ. 10，16，96；Ⅶ. 17，71，84，105，107，137，148，154，165，182，187，190，191，213；Ⅷ. 35，53，54，61，84，91，110，115，123，136，148。

甲部和丁部的相混：Ⅰ. 17，19，30，89；Ⅱ. 94，103，294，309；Ⅲ. 131，143；Ⅳ. 27，33；Ⅶ. 84，117，178，218，220；Ⅷ. 47，59，84，115，201，206。

乙部和丙部的相混：Ⅰ. 39，85，88；Ⅱ. 78，104，124，226，315，317；Ⅲ. 14，34，62，105，107，117，134；Ⅳ. 29，31；Ⅴ. 14，31，38，74；Ⅵ. 17，44；Ⅶ. 93，142，165，171；Ⅷ. 35，91，115，123。

乙部和丁部的相混：Ⅰ. 89；Ⅱ. 43，202，258，263；Ⅲ. 3，11，28，67，143；Ⅳ. 33；Ⅴ. 37，51；Ⅵ. 98，100，121；Ⅶ. 52，112；Ⅷ. 82，115，161，206。

丙部和丁部的相混：Ⅰ. 1，8，10，12，13，15，55，71，77，

84，97，105，107，111；Ⅱ. 2，58，60，68，77，82，94，148，158，176，178，277，291，309，328；Ⅲ. 20，75，79，89，122，148，156；Ⅳ. 1，4，21，52，56，66；Ⅴ. 23，33，58，60，67，72；Ⅵ. 3，108，118；Ⅶ. 21，26，40，54，79，84，86，96，108，115，116，129，150，153，156，175，204，217；Ⅷ. 5，25，27，33，39，56，84，115，116，120，171。

二是关于以-å、-o、-u收尾的诸字里的元音。《诗经》里-å：-o相押，而-å：-u及-o：-u都不相押。如果我们只以《切韵》的语言做依据，便会觉得：像"许"χi̯wo："武"mi̯u，等等。这类押韵的字是常见的，可是事实上乃由于mi̯u是从一个上古语的mi̯wo转变而来的。如果原来是个-u音的，例如"府"* pi̯u、"主"* t'i̯u，《诗经》里便不和一个-å或一个-o的字相押。

在《老子》里这样的押韵是很正常的：42. zi̯o：mi̯u；75. t'i̯u：g'å；87. t'i̯u：g'å：t'i̯o：g'u；98. ts'i̯u：zi̯o；169. g'å：g'u。

这些押韵更可以用下列的相并的事实作佐证：Ⅱ. 211，276，278，312，323，327，331；Ⅲ. 30，40，52；Ⅴ. 53，92；Ⅵ. 62，90；Ⅶ. 18，24，121，130，131，183，186，203；Ⅷ. 12，40。

三是关于入声字里的收尾辅音。在《诗经》里只是收-k音的字和收-k音的字相押，收-t音的字和收-t音的字相押，收-p音的字和收-p音的字相押。在《老子》里我们却有四个押韵的例子表明-p：-t：-k的相押；因入声字收尾音的短促使得它们在听感上相类似，已经认为足以构成一个韵语了：

11. pi̯ok：kuət：gi̯wok；64. iĕt：śi̯ok；97. χi̯əp：ńi̯ak：pi̯wɐt；161. * mok：muât。

这些情形真可认为押韵的，在别种上古著述当中的同样情形上得到证明：

Ⅱ. 6，163，192，311；Ⅴ. 21；Ⅷ. 14，67，94，105，

125，127。

这是确实的，可用来作佐证的例子，这里的数目，比之上面的第一类和第二类，特别的少——自然是因为这样的押韵在语音学上是很薄弱的。可是不管怎样，它们总是真正押韵的，而可以认为如此，从汉代中叶所出的《易林》那篇长诗里得到证明（关于《易林》，欲知其详，请参看我的《诗经研究》），其中-k：-p：-t 的押韵是颇正常而极常见的；这样的押韵实在有数百节。

在《老子》里韵语的研究可以从中得到几个重要的结论。

第一关于《诗经》的性质。上古中国文学史上重要问题之一，就是《诗经》的确实性质。《诗经》是周代各个不同的区域里，各个不同的时期里（前后有数百年光景）各个不同的作者所造诗歌的一种集合品，而只是粗疏的聚合为一书，并没有加以任何诗律上的修整，并没有经过某种工作使得在风格和语言上归于纯一的性质吗？或者《诗经》是由周代朝廷中的文学界把这种极其相异的材料加以细密修改的一种结果，这种修改就是指在朝的诗人把各侯国中得来的民歌、政事颂诗、宴会诗等集合在一起，并将它们做成一种在风格和语言上完整一致的东西吗？

这似乎自然明显的，我们必定要采取前一种的说法。顾拉纳氏（M. Granet）在他著名的作品《中国古代的宴乐和山歌》（*Fètes et chansons de la Chine ancienne*）里曾经把《诗经》里篇什的大部分认为确凿真正的民歌。又自古一致相传的意见，也以为至少“国风”的部分是代表一些只是采诸各侯国而任其自然的集合起来的篇什。

可是，一经研究《诗》韵的体系违反于上面所考察许多伦理作品的韵系的背景，便显示着这种见解不能成立了。《诗经》是一种很巨大的集合品，具有数千的韵语。而这些韵语又是依据于很严格的押韵条例，限制于某几种谨严的法则的，这是极显著的现象：

它有固定的韵部，而这些韵部大致都是很窄的，其中自由押韵的地方，以致违失了这些谨严的条例的，大体上也很稀少。

这是出于意想之外的，在周代国土的不同区域里，发生在不同时期的许多作者，而且其中有的是农民舞蹈领导者，仓卒之间造成他们的歌谣，正如顾拉纳氏所想像的那般，居然都遵守着同样严格的条例，以致使得后来构成的一种诗选，获有完全正常和一致的韵系。又，当我们看到了西元前第四、第三世纪有丰富的文学作品，包含着押韵的文辞的，在这些作品里的韵系又比《诗经》里的要自由得多，我们要设想《诗经》的那种现象，更觉得不可能了。从古先到了那个时代，所留存的文学很少，可是在神圣的《书经》当中已经窥见了这种比较自由的韵系，因此可以确定我们必须要有下列两方面的分别：

一方面，那时有了一种明白规定的高尚文学的诗格，由某些贵族的执政者创造出来的，而依据于某一种方言的（参看我的《诗经研究》以及我的《原始中国语为变形语说》——*Le Proto-chinois, langue flexionnelle* 载一九二〇年《亚细亚杂志》——一文）。这种诗格有了它的很严密的韵例。从国土上其他部分所得来的各种短篇、通俗的民歌、爱情的诗歌、悲哀的诗歌、史事的颂辞等等，为这班在朝的诗人所收集，制成了符合于他们自己诗篇（如朝廷的宴会诗，祭祀的赞美诗等）的一种语言和诗格，因之诗经便获有它的一致的严密的韵系。

另一方面，我们在周、秦、西汉时代的伦理文学当中有一种特别的文体是极被尊崇的，在散文的辞句当中，间或插入一两行合于韵律而且押韵的。对于这种不很相似或低格的诗句，就有一种更较自由的韵系。

对于这样的情形，我们可得某几种有趣的事实来证明。除了《诗经》以外，还有别的冗长的诗篇自周时传下来的，也和我们刚才讨论过的散布在散文作品里偶见的韵语相别异的。那些高格的诗篇，第一位要算《楚辞》。可是在《易经》里也有一种长的诗篇，就是所谓《象传》。在通常的《易经》各本里，《象传》分散在上下经卦中，只有御纂本(《御纂周易执中》)再把《象传》抽出来连接在一起，因之显出它为一种长篇美丽的诗了。如果我们把《楚辞》和《象传》的韵系拿来考查一下，使可以见得它恰和《诗经》的韵系很相符合。例外是很少而并不显著的。而且《楚辞》确是在周代南方作的，就是楚国，距周朝的王畿很远，我们知道其地的方言和王京的方言各别。从此我们晓得《诗经》的文辞已经变成常规的了，因之以文学家自命的诗人必须要采用它的押韵的体系。

这样的情形，在《荀子》里的韵语又供给了一种最后的证据。在散文的各篇当中分布着偶见的韵语，乃是属于自由的体系的(参看下文表Ⅲ.)，但是《荀子》中有两篇完全属于韵文的：《成相篇》和《赋篇》(参看上文)这两篇当中，作者忽然的采取较严格的体系了！显然作者在此有了直接的心向，要写作高格的韵文，所以他必须模仿《诗经》的形式。

第二个主题，我们对于用韵的研究可以帮助解答的，是《老子》一书的历史。

所名为《老子》的书，存在于西元前三、前二世纪时，乃是绝对确实的。司马迁(《史记·老子列传》)明白的说：“老子著书上下篇，言道德之意，五千余言。”[①]问题所在就是司马氏所说——恰和

① 自然，这种说法决不能随便的轻信。《老子》这部“书”，在司马迁时已经有了，可是并非就有一个古代圣者造成这样的。我们应当推想早先某一道家的哲学家以短短的箴言的形式来教导后人的，后来他的继承者遂集合成为一书。这样的语句，有某些碰巧没有包罗在《道德经》里。这种在《庄子》(《庚桑楚篇》)当中见到一个例子；我们所见的是：“老子曰：卫生之经，能抱一[i̯ĕt]乎？能勿失[si̯ĕt]乎？能无卜筮而知凶吉[ki̯ĕt]乎？能止[t'i̯əg]乎？能已[zi̯əg]乎？能舍诸人而求诸已[ki̯əg]乎？能翛然乎？能侗然乎？能儿子[tsi̯əg]乎？”这种显明的《老子》词句却没有列入《道德经》当中。

现存的《道德经》形式相同——是否符合于现存的。大部分必定是相合的；依杨树达所著精彩的《老子解诂》校定了的王弼本，五二四七言当中，不下有一七六七言为周、秦、西汉的作家所引证；《列子》[①]《庄子》《尹文子》《吕氏春秋》《战国策》《韩非子》《讳诗外传》《淮南子》《史记》《盐铁论》，这些作品在一处或多处的引证文辞中，都直说所引证的原文是《老子》。这许多引证的文辞，十分有九是见于《韩非子》和《淮南子》当中的。《淮南子》里差不多统指明《老子》《韩非子》大都只是说"故曰"(所以这样说)。而在这些事例当中又可以知道他所根据的是《老子》，因为那些"故曰"下面所引证的文句，也为《淮南子》所引述而明白指说是《老子》的。又，《韩非子》的文章有时且为《老子》文直接注释的性质：把《老子》原文分散在各行里，中间插进了长的注释；因之《韩非子》的"故曰"意思并非指他自己的圣语，而只是某种较古的文书。

这样看来，现存《道德经》为周代的书似得确实证明了。但是它的章句循环的被引于周、秦、西汉的著述当中，很为常见，遂致疑窦丛生。因为三分之一以上的文辞在古代引证的词句中可以见到的，就容易引起问题：是否现存的《老子》为《淮南子》和《盐铁论》"以后"的人所编纂的，就是在汉代中叶或末年，某个勤力的编辑者把他所见及的引证《老子》的文辞统统摘录出来，联接为整起，再倍

① 所谓《列子》这部书，在现今中国学者中似乎已公认为伪造的了。我却不信其为如此；反之，我相信它是一种周代的作品。它显然是一种道家的文辞；在秦汉时，《老子》已经在道家的思想界中成为很基本的和权威的了，因之道家的写作者必须要常常的引证它。《韩非子》和《淮南子》是从《老子》书上引证的辞句繁殖出来的。往后某个不知名的作家，托为"文子"者，他以统统标明"《老子》云"的引证辞句来扶托这书。如果《列子》是伪造的话，那末，必定是汉朝的时候所假托的。在那些时代的某一作者，假托一个列子而要它变移像一种周时的道家作品，必须要从《韩非子》《淮南子》及其他道家的作品中采取暗示，而把《老子》中所得的各句包罗在他的书中，以求使其书似真为古代的道家的。可是，现在《列子》的书里，不过从《老子》中引来四句罢了。那四句中的三句开始便为"老聃(老子)云"；第四句开始为"黄帝书云"。引证《老子》的辞句，确是列子这巨大的作品里的错失，这便是一个事实，告诉我们此书并非汉朝所作，而是出于较早时期的。

增他自制的新箴言的呢？实在，这种假设为西洋汉学界的首创者，盖尔斯教授(H.A. Giles)所陈述的(《中国评论》*China Review* 第十四期及《汉学丛编》*Adversaria Siniea* 第三册)。中国学术界大都绝不接受其说，但是我们必须承认的，依理推论，盖尔斯主张的正当，也并非完全不可能的。因此关于这个问题，自然不应置之不论；而须要加以一番详密的考校。

让我们把这个问题的中心加以确实的说明。凡是在周秦西汉古书上引证的文辞中所有的句子，是真实可靠的周代词语。真正的问题乃是在那些引证的文辞中没有见到的句子，我们怎样去判定它们。在理论上，有三种可能的假设：或者它们是由一个周代的著者所创生而从周代以来就属于司马迁所说那种《老子》的作品当中的；或者它们是产生于一个周代的著者，而被后来(某个东汉的人)从现今遗失了的道家著述中所引证的加以纂集，正和我们现今所知道的引证辞句的形式相同的；最后，或者它们正如盖尔斯所假定，乃是由那个编纂者写成的新箴言，以填补其编纂的文辞而凑足了“五千余言”之数的。

这是显然的，如果前两个假设当中，有一个成为事实，那末，究竟哪一个假设是对的，对于我们便无关重要了。因为那样，无论属于哪一种情形，这些词句总是真实的上古的，而且在《道德经》的各章当中，既然没有论理上的差别，所以或是知道它们由一种不断的流传的作品而来，或是依上古著述里引证的形式而获得它们的，这种问题在实际上对于我们便无关重要了。只有第三个假设，为盖尔斯所提出的，确实是危险的：如果《道德经》里三分之二的东西不是出于周代，而只是出于汉代中叶或末年的，它们的价值便很坏的变成薄弱了，而现存形式的《道德经》也便无希望的而为异样的作品了。

对于这个重要疑问的决定，《老子》里的韵语实给我们以一个很好的试金石。因为我们现在所有古书上的许多引证辞句只是显出一节里的“一部分”，结果其余的部分，和我们在引证文辞中所获的那一行论理上和伦理上互相联属的，便没有引述出来了。我这里举出了二十一条。为求简单起来，只把当中押韵的字用圆括弧注出它们上古音的读法。我把我们所知道从上古著述里引证文句中得来的放入方括弧内；那些在方括弧外的，是现在所知道未曾被周、秦、西汉书上引证过的①。

① 这里我所根据的，是上面所说杨树达的那种精美的著作，其中把早先引证过的辞句，统统细心地记述出来了。

三、老子韵考(下)

3. “[无名天地之始(s'ịəg)○]有名万物之母(mug)○”前半句被引在《史记・日者列传》而稍变其形式。

4. “处无为之事,(dẓ'iəg)○[行不言之教(kåg)]○”后半句被引在《庄子・知北游篇》。

12. “[道冲而用之或不盈(-iäng)○渊兮似万物之宗(tsnong)○]”前半句被引在《淮南子・道应训》。

13. “[挫其锐,解其纷(p'ịuən)。和其光,同其尘(d'iĕn)○]湛兮,似或存(dz'uəg)○”前面的一部分被引在《淮南子・道应训》。

21. “[持而盈之,不如其已(zịəg)○揣而梲之,不可长保(pog)○]金玉满堂,莫之能守(śịog)○富贵而骄(kịåg)○自遗其咎(g'ịug)○[功遂身退天之道(d'og)○]”方括弧里的部分,被引在《淮南子・道应训》。

22. “[载营魄抱一,能无离(lia)○乎,专气致柔能婴儿('n'ia)○乎]涤除玄览能无疵(ts'ia)○乎,爱民治国能无知(tia)○乎,天门开阖能无雌(ts'ia)○乎,[明白四达,能无为(gwia)○乎]。”方括弧里的部分,被引在《淮南子・道应训》。

23. “生而不有(gịug)○[为而不恃(dịəg)○,长而不宰(tsəg)○]是谓玄德(tək)○”中间部分被引在《庄子・达生篇》。

31. “[是谓无状之状(dẓ'ịang)○无物之象(dzịang)○]是谓恍惚

(xwâng)○”前半部被引在《韩非子·解老篇》及《淮南子·道应训》。

37. 孰能浊以静(t'i̯əng)○之徐清(ts'i̯äng)○○孰能安以久(ki̯ug)○动之徐生(ṣɛng)○○[保此道者不欲盈(-i̯äng)○○,夫惟不盈,故能蔽不新成(d'i̯äng)○○]。后面的一部分被引在《淮南子·道应训》。

46. “[绝圣弃智(tia)○民利百倍(b'uəg)○○]绝仁弃义(ngia)○民复孝慈(dz'i̯əg)○○绝巧弃利,盗贼无有(gi̯ug)○○”第二行被引在《淮南子·道应训》。

62. “[曲则全(dzi̯wän)○枉则正(t'si̯äng)○○]窪则盈(i̯äng)○○弊则新(siĕn)○”前半部分被引在《淮南子·道应训》。

79. “故善人者,不善人之师(ṣi)○[不善人者善人之资(tsi)]。”后半部分被引在《淮南子·道应训》。

81. “[知其雄守其雌(ts'ia)○为天下溪(?)○]常德不离(lia)○复归于婴儿(ńia)。”前面部分被引在《庄子·天下篇》。

82. “[知其白(b'ɐk)○]守其黑(xək)○为天下式(s'i̯ək)○为天下式(s'iək)○常德不忒(t'ək)○复归于无极(g'i̯ak)○”第一行和83里的第一、第二行合并被引在《庄子·天下篇》。

83. “[知其荣,守其辱(ńi̯wok)○为天下谷(kok)○]为天下谷(kok)○常德乃足(tsi̯wok)○复归于朴(p'åk)”。第一行的一部分被引在《庄子·天下篇》,全部分被引在《淮南子·道应训》。

97. “[将欲歙(xi̯əp)之,必固张(t'i̯ang)○○之,将欲弱(ńi̯ak)○之,必固强(g'i̯ang)○之]将欲废(pi̯wɐt)○之,必固兴(xi̯əng)○○之○”前半部分被引在《韩非子·喻老篇》。

102. “[化而欲作(tsâk)○吾将镇之以无名之朴(p'åk)○]无名之朴(p'åk)○夫亦将无欲(gi̯wok)”。前半部分被引在《淮南子·道应训》。

130. “[见小曰明(mi̯ɐng)○守柔曰强(g'i̯ang)○用其光(kwàng)○复归其明(mi̯ang)○]无遗身殃(*i̯ang)○是为习常(ȧi̯ang)○”开

首的二行被引在《韩非子·喻老篇》,第一、第三和第四行被引在《淮南子·道应训》。

143. “人多伎巧,奇物滋起(k'i̯əg)○[法令滋彰,盗贼多有(gi̯ug)○]”后面的部分被引在《淮南子·道应训》。

151. “其无正正复为奇,善后为妖(i̯åg)○[人之迷其日固久(ki̯ug)○]”后面的部分被引在《韩非子·解老篇》。

167. “[以智治国(kwək)○国之贼(dz'ək)○]不以智治国(kwek)○国之福(pi̯uk)○”前半部分被引在《韩非子·难三篇》。

179. “[勇于敢则杀(sat)○勇于不敢则活(g'uât)○此两者或利或害(g'ât)○]”前面部分被引在《淮南子·道应训》。

上面所说的二十一个事例对于《道德经》本文的批评是很有价值的。在理论上,它们可以用两种方法来解释:或者,在方括弧外面的各章的部分(就是现今知道的上古著述所未曾引证过的)是和那些在方括弧里面的(就是我们所知道在早先的引证文句里的)一起都属于原作品当中的;或者它们是被一个东汉的编纂者所撰成的,以填满非诗体的辞句使变为一首有韵的诗、一个完全的章节。

把这里所讨论的各节,稍为简单的审阅一下,就使得我们相信,后面的那个假设是不可能的。各个章节,在论理上和伦理上,是具有整个的形式,可因以否认后来填满了诗体部分的一切的可能。这些章句的诗的押韵的性质,足以使那种学说成为不可能的假设,就是说各章节的某一行是周朝所撰的,而另一行是东汉时所撰的。

于是,我们来求得一种积极的证据,以证明在这许多事例当中,即使上古的引证文句中我们所未见的《老子》原文的那些部分,也是真的、上古的,并非由东汉的一个编纂者所伪造的。因此它们或许已经存在司马迁所见的《老子》书了(这说较为近是),或者它们为某一个编纂者所见到的,因为他曾经得到那种现今亡了的材料,内中引据《老子》章节是未经加以节缩的(这说不很近似)——

在我们看来，却都是一样的。无论属于哪一种情形，把那些章句加以注意，便指示了盖尔斯学说的错误。实在，盖尔斯的学说，整个是很坏的建立的。因为盖尔斯的基本观念毕竟只是如此：真正《老子》的文句，仅有上古著述里的引证文辞当中保存着，其余都是伪造的。我们已经证明了并不如此。我们可以很信任的承认《道德经》的全部是符合于司马迁所说《老子》“五千余言”的书。

第三个问题，可以根据上面所讨论自由押韵的体系来研究的，是关于《管子》的文辞。《管子》曾经被许多学者认为是伪作，马伯乐（H. Maspero）在《中国古代史》（*La Chine antique*，第二九五页）里说过：“《管子》这部书，在它实际形式上看来，很不幸的几乎完全是西元后第四和第五世纪时所伪造的。”我早先已经反对过这个判断[1]，并且表明了这个判断所根据的理论是不稳固的。我们现在可以引出一种积极的证据，以说明《管子》的文辞至少有一部分是靠得住的——意思就是指它确是一种周代晚季以来的上古作品。下文所示的押韵的部分（第五表），完全是和东周、秦、汉时其他各种文辞上所见到的形式相符合的；它们正以同样的偶然无常的方式散布于散文体的书中；而且韵部恰和由《老子》《庄子》及其他书中引来列在下文各韵表里的相同。许多的这些韵部显示着一种真正的上古语，如果不是为某个学者，曾经从押韵的观点上把上古文辞确实加以系统的和科学的审察，而伪造出来的，那末，我们也决不能想像它是西元后四和后五世纪时的作品。只有一个毛羽丰满的音韵学家，在中国是十八和十九世纪以前所没有的（像段玉裁及其继承者）。才能够很成功的确定了“自由体系”的韵部，像我们在上文所建立的那样，而应用它们到自己创造的一种伪作上去。如

① 《东方古物陈列馆丛刊》第一期。

果他能够使他的伪作成为这样的一种形式，就是在散文和韵语的混杂当中，符合于晚周的风格和它的押韵的原则，把他的文辞做成很巧妙和平匀的样子，像这样一个科学化的伪作家，便必须是第一流的天才和具有特别技巧的人物了。我们也不必定要指明这样事情的设想，全是不应有的。在《管子》里各章，许多确是没有包括着韵语的，我们的结论自然也不能概括它们；但是大多数“老子式”的押韵，在《管子》起首部分的冗长的八章当中存在着，足以证明这几章总不是汉代以后所撰作的。

第一至第八表里所列的韵字是从下面的各章当中引出来的。

第一表，《书经》：1—4.《尧典》；5—9.《舜典》；10、11.《皋陶谟》；12—27.《益稷》；28—39.《禹贡》；40、41.《甘誓》；42—44.《汤誓》；45—48.《盘庚》；49—74.《洪范》；75—85.《康诰》；86—88.《无逸》；89，90.《多方》；91—109.《吕刑》；110、111.《秦誓》。

第二表，《庄子》：1—5.《逍遥游》；6—21.《齐物论》；22—24.《养生主》；25—42.《人间世》；43—53.《德充符》；54—82.《大宗师》；83—90.《应帝王》，91—93.《骈拇》；94—100.《马蹄》；101—104.《胠箧》；105—133.《在宥》；134—150.《天地》；151—158.《天道》；159—173.《天运》；174—182.《刻意》；183—196.《秋水》；197—202.《至乐》；203—211.《达生》；212—224.《山木》；225—285.《田子方》；229—241.《知北游》；242—250.《庚桑楚》；251—256.《徐无鬼》；257—269.《则阳》；270.《外物》；271—273.《寓言》；274.《让王》；275—285.《盗跖》，286—290.《说剑》；291—304.《渔父》；305—313.《列御寇》；314—341.《天下》。

第三表，《荀子》：1—12.《劝学》；13—18.《修身》；19—20.《不苟》；23—36.《荣辱》；37—42.《非相》；43—52.《非十二子》；53、54.《仲尼》；55—68.《儒效》；69—75.《王制》；76—81.《富国》；82—84.《王霸》；85—90.《君道》；91—94.《臣道》；95—97.《致仕》；98—

101.《议兵》;102—116.《天论》;117—124.《正论》;125—130.《礼论》;131、132.《解蔽》;133、134.《正名》;135—143.《大略》;144.《宥坐》;145—147.《法行》;148—153.《哀公》;154—157.《尧问》。

第四表,《吕氏春秋》: 1—4.《孟春纪》;5、6.《仲春纪》;7—15.《季春纪》;16、17.《尽数》;18—22.《先己》;23.《孟夏纪》;24.《劝学》;25、26.《尊师》;27—32.《仲夏纪》;33—42.《季夏纪》;43、44.《音初》;45.《禁塞》;46—51.《仲秋纪》;52—54.《孟冬纪》;55—57.《仲冬纪》;58.《季冬纪》;59—81.《不二》;82.《重言》;83、84.《上德》;85—87.《士容论》;88.《务大》;89—94.《上农》;95—110.《任地》;111—134.《辩土》。

第五表,《管子》: 1—20.《牧民》;21—29.《形势》;30—36.《权修》;37、38.《七法》;39—50.《版法》;51—58.《五辅》;59—77.《宙合》;78—94.《枢言》。

第六表,《韩非子》: 1—3.《初见秦》;4—11.《爱臣》;12—26.《主道》;27、28.《有度》;29—88.《扬权》;89—90.《饰邪》;91—99.《解老》;100—108.《大体》;109、110.《■智》;111.《外储说左上》;112.《外储说左下》;113—117.《外储说右上》;118、119.《外储说右下》;120—122.《说疑》;123.《诡使》;124.《八说》。

第七表,《淮南子》: 1—103.《原道》;104—152.《俶真》;153—165.《天文》;166—176.《坠形》;177—205.《时则》;206—228.《览冥》。

第八表,《逸周书》: 1.《度训》;2.《命训》;3—9.《文酌》;10—15.《武称》;16—21.《允文》;22—31.《大武》;32—38.《大明武》;39—43.《小明武》;44、45.《大匡》;46、47.《程典》;48—56.《酆保》;57.《小开》;58、59.《文儆》;60、61.《文传》;62—66.《柔武》;67.《大开武》;68—81.《宝典》;82、83.《寤敬》;84—88.《和寤》;89—91.《武寤》;92—94.《克殷》;95—103.《文政》;104.《大聚》;105.《五权》;106—112.《成开》;113—116.《皇门》;117—119.《大

戒》;120—136.《时训》;137—160.《太子晋》;161—166.《王会》;167—209.《周祝》;210、211.《武纪》。

第一表

1. 德族睦　2. 姓明　3. 邦雍　4. 傲孝　5. 守朝　6. 功庸　7. 弃饥　8. 稷谷　9. 亲逊　10. 族翼兹　11. 人民　12. 载木食海　13. 止直志休　14. 臣邻　15. 目翼　16. 方象　17. 飏承　18. 功庸　19. 让应　20. 傲好　21. 海哉　22. 长功工　23. 鼓敌　24. 跄成　25. 喜起熙　26. 明良康　27. 脞惰堕　28. 阳漳　29. 中从　30. 作服石　31. 繇条　32. 略斥　33. 乂艺　34. 猪居　35. 夭乔　36. 从同　37. 旅鼠野叙　38. 岳屋石　39. 同正坏姓行　40. 行正命　41. 祖社汝　42. 台力　43. 邑协　44. 丧亡往　45. 台服　46. 命宁邦命　47. 烈孽　48. 邑业　49. 居叙　50. 行政　51. 事纪极德疑福极　52. 直革穑　53. 咸甘　54. 酸辛　55. 德福极谷　56. 家辜　57. 德福　57. 咎好道　59. 陂义　60. 恶路　61. 党荡　62. 偏平　63. 侧直极　64. 言训　65. 训民言　66. 行光王　67. 德直克福食国忒　68. 成明章康　69. 成明宁星　70. 雨夏　71. 寿富德　72. 宁命　73. 折疾　74. 恶弱　75. 魄洛　76. 会卫　77. 周治　78. 封王　79. 寡夏　80. 修冒休　81. 王命　82. 叙土　83. 忱心　84. 德猷　85. 封常享命听　86. 度国　87. 外位　88. 雍宁邦　89. 政享丧王政烝丧狂圣　90. 事德　91. 命荒方　92. 训乱民虔　93. 贼宄　94. 灵刑　95. 棼信　96. 盟上　97. 戮德　98. 民典川　99. 种功中　100. 上方　101. 彝威　102. 狱牧迪　103. 民人　104. 罚世　105. 休德之　106. 刑庆永　107. 备辞孚　108. 刑庆　109. 辞极　110. 盘难　111. 有思有好。

第二表

1. 谷露熟　2. 龙凝　3. 外疠　4. 洼污　5. 激谪　6. 叱吸

7. 叫噭突咬 8. 閑間 9. 炎詹 10. 构斗 11. 惴缦 12. 偶枢 13. 中穷 14. 用庸 15. 辩言 16. 廉嗛 17. 昭道 18. 常成 19. 利害外 20. 求道 21. 尊芚纯蕴 22. 名刑经生 23. 身亲年 24. 割折 25. 扰忧救 26. 定行荡名争 27. 轧器 28. 荧平营形成 29. 止已 30. 化訾 31. 令成 32. 殆久改 33. 灭蹶孽 34. 声名 35. 属熟剥辱 36. 折泄 37. 衰追 38. 成生刑 39. 载避 40. 已殆 41. 阳行 42. 曲足 43. 青生征正 44. 人军 45. 怒所 46. 反善 47. 覆载 48. 信亲 49. 长忘 50. 形情 51. 眇警 52. 人天 53. 精瞑形鸣 54. 寡土 55. 悔德 56. 慄热 57. 甘深 58. 喜复 59. 志寂頟 60. 秋时极 61. 朋承 62. 喜已 63. 色德 64. 世制闭 65. 形生 66. 鳖泽 67. 本根存 68. 高久老母 69. 忒息 70. 仑川 71. 山天 72. 宫广终 73. 丁星 74. 维尾 75. 将迎成 76. 首尻 77. 雾极 78. 生穷 79. 真人 80. 老巧 81. 明忘 82. 覆载哉 83. 徐于 84. 信真人 85. 梁明 86. 治已恃喜有 87. 灭失及 88. 府主 89. 穷朕 90. 镜藏伤 91. 性形 92. 德疵 93. 方性 94. 烧剔刻雒 95. 连编 96. 性党放 97. 填颠 98. 梁生乡长 99. 知离 100. 欲朴 101. 止起鄙 102. 衡争 103. 铄惑僻 104. 明精虫性 105. 毗至 106. 成形常章 107. 藏明声 108. 疑欺 109. 非讥衰 110. 制杀决 111. 精冥 112. 极默 113. 听静正清形精生 114. 见闻 115. 形生 116. 外败 117. 藏壮 118. 穷终 119. 测极 120. 光常 121. 昏存 122. 结节 123. 精生 124. 经情成鸣虫 125. 为化 126. 明溟 127. 神魂云根沌 128. 知离 129. 名情生 130. 德默得 131. 影响 132. 怀配 133. 响方 134. 正明 135. 治备 136. 山渊 137. 财富 138. 寿夭 139. 通穷 140. 生明 141. 祖父 142. 彰昌 143. 闲仙 144. 乡殃 145. 形生 146. 分闲 147. 缗昏顺 148. 母道 149. 光亡旷情

亡情冥 150. 明聪颣爽扬 151. 敖告 152. 民人 153. 宁行经 154. 成生性 155. 恺私 156. 常明 157. 列立至 158. 德乐 159. 处所 160. 张纲行 161. 已止 162. 方东徨 163. 吸拂 164. 事备之 165. 亲仁 166. 忒默得 167. 生经 168. 霆生 169. 起待 170. 长刚常阬量明 171. 纪止 172. 生形声冥生荣声 173. 声形 174. 化波 175. 始起理灾 176. 应动 177. 累非 178. 浮休谋期忧德 179. 性清平 180. 道守 181. 失一 182. 名精 183. 百若 184. 贱衍蹇 185. 多施差 186. 德福域翼 187. 方长生成形方 188. 举虚语 189. 止姑 190. 驰移化 191. 理已 192. 热溺害贼 193. 天伸得极 194. 天真 195. 命名 196. 木屋 197. 据处去恶 198. 听争 199. 身存 200. 狗出 201. 芒象 202. 事适推 203. 窒热慄 204. 德贼 205. 天人真 206. 分神 207. 藏阳央 208. 得极 209. 下怒 210. 上忘 211. 愚污 212. 訾蛇化为 213. 离毁挫议亏 214. 谋欺得哉 215. 朴欲 216. 藏将方葬行 217. 乐俗 218. 倨居车 219. 欲足 220. 琢朴 221. 识疑来止 222. 伐竭 223. 堕亏 224. 常狂名 225. 肃赫 226. 成生形明功萌穷宗 227. 化为 228. 天泉变 229. 致至 230. 为亏伪 231. 故序 232. 存神根 233. 视至 234. 舍居故 235. 骸灰持晦谋哉 236. 冥形精生 237. 房皇彊明方广行昌 238. 海始 239. 值默塞得 240. 形声冥 241. 化靡多 242. 生成 243. 形生营 244. 愚躯 245. 人身 246. 一失吉 247. 止已己子 248. 怪谋事 249. 为枝 250. 之灰来有灾 251. 佚一 252. 奥宎 253. 事谋怪 254. 诚撄 255. 蛇宜 256. 妹需娄 257. 根门 258. 赐职治备 259. 化宜差 260. 泽度 261. 山坛 262. 裹起 263. 治起有易 264. 生成 265. 纪志理使始有已起止 266. 至废 267. 知化为 268. 虚居虚疏徂睹假 269. 极载默极 270. 摩多和火 271. 禅环伦均

272. 旰居 273. 辱足 274. 生轻 275. 居于父处 276. 主纣后寡徒 277. 慈孝里 278. 枯主纣 279. 声盈 280. 走头须口 281. 美尾 282. 人天 283. 子理直极息 284. 非机徊 285. 义为 286. 利至 287. 时海 288. 行阳冬上旁 289. 上旁光方卿 290. 时意 291. 从应 292. 职事 293. 露足属 294. 治白怠有持 295. 物伐节 296. 总佞 297. 谄谗 298. 贼慝 299. 人身臣 300. 身真人 301. 天人 302. 禄俗足 303. 仁人真身 304. 生成 305. 告毒孰 306. 忧求游舟 307. 形清宁 308. 神民 309. 忠敬能 310. 信仁 311. 节色得 312. 父伛偻俯走巨儛父许 313. 肖遭 314. 多加 315. 降生成 316. 出一 317. 宗精 318. 天神 319. 真人本门人 320. 恩仁 321. 理子 322. 常藏 323. 数度粗 324. 志事 325. 行阳 326. 当两往 327. 主虑 328. 覆载 329. 己已理 330. 断转免 331. 虑后 332. 行往 333. 还旋 334. 然言观断 335. 居著 336. 镜响亡清 337. 后垢 338. 虚余 339. 福咎纪 340. 毁挫 341. 形常生并往。

第三表

1. 起始来德 2. 蠹束 3. 兴生 4. 德得 5. 里海 6. 步舍 7. 志事 8. 明功容明聪穷 9. 失至一 10. 射御 11. 定应 12. 人全 13. 度祖禹 14. 生明通穷 15. 成宁 16. 志友灾 17. 乐素 18. 曲悫录 19. 通公 20. 直悫 21. 贞倾 22. 傲柔 23. 殃兵 24. 帛戟 25. 殆使 26. 忮訾 27. 口交 28. 争胜 29. 身亲君 30. 怒躯 31. 食耻 32. 伤疆 33. 通穷 34. 公命姓 35. 治职 36. 顺伦 37. 供菑 38. 瓜肤 39. 远迈 40. 处喻 41. 明送 42. 珍神 43. 施过 44. 理富 45. 士时 46. 盛静正命 47. 士能 48. 知訾 49. 欲悫 50. 壮广荡 51. 祺恢 52. 瞿盱 53. 贱贫奸 54. 嗛险 55. 易隔 56. 宝道 57. 坚闻 58. 理已始久殆

59. 明行章臧当 60. 臧亡 61. 日至 62. 获革乐 63. 赏兵 64. 穷通 65. 笑跳 66. 畏媿 67. 子辟客志 68. 成圣 69. 衡绳 70. 事使 71. 王疆亡 72. 得服 73. 子始理久 74. 当常命 75. 育殖服 76. 恶薄乐劳 77. 德力 78. 生成 79. 国恶乐瘠欲 80. 国职 81. 徒苦 82. 王亡 83. 择白 84. 详功裳上王 85. 常方 86. 疑怠之职能理塞息止起 87. 慢乱 88. 吏己止职 89. 俗属悫极 90. 聪功 91. 民难亲信 92. 民难信君倦 93. 影响方象王彊亡 94. 罚杀 95. 天年神魂 96. 僭滥 97. 滥淫 98. 兵常张亡雄 99. 废败外害泰 100. 吉灭 101. 从凶 102. 得职 103. 时财治 104. 化施 105. 生成功 106. 君官 107. 养政情功 108. 期息事治 109. 赫博宝白 110. 颂用 111. 待使 112. 多化 113. 物失 114. 生成情 115. 先门信分 116. 畸施多化 117. 彊功明生 118. 有得持 119. 佚诎 120. 采色 121. 绣玉 122. 牢怪 123. 味贵彻 124. 祥殃庆 125. 明行昌当 126. 生养 127. 食诲 128. 清成明平宁 129. 经刑正 130. 听成营 131. 明能长 132. 亟德 133. 乱窜 134. 明容正 135. 相敬常 136. 尊亲顺欢 137. 长养 138. 生成 139. 皇枪 140. 生成宁 141. 富耻旧背 142. 节疾 143. 荣盛行兴 144. 耻鄙殆 145. 事使 146. 报孝 147. 敬令 148. 道服 149. 本身贫 150. 肫循 151. 嗣识 152. 然邻 153. 啄攫诈 154. 怠来 155. 泉蓄 156. 殖育 157. 立入。

第四表

1. 降腾同动 2. 饬直惑 3. 兵殃 4. 起始道理纪 5. 牙孤社圄 6. 掠讼 7. 泄达内 8. 乌兽 9. 扬行 10. 玉木 11. 朗长明 12. 扬行良养明 13. 腐蝼 14. 时灾 15. 道饱葆 16. 身陈新年 17. 听静性长乡皇 18. 目欲 19. 故涂 20. 形成 21. 测

息塞收得服极惑革慝 22. 胜应 23. 至罚毕税一 24. 聋盲爽狂 25. 败废 26. 明行 27. 鸣生荣方明望陵 28. 常当行长刚阳形声 29. 适乐 30. 生平宁上成 31. 欲辟 32. 术出 33. 忒赤诈服度 34. 行汤彊令 35. 盖泄 36. 起使 37. 平刑生 38. 利至 39. 刑兵方 40. 聚务 41. 赦故 42. 通冬终 43. 丧亡 44. 伏极 45. 木屋畜 46. 杖裳常长量常刑当殃 47. 市賄事 48. 至匮遂 49. 冥情诚 50. 挫散 51. 沈陷 52. 腾降通冬 53. 郭籥塞薄 54. 径裳 55. 争荡宁 56. 色欲 57. 性静定 58. 纪始使 59. 移化 60. 固故 61. 虑誉 62. 形成声 63. 赋贮与 64. 殖诲嗣 65. 公旁粱 66. 终中能穷 67. 闭密 68. 平正静宁正 69. 形成 70. 事能 71. 教诏 72. 狂当 73. 惑得 74. 识事备恢恢疑来 75. 亡殃狂 76. 容从同壅 77. 车书稼 78. 刑城平情彊 79. 出屈 80. 光行障形正情性成 81. 章当昌鸿 82. 疵知窥离 83. 纪起 84. 纲张 85. 害越大外赖世竭卫厉折 86. 光长良王 87. 玉木足朴 88. 极则国 89. 淫风 90. 坚均 91. 糖彊 92. 力息棘 93. 急溼 94. 得蜮麦 95. 垆枯 96. 处污 97. 行长 98. 芜虚 99. 夺埒僢拔 100. 雕修 101. 余虚 102. 易适 103. 疏土余 104. 培植 105. 先均坚 106. 居扶 107. 族粟 108. 米秕 109. 弟秕死 110. 色匿得 111. 道宝 112. 足耨 113. 手道 114. 穗大 115. 糠彊 116. 黍下 117. 长糠 118. 长糠香 119. 稻葆 120. 机尾 121. 芒糠香 122. 对穗 123. 糠芒 124. 滋恃 125. 秕死 126. 长阳 127. 坚均 128. 荣生 129. 菽足族 130. 节实 131. 麦黑色息力 132. 至疾节 133. 狼芒 134. 香章明彊殃。

第五表

1. 财来 2. 举处 3. 实节 4. 足辱 5. 张行 6. 要巧 7. 量

安　8. 禁淫　9. 原繁　10. 川闻　11. 庙校　12. 旧备　13. 张亡　14. 生听乡行从　15. 辔贵　16. 门先　17. 路恶　18. 得食服慝　19. 恶度助　20. 堂王　21. 立载及　22. 尊运　23. 试修　24. 歌化　25. 问宾　26. 度涸　27. 和危　28. 大败　29. 功凶　30. 畜牧　31. 征刑　32. 先民　33. 足治　34. 谷木　35. 种用　36. 神门　37. 辟吏积　38. 常上功政明生　39. 事植嗣饬国　40. 杀废外　41. 徒牙图　42. 终穷　43. 显劝　44. 足辱　45. 殃行昌　46. 瘖图　47. 度赦惧　48. 明行　49. 动恐　50. 化移　51. 兴经　52. 务度　53. 沟渚　54. 滞闭　55. 孤寡　56. 病丧　57. 渴绝　58. 畴屋富食服足　59. 明苓行　60. 绳衡凶　61. 求忧救　62. 深沈　63. 直默　64. 利视　65. 养亡宁　66. 亡昌　67. 教期　68. 端版　69. 灭绝　70. 称量　71. 乐度　72. 浮默　73. 时事　74. 上穷生　75. 治事　76. 本运　77. 治事　78. 师指　79. 尊人患　80. 退佚　81. 利害　82. 蛇化　83. 改使　84. 明聪容　85. 天人　86. 沌豚纷　87. 闉门　88. 丝治　89. 戒异思识备　90. 戒敕伏稷麦得　91. 食事　92. 寡徐愚　93. 治耻事　94. 礼体。

第六表

1. 根邻存　2. 栗日　3. 道有　4. 亲身　5. 贵位　6. 等子服稷备侧国备侧国息　7. 害败外贵　8. 朝交　9. 家邪　10. 从兵　11. 遽革赦　12. 命定情正名形　13. 虚处　14. 贤因　15. 怒武　16. 明功彊　17. 寂漻　18. 处所　19. 知疵　20. 门存　21. 情生　22. 所与虎　23. 侧忒贼　24. 余辅虎　25. 测式贼　26. 道宝　27. 利指　28. 恶路　29. 形精　30. 泰害　31. 方央　32. 要效　33. 待以　34. 藏阳当行　35. 已理　36. 宜施宜为　37. 夜鼠　38. 能事　39. 长方　40. 能欺材治　41. 道首　42. 静命定正　43. 予举处举　44. 名形同生情　45. 天人　46. 道巧　47. 常殃亡

48. 理始己 49. 患端 50. 同从 51. 盛宁命情 52. 道祷 53. 名形 54. 位类醉 55. 齿始 56. 唇缗 57. 离知 58. 凑构 59. 共宠 60. 义为 61. 扃庭 62. 具处 63. 赏刑成 64. 设列 65. 神因 66. 当常 67. 地解 68. 天亲人门 69. 极得职惑侧得贷逼国 70. 走后狗 71. 止已母有 72. 法怯 73. 刑宁 74. 信人真 75. 赐益 76. 予斧 77. 可我 78. 亏靡 79. 量上 80. 月热 81. 弓雄 82. 嚬繁 83. 功从 84. 疏闾虚拒处 85. 道茂 86. 披离 87. 本神 88. 怀雷 89. 王彊 90. 予取 91. 亡殃 92. 国稷 93. 身年 94. 藏光 95. 威位气 96. 行方统章狂昌 97. 极侧 98. 冥霆成形应生 99. 随和 100. 衡性 101. 疵知 102. 外内 103. 散怨言 104. 路泽 105. 戎幢 106. 书盂 107. 简安 108. 覆载高富备富 109. 事疑得使市 110. 马者 111. 置祀 112. 事使 113. 备惑饰匿伺饵 114. 知随 115. 匿意 116. 臧行 117. 弋国 118. 服族 119. 车家 120. 寐体 121. 意辟职 122. 君言 123. 治辞意 124. 摩波何。

第七表

1. 极测 2. 形盈清 3. 张明强刚阳光 4. 高走 5. 明行翔皇柄央方 6. 滞废 7. 止始 8. 蒸应 9. 降穷 10. 入集匝 11. 琢朴 12. 阳行生 13. 石泽 14. 恍象 15. 冥屈 16. 忽形 17. 洞动仰 18. 虑舆驱俱区骤 19. 尘轮门全 20. 隅枢 21. 覆载使备 22. 摇势 23. 穷功 24. 士走处 25. 流浮 26. 伏育胎 27. 霜伤藏 28. 根渊 29. 巢艽 30. 急滛 31. 处暑所 32. 众虫 33. 游舟 34. 北食力 35. 堕祸 36. 中穷 37. 争圣 38. 根门 39. 强当 40. 号基 41. 大外 42. 刚强 43. 移多 44. 胜凌 45. 时之 46. 守保 47. 刚强乡 48. 灭折裂舌币 49. 变先 50. 静定争 51. 露泽 52. 生成憎 53. 既费 54. 极握 55. 创

伤 56. 断然 57. 遁纷散 58. 公洞终 59. 处野矩 60. 根门存勤 61. 生鸣形成 62. 无虚 63. 形亭成生 64. 纯混 65. 璞浊 66. 清盈 67. 澹汎 68. 渊云存 69. 总孔 70. 根门神先 71. 明章公 72. 守求 73. 慕欲 74. 常当 75. 阴林 76. 阳狂 77. 多随 78. 外废 79. 得收 80. 宁强 81. 悖赟逮 82. 窕躁娆枭 83. 远反 84. 应动穷像纵景秉仗 85. 亏化驰 86. 德乐 87. 丧亡 88. 生营平形生 89. 彼我 90. 人身 91. 得备 92. 怒苦 93. 宗成生 94. 荣倾 95. 渝濡 96. 富流 97. 强翔 98. 悲危 99. 废泄昧 100. 大外 101. 下右在 102. 纵用 103. 衣机 104. 发蘖 105. 降扬 106. 寞窕 107. 茏煌动 108. 息握 109. 量形声 110. 得极 111. 判分 112. 生静澄 113. 形生 114. 嫯泽 115. 游熙德尤 116. 殖服足余 117. 茂道 118. 方明堂光 119. 竿纶 120. 饵海有 121. 素垢夜 122. 动恐 123. 分变 124. 为蛇化 125. 风性营 126. 去居 127. 原门 128. 为施 129. 覆载包母 130. 响濡扶 131. 府初 132. 冥声 133. 晓照 134. 载植 135. 宁形 136. 志识 137. 阳同 138. 华伪 139. 义宜和 140. 虚野圄雨父女 141. 舍素 142. 圣众讼 143. 舞书下 144. 初虚 145. 廓漠 146. 性藏芒 147. 折味 148. 夭泽 149. 书图 150. 涸翼脚 151. 性命 152. 行明 153. 翼沥 154. 霧宙 155. 施化 156. 属食 157. 出绝决 158. 吏使期忌 159. 成方央刑 160. 昌殃 161. 居处 162. 亡凉明兵彊常康 163. 饥衰 164. 养昌亡 165. 阳通生成 166. 经刑 167. 死牝 168. 珠玉 169. 英生 170. 南喑 171. 聋瘫肿瘿 172. 夭寿 173. 气类 174. 麻禾 175. 麦菽 176. 竹稻谷 177. 备灾市石 178. 量称 179. 泄出达内 180. 阖塞 181. 梁方强 182. 功农穷赏宗 183. 后侯辅 184. 苛和 185. 怀弘衰归 186. 辜邪聚 187. 牧郭窦渎谷 188. 甲法 189. 藏梁刑 190. 客乐 191. 穷

忘明亡匡容宗 192. 阿和挫 193. 楞泄 194. 平生 195. 垸宽 196. 纪起理 197. 德责 198. 禄足育谷 199. 阳行昌疆明 200. 悖愦害废 201. 得克服 202. 割泄 203. 取赦固 204. 匽曲 205. 行强刚藏 206. 溢绝阙出 207. 飂赫 208. 镜迎藏伤 209. 终宗通 210. 一毕灭 211. 鞭环 212. 明行 213. 熟搏 214. 郊阜 215. 国职 216. 废裂 217. 覆载 218. 息若 219. 正平生 220. 扬兴 221. 时德 222. 安言 223. 覆澳 224. 族俗角 225. 知麾 226. 德服职代 227. 常明 228. 神魄根。

第八表

1. 服德时治 2. 常成敬广命 3. 谋事贿贷 4. 信年 5. 梏复渎极 6. 身真 7. 丑疏要 8. 志谋事备 9. 众降戎 10. 威卑 11. 权乱 12. 辅取沮惧趣 13. 穑麦服亟 14. 恪格竭克 15. 服德 16. 记在贿里吏士 17. 耻喜在子 18. 安允 19. 母之悔晦 20. 语武所户下宇辅士 21. 母海 22. 恶郗薄 23. 固助 24. 谷葆 25. 时治饱 26. 复恶 27. 道士 28. 御伍 29. 谋士 30. 疑来旗谋之 31. 害败 32. 亡星明荒殃行方刚 33. 从兴 34. 余书 35. 欲客戚 36. 告巧 37. 能事 38. 暑处贾女下御武土橹下寡 39. 道时 40. 古阻下主女所下苦 41. 野鼓怒户弩下 42. 终勇 43. 女下伍下武 44. 德时 45. 病匡 46. 敬省 47. 作备诫事 48. 度赂 49. 朴积狱卜谷辱族 50. 移化奇 51. 治服力惑 52. 栢宅获恶 53. 上庸扬亡丧往藏 54. 兵伤凶 55. 亲身人 56. 求尤谋疑 57. 时德极 58. 败盖 59. 戒择 60. 胎材时 61. 重空王亡 62. 禁淫 63. 时疑贷德 64. 辅怙居距旅 65. 时里 66. 苦鼓武下 67. 十失佚 68. 腾崩 69. 仪移 70. 断选 71. 德慝 72. 宇蝦 73. 德服 74. 刑经声 75. 疏虚 76. 适僻 77. 私迷 78. 常行 79. 物德极 80. 仁亲 81. 会废 82. 福翼食敌 83. 败失 84. 保

格事　85. 何柯　86. 翼士　87. 让方　88. 问顺　89. 烈发　90. 旅下　91. 疆宗公飨宁　92. 休首　93. 车吕　94. 钺白　95. 服则　96. 功通　97. 径刑　98. 乱转奸残顽舋　99. 傲暴　100. 明赏　101. 教劳　102. 行将　103. 害败　104. 耘婚连亲群完　105. 浣食别灭给　106. 阳行明望　107. 笥事　108. 功众　109. 匱别　110. 教诈　111. 敬宁盈敬　112. 敬爽王　113. 格穑　114. 神慎邻　115. 绳上长成用　116. 嗣保　117. 阳方行明　118. 动功同　119. 之备　120. 贼服熟　121. 民电震　122. 寒残乱　123. 生兵中　124. 息偪侧　125. 息逸疾　126. 教暴盗　127. 落罚泽　128. 病鸣争　129. 畔散慢　130. 佚赖害　131. 服极穑　132. 良阳亡　133. 负咎妇　134. 一嫉佚　135. 阳向藏　136. 兵从　137. 山安言　138. 骄劳　139. 关限远驩　140. 则德　141. 天人仁天　142. 所下　143. 居下与　144. 正圣　145. 惠二　146. 方商　147. 身仁　148. 命方公上　149. 作伯　150. 众同公　151. 道侯　152. 群君　153. 信人　154. 海子　155. 荒王　156. 改起子　157. 赫作　158. 财熙能　159. 宁经　160. 极国　161. 惩形　162. 时疑　163. 和过　164. 谏民贤近　165. 已怠时疑　166. 邪居　167. 时道灾　168. 生刑　169. 经亡名　170. 剥足　171. 牛茅　172. 怠时　173. 山言　174. 行亡　175. 竭伐　176. 时求　177. 正争经敬争听静　178. 噬撅大害大　179. 父者　180. 暝生　181. 攫诈　182. 柯枝　183. 本盾　184. 木巧　185. 种勇　186. 度故　187. 植谋　188. 貌照　189. 逆略　190. 反食　191. 阳行常亡　193. 轸尽　194. 盖害　195. 热竭　196. 胜称　197. 从同　198. 明长　199. 得服测牧　200. 刻使交来　201. 事诈　202. 柯罗为　203. 雄胜　204. 下怒　205. 久始右纪　206. 方情等　207. 改极服　208. 群君　209. 理子　210. 时事谋　211. 服得克力。

诗经研究

高本汉（B. Karlgren）著

《诗经》是二千年来中国学者搜讨的一种主要的对象。它是在远东留存的两种最古的文学书之一，而且是超出于各种伪造的疑虑的。它曾经为孔子以至当代的一切领袖人物所引述，包含有中国古代很多极可宝贵的知识，又是一种可爱的上古中国文学意味的代表作。所以，自从汉代以迄今日民国，凡是中国列于前茅的学者，都曾经对《诗经》加以广大的研讨和评释。

但是，如果许多字体的上古音读没有显示出来，如果各诗的押韵没有依照它们真正的音值建立起来，那末，我们并不能说《诗经》已经完全被开启到了我们了解的地步了。反之，从这点看来，《诗经》语言的研究是放在我们肩上的一种最重要的工作；因为，如果我们对于印度支那语言学毕竟要造出任何的进境，便不能停止于"中国古音"(《切韵》音，西元后六世纪时的)的详细的构拟——这是一种已经解决了的工作——而是要向着中国的上古音，周代的语言的构拟上前进。关于此种工作，上古诗歌里的押韵，特别是《诗经》的押韵，以及谐声的合体字，便是主要的材料。

中国的几个先进的学者，已经对于《诗经》的韵系加以勤力的研究。顾炎武(卒于1681年)的几种搜讨的工作，是适合于它们的时代的，经过了段玉裁(卒于1815年)的研究，就变成古老的了。段氏的几种研究工作，以他的《六书音均表》(《皇清经解》卷六五六—六六零，列格氏(legge)的《诗经》译本里所标明的押韵字，就是依据于此书的)为最著；他的后继者孔广森(《诗声类》，《皇清经解续编》卷一九四—二零五)，虽然以段书为主要的根据，却把韵系规划得更进步了。我们靠了段氏的书，把哪些是《诗经》全部章节当中的真正的韵字，以及它们应归属于哪些韵部里，几乎都确凿地知道了。但是,最后的一步,测定这些韵字真正的"音值",还留待着切实的进行。

向着这方面的尝试,也曾经有过。在我的《汉语分析字典》(*Analytic Dictionary of Chinese*,1923 年出版)里,对于上古中国音读的某几个基本的要点已经给予一些启示了;在此书中,我主张上古音里存在着几种收尾辅音,它们在《切韵》时代以前已经失落了,这种说法对于《诗经》押韵的解释是极端重要的。西门氏(Walter Simon)在他的《论上古汉语辅音韵尾的构拟》(*Zur Rekonstruktion der Altchinesischen Endkonsonaten*)里,把我的这种观念推进到更广大的阶段。关于《诗经》音的各种问题,又在我的那篇长文《上古中国音当中的几个问题》(*Problems in Archaic Chinese*,1928 年《皇家亚细亚学会杂志》)以及我的《藏语与汉语》(*Tibetan and Chinese*,1931 年《通报》)里讨论过。最近两个中国学者也来参加这种工作,同样尝试着解释《诗经》的音读:林语堂,在中央研究院《历史语言研究所集刊》第二本第二分,和李方桂,在《历史语言研究所集刊》第三本第一分。后者并且对于《诗经》大部分的韵类,给出了拟测音读的一种广大的计划。

在本文当中,我将要对于某些大韵部的字的收尾舌根音的存在与否,以及这些韵部里元音的性质,这些已经详细讨论过的问题,再重新加以研究,并且使我自己以《诗经》为主要的根据。在另一篇同时刊布的论文《老子韵考》(*The poetical parts in Lao-tsï*,《哥腾堡大学文艺丛刊》)里,我的搜讨更推广到周、秦、汉时其他的各种材料。经我考虑的结果,我在此对于中国字汇大部分的上古音读提供了一种构拟的计划。我所留着未曾讨论的,只是关于那些《切韵》里收尾于-m、-n、-p、-t 的字,它们的上古音值大体上是很明显的,以及《切韵》里某些收尾于-i̯ 的字,它们早先的音读形式是极可怀疑的,须加以细细的审察;异日有机,我希望再来讨论这些字。

我在下文列出一些表，以指示要审察的《诗经》韵字，而作为我们讨论的基础。所记的数目字是指列格氏《诗经》译本的页码。全部是依照《毛诗》的，可是当《鲁诗》、《韩诗》和《齐诗》里的异文，遇有影响于韵字的时候，就常用圆括弧来表明——可惜段玉裁毫未注意及此。又某章节上所遇见的韵字，如果和前面章节上所押绝然相同的，我便把它们完全略去不计。

各个表上，我列出两行测定的音读。一行是《切韵》音（西元后六世纪时的）；我们现在的讨论就是以这种《切韵》音来做出发点的。一行是《诗经》音，就是在本文里我要把它构拟出来的。所以，右边的那行在我们讨论的进程当中必须完全置之不顾；它是代表着我们考问的最后的结果的。

在这些表里，我对于任何音读形式都不加星号，但是在这篇论文当中，为着实用的理由，我用“无星号的斜体字母”来表示《切韵》的音读，用“有星号的斜体字母”来表示《诗经》的音读。例如“子”tsi，* tsi̯əg，就是说这个字（北京音 tsï）在六世纪时（《切韵》音）读为 tsi，在《诗经》音里读为 tsi̯əg。

一、关于收尾辅音的讨论

在我的《分析字典》里，像“怕”p‘a`（声符为“白”b‘ɒk）、“例”li̯äi`（声符为“列”li̯ät）这样的字例当中，我断定了那些收尾的辅音。我那时拟定了一个简单的法则，以为在《切韵》时代以前所遗失了的辅音都是“浊音”（p‘ag，li̯äd 等），而那些被保存的（入声）是-k、-t（b‘ɒk，li̯ät）。我在《上古中国音当中的几个问题》（1928 年）那篇文章里，把我的构拟改变了，结果是前一类也有-k、-t，但是在上古中国音当中，这些字已经具有下降的声调（去声），这种下降调便使得它们-k、-t 的收尾辅音在《切韵》以前遗失了；而“平调”的“白”b‘ɒk⁻和“列”li̯ät⁻仍旧保存着它们的-k、-t。李方桂曾经反对这种构拟，可是并没有表明何以如此的理由，而保持着我较早的说法。因之，我在此要把我关于这个问题的论证复述一下，再加上一些新材料。

甲，象“害”代替“曷”，或“载”代替“则”那样的假借，如果我们这样测定：“害”* g‘ât`代替“曷”* g‘ât⁻、“载”* tsxk`①代替“则”* tsək⁻，便比之假定 * g‘âd 代替 * g‘ât、* tsxg 代替 * tsək，要明白晓畅得多。这固然不是一种断然的证据，因为字体应用在假借上，有时音读方面是有几分歧异的，但是和下列的证据合并起来，它总是可供提

① 关于这个字音的元音的性质，马上就要讨论到了。

示的。

乙，同一字体的两种读法（在词根上有所变化），如果我们承认一个下降调的收尾音-k，便觉合理得多：

度	d‘âk	和	d‘uoˋ	<＊-kˋ
覆	p‘i̯uk	和	p‘i̯ə̯uˋ	<＊-kˋ
塞	sək	和	sâiˋ	<＊-kˋ

象这样的事例是很多的，参看下文 46 页。

丙，可是，决定性的证据乃是这个。在“怕”（“白”）这类谐声字体当中，我们见到一百个事例里的九十五个，凡是《切韵》音没有收尾辅音的，总具有下降调：“怕”p‘aˋ：“白”b‘ɒk。这个规则有些例外：“高”kâu⁻：“鄗”xâk，但是很少的。不过我们从《诗经》以及其他上古的作品当中，晓得了很多平声和上声的字也具有收尾辅音（参照下文），例如“来”lâi⁻和“亟”ki̯ək 相押、“子”tsiˊ和“德”tək 相押（参看下文第三表）。这里，如果这些 lâi⁻、tsiˊ和去声字的“怕”p‘aˋ都有个-g（或者都有个-k），那便无论怎样，总没有理由可以说明：为何只是那些下降调的（去声字）照常例必定和入声字在谐声字体当中发生关系（“怕”类），而那些平声和上声的只是少数例外的事情（“高”类）。所以断案必须是如此：前一类“来”lâi⁻、“子”tsiˊ曾经有个收尾辅音（-g：lxg、tsxg），异于入声字的-k，因之只有很少数的，为制作谐声字体者混合于后一类当中；而象“怕”p‘aˋ、“例”li̯äiˋ这样的字，极其普通的一类谐声字体，和入声字相谐，比之前一类要“适合”得多了，所以有个-k，正如后者（“白”b‘ɒk）：“怕”＊p‘akˋ。我们既然有了很多的事例，象“怕”p‘aˋ（声符为“白”b‘ɒk）、“赴”p‘i̯u（声符为“卜”puk）那样的，那末我们必须拟定“怕”＊p‘akˋ（此地是一个短促元音的＊p‘ɒkˋ，进看下文）和“赴”＊p‘i̯ukˋ，而不是＊p‘ag 和＊p‘i̯ug。因为如果承受了后面这个假定，我们便无法解释为何象“来”“子”

那样一大批的字,在谐声字体当中事实上绝不和入声字(《切韵》音-k)发生关系;又“怕”“赴”等如果真正是* p‘ag、* p‘i̯ug 而不是* p‘ɒk`、* p‘i̯uk`,那末“来”“子”等也应该和它们同样地跟入声字发生关系了。所以我归结到了如下的系统:

周	隋	周	隋
白 b‘ɒk⁻	b‘ɒk	怕 p‘ɒk`	p‘a`
来 lɤg⁻	lâi⁻	赉 lɤg`	lâi`

换句话说:* -k 在具备平衡调的字里仍旧留存着,但在具备下降调的字里便失落了(或者元音化了);* -g 在两种声调的字里都失落了(或者被元音化了)。

显然的结果,便是我们如果遇见了一个字在《切韵》里属于去声(下降调),而在《诗经》里和-k 音的字押韵的,例如“到”tâu`:、“乐”lâk,我们就很疑虑,是把它构拟为-k`还是-g`,因为在两种情形之下,都是使它在《切韵》时代以前变为 tâu`的。我们只有从各种事例的比较上(依据跟入声字关系的深浅与否),才能得到近于可靠的断案。将来也只有印度支那语言的比较研究,可以给予我们以确实的回答。

二、第三表和第四表《切韵》-âi、-i、-i̯əu的收音以及它们的上古音值

西洋的汉学家当中，西门氏是最初提议在这些表的字里有一个收尾舌根音的。他无疑是对的。我根据了(《皇家亚细亚学会杂志》，1928年，802页)他的意见(加以许多修正：-k和-g，依照特种的规律，以纠正西门氏的-r)，并且供给了它的证据，就是下文第三表列着的《诗经》韵字，其中-âi、-i及-i̯əu都常和-ək、-i̯ək、-i̯uk押韵。这些事例在《诗经》当中，决不是单独存在的。上古的文学当中，我们到处发现这种例子；即使迟至西历纪元后的初期(在王莽时的《易林》；参看本文的最后部分)，也可以见到。举出几个例子便足以显示这种情形：

---

1. 疑德福　2. 福母　3. 食来祀　4. 得戒　5. 子克　6. 誨殖嗣　7. 司职　8. 来直翼得　9. 侧祐　10. 戒得　11. 有恃宰德　12. 事德　13. 复载　14. 悔得　15. 时极　16. 母忒息　17. 得已　18. 德疚　19. 赐职治备　20. 载默极　21. 戒得　22. 起始来得　23. 食恥　24. 治职　25. 已止职　26. 期息事治　27. 有得恃　28. 食誨　29. 之德辞事备　30. 来事极起母　31. 服备异媒喜　32. 殖誨嗣　33. 子服稷　34. 备侧国　35. 复载　36. 备惑飾匿伺餌　37. 复载使备　38. 熙德尤治　39. 时德　40. 德服职代　41. 喜亟

1. ngji：tək：pi̯uk《书经·洪範》　2. pi̯uk：mə̯u《易经·晋卦》　3. dź'i̯ək：lâi：zi《易经·困卦》　4. tək：kai《易经·震》“象曰”　5. tsi：k'ək《易经·大有卦》　6. xuâi：źi̯ək：zi《左传·襄公三十一年》　7. si：tśi̯ək《大戴礼·哀公问五义》　8. lâi：d'i̯ək：i̯ək：tək《孟子·滕文公》(列格氏本 128 页)　9. tsi̯ək：ji̯ə̯u《楚辞·天问》　10. kai：tək《楚辞·惜往日》　11. ji̯ə̯u：źi：tsâi：tək《老子》第十章　12. dẓ'i：tək《老子》第六十三章　13. p'i̯uk：tsâi《庄子·德充符》　14. xuâi：tək《庄子·大宗师》　15. źi：g'i̯ək 同上　16. mə̯u：t'ək：si̯ək 同上　17. tək：i《庄子·应帝王》　18. tək：ji̯ə̯u《庄子·骈拇》　19. si：t'si̯ək：d'i：b'jwi《庄子·则阳》　20. tsâi：mək：g'iək 同上　21. kai：tək《孙子·九地》　22. k'ji：śi：lâi：tək《荀子·劝学》　23. dź'i̯ək：t́'i《荀子·荣辱》　24. d́'i：tsi̯ək同上　25. i：tśi：tśi̯ək《荀子·君道》　26. kji：si̯ək：dẓ'i：d́'i《荀子·天论》　27. ji̯ə̯u：tək：d́'i《荀子·正论》　28. dź'i̯ək：xuâi《荀子·礼论》　29. t́'si：tək：zi：dẓ'i：b'jwi《荀子·成相》　30. lâi：dẓ'i：g'i̯ək：k'ji：mə̯u《荀子·赋》　31. b'i̯uk：b'jwi：i：muâi：xji 同上　32. źi̯ək：xuâi：zi《吕氏春秋·悔过》　33. tsi：b'i̯uk：tsi̯ək《韩非子·爱臣》　34. b'jwi：tsi̯ək：kwək 同上　35. p'i̯uk：tsâi《韩非子·大体》　36. b'jwi：ɣwək：śi̯ək：ńi̯ək：si：ńźi《韩非子·外储右上》　37. p'iuk：tsâi：ṣi：b'jwi《淮南子·原道训》　38. xji：tək：ji̯ə̯u：d́'i《淮南子·俶真训》　39. źi：tək《淮南子·览冥训》　40. tək：b'i̯uk：tśi̯ək：d'âi 同上　41. xji：ki̯ək《前汉书·广陵王传》

上列举例是很容易接续下去的，还有约四十个例子，列在下文，是从《易林》(西历纪元初年)上引出来的。

在这些《诗经》及别的上古文书的韵字当中，我们见到各个-i音的字常和-ək、-i̯uk相押，同时，-âi音的字主要的代表是“载”和“来”。这种现象可以使得我们对于第四表里许多-âi音的字都具有一个舌根收尾音的观念发生怀疑。但是，必须注意的，关于-âi和-i两音，谐声字及两读的字都给舌根收尾音以广大的证据：

---

1. 亥劾刻　2. 背北　3. 代弋忒　4. 塞　5. 𨈖　6. 䆀黑　7. 寺待特等　8. 慖国　9. 疑礙凝　10. 而耐恧　11. 乃仍　12. 能　13. 異翼　14. 飤飾　15. 意憶　16. 喜醹　17. 里荲　18. 熾戠　19. 值直

---

1. γâi : γək : k'ək　2. puâi : pək　3. d'âi : i̯ək : t'ək　4. sâi, sək　5. d'âi, d'ək　6. muâi : xək　7. zi : d'âi : d'ək : təng　8. kuâi : kwək　9. ngji : ngâi : ngi̯əng　10. ńźi : nâi : ńi̯ək　11. nâi : ńźi̯əng　12. nâi, nəng　13. i : i̯ək　14. zi : śi̯ək　15. ·i : ·i̯ək　16. xji : xi̯ək　17. lji : t́'i̯ək　18. tś'i : tśi̯ək　19. d́'i : d́'i̯ək

---

结果凡属于这里所讨论的-âi、-i字音当中，都有一个上古舌根音的存在，那是无可置疑的了。

林语堂在上文所举的他那篇论文里，曾经试用一种绝然各异的方法来解释这些韵尾。他假定-i音是从一个上古的ü变来的，而-âi音是从一个上古的-əü变来的(好象德语里的eu那样转变：əü>oi，于是又消去了圆唇化：oi>âi)，以为可以解释-i̯əu音的《诗经》韵字(*-i̯əü；第四表)。可是他的说法总是不能成立，因为，第一点，《诗经》里和入声相押的韵字以及别种上古文书里的韵字，正如上文9页所引举的，便不能这样的解释；又，第二点，刚才所举的谐声字及两读的字，象4. *səü和sək的两读字，象9. *ngü :

* ngəü∶ngi̯əng 的谐声字，也决不至于如此。

关于上古一个收尾舌根音的存在，例证太多了。现在我们要来规定这个收尾舌根音的性质，并且研究这里所讨论的字音的元音性质。在我的《藏语与汉语》(《通报》，1931 年 63 页下面)里曾经讨论过，现在要更详密地讨论这个问题。

我在上述这篇论文里，建立了(一部分根据于龙果夫氏[A. Dragunov]的，《通报》，1928 年)一种上古的读音系统，内中长元音的字类具有一个 a 元音，短元音的字类具有一个 ə 及一个 ɒ 的元音，彼此之间有一种很规则的配对现象。让我们来研究收-m 尾和-n 尾的字里的这种系统：

上古音值(《诗经》，谐声)：	**长音**		**短音**	
宋代等韵表的一等	甘 kâm	干 kân	感 kəm	艮 kən
宋代等韵表的二等	監 kam	姦 kan	减 kɒm	间 kɒn

这种上古音系统在古音(《切韵》)里表示出来：

	长音		**短音**	
一等	甘 kâm	干 kân	感 kậm	艮 kən
二等	监 kam	姦 kan	减 kạm	间 kạn

当上古的长元音(深的 â、浅的 a)遗留着不变，短元音却有了很大的变迁。在-m 之前(并非-n 之前)的 ə 已经变成一个短的 â(ậ)，而短的 ɒm、ɒn 也变成了ạm、ạn(具有短的浅 a)。

我的这种学说，是因文字上及其他的理由而建立的，我们现在可以在《诗经》韵字的第十六表上试用一下。我们马上看见，一经用我们上古音的-əm 替代古音的 ậm，便觉得那里的韵字可以解释得很完美了。这是一件非常有趣的事实，李方桂在上文所举的他那篇论文当中，恰好引出了同样的结论(关于* əm＞—ậm；并不关于* ɒm)，正如我在《通报》上所引出的。他的论文的发表只是后于我几个月，显然他是独立地得到了同样的结果。

我们见到了* kəm>kậm、* kəp>kập，我们这种规则完全解释了谐声字体里以及《诗经》韵字里的各种现象，所以可认为是确定地成立了。如今，我在《切韵》的咍韵和泰韵里，已经建立了（《中国音韵学研究》Phonologie Chinoise，633 页）一种无可否认的“音量”上的差别，这在高丽译音上很明白地显示出来了（在古高丽的拼音系统里，前者拼做-ăi，后者拼做-ai）。前者是“短的”，所以是-ậi，后者是“长的”，所以是-âi。而且，我们既然有这样确定的证据，在前一类的ậ并不属于上古收韵具有长的主要元音（上古的 â、a）的一类，而是属于具有短的主要元音（上古的 ə、ɒ）的一类，那末我们可以有各种理由，希望我们此地的ậ，正如《切韵》的-ậm、-ập，是从同一个上古音的 ə 演变而来的。于是上古可能的字音，凡是在 ə 之后跟着舌根收尾音的，很容易排列出一个表：

上古音（《诗经》，谐声）		古音（《切韵》）	
增 tsəng	征 ti̯əng	增 tsəng	征 t́i̯əng
则 tsək-	直 d'i̯ək-	则 tsək	直 d́i̯ək
载 tsək`	值 d'i̯ək`	载 tsậi`	值 d́'i`
灾 tsəg	子 tsi̯əg	灾 tsậi	子 tsi

从这个表上，我们更得到一个很有趣味的事实。既然 ə 在舌根音-ng 和-k 之前保持着，那末我们便不能假定它在舌根音-g 之前变成了ậ。* tsəg>tsâg 的规则是无须讨论的了。我们明瞭了，第一步，“载”* tsək`和“灾”* tsəg 变成 tsəi，是舌根收尾音的元音化，于是第二步，tsəi 再变成了 tsậi，正象* kəm>kậm。那就是ə>ậ这种变化所以只发生在收尾音* -k`和* -g 变成了《切韵》-i 的那些字里的理由。至于保存了-ng、-k 的字（“增”tsəng 类、“则”tsək 类），仍旧不变它们的 ə。

这些拟测的规则曾经在我的《藏语与汉语》中简单的表示过，而且我在那里也已经指出这些规则对于第三表里《诗经》韵字的解释是很有价值的。又，此地李方桂只后于我几个月，对于“来”lâi<*ləg 和“子”tsi<*tsi̯əg 这一类的字，在不依靠我的结果的情况下居然得到了相同的结论；他采取了我早先发表的这些字收尾音-g 的意见（不赞成林语堂的），并且正确地引出了*əm>ậm=*əg>ậi 的配对现象；他跟我同时建立了与我相同的演化规则*tsi̯əg>tsig>tsi。这是可以庆幸的，见到两个学者，对于这些极端复杂的构拟问题，居然各自独立地得到了恰恰相同的结果。只是关于“载”*tsək`：“来”*ləg 收尾音里对比的情形，李氏并不完全相信有加以区别的必要（参看上文第 6 页）[①]。

在此地讨论的这些字里*ə>ậ，我这种元音的学说的真确性，为上文列着的谐声字体（其中几个李氏已经举过）所证实了。它们的上古音音值应该是：

---

1. 亥劾刻　2. 背北　3. 代弋忒　4. 塞　5. 貣　6. 穛黑　7. 寺待特等　8. 悃国　9. 疑礙凝　10. 而耐恧　11. 乃仍　12. 能　13. 異翼　14. 飤飾　15. 意憶　16. 喜禧　17. 里堇　18. 熾戠　19. 值直

---

1. g‘əg：g‘ək⁻：k‘ək⁻　2. puək`：pək⁻　3. d‘ək`：di̯ək⁻：t‘ək⁻　4. sək`，sək⁻　5. d‘ək`，d‘ək⁻　6. muəg：xək⁻　7. dz‘i̯əg：d‘əg：d‘ək⁻：təng　8. kwək`：kwək⁻　9. ngi̯əg：ngəg：ngi̯əng　10. ńi̯əg：

① 李氏也指出了“能”nəng 字借作“而”ńźi 字的那种奇异的用法，在某种上古的文书当中（参看王引之《经义述闻》卷五），如果我们引进了“而”*ńi̯əg 字的上古音音值，就成为可以了解的了。我们再可以加增，“乃”nậi 字和“而”ńźi 字在它们的文法功用上是很相同的，它们或者是同源词：“乃”*nəg，“而”*ni̯əg。

nəg：ńi̯ək` 11. nəg：ńi̯əng 12. nəg，nəng 13. gi̯ək`：gi̯ək⁻
14. dzi̯ək`：śi̯ək⁻ 15. ˙i̯ək`：˙i̯ək⁻ 16. xi̯əg：xi̯ək⁻ 17. li̯əg：t'i̯ək⁻
18. t́'i̯ək`：t́i̯ək` 19. d'i̯ək`：d'i̯ək⁻

可是，还有另外的及绝对决定性的《诗经》上的事实，使得我们的构拟（*ək`，\*əg>âi；\*i̯ək`，*i̯əg>i）成为确实的。必须把它举出来，因为它帮助我们了解那个暧昧的-i̯əu（“久”“有”等）的性质，这些*ək`、\*əg、\*i̯ək`、*i̯əg是常常和它押韵的（参看第四表）。对于这种现象的考察需要一个冗长的题外的讨论。

如果读者把后面我们的第一、第二，以及第八、第九等表考查一下，便会发现有i̯ung、i̯uk两个韵部，它们绝不相混：

1. 弓 2. 雄 3. 夢 4. 囿 5. 彧 6. 福 7. 服 8. 伏
9. 牧 10. 宫 11. 躳 12. 中 13. 戎 14. 豐 15. 匊 16. 燠
17. 祝 18. 六 19. 復 20. 覆

甲部：1. ki̯ung 2. γi̯ung 3. mi̯ung，mung 4. ji̯uk 5. ˙i̯uk
6. pi̯uk 7、8. b'i̯uk 9. mi̯uk

乙部：10、11. ki̯ung 12. t́i̯ung 13. ńźi̯ung 14. p'i̯ung
15. ki̯uk 16. ˙i̯uk 17. tśi̯uk 18. li̯uk 19. b'i̯uk 20. p'i̯uk

这两部不能有一个相同的上古音的收韵，因为它们是绝不相押的。或者“弓”“服”不是ki̯ung、b'i̯uk，而是某种别的音，“宫”“復”却是ki̯ung、b'i̯uk；或者“弓”“服”是ki̯ung、b'i̯uk；“宫”“復”却不是ki̯ung、b'i̯uk，而是某种别的音。

李方桂试用过前者的解答，说“弓”上古音是*ki̯uəng，因为它和-əng、i̯əng押韵（第一表），说“服”是*b'i̯uək，因为它和-ək、i̯ək押韵（第二表）。可是这种说法不能成立。因为已经有了合口的字相对于-əng、i̯əng、-ək、i̯ək，而这些合口字并且没有遗失它们的 ə；它们在第一表和第二表里许多常作为韵字的：

---

1. 肱　2. 弘　3. 薨　4. 国　5. 或　6. 匐　7. 域蜮黬魊
8. 洫侐阈昊瘢　9. 畐堛愊餾副　10. 愎腷楅

---

1. kwəng　2. ɣwəng　3. xwəng　4. kwək　5. ɣwək
6. bʻwək　7. ˙i̯wək　8. xi̯wək　9. pʻi̯wək　10. bʻi̯wək

"畐"字的两读：pʻi̯wək 和 bʻi̯uk 在《广韵》上是明显区别的。因之，设想"弓"* ki̯wəng>ki̯ung、"服"* bʻi̯wək>pi̯uk 实在没有可能性。我们不能设想两类合口具有同样的主要元音："副"* pʻi̯wək 而"服"* bʻi̯uək，因为这样未免太牵强不近事理了。照例在《切韵》里每个收韵总是只有一类合口①。我们的结论也只有一类。"弓"单是 ki̯ung，"服"也单是 bʻi̯uk，正象《切韵》里的一样。如果 ki̯ung：tsəng：˙i̯əng 相押（第一表），那便是因为 ung 和 əng 在听感上觉得相似，足使它们成为一种韵语的缘故。

因此，我们必须断定另外-i̯ung、-i̯uk 的一类（"宫"等，上面的乙部）在上古中国语里决不是-i̯ung、-i̯uk。如果我们把第八表和第九表考查一下，那又真正是我们所应当期望的。这是因为在语音上象-ung：-i̯wong：-ång（å，一个开 o，象英语 law 字的元音）这样各异的收韵会相押，总觉得是不能令人相信的事实，但这还不是十分可以决定的。另外有一种更加显著的事实。就是并非-uong、-i̯wong：-ång 的相押是普通的现象，而-ung、-i̯ung：-ång的相押是

---

① 依据我对《切韵》音拟测的系统，有一个例外；但是在我的《中国音韵学研究》当中，"尹"ji̯uĕn："陨"ji̯wĕn 的这种拟构（为着要说明两个各异的韵部）确是我的拟测系统的一个弱点。这未必是可信的，需要重加考虑。

稀少的——如果《诗经》在这些字类里和《切韵》具有相同的音值，那就会是很自然的事情了。相反的，前一类的相押是很稀少的，而-ung、-i̯ung ∶ ång 却是在《诗经》里极常见的押韵。要解释这种现象，“或者”可以是“降”γång 上古音并非 * g´ång，而是一种较闭合元音的收韵；“或者”是“公”kung、“宫”ki̯ung 上古音并非 * kung、* ki̯ung，而是具有一种较开元音的收韵，就是某种 o 音。选择后一种解释就成为可以相信的了，因为已经有了刚才研究的那种事实的根据：和“弓”（* ki̯ung）的比照。而且一经参考了《切韵》时代已经具有的方言变异，正如“外国方言”所显示出来的，这个便很容易证明了。让我们提出一个表：

	日本吴音	日本汉音	高丽译音	《切韵》音
公	ku	kou	kong	kung
笼	ru	rou	nong	lung
送	su	sou	song	sung
篷	bu	pou	pong	b‘ung
谷	koku	koku	kok	kuk
禄	roku	roku	nok	luk
独	doku	toku	tok	d‘uk
木	moku	boku	mok	muk
宫	ku	kiu	kung	ki̯ung
隆	riu	riu	riung	li̯ung
豐	fu	pou	p‘ung	p‘i̯ung
菊	koku	kiku	kuk	ki̯uk
祝	soku	siuku	t´s‘uk	t´si̯uk
陆	roku	riku	riuk	li̯uk
肃	soku	siuku	suk	si̯uk
覆	poku	puku	pok	p‘i̯uk
目	moku	boku	mok	mi̯uk

因为在我的《中国音韵学研究》第 686 页下面以及其他各处所注明的理由，无论如何可以不必怀疑，象"宫""隆"等字在《切韵》是 ki̯ung、li̯ung，东韵（"宫"汉音 kiu，高丽译音 kung，温州方言 t'si̯ung），相反"恭"是 ki̯wong，"龙"是 li̯wong，锺韵（"恭"汉音 kiyou，高丽译音 kong，温州方言 t'süå）。又我们上面表中"公""篷"等字，既然《切韵》都把它们归属于同一韵（东韵）当中，那末在《切韵》的语言（长安）里它们读为 kung、lung 等，这是确定的。但是，正如在我的《中国音韵学研究》里所指出的（668 页、894 页等），即使在隋朝当时，各种方言之间，关于这些字类也有极大的区别；我们又得到各异的系统依据于平声和入声（kung：kuk）的一种差异，以及许多起首音里（kung：pung）的一种差异。假使我们把《切韵》的方言叫做甲，把日本汉音及高丽译音所根据的方言叫做乙，把日本吴音所根据的方言叫做丙，那末，我便得到：

	公	篷	谷	木	宫	豐	菊	目
方言甲	kung	b'ung	kuk	muk	ki̯ung	p'i̯ung	ki̯uk	mi̯uk
方言乙	kong	b'ong	kok	mok	ki̯ung	p'i̯ong(?)	ki̯uk	mi̯ok(?)
方言丙	kung	b'ung	kok	mok	ki̯ung	p'i̯ung	ki̯ok	mi̯ok

我们既然见到即使在第六节七世纪的时候，也还有大部分的方言在《切韵》东、屋两韵的多多少少字类当中，具有或不具有介音 i̯，总有着 o 的音；我们既然知道这些类的字在《诗经》里和-uong、i̯wong，以至于和 ång 自由地押韵；而且，我们既然知道它们比之下面第一、第二表的-i̯ung、i̯uk，有着各异的收韵，那末可以安然地断定它们在上古中国语里必定有个某种的 o 音，因之我们建立下如下的系统：

开 o：开口　降* g'ång；合口　冬* tuong　恭* ki̯wong

合 o(ô)：　公* kong　　　宫* ki̯ong

前一类保持着它们的元音，直至《切韵》时代。后一类因为圆唇化作用逐渐闭合，在某种方言里（即《切韵》的方言）变成了“公”kung、“宫”ki̯ung。kong>kung这种演化是很自然的，而且有许多相类的例子。古瑞典语的ko、sol、skog现今读为ku、sul、skug了（虽然书写上仍然依照古时的形式）。而上古音的“公”*kong、“宫”ki̯ong、“中”*ti̯ong所以在《诗经》里和“降”*gʻång等，比之“冬”*tuong、“恭”*ki̯wong等类更自由地押韵，这是因为在字音的类型上，*kong：*gʻång之间（都是开口）较诸*tuong：*gʻång之间更为近似罢了。

解决了第八表和第九表的困难问题，我们再回转到开始我们讨论的那些字：第一至第四表。现在我们可以安全地坚持着“弓”*ki̯ung、“服”*bʻi̯uk的音值，因为我们已经证明“宫”和“復”上古音是*ki̯ong、*bʻi̯ok了。

我们在第二表里有三种收韵：-ək：-i̯ək：i̯uk，合成为一部，它们在《诗经》韵字上常常互相通押，而和另外许多-k音的字类（《切韵》-âk、-åk、-i̯ak、-uk、-i̯uk、-uok、-i̯wok、-i̯äk、-i̯ek）实际上没有关系。

但是有一部和它们互相通押，这一大类，其中的收尾舌根音显然是不成问题的（第三表），就是“来”lậi、“子”tsi、“有”ji̯ə̯u诸类的字。这些类的三种收韵不但彼此相押：tsi：lậi、tsi：ji̯ə̯u、lậi：ji̯ə̯u（第四表），而且我们常常看见tsi：tək；lậi：tək：bʻi̯uk这类的韵字（第三表），这是向我们表明，毫无疑问的，-ậi：-i：-i̯ə̯u很接近于-ək：-i̯ək：i̯uk，而彼此相互的关系恰如-ək：-i̯ək：-i̯uk相互的关系；其间有一种配对的现象。“来”lậi显然没有介音i，也没有合口，所以相当于-ək；“子”tsi显然有i音作为收韵的第一成分，所以又相当于-i̯ək；第三个，“有”字，只有它包含一个u音，所以相当于-i̯uk。因此我们得到下列配对现象：

得* tək　　亟* ki̯ək　　囿* gi̯uk
来* ləg　　子* tsi̯əg　　有* gi̯ug

我愿意着重指出，我们依着这种研究，对于“来”* leg 和“子”* tsi̯əg所得到的上古音值，恰好和上文16页上我们得到的相同，只是现在应用一种完全两样的方法以及采取全部新的论证罢了。因之，我认为* leg、* tsi̯əg 这些音值是确定的建立了。

而且我们最后的研究有一种极大的好处，就是详细讨论过的“有”ji̯ə̯u、“否”pi̯ə̯u 这一部的音值也显现出来了。西门氏曾经设想《诗经》的收韵是-i̯əɣ，而-i̯ə̯u 里的-u 乃是舌根收尾音一种元音化的结果。因为印度支那语言比较研究的理由（“九”ki̯ə̯u＝藏语 d-gu），我反对这种意见（1931 年《通报》），并且主张 u 音是这个韵部里原来的主要元音。“囿”* gi̯uk：“有”* gi̯ug 这种配对现象（以与“得”* tək、“来”* ləg 及“亟”* ki̯ək、“子”* tsi̯əg 等类通押的）正是它的佐证。

“有”古音 ji̯ə̯u，上古音* gi̯ug，“否”古音 pi̯ə̯u，上古音* pi̯ug 一类正是直接相配于入声“囿”古音 ji̯uk，上古音* gi̯uk，“服”古音、上古音 b'i̯uk，这为一种极端有趣的事实所证实了。在入声韵类（第二表）当中，-i̯uk 音的字都有舌根、双唇、喉头的起首音，并没有舌尖或舌前的起首音的。现今第三和第四表里的-i̯ə̯u，我所主张是个-g 音相当于第二表的-i̯uk 的，恰好有着同样的特点：它们只有舌根、喉头或双唇的起首音：“久”ki̯ə̯u、“有”ji̯ə̯u<g-、“牛”ngi̯ə̯u、“否”pi̯ə̯u 等。[①] 无论所以如此的理由如何（某些现象是原始中国语

---

① 在我的《分析字典》里，我假定“尤”上古音有个起首音 z，因为假定它谐声于“就”dz'i̯ə̯u。在 28 页上所列的表，指示着我错了：“就”必定是个会意字，而“尤”也有一个舌根起首音。在《分析字典》里，我更进而认定“隹”t'swi 是“售”źi̯ə̯u 的音符。可是并不如此。《说文》谓“售”字上面部分是“雔”źi̯ə̯u 字（一对小鸟）的简省，这个“雔”字也就是“雙”字的上部。这确是对的，我们的“售”也只是“讎”字的俗体罢了。

里的，我们只能依据印度支那语言比较的研究才追溯到它)，在“囿”* gi̯uk，“服”* bi̯uk 和“有”* gʻi̯ug，“否”* pi̯ug 之间一种完美的配对，总因为这种事实而置于绝无疑问之地。

可是，还有几种补充的事实，以作为后一部里 * -i̯ug 收韵的拟定的佐证(是反对西门氏的-iəɣ 的)。

第一点，某些字体几种奇异的两读，可以做这种解释的坚强的证据：

“囿”，《广韵》ji̯uk 和 ji̯ə̯u；“栯”，-i̯uk 和 ji̯ə̯u，“副”，pʻi̯uk 和 pʻi̯ə̯u；“服”，bʻi̯uk-和 bʻi̯ə̯u。[1]

在那收尾舌根音遗失了的地方，字音的一种“补偿作用”依靠一个附从的 ə 的形式带进来了：bʻi̯ug>bʻi̯ᵊu。根据我的解释，一字两读的演成是很合理的了：* gi̯uk 和 * gi̯ug；* ˙ i̯uk 和 * gi̯ug；* pʻi̯uk和 * pʻi̯ug；* bʻi̯uk 和 * bʻi̯ug。

可是，还有一个更强力的理由，我们因此必须断定字音里那个 u 音是原来有的。那就是下列的谐声字所要求的：

---

1. 龟阄 2. 轨九 3. 丕不 4. 洧有 5. 晷咎 6. 痞否 7. 灰又 8. 贿有 9. 蚘尤 10. 肧不 11. 陪咅 12. 煤某 13. 每母。

---

1. kjwi：ki̯ə̯u 2. kjwi：ki̯ə̯u 3. pʻjwi：pi̯ə̯u 4. jwi：ji̯ə̯u 5. kjwi：gʻi̯ə̯u 6. bʻjwi：pi̯ə̯u 7. xuậi：ji̯ə̯u 8. xuậi：ji̯ə̯u 9. ɣuậi：ji̯ə̯u 10. pʻuậi：pi̯ə̯u 11. bʻuậi：pʻə̯u 12. muậi：mi̯ə̯u 13. muậi：mə̯u

---

[1] 最后这个字 bʻi̯ə̯u 的读法，《广韵》并没有载明，而是郑众(司农)当西元后第一世纪时，在他的《周礼》注里(《考工记·车人》)所指示的。必须注意，bʻi̯ə̯u 的读法适用于此字一种罕见的特殊意义，不能用以释明第三表的韵字，因为第三表里此字常读为bʻi̯uk。

我们这里可以见到,《切韵》的-i̯ə̯u 常和《切韵》的-i、ậi 发生关系,但只是在合口里如此,只是和 kjwi、xuậi 诸类的字,而永不和 kji、kậi 诸类的字发生关系。如果应用了我们所测定的上古音音值,这种情形的原因就很明白了:

---

1. ki̯wəg∶ki̯ug　2. ki̯wəg∶ki̯ug　3. p'i̯wəg∶pi̯ug　4. gi̯wəg∶gi̯ug　5. ki̯wəg∶g'i̯ug　6. b'i̯wəg∶pi̯ug　7. xuəg∶gi̯ug　8. xuəg∶gi̯ug　9. g'uəg∶gi̯ug　10. p'uəg∶pi̯ug　11. b'uəg∶p'ug　12. muəg∶mi̯ug　13. muəg∶mug

---

古音-i̯ə̯u 的字的上古音为 * -i̯ug;这种字作为音符时,照例不认为适合于象"基" * ki̯əg、"忌" * g'i̯əg、"疑" * ngi̯əg 那样的开口字,而只适用于具有圆唇元音的字当中,因为这样才满足了语音类似的需要: * gi̯ug 为 * xuəg 的音符等。

在第三和第四表里更有一点须注意的。在这两表里大多数的韵字,一方面是-ək(-wək)、-i̯ək 和-i̯uk,属于入声的韵部,另一方面是-âi(-uâi)、-i(-wi)和-i̯ə̯u,属于无入声相配的韵部,可是还有两个字具有。《切韵》的-ə̯u 而无介音 i:"母""畞"。理由就是它是由上古音的 * mug 变来,所以和 * -əg、* -i̯əg、* -i̯ug 相押。对于这个音,在和它相当的-ng 一类里有个配对:"夢"字,它有 mung 和 mi̯ung 的两读。前一种读法相当于"母" * mug,后一种相当于"谋" * mi̯ug。因此这个"夢"字 mung 是个原来的 * mung,跟《切韵》的"蒙"mung 截然不同,因为"蒙"的上古音是 * mong(第八表的那一部)。

三、第十三表至第十五表《切韵》-a、-i̯a、-uo、-i̯wo、-i̯u 的收音以及它们的上古音音值

在这些韵部里，西门氏（上文引述过的）曾经计议都有一个上古的舌根收尾音（-γ），当时在《皇家亚细亚学会杂志》我的那篇论文当中，我指出过他的证据并不十分的坚固；这样一个舌根收尾音的存在是决不能证实的。在《通报》我的那篇论文当中，我引举了印度支那语言比较的材料，以反对所讨论的几个字的语根里有这样的舌根音。但是我总把这个问题留而待决。我尽管一方面着重指出那种事实，以证明没有这样一个舌根音（可以是-g，或者是-γ）的存在，而一方面却又坦白的承认，至少这些韵字当中某几类字里也曾有这样一个收尾音的可能性。现在我要把这个问题的全部提出来，并且试着要获得较积极的确定的结果。

这里所举的《切韵》诸韵当中，有许多字曾具有舌根收尾音，这是不能否认的。它们在谐声上很明白地表现出来：例如“怕”p'a`＜* p'ak`（毋宁是* p'ɒk`，参下文，音符“白”b'ɒk），“赴”p'i̯u`＜* p'i̯uk`（音符“卜”puk），“裕”i̯u`＜* gi̯uk`（音符“谷”kuk），“恶”· uo`＜* -k`（第三种读法· âk），“路”luo`＜* -k`（音符“各”kâk）等。但是这些都是降调的入声的事例（参上文 7 页）（译者按：原著 120 页），是另外构成一类的。问题是：《切韵》的这些韵部里大半的字都是平

声、上声和去声的字，象“家”ka、“下”ɣa、“马”ma、“古”kuo、“处”t′s‘i̯wo、“奴”nuo、“女”ńi̯wo、“居”ki̯wo、“拘”ki̯u、“取”ts‘i̯u 等是否在上古中国语里有什么-g 的收尾音。

我们开始来讨论列于第十五表里的-i̯u。“拘”的上古音是 ki̯ug 吗？肯定不是，我们很容易看出的。我不必引进这种说法来作为一个证据，即“拘”ki̯ug 的音也许符合于上文所决定的“久”ki̯ug（第三、第四表的那一部）；因为这也可以答辩，说我在那儿的拟构 * ki̯ug 或许是错的。可是，另有一种确实的证据。我们已经知道，那些无疑具有收尾音-g 的字，在《诗经》里常和-k 音（入声）的字押韵。“子” * tsi̯əg 和“德” * tək 相押（第三表）；“修”si̯ə̯u（＜ * -g）和“淑”źi̯uk 相押（第十二表）；“沼”t′si̯äu（＜ * -g）和“跃”i̯ak 相押（第十二表）。我们的那些表上有很多这样的例子。现在，如果那“拘”ki̯u、“取”ts‘i̯u 等曾有一个收尾音-g，那末，这个收尾音必定会由于某些韵字和入声字：ki̯uk，pi̯uk，ki̯wok 等相押而显示出来。但是实际绝不如此。① 我们的第十五表显示着那“拘”ki̯u 字等和某些-ə̯u 音的字（它们的来源，我们往后再来讨论）发生关系，而这些-ə̯u 音的字也一样很少和入声字押韵（只有两个例外：第九

① 这里只有两个例外的韵字（第九表 195 及第十二表 407）。而且，我在《通报》的那篇论文当中已经指出了，象这样的事例，远比上文所讨论的那些内中有 lâi、tsi 和入声字相押（第三表）的，要更缺少提示的作用。它们事实上很少有当作证据的价值，因为收尾元音是个舌根部位的-u。u 和 w，以至于一种闭合的 ô，在本性上是非常类似于 g 的，这是大家知道的事实。德语的 hou̯u̯an 变成了冰洲语的 hoggva、瑞典语的 hugga。德语的 ward-，法语用 guard-来替代。古瑞典语 mōin 变成了（mōwin＞）mogen，lōe（＞lōwe＞）loge，trōin（＞trōwin＞）trogen（诺连氏 Noreen《古代瑞典语文法》Altschwed、Gramm，1904 年，203 页）。拉丁语的 uvula（uu̯ula）就是意大利语的 ugola。有时一个 u 音居于字尾时，也会得到一个附从的-g：瑞典语 blud（拼作 blod）＞方言的读法 blu＞blug。古冰洲语 su＞发洛语（Färöic）sugv（这是李顿 E. Lidén 教授指示我的）。再没有比这更自然的了，即一个上古中国语的 ku、ki̯u 有时（方言性的？）读成一种 ku^{w}、ku^{wg} 的性质，一种轻微的“仿造的”舌根音，这样就可以解释象刚才所举的那两个例子的韵字了。这样的事例是不能作为构拟一个舌根收尾音的根据的。

表 528,第十五表 374)。因之,这些部类的字过去是没有-g 的收尾音的。

远较复杂的却是置于我们第十三表里的部类。在《皇家亚细亚学会杂志》我的那篇论文中,我从第十三表的韵字上,断定了象“家”ka、“下”γa 等等的字的上古音是 * kå、* gå 等。[①] 西门氏正相反的把它们拟成 kaγ、g‘aγ,因之和“故”kuoγ 等相押,而所以使得它们押韵的,是收尾舌根音,不是元音了。

我确信这种学说是不能成立的。第一是根据这种事实,即《诗经》绝不把 * -âng ∶ * uong 相押(也不把 * -âk ∶ * uok 相押,参看下文);因之,它也不会把-aγ 和-uoγ顺利相押的。可是还有更严重的障碍,这个问题也必须加以更严格的审查。当审查我们第十三、十四表的时候,我们必定要把韵字的三个部类区分清楚:

甲类,“家”ka 等,就是凡属第十三表里具有《切韵》-a、-wa、-i̯a 的字。

乙类,“故”kuo 等,就是在文字上没有显示出舌根收尾音,并具有《切韵》-uo、-i̯wo、-i̯u 的字。[②] 这些都是第十三表和第十四表里的-uo、-i̯wo、-i̯u,只除了那些丙类的字。

丙类,“路”luo`＜ * -k 等,就是在文字(谐声)上指示着上古有个舌根收尾音(-k`,参看上文第 7 页),并具有《切韵》-uo、-i̯wo、-i̯u 的字。它们是:

---

① 《切韵》的 ka 等另外有一类:“加”ka、“麻”ma、“沙”ṣa、“差”tṣ‘a,它们在谐声和《诗》韵当中都和 * -â、* -ia(“歌” * kâ、“皮” * b‘ia)发生关系。这些收韵,在文字和押韵当中没有一个和入声字发生什么联系,参看《皇家亚细亚学会杂志》1928 年,783 页。它们绝不会有过什么收尾辅音,这是毫无疑义的。这些-a、-â、-ia 和第十三表及第十四表里我们的韵字并无联系。所以,后一类也不曾具有何种上古音的-a。

② “涸”γâk(冻结)这个例子是属于“会意”(凝固的水),对于“固”或“古”并没有什么收尾辅音的显示。

度路露愬穫恶莫據去袪庶夜射写柘。

有几种基本的事实必须作为我们讨论的出发点。

1. 甲类“家”照常规和乙类“故”押韵；

2. 乙类“故”照常规和丙类“路”押韵；

3. 甲类“家”并不和丙类“路”押韵，只有单独一个例外（第十四表366）。

西门氏并没有注意到这些规则的第三条，而只注意首先的两条，所以走入迷途了。他的论证是这样的：既然丙类“路”上古有收尾舌根音（文字上所显示的），乙类“故”和它押韵，那末，必定也有收尾舌根音了；又既然乙类“故”可以由此断定上古有收尾舌根音，甲类“家”和它押韵，那末，必定也有收尾舌根音了。所以他拟定——上古具有一个收尾摩擦音，这种意见我在刻处批评过了——“家”kaγ和“故”kuoγ押韵，而这个kuoγ又和“路”luoγ押韵。

这显然是不可能的；因为如果“故”是kuoγ而“路”是luoγ，那末，为何甲类“家”必定和乙类“故”常常押韵而绝不和丙类“路”押韵的理由，就无论如何也不能了解了。事实上甲“家”和丙“路”在《诗经》里绝不直接的相遇，而只是间接的，因为它们却和乙“故”相押，这是一种极为奇异而重要的现象。我们必须要用下列方法来解决这一问题：

甲类“家”在《诗经》里绝不和真正的入声字（例如-âk、-ɒk、-åk、-uok、-i̯wok、-i̯uk，直至今日尚留存于中国南部的具有-k的字）相押。它又绝不和丙类“路”——就是那些具有-k'音而在《切韵》时代以前遗失了的——相押。但是我们已经知道上古真正收尾于舌根音的字，例如“来”* ləg、“子”* tsi̯əg常和入声字——例如“德”tək、“服”b'i̯uk——押韵的。所以我们必须断定——既然《诗经》是一部具有数千韵字的巨大作品，既然古代别的诗歌也遵守着同样的押韵规则（参看上文引述过的段玉裁的著作）——甲类“家”有个开音缀而无收尾辅音，这在上古中国语里已经如此了。果真甲“家”是 kag 或 kåg，那末当时应该和 kâk、ki̯ak 或 kåk 相押，正如 * ləg、* tsi̯əg 和 tək、b'i̯uk 相押一样。

在另一方面，丙类“路”当中具有舌根收尾音乃是确实的，因为谐声字体上显示出来了。这个收尾音是-k：“路”luoˋ＜ * -kˋ，在上文 7 页表明过了。

真正难解的问题是乙类“故”。它有一个收尾舌根音，象它所常常相押的丙类“路”吗？或者它没有这种收尾音，象它也常常相押的甲类“家”吗？

有两种事实决定了它是个开音缀，没有舌根收尾音：

1. 乙类“故”虽然和丙类“路”luo＜-kˋ相押，可是在《诗经》中绝不和真正的入声字（象“木”* mok、“玉”* ngi̯wok、“毒”* d'uok 等字具有的-k 音，直至今日尚留存于南部各省）相押，果真“故”是 kuog，那就应该和这些字相押，正如 * ləg 和 * tək 相押的那样。

2. 乙类当中包含语言上最普通的一部分语词，所以文字上也是极为普通的：“故、怒、居、诸”等。可是这些字在谐声字体上绝对没有（即使象“故、怒、处、顾”这样的去声字也没有！）供给入声字（* kok、* kuok、* ki̯wok 等类）作音符之用。[①] 果真它们有个收尾舌根音“故”* kuog 等，这种现象就不至于完全没有。

因此，我们势必要断定乙类“故”上古没有舌根收尾音。印度支那语言比较研究的关于“吾、五”等一类字的资料，也证实了这种现象（参看《通报》里我的那篇论文）。因之，乙类：丙类的韵字必须依照下列的方式来解释：

① “涸”字已在上文 34 页释为会意字。又有“尃”字，似乎是“博”pâk 及“缚”b'i̯wok 的音符。可是并不能以此作为根据。《说文》很合理地解释“博”为会意字（“尃”＝“布”，分布之意），而“博”又是“缚”字里简省的音符（译者按：就是《说文》所谓的“省声”），正如“宰”是“梓”字里简省的音符一样（这种事例是很多的）。

故 kuo：路* glo$_k$`：祛 k‘i̯o$_k$ ’；

居 ki̯wo：夜* zi̯o$_k$`等。[①]

这是不很完美的押韵，所以容许如此是靠了这种事实，即那个收尾的-k 由于下降调的关系，依着一种特殊的方式“变为微弱”了，这种情形是那些象“木”* mok⁻、“玉”* ngi̯wok⁻平调的入声字所不会有的。我在《皇家亚细亚学会杂志》的那篇论文里已经提出这种解释了，我们这里的研究也着重显示出，只有这样的解决才是可能的。

这种“下降入声”里一个特别种类的-k 的学说，并不是随便构成的设想。可以用一个有趣的事实来作它的佐证。

我们假如把后面我们的《诗经》韵表考查一下，就会承认丙类“路”* glo$_k$`的字常常和具有开音缀的字：“故”kuo 等押韵，而十分出乎预料的，它们并不和平调的入声“木”* mok、“玉”* ngi̯wok、“毒”* d‘uok 一类字押韵。

这个似乎应该自然地断定，《诗经》韵字比之谐声字体实在代表了一个较晚后的时期（因为谐声字体证明着收尾舌根音的存在：“各”：“路”等）；而那个收尾音-k 在《诗经》时代以前已经从容地失去了。因之象“故”kuo：“路”* glo`（＜* glok`）一种押韵也觉得十分自然了。但是，这种说法是不能承认的。我们下文将要看到，那个收尾音-k`的留存一直晚至汉代中叶，所以在《诗经》时代它也确实必定存在着。而且，这样的说法（在《诗经》时代已经是“路”* gluo`或* glo`了）绝不能解释甲类“家”* kå 为什么常和乙类“故”kuo 相押，而绝不和丙类“路”相押的缘故。如果在《诗经》时代它们都有收尾音-o（开音缀），那末它应该和两类字同样地常常相押

① 关于这些字里元音化的情形，我们马上就要讨论到了。* k‘i̯o$_k$ 的音是由一个原来的 k‘i̯op 因异化作用转变过来的。

了。所以,这是不成问题的[①]。

“路”:“木”-o_k\`:-ok⁻所以不见有押韵的理由,是很特殊的。-o_k等字里的收尾音-k在《诗经》时代,既没有遗失,也没有遗失的倾向——而是在一种波动的感觉当中,“路”* glok∽* glo——因为它还继续留存着几个世纪。我们必须想象到它在语音定性上有几分特殊。

假如我们研究现代各种方言,便见到象“木”这类字里的入声的-k,在中国北部从元代已经遗失了,而在广东还仍然留存着:mok。但很要紧的,要注意那种-k常是一种“内发音”的-k,一种“半闭”的-k,我们此地可用mo_k来表示它。我们可以引出一个推论,当-k音在中国语上消失的时候,步骤并不是如此:

mok>mok∽mo>mo

而是这样的:

mok>mo_k>mo。

中间的那个阶段可以延续一个很长的时期。入声的-k成为内发音(至少在几种方言中)在一千年前唐代的时候已经如此了。这是因安南译音的借词同样具有内发音的-k而令人相信的。我现在提出一个规律,“下降入声”的字(丙类“路”)在周代已经——靠了它们下降的声调——使得它们的收尾音-k变为内发音(半闭音)了:* glo_k\`。换言之:恰恰是同一种演变,象比较晚近时期“木”类字在广东话当中所发生的(mo_k),在一个更早的时期,已经为“路”

① 李方桂曾经试用这种解答,可是没有注意到我们所说的疑难。

类的字* glok`(下降调)进行过了。

那末,为什么这种内发音* glo$_k$ 宁可和乙类"故"相押(第十四表)而不和"毒"* d'uok 类(第九表)相押呢?理由很简单,一个内发音-k,如同广东地方所说的,当在一个句子或短句的末尾的时候(即当它后面跟着一个停顿的时候)实在只听得出一点儿:象在一个停顿之前的 mo$_k$ 这个字里,语音上分析起来,这个-k 的主要部分只是前面元音的后流(off-glide),而使得你听见的,也只是那舌体放在 k(g)的位置罢了;阻塞暗中解除,没有明显的爆发作用。只是当 mo$_k$ 后面立刻跟着(没有停顿)别个字音的时候,那个收尾音-k 才变成清晰可闻了。现在《诗经》的韵字几乎完全列在一行的末尾,例如"路"* glo$_k$`等照常规总是随后跟着一个停顿,就使得那内发音的 k 仅仅听得出一点儿。所以,它宁可和"故"kuo 类押韵而不和"毒"* d'uok 类押韵,这是很自然的;而这种押韵在听感上也会觉得十分顺耳的。

另一方面,kuo : * glo$_k$`这种押韵不能认为是十分确切和完美的相押。所以,* glo$_k$`(丙类)可以作为对于 kuo(乙类)的一种粗率的韵字,但是对于语音上更疏远的字音,如具有一个开 å 元音的甲类"家"* kå,便不能随意作为韵字了,这就是甲:丙一类的韵字所以不见相押的理由。甲:乙* kå : kuo 的相押可以有,乙:丙 kuo : * glo$_k$ 也可以有,而甲:丙* kå : * glo$_k$ 终于没有。

我在上面的讨论中,对于"路"* glo$_k$ 和"夜"* zi̯o$_k$ 的音读形式已经获得了结果,至于丙类里元音的性质则又需要一个冗长的附论。

我们拿第十表里的韵字:具有《切韵》-âng(长元音):i̯ang(长元音):ɒng(短元音)的字来作为一个出发点。这些韵字是很众多的,我只选录了一些(关于其余的,参看上文引述的段玉裁的著作）。这些韵字和那些在第八表里的（《切韵》-ung、-ong、-å̂ng）正保持着严格的分别；这两个表的字，彼此在押韵上绝不相混。现在，我们如果考诸谐声字体，便看到了恰恰相同的分别：《切韵》的-âng、-i̯ang、-ɒng 不作那些具有《切韵》-ung、-ong、-ång的字里的音符，反之亦然。我们可以引出一个可靠的结论，正如古中国语，在上古中国语里前一类具有某种 a 作为主要元音，而后一类具有某种 o。诚然，我们有各种理由来设想第十表里的-âng：-i̯ang：-ɒng 对于《诗经》语言和《切韵》语言是一样的。

假使我们再来考查具有《切韵》-k 的相配的入声字，便见到《切韵》的-âk 有严格的各异的两类：

1. “乐”lâk 类，和《切韵》的-i̯ak 以及收尾于-âu、-au、-i̯äu、-åk、-uok等的各字相押（参看第十二表）。

2. “各”kâk 类，和《切韵》的-i̯äk 及-ɒk 相押（第十一表）（还有和-uoˋ相押的两个事例）。

最要紧的一点是要注意，第一类“乐”和《切韵》收尾于-åk、-uok 的字有押韵的关系。我们根据-âng、-i̯ang、-ɒng 诸类在押韵上严格区别于-ung、-ong、-ång 的那种关系来类比，可以断定“乐”类（《切韵》lâk）的上古音不是* lâk，而是具有一个“o”的元音性质的某些收韵。相反的，“各”kâk 类和-åk、-uok 诸类入声字绝对不曾发生什么关系。既然这个“各”kâk 类常常和-i̯äk（＜* -i̯ak）及-ɒk 相押，正如-âng 常和-i̯ang、-ɒng 相押一样，那末我们可以断定，-âng：-i̯ang：-ɒng 的真正的配对，就在“各”kâk：“夕”zi̯äk：“伯”pɒk 当中，而“各”：“夕”：“伯”的上古音是* -âk：-i̯ak：-ɒk，正如“唐”：“良”：“行”的上古音无疑是* -âng：-i̯ang：-ɒk 一样。[①]

---

① 有一个难点。如果，如此地所假定的，“夕”（《切韵》zi̯äk）的上古音是* dzi̯ak，为何也属于这部的“若”，上古音必定也是* ńi̯ak，却未曾变成《切韵》的ńźi̯äk，而只是ńźi̯ak呢？我想它的理由必定是因为各异的起首辅音的影响。 （转下页）

但是，在文字和《诗》韵里就都有几种奇异的现象，是我们所要应付的。

这是完全确实的，我刚才说过，“各”kâk 类的字在谐声字和韵语当中绝不和-uk、-ok、-åk 相混。可是，它们在谐声合体字和某些字体的两读中都常常和-uoˋ相混：

---

1. 各路　2. 橐橐　3. 蒦護　4. 斥诉　5. 昨胙　6. 錯　7. 恶　8. 莫　9. 谟　10. 度

---

1. kâk：luoˋ　2. t‘âk：tuoˋ　3. γwâk：γuoˋ　4. t‘s‘i̯ak：suoˋ　5. dz‘âk：dz‘uoˋ　6. ts‘âk 和 ts‘uoˋ　7. ˙âk 和˙uoˋ　8. mâk 和 muoˋ　9. mâk 和 muoˋ　10. d‘âk 和 d‘uoˋ

而且在《诗经》韵字里，《切韵》的-âk 和-uoˋ之间也有两个（三个？）这样接触的例子（第十一表，262、313、343？）。

凡是这些-uoˋ当中，我们自然断定，一个-k 的收尾音因下降调

（接上页）　此外，“若”这个字体又要引起它本身的一个问题。我已经说过“家”* kå，“故”kuo，“夫”pi̯u 诸类的字不曾和入声字相押。可是我们在ńźi̯ak 这个字体里见到一个例外，在《易经·巽卦》中见到“下”：“若”相押。同样的韵字“若”：“下”恰好又见于《前汉书》卷二十二第 10 页上面的一首礼歌当中。又《诗经》有“若”：“赋”的韵字。这些似乎要把刚才提出的规则打破了。那知道这些韵字的奥秘是在“若”这个字，除了ńźi̯ak（＜* ńi̯ak）这种读法以外，还有’ńźi̯a（＜* ńi̯å）的一种读法，明载于《广韵》当中，而且解释说，许多佛典的译音用“若”字来代表 ña 的音，例如“般若”＝prajña 之类（这种’ńźi̯a的读法是“惹”ńźi̯a，“激起”之意，这个字的音符；所以正如我在《分析字典》中提议的那样，“若”字在上古应该没有收尾舌根音的）。诚然，《广韵》只给予“若”字的ńźi̯a 这种读法以“干草”和“姓氏名”的意义，但是所引的韵字又需要它（转音的）来代表此字通常“假借”的意义。既然“汝”ńźi̯wo 上古没有收尾舌根音（上文的“故”类），那末似乎可以合理地假定，当“若”在上古文学中用作“汝”的假借字的时候，它的读法必定不是《切韵》的ńźi̯ak（* ńi̯ak），而是ńźi̯a（* ńi̯å）；因为当作“汝”的假借字，一个 * ńi̯å 音才是很真切的了。上古的“若”* ńi̯ak 和 * ńi̯å，“象，如同”（后一个和“如”是同源词）大概是两个独立的语词，因为意义相同，就置于同一个字体之下。

而失落了。但是元音的性质怎么样呢？如果-âk 在谐声和《诗》韵当中不能和-uok（真正的入声）相混，怎样会和-uokˋ相混呢？更进一层，应该是自然的假定同一语根而具有两种形态："度"dʻâk 和 duo$_{k}$ˋ、"恶"˙âk 和˙uokˋ，它们彼此间的区别是依据于两方面的，即关于元音又关于声调的吗？并不象如此。我们必须断定上古中国语在"各"kâk 和"路"luoˋ、"度"dʻâk 和"度"dʻuoˋ、"恶"˙âk 和"恶"˙uoˋ之间具有相同的元音性质。或者"各"kâk 等的上古音具有 o，或者"路"等的上古音具有 â。前者是不可能的，因为，如果那样，"各"等就应该在《诗》韵及谐声当中和《切韵》-uk、-ok、-åk 的字（第九表）发生关系了，可是它们绝不如此。所以"路"luoˋ、"度"dʻuoˋ和"恶"˙uoˋ，它们的上古音是具有 â 的。又，那末我们就要问：这个"度"（《切韵》dʻuoˋ）的上古音是 dʻwâk，还是 dʻâkˋ呢？dʻwâk 并不象，因为刚才举出了理由：究竟为什么语根的差异竟至关于元音的区别，又关于声调的区别呢？自然的解答只能是假定一个 dʻâkˋ：

上古中国语	上古中国语
度 dʻâk⁻ "量度"	dʻâkˋ "尺度"
↓	↓
《切韵》	《切韵》
dʻâk	dʻuoˋ

实在，李方桂已经提议过在"度"dʻuo 字当中上古有一个 a 元音，他无疑是对的，只是关于演变的看法上我们有几点和他相异罢了（上文引述的他的论文，12 页）。

因此，我们必须断定谐声字体所根据的语言有着如下的音值：

---

1. 各路 2. 橐蠹 3. 蒦護 4. 斥诉 5. 昨胙 6. 错 7. 恶 8. 莫 9. 谟 10. 度

1. * klâk⁻ ∶ * glâk` 2. t'âk⁻ ∶ tâk` 3. g'wâk⁻ ∶ g'wâk` 4. t'i̯ak⁻ ∶ sâk` 5. dz'âk⁻ ∶ dz'âk` 6. ts'âk⁻和 ts'âk` 7. ˙âk⁻和˙âk` 8. mâk⁻和 mâk` 9. mâk⁻和 mâk` 10. d'âk⁻和 d'âk`

这样好极了。但是这种学说把谐声字体解释得很满意了，对于《诗》韵却不能完全适合。因为从第十四表上我们看到“路”luo`＜* glâk`一类的字并不象我们所期望的那样，常和收尾于-âk、-i̯âk、-ɒk 的字相押（于此只有两个事例：第十一表，262、313，已经引述过了），而却常和-uo、-i̯wo 的字相押。实在，这里我们又回转到了上文 34 页（译者按：原著 132 页）那乙∶丙“故”“路”的韵类了；如果我们承认在周代“路”类的收韵为-âk`，那末，对于乙∶丙相押的关系就似乎难以解释了。

这还使我们涉及了另一个问题。有个普通的韵字“夜”i̯a`。它有“亦”i̯äk（＜* zi̯ak）字作音符，它自己又在“腋”i̯äk（＜* zi̯ak）字里作音符。对此我们不能有一点怀疑，谐声字的创造者是用一个 a 来读它* zi̯ak 的。可是在《诗经》里，它又照常和-uo、-i̯wo 相押（第十四表）。这种情形正是和“射”d'ʐi̯a`及“写”si̯a`又相吻合的。

凡是属于“路”luo`和“夜”ia`等类，就是上文的丙类，这些事例当中有两种不能辩驳的主要事实：

（甲）在一方面，谐声字体当中，它们很明显地具有“路”-âk`、“夜”-i̯ak`。这里甚至可以扩大我们的结论。对于“唐”∶“良”∶“行”* -ang ∶ * -iang ∶ * -ɒng 三音的一组以及“各”∶“夕”∶“伯”* -âk ∶ * -i̯ak ∶ * -ɒk 三音的一组，必定在“下降入声”里有某种* -âk` ∶ * -i̯ak` ∶ * -ɒk`的音与之相配的。* -âk`和* -i̯ak`就是“路”和“夜”；* -ɒk`在哪里呢？显然，我们在“乍”dẓ'a`＜* dz'ɒk`、“怕”p'a`＜p'ɒk`这样的字里有了它；这又解释了“乍”字所以成为“窄”dẓ'ɒk字里的音符，而“怕”字又所以用“白”b'ɒk 字来作音符的理由。

（乙）另一方面，在《诗经》里它们既然和-uo、-i̯wo 照常相押，那末它们显然又是“路”-o$_{k}$ˋ、“夜”i̯o$_{k}$ˋ。

结果我们要来建立一种演化的程序，内中“下降入声”具有它的内发音-k，依着一种特殊的方式，影响了主要元音：

平调入声

谐声	各 klâk⁻	夕 dzi̯ak⁻	伯 pɒk⁻
《诗经》	klâk⁻	dzi̯ak⁻	pɒk⁻
《切韵》	kâk	zi̯äk	pɒk

降调入声

路 glâkˋ	夜 zi̯akˋ	怕 p'ɒkˋ
glo$_{k}$ˋ	zi̯o$_{k}$ˋ	p'o$_{k}$ˋ
luoˋ	i̯aˋ	p'aˋ

这是暗示着《诗经》的语言要比谐声的语言晚后一些而为后者一种更前进的发展形式吗？我并不这样想。谐声字体见于安阳出土的甲骨卜辞的实在很觉稀少，它们的极大多数必定是在周代创制的。所以事实上它们是和《诗经》同时的。我断定和《诗经》方言相并行的尚有很多种的方言，它们在“路”* glâkˋ、“夜”* zi̯akˋ、“怕”* p'ɒkˋ这样的语词当中，未曾变动着 a 的元音性质，而在几个孤独的《诗经》韵字(第十一表，263、313)里也还可以辨认这种现象。而且较晚后的语言又证明了确是如此的。我们晓得《诗经》韵字在“夜”类[①]里需要-i̯o$_{k}$ˋ；但是原来的 a(-i̯akˋ)仍留存于《切韵》语言当中：“夜”i̯aˋ。因之我们必须设想当时这样的演化：如果我们称《诗经》的方言为“诗”，称那种构成谐声字体的基础的方言为“谐”，便可以建立下面

---

① 这不能是个-i̯åk，因为“夜”绝不和“象”kå 类相押，而只是和“故”kuo 类相押。

的一个表：

	原始	周	《切韵》
路	glâkˋ	谐 glâkˋ 诗 glo$_k$ˋ	luoˋ
護	gʻwâkˋ	谐 gʻwâkˋ 诗 gʻwo$_k$ˋ	γuoˋ
夜	zi̯akˋ	谐 zi̯akˋ 诗 zi̯o$_k$ˋ	i̯aˋ
庶	śi̯wakˋ	谐 śi̯wakˋ 诗 śi̯wo$_k$ˋ	śi̯woˋ
怕	pʻɒkˋ	谐 pʻɒkˋ 诗 pʻo$_k$ˋ	pʻaˋ

换言之,《切韵》的语言从一种上古的方言演化而来,那种上古的方言曾经承受了《诗经》语言的 âkˋ>o$_k$ˋ、i̯wakˋ>i̯wo$_k$ˋ那种演变,而没有承受 ɒkˋ>o$_k$ˋ、i̯akˋ>i̯o$_k$ˋ 那种演变。

我在上面的讨论当中,已经对于乙类“故”kuo 和“居”ki̯wo 等获得了结果,似乎这些字的音值,一经证明缺失一个收尾舌根音之后,其余都绝对明瞭了：-uo、-i̯wo。但是那只不过是为着实用的理由,有一个问题还需要讨论一下。现在我们要提出乙类的元音的性质来作一番更周密的探究。

我在《分析字典》里,没有多加讨论就把《切韵》的模、鱼等韵定为合口韵：kuo、ki̯wo。这里需要回头来讨论这个问题。在 kuo、ki̯wo 当中,介音 u、w 的正确性是可以指摘的。诚然,马伯乐氏(H. Maspero,《唐代长安方音》*Le dialecte de Tch'ang-ngan sous les T'ang*)把《切韵》里这些韵认为是开口的部类(ko、ki̯o)。现今许多方言在这件事上也不能给我们什么启示,而高丽译音或安南译音也是如此，它们在这些韵上表现出极其迷惑的现象："居"，高丽译音 kə，安南译音 kɒl。所以这个问题是很困难的，须要重新考虑。

我们先来讨论《切韵》的鱼韵，古代的方言在这个韵上保存原来的-o 的，只是日本汉音和日本吴音，似乎并不助成介音 u、w 的观念：汉音"鱼"gio、"居"kio、"女"dio、"书"sio、"徐"sio；吴音，同样这些字：go、ko、nio、so、zo。所以表面上看来我的拟定：《切韵》ngi̯wo、ki̯wo 等好象是错的，而马伯乐氏所拟定的是可取的：ngi̯o、ki̯o 等。我却实在以为并不如此。

第一点，日本译音上那种否定的证据是空无价值的。众所周知，当时日本输入中国语词，把字音简化得很厉害，常常把介音 i̯ 和 w 遗失了，常常同时把两者都遗失了。例如"宣"si̯wän＞日本译音 sen。所以一个 ki̯wo 的音照例在日本译音上是个 kio 或 ko；依据规则，那个 w 总是遗漏了的。

然后是一些确实的要点。必须记住的基本事实，就是模和鱼两韵要列在一起作为互相补充的韵部。"居"类是腭化的，配合于无腭化的"故"。所以见得是如此，是因为这两韵在谐声字体上有极为密切的关系：在"语"ngi̯wo 字里有"吾"nguo 作音符，在"居"ki̯wo 字里有"古"kuo 作音符，在"驢"li̯wo 字里有"盧"luo 作音符，"都"tuo 和"诸"t′si̯wo 具有同样的音符，在"途"d‘uo 字里有音符"余"(d)i̯wo 等等。"古"字在《切韵》的语言里如果是合口的 kuo，那末"居"是开口的 ko；或者反过来，"古"如果是开口的 ko，那末"居"是合口的 ki̯wo，这种事情决不会发生。事实上，或者"古"是 kuo 而"居"是 ki̯wo；或者"古"是 ko 而"居"是 ki̯o，二者必居其一。

现在，如果日本译音在鱼韵里没有显示合口的成分，在模韵里便显然也是如此。确实的，此地又是"古"译为 ko、"盧"译为 ro 等；可是，这又是依照通常的简单化的规则的。但是，当字音没有起首辅音的时候，假使合口的 u(w)果真存在，那就会显示出来。古代日本语对于在语词起首的 o-和 wo-的分别是很仔细的。现在，我们如果把模韵许多普通的缺乏起首辅音的语词:“乌”“杇”“汙”等考查一下，它们在一种最接近于《切韵》方言的古方言汉音里都是拼成 wo，不是 o。那末，这些语词在《切韵》里是读为 ˙uo，不是 ˙o 了。我得到了必须的重要的结论：模韵全部的字，如“古、盧、都、途”等，它们既然在反切的拼音上和“烏”等相系联而构成相通的一韵，那末在《切韵》里必定也是-uo，不是-o ：kuo、luo、tuo、d‘uo。我刚才说过，鱼韵是配合于模韵的一种腭化的音，是模的补充韵，那末随之而来的结论：既然模是-uo(“古”kuo)，鱼便是-i̯wo(“居”ki̯wo)了。

虽然因为这些理由，我确信我的-uo、-i̯wo 的拟定对于《切韵》的语言是安全可靠的，可是这并不意味着对于上古中国语我也认为是同样的这些音值。相反的，也有很大的可能，一个 kuo 的音源出于一个 * ko，而 ki̯wo 的音源出于 * ki̯o。必须记住，-o 音的分解为-uo 在语音上是很自然的(参照拉丁语 novum＞nuovo)。因此我们必然要提出疑问:“古”原来是 * kuo 呢还是 * ko?

开始，我们就要回想那极其有趣的一类，即我们刚才研讨过的(丙类)。在那一类里，其中的字音在上古中国语里是收尾于-k 的，我们见到两种例子都有：一方面有个原来的合口:“護” * * g‘wâk`＞ * g‘wo$_k$`＞γuo`；另一方面有个较早的-o 所分解产生的继起的合口：“恶” * * ˙âk`＞ * ˙o$_k$`＞ ˙o`＞ ˙uo`(注意，这个语词几乎可以确定原来没有合口，汉音却很明显地指示着《切韵》的合口：汉音 wo)。

如果在这丙类的《切韵》的-uo，其中的-o 原来并非字音的末尾，我们取得了原始的合口和原始的开口两种事例，那末在那乙类，其中的-o 原来是构成字音的末尾的，究竟是怎样的呢？我相信情形是很类似的：《切韵》kuo 类从 * ko 类和 * kwo 类两者演化而来。换言之，上古音 * ko 和 * kwo 融合成为《切韵》的 kuo。

“故”kuo 类大多数的字体，我要把它们列为原来的开口 * ko 等。因为谐声字体上指示着那种倾向。

如果我们把文字上各组的音符通查一下，便会见到开口和合口的语词并不容易相混。一个 kâ 音不在一个 kuâ 音的字里做音符，一个 kân 也不在一个 kuân 的字里做音符，一个 kjwi 也不在一个 kji 里做音符等等。这个规则固然不是绝对的，离开绝对性还很远；其中有很多的例外。但是在全体上这种倾向是很明显的。主要的例外在锺韵和东韵里见到：-i̯wong（合口）和-ung、-i̯ung（就是开口 * -ong、* -i̯ong，参看上文）在谐声上相混的不少。可是，这里除了圆唇元音之外，两方面都具有收尾音-ng 也助成了字音的近似，而容许谐声的结合了。可是在开音缀中就没有这样增添的相似的成分了。这就是我刚才叙述过的主要的理由，所以如今“古”不能是原来的（因之在《切韵》里也不能是）合口 kuo，而同时“居”是开口 ki̯o，反之亦然；两者或许都是合口 kuo、ki̯wo，或许都是开口 ko、ki̯o。

现在我们可以把这个论证扩展到一批新的字体上。这两类：“古”，《切韵》kuo 和“居”，《切韵》ki̯wo，在谐声上都曾和那些无可置疑的具有开口的甲类“家”* kå 有经常的联系。在“衙”* ngå 字里有“五”nguo 做音符，在“價”* kå 字里有“贾”kuo 做音符，在“拏”* nå 字里有“奴”nuo 做音符，在“社”* d́i̯å 字里有“土”tʻuo（同源词）做音符，“荼”dʻuo 也读为 * d́ʻå，“屠”dʻuo 具有音符“者”* t́i̯å，“祖”tsuo 和“姐”* tsi̯å 具有相同的音符，“予”i̯wo 为“野”* di̯å 字里的音符，“余”i̯wo 为“斜”* dzi̯å 字里的音符，“车”读为 ki̯wo 和 * t́śi̯å，“如”ńźi̯wo 为“挐”* nå 字里的音符，“诸”t́śi̯wo 具有音符“者”* t́i̯å，“助”ḍẓi̯wo 和“姐”* tsi̯å 具有相同的音符等等。凡是这些-uo、-i̯wo 的音里，很有一种接近于确定的可能性，即《切韵》所具有的元音是一种分解的结果，是从上古的一个-o、-i̯o 演变来的：“五”* ngo 字为“衙”* ngå 字里的音符等等。

而且这或许非常适合于几个人称代词。早先我讨论过的系统：

我　ngâ　　　尔　ńźi̯ę（<* ńia）

吾　nguo　　　汝　ńźi̯wo（<* ńi̯wo）

现在这个就变得简单多了：

我　ngâ　　　尔　ńia

吾　ngo　　　汝　ńi̯o

而且那些对应：汉语“五”* ngo：藏语 l-nga；汉语“鱼”* ngi̯o：藏语 ña，比起 nguo：l-nga，ngi̯wo：ña 那样也更加圆满了。①

在另一方面，当《切韵》的-uo 多数由上古的-o 变来的时候，却有某些事例，我们总有各种理由假定原来是合口。例如“孤”kuo 和“狐”γuo，有一个合口的字作音符：“瓜”kwa。同样，“袴”k‘uo 和“诗”k‘wa 具有相同的音符。这里我们决不擅自拟定“孤”* ko、“袴”* k‘o；我们必须考虑原来是合口：“孤”* kwo、“袴”* k‘wo。可是，这种事例是颇为少见的。

必须着重说明，上古音开口或合口的谐声规则决不是有约束力的。它是提示的多而决定的少。我们把其中似乎指示着开口的多数事例普遍化起来，而坚持这种意见：以为* ko、* t‘o、* lo 等相当于《切韵》的 kuo、t‘uo、luo 等，只有象“孤”、“袴”那几个字是例外，这时我们事实上的确是有几分过于大胆的；但是我却相信我们在全体上总不会算错；实在可能的错误（其中有我们的* -o 应改做

---

① 假如汉语“女”* ńi̯o＝中国藏语ńag，那末依照西门氏提出的方法，如果这个语词的-g 不是中国藏语的一个特别的接尾语，便一定是汉语里的在《诗经》和谐声语言以前失落了的一个收尾音-g。

上古音的 * -wo 的)必定是很少的。

我这里表示过,《切韵》的-uo 这一韵是包含着上古的 * -o(“五” * ngo 类)和 * wo(“孤” * kwo 类)两者,它们在演化中已经合而为一了。我又表示过《切韵》的-i̯wo 是上古的开口 * i̯o。但是我未曾引出那种配对的现象,即说《切韵》的-i̯wo 包含着上古的 * -i̯o 和 * -i̯wo两者,因为依我的意见,并不如此。① 诚然,在上古中国语里这两种收韵都有: * -i̯o 和 * -i̯wo,正如 * -o 和 * -wo 一样,但是那 * -i̯wo的音并不融合于《切韵》的 * -i̯wo,而是融合于别处。这也是极其有趣的一章。

为了研究这一点,我们必须再回头来讨论“下”γa:“舞”mi̯u、“马”ma:“武”mi̯u 等一类的韵字(第十三表)。在《皇家亚细亚学会杂志》我的那篇论文当中,我已经表示过“下”上古是 * g'å、“马”是 * må。② 我当时想象,如同 må:mi̯u 这样的韵字是不完美的押韵,而为一种“自由的诗歌”的重要规律所容许。这种自由韵律在周代末叶是很普通的,例如《老子》和《庄子》里(参看我的《老子韵考》那篇论文),以及汉代也是如此(参看下文的《易林》)。

可是,对于《诗经》的详密的研究还表明,我们在《诗经》的韵字当中决不要计及那种诗歌押韵的自由。相反的,刚才所说的韵字正是很正确的。这从我们的第十三表和第十五表是容易收集的。具有《切韵》-i̯u 的语词很清楚的分做明显的两类。它们一类包含

---

① 我们这里必定不要把“庶”śiwo 那样的事例计算在内,这确是原来就具有合口的,但起初还有个收尾音-k,正如我在上文表示过的:śi̯wak>śi̯wo$_k$>śi̯wo。这个语词实在具有原初的合口,而不是这样演变的:śi̯ak>《诗经》śi̯o$_k$>汉代śi̯o>《切韵》śi̯wo。因为如果它原来是śi̯ak,就应该依照“射”d'i̯ak>谐声语言d'i̯ak>《切韵》dźi̯a那种样式了。

② 我于是只采取了马伯乐氏的一种观念,而对于他的构拟却有几处不同的处置。“家”ka 原是kå,迟至西元后一世纪还是如此,足以表明的事实就是著名的班昭女士,嫁给姓曹的,就称为“曹大家”d'âi-kå,这就等于“大姑”d'âi-kuo。“家”可以假借为“姑”kuo,这证明它当时仍是用一个圆唇元音来读的。后来它才这样演变:kå>kåă>k^{å}a>ka。

有舌根、喉头以及双唇起首音的语词："虞"ngi̯u、"于"ji̯u、"夫"pi̯u、"武"mi̯u，而没有舌前音或舌尖音的字类。另一类有舌根音和双唇音的"驹"ki̯u、"附"b'i̯u，除此以外，又有各种舌前音以及舌尖音的，例如"主"t'si̯u、"取"ts'i̯u。这两类在韵字上（第十三表和第十五表）是严格地分开来的，而两者都不会是上古的-i̯u。前一类在韵字上和-å、-o 相合；后一类和-ə̯u 相合。这决不是偶然的。如果象"马"ma："武"mi̯u 这样的韵字上古真正是* må：* mi̯u，而由于一种自由韵律，容许 å：u 作为韵字，那末就无论如何也不能理解为何"家"* kå、"下"* g'å、"马"* må 总不和"驹"ki̯u、"主"t'si̯u、"取"ts'i̯u 相押，如同和"羽"ji̯u、"夫"pi̯u、"武"mi̯u 相押的那样。但它们绝不如此。我们因此必须断定，那些和-əu 相押的-i̯u 音语词（第十五表）原来具有-u，而和-å、-uo、-i̯wo 相押的-i̯u 音语词原来是以-o 作为主要元音的。

第十三表的 37 那种押韵，其中和 ka、pa（* kå，* på）相押的，《毛诗》的本子有个"虞"ngi̯u 字而别种本子作"吾"nguo（在"驺虞"这个复合语词里），这正是给予这种说法以一种极端有趣的证明。更为有趣的是，那个"虞"ngi̯u 字正是由"吴"nguo 字作音符的。

假使"虞""夫"一类因此必需具有上古的* -o，那末在另一方面，它和上文所研究的"鱼"* ngi̯o、"居"* ki̯o 等字便不能具有相同的上古收尾音* -i̯o，因为如果那样，"虞"便成为《切韵》的 ngi̯wo，而不是 ngi̯u 了。于是这里我们就回转——很自然的有组织的——到了上文 54 页上我们的系统了。我们已经晓得上古中国语具有"古"* ko 和"孤"* kwo 两类，又这两类在《切韵》里融合为一个模韵："古"kuo、"孤"kuo。现在我们这里可以说，上古中国语具有"鱼"* ngi̯o 和"虞"* ngi̯wo 的两类，可是它们在演变上并不融合为一。"鱼"* ngi̯o 分解为 ngi̯wo，正如-o 分解为-uo 的那样。但是当这种现象发生的时候，原来的＊ngi̯wo（“虞”）却已经（或者早就）因受 w 音的影响，转进为 ngi̯u 了。①

让我们把甲类和乙类字音的演变，附上原来-u 的字音（关于 kə̯u 这个字音里元音原来的性质，参看下文），总结成为一个系统：

	甲			乙				-u	
	家	瓜	野	古	居	孤	虞	狗	驹
上古	kå	kwå	di̯å	ko	ki̯o	kwo	ngi̯wo	ku	ki̯u
《切韵》	ka	kwa	i̯a	kuo	ki̯wo	kuo	ngi̯u	kə̯u	ki̯u

① 当“孤”＊kwo＞kuo 的时候，“虞”＊ngi̯wo＞ngi̯u，这是没有困难的。腭化的字音和不腭化的字音里经常见有颇为异样的演变，参看我的《中国音韵学研究》各处。让我们再加进这个事实，“庶”śi̯wo（＜śi̯wo$_k$＜śi̯wak）不管它原来的合口，没有依着“虞”＊ngi̯wo＞ngi̯u 那种演变以成为《切韵》的 śi̯u，这也是于彼此都无困难的。因为＊ngi̯wo＞ngi̯u 发生的当儿（汉代？），也许那时“庶”śi̯wo$_k$ 正还保持着它的收尾音-k 呢。

四、《切韵》-ə̯u、-i̯ə̯u、-âu、-au、-i̯äu、-ieu 的收音以及它们的上古音值

西门氏的学说，以为凡是这些收音在上古都有一个舌根音(-γ)，我已经(《皇家亚细亚学会杂志》，1928 年)批评过，认为太胆大，太概括了。我们必须不能性急，而一一考察各个韵部在上古诗歌里和别的字类相押的关系。李方桂在上文引述过的他那篇论文当中，曾经把这些字类加以广泛的研究，对于它们也提出了一些上古音的音值。除了在主要的一点(很重要的一点)以及某些细小的节目上以外，我毕竟不能接受他的结果，为了种种理由，我马上要回头来讨论。

从《诗经》韵字来看，这些《切韵》的收音可有六个韵类，为了便利我们的讨论，我在这个系统上再加上三个，就是上文已经讨论过具有《切韵》-â̯i、-i、-i̯u 的收音：

甲	乙	丙	丁	戊				己				庚	辛	壬
後	母	久	休	老	包	陶	萧	高	郊	庙	苕	来	基	取
ə̯u	ə̯u	i̯ə̯u	i̯ə̯u	âu	au	i̯äu	ieu	âu	au	i̯äu	ieu	â̯i	i	i̯u

甲部，“後”γə̯u 类。

这个韵部特殊的现象就是它绝不和其余的，我们第四表至第

七表所表明的-ə̯u、-i̯ə̯u、-âu、-au、-i̯äu、-ieu（乙至己）相押，而只和壬部“取”tsʻi̯u类（第十五表）相押。“後”类和壬部“取”类两者都和入声的语词没有联系，所以都没有收尾舌根音。李方桂已经建议过，甲部“後”ɣə̯u的上古音是个-u：* gʻu等。我对于他的这种意见完全赞同，——尤为高兴的是，我在《通报》的那篇论文里已经指出这种可能性了，而当李氏写他的文章的时候，还未曾见到那篇论文呢。事实上，我们为着要证实这种学说何等的可取，只消把《切韵》-u和-o的收音排出一个表：

宋韵表的一等：沽 kuo ——

宋韵表的三等：居 kiwo 驹 ki̯u

这种配对的情形自然引导我们期望着一个《切韵》的-u韵（ku、tu等），但是，结果ku类这种简单的字音在《切韵》的语言之中却完全无影无踪。

这样的语词：ku、tu等，无疑是曾经存在于上古中国语里的，但是，一到字音上一个附从的元音发生了以后，它就不见了：ku＞kᵊu，正象德语里hūs＞hᵃus。因此“後”* gʻu＞《切韵》ɣə̯u。这就是甲部“後”* gʻu之所以照例和壬部“取”tsʻi̯u相押的理由。

乙部和丙部，“母”mə̯u类和“久”ki̯ə̯u类。

这些韵部的上古音音值上文已经判定了。“母”是* mug，“久”是* ki̯ug，照例和下列的相押（第四表）。

庚部和辛部，“来”lậi类和“基”kji类。

这些也一样由上文判定了。“来”是* ləg，“基”是* ki̯əg，照例和上列的相押（第四表）。乙、丙、庚、辛四部* mug、* kiug、* ləg、* ki̯əg都常和“服”* bʻi̯uk、“德”* tək、“食”* d́ʻi̯ək诸类入声语词相押（第三表）。

丁部，“休”xi̯ə̯u类。

关于这个韵部的令人惊异的事实，经过段玉裁的显赫的研究而大白于世，就是不管在《切韵》里它和丙部的音读相同（都是-i̯ə̯u），而它却并不和丙部“久”ki̯ə̯u 相押。孤独的例外也有，但是在全体上，这两个韵部是严格分开的（参看第三、第四表，这是一方面；第五、第七表，这是另一方面）①。丁部“休”的上古音音值的判定却是一件极繁难的事情，而必须和下面诸部联带着讨论。

戊部和己部，“老”lâu 类和“高”kâu 类。

段玉裁曾经把《切韵》-âu（-au、-i̯äu、-ieu）这些韵的语词分为两部，其中一部是戊，“老”类，常和丁部“休”xi̯ə̯u 相押，另一部是己，“高”类，大体上和丁部“休”xi̯ə̯u 避免这种联系。我把我的韵表排列得适合于段氏的分部；段氏的戊部“老”类包括第五表里一切-âu（-au、-i̯äu、-ieu）的语词，他的己部“高”类包括第六表里一切-âu（-au、-i̯äu、-ieu）的语词。可是，段氏的区分并非跟《诗经》准确符合：在我们第七表里所列出的许多事例，段氏却算做“合韵”（例外的韵字）。

总括起来，如果我们目前允许认定第七表的韵字为例外，而依照段氏的分部，那末《诗经》正式的韵类有四个（从第三表和第十二表所表明的和入声语词的关系上分析）：

	《切韵》	《诗经》
1. 後：取（甲：壬）	ɣə̯u：ts'i̯u	g'u：ts'i̯u
2. 母：久：来：基（乙：丙：庚：辛）	mə̯u：ki̯ə̯u：lə̯i：kji	mug：ki̯ug：ləg：ki̯əg
3. 休：老（包、陶、萧）（丁：戊）		

① 丁部常有-i̯ə̯u 的收音，具有介音-i̯；只有几个语词 mə̯u、b'ə̯u 不具备介音 i̯。既然所指的 b'ə̯u（“裒”）有 b'i̯əu 的又读，我就断定这些以双唇音起首的语词早先都是有i̯的：mi̯ə̯u、b'i̯ə̯u，但是在《切韵》时代的语言上，便游移于保存 i̯（例如“矛”mi̯ə̯u）和遗失 i̯ 的两种形式之间了。

xi̯əu：lāu(pau,i̯äu,sieu) ??

4. 高(郊、庙、苕)(己) kâu(kau,mi̯äu,d'ieu) ?

我们知道了甲部、壬部没有收尾舌根音(作为反对西门氏的学说),而乙、丙、庚、辛四部都是有-g的。关于丁、戊、己三部,至少这些语词的大部分,有很好的理由可以相信是有收尾舌根音的。我们的第十二表指示着和真正的入声语词常常相押,谐声上也显示这些韵部更多的字类当中有一个舌根音。这种充足的证据在下文第74页上我们所列的表里揭示出来了。各类里的语词都在《诗》韵上常常相押,而《切韵》上字音的形式(-âu、-au、-iäu、-ieu)既然暗示着-a有一种元音化而成为-u的可能(比照现代北京话“脚”tś́i̯au从《切韵》ki̯ak变来等),我们也就可以在这些韵部当中安然地拟定-k和-g的上古形式。大的困难却是在元音的性质方面。

李方桂曾经提议过如下的音值:

乙,“母”məg 丙,“久”ki̯əg 丁,“休”xi̯əwg 戊,“老”ləwg 己,“高”kâwg 庚,“来”ləg 辛,“基”ki̯əg。

这些音值的某几个是不能接受的,因为有几种理由。

第一点,确实它们很足以适合积极的押韵规则:

乙:丙:庚:辛	məg:ki̯əg:ləg:ki̯əg
丁:戊	xi̯əwg:ləwg
己	kâwg

可是同样显著的,它们毕竟不能解释消极的规则。上文说过,段氏已经指明《诗经》上丙“久”和丁“休”并不按照惯例相押,这种现象便使李氏的音值:ki̯əg:xi̯əwg很难理解了。因为,早先我已经表示过,《诗经》照例地把i̯əm:i̯um、i̯əng:i̯ung、ək:i̯ək:i̯uk相押。而i̯əg:iəwg更是比较相似的,以为它们不能相押,便很难想象了。可是这种理由还是不甚重要的。

第二点，李氏把丙“久”和辛“基”两者都假定为-i̯əg 是绝对的大错(把乙“母”məg 和庚“来”ləg 两者都定为-əg 就应该没有疑问，因为前一韵部只有双唇音起首的语词，而后一韵部只有别种起首音的语词；起首音的各异可以说明不同的演变)。既然牵涉几大类的语词，就更觉得错误了。这里李氏的系统违犯了语言学上一种基本的原则。如果依照李氏，“基”和“久”两者上古都是*ki̯əg，那末前者变成《切韵》的 kji 而后者却变成 ki̯ə̯u，便是不可能的了。“疑”是上古的*ngi̯əg，变成了《切韵》的 ngji，而同时“牛”也是上古的*ngi̯əg，却变成了《切韵》的 ngi̯ə̯u，这是决不会有的。在丙“久”和庚“基”之间，必定有一种上古音的基本区别，它们两者不会都是-i̯əg。我已经用一种足以适合《诗经》音系的方法解决这个疑难了：“母”*mug：“久”*ki̯ug：“来”*ləg：“基”*ki̯əg(参看上文我的第二部分)。

第三点，李氏把丁“休”解释为*xi̯əwg、戊“老”解释为*ləwg 是极不妥当的。象 xi̯əwg、ləwg 这样的字音形式，在我的心理上是不能接受的，除非作为一种过渡的阶段。如果我们要承认它们，那末我们必须或者想象-wg 乃是某种收尾辅音的复合体([xi̯ə]lg 或某种这样的结合音)的遗迹，这是和印度支那语言的性质冲突的；或者说，w 只是收尾音-g 元音化的首先的朕兆：“休”xi̯əg＞xi̯əwg＞xi̯ə̯u。这两种说法当中，后者在它的本身上是很合理的。可是，它又只是加重我们的困难罢了；因为如果丁“休”原来是个*xi̯əg，而在《诗经》时代已经变成*xi̯əwg，那末为什么辛“基”*ki̯əg 不变成 ki̯əwg 呢？又李氏把丙“久”也同样的认为是个上古的 ki̯əg，那末，他必得举出理由以说明为何同样的原来的收尾音，在相同的情形(即在舌根起首音之后)之下，会依着三种各异的方式而演变的：

1. 休 xi̯əg＞《诗经》xi̯əwg＞《切韵》xi̯ə̯u

2. 基 ki̯əg＞《诗经》ki̯əg＞《切韵》kji

3. 久 ki̯əg>《诗经》ki̯əg>《切韵》ki̯ə̯u。

这是明显的不可能的。

第四点，李氏的系统根据了段氏对于《切韵》-âu 的两类间的区别(戊“老”和己“高”，其中第一类和丁“休”相押)，而说第一类是有上古的 ə 作主要元音的，可是一论到和它相配的诸类：-au、-i̯äu、-ieu，“包”pau、“陶”i̯äu、“萧”sieu 的时候，便失去作用了。它们也和丁“休”相押的。如果“老”lâu 因为和“休”xi̯ə̯u(* xi̯əwg)相押而是* ləwg，那末“包”pau、“陶”i̯äu、“萧”sieu 又是什么呢？李氏把这个疑问置而不答；依着他的关于“老”∶“高”诸类的基本观念，而要把“包、陶”和“萧”很有组织地列入他的系统当中，实在是不可能的。

总而言之，李方桂的系统是不能成立的，因为丙“久”和庚“基”没有加以区别，这在语言学上是不容许的；因为依着他的系统丙“久”和丁“休”在《诗经》上应该押韵，它们却并不如此；因为他对于丁“休”的字音形式是不妥当的，根本和庚“基”又是一样的，这是必须把它们分开的；又因为他的系统对于“包、陶、萧”没有一个满意的解说。

在这种批评之后，我们就来着手丁、戊、己诸部的一种详细的研究，就只是这几部等待着决定了。

李氏的解释主要是根据段玉裁对于《切韵》-âu 的两类的区分：戊“老”和己“高”。他断定前一类既然和“休”xi̯ə̯u 相押，就是有 ə 作为主要元音的。依我看，这就是他所以致惑的地方。大概段氏自己已经设想了戊“老”和己“高”当中有各异的元音，只是他没有替他的韵部拟出音值。可是，无论段氏和他的后继者，似乎都不曾注意到那和基本的重要事实，即戊-âu 和己-âu 两者间的区别并非是元音的而是声调的区别。在我的第五表乙里，已经把一切和-i̯e̯u 相押的-âu 音语词都用数字标明了声调[1]：指平声(威妥玛 wade 的第一和第二调），^{3} 指上声，^{4} 指去声。很容易看出来，那些和-i̯ə̯u 相押的-âu 音语词大多数是具有上升调（上声^{3}，）的语词。相对四十七个-au^{3} 和-i̯ə̯u 相押的例子，只有七个-âu^{1}（以及五个-âu^{4}）和-i̯ə̯u 相押；而在语言上是-âu^{1} 音语词较为丰富，-âu^{3} 音语词较为贫乏。《广韵》所载有二百二十二个读-âu^{1} 的字体，有一百四十八个读-âu^{3} 的字体。大多数的平衡调语词（平声^{1}）是见于第六表的，就是它们不象那些上升调里的那样容易和丁-i̯ə̯u 相押。这种声调上特性的奥妙是很难加以说明的；但是有一件事是确定的：我们并没有必要假定戊“老^{3}”有个异于己“高^{1}”的元音，因为它和丁-i̯eu 比较更容易相押。在本文的内容上，这里很重要的须记起第七表里的许多事例，就是段氏所指为合韵的那些。它们表示着己部“高”（“郊”“庙”“苕”）也是和丁“休”-i̯ə̯u 相押，不过比之“老”（“包”“陶”“萧”）较少见罢了。

因之，对于丁、己诸部里一切字类，我们所要发现的并不是各异的元音音值，而是：

一个对于丁，“休”类，《切韵》-i̯ə̯u（以区别于丙“久”* ki̯ug）；

一个对于戊，己，“老”类和“高”类，《切韵》-âu；

一个对于戊，己，“包”类和“郊”类，《切韵》-au；

一个对于戊，己，“陶”类和“庙”类，《切韵》-i̯äu；

一个对于戊，己，“萧”类和“苕”类，《切韵》-ieu。

让我们先来讨论“高、郊、庙、苕”诸类（第六表）。李方桂曾经认定这是一个不变的原则，说这里的一个上古主要元音是 a 音，所以他写做“高”* kawg 等。这似乎是很值得称许的，而我也在一个长时间里（在读到李氏的论文以前）持有同样的意见。所以，在《皇家亚细亚学会杂志》我的那篇论文中，我也写做“高”* kâg，并倾向于把“郊”解释为 * kag、“庙”解释为 * mi̯ag、“苕”解释为 * dʻiag。但是一经更细密的研究，我便相信这是不可能的。

我已经提请注意那种事实，即《切韵》-âng、-i̯ang、-ɒng（第十表）在《诗经》押韵上，在谐声字体上，都绝不和《切韵》的-ung、-ong、-ång（第八表）发生关系。而-âk、-i̯ak、-ɒk（第十一表）也正以同样的方式避免了-uk、-ok、-åk（第九表）的关系。实际上，有某几个-âk、-i̯ak："乐"lâk、"虐"ngi̯ak 等（第十二表）并不和-ok、-åk 完全分离（相反，它们和这些收音有强烈的关系），可是当时这些-âk、-i̯ak 的语词又和真正的原来的*-âk、*-i̯ak、*-ɒk（"各、夕、伯"，第十一表）严格的分开来（第十二表），所以必定有某种 o 的元音作为主要元音的。这已经为李方桂所适当地实现了，他在这些收音里拟定上古音的-åk（"乐"*låk）。无疑他是对的。上古音的-åk 曾经依据起首音而各异其演变：

	乐	角
《诗经》	*låk	*kåk
《切韵》	lâk	kåk

又，-i̯åk 变成了《切韵》-i̯ak，同时原来的*i̯ak 也因舌前化而成为-i̯äk：

	虐	夕
《诗经》	*ngi̯åk	*dzi̯ak
《切韵》	ngi̯ak	zi̯äk

于是我们可以说，这里在入声当中，在《诗经》和谐声上，*-âk、*-i̯ak、*-ɒk（第十一表）：*-ok、*-åk（第九表和第十二表）的区分实在和*-âng、*-i̯ang、*-ɒng：*-ong、*-ong、*-ång 的区分同样的严格。a 音的语词和圆唇元音的语词绝不相混。

这种事实给了"高"kâu、"郊"kau、"庙"mi̯äu、"苕"dʻieu 诸类的语词一种新的启示，而这里所讨论的别的字类上："休"xi̯ə̯u、"老"lâu、"包"pau、"陶"i̯äu、"萧"sieu 也是如此。因为它们在《诗经》韵字以及谐声字体上不和原来的 * -âk、* -i̯ak、* -ɒk（“各、夕、伯”等）发生联系，而和“乐” * låk、“虐” * ngi̯åk 等，尤其是和《切韵》-uk、-ok、-åk 有联系！这是极其重要的。押韵的关系在第十二表上记录出来了。至于谐声的现象，我们要选录几个例子：

1. 告硞　2. 高敲　3. 到菿　4. 劳荦　5. 暴曝　6. 毛毣。

7. 告　8. 高翯　9. 羔糕　10. 暴襮　11. 冒瑁。

12. 尻𡯁　13. 奥燠　14. 竈竈　15. 醪戮　16. 暴　17. 毛毣　18. 務　19. 冒䁉。

20. 觉　21. 交较　22. 乐　23. 罩卓　24. 菿　25. 爆

26. 包雹　27. 皃　28. 貌邈。

29. 膠戮　30. 包鲍。

31. 肖稍。

32. 夭沃。

33. 䍃鎐。

34. 敫燩　35. 掉卓。

36. 寥戮　37. 萧肃。

38. 潄欶　39. 矛瞀。

40. 畜　41. 酉茜　42. 丑忸　43. 由轴　44. 州㸿　45. 瘳戮　46. 祝　47. 寿祷　48. 攸倏　49. 潄欶　50. 搜（叟）趚　51. 宿　52. 綪肃　53. 秀透　54. 就蹴　55. 覆　56. 矛鹜。

-âu : -åk：1. kâu : k'åk　2. kâu : k'åk　3. tâu : t'åk

4. lâu : låk　5. b'âu : påk　6. mâu : måk（和 muk）。

-âu : -uok：7. kâu 和 kuok　8. kâu : ɣuok　9. kâu : kuok

10. b'âu : puok　11. mâu : muok。

-âu : -uk：12. k'âu : ki̯uk　13. ˙âu : ˙i̯uk　14. tsâu : ts'i̯uk

15. lâu : li̯uk　16. b'âu 和 b'uk　17. mâu : muk（和

måk) 18. mâu 和 muk 19. mâu ∶ muk。

-au ∶ -åk：20. kau 和 kåk 21. kau ∶ kåk 22. ngau 和 ngåk 和 lâk (<* låk) 23. tʻau ∶ tʻåk 24. tʻau 和 tʻåk 25. pau 和 påk 26. pau ∶ bʻåk 27. mau 和 måk 28. mau ∶ måk。

-au ∶ -uk：29. kau ∶ li̯uk 30. pau ∶ pʻuk。

-i̯äu ∶ -åk：31. si̯äu ∶ ṣåk。

-i̯äu ∶ -uok：32. ˙i̯äu ∶ ˙uok。

-i̯äu ∶ -uk：33. i̯äu ∶ tsuk。

-ieu ∶ -åk：34. kieu ∶ kʻåk 35. dʻieu ∶ tʻåk。

-ieu ∶ -uk：36. lieu ∶ li̯uk 37. sieu ∶ si̯uk。

-i̯ə̯u ∶ -åk：38. ṣi̯ə̯u ∶ ṣåk(和* ṣi̯uk) 39. mi̯ə̯u ∶ måk。

-i̯ə̯u ∶ -uk：40. xi̯ə̯u 和 xi̯uk 41. i̯ə̯u ∶ ṣi̯uk 42. tʻi̯ə̯u ∶ ńi̯uk 43. i̯ə̯u ∶ dʻi̯uk 44. tśi̯ə̯u ∶ tśi̯uk 45. t́ʻi̯ə̯u ∶ li̯uk 46. tśi̯ə̯u 和 tśi̯uk 47. źi̯ə̯u ∶ źi̯uk 48. i̯ə̯u ∶ śi̯uk 49. ṣi̯ə̯u ∶ ṣi̯uk(和 ṣåk) 50. ṣi̯ə̯u(sə̯u) ∶ ṣi̯uk 51. si̯ə̯u 和 si̯uk 52. si̯ə̯u ∶ si̯uk 53. si̯ə̯u ∶ śi̯uk 54. dz′i̯ə̯u ∶ ts′i̯uk 55. p′i̯ə̯u 和 p′i̯uk 56. mi̯ə̯u ∶ muk。

这些例子很充裕地表示，《切韵》-âu、-au、-i̯äu、-ieu 的收音(以及丁部的-i̯ə̯u)在上古的语言里和变成《切韵》-uk、-ok、-åk(即上古音的* -ok、-åk)的那些语词常有联系；它们又明显地证实-âu 等并不是对应于-âng、-i̯ang、-ɒng 而成为上古的* -âg、-i̯ag、-ɒg，而是对应于《切韵》-ung、-ong、-ång(入声-uk、-ok、-åk)的。这将怎样逐一解决呢?

我们首先来讨论《切韵》的-au 韵(一种浅音)以及去声字“觉”。该字有 kåk 和 kau` 两读。我应用我早先建立的法则，即-u 原是一个-k音的遗迹，是因为下降调而被失落的，并且把我的论证建立在那种可信的事实上，即原来的分别只是属于声调的（对照上文“度”），便拟定：

觉　*kåkˊ（“觉得”之“觉”）；

　　*kåkˋ（“觉醒”之“觉”）。

前者靠了平衡调，照例保持不变：《切韵》kåk。后者沿着我们已经完全熟悉了的那条路线演变：“江”kång 在唐代之际依着 kå^{a}ng＞k^{å}ang＞kang 这样演变（为马伯乐所建议的）；“家”*kå 已经在唐代之前变成 kå^{a}＞k^{å}a＞ka。这里，kåkˋ变成了 kå^{a}kˋ＞ka$_{k}$ˋ＞《切韵》kauˋ。

于是我们转移到同属《切韵》-au 韵的只隶于平声的“交”字。它是“较”字 kåk 里的音符，我们不能替“交”假定一个上古音*kåk；因为它没有下降调，照那样一个*kåk 是应该保留的。我们得拟定*kåg，这是极为合适的。这个*kåg 是这样演变的：*kåg＞kå^{a}g＞kag＞《切韵》kau¯。

我们晓得了《切韵》的-au 是从*kåk 和*kåg 演变而来的，对于《切韵》的-i̯äu 和-ieu 我们必须设想同样的演变；这两韵的 ä 和 e 显然是，如李方桂所提议的，一种元音 i 化（i-umlaut）的后来的结果；在较早的时期我们应该看做-i̯au 和-iau。它们和-au 的配对是很完美的：

“陶、庙”等-i̯au（-i̯äu）从-i̯åkˋ或-i̯åg 演变而来（或此或彼以声调来显示）；

“萧、苕”等-iau（-ieu）从-iåkˋ或-iåg 演变而来（或此或彼以声调来显示）。

现在我们讨论完了对应于江-ång（入声觉-åk）的。所遗留的韵是《切韵》-ung、-i̯ung（东）、-uong（冬）、-i̯wong（锺）（入声-uk、-i̯uk 屋、-uok 沃、-i̯wok 烛）。我在上文已经决定了东-ung、-i̯ung（入声-uk、-i̯uk）是从上古音的*-ong、*-i̯ong（入声*-ok、*-i̯ok）演变而

来。现在-âu“老”“高”和-i̯əu“休”既然明显的是开口的语词，不是合口的语词，所以它们不能相配于 * -uong、* -i̯wong（入声 * -uok、* -i̯wok）而必定是相配于开口的东 * -ong、* -i̯ong（入声屋 * -ok、* -i̯ok）的。因此，我们很合理地得到下列音值：

“老”“高”等-âu　从-ok`或-og 演变（或此或彼以声调来显示）；

“休”等-i̯əu　从-i̯ok`或-i̯og 演变（或此或彼以声调来显示）。

-ok`和-og 两者都>-ou，而-ou 又进为《切韵》-âu；

-i̯ok`和-i̯og 两者都>-i̯ou，而-i̯ou 又进为《切韵》-i̯əu。

在语音上，这些规则没有什么不自然的。① 实在，它们极其类似于德语 ei>ai 的演变（bei 读为 bai̯），其中一种“趋异”的倾向使得两个舌前元音 e ∶ i 的第一个变成 a 音，在配置上对于 i 音的分辨就清楚得多了。这里，两个圆唇元音 o ∶ u，其中的第一个也同样因为一种趋异的倾向使得圆唇减退而成为 â 和 ə。

关于理论上的推论说得很多了，这里所根据的是在收尾于-ng 和-k 的对应字类的配对上和上古中国语的一般语音系统上的考察。但是这些推论的价值如何，完全要看它们怎样满足实际的需要，以使它们在《诗经》押韵和谐声字体两方面都适合无间。如果它们能够做到，我们可以把它们看作是可靠的和确切的成果。在第五表乙、第七表和第十二表上一看——其中我已经在右边的各行填进了这里所拟定的音值——就使我们相信它们把《诗经》韵字解释得是很完美的。假使我们替上面第 74 页的谐声表也列出这些新拟构出来的音值，也可以说结果恰恰相同：

---

① 这个学说含有这样的意思，即我们对于各异元音后的收尾音-k`的变弱，须要注意一个各异的时代。在“路” * glâk`、“度” * d'âk`、“夜” * zi̯ak`当中，就是在 â、a 之后的，这种现象在周代已经发生，至少在《诗经》语言里，为了要了解这些语词所以和-uo、-i̯wo 相押，以及它们所以不和 * -ok、* -uok 相押的缘故，我们在此必须设想一个内发音的-k：“路”glo_k`、“度”$d'o_k$`、“夜”$zi̯o_k$`。反之，在 o 和 å 之后的（“到” * tok`、“觉”kåk`）-k 在周代还是完好的保存着，因为这种语词和《切韵》归于入声的语词自由地相押（例如第十二表 552、271）。-ok`>-ou>-âu 以及 åk>-au，这是更比较晚后（汉代？）的事。

1. 告硞　2. 高敲　3. 到菿　4. 勞犖　5. 暴瀑　6. 毛毣。

7. 告　8. 高鬻　9. 羔糕　10. 暴襮　11. 冒瑁。

12. 尻阬　13. 奥燠　14. 鼀竈　15. 醪戮　16. 暴　17. 毛毣　18. 楘　19. 冒瑁。

20. 觉　21. 交较　22. 乐　23. 罩卓　24. 菿　25. 爆　26. 包雹　27. 皃　28. 貌邈。

29. 膠戮　30. 包鮑。

31. 肖稍。

32. 夭沃。

33. 岳鎐。

34. 敫燩　35. 掉卓。

36. 寥戮　37. 萧肃。

38. 漱欶　39. 矛晵。

40. 畜　41. 酉莤　42. 丑忸　43. 由轴　44. 州矪　45. 瘳戮　46. 祝　47. 寿祷　48. 攸倏　49. 漱欶　50. 搜(叟)趚　51. 宿　52. 繡肃　53. 秀透　54. 就蹴　55. 覆　56. 矛鶩。

-ok`,-og：åk⁻：1. kok`：k'åk　2. kog：k'åk　3. tok`：t'åk　4. log：låk　5. b'ok`：påk　6. mog：måk(和 mok)。

-ok`,-og：uok⁻：7. kok`和 kuok`　8. kog：g'uok　9. kog：kuok　10. b'ok`：puok　11. mok`：muok。

-ok`,-og：ok⁻：12. k'og：ki̯ok　13. -ok`：-i̯ok　14. tsok`：ts'i̯ok　15. glog：gli̯ok　16. b'ok`和 b'ok　17. mog：mok(和 måk)　18. mog 和 mok　19. mok`：mok。

-åk`,-åg：åk⁻：20. kåk`和 kåk　21. kåg：kåk　22. ngåk`,ngåk 和

låk　23. tåk`：tåk　24. tåk`和 tåk　25. påk`和 påk　26. påg：b'åk　27. måk`：måk　28. måk`：måk。

-åg：-ok：29. klåg：gli̯ok　30. påg：p'ok。

-i̯åk`：-åk：31. si̯åk`：såk。

-i̯åg：-uok：32. -i̯åg：-uok。

-i̯åg：-ok：33. di̯åg：tsok。

-iåk`：-åk：34. kiåk：k'åk　35. d'iåk：tåk。

-iåg：-i̯ok：36. gliåg：gli̯ok　37. siåg：si̯ok。

-i̯ok`,-i̯og：-åk：38. ṣi̯ok`：såk　39. mi̯og：måk。

-i̯ok`,-i̯og：-ok：40. xi̯ok`和 xi̯ok　41. zi̯og：ṣi̯ok　42. t́i̯og：ni̯ok　43. di̯og：d'i̯ok　44. t́i̯og：t́i̯ok　45. t́li̯og：gli̯ok　46. t́i̯ok`和t́i̯ok　47. d́i̯og：d́i̯ok　48. di̯og：śi̯ok　49. ṣi̯ok`：ṣi̯ok　50. ṣi̯og(sug)：ṣi̯ok　51. si̯ok`和 si̯ok　52. si̯ok`：si̯ok　53. si̯ok`：śi̯ok　54. dz'i̯ok：ts'i̯ok　55. p'i̯ok`和 p'i̯ok　56. mi̯og：mok。

现在我们获得了积极的结果，关于《切韵》-âu、-au、-i̯äu、-ieu、-i̯ə̯u(丁)的语词在上古汉语里有个 o 的元音(相配于 * -ong、* -ok 等)而没有 a 的元音(以相配于-âng、-âk 等)。那末，在上古汉语里，是没有-âg、-i̯ag、-ɒg 的字音以相配于 * -âng、* -i̯ang、* -ɒng(第十表)以及相配于 * -âk、* -i̯ak、* -ɒk(第十一表)的吗？说没有这是很不合理的。可是我们没有发见可以推测为代表这样的上古字音的字类。不过，需要指出，西门氏(《西藏与中国语词之比合》*Tibetisch-Chinesische Wortgleichungen*)曾经试过，一方面把汉语的“鹅” * ngâ 比合于中国藏语的 ngang，另一方面把汉语的“沙” * sa 比合于中国藏语的 sag，末了又把汉语的“蚁” * ngia 比合于中国藏语的 s-grog，把汉语的“翅”*śia 比合于中国藏语的śog。鉴于这些语词有很具体的意义，这似乎颇使我们倾信于两方面的语词的相类似，因之我们也要假定原始汉语的“鹅”** ngâg、“沙”** sag、“蚁”** ngrag。①

虽然或许如此——我对此并无意见——不过这是确实的，在上古汉语里（全部的周代）这些语词已经不具有收尾辅音了：* ngâ、* sa、* ngia，这是为《诗经》韵字和谐声字体所证明的。

还有一类语词可以猜想是具有上古音的-ag 或-ɒg 的，不过我在这里所以提出这个问题，正是为着要表明这种观点是不能成立的。在《切韵》里隶属于皆韵（以及谐声上相合的韵）的，有“戒”（和许多派生字）、“骇”“豺”《切韵》kại，γại，dzʹại（具有短 a）这些语词以及许多来源完全不同的词。“戒”在《诗经》里和“国”相押（第三表）；“骇”具有音符“亥”* gʻəg，“豺”具有音符“才”* dzʹəg。这样，关于它们的收尾舌根音是可以无疑的了。如果我们要寻找一类相当于欠缺的上古音* -ɒg 的语词，那末，为什么不把这“戒”等认作遗失的韵部：kại＜* kɒg 呢？

事实上，有几种理由禁止这样的一种解释。我们知道* -âng：* -i̯ang：* -ɒng 常常相押（第十表），以及* -âk：* -i̯ak：* -ɒk 也同样常常相押。另一方面，-g 的语词常和-k 的语词相押。所以“戒”等如果是* kɒg 等的音，便应该期望它们和-âk、-i̯ak、-ɒk 相押（第十一表）；但是它们绝不如此。相反，它们和* -ək 相押（第三表）。这是很要紧的；因为* -âk、* -i̯ak、* -ɒk 绝不和* -ək 相押（参看第二表和第十一表）。所以如果“戒”是* kɒg，它便应该和“国”* kwək 绝不相押，可是它却正是如此。

另外还有一个更重要的理由：我们能够对于“戒”-ại 这一类判定别的来源。

① 当然，这并不是凡属* -â、-a、-ia 的语词都必需有这样一个收尾辅音的。

在《切韵》的系统当中，有两个韵是我从前不能在读音上加以分辨的：庚和耕（宋韵表的二等），以及入声里相配的：陌（例如“格”字）和麦（例如“革”字）。我曾经把它们两者都写作-ɒng、-ɒk，至于我当时的一种猜想，认为第一个-ɒng是短元音，第二个-ɒng是长元音，这是很不能令人满意的。ɒ音在中国音韵系统当中，实在的性质必定是短的松的，对应于长的紧的 â、a。而引据了《诗经》韵字，便可以帮助我们辨认所构成的区别是什么。和 ə 及 a 各类颇有分别的是 ä—e 的一大类：

短的	短的	长的	短的	短的	长的
恒 əng	庚 ɒng	刚 âng	得 ək	格 ɒk	各 âk
兢 i̯əng	京 i̯ɒng	僵 i̯ang	亟 i̯ək	逆 i̯ɒk	夕 *i̯ak

但是：

短的	耕 ɛng	革 ɛk
长的	轻 i̯äng	益 ˙i̯äk(?)
长的	经 ieng	击 iek

我在这里不象在我的《音韵学研究》及《分析字典》里那样把“耕”写作 kɒng，“革”写作 kɒk，而是采取 kɛng 和 kɛk 的写法，这是因为那种事实，即“庚”kɒng 部及“格”kɒk 部分别和-âng，-i̯ang 及-âk，-i̯ak 诸部常常相押（参看第十、第十一表），所以在上古中国语里显然有个 a 的元音（短的，如同各种方言所示，所以是 ɒ），同时，“耕”部及“革”部并不和 a 音诸部相押，而只是和别类相押：前者（平声及去声）和-i̯äng，-i̯eng 相押①，后者（入声）和-ək 相押（参看

① 这是一个奇异的事实，“生”ṣɒng（和许多派生字）在《广韵》里属于庚韵而不属于耕，它在上古诗歌里并不押韵于“行”ɣang 等一类 a 音形式的语词（第十表里各种庚韵的语词），而却象耕韵字那样和“轻”及“经”等语词（ä—e 的形式）发生联系。它的上古音必定是 sɛng。

第三表)。因之它们必定有某种 ä—e 的音,只是一个短的,以区别于-i̯äng、-ieng 罢了。依照着-n 音一类的类比:

“衍”-i̯än　　“坚”-ien　　而“巾”ki̯ĕn

令人倾向于写作:

“轻”-i̯äng　　“经”-ieng　　而“耕”kĕng

但是,前者毕竟还有介音 i 的分别,似乎很明白,在这些没有介音 i 的语词当中,元音是比较更开的了(因为在汉音里变成了a(g)u)。所以我选取了一个独立的 ɛ 的写法,它代表着一个开的短的 ä 音①。

如果我们现在回转到上文的表上,并且寻求相配于-ɛng、-ɛk(宋韵表的二等)的一个-g 音,那末,显然我们必须把“戒”kại< *kɛg放进去了(注意-ại 同样是个二等韵)。所以如此,是随着入声“革”kɛk 的相比对而起的。正如这个字在《诗经》里照例和-ək 相押(第二表),同样“戒”也照例和-ək 相押(第三表);而“骇”(γại<) *g‘ɛg 也以“亥”(γậi<) *g‘əg 来作音符。我们在此获得了两种重要的结果:我们发见了《切韵》庚(-ɒng)韵和耕(-ɛng)韵彼此间音读的分别,我们又说明了“戒”(-ại)类相配于“耕”-ɛng、“革”-ɛk,其上古音是*-ɛg,不是相配于“庚”(-ɒng)、“格”(-ɒk)的 a 音诸部的。因之,应该相配于-ɒng 和-ɒk 的*-ɒg 音的语词,必定要求之于它处;假如它果真存在,我可不知道去何处求得它。

我们现在再度回转来讨论上文第 62 页上我们的系统,而依照我们在上面讨论当中所建立的上古音音值,把它们填入其中:

---

① 可能有点类似于英语 man 里的元音。因此“庚”kɒng 和“耕”kɛng 之间的分别颇有点象英语里 pun(pɒn)和 pan(pɛn)之间的分别。

	甲	乙	丙	丁	戊	己			庚	辛	壬
	後	母	久	休	老高	包郊	陶庙	萧苕	来	基	取
《诗经》	u	ug	i̯ug	i̯og	og(-k)	åg(-k)	i̯åg(-k)	iåg(-k)	əg	i̯əg	i̯u
《切韵》	ə̯u	ə̯u	i̯ə̯u	i̯ə̯u	âu	au	i̯äu	ieu	ậi	i	i̯u

而对于上述的《诗》韵系统这样填入：

《切韵》	**《诗经》**
1. 後：取	
γə̯u：tsʻi̯u	gʻu：tsʻi̯u
2. 母：久：来：基	
mə̯u：ki̯ə̯u：lậi：kji	mug：ki̯ug：ləg：ki̯əg
3. 休：老：包：陶：萧	
xi̯ə̯u：lâu：pau：i̯äu：sieu	xi̯og：log：påg：di̯åg：siåg
4. 高：郊：庙：苕	
kâu：kau：mi̯äu：dʻieu	kog：kåg：mi̯åg：dʻiåg

3.和 4.两个韵部是段玉裁勉强区分出来的，它们常常相混（参看第七表）。可是，如上所述，3.部的-i̯og 偏向于和上声的-og^3 相押，总是很少和平声的-og^1 相押——无论所以致此的理由如何。

丙*-i̯ug 部和丁*-i̯og 部在《诗经》押韵当中大体上是分开来的，而在谐声字体当中则经常互有关系，从它们音读的类似来看，这是很自然的。例如"九"ki̯ə̯u 这个语词。就我所知，它在上古诗歌当中未曾遇有何处用作一个韵字的。它的派生字"究"押韵于丁部（所以也是*ki̯og），可是在谐声上，象"轨"kjwi＜*ki̯wəg 字所指示的，它的职务却是属于丙部，因此是*ki̯ug 了；这是它在印度支那别的语言中的形式能够证明的，中国藏语 d-gu 等（比照我在《通报》里的论文）。同样，同一音符的字游移在这两个《诗经》韵部之间，还可以在"求"字上见到，它（和"逑"）是*gʻi̯og（押韵于丁部），可是"裘"是* g'i̯ug,照例和丙部相押。又"舊"押韵于丙部,所以是* g'i̯ug,"舅"押韵于丁部,却是* g'i̯og了。

在这里插入的许多表当中,我录出了所讨论的《诗经》韵字的一个全谱,其中数字是列格氏本子的页码。这个韵谱关于大多数部类是完全的。可是,为了节省篇幅起见,我把第一、第二、第四、第十三、第十六各部里某些韵字删除了,因为它们对于我们没有什么启示,它们的两种形式都是和《切韵》的元音(-əng：i̯əng、-ək：-i̯ək、-i：-wi、-uo：-i̯wo、-əm：-i̯əm)相同的;对于第十部,它在《诗》韵上是极其普通的,我也只录出几个例子。

在各表当中的《诗》韵韵字之后,我替作为那些韵字的语词列出一个依据音读来排列的音谱。读者可以在此把那些自由相押作为一个韵部的全部语词一览无遗;可是,也得把那些放在末了方括弧里的语词除外——它们并不正确属于这个韵部的,而只是偶然地在此作为例外的韵字罢了,这是由于诗歌押韵的自由,或者在某些事例当中,押韵得特别坏,使文辞变坏的。极其有趣的是,我们注意到在许多事例中《毛诗》本子有着不谐合的韵字,而《韩诗》《齐诗》和《鲁诗》的音读(韵谱里放在圆括弧当中的字)却是正确的韵字,因之可认为是正确的音读。

在各表之下,列着两行拼切的音读。左边一行代表拟定了的《切韵》语言(西元后六世纪);右边一行录出《诗经》的音值,这正是我此地试着构拟的。必须记住,《诗经》音的形式在各个细节上并不象《切韵》音的形式那样可靠。因为后者是根据很丰富的一大宗材料,这些材料彼此互相证明和启示:《切韵》拼音(反切),宋代以来的韵表,外国语词的古代译音,在高丽语、日本语及安南语中数千个古代中国语的借词,以及分歧剧烈的现代方言。而对于上古的语言,我们只有上古的诗歌和谐声字体可以根据了。前者,如上文所示，对于许多语词的收韵部分给予了很好的根据点。后者在许多地方显示着上古的声母系统。但是我们不能在谐声未曾显示复辅音(pl-、tl-、kl-等)的地方完全确定它们的不存在。而且，介音u、w、i、i̯在《诗经》上和《切韵》时代比较起来，或者也有些不同。因之，象“宫”* ki̯ong那样一个形式必须如此书写：* ki̯/ong，表示只有收尾的部分是可靠的，起首部分只是密近如此罢了，一种待考的前半部分须得认为是“未经确定的”。这一点一经明白指出，读者便得到了警告，而我也无需在我的表里采用那种笨重的印刷编制了。

第一表

131. 掤弓　151. 薨薨憎　195. 膺弓縢興音　307. 興夢　310. 蒸雄兢崩肱升　320. 蒸夢勝憎　320. 陵懲夢雄　413. 弓繩　630. 乘縢弓緩增膺懲承。

---

1. 縢　2. 增憎　3. 崩　4. 兢　5. 興　6. 膺　7. 懲　8. 蒸　9. 繩乘　10. 承　11. 升勝　12. 陵　13. 掤　14. 肱　15. 薨　16. 弓　17. 雄　18. 夢　19. 音　20. 緩

---

1. d'əng　2. tsəng　3. pəng　4. g'i̯əng　5. χi̯əng　6. ·i̯əng　7. d'i̯əng　8. tśi̯əng　9. dź'i̯əng　10. źi̯əng　11. śi̯əng　12. li̯əng　13. pi̯əng　14. kwəng　15. χwəng　16. ki̯ung　17. γi̯ung　18. mi̯ung, mung　[19. ·i̯əm　20. ts'i̯əm].

---

1. d'əng　2. tsəng　3. pəng　4. g'i̯əng　5. χi̯əng　6. ·i̯əng　7. d'i̯əng　8. t́i̯əng　9. d́'i̯əng　10. d́i̯əng　11. śi̯əng　12. li̯əng　13. pi̯əng　14. kwəng　15. χwəng　16. ki̯ung　17. g'i̯ung　18. mi̯ung, mung　[19. ·i̯əm　20. ts'i̯əm].

第二表

29. 革緎食　79. 麥北弋　90. 麥極　108. 側服　123. 麥國食　164. 襋服　171. 輻側直億特食　173. 麥德國直　221. 翼服息　223. 翼服　258. 福食德　284. 則服　284. 翼服國　288. 翼奭服革　307. 翼棘革　366. 自直福　376. 翼彧穡食　400. 福德　432. 億服　432. 德福　436. 翼福國　456. 德色革則　460. 德服　464. 北服　478. 德福　483. 福億　510. 克服德力　620. 德服鹹　630. 稷福稑麥國穡　647. 國福。

---

1. 克　2. 德　3. 特　4. 則　5. 北　6. 棘襋　7. 極　8. 奭　9. 弋　10. 翼　11. 億　12. 直　13. 側　14. 食　15. 穡色　16. 力　17. 稷　18. 息　19. 國　20. 緎　21. 革　22. 鹹　23. 麥　24. 福輻　25. 服　26. 彧　27. 稑

---

1. k'ək　2. tək　3. d'ək　4. tsək　5. pək　6. ki̯ək　7. g'i̯ək　8. χi̯ək　9. i̯ək　10. i̯ək　11. ·i̯ək　12. ď'i̯ək　13. tṣi̯ək　14. dź'i̯ək　15. ṣi̯ək　16. li̯ək　17. tsi̯ək　18. si̯ək　19. kwək　20. i̯wək　21. kɛk　22. kwɛk　23. mwɛk　24. pi̯uk　25. b'i̯uk　26. ·i̯uk　[27. li̯uk].

---

1. k'ək　2. tək　3. d'ək　4. tsək　5. pək　6. ki̯ək　7. g'i̯ək　8. χi̯ək　9. di̯ək　10. gi̯ək　11. ·i̯ək　12. d'i̯ək　13. tṣi̯ək　14. ď'i̯ək　15. ṣi̯ək　16. li̯ək　17. tsi̯ək　18. si̯ək　19. kwək　20. gi̯wək　21. kɛk　22. kwɛk　23. mwɛk　24. pi̯uk　25. b'i̯uk　26. ·i̯uk　[27. gli̯ok].

第三表

136. 來贈　262. 翼服戒棘　265. 牡來載棘　284. 飭服急(戒)國　303. 葍(富)特富異　320. 輻載意　336. 克富又　357. 載息　357. 來服　373. 棘稷翼億食祀侑福　374. 祀食福式稷敕極億　382. 祀黑稷福　442. 直載翼　446. 載備祀福　458. 囿伏　458. 亟來　472. 字翼　476. 背翼福　483. 子德　528. 極背克力　540. 事式　556. 子已德國　559. 戒國　559. 塞來　564. 忒背極慝識織　589. 鮪鯉祀福。

---

1. 載　2. 來　3. 背　4. 戒　5. 已　6. 異　7. 意　8. 事　9. 鯉　10. 子　11. 字　12. 祀　13. 備　14. 鮪　15. 又侑　16. 囿　17. 葍富　18. 克　19. 黑　20. 德　21. 忒慝　22. 特　23. 塞　24. 國　25. 亟棘　26. 極　27. 翼　28. 億　29. 飭敕　30. 織　31. 食　32. 式識　33. 稷　34. 息　35. 葍福輻　36. 服伏　37. 牧　38. 贈　39. 急

---

1. tsậi　2. lậi　3. puậi　4. kại　5. i　6. i　7. ˙i　8. dẓ'i　9. lji　10. tsi　11. dz'i　12. zi　13. b'jwi　14. jwi　15. ji̯ə̯u　16. ji̯ə̯u, ji̯uk　17. pi̯ə̯u　18. k'ək　19. χək　20. tək　21. t'ək　22. d'ək　23. sək　24. kwək　25. ki̯ək　26. g'i̯ək　27. i̯ək　28. ˙i̯ək　29. t'i̯ək　30. tśi̯ək　31. dź'i̯ək　32. śi̯ək　33. tsi̯ək　34. si̯ək　35. pi̯uk　36. b'i̯uk　37. mi̯uk　[38. dz'əng　39. ki̯əp].

---

1. tsək̀　2. ləg　3. puək̀　4. kɛg　5. zi̯əg　6. gi̯ək̀　7. ˙i̯ək　8. dẓ'i̯əg　9. li̯əg　10. tsi̯əg　11. dz'i̯əg　12. dzi̯əg　13. b'i̯wəg

14. gi̯wəg　15. gi̯ug　16. gi̯ug,gi̯uk　17. pi̯ug　18. k'ək　19. χək[1])
20. tək　21. t'ək　22. d'ək　23. sək　24. kwək　25. ki̯ək
26. g'i̯ək　27. gi̯ək　28. ˙i̯ək　29. t'i̯ək　30. t́i̯ək　31. d́'i̯ək
32. śi̯ək　33. tsi̯ək　34. si̯ək　35. pi̯uk　36. b'i̯uk　37. mi̯uk
[38. dz'əng　39. ki̯əp].

第四表

4. 采友　14. 逵(馗)仇　16. 苢采有　33. 汜以悔　42. 絲治訧　48. 霾來思　53. 思來　55. 軌牡　55. 子否友　61. 久以　65. 淇思姬謀　66. 哉之　90. 尤思之　101. 蚩絲謀淇丘媒期　101. 思哉　108. 李玖　114. 期哉塒來思　120. 涘母有　123. 李子玖　128. 子里杞母　143. 晦已子喜　145. 佩思來　168. 屺母　197. 采已涘右沚　198. 梅裘哉　204. 思佩　224. 梅絲騏　233. 耜趾子畝喜　233. 貍裘　249. 止杞母　251. 騏絲謀　262. 疚來　267. 杞母　267. 來疚　270. 鯉有　270. 有時　271. 來又　273. 臺萊基期　273. 杞李子母已　279. 載喜右　284. 喜祉久友鯉矣　288. 芑畝試　293. 有俟有右子　297. 海止有母　300. 來期思　314. 士子已殆仕　325. 士宰史(氏)　325. 時謀萊矣　325. 里痗　329. 仕殆使子有　333. 止否膴(腜)謀　336. 采負似　340. 梓止母裏在　349. 箕謀　349. 丘詩之　352. 恥久恃　357. 來疚　357. 裘試　359. 梅尤　359. 紀仕有　362. 杞子事母　374. 備戒告止起　376. 理畝　379. 畝耔薿止子　379. 止子畝喜右否有　382. 戒事耜畝　382. 止子畝喜　385. 右有似　392. 期時來　394. 友喜　400. 能又時　400. 否史恥怠　400. 呶僛郵　400. 識又　415. 牛哉　420. 食誨載　432. 時右　442. 膴(腜)飴謀龜時茲　442. 止有理畝事　456. 悔祉子　464. 芑仕謀子　472. 秠芑

畝負祀　473. 時祀悔　483. 紀友士子　489. 理有　490. 饎子母　510. 式止晦　510. 時舊　518. 友子　518. 子否事耳子　518. 子止悔　528. 里喜能忌　535. 紀宰右止里　556. 理海　564. 誨寺　564. 倍事　564. 富忌　567. 富時疚兹　567. 里舊　590. 祉母　599. 之思哉兹　603. 以婦士耜畝　607. 紑俅基牛鼒　614. 駓騏伾期才　615. 始有子　630. 熾富背試　630. 喜母士有祉齒　638. 有殆子　638. 里止海。

---

1. 海　2. 能　3. 來萊　4. 臺怠殆　5. 哉宰　6. 載　7. 采　8. 才在　9. 悔晦誨　10. 倍　11. 佩　12. 梅痗　13. 媒腜　14. 霾　15. 基姬箕紀　16. 起杞芑僛屺　17. 騏淇期忌　18. 薿　19. 喜　20. 以已矣苢　21. 飴　22. 恥祉　23. 治　24. 止趾沚之　25. 識　26. 蚩齒饎　27. 熾　28. 士仕俟　29. 時塒恃　30. 史使　31. 始詩　32. 試　33. 耳　34. 李里裏貍理　35. 子秄兹梓鼒　36. 汜耜涘似　37. 食　38. 思絲　39. 龜　40. 逵馗軌　41. 伾秠　42. 備駓　43. 久玖疚　44. 丘　45. 裘仇俅舊　46. 牛　47. 尤訧又右友有　48. 富否　49. 負婦紑　50. 謀　51. 母畝　52. 氏　53. 膴　54. 告　55. 呶　56. 郵。

---

1. χậi　2. nậi,nəng　3. lậi　4. d'ậi　5. tsậi　6. tsậi　7. ts'ậi　8. dz'ậi　9. χuậi　10. puậi　11. b'uậi　12. muậi　13. muậi　14. mại　15. kji　16. k'ji　17. g'ji　18. ngji,ngi̯ək　19. χji　20. i　21. i　22. t́'i　23. d́'i　24. tśi　25. tśi　26. tś'i　27. tś'i　28. dẓ'i　28. źi　30. ṣi　31. śi　32. śi　33. ńźi　34. lji　35. tsi　36. zi　37. zi　38. si　39. kjwi　40. g'jwi　41. p'jwi　42. b'jwi　43. ki̯əu　44. k'i̯əu　45. g'i̯əu　46. ngi̯əu　47. ji̯əu

48. pi̯ə̯u 49. b'i̯ə̯u 50. mi̯ə̯u 51. mə̯u [52. źie̯ 53. mi̯u 54. kuok,kâu 55. nau 56. ji̯ə̯u].

---

1. χəg① 2. nəg,nəng 3. ləg 4. d'əg 5. tsəg 6. tsək`  7. ts'əg  8. dz'əg  9. χuəg①  10. puəg  11. b'uəg  12. muəg①  13. muəg  14. mɛg  15. ki̯əg  16. k'i̯əg  17. g'i̯əg  18. ngi̯əg, ngi̯ək  19. χi̯əg  20. zi̯əg  21. di̯əg  22. t'i̯əg  23. d'i̯əg  24. ť i̯əg  25. ť i̯ək'  26. ť'i̯əg  27. ť'i̯ək` 28. dẓ'i̯əg 29. ď i̯əg 30. ṣi̯əg① 31. śi̯əg 32. śi̯ək`  33. ńi̯əg  34. li̯əg  35. tsi̯əg  36. dzi̯əg  37. dzi̯ək` 38. si̯əg 39. ki̯wəg 40. g'i̯wəg 41. p'i̯wəg 42. b'i̯wəg 43. ki̯ug 44. k'i̯ug 45. g'i̯ug 46. ngi̯ug 47. gi̯ug 48. pi̯ug 49. b'i̯ug 50. mi̯ug 51. mug [52. d'ia 53. mi̯wo 54. kuok,kok` 55. någ 56. di̯og].

第五表甲

4. 鳩洲逑(仇) 4. 流求 17. 休求 40. 舟流憂游 59. 舟游求救 102. 慦舟游憂 112. 憂求 186. 周遊 192. 阜手狩 195. 收輈 239. 銶遒休 253. 裒求 258. 壽茂 262. 柔憂 270. 留酒 280. 舟浮休 314. 矛讎 325. 憂休 329. 流休 340. 讎究 362. 酒咎 392. 首阜舅 401. 首酒 432. 臭孚 444. 槱趣 460. 求孚 473. 揄蹂叟浮 495. 游休酋 510. 祝究 527. 柔劉憂 564. 收瘳 564. 優憂 567. 茂止 615. 牡酒

---

① 第三表 19 和第四表 1、9、12 这些语词在谐声系统上属于 χ-：m-转换的一组，这是表明上古的复辅音(χm-、mχ-、km-?)。第四表 30 这个语词和 l-也有谐声的关系，这也是指示某种上古的复辅音(ṣl-、sl-、tl-?)。

621. 觩捜　643. 球旒休絿柔優遒。

第五表乙

32. 昴裯猶　35. 包誘　50. 手老[3]　65. 漕[1] 悠游憂　76. 埽[3] 道[4] 醜　90. 悠漕[2] 憂　119. 罦(罿)造[3] 憂覺　121. 蕭秋　129. 狩酒好[3]　131. 鴇[3] 首手阜　134. 手飄好[4]　136. 酒老[3] 好[3]　143. 瀟膠瘳　152. 茂道[3] 牡好[3]　175. 休慆[1] 憂　177. 栲[3] 杻埽[3] 考[3] 保[3]　182. 褎究好[4]　202. 袍[1] 矛仇(讐)　206. 缶道[3] 翿[4]　212. 皓[3] 懰受慅[3]　225. 蕭周　233. 棗[3] 稻[3] 酒壽　233. 蚤[3] 韭　256. 埽[3] 篕牡舅咎　273. 栲[3] 杻壽茂　288. 讐老[3] 猶醜　290. 好[3] 阜草[3] 狩　293. 戊禱好[3] 阜醜　307. 苞茂好[4] 猶　325. 卯醜　333. 猶集咎道[3]　340. 道[3] 草[3] 擣[3] 老[3] 首　349. 受昊[3]　368. 鼛[1] 洲妯猶　374. 飽[3] 首考[3]　376. 酒牡考[3]　382. 阜[3] 好[3] 莠　415. 幽膠　418. 茅猶　421. 炮醻　423. 首罶飽[3]　472. 道[3] 草[3] 茂苞褎好[3]　498. 休逑怓憂　518. 讐報[4]　555. 游滔[2] 遊求　556. 首休考[3] 壽　559. 遊騷[1]　559. 苞流　590. 牡考[3]　590. 壽考[3]　592. 壽保[3]　620. 茆酒老[3] 道[3] 醜　620. 陶囚。

第五表丙

46. 冒好報　108. 報好　126. 好造　204. 篕飽　207. 莜椒　233. 茅綯　277. 草考　290. 調同　349. 好草　425. 草道　448. 造士　489. 曹牢匏　528. 竇好　541. 寶保　545. 考保　552. 道考　600. 鳥蓼。

---

1. 鳩救究觩韭　2. 求逑銶球咎舅絿　3. 休臭　4. 憂優幽

5. 游遊悠滺揄　6. 誘莠猶櫾　7. 輈　8. 瘳　9. 妯　10. 裯　11. 洲舟周　12. 祝　13. 醜　14. 壽醻讎讐受　15. 叟搜　16. 狩收手首　17. 柔蹂　18. 流留劉懰旒　19. 杻　20. 酒　21. 秋　22. 酋遒　23. 褎囚　24. 秀　25. 缶　26. 阜浮罳　27. 孚　28. 矛　29. 裒　30. 戊茂牡　31. 鼛　32. 考栲　33. 好　34. 皓昊　35. 老牢　36. 禱擣　37. 慆滔　38. 道翿稻綯　39. 棗蚤　40. 慅草　41. 漕曹造阜　42. 埽騷　43. 鴇保袍報寶　44. 冒　45. 覺　46. 膠　47. 恔　48. 包苞飽　49. 炮匏　50. 卯昴茆茅　51. 莜　52. 陶　53. 椒　54. 蓼　55. 鳥　56. 調　57. 蕭蕭　58. 罦　59. 趣　60. 止　61. 仇　62. 篙　63. 集　64. 士　65. 同

---

1. ki̯əu　2. g'i̯ə̯u　3. χi̯ə̯u　4. ˙i̯ə̯u　5. i̯ə̯u　6. i̯ə̯u　7. t́i̯ə̯u　8. t́'i̯ə̯u　9. t́'i̯əu　10. d́'i̯ə̯u　11. tśi̯ə̯u　12. tśi̯ə̯u　13. tś'i̯ə̯u　14. źi̯ə̯u　15. ṣi̯ə̯u　16. śi̯ə̯u　17. ńźi̯ə̯u　18. li̯ə̯u　19. ńi̯ə̯u　20. tsi̯ə̯u　21. ts'i̯ə̯u　22. dz'i̯ə̯u　23. zi̯ə̯u　24. si̯ə̯u　25. pi̯ə̯u　26. b'i̯ə̯u　27. b'i̯ə̯u, b'i̯u　28. mi̯ə̯u　29. b'ə̯u, b'i̯ə̯u　30. mə̯u　31. kâu　32. k'âu　33. χâu　34. γâu　35. lâu　36. tâu　37. t'âu　38. d'âu　39. tsâu　40. ts'âu　41. dz'âu　42. sâu　43. pâu　44. mâu　45. kau　46. kau　47. mau　48. pau　49. p'au　50. mau　51. g'i̯äu　52. i̯äu　53. tsi̯äu　54. lieu　55. tieu　56. d'ieu　56. d'ieu　57. sieu　[58. p'i̯u　59. ts'i̯u　60. tśi　61. g'i̯ə̯u　62. kjwi　63. dz'i̯əp　64. dẓ'i　65. d'ung].

---

1. ki̯og　2. g'i̯og　3. χi̯og　4. ˙i̯og　5. di̯og　6. zi̯og　7. ti̯og　8. t'li̯og　9. t'i̯og　10. d'i̯og　11. t́i̯og　12. t́i̯ok̀　13. t́'i̯og　14. d́i̯og　15. ṣi̯og　16. śi̯og　17. ńi̯og　18. li̯og　19. ni̯og[①]

---

① 因为谐声上的理由，在 19 和 51 的语词里，可以猜度具有上古某种起首复辅音。

20. tsi̯og 21. ts'i̯og 22. dz'i̯og 23. dzi̯og 24. si̯og 25. pi̯og 26. b'i̯og 27. b'i̯og,b'i̯u 28. mi̯og 29. b'i̯og 30. mi̯og 31. kog 32. k'og 33. χog 34. g'og 35. log 36. tog 37. t'og 38. d'og 39. tsog 40. ts'og 41. dz'og 42. sog 43. pog 44. mok` 45. kåk` 46. klåk` 47. någ 48. påg 49. p'åg 50. måg 51. g'i̯åg① 52. di̯åg 53. tsi̯åg 54. gliåg 55. tiåg 56. d'iåg 57. siåg [58. p'i̯u 59. ts'i̯u 60. t́i̯əg 61. g'i̯ug 62. ki̯wəg 63. dz'i̯əp 64. dẓ'i̯əg 65. d'ong].

第六表

26. 藻潦 40. 悄小少摽 48. 暴笑敖悼 51. 夭勞 87. 旄郊 97. 敖郊驕鑣朝勞 101. 勞朝暴笑悼 104. 刀朝 108. 桃瑶 112. 苗摇 132. 消麃喬遥 139. 漂要 155. 倒召 158. 驕忉 167. 桃殽謡驕 173. 苗勞郊號 192. 鑣驕 211. 巢苕忉 212. 照燎紹慅 216. 遥朝忉 216. 膏曜悼 219. 飄嘌弔 225. 苗膏勞 247. 蒿昭恌傚敖 265. 郊旐旄 290. 苗囂旄敖 294. 嗷勞驕 300. 苗朝遥 325. 勞囂 343. 盗暴 352. 蒿勞 362. 號勞 376. 刀毛膋 394. 鷮教 401. 藻鎬 406. 教傚 407. 瀌消驕 415. 苗膏勞 422. 高勞朝 446. 燎勞 504. 僚囂笑蕘 603. 苗麃 620. 藻蹻昭笑教。

---

1. 膏 2. 敖囂嗷 3. 蒿 4. 號鎬 5. 勞潦 6. 刀忉倒 7. 悼 8. 桃盗 9. 藻 10. 慅 11. 暴 12. 毛旄 13. 驕鷮蹻 14. 喬

---

① 第三表 19 和第四表 1、9、12 这些语词在谐声系统上属于 x-：m-转换的一组，这是表明上古的复辅音(xm-，mx-，km-?)。第四表 30 这个语词和 l-也有谐声的关系，这也是指示某种上古的复辅音(ṣl-，sl-，tl-?)。

15. 喬 16. 要 17. 瑶摇遥謡 18. 曜 19. 朝召旐 20. 昭照 21. 紹 22. 少 23. 蕘 24. 燎 25. 悄 26. 小 27. 笑 28. 鑣麃 29. 漂嘌 30. 摽飄瀌 31. 苗 32. 郊教 33. 殽 34. 傚 35. 巢 36. 膋僚 37. 弔 38. 恌 39. 苕 40. 消

---

1. kâu 2. ngâu 3. χâu 4. γâu 5. lâu 6. tâu 7. d’âu 8. d’âu 9. tsâu 10. ts’âu 11. b’âu 12. mâu 13. ki̯äu 14. g’i̯äu 15. ˙i̯äu 16. ˙i̯äu 17. i̯äu 18. i̯äu 19. t́i̯äu 20. tśi̯äu 21. źi̯äu 22. śi̯äu 23. ńźi̯äu 24. li̯äu 25. ts’i̯äu 26. si̯äu 27. si̯äu 28. pi̯äu 29. p’i̯äu 30. b’i̯äu 31. mi̯äu 32. kau 33. ngau 34. γau 35. dẓ’au 36. lieu 37. tieu 38. t’ieu 39. d’ieu 40. sieu.

---

1. kog 2. ngog 3. χog 4.g’og 5. log 6. tog 7. d’ok` 8. d’og 9. tsog 10. ts’og 11. b’ok` 12. mog 13. ki̯åg 14. g’i̯åg 15. ˙i̯åk` 16. ˙i̯åg 17. di̯åg 18. di̯åk` 19. ti̯åg 20. t́i̯åg 21. d́i̯åg 22. śi̯åg 23. ńi̯åg 24. li̯åg 25. ts’i̯åg 26. si̯åg 27. si̯åk` 28. pi̯åg 29. p’i̯åg 30. b’i̯åg 31. mi̯åg 32. kåg 33. ngåg 34. g’åg 35. dz’åg 36. liåg 37. tiåg 38. t’iåg 39. d’iåg 40. siåg.

第七表

75. 舟髦 114. 陶翿敖 161. 滔儦敖 212. 皎僚糾悄 233. 葽蜩 235. 譙翛翹摇嘵 279. 弨櫜好醻 388. 觩柔敖求 407. 浮流髦憂 448. 廟保 489. 舟瑶刀 518. 酒紹 597. 造疚考孝 606. 糾趙蓼朽茂 607. 觩柔敖休。

---

1. 糾 2. 求觩 3. 休朽 4. 憂 5. 舟 6. 醻 7. 柔 8. 流 9. 酒 10. 浮 11. 茂 12. 櫜 13. 考 14. 好 15. 滔 16. 翿 17. 造 18. 保 19. 陶 20. 譙 21. 蓼 22. 蜩 23. 翛 24. 敖 25. 刀 26. 髦 27. 孝 28. 翹 29. 葽 30. 摇瑶 31. 弨 32. 紹 33. 悄 34. 儦 35. 廟 36. 皎 37. 嘵 38. 僚 39. 趙 40. 疚

属于上面第五部的语词

1. ki̯ə̯u, g'i̯äu 2. g'i̯ə̯u 3. χi̯ə̯u 4. ·i̯ə̯u 5. tśi̯ə̯u 6. źi̯ə̯u 7. ńźi̯ə̯u 8. li̯ə̯u 9. tsi̯ə̯u 10. b'i̯ə̯u 11. mə̯u 12. kâu 13. k'âu 14. χâu 15. t'âu 16. d'âu 17. dz'âu 18. pâu 19. i̯äu 20. dz'i̯äu 21. lieu 22. d'ieu 23. sieu.

---

1. ki̯og, g'i̯åg 2. g'i̯og 3. χi̯og 4. ·i̯og 5. t́i̯og 6. d́i̯og 7. ńi̯og 8. li̯og 9. tsi̯og 10. b'i̯og 11. mi̯og 12. kog 13. k'og 14. χog 15. t'og 16. d'og 17. dz'og 18. pog 19. di̯åg 20. dz'i̯åg 21. gliåg 22. d'iåg 23. siåg.

属于上面第六部的语词

24. mgâu 25. tâu 26. mâu 27. χau 28. g'i̯äu 29. ·i̯äu 30. i̯äu 31. tś'i̯äu 32. źi̯äu 33. ts'i̯äu 34. pi̯äu 35. mi̯äu 36. kieu 37. χieu 38. lieu 39. d'ieu [40. ki̯ə̯u].

---

24. ngog 25. tog 26. mog 27. χåg 28. g'i̯åg 29. ·i̯åg 30. di̯åg 31. t́'i̯åg 32. d́i̯åg 33. ts'i̯åg 34. pi̯åg 35. mi̯åg 36. kiåg 37. χiåg 38. liåg 39. d'iåg [40. ki̯ug].

第八表

23. 中宫　23. 僮公　28. 墉訟從　32. 東公同　36. 穠雝　37. 蓬豵　59. 躬中　61. 戎東同　131. 控送　157. 庸從　233. 同功豵公　233. 同公　238. 東濛　290. 攻同龐東　314. 傭訩　333. 從用邛　343. 共邛　356. 東空　363. 雝重　456. 衝墉　458. 樅鏞鐘廱　464. 功崇豐　472. 幪唪　478. 融終　583. 工公　586. 雝容。

---

24. 蟲螽忡降　29. 縫總公　50. 仲宋忡　59. 冬窮　79. 葑東庸中宫　106. 東蓬容　119. 罿庸凶聰　142. 丰巷送　189. 葑東從　195. 中驂　233. 沖陰　253. 務戎　265. 蟲螽忡降仲戎　275. 濃沖雝同　284. 顒公　293. 同從　299. 聰饔　314. 誦訩邦　383. 同邦　404. 蓬邦同從　446. 中降　448. 公恫邦　456. 恭邦共　458. 鐘廱逢(誶)公　464. 廱東　481. 潀宗降崇　534. 蟲宫宗臨躬　540. 邦功　541. 邦庸　567. 訌共邦　567. 中弘躬　573. 邦功　573. 崇皇　590. 雝公　621. 訩功　630. 公東庸　630. 蒙東邦同從功　643. 共厖龍勇動竦總。

---

1. 公工功攻　2. 空控　3. 訌　4. 濃　5. 龐　6. 東　7. 恫　8. 同動僮　9. 总豵　10. 聪　11. 潀　12. 送　13. 唪　14. 蓬逢　15. 蒙濛幪　16. 宫躬　17. 窮　18. 融　19. 中　20. 忡　21. 蟲仲沖　22. 螽終　23. 崇　24. 戎　25. 豐　26. 冬　27. 宗　28. 宋　29. 恭共　30. 邛　31. 顒　32. 凶訩　33. 雝廱饔　34. 用勇庸傭墉鏞容　35. 重　36. 鐘　37. 罿衝　38. 穠　39. 龍　40. 樅　41. 從　42. 誦訟　43. 竦　44. 葑　45. 丰　46. 縫　47. 降巷　48. 邦　49. 誶　50. 厖　51. 驂　52. 陰　53. 務　54. 臨　55. 弘

56. 皇

---

1. kung 2. k'ung 3. ɣung 4. nung 5. lung 6. tung 7. t'ung 8. d'ung 9. tsung 10. ts'ung 11. dz'ung 12. sung 13. pung 14. b'ung 15. mung 16. ki̯ung 17. g'i̯ung 18. i̯ung 19. ťi̯ung 20. ť'i̯ung 21. ď'i̯ung 22. tśi̯ung 23. dẓ'i̯ung 24. ńźi̯ung 25. p'i̯ung 26. tuong 27. tsuong 28. suong 29. ki̯wong 30. g'i̯wong 31. ngi̯wong 32. χi̯wong 33. ˙i̯wong 34. i̯wong 35. ď'i̯wong 36. tśi̯wong 37. tś'i̯wong 38. ńźi̯wong 39. li̯wong 40. ts'i̯wong 41. dz'i̯wong, tsi̯wong(in 157) 42. zi̯wong 43. si̯wong 44. pi̯wong 45. p'i̯wong 46. b'i̯wong 47. ɣång 48. pång 49. p'ång 50. mång [51. ts'ậm 52. ˙i̯əm 53. mi̯u 54. li̯əm 55. ɣwəng 56. ɣwâng].

---

1. kong 2. k'ong 3. g'ong 4. nong 5. long 6. tong 7. t'ong 8. d'ong 9. tsong 10. ts'ong 11. dz'ong 12. song 13. pong 14. b'ong 15. mong 16. ki̯ong 17. g'iong 18. di̯ong 19. ti̯ong 20. t'i̯ong 21. d'i̯ong 22. ťi̯ong 23. dẓ'i̯ong 24. ńi̯ong 25. p'i̯ong 26. tuong 27. tsuong 28. suong 29. ki̯wong 30. g'i̯wong 31. ngi̯wong 32. χi̯wong 33. ˙i̯wong 34. di̯wong 35. d'i̯wong 36. ťi̯wong 37. ť'i̯wong 38. ńi̯wong 39. li̯wong 40. ts'i̯wong 41. dz'i̯wong, tsi̯wong (in 157) 42. dzi̯wong① 43. si̯wong 44. pi̯wong 45. p'i̯wong 46. b'i̯wong 47. g'ång 48. pång 49. p'ång 50. mång

---

① 因为谐声上的理由，在 42“訟”字里可以猜度具有上古某种起首复辅音。

[51. ts’əm　52. ˙i̯əm　53. mi̯uk`　54. li̯əm　55. g’wəng　56. g’wâng].

第九表

185. 六燠　233. 薁菽　233. 屋穀　256. 谷木　303. 蓫宿畜復　352. 鞠畜育復腹　528. 鹿穀谷　590. 肅穋。

---

19. 角族　28. 角屋獄足　35. 樕鹿束玉　59. 鞠覆育毒　76. 束讀辱　87. 祝六告　94. 陸軸宿告　157. 告鞠　166. 曲藚玉族　180. 匊篤　195. 驅(駈)續轂馵玉曲　233. 穋麥　238. 蠋宿　258. 穀祿足　297. 穀玉　300. 谷束玉　302. 穀粟族　320. 祿僕屋　320. 屋穀祿椓獨　336. 粟獄卜穀　359. 濁穀　376. 霂渥足穀　413. 綠匊局沐　418. 束獨　472. 夙育稷　478. 俶告　478. 祿僕　518. 告則　528. 谷穀垢　606. 角續。

---

1. 谷穀　2. 屋　3. 鹿祿　4. 讀獨　5. 族　6. 樕　7. 卜　8. 霂木沐　9. 匊鞠　10. 畜　11. 燠薁　12. 育　13. 蓫　14. 軸　15. 祝　16. 俶　17. 菽　18. 六陸　19. 穋　20. 肅宿夙　21. 腹　22. 覆　23. 復　24. 穆　25. 告　26. 篤　27. 毒　28. 僕　29. 曲　30. 局　31. 玉　32. 馵　33. 蠋　34. 束　35. 辱　36. 綠　37. 足　38. 續藚　39. 粟　40. 角　41. 獄　42. 渥　43. 椓　44. 濁　45. 驅　46. 駈　47. 麥　48. 稷　49. 則　50. 垢

---

1. kuk　2. ˙uk　3. luk　4. d’uk　5. dz’uk　6. suk　7. puk　8. muk　9. ki̯uk　10. χi̯uk　11. ˙i̯uk　12. i̯uk　13. t’i̯uk　14. d’i̯uk　15. tśi̯uk　16. tś’i̯uk　17. śi̯uk　18. li̯uk　19. li̯uk

20. si̯uk 21. pi̯uk 22. p'i̯uk 23. b'i̯uk 24. mi̯uk 25. kuok, kâu 26. tuok 27. d'uok 28. b'uok 29. k'i̯wok 30. g'i̯wok 31. ngi̯wok 32. tśi̯wok 33. źi̯wok 34. śi̯wok 35. ńźi̯wok 36. li̯wok 37. dz'i̯wok 38. zi̯wok 39. si̯wok 40. kåk 41. ngåk 42. ˙åk 43. t́åk 44. d́'åk [45. k'i̯u 46. k'i̯u 47. muɛk 48. tsi̯ək 49. tsək 50. kə̯u].

---

1. kok 2. ˙ok 3. lok 4. d'ok 5. dz'ok 6. sok 7. pok 8. mok 9. ˙ki̯ok 10. χi̯ok 11. ˙i̯ok 12. di̯ok 13. t'i̯ok 14. d'i̯ok 15. t́i̯ok 16. t́'i̯ok 17. śi̯ok 18. li̯ok 19. gli̯ok 20. si̯ok 21. pi̯ok 22. p'i̯ok 23. b'i̯ok 24. mi̯ok 25. kuok, kok̀ 26. tuok 27. d'uok 28. b'uok 29. k'i̯wok 30. g'i̯wok 31. ngi̯wok 32. t́i̯wok 33. d́i̯wok 34. śi̯wok 35. ńi̯wok 36. li̯wok 37. dz'i̯wok 38. dzi̯wok 39. si̯wok 40. kåk 41. ngåk 42. ˙åk 43. t́åk 44. d́'åk [45. k'i̯u 46. k'i̯u 47. mwɛk 48. tsi̯ək 49. tsək 50. ku].

第十表

11. 荒將 9. 筐行岡黃觥傷 17. 廣泳永方 21. 方將 30. 陽遑 46. 方良忘 50. 鏜兵行 53. 行臧 68. 涼雱行 72. 景養 79. 唐鄉姜 81. 彊良兄 83. 堂京桑藏 90. 蝱行狂 101. 湯裳爽行 128. 墻桑兄 131. 黃襄行揚 151. 明昌光 152. 昌陽狼臧 153. 堂黃英 166. 方桑英行 288. 鄉央衡瑲皇珩 302. 桑梁明兄 357. 襄章箱明庚行 374. 蹌羊嘗亨將祊明皇饗慶疆。

---

1. 岡 2. 狼 3. 鏜 4. 唐堂 5. 臧 6. 藏 7. 桑 8. 雱 9. 光廣 10. 荒 11. 黄遑皇 12. 姜彊 13. 彊 14. 鄉饗 15. 央 16. 陽揚 17. 羊養 18. 章 19. 昌 20. 裳嘗 21. 爽 22. 傷湯 23. 涼粱 24. 將 25. 瑲蹌 26. 墻 27. 襄箱 28. 筐 29. 狂 30. 方 31. 忘 32. 庚 33. 行衡珩 34. 祊 35. 亨 36. 蝱 37. 觥 38. 京景 39. 慶 40. 英 41. 兄 42. 泳 43. 兵 44. 明

---

1. kâng 2. lâng 3. t’âng 4. d’âng 5. tsâng 6. dz’âng 7. sâng 8. p’âng 9. kwâng 10. χwâng 11. ɣwâng 12. ki̯ang 13. g’i̯ang 14. χi̯ang 15. ˙i̯ang 16. i̯ang 17. i̯ang 18. tśi̯ang 19. tś’i̯ang 20. źi̯ang 21. ṣi̯ang 22. śi̯ang 23. li̯ang 24. tsi̯ang 25. ts’i̯ang 26. dz’i̯ang 27. si̯ang 28. k’i̯wang 29. g’i̯wang 30. pi̯wang 31. mi̯wang 32. kɒng 33. ɣɒng 34. pɒng 35. p’ɒng 36. mɒng 37. kwɒng 38. ki̯ɒng 39. k’i̯ɒng 40. ˙i̯ɒng 41. χi̯wɒng 42. ji̯wɒng 43. pi̯wɒng 44. mi̯wɒng.

---

1. kâng 2. lâng 3. t’âng 4. d’âng 5. tsâng 6. dz’âng 7. sâng 8. p’âng 9. kwâng 10. χwâng 11. g’wâng 12. ki̯ang 13. g’i̯ang 14. χi̯ang 15. ˙i̯ang 16. di̯ang 17. zi̯ang 18. ťi̯ang 19. ť’i̯ang 20. ďi̯ang 21. ṣi̯ang 22. śi̯ang 23. li̯ang 24. tsi̯ang 25. ts’i̯ang 26. dz’i̯ang 27. si̯ang 28. k’i̯wang 29. g’i̯wang 30. pi̯wang 31. mi̯wang 32. kɒng 33. g’ɒng 34. pɒng 35. p’ɒng 36. mɒng 37. kwɒng 38. ki̯ɒng 39. k’i̯ɒng 40. ˙i̯ɒng 41. χi̯wɒng 42. gi̯wɒng 43. pi̯ɒng 44. mi̯ɒng.

第十一表

1. 莫濩綌斁 40. 石席 101. 落若 126. 蓆作 139. 蘀伯 161. 薄鞹 192. 碩獲 202. 澤戟作 233. 穫蘀貉 251. 駱若度 262. 作莫 290. 奕舄繹 294. 澤作宅 297. 蘀石錯 300. 藿夕客 307. 閣橐 313. 惡懌 343. 作莫度獲 374. 踖碩炙莫客錯獲格酢 382. 碩若 385. 白駱若 392. 柏奕懌 421. 炙酢 458. 赫莫獲廓度宅 476. 席酢炙臄咢 504. 懌莫 518. 格度射 528. 作獲赫 540. 伯宅 541. 碩伯 552. 貊伯壑籍 586. 惡斁 603. 柞澤 614. 駱雒繹斁作 621. 博斁逆獲 630. 繹宅貊諾若 630. 柏度尺舄碩奕作若 633. 斁奕客懌昔作夕恪。

---

1. 閣 2. 恪 3. 咢 4. 壑 5. 貉 6. 惡 7. 諾 8. 落駱雒 9. 蘀橐 10. 度 11. 作 12. 錯 13. 酢 14. 博 15. 薄 16. 莫 17. 廓鞹 18. 藿 19. 濩穫 20. 斁奕繹懌射 21. 炙 22. 尺 23. 石碩 24. 澤 25. 若 26. 踖 27. 籍 28. 夕席蓆 29. 昔舄 30. 格 31. 客 32. 赫 33. 澤宅 34. 柞 35. 伯柏 36. 白 37. 莫貊 38. 獲 39. 戟 40. 綌 41. 逆 42. 莫 43. 惡 44. 臄

---

1. kâk 2. k'âk 3. ngâk 4. χâk 5. γâk 6. ˙âk 7. nâk 8. lâk 9. t'âk 10. d'âk 11. tsâk 12. ts'âk 13. dz'âk 14. pâk 15. p'âk 16. mâk 17. k'wâk 18. χwâk 19. γwâk 20. i̯äk 21. tśi̯äk 22. tś'i̯äk 23. źi̯äk 24. śi̯äk (in 603) 25. ńźi̯äk 26. ts'i̯äk 27. dz'i̯äk 28. zi̯äk 29. si̯äk 30. kɒk 31. k'ɒk 32. χɒk 33. d'ɒk 34. tṣɒk 35. pɒk 36. b'ɒk 37. a mɒk (in 374) 37. b mɒk 38. γwɒk 39. ki̯ɒk 40. k'i̯ɒk

41. ngi̯ɒk [42. muò (in 262) 43. ˙uò (in 313) 44. g'i̯ak].

---

1. klâk 2. k'lâk 3. ngâk 4. χâk 5. g'lâk 6. ˙âk 7. nâk 8. glâk 9. t'âk 10. d'âk 11. tsâk 12. ts'âk 13. dz'âk 14. pâk 15. p'âk 16. mâk 17. k'wâk 18. χwâk 19. g'wâk 20. di̯ak 21. t́i̯ak 22. t́'i̯ak 23. d́iak 24. śi̯ak (in 603) 25. ńi̯ak 26. ts'i̯ak 27. dz'i̯ak 28. dzi̯ak 29. si̯ak 30. klɒk 31. k'lɒk 32. χɒk 33. d'ɒk 34. tsɒk 35. pɒk 36. b'ɒk 37. a mɒk (in 374) 37. b mɒk 38. g'wɒk 39. ki̯ɒk 40. k'i̯ɒk 41. ngi̯ɒk [42. mo_k, dial. mâk̀ (in 262) 43. ˙o_k, dial. ˙âk̀ (in 313) 44. g'i̯åk].

第十二表

5. 芼(覒)樂 59. 慉讐售 62. 籥翟爵 93. 綽較謔虐 118. 修歒淑 132. 軸陶抽(搯)好 149. 樂謔藥 178. 皓繡(綃)鵠憂 178. 鑿襮沃樂 202. 櫟駁樂 271. 罩樂 320. 沼樂炤(昭)虐殽 366. 奥蹙菽戚宿覆 400. 的爵 407. 木附猷屬 415. 沃樂 458. 濯翯(皜確)沼躍 464. 欲孝 504. 虐謔蹻(蟜矯)耄熇藥 518. 昭樂懆藐教虐耄 528. 迪復毒 528. 削爵濯溺 541. 藐蹻濯 552. 到樂。

---

1. 樂 2. 鑿 3. 襮 4. 蹻 5. 虐 6. 謔 7. 藥 8. 躍籥 9. 綽炤 10. 爵 11. 削 12. 溺 13. 櫟 14. 的 15. 翟迪 16. 戚 17. 較 18. 翯 19. 濯 20. 駁 21. 藐 22. 熇 23. 鵠確 24. 沃 25. 毒 26. 欲 27. 屬 28. 木 29. 慉 30. 奥 31. 軸 32. 淑菽 33. 蹙 34. 宿 35. 覆 36. 復 37. 皓

38. 好 39. 皜 40. 到 41. 搯 42. 陶 43. 懆 44. 芼 45. 覒 46. 教 47. 孝 48. 殽 49. 罩 50. 蟜 51. 沼昭 52. 歗 53. 憂 54. 猷 55. 抽 56. 讎售 57. 修 58. 繡 59. 附

---

1. lâk 2. tsâk 3. pâk① 4. g’i̯ak 5. ngi̯ak 6. χi̯ak 7. i̯ak 8. i̯ak 9. tśi̯ak 10. tsi̯ak 11. si̯ak 12. niek 13. liek 14. tiek 15. d’iek 16. ts’iek 17. kåk 18. γåk 19. d́åk 20. påk 21. måk 22. χuok 23. γuok 24. ·uok 25. d’uok 26. i̯wok 27. źi̯wok 28. muk 29. χi̯uk 30. ·i̯uk 31. d́’i̯uk 32. źi̯uk 33. ts’i̯uk 34. si̯uk 35. p’i̯uk 36. b’i̯uk 37. kâu 38. χâu 39. γâu 40. tâu 41. t’âu 42. d’âu 43. ts’âu 44. mâu 45. mâu 46. kau 47. χau 48. ngau 49. t́au 50. ki̯äu 51. tśi̯äu 52. sieu 53. ·i̯ə̯u 54. i̯ə̯u 55. t́’i̯ə̯u 56. źi̯ə̯u 57. si̯ə̯u 58. si̯ə̯u [59. b’i̯u].

---

1. glåk 2. tsåk 3. påk 4. g’i̯åk 5. ngi̯åk 6. χi̯åk 7. gi̯åk 8. di̯åk 9. t́i̯åk 10. tsi̯åk 11. si̯åk 12. niåk 13. liåk 14. tiåk 15. d’iåk 16. ts’iåk 17. kåk 18. g’åk 19. d́åk 20. påk 21. måk 22. χuok 23. g’uok 24. ·uok 25. d’uok 26. gi̯wok 27. d́i̯wok 28. mok 29. χi̯ok 30. ·i̯ok 31. d’i̯ok 32. d́i̯ok 33. ts’i̯ok 34. si̯ok 35. p’i̯ok 36. b’i̯ok 37. kog 38. χog 39. g’og 40. to$_k$` 41. t’og 42. d’og 43. ts’og 44. mok` 45. mog 46. kåg 47. χåg 48. ngåg 49. t́åg 50. ki̯åg 51. t́i̯åg 52. siåk` 53. ·i̯og 54. zi̯og 55. t’i̯og 56. d́i̯og

---

① 对于 3 这个语词，我应该期望它象 20 语词一样，是《切韵》的 påk，不是 pâk。我现在还不能说出这种歧异的原因。

57. si̯og　58. si̯ok`　[59. b’i̯u].

第十三表

9. 砠瘏痡吁　14. 罝夫　17. 楚馬　21. 居御　26. 筥釜　26. 下女　30. 下處　36. 華車　37. 葭豝虞　44. 羽野雨　50. 處馬下　51. 下苦　53. 羽阻　59. 雨怒　62. 舞處　62. 俁(扈)舞處組　68. 邪且　85. 雨母　108. 瓜琚　116. 楚甫　120. 滸父顧　129. 野馬武　131. 馬組舞舉虎所女　137. 車華琚都　138. 蘇華都且　147. 闍荼且藘娛　153. 著素華　159. 鱮雨　168. 岵父　181. 楚户者　182. 杜湑踽父　184. 羽栩鹽黍怙所　187. 楚野處　189. 苦下與　206. 鼓下夏羽　207. 栩下　221. 羽楚處　233. 股羽野宇户下鼠户處　233. 瓜壺苴樗夫　233. 圃稼　235. 据荼租瘏家　238. 宇户　238. 羽馬　242. 胡膚瑕　249. 馬鹽處　249. 下栩鹽夫　251. 華夫　253. 家帑圖乎　256. 許藇羜父顧　256. 湑酤鼓舞暇　262. 家故居　262. 華車　265. 華塗居書　293. 午馬虞所　294. 羽野寡　297. 野渚　299. 牙居　302. 栩黍處父　302. 樗故居家　320. 雨輔予　325. 徒夫馬處　329. 都家　336. 扈寡　347. 舍車盱　349. 者虎　350. 雨女予　359. 夏暑予　362. 下土　366. 土野暑苦雨罟　376. 廬瓜菹　379. 鼓祖雨黍女　379. 稼庾　388. 扈羽胥祜　394. 女舞　400. 鼓奏祖　404. 筥予馬黼　404. 股下紓予　411. 餘旟盱　413. 鱮者　425. 虎野暇　432. 尋祖　436. 旅野女　442. 父馬滸下女宇　442. 徒家　456. 怒旅祜下　460. 許武祜　476. 御斝　481. 渚處湑脯下　489. 野處旅語　495. 車匡　528. 宇怒處圉　541. 馬土　542. 若賦　545. 下甫　545. 茹吐甫寡禦　552. 土訏甫噳虎　559. 祖父　559. 父旅浦土處緒　559. 武怒虎虜浦所　588. 賫虞羽鼓圉奏舉　592. 祜嘏

594. 馬旅　614. 騢魚祛邪徂　615. 下舞　620. 武祖祜　630. 武緒野虞女旅父魯宇辅　630. 嘏魯許宇　647. 武楚阻旅所緒[1]。

---

1. 家稼葭瑕嘏斝　2. 牙御　3. 下夏暇騢　4. 野　5. 邪　6. 豝　7. 馬　8. 者　9. 舍　10. 若　11. 罝　12. 邪　13. 瓜寡　14. 華　15. 顧盬鼓瞽股故罟　16. 苦　17. 午　18. 虎滸　19. 許　20. 户扈乎壺岵怙胡祜酤　21. 怒帑　22. 虜魯　23. 都闍　24. 土吐　25. 杜荼瘏圖塗徒　26. 組租祖　27. 且　28. 徂　29. 蘇素　30. 圃　31. 浦痡　32. 居琚据車舉　33. 筥　34. 虡　35. 魚語圉禦　36. 許　37. 予餘　38. 與旟　39. 樗　40. 著羜　41. 阻菹　42. 楚　43. 渚　44. 處　45. 所　46. 黍鼠書紓　47. 女茹　48. 女　49. 旅藘廬　50. 且　51. 苴砠　52. 藇鱮緒　53. 胥湑　54. 踽　55. 虞俁娛麌噳　56. 栩盱訏吁冔　57. 羽宇　58. 雨　59. 庾　60. 夫甫膚輔脯父賦　61. 父　62. 釜　63. 舞武　64. 母　65. 麦　66. 祛

---

1. ka　2. a nga 2 b nga (in 21), ngi̯wo　3. γa　4. i̯a　5. i̯a (in 68)　6. pa　7. ma　8. tśi̯a　9. śi̯a　10. ńźi̯a　11. tsi̯a　12. zi̯a (in 614)　13. kwa　14. γwa　15. kuo　16. k'uo　17. nguo　18. χuo　19. χuo (in 256)　20. γuo　21. nuo　22. luo　23. tuo　24. t'uo　25. d'uo　26. tsuo　27. dz'uo (in 147)　28. dz'uo　29. suo　30. puo　31. p'uo　32. ki̯wo　33. ki̯wo　34. g'i̯wo　35. ngi̯wo　36. χi̯wo　37. i̯wo　38. i̯wo　39. t'i̯wo　40. d'i̯wo　41. tṣi̯wo　42. tṣ'i̯wo　43. tśi̯wo　44. tśi̯wo　45. ṣi̯wo　46. śi̯wo　47. ńźi̯wo　48. ńi̯wo　49. li̯wo　50. tsi̯wo　51. ts'i̯wo　52. zi̯wo　53. si̯wo　54. ki̯u　55. ngi̯u　56. χi̯u　57. ji̯u　58. ji̯u　59. i̯u　60. pi̯u　61. b'i̯u (in 120,168,249,256,302,630)

62. b'i̯u 63. mi̯u [64. mə̯u 65. tsə̯u 66. k'i̯wo].

---

1. kå 2. a ngå 2. bngå (in 21) ngi̯o 3. g'å 4. di̯å 5. zi̯å 6. på 7. må 8. t́i̯å 9. śi̯å 10. ńi̯å 11. tsi̯å 12. dzi̯å (in 614) 13. kwå 14. g'wå 15. ko 16. k'o 17. ngo 18. χo 19. χo (in 256) 20. g'o 21. no 22. lo 23. to 24. t'o 25. d'o 26. tso 27. dz'o (in 147) 28. dz'o 29. so 30. po 31. p'o 32. ki̯o 33. kli̯o 34. g'i̯o 35. ngi̯o 36. χi̯o 37. di̯o 38. zi̯o 39. t'i̯o 40. d'i̯o 41. tṣi̯o 42. tṣ'i̯o 43. t́i̯o 44. t́'i̯o 45. ṣi̯o 46. śi̯o 47. ńi̯o 48. ni̯o 49. li̯o 50. tsi̯o 51. ts'i̯o 52. dzi̯o 53. si̯o 54. ki̯wo 55. ngi̯wo 56. χi̯wo 57. gi̯wo 58. zi̯wo 59. di̯wo 60. pi̯wo 61. b'i̯wo (in 120,168,249,256,302,630) 62. b'i̯wo 63. mi̯wo [64. mug 65. tsu 66. k'i̯wo$_{k}$].

第十四表

28. 露夜 40. 茹據愬怒 59. 故露 131. 射御 134. 路祛故 155. 圃瞿夜莫 166. 洳莫度路 175. 莫除居瞿 182. 祛居故 187. 夜居 258. 固除庶 275. 湑寫語處 284. 茹穫 307. 除去芋(幠) 326. 居夫夜夕惡 366. 除莫庶暇顧怒 374. 庶度 385. 湑寫處 394. 譽射 394. 湑寫 456. 椐柘路固 472. 去呱訏路 510. 呼夜 518. 度虞 535. 去故莫虞怒 586. 夜譽。

---

1. 故固呱顧 2. 幠 3. 呼 4. 怒 5. 圃 6. 居 7. 椐 8. 御語 9. 譽 10. 除 11. 處 12. 茹洳 13. 湑 14. 瞿 15. 虞 16. 芋訏 17. 夫 18. 穫 19. 惡 20. 路露 21. 庶 22. 度 23. 愬 24. 莫 25. 據 26. 去祛 27. 夜柘 28. 射

29. 寫 30. 夕 31. 暇

---

1. kuo 2. χuo[1)] 3. χuo 4. nuo 5. puo 6. ki̯wo 7. k'i̯wo 8. ngi̯wo 9. i̯wo 10. d'i̯wo 11. tś'i̯wo 12. ńźi̯wo 13. si̯wo 14. ki̯u 15. ngi̯u 16. χi̯u 17. pi̯u 18. γuo 19. ˙uo 20. luo 21. śi̯wo 22. d'uo 23. suo 24. muo 25. ki̯wo 26. k'i̯wo 27. i̯a 28. dź'i̯a 29. si̯a [30. zi̯äk 31. γa].

---

1. a，b，d ko 1 c kwo 2. χwo① 3. χo 4. no 5. po 6. ki̯o 7. k'i̯o 8. ngi̯o 9. zi̯o 10. d'i̯o 11. t́'i̯o 12. ńi̯o 13. si̯o 14. ki̯wo 15. ngi̯wo 16. χi̯wo 17. pi̯wo 18. g'wo$_k$` 19. ˙o$_k$` 20. lo$_k$` 21. śi̯wo$_k$` 22. d'o$_k$` 23. so$_k$` 24. mo$_k$` 25. ki̯o$_k$` 26. k'i̯o$_k$`(<k'i̯op) 27. a zio$_k$' 27. b di̯o$_k$` 28. ďi̯o$_k$` 29. si̯o$_k$`② [30. dzi̯ak 31. g'å].

第十五表

17. 蔞駒 59. 笱後 69. 姝隅蹰(踞) 90. 驅侯 106. 殳驅 134. 濡侯渝(偷) 177. 樞榆婁驅愉(偷) 181. 芻隅逅駒株 223. 咮媾 251. 駒濡諏 253. 豆飫(饇)具孺 273. 枸楰耇後 310. 餱具 320. 瘉後口愈侮 340. 笱後 343. 樹數口厚 374. 奏禄 407. 裕瘉 407. 駒後饇(餜)取 420. 隅趨 442. 附後奏侮 456. 禡附侮 476. 句鍭樹侮 476. 主醹斗耇 495. 厚主 504. 渝驅 518. 隅(偶)愚 518. 漏覯 590. 后後。

---

① 因为谐声上的理由，在2"幠"字里可以猜度具有一个上古的起首复辅音。

② 一种并时的方言具有这些音值：18. g'wâk` 19. `âk` 20. lâk` 21. śi̯wak` 22. d'âk` 23. sâk` 24. mâk` 25. ki̯ak` 27a. zi̯ak` 27b. di̯ak` 28. ďi̯ak` 29. si̯ak`。

---

1. 笱媾耇句覯 2. 口 3. 偶 4. 侯餱後厚逅 5. 樞 6. 漏 7. 斗咮 8. 偷 9. 豆 10. 奏 11. 駒枸 12. 驅 13. 具 14. 隅愚 15. 傴 16. 楰 17. 渝榆愉瘉愈 18. 株 19. 蹰 20. 芻 21. 主 22. 姝 23. 殳樹 24. 數 25. 濡孺醹 26. 蔞 婁 27. 諏 28. 取趨 29. 附 30. 侮 31. 躇 32. 飫 33. 飫 34. 禄 35. 裕 36. 禡

---

1. kə̯u 2. k’ə̯u 3. ngə̯u 4. γə̯u 5. ˙ə̯u 6. lə̯u 7. tə̯u 8. t’ə̯u 9. d’ə̯u 10. tsə̯u 11. ki̯u 12. k’i̯u 13. g’i̯u 14. ngi̯u 15. ˙i̯u 16. i̯u 17. i̯u 18. t́i̯u 19. d́’i̯u 20. tṣ’i̯u 21. tśi̯u 22. tś’i̯u 23. źi̯u 24. ṣi̯u 25. ńźi̯u 26. li̯u 27. tsi̯u 28. ts’i̯u 29. b’i̯u 30. mi̯u [31. d́’i̯wo 32,33. ˙i̯wo 34. luk 35. i̯u 36. ma].

---

1. ku 2. k’u 3. ngu 4. g’u 5. ˙u 6. lu 7. tu 8. t’u 9. d’u 10. tsu 11. ki̯u 12. k’i̯u 13. g’i̯u 14. ngi̯u 15. ˙i̯u 16,17. di̯u 18. ti̯u 19. d’i̯u 20.tṣ’i̯u 21. t́i̯u 22. t́’i̯u 23. đi̯u 24. ṣi̯u 25. ńi̯u 26. gli̯u 27. tsi̯u 28. ts’i̯u 29. b’i̯u 30. mi̯u [31. d́’i̯o 32,33. ˙i̯ok 34. lok 35. $gi̯u_{k}$` 36. må].

第十六表

31. 三今 42. 風心 44. 音南心 101. 甚耽 202. 風林欽 214. 林南 247. 芩琴湛心 253. 琴湛 342. 風南心 368. 欽琴音南僭 400. 林湛 436. 林興心 448. 音南 510. 諶終

518. 僭心 528. 林譖 621. 心南 195. 合軜邑 253. 合翕 436. 集合 504. 輯洽。

---

1. 南 2. 耽湛 3. 三 4. 今 5. 欽 6. 芩琴 7. 音 8. 譖 9. 僭 10. 葚諶 11. 林 12. 心 13. 風 14. 合 15. 軜 16. 洽 17. 翕 18. 邑 19. 集輯 20. 興 21. 終

---

1. nậm 2. tậm 3. sậm 4. ki̯əm 5. k’i̯əm 6. g’i̯əm 7. ˙i̯əm 8. tṣi̯əm 9. tṣ’iəm 10. źi̯əm 11. li̯əm 12. si̯əm 13. pi̯ung 14. γập 15. nập 16. γạp 17. χi̯əp 18. ˙i̯əp 19. dz’i̯əp [20. χi̯əng 21. tśi̯ung].

---

1. nəm 2. təm 3. səm 4. ki̯əm 5. k’i̯əm 6. g’i̯əm 7. ˙i̯əm 8. tṣi̯əm 9. tṣ́i̯əm 10. d́i̯əm 11. li̯əm 12. si̯əm 13. pi̯um 14. g’əp 15. nəp 16. g’ɒp 17. χi̯əp 18. ˙i̯əp 19. dz’i̯əp [20. χi̯əng 21. t́i̯ong].

依据我们的研究，我们在某些众多的重要的韵部：-âi(咍)、-i(之)、-ə̯u(部分的，只有“母”类)、-i̯ə̯u、-âu、-au、-ieu上，证实了西门氏那种上古舌根收尾音的学说。另一方面，我们在别一些同样众多的重要的字类——在这些字类中西门氏拟定了一个-γ——-a和-ia(“家、者”诸类)、-uo①、-i̯wo①、-i̯u①、-ə̯u(除了“母”类)、-â、-iẹ(<ia)中，则发现它们在上古是开音缀。

现在饶有趣味的是研究这些收尾舌根音在晚后时期，尤其

---

① 除了某些“下降的入声”：“恶”˙uo̖<˙o$_k$(<˙âk̖)、“裕”i̯u<gi̯uk̖等。

是汉代的变化。有一个困难是由于这种事实发生的，就是许多诗歌常在它们押韵的系统上具有保守的性质，受到了《诗经》押韵的影响，只是偶然地流露出它们当时的话语。但是就我所知，有一个长篇的诗歌是汉代最宏大的诗化的作品，它很奇妙地适合于我们的目的。因为它这部作品正是不以文学自命，而具有一种自由的通俗的诗体(谣)，所具有的一种押韵系统也完全脱离了各种《诗经》的影响。这正是一种很粗俗的不经意的押韵系统，而正由于这个理由它可以启发我们：这就是《易林》。

这个作品的时代和来源将在下文附录上讨论；这里我只指明，它大概是崔篆的作品，当王莽时(西元后初期)所写成的。

《易林》包含有四千零九十六节，每节大都是四句。不过，其中有些只是前一节的重复，所以实际的数目大约四千左右——是一种很丰富的押韵材料。在一个人所写的作品当中有这样丰富的材料是极其可贵的，因为事实上，许多韵字骤然看起来以为是不可能的，似乎是由于某种错误(或者实在所指不是押韵的错误)，但是因为它们常常重见足以证明它们是完全依据常规的，所以需要一种语音学的解释。《易林》最好的本子是黄丕烈的《士礼居丛书》本。书上依据《易经》的六十四卦分做六十四章，每章又再分为六十四节。我用这样的数目字来表明所引述的章节，例如 35：12＝第三十五章的第十二节。

我们为着语言学的目的来应用《易林》韵字的时候，必须要小心。例如一节各句的末字象“尤”：“覆”：“国”：“室”的情形，此时很容易使我们倾向于把这作为“尤”是从具有一个舌根收尾音的形式上变来的证据。但这是一种粗率的推论。《易林》的章节当中有各种不同的押韵格式，我们首先必须把主要的格式考察一下。这里我引进几个句末字的例子：

1. 山泉乾言	2. 裳兴生仁	3. 阪蹇聋通
4. 道垣安患	5. 生成惠宁	6. 夫关隅叹
7. 贼充常得	8. 年生乏灵	9. 鼎指阁坐售害。

这些例子的出处:1 在 1∶6;2 在 1∶27;3 在 1∶1;4 在 2∶54;5 在 1∶14;6 在 1∶37;7 在 3∶60;8 在 5∶1;9 在 9∶42。

起首的八节可作为下列各式的例子:

1 式,甲∶甲∶甲∶甲;

2 式,甲∶甲∶甲∶乙;

3 式,甲∶甲∶乙∶乙;

4 式,甲∶乙∶乙∶乙;

5 式,甲∶甲∶乙∶甲;

6 式,甲∶乙∶甲∶乙;

7 式,甲∶乙∶乙∶甲;

8 式,甲∶乙∶丙∶乙。

其中第五式:甲∶甲∶乙∶甲,尤为普遍,事实上四千零九十六节当中,至少有四分之三是这种格式;因此凡是不能确定属于哪一种格式的地方,便可推测属于这种格式。可是我们也不能忽视,有时却也有无韵的诗节,虽然是稀少的;表上第九个例子就是这样。

这是显然的,许多诗节毕竟不容许有什么语言上的推论。上面所举出的例子:“尤”∶“覆”∶“国”∶“室”似乎可以使我们倾向于“尤”字里有一个收尾舌根音的说法,但这里的格式可以是甲∶乙∶乙∶乙,所以引不出可靠的结论。但是在大多数的事例上,可以求得绝对可靠的结果,特别是在甲∶甲∶乙∶乙式的诗节上。象 4∶38:“跌”∶“祟”∶“明”∶“藏”的事例当中,起首两字必定相押,我们也必须断定第二个字有收尾辅音(-t)。不过,我要郑重指出，与其大胆，因而获得各种语言问题的解答或其他结果，我宁愿极端小心，只把那些在韵字上我认为毫无疑问的诗节来做根据。

如果你读了《易林》，你首先得到的印象便是以为押韵完全没有规则，不论什么字都互相押韵，那就远背于事实了：杂乱之中有规则可循。我这里要把对于我们现在的研究特别有关的某些韵部列出一个表来：

第一

1. 登公　2. 通傷　3. 棘足客毒　4. 德逆足　5. 亨明功　6. 鄉中　7. 昌隆　8. 驚功　9. 伏匿息　10. 集答國　11. 極飾鑰出　12. 玉得力疾　13. 厄合　14. 實賊室　15. 食入　16. 輯匿室　17. 實集福。

第二

1. 折罰斃　2. 跌祟　3. 穡食　4. 貸得　5. 達外　6. 至瑟　7. 悌樂　8. 敗實　9. 退吉　10. 實制　11. 絶敗　12. 殪訣　13. 月悴　14. 會外訣　15. 路得　16. 墜室　17. 會達　18. 列廢　19. 折至　20. 敝缺　21. 潰折快　22. 沸潰室　23. 敵到哭　24. 欲度　25. 類孽　26. 墓屋　27. 載得　28. 至恤　29. 出祟憒　30. 賴室　31. 貸得　32. 屈類　33. 獲路　34. 出位　35. 暮得　36. 決祟。

第三

1. 得子　2. 得喜　3. 已擊　4. 北思　5. 殖祉　6. 起息　7. 喜極　8. 止曲　9. 在福　10. 獲時　11. 起卓　12. 食帀　13. 軸期　14. 時力　15. 喜織　16. 殆得　17. 國子　18. 海得　19. 福思　20. 士喜國　21. 起理穀　22. 志得　23. 祉欲　24. 識

事 25. 得事 26. 喜職富 27. 木國子 28. 纪樂 29. 目耳 30. 史福 31. 子福 32. 目喜來得 33. 起國 34. 海得 35. 麓災 36. 治鑿 37. 國起 38. 稷祀 39. 耜易 40. 財食 41. 搏事。

第四

1. 寶得 2. 炙笑 3. 曲竇 4. 足飽 5. 表服 6. 道得 7. 草睦 8. 革竇 9. 極飽 10. 膘國 11. 福竇 12. 夭竇息。

第五

1. 國憂 2. 舅睦 3. 稷有 4. 謀識 5. 足咎 6. 厄瘦 7. 手毒 8. 就復 9. 牛蹴 10. 尤福 11. 麯憂 12. 薄咎。

第六

1. 道祀 2. 巢灰 3. 妖菑 4. 里道 5. 子道 6. 郊之 7. 朝思 8. 起草 9. 期笑 10. 潦海 11. 時調 12. 市竇 13. 殆保 14. 子飽 15. 勞來 16. 市竇倍 17. 袍財 18. 考起 19. 道市 20. 草殆。

第七

1. 市友 2. 婦海 3. 有喜 4. 鯉友 5. 子母 6. 海有 7. 嬉謀 8. 咎殆 9. 疑殆 10. 材時丘 11. 婦喜 12. 富喜 13. 憂喜 14. 時憂 15. 媒憂 16. 遊期 17. 鷚姬 18. 憂灾 19. 殆酒 20. 遊子 21. 時才休 22. 狩祉 23. 綬子 24. 獸事。

第八

1. 食舞福 2. 國主 3. 夫禄 4. 雛郭 5. 珠渥 6. 廓樹 7. 目敷 8. 酒舞福 9. 主足。

第九

1. 屋居　2. 兔路得　3. 叔盧　4. 户足　5. 居國　6. 女得　7. 侶屬　8. 覆固　9. 或所　10. 福杵　11. 捕得　12. 目怒　13. 塞伍　14. 國居　15. 苦戟　16. 福處　17. 盧腹　18. 怒域　19. 居得　20. 所國。

第十

1. 輔海　2. 宇止　3. 夫止　4. 舞喜　5. 軀治　6. 里海柱　7. 頤拘　8. 里聚　9. 斧祀　10. 驅趨　11. 市府　12. 拘災　13. 樹來　14. 起主　15. 駒時　16. 子主　17. 理至亥。

第十一

1. 來侯　2. 后海　3. 海後　4. 頭之　5. 侯時　6. 後祀　7. 走喜

第十二

1. 海處　2. 殆處　3. 災所　4. 喜許　5. 在苦　6. 事居　7. 忤吏　8. 女子　9. 在處　10. 趾居　11. 除來　12. 處子　13. 阻殆　14. 車時　15. 語喜　16. 辜詩　17. 里許　18. 時墟　19. 里處　20. 治蘆　21. 湖里　22. 魯　23. 配處　24. 虛災　25. 處齒　26. 處喜　27. 齒緒　28. 户理　29. 起苦　30. 與時　31. 子顧悔　32. 里苦　33. 佩汝　34. 土喜　35. 居時　36. 狐喜　37. 止女　38. 殆所　39. 苦止　40. 魚財　41. 忤吏　42. 忌步。

Ⅸ：1＝3：23，2＝4：25，3＝5：59，4＝10：11，5＝10：24，6＝16：42，7＝17：1，8＝33：27，9＝34：6，10＝30：60，11＝31：11，12＝37：48，13＝39：57，14＝40：39，15＝42：30，16＝45：28，17

=61：46,18=61：50,19=62：62,20=63：26。

Ⅹ：1=1：17,2=3：45,3=3：47,4=5：28,5=8：54,6=9：41,7=10：10,8=11：63,9=12：15,10=14：1,11=25：15,12=15：60,13=25：47,14=26：30,15=39：64,16=41：57,17=44：28。

Ⅺ：1=3：17,2=4：35,3=5：26,4=9：24,5=19：33,6=28：3,7=29：26。

Ⅻ：1=1：17,2=1：22,3=4：30,4=4：48,5=5：42,6=6：30,7=6：57,8=7：11,9=8：29,10=9：31,11=9：48,12=10：9,13=10：20,14=10：48,15=12：41,16=14：22,17=17：13,18=18：14,19=18：63,20=19：42,21=9：45,22=19：46,23=20：2,24=20：58,25=24：37,26=25：1,27=27：55,28=29：16,29=31：54,30=33：9,31=33：44,32=33：47,33=45：53,34=48：3,35=49：56,36=51：33,37=56：38,38=58：19,39=58：64,40=59：6,41=61：52,42=63：31。

XⅢ：1=3：13,2=17：22,3=17：44,4=19：49,5=21：47,6=23：24,7=31：31,8=38：36,9=43：7,10=45：38。

XⅣ：1=4：14,2=6：31,3=17：20,4=20：23,5=20：25,6=21：58,7=26：53,8=33：24,9=37：46,10=38：36,11=43：2。

XⅤ：1=1：19,2=1：39,3=3：11,4=3：12,5=3：50,6=5：12,7=6：10,8=6：60,9=7：7,10=7：14,11=7：43,12=7：52,13=8：43,14=9：35,15=10：22,16=11：17,17=11：35,18=11：64,19=12：45,20=13：23,21=13：48,22=13：61,23=13：62,24=14：27,25=14：31,26=23：60,27=30：57,28=2：10,29=3：50,30=6：16,31=9：7,32=15：15,33=16：53,34=19：77,35=34：37。

XⅥ：1=2：48，2=4：40，3=8：57，4=9：16，5=9：23，6=9：43，7=10：34，8=11：55，9=12：20，10=15：28，11=33：12，12=58：64，13=59：6。

XⅦ：1=4：58，2=7：38，3=10：50，4=12：40，5=14：35，6=17：18，7=18：40，8=19：51，9=23：28，10=23：31，11=28：15，12=29：64，13=37：46，14=44：36，15=44：58，16=47：50，17=47：54，18=48：53，19=50：17，20=51：59，21=53：51，22=53：58，23=55：64，24=58：50。

因限于篇幅，不能把这些韵字的例子统统依照它们的《切韵》音值写出来，挑选一些也必定够了：

第一：1. təng∶kung　2. t'ung∶śi̯ang　3. ki̯ək∶tsi̯wok∶k'ɒk∶d'uok　8. ki̯ɒng∶kung　10. dz'i̯əp∶tập∶kwək　12. ngi̯wok∶tək∶li̯ək∶dz'i̯ĕt　15. dź'i̯ək∶ńźi̯əp　16. dz'i̯əp∶ńi̯ək∶śi̯ĕt　17. dź'i̯ĕt∶dz'i̯əp∶pi̯uk。

第二：1. tśi̯ät∶b'i̯wɒt∶b'ieiˋ　2. d'iet∶swiˋ　3. ṣi̯ək∶ziˋ　4. t'ậiˋ∶tək　5. d'ât∶nguâiˋ　6. tśiˋ∶ṣi̯ĕt　7. d'ieiˋ∶lâk　8. b'waiˋ∶dź'i̯ĕt　9. t'uâiˋ∶ki̯ĕt　10. dź'i̯ĕt∶tśi̯äiˋ　11. dz'i̯wät∶b'waiˋ　12. ˙ieiˋ∶kiwet　13. ngi̯wɒt∶dz'wiˋ　14. ɣuâiˋ∶nguâiˋ∶kiwet　15. luoˋ∶tək　17. ɣuâiˋ∶d'ât　18. li̯ät∶pi̯wɒiˋ　19. tśi̯ät∶tśiˋ　20. b'ieiˋ∶k'iwet　23. d'iek∶tâuˋ∶k'uk　24. i̯wok∶d'uoˋ　25. ljwiˋ∶ngi̯ät　27. tsậiˋ∶tək　32. k'i̯uət∶ljwiˋ。

第三：1. tək∶tsi　2. tək∶χji　3. i∶kiek　4. pək∶si　6. k'ji∶si̯ək　7. χji∶g'i̯ək　8. tśi∶k'i̯wok　9. dz'ậi∶pi̯uk　10. ɣwɛk∶źi　11. k'ji∶t'åk　12. dź'i̯ək∶źi　17. kwək∶tsi　18. χậi∶tək　26. χji∶tśi̯ək∶pi̯ə̯u　29. mi̯uk∶ńźi　32. mi̯uk∶χji∶lậi∶tək。

第四： 1. pâu ∶ tək 3. k'i̯wok ∶ pâu 4. tsi̯wok ∶ pau 5. pi̯äu ∶ b'i̯uk 6. d'âu ∶ tək 7. ts'âu ∶ mi̯uk 8. kɛk ∶ pâu 9. g'i̯ək ∶ pau 12. ˙i̯äu ∶ pâu ∶ si̯ək。

第五： 1. kwək ∶ ˙i̯ə̯u 3. tsi̯ək ∶ ji̯ə̯u 4. mi̯ə̯u ∶ śi̯ək 5. tsi̯wok ∶ ki̯ə̯u 7. śi̯ə̯u ∶ d'uok 10. ji̯ə̯u ∶ pi̯uk。

第六： 1. d'âu ∶ zi 2. dẓ'i̯äu ∶ χuậi 3. ˙i̯äu ∶ tsậi 4. lji ∶ d'âu 5. tsi ∶ d'âu 6. kau ∶ tśi 7. d́'i̯äu ∶ si 8. k'ji ∶ ts'âu 9. g'ji ∶ si̯äu 10. lâu ∶ χậi 11. źi ∶ d'ieu 12. źi ∶ pâu 13. d'ậi ∶ pâu 14. tsi ∶ pau 15. lâu ∶ lậi 18. k'âu ∶ k'ji 19. d'âu ∶ źi 20. ts'âu ∶ d'ậi。

第七： 1. źi ∶ ji̯ə̯u 2. b'i̯ə̯u ∶ χậi 3. ji̯ə̯u ∶ χji 4. lji ∶ ji̯ə̯u 5. tsi ∶ mə̯u 6. χậi ∶ ji̯ə̯u 7. χji ∶ mi̯ə̯u 8. ki̯ə̯u ∶ d'ậi 9. ngji ∶ d'ậi 13. ˙i̯ə̯u ∶ χji 14. źi ∶ ˙i̯ə̯u 15. muậi ∶ ˙i̯ə̯u 19. d'ậi ∶ tsi̯ə̯u 21. źi ∶ dz'ậi ∶ χi̯ə̯u 23. źi̯ə̯u ∶ tsi。

第八： 1. dź'i̯ək ∶ mi̯u ∶ pi̯uk 2. kwək ∶ tśi̯u 3. pi̯u ∶ luk 5. tśi̯u ∶ ˙åk 9. tśi̯u ∶ tsi̯wok。

第九： 1. ˙uk ∶ ki̯wo 2. t'uo ∶ luo ∶ tək 3. śi̯uk ∶ luo 4. γuo ∶ tsi̯wok 5. ki̯wo ∶ kwək 6. ńi̯wo ∶ tək 8. p'i̯uk ∶ kuo 9. γwək ∶ ṣi̯wo 12. mi̯uk ∶ nuo 16. pi̯uk ∶ tś'i̯wo。

第十： 1. b'i̯u ∶ χậi̯ 2. ji̯u ∶ tśi 3. pi̯u ∶ tśi 4. mi̯u ∶ χji 5. k'i̯u ∶ d''i 6. lji ∶ χậi ∶ t'i̯u 7. i ∶ ki̯u 8. lji ∶ dz'i̯u 12. ki̯u ∶ tsậi 14. k'ji ∶ tśi̯u 17. lji ∶ tśi̯u ∶ γậi。

第十一： 1. lậi ∶ γə̯u 2. γə̯u ∶ χậi 4. d'əu ∶ tśi 5. γə̯u ∶ źi 6. γəu ∶ zi 7. tsə̯u ∶ χji。

第十二： 1. χậi ∶ tś'i̯wo 2. d'ậi ∶ tś'i̯wo 3. tsậi ∶ ṣi̯wo 4. χji ∶ χi̯wo 5. dz'ậi ∶ k'uo 6. dẓ'i ∶ ki̯wo 8. ńi̯wo ∶ tsi

11. ď’i̯wo：lậi　12. tś’i̯wo：tsi　14. ki̯wo：źi̯　15. ngi̯wo：χji　16. kuo：śi　17. lji：χi̯wo。

第十三：1. b’i̯u：t’âu　2. ngi̯u：d’âu　3. g’i̯u：ts’i̯u：d’âu　5. pi̯u：si̯äu　6. tsâu：dz’i̯u　7. tśi̯u：d’âu。

第十四：1. tsi̯ə̯u：ts’i̯u　2. ji̯ə̯u：dz’i̯u　3. ˙i̯ə̯u：ji̯u　4. ki̯u：˙i̯ə̯u　5. tś’i̯ə̯u：ts’i̯u　6. ťi̯u：ki̯ə̯u。

第十五：1. kuo：g’i̯ə̯u　2. luo：kâu　3. ki̯wo：tâu　5. ki̯wo：ď’i̯äu　7. dẓ’i̯wo：śi̯ə̯u　8. ji̯ə̯u：tś’i̯wo　9. ji̯ə̯u：ki̯wo　10. k’uo：˙i̯ə̯u　11. ts’âu：tś’i̯wo　12. kâu：ki̯wo　15. t’uo：li̯ə̯u　16. kau：zi̯wo　24. ngi̯ə̯u：ki̯wo　28. k’uo：k’ə̯u　29. luo：γə̯u　32. d’ə̯u：k’i̯wo　35. k’ə̯u：nuo。

第十六：1. ngi̯u：ńźi̯wo　2. ki̯u：ki̯wo　3. ńźi̯u：kuo　4. k’uo：tśi̯u　5. ki̯u：tuo　13. tśi̯u：ngi̯wo。

第十七：1. ka：ťi̯u　2. i̯a：mə̯u　3. pi̯ə̯u：ka　4. i̯a：ki̯ə̯u　5. k’ə̯u：γa　7. dẓ’i̯äu：ka　8. tieu：ka　9. χậi：tśi：tśi̯a　10. ka：ngi̯ə̯u　11. ka：tsə̯u　12. ˙i̯ə̯u：ka　17. ka：zi　18. i̯a：dz’ậi　19. ma：pâu　20. γa：dz’âi　21. ka：tśi。

第一表对于后面各类的研究是非常重要的。它指示我们，此书的作者对于押韵的语词间元音上的相同，并不是很苛求的。如果收尾辅音相同，那末什么字都可以相押：uong：âng：i̯äng。当我们要判定某些表上的韵字的时候，必须把这一点记在心上。反之，在另一方面，就从这个表上显示出来的看，也还有很大的自由：入声-k：-p：-t的语词彼此自由地相押，显然，作者认为凡是用短促的语词收尾的都足够使听感类似以组成一种韵字。这种韵字在《老子》和《庄子》当中已经可以察见。

从第二表上我们可以明确地推定“下降入声”的-k‘和-t‘在汉代中

叶还是存在着。如果我们设想凡是入声的-k、-t 在《易林》的语言里都是内发音(参照下文),诚然,我们的几个例子是不足以决定的;但是大多数的事例是很有约束力的。这些-k`、-t`的收尾音在汉代还是兴盛着,这是各种别的材料可以证实的:例如《汉书》里所录的典礼诗。

第三表显示着上文讨论很详尽的“来”* ləg 和“基”* ki̯əg 诸类里的收尾音-g,在西元后初期还是很强烈的——这是一个极重要的事实。

如果我们设想《切韵》-âu、-au、-i̯äu、-ieu、-i̯ə̯u 诸韵的收尾音-g,就象刚才说过的第三表的语词那样保存着,那末第四、第五、第六和第七诸表也极好地符合于我们讨论《诗经》的结果。

可是我们对于第八表以及所有往后的至于第十七表,便完全茫茫无所措置了。上面用了极大的力量以证明《切韵》-ə̯u(“後”类语词)、-i̯u(“取”类)、-uo(“故”类)、-i̯wo(“居”类)和-a(“家”类,上古音* -å)诸韵在上古中国语里没有收尾舌根音。这里我们却见到这些字类,除最后一类之外,都常常和入声的语词(至今日还保存着-k 的)以及和我们必须断定其上古音为-g 的字类相押:第八及第九表里和入声的-k 相押;第十、第十一及第十二表里和《切韵》的-ậi、-i 相押,它们是上古音的* -əg、* -i̯əg,它们(正如现在从第三表上断定的那样)的-g 也保存于《易林》的语言当中;第十三及第十四(译者按:应为十五)表里和-âu、-au、-i̯äu、-ieu 相押,它们的上古音是-og(k)、-åg(k)、-i̯åg(k)、-iåg(k);第十四表里和-i̯ə̯u 相押,它的上古音是-i̯ug 和-i̯og(k)。最后,“家”ka(上古音* kå)类固然和入声字不相押(第十七表),而却和我们断定其上古音为-g 的其他各韵相押:-ə̯u(“母”* mug)、-ậi(“来”* ləg)、-i̯ə̯u(“牛”* ngi̯ug、“忧”* ˙i̯og)、-âu(“保”* pog),等等。

实在,-ə̯u、-i̯u、-uo、-i̯wo、-a 诸韵(“後、取、故、居、家”诸类)在上古中国语里真的有个收尾舌根音,毕竟象西门氏所假定的那样,而这些舌根音在《易林》时代还是存在着,我们岂不势必要承认了吗?

既然在《易林》的韵字当中，我们已经知道（第一表）元音的差别并不重要，那末，凡是这些表里的韵字我们也都得承认了，以至于第三表至第十七表里的韵字因此也都应该是收尾于-k 或-g 了！

当我在这篇论文当中提出这些疑问的时候，我不是以《诗经》为出发点，而是以《易林》为出发点的，而我自也承认，在某些时候的确曾经强烈地倾向于断定我们的第八表至第十七表上《切韵》的-ə̯u、-i̯u、-uo、-i̯wo、-a 诸韵，象西门氏那样提议的也具有上古音的-g。

可是一经把我的研究从《易林》扩展到更古的时期，即周代的诗歌上，我就被迫肯定这是不可能的。从那个时代起，有一个广大范围的诗歌产品：最主要的有《诗经》，又有大的总集《楚辞》；在《易经》里有一篇长歌（就是《象传》，通常《易经》本子中被割裂分散了，而在《御纂周易折中》的精妙本子中又抽引重编为一篇相联的诗歌）；在《荀子》里有两篇长歌（《成相》篇和《赋》篇）；周代以来其他各种作品里也有不少较短的篇章，它们的韵字段玉裁已经录出来了（《六书音均表》）。凡是在这种很丰富的韵字材料当中，我们都经常认为这些字类没有收尾辅音。如果-ə̯u（“後”）曾经是-əg 或-ug 的音，又如果-i̯u（“取”）曾经是-i̯ug 的音，那末当时它们至少应该有些时候会和-i̯uk 相押，可是它们并不如此。如果-uo、-i̯wo（“故”“居”）曾经是 kuog、ki̯wog 的音，那末它们应该有时和-uok、-i̯wok 相押，可是我很难知道一个单独可靠的例子。如果“家”曾经是 kag 或 kåg 的音，它应该有时和-âk、-i̯ak 或-åk 相押，可是它绝不如此。又这些大类的普通字体“故、處、居、家”等至少应该有些时候偶然在入声语词的字体里作为音符，可是它们绝不如此。我们于是不能免除那种必要的结论：在周代这些字类里是没有-g 的，而在汉代如果它们和收尾于-k 及-g 的语词相押，这必定是由于一种后起的现象，是从周代到汉代的语言中所发生的某种语音演变。而这种现象是什么也并不难以设想。

必须记住，我们如果有理由相信在周代已经有多种方言，那末，从各种证据上可以毅然地确定，在汉代，当时中国的王土迅速扩展到极大的领域之上，也有很多方言的分歧。我们知道《切韵》的语言大体上是从《诗经》的上古中国语演变而来，是它的一个直系的子孙；只在重要的一点上，我们须要断定《诗经》语言有个特征是《切韵》语言的直接祖语当中所绝不存在的。当我们讲到富有各种方言的汉代的时候，我们毕竟不能确定，象《易林》这样一种文献是用处于《诗经》和《切韵》间的直线上的一种方言写成的，或者，假定我们可以这样说：《易林》语言是《诗经》语言的子语，而《切韵》语言又是《易林》语言的子语。相反，我们却能期望发现，《易林》方言里的特征是《切韵》方言里所没有反映出来的，因为后者并非前者直接的子语，而是前者在汉代的某种姊妹方言的直接子语。

一方面，我们如果记住，一种“诗歌的自由押韵”容许-o 和-u 的相押在某些周代的著作（例如《老子》和《庄子》）中已经存在；另一方面，我们如果又作出一种很可赞许的假定，即在汉代中叶某些方言里一切-k 及-g 的收尾音已经变成了内发音（“屋”· o_k 等），那末，我们只消致力于《易林》方言单独一种特殊的情形，用以了解上文一切奇异的韵字了。我提出的假定是 ə 变成了 o：

例字“得”“来”“基”：

上古中国语

tək，ləg，ki̯əg

↙ ↘

《切韵》的基础

tək，ləg（ləi），ki̯əg（ki̯əi）

↓

《切韵》

tək，lậi，kji

《易林》方言

to$_k$，lo$_g$，ki̯o$_g$

↓

消失了。

在 ə>o 的这种假定上并没有过于大胆的地方。相反，这是一种很小的自然的变迁。ə 和 o 在听感上觉得十分相似，这是日本译音上所明示的，它照例是用 o 来对译中国语的 ə："得"《切韵》tək＞日本译音 toku，"根"kən＞kon 等。ə＞o 这种演变也发生在较晚后的中国各种方言当中。《切韵》"北"pək＞北京话（上等官话的作风）po、"墨"mək＞mo。《切韵》"根"kən 和"登"təng 在山西的各种方言里变成了 kǫ、tǫ。《切韵》"根"kən＞福州话 koung 等。没有再比这种演变更为组织简单和自然了。

我们根据这种关于《易林》方言的假设，得到第三至第十七韵字表里如下的音值：

第三： 1. to$_k$ ∶ tsi̯o$_g$　2. to$_k$ ∶ xi̯o$_g$　3. zi̯o$_g$ ∶ kie$_k$　4. po$_k$ ∶ si̯o$_g$　6. kʻi̯o$_g$ ∶ si̯o$_k$　7. xi̯o$_g$ ∶ gʻi̯o$_k$　8. t́i̯o$_g$ ∶ kʻi̯wo$_k$　9. dzʻo$_g$ ∶ pi̯u$_k$　10. gʻwɛ$_k$ ∶ d́i̯o$_g$　11. kʻi̯o$_g$ ∶ t́å$_k$　12. d́ʻi̯o$_k$ ∶ d́i̯o$_g$　17. kwo$_k$ ∶ tsi̯o$_g$　18. xo$_g$ ∶ to$_k$　26. xi̯o$_g$ ∶ t́i̯o$_k$ ∶ pi̯u$_g$　29. mi̯o$_k$ ∶ ńi̯o$_g$　32. mi̯o$_k$ ∶ xi̯o$_g$ ∶ lo$_g$ ∶ to$_k$。

第四： 1. po$_g$ ∶ to$_k$　3. kʻi̯wo$_k$ ∶ po$_g$　4. tsi̯wo$_k$ ∶ på$_g$　5. pi̯å$_g$ ∶ bʻi̯u$_k$　6. dʻo$_g$ ∶ to$_k$　7. tsʻo$_g$ ∶ mi̯o$_k$　8. kɛ$_k$ ∶ po$_g$　9. gʻi̯o$_k$ ∶ på$_g$　12. ˙i̯å$_k$ ∶ po$_g$ ∶ si̯o$_k$。

第五： 1. kwo$_k$ ∶ ˙i̯o$_g$　3. tsi̯o$_k$ ∶ gi̯u$_g$　4. mi̯u$_g$ ∶ śi̯o$_k$　5. tsi̯wo$_k$ ∶ ki̯u$_g$　7. śi̯o$_g$ ∶ dʻuo$_k$　10. gi̯u$_g$ ∶ pi̯u$_k$。

第六： 1. dʻo$_g$ ∶ dzi̯o$_g$　2. dẓʻi̯å$_g$ ∶ xuo$_g$　3. ˙i̯å$_k$ ∶ tso$_g$　4. li̯o$_g$ ∶ dʻo$_g$　5. tsi̯o$_g$ ∶ dʻo$_g$　6. kå$_g$ ∶ t́i̯o$_g$　7. dʻi̯å$_g$ ∶ si̯o$_g$　8. kʻi̯o$_g$ ∶ tsʻo$_g$　9. gʻi̯o$_g$ ∶ si̯å$_k$　10. lo$_g$ ∶ xo$_g$　11. d́i̯o$_g$ ∶ d́ʻiå$_g$　12. d́i̯o$_g$ ∶ po$_g$　13. dʻo$_g$ ∶ po$_g$　14. tsi̯o$_g$ ∶ på$_g$　15. lo$_g$ ∶ lo$_g$　18. kʻo$_g$ ∶ kʻi̯o$_g$　19. dʻo$_g$ ∶ d́i̯o$_g$　20. tsʻo$_g$ ∶ dʻo$_g$。

第七： 1. d́i̯o$_g$ ∶ gi̯o$_g$　2. bʻi̯u$_g$ ∶ xo$_g$　3. gi̯u$_g$ ∶ xi̯o$_g$　4. li̯o$_g$ ∶

gi̯u$_g$ 5. tsi̯o$_g$ ∶ mu$_g$ 6. xo$_g$ ∶ gi̯u$_g$ 7. xi̯o$_g$ ∶ mi̯u$_g$ 8. ki̯u$_g$ ∶ dʻo$_g$ 9. ngi̯o$_g$ ∶ dʻo$_g$ 13. ·i̯o$_g$ ∶ xi̯o$_g$ 14. d́i̯o$_g$ ∶ ·i̯o$_g$ 15. muo$_g$ ∶ ·i̯o$_g$ 19. dʻo$_g$ ∶ tsi̯o$_g$ 21. d́i̯o$_g$ ∶ dzʻo$_g$ ∶ xi̯o$_g$ 23. d́i̯o$_g$ ∶ tsi̯o$_g$。

第八：1. d́ʻi̯o$_k$ ∶ mi̯wo ∶ pi̯u$_k$ 2. kwo$_k$ ∶ t́i̯u 3. pi̯wo ∶ lo$_k$ 5. t́i̯u ∶ ˋå$_k$ 9. t́i̯u ∶ tsi̯wo$_k$。

第九：1. ·o$_k$ ∶ ki̯o 2. t́o ∶ lo$_k$ ∶ to$_k$ 3. śi̯o$_k$ ∶ lo 4. gʻo ∶ tsi̯wo$_k$ 5. ki̯o ∶ kwo$_k$ 6. ni̯o ∶ to$_k$ 8. pʻi̯u$_k$ ∶ ko 9. gʻwo$_k$ ∶ ṣi̯o 12. mi̯o$_k$ ∶ no 16. pi̯u$_k$ ∶ tśʻi̯o。

第十：1. bʻi̯wo ∶ xo$_g$ 2. gi̯wo ∶ t́i̯o$_g$ 3. pi̯wo ∶ t́i̯o$_g$ 4. mi̯wo ∶ xi̯o$_g$ 5. kʻi̯u ∶ di̯o$_g$ 6. li̯o$_g$ ∶ xo$_g$ ∶ ti̯u 7. gi̯o$_g$ ∶ ki̯u 8. li̯o$_g$ ∶ dzʻi̯u 12. ki̯u ∶ tso$_g$ 14. kʻi̯o$_g$ ∶ t́i̯u 17. li̯o$_g$ ∶ t́i̯u ∶ gʻog。

第十一：1. lo$_g$ ∶ gʻu 2. gʻu ∶ xo$_g$ 4. dʻu ∶ t́i̯o$_g$ 5. gʻu ∶ d́i̯o$_g$ 6. gʻu ∶ dzi̯o$_g$ 7. tsu ∶ xi̯o$_g$。

第十二：1. xo$_g$ ∶ t́ʻi̯o 2. dʻo$_g$ ∶ t́ʻi̯o 3. tso$_g$ ∶ ṣi̯o 4. xi̯o$_g$ ∶ xi̯o 5. dzʻog ∶ kʻo 6. dẓʻi̯o$_g$ ∶ ki̯o 8. ńi̯o ∶ tsi̯o$_g$ 11. dʻi̯o ∶ lo$_g$ 12. t́ʻi̯o ∶ tsi̯o$_g$ 14. ki̯o ∶ d́i̯o$_g$ 15. ngi̯o ∶ xi̯o$_g$ 16. ko ∶ śi̯o$_g$ 17. li̯o$_g$ ∶ xi̯o。

第十三：1. bʻi̯wo ∶ tʻog 2. ngi̯wo ∶ dʻo$_g$ 3. gʻi̯u ∶ tsʻi̯u ∶ dʻo$_g$ 5. pi̯wo ∶ si̯å$_k$ 6. tso$_g$ ∶ dzʻi̯u 7. t́i̯u ∶ dʻo$_g$。

第十四：1. tsi̯o$_g$ ∶ tsʻi̯u 2. gi̯u$_g$ ∶ dzʻi̯u 3. ·i̯o$_g$ ∶ gi̯wo 4. ki̯u ∶ ·i̯o$_g$ 5. t́ʻi̯o$_g$ ∶ tsʻi̯u 6. t́i̯u ∶ ki̯u$_g$。

第十五：1. ko ∶ gʻi̯u$_g$ 2. lo ∶ ko$_g$ 3. ki̯o ∶ to$_g$ 5. ki̯o ∶ d́ʻi̯å$_g$ 7. dẓʻi̯o ∶ śi̯o$_g$ 8. gi̯u$_g$ ∶ t́ʻi̯o 9. gi̯u$_g$ ∶ ki̯o 10. kʻo ∶ ·i̯o$_g$ 11. tsʻo$_g$ ∶ t́ʻi̯o 12. ko$_g$ ∶ ki̯o 15. tʻo ∶ li̯o$_g$ 16. kå$_g$ ∶ dzi̯o 24. ngi̯u$_g$ ∶ ki̯o 28. kʻo ∶ kʻu 29. lo ∶ gʻu 32. dʻu ∶ kʻi̯o 35. kʻu ∶ no。

第十六： 1. ngi̯u∶ńi̯o　2. ki̯u∶ki̯o　3. ńi̯u∶ko　4. k‘o∶t́i̯u　5. ki̯u∶to　13. t́i̯u∶ngi̯u。

第十七： 1. kå∶ti̯u　2. di̯å∶mu$_g$　3. pi̯u$_g$∶kå　4. di̯å∶ki̯u$_g$　5. k‘u∶g‘å　7. dẓ‘i̯å$_g$∶kå　8. tiåg∶kå　9. xo$_g$∶t́i̯o$_g$∶t́i̯å　10. kå∶ngi̯u$_g$　11. kå∶tsu　12. ˙i̯o$_g$＝kå　17. kå∶dzi̯o$_g$　18. di̯å∶dz‘o$_g$　19. må∶po$_g$　20. g‘å∶dz‘o$_g$　21. kå∶t́i̯o$_g$。

从这些表上很容易看出《易林》的押韵系统虽然远非理想，但对于这种带着几分通俗性的简单的诗歌，总也是很可满意的。它和严格的《诗经》系统比较起来，或者依据晚后约五世纪的《切韵》来研究，决不象初次看起来那样显得奇异和不可能。有一点要着重说明的：《易林》的韵字决不使我们一定要在-ə̯u（“後”）、-i̯u（“取”）、-uo（“故”）、-i̯wo（“居”）、-a（“家”）诸类里承认上古中国语的什么-g。

附录：关于《易林》本文的几种史实

向来的传说把生于汉宣帝时（西历纪元前73—前49年）的焦延寿认为是《易林》的著者。可是，最先直接载明这种说法的材料却是很晚后的：《隋书·经籍志》。[①] 一个明朝的学者郑晓，又特别是清初的学者顾炎武（《日知录》卷十八），并不赞同这种说法。后者的几种论证是无甚价值的，《四库全书总目》的编纂者已经指出：当时顾氏主张，有几节涉及班固《汉书》所记载的事情，所以似乎是根据于《汉书》（西元后一世纪时）的，而《四库》编纂者正确地评论说，那些事情是真实的历史事件，是班固以前所熟知的。顾氏以其引据《左传》而认为可疑，谓《左传》之书直至西元后初年才被立于学官，这又被指出，《左传》这本书在西汉时为张苍一派所教授和讲论。[②] 可是尽管如此，郑、顾二氏所引证的总有几节似乎是提示着宣帝以后的事情。《四库》的编纂者也承认，这些之中有一条是很明白的：45∶43那一节提及纪元前33年所发生的事实。但是他们又声明这一条或许是由于某种窜改，大体上也不足以为此书之害。顾氏判定《易林》为东汉以后之人所作，出于六朝之时，他们是不承认的。

---

① 《易林》的旧本里有费直序，说："王莽时焦延寿之撰。"既然费直早于王莽几百年，焦延寿亦早了半个世纪，这显然是伪序，可以完全置之不论。

② 参照我的论文《周礼与左传本文早先之历史》，《远东古物陈列馆丛刊》第三期。

《四库》编纂者的论据是很坚强的。有些事实似乎指示我们，此书并非完全是它原来的形式。在各处往往有把一节复述的(4∶49是1∶19的复述，6∶32是3∶50的复述等)、足以表示因原节遗失便以这种笨拙的方法填补空缺。有时一节是残缺的：四句里只留存三句或二句。窜加的字句这样也许很容易发生。可是郑氏和顾氏关于宣帝和成帝时历史事实的提示，大约是可靠的，至少也是可能的，对此加以反驳也不应当过于轻率。因之让我们再来细察一下，焦延寿著述是书的证据。

实在，这证据是薄弱的。上文说过，唐朝以前(《隋书》当中)并没有直接指明焦氏是《易林》的作者。刘歆所写的书目(《七略》，即《汉书·艺文志》)并没有这种书名的著作，也不见焦延寿有别的书。焦氏事迹始载于班固的《汉书》卷七十五《京房传》及卷八十八《儒林传》。其中说，京房在西元前45年为“郎”，嗣后成为《易》学一派著名的首领，曾学《易》于梁人焦延寿；又说，他所学特别是关于借《易》以为灾旱风雨等的占候。班固并且给这样的疑问提供了线索，为何刘歆没有说明焦氏是一个《易》学派的创始者(卷八十八)：焦氏常对京房说，他从孟喜受《易》学，因之京房也称其学为“孟氏《易》”。在刘歆书目里恰好载明为“孟氏与京氏《易》”。所以，一个焦延寿生存于西元前第一世纪的中叶，而为《易》学上占候一派的专家，这是无可置疑的。可是问题在于：为何这个焦氏被牵联到《易林》而说是此书的著者呢？班固对此一点也没有说到。

《易林》的书名在东汉与六朝时是很流行的。明白述及一种《易林》的最早文献是《东观汉记》，《东观》之书始纂于明帝而直至灵帝熹平年间才告完成。留存于今者仅其残页而已。在武英殿聚珍版的本子卷七第五页里，我们见到一段关于沛献王的叙述，王名辅，“喜京氏(即京房)《易》”，在西元后62年有大旱，帝往云台，亲以《周易卦林》占雨。所获《蹇》辞“蚁封户穴，大雨将集”，次日，果得大雨。帝以此询诸王辅，王因上书，内中说：在《易卦·震》之《蹇》里正载有："蚁封户穴，大雨将集。"他又依此解说下去。现在，我们在今本《易林·震林·蹇繇》里恰好见到这个句子："蚁封户穴，大雨将集。"因之，正如《四库》的编纂者所指出的，现今编制的《易林》实存于西元前62年，而用以占候的。可是《东观汉记》里也没有说及它的著者。

记载《易林》的第二种文献是《后汉书》卷八十二《崔骃传》。其中明确叙说：崔骃祖父崔篆，活跃于王莽时，作《周易林》六十四篇。今本《易林》亦为六十四篇。《后汉书》是比较晚后的（第五世纪），但众所周知，它是大部根据于早先的书文，其中之一就是刚才说到的《东观汉记》。实在，在今存《东观汉记》中，我们见到一段关于崔骃和崔篆的文章（卷十六，第十六页），尽其所载（此书仅遗存残帙）语语合于《后汉书》中所云。因之，可以合理地断定，这一段只是《东观汉记》原文（完整的）传记的剿袭罢了，这样也就把关于崔篆的《易林》的记录回溯到了汉时。

《后汉书》卷一百十二下第二页上面告诉我们另外一种汉以来的《易林》，其著者为许峻，是一个善卜者，"所著《易林》至今行于世"。许峻为许曼的祖父，曼活跃于桓帝时（147—167年）。

如果我们由此下考《隋书·经籍志》，那里就提到各种《易林》。第一种即我们今天的归于焦延寿（焦公）的《易林》[①]。随后载有一种《周易守林》、一种《周易集林》，都是京房所作的。进而提到费直作的一种《易林》，和许峻作的《易新林》（上文所述的那种）。于是还有各种晚出的《易林》，为郭璞及他人所作。

京房（西元前一世纪中叶）和费直（西元前最后的数十年）是否真的写过什么《易林》，似乎是很可怀疑的。在刘歆书目（《汉书·

---

① 今存《易林》实为《隋书》著者所曾见及而被其归于焦延寿的，这是没有疑问的；它的存在可以从那时起一直延续到我们今天。

艺文志》)当中,对于他们关于此书的著作一无述及。《汉书》里京房有一长传,费直也有一短传,但并没有说到什么《易林》。大概《隋书》的作者看到的这些书,是属于晚后的时期而伪托于京房及费直的。虽然如此,《隋书》里《易林》著作的目录对于我们是很有价值的;因为它指示我们,凡是流行于隋唐时候以《易林》为名的作品,那些归于京房、费直、许峻、郭璞等人的书,其中没有和我们今存的《易林》相同的,因为这一种是和它们同时并存,而称为焦延寿的《易林》。

于是我们得到一种极端显著的事实:有一种《易林》,靠了一种早先的材料(《东观汉记》,亦即《后汉书》)知道是王莽时的崔篆的《易林》,它并不录载于《隋书·经籍志》。这或许因为它已经亡失了;但也同样可以说,它并没有分别录载出来,因为它和那种随便地归属于焦延寿的《易林》正是相同的呵!

让我们来察看后面的这种假定怎样符合于我们所知道的事实。今存的《易林》是一种汉时的书(不管顾炎武的猜疑,以为它是东汉以后的某人所作),从上文所研究的它的押韵系统上可以看得明白,那种系统肯定是属于上古的,不可能是六朝时候的。而且,这也为上文引到的《东观汉记》的叙述所幸运地证实了,内中表明它存在于西元后 62 年,并符合于今本的编制。另一方面,它包含的诗节可能提及元帝(西元前 48—前 33 年)和成帝(西元前 32—前 7 年)时候的事情。严格说来,这又把它的制作的可能时期缩小于到后来的几十年了;而崔篆作他的《易林》(分六十四篇,合于我们今本)恰恰在那个时候,即在王莽当年(西元后 9—23 年)。

总而言之,假使我们要接受《隋书》所记向来的传说,即今传《易林》为宣帝时焦延寿所作,我们便必须闭眼不顾这种事实,即刘歆和班固都不知道他作过这样一种书,而刘氏收录西元前一世纪时的《易》学文书至为广博,班固关于焦延寿为京房师之事也陈述甚详。又我们便必须推断焦延寿以后的几度或至少一度的窜乱。反之，如果我们承认现今的书，符合于无疑由王莽时崔篆所作而以《易林》为名的一种书，那末各种困难便都消灭了，只有一个：寻究把此书跟焦延寿联系起来的那种传说的起因。对此，我认为，在上文所引《东观汉记》的记叙上也已得到启示。因为其中述及献王喜京氏（京房）《易》，被延请来作今传《易林》里一段文字的解说。上文说过，京房为焦延寿的门徒。因之，焦氏实为京《易》一派的创始者，这自然不免要猜想献王是此派的信徒，所以被延请来的原因，正因为所引据的《易林》是得之于焦延寿的。

无论如何，焦氏和今本《易林》这种很间接的关系应当不再使我们迷惑了。在焦氏和崔氏两者间的择定便不难了：我们今日的《易林》是王莽时的书，为崔篆所作。

另一方面，在焦氏和崔氏之间也无须加以一种绝对的分隔。依据《汉书》（卷八十八，第五页），焦延寿“独得隐士之书”，在东汉时代，凡属占候致用及文书作述而有关于《易》的，大都是根据焦延寿所创立的理论。因此，崔篆正和京房一样，也是焦延寿的后继者。自然，在这一点上要知道什么确定的事实，那是不可能的。

中文解析字典序

高本汉（B. Karlgren） 著

本字典之目的，在使于中国文字系统之研究——科学或实用之研究——得以省力不少。

中国书面之字体，其历史上可分两大时期：

其一，自邃古以迄于秦朝；

其二，自西元前二百年顷李斯定“小篆”字以迄于今日。

欲于现代文字上有一合理之研究，其要，必须记取彼乃直接根据于小篆者——因应用之演变，成为小篆之一变体——而仅间接与文字之较古时期有若干关系而已。盖小篆者，并非如通常所谓，仅属于较古文字之省略与改简：实则其大部为一种文字之新系统也。

苟吾人将商周时代以来古刻文（大都在铜器上）中所保存之字体，与小篆中之同字一一比较，即可知其构造上之相异者，极所常见。试举数例：

天干之名，其第九字，在商代以来之铜器上，写作[1]。此文为后代人所不通了者，吾人在小篆中见其字全改作（今“申”字），“申出”也（引伸之意为“申示”“申说”等）：两手申出某物之状。

商周铜器上，其音 dz ai，其义“存在，在中，在于，在上”之字，作此：在小篆上无此难了之文，而见有杜字（今“在”字），以“土”为其“意符”[2]，与左旁之“才”dz ai（“才能”之意）为其音符组成之；此则与往古之体绝异之一字也。

其音 Pwai，其义“礼拜”之字，原写作拜，威奇尔氏（Wiegen）谓

---

① 威奇尔氏《中国字体》（*Coracteras chinoise*），第 461 页。

② 余决不用“字根”之名辞，因其足使误会为“语根”之间，而在普通语文学上与意符：中国文字之表意部分者，所指绝不同也。

为献赠所用之两串贝壳（钱币）也。小篆中此字变为，从两手从“下”（“向下”之意），两手向下——迄今犹为中国通常致敬之礼式。

此种系统上急剧之演变，固非李斯独自顷刻一举所能致此者。其显然渐进之趋向，在周代之末期已可见之。惟所谓李斯小篆之改造，盖指其以一有系统之方式完成之也。彼实创制一种新异，而较为简省实用之文字系统：

其一，彼于古代之文字，仍遵用大多数之“初文”（单体之图象，具体者如“门”字，抽象者如“三”字）。

其二，彼常遵用古代之初文而极省改其笔画，以致晦失造字之原意。如正所举之金文中，“虎”字写作。此与小篆之形，其间彼此之关联，并不如何难见。然独举小篆此文，即与虎之图形极不相似，因之自汉以来旧时注释文字者，竟谓此乃象虎皮上条文之形矣！

其三，彼自古代袭取许多由数意符所组成之字体（“会意”），例如“初”，“起初”之意，由“刀”与“衣”所组成者。

其四，彼自周代又袭取若干字体之由一意符与一音符所组成者，例如“清”“神”（试与威奇尔氏书第五〇九页所录周代之金文对勘之）。

其五，古代字体之大多数，有初文亦有合体字，彼在当时已不能加以释明者，乃以新字体替代之。此等字形或与古绝异——如“在”字之例；或竟为一种鄙俗之字源学（Folk etymology），其字形仍有几许近似于原字之形者——如“申”字之例是也。盖当时或竭力欲与古式字体保存几许之符合，致常引入极牵强之附会。如周文中之（见威奇尔氏书五〇九页），而代以“青”：谓为“生”物之“丹”色：即青色也。

其六，彼曾创作多数新字体，或依“会意”一原则所成论理之合体字，或依“形声”一原则所成表音之合体字，而此尤其众多者。属于此等类例之字，或有新近为他人所创作者，由彼定为合法之正体耳。

其七，不幸彼所不能了解之文字，未尽行废弃而加以替代，乃袭取——且省改——多数古时字体之久已遗忘其训释者，例如㞢（“之”），㐅（“五”），王。因之，自许慎（西元后一百年时，《说文》名著之作者）以迄今日之注释文字者，于释明此等字体时大受迷困，而予吾人以牵强，迂曲，常或极可玩味之解说。此古远之“王”字（“君王”之意，已在商时铜器中见之），谓为（一）以贯“三”，三者：天，地，人也。谓为“二”，天地“阴”Jin（阳）Iang 两间之“㐅”，五方也（东南西北与中央）。■字，谓为草木生出之图象。

从上以言，可推知小篆中之极大部分，即第五项第六项下所述者，其多数全为一种新字体，是以现代文字之研究，凡属于此等字体者，自不必亦不应追溯于小篆之前也。“申”字之解释，正为：两手申出某物之状，而欲知此文以前同字异体之⺄者，固亦仅为间接之关系而已。又如“在”字，实为“土”与“才”所构成，并不因商代 dzai 之一字写作十之事实，遂使此种解说归于失效。即属第一、第三与第四各项下所述者，吾人之研究，亦无需远溯于小篆以前之字体，因小篆对于此等文字，已忠实保持其沿习者也。

恰与此相反者，则必举及第二项下（如“虍”等，形象之过于毁失者）第七项下（如“王”等，古代字体之不易了解者）所论之字。于此等处小篆至感不足，吾人而欲得一较往时迂曲之解说为妥善者，则必向商周之遗文中求之。

余在此字典中，凡属初文之字，一律列入小篆之形，而有时合体字中，必需为明显计，亦列入之。

上述第一、第三、第四、第五及第六各项，凡余所认为属于此诸类之字体——或单体或合体——其相沿之解说，如许慎说文中[①]及许氏之后继所释者，仍引用之。即余所认为第二与第七两类者，关于此等字体，几种迂曲之解说，有时因彼等可玩味，有异想足以辅助记忆者，亦引用之——凡此等处，余自注明为迂曲之解说，盖依余所见，将来必有忠实上较为正确之解说以替代之，故即此识之也。有大部分之字体中，余不予以解释：彼等属于第二与第七两类文字之大半，因彼等之解说，似未臻于成熟，不便贸然加之也。盖在中国地土上考古学之发掘，尚未从商周时代中发现一完足之材料以供极古文字一种系统之探讨，则此时以前，此等多数字体当不能得其正确之解说。

其进入于怀疑之程度如何，显然为个人癖性之事。或者余有时将应行列入之一种解说，加以废弃，及无形间忽略之。在他处，或又过于轻信，竟列入不足依据之解说，其似非迂曲而为妥善者。于相沿之解说外，余所贸然提出其表意部分之别种解说者，仅在几许字体而已。

盖余此字典中所贡献者，乃别为一种新奇之事。

中国语文学家以及西方之继起其后者，彼等所完全欠缺之处，实为“音韵”方面中国文字之研究；而此方面之研究占有一绝端重要之地位者，固显然易见；因全部中国文字中，什九为一“意符”与一“音符”所组成者也。乃中国学者曾未有以一严正之方法，处理此种问题，西方之继起者，遂不得不以远去上古中国语（晚周、秦及汉初）约有二千年之现代方言为其研究之根据，故彼等亦处于困难

---

① 空前之作品。说文一书，价值尤为重大，因其出世仅后于李斯三百年，而关于大多数字体之解说，自彼时必已不绝相传以迄于许氏。欧洲曾有数人研究及引证中国语文学家之著作，加默尔氏（John Chalmers）《中国文字之构造》（*The structure of the chinese characters*），出版于一九一一年，遵守许书，极为忠实。威奇尔氏，在上所举彼书中，虽多违异许慎而依据于后来中国之语文学家，然以相同之材料，编成更为明白易续之作品。欧人关于此科之著作，迄今尚以威奇尔氏书为最佳。

之境而费其心力。对于中国文字上音韵系统之研究，西方最初严正之著作，为卡拉列氏(Callery)《中国文字之音韵系统》(*Sgstema phone ticumscripturas sinicae*)，出版于一八四一年，当时一种精美之作品也。关于文字之音韵研究往后试行探讨者，终未曾超出卡拉列氏之范围，例如威奇尔氏之《三语辞典》(*Triple Lexique*)(有数种版本)①。两书皆根据于现代国音，故于合体字中"音符"应用所统属之原则，并无予以启示也。

苟吾人已知上古中国语之音读，则于意符加音符组成之合体字中，考核彼等所依据之原则，当一易事，此固显然者也。不幸，上古之音韵系统，其远出于吾人探讨能力之范围者，乃至如此②。惟因古代中国语(余此所谓力指西元后六世纪时之语言)之音韵系统已有澈底之研究，即于上古音韵上已得一极大步骤矣。经古代依韵部排列之字典上，反切拼音上，古代等韵表上，古代外国名辞之译文上种种研究，而尤其方音之一种比较研究，遂于陆法言所作，西元后六〇一年出版，切韵一书中之音读，已可决定其主要之情形，盖是书所包含之语言，为隋及唐初长安地方所用之音也③。

---

① 苏梯尔氏(Soothill)之《袖珍字典》(*pocket Dictionary*)(有多种版本)，乃至辞句用法亦有论及，虽为从奇尔兹氏(Giles)书一种精美细小之撮要，然自科学之观点上立论，及为文字之系统研究计，实远逊于卡拉列及威奇尔氏二书也。

② 西洋学者最初在此方面之试行探讨者为艾约瑟(J. Edkins)。艾氏实为开支那学先锋最敏锐之一人，曾作有语言学上著名之善著[《国语文法》(*Mandarin Grammar*)，《上海语文法》(*Shanghai Grammar*)]，远在西洋语言学科臻进于现代之方法以前。惟彼《中国文字学入门》(*Introduction to the study of the Chinese Characters*)(出版于一八七四年)一书中，竟任凭其想象而为之。彼意以无中国文字上任何一笔，几莫不可有音读之价值："豆"为一种上古语之 dut，"其末尾之 t，乃从'一'yit 得声者"。彼以其时尚未废弃之方法，假定一上古音之 dut，变为国音之 tou(豆)，另一 dut 变为 yüd(聿)，第三者又变为 yü(余)，第四者又变为 tui(兑)，第五者又变为 cha(茶)，等等。

③ 最初实行科学之努力，以显露此种语言者，为一九〇〇年时桑克氏(Schaanb)所作《通报》(*Toung Pao*)中之一小文。此后伯希和(Pelliot)(在一九一一年至一九一四年之亚细亚杂志 *Gournol Asiatizue* 及《通报》中之几篇文辞)与马伯乐(Maspero)(一九一二年之《东方学论丛》Bull. Ec. Fra. Extr. Or.中)创定暂时说明之系统，其中包含甚多重要之意义。此科最完备之著作为高本汉(Karljren)：《中国音韵学研究》(转下页)

苟吾人根据于如此重建之古语以考察中国字体，可见本多数根据于国音或别种方音所不能通了者，即成为完全可解矣。此亦无足惊异，盖表音合体字之极大多数，创作于周代末期或秦汉时代，是在切韵以前，仅六七百年耳。抑有进者，此种研究，能使吾人对于上古中国语中音韵系统上，极端重要之处，得引出其断案，此在下文即将见及也。

根据古代及上古之音韵，以为文字之此种研究，苟于第一方面，有科学之意味，则于实用上之价值，正亦不相上下。余书对此将予以丰富之实证。兹惟举其数例耳。吾人知“合”ho 为“洽”hsia，“恰”chia，“翕”hsi，“给”hei 诸字中之音符，或“弱”jo 为“溺”ni 字中之音符，或“我”wo 为“义”字中之音符，此于理论上无甚可解，于记忆上亦无所裨益。

然若借助于中国古音，则彼等皆易于解说，易于记忆矣：

“合”rap 为“洽”rap、“恰”kap、“翕”xiep、“给”kirp 诸字中之音符；

“弱”nzipk 为“溺”niok 字中之音符；

“我”nga 为“义”ngjia 字中之音符，等等。

是则此书之目的，不仅为语文学家计，亦为一般学习中国语言文字者之实用也。

张世禄译

(接上页)(*Etudes Surla Phonolgie Chinoise*)(出版于一九一五、一九一六、一九一九年，七百余页)，内中传示一完全重建之系统，而于重建上各细目均附予以周详之理由。最近马伯乐(在一九二〇年之《东方学论丛》中)与高本汉(在一九二二年之《通报》中)对于此等几许事实，又有深进之讨论。经此以后，分韵之语言，除或几许细节尚有讨论之余地以外，已重建于一确定之方式中矣。

语言学通论

福尔 著

译者序言

这本书份量虽然不多，可是我们移译的工作在三四年前已经开始了；并且经过几次的易稿，方始写定。原书是英国“*Benn's Sixpenny Library*”当中的一种，对于“一般语言学”上重要的问题，都有简括的论述；很可以从中窥见西洋最近关于一般语言学研究情形的大概。所以我们极愿意介绍给国人阅读。

不过原书：当中有一部分不免是根据英国人立场的说话，我们嫌其对于英语的地位过分的抬高；凡是这些以英语为本位的论调，以及我们所认为不适合于国人阅读的部分，也就毫不客气的加以删除。因为我们译述的动机，反正总是要给此书的读者增进一些关于语言本质等的认识，并且因以明了西洋学术界对于一般语言学上各种问题研究的情形。只求和这种动机能够相适应，而且对于原书的重要意义不致有所损害，自然可以容许我们在译述的工作之外，也不妨把原书加以删节。这是我们应该对读者特别提出声明的，对原著者也不得不因此表示一点歉意。

原书共分九章。最后的第八章和第九章论到标准的英语和世界的语言，就是我们所认为以英语为本位的论调，大部分是根据英国人立场的说话，不适合于国人的阅读；我们把这两章全部删除。又第一章的末段里删去一句；第二章中间的一段里引据耶斯拍孙氏的话，以及末段里最后的一句也删去了；又第五章中间的一段也删去了末数句。我们认为这样的删节，结果可以使此书更适合于国人的阅读，而并没有损害原著里精要的意义。

我们以为原著里精要的意义，正在表明近代西洋科学发达的结果使一般语言学上的各种问题也得到相当的解决，或者在探究的途径上得到更进步的方法和工具。原来语言学的建立是以其他许多科学为基础的；近代生理学、物理学和心理学的进步，使得语言的真相更为明白，对于语言的构成也有更深切的探究；同时又受了生物学、社会学等等进步的影响，语言学上的各种理论和学说也随着发生变动和革命。本书所列各章，论到语言学上的各种问题或语言本身上的各种现象，对于它们的解答和研究的结果，大都表示着近代科学演进的情形。读者正不必定把此书认为单是包含着语言学上的知识的。

本书第一章论到语言起源的问题，虽然这个问题在语言学界还是一个哑谜，从前和现今的种种学说虽然都只是一种推想；而因为近代生物学的进步，根据人类和社会进化的眼光来探测语言的怎样发展，就渐渐接近于科举的论断了。例如倪觭斯的《喉头机械论》，就是依据动物进化的程序说明喉头的渐次发达，以致声音应用于利害相关的行动而发展成为语言。

第二章说明近代语言学家也因为受了生物进化论的影响，认明语言是有历史的，是有机体的，有生长也有死亡，语言当中的语词也是由竞争而生存的。于是由书写的语词的研究进而趋重于口说的语词的研究。同时又因为生理学、物理学发达的结果，对于口说语词的研究发明了许多新式的工具，而语言在人体上的作用也更为明白。同时又应用社会学和行为派心理学的观点来探测语言的本质，认定语言是一种身体的习惯和社会的动作。

第三章说明口说语词的研究在人体学或生理学上的根据。从语音的分析可以知道各种单音和音调、音势、音长等变化的构成和发生;语音的差别在习惯的程序上的分配,于是演成了社会上语言纷歧的现象。

第四章说明口说的语词在听感上的作用,也可以应用生理学、物理学的原理来解释。不过通常所感受的语音并非单是物理上的声音,还具有一种社会行为的情况的功用;所以没有意义的语音,即使详细精确的发出来,也是难于辨认的。同时因为通常的语音并不必需要十分的详细精确,在听受方面也难免发生错误,于是由语音变异的现象而演成社会上语言的纷歧。

第五章说明语言上意义的成立,由于社会行动当中共同的情况和经验的联系。社会团体里一种共同的行动的趋向养成了语言的习惯,而使语言也发生社会的效用和价值;这种效用和价值并不必根据于固定的形式,有时因共同的情况和经验而产生语言的经济。依据社会学的观点,自然要否认个人的语言行为的存在,个人要学习一种语言必须要参与一种社会的生活。但是语言既然又是身体的习惯,内中所包含的意义便可认为是内在的语言;因近代生理学,心理学的进展,使得语言上的意义也可以把它来作一种纯粹机械的或物质的解释。

第六章说明语音习惯的成立正由于社会上共同行动的趋向;对于生活的根本方式具有同一的心理,因之在同样的情况之下往往惯用同样的声音。

第七章说明依据这种语音习惯的异同可以推寻各种语言彼此间的关系,因而确定它们的世系或血统。语言在社会上虽然不免有纷歧的现象,而因共同的经验和情况的联属,自然在广大的合调上发生共同的语音习惯。虽然因语言的经济,同样的声音不限定是属于同样的情况,但是在社会的心理上看来,相同的语型和整饰音的习惯正是显示原始相同的生活方式。因之凡是语音习惯相同的,便可以认定是相同的经验的口语化而归纳为同一系族的语言。

这种研究的方法也是受了近代社会学、生物学发达的影响的。

总之：语言学实在是一种组合的科学，要随着其他的许多科学的进展而发生变动和进步。本书所列的各章，不但足以窥见西洋最近关于一般语言学上各种问题研究的大概，并且可因以明了其他许多科学进展的情形；或且因语言学研究的兴趣而增进全部科学研究的努力。这又是我们把此书供献给读者的一点微意。

至于本书各章所根据的学说和材料，原书末尾附有一个书目，因节译如下，以供读者参考：

Jespereon：《言语及其本质发展和起源》(*Language: Its Nature, Development, and Origin*. Allen and Unwin, 1922).《文法哲学》(*The Philosophy of Grammar*. Allen and Unwin, 1924).

Negus ：《喉头机械论》(*The Mechanism of the Larynx*. William Heinemann, Ltd., 1929)。

Bally：《语言和生命》(*Le Langage et La Vie Geneva*, 1913)。

Panconcelli-Calzia：《实验语音学》(*Experimentelle Phonetik*. Walter de Gruyter and Co.)。

Jones, D.：《英语语音学大纲》(*An Outline of English Phonetics*. Teubner),《大英百科全书》"Phonetics"条。

Harvey Fletcher：《语言和听受》(*Speech and Hearing*. Macmillan, 1929)。

Pillsbury and Meader：《语言心理学》(*The Psychology of language*. Appleton, 1928)。

De Laguna：《语言及其功用和发展》(*Speech: Its Function and Development*. Yale University Press. 1927)。

Ogden and Richards：《意义之意义》(*The Meaning of Meaning*. Kegan Paul, 1927)。

Markey:《儿童语上符号的进行及其完成》(*The Symbolic Process and its Integration in Children*. Kegan Paul, 1928)。

Schmidt, P. W:《世界的语言系族和语言区域》(*Die Sprach. familien und Sprachenkreise der Erde*. Winter)。

Meillet et Cohen:《世界的语言》(*Les Langues du Monde*. Champion, 1924.)

Moillet:《新欧洲的语言,及附录》(*Les Langues dans l'Europe Nouvelle, avec un Appondice*. Payot. 1928.)

Mencken:《美国语言》(*The American Language*. Cape.)

Negus and S. Jones:《大英百科全书》"Voice"条。

译者　张世禄　蓝文海

二六,四、五日,于暨南大学

一、语 言 的 起 源

在多数动物的生活中，声音参与了大部分，特别是由它们自己身体的运动和气息所成的声音，以及它们的同类所作的同样的声音。人类是最优秀的发音动物。一切人类皆生而具有创造和使用种种声音的无限的本能。立温斯敦（Livingstone）在他的《最后的日记》（*Last Journals*）中，提及某一亚非利加的部落里，各种拍手的方法是当做敬礼的申说“准许我”“对不住”“让我过去”“多谢”；这是恭敬的引见和告别，也有“听，听”的意义。地位较低的人被人家呼唤时，用手答以敏捷的二拍，是表示“我来了”。可是应用气息和语音机关来造作各种的声音，总是比较便利的。

人类语言最初起源的问题，是个很普通的哑谜。现今已经有了许多种的解答，而大都它们正如对于许多这类的哑谜一样，或是臆断，或属于一种神学或神秘的性质。法国大语言学家梅勒（Meillet）说明可信的观察，以为我们所知道的语言，没有一种能给予我们以语言原始状态的任何印象。印度有几个部落，他们仅仅知道使用金属或陶器的，可是他们说着富于符号材料的丰裕高尚的语言。但是，依据某种意义，一切口说的语言（spoken language）都是原始的，有人并且要说：充其量语言也不过是一种笨拙的原始的工具。

所以关于语言起源的学说都是臆断的。一说原始的语词，是

“子规”(cuckoo)式——“关关”(quack-quack)、“唧唧”(gee-gee)、“咆咆”(bow-bow)的摹仿语。这种“咆咆”说之外，另有四种别的，也同样以复叠的名号来说明——“普普”说(pooh-pooh theory)、“丁当”说(ding-dong theory)、“唷嘻呵”说(yo-he-ho theory)，以及新近的一种，我们可称为“达达”说(ta-ta theory)。“普普”说以为语词的发展，由于事物所激起的自然的惊叹，和种种天性的苦乐的叫喊。语言大半是感叹的，起于“oo-er”式的声音，或者是“tut-tut! ssh! phew!”这一类的语词，和“ah! ee! oh!”这一类的元音。米勒(Max Muiler)的学说所以绰号为“丁当”说的，因为他注重于各个人所发出的某种声音，合于事实的本性；换句话说，声音与意义间有一种神秘的调和，而最初的语音本来是记号式的，如流动的滑音、丝丝的嘶沙音和呐呐的“m”。人们是以语音“丁当”他们的环境的。文学批评家所用的摹声说(onomatopœia)这个名词，也似乎包含着同样的观念。

“唷嘻呵”说鄙视原始的摹声说和回声说，以为肌肉上强烈或困难的努力，特别是协律的努力，常常伴着声门、舌头、两唇或软口盖相间的启闭动作——就是轮流的保持气息再行放出，有时具有声带的震动或乐音，这种学说也注意到声音的重要，至于语词，是伴着婚嫁、饲养、斗争、逃遁，和宴会情形这一类群众的动作的。这里我们得到“heave”(扛抬)、“haul”(拖拉)、“hack”(割切)、“dig”(凿掘)和“yum yum”、“yo-he-ho”以及“ta-ra-ra-boom-de-ay”这些语词。

倪爯斯(Negus)，曾经主张：为了手臂一类筋肉最有力的拖拉，给予一种强力的低沉音，那种原出于胸壁(thoracic walls)的动作，那末，必须胸部是强硬的；而要这样我们必须应用喉头的声带暂时的保留气息。水手在大海上合唱歌乐(shanty)的时候，他们唱这歌以“heave”(举起)这个语词为收尾。那时胸膛是一部分空虚的，而声门立刻的关闭凝住了胸膛。随着“heave”这个语词第二次的扬起，实际是应用所保留的气息来持续的。音律的一致也是优美的节拍。我曾看见一群非洲人装着钢轨到一辆手车上去，也有同样的行动。

对于语言和容止(gesture)，近来有更新的观察。这两种是那一种先发生的呢？在什么地方是这一种的终止而另一种的开始呢？依据帕泽特(Sir Richard Paget)的“达达”说(ta-ta theory)以为我们说“ta-ta”或“hither”(此地)的时候，舌头做出同样的姿势，正如由手来表示同样的目的。可是你不必摇动你的手；你的朋友一听见你摇动舌头，就有同样的效力。依照这种说法，人类的语言，和天然的容止(两手等等的——现今仍为聋哑者所做的——)比较起来，是由单纯的唇舌等等幽默的容止表演开始的，而这些容止被气息和呻吟声成为可听的。贝克脱拉夫(Bekhterev)以为在禽兽中，或者除了一种笨拙的形式外，并无容止的发现。我们要推想社会性的容止是在发出声音之前的，也没有什么根据。或者发音和容止同时发展，并且有了容止之后，才增加字汇和补充声音的语调。声音是在树林间发展的，容止是在陆地上发展的。

卡勒脱(Charles Callet)的《语言之神秘》(*Le Mystere du Langage*)是专门讨论原始的声音和它们的演进的，但他那种推想也几乎同样的不能接受。他相信，有三种自然的天性叫喊：“牛鸣声”(meuglement)、“咝咝声”(sifflement or feulement)、“狺狺声”(grognements)。后面两种总要伴着口腔侈张的姿势，而且他很注重着它们。他搜集了文明人和野蛮人语言当中的语词，供给许多适当的例子，在语词的转化上，关于“狺狺声”和“咝咝声”的语言是很有威力，很丰富的。“si”“shi”“ffi”伴着口腔侈张，显露凶猛的牙齿，而和牙齿咬啮、饥饿、口渴，发生联想的作用；以至于那些具有锐利牙角的动物，以及任何刺人、尖利或瘦长的东西，如钉、草、树、石之类。“S”这种音和牙齿、咬啮、嗞音、吐唾相关联的，就用来指明涎唾、水、海等等的意义。

但是，卡勒脱的推想，和那些为温德氏（Wundt）所赞许比较接近科学的学说，有些相符合的地方。这些学说常建立在那个原则上，就是每种刺激都能吸引某一种动作——如容态、姿势、面部表现等。有些刺激也能引起叫喊，常常是属于表明感情的趋向。这些“动物”说（animal theory）以本能的叫喊为起点，注重于配偶生育时性的要求，和在一群内食时、饥时、斗争时以及为逃遁、恐惧、惊骇和愤怒、快乐和痛苦时所发的声音。后来声音就成为工作或应用器具和管理家畜时的随伴的东西了。合韵的敲击和变换的音调，大约随附于宴会上公众的娱乐当中。瑞典语言学者师辟伯（Sperber）发明有趣的学说，以为由性的本能影响于语言的（译者案：可参看商务印书馆出版章士钊译之师辟伯著《情为语变之原论》）。语言学上对于农业荒芜和硗瘠、耕作和丰腴、劳作和痛苦、安闲和快乐这类语词的研究，是一种有趣的消遣。问题所在，就是我们现在所发调节的声音，经过什么的程序，进化成为日常生活里情况的联系的主要功用，以至于行为的约束和经验的获得的方法。

开始，我们必须要记得：“我们所谓声带那种组织的发展，并不是表示一种动物所发出声音的总量或本质。”关于咽喉发展的理由说是“为了攫取、悬挂怀抱，等等。而常常单独使用前肢的习惯”①。想起郭娄（Kohler）的发见，黑猩猩间有少数合作行为而并无发音的能力，这个虽然是有趣的事；可是，语词的使用和器具的使用必是相伴的发展的，而两者都是社会的产物。

研究儿童生长时经验的口语化，虽然具有很大的科学价值，并不足以启示种族史上语言发展的痕迹，这是很显明的。探寻源流，

---

① 倪猁斯氏《喉头机械论》。

是要继续的，可是大半总归于无用的消遣而已。辉特尼（Whitney）早已警告我们，对于这一类的问题大部分所说的，“只是一些空谈，主观见解的申说，所用来解释它们自己的，除出产生它们的理由以外，别无所有了”。一八六六年，《语言学会》（*La Société de linguistique*）创立于巴黎，其规程第二节载着“会中不许接受关于语言的起源或一种普遍语的创造的任何通讯”。

关于语言的演进，最有价值和最有兴趣的近作，在倪羿斯氏的书《喉头机械论》（*Mechanism of the Larynx*）中见到。他说：“我看来是无疑的，人类进化所经的许多阶段，能从喉头的证据上正确的推寻出来。”他又说：“树间动物因为补助移动，攫取，嗅闻，吞咽的效用，在喉头的一个机关特别的发达；而那个机关经过种种变化，产生了一种器具，就成功能以极有效的方法用来制造声音了。”我们知道，对于树林间的行动，以及类此的努力，一个咽喉是有很大的价值的，而声音和视力都极重要。嗅觉的退化使软口盖和会压软骨不相接触，这样就使喉头的声音容易从空隙中泄出了。

能够从这种声音的特性中收取极大的利益，作为一种从高处——就是树顶和石上——甚至在高风当中屈折的传播，又超过阻碍物或穿过通路分别的传播，这种对于种族演化上的自卫是有极大价值的。声音使手和眼不受牵制而自由，通行便利，具有传达一致的特殊性质，并且能够成为某种情况的特殊效用。声音渐渐用于利害相关的行动，于是团体力量的信任心，随之产生了。或者那些家族，其中的青年敏捷的了解和回答语言的，就有最好的机遇。因之对于最重要的家族团体，其后对于别个社会的团体，语言不断的使用，或关于听觉有意义的声音使用，发生一种很大的生存价值。于是从树林上下来。这些动物，脱离了嗅官的专占，垂直而行，自由使用两臂了。张开了他们的眼睛，最重要的，又张开了他们的嘴巴。他们最重要的动作，是有意义的声音。

成功总是一帆风顺的。人类立刻就成为更善于社交、更精于语言的了。不久“语词”“符号”变成永久的、实际的、便利的。于是语言在许多特殊方面发生效用了。除了口说的语词、耳听的语词，书写的语词、眼看的语词以外，还有盲目者触知的、聋哑者识别的语词、非洲人的传话鼓（talking drums），以及许多像模斯制（Morse code）字母的样式。我们亟应记得，凡是口说的与书写的相结合的时候，把陈诉于听官的完全在视官上代表出来，这是不可能的。可是，这是语词——是记载知识和智慧的、永久的、便利的、实际的书写的语词。美满生活的宝钥是人类的文字，而能够应用“文字”、书牍、官话和公文的人员，也成为统治者了。

在我们进入的这个新时代中，笔或者不再是兵器的劲敌了。“留声片”是和一本书同样永久的，也许成为同样的缜密和便利。《圣经》就出版作为第一本“有声的书”。语言的播音几乎立刻传布于各方面很远的距离，这是一种无限权势的新社会力。但是我们还没有真正开始为社会目的而应用播音的语言。我们有一点害怕这种新权势，所以我们只当它玩弄罢了。广播语言对于人类终极的价值，并非娱乐、谈话、广告或失望的“S. O. S.”（译者案：这是以“…———…”为信号的三字母，是船只遇难时所用的求救的呼号）。

二、书写的语词和口说的语词之研究

过了许多时代各个家族和社会团体对其中分子和邻人语言的行为已经加以注意。孩子们和他们的家长大概时常纵情于发音的娱乐而且以语词为游戏了。语言常为社会教育、社会适应、社会约束的一种工具，可是语言，即在它的书写的形式上，在十九世纪以前，还没有真正为它自身的关系而加以研究。我们现在依然没有了解它怎样的发生效用。

古代印度的文法学家和往后的阿拉伯人对于他们四周所说的方言并未加以注意。他们的目的是要从流俗的摧残、毁坏和健忘当中，保留着神圣的不朽的梵语（Sanskrit）或《可兰经》（*Holy Koran*）的语言。那些相信武断的语言标准的人和相信语言的纯正的人，其实都是一丘之貉。他们的观察点，是静止的，大半是不变的或常规的。

古代文学的发见或复现，在语言的研究上永常的具有一种很深的影响。文艺复兴（The Revival of Learning）是古代希腊语"复现"的结果，和我们所称的"人文"（humane letters）的经典学派的开始。西方人的发现梵语是近代语言学的产生。语言是第一次为了它本身关系，用选择的、比较的、历史的新方法加以研究了。稍后，达尔文主义（Darwinism）和进化论的观念使一般语言学家信任他们的历史的方法，并且引起他们作生物学的比论。语词是有历史的，语词是竞争而生存的；语言是有机体的，是生长而演化或死亡的。所以耶斯柏孙教授（Professor Jespersen）的《语言》（*Language*，1921）一书，第一句就说，“现在觉得语言学上显著的特点是它的历史性质”。他甚至应用“语言的生物学”（linguistic biology）这个术语。

我们大家知道，人们在新境遇之下，或者开始用稍稍差异的声音来替代从前的声音，用新语词替代旧语词，给语词寻求新的用法、新的韵律和语调。我们知道有许多年轻的男子，更有许多年轻的妇女，并不讲他们祖先的语言。语言学曾经给我们许多语言的变迁的精详的历史，并且依据它们的过去来解释活的语言。许多方言已经求出它们和文言的关系，并且依照比较语言学的方法和原则来叙述。因为语言的统一性或固定性，是没有这回事的，而只是不断的流动和变迁，所以历史家已经趋向于抬高语言演化的价值。有人说完美的古代语，因发音的衰败，因退化的趋势，因残毁的形式等等以至于“破坏”了。具有这种思想习惯的人，在现行的语言和文字上，可以找出许多每况愈下的现象。

一九二八年十二月帕泽特在皇家学会（Royal Institution）关于语言的演说，陈述一个普通的原则，以为语言的自然趋势是向着退化的。他对于气化的声音的价值也发生怀疑，并且愿意阻止生长着的同音语词。在另一方面，耶斯柏孙教授相信是在向前进化的。语言通常总是向更好的方面变迁，或者有些比较的变得更快。因此他相信语言的比较的价值。

往昔学界中人曾经蔑视甚且嘲笑通俗的语言，不过我们必须记得的，通俗的语言在往昔的相当时期是一些地方语，除了学界的人以外，为各种人民的地方社会生活所应用。过去的学界是一种国际的社会，以欧洲语言——拉丁语——维持欧洲的传统文化。学校与学者是极端的保守派。莎士比亚（Shakespeare）并非“学者”,这是不足惊异的事情。十六世纪时只有最大的创作家才觉得迫着要用俗语来写作的。刺伯雷(Rabelais)和蒙旦(Montaigne)是用法文写的,不过蒙旦承认他写的书只是给“少数人和短时期的”。一五四八年,特出的阿斯坎(Ascham)主张英语可写成“华丽和动人的文辞”。一六二三年培根(Bacon)修正他的早年作品《学问之进步》(*Advancement of Learning*)成为拉丁文本,以为这样他的书“就可以为世界的一分子,因为英语的书是不能的”。但是正在这个时候作出《神后》(*Faerie Queene* 译者案:英国诗人斯宾塞 Edmund Spenser 所作)和沙士比亚的戏剧。

我们现在论到口说语词的研究,首先可以注意的就是这些是扰动空气和人们听官的身体行动。很显而易见的,这就是物理学和声音学上所解释的,语音为空气中触动听官的浪波和运动。语言实际的复制和传输,曾经引起电话和无线电工程师的研究,纽约柏尔电话实验所(Bell Telephone Laboratories)的职员,对于语言的科学,曾有极大价值的贡献。这是有趣的回忆,我们把电话的成功,多半归功于语音学家格累安柏尔(Graham Bell),而他的父亲麦尔维柏尔(Melville Bell)就是“发音字母”(visible speech)——为后来斯韦特(Sweet)所借用的——的创造者,他是伦敦大学里最初语音学教授当中的一个。

发音及听受的机关和组织,是关于解剖学及生理学的。著名的神经科医生,只举几个英国人,如约克生(Hughlings Jackson)和已故的赫德(Sir Henry Head)他们的工作,以及对于失语症和其他语言障碍的调治使得高等语言中枢的功用更为明白。最近倪翔斯曾给我们关于喉头的一种值得纪念的著作,就是我们所已经讨论过的。

语言学可以说是组合的语言科学,很要借助于人体学和生理学的。旧派的人体学中,或许推萨坡儿(Sapir),他的关于语言的著作最为著名了。但是近年来人体学在语言学上最大的贡献，却是马利诺斯基(Malinowski)对于奥格登(Ogden)和理查(Richard)二氏的《意义的意义》(*Meaning of Meaning*)一书的补编。此书说明语言的原始功用是情况的联缀关系里一种动作的表征，并非一种思想的暗号。因之引起了杜威(Dewey)、德拉居拿(de Laguna)和其他美国心理学家陆续作了关于语言心理学的书。这是和行为心理学派的观点相符的。

对于语言的旧概念，以为是“用语音为思想的表现”，或者“内心动作的向外显示”，或者“为了传达而表现，使思想可以明晓”[①]，都是站在现今稍失信仰的生理、心理二元论上的，说语言只是内部心理的程序一种向外的表现。美国行为派学者瓦特孙(Watson)却与之相反，他说没有所谓思想这样东西，只有“内部的语言”(Inner Speech)，或者喉头的初起的动作和其他语言的程序。真是一种超乎寻常的见解呵！罗素(Bertrand Russell)在他《哲学纲要》(*Outline of Philosophy*)里虽不定要和瓦特孙的主张相同，他觉得我们对于语言所知道的实在很少，赞成用一种贯彻的行为派的方法以从事语言的研究。他又说：“我自己想，只是我们把语言认为是一种身体的习惯，才能够了解‘意义’。”

什么是人们所说的、人们所听的，以及人们做这些事是在什么的境况和经验的种种关系当中的，凡属这种研究是适合于语音学的范围。有人或者把语音学限于音读，而用意义学(Semantics)这个名词作为意义的研究。无论如何，语音的专门研究是必需的。我们应用语音学，能够把所听的和所读的或所说的，以及二者和境况的联系彼此都发生关系，并且应用一种科学的符号，把观察所得

① 从斯韦特氏的《语言的历史》(*History of Language*)、泰罗(Tylor)的《最初文化》(*Primitive Culture*)和辉特尼(Whitney)及赫尔漫保尔(Hermann Paul)的书上引来的。

制成满意的纪录。语音的记号对于纪录器械的研究发音的结果，也是必需的。从心理学家的观点上来考察，一种正确的记号是一群感觉的一些记录或者是它们的一种公式。近五十年中，实验的语音学对于我们在语音上和各种语言发音上的知识，增加了不少。鲁斯罗特(Rousselot)、斯克里普吉尔(Scripture)、迈尔(Meyer)、柏罗特(Poirot)、潘公色利加尔柴(Panconcelli-Calzia)、琼斯(Jones)等建立这种研究方法的基础，现在伦敦、巴黎、汉堡、波昂(Bonn)以及衣阿华(Iowa)、纽约和美国其他大学里，仍在前进和发展之中。

浪纹计(kymographic)的语言的纪录对于研究元音的音长和音调、塞音或爆发音，以及语言上其他特殊的音素，是极有价值的。发音的详情可以用口盖机(palatogram)指示出来，这是应用一种人工的口盖和由 X 光的摄影术制造的。两唇和舌尖等等的运动曾用活动电影机来考察，对于歌唱也用它来作扩大的探究。口说的语词也可以用现代一种好的留声片，以听官或者更科学地把它凹纹的波动放大和探寻，来详细地分析。神经学专家、心理分析家和精神病治者增加了我们关于语言怎样进行或者致误的知识。看护学校和一切儿童机关里具有相当训练的观察者也能够增加我们许多关于语言习惯怎样组成的知识。

社会范围的工作可以在家庭里开始的。任何社会团体在习惯上所构成的特殊声音是它最重要的社会动作。人类的关系如果没有明了他们最重要的连续活动的情形，就无法完全的研究了。又，从社会的观点上立论，考察方言、土语、和职业上的俗语，比较搜集我们所熟习的古语更有实际的和科学的价值。

三、口　　说

谈话机关这个语辞要是可以成立，至少是要有二个通常交接的人。口说为一种个人的动作，需要大脑和某部分的语言中枢的机能，以及它们一切相关的作用，并且包含呼吸的一切机关及作用。此外，我们又可以包括面部、头部、两臂、两手，或者有时两腿的运动和普通身体的举止。喉头和咽喉及其两壁，鼻腔和口腔的孔道，自然特别的重要，可是开始也可以从许多语音机关上作一般的观察。

脑科医生在欧战当中的经验，把从前脑皮质功用的位置的见解改变了。赫德大概认定皮质是整理的中枢。皮哀隆（Piéron）和赫德都承认左面的皮质，在无论哪一部位的相当面积受伤，都会扰乱惯用右手的人的语言机能。大概语言的生理基础似乎就是用来约束和整理行为的中枢组织的部分，那就是皮哀隆和赫德注重语言上联接的和调和的功用的原因。通常我们同伴的发音习惯，是共通的经验关系的一种重要功用。而且我们晓得脑部的受伤可以扰动声音和联想的系属中间的关系，或者紊乱习惯的声音顺序的相互关系，或者分解语言的品质以至不再有任何真实的发音习惯，以至完全消失了通常语言的机能。据赫德所说，通常语言的获得“是经验的口语化”。无论何人具有语词使用的失联的，就是一种病症。用口语的声音代替口语化是一种很容易混乱的情形，这在欧洲是很通常的,而像印度这样国家里“曾受教育”的人民当中已经采用一种外国的文化的,却是更普遍。

赫德把由于脑的各部分受伤而起的失语症,分做四种形式来说。口语丧失症(verbal aphasia)是失去语言的自动力,也许被动的“思想作用”和理解力还比较的未受损害。词语丧失症(nominal aphasia)扰乱正确语词和正确意义自动的联合。在未经治愈和回复使用以前,病者的“交换作用”就继续给他许多的谬误。更严重的病症里,在行为的控制当中语言停止着应用,病者就不能从事任何口说的目的。因此,脑部伤害能够扰乱或毁灭发音的习惯,并且依于失语症的名称所指示的,扰乱或毁灭“词语的”(nominal)、“措词的”(syntcoticul)、“意义的”(semantic)习惯。这些结果证明了本书所提出的对于语言的见解:它是一种身体的习惯,具有一种生理的基础的;它的功用,是社会的控制和行为的整理。

现在让我们来讨论关于造成实际声音的几种机关。最重要的是我们用来呼吸的机关。我们呼吸是依照我们的动作而有各种的速率。通常的速率大约每分钟有十七次的呼气。日常生活里所用短促的语句,平均所需大约不过三秒钟,许多并不到三秒钟。我们在语言上所用的是呼出的气程,只是女人偶在吸气里说话,有时我们作嗞沙音,也用一种迅速的吸气。气息经过鼻腔的时候,我们同时也能够在口腔里造出表意的声音。这些声音叫做“打击音”。正如立温斯敦所提及的拍手一样,除了乐音化的打击音或有例外,这些语音对于气流都是独立的。在大地上打击音是很通常的。打击音是由舌头在口腔顶上作一种吮吸的动作而成。当舌头抽开的时候,因吮吸的动作使空气震动变为稀薄。在英国地方用打击音来激励家畜,又有一种双唇的吮啜音由舌头向口腔的狭道上吮吸而成。试作“tut-tut”的打击音,同时用鼻腔呼吸,你会觉得这种音是和气流无关的。

谈话的时候，因为受语音调节的控制，呼气是有很多的变化的。喉头、舌根、舌前、舌尖、两唇都能用作暂时阻止，或停闭气息的阻物，或塞门，或用以阻碍气道的一部分，而构成可听得的摩擦音。活动的软口盖虽然它的本身不能用来制止气息，可是也是塞门的一种。它启闭鼻腔的孔道，使口腔或鼻腔或二者同时呼吸，而且联合语言上许多调节作用构成了纯粹的口音、纯粹的鼻音，以及混合的鼻化的音。当说话中间对于发出的气流，有一种连续而灵动的控制。这种控制可以把我们有时用以努力呼气的肌肉以及横隔膜和胸腹的肌肉来练习。这种声门底下的压力的控制和音势或“动力”(dynamic)的重音很有关系，它在音缀上的分配，随伴着音调和音长的变化，就确定了我们所谓语言音律的那种东西。

喉头本身的动作对于气流是很重要的。调节的范围开始于声门的两唇而终止于口腔的两唇。在这二极端之间，气流的很多控制显然是可能的。当声门和口腔开张的时候，气息被强制通过孔道。你能够听见气息的縻擦音。如果你要制止气息，就把声门紧闭。当说话中间，声门对于气息暂时的闭塞，通常称为声门阻音或声门塞音。气息常用了一种爆发开放出来。这种音通行于亚拉伯语、德语里以及英语的几种方言当中。罗特爵士(Sir Harry Lauder)专门用它来替代“bottle”当中或且“water”当中的“t”。许多英国人用没有爆发的声门塞音来代替“that one”“like this”“not me”“without bread”这些结合语词当中的“t”和“k”这一类的塞音。因之，声门的两唇或声带可以开张，以通气息或成“h”音，或者合拢来如同发声门塞音的样子，或者使两边接近并且强制气息经过发生震动，如同发语时构成乐音时候的样子。为着相间的或轧轹的乐音，以及某些耳语音，又有许多相间的情况。在正常的语言当中造成声音是用呼出的气息的。另有一种声音也能够在吸气里造成，这是可以用“hee haw”笨拙的摹仿来证明的。

我们这里就可明白了，正常语言中声门以上一切的调节作用或者成为塞音或者成为部分阻塞的气音或乐音化气音。这种声气流的调节变化，就是种种的辅音。所以我们看见辅音是气音的和乐音的一对一对的分别，如“pb”“td”“kg”，或二种“th”的音之类。气音——如“pls”——有时叫作无声，或“不能歌唱”的辅音，或叫作清音（surds），它们有声的同类“bvz”就是浊音（sonants）。也有一部分有声和一部分或全部分无声的辅音。一个无声的辅音，并不和气息的辅音相同。

这样，很明显的，要说明和类别一种辅音必须考察它，当发出的时候，喉头上发生什么的情状。又必须说明调节的部位和它构成时的情状。例如在“Latin”这个语词里“l”“t”和“n”的音，三者差不多都是在同一个调节的部位——就是，舌头触着上齿后背的龈肉。它们三者都是牙床音。可是它们三者是种类极不相同的音。第一个是滑音或边音；第二个是塞音或爆发音；最后一个辅音是鼻音。英语正常的“r”音亦是牙床音，又有二对嘶沙摩擦音“s、z”和“sh、zh”也在牙床地方发出的。

从双唇到小舌，软口盖的极端，如果你注意舌体有三四部分是用来调节的——舌尖、舌前、舌后，或且是舌中，便可以发见许多能够调节的部位。舌尖可以放在上下齿的中间，又可以抵触许多地方，退后直到了软口盖的起点，在那广大范围的各点，清浊的塞音以至鼻音、边音、摩擦音，尤其是许多“r”音都可以构造成功的。同样，用舌前接触硬口盖的各部分也可以构成塞音、鼻音、边音和摩擦音。对于软口盖或小舌的地方是应用舌根的。

读“children's”这个语词，就发出六个——或者你把“ch”认为二个音，那就有七个——辅音，每个辅音有它特殊听感的性质，可是从纯粹调节的观点上看来，大都可说它们都是牙床音，几乎七个是在一起发出的情形。在“A halfpenny worth of our security”（我们毫无保障）这个短语中，重音在“our”；在另一方面，你又要用双唇和声门间的调节的各点。说着那个短语，你使用了双唇、舌齿间、唇齿、牙床、硬口盖、软口盖和声门的辅音。

但是必须要记得的，各音的调节部分并非固定的，譬如说，英语的“t”在“eighth”里或在“at the show”这个短语里的“t”，试看发音的部位，并且和“tree”或“true”里的“t”比较一下。前者大概是前齿的，而后者却远在后面；在这两者中间还有另外几种的“t”音。那么，在英语中，我们有了一批或一排的“t”音。其次，拿“k”这种软口盖的塞音来说，在南英语当中“cube”“kew”“key”里的这些“k”音远在“kerr”“curd”或“cord”里的那些“k”音之前。

把爆发音的理论，加以详细的叙述，便可以说明：除了这调节变化范围以外，前流音（on-glides）和后流音（off-glides）或除阻音（release）也随着邻近的音而变异。塞音的状态，在听感上考察，关于“p”“t”“k”和声门塞音是完全静寂的。所以静寂可以成为某种语“音”的一部分，而停顿也是语言里一种重要的原素。

其次，我们要考察元音（vowel）了。在正常语言中，元音是一种有声的音，发出的时候，乐音的气流自由地通过喉头和口腔，而没有足以发生听得的摩擦的调节阻碍。一个元音是没有调节的，它的本质是依据于声带的震动和声门以上孔道的形状。乐音在这些孔道当中发生共鸣。这些形状最重要的变化是由舌头和双唇所造成的：前者变化“器管”的形状，后者控制管口的形状。学童们常常保持着气息，把双唇变成圆形，并且用手指弹击紧缩的面颊来玩弄这些共鸣器上的腔调。你能够变更这些共鸣器的性质，或者保持舌头不动，例如在发“oo”音时的位置，而改变双唇张开的大小和形状，或者保持双唇的圆形而把舌前举起放下，于是再把舌根举起放下。用一支铅笔轻击咽喉，而变更舌头和唇的位置，就能够听到后部的共鸣。还有一种方法如用做一个公众音乐厅的旋形，把两手尖锐的一拍而紧接于口腔上使共鸣器发出声音。在这些试验当中都必须要保持着气息。耳语音又可以用来解释人类发音器的别种特性。

我们认识了各种元音是依据于它们的性质。我们开始来讨论英语上一个性质不明的元音。在“about”“again”“away”里的“a”，和在“The Prince of Wales”中的“c”“o”，你大概会用到这个“中性”的元音。从这舌体位置向前的，就是如同“cease”里的“i”，从此向后的就是如同“coop”里的“u”，从此向下的就是“calm”里的“a”。这三个英语的元音，无论如何决不是从中性的位置上可能发音的。法语和德语的元音“i”(ee)和“u”(oo)是更紧的，而且更近于元音的界限。在“i”(ee)的情形中，假使将舌前更向硬口盖举起，使孔道狭隘，结果所构成的音颇像辅音或“yiold”里的半元音“y”，那末，元音的界限，就要达到了。因此，元音可依舌体的部分来分类，舌体举起极高，构成前部和后部的共鸣器——“ee”是前部的元音，“oo”是后部的元音，“herd”里的“er”是中部的元音。其次，可依口腔开张的程度；再次，可依口外的形状，或两唇的位置。在英语当中，后部的元音是依两唇收圆的各种程度而构成的。在法语和别几种语言当中，某一些前部的元音也有圆唇的。在俄语、中国语、坦密耳语(Tamil)和马拉地语(Marathi)当中，后部的元音也可以不圆的。此外还有鼻化的元音。

要说明英语中十二个单纯元音性质的次序，所用的语词列表如下：(一)“bead”，(二)“bid”，(三)“bed”，(四)“bad”，(五)“barred”，(六)“cod”，(七)“bawd”或“bored”，或“board”，(八)“could”，(九)“booed”，(十)“bud”，(十一)“bird”，(十二)“again”或“about”的第一个元音。这可以看出我们还没有把这次序的表排得圆满，还有空缺可以容纳具有语首“b”、语尾“d”和元音性质的语词——第六、八、十二。在英语里还有八个是不能少的，可以用(十三)“bayed”，

（十四）“bowed”（系住），（十五）“bowed”（颔首），（十六）“bide”，（十七）“buoyed”，（十八）“beard”，（十九）“bared”，（二十）“board”，（二一）“bored”，（二二）“moored、moors”这些语词来说明。这种复元音是元音的流音，由舌头的连续运动经过某种范围的元音性质所产生的。因此，公认的标准英语，大约只是在二十一个元音性质的次序上变化流动。这种在性质上相互依附的元音系统，其全部乃是语言的“钢骨”。

假使约克州（Yorkshire）的一个孩子弃了他的“bud”里的“宽”“O”音，而变做某种中元音，他就用了他在“the”里的一个相似的中性元音，这样，在“the bud”这二个语词里，也就用了相同的元音，可是在他自己的方言和南英语中，它们就要不同了。或者最好告诉他北方读“the bad”（坏处）这二个语词的音很近于“教育”上所需要读“the bud”（花蕊）的音。但是他假使采用约克州“bad”的音来读“bud”，他会给“bad”另寻一个新元音。大概他新读的“bad”过于和他旧读的“bed”相类似了，于是他又要变更“bed”“bid”和“bead”的音。这样，我们看出元音系统是怎样的一种互相依附的序次。假使你移动了或变乱了一个，整个系统就被破坏，不成一个序次了。当试行新的语音习惯或遗弃旧的语音习惯的时候，整个语言上的语言组织，也都包含其中；因此，在未曾依据现代语言学的原理和技术把一切主要的方言分析和叙述以前，学校中要适当的教习一种正常的英语读音，那是不可能的。

我们曾经假定读者，当他听见或发出一个单音（phone）的时候，他认识一个单音或一个可以分析的语音，那么，他能够把一段连贯的语言分析为一排的这种单音。这些单音都是有固定机关的构成和性质的音，而本地的人在任何一排的单音当中，总能觉得和听出那些单音间的差异，有些是比较短促的，有些是可以称为长音的。听觉敏锐的人能够区别六种音长的程度，不过实际上能够辨别长音、中长音和短音就够了。语音浪纹计测量单音的音长总在一秒钟的〇,〇〇五之内的。

试举这个语句——

But she adores her black cat Bakerl

1 2 3 4 5 6 7 8 9 10 11 12 13 14 15 16 17 18 19 20 21

大多数说南英语的人大概会觉得“adores”里的第二音缀是这八九个音缀当中的最长的——第八个单音是最长的,第六个单音是极短的。“k”这个塞音通常在“black”的末端和“cat”的开端的,比第二十个单音“Baker”里的长得多。假使说这个语句时,特别把“adores”重读,第七个单音“d”就要比第十八个单音“B”长得多。它大概要比第十五个单音的“叠”(double)“k”还要长。

还有“bead”里的元音比“beat”或“bid”里的元音要长。“build”里的“l”比“built”的“l”要长,而“fleece”和“fleas”(或 flees)的差别不仅在末尾的嘶沙音,而犹在元音的音长或音量。凡是欧洲的人民当中,芬兰人在元音和辅音上都是最著明的应用音长的。例如“tuli”——火,但是把这个“u”延长,就成为“tuuli”——风,可是一个长的“l”又成为“tulli”——义务。有许多名词用在主格的,有个叠辅音的或长辅音,用在属格上必定把那个辅音缩短,例如“pilkku”“pilkun”“kettu”“ketun”。芬兰语上元音和辅音的音长是有意义上和文法上显示的效用的。

在上文所引用的句子里——

But she adores her black cat Bakerl

1 2 3 4 5 6 7 8 9

我们可以数出九节(pulses)、九拍(beat)或九个音缀,假使第四、

六、七、这三个音缀读得显著，其他的就没有这样显著了。在别种境况的联属关系上可以重读第一和第七，或第二和第五，或第四和第七的音缀，等等。然而，无论在何种情形之下，重读第三和第九的音缀应属不可能的。不论是语言的强力或是语言的力量，在英语当中的分配是最不均匀的。这种语言力量的分配可以包含许多事情，如声门以下气息的控制，喉头上“音调”的变化，特殊的乐音和元音的性质，以及节拍的因素——音长。

语言的力量在单音和音缀上的各种分配，如果把一段语言用电流来传送，就可以在量力器(microwatt)上测量出来。这些测量的结果可以认为是发言者所感到的各种努力和听受者所受到同样情形的一些记录。不过在我们所举的语句中“adores”的第二个音缀上一个很强的音势，依我们觉得的，造成了一个长“d”，当阻塞的中间有了一种强烈的和延续的音势。有几种语言，如芬兰语、匈牙利语、意大利语，或许日本语当中，叠辅音或长的“停顿力”认为是我们所称为重读的协律上音势的一部分。音势的感觉或是由于整个呼吸的范围，或且由于头部和两臂的运动而发生的。

音势不仅是“convict”(罪犯——名词)和“convictˈ”(定罪——动词)间的区别，而且是一种主要的区别。其他的例子，如“convert”(被感化者——名词)、“convertˈ”(改变——动词)、“subˈject”(庶民——名词)和“subject”(克服——动词)。大多数的印第安语说出时是用平衡的音势的，所以印第安人觉得依英语的习惯来分配语言力量极其困难。英语和法语彼此间语言的困难也是很多关于韵律的，而其中音势的分配占了很重要的一部分。

假使把“conversation”作为单独的语词，用正常的方法读出来。大概会听到第三个音缀“-sa-”的开端是音调最高的所在，而最后的“n”是最低的，第一个和第二个音缀恰好是平调，大抵介于其他二个音之间的。或者举出“It's not my fault”(这不是我的过失)

这个语句。依照各自需要的情形这语句里的四个语词的任何一个可以达到全句节奏上的最高和最低的音调。假使有人对你说“Don’t show this to any body”(不要把这个向任何人表示),说“any body”时,用一种连续的降语调,那你是要把这个向你自己保留的。可是假使用某种的升语调,你可以把这个向你的朋友或家人表示。所以音调对于一排单音上的分配也是很关重要的。

在中国语中单音缀的声调是很关重要的。“chu”这个单音缀在国语上可以读成四种不同的声调。假使把它保持着一种平衡的音调大概是指“猪”,假使读为一种降调就是指“住”,可是如果用两种不同的升调来读,就会成为“竹”或“主”。所以一个传道士把声调混用了,竟会把“天主”说成“天猪”呢!缅甸语以及西非洲和苏丹(Soudan)的许多语言亦是声调语。相当的了解和使用这些语言的声调对于一切欧洲的行政者、人类学者和在那些人民中作传道事业的,似乎是必要的条件。

在“But she adores her black cat Baker”这个语句当中,我们已经指明有二十一个单音,而仅有九个音缀。我们必须要表明为何听了这一排二十一个单音而仅听到九个节拍。没有阻碍的乐音很自由的通过口腔或鼻腔的孔道——换句话说,就是元音——比辅音更为显著、更有平均的力量,因为一切辅音都是“有调节”的,而且有许多仅是有调节的气息的。在上面所举的一排当中,大多数的元音,被那些比较语言力量薄弱的辅音一一的隔开。这样我们有了彼此相间的强音和弱音,强音所在好像山峰耸起的地方,比较的弱音所在好像“山谷”低凹的地方。例如,“black”和“cat”里的二个元音之间,有一个叠“k”或长“k”的长停顿,这个停顿是完全静寂的。无怪乎它们刺激了听感好像只有二个节拍或音缀了。

“extraordinary”这个语词中依据发话时风格和速度的不同,可以听出有六个、四个或且三个的音缀。一个音缀是触动听感的一个“节拍”。你听着它们大概可以计算节拍——就是你计算山峰耸起的所在。不过要正确的说，何处是一个音缀的开始，另一个音缀的终止，常常是不可能。我们认定山峰和山谷两者的中间，但是并不企图正确地说何处是山谷的终止，何处是高山开始。一切语言都是音缀的，听去像是一排的节拍；而音长、音调和音势在语言的单音和音缀上的分配，确定了我们所觉得的和听到的韵律。

最后，我们必须考虑单音和单音类的问题。类集一切不同的“t”和一种辅音，或者三种或四种的“k”，或者许多不同的“l”也各为一种辅音，在南英语上共有二十五种辅音，包括着“ch”和“j”“w”以及“y”。同样地类集“indivisibility”这个语词里一切不同的“i”成为一种元音，我们用了十二种单纯的元音以及八个到十一个的复元音，总共约有四十六类的音。

当我们发出英语“t”的时候，我们必须要认它是一类“t”的单音。一类差别音的范围，或一组或一副相关的单音，现在叫做单音类。一切语言有它们特殊的单音类，而每种单音类有它一组的差别音。要适当地说明一种口说的语言，第一必须知道标准的发言者的语音材料，辨认他们所用的一切单音，寻出哪些单音的差别是重要的，哪些差别是不重要的。在习惯的程序上单音和单音类是如何的分配呢？单音类和单音类差别音的分配必须是指标准的发言者在谨慎和快捷的语言里所用的一切语音。大概，狭小的语言群中的分子，虽然在各种差别音的数目和性质上可以具有许多特性，可是他们有同样的单音类习惯。有人会把语音学的职务限于上述的工作范围。有些人的意见，以为还要说明一些各种声音所配置的社会的应用。

四、听受和认识

大家都知道有空气压力的这件东西，它会在瓶管里升起一行水银的液体。气压表就是应用可以认视的度数来间接指示压力的逐渐的变化。你能够看见文字，永不能看见语言。你所看见的就是从中所听见的联缀关系。有了完善的语音学字母，你能够把语音的顺序和分配、口说语的样式显示到视官上来，经过了训练可以使你自己在语音上适应着这种记号。这就是“可以认视”的语言所能够办到的。自然这种是记录、研究和学习口语的极有价值的工具——唯一的科学方法。

听官是一种气压表。它善于感受四周空气上压力的突然和迅速的变化。我们从听官对于这些迅速变化的敏感，便得到我们音的感觉。我们的听官把空气上连续的紧密和稀薄变成一种形式适合于刺激听神经的末梢。听神经的感动达到了脑部的高级中枢，我们就听到各种固定性质的音。所以听觉的理论包含着：听官外面所遭受的是什么，这些遭受的东西怎样的触动中耳和内耳的组织，以及我们音的感觉用什么方法和内耳及听神经上所遭受的发生了关系，这几种的解释。

对于这些事情详细的说明，读者可参考一些容易了解的课本。

简单的说，空气的震动由外耳的孔道传进耳鼓和中耳的小骨上，它们好像是一种变压器从空气中传输震动到了内耳上较浓密的液体的媒介。震动的振幅减小大约到了六十分之一，强力或压力传进到了内耳上像空气感动耳鼓的三十倍到六十倍的那样大。内耳是一种螺旋的键盘接收器，在这里的震动奏成我们所听到的“声曲”。有许多学说更进而解释那薄皮膜“键盘”和哥弟氏器(Organ of Corti)的功用。键盘大约有四分之一公厘宽，三十一公厘长；哥弟氏器的感觉神经末梢和所谓哥弟棒状细胞(rods of Corti)相连结，这些细胞的数目在二三，〇〇〇和二四，〇〇〇之间。海尔姆荷兹(Helmholtz)最初提出所谓共鸣器或筝的学说，所收集的证据很多。

然而，我们决不能推想听官组织的共鸣是像音叉(tuning-fork)的，或且像一个筝或钢琴的共鸣。内耳是一个很小的组织，而阻碍是很大的——弗来邱(Harvery Fletcher)在新近的著作里说“是大的，即使不比电话收音机上的那么大。因此‘留音’(hangover)就是激起的声音停止以后存在的震动，是很小的，小到几乎觉察不出来。当听着一种连续变化的声音来源，薄膜的震动的形状排长起来，而很快的休止，因之随后的变化没有可以觉察的停留。因为这种理由，以听官组织体来和筝或钢琴比较，就会产生一种错误的印象”。

一种完备的听觉学说，也须解释传感神经的组织体，这大概是音响的感觉所依附的。粗略的说：有三种音——乐音(musical tones)、语音(speech)和噪音(noises)。纯粹的乐音有二种物理上的特性(有些人再加上音量 volume)：就是某种震动的周数，和某种震动或压力的强度。知觉或知觉的特性和周数相当的就是音调；和强度相当的就是音响。人类的听官所能感到的纯粹乐音的音调是从每秒钟大约二十个周波的音调到每秒钟大约二万的周数。有些人也许有敏锐的听觉，能够听受比这个更高的音符，又说是大风琴的音符也有比我们所听的每秒钟二十周波更低的周数。

在理论上，弗来邱曾经说在这个范围内，改变一种纯粹乐音的音调从最高的到最低能够听见的音调，在某种情形下几乎有二千种可以认别的等差。

在大多数乐器上所发的音符（人类的乐音是一种管乐器上的）并非纯粹的乐音。它们所包含的不仅是一种周数。最低的一种成素，就是基本音，常是确定音调的高低的，不过通常还有许多组合的和音，在周数上是起于基本音的倍数的。震动的周数是空气上物理变化的数学的表示——音波。乐歌上高低的音阶是一种相对的可听的系统。自然在半音阶（chromatic scale）上的音符的音调和它们的周数的阶级两者间有一种相互的关系。这种音阶上的等级就是半音，只是为了科学的目的较小的对数单位（logarithmic unit）也常常应用罢了。音符“c_3、c_2、c_1、c、c^1、c^2、c^3”相当于三二、六四、一二八、二五六、五一二、一、〇二四、二、〇四八的周数；每秒钟二五六周波在物理音调的音阶上代表中音的“c”。乐歌的复制器，例如留声机和无线电机，必能传递从五十到五千周波的周数，而正确的复制在这些限度的各端上更能传递别种的音阶。

“potato”（蕃薯）这个语词的第一个音缀上的短元音，迅速地读起来常只有〇，〇三秒钟的时间。可是你认这个音是具有音调的。即使比这种更短促的音符，听官也能够辨认它的音调。口语的声音，实际音调高低变化的范围比歌唱的更为广阔。在任何一种事例上，变化的范围总是依据于情形和感觉的。在某种情形当中，平均男子的音是处于二种音阶之间，提高到“F”，不过在平常的时候，并没有常常超过“D”的。举一个例来说，当一个男子在语句末尾沈没他的声音的时候，这种声音时常变为一种狺狺声，它的音调是很难辨认的。女子的范围没有这样广阔。在谈话当中，平均的限度大概在“G”和“b^1”之间，不过女子的声音也有达于“D_1”和“C_1”的低音调的。语调变化的范围在谈话中具有“触动”的极大的价值，这是大家所已经公认的。它常常是整个情境的联缀中间最重要的功用。许多感叹词有一种近乎纯粹语调的价值——如“ah”或“oh”或在鼻辅音“m”或“n”上所发的声调。我们在语调变化的方位上应用一种突然的变化，作为使得某个音缀或语词显著的一种方法。许多所谓“重音”(accent)或“语势”(stress)的也是依据于音调的效用。在非洲和亚洲地方亿兆的人民，把音调的变化和差别，不特是用来表明感情的动作或姿势，而且是区别这种和那种的联缀关系。在这些地方英国人是需要不同的语音、不同的语词的。声调语中最重要的一种，就是中国语。

我们已经知道音乐上重要的周数范围是从每秒钟五十到五千的周波。弗来邱和其他的人在贝尔电话实验所对于正确的传输语言所必需的周数范围，做了详尽的探讨，使语音的性质得到一种新的见解。包含极大量的能力的周数范围近于通常在读元音时所用的基本音，大概在五，〇〇〇周波之下，不过也有几种语音上的强力，高至一〇，〇〇〇周波的。应用滤清器(filters)探究周数偏曲的结果，发见“s”的音只是一，五〇〇周波以下的消沉周数所轻轻触起的，但是当四，〇〇〇周波以上的周数不能传输的时候，它的特性就消失了。用三，〇〇〇以上的消沉周数，“s”音的电话价值是减低了百分之四十，“th”减低了百分之六十六，“z”减低了百分之八十。对于无声的辅音，一，〇〇〇至三，〇〇〇的范围是重要的，而“t”似乎有显著的特性，因之，一切在一，五〇〇周波以下的音似乎是不能辨别了。

实验的分析也曾经显示英语里许多“th”音和“f”“v”以及嘶沙摩擦音的高周数的类似的关系。“f”“v”比“th”一类的音有更高的周数，特别是“f”，听感上的分析表明了“f”“v”的区别比“v”和有声的“th”的区别更多，而在物理上，后二者的差异是一种精细的区别，这个给真正的伦敦本地人(Cockney)知道，定会觉得有趣的。

像“team”(一群)这个语词里的元音“i”只用一,七〇〇以下或以上的周数,就可以正确地辨出来。美国的短元音如在“put”(放)“ton”(吨)和“ten”(十)里的“u”“o”和“e”有运用一,〇〇〇以下周数的重要特性。“i”音(如在“Team”里的)当在一,〇〇〇以下周数消沉的时候,很和“u”音(在“pool”里的)相像,可是仍有多少差异可以辨别的。又曾经发见,为着圆满的传输妇女音上摩擦音所需的周数范围比之为着男子音上的要高。在五百周波以下的消沉周数,对于语音的辨识,仅有很小的效力,而且它消灭了声音的自然性。

音调是关于周数的,音响是关于强度或压力的。但是,音响对于震动的强度的关系并不是一种单纯的事情。在听感上发生同等强度的二种音并不认为同等的响亮。如果你开始用二个认为有同等响亮的音,然后用同等的数量增高它们音强度,它们就不复为同等响亮的音了。低音调的音可以使它增加音响比之高音调的要快得多。当我们判定音响的时候,足以使科学家依照一般适用的规律去测量音响,确定其所依据的程序,直到如今还是不可能的。然而,电话工程师已经觉得测量语言传输在听感上和电流上的压力是合于心愿的了。试验语言传输的这些方法,他们已经觉得很便利地去辨识迅速的、平均的、平常的、音缀的、发音的和高度的语言力量了。

用语言力量来燃点一个普通白热的电球便需要亿万的声音。用电力来测量一个微弱耳语音的力量大约是〇〇〇,一瓎(microwatt),而最响的音的力量大约是一,〇〇〇瓎。最微的而没有到耳语音的那种声音约有〇,一瓎的力量。电话工程师为要测量感觉单位上的各种力量,曾经采取一个对数单位,称为“decibel(db.)”。如果把平均的语言力量当做零度的标准,这是比较的度数,那末,很响的语言的感觉度就为“+20 decibels”,弱的语言是“－20 decibels”，而微细的耳语音是“－40 decibels”。发言者在谈话上所用的百分之九十三的平均力量的范围，大约是“21 decibels”。这种测量感觉度、音强度的方法是关于听觉的一切科学上所引用的。达到听官的任何音的感觉度是单位的数目，是超出于听觉的逾限的。离开听官半英寸处，正常的语言大约有一〇〇“decibels”的度数。

这些实验的研究方法，对于一般语言学的学者曾经发生有趣的结果。他们证实了许多用别种方法得来的结果。例如元音是有极大的强力的，而这些元音当中，美国人发现他们所用在“talk”（谈话）里的元音是一切最强的音。这个元音极近于英人用在“father”（父）里的“a”，因此，开元音正和别的东西相同，比较在合元音，如“team”里的“i”，更为“响亮”（sonorous）、更为自然的显著。用觘数记出来，元音强力的范围大约在“a”的六百八十到了“i”的二百二十之间。依照弗来邱研究的结果，“r”是次于元音的，然后轮到“l”“ng”“m”“n”。他觉得无声的“sh”和“ch”二音，也有很大的强力。在这些声音之后，他列着塞音及其他摩擦音，而把气化的“th”列在表的末尾。他又正如我们所希望的，发见了音缀强力的变化，依据于重读或音势的，比之依据于所用的元音为多。在他所称为重读音缀里的一个元音，比之在我们所称为非重读音缀里的常有三倍或四倍的发音强力。

关于一切种类的语言，都可以具有从〇，〇一觘到五，〇〇〇觘的一个强力的范围，产生五十六“decibels”的一个感觉的范围。任何个人说话的音强范围，总没有超过四十“decibels”的。这些所应用差异的语言强力——触起听受和传输的——的证据，也可以当作所觉得能力差异的证据。强音和弱音的相间，使我们所觉得和听到的节拍以及语言的音缀好像同山顶和沟槽、高峰和卑谷的相间。而上面所指出的大的范围，帮助我们对于语音上音势、音调、和音长各异的分配所产生的语言韵律上不定的变化，更了解得清楚一点。

没有固定的音调可以指出的那种音，可以称为噪音。一个噪音的连续震动是不规则的。没有一种独特的音调，而只是一些混合的音，它们的震动速率都是不规则的。这些不规则的周数和音强的范围是很大的，因之传输是很难的。从街头噪音所制的留声机片仅收集了我们在大城市的热闹街道上所受嘈杂音的一小部分。应用所谓听度表（audiometer）的这一种器具，见到纽约的一个最噪闹的地方，记出五十“decibels”。这是表示着，凡是近于听觉正常限度的音，在这个地方听起来，需要扩大到十万倍。在纽约的写字间和商场里，平均震聋听觉的效果曾经估计约为三十“decibels”。这种是变更对于语言的听觉限度，或者换句话说，就是一种永久震聋听觉的效果。

儿童都应该受听觉灵敏的试验，而希望从事音乐和语言事业的人更应该都受相当的特别试验。一九二七年，大约二十五万的美国学童受了试验，所得的结果，百分之八到十二是有缺点的。这是很明显的，从事城市生活上及军务上某几种的工作，良好的听觉是十二分的重要的。多数电话的当局们需要他们的雇员受着辨认语音以及在联缀上语音的能力的试验。贝尔实验所有语言调节的试验和了解能力的试验。对于调节的试验，把无意义的音缀和无意义的语词传输出来，要听者用一种清楚的语音符号记下他们所听得的语音。

伦敦大学教授琼斯（Daniel Jones）对于别人所发出的语音的辨认，曾发明一种训练听官和试验听官的语音学的方法。自然，这种工作不过是那种课程的一部分，那种课程包含着机关的研究、语言的产生、实际语言的分析，以及一种科学的记号的应用；现时这种记号大约包含百六十个符号，一百念个是辅音的，四十个是元音的。这里所记算的符号不能认为是已经详尽了一切所分类的个别或正常的音。它们指示音的标本、族属和类别，而依照那些以科学方法应用记号的人所熟悉的惯例来应用的。

在日常生活的正常联缀关系当中，语音有一种社会行为的情况的功用，我们不仅仅是注意于详细的发音和语词上的音而获得意义。意义大半是从知觉上显现的或由个人习惯适合于一种假定的共同背景的情形中得来的。这些音是指示的和约束的，但是它们既然在本身上并不保持或传达意义，所以有几种因普通社会的积久承许可以省去不用，或者用别的略为不同的音来替代。当人们要把所听见的音记载下来，而没有任何一种联缀关系的时候，他们须要特别努力于听觉的注意，即使这样，也许还有许多的错误。“没有作用”的语音最初只是无意义的，而且难于辨认的。

五十个一群的语言科学生经过了相当无意义的听官训练的试验，他们所造成的听觉错误，可以对于比较语言学上的所谓许多“音变”给予一些说明。对于引导试验的语音学家所发出来的音，即使能有一致，也是很难得的。试听广播无线电的报告者。他的音什么是适合于“Press Association”（印刷业联合会）里的“c”呢？你是用相同的“c”吗？同是这个“c”在天气预告：“associated secondaries”（联合的从星）里又是什么呢？在“secondaries”里有多少元音呢？在他所读那个语词里“c”音后面的又是什么的音呢？你听见他说的对于“second news”（间接消息）里的“cond′”是什么呢？他在“weather forecast”（天气预告）和“piano music”（钢琴音乐）当中把重音或强音放在哪里呢？当天气是“cloudy with showers in all districts”（阴，各地有阵雨），在“districts”当中你听见有好多个“t”呢？在“cloudy”当中他的第一个音或者是“k”一类的音。你的是吗？你曾经听见过一个“t”音用来代替这个音——如“tloudy”里的吗？你曾经听见过人们在“the club”（俱乐部）这二个语词当中用这同样的元音吗？你听见在“sense”（意识）、“French”（法语）、“lunch”（小餐）这类语词里有一个“t”音吗？

如果你还未曾这样的做过，这些不过是你所能做到的几个极显明的观察例子罢了。应用一种冷静的听官，脱离了拼音的束缚和语言上谄媚时俗和纯正主义的偏见，这是很可以养成一种科学的听受的态度的。

五、意义问题

假使我们认定语言是为“表现的”和“传达的”，我们就暗指这是内心状态的一种工具。因为我们所知道的内心状态很少，所以即使用最小心的观察，我们愈想提及不可视察的内心发现，来解释语言的问题，语言的问题也就成为愈神秘的了。我们把语词认为是行为、事件、习惯，因之，把我们的探究限制在我们同伴的团体生活上客观的和可见的东西了。

一段语言就是一种正常的完全的语言行动，系一种团体行为的样式，二人或更多的人参加了这种团体行为是应用参与者共同的情况的系属和经验的系属的共同口语化。这种样式是没有明确的界限的。因此，即使有“个人的”语言行为这种东西，也很难把它成为单独的而加以说明了。语言是消灭了个人。正常的人，没有一个能够避免了语音的拘束。他的个人的语言习惯，是由他的同伴的连锁关系而建立的，要把他的个性的范围画出一条界线，就觉得这是不可能的。一个发言的人是一个社团的人，把现在和过去一切时代的人相联合起来。斯韦特氏的主要规律：“记得那些仅存在于个人的语言。”真正只是指我们中枢神经系上发音习惯的生理的基础而言。以声音认为语言，只是社会的作用。本世纪中，第一个从社会观察点来解答这个问题的，是日内瓦的贝来教授(Professor Bally)。他在一九一三年写着：“将来语言学的问题应在语言的社会功用的实验的研究。”

通常谈话关于呈现于意识上的人和物的，其中对于发出的和听见的语音最重要的适应者和限制者决不是语词，而是已熟悉了的情境的系属。语句词(sentence-word)的意义几乎永远是靠了已熟悉的情况而传达的。一位新客不熟悉小孩的习惯和行为的形式的，就不能了解那些声音。父母常常了解的，只要他们能够知道小孩所做的是什么。

限于语句词的语言，或者误认为“节略”的一些相同的连续语音，只是在参与者的习惯当中一种经验的联系。同样的口语化以及对他们能够知觉的，便能够引起合作的行动。如果在通常所能了解的现有情形之外，而要引起同等的行动，那末，发言者所应用的“语词”必须要在更冗长的更纯粹的口语联缀当中。在书写的语言当中，联缀关系是完全口语的，而且关于一个假定的共同经验的背景。

一切口说语言的特性，是本地的发言者充分的应用了所熟悉的情形，以及共同的经验的联系的假定背景。英国某一种阶级人的语言，供给了一个很好的语音效律的例子。这一种语言常受那些没有机会获得它的人的严格批评，因为它不是从书本上得来的。这是语言当中最少有书卷气的一种。

有高等文化和“完善礼貌”的社会团体，所用的几种语言体制，是充分利用团体上共同的假定的背景和情况的联系。他们礼貌的规律对于他们发音的规律是不可少的附属物，和详细控制产生文雅礼貌的社会交际，禁止过度的自动横溢，而语言的特色就是因乎极大的语言经济。所必须要记得的，语言的“经济”，并不是书写的经济。一切非书写的语言能够自由的增进经济到某种程度，特别是地方上文明社会所使用的语言。英国人许多优雅的方言是很经济的，或者比上流阶级的土语声音更为谐和。因为上述的理由，要完成口说语词或者假定真正由处境所供给已“理解”的某些事情是完全不可靠的,也不足以了解口说语词功用的真实性质,这是很明显的了。当叙述正常的语言习惯的时候,应用“省略”(contraction)、“残缺”(mutilation)、“简缩”(ellipsis)这样的名辞,是非科学的,也是无需的。文法是逻辑的,而使语言依顺于理性。但是,通常的语言并不是理性的奴仆。团体的联合使语言行为具有一种特别动情的性质,这是和社会生活一样的充满着情感,对于社会生活它是有一种指导的功用的。

大家知道个人的同伴,他们的在场或不在场能够“变动”事物的价值和我们对它们的态度。一只狗所遗留下的一块骨头,它已经懒得嚼它了,却重新吸引着别只狗的来临。语言的功用是在一种社会经验的联续当中发生的。语言正如行为一样随着同伴而变迁的。所以这是很明显的,主要的必须是感动的——有人会称为是原始的。一切口说的语言在某些习惯的标准上都是同样的原始的。

最简单的正常语言境界当中,至少包含着二个人,例如你对一个人说“注意!”(Look out!)这二个语词是刺激反应的动作,关于“属于”某种联缀中间的,但是,在这个直接关系以外,发言者对于关系者和听受者也须“表示”他的态度。他的感情也可以鼓励他,将他的同伴包括在他所预期为他们二人的一种行为形式之内。因之要得到口说语词的“意义”并不是一件容易的事。“意义”至少包含着四种事情——直接关系、对于关系人的态度、对于所说的人的态度以及目的。它也依据于集团习惯的表达作用。

书写的语言在文字上也大半是感动的,因此,一切青年人从事于优美翻译的练习的,须要记着,仅仅翻译“语词”是一种时间的不良的耗费。

“有智识的人们”指明“唤起的”和“感动的”语言是“不用符号

的”，而只有应用符号的语词有一些真正的关系。但是多数的抽象语词是根据于通常社会上所造成的别种“语词”。极发达的抽象的书写语言确是符号的，只要我们由合作行为——就是在某社会团体里的动作的趋向——所制定我们所称为基本的语词有了一种基础。要语言学上的贯通，你必须将你的名辞能够在某处某点掉换真正社会价值的金元。

在英国和印度的英文书记，无论白人或褐人，时常在语言上不能清偿，即使他们的债主极少强制他们公开的破产。许多印度的英语是太难了解的，可是政府照旧使用着，虽然因此而有某种通行的货币，而没有兑现的银行。英国文学直到爱迪生（Addison）的时候，还没有一种相当的保证品，能用以担保在二十世纪里发行语言的通行货币。不单是限于印度的英文书记，在一切纯粹文字的教育中都潜伏有共同的危险，如果语言与学习者的社会生活不相合时是尤其危险的了。外国人从书本上学习别一种语言时常可以学得非常流利——他们只获得语词的使用而非语言的了。他们没有学本地人在社会情况里习惯的“经济”，他们的语句常常是太冗长、太完全，有时太合于文法。他们有时应用在字典中相当于某种意义的新奇语词以为娱乐，可是这种语词不发生社会作用，因此就给本地人一种可笑的“意义”。炫博的人在修饰他们的语言时，常常是同样地闹笑话。对于一个外国发言者的别一种困难，是本地人的简短经济的语辞，需要一种和本地人一样的读音，才可使这些语词具有他们完全的“意义”。你的谈话愈接近于书本，就愈和你的读音不相干了。

在基本的语言情况中，“意义”正如发言者所造成的声音一样，是人、物、事的情况联系的所有物。声音是重要的，但是并不如纯语家以及别些人所信的那么重要。“tar”（松树脂）、“tire”（疲倦）、“tyre”（厌倦）和“tower”（塔），这些语词虽然很容易分别拼缀它们,如果都读成一样的音,真的也并不要紧。真的,声音相同常是一种更有效的发音经济的结果。我们极顺适地说“see”(看)、“sea”(海)、“c”或“pair”(一对)、“pare”(削去)、“pear”(梨)。即使我们用“He’s a bad pear”(他有一只坏梨)来代替“bad payer”(他是个不爽快的付款人),也没有什么损害。语词的同音是十分普通的。语辞发音分析是不必费力去追求的,如“your arrival”(你的降临)之于“you are a rival”(你是个劲敌);也不必依据纯正主义来怪怨“who’d you give it to?”(你给这个与谁?)的含糊。这里的一个“d”,依它的联缀关系,可以用作现在式、过去式和假定式。我们刚才所提的特点,就是合作行为的要点。而意义是从环绕于直接刺激的整个系统而发生的,并不仅是从枢要点本身而来。在正常状态的人们,语词成为习惯动作的一部,他们所能够具有的意义只是行为的样式,他们对这些样式是有同等的功用。而且大家知道,同样的音能用作各不相同的样式的功用。一种样式一种音的原则,在常变的经验连续的流动当中是不能持续的。即使可以实行,也是不经济、不需要的。但是在正字上要分别同音,又或在广播音当中也许是需要的。

意义问题的另一方面乃是关于“内在语言”(inner speech)的。当一八七九年的时候,班恩(Bain)和李博特(Ribot)曾经发表意见,以为在诵读或追忆一个语句时,我们感觉到器官的震跳。“每一种显明的知觉是伴着隐藏的调节的。”稍后爱虬(Egger)和潘来特(Ballet)怀疑这句话,而相信是“心理上的”作用,同时,斯特里克(Stricker)说我们不能有一个“b”音的观念而不觉到某种运动。但是宝尔韩(Paulhan,1886)主张:当高声发出一种元音的时候,也能够有别种元音的想像。几年前,二个美国的心理学家把内在语言或“口说思想”当中舌头的运动作为一种实验的研究。他们发现当这些运动出现的时候,符合于相同语词的显语上的运动,只占所研究事实的百分之四点四。读者自己也可做个实验。将下唇从门齿拉下，或者把舌头伸出口外夹在大拇指和食指中间，而静默地对他自己反复诵读“Peter Piper picked a peck，etc.”（彼得比泊啄了一啄——）或“Baa，baa，black sheep”（咩咩，黑羊）。是不是牵涉语词的声音或感觉，是不是有些调节上的困难？

对于内在语言，从前的讨论，并没有提及思想外延自动的相伴物的更大问题，也未曾提议一切思想的一种纯粹机械的或物质的解释。近代生理学和心理学上有势力的学派曾提议这样一种解释是可能的。

约翰霍布金斯大学（Johns Hopkins University）的丹赖甫博士（Dr. Knight Dunlap）以及美国其他的研究者已经提议，以为“思想”的自动相伴物和感觉是有区别的，包含着轻微的发动的或试行的筋肉紧缩，这种紧缩如果充分实行时，可以看见或可以听见，或者可以看见又可以听见的；这些运动能够“不自觉地”出现，而且有许多运动能够具有系统一并的同时或接续的出现。他们相信一切的摹声说是建立在试行的运动的出现之上——发音的以及其他身体的运动；这些语言筋肉呼吸机关、面部表现、眼的、指的和臂的试行的运动对于“titter”（微笑）、“gurgle”（潺潺）、“fumble”（抚弄）、“dangle”（摇摆）这类的语词给予以“感觉”。假定这些触觉动作发生筋肉官能的感觉以及组织体系时又发生运动的或筋肉官能的想像。一切学习包含一种完全动作的组织。在建立一个运动的习惯时，动作的整个自动样式有它想像的筋肉官能的系统，这个系统能够做先见的行为样式的代表。只有这种预先的想像，才能够控制进行中的行为。

依照这种见解，语言上和诗文上词句的协韵是依据于这种筋肉官能盼望的成功或失望。如果这些见解是真实的，它们对于一切语言的教学、一切文学的鉴赏和文学的批评有很重要的关系了。

美国的行为派心理学家瓦特生主张一切思想都是内在的语言。用这种意思来观察“内在语言”,不足以实验舌头的动作,或者指出一个没有喉头或成为聋哑时候能够思想的人。语言的机关包括许多程序的一种广阔的体系。读出最简单的语词时候,脑筋、整个呼吸范围、腹部等等都包含在内的;而在相关的联缀当中,身体的别种动作照例也是如此。

六、发 音 习 惯

列宁格莱脱(Leningrad)的教授潘夫罗夫(Pavlov)反复地喂饲一只狗,而伴着一种特别的音调。这种音调是刺激的方式的一部,这种刺激,如果适合的反应,使狗得到饲喂的最后满足。而经验联系的反复,在满足食品的需要上达到最高度,于是建立了一种合调,一种在中枢神经系中的"定态"(setting)。久后,这种音调单独触动定态,狗也以流涎的形状来反应,而且是假定在期望美食的兴奋情状当中。如果随着给以食物,这种动作便完成了,这种习惯也继续下去。这种音调之所以启发饲喂的动作,也就是表示食物。如果你继续发出这音调而没有食物随着来,这种合调是会被毁坏的。同样的音调也并非表示食物了。需要、愿望、目的,这些是动作的主要的发条。而最后的情形是由发动力推动机关工作。上面所引证的实验中,发动力就是需要食物。这种需要专注于音调,当做一种狗的感应的必要条件。他用这种方法来学习饲养。他就得到了一种习惯。

有些习惯是天赋的——就是它们受着神经系中天赋的定态支配,其中有一种特殊的刺激不变地触发一种特殊的感应。胡蜂、蜜蜂、蚂蚁,供给几种这类的极发达的天赋行为的例子。在这些情形中是没有学习的。而一切特殊的人类习惯总是包含有学习。依经验来学习而获得有用的习惯,这就是个人适应的能力,包含实验的合调、记忆力和认识,于是在习惯的反应中有一种适应力。

人类最重要的习惯动作是他的语词。语言是必须学习的,而决不是天赋的。语词是获得的习惯,但是它们并非时常是特别的反应或特别的刺激。在饲喂潘夫罗夫的狗时,把那种特别音调,用为有条件的刺激,就成为一部分的习惯的动作。而只有那种音调,会感触“定态”。通常的语词,并不是这类固定的习惯。语言是我们最有价值的工具,因为我们能使它适应我们的习惯,正如我们把我们自己适应我们的环境一样。所以有发音和意义变化的广大范围。我们学习语词是作为满足我们需要的条件。一种发音的习惯是一种合调、一种中枢神经系的定态,而要为适当的发音刺激所触动的。这种“定态”大概是能在各种相异而又有某几点相同的联缀关系广大范围里发生功用。

一个口说的语句是一组进于完成的发音情形。具有感动的价值的语音互相承继,而至它们聚成语型,于是效用也变成更明显的了。一个发言者已经发出某一些语音之后,任何同样情形的听受者便能够完成其语型和发音的顺序。换句话说,一个口说的语句是一串直接的刺激,在一种发音的语型中联合的引起一种适当的习惯反应。在小的语言团体,如家庭、社会团体或阶级当中,误解的可能性被共同的情形减少到最低度。在同样的情形上惯于用同样声音的人们,对于生活的根本事情是同一心理的。

工具的能够适应,那是它伟大力量的奥秘。发音习惯可以杂乱的交织成功的,但是它们总是建立在广大的“合调”之上,容纳感应、变换、代替等等的可变性,而为了解的行为上所需要的。二人的发音没有绝然相同的,大多数的发言者也不只应用一种风格的。同是一个发言者依于不同的环境上所需要,会用“同是一个语词”的几个变形。不只一个“have”(有)的语词,而有许多个“have”;不只一个“k”“t”或“i”,而有这些音的相关的各类。熟习的音常在稍为不熟习的或部分的新经验中发出或听见的。然而我们对这些语词，例如对我们自己的名字，虽用种种声音和一切方式来诵读，我们也可以认识和反应的。我们对于语音的反应是经过一种个人和方言的变化的广大范围。要决定对于一定形式的语音顺序的“了解”的最低限度，那是很难的。有极多荷兰、德国和北欧语言的顺序，对于一个平均智力而只能说一种语言的英国人，也可以引起某种限度适当的反应。

语言的单位不是容易决定的，有人会说是语音，有些人以为是音类——就是一类或一族的音，如“k”类或“l”类或中性的元音类。“pet”（爱物）和“bet”（赌注）两者间的差异是依据英国人认“p”和“b”为不同的音类的习惯——就是使有意义的应用“p”和“b”间的差异。有许多玻利尼西亚（Polynesia）的语言，“p”和“b”或“t”和“d”、“k”和“g”之间的差异是不重要的。就是在适当的语气间你能说：“papa”“baba”“paba”或“bapa”——它们都会用作同一个“语词”。同样的，“t”“s”“ts”是常常被视为一个音类的。语词为了音类的不同而发音上互相分歧，人们和人们间的变异。在英语中我们曾提及有二十五个辅音和大约二十个元音的单音类。

各个人的发音也许不同，而同一团体或同一阶级的语音习惯总是相同的。他们会相似地应用异音。在语音上并未分歧的那些语词——就是同音——也许因功用或因经验的联系而有分歧的了，但是也并不是一切的语音差异都是显著的。在同样的情境中我们也可发不同的声音，而在不同的情境中发同样的声音也是很通常的。一般人的意见，虽然以为语言的单位是语词，而不是单音或单音类，也不是单音类的系统。但是因为发音习惯分成了几类的单音，所以“语词”也把它们自己相近的语词或有关的习惯归成一族了。有些语词是比其他的语词孤独的。一个语词，它的转化的和相类的愈少，本身习惯的背景就愈形薄弱，它也就愈孤独的了。这或许偶然是如此。“horse”（马）、“folk”（人民）、“veal”（小牛肉)、“lamp”(灯)、“car”(车),这些语词是比“cat”(猫)、“strain”(尽力)、“scream”(呼喊)、“crumple”(绉拢)、“clatter”(搋搋声)、“slacker”(较弛)这些语词来得孤独。

试举“slack”(宽弛)这个语词的单音的顺序。这不是一个孤独的习惯。这是集合的许多习惯的一种体系的一部分。“slack”的语根是属于“slack”“slacks”“slacked”“s'acking”“slacken”“slackness”“slackish”“slackly”“slackest”“slacker”“slackors”,这一群或这一语根类的。和这一类相交互的其他语类是许多接头语和接尾语或形态语,如——“-ly”“-ness”“-ish”,这些语类和复数类,以及“the slacker”(怠惰者)、“the blighter”(萎靡者)、“the bounder”(跳跃者)的“the-er”这些语类。说到这里,应该注意的是在实际情况的联系中,我们很少单独听到“a”“the”“l”“he”“at”这些语词。这些声音不是语根,它们大都是助语词,或具有形态语特性的声音。

在“不自觉”的背景里的语型,正和我们所说的以及所听的语型一样地重要。也许这些语型本来是重要的东西。音调或语言的和谐以及音势和音长陪从的音缀分配是语型的极重要的元素,而单音和语词的顺序,则是我们所认知的熟习语词的重现之形式的结构。顺序和编列是比复诵单音的相同的音读更为重要。

在理论上,语言当中是可以具有无数不同的语型。实际上,同样的语型和类似的语型,自然和日常生活里司空见惯的事实常常反复出现。这种倾向是趋向于语音的经济。假使联缀的关系是充分的各异,那末相同的声音顺序可以用作极不相同的效用,例如英语中有“sawed”(已锯解)、“sword”(刀剑)、“soared”(已翱翔),“you're a rival”(你是一个劲敌)和“your arrival”(你的降临),“son and heir”(儿子和承继者)、“sun and air”(太阳和空气),这许多相同的或相近似的声音而可以依照它们的情况的联属关系,发生各种不同的功用。甚至音调和音势也时常如此。这种语音经济，我们称为同音，这不独应用于语词和短语当中，它也应用于单音中。将一个嘶沙音加在“bake”（烘炙）这个语词里，和把同样的声音加在“lake”（湖）或放在“Dick”（狄克）和“father”（父）这几个语词之间，所发生的功用，是完全不同的。

在语言的各种功用和联缀关系不能利用同音的联系的地方，同音的唯一价值就是双关语的可能性。但是同音也可以用作类集“语词”归入语根类和形态语类的一种联系，而与相联系的经验的系属相符合。一切数目、人称、性别，按尾语的符号和由文法学家所指出的多数的语音特性，都是这类的“同音”。我们已经知道，依英国人的习惯说明“the slackers”（怠惰的人们）这个辞语必须援引到“slack”这个语根，以及以“the”“-er”和“s”为特征的三个相关的形态语。但是“slack”的语根的全部是属于一个更大的一类习惯，这类习惯我们可以称为“sl”单音类。我们现在已经可以明了“slacker”是一种语音的习惯。在实际情况或经验的联属当中，这是常常被认为有意义的。语言的成就，就是经验的口语化或经验的习惯语音化，所以语音习惯体系就是经验型的一部分。语词所“持有”或“包含”或“表现”的“意义”，无论如何，并不和字典里书写的形式相反。

我们很受语首和语尾的单音群的影响，可是普通并不认为有任何的功用。试研究下列的英语语词：“slack”（宽弛）、“slouch”（村夫）、“slush”（软泥）、“sludge”（淤泥）、“slime”（黏泥）、“slosh”（软泥）、“slash”（创痕）、“sloppy”（湿滑）、“slug”（懒人）、“sluggard”（懒惰）、“slattern”（污浊）、“slut”（懒妇）、“slang”（俚语）、“sly”（狡猾）、“slither”（滑走）、“slow”（迟慢）、“sloth”（懒慢）、“sleepy”（恍惚）、“sleet”（雨雪）、“slink”（潜逃）、“slip”（流滑）、“slipshod”（褴褛）、“slope”（倾斜）——（特别是用在俚语中）、“slit”

（罅隙）、“slay”（杀害）、“sleek”（润滑）、“slant”（斜坡）、“slovenly”（不洁）、“slap”（薄片）、“slap”（掌击）、“slough”（泥坑）、“slum”（陋巷）、“slump”（跌价）、“slobber”（流涎）、“slaver”（谄媚）、“slur”（污点）、“slog”（猛击）、“slate”（严责）。一个孤立的语词在某一种经验的联属中并不发生效用的，所具有可以称为意义的也很少了。但是如上面所说的语词类，却有一种累积的暗示的价值，这种价值是我们研究语言习惯时所不能忽视的。上述的语词是各种程度的贬抑意义的语词（pejorative），然在声音上并没有固有的贬抑的意义，虽然有人说“sl”是有“salivation”（流涎）的暗示。或许是这样，我们现在听到和学习发出这些声音，我们可以称为贬抑的经验关系。具有相同的情感状态的情形中同音的发生功用愈一致，它们的功用也愈明显，那末“sl”可以说是一种贬抑的发音习惯。如此在语言上有任何应用同音的类比，那末，像“sl”这样的语音联系，就是经验的联系。在联系的一类当中，每个语词所得到的直接刺激的力量是从这词类而来的，尤其是从它的较近的同类语词而来。有些语词无疑的是“不自觉地”“适合”于二种或二种以上的语音习惯。例如上表内的语词：“slump”（跌价）是和“bump”（重撞）、“dump”（倾泻）、“thump”（撞击）、“plump”（忽落）、“sump”（聚水坑）、“jump”（跳动）相联系的，而这些语词也和“clump”（矮林）、“rump”（尾端）、“mumps”（愠怒）、“hump”（隆肉）、“stump”（残干）相联系。这些普通的语音习惯使个英国人易于了解最近德意志兵书《希兰拨》（*Schlump*——原义为放肆者）的最优美的贬抑的书题。日耳曼民族的“词类的定态”或语音习惯是很相似的，以至语言的系族可以单独建立在这种证据之上。

语首的辅音群“sm”和“sn”也似乎和有些贬抑的情况发生联系的，虽然它们的暗示价值是和“sl”的稍为不同。它的例子是“sneak”（小人）、“snack”（小食）、“snatch”（小片）、“snip”（小块）、

“snap”(小姜饼)和“small”(小)、“smut”(污点)、“smudge”(污斑)、“smash”(破碎)、“smatter”(浅学)。有共同的语音特性的其他语词类是由相似的“定态”联系的,而有一个相关共通的背景。我们可以假定“stresses”(压力)和“strains”(竭力)、“strength”(气力)、“straight”(整直)或“stretched-out”(伸张)也能在同一的自动背景里联合起来;例如,“stripe”(鞭鞑)、“stride”(跨步)、“strive”(奋力)、“struggle”(斗争)、“strange”(奇异)、“streak”(斑纹)、“stream”(水流)、“strike”(敲击)、“string”(小绳)、“strenuous”(发奋)、“strut”(傲步)这些语词并没有共同的语原,可是也能把它们会合起来,也许是由语首和经验的类似,这是值得注意的。

语尾韵对于相关系的经验联属中发生效用的语词间也能够提供语音的联系,我们曾经留意过“slump”(暴落)、“dump”(倾销)的词类。我们可以加上有舌根元音的“scoop”(穿凿)、“swoop”(攫取)、“droop”(低垂)、“stoop”(俯身)、“loop”(作耳扣)、“whoop”(叫喊),和有舌前元音的“brisk”(敏捷)、“frisk”(跳跃)、“whisk”(疾动)、“risk”(冒险)、“crisp”(卷绉)、“wisp”(小帚)、“lisp”(嗫嚅)这些动词类。

要说明这种语首韵和语尾韵的词类上复杂的相互关系,我们可以研究两个语词:“swirl”(旋转)和“twirl”(回旋)。这两个语词的暗示价值大概来自两种词类:第一是“sw”类——如“swill”(大饮)、“switch”(挥舞)、“swish”(挥舞)、“swell”(膨胀)、“swim”(泅泳)、“swoon”(晕眩)、“sweep”(掠过)、“swipe”(重击)、“swoop”(攫取);其次是“tw”类——如“twitch”(急扯)、“twist”(扭曲)、“twine”(旋转)、“tweak”(急捻)、“twinge”(捏痛)、“twinkle”(急旋)、“twiddle”(扭弄)、“twaddle”(空谈)以及“-irl”“-nr”类。

偶然地二种情况的融合,会暗示一种相当的语词底语音特性之适当的混合——例如“brunch”=“breakfast and lunch”(早餐和午餐）。商业的名称是常用这种方法创造的。李尔（Edward Lear）和卡罗尔（Lewis Carroll）曾玩弄他们的语音习惯而给予我们“无意识”的语词，可是并非没有意义的。有少数的语词是能够明确地从所知道的这类的“混合”中去追寻踪迹的。在本章所提及的整饰音素的习惯，是比通常所了解的更“混合”了，并且在语言上更有一般的重要性。

耶斯柏孙氏写着“同义语词的混合在语言的发展上参与了比一般所认识的更大的职务”的时候，也感觉到这一点。在他所说的“混合”的例子中，“twirl”（旋转）是等于“twist”（旋卷）加“whirl”（急转）。但是这种说明是不够的。我们不能限制“twirl”的习惯背景就在这两个语词上。这个背景大概是包括“tw”和“-irl”“-url”整饰的音素。要明确的叙述一个语词如“swirl”的语言和经验背景，那是不容易的。从上面的表内选择二个例子是不会给予我们一种满意的基础的。要避免平常的联牵我未曾用“混合”这个术语。而且，在语音上和经验上的联系语词并不必需要是同源或同义的。

我们已经知道一种语词的变异是依据于元音性质的次序——例如“least”（至少）、“list”（表册）、“lest”（恐妨）、“last”（最后）、“lost”（丧失）、“loosed”（释免）、“laced”（编结）。当语词是辅音的而非经验的联系的时候，元音的变换，仅是产生各异的分别语词。当辅音的联系是语根的或整饰音素的时候，元音的变更也会有某种的功用。在别种相类的语音顺序中的元音变异，也是英语和其他日耳曼语当中的一种共通的表现方法——例如“drink”（饮）、“drank”（已饮）、“drunk”（曾饮）、“sink”（沉没）、“sank”（已沈没）、“sunk”（曾沉没）。在这些实例中，我们还未更进一步去运用元音变异。虽然从辅音的变化上，我们有“drench”（透湿），可是我们并不应用“drahnk”“draynk”这些语词。

但是在大多数的日耳曼语言中为了别种目的而尽量的运用元音变异。我们有时变化元音在某种方式上以适合同样动作的各异的情景——例如，动词“drip”(滴落)、“drop”(滴下)、“droop”(下垂)。为什么“i”会适合第一种动作，而“oo”适合第三种呢？这是能够猜想到的——只须我们留意声音的记号作用。又在这里我们并没有利用元音的一切可能的变化——我们没有“dreep”“drep”“drahp”“drup”“drerp”这些语词，只不过我们有个法语的“drape”(折叠)罢了。而有人要说这个语词是不受上述词类的影响，自然大概也不受整个单音缀的“dr”整饰音的影响的。

上面的话并不能解释为一种固有的声音记号作用的理论。洪保德(Humboldt)的“听觉上的印像类似心理上对像的效果”这句话并没有什么建议。洪保德的“stehen”“statig”“starr”等语词并没有说明这些声音直接表征“稳固”的意义。但是试一研究“stand”(站立)、“stiff”(坚硬)、“staff”(支持物——棍)、“steep”(壁立)和许多同样的语词，便可知道在过去“st”无疑的是从一种一种联属的关系上发展着。

中国语和缅甸语的几种分类的助语词，对于平的、长的或圆的东西或极端性的，等等；也是颇相同的整饰音的习惯，只是它们并不使用同类的单音罢了。班图(Bantu)语的几种分类的接头语，大概也是属于整饰音的。但是除了某种嘶沙辅音有种种不正确的例外，在任何语音上，似乎没有固有的整饰音价值。这都是关于习惯的。

应用“ee”和“oo”音的重复，以及“l”“r”“n”“m”的流音，作为助势语词(intensives)、示小语词(diminutives)和叠音，或和感情、或和贬抑的情感、或关于生动的意义，发生相关的作用，很多可以作为粗略地称作摹声语的那种的说明。

玩弄整饰音素的习惯，可以产生许多语音韵、半谐音、和语尾韵的娱乐。在英语中最优美的发音的诗人是斯韦朋(Swinburne),他的效果完全凭靠玩弄英语的语音习惯,因之,是很不能移译的。摹声说,不单是文学的传习,大概也建立在同样的经验联属、习惯的同样语音化之上。

七、语言的系族

语言的关系性质，常可以从共同的家属上去追寻。正如梅勒所说，许多各异的语言是属于同一族的，它们是"从前所说的一种同一的语言的分化"。语言的关系正如血统的关系一样，常是由于历史上建立的。愈向前追溯，愈能确定它的世系。但是假如你追溯到很远，以至能够推到亚当(Adam)和夏娃(Eve)，那又是什么呢?

向前追溯会告诉我们，法语的"fendre"(割裂)同于英语的"bite"(咬破)、"faire"(做)同于"do"，可是"cow"(牛)和"beef"(牛肉)是同样的意义，那似乎有点奇怪。向前追溯使我们离开我们所知道的和所能观察的习惯愈远愈远了。

自然，将几种语言聚集于同一的景色上而从历史去研究，这是最有兴趣和最重要的。而且因为没有人彻底了解语言的工作，因为在这些情形中语言的预告是冒险的，所以如果你没有研究过左右近旁的语言习惯，那现在唯一要做的事情，就是探讨现在的语言的原始。梅勒和柯韩(Cohen)曾以这种精神，给我们关于全世界语言的一本独一无二的书。又梅勒和特斯涅哀(Tesniere)曾给我们一本关于欧战后欧洲语言政策的特殊的高卢语的书。在后一种的著作[①]中，读者会预期到欧洲文化都市的语言的纷乱。但是英

---

① 梅勒氏有《新欧洲的语言》(*Les Langues dans l'Europe Nouvelle*)的著作。

国乡间的语言，甚至在操英语社会的首都的语言，也显明地和巴黎离开很远的。自从诺曼人（Norman）征服英国（一〇六六年）以后的英语，可说“不再类似原始的日耳曼语，更不类似印度欧罗巴语”。英语的语音系统是创造的，而没有“和世界任何其他的语言有共同的特性，也和任何的语族无间”。

现在流行的英语和原始的日耳曼语或印度欧洲语有没有一些共同性，对于语言学者是不成为一个问题的。实际上，我们不是看到荷兰人、丹麦人、瑞典人和英国人享有许多同样的形态语和整饰音的习惯吗？他们果真是用同样的方法将他们的经验“语言化”吗？这种答案无疑是肯定的。如果我们在共同的感官生活中考察他们的语音习惯，这些民族是说同系的语言的。普通的日耳曼语，是现存语言的一种式样，普通的罗马语和普通的中国语也是如此。乌尔班图语（Ur-Bantu）也许是一种有用的理论，而它总不是一种古代班图族的习惯的班图语言。但是凡到过非洲的人都知道班图式的语言有共同的语音习惯。梅勒觉得把英语的“文法”和中国语的相比较，只能一再显示文法学的不真实。造句法上语词的相互关系并不如词类以及发音习惯和经验的联属间的关系这般重要。

经过了几世纪的文法学的生长，已经巩固了语言的研究和保卫我们所谈吐的语言。人类自己忙于文法的连络，而对于我们共同社会生活的语音习惯和行为“表率”间的更重要的连络，未免太遗忘了。英语“在历史的意义上是一种印度欧罗巴语，而在实际的意义上则否”，这种语言学上的微妙的叙述，是怎样构成的呢？至于意大利语和兴地语（Hindi），我们也能和电报公司一样假定它们实际是印度欧罗巴语吗？

健全的和古典的法国智识分子常为癫狂的英国人所困惑。一个法国人能稍稍洞察英国人的特性已足以使他成名了。最近他告诉我们，一个法国的译者曾为“一个有某点粗略的建议”（a somewhat sketchy proposal)这个辞语所屈服,他觉得再没有比“一个很有趣的计划”(a very interesting project)这句的意义更为切合了。除了“somewhat”(某种)这个语词外,我们有“somehow”(某种)、“somewhere”(某处)、“sometime”(某时)、“someday”(某日)、“somebody”(某人),以及“anyhow”(不论如何)、“anytime”(不论何时)、“anybody”(不论何人)、“anywhere”(不论何处)这些语词。虽然语原学已经确立了事实,即“sketch”(概略)一词是从意大利语的“schizzo”,经过拉丁语,从希腊语的“skhedios”(= offhand——即刻)而来,“sketchy”(粗略)这词的“定态”是从现在的接尾语“y”以及从单音缀的整饰音素和起首音的“sk”而来,“sk”似乎和“superficial”(浅薄)这种经验发生联系,特别是和“浅薄”的动作、边缘、薄的面层或薄形的表面以及某几种的“稀薄”情状发生联想作用。这类的语词是“skate”(冰鞋)、“skedaddle”(鼠窜)、“skid”(溜滑)、“skiff”(轻舟)、“skill”(技巧)、“skim”(滑过)、“skimp”(少量)、“skin”(皮肤)、“skip”(跳跃)、“skirt”(女裙)、“skit”(讽刺短文)、“skull”(脑盖)。这些语词的语原是极端的各异的,但是这种词类的暗示价值是不能忽视的。虽然“sketchy”这个语词有过一段离奇的历史,而它却没有离奇的习惯。一个瑞典人专心于日耳曼的语音习惯之内,不至于发生任何困难。

在英语中另有种同样的“sh”的单音缀类,它是“sk”的一种可能的替代,这是值得注意的。这类的语词是“sheet”(一片)、“shot”(弹、丸)、“shave”(修剃)、“ship”(小船)、“shape”(形状)。“shy”(怕羞)和“skew”(斜视)也是有趣的一对。在卖丝袜的广告中,如“sheer”(光亮)、“sheen”(光泽)、“shimmer”(发光)这些语词,并不因含有意义的语首韵而减少其组合的力量。还有“skr”和“shr”的单音缀有重叠的联系,对于这两种音缀相交错的语词,有兴趣的读者也许自己已能解决他的迷乱。这些例子是“scrape”(磨平)、

“scream”(呼喊)、“screech”(惊呼)和“scrub”(刷净)。

如果能够证明挪威人、瑞典人、荷兰人、普鲁士人和日耳曼人、瑞士人,现在日常语言中所应用的由相似的共通语音“协力”(co-efficients)所联系的相似的词类,那对于共同的整饰音的习惯就有最初例子,和因此而能明了语言的关系。在荷兰语中大约有五十个“sl”的贬抑意义的语词,如“slabakken”(懒惰)、“slampamper”(一个久已放荡的人),以及“slat”“slecht”“slet”“sleur”“slobber”“slording”“slinks”,和从马来语借来的一个有趣的语词“sloere”(卑鄙不可靠的人)。一切永久归化了的借贷语词中的整饰音的重要性还未能适当地认识。一种整饰音类是语言的一种本性,而必定影响于相似的借贷语词,这种大类的语词并不像孤独的或无辅佐的语词一样,会被消灭或替代的——这类语词,如“horse”(马)便是个例子。而“nag”(小马)、“gee-gee”(马——俗语)、“pony”(驹)、“mount”(坐骑)、“hack”(出租之马)、“tat”(印度小马)、“mare”(牝马)这些语词几乎都可以用作马的意义。“赛马”的人极少用“horse”这个语词的。

在挪威语(包括土语)中,大约有八十个“sl”的贬义语词。瑞典语中也有许多这类的语词而与英语极相类似的,如“slagg”“slak”“slok”=(slough 泥坑)、“slummer”。德语中多数“schl”的读音读作“shl”音,而它们这类的语词也很多——如“schlabber”(倾出)、“schlaff”(柔弱)、“schlamm”(泥土),以及“schloss”(锁)和“schlässel”(锁匙)等固然也是。然而大部分是贬义语词。同样的,如果你将“sm”和“sn”类比较一下,你会发见许多相似的语词。在挪威语中,大约有二十五个“sm”的语词,这些可以说是“鼻音”的语词,和英语的“sniff”(吸气)、“snigger”(冷笑)、“snag”(撩牙)、“snub”(狮子鼻的)、“snob”(势利)这系的语词相近。在这种语言中大约还有七十个“fl”的语词,这些可以称作“flat”(平坦)、“flip”

(弹指)、“flake”(薄片)、“fleck”(斑点)、“flick”(轻鞭)、“flicker”(摇动)、“flounder”(板鱼)类。在多数的情形中,下列的辅音对于德语和挪威语这两种语言也是很普遍的。他们的“fl”习惯是不同地分配的,但是有一个相同的基础。乳酪是“flote”,大钢琴是“flygel”,约克州人(Yorkshiremen)可以了解“flebe”这个语词是表示“娇啼”的意义,因为这个语词是发很少的噪音的。

“kr”的语词如“kropling”(跛足)类,也有七十个以上。“kl”的语首是和八十几个“clumsy”(笨拙)、“cloggy”(阻窒)、“ungainly”(愚拙)、“sticky”(黏结)这类的语词有一个共同的语音效用,有许多和英语及其他日耳曼的语言相似的语词,如“klabbe”(黏于滑冰鞋下的雪珠)、“klasse”(黏着,混杂,黏贴)、“klumpe”(团合,陷落,凝结)这些语词。将这些语词和其他语类如“dr”“tr”“spl”“skr”“shr”相比较,在挪威语、荷兰语、日耳曼语中尤其在上述各国的土语中,是有同等兴趣的。在挪威语中“spring”的意义是作“宽紧带,一跃,或跳动、泉源或性交”解,“sprade”是作“夸耀,高视阔步,自负”解,这也是有趣的。“分裂”语词(splitting word)也是同样的有趣,还有“-ump”的语词如“hūmpe”(隆起)、“jūmpe”(跳跃)、“stūmpe”(阻碍)、“trūmpet”(喇叭)和普通应用的几个通俗语词也是如此。

在荷兰语中“sch”和“schr”供给了几十个相类的语词,它们是以小舌的摩擦音,如“Scotch”(苏格兰)、“loch”(海湾)这两个语词的“ch”音来代替英语的小舌塞音“k”音。同样地“homp”“stomp”“romp”“klomp”“schonk”“tronk”“stronk”,这些语词对于一个英国人是不会感到一种不熟悉的习惯的。你以后如果和你的夫人在柏林时,如在袜店中看见“strumpf”(袜)这个语词,你会想到英语单音缀的“str”类,而将英语的语音习惯和“普通的德语”以及“普通的欧洲语”连系起来。但是在英语和哥特语中最有趣的“情感”

的声音，大概是属于所谓复述语词或反复动词的语音特性。在英语中大约有一百二十个这类的动词，这些是日常应用于有某种共同特性的情形中的，这些语词在最后的一个“艰涩”的音缀“l”上有一个共同的语音元素。其中的几个是“bungle”（做事粗笨），“coddle”（溺爱）、“fiddle”（戏弄）、“nestle”（栖宿）、“sprinkle”（播散）、“tipple”（痛饮）、“wobble”（摇摆）、“wangle”（巧取）等。在英语的方言中有更多这类的动词，如“niggle”（愚弄）、“fettle”（修补）、“snaffle”（套络）等。这一类的语音连系，或共同效用，可以明白地归类于“示小语词”（diminutive words），而似乎和许多力量较小的名词如“handle”（把柄）、“kettle”（釜锅）、“thimble”（顶指）相似。

另一种整饰音的动词类，它们的共同语音特性是很难以公式来表述的，但是一个英国的读者却很容易听受和觉察到的，这些也是“示小语词”——就是它们是叙述复述的、反复的、微小的动作等，可以说它们时常是指贬抑的和流动的意义。在这个语类和前述的“l”类中，读者可以估计那些动词的暗示力，它们也是受前章所述的语首的辅音整饰音所赞助。这类的语词是“blither”（愉快）、“blather”（胡说）、“bicker”（口角）、“bluster”（喧嚷）、“tinker”（修补）、“tamper”（干预）、“swagger”（大言）、“scatter”（散播）等，此外还有六七十个这类的动词。又有着重的北方动词——“shutter”（窗扇）、“natter”（愤怒）。

读者可以估计这二个语类的整饰音价值中的细微差异。但是它们是密切地联结着的，试一研究哥特语言中的相同的语词就会知道。如果你从《牛津大学新编大辞典》中寻出一个“l”的动词，你差不多总可以发见它是用“-er”类的一个语词来说明的。德语中有许多这种形式的动词——如“hätscheln”（抚爱）、“cinschmeicheln”（谄媚）、“tanmeln”（眩晕）。在“titter”类中的“r”的价值是用英语的

“-ing”的形式来估计的——例如“tittering”(微笑的)、“doddering”(年老的),等等。这样和德语的“plandern”(闲谈)、“erbittern”(激怒)、“zersplittern”(分裂)等语词比较是很容易了。在瑞典语中这两种形式的语词都很普遍——“babbla”“kackla”“skramla”“pladdra”“snattra”“smattra”等。在荷兰语中有八十多个“l”类的反复动词,及大约三十个“r”类的反复动词。在荷兰南部有一省的语言中有“plimplampletteren”(挥金如土)这一个极有趣的语词例子。这个语词是有重复的元音变化而和流动的,以及有时是贬抑的意义,示小词的重复动词相结合的。有人以一个“摹声说”来贬抑这个语词。这是几种整饰音习惯的一种便利的组合,而声音的本身没有描写什么。声音对于玻利尼西亚岛民就不会“表示”什么意义,然而他们的语音习惯是比英语更有整饰音的,而且充满了重复的、示小词和别种的助势词。

所有能说英语兼能说哥特语言的外国学生,能够很信任地采用许多英语的整饰音习惯,因为在他们自己的语言中有很相同的整饰音类。而无论那个英国学生能够将他的一百八十个反复动词和德语的相同的动词连系起来,他在那些特殊的习惯中会稍稍感觉到一点故国的情调。多数的英国学生对于这种事情将以为新奇的了。哥特语中也有许多共同的语原和形态语的特性。这些特性是用别种的名称在许多优美的文法中出现的。所以,很明显的,说哥特语的人们有许多共同的语言习惯和能说许多相关的语言。我们必须发展一种技术,要使一种一种的语言研究更趋于简易。

世界的语言

布龙菲尔德（L. Bloomfield） 著

一

现今行用的语言当中，实在只有几种在科学上相当的知道。其他许多并没有丰富的正确的调查和报告，或者简直一点也不知道。有几种古代的语言或不再行用的语言，从书写上的记载，可以知道一点；可是这些记载，使得我们接触于当时实际语言的形式，只是极微小的一部分。有几种绝灭了的语言，只是从极少数的记载上，如几个特别名字之类，许多也只是靠了当时行用者的姓名上，窥探了一点；当然很多很多至今已杳无影踪了。而现今行用的语言，当然也有许多，尤其在非洲及南美洲那些地方，将要归于绝灭而无记载留存于后的。

以我们智识的浅陋，要想判定语言彼此间有什么关系，实在觉得不可能。通常学者往往有一种弊病，对于稍微知道一些的语言，便以不很充分的证据来建立它们的关系。自然，我们所谓语言之间的关系，是指它们形式上的类似，可以作为它们单由一个古语上分歧出来的那种假设的解释。这种形式上的类似是从语音的比对当中显现出来的，而语音的比对又必定根据于丰富正确的事实才可以决定。关于它们知道的愈少，研究的愈浅，便愈有种种亲属关系胡乱假定的危险。即使最确实的说法，经过考查之后，也往往会见到一些根据的稀薄。

二

以本国人说本国话的，大概除了中国的北方官话之外。最多的要算英语了;如果把外国人说英语的也算进去,英语的分布是最广的了。据一九二〇年的统计,英国本地人说英语的,约有一万七千万,这些人都是行用标准的或次标准的英语;各地的方言,所占的区域不大,而且大都能够互相了解的。

英语和其他日耳曼语系的语言确是有亲属的关系,同时又和它们有显然的区别。我们从历史上知道,英语到了不列颠,是随着那些侵略的民族,盎格罗人(Angles)、萨克森人(Saxons)、朱特人(Jutes)、进来的,这些民族在西元后第五世纪时侵占了英岛。英语和欧洲大陆上沿着北海一带的日耳曼语有显然的分别,说是由于一千五百年的分隔。所能证实这种说法的,英语最古的书写上的记载,当第八第九世纪的时期,而欧陆的日耳曼语最古的记载,也大约在同时,彼此之间有密切的类似。所以英语的分出,正是因移民而划成方言区域那种情状的一个标准的例子。

和英语最密切的类似的,为法里森(Frisian)区域的许多方言,是沿着北海岸附近岛屿的居民所引用,约有三百五十万人。最古的法里森文书,约当第十三世纪的后半期,内中很显著的和英语呈现着这种类似。我们断定了,英语是由盎格罗法里森(Anglofrisian or Ingweonic)的方言区域当中分出来的;这个方言区域在未移民进入不列颠之前,必定有相当的广大。

除了法里森语之外,其他欧洲大陆上行用日耳曼语的区域(除出斯干底那维亚一区)并没有显示截然分野的所有。几近于分界的地方,在德国境内列着一群复杂的方言横亘于东西:在此地带以北,把"hope""bite""make"一类字里的音,读为 p、t、k;而在其南,便读如 f、s、kh,像标准德语"hoffen""beiszen""machen"里的音。北区一类的语言称为低地德语,南区的称为高地德语;既然各种方言彼此不相一致,只要给它们一个任意的定义,那就可以截然的划出一个界限了。这种分别,在最古的记载里,和英语最古的记载差不多同时的，就已经显现出来了。依照各种的证据，可以知道南区德语的歧异是由于西元后第五、第六世纪时在南部所发生的变迁而起。所称为大陆的西部日耳曼语，是对盎格罗法里森语而言，当欧洲中古时期，向东强烈的扩张；以至于欧陆的东部和东南部，形成了许多的语岛，尤其是高地德语的，例如波兰和俄罗斯境内的埃德语(Yiddish)。大陆西部日耳曼语现今行用的，殆超过一万万人以上。它已经发展为两种著名的标准语，一种是荷兰佛兰德语(Dutch-flemish)，行用于比利时及尼德兰地方而以低地德语的沿海西岸的方言为根据；一种是新高地德语，以东部的中央地带的方言为根据，这个地带是由中古时的扩张得来的。

盎格罗法里森语和大陆西部日耳曼语彼此间有密近的类似，可以合为一个单位，而总称为西部日耳曼语，以对于斯干底那维亚语系(或北部日耳曼语)而言。在斯干底那维亚语系当中，冰洲语(Icelandic)最为特别，自从挪威西部移殖于冰洲，约有千年的分隔。现今行用冰洲语的约有十万人。法洛斯群岛(Faroese Islands)的语言，约有二万三千人行用的，接近于冰洲语。其余的地域，包括丹麦、挪威、瑞典、哥德兰及芬兰的沿海部分，内中并没有显然的区别；行用的人民约有一千五百万之数。北部日耳曼语言最古的记载是一些刻文，有早至西元后第四世纪时的；最古的写稿是当第十二世纪时，可是内中的辞语，尤其是几种冰洲语的文学当中的，也许还早过几个世纪。现今其中的标准语是冰洲语、丹麦语、丹诺挪威语、挪威语、兰斯马尔语及瑞典语。

关于现今已不再行用的日耳曼语言，我们也知道一些，例如哥德人、汪达尔人、勃艮第人、伦巴人的语言。一种用西哥德人的哥德语(Gothic)译成的《圣经》，出于第四世纪时乌尔匪拉(Ulfila)主教之手，有些部分保存到现今的系第六世纪时的作品，就是世所著称的“银典”(Silver Codex)。伦巴人的语言似属于西部日耳曼语。

其他的几种，包括哥德语在内，又比较接近于斯干底那维亚语，而通常往往把它们分列为一种东部日耳曼语系。东部日耳曼语的居民似乎还保存他们的语言在克里米亚及其他黑海沿岸等处，一直至第十八世纪之时。

凡是上面所举的语言，和其他一切语族比起来，都是彼此间自相密近的，因之综合构成为日耳曼语族；它们都是从单独一种史前时代的语言上纷歧演变以成为现代这许多形式，那种史前时代的语言就是我们所称为原始日耳曼语。

三

日耳曼语族和欧亚的其他某些语言或某些语族的亲属关系，大概表面上不很明显，而经十九世纪时的研究，已经完全建立成功了；这些语言又综合起来构成为印度欧罗巴语族。

日耳曼语区的西面，今日还可以见到克勒特语(Celtic)一族的遗迹。爱尔兰语，从第八世纪传来的一种文学的写本当中可以知道一些；几种石刻或者还要比这种的时期更为久远。现今行用爱尔兰语的约有四十万人；它的支流，苏格兰结耳语(Gaelic)约有十五万人；满岛语(Manx)只作为一种乡土语，在英语区域的沿边，行用的只数百人。克勒特语的别一支有威尔斯语及布勒通语(Breton)，各约有一百万人的行用，从第八世纪传来的记载上也可以知道一些。布勒通语，行用于法国的西北海岸的，或者远在第四世纪时由不列颠传入。这一支的语言还有一种为科尔语(Corrish)，最早的记载是当第九世纪时，它在一千八百年左右归于灭亡了。克勒特语在早先的时候，我们从历史及地名的证据上知道，曾流行于欧洲大部地域，包括现今的波希米亚、奥地利、南德意志、北意大利及法兰西。后在此等地域为拉丁语和日耳曼语所侵占，一由于罗马征服的结果，一由于西元后开始的几个世纪里大移民的结果。用高卢人的古克勒特语写的，还有几种稀少的刻文，是在西元后一百年左右的。

日耳曼语区的东北，是波罗的语族所在地。这族两种留存的语言，为立陶宛语（Lithuanian）和拉脱维亚语（Lettish），前者行用的有二百五十万人，后者有一百五十万人，它们书写上的记载是始于十六世纪时；近今因为立陶宛和拉脱维亚政治上的独立，所以这两种语言都演成为有势力的标准语。这族的第三种语言为古普鲁士语（Old Prussian），从十五、十六世纪时所写的文书当中可以知道一些，至十七世纪时已终止使用了。

波罗的语区以南，日耳曼语区以东及东南为斯拉夫语所在地。中古时期日耳曼人的向东扩张掩没了西斯拉夫语族一支的许多语言。内中的一种为琉舍细亚语（Lusatian, Wendish or Sorbian），现今只在西萨克森地方留存一个约三万人的语岛；又一种为波拉皮亚语（Polabian），曾留存至于十八世纪时，而遗下几种写作的文书；其他都已绝灭，只是在日耳曼语化的地名当中留着一些遗迹罢了。西斯拉夫语言，经过了竞争的结果，还留着两个大的区域，正可以用一种奇异的地理形状来显示：一个区域是一条狭长的语岛，从波兰语的本区向北延长沿着维斯图拉直往但泽，又一个区域像半岛的形状，由波希米亚语区突出向西直入德国的境内。波兰语从十四世纪以来有文字的记载，现今行用，殆超过二千万人。波希米亚语区现今依据两种标准语的势力，分为捷克和斯洛伐克两区，总共行用的有一千二百万人；最古的记载当十三世纪时，东斯拉夫语只包括一个庞大的语区，就是俄罗斯语，至少有一万二千万人行用，文字的记载也可溯到第十二世纪时。南斯拉夫语的一支和其他斯拉夫语所以分裂的，由于中间匈牙利语的阻隔，匈牙利语完全是闯入的，和它们一无关系。南斯拉夫语包括布加里亚语

(Bulgariam)，有百万人行用的；塞尔维亚哥罗西亚语(Serbo-Croatian)，有一千万人行用的；斯洛芬语(Slovene)，约有一百五十万人行用的。斯拉夫语最古的记载便是古布加里亚语从第九世纪传下的记载，保存于今的是至少晚后百年的人所写的抄本，而古斯洛芬语也有第十世纪时少数的记录。斯拉夫语和波罗的语，有些学者因为见到它们彼此间有密近的相关的类似，而把两者综合起来，概称为波罗的斯拉夫语族，以属于印度欧罗巴大的语族当中。

日耳曼语区以南为罗马系语言行用的地方，就是葡萄牙语、西班牙语、卡塔拉语(Portugues-spanish catalan)的区域(这三个名字就是表示三种标准语)共有一万万人行用的，法语区域有四千五万人行用的，意大利语区域有四千多万人行用的，在瑞士的拉丁语(Ladin or Rhaeto-Romanic)约有一万六千人行用的。另有一支，达尔马提亚语(Dalmatian)已经绝灭了：其中一种，拉古萨语(Ragusan)，灭亡于十五世纪时；另一种，微力阿语(Veliote)，留存至于十九世纪时。东面在黑海附近，因南斯拉夫语的开隔致与西区分裂的，就是罗马尼亚语(Roumanian)所在地，约计有一千四百万行用的人。凡属罗马系的语言，自然都是由古代罗马城的方言拉丁语，演成为现代的各种形式。拉丁语最古的记载大约在西元前三百年左右。在中古及近代的欧洲，常以拉丁语为书写上及学术上一种人工的传达用具。在意大利有几种古代的刻文，可因以知道拉丁语还有几种姊妹语，即著名的奥斯干语(Oscan)和安布立亚语(Umiorian)；这两种及其他语言在罗马势力的扩张当中为拉丁语所侵占，于是和拉丁语并合，并属于意大利语族。有些学者相信意大利语和克勒特语有特殊的相关的类似，因之把它们合成为意大利克勒特语族，以属于印度欧罗巴的大语族当中。

亚特利亚海的东面，塞尔维亚哥罗西亚语区以南，为阿尔巴尼亚语(Albanese)区域。阿尔巴尼亚语，从记载上所知的，只是在十七世纪以后，现今行用的有一百五十万的居民。阿尔巴尼亚语，虽然周围的语言上输入很多外来语词，可是它的固有中心语词的形式足以表示其为印度欧罗巴语族的别一支。

希腊语，现今行用的有七百万人，各地有许多方言，及一种流行很广的标准语。现代这许多方言几乎都是从古代的标准语（就是所谓哥爱尼语 koire）流传下来的；那种标准语当西元后一二世纪时最为通行，曾经融合了古代各地各省的方言。希腊语古代的记载，有语多刻文，始于西元前第七世纪时，有草纸上几种书写的残片，始于西元前第四世纪时；还有一种著名的文学作品（确实，流传于后的乃是后代所写定的），它的最初的制作《荷马史诗》，至迟发生于西元前八百年时。

在小亚细亚地方，有印度欧罗巴语的一支，就是阿美尼亚语，现今行用的有三四百万人；最古的文字记载，当西元后第五世纪时。

印度欧罗巴语族在亚洲最重大的后裔为印度伊兰语系。这一系又分为印度语（或称为印度阿利安语）和伊兰语二支，现今很相歧异，而依据古代最早的记载，两种语言的形式极为相似，确可认为由一种原始的印度伊兰母语上分歧出来。

伊兰语现今主要的语区为波斯语（具有一种权威极大的标准语，行用的或有七八百万人）。里海语及古的斯坦语（Kurdish）：于是，东向，为帕马尔语（Pamir）、阿富汗语（Afghan，Pushto）约有四百万行用的人，以及巴吕器语（Baluchi）；远在西方，高加索区域，有单独的一支，奥细脱语（Ossete），约有二十二万五千人行用。伊兰语最古的记载；就是大流士大王（Darius The Great）及其后人用古波斯语所造的石刻（西元前第六世纪至第四世纪间），此外又有瑣罗斯德教（Zoroastrian，Parsi）的圣经，是用阿味斯坦语（Avestan）的，现今的流行本虽然很多现代语的形式，内中文辞也不少经过文字上重要的改订，而最古的部分或早在西元前六百年时制造成功的。从最古到现代，中间许多时期，除了关于波斯语(Pehlevi)以外，我们所知道的原来很少；可是在本世纪的初年，中国新疆地方发现一些手写的残片，使得我们知道其他许多中古时的伊兰语，即所认为是帕提亚语(Parthian)、索格狄亚语(Sogdian)、萨其亚语(Sakian)的。

印度伊兰语的另一支，印度语，行用者总共有二万三千万人，散布于印度的大部分，分别为许多方言区域，包括着这许多语言：马拉提语(Marathi)，一千九百万人；古者拉提语(Gujerati)，一千万人；盆查布语(Panjabi)，一千六百万人；剌查斯太尼语(Rajasthani)，一千三百万人；西部印度语(Western Hindi)，三千八百万人；东部印度语(Eastern Hindi)，二千五百万人；奥理亚语(Oriya)，一千万人；俾哈利语(Bihari)，三千六百万人；孟加拉语(Bengli)，五千万人。至于吉普息人(Gipsies, Romani)的语言乃是西北印度帕伊萨契语(Paicschi)区域因移民而分出的。印度语最古的文字记载为阿育王的石刻，当西元前第三世纪时，使得我们知道许多印度的方言，即所称为中世印度语(Prakrit or Middle Indic)；关于中世印度语，我们从较后的刻文及写本当中也可以知道一些；内中一种是巴利语(Pali)，即属佛教文书的语言。还有一种更古的印度语，即为古代印度语(Sanskritic or Old Indio)，我们从较后的文书上知道。梵语最古的文书为《吠陀经》的赞美诗集；最古诗集中的部分，利吉吠陀(Rig-veda)原来作品自西元前一千二百年时保存至今。这些赞美诗即构成婆罗门教文字的基础。又从婆罗门教典、婆罗门教义的散文集，巴尼尼(Panini)的文典以及其他附属的作品当中，我们可以知道古代印度语稍微歧异的一种。这种语言，世所称为梵语(Sanskrit)，大约在西元前第四世纪左右为西北印度一带上流阶级所行用。嗣后在婆罗门的印度转成为公家的应用，初为一种标准语，后复为文学上及学术上的用语；似乎在刻文当中这种语言自从西元前一百五十年左右开始及往后的几个世纪里完全掩没了中世印度语的许多方言；而书写上也是从那时以至现今依据了巴尼尼《文典》的规则，供作巨量的文艺学术作品的一种公共媒介。

就上面所举的几支语言，都是有现今行用的语言来代表，除此之外，必定还有很多其他印度欧罗巴语的分支，存在于各个时期，有些是和遗存的语系有亲切的关系，有些是介于它们的中间，或者更有些是和它们很相分离的。关于这些语言，我们对某几种也稍微知道一点。在亚德里亚海附近，古代行用伊立连语言(Illyrian)：伊立连语，我们只从其中得到几个固有的名词；威尼西语(Venetic)，我们从西元前第四世纪到第二世纪时的刻文当中知道；以及意大利南部的麦萨披亚语(Messapian)，我们有西元前四百五十年至一百五十年间的刻文。关于巴尔干半岛西部的色雷斯语(Thracian)，我们只得到几个名字和语词以及单块的刻文(西元前四百年左右)；这种语言似乎和小亚细亚的弗里家语(Phrygian)有亲切的关系；弗里家语，我们从西元前第八世纪时的一套刻文，又从西元后开始的几个世纪的另一套刻文当中知道它。马其顿语(Macedonian)似乎和希腊语有密切的关系。在现今里维耶那(Riviera)附近的力究立亚语(Ligurian)及西西里岛的西西里语(Sicilian)或许密近于意大利语。在中央亚细亚的托加里亚语(Tocharian)，我们从中国新疆所发现的西元后第六世纪时的手写残片当中知道它。

原始印度欧罗巴语，它的形式上，必定有关于别种的语言；可是，这些语言或已归于绝灭，或已剧烈变化以致泯没了它们亲属的关系，而有一个例外。这个例外就是喜泰语(Hittite)，小亚细亚的一种古语，我们从源出于西元前一千四百年左右的楔形字的刻文当中知道它。它和原始印欧语的关系，虽然疏远，而可以使我们能够拟测原始印欧语一些史前的情状以及一种设想的原始印度喜泰母语的某些情形。

四

当印度欧罗巴语族的各种语言展布于它们现今广大的地域上，必定消灭了许多和它们无关的语言。这些被消灭的语言有一个遗迹，就是巴斯克语(Basque)，现今在比里尼斯山以西尚有约五十万行用的人。用巴斯克语最古的文书是当第十六世纪时的。它不过是古代意卑里亚语(Iberian)遗存的形式；意卑里亚语曾经一度行用于法国南部及西班牙地方，我们从一些刻文及地名上可以知道。

关于其他这些绝灭的语言，我们只有稀少的报告。意大利地方的伊特剌斯坎语(Etrusean)，完全和邻近语没有关系，而在拉丁民族上却曾发生强烈的影响；遗留于我们一些著名的刻文，是早在西元前第六世纪时创始的。这些刻文是用希腊字母，可以诵读而不能解释。用古代里细亚语(Rhaetian)的几种刻文，又可因以知道这种语言正是伊特剌斯坎语的分支。勒谟诺斯(Lemnes)岛上约西元前六百年时一个刻文，以及西元前三四世纪时的一批刻文，大部分出于小亚细亚的撒狄(Sardis)的，我们也可因以知道伊特剌斯坎语和勒谟尼亚语(Lemnian)及吕底亚语(Lydian)有亲属的关系；不过只有吕底亚语的文辞，已经解释出来罢了。

从古代克利地岛上，我们获得用希腊字母写的几种刻文，而不知道它们所据的一种语言；有两种刻文是西元前第四世纪时的，一种出于普累伊索斯(Praises)城的，或为时更古。在更早的一个时期，西元前一千五百年左右，又有一些克利地语(Cretan)的刻文，内中一部分用图画文字，一部分即由它所演成的一种简单的音标系统。

从小亚细亚地方，我们又有吕西亚语（Lycian）的丰富的刻文，属于西元前第五、第四世纪的，及较为稀少的加里亚语（Carian）的几种，属于西元前第七世纪时。前者用希腊字母并已部分的得其解释；后者所用文字或许属于同一的来源，而不能得其解释。在叙利亚（Syria）及小亚细亚的附近地带有一些图画文字的丰富的刻文，大约属于纪元前一千年至五百五十年之间，曾经隶归于喜泰语；但是这种未能解释的刻文竟和喜泰语的楔形文字的记载，同出于一种民族之手，实无理由可以相信的。

近东地方楔形字在石上泥砖上的许多刻文使得我们认识了更古时期的一些绝灭的语言：米索波太米亚地方的苏马连语（Sumerian），当西元前四千年时；波斯地方的以栏语（Elamitic），当西元前二千年时；米索波太米亚东部的科舍亚语（Cossean），也有少数的记载，当西元前一千六百年左右；米索波太他米兰东部的米太尼语（Mitanni），当西元前一千四百年左右；在番湖（Lake Van）近处的番语（Van-language），当西元前第九和第八世纪时；以及小亚细亚地方喜泰帝国内几种未能解释的语言。关于这类文字的记载上，其他所代表出来的语言，上文已经举过古波斯语及喜泰语，下文就要说到巴比伦亚述语，乃是一种塞姆族的语言。

五

现今的语族，处于印欧语的沿边的，其中一种或多种或有疏远的亲属关系；塞姆哈姆族及芬诺乌格里亚等族似乎和印欧语显示某些类同点，但是，尽管竭力搜求，终未曾见有可资断定的证据。

塞姆哈姆（Semitic-Hamitic）语族包含有四系，彼此相类似而并不很密近：塞姆系、埃及系、柏柏系、库晒特系。

塞姆(Semitic)族似有两个分支。东支现今已经绝灭，包含有巴比伦亚述语(Babylonian-Assyrian)，大约从西元前二千五百年以来许多石砖泥砖上用楔形字的刻文当中，我们可以知道：这种语言在西历纪元前已经被阿剌美易克语所侵占。塞姆系的西支又再可以分为主要的南北两支。北支的迦南语(Canaanite)，在忒勒阿马那(Tel-el-Amarna)地力发现西元前一千四百年左右的楔形字碑当中显示出来；摩押语(Moabite)，见于西元前第九世纪时米沙王(King Mesha)著名的刻文当中。腓尼基语(Phoenician)，我们最初从西元前第九世纪时的一些刻文上知道它，在腓尼基地方当西历纪元前已归于灭亡，可是它不仅行用于其本土，又行用于迦太基的腓尼基人的殖民地，在此却又生存了几个世纪。我们所知道的希伯来语(Hebrew)也有同时期的刻文，又有《旧约全书》相传的稿本，其中最古的部分或许制作于西元前一千年时。希伯来语在西元前第二世纪时为阿剌美易克语所侵占，而直至欧洲中古时期以后仍留为书写上的应用；晚近并且有利用人工，试把它归原于一种口说语言的状态。最后的一种，阿剌美易克语(Aramaic)包含有许多种方言，最初从西元前第八世纪时刻文当中知道。阿剌美易克语正在西历纪元前的几个世纪中，依着一种可怖的扩张的波浪，展布于叙利亚及亚洲大地上，和希腊语相竞，而替代了许多种的语言，希伯来语与亚述语即在其中。约有一千年光景(从西元前三百年左右至西元后六百五十年左右)它曾供作近东的政治上及书写上的语言；因书写上的应用，就在亚洲文字的系统上施予一种绝大的影响。结果，它又被阿剌伯语所侵占，现今只在一些孤独的小地上行用，约有二十万人。西塞姆语的南支，可用现今还很兴盛的几种语言来代表。南阿剌伯语(South Arabic)我们从许多刻文上知道，这些刻文排置于西元前八百年左右至西元后第六世纪之间;现今分成几种方言,行用于阿剌伯沿海一带及索哥德拉(Sokotra)岛上。阿剌伯语(Arabic)最古的记载是西元后三百三十八年时一种刻文,从第七世纪以来,因谟罕默德的阿剌伯人征服各地,遂促使它扩张。现今行用的约有三千七百万人。此外又在许多世纪中供作以色列的宗教上文学上、政治上的语言。爱西屋皮亚语(Ethiopian)在非洲的东岸(阿比西尼亚地方),最初我们从创始于西元后第四世纪的一些刻文上知道,现今属于这一组的语言是的格勒语(Tigre)、的格里那语(Tigrina)及亚木哈拉语(Ambaric)。

塞姆哈姆族的埃及语系、柏柏语系和库晒特语系通常往往把它们隶属于哈姆语言这个名字之下。

埃及语(Egyptian)记载于西元前四千年时象形文字的刻文当中;晚后的语言,称为科普替克语(Coptic)的,见于西元后一种手写的文学里。埃及语在十七世纪时,归于灭亡,为阿剌伯语所侵占。

柏柏语(Berber)系在古代,有西元前第四世纪时用利比亚语(Libyan)的一些刻文,可以知道;现今有条阿雷格语(Tuareg)、卡拜尔语(Caoyle)等可以为代表,在北非洲抵抗了阿剌伯语以维持自身的地位,总数说是有六七百万人行用。

塞姆哈姆族的第四系,库曦特语(Cushite),在埃及之南,包括许多种语言,其中最著的为索马利语(Somali)及加拉语(Galla);加拉语约有八百万人行用。

六

北非洲阿剌伯语和柏柏语区域以南,有一个多种语言的广大地带横展于大陆,东自爱西屋皮亚语及库晒特语区域,西至于几内亚湾。这个广大地带的许多语言,行用的人民假定约有五千万,而对于它们却很少知道。某些学者依看很微薄的证据，相信它们都是有亲属关系的语言；别些学者又把这些语言的几种牵联于哈姆语，或者另把几种牵联于班图语。这个地域的许多语言当中，通常最著名的，我们可以举出塞内加尔地方的华洛夫语(Wolof)及富耳语(Ful)；几内亚沿岸一带的格勒波语(Grebo)、攸厄语(Ewe)及约鲁巴语(Yoruba)；在中部地域的豪沙语(Haussa)；在东部的，喀土穆(Khartoum)附近一个大地上的努巴语(Nuba)，其南为定卡语(Dinka)，更南又为玛赛语(Masai)。

这个几内亚及苏丹地带以南，就是广大的班图语(Bantu)族的语言所在地，在欧洲人未侵入以前实概括非洲的其余各地，只除出西南一隅而已。班图族的语言是很众多的，总共约有五千万人行用，内中最著名的语言为卢干达语(Luganda)、绥赫利语(Swaheli)、卡斐语(Kaffir)、咀鲁语(Zulu)、忒勃拉语(Tebele)、索比亚语(Subiya)、赫拉洛语(Herero)。

西南非洲的一隅并不行用班图语，当欧人未侵入以前，属于两种不相关的语言区域：布西曼语(Bushman)约有五万行用的人，霍屯督语(Hottentot)约有二十五万行用的人。

七

我们再回到欧雷西亚(Eurasia)的大陆上，见到印欧语言的东面而和它们犬牙相错的一个芬诺乌格里亚(Finno-Ugrian)大语族。这个语族包含有六系。第一系为芬兰拉伯兰语(Finnish-Lapponic)。在挪威、瑞典及芬兰那些北部地方约有三万人行用拉伯兰语(Lappish)。其他芬兰拉伯兰系的语言构成紧密的一组，即芬兰语组(或称为波罗的芬兰语)。这组最重大的语言为芬兰语(Finnish)，早至第十三世纪时即有残片的记载，一千五百四十四年以来又有印刷的书籍，芬兰语在本地行用的人约有三百万。爱沙尼亚语(Esthonian)，最早的纪载大约也属同时，行用的人约有一百万。芬兰语和爱沙尼亚语都各有标准语，即芬兰和爱沙尼亚两国的官话。波罗的系其他的语言，如卡累利阿语(Carelian)、奥罗涅次亚语(Olonetsian)、罗的亚语(Iudian)、味浦西亚语(Vepsian)、里窝尼亚语(Liuonian)、因吉里亚语(Ingrian)以及服西亚语(Votian)，都是比较微小的，有些并且近于绝灭了。芬诺乌格里亚族的其他四支占据欧洲俄罗斯和亚洲俄罗斯两境间的一些地块；它们的一支是摩德番语(Morduine)，有一百万行用的人；一支是刻累密斯语(Cheremiss)，有三十七万五千行用的人；一支是拍尔密亚语(Permian)，包含服脱耶克语(Votyak)，有四十二万人行用的；和戚里安语(Zyrian)，有二十五万八千人行用的。后者又有十四世纪以来的文字记载；一支是鄂毕乌格里亚语(Ob-Ugrian)，包含鄂斯耶克语(Ostyak)，有一万八千人行用的；和服库耳语(Vogule)，有五千人行用的。芬诺乌格里亚族的第六支，即匈牙利语(Hungarian)，当第九世纪末期由侵入的民族带进于中欧。匈牙利语除在拉丁文书上散见一些语词之外，有十三世纪时最古的文字记载。现今匈牙利语有一种兴盛的标准语以及各地的许多方言，约一千万行用的人。

在鄂斯耶克语区以东，沿着叶尼塞河地方，约有一万八千人行用撒慕耶族(Samoyede)的语言。这些语言分散在广大的地域上，各地的分歧也很显著。某些学者相信撒慕耶语和芬诺乌格里亚语有亲属的关系。

八

土耳其语族(Turkish Family)的许多语言，亦称为土耳其鞑靼语(Turco-Tartar)或阿尔泰语(Altaic),展布于一个广大的主要区域;当中古时期末年,奥托曼族的土耳其人征服各地,从小亚细亚直至叶尼塞河的上游地带。这些语言,彼此亦稍有歧异,约有三千九百万行用的人,土耳其语(Turkish)、鞑靼语(Tartar)、启耳基兹语(Kir-giz)、阿兹柏格语(Uzbegs)、亚塞尔拜然语(Azerbaijani)是其中较为著名的。最古的文辞是某些西比利亚的刻文,当西元后第八世纪时的,一种土耳其语与阿剌伯语的字汇是起于第十一世纪,一种拉丁语、波斯语与土耳其语字汇是起于第十四世纪时。在西比利亚极北的地方,一种雅库脱语(Yakut)有二十万以上的人行用,和其他的土耳其语有分别而并不相差很远。某些学者相信土耳其鞑靼语和蒙古语族及满洲语族有亲属关系;别些学者并且以更微薄的根据把这些语言一概认为和芬诺乌格里亚语及撒慕耶语具有一种亲属关系(就是他们所称为乌拉尔阿尔泰语族)。

蒙古(Mongol)族的语言大部分位于土耳其鞑靼语的东面,即在蒙古地方,但是,因为这些民族往时留于游牧劫掠的结果,就有分散于亚洲各地以至于欧洲俄罗斯当中的。总共行用的,估计有三百万人。我们所知道最古的文字记载是在十三世纪成吉斯汗时的一种刻文。

通古斯满洲语(Tunguse-Manchu)族,位于蒙古语的北方,把雅古脱语和其他的土耳鞑靼语区分为二段。通古斯语(Tunguse)约有七万行用的人,他们住居于西比利亚上一个相当广大的地域。行用满洲语(Manchu)的人,实际的数目很难确定,因为在中国的所谓满洲人多数只是用中国语了;有人估计大约在一百万以内。从一千六百四十七年以后,满文已印成书籍而认为文学及政治上一种用语;而传习的写稿又当追溯于更早的时期。

印度支那语(Indo-Chinese),亦称为中国藏语(Sino-Tibetan),这个大语族包含有三支。其中的一支即中国语,约有四万万行用的人。它所构成的广大的领域以内,实际包含有许多种方言及语言,而有一部分是彼此不能通解的。这些方言,大致分类起来,可以归成主要的四种:官话系(北方官话,包括北平方言;中部官话,包括南京方言;西南官话,包括四川的方言),中部沿岸系(上海语、宁波语、杭州语等),江西语系,南中国语系(福州语,厦门汕头语;广东语;客家语)。中国语最古的文辞是金石甲骨上的刻文,其中一些可以远溯到西元前二千年时;但是中国文字以各个字体代表各个语词,很少足以表示音读,因之在文辞上可以看得懂内中的意义,而往往很少窥见实际的语言;所以关于中国语言真确的智识,几乎在第六世纪以前的就不能获得了其印度支那语族的第二支为泰语(Tai)系将包括暹罗语(Siamese),约有七百万人行用;暹罗语最古的记载是西元前一千二百五十三年时的各种刻文。第三支为西藏缅甸语(Tibets-Butsian)。包含有四组:一组为藏语(Tibetan),有西元后九世纪时的记载,是最重要的;缅甸语(Burmese)的一组,缅甸语有八百万行用的人,也属同等的重要;其他二组是波多语(Bodo)、那加语(Naga)、卡庆语(Kachin)的一组和俘俘语(Lo-lo)的一组;信两组所包含的方言较少。

海披波利亚语(Hyperborean)族处于东北的亚洲极端,包含有察克细语(Chukchee),约有一万人行用;哥尔耶克语(Koryak),亦有一万人,端察特耳语(kamchadal)有一千人。

在叶尼塞河沿岸,有叶尼塞鄂斯耶克语(Yenisei-Ostyak),约一千人行用;又有科替安语(Cottian),大约此时已绝灭了;它们构成独立的一族。

其他在东亚的几种语言,还未能发见它们亲属的关系。在萨克哈林岛的北部及黑龙江口附近,行用季尔耶克语(Gilgak)。在日本虾夷语(Ainu)约有二万人行用。日本语有五千六百万人,文字的记载始于八世纪时。高丽语有一千七百万人行用。

九

从欧洲转向东南，在高加索地域，有很多种的语言。这些语言，除了伊兰语的一种奥细脱语以外，大致可以分为两系：北高加索语(North Caucasian)和南高加索语(South Caucarian)，各有一百万至二百万行用的人。这些语言当中最著名的为佐治亚语(Georgian)，属于南高加索语组；文字记载的开始，早至西元后第十世纪时。

在印度地方，印度阿利安语言的南方，为德拉维达语族(Drauidian family)所在地。这个大语族所包括的，除了许多较微小的以外，其语言区域较广的而且用为标准的文学语的为坦密耳语(Tamil)，有一千八百万人；马来耶兰语(Malayalam)，有六百万人；卡那拉斯语(Canarese)，有一千万人，并有西元后第五世纪时最古的刻文；忒鲁古语(Telugu)，有二千四百万人。在俾路芝斯坦的山脉当中，有布剌徽语(Brahui)，系单独的一种德拉维达语，和其他语言远相离异，现有十七万四千人行用；大概当印度阿利安语及伊兰语未侵入以前，德拉维达语曾经占有较广的一个地域。这种布剌徽语便是当时留下来的一个遗迹。

曼达语(Munda)族的语言，有三百万行用的人，在印度地方，处于两个相隔离的区域，就是在喜马拉雅山南面的斜坡和中部印度倬塔(Chota Nagpur)高原的附近。

蒙刻木儿(Mon-khmer)族，散处于东南亚洲，包括尼哥贝(Nicobar)群岛及马来半岛上一些地方。最古的记载是西元后第七世纪时用康盘治亚语(Cambogian)的一些刻文，这个语族现今包括一种重大的文化的语言。安南语(Annamite)，行用的有一千四百万人。有些学者相信曼达语族和蒙刻木儿语族两者都是有关于马来坡利尼西亚语族，以构成所谓奥斯特剌语族(Austric family)。

马来坡利尼西亚语(Malago-polynesian)族,或称为奥斯特剌尼西亚语(Austronesian),从马来半岛展布,横跨太平洋,以至于伊斯特岛。其中包含有四支:马来亚语(Malagan)一支,或称为印度尼西亚语(Indo-nesian),包括马来语(Malay),本地人行用的约有三百万,而又广传为一种商业上、文化上的用语;再又包括东方的一些大的岛屿,例如台湾语(Formosan)、爪哇语(Gaua-nese)有二千万人,巽他语(Sundanese)有六百五十万人,马都拉语(Maduran)有三百万人,巴里语(Balinese)有一百万人,以及许多种的斐律宾语(Philippine),其中俾沙亚语(Bisaya)有二百七十五万人,塔加罗格语(Tagalog)有一百五十万人;在远处的分支,有马拉加西语(Malagasy),即马达加斯加岛的语言,行用的约有三百万人。马来波利尼西亚语族的第二支为美拉尼西亚语(Melanesian),包括许多较小的群岛的语言,例如所罗门群岛(Sulomon Islands)语及非支他语(Fijian)。第三支为密克罗内西亚语(Micro-nesian),所占地域较小,如吉尔柏特语(Gilbetr)、马沙尔语(Marshall)、加罗林语(Caroline)及马利安群岛(Marianne archipelagos)语与雅浦岛(Yap Island)语。第四支为坡利尼西亚语(Polynesian),包括毛利语(Maori),即新西兰岛的土语,以及更东面的太平洋岛屿的语言,如萨摩亚语(Samoan)、塔希提语(Tahitian)、夏威夷语(Hawaiian)及伊斯特岛(Easter Island)的语言。

这部分地域上其他的语族,很少有人研究过;包布亚语(Papuan)族,是在新几内亚及附近的岛屿上,以及许多澳大利亚(Australian)的语言。

十

现在所留着未讲的,只有美洲了。

墨西哥以北的地域，在白人未进来以前，据一般统计，大约有一百五十万的印第安人居住；到了今日，其地行用美洲语的人数不会超过二十五万人，而英语的势力又更为急速地进展着。因为这许多语言还未曾有充分的研究过，它们的语族只是在试分时期；对于墨西哥以北的地域，全不相关的语族，各家估计的差异，至于在二十五种与五十种之间。这个地域的大部分都占着大的语族，但是有些区域，最显著的是谱热海峡(Puget sound)附近及加利福尼亚沿海地带，散布着许多彼此不相关的小语族。至少有六七种语族，可以知道已经归于绝灭了。现今还存在的那些语族，我们可以举出其中的荦荦大者。依士企摩语(Eskimo)族，远处于北部，从格林兰跨过巴芬兰及阿拉斯加以至于阿留西安群岛，构成了亲属关系很相密近的一组。阿尔衮琴语(Algonquain)族占着美洲大陆的东北部，包括了许多语言：在加拿大的东部和中部的，有密克马克语(Micmac)、蒙坦雅斯语(Montagnais)、克里语(Cree)；在新英格兰的，有帛诺布斯科特语(Penobscot)、马萨诸塞语(Massacbusetts)，内替克语(Natick)、那刺干塞特语(Narnagansett)、马喜坎语(ohicans)等，其南又有德拉瓦语(Delaware)；在大湖(Great Lakes)地带，有奥吉倍语(Ojibwa)、坡塔窝托密语(Potawatomi)、麦诺密泥语(Menomini)、索克语(Sauk)、福克思语(Fox)、启卡浦语(Kickapo)、波里亚语(Peoria)、伊里诺斯语(Illinois)、迈安密语(Miami)，等等。同时在西部也散布着几种语言：布拉克福特语(Blackfoot)、晒延语(Cheyenne)及阿剌帕和语(Arapaha)。亚大巴斯喀语(Athabascan)族只展布于西北加拿大的沿海边缘，如拆北瓦安语(Chipewyan)、俾味语(Beauer)、多格利布语(Dogrib)、萨息语(Sarsi)等。在加利福尼亚地方有许多孤独的语言，如胡巴语(Hupa)及马托尔语(Matole)；在南部又有一个大区域属于这个语族，如阿帕赤语(Apache)、纳瓦佐语(Nauajo)等。易洛魁语

(Iroguoian)族所行用的一个地域,为阿尔衮琴语所环绕;其中包括休伦语(Huron or Myandot)及其他的易洛魁语(Iroguois),为摩和克语(Wohawk)、奥奈达语(Oneida)、温嫩多加语(Onondaga)、揆由加语(Cayuga)、辛尼加语(Seneca)、塔斯卡洛剌语(Tusca-rora)等;南面又有行用拆洛歧语(Cherokee)的地方散处其间。墨斯哥琴语(Muskogean)族包括绰克托语(Choctaw)、契克索语(Chickasaw)、克里克语(Creek)、森密诺尔语(Seinole)等。苏安语(Siouan)族也包括许多语言,如达科他语(Dakota)、忒通语(Teton)、奥格拉拉语(Oglala)、阿辛尼波印语(Assiniboine)、堪萨语(Kansa)、俄马哈语(Omaha)、奥舍治语(Osage)、衣阿华语(Iowa)、密苏里语(Missouri)、文尼伯哥语(Winnebago)、曼坦语(Madan)、克洛语(Crow)。乌托阿兹忒克语(Uto-Aztecan)族,依据其中语言关系的亲密与否,大约可分为三系:在加利福尼亚湾以东为皮曼语(Piman)系;在加利福尼亚南部向东为勺勺尼亚语(Shoshonean)系,包括乌特语(Ute)、佩乌特语(Paiute)、勺勺尼语(Shoshone)、科曼奇语(Comanche)和皮语。在墨西哥的那华脱兰语(Nahuatlan)族,是最著名的;其中所包含的阿兹忒克语(Aztec),为古代的一种文明语言。

在美洲其余地方行用美洲语的人数并不能确定;最近一种统计里所列的数字:墨西哥一处为四百五十万,秘鲁和巴西各三百万人以上,又中美洲和墨西哥总数六百万以上,南美洲八百五十万人以上。至于语言之种类和它们彼此间的关系颇难知道;大约在墨西哥和中美洲独立的语族有二十种之数,在南美洲有八十种左右。在墨西哥和中美洲,除了那华脱兰语以外,可以举出犹嘎旦地方的梅依安语(Mayan)族为一种古代文明语。在南美洲,西北地方有阿拉瓦克(Arawak)和卡立布(Carib)二种语族,一度曾流行于西印度地方;杜皮瓜拉尼语(Tupi-Guarani),展布于巴西沿海地方;阿劳加尼亚语(Araucanian),是在智利地方;刻篆语(Kechuan),为印加文明之语言。阿兹脱克语与梅衣安语二者都曾经演成文字的系统,因为这两种文字系统大部都属于象形字而只有部分解释出来,所以这种记载对于古代语言的形式并没有给我们以什么启示。

原载《学识》第四卷第十、十一、十二期合刊

张世禄全集

第十卷

10

Lecture Notes on History of Chinese II

汉语史讲义（下）

张世禄 著 申小龙 编

中国出版集团 東方出版中心

编辑凡例

一、本书收录的著作，在语言、文字和标点符号上，尽可能保留原文的风格。

二、本书收录的著作，其内部标题序号，依照其与全书统一序号的对应，作了调整。

三、由于历史文献辑佚的困难，本书对文献中难以辨认的文字，作了打黑码处理。对已经辨认的文字中可能存在的误读，尽可能联系上下文酌定。

四、本书收录的著作，个别在章节、体例和标题内容上做了适应出版的整合工作。

五、本书收录的译文，部分在译者手稿中出现注释缺损，现据相关出版文献订补。

六、本书对旧版文字成例之取舍尊重独立的字义，并适当照顾历史习惯：

1. 不改动的词语(示例)

辨说　科白　旁驸　语意　苍颉　名辞　展转　那末　峙躝
辨论　免强　色采　贯串　透切　蕃殖　反覆　沈重　参杂
颚化　孳生　蕃衍　为着　对向　成份　太形　甚么　记念
愈益　傅会　笔划　推重　特出　邱陵　阑入　偶而　洗炼
真象　真相　纪录　掉换　引伸　借贷　从新　薰灼　弯屈
原素　原泉　澈底　没煞　厌足　便易　凭籍　纷歧　倣效
策動　涵义　直截　抵当　工夫　惟一　慢骂　赅括　遗流
二个　致疑　发见　揉合　偏面　起原　参进　暂短　委宛
仓猝　骗诈　驾御　疏理　畺界　映象　原于　愤闷　附合
各各　各别　交插　纪载　吸受　激刺　包晕　联接　接联
表显　施予　检察　薰染　地土　已往　画象　媢妩　答理
跌交　接合　排泻　隄防　筹画　策画　谋画　藩著　连络
连系

暴发音　哗喇喇　以致于

赤首圜题　训诂之指　信而有证　莫明其妙　由博反约
穷源竟委　智识分子　混然一体

一日千里之概

斯干的纳维亚(斯堪的纳维亚)

普通(副词)　象(动词)　成功(及物动词)　的(状语、补语助词)

2. 不改动的标点(示例)

总之：　　总而论之：

3. 改动的词语(示例)

如左→如下	右设→下设	两傍→两旁
意像→意象	歧异→歧异	部份→部分
供献→贡献	了望→瞭望	蹓跶→溜达
钞成→抄成	偁→称	会总→汇总
豫告→预告	份子→分子	简炼→简练
沿习→沿袭	原流→源流	浅鲜→浅显
表章→表彰	迭韵→叠韵	纪录品→记录品

恰如其份→恰如其分

目　　录

词　汇　篇

第一编　上古汉语词汇

第二编　中古汉语词汇

第三编　近代汉语词汇

第四编　汉语词汇发展简史

词汇篇

第一编

上古汉语词汇

一、词汇的时代特征

语言是随着社会的发展而发展，特别是它的词汇，处在差不多不断改变的状态中。工业和农业的不断发展，商业和运输业的不断发展，技术和科学的不断发展，就要求语言用工作需要的新的词和语来充实它的词汇。语言中词汇反映社会是最敏感的，当社会出现了新事物、新概念，必然要用词汇来反映它们。我们从汉语词汇的历史发展中明显看出这一规律。下面我们分期叙述。

（一）先秦时期词汇的时代特征

我们的祖国已有了五千年的悠久历史，历经了原始共产主义社会、奴隶社会、漫长的封建社会。鸦片战争后，经过了痛苦、屈辱的半封建半殖民地社会。到 1949 年才在党和毛主席领导下，走上了我们先烈们所渴望的和为此艰苦奋斗的社会主义、共产主义社会。

在物质生产方面，今天我们已有了近代化的工业机器高度的物质文明、发达的科学文化。今天有了这一些物质和精神财富，不是从天上掉下来的，而是经过我们祖先长年累月辛勤劳动的结果。我们从词汇中就可以看到这样的发展过程。

1. 反映渔猎时期的词汇

人是从猿人进化而来的，他们的初期还是住在大森林里，以木为巢，以渔猎为生，由于当时是以渔猎为人们主要的事业，所以在词汇中就有关这方面的词汇特别多。

（1）生产工具的繁多名称

我们在甲骨文中就找到很多渔猎时期工具的名称。例如打野兽用的有矢、弓、弹，有捕捉野兽用的网、毕、阱。由于当时生产的需要，捕野兽用的网、毕、阱种类是很多的（今天看来觉得奇怪），而当时是完全需要的。例：毕。甲文为，《说文》云："毕，田网也。"从形象中我们看到就很象一个捕捉野兽的网，甲文中记载很多：贞弗其九月……在觑（《前》5、455）。丁卯……兽正……，隻■百六十（《后》下 1、4）。叀麦田亡戋，〇其田麦，（《戬》10、8）。甲文中非但记载多，由字所孳生的字也很多，可能是毕种类的名称，（铁余 3、1）（《后》下 37、6）（《文》录 789）从形象上会意很似捕鸟的。（《前》6、48、1）很象捕野猪的，（金璋 148）象捕鸟的一种，周代金文中也有不同的，（禽簋）（不嬰簋）。网，当时是一种很重要的生产工具，种类也特别繁多。鱼网就有很多，有：罩，《说文》云："捕鱼器也。"罾，《说文》云："鱼网也。"这个"罾"字我们今天乡间还存在这一名字，也有这种捕鱼的网，当然古代不可能有现在的罾。罪，《说文》云："捕鱼竹网也。"罽《说文》云："鱼网也。"罛，《说文》云："鱼网也。"罭《说文》云："鱼网也。"从上面可以看到上古为了捕鱼，制造各种各样的网，反映在词汇中就有各种各样的名称。另外捕鱼的方法是"积柴水中以聚鱼也"，也给他取了一个名称叫罧。其他捕兽的网都有专有名称，捕鹿的网叫麗，捕鸟的网有罗，《说文》云："以丝罟鸟也。"有罬，《说文》云："捕鸟覆车也。"捕兔网叫罟，《说文》云："兔网也。"

有罝,《说文》云:“兔网也。”捕马的网叫罵,捕猿的网叫䍤,捕野豕的网叫䍡。

阱,甲骨文也有各种名称,是捕鹿阱的名称。就是古代的渔字,从形象上就是挖一个阱引水捕鱼的图画。其他的名称还很多,不能一一列举了。

古代打猎除木石丝做的工具外,犬是一个很重要的工具,当时为了需要,就豢养了很多的种类不同的狗,在词汇中就出现了很多不同狗的名称。有:龙,《说文》云:“犬之多毛者。”⿰犭農,《说文》云:“犬恶毛也。”狡,《说文》云:“少犬也。”猲,《说文》云:“短喙犬也。”⿰犭至,《说文》云:“黄犬黑头。”猈,《说文》云:“短胫犬。”猗,《说文》云:“犗犬也。”狦,《说文》云:“恶健犬也。”奘,《说文》云:“妄强犬也。”猛,《说文》云:“健犬也。”因为狗是生产上的主要工具之一,和人的关系很密切,所以对狗的各种动作也有细致的观察,给狗的动作也取了很多名称。狊,《说文》云:“犬视貌。”猝,《说文》云:“犬从草暴出逐人也。”猩,《说文》云:“犬吠声。”㺌,《说文》云:“犬吠不止。”獥,《说文》云:“小犬吠。”猥,《说文》云:“犬吠声。”狠,《说文》云:“犬斗声。”獳,《说文》云:“怒犬貌。”狧,《说文》云:“犬食也。”狃,《说文》云:“犬性忕也。”獧,《说文》云:“犬疾跳也。”⿰犭攸,《说文》云:“犬走也。”狟,《说文》云:“犬行也。”⿰犭易,《说文》云:“犬张耳也。”猍,《说文》云:“犬大张齗怒也。”獨,《说文》云:“犬相得而斗也。”我们从上面犬的名称和狗的动作词汇中可以看到繁复的程度是现代人所感到奇怪的,而当时是完全需要的,这就是渔猎社会鲜明的时代特征。

田猎由于季节的不同,人们也给它取了不同的名称,春天打猎叫蒐,夏天打猎叫苗,秋天打猎叫猕,冬天打猎叫狩。“宵田为燎,火田为狩”(《尔雅·释天》)。

田猎的不同目的分,也有不同的名称,例如⿰礻豕是田猎的名称,是为了祭祖宗需要而去田猎的。

（2）被猎的对象的繁多名称

我们从甲骨文中就见到古代渔猎时期人们被猎到动物远比近代多。这里举一些例子：象，隻象（《前》3.31.3）；兕，逐兕（《菁》1）；虎，隻虎（《乙》2908）；虩，射虩（《宁沪》1.389）；旨，隻旨（《下》1.4）；鹿，逐鹿（《前》3.32.2）；麑，逐麑（《甲》3914）；罷，隻罷（《乙》764）；麑，隻麑（《前》2.30.1）；豕，逐豕（《粹》947）；犷，隻犷（《乙》2908）；鱼，大隻鱼（《珠》760）。

（3）田猎方法的名称

当时田猎方法是很多的，在甲骨文中记载下来的就有下列几种。逐，所逐的动物大都为兕、鹿、豕等，就是用犬追逐。"甲午王往逐兕，小臣甾车马，硪驭王事"（《菁》1）。射，所射的动物为兕、鹿、麋等，就是用矢射。例：彘甲骨文为，就象一只已经打倒而带着矢的野猪；鴙甲骨文为，象一只带矢的野鸡。就是用阱陷捕捉野兽，"丙午卜王，允三百又卌八（《下》41.12）"，"丙申卜殻贞苗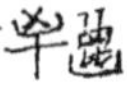，丙子允二百㞢九（《前》4.42）"，就是用网去捕捉野兽。"其焚，癸卯允焚，隻兕七十一，豕十五，罷二十五（《乙》2507）"。

2. 反映畜牧时期的词汇

人类社会经过了田猎时期后就进入了畜牧时期。在畜牧时期就不同于田猎时期，过去是以打猎野兽过活，一切都取于自然的物品，到了畜牧时期就以豢养家畜为主要生活来源了，这是一个很大的进步，当然当时还有田猎这一工作的，不过已退居次要地位了。

人们由于畜牧，就产生了很多反映畜牧的词汇，象牲畜、家禽，当时就种类繁多，为了豢养的需要，动物如豕牛等一岁、二岁也有区别的必要；豢养的地方当时一定很多，也给它取了许多不同的名称。下面分别说明。

畜牧名称的繁多。一方面反映了当时家畜的种类多，另一方面也反映当时对这方面工作的需要。例牛。当时就有各种名称的牛，犅，《说文》云："特牛也。"特，《说文》云："朴特，牛父也。"犗，《说文》云："騬牛也。""牻，白黑杂毛牛。"犉，《说文》云："牻牛也。"犡，《说文》云："牛白脊也。"犊，《说文》云："黄牛虎文。"荦，《说文》云："驳牛也。"将，《说文》云："牛白脊也。"秤，《说文》云："牛驳如星。"犥，《说文》云："牛黄白色。""犉黄牛黑唇。"犨，《说文》云："白牛也。"犗，《说文》云："牛长脊也。"牷，《说文》云："牛纯色。"等等。另外为了豢养工作上的需要，把牛一岁、二岁等也命名加以区别，如二岁牛叫犻、三岁的牛叫犙、四岁的牭等等。

马。种类很多，骓，《说文》云："黄马白毛也。"驖，《说文》云："马赤黑色也。"騂，《说文》云："马头有发赤色者。"馰，《说文》云："马白额也。"驔，《说文》云："骊马黄脊。"骥，《说文》云："千里马也。""骏，马之良材者。""骁，良马也。""骄，马高六尺为骄。""騋，马七尺为騋。""駥，马高八尺者。"其他还有骦、验、騆、骤、骆、驳等很多。

在田猎时期犬是很重要的生产工具，而到了畜牧时期，人们为了放牧的需要，马已成为重要的生产资料了。与人的关系就特别密切，由于这样，在词汇中反映马的性格、动作的名字特别多，这也是必然的。例：驱是马吃饱了东西叫驱。駫，《说文》云："马盛肥也。""騯，马肥也。""駉，马怒貌。"马低仰叫骧，马摇头叫鹅，马行走的样子叫騊，马走很威仪叫骙，马由慢而走快叫騺，马跑得很快叫骎，马跑二马相碰叫驭。对马的疾步有各种形容词：鴹，《说文》云："马行疾也。""駓，马步疾也。""騃，马行仡仡也。""骤，马疾步也。""駒，马疾走也。""飒，马疾步也。""驱，马驰也。""驰，大驱也。""骛，乱驰也。""骋，直驰也。""駾，马行疾来貌。"另外马骇叫惊，马立叫驻……我们从这里可以见到，当时人们对马的性格、行动等了解是很深入的。这与那个时代的原因是分不开的。

鹿的名称也很多。例：牡鹿叫麚，大牡鹿叫麟，鹿之极有力者叫麙。鹿子叫麛等等。

豕。豨，是三毛丛居者；豶，羠豕也；豭，牡豕也，豝，牝豕也。豛，上谷名豬。豕按年龄分又有很多名称，生三月叫豯，生下来已有六月了叫豵，有三岁年龄的豕叫豜。

羊，有羒、羖、羜的不同种类。依年龄分，五月里生的羊叫羜，未满一年的羊叫䍁，六月里生的羊叫䍮，夏天里生的羊叫羭，牝的叫羖。

当时为了豢养家畜，有很多关于牲畜的地方、名称也很多。牢，闲养牛马圈也。圈，养畜之闲也。槛，畜养之所。厕，养豕于厕。当时有利用山谷洞穴为牲畜的圈棚的叫陆，《说文》云："依山谷为牛马圈也。"牢，牛马圈也。闲，为当时畜养之所。

今天我们看上去感到很繁复，而当时是完全需要的。上面这些例子只是一部分而已。可以想见，当时一定要复杂得多。

3. 反映农业时期的词汇

人类社会经过田猎时期，畜牧时期后就进入了农业时期。我国据历史学家研究，认为殷代后期已有农业了，到周代就以农业为主了。词汇是最敏感的，随着农业的产生和发展，词汇中就立即反映了这样的情况。

农业时期以种殖农作物为主要劳动内容，与畜牧时期以豢养家畜为主要内容是完全不同了，所以他反映的词汇也是完全与畜牧时期不同，除继承田猎、畜牧时期所遗留下来的词汇外，创造了大批新词；有的是旧词，但赋予了它新的内容，它的意思与过去完全不同了。下面分几个小点谈。

（1）农作物名称

我们从甲骨文中和《诗经》中就见到很多农作物的名称，举例如下：禾，“武丁至廪辛受年，武文受禾”(《甲》2842)；“菽禾麻麦”(《诗经·生民》)，“雒水轻利而宜禾，渭水多力而宜黍”(《淮南子·地形篇》)。黍，黍、年㞢足雨，王饮亡巷(《卜辞》)，“丰年之时，虽贱者犹食黍”(《诗经·良耜》)。秬，“受秬年，受黍年”(《上》31.11《卜辞》)，“秬鬯三卣”(舍文占齍)，“诞降嘉种，维秬维秠”(《诗经·生民》)。齍，“我受畜年”(《乙》771《卜辞》)，“弗受齍年”(《乙》640)。乘，“我受乘三月”(《前》3、30、3)。来，“登来于二示”(甲骨文1061)，“贻我来牟”(《诗经·思文》)，《广雅·释草》云：“大麦，麰也；小麦，来也。”《说文》云：“齐谓麦秾也。”菽，《诗经·七月》“纳禾稼”，麻，纳禾稼，“禾麻菽麦”。稷，纳禾稼，“禾麻菽麦，黍稷重穋”(《诗经·七月》)。秠、芑、穈，“诞降嘉种，维秬维秠，维穈维芑”(《诗经·生民》)。荏菽，“荏菽旆旆，禾役穟穟”(《诗经·生民》)。稌，“丰年多黍多稌”(《诗经·丰年》)。稻、粱，《诗经·甫田》：“黍稷稻粱，农夫之庆。”

(2) 农业劳动过程的名称

藉，“我受苗耤才姢年”(《卜辞》乙 3154)，就是锄禾苗地。黍，“手黍，受年”(《前》3.29.7)。古时动词、名词不分，此地的黍是种黍的劳动过程名称，是一个动词。穫，“王经穫耤，征往”(甲骨文《甲》3420)，“八月其穫”(《诗经·七月》)，《说文》云：“穫，刈谷，收谷也。”此地的“穫”不是名词而是动词，指上半年的收麦和八月间的收稻、黍等农作物。

稼穑，甲骨文中为嗇，■其亦嗇(《舍》739)，《诗经·伐檀》：种之曰稼，敛之曰穑。《左传·襄公九年》注：“种曰农，收曰穑。”《尚书·无逸》，有稼穑的双音词，指农作物的下种和收割。𤰈田，“王大令众人曰𤰈田，其受年十一月”(《续》2.28.5)，即是种麦也。田，即种田，“手田于朱，受年”(《下》40.15)，《诗经·信南山》：“曾孙田之。”薅，即锄草，《诗经·良耜》：“以薅荼蓼，荼蓼朽止，黍稷茂止。”

耕、耘，《诗经·载芟》：“其耕泽泽，千耦其耘。”种，“种之黄茂”（《诗经·生民》）。耔，“今适南田，或耘或耔”。耕作，《史记》：“越王勾践身自耕作。”

（3）劳动工具的名称

农业时期的劳动工具是逐步改进的，在初期是木制的和蚌制的工具，到了后来就为青铜制的，到春秋以后为铁制的劳动工具，到了汉代有钢制的劳动工具了。

耜耒，《说文》云：“手耕曲木也。”《易·系辞下》：“神农氏作，斫木为耜，楺木为耒。”在上古神农氏时代为木头的耒，后来到战国时候，就成为铁制的耒，《庄子·天下篇》，《释文》引《三仓》云：“耜耒，头铁也。”耨，《说文》云：“槈，薅器也。”《淮南子·氾论训》：“古者剡耜而耕，摩蜃而耨。”上古是蜃制的，到了战国时期就成为铁制的，《管子·禁藏篇》：“推引铫鎒以当剑戟。”铫，《庄子·外物篇》：“铫鎒于是乎始修。”镰，《说文》云：“钊，镰也，关西呼镰为钊。”钊、镰二字实际上是一件农具，由于方言不同，各地叫成二个不同名称罢了。椎，《淮南子》：“木钩而椎。”（注云：“钩，镰也。”）椎也是镰的一种，另外镰的名称还很多。《广雅·释器》中讲，划、铝、钊、锲、钹，镰也。《说文》云：“鉊，大镰也。”“剀，大镰也。”“锲，镰也。”钹，两刃有木柄可以刈草。铚，《说文》云：“穫禾短镰也。”《释名·释用器》：“铚，穫黍铁也。”这里所见的椎、划、铝、钊、锲、钹、剀、铚，都是各种镰不同的名称，可见当时镰是农业劳动中很重要的工具之一，用途很多，因此种类也很多。钱、镈，《诗经·臣工》：“命我众人，庤乃钱镈，奄观铚艾。”钼、夷、斤、劚，《国语·齐语》：“美金以铸剑戟，……恶金以铸钼、夷、斤、劚，试诸壤土。”以上所举的农业劳动工具中可以看到，工具名称没有变而他制造的原料是变了，从木制、蚌制到铜制、铁制。《管子·轻重乙篇》说：“一农之事必有一耜，一铫，一镰，一鎒，一椎，一铚，然后成为农。”可以说是主要农具的小结性列举。

(4) 农作物生长过程的名称

《诗经・大田》云:“既方既皂,既坚既好,不稂不莠。”

《诗经・生民》云:“实方,实苞,实种,实褎,实发,实秀,实坚,实好,实颖,实栗,即有邰家室。”这里的方、皂、坚、好、苞、种、褎、发、秀、颖、栗,都是具体的稻谷生长过程的名称。

(5) 农田水利除虫方面的名称

我们知道:农业生产中水利和除虫是很重要的一个方面,随着农业的发展,水利一定跟着发展,我们从词汇中也可以看到有关水利方面的词汇。“堙”,就是筑堤埂去挡住洪水,《国语》中有此记载:“昔共工……虞于湛乐,淫失其身,欲壅防百川,堕高堙庳以害天下。”《尚书・洪範》:“箕子乃言曰:‘我闻在昔,鲧堙洪水,汩陈其五行。’”“障”,也是筑堤防以遏水势之法。《礼记・祭法》:“鲧障鸿水而殛死。”这里的堙和障是记载上古鲧治水的方法,并不是说夏时已有农业了,因这些书都是周以后的书。所说的词,是后代的词,所以我们讲这是农业时期搞水利方面反映的词汇。“导”“疏”也是水利的一种名称。《淮南子・本经训》:“舜之时……龙门未开,吕梁未发,江淮通流,四海溟涬,民皆上邱陵,赴树木,舜乃使禹疏三江五湖,辟伊阙,导廛涧,平通沟陆,流注东海。”这里的导疏就是疏通河道,导洪水入海。“沟洫”:《论语》:“子曰:‘禹,吾无间然矣……卑宫室而尽力乎沟洫。’”就是搞农田水利。“渠”:到春秋以后,农业生产比过去大大发展,因而水利方面也跟着发展,战国时开了很多水渠,有名的“郑国渠”,它的工程是很大的。《史记・河渠书》上有记载,秦曰杀郑国,郑国曰始臣为间,然渠成,亦秦之利也,秦以为然,卒使就渠,渠就……因命为“郑国渠”。另外西门豹领导人民搞水利的故事在《史记・滑稽列传》中也有记载,褚先生补记:“西门豹,即发民凿十二渠,引河水,灌民田。”

关于除虫方面也有记载。《诗经·大田》:“去其螟螣,及其蟊贼,无害我田稚。”这里就反映了农民除灭害虫,得到丰收的愿望。“螟”“螣”“蟊贼”,这些害虫,今天仍然存在,当时词汇中也已有此记载了。

(6) 劳动分工的名称

社会进入了农业时期后,就出现了第一次的大分工。手工业和农业的分工(这方面着重到手工业一章谈),当时的家庭成员中也有分工了。男的主要从事耕田等田间繁重的劳动。例如“男”,《说文》云:以男性耕田,用手持农具,用力于田也。妇女就与过去不同了,从事家务劳动和副业生产。从“婦”字也可以看出,从女从帚,就是表明妇女已从事家务劳动。《诗经》中有很多反映妇女在家内织布、养蚕等工作。

其他如田、里,都是反映农业时期的词汇,当时的计量单位也与过去不同了,象“秒”“困”“科”“程”,都是社会进入农业时期后,新出现的计量单位,这里简单提一提,不详细叙述了。

4. 反映手工业的词汇

农业时期,社会进行了第一次大分工,手工业和农业的分工,除妇女从事家庭手工业外,有一部分人专门去从事手工业生产了,当时主要是奴隶。在殷墟中已发现有手工业工场,发掘出来的手工业品也种类很多,产品花饰已很精细,《周礼·考工记》中记载手工业者已有各种分工,有专治玉的玉工,有木工、土工、骨工等。手工业与农业一样,在先秦时期,当中经过很大的发展,在初期是骨制品、石制品为主,后来为铜制品,春秋以后为铁制品,到战国已会炼钢,有钢制品。

(1) 手工业产品的繁多名称

在纺织品方面,蚕丝的传说很多,历史上记载是黄帝的妃子嫘祖所发明的，这里我们当然不信一个人能发明蚕丝，但这里可以了解到蚕丝早已有了。《礼记》中也有记载：昔者先王，未有麻丝，衣其羽皮，后圣有作，然后治其麻丝，以为布帛。甲骨文中蚕为，是蚕的形象的描绘，桑、丝字很多。在《诗经》中见到更多。《诗经·氓》："抱布贸丝。"《诗经·羔羊》："素丝五纶。"另外由麻或丝制成的成品很多。例：绉、絺、布、帛、衾、裯、纤、纻、纩、縠、网……

陶器有罍、釜、鬲、敲、鬵、鬶、䰝、䰙、䰟、壶、瓶、豆、皿、罐、簠……

石器有簋、鉢、鼎、觯、簠、皿、豆、盃、笔。

骨器有觥、觿等。竹器有筐、篚、筥、箣。

铜器有鼎、鬲、甗、俎、匕、铲、簋、爵、角、斝、盉、觥、卣、方彝、鸟兽尊、壶、罍、觚、觯、盃、勺。乐器有琴、瑟、钟、鼓、箜篌。玉器有璧圭、璹瑁、珠珮、瑗、琬、玠、玚、珽、玦、璥。铁器有针、刀、锯、锥、凿、钰、铩、轲、箴。农具有铫、钱、镈、镰。产品也无法举尽，很多很多。象较大的工程的舟车，也早在甲骨文中已见到。"甲午王往逐兕，小臣甾车马，硪驭王车"（《菁》1），战国时打仗时主要靠战车，这些都是手工业的制成品。甲骨文的，就象集体在造车。舟，在甲骨文中，《诗经》中都有此词，可见当时都有了。《尚书·禹贡》上记载的各地的贡品，可以见到当时手工业发达的程度。兖州：厥贡漆丝，厥篚织文。青州：厥贡盐、絺，厥篚檿丝。徐州：厥贡惟土五色，厥篚玄纤缟。扬州：厥贡惟金三品，厥篚织贝。荆州：厥贡羽、毛、齿革惟金三品，厥篚玄纁玑组。豫州：厥贡漆枲絺纻，厥篚纤纩。梁州：厥贡璆铁银镂砮磬，熊罴狐狸织皮。雍州：厥贡惟球琳琅玕。这里真是丰富多采，品种繁多。

酒、醋、糖也是当时重要手工业品之一，酒当时有各种各样的名称，品种很多，有醴……

（2）手工业劳动过程的名称

“如切如磋，如琢如磨”，这是反映琢雕玉器的劳动过程的写照，“诞我祀如何？或舂或揄，或簸或蹂，释之叟叟？烝之浮浮”（《诗经·生民》），形象地叙述了家庭手工业制酒的过程，由米而到酒。

（3）手工业者的繁多名称

在先秦的时候，手工业已有二种：一种是家庭手工业，是农奴家内的，没有专有名称。另一种是官营的手工业，就有很细的分工，由于从事的手工业不同，就有各种不同的名称。

我们从文献中可以找到记载，《左传·定公四年》：“周公相王室，以尹天下，于周为睦，分鲁公以……殷民六族，条氏、徐氏、萧氏、索氏、长勺氏、尾勺氏……分康叔以……殷民七族，陶氏、施氏、繁氏、锜氏、樊氏、终葵氏。”这里大部分是工奴，索氏即绳工也，长勺氏、尾勺氏是制造酒器的工人，陶氏即陶工，施氏即制旗的工人，繁氏是马缨工，锜氏是锉刀工或釜工，樊氏是篱笆工，终葵氏即椎工也。

《周礼·冬官》也有记载：国有六职，百工与居一焉，审曲而执，以饰五材，以辨民器谓之百工，知者创物，巧者述之，守之世谓之工。凡攻木之工七，攻金之工六，攻皮之工五，设色之工五，刮摩之工五，搏埴之工二。这里就有木工、舍工、革工、漆工、刮摩工等各种手工业者名称。《说文》里也有记载：“鞄，柔革工也。”（《周礼》曰柔皮之工鲍氏，鲍即鞄也。韗，攻皮治鼓工也。）

从上述我们可以知道：上古手工业已是分工的，由于从事的手工业不同，手工业者就有各种不同的名称，象今天有纺织女工、锻工、车工、木工、金工等名称是一样的。

5. 反映商业的词汇

随着农业和手工业的发展，交换也随之发生，我们古代已有神农氏时代“日中为市”的记载，先秦时期的商业是经过这样的道路的：先是物物交换，没有专门从事商业的人，到春秋战国时代，商人随着经济上的地位上升，政治上也成为统治阶级中的很重要的一部分了。东周以后就有官营和私营商业二种，到汉代就有对外贸易了。这方面到下节再谈。

在历史上关于商业也有很多的记载。《周易·系辞》：日中做市，招集天下的人民，聚会天下的货物，交易而退，各得其所。这种做生意的情况，很象我们目前乡下的市集。逢到市日，大家都去，时间过了，大家各得其所，市集散了。《尚书·酒诰》："肇牵车牛，远服贾，孝养厥父母。"从这里可以看到殷代后期已有进行商业的贾了。《诗经》中也有记载，《氓》："氓之蚩蚩，抱布贸丝。匪来贸丝，来即我谋。"《谷风》："既阻我德，贾用不售。"《大雅·荡之什·瞻卬》："如贾三倍，君子是识。"到了战国时代，商人势力很大，如郑国的弦高。吕不韦是一个大商贾，已进入政权机构，掌握大权。另外，象范蠡弃官从商，孔子的学生子贡也是当时有名的大商贾。

我们从词汇中也可以清楚看到商业的发展。市，商业起初是日中为市，进行交换，所以称为市。后来商业发展了就出现了专门从事商业的人，就有商和贾，商坐者为商，行者为贾。有了商贾就有肆，肆，《说文》云："市中陈物处也。"《周礼·内宰》："正其肆，陈其货贿。"交换的名词也产生了。贸易：《诗经·氓》："抱布贸丝。"商业起初是物物交换，后来发展为货币交换，于是货币也随之产生。我们从记载中可以看到很多货币的名称，有布、刀、贝、黄金、玉、钱、铜铲、铜刀、金银、圜舍、楚舍版等名称。起初货币是用贝和玉的，后来就用金属来做货币了。

6. 反映社会制度的词汇

（1）母系制度的遗迹

在古代各民族都有过以女性为中心的母系社会，当时女人权力很大。婚姻制度是群婚制,人们只知其母而不知其父,这在历史上有很多记载。《吕氏春秋·恃君览》曰:“昔太古尝无君矣,其民聚生群处,知母不知其父,无亲戚、兄弟、夫妻、男女之别。”《皇王大纪》有附宝感星而生黄帝的故事:“黄帝……母曰附宝,感大电光绕北斗枢星照于郊野,附宝孕二十四月生黄帝于寿丘。”《诗经·大雅·生民》:“厥初生民,时维姜嫄……履帝武敏歆,攸介攸止,载震载夙。载生载育,时维后稷。”这二个神话性的故事,实际是古代知母不知父情况的反映,因后来实行一夫一妻制了,后人替祖先写传时,感到无父难为情,所以就造成这种有趣的故事来,替祖先遮盖遮盖,我们今天看起来觉得没有什么,这是社会发展不可避免的一个过程。我们从词汇中也可以明显看到这方面的遗迹。从夏、殷时代的姓上看,都是女字旁,因母系社会子女是姓母姓的,周王姓姬,姜太公姓姜,唐尧姓姚,秦始皇姓嬴,其他很多姓,如妫、有娀都从女字旁。夏代名词和帝王名词都加“后”字(“后”字在甲骨文上为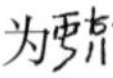,王静安先生的解释,认为“后”字是象妇女产子的形象),如夏后面加后为夏后。《诗经·大雅·荡》:“在夏后之世。”夏代王名字加后,如后启、后相、后缗、后芬、后荒、后芒、后泄、后昊、后发、后桀。大臣名字也加后,如后稷、后益、后夔、后羿、后寒、后杼。

(2) 禅让制度遗迹的名称

《礼记·礼运篇》有这样一段描写古原始社会的话:“大道之行也,天下为公,选贤与(尊唐)能(酋长公选),讲信修睦(和平)。故人不独亲其亲,不独子其子,使老有所终(养老),壮有所用(工作),幼有所长(抚养),矜、寡、孤、独、废疾者皆有所养,男有分(职业),女有归(生活可靠)。货恶其弃于地也,不必藏于己(生产品共同所有);力恶其不出于身也,不必为己(各尽所能)。是故谋闭而不兴(不欺诈争利),盗窃乱贼而不作(不掠夺),故外户而不闭(没有私有财产不关大门),是谓大同。”这里是儒家思想家想象出来的,但没有古代这方面的传闻，是不可能虚构出这样一幅古代大同的社会图景的。我们从“禅让”这一词中，反映出古代的酋长是公选的。《尚书·尧典》有记载：尧在帝位，咨询四岳（姜姓炎帝族），四岳推举虞舜为继位人，舜受各种试验后，摄位行政，尧死，舜正式即位。舜也照样咨询众人，选出禹来摄政行事，舜死，禹继位。禹在位时，众举皋陶作继位人，皋陶死，又举皋陶子伯益作继位人，禹死，子启夺伯益而自立，禅让制度从此结束了，因社会已由原始共产主义社会进入奴隶有级的社会了。

（3）阶级统治方面的名称

据历史学家研究，大多数意见都认为殷代已进入奴隶社会了，从原始共产主义社会转入为有敌对阶级的奴隶社会，这在社会发展史上是一个巨大的变化。在阶级社会里，一个是掌握一切大权的奴隶主阶级，一个是一点没有自由、如同牛马一样待遇的被压迫阶级，但统治阶级倒底是少数，他们要对大多数人进行统治，除经济上进行统治外，就创造了国家机器这样的强制机构来统治人民，它在词汇中马上得到反映。如“国”，甲骨文中我们已见到，写作“戓”，“戓”就是武力保卫人口；后来写作“或”，“或”就是用武力保卫人口和土地。最后变成“国”，“国”就是划定的国境，《殷墟卜辞》中有“鬼方征我东鄙，鬼方牧我西鄙”的记载，这里已可以见到当时已有了边鄙，即国境线。

国家出现，法律也必然随着出现，我们从文选上已可以看到“殷彝”这一个词，就是殷代刑法的名称。可见当时已有刑法。甲骨文已有军队和地牢等的记载，这些阶级统治的工具当时已具备了。

周代刑法比殷代更完备了，《尚书·吕刑篇》云：有五种刑罚，墨刑，即用刀刻面涂墨。劓刑，就是犯法的人割去鼻子。剕刑，犯法者受到割脚的处罚。宫刑，即犯法的，男子割去生殖器，女子禁闭宫中当奴隶。大辟刑,即杀头。

随着阶级社会的产生,阶级的等级制度也从没有到有,从不严到森严方向发展了。商代有君、邦伯、师长、百执事(统治阶级通称百姓)、臣、多臣、牧臣、耤臣、小耤臣、宰臧仆、奴、奚、童、妾等级名称。后面的为被统治阶级,被统治阶级中又有等级,耤臣为管农业奴隶的头领,"牧臣"为畜牧奴隶的首领,"宰"是手工业和厨下奴隶的名称,"臧"是执武器卫护王和贵族的亲信奴隶。除这些等级外,还有庶人(自由民)这一阶层。

西周后等级制度更厉害了,有公侯伯子男的等级,又有天子、诸侯、大夫、士(统治阶级)、工、商、皂、隶(被统治阶级)的等级名称。

到了东周时,由于商业的发展,本来为被统治阶级的商贾,随着商业经济的壮大,他们中的大商贾爬上了统治阶级的地位。

到了战国时,由于东周末期经济发生很大的变化,地主经济逐步形成,就出现了"地主"这样一个新的等级,当时王室衰落了,领主掌握大权。领主这一阶层地位提高了。战国时各国诸侯为了争权夺利,土地兼并还豢养了大批的士,信陵君家内有士三千人,这些士帮助主人谋划定策。总之,随着阶级的产生,社会上不象原始共产主义时那样,人们无贵贱之分,一律平等,而是划分为各种等级,词汇中就出现了很多等级的名称。

(4) 井田制度的名称

周灭殷后,就在全国范围内实行了井田制度。井田制度,是把田划为井字形九块,当中一块是公田,由种其他八块田的人去耕种,收获为王室所有,这一制度我们从下列词汇中就可以见其梗概。

井田:《国语·齐语》:"陵阜陆墐,井田畴均,则民不憾。"

公田:《孟子·滕文公》:"方里为井,井九百亩,其中为公田,八家皆私百亩，同养公田，公事毕，然后敢治私事。”

行田：《吕氏春秋·乐成》：“魏氏之行田也，以百亩，鄴独二百亩是恶田也，漳水在其旁，而西门豹弗知用。”这里的行田，不是真的田会走路，而是当时土地为王室所有，他可以今天给甲种，明天给乙种，所以称行田。反映井田制度的词汇当然很多，这里只不过举例罢了。

其他周代有很多制度在词汇上是显明反映的，如周代同姓不能通婚，我们从称谓上就可以见到，周代称同姓的都称诸父，而称异姓的诸侯，称诸舅、诸甥。

商代起就有嫡庶制度了，词汇上就有嫡子、庶子的名词出现。

在税收制度方面，井田制度时王室是以公田的收获为赋税收入的，到后来，生产力提高了，励奖开荒，土地兼并，井田制度破坏了。随着地主经济的产生和发展，赋税制也随着变了。到春秋时期就出现了亩税制，“税亩”这一词在《春秋·宣公十五年》“初税亩”中已出现，可见当时已实行亩税了。还有什一税，《左传·宣公十五年》：“非礼也，谷出不过藉，以丰财也。”“古者什一，藉而不税”，赋税制度一改变，马上在词汇中就得到反映。

7. 反映社会意识形态和文化的词汇

（1）古代崇拜神和祖先方面的名称

在古代由于生产力很低下，文化的不发达，对自然界各种现象不认识，在这样的情况下，必然对自然现象很畏惧，具体表现在对神的崇拜上。当时神在人们心目中是至高无上的，当时的一切大事都要问过神即通过占卜来决定。当时就有“巫”这样一种人，他们专门从事占卜等事情。占卜有很多种，一种是用龟壳卜的，一种是用筮卜的，甲骨文和《周易》就是卜卦后结果的记录，单从卜卦的名称也反映出卜卦种类的繁多。贞，《说文》云：“卜问也。”有占视兆问也……当时任何事都要通过占卜来决定，有时甚至酋长决定了的，而通过占卜后不合酋长意见，还是要遵照占卜的结果的。

崇拜神和祖先的另一表现，是祭祀名称的繁复和隆重。为求福而祭祀叫祷，除灾而祭祀的叫禳，烧柴焚燎以祭天神叫柴，以事类祭天神叫禷。依季节分，春祭叫祠，夏祭叫礿，五岁一大祭叫禘，另外如祼灌祭也、禜数祭也、鬃门祭祖先也。祫，大合祭先祖亲疏远近也等等名称。神，也给他们取了很多名词，社，地主也；祇，地神也；神，天神也；祆，胡神也。

人们不但信神，对鬼祟也是很崇拜和畏惧的，"鬼"这一名词在《诗经》中出现好几次，《子华子·晏子》："极其回邪，如鬼如蜮。"《战国策·楚策》："谒者，难得见如鬼。""祟"，《左传》载，晋侯有疾，卜曰：实沉台，骀为祟。楚昭王有疾，卜问曰：河为祟。上述充分反映出古代崇鬼神的思想。

（2）历学天文学的名称

随着农业经济的发展，历学和天文学也跟着发展了，因农业生产是有季节性的，人们在生产实践中逐步掌握了天文的规律，总结而成为历法和天文学。

在甲骨文中我们已见到有历法的记录，夏代已有夏历，一年称为一岁，商代叫祀，周代叫一年。商代历法一年又分春秋二季，今秋其㞢降佳黻(《林》2.26.13)，今岁秋不至兹商，二月一秋其至(河687)。一年又分十二月，大年还有十三月(闰月)，十二月都用天干、地支记时。一日内又分日(日雨，《甲》549)夕，夕雨(《续》1.6.17)中日即日中，中日亦雨自南(《乙》478)。明，三月乙丑夕雨，乙卯明雨(《乙》163)，《说文》云："旦，明也。"昏，今日辛至昏雨(《宁沪》1.70)。旦，今旦王疾目，(《乙》64)各日，即落日也。还有分得更细的，有旦、明、大采、大食、盖日、中日、昃、小食、小采、夕等名称。可见当时历法已有一定水平。

到了西周时，历法比殷更进步了，用年记年，分一年为春夏秋冬四季了，同时用28宿观测太阳的运行，求得朔日之所在。到战国时期，楚人甘德、魏人石申测定黄道附近120个恒星的位置，与这些距北极的度数，用来观测木、火、土、金、水五个行星的运用，开始发现五个星出现的规律，他们测定恒星的记录是世界上最早的。

(3) 医学农学的名称

《周礼·天官·冢宰》属，有师医（大医生）、食医、疾医、疡医、兽医的名称。战国时有名的医生扁鹊，还著了很多医学方面的书，给我们留下了宝贵的遗产。

农学：战国时有农学家，总结了过去的农业经验，《吕氏春秋》"上农""任地""辨土""审时"四篇，给我们农学上的发展起一定的作用。

文字：文字古代相传为仓颉所造，这是不对的。据语言学家研究，我们夏代已有文字了，甲骨文就是当时的文字（主要是殷代的），到了战国时文字有大篆逐渐向小篆变化。古代（先秦）文与字是不同的，单体叫文，合体叫字。文字不必举例，甲骨文、金文和战国时的散文都是。

(4) 战国诸子百家方面的名称

在春秋战国时代是我国古代学术空前活跃的时代，百家争鸣，百家齐放。争辩风气风行一时。这样的时代特征反映在词汇中，是创造了浩如烟海的新词，反映各家学说的词。儒家的中庸、修身、齐家、治国、平天下、劳心、劳力、性善，墨家的兼爱，老子的清静、无为、道，荀子的性恶，公孙龙子的白马非马……

（二）秦汉时期词汇的时代特征

秦的统一是我国历史上的一个很大的转折点，在以前虽然也是有过统一,但地方割据的局面,从来没有消灭过。秦统一后就完全不同,中央建立了极权制度,地方上由过去的分封制改为郡县制,这样一来,国家这一阶级统治的工具更加完善了。秦统一后还实行了很多统一的措施,如书同文、车同轨、统一度量衡,这些对我们祖国生活的人民成为一个统一的民族,起着巨大的作用。同时由于秦始皇的残暴,虽然他想尽办法(如收尽天下兵器等法)来消灭人民反抗的可能性,但他不知道就在他死后的第二年,手无寸铁的人民揭竿而起,把秦王朝打垮了。

汉代沿用秦制,基本上是一样的,所以我们把秦汉二代并一起讲。

1. 反映秦汉的极权制度的词汇

首先表现在封建主尊严程度的进一步提高。

在秦以前我们上节已谈到,封建主为了抬高自己的身价,统治人民,划分了很多等级。而秦始皇统一中国后,就更加厉害了。他把过去一般的人称代词"朕"占为己有,表示至尊无上,他住的地方叫宫或殿、用的东西都称御什么、规定皇帝的嫡妃叫后、王出去叫巡、到叫幸、王讲话叫诏,等等。这一切都充分表现出极权制度的专横和仇视人民。

其次表现在官吏制度上。皇帝实行独裁,政事不论大小,全由皇帝一人裁决。下设左丞相、右丞相,辅佐皇帝处理国政;丞相下设御史大夫,辅佐丞相处理朝政。还有太尉掌握军政,将军掌征伐,廷尉掌刑法治粟,内史掌财政经济,少府掌北海地泽的税收供皇帝本人用的费用,博士(顾问)等中央官。地方官:郡中设郡守,掌一郡政事;郡尉,辅佐郡守并主军事;监御史负责监视郡守。县中设县令长,掌一县的政事;县以下乡官有三老、啬夫、游徼:三老掌教化,啬夫掌狱讼、赋税,游徼掌捕盗贼。县下面还有亭,亭设亭长。

汉承秦制，但在开国初有过分封诸王的制度，不过已与秦以前大不同了。中央设相国、丞相、大司徒、太师、太傅、太保、太尉、御史大夫、列将军、奉常、郎中令、卫尉、太仆、廷尉、典客、宗正、水衡都尉、大行令、治粟内史、中尉、执金吾、大司马、大司空、太常等官。地方官，有二个系统：郡县系统有太守、都尉、县令长、县尉、乡啬夫、亭长。边塞系统有太守、都尉、侯官、塞尉、侯长、队长。从上面我们可以看到二点：一是皇帝独揽一切大权；二是国家机器与过去不同了，成为完整的整体，这部机器由皇帝一人开动，下面就全部动起来了。权力高度集中了。

第三，表现在刑法酷政的加强。

皇帝实行极权制度，必须引起人民和一切旧阶层的反抗，为了维护它，就必然要加强刑罚制度，秦汉时期的刑罚的残酷程度是令人毛骨悚然的，我们从词汇中可以见到，刑罚一是表现残酷，二是表现种类繁多。例：车裂赵高（《史记》），人是用车子把身体分裂而死。腰斩，不是一般的杀头，而是从腰部斩断而死。夷三族，一个人犯法，自己的父母兄弟子女……三族要全部杀光。这种残酷的刑罚，是超过先秦时代的。镬烹，是把犯人投入镬中活活的烧死。绞，就是把犯人活活绞死，有人绞死还不是一次就绞死，而是分几次绞死他。

在刑罚的项目上也比过去大大增加，秦死刑有单死、腰斩、车裂、磔、族。徒刑有鬼薪、城旦、髡、锥……汉代死刑有弃市，《汉书·景帝纪》：中元二年，“改磔曰弃市”。师古注：“磔为张其尸也，弃市杀之于市也。”腰斩，《周礼·秋官·掌戮》注：“斩以铁钺，若今腰斩也。”枭首，《汉书·陈汤传》注：“枭谓斩其首而悬之也。”族刑，汉代初期废除过，后来又恢复了。洪迈《容斋随笔》卷一“汉轻族人”条：“主父偃，陷齐王于死，武帝欲勿诛，公孙丞相争之，遂族偃。郭解客杀人，吏奏解无罪，公孙大夫议，遂族解。”这里的主父偃和郭解就遭受到这种惨无人道的刑罚。徒刑有：一岁有罚作、复作，二岁有司寇，三岁有鬼薪、白粲等项目，四岁有城旦、舂，五岁有髡钳、城旦、舂。财产刑：有罚金，《汉书·哀帝纪》注：如淳曰："令甲，诸侯在国，名田他县，罚金二两。"名誉刑：有夺爵，《汉书·景帝纪》："夺爵为士伍，免之。"身体刑有黥、劓、刖左右趾、笞，《后汉书·郎颉传》：汉法肉刑三，谓黥也，劓也，左右趾也。文帝除之当黥者髡，钳城旦舂，当劓者笞三百，当左右趾者笞五百。身体刑除上面四种外，还有宫刑和断舌头。流刑，就是徙也。《魏书·刑罚志》载，少傅游雅疏云："汉武时，始启河右四郡，议诸疑罪而谪徙之。"

法律也项目众多。秦法有盗法、贼法、囚法、捕法、杂法、具法。汉初萧何增加户法、擅兴法三章，把人民的一切自由权利完全剥夺光，但人民是决不会向统治者低头的，秦汉时农民起义是一个接一个的起来了，有名的陈涉为首的农民起义，赤眉、黄巾等农民起义。

封建集权制度的又一表现，是君父名字的避讳的加严。这种反动的制度，也是为了提高皇帝的尊严实行中央集权制度服务的。周代已开始了，不过秦以后更加严格了；秦始皇的名字叫政，因此一切政字都要避讳，正月改成端月；秦始皇的父亲庄襄王名叫楚，为了避讳，改称楚为荆。汉高祖名邦，汉诏引《书》的"协和万邦"改为"协和万国"。高后名雉，为了避讳，就改称雉为野鸡。《汉书·杜邺传》用"雉升鼎耳"事，改雉为野鸡。汉景帝名启，为了避讳，称微子启为微子开。汉武帝名彻，为了避讳，改蒯彻为蒯通。汉光武名秀，改秀才为茂才。汉明帝名庄，改庄助为严助、庄安改严安。这里是举例性质，避讳的现象还很多。它的目的是提高王族威望，以便进行统治。

集权制度的又一表现为郡县制度。秦以前，各个小国是一个独立单位，它的一套政权组织与皇帝差不多。它们与王室的关系好似后来的附属国与宗主国的关系一样。小国的官吏都由小国国王自己任命。因此，到春秋战国时代，王室成为傀儡，它们根本不听王室的命令，各国为了兼并土地，纷战不休。秦汉实行集权制度，就根本改变过去的情况；实行郡县制，郡县是全国中央机构下属的一个组成部分，官吏由中央任命，地方要听中央的一切领导。我们在词汇中可以见到郡、县、乡、亭一系列的名词，就是反映了这一制度的。秦统一六国后就设天下为三十六郡，后来增加四郡，共为四十郡，郡下面设县，县下面设乡，乡下面设亭。

2. 反映秦统一后各项重大改革的词汇

秦统一六国后，采取很多重大的改革，对我们祖国后来的发展发生了很巨大的促进作用。秦始皇是一个暴君，但同时又是一位古代的政治家、有功劳的皇帝。秦统一后，秦始皇为了巩固统治，把过去的各项制度加以改革，“焚书”“坑儒”是统一文化制度上的反映，在战国时代学说是百家争鸣，异说纷云。秦建立集权制度后，为了巩固它，当然要有统一的文化和思想基础，秦始皇采取了以荀派儒学和法家刑名之学的思想为基础，实行“行同伦”的政策，立即就遭到旧派的强烈反对，他们引经据典，反对这一政策，于是就发生焚书坑儒的事件。战国时候文字上是音异声、文异形的局面，秦统一后就实行了书同文的政策，在秦小篆的基础上统一文字，于是出现了“小篆”这一词汇。历史上记载李斯订定文字，依据籀文、古文笔划力求简易划一，当时的小篆就是大篆的简写，秦就是以这些简写字为基础进行统一。在度量衡方面，战国时期也是很混乱的，田畴异亩，度量衡各国均不同，秦统一后也进行了统一工作，规定货币为二等，黄金为上币唐一镒（二十刃）、铜钱为下币唐半刃，二百四十步为一亩等等。在实行车同轨方面，出现了“驰道”这一词汇。战国时期由于封建割据，车涂异轨，秦统一后，大辟驰道,并规定天下的驰道有统一的宽阔。以上这些制度的推行,词汇上马上都得到反映,于是出现了"焚书""坑儒""书同文""车同轨""行同伦"的词组,"小篆""驰道"等这样的词。

秦统一后还动员了大批人民进行大建筑,如"长城"这一词是秦时才出现的,当时秦为了防止匈奴的入侵,建筑了闻名世界的万里长城,这一词是劳动人民付出了多少血汗和生命代价的结晶的反映。驰道当时遍及全国,是劳动人民辛勤开辟的。阿房宫,这一伟大的建筑,项羽攻陷咸阳后,烧了一个月才烧完。这些伟大的工程,都是空前的壮举,词汇中就有"长城""驰道""阿房宫"这样使人永远怀念的词。

3. 反映汉代教育事业的词汇

相传孔子时代已有学校了,孔子有学生三千人。到了汉代,教育事业大大发展了。中央有太学,地方有郡国学校。随着这方面的发展,词汇上就出现了很多新名词,太学是当时中央的一种学校,一般是官僚子弟念书的;郡国学校有四种不同的学校,在郡国的叫"学",在县道邑侯国所立的叫"校",乡立的叫"庠",村聚所立的叫"序";这里就出现了太学、学、校、庠、序的学校名称。另外还有鸿都门学,是专习尺牍及字画一类艺术的学校。学校内服务的人员也各有专名,校长叫太常,教员叫博士,学生叫太学生或员。郡国学校的教师,又有专名,学、校中的教师叫"经师",庠、序中的叫"孝经师"。学校要有校舍,就出现"校舍"这一新名词,"教授"这一词也是那时产生的,即传授知识给学生。

4. 反映宗教思想的词汇

这一时期,宗教是很多的,"阴阳五行"学说在汉代有很大的发展,风行一时。道教是汉代创立的,佛教是汉代传入的,所以反映这方面的词汇也特别多，这里我们只能举例说一下。

“阴阳五行”学说的起源很早，“阴阳说”起源于《周易》，“五行说”起源于《尚书·洪範》，战国时代已有了，当时有阴阳家邹衍的“五行学说”，到了汉代为这种学说的全盛时代，什么事情都以“阴阳五行”进行解释，有些真是荒谬绝伦。在词汇上也出现了很多反映这方面的新词，如尸解，为修仙者死了称尸解，言将登仙，假托为尸以解化之。用在医学上说肺为金、肝为木、心为火、脾为土、肾为水，有所谓十二经脉，就是用阴阳来说明病理的，是以各分手足三阴三阳，共十二支：手少三焦，手少阴心，足少阳胆，足少阴肾，手太阳肠，手太阴肺，足太阳膀胱，足太阴脾，手阳明大肠，足阳明胃，手厥阴心包络。病的开始叫太阳。总之当时各门科学中都受到这种学说的影响，渗入了很多这方面的词。我们举例也不必多，因写出来没有什么价值。当时这方面的词汇是不少的。

道教创立于后汉的张道陵，教徒喜说神仙，推老子为天仙之长，宣扬导行、服饵、长生、飞升之术。说人们只要去邪累、清心神、积行树功、累德增善便可白日升天而获长生。《后汉书·张鲁传》有记载：“鲁字公旗。初，祖父陵，顺帝时客于蜀，学道鹤鸣山中，造作符书，以惑百姓。受其道者辄以五斗米，故谓之‘米贼’，陵传子衡，衡传于鲁，遂自号‘师君’，其来学者，初名为‘鬼卒’，后号‘祭酒’，各领部众，众多者名曰‘埋头’。”我们从这里就可以看到“师君”“鬼卒”“祭酒”“埋头”等道教词汇，其他如“符箓”“符祝”“九节杖”“丹鼎”等道教用品的名词，还有“奸令”“鬼吏”“仙官”“阴官”“道士”“道人”等他们的专有道名。

佛教的传入相传在西汉时已有了，公元前 2 年，即汉哀帝元寿元年，西域佛教国大月氏使臣伊存来朝，当时朝廷派博士弟子景卢从伊存那里受浮屠说。到汉明帝时，已流行开了。我们可以从汉明帝给刘英的诏书里褒奖他“诵黄老之微言，尚浮屠之仁祠”这一段文字中见到“浮屠”“伊蒲塞”“沙门”等佛教名词，因为当时假使社会不流行，皇帝马上要讲出这些宗教词汇是不可能的。后来外国的僧侣不断来华，中国的僧侣也大量翻译佛经，于是佛教词汇就大量出现，这里有外来词，也有自己创造的新词。除上述“沙门”“浮屠”“伊蒲塞”外，如“膜拜”等。（详见“外来词”一节）

5. 反映经济的词汇

秦汉时期的经济都比以前大大发展，无论是农业、手工业、商业都有了新的发展，特别对外贸易，由于汉代张骞通西域，打开了通向西方的交通线。下面分别叙述。

（1）农业发展方面的名称

农业到了汉代，有了很大的发展，在生产工具上出现了耦犁和耧车的新式农具。词汇上也当然增加了“耦犁”和“耧车”这二个新词。耦犁是二人挽二犁，二人各扶一犁，一人牵引二牛。耧车是一种下种器，生产效率很高，一人一牛一天能下种一顷地。

汉代的耕作法也有很大进步，出现了一种新的耕作法叫代田法（词组），是一亩中每步分三甽，每甽宽一尺、深一尺，一步宽六尺，三甽每年换位一次，这样能经常保持地力，由于实行了这一先进耕作方法，产量要比过去每亩增产一石到二石。

农田水利的规模也比以前大了，汉代开了很多水渠，有名的有龙首渠、灵轵渠、成国渠、沣渠、白渠，能灌溉田数千顷到万余顷，其他各地小渠，沟道更多。

“垦田”这一个词是东汉大力垦田的反映，东汉垦田规模很大，垦田数达七百万亩左右，大大扩大了农田面积。

（2）手工业发展方面的名称

秦汉时期的手工业也比先秦时更发展，具体表现在钢的广泛应用和新式手工业技术的不断出现。

钢是战国时期发明的，当时钢只用在兵器的制造上，农具还是用铁制的。而到了汉代，农具也用钢制造了。炼钢业有很大发展，我们从词汇中看到，增加了很多新词。例：炼钢的设备，有炉（熔铁炉）、排橐（风箱）、埵（吹火筒）、坊（土型范）。可见汉代的炼钢业是已较完备了。

纺织业也大大进步了，当时已能纺织出象“冰纨”“方空縠”“吹絮纶”等这样很精细的高档纺织品，刺绣业也有很大的进步，襄邑织工陈宝光家还发明了织花机，大大提高了生产效率。

汉代手工业应该大书特书的是发明了很多新手工业品和新手工业工具，这在词汇中出现了很多新名词。

纸是汉代发明，两汉由于学校的发达，经学又很繁琐，士人录写大量经传师说，竹简太重，很不方便，缣帛又太贵，买不起，就很需要一种代用品，于是就出现了纸。《汉书・外戚传・赵飞燕传》就记载有一种“赫蹏”的东西，应劭（东汉人）注说是薄小纸，孟康注，说是染赤色纸。薄小纸也好，染赤色纸也好，总之已证明汉成帝时已有了纸。据《说文》记载当时的纸是用丝絮制成的，是丝絮制成，那当然价钱还很贵，到东汉时蔡伦发明的后人称为“蔡侯纸”的纸，就不是用价值很高的丝絮制成的，而是用树皮、麻头、破巾、破渔网为原料制成的。这是一个很大的发现，无论对手工业本身讲，对文化事业的发展上都有很大的贡献，大大促进了文化科学的飞速发展。词汇中就出现了“纸”和“蔡侯纸”这二个新词。

汉代的另一重大发明是产生了瓷器，我们在文献中第一次发现“瓷”的记载是西汉邹阳的《酒赋》中，在词汇中增添了“瓷”这一个新词。河南板桥水库和洛阳都有西汉四耳罐和盘的出土，河南信阳东汉墓中发现青瓷壶、杯、碗等物，证明两汉确有瓷器。由陶器跃进到瓷器，这对陶器是一次大革命，给手工业开辟出一条更宽广的新道路，在文化史上也是一个大创造。

在汉代我们的祖先已开始会制造玻璃,当时的新名词叫“阳燧”,王充《论衡》:方士熔炼五种石块,铸成阳燧,可在日光下取火,这就是制玻璃手工业的一个开端。汉代的制盐技术上也有了新的发明,“火井”就是反映新发明的词汇。火井是一种新的煮盐法,应用这种新方法,比本来用柴火煮盐水,一石盐水能得盐二三斗的产量增加到四五斗,产量几乎增加一倍,这是了不起的发明。“水排”这是一个新名词,它反映了炼钢业上一个大发明,东汉初年杜诗做南阳太守,创作水排,用水力鼓动排橐,创造农具,用力少,见功多。这也是一项了不起的事。本来炼钢的排橐是用人力的,非但费水力,同时风也不大,影响炼钢的质量。水排发明后,既节省了劳力,又提高了钢的质量。

翻车,这又是一个新名词,“渴鸟”不是口渴的鸟,这二个新名词是代表着汉代又二项重大创造。翻车是汉灵帝时宦官毕岚发明的,渴鸟也是他发明的。翻车是河边汲水的机车,渴鸟是汲水的曲筒。

水碓,东汉献帝末年雍州刺史张既督促陇西、天水、南安三郡富人造水碓,这里我们看到“水碓”这一新名词,它是用水力激水轮舂米的一种器械。

汉代不但在手工业方面有上述这样一系列的重大发明,在科学方面,汉安帝时,张衡制造了闻名世界的浑天仪、候风仪、地动仪等精密的科学仪器,其他科学也同样有很多发明,不一一列举了。

(3) 反映商业和对外贸易发展的词汇

秦汉时期的商业随着农业和手工业的发展,也比过去大大繁荣。表现在许多商业大城市的出现,汉代有长安、洛阳、邯郸、临淄、宛、江陵、吴、合肥、番禺、成都等大城市。这里我们想着重谈一谈汉代对外贸易在词汇中的反映。大鸿胪,是一个官名,是专门管理对外贸易的一个官。下面还有行人(出使外国)译官、别火(掌刑狱)及郡邸等官。那时对外贸易基本上是官营的,随着对外贸易的产生,就出现了新的名称,上面可以看到有行人,就是到外国去做贸易的政府官员,这不同于国内商业了,国内的商人叫商人或叫贾。由于要与外国人打交道,语言不通就要求有译官,外国商人到中国来做生意,就要有一个住的地方,汉代就给外国商人住的房屋取了一个专名叫邸(长安藁街有蛮夷邸,居住外国贡使和商人)。上面所出现的行人、译官、邸都是随着对外贸易的产生而产生的新名词。

由于对外贸易的发展,外国的商品就大量输入中国,在词汇中就出现了很多新的外来词。有“珊瑚”“珠玑”“玻璃”“犀象”“翡翠”等外国的东西,反映外国传入物品的外来词有“胭脂”“苜蓿”“葡萄”“酋长”“荽”“琵琶”等。

6. 反映农民起义的词汇

秦汉时期土地兼并比过去更厉害,结果造成富者田园万里、贫者无立锥之地,虽然秦汉的统治阶级,用尽了各种暴政酷刑,企图阻止人民的反抗。但是人民当忍无可忍,逼得无路可走时,就起来反抗。在这个时期中大规模的农民起义有四次。

“揭竿而起”这一词组,是概括了秦末农民陈涉领导农民起义的事情。秦始皇统一六国后为了防止人民的反抗,把天下的兵器全部收起来,认为这样他可以做王做到万世了,而他不知道,人民的力量是无敌的,人民虽手无寸铁,就是用竹竿把它削尖当武器,就把秦王朝打下去了。

“绿林”是公元 17 年荆州农民大起义的事,首领王匡、王凤领导起义军,居绿林山而得名。

“赤眉”是公元 18 年樊崇、杨音等领导农民起义的事,起义军与王莽军大战时,各人用赤色涂眉,作为记号而得名。

“黄巾”是汉末张角等领导农民大起义的事，他们头上都扎一块黄的头巾而得名。

这简单的四个词概括了四次规模很大的农民起义，由于农民的起义，打击了封建统治阶级，使新兴的统治者不得不作出某些让步，因而推动了社会的发展。

二、基 本 词 汇

（一）基本词汇和一般词汇

什么是基本词汇，斯大林同志在他的著作《马克思主义与语言学问题》一书中阐述说："语言的词汇中的主要东西就是基本词汇，其中包括所有的根词，成为基本词汇的核心。基本词汇是比语言词汇窄小得多的，可是它的生命却长久得多，它在千百年的长时期中生存着并给语言构成新词的基础。"这就告诉我们，基本词汇与一般词汇是不同的。

在性质上，基本词汇具有历史的稳固性。在发展的过程中，基本词汇大部分被保存了下来。例如：反映自然现象的"日""月""山""水""风""雨""雷""电"等，人体的心、手等，称谓的"父""母""伯""叔""兄""弟""姊""妹"等，其他的也很多，都被保存到今天仍是人们生活中不可缺少的成分。而一般的词汇却不是这样，很多词随着社会的消失而消失了。例如："社稷""宗庙""朝廷""天子""皇帝""诸侯""诸公""后""妃"，等等。这些词都进了历史博物馆，成了历史性的东西。

在功能上，基本词汇具有构词的能力。例如："人"这个词，在古代无疑是基本词。可以构成"人民""人心""庶人""小人""大人""圣人""仁人"等。又如"舞"这个词，上古也属基本词。以它为基础可以构成很多新词。祭山川的——“兵舞”,祭社稷的——“帗舞”,四方的祭——“羽舞”,其他如“皇舞”“小舞”“施舞”“干舞”“人舞”等都是。一般词汇是不具有这种构词能力的。所以基本词汇是语言词汇的基础,使语言词汇不断丰富的源泉。

基本词汇的生命力要比一般词汇长久得多,它在千百年的长时期中生存着。基本词汇和一般词汇具有这些不同,但基本词汇和一般词汇却是共同的统一整体,它们是相互联系、相互制约着的。基本词汇是语言词汇不可缺少的组成部分,没有基本词汇作基础,语言词汇也就失去了它的效用而不能生存;同时,没有语言词汇的存在,也无所谓基本词汇,更不用说基本词汇的特征了。基本词汇和一般词汇在发展的过程中是能相互转化的,有些基本词失掉了自己的职能而转入一般的词汇中。例如:“朕”这个词,在很早以前就可列入基本词的范围。但到了后来却被秦始皇所垄断成为他的独称,从此也就失去了作基本词的资格。

当然,一般词汇在发展过程中,有些词取得了基本词的资格而转入了基本词的行列。例如:

> 质尔人民。(《诗经・大雅》)
> 诸侯之宝三:土地、人民、政事。(《孟子・尽心下》)

这里的“人民”“土地”,很难说在当时已经是基本词了。但经过长期历史的考验,也就加入了基本词汇的行列。又如:

> 依类象形故谓之文,其后形声相益即谓之字。字者,言孳乳而浸多也。(《说文解字》)

这里“文”“字”是两个字,到《秦琅琊台刻石》,有“书同文字”,但在当时“文字”还不能算作基本词，也是后来成为基本词的。

以上的例子举不胜举，足以说明一般词汇中的词有可能转化为基本词的。

（二）基本词汇的发展

我们的祖国是世界上最早建立的文明古国之一。远在公元前十二世纪，文化的发展已经放出了异常灿烂的光辉。文化的记载，大部分被保存了下来。甲骨文的出土，又为我们提供了考察殷商社会发展的有利条件。汉语基本词汇的历史发展，我们也只能以现存的书面材料为依据来进行考察。在奴隶社会的远古时期语言是不复杂的，基本词汇是很贫乏的，这是与当时语言的贫乏分不开。在语言词汇开始形成的时候，基本词汇和一般词汇是没有什么区别的。但在发展过程中，两者的界限愈来愈清楚，使我们可以看出哪些词是基本词，哪些不是基本词。在现在的甲骨文记载里，基本词汇和一般词汇的差别，还是不很容易区分的，但毕竟还是有差别的。因而我们不能从此得出结论说，在甲骨文时代里基本词汇和一般词汇之间的界限也还是不大的。我们知道，已经出土的甲骨文虽然很多，但毕竟不能代表整个甲骨文时代。历史事实告诉我们，殷商时代的物质文化已经相当发达。在另一些文件记载中，我们不难知道当时的基本词汇和一般词汇是有着很大的差别的。据历史学家的考证，在殷商时代的畜牧业还是很发达的，从反映畜牧的词汇来看，也就证明着在甲骨文时代里基本词汇和一般词汇差别不大的结论是不符合实际的。举例来说：“牛”“马”二词，可以肯定在当时是基本词。但两岁的牛称“㸬”、三岁的牛称“犙”；两岁的马称“驹”、三岁的马称“駣”、八岁的马称“𩡧”等等，显然不能属于基本词。就是代表公牛、母牛的“牡”“牝”，公羊、母羊的

“[illegible]”“[illegible]”，公豕、母豕的“[illegible]”“[illegible]”等等也还不能作为基本词来看待，但是在发展的过程中，“牡”“牝”取得了基本词的资格，不仅是指公牛、母牛，而是可以泛指了。甚至《书经》有称母鸡为“牝鸡”。虽然在当时的基本词汇是比较贫乏的，但这与语言词汇的贫乏分不开。

基本词汇不是在一个时代里一下子产生的，它是附着时代的发展而不断增加和丰富，也有所消亡，有的转变了意义。基本词汇的丰富壮大还可以从方言和外来词中吸取营养。为了叙述的便利起见，我们按照实际情况，分别举例来谈。

1. 自然现象的名称

关于反映自然界的事物和现象的基本词汇，在上古已经很丰富了。我们不可能全部都谈到，只能以代表性的举例来谈。这一类词具有最强烈的生命力，很多在甲骨文中已经出现，经过三四千年的历史发展一直沿用到现在。

例如：“日”“月”。在甲骨文中关于日月的记载是很多的，关于祭祀方面祭日的有“出日”“入日”“各日”“出入日”等。例如：

> 辛未又于出日。（《粹》597、598）
> 御各日，王受又。（《粹》1278）
> 戊戌卜，内，乎有𠦪于出日于入日宰。（《乙》2065）

在甲骨文中也有关于日蚀、月蚀的记载。例如：

> 日㞢食。（《林》1.10.5[㞢——又]）
> 日月又食，佳若，日月又食非若。（《佚》374）
> 月㞢食，闻，八月。（《甲》1289）

从以上例子中可以知道，"日""月"在甲骨文中早就是基本词了。在《诗经·小雅·十月之交》中有"朔日辛卯，日有食之"。《诗经·小雅·东方之日》中有"东方之日兮，彼姝者子""东方之月兮，彼姝者子"。同时，在《诗经》中出现了与日字有关的"阳"字。在《孟子》中也可以找到例子。意思是指"日光"，也可以解释为"太阳"。例如：

> 匪阳不晞。(《诗经·小雅·湛露》)
> 春日载阳。(《诗经·豳风·七月》)
> 秋阳以曝之。(《孟子·滕文公》)
> 阳光炽烈，坚冰立散。(《列子·汤问》)

"阳"还可以解释为山的南面。例如："子之昌兮，遭我手猺之阳兮。"这也与阳光有关的，因为山南面向阳。到了汉代，"太阳"合成一个词，而是指阴阳二气之阳。所以有"太阳""太阴"之称。例如：

> 日，实也。太阳之精不亏。(《说文解字》)
> 月，阙也。太阴之精。(同上)
> 六月，《坤》之初六，阴气受任于太阳。(《汉书·律历志》)
> 火，太阳也。阳尊，故托遂皇于天。(《尚书大传》)

在以上这些例子里，"太阳"还不是指"日"，"太阴"也不是指"月"。直到《淮南子·天文训》称"日者阳之主也……月者阴之宗也"，才指日为太阳、月为太阴。但"太阳""太阴"还不是基本词。至于"太阳"成为基本词，"太阴"又让位给"月亮"，这是以后的事，不在上古部分讨论。

“日”“月”在上古汉语中无疑是基本词，但发展到现在虽然还是基本词，但在口头上已经被双音的“太阳”“月亮”所代替了。而另一些词，从甲骨文到现在仍旧是单音的。例如“天”“地”“星”“云”“风”“雨”“雷”“电”“冰”“霜”“雪”“露”“山”“水”，等等。这一类词在甲骨文中，关于“风”“云”“雨”“雪”的例子是很多的。例如：

其宁风，三羊三犬三豕。（《谈》2.15.3）
宁巫大风。（《下》42.4）
尞于帝云。（《续》2.4.11）
又尞子六云五豕卯五羊。（《上》22.3—22.4）
训气求，庚申今日气雨。（《粹》771）
雨不足辰，不佳年。（《前》7.30.1）
其尞于雪，又大雨……（《金》189）
旬㞢羃，王疾者，中日雪，祸。（《前》6.17.7）

在《诗经》中，关于“天”“地”“星”“云”“风”“雨”“雷”“电”“冰”“霜”“雪”“露”“水”“火”等的例子就更多。例如：

上天同云，雨雪雰雰。（《诗经·小雅·信南山》）
烨烨震电，不宁不令。百川沸腾，山冢崒崩。（《诗经·小雅·十月之交》）
习习谷风，以阴以雨。（《诗经·邶风·谷风》）
北风其凉，雨雪其雱。（《诗经·邶风·北风》）
浩浩昊天，不骏其德。（《诗经·小雅·雨无正》）
嘒彼小星，三五在东。（《诗经·召南·小星》）
牂羊坟首，三星在罶。（《诗经·小雅·苕之华》）
扬之水，不流束薪。（《诗经·王风·扬之水》）

叔在薮，火烈具阜。（《诗经·郑风·大叔于田》）

谓天盖高，不敢不局。谓地盖厚，不敢不蹐。（《诗经·小雅·正月》）

啴啴焞焞，如霆如雷。（《诗经·小雅·采芑》）

正月繁霜，我心忧伤。（《诗经·小雅·正月》）

如临深渊，如履薄冰。（《诗经·小雅·小旻》）

关于这类词的例子，在上古汉语中是很多的，举几天也举不完。从上面的一些例子看，足以证明这类词是基本词。它们有着历史相当久的历史稳固性，所以它们的生命力也特别强，以至直到现在仍是现代汉语的基本词。

2. 人体的名称

关于人体各部分所包括的内容是很多的，名称也很复杂，但在上古汉语里，不像现在的解剖学所谈的人体各部分的名称那样复杂。我们从词的角度去谈，所涉及的也是代表性的。在谈到人体各部分的名称时，我们首先要谈到“人”这个总的名称。“人”和“手”“心”三个基本词，有着悠久的历史，也是相当稳固的基本词之一。例如：

历象日月星辰，敬授人时。（《尚书·虞书·尧典》）

执子之手，与子偕老。（《诗经·邶风·击鼓》）

知我者谓我心忧。（《诗经·王风·黍离》）

从《释名·释形体》来看，有一些词也有着相当长的历史。例如“胃”“肾”“肝”“肺”“腰”“血”“脓”等在上古已经出现。而更有一些词随着语言词汇的发展而变成双音化的。但在上古却是单音节的，从这些词可以看到其发展变化，也是我们这里要重点讨论的。

例如“首”“头”“目”“眼”“领”“颈”“牙”“齿”“足”“脚”“皮”“肤”等。这些词在上古都是基本词。其他如“耳”“鼻”“口”“唇”“眉”“肌”“身”等也都是基本词。例如：

手如柔荑，肤如凝脂，领如蝤蛴，齿如瓠犀，螓首蛾眉，巧笑倩兮，美目盼兮。(《诗经·卫风·硕人》)

噬肤灭鼻，无咎。(《易经·噬嗑》)

衣服节而肌肤和。(《墨子·辞过》)

目辨白黑美恶，耳辨音声清浊，口辨咸酸甘苦，鼻辨芬芳腥臊，骨体肤理辨寒暑病养。(《荀子·荣辱篇》)

“首”和“头”现在看来是同义词，但在词汇发展的历史上，“头”字的产生要晚些。在甲骨文中“头”字还没有出现，到了战国时代，在一部分子书中出现了“头”字。“首”和“头”似乎是同义词出现在作品中的。到后来，“首”字渐渐让位于“头”。例如：

椎柄长六尺，首长尺五寸。(《墨子》)

长椎柄长六尺，头长尺。(同上)

此夫身女好而头马首者与？(《荀子》)

“头”字在作品中的应用领域是很广的，可以看出“首”的应用渐渐少下去。在子书中是很容易找到例子的。例如：

今有刀于此，试之人头，倅然断之，可谓利乎？(《墨子》)

鸿蒙拊髀雀跃掉头曰：吾弗知！吾弗知！(《庄子》)

若手臂之扞头目而覆胸腹也。(《荀子》)

谚曰：白头如新，倾盖如旧。(《史记》)

……烂羊头，关内侯。（《后汉书》）

“领”和“颈”在上古也是同义词。《诗经·卫风·硕人》有“领如蝤蛴”。《左传·吕相绝秦》有“引领西望”。这些领字都可以作“颈”字解。《说文解字》：“颈，头茎也。”“颈”字的应用，在战国时候的作品中例子也很多，战国以后的作品中更容易找。例如：

今遂至使民延颈举踵曰……（《庄子》）

夫马陆居则食草饮水，喜则交颈相靡，怒则分背相踶。（《庄子》）

人知贵生乐安而弃礼义，辟之是犹欲寿而刎颈。（《荀子》）

小人莫不延颈举踵而愿曰……（《荀子》）

百越之君，俯首系颈，委命下吏。（《史记》）

刳腹绝肠，折颈折颐。（同上）

刎颈之交。（同上）

日出旸谷，入于虞渊，莫知其动，须臾之间，俯人之颈。（《淮南子》）

见一士焉，深目玄准，雁颈而鸢肩。（《论衡》）

以上这些例句，可以说明“颈”字的应用是愈来愈广泛而普遍，差不多代替了“领”字在作品中的地位。

“目”和“眼”在上古汉语里，“目”是指眼睛的。而“眼”呢？一般说来，在战国时代还不是指眼睛，而是指“眼球”。但在具体的作品中，也可以解释为眼睛。例如：

……其于人也为寡发，为广颡，为多白眼。（《易经》）

聂政大呼，所杀者数十人。因自皮面，抉眼自屠出肠，遂以死。（《战国策》）

子胥抉眼。（《史记》）

抉吾眼，置之吴东门，以观越之灭吴也。（同上）

在《汉书·王莽传》中有“露眼赤精，大声而嘶”。这里的“精”，也就是后来所说的眼睛的“睛”。王筠《说文句读》：“精即是睛，与童子为一物。”虽然这里“眼”与“精”还没有合成一个词，但已具有这种趋向。发展到后来，“眼”渐渐的代替了“目”，再以后，“目”也就让位给“眼睛”了。

“牙”和“齿”，现在已经成为合成词“牙齿”。而在上古时候，两者是有区别的。段注《说文解字》：“统言之，皆称齿称牙；析言之，则前当唇者称齿，后在辅车者称牙。牙较大于齿。”也许古人是这样分法，但在实际作品中不一定解释得通。例如：

谁谓鼠无牙？何以穿我墉？（《诗经·召南·行露》）

假如说“两旁曰牙，中间曰齿”，就很难理解了。因为老鼠咬东西是用前面的牙齿，不会和狗咬骨头一样旁边的牙齿着力。我们认为：“牙”在上古是指牲畜的牙齿。例如：

豶豕之牙。（《周易·大畜》）

投之一骨，轻起相牙。（《战国策》）

由于“牙”是指牲畜之牙，所以与“爪”合成“爪牙”，这种词在古代作品中是很容易找到的。例如：

故差论其爪牙之士……(《墨子》)

彼爱其爪牙,畏其仇敌。(《荀子》)

以耿夔、任尚等为爪牙。(《后汉书》)

这里的"爪牙"有两种解释:一种是称武士为爪牙,一种是称羽党为爪牙。而"齿"在开始时不一定是指牙齿,而是指牙床骨,就是我们现在所说的齿龈。颜师古注《急就篇》:"齿者,总谓口中之骨,主齰齧者也。"《说文》:"齿,口断骨也。"所谓唇亡齿寒也具有这个意思。因为"牙齿"的本身不是怕寒的。

"足"和"脚"。"足"在书面语上的出现是很早的,也是很普遍的。例如:

启予足,启予手。(《论语》)

手足胼胝,三日不举火。(《庄子》)

断鳌之足,以立四极。(《列子》)

"足"在上古时候,还可以作为"满足"解释。例如:

祸莫大于不知足,咎莫大于欲得,故知足之足常足矣。(《老子》)

"足"作为"满足"来解释,与我们所要谈的人体部分的基本词无关,我们不去讨论它。但有一个词:"足下"与"足"略有关系,当然并不是指脚底下。而是在战国时称人主为"足下"。如:苏代《遗燕昭王书》、乐毅《报燕惠王书》、苏厉《与赵惠文王书》等,都称"足下"。"足下"的典故出于晋文公和介之推的故事。可见"足"字在很古的时候就属于基本词了。至于"脚",在书面语上也出现得很早,但在当时，它与“足”不是同义词。“脚”在上古是指小腿的。《释名·释形体》：“脚，却也。以其坐时却在后也。”这说明“脚”本来是指“小腿”的。例如：

> 羊起而触之，折其脚。（《墨子》）
> 乳间股脚。（《庄子》）
> 詈侮捽搏，捶笞膑脚。（《荀子》）
> 孙子膑脚，兵法修列。（司马迁《报任少卿书》）

《太史公自序》也有：“孙子膑脚，而论兵法。”这些例子都证明了上古“脚”字，确实是指小腿而言的。“脚”代替“足”不在上古部分讨论。

“皮”和“肤”在上古也是有区别的。一般说来，“皮”是专指兽皮；“肤”是指人的皮肤。例如：

> 噬肤灭鼻，无咎。（《易经》）
> 饿其体肤。（《孟子》）
> 蚊虻噆肤，则通昔不寐以。（《庄子》）
> 岛夷皮服。（《书经》）
> 具炉橐，橐以牛皮。（《墨子》）

但是，在上古时，“皮”也可以指人的“皮肤”。例如：

> ……其皮为之灾也，今鲁国独非君之皮邪。吾愿吾刳形去皮，洒心去欲，而游于无人之野。（《庄子》）

到了汉代，也有“皮”指“皮肤”。例如：

乃割皮解肌,诀豚结筋。(《史记》)

根据以上例子,我们认为"肤"是专指人的"皮肤";"皮"泛指动物的皮,也可以指人的"皮肤"。

3. 亲属称谓和人称代词

关于亲属称谓成为基本词的,有些是很早的。从《释名·释亲》来看,亲属称谓的内容是相当丰富的。有"父""母""祖""曾祖""高祖""兄""弟""子""孙""曾孙""玄孙""来孙""昆孙""仍孙""伯父""仲父""叔父""季父""姑""侄""舅""外甥""姨""妻""姊""妹""妾""嫂",等等。例如:《论语·微子》:"周有八士:伯达、伯适、仲突、仲忽、叔夜、叔夏、季随、季騧。"这说明"伯""叔"在上古用于排行:老大为"伯",老二为"仲",老三为"叔",老四为"季"。在这一称谓中,经过发展消失了一些,如:季、仲。

《墨子·公孟》:"丧礼,君与父母、妻、后子死,三年丧服;伯父、叔父、兄弟期,族人五月;姑姊舅、甥皆有数月之丧。"

这一例句中关于亲属称谓的词,都保存了下来。关于亲属称谓的一些词,稳固性也是很强的,保存下来的也很多。但在发展过程中,这一类词在人民口语中都向着双音化发展,但这是上古以后的事了,不在这里讨论。下面我们想谈谈与称谓有关的一些词,如:"朋友"这一词,在上古也可以被认为是基本词了。例如:

亦云可使,怨及朋友。(《诗经》)
所求乎朋友,先施之,未能也。(《中庸》)
……朋友之交也。(同上)

……与朋友交而不信乎?(《论语》)

……与朋友交,言而有信。(同上)

非所以要誉于乡党朋友也。(《孟子》)

从这些例子来看,“朋友”一词的使用是相当普遍的。而且在发展过程中,“朋友”这个词经历了长时期的考验,历史证明它是古代语基本词。

人称代词进入基本词汇,根据具体的词来说是有先后的。按照现有文献,我们可以知道,第一人称代词出现得比较早。在甲骨文中就有“我”“余”“朕”等第一人称代词。例如:

我不受其年。(《粹》867)

余弗其子帚侄子。(《前》1.25.3)

戊寅卜,朕出今夕。(《录》572)

甲戌卜王,余令角帚古朕也。(《粹》1244)

第一人称代词的发展,除了“朕”这一词被秦始皇垄断外,“我”字的生命力最长久,一直沿用到现在。在发展的过程中,还产生了新的第一人称代词。《尔雅・释诂》:“卬、吾、台、予、朕、身、甫、余、言,我也。”可见上古第一人称代词之多,其中有些很可能是从方言中来的。

第二人称代词,如“女”“乃”出现得也很早。在甲骨文中也已经有了。例如:

叀王不女娸?(《乙》3429)

戊戌卜,㱿贞:王曰侯虎:往余不[illegible]其合,氏乃史归。贞:王曰:侯虎[illegible]女史,咎受。(《菁》7)

第二人称代词如“女”不是专职的，发展到后来出现了“汝”。但书写形式，往往还是用“女”。例如：

王若曰：格汝众，予告汝训，汝猷黜乃心，无傲从康。（《尚书·商书》）

汝不和吉言于百姓，惟汝自生毒。（同上）

三岁贯女……逝将去女。（《诗经》）

女安，则为之。（《论语》）

谁谓女无家？（《诗经》）

从现有材料来看，第二人称代词“汝”可以说是古代的基本词。但到后来还是慢慢儿的消失了。第二人称代词除了“女”“乃”以外，还有“若”“尔”，等等。这里不再一一细谈了。

第三人称代词，在古代汉语中常用“彼”“其”等来代替，但这些词都不是专职的。至于第三人称代词“他”，正式成为第三人称代词，还不在上古。在上古汉语中也出现了“他”字。例如：

王顾左右而言他。（《孟子》）

《诗》曰：“他人有心，予忖度之。”（同上）

在后一个例子中，“他”勉强可以解释为第三人称代词，但这种情况不是普遍的。到汉代的作品中，“他”还没有专作第三人称代词用。例如：

于是沛公乃夜引兵从他道还。（《史记》）

遭夫人、世子之丧，君不受，使大夫受于庙，其他如遭君丧。（《仪礼》）

从这些情况来看，第三人称代词作为基本词还是以后的事。

4. 生产和生活用品的名称

社会发展的过程是从渔猎社会发展到畜牧社会，再由畜牧社会发展到农业社会。社会的发展制约着词汇的发展，反映这些社会特征的词汇，在我国的出土文献中可以找到很多。六畜在当时已经成为家畜，“马”“牛”“羊”“鸡”“犬”“豕”这些词也无疑的是基本词。例如：

马三十丙。(《续》1.29.4)

■[illegible]入马。(《通》157)

牛一夫之于王亥，卌羊，辛亥用。(《前》4.8)

田鸡亡[illegible]。(《前》2.27)

……十五犬、十五羊、十五豚。(《前》2.23.6)

丙午卜，宾贞：屮于且乙，十白豕。(《前》7.29)

在《卜辞》时代，六畜是祭祀的必需品，从祭祀次数的繁多和用牺牲的情况，可以证明当时的畜牧业是相当发达的，祭祀牺牲多的可以百计。例如：

贞㞢御牛三百。(《前》4.8.4)

也有用“三”“四”“五”的。例如：

辛未卜，丰贞，埋三犬，燎五犬五彘，卯四牛，一月。(《前》6.3.3)

以上这些基本词，如“马”“牛”“羊”等一直沿用到现在。而

“犬”这个词后来被“狗”代替了，“豕”让位给“豬”。在上古文献中，“狗”和“犬”，实质上是同义词。例如：

> 天地不仁，以万物为刍狗；圣人不仁，以百姓为刍狗。（《老子》）
>
> ……尝语君吾相狗也……吾相狗又不若吾相马也。（《庄子》）

《史记》中有“鸡鸣狗盗”“鼠窃狗偷”，《汉书》中有“鼠窃狗盗”。

关于“豬”，上古作品中所反映的名目繁多。例如：

> 言私其豵，献豜于公。（《诗经》）
>
> 壹发五豝……一发五豵。（同上）
>
> 既定尔娄豬，盍归吾艾豭。（《左传》）

按照《说文》的解释，豵，生六月豚也；豜，三岁豕；豝，牝豕也；豭，牡豕也。豬的类别这样繁复，发展到后来，只有“豬”的生命力最强，被保存了下来。

与六畜有关的词，如“牝”“牡”“雌”“雄”也可以作为古代汉语的基本词。“羔”“犊”“驹”等也是基本词。《急就篇》：“羊子曰羔，牛子曰犊，马子曰驹。”“飞曰雄雌，走曰牝牡。”《说文》称，马二岁曰驹；牡，畜父也；牝，畜母也。

“牡”“牝”二词，在甲骨文中是专指“公牛”“母牛”。因为还有“”“”“”表示“公羊”“公豬”“公鹿”。又有“”“”表示“母羊”“母豬”。在发展过程中，“牝”“牡”可以泛指。《说文句读》称，《易》有牝牛、牝马，《书》有牝鸡，《尔雅》有牝羊，是通称也。“牝”“牡”也就成了基本词，其他的都消失了。

农业生产的词汇在甲骨文中也很丰富，如禾、黍、粟、稷、麦，等等。在《毛诗》中所见到的也就更多。《周礼·天官》："以九职任万民：一曰三农，生九谷，二曰园圃，毓草木，三曰虞衡，作山泽之材，四曰薮牧，养蕃鸟兽。"可想而知，反映生产劳动等的词汇是很丰富的。在种植方面的有："圃""囿""瓜""果""树""桑""麻""栗"等，以及与种植有关的手工业品："丝""帛""布"等。稼穑方面的有："禾""啬""黍""粟""麦""稻""粱"等，以及和这些有关的："酒""鬯"等。这类词在《诗经》中的反映很多，随手可以捡到例子。例如：

> 诞实匍匐，克岐克嶷，以就口食。蓺之荏菽，荏菽旆旆。禾役穟穟，麻麦幪幪，瓜瓞唪唪。
>
> 诞降嘉种，维秬维秠，维穈维芑。恒之秬秠，是获是亩。恒之穈芑，是任是负，以归肇祀。（《诗经·大雅·生民》）
>
> ……是生后稷，降之百福。黍稷重穋，稙稺菽麦。奄有下国，俾民稼穑。有稷有黍，有稻有秬。（《诗经·鲁颂·閟宫》）
>
> 王事靡盬，不能蓺稻粱。（《诗经·唐风·鸨羽》）
>
> 桑之未落，其叶沃若。（《诗经·卫风·氓》）
>
> 丰年多黍多稌，亦有高廪。万亿及秭，为酒为醴，烝畀祖妣，以合百礼，降福孔皆。（《诗经·周颂·丰年》）
>
> 山有漆，隰有栗。子有酒食，何不日鼓瑟。（《诗经·唐风·山有枢》）
>
> 揆之以日，作于楚室。树之榛栗，椅桐梓漆。（《诗经·鄘风·定之方中》）

从上面这些例句中，说明了当时农业的发达。这种情况在《书经》中的反映也是很明显的，尤其是《周书》中，差不多篇篇都有关于农业的文字。例如：

土爰稼穑……百谷用成。(《尚书·洪範》)

禾则尽起……岁则大熟。(《尚书·金縢》)

纯其蓺黍稷,奔走事厥考厥长。(《尚书·酒诰》)

惟曰:若稽田,既勤敷菑,惟其陈修,为厥疆畎。(《尚书·梓材》)

君子所所,其无逸,先知稼穑之艰难。(《尚书·无逸》)

诸如此类的例子,不胜枚举。其他还有一些词,如:“田”“畴”“町”“亩”等也是当时的基本词。“田”可以是猎场,也可以是农田。例如:

文王不敢盘于游田。(《周书·无逸》)

叔于田,巷无居人。(《诗经·郑风·叔于田》)

雨我公田,遂及我私。(《诗经·小雅·大田》)

大田多稼,既种既戒。(同上)

在上面的例句中,前二例的“田”是指猎田;后二例的“田”是指农田。

随着农业社会的发展,“农夫”“农人”这样的基本词也产生了。例如:

我田既臧,农夫之庆。(《诗经·小雅·甫田》)

嗟我农夫,我稼既同。(《诗经·豳风·七月》)

今农夫五口之家,其服役者不下二人……(《汉书·食货志》)

我取其陈,食我农人。(《诗经·小雅·甫田》)

此商人所以兼并农人,农人所流亡者也。(《汉书·食

货志》)

反映生产的词汇是这样丰富,在进行生产劳动或防御等也一定有词汇来反映,如耒、耜、钱、镈、铚、铫、鎒、镰,等等。这些生产工具很少有传用下来的,即使有也变换了名称。反映这些事物的词也随之而消失了。例如:

三之日于耜。(《诗经·豳风·七月》)

庤乃钱镈,奄观铚艾。(《诗经·周颂·臣工》)

一农之事,必有一耜、一铫、一镰、一鎒、一椎、一铚,然后成为农。(《管子·轻重乙篇》)

……耕者必有一耒、一耜、一铫。(《管子·海王篇》)

"弓""矢"这两个词,我们大家都很熟悉。这两个词的产生也是有着悠久的历史的。"弓矢的发明是劳动工具改善的重要里程碑,随着弓矢的出现,打猎开始供给更多的必需的生活资料"(苏联科学院经济研究所编《政治经济学教科书》)。在我国古代文字的记载中,弓矢是上古社会一种主要的渔猎生产工具。到后来又成为侵略或防御的工具之一。例如:

田获三狐,得黄矢,贞吉。(《周易·下经》)

射雉,一矢亡,终以誉命。(同上)

噬干胏,得金矢,利艰贞,吉。(《周易·上经》)

既张我弓,既挟我矢。(《诗经·小雅·吉日》)

越人关弓而射之,则己谈笑而道之……其兄关弓而射之,则己垂涕而道之。(《孟子·告子下》)

弓矢斯张,干戈戚扬。(《诗经·大雅·公刘》)

士不敢弯弓而报怨。(《史记》)

子胥关弓执矢向使者。(同上)

在发展过程中,“矢”渐渐让位于“箭”。《说文》:“矢,箭也。”《释名·释兵》:“矢又谓之箭。”“箭”在我国古代也早就出现了,它是一种竹子的名称。《周礼·夏官》:“东南曰扬州,其利金、锡、竹、箭。”《尔雅·释地》:“东南之美者,有会稽之竹箭焉。”很可能是在以前有把这种竹子做箭干的,后来渐渐与“矢”成为同义词。一直到后来箭代替了矢。但这是中古的事。

反映生活用品的词在上古也是很多的。如居住的有宫、室、屋、房、楼等。“宫”开始时并不是指宫殿,只是人们居住的地方,后来被统治阶级独用了,我们在这里就不谈了。至于室、屋、房、楼,例子是很多的,它们也不是一个时代的产物。例如:

鹳鸣于垤,妇叹于室。(《诗经·豳风·东山》)

谁谓雀无角,何以穿我屋。(《诗经·召南·行露》)

胤之舞衣、大贝、鼖鼓,在西房;兑之戈、和之弓、垂之竹矢,在东房。(《尚书·周书·顾命》)

备穴者,城内为高楼。(《墨子·备穴》)

穿戴方面的有:“冠”“衣”“裳”“屦”“履”“屝”“跻”,等等。《释名·释衣》谓服:“凡服,上曰衣……下曰裳。”例如:“制彼裳衣,勿士行枚。”(《诗经·豳风·东山》)。“屦”“履”就是现在所说的鞋子,在书写形体上不同,可能是古今词。段注《说文解字》:“《易》《诗》《三礼》《春秋传》《孟子》皆言屦,不言履;周末诸子、汉人书乃言履。《诗》《易》凡三履,皆谓践也。然则履本训践,后以为屦名,古今语异耳。”例如:

纠纠葛屦，可以履霜。(《诗经·魏风·葛屦》)

今之禽兽、麋鹿、蜚鸟、贞虫，因其羽毛以为衣裘，因其蹄蚤以为跨屦，因其水草以为饮食。(《墨子》)

脱屦户外，膝行而前。(《庄子》)

郤克伤于矢，流血及屦，未绝鼓音。(《左传》)

予子冠履，而断子之手足，子为之乎？(《墨子》)

履之所出，而迹岂履哉？(《庄子》)

从上面的例子中，可以看出“屦”“履”是代表同一的概念。以后又出现了“屩”，等于“蹻”，解释为草履。例如：

羸縢履蹻，负书担橐。(《战国策》)

蹑屩而见之。(《史记》)

布衣草蹻而牧羊。(《汉书》)

其他如：“床”“几”“案”等词在古代也可以作基本词的。例如：

……杀孟阳于床。(《左传》)

登子反之床。(同上)

5. 时令和方位的名称

关于时令和方位这一类词，远在三千多年前的甲骨文中，就有了表示时令的“年”“岁”“春”“秋”“日”“月”等，表示方位的“上”“下”“东”“西”“南”“北”，等等。

“年”在甲骨文中是指“年成”，当时，人们希望获得好的年成，这要祈求于神的。《卜辞》中反映求年一类的记载就很多。例如：

贞于王亥求年。(《后》上 1.1)
壬申贞求年于夒。(《后》上 22.4)
贞求年于丘。(《前》1.50)
癸丑卜贞求年于大甲十牢,祖乙十牢。(《后》上 27.6)
壬申求年于妣乙。(《后》上 22.3)

在这些例子中的求年,都是向神祈求好的收成。但当他们获得丰收以后,又有受年的记载。例如:

王大令众人曰协田,其受年。(《粹》8.66)
今岁商受年。(《燕》493)

从以上例子看,“年”的概念,在当时还不表示时令。《说文》:“年,谷熟也。”这一解释是符合例子中的情况的。

“岁”在甲骨文中,有“今岁”“来岁”。例如:

今岁秋不至兹商。(《后》687)
今岁亡祸。(《库》648)
来岁受年。(《甲》1493)
今来岁我受年。(《乙》979)
今来岁,我不其受年。(《乙》1732)

这些例子,一看上去,似乎可以解释为时令。但,“今来岁”表示时令,就不能解释了。因而“岁”在甲骨文中,也具有谷熟的意义。在《诗经》中,“岁”“年”可以解释为同义词。例如:

三岁为妇。(《诗经》)

三岁贯女。(《诗经》)

岁亦莫止。(同上)

《尔雅·释天》:“夏曰岁,商曰祀,周曰年,唐虞曰载。”孙注:“四时一终曰岁。”从《书经》运用情况来看,这种说法基本上是讲得通的。例如:

帝曰:往钦哉,九载绩用弗成。(《尚书·虞书》)

二十有八载,帝乃殂落,百姓如丧考妣,三载四海遏密八音。(同上)

惟三祀,十有二月朔。(《尚书·商书》)

王宅忧,亮阴三祀。(同上)

惟十有三年春,大会于孟津。(《尚书·周书》)

……或十年,或七八年,或五六年,或三四年。(同上)

“岁”“祀”“年”“载”,在这样的情况下成为基本词,年、岁的寿命就很长,在我们今天还是不可缺少的基本词。

表示四季的春、夏、秋、冬,在甲骨文中出现了“春”“秋”两字,这是与农业生产季节有关的。例如:

来春不受其年。(《粹》881)

今春,王勿黍。(《续》1.53.3)

今秋我入商。(《下》42.3)

古人以“春秋”代表四季不是没有道理的,开始时只有两季,而这两季又是与农业生产季节关连着。“春”“夏”“秋”“冬”这些词一直沿用下来,这里不再举例了。

关于方位的词，如："东""南""西""北""上""下"等词在甲骨文中已经用得很普遍了。例如：

东土受年。(《乙》3289)
南土受年。(《粹》904)
西土受年。(《乙》3409)
北土受年。(《乙》3925)
上下若，受我又。(《前》4.37.6)
上下弗若，不我其受又。(《前》5.22.2)

6. 数词和量词

数的概念的形成是文化相当发展以后的事。数词作为汉语基本词，出现在历史记载中还是很早的。殷商时代经济文化的发展事实，甲骨文献的记载材料充分的证明了这一点。在甲骨文里，已经有一、二、三、四、五、六、七、八、九、十、百、千、万等，十五、二十、三十、四十、五十或百位数，有的是合体的，也有不合体的，中间以"又"隔开。例如：

十人又五。(《粹》594)
自今十五年㞢五。(《续》1.44.5)
五十犬、五十羊、五十豚。
三十犬、三十羊、三十豚。
二十犬、二十羊、三十豚。
十五犬、十五羊、十五豚。(《前》3.23.6)
贞、㔾，御牛三百。(《前》4.8.4)
八日辛亥，允戈伐二千六百五十六人。(《后》下43.9)

从以上的一些记载中，我们可以看出数词的运用已经是相当普遍了，无疑的可以列入基本词汇。至于量词作为基本词，一般说来要比较晚些。虽然在甲骨文中有“朋”“卣”“丯”“[illegible]”“[illegible]”等出现在数词的后面，研究甲骨文的人称这些词为量词。郭沫若释“丯”为“介”，即后来的“个”字。胡厚宣释“[illegible]”为“匹”。例如：

> 庚午贞，龟大隻子帝丯(介)臣，血囗在祖乙宗卜。(《粹》12)
> 其贞用三丯犬羊。(《佚》783)
> [illegible]示十[illegible]㞢一[illegible]，穷。(《粹》1504)

这些紧跟在数词后面的符号，看来确实是量词，但在更多的数词后面不一定带有这些符号，如再上面的一些例子。从这些情况来看，量词的应用还不是很稳定的，所以我们还不能用这些材料来证明。但量词“两”“头”“匹”“个”“箇”“杖”“丈”“尺”“寸”“斤”“斗”“升”“石”等不断出现而渐渐成为基本词。

“两”这个词在古代作品中出现得很早。例如：

> 之子于归，百两御之。(《诗经·召南·鹊巢》)

朱熹注：“两，一车也。一车两轮，故谓之两。”这里的“百两”是一百辆车子。我们还不能说它是量词。

> 葛屦五两，冠緌双止。(《诗经·齐风·南山》)

朱熹注：“两，二屦也。”这里的“两”更不能作为量词。“五两”就是“五双”。

广有一卒，卒偏之两。（《左传》）

这里的“两”是军队之称。

重锦三十两。（《左传》）

这里的“两”是指“匹”，古时候的布帛，二丈为一端，两端为一匹，所以称为“两”。

革车三百两。（《孟子》）
牛车千两。（《汉书》）

师古注：“车一乘曰一两，谓之两者，言其辕轮两两而耦。”这里的“两”可以说是量词了。从以上的情况来看，“两”在古代的用法是很不一致的，在后两个例子中，可以被认为是量词。

“头”本来是名词，在汉代作品中，已经可以作为量词用了。例如：

牛羊十余万头，车四千余两。（《汉书》）
首虏五百余人，掠马牛羊十万头。（同上）
马牛羊驴橐驼七十余万头。（同上）

在这些例子中，“头”字无疑的是量词。

“个”“箇”在上古的作品一开始就作为量词用的。《方言》：“箇，枚也，起于六国时。”《说文》：“枚，榦也，又箇也。”例如：

若有一个臣。（《大学》）
又弱一个焉。（《左传》）

负矢五十箇。(《荀子》)

竹竿万个。(《史记》)

梁王曰：若寡人国小也，尚有径寸之珠，照车前后各十二乘者十枚。(同上)

木器髹者千枚。(同上)

犍为郡于水滨得古磬十六枚是也。(《汉书》)

请干将铸作名剑二枚……越前来献三枚，阖闾得而宝之，以故使剑匠作为二枚。(《吴越春秋》)

从上面的例子中，可以看出“个”“箇”“枚”作为量词的运用。其中“枚”用的范围比较广。从这些用法中，也使我们知道：“枚”“个”“箇”可以作为基本词了。

“匹”字作为量词，有两种含义。一种是计布帛的数目，古时候以四丈为一匹；一种是计马的数目，一头为一匹。“马牛羊驴橐驼七十余万头”，《汉书》一例说明计马数也可以用“头”。后来“头”和“匹”分工了。马的数目用匹来计算，例如：

马二千匹，甲第一区。(《汉书》)

国多马，富人至四五千匹。(同上)

其他如“尺”“寸”“斤”“斗”“石”“顷”“亩”可以用作量词。例如：在《周礼·考工记》关于“尺”“寸”的例子很多，这里不举了。

耨柄尺……其耨六寸。(《吕氏春秋》)

地方百里，提封九万顷，除山泽邑居，参分去一，为田六百万亩，治田勤谨，则亩益三升，不勤，则损亦如之。地方百里之增减，辄为粟百八十万石矣。(《汉书》)

以上所谈的这些数量词，都是历史悠久，一直沿用到现在，它们的生命力是相当强的，也就不能不说这些词是古汉语的基本词。

7. 田猎行为的名称

反映事物的行动和变化的词，在我国有文献的记载中是非常丰富的。在甲骨文中，在田猎时的行动就有不少词来反映。例如："禽""狩""逐""追""射"，等等，下面我们先谈"禽""狩"。

"禽"原先是用作动词的。例如：

> 王其田于昼，禽大豚。(《甲》3639)
> 引机发梁，适人可禽。(《墨子》)
> 服者不禽，格者不舍。(《荀子》)
> 齐师败绩，知伯亲禽颜庚。(《左传》)

从上面的例子中，我们可以知道：这些"禽"字都是动词。但在先秦也有名词"禽"。《孟子·离娄》："人之所以异于禽兽者几希。"《周易·师·六五》："田有禽。"等等都是名词。后来为了把两者区别开来，动词"禽"加手旁，为"擒"。

"狩"也有两种解释的，作为动词是打猎，作为名词解和兽是同音的，意义也相同。上古火猎为狩，这是田猎的一种名称。例如：

> 明夷于南狩。(《周易·明夷》)
> 叔于狩，巷无饮酒。(《诗经·郑风·叔于田》)
> 东有甫草，驾言行狩。(《诗经·小雅·车攻》)

上面例子中的"狩"都是一种行为。所以我们说"禽""狩"在上古词汇中是属于基本词汇的范围。

“逐”“追”也是一种行动。按甲骨文的记载来看，“逐”似乎是逐兽。例如：“逐鹿”“逐豖”“逐兕”“逐𪊨”“逐”“逐”在甲骨文中的记载是很多很多的。这些用“逐”的情况下，却不用“追”。而“追”可能是用于追人的。例如：“三族，王其令追召方，及于或。”(《京》4387)，无论是追人也好，逐兽也好，这两个词在上古也是基本词。

“獲”“穫”在甲骨文中已经分用了。田猎而得的为“獲”，农作而得的为“穫”。例如：

壬子卜贞，王田于许，往来亡灾，移御。獲鹿十一。(《前》2.26.7)

壬申卜贞王田鸡，往来亡灾，王稽，曰吉，移御，獲狐三。(《前》2.36.7)

王往穫耤，征往。(《甲》3420)

王往穫。(《林》2.16.20)

年不其穫。(《珠》1175)

在上面的一些例子中，“穫”“獲”的分工是很明确的，这一对词也无疑是基本词。在例句中，我们还可以看到另一些词，如“往”“来”，在当时也是基本词。

现在我们来谈谈与弓矢有关的一类词，如“射”“发”“张”“关”“觉”“弯”等，在当时也可以作为基本词的。“射”在甲骨文中已经很多了，大概有二十多种不同的写法。“射兕”“射𧆨”“射鹿”“射獲”等的记载是很多的。《周易》中有：“井谷射鲋”(《井·九二》)、“公田射隼于高墉之上，獲之”(《解·上六》)、“射雉，一矢亡”(《旅·六五》)等。可见“射”是基本词无疑。

“射”“发”“关”“弯”等词在上古作品的应用也是屡见不鲜的，例如：

舞则选兮，射则贯兮。（《诗经》）

越人关弓而射之，则己谈笑而道之……其兄关弓而射之，则己垂涕泣而道之。（《孟子》）

羿不为拙射变其彀率，君子引而不发，跃如也。（同上）

既张我弓，既挟我矢，发彼小豝。（《诗经》）

彼茁者葭，壹发五豝。（同上）

自始合，而矢贯余及肘。（《左传》）

士不敢弯弓而报怨。（《史记》）

士不敢弯弓而报怨。（《过秦论》）

而且“张”不一定是“张弓”，琴、瑟、施、弦也可以叫张，也有张开的意思。例如：

琴瑟张而不平。（《礼记·檀弓》）

予口张而不能嗋。（《庄子》）

用贫求富，用饥求饱，虚腹张口，来归我食。（《荀子》）

及夕，子产闻其未张也，使速往，乃无所张矣。（《左传》）

下面所列举的这些词，很明显是当时的基本词，由于在发展过程中有些词义转变了，但它们的生命还是长久的，在我们现在的词汇中还是有它们的地位的。其他行动方面的词是不胜枚举的，如“牧”“伐”“俘”“受”“见”“杀”“进”“退”“征”“令”等词在甲骨文中已很多了，这些也都是基本词。

8. 事物性状的名称

反映事物性质状态的词,在上古汉语中也是很丰富的,实在是不胜枚举。我们在《荀子·荣辱篇》《荀子·正名篇》中就可以找到很多关于事物性质状态的词。例如:

> 形体、色、理以目异;声音清浊,调竽奇声以耳异;甘、苦、咸、淡、辛、酸奇味以口异;香、臭、芬、郁、腥、臊、洒、酸奇臭以鼻异;疾、痒、凔、热、滑、铍、轻、重以形体异。(《荀子·正名篇》)
>
> ……故长短小大,善恶形相,非吉凶也。(《荀子·非相篇》)

上面加黑点的词,一般都可以认作为表示事物性质状态的词,可见这一类词的丰富。这些词的生命力是相当强的,也具有相当程度的稳固性。其他如"强""弱"也早就成为基本词了。例如:

> 晋国,天下莫强焉。(《孟子·梁惠王上》)
>
> 寡不可以敌众,弱不可以敌强。(同上)
>
> 天下无道,小役大,弱役强。(《孟子·离娄》)

"赤""朱""红"也是表示事物性质状态的词。"朱""赤"意义相似,就是我们现在所说的"大红"。"红"与"朱""赤"是有分别的,相当于我们现在所说的"粉红"。《辞源》:"赤,朱色也。朱,正赤色也。红,赤色之浅者。"颜注《急就篇》:"红,色赤而白也。"

> 周人尚赤。(《礼记》)
>
> 越玉五重,陈宝、赤刀、大训、弘璧、琬琰在西序。(《周

书·顾命》)

炼钢赤刃,用之以切玉如切泥焉。(《列子·汤问》)

恶紫之夺朱也。(《论语》)

红紫不以为亵服。(同上)

“香”“臭”在现在看来是一对反义词,但在上古作品中,“臭”这一概念的范围,要比现在宽广得多,是指一切气味。所以香味也可以称为臭。例如:

其臭如兰。(《周易·系辞》)

其香始升,上帝居歆,胡臭亶时。(《诗经·大雅》)

从这两个例子中,我们可以知道:兰花本来是香的,为什么不说“其香如兰”呢?这里的意思是指这气味如兰花一样的香。第二个例子也是,明明是“其香始升”,天帝闻到了就不应该说“胡臭亶时”。这里的“臭”也是香的反训。但是我们不能把上古作品用“臭”这一词的,全部讲释为香。“臭”字的概念要比“香”大得多。解释为气味是可靠的。例如:

若乘舟,汝弗济,臭厥载。(《商书·盘庚》)

如恶恶臭,如好好色。(《大学》)

色恶,不食;臭恶,不食。(《论语》)

一薰一莸,十年尚犹有臭。(《左传》)

上面这些例子中的“臭”,分明不能解释为“香”。香和臭在我们的语言里完全是反义的、对立的,除了它们都是表示事物的性质状态之外,是找不到共同之处了。

基本词的发展，我们就谈到这里。这使我们可以明显的看出，基本词是不断发展而壮大起来的。在发展过程中，有些消失了，有些转变了意义，同时，还增加了很多新的基本词。基本词的发展壮大固然是社会发展和被制约着的语言本身发展的结果，但是，外来词、方言词的被吸收也是使基本词丰富壮大的一个重要原因。对上古汉语基本词来说，在吸收外来词来丰富自己，是凤毛麟角，这是具体历史事实所制约着和决定着的。因为在上古时期，外来词的传入不是很丰富的。汉代通西域，曾有一些词被吸收到汉语里来，特别是植物方面的，如："苜蓿""葡萄""胡桃""蚕豆""石榴"等和一些乐器的名称如"琵琶""胡笳"，等等。但这些词，我们还不能把它作为基本词。很明显，这些词初传进来，连基本的全民性的资格还没有取得，在发展的过程中才慢慢儿进入基本词，这不在上古部分讨论了。至于"方言"词的被吸收成为基本词，在数量上也不是很多的，尽管上古方言很分歧，但在春秋时期已经有了比较共同的语言——雅言，所以表现在书面语上还是比较统一的。但从具体方言中吸收成为基本词的例子还是可以找到的。例如：

"筆"这个词是从秦方言中吸收来的。《说文》："筆，秦谓之筆。"又："楚谓之聿，吴谓之不律，燕谓之弗。""筆"这个词，在当时可以说是基本词，但它是从方言中吸收来的。又是：

"箭"这个词是关西方言。《方言》："箭，自关而东谓之矢，江淮之间谓之鍭，关西曰箭。"

"案"在上古汉语中也是基本词，"案"就是有脚的盘，是古人的用具。如："孟光举案齐眉。"《方言》："案，陈、楚、宋、魏之间谓之槁，自关东西谓之案。"

"釜"，《史记》有"破釜沉舟"。《方言》："釜，自关而西或谓之釜，或谓之鍑。"可见"釜"也是方言词。

上面例子中的“筆”“箭”“案”“釜”都是方言词吸收到共同语中来的，而且都是上古的基本词。现在，我们再也看不出它们是方言词了。当然当这些词用于共同语以后，也就成了共同语的组成部分。

三、词义变化和词的结构

(一) 词 义 变 化

1. 词义变化的原因

我们在探求词义变化的原因，应该从二方面去探讨，一方面是非语言的原因，即社会的原因；另一方面是语言的原因，也就是语言内部的原因。因语音、语法、词汇在语言中是互相制约，互相联系的，当其他部分发生变化时，也必然引起词汇部分的相应变化，下面我们从二方面加以研究。

(1) 社会的原因

① 由于社会生活的变化，出现了关于事物和现象的新概念，因此就必需给新事物找一个名称，于是除了创造新词和借词外，就利用了名称的转移(即词义的转移)，来反映新事物、新概念。新词的创造是我们适应时代需要的重要手段之一，但只用这个手段是不够的，因社会是不断发展，要不断增加新词，新词无限制的增多，就会使人们掌握起来困难，就阻碍人们的交际。为此，人们就用了另一种办法，用增加原来的意义或转移原词意义的办法来适应社会提出的需要。

在上古这一原因表现很显明，到了殷代末期，农业产生了，到了周代就成为人们的主要生产方式。由于农业的发展，就产生了很多过去所没有过的新事物和新现象，这就要求语言给它新的名称，当时就创造了很多新词，这方面我们在第一章词汇的时代特征中已有详细的叙述。我们知道单新词是不够的，所以又采用了另一种办法，用转移词义来满足社会发展的需要。下面我们举例说明。

田，在田猎时代是田猎的意思，是一个动词，到了农业时代“田”就转移意义了，就有种禾黍的田出现，要求语言给它名称，人们当时没有创造新词，而是用过去田猎的“田”，赋予它新的意义来表示这个新事物的新概念。我们在《易·系辞》中：“以田以渔。”虞注：“以罟取兽曰田。”《诗经·大叔于田》，这里的“田”字还是田猎的田，到了后来词义就变了，《说文》云：“田，陈也，树谷曰田。”就是陈列谷的地方，这里的田就是农业上田地的“田”的意义了。

獲，在田猎时代，是指田猎所得到的收獲，就是指野兽一类的东西；到了农业时代，收獲的内容变了，不是野兽而是禾谷。这二个概念是不同的，但人们没有用创造新词解决，而是通过词义演变解决这个问题。《诗经·七月》：“八月其獲。”就不是甲骨文中的“獲”了。后来为了区别二者，书面上就把“犭”旁改为“禾”旁了，在实际口语中是一样，都读獲音。

特，在畜牧时期是一种牛的名字，我们今天不懂词源学的人，就不可能知道它是牛的名称，只知道是特别的特，这个意义的形成在上古已完成了。《荀子·大略篇》：“天下之人，惟各特意哉。”这里的特就表示特别的特词义了。

狂，在田猎时代本是一种犬的名称，《说文》云：“狾犬也。”到了后来就表示新概念“乱”的意义了。《淮南子·主术训》：“则狂而操利剑。”

狎，在田猎时代，它的意义是“犬可习”也，而到后来就表示戏的意义了，《荀子·正论篇》：“今俳优、侏儒、狎徒詈侮而不斗者。”

这里的“狎”就是表示新概念“戏”的意义了。

社会随着农业和手工业的发展，就产生了商业。商业先是物物交换，人们在交换过程中感到物物交换不便，于是就产生了货币，货币在当时是一种新事物，就要求给它名称。人们就用了转移词义的办法解决了这一个问题。“钱”本是一种农具名称，《说文》云：“钱，铫也，古田器。”《诗经》曰：“庤乃钱镈。”这里都是农具名称，而到了后来就转义为钱财的钱，成为货币的名称了，农具名称的词义消失了。

人类社会生产力发展到一定程度就产生了私有制，私有观念，当时讲这是一个新的概念，这个私的词也是通过词义转移而来的。私本来是一种禾的名称，后来就表示私有观念私的词义了。《诗经》“骏发尔私”的“私”就不是指禾的名称了，而是指私田的私。

另外像秉，在农业时代本来是禾束的意义。《诗经·小雅》：“彼有遗秉。”就是说田里还有遗剩的禾束，到后来就转义为“执”的意思了。《尔雅·释诂》：“秉，执也。”

穆，在农业时代是一种禾的名称，后来转义为美也。《诗经·清庙》：“於穆清庙。”《尚书·金縢》：“我其为王穆卜。”这里的穆不是指禾了，而是美的意思。

② 事物发生了变化，但仍然保留它的名称，而它的词义附着事物内容的变化而变化了。

墨，王嘉《拾遗记》载，张仪、苏秦，佣力写书，行遇圣人之文，无以题记，则以墨书于掌。这里就可以看出秦以前已有墨了，桂馥云：“古者漆书之后，皆用石墨以书，《大戴礼》所谓‘石墨相着则黑’是也。汉以后松烟、桐煤既盛，故石墨遂湮废。”并其名人亦罕知之（见《辞源·墨字》）。墨到汉代仍叫墨，而事物的内容是完全不同了，秦以前的墨是石墨，汉以来就变成由松烟、桐煤做成的墨了。我们理解词义，当然是指后者，不会再是石墨的概念了。表明词义已变了。

纸,《说文》云:“絮一箔也。”段注:“箔下曰澈絮箦也,澈下曰于水中击絮也。”当时纸是用丝絮做成的,而到了后汉蔡伦造纸,是用树皮、麻头、破布、破渔网为原料而制成的。纸的名称没有变,但纸的内容是完全不同了。本来是丝絮制成的,后来是与现代差不多的纸。词义也随着变化了。

筆,古时用简牍的,笔就是刀锥之类能刻字的东西,或者是石头制成的,是蘸着漆写字的,当时就称筆,这在甲骨文中已有此字了。到秦时,蒙恬发明了笔,这种笔是以枯木为管,用羊毛、鹿毛为笔头的笔了。名称没有变,而事物的内容完全变了,词义也随着变化。

耜,是一种农具,古代是木头做成的,《易・系辞下》:“神农氏作,斫木为耜,揉木为耒。”到后来铁发明了,人们就用铁制的耜装在耒的上面,《庄子・天下篇》《释文》引《三仓》云:“耜,耒头铁也。”这里耜的名称仍没有变,而它的内容已由木变为铁器。在庄子时代的人,理解耜的词义就不会指木的耜了,因它的词义随事物的发展而变化了。

③ 把词用于特殊的语言环境和情况,用于一定的人群,用于专门术语,在这种特殊的应用中,词义就发生了变化,使词获得了新的意义。

我们在上古这段时期中,突出表现在秦代,别的时代也有,但没有秦代这样突出。秦始皇统一六国后为了巩固中央集权制度,为了提高统治者的尊严,就霸占了很多词汇,成为只有帝王能用的阶级同行语,使词义发生很大的变化。例:

朕,在先秦时是一个自称代名词,是任何人都可以的,不分贵贱,《尚书・禹谟》曰:“朕德罔克。”《离骚》:“朕皇考曰伯庸。”而秦始皇独占了这个词儿,成为皇帝的自称,别的任何人都不可以称朕,表示至尊无二,秦以后我们理解"朕"的词义就与秦以前大不同了。这是用于一定的人群而使词义变化的明证。

后,在古代的意思是很多的,称王也可以叫后,《易》曰:"后以施令告四方。"诸侯也有称后的,《尚书·舜典》:"班瑞于群后。"周秦以来,后就成为专有名词了,为天子之嫡妃,《礼记·曲礼》云:"天子有后。"

御在先秦时期,御是驾驭的意思,或是车上御马的人,《诗经·车攻》:"徒御不惊。"秦以来,这个御就成为皇帝的专用词了。凡皇帝用的一切东西都加上御,书曰御书、服曰御人……"御"字从一般词汇转为同行语了,使它丧失了原来的意义,而获得了新的词义。

宫,《说文》云:"室也。"段注释宫,谓之室,室谓之宫,古代宫室同义,就是指一般人居住的房间,无分贵贱,均称为宫。而秦以后就为专指帝王住的房子称为宫,一般人不可以称宫,使宫的词义起了很大的变化,有了特殊的意义。

薨,薨古代是众多的意思,《诗经·螽斯》:"薨薨兮。"另一意思是疾也,《诗经·绵》:"度之薨薨。"《释文》引王注:"亟,疾也。"后来就转义为阶级同行语,专指诸侯死曰薨。

万岁,汉时为相庆贺之通称,《后汉书·吴良传》引《东观记》:"岁旦,郡门下椽王望,举觞上寿,掾史皆称万岁。"《后汉书·马援传》记载:"(李固)及出狱,京师市里皆称万岁。"这里我们也联想到俄语中的乌拉,也有相同的意思,而到后来,就转义了,成为帝王的代名词了。

用于专门术语的象佛教词汇。在汉代佛教就传入我国了,由于佛教的传入,翻译了很多的佛经,出现了大批的佛教词汇,这些词汇大部分是由一般词汇转义而成的,下面举例说明。

因缘,在古代早有此词了,是现在汉语"机会"的意思。《史记·田叔列传》:"褚先生曰:'……任安……为人将车之长安,留,求事为小吏，未有因缘也。’”而后来转为佛教词汇后，意义就完全变了，佛经解释因缘为：“一物之生，亲与强力者为因，疏添弱力者为缘，例如种子为因，雨露农夫为缘，此因缘和合而生米。”就是有缘分的意思了。现在汉语中的“缘分”“人缘”等词就是从这里派生的。

劫，本来是威胁和夺去的意义，是盗劫的劫，《说文》云：“人欲去，以力胁止曰劫。或曰以力去曰劫。”成为佛教词汇后，它是“劫簸”或“劫波”的略称。词的意义，他们解释为：“坏劫之末有火风水三灾”，是灾难的意义了，后来“浩劫”一词就是从这里派生的。

功德，原始意义是累功德以求福也，而后来成为专门术语后，就成为请和尚来祈诵叫作功德。

祖师，啖助《春秋正义》曰：“‘三传’之义本皆口传，后之学者，乃著竹帛，而以祖师之目题之。”《汉书·外戚传》：“定陶丁姬……《易》祖师丁将军之玄孙。”师古注：“祖，始也。”就是学术上开始研究的人，而后来成为宗教词汇后，就不是原始意义了。道教、佛教的所谓祖师，就是佛、道二教创立宗派之人，如达摩祖师、纯阳祖师。

阴阳，阳，《说文》云：“高明也。”《诗经·湛露》：“匪阳不晞。”本来词义是山南面能晒到太阳的叫阳，山北面晒不到太阳的地方叫阴。到了汉代阴阳五行学说盛行，各种学说都以阴阳五行来解释，如《春秋繁露》：“君为阳，臣为阴；父为阳，子为阴；夫为阳，妻为阴。”医学上，所谓阳，如《素问·生气通天论》云：“阳者，卫外而为固也。”《素问·六节藏象论》注：太阳，膀胱脉也；少阳，胆脉也；阳明，胃脉也。绘画上，画家三展笔为阳（见《画苑》），又凸面为阳，凹面为阴。总之，“阴”“阳”二词自从成为专门术语后，词义起了根本的变化。（由于避讳使词义变化待补）

④ 由于交际目的而使词义发生变化。

第一，激情，说话的人希望所说的话中加强印象，使语言更富有感情，更鲜明。（待补）

第二，人们在一定的场合下，希望把话说得柔和一些，普通我们称为婉言，它也要使词义变化的。

山陵崩，这一个词组的本义是山陵崩溃了。而在《战国策·触讋说赵太后篇》就含有特殊的词义："一旦山陵崩，长安君何以自托于赵。"这里就是死的意思，人们对死总是感到不好的，而这里又不能不说，触讋就用了一个婉言法，以山陵崩喻死。

（2）语言的原因

① 语组或复合词的部分省略而使词义发生变化。（待补）

② 整个词汇体系对词义的影响。（待补）

③ 在词源上是同族的，即构词上的同族体系的词的影响也可以引起词义的变化。（待补）

④ 词在句子的语法地位，即它的功能的影响，使词义发生变化。

王，甲骨文中见到的王，都是名词，而在上古时有时名词可作动词用的，在诸子散文中就有"王天下"的用法，这里就使词义变化，本来是指帝王的王，这里的"王"就转义为"统一"的意义了。

辟，"惟辟玉食"（《尚书》）马融注："辟，君也。"而在《孟子》"入其疆，土地辟"的辟就为开辟的辟了，就使词义发生变化，由单义变化成多义了。

鱼肉的原始意义是名词，而后来作动词用后，就增加了"剥削"人民的意义了，《史记·窦婴田蚡列传》："今，我在也，而人皆藉吾弟，令我百岁后，皆鱼肉之矣。"这里的鱼肉，就不是名词的鱼肉。我们现代汉语中还有时用这个词汇。

洁，是一个形容词，是清洁的意思，而有时它也可用作动词，就使洁的词义增加了。《论语·微子》："欲洁其身而乱大伦。"这里的

“洁”不是清洁的意思，而是使其身洁的意思了，使“洁”增加了词义。

苦、劳，本来都是形容词，而它用作动词后，就增加了词义，“故天之将降大任于斯人也，必先苦其心志，劳其筋骨……”（《孟子·告子下》）苦是使其心志劳苦，劳是使其筋骨劳苦。

厚，是一个形容词，有时可以用作动词，就是使其墙壁厚。“厚其垣墙”（《左传·襄公三十一年》）。

这种例子很多，由于语法地位，即它的功能的影响而使词义发生变化。

2. 词义变化的过程

（1）词义的扩大

词义的扩大，就是词的外延的扩大。

雌、雄，它的原始意义是单指鸟的，《说文》云：“雌，鸟母也。雄，鸟父也。”因为在那时，各种动物雌雄都有专有名词的，如牛雄的叫牡，雌的叫牝；马牡的叫驵；鹿雄的叫麚。后来随着社会的发展，人们思维的能力的提高，人们在大量动物的雄、雌这一特性进行概括而得出后来雄、雌这二个抽象概念，就用代表鸟父鸟母的雄、雌二词来表示。在词义的变化过程中就表现为扩大，本来单指鸟的，现在指一切动物了。

鸣，本义是鸟声也，从鸟口，到后来就扩大为凡出声都叫鸣，人们有所宣泄也叫鸣，如云“以诗鸣”。

牵，原始意义是牵牛的牵，后来词义扩大之后，成为牵累、牵涉的牵，不是单指牵牛，而是为一切意义了。

隻，《说文》云：“隻，鸟一枚也。”后来扩大词义后，就为一般的计物单位名词了。《汉书·王莽传》：“得一隻舄。”

雙，鸟二枚曰雙，单指鸟，《诗经·南山》：“冠緌雙止。”这里的雙就不是指鸟,成为偶的意思了。这个过程就是通过词义的扩大来完成的。

臊,本来的词义是“豕膏臭也”(《说文》)。后来的凡肉之腥者都叫腥。《史记·晋世家》:“犯肉腥臊,何足食?”这里词义就扩大了。

嘴,本来的词义是鸟嘴,形势尖锐向前突出,后扩大词义为一切嘴。不以尖锐与否为标准了,不尖锐也叫嘴,象人的嘴根本不尖锐,也叫嘴。

词义的扩大是与我们的思维发展分不开的,我们知道:词义是人认识了客观事物概括而成的概念,人们的认识过程,就是从个别到一般、具体到抽象、低级到高级发展的。表现在词义就是词义扩大。在上古的远古时期,人们的思维能力是比较差的,生产活动也比较狭窄,看到的事物就不广,特别当时人们的抽象思维比较差,如鸟有雌有雄,就专为鸟的雄、雌造了二个词;牛也有雄雌,也给它们造了二个词:牡和牝。其他动物都一样地给它们造词,这是当时人们思维水平不高的反映。后来生产规模也大了,人的抽象思维也比以前进步了,人们概括能力也更提高了,能把更多更广的事物中抽出其本质属性,而造成抽象概念。在词汇中就表现为二种现象:一是词义扩大,二是造出更多抽象词。

(2)词义的缩小

①由于事物的发展而造成词义缩小

金,在青铜器时代,金就是铜,人们也不会混淆。到了后来,铁器时代,铁器出现了,金、银、锡、铝等金属都出现了,当时人们假使还用“金”一词来指一切金属,已不行了,因为人们听到你讲金时,不知你讲的是铜还是铝,为此人们就创造了银、锡、铁、铝等新词,而过去的金也代表一个概念,专指黄金了。这就是词义的缩小。

禾,本是指谷物的总称。《诗经·七月》:“十月纳禾稼。黍稷重穋，禾麻菽麦。”而后来就缩小了词义，专指禾稻的禾，《诗经·生民》：“禾役穟穟。”这里的“禾”就是专指稻了。

② 由于人们认识的深化而使词义缩小

春，是一个季节的名称，在殷代当时人们对天文历法的认识还很肤浅，“春”“秋”在甲骨文中已有了，据推算的结果，当时的春一季，就是后来的春夏二季的时间。到了春秋时代，人们由于长期实践的结果，对天文历法的认识水平有了提高，因此历法分季节分得更细密了，分一年为春夏秋冬四季，春词的词义就相对缩小了一半，成为今天相同的，单指春季的春了。

秋，也同样在殷代历法是指秋冬二季的，春秋后缩小为秋季的秋。

③ 由于一定的人群，用于特殊环境中，造成了词义的缩小

朕，在先秦是一个人称代名词，任何人都可以称朕，到秦代就不同了，被秦始皇占有之后，成为皇帝的自称，别的人就不能称。这里看出词义是缩小了，代词仍然是代词，而本来一切人，到那时为皇帝一个人了。

宫，本来的词义是室的意思，就是房子，一切房子都可以称宫或室，秦以后，由于皇帝的专用，只能限于王帝住的房子才能称宫，词义是大大缩小了。

其他如“室”，本义是指房子而言，而后来词义缩小了，即为内室的室，《仪礼·释宫》疏云：“栋北楣下为室，南壁而开户，以楣后两架之间为室，故云迫狭也。”江永曰：“后楣之下，以南为堂，以北为室与房，室与房东西相连为之。”这里的室，就不是指房子而是指内室这一概念了。《仪礼·释宫》云：“寝之后有下室。”《仪礼·士丧礼》注：“下室如今之内堂，正寝听事。”贾氏曰：“下室，燕寝也。”

从以上可以看到：词义的缩小原因是很多的，不过在古代词义的缩小不是很多的，最多的要推词义的转移。下面再举几个词

义缩小的例子：

瓦，《说文》云："土器已烧之总名。"这是瓦的本义，如《诗经·斯干》："乃生女子……载弄之瓦。"《庄子·达生篇》："以瓦注者巧。"《礼记·檀弓上》："有虞氏瓦棺。"《楚辞·卜居》："黄钟毁弃，瓦釜雷鸣。"上面所说的瓦都是《说文》讲的"土器已烧之总名"的本义。后来词义缩小为瓦片的瓦，《庄子·达生篇》："虽有忮心者，不怨飘瓦。"

生，在上古时有二个主要的意义，一个是生育的生，一个是生死的生，后来指生死的生为"活"字所代替了，生的词义就缩小为只有生育的"生"一个主要意义了。

（3）词义的转移

在上古词义的转移的现象是很多的，随着社会的发展，出现了很多新事物新概念，人们除创造新词外，另一主要手段就是通过词义的转移来表达新概念。词义转移，就是词的音形不变，而词义是由甲变为乙了。

玄的原始意义是黑的意思，"天命玄鸟"（《诗经·玄鸟》），玄鸟即黑鸟也，就是燕子，后来转到"不辨是非"的意义了。"玄之又玄，众妙之门"（《老子》），"而天下之德始玄同矣"（《庄子·胠箧篇》），"若愚若昏，是为玄德"（《庄子·天地篇》），这里的玄，不是黑的意思，而是道家所谓的"玄妙"的意思了。

钱，在农业时代是农具的名称，附货币的出现，它转义为货币的名称。农具名称这一原始意义消失了。

右，本义是右手也，后来引伸为左右的右，它右手的词义消失了，而造了"右手"这一复音词代替了"右"的本义。

左，本义是左手，后转义为左右的左。

年，本义是禾熟也，因为禾熟是一年一次，后来就为历法学家借去表示年岁的年后，本义禾熟的意思消失了。

秒，本义是禾芒也，因禾芒是很微小的，就引申为凡物细微者都称微秒，后来随着时间计算的精密，就要求表达很细微的时间单位，于是就借用了“秒”这一个词，从此“秒”就是一个时间单位词，它的禾芒的词义消失了。

臭，上古臭是气味的意思，《书经·盘庚》：“若乘舟，汝弗济，臭厥载。”《疏》：“古者香气秽气皆名为臭。”《易·系辞》“其臭如兰”就是像兰花一样的香，后来就转义为恶臭的臭了。《吕氏春秋》：“人有大臭者，其亲戚兄弟妻妾，知识无能与居者，自苦而居海上，海上有说其臭者，昼夜随之而弗能去。”（见《遇合篇》），这里就是臭的意思。

涕，上古是眼泪的意思，鼻涕上古叫泗，《诗经·泽陂》：“涕泗滂沱。”《毛诗》：“自目曰涕，自鼻曰泗。”后来就转义为鼻涕，王褒《僮约》：“目泪下，鼻涕长一尺。”因哭的时候是眼泪、鼻涕一齐来的。

文章，《周礼·考工记》：“画缋之事……青与赤谓之文，赤与白谓之章。”先秦时代文章是指刺绣品，“瞽者，无以与乎文章之观”（《庄子·逍遥篇》），到汉代词义就转移为作品的意思了。“文章尔雅，训辞深厚”（《史记·儒林列传》），“文章则司马迁、相如”（《汉书·公孙弘传赞》），“刘向、王褒以文章显”（《汉书·公孙弘传赞》）。

词义转移，上古是很多的，比扩大、缩小要多，这里只是举几个例子罢了。

3. 词义变化的结果

词义的变化，造成了很多现象，如造成词义分化，即一词本来只有一义的，由于词义变化而成多义了；词义变化后，人们为了更好的表达新词义，往往促使了新词的创造；由于各个词义的变化，造成本来不是同义的而成为同义词。下面分别叙述：

（1）词的单义分化为多义

我们越看到古的文字记载，如甲骨文中的词，是单义词多，而越到后来，单义词少了，多义词大量增加，在现代汉语中大部分词都是多义词。

闢，本来只有开一个意义，后来词义发展变化后成为多义词。《荀子·解蔽篇》："是以闢耳目之欲。"这里的"闢"是屏除的意思了。《周礼·阍人》："凡外内命夫命妇出入，则为闢。"这里的"闢"是避开的意思。从上面已可以见到闢到后来就成为含有开、屏除、避开等意义的多义词。

雪的本义是一种自然现象，后来由于词义的变化成为多义词了。《家语·子路初见》："黍者所以雪桃。"是拭的意思。《吕览·不苟》："故雪殽之耻。"是除的意思。在白发如雪、白肌如雪的时候，雪为形容词，雪白的意思。雪就成为有拭、除、雪白等词义的多义词。

乖，本意是戾也，经过词义变化，就有很多意义了。《楚辞·怨世》："吾独乖剌而无当兮。"是差的意义，"楚执政众而乖"（《左传·昭公三十年》），是逆也。"官失学微，六家分乖。"（《汉书·叙传》），是离也。

道，原始意义是行路道也，如《论语·阳货》："道听而涂说。"后来词义就大大增多了。《老子》"道生之"是指自然。《礼记·檀弓》："斯道也，是礼也。"《礼记·乐记》"君子乐得其道"是指仁人也。《论语·阳货》"君子学道则爱人"是指礼乐也。《诗经·匪风》"顾瞻周道"是政令也。《礼记·大学》"道，学也"是言也。道的其他词义还很多，不能全部举出来。这里已看到它的词义比本来是"行道路"的词义发展了。

早，晨也，是它的原始意义，后来引申为速也。《战国策·齐策》："早救之。"先也。《易·坤》："由辩之不早辩也。"

昭，本义是日明也，后来引申为光明之称，显也。《左传·定公四年》："以昭周公之明德。"光也。《诗经·云汉》："昭回于天。"见也。《诗经・时迈》:“明昭有周。”晓也,蛰虫昭苏(见《辞源》)。

暗,原义是日无光也,后引申为事物不明也,《晋书・列女传・周顗母李氏》有诗:“名重而以暗。”

肥,《说文》云:“多肉也。”《礼记・礼运》:“肤革充盈,人之肥也。”后来引申为膏腴也,《孟子・告子》:“则地有肥硗。”厚肥也,《孟子・梁惠王》:“为肥甘不足于口与?”厚也。《战国策・秦策》:“而肥仁义之诫。”盛也。

规,本义是正圆之器也,后引申增加了新义,法度也叫规。

矩,本作巨,从工,象手持之形,后来扩大词义,有法度的新义了。《汉书・叙传》:“疆土逾矩。”注:“矩,法制也。”

(2) 词的新义替换了旧义

这种现象在某种意义上讲,等于新词的创造,一个词随着时代的发展。虽然还保存了音和形,但词义上是一次革命,新义在本质上是与旧义不同。

稀,原始意义是禾之根基,经过词义的变化(词义的转移),成为疏稀的稀,意义是根本上不同于禾之根基。

私,本义是一种禾的名称。后来转义为私田的私,《诗经・周颂》:“骏发尔私。”

秉,本义是禾束也,《诗经・大田》:“彼有遗秉。”后转义为秉持的秉。

钱,本义是农具名,《诗经・臣工》:“庤乃钱镈。”后成为货币的名字了。

臭,本义是气味的意思,后转义为臭气的臭。

颁,大头也,《诗经・鱼藻》曰:“有颁其首。”后来为颁布的颁。

顽,梱木也,《说文》云:“梱,梡木未折也。”后转义为愚也,钝也。(《广雅・释诂》)

题,本义是头也,后引申为题目的题。头的意义消失了。

我们从上面的举例中可以看到，这些词经过词义的转移后，本义完全失去了，我们后人不知道词源的，就根本不知道它们还有原始意义。它的作用完全和新词的创造一样。

（3）词义发展创造了新词

道的本义是行路道的，这是人们很容易理解的，而后来成为具有自然、礼、仁、言等意义的多义词了，人们要理解这么多词义有困难，于是就创造了很多新词以示区别。我们在上古就发现有道为词根创造的词就不少：道路、道德、道理、导、仁道等。但这里要说明一点，新词的创造不能全归结于词义的变化，它只是其中的一个原因罢了，其他原因此地不谈。

管，本义是竹管的意义，后来引申为管理的管，就创造了"管理"这一个新词。

女，本义是男女的女，后它也有人称代词第二人称"你"的词义，为了区别，就创造了"汝"这一个新词。

右，本义是右手，后来引申词义有帮助的意思，就造出了"佑""祐"这些新词。

左，本义是左手，后来引申有辅佐的新义了，就造出了"佐"这一个新词。

西，本义是鸟归巢了，就是栖的意思，后来就把这个词引申词义为西方的西，为了表达本义，就另造了一个"栖"词。

田，本义是田猎也，后成为农业上田地的田，到春秋以来，田有租田的词义了，为了区别就造了"佃"这一个新词。

师，本义是师长的师，汉代输入了"师子"这一词，简称也叫师，就是说师就又增加了一个新义，为了区别就造了"狮"这一个新词。

（4）词义变化造就了同义词

由于词义的变化，使本来不同义的词而成为同义词的这种现象在《尔雅》中很多，这里我们简单举例说明一下。

初、首、基、祖、元这五个词，它们的本义是不同的。初的本义是裁衣，首就是头，基是地基，祖是祖先，元是天地之始。后来词义变化，初因开始用刀裁衣，也引申为始义；首是人的头部，对人来讲是开始的部分也引申为始也；基是地基，而打地基是造房屋的开始，也引申为始也；祖是我们的祖先，也是始也；元为天地之始，也引申义为始也。到《尔雅》时就都有始意思的同义词了。

苞、芜、茂三词，在《尔雅》解释为丰盛也，它们的本义也是不同的。苞，是草木丛生也，《禹贡》云："草木渐苞。"后来因草木丛生就是很茂盛，就有此引申义了。"芜"，繁芜也，《尚书·洪範》云："庶草繁庑。"也有丰盛的意义。"茂"，茂盛也，《诗经·小雅·天保》云："如松柏之茂。"这里可以见到它们本来的词义范围是不同的，苞可以指草、木二样，芜本来是指草，茂指木。经过词义发展（词义扩大）这三个词成为同义词了。

崩、薨、无禄、卒、徂落、殪。它们都有不同的本义，后来由于统治阶级为了提高统治者的"尊严"，规定死也有不同的名称，上述几个词本来不同义的，现在同义了。《礼记·曲礼》："天子死曰崩，诸侯曰薨，大夫曰卒，士曰不禄，庶人曰死。""殪"，《左传·隐公九年》："衷戎师前后击之尽殪。"杜注："殪，死也。"这几个词都为死词义的同义词了。

唯、诺、应、雠，它们本来的涵义不尽相同。"诺"，《说文》云："应也。"疾应曰唯，缓应曰诺。"雠"，《说文》云："犹应也。"唯，独也，《易》："其唯圣人乎？"虽也，《史记》："唯天子亦不说也。"后来词义变化到《说文》时已成为应辞的同义词了。

（二）词的结构

1. 词的双音化发展

汉语有一条很重要的规律：单音向双音词发展的规律。上古的情况如何呢？我们摸了一下，发现上古已有很多的双音词了，这里我们应该着重指出的。我们现在已看不到当时的口语了，只能见到当时的书面语，这与语言的实际情况就大有出入，因为当时的书写很困难，要用刀刻到竹简和龟甲上去，很可能把实际语言中的双音词刻上去变为单音词。这样一来，我们看到的文献中就单音词占优势了。就是这样，我们在甲骨文中还是发现很多双音节词。如人名差不多是双音词："武丁""祖庚""廪辛""武乙""帝乙""帝辛""盘庚"……国名是双音词："鬼方""龙方""基方""黎方""户方"。当时的等级名称，如天子、太君、大人、君子、武人、小人、行人、刑人、众人。时间名词：甲子、丙子、乙亥、辛亥、中日、大食、小食、大采、小采、盖日、各日。地点名词，发现双音词也很多。在甲骨文中有这样一个特点：名词双音节多一些，其他词汇双音词不多，不过也有一种情况与后来不同，当时名词、动词是不大分的，名词同时又是动词。随着时代的推进，双音词是越来越多了，到周代，我们从《诗经》中可以见到双音词比甲骨文中不知多了几倍。如名词有："鸳鸯""蟋蟀""芄兰""关雎""南山""岐山""文王""武王""周公""召公"。动词有："翱翔""驰驱""转辗""跋涉""攀援"。形容词："窈窕""参差""崔嵬""玄黄""夭夭""旆旆"。副词有："斐然""惧然"……到了春秋战国时代，我们在诸子散文中见到，双音词触目皆是，此地倒也无法举。我们从甲骨文中看到的双音词与《诗经》诸子散文的双音词一比，非但数量是增加了。在词类上，本来是只有名词的双音词比较多，而那时，动词、形音词、副词、数量词等都是双音词了。《诗经》中我们已见到很多双音词，实际语言中一定更多，因诗是四言的，为了押韵等关系，往往容易把口语中的双音词拆开或简化为单音词。

总之，上古最古的材料甲骨文中已发现很多双音词。同时我们发现越到后来双音词越多，说明汉语的词汇是单音词向着多音词发展。

上面我们是从书面上看到的词是否双音节的事实，说明汉语是在向双音化发展，下面我们想谈一谈形成双音词增多的几种情况。

（1）创造新词的双音化

在甲骨文中我们已发现很多双音词，到了《诗经》时期，书面上的双音词更多了，这里我们发现一种现象，是新词的创造有双音化的趋势。举例如下：

词根或词的结合而造成新词。“道”在上古有很多词义：路也，《诗经》：“周道如砥。”理也，《中庸》：“率性之谓道。”而后来就创造了很多新词，都是双音化的，如：

道人，《汉书》：“道人始去。”

道士，《汉书・王莽传》：“卫将军王涉，素养道士。”

道地，《汉书・田延年传》：“霍将军召问延年，欲为道地。”

道故，《史记》：“若朋友交游，久不相见，卒然相睹，欢然道故。”

道家，《汉书》：“道家者流……清虚以自守，卑弱以自持。”

道真，《汉书・楚元王传》：“妒道真。”

道梓，松也（《广雅》）。

道路，《尔雅》：“达谓之道路。”

词根与词头词尾结合造成新词。

童子，《诗经・芄兰》：“童子佩韘。”

眸子，《孟子・离娄上》：“胸中正则眸子瞭焉。”

婢子，《礼记・檀弓》：“使吾二婢子夹我。”

词根重叠造成新词。

人人，《礼记・表记》：“人人失其所好。”《孟子・离娄上》：“人人亲其亲，长其长，而天下平。”

家家，《汉书・扬雄传》：“家家自以为稷契，人人自以为咎繇。”

纷纷,《史记·韩长孺列传》:“大王无良臣,故事纷纷至此。”

这里只是举例而已。到后来的造词有很大一部分是用双音造词了。在第二节中还要较详细的分析。

(2) 常用成语的双音化

双音词造成的另一原因,是由于成语的经常应用,而凝结成双音词,这在上古各时代都有,甲骨文中一定也有,不过目前还没有人找出来,在《诗经》中用上古的成语的情况是很多的,举例如下:

寤寐,《诗经·关雎》:“寤寐求之。”古代是成语,而到了诸子散文,特别到了汉代已作为一个词来应用了,现在大多数人已不知道过去曾经是成语的情况了。它的凝结就成为一个词了。

权舆,《诗经·权舆》:“不承权舆。”上古是成语,后凝结成词了。

惸独,《诗经·正月》:“哿矣富人,哀此惸独。”

不淑,《诗经·君子偕老》:“子之不淑。”

於穆,《诗经·清庙》:“於穆清庙。”

滂沱,《诗经·泽陂》:“涕泗滂沱。”

上下,《诗经·燕燕》:“上下其音。”

沸腾,《诗经·十月之交》:“百川沸腾。”

陟降,《诗经·大雅》:“文王陟降。”

以上这些古代成语,在《诗经》中当时还可以作为成语加以应用,而到后来诸子散文中和汉代诗赋中,就当作一个词加以应用了。

(3) 语音分化的双音化

现代根据很多学者研究,我们上古有复辅音存在,到后来(东汉末年)复辅音分化成单纯辅音了。它的分化过程,是先在复辅音的二个成分之间插入一个中间成分,分化过程结束的时候,原来的那个音节就分离成为二个音节,就成为双音词。例:偻分化成为痀偻(见《庄子》二十二章、《列子》二章)、孔分化为窟窿、钲分化为丁宁、陴分化为僻倪、壶分化为胡卢、芎分化为鞠穷。

(4) 外来词音译的双音化

我国在秦汉时期就与外国交往了,先秦时期与汉族周围的民族,发生过军事、政治、文化等方面的接触,吸收了他们的一些词汇。特别汉代佛教传入,佛经的翻译,吸收了大批的佛教词汇,丰富了我们的汉语,而这些外来词大部分是译音的,是双音节或多音节的,这样就大大增多了汉语的双音节词,现在举例如下:

师比:《战国策·赵策》:"赐周绍胡服、衣冠、具带、黄金、师比。"

骆驼:《山海经·北山经》:"兽多橐驼。"

猩猩:《山海经·海内经》有"狌狌",《尔雅》作"猩猩"。

琵琶:《释名·释乐器》:"枇杷,本出于胡中,马上所鼓也。"

胭脂:《史记·匈奴列传》有"焉支山"。

苜蓿:《史记·大宛列传》:"马嗜苜蓿。汉使取其实来,于是天子始种苜蓿。"

蒲桃:《史记·大宛列传》:"蒲陶,肥饶地。"

膜拜:《穆天子传》:"膜拜而受。"

还有一种造成双音词原因,是名称更换、复音化,如目变为眼睛、日变成太阳、月变成月亮……这是中古的现象,此地不谈。

我们从上面几种情况可以看出:汉语是在向双音化的方向发展,这里主要的原因是新词创造的双音化,其他几种都是次要的。

2. 词的构造

词的结构这一章,我们想着重讨论一下上古(先秦到汉)这一段时间内词构造的情况。我们发现有很多现代有的构词结构,古代都有了，但不象现代结构那么多产，特别是主谓结构当时还只有萌芽。这一段时期内最突出的一种结构，是双声叠韵的单纯词特别多，《诗经》中可以找到大量的双声词和叠韵词（也有复合词的），到诸子散文中复音词多了，到汉代主要是复合词了。现在分别叙述。

（1）单纯词

单纯词可分为双声的，叠韵的，重言的和其他的单纯词，《诗经》中为最多，诸子散文，汉代也有，现在举例说明如下：

双声的单纯词：

参差，《诗经·关雎》："参差荇菜。"

玄黄，《诗经·卷耳》："我马玄黄。"

缱绻，《诗经·民劳》："以谨缱绻。"

蝃蝀，《诗经·蝃蝀》："蝃蝀在东。"

匍匐，《诗经·谷风》："匍匐救之。"

踟蹰，《诗经·静女》："搔首踟蹰。"

邂逅，《诗经·野有蔓草》："邂逅相遇。"

《楚辞》中有："犹豫""容与""荒忽""耿介""蜷局""惆怅""零落""陆离""萧瑟""仿佛"。

叠韵的单纯词：

窈窕，《诗经·关雎》："窈窕淑女。"

绸缪，《诗经·绸缪》："绸缪束薪。"

沃若，《诗经·氓》："其叶沃若。"

仳离，《诗经·中谷有蓷》："有女仳离。"

婆娑，《诗经·东门之枌》："市也婆娑。"

逍遥，《诗经·郑风·清人》："河上乎逍遥。"

《诗经》中还有很多，如："委蛇""虺隤""差池""岂弟""蒙戎""芍药"。《楚辞》中有："纵容""颇颔""坎廪""惝恍""峥嵘""偃蹇""徘徊”“须臾”“萧条”“婵媛”。《说文》中如：“蝘蜓”“蜥蜴”“蚰蝎”“蛣蚰”“蝼蛄”“镆铘”“锒铛”。

重言的单纯词：

“孑孑干旄”,《诗・干旄》。

揭揭,《诗经・硕人》:“葭菼揭揭。”

趯趯,《诗经・草虫》:“趯趯阜螽。”

习习,《诗经・谷风》:“习习谷风。”

悠悠,《诗经・终风》:“悠悠我思。”

关关,《诗经・关雎》:“关关雎鸠。”

振振,《诗经・麟之趾》:“振振公子。”

喓喓,《诗经・虫草》:“喓喓草虫。”

泄泄,《诗经・雄雉》:“泄泄其羽。”

藋藋,《诗经・竹竿》:“藋藋竹竿。”

莫莫,《诗经・葛覃》:“维叶莫莫。”

靡靡,《诗经・黍离》:“行迈靡靡。”

肃肃,《诗经・小星》:“肃肃宵征。”

晏晏,《诗经・氓》:“言笑晏晏。”

惙惙,《诗经・草虫》:“忧心惙惙。”

崔崔,《诗经・南山》:“南山崔崔。”

迟迟,《诗经・谷风》:“行道迟迟。”

拟声的单纯词：

这一类的词各种语言都有,是模仿自然和动物(包括人的声音)的。如：

噫嘻,《诗经・噫嘻》:“噫嘻成王。”

於乎,《诗经・抑》:“於乎小子。”

哀哀,《诗经・蓼莪》:“哀哀父母。”

夥颐,《史记・陈涉世家》,“夥颐！涉之为王沈沈者!”

其他如“交交黄鸟”“丁丁蛛蛛”……有一部分是模仿自然界的声音的，这些都是单纯词。

译音的外来词的单纯词：

我们吸收外来词中有很大一部分是译音的，译外国词汇的音节，就是一个单纯词，例：琵琶，单“琵”别人不懂，也无意义，只有“琵琶”二字人家才懂，才有意义。举例如下：

“骆驼”“苜蓿”“蒲陶”“师比”“猩猩”“琅玕”“浮屠”“沙门”“塞蒲提”等。

（2）重叠词

重叠词与重言不同，重言是单纯词，拆开来无意义，而重叠词是词根的重叠，重叠之后有附加的意义，如“人人”是名词重叠，“纷”本来是乱的意思，“纷纷”一经重叠就有很乱的意思。同时这些重叠词，拆开来是一个词或词根，是有意义的。

重叠词我们初见于诸子散文，到汉代已较多了，但总的讲这一结构古代是不发达的。

人人，《礼记·表记》：“人人失其所好。”《孟子·离娄上》：“人人亲其亲，长其长。”《史记·秦始皇本纪》：“人人安乐。”《汉书·韩信传》：“人人各自以为大将。”《汉书·叔孙通传》：“人人奉职。”

岳岳，很高的意思。《楚辞·九思》：“株榛兮岳岳。”

纷纷，很乱的意思。《史记·韩长孺列传》：“大王无良臣，故事纷纷至此。”

家家，《汉书·扬雄传》：“家家自以为稷契，人人自以为咎繇。”

行行，“行行重行行”（《古诗十九首》）。表示连续的动作。

青青，“青青河畔草”（《古诗十九首》）。

（3）复合词

复合词在上古有词与词结合而成的，也有词根与词根结合而成的。这一种结构在上古是主要的结构形式，试分述如下：

① 联合式

所谓联合式，就是二个词或词根他们的词义是并列的，不象下面要讲的主从式，其中一个意义是主要的，而另一个词根的词义是次要的。这种联合式中又有二种，一种是同义并列，它们的词义是相同或相近而结合成词；另一种是反义并列，它们的词义是相反的结合成词。

同义并列的复合词：

先生，《论语·为政》："有酒食先生馔。"《管子》："弟子职，先生施教，弟子是则。"《史记·平原君虞卿列传》："毛先生以三寸之舌，强于百万之师。"

供给，《左传·僖公元年》："贡之不入，寡君之罪也，敢不共给。"

宇宙，《淮南子·臣道》："纮宇宙而章三光。"

《淮南子·览冥训》："凤凰之翔，至德也……而燕雀佼之，以为不能与之争于宇宙之间。"

文字，见《秦琅琊台刻石》。

人民，土地：《孟子·尽心下》："诸侯之宝三：土地，人民，政事。"

爱敬，《孝经》："爱敬尽于事亲。"

歌舞，《史记·乐书》："令沛得以四时歌舞宗庙。"

攻击，《史记·李斯列传》："相攻击如仇雠。"

讲授，《汉书·夏侯胜传》："胜每讲授，常谓诸生曰……"

动摇，《汉书·文帝纪》："人人自安，难动摇。"

配偶，《后汉书·邓训传》注："其无妻者，为适配偶。"

爱慕，《后汉书·卓茂传》："虽行能与茂不同，而皆爱慕欣欣焉。"

其他如工作，《后汉书·和熹邓皇后纪》："殇帝康陵方中秘藏及诸工作，事事减约，十分居一。"宫室、痊愈、庆贺、酝酿、群众、辛苦、转辗、寻思、语言、商量、牺牲等。

反义并列复合词：

利害,《周礼·夏官·职方氏》:“周知其利害。”

是非,《穀梁传序》:“汉兴以来,瑰望硕儒,各信所习,是非纷错。”

反正,《左传·宣公十五年》:“天反时为灾,地反物为妖,民反德为乱,乱则妖灾生,故文反正为乏。”

呼吸,《淮南子·精神》:“吹呴呼吸,吐故内新。”

动静,《史记·五帝本纪》:“动静之物,大小之神。”

大小,《史记·天官书赞》:“大小有差,阔狭有常。”

阔狭,《史记·天官书赞》:“大小有差,阔狭有常。”

轻重,《史记·天官书赞》:“用管仲之谋,通轻重之权。”

厚薄,《史记·天官书赞》:“营丘垄之小大,高卑厚薄之度。”

其他如天地、春秋、纵横、左右、祸福、增减、尊卑、高低、先后等。

② 主从式

在这段时期内,我们发现词的结构,主谓、动宾、动补、附加式都有,以后四种为多,主谓还处于萌芽状态,很少发现。

主谓式：

头痛,《史记·扁鹊仓公列传》:“齐侍御史成,自言病头痛。”

耳聋,《老子》:“五音令人耳聋。”

动补式：

这一结构那时已很多了。

扑灭,《尚书·盘庚上》:“若火之燎于原,不可向迩,其犹可扑灭。”

开通,《礼记·月令》:“开通道路,毋有障塞。”

持久,《战国策·赵策》:“旷日持久数岁。”

肃清,《汉书·韦贤传》:“王朝肃清,唯俊之庭。”

教化,《礼记·经解》:“故礼之教化也微。”

动宾式:

断发,《左传·襄公七年》:“断发文身。”

出货,《国语·鲁语》:“有货以卫身也,出货而可以免,子何爱焉?”

守节,失节,《左传·成公十五年》:“圣达节,次守节,下失节。”

守时,《国语》:“圣人随时以引,是谓守时。”

炼钢,《列子·汤问》:“炼钢赤刃,用之切玉如切泥焉。”

握手,《史记·滑稽列传》:“握手无罚,目眙不禁。”

罚金,《史记·张释之列传》:“一人犯跸,当罚金。”

开业,《史记·秦本纪》:“为后世开业,甚光美。”

传语,《后汉书·清河王庆传》:“令庆传语中常侍。”

放手,《后汉书·明帝纪》:“残吏放手。”

享福,《后汉书·郎𫖮传》:“是故高宗以享福,宋景以延年。”

附加式:

名词性。

新婚,《诗经·谷风》:“燕尔新婚,如兄如弟。”

国法,《周礼·夏官》:“以国法掌其政学。”

敌国,《史记·吴起列传》:“君不修德,则舟中之人皆敌国也。”

诗人,词人,《汉书·艺文志》:“诗人之赋丽以则,词人之赋丽以淫。”

动词性。

日用,《易·系辞》:“百姓日用而不知。”

自强,《易·乾卦》:“君子以自强。”

自制,《汉书·王吉传》:“今上下僭差,人人自制,是以贪财诛利,不畏死亡。”

自修,《大学》:“如琢如磨者,自修也。”

火驰,《庄子·天地》:“方且尊知而火驰。”

自爱,《史记·高祖本纪》:“愿季自爱。”

口授,《汉书·艺文志》:“口授弟子。”

幽杀,《后汉书·宦者传》:“曹节、王甫幽杀太后。”

形容词性。

云和,《周礼·大司乐》:“云和之琴瑟……冬日至于地上之圜丘奏之。”

雪白,《后汉书·宋弘传》:“清修雪白。”

风流,《后汉书·王龚传》:“士女沾教化,黔首仰风流。”

数词性。

三王、五帝、六书、五经、六国……

(4) 接合词

接合词是词根与词头词尾结合而成的词,这方面意见分歧是很大的,有的认为古代无词头词尾,有的认为有。我们认为古代有词头词尾。

上古我们发现有“有”“阿”“于”“句”的词头;有“子”“儿”“然”等词尾。“有”词头在甲骨文中和《诗》《书》中见到很多。

关于词头的由来,目前有二种说法:一种认为词头词尾是由实词向虚词转化,就是逐渐虚化;另一种意见认为最先是虚词,后来慢慢成为实词。我们认为虚化是较合社会发展的。

① 上古有词头“有”“阿”“于”“句”构成的接合词

有苗:“何忧于驩兜,何迁乎有苗。”(《尚书·皋陶谟》)

有夏:“有夏多罪,天命殛之。”(《尚书·汤誓》)

有梅:“摽有梅,其实七兮。”(《诗经·召南·摽有梅》)

有昊:“豺虎不食,投畀有北,有北不受,投畀有昊。”(《诗经·巷伯》)

有北，见《诗经·小雅·巷伯》。

有政："友于兄弟，施于有政。"（《论语·为政》引《书经》）

有帝："孔甲扰于有帝。"（《左传·昭公二十九年》）

有众："今尔有众。"（《尚书·汤誓》）

于越："于越入吴。"（《春秋·定公五年》）

句吴："太伯之奔荆蛮，自号句吴。"（《史记·吴太伯世家》）

阿谁："道逢乡里人，家中有阿谁。"《汉乐府·十五从军征》："羹饭一时熟，不知贻阿谁。"

阿娇，《汉武故事》，说汉武帝皇后又名叫阿娇。

阿瞒，曹操名阿瞒。

阿斗，刘禅名阿斗。

阿蒙，吕蒙又名叫阿蒙。

"有"词头在上古时，到汉时已不见了，这是上古特有的词头，"阿"词头，汉代及三国是只有一个开端，到南北朝，这个词头就很多了，直到近代乡间还有此词头，一般加此词头有爱称的意思。

② 有词尾"子""儿"构成的接合词

童子："童子佩觿。"（《诗经·芄兰》）

眸子："胸中正则眸子瞭焉。"（《孟子·离娄上》）

婢子："使吾二婢子夹我。"（《礼记·檀弓》）

瞳子："又闻项羽亦重瞳子。"（《史记·项羽本纪》）

儿子："乡者夫人儿子皆以君。"（《汉书·高帝纪》）

小家子："使乐成小家子得幸将军。"（《汉书·霍光传》）

乞儿："明帝临辟雍，历二府，光观壮丽，而太尉府独卑陋，显宗东顾叹息曰：'椎牛纵酒，勿令乞儿为宰。'"（《汉官仪》）

酒家儿，见《汉书·栾布传》。

副词有斐然、俨然等词。形容词：油然、沛然、浡然。"天油然作云，沛然下雨，则苗浡然兴之矣。"（《孟子》）浡焉、忽焉。"其兴也浡焉，其亡也忽焉。”(《左传》)率尔、莞尔。“子路率尔而对。”(《论语》)　“夫子莞尔而笑。”(《论语》)申申如，夭夭如。“子之燕居，申申如也，夭夭如也。”(《论语》)

四、熟语、方言词、外来词、同行语

（一）熟　　语

1. 成语

成语是语言的特殊材料，在结构上它是词组。而在语言中的功用是作为一个意义单位来运用的，它就等于一个词。一般说来，成语是“定型化”了的固定词组，如：忠言逆耳（《韩非子》），天长地久（《老子》），摇唇鼓舌（《庄子》），一毛不拔（《孟子》），青出于蓝（《荀子》），吹毛求疵（《韩非子》），一鼓作气（《左传》），万寿无疆（《诗经》），朝三暮四（《列子》《庄子》），阳春白雪、下里巴人（宋玉），怒发冲冠（《史记》），国富民安（《汉书》），妄自尊大（《后汉书》）等等。这些成语具有强烈的生命力，相传几千年来一直在沿用着。但是有些成语在形成的过程中具有灵活性，例如：“捕风捉影”这一成语，有“系风捕景”“捕景系风”“捕风系影”等不同的说法。例如：《汉书》：“求之荡荡，如系风捕景，终不可得。”刘孝绰《谢高祖启》：“捕景系风，终无效答。”《水经注》：“南昌有大萧、小萧二峰，言萧史所游萃处，雷次宗云此乃系风捕影之论。”苏轼《答谢孝廉书》：“求物之妙，如系风捕影。”在现在的语言里都说成“捕风捉影”。又如“坐井观天”，《庄子・秋水篇》：“……是直用管窥天，用锥指地也，不亦小乎！”而《史记》有“戴盆何以望天”。直到韩愈的文章中才固定为“坐井观天”。又如“对牛弹琴”,《庄子·齐物论》:“非所明而明之。”郭象注:“是犹对牛鼓簧耳。”李石《续博物志》:“亦面牛鼓簧。”《弘明集》:“昔公明仪为牛弹清角之操,伏食如故,非牛不闻,不合耳也。”《易林》云:“牛马聋聩不知声味。”故诸特举牛言之。《五灯会元》惟简答僧问,直云对牛弹琴。这里也有四种说法,到后来才固定下来,成为不可分割的统一整体。在这里我们还可以得出另一个结论:成语具有相当程度的稳固性。在发展过程中很多成语被保留了下来,同时又不断产生新的成语,也有一些势必会消失掉。

成语的结构形式和传统说法都是固定的,这是经过约定俗成而定型的,所以我们也就不能随便更改或调换词序。例如:“赴汤蹈火”,不能说成“赴水蹈火”。“朝三暮四”,不能说成“朝四暮三”。因为这是两回事情。《列子·黄帝篇》中狙公诳狙曰:“与若芧,朝三而暮四,足乎?众狙皆伏而喜。”《庄子》中也有同样的故事。本意是指诳术而言,后来引申为三心两意、翻覆不定的意思。当然,所谓不能随便的更改是相对而言的,在一定条件下还是可以的。如:“揠苗助长”,改为“拔苗助长”。这样的更改是完全必要而自然的。既没有变动原来的意义,也没有损害原有的形式和结构,更主要的是改得明确化,更容易为一般人所了解。

成语的来源,对上古汉语来说,只能说是来自民间的口语。古书中有所谓“谚曰”“里谚云”“鄙谚曰”“歌云”等,其中很多是精辟的成语,这些都是人民智慧的结晶。另一方面,我们说古代是一部分成语的形成时期。很多成语是从古代的寓言、故事、现成辞语(其中包括形容词语、比喻用语等)、辞句缩减而来的。但这些在古代都不成其为成语,我们只能说是成语的萌芽或“雏型”。后来被人们所应用,渐渐流传开来,成为定型的固定的东西,我们才称之为成语。考察这些成语的形成必须以有形的东西为基础,所以我们只能以现存的书面材料为依据,来看成语的形成和发展。上古书面材料是非常丰富的,我们只能重点的讨论。

2. 先秦的"成语"

先秦作品是我国古典文学遗产中比较早的文献,比较起来还是接近人民口语的,尤其是《诗经·国风》。出处在《诗》《书》中的成语多半是现成的辞句、辞句的缩减以及从原意引申而成的。这一特点是与《诗经》的形式、《书经》的记事分不开的。发展到子书中,与《诗》《书》中同样情况的"成语"固然不少,同时还出现了一种新的:如比喻、寓言等,很多就成为以后的成语,而且是很精采的一部分。这一特点与子书的雄辩说理分不开。现在我们举例来谈。例如:"战战兢兢,如临深渊,如履薄冰""巧言如簧""琴瑟友之""二三其德"(以上见于《诗经》)。"股肱耳目""功亏一篑""舍己从人""有条不紊""发号施令""离心离德"(以上见于《尚书》)。"羝羊触藩""隐恶扬善""见机而作""失之毫厘,谬以千里""谩藏诲盗"(以上见于《周易》)。

上面这些例子都是现成辞句成为成语的,这些成语都是相当精炼的,其中很多一直沿用到现在还活在人们的语言中。可是在当时并不是以成语的姿态出现的。这是一种,另一种则是辞句的缩简,到后来也成为成语。例如:

作福作威:惟辟作福,惟辟作威。(《尚书》)
数往知来:数往者顺,知来者逆。(《周易》)
山崩钟应:铜山崩而洛钟应。(同上)
殊涂同归:天下同归而殊涂。(同上)
惩前毖后:予其惩而毖后患。(《诗经》)
人言可畏:人之多言,亦可畏也。(同上)

一日三秋：一日不见，如三秋兮。(《诗经》)
日升月恒：如日之升，如月之恒。(同上)
素丝良马：素丝纰之，良马四之。(同上)

还有一种成语，是从辞语的意思中引申出来的。例如：

恶贯满盈：商罪贯盈，天命诛之。(《尚书》)
霖雨苍生：若岁大旱，用汝作霖雨。(同上)
鬼蜮伎俩：为鬼为蜮。(《诗经》)

以上这些例子，也是后来成语的来源之一。可见《诗》《书》中的“成语”是很多的。但与子书比较起来，还不及子书的丰富。而且子书中除了这些来源的成语以外，又有着一种新的成语源泉——寓言。

先秦诸子的百家争鸣，在学术上呈现出了百花齐放，诸子各家思想不同，形成了他们不同的文学风格。墨子、孟子、庄子首创了论辩说理文，到荀子更有了严谨的论辩说理的体制，韩非子差不多集各家之大成，不仅体制严谨，而且论调锐利。但诸子作品有着一个共同之点，就是论辩说理。由于论辩说理的出发点和采取的方法不同，在语言运用上也采取了各种不同的手段，比较突出的，如孟子的比喻、庄子的寓言和比喻。孟子的善用比喻，尽管有些地方与辩论不是针锋相对，或者不合逻辑，但他能使自己的对手归于失败。庄子更善用比喻，还创造了很多寓言，使他的文章更具有文学意义。这种风格也自然影响到其他作者。诸子的这种论辩说理，对我们探讨成语的人来说，可以说是找到了成语的另一来源。从寓言成为成语的，我们就可以找到不少例子。例如：

叶公好龙：叶公子高之好龙，雕文画之。天龙闻而示之，窥头于牖，施尾于堂，叶公见之，五色无主，是叶公非好龙也，好夫似龙而非龙也。(《庄子》)

东施效颦：西子病心而颦。其里之丑人，见而美之，归亦捧心而颦。(同上)

守株待兔：宋人有耕田者，田中有株，兔走触株，折颈而死。因释其耒而守株，冀复得兔。兔不可复得，而身为宋国笑。(《韩非子》)

画蛇添足：楚有祠者，赐其舍人卮酒。舍人相谓曰：请画地为蛇，先成者饮。一人蛇先成，引酒，且言吾能为之足。未成，一人之蛇成，夺其卮曰：蛇固无足，子安能为三足？遂饮其酒。为蛇足者，终亡其酒。(《战国策》)

狐假虎威：虎求百兽而食之，得狐。狐曰："子无敢食我也，天帝使我长百兽。今子食我，是逆天帝命也。子以我为不信，吾为子先行，子随我后，观百兽之见我而敢不走乎?"虎以为然故遂与之行，兽见之皆走。虎不知兽畏己而走也，以为畏狐也。(同上)

买椟还珠：楚人有卖其珠于郑者，为木兰之椟，薰以桂椒，缀以金玉，郑人买其椟而还其珠。(《韩非子》)

揠苗助长：宋人有闵其苗之不长而揠之者，芒芒然归，谓其人曰："今日病矣！予助苗长矣，"其子趋而往视之，苗则槁矣……助之长者，揠苗者也，非徒无益，而又害之。(《孟子》)

刻舟求剑：楚人有涉江者，其剑自舟中坠于水，遽契其舟，曰："是吾剑所以坠也。"舟止，从其所契处入水求之，舟已行矣，而剑不行，求剑若此，不亦惑乎！(《吕氏春秋》)

渔翁得利：赵且伐燕，苏代为燕谓惠王曰："今者臣来，过易水。蚌方出曝，而鹬啄其肉，蚌合而钳其喙。鹬曰：'今日不

雨，明日不雨，即有死蚌！'蚌亦谓鹬曰：'今日不出，明日不出，即有死鹬！'两者不肯相舍，渔者得而并禽之。"(《战国策》)

滥竽充数：齐宣王使南郭处士吹竽，廪食者数百人。湣王立，好一一吹之，而处士逃。(《韩非子》)

寓言的例子是举不胜举的，其他如"杞人忧天""闭门造车""望洋兴叹""愚公移山"等都是。这成语也是后来人应用而流传开来的。这类成语的显著特点是生动活泼，含有讽谕性质。由于它们有着深刻的内容和深厚的意义，所以能被人们世世代代的沿用，使这些成语具有强烈的稳固性和长久的生命力。以上仅仅是当时作品形成成语材料的一部分，更多的是现成辞句以及辞语缩减而成为成语的，其中包括比喻等。例如："三思而行""文质彬彬""诲人不倦""苗而不秀""暴虎冯河""血气方刚""杀身成仁""见义勇为""患得患失"等。(以上见于《论语》)"舍生取义""一暴十寒""自暴自弃""一毛不拔""缘木求鱼""明察秋毫""五十步笑百步""出尔反尔""水深火热""手舞足蹈""为渊驱鱼""为丛驱雀""出类拔萃""枉尺直寻""恻隐之心""视民如伤"，等等。(以上见于《孟子》)"越俎代庖""井底之蛙""得心应手""播糠眯目""松柏长青""见笑大方""沉鱼落雁""超轶绝尘""诡衔窃辔""每下愈况""螳臂当车""摇唇鼓舌"等。(以上见于《庄子》)"梧鼠技穷""狗彘不若""青出于蓝""以卵敌石""兵不血刃""驽马十驾"等。(以上见于《荀子》)"以逸代劳""知己知彼""百战百胜""脱兔之势""穷寇莫追""同舟而济"。(以上见于《孙子》)"知难而退""余勇可贾""外强中干""一鼓作气""旗靡辙乱""退避三舍""杀敌致果""包藏祸心""民不堪命""治丝而棼""宽猛相济""整军经武""十年生聚""先声夺人"等。(以上见于《左传》)"披坚执锐""冠盖相望""无妄之祸""亡羊补牢""两败俱伤""引锥刺股""安步当车""狡兔三窟""汗马功劳""米珠薪桂""鸡

鸣狗盗”“南辕北辙”等。(以上见于《战国策》)“众志成城”“如火如荼”。(《国语》)“视死如归”。(《韩非子》)

以上这些生动、优美、含意深长的成语,都是我们语言大师的伟大创造,在成语这一方面给了我们取之不尽的源泉。先秦时期成语的来源是这样丰富,到了汉代,不但没有减色,而且有很多从故事中来的成语,构成汉成语中比较突出的一点。

3. 汉代的“成语”

汉代的作品,继承了上古创作的传统,语言大师司马迁等的作品都是比较接近人民口语的,成语在汉代史传中有着广阔的天地,以故事为内容的成语在汉代是比较发达的,这可以说是汉代成语产生方面的一大特点。以故事为内容的成语的发展是与史书记史实分不开的。故事内容的成语在先秦时候已经有了,如“退避三舍”这一成语,就是晋国与楚国的城濮之战,晋文公退避三舍仍取得战争的胜利。当然退避三舍不是取得胜利的原因,而是“师直为壮”。《史记》中出于故事的成语就更多了,下面举例来谈。例如:

指鹿为马:赵高欲为乱,恐群臣不听,乃先设验,持鹿献于二世,曰:“马也。”二世笑曰:“丞相误邪,谓鹿为马。”(《史记·秦二世本纪》)

一字千金:当是时,魏有信陵君,赵有平原君,齐有孟尝君,皆下士喜宾客以相倾。吕不韦以秦之强,羞不如。亦招致士,厚遇之,至食客三千人。是时诸侯多辩士,如荀卿之徒,著书布天下。吕不韦乃使其客人著所闻,集论以为八览、六论、十二纪,二十余万言。以为备天地万物古今之事,号曰《吕氏春秋》。布咸阳市门,悬千金其上,延诸侯游士宾客,有能增损一字者予千金。(《史记·吕不韦列传》)

破釜沉舟：项羽救巨鹿，乃悉引兵渡河，皆沉船，破釜甑，烧庐舍，持三日粮，以示士卒必死，无一还心。（《史记·项羽本纪》）

四面楚歌：项王军壁垓下，兵少食尽。汉军及诸侯兵围之数重，夜闻汉军四面皆楚歌。（《史记·项羽本纪》）

毛遂自荐：秦之围邯郸，赵使平原君，求救合从于楚，约与食客门下有勇力文武备具者二十人偕。平原君曰："使文能取胜，则善矣！文不能取胜，则歃血于华屋之下，必得定从而还。士不外索，取于食客门下足矣！"得十九人，余无可取者，无以满二十人。门下有毛遂者，前，自赞于平原君曰："遂闻君将合从于楚，约与食客门下二十人偕，不外索。今少一人，愿君即以遂备员而行矣。"（《史记·平原君列传》）

在《史记》中出现于故事的成语是很丰富的，例子是举不完的。其他如："优孟衣冠""完璧归赵""负荆请罪""刎颈之交"，等等，都是从《史记》故事中来的。这些成语都具有丰富的内容，而又一针见血的表现了出来。例如：颠倒是非、故意蒙混的"指鹿为马"，一语道破了赵高的专横。"一字千金"说明了文章的好和可贵。以"破釜沉舟"来表示决心，等等，以上这些成语在我们现在的语言中还是活着的，可见它们都具有相当程度的稳固性和长久的生命力。这一部分的成语是汉代成语的精华，但还有更大的一部分来自现成辞句和辞语缩减的成语，也是不可忽视的。例如："沾沾自喜""日暮途穷""抱薪救火""一飞冲天""一鸣惊人""犬马之心""深藏若虚""决胜千里""疾足先得""瓦解土崩""洞见症结""因人成事""鼠窃狗偷""以暴易暴""吐哺握发""死灰复燃""强弩之末""暴骨原野""疑兵之计""犬牙相错""一决雌雄""藏之名山""羽檄交驰""罪不容诛""磐石之固"等。（以上见于《史记》）"实事求是""一丘之貉”“草菅人命”“马革裹尸”“不识时务”“抱头鼠窜”“摇尾乞怜”“聚蚊成雷”“一举千里”“朝令暮改”“赴汤蹈火”“浆酒霍肉”“日削月朘”“箝口结舌”“九牛一毛”“乌合之众”“雷霆万钧”“信赏必罚”“老牛舐犊”等。(以上见于《汉书》,包括前后《汉书》)

其他如《淮南子》的“因噎废食”“百星不如一月”等都是很精炼的成语。

以上这些优美、精辟、内容丰富的例子中,我们可以看到汉代成语的一般情况。虽然有些成语时代特征比较强的封建性的糟粕随着时代的消失而消失了,例如:“女子无才便是德”“三从四德”“十年不字”“女为悦己者容”,等等,都只是历史性的成语了。但更多的成语被保存下来,尤其是从寓言、故事中来的成语,以及古人经验的积累,对我们是大有用处的,一般都具有教诲意义,但是学习古人的语言,从古人语言中吸取营养并不是一件容易的事。毛主席教导我们向人民群众学习语言,同时还要吸取古人语言中有生命的东西。在语言实践中,毛主席是我们的典范,下面我们略举几个例子来谈谈,例如:

“闭门造车”这一成语,我们知道在《中庸》中已经出现了。毛主席用“闭门造车”“自作聪明”来说明这些主观主义者。“患得患失”这一成语,早在《论语》中已经出现了,以此来说明那些资产阶级出身的个人主义者。“沾沾自喜”这一成语,在《史记》中就有了,以沾沾自喜于一得之功和一孔之见,来说明那些鼠目寸光、没有远大前途的庸俗事务主义者。“为渊驱鱼,为丛驱雀”本来是《孟子》中的,毛主席把这些关门主义者说成是为渊驱鱼、为丛驱雀,只会把群众赶到敌人那边去,博得敌人的喝采。凡此种种都是应用成语揭露出了主观主义、个人主义、事务主义、关门主义者的本质,既生动又形象,给人难忘的深刻影响。不仅如此,毛主席还以成语一针见血地揭出了国民党的“革命”本质:叶公好龙。嘴里天天说

“唤起民众”，民众起来了又害怕得要死。这样说明问题是最具体、最生动、最透辟也没有了，而且是那样的讽趣。“愚公移山”的寓言，我们大家都知道的，在抗日战争后期，毛主席号召全体人民要像“愚公移山”那样挖掉压在中国人民头上的帝国主义和封建主义这两座大山。这种成语的应用，节约了自己很多语言，而且表现出了我们对打倒帝国主义、封建主义的充分决心和信心，对革命必然取得胜利充满了乐观主义精神。毛主席运用成语来说明问题的例子是很多的。例如：以“阳春白雪”“下里巴人”来说明普及和提高的问题；以“惩前毖后，治病救人”来说明我们的批评和自我批评的宗旨；以“知彼知己，百战不殆”来说明我们的战术；以“实事求是”来作为我们对待一切事情的态度。这些成语都具有几千年的悠久历史，在毛主席的应用中又赋予新的生命。

4. 古书中的谚语

在上古成语中我们所谈到的都是书面语中的现成材料，是文人的创举。至于来自民间口语的成语，在上古也只能依靠书面材料。如何辨识它是民间口语中来的呢？最好还是看作者的态度。在古书中所引“谚曰”“鄙谚曰”“里谚曰”“俗谚曰”“时人语曰”等等。在这些谚语中有很多宝贵的成语，有些是人民生活的结晶。《汉书·贾谊传》有：“鄙谚曰：（或者作“里谚”）欲投鼠而忌器，此善谕也。”“投鼠忌器”，是成语。又如《汉书·薛宣传》有鄙谚曰：“苛政不亲，烦苦伤恩。”“苛政不亲”可以说是成语，而《汉书》作者称之为鄙谚，可以想像这是来自民间的口语。《史记》中也有鄙语云“尺有所短，寸有所长”等，也被称为鄙语。因为在封建社会中人民的语言被称为鄙俗的语言，班固、司马迁称为“鄙谚”也就不奇怪了。虽然我们不能说谚语都是来自民间口语的成语，但谚语一般是来自民间口语，其中有很多是成语，是精炼、优美的成语。如“同病相怜，同忧相救”“相马以舆，相士以居”，等等。谚语这一概念也比较大些，所以我们还是用谚语在古书中的运用这一标题来谈。

人民口语是文学语言取之不尽、用之不竭的源泉，其中包括谚语。尽管上古作家在引用谚语时称之为“鄙谚”“鄙语”等，但在实际应用上他们并不忽视。以孔孟经典、《春秋》《左传》直到《史记》《汉书》都用了大量的人民口语，如歌谣、俗语、里语、谚语等。现在就谚语方面举例来谈。例如：

歌曰：泰山其颓乎，梁木其坏乎。（《礼记·檀弓》）

歌曰：狸首之斑然，执女手之卷然。（同上）

南人有言曰：“人而无恒，不可以作巫医。”（《论语》）

故好而知其恶，恶而知其美者，天下鲜矣。故谚有之曰：“人莫知其子之恶，莫知其苗之硕。”（《礼记·大学》）

晏子对曰：善哉问也！天子适诸侯曰巡狩，巡狩者，巡所狩也；诸侯朝于天子曰述职，述职者，述所职也。无非事者。春省耕而补不足，秋省敛而助不给。夏谚曰：“吾王不游，吾何以休；吾王不豫，吾何以助。一游一豫，为诸侯度。”（《孟子》）

齐人有言曰：虽有智慧，不如乘势；虽有镃基，不如待时。今时则易然也。（同上）

言自非圣人，在所变化，故谚曰：“白沙在涅，不染自黑；蓬生麻中，不扶自直。”言辅之者众也。（《孟子章指》）

上面这些例子，我们可以看出，人民语言在古代大文豪的说理辩论文中所占的地位是怎样的重要，他们可以利用谚语等来作为他们说理辩论的理论根据，也可以在外交辞令中成为他们说明问题的可靠材料，孔孟经典著作是这样，《左传》《史记》《汉书》等也是这样。例如：

> 滕侯、薛侯来朝，争长……公使羽父请于薛侯曰："君与滕君辱在寡人。周谚有之曰：'山有木，工则度之；宾有理，主则择之。'……寡人若朝于薛，不敢与诸侯任齿，君若辱贶寡人，则愿以滕君为请。"薛侯许之，乃长滕侯。(《左传》)

在这段话里，谚语在这里是多么扼要的说明了问题。又如"宫之奇谏假道"，以"辅车相依，唇亡齿寒"的谚语比作虞虢之间的关系：

> 虢，虞之表也；虢亡，虞必从之，晋不可启，寇不可玩，一之为甚，其可再乎？谚所谓"辅车相依，唇亡齿寒"者，其虞、虢之谓也。(《左传》)

这种比喻性的谚语，既深刻又形象，而具体的说明了问题。直到现在还被我们所常用。谚语在《左传》中的记载是很多的，其中很多是人民经验的积累。例如："匹夫无罪，怀璧其罪。""心苟无瑕，何恤乎无家。""原田每每，舍其旧而新是谋。""非宅是卜，唯邻是卜。"等等。

《史记》《汉书》中的谚语也很丰富，我们也可以略举一二。例如："前事之不忘，后事之师也。""千金之子，不死于市。""谨上操下，如束湿薪。""死者复生，生者不愧。""儿妇人口不可用。""美女入室，恶女之仇。""利令智昏。""力则任鄙，智则樗里。""白头如新，倾盖如故。""桃李不言，下自成蹊。""人貌荣名，岂有既乎。""何知仁义，已享其利者为有德。""骄子不孝。""力田不如逢年，善仕不如遇合。""相马失之瘦，相士失之贫。"以上为《史记》例。

“苛政不亲，烦苦伤恩。”“千人所指，无病而死。”“不习为吏，视已成事。”“画地为狱议不入，刻木为吏期不对。”“遗子黄金满籯，不如一经。”“邪径败良田，谗口乱善人，桂树华不实，黄雀巢其颠。”“鬻棺者欲岁之疫。”“关西出将，关东出相。”“前有召父，后有杜母。”“前有管鲍，后有庆廉。”“掩目捕雀。”“徒儿二千石，不如一缝掖。”“作舍道旁，三年不成。”“盗不过五女门。”“贵易交，富易妻。”“生男如狼，犹恐其尪；生女如鼠，犹恐其虎。”“虏来尚可，尹来杀我。”“孤犊触乳，骄子骂母。”等等。以上为《汉书》例。

以上这些谚语都是很通俗的，尽管作者主观意图上认为这些语言是鄙俗的，但这些谚语事实上是给作品加强了语言的美。这些谚语的运用，无非是为了更能全面透辟的说明问题。这就以雄辩的事实说明了谚语的实际效用，它的发展也就有着广阔的天地。

（二）方 言 词

1. 方言和雅言

语言随着社会的发展而发展，也随着社会的统一而统一、分化而分化，方言的产生是社会分化的结果。我国古代语言是非常复杂的，这与当时社会的分化分不开的。《逸周书·世俘解》说自武王以后，周共灭九十九国，降服六百五十二国，虽然这一数字未必可靠，但却充分说明了周代以前社会的分裂情况。孟子说周公灭五十国，也说明了周以前的社会是分成许多小国的。不管这些国家是部落也好，部族也好，它们都各有着自己的经济基础，各有着自己早已形成的交际工具——语言。它们不可能说着统一的语言，因为这种语言是不存在的，也没有存在的可能。“到周初大封建，对殷代原始小邦林立的现象说来，多少含有统一天下于一尊的意义”(《中国通史简编》)。在那时是否立刻就有着统一的语言呢?恐怕还不见得。但在春秋时代确实有一种比较共同的语言,那就是统治阶级一般所说的官话——夏言,也就是后来所说的“雅言”。

一般说的“方言”这一概念,是对民族共同语讲的,它是民族共同语的分支,所交际的范围要比民族共同语狭小得多的。方言只能充当地区人们交际交流思想的工具。我们这里所说的方言是对“雅言”而说的。具体的说,也就是春秋战国时代各领主所属范围的不同语言。如秦有秦的语言、楚有楚的语言、晋齐等也都各有自己的语言。我们称之为方言。而在各统治阶级之间又有着一种比较共同的语言,那就是“雅言”。周祖谟、吴晓铃《方言校笺及通检》自序中说:“‘夏言’应当是以晋语为主。因为晋国立国在夏的旧邑,而且是一时的霸主,晋语在政治和文化上自然是占优势的。等到后来秦人强大起来,统一中夏以后,秦语和晋语又相互交融,到了西汉建都长安的时候,所承接下来的官话应当就是秦晋之间的语言了。”这一论证是有一定的理论根据的。马克思说过:“方言集中为统一的民族语言是由经济和政治的集中来决定的。”虽然“雅言”还不是汉民族统一的民族语言,但它是当时的一种共同语,也应该建立在一定的经济、政治和文化基础上。既然晋侯霸诸侯时立国于夏的旧邑,“共同语”也就有可能在这一基础上发展起来。随着这一“共同语”的产生,也就有方言和雅言的区分了。

2. 春秋战国的方言词汇

词汇学在我国语言学发展史上创始得最早,而方言词汇的记录,首推扬雄。《方言》成书并普遍流传于世是东汉和帝以后的事。既然方言是汉代的著作,又是记载当时的活语言,这就难免与春秋战国时候的方言有出入。但是,《方言》提供了我们探讨春秋战国时候方言词汇的有利条件。凡是古代方言,在《方言》一书中注为

“古今语”“古雅之别语”等。例如：“敦、豐、厖、夻、幠、般、嘏、奕、戎、京、奘、将，大也。东齐海岱之间曰夻，或曰幠。宋鲁陈卫之间谓之嘏，或曰戎。秦晋之间凡物壮大谓之嘏，或曰夏。秦晋之间凡人之大谓之奘，或谓之壮。燕之北鄙齐楚之郊或曰京，或曰将。皆古今语也。”

在春秋战国时代的方言中，大概楚言是比较难懂的。孟子骂楚人为南蛮鴃舌之人，想来是与楚言难懂有关系的。在上古文献中，《楚辞》在方言的运用上是比较突出的。例如：“謇”这个词，在《楚辞》中是很多的。

“謇吾法夫前修兮。”“謇朝谇而夕替。”(《离骚》)
“謇将憺兮寿宫。”“謇谁留兮中洲。”(《九歌》)
“謇不可释也。”“謇侘傺而含感。”(《九章》)
“謇淹留而无成。”“謇充倔而无端兮。”(《九辩》)

这里的“謇”为发语词。《方言》：“謇，极吃也，楚语也。”(吃者，语难也，即口吃。)郭璞曰：“亦北方通语也。”

“羌”在楚辞中也是很多的。例如：

“羌中道而改路。”“羌内恕己以量人兮。”(《离骚》)
“羌愈思兮愁人。”“羌声色兮娱人。”(《九歌》)
“羌众人之所仇。”“羌中道而回畔兮。”(《九章》)

《玉篇》：“羌，楚语辞也。”《后汉书·张衡传》注：“羌，发语辞。”“謇”“羌”的用法，差不多是《楚辞》所特有的。语尾词“些”在楚辞中也用得很多。

芰——菱

制芰荷以为衣兮。(《离骚》)

楚人名菱为芰。(《尔雅·释文》)蔆,芰也,楚谓之芰。(《说文》)

可见"芰"是楚方言。

宿莽——草

夕揽洲之宿莽。(《离骚》)搴长洲之宿莽。(《离骚》)

𦬁,莽草也。南楚曰莽。(《方言》)

苏——草

苏粪壤以充帏兮。(《离骚》)

苏,芥草也。江淮南楚之间曰苏。(《方言》)

汩——疾行

汩余若将不及兮。(《离骚》)

汩,疾行也。南楚之外曰汩。(《方言》)

侘傺——失志

心郁邑余侘傺兮。(《楚辞·九章》)

王逸注:"楚人谓失志怅然住立为侘傺。"

傺,逗也。南楚谓之傺。(《方言》)

修——长

路曼曼其修远兮。(《离骚》)

王注:“修,长也。”《方言》:“修,长也。陈、楚之间曰修。”

上面所举“芰”“宿莽”“苏”“汩”“侘傺”“修”也都是楚方言,不加注解是很懂它的意义。另外,还有很多词到现在已经看不出是方言词了。例如:

药,王注:“药,白芷也。”《本草》:“白芷,楚人谓之药。”

《九歌》:“辛夷楣兮药房。”

蚊,《说文》:“蜹,秦、晋谓之蜹,楚谓之蚊。”

宋玉《小言赋》:“体轻蚊翼。”

蝇,《方言》:“蝇,东齐谓之羊,陈、楚间谓之蝇。”

宋玉《小言赋》:“蝇蚋皆以顾盼。”“馆于蝇须。”

遥,《方言》:“遥,广远也,梁、楚曰遥。”

《招魂》:“倚沼畦瀛兮,遥望博。”

以上列举“药”“蚊”“蝇”“遥”,都是楚方言,而这些词被吸收到共同语中来了,谁也意识不到这些是方言词。文学作品中也运用方言,《楚辞》是比较突出的。但其他作品中的例子还是很多的。例如:

硕鼠、硕鼠,无食我黍。(《诗经》)

这里的“硕”是方言词,解释为大。《方言》:“硕、沈、巨、濯、訏、敦、夏、于,大也。齐宋之间曰巨,曰硕。”

《诗经·大雅》:“其风肆好。”“肆”即极也。也是方言词。

眄,方言词。《方言》:“自关而西秦晋之间曰眄。”“始得夫子一

眄而已。”(《列子》)

睇，方言词。《方言》：“陈楚之间、南楚之外曰睇。”“既含睇兮又宜笑。”(《九歌》)

涷，《尔雅》：“暴雨谓之涷。”郭注：“今江东呼夏月暴雨为涷雨。”《楚辞》：“涷雨兮洒尘。”

箭，《方言》：“自关而东谓之矢，江淮之间谓之鍭，关西曰箭。”可见“箭”也是方言词。

> 今尝计军士，竹箭羽旄，幄幕甲盾拨劫……(《墨子》)

从上面的例子看来，上古方言词在作品中运用是不少的。其他如：豭、彘、豕、豨、豚、貕等都是方言词。《方言》：“豬，北燕朝鲜之间谓之豭。关东西或谓之彘，或谓之豕。南楚谓之豨。其子或谓之豚，或谓之貕，吴扬之间谓之豬子。”这里就不一一列举了。

3. 汉代的方言词汇

秦始皇二十六年(公元前221)，诸侯割据称雄的局面结束，中国成为一个中央集权的统一国家。经过楚汉相争以后，西汉时国家统一巩固，社会的统一促使语言的统一。从书面语的情况看来，实际上是有着共同的语言的。从《史记》到《汉书》各种文学作品，差不多都是以统一的语言写的。但是在另一方面，方言的分歧还是存在着，扬雄《方言》就是铁的证据。从扬雄《方言》看来，汉代方言还是很复杂的。有地点方言、地域方言等等。被扬雄称为某地语的为地点方言，某地某地之间语的为地域方言，当然也必然有共同语存在。被扬雄称为“凡语”“凡通语”“通名”“四方之通语”的就是所谓共同语，例如《方言》卷一：“党、晓、哲，知也。楚谓之党，或曰晓。齐宋之间谓之哲。”这里的“知”分明是共同语。党、晓是楚方言,可以说是地点方言。哲是齐宋之间的地域方言。《方言》卷八:“蝙蝠,自关而东谓之服翼,或谓之飞鼠,或谓之老鼠,或谓之仙鼠。自关而西秦陇之间谓之蝙蝠。北燕谓之蠟蠌。”“雁,自关而东谓之鴚皒,南楚之外谓之皒,或谓之鸧鴚。”“蝙蝠”“雁”在方言中有很多不同的说法,但表现在书面语上还是比较一致的。所以,我们说表现在书面语上的语言还是共同的、统一的。但是,方言在作品中的运用还是找得到的。例如:“夥颐,涉之为王沈沈者。”(《史记·陈涉世家》)楚人多为夥,“夥”,方言语词。

靡有孑遗,秏矣。(《汉书》)

师古注:“今俗语犹谓无为秏,音毛。”“毛”“秏”都是方言。“饥者毛食。”注:“衍集毛字作无。”(《后汉书》)

“破釜沉舟。”(《史记》)釜,方言词。《方言》:“自关而西或谓釜,或谓之鍑。”

“缃绮为下裙,紫绮为上襦。”(《陌上桑》)襦:短袄。《方言》:“西南蜀汉谓之曲领,或谓之襦。”可见“襦”是方言词。

“盎中无斗储,还视架上无悬衣。”(《东门引》)“家无儋石之储。”(《汉书》)“所谓家无甔石之储者也。”(《方言》)“罃甀谓之盎,自关而西或谓之盆,或谓盎。”又:“齐之东北海岱之间谓之儋。”(或作甔)

“朝露待日晞”(《长歌行》)“晞”,方言词,与晒同义。《方言》:“膊、晒、晞、暴也……暴五谷之类,秦晋之间谓之晒,东齐北燕海岱之郊谓之晞。”

汉代作品中的方言词,例子要举是很多的。以上例子足够说明方言词在文学作品中的地位。汉代在政治、经济、文化上是比较统一的，书面语也比较统一。但在方言词的运用上也是很多的，因为方言是丰富共同语的源泉。

（三）外来词

我们的汉语今天词汇这样丰富，在悠久的历史过程中除不断创造新词外，同时也不断从国内兄弟民族和世界各民族的语言中吸收词汇来丰富自己。

早在先秦时代，我们就和北方的少数民族（当时称狄）、东方的夷族、西方的羌族、南方的苗瑶黎等兄弟民族有着密切的联系。有着军事、政治、经济、文化等方面的频繁接触，在先秦时候，已从海上和印度、缅甸、马来亚、大秦（罗马帝国）、安息（古波斯国）发生了贸易联系，到汉代张骞通西域后，从陆路上打通了中西交通，双方的交往更多了，特别汉代传来了佛教，大量佛教词汇进入到汉语的词汇中，非但一般词汇，连基本词汇也有渗入的。我们下面分别叙述。

1. 对东夷语的吸收

我们在和东夷诸民族的接触中，相互吸收了很多东西，我们不但吸收了他们的东西，词汇也吸收来了。

金达莱，即杜鹃花，是朝鲜语 tʃin-ta-læ 的译音。

无穷花，即木槿，是朝鲜语 mn-kuy-hua 的音译。

珣，为上古东夷语“珣玗琪”的简称，是一种美玉。（见《尔雅·释地》）

鞮鞻（侏离、朱离、兜离或兜勒），夷语，《周礼·春官》“鞮鞻氏掌四夷之乐”的“鞮鞻”。

轻剑、轻吕、路径，《逸周书·克殷解》说周武王用轻吕砍殷纣王的尸体，而《史记·周本纪》说轻剑砍的，张守节说轻吕剑名，郭沫若认为轻吕即匈奴的路径，是匈奴宝刀，外国学者说起源于突厥语，是 kilidji 的译音。

2. 对匈奴语的吸收

匈奴是战国开始才称呼的北方少数民族。但少数民族是早有了，而古代是称另外名称的，商周时称鬼方，这在甲骨文中和《诗经》中记载，或称混夷，或獯鬻、玁狁；春秋时叫北狄；到战国时称匈奴。和这些民族的战争是从来没有停止过，要到汉代，才有一个时间是和平相处；到南北朝时他们又侵入中原，侵占了大块的北方土地。由于长久战争，所以在各方面都有接触；接触中吸收了他们的东西，也借入了他们的词汇。

骆驼，《逸周书·王会解》："请会以橐驼……为献。"《山海经·北山经》："其兽多橐驼。"这"橐驼"二字是从北狄语中借入的，后来就写作"骆驼"了。

猩猩，《逸周书·王会解》："都郭生生，欺羽生生，若黄狗，人面能言。"晋孔晁注："都郭、北狄生生兽名。"《山海经·海内经》作"狌狌"，《尔雅》作"猩猩"。是外来词音译的，所以有各种写法。

师比，是胡人用的一种金属带钩子，由于音译，所以有各种写法。

师比，赵武灵王"赐胡服衣冠贝带黄金师比"。（《战国策·赵策》）

犀比，"晋制犀比，费白日些"。（《楚辞·招魂》）

胥纰，"黄金胥纰一"。（《史记·匈奴列传》）

犀毗，"黄金犀毗一"。（《汉书·匈奴传》）

法人伯希和日人白鸟库吉都认为这是匈奴语的译音。

琵琶,《释名·释乐器》:“枇杷本出于胡中,马上所鼓也。”

在汉武帝时带物连名被吸收进来的。

胭脂,焉支,《史记·匈奴列传》有焉支山,正文引《西河故事》云:“匈奴失祁连、焉支二山,乃歌曰:‘亡我祁连山,使我六畜不蕃息;失我焉支山,使我妇女无颜色。’”

《史记·匈奴列传》又写作“烟肢”。也是一个音译词,是一种用胭脂花制成,修饰面部用的颜料。

3. 对西域语的吸收

“西域”这一称呼开始于汉代,指玉门关、阳关以西的地方,包括于阗、大宛、焉耆等国家在内。就是当时西方的少数民族。与他们接触也主要是战争。军事上有战有停,有使节往来,特别汉代有有名的张骞通西域、班超等人征西域,在交往中相互吸收了词汇。

苜蓿,《史记·大宛列传》,“马嗜苜蓿,汉使取其实来,于是天子始种苜蓿,蒲陶肥饶地”。

《汉乐府·蛱蝶行》,“蛱蝶之遨游东园,奈何卒逢三月养子燕,接我苜蓿间”。

葡萄,司马相如《上林赋》,“樱桃、蒲桃”。

《史记·大宛列传》中也有此词,波兰汉学家赫迈莱夫斯基认为可能是发音类似 badaga 的古代大宛语的代表。

荽,即芫荽,来自西域的一种番菜。《博物志》称张骞通西域得荽,俗呼芫荽。

酋长,《汉书·宣帝纪》:“杨玉、酋非首。”注:“羌胡名人师为酋,如中国之魁。”

师子,《班超传》(《后汉书》):“初,月氏尝助汉击车师有功,是岁,贡奉珍宝、符拔、师子,因求汉公主。超拒还其使,由是怨恨。”

《顺帝纪》(《后汉书》),阳嘉二年,疏勒国献师子、封牛,似虎正黄,有髯须,尾端茸毛大如斗。

有很多学者认为师子是伊兰语 Sarɣ 的译音,先传入西域,后转传入中国。

4. 对梵语的吸收

在先秦时代,印度人已从海上来中国通商了。他们带来很多东西,这里不但有印度的,另外像波斯、大秦等国的东西也带来了。我们的祖先就连物带词的吸收进来了。到汉代张骞通西域,陆路交通打开,他们的来往更多了,佛教的佛经是用梵文写的,由于佛经的翻译,大量的佛教词汇译过来了。

先秦时代:

圣木曼兑,《山海经·北海经·海内西经》:“一曰挺木牙交。”是印度名“天花”,即佛座的莲花,为神物,梵语 Mandara 的译音。

菩堇,印度名小豆为 Maswrah 的译音。

黑水,印度叫黑为 Kala,与鸿鹭音近。

汉代:

膜拜,《穆天子传》:“膜拜而受。”郭璞注:“今之胡人礼佛,举手加头,称南膜拜者,即此类。”膜即南膜,南无的省略。

璃瑠,桓宽《盐铁论·力耕篇》:“璧玉、珊瑚、璃瑠,咸为国之宝。”《汉书·西域传》,为璧瑠璃。

浮屠,沙门,伊蒲塞。《后汉书·光武十王传》:楚王英喜欢拜佛吃斋,于汉明帝永平八年拿着黄缣、白纨三十匹给朝廷,表示为自己赎罪。汉明帝批复他的诏书说:“楚王诵黄老之微言,尚浮屠之仁祠,洁斋三月,与神为誓,何嫌何疑,当有悔吝?其还赎,以助伊蒲塞桑门之盛馔。”桑门为出家者之总名,浮屠为古佛教徒之通称。

5. 对其他语言的吸收

瑯琊,《管子·轻重甲篇》有琅玕:“禺氏不朝,请以白璧为币乎,昆仑之虚不朝,请以璆琳、琅玕为币乎。”《南史·中天竺传》:“西与大秦安息交市,多大秦珍物。”琅玕这东西是在先秦时代由印度人传入中国的,是音译,有琅玕、琅琊等不同识名。

育沛,《山海经·南山经》,招摇山产育沛。章鸿钊以为育沛即琥珀也。第一音相近。第二《本草纲目》中引宋大明《本草》云:“琥珀破结瘕,则功用相同。”第三《蜀都赋》《后汉书》《博物志》等记载琥珀产于永昌城界西去十八日程,琥珀山握之,现在缅甸北境所产的为世界第一,产地又相符。是缅甸音译。

盗骊、白义、逾轮,见《尔雅·释马》,日人小川琢治,认为这是土耳其语的吸收,盗骊为 dar 的译音,白义 Beigir、逾轮 jylan 的译音,这些都是当时西域传入的,而西域大约又是从土耳其输入的。

石榴:植物名,安石榴的简称,《博物志》:张骞通西域得安国榴种以归,故名“安石榴”。安石即安息,属古波斯国。

吹鞭:古乐器名,《说文》:“篎,吹鞭也。”日本人林谦三认为是希腊文 tibia 的对音。

槟榔:西汉时已经出现,初作“仁频”,到唐代“宾榔”。

司马相如《上林赋》:“留落胥邪,仁频并闾。”唐颜师古注:“仁频即宾榔也。”是马来亚 pinang 的对音,在汉代我国与南洋还没有直接往来,大约是通过西域再传入我国的。

(四)阶级同行语

语言是交际工具,是全民性的,对各阶级一视同仁的,但是各阶级对语言都不是漠不关心的,社会的个别阶级或阶层,竭力设法利用语言为自己的阶级服务。他们把自己特别的用语强加到语言中去，运用其他社会集团的人很少或者根本不用的词和语，按照自己的方式来理解某些词的意义，想尽一切办法来歪曲全民语言，这样就产生了阶级同行语。

阶级同行语是全民语言的一部分，没有自己的语音体系和语法结构，只是换成一部分的特殊词汇。因此阶级同行语在词汇中特别突出。

我国在夏代已进入了阶级社会，商代的甲骨文中反映这方面的情况很多。如分等级的，这些词汇就是阶级同行语。有君、邦伯、师长、百执事、臣、多臣、牧臣、耤臣、小耤臣、宰臧仆、奴、奚、童、妾这样多的等级名称。

在周代有公、侯、伯、子、男的等级，又有天子、诸侯、大夫、士、工、商、皂、隶的等级称呼。统治阶级总是想尽一切办法来突出自己，如他们祭神的牲礼有特别名称叫太牢、皇帝死叫崩、诸侯死叫薨、大夫死叫不禄、士死叫卒、他们的祖庙叫太庙等。

秦始皇统一六国后，他实行了以皇帝为独裁的中央集权制度，为了巩固他的统治，就用一切办法来提高王帝和王族的尊严，表现在词汇上就是霸占一些词（本来是全民的语言）为他们服务，成为阶级同行语。

朕，本是一个第一人称代词，而秦始皇后成为帝皇的自称。表示至尊无二的意思。

孤、寡，也成为王帝的专称。《老子》："贵以贱为本，高以下为基，是以侯王自称孤寡、不穀。"

臣子和一般人民对王帝又要有特殊的称呼。

上，秦汉以来为皇帝之通称。

天子，《礼记·曲礼》："君天下曰天子。"

主上，《韩非子·扬权》："主上用之，其国危亡。"

陛下,《战国策·秦策》:“王使子诵……陛下尝轫车于赵矣。”

君,至尊也。

君王,《礼记·檀弓》:“君王讨敝邑之罪。”

大君,《易·师卦》:“大君有命。”

王,一般先秦都称王。

从上面这些对王的繁多称呼中就可以看出统治者为了提高自己的统治威信,在称呼上也千方百计的想办法加以突出。“天子”就是欺骗人民说,王帝是天的儿子,受命来统治人民的等等。他们的目的是,把王族特殊化,他们是不同一般人的,他们统治人民是完全对的。

王帝住的地方也有特别名称。

宫,过去是一般词汇房子的意思,而秦始皇统一六国后成为王帝住的房子叫宫了。

殿,王帝办公的地方叫殿。到后来还有很多特有的名称,如紫禁城、龙椅、龙床等。

皇帝到一个地方,叫幸某地,或称王。如《诗经·皇矣》:“王此大邦。”《史记·项羽本纪》:“沛公欲王关中。”

臣子和一般百姓对王室的人也要有特别的称呼。

太皇、太后,《汉书·外戚传序》:“汉兴因秦之称号,帝母称皇太后,祖母称太皇太后。”

太上皇,《史记·秦始皇本纪》:“追尊庄襄王为太上皇。”

太后,王帝的母亲,《战国策》:“赵太后新用事。”

后,天子之妃曰后,后本来也是一般词汇。

太子,天子之子,立为皇嗣者称太子。

公主,天子之女。

郡马,宗室之女封郡主者称郡马。

王帝用的东西也有特别名称。

如王帝穿的衣服叫御服，看的书叫御书。天子用的旗叫鸾旗，《汉书·贾捐之传》："鸾旗在前，属车在后。"王帝坐的车叫大驾。《后汉书·舆服志》："天子出有大驾，有法驾，有小驾。"

王帝讲话叫诏，皇帝布告臣民叫诏书，后来就叫圣旨了。

王帝给东西与臣民叫赐。如赐谥，天子赐臣下以谥号也。《周礼·春官·大史》："小丧赐谥。"古代天子赐给诸侯有大功者衣服等凡九事叫九锡。而臣民给王东西叫贡，或叫献，朝贡。

王帝死了叫崩，坟叫陵，或叫山。《水经·渭水注》："秦名天子冢曰山，汉曰陵。"棺材叫梓宫。

另外，王帝的后裔叫王孙。《史记·淮阴侯列传》："吾哀王孙而进食。"

我们从上面又可以看出：这些特殊词汇是在极小一部分人中使用，即王帝和高级官吏。连下层官吏也不可能知道，一般人民更不用讲了。

诸侯在古代是地方的霸王，他们如王帝一样，为了自己特殊化，也造成了很多特殊的词汇，弄脏全民语言，如自称不穀。《左传·僖公四年》："岂不穀是为。"《左传·成公十三年》："不穀恶其无成德。"

元老，后世称旧臣之资望最高者曰元老。

殿下，王居宫殿，以见群臣，故臣下尊称殿下。

太夫人，《汉书·文帝纪》注："列侯之妻称夫人，列侯死，子复为列侯，乃得称太夫人。"

夫人，《汉书·文帝纪》注："列侯之妻称夫人。"

世子，古者称诸侯之嫡子称世子。

上面讲的是诸侯们常用的阶级同行语的举例而已，当时除这一些外，还有一般的尊谦称谓。

君子，《礼记·曲礼》："博闻强识而让，敦善行而不怠，谓之君子。”

大人,《论语・季氏》:“畏大人。”(注:大人,圣人也。)

令郎,《古诗》:“直说太守家有此令郎君。”

伉俪,《左传・成公十一年》:“已不能庇其伉俪而亡之。”

贵府,贵姓,贵恙。

鄙人,《文选》中王褒《四子讲德论》:“鄙人黯浅,不能究识。”

贱躯、贱恙、贱姓。

贱子,自谦之称。《后汉书・楼护传》:王邑自称“贱子”上寿。

贱妾,《后汉书・邓皇后纪》:“后有疾……下使贱妾获不知足之谤。”是妻对夫的谦称。

贱事,司马迁文:“又迫贱事。”

贱息,(自称子之谦称)《国策》:“老臣贱息舒祺。”

贤叔,对人家尊称。另外有贤姊、贤妻、贤郎、贤甥、贤阁。

王帝的事物都加御:

御札,君王之诏令也。

御仗,天子之仪仗也。

御前,天子所在曰御前。

御容,帝王之象也。

御制,指帝王所作诗文,另御膳、御书、御报……

赐氏,《左传》:“夏后嘉之,赐氏曰御龙。”

赐田,赐姓,汉高祖赐娄敬姓曰刘氏是也。

赐胙、赐复、赐福、赐屦、赐爵。

第二编

中古汉语词汇

一、词汇的时代特征

中古时期，从魏晋南北朝起一直到宋代止，前后经历了一千多年的历史，勤劳勇敢的中国人民在广阔富饶的土地上一代接一代地辛勤劳动，用自己的双手创造了无比灿烂的物质文明，作为人们交际工具的语言，敏感而积极地写下了这份荣光。在这一章里，我们就根据当时所留下来的著作或文献，从语言的词汇角度，来谈中古时期的时代特征。

（一）词汇反映时代特征

1. 魏晋南北朝隋的词汇特征

（1）封建集权制度词汇

每一个历史时期每一个朝代，都有一套适合统治阶级要求的封建的法制和整套压服人民的伦常制度。统治阶级这样做的唯一目的，为了加强君主集权制度，为了独揽天下大权，借此巩固封建王朝，巩固统治阶级残酷的奴役和摧残广大的劳动人民的地位。

这一时期，由于事件纷繁，朝代更替较多，情况相当复杂，要想把这个时候集权制度用词汇反映出来，不可能也没有必要，我们只是重点的来谈谈。

① 反映法制及其他的词。在魏晋时期出现了一种所谓“九品

中正制”，是曹魏时期的一种政权分配的选举制度。据《三国志·魏书·陈群传》谓“九品官人之法，群所建也”。魏文帝初即位时所制，内容是“州、郡、县，各置大小中正，各取本地人，在诸府公卿及各省郎吏有德充才盛者为之。区别所管人物，定为九等。其言行修着，则升进之；如以五升四，以六升五。或道义亏缺，则降下之；或自五退六，自六退七”（《通考》卷二八）。“九品中正制”反映了当时统治阶级一面在麻痹中间诸阶层和欺骗人民群众，解除人民对他们的反抗，一面是表现了大地主阶层内部在政权分配上的矛盾，想缓和彼此倾轧的一种方法。“谱牒”是与“九品中正制”同时而生的一种士族制即门阀制度。赵翼之说：“至魏九品中正法行，于是权归右姓，州大中正、主簿，郡中正、功曹，皆取著姓士族为之。有司选举，必稽谱牒……”（《陔余丛考》“谱学条”）当时讲究门阀等级，最高特权门阀的子弟可以不经过选举就能作高官领厚禄，世代独占各种要职。那种所谓九品的选举制度，实际上就是门第等级分类的反映，门阀制度剥夺了劳动人民的选举权，剥夺了劳动人民的政治权利。由于大门阀子弟可以不经过选举做官，而且不会作下品，中间诸阶层的子弟不会被选为上品，所以造成了“上品无寒门，下品无世族”的不合理制度。环绕着士族门阀制度出现了新的词语，如“清流”“回门”“次门”“后门”“勋门”“役门”等等。“亲王”是两晋南北朝时帝王封皇属子弟的官名。亲王可以充任州职，在政治上有其独立性。这是一种最高统治阶级独揽大权、霸占天下，加强一家集权巩固自己统治制度的反映。“都督诸州军事”官名，任职的人掌握军政重权。“魏文帝黄初三年（公元222），始置都督诸军事”（《晋书·职官志》）。“总管”亦是掌握军政大权的官。“魏黄初始置都督诸州军事”。后用改都督军为总管。“（北周）武帝时，以王谦为益州总管。总管之名始此”（《文献通考·职官志》）。这两个词反映了当时这样一种情况：在封建统治阶级内部，原来在表面上看来比较缓和的矛盾现在已经保持不下去了，新形成的地方军阀与朝廷分庭抗礼，他们有自己的天地，再也不听皇帝的将令了。魏晋南北朝、隋各代官制很繁，除了上面所说的外新制官不多，大多是各代互相承袭，下面我们再举出几例大概可以看出当时一般情况。如东晋、南朝，对于不属其统治或失陷各州，亦虚设了机构，把这种机构称为“遥领”。又如北周太祖所制订的所谓六卿，即是“天官府”“地官府”“春官府”“夏官府”“秋官府”“冬官府”，只不过承因上代在名称上改变而已。

军事制度也是封建王朝维护集权制度的重要武器，统治阶级从来就是把这种武器掌握在自己手里，用来作为镇压人民反抗的战斗工具。因此我们要来谈一谈。梁代的设立六军：“领军”“护军”“左卫”“右卫”“游击”“骁骑”，说明了封建主要想永远地盘踞统治地位，就要掌握各种兵种作为他们的后盾，来对付其他的各阶层。南朝的屯备京城之兵，称为“章台”，说明了统治阶级的“作贼心虚”防恐自己的垮台，因此在他们的身边要有备军，若有风吹草动，就可赶快来个血腥的镇压，事实上人民之“患”防不胜防，封建主注定要灭亡的。由于有了各种兵种，因而在兵士制度上有了各种的名称，如“车下虎士”“丹阳青巾”“交州义士”“健儿”“武射”，又有“突将”“无前”“賨叟”“青羌”“散骑”“武骑”等等名称（《通考》卷一五一、一五四）。另外还有所谓“五校”“七军”。“五校”即“屯骑”“越骑”“步兵”“长水”“射声”，“七军”即“左卫”“右卫”“前军”“后军”“左军”“右军”“骁骑”（钱仪吉《补晋兵志》）。总之一句话：统治阶级只有依靠了军队，才有一时的统治，而最后不管你有多少的军队总归要死亡的。

在法律制度上，这个时期有各式各样的名称。如“刑名”“法例”“诈讹”“请赇”“告劾”“系讯”“断狱”“败亡”“卫官”“水火”“关市”“违制”“禁卫”“户禁”“朝会”“逃亡”“斗竞”“侵扰罪”“侈奢罪”

“左道不依经律”“不枉法受财罪”，等等（《隋书》卷二五、《晋书》卷三〇）。又有“廷杖”“刺面”“凿眼”“刖足”等（《三国志·吴书·孙和传》）。从上例看来，我们虽然看不到秦汉时期那种残酷肉刑的法律制度，但是北魏的定死罪特别重“反逆”，其余都可出钱赎死。还是可以知道被压榨得清贫如洗的劳动人民在黑暗的封建制度统治的时代里，是没有丝毫的获得享受法律的权利。一切法律刑罪对于统治阶级集团本身则可以“屈法伸之”，对于被压迫者则“按之”，表现着完全是对付劳动人民的，是为统治阶级服务的。在封建主的眼里，只要觉得人民有一点对他不满的反对，就说成“图谋不轨”而用法律来制裁甚至于杀戮。实际上，人民成为不合理的法律制度下的牺牲品。

② 行为和语言的特殊化。中古时期有一种特别有趣的情况，那就是行为和语言的特殊化。照道理，我们人的行为和语言没有什么特殊化的，因为我们处在人类社会集团里工作和生活，人的一切活动都是为人民群众能完全了解。至于语言则是一种人们的实际工具、表达思想的工具，也是为人民群众所懂得的，在实际的社会生活中根本没有两套语言。但是，在封建社会制度下所形成起来的极为异歧的阶级差别，却带来了人们在行为和语言上的特殊化。统治阶级有他们自己的行为标准，他们的一举一动都秉着自己的利益进行，他们的语言也就按照着本身要求的反映而缀上了特殊化的色彩，虽然他们的语言是为社会各个集团所了解的，还总是带点儿别样的味道，一说出来人们总觉得两样。劳动人民却是另外一回事了，他们的行为和语言没有什么特殊化，行为只不过是一种辛勤劳动的表现，语言也只不过是反映这种情况而已。我们这里所要讲的，就是例子中所反映的这些情况。

在那个时候，称天子所到的地方为“幸”，由这个字构成了“临幸”“巡幸”几个词儿。《新唐书》：“数临幸观释菜。”一个人所到的地方有什么特别的呢，可是封建统治阶级为了表示他的“不平凡”，显示他的“尊严”，硬创造几个新词。我们看了这几个词之后只觉得当时社会阶级分歧多严格反映了封建社会不合理的等级制度。为什么天子能有资格享受这种权利，是因为他独揽天下大权的结果，是封建集权制度所带给他的。“奏案”实际上只不过一只平常的桌子，作了统治阶级观览文件用，却有了专名叫“奏案”。《三国志》注：孙权“拔刀砍前奏案”。皇帝与臣的对话，也有一个特别的名字叫“奏对”。《旧唐书·权德舆传》：“臣每于延英奏对，退思陛下求理之言，生逢盛明，感涕自贺。”在《南史·王韶之传》“凡诸诏黄，皆其辞也”中的“诏黄”，原来只是一张黄纸，经皇帝用作写布告的文件，于是就有了“诏黄”这个专名。我们说象这样一些词，只是统治阶级所造成，反映了统治阶级占有特权的一种情况，反映了那个时代由于阶级地位的不同而产生那种不仅在行为上不同，而在语言上也有特殊化的情况。

（2）思想意识词汇

在这段历史时期里，战争频繁，社会动荡，经济、文化遭到破坏。虽然如此，在每一个朝代的统治阶级只要有一点太平时光，还是重视恢复和发展经济、科学、文化事业，因此在当时人民思想意识领域里留下了那个时期的各项成就。

① 学术思想在词汇中的反映

我们从史籍记载得知，在隋代已经有了像现代一样的图书馆“秘阁藏书”，藏本众多，种类浩繁，在语言里有了下面的词儿反映了这一事实。如有“集略”“六艺略”“诸子略”“诗赋略”“兵书略”“术数略”“方技略”，又有“一曰甲部，纪六艺及小学等书；二曰乙部，有古诸子家、近世子家兵书、兵家、术数；三曰丙部，有史记、旧事，皇览薄、杂事；四曰丁部，有诗赋、图赞、《汲冢书》”（《隋书·经籍志》）。上面所说不能不说是反映了当时的一般学术状况。《汲冢书》是晋时一种新发现，对于当时的学术研究大有贡献。《晋书卷三·武帝纪》称咸宁五年(公元279)十月……汲郡人不準掘魏襄王冢，得竹简、小篆古书十余万言，藏于秘府。《汲冢书》就是这时候发现的(有记载说是在太康二年。《晋书·束皙传》卷五一："太康二年[公元283]汲郡人不準盗发魏襄王墓，或安釐王冢，得竹书数十车。")。《汲冢书》的发现确实对那时学术界开辟了新的场面，在学术研究中增加了考证和古文字探讨的新内容，对于后来的人探索古代的经典文献和文字发展的研究作了前导的作用。西汉时期非常重视儒学，到了这个时候儒学已经是流于末流，代之而起的是阔论老庄，专述玄虚，造成了在学术思想上重"玄风"的一大特征，也给我们留下了反映这种情形的词汇。"玄"，本义是理之深奥。《老子》："玄之又玄，众妙之门。"当时"玄学"之风盛行之时，"玄"的意义有了转变，成为脱离现实高谈阔论的专义。由"玄"所构成的有"玄学""玄风""玄了"这些词儿。"玄学"，是当时那些高谈阔论逃避现实的专门家所研究的一种幽奥的学问，把以研究这种学问的团体称之为"道家"。《北史·羊烈传》："烈少通敏，好读书，能言名理，以'玄学'知名。"其时"玄学"影响深广，在唐代已经列于学宦。"玄风"，是指那时的逃避现实寄于颓废思想的清谈之风气。沈约《宋书·谢灵运传论》："在晋中兴，玄风独扇。""玄了"是深悟的意思。《三国志·孔融传》注"融二子，八岁小儿，能'玄了'祸福"。我们从当时盛行的玄学之风看来，完全可以理解那时的社会矛盾日益扩大，统治阶级对现实局势的挽救，又渐次感觉失望；于是就产生那种清谈玄虚之学，虚无的颓废思想必然要抬头，而且随着社会矛盾的日益尖锐化，这种思想为步步猖獗，来支配士大夫的精神生活。他们对现实的统治需要儒家学为主流，但也力不胜挡，他们对自身统治前途悲观失望，乃至沉湎于虚无的颓废思想之中。"崇有论"是当时学术思想中重要的一种理论。这个理论内容是这样:“贱有则必外形,外形则必遗制,遗制则必忽防,忽防则必忘礼。礼制弗存,则无以为政矣……其甚者至于裸裎,言笑忘宜,以不惜为弘,士行又亏矣。……有生于无……生以有为已分,则虚无是有之所谓遗者也。故养既化之有,非无用之所能全也;理既有之众,非无为之所能循也。”(《晋书·裴頠传》)可见,这是一种说明了“有”是实质,是现实生活的产物,是合实际生活需要的;“无”是现象,只是表面的一种空谈无用的现象,在现实生活中无可用的。这种表现着二元论倾向的思想,实质上就是当时尖锐复杂的社会矛盾中反映了那些中间阶层对现实的一种意识形态,还是“玄”呢,还是“实”!“无君论”,也是当时学术思想中重要的一面。主张人类本来并没有阶级,没有人剥削人、没有人统治人,只不过后来出现了强者、力者,才出现了这种不合理的制度。主张反对统治阶级对人民群众的残酷压迫,狠狠地申诉和抨击了反动统治阶级。我们且看看这几句话,更了解得清楚:“君臣既立,众慝日滋,而欲攘臂乎桎梏之间,愁劳于涂炭之中,人主忧栗于庙堂之上,百姓煎扰乎困苦之中;闲之以礼度,整之以刑罚,是犹辟滔天之源,激不测之流,塞之以撮壤,障之以指掌也。”又:“君臣既立而变化遂滋。夫獭多则鱼扰,鹰众则鸟乱,有司设则百姓困,奉上厚则下民贫……民乏衣食,自给已剧,况如加赋敛,重以苦役,下不堪命。且冻且饥,冒法斯滥,于是乎在。”(《抱朴子·诘鲍篇》)我们说“无君论”思想,无疑的代表了劳动人民的呼声,是一种唯物论思想,而且,还影响了以后学术思想界。

我们上面所举的各例,要想全面的反映当时学术思想显然是不够,但还是可以看个大概。因此我们要讲下面一个题目了。

② “阴阳五行”学说在词汇中的反映

“阴阳五行”学说到了这个时期已经是不太重要了,不过在与玄学之风盛行之下还有一定的影响,这是我们可以从当时的一般著作所可看到的。如对于历学上的影响就是一个正确的例证。“阳月”,《西京杂记》:“十月阴虽用事。而阴不孤立,此月纯阴,疑于无阳,故谓之‘阳月’。”“重阳”,九月九日“重阳”,由因日月都作为阳数而命名为节日名。杜甫诗:“旧日重阳日,传杯不放杯。”“阳会”,节日名。《采兰杂志》中记载:当时人们以二十九日为上九,初九日为中九,十九日为下九。每月下九置酒为妇女之欢,名叫“阳会”。“阳门”,星名。《宋史》:“阳门二星,在库楼东北,主守隘塞,御外寇。”“阳秋”,春秋叫阳秋。如孙盛《晋春秋》曰《晋阳秋》。“阳春”,即春日也。《开元天宝遗事》:“咸谓璟为有脚阳春,言所至之处,如阳春煦物也。”又,俗称阴历十月为小阳春。“阴月”,《西京杂记》:“四月阳虽用事而阳不独存,此月纯阳疑于无阴,故亦谓之阴月。”“阴会”,《协记辨方书》:阴阳家言,三月庚辰日,九月甲戌日,皆为阴会,百事不宜。“阴卯”,《晋书·五行志》:“旧为屐者齿皆达楄上,名曰露卯,太元中忽不彻名曰阴卯。”“阴兔”即月亮。梁简文帝《大法颂》:“阴兔两重,阳乌三足。”上面这些词儿反映这种情况:在当时“阴阳五行”之说尽管有它盛衰时期,对于学术思想界还是有相当的影响,而且对于当时的广大的人民群众也是有影响的。

③ 宗教词汇的反映

关于佛教的传入和传播发展情况,在第二章《外来词的大量输入》中有比较全面的叙述,这里不累赘了,现在只就当时所产生的一般宗教词汇来谈一下。

瞻礼神佛有一种仪式叫“烧香”,是为了请神佛保佑安福。如《三国志注》:“于吉立精舍,烧香读道书。”所说就是这个意思。“魔媪”,假托鬼神以惑群众而求己利的老女人。这是与古代的巫女差不多。《南史》:“师巫魔媪,送迎纷纭。”“魔媪”是随着佛教的传播应运而生,而且在当时成为一种职业,凡有“不测”之事都来请求魔媪，以获得解决。事实上这只是一种骗人的把戏，不但不能解决任何问题，相反的误人大事。当时之所以能够这样兴盛，是说明了人们受佛教影响之深已经是不可名状了。佛教盛行以后，人们认识上除了佛菩萨之外还存在着与此相对的“鬼”的认识，而且言鬼总是觉得不吉利。“鬼”这个单词产生的好多新词，如“死鬼”，《晋书・李寿载记》：“龚壮作诗七篇，托言应璩以讽寿……若今人所作，时贤之话言也；古人所作，死鬼之常辞也。”这里“死鬼”一词和我们今天所理解的不同，是褒义之词，但离不开神助、佛助的意味儿。“鬼市”，是鬼神们的买卖交易的地方，拟鬼以人化。《避暑录话》：“海边鬼市，半夜而合，鸡鸣而散。”“鬼市”又可作为活人在夜间不置大而相叙贸易的地方。如《新唐书・西域传》所说的“西海有市，贸易不相见，置直物于旁，名鬼市。”这个词儿在诗人的诗里也出现，施肩吾诗：“腥臊海边多鬼市，岛夷居处无乡里。”人们在宗教迷信的影响下，往往把“鬼”的世界想像得和人的世界一样，有鬼的君主以及鬼世界所组织的一切机构和制度，“鬼兵”一词就是一个明显的例子。“鬼兵”就是阴兵。《晋书・王羲之传》：“王氏世事张氏五斗米道，凝之弥笃。孙恩之攻会稽，察佐请为之备，疑之不从……曰：‘吾已请大道，许鬼兵相助。’”《北史・齐武成纪》载河清三年，“晋阳讹言有鬼兵，百姓竟击铜铁捍之”。《蜀梼杌》载大昌军使徐瑶，善格斗，其兵皆文身黧黑，称为鬼兵，瑶为鬼魁。“迎会”，言鬼神到来，人们敲锣打鼓的来迎接的一种仪式。又名“赛会”。王穉登《吴社编》“凡神所栖舍，具威仪、箫鼓、杂戏迎之，曰‘会’，富人有力者，捐金借骑以主其事，谓之‘会首’……里豪市侠，啸召俦侣，亦曰‘会前’。荒阳小市，不能为会，各殚其才智，以俟大会并入之，曰‘助会’。会所经行，市人之家，张筵列炬，士女罗拜，曰‘接会’”。“迎会”这一种仪式以后成为一种风俗，一年一度都有“迎会”，而且成为劳动人民辛苦一年的欢娱节日。这一风俗一直沿袭到解放以前。解放以后，随着人们不信迷信而已消声敛迹了。“拜愿”，也就是许愿，求神佛保佑万福无恙，有效验，则以礼拜，以谢佛助。象《宣府镇志》所说，许愿谢佛的一种情况。《宣府志》说“市人于五月十三日为父母妻子或己身疾病，具香纸牲醴于城隍庙拜祷，自其家门，且行且拜，至庙乃止，谓之‘拜愿’。今各处皆沿其风”。“抽签”，到神庙中拈签，以卜吉凶叫“抽签”，现在称“求签”（这个词现在快淘汰了）。《幸蜀记》：“初，衍祷张恶子庙，抽签得‘逆天者殃’四字。”《剑南诗自注》“予出蜀日，尝遣僧则华乞签于射供陆使君祠，使君以老杜诗为签，予得《遣兴》五首中第二首。”这个例子就是说明了以抽签卜吉凶来决定自己行动。“纸钱”，即冥钱。是鬼所使用的钱钞。《新唐书·王玙传》：“汉以来葬丧皆有瘗钱，后世里俗稍以纸寓钱为鬼事。自是玙乃用为禳袚。”《鼠璞》：“纸钱起于殷长史，南齐东昏侯，剪纸为钱……以代束帛。”封演《闻见记》：“古者享祀鬼神，有圭璧币帛，事毕则埋之……魏晋以来，始有其事。”这里是说明，“纸钱”一词出现的时代，也说明了它的产生与宗教分不开。“冥宝”，祭祷时所焚之黄纸，锡箔折成元宝形，叫“冥宝”。《清异录》：“周世宗发引之日，金银钱宝，皆寓以形，雕印文字，黄曰‘泉台上宝’，白曰‘冥游亚宝’。”这是一种鬼在阴间世界使用的钱钞，作为鬼与鬼彼此经济交涉的使用物。“送羹饭”，人病以为鬼所察，于夜于某方向送饭叫“送羹饭”。《睽车志》：“有巫送鬼，自持咒前行，令一童担羹饭既行，童觉担渐重，至不能任，巫曰：此冤鬼难送也。”与“送羹饭”差不多的一种仪式叫“送鬼”，是以为人病是鬼所祟，具酒食以祭，可驱除病魔，使病全愈。这两种仪式一直沿传到解放前。在解放后的头几年已经是渐渐不见了。

（3）生产和生活词汇

① 反映农业生产的词汇

魏晋南北朝时期社会是比较动荡的，因为战争，大量地丧失了劳动力，田地荒芜，民不聊生，魏武帝曹操的诗："白骨露于野，千里无鸡鸣。生民百遗一，念之断人肠。"（《三曹诗选·蒿里行》）一般地道出了那时的凄苦悲怆的景象。但是广大的劳动人民在这种惨痛的情况之下，还是用自己的智慧和双手在辛勤不倦地从事劳动，创造精神的、物质的巨大财富。而当时的统治阶级为了自己的地位巩固，不得不特别注意到农业生产，制订了一些发展生产的制度，鼓励人民热心于耕种。在这种情形下，农业生产的发展虽然比以前是缓慢得多，仍旧是有发展的。在词汇中我们可以看出来的。

"耧犁"是当时的新式农具。《齐民要术》：耧犁是一种"中置耧斗藏种以牛架之，一人执耧且行且摇，种乃随下"的农具。《农政全书》："耧犁，耩车，下种器也。"《三国志》载：皇甫隆为敦煌太守，民不知耕，隆乃教民作耧犁，省力过半，得谷加五。当时有一种新式的灌水方法叫"衍溉"，《魏略》中说："嘉平中，安定皇甫隆代起赵基为敦煌太守……隆到，教作耧犁，又教衍溉，岁终率计，其所省庸力过半，得谷加五。""翻车"，也是当时的新式农具，以木作长槽，斜置溪岸，槽之两端设轴，连缀水板数十，板与槽同涧轴转，则激水上引，以溉田地。现在江南农村所用的水车，可以说是这种翻车的加工与发展吧。"翻车"又叫"龙骨车"。《三国志·魏书·杜夔传》注："时有扶风马钧，巧思绝世……居京都，城中有坡可为囿，患无水以灌之，乃作翻车，令儿童转之，而灌水自覆，更入更出，其巧百倍于常，此二异也。"苏轼《无锡道中赋水车》诗自注：江浙间人目水车为龙骨车。上例的新农具的发展，对于"火耕水耨"的产业生产在技术上起了巨大的革新作用，无疑的大大地发展了农业生产，对于农业的劳动力也有所解放，可以有更多的时间从事其他农业劳动，说"事半功倍"是一点也不夸张的。至于发展农业生产的一些制度实施和某些旧制度的改革，也是发展农业的保证条件。如西晋时期"领佃"，把无主荒地由各州县政府招收人民耕种，和"屯田法”即以“代田兵种稻……各五十人为一屯，屯置司马，使皆如屯田法”(《晋书·食货志》)，都是对当时发展农业生产起着积极的作用。“度田”是东晋时期出现的一种新的制度。这种制度规定田赋为十分之一，按地每亩税米三升作收。“流人”是当时的一个特别词儿，是由于战争和灾荒造成人民破产而产生的，这种人当时能够“各随轻重，收其赎物”(《晋书·食货志》)。把他们安置到生产里面、从事生产，对当时的农业生产的发展有着一定的影响。这种制度的实施，确确实实对当时农业生产发展非常有利。还有南北朝的“均田制”和统治阶级亲耕“藉田”，劝农务蚕桑，好处也相当大，显然是能够促进农业生产的。

我们在上面所举的仅只几个词儿中，已经是可以看到，当时的农业生产在兵荒马乱、天灾人祸的困境中还是有发展的，而且还留下了我们今天还在使用的农具，其中所起的巨大作用，当是广大的劳动人民。

② 反映手工业生产的词汇

舟车制造每个时代都有，不过这时期造的异常庞大，制作之精已经达到空前的境地。如：“舟舰”，是一种作战的兵船。《晋书·王濬传》：“武帝谋伐吴，诏濬修舟舰。濬乃作大船连舫，方百二十步，受二千余人，以木为城，起楼橹，开出四门，其上皆得驰马来往。又画鹢首怪兽于船首，以惧江神。舟棹之盛，自古未有。”“舫艄”，长而小行驶疾飞的战船。按《类篇》说是“船长貌”，按《玉篇》看是一种“小船”。《梁书·王僧辩传》：“并载士，两边悉八十棹，棹手皆越人，去来趣袭，捷过风电。”可见这是一种灵活性很大的战船。南齐祖冲之发明的“千里船”可以日行余里。还有“指南船”的发明(《宋书·礼志五》)。在车的制造上也有好多新发明。“犊车”，用八条牛拉的车(《宋书·礼志五》)。《宋书·礼志五》：“犊车，軿车之流也。”“追锋车”，《晋书》：“追锋车，去小车盖，加通幔，如轺车。”

“四望车”是一种没有车壁的车子。还有一些“平扇舆”“徘徊舆”“眠舆”都是一些轻巧便捷的车子(《晋书》卷七九、九九,《陈书》卷三十六)。纺织品制造上当时出现了多品种的制造,如“斑布”,《梁书·林邑国传》:“出……吉贝、沈木香,吉贝者,树名也,其华成时如鹅毳,抽其绪纺之以作布,洁白与纻布不殊,亦染成五色,织为斑布也。”又如“南布”“花练”“紫缬”“百练缣”等多品种,可见当时纺织工业是发达的,如果技术和机械没有发展到一定高度的水平,是不可能有的。当时造纸业也有相当的发展,好多优质量的纸造出来了。如“密香纸”是一种用密香树皮作的纸。嵇含《南方草木状》卷上:“……极香而坚韧,水渍不溃烂,太康五年,大秦国献三万幅,尝以万幅赐……杜预,令写所撰《春秋释例》及《经传集解》以进。”“蔡侯纸”,以蔡伦命名的纸张。当时所产纸张分品目,即有“赤纸”“缥纸”“麻纸”“敕纸”“法纸”,等等(《艺文类聚》卷五八)。墨的制造技术也相当复杂。象有些墨用漆、烟、松煤制成叫“墨丸”(《洞天清录》)。其他的制造方面有“木牛流马”,是诸葛亮所制成的机关马,用以自动运军粮(《三国志·蜀书》)。机械工业上有比较大型的绫机的机件叫“蹑”。《三国志·魏书·杜夔传》注引《马钧传》中记载马钧:“为博士,居贫,乃思绫机之变,不言而世人知其巧矣。旧绫机五十综者五十蹑,六十综者六十蹑。”当时有了这样的先进工具,自然在丝织品工业上有相应的发达,我们从当时织成品看也可知道一般了。如有“缣总”“绡德”“罗”“纨绮縠”等等之类。这里要特别提出来的是当时已经有了先进的炼钢法,叫“横法钢”。炼出来的是一种精钢。以上所有这些都反映了当时手工业比较发达的,手工业的技术也发展到相当的高度。

③ 反映商业的词汇

商业在那个时期是不够重视的,在三国时代却有压制发展的现象,“旗亭”“当市楼”就告诉了我们有这种情况。然而,总的说来，还是发展繁荣的。“旗亭”“当市楼”是怎样的东西，在《三辅黄图》卷三中告诉我们：“在突门夹横桥，大道市楼皆重屋，又曰旗亭，楼在杜门大道南，又有当市楼，有令署，以察商贾货财卖买贸易之事。”晋代商业虽受到恶税的影响，很难发达，但由于当时有新的市场交易出现，说来要算兴隆的，这种新形式叫“互市”。《魏书》记载说：“魏……于南垂立互市以致南，货羽毛齿革之属，无远不至。”《晋书》：“石勒……求通使交市，逖不报书，而听互市，收利十倍，于是公私丰赡。”当时的对外贸易也通过“互市”来进行。如《隋书·职官志》中记载：“初，炀帝置四方馆于建国门外，以待四方使者，后罢之。有事则置……东方曰东夷使者，南方曰南蛮使者，西方曰西戎使者，北方曰北狄使者，各一人，掌其方国及互市事。”又如《隋书·食货志》记载“以西域多诸宝物，令裴矩往张掖监诸商胡互市”。从“借贷”一词上看出当时官吏见到行有利可图，他们就利用作官地位的便利，经商牟利。《魏书》说：“诏曰：刺史牧民，为万里之表。自顷每因发调，逼民假贷。大商富贾，要射时利；旬日之间，增赢十倍，上下通同，分以润屋。故编户之家，困于冻馁；豪富之门，日有兼积。为政之弊，莫过于此。”如果那时商业不发达的话，就不会有这种情况。

总的说来，买卖交易已经发展到大规模的互市交易，万商云集已经到了空前的了。

④ 反映人民生活的词汇

人民的生活是异常广泛的，我们这里只就几个方面来说的。

当时人民的衣饰是各式各样的。“无颜帢”是魏的时候才制成通行的。《晋书卷二七五·五行志上》：“初魏造白帢，横缝其前身以别，后名之曰颜帢。”“颜帢”流传到后来“稍去其缝”的叫“无颜帢”。“乌纱帽”，据《宋书卷三〇·五行志一》记载，是在“明帝初，司徒建安王休仁，统军赭圻，制‘乌纱帽’。反抽帽裙，民间谓之司徒状。京邑翕然相尚”。其他如像帽因势为名的有“山鹊归林”“兔子度坑”“反缚黄离喽”“凤凰度三桥”等名称(《南齐书卷一九·五行志》)。“幞头”,帽的一种名称。郭若虚《图画见闻志》卷一:“汉魏以前,始戴幅巾。晋宋之世,方用羃䍦。后周以三尺皂绢,向后幞发,名折上巾,通谓之‘幞头’。武帝时,裁成四脚。”当时人穿的鞋子也有各种名称。如“阴卯”,《晋书卷二七·五行志上》:“旧为屐者,齿皆达楄上,名曰‘露卯’。太元中,忽不彻,名曰‘阴卯’。”“虎皮靴”,《梁书卷二六·萧琛传》:“时王俭当朝,琛年少,未为俭所识,负其才气,欲候俭。时俭宴于乐游苑,乃著‘虎皮靴’,策桃枝杖,直造俭坐,俭与语,大悦。”不过这种鞋子在当时还没有流传开来。“穿角履”为当时大家爱穿的一种鞋子。《魏书·王慧龙传附王遵业传》:“时政归门下,世谓侍中、黄门为小宰相,而遵业从容恬素,若处邱园,尝著‘穿角履’。好事者多毁新履以学之。”还有当时的鞋子分妇人是圆头鞋,男子为方头鞋。在晋时都是方头了(《宋书卷三〇·五行志》)。关于当时的妇女装饰,我们也可以在下面这几个词看出来。如“五兵佩”“飞天紒”“夹领小袖”等。“五兵佩”,据《晋书·五行志上》记载是这样一种东西,“以金银玳瑁之属,为斧钺戈戟以当笄”的饰物。“飞天紒”,《宋书·五行志一》:“民间妇人结发者,三分发,抽其鬟,直向上,谓之‘飞天紒’。”

衣饰只是人民生活的极小一部分,我们仅就所举例子看来,可以了解到当时人民生活比较充实的,花样也多,足可证明人民生活是丰富多采的。

2. 唐宋词汇特征

(1) 封建典章制度词汇

唐宋时期的典章制度一般地说都沿用前代的,而稍微有点变化。总之,统治阶级设立制度,唯一的目的还是造成他压迫人民群众的根据，也利用制度来维持和巩固自己的地位。下面我们先从官制上说起：

“同平章事”，是当时的官名。唐时以尚书、中书、门下三省之长官称为宰相，又以其官隆重，不常置，以他官慑其职，谓之同中书门下平章事，省称“同平章事”。“内相”，在当时虽然有宰相主大权，而贽常居中参裁可否，时号“内相”（《新唐书卷一五七·陆贽传》）。还有所谓“九寺、五监、一台”的官制。“九寺”即太常、光禄、卫尉、宗正、太仆、大理、鸿胪、司农、太府等，“五监”即国子、少府、将作、军器、都水，“一台”即御史台，是一种监察机关。另外，唐时还设置“使”官，以督察州县。如巡察使、安抚使、存抚使、观风俗使、黜陟使、宣抚使、营田使、转运使、户口使、租庸使、度支使、盐铁使、两税使、権营使、防御使之名，以辅政治。从上面仅有这些官名设置看来，唐时的一切——从中央到地方——权力都集中在皇帝手中，强固了中央集权制度，虽然统治阶级内部（皇帝、藩镇、宦官、官僚间）存在矛盾，但在这样的集权之下，在一定时期里也无可能发展为矛盾的冲突，皇帝的统治地位是巩固的。五代、宋、金时期所设置的官名是继承唐制，但也有一些新的官名出现，如“三司”“二府”之名。“三司”即户部、盐铁、度支合并后的官名；“二府”即枢密院、中书省，是统辖各部、掌管民事的官府（《宋史卷一六二·职官志》）。“使相”是当时的一种空衔官名。其他还有：“都转运使”“转运使”“随军转运使”“团练使”“制置使”“经略使”等名称。还有“贵官”是位于宰相之上的官名，职权比宰相大（《宋史卷一六一·职官志》）。在官名的总称上也是分开，分中央的、地方的，地方的称为“外官”，又分为“亲民”和“厘务”二等。可见这时期中央政权组织还是集权制，皇帝一手统治天下。对于培养和选拔人才方面也设有专门组织，来进行工作，如唐时设有“大学”“国子学”“四门学”“州学”“崇文馆”“弘文馆”。宋时设有“昭文馆”“集贤院”。上面所有这些组织，对于“小民”是绝缘的，而对皇室、贵族、大官僚子弟开门。可见当时的阶级分野极端严重。

在兵制上也有各种名称。当时“府兵制”是士兵的来源，是一种兵役制度(《新唐书卷五十·兵志》)。“府兵”“彍骑”“方镇”“禁兵”是军队组织名称。“府兵”下设有团、队、火三种；“彍骑”设有白丁、宁丁、品子、强子几级(《新唐书卷五十·兵志》)。宋代“禁兵”“厢兵”“乡兵”“蕃兵”的名称。“禁兵”是天子的卫兵；“厢兵”是各州的军队；“乡兵”是选自户籍，或土民应募而经过训练，以为防守的军队；“蕃兵”是塞下所属诸部落的蕃篱军队(《宋史·兵志》、《通考》卷一五六)。“水军”，是南宋时以江淮为守而设立的兵团《宋史·兵志》，军队是统治阶级巩固自己政权的有力工具，每个时期的统治阶级无不重视军队的建立，唐宋王朝也不例外。

刑法制度上也有新的变化。唐宋时期在刑法制度上减去某种毒刑，大部分是依照上代的。“律”，用刑科条也；“会”，国家制度也；“格”，百官有司所谓之事也；“式”，所常守之法也。“谋大逆”“谋叛”“谋恶逆”“劝不道”“大不敬”“不孝”“不睦”“不义”“内乱”等，都是唐时法制的名称。“敕”，禁于未然之谓敕；“令”，禁于已然之谓令；“格”，设于此以待彼之至谓格；“式”，设于此使彼效之谓专制，是宋时的法制(《旧唐书卷五十·刑法志》)。其他如“杖、配役、刺配”等，“刺配”，《通考卷一六八·刑考七》记载：“晋天福中，始创刺面之法，遂为戢奸重典，宋因其法。”《大学衍义补》卷一〇五云：“……为刺配之法，既杖其脊，又配其人，而且刺其面，是一人之身，一事之犯，而兼受三刑也。”“投崖”“炮掷”“钉割”“脔杀”“分尸五京”“取心以献”则是辽时的酷刑，俱是惨无人道。

其他的还有像造就法律人才的则设有“律学”。《旧唐书卷三·太宗纪》：“贞观六年……初置律学。”又《旧唐书卷四四·职官志三·国子监》：“律学博士一人……学生五十人，博士掌教文武官八品已上，及庶人子弟为生者，以律令为专业，格式法例，亦兼习之。”

这里我们要提出的，那时所谓的“十恶”：“谋反、谋大逆、谋叛、谋恶逆、不道（即杀一家非死罪三人以上）、大不敬（即犯皇帝尊严）、不孝、不睦、不义、内乱”等，规定甚严格，犯了没有所谓许赎的便利。这种恶制不仅只是“三纲五常”的刑法条文化，而且是完全镇压人民的斗争和反抗。这一法制以后的每个朝代虽有所不同，仍旧苛厉地统治着中国人民一直到蒋家的最残酷最腐朽皇朝结束为止。

（2）思想意识词汇

唐宋时期是比较稳定的时期，在政治上、经济上、文化上都有相当的发展。反映在人民思想意识上是比较前进的，下面分几个小点来谈。

① 学术思想在词汇中的反映

“本体论”是唐时以韩愈为代表的哲学派的根本理论，认为世界最本源的东西就是“道”，是独自存在于精神当中，体现在人类社会的现实生活中，就是“三纲五常”和其时的生产关系。说人也是“道”的产物，其最本质的东西就是“性礼”，“性”就是“道”的体现。我们说，这是一种唯心论的思想，是代表了当时俗权大地主集团利益之言，与广大的人民格格不入。“礼”，是当时柳宗元提出来的一种哲学思想。他从论“情”、论“性”为出发点，认为人类的“性”都是平等的、善的，而“情”则是后天的环境所决定。在讨论“礼”的观点上有二元论的哲学意识，确认封建秩序是不可变易的，他的改良主义主张就是从这里来的。我们说这种也是要不得的。“气和理”为宋时的一种哲学思想，“气”指的是物质，“理”指的是精神，从“气和理”来探讨宇宙的起源和人类生活的实践。我们且看这段文字：“……其说曰，无极而太极，太极动而生阳，动极而静，静而生阴；静极复动，一动一静，互为其根，分阴分阳，两仪立焉。阳变阴合……五气顺布，四时行焉，五行一阴阳也。阴阳一太极也，太极本无极也。五行三生也。各一其性，无极之真。二五之精，妙合而凝；乾道成男，坤道成女；二气交感，化为万物……惟人也得其秀而最美，形既生矣，神发知矣。五性感动，而善恶分、万事出矣。圣人定之以中正仁义，而主静，立人极焉……故曰：立天之道，曰阴与阳；立地之道，曰柔与刚；立人大道，曰仁与义。又曰：原始反终，故知死生之说，大哉《易》也，斯其至矣。”（《宋史·周敦颐传》）得知，当时就有人提出要从社会现实的矛盾基础上，来认识客观世界的矛盾性，来研究宇宙的精神和物质的关系，这是一种具有朴素的辩证法因素的哲学思想，这是很可贵的。在研究宇宙起源和关系的问题，还有朱熹的二元论思想，“理不在气先，气亦不在理后”，“若无此气，则理亦无挂搭处”（《朱子语录》）。

我们在上面所可观看得到了这些词儿：“道”“性”“理”“情”“礼”“气”等，只是当时学术思想意识中的一个侧面，然而我们却有可能观察到当时的学术思想是相当复杂的，有唯心论的、二元论的、朴素唯物论的，而这些也是构成当时蓬蓬勃勃地发展的哲学思想，有这样的哲学思想存在，可以肯定在人们的意识中是有着斗争的；还可以想见，斗争一定是很激烈。在另一方面说来，是反映了那时的辉煌学术成就，而对以后各代的哲学思想发展起着巨大的作用，特别是那种朴素的辩证法观点更是可贵的。

② 反映礼教的词汇

封建礼教是作为统治阶级麻痹人民思想的重要工具之一。用礼教来压服人、束缚人，使得人民动弹不得，是一切统治阶级惯用的伎俩，因此每个时代都有一整套礼教制度，他们要人民唯命是听，逆来顺受，绝不希望人民由自己来决定行动和日常生活中的一切。这样，统治阶级的地位巩固，家天下的皇朝政权巩固了。

我们先说一些关于婚姻上面的情况。“归妻”就是结婚。“冥婚”，替死者结亲。《旧唐书·萧至忠传》：“韦庶人为亡弟赠汝南王洵与至忠亡女为冥婚合葬。”“卖婚”，以余钱娶妻。《通典》：“山东人士尚阀阈，嫁娶必多取资，故谓之‘卖婚’。”“系亲”，《宋史卷一一五·礼志十八》：“公主下降，初被选尚者，即拜驸马都尉，赐玉带、袭衣、银鞍勒马、采罗百匹谓之‘系亲’。”“鬼媒人”，《昨梦录》：“北俗，男女青年当嫁娶未婚而死者，两家命媒互求之，谓之‘鬼媒人’。通家状细帖，各以父母命祷而卜之，得吉，即制冥衣……媒就男墓备酒果，祭以合婚。设两座相并，各立小幡……奠毕……其相喜者，则二幡微动，以致相合；若一不喜者，幡不为动……两象亦薄以币帛酬鬼媒。”

在丧祭方面的。“出孝”，《新唐书卷九八·韦挺传》：“今衣冠上族，辰日不哭，谓为重丧；亲宾来吊，辄不临举。又闾里佃人，每有重丧，不即发问，先造邑社，待营办具，乃始发哀。至假车乘，雇棺椁，以荣送葬。既葬，邻伍会集，相与酣醉。名曰‘出孝’。”“送血泪”，宇文懋昭《大金国志》卷三九：“……其亲友死，则以刀剺额，血泪交下，谓之‘送血泪’。死者埋之而无棺椁，贵者生焚所宠奴婢、所乘鞍马以殉之。其祀祭、饮食之物尽焚之，谓之‘烧饭’。”

其他像“同庚会”，年老者相聚的一种庆贺仪式。“太君”，《宋史·职官志》：“凡升朝官以上，遇恩母封县太君，妻封县君，更上则郡太君。”《司马温公书仪》：“母亡云先太夫人、先太君。无封邑者，止云先夫人。”

因为限于材料，我们只说这些了。这里想附带谈谈一些反映特殊形式的词。像“红雨”，指的是桃花。李贺诗：“桃花乱落如红雨。”“章台”，指杨柳。“银钩”，指书法。《书苑》：“晋索靖草书绝代，名银钩虿尾。”“木奴”，指橘子。《襄阳耆旧传》：“李衡种橘千株，曰：‘我有千头木奴。’”另外又指果实的通称。《齐民要术·种杏》注："木奴千，无凶年。""九春"，指的是鹿茸。"玉兔"，指为月亮。傅咸文："月中何有？玉兔捣药。"故用来指月亮的。"木公"，称松树。"木母"，称梅树。《湖海新闻》：宋神宗问叶涛曰："卿自山路来，木公木母如何?"曰："木公正傲岁，木母正含春。"这一些特殊形式的词，可以说都是上层分子所"创造"的，在民间流传不广或者根本没有流传，词的生命力很薄弱，在词汇里头是一种相当于集团语词差不多，是注定要死亡的。

③ 宗教词汇的增多

唐宋时期，宗教势力是强大的，传教、信教在当时成为一种普遍的现象，我们举佛教兴盛的情况，也可以知道当时一般情况。如《旧唐书·姚崇传》所记载的："先是，中宗时，公主外戚皆奏请度人为僧尼，亦有出私财造寺者，富户强丁，皆经营避役，远近充满。至是，崇奏曰：'佛不在外，求之于心……何用妄度奸人，令坏正法。'上纳其言，令有司隐括僧徒，以伪滥还俗者万二千余人。"又《旧唐书·武宗纪》："会昌五年四月……检括天下寺及僧尼人数，大凡寺四千六百，兰若四万，僧尼二十六万五百。"就当时景况来说，佛教势力最大。宗教的兴旺，对于语言影响很大，而致留下了好多词汇。

度牒，"度牒"是当时一种作为免除徭役租税的证书，发给僧尼们的。"僧祇户"是寺院的佃户和荫托户。"金狄"是当时称佛的一种名称，因佛身为金色，又系外来宗教而得名的。"景教"，是基督教的乃司脱利安派（Nestorians Christianity），在唐贞观九年（公元635）就传来我国的。《唐会要》卷四九："贞观十二年七月诏曰：'道无常名，圣无常体，随方设教，密济群生，波斯僧阿罗本远将经教，来献京上，详其教旨，玄妙无为，观其元宗……生成立要，济物利人，宣行天下，所司即于京义宁坊建寺一所，度僧廿一人。'""大奉寺"，即景教的更名。《唐会要》："天宝四载九月，诏曰：'波斯经教，出自大秦传习而来，久行中国，爰初建寺，因以为名。将欲示人，必修其本，其两京波斯寺宜改为大秦寺，天下诸府郡置者亦准此。'"“女冠”“道士”，是侍奉道教的人的称号。“律”“禅”“法相”“三论”“真言”“净土”“天台”“华严”都是当时佛教宗派的名称。当时对道士修行有三种法号，如“法师”“威仪师”“律师”。“炼师”则是指德高思精的道士。道士的斋也有好几种，如“金录大斋”“黄录斋”“明真斋”“三元斋”“八节斋”“涂炭斋”“自然斋”。而禳谢的复有三事，即“章”“醮”“理沙”。因道教有所谓丹药之术，以除治百病。如“药石”，《旧唐书卷六五・高士廉传》：“……太宗又命驾将临之，司空房玄龄以上饵药石，不宜临丧，抗表切谏。”“日燎丹”，《新唐书卷七七・武宗王贤妃传》：“帝稍惑方士说，欲饵药长年，后寝不豫，才人每谓亲近曰：‘陛下日燎丹，言我取不死，肤泽消槁，吾独忧之。’”

(3) 生产和生活词汇

唐宋时期是一个“国强民富”的时代，是一个产业空前庞大和经济繁荣的时代，社会生产力有了空前的发展，人民生活安宁而富裕。这样的兴盛景况的出现当然与当时在政治措施上的实行一整套改良政策解决了和缓和了社会矛盾分不开，也和当时在农业上的生产改革、手工业上新式工具出现、工商业的发达、对外贸易的频繁分不开。农业、手工业、工商业领域中每一新的技术和经验的出现，它们间的关系进一步改善，在语言词汇中都得到了反映，因此我们就依据反映兴盛的工、农、商业的词汇来讨论那时的社会面貌的可能。

① 反映农业的词汇

“均田法”，是唐时一种分配土地耕种的制度，也就是“租、庸、调”法。这一制度的实施，在当时是大大地促进农业生产发展的。“庄田”，集多数田地，佣农耕种，而设课其勤懒、收其租入者，叫做

“庄田”。《旧唐书》:“官健有庄田户籍者,仰州县放免差役。”“庄奴”即佃户。晁补之诗:“庄奴不入租,报我田久荒。”“官庄”,庄田之属于公家的叫“官庄”。《宋史》:“屯田郎中、员外郎,掌屯田、营田、职学田、官庄之政令。”“庄户”,庄田上的农民。“佃”即佃户,代人家耕田的人。《新五代史·楚世家》:“……严氏不悦,给曰:‘家田佃户,以公贵,颇不力农,请往视之……’”“佃作”,谓从事于农业耕作。“垦荒”,当时统治阶级为了加强自己的统治,遐想造成一个“国泰民安”的太平世界,大力提倡免役垦荒,发展农业生产。当时被号召来从事者甚多,所以“垦荒”一词在当时使用频率很高,成为大家知道的一个词儿。所以《清会典》记载说:“请制各省有可垦荒地,招徕报垦,酌借牛、种,限水田六年,旱田十年,准其升科。”“垦艺”,《新唐书》:“辟美田数十里,劝士垦艺。”王安石的农业改良政策反映在语言中的,有了下面这些新词儿,如“方田法”“青苗法”“均输法”“市易法”“农田水利法”等。

关于农作物的,当时茶棉产量极高,为人民岁收重要之物,与人民生活关系甚大,下面的一些词儿反映这种情况的。如关于茶的名称当时就有“片茶”“散茶”之称。有“龙凤”“石乳”“白乳”“仙芝”“玉律”“先春”“绿芽”“龙溪”“雨前”“雨后”“紫笋”“阳羡”“日铸”“谢源”“黄龙”“双井”“社前”“火前”“水南”“白牙”“蒙顶”等名目。可见当时制茶业是发达的(《宋史卷一八四·食货志》)。棉花有“木棉”之称(《陔余丛考》卷三〇)。“水车”是农业技术上的新农具,对于水利灌溉非常有利,减少了劳动力,保证了农业产量的大大增产。《旧唐书卷一七·文宗纪上》:大和二年(公元828)“闰三月丙戌朔,内出水车样,令京兆府造水车,散给缘郑白渠百姓,以溉水田。”“木牛”,《南越笔记》:“木牛者,代耕之器也。以两人字架拖之,架各安辘轳一具,辘轳中系以长绳六丈,以一铁安绳中,以贯犁之曳钩。用时,一人扶犁,二人对坐架上,此转则犁来,彼转则犁去，一手能有两牛之力，耕具之最善者也。”“踏犁”，也是当时的新式农具，以此代替牛的耕田。农业上能有这种的新式农具，对当时农业的发展作用一定很大的。因为技术愈先进，生产力越向前发展，农产量也就大大提高了。

由于茶的生产和制造的发达，当时出现了一种饮茶风气，关于这方面的，就有了一些词来反映。如“茶令”，王十朋诗：“搜我肺肠著茶令。”自注：“予归与诸友讲茶令，每会茶，指一物为题，各举故事，不通者罚。”“茶话”，方岳《入局》诗：“茶话略无尘土杂，荷香剩有水风兼。”“茶饼”，弘君举《食檄》：“催厨人作茶饼，熬油煎葱沥茶以绢。”“干茶钱”，《都城纪胜》：“水茶坊……设桌凳，以茶为由，后生辈甘于费钱，谓之干茶钱。”“茶坊”，《南宋市肆记》：“诸处茶肆：清乐茶坊、八仙茶坊、珠子茶坊。”“茶市”，即贸易茶叶的市场。这里我们谈关于饮茶之风情况，只是作为因茶叶的生产发展、制茶工业的发达而引起的这种变化，目的是说明茶叶生产与制作，而不是说明饮茶之风。

② 反映工商业的词汇

农业的发达，必然促进工商业的发达，因此在当时的工商业呈现一片兴盛的情况，发展是空前的。我先举出唐时的一种情况，就可以看出当时的繁荣盛气。如对于对外贸易的记载：“南海舶，外国船也。每岁至安南、广州。师子国舶最大，梯上下数丈，皆积宝货。”

关于市场情况的反映：“草市”，是唐宋时期一种特殊市场交易，场所建于城外。王建《汴路即事》诗：“草市迎江货，津桥税海商。”陆游诗：“草市寒沽酒，江城夜捣衣。”范成大《吴船录》“太平宫前草市”。可见当时这种市场繁荣的情况。除“草市”外，还有定期的或不定期的市场交易，如：“会”“墟市”“宫市”。“宫市”，是当时官营的商业。《旧唐书・张建封传》“时宦者主宫中市买，谓之宫市”，主持盐铁专卖和对外贸易。其他如“滞货”，《世说注》：“谢安乡人有罢中宿县者，还诣安。问其归资曰……惟有五万蒲葵，又以非时为滞货，安乃取其中者捉之，于是士庶竞慕，价增数倍。”“估价、抬价”，《新五代史·王章传》：“供军之余不堪者，命有司高估其价，估定又增，谓之抬估。”“财运”，《拾遗记》：“人生财运有限，不得盈溢，惧为身之患害。”“财气”，《梦书》：“梦见利缘吉，财气生。”“邸店”“邸肆”，是当时专利的商行。

货币的大量流通。“新五铢钱”为隋开皇元年（公元581）的货币，“开元通宝”为唐武德四年（公元621）的货币，“泉宝钱”是唐乾封元年（公元666）的货币，“重宝大钱”为唐乾元元年（公元758）的货币等等。宋时有了钞币，盛行钞币。如，以铸钱原料分的有“夹锡钱”“小平钱”“乾亨新钱”“折十钱”“太平钱”。以数目分的有“短钱”（以八十为百，故名），“长钱”（官用足百，故名）。以宝命名的有太祖（约公元962）时的“宋通元宝”，太宗时（约公元977）的“太平通宝”“淳化元宝”，还有“正隆通宝”“泰和重宝”等等。纸币当时称钞。“钞引”是当时的一种货币，钞有“大钞”“小钞”之别；“大钞”，即一贯至十贯分五等称之，“小钞”即一百至七百分五等称之。后来关于钞的名称很多，如：“钱引”“关子”“公据”“会子”，“贞祐宝券”“贞祐通宝”“兴定宝泉”“元光珍货”“中统元宝钞”“中通统银货”“厘钞”“至元钞”“至大银钞”“至元钞样”等等。“飞钱”，相当于现在的汇票，《新唐书·食货志》：“商贾至京师，委钱诸通进奏院及诸军、诸使、富家，以轻装趋四方，合券乃取之，号飞钱。”另外如“交子”也相当于汇票的性质。

至于对外贸易也有一些词儿来反映。如“黑暗”，即犀角，《酉阳杂俎》：“波斯谓牙为白暗，犀为黑暗。”杜甫诗：“黑暗通蛮贡。”“白暗”即象牙（见“黑暗”条）。“藩贾”，是称外国商人的通称。“胡贾”，也是外国商人的通称。

从上面这些词儿看来，工商业是发达的，并且有了资本主义商业的萌芽，我国向来的农业经济到这个时期已经不能是单线条的发展下去，资本主义的商业经济在我国的经济上开辟了新的天地，而且还在以农业经济为主的条件下缓慢地向前发展。当时能有资本主义商业的萌芽是有几个原因的。如：a. 货币制造业的大大地发展，开始有了“飞钱”，通货流通了。b. 大城市的出现，如长安、洛阳、成都、幽州（北京）、南昌、江陵，特别是扬州、杭州、广州等东南和海外贸易的大都市都空前繁荣，这就大大地促进了资本主义商业的因素，而且也给资本主义商业发展有了市场的基础。c. 交通运输空前发达，水陆交通四通八达，象很多的驿站设置即证明了这一点。d. 对外贸易的日渐发展，当时就与日本、琉球、南洋、印度、中亚和欧洲诸国通商贸易，影响和促进了资本主义商业因素的萌芽和发展。

③ 反映矿业和手工业机器制造的词汇

手工业的发展，到了唐宋时期已经有了规模较大的手工业作坊，全国每个角落都有手工业工场，从业的工人数目空前的增多。诚如《马可·波罗游记》所记载的情况：“杭州城（临安）有十二种职业，各业有一万二千户，每户至少十人，其中若干户多至二十四人、四十人不等，这种职业的主人自己都不操作，只是指挥工人作工；生产品供给附近许多城市。”这段记载虽然在人数上是有夸大的，但是还是能说明一些问题的。手工业的技术操作也有了大大的提高，就说丝织品吧，就种类多、花式巧、质量好。并且，当时还有了新机械的发明。无疑的，所有的这些对手工业的发展，提供了飞跃的条件。手工业分有官办的、私办的和民间副业各行各业，经营兵工、矿冶、铸纸、纺织、刺绣、瓷器、铜铁器、煮盐、造船、造纸、造酒、印刷等多专业，规模是很大的。由于手工业的高度发展，大城市集中了许多手工业者和工人，于是出现了各行各业的行会组织，这种能把人和生产组织起来的行会制度，大大地推动了手工业的发展。

这种高度发展的手工业，实际上是说明了一种资本主义经济的萌芽和发展在我国形成了，而且有着像上一小段所说的根本基础上向前发展。

在瓷器制造上。当时有洪州的“瓷褐”、寿州的“瓷黄”、邢州的“瓷白”、越州（即绍兴）的“瓷青”，都列为瓷器的上品，这些瓷器制造要求技术高、操作步骤复杂，如果当时没有高度发展的制瓷工业是很难想像的（《国史补》）。在瓷器当中有分为“黄碗”，可以盛冷物的；“冷水磁器”，可以盛热物的品名。

竹夹，是一种手工制造的用具。《茶经》卷中：“竹夹，或以桃柳蒲葵木为之，或以柿心木为之，长一尺，银裹两头。”

宝炉，《新唐书·安乐公主传》：“为宝炉，镂怪兽神禽，间以玳贝珊瑚，不可涯计。”这种器制作之精，是达到了相当的水平，又美观大方，可以说是当时的上等器物。

造纸种类上品种是多的，如“剡藤苔笺”“十色笺”“六合笺”“竹笺”“白蒲重抄”“滑薄”“丝栏”“朱丝栏”“茧纸”“宣纸”“由拳纸”“蒲圻纸”“革钞纸”“薛涛笺”，等等（《茶经·中卷》）。

纺织品上的，有“轻纱”是一种举之若无，裁之为衣真若烟雾的纺织品。“绫纱”，据李肇《国史补》说是一种花色多、质量好的织品。“毛裙”，用百鸟的毛为原料的纺织品。“单丝碧罗笼裙”，是一种特奇的多花样的纺织物。“绫锦”，是当时畅销国外，质量高、花色多又精巧的织成品。“刻丝”“薄缣”，都是为当时有的高质量纺织品。“方胜花”，是当时毛织品，质轻美观。又有能四时备用的纺织品，花色都以桃李为对象，鲜艳夺目；次为“春旛”“灯毯”“竞渡”“艾虎”“云月”等类。

印刷工业当时很发达，在技术上、印刷上都有很高成就。

墨板，《猗觉寮杂记》：“雕印文字，唐以前无之，唐末益州始有墨板。”

雕板，《记异录》：“……予恨家贫，不能力致，他日稍达，愿刻板印之，庶及天下习学之者。”（《博物志》《续博物志》）《旧五代史·冯道传》：“时以诸经舛缪，与同列李愚委学官田敏等，取西京郑覃所刊石经，雕为印版，流布天下，后进赖之。”

印板，《五代会要》：“长兴三年二月，中书门下奉请依石经文字，刻《九经》印板，敕令国子监博士儒徒，将西京石经本，各以所业本经句度钞写注出，仔细看读，然后顾召能雕字工匠人，各部随帙刻印，广颁天下。”

活板，《梦溪笔谈》：“其法用胶泥刻字，薄如钱唇，每字为一印，火烧令坚；先设一铁板，以松脂、蜡和纸灰之类冒之；欲印则以一铁范置铁板上，乃密布字，印满铁板为一板，持就火炀之，药稍熔，则以一平板按其面，则字平如砥。”

由于印刷术的发展，书籍的装订也有了变化。

旋风装，一种四角向外的装订法。

蝴蝶装，每页开展，不用线缀，以每页之中缝，粘合于书脊之上，开书的时候，形似蝴蝶，故名。张萱《疑耀》：“秘阁中所藏宋板书，皆如今制乡会进呈试录，谓之蝴蝶装。其糊经数百年不脱落。”

麻纱板，是一种书板恶劣，运销不开的书。《老学庵笔记》：“三舍法行时，有教官出《易》义题云：‘乾为金，坤又为金，何也？’诸生乃怀监本《易》至帘前……复请曰：先生恐是看了‘麻板本’，若监本则坤为釜也。”

宋时火药发明了，并且用于各种技术部门，火药的制造也成了专门技术。关于弹药方面的就有这样许多制作：

火枪药，即用黄纸十六层为筒，内装柳炭、铁滓、磁粒、硫黄、砒霜、硝药等，用法装入枪筒，用火点燃能放射丈余远。

灰炮，是一种用瓦罐装硝药、石灰、铁蒺藜等的武器，可以说是一种原始的手榴弹。

突火枪药，是一种用巨竹筒代替纸筒，并于弹药内安引火线，燃点后转射百余步远。

霹雳炮，即用纸包硫黄、硝药、石灰等，是一种杀伤力很大的武器。

当时的发明有："计时器"，是用以前的时漏改造制成的记时间的器械。

行业的组织也有了。如"行头""行首""行人"的名称。"行头"，《旧唐书志第二十八·食货志上》："有因交关用欠陌钱者，宜但令本行头及居停主人、牙人等检察送官。如有容隐，兼许卖物领钱人纠告，其行头、主人、牙人，重加科罪。"

行首，《太平御览》卷二八〇"刘景复"条引《纂异记》："……乙丑春，有金银行首纠合其徒，以绡画美人捧胡琴以从。"

行人，《旧唐书》卷四九《食货志下》："建中元年敕：'……量出官米十万石，麦十万石，每日量付两市行人下价粜货'。"

我们看了上面这些例子后，当时我国具有资本主义经济萌芽性质的手工业已经发展到相当高度，是令人吃惊的。如果没有受一切反动统治阶级的有意识地压制和以征收重税为名而以摧残的话，无疑的，我国社会很可能在很早时期内就已经发展成为资本主义，走上资本主义的道路了。

④ 人民生活在词汇中的反映

从衣饰上看：

浑脱毡帽，《新唐书·五行志》："太尉长孙无忌，以乌羊毛为浑脱毡帽。人多效之，谓之'赵公浑脱'。"

"砑绢帽"，《唐语林卷五·补遗》："汝南王琎，宁王长子也。姿容妍美，明皇钟爱……每随游幸，常戴'砑绢帽'。"

仆射样，《旧唐书·裴冕传》："冕性本侈靡……自创巾子，其状新奇，市肆因而效之，呼称‘仆射样’。”

“鱼媚子”，《宋史·五行志》：“淳化三年，京师里巷妇人竞剪黑光纸团靥，又装镂鱼腮中骨，号‘鱼媚子’，以饰面。”

密四门、便裆，徐大焯《烬余录》：“崇宁、大观间，衣服相尚短窄。宣靖之间，内及闺阁，外及乡僻，上衣逼窄称其体，襞开四缝而扣之，曰：‘密四门’；小衣逼管开缝而扣之，曰‘便裆’。”

赶上裙，《宋史·五行志》：“理宗朝，宫妃系前后掩裙而长窣地，名‘赶上裙’。”

抛家髻，《新唐书·五行志》：“唐末，京都妇女之梳发，以两鬓抱面，状如椎髻，时谓之‘抛家髻’。”

盘福龙，徐大焯《烬余录》：“发髻大而扁曰‘盘福龙’亦曰‘便眠觉’。”

百不知、血晕妆，《唐语林卷六·补遗》：“长庆中，京城妇人首饰，有以金碧珠翠，笄栉步摇，无不具美，谓之‘百不知’。妇人去眉，以丹紫三四横约于目上下，谓之‘血晕妆’。”

泪妆，《宋史·五行志》：“粉点眼角，名‘泪妆’。”

棕屟，《新唐书·张志和传》：“居江湖，自称烟波钓徒……茨以生草，椽栋不施斤斧，豹席棕屟。”

千重袜，《清异录》：“唐制，立冬进‘千重袜’，其法用罗帛十余层，锦夹络子。”

错到底，《老学庵笔记》：“宣和末，妇人鞋底尖，以二色合成，名‘错到底’”。

关于婚嫁上的，有“草帖子”“细帖”“相亲”“插钗”“回立筯”“追节”“送聘”“下财礼”“坐虚帐”“坐床”“走送”“合髻”“送三朝礼”“会郎”“暖女会”“洗头”“贺满月”，等等。吴自牧《梦粱录》：“婚娶之法，先凭媒氏，以‘草帖之通于男家……媒氏通音，然后过‘细帖’，又谓‘定帖’……然后男家择日备酒礼诣女家。或借园圃，或湖舫内,两等目见,谓之‘相亲’。男以酒四杯,女则添备双杯,此礼取男强女弱之意,如新人中意,即以金钗插于冠髻中,名曰‘插钗’……更以空酒罇一双,投入清水,盛四金鱼,以箸一双、葱两株,安于罇内,谓之‘回鱼箸’……全凭媒氏往来,朔望传话,遇节序亦以冠花彩段合物酒果遗送,谓之‘追节’。女家以巧作女工金宝帕环答之,次下则‘送聘’……及上细杂色彩缎匹帛,加以花茶果物、团圆饼、羊酒等物,又送官会银铤,谓之‘下财礼’……过,入中门,至一室中少歇,当中悬帐,谓之‘坐虚帐’。或径迎入房室内,坐于床上,谓之‘坐床富贵’。其家委亲戚接待女家亲戚,及亲送客,会阳次拂备酒四盏款待……名曰‘走送’。……次男左女右结发,名曰‘合髻’……三日,女家送冠花、彩缎、鹅蛋,以金银缸儿盛油蜜,顿于盘中。四围撒帖套丁胶于上,并以茶饼鹅羊果物等合送女婿家,谓之‘送三朝礼’也。……女亲家广设华筵,款待新婿,名曰‘会郎’。……女家备鼓吹迎送婿回宅第,女家或于九朝内移厨往婿家致酒,谓之‘暖女会’。自后迎女回家,以冠花、缎匹、合食之类送归婿家,谓‘洗头’。至一月,女家送弥月礼合,婿家开筵,延款亲家及亲眷,谓之‘贺满月会亲’。自此礼仪可简。遇节序,两亲互送节仪。若士庶百姓之家,贫富不等,亦宜随家丰俭,却不拘此礼,若果无所措,则已之。”

从饮食上看,唐人食品有“汤”“料”“臛”“炙”“脍”“丸”“脯”“羹”“脔”“饦”“饤”“饼”,等等。肉食的除六畜外,还用鹿、熊、狸、兔等。像烧一只鸡就有“葱醋”“仙人脔”“剔缕”三种名称(韦巨源《食谱》)。“春饼”,《月令广义》:“唐人立春日食春饼、生菜,号春盘。……春饼者,薄剂熕菜肉裹食也。”“银饼馅”,《唐摭言》:“韦澳、孙宏同在翰苑,宣宗赐‘银饼馅’,食之甚美,皆乳酪膏腴所制。”宋时有著名的菜肴,如花包子、羊饭、匏羹、燫物等(百岁寓翁《枫窗小牍》)。又如所谓“脯肠十色”:“肉线条子”“皂角铤子”“云梦豝儿”“虾腊”“妳房”“ 旋鲊”“金山盐豉”“酒醋肉”“肉瓜齑”等。酒有所谓“蔷薇露”“流香酒”“蓬莱春酒”“郫筒酒”等。

游戏方面的则有“蹋球”,《唐语林卷五·补遗》:“今乐人又有‘蹋球’之戏。作彩画木球,高一二尺,女妓登蹑,球转而行,萦回去来,无不如意。”“彩选格”,徐度《却扫编》:“彩选格(即升官图)起于唐李郃,本朝踵之者,有赵明远、尹师鲁。元丰官制行,有宋保国,皆取一时官制为之。至刘贡父独因其法,取西汉官秩升黜次第为之。”“打马”,《事物绀珠》:“打马,用铜或牙角为钱样,共五十四枚,上刻良马名,布图四面,以投子掷打之。”“毽子”,《格致镜源》引《事物原始》:“今时小儿以铅锡为钱,装以鸡羽,呼为‘毽子’。三四成群走踢,有‘里外廉’‘拖枪’‘耸膝’‘突肚’‘佛顶珠’‘剪刀’拐之名色。亦蹴踘之遗事也。”(徐大焯《烬余录》)

就以上各例看来,一方面使我们知道当时的人民生活是丰富多彩的,可以说,人民在欢乐地度过和平的日子。另一方面也是反映了当时的社会状况,当时社会经过了魏晋南北朝动荡以后,此时期已经是处于安定的状态了,统治阶级所实行一系列的改良主义政策收到了一定的效果,阶级矛盾暂时得到缓和,社会出现了一片“升平景象”,人民也可以安居乐业,因此社会生产力大大地向前发展,提供了人民能有丰富多彩的生活提供了物质基础。这个时期虽有“安史之乱”和改朝换代的冲突,但很快地就平定下来,对于人民生活的影响是不严重的,所以说,当时各个方面是呈现了一片和平气象,是发展的。

(二) 阶级同行语与避讳词

1. 阶级同行语

阶级同行语我们把它的范围划定得很狭窄,只是指当时封建贵族阶级所使用的特殊语言。这种语言只能在一个集团内部使用而流行于这个集团里，其他集团里的人是完全懂不了的。在集团的活动范围里，他们用这种语言表达对客观事物的看法，表示他们的喜怒哀乐，表明他们的趣味和爱好。但是，我们都知道，阶级同行语只是一种不能脱离全民语言的丰富词汇、构词和语法构造表现形式的语言，不能说是一种独立的语言，因为它没有自己的词汇和语法构造。

那末，在中古时期有没有阶级同行语，有多少阶级同行语，下面我们就为数很少的例子来说明一下。

帝王称“宅家”“天家”“大家”“官家”。《通鉴·唐昭宗乾宁四年》：韩建发兵围十六宅，诸王呼曰：“宅家救儿。”刘季述等至思政殿，皇后趋至拜曰：“军容勿惊‘宅家’。”（昭宗光化三年）《湘山野录》：“王帝官天下，故曰‘官家’。”花蕊夫人诗：“明朝腊月官家出。”《独断》：“天子无外，以天下为家，故称‘天家’。”又：“亲近侍从称曰‘大家’。”《旧唐书》：“（宴吐蕃使于麟德殿）拜谢曰：‘……惟愿大家万岁。’”上面的例子都是说明了帝王的专称。这种称呼只有用来称呼帝王的，绝不能用来称其他的人，否则就要犯王法，论定判罪了。使用这种称呼的人也是以帝王为中心这一狭小的集团里的人物，再不能超出这个集团的范围，而且我们也从这种称呼上也看出了当时的阶级分野和阶级的压迫，所以说在这些词语后面有着血淋淋的阶级压迫的事实。

白身，是统治阶级称呼平民的名词：《新唐书·选举志》：“白身视五经、三传……一经、三史皆通者，奖擢之。”

白丁，《北史·李敏传》：“（隋文帝）谓（乐平）公主曰：‘敏何官？’对曰：‘一白丁耳。’”

白士，即寒士。《晋书·羊祜传》：“（与从弟琇书）云：‘以白士而居重位，何能不与盛满受责乎？’”这一些词都是用来称呼平民的，可以说这些词永远不会呼到显贵们的身上。从名称看，就有这样的不平等。

内助，《三国志·魏书·郭后传》："帝王之治天下，不惟外辅，亦有内助。"《宋史·孟后传》："宣仁太后语帝曰：得贤内助，非细事也。"

相公，《日知录》："前代拜相者必封公，故称之曰相公。"《复斋漫录》："韩子华兄弟皆为宰相，其家呼子华三相公，呼持国五相公。"

阁老，《国史补》："宰相呼为元老，或曰堂老。两省相呼为阁老。"《困学纪闻》："（杜少陵）《赠严阁老》诗：'扈圣登黄阁，明公独少年。'旧史……严武迁给事中……属门下者，升之曰黄门省，故云黄阁。……《通鉴》王涯谓给事中郑肃、韩佽曰：'二阁老不用封勒。'此唐人称给事中为阁老也。……"

堂老，见前条。

员外，《旧唐书·李峤传》："为吏部时，志欲曲行私惠……奏置员外官数千人。"后来用"员外"来称有钱有势之徒，是假借过来的。

告老，蔡邕《陈太丘碑》："时年七十，遂隐丘山，悬车告老。"《北史·高允传》："允以老疾频上表乞骸骨，不许，于是乃著《告老诗》。"

悬车，见前条。

陛见，《北史·张普传》："表乞朝直之日时听奉见，自此之后，月一陛见。""陛见"是谒见天子的意思。

孺人，大夫之妻称孺人，庶人称妻子，古无论职官大小，其妻通称孺人。江淹赋："左对孺人，右顾稚子。"

老身，《新五代史·汉家人传》"（太后李氏谓宋太祖曰）老身，未终残年，属此多难，惟衰朽托于始终。"

哥，当时一个特别称呼。如称父亲为"哥"。《旧唐书》："玄宗泣曰：‘四哥仁孝……’”如称弟为“哥”的，宋钦宗称高宗为九哥。如父对子称“哥”，《淳化阁帖》有唐太宗与高宗书，称“哥哥敕”。好汉，对勇敢者之称。《旧唐书·狄仁杰传》载，武后问狄仁杰曰：“朕要一好汉任使。”仁杰乃荐张柬之：“宰相才也。”苏东坡诗：“人间一好汉，谁似张长史。”

娘子，《北里志》“一曲高歌绫一匹，两头娘子拜夫人。”《辍耕录》“都下自庶人妻以及大官之国夫人，皆曰娘子。”

我们从以上举例说明了：① 这一些特殊的词汇的流通范围异常狭窄，只是在一个集团里才是为人了解的词语，不能作为全民所懂得的语言。而且这一些语言是随着集团的死亡而死亡的，我们今天已经不使用，而只是作为一个历史时期某种条件下所产生的反映特殊意义的陈迹的语言，也就是说，是一种已经死了的语言。② 充分反映了中古时期的阶级分野，如阶级的压迫，亦反映了人民使用语言上受到一定的压制。如“宅家”一词就不能使用，只有统治阶级集团里的人有权利使用。

2. 避讳词

避讳词是统治阶级一手制造出来的，是一种阶级对语言的垄断表现，是阶级利用语言的产物。统治阶级为了独占天下，显示尊严，在社会的各个领域里加强威势，作为交际和交流思想的语言也无例外。避讳词在我国长时期的历史过程中虽有所变化但总是存在着，尤其在古典作品中大量地出现，给我们阅读古典作品带来了困难，因此，我们在这里还是要作个简略的交代。

避讳词出现的方式很多：有改字、空字、缺笔、改音等；种类也很多：有改姓、改名、改常语、改名号、改史实等等。下面我们就来举例子吧：

《魏书·高祐传》：“本名禧，以与咸阳王同名，高祖赐名祐。”

《北齐书·赵彦深传》:"本名隐,避齐庙讳,故以字行……高欢六世祖名隐也。"

《晋书·职官志》:"太宰、太傅、太保,周之三公官……晋初以景帝讳故,又采《周官》官名,置太宰,以代太师之任。"

《南史·隐逸传》:"陶潜字渊明,或云字深明,名元亮。"上"渊"字亦当为"深",后人回改之。《宋书》说"陶潜字渊明,或云渊明,字元亮"。这里很明显,《南史》原文一定与《宋书》相同,但因为要避讳,改"渊"为"深"的,后人校刊《南史》的人不明白,才传写颠倒成这样。

《南齐书·柳世隆传》:"辅国将军、骁将军萧讳。"有汲古阁本注"鸾"字。从《宋书·沈攸传》看来,是梁武帝父萧顺之,非齐明帝萧鸾。

《隋书·高祖纪》:"方置文渊之柱,非止尉佗之拜。"这里是用马援铜柱事,援字文渊,因避讳,改为"深"的。

《齐东野史》:"王羲之父讳正,故每书正月为初月,或作一月,余则以'政'字代之。王舒除会稽内史,以祖讳会,以会稽为郐稽。……李翱祖父名楚今,故为文皆以今为兹。杜甫父名闲,故杜诗无闲字。……曾鲁公父名会,故避之者以勘会为勘当。蔡京父名准,改平准务为平货务。"

《旧唐书·穆宗纪》:"元和十五年,恒王房子孙改为泜王房。"恒五当是恒小愍王,泜王即愍王之讹,因要避讳,民旁改成氏而误为泜。

《老学庵笔记》:"田登作郡,自讳其名……举州皆谓灯为火。上元放灯,许人入州治游观,吏遂书榜揭于市曰:'本州依例放火三日'。"(今谚"只许官家放火,不许百姓点灯",就是从这里来的。)

《野客丛书》:"钱王讳镠,以石榴为金樱……杨行密据扬州,扬人呼蜜为蜂糖。"

《容斋三笔·鄂州兴唐寺钟》:“题志云:‘大唐天祐二年三月十五日新铸。’勒官阶姓名者两人,一曰金紫光禄大、检校尚书左仆射兼御史大陈知新;一曰银青光禄大、检校尚书右仆射兼御史大杨琮。‘大’字之下,皆当有夫字而悉削去。”杨行密父名怤,怤与夫同音。是时行密据淮南,故将佐为之讳。于夫字皆空而书,其后建国曰吴,乃改大夫为大卿。因此这里大约是避讳去一人名一字吧,亦多之本空字,后人连写了。

《宋史·夏国传》:“(李彝兴)本名彝殷,避宋宣祖讳,改殷为兴。”

《宋史·地理志》:“大观四年,以瑕丘县为瑕县,龚丘县为龚县。”(这里系避孔子讳)

《柳河东集·陆文通先生墓表》注:“陆淳字元仲,避唐宪讳,赐名质。”今《通志·艺文略》于淳著《集传春秋微旨》《集传春秋辨疑》,题作陆淳撰。于淳著《集传春秋纂例》,则是题陆质撰,这里仅是二人,应该是写明白的。

《旧唐书·外戚传》:“(窦怀贞少有名誉,韦庶人干政,怀贞委曲取容)改名从一,以避后父讳,自是名称日损。”后父是韦玄贞。

《新唐书·姚崇传》:“崇字元之……始名元崇,以与突厥叱剌同名,武后时以字行,至开元世后避帝号,更名今。”

《旧唐书·崔元暐传》:“本名晔,以字下体有则天祖讳,乃改为玄暐。”

从上面的例子看来,难道不是统治阶级一手造成的吗?统治阶级要残酷地压迫人民,在语言上也想要垄断起来窃为己有。可是,他们要进坟墓的,随之,这些避讳也就跟着死亡了。

二、外来词的大量输入

（一）来自佛经翻译的外来词

外来词的吸收是一个长期的历史过程。在每一个历史时期，只要我们与其他各族人民接触，彼此在政治上、经济上、文化上的影响和交流，就会在语言中产生相互吸收、相互丰富的情况，外来词就是在这种情况下被吸收过来的。

我们从历史上知道，佛教传入我国大约是在汉武帝收复西域以后，到汉明帝时候。从这时起，我国人民才慢慢地信仰起佛教来的。汉明帝永平八年（公元65）曾派蔡愔到西域去拜佛求经；两年后，蔡愔回来了。同时，天竺僧人摄摩腾和竺法兰用白马驮经到中国来，这是佛教正式传入我国的开始。并且，《后汉书·光武十王传》记载，说有一个楚王英喜欢拜佛吃斋，在汉明帝永平八年拿着黄缣、白纨三十匹给朝廷，表示为自己赎罪。汉明帝批复他的诏书说："楚王诵黄老之微言，尚浮屠之仁祠，洁斋三月，与神为誓，何嫌何疑，当有悔吝？其还赎，以助伊蒲塞桑门之盛馔。"从中得知，佛教的词已经流入到我国来了。自从东汉摄摩腾、竺可兰同译《四十二章经》，东晋鸠摩罗什翻译《金刚经》《法华经》《维摩经》《阿弥陀经》，佛驮跋陀翻译《华严经》之后，佛教更盛。佛教家创造的所谓"天堂"和"地狱""因果报应"之说，为广大的在封建制度下受到残酷摧残的受苦受难的人们找到了一条走向“极乐世界”的出路，所以佛教很快地为广大的受压迫受剥削的人民所接受所信仰。统治阶级也利用它作为麻痹人民意志、解除人民武装的工具，借以巩固自己的残酷的封建统治和肆无忌惮的奴役人民的地位。由于封建统治阶级有目的的提倡和国君的信仰（如北魏宣武帝亲讲佛书、南朝梁武帝舍身同泰寺等），更使佛教兴盛，佛教徒日趋众多，可以说佛教已经在人民生活中扎下根了。

自东汉末年至东晋以前，翻译佛经是逐渐地多起来，但是那时还处于自流的情况；至于有组织的大规模的佛经翻译，还是从苻秦秘书郎赵政开始的。在翻译佛经语言上，自流时期，由于绝大部分都用直译法来翻译，造成文词晦涩难懂、诘屈聱牙，大大地限制了它的流通范围，影响不深。可以这样说：在六朝以前，佛经只是在佛教徒内部诵习，一般的文学作品，并不受佛学影响。到了东晋以后，大谈玄学，风气突变，那时的翻译已经用了意译法，注意到汉语实际情况，因此佛教流传极广，而且为广大的文人学士所喜爱，他们大谈佛经，并还经常地在作品中引用佛教词语，造成了一种几乎不用佛教禅语不好过的声势。到了隋唐的时候，声势尤盛，佛经的翻译方法又作了进一步改正，汉语中许多佛教外来词大量地在这个时期传入的日渐增多，而且好多的词语在广大的群众中经常使用。因此，我们谈到佛教外来词，也就以这个时期为主。至于宋代，已经日趋减少了。所以我们说，中古时期大量的佛教外来语进入到汉语词汇中应当是在公元四世纪东晋时代一直到十二世纪南宋前半期这一段历史时期中。

中古时期佛教外来语对于汉语影响很深作用很大的，其中有不少的词语早已汉化，按着汉语词汇的内部规律被广大的群众广泛地使用，几乎成了汉语的全民语言了。其中有一些虽然还没有全部汉化，但使用的频率很大，在日常生活中少不了使用到它。我们对于这些外来词，就有必要，经过一番考证来辨清它的词源，这是有好处的。当然，也有一部分它的使用范围非常狭，只是佛教专门用语，人们是不去用到它，也就不能成为全民语言。总之，佛教外来词很有一部分是历来为汉族人民所喜爱、所使用，因而广泛地渗入到各种文学作品里，成为一种有特殊色彩的文学语言，大大地丰富了汉语词汇。

下面我们对佛教外来词大抵分为音译、意译和半音半意译三种例子中，作一个简单的叙述。

1. 音译词

佛——梵语 Buddha，初译作“浮图”（如汉明帝的诏书），南北朝时代译作“佛图”如《世说新语·言语篇》：“庾公尝入佛图，见卧佛。”也作“佛陀”或作“佛驮”，同时也称“佛”，如梁释慧皎写的《高僧传》中即多单称为“佛”，而少见“佛图”。“佛”的意思是觉也、智也。《宗轮论述记》说：“佛陀，梵语音，此云觉者，随旧略语，但称曰佛。”汉语本来有个“佛”，但与外来词的“佛”毫无关系。（《说文》解释为“见不审也”，段氏解为“仿佛也”。）后来，“佛”有引申的用法，把“佛”作为教主如来的别称，故有人把“佛图”称为佛教徒，也有人把佛堂称作“佛图”（见《世说新语·言语篇》），也有人把佛与塔等同起来，如唐岑参的《与诸公登慈恩寺浮图》诗，浮图即指塔。其实梵语“佛”与“塔”不同字。

塔——梵语 Stupa，译音为“私鍮簸”或作“数斗波”。《大唐西域记》作“窣堵波”。也作“兜婆”“偷婆”或“塔婆”。《西域记》说：“‘窣堵波’，即旧所谓浮图也，又曰‘鍮婆’，又曰‘塔婆’，又曰‘私鍮婆’，又曰‘数斗婆’，皆讹也。”事实上，《西域记》所说的“讹也”是不了解把 Stupa 节缩为 tupe 的读音。“塔”既然是 Stupa 之省，那末 tupa 再进一步演化为 tup 是理所当然的。“塔”即“浮图”在《世说新语》里见到，是一种十六角七级的东西(见《正字通》引《通雅》说)。“塔”这个单音词出现得比较早，《高僧传》“康僧会”条有述孙权造塔事：“有支亮……资学于谶。谦又受业于亮，博览经籍，莫不精究。……汉献末乱，避地于吴。孙权闻其才慧，召见悦之，拜为博士。使辅导东宫，与韦曜诸人，共尽匡益……谦以大教虽行，而经多梵文，未尽翻译，已妙善方言，乃收集众本，译为汉语……皆行于世。时吴地初染大法，风化未全，僧会欲使道振江左，兴立图寺，乃杖锡东游，以吴赤乌十年，初达建业，营立茅茨，设像行道……权大叹服，即为建塔，以始有佛寺，故号建初寺，因名其地为佛陀里，由是江左大法遂兴。”《魏书·释老志》有“像塔”，《洛阳伽蓝记》有“宫塔”“大塔”等名词，可见在南北朝以前，“塔”已经普遍通行。古人也有把“塔”称为“佛堂”，如葛洪《字苑》说：“塔，佛堂也。”不过这只是极少数。

劫——梵语 Kalpa，佛经译为“劫簸”或“劫波”，略称“劫”(Ka)。佛教上的“劫”与汉语原有的“劫”不同，《说文》解释为：“人欲去，以力胁止曰劫，或曰以力去曰劫。”段注《说文》释为：“以力止人之去曰劫。”佛教家的“劫”有二层意思，一个是就世界成坏而立的数量，一个是计算昼夜日月的数量。至于我们现在所说的“劫难”的“劫”应该说从佛经之说“天地之外，四维上下，更有天地，亦有无终极。然皆有成败，一成一败，谓之一劫”(《隋书·经籍志》)而来的。所以管灾难叫“劫数”有遭厄运的意思，语源本此。

魔——mara，为“魔罗”的略称，释为行夺命、障碍、扰乱、破坏等等意思。旧译作“磨”，为南朝梁武帝改为“魔”。《玄应音义·二十一》说：“魔，莫何反，书无此字，译人义作。梵之魔罗，比翻名障，能为修道作障碍故。亦言杀者，常行放逸慧命故。或云恶者，多爱欲故。”《大乘法苑义林章》卷六本说：“梵之魔罗，此云扰乱、障碍、破坏，扰乱身心，障碍善法，破坏胜事，故名恶罗，此略云魔。”所以佛教家有所谓四魔，即一为烦恼魔；二为阴魔（蕴魔），又名五众魔；三为死魔；四为自在天子魔之说。另外还有所谓五魔之说，即一为天魔；二为罪魔；三为行魔；四为恼魔；五为死魔（《詈言》）。我们常说的“魔鬼”一词，就是来源于第五种死魔的。“魔”的原义并不是鬼的意思，而是引伸出来的。白居易诗：“唯有诗魔降不得。”吴筠《步虚词》：“豁落制六天，流铃威百魔。”（《乐府诗集》卷七八）都是从引伸意义所来的有“魔力”“魔障”等意思。

阎罗王——为梵语 yama-raja 的对音。“阎罗王”即“阎王”“阎罗”，俗传是管地狱的神，亦即鬼的统治者。《法苑珠林》中说：“阎罗王者，昔为沙毗国王，常与维陀如生王战，兵力不敌，因之誓愿为地狱主。臣佐十八人，悉忿怼，同立誓曰：‘后当奉助，治此罪人。’……十八者诸小王是。”这是一个很有趣的故事，但也说出了词的由来。《戒庵漫笔》中说：“佛言琰魔罗，盖主捺落茄者。阎罗即琰魔罗之异译。余十八王，见于《阿含》等经，名皆梵语，王主一狱，乃阎罗僚属。”“阎罗王”一词虽反映了佛家的神话故事，但对汉语来说却留下了比较深的影响。我们平常对那些杀人不眨眼的反动分子叫做“阎罗王”，是从这里引伸出来的。俗语所说的“豆腐水做，阎王鬼做”大概是从阎罗王管鬼的这一点上来的。

菩萨——梵语为 Bodhisattva，是“菩提萨埵”或“菩提李埵”的简称。旧译作“大道心众生”，或“道众生”，新译作“大觉有情”或“觉有情”等。由“菩提，佛道也；萨埵，成众生也，用诸佛道以成众生而得名”（《乐府诗集》卷七八）。汉语中本无“萨”字，唐人作“扶薛”，或作“菩萨”。“萨”字当为“薛”字的讹变。现在我们说“菩萨”已经没有了“大觉有情”的意义了，纯粹是为信佛之徒烧香礼拜的一种泥塑木雕的偶像，而且随着信仰迷信的人日渐减少，已经在人们头脑里逐渐地消失了。

罗汉——梵语 Arhat，是“阿罗汉”的简称。《智度论》卷三中说:“阿罗名贼,汉名破,一切烦恼破是名阿罗汉;复次,阿罗汉一切漏尽故应得一切世间诸天人供养;复次,阿罗不,罗汉名生,后世中更不生,是名阿罗汉。”意思就是说:一是杀贼,杀烦恼贼之意;二是应供,当受人天供养之意;三是不生,永久涅槃不再受生死果报之意。总起来说,意思是佛家的圣者。

刹那——梵语 Ksana,是一念间、一瞬间的意思。《大唐西域记》卷二:“时极短者,谓刹那也。”《探玄记》卷十八:“刹那者,此云念顷,于一弹指顷有六十刹那。”《胜鬘宝窟》中说:“外国称刹那,此云念也。”

2. 意译词

方便——梵语 Upaya,又曰“伛和”。“方便”本来意思是谓一种切实的、真实可行的方法,用至于一切的事物而都有利。用这种方法也只有随着这种方法运动趋向去做一切事情,就可以达到目的,亦即“利物有则云方,随时而施曰便”。《维摩注》说:“以无量方便,饶益众生。”《高僧传》“求那跋摩”条:“喜息乐方便。”《法华文句》:“方者法也,便者用也。法有方圆,用有差会。三权是矩、是方,一实是规、是圆。若智诣于矩,则善用偏法,逗会众生。若智诣于规,则善用圆法,逗会众生。”又说:“又方便者门也。门各能通,通于所通。方便权略,皆是导引,为真实作门,真实得显,功由方便。……从能显得名,故以门释方便。如开方便门,示真实相。”现在我们对有益于人的事称为“方便”,意义便是从这里来的。

现在、过去、未来——这是佛教的所谓“三世说”,“三世”就是事物的三方面流变的意思,就是指一切事物的流变都有“过去、未来和现在”。梵语过去是 atita、未来是 anagatakala、现在是 pratyutpanna。在佛教里有二种“三世”说,即一刹那的“三世”和果报的“三世”。前者就是《宝积经》卷九四所说的:“三世,所谓过去、未来、现在。云何过去世？若法生已灭是名过去世；云何未来世？若法未生未起，是名未来世；云何现在世？若法生已未灭，是名现在世。”法，即规则，谓一切事物和道理的通名。我们现在所说的“过去、未来和现在”的意义，应该从这里由生。果报的“三世”，就是一期的生老病死为现在世，以过去无数之生老病死为过去世，以未来无数之生老病死为未来世。

未曾有——梵语 Adbhuta，本来意思是希有或谓意外之事。《法华经·序品》说：“是诸大众，得未曾有，欢喜合掌。”汉语中“未曾有”是过去从来没有过的意思。当我们对于新生事物的出现，是表示无限的高兴，故现在这个意思是从这里引伸出来的。

世界——梵语 Loka。《楞严经》卷四：“世为迁流，界为方位。汝今当知，东、西、南、北、上、东南、西南、东北、西北、下为界，过去、未来、现在为世。”《名义集》卷三：“间之，与界名异义同，间是隔别间差，分是界畔分齐。”这里与《世说新语·排调篇》注引战国《尸子》说“天地四方曰宇，往古今来曰宙”有着同样的意思。现在我们所说的“世界”本源于此，不过在词义上有了变化。如“世界”可以指全球，也可以指“科学世界”“精神世界”和“现实世界”等等比较狭小的限于一个组织领域或某一现象领域。

平等——梵语 Samata，意思是对于差别来讲的，谓无高下深浅之别。《金刚经》：“是法平等，无有高下。”《五灯会元》中说：“天平等，故常覆；地平等，故常载；日用平等，故四时常明；涅槃平等，故凡圣不二；人心平等，故高低无诤。”可见，这个词已经在南北朝出现了。

因缘——梵语 hetupratyaya，是“一物之生，亲与强力者为因，疏添弱力者为缘”的意思，如“种子为因，雨露农夫为缘，此因缘和合而生。”《维摩经·佛国品》注：“什曰：力强为因，力弱为缘。肇曰：前后相生因也，现相助成缘也。诸法要因缘相假，然后成立。”

“因缘”汉语里原来有这个词，当作机会解的。如《史记·田叔列传》附褚先生曰：“（任安）为人将车之长安，留，求事为小吏，未有因缘也。”又可作依据解，如《汉书》：“备之，经纪可因缘而存著也。”由于有了外来词“因缘”一词，其意义更其纷繁了。“因缘”也可以作“姻缘”，如辛弃疾《恋绣衾》：“如今只恨因缘浅，也不曾抵死恨伊。”

不可思议——佛家谓理的深妙或谓事的希奇，不可以心思的，不可以议论的，称为“不可思议”。《维摩经》慧远疏说：“‘不可思议’者，经中亦名不思议也。通释是一，于中分别非无差异，据实望情名不思议，据情望实名不可思议。”佛家有所谓四种不可思议的说法，就是《增一阿含经》卷十八中说：“有四不可思议事，非小乘所能知。云何为四？一世界不可思议，二众生不可思议，三龙不可思议，四佛土境界不可思议。”还有所谓五种“不可思议”，即《智度论》卷三十所说：“经说五事不可思议，谓众生多少，业果报，坐禅人力，诸龙力，诸佛力。以五不可思议中佛力最不可思议。”这不过是佛家的一种唯心之说。我们现在所说的“不可思议”的意思从这里来，不过已经与唯心的说法完全绝缘了。

礼拜——梵语为 Yandana（或 Namas-Kara），是指一种恭敬的仪式。《西域记》卷二说：“致敬之式，其仪九等：一发言慰问，二俯首示敬，三举手高揖，四合掌手拱，五屈膝，六长跪，七手膝踞地，八五轮俱屈，九五体投地。”汉语“礼拜”一语的意义当是这里来。

信心——梵语 Citta-mati，意思是对所信之佛深信而无疑心。《传灯录》卷二十说三祖僧璨曾作有《信心铭》。现在我们所说的“信心”一词，其意义本源于此。

3. 半音半意译词

尼——梵语 Bhiksuni，是女子出家受具足戒者的通称。佛家管男僧叫比丘（Bhiksu），女僧叫比丘尼，“尼”是简称。《善见论》

说:“尼者女也。”又解释说:“尼者,天竺女人通名也。”《慧林音义》卷二说:“出家之女之总名。”从这里知道,“尼”原来是泛指,经过约定俗成,“尼”便特指女僧了,并且在口语中往往接上一个汉字“姑”,这样,“尼姑”便成了半音半意译了。还应当指出的,“尼”之音,表示女性。

忏悔——梵语 Ksamayati 的略译,当为 Ksamayati 的头一个音缀的对音加上意译“悔”而成。四明沙门释知礼之《金光明经文句记》卷三中说:“‘忏悔’二字,乃双举二音,梵语忏摩,华言悔过。”《玄应音义》卷十四对“忏悔”作解释:“忏悔,此言讹略也。书无忏字,正言叉摩,此云忍,谓容恕我罪也。”《慧苑音义》下说:“忏悔谓忏摩,此云请忍,谓请前人忍受我悔罪。”“忏悔”意义应是悔过请人忍恕的意思。“忏悔”最早见于南北朝作品《高僧传》,如“释玄高”条:“自今已后,依方等忏悔,当得轻受。”又“佛陀耶舍”条:“竭诚忏悔。”当今之义,本源于此的。

彼岸——梵语为 pāra,音译为“波罗”,意译为“彼岸”。因“彼”“波”古音近,可以说是半音半意译。佛家以生死之境界,譬之此岸,业烦恼譬之中流,涅槃譬之彼岸。《智度论》卷十二说:“以生死为此岸,涅槃为彼岸。”在实际运用中,这个词的意义扩大了,凡是事情做得成功,都称为“到彼岸”。《智度论》卷一“于事成办,亦名到彼岸”的话,足证那时该词的意义已经形成。

此外还有“夜叉”“袈裟(Kaṣāya)”“和尚(Upādhyāya)”“僧(Samgha)”“钵(Patra)”“三昧(Samādhi)”“禅(Dhyāna)”“圆满(Parisphuta)”“有情(Sattva)”“转变(Parinama)”“相应(Yoga)”“变相(Viparinata)”“烦恼(Klesa)”“庄严(Saritá 或 mandana)”“慈悲(Karunā)”“究竟(uttara)”“毕竟(atyanta)”“金刚(vajva)”“天堂(Devasabha)”“地狱(Naraka)”“宿命(Purvanivasaunjmrti)”“法宝(Dharma-mani)”“法门(Dharma-paryāya)”“法平等

(dharmasamata)”“导师(nayaka)”“我执(ātma-grāha)”“性性(dharmakara)”“信仰”“妄想”“真相”“不二法门”“五体投地”“痴人说梦”“清规戒律”“茄蓝”“般若”“兰若”“刹”等词语,都来自佛教,不一一例证了。

我们从上面举例中,可以看出两个方面:一方面,有些词语只作为佛教用语流入中国,流行于佛教界,或钻研佛学的极少数专家的极小的范围里。因此这些词对汉语影响不大。纵使有一些影响吧,在今天也会随着信仰佛教的人数的锐减,这些词就成为历史上的词语了。另一方面,好些佛教词语,由于使用的频率数相当高,也由于语言本身的历史发展,已经进入到汉语词汇里来,成为汉语词汇的血液。在今天如果我们没有历史词汇学和词源学的知识,对于这些词很难辨认得出。

中古时期大量的佛教外来词吸收,成为这一个历史时期在语言上一个特征。这些词不仅在当时佛教大流行之下满足了人们的交际需要,而且这些词被吸收到汉语来以后,随着汉语的发展都进行了符合汉语的变革,融合于汉语词汇中,具有了很强的生命力。

(二)来自外族接触的外来词

我国自古以来,特别是中古时期,由于国家的昌盛、经济文化的繁荣,西方的、亚洲的好多国家都来我国,与我交通,彼此学习。我们举一个例子就可想见当时一般。如“光仁天皇宝龟元年,阿倍仲麻吕卒于唐。仲麻吕,中务大辅正五位上船守之子也。初灵龟二年,从遣唐使西游,为留学生。仲麻吕性聪敏,好读书,唐玄宗爱其才而厚遇之。于是更名曰朝衡,遂仕于唐,官至秘书监,历左补阙。天平胜宝五年,仲麻吕欲从大使清河东归。王维、李白之徒,以诗送之。衡至明州海岸,将上舟,惜别入夜,仰见海天,以国言作

《三笠山月歌》。且译之汉语，以示唐人，众大叹赏。途而泛海遇飓风，漂泊安南。人或传衡没于海，李白作诗哭之。不几，衡自安南复适唐，肃宗喜其无恙，授左散骑常侍、安南都护。累迁北海郡开国公，食邑三千户，至是而卒，年七十，或云七十三。代宗悼惜，赠以潞州大都督。衡留于唐，前后五十年，博览多识，当时我邦才学之士甚多，而吉备、朝衡二人，最擅名海西云”（松原苗《日本国史略》，卷二）。从历史上看，我国曾与印度、阿剌伯、伊兰、波斯、马来亚、缅甸、越南、暹逻、朝鲜、日本等国家都发生过相当密切的关系。各民族彼此交往的结果，就在语言上不可避免的发生了彼此吸收和丰富的现象：一些新的词语——外来词——出现了。外来词的吸收是丰富语言词汇的一个方面，因此，汉语在中古时期由于与别国频繁的接触，吸收了别国最生动最精密最有表现力的词语，丰富了汉语词汇，并且有些词语已经成为汉语的基本词了。

具体的说来，中古时期我国和印度、朝鲜、日本等国关系相当密切，在政治上、经济上、文化上互相影响。这些情况都有事实可根据。如：“东夷来附者，处扶桑馆，赐宅慕化里。西夷来附者，处崦嵫馆，赐宅慕义里。自葱岭已西，至于大秦，百国千城，莫不欢附。商胡贩客，曰奔塞下，所谓尽天地之区已。乐中国土风，因而宅者，不可胜数。是以附化之民，万有余家，门巷修整，阊阖填列，青槐荫陌，绿柳垂庭，天下难得之货，咸悉在焉。别立市于洛水南，号曰四通市。”（杨衒之《洛阳伽蓝记》，卷三）又如：“景真于南涧寺舍身斋，有元徽紫皮裤褶，余物称是。于乐游设会，伎人皆著御衣，又度丝锦，与‘昆仑舶’营货，辄使传令防送过南州津。”（《南齐书卷三・荀伯玉传》）再如：“六年……前右大臣吉备真备薨。真备，右卫士少尉下道国胜子也。灵龟二年，从聘使适唐留学，通经史。归任大学助教，为东宫师。大被礼遇，赐姓吉备朝臣，历进中纳言、右大臣。讨押胜，窜道镜，至是薨，年八十三。”（松原苗《日本国史略》，卷二）在国内，我国曾有过民族杂居的情况。在南北朝时代，所谓五胡十六国，就是民族杂居的时代。在北齐的时候盛学鲜卑语，颜之推的《颜氏家训·教子篇》中说："齐朝有一士大夫尝称吾曰：'我有一儿，年已十七，颇晓书疏。教其鲜卑语及弹琵琶，稍欲通解，以此伏事公卿，无不宠爱，亦要事也。'吾时俯而不答。"北魏孝文帝（公元495）时曾禁用胡语。这些都是当时的实际情况。民族间的交往，在语言上不可避免的出现互相学习语言，因而互相影响，这是必然的事。

在本节里，我们就要讨论因两民族在政治上、经济上、文化上的交流，在语言上所产生的新情况，即外来词。

八哥——"八哥"之鸜鹆的俗名，又名"唰唰"。《负暄杂录》说："南唐李后主讳煜，改鸜鹆为（八哥）。"可见，"八哥"一名在魏晋南北朝时期就已经出现了。"唰唰"是阿拉伯语 babghā 或 babbaghā 的对音。

胡卢巴——是一种药名，又叫"苦豆"，大约在北宗时候由阿剌伯传入，阿剌伯名为 hulbah。根据历史记载知道：在宋嘉祐二年（公元1057）修《嘉祐补注本草》时收入这个词。苏颂《图经本草》中说："今出广州，或云种出海南诸番，盖其地芦菔子也……唐以前方不见用，《本草》不著，盖是近出。"

没药——"没药"又作"末药"，是一味药名。这个词在开宝六年（公元973）修《开宝本草》时才出现的。来自波斯国，当是阿剌伯文"murr"的对音。明李时珍在他所著的《本草纲目》所说："没、末皆梵语。"那是不知道来源才搞错的。

祖母绿——一叫"绿柱玉（emexald）"，又叫"翠玉"，来自阿剌伯国。《珍玩考》称"祖母绿"，《辍耕录》作"助木剌"，《清秘藏》为"子母绿"，又为"助木绿"（《续通典》卷一四八），都是阿剌伯文"Zumunrud"的对音。"祖母绿"是一种有色的光耀夺目的宝石。

《珍玩考》:“宝石中有‘祖母绿’者,形似玻璃而晶莹过之。”

柘枝舞——段安节在《乐府杂录》中所记载的各种教坊乐舞中有一种名为“柘枝舞”,当是胡地传入。据唐人沈亚之的《沈下贤集·柘枝舞赋序》中说:“今自有土之乐舞堂上者,唯胡部与焉,而柘枝益肆于态。”又刘梦得《刘梦得文集卷五·观舞柘枝诗》中说:“胡服何葳蕤,仙仙登绮墀。”故知。据近人向达在《唐代长安与西域文明》中说:“余以为柘枝舞出于石国……石国《魏书》作者舌,《西域记》作赭时,杜还《经行记》作赭支。《新唐书·西域传》云:‘石或曰柘支,曰柘析,曰赭时,汉大宛北鄙也。’《文献通考·四裔考·突厥考》中记有柘羯,当亦石国。凡所谓者舌、赭时、赭支、柘支、柘析以及柘羯,皆波斯语‘Chaj’一字之译音。”我们说这一说法是正确的。《琐碎录》中说:“柘枝舞,本北魏拓枝之名,易拓为柘,易跋为枝也,古歌舞不相合。”此一说法可以讨论。我们可以肯定地说:“柘枝舞”来自西域。

觱篥——“觱篥”一作“筚篥”,是一种乐器名。原出于龟兹,后传入我国。唐代九部夷乐、安国乐都用到它,故可以推断唐以前或唐时期就传入我国。唐人的诗歌中就用到这个名词,如李颀诗:“南山截竹为筚篥。”

波菜——为“波棱菜”的简称。《嘉话录》:“波棱种自西国,有僧将其子来,云本是颇陵国之种。语讹为波棱耳。”《唐会要》卷一百“泥婆罗国”条记载:“(太宗时)尼波罗国献波棱菜,类红、蓝,实如蒺藜,火熟之能益食味。”又唐太宗时,(泥婆罗国)“遣使献波棱菜、浑提葱。”由此可知,“波棱菜”为唐译自西域的植物名词。这种菜也从这个时候起在我国种开了,成为家常的蔬菜之一。

叆叇——即“眼镜”的别名,是个音译名词。宋人祝穆《方舆胜略》:“满剌加国出‘叆叇’”。(满剌加为 Malacca 的译名)满剌加又名麻六甲，在马来半岛西面，古时本一小国，受我国册封(《续通典》卷一四八)。公元一八一四年属英国。宋人赵希鹄《洞天清录》中说:“叆叇，老人不辨细书，以此掩目即明。”可见，“叆叇”一词在宋时已经出现。

耶悉茗——一名“茉莉”，是波斯语 jasmine 的对音。《群芳谱》:“昔刘王有侍女名素馨。”这是把一种素馨花也即耶悉茗作为人名字的。(《龟山志》:“冢上生此花，因以得名。”)可见，这个名词已经在南北朝时期出现，或者还要早一点。《丹铅总录》:“佛书谓之蔓华，北土曰奈，《晋书》都人簪奈花，为织女戴孝。”明李时珍以“茉莉”载入《本草纲目》，又说原出于波斯国，这是对的。

蘋果——梵语 bimbara，音译为“频婆罗”，简称为“频婆”，后来又简之为“频”，是一种植物名词。因为是一种植物，所以在“频”的上面加上“艹”成为“蘋”;是一种会结果的植物，故又在“蘋”的后面加上个后加成分“果”，变成了“蘋果”，成为一个半音半意译的新形声词。象这样的情况已经有了，并且可以在唐代文献里找到，如敦煌变文《丑女缘起》“口似蘋婆果”就是。

(三)中古时期的汉语贷词

诚如我们在第一、二节所说的，我国在中古时期广泛地与世界各民族发生接触，给我国语言词汇上带来了新的血液，丰富和发展了汉语词汇。同样的，汉语中的许多词语也被其他各民族所吸收，成为他们丰富词汇的一部分。我们把一些从汉语借去的词称为“贷词”。贷词有它的历史性，是在长时期的民族接触的历史进程中逐渐形成的。因此，我们了解贷词就必须从“历史词汇学”观点出发，对贷词进行讨论。

贷词的讨论对我们了解过去各民族彼此交往很有帮助，我们可以借贷词的帮助来搞懂在一定的历史时期里民族间在政治上、经济上、文化上的影响而在语言上所发生的复杂情况。

贷词中有一些是属于原是由中国语借到外国语里去的词，以后又经过辗转反辙把它重新译回来。这样的结果，由于在语音上的改变及适合于他方语言规律的结果，已经是昧于所出，不能还原，于是写成了几个互不相干的词儿而造成出人意外的难懂，连“唐人都唔知呢啲系唐话喽！”

中古时期究竟有多少贷词，因为材料的不足和学者们研究得不够，是不大知道的。现在仅就大家公认的汉语贷词举几个来说明：

笔——“笔”为藏族人民所借去，藏文作“pir”。据《唐会要》记载，吐蕃王弄讚赞普（Sron-btsan Sgampo）请唐高宗（公元 650—683 年在位）派遣造纸笔工人。可见中国的毛笔至晚在七世纪已经输入西藏了。古时汉语的-t 尾许多中亚语都用-r 来对，所以 pir 恰是古代汉语 piĕt 很精确的对音。

丝——我国养蚕缫丝事业发达甚早，技术很高。按历史的记载可以知道大概在三世纪时就已经传到日本，五世纪时就传到了印度，而后又传至世界各国。现代印欧语言里关于“丝”的读音，如英语读“silk”，中世纪英语作“silk”或“selk”，它是从盎格鲁撒克逊语“seolc，seoloc”演变来的；和与古北欧语“silki”，瑞典语“silke”，立陶宛语“szilkai”，俄语“shelk”，拉丁语“serimn，sericus”，希腊语“sēres，sērikos”都有关系。而这些词语都是与古汉语“丝 si̯og”有关，可以说是汉语里借去的。

茶——“茶”在中古时期被借去的一个汉语词，相传印度一和尚菩提达摩（Bodhidharma）曾喝了中国茶，使他精神百倍，达到九年不睡的故事。后来，更加频繁地被荷兰、爪哇、法国、丹麦等国家所应用，而且在他们的日常生活中促进了许多新词的产生。

唐家子——为突厥语所借去。从材料上看,这个词最早出现在七世纪突厥的碑文里,写作“Tabghač”。“Tabghač”一词据学者们的研究,认为是“唐家子”的对音。当时是作为中央西亚人用来称中国的。《长春真人西游记》卷上:“九月二十七日至阿里马城……土人呼果为阿里马,盖多果实,以是名其城……土人惟以瓶取水,戴而归,及其中原汲器,喜曰:‘桃花石诸事皆巧。’桃花石谓汉人也。”(见罗常培《语言与文化》)

拔河——“拔河”是日本所借去。“拔河”是一种拉大绳的游戏。唐《封氏闻见记》:“拔河古谓之牵钩,襄、汉风俗,常以正月望日为之。相传楚将伐吴,以此教战。古用篾缆,今民则用大麻絚(即绳),长四五十丈,两头分系小索数十条,分二朋(帮也),两相齐挽,当大絚之中,立大旗为界,震鼓叫噪,使相牵引,以却者为胜,就者为输,名曰‘拔河’。”

道具——“道具”原为我国翻译佛经的用语,日本语的“道具”字作“ダウグ(dōgu)”从汉语中借去的。《释氏要览》说:“道具,《中阿含经》云:‘所蓄之物可资身进道者,即是增长善法之具。’”《菩萨戒经》说:“资生顺道之具。”《天台别传》说:“衣钵、道具,分为两分。”可见日语被用来指工具和作业的必需器物品,又源本于此。这一词语何时借去不可考,大概说来是中古唐的时候吧。

石炭——日本人称“煤”为“石炭”,是从汉语借去的。《宋史・陈尧佐传》说:“徙河东路,以地寒民贫,仰石炭以生,奏除其税。”《水经注・漯水》说:“山有石炭,火之,热同樵炭也。”《豫章记》说:“(建城)县有葛乡,有石炭二顷,可燃以爨。”这个词什么时候借了去不可考。

经济——日语译作“keizai”,是从汉语里借去的,日本人谓凡人类利用财富满足其欲望的作“经济”。《宋史・王安石传》:“以文章节行高一世,而尤以道德经济为己任。”《文中子》:“皆有经济之道。”日语的词义已经有了引伸。

社会——日语译作“shakai”，是指商业组织。《东京梦华录》：“八月秋社，市学先生预敛诸生钱作社会。春社重午重九，亦是如是。”《梦粱录》：“安排社会，结溥台阁，迎列于道。”《二程全书》亦书“乡民为社会”之语。《贞观画史》：“《田家社会图》，史道硕画。”日语词义有了引伸，该词大概在宋时从汉语里借了去。

挨拶——日语借自汉语，汉语原义是人众拥挤的意思。如葛长庚文：“其时士庶挨拶。”日语意义作为表示两人相见时所说的“相见之辞”，或作为寒暄、客套。至于该词什么时候被借去，是很难考定了。

三、基本词汇的继承和发展

汉语的基本词汇在上古时期大部分已经形成了，基本词汇的稳固性强，一直发展和巩固下来，当然基本词汇也随着社会的发展变化而在发展变化着，不断地丰富着。

（一）基本词汇的继承

上古形成的基本词汇，中古时期将它们绝大部分都继承下来，“话本”是中古较晚的作品，以它为代表。

关于继承上古自然现象方面的基本词汇，例如：

风、云——“风云之气未衰。”（《警世通言》卷十二）

火——“范汝为情急，放火自焚而死。”（《警世通言》卷十二）

天——“只听得背后喊声震天。”（《警世通言》卷十二）

山——“那溃兵如山而至，寡不敌众。”（《警世通言》卷十二）

其他如：雨、电、冰、霜、雪、星、露、土、地、日、月、海、江、河、草、木、石、花、鱼、鸟。

关于继承上古肢体方面的基本词汇，例如：

心——“徐信动了个恻隐之心。”（《警世通言》卷十二）

口——“妇人口渴。”（《警世通言》卷十二）

眉、眼——“妇女低眉下眼，那个在意。”（《警世通言》卷十二）

手——“手拿象板，立于筵前唱起。”（《警世通言》卷十二）

其他如：耳、身、鼻、臂、面、齿、指……

关于继承上古方位和时令方面的基本词汇，例如：

冬——“是年冬，高宗命韩靳士讳世忠的……”（《警世通言》卷十二）

日——“一日，冯公与夫人商议。”（《京本通俗小说》）

年——“光阴荏苒，不觉两年。”（《清平山堂话本》卷一）

后——“退入后堂，再不出来。”（《警世通言》卷七）

东、西——“兵火之际，东逃西躲。”（《京本通俗小说》）

其他如：南、北、春、夏、秋、前、上、下、左、右、里、外、岁、月、夜、时……

关于继承上古亲属名称方面的基本词汇，例如：

父——“父女重逢，且悲且喜。”（《京本通俗小说》）

妻——“原来俊卿之妻，却是徐信的浑家崔氏。”（《警世通言》卷十二）

子——“我是刘添瑞之子安住的便是。”（《合同文字记》）

其他如：祖、孙、伯、叔、母、女、兄、弟、姊、妹……

关于继承上古生产方面的基本词汇，例如：

网——“万一为漏网之鱼，苟延残喘。”（《警世通言》卷十二）

猪、羊——“猪羊进入宰生家，一步步来寻死路。”（《古今小说》卷二六）

米、麦、蚕、牛、马、鸡、鹅——“金珠无数，米麦成仓。蚕桑茂胜，牛马挨肩，鸡鹅鸭鸟，满荡鱼鲜。”（《快嘴李翠莲记》）

其他如：耕、种、锄、田、渔（渔夫）、禾、苗、谷、稻、秧、黍、粱……

关于继承上古物质文化方面的基本词汇，例如：

刀——“希周慌忙抱住，夺去其刀。”（《警世通言》卷十二）

书——"读书学礼。"(《清平山堂话本》卷一)

房——"不出僧房,我与你同去问他。"(《警世通言》卷十二)

门——"那汉还站在门首,依依不去。"(《警世通言》卷十二)

衣——"单衣蓬首,露坐于地上。"(《警世通言》卷十二)

其他如:宫、殿、宝、冠、裙、巾、床、席、戈、矛、剑、车……

关于继承上古其他方面的基本词汇,例如:

寒、暖——"忽至春末夏初,天气不暖不寒,花红柳绿之时。"(《喻世明言》卷二十六)

论——"讲论只凭三寸舌。"(《小说引子》)

见——"约莫没有见。"(《小说引子》)

深、浅——"秤评天下浅和深。"(《小说引子》)

其他如形容词:大、小、善、恶、高、低、美、丑……动词:走、跑、击、掘、杀……

(二)基本词汇的发展

基本词汇的发展表现为两种方式,一种是新词的产生,一种是保留旧词同时创造与旧词同义的新词,以及旧词灌新义。把这种放在一起谈。

关于亲属称谓方面:

丈人——"独称妻父曰丈人,自柳宗元呼杨詹事为丈人始。"(《鸡肋篇》)《通俗常言疏证》:"按此说非也,丈人之称,始于南北朝,非始于唐也,考裴松之注《三国志》,献帝舅车骑将军董承,注云,古无丈人之名,故谓之舅,则是南北朝已称丈人也。"

叔、伯——上古"伯""叔"已经出现,意义与以后不同,"伯"是老大,"叔"是老二,"伯""叔"有时指长幼。到了中古"伯""叔"方单独用来代替"伯父""叔父",例如:

诸姑伯叔，犹子比儿。（梁周兴嗣《千字文》）

伯既如此，无心独存。（《南史》）

哥——《说文》"哥，声也。从二可，古文以为歌字"。这和"哥哥"的"哥"字没有关系。从唐代起，"哥"字开始在口语里代替了"兄"字。例如：

岐王等奏之云："邠哥有术。"（《旧唐书·邠王守礼传》）

帝呼宁王为宁哥。（《酉阳杂俎》）

上幸宁王第，叙家人礼……上曰："大哥好作主人。"（张九龄《勒赐宁王池宴诗序》）

弟兄二人姓刘，哥哥名刘添祥，年四十岁，妻已故；兄弟名刘添瑞，年三十五岁。（《合同文字记》卷一）

兄弟代替弟。

亲家翁、亲家公始见于《隋书》：

刘金驎……呼定兴作亲家翁。（《隋书·房陵王勇传》）

帝览之泣曰："吾宗社几倾，赖亲家公而获全耳。"（《隋书·李浑传》）

亲家、亲家母——"嵩子衡，尚新昌公主，嵩妻入谒，帝呼为亲家。"（《新唐书·萧瑀传》）

《通俗常言疏证》按："又亲家母，见《五代史补》，按唐时只称女之姑为亲家，至五代始称为亲家母也。"

北方方言发展起来的称谓词，例如：

婆婆——"小娘子道：'不识婆婆。'"（《喻世明言》卷三十五）

老公——“我是你姑姑，自从你嫁了老公，我家寒，攀陪你不着，到今不来往。”（《喻世明言》卷三十五）

媳妇——“我有个女孩儿，刘二哥求做媳妇，就今日说开。”（《喻世明言》卷三十五）

“话本”中其他如：“姑姑”“小老公”“小老婆”（“妾”）“浑家”等等。

其他方面的基本词：

太阳——“太阳”以及“太阴”早在上古就出现了，但是没有在全民语言中代替“日”的用法，只是“日”的一种别称。《说文解字》：“日，实也，太阳之精不亏。”《淮南子·天文训》：“日者，阳之主也……月者，阴之宗也。”后来“太阴”没有进入全民语言，取得基本词的资格；而“太阳”却进入了全民语言，取得了基本词的资格。“太阳”到了中古就开始普遍代替“日”的用法，例如：

王公曰：“使太阳与万物同辉，臣下何以瞻仰？”（《世说新语》）

若太阳下同万物，苍生何由仰照？（《晋书·王导传》）

天鸡警晓于蟠桃，踆乌晰耀于太阳。（李白《大鹏赋》）

葵藿倾太阳，物性固莫夺。（杜甫诗）

幸因腐草虫，敢近太阳飞？（同上）

愿君光明如太阳。（李贺诗）

脚——上古“脚”是指小腿，中古以后代替了“足”的用法。《说文解字》：“脚，胫也。”《释名》：“脚，却也，以其坐时却在后也。”上古的用法都作小腿用，例如：

羊起而触之，折其脚。（《墨子·明鬼下》）

乳间股脚。(《庄子·徐无鬼篇》)

擢项颐,结股脚,连雕尻。(《汉书·东方朔传》)

“股脚”连用,可见指的是“大腿”和“小腿”。到了中古,“脚”的意义转变了,代替了“足”,“足”逐渐离开基本词汇,“脚”作“足”的用法却进入了基本词汇。例如:

潜无履,王弘顾左右为之造履。左右请履度,潜便坐伸脚令度焉。(《晋书·陶潜传》)

这是“脚”代替“足”的一个典型的例子。

又过数日,妇人脚不痛了。(《警世通言》第十二卷)

鞋——上古“鞋”叫“履”,不叫“鞋”。《方言》:“履,其通语也。”到了汉代有一种皮做的“鞋”叫“鞵”。“鞵”和“鞋”是古今字。中古以后一般的鞋都叫“鞋”,不是皮做的也叫“鞋”,例如:

邺下一领军贪甚……坐事伏法,籍其家,麻鞋一屋……余财宝不可胜言。(《颜氏家训》)

白头厌伴渔人宿,黄帽青鞋归去来。(杜甫诗)

美人蹋上歌舞来,罗袜绣鞵随步没。(白居易诗)

竹鞋葵扇白绡巾,林野为家云是身。(同上)

划袜步香阶,手提金缕鞋。(李煜词)

桌——上古只有“几”“案”,没有“桌”,“桌”起源很晚,大约是在宋代,如:

咸平、景德中，主家造檀香倚卓。（杨亿《谈苑》）

“卓”与“桌”“棹”相同。

椅——上古只有“席”和“床”，没有“椅”。“椅”大约起源于宋代。（王力先生意见）

茶——唐朝开始有“茶”。（见陆羽《茶经》）例如：

石崖采芝叟，乡俗采茶歌。（韩偓诗）

采茶溪树绿。（温庭筠诗）

钞——宋朝开始用纸币，一开始叫“钞引”，等于现在的汇票。后来“钞”成了钱币的通称。

草市——唐代商业的兴起，出现一种买卖的市场叫“草市”。例如：

草市迎江货，津桥税海商。（唐王建《汴路即事》）

草市寒沽酒，江城夜捣衣。（宋陆游《村居》）

《水经注》中“肥水注”有“草市门”。

（三）中古时期外来词汇进入基本词汇

佛教在汉朝就开始传入中国，以后佛教的词汇也随着传入中国，有的进入汉语的基本词汇，例如：

和尚——“和尚大情小节，一一都认了”“当日推出这和尚来，一个书会先生看见，就法场上做了一只曲儿。”（《话本》86页）“和尚”是印度梵语，佛教词汇。

佛——初译“浮屠”“浮图”“佛图”“佛陀”，最后简称为“佛”。

塔——初译“浮屠”（与“佛”同译名），但梵语为“窣堵坡”（或译“率都婆”），故简称为“塔”。

僧——梵语“僧伽”的简称。“僧伽”是和合的意思。

尼——梵语“比丘尼”的简称，原义是女子出家受具足戒者。男的称为“比丘”，就是和尚。

菩萨——全名是“菩提萨埵”，是“大觉有情”的意思。“有情”等于“众生”，即一切的人类和动物。

罗汉——“阿罗汉”的简称，意译是佛家圣者。

地狱——梵语“泥犁”的意译。

阎罗——鬼王的意思。

> 生为上柱国，死作阎罗王，斯亦足矣。（《隋书·韩擒虎传》）
>
> 关节不到，有阎罗包老。（《宋史·包拯传》）

还有些词深入到基本词汇，一般人现在已分别不出是外来词，例如：

世界——上古叫“天下”“宇宙”，以后“世界”变成了“天下”“宇宙”的同义词。“世界”最初的意义：“世为迁流，界为方位。汝今当知，东、西、南、北、东南、西南、东北、西北、上、下为界，过去、未来、现在为世。”（《楞严经》）

现在——上面说过“过去、未来、现在为世”，所以叫“三世”，表示时间的意思。“现在”本作“见在”，《论衡·正说篇》：“夫《尚书》灭绝于秦，其见在者二十九篇。”这里的“见在”只是“目前存在”，和佛经“现在”的意不同，利用它来翻译佛经意义就变化了，“现在”就有了新的意义。

因果——上古“因”“果”是两个词，利用它们来译佛经就变成了一个词了，有了新的意义“因果报应”。

结果——由“结成果实”引伸为“原因所造成的后果”。“结果”是“因果”而来的。

庄严——上古“庄”“严”是两个词，像“因果”一样，以后变成一个词了。《阿弥陀经》：“功德庄严。”《华严探玄记》：“庄严有二义，一是具德义，二交饰义。”不过以后用的意义，与佛经用的意义不相同。

法宝——佛教以“佛”“法”“僧”为三宝。“法宝”是三宝之一。

圆满——晋朝译《华严经》：“显现自在力，演说圆满经。”“圆满”是圆融无碍的意义。

其他如：念、因缘、魔鬼、方便、平等、毕竟、信心、信仰、慈悲、真相、忏悔、妄想、导师、烦恼、转变、一刹那……

四、口语词汇的发展

上古时期书面语言最初是在口语基础上发展起来的，后来逐渐离开口语，到了六朝开始出现一种新的书面语言，这种新的书面语言发展到宋朝便成熟了，也就是现代“白话”的来源。这条发展线索，罗常培和吕叔湘两位先生合作的《现代汉语规范问题》一文中阐述得很清楚。

> 汉语很早就有书面语言，这种书面语言必然是在口语的基础上产生的……但是在古代社会里，书面语言只是一部分受过教育的人的交际工具，这就很容易使它与人民口语脱节；用来书写的汉字的特殊性质也起了一定的诱导作用。书面语言的规范和口语脱节的情形，《世说新语》等书和一些偶然留传下来的文件透露了一点消息；唐朝和尚的语录以及保藏在敦煌石室里的民间文学作品把它暴露得更加清楚。一种新的书面语言开始出现，到了十二、十三世纪就有了相当多并且相当纯净的作品：“语录”（禅家和理学家的），外交使臣纪录（如保存在《三朝北盟会编》的），“诸宫调”“话本”，以及许多笔记小说里记下来的片段对话。这种新的书面语言和旧的书面语言，用后世所起的名称说就是“白话”和“文言”，虽然也互相影响，但基本上是分道扬镳，各有应用的范围。这“白话”就是我

们现在的民族共同语的来源。

中古时期口语的发展可以分成三个时期来谈,第一个时期是魏晋六朝时期,第二个时期是唐朝时期,第三个时期是宋朝时期。

(一)魏晋六朝口语词汇的发展

这个时期像上面所说的,露出了一点苗头,一种新的书面语还没有形成,只是在文言文的作品中有接近口语词汇的现象,《世说新语》基本上还是文言文,不过与那些严重脱离口语的骈文比较起来,还是要好懂些。随便举一段看看。

> 陈仲举言为士则,行为世范,登车揽辔,有澄清天下之志。为豫太守,至便问徐孺子所在,欲先看之。主簿白群情欲府君先入廨,陈曰:"武王式商容之闾,席不暇暖。吾之礼贤有何不可!"(《世说新语·德行第一》)
>
> 周子居常云:"吾时月不见黄叔度,则鄙吝之心已复生矣。"(同上)

看起来比骈文容易懂,如:"行为""澄清"等明白易懂,比较接近口语。又如:"流泪""深广""男子""锄""菜"("园中锄菜")"依附""哭泣""神气""阿奴""挑"("后园挑菜")、早已、粉碎、一顿饭、平常、干饭、分别、礼拜、债主、门地、瓦屋、邻居、衣服、水牛、鹊子、牛屋、床办、竹片……接近口语的词汇比较多,从整个文章看也是容易懂的,尽管保留好多文言成分。又如:"如万顷之陂,澄之不清,扰之不浊。其器深广,难测量也。"形式虽然是文言的,但不古奥,"清""浊""深广""测量"都好懂。

六朝民歌里的口语词汇，整理讲民歌都是口语词汇，但是经过文人加工，就不完全是口语词汇。民歌中保留的口语词汇是比较多的。例如：

郎、侬——《子夜歌》："天不绝人愿，故使侬见郎。""侬"是方言词。《续方言又补》："吴人率自称曰侬。""郎"在民歌中是常见的一个词。

可怜——《子夜歌》："婉伸郎膝下，何处不可怜。""可怜"是"可爱"的意思，民歌中常见。同时，"可怜"也作"怜惜"意思用，例如：《琅琊王歌辞》："公死姥更嫁，孤儿甚可怜。"今天"可怜"只保存"怜惜"意思，"可爱"意思消失了。

浮萍——《子夜歌》："素不知浮萍，转动春风移。""浮萍"，民歌习惯用作比喻。

辛苦——《子夜歌》："果得一莲时，流离婴辛苦。"

情人——《子夜四时歌・春歌》："情人戏春月，窈窕曳露罗裙。""曳"也是口语词。

莲子——《子夜四时歌・夏歌》："泛舟芙蓉湖，散思莲子间。"此地"莲子"不是"莲"之"子"而是指整个莲蓬。"子"是作词尾用。

野鸡——《子夜四时歌・秋歌》："秋爱两两雁，春感双双燕。雄鹰接野鸡，雉落谁当见。""野鸡"就是"雉"，上古叫"雉"，"野鸡"是后出现的。

帽——《读曲歌》："白门前，乌帽白帽来。白帽郎是侬，良不知乌帽郎是谁。""帽"在上古叫"冠"。"帽"是以后产生的口语词。

躞蹀——《读曲歌》："徙倚望行云，躞蹀待郎归。"

女儿——《采桑度》："蚕生春三月，春桑正含绿。女儿采春桑，歌吹当春曲。"此"女儿"不是儿女的"女儿"，而是一般年青女子的称呼。又如：《襄阳乐》："大堤诸女儿，花艳惊郎目。""女儿"与

“郎”相对。

袴——《安东平》:“吴中细布,阔幅长度。我有一端,与郎作袴。”上古没有“袴”这样的词。

前头、后头——《企喻歌》:“前行看后行,齐著铁裲裆。前头看后头,齐著铁鉅鉾。”这里“头”作词尾用,不是实词。当中“着”字也是口语词,至今还保存在吴方言里。

(二) 唐朝口语词汇的发展

唐朝和尚的语录,敦煌变文更加接近口语,先从整个文体来看,例如:

> 楚王太子,长大未有妻房。王问百官:“谁有女堪为妃后?朕闻:国无东宫,半国旷地,东海流泉溢,树无枝,半树死;太子为半国之尊,未有妻房,卿等如何?”大夫魏陵启言王曰:“臣闻秦穆公之女,年登二八,美丽迷人。眉如画月,颊似凝光,眼似流星,面如花色。发长七尺,鼻直颜(额)方,耳似珰珠,手垂过膝,拾指纤长。愿王出敕,与太子平章。侥如得称圣情,万国和光善事。”
>
> 遂遣魏陵,召募秦公之女。楚王唤其魏陵曰:“劳卿远路,冒涉风霜。”
>
> 其王见女,姿容丽质,忽生虎狼之心。魏陵曲取王情:“愿陛下自纳为妃后,东宫太子,别与外求。美女无穷,岂妨大道。”王闻魏之语,喜不自升(胜),即纳秦女为妃,在内不朝三日。(《伍子胥变文》)

当我们看“变文”时,觉得比《世说新语》好懂。从上文我们可以看出,用的词汇虽然好多是上古的,但是用的都是活下来的词汇,没有使用已死的词汇。例如,基本词:“树”“枝”“眉”“颊”“眼”“面”“鼻”“颜(额)”“耳”“手”“膝”“风”“霜”“国”“宫”“妻”等,又如“如”“似”“傥如”“和”都是活下来的古语词,没有陈腐的古语词。又如“美丽”“流星”“纤长”“召募”“如何”“珰珠”等是双音词,有的是由古语单音词发展来的,如“美丽”“召募”等。总之变文使用的词是接近当时的口语,绝大部分一直活到现在。

又如民间说唱形式的变文,《董永变文》:

人生在世审思量,暂时吵闹有何方(妨);
大众志心须净听,先须孝顺阿耶娘。
好事恶事皆抄录,善恶童子每抄将。
孝感先贤说董永,年登十五二亲亡。
自叹福薄无兄弟,眼中流泪数千行;
为缘多生无姊妹,亦无知识及亲房。
家里贫穷无钱物,所买(卖)当身殡耶娘。

这种说唱变文来自民间,语言很通俗,只是在口语的基础上稍为加工适应形势。其中好多的词汇在今天仍然活着,例如:“耶娘”“兄弟”“姊妹”“亲房”“暂时”“大众”“孝顺”“童子”“知识”“贫穷”“吵闹”“买”“眼中流泪”……几乎完全是口语词。

以上这些例子在变文中俯拾皆是,例如:“勾引”“商量”“骨肉”(“父母骨肉在堂内”)“娘子”“小孩子”“儿郎”“分付”……

这时口语词汇的发展,以“变文”为代表,其他文人作品也有反映,如《晋书》,特别是唐诗中运用了好多通俗的口语词汇。

《晋书》是唐朝房玄龄等撰。例如:

马(码)头——《地理志》:“武昌郡鄂县有新兴、马头。”

乡亲——《皇甫谧传》:“其后乡亲劝令应命。”

适意——《文苑・张翰传》:“张翰曰:‘人生贵适意耳。’”

其他如“长远”“地方”“家舅”“小女”“孤儿”“寡妇”“修行”“轻重”(“不知轻重”)、“安稳”“书生”“晚生”“麻油”……

杜甫诗中的口语词,例如:

高兴——“晚来高兴尽。”

打——“风急打船头。”

点——“穿花蛱蝶深深见,点水蜻蜓款款飞。”

其他如“亭子”“晚饭”“父老”“儿童”“妇女”……

白居易的语言更接近口语,他有个有名的故事,他努力学习人民语言,释惠洪《冷斋夜话》云:“白乐天每作诗,令老妪解之,问曰解否?妇曰解,则录之,不解则易之。”他的语言的确通俗易懂,例如:

> 新丰老翁八十八,头发眉须皆似雪……问翁臂折来几年,兼问致折何因缘?翁云贯属新丰县,生逢圣代无征战。……(《新丰折臂翁》)
>
> 玄宗末岁初选入,入时十六今六十……今日宫中年最老,大家遥赐“尚书”号,小头鞋履窄衣裳,青黛点眉眉细长。外人不见见应笑,天宝末年时世壮。(《上阳白发人》)

这些诗句是很接近口语的,如“鞋”,上古说“履”不说“鞋”,又如“头发”“大家”……

其他如:

慌忙——“荒(慌)忙为求情。”

快活——“谁知将相王侯外,别有优游快活人。”

（三）宋朝口语词汇的发展

中古时期口语词汇的发展，它的线索，六朝以《世说新语》为代表，唐朝以“变文”为代表，宋朝以“话本”为代表。“话本”是在“变文”的基础上发展起来的。现在叙述宋朝时期口语词汇的发展，总括谈一谈中古时期口语词汇发展的特点。

一种新的书面语言发展到宋“话本”可以说是已经成熟了，“话本”本身就是在民间“说话”（即“说书”）的基础上发展起来，编成书的时候，不过把口语稍加整理。《话本》的语言对近古小说影响非常大，《西游记》《水浒传》《红楼梦》等是在话本的基础上发展起来的。

“话本”的语言结构不论哪一方面和近代的“白话”文都很接近，录取一段，可以窥见词汇发展的全貌。

> 徐信虽然有三分本事，那溃兵如山而至，寡不敌众，舍命而走。但闻四野号哭之声，回头不见了崔氏，乱军中无处寻觅，只得前行。行了数日，叹了口气，没奈何只索罢了。行到睢阳，肚中饥渴，上一个村店，买些酒饭。原来乱离之时，店中也不比往昔，没有酒卖了；就是饭，也不过是粗粝之物。又怕众人抢夺，交了足钱，方才取出来与你充饥。

口语词汇发展的几个特征：

1. 最明显的一个特征，是虚词的发展，《话本》以前的虚词多数没有脱离文言虚词“之”“其”“者”“耳”“哉”“也”……《话本》里出现了大量的口语里的语气词，如“的”“了”“罢”……过去虽然也出现过，并不多。当然“话本”以及以后所有的“白话”文也继承了一部分有用的文言虚词。

了——“了”在变文就出现了，例如：《董永变文》：

直至三日复墓了，拜辞父母几田常。
所卖一身商量了，是何女人立门傍？
便与将丝分付了，都来只要两间房。

宋以前虽有，并不太多，到了宋朝就大量涌现出来了。《朱子语类》：

若只管说，不过一两日都说尽了。
过得此二关……便一节易似一节了。
公更添说与道为二物，愈不好了。
想得高山更上去，立人不住了。

《话本》里就更多了。上面举的一小段不过一百来字，就连用了六个“了”字。“了”字在“话本”里俯拾皆是：

将几件衣服与妇人穿了；同他在店中吃了些饭食，借半间房子，做一块儿安顿。

又过数日，妇人脚不痛了，徐信和他做了一对夫妻上路……徐信去充了个军校，就于建康城中居住。

少顷，吃了茶，还了茶钱出门。

吕中翊失散了女儿，无处寻觅，嗟叹了一回，只索赴任去了。

的——作领属用的，以及作语气词用的，例如《话本》：

虽然不是自己的老婆,年貌相仿佛。

以己度人道:“这妇人想也是遭难的。”

希周有祖传宝镜,乃是两镜合扇的。

问道:“适才赍公牒来的何人?”

郡王听罢,大喜道:“好诗!”问乙侍者:“廊下壁间诗是你作的?”乙侍者:“复恩王,是侍者做的。”郡王道:“既是你做的,你且解与我知道。”

他不是害什么心病,是害的相思病。

他的度牒也被追了,却那得钱来替你还府中!

先前说过的话,如何赖得?

张老跪复:“恩王,小的女儿没福,做出事来,其中屈了一个,望恩王做主!”

与“的”同义异体的“底”:

去枣槊巷口,一个小小底茶房。

罢——作语气词用,以及当“完了”用,例如《话本》:

有什么话就讲罢。

说罢,杨玉同娘子都去了。

想得:“就是两个夫子,缓缓而行也罢,只是少一个头口。没奈何,把一匹与江居坐,那一匹教他两个轮流坐罢。”

郡王听罢,大喜道:“好诗!”

荆公看罢,艴然大怒。

说罢,杨玉同娘都去了。

宴罢归来，恣游花市。

当日茶市方罢，相是日中。

那官人吃罢，看着王二道……

方才说罢，只见这和尚将着他浑家从寺廊下出来。

夫人道："恁地说，我也罢了。"

哩——

寻得下莫喜，寻不来莫怪，只是比往常一倍钱要两倍哩！（《京本通俗小说》）

殿直道："未要去，还有人哩！"（同上）

么——

荆公道："伺他来，要拜谒他么？"（《警世通言》卷四）

你肯拜我为哥哥么？我救你这一顿拳踢。（《清平山堂话本》）

撰得些利息来过日子，却不好么？（《合同文字记》）

2. 有词头词尾结构的词大量涌现。有词头词尾的词是口语的一个特征。

《话本》中词尾"儿"化的特别丰富。可见《话本》是在北方方言基础上发展起来的。

盘儿、馉饳儿——"等多时，只见一个男女托个盘儿，口中叫：'卖鹌鹑馉饳儿！'"（《喻世明言》卷三十五）

水滴儿——"待要写了付与浑家，正研墨，觉得手重，惹翻砚水滴儿，打湿了纸。"（《喻世明言》卷三十五）

篦儿——“那妇女把金篦儿去剔那蜡烛灯。”(《喻世明言》卷三十五)

简帖儿——“只因这封简帖儿,变出一本跷蹊作怪底小说来。”(《喻世明言》卷三十五)

镮儿——“包着一对落索镮儿,两只短金钗子。”(《喻世明言》卷三十五)

两口儿——“夫妻两口儿正在家里坐地,一个送封简帖儿来,与他浑家。”(《喻世明言》卷三十五)

词尾“子”字虽然就已经出现了,但是很少,“话本”里就大量地涌现出来,例如:

妻子——“我也在乱军中不见了妻子。”(《警世通言》卷十二)

娘子——“不知娘子意下如何?”(《警世通言》卷十二)

汉子——“那肆中先有一个汉子坐下。”(《警世通言》卷十二)

房子——“借半间房子做一块儿安顿。”(《警世通言》卷十二)

身子——“我一个身子被他骗了。”(《警世通言》卷十二)

《话本》中词尾“头”字也不少:

心头——“徐信心头火起。”(《警世通言》卷十二)

念头——“一时念头差了。”(《警世通言》卷十二)

势头——“玉梅见势头不好。”(《警世通言》卷十二)

3. 人称代词的发展变化。第二人称代词“你”和第三人称代词“他”都是产生于唐,广泛使用于宋。由于口语中“我”“你”“他”的普遍运用,文言代词“吾”“汝”等就逐渐消失了。

> 你是官家儿女,掳劫在此,与你何干?韩元帅部下将士,都是北人,你也是北人。(《警世通言》卷十二)
>
> 天幸死了,出脱了你,你还想他怎么?(《警世通言》卷

十二）

凡族人不肯从他为乱者，先将斩首示众……贼党见他凡事畏缩，就他鳅儿的外号改做‘范盲鳅’，是笑他无用的意思。（《警世通言》卷十二）

生下他时，梦见一尊金身罗汉投怀。（同上）

《话本》里人称代词都是应用当时口语“我”“你”“他”复数加“们”，只有极少数地方用文言代词。

4. 口语词汇的发展也影响到基本词汇的发展变化。

单音向复音发展的，例如：

眉——眉毛

目——眼睛

鼻——鼻子

应道：“则是茶坊里见个粗眉毛、大眼睛、蹶鼻子、略绰口的官人，教把这封简子来与小娘子。”（《喻世明言》卷三十五）

这三个例子很典型，代表单音发展为双音的三个类型。

衣——衣服

穿了衣服入草舍。（《警世通言》卷十二）

哭——号哭

城中日夜号哭。（《警世通言》卷十二）

言——言语

奇怪！看他言语行步，好似建州范家郎君。（《警世通言》卷十二）

其他如：行走、探问、答应、寻觅、允许、道理……

不仅表现在单音变复音上，就是单音变单音，复音变复音也表现口语词汇的发展变化，例如：

食——吃

次早起来，吃饭罢。（《喻世明言》卷三十八）

足——脚

又过数日，妇人脚不痛了。（《京本通俗小说》）

夫妇——夫妻

徐信和他做了一对夫妻上路。（《金瓶梅词话》第四回）

其他如："首"——"头"，"闻"——"听"，"思"——"想"……

口语词汇的发展还表现在以下几个方面：方言词的使用，基本词汇的发展变化，词的结构的发展变化。这三个方面分开来谈，它们虽然独立成为一节或一章，应该把它们看作是中古口语词汇发展的一部分。

（四）口语的发展与方言的使用

口语词汇发展的另一个特征是方言词进入书面语言。考查是否是方言词，有的书面语里没有注的，现在只能从方言的形式和内容来识别，可能不正确。

宋话本里的方言词，例如：揲子——

这里安排车仗，从里面叫出几个人来，都着紫衫，尽戴花红揲子，推数辆太平车。（《喻世明言》卷三十三）

“揲子”是一种头巾。关于头巾，除了“揲子”这个名称外，还有一个比较普通的名字“盖头”，例如：

这小夫人着乾红销金大袖团花霞幢，销金盖头。（《警世通言》卷十六）

小姑姆姆戴盖头，伯伯替我做孝子。（《快嘴李翠莲记》）

将“揲子”和“盖头”加以比较，“盖头”比较常用，同时历史稳固性大，“揲子”以后就消失了。可见“揲子”是当时的方言词。馉饳儿——

等多时，只见一个男女托个盘儿，口中叫“卖鹌鹑馉饳儿”！官人把手打招，叫“买馉饳儿”。（《喻世明言》卷三十五）

“馉饳儿”和“馄饨”是一类的东西，“馄饨”当时已经有了，见《越言释》卷二：“见《广雅·玉篇》作‘腽肫’。”就是同一个《话本》的另一篇里也有“馄饨”（第143页）出现。同时根据词尾“儿”字，可见是当时的北方方言。

“尴尬”是方言词，现在仍然保留在吴方言里，这个词早已进入共同语了，在上古已经出现过了，一直巩固下来。

王七三官人道:“这个开酒店的汉子又尴尬,也是鬼了,我们走休。”兀自说未了,就店里起一阵风。(《二刻拍案惊奇》卷六)

宁家——“官府只得将僧可常追了度牒,杖一百,发灵隐寺,转发宁家。”(《警世通言》卷十二)又“沈昱并原告人,宁家听候。”(《喻世明言》卷二十六)“宁家”就是“回家”的意思,当时“回家”已经普遍使用,不用“回家”而用“宁家”,可见作者是受方言的影响。

头口——“就是两个夫子,缓缓而行也罢,只是少一个头口。”(《警世通言》卷四)

“头口”就是“牲口”。(见后注)

登东——“荆公见屋傍有个坑厕,讨一张毛纸,走去登东。”(《警世通言》卷四)

“登东”是到厕所去的意思。(见后注)

庵老——“马都头道:‘员外可知道庵老,原来你这般刷子。’”(《清平山堂话本》卷三)

注:“庵老”有老手、行家的意思。“刷子”,詈人的言语。

朴实头——“官人,你好朴实头。”(《清平山堂话本》卷三)

注:“朴实头”即老实头,质朴诚实。“朴实”是一个普通的词,加上一个“头”字,显然是方言词。

打话——“二人也不打话,一径且回。”(《喻世明言》卷二十六)

注:“打话”,说话。还有“打紧”都是北方方言词。“打紧”见《话本》第160页。

巴巴急急——“父子三人,正是衣不遮身,食不充口,巴巴急急,口食不敷。”(《喻世明言》卷二十六)

注:“巴巴急急”即巴巴结结,是勉强对付的意思。

重叠词是口语的一个特征,重叠词多数从方言口语中发展起来的。

巴得——"'……你到我家中,实把这件事说与我娘道。'万秀娘听道:'好!'巴得到家中。"(《警世通言》卷三十七)

注:"巴得",盼望到的。还有"巴不得"。

脚子门——"万秀娘移步出那脚子门,来后花园里,仰面观天。"(《警世通言》卷三十七)

注:"脚子门",即角门,在正门左右的旁边。

兀底——"方秀娘道:'哥哥,兀底便是劫了我底十条龙苗忠!'"(《警世通言》卷三十七)

注:"兀底",兀的、这个。

搋——"只见陶铁僧栾了四五十钱,鹰觑鹘望,看布帘里面,约莫没有人见,把那见钱怀中便搋。"

注:"搋"是偷藏东西在怀里。

兜答——"女儿诸般好了,只是口快,我和你放心不下。打紧他公公难理会,不比等闲的,婆婆又兜答,人家又大,伯伯、姆姆,手下许多人,如何是好?"(《警世通言》卷三十七)

注:"兜",含有利害的意思。

上面一段里好多是北方方言词,如:"打紧""公公""婆婆""姆姆"(丈夫的嫂嫂)。"话本"里北方方言词很多,其他如:"恁的""兀自""巴掌""村"(粗野)、"趱足""啅嗻""歇浪"(停止)、"摞"(击打)、"掿得"……

宋朝的《集韵》记载当时的方言,见《续方言又补》。例如:

拽——"拽,拖也,山东语。"

憔悴——"关中谓癯弱为憔悴。"

鼾——"鼾,卧息也,吴人谓鼻声为鼾。"

泪——"关中谓目汁曰泪。"

盂——"齐人谓盘曰盂。"

稞——“青州谓麦曰稞。”

籴——“关中谓买粟麦曰籴。”

飓——“越人谓具四方之风曰飓。”

蛇——“关中谓毒虫曰蛇。”

晋朝郭璞注扬雄《方言》，用当时方言中的双音词注《方言》的单音字，双音词是联绵词，例如：

《方言》：“慧，秦谓谩。”郭注：“言谩詑也。”

《方言》：“好，秦曰娥。”郭注：“言娥娥也。”

《方言》：“宋魏之间谓之嬴。”郭注：“言嬴嬴也。”

《方言》：“嫷，美也，南楚之外曰嫷。”郭注：“言婑嫷也。”

《方言》：“木细细枝谓之杪。”郭注：“言杪梢也。”

其他如：“般”——“般桓”，“牴”——“触牴”等等。

用双音词注单音字并加以解释，例如：

《方言》：“晋卫曰俺。”郭注：“俺悛，多意气也。”

《方言》：“浑，盛也。”郭注：“们浑，肥满也。”

《方言》：“憠，愧也，梁宋曰憠。”郭注：“敇憠，亦慚貌也。”

《方言》：“偍，幻也。”郭注：“偍，偕行貌。”

《方言》：“踊，力也。东齐曰踊。”郭注：“律踊，多力貌。”

《方言》：“自关而西秦晋之间凡细而有容谓之魏。”郭注：“魏魏，小成貌。”

《方言》：“僇，盛也。陈宋之间曰僇。”郭注：“僇侔，粗大貌。”

《方言》：“江淮之间曰泡。”郭注：“泡肥，洪张貌。”

郭璞用双音注单音，双音都是联绵词，单音是联绵词词素的一部分。如果这些双音的联绵词在郭璞当时不存在于方言之中的话，郭璞是没有办法知道汉朝扬雄时代的方言情况，可见郭璞注中的方言词是晋朝郭璞时代的方言词。当然这些联绵词在扬雄时代也已经存在于方言中，不可能扬雄时代都是单音词，到郭璞时代都发展成为双音词，扬雄受汉字影响，纪录方言以汉字为单位，古人词的概念不强。

郭璞注中有的虽然没有注明什么是当时的方言，但是我们推断是否是当时的方言，有的注中注明是当时某地方言，那就更加清楚了，例如：

《方言》："平原谓啼极无声谓之哓哴。"郭注："今关西语亦然。"

《方言》："掕，杀也。"郭注："今关西人呼打为掕。"

《方言》："凡物盛多谓之寇。"郭注："今江东有凫，其多无数，俗谓之寇凫。"

《方言》："秦晋之际，河阴之间曰𩜼饋，此秦语也。"郭注："今关西人呼欲饱为𩜼饋。"

《方言》："釥、嫽，好也。青徐、海岱之间曰釥，或谓之嫽。"郭注："今通呼小姣洁喜好者为嫽釥。"

《方言》："自关而东，河济之间谓之媌。"郭注："今关西人亦呼好为媌。"

我们从《方言》的郭璞注中，可以了解晋代方言的概况。上面只略举一部分例子，类似以上情形材料很多。

五、词义的变化

（一）词义与社会的关系

词是反映客观物质的，词的意义被客观物质所决定。斯大林说过："语言是直接与思维联系的，它把人的思维活动的结果，认识活动的结果，用词及由词组成的句子记载下来，巩固下来。"[①]我们人的思维活动是受着变化无常的客观事实所支配所决定，客观事实一旦失去了，我们人就立即停止思维活动，在人们实际的活动中，就不可能有语言的交际活动。所以说，词在反映物质世界时是随着物质的变化而变化，而且表现得极为敏感。

在人们认识客观世界的实践过程中，语言的词起着相当重大的作用。当人们要用概念（即反映概念的词儿）说明对象的实质，并把人们对对象的全部认识确定下来，作为词的内容——词义就可以帮助人们认识清楚对象，和把对象的本质认识确定下来。并且还能够帮助我们把这一些和那一些对象的本质即使只有丝厘的差别，还是能够把它们区别开来。由于词即它的内容——词义使人们获得对于客观事物的根据，反映客观事物的能力。

但是，客观事物是处于经常不断变化当中，这就引起人们对于客观事物的认识发生与它相适应的变化，这样就引起了反映客观事物的概念的变化、词的变化。在语言中，一方面，触角最敏感词，经常处于不断变化当中，大量的新词产生；另一方面，语言的创造者、使用者用简捷的方法，跟着客观事物的变化改变词的意义，达到反映的正确性。同时，客观事物在一定时期内有它的相对稳定性，这就规定了词儿在一定的历史范围内具有稳定的性质，也就是说，使词义具有一定的稳定性、巩固性。

词义的变化被客观事物所决定，因此在每一个历史时期的诸多变化，在词汇里头的反映就有新词的产生、旧词的死亡、词义转化等；反过来，我们也可从词汇上的变化看出某一个历史时期一般变化情况。譬如我们拿“爱人”这个词儿来说吧，解放前与解放后意义完全不同，解放后是作为未婚妻，或者指丈夫，或者指妻子。

中古时期，中间虽然有“安史之乱”和改朝换代的变化，一般的说来，生产力比较发展，人民的生活比较安定，这是可以从第一章里可以看到的，这种情况反映到语言中来，就使得新词产生和词的变化。例如在宋朝的时候发明了火药，这就使得人民生活中起了很大的变化，开头对一件事物认识不足，也不深刻，到后来由于火药的运用，有了新的认识，随着人的社会实践的深化，人们的认识更深入，了解得更透彻。举个例子来说：“爆竹”，《通俗篇》：“古时爆竹皆以真竹着火爆之。”是一种火著竹毕剥有声的东西，相传作为驱鬼之用。这个意义也就是它的本来意义。自从宋的时候发明了火药，觉到这种“以火著竹”不行，于是就用“纸卷火药加以药线”来充当爆竹，爆火发声。到这里“爆竹”的意义改变了，被一种加深了的新意义所代替。《瓮牖闲评》：“岁旦燎竹于庭，所谓燎竹者，爆竹也。”这里用的“爆竹”一词意义就是转化了的意义。中古时期商业经济是繁荣的，当时出现了大都市，出现了大小的各种市集，货物的卖买有一定的贸易手续，有一定经纪人管理市场，进行合理的贸易。例如“贾”这个词儿，最初的意义是作估定货物价格，以求进行贸易，是一种估价行为和货物价格没有分别的表示。表现着人们对这个词儿混然一体的认识，意思就是说人们由于社会发展的限制，对这个词儿不可能有充分的较明确的认识。如上古时代就表现了这种情况。《周礼》："商贾阜通货贿。"又："辨其苦良，比其小大而贾之。"后来，随着商业的发达，市场的繁荣，人们逐渐的在贸易卖买当中明了估价人、估价的行为和被估定出来的价值等概念，分清楚了，于是产生了新认识，这种新认识，就使得"贾"的意义开始分化。"贾"的词义分化在隋唐时就已经存在了。由于词义的分化，在词的形式上也发生了分化。人们把商贾的"贾"字作为"贾"，把货物价格写作为"格"。显然，这一个词义分明了。"钱"的出现，是因为工商业的发展，原来用实物交易、贝壳交易和其他等各样形式的交易都不能适应于工商业发展的需要，钱的出现就是弥补了这种需要，而改变了原始的、笨重的交易方式，"钱"在古代是一种进行农业生产的工具，犹如现在的钱铲，作划地除草之用。《诗经》："庤刀钱镈。"自从古时的农具作为交易的媒介，而后制作钱币以后，人们对于这个词的认识是慢慢深化的。再也不会作为一种农具的名称叫"钱"认识，而是作为通货来认识了。由于是钱的铸造使用金、银、铜决定钱的币值，一直到宋时使用纸币为止。这一历史的演变，不能不说人们对钱的认识过程中，在不断深化和改变的钱的意义本质也是不同的。

上面我们举例说明的，是就社会发展的情况来看词义的变化的。事实上词义的变化是复杂的，除了社会变化引起词义变化之外，由于人们彼此之间的交际，因交际的需要也促使词义发生变化。譬如在一定的条件下，此义变化到彼义用，以后稳定下来。如"风流"一词，原来的意义是表示流风余韵，即遗风教化的意思。《后汉书·王畅传》："士女沾教化，黔首仰风流。"《汉书·赵充国辛庆忌传赞》："其风声气俗，自古而然；今之歌谣慷慨，风流犹存耳。"这里的"风流"因为语言环境的关系，已经在开始变化，原来的"遗风教化”的意义在转化。《北史》:“金石可灭,而风流不泯。”这里“风流”一词有所变,但仍旧保留着原来的部分意义。到了以后由于交际的需要慢慢地意思深化起来,变化到具有品格的意义。如《三国名臣序赞》:“标榜风流,远朋管乐。”这里比原来的意义更加分野了。到了后来,却转化为具有风光荣宠的意义。如《世说新语》:“韩康伯门庭萧寂,居然有名士风流。”又如“官家”一词,原来是作为皇帝的专称。《湘山野录》:“五帝时是官天下,三王时家天下,兼有五帝三王之德,故称为官家。”花蕊夫人诗:“明朝腊日官家出。”到了后来,在交际过程中慢慢地转化为公家。白居易诗:“自此光阴为己有,从前日月属官家。”因为由皇帝是治理天下大事,为大家(事实上是为了自己)做好事情而来的。而且这点还具有泛称的指一般做官的人。这里从专称转化到泛指,在词的意义上自起了变化的。

在语言的本身,也存在着引起词义变化的原因:如语言中复合词的部分省略,而使得词义在一定程度上的变化,又如词的功能的影响要引起词义的变化。还有整个的词汇体系要影响到词义的变化等等。例如“我”作“己”用,“我”的意义改变了。韩愈《柳子厚墓志铭》:“诸公要人争欲令出我门下,交口荐誉之。”又如由原来的代名词转变成为表态副词。象庾信《哀江南赋》:“以鹑首而赐秦,天何为而此醉?”这个“此”的词性转变,在意义上引起了变化,否则代名词就只是代名词,绝无作表态副词的可能。又如“妖饶”一词,原来是佳美的意思。欧阳修《醉翁琴趣外篇·诉衷情》词:“歌时眉黛舞时腰,无处不妖饶。”又《少年游》词:“绿云双亸插金翘,年纪正妖饶。”王安石《北陂杏花》诗:“一陂春水绕花身,身影妖饶各占春。”但是作为“饶”的意义时,是发生了变化,不能作为“佳美”的意义,而变成“美好”的意义,虽然“佳美”和“美好”在实际运用中是差不多,几乎是没有多大差别,但严格的说来是有了变化,“佳美”要比"美好"意义更深一层。在我们日常生活运用能够区别这两种意义是有好处的。韩愈《次同冠峡》诗:"今日是何朝,天晴物色饶。"又《城南联句》:"书饶罄鱼茧,纪盛播琴筝。"杜牧《题吴兴消暑楼》诗:"晴日登攀好,危楼物象饶。"柳永《法曲献仙音》词:"惯怜惜饶,心性正厌厌多病,柳腰花态娇无力。"这里所有的"饶"都是"美好"的意义。甚至于"饶"有"让"的意义。李白《上皇西巡南京歌》:"柳色未饶秦地绿,花光不减上阳红。"未饶,就是未让的意义。李商隐《宋玉》诗:"楚辞已不饶唐勒,《风赋》何曾让景差。"这里饶和让互之,饶就是让的意义。辛弃疾《最高楼》词:"风流怕有人知处,影儿守定竹旁厢。且饶他,桃李趁,少年场。"这个"饶"也是让的意义。

另外象忌讳和委宛的说法,也能引起词义的变化。忌讳和委宛语是统治阶级所造出来的,这种现象的存在,是反映了统治阶级的腐朽思想,反人民的思想——严酷的阶级压迫和阶级分野的产物。我们举例来说:如"尿",《说文》:"尿,小便也。"可是有人把尿称为"前溲"。"前溲",《史记·扁鹊仓公列传》:"令人不得前后溲。"《索隐》:"前溲谓小便;后溲,大便也。"也有称作"小遗"。"小遗",《汉书·东方朔传》:"朔尝醉入殿中,小遗殿上。"颜师古注:"小遗者,小便也。"也有称作"旋","旋",韩愈《张中丞传后叙》:"巡起旋。"旋,小便。从这些名称上看来,我们不能不说是一种词义变化吧,这是由忌讳造成的。下面几个例子还是由委宛所造成的。如《国语·晋语》:"又重之以寡君之不禄。"曹丕《与吴质书》:"元瑜长逝,化为异物。"秦观诗:"辩才虽物化,参寥犹夙昔。"刘长卿诗:"抚存怜齿稚,叹逝顾身衰。"这里的"不禄""长逝""物化""逝"都是指死的意义。《南史·虞荔传》:"卿年事已多,气力稍减。"姚合诗:"归去知何日,相逢各长年。"这里的"年事多""长年"都是指老的意义。

我们从上面叙述得知,词义的变化是多种多样的,造成词义的变化的原因首先是由于社会的变化和发展，如果我们离开了这一原因来谈词义变化是毫无意义的。但是其他的几种原因也是重要的，缺少了这些条件，同样的也不能有其变化和发展。所以我们应该把词义的变化看成是诸多复杂的现象，是社会的产物也是语言的产生，正象语言离不开社会一样。只有这样，我们才能对词义的变化和发展有个明确的认识。

（二）词义变化的规律

语言是交际和交流思想的工具，随着社会的变化而变化。但是语言并不是机械地随着变化，而是受语言发展的内部规律所制约着的，按照着本身的要求于符合内部规律地变化，否则是不可想像。在词的意义变化上也是一样，有它按着内部规律的发展和变化。词义的变化规律有三个方面，即扩大、缩小和转化规律。下面我们分着来谈。

1. 词义的扩大

词义的扩大，就是概念外延的扩大，换句话说，就是缩小特征，扩大应用范围。词义的扩大是由人们对客观事物认识的深刻化和对客观事物作细致的分析所决定。这是因为人们在社会实践的工作中，丰富了知识和经验，对过去关于对象认识的片面性、不加分析提供了进一步认识的条件，从片面到全面，从不加分析到分析。于是反映在语言上就有了词义上的扩大变化。

江——“江”本来是专有名词，专指长江。《说文》：“江，江水。出蜀湔氐徼外岷山，入海。”《孟子·滕文公上》：“决汝汉，排淮泗，而注之江。”《墨子·鲁问》：“昔者楚人与越人舟战于江。”在上古的时候已经从专指长江的意义发生了变化，变成泛称的普通名词，象

《书经·禹贡》中就有所谓“三江”“九江”。后来索性在专有名词后面加上“江”字,如《史记·货殖列传》“浙江南则越”。这里“江”已经是泛指河流,成为河的通称。到了唐的时候,“江”的意义更进一步地扩大,如在杜甫诗中时常说到的“江山”,既不是专称,也不是泛指的普通词了。过去俗语说“江山好改,本性难移”就是很好的例子。“江山”指的是国家。

河——《说文》:“河,河水,出敦煌塞外昆仑山,发源注海。”是专指黄河。如《书经·禹贡》:“浮于洛,达于河。”《论语·子罕》:“凤鸟不至,河不出图,吾已矣夫!”《墨子·尚贤下》:“昔者舜耕于历山,陶以河濒,渔于雷泽。”它和“江”一样,上古时候意义已经发生了变化,而且在中古时候变成了河流的通称。《晋书·舆服志》:“横汾河而祠后土。”当作为“气吞山河”“河山锦绣”的“山河”“河山”意义扩大到完全与本义不大相关了。

脸——《说文》没有“脸”字。《集韵》:“脸,颊也。”《韵会》:“脸,目下颊上也。”“脸”所指的范围非常小,只是指面上擦胭脂的地方。梁简文帝《妾薄命》乐府:“玉貌歇红脸,长颦串翠眉。”陈后主《紫骝马》乐府:“红脸桃花色,客别重羞眉。”白居易《昭君怨》:“满面胡沙满面风,眉消残黛脸消红。”晏几道词:“轻匀两脸花,淡扫双眉柳。”晏殊词:“芳莲九蕊开新艳,轻红淡白匀双脸。”同时,“脸”的意义也有扩大的,有的倾向于指的面部。如韦庄《江州》诗:“十月醉眠金雁驿,临歧无恨脸波横。”到了《水浒传》三十二回:“那小喽啰把水直泼到宋江脸上。”脸有专指颊的,如“红脸”“玉脸”之类。亦有指面的,这一种变化不能不说是词义的扩大呀。“脸”扩大到指面部,是经过曲折过程的。先是由“脸”到“颊”后由“颊”的意义引伸到了面部的意义,才完成了它的变化使命。

头——“头”,是指人体的最上部分。由于词义的扩大,成为一般事物的先头和尽头的部分名称。如梁简文帝书:“安城王饷奴子一头。”《五杂俎》:“晋元帝谢赐功德净馔一头,又谢齐功德食一头。”以后这个词就干脆发展成为语助词,像“眉头”(骆宾王诗)、“鼻头”(白居易诗)。我们说,一个词的词性转化,在意义上是起了大变化的。原来实词现在变成了虚词素,原来是有意义的,现在只具有了语法意义,这样的一个变化过程,是可以作为词义扩大的过程,因为它从狭隘的意义变成广泛的语法意义,因而具有虚词素的性质。

琴——是一种古代的乐器。琴体是一个前部稍宽、尾部稍窄的长形,其上按五条或七条的琴弦,以手弹奏。以后时代里由于各种琴乐器的发明,这个词就由专称变化成泛称,指一切的琴乐器。《文献通考》:“唐文宗朝,女伶郑中丞,善弹胡琴。”这里的琴就是泛指的意义。

哭——《说文》:“无声出涕。”《玉篇》:“哀之发声。”这个词在以后发生了扩大意义的变化,不论是有声或者无声,都称作为“哭”。《邵氏闻见录》:“唐故事,天下有冤者,许哭于太宗昭陵之下。”

再——《说文》:“再,一举而二也。”是作为“二次”的意思。象“再醮”“再造”“再生”都合于这个意义。《书经》:“朕言不再。”《左传》:“一之为甚,其可再乎。”这个“再”,也是这个意义。到了唐宋时期“再”的意义扩大了,成了具有“复”的意义。

2. 词义的缩小

词义的缩小就是外延的缩小,换句话说就是扩大特征,缩小应用的范围。当人们在社会实践中生活中,积累起丰富的知识和经验之后,对于客观世界的认识是深刻的,只要有微些的变化就能很快地觉察得到,用非常正确的词加以反映这样深刻的认识。在语言中,在与社会变化相应的变化中,产生了大量的新词。但也有用变换词的意义来实现的。把原来概括得广泛的词意改造成能完全反映事物深刻变化的意义，词义的缩小就是这样地产生的。我们举例来看。

汤——“汤”，原来的意义是沸水或热水的泛指。《论语·季氏》：“见不善如探汤。”《楚辞·九歌》：“浴兰汤兮沐芳。”到后来在意义上起了变化，专指菜羹的汤，如唐人诗：“洗手作羹汤。”

老子——“老子”，在上古时期只是作为长老的自称，如《后汉书·马援传》：“诸曹时白外事，援辄曰：‘此丞、椽之任，何足相烦。’颇表老子，使得遨游。”又《后汉书·逸民列传·韩康传》：“使者欲奏杀亭长。康曰：‘此自老子与之，亭长何罪？’”到了中古时期，这个词的意义开始有了缩小，从长老的自称变为专指父亲。如《宋书·孝义传》：“骠亦请贼曰：‘儿年少自能走，今为老子不惜去。老子不惜死，乞活此儿！’”《老学庵笔记》：“予在南郑，见西陲俚俗谓父曰老子。虽年十七八，有子亦称老子。乃悟西人所谓‘大范老子、小范老子’，盖尊之以为父也。”

恶——“恶”，在上古时期作为“不好”解。如《论语·里仁》：“士志于道，而耻恶衣恶食，未足与议也。”《大学》：“如恶恶臭，如好好色。”《荀子》：“无国而不有美俗，无国而不有恶俗。”但是我们从陆机诗：“渴不饮盗泉水，热不息恶木阴。”和《西京杂记》：“宁逢恶宾，不逢故人。”的例中看来，可以清楚地认识“恶”的意义缩小了，改变了。

趾——“趾”，本作“止”，足也。《仪礼·士昏礼》：“皆有枕，北止。”郑注：“足也。”后来变了脚趾的意思，这样是由整个的脚缩小至于脚的一部分。

3. 词义的转化

就是一个词从这个意义转化到另外一个，或者引伸到另外一个意义。转化是人们在社会实践中对客观事物的认识需要产生的，它是一种运用原有词的意义基础上加以改造赋予新的意义，来正确反映客观事实。例如：

勤——“勤”，《说文》：“劳也。”这是它的本义。如《诗经·豳风·鸱鸮》：“恩斯勤斯，鬻子之闵斯。”《墨子·非命》：“今天下之君子之为文学、出言谈也，非将勤劳其颊舌而利其唇吻也。”到唐代以后，词义有了转化，如韩愈《进学解》说：“业精于勤荒于嬉。”这里除了勤劳的意义外，还有了持续而不间断的劳作的意义。

稍——“稍”，在上古时代是渐的意思。如《史记·信陵君列传》：“其后秦稍蚕食魏，十八岁而虏魏王，屠大梁。”另外还有廪食的意思。如《仪礼》：“惟稍受之。”疏：“以其稍稍给之，故谓米廪为稍。”在中古时期开始转化到“略微”的意义了。如《唐语林》：“弟感其言，为之稍节。”《资暇集》：“稍留心为学者，则妄穿凿。”《因话录》：“全姨有寡居者，持节入宫，妆饰稍过，上见之极不悦。”

回——“回”，上古时期作为转弯、环绕、运转的意义。如《离骚》：“回朕车以复路兮。”《墨子·辞过》：“凡回于天地之间，包于四海之内。”《荀子·儒效》：“图回天下于掌上。”这一个后来转化为回避的意义。如《汉书·赵广汉传》：“（广汉）见事风生，无所回避。”以后大约是在唐时吧，又转化为归的意义。如孟浩然诗：“谁道山公醉，犹能骑马回。”王翰诗：“古来征战几人回。”这个“回”的意义一直沿用到今天。

购——在古代“购”是悬赏征求的意思。如《汉书·项羽传》：“吾闻汉购我头千金。”《史记》：“购吴王千金。”到后来由于悬赏总以金钱作报酬这一意义上引伸为凡金钱收买称购的意义，到这里，这个“购”已经在意义上转化了。如苏轼《孙莘老求墨妙亭诗》：“吴兴太守真好古，购买断缺挥缣缯。”司马光诗：“栽培亲荷锸，购买屡倾橐。”欧阳修文：“而长安秦汉故都时时发掘所得，原父悉购而藏之。”“购”的这个意义就在那时起一直沿用到现在。

根——“根”是植物茎干最下部分，吸收营养之处，是植物生长的根茎和茎点。后来由植物的根茎的意义引伸为凡是事物的下部都叫“根”了。如庾信文：“云出山根。”苏辙诗：“舌根遗味轻浮齿。”

先生——我们根据《韩诗外传》知道：“古谓知道者，曰‘先生’。何也？犹言先醒也。不闻道术之人，则冥于得失，不知乱之所有，眊眊乎其犹醉也。故世人有先生者，有后生者，有不生者。”从韩愈的《进学解》里知道：先生一词的意义已经有了转化，成为教育者独尊之称，象“诸生弟子事先生，于兹有年矣”就是很明显的例子。

赏——《说文》：“赏，赐有功也。”《书经》：“赏延于世。”《周礼·地官·载师》：“赏田牧田。”后来转化为欣赏的意思。如《南史》：“知音者希，真赏殆绝。”又转化为玩赏、赞赏的意义。如陶潜诗：“奇文共欣赏。”

被——“被”本意是受、遭的意思，是一个实词。如《史记·魏其武安列传》：“身被数十创。”后来从实词的意义转化为虚词的意义即语法的意义。如《颜氏家训》：“父子并有琴书之艺，尤妙丹青，常被元帝所使。”

把——《说文》：“把，握也。”是个实词。如《战国策·燕策》：“臣左手把其袖。”到了后来，也发生了转化，从实词变化成为虚词。如李白《清平乐》：“应是天仙狂醉，把白云揉碎。”

活——“活”，本意是生的意思，与死相对。如《孟子·离娄》：“自作孽，不可活。”后来转化为“救死”的意义。如《庄子·外物篇》：“君岂有斗升之水而活我哉。”又转化为“活计”的意义。如《魏书·北海王详传》：“但令母子相保，共汝扫市作活也。”王建诗：“贫儿活计亦曾闻。”白居易诗：“休厌家贫活计微。”后来又转化为“生动”的意思。如杜牧诗：“雨余山态活。”

破——“破”，本义是坏损的意义。如《诗经·豳风·破斧》：“既破我斧，又缺我斨。”《后汉书·郭太传》：“甑已破矣。”《左传·

隐公三年》："淫破义。"疏："破为破散。"但是到后来，从原来的意义转化为几个意义。如"在"义。李贺《潞州张大宅病酒遇江使寄上十四兄》诗："系书随短羽，写恨破长笺。"这里的破的意义就是"在"的意义。如"得"义。皮日休《鲁望戏题书印囊奉和诗》："不知夫子将心印，印破人间万卷书。""印破"就是"印得"的意思。《宋百家诗》存穆修《江南春》诗："战回春色青蒲剑，买破韶光录荇钱。"这里的"买破"就是"买得"的意思。

鬬——"鬬"，本意是遇的意思。《说文》段注："凡今人云鬬接者，是遇之理也。周语：'谷雒鬬'谓二水本异道，而息相结合为一，古凡鬬接用鬬字。鬥争用鬥字。"后来由"鬬"的意义引伸为"趁"的意义。如元稹连昌宫诗："百官队仗避岐薛，杨氏诸姨车鬥风。"这里的"鬬风"就是"趁风""乘风"的意思。又如《花庵中兴词选》中康与之《瑞鹤仙·上元应制》："闹蛾儿满路，成团打块，簇着冠儿鬬转。""鬬转"是指云乱转的意义。

词的变化是复杂的，并不是始终不变的采取一种方式，而是交叉地进行。就拿中古时间来说吧，我们就以这段较长的历史演变过程中全面地看到，就发现了词义的变化常常是在几种方式的相续或交叉之下进行的。如"人"这个词从古到宋代为止的变化就经过了深化和变迁的方式。古人认为"有七尺之骸，手足之异，戴发含齿，倚而趣者谓之人"（《列子·黄帝》）。显然，中古时期对于人是不会有象上古时那样的看法。这是因为我们人在长时期的社会实践过程中，对人的认识经过了从肤浅到深入，从表面到本质的阶段，最后获得全面地合乎科学的认识了。下面举个例子来看看。

岁——"岁"的较古意义是指"岁星"。三国孙炎说："取岁星行一次也。"引伸指"一年的时间"，故用这来纪年，如"岁次××""岁在××"。又在这个意思基础上滋生出"五谷成熟"的意思来。如《左传·昭公三十二年》："如农夫之望岁。"这几个意思并存，当然是词义的扩大。后来“岁星”和“五谷成熟”两个意思逐渐和该词脱离了关系和消亡了。只有“年”的意义存在。这又是词义的缩小。后来把“年龄的单位”叫“岁”，这个用法可以说是在中古时期产生的。如《北史·柳遐传》：“髫岁便有成人之量。”把“岁”代为“年龄的单位”在词义上是一种转移。我们从“岁”这一个词上就看出了从本义到扩大、扩大到缩小、缩小到转移的这种复杂情况。因此我们对词义的变化不能是看成简单的，否则对我们理解词义的变化就会有影响，看得不深刻不全面难于明了意义。在日常生活中常有“望文生义”的笑话产生，就是不了解词义变化的复杂性缘故。

（三）词义变化的结果

从上面两节叙述里我们了解了词义为什么变化，和用什么方式来表现变化，那末变化的结果是怎样呢？表现一些什么情况呢？这一节里，就要说明这个问题。

词义演变的结果表现了多义词的产生、同义词的增加和在不消灭原来词的形式上产生了新的意义而原来的意义消失。下面我们分点叙述：

1. 多义词的产生

因为词义的变化而产生的多义词在性质上都是以原来的意义为基础，在这个基础上派生出许多的同义词。这一种现象是表明了人们在每一个历史时期里，基于人们彼此交际和交流思想的实践要求，是能够灵活运用语词来表达复杂变化的客观事实。也表明了在语言实践发展需要下，我们可以拿此事物的名称来称呼在某种意义上有联系的彼事物，并用既存的语词去表达与其原义相关的新概念，亦即反映复杂的客观事物变化的本身的相互联系。

例如：

开——“开”，原来的意义是“打开”。如《老子》：“天门开阖。”又：“善闭，无关键而不可开。”与它同义的则有“张开”。如《史记·信陵君列传》“公子诚一开口请如姬”。“开辟”，如《尔雅》：“开，辟也。”《旧唐书·贾耽传》：“孝武却地开边。”“放散开”，《长恨歌》：“春风桃李花开日。”李白《春夜宴从弟桃花园序》：“开琼筵以坐花。”“启行”，如《京本通俗小说》“将次开船”等等。在上面所列同义词中，“放散开”在中古的时期就已经出现了。

打——“打”，本意是“击”的意思。如《北史·张彝传》：“以瓦石击打公门。”由“击”的意义产生了与它同义的“及”，因为“击”是要目的物，目的物受击所致。这个新的意义在中古时期就已经存在，如丁谓：“赤洪崖打白洪崖。”

辛——“辛”，本意指十干之第八位。如《尔雅·释天》“太岁在辛曰重光，月在辛曰塞”这种意思，在它词义的演变过程里产生了“辛辣”“悲伤”“悲痛”等多义词。“辛辣”，《楚辞·招魂》：“辛甘行些。”“悲伤”，《白虎通·五行》：“辛所以煞伤之也。”“悲痛”，杜甫诗：“役役常苦辛。”李白诗：“自古多艰辛。”在这三个词中，“悲痛”已经在中古时期有了。

放——“放”，本义是“纵、逐”的意思。在中古时期有了几个意义，有“使”“有”。“使”，杨万里《春暖郡圃散策》诗：“倩谁留许春寒著，更放梅花住少时。”辛弃疾《鹧鸪天》词：“但将痛饮酬风月，莫放离歌入管弦。”黄庭坚《鹧鸪天》词：“人生莫放酒杯干。”这里的“放”都是“使”的意义。“有”，《太平乐府》九中睢景臣《哨遍·高祖还乡》：“有甚胡突处，明标著册历，见放著文书。”这里“放”是“有”的意义。

2. 同义词的增加

词义演变的结果，同义词是必然要产生的。在所产生的各个新意义之间彼此都是同义的，而所有的新意义也和原来的意义同义。意义相同就是指它们在反映客观事物的复杂性时，表现在它们之间的共同性，但也有它们之间的细致的差别性。它们都是人们在社会实践活动中对客观的复杂事物认识的结果，如果没有这一基础，同义词是不可能产生的。

饶——“饶”由于词义的变化结果，产生了“娇饶”“妖饶”“夭饶”等同义词，它们的意义基本上都是“佳美”的意思。如李商隐《无题》诗：“露花终裛湿，风蝶强娇饶。”温庭筠《柳》诗：“香随静婉歌尘起，影伴娇饶舞袖垂。”欧阳修《少年游》词：“绿云双亸插金翘，年纪正妖饶。”《花庵中兴词选》中吴子和《丑奴儿》词：“谩回首妖饶何处，眷恋无由。”晁端礼《水龙吟》词：“小桃一种夭饶，偏占春工用意。”

賸——“賸”即“剩”，有“真也”“尽也”“颇也”“多也”的意义。具有这些意义的词都是同义的。如岑参《送张秘书》诗：“鲈鲙剩堪忆，莼羹殊可餐。”“剩堪”就是“真堪”的意思。杜牧《代人寄远六言》诗：“賸肯新年归否？江南绿草迢迢。”“賸肯”就是“真肯”的意思。司空图《白菊》诗：“黄鹂啭后谁同听，白菊开时且賸过。”欧阳修《蝶恋花》词：“老去风情应不到，凭君剩把芳尊倒。”这里都是作“尽”解。杜甫《舍弟观赴蓝田取妻子到江陵喜寄》诗：“剩欲提携如意舞，喜多行坐白头吟。”陈师道《和黄生出游》诗：“賸欲登临强作欢，衣冠未动意先阑。”这里也是作“颇”解。王维《送张道士归山》诗：“人间若剩住，天上复离群。”柳宗元《种木槲花》诗：“抵因长作龙城守，剩种庭前木槲花。”这里也都作“多”解。

禁——“禁”的本义是“制之勿使为也”的意思。如《易经》：“禁民为非曰义。”以后这个词的意义发生的变化，产生了“当、耐、受”的新意义，具有这新意义的词都是同义。如杜甫《春水生》诗：“一夜水高二尺强，数日不可更禁当。”刘克庄《汉宫春》词：“而今零落，更禁当、多少风吹!”这里作“当”义解。陈允平《六丑》词:“更杜鹃院落黄昏近,谁禁受得。”这里作“受”解。《宋百家诗》存周弼《留题唐栖寺》诗:“香台穴碎逃秋蚁,古殿巢翻失暮鸦。惟有溪梅最禁耐,傍篱争发向阳花。”这里作“耐”解。“禁当”“禁耐”“禁受”都是由一个意义来的同义词。

许——“许”,本义是“听也、从也。”如《孟子》:“则王许之乎。”后来当它发展到副词时,意义也就变了,具有了“这样”“如此”的意思。由这个意义所产生的新词都是同义词。如“如许”“尔许”“能许”“宁许”“何许”“怎许”等。范成大《盘龙驿》词:“行路如许难,谁能不华发。”柳永《临江仙》词:“问怎生禁得如许无聊。”这里应作“如此”解。杜荀鹤《醉书僧壁》诗:“九华山色真堪爱,留得高僧尔许年。”毛幵《薄幸》词:“自见了生尘罗袜,尔许娇波流眄。”陆畅《惊雪》诗:“天人宁许巧,剪水作花飞。”葛长庚《沁园春》词:“相府如潭,侯门似海,那得烟霄能许高。”陆游《桃源忆故人》词:“试问岁华何许,芳草连天暮。”杨无咎《鹧鸪天》词:“风流意态犹难画,潇洒襟怀怎许传?”

3. 新旧义的更替

旧义消失,新义产生,仍保留原有的形式,在词义演变上产生这种情况是不多的,在语言实际演变中,总是以创造新词来反映客观事物的复杂性,但是这保留形和音而变其意义的词在某种性质上说,还是符合于语言的需要。

家——“家”,本义是人所居住的地方。《玉篇》:“人所居通曰家。”在中古时期,“家”除了它本义外,产生了与“价”相同的新意义,作为估量词,当“这般”“那般”讲。当我们在使用新的意义时,旧义是消失了。如李颀《题僧房双桐》诗:“谁能事音律,焦尾蔡邕家。”王安石《送张宣义之官越幕》诗:“谁谓贵公子,乃如寒士家。”

这里的“家”不是指蔡邕的家和寒士的家，而只是作为“如蔡邕这般”的和“如寒士这般”的。

看——“看”，当它从动词变为估量词时，在意义上发生了变化是无疑。当人们用着估量词的时候，已经抛弃了原来作动词的“看”的意义，只利用它的形和音。如杜甫《赠韦左丞》诗：“赋料扬雄敌，诗看子建亲。”李白《送别》诗：“看君颍上去，新月到应圆。”刘辰翁《花犯》词：“便把似一年春看，惜花花自老。”这里的“看”都作为估量词“料”的意义解。

“取”和“看”一样，是一个动词，本义是“收也，受也”的意思，但当它变为语助词时，原来的意义消失了，变成和语助词“着”和“得”一样性质的词。如武则天《如意娘》诗：“不信比来长下泪，开箱验取石榴裙。”李白《长相思》：“不信妾肠断，归来看取明镜前。”苏轼《雨中花慢》词：“不如留取十分春态，付与明年。”辛弃疾《水龙吟》词：“倩何人唤取，红巾翠袖，揾英雄泪。”当我们看上面的例子时，再也不会想到取的原来意义。

六、熟语的继承和发展

（一）成语的继承及其形成

成语最初出现的时候并非是成语，最初出现只是一般的词组或句子，以后经过人家普遍地长期不断地运用才形成成语，形式才稳固下来。上古有的成语已经形成了，有的只出现没有形成，经过中古的运用，上古已经形成的就更加巩固，未形成的开始形成，不断地得到巩固。中古时期继承的成语，例如：

疾风知劲草：《后汉书·王霸传》有“疾风知劲草”语，唐宋一直延用下来。

唐太宗诗：“疾风知劲草，板荡识荩臣。”

《宋书·顾恺之传》：“松柳异质，荞荼殊性，故疾风知劲草，严霸识贞木。”

天长地久：《老子·上篇》有“天长地久”语，唐乐府卢纶有《天长地久》词，白居易《长恨歌》：“天长地久有时尽，此恨绵绵无尽期。”

旁若无人：《史记》：“（荆轲与高渐离）歌于市中，相乐也，已而相泣，旁若无人者。”《晋书》：“（王猛见桓温）面谈当世之事扪虱而言，旁若无人。”

“四分五裂”这个成语上古已经形成了，中古把它巩固下来。

《六韬·奇兵篇》:“四分五裂者,所以击圆破方也。”

《史记·张仪列传》:“此所谓四分五裂之道也。”

又

《汉书·邹阳传》:“四分五裂之国。”

中古沿用下来。

《三国志·魏书·司马朗传》:“此乃四分五裂,战争之地,难以自安。”

《北史·周法尚传》:“卒有不虞,四分五裂,腹心有事,首尾未知。”

“四分五裂”这个成语的形成一开始就比较固定,有的成语的形成由不固定到固定,如:“四通八达”最初它的形式不固定,有“四通五达”,还有“七通八达”,经过选择,“四通八达”固定下来了,其余淘汰了。

《子华子·晏子问党篇》:“齐之为国也……其涂之所出,四通八达,游士之所凑也。”

《史记·郦食其列传》:“陈留天下之冲,四通五达之郊也。”

《晋书·慕容德载记》:“滑台四通八达,非帝王之居。”

《五灯会元》:“子入处真实,得坐披衣,向后自看,自然七通八达。”

又如“覆水难收”一开始形式也不固定,有“反水不收”,有“覆水不收”,直到“水覆难再收”以后形式才固定下来。“覆水难收”这个成语起源于一个历史故事。

《鹖冠子》:“太公既封齐侯,道遇前妻,再拜求合,公取盆水覆地,会收之,惟得少泥。公曰:‘谁言离更合,覆水定难收。’”

“覆水难收”这个成语的形成从内容上说是来源于这个历史故事,从形式说,只取这个故事当中不相连的四个字。以后人家运用这个历史故事说明道理,也就创造了不少形式,如:

《后汉书·光武帝纪》:"反水不收,后悔无及。"

《后汉书·何进传》:"覆水不收,宜深思之。"

李白诗:"雨落不上天,水覆难再收。"

长期运用,经过选择还是"覆水难收"比"反水不收""覆水不收"好,于是固定下来。成语的形成过程是曲折的,一开始人家并不把它当作成语看,不遵守什么形式,由于长期的普遍的运用,大家才自觉地遵守一定的形式。

成语形成的形式是多种多样的,有的改换一个字,有的将原来的颠倒过来,如:

朝不谋夕——《左传·昭公元年》:"(赵孟)曰:'吾侪偷食,朝不谋夕。'"

《晋书》载李密《陈情表》:"人命危浅,朝不虑夕。"得"谋"改"虑"。

根深蒂固——《老子》:"有国之母,可以长久,是谓深根固柢,长生久视之通。"

《晋书》:仆射王彪之曰桓温"居上流,已割天下之半。其弟复处西藩,兵权尽出一门,亦非深根固蒂之宜也。"后来颠倒过来,变成"根深蒂固"。("柢"与"蒂"通用)

千钧一发——《孔丛子》:"齐东郭亥欲攻田氏,子贡曰:'今子,士也,位卑图大,殆非子之任也。夫之一缕之任,系千钧之重,上悬于无极之高,下垂于不测之深,旁人皆畏其绝,而造之者不知,其子之谓乎!'"

韩愈文有"一发引千钧"语,以后形成"千钧一发"成语。

(二) 成语的发展

"中古时期成语的发展"这一节谈的是中古时期新的成语的产

生，有的这个时期还没有形成成语，以后才形成的，我们从现在追溯上去是在这个时期产生的。成语来源不一样，形式也不一样。

一是有的来源于历史故事，如：

望梅止渴：

《世说新语》："魏武行役，失汲道，三军皆渴，乃令曰：'前有大梅林，饶子，甘酸可以解渴。'士卒闻之，口皆出水。"

"望梅止渴"来源于这个历史故事，从形式上看，故事当中没有出现"望梅止渴"四个字连书在一起的字样，后人根据这个故事的意思概括成四个字："望梅止渴"，这个时候，这个成语面貌才正式出现，但是穷本追源要上溯到这个历史故事。从内容上看，成语"望梅止渴"的意义与故事中的意义不相同，故事的意义是本义，成语"望梅止渴"用的是比喻意义，同成语"画饼充饥"的意义相近。后人运用这个成语很普遍，元贾仲明《玉梳记》剧："你要我，便是望梅止渴。"《临川梦》剧："望梅思解渴，割肉借医疮。""望梅思解渴"是灵活运用成语的一种方法。

画饼充饥：

魏明帝诏卢毓曰："'选举莫取有名，名如画地作饼，不可啖也。'"成语"画饼充饥"来源于此。此最初用的就是比喻意义。

雪中送炭：

《宋史·太宗本纪》："淳化四年，雨雪太寒，遣中使赐孤老贫穷人米炭。"成语"雪中送炭"就是根据这个故事概括而成的。此地送的是真"炭"，成语是取比喻意义，比喻救助最困难之中的人。后人常用此成语：《范石湖集·大雪送炭与芥隐》诗："不是雪中须送炭，聊装风景要诗来。"又范有"雪中送炭"诗。后人多将"雪中送炭"和"锦上添花"相对而用。

胸有成竹：

苏东坡《文与可画筼筜谷偃竹记》："画竹必先得成竹于脑中，

执笔熟视，乃见其所欲画者，急起从之，振笔直遂，以追其所见，如兔起鹘落，少纵则逝矣，与可之教予为此。”成语“胸有成竹”根据“画竹必得成竹于胸中”组织成功的。来源地方是本义，成语“胸有成竹”是比喻意义，比喻事先满有把握，《病玉缘》剧：“他见识深远，谅有成竹在胸哩。”

落井下石：

韩文《柳子厚墓志》：“落陷穽，不一引手救，反挤之，又下石焉者皆是也……闻子厚之风，亦可以少愧矣。”成语“落井下石”来源于此，原来就是比喻意义。

草木皆兵：

《晋书》：“苻坚以轻骑兼道赴寿春，每与苻融登城而望，见晋师行阵齐整，将士精锐，又北望八公山，草木皆人形，曰亦劲敌也。”由原来“草木皆人形”变成“草木皆兵”，把整个故事的意思都概括进去了，形式上也像成语了。成语“草木皆兵”同成语“风声鹤唳”意义相近，也经常联用，取其比喻意义。

双管齐下：

郭若虚《图画见闻志》：“唐张璪，尤善画松，尝手握双管，一时齐下，一为生枝，一为枯枝。”成语“双管齐下”最初指的是真的两枝笔同时画画，以后比喻两件事情同时进行。

令人绝倒：

《晋书》：“王澄（字平子）……每闻玠言，辄叹息绝倒。故时人为子语：‘卫玠谈道，平子绝倒。’”以后人家形容感动得很，谓之“令人绝倒”。

司空见惯：

《唐宋遗史》：“刘禹锡罢苏州，过扬州帅杜鸿渐饮，大醉，归宿传舍，既醒，见二姬在侧，惊问之，乃曰：‘郎中席上与司空诗，因遣某来。’问何诗，曰：‘高髻云鬟宫样妆，春风一曲杜韦娘。司空见惯浑闲事，断尽苏州刺史肠。”

风声鹤唳：

《晋书》：（苻坚众号百万，列阵临淝水，（谢）玄以兵八千涉水）“坚众奔溃……弃甲宵遁，闻风声鹤唳，皆以为王师。”

一箭双雕：

《北史》：“共（突厥）游猎，留之竟岁，尝有二雕飞而争肉，因以箭两只与晟，请射取之。晟驰往，遇雕相攫，遂一箭双贯焉。”将“贯”改“雕”，概括成语来源的整个意义。

打草惊蛇：

《酉阳杂俎》：“王鲁为当涂宰，颇以资产为务。会部民连状诉主簿贪贿于县尹，鲁判乃曰：‘汝虽打草，吾以蛇惊。’”

傍若无人：

《晋书》：“（尚在王导座，作鸲鹆舞）导令坐者鼓掌击节，尚俯仰在中，傍若无人。”

名落孙山：

《文酒清话》：“周生与孙山同应试，托山探问得失，山得殿尾，而周不售，未便置答，即曰：‘解名尽处是孙山，余人更在孙山外。’”以后考试不取叫“名落孙山”来源于此典。

津津有味：

《南史》：“刘邕爱食疮痂，以为味似鳆鱼，尝诣孟灵休，孟先患炙疮，痂落席上，邕取食之，灵休大怪之。痂未落者悉褫以饴邕，遍体血出，而邕口角津津。”成语“津津有味”来源于此。

恒河沙数：

《弥陀经疏钞》：“恒河在西域无热河侧，沙至微细，佛近彼河说法，凡言多者常取为喻。”《大智度论》：“问曰：‘恒河中沙有几许？’答曰：‘一切算数所不能知，惟有佛及法身菩萨能知其数。一切阎提中微尘生灭多少，皆能知数，何况恒河沙？’”以后形容数目极其多谓之“恒河沙数”。

二是有的成语来源于寓言，例如：

黔驴之技或黔驴技穷：

唐寓言《黔之驴》：“黔无驴。有好事者船载以入，至，则无可用，放之山下。虎视之，庞然大物也，以为神。蔽林间窥之，稍出近之，慭慭然莫相知。他日，驴一鸣，虎大骇，远遁，以为且噬己也，甚恐。然往来视之，觉无异能者。益习其声，终不敢搏。稍近，益狎，荡倚冲冒，驴不胜怒，蹄之。虎因喜，计之曰：‘技止此耳！’因跳踉大㘎，断其喉，尽其肉，乃去。

噫！形之庞也类有德，声之宏也类有能，向不出其技，虎虽猛，疑畏卒不敢取，今若是焉，悲夫！”

三是有的成语来源于一般文人作品，例如：

目不识丁：

《新唐书·张弘靖传》：“天下无事，尔辈挽两石弓，不如识一丁字。”后人用作形容文盲或讽刺无知。

寄人篱下：

《南史·张融传》：“丈夫常删诗书、制礼乐，何至因循寄人篱下。”

中流砥柱：

《水经注》：“故破山以通河，河水分流，包山而过，山见水中若柱然，故曰砥柱也。”

势如破竹：

《晋书·杜预传》：“兵威已振，譬如破竹数节之后，皆迎刃而解。”以后“势如破竹”来源于此。《三国志演义》：“凭高视下，势如破竹。”

坐井观天：

《昌黎文集·原道》：“老子之小仁义，非毁之也，其见者小也。

坐井而观天，曰天小者，非天小也。彼以煦煦为仁，孑孑为义，其小之也则宜。”

牢不可破：

韩愈《平淮西碑》：“并为一谈，牢不可破。”

引人入胜：

《世说新语》：“酒正自引人入胜地。”

水落石出：

东坡《后赤壁赋》：“山高月小，水落石出。”成语“水落石出”非此本义，喻为真相毕露。

醉翁之意不在酒：

欧阳修《醉翁亭记》：“醉翁之意不在酒，在乎山水之间也。”成语“醉翁之意不在酒”非此本义，喻为表面在此而意在彼，由此及彼。

四是源于诗歌的成语。唐朝的诗歌繁盛，后人家传户诵，产生不少成语，例如：

更上一层楼：

“更上一层楼”这个人人传诵普遍使用的成语就是唐朝诗人王之涣的诗句《登鹳鹊楼》：“白日依山尽，黄河入海流。欲穷千里目，更上一层楼。”成语“更上一层楼”非此本义，借用比喻意义：百尺竿头，更进一步，不要满足。用现在的话说就是“跃进再跃进”。可见成语的本义和喻义是不相同的。

擒贼先擒王：

杜甫《出塞》诗：“射人先射马，擒贼先擒王。”

别有天地：

李白诗：“桃花流水杳然去，别有天地非人间。”

倾盆大雨：

杜甫诗：“白帝城下雨翻盆。”成语“倾盆大雨”的来源与此有关。陆游诗："黑云寒空万马屯，转盼白雨如倾盆。"

风吹雨打：

杜甫诗："不如醉里风吹尽，可忍醒时雨打稀。"

陆希声诗："风吹雨打未摧残。"

汪元量诗："风吹雨打并成空。"

雪上加霜：

鲍照诗："君不见冰上霜，表里阴且寒。"

《传灯录》："（伊禅谓大阳和尚）雪上更加霜。"

走马看花：

孟郊诗："春风得意马蹄疾，一日看遍长安花。"

成语的来源，除了来源于历史故事、文人作品和寓言外，还有的来自民间的口语，民间的谚语就是一种成语。谚语在第三节里谈，现在还谈一下成语形成的形式上的几个特点。

上面已经谈了一些，但不全面不系统。成语的形成，形式上由不完整而完整，有的是节缩的，有的是加以修改的，也有从原句中直接移用过来的。

一是原句是分散而节缩成成语的，例如：

一网打尽：

《宋史》载，苏舜钦监进奏院，循例祠神，以伎乐娱宾，王拱辰讽御史鱼周询举刻之，被斥者十余人，拱辰自喜曰："吾一举网尽矣。"把"吾一举网尽矣"一句话节缩成四个字成语"一网打尽"。

天涯地角：

韩愈《祭十二郎文》："不得与汝相养以生，相守以死，一在天之涯，一在地之角。"成语"天涯地角"由此节缩而成。后也有改成"天涯海角"。

袖手旁观：

韩愈《祭柳子厚文》："不善为断，血指汗颜，巧匠旁观，缩手袖间。”

唾面自干：

《新唐书》载，娄师德教弟耐事，弟曰：“人有唾面，洁之乃已。”师德曰：“未也。洁之，是违其怒，正使自干耳。”取上句“唾面”，取下句“自干”节缩成“唾面自干”。

鹤立鸡群：

《晋书》：“稽绍始入洛，或谓王戎曰：‘昨于稠人中始见稽绍，昂昂然如野鹤之在鸡群。’戎曰：‘君复未见其父耳。’”

窥见一斑：

《晋书》载，王子猷数岁时，尝见逸少门生樗蒲曰：“南风不竞，奈何？”门生曰：“此郎亦管中窥豹，特见一斑。”

衣钵相传：

《旧五代史》：“从此庙堂添故事，登庸衣钵亦相传。”

一视同仁：

韩愈《原人》：“是故圣人一视而同仁，笃近而举远。”

驾轻就熟：

韩愈《送石处士序》：“若驷马驾轻车，就熟路，而王良、造父为之先后也。”

一刻千金：

苏轼《春夜》诗：“春宵一刻值千金。”

摇尾乞怜：

韩文公《与韦舍人书》：“若俯首帖耳，摇尾而乞怜者，非我之志也。”

二是有的节缩带有创造，不像上面成语里的成分都出现，而只出现一部分，例如：

得陇望蜀：

《晋书·宣帝纪》：“魏武曰：‘人苦无足，既得陇右，复欲得蜀。’”

斩草除根：

《新唐书》："张柬之、桓彦范诛张易之、昌宗，而不杀三思，薛季昶曰：'去草不去根，终当复生。'"按成语"斩草除根"的成分只出现"草"与"根"两个字，后人根据"去草不去根，终当复生"的意思创造"斩草除根"的成语。

又如上面举过的例子"望梅止渴""画饼充饥"都带有创造，根据"名如画地作饼，不可啖也"创造成成语"画饼充饥"，根据魏武行役的历史故事概括成成语"望梅止渴"。

三是有的成语是经过修改和加工而成的。改动个别字，使成语具有普遍使用意义，例如：

仰人鼻息：

《三国志》："（韩馥欲以冀州让袁绍，长史耿武谏）曰：'绍孤客穷军，仰我鼻息，譬如婴儿在股掌之上，绝其乳哺，立可饿杀。"只将"仰我鼻息"的"我"字改成"人"字，使用的范围就广泛得多了，不局限于"我"，而可应用于一切"人"。

斯文扫地：

《新唐书》载，祭酒祝钦明于武后前作《八风舞》，转目摇头，备诸丑态，卢藏用叹曰："祝公五经扫地矣。"将"五经"改成"斯文"，使用的范围就广了。

四是有的修改是为了表意确恰和合乎口语习惯，容易明了。

将"觉我形秽"改成"自觉形秽"更合乎习惯。"觉我形秽"来源于《晋书·卫玠传》："骠骑将军王济……每见玠，辄叹曰：'珠玉在侧，觉我形秽。'"

五是有的修改将其次序颠倒过来，如：

"敢怒而不敢言"来自杜牧《阿房宫赋》："不敢言而敢怒。"

六是还有直接移用原句的，这类比较多。例如：

前面举过的例子"水落石出""更上一层楼""醉翁之意不在酒"

等等。其他如：

岂有此理：

《南齐书·虞悰传》："郁林废，悰窃叹曰：'王徐遂缚袴废天子，天下岂有此理耶。'"

牢不可破：

韩愈《平淮西碑》："并为一谈，牢不可破。"

虚有其表：

《太平广记》载，萧嵩草苏颋为相制云："国之瑰宝。"帝曰："岂可斥其父名。"掷其书于地曰："虚有其表耳。"谓嵩状伟而多髯也。

一刀两断：

《朱子语录》："克己者是从根源上一刀两断，便斩绝了。"

一日千里：

《后汉书补逸》："（同郡郭林宗）尝见（充）而奇之，曰：'王生一日千里，王佐才也。'"

一知半解：

《沧浪诗话》："有透彻之悟，有但得一知半解之悟。"

摧枯拉朽：

《晋书》："将军之举武昌，摧枯拉朽，何所顾虑乎？"

垂头丧气：

《新唐书》："计无所用，垂头丧气。"

五体投地：

唐《楞严经》："阿难闻已，重复悲泪，五体投地，长跪合掌。"

奴颜婢膝：

晋《抱朴子》："以岳峙独立者为涩吝疏拙，以奴颜婢膝者为晓解当世。"

(三) 谚　语

谚语是劳动人民生活和生产经验的总结,是人民口头习用的语言。在上古书面语言中就已经开始引用民间的谚语了。例如《孟子》:"夏谚曰:'吾王不游,吾何以休?吾王不豫,吾何以助?一游一豫,为诸侯度。'"《史记》:"鄙语曰:'利令智昏。'"《新书》:"鄙谚曰:'欲投鼠而忌器,此善谕也。'"又:"鄙谚曰:'前车覆而后车戒。'"

到了中古时期谚语更加发展了,内容丰富,范围广大,有劳动生产方面的,有日常生活方面的,有人情事理生活经验方面的,有反抗封建统治方面的,等等。

一是关于劳动生产方面的谚语,总结了生产的经验,观察气候季节,反映出劳动人民勤俭的品质。例如:

"早起三朝当一工。"(见宋楼钥诗)

"田怕秋旱,人怕老贫。"(陈后主引谚)

"桃三李四,梅子十二。"(宋陆佃《埤雅·释木》)"桃三",桃树三年便结果,余者类推。

"东家种竹西家笋。"《齐民要术》:"竹性爱向西南。引谚云:东家种竹,西家治地,谓其滋蔓而来生也。"此谚语又作比喻用。

"春无三日晴。"(《五灯会元》)

"五更侵早起,更有夜行人。"(《传灯录》)本义:你早,还有人比你更早。喻义:你行,还有人比你更行。

"长江无六月。"(《五灯会元》)

"冬至长于岁。"(《旧唐书》)

"触露不掐葵,日中不剪韭。"(宋罗愿《尔雅翼》)

《齐民要术》引谚:"智如禹汤,不如常耕。"又《说郛》:"耕而不劳，不如作暴。”

“鸡寒上距，鸭寒下觜。”宋陆游《老学庵笔记》：“淮南谚云：‘鸡寒上树，鸭寒下水。’验之皆不然。有一媪曰：‘鸡寒上距，鸭寒下觜耳。上距谓缩一足，下觜谓藏其味于翼间。’”

二是关于日常生活的谚语，包括男女爱情方面的谚语，例如：

“男大须婚，女大须嫁。”（《五灯会元》）

“教妇初来，教儿婴孩。”（《颜氏家训·教子篇》引俗谚云）现在谚语“三朝媳妇，月里孩儿”与此相近。

“落索阿姑餐。”《颜氏家训·治家篇》：“妇人之性，率宠子婿，而虐儿妇……谚云：‘落索阿姑餐’，此其相报也。”

“不痴不聋，不成姑公。”这个谚语从上古一直发展下来，到宋朝才定型。

周朝《慎子》：“不聪不明不能王，不瞽不聋不能公。”汉代《释名》：“充耳所以止听，故里语曰：‘不瘖不聋，不成姑公。’”晋张湛《列子·力命篇》注：“不瞽不聋，不能成公。”

《隋书·长孙平传》载，有告都督邴绍非毁朝廷者，帝将斩之，平谏曰：“……鄙谚曰：‘不痴不聋，未堪作大家翁。’此言虽小，可以喻大。”

《因话录》：“郭暧尝与升平公主琴瑟不调，主恚……尚父拘暧，诣朝待罪，上曰：‘不痴不聋，不作阿家阿公。’”

《宋书·庾炳之传》：“何尚奏曰：‘仲文尝言，不痴不聋，不成姑公。’”

“盗不过五女门。”（《后汉书·陈蕃传》引谚云）

“嫁鸡随鸡，嫁狗随狗。”

宋《埤雅》：“嫁鸡与之飞，嫁狗与之走。”以后运用发展下来，形成“嫁鸡随鸡，嫁狗随狗”。

欧阳修《代鸠妇言》：“人言嫁鸡逐鸡飞，安知嫁鸠被鸠逐。”灵活运用谚言。宋赵汝燧诗:"嫁狗逐狗鸡逐鸡。"陈造诗:"兰摧蕙枯昆玉碎,不如人家'嫁狗逐狗鸡逐鸡'。"诗里运用谚语,在形式上有所限制,所以有所改动。此谚语反映封建道德。

"外甥多似舅。"《晋书·何无忌传》《世说新语》、王维诗等皆运用此谚语。

"丑丑妇胜空房。"《东坡居士集》:"胶西先生赵明叔,家贫好饮,不择酒而醉。常云:'薄薄酒,胜茶汤;丑丑妇,胜空房。'其言虽俚,而近乎达。"

"情人眼里出西施。"《复斋漫录》所载宋时谚语。《复斋漫录》:"'情人眼里有西施',鄙语也,山谷取以为诗,其《答益公春思》云:'草茅多奇士,蓬荜有秀色。西施逐人眼,称心斯为得。'"

"美女不观灯,美男不看春。"(晋《闺范》注引谚)。

三是关于生活经验和人情事理方面的谚语,例如:

"千里送鹅毛,礼轻人意重。"《东坡集·以土物寄少游》诗:"且同千里寄鹅毛,何用孜孜饮麋鹿。"又《山谷集·谢陈适用惠纸》诗:"千里鹅毛意不轻。"又欧阳修诗:"鹅毛千里赠,所重以其人。"此谚语以后使用频繁。

"十个指头有长短。"(刘商《胡笳十八拍》)

"生姜是老的辣。"《宋史·晏敦复传》:"姜桂之性,到老愈辣。"

"甘蔗是老根子甜。"《晋书》载,顾恺之倒食甘蔗曰:"渐入佳境。"

"若要功夫深,铁杵磨成针。"宋郑思肖《百二十图诗集》:"骊山老姥磨铁杵,欲作绣针图。"这个谚语来自民间传说。

"兔儿不吃窠边草""鸬鹚不打脚下塘"。前者《全唐诗录》注是唐谚,后者与前者义近,亦唐谚。

"宰相肚里好撑船。"《水东日记》:"(杨戬)答诗云:'数点浮萍容不得，如何肚里好撑船。'"盖谚有之。

"三世长者方知穿衣吃饭。"《困学纪闻》："魏文帝诏云：'三世长者知被服，五世长者知饮食。'"以后有人将"长者"改为"仕宦"，违背民谚的本义。如《老学庵笔记》载谚云："三世仕宦方解著衣吃饭。"

"贫不学俭，富不学奢。"《意林·任子》："谚云：'富不学奢而奢，贫不学俭而俭。'人情皆能，惟圣人能节之。"《三国志·魏书·任城陈萧二王传》注："谚云：'贫不学俭，卑不学恭，'非人情也，势使然耳。"《新唐书·马周传》："里语云：'贫不学俭，富不学奢。'言自然也。"李滨《摭异记》："（李泌奏）引谚：'贫不学俭而俭自来，富不学奢而奢自至。'"

"若要好，问三老。"应璩诗："古有行道人，陌上见三叟。年各百岁余，相与锄禾莠。住车问三叟，何以得此寿？上叟前置辞，室中妪粗丑；中叟前致辞，量腹节所受；下叟前置辞，夜卧不覆首。要哉三叟言，所以能长久。"

四是关于反抗封建统治和反对剥削方面的谚语，例如：

"只许州官放火，不许百姓点灯。"冯梦龙《谭概》："田登作郡，怒人触其名，犯者必笞，举州皆谓灯为火。值上元放灯，吏揭榜于市曰：'本州依例，放火三日。'"此谚语来源于此。

"好官不过多得钱。"（《宋史》）

"杀人偿命，欠债还钱。"（李之彦《东谷所见》）

"一日不作，一日不食。"《传灯录》："（百丈怀海禅师）凡作务执劳，必先于众，主者不忍，密收作具而请息之……（师）既偏求作具不获，而亦忘食，故有'一日不作，一日不食'之语。"《野客丛书》："今俗鄙语……谓'一日不作，一日不食'，而《赵世家》曰：'一日不作，百日不食。'"

（四）成语的割裂和典故的滥用

中古文人在继承和运用古代成语方面有过贡献，使汉语文学语言得到了发展和丰富。但是，他们也曾割裂成语，堆砌典故，六朝以后形成一种风气。

割裂成语，例如：

“友于”本出自《论语·为政》：“惟孝友于兄弟。”这句话是说兄弟间的友谊，中古文人把这一整句话活生生拆开，从中抽出“友于”两个字代表这一整句话的意思，割裂成语好多类似这种情况。割裂使用“友于”的例子：

《后汉书·史弼传》：“陛下隆于友于，不忍遏绝。”

《文选》中丘迟《与陈伯之书》：“朱鲔涉血于友于。”

《晋书·孝友传序》：“夏方、盛彦，体至以驰芬；庾衮、颜含，笃友于而宣范。”

“赤也”见《左传·襄公三年》：“赤也可。”指羊舌赤。割裂用的：萧统《七契》：“斯乃赤也所以去鲁，孟尝所以出秦。”

“而立”来自《论语·为政》：“三十而立，四十而不惑。”以“而立”代替“三十”，苏轼诗：“侍者方当而立岁。”

又如“夫唱妇随”叫作“刑于之化”。

“刑于”出于《诗经·大雅·思齐》：“刑于寡妻。”刑，法也。“刑于寡妻”是“以礼法对待其妻”的意思。

又如：“夫妻恩爱”叫作“于飞之乐。”

“于飞”出于《左传·庄公二十二年》：“凤凰于飞。”

以上不管词的虚实，生硬地割裂开来。这还比较容易看出它的来历，下面的一种割裂就比较难以看得出它的来历。

上面是两个字连在一起的，下面割裂的是两个字不连在一起，从一句话里上下抽一个字合并在一起，来代表这句话的意思。例如：

《唐语林·政事上》："在具瞻之地，自有国容；居无事之时，何劳武备？"

"具瞻"断取于《诗经·小雅·节南山》："赫赫师尹，民具尔瞻。"

又《唐语林·文学》："嗟尔小子，亦克厥修。"

"厥修"断取于《诗经·大雅·文王》："无念尔祖，聿修厥德。"

又《剧谈录》："曝山椒之畏景，事等焚躯；起天际之油云，法同剪爪。"

"油云"断取于《孟子·梁惠王》："天油然作云。"

不仅割裂，而且堆砌，一句一典甚至一句数典，堆砌典故是六朝文人的通病。例如：谢惠连的《雪赋》中的一段就连用了六个关于"雪"的典故，炫耀他的"博学"。

"臣闻雪宫建于东国。"

"雪宫"取自《孟子·梁惠王》："齐宣王见孟子于雪宫。"

又："雪山峙于西域。"

"雪山"取自《汉书·西域传》："天山冬夏有雪。"

又："咏于来思。"

"来思"取自《诗经·小雅·采薇》："今我来思，雨雪霏霏。"

又："姬满申歌于黄竹。"

"黄竹"取自《穆天子传》："天子游黄台之丘……大寒，北风雨雪，有冻人。天子作诗三章以哀民曰：'我徂黄竹，……'"

又："曹风以麻衣比色。"

"麻衣"取自《诗经·曹风·蜉蝣》："麻衣如雪。"

又："楚谣以幽兰俪曲。"

"幽兰"取自宋玉《风赋》："为幽兰白雪之曲。"

割裂成语、堆砌典故的害处：不能表达意思，晦涩难懂，破坏语言的纯洁和健康，“总之，割裂的成语，和堆砌的典故，都是严重脱离人民口语的，是汉语文学语言史上的逆流”（参见王力《汉语史论稿》）。

七、词 的 结 构

汉语词的结构在上古时期,大抵已经形成了,后来发展的部分偏在重叠形式的增多和词头词尾的增加以及个别新的结构的产生(如名量结合的结构)。汉语词的结构的发展有两个特点:一个特点是复音节词愈来愈多,一个特点是上古已经形成的结构形式后来没有消失,只有增多没有减少。历史上形成的结构都巩固在现在现代汉语里。

中古词的结构的发展情况也正说明了这些的特点:中古复音词越来越多;上古已经形成的结构,中古全部继承下来;中古词的结构有新的发展。

(一) 单音词发展为复音词

单音词发展为复音词有好几种情况:一种以原来单音词为词素一部分,另外增加一部分;一种以另外一种复音词代替原来的单音词。

一是以原来单音词为词素一部分发展为复音词的(材料均见《清平山堂话本》)。

甲、两个近义的单音词发展为双音词的,例如:

寻觅　语言　缘故　答应　理会

探问　昏迷　听候　抛弃　召募

乙、以原来单音词为基础，加上描写和加上特征部分的词素，如：

眉毛　丈夫　父亲　母亲　清亮　头发

体态　恩宠　黄昏　功劳　响亮

丙、以原来单音词为词根加词头词尾的，例如：

妻子　鼻子　娘子　亭子

话儿　笠儿　松柯儿　纸包儿　阁儿

前头　后头　外头　心头　念头

枪手　老手　快手　水手　毒手

阿爷　阿爹　阿公　阿伯

老婆　老公

丁、单音词重叠的，例如：

爸爸　哥哥　弟弟　姑姑　看看　渐渐

二是以不相同词素的双音词代替单音词，例如：

目——眼睛　日——太阳　雉——野鸡　翌——明日

是——今日　何——什么　言——说话　忆——想起

（二）继承上古词的结构

上古词的结构，第一编已经谈了，中古对于继承上古词的结构部分，只略略说明一下，避免重复。略提一下，目的是为了说明，上古形成的以后就成了规律发展下来。

单纯词：蹭蹬　蹊跷　馄饨　鑣鑣　娄罗　齁齁　挣扎　嗑嗑　丁东　丁当　菩萨　和尚　一刹那

中古双音的单纯词（联绵词）好像没有上古来得多。

重叠词：中古重叠的形式比较复杂，有“AA”式，有“ABB”式，有“AABB”式等。

“AA”式：堂堂　淅淅　沨沨　霍霍

“ABB”式：死搭搭　勃腾腾　铁铮铮　干爆爆　黑窣窣　新镞镞　圆滚滚　出摎摎　冷湫湫　虚飘飘　乱董董　焦巴巴　屙漉漉　厚蛰蛰　硬绷绷

“AABB”式：零零碎碎　条条直直　稀稀疏疏　劫劫波波　蓬蓬勃勃

复合词：

一是联合式：

甲、同义并列的复合词：

轻盈　提拔　慌忙　处置　推敲

乙、反义并列的复合词：

举止　轻重

二是主从式：

甲、主谓式：花红

乙、动补式：惊动　熨帖　调停

丙、动宾式：喝采　盖头　动手　上学

丁、附加式：脚板　私房　门徒　手艺

复合词的联合结构和主从结构，除了主谓结构比较少外，其他的结构在中古时期都随着词汇数量的增多而发展，数量很多，只列举一二。

（三）中古接合词的结构

中古产生的结构，接合词的结构比较多一些，如词尾“子”“头”“手”“儿”词头“阿”“老”，虽然有的在上古就已经产生了，但是，它的发展还是在中古，例如：“子”“儿”等。

词头“阿”字的发展：

汉朝出现过“阿谁”“阿娇”，“阿翁”“阿堵”见《世说新语》。

阿耶娘——“大众志心须净听，先须孝顺阿耶娘。”（《董永变文》）

阿娘——“殡葬之日无钱物，所卖当身殡阿娘。”（同上）

阿郎——“所有庄田不将货，弃货今辰事阿郎。”（同上）

阿耶——“阿耶无大儿，木兰无长兄。”（《木兰辞》）

阿爹——“北方呼父曰阿爹。”（《续方言又补》注：“《通鉴·唐纪·德宗》注”）

阿公——“衢州视事际，有妇人姓翁陈牒论田产，称阿公阿翁在日。”（唐赵璘《因话录》）

其他如“阿伯”“阿兄”“阿浩”等。“阿”字都作称谓的词头。

词头“老”字：

老婆——“虽不是自己的老婆，年儿也相仿佛。”（《警世通言》卷十二）

老公——“老公又不要我，又无亲戚投奔，不死更待何时！”（《清平山堂话本》）

词尾“儿”字：

宋《话本》里的词尾“儿”特别丰富，如：

曲儿——“取出文房四宝，做了只曲儿。”（《清平山堂话本》）

水滴儿——“正研墨，觉得手重，惹翻砚水滴儿，打湿了纸。”（《清平山堂话本》）

简帖儿——“只因这封简帖儿，变出一本蹊跷作怪底小说来。”（《清平山堂话本》）

其他如“小厮儿”“松柯儿”“雌儿”“阁儿”“殡儿”“话儿”“镮儿”“两口儿”“一块儿”“篦儿”“纸裹儿”“山亭儿”“门儿”“纸包儿”“馈饳儿”“担儿”……

词尾“子”字：

上古词尾“子”就出现了，如“瞳子”“眸子”等。

中古有了发展，如：

崽子——“娈婉丱童及弱年崽子。”（《水经注》）

亭子——“郑县亭子涧之滨。”（杜甫诗）

面子——“相公握禁兵，拥大旆，独当一面，不领复恭意作面子耶。”（《旧唐书·张濬传》）

日子——“胡乱去开个柴米店，撰得些利息来过日子，却不好么？”（《清平山堂话本》第100页）

发展到宋话本时期，就屡见不鲜了，如：“蚊子”“揲子”“汉子”“身子”“房子”“妻子”“娘子”“膀子”“刷子”“龛子”“篾子”……

词尾“手”，如：

枪手——“载鲍，煜枪手文，亦谓代人作文也。”（《梦笔生花》）

老手——“老手王摩诘，穷交孟浩然。”（苏轼诗）

快手——“西将及能细直史快手，复有二千余人。”（《宋书·王镇恶传》）

水手——“吕梁、百步两洪湍浅险恶，多坏舟楫，由是水手、牛驴、捽户盘剥人等。”（《宋史·河渠志》）

毒手——“（谓李阳）曰：‘孤往日厌卿老拳，卿亦饱孤毒手。’”（《晋书·石勒载记》）

词尾“头”，如：

东头、西头——“士龙住东头，士衡住西头。”（《世说新语》）

前头——“天火忽然前头现，先生失却走忙忙。”（《董永变文》）

土馒头——“城外土馒头。”（王梵志诗）

外头——“娇声出外头。”（李白诗）

心头——“徐信心头火起。”（《警世通言》卷十二）

“知我心头痛。”（《警世通言》卷十二）

念头——“一时差讹了念头。”(《警世通言》卷十二)
势头——“玉梅见势头不好。”(《警世通言》卷十二)
手头——“手头有百十钱。”(《喻世明言》卷三十五)

近代汉语词汇

第三编

一、词汇的时代特征

从元代到五四运动，这一时期一共经过了600多年，包括元、明、清三个朝代，词汇的发展粗略地分，大致可以分成两阶段：第一阶段是从元代起一直到鸦片战争前，这561年中间，中国封建社会高度发展，在封建社会内部发展了资本主义因素，因此，必然反映到词汇上，产生了大量的新词。除资本主义性质的手工业急剧发展以外，还同时并存着不属于商品生产的封建性质的明代官手工业经济。政治上，经历了二次少数民族统治，因此在一些社会制度、文化方面都有特殊的词汇，由于异民族的统治，还出现了一些当时具体社会所特有的民族压迫的词汇。

第二阶段是从鸦片战争到五四运动，这期间中间社会面貌变化最大，中国社会从封建社会进入了半殖民地半封建的社会，在经济上由于帝国主义经济势力的侵入，出现了许多近代工业和半殖民地经济；在政治上，也动荡得很厉害，鸦片战争、甲午战争、八国联军、太平天国、戊戌变法、辛亥革命、五四运动，这些重大的社会历史事件，也对汉语的词汇发展起了决定性的影响。现在我们顺着时代首先从元代谈起。

（一）元代词汇的特征

元代是异民族统治的朝代，当时蒙古人统治中国后，虽不少承袭中国旧制，但也有很多官制，是蒙古人带来的，所以在名称上看来似乎都是外来译名。

达鲁花赤："达鲁花赤"元朝文献中经常碰到，《元典章》中就有二百余见，其别称很多，这是因为蒙文音译的缘故。《元朝秘史》有"达鲁合臣"，意译作"镇守官"。明叶子奇《草木子》云："元路、州、县各立长官，曰达鲁花赤，掌印信以总一府一县之治。判署则用正官，在府则总管，在县则县尹。达鲁花赤犹华言荷包上压口捺子也，亦犹古言总辖之比。"清赵翼《廿二史札记》蒙古官名条亦云："达鲁花赤，掌印办事之长官，不论职之文武大小，或路或府或州、县皆设此官。""达鲁花赤"是蒙古语 daruɣači 之对音。

札鲁忽赤：《元典章》中有"札鲁忽赤""札鲁花赤""札鲁火赤""劄鲁火赤"皆一语之异译也。《元史·百官志》云："国初未有官制，首置断事官曰札鲁忽赤，会决庶务，奸盗诈伪、蛊毒厌魅、诱掠逃驱、轻重罪囚，及边远出征官吏、每岁从驾分司上都存留住冬诸事，悉掌之。"《廿二史札记》"蒙古官名"条云："札鲁忽赤，《本纪》，太祖开创之初置此官，位在百司三公上，犹汉之大将军也，亦名断事官，得专生杀，故最尊，见忙哥撒儿及布鲁海牙传。"蒙古语 žarɣu（名词）义为"裁判""诉讼"，žarɣuči 义为"裁判者、断事人"，即为"札鲁忽赤"之对音。

怯里马赤：《元典章》有用"怯里马赤"，如译史怯里马赤"怯里马赤阿散"，亦有"怯烈马赤"例子如"怯烈马赤站班"。《草木子·杂俎篇》云："北人不识字，使之为长官，或缺正官，要题判署事及写日子，七字钩不从右七转而从左丬转，见者为笑。立怯里马赤，盖译史也，以通华夷言语文字。”《至元译语》“通事”作“乞里觅赤”。“怯里马赤”为蒙古语“通译官”之对音。

必阇赤：《元典章》中出现二十次。《元史·兵志》“宿卫”门云：“为天子主文史者曰必阇赤。”《元史语解》改译为“笔且齐”，解云“写字人也”。《至元译语》“秀才”之蒙译为“纳阑必阇赤”。《黑鞑事略》：“鞑人无相之称，即只称之曰必彻彻；必彻彻者汉语令史也，使之主行文书尔。”又云“管文书则曰必彻彻”。“必阇赤”为蒙古语 bičikči 或 bičigäči 的对音，此二语之意义皆为“书记”“秘书”“抄写人”。

怯薛：《元典章》有“怯薛”“怯薛歹”及“也可怯薛”诸名称。《元史·兵志》“四怯薛”条云：“太祖命其世领怯薛之长。怯薛者，犹言番直宿卫也。凡宿卫，每三日而一更。申、酉、戌日，博尔忽领之，为第一怯薛；即也可怯薛。博尔忽早绝，太祖命以别速部代之，而非四杰功臣之类；故太祖以自名领之。其云也可者，言天子自领之故也。亥、子、丑日，博尔术领之，为二怯薛。”又云：“若夫宿卫之士，则谓之怯薛歹；亦以三日分番入卫。”“怯薛”是 käšik 的意译，意为“有一部分者”或“应分者”。（以上材料取自翁独健《元典章译语集解》，见《燕京学报》第 30 期，页 279—288）

兵马司：“京师有兵马司，专理捕盗及斗殴等事。其制起于元世祖至元九年。改千户所为大都路兵马司，掌京城捕盗事。见《世祖本纪》。又《续通考》云：京南北有两兵司马，各至千人，每百户所中产者一人，充资发官，有纲运及流徙者主，则执兵导送，外此则不敢役，示专其捕盗职。”（见赵翼《陔余丛考》卷二十六“兵马司”条）

省：“今制分天下为各省，盖仍前明之制，而明则因元之旧也。元时诸路各设行中书省，是以有省之名。前明改行省为布政使司，而口语相沿不改，故犹称省耳。原省之名之所起，则本于汉，按《汉书·昭帝纪》,帝年幼,帝姊鄂邑公主共养省中。注:伏俨曰:蔡邕云:本为禁中,门阁有禁也,后以孝元皇后父名禁,故避之曰省中也。”(引文同上,卷二十七)一直到元代,“省”还作为一个官名而存在。如“中书省”“尚书省”至元代“中书省”诸官,不在京里,而分设于各路,所以又转移到各地方名称为省。

帽顶:“《辍耕录》记元大德间,有回回巨商卖红剌石一块于官,重一两三钱,直中统钞十四万锭,用嵌帽顶上,累朝皇帝正旦及天寿节大朝贺则服用之,又河南王卜怜吉歹尝郊行,天暖,欲易凉帽,左右捧笠侍,风吹堕石上,跌碎御赐玉顶,王不嗔责。”(同上,卷三十三)又《元史》“仁宗为皇太子时,淮东宣慰使撒都献七宝帽顶”。可见“帽顶”一词在元代已有。

九儒十丐:《谢叠山集》有《送方伯载序》曰:“今世俗人有十等,一官二吏,先之者贵之也;七匠、八娼、九儒、十丐后之者贱之也。”《郑所南集》又谓:“元制:一官、二吏、三僧、四道、五医、六工、七猎、八民、九儒、十丐。”“九儒十丐”后世常连用,说明元代的等级制度。

(二)明代词汇的特征

1. 社会制度名称

黄册:“黄册”一名“赋役黄册”,赋出于土田,役出于丁口,土田丁口皆归于户,黄册为总记土田丁口之户籍。其编制起于洪武十四年:“十四年诏天下府州县编赋役黄册。”(见傅维麟《明书》,《会典》所记更详)

鱼鳞图册:黄册以户为主,以人为经,以土地为纬,各归其业主,一切户口内之新旧变迁,分居析爨情形,皆具于册,为赋役升降之凭籍。鱼鳞图册以土田为主,地域为经,人为纬,业各归其本区,区内田土形状、步亩、方位、主名，各以邻界造成图册，遇有土地上之争讼，即以是为质证。“（洪武）二十年十二月，鱼鳞册成”。（《续通考》卷二）

本色、折色：夏秋税粮以米麦为“本色”，其他折纳税粮之物，皆谓之“折色”。

粮长：明代设立“粮长”制度，赋税有“粮长”来收，粮长设立是在洪武四年九月。其总的目的是为了保护国家主要财源。《太祖实录》卷一〇二“（洪武八年十二月癸巳）上谕御史台臣曰：‘比设粮长，令其掌收民租，以总输纳，免有司科扰之弊，于民甚便。’”

粮长的任期从长到短，从“永充”至“轮充”最后至“朋充”或“串充”。这现象产生其直接原因是政府的日益沉重的赋役负担已超过了一般粮长的负荷能力，因而不得不设法调整以求任务的完成。农民无力缴付租税，粮长千方百计地把租税转移到农民身上。《嘉定县志·徭役》“高皇帝……以殷实户充粮长……盖有累世相承不易者。……永乐以后，渐用岁更。宣德初，户部言，粮长岁更，顽民玩之，故多负租，请如旧便（按即永充）。至嘉靖中，为抑强扶弱之法，粮长不独任大家，以中户轮充。初轮充者如得美官，已而纳粟于仓，投银于柜，老人概斛，法令一新，粮长大抵破家，则轮充又为朋充”。

辖里：上年里长催毕科条，即充当下年粮长，经收各项税粮，名曰“辖里”。

里甲：略如宋之保役法，为由人民执行官府最下层行政事务之组织单位，为一切役法之主干。除军、匠户别有军匠之役外，其余普通民户，以相邻一百十户为一里，一里之中，推丁粮最多者十户为里长。其余百户为十甲，每十户为一甲，有甲首一人；每岁由里长一名偕甲首一名率领一甲之户应役；十年之中，每里长甲首及每甲皆轮役一次，值役曰“当年”，轮次曰“排年”。

均徭：略似唐宋以来之色役。为人民执役于官府，供官府之指令奔走与需要，皆有一定之经常性者，验丁力资产之厚薄，以定役之轻重，由里甲编第均输，故曰均徭。

杂役：无一定之名目，均徭以外，一切非经常之使役科派，皆属临时编签，岁有增益损减者，皆名之曰“杂役”。

一条鞭：“一条鞭”是赋役之改革，使赋役形式化繁为简，以救赋税制度之混乱。其正当之名称应为“一条编”，“鞭”为“编”之假借或俗写名，时或称“条编”或“条鞭”法，即将赋役之名繁复项目总编为一条，故称“一条编”。《明史·食货志》“一条鞭法者，总括一州县之赋役，量地计丁，丁粮毕输于官。一岁之役，官为佥募，力差则计其工食之费，量为增减，银差则计其交纳之费，加以增耗。凡额办、派办、京库岁需与存留、供亿诸费，以及土贡方物，悉并为一条，皆计亩征银，折办于官，故谓之一条鞭”。从一条鞭法的内容来看，意味着减轻徭役，偏重田产税的倾向，在征税形式上开展了货币地租道路，它客观反映了社会经济中商品流通有了一定程度增长。

从以上的例子中可以看出明代赋税制度性质的演变，自两税制转入一条鞭，是由对人税转入对物税，再就是现物税转入货币税。这也反映出社会商品经济发展的规模，此外还有赋税收解程序上之变化由民收民解转为宦收官解（粮长制），再到货币交赋税。

掣签：“吏部掣签，始于明万历中。孙丕扬为冢宰，时大选，外官竞为请托，丕扬创为掣签之法，分签为四隅，东北则北京为主，而以山东及河南……东南……西南……吏部之有签自此始也。”（见《陔余丛考》卷二十六引《明史·选举志》及《东林列传》）

月费：“京官俸银之外，别有月费一种，起于前明。明初诸司皂隶主驺从，宣德间始有纳银免役者，因杨士奇言京官禄薄，改名曰柴薪银。天顺以来始以官品崇卑，定立名数，每岁银解户部，在京诸司，则皆出自畿内，及山东山西河南州县南京诸司，则皆出自南畿，此月费所由来也。”（见《陔余丛考》卷二十七傅维麟《明书·杨士奇传》）

民壮：“明天顺初，令召募民壮鞍马器械，悉从官给，本户有粮免五石……每里佥二名或三名五名，春夏秋每月操一次，各操二歇三，遇警调集，官给行粮，后王阳明破浰头等贼，及平宸濠，皆用其力。”（见《陔余丛考》卷二十七“民壮”条引《涌幢小品》之说）

绿头巾：“明制，乐人例用碧绿巾裹头，故吴人以妻之有淫行者，谓其夫为绿头巾。”（事见《七修类稿》）又《知新录》云：“明制……伶人妇不带冠子，不穿褙子，然则伶人不惟裹绿巾，兼着绿衣。”

2. 官手工业的名称

（1）官手工业的基本内容

造作：官手工业内关于营造方面的都称造作。如内府造作，专门负责修建亲王、郡王以至镇国将军、辅国将军……等皇族宫室；仗仪造作，营造皇帝、皇太子、亲王……的卤簿和车驾；城垣造作，专门负责修建皇城、京城；坛城造作；庙宇造作等。

在军器、军装成造方面的产品名称有：

碗口铜铳	石榴炮
信炮	佛郎机炮
火车	鸟嘴枪
火伞	佛郎机铜铳
大二三将军	佛郎机铁铳
手把铜铳	连珠佛郎机炮
鸟嘴铳	三山连珠炮
子母炮	铁棒雷飞炮

神机火枪　　　　　　铅弹等

补机炮

军装的名称有：

胖袄(分长短)　　　　　　鞢鞋

衹裤等

“明初有火车、火伞、大二三将军等炮及碗口铜铳、手把铜铳、佛郎机等品。建文东昌之战，燕军为火器所乘，死者万余。征南时，张辅以神铳击破交趾象阵。也先围京城，于忠肃欲放大铜铳，掘土坑藏身，亲燃火于药线以击敌，是皆火器之试于用者。而鸟枪则起于嘉靖中。郎瑛《七修类稿》云：‘嘉靖间，倭入内地，有被擒者，并得其铳，遂令所擒之倭教演，中国遂传其法。今且遍天下云。按《续通考》所记，前明军器，但有弓弩、盔甲、枪刀、铜铳之类。而铅弹则嘉靖四十三年始用。’唐顺之疏云：‘国初止有神机火枪一种，而佛郎机、子母炮、鸟嘴铳皆后出，鸟嘴铳最猛利，以铜铁为管，木橐承之，中贮铅弹，其点放之法，两手握管，手不动而药线燃，其管背施二臬，以目对臬，以臬对所欲击之人，无不着者。火技至此而极，是倭人用以肆其巧于中国，而中国习之者也。’”(见《陔余丛考》卷三十“火炮火枪”条引文)

从以上这段话中，可以看出当时官手工业这许多军器产品都是新发展的。这些武器制法大都来自国外，所以名称上如“佛郎机”是外来译名。

在织造方面的产品名称有：

制帛：包括郊祀制帛、奉先制帛、展亲制帛、礼神制帛、报功制帛等。

冠服：包括皇帝、皇太子、亲王以及将军以下皇族所用的衮冕袍服、冠服，赏赐番僧、贡使衣服，赐给状元、进士冠服，祭祀净衣等。

在铸器成造方面的产品名称有：

金牌：包括有亲王“印符金牌”“上直守卫官军金牌”。

印信，朝钟，钱粮法马等。

在烧造方面的产品名称有：

券砖，方砖，副砖，斧刀砖。

在造船方面的船只名称有：

皇船（御用），马船（运马用），快船（水军征进用），海运船（出使西洋用），后湖船，备倭船，战船，粮船（河运和海运漕粮用）。

这些官手工业的产品名称中可以看出官手工业的性质，是商品性的，他的服务对象是统治阶级统治的需要和豪奢生活所需的手工业制作。

（2）官手工业的组织名称

司：古代主也，主其事的意思：《尚书》“钦乃攸司”。从“主其事”的意思而变为官署名如《礼记》“天子之五官曰：司徒、司马、司空、司士、司寇”，到明代“司”不是作为构词前面部分“司××”而把“司”放在后半部分成为“××司”，在意义上也起一定变化，从官职的名称演变到官手工业的组织名称。例如“营缮司”“虞衡司”“都水司”“屯田司”。凡是“司”是明代工部制作直接领导的，是官手工业的主要部门，是直接领导或监督官手工业的行政事务。一些任务特别繁重的工作，则另设“分司”。

营缮司：全称“营缮清吏司”。掌官府器仗、城垣、坛庙、经营兴造的工作。

虞衡司：全称“虞衡清吏司”。掌山泽、采捕、陶冶之事。

都水司：全称“都水清吏司”。掌川渎、陂池、桥道、舟车、织造和衡量的事情。

屯田司：本来主要任务是领导屯田的，后来屯种的领导，划归地方管理。它职掌官手工业的柴炭、南方抽分、竹木局和沿江芦课等工作。

监：此词原为领导和监察的意思。《礼记》“天子使其大夫为三监，监于方伯之国”，是领诸侯而督察之意。衙署也叫监，如“国子监”“钦天监”。明代皇宫有大批宦官。二十四个衙门就设立二十四个监局。其中有很多是负有官手工业生产任务的。这些制造的手工业品，是满足皇帝及其周围人豪奢生活的。在皇城内设立了许多庞大工场，从事制造，这种制作就叫做“内府制作”。

司礼监：是宦官叫衙门的首衙门，其中关于手工业造作的有：御前作、营造龙床、龙桌。

内官监：“内官监掌成造婚礼奁、冠、舄、伞、扇、衾、褥、帐、幔、仪仗及内官、内使贴黄诸造作，并宫内器用、首饰与架阁文书诸事。”（《凤洲杂编》卷五）

御用监：“凡御前所用围屏、摆设器具皆取办焉。”（《酌中志》卷十六《内府衙门职掌》）

尚衣监：“掌印太监一员，管理、佥书、掌司等数十员，掌造御用冠冕、袍服、履舄、靴袜之事。”（《酌中志》卷十六《内府衙门职掌》）

局：《礼记》“左右有局”谓军之左右有部分，不相滥也，故分一部分的都叫局。这里所指的局，是属于宦官控制的内府造作的官手工业工场。此外还有一些虞衡司领导一些官手工业工场。

巾帽局：“掌造内官诸人纱帽、靴袜及预备赏赐巾帽诸事。”（《凤洲杂编》卷五）

针工局：“掌造诸婚礼服裳，付内官监收用，及造内官诸人衣服铺盖诸事。”（《凤洲杂编》卷五）

内职局：“掌染造御用及宫内应用……”（《酌中志》卷十六“内府衙门职掌”）

银作局：设有“掌印太监一员……专管造金银铎、针枝……”（《酌中志》卷十六《内府衙门职掌》）

兵仗局：掌御用兵器，并提督匠役造作刀甲之类。兵仗局还设有“火药局”。

此外属于虞衡司的局有：

宝源局：负责内外衙门铜铁器皿及铸钱等。

皮作局：把进解的生皮进行加工。

军器局：专司制造军器、军装等。

厂：官手工业的厂，都是具体生产单位或保管物料具体单位。如工部领导下“修仓厂”全称“修理京仓厂”（专管京仓修理）、琉璃厂、黑窑厂、神木厂（在北京崇文门外，专保管木材）、山西大木厂（在朝阳门外，储放木材兼造作）、台基厂（储放木材兼设计）。都水司领导下的厂有器皿厂。内府监局领导下有“盔甲厂”（又名鞍辔局）。

库：对于保管物料的内府十库——内承运库、承运库、供用库、甲字库、乙字库、丙字库、丁字库、戊字库、广积库、节慎库等。

从上面这些机构的编制和内容，都是很明显地可以看出官手工业的性质是封建的，它只是为了满足统治阶级的统治需要和奢侈生活的需要而设立的。

（3）工匠制度名称

班匠：是“轮班工匠”的简称。班匠就是全国各地被划入匠籍的工匠分为若干班，轮流到京师服役，每次服役时间初期定为三月，以后期限又有变更，就是打破三年一班的硬性规定，而按各部门实际需要。如锯匠、瓦匠等为五年一班，石匠、艌匠等为二年一班。

留工匠：班匠除轮班赴京上工外，还因特殊制作的需要，存留于地方的叫留工匠。

住坐工匠：“住坐”名称，元时已有，至元二十九年（公元1292）

江东道宣慰司八儿思不花呈称："若将应有铁匠，全家起移，各路住坐，似为便当……卑职切详……若尽起移，附近住坐……彼中广土众民，所用农器之类，何处取给？……若令铁匠依旧安业住坐，不令起遣，督勒各处官司，严加禁治……自然盗息民安。"这里"住坐"作动词用，可是明代作名词是工匠的名称。住坐工匠是附籍于京师附近的大兴、宛平，一般说就是就地服役的工匠。

民匠：是"住坐民匠"的简称。住坐工匠依户籍的不同，分为民匠和军匠两种。民匠是直接从民间征来，隶属于工部，服务对象是皇族，主管机关是内府的内官监。

军匠：军匠一般是在军中负责制造军器的手工业者，由于皇宫的需要，被分发服役，军匠则隶属于军籍。

作头：或曰"匠头"。作头是从工匠中选拔出来的。"所以统率各匠，督其役而考其成也"（《龙江船厂志》卷三"官司志"）。"统以匠头，督以年例"（《明会典》卷一九二"军器条"）。

从以上这几个例中，可以看出工匠服役办法，是封建时代劳役制在官手工业中的体现。班匠服役期间是从自己劳动时间中挤出来的，在指定地点为封建主作无偿劳动。无疑，这是手工业上的劳役制。坐匠虽然有"月粮""直米""月盐"等报酬，但是服役地点在门禁森严的皇宫里面，人身没有自由。

(4) 官手工业的物料来源

额办：《宁化县志》上说："《禹贡》'漆丝贡于兖，盐絺贡于青'。此岁所常用之物，因惟土之所有，即今之额办也。"（卷五"赋贡上"）"额办"是按照定额进贡"土之所有，岁所常用之物"。

岁办：岁办之名元时有，《吴江县志》"贡办"条，有"元岁办四事"的记载。到明代虽存其名，但已转变本意，而变成为一个并非按年上供的一个征派项目。

杂办：《泉州府志》卷二十一"历朝上供"云："于额办、岁办之外，又有泛杂之办也。”可见杂办是不定时、不定额，一有命令便得征办的税赋。

坐办：或称“坐派”，一般是遇大修建或特殊需要时派办的。

从上例这些名称中所反映的内容来看，官手工业物料来源是封建性的掠夺，名目繁多，随时征派，可见官手工业对于人民的压榨。以上这些名称都是针对农民，向农民头上“办”的。

抽分：是以商业税的形式向商人征收的，在商人贩运的货物中抽出几分之几的货物，作为官有。抽分的征收机构是“竹木局”。

鱼课：是对渔民捕鱼的课税。鱼课本来征米，后改为征物料，征收机构是“河泊所”。

矿课：是从工商业者经营的矿场，用矿课的名义征收。随着金属的不同而有“铁课”“铜课”“铝课”等。

地课：是以农民和工农为剥削的对象。

从以上这些词的内容来看，当时官手工业的生产原料是通过各种方式剥削来的，而且剥削对象的范围非常广泛。

此外还有：

田赋：明代田赋中征收丝、绵、麻、布。

采取：凡是物料缺少，王朝便令出产地方采取。采取是不付任何代价收买。

拘收：驴、马、牛、骡倒死之后，皮、角、鬃毛都要在指定地点集中缴纳，这叫“拘收”。

采办：采办和采取不同。《明史·食货志》云：凡岁办不给，“则官出钱以市，曰采办”。可见采办是由官出钱采购的。

从以上可以看出，这些词反映了这些原料，绝大部分不是市场交换而来，其余绝大部分是自然经济性质。

（三）元明清生产力发展和词汇的丰富

中国封建社会发展到唐宋时代，农业和工业都已有较高的发展，中间经过元代的摧残，一度呈现出衰退的现象。明帝国建立以后，为了稳定和巩固其统治，对农民工商业者采取了一系列的让步措施，放奴婢、兴水利、奖励垦荒、大力推广桑棉的种植，减轻商税、田赋与徭役，严惩贪污等，这便大大地刺激了劳动者生产的积极性和创造性。

生产经验不断积累起来，生产技术不断得到改善，新的生产工具也在不断的发明，随着这些新事的不断出现，就使人们不断地创造新词以丰富他们的词汇。

1. 农业发展与词汇之丰富

这一段时间来农业亦有很大的发展，自从元代以来灌溉工具增多了，原有的各种重要农具如拒镰、劙刀、风车、翻车、筒车等比过去使用更加普遍，更加广泛，同时又发明了一些新农具，如“耘荡”“秧马”等，产生了一些新名词。农产品商品化的影响下，资本主义侵入农村，商人操纵市场，创造了不少新的剥削形式。

(1) 生产工具和技术的名称

在灌溉方面：元人王桢《农书》所记述之水车有七种。

翻车：王桢所谓“翻车”其实即“龙骨车”“水戽”，翻车发明在汉末，到这时才通行。此车适宜南方。

筒车：利用牛转的旋转拖动翻车的装置。

水转翻车

驴转筒车

高转筒车

明代西洋教士传入三种新式灌溉工具，龙骨木斗为自己发明。

龙尾车：因“龙骨车”之名起的。亦名“螺旋运水机”，在中国并不普遍。《农政全书》：“《龙尾车记》曰：‘龙尾车者，河滨挈水之器也。……今作龙尾车，物省而不烦，用力少而得水多，其大者一器所出，若决渠焉；累接而上，可使在山，是不忧高田。筑为堤塍而出之，计日可尽，是不忧潦与下田。……龙尾者，入水不障水，出水不帆风，其本身无铢两之重。且交缠相发，可以一力转二轮；递互连机，可以一力转数轮，故用一人之力，常得数人之功。’”又说：“龙尾者，水象也，象水之宛委而上升也。龙尾之物有六：一曰轴，轴者转之主也，水所由以下而为上也。二曰墙，墙者以束水也。……三曰围，围者外体也，所以为固抱也。四曰枢，枢者所以为利转也。五曰轮，轮者所以受转也。六曰架，架者所以制高下也。承枢而转轮也。”

玉衡：其实是气压式抽水机，是双筒抽水机。

恒升：也是一种气压式抽机，是单筒式。

龙骨木斗：《农政全书》：“近河南及真定诸府，大作井以灌田……其起法有桔槔，有辘轳，有龙骨木斗……”此种工具发明比较晚，大概在明末。这工具大抵用于北方井水灌溉。因井中之水，不能如翻车之以木板刮上，乃采用翻车之龙骨相联制，及筒车之水筒制，制成一串水斗，相连如练，套于一大辘轳之上；辘轳之轴端装一立齿轮，与别一卧齿轮相衔；用牛驴回转卧齿轮，则立齿轮随之回转，水斗随之继续上升。

前三种为当时很普遍之灌溉工具，后四种并不普遍。

清代的灌溉工具有：

车：“制，以木为底，两旁有墙，墙上缩木，曰扶栏，用鹳脚以属栏与墙，复以鹤膝贯串众辐，居中激水。车前有轴，轴有齿，曰掉头，辐循转其上。贯轴曰关，冒关曰槌，盛轴两端，曰眠牛。人踏槌

则轴转，而辐随动矣。"（《江震物产表》）

大棚："车聚数车之力以泄水者也。案：明正统中，周文襄巡抚时，令概县排年里长每名置官车一辆，如某都某围田被水淹没，则粮长拘集官车若干辆，督令人夫并力戽救，须臾水尽，而口粮又官给之，最为良法。"（《江震物产表》）

连车："连接数车递引溪水入田以救旱者也。"俗呼"打缠"。（《江震物产表》）

水车：即明代以前之"龙骨车"。清代转称"水车"。

风车："风车，为下河戽水灌溉之用。"

牛车："牛车设车篷，四柱如亭，架四阿，谓之截口。"（《高邮州志》卷一百——百零一）

搅水车："文童伏处田间，每见农人用土法溉水效少工多，远水则层递维艰，高田则舒转不及。因精心研究，创造螺旋搅水车，结构尚灵，试用颇便。"（《己酉大政记》卷三）

（2）商业资本和高利贷的名称

丝鬼：又名"丝客人"。"盖新丝出市，买丝者谓之丝客人，开行代买者谓之丝主人，亦曰秤手。秤手口蜜腹剑，狡狯百出……贫家男妇，废寝忘餐，育蚕成丝，其苦不可言状，一岁赋税租债、衣食日用皆取给焉。虽善价而沽，犹虞不足，而市侩乃百般侮弄之，是可忍也孰不可忍也。长俗名买丝者曰丝鬼，洵然。"（丁宝书等《长兴县志》卷八）

盘定买："又因油米麕集，买空卖空名曰作盘定买，实则大注赌博，每一盘长落，赢亏必在数十万缗上下，因而贿通官吏，把持行市。"（张之洞《张文襄公奏稿》卷四，页七至八）

茧行："在无锡最初设立茧行，开始收买蚕茧的乃是外国人，……其后外国人欲开茧行者，都利用中国人的名义，沿为习惯。"（日本外务省《清国事情》下）

抛盘:“外商委托从事收购(蚕茧),预先规定数量,中国人估出价额,向外商领取银钱,这叫做抛盘。”(日本外务省《清国事情》下)

囤积:“目下虽禁出口,又复将米囤积;民食艰难,盗贼蜂起。”(江春霖《江侍御奏议》卷一)

从以上这几个词中充分反映出资本主义的商业资本在农村中活动,商人对农产品市场操纵,和商业资本勾结封建政权与帝国主义对农民进行骗诈和掠夺。

放灰:“煅石为灰,将耨时,撒灰于田,而后耘之,色黄者一夕而青,否则薄收。灰多出桐木。煅灰者,二三月间,大船装载,放田户记簿,谓之放灰,收获之后收灰谷,岁以为常。”(《黔阳县志》卷十六)

经纪:“盖种茶者,多由入山办茶之经纪付给资本,足以敷其茶造收成之用。而茶经纪则只坐享其成,且更盘剥其重利焉。”(《一九〇三通商各关华洋贸易总册》下卷)

糖抵、蔗抵:“历来糖商息借银号款项,转借与糖庄,期以糖抵。而糖庄之于蔗农,给以白镪者有之,供以豆饼者有之,则期以蔗抵。”(《一九〇五通商各关华洋贸易总册》下卷)

从以上几个例子,反映商人资本在农村中活动是与高利贷相结合的,以上反映了商人对农民的剥削方式——赊销贷款。

包售:“故与刘甘善,至是合本包售民间罂粟,凭识见以为垄断,历年所获甚丰。”(《益闻录》第一四九号)

卖空仓:“其奸巧大猾,挟厚赀,牟重利,贫户有所假贷,则先与之钱,指树蜡为券,减常贾而雠之,俗谓之卖空仓。”(吴嘉谟等《井研县志》卷八)

以上这些词反映了商人对农民剥削又一种形式是“廉价预买”。

印子钱:“晋人放债之名目也。每日索逋,还讫盖一印子,以是得名。是虽盘剥小民,然剜肉医疮,亦权济目前之急。”(《申报》,光绪六年九月十七日）是属于高利贷的货币借贷形式。

放黄米："交青黄不接之时，（农民）室如悬磬。牟利之徒乘其急乏，贷以米石，而故昂其值，谓之放黄米。一俟新谷登场，按月计利清偿，至有数石之谷，不足偿一石之米者，贫农之苦殆不堪问。"（《江阴县志》卷九）

这是属于高利贷的实物借贷形式。

2. 手工业发展与词汇之丰富

手工业的发展打破了中国自然经济"男耕女织"的局面，纺织业长期停留于家庭手工业形式中解放出来，成为独立的机织工业，这种分工的发展，带来了许多新的词汇。不但是纺织业如此，其他制陶业、造纸业、制糖业、榨油业、制茶业、木材采伐业、土木建筑业、矿物采冶业等，都是如此。随着手工业的发展，新词发展空前未有的，现在不可能一一例举。因为实在太多了，只能挂一漏万，因为纺织业比较典型些，就举纺织业作为举例性质。

（1）生产工具、方法、成品名称

棉纺织业：我们且先引用孙琳《纺织图说》（《布机说》，页一〇）一文中一段文章来看看：

> 机身曰机床，前为前腿，后为后腿。后腿之上，架搁花摘，花摘两头，横板四块曰摘关。机身中柱，上檐斜撑木曰缟缕。中架槅槫关板，贯绳索而下系综扇，接拴曲落棒，转缚踏脚棒，用以为高下之枢纽也。后腿下脚，向里镶小笋，小笋斜架大腿木，大腿木穿插撑臂，直系扣架，中填竹扣，穿布经而赖推收，往来隙处，便于纳梭过杼。

从这段文章出现的专业名词数量，就可见当时词数增加的情况了。

关于生产方面的词有：

赶车	弹花凳	捁竹
纺车	搓花盖	综扣
搅车(轧车)	筒子	木楔
铁轴	扛帚(竹丝刷)	糊盆
弓(弹花弓)	弹花槌	碇子(木碇、铁锭)
手车	脚车	探扣娘
豁片(即布经)		

关于生产方法方面的词有：

弹花	接头	探扣
去子	打浆	摇纱
取花	纺织	分当
刷纱	晒花	弹熟
经车	浆纱	刷线
捉综	纺纱	牵经

缫丝和丝织业：我们也引一段文章，来看看当时新词增加的程度(陈作霖《凤麓小志》卷三)：

> 织缎之机，名目百余，向于高子安中书处，得机器谱，爰循其次序志之：
>
> 曰鼎桩，曰跕桩(以名为之)，曰鼎机石，曰马头，曰仙人洞，曰猪脚坑，曰脚竹桩，曰脚竹钉，曰脚竹，曰搭马竹，曰机头，曰机身子，曰核齿核当，曰筐门，曰鸡冠，曰机颈子，曰江楔，曰坐板，曰蜡尺，曰蝓槽，曰局头，曰衬局，曰拖机布，曰局头槽，亦名敖口，曰穿札，曰压伏，曰狗脑，曰海底楔，曰靠山楔，曰千金桩(俗名较闩)，曰较尺，曰辫，曰辫楔，亦名辫仁，曰

遭线，曰遭线管，曰伏辫绳，曰和边绳，曰虾须绳，曰脑门，曰三架梁，曰鹦哥架，曰仙桥，曰狮子口，曰鸽子笼，曰牛眼睛，曰穿心竹，曰弓篷（竹也），曰菱角钩（铁也），曰鸭子嘴，曰楔障板，曰隔板，曰楼柱……

从上面这段引文，还没有抄完，只引了一半，由此可见当时生产中新词增加的数量了。

当时主要的生产工具有：

丝车	竹磨	手车
活头	锅马	风车
缫车	丝笼	繉架
花机	缴竿	繉心
腰扣	荞灰	车筵

以上为缫丝工具。丝织工具有：

茅刷	牵架	天平
刷架	牵杆	坐板
拖扒	牵扒	踊板
羊角	机床	竹箴
线纵	梭	铜剪
箴夹	柲尺	铜镊
辊心	幅尺	铜针

上列这些词中，有许多并不是这时才有，过去已经产生。

（2）行会组织名称

行会组织在宋以后就已经产生，但是还是初期的手工业组织形态，其组织作用并不重要，其主要作用是供政府指挥，受政府制约。但是发展到明代以后，行会组织是手工业调整内部关系的基本组织形式。

明人田汝成《西湖游览志余》引《辍耕录》所记，“乃今三百六十行，各有市语，不相通用。仓猝聆之，竟不知为何等语”。

又如元人关汉卿《金线池》第一折：“我想一百二十行，门门都好着衣吃饭。”乔孟符《扬州梦》一折：“列一百二十行，经商财货。”

到了清代，行会组织形式非常发达，不但各行各业都有，而且组织完备，其基本形式有三种：一、行，二、帮，三、会。

行、同行：“外处同行来此合伙开店者……”（长沙，靴帽店条规，道光年间）

内行、外行：“一议内行不准与外行隐瞒合伙，查明公同，议革。”（长沙，裱店条规，道光三十年十二月）

行规：“一议自议规之后，如有滥废行规，被我等查实者，务必传公议罚，不得二人抵实一人以成恨怨。”（长沙，明瓦店条规，道光十一年）

行头：或名呈头。“按苏州府长洲、元和、吴县三县丝织业的机户和机匠以圆妙观机房殿俗称祖师殿为行会会馆。并立有行头名色，康熙十二年革除后，复改行头为呈头。”（孙珮《苏州织造局志》卷一一）

帮、入帮：“一议外行入帮，均要学习三载，香钱、酒席诸照旧章，如未学习手艺者，均不许入帮。”（长沙，明瓦店条规，道光十一年）

入帮钱（又作帮费钱）：“一议外来客师，公议入帮钱一串五百文……倘有半月内不入帮费钱者，议罚。”（长沙，香店条规，嘉庆年间）

本帮、外帮：“一议本省客师以及本帮在外帮学习者……”（长沙，靴帽店条规，道光年间）

帮贸：“一议外来客师，遵照宪断，责重首士查明来历，方可帮贸，同行不得卡阻。”（益阳，烟匠条规）

帮作：即入帮，入加帮的组织。“一外来客师新到帮作者，出钱六串文上行。”（长沙，京刀店条规，乾隆三十一年）“帮作”又作“帮琢”。“一未经星沙学习来此帮琢者，入会银二两，违者议罚。”（长沙，戥店条规，乾隆五十八年）

会、会钱：“一议凡本城新开木店，出入会钱六百四十文。”（长沙，木行条规，道光三十年）

会银：“一新开店者，入会银二十两，演戏一台，备席请同行……”（长沙，戥店条规，乾隆五十八年）

从以上这些词中，可以看出，行会有很大的权力，干涉店铺开业，肯定工匠工作地位，有共同遵守的“行规”，以及成员参加组织要缴纳“会银”或“入帮钱”。

行会的集会场所的名称：

会馆：“京师瓦木工人，多京东之深、蓟州人……凡属工徒，皆有会馆……”（枝巢子《旧京琐记》）“锡箔出陈村，为工数百人，设会馆。”（冯奉初等：《咸丰顺德县志》卷三）

公所：“剞劂公所，在教场南，清乾隆四年刻字同业公建。”（曹允源等：《吴县志》卷三〇）

公会：“袜业公会，[在]大郭家巷，清乾隆始[建]，黄陂业一界集合之公所”，此名称不常见。（吕复东等《夏口县志》卷五）

书院：“窑户陶成、陶庆二会，创有书院，曰景仰书院。”（龚钺《景德镇陶歌》）

“会馆”“公所”为普遍，而“公会”“书院”不常见。

（3）商业繁荣方面的名称

手工业发展，大量的商品要求进行交换，于是随之而来的是，交通事业，市场扩大，新兴城市兴起，这些都是彼此互为影响，互为准备。如元代，海运已经积累一定经验，这为以后的手工业发展创造了条件。《大元海运记》下附有云：

潮汛　前月起水二十五，二十八日是大汛至。次日初五是下岸，潮汛不曾差今古。次月初十是起水，十三大汛必然理。二十还逢下岸潮，只隔七日循环尔。

风信　春后雪花落不止，四个月日有风水，二月十八潘婆飓，三月十八一般起，四月十八打麻风，六月十九彭祖忌，秋前……

观象　日落生耳于南北，必起风雨莫疑惑。落日犹如糖饼红，无雨必须忌风伯。日没观色如胭脂，三日之中风作厄，若还接日有乌云，隔日必然风雨逼。风云接日却露白，晴明天象便分得……

以上见李剑农《宋元明经济史稿》页一一七所记《大元海运记》下之附条。

随着各地商品的交流，虽然仍旧存在着不平衡的现象，但总的看来，从明嘉靖以后，各地土特产的交流是频繁的，国内经济联系迅速加强。江南小市镇兴起有如雨后春笋，扩大许多地名。兹以苏州府吴江县小市镇的兴起为例：

双杨市　在十一都。“明初居民止数十家，以村名。嘉靖间始称为市。民至三百余家，自成市井。”

严墓市　在十七都。“明初以村名，时已有邸肆，而居民止百余家，嘉靖间倍之。货物颇多，乃称为市。”

梅堰市　在十九都。“明初以村名。嘉靖间居民五百余家，自成市井，乃称为市。”

盛泽镇　在二十都。“……明初以村名，居民止五六十家，嘉靖间倍之。以绫绸为业，始称为市。”

庉村市　在二十七都。“明初以村名，有前后二村。嘉靖间始称为市。时居民数百家，铁工过半。”

以上见《乾隆震泽县志》卷四“镇市村”、《乾隆吴江县志》卷四“镇市村”。

随着城市兴起，手工业专业化，在构词上出现了一个值得注意的现象，这就是在一些产品的命名时，常以出产或生产地名，或以制作店号，或以生产者作为构词的词根或名称。如：

潞䌷：山西潞安是为当时北中国丝织业中心，这里出产的潞䌷，名闻中外，据《潞安府志》载“在昔（明）全盛时，其登机鸣杼者奚啻数千家”。（《顺治潞安府志·卷一地理·气候物产》）

湖丝：湖州是产丝中心。《西吴里语》说“合群俱有而独盛于归安，湖丝虽遍天下……”（宋雷《西吴里语》卷三）

湖笔：《归安县志》：“湖州府土产笔，元时冯应科、陆文宝善制笔，其乡习而精之，故湖笔名于世，其地名善琏村，属归安。”《乌程县志》：“湖笔著名时，制有兰蕊为最胜，乌程界内所造，皆自善琏徙居之人也。”（《辞源》）

湖绉：丝织物，有花素二种，以产于湖州得名，绉本绉襞之义，今平面者，亦通称之，而转名有绉纹者为鸡皮绉，近吴县及盛泽等处，仿织甚盛。“湖绉起于明时……”（李堂等《乾隆湖州府志》卷四一，页二四至二五）

顾绣：①“绣作：精细雅洁，称苏州绣，顾姓妇人，故名顾绣。”（习寯等《乾隆苏州府志》卷一二，页十七）

②“顾氏露香园组绣之巧，写生如画……”（谈起行、叶承《乾隆上海县志》卷一，页二三）“顾绣衣裙，露香园遗制……”“顾绣画幅，亦有人物山水花鸟各项色样。”（同上书，卷五，页六九）

③“顾绣，仿上海顾氏露香园制，今郡城内外人多习之。”（陆锡熊等《乾隆娄县志》卷一一，页九）

仰家扇：“折叠扇，康熙间有制之，最工者曰仰家扇，今江宁犹传其法。”（姚鼐《嘉庆江宁府志》卷一一，页八）

皮作坊：南京地名。因皮业集中之地，故以此作为地名。“评事街亦名皮作坊，见《金陵世纪》。今由打钉巷抵七家湾，攻皮者比户而居……而转东一巷，名曰皮场，盖亦皮作场之所。”（甘熙《白下琐言》卷六，页六）

故衣廊：南京地名。至今未变。“在北门桥之南，其地多故衣铺，为旌德（安徽）人裁缝聚集之所。”（甘熙《白下琐言》卷六，页三）

此外南京有类似以行业为地名的有“铜作坊”“铁作坊”“银作坊”“弓箭坊”“颜料坊”“剪子巷”“绫庄巷”“绒庄巷”“木料市”，这些至今还是这样称呼。

楚胜桥：苏州地名。“雨伞，《吴门表隐》：谓以业名地者，有做伞桥，业此者聚族而居。按今讹之为楚胜桥。”（曹允源等《吴县志》卷五一）

木梳巷：苏州地方。“木梳，以黄杨木者佳，枣树者次之，苏城旧有木梳巷名，业此者居之。”（曹允源等《吴县志》卷五一）

歙砚：“砚石出婺之龙尾山，而曰歙砚，以婺固古歙州地也。”（江登云、江绍莲《橙阳散志》卷末，页四二、四三。按此乾隆中叶纪事）

广漆：“广中产漆，售行他省，皆称广漆。粤中工人制造几匣器皿，无不精雅，髹器中磨砑最细者，退光为上。”（李调元《南越笔记》卷一三）

乌江面：“乌江面，乌江关岸上一民家制面，博如大韭叶，味绝佳，两岸多有学制者，皆不及也，以地称乌江面，市者以为珍馈云。”（郑珍等《道光遵义府志》卷一七）

湖绸：“湖绸，散丝而织曰水绸，纺丝而织曰纺绸。”（李堂等《乾隆湖州府志》卷四一）

贵州绸、遵义绸：“自他省言曰贵州绸。自黔言，曰遵义绸。自遵义言，佳者曰府绸……”（吴振棫《黔语》卷下）

粤纱："粤纱，金陵、苏、杭皆不及，然亦用吴丝……"（沈廷芳等《乾隆广州府志》卷四八）

万寿绸："万寿绸，出合肥机房，在万寿寺左右，故名。"（黄之隽等《乾隆江南通志》卷八六）

此外还有很多，如芜湖米、绍兴酒、高邮蛋、莱阳梨、闽笋、松江青、孝感布、吉阳布等等，不一一列举。

这些词充分反映了手工业繁荣，社会市场不断扩大，许多工业中心城市也逐渐形成，它们已经在比较集中的生产某几种产品或某一种产品，这种商品经济的发展直接影响了语言词汇。在农业方面也是这样，随工业城市繁荣，社会分工不断发展，农产品是越来越多向商品化发展，不少人已不只是把消费剩余的产品变为商品，而是有意识在为市场生产可获厚利的商品。这些词的产生与当时社会直接有关。

（四）词汇反映社会历史事件

1. 反映太平天国运动的词汇

太平天国根据拜上帝教的平等思想，于建国初期宣布过废除私有财产制度的政策。

从太平天国所创造的新词来看，常常以"太平""天""礼拜""圣""主"作为构词成分，这反映了太平天国的宗教思想。

从天朝田亩制度的"尚尚田""尚中田……"这些词的产生，说明了太平天国废除了地主阶级土地占有制，按人口和土地等级平分的"无处不公平"的思想。这些词产生的社会根源，也是随着土地所有制的改变，土地的命名不是以所有方面分类，而是以土地质量来命名，这是土地分配的需要而产生的。

从反映赋税制度的词来看，第一是词数不多，说明当时税的种类少,没有苛捐杂税。其次如“特捐”和“进贡”两词,也反映了对待地主和对待劳动人民的鲜明态度。“特捐”是对地主阶级施用,含有抑制豪强的社会意义,而“进贡”则是人民自愿的捐献。

从反映供给制度的词来看,如“礼拜钱”是太平天国的供给制度,按等级不同,并非是薪给制度,近似副食费。“小菜钱”也是一种供给制度,它的意义不等于一般日常买菜的钱,它也是一种分配制度。买菜钱不因官兵而分等级,可知食用时平等分享。反映了太平天国的特殊供给制度。

从“营”和“典”的构词来看,“营”是社会组织,也是军队编制,如“诸匠营”是国营手工业机关,也是生活组织机构,两者合一的组织单位。

“典”是典守主管之意,从词汇内所包括的范围,服务对象有朝内典官和军中典官。朝内典官包括办理整个政府事务和为天王、诸王等服务的。总之,太平天国的整个社会组织,是以“营”和“典”来概括的。“营”是社会组织单位,“典”是社会管理单位。

从教育的词汇来看,“礼拜堂”又是学校又是教堂。又如教学课本是“圣书”“诏旨书”,这些反映出太平天国教育制度是宗教、教育、政治三者密切结合的。

从“公举”这些词反映了太平天国管理制度的民主。

(1) 权利与义务的名称

权利方面:供给制度就是最主要的部分。

国库:国库制度建筑在人无私财的原则之上,它是财务机关,一切财物供国库,但同时也是供给生活待遇的机关,如征粮、征税、生产物资、供应军需。除国库以外,还有“公库”和“圣库”。

礼拜钱:太平天国的供给制度它不是薪给制度,它是分给官兵的,礼拜钱不仅官兵多寡有不同,官之中也按级有多寡,兵之中牌尾得少于牌面。

买菜钱：副食费除礼拜钱外，又有买菜钱，是规定可领的。

义务方面：其中最主要的是赋税制度的名称。

田赋有：

地丁银：征收时分上下两忙，如《皖樵纪实》说咸丰七年，“贼勒征上忙地丁银”“勒征下忙地丁银”。

花名册：征收事务由乡官主办，是征收登记簿。《海虞贼乱志》说“出伪示，着旅帅、卒长按田造花名册”。

商业税有：

关税：是指在商埠及其他水陆要冲对于往来货物所征的税，就是货物通税。《贼情汇纂》“贼粮”篇“关榷交易”章说“其龙江关则专设提中关伪官一人，职同指挥；九江关则以伪九江郡总制陈作霖兼收关税”。《金陵杂记》说天京附近“设关卡三道，以防偷漏，其名为伪天朝提中关、提头关、提下关”。

执照，由单、商凭、印照、卡凭、店凭等：商店必须缴营业税（原名叫什么，已不可考）除缴营业税以外，就是必须领取营业许可证。《海虞贼乱志》说“开张者领店凭”。

船钞：是以船本身为征课对象的税。《贼情汇纂》称“船料”，《劫余杂识》称“船捐”，凡设有关税机构的地方，船钞归关税机构征收，其他各地由征收营业税的机构兼收。

杂捐有：

门牌捐：领用门牌，须缴捐费。

丁口捐：《劫余杂识》：“常赋正捐外，有门牌捐、船捐、丁口捐、丝车捐诸名目。”

店捐：《海虞贼乱志》有“起……店捐”一语。此店捐，很可能就是商店营业税。

房捐：《海虞贼乱志》有“起房捐”。《吴江庚辛纪事》有“收房捐”的话。

火药捐：又称“红粉钱”，《花溪日记》说：“又逼全州火药捐五千余银。”《海虞贼乱志》说：“每亩折办红粉钱七十文。”太平天国称火药为“红粉”。

大捐：是对地主阶级的一种临时捐派，在财政项目之外，含有抑制豪强的社会政策意义。《越州纪略》：“曩称富人，重为刻剥，名曰大捐，千金万金亦不等。不受者，械系之。”《难中记》说在杭州一带“趁缫丝刈麦之际，迫各乡官按户勒索，名曰写大捐”。

进贡：太平天国在克复一个地区后，有收受人民捐献以裕军用的办法，称为“进贡”。贡额不限多少，一般由人民量力自定，物品也不限种类，凡金、银、钱、米、鸡、鸭、鱼、猪、本地土产以及其他生活所需都可充贡。每地只于克复之初举办一次。顾深《虎穴生还记》“立乡官，出示安民，各村进贡后，给一小令旗，扯于树梢，名曰安民旗，又曰进贡旗”。陈徽言《武昌纪事》说“贼僭设伪进贡公所，使民间进贡，凡金、银、钱、米、鸡、鸭、茶叶皆可充贡。且云进贡者仍各归本业，盖进贡与拜上异，拜上则为兵，进贡者依然为民也。于是人争趋之。时城中钱米富有者无几，皆捧盘米，上压百钱或千钱；惟典商及素封之家，有贡黄金多至数百两，贡银铤累置案上，前后使四人舁之者”。

从以上这些词可以看出，太平天国的供给制度是人无私财，一切财物归国库，这原是国库制度规定，事实上国库制度虽然是建筑在人无私财的原则上，但也允许私有少数银钱，但限额极低。大体上也近于平等。

在义务方面：太平天国的税赋种类是比清代少得多，是非常轻的，税法也比较良好。

最值得注意的是大捐和进贡这两项，“大捐”是对地主阶级是采取强制，“不受者，械系之”。而“进贡”则是采取不论什么，不论多少，量力自愿捐献的。从这里也可看出太平天国运动的革命性和人民性。

（2）乡官制度和社会成员的名称

编制——伍、两、卒、旅、师、军。

乡官制度，设：伍长、两司马、百长、旅长、师帅、军帅、卒长。

伍长的军制有：刚强、勇敢、雄猛、果毅、威武。

公举：是乡官任免办法，乡官以由地方人民公举产生为原则。

保举：《天朝田亩制度》规定："民能遵条命及力农者则为贤为良，或举或赏……凡天下每岁一举，以补诸之缺。"

社会人员：乡兵。

天王：最高统治者。

天将：主将、朝将等。

妖：太平天国是反民族压迫和阶级压迫的斗争。革命基本群众是穷苦农民。他们斗争的主要对象对内是清朝统治阶级，包括官僚和地主，对他们态度上稍有区别，对清朝贵族和官僚统称为妖，以严厉镇压为原则。

藏妖："于官幕吏胥避居家属及阀阅之家，其抄愈甚，且杀人而焚其庐，并追究收留之家，谓之藏妖，亦焚杀之。"（《贼情汇纂》卷十"虏劫"）

（3）教育制度和考试制度的名称

礼拜堂：即学校，平时作学校，礼拜日作礼拜。成人教育与宣传宗教相结合，谓之"做礼拜"。

圣书：分两种：一是旧遗朝圣书，即《旧约》；一是新遗诏圣书，即《新约》。是宣传宗教的圣经，也是学校教育的教材。

诏旨书：即《真命诏旨书》，又作《天命诏制书》，是学校教材。内收癸子三年正月以前天父天兄下凡指旨和天王诏旨多件，教人敬奉上帝、耶稣，拥护天王、服从领导，遵守严格的军事纪律、发扬勇往直前的战斗精神。

童子：照字义讲应为男孩，但太平天国主张男女平等，《三字经》中屡称小孩子，《幼学》中有《姊道》《妹道》《嫂道》《婶道》《女道》等诗，所以童子包括女孩。确切地说，童子是施教对象，小学生。

从以上这些词中，也反映了当时的教育制度是教育与宗教、政治相结合的。

（4）社会组织和生活制度的名称

太平天国废除私有财产制度的理想虽未实现，却在天京城内没收财产，实施一种特殊形式的社会组织和生活制度，这是一种军事共产主义性质的制度，而以农民小生产者的幻想为基础的。

营：这名称是军事编制上名称，因为太平天国社会编制也是按照军事编制的形式来编制的，故亦称“营”。

诸匠营：是国营手工业机关，包括木营、织营、金匠营、金靴营、镌刻营、绣锦营等六种。

女绣锦营：太平天国初期严立男女之别，除诸王得夫妇同居并于王府中设有女官外，其余自侯以下全体官兵虽夫妇亦不得聚首。所以诸匠营和各种典官机关的人员都是男子，没有女子参加的。牌尾馆也是男子为限，不收容女子。女子另立绣锦营，分别工作。

女绣锦营由善女红的女子组成，“置指挥以下官领之”，“制造金彩冠服之工”。

女营：天京女子除为女官、女使和编入女绣锦营以外，一概编入女营。老弱残废的女子一并编入女营，不另设女牌尾馆。

牌尾馆：牌尾是牌面的对称，牌面是壮丁，牌尾就是老小。《金陵癸申纪事略》：“凡男子十六岁至五十岁谓之牌面，余为牌尾”。“牌尾馆”又称作“老人馆”或“老民残废馆”。《向荣奏稿》卷四“贼又设老人馆，凡须白者居之”。

典：“典”即典守主管之意，其机关叫衙。

典官分朝内典官与军中典官二类。朝内典官又可分为二类：一类是专为天王、诸王、侯、丞相、检点、指挥等服务的；一类是办理整个政府事务的。

办理采办、保管、收发的典官有：

典圣库、典圣粮、典油盐、典买办等。

办理物品出产和收发工作的有：

典茶心、典旗帜、典铜匠、典红粉等。

办理文书医学及其他职务的有：

典簿书、典危急、典诏命、典罪囚等。

2. 反映鸦片战争后重大事件的词汇

这一时期的历史事件特别多，自第一次鸦片战争以后，中国开始走上半殖民地半封建的社会，帝国主义侵略使中国套上了一连串的不平等条约，中国人民也从此担负起反对资本主义侵略和封建压迫的双重任务。

（1）帝国主义侵略和清季屈辱方面的词汇。

鸦片战争	马关条约
南京条约	中俄条约
虎门条约	辛丑条约
望厦条约	英法联军
天津条约	赔款
江华条约	借款
烟台条约	割让
天津教案	海关
川省教案	外债
芜湖教案	洋枪队
租借地	庚子赔款

势力范围	入超
租界	自由贸易
瓜分	议和
最惠国	公使
八国联军	港澳
领事馆	顾问
大使	亲善
领事裁判权	调停
总税务司	传道
通商口岸	出品
五口通商	利润
原料	市场
二十一条	塘沽协定
出超	

(2) 中国人民反抗和民族资产阶级革命方面的词汇。

三元里	黑旗军
太平天国	护国战争
金田起义	哥老会
捻军	苗教
辛亥革命	民报
光复会	华兴会
武昌起义	护法运动
同盟会	扶清灭洋
义和团(义和拳)	朱红灯
平英团	升平学社

(3) 资产阶级改良运动和清朝官僚反抗方面的词汇。

禁烟运动	上海广方言馆

焚烟	变法
洋务运动	康梁
维新运动	时务报
百日维新	强学会
招商局	戊戌变法
江南制造局	出洋
电报	留学
同文馆	北洋舰队

二、北方话词汇的发展

（一）北方话词汇发展的政治原因

语言的发展，与社会的发展有着密切的不可分割的联系，而这个联系最显著的是表现在语言的词汇上面，如我们前面所说的那样。汉语词汇发展到近古这一阶段，它不仅在内容上反映了当时的时代风貌，而且还出现了一种非常值得我们注意的现象，这就是北方话词汇的发展。北方话词汇的发展直接地影响着现代汉语，我们知道，现代汉语普通话是以北方方言为基础方言的，追溯其历史原因，是由于近古北方话词汇的发展所决定的。

近古北方话词汇的发展，原因很多，在本节里我们先谈它发展的政治原因，其他方面的原因，我们将在下面各节里详细地谈。

大家都知道，汉族有着悠久的历史和光辉的文化传统，而北方却始终是汉族的政治和文化的中心，历代帝王的都城大多都建立在北方，这对汉语的发展，无疑是有着巨大的影响的。从十三世纪元朝开始建都北京以来，这种影响就愈来愈大，以北京话为代表的北方方言迅速地发展起来了，并且逐渐地形成了一种通行全国的"官话"。官话的流行，对于北方话词汇的发展起着很大的作用。

苏联已故汉学家康拉德在《论汉语》这本小册子里，对官话的流行曾作了这样的描述：

> 当然，首都北京的知识分子和官吏阶层曾经使用官话；可以简单地说是官吏阶层，因为在一九一一年革命前的封建中国，绝大多数的知识分子是做官的。这个官吏阶层是由小土地所有者阶层的代表构成，他们往往只拥有小块土地，而在庞大的遍布全国的统治机构里服务。官吏阶层当时是由全国各地——从北京到云南，从上海到成都——出身的人形成的。就其组成来说，这个阶层可以说是全国性的。各地出身的人在家乡是地方方言的使用者，但经过了同样的长期的教育、官吏训练和在北京举行的科举考试，他们也习惯了北京话，而北京话又代替了他们的家乡话。后来他们把北京话传播到中国各角落——作为他们自己惯用的语言，作为衙门的语言，也作为跟居民交际的语言。这样一来，官话已经不是一个社会集团的习惯语，而是真正的全国口语。这点决不意味着一种社会集团语在人民群众的语言习惯中的推广，如有人可能想象的那样；恰恰相反，它意味着一种地方方言（北京话）在范围广大的共同的使用过程中的胜利。官吏阶层并不创造全国语言，只是促成它的传播而已。因此可以明白，为什么在北方（如在沈阳）和在遥远的南方（如在云南）都可能碰到北京官话。

这里很清楚地说明了北京官话的流行是与政治中心的势力相联系着的。我们还可以猜想，这些官吏阶层的人在讲北方话的时候，一方面固然是用北方语音，另一方面，恐怕更多的是使用着北方话的词汇。因此北方话词汇随着官话的传播，也渗入到全国的各角落，逐渐为各地的人所了解，甚至使用，这样就使得北方话词汇比较其他方言的词汇具有更大的普遍性。北方话词汇能够这样的发展起来，而其他方言的词汇却不能够，这是因为北方话词汇的发展有着其他方言词汇所不具备的政治、文化方面的有利条件。

（二）北方话词汇发展的语言文学原因

1. 唐宋以来口语词汇发展的巨大影响

近古时期，汉语的发展显然是有两股潮流：一股是前节所说的以北京话为代表的北方官话的流行；另一股是白话文的产生和发展。我们知道，白话文是当时比较地接近人民口头语言的一种书面语言，它在中古的时候已经产生，到中古末期，即到宋朝这种白话文已经相当地成熟了，"话本"的出现就是很好的证明。唐宋以来发展起来的这股白话文的潮流，对北方话词汇的发展也有着极巨大的影响。白话文的特点，最显明的是表现在对口语词汇的运用上，很多口语词汇中的词进入到书面语言中去了，这使得白话文同旧的书面语言（即所谓"文言文"）对立起来，同时也使得口语词汇得到大大的发展。白话文的方言基础，大多都是北方话，因此北方话口语词汇便大量地进入书面语言，依靠着书面语言的流传而获得了广泛的传播。许多原来只有北方人懂得的北方话中的口语词，由于在书面语言中经常出现，并且流传到非北方地区去，逐渐地也为非北方地区的人所了解，这样，这些北方话中的口语词慢慢地就渗入到非北方话的区域里去了。

2. 元曲对北方话词汇的大量运用

上面说过，北方话词汇的发展与接近口语的白话作品的产生和流传是联系在一起的，在近古这一段时期里，我们先来看看元代的情况。在元代用白话来写的作品，最主要的那就是当时极为盛行的元曲，而在元曲中间，绝大多数又是北曲，它的方言基础是北方话，因此在元曲里大量运用了北方话词汇。现在我们试以下面两个方面为例，就可以看出北方话词汇在当时的书面语言里面广泛使用的一般情况。

首先是在通常事物的名称方面，很多北方话的词进入了书面语：

"合酪"，一作"合落"，又作"饸饹"，是荞麦面制成汤饼类的食品。（《元剧俗语方言例释》）

你若说实情呵！我可便买与你个合酪吃。（《元曲选·勘头巾》）

等他每来家，教他敷衍与我听，我请他吃分合落儿。（《元曲选·西天取经》）

添换上，是荞麦面的饸饹。（《雍熙乐府》）

"瓦罐"，乞丐手里所拿的东西。（《元剧俗语方言例释》）

投奔我的，都是那矜爷害娘、冻妻饿子、折屋卖田、提瓦罐爻槌运。（《元曲选·金线池》）

你把那摇槌来悬，瓦罐来擎。绕间檐，乞残剩。（《元曲选·东堂老》）

你若提著一个瓦罐还家来，我可也怨不得你。（《元曲选·破窑记》）

只弄得水尽鹅飞不气长，少不得提瓦罐街头唱。（《雍熙乐府》）

"烧刀子"，即是烧酒。

叫张千去买一壶烧刀子与你吃咱。（《元曲选·救孝子》）

“门程”，即门槛。（《元剧俗语方言例释》）

那厮可便舒著腿脡，权着门程。（《元曲选·绯衣梦》）

坐着门程，披着头梢。将小名儿唤，马杓儿敲。（《元曲选·桃花女》）

每日懒出门程，绣房里坐。（《元曲选·对玉梳》）

“哨子”，一作“哨厮”，即流氓，地棍。（《元剧俗语方言例释》）

泰安神州谎子极多，哨子极广，怎生得一个护臂跟随将我去方可。（《元曲选·黑旋风》）

甚么刘安住！这里哨子每极多，见咱有些家私，假做刘安住来认俺。（《元曲选·合同文字》）

只怕有那杀风景的哨厮每排捏呵！（《元曲选·百花亭》）

“酒务儿”，即酒馆。

大嫂，俺到那酒务儿里避雪去来。（《元曲选·看钱奴》）

自家是个卖酒的。在这郑州城十里铺上，开着个酒务儿。（《元曲选·灰阑记》）

远远望见一个酒务儿，且到那里避一避风雪。（《元曲选·生金阁》）

在下店小二的便是。在这上蔡县北关外十里店，开著个小酒务儿。（《元曲选·盆儿鬼》）

上面所举的这些例子，如“合酪”“瓦罐”“烧刀子”“门程”“哨子”“酒务儿”都是当时北方的口语，在以前的书面语里很少见到，或者是根本不用的，可是在元曲里，象这样一类的例子是屡见不鲜的，可以说是不胜枚举。也有一些进入书面语言之后，便广泛地流传开来，逐渐地为各地的人所了解，获得了很大的普遍性，并且一直沿用到现在，成为现代汉语词汇中的词了。如：

师父，怎生有船无梢公。(《元曲选·度柳翠》)

恰才若不是大哥打散了这火庄家，着小人好生没意思。(《元曲选·伍员吹箫》)

大哥，俺是个穷货郎儿，那得金银财宝来。(《元曲选·盆儿鬼》)

北方人把船家叫做“梢公”，把种田的叫做“庄家”，把做小买卖的叫做“货郎儿”，这几个词在当时，地方色彩是很重的，可是当它们进入了书面语言之后，便巩固下来，发展开来了，渗入到其他的方言区域里面，而获得了普遍的意义。

“收撮” 收束，结束。(《元剧俗语方言例释》)

若是楚国天臣见了呵！其实难回避，怎收撮！(《元曲选·气英布》)

恼的我无名火怎收撮，泼毛团怎敢张罗！(《元曲选·西天取经》)

“师父你疾来救我，这公事怎好收撮。”(《元曲选·忍字记》)

“定害”，打扰，麻烦。(《元剧俗语方言例释》)

必然见我早晚吃穿衣服，定害他了，因此上恩多怨深。

(《元曲选·合汗衫》)

我每日定害姑姑,多承雅意。(《元曲选·望江亭》)

如今则有俺哥哥那分家私,也吃我定害不过。(《元曲选·冤家债主》)

此处有个员外,姓刘,我数番定害他。(《元曲选·勘头巾》)

"料持",料理,安排。(《元剧俗语方言例释》)

想是个猪精,我去料持他。(《元曲选·西天取经》)

料持下酒者,今日他敢来见我也!(《西厢记》)

"趄过",走过。(《元剧俗语方言例释》)

这搭儿休超垛,识吊头打闹里疾趄过。(《元曲选·对玉梳》)

我与你打闹处先趄过,拿笠儿忙盖合。(《元曲选·酷寒亭》)

"停分",平分。(《元剧俗语方言例释》)

爹爹也全不怕九故十亲笑耻,则待要停分了两下的财礼。(《元曲选·秋胡戏妻》)

若不是死了俺娘亲和父亲,这家私和你匹半停分。(《元曲选·杀狗劝夫》)

要从良便写约无差错,他要家私停分有下梢。(《元曲选·罗李郎》)

"撒和"，喂饲牲口。(《元剧俗语方言例释》)

大的个孩儿，他撒和头口去了。(《元曲选·冻苏秦》)

打了罗又要洗麸，洗了麸又要撒和头口。(《元曲选·来生债》)

头房里下，先撒和那马者！(《西厢记》)

"稍"，送。

兄弟你出路去比不的在家，须小心着意者，有便频频的稍个书信回来，也免的我忧念。(《元曲选·合同文字》)

这些表示动作和行为的词，都是当时的北方口语，它们在以后的发展变化中，有的慢慢地被消亡了，有的则到现在还仍然活在北方的口语中间，例如现在北方人还有把"送"叫做"稍"的。

在这方面，同样也有很多词，由于进入了书面语言便得到了巩固和发展，一直被保留下来成为现代汉语词汇的一部分。例如：

拦截　"我恰待向前些，他把我紧拦截。"(《元曲选·范张鸡黍》)

瞅　"这老子怎么瞅我那一眼，敢是见那个告状的人，我则做不知道。"(《元曲选·陈州粜米》)

打扮　"小姐这个是什么打扮，你当初嫁那富贵的可不好来。"(《元曲选·举案齐眉》)

抱怨　"船便开，倘若有些不测，只不要抱怨我。"(《元曲选·潇湘雨》)

打搅　"长老说那里话，小生连月打搅，感激不尽。"(《元曲选·竹叶舟》)

我们从上面所举出来的两方面的约略情况来看，在元代北方话词汇大量地被运用到书面语言中去的情形下，总是有一部分词被巩固下来和发展开来，突破北方地域的局限性，而渗入到其他方言的区域里去。由此可见，当时盛极一时的元曲，对于北方话词汇的发展确实起着巨大的作用。

3. 明清白话文学的重大影响

白话文从宋元开始产生以来，到明清时期已经是相当成熟了，在这个时候，很多用白话文写的辉煌巨著陆续出现，如施耐庵的《水浒传》、吴承恩的《西游记》、吴敬梓的《儒林外史》和曹雪芹的《红楼梦》，等等。这些作品不仅在文学上有着崇高的地位，就是在语言的运用上也有着巨大的成就。特别值得提出来的是：这些作品都是用北方话来写作的，对北方话的发展，意义非常重大。如果我们从汉语词汇历史发展的角度上来看，近古北方话词汇的发展和逐渐地渗入到其他方言区域里去，很大程度上是由这些作品的流传来决定的。因为这些作品不仅在北方流传，而且也同样在非北方地区流传；本来是北方话中的语词，只有北方人懂得的语词，也由此逐渐地为非北方地区的人所理解，甚至使用。

例如"脑袋"这个词，是北方话中的语词，别地人不大懂得它的意思，可是它在《水浒传》里常常见到，在《红楼梦》里也使用过，于是别地人也就了解了"脑袋"是指"头"。

薛霸便提起水火棍来，望着林冲脑袋上劈将来。（《水浒传》八回）

我也要会会这凤奶奶去，看他是几个脑袋、几只手！（《红楼梦》六十五回）

关于日常生活方面的用词更是如此，我们看下面这样的几个词：

洗漱　天明，武松起来，洗漱罢，众多上户牵一口羖羊，挑一担酒，都在厅前伺候。(《水浒传》二十三回)

“洗澡”，在《水浒传》中用“洗浴”，在《西游记》和《红楼梦》里用“洗澡”。

> 不多时，那个人又和一个汉子两个来，一个提着浴桶，一个提一大桶汤来。看着武松道：“请都头洗浴。”武松想道：“不要等我洗浴了来下手？我也不怕他，且落得洗一洗。”(《水浒传》二十八回)
>
> 土地道：“这怪占了浴池，一日三遭，出来洗澡。如今巳时已过，午时将来哑。”(《西游记》七十二回)
>
> 起来，让我洗澡去。(《红楼梦》三十一回)

盥漱　宝玉命取表来看时，果然针已指到子初二刻了，方从新盥漱，宽衣安歇。(《红楼梦》一十九回)

睡觉　宝玉推他说道：“快别睡觉，咱们外头顽去。一会子好吃饭。”(《红楼梦》六十二回)

“洗漱”“洗澡”“盥漱”“睡觉”，这都是日常生活方面的普通用词，可是在各地的方言里，有着各自的名称，也就是说，各地方言在日常生活方面的用词是不同的。“洗漱”“洗澡”“盥漱”“睡觉”是北方话词汇中的词，为什么它会有这样的普遍性，为非北方地区的人所同样地了解和使用呢？这与这些词在白话文巨著中的运用和由此而得到广泛的传播，有着密切的关系。

在平时常用的一般词汇方面，由于书面上的运用，很多词也很快地流传开来了。如：

嘴巴　只见王夫人翻身起来，照金钏儿脸上就打了个嘴巴。(《红楼梦》三十回)

耳刮子　他娘也正为芳官之气未平，又恨春燕不遂他的心，便走上来打了个耳刮子……(《红楼梦》五十九回)

"嘴巴"和"耳刮子"是表示同一概念的两个词，一向在北方话中被常常使用，近古以来，这两个词在非北方话区域里也被使用着。

撒谎　宝玉笑道："你瞧瞧，眼睛上的泪珠儿没干，还撒谎呢。"(《红楼梦》三十二回)

下流　杜少卿笑道："你这匪类！下流无耻极矣！"(《儒林外史》三十二回)湘云沉了脸，说道："下流东西，好生走吧。"(《红楼梦》三十一回)

搭讪　宝玉自知又把话说造次了，当着许多人，比才在黛玉跟前更不好意思，便急回身，又同别人搭讪去了。(《红楼梦》三十回)

操心　为我一个人，娘儿两个天天儿操心！妈妈为我生气，还犹可；要只管叫妹妹为我操心，我更不是人了。(《红楼梦》三十五回)

捣鬼　柳氏听了，笑道："你这个小猴儿精又捣鬼了！你姐姐有什么好地方儿？"(《红楼梦》六十一回)

鬼胎　袭人等怀着鬼胎，又不敢去招惹他，恐他生气。(《红楼梦》九十五回)

粪窖　智深不等他占身，右脚早起，腾的把李四先踢下粪窖里去。张三恰待走，智深左脚早起，两个泼皮都踢在粪窖里挣扎。(《水浒传》七回)

螃蟹　宝钗道："……现在这里的人，从老太太起，连上屋里的人，有多一半都是爱吃螃蟹的。"(《红楼梦》三十七回)

"撒谎""下流""搭讪""操心""捣鬼""鬼胎""粪窖""螃蟹"等，

都是北方话中的常用词,我们在这里只是举例,象这类性质的常用词,当然是很多的,我们没有必要也不可能一一列举出来。这类性质的常用词应该说是北方话词汇中进入书面语言而被广泛流传开来的数量最多的一部分,它们是几乎全部地被保留和继承下来,成为现代汉语词汇中的常用词。

另外,还有很大一部分北方话中的常用词,也同样是几乎全部地被保留和继承到现代汉语的词汇中来了,但是这一部分词在构词上有着显著的特点,即它们是由词根和接合成分"子""儿"所构成。例如:

碟子 琥珀笑道:"……你们看看,他没吃两个螃蟹,倒喝了一碟子醋了。"(《红楼梦》三十八回)

卓子 说犹未了,武松把刀肐查子插在卓子上,用左手揪住那妇人头髻,右手匹胸提住,把卓子一脚踢倒了,隔卓子把这妇人轻轻地提将过来了,一交放翻在灵床子上,两脚踏住。(《水浒传》二十六回)

鸳鸯等笑着答应了,高声的说道:"这满桌子的腿子,二奶奶只管吃就是了。"(《红楼梦》三十八回)

茄子 刘老老笑道:"别哄我了。茄子跑出这个味儿来了,我们也不用种粮食,只种茄子了。"(《红楼梦》四十一回)

傻子 凤姐……连忙赔笑说道:"太太这话说得极是。我能活了多大?知道什么轻重?想来父母跟前,别说一个丫头,就是那么大的一个活宝贝,不给老爷给谁?背地里的话,那里信的?——我竟是个傻子。……"(《红楼梦》四十六回)

乱子 他也不过怕事情不密,大家闹出乱子来不好看。(《红楼梦》九十一回)

凳子 且说鲁达寻思,恐怕店小二赶去拦截他,且向店里掇条凳子,坐了两个时辰。(《水浒传》三回)

盹儿　袭人便说:“告诉不得你。昨日夜里热闹非常。连往日老太太、太太带着众人玩,也不及昨儿这一玩。一坛酒,我们都鼓捣光了。一个个喝的把臊都丢了,又都唱起来。四更多天,才横三竖四的打了一个盹儿。”(《红楼梦》六十三回)

由词根和接合成分构成新词,是近古北方话词汇本身发展和丰富起来的主要现象之一。这种构词方法一经书面语言的纪录,便巩固下来,成为北方话词汇发展的一个重要趋势。

上面所举的这些例子,仅是北方话词汇进入书面语言而广泛地流传开来的一部分,它们在发展过程中逐渐地渗入了其他方言区,获得了普遍性,同时它们也被保留和继承下来,成为现代汉语词汇中的重要的一部分。至于当时进入书面语,但在流传过程中没有发展开来的其他很多北方话词汇中的词,即是普遍性不大,仍然局限在北方区域的那些词,我们就不谈了。

在这里,我们还要指出,白话文到晚清时期一直是在不断的发展着和壮大着,逐渐地有代替旧的书面语言——文言文的趋向,所以在五四时期就不可避免的要有一场大论战。当然,五四时期白话和文言的论战,主要的是代表着两种思想、两种势力,即先进思想、进步势力和封建思想、反动势力之间的斗争;而从白话文本身的发展来看,这一场论战、这一次斗争也是必然要发生的。

经过五四时期的这次斗争,“一方面,‘白话文运动’使一向只使用在所谓通俗文学上的白话取得了使用于一切场合的文学语言的地位;另一方面,‘国语运动’又给予以北京话为代表的北方话一种民族共同语的地位。二者相结合,我们就获得了在书面形式和口头形式两方面都有了相当的规范的统一的文学语言,打开了早先的言文不一致和方言并立的局面”(罗常培《略论汉语的规范化》,《中国语文》1955年10月)。由此可见,近古时期白话文的发展和官话的流行,以及后来它们两者的相结合,是直接地影响着现代汉语，并且决定了现代汉语普通话是以北方话为基础方言，以北京语音为标准音，因为这是符合汉语的实际情况和历史发展的。

4. 各地方言的影响

近古北方话词汇的发展，除了前面所说的依靠官话的传播和白话文的流传而渗入到其他方言的区域里面去以外，还体现在北方话词汇也吸收其他方言中的词这一点上面。其他方言中的怎样会进入到北方话词汇中去的呢？这个问题我们仍要联系到官话的传播和白话文的流传上面来进行观察。

我们在第一节中，在说明官话的传播时，曾引述了苏联已故汉学家康拉德的一段话，指出当时的官吏阶层在传播方面的巨大作用，而官吏阶层来自全国各地，官话虽然已经是他们的惯用语，但是他们讲的终究不是道地的北方话，我们可以肯定地说，这些官吏阶层的人在讲北方官话的时候，里面一定还夹杂着很多的他自己家乡话中的语词，这样长久地下去，很自然地会有一部分语词进入到北方话词汇中去，为北方话词汇所吸收。这是就官话的传播方面说。那么别地方言为北方话词汇所吸收与白话文的流传又有什么关系呢？我们知道，白话文的作者中间，有很多并不是北方人，他们在写作的时候，固然基本上是用北方话来写，但是也不可避免的会有自己的方言中的词跑到作品里去而流传开来，为北方话词汇所吸收。

我们下面举几个吴方言中的词为北方话词汇所吸收的例子来看看：

面皮

你昨日打我这一顿，亏你有甚么面皮又来见我？（《元曲选·虎头牌》）

鲁智深喝道："……且看兄弟面皮，饶你两个性命。"(《水浒传》九回)

只见管营叫唤林冲到点视厅上，说道："你来这里许多时，柴大官人面皮不曾抬举的你。"(同上书，十回)

众人都不喜欢，以此周进安身不牢；因是碍着夏总甲的面皮，不好辞他，将就混了一年。(《儒林外史》二回)

尴尬，或作"尲尬""尷尬"

这些时春山感损蛾眉淡，好是忒尲尬。(《词林摘艳》)

……李小二应了，自了门首叫老婆道："大姐，这两个人来的不尷尬。"老婆道："怎么的不尷尬？"(《水浒传》十回)

杨志道："你这般说话却似放屁。前日行的须是好地面，如今是尴尬去处。若不日里赶过去，谁敢五更半夜走。"(同上书，十六回)

陈木南回到下处，心里想道："这事不尴尬！长随又走了，虔婆家又走不进他的门，银子又用的精光，还剩了一屁股两肋巴的债，不如卷了行李，往福建去罢！"(《儒林外史》五十四回)

尴尬人难免尴尬事，鸳鸯女誓绝鸳鸯偶。(《红楼梦》四十六回回目)

促掐，又作"促恰"

我打你个促掐的弟子孩儿！酾这么滚汤般热酒来烫我！(《元曲选·生金阁》)

师父，你既肯度脱弟子成仙了道，怎生又要把我掉在大江之中，险丧性命，你好促掐也！(《元曲选·竹叶舟》)

桃花女！桃花女！你好促恰也！(《元曲选·桃花女》)

黄文烨听的说时，只在背后骂说道："又做这等促掐短命的事！"(《水浒传》四十一回)

物事

哎，村物事；泼东西！怎到的那里。(《元曲选·岳阳楼》)

只见那一个军官模样的人，去伴当怀里，取出一帕子物事，递与管营和差拨。(《水浒传》十回)

滥泥浆

脚底下踹着滑滑擦擦滥泥浆。(《元曲选·货郎担》)

面熟

莫不你两个有些儿曾面熟。(《元曲选·鲁斋郎》)

有伏路小校，前来报说："有个胡须将军，匹马单鞭，要见元帅。"……关胜道："与我唤来。"没多时，来到帐中，拜见关胜。关胜看了，有些面熟。(《水浒传》六十四回)

从这里，很可以看出北方话词汇的丰富与发展，是和吸收其他方言中的词分不开的。

三、外来词的发展

从元代开始到五四运动为止，这一历史阶段的汉民族语言中的外来词，依照这些词汇进入汉语的不同时间和不同的来源，大致上可以分成以下四个历史时期。

第一个历史时期　从元朝建立到元代覆亡为止。事实上在元代以前，汉人和蒙古人的接触已有很长的一段历史，当然汉语不可能不受蒙古语的影响；在元朝灭亡以后，汉民族和蒙古族的接触更频繁一些，一部分蒙古人已被汉人同化，一部分蒙古人作为我们中国的少数民族而存在，汉语和蒙古语的交往，自然不会随着元朝的灭亡而终止。虽然，元代以前和元代以后都有蒙古语的外来语不断进入汉语词汇，但比起蒙古人入侵到元朝覆亡这一历史时期，在数量方面是小得多，所以我们研究汉语中的蒙古语来源的外来词时应以元代为基本时期。以元代作为汉语词汇中蒙古语来源的外来词的基本时期也是由当时蒙古族统治中国的具体历史条件所决定的。

自从蒙古贵族统治中国建立元朝以后，欧亚各国的文化也通过蒙古人而传来中国。这些文化的传入是由蒙古语作为媒介的，所以汉语外来词中来源于蒙古语的其中有一部分不但汉语词汇中是外来词，就是蒙古语本身也是外来词。

从现代汉语中保存蒙古语来源的外来词能考查的数量不多；

仅“站”“歹”等个别例子。其原因：

蒙古入主中原是以暴力方式来统治中国，对中国人民进行残酷的剥削和压迫，特别是民族压迫，激起中原人民的反抗和愤怒，所以一旦元代统治被推翻后，中原人民由于民族自尊观念，不愿再用蒙古语的外来词，所以随着元代政权的推翻，这些来源于蒙古语的外来词很快就消失了。

元代蒙古语词汇被汉语词汇中吸收的外来词，绝大多数是音译，如“也里可温”“按答奚”等；这些词不论在音读上或者构词上都不符合汉族人民的习惯，它不是用与新词意义相关的词根来构词，而是以汉字纯粹去音译蒙古语词汇，从词的汉字面貌上看不出它的意义来，难认难记，不易为汉族人民所接受。此外，许多三个音节甚至三个音节以上的外来词与汉语词汇发展双音化的趋势是不符合的。这也是这些外来词很快消亡，不为汉语词汇流传下来的原因之一。

元代蒙古民族还处于奴隶制社会末期的游牧性质的社会，他们的生产文化等方面都比封建社会经济有高度发展的中国社会落后得多，因此汉民族向他们学习先进的生产技术和文化艺术等比较少，汉语在这些方面吸收的外来词汇也就比较少。而吸收进汉语词汇里来的一些特殊制度、官阶名称都是些官场内部用语或少数人使用的词汇，广大人民并没有习惯使用，加上元朝统治的历史时间并不长，随着这些词所代事物制度官阶等取消而死亡了。例如“达鲁花赤”是一种地方官的官名，专为异族统治所特有的，随着元朝被推翻，这种官制被根本废除，而代表这个事物概念的词自然不会保存下来。

还有一些蒙古语来源的汉语外来词，被汉语词汇吸收后完全汉语化了，已经和其他汉语的词汇混在一起找不出它外来词的痕迹来了。如果不是详细考证也就无法辨别出它原来是由蒙古语词汇进入汉民族语言词汇的外来词了。如作为交通工具停歇处的“站”，根据近人考证，这是来源于蒙古语词汇的外来词，如果没有近人考证，先从“站”字字面上看是认不出它是外来词的。但是因为文献的局限和考证工作做得不够充分，所以今天这方面的词（被吸收保存在现代汉语里的词）知道的不多。

第二个历史时期　明末利玛窦诸人东来以后到清初康熙年间为止。在明代，西方国家的海盗性势力不断东侵，随之而来的是耶稣会和天主教教士。当时在欧洲宗教改革之后，旧教寻求新的传教区，遂与西方海盗势力结合，向东方发展，利用十字架与袈裟为侵略中国的开路先锋。1581 年（万历九年）耶稣会教士利玛窦至广东肇庆，建教堂传教，利玛窦等人一方面传教，一方面也传授西方科学知识，以取得明朝政府以及一些官僚士大夫的采纳和支持。明朝由于当时社会经济的发展，对西方自然科学是需要的，一些官僚士大夫如徐光启、李之藻等都努力于吸取西方科学，当时传入中国的西方文化包括哲学、艺术与自然科学，其中自然科学占大部分，翻译了大批西方的科学书籍，如明人徐光启与利玛窦合译的《几何原本》中出现了许多平面几何方面的外来词。李之藻的《圜容较义》出现了许多关于圆“内接”“外接”的外来词。徐光启《测量法义》应用了测量方面的新词。物理学教士汤若望著的《泰西水法》、徐光启著的《农政全书》水力专章出现了一些水力机械方面西洋专门术语。王徵与教士邓玉函合译的《远西奇器图说》中出现了一些有关物理学中重心、比重、杠杆、滑车等简单机械构造方面的科学术语。

枪炮铸造技术的输入。明末因为外患紧急，无法对付，对于西洋新式火器的需要是很迫切的。明天启时期，兵部曾召请西方教士来京铸造火器。教士汤若望曾与焦勗合著《则克录》（又名《火攻挈要》），其中对炮台建筑、各种炮身的铸造技术、火药成分、大炮施放方法以及炮兵教练等项皆齐备。我们从明代官手工业增加生产的火器名称上可以知道这些名称都是外来的。例如“佛郎机炮”“佛郎机铜铳”“佛郎机铁铳”“连珠佛郎机炮”……这些词都是从西洋输入的。

第三个历史时期　清兵入关到鸦片战争。1631 年(天聪五年)皇太极由于集权制度和奴隶制向封建制的过渡的客观需要,遂仿照明朝封建政制的形式设立了六部。1636 年又设立了内阁形式的内三院(国史院、秘书院、弘文院),是年又改国号为“大清”。“大清”即“金”的音转,为了避免惹起汉族人民对历史上金朝侵略的民族仇恨,故改为清,事实上“清”也是外来的音译。族称满洲,“满洲”也是音译,改元崇德。皇太极由后金汗王进位为大清皇帝。清朝统治 267 年时间里,汉族人民和满族人民接触很多,满语词也就成为汉语外来词的一个来源。

虽然鸦片战争以后,满洲族对汉族人民的影响很大,不断有外来词吸收,但鸦片战争以后吸收外来词的主流已为西洋语言所替代,所以这一时期基本上确定到鸦片战争为止。

至于满洲语来源的外来词,在现代汉语中保存下来的数量不多,其情形与第一时期蒙古语来源的外来词有类同的地方,所以这里不另作分析。读者可参考第一历史时期的分析。

第四个历史时期　鸦片战争到五四运动前后。这时期吸收了大量的欧洲资产阶级文化名词和日语来源的汉语的外来词,这是这个时期汉语外来词两大主流,其中尤以日语转译的外来词更为突出。在这时期吸收的外来词,无论在数量上或质量上,超过了以往历史上任何时期,是汉语史上任何历史时期都不能比的,而且这类词儿在现代汉语里保留了相当多的数量,成为现代汉语词汇中不可缺少的部分,由于这些新词的吸收,大大丰富了现代汉语的词汇宝库,对中国人民吸收欧洲近代文明、近代科学技术一定程度上起了决定性的作用,对今后汉语发展遗留了极其广泛的影响。

(一) 蒙古语对汉语的影响

这一时期的外来词有音译、有意译,有汉语进入蒙古语成为蒙古语外来词,再由蒙古语回到汉语成为汉语外来词;有一个蒙古语词、汉语外来词同时并存音译和意译二个词的形式;有其他国家语词进入蒙古语,再由蒙古语媒介进入汉语词汇成为汉语外来词。有音译和音译叠译的词。虽然这时期汉语吸收外来词的形式多种多样,但是音译词占绝大部分,而其他几种形式数量上很少,所以是次要的。

1. 蒙古语来源的音译词

汉语外来词	词的意义
孔	人也。《长春真人西游记》卷上“腾吃利蒙古孔”,译语为“天人也”。
达鲁花赤	蒙古语中之音译。原意为掌管者、看守者,起初作蒙古之看仓者或看城者。后蒙古创建官制以后,此字乃演变为地方官之专名。
也里可温	亦译作“也立乔”。“也里可温”指景教徒,元人亦用来泛指此种宗教。
按答奚	或译“按打奚”。译自蒙古语,原字有被杀伤之意,犹言处死。
拔睹儿	译自蒙古语。意为勇士。或译“拔都鲁”“八都儿”“八都鲁”“把都儿”“把阿秃儿”“霸都鲁”等。
不兰奚	或译“孛兰奚”,元代逃亡之农奴如无原主认

领，即“发付有司，收系当差”，“成为官奴”。“不兰奚”主要即指此种人。或译作“阑遗”或“拦遗”。

也可　为蒙古语中“大”的音译。“教对金长老道与铁哥都元帅也可那衍……”（《元代白话碑集录》，页 14），“也可那衍”意谓“大官人”“长老”之意。

火鲁赤　或译“豁儿赤”。《元秘史》“火儿赤”、《元史·兵志》及《塔察儿传》“火而赤”、《元史·阿剌罕传》“货鲁赤”、《至元译语》皆蒙古语之同名异译。《黑鞑事略》“卫则曰火鲁赤”，《元代白话碑集录》亦作“火鲁赤”。“火鲁”为蒙古语“箭筒”之意，“赤”加于名词之后，意为从事此事之人，略与汉语之“者”字相当。

节该　为元代公文中摘引节文时所习用的术语。

呵　“呵”原为一般的语气词，在这里并非指一般的语气词用法，而是用来翻译蒙古语中表示条件和假设的语气，如“那底每，这令旨听了以后，搔扰呵，将那搔扰……”（《元代白话碑集录·1257 年鹿邑太清宫令旨碑》）“搔扰呵”意即“如有搔扰”。

上头　翻译蒙古语中表示原因的语气。“马儿年和尚与先生每对证，佛修赢了先生每上头，将一十七个先生每剃了头发，交做了和尚”（《元代白话碑集录》，页 29）。这里的“上头”相当于“由于……”“因为……”“依据……”。

奥鲁　主要指留在军队后面的家属人口财物。

哈剌章	蒙古人用以称彝族中之黑彝。时彝族居云南,故此词又作地理名词,泛指云南昆明、大理一带地界。
怯薛	译自蒙古语。有“部分”“班次”之义。后为蒙古人的一种亲军宿卫制度,自成吉思汗时即已建立。刘时中散曲:“怯薛回家去,一个个欺凌亲戚盼视乡闾。”(见《金元戏曲方言考》“怯薛”条)
速古儿赤	译自蒙古语。为怯薛执事之一。《元史·舆服志》“仪卫”条:“司香二人掌侍香以主服御者,国语曰速古儿赤。”蒙古语音译。原意为自由者,不受管辖者,为蒙古诸王的一种崇高封号。
必阇赤	蒙古语音译,《元典章》又译作“閟者赤”。彭大雅《黑鞑事略》云:“必彻彻者,汉语令史也,使之主行文书耳。”“管文事则曰必彻彻。”此皆必彻彻即必阇赤之异译。《元史·兵志》“宿卫”条:“为天子主文史者曰必阇赤。”此字原意为掌文书者,“必阇”原意为文书。此与速古儿赤,云都赤之构词相同。
阿妈	同“阿马”。女真称父曰“阿马”。(货)“阿妈有甚话对你孩儿说。”(诈)“这书房存得阿马。”(见《金元戏曲方言考》“阿马”条)
铁里温	头也。(拜)“铁里温都哈喇”。(按)《华夷译语》:“帖里温,头也。”铁、帖音近。(见《金元戏曲方言考》“铁里温”条)
哈喇	杀。“铁里温都哈喇”。此云杀头。(吾)“只

	一刀哈喇了。”（见《金元戏曲方言考》“铁里温”条）
站	汉语的“站”只作久立讲，至于驿站，中途暂驻之处的话来源于蒙古语的 jam 的对音，元史中的“站赤”即 jamci，意思是管站者。《词源》引《元史·兵志》：“元制。站赤者，驿传之译名也。……凡站，陆则以马以牛，或以驴，或以车，而水则以舟，其给驿传玺书，谓之铺马圣旨。”
歹	彭大雅《黑鞑事略》说蒙人管不好叫“解”。《康熙字典》引《字学三正》说：“解与好歹之歹同。”“邀小人今夜做些生活。”（《新编五代史平话·梁史卷上》）“朝廷料其有歹意。”（同上书，《晋史卷上》）“河东素有歹志。”（同上）

2. 蒙古语来源的意译词

汉语外来词	词的意义
有来	为蒙古语之意译。表“有”的过去词，此处为曾有过之意，有时“有来”也用来翻译助动词“有”的过去词。
根底	此词实蒙古语助词之意译。一般用于名词或代名词的与格（第三格），略相当于汉语副动词的“对”“对于”或“给……”。有时“根底”亦用来翻译蒙古语领格（第二格）的语助词，略与汉语的“属于”相当。“和尚根底寺，也立乔大师（指景教徒），根底胡木剌（指景教徒寺院），先生根底观院，达失蛮（指回教徒），根底密昔吉（指回教徒寺院）。”（见《元代白话碑集

	录》,页5)
更	“更”字的用法,相当于汉语“再”“又”等,乃蒙古语“巴撒”之意译。“更属本宫旧有的乘田村西观谷常住瞻宫地土,不拣是谁休倚气力侵占者。”(见《元代白话碑集录》,页81)

3. 突厥语、波斯语来源的音译词

其他国家的词,通过蒙古语的媒介而进入汉语词汇的外来词。

汉语外来词	词的意义
胡木剌	“胡木剌”即“忽木剌”之异译,《至顺镇江志》所载《大兴国寺碑文记》“薛里吉思建七寺事”内作“忽木剌”。“胡木剌”即指景教徒的寺院。此字非原本为蒙古语,乃出自叙利亚语之“umra”。
斡耳朵	或译作“斡儿朵”“兀鲁朵”。见《元史》“窝里朵”,《黑鞑事略》“兀里朵”,《长春真人西游记》“窝里朵”。此字译自蒙古语,原字来源于突厥语,意为蒙古之“行帐”,《元秘史》旁译为“宫”,《元史》译作“行帐”或“行宫”。
八合识	蒙古语中之突厥语借词,意为“师父”或译为“博士”。
达失蛮	或译“答失蛮”“达识蛮”“达实密”“大石马”指回教徒,音译自波斯语。
密昔吉	意为回教徒之寺院,即指清真寺。今案此字译自阿拉伯语之“masjia”。

4. 蒙古语中汉语贷词的回流

由汉语到蒙古语再由蒙古语回到汉语成为汉语的外来词。

汉语词	词的意义
仙孔	“仙孔”即为“仙人”。“仙”乃蒙古语中之汉语借字，译时还原。“孔”为蒙古语“人”之音译。丘处机曾被称为“腾吃利蒙古孔（译语谓天人也）”。（《长春真人西游记》卷上）
先生	“先生”一词，元人用来专指道士。此词蒙古词是从汉字“先生”一词借去的，但既经借去以后成为蒙古词汇中的外来词，其意义已不同于汉语“先生”的本义，相当于汉语“道士”。汉人再从蒙古语翻译为汉语时，把“先生”两词搬进汉语里来作为“道士”，不再作为原来汉语“先生”的本义。“根底胡木刺，先生根底观院……”这里的“先生”一词，作为“道士”解释。西方史料如剌失德《集史》《马可·波罗游记》诸书，亦均有“先生”一词之音译，以称“道士”。但是这种用法会造成混乱，不符合汉语发展规律，所以不可巩固下来为汉语词汇所吸收。
赏生	“赏生”即先生，这是由于后来译者已不知蒙古语中“先生”一词乃从汉语中借去的，译者依照蒙古语中“先生”一词的读音，音译之，由于蒙古语对先生这词的读法，较汉语原来读音有所变化，所以再音译成语词时变成“赏生”。
脱因	为“道人”之音译，“道人”这词也是从汉语中借去的，当时蒙古人用“道人”一词称佛教的和尚，用

"先生"一词称道教的"道士"。当译者把蒙古语中的"道人"还译为汉语时,多意译为"和尚",有时译音则用"脱因"两字。这种译法与"先生"转译为"赏生"的情形有所不同,"赏生"的译法,是由于译者不了解此词汇的来源。"脱因"的译法,或为译者有意识地避免还原为"道人"一词,以免汉人误会。

5. 音译意译并存的蒙古语外来词

由于音译词使人不易理解词的意义,所以遂渐转化为意译,于是一个蒙古语词译到汉语中来,既有音译词又有意译词,造成意译和音译并存的局面。

汉语词		词的意义
音译	**意译**	
那衍	官人	或译作"那演""那颜"。《元秘史》旁译作"官人"。"教对金长老道与铁哥都元帅也可(大也)那衍"(《元代白话碑集录》,页 14)。"也可那衍"即"大官人也"。"皇帝福荫里荼罕官人"(同上书,页 9)。这里"荼罕官人"就是意译。
必答	俺每	"俺每"为第一身复数"必答"之意译。"必答"是蒙古文 bida 的音译,元碑译文中"俺每"一词与"咱"常常互用。蒙文碑中"必答"一词,在白话译文中或译"咱""咱每",或译"俺每""咱每",并无定例。"更没俺每的明白圣旨,推称诸投下……"(同上书,页 23)
巴	俺	"巴"乃蒙古语 ba 的音译。蒙古语"巴"字虽

	俱译作“俺”，但“俺”又用以译“必答”，与“咱”互用。
扎撒　法度（或军法）	“扎撒”译自蒙古语，指成吉思汗的法令。《元典章》有译作“劄撒”，《元秘史》译作“扎撒黑”，旁译为“法度”或“军法”。《元史·太宗纪》“大札撒”原注：“华言大法令也。”此词原为军法之意，后引申为一般的军政法令。“照依故违扎撒治罪”即处死之意。即相当于汉人所谓“按军法从事”。
宝儿赤　厨子	“宝儿赤”蒙古语之音译。《元秘史》作“保兀儿臣”，旁译为“厨子”。《元史·兵志》“宿卫”条：“亲烹饪以奉上饮者曰博尔赤。”明杨士奇《历代名臣奏议》载郑介夫《上金镜太平策》云：“《周礼·天官·冢宰》，曰膳夫，曰庖人，曰内饔，曰外饔，曰浆人，曰烹人，曰笾人，今之博儿赤也。”
怯里麻赤　通事	《元史》作“怯里马赤”，《至元译语》作“乞里觅赤”，又作“通事”。意译相当于“通事”，元代有此专职。“本处官人根底，怯列麻赤收敛过往众百姓根底晓谕。”

（二）明代西洋文化输入对汉语的影响

在这一时期汉语出现许多西方语言的借词。（大多是拉丁语的）

例如明熹宗天启七年（公元 1627），王徵所译《远西奇器图说录》一书就有下面许多新词，这些词大多是意译借词，第一次在汉语词汇中出现,并且一直保留到今天的现代汉语里。

齿轮	起重
滑车	自鸣钟
风扇	自行车
螺丝	轮盘
机车	地球
重心	地平线
水库	比例
载重	

此外“测量”一词,在徐光启1627年译的《测量法义》中已经出现。

“远镜”。现在日常所称的“望远镜”在明代物理教士汤若望著的《远镜说》就已经出现,不过那时不叫“望远镜”,而称作“远镜”,以后象《海客日谭》、马建忠《东行初录》还都作“远镜”。“望远镜”的名称起得比较晚的。

“几何”一词是Geometry的简译,明代徐光启和利玛窦合译的《几何原本》已有“几何”这词出现,从此“几何”这词一直沿用到今天。

“名理学”这词在1636年李之藻和傅泛济合译的《名理探》中就已出现,但该书同时又有一个音译词“络日伽”,这词是logica的对音。

在“名理探”还介绍了一些社会科学的意译借词,例如:

文法(卷一)

关系(卷一)

特殊(卷二)

性能(卷四)

灵魂(序言)

此外，还有一些音译词，后来没有流传下来，而以另外一些意译词所代替。如下面三个词(均见《名理探》卷一)：

额各诺靡加：是 Economics 的音译，后来改用日译词“经济学”。

薄利第加：是 Politics 的音译，后来改用意译词“政治学”。

斐西加：是 Physic 的音译，后来改用音译词“医学”。

除《名理探》上这些词以外，还有：

阿芙蓉：这是阿拉伯语 afyun 的音译，见李时珍《本草纲目》。后来鸦片战争前后，英帝国主义独占远东的鸦片市场，英语的音译词“鸦片”opium 这才完全代替了阿拉伯语的“阿芙蓉”。英语“鸦片”opium 来自希腊语 opion。

(三) 满族统治对汉语的影响

满族统治者，统治中国 267 年，在这一段时间里，满汉两族人民的接触很多，满语词汇也就成为汉语外来词的一个来源。

今举例如下：

努尔哈齐：是 Nurhaci 的音译。是清帝国的奠基人。

赫图阿拉：是 Heta ala 的音译。地名，今辽宁省新宾附近。

猞猁狲：是 Silun 的音译。满族狩猎所得的动物，见《满洲实录》页 56。

天命汗钱：见王锺翰《清史杂考》页 35“天命汗钱”条注云“贾敬颜同志赠我一枚，一面无字，一面有无圈点满文”。

abkai(左，天之意)、fulengga(右，命之意)、han(上，汗之意)、jiha(下，钱之意)四字，合之即系“天命汗钱”之意。

贝勒　　beile
贝子　　beise　} beise 本为 beile 之复数形，久而久之，贝

	勒、贝子演变为爵位的等级。参阅《满洲实录》页371“注记”引《大清全书》。又在《武录》卷四页一一下的“八固山”小注下，则有“四大王”“四小王”的译法。
额真或厄真	是ejen汉译作家主、主人，或主。额真实质上为当时满族社会中之奴隶主，地位仅次于“贝勒”“贝子”。（《满洲实录》，页110、253等）
伊尔根	是irgen的音译，汉译作“部民”“百姓”或“民”。（《满洲实录》，页106、270等）“伊尔根”为当时满族社会中之自由民。
巴图鲁	是baturu即“勇”的意思。清奕赓《东华录缀言》（《佳梦轩丛书》本）卷二，页三上云：“巴图鲁，译言勇也。国初赐巴图鲁号者，俱系满洲、蒙古人员，然非亲历军旅者弗赐也。今之汉官亦得赐。每观大吏等奏言，若叙某人履历有号者，必曰蒙赐勇号。是直以巴图鲁为勇矣，殊失本来之意旨。”
阿哈	是aha音译，意即奴隶，亦作“包衣”（booi），全称为“包衣阿哈”（booi aha），包衣阿哈即“家里的”或“家里的奴隶”即“家奴”。（《满洲实录》，页87、163）
包衣捏儿麻	是booi niyalma的音译，即“男仆”。（见《满洲实录》，页34）
包衣赫赫	是booi hehe的音译，即“女婢”。（同上书，页35）
控马奴	是kutule的音译，《清文鉴》译作“牧马者”（卷十，页215），另处又译作“仆厮”（页216）。又《柳边纪略》作“苦独力”。（《国文学库》本卷一，

页九)《黑龙江外纪》作“库图勒”转为“库特勒”。(《渐西村舍》本卷三,页十四下)

乌津 是 ujin 的音译。“阿哈”被允许结婚后所生子女。又译作“家生子”。

辈奴 “一辈奴”是由 futahi 译来;“二辈奴”是由“furna”译来;“三辈奴”是由 bolhosu 译来;“四辈奴”是由“genggiyesu”译来。(俱见《清文鉴》卷十,页十一上)

诸申 是 jušen 的音译,又译作“满洲”或“编氓”或“部属”或“民间”。“诸申”一语系女真 jučen 变化而来,本来是指自由民女真人而言。也作属于奴隶性质的一些女真人。《清文鉴》里就明白解释为“满洲臣仆”。诸申是由破了产的女真自由民逐渐演变而成为泛指属于奴隶性质的人们的代名词。

尼堪 是 nikan 的音译,《清文鉴》译作“汉人”,又《清文汇书》除译“汉人”之外,又别译“蛮子”。(卷二,页二一下)“尼堪”是指主要从事农业生产的汉人。

拖克索 是 tokso 的音译。《清文汇书》作“庄子”“屯里”(卷七,页四上)。《清文鉴》说得很清楚:“田耕的人所住的地方叫做拖克索。”(卷十九,页三十三上)

拨什库 是 boškū 的音译。比庄头高一级的官员。

牛录 是 nirui 的音译。即八旗中的佐领。

布库 是 buk 的音译。摔跤、角力。

哈勒巴 是 halba 的音译。肩胛骨。

克食 是 kesi 的音译。皇帝赐食,以示恩典。

章京	是 janggin 的音译。指系次于额真的官。
萨其马	是 sacima 的音译。是一种糕点。
他坦	是 tatan 的音译。指场所;窝铺;野宿营地。
乌珠	是 uju 的音译。指头脑;头目。
哈什蚂	是 hasima 的音译。是一种河鱼名。

(四)鸦片战争后外来词的增加

自从鸦片战争以后,中国社会向半殖民地半封建社会转化,这对中国知识分子是一个很大的刺激。闭关时代的中国知识分子,虽然曾经跟资本主义的物质文明发生过一定的交往,如明代徐光启,清初梅文鼎、王锡阐等,都以融贯中外学术而著名的。但是仅限于学习西方的数学、历法、医学、火器等,当时的士大夫并不真正了解西方资本主义物质文明的内容和意义,他们还被禁锢在整理旧典籍的狭窄范围内。一直到鸦片战争发生而且战争失败,这才是对中国知识界当头的一棒,堂堂天朝大国竟被一向在中国人眼里视作蛮夷的小邦打败了,这是一个出乎意外的奇耻大辱。一些先进知识分子,不仅从自己方面来检查失败的原因,而且他们也渴望了解敌人,他们是怎样取得胜利的。于是就开始了向西方学习的运动。

随着帝国主义侵略势力不断深入,中国人民和欧洲资本主义国家人民接触机会越来越多,资本主义的物质文明急剧渗入中国社会,中国人民深受资本主义势力的奴役,但同时中国人民也学到许多适合于自己的有益的东西。社会形势发生新的变化,要求语言用新的词来反映社会交际中新的事物、新的概念,充实汉语的词汇宝库。随着这种社会需要,于是汉语相应增加了大量的哲学上、政治上、经济上、科学上和文学上的名词术语。这些增加的词中,果然有不少是汉族人民自己创造的新词，但是更重要的是吸收了大量的外来词。

这时期外来词主要来源，一是西方；一是东方。西方可以“英语”为代表，东方可以“日语”为代表。这都是具体历史条件所决定的。英国资本主义发展比较早，是当时第一号富于侵略性的国家，而日本是东方近代资本主义发展最早的国家，而且和中国邻近，中国和日本在历史上有密切的联系，所以这一时期汉语中大量出现来源于日语的外来词是很自然的事。

1. 英语来源的外来词

英国在十六、十七世纪已经发展了资本主义经济，成为世界上经济实力最强大的国家。它拥有大批近代工业的新企业，有雄厚的资金，资本主义经济发展规律决定它必然要向外扩张寻找海外市场开辟殖民地。

鸦片战争也是英国首先开始的，所以中国人民和英语接触的机会也特别多一些。一般人也为着生活上的需要，自然而然地要和英美资本主义物质文化发生接触，加以应用。于是反映社会发展的汉语自然而然地为着适应新环境的需要而创造出许多英语来源的外来词。近世以来首先和中国人民有频繁接触的是英国人，因此英语和现代汉语的接触不但频繁而且早。再加上后来中国人民和说英语的美国人接触，就使得英语词汇里更多的词汇，传入汉语的词汇中来，而许多其他欧洲语言的词汇也通过英语传入了汉语，被改造成现代汉语的外来词。从现代汉语外来词的直接来源来说，这些由英语转入现代汉语而被改造的其他语言的词也应当算作英语来源的汉语外来词。现在让我们把纯粹英语来源的现代汉语外来词和非纯粹英语来源的现代汉语的外来词分别列举于下：

(1) 纯粹英语来源的外来词

汉语的词	英语的词	词的意义
爱克	acre	英亩。
阿门	amen	基督教祈祷完毕时之用语，意即心愿如此。
啤酒(皮酒)	beer	大麦酿成之酒。
扑克胜	boxing	拳击。
约翰勃尔	john bull	亦称“约翰牛”，为英人之绰号。
白脱(白塔油)	butter	牛油。
吉士	cheese	干酪。
可儿脱	coal-tar	煤焦油。
达尔玲(达灵)	darling	意中人，爱人。
费厄泼赖	fair play	公正的竞赛与裁判。
法新	farthing	英币名，值一便士之四分之一。
英国杭	English horn	木制管乐器。
汉厥怀脱(或作担)	hundredweight	在英 112 磅，美国 100 磅。
黑漆板凳	husband	丈夫之谐音。
因制	inch	英寸。
开司	kiss	接吻。
嚜(唛)	mark	商标。
玛斯	mass	天主教徒举行之晚餐礼(圣餐)或礼拜仪式。
密斯特	mister	先生。
阿尔迈	old man	老人。
边扣	pin	别针，大头针。

磅	pound	英国衡量名。
镑(金镑)	pound	英国货币单位。
舍来克	sellac	充漆,漆片。
先令	shilling	英国银币名。
司必令	spring	弹簧,发条。
水汀(沪)	steam	暖气。
司的克	stick	手杖。
司卫脱(沪)	sweater	汗衫。
听	tin	一筒。
华尔街	Wall Street	纽约街名,国际上作美国金融代名词。
极仔(闽)	cake	糕饼。
卡脱(克脱)	cut	割开,中断、结束。
考而夫(高尔夫)	golf	一种草地上游戏。
拉斯卡(沪)	last car	最后一班车。
扑克	poker	一种纸牌。
布丁	pudding	食后的甜点心。
雪丝黛	sister	姊妹。
吨	ton	重量名。
托辣斯(託辣斯)	trust	以独占市场为目的的企业同盟。
道林纸	Daweing	一种精细纸张。
唐宁街	Downing Street	伦敦街名,代表英国官场。
法拉特	Farad	英国科学家名,电学名词。
法兰绒(佛兰绒)	Flannel	一种西服料。
朱耳(焦耳、焦尔)	Joule	英国物理学家名,物理学功能单位。

马克斯维尔	Maxwell	英国物理学家名,电学磁感之实用单位。
瓦特	Watt	英国物理学家名,每秒钟内电流所生之单位。

(2) 非纯粹英语来源的外来词

其他国家的词汇进入英语,再由英语进入汉语。这些既是英语的外来词,又转变成汉语的外来词。

汉语词	**英语词及其来源**
俱乐部	英语词 club 来源于古代斯干的那维亚语 klubba。
他拉(他赖,大赉)	英语词 dollar 元,银元,价值一元的金币、银币、纸币。来源于德语 joachimstaler 就是最先在 1519 年波希米亚之圣犹阿泰姆山谷(山谷,德语作 thal,或 tal)中铸造出来的银币。
欧姆	是电气阻力单位。英语 ohm,由德国电学家 G.S. Ohm 而得名。
帮浦(泵,滂浦)	抽水机、唧筒。英语 pump,是由中古低德语 pumpe 或西班牙语 bombu 而来。
华尔兹舞	一种双人跳的旋转舞。英语 wallz,来自德语 walzen。
锌	一种化学元素。英语 zinc,来自德语 zink。
基督教	英语 Christianity,来自拉丁语 Christus。
狄克推多	独裁,专政。英语 dictator,来自拉丁语。
引得	索引。英语 index,来自拉丁语 indicate “指出”。
马达,摩托	发动机。英语 motor,来自拉丁语 movere,

	matum“转动”。
鸦片	英语 opium,来自希腊语 opion。
锑(安的摩尼)	英语 antimony,来自中世纪拉丁语 antimonium。
歇私的里	英语 hysteria,一种精神失常的病态。来自拉丁语 hystericus。
霓虹灯	一种氖气灯。英语 neon,来自拉丁语。
安琪儿	天使,亦作美丽可爱之通称。英语 angel,来自法语 angele。
酒吧	酒馆。英语 bar,来自法语 barre。
泗门汀,士敏土	水泥。英语 cement,来源于古法语 ciment。
乞克(则纸)	支票。英语 check,来自古法语 eschec,eschac。
冰淇淋	一种冷饮。英语 ice-cream,来自法语 cresme。
引擎	发动机。英语 engine,来自古法语 engin。
罗(哥)	十二打,144 个。英语 grass,来自古法语 gros。
幽默	滑稽,诙谐。英语 humour,来自古法语 humar,umar。
逻辑	论理法,推理法。英语 logic,古法语 logique,拉丁语 logic,希腊语 logike。
密斯(蜜司)	女士,小姐。英语 miss,古法语 maistresse,maistre 阴性。
那摩温(沪)	工头。英语 number one,number 来自古法语 nomber。
浪漫史	传奇,艳事。英语 romance,古法语 romanz,romans。

沙辣子	西餐中之生菜食品。英语 salad,古法语 salade。
赛因斯	科学。英语 science,拉丁语 scientca。
哔叽	一种衣料名称。英语 serge,古法语 sarge。
西崽	仆人。英语 servent,古法语 servant,servir 服侍。
抬头	称呼。英语 title,古法语、拉丁语 titulus "铭文、标签、头衔、标记、信号"。
吐司(土斯)	切成片的面包。英语 toast,古法语 taster 烘烤,烤面包。
扮带	吊带。英语 band,法语 bande。
版克	银行。英语 bank,法语 banque。
硼	一种元素名。英语 boron 来自法语。
哈啰	呼喊声。英语 hollo(halloa,hollo,holloa)法语 holà,ho(啊)+là(那里)。
碘	英语 iodine,法语 iode(希腊 iōdēs 像紫罗兰的)+英语的 chlorine——由于它的紫罗兰的气味而来的。
柠檬	英语 lemon,法语 limon。
模特儿	模型,模型人。英语 model,法语 modele。
摩登	现代,时髦。英语 modern,法语 moderne。
吗啡	一种麻醉剂。英语 morphine(morphin,morphia),法语 morphine,morphin。

2. 日语来源的外来词

从十九世纪晚期开始,汉语词汇中出现大量的外来词,除上面举的英语来源的外来词以外,还有日语来源的外来词。为什么会出现那么多的日语借词呢?

(1) 日本自从经过“明治维新”运动以后,很快走上了资本主义道路。甲午战争以后由于中国军事上和政治上的失败,一些爱国知识分子眼见清廷腐败,中国被列强侵略,因此想效法日本“变法图强”。戊戌变法失败后,梁启超东渡日本,在横滨出版了《清议报》和《新民丛报》,这两种刊物上都曾使用了大量的日语词。并且他积极鼓励向日本学习,阅读日本书籍。

(2) 从1896年起,清政府派遣了大批学生留学日本,以后不断增加。1905年孙中山先生领导成立“同盟会”以后,很多革命活动都是在日本进行的,许多留日学生,在日本受教育,参加革命组织以后,自然会把大量的日语词作为汉语外来词吸收来,表达新的革命思想。当时革命的《民报》和改良派的《新民丛报》的论战文中就出现了好多日语词,这对汉语影响很大。

(3) 被汉语词汇所吸收的日语词汇成分,这些词大都是日本从欧美语言中吸收进来的日语词汇,并加以改造成日语外来词。这些词反映了欧美资本主义社会的文化、社会生活和科学技术,而这些刚好也是中国人民需要学习的,因此,这些词很快就被吸收进汉语词汇中来了。

汉语词汇又是怎样吸收这些日语词汇成分呢? 在吸收这些来自日语词汇成分的时候,其吸收方式与上述汉语吸收欧美词汇成分时有所不同。

我们知道,日本的文字受汉字的影响非常大。日本也是使用方块字的国家,在它的语言中除了少部分使用或夹用“假名”以外,一般都使用方块字,所以日本人在吸收欧美外来的词汇成分时,曾采用两种方式:一种是“意译”,一种是“音译”。

音译词:如原文为gas,日文是“ガス”,方块字写做“瓦斯”。这可以看出日文的外来词中音译词,有用片假名写的,也有用方块字写的。现在一般趋向于“片假名”而我们吸收的只是方块字的。

意译词：如交响乐，原文为 symphony，日本文则为“交响乐”。这些意译词都是用方块字来书写的，汉语吸收这些词汇时，就把日语词连音带义一并搬过来，现代汉语的很大部分外来词，都是经过日本人用方块字意译成为日语的外来词，再传入汉语的。

这些向日语借来的汉语外来词，具体分析起来，有以下几种情况：

① 日语原有的词

纯粹是日语词汇，这些日语词本身并不属于外来借词。

汉语词	日语词	汉语词	日语词
场合	baai	便所	benjo
场面	bamenn	备品	bihin
场所	basho	武士道	bushidō
舞台	butai	命令	meirei
贮蓄	chochiku	身份	mibun
调制	chōsei	见习	minarai
大本营	daihon-ei	内容	naiyō
不景气	bukeiki	认可	ninka
服从	bukujū	玩具	omocha
服务	bukumn	例外	reigai
复写	bukusha	联想	rensō
保健	hoken	浪人	ronin
方针	hōshin	作物	sakumotsu
表现	hyōgon	作战	sakusen
解决	kaiketsu	请求	seikyu
经验	keiken	接近	sekken
权威	ken-i	说教	sekkyō
化妆品	keshohin	节约	setsuyaku

希望	kibō	支部	shibu
交换	kōkan	支配	shihai
克服	kokubuku	市场	shijō
故障	koshō	执行	shikkō
交通	kōstū	侵害	shingai
共同	kyōdō	申请	shinsei
距离	kyori	处女作	shojosaku
处刑	shokei	想像	sōzō
集团	shudan	取缔	torishimari
宗教	shukyō	打消	uchikeshi
仓库	sōko	话题	wadai

② 日语用汉字音译的外来词

本为日本音译“外来词”的汉字写法而被借用到汉字中来。

汉字写法	**片假名写法**	**西文原名**
加答儿	カタル	katarrh(德)
瓦斯	ガス	gas
米(或“米突”)	メートル	mètre(法)
虎列拉(虎列剌)	コレラ	cholera
淋巴	リンハ	lymph
混凝土	コンクリート	concrete
窒扶斯	チブス	tynhus
俱乐部	クラブ	club
浪漫	ロウマン	romantic
苏达	ソウダ	soda

③ 日语用汉字意译的外来词

先由日本人以汉字的配合去“意译”欧美语言的词,再由汉族人民搬进现代汉语里面来,加以改造而成的现代汉语外来词。

汉语词	日语词	日语词的来源
马铃薯	bareisho	〈英〉potato
辩证法	benshōho	〈英〉dialectic
美学	bigaku	〈英〉aesthetics
美术	bijutsu	〈英〉art
美化	bika	〈英〉beautification
微积分	biseki bun	〈英〉differential and integral calculus
物质	busshitsu	〈英〉matter;substance
治外法权	chigaihoken	〈英〉extraterritoriality
蓄电池	chikudenchi	〈英〉astorage battery
直觉	chokkaku	〈英〉intuition
抽象	chūshō	〈英〉abstract
谈判	danpan	〈英〉negotiation
断定	dantei	〈英〉decision;judgement
电车	densha	〈英〉a tram-car
电信	denshin	〈英〉telegraph;cable
动议	dōgi	〈英〉a motion
现象	gensho	〈英〉phenomenon
互惠	gokei	〈英〉reciprocity
反对	hantai	〈英〉opposition
引渡	hikiwatashi	〈英〉delivery;tranber
否定	hitei	〈英〉denial;negation
法庭	hōtei	〈英〉a court
方程式	hoteishiki	〈英〉an equation
意识	ishiki	〈英〉consciousness
改良	kairyō	〈英〉improvement

溃疡 kaiyō 〈英〉cankerous

④ 日语用古汉语词汇意译的外来词

本为古汉语词汇,后被日本借用作为“意译”欧美语言的词,它的意义已不同于原来古汉语词的本意,而赋予新的意义。这些词再由汉族人民借用过来,变成与古义不同的现代汉语词汇。

文学 《论语·先进》:“文学:子游、子夏。”谓文章博学。

文化 《说苑·指武》:“凡武之兴,为不服也,文化不改,然后加诛。”谓文治教化。

文明 《易经·乾卦·文言》:“见龙在田,天下文明。”谓文理光明。

文法 《史记》:“程不识,孝景时以数直谏为太中大夫,为人廉,谨于文法。”原意为法律规则之属。

分析 《汉书·中山诸王传》:“诸侯地稍自分析弱小。”《后汉书·徐防传》:“诸家分析,各有异说。”谓分别剖析意义。

物理 《晋书》:“(元帝)聪明有机断,尤精物理。”谓事物之理。

铅笔 《东观汉记》:“曹褒寝则怀铅笔,行则诵诗书。”任昉表“人蓄油素,家怀铅笔”。谓古代铅造的笔。

索引 《易林》:“爱我婴女,索引不得。”原为牵引的意思,今天就书中重要资料摘举标题,依序排列,俾为检查资料之指导叫索引,这意思是从日本人借用 index 的意译语沿用过来的。

组织 《辽史·食货志》:“树桑麻,习组织。”是纺织的意思。

政府 《宋史·欧阳修传》:“其在政府,与韩琦同心辅政。”谓国家之统治机关。

消化　　《周书·苏绰传》:“邪伪之心,嗜欲之性,潜以消化,而不知其所以然。”谓消融化合。

经济　　《宋史·王安石传》:“以文章节行高一世,而尤以道德经济为己任。”是经世济民之意。《文中子》:“皆有经济之道。”现代日语借用为 Economy 之音译,又经济作节俭解,也是从日本借来的,如“经济小吃”“时间经济”。

意味　　杜牧诗:“始觉空门意味长。”白居易诗:“偷闲意味胜常闲。”本为有意趣耐玩味的意思,今日汉语中在“意味”后面加上一个“着”字,来当作动词的用法。例如“这句话意味着……”则是从日语“……ヲ意味シテイル”的句型中借用过来的。

共和　　《史记·周本纪》:“厉王奔于彘,召公、周公二相行政,号曰共和。”韦昭注:“公卿相与和而修政事,号曰共和也。”《竹书纪年》:“厉王十二年出奔彘,十三年共伯和摄行天子事,号曰共和。”《汉书·古今人表》注:“共,伯爵,和其名。”意即二人以上合议执行政务。今作民主政治之意是日本人译 sepublic 时借用这个名词,而为我国沿用。

形而上学　“形而上”见《易经·系辞》:“形而上谓之道,形而下谓之器。”日本人借用为 metophysics 的意译。

宪法　　a. 大法,主法。《国语·晋语》:“赏善罚奸,国之宪法也。”b. 法律。《北史·王韶元岩传论》:“晋、蜀二王,帝之爱子,擅以权宠,莫拘宪法。”今之“宪法”作为国家根本大法是从 constitution 的意译,而我国是沿用过来的。

唯心　　本为佛典用语,意为一切皆有心造。《楞伽经》:

“由自心执著，心似外境转，彼所见非有，是故说唯心。”今之哲学意义之“唯心”是日本人借用为 idealism 的意译，而为我国所沿用。

唯物 《易经》“盈天地之间唯万物”，今唯物之哲学意义，为日本人借用为 materialism 的意译，而为我国所沿用。

地主 集会地方之主人。《左传·哀公十二年》：“夫诸侯之会，事既毕矣，侯伯致礼地主归饩，以相辞也。”注：“地主，所会主人也。”今日所说“地主阶级”一语则是从日语借来的。

人道 a. 人情。《易经·谦卦》：“人道恶盈而好谦。”b. 人伦。《史记·礼书》：“人道经纬万端。”今天常用的“人道主义”是 humanitarianism 译词，从日语借来的。

生产 生计产业。《史记》“不事家人生产作业”，今日经济学上所用的“生产” production 是日语中借用的。

⑤ 日语自造方块字翻译的外来词。

腺 日译汉字音读为セン，是 gland 的译名，指分泌某种液体的器官。例如“甲状腺”“淋巴腺”“内分泌腺”等。

膣 日译汉音读为チッ，是 vagina 的译名，例如“膣加答儿”(catarhus vaginee)即是妇女带下病。

癌 日译汉字读为ガン。例如“肝癌”“胃癌”“乳癌”等。

粍 (ミリメートル的嵌字)即 millimetre 的译名略号。

糎　（センチメートル的嵌字）即 centimetre 的译名略号。

吋　（インチ的嵌字）即 inch 的译名略号。

足　（フート的嵌字）即 foot（pl、feet）的译名略号。

码　（ヤード的嵌字）即 yard 的译名略号。

粁　（キロメートル的嵌字）即 kilometre 的译名略号。

哩　（マイル的嵌字）即 mile 的译名略号。

瓩　（キログラム的嵌字）即 kilogram 的译名略号。

吨　（トン的嵌字）即 ton 的译名略号。

总之这一时期日语外来词的借词形式简单地可以分成两种：一种是借原词的借词，一般是原词照说的，基本上保存语音的形式和内容的统一，这种借词是用汉字的音节来对照记音的，差不多都是原词的音节。所以这类外来词是借音的。另一种是以日语部分的借词，出现了一种不从语音形式借取，而借取汉语词的书写形式。

四、词 的 构 成

（一）近古时期构词的主要特征

整个词汇发展的趋势是从单音词向复音词发展。到了近古，不仅继承了过去已经形成的复音词，如：上古产生的联绵词：窈窕、仿佛、犹豫、鸳鸯、翱翔等等。中古产生的：太阳、水车、和尚、尼姑、现在、过去等词。而且有许多过去还未形成复音词的到这时已发展成复音词了。元曲中这样的例子很多。例如："觑"在《元曲选·张天师》中还是作为单音词使用。"觑"："张千，门首觑者。"但是，在其他杂剧中却又发现了"觑"与其他词相结合，构成双音词。这说明了"觑"已开始趋向双音化。如：

观觑　我出门来观觑。（《元曲选·魔合罗》）

看觑　则道怎生样看觑我。（《元曲选·虎头牌》）

"惧"与其他词相结合变为双音词。

惧怯　营帐内休惧怯。（《元曲选·虎头牌》）

惧怕　一应人等谁不惧怕。（《元曲选·后庭花》）

怕惧　不由我心儿里猛然添怕惧。（《元曲选·对玉梳》）

在元曲中，我们可以看到单音词与复音词同时并存的现象。例如：在《元曲选·魔合罗》中，有时用"寻"，有时用"搜寻"。

寻　教我满眼无处寻。（《元曲选·魔合罗》）

搜寻　要搜寻百谋千计。(《元曲选·魔合罗》)

寻觅　那坨儿无寻觅。(《元曲选·黑旋风》)

也有两个单音词相结合成为双音词的。例如：

须　我须不是故意来赚你的。(《元曲选·马陵道》)

索　也不索看。(《元曲选·东堂老》)

须索　我与你须索从头觑。(《元曲选·魔合罗》)

也有这种情况：形成双音词的词素又与其他词相结合，形成新的双音词。例如：

弃　你着他弃一壁儿就一壁儿。(《元曲选·神奴儿》)

弃舍　着我难弃舍。(《元曲选·黑旋风》)

抛弃　又怕半路里轻抛弃。(《元曲选·救风尘》)

抛闪　则被抛闪杀。(《元曲选·虎头牌》)

元曲中，甚至在同一场戏曲中出现单音词与复音词同时并存的现象(《元曲选·魔合罗》中同时出现“寻”与“搜寻”)，这说明了“觑”“寻”“弃”等词正是由单音词转向复音词的过渡时期。

近古时期产生的许多新词大多都是复音词。例如：随着工业的发展产生了“脚车”“纺车”“手车”“火车”“火伞”“花衣”“接头”。随着农业的发展产生了“秧马”“耘荡”。印刷事业的发展产生了“铅字”“套印”“饾板”。此外，“白糖”“红糖”“晒糖”“哈密瓜”(外来词)等，都是当时产生的新的合成词。

单音词向复音词发展，是整个词汇发展的规律，也是近古词汇发展的特点。这个倾向在上古时期就已经显示出来了。随着社会的发展，则愈来愈明朗了。

近古时期词汇发展的主要特征是重叠词的大量出现和合成词的增多。重叠词的大量使用在戏曲中特别突出。重叠的方式多种多样，有像“翩翩”“双双”“嘻嘻”“悄悄式”的重叠，有像“翠巍巍”“扑簌簌”“生擦擦”式的重叠，有像“层层叠叠”“纷纷扬扬”“凄凄惶惶”式的重叠，也有像“惶恐惶恐”“叮当叮当”“见识见识”式的重叠。这主要与戏曲小说的发展分不开的。合成词的增多可以说是词汇发展的必然趋势。近古时期合成词构成的方式在上古、中古都已形成了，但到近古时期更加显著的成为一条规律。汉语合成词的丰富与外来词的吸收分不开，被吸收进来的外来词可以说大多是合成词，只有为数不多的几个单音词。例如：“站”“歹”，它们已经进入汉语基本词汇的行列。但是，必须指出，外来词的吸收只是丰富了汉语的合成词，而不能作为决定因素，起决定作用的应该认为是内因，也就是汉语词汇发展的内部规律。

1. 重叠词

整个来讲，重叠词包括单音词的重叠和复音词的重叠，其作用在于加强意义、变更原义、造成词的音乐性，这类词在元明戏曲中最多。小说中也不少。

(1) 单音重叠意义不变

分为名词重叠、动词重叠、形容词重叠。

名词重叠变为形容词的，如：

习习东风，卖花声吹入，小小帘拢。（《宋元戏文辑佚·琵琶怨》）

层层如雨脚，郁郁似云头。（《水浒传》八回）

智深抡起禅杖把松树只一下，打的树有二寸深痕，齐齐折了。（同上书，五回）

停杯注明，正秋高夜凝，寒气肃肃。（《宋元戏文辑佚·雷世杰》）

晓风习习和气扇，正飞柳絮飘绵。（《宋元戏文辑佚·百花亭》）

门外森森麻麦,窗前猗猗荷花。(《水浒传》九回)

一面看了,只管出神,心内还默默记诵。(《红楼梦》二十三回)

晴雯偏偏还没听见。(同上书,二十六回)

你听那战鼓鼕鼕。(《元曲选·㑳梅香》)

只听的喊杀声声,更催着战鼓逢逢。(《元曲选·尉迟恭》)

动词重叠例:

贾母笑道:"你先给你娘瞧瞧去再走。"(《红楼梦》五十二回)

你身上不大好,又连日多事,该歇歇才是。(同上书,十三回)

凤姐进入茅屋,先命宝玉等出去玩玩。(同上书,十五回)

正打算到贾政这边谋一个大小事件与儿子管管。(同上书,二十三回)

形容词重叠例:

船稳潮平慢慢行。(《元曲选·伍员吹箫》)

习习东风,卖花声吹入,小小帘拢。(《宋元戏文辑佚·琵琶怨》)

纤纤玉笋柔。窄窄金莲小。(《宋元戏文辑佚·司马相如题桥记》)

看那凤尾森森,龙吟细细,正是潇湘馆。(《红楼梦》二十六回)

一面细细端详了半日。(《红楼梦》四十一回)

我见他尽在嘻嘻冷笑中。(《元曲选·尉迟恭》)

轻轻洒旆舞薰风。(《水浒传》八回)

(2) 单音重叠意义扩大。例如:

见了书便嗔,句句称官宦门,孜孜的扯破家书。(《宋元戏文辑佚·王魁负桂英》)

这里的"句"不是一句,而是每一句的意思。

点点不离杨柳外,声声乱打蓬窗闹。(《宋元戏曲辑佚·张琼莲》)

这里的声声也是这样,表示有很多声音。

粉蜨翩翩斗穿,双双戏取在花径前。(《宋元戏文辑佚·百花亭》)

朝朝等着他,日日盼着他。(《宋元戏文辑佚·刘盼盼》)

人人俊丽,个个英雄。(《水浒传》九回)

明日再取十丸来,天天临睡时候,叫袭人伏侍你吃了再睡。(《红楼梦》二十三回)

娘娘吩咐,说你日日在外游嬉,渐次疏懒了功课。(同上)

在单音重叠词后面加"的""地"仍构成形容词。例如:

薛蟠哼哼的道。(《红楼梦》四十七回)

悠悠的声揭谯楼品画角。珰珰的水滴铜壶玉漏敲。刷刷的风飐芭蕉凤尾摇。厌厌的月上花梢树影高。悄悄的私出兰房离绣幕。擦擦的行过阑干上甬道。霍霍的摇动珠帘。你等着巴巴的弹响窗棂恁时节的是俺来了。(《元曲选·㑳梅香》)

我两日前悄悄的绣下一个香囊儿。(同上)

这两日樊素累累的对我说道。(同上)

每人暗暗的写了,一齐封进去。(《红楼梦》二十二回)

于是众人方慢慢的散去。(同上)

(3) ABB重叠的形容词。例如:

试看人生,得足何时足?有酒从教醉醺醺,醉乡堪宿。(《宋元戏文辑佚·王魁负桂英》)

生擦擦音信全乖,拈指有十余载。(《宋元戏文辑佚·司马相如题桥记》)

翠巍巍柳条,翠巍巍柳条,见忒楞楞晓莺儿飞过树梢。扑簌簌乱红,舞翩翩粉蝶儿,飞过画桥。(《宋元戏文辑佚·张翠莲》)

闹花深处,滴溜溜酒旆招。(《宋元戏文辑佚·张翠莲》)

章悬悬,泪涟涟,待甚日,重逢潘岳一面?(《宋元戏文辑佚·杨实锦香囊》)

目下里,共你握手前行步,莫悠悠。(《西厢记》)

闷厌厌,怎得眠一觉?恨绵绵空懊恼。(同上)

意迟迟,总有锦绣新诗,谁谓暗传深意。(同上)

夜悠悠,房寂寂,怕银漏迢迢暗漏。(《元曲选·墙头马上》)

独立在帘儿下，教我眼巴巴。（《元曲选·刘盼盼》）

骨碌碌怪眼睁圆。（《元曲选·尉迟恭》）

头直上乱纷纷，雪似筛，耳边厢飒剌剌风又摆。（《元曲选·朱太守风雪渔樵记》）

说着，进贾母屋里，气忿忿的躺着去了。（《红楼梦》二十二回）

宝玉道："什么大家彼此？他们有大家彼此，我只是赤条条无牵挂的！"（同上）

山边茅草，乱丝丝攒遍地刀枪；满地石头，碜可可睡两行虎豹。（《水浒传》十六回）

在这类叠词后面加"的"仍旧还是形容词。如：

我则见舞飘飘的六花飞，更那堪这昏惨惨的兀那彤云霭。……既不沙却怎生白茫茫的无个边界。（《元曲选·朱太守》）

武松道罢，一双手按住胳膝，两只眼睁得圆彪彪的看著。（《水浒传》二十六回）

武松把那被包打开，一抖，那颗人头血渌渌的滚出来。（同上）

(4) AABB重叠的形容词

把双音词的两个音节各各重复一次，仍构成形容词。例如：

我与姐姐说明这一愿，则愿的俺小姐嫁一个风风流流可可喜喜标标致致好姐夫也。（《元曲选·㑇梅香》）

军器多般分外别。层层叠叠攒霜雪。（《元曲选·尉

迟恭》)

纷纷扬扬下著如此这般大雪。(《元曲选·朱太守》)

把衣服洗得干干净净。(《醒世恒言·卖油郎独占花魁》)

秦重打扮得齐齐整整。(同上)

美娘想起夜来之事,恍恍惚惚,不甚记得真了。(同上)

夫妻两口,凄凄惶惶,东逃西窜。(同上)

一只手提着梢棒,一只手把胸膛前袒开,浪浪跄跄,直奔过乱树林来。(《水浒传》二十三回)

武松在轿上看时,只见亚肩叠背,闹闹嚷嚷,屯街塞巷,都来看迎大虫。(同上)

那妇人独自一个,冷冷清清立在帘儿下看那大雪。(同上书,二十四回)

一时,只见宁府大殡浩浩荡荡,压地银山一般从北而至。(《红楼梦》十四回)

那花瓣儿浮在水面,飘飘荡荡,竟流出沁芳闸去了。(同上书,二十三回)

偶然两句吹到耳朵内,明明白白,一字不落。(同上)

谁知接接连连,许多事情,就把你忘了。(同上书,二十六回)

只见那一双蝴蝶,忽起忽落,来来往往,将欲过河去了。(同上书,二十七回)

这种形式的叠词后面也有加"的"字的。如:

明儿你闲了,只管来找我,别和他们鬼鬼祟祟的。(《红楼梦》二十四回)

黛玉道:"你这个傻丫头,冒冒失失的,吓我一跳,这会子

打那里来?”(《红楼梦》二十四回)

我那里知道这些事?罪罪过过的!(同上书,二十五回)

便抽抽搭搭的哭起来。(同上书,二十九回)

(5) ABAB重叠的词

把原来的双音词重复一次构成的叠词,可以说这种形式到近古时比中古多了。例如:

黛玉笑道:“带来了,就给我们见识见识也罢了。”(《红楼梦》五十二回)

也不收拾收拾,弄的你黑眉乌嘴的,那里还像个大家子念书的孩子?(同上书,二十四回)

赵姨娘平时也该教导教导他。(同上书,二十五回)

也不教训教训。(同上)

宝玉告诉:“没有什么。不过怕我进园淘气,吩咐吩咐。”(同上书,二十三回)

每每要在宝玉面前现弄现弄。(同上书,二十四回)

你也不打听打听,就恼我到这步田地!(同上书,二十六回)

论理,我们里面也须得他来整治整治,都忒不像了。(同上书,十四回)

要屈尊大妹妹一个月,在这里料理料理,我就放心了。(同上书,十三回)

外面的大事已经大哥哥料理清了,不过是里面照管照管。(同上)

横竖要求大妹妹辛苦辛苦。(同上)

(6) 象声词的重叠

这类词在汉语中很多,虽不具备词汇的意义,但谈起来非常好听,听到的如闻其声。上古时已经出现了这类词,近古时也同样的用到它们。例如:

听潺潺流水溪边响,古寺遥闻钟磬音。(《宋元戏文辑佚·刘盼盼》)

淅淅飒飒金风动,伤情处听孤鸿。(《宋元戏文辑佚·乐昌公主破镜重圆》)

渐觉夕阳西坠,听啾啾唧唧寒蛩。(同上)

格格低了头只是笑。(《醒世恒言·卖油郎独占花魁》)

玎玎珰鞭搠紧相从,好下手的也尉迟恭。(《元曲选·尉迟恭》)

我是一个不带头巾男子汉,叮叮当当响的婆娘。(《水浒传》二十一回)

(7) 双声叠韵词

双声叠韵是汉语词的特点,是由于一字一音的缘故造成的。它的作用在于音节和谐,读起来方便有节奏,富于音乐性,使人有一种美的感觉。这种现象在上古最为突出,《诗经》中很多这样的例子。到中古,在杜甫的诗中还是大量运用,但从它发展总的趋势来看是比上古少了。而到了近古,由于词结构的丰富,双声叠韵词不是主要的现象。而一般人也不讲究这种形式了。但在小说戏曲中有时也用到。例如:

却似半天里起个霹雳,振得那山冈也动。(《水浒传》二十三回)

那大虫急要挣扎，早没了气力。（《水浒传》二十三回）

如今被左司家朦胧劾奏。（《元曲选·鸳鸯被》）

他是个病人则怕劳碌着他。（《元曲选·㑳梅香》）

只索将这肺腑之言实诉与小娘子。（同上）

春闱赴选音传，恩爱惹离怨。（《元曲选·王魁负桂英》）

把鸳鸯打开两边。（同上）

奏笙歌，拨琵琶，凤丝龙笛。（同上）

拚酩酊从教不记取。（同上）

2. 合成词

是包含两个或两个以上词素的词，合成词中的每个词都具有单独的意义。成为合成词后，在某些情况之下它们采取词的原义，如“桌”加“子”变为“桌子”，“儿”加“子”变为“儿子”。但在某些情况之下就要改变原来每个词的意义，而具有新的意义。例如：“狼”是一种野兽的名字。“狈”，兽名，狼属。当它们结合成为“狼狈”一词时其意义就变了。“狼狈”，《博物典汇》：“狼前二足长，后二足短。狈前二足短，后二足长。狼无狈不立，狈无狼不行。故言相需而不可离者。曰狼狈，俗谓相倚为恶者，亦曰狼狈为奸。”辞源同样。“好歹”在构成词时，不解释为好，也不解释为歹，而是说话人不识好坏的意思。“拳打”不是拳头，也不是打，而是解释为“用拳头打人”。“鸣鼓”既不是鸟叫声，也不是乐器名，而是打鼓的意思。

合成词结构的各种形式在上古都已有了，但在某些结构形式还不是那么明显的成为一条规律。发展到中古就比较完善了。近古时期，合成词构成方式最多的还是并列结构、附加结构，这是因为这种结构形式在上古时代就已经很多了，到了近古，一方面继承了上古、中古时已经出现的并列等结构的词，一方面也由于近古时期产生了许多新的并列、附加等结构的词，至于主谓结构的形式，上古时是少得可怜的,直到近古还不能说它丰富。

上面我们说过了,汉语合成词的丰富主要在于汉语词汇发展的内部规律。但是我们也不否认,外来词的吸收的确是汉语合成词丰富的源泉。由于与各国各民族的经常接触,许多新事物被介绍到中国来,反映这些事物的新词也就不断地跟着进来,扩大了汉语合成词的队伍。

近古是民族矛盾、阶级矛盾最尖锐的时期,蒙古统治者入主中原,外国传教士进入内地传教,尤其是清末西欧文化的输入给中国带来了大批外来词,它们都被吸收到汉语词汇中来,成为一般词汇,有的甚至成为基本词汇,被长期保存下来。这些外来词的绝大部分是合成词。从结构上看,也可以分成几种形式。

构成并列结构的有:执行、故障、侵害、请求、共同、交换、经济、命令、组织、文法、关系、说教。

构成附加结构的有:铅笔、舞台、电车、美学、美术、火车、轮船、铁路、机车、重心、地球、水库、保健。

构成动宾结构的有:克服。

以上都是意译词,不像音译词那样容易分辨得出。

汉语词汇是在不断吸收方言词的基础上逐渐丰富起来的,被吸收的方言词大多是合成词,因此,方言词的吸收也扩大了合成词的队伍。近古时期的小说话本都是以北方话为基础,因此,这一阶段合成词的来源基本上是北方方言词。例如,造成并列结构的:

早晚:时候,时间。

家童,门首觑者,苏先生这早晚敢待来也。(《元曲选·冻苏秦》剧一折《王长者曰》)

红娘白:"老有话说,明白妾来回报,这早晚怕夫人寻我,回去也。"(《西厢记》剧二本三折)

吴学究白："这两个贼子到的那里，不必差人接应，只早晚山儿敢待来也。"(《元曲选·李逵负荆》剧四折)

倒换：调换。

旦白："我收拾一包袱金银财物，今晚著梅香送出来。你倒换过，做你的财礼下来娶我。"(《元曲选·绯衣梦》剧一折)

李千娇白："路途上厮见，无甚么与你，这一只金钗儿，倒换些钱钞，做盘缠去。"(《元曲选·争报恩》剧一折)

动静：态度、举止、模样。

范学士白："老夫看了这两个模样动静，敢不中去么?"(《元曲选·陈州粜米》剧楔子)

正末白："大嫂，我想那壁是个大人的动静。我将这宝物献与他咱，愁甚么不得官做。"(《元曲选·生金阁》剧一折)

惶恐：惭愧。

小生虽有虚名，其实不副，惶恐！惶恐！(《元曲选·百花亭》)

彭大白："你常在我跟前，卖弄这阴阳有准，祸福无差，今日如何？好惶恐人也！"(《元曲选·桃花女》剧楔子)

精细：清醒、苏醒。

小撇古白："父亲，你精细者！"(《元曲选·陈州粜米》剧

一折）

李彦和白："大嫂，你精细者！"（《元曲选·货郎旦》剧一折）

附和结构的如：

管教：定教。

我和你待摆手去横行，管教他抹着我的无干净。（《元曲选·黑旋风》剧一折）

家长：① 丈夫；② 家主。

有儿夫的不掳掠，无家长的落便宜。（《元曲选·拜月亭》剧一折）

只说道奸夫是船家，猛将咱家长喉咙掐。（《元曲选·货郎旦》剧四折）

教师：拳教师，浪子，狂徒。

人都道你是教师，人都道你是浪子，上长街百十样风流事，到家中一千场五代史。（《元曲选·罗李郎》剧三折）

动宾结构的如：

从良：

我将小姐央，夫人怏。他不令许放，我亲自写与从良。（《西厢记》剧二折）

侯云："老爹，你也好与我一纸从良的文书了。"(《元曲选·罗李郎》剧楔子)

接脚：接脚夫妻、再婚夫妻。

正旦白："谁知他两个倒起不良之心，冒认婆婆做了接脚。"(《元曲选·窦娥冤》剧二折)

(二) 近古合成词构成的主要方式

1. 接合词

词头"阿""老"，词尾"子""儿""头""手"等在上古、中古就已出现。到了近古，词尾"儿"特别多，这是因为近古的文艺作品中大量使用北方方言词的原故。因此，反映在这个时期构词的主要特点是词尾"儿"的增多。

应该指出的是：近古时从音韵上讲，很多词都因加上"儿"被儿化，不成为一个独立的音节。而有些"儿"却能成为独立的音节。但从词汇的角度来看，不论是否儿化，它们都是词尾。

在元曲、小说、话本中这样的例子不胜枚举。

例如，名词如"儿"仍为名词：

我将这饭罐儿与俺哥哥送饭去。(《元曲选·伍员吹箫》)

既是这等，你跟我到庄儿上宰个羔羊儿杀个鸡儿，那饭儿中吃。这个则是豆儿粥，你吃不的。(同上)

则他那身材儿长共短。(同上)

见炕上有个纺车儿，越发以为稀奇。(《红楼梦》十五回)

一见宝玉来，都抿着嘴儿笑他。(同上)

那里找活猴儿去！(《红楼梦》二十四回)

凤姐儿忙起身说："我也恍惚看见有一个人影儿。"(同上书，四十七回)

薛姨妈笑道："小鬼头儿！你怕什么？不过骂几句就完了。"(同上)

使他赚几个辛苦钱儿，我一个钱也不要。(同上书，十五回)

大正月里，娘儿们姐儿们都喜喜欢欢的，你又怎么这个样儿了？(同上书，二十二回)

将一个小小的机关儿把你来完备了。(《元曲选·㑳梅香》)

动词名词化：

只见凤姐儿站在山坡上招手儿。(《红楼梦》二十七回)

正说着，只见荣国府中的王兴媳妇来了，往里探头儿。(同上书，十四回)

拿我比戏子，给众人取笑儿！(同上书，二十二回)

看了混账书，也拿我取笑儿。(同上书，二十六回)

刚才这两遭说话虽不多，口角儿就很剪断。(同上书，二十七回)

又没叫你替我解闷儿。(同上书，二十回)

还有一个好玩的东西给你带回去玩儿。(同上)

那女子趁势儿把棍往怀里只一带，那和尚便跟了过来。(《儿女英雄传》六回)

这件事在我心里也不知过了多少过儿了。(同上书，四十回)

头起儿就叫的是他。(《儿女英雄传》四十回)

这天算都有了吃儿了。(同上书,二十九回)

难道连寻宿儿的那一个也盖在里头不成?(同上书,六回)

老太太又说起逗笑儿的话来了。(《红楼梦》八十四回)

我故意的一碗里头多抓了一把盐,记了暗记儿。(同上书,一〇三回)

形容词名词化:

叫谁讨主子好儿。(《红楼梦》七十四回)

我听见宝二爷娶亲,我要来看看热闹儿。(同上书,九十七回)

好好儿的,又生气了?(同上书,二十回)

定了明儿后儿下帖儿请罢。(同上书,六十七回)

昨儿险些死了。(《儿女英雄传》三回)

简直的我就叫这两孩子认你作个干老儿,他两就算你的干儿子。(同上书,三十九回)

万一有个失闪,我店家推不上干净儿来。(同上书,五回)

把玻璃上那个挡儿拉开,得点亮儿。(同上书,二十九回)

数词转化为名词:

要是差一点儿的,早累的不知怎么样了。(《红楼梦》二十四回)

不想二爷要茶喝,叫姐姐们一个儿也没有。(同上)

早告诉我一声儿,多大点子事,还值的耽误到这会子!

(《红楼梦》二十四回)

袭人那怕他得十分儿,也不恼他,原该的。(同上书,二十六回)

一半儿为国忧民,一半儿愁花病酒。(《元曲选·汉宫秋》)

他叫得慢一会儿,紧一声儿。(同上)

这一股儿一断,那上身绑的绳子便一段段的松了下来。(《儿女英雄传》六回)

在"儿"后面加"的"变为副词。例如:

大家偷偷儿的各处搜寻。(《红楼梦》九十四回)

那就是活活儿的现世报了。(同上书,八十三回)

倒要静静儿的歇歇儿。(同上书,六十七回)

算到今日之下,整整儿的七十年。(《儿女英雄传》三十二回)

"儿"还用在人名之后。如:

娶妻刘氏,生子小名板儿。(《红楼梦》六回)

话说贾琏听凤姐儿说有话商量,因止步问是何话。(同上书,二十二回)

贾琏听了,倒在炕上,拍手笑道:"我竟不知平儿这么利害,从此倒服了他了。"(同上)

又生一女,名唤青儿。(同上书,六回)

凤姐下了车,一手扶着丰儿。(同上书,十四回)

宝钗叫道:"颦儿急了,还不回来呢?走了倒没意思。"

（《红楼梦》二十五回）

因命四儿剪烛烹茶。（同上书，二十一回）

因见智能儿过来，宝玉笑道："能儿来了。"（同上书，十五回）

词尾"子"在上古、中古时也已经出现了。例如：

郑州亭子涧之滨。（杜甫诗）

缠得红罗手帕子。（王建诗）

龟毛拂子长三尺。（陆游诗）

到了近古，这种结构形式并没有发生很大的变动，只是在量上增多了。一般说来，如词尾"子"都变为名词，但也有少数情况是不发生变化的。

名词加"子"仍为名词。例如：

不是取不了那贼子的首级。（《儿女英雄传》八回）

这头巾环子便是赃仗。（《元曲选·勘头巾》）

则你便是，怪道一个鼻子和俺奶奶的一般般样那。（同上）

只有一个儿子，名唤王成。（《红楼梦》六回）

上得冈子，当不过这热，权且在这林子里歇一歇。（《水浒传》十六回）

只见远远地一个汉子，挑着一付担桶，唱上冈子来。（同上）

杨志戴上凉笠儿，穿着青纱衫子。（同上）

一个捧出一大捧枣子来。（同上）

只见两个客人去车子前取出两个椰瓢来，一个捧出一大捧枣子来。（《水浒传》十六回）

你这客人好不君子相！（同上）

这绢子果然是你丢的那一块。（《红楼梦》二十七回）

原来这亭子四面俱是游廊曲栏。（同上）

遂向袖中取出扇子来向草地下来扑。（同上）

进来他就跳上桌子，把桌子上的菜舔了个干净。（《儿女英雄传》六回）

动词加"子"名词化。例如：

偏这拐子又租了我的房子居住。（《红楼梦》四回）

那十一个厢禁军，担子又重，无有一个稍轻。（《水浒传》十六回）

有一碟子豆腐皮儿的包子。（《红楼梦》八回）

那时要仗我这把刀，是张弹弓子。（《儿女英雄传》八回）

干也罢了，必定还要带出幌子来。（《红楼梦》十九回）

一个耗子便接令去偷米。（同上）

你一般也遇见对子了。（同上）

这会子我来了，你大模厮样儿的躺在炕上，见了我也不理一理儿。（同上书，二十回）

刚解开了钮子，被袭人将手推开，又自扣了。（同上书，二十一回）

形容词加"子"名词化。例如：

好生带了宝玉去，别叫他老子唬着他。（《红楼梦》二十

三回）

他素日又和宝玉鬼鬼祟祟的，只当人家都是瞎子，看不见。（同上书，十回）

遣了个能干小耗子去打听。（同上书，十九回）

我也包好了交给小子们去了。（同上书，八回）

数词加"子"名词化：

念书是很好的事，不然就潦倒一辈子了，终久怎么样呢？（《红楼梦》九回）

我才到他那边解劝了他一会子。（同上书，十回）

兼请太爷来家受一受一家子的礼。（同上书，十回）

现叫奴才们找了一班小戏儿并一档子打十番的，都在园子里戏台上预备着呢。（同上书，十一回）

称呼后加"子"为名词：

恰才樊素小娘子将简帖儿和香囊到小姐行去了，良久杳无音信。（《元曲选·㑇梅香》）

瞧瞧嫂子和侄儿。（《红楼梦》十回）

遂带了一个婆子。（同上）

婶子，你是知道的，那媳妇虽则见了人有说有笑的，他可心细。（同上）

至于词尾"头"在中古时也已出现。例如：《通俗常言疏证》就有"外头""里头""后头""上头""下头"等词出现，并认为在内为里头，在外为外头，在前为前头，在后为后头，在上为上头。

近古时，词尾“头”出现的频率虽比“儿”“子”少，但与中古时期比，又要多得多。例如：

正说着，外头人回道。（《红楼梦》十一回）

今儿得了彩头，该赏我们了。（同上书，十七回）

姑娘们都在后头玩呢！把他送了去。（同上书，二十回）

里头还有些不干净的话，都告诉了他姐姐。（同上书，十四回）

我们伙计，一个在前头，挽着一个绳头，一个伙计在后头，挽着一个绳头。（《老残游记》卷八）

宝玉听了，点头笑道：“你不知道，他心里自然又有个想头了。”（《红楼梦》二十七回）

这英莲受了拐子这几年折磨，才得了个路头。（同上书，四回）

但你要安心留我，不在这上头。（同上书，十九回）

满屋里上头是灯，下头是火。（同上书，二十回）

谁知你不防头，就说出来了。（同上书，二十二回）

小人自会做活结头。（《水浒传》十七回）

“家”在唐宋以后开始虚化，逐渐形成词尾。元明戏曲小说中可以看到它在构词上的活跃情况。如：

酒家道：“这厮醉了休惹他。”（《水浒传》二十三回）

酒店家去里面切出二斤熟牛肉。（同上）

武松敲着桌子叫道：“主人家，怎的不来筛酒？”（同上）

秀才家，那个不风魔。（《董解元西厢记》）

女孩儿家直恁响喉咙。（《西厢记》）

你是一个男子汉家。(《元曲选·渔樵记》)

妾当死于地下,以谢君家。(《元曲选·琵琶记》)

你嫂嫂是个年少妇人家。(《元曲选·铁拐李》)

谁知他那小孩子家不知好歹。(《红楼梦》十回)

你是个老人家,别人吵,你还要管他们才是。(同上书,二十回)

2. 复合词

组成复合词的词素都是实词素,它们可以由两个意义相近或相反的词构成并列关系,也可以由一个为主一个为副的词构成偏正式。这种构词方式,从上古到近古并没有多大变化,而只是更加完善,更加丰富了。这是因为近古时期一方面继承了上古、中古时产生的词,另一方面在这个阶段也产生了不少新词,它们都大大地补充了复合词的结构。

(1) 联合式

由两个义近或意义相反的词构成,这种造词的形式在上古时就已经很多了。到了近古显得更加活跃。例如:

及至说了半天话儿,又提起媳妇的病,他倒渐渐的气色平和了。(《红楼梦》十回)

冯紫英因说他有一个幼时从学的先生,姓张,名友士,学问最渊博。(同上)

那里有这样禽兽的人。(同上书,十一回)

俗传出女儿国,故花最繁盛。(同上书,十七回)

一个个围绕着,送至贾母门前。(同上)

邢夫人忙上来劝解。(同上书,十八回)

王夫人摸索着宝玉的脖项。(同上书,二十三回)

薛蟠又跳起来喧嚷道。(《红楼梦》二十八回)

黄莺儿怕你寻友处迷了伴侣。(《元曲选·金钱记》)

父亲的言语。(《元曲选·陈州粜米》)

手中那条枪不知颠倒。(《水浒传》七十七回)

砍伐山中木植,填塞断了。(同上书,七十八回)

众多军卒。(《水浒传》七十八回)

亦不过虚掩眼目而已。(《红楼梦》九回)

这贾菌少孤,其母疼爱非常。(同上)

气的是为他兄弟不学好,不上心念书,才弄的学房里吵闹。(同上书,十回)

这类词是由两个意义相近或相同的词构成的,在构成新词后,其意义仍然不变。

另外还有一类并列词是由两个意义相反的词构成的,在构成新词后,仍包含原来的两个意义。这类词在近古时仍可见到许多。例如:

西门庆那厮手脚了得。(《水浒传》二十六回)

却回来望西边寻去,又寻了两日,绝无些动静。(同上书,七十三回)

太公放心,好歹要救女儿还你。(同上)

"歹"原是蒙古语词,被吸收到汉语基本词中来,它常和好结合,构成并列词,这种例子在《红楼梦》、元曲中都可以找到不少。

小人只是这里剪径,做些小买卖。(《水浒传》七十三回)

小人有甚心情看书写字,朝夕只是想念小姐。(《元曲

选·金钱记》)

正是:花影不离身左右,鸟声只在耳东西。(《红楼梦》二十八回)

且能断人的生死。(同上书,十回)

薛姨妈等忙了手脚,各处遍请名医,皆不识病源。(同上书,九十八回)

紧咬著牙始终一声儿不言语。(《儿女英雄传》九回)

惟恐落人褒贬。(《红楼梦》十四回)

这"贫富"二字原是市井小人的见识。(《儿女英雄传》九回)

(2) 偏正式

它的结构有动宾式的,有附加式的,有主谓式的。主谓结构在上古少得可怜,中古逐渐增多,近古时却发展得特别快。其中出现最多的要算是附加结构。

动宾结构的有:

宋江道:"我和你赌砍头,你如何却来负荆?"(《水浒传》七十三回)

背岸西独自钓鱼。(同上书,七十七回)

飞马直取童贯。(同上)

奔马逃命。(同上)

明日只奏道:"天气暑热,军士不伏水土,权且罢战退兵。"(同上书,七十八回)

左手拈弓,右手搭箭,拽满弓,翻身背射一箭。(同上)

梁山泊好汉看见官军阵脚乱了,一齐鸣鼓摇船,直冲上来。(同上)

黛玉将剪子一摔,拭泪说道。(《红楼梦》十七回)

宝玉听了,又是咬牙,又是笑。(同上书,二十八回)

十三妹嚷道:“用不着你多事,你不用在那盆里洗手。”(《儿女英雄传》九回)

这是我刚才擦脸的。(同上)

见个生眼儿的娘儿们就没说话先红脸。(同上)

第二件便从意外算到我的终身。(同上)

他还看不入眼。(同上)

附加结构在近古要算最多了。如:

乘其退走,我这里再出精兵,两路击之,宋江可擒也。(《水浒传》一〇六回)

若不配个佳婿,岂不辜负?(《明清平话小说选·风流配》)

因强盗都有洋枪,乡下洋枪没有买处,也不敢买。(《老残游记》卷四)

紧接着张老夫妻把煮的肘子、肥鸡、连饭锅、小菜、酱油、蒜片,饭碗、匙箸,分作两三荡都搬运了来,分作两桌。(《儿女英雄传》九回)

说着,走到堂屋里,把那桌子上茶壶里的茶倒了半碗过来,蘸着那茶,在炕桌上写了两行字。(同上)

张金凤偷眼一看。(同上)

尤其难得的是,眼见他的相貌。(同上)

俗语说的:“人同此心,心同此理。”(同上)

这眼界也就太高了,不是情理。(同上)

这事也不是求得人的,也不是旁人包办得来的。(同上)

主谓结构的有：

因半日未尝歇息，眼酸脚软，忽又见前面露出一所院落来。（《红楼梦》十七回）

又不知有妨碍没妨碍，所以我心里实在着急。（同上书，十回）

张老儿见说着心病，便笑道。（《风流配》）

这杨志手快，随复一刀，砍个正着。（《水浒传》七十七回）

呼延灼道："我漏你到这里，正要活捉你。"（同上书，七十九回）

神号鬼哭，昏昏日色无光。（同上）

杀得童贯胆寒心碎，梦里也怕。（同上书，七十七回）

董平听得弓弦响，抬手去隔，一箭正中右臂。（同上书，七十八回）

尤其难得的是眼见他的相貌，耳听他的言谈。（《儿女英雄传》九回）

五、词的变化

（一）词义变化的原因及其过程

社会的发展必然影响到词的发展，一些旧词消失了，新词产生了。大批的词也随着社会的发展发生了意义上的变化。从上古一直到近古，有些词的意义并不发生变化，主要表现在某些基本词上。例如：人、山、水、地、牛、羊、马，等等。有部分基本词如“日”“月”发展到后来变为构词的词根，它们本身为太阳、月亮所代替，但是意义并没有发生变化，仍然还是指同一的东西。有一部分词则随着社会的变迁发生了很大的变化，有的消失了原义而赋予新的意义。譬如随着资本主义的萌芽，近古时期的手工业、农业、自然科学等方面都得到很大的发展，反映到词汇上就是涌现出大批的新词和改变了一些旧词的意义。例如：

车船：为宋人所创，当时船棚上还无人撑驾，用车轮脚而行，但到了清末有轮渡，后面能拖船，称之为木轮船，要比一般的船快多了。所以清末时车船的实用意义，已不再等于宋时的意义。

纸币：纸币的应用也是由于社会更换繁复出现的，宋时已经开始出现了纸币，但还只是作为盐茶券用，然而到了元明时就作为钞用，清中叶以后开始称纸币，应用也普遍了。这就使得纸币的意义由原来较小的范围而成了较广的。

条子：原指一般长条形的物体，到清时，棉纺织业中已变成一种经过加工过的棉花半成品。“于是约熟花衣作带形，削细竹茎为心……其状外圆而中空，名条子。”（孙星衍等《嘉庆松江府志》卷六）

花衣：原来是指花色的棉花。但在这时棉纺织行业中已变成经过加工脱子的棉花。“取花塞两轴之隙，而半足胥远，则子自内落，无子之花自外出，若云叆云速然，名‘花衣’。”（同上）

弓：在上古时弯形的都为弓，到了近古，由于棉纺织业的兴起，“弓”就变为指弹棉花的弓了。“绵必弹之使如轻云，谓弹花衣。弹花者名‘弓’，弓以木作圆柱状，长四五尺，粗盈握……绳下着弓，以左手执弓，右手持槌，坐击之。”（张春华《沪城岁事衢歌》）

烟：烟草，古时就有了，凡气体都认为是烟，以后由于吸烟的关系，其意义扩大了，泛指一切的烟草。烟草之种植也由此开始。

其他如“马头”“机头”“狗脑”“辫”“狮子口”“牛眼睛”，在当时缫丝业中都是机器或机器零件的名称。（见陈作霖《凤麓小志》卷三《志事・记机业》第七引高子安《机器谱》）

在近古产生的新词中，有的是为这时专设的某些机构、制度而构成的，它们就必然具有新的意义。例如：

三考：明朝制度，吏员每三年考一次，九年考满，给予出身，做小官吏。

二府：明制，知府之下有同知，是副职性质，别称为二府。

学里：明制，作为管理儒生的机关。

神童：是由古代童子科演变而来的一种举士制度。明制，对于特殊聪慧的儿童由官员们举荐，可以由皇帝亲唱试，给予读书或进学的优待机会。

三法司：明制，刑部、都察院、大理寺这三个机关称为三法司，职掌司法和狱讼事情的。

总督：元制，诸路的民政最高机构为总督府，总管是次于达鲁花赤的主官。

这些词也会随着社会的变化而变化，有的随机关的消失而消失，有的则变了意义，有的也被保存了下来。然而，它们在当时是具有独特的意义的。

随着自然科学的发展，人民对事物认识的加深，也会引起词义的变化。例如：

燈：古时“灯”是火焰如豆的油灯。但到了近古时期，随着工农业生产提高，科学发达，“灯”已经和煤油灯、煤气灯、电灯联系起来了。

礮：俗作砲，以机发石也。古人攻战之具。《新唐书》：“以机发石为攻城械，号将军礮。”今借用为火礮字。元以西域人亦思马因与阿老瓦丁所造大礮攻襄阳，是为中国战事用火礮之始。这样，人们想到“礮”时就与火礮相联系。发石之礮已不存在。

由石砲变为火砲，随之就产生了供砲需要的砲弹，研究枪砲之学术——砲学，砲弹、砲学之名由此而起。

燐：《淮南子注》：“野火之忽隐忽现作青色者。”又：“精在地暴露百日则为燐。遥望炯炯若燃火也。”故谓之燐火。俗谓之鬼火。给人以阴森之感觉。但到了近古，科学文化之进步“燐”随之也改变了原始的意义，成为化学原素之词。

随着“燐”字字义之改变，产生了燐酸、燐化氢、燐酸钠、燐酸钙等化学名词。

汽：原与汔同，近也。随着汽车、汽船、汽机的产生，皆用水蒸气之力，故名。

随着“汽”字之义的改变，产生了汽车、汽油、汽管、汽机、汽锅等等。

有些词的意义也会随着外国势力的侵入而发生了改变。具有特殊意义。如：

神《辞源》：① 天神也，人鬼之对称。《周礼·大司乐》："以祀天神。"② 不可知谓。《易》："阴阳不测之谓神。"到近古时神是神圣不可侵犯的，也就是上帝之称。

圣：① 谓之无不通也。《尚书》："睿作圣。"② 修养人格造乎至极之地谓之圣。《通书》："士希贤、贤希圣、圣希天。"③ 凡极至者谓之圣。如诗圣、药圣。④ 至尊之称。如君主之言词曰圣谕、圣训。到了近古，基督教兴起，圣用之于上帝。

圣母：唐武后之尊号。《封氏闻见记》："则天垂拱四年，得瑞石于洛水，文曰：'圣母临人。永昌帝业。'号其石为宝图。于是群百上尊号，请称'圣母神皇'。"到了清时嗣皇帝即位，尊其生母为"圣母皇太后"。见《清通典》。基督徒传入，教徒称耶稣之母马利亚为圣母。

帝：《辞通》：① 君也。王天下之号，如三皇五帝。② 神之尊者亦称帝。如白帝、赤帝。③ 天也。《诗经》："帝命不违。"基督教则称耶稣为上帝。

在谈到词义的时候，我们还要顺便提到一点，有些词的意义并没有发生变化，但名称改变了，这类词也有好些，这主要是因为事物本身并没有变化，它仍然需要有一定的词来反映它，然而词汇的贫乏，不能恰如其分地反映某一事物的特征和某些事件。因此新词陆续产生了。例如：

喫，上古用"食"来表示。如：

> 硕鼠硕鼠，无食我黍。(《诗经·唐风·硕鼠》)
> 皎皎白驹，食我场苗。(《诗经·小雅·白驹》)

到了中古，"喫"代替了"食"。近古时仍然用"喫"来表示。如：

你们不得洒家言语，胡乱便要买酒喫，好大胆！（《水浒传》十六回）

喫了早饭，众头领叫一个小喽啰把昨夜担儿挑了。（同上书，十二回）

故此先来望你一望，求钟茶喫。（《西游记》十四回）

吃酒吃饭，都有个凑趣儿的。（《红楼梦》四十回）

凤姐道："他早吃了饭了，不用给他。"（同上）

"喝"，上古用"饮"表示，近古（明代以后）用"喝"表示。但在《西游记》《红楼梦》中有些地方还是用"喫"表示。例如：

众怪闻言大喜，即安排酒果接风，将椰酒满斟一石碗奉上，大圣喝了一口。（《西游记》五回）

却说那怪物坐在上面，自斟自酌，喝了一盏，扳过人来，血淋淋的喝上两口。（同上书，三十回）

我的手脚粗，又喝了酒，仔细失手打了这磁杯。（《红楼梦》四十一回）

他自己老了，又不顾体面，一味的好酒，喝醉了无人不骂。（同上）

贾琏、凤姐忙让吃酒，叫他上炕去。（同上书，十六回）

旁边一个婆子道："爷们才到凝曦轩，带了十番，那里吃酒去了。"（同上书，十一回）

何九叔心中疑忌，想道："这人从来不肯和我吃酒！今日这杯酒必有蹊跷。"（《水浒传》二十四回）

从上面可以看到"喝""喫"同时并用，说明"喝"还没有完全代替上古的"饮"，"喝"完全代替了"饮"的地位是近古以后的事情。

“端”，明末清初时开始用“端”这个词，在这以前是用“掇”来表示的。元曲中差不多都用“掇”。例如：

我掇过这个香卓儿。(《元曲选·争报恩》)
下次小的掇一个卓儿。(《元曲选·东堂老》)

在《红楼梦》中却都是用“端”。例如：

李纨端了一碗放在贾母桌上。(《红楼梦》四十回)
袭人听说，便端过两个小掐丝盒子开。(同上书，三十七回)

但是在《醒世姻缘传》四十八回有云：“端茶掇饭。”从这里却又看出了“端”与“掇”在近古时还未完全统一，“掇”还保存了过渡时期的痕迹，近古以后“掇”字逐渐消失，被“端”所代替。

“羞”，在元曲中用“羞”，如：

我须是脸儿羞。(《元曲选·潇湘雨》)

但是在明朝的小说中用“摭羞”“摭”，如：“如今没的摭羞。”“没地摭嚣儿来缠我。”

到了《红楼梦》中却又变为“羞臊”。如：

倒把巧姐看得羞臊。(《红楼梦》十八回)

“羞”与“臊”是一音之转。

“肥”，古时“肥”“胖”无别，统统称肥，到了明朝时才开始有了

分别,“肥”可以用来形容动物,也可以用来形容人,而“胖”只能专指人而言。例如:

> 这个汉子却肥。(《水浒传》三十回)
>
> 当中坐着一个胖和尚。(同上书,六回)
>
> 庄客拣了两头肥水牛杀了。(同上书,一回)
>
> 后边来的是一条胖汉。(《西游记》十三回)
>
> 只见一个胖大和尚,脱的赤条条的,背上刺着花绣,坐在松树根头乘凉。(《水浒传》十七回)

概念之变化与社会风格习惯有关,拿胡子来说就是这样,古人以胡子多为美观,也没有剃胡子的习惯,他们把胡子分为“髯”“髭”“须”。两颊上的胡子为“髯”,嘴上边的为“髭”,下边的为“须”。但到了宋以后,不再留着满脸的胡子,也就没必要把胡子分为三种名称,胡子就开始成为统一的名称。

有些词发展到近古所表示的意义范围要比从前大。例如:

朝奉:秦始皇令当时的一些富豪和朝臣一起向他朝见、请安,称为“奉朝请”,元以后就称富翁或当铺里管事的人为朝奉。

虞候:武官名。唐代方镇都置有虞候,治不守法的人,元朝以后,方镇的亲随小军校也叫做虞候。

承务:承务郎的省称。宋代,八品的地方官的勋阶叫做承务部。金、元时代,从七品上的勋阶也叫做承务。

解元:科举时乡试首荐者之称。乡试本称解试,到明时士大夫通以乡试第一为解元。

门子:旧时做官的人,为了表示他的操守,对于贴身跟随和承值办公处所,以至于私人住宅往来传递的从人,一般都用没有成年的童子充当,原是避免请托贿赂和乘机作弊的用意,慢慢就成了一种制度。这类童子称为门子。

察院：都督院简称。明代专司监察的机构，它所属的官员就是御史，御史们出差在外，他的衙署也仍称为察院。

员外：原是官名，后来作为一般地主阶级的尊称。到明清时连中小商人也称员外了。这说明了当时商人地位的提高。

主管：指户佣的伙计。到了明代话本里，主管便兼有奴仆头儿或店铺管事的人的意义了。

从良：古代妓女隶属在乐籍，是一种职业，脱离嫁人叫做从良。以后奴婢赎身也叫从良。

角：古代的酒器。最初是用牛角制的，后来酒器名称遂多，从角酒店里卖酒的数量单位也称为角。

破落户：原来是做官或是地主人家，后来家道中落，而又不务正业称为破落户，地方上的流氓痞子也称破落户。

长随：明代小太监做大太监的随从，叫做长随。后来作一般奴仆的通称。

红毛：原称荷兰人为红毛，英国人入中国，则扩大称为一切外国人。

行钱：宋代人谓代放债之人也。《清尊录》："凡富人以钱委人，权其子而取其半，谓之行钱。"

火：《辞通》：① 物在空气中，与氧气化合而燃烧，所生光与热之现象也。② 焚也。《左传》："凡火，人火曰火，天火曰灾。"③ 古兵制以十人为火，故谓同火者曰火伴，此外喻文之急者曰火，如火速、火急。心有所激也为火，俗亦谓怒曰火。星名即大火也。到了明时，火字之义又扩大为姓也。《明史纪事本末》："火济从诸葛亮南征孟获，有功，封罗甸国王。"所以"火"之义是逐步扩大的。

神：最早解释为天神也。人鬼之对称。《周礼·大司乐》："以祀天神。"也解释为不可知；阴阳不测之谓神。精气也谓神，如精神、神气。到了明朝,有人姓神。《风俗通》云:“神农氏作。”《明史》有名神英的。

生:生之义颇多,有释为死之对;生存之时曰生,如平生、此生;凡生物之生皆名生,如群生、众生;烹饪未熟曰生;未稔熟曰生;养生之事曰生,如生计、生产。儒生、书生皆曰生。此外养也、产也都为生。中古时(唐朝)又作语气词用:如李白《戏赠杜甫》云:“借问别来太瘦生,只为从前作诗苦。”还有可怜生、作么生之类。到元以后,戏曲兴起,作正生、小生之脚色名,元曲之末即为生也。如晚生或称晚末,眷生或称眷末。元明之际“生”“末”通用。可看出生义之扩大化,由生死之义扩大运用到戏曲上了。

与此相反,词的意义也可能愈变愈小,成为专指某一样事情了。例如:

先生:上古谓老年教学者,父兄也。有道者之称,年长者之称,主人之称。到元朝则称道士为先生。《经世大典·马政篇》:“至元廿四年,江淮省言,江南和尚也里可温先生,出皆乘轿,养马者少。”

帝:为君也。王天下之号,如三皇五帝。帝也,为神之尊称。如白帝、赤帝。也称天。《诗经》:“帝命不违。”到了近代资本主义势力侵入,基督教兴起,帝则为上帝之称。

上厅行首:元明年间对于妓女的美称。因为她们时常要承应官府,或是参拜,或是歌舞,凡是有官身出入官厅,并且在行列中领头的一定是最有色艺的,所以对于妓女们称为上厅行首,渐渐地变为一般妓女的代名词了。

冰魂:宋苏轼咏梅花诗有“玉雪为骨冰为魂”的句子,后来常以“冰魂”为梅花的代词。

太太:明时部民呼有司眷属。唯中丞以上得称太太,见胡应麟《甲乙賸言》。以后发展到称仕宦者之妻皆为太太。这是以后的事情。而在明时却只是专指。

词义发展的另一个情况，就是某些词发展到近古意义与过去不同了。例如：

钱：上古时钱为农器之称，即铁铲。以刬地除草者。自宋以后钱为货币之称。

舍人：官名，如通文舍人，太子官属，唐置掌受笺启及参谒之礼劳问之事，清代始废。宋元时世俗尊称贵显子弟曰舍人或曰小舍，明代唐臣应袭支庶。在卫所亦称舍人。清时督抚署中有舍人厅，掌传达之事。清世称常关之书吏亦曰舍人。

头目："头""目"二字连用见于《荀子》："下之于上也，若手臂之捍头目也。"后称一群之长曰头目。元伶军官号头目。

待诏：官名，汉时四方上书者咸待诏公车，唐时翰林院为待诏之所，明亦置翰林院待诏，以备应对，清因之，同时又称工匠、手艺人为待诏。

打、动、击：到明清时也引申为弹劾、动击的意思。

伴读：官名，宋时有南北院伴，以教宗室，辽与明皆为亲主府官。

同年：科举时代，同榜考取举人、进士乡贡的，互称同年。到明清时也有引为考中的淑女之称。

入彀：唐太宗私幸端门，见新进士缀行而出，喜曰：天下英雄，入吾彀中。言英雄为所笼络也。明清时谓考试中式为入彀。

勾当：宋元明清时都当作事情解释，在明清时也解释为对某一事件含有鄙视意味。

小说：本义是一派哲学思想，最初见于庄子。《庄子·外物篇》"饰小说以干县令"。这个意义与近古时期出现的小说意义不同，宋时小说就已经是指文艺创作了。到元明清时也就继承了这个说法。

秀才：唐宋时，对于参加科举考试的都称秀才。明清两代的科举制度，童生先经府、县考试，再经全省的院考查录取后称秀才。

楔子：木工用木片塞紧所作器具或工事的结构，以便利工作，这种木片叫做楔子。后来元曲把在剧首或折之间加入一段介绍人物、情节和联系前后剧情的文字，小说把开端叙述，引起全书的一段文字，都叫楔子，引伸为填空、引子解释。

从上面可以看到近古时期词义变化仍然是通过扩大缩小转义的过程来实现的。

词义的变化是复杂多端的，它发展的基本过程是扩大、缩小、转义，但实际上并不是简单的直线的发展，在发展过程中必然会产生一些多义现象，有的词原义扩大了，但也可能随之又因人们的需要而缩小了。或者发生了转义的现象。例如“肥”的本义是肥胖，《说文》：“肥，多肉也。”后来把富裕的意思也称肥。《苦辛吟》“自然国家肥”，使其意义扩大了。到了近古，“肥”字仍然还是作肥胖解释，词义又缩小了。与此同时又产生了“胖”与“肥”同时并存，专指人的肥胖，这在上面就已经谈过了。

（二）词义变化的结果

词汇发展愈来愈丰富，词义发展也随之愈来愈丰富了。词义变化的结果，形成了同义词和一词多义的现象，因为词义的扩大、缩小和引申的结果，使词失去原义而具有新的意义，与此同时也往往会形成一些新词。造成的这些新词必然含有一部分意义相同或相近的。这就构成了同义词，同义词的增多使得词更准确的表现事物，更精确更细致的表达我们的思想。一词多义和同义词的增多是汉语词汇丰富的原因之一。这种现象在上古时就已出现了，中古就已经很多了，近古时期就更不用说。

同义词包括近义词和等义词，词义变化产生的同义词：

由于需要，地方官吏增多，其名称也增多，有的表示相同的概念，有的却只存在细微的差别。例如：

抚台：也称作巡抚，也称抚院、抚军、中丞、部院，是总揽一省政务的最高地方长官。

制台：也称总督、制军。是总揽一省或几省政务的地方最高长官。官阶比巡抚大一级，但实际上两者地位平行，职权也差不多。制台偏重军政，巡抚偏重民政。所以抚台与抚军、中丞、部院是同义词。制台与总督、制军也是同义的。

与“制台”同义的还有“大帅”：是总督和巡抚，一般尊称为大帅、帅、节帅。

太守、知府：知府是管理一府政务的长官。地位略等于古时的太守。所以，当时人也称知府为太守。

同寅、同官、同事：同在一起做官，地位差不多的彼此称同寅。

扶觇、扶旗、扶鸾：由两人扶住一个丁字形木架的两端，木架中间悬一枝木笔，下面放一沙盘，依术施行。鬼神降临之后，木笔就可以自动在沙上写字，或作诗词，或开药方，写完即停笔。这是一种骗人的把戏。

牙笏、朝板：是象牙做成的手板，本是从前大臣朝见皇帝时所用的东西（清时无牙笏），道士在朝真或斋醮时也照例拿牙笏。

秀才、秀士、生员、诸生：参加科举被录取者。

老虎：又称於菟，也有称为大虫的（大虫的产生是由于当时人避“虎”字）。在《水浒传》中可以见到这样的例子：“只听得乱树背后扑地一声响，跳出一只吊睛白额大虫来。”

班指、搬指、扳指：本是套在右手大指上，为射箭时钩弦之用的，后来成为一种装饰品，多用玉质制成，以翡翠的较为名贵。

职事、执事：指旌旗一类的仪仗。

打更：在当时分得很详细，起更、定更称为初更，最后一次打更称为散更。

手版：就等于手本，是属员谒见长官时的一种名帖，有红禀、白禀之分。

此外，班房、牢房、监狱等义。

由卑称而产生出来的词，意义相同而用法不同。例如：

卑职：清朝官场习惯，州、县官谒见长官时，自称卑职。道台谒见督、抚时自称职道。知府谒见督、抚、藩、臬时自称卑府。藩台、臬台谒见督、抚时自称司里。

而其实"卑职""职台""卑府""司里"这些词总的还是谒见，意义并没有发生变化。

此外又如：

会试：清朝科举考试制度，分为乡试、会试、复试、殿试，总的也不过是考试而已，例行手续而已。

词义变化产生一词多义现象：

头脑：有作体格解释的。如：

> 我这里也几次问人家来，却没这般头脑。（《警世通言》卷十四）

也有作首领解释的。如：

> 你老人家就是这学里的头脑了。（《红楼梦》九回）

学生：一般是前辈对后辈称。但有时也解释为科举人士的名称。如：

> 先在小儿馆中伴读，后在学生书房管书柬。（《警世通言》卷二十六）

六、熟语的引用与继承

熟语发展到近古更加丰富了，这是因为一方面继承了上古、中古时期出现的熟语，另一方面在近古时创造了许多新的熟语。

熟语的引用丰富了文学作品的语言。由于它是人民智慧的结晶，是千百年陶冶出来的最精辟最生动最形象的语言材料，因此，它在人民语言中具有很大的稳固性，为人民所喜爱。

我们所指的熟语包括了成语、谚语、歇后语，它们来源于历史故事、古典作品、寓言与民间传说，因此，近古时期引用的熟语不外乎是从这三方面来的。文学作品《红楼梦》《水浒传》《西游记》《儒林外史》的作者曹雪芹、施耐庵、吴承恩、吴敬梓之所以成为使用语言的巨匠，是与他们恰如其分的使用成语、谚语和歇后语分不开的。

（一）成语的引用与继承

近古成语的丰富是与它的继承性分不开的，应该认为近古时期引用的成语大部分是从上古、中古来的。我们说成语有很大的稳固性，在较长的时期内是不容易变化的，但它又不是一成不变的，随着社会的发展变化，成语也或多或少的起了变化，有的消失了，有的意义引申了，有的则更改了个别的字。在新的历史条件下，也就必然会产生一些适合于现阶段的新成语。虽然它反映社会的发展没有一般词汇的灵活性大，但它毕竟是有发展的。

构成成语是由于社会的约定俗成，在开始时说法往往不固定。就拿“九霄云外”来讲，现在我们一律说成“九霄云外”，但是在近古时不是这样统一的。例如：

即便纵云，赶到九霄云里，轮着宝杖，又不好下手。（《西游记》五十八回）

他两个各踏云光，跳斗上九霄云内。（同上）

他就顾不得八戒、沙僧、诸天等众，一路筋斗，跳上九霄空里。（同上书，六十五回）

把这水火棍一隔，丢去九霄云外。（《水浒传》九回）

又如：“七上八下”源自赵德麟《侯鲭录》，到《五灯会元》时为“七零八落”，到元贾仲名曲又作为“七上八落”。

有的成语在发展过程中次序颠倒了，意义与原来相同的。例如：

岂不闻“兔死狐悲，物伤其类”。（《水浒传》二十八回）

“兔死狐悲”在《宋史·李全传》作“狐死兔泣”。

“钓名沽誉”可作“沽名钓誉”，例如：

好好的一个清净洁白女子，也学的钓名沽誉，入了国贼禄鬼之流！（《红楼梦》三十六回）

可知那些死的都是沽名钓誉，并不知君臣的大义。（同上）

“搬弄是非”也可作“搬是弄非”，例如：

恼的是那狐朋狗友，搬是弄非，调三窝四。（《红楼梦》十回）

“四万八千里”也可作“八万四千里”，例如：

假若扇着人，要飘到八万四千里，方息阴风。（《西游记》五十五回）

有的成语在发展过程中，可以引伸出一些与自己意义相同的成语。例如：

恼的是那狐朋狗友，搬是弄非，调三窝四。（《红楼梦》十回）

“狐朋狗友”大概是由“狐群狗党”变来的。

从此，风声鹤唳，草木皆妖。（《红楼梦》一〇二回）

“草木皆妖”是由“草木皆兵”来的。“草木皆兵”形容惊疑之极，来源于《晋书·苻坚载记》。

有些成语在发展过程中变为同义的了。例如：

这几个人早已吓得魂飞魄散了！（《老残游记》卷八）

那老龙听说是孙行者齐天大圣，吓得魂不附体，魄散九霄。（《西游记》六十三回）

"魂飞魄散"和"魂不附体"都是形容惊恐之极。

玉钏儿道："吃罢，吃罢！你不用和我甜嘴蜜舌的了。我都知道啊！"(《红楼梦》三十五回)

"甜嘴蜜舌"与"甜言蜜语""口甜如蜜"同，它们大概都是由"口蜜腹剑"来的。

成语在开始时用法不定，但在约定俗成后，是不大允许改动的。尤其是有典故的成语。例如："负荆请罪""毛遂自荐""弄巧成拙""守株待兔""胸有成竹""班门弄斧"等等。在近古时，只是作为比喻来引用的，并没有发现有变动。

我们说的成语一般指四字组成的而言，也有三字、五字以上的，但为数不多。例如：

若应了那句"树倒猢狲散"的俗语，岂不虚称了一世诗书旧族了！(《红楼梦》十三回)

坐山观虎斗。(同上书，十六回)

凤姐又说："'打墙也是动土'，已经惊动了人，今儿乐得还去逛逛。"(同上书，二十九回)

贾政听说，忙叩头，说道："母亲如此说，儿子无立足之地了！"(同上书，三十三回)

亲生女非比他行，家丑不可外扬。(《元曲选·㑳梅香》)

1. 源于上古中古的成语

近古成语的来源有两方面：一是来源于历史文献，一是来源于口语。历史文献包括了历史故事、古典作品、寓言。

来源于历史文献的，例如：

宝玉便笑道："姐姐通今博古，色色都知道，怎么连这一出戏的名儿也不知道，就说了这么一套？这叫做'负荆请罪'。"（《红楼梦》三十回）

"负荆请罪"，自认过也。来源于《史记·廉颇蔺相如列传》："廉颇闻之，肉袒负荆，因宾客至蔺相如门谢罪。"

岂不闻"兔死狐悲，物伤其类"。（《水浒传》二十八回）

"兔死狐悲"比喻物各伤其类，《宋史·李全传》原作"狐死兔泣，李氏灭，夏氏宁得独存"。现在作"兔死狐悲"。

弟子一时失口，胡谈几字，诚所谓"班门弄斧"。（《西游记》六十四回）

"班门弄斧"本作"鲁班门前弄大斧"，来源于鲁班的故事。明梅之焕《题太白墓》诗："采石丘边一堆土，李白之名交千古。来来往往诗一首，鲁班门前弄大斧。"就用到了。

那厮专生恶念，不务本等，专好打家截道，杀人放火！相交的都是些狐群狗党！（《西游记》五十六回）

"狐群狗党"指小人的朋党。见秦简夫杂剧《东堂老》。

好好的一个清净洁白女子，也学的钓名沽誉，入了国贼禄鬼之流！（《红楼梦》三十六回）

“钓名沽誉”指假饰善行，猎取名誉。《迩言等五种》：“按古人以酒得名者，非必皆贤士，故酒曰沽名，渔曰钓誉。”

彼时黛玉在窗下对镜理妆，听宝玉说上学去，因笑道：“好，这一去可是要‘蟾宫折桂’了，我不能送你了。”（《红楼梦》九回）

叶梦得《避暑录话》：“世以登科为折桂，此以郗诜对策东堂。自云桂林一枝也。自唐以来用之。”（《通俗编》）

如今我们家赫赫扬扬，已将百载，一日倘或“乐极生悲”，若应了那句“树倒猢狲散”的俗语，岂不虚称了一世的诗书旧族了？（《红楼梦》十三回）

“乐极生悲”，欢乐之极每每发生悲感。《太公阴谋》：“武王觞铭曰‘乐极则悲，沉湎致非’。”（《通俗编》）

若真也葬花，可谓“东施效颦”也。（《红楼梦》三十回）

“东施效颦”比喻丑人学美只益其丑。出自《庄子》。

我寻思起来，有三个人，义胆包身，武艺出众，敢赴汤蹈火，同死同生，义气最重。（《水浒传》十五回）

“赴汤蹈火”形容冒险的精神。源出《汉书》。

来源于口语的：这一类的成语，一般的都找不到它们的来源，是由人民长期口传以后再用文字记下来的。例如：

如今便赶着躲了，料也躲不及，少不得要使个“金蝉脱壳”的法子。（《红楼梦》二十七回）

“金蝉脱壳”比喻设计逃脱。

今儿有人送来极新鲜的山鸡，烫了吃，很好的，我就“借花献佛”了！（《老残游记》卷六）

“借花献佛”形容借他人物品作为贡献。

这几个人早已吓得魂飞魄散了。（《老残游记》卷八）

把个行者勒得耳红面赤，眼胀头昏，在地上打滚。（《西游记》五十六回）

“耳红面赤”也作面红耳赤，形容人当羞时脸成红色。

他只顾图汗马之功，猛拚一死，将来弃君于何地？（《红楼梦》三十六回）

“汗马之功”指战阵的功劳。

设若叫人哼出一声不是来，我们不用说，粉身碎骨，还是平常，后来二爷一生的声名品行，岂不完了呢？（《红楼梦》三十四回）

“粉身碎骨”形容牺牲自己的程度。

宝玉听了,便走来直问到脸上道:"你这么说是安心咒我天诛地灭?"(《红楼梦》二十九回)

"天诛地灭"意思为天地所不容,一般用为誓词。

偏一些儿,他们就"指桑骂槐"的抱怨。(《红楼梦》十六回)

"指桑骂槐"用来比喻借事骂人。

我想养由基穿杨神箭百发百中。(《元曲选·伍员吹箫》)

"百发百中"形容射的准确。《战国策·西周策》,养由基于百步外射杨叫"百发百中"。《南齐书》上则引为"十发十中"。

众人一声答应,七手八脚,忙把宝玉送入怡红院内自己床上卧好。(《红楼梦》三十三回)

"七手八脚"形容事情忙乱。宋《五灯会元》:"德光上堂偈云,七手八脚,三头两面,耳听不闻,眼觑不见,苦乐顺逆,打成一片。"(《通俗编》)

2. 近古时期的新成语

近古时期的成语有很多是由上古、中古来的,但更主要的应该是这时期新产生的成语。因为大量新成语的出现必然丰富了汉语的词汇。这时期的新成语,一部分是在过去成语的基础上发展起来的:由于成语的发展分化出许多同义的成语。另外也有一部分

成语是在新的历史条件下产生的新成语。它们都反映在文学作品中和文献中。例如“耀武扬威”:

我这里走的慌,他可也赶的凶,似这般耀武扬威争强奋勇。(《元曲选·单鞭夺槊》)

莫不是我前生烧着什么断头香。(《元曲选·救孝子》)

即是成语“烧断头香”。

柳毅去了也。既然这般呵,今日虽不成这桩亲事,后日还要将机就机报答他的大恩。(《元曲选·柳毅传书》)

这般顺水推船。地也,你不分好歹何为地。(《元曲选·窦娥冤》)

我尽让你说几句便罢。则管里倚老卖老,口里唠唠叨叨的说个不了。(《元曲选·谢金吾》)

“倚老卖老”:自以年老为可恃,而任意放纵。

你怎的吃食讳食,你不曾见,是我见来。(《元曲选·鸳鸯被》)

再休想吉祥如意,多管是你恶限临逼。(《元曲选·赚蒯通》)

哈叭狗儿咬虼蚤,也有咬着时,也有咬不着时,我不信你了。(《元曲选·桃花女》)

上一句为歇后语,转变成语就是“狗咬虼蚤”。
以下这句可以看到歇后语与成语的关系,它们之间可以互相转化。

咱两个协罗厮钻，尾巴厮结，打会官司，任你百样儿伶牙俐齿，怎知大人行会断的没头公事。(《元曲选·杀狗劝夫》)

也作“俐齿伶牙”。

你休听那厮说短论长那般的俐齿伶牙。(《元曲选·合汗衫》)

这是揉着我山儿的痒处，管教他瓮中捉鳖，手到拿来。(同上)

“瓮中捉鳖”在《五灯会元》中已引用。原作：“园悟答徐俯曰：瓮里何曾走却鳖。”

今日个雪消也见死尸，祸临头有甚嗟。(《元曲选·百花亭》)

即作成语“雪消见尸”。

非是我指空话空做这等巧神通也。(《元曲选·桃花女》)

假若俺高皇差你个梅香背井离乡，卧雪眠霜。(《元曲选·汉宫秋》)

“背井离乡”也有作“离乡背井”，意义相同。

以上的例子出于《元曲选》。在历史文献中，我们也可以见到一些例子。例如：

以钱为命：明文，黄辉《题牲义李长者册》：夫富而悭者以一钱为命，贫而丐者亦以一钱为命，是二人者竟何好哉。

不徇颜面：《元史・相威传》作"世祖谕曰'朕知卿不徇颜面'"。而在《新唐书・刘子玄传》："史局深籍禁门，所以杜颜面，防请谒也。"在《旧唐书・长孙无忌传》："帝曰：闻所在官司，犹自多有颜面。"(《通俗编》)

（二）谚语的引用与继承

谚语是劳动人民创造的最精炼、最形象、最生动的语言，它总结了生产斗争和阶级斗争的经验。由于它是人民斗争经验的总结，所以这些生动的、幽默的、为人民大众所喜爱的谚语，具有无穷的生命力，被长期保存下来。在上古时期，谚语已开始在文学作品中出现，但过去的文人学者认为谚语是不雅的语言。虽然作品中引用了一些谚语，也只是作为引谚而用的，其实他们并不重视它。到了中古，书面语趋向口语，谚语被大量应用到文学作品中，丰富了文学作品语言。而到了近古，文学作品中应用谚语情况显得特别突出，谚语也更加丰富了，这一方面是由于继承上古、中古出现的谚语，一方面在近古时期又出现了新的谚语。

谚语是人民口头创作的，被作家引用到书面语里，使它在作品中占有一定的地位，但是要想找出谚语的出处，那是很困难的。

1. 近古时期文学作品中引用的谚语

例如：

常言道："表壮不如里壮。"嫂嫂把得家定，我哥哥烦恼做

甚么！岂不闻古人言:“篱牢犬不入。”(《水浒传》二十四回)

自古道:“骏马却驮痴汉走,美妻常伴拙夫眠。”(同上)

自古“入门休问荣枯事,观看容颜便得知”。(同上)

天有不测风云,人有暂时祸福。(同上书,二十六回)

正是:“灯蛾扑火,惹焰烧身。”(同上书,二十九回)

常言道:“不冷不热,五谷不结。”(《西游记》五十九回)

常言道:“朋友妻,不可欺;朋友妾,不可灭。”(同上书,六十回)

罗刹闻言,滴泪告道:“大王,常言说:‘男儿无妇财无主,女子无夫身无主。’我的性命,险些儿被这猢狲害了!”(同上)

万岁,“差之毫厘,失之千里”矣。(同上书,六十二回)

“陛下,人不可貌相,海水不可斗量。”(同上)

古人有言:“火烧到身,各自去扫;蜂虿入怀,随即解衣。”(《水浒传》十七回)

哥哥正是“急来抱佛脚,闲时不烧香”。(同上)

哥哥,三十六计,走为上计。若不快走时,更待甚么!(同上书,十八回)

武松虽是粗卤汉子,便死也不怕,还省得“有冤报冤,有仇报仇”,并不伤犯众位。(同上书,二十六回)

自古道:“不怕官,只怕管。”林冲不合吃着他的请受,权且让他这一次。(同上书,七回)

泼贼!我自来又和你无甚么冤仇,你如何这等害我!正是“杀人可恕,情理难容”。(同上书,十回)

今儿我听了他的短儿,“人急造反,狗急跳墙”,不但生事,而且我还没趣。(《红楼梦》二十七回)

这些文学作品中引用的谚语,有一部分是人民长期经验得出来的，也有一部分是经过文人修改过的。

谚语在文学作品中具有修辞的作用，它能一针见血的指出事物的本质，增加了语言的说服力。如上面举的例子“表壮不如里壮”“篱牢犬不入”，《水浒传》二十四回武松别兄时针对潘金莲的说辞是非常恰当的。

古代人民在生产斗争中总结出来的经验如：“夹雨夹雪，无休无歇”“清明断雪，谷雨断霜”“未喫端午节，布袄未可送”“夏至有风三伏热，重阳无雨一冬晴”“一年之计在于春，一日之计在于晨”“一年三百六十日”“九月重阳，菱母消洋”“春寒多雨水”“四月麦秀寒，五月温和暖”等谚语一直流传下来。

2. 近古时期的新谚语

(1) 有关生产的谚语

有利无利，但看二月十二。(《明诗综》引吴中谚)
四月八，冻杀鸭。(同上书，引黔中谚)
六月不热，五谷不结。(同上书，引吴中谚)
除夜犬不吠，新年无疫疠。(同上)
天无三日晴，地无三尺平。(同上)
江阴莫动手，无锡莫开口。(同上)
一年种谷，三年生金。(《古谣谚》)
九月重阳，移火进房。(《明诗综》引黔中谚)
十日雨连连，高山也是田。(同上书，引吴中谚)

(2) 有关阶级斗争的谚语

官不威，牙爪威。(《元曲选·虎头牌》《元曲选·勘头

巾》等）

李生黄瓜，民皆无家。（《元史·五行志二》《通俗编》）

土贼犹可，土兵杀我。（《明史·林俊传》《通俗编》）

职方贱如狗，都督满街走。（《明史·奸臣传·马士英》《古谣谚》）

官要起，问三李。（《古谣谚》）

记不得，问老许。做不得，问小李。（同上）

军中有一曹，西贼闻之心胆摇。（同上）

贼如梳，军如篦，士兵如剃。（同上）

两京十二部，独有一王恕。（同上）

天雨氂，事不齐。（同上）

天雨线，民起怨。中原地，事必变。（同上）

苇生成旗，民皆流离。苇生成枪，杀伐遭殃。（同上）

(3) 有关人情世故的谚语

知人知面不知心。（《元曲选·单鞭夺槊》《元曲选·魔合罗》《红楼梦》等）

不受苦中苦，难为人上人。（《元曲选·东堂老》）

肚皮里，怀鬼胎。（《元曲选·抱妆盒》）

画虎画皮难画骨。（《元曲选·魔合罗》）

谁有闲钱补笊篱。（《元曲选·黑旋风》《元曲选·秋胡戏妻》等）

那个猫不吃腥。（《元曲选·合汗衫》）

若要小儿安，常带三分饥与寒。（元李冶《敬斋古今黈》云："俗谚有之，小儿欲得安，无过饥与寒。"）

空里来，巧里去。（明金木散人编《鼓掌绝尘》）

巧言不如直道。(《元曲选·王粲登楼》)

吃乌饭,屙黑屎。(《元曲选·东坡梦》)

一子成道,九族生天。(《元曲选·货郎担》)

没酒没浆,不成道场。(《元曲选·桃花女》)

头醋不酸,二醋不酽。(《元曲选·气英布》)

路遥知马力,日久见人心。(《元曲选·争报恩》)

离家一里,不如屋里。(《元曲选·朱砂担》)

安排香饵钓鳌鱼。(《元曲选·赚蒯通》)

家有千贯,不如日进分文。(《元曲选·东堂老》)

牡丹花下死,做鬼也风流。(《元曲选·留鞋记》)

(4) 谚语的发展变化

谚语在发展过程中,与成语一样也是有变化的。例如:

"猪来贫,狗来富,猫儿来,开质库。"娄元礼《田家五行》"凡六畜自来,可占吉凶"云云。到了明江盈科《雪涛谈丛》载其邑谚云:"猪来穷来,狗来富来,猫来孝来。故猪猫二物皆为人忌,与娄氏所录不同。"(《通俗编》)

《吴下田家志》谓:"九月九,生衣出抖擞。"但在《明诗综》载黔中谚,又为:"九月重阳,移火进房。"

又如:

《纪历撮要》载农谚:"小麦不怕神共鬼,但怕四月八夜雨。"《广信府志》载田家谚:"四月八日晴,鱼儿上高坪。"到了《明诗综》引黔中谚又变为:"四月八,冻杀鸭。"

"有利无利,但看二月十二。"《明诗综》:花朝日晴,则百果多实。吴中谚云云。《月令广义》:四月十四,得东南风吉,十六黄昏时日月对照,主夏秋旱。月上迟有白色,主大水。谚云:有利无利,只看四月十四,有谷无谷,只看四月十六。二说不同。(《通俗编》)

"儿孙自有儿孙福,莫与儿孙作马牛。"《癸辛杂识》载"叶李纪梦诗"有"儿孙自有儿孙福"句。《宋诗纪事》载嘉祐时天台道士徐守信诗:"儿孙自有儿孙计,莫与儿孙作马牛。"元关汉卿《蝴蝶梦》别作"莫为儿孙作远忧"。(《通俗编》)

"人不知,鬼不见。"《墨子·耕柱篇》:巫马子谓墨子之为义也,人不见而贵,鬼不见而富。元人《争报恩》《冤家债主》等曲俱有"人不知,鬼不觉"语。(《通俗编》)

近古时期产生的谚语,绝大部分被保存了下来,成为作家语言不可缺少的部分,它也长期的流传于人民口头中,尤其是生产斗争方面的谚语,更显示出它兴旺的生命力。

(三)歇后语的引用与继承

歇后语是一种特殊结构的语言,它具有巧妙的修饰手段,是由两句组成的,前面的一句为形象的比喻,后一句是解释,表白事理。但有些歇后语往往是后一句歇去,留下前面的一句,更觉意味深长,生动有趣,促使人们开动脑筋去推想。

大批歇后语在书面语中出现,应该认为是从元明以来杂剧小说开始的。歇后语的作用,给《红楼梦》《儒林外史》等伟大著作的语言增加了不少色彩。

歇后语不仅仅在修辞上起作用,而且它还具有丰富的社会内容,是社会生活的反映。如:

> 自古道:"灭门的知县",你和他拗些什么?(《儒林外史》一回)
>
> 呆,秀才,喫长斋,胡须满腮,经书不揭开,纸笔自己安排,明年不请我自来。(同上书,二回)

我们没来由，今日为他得罪严老大“老虎头上拍苍蝇”怎的？（《儒林外史》六回）

“死知府不如一个活老鼠”，那个理他？（同上书，二十八回）

有些歇后语是由历史故事引用过来的。如：

我看的是李逵骂了宋江，后来又赔不是。（《红楼梦》三十回）

这是从《元曲选·李逵负荆》来的。

有的歇后语是由成语变来的。如：

我如今也是骑上老虎了，虽然看破些，无奈一时也难宽放。（《红楼梦》五十五回）

这是由成语“骑虎难下”变来的。在这里省了“下不来”。

你们就这么大胆子小看她，可是鸡蛋往石头上碰？（《红楼梦》五十五回）

古成语有“以卵压面”，这句话则是由此引来的。

歇后语都是从实际生活中总结出来的，用的恰当，能增加语言使用的效果。它有两种不同的表现手法，有的有两句，前句为比喻，后句为解释。例如：

没良心的，“狗咬吕洞宾，不识好歹”。（《红楼梦》二十五回）

你忙什么？“金簪儿掉在井里头，有你的只是有你的”。（《红楼梦》三十回）

这可是“仓老鼠向老鸹去借粮”，守着的没有，飞着的倒有？（同上书，六十一回）

那宝玉是个丈八的灯台，照见人家，照不见自己的，只知嫌人家腌臜。这是他的房子，由着你们糟塌，越不成体统了。（同上书，十九回）

他们庄家老实人，外明不知里暗的事，“黄柏木作了磬槌子，外头体面里头苦！”（同上书，五十三回）

“半夜里不见了枪头子，攮到贼肚里。”（《儒林外史》六回）

周进听了这话，自己想“‘瘫子掉在井里，捞起也是坐。’有甚么亏负我？”随即应允了。（同上书，二回）

这个正合着古语“瞒天讨价，就地还钱”！我说二三百银子，你就说二三十两！“戴着斗笠亲嘴，差着一帽子”怪不得人说你们“诗云子曰”的人难讲话！这样看来，你们好像“老鼠尾巴上害疖子，出脓也不多”。倒是我多事，不该来惹这婆子口舌。（同上书，十四回）

也有的解释在前，比喻在后。例如：

秀才，指日就是：那“吃长斋，胡须满腮”，竟被他说一个着！（《儒林外史》二回）

袭人本来从小儿不言不语，我只说是没嘴的葫芦。（《红楼梦》七十八回）

你又没才干，又没口齿，锯了嘴子的葫芦，就只会一味瞎小心，应贤良的名儿！（同上书，六十八回）

你们时常叫他出去作诗文，难道他都没作上来么？小孩

子家慢慢的教导他。可是人家说的“胖子也不是一口儿吃的”。(《红楼梦》八十四回)

有的歇后语往往后一句歇掉。例如:

岫烟来钓着了一个,随将竿子仍旧递给探春,探春又递与宝玉。宝玉道:“我是要做姜太公的。”(《红楼梦》八十一回)

原来的歇后语是“姜太公钓鱼一直钩,愿者上钩,不愿者去休”。

呸!原来也是个银样蜡枪头!(《红楼梦》二十五回)

“银样蜡枪头”意思就是说中看不中用。

事还是竟弄破了好,还是“开弓不放箭”,大家弄几个钱有益?(《儒林外史》十三回)

我指点你,你却不要“过了庙不下雨”。(同上)

马老先生,而今这银子,我也不问是你出,是他出,你们原是“毡袜裹脚靴”,但须要我效劳的来。(同上书,十四回)

“毡袜裹脚靴”就是鞋不离袜,不分彼此的意思。

琏儿不配,就只配我和平儿这一对“烧糊了的卷子”和他混罢咧。(《红楼梦》四十六回)

同时应该指出,有些歇后语具有封建思想或对劳动人民加以侮辱,对于这类歇后语应加以区分。例如:

我倒怕人家笑话呢！只是这里扫帚颠倒竖，也没主子，也没奴才，也没大老婆，没小老婆——都是混帐世界了！(《红楼梦》八十三回)

猪八戒吃人参果，全不知滋味！(《儒林外史》六回)

有一些既不能算作成语，也不能算作谚语，更不能作为歇后语的，它们被人们称做俗语，也就是为人们常说的话。有的来自古时，有的产生于当时，在近古的小说中也引用了很多。例如：

平儿说道："'癞虾蟆想吃天鹅肉！'没人伦的混帐东西！起这样念头，叫他不得好死。"(《红楼梦》十一回)

他二人竟从来没有听见过"不是冤家不聚头"的这句俗话儿。(同上书，二十九回)

古人云："千金难买一笑。"几把扇子，能值几何？(同上书，二十一回)

常言道：人死不知心。(《元曲选·望江亭》)

呆老子，常言道：女大不中留。(《元曲选·李逵负荆》)

俗语儿说的好，"朝廷还有三门子穷亲"呢，何况你我？(《红楼梦》六回)

但只俗语说的："瘦死的骆驼比马还大"呢。(同上书，六回)

平儿咬牙道："没良心的！'过了河儿就拆桥'，明儿还想我替你撒谎呢！"(同上书，二十一回)

"过了河儿就拆桥"是从成语"过河拆桥"上来的。

李忠见鲁达凶猛，敢怒而不敢言。(《水浒传》三回)

七、基本词汇和阶级同行语

（一）基本词汇的继承和发展

1. 近古基本词汇的继承与变化

语言的发展变化，不是用消灭旧的建立新的方法来实现的，而是通过旧质要素的不断衰亡和新质要素的不断积累的方法来实现的。这就是说，语言的发展有着它的历史继承性和稳固性。语言的历史继承性和稳固性，在语言的基本词汇上面很显著的表现出来。我们知道，基本词汇的历史继承性和稳固性是基本词汇的主要特点之一。斯大林曾经说过："既然基本词汇能在许多历史时期中很好的使用着，那就没有任何必要去消灭它。更不要说，把千百年积累起来的基本词汇消灭掉了，又不可能在很短期间内创造新的基本词汇，那就会使语言瘫痪，使人们完全丧失相互交际的可能。"（《马克思主义与语言学问题》）由此可见，基本词汇的历史继承性和稳固性，使得语言一代一代的传下来有了可能，而不至发生中断的现象。

基本词汇的历史继承性和稳固性，是由它所代表的客观事物的稳定性所决定的。基本词汇所代表的事物，在一般生活中不仅是最常见的，而且也是最重要的，其中有许多本身就是长期存在着的客观物，例如："风""云""雷""冰""霜""雪""雾""星""山""水"

“鱼”“牛”“羊”“马”“鸡”……这许多词在上古的时候，就已经常常被使用着，已经是语言中的基本词了。它们在千百年的历史中生存着，很少起变化，基本上是完全被保留下来了。斯大林说：“譬如：把‘水’‘地’‘山’等等不叫做水、地、山等等，而又叫做旁的名称，又有什么必要呢？……在历史上没有什么特别必要的时候，决不会作什么重大改革的。”(《马克思主义与语言学问题》)

我们说基本词汇有着历史继承性和稳固性，并不是说基本词汇就没有发展变化，事实上基本词汇也是在发展着和变化着的。例如，从上古、中古一直到近古，有许多客观事物的原有名称已经改变了，有许多基本词在上古是单音节的，可是到了中古、近古就变成复音节的词；同时在基本词汇的自身中间，有一部分基本词会消失掉，而有些原来不是基本词的也会取得基本词的资格进入到基本词汇中来，等等。

近古基本词汇的变化，很多现象都是中古的继续。在事物原有名称的改变方面，我们以《水浒传》里所用的一些基本词的情况为例，如古代的“足”变成“脚”。

> 次日，早斋罢，长老使侍者到僧堂里坐禅处唤智深时，尚兀自未起。待他起来，穿了直裰，赤着脚一道烟走出僧堂来。……(《水浒传》四回)
>
> 戴宗叫李逵安排些素酒素饭吃了，烧汤洗了脚，上床歇了。(同上书，五十三回)

“卧”变成“睡”。

> 众人拿着火，一齐照将入来。只见供桌上赤条条地睡着一个大汉。(《水浒传》三回)

话说鲁智深回到丛林选佛场中禅床上，扑倒头便睡。（《水浒传》四回）

“面”变成“脸”。

那小喽啰把水直泼到宋江脸上。（《水浒传》三十二回）

取一面七斤半铁叶团头护身枷钉了，脸上免不得刺了两行金印，迭配孟州牢城。（同上书，二十七回）

在单音节词向复音节词转变方面（包括事物原有名称改变之后转变为复音化在内），我们仍以《水浒传》里所用的一些基本词的情况为例，如“目”转换成“眼睛”。

武松把只脚望大虫面门上，眼睛里只顾乱踢。（《水浒传》二十二回）

“耳”转换成“耳朵”，“鼻”转换成“鼻子”。

打到五七十拳，那大虫眼里、口里、鼻子里、耳朵里，都迸出鲜血来。（《水浒传》二十二回）

“舌”转变成“舌头”。

戴宗道：“你如今敢再瞒我吃荤么？”李逵道：“今后但吃时，舌头上生碗来大疔疮。……”（《水浒传》五十三回）

李逵听说，吃了一惊，把舌头伸将出来，半日缩不进去。（同上）

"发"转变成"头发"。

张青拿起剪刀,替武松把前后头发都剪了。(《水浒传》三十一回)

"木"转变成"树木"。

李逵不省得这法,只道和他走路一般,只听耳朵边风雨之声,两边房屋树木,一似连排价倒了的,脚底下如云催雾趱。(《水浒传》五十三回)

复音化是整个汉语词汇发展的一个重要趋势,基本词汇中间的一些单音词由单音向复音的转变,与这种趋势有着密切的关系,因为基本词汇是语言的词汇的基础,它的变化与发展,必然地要影响到整个语言的词汇。

2. 近古基本词吸收的外来词

我们汉族有着悠久的历史文化,很早就与他族人民有过往来和接触,因此在我们汉语里,很早就有借词出现,如上古时期的"琵琶""葡萄""石榴""狮子"等;到中古时期,由于佛教的兴盛,梵语来源的外来词增加了很多,如"塔""玻璃""圆满""世界""法宝""天堂""地狱",等等。这些词在汉语长期历史发展的过程中,稳固下来并逐渐地为广大人民所了解,获得了全民的性质,因此,它们也就进入了汉语的基本词汇。近古时期,由于外族的入侵,汉语词汇吸收的外来词就更多了。在这段时期里,不仅蒙古贵族和满洲贵族长期地统治了汉族人民,而且在清朝末年鸦片战争之后,西方列强又侵入中国,传来了西方的资产阶级文明,于是在汉语词汇里就出现大量的反映新鲜事物的外来词，对于现代汉语有着很大的影响。

在蒙古政权统治中国的时候，汉语吸收了很多蒙古语中的词，例如：

抹邻，即马。（《元剧俗语方言例释》）

米罕整斤吞，抹邻不会骑。（《元曲选·哭存孝》）

论俺番将，不好步走，则骑抹邻。（《元曲选·破天阵》）

虎刺孩，强盗的意思。（《元剧俗语方言例释》）

你这个虎刺孩作死也！你的银子又少，怎敢骂我！（《元曲选·陈州粜米》）

看了这虎刺孩武艺，委实高强。（《元曲选·射柳捶丸》）

牙不，又作“哑步”“耶步”，蒙古语走的意思。（《元剧俗语方言例释》）

此计大妙！你先到那里，你便等着我；我先到那里，我便等着你。若见了你呵！跳上马牙不约儿赤便走。（“约儿赤”，蒙古语去的意思）（《元曲选·黑旋风》）

我敌不过他也，逃命，哑步！哑步！（《元曲选·阴山破虏》）

站，汉语本义只是“久立”的意思。而“驿站”“车站”的“站”，则来源于蒙古语。

哈喇，蒙古语“杀”。（《元剧俗语方言例释》）

诈传平公的命，将伍员赚将来，拿住哈喇了。(《元曲选·伍员吹箫》)

依我的愚见，只消差人赚将韩信到来，哈喇了就是。(《元曲选·赚蒯通》)

换了金钗也是我，周桥上骗钱也是我。若不饶，便哈喇了罢！(《元曲选·金凤钗》)

米罕，一作"米哈"，蒙古语"肉"。(《元剧俗语方言例释》)

俺正在帐房吃了些米罕，往后山中打筋陡耍子去。(《元曲选·破天阵》)

好米哈吃上几块。(《元曲选·射柳捶丸》)

在当时进入汉语词汇的蒙古语是很多的，可是流传开来的却并不多，而进入基本词汇的则是更少，如上面所举的这些例子中，只有一个"站"被流传开来，并且获得了全民的意义而进入了汉语的基本词汇。

明清时期(鸦片战争以前阶段)外来词进入到基本词汇的，例如：

鸦片，从英语里借来。

《本草纲目·谷部》"阿芙蓉"下说："阿芙蓉，一名阿片，俗作鸦片，只罌粟花之津液也。"

清人魏源所撰的《海国图志》中的一些借词，进入基本词汇的，如：

轮船，当时译成"火轮舟"。

《海国图志》卷二："有能造西洋战舰、火轮舟……者为科甲出。"

火车，当时译成“火轮车”。

《海国图志》卷八十三：“且火机所拖不独舟也，又有火轮车。车旁插铁管煮水压蒸动轮，其后竖缚数十车……”

铁路，又译作“辙路”。

《海国图志》卷八十三：“道光十年，英吉利国都两大城间造辙路九十余里，费银四百万员。”又：“西洋贸易不但航海，即其在本国水陆运载，亦力求易简轻便之术：一曰运渠，一曰铁路。”

鸦片战争以后，外来词进入到汉语基本词汇的大多是一些意译词，即使当时是音译的，后来也都改成意译，如：

电话，当时译作“德律风”。

“……洋东禀了领事，立时三刻，领事打德律风来，不但要赔东西，还要办人。”（《官场现形记》四十回）

科学，当时译作“赛因斯”。

民主，当时译作“德谟克拉西”。

资产阶级，当时译作“布尔乔亚”。

无产阶级，当时译作“普罗列塔利亚”。

汽车，当时译作“摩托卡”。

从日本转译过来的很多外来词，也进入了汉语的基本词汇。例如：“仓库”“节约”“服务”“经验”“服从”“命令”“经济”“知识”“生产”，等等。

3. 近古基本词吸收的方言词

近古时期汉语发展的主要现象，是北方话词汇得到大大的发展，因此我们在讨论方言词被吸收为基本词的时候，是离不开北方话词汇的。近古时期汉语中的基本词，其中绝大多数是从北方方言里面承受过来的。

我们知道,基本词汇有着很大的稳固性,但是它也发展变化,这表现在原有事物名称的变更、单音词变做复音等各方面上。基本词汇的变化,在各个方言里面情形不是完全相同的,在原有事物名称的变化方面,古代说"面",在有的方言里面一直没有变化,仍旧说"面",或者变成复音的"面孔",而在北方方言里却变成了"脸";古代的"饮""食"在北方方言里变成了"喝""吃",可是在有的方言里却变成不分"饮""食",都叫做"吃";古代的"卧",在有的方言里变成"睏",而在北方方言里却变成"睡"或"躺"。近古时期汉语的基本词是以变化了的北方方言的名称为准的,因为它具有更大的普遍性和全民性,这一方面可以说是继承古语,同时也可以说是吸收方言。

又如在单音词变成复音词(包括原有事物名称变更后再复音化的词)方面,各方言的情形也是不完全相同的,但是汉语总是以北方方言为标准。例如:古代的"鼻",有的方言变成"鼻头",有的变成"鼻哥",北方方言变成"鼻子";古代的"月",有的方言一直没有变化仍叫做"月",有的方言变成"月光",北方方言变成"月亮";古时候说"物",有的方言里变成"物事",北方方言里变成"东西";古代的"颈",有的方言里变成"头颈",有的变成"项颈",北方方言变作"脖子"。

(二)近古时期的阶级同行语

1. 元朝的阶级同行语

蒙古贵族入主中原之后,对汉族人民实行了特别野蛮和残酷的压迫,他们把全国人民区分为"蒙古人""色目人""汉人"(即以前金辖区的汉人和契丹、女真、高丽、渤海人)和"南人"(即以前南宋辖区的汉人及其他各族)四等。并贱称“汉人”为“汉子”,“南人”为“蛮子”。这样,他们就在法律上确立了“蒙古人”的最高统治地位、“色目人”的优越地位以及“汉人”“南人”的奴隶地位。因此,我们认为,“蒙古人”“色目人”“汉人”和“南人”并不是一般的名称的区分,而是社会等级差别、种族压迫的一种表现,这种名称是蒙古统治者为了便于统治而故意制造出来的特殊的语词。斯大林说:“他们极力设法利用语言为自己的利益服务,把自己的特别的词汇、特别的术语、特别的用语,强加到语言中去。”(斯大林《马克思主义与语言学问题》)这些语词正是这样,所以应该把它们看作是这个时期的阶级同行语。

2. 清朝的阶级同行语

清朝同样是少数民族统治者统治汉人的朝代,所以在官署的设置方面特别繁杂,在官场里面对各级官员,无论是口头或书面都有不同的称呼,我们把这种不同的称呼看做是这时期的阶级同行语。例如:称“大学士”为“中堂大人”,而“太子少保”不能称“中堂”,又要称呼为“宫保”了,其他各职官员都有各自相应的称呼,如:

吏部尚书——天官、冢宰

礼部尚书——大宗伯

户部尚书——大司徒、大司农

刑部尚书——大司寇

兵部尚书——大司马

工部尚书——大司空

左都御史——总宪

左副都御史——副宪

御史——侍御、都老爷

总督——制军、制台、制宪、督宪、部堂

巡抚——中丞、抚军、抚台、抚院、抚宪、部院

河道总督——河台、河帅

漕运总督——漕台、漕帅

学政——学台、学院、学宪

布政使——藩台、藩司、方伯、东司

知府——太守、太尊、黄堂、五马

知县——明府、令、大令、宰、邑尊、邑宰、邑令、令尹、大尹

学官——教官、校官、学老师

提督——军门、提台

总兵、——总镇、镇台

上面所举的这些官员的称谓，是统治阶级在官场里面所使用的特殊用语，是他们的客厅“语言”。斯大林曾说过：“语言作为人们在社会中交际的工具，同样地替社会一切阶级服务。在这一方面语言表现出对于社会各个阶级是一视同仁的。但是人们、个别的社会集团、个别的阶级对于语言远不是漠不关心的。他们极力设法利用语言为自己的利益服务，把自己的特别的词汇、特别的术语、特别的用语，强加到语言中去。在这方面，那些脱离人民并且仇视人民的有产阶级上层，如贵族、资产阶级上层分子表现得特别厉害。他们创造‘阶级的’习惯语、同行语、客厅‘语言’。”（斯大林《马克思主义与语言学问题》）清朝的这些统治者，正是这样，下级为了巴结上级，就想出一切好听的话来恭维上级，用好听的称呼来称呼上级。

3. 帮会组织的秘密黑话

除了反映社会等级制度的一些特别称谓之外，近古时期的阶级同行语，我们认为还包括在江湖上帮会组织中间所流行的秘密

黑话(即所谓“隐语”或称江湖切口)。秘密黑话是一种特别的“人造语言”,只有在帮会组织里面的人才能互相交际和交谈,社会上一般的人是根本不懂的。例如:

金——黄恳子、黄货

银——白恳子、槽子

钱——现水子、缆头子、恳子

珠宝——白货、海亮子

坐牢——进书房

吃官司——看书

鸦片——黑末、老乌

乡下人——土地孙、千张子

一——留、旦底

二——月、两道子

三——汪、横川子

事急——风紧

抢——开武差事

来了——马来

船——底子、飘子、平

这种黑话的产生和在江湖上帮会组织中间的流行,可以说是当时腐朽黑暗的社会面貌的一种反映。

黑话既然是一种秘密用语,是当时社会黑暗面貌的反映,那么可以肯定地说它不是属于一般的语言的范畴,不是正常的语言现象。我们这里把帮会组织的秘密黑话放在阶级同行语里面,主要是想指出近古时期在汉语中间,曾经有过这种不正常的语言现象,使用黑话无疑地是对语言的纯洁健康的一种破坏。

第四编

汉语词汇发展简史

一、上古词汇的发展

（一）词汇发展与社会发展的关系

语言词汇反映社会发展是最敏感的，差不多处在不断改变的状态中。社会生产力的发展，生产关系的改变，经济基础和上层建筑的更替，新事物和新概念的出现，语言词汇极其敏感地用新词和新语来反映这些变化。我们从汉语词汇的历史发展中明显地看到了词汇的发展和社会发展的关系。

在上古的渔猎时代，由于渔猎是当时社会成员主要的生产方式，因此在语言词汇里直接地反映着这个时代的生产情况。例如在生产工具方面有打野兽用的“矢”“弓”“弹”等，有捕捉鸟类和兽类用的“网”“毕”“阱”等这样工具的名称。在渔猎对象方面，出现了不少动物和野兽的名称，如“象”“兕”“虎”“鹿”“兔”“豕”“鱼”等。在田猎方法方面，由于捕捉各种动物采用各种方法，因而在语言词汇里出现了不少关于田猎方法的词。例如：“逐”——即用犬追逐，所逐的动物多半是兕、鹿、豕等。“射”——即用矢发射，所射的动物如兕、鹿、麋等。此外还有用陷阱、用网捕捉野兽的。

人类社会经过了渔猎时代就进入了畜牧时代。这时就以豢养家畜为主要的生产手段和生活方式。由于社会生产以畜牧为主，在语言里就产生了很多反映畜牧业的词汇。牲畜、家禽品种繁多，例如牛有:“特”“犗”“犤”“犉”“犡”“犊”“犖”“犥”等,马有:“駓”“驖”“騂”“馰”“骊”“骥”“骏”“骁”等。同时,为了豢养的需要,不但在品种上有必要加以分类,而且在饲养过程中,还要区别动物的年岁。例如二岁的牛叫做“犕”,三岁的牛叫做“犙”,四岁的牛叫做“牭”。马类通常以身高加以区别,如马高六尺为“骄”,七尺为“騋”,八尺为“駥”等。另外,由于豢养家畜,关于牲畜的豢养场所就有许多不同名称。例如:养牛羊的圈棚称为“牢”,养畜之所称为“圈”,一般养畜的场所称为“槛”。

人类社会进入了农业时代,生产力有了很大的发展。据历史学家的研究,我国先民在殷代后期已从事农业生产,到周代生产主要是农业,随着农业的产生和发展,语言词汇里反映出农业社会的情况。

农业时期以种植为主要劳动内容。但这一个时期并不废弃渔猎和畜牧方面的生产。渔猎、畜牧在农业社会里成为次要的副业生产。在语言词汇方面,除了继承渔猎、畜牧时代所遗留下来的词汇外,创造了不少新词,有些是旧词的沿用而赋予新的内容。词汇本身有了很大的发展。

首先,在语言词汇里,出现了很多农作物的名词,如:“禾”“黍”“秬”“来(秾)”“菽”“麻”“稷”“稻”“粱”等。同时出现了关于农业劳动过程一类的名词,如:“耤”——锄禾苗地,“黍”——种植黍类谷物。“穫”——收割农作物,“稼穑”——指农作物下种和收割整个过程。“田”——一般耕种,“薅”——锄草。“耕”“耘”“种”“耔”——一般耕作等。

其次,在农业时代,生产工具是逐步改进的。起初是木制的工具,后来用青铜器。大约在春秋以后已经有了铁器制成的农具,例如:《孟子·滕文公上》:“许子以铁耕乎?”可见当时早已应用铁器。到了汉代,更有铜制的生产工具。生产工具逐步改进的情况同样反映在语言词汇中。例如：早期的劳动工具“耜”“耒”等是木制的。后来就有“镰”“锲”“钹”“铚”一类铁器制成的工具。《管子·禁藏篇》云：“推铫耨以当剑戟。”《国语·齐语》：“美金以铸剑戟……恶金以铸锄夷斤斸。”可见在战国时期已经普遍地应用铁器。以后品种也逐渐多起来，象“铫”“钱”“镈”等。

再次，社会进入了农业时期，就出现了手工业和农业的分工。据《周礼·考工记》记载，古代手工业者已有各种分工，有专治玉的玉工，有木工、土工、骨工等。手工业产品有陶器，像“罍”“备”“鬲”“壶”“瓶”“豆”“皿”等；有石器，像“钵”“鼎”“簋”“杯”等；有骨器，像“觥”“觿”等；有竹器，像“筐”“篚”“筥”“箣”等；有铁器，像“针”“刀”“锯”“凿”等。另外还有纺织用品，有丝制的，有麻制的，如：“布”“絺”“帛”“衾”“裯”“纻”“縠”“网”等。

总之，语言词汇极其敏感地反映着社会生产的发展，它处在不断改变和新陈代谢的状态中，工业和农业的不断发展，商业和运输业的不断发展，技术和科学的不断发展，一方面积极推动着语言词汇的发展，另一方面又为语言词汇的不断充实和丰富创造条件，使得词汇不断地反映着社会上出现的新事物、新概念和新面貌。

（二）基本词汇的形成和发展

1. 汉语基本词汇的形成

在社会发展的一切阶段，语言的词汇总是在不断地成长。它反映着一切为社会活动所必要以及为人们交流思想所必需的东西。从历史词汇学的角度看，词汇本身是千百年来人们认识活动的结果，在每一个历史时期里，它总是包含着下列几种成分：

（1）反映过去社会许多发展阶段的稳定性成分。（2）反映过去社会许多发展阶段的变化的成分。（3）反映过去社会许多发展阶段的新生的成分。这些成分合起来组成了语言的基本词汇。

各种词汇语义的体系和构词的体系或者语言的一般词汇的分类都是以基本词汇的词做基础的,所以基本词汇是语言词汇组织的核心。基本词汇还包含着一切社会生活所必需的及人们交际所必要的特别稳定的词汇成分。基本词汇在性质上具有历史的稳固性。在语言发展的过程中,基本词汇大部分被保存了下来,同时又具有极强的构词能力。它成为语言词汇不断丰富的源泉,给语言以构成新词的基础。

我们的祖国是世界上历史悠久的文明古国之一。汉语的历史很长,汉语的基本词汇的形成可以追溯到几千年前在奴隶社会以前的远古时代。从文献材料里可以看出,汉语的基本词汇在上古时期已经相当丰富和完备。例如:

(1) 反映自然现象以及外界事物的基本词汇有:“日”“月”“山”“水”“火”“风”“雨”“雷”“电”“天”“地”“冰”“霜”“星”“云”“树”“木”等。

(2) 指明人体各部的基本词汇和生物名称有:“人”“手”“心”“头”“首”“目”“领”“颈”“牙”“齿”、“马”“牛”“犬”“豕”等。

(3) 指称劳动工具和防御工具的基本词汇有:“弓”“矢”“弹”“刀”“箭”“网”“耒”“耜”“椎”“镈”“铚”“铫”“金”“剑”等。

(4) 关于亲属称谓的基本词汇有:“父母”“祖”“曾祖”“高祖”“兄”“弟”“子”“孙”“曾孙”“玄孙”“伯父”“仲父”“姑”“侄”“妻”“姊”“妹”“妾”“嫂”等。

(5) 反映劳动成果和生活用品的基本词汇有:“禾”“黍”“麦”“稻”“麻”“桑”“瓜”“果”“宫”“室”“衣”“冠”“履”“屦”“裳”“房”“布”“帛”“帐”“几”“案”等。

(6) 指称时令和方位的基本词汇有:“岁”“祀”“年”“载”“春”“夏”“秋”“冬”“上”“下”“左”“右”“东”“南”“西”“北”等。

(7) 指称事物的数量和某些抽象概念的基本词汇有:“一”“二”“三”“四”“九”“十”“百”“匹”“两”“个”“香”“臭”“美”“恶”“强”“弱”“大”“小”“长”“轻”“重”“短”“赤”“朱”“白”“青”“蓝”等。

(8) 指称一般行为、动作和状态的基本词汇有:“禽(擒)”“狩”“逐”“追”“射”“穫(獲)”“发”“觉”“步”“来(徕)”“往”“进”“退”“杀”“见”“行”“食”“饮”“卧”等。

上述的例子,充分说明了汉语的基本词汇富于稳固性,很多属于基本词汇的词在千百年的长时期里一直存在语言中。基本词汇的生命力要比一般词汇强得多,它是语言词汇不可缺少的组成部分,同时又跟一般词汇相互联系和相互转化。随着社会上生产力和生产关系的不断发展,随着人们对客观世界认识的不断发展以及人们生活的活动范围的不断扩大,语言里的基本词汇也更加丰富和更加发展。

2. 汉语基本词汇的丰富和发展

上面谈到基本词汇具有稳固性,可是这并不意味着固定不变、没有发展。基本词汇也同一般词汇一样要随着社会的发展而发展。主要表现在下面三个方面:

(1) 社会生产力和生产关系的发展,促使基本词汇起变化,首先是为了适应社会生产的需要,基本词汇往往由纷繁趋于简括,或由简括趋于纷繁。这种删繁就简和由简化繁的现象,正是基本词汇为了适应社会生产发展的需要所形成的矛盾发展的现象,例如在渔猎、畜牧社会里,要求对于所豢养的牲畜区别品种和饲养过程,这就促使词汇纷繁起来,例如豕类有“豯”——生下三个月,“豵”——六个月的猪,“豝”——母猪,“豜”——三年大的猪,“豭”——公猪等。牛马类有:“犻”——两岁之牛,“犙”——三岁之牛,“驹”——两岁之马,“驰”——三岁之马,“馴”——八岁之马等。

在农业社会里，农具和耕作方式以及农作物生长过程都要加以区别而给予一定的名称。例如：《易·系传》："断木为耜，揉木为耒。""刻耜而耕，摩蜃而耨。"其中"耜""耒"是农具，"耕""耨"是耕作方式。《诗经·生民》云："实方实苞，实种实褎。实发实秀，实坚实好。实颖实栗，即有邰家室。"这里的"方""苞""种""褎""发""秀""坚""好""颖""栗"都是具体稻谷生长过程的名称，后来随着生产力的发展和生产方式的改变，这种过分细密的区别不很需要，基本词汇也就删繁就简而向前发展了一步。

再如，在古代宗法社会里，作为基本词汇的亲属称谓，由于阶级意识的渗入，显得非常纷繁，例如：贵族阶级的父母称"考""妣"，"正室"所生之儿子称"嫡子"，妾所生的称"庶子"，这种区别随着宗法制度的崩溃，也逐渐消灭了。

另外，母系社会和父系社会的交替变化，也反映到基本词汇里亲属称谓的繁简变化中。

这是基本词汇由繁趋简的一面。

另一方面，就是前一个历史阶段不加以区别的，后来加以区别了。例如："金"这个词原是泛指一切金属。《尚书·禹贡》："厥贡惟金三品。"《传》"金、银、铜"也。后来，一切金属按照它不同的性质而分别指标，于是："金"就专指黄金了。

随着语言本身的发展，词汇系统里某些同义词使用的交替也促进了基本词汇的发展，这是基本词汇在不同历史时期和某些近义词的合并而发展的一种现象。例如："日"这个词，在卜辞里已经出现，卜辞里更有关于日蚀月蚀的记载。在《诗经》时代，仍然沿用这个词。例如：《齐风·东方之日》："东方之日兮，彼姝者子。"同时，《诗经》时代还出现了与"日"有关的"阳"字。例如：《小雅·湛露》："匪阳不晞。"《豳风·七月》："春日载阳。"阳字的意思是"日光"，也可以解释为"太阳"。例如：《孟子·滕文公》："秋阳以曝之。"由于高山的南面向阳,"阳"字就可以解释为在山的南面。到了汉代,由于阴阳五行的学说盛行,出现了"太阳"这个词。这本来指称极盛的阳气,"日"正是这种阳气的代表物。如《淮南子·天文训》说:"日者阳之主也。"于是,原为专门用语(术语)的"太阳"就成为"日"的同义词,后来"日"也就被"太阳"所代替。这就是由专门用语成为一般用词,再变成基本词。又如"首"和"头"、"领"和"颈"、"目"(眼睛)和"眼"(眼球)在上古词汇系统里都是同义词。试比较:

① 椎柄长六尺,自长尺五寸。(《墨子》)

长椎,柄长六尺,头长尺。(同上)

② 领如蝤蛴。(《诗经·卫风·硕人》)

引领西望。(《左传·吕相绝秦》)

夫马陆居则食草饮水,喜则交颈相靡,怒则分背相踶。(《庄子》)

今遂至使民延颈举踵,曰:……(同上)

③ 眼,目也。(《说文》)

其于人也为寡发,为广颡,为多白眼。(《易经·说卦》)

聂政大呼,所击杀者数十人,因自皮面决眼、屠肠,遂以死。(《战国策》)

到了后来,"首"逐渐让位于"头","颈""眼"(眼睛)也逐渐代替了"领""目"。

这就是一历史时期或不同历史时期里同义词使用的交替促进了汉语基本词汇的发展。

在上古时期,"牙"和"齿"、"皮"和"肤"是有区别的词。"牙"大都专指牲畜的牙齿,例如:《周易·大畜》:"豮豕之牙。"因而与动物的爪合成"爪牙"这词,例如:"夫虎之所以能服狗者,爪牙也。"

(《韩非子》)“齿”开始时不一定是指牙齿,而是指齿龈;如:颜师古注《急就篇》曰:“齿者,总谓口中之骨,主齿,齧者也。”《说文》云:“齿,口断骨也。”古代谚语所谓“唇亡齿寒”也带有这个意思。大致在中古时代,“牙”和“齿”口语里的区别已不存在,书面上“牙”逐渐代替了“齿”,后来又合成为“牙齿”。

“皮”和“肤”也一样,一般地说,“皮”是专指兽皮,“肤”是指人的皮肤。试比较:

①《尚书·禹贡》:“岛夷皮服。”《墨子》:“具炉橐,橐以牛皮。”

②《孟子》:“饿其体肤。”《易经·噬嗑》:“噬肤灭鼻,无咎。”《庄子》:“蚊虻噆肤,则通昔不寐矣。”

在上古时,“皮”也可以指人的“皮肤”。例如:《庄子》:“其皮为之灾也,今鲁国独非君子皮耶。吾愿吾刳形去皮洒心去欲,而游于无人之野。”到了汉代,也有“皮”专指“皮肤”,例如:《史记》:“乃割皮解肌,诀脉结筋。”

由此可见,在上古时期,“肤”是专指人的“皮肤”;而“皮”既泛指动物的“皮毛”,又可以指人的“皮肤”。以后就合成为一个词。

上述的例子说明了某些近义词的合并促进了汉语基本词汇的发展。

(2)社会文物制度的变迁使得基本词汇有所变化。这种变化有下列两种情况:

① 是新陈代谢的情况。例如古代社会的事物到了后代不存在了,引起旧词的消失;同时又有新事物的产生,引起新词的产生。象“冠”“巾”“裳”“屦”“履”这类表示服饰的名词。“冠”,《韵会》云:“男子二十加冠曰冠。”“巾”,《释名》:“巾,谨也。二十成人,上冠,庶人巾。”“裳”,《说文》:“下裙也。”《诗经·魏风·葛屦》:“可以缝裳。”郑笺:裳,“男子之下服”。——到了后代,由于服饰的改变,这类词逐渐在书面语言里消失,可是,另外产生“帽子”“裤子”“鞋子”一类的新词。又如“几”“案”由于这种家具后代不再使用了,这

类词也随着消失。可是另外产生了“桌子”“抬子”一类的词。

② 是同义分化的情况。例如“宫”“室”这两个词。在上古时代都是指普通的住宅。《尔雅》:“宫谓之室,室谓之宫。”后来,“宫”专指统治阶级的住所。《经典释文·尔雅音义》:“古者贵贱同称宫,秦汉以后,惟王者所居称宫焉。”到了现代,由于房屋建筑的式样与古代不同,“宫”和“室”这两个词也便消失。可是它们仍然具有构词的能力,可以充当词根来构成新词,如:“少年宫”“文化宫”“教室”“寝室”“盥洗室”等。

(3) 外来词和方言词被吸收到文学语言里,使基本词汇不断丰富和壮大。在上古时期,由于历史条件的限制,外来词的传入不是很丰富的。汉代通西域,曾有一些词被吸收到汉语里面:植物名称,如“苜蓿”“葡萄”“胡桃”“石榴”等;乐器名称,如“琵琶”“胡笳”等。这一类词是逐渐地进入基本词汇之中的。至于方言词的吸收,在数量上虽不很多,有些方言词进入基本词汇都是非常明显的。例如“笔”“案”“箭”“釜”等。《说文》:“秦谓之笔。”《方言》:“案,陈、楚、宋、魏之间谓之槁,自关而西谓之案。”《方言》:“箭,自关而东谓之矢,江淮之间谓之镞,关西曰箭。”《方言》:“釜,自关而西谓之釜或镬。”——成为上古的基本词汇,一直到现在,已辨认不出它们原来是方言词。

总的说来,汉语的基本词汇不是一下形成的,它是随着社会的发展不断地增长和丰富起来的。其中有些消失了,有些转变了意义,有些一直保存到今天。外来词和方言词的吸收促使基本词汇本身不断地充实。

(三) 词汇的结构

构词法是丰富语言词汇和以新词充实词汇的基本方法。随着社会生产力的发展，社会制度的改变以及文化科学的发展，语言词汇里不断地出现新词，其中大部分是借助语言的结构和构词手段来构成的。构词手段正是和语言发展的内部规律紧密相联系。

汉语从来不是单音节语。汉语词的结构是以双音节词和单音节词相交为用的。

1. 双音词的结构

早在甲骨文时代已经出现了很多双音节词。例如人名有“武丁”“祖庚”“廪辛”“帝乙”“盘庚”等；国名有“鬼方”“黎方”等。等级的名称有“天子”“太君”“大人”“君子”“小人”“刑人”“众人”等，时间名词有“甲子”“乙亥”“申日”等。到了《诗经》时代，双音节词更多，而且具有构词法的特点。《诗经》里的所谓“联绵字”有“鸳鸯”“蟋蟀”“驰驱”“辗转”“窈窕”“参差”“玄黄”等；重叠词有：“夭夭”“旆旆”“关关”“嘤嘤”“泄泄”等。在春秋战国的文学语言里，双音节词真是触目皆是。上古汉语里构成双音节词大致有下列几个规则：

（1）词根加词素所构成的双音节词。例如：“道”这个单音节词在上古汉语里包括好几种意思：有时解释为“道路”。如《诗经》：“周道如砥。”有时解释为“道理”，如《中庸》：“率性之谓道。”后来作为词根创造了不少新词。比如：

道人——《汉书》：“道人始去。”

道士——《汉书·王莽传》：“卫将军王涉，素养道士。”

道地——《汉书·田延年传》：“霍将军召问延年，欲为道地。”

道家——《汉书》：“道家者流，清虚以自持，卑弱以自持。”

道具——《汉书》：“妒道具。”

道路——《尔雅》：“达谓之道路。”

道场——《颜氏家训·归心篇》：“若能偕化黔首，悉入道场。”等。

（2）单音节词根和词尾所构成的双音节词。例如：

童子——《诗经·芄兰》：“童子佩觿。”

眸子——《孟子·离娄》：“胸中正则眸子瞭焉。”

婢子——《礼记·檀弓》：“使君二婢子夹我。”

油然、沛然、浡然——《孟子》：“天油然作云、沛然下雨，则苗浡然实之矣。”

率尔、莞尔——《论语》：“子路率尔而对。”“夫子莞尔而笑。”等。

（3）单音节词根重叠所构成双音节词。例如：

人人——《孟子·离娄》：“人人亲其亲，长其长，而天下平。”《礼记·表记》：“人人失其所好。”

家家——《汉书·扬雄传》：“家家自以为稷契，人人自以为咎繇。”

纷纷——《史记·韩长孺列传》：“大王无良臣，故事纷纷之至。”

此外，在上古汉语中，某些熟语由于经常应用，逐渐凝固成为合成词。诗经里有不少熟语成为合成词。例如：《诗经·关雎》：“寤寐求之。”“寤寐”在《诗经》时代是熟语，到了春秋战国时诸子散文里面，经常作为一个词来应用；到了汉代，这个合成词应用特别普遍；以后大家也就不知道这词原来是熟语了。又如：“权舆”（《诗经·权舆》：“不承权舆。”）“惸独”（《诗经·正月》：“哿矣富人，哀此惸独。”）“不淑”（《诗经·君子偕老》：“子之不淑。”）“陟降”（《诗经·大雅》：“文王陟降。”）“沸腾”（《诗经·十月之交》：“百川沸腾。”）等这一类的结构，在《诗经》里都是作为熟语的，可是，到了诸子散文里以及汉代诗赋里，都当作合成词了。

从词的结构和语音的关系看来，上古汉语词汇里有一种特殊结构的双音词，所谓“联绵字”。它们的音节结构有许多是“双声”“叠韵”的。它们在语义上表示一个单独的意义，在用法上都作为独立的单纯词。这些“双声词”或“叠韵词”在上古前期，尤其是《诗经》时代数量相当多，在语言词汇里的比重相当大，在诗歌语言里的使用频率也相当高。例如：

① 双声词：

参差（《诗经·关雎》：“参差荇菜。”），玄黄（《诗经·卷耳》：“我马玄黄。”），缱绻（《诗经·民劳》：“以谨缱绻。”），蝃蝀（《诗经·蝃蝀》：“蝃蝀在东。”），匍匐（《诗经·谷风》：“匍匐救之。”），踟蹰（《诗经·静女》：“搔首踟蹰。”），邂逅（《诗经·野有蔓草》：“邂逅相遇。”）等。《楚辞》里也有“犹豫”“容与”“荒忽”“耿介”“惆怅”“零落”“陆离”“萧瑟”“仿佛”等。

② 叠韵词：

“窈窕”（《诗经·关雎》：“窈窕淑女。”），“绸缪”（《诗经·绸缪》：“绸缪束薪。”），“仳离”（《诗经·中谷有蓷》：“有女仳离。”），“婆娑”（《诗经·东门之枌》：“市也婆娑。”），逍遥（《诗经·湛人》：“河上乎逍遥。”）以及“委蛇”“虺隤”“差池”“岂弟”“蒙戎”“芍药”等。《楚辞》里有：“纵容”“颇颔”“坎廪”“惝恍”“峥嵘”“偃蹇”“徘徊”“须臾”“萧条”“婵媛”等。

有些摹声词和情貌词由单音节重叠起来而构成所谓“重言”词。这类词在诗歌语言里面也是比较常用的。例如《诗经》里：

“孑孑”（《诗经·干旄》：“孑孑干旄。”），“揭揭”（《诗经·硕人》：“葭菼揭揭。”），“趯趯”（《诗经·草虫》：“趯趯阜螽。”），习习（《诗经·谷风》：“习习谷风。”），“悠悠”（《诗经·终风》：“悠悠我思。”），“关关”（《诗经·关雎》：“关关雎鸠。”），振振（《诗经·麟之趾》：“振振公子。”），“喓喓”（《诗经·草虫》：“喓喓草虫。”），“泄泄”（《诗经·雄雉》：“泄泄其羽。”），“藋藋”（《诗经·竹竿》：“藋藋竹竿。”),“莫莫”(《诗经·葛覃》:“维叶莫莫。”),“靡靡”(《诗经·黍离》:“行迈靡靡。”),“肃肃”(《诗经·小星》:“肃肃宵征。”),“晏晏”(《诗经·氓》:“言笑晏晏。”),“惙惙”(《诗经·草虫》:“忧心惙惙。”)等等。

上古汉语里双声词和叠韵词的结构与上古汉语的语音是有联系的。

2. 合成词的构词法

上古汉语的词汇系统里,合成词通常是由两个单音节的词或词根结合而成的。这种结构是上古汉语词汇的主要构词法。大致可分为下列的几类:

(1) 联合式

所谓联合式就是由两个意义相同、相近或者相反的词或词根并列起来所构成的。联合式又可以分为同义并列和反义并列的两种:

① 同义并列合成词。例如:

供给——《左传·僖公元年》:“贡之不入,寡人之罪也,敢不供给。”

宇宙——《淮南子·原道训》:“纮宇宙而章三光。”

文字——《秦琅琊台刻石》:“同书文字。”

人民、土地——《孟子·尽心》:“诸侯之宝三:土地、人民、政事。”

爱敬——《孝经》:“爱敬尽于事业。”

攻击——《史记·秦始皇本纪》:“相攻击如仇雠。”

讲授——《汉书·夏侯胜传》:“胜每讲授,常谓诸生曰:……”

动摇——《汉书·文帝纪》:“人人自安,难动摇。”

雕琢——《孟子·梁惠王》:“必使玉人雕琢之。”

教化——《后汉书·王畅传》:"士女沾教化。"

② 反义并列合成词。如:

利害——《周礼·夏官·职方氏》:"周知其利害。"

是非——《孟子》:"是非之心,知之端也。"

呼吸——《淮南子·精神训》:"吹响呼吸,吐故内新。"

动静——《史记·五帝本纪》:"动静之物,大小之神。"

大小、轻重、厚薄——《史记·天官书赞》:"大小有差,阔狭有常。""大小之执,轻重之权。""茔丘垄之大小,高卑厚薄之度。"

其他,还有如:"天地""春秋""纵横""左右""祸福""增减""尊卑""高低""先后"等。

(2) 非联合式

非联合式可分为:主谓式、偏正式、动宾式、动补式四类。其中主谓式在上古词汇里还不多见,尚处于萌芽状态之中。

① 主谓式。例如:

头痛——《史记·扁鹊仓公列传》:"齐侍御史成,自言病头痛。"

耳聋——《老子》:"五音令人耳聋。"

② 偏正式。例如:

新婚——《诗经·谷风》:"燕尔新婚,如兄如弟。"

敌国——《史记·孙子吴起列传》:"君不修德,则舟中之人皆敌国也。"

诗人、词人——《汉书·司马相如传赞》:"诗人之赋丽以则,词人之赋丽以淫。"

口授——《汉书·艺文志》:"口授弟子。"

暗杀——《后汉书·宦者传》:"曹节、王甫幽杀太后。"

云和——《周礼·大司乐》:"云和之琴瑟,冬日至于地上之圜丘奏之。"

雪白——《后汉书·宋弘传》:“清修雪白。”

风流——《后汉书·王畅传》:“士女沾教化,黔首仰风流。”

③ 动宾式。如:

出货——《国语·鲁语》:“有货以卫身也,出货而可以免,予何爱焉?”

守节、失节——《左传·成公十五年》:“圣达节,次守节,下失节。”

握手——《史记·滑稽列传》:“握手无罚,游目不禁。”

罚金——《史记·张释之列传》:“一人犯跸当罚金。”

传语——《后汉书·清河王庆传》:“令庆传语中常侍。”

放手——《后汉书·酷吏传》:“残吏放手。”

享福——《后汉书·郎𫖮传》:“是故高宗以享福,宋景以延年。”

④ 动补式。如:

扑灭——《尚书·盘庚》:“若火之燎于原,不可向迩,其犹可扑灭?”

开通——《礼记·月令》:“开通道路,毋有障塞。”

持久——《战国策·赵策》:“旷日持久数岁。”

肃清——《汉书·韦贤传》:“王朝肃清,惟俊之庭。”

(3) 接合词的构词法

所谓接合词就是以实词为词根,以虚字为前附成分或后附成分互相接合而成的。其结构内部,虚字作为构词成分有些相当于词头词尾,有些又和词头词尾不全相同。从历史的角度看,汉语构词法里的词头词尾多半是实词向虚字转化,或者虚字向构词成分转化而形成的。

① 上古前期的接合词,有利用“有”“于”作为前附成分而构成的。例如:“有夏”(《尚书·汤誓》:“有夏多罪,天命殛之。”),“有

政”(《论语·为政》引《尚书》:“友于兄弟,施于有政。”),“有众”(《尚书·汤誓》:“今尔有众。”),“于越”(《春秋·定公五年》:“于越入吴。”)等。上古后期有附加词头“阿”而构成的。例如:“阿谁”(汉乐府:“道逢乡里人,家中有阿谁。”),“阿娇”(《汉武故事》说武帝后名阿娇),“阿斗”(刘禅的名字),“阿蒙”(吕蒙的名字)。

② 有利用虚词“然”“若”“焉”“尔”“如”作为后附成分而构成接合词。例如:

“惠然”(《诗经·终风》:“惠然肯来。”),“斐然”(《论语·公冶长》:“斐然成章,不知所以裁之。”),“沃若”(《诗经·氓》:“其叶沃若。”),“惄焉”(《诗经·小雅·小弁》:“我心忧伤,惄焉如捣。”),“铿尔”“率尔”(《论语·先进》:“子路率尔而对……铿尔,舍瑟而作。”),“申申如”“夭夭如”(《论语》“子之燕居,申申如也,夭夭如也”)。

另外,有附加词尾“子”“儿”构成的接合词。例如:

“瞳子”(《史记·项羽本纪》“又闻项羽亦重瞳子”),“儿子”(《汉书·高帝纪》“乡者夫人儿子皆以君”),“小家子”(《汉书·霍光传》“使乐成小家子得幸将军”),“孩儿”(《后汉书·公孙述传》“孩儿老母口以万数”),“酒家儿”(《汉书·栾布传》)。

由此可见,一般词汇的结构在上古时期已具有各种不同类型。现代汉语里的某些构词类型,在古代已经出现。

随着汉语构词法的发展,它们对于汉语词汇和语法的发展起了极其重要的作用。

(四) 词汇与社会制度意识形态

上古汉语词汇反映这一时期的社会制度和意识形态,可以从下列几个方面看出来:

1. 国家机器的名称

从原始共产主义社会进入有敌对阶级的奴隶社会，在社会发展史上这是一个巨大的变化。奴隶社会时期出现了统治人民的国家机器。我国在殷代已进入奴隶社会，从文献上可以看到殷代已有刑法。“殷彝”这个词，就是殷代刑法的名称。在卜辞里又有军队和地牢的记载。历史材料说明殷代国家机器大体上已具备。

从词汇里可以看出周代刑法比殷代更完备。《尚书·吕刑篇》说有五种刑罚：“墨”——用刀刻面涂墨；“劓”——把鼻子割掉；“剕”——把脚割掉；“宫”——割去男子的生殖器，女子禁闭宫中当奴隶；“大辟”——砍头。

到了秦汉时期，由于实行封建极权制度，刑罚的项目比过去大大增加。秦时死刑有“死”“腰斩”“车裂”“磔”“族”。徒刑有“鬼薪”“城旦”“髡”“锥”等等名目。汉代死刑有“弃市”。法律方面，秦代法律有“盗法”“贼法”“囚法”“捕法”“杂法”“具法”等名称。汉初萧何增加“户法”等一章，几乎把人民一切自由权利完全剥夺掉。

在阶级社会里，等级制度随着社会的发展也从无到有，从不完备到完备。词汇上反映了这种情况。例如：殷代统治阶级有“君”“邦伯”“师长”“百执事”等级别的名称。被统治阶级有“臣”“多臣”“牧臣”“耤臣”“小耤臣”“宰”“臧”“仆”“奴”“奚”“童”“妾”等级别的名称。其中，牧臣为从事畜牧生产的奴隶的首领，耤臣为管理从事农业生产的奴隶的头目，宰是从事手工业的奴隶和从事炊事的奴隶的头目，臧是作为卫护君王贵族的亲仪奴隶。此外，还有“庶人”（自由民）这一阶层。

西周以后等级制度更完备，统治阶级方面有“公”“侯”“伯”“子”“男”诸级别，又有“天子”“诸侯”“大夫”“士”（以上统治阶级）以及“工”“商”“皂”“隶”（以上被统治阶级）等级别的名称，到了春秋战国时期，由于东周末期经济发生很大的变化，尤其田地可以自由买卖，就出现了“地主”这一个新兴阶级。

总之，社会出现了阶级之后，社会成员就有贵贱尊卑之别，不像过去那样一律平等。词汇直接反映了这情况，在这一时期的词汇里，出现了很多表示等级制度的词。

2. 宗教信仰的名称

上古时期，由于社会生产力的水平低下，文化不发达，人们对自然界的现象认识不够，对自然规律没有能够掌握，因而宗教迷信极其浓厚。殷代，对鬼神的崇拜非常突出，任何事情都要通过问神占卜来决定。并有从事专门占卜的专业人员所谓“巫”。除了迷信鬼神外，还崇拜祖先，这在周代比较突出。周人也很讲究祭祀，名目繁多，在词汇里直接反映出来的，如：为求福的祭祀叫做“祷”，为消除灾害的祭祀叫做“禳”，烧柴焚灯以祭天神叫做“柴”；春祭曰“祠”，夏祭曰“礿”，五岁一大祭叫做“禘”，合祭祖先称为“祫”。另外也给鬼神取了很多称号，如“社”（地主）、“祇”（地神）、“神”（天神）等。

后来，宗教的门类逐渐多起来，汉代有道教、佛教。词汇里出现关于宗教活动的新词，例如，道教方面的术语有“师君”“鬼卒”“祭酒”等人物名词，“符箓”“符祝”“九节杖”“丹鼎”等用具的名称，以及“奸令”“鬼吏”“阴官”“道士”等教士的道名。佛教方面出现了“沙门”“浮屠”“膜拜”等一类词语。从战国到汉代又产生一种“阴阳五行”的学说，声称可以解释天下任何事情。尤其是把这种学说用来说明医学上的理论，有所谓：“肺为金，肝为木，心为火，脾为土，肾为水。”以及“太阳”“阳明”“太阴”“少阴”等医学上的术语。

3. 学术文化方面的词汇

古代社会里，随着农业经济的发展，历学和天文学也跟着产生和发展。由于自然现象包括气候、气象，在古代和人生祸福有很大的关系，因而在我国天文学很早就产生。传说，黄帝曾经叫羲和占日、常仪占月、臾区占星气，对于天文已有专业的人在研究。农业生产是有季节性的，人们在生产实践中也逐步掌握了天文的知识，并加以总结而成古代的历法和天文学。

夏代已有历法，所谓夏历，一年称为一岁。商代的历法，一年叫做“祀”，又分“春”“秋”两季，分十二个月，“大年”十三个月（有闰月）。十二月都用“天平”“地交”记时，一日内又分“日”“夕”“中日”“各日”（落日）、“旦”等时辰。在语言里，也就出现了不少记载历法的词。

数学在我国也是很早就发达的。在周秦时期，已有数学方面的专门著作，如《周髀算经》《孙子算经》和《九章算经》等。由于古代学者对数理和算法作了专门的研究，语言词汇里，就出现不少关于复名数和度量方面的词。例如：“寻”——广八尺，“常”——寻的一倍，“围”——环八尺，“跬”——一举足，“武”——半步，“步”——六尺，“均”——八尺，“丈”——十尺，“咫”——八寸，“里”——三百步（周制），“仞”——高八尺，“亩”——广一步长百步，“畦”——五十亩，“豆”——四升，“斗”——十升，“升”——十合，“秉”——禾一把，“斤”——十六两，“钧”——三十斤，“石”——四钧，“锱”——六铢，“铢”——十絫，“镒”——二十两或二十四两。

有些一直到现在没有什么变动，有些变化很大，比如在春秋战国时期斛与石是相同的，一斛等于一石。自宋以后，一石等于两斛（见《陔余丛考》）。

古代的文化教育事业也是很早就发展起来的。孔子时代已有学校。到了汉代，文化教育事业有了很大的发展。中央有太学，地方有郡国学校。随着文化教育的发展，词汇里就出现了这一方面的新词。例如：“太学”——中央办的学校，“学”——郡国的学校，

"校"——主县、道、侯国所设的学校,"庠"——乡立的学校,"序"——村聚所立的学校。另外还有鸿都门学,是专习尺牍和字画一类的艺术学校。学校里的教卫人员也各有专名。例如:"太常"——校长,"博士"——教员,"太学生"——学生或学员,"经师"——郡国学校的教师,"孝经师"——村聚学校的教员,等等。"教授"一词也是那时产生的,即传授知识给学生的教师。

(五)词义的发展

1. 词义变化的原因

历史词汇学中,不能孤立地考察一个具体的词的历史,而应该考察这一个词与其他词的历史关系,尤其应该考察不同的词的各个意义之间的内部联系,如同义词和多义词之间的关系等。词的意义的形成和转变,与人们社会生活和对客观世界的认识是有联系的。在人们的日常用语里,只要某一个旧词用来表达某个新的东西或某一个新概念,使它跟某一个新东西和新概念有所联系,这就意味着这一个词的意义开始演变。在历史词汇学里,对于确定某些词的原始意义以及它们的变化发展的过程是极其重要的。

探求词义变化的原因应该注意两个方面:一是词义变化的外在因素,一是词义变化的内在因素。所谓外在因素,即这种变化的原因是非语言性质的,或者叫做语言外部的原因。换句话说,这种变化的原因显然是语言以外的,处于社会本身之中。所谓词义变化的内在因素,就是这种变化的原因属于语言内部的,与纯粹的语言发展过程有关联的。换句话说,对于这种变化的事实,应该从语音、词汇、语法各个系统本身以及在这一种语言的特性和规律中去理解。

非语言性质的变化原因主要有三种形式：首先是由于社会生活的变化，在人们的思想意识中出现了反映客观对象和现象的新概念，因而必须赋予新的名称。于是除了创造新词和借用外来词之外，便利用名称的转移，促成词的内容的变化来反映社会生活里的新事物和新概念。例如：

田——在渔猎时代是田猎的意思，到了农业社会里成为种庄稼的场地。试比较：《易・系辞》："以田以渔。"虞注："以罟取兽曰田。"《诗经・郑风・大叔于田》："叔于田。"《说文》："田，陈也，树谷曰田。"

獲——在渔猎时代，指田猎所得到的禽兽一类的东西。在农业时代，獲穫指收获农产品禾谷一类的东西。试比较："王田于游……獲鹿十。"(《殷墟卜辞》)《诗经・豳风・七月》："八月其穫。"《传》云："穫，禾可穫也。"

特——在畜牧时代是一种牛的名称。可是后来成为一个抽象的概念，即特殊，特别的意思。试比较：《尚书・舜典》："归，格于艺祖，用特。"《荀子・大略篇》："天下之人，惟名特意哉！"

玄——原始的意思是黑色（一直到现在，在某种方言里，黑色称玄色），以后转变为"玄妙"（道家术语）的意思。试比较：《诗经》："天命玄鸟。"（按玄鸟即黑色的鸟，相当于燕子。）《庄子》《道德经》："玄之又玄，众妙之门。"

文章——在周秦时期"文章"这词是指纺织刺绣品，到了汉代以后，却和文人的作品联系起来了。试比较：《庄子・逍遥游》："瞽者无以与乎文章之观。"《周礼・考工记》："画缋之事……青与赤谓之文，赤与白谓之章。"《史记・儒林列传》："文章尔雅，训辞深厚。"《汉书・公孙弘传赞》："文章，则司马迁、相如……刘向、王褒以文章显。"

其次是事物发生了变化，但仍然保留着原来的名称，而词的意义随着事物的变化而引起变化。例如：

墨——在周秦时期，已有“墨”。据王嘉《拾遗记》云：“张仪、苏秦，佣力写书，行遇圣人之文，无以题记，则以墨书于掌。”但当时是用石粉制成的，所谓“石墨”。清人桂馥说过：“古者漆玉之后，皆用石墨以书。”汉以后，用松烟或烟煤制墨。墨的原料不同了，而名称不变。

纸——纸在最早时期是用丝絮做成的，到了东汉蔡伦造纸，是用树皮、麻头、破布、破丝绸为原料的。纸的原料不同了，而名称没有改变。

再其次，是某些词用在特殊的语言环境里面，在这种特殊的应用中，词的意义就起变化。例如：

朕——这个词在周秦时期是第一人称代词，一般人都可以用。如：《尚书·大禹谟》：“朕德罔克。”《离骚》：“朕皇考曰伯庸。”《诗经·大雅·韩奕》：“无废朕命。”秦以后“朕”这个词专用为帝王自称了。

后——这个词在古代涵义较广。王可以叫君，如：《易经》：“后以施令告四方。”诸侯也有称“后”的，如：《尚书·舜典》：“班瑞于群后。”周秦以后，“后”专指天子之嫡妃。如：《礼记·曲礼》：“天子有后。”

万岁——这词在汉时用以相互庆贺的。《后汉书·李固传》：“李固出狱，京师市里皆称万岁。”后来，成为帝王的代名词。上举的例子，说明某些词由于专指社会集团里一定的人物而使词义起变化。

在汉代，由于翻译佛经的需要，一般词汇里有很多词，因为作为专门性的佛教术语而应用，就促成词义的演变。例如：

因缘——这词原义是“机会”，如：《史记·田叔列传》：“褚先生曰……任安……为人将车之长安，留，求事为小吏，未有因缘也。"后来转为佛教词汇，意义完全改变。是指"一物三生，亲与强力者为因，疏添弱力者为缘"，如：种子为因，雨露、农夫为缘，此因缘和合而生米。可见"因缘"的意思是原因和条件。

功德——原义是积累功德以求幸福。后来成为佛教的专门术语，凡是请和尚来祈诵叫做"功德"。

祖师——原义是指学术上创始研究的学者。如：《春秋正义》有云："三传之义本皆口传，后之学者，乃著竹帛而以祖师之目题之。"后来成为宗教词汇后，是指宗教方面创立宗派的法师，如达摩祖师、纯阳祖师等。

2. 词义变化的过程

词义变化的过程主要有下列两种类型：

(1) 词义相关相依的变化

所谓相关相依的变化有两种情况：一是古代不同意义的单音节词，由于意义接近而结合成为合成词，其中有一个(词系)或者保留原义，或者消失原义。例如：书信——在古代，书是指信，如《韩非子・外储说》："郢人有遗燕相国书。"而信原是指送信的人，如《世说新语・雅量》："谢公与人围棋，俄而谢玄淮上信至，看书竟，默然无言。"六世纪以后，书信连用。如梁元帝诗："别后花枝不共攀，别后书信不相关。"后来成为联合式的合成词。

另一种情况是古代某些词，由于意义分化，其中之一或者保留原义或者不保留，而与另一词成为同义词。例如："穷"——《说文》："极也。"即尽头到底的意思。《庄子・秋水》："以穷其至大之域。"引申为困苦不得志。《庄子・山林》："孔子穷于陈、蔡之间。"这就与"贫""困"同义，于是就构成"贫穷"——《左传・昭公十四年》："分贫振穷。""困穷"——《尚书・大禹谟》"四海困穷"一类的词。"穷"的原来意思不再保留。

（2）词义矛盾的发展——扩大和缩小

在词义的变化过程中，有一种方式是按词所表示概念的外延扩大或缩小而促成词的意义的转变。词所表示概念的外延有时由扩大而再缩小，或者由缩小而再扩大，这并不意味着循环而往复，而是反映了不同历史时期词义的变迁和发展。这种变化是一种矛盾的发展。

① 词义“扩大”：

如“雌”“雄”，它的原义单指鸟类。《说文》：“雌，鸟母也；雄，鸟父也。”而在上古时期各种动物按性别都有专称；如牛雄的叫“牡”，雌的叫“牝”。马牡的叫“驵”，鹿雄的称“麚”。后来，人们在动物和禽兽的性别上加以抽象和概括，就用“雌”“雄”这两个词来表示不同的性别。于是“雌”“雄”这两个词就由专指鸟类的变为泛指一切动物的了。

又如“鸣”，本义是鸟声。后来扩大一切发音。如：“马鸣萧萧。”“鸡鸣不已。”甚至人们有所宣泄也叫做“鸣”，如“诸子争鸣”。

又如“隻”“雙”，《说文》：“鸟一枚曰隻。”“鸟两枚曰雙。”后来词义扩大，成为一般计数的单位词：“物单曰隻。”如《穆天子传》：“载玉万隻。”《汉书·王莽传》：“得一隻鸟。”“成对曰雙。”如《诗·南山》：“冠緌双止。”《仪礼·聘礼》：“凡献，执一雙。”这儿“雙”就不是指鸟，而是偶数的意思。

② 词义“缩小”：

如“金”这个词在青铜器时代是指铜器。因为当时金属只有铜器一种。到了铁器时代，金、银、锡、铝等金属都出现了，“金”就用来泛指一切金属。如：《尚书·禹贡》：“厥贡惟金三品。”《传》：“金、银、铜也。”《汉书·食货志》有：“金有三等，黄金为上，白金为中，赤金为下。”颜师古注：“金者五色，黄金、白银、青铜、青铅、黑铁。”后来，由于出现了“银”“锡”“铁”“铅”一类的新词，“金”的词义就缩小为专指黄金一种了。

又如“丈人”一词，原意指一般年长的人。如《论语·微子》：“子路从而后，遇丈人以杖荷蓧。”汉以后，儿媳妇对公婆称曰丈人。如汉乐府《相逢行》：“丈人且安坐，调丝方未央。”王充《论衡·气寿篇》：“尊翁妪为丈人。”词义相应地缩小。

又如：“春”“秋”这两词，按殷代的历法，一年只分为春秋两季。“春”的原义是指一年里春夏两个季节。“秋”的原义是指一年里秋冬两个季节。后来，对天文历法的认识提高，季节分得更细密。夏历一年分春夏秋冬四季。于是“春”“秋”就各指一年四季里一个季节。

总的说来，词义的扩大和缩小这种矛盾的发展，与人们的认识的发展和思维的发展是有关系的。随着人们的认识从低级到高级的发展，抽象能力和概括能力就不断加强，反映在词义的变化方面，就出现了词义的扩大和缩小的矛盾现象。

（六）熟语、方言词、外来词和阶级习惯语

1. 熟语

熟语是语言中现成的固定的词组或句子，包括语言中的成语和谚语。

（1）成语

成语是熟语的主要部分，每个成语一般表示一个概念，在语言结构里起着句子成分的作用。成语在结构上可能是词组也可能是句子，它的功用相当于语言里的词，往往作为语言里一个基本单位来运用的。在汉语里，绝大部分成语是四个字组成的，又往往成为定型性词组。例如：“万寿无疆”（源出《诗经》），“忠言逆耳”（《论语》），“天长地久”（《老子》），“一毛不拔”（《孟子》），“青出于蓝”

(《荀子》),“对牛弹琴”(《庄子》),“吹毛求疵”(《韩非子》)等。古代汉语里的成语跟基本词一样,具有强大的生命力和相当程度的稳固性。在语言发展过程中,很多古代成语被保留下来,一直沿用着;例如:“坐井观天”“捕风捉影”“阳春白雪”“妄自尊大”“怒发冲冠”等。不过,现代语言里所沿用的古代成语,有些成语的意义和构成它的词的意义已经丧失联系,整个成语的意义不能从被构成的各个词的意义求得了。如:“青出于蓝”“下里巴人”“朝三暮四”“杯弓蛇影”等。由于这类成语的意义只存在于整个结构之中,因此成语的结构形式不能随便更改或调动。例如:“朝三暮四”不能说成“朝四暮三”,“赴汤蹈火”不能说成“赴水蹈火”。

上古的成语,不少来自民间的口语。古书里有所谓“谚曰”“鄙谚曰”“歌云”等的记载,这些民间口语很多成为后来精炼的成语。例如:《左传·僖公五年》记述宫之奇谏假道,就引用了“辅车相依,唇亡齿寒”这成语。可见“唇亡齿寒”是在当时的民间口语里相传的。很多成语是古代的寓言故事以及现成语句(包括描述性语句,比喻用语等)缩简而成的,所以有不少成语包含着一定的典故和某种隐喻,含义显得极其深刻而富于形象性。

如果我们追溯现代语里成语的历史来源,那末上古时期正是汉语里成语构成“雏形”的时期。上古时期极其丰富的文学语言为汉语里成语的形成和发展提供了有利的条件,加速了成语的定型化,并使得汉语里的成语具有独特的意义和修辞色彩。这可以分为下列几个方面来说:

① 由当时的寓言故事缩简而构成的成语。例如:

守株待兔——“宋人有耕者,田中有株,兔走触株,折颈而死。因释其耒而守株,冀复得兔。”(《韩非子·五蠹》)

画蛇添足——“楚有祠者,赐其舍人卮酒。舍人相谓曰:数人饮之不足,一人饮之有余。谓画地为蛇,先成者饮酒。一人蛇先成，引酒且饮之，乃左手持卮，右手画蛇曰：‘吾能为之足！’未成，一人之蛇成，夺其卮，曰：‘蛇固无足，子安能为之足？’遂饮其酒。为蛇足者，终亡其酒。”(《战国策·齐策》)

买椟还珠——“楚人有卖其珠于郑者，为木兰之柜，熏以桂椒，缀以珠玉，饰以玫瑰，辑以羽翠。郑人买其椟而还其珠。”(《韩非子·外储说左上》)

滥竽充数——“齐宣王使人吹竽，必三百人。南郭处士请为王吹竽，宣王说之，廪食以数百人。宣王死，湣王立，好一一听之，处士逃。”(《韩非子·内储说上》)

刻舟求剑——“楚人有涉江者，其剑自舟中坠于水，遽契其舟曰：‘是吾剑之所从坠。’舟止，从其所契者入水求之。”(《吕氏春秋·察今》)

东施效颦——“西施病心而矉其里。其里之丑人见而美之，归亦捧心而矉其里，其里之富人见之，坚闭门而不出；贫人见之，挈妻子而去之走。彼知美矉，而不知矉之所以美。”(《庄子·天运》)

狐假虎威——“虎求百兽而食之，得狐。狐曰：‘子无敢食我也！天帝使我长百兽，今之食我，是逆天帝命也！子以我为不信，吾为子先行，子随我后，观百兽之见我而敢不走乎？’虎以为然，故遂与之行。兽见之皆走。虎不知兽畏己而走也，以为畏狐也。”(《战国策·楚策》)

揠苗助长——“宋人有闵其苗之不长而揠之者，芒芒然归，谓其人曰：‘今日病矣！予助苗长矣！’其子趋而往视之，苗则槁矣。”(《孟子·公孙丑》)

自相矛盾——“人有鬻矛与楯者。誉其楯之坚：‘物莫能陷也。’俄而又誉其矛曰：‘吾矛之利，物无不陷也。’人应之曰：‘以子之矛，陷子之楯，何如？’其人弗能应也。”(《韩非子·难势》)

杞人忧天——“杞国有人，忧天地崩坠，身亡所寄，废寝食

者……”(《列子·天瑞》)

指鹿为马——“赵高欲为乱,恐群臣不听,乃先设验,持鹿献于二世曰:‘马也。’二世笑曰:‘丞相误邪!谓鹿为马。’”(《史记·秦本纪》)

一字千金——“当是时魏有信陵君,赵有平原君,齐有孟尝君,皆下士喜宾客以相倾。吕不韦以秦之强,羞不如。亦招致士,厚遇之,至食客三千人,是时诸侯多辩士,如荀卿之徒,著书布天下。吕不韦乃使其客人著所闻集论,以为八览、六论、十二纪,二十余万言。以为备天地万物古今之事;号曰《吕氏春秋》。布咸阳市门,悬千金其上,延诸侯游士宾客,有能增损一字者,予千金。”(《史记·吕不韦列传》)

② 由当时书面语言的现成语句缩简而构成的成语。例如:

作威作福——“惟辟作威,惟辟作福。”(《尚书》)

殊涂同归——“天下同归而殊涂。”(《周易》)

惩前毖后——“予其惩而毖后患。”(《诗经》)

人言可畏——“岂不尔思?畏人之多言。”(《诗经》)

一暴十寒——“一日暴之,十日寒之。”(《孟子》)

一毛不拔——“拔一毛而利天下,不为也。”(孟子)

得心应手——“得之于手,而应于心。”(《庄子》)

破釜沉舟——“悉引兵渡河,皆沉船,破釜甑,烧芦舍,持三日粮,以示士卒必死无一还心。”(《史记》)

患得患失——“其未得之也,患得之;既得之,患失之。”(《论语》)

越俎代庖——“庖人虽不治庖,尸祝不越樽俎而代之矣。”(《庄子》)

出类拔萃——“出于其类,拔乎其萃。”(《孟子》)

自暴自弃——“自暴者不可与有言也,自弃者不可与有为也。”

(《孟子》)

螳臂当车——“汝不知螳螂乎？怒其臂以为车辙，不知其不胜任也。”(《庄子》)

③ 由当时现成的语句直接形成的成语。例如：

“多多益善”——“高祖问韩信能将兵几何？信曰：臣多多而益善耳。”(《史记》)；“文质彬彬”(《论语》)，“三思而行”(同上)，“苗而不秀”(同上)；“出尔反尔”(《孟子》)；“每下愈况”(《庄子》)；“外强中干”(《左传》)，“一鼓作气”(同上)；“众志成城”(《国语》)；“视死如归”(《韩非子》)；“以逸代劳”(《孙子》)，“知己知彼，百战百胜”(同上)；“亡羊补牢”(《战国策》)，“狡兔三窟”(同上)；“一以当十”(《史记》)，“一鸣惊人”(同上)，“强弩之末”(同上)；“因噎废食”(《淮南子》)；“功亏一篑”(《尚书》)，“有条不紊”(同上)；“战战兢兢”(《诗经》)；“沾沾自喜”(《史记》)；“一丘之貉”(《汉书》)，“实事求是”(同上)，“不学无术”(同上)；“千变万化”(《列子》)；“闭门造车”(《中庸》)等。

上古时期有些成语带着浓厚的封建色彩，如“三从四德”等等。

(2) 谚语

谚语是语言里现存的固定的句子。谚语通常表示一个相对完整的意思，在语言结构里起着句子的作用。谚语往往是人民群众把积累的丰富的生活经验归纳成一个极其深奥的道理，并运用生动活泼的语言说出来；因此古代汉语里有不少谚语被文人吸收到书面语言里而流传下来。凡是古书里有所谓“谚曰”“鄙谚曰”“俗语曰”“时人语曰”等，就是作者在自己的文章里直接引用了当时的谚语，也是有意识地记述了当时某些有价值的谚语。例如：

《论语》：“南人有言曰：‘人而无恒，不可以作巫医。’”

《孟子》：“齐有言曰：‘虽有智慧，不如乘势；虽有镃基，不如待时。’今时则易然也。”又：“言自非圣人，在所变化，故谚曰：‘白沙在涅，不染自黑；蓬生麻中，不扶自直。’言辅之者众也。”

《左传》记有：“滕侯、薛侯来朝，争长。公使羽父请于薛侯曰：君与滕君，辱在寡人。周谚有之曰：‘山有木，工则度之；宾有理，主则择之。’寡人若朝于薛，不敢与诸侯任齿君若辱贶寡人，则愿以滕君为请。薛侯许之，乃长滕侯。”

《礼记·大学》记有：“故好而知其恶，恶而知其美者，天下鲜矣。故谚有之曰：‘人莫知其子之恶，莫知其苗之硕。’”

《史记》记有：“鄙语云：‘尺有所短，寸有所长。’”

谚语多半是人民群众生活实践和生活经验中的结晶品，比喻性很强，既深刻又形象化。而谚语中有一部分也是有价值的成语。《汉书·贾谊传》：“鄙谚曰（或作里谚）：‘欲投鼠而忌器。’此善喻也。”“投鼠忌器”这是很好的成语，一直传习到现在而没有消失。又《汉书·薛宣传》：“鄙谚不亲，苛政不亲，烦苦伤恩。”“苛政不亲”也是成语。这些都是人民群众创造出来的精炼优美的熟语。

《左传》所记载的谚语比较多，《史记》《汉书》所记述的谚语也相当丰富。略举一二作例：

“匹夫无罪，怀璧其罪。”“心苟无假，何恤乎国家。”“非宅是卜，唯邻是卜。”（以上见于《左传》）

“前事之不忘，后事之师也。”“白头如新，倾盖如故。”“桃李不言，下自成蹊。”“力田不如逢午，善仕不如遇合。”“相马失之瘦，相士失之贫。”（以上见于《史记》）

“千人所指，无病而死。”“遗子黄金满籝，不如一经。”“邪径败良田，谗口乱善人，桂树华不实，黄雀巢其颠。”“孤犊触乳，骄子骂母。”（以上见于《汉书》）

谚语的特色就是平易通俗，尽管一般的文人学士认为鄙俗粗糙，一经运用在作品里面便加强了语言的表达功用，有时更能全面地剖析事实和说明问题。

2. 方言词

方言是语言的地方变体，和语言发展的分化和整化密切联系着。其产生的最主要的原因是由于社会成员的不断增加，不得不逐渐扩展地域分布和居住面积，这就使得距离较远的各地区的居民隔绝起来而形成独立的或半独立的生活集体，原来相同的语言，在各地区也就逐渐形成不同的方言。

我国上古时期，汉语方言的分歧是十分明显的。据文献记述，周代自武王以后，计灭掉了 99 国(方国)，降服了 652 国。虽然这些数字不一定可靠，却说明了周代以前社会分裂的局面。同时也可以想象当时语言的分化现象。下面就不同历史阶段约略举出上古时期汉语里的方言词。

(1) 周代前后期的方言词

三代——夏商周的政治经济文化一直集中在北方的黄河流域；这个地域是当时政治经济文化的主要活动地带，因而周代前后时期汉语的分化和整化也显现在这一地带。当时方言区可以分中部方言区(河内方言区)、秦晋方言区和齐鲁方言区。这三大方言区里的方言词，多少运用到当时的书面语言里来。例如：

① 秦晋方言词

梅(瞢)——愧也。《国语·晋语》："臣得其志而使君瞢。"(韦注："惭也。")《左传·哀公十四年》："不与于会，无瞢焉。"按：扬雄《方言》谓晋语。

噎(嗌)——《诗经·王风·黍离》："中心如噎。"(《毛传》："忧不能惠也。")《穀梁传·昭公十九年》："嗌而不能容粒。"按：《方言》谓"秦晋之间"之方言词。

韔——剑削也，《诗经·秦风·小戎》："虎韔镂膺。"(《毛传》："韔，弓室也。")又"交韔二弓"(《毛传》同)。按：《方言》谓秦语。

夏——大也。《诗经·秦风·权舆》:“于我乎夏屋渠渠。”(《毛传》:“大也。”)《诗经·周颂·时迈》:“肆于时夏。”(《毛传》:“大也。”郑笺:“乐歌大者称夏。”)《左传·襄公二十九年》:“夫能夏则大,大之至也。”《荀子·正论篇》:“令行于诸夏之国谓之王。”(杨倞注:“夏,大也,中原之大国。”)〔按《方言》谓“秦晋之间”的方言词。〕

② 齐鲁方言词

怀——来也。《齐风·南山》:“曷又怀止。”(郑笺:“来也。”)《周颂·时迈》:“怀柔百神。”(《毛传》同)《国语·周语》:“以怀柔之。”(韦注:“来也。”)〔按《方言》谓“齐鲁之间”的方言词。〕

 澌(斯)——散也。《陈风·墓门》:“斧以斯之。”(《毛传》:“斯,析也。”)《大雅·板》:“无畏无斯。”(郑笺:“斯,离也。”)〔按《方言》谓“东齐语”。〕

簟——竹席也。《齐风·载驱》:“簟笰朱鞹。”(《毛传》:“簟,方丈席也。”)《小雅·斯干》:“下莞上簟”(郑笺:“莞,小蒲之席也,竹苇曰簟。)〔按《方言》谓“自关而西”的方言词。〕

③ 中部(河内)方言词

怀——至也。《邶风·泉水》:“有怀于卫,靡曰不思。”(郑笺:“有所至卫。”)〔按《方言》谓“齐楚之会郊”的方言词。〕

姝、姅——好也。《鄘风·于旄》:“彼姝者子。”(《毛传》:“姝,美色也。”)《邶风·静女》:“静女其姝。”(《毛传》同)《郑风·丰》:“子之丰(姅)兮”(《毛传》:“丰,丰满也。”)〔按《方言》谓“赵魏燕代之间”的方言词。〕

谅——信也。《鄘风·柏舟》:“不谅人只。”(《毛传》:“谅,信也。”)〔按《方言》谓“卫语”。〕

硕——大也。《邶风·简兮》:“硕人俣也。”(《毛传》:“硕人,大德也。”)《卫风·考槃》:“硕人之宽。”(郑笺:“硕,大也。”)〔按《方言》谓“齐宋之间”的方言词。〕

（2）春秋以后的方言词

周代前后期的方言差异，按地区论，主要是东西的隔阂。到了春秋以后，由于政治经济的变动，社会交际的频繁，直接影响着语言的发展，方言的差异就不是东西而是南北的隔阂。

当时地域方言的分布大致也可划分为三个大方言区。在北方有秦晋方言区和齐鲁方言区，在南方有楚方言区。

当时楚国疆域辽阔，楚方言内部又有很大的分歧。其中部方言与东部江淮一带以及南部地区的方言，无论在语音或词汇上都相距很远。相传《越人歌》如果不经过越人的翻译，连楚人也不懂。《楚辞》里运用方言词是比较突出的。例如“謇”“羌”“莽”“冯”“汩”“侘傺”“阊阖”“哈”“邅”等等。

謇——发语词。“謇吾法夫前修兮”“謇朝谇而夕替”（《离骚》）“謇不可释也。”（《九章》）“謇淹留而无成。”（《九辩》）

羌——《离骚》：“羌内恕己以量人。”“羌声色以娱人。”（《九歌》）“羌中道而回畔兮。”（《九章》）王逸注：“羌，楚人语辞。”

莽——《离骚》：“夕揽洲之宿莽。”《方言》云：“莽，草也，南楚曰莽。”

冯——《离骚》：“冯不厌乎求索。”王逸注：“满也，楚人名满曰冯。”

汩——《离骚》：“汩予若将不及兮。”《方言》云：“疾行也，南楚之外曰汩。”

侘傺——《离骚》：“忳郁邑乎侘傺。”《惜诵》：“心郁邑乎侘傺。”王逸注：“楚人谓失志怅然住立为侘傺。”

阊阖——《离骚》：“倚阊阖而望予。”《说文》云：“阊，天门也，楚人名门曰阊阖。”

哈——《惜诵》：“众兆之所哈。”王逸注：“哈，笑也。楚人相谓调笑曰哈。”

邅——《离骚》："邅吾道夫昆仑。"王注云："楚人名转曰邅。"

又《楚辞》里也多采用《诗经》等书里的方言词，如：

晞——曝也。(《方言》："东齐北燕海岱之郊。")《小雅·湛露》："匪阳不晞。"(《毛传》："乾也。")《楚辞·九歌》："晞女发兮阳之阿。"

修——长也。(《方言》："陈楚之间。")《小雅·六月》："四牡修广。"(《毛传》："长也。")《离骚》："路漫漫其修远兮。"

杭——船也。(《方言》："自关而东。")《卫风·河广》："一苇之杭。"(《毛传》："渡也。")《楚辞·九章》："魂中道而无杭。"(王逸注："杭，渡也。")

姣(佼)——好也。(《方言》："关东河济之间。")《陈风·月出》："佼人僚兮。"《荀子·非相篇》："古者桀纣长巨姣美。"(杨倞注："姣好也。")《楚辞·九歌》："灵偃蹇以姣服。"

投——弃也。(《方言》："淮汝之间。")《小雅·巷伯》："投畀豺虎。"(《毛传》："弃也。")《楚辞·天问》："投之于冰上。"(王逸注："投，弃也。")

(3) 汉代的方言词

秦灭六国，暂时结束了诸侯割据称雄的局面。中国成为一个中央集权的统一国家。经过楚汉相争后，西汉的统一局面大大促进了语言词汇的发展，特别是通过秦代的"书同文"，依靠了当时书面语言的传习作风，加强并巩固了语言的全民性和共同性。但是，语言虽然由分化占优势转为统一占优势，而方言的严重差异和分歧还是存在着。各个地域方言或地点方言之间的差别仍然很大。扬雄《方言》，正说明当时书面语言的统一和方言口语的分歧两方面矛盾的现象非常明显。例如：

《方言》卷八："蝙蝠，自关而东谓之服翼，或谓之飞鼠，或谓之老鼠，或谓之仙鼠。自关而秦陇之间谓之蝙蝠。北燕谓之蠘䘃。"

又云:“雁,自关而东谓之鴚鵝,南楚外谓之鵝,或谓之鸧鸡。”可见“蝙蝠”和“雁”在各地方言里有很多不同的名称。但在书面上还是比较一致的。

汉代的文学语言对当时方言土语所起的均衡作用相当大。当时不少方言词陆续吸收到文学语言里,在文学作品里加以充分地运用。例如:

①《史记·陈涉世家》:“客曰:‘夥颐,涉之为王沈沈者。楚人谓多为夥。”按:“夥”是方言词。

②《汉书》有:“靡有孑遗,秏矣。”“秏”据颜师古注:“今俗语犹谓无为秏,音毛。”按:“秏”是方言词。

③ 汉乐府《陌上桑》:“湘绮为下属,紫绮为上襦。”“襦”就是短袄,原是方言词。《方言》:“襦,西南蜀汉谓之曲领,或谓之襦。”

④ 汉乐府《东门引》:“盎中无斗储,还视架上无悬衣。”《汉书》:“家无儋石之储。”其中“盎”“儋”都是方言词。《方言》:“罃甈谓之盎。自关而西或谓之盆,或谓之盎。”又:“罃……齐之东北海岱之间谓之儋。”

⑤《方言》:“娃、嫷、窕、艳、美也。吴、楚、衡、淮之间曰娃,南楚之外曰嫷。”可见“娃”是个方言词。《吴都赋》:“幸乎馆娃之宫。”刘逵注:“吴俗谓好女为娃。”《说文》也说:“吴楚之间谓好为娃。”

总的说来,从文学语言和诸方言的关系上看,汉代文学语言吸收了很多的方言词,使它自己的词汇更加丰富和充实。有不少方言词进入文学语言成为文学语言中的词,可是经过书面的传习,又变成一处地方的方言词。例如:“晞”,在《诗经》时代原是个某处地方的方言词(《秦风·蒹葭》:“白露未晞。”),后来,进入文学语言成为文学语言里的词(《小雅·湛露》:“匪阳不晞。”《楚辞·九歌》:“晞女发兮阳之阿。”),到了汉代却又变成了一个地方的方言词(《方言》云:“膊、晒、晞,暴也……东齐北燕海岱之郊谓之晞。”)。

3. 外来词

汉语很早就从国内兄弟民族的语言和国外某些古老民族的语言里吸收了外来词。例如：从“东夷语”里吸收进来的“珣”——一种美玉的名称。《尔雅·释地》：“东方之美者，有医无闾（山名）之珣、玗、琪（玉器一类的东西）焉。”从匈奴语里吸收过来的“轻吕”——一种宝石的名称，《逸周书》说：周武王曾用“轻吕”砍殷纣王的尸体。又如“骆驼”“猩猩”“师比”“犀比”“琵琶”“胭脂”等，都是从古代北方的匈奴语里吸收过来的。

汉代自从开通西域后，又从西方兄弟民族的语言里吸收了不少外来词；如：“苜蓿”“葡萄”（见《史记·大宛列传》及司马相如《上林赋》），“菱”（西域的一种蔬菜，见《博物志》），“酋长”（见《汉书·宣帝纪》），“师子”（见《后汉书·班超传》）等。同时又从印度梵语里吸收了一些外来词；如：“圣木曼克”（佛座的莲花，见《山海经》），“膜拜”（胡人的礼拜，见《穆天子传》），“璃琉”（见桓宽《盐铁论》），“浮屠”“沙门”（见《后汉书》）等。还有从其他民族语里吸收过来的；如：“石榴”（见《博物志》）来自“安息”的古波斯语。“吹鞭”（古乐器名）源出于希腊文“tibia”。“槟榔”（见司马相如《上林赋》）来自马来亚语（在汉代，我国和南洋一带还没有直接通商往来，这词可能通过西域而传入进来的）。

4. 阶级习惯语

阶级习惯语，这儿主要是指当时封建贵族阶级所使用的特殊词语。在中国古代的封建社会里，统治阶级为了巩固其统治权，抬高其尊严，甚至独占词汇里的某些词，不准人民群众随便使用，这就使得语言词汇里出现了某些特殊的阶级习惯语。例如：

“朕”原是第一人称代词，秦代以后，成为帝皇的自称，表示至尊无二的意思。“孤”“寡”很早就成为君王的自称。同时,臣子和一般人民对君王也要用特殊的称呼。例如:“上”自秦汉以来作为皇帝的通称,其他如:“天子”“主上”“陛下”“君王”“大王”等。臣子和一般人民对王室的人员也要用特殊的称呼。如:“太皇”(皇帝的祖母)、“太后”(皇帝的母亲)、“皇后”(皇帝的妻子)、“太上皇”(皇帝的父亲)、“太子”(皇帝的儿子)、“公主”(皇帝的女儿)、“郡主”(皇帝家族的女性)等。

又,对于皇帝的饮食、服装以及日常用品等称呼的时候都得在原有名称前加上一个“御”字,如:“御膳”“御服”“御制”(帝王所拿诗文),“御书”“御札”(君王的诏令)等。皇帝和他的家族住的房子叫做“宫”,皇帝办公的地方叫做“殿”。皇帝死了叫做“崩”,皇帝的棺材叫做“梓宫”,坟墓叫做“陵”,皇帝的后裔叫做“王孙”,这些特殊用语,都不是可以随便乱用的。

又,臣子和一般人民把东西给皇帝应称“贡”“朝贡”“献”。而皇帝把东西给下层分子叫做“赐”。

在古代封建社会里,诸侯贵族是地方的霸主,他们也有一套惯用语。一般的诸侯被称为“殿下”。其他如“夫人”(公侯的妻子)、“世子”(诸侯的嫡子)等称谓,也属于阶级习惯语之列。

这样的特殊用语,毫无疑问,随着历史的发展和社会制度的改变,在词汇里也就逐渐被淘汰而消失。

二、中古词汇的发展

（一）词汇发展与社会发展的关系

从汉语语言史的角度观察，整个中古时期可分为前后两个阶段：前一个阶段是魏晋南北朝时期，后一个阶段是隋唐宋时期。

1. 魏晋南北朝时期由于政治局面动荡不定，兵燹战祸重重，社会秩序紊乱，加以外族侵入，汉民族的文化一度遭受摧残。这种情况不但直接阻碍了社会生产力的发展，而且间接影响语言的正常发展。在这一个历史阶段，语言本身上，方言的分歧、渗杂和融混，外族语言的强迫同化，严重地影响着全民语言的统一性。

可是，从另一方面看，这一时期的社会生产力，虽然由于政治经济的直接影响而处于破坏、萎缩和停滞状态，但是，当时语言词汇的体系里，积极反映着当时广大的劳动人民在受尽压迫和剥削的年月里，仍然辛勤不懈地在祖国辽阔和富饶的土地上从事劳动生产。他们一代接一代用自己的双手积极推动着社会生产力的发展，创造了无比灿烂的物质文化，为祖国的文化事业贡献了自己的力量。

例如：以农业生产来说，东汉末年，当时的地主贵族阶级为了争夺土地和权利，经常内部分裂，演成了军阀混战、屠杀人民的局面，造成了“千里无鸡鸣”的大破坏。广大人民群众受压迫、被奴役、处身于水深火热之中。当时不但战争地区的生产遭受严重破坏，即在非战争地区，亦因受战争影响，人民颠沛死亡，劳动力大量丧失，生产率也必然下降。可是，广大劳动人民在这种惨痛的生活环境里，还是用自己的智慧和双手，辛勤不倦地从事劳动生产，为社会创造了巨大的物质财富和精神财富。在魏晋南北朝这个历史阶段，统治阶级为了巩固自己的统治地位，曾经采取一系列的措施，制订一些发展农业的制度，以刺激农业生产。例如：西晋时期有“领佃”和“屯田法”，东晋时期有“度田”以及安置“流人”从事农业生产的新制度。北朝有“均田制”和统治阶级弃耕“藉田”等制度。在语言词汇里更看到了当时的人民群众为了发展农业生产，从改进生产工具、节省劳动力入手来提高劳动生产率，他们积极发挥了自己的无穷智慧，发明了几种新式的农具，如：“耧犁”——一种下种子的“耦车”（见《农政全书》），“中置耧斗藏种以牛架之，一人执耧且行且摇，种乃随下”（见《齐民要术》）。“翻车”——一种灌溉用的水车，又名“龙骨车”（见《三国志·魏书·杜夔传》）。这些新农具的发明，对于“火耕水耨”的农业生产，在技术上起了巨大的创造和革新作用。

其次，以手工业生产来说，由于战争和交通运输的需要，这一时期舟车制造业获得了很大的发展。当时，船只制造方面有：“舟舰”——一种作战用的兵船（见《晋书·王濬传》），“舻舠”——一种行驶快速又灵活的战船（见《梁书·王僧辩传》），“千里船”——南齐祖冲之发明，“指南船”（见《宋书·礼志》）等。车辆制造方面有：“犊车”——用八条牛拉的车子（见《宋书·礼志》），“追锋车”——一种轻快的小车（见《晋书》），“四望车”——一种没有车壁的车辆。另外，还有“手扇舆”“徘徊舆”“眠舆”一类轻巧便捷的车子（见《晋书》），等等。同时，这一时期在机械工业和纺织工业方面也有显著的发展。当时已经制造比较大型的绫机，生产“缣总”“绡繐”“罗”

“纨绮縠”一类的丝织品；而一般的纺织品也出现了新的品种，像“斑布”“南布”“花练”“紫缬”“百练缣”，等等。这些产品的出现，标志着当时纺织工业的机械设备具有相当规模，技术水平正在不断提高。另外，造纸工业也比较发达，纸张的产品也不少，有“密香纸”——一种用密香树皮制造的纸张，“赤纸”“漂纸”“麻纸”“法纸”“敕纸”等。文具用品有“墨丸”等。上述一些例子，充分反映了这一时期的手工业发展较快，无论是机械设备或技术水平，比前一时期有了很大的发展。

2. 隋唐宋时期由于政治形势和社会秩序一度比较安定，广大的劳动人民基本上能够安居乐业。统治阶级为加强统治，缓和阶级矛盾，非常注意农业生产，奖励人民务农搞生产，并为发展农业生产而建立制度。例如：唐代实行“租庸调”法，设置“庄田制”，采取积极措施以促进农业生产的发展。宋代曾经一度推行“方田法”“青苗法”“均输法”等农业改革政策。当时广大的农民阶级，为了提高生产率，迅速推行农业技术的改革。在这一时期的语言词汇里，也就出现了反映当时农业生产的词。例如：唐代的新式农具有“水车”（见《旧唐书・文宗纪》），“木牛”（见《南越笔记》），“踏犁”等。这些新农具的发明和使用，对于水利灌溉和一般耕种非常有利，既节省了劳动力，又保证了农业产量的增长。在唐代，农作物方面棉花和茶树的种植面积很广，产量极高。棉花除一般种植“草棉”外，有些地方已种植“木棉”（见《陔余丛考》）。而制茶业也很发达，茶的品种很多，有：“片茶”“散茶”“龙凤”“仙芝”“先春”“绿芽”“龙溪”“雨前”“阳羡”“双井”“火前”“石乳”等名目。当时，饮茶的风气也很盛，饮茶的场所有“茶会”“茶坊”；茶制品有“茶话”“茶饼”等。

农业的发展，必然促进手工业的发展。在唐宋时期，已经有了规模较大、数量较多的手工业作坊和工场。当时手工业基本上可以分为官办的、私营的和副业性三种类型，经营兵工、矿冶、造船、铸币、纺织、刺绣、瓷器、煮盐、造丝、酿酒、印刷等各行业。各业所制造的成品都很讲究质量，品种也很多。例如：瓷器有“瓷褐”“瓷黄”“瓷白”等高质量的物品。纸张有“十色笺”“竹笺”“滑薄”“诗笺”“薛涛笺”“茧纸”“宣纸”“蒲折纸”等的名称（见《博物志》）。纺织品有“轻纱”“绫纱”“毛裙”“绫绵”“刻丝”“簿缣”“方胜花”等花色繁多、工料精巧的成品。印刷方面有：“墨板”“雕板”“活版”等排印工具以及“旋风装”“蝴蝶装”等装订法。

手工业的发展，使商业呈现一派繁荣的气象。语言词汇照例反映着这一时期商业繁荣的局面，据历史记载，唐代已有对外贸易，在南海停泊着外国的船舶。词汇里也出现了便于当时对外贸易所使用的一些特殊的词儿。例如：“黑暗”——指犀角（杜甫诗句有：“黑暗通蛮贡。”）；“白暗”——指象牙（见《酉阳杂俎》）；“藩贾”“胡贾”——外国商人的通称。当时，贸易的场所有：“草市”——城郊的一种特别市场。“会”“墟市”“宫市”等一些定期贸易或不定期贸易的市场。另外还有不少行业语，像“邸店”“邸肆”——当时一种专利的商行，以及“滞货”“估价”“抬价”“财运”等。由于这时手工业和商业的迅速发展，大城市里除地主贵族阶级以外，还集中了许多工人、手工业者、商贩和商人。于是出现了各行各业的所谓“行会”，通过这种形式，把生产者和社会生产活动组织起来，从而建立城市行会制度。这种组织形式和制度，反过来又大大地推动了手工业生产和商业的发展。

手工业和商业的发展，使得大城市的人口比较集中，当时城市居民的生活水平随着工商业的发展和繁荣而逐步提高。这时的语言词汇里多少也能看到一点市民生活的某些情况，例如：服饰方面：唐代有人戴一种“浑脱毡帽”——一种以乌羊毛做成的便帽。（见《新唐书·五行志》）和“砑绢帽”（见《唐语林补遗》），“仆射样”——一种头巾(见《旧唐书・裴宽传》)等。唐代城市妇女的服装有:“抛家髻”“盘福”“血晕妆”等时式打扮。宋代妇女的服装有:“密四门”——衣幅狭窄的上衣,“便裆”——衣袖管开缝而扣住的衣裳,“赶上裙”——一种拖地的长裙。其次,饮食烹调方面,唐人食品有:“汤”“粡”“炙”“脍”“脯”“脔”“饤”“饼”等。“点心”有“春饼”(见《月令广义》)、“银饼馅”(见《唐摭言》),宋代著名的菜肴有“花包子”“平饭”“羹”等。而当时的婚嫁手续,更有许多名目如“草帖子”“定帖”“相亲”“追节”“送聘”“望林”“合髻”“送三朝礼”“贺满月”,等等(见吴自牧《梦粱录》)。另外,娱乐游戏方面,有:“蹋球”(见《唐语林》)、“打马”(见《格致镜源》)等活动,以及“鞬子”一类的东西。政治形势的安定为经济繁荣提供了条件,社会出现了一片升平景象,人民也就可以安居乐业,从事劳动生产,推动社会生产力向前发展。社会生产力的迅速发展又为人民群众能有丰富多彩的生活内容提供了物质基础。从语言史的角度看,在唐宋时期,工商业的发展促使几个大城市的人口格外集中,这有利于当时的全民语言由分化而逐渐趋向统一。其次,这时文化学术的发展,对语言的发展影响也很大。尤其是文学的发展,一方面通过文学作品的传播使得书面语言的传习范围不断地扩大,这时文学语言词汇的书法规范起了很大的作用;另一方面通过各种体裁的文学创作,特别是诗歌的创作,使得当时口头语言的成分不断地进入文学语言里,促进了文学语言口头形式的丰富和发展。这一时期的文学形态无论是韵文或非韵文,虽然各有其时代特色,但在语言词汇的运用上却有共同之点:(1) 古语词的沿用和再生。这说明了在整个语言词汇体系里,词汇的积极性极其明显。(2) 熟语和口语词的创造和增补。这说明了在整个语言词汇体系里,词汇的丰富性尤其明显。(3) 通过词汇的新陈代谢,使文艺语言词汇里的词的语义色彩和修辞色彩格外鲜明。这说明了在整个语言体系里,词汇的纷繁非常明显。

总之，随着社会的发展，新的事物不断的出现，新的概念不断的形成，人们对新事物和新概念就有不断的新认识。为了表现这些新的事物，表现对新事物的新认识，于是新的词汇在语言词汇的体系里也就不断地增长和丰富。从语言词汇本身观察，中古时期语言词汇的发展的基本情况，可以概括为下列几点：

（1）基本词汇随着社会的变迁和发展，由继承累积而不断丰富。

（2）在一般词汇里，除了出现不少反映当时社会生产情况的词以外，并出现了相当分量的反映这时社会制度和社会意识形态的词，这些词具有一定的时代内容和特殊性。

（3）书面语言里双音节词的比重在词汇系统里不断增大。构词法比前一个时期显得多样和纷繁。

（4）口语词汇的迅速发展成为这一时期词汇发展的主要方面。

（5）对佛教词汇和其他外来词的大量吸收，对古代熟语的继承和新熟语的创造并积极应用成为这时词汇发展的重要现象。

（6）词义的变化明显地带有一定的社会内容和时代特色。

（二）基本词汇的发展

汉语的基本词汇在上古时期大体上已经形成。它一方面反映着汉语结构的特殊状态，另一方面也表现着语言里的基本词汇所固有的稳固性。基本词汇和一般词汇一样，随着社会的发展，由于社会各方面的活动而不断出现了新的事物、新的现象和新的概念，基本词汇的内容和方面也越来越丰富、充实和扩展。中古时期汉语基本词汇的发展情况可以从两方面来说明：

1. 继承性的发展

所谓继承性的发展是指上古时期所形成的基本词，到了中古时期绝大部分都继承下来。

（1）继承了过去反映自然现象方面的基本词。例如："风""云""火""水""山"等。

（2）继承了属于家畜和人的肢体称呼一类的基本词。例如："牛""羊""马""猪""鸡""鹅"，以及"心""口""眉""眼""手""身"等。

（3）继承了属于劳动工具和生产成品一类的基本词。例如："锄""网""刀""米""麦""蚕""禾""苗""谷""稻"等。

（4）继承了上古反映物质文化方面的基本词。例如："书""房""门""衣""宫""室""冠""裙""戈""剑""车"等。

（5）继承了亲属称谓方面的基本词。例如："父""母""妻""子""祖""孙""叔""伯""女""姊""妹""弟"等。

（6）继承了属于一般行为和动作的基本词。例如："走""跑""击""掘""杀"等。另外，还继承了其他方面的基本词。例如表示某些抽象概念的，像"善""恶""高""低""美""丑"一类的词。

在基本词汇发展的过程中，这种继承的现象充分反映着基本词汇发展的稳固性。

2. 新词的补充和创造

中古时期的基本词汇在发展过程中，关于新词的补充和创造具有下列几种形式：

（1）直接创造新词

由于社会的发展，大量新事物、新现象和新概念不断地出现，这就要求语言用新词来补充自己的词汇以及反映人们的社会生活以及人们从事社会活动的各个方面。为了适应此需要，中古时期的基本词汇里也就产生了不少新词。例如在亲属称谓一类的基本词里出现了某些新词。像：

亲家——“凡男女缔姻者，两家相谓曰亲家。”（陶宗仪《辍耕录》）

亲家公（或称“亲家翁”）——“吾亲社儿倾，赖亲家公而获全耳。”（《隋书·李穆传》）“刘金璘，谄佞人也，呼定兴作亲家翁。”（《隋书·房陵王勇传》）

丈人——“独称妻父曰丈人，自柳宗元呼杨詹事为丈人始。”（庄季裕《鸡肋编》）按：柳宗元在祭他的妇翁杨凭的祭文中，称杨氏为“丈人”，而自称“子婿”。

丈母——“中外丈人之妇，猥俗呼为丈母。士大夫谓之王母、谢母。”（颜之推《颜氏家训》）“是凡丈人行之妇，并称丈母也。”（钱大昕《恒言录》）

媳妇——“巧媳妇做不得无面饨。”（陈同甫《答朱元晦书》）

连襟——“江北人呼连袂，又呼连襟。”（马永卿《嬾真子录》）

表兄——“湜表兄周利贞。”（《旧唐书·崔湜传》）

另外，属于人的肢体一类的基本词里同样出现了一些新词。例如：

面皮——“书鼓云：徒有八尺围，腹无一寸肠，面皮如许厚，受打未讵央。”（《南史·文苑传》）

鼻头——“耳后生风，鼻头出火。”（《南史·曹景宗传》）

其他方面，像：

糖——“卖针卖糖二老姆争团丝，（傅）琰乃缚团丝于柱鞭之，密视有铁屑，乃罚卖糖者。”（《南齐书·傅琰传》）按扬雄《方言》有：“餳谓之糖。”《释文》云：“糖，餳也。”《方言》《释文》里的“糖”也许是指一般的淀粉质。

茶——“采茶溪树绿。”（温庭筠诗）按：“茶”在唐代开始已种植。见陆羽《茶经》。

钞——宋代通行的一种纸币，开始叫做“钞引”，相等于现在的汇票，后来“钞”成为货币的通称。

风景——“(羊)祜乐山水，每风景必造岘山，置酒言咏，终日不倦。”(《晋书·羊祜传》)

吃——“蔬飧要同吃。”(韩愈诗)；“管取一吃饭处。”(《新五代史·晋家人传》)

椅子——上古汉语汇里只有“席”和“床”一类的词，还没有“椅子”这词。“椅子”这东西大致起于晚唐、五代之间。据后唐《定晋禅院碑》云：“稠禅师所用之物，有椅子三只。”又：“李后主入宋后，徐铉往见李，卒取椅子相待。”(王铚《默记》)

(2) 创造与旧词同义的新词

保留旧词，同时创造与旧词同义的新词。例如：

在亲属称谓一类的基本词里，有些到了中古时期已经逐渐变成旧词。这就是说它们所代表的客观对象或现象，虽然还存在于日常生活里，但是语言里已经用别的词来代它们了。比如“兄”这个词在中古时期已经变成旧词，从唐代开始，通常以口语里的“哥”来代替“兄”。“哥”成为“兄”的同义词。按：上古文献里的“哥”与中古出现的“哥”没有必然的联系。例如：“岐王等奏之云‘邠哥有术’。”(《旧唐书·邠王守礼传》)。“帝呼宁王为宁哥”(见段成式《酉阳杂俎》)“上幸宁王第，叙家人礼。上曰‘大哥好作主人’。”(见张九龄《敕赐宁王池宴诗序》)。还有像“婆婆”(“小娘子道：不识婆婆。”——《宋人话本》，页82)。“老公”(“我是你姑姑，自从嫁了老公，我家寒，攀陪你不羞，到今不来往。”——《宋人话本》，页82)都进入书面语言里用来代替过去书面语里常用的“姑”“夫”这二个词。中古时期的基本词里，不少旧词和新词并存不悖。而所出现的新词实际上就是旧词的同义词。这种现象也包括一部分口语词，被吸收到书面语言里面。兹举例说明：

父——爷　《木兰辞》："军书十二卷，卷卷有爷名。"按："爷"是当时口语词。《玉篇》云："爷，以遮切，俗为父爷字。"

母——娘　《南史·竟陵王子良传》："武帝与裴后不谐，遣人船送后还都。已登路。子良时年小，在庭前，不悦。帝谓曰：汝何不读书，子良曰：娘今何处？何用读书！"按："娘"也是当时的口语词。

日——太阳　"太阳"和"太阴"这二个词，早在上古时期词汇里就出现，但"太阳"当时还没有在全民语言里代替了"日"，只是作为"日"这词的别称。比如：《说文解字》说："日，实也，太阳之精不亏。"《淮南子·天文训》说："日者，阳之主也……月者，阴之宗也。"后来，"太阴"作为社会习惯语里一类的词而逐渐在语言词汇里消失，而"太阳"到了中古时期就开始代替"日"这词的用法，进入全民语言的词汇里，取得了基本词的资格。在中古时期的书面语言里，"太阳"普遍地使用着。比如：

> 王公曰：使太阳与万物同辉，臣下何以瞻仰！（《世说新语》）
>
> 天鸡警曙于蟠桃，踆乌晰耀于太阳。（李白《大鹏赋》）
>
> 葵藿倾太阳，物性固莫夺。（杜甫诗）
>
> 愿君光明如太阳。（李贺诗）

目——眼睛　韩愈《月蚀诗》："念此日月者，为天之眼睛。"按："眼"和"睛"在上古汉语里，是二个不同的单音节词。例如《汉书·王莽传》有："露眼赤精，大声而嘶。"这儿"精"就是"睛"（据王筠《说文句读》云："精即是睛，与童（瞳）子为一物。"）。到了中古时期"眼"与"睛"合成为一个词，在书面上代替了"目"这词。于是"目"

就变成了旧词。

腹——肚皮 《传灯录》:“从娘肚皮里出来,便好作狮子吼。”按:“肚皮”这词应该是当时的口语词。在比较接近口语的文章里,作为“腹”的同义词而使用着。

案——桌 上古只有“案”“几”一类的词,而没有“桌”这词。“桌”这种用具的出现大概较晚,一直到宋代才有。据宋人杨亿《谈苑》云:“咸平、景德中,王家造檀香倚(椅)卓(桌)。”(按:“卓”与“桌”“棹”相同。)

履(鞵)——鞋 现在的“鞋子”在上古叫“履”。据《方言》,履是当时的通语。到了汉代有一种皮做的鞋子叫“鞵”。中古以后无论是皮做的或者一般的鞋子都叫做“鞋”。这词在中古前期比较接近口语的诗歌里,使用已经相当普遍(“鞵”有时也用)。例如:

《颜氏家训》:“邺下有一领军贪积已甚……坐事伏法籍其家产,麻鞋一屋……其余财不可胜言。”

杜甫诗:“白头厌伴渔人宿,黄帽青鞋归去来。”

白居易诗:“美人蹋上歌舞来,罗袜绣鞵随步没。”又:“竹鞋葵扇白绡巾,林野为家云是身。”

李煜词:“刬袜步香阶,手提金缕鞋。”

(3) 赋予旧词以新义

在中古时期的基本词汇里,有不少词原来是古语词而取得了新的意义成为基本词汇里的新词。这种利旧词赋予新的涵义,是基本词汇在发展过程中创造新词的另一种方式。比如:

亲属称谓,像“叔”“伯”这两个词,在上古已经出现,但意义与后代不一样。在上古汉语词汇里,“伯”是指老大,“叔”是指老二,“伯”“叔”有时也指长幼。到了中古时期,“伯”“叔”单独用来指“伯父”“叔父”。例如:《南史·江祐传》载江廞年十二,闻收至,谓家人曰:“伯既如此,无心独存。”《梁书·宗室传》:“伯为天子,父作扬州。”《南齐书·竟陵王子良传》:“北瞻吾叔,前望吾兄。”《南齐书·沈昭略传》:“家叔晚登仆射,犹贤于尊君。”

再如“老子”这词在上古为长老之自称词。《后汉书·韩康传》:“使夺其牛,康即释驾与之……使者欲奏杀亭长。康曰‘此自老子与之,亭长何罪。’”在中古前期,书面语言里,“老子”这词仍然是“长老”的自称词。例如:《晋书·陶侃传》:“老子婆娑,正坐诸君辈。”可见到中古后期,“老子”在有些方言里作为“父亲”的等义词。据陆游的《老学庵笔记》云:“予在南郑,见西陲俚俗谓父曰老子,年虽十七八,有子亦称老子,乃悟西人所谓‘大范老子、小范老子’,盖尊之以为父也。”

其他方面,指称人的肢体一类的基本词,像“脚”在上古是指小腿。据《说文解字》:“脚,胫也。”刘熙《释名》谓:“脚,却也。以其坐时却在后也。”在上古的书面语言里“脚”这词都是指小腿。比如:

《墨子·明鬼下》:“羊起而触之,折其脚。”

《汉书·东方朔传》:“擢项颐,结股脚,连雕尻。”

这儿所谓“股”“脚”就是指大腿和小腿。到了中古时期,“脚”这词的意义开始转变,它代替了“足”这词,由于用法逐渐普遍起来,终于进入了基本词汇。例如:《晋书·陶潜传》:“潜无履,王弘顾左右为之造履。左右请履度,潜便坐伸脚令度焉。”《宋人话本》有:“又过了数日,妇人脚有痛了。”于是,“足”在中古成为旧词而逐渐脱离基本词汇的范围了。

(4)外来词进入基本词汇

中古时期基本词汇的发展过程中,外来词进入基本词汇是这一时期的重要现象,据历史记载,佛教在汉代已开始传入中国,佛教的传播,使得佛教词汇在汉语词汇里不断地发生影响,不断地促进着汉语词汇的发展。佛教词汇里有不少词以外来词的资格进入汉语的一般词汇中,也有进入汉语的基本词汇中的。如下列一些词：

佛——原是梵语。初译“浮屠”（浮图、佛图、佛陀），最后简译为“佛”。

僧——梵语“僧伽”的简称。“僧伽”是和合的意思。

尼——梵语“比丘尼”的简称，原义是女子出家受具足戒的意思。男子出家称为“比丘”，也就是“和尚”。

菩萨——梵语全名是“菩提萨埵”。意思是“大觉有情”。“大觉”即对客观世界的认识已经融会贯通。“有情”等于“众生”，即一切生物包括人类和动物。

罗汉——梵语“阿罗汉”的简称。意译为“佛家的圣者”。

地狱——梵语“泥犁”的意译词。

阎罗——鬼王的意思。《隋书·韩擒虎传》：“生为上柱国，死作阎罗王，斯亦足矣。”《宋史·包拯传》：“关节不到，有阎罗包老。”可见，这些词不仅在当时的口语里流传，而且也有已经进入书面语言，被记载下来。

还有一些词，在基本词汇里根深柢固，一直到现在，几乎分别不出是不是外来词了。例如：

世界——上古称“天下”为“宇宙”。以后“世界”这词就成为“天下”“宇宙”的同义词。“世界”这词最初的意思，据佛经《楞严经》谓：“世为迁流，界为方位。”东、西、南、北、东南、西南、东北、西北、上、下为界，过去、未来、现在为世。

现在——这词原是一个古语词，本作“见在”，意思是“目前犹在”。王充《论衡·正说篇》云：“夫《尚书》灭绝于秦，其见在者二十九篇。”自佛教传入后，就采用这词来翻译佛经里的“现在”，于是有了新的意义。佛家把“过去、现在、未来”称为“三世”。现在作为佛教词表示时间的意思。

因果——在上古“因”“果”是两个单音节词，采用它翻译佛经里“因果报应”的意思。

法宝——佛教以“佛”“法”“僧”为三宝。“法宝”即“三宝”里的一宝。

圆满——据晋朝译《华严经》谓：“显现自在力，演说圆满经。”这词的涵义就是“圆融无碍”。

其他还有：“因缘”“念”“魔鬼”“方便”“平等”“毕竟”“信心”“慈悲”“真相”“妄想”“导师”“烦恼”“转变”“一刹那”等，也都是当时佛教词汇里作为外来词而进入汉语词汇之中，一直到现在仍然沿用。

（三）词汇与社会制度意识形态

社会生产力的发展和经济的发展以及社会成员的经济活动，总是反映社会发展的重要方面。中古时期社会经济变迁的大致情况是：在中古前期，由于魏晋南北朝这一时期的长期封建战争，人口死亡很多，农业衰落。当时北中国更在异族统治之下，商业资本衰微，南中国的社会经济稍有发展。在中古中叶，隋唐时期大地主经济重新获得高度的发展，直接支配着社会经济命脉和社会成员的经济活动，至唐末五代才没落下来。到了宋代，小地主经济逐渐得到支配社会经济的地位。

每一个历史时期和每一个朝代，都有一整套适合当时社会发展在一定阶段上的社会经济制度的上层建筑。这就是说各个历史时期的统治阶级为了加强统治，巩固专制主义的封建制社会和国家形式，一方面利用政治力量来刺激社会经济的发展，从而达到缓和阶级矛盾的目的。另一方面制定一整套便于统治人民并适合统治阶级观点用来做压服人民的封建法制和社会伦常制度。语言词汇，在一定的历史阶段，不但反映着社会经济状况的变化和发展，同时也或多或少地反映着这一个历史时期适应着当时社会经济发展的特殊的社会制度和社会意识形态。

1. 魏晋南北朝封建集权制度的词汇

魏晋南北朝尽管是处于政治动荡、经济衰落、战祸严重、朝代更替较多的一个历史时期，可是，统治阶级为了加强君主一统的集权制度，独揽政权，巩固统治，无论在政治上、军事上、法律上都及时采取了措施，利用政治权力和国家机器作为阶级斗争的工具，藉以巩固统治地位和用来镇压人民的反抗。例如在魏晋时期，曾经出现所谓“九品中正”“谱牒”一类的政治制度。“九品中正”在曹魏时期成为分配政权的一种选举制度。这种制度本身一方面充分反映着当时统治阶级在欺骗人民群众，麻痹社会的中间阶层，想消除人民群众对他们的反抗。另一方面充分表现了大地主阶级内部在政权分配上的矛盾，想借用这方法来缓和彼此之间的倾轧现象。“谱牒”是与“九品中正”同时产生的一种士族制（即门阀制）的一种政治制度。当时讲究门阀等级，最高特权门阀的子弟，可以不经过选举就能做高官取厚禄，而且可以世代独占要职。所谓“九品”的选举制度，实际上就是门第等级分类的反映，是剥夺人民群众政治权利的一种方式。由于大门阀子弟可以不经过选举做官，而且不会做“下品”，中间诸阶层的子弟不会被选为“上品”，所以造成了“上品无寒门，下品无世族”的不合理的政治制度。由于士族门阀制度的产生，在语言里也出现了一些新的词语。例如“清流”“旧门”“次门”“后门”“勋门”“役门”等。

其次，魏晋南北朝各代官制复杂，官名繁多。有“亲王”——晋、南北朝时帝王封皇属子弟的官名，“都督诸州军事”——掌握军政重权的官员，“总管”——也是掌握军政大权的官员。以及北周设制的所谓六卿：“天官府”“地官府”“春官府”“夏官府”“秋官府”

“冬官府”的长官等名目。

军事制度原是封建王朝维护君主一统的集权制度的重要武器。这一时期的军政制度和士兵制度上，特别表现出统治阶级极力利用它来镇压人民的反抗。例如南朝梁代设有六军：“领军”“护军”“左卫”“右卫”“游击”“骁骑”。这些名目代表着当时各种不同的兵种。在士兵制度方面也有各种各样的名目。例如“车下虎士”“丹阳青巾”“交州义士”“健儿”“武射”；又有“突将”“无前”“寅叟”“青羌”“散骑”“武骑”，等等（见《通考》卷一五一——一五四）。另外还有所谓“五校”——“屯骑”“越骑”“步兵”“长水”“射声”，和“七军”——“左卫”“右卫”“前军”“后军”“左军”“右军”“骁骑”一类的名称（见钱仪吉《补晋书兵志》）。

在法律制度上，这一时期的“刑罚”有各种各样的名称。例如：“法列”“诈讹”“请赇”“告劾”“系讯”“断狱”“败亡”“卫官”“水火”“关市”“违制”“禁卫”“户禁”“朝令”“逃亡”“斗竞”“侵扰罪”“侈奢罪”“左道不依经律”“枉法受财”罪，等等（《隋书》卷二十五、《晋书》卷三）。又有“廷杖”“刺面”“凿眼”“刖足”等（见《三国志·吴书》）。从上述的一些例子来看，可以想像当时广大人民群众在黑暗统治的时代里是完全没有法律保障的。同时从文献材料里还可以看出当时法律制度本身的不合理。例如：北魏定死罪特别重叫做“反逆”，只有这种“反逆”罪是不能用金钱赎取生命的；其余的死罪可以花钱赎取生命，得以不死。

2. 魏晋南北朝学术宗教的词汇

人们的思想意识总是客观现实的反映。在这一段历史时期，由于战争频繁，社会动荡不安，经济文化遭受破坏，在当时的士大夫阶层分子和有文化的人们的思想意识中，普遍产生一种颓废厌世的哲学思想；广大人民群众，普遍信仰宗教，崇尚迷信。

魏晋时期，由于虚无主义和颓废思想的抬头，其时学术界谈论老庄，崇尚玄虚成为风尚。在语言词汇里出现了“清谈”“玄风”“三玄”“玄言”“玄部”“玄理”“玄学”一类的词语。随着社会秩序继续紊乱，社会矛盾日益复杂和尖锐，那种玄虚的思想意识也就决定着士大夫阶层的精神面貌；玄虚之学也主宰着他们的学术活动。同时产生一种“崇有论”的学说，这种学说认为“有”是实质，是现实生活的产物，是符合实际生活的需要；“无”是现象，只是表面的一种空洞无用的现象，在现实生活里一无用处。这种学说在哲学上表现着“两元论”的倾向。实质上就是当时尖锐复杂的社会矛盾反映在社会中间阶层对待现实的——还是“玄”呢？还是“实”呢？——一种意识形态。

其次，从这一时期宗教迷信来看，魏晋以后，道教和佛教的传布比汉代更盛。道家方面，其时有所谓“黄巾道士”（即东汉张角、张道陵的徒弟）假托“道术”为命，念“道经”用“符录”以通鬼神，医治疾病。那时在士大夫阶层方面，又有所谓“丹鼎”一派，他们讲究烧炼金丹和药物服食，多半谈论延命养生的法术。至于佛教，据《隋书·经籍志》记述约在魏朝黄初年间（公元220—226）已经有人依佛戒剃发做和尚。到了晋代，建造佛寺、翻译佛经相当普遍。而印度和尚也川流不息地到中国传教译经。中古时期佛教的广泛传播，不但对于当时文化的发展具有深远的影响，而且也直接地影响着汉语词汇的发展。这一时期由于宗教迷信的风气很盛，所以有关宗教迷信一类的词汇也就不断地在语言词汇里出现。例如：

烧香——瞻礼神佛的一种仪式。求请神佛保佑自己的安福。《江表传》：“时有道士琅邪于吉……立精舍，烧香读道书。”

魔媪——假托鬼神以迷惑群众而求利的老女人。《南史》云：“师巫魔媪，送迎不绝。”

鬼死鬼——与“佛”“菩萨”相对的一种概念。表示凶象和不吉利。《晋书》云:“壮作诗七篇,托言应璩以讽寿。寿报曰:‘省诗知意,若今人所作,贤哲之话言也;古人所作,死鬼之常辞也。’”

鬼市——鬼神们的买卖交易的场所。把鬼人格化。《避暑录话》云:“海边鬼市,半夜而合,鸡鸣而散。”这词后来又可理解为活人在夜间不置灯火而相叙贸易的意思。《新唐书·西域传》云:“西海有市,贸易不相见,各置直物于旁,名鬼市。”

人们在宗教迷信的影响下,不但把鬼人格化,而且想像出一个象人的世界一样的鬼世界,其中有鬼的君主——“鬼魁”以及鬼世界所组织的一切机构和制度。更有所谓“鬼兵”。例如《北史·齐武成帝纪》云:“河清三年,晋阳讹言有鬼兵,百姓竞击铜铁杆之。”

迎会——言鬼神到达,人们敲锣打鼓的来迎接的一种仪式。这种仪式又名“赛会”。其中有很多名目。据前人笔记云:凡神仙所栖舍具盛仪萧鼓杂戏迎之,曰“会”。富人有力者,捐金借骑以主其事,谓之“会首”。里豪市侠,啸召俦侣,亦曰“会前”。荒阳小市,不能为“会”,各弹其才智,以俟大会并入之,曰“助会”。会所经行,市人之家,张筵列炬,士女罗拜,曰“接会”。“迎会”这种仪式以后成为一种风俗。不少地方一年一度都有“迎会”,一般在农间季节。成为劳动人民的娱乐节日。

拜愿——即“许愿”。求请神佛保佑自己万福无恙。如有效验,则以礼拜,以谢佛助。《宣府镇志》云:“市人为父母兄长或己身疾病,具香纸牲醴于城隍神祈祷。自其家且行且拜,至庙而止,谓之‘拜愿’。”

抽千——到神庙里抽千,以占卜凶吉。《幸蜀记》云:“王衍祷张恶子庙,抽千得‘逆天者殃’四字。”

纸钱——即冥钱。鬼所使用的钱钞。封演《闻见记》云:“古者享祀鬼神,有圭璧币帛,事毕则埋之。魏晋以来,始有纸钱。”

冥宝——祭祷时所焚烧的黄纸,或用“锡箔”折成元宝形。作为鬼世界买卖交易的货币。《清异录》云:"周世宗发引之日,金银钱宝,皆寓以形,雕印文字,黄曰泉台上宝,白曰冥游亚宝。"

"送羹饭"(送鬼)——人病以为鬼所祟,具酒饭以祭送之。《睽车志》云:"有巫送鬼,自持咒前行,令一童担羹饭。既行,童觉担渐重,至不能任。巫曰:此冤鬼难送也。"

上述这些词的出现,都跟当时宗教传播和人们迷信鬼神分不开的。鬼神在人们思想意识中的出现,又是跟佛教所谓"精神不灭"的说法分不开的。自从佛教传入中国以后,到了元朝,无论是帝王、公卿、文人学士以及一般的劳动人民、家庭妇女,在思想意识上,或多或少受佛教思想的蛊惑。宗教在乱离的世纪对劳动人民来说,确实是起着麻痹的作用的;使得大家安于现状,在思想大大削弱了劳动人民斗争的力量。

3. 唐宋典章制度的词汇

唐宋时期的典章制度大都沿袭前代,只是稍微有些变更而已。例如唐代的行政官员制度,设有"宰相""内相""同平章事"等重要官职。唐时以"尚书""中书""门下"三省之长官称为"宰相"。又因为这官职重要,不常设置,而用别的官员来摄代,就叫做"同中书门下平章事",简称"同平章事"。"内相"就是襄助宰相办理政务的官员,主要是为宰相参谋政事,做宰相的"顾问"(参看《旧唐书·陆贽传》)。还有所谓"九寺"——"太常""光禄""卫尉""宗正""太仆""大理""鸿胪""司农""太府";"五监"——"国子""少府""将作""军器""都水";"一台"——御史台,为一种监察机关的官员等等的官职。除此以外,还设置"使"一类的官员,以督察州县。例如:"巡察使""安抚使""观风俗使""转运使""黜陟使""宣抚使""盐铁使""户部使""租庸使""度支使",等等。五代、宋、金时期的官制基本上继承唐制,但也出现一些新的官名。例如:"三司"——即把"户部"

“盐铁”“度支”合并为一的官名。“二府”——即“枢密院”“中书省”，为统辖各部、掌握名事的官府。（见《宋史·职官志》）“使相”——当时一种空衔的官员。其他还有“都转运使”“团练使”“制置使”“经略使”等名称。宋时，在官名的总称上，中央的官员和地方的官员是有区别的。地方的官员称为“外官”。其中又可分为“亲民”和“厘务”两等。

另外，唐代的教育机构设有“大学”“国子学”“四门学”“州学”“崇文馆”“弘文馆”等。宋时设有“昭文馆”“集贤院”。这些学校和学术机构，都是来培养皇室、贵族、大官僚的子弟的，对于“小民”来说是绝缘的。

唐宋时期在士兵制度方面也有各种各样的名称。例如唐代推行所谓“府兵制”。在军队的编制上有“府兵”“彍骑”“方镇”“禁兵”等组织。“府兵”下设有“团”“队”“火”三类兵种。“彍骑”设有“白丁”“宗丁”“品子”“彊子”等级别（见《新唐书·兵志》）。宋代有“禁兵”——天子的卫兵，“厢兵”——各州的军队，“乡兵”——凭户籍抽选或士民应募而经过训练用以防守的军队，“藩兵”——边塞所属诸部的藩离军队（见《宋史·兵志》、《通考》卷一五六），“水军”——南宋时用以防御江淮的兵团等名目。军队原是统治阶级巩固自己政权的有力工具。

每个时代的统治阶级无不重视军政的设制和军队的编集，从语言词汇里充分地说明了唐宋时期统治阶级也不例外的。

在刑法制度上，唐宋时期比中古前一个阶段有所不同，主要是减去了某些毒刑和极刑。唐代法制方面的术语有“律”——刑法科条，“会”——国家制度，“格”——百官有司所谓之事，“式”——所常守的法，以及“谋大逆”“谋取”“谋恶逆”“劝不道”“大不敬”（触犯皇帝尊严）、“不孝”“不睦”“不义”“内乱”等罪名。（见《旧唐书·刑法志》卷五十）宋代法制方面的术语有“敕”——命令劝戒于未然；

“令”——命令劝戒于已然；“格”——树立榜样等待他效法；“式”——树立榜样使他效法。以及“杖”“配役”“刺配”〔按：“刺配”是一种“既杖其脊，又配其人，而且刺面，是一人之身兼受三刑”的刑罚（见《大学衍义补》）〕等刑罚的名称（见《通考》卷一六八《刑考七》）。在辽，还有“投崖”“炮掷”“钉割”“脔杀”一类惨无人道的酷刑。

4. 唐宋学术宗教方面的词汇

这一时期（唐宋）学术思想和宗教迷信也在语言词汇中反映出来。

唐宋时期的局面比较稳定，在政治、经济、文化上都有相当的发展。这一时期人们的思想意识比较前代多少有些进步。

这一时期由于政治、经济的形势良好，社会秩序正常化，所以学术研究的风气也比较旺盛，当时展开了多方面的学术活动，尤其是专业性的研究十分活跃。而且有些学科像天文历算、音韵、文学、哲学等在不同程度的研究上都取得了一定的成绩。而整个学术界呈现着一种平和繁荣的景象。这一时期的语言词汇里也就出现了很多文化学术方面的术语。有些术语的涵义，与当时的学术思想是有联系的。例如：拿哲学来说，唐代以韩愈为代表的儒家哲学，这一派对于“道”“性”这一类哲学范畴都赋予新的涵义。他们认为世界最本质的东西就是“道”，它是独自存在于精神当中，而体现在人类社会的现实生活中就是“三纲五常”。因此说人也是“道”的产物；可是人最本质的东西就是“性”，“性”是“道”在人身上的体现。这种主观唯心主义的哲学思想正是代表了当时封建贵族和大地主阶级的统治集团在说话，为统治阶级而立言。再如宋代的理学家对于“气”“理”“性”“命”这一类哲学范畴也有新的解释。按照他们的说法，“气”所指的是物质，“理”所指的是精神。因而必须从“气”和“理”作为出发点来探讨宇宙的起源和人们的生活实践。至于“气”和“理”的依存关系有些学者的理解表现着唯心二元论的哲学思想。比如“理不在气先，气亦不在理后”“若无此气，则理亦无挂搭处”（见朱熹《语录》）。宋代理学家的空谈“气”和“理”，一点不能解决现实社会里的实际问题，当时，也有人反对理学这一派，试图从社会现实的矛盾的基础上，来认识客观世界，从而研究宇宙的精神和物质的关系。

在封建社会里，封建礼教通常作为统治阶级麻痹人民群众思想意识的一种工具。由于封建统治阶级利用礼教来压服别人、束缚别人的思想和行为成为他们惯用的伎俩，因而每一个时代或多或少有一套封建礼教制度，迫使人民群众唯命是听、逆来顺受。唐宋时期也不例外。封建礼教制度反映在语言词汇里也是极其明显。例如在婚姻关系上，当时的语言词汇里出现了这么一些词儿。像：

冥婚——替死者结亲。《旧唐书·萧至忠传》：“韦庶人又为亡弟赠汝南王洵，与至忠亡女为冥婚合葬。”

卖婚——以余钱娶妻。《通典》：“山东人士，尚阀阅，嫁娶必多取费，谓之卖婚。”

系亲——或称“抢亲”。公开强迫对方成婚的意思。《宋史·礼志》：“公主下降。初被选尚者，即拜驸马都尉，赐玉带、袭衣、银鞍勒马、采罗百匹，谓之‘系亲’”。

鬼媒人——替未婚而死亡的人作媒合婚。《昨梦录》：北俗，男女年当嫁娶，未婚而死者，两家命媒互求之，谓之“鬼媒人”。

其他方面，还有：

出孝——“既葬，邻伍会集，相与酣醉，名曰出孝。”（见《新唐书·韦挺传》）

送血泪——“其亲友死，则以刀割额，血泪交下，谓之送血泪。”（见宇文懋昭《大金国志》）

同庚会——年老者相聚的一种庆贺仪式，等等。

又，当时的上层分子为了表示自己的“斯文”“雅意”，往往“创造”一些特殊的词语来指称某些普通事物。这一类词语多半出现在文学作品里。例如：称桃花为“红雨”（这词原出于李贺诗“桃花乱落如红雨”），称杨柳为“章台”。指松树为“木公”，指梅树为“木母”（见《湖海新闻夷坚续志》）。指书法为“银钩”（这词源出《书苑》：“晋索靖草书绝代，名银钩虿尾。”），指橘子或果实为“木奴”（《齐民要术·种梅杏》：“木奴千，无凶年。”），称月亮为“玉兔”（这词源出于傅咸的文章：“月中有何！玉兔捣药。”），指鹿茸（一种补药）为“九春女”，等等。

唐宋时期，宗教的势力很大，传教信教成为当时一种普遍的现象。由于当时宗教的兴旺，对词言词汇的发展影响较大。这一时期宗教词汇在语言词汇里不断的增多。反映宗教意识和宗教活动的新词不断地出现。例如：

度牒——当时发给僧尼的一种作为免除徭役租税的证件。

僧祇户——寺院里的佃户和荫托户。

金狄——佛教的名称。

景教——基督教的乃司脱利安派（Niatouans Christianity）在唐贞观九年（公元635）传进来的。

女冠、道士——信奉道教的人的称号。

律、禅、法相、三论、真言、净土、天台、华严——当时佛教宗派的名称。

“法师”、“威仪师”、“律师”、“炼师”——指德高思深的道士。

章、醮、理沙——道士禳谢做法事道场的名称。

另外还有“药石”“炼丹”一类丹丸药物的名称。至于佛学方面的术语那是更多。例如：

法——指事物和思想等一切存在。

相——指人所感觉得到的外界一切现象。

涅槃、圆寂——佛家所谓永寂不动的精神境界。

因明学——佛教的逻辑学。

格义——解释佛学的经典。

真如——真心。佛教所谓如来藏心的实体，是不生不灭、不增不减、无有差别的东西，等等。

5. 中古时期的阶级习惯语和避讳词

(1) 阶级习惯语

中古时期的阶级习惯语，在语言词汇里是非常突出的。在统治阶级和上层分子的社会性活动范围里，这一类阶级习惯语表明了他们对外界事物的看法和作为某种思想意识的反映；也表明了他们平时喜怒哀乐的无常情绪以及对某些事物具有好感和趣味。总的说来，这类阶级习惯语在语言词汇里的出现充分反映着当时统治阶级和上层分子特殊的生活行为和思想面貌以及他们在使用语言方面力求自己特殊化。

例如：在统治阶级集团里，下级的僚属称帝王为“宅家”，唐昭宗时，刘季述等至思政堂殿，皇后趋至拜曰：军容勿惊“宅家”。(见《通鉴》)，“官家”，“五帝官天下，故曰官家。”(《湘山野录》)，“大家”，“宴，吐蕃使于麟德殿拜谢曰：惟愿大家万岁。”(《旧唐书》)等这一类当时作为君王的专称。同时，称帝王所到的地方叫做“幸”，由此而构成“临幸”“巡幸”等词。还有，称帝王的办公桌子叫“奏案”，《三国志》：“孙权拔刀砍前奏案。”皇帝和臣子对话，称“奏对”，《旧唐书・权德舆传》：“臣每于延英奏对，退思陛下求理之言，生逢盛明，感涕自贺。”皇帝写的黄纸便条叫做“诏黄”，《南史・王韶之传》：“凡诸诏黄皆其辞也。”等。统治阶级创造这一类词，无非要显示皇帝的“尊严”的身份。这是统治阶级拥有特权在语言词汇里的反映，说明了那个时代阶级地位的不同使语言上也有特殊化的情况。

其次，在统治阶级和上层分子内部，由于相互恭维吹捧以及在日常生活交往中，对别人表示尊敬对自己表示谦逊的所谓“客套”，也出现了一些特殊的称谓。例如：

内助——帮助天子料理事务的人。《三国志·魏书·郭后传》：“帝王之治天下，不惟外辅，亦有内助。”

相公——宰相的尊称。《复斋漫录》：“韩子华兄弟皆为宰相，其家呼子华‘三相公’。”

阁老——省相的尊称。《国史补》：“宰相呼为堂老，而省相呼为阁老”。

堂老——宰相的别称。

员外——一种空衔的官号，后来转称一般有钱有势之徒。《旧唐书·李峤传》：“为吏部时，志欲曲行私惠，奏置员外官数千人。”

孺人——官员之妻子的通称。江淹赋：“左对孺人，右抱稚牛。”

老身——老人的自称。《新五代史·汉家人传》：“(太后李氏谓宋太祖曰)老身，未终残年，属此多难，惟衰朽托于始终。”

还有：年老退休曰“告老”。蔡邕《陈太丘碑》：“年已七十，悬车告老。”《北史·高允传》：“允以老疾乞骸骨，不许，乃著告老诗。”谒见天子称“陛见”。《北史·张普惠传》：“丧乞朝直之日，时听奉见，自此之后，月一陛见。”等。相反的，当时统治阶级对一般平民也有一些特殊的称谓。例如：

白身，《新唐书·选举志》：“白身视其身，一经三传皆通者，奖擢之。”

白丁，《北史·李敏传》载隋文帝谓乐平公主曰：“敏何官？”对曰：“一白丁耳。”

白士，即寒士。《晋书·羊祜传》："与从弟琇书云：'以白士而居重位，何能不与盛满受责乎？'"

这一类词的出现，不但反映着当时对立阶级的悬殊，而且说明了在封建社会制度下所形成的一种阶级歧视。

（2）避讳词

语言词汇里的避讳词完全是统治阶级垄断语言的表现。避讳词的出现充分反映着在封建社会里人民群众在使用语言上受到统治阶级的压制。避讳词严格一点来说不是词，只是造成语言混杂的一种奇怪现象。这种词在我国长时期的历史过程中虽然有所变化但一直存在着，而在古典作品中又大量地出现，它给我们阅读古典作品带来了一定的困难。

在古代，形成避讳词的方式很多，有改字、空字、缺笔、改音等等。种类也很多，有改姓名、改常用语、改名号等。下面略举一些例子：

例①　《魏书·高祐传》："（祐）本名禧，以与咸阳王同名，高祖赐名祐。"

例②　《宋史·夏国传》："李彝兴……本名彝殷，避宋宣祖讳，改殷为兴。"

例③　《新唐书·姚崇传》："崇字元之……始名元崇，以与突厥叱剌同名，改以字行，后避开元尊号，更今名。"

例④　《宋史·地理志》："以瑕丘县为瑕县……龚丘县为龚县。"按：这里是避讳孔子的名字——丘。

例⑤　《旧唐书·穆宗纪》："恒王房子孙改为泜王房。"按：这儿恒王实际上应该是恒小愍王，泜王却是愍王的错写。当时因为避讳的缘故，就把民字旁改为氏字旁而误写成泜。

例⑥　《晋书·职官志》：太师，太傅、太保，周之三公官。"晋初以景帝讳故，又采《周官》官名，置太宰以代太师之任"。

例⑦ 《齐东野语》云:“王羲之父讳正,故每书正月为初月,或作一月,余则以政字代之。王舒除会稽内史,以祖讳会,以会稽为郐稽。……李翱祖父名楚今,故为文皆以今作兹。杜甫父名闲,故杜诗无闲字。……曾鲁公父名会,避之者以勘会为勘当。蔡京父名準,改平準务为平货务。”

例⑧ 《野客丛书》:“钱王讳镠,以石榴为金樱……杨行密据扬州,扬人呼蜜为蜂糖。”

例⑨ 《老学庵笔记》云:“田登作郡,自讳其名……举州皆谓灯为火。上元放灯,许人入州治游观,吏遂书榜揭于市曰:‘本州依例放火三日。’”按:此后就有一句谚语:“只许州官放火,不许百姓点灯。”这句话里正包含着“做官的人有法外的自由,而人民群众连法内的自由也没有”。

(四)佛教词汇和其他外来词

在中古时期,佛教词汇和其他外来词的大量吸收,以及古代熟语的继承和新熟语的创造并积极应用,是这一时期汉语词汇发展的最大特征。

外来词或称“借词”,是任何语言里常有的现象,也是每一个民族使自己的语言词汇不断丰富和发展的主要手段之一。语言词汇对外来词的吸收是一个长期的历史过程。在每一个历史时期,只要这个民族与其他各族人民接触,彼此在政治上、经济上、文化上相互影响和相互交流,就会在语言中出现彼此吸收所需要的词汇,相互丰富自己的语言词汇的情况。汉语里的外来词就是在这种情况下被吸收进来的。

汉语随着社会的发展在中外文化接触的历史过程中,由于社会生活和人们活动的需要,往往采用“音译”“意译”和“音义兼译”

的方法把别种语言里的词吸收到汉语词汇中。毫无疑问，外来词的吸收是充实汉语词汇的一个重要因素。在汉语词汇里，它作为直接创造新词的一部分，使得汉语的词汇不断地取得新鲜的养分：一方面丰富了汉语的词汇内容，另一方面为汉语的构词法开辟了新的途径，对于汉语的发展起着很大的作用。因此研究汉语词汇里各个历史时期的外来词，对于整个汉语史的研究，是有重大的意义的。

1. 佛教词汇

以中古时期的外来词来说，佛教词汇对于汉语的影响最深，对于促进汉语发展所起的作用也最大。佛教词汇里的词和语，有些进入汉语的一般词汇，也有一些进入基本词汇，更有一些由于被广大人民群众普遍接受，因而使用频率很大，几乎成为汉语全民语言里的词汇。我们对于这些词和语就有必要来辨清它的词源。也有一部分它的使用范围非常狭窄，只是佛教专门用语，一般的人不常用它。总之，佛教词汇里很有一部分词语是历来汉民族人民所喜爱，所使用，从而广泛地渗入到书面语言里，逐渐成为汉语里一种有特殊色彩的文学语言的词汇。下面举一些例子加以说明：

（1）音译佛教词

音译的佛教词汇，除了前面已经举过像“佛”（梵语 Buddha）、“菩萨”（梵语 Bodhisattva）、“罗汉”（梵语 Arhat）、“阎罗”（梵语 Yama-raja）等外，还有很多。

塔——梵语 Stupa。即“浮图”，据《大唐西域记》说：“诸窣堵波即旧所谓浮图也。”后来把这单音节词指称一种十六角七级的建筑物（见《正字通》引《通雅》说）。据历史文献，《高僧传》“康僧会”条有叙述孙权造塔的事情。《洛阳伽蓝记》里有“宫塔”“大塔”等名词。可以设想，“塔”这词在南北朝前后已经普遍使用。

劫（刼）——梵语 Kalpa，佛经里译作“劫簸”“劫波”。按佛教里的“劫”与汉语原有的“劫”意义不同。佛教所谓“劫”有二种意义：一是指世界成坏而立的数量，一是指计算昼夜日明的数量。而在汉语里，由“劫”这词构成“劫难”“劫数”一类的合成词。从语义看这类词的意义大致是从佛经里所谓“天地之外，四维上下，更有天地，亦有无终极。然皆有成败，一成一败谓之一劫”而来的。所以人受灾难叫做“劫数”，有遭厄运的意思。

魔——梵语 Mara 为“魔罗”的略称。这词表示能夺命、障碍、扰乱、破坏等等的意思。旧译作“磨”，原义并没有“鬼”的意思。后来由“磨”这词派生出“魔力”“魔障”一类的词。这才与“魔”的原义有关。例如白居易诗有：“唯有诗魔降不得。”可是，佛教又有所谓“四魔”（烦恼魔、阴魔、自在天子魔、死魔）之说。“魔鬼”这词可能是“死魔”而来。

（2）意译佛教词

意译的佛教词汇除了前面已举过像“现在”“世界”等外，还有像：

方便——梵语 upaya，或名“伛和”。这词本来的意思是一种切实的、真实可行的方法，用于一切事物都是有利。换句话说，用这种方法也只有随着这种方法运动的趋向去做一切事情，就可以达到目的。也就是所谓“利物有则云方，随时而施曰便”。据佛典《法华文句》说：“方者法也，便者用也。法有方圆，用有差会。”我们现在对于做一件有益于别人的事情称为“方便”，意义即是从这儿推演出来的。

平等——梵语 samata，意思是对于差别来讲的，也就是没有高下深浅的差别。据佛典《金刚经》说：“是法平，无有高下。”《五灯会元》中更有详细的说明：“天平等，故常覆；地平等，故常载；日月平等，故四时常明；涅槃平等，故凡圣不二；人心平等，故高低无净。”由此可见“平等”这词已经在南北朝时期出现。

信心——梵语 eitta-mati，意思是对所信之佛深信而无怀疑。据宋《景德传灯录》卷二十说三祖僧璨曾作有《信心铭》。现代汉语“信心”这词，从语源学的角度观察，由来于佛教词汇。

礼拜——梵语 Vandana（或 Namas-Kara），是指一种恭敬的仪式。据《大唐西域记》说：“致敬之式，其仪九等：一、发言慰问，二、俯首示敬，三、举手高揖，四、合掌手拱，五、屈膝，六、长跪，七、手膝踞地，八、五轮俱屈，九、五体投地。”汉语里“礼拜”，应该说是从这儿来的。

未曾有——梵语 Adbhuta。原意指稀有或谓意外的事情。据《法华经・序品》说：“是诸大众，得未曾有，欢喜合掌。”是一个名词。而古代汉语里的“未曾有”表示过去从来没有过的意思。可是，当时的学者在翻译佛经的时候，碰到新鲜的词语，总是按原样介绍过来。

不可思议——依据佛家的说法，凡是深妙的道理和希有的事情，不可以心想，不可以议论的，称为“不可思议”。据佛典《维摩经》慧远疏云：“不可思议者，经中亦名不思议也。通释是一，于中分别非无差异。据实望情名不思议，据情望实名不可思议。”我们现在所说的“不可思议”的意思，正是从这儿来的。

（3）音意兼译佛教词

音意兼译的佛教词，在比重上比较大。在构词法上也比较特殊。例如：

尼——梵语 Bhiksuni，是女子出家受具足戒者的通称。据梵语，男僧叫比丘（Bhiksu），也就是“和尚”。女僧叫比丘尼。可是在汉语里，把“尼”特称女僧，而且在口语里还接上一个“姑”字，这样一来，“尼姑”便成为音意兼译的词。当然，“尼”作为词素在梵语里正是表示女性的意思。

忏悔——梵语 Ksamayati 的简译词。从构词法来说，很明显是从“Ksa”这词第一个音节的对音加上意译“悔”而成的。“忏悔”在佛经里的意思是自己悔过，请求别人忍恕。这词最早见于南北朝时期的文献《高僧传》。

彼岸——梵语 pāra，音译作“波罗”，意译为“彼岸”。佛家把生死的境界比譬为“此岸”，生活中的烦恼比譬为“中流”，“涅槃”比譬为“彼岸”（《智度论》卷十二说云：“以生死为此岸，涅槃为彼岸。”）。可是，在汉语里，使用这词，把它的词义扩展了些。意思变成凡是事情做得成功，都称为“到彼岸”。例如：《智度论》卷一云：“于事成办，亦名到彼岸。”

总的说来，在中古的佛教词汇里，有些词语只作为佛教用语而流入中国，流行于佛教中，或钻研佛学的少数学者之间，这些词语对于汉语的影响不怎么大。但绝大部分的佛教词语随着佛教的广泛传播和佛经的大规模翻译而流行于广大人民群众之中。由于这些词的使用频率相当高，随着汉语本身的发展，它就变成为汉语词汇里新生的东西，而且生命力也相当强，一直到现在仍然沿用。如果我们缺乏历史语言学和词源学的知识，就无法分辨出这些词在汉语词汇里是外来的成分。

2. 其他外来词

中古时期，由于国家一度昌盛，经济文化呈现着繁荣的景象，西方和亚洲不少国家，敬慕我国的文化，都与我国交往。从历史上看，这一时期，我国曾与印度、阿剌伯、伊兰、波斯、马来亚、越南、朝鲜、日本等国家建立过正式的外交关系。同时，国内各兄弟民族，有一时期深受汉民族文化的影响，曾经纷纷迁居中原地带。尤其在南北朝时期，北方曾经出现过民族杂居的情况。杨衒之在《洛阳伽蓝记》里曾经叙述当时各族人民与汉族人民杂居交往、通商的繁荣局面。他说:“东夷来附者,处扶桑馆,赐宅慕化里;西夷来附者,处崦嵫馆,赐宅慕义里。自葱岭以西,至于大秦,百国千城,莫不款附。商胡贩客,日奔塞下,所谓天地之区矣。乐中国土风,因而宅者,不可胜数。是以附化之民,万有余家。门巷修整,閶阖填列,青槐荫陌,绿柳垂庭,天下难得之货,咸悉在焉。别立市于洛水南,号曰四通市。”

由于各民族之间彼此杂居,交往和通商,不仅促进了民族文化的交流,同时也推动着民族语言的发展。中古时期的汉语,在汉民族与国内外其他民族接触频繁的过程中,不断吸取着别的民族语言里生动、新鲜又富于表现力的外来词语,丰富了自己的语言词汇。这些外来词语,多半是与别的民族在文化交流的同时被吸收过来的。例如:

八哥——鸟名。为鸜鹆鸟的俗名。又名“唰唰”,就是阿拉伯语 babbaghā 的对音。这词在魏晋南北朝时期已经出现。

胡卢巴——药名。又名“苦豆”。这种药品大约在北宋时由阿拉伯传入进来的。这名称也就是阿拉伯语 hulbah 的对音。

祖母绿——又名“绿柱玉”或称“翠玉”,是一种有色而晶莹夺目的宝石。据《珍玩考》说:“宝石中有‘祖母绿’者形似玻璃而晶莹过之。”这东西来自阿拉伯国。有些书上称“助木剌”(见《辍耕录》),也有叫做“子母绿”(见《清秘藏》)、“助木绿”(见《续通典》)。这些名称实际上都是阿拉伯文 Zumunrud 的对音。

柘枝舞——一种胡地传入的舞蹈。大概在唐代的教坊乐舞中是比较突出的一种。唐诗人刘禹锡有《观柘枝舞诗》。其中有:“胡服何葳蕤,仙仙登绮墀。”据近人考证,这种舞蹈大致来自西域。

觱篥——或作“筚篥”。一种乐器。原出于龟兹,后传入我国。唐代有所谓九部夷乐,安国乐都要用到它。这词也见于唐代诗歌中,比如李颀诗:“南山截竹为筚篥。”

波菜——一种蔬菜。为“波稜菜”的简称。是唐人从西域语翻译过来的植物名词。据《唐会要》记,太宗时,"尼婆罗国献波稜菜,类红蓝,实似蒺藜,火熟之能益食味"。这种蔬菜后来就在我国种植起来,一直到现在成为家常的蔬菜之一。

耶悉茗——一名"茉莉"。花名。这词是波斯语 jasmine 的对音。大概在南北朝时期已经出现。

蘋果——一种果实。梵语为 bimbara,过去音译为"频婆罗",简称"频婆",后来又简为单音节词"频"。汉语里的"蘋果"分明是音意兼译的外来词。这词在唐代的文献已经可以见到。例如:敦煌变文《丑女缘起》中有:"口似蘋婆果。"

叆叇——就是"眼镜"的别名。来自南洋马来半岛(按据宋人祝穆的《方舆胜览》记有"满剌加国出叆叇")。这词大概在宋代已经出现。据宋人赵希鹄《洞天清录》中说:"叆叇,老人不辨细书,以此掩目即明。"

3. 汉语借词

在这一时期,同样的,汉语里的许多词语也被其他各民族所吸收,成为他们自己民族语言词汇里的新鲜成分。例如:

笔——为藏族人民借去,藏文作"pir"。据《唐会要》载吐蕃王弄讚赞普请唐高宗(公元 650—683 年在位)派遣造纸笔工人。由此可见,中国的毛笔至迟在七世纪已经输入西藏。

丝——这个词据历史记载大致可以推知在公元三世纪已经传到日本,五世纪时就传入印度,以后又传至世界各国。现代印欧语里关于"丝"的读音,例如英语 silk、俄语 welk、希腊语 sēres、拉丁语 seucus 以及古北欧语 silki 等一类词,都与古代汉语"丝"这词的字音有关系。

唐家子——为突厥语所借去。从材料上看,这词最早出现在七世纪突厥的碑文里,写作"Tabghač"。这词当时为中亚、西亚人用来称呼汉人的。

拔河——一种拉大绳的游戏。据唐人封演《闻见记》云:“‘拔河’古谓之章钩。襄汉风俗,常以正月望日为之。相传楚将伐吴,以此杀战。”后来这词被日本所借用。

总的说来,这些外族语言里的汉语借词有它一定的历史性。它是在长时期的民族接触和民族文化交流的历史过程中逐渐形成的。因此我们要了解外族语言里的汉语借词,就必须从历史词汇学的观点出发,对这一类词作具体的研究,从而搞清楚在一定的历史时期里,各民族之间由于政治、经济、文化的影响而导致在语言上所发生的复杂情况。

(五) 熟　　语

1. 成语

(1) 古成语的继承性发展

中古时期的成语,其中有一部分是直接继承了上古时期已经形成的成语,在书面语言里广泛地加以使用。同时,上古有一些词语,仅仅出现在书面语言里,只能算是未成形的成语的“初雏”,这些词语通过了中古时期的使用,才正式定形成为成语。在中古时期的汉语里,对于上古成语继承性的发展大致可分为下列三种形式:

一是古成语的沿用。

例①　疾风知劲草——这成语在上古后期的书面语言里已经出现(见《后汉书·王霸传》),唐代时期一直沿用。比如:

唐太宗诗:“疾风知劲草,板荡识忠臣。”

《宋书·顾恺之传》:“松柳异质,茅茶殊生,故疾风知劲草,严霜识贞木。”

例②　天长地久——这成语源出于老子《道德经》。唐代诗人卢纶、白居易在他们的诗歌里都沿用着。

例③　四分五裂——这成语在上古已形成，中古把它巩固了下来。比如：

《六韬·奇兵篇》云："四分五裂者，所以击圆破方也。"

《三国志·魏书》："此乃四分五裂，战争之地，难以自安。"

《北史》："卒有不虞，四分五裂，腹心有事，首尾未知。"

二是古成语初雏的定型。

古成语的"初雏"，由不固定的形成通过选择而固定下来。

例①　四通八达——这成语最初的形式不十分固定，有"四通五达"，还有"七通八达"。经过选择，"四通八达"才固定下来，其余淘汰掉。比如：

《史记·郦食其列传》："陈留天下之冲，四通五达之郊也。"

《晋书》："滑台四通八达，非帝王之居。"

《五灯会元》："子入处真实，得坐披衣，向后自看，自然七通八达。"

例②　覆水难收——这成语开始的时候形式也不固定，有"反水不收""覆水不收""水覆难再收"等形式，后来才固定下来。比如：

《后汉书·光武帝纪》："反水不收，后悔无及。"

《后汉书·何进传》："覆水不收，宜深思之。"

李白诗："雨落不上天，水覆难再收。"

由于经常运用，再通过选择，觉得"覆水难收"比"反水不收""覆水不收"来得好，于是固定下来。可见成语形成的过程有时是曲折的，开始的时期大家不一定把它当作成语看待，不一定遵守那一种形式，由于长期的普遍的运用，大家才自觉地遵守一定的形式，以便于规范。

三是古成语的形式多样化。

例①　原来是“朝不谋夕”后来改成“朝不虑夕”。比如：

《左传·昭公元年》：“（赵孟）对曰：‘老夫罪戾是惧，焉能恤远。吾侪偷食，朝不谋夕，何其长也！’”

《晋书》李密《陈情表》：“人命危浅，朝不虑夕。”

例②　原来是“深根固柢（蒂）”后来改成“深根固蒂”。比如：

老子《道德经》：“有国之母，可以长久。是谓深根固柢，长生久视之道。”

《晋书》：仆射王彪之曰桓温“居上流，已割天下之半。其弟复处西藩，兵权尽出一门，亦非深根固蒂之宜也。”

例③　原来是“仰我鼻息”后来改为“仰人鼻息”。比如：

《三国志》：韩馥欲以冀州让袁绍，长史耿武谏曰：“绍孤客穷军，仰我鼻息，譬如婴儿在股掌之上，绝其乳哺，立可饿杀。”

例④　原来是“五经扫地”，后来改为“斯文扫地”。比如：

《新唐书》载，祭酒祝钦明于武后前作《八风舞》，转目摇头，备诸丑态。卢藏用叹曰：“祝公五经扫地矣！”

（2）新成语的创造

中古时期新成语的创造有下列几种形式：

一是把历史故事的主要内容概括而成带有比喻色彩的成语。

例①　望梅止渴：

《世说新语》：“魏武行役，失汲道，三军皆渴，乃令曰：‘前有大梅林，饶子，甘酸可以解渴。’士卒闻之，口皆出水。”

例②　画饼充饥：

《三国志》：魏明帝诏卢毓曰：“选举莫取有名，名如画地作饼，不可啖也。”

例③　雪中送炭：

《宋史·太宗本纪》:“淳化四年,雨雪大寒,遣中使赐孤老贫穷人米炭。”

后来,这成语常用于比喻求助最困难中的人。而且也用在诗歌里。比如:

《范石湖集·大雪送炭与芥隐》诗云:“不是雪中须送炭,聊装风景要诗来。”

例④　草木皆兵:

《晋书》:“苻坚以轻骑兼道一赴寿春,每与苻融登城而望,见晋师行军齐整,将士精锐,又北望八公山,草木皆人形,曰亦劲敌也。”这成语是由原来“草木皆人形”变成“草木皆兵”,把整个故事的意思都概括进去,形式上就像成语了。成语“草木皆兵”同成语“风声鹤唳”意义相近,也经常联用,取其比喻意义。

例⑤　津津有味:

《南史》:“刘邕爱食疮痂,以为味似鳆鱼,尝诣孟灵休,孟先患炙疮,痂落席上,邕取食之,灵休大怪之。痂未落者悉褫以饴邕,遍体血出,而邕口角津津。”

例⑥　双管齐下:

郭若虚《图画见闻志》:“唐张璪,尤善画松,尝手握双管,一时齐下,一为生枝,一为枯枝。”按:成语“双管齐下”最初指的是真的两枝笔同时作画,以后比喻两件事情同时进行。

例⑦　司空见惯:

《唐宋遗史》:“刘禹锡罢苏州,过扬州帅杜鸿渐饮,大醉,归宿传舍,既醒,见二姬在侧,惊问之,乃曰:‘郎中席上与司空诗,因遣其来。’问:‘何诗?’曰:‘高髻云鬟宫样妆,春风一曲杜韦娘,司空见惯浑闲事,断尽苏州刺史肠。’”

例⑧　恒河沙数:

《弥陀经疏钞》:“恒河在西域无热河侧,沙至微细,佛近彼河说法，凡言多者常取为喻。”

二是把寓言概括而成为成语。

例如 黔驴技穷：

唐寓言《黔之驴》：“黔无驴。有好事者船载以入，至，则无可用，放之山下。虎视之，庞然大物也，以为神。蔽林间窥之，稍出近之，慭慭然莫相知。他日，驴一鸣，虎大骇，远遁，以为且噬己也，甚恐。然往来视之，觉无异能者。益习其声，终不敢博。稍近益狎，荡倚冲冒，驴不能怒，蹄之。虎因喜，计之曰：‘技止此耳！’因跳踉大㘎，断其喉，尽其肉，乃去。噫！形之庞也类有德，声之宏也类有能，向不出其技，虎虽猛，疑畏卒不敢取，今若是焉，悲夫！”

三是从文人的作品里选择精炼新鲜的字句充当成语或组成成语。

例① 目不识丁：

《新唐书·张弘靖传》：“天下无事，尔辈挽两石弓，不如识一丁字。”后来这成语用作形容文盲或讽刺无知。

例② 势如破竹：

《晋书·杜预传》：“兵威已振，譬如破竹数节之后，皆迎刃而解。”

例③ 寄人篱下：

《南史·张融传》：“丈夫当删诗书、制礼乐，何至因循寄人篱下。”

例④ 牢不可破：

韩愈《平淮西碑》：“并为一谈，牢不可破。”

例⑤ 引人入胜：

《世说新语》：“酒正自引人入胜地。”

例⑥ 走马看花：

唐孟郊诗：“春风得意马蹄疾，一日看遍长安花。”

例⑦　醉翁之意不在酒：

欧阳修《醉翁亭记》："醉翁之意不在酒，在乎山水之间也。"

这成语即喻为表面在此，而意在彼，由此及彼。

例⑧　擒贼先擒王：

杜甫《出塞诗》："射人先射马，擒贼先擒王。"

四是把书面语言里分散的字句节缩而为成语。

例①　一网打尽：

《宋史》载，苏舜钦监进奏院，循例祠神，以使乐娱宾。王拱辰讽御史鱼周询举劾之，被斥者十余人，拱辰自喜曰："吾一举网尽矣。"按："一网打尽"这成语就是从"吾一举网尽矣"这句话节缩成的。

例②　天涯地角：

韩愈《祭十二郎文》："不得与汝相养以生，相守以死，一在天之涯，一在地之角。"

例③　袖手旁观：

韩愈《祭柳子厚文》："不善为断，血指汗颜，巧匠旁观，缩手袖间。"

例④　唾面自干：

《新唐书》载，娄师德教弟耐事，弟曰："人有唾面，洁之乃已。"师德曰："未也。洁之，是违其怒，正使自干耳。"

按：这成句取上句"唾面"，取下句"自干"。

例⑤　驾轻就熟：

韩愈《送石处士序》："若驷马驾轻车，就熟路，而王良、造父为之先后也。"

例⑥　得陇望蜀：

《晋书·宣帝纪》："魏武曰：'人苦无足，既得陇右，复欲得蜀。'"

例⑦　斩草除根：

《新唐书》记载："桓彦範等诛张易之、昌宗，而不杀武三思。"洛州长史薛季昶说："去草不去根，终当复生。"

按："斩草除根"这成语就是依据"去草不去根，终当复生"这两句而创造出来的。

例⑧　鹤立鸡群：

《晋书》："稽绍始入洛，或谓王戎曰：'昨于稠人中始见稽绍，昂昂然如野鹤之在鸡群。'"

总的说来，中古时期成语的来源是多方面。除了上述来源于古代历史故事和当时的寓言以及文人的作品之外，也有一些成语来自民间口语。民族的俗谚往往生动别致，通过传习，便成为很好的一种成语。在形式上，也不限于四字成格。例如："大惊小怪""七颠八倒""胡思乱想""翻来覆去""改头换面""粗枝大叶""千头万绪"等等（见宋儒语录）。

关于中古时期的谚语，下面要分别论述。

2. 谚语

在各个历史时期里，谚语总是劳动人民在他们所积累的生产经验和生活经验中提炼出来的语句，同时又是人民口头的习用语言。在上古书面语言中就已经开始引用民间的谚语，因而也就保存了不少古代有价值的谚语。到了中古时期，谚语更加发展，不仅内容丰富，而且范围更为宽广。有关于劳动生产方面的谚语，有关于日常生活方面的谚语，也有关于人物事理生活经验方面的谚语，还有反抗封建统治阶级一类的谚语，等等。这些谚语，照例被文人引用在书面语言里而保存了下来。

（1）劳动生产方面的谚语

例①　"早起三朝当一工。"（宋楼钥诗）

例②　“田怕秋旱，人怕老贫。”（陈后主引谚）

例③　“东家种竹西家笋。”按：据《齐民要术》：“竹性爱向西南。”引谚云：“东家种竹，西家治地，谓其滋蔓而来生也。”

例④　“春无三日晴。”（见《五灯会元》）

例⑤　“五更侵早起，更有夜行人。”（《景德传灯录》）这句的意思是：你早，人家比你更早，你行，人家比你更行。

例⑥　“鸡塞上距，鸭塞下觜。”按：这两句据陆游《老学庵笔记》：“淮南谚云：‘鸡塞上村，鸭塞下水。’验之皆不然。有一媪曰：‘鸡塞上距，鸭塞下觜耳。’上距为缩一足，下觜谓藏其咮于翼间。”

（2）日常生活方面的谚语

例①　“男大须婚，女大须嫁。”（《五灯会元》）

例②　“不痴不聋，不成姑公。”按：这个谚语从上古一直流传下来，到宋代才定型化。《慎子》云：“不聪不明，不能为王；不聱不聋，不能为公。”汉代《释名》有：“充耳所以止听，故里语曰：‘不瘖不聋，不成姑公’。”晋张湛《列子·力命篇注》：“不聱不聋，不能成公。”《隋书》《唐书》里也有类似的例子。

例③　“嫁鸡随鸡，嫁狗随狗。”按：这谚语源出于“嫁鸡与之飞，嫁狗与之走。”（见宋陆佃《埤雅》）后来被文人引用在诗歌里面。比如：宋赵汝燧诗有：“嫁狗逐狗鸡逐鸡。”欧阳修《代鸠妇言》有：“人言嫁鸡逐鸡飞，安知嫁鸠被鸠逐。”这可以说谚语的灵活运用了。

例④　“情人眼里出西施。”按：这话据《复斋漫录》所载为宋时谚语。据云：“‘情人眼里有西施’，鄙语也，山谷取以为诗，其《答益公春思》云：‘草茅多奇士，蓬荜有秀色。西施逐人眼，称心斯为得。’”

例⑤　“美女不观灯，美男不看春。”（晋《闺范》注引谚）

例⑥　“日进千文，不如一艺随身。”（《颜氏家训》引谚作“积财千万，不如薄艺随身。”）

（3）生活经验和人情事理方面的谚语

例①　“千里送鹅毛，礼轻人意重。”按：这谚语照例被大人用在诗歌里面。比如：《东坡集·以土物寄少游》诗云：“且同千里寄鹅毛，何用孜孜饮麋鹿。”《山谷集》有：“鹅毛千里赠，所重以其人。”

例②　“若要功夫深，铁杵磨成针。”按：这个谚语来自民间传说。宋画家郑思肖所绘百二十图，中有《骊山老姥磨铁杵欲作绣针图》。

例③　“兔儿不吃巢边草”“鸬鹚不打脚下塘。”按：前一句据《全唐诗录》注是唐谚。后一句与前一句义近，亦是唐代的谚语。

例④　“贫不学俭，富不学奢。”《三国志·魏书·任城陈萧王传》注有：“谚云：贫不学俭，卑不学恭，非人情也，势使然耳。”《新唐书·马周传》亦有：“里语云：‘贫不学俭，富不学奢’，言自然也。”

例⑤　“若要好，问三老。”按：应璩《三叟诗》有：“古有行道人，陌上见三叟。年各百余岁，相与锄禾莠。住车问三叟，何以得此寿？上叟前置辞，内中妪貌丑。中叟前置辞，量腹节所受。下叟前置辞，夜卧不覆首。要哉三叟言，所以能长久。”

（4）反抗封建统治和剥削方面的谚语

例①　“只许州官放火，不许百姓点灯。”（冯梦龙《谭概》）

例②　“好官不过多得钱。”（《宋史》）

例③　“杀人偿命，欠债还钱。”（李之彦《东谷所见》）

例④　“一日不作，一日不食。”（《传灯录》）

总的说来，我们在古代文人的诗文、笔记、杂录中，见到了不少的成语和谚语。这些成语和谚语主要由于文人的引用而保存了下来。肯定地说，中古文人在继承和运用成语和谚语方面是有贡献的，使得汉语文学语言的发展和丰富极为有利。但是，从语言史的

角度看,这一时期曾出现过割裂和生造成语、堆砌典故的风气。因而在书面语言里,也就出现了一些莫名其妙的语词。例如:

① 友于——我们知道《论语·为政》有:“惟孝友于兄弟。”这句话是指兄弟间的友谊。有人就把这一整句话生硬地分拆开来,从中抽出“友于”来代表整句的意思。比如:

《后汉书·史弼传》:“陛下隆于友于,不忍遏绝。”

《晋书·孝友传序》:“夏方、盛彦体至以驰芬,庾衮、颜含笃友于而宣范。”

② 而立——《论语·为政》:“三十而立,四十而不惑。”于是就以“而立”代替“三十”。比如:

苏轼诗:“传者方当而立岁。”

③ 刑于——《诗经·大雅·思齐》:“刑于寡妻。”(以礼法对待其妻)于是夫唱妇随叫做“刑于之化”。

④ 厥修——《唐语林·文学》:“尔小子,亦克厥修。”这两个字显然是断取《诗经·大雅·文王》:“无念尔祖,聿修厥德。”

⑤ 来思——谢惠连《雪赋》中有:“咏于来思。”出自《诗经·小雅·采薇》:“今我来思,雨雪霏霏。”

三、近代词汇的发展

(一) 北方话词汇的发展

近古时期社会的发展和语言词汇发展的关系更加密切，尤其是从元代到鸦片战争这一历史时期(公元 1279—1840)，政治经济的变动，总是直接推动着语言词汇的发展，这一时期的词汇系统无论在内容上或构词手段上都极丰富。

从元初到鸦片战争这一历史时期，就社会政治情况来说，是中央集权封建制的继续发展的时期，也是这种政治制度逐渐趋向衰落的时期。从社会的经济情况来说，这一时期随着生产力的发展，特别是农业生产力的进一步发展，不断地加深了农民阶级和地主阶级之间的矛盾，社会的阶级斗争也日益尖锐起来。同时土地所有权相对地分散开来；元代以后，逐步地促进了中小土地所有者经济的发展，工商企业和对外贸易相应地活跃起来；又出现了资本主义性质的手工业工场，体现着封建社会内部产生了资本主义的经济因素。

又从北宋开始，由于辽、金、元异族的侵入，北方战争绵延不断，北方的社会经济几度遭受破坏。于是，经济繁荣的中心逐渐由北方移向南方的长江流域，总的说来，这一历史时期，政治、经济和社会制度等各方面出现了某些特殊情况，对于汉语词汇的发展有很大的影响。例如这一阶段的汉语词汇里，不但出现了反映社会生产力发展的词，而且出现了当时具体社会所特有的、充分反映当时的社会制度、社会文化和民族压迫的词。

1. 元代官制的词汇

元代是少数民族统治的朝代。当时蒙古贵族统治中国后，在行政官制方面，有不少是承袭中原的旧制，也有许多是依据蒙古民族的形式来设置的。这些制度和名目反映在语言词汇里，从名称上看来，似乎都是外来的译名。例如：

例①　达鲁花赤——官名（见《元典章》），掌印办事的长官。在元代，行政区域无论是“路”“府”“州”“县”都设置这种长官。官职并没有大小之分、文武之别（见赵翼《廿二史札记》）。

例②　扎鲁忽赤——或名“扎鲁花赤”“扎鲁火赤”等，为元代高等司法官员。据《元史·百官志》载：“国初未有官制，首置断事官曰扎鲁忽赤，会决庶务，奸盗、诈伪、蛊毒、厌魅、诱抢、逃驱轻重罪囚，及边远出征官吏。”

例③　怯里马赤——为元代通释官员。据明人叶子奇《草木子》云：“北人不识字，使之为长官，或缺正官，要题判署事或写日子，‘七’字钩不从右‘七’转而从左‘ナ’转，见者为笑。立怯里马赤，盖译史也，以通华夷言语文字。”

例④　必阇赤——即“文书”“秘书”一类的官员。据《元史·兵志》“宿卫门”云：“为子主文史者曰，必阇赤。”也有通译为“笔且齐”（见《元史语解》）、“必彻彻”（见《黑鞑事略》）。按蒙古文的意思就是“写字的人”，汉语称“令史”，也就是主行文书的官员。

例⑤　兵司马——专门掌理捕盗和斗殴等事情的官员。

例⑥　省——官名。为元代不同行政区域的长官，如“中书省”“尚书省”等。但元代的中书省分设在各路，并不设在京都。到了明代，就把元代的行省改为布政使司。在当时口语里，“省”这词仍然相沿用而不废。因此这词一直保留至今而没有消失，只是意义稍有转移。

2. 明代经济发展的词汇

上面讲过近代社会经济发展总的情况是：自宋元以来，小土地所有制确定之后，多少刺激了农业向前发展，工商业也随之发展起来，手工业工场已普遍出现。明代继承宋元，在经济上有所发展，工商业与对外贸易益趋活跃，资本主义性质的手工业工场出现了。赋税是统治者剥削农民与手工业者的重要手段，也开始用货币来代替实物。这也反映出社会商品经济发展的一定规模。因而，这一时期的语言词汇里，也出现了不少新词，其中有反映生产工具和生产技术改进的词，有反映资本主义性质的手工业生产规模的词，有反映这时赋税制度性质的演变的词等等。比如：

(1) 农业方面，当时曾经发明了几种新式灌溉的工具：

龙尾车——亦名“螺旋运水机”。《农政全书》记有：“龙尾车者，河滨挈水之器也……龙尾者，入水不障水，出水不帆风，其本身无铢两之重。且交缠相发，可以一力转两轮；递互连机，可以一力转数轮，故用一人之力，常得数人之功。”

玉衡——一种气压式插水机。相当于后来的双筒式抽水机。

恒升——一种气压式的抽水机，是单筒式的。

龙骨水斗——该工具大抵用于北方井水灌溉，发明较晚。

(2) 手工业方面，当时官营的手工业工场规模相当大，组织也相当健全。属于这方面的词有：

造作——官营手工业部分关于营造方面的称谓。如“内府造作”，指专门负责修建亲王、皇族宫室的建筑业。其他如“仗仪造作”“城垣造作”“坛城造作”“庙宇造作”等。

局——宦官控制的内府造作的官营手工业工场的机关，例如："军器局""针工局""巾帽局"专司制造军器、军装、婚礼服装、纱帽、靴袜等所设的机构。还有"内职局""银作局""兵仗局"等。

厂——官营手工业的作场和物料所。为具体生产单位或保管物料的具体单位。例如：工部领导下的"修仓厂"（修理京仓）、"琉璃厂""黑窑厂""神木厂"（专门保管木材）、"台基厂"（储放木材兼设计）等。

库——掌管物资的仓库。当时有所谓内府十库——内承运库、承运库、供用库、甲字库、乙字库、丙字库、丁字库、戊字库、广积库、节镇库。

民匠——直接从民间征集来的工匠。隶属工部，服务对象是皇族。

军匠——一般是在军中负责制造军器的手工业者。

作头——或曰"匠头"。从工匠中选拔出来的，用以"统率各匠，督其役而考其成也"（见《龙江船厂志》）。

(3) 反映当时赋税的词有：

黄册——为总记土田（赋出于土田）、丁口（役出于丁口）之户籍。

粮长——明代设立"粮长"制度，赋税有"粮长"来收取。目的是为了保有国家主要财源。

均徭——为人民群众在一定时期内执役于官府的一种徭役。相当于唐宋以来的色役。这种徭役是"验丁力、资产之厚薄，以定役之轻重，由里甲编军均输"，所以叫做"均徭"。

杂役——没有一定的名目，为均徭以外，一切非经常性的使役科派。

一条鞭——为改革赋役，使赋役程序化繁为简的称谓。据《明史·食货志》云："一条鞭法者，总括一州县之赋役，量地计丁，丁粮毕输于官。一岁之役、官为佥募，力差则计其工食之费，量为增减，银差则计其交纳之责，加以赠耗。凡额办、派办，京库支需与留存供亿诸费，以匠土贡方物，悉并为一条，皆计数征银，折办于官，故谓之一条鞭。”从一条鞭法的内容来看，意味着当时减轻徭役，偏重田产税的倾向，在征税方式上开辟了货币地租的途径，它客观地反映了社会经济中商品流通的幅度有了一定程度的增长。

3. 清代太平天国运动的词汇

关于清代汉语词汇的发展，必须指出：太平天国的革命运动，曾经推动语言产生了不少新词。这些新词的出现，不仅反映了太平天国的政治主张和宗教意识等，而且对于汉语词汇新陈代谢起了积极的作用。

从词语的意义来看，在太平天国运动中所产生的新词，包括赋予特殊意义的某些旧词，有：“尚中田”“尚尚田”“特捐”“进贡”“礼拜钱”“小菜钱”“礼拜堂”“做礼拜”“圣书”“国库”“地丁银”“花户册”“执照”“公举”“妖”“牌尾馆”，等等。这些词语，反映了太平天国根据上帝教的平等思想和当时所建立的各项制度。比如：“尚中田”“尚尚田”这些词体现着太平天国废除了土地私有制按人口和等级分配土地的制度。“特捐”这词是专指对地主阶级所征的赋税。“进贡”则表示人民群众自愿捐献的意思。词语意义里包含着鲜明的阶级意识的色彩。“礼拜钱”“小菜钱”以及“买菜钱”等，是当时建立的供给制度按不同等级所分发的费用，相当于一种“副食费”。“礼拜堂”所指的，既是学校，又是教堂。“圣书”就是学校的教科书。这些词语反映着太平天国的教育制度是政治、宗教、教育三位一体的制度。由于太平天国反对民族压迫和阶级压迫，革命的基本力量是穷苦的农民群众，他们斗争的主要对象是国内的统治阶级以及当时的地主阶级和官僚。因而也就把当时的贵族和官僚统称为“妖”。

从构词法方面来看，由于太平天国的军事活动和社会生产活动的关系非常密切，社会的生产组织往往就采用军事编制的形式。“营”这个词就用来概括当时社会生产活动的组织形式，作为根词而创造了一系列属于手工业生产单位的新词，构词的形式如下：

营——① 诸匠营　② 女绣锦营　③ 女营。

“诸匠营”是国营手工业机关，包括：木营、织营、金匠营、金靴营、镌刻营、绣锦营等六种。

“女绣锦营”是根据善于女红的妇女所编制的生产单位。专门制造“金采冠服”。置有女官和女使。

“女营”是一般女性的生产和生活的组织单位。“天京”妇女除为女官、女使而编入女绣锦营队外，一概编入女营。即使老弱残废的妇女也一并编入在内，不另设女牌尾馆。

在行政组织方面，太平天国采用“典”(典守、主管之意)这个词来概括一切行政事务。当时设有“典官”制度，分朝内典官和军中典官两类。朝内典官除了被天王、诸王侯使役外，有专门办理整个行政事务的。比如：办理采办、保管、收发物质的典官有“典圣库”“典圣粮”“典油盐”“典买办”“典旗帜”“典红粉”等。办理文书及其他职务的，有“典簿书”“典诏命”“典危急”等。

从上述的一些词语上，很可以看出在太平天国的革命运动中，企图废除私有财产制度的理想虽未实现，可是，天京城内，在没有私有财产的社会里，出现一种特殊形式的社会组织和经济制度，这种制度可以说是以农民作为小生产者的思想意识为基础所建立起来的一种军政合一的财产共有制度。

太平天国革命运动对于汉语词汇发展的影响，主要表现在下列两个方面：

(1) 在太平天国革命运动中所创造的许多新词，后来，在人民的口语里广泛地传播着。其中有相当数量的词成为一般的民间词汇或宗教词汇的词和行业语。例如："小菜钱""礼拜堂""做礼拜""国库""公库""营""旅长""关税""房捐""执照""花名册"等。

(2) 在近代的词汇里，从太平天国革命运动时期开始，正式出现了某些词语，这些词语在意义上具有鲜明的阶级意识的色彩。在日常交际中和阶级斗争中作为有力的宣传工具来使用的。例如："特捐""大捐""进贡""妖""藏妖"之类。这些词不同于一般所谓阶级习惯语。

4. 明清工商业发展的词汇

唐宋时代，工商业都已有较高的发展：元代由于异族的统治，工商业被摧残，一度呈现着衰退的现象，自明代统一之后，统治阶级为了稳定和巩固统治，对农民、手工业生产者、商人等采取了一些让步措施，以刺激劳动者的生产情绪。

明清两代手工业的发展，表现在冲破了过去自然经济"男耕女织"的局面，把纺织业从长期停留在家庭手工业的形式中解放出来，成为独立的机器纺织工业。同时，由于工业分工的发展，出现了许多新词。以棉纺织业而论，其中就有不少属于生产工具的名称和生产方法方面的术语，例如：

(1) 属于生产工具方面的词——例如："机床"(见孙琳《纺织图说》)，"纺车""铁轴""筒子""扛帚"(竹丝制)、"梃子"(木梃、铁梃)、"弹花凳""弓""脚车"，等等。

(2) 属于生产方法方面的词——例如："弹花""接头""探扣""摇纺""打浆""纺纱""刷线""牵经""浆纱""晒花""纺织"，等等。

再以丝织业而论，同样出现了许多新词，例如："丝车""活头""缫车""花机""腰扣""催心""车蓬"(以上为缫丝方面生产工具的名称)，"机床""铜针""牵架""天平""坐板""刷架""线纵""幅天""辊心"

“梭”(以上为织丝方面生产工具的名称),“湖丝”(湖州所产)、“湖绉”“顾绣”(苏州绣)、“潞细”(山西潞安产品)、“湖绸”“粤纱”“万寿绸”(合肥产品)、“贵州绸”(以上是丝绸成品的名称)。

总的说来,随着手工业的发展,从明清两代的汉语词汇里,反映出社会生产的发展,正是空前未有的。

明清两代由于手工业的发展,各地商业城市的行会组织也更加健全起来。行会组织在宋代后期就已经产生,但是那时还是初期的手工业的组织形态。明代以后,行会组织成为当时各行各业调整内部关系的基本组织。随着行会组织的健全化,各行各业的行业用语在语言词汇里也显得非常丰富。据明人田汝成《西湖游览志余》引《辍耕录》所记:“乃今三百六十行,各有市语,不相通用,仓猝聆之,竟不知为何等语也。”到了清代,行会组织更为发达,不但各行各业都有,而且组织形式更加完备,计有“行”“帮”“会”三种基本形式。行业用语相应地多了起来。例如当时一些主要的行业语有:“内行”“外行”“行规”“行头”“本帮”“外帮”“帮作”(“入帮”)、“帮贸”“入帮钱”“会钱”“会银”“会馆”“书院”,等等。

这一时期随着工商业的发展,尤其是在农产品商品化的影响下,商业资本也空前活跃起来。语言词汇里也出现不少反映当前商业资本的活跃、投机取巧放高利贷剥削的词语。例如:

“丝鬼”(丝客人)、“秤手”(开行为丝客代买者)、“盘定买”(买空卖空)、“抛盘”(外商委托从事收购某货,预先规定数量,商人估出价额,向外领取银钱,谓之抛盘。)、“囤积”“经纪”“糖抵”“蔗抵”“包售”“卖空仓”“印子钱”(见光绪六年《申报》)、“放黄米”,等等。

总之,明清时代,值着社会生产力的发展,资本主义经济因素的成长,这一时期的语言里,反映工商业发展的词语是相当丰富的。

(二) 北方话词汇发展的条件

1. 社会因素

我们汉族有着悠久的历史和光辉的文化传统,中国北方却始终是汉民族的政治和文化的中心。历代王朝的建都多半在北方,历代的政治和文化也比较集中在北方。这对于汉语的发展,毫无疑问有巨大的影响;特别是从十三世纪元朝开始建都北京以来,以北京话为代表的北方方言迅速地发展起来了,并且逐渐地形成了一种通行于全国范围内的"官话","官话"的流行对于北方话词汇的发展起着很大的作用。

这儿要着重指出,近古以来促使汉语迅速发展的有两支潮流:一支是宋元以来白话文学的产生和成长,一支是明清以来"官话"的逐渐渗透到各个方言地区。到了十九世纪末期和二十世纪初期,这两支潮流趋向合一,力量更为壮大,直接推动并加速汉语的发展。这主要表现在下列两个方面:一是"近代白话文运动"。这个运动使得近代汉语书面语言里的口语成分取得了文学语言的地位,这就是说,使得一向只使用在所谓通俗文学里的白话使用于一切场合,而且成为近代汉语书面语言的主要形式。一是"近代的国语运动"。这个运动使得以北京话为代表的北方话,渗入全国各方言区,进一步得以传播和推广,成为全民语言。通过这个运动,现代汉语的文学语言无论是书面形式或口头形式都有了相当的规范和统一;既消除了过去书面形式和口头形式两者不一致的现象,又消除了文学语言与方言对立的局面。因此说,现代汉语的规范化是具有深厚的历史基础的。

中古(唐宋)以来口头词汇发展的影响,使得近代白话文学(金元戏曲、金元话本、明清白话小说)里大量运用当时的北方话词语。

比如：元代杂剧完全是采用北方方言所传写的一种白话文学；在内容上是继承了民间文学现实主义的传统；在形式上是综合说白、歌唱以及表演等各个环节，成为文艺中一种高级的形式。由于元戏剧语言内容、形式都具有为当时人民群众所乐于接受的优点，在民间特别流行起来。这种以北方方言所传写的白话文学，到了明清时代又有另一种形式出现，那就是明清的白话小说。这种白话小说同样地是以北方方言来写出的文学作品。其中不但大量运用了北方话的词语，而且在不同程度上反映着当时北方话的特点。例如《西游记》《醒世姻缘传》《儒林外史》《红楼梦》等，都带着浓厚的方言色彩。

明清以来官话的习传也是促使近代汉语发展的重要因素。官话开始的时候，可以看成为一种特殊的社会习惯语，它是当时官吏阶层限于官场交际中所使用的一种语言；但是又不同于一般的社会习惯语，因为它是以一定的具体的方言作为基础，在这个基础上所形成的一种语言。它与全民语言有许多共同之点，区别于一般的方言。在封建社会里，官吏阶层多半是知识分子，来自全国各地，通过了长期的封建教育、科举考试而做了官员，又通过官吏训练，习惯于使用官话。他们又被分派在全国各个地域的政治机构里服务，因而这些人便成了官话的直接传习者，把官话带到全国各个角落，作为自己衙门的用语，也做为跟一般人民群众交际的语言。这样一来，官话就逐渐渗入到全国各个方言地区，由原来的作为一种特殊的社会习惯语——官吏阶层在官场中所使用的语言而成为可以在全国范围内使用的一种普通话。由官话变成普通话也就意味着北方话的使用范围依靠政治力量而逐渐扩大，成为最有势力的一种方言。康拉德在《论汉语》中说："清代的官话在地区上说是广义的北京方言，可是它同时是在封建国家的可能范围内成了全国语言（也是口语）的那种地方方言。"所谓全国语言的那种地方方言也就是全民语言的基础方言。

2. 白话文学因素

(1) 元曲中的北方话词语

在元曲里表示一般事物的许多北方语词进入了书面语言中。

例①　合酪——或名“合落”“饸饹”，是荞麦面制成汤饼之类的食品。“你若说实情呵！我可便买与你个合酪吃。”(《勘头巾》剧)

例②　合扑——俯伏躺地。“把僧住支杀的拖将去，连赛娘合扑的带了一交。”(《还牢末》剧)

例③　瓦罐——乞丐手里所拿的东西。“只弄得水尽鹅飞不气长，少不得提瓦罐街头唱。”(《雍熙乐府》)试比较“瓦罐不离井上破”(宋时成语)。

例④　烧刀子——烧酒(一种土酒)。

例⑤　哨子——流氓、地棍。

例⑥　酒务儿——酒子。

例⑦　家生——奴婢的子女，仍作奴婢。

例⑧　教师——拳教师。

例⑨　没面皮——翻脸。

例⑩　盘缠——路费。

例⑪　水雪堂——玻璃的房屋。

例⑫　野味儿——公子哥儿。

例⑬　当家儿——独个儿。

也有一些词进入书面语言后，便广泛地流传开来，逐渐为各地方的人们所了解而一直沿用到现在。这类词即在现代北方话里，仍然是方言色采很浓。例如：

① 梢公——船家。② 庄家——种田的。③ 货郎儿——做买

卖的。④ 打点(打选、打叠)——收拾、安排。如《对玉梳》剧:“拜辞了清歌妙舞,打选起傅粉施采。”

还有一些词,正是当时的方言词,可是用在书面语言里词义有些出入。

例①　先辈——先生。“法聪频仍道,先辈休胡想,一一话行藏。”(《董西厢》)

例②　造物——造化、运气。“姑夫无了子嗣,各人的造物,你可怎么埋怨我?”(《刘弘嫁婢》剧)

例③　精细——头脑清醒。“员外你放精细者!”(《灰阑记》剧)

例④　物事——家伙。“哎,村物事,泼东西! 怎到的那里。”(《岳阳楼》剧)

例⑤　消息——机关的枢纽。“火坑里消息我敢踏,油罐内钱财我敢拿。”(《铁拐李》剧)

有不少方言词进入书面语言后,得以巩固和发展,逐渐成为一般词汇,一直保留在现代汉语词汇里。

例①　拦截——“我恰待向前些,他把我聚拦截。”(《范张鸡黍》剧)

例②　瞅——“这老子怎么瞅我那一眼,敢是叫那个告状的人,我则做不知道。”(《陈州粜米》剧)

例③　打扮——“小姐这个是什么打扮,你当初嫁那富贵的可不好来。”(《举案齐眉》剧)

例④　抱怨——“船便开,倘若有些不测,只不要抱怨我。”(《潇湘雨》剧)

例⑤　打搅——“长老说那里话,小生连月打搅,感激不尽。”(《竹叶舟》剧)

上面所举的例子,可以说明元代北方话的词语大量地运用在书面语言里,总是有一部分被巩固下来并使用开来,其中某些词也突破北方方言的地域范围而渗入到其他方言地域。由此可见,当时盛极一时的元曲,对于北方话词汇的发展确实起着巨大的作用。

3. 话本小说中的北方话词语

近古以来无论是元人杂剧、金元话本或明清白话小说,在语言方面,都是用当时北方方言所写出的白话文学(如:《水浒传》《西游记》《儒林外史》《红楼梦》等)。由于当时文学作品里运用了大量的北方方言词,随着这些作品的流传,北方话相应地获得了很大的发展。尤其是明清以来白话文学的传播,对于推动北方话的发展起了很大的作用。

这可以归结为下列几个方面:

首先,这一时期白话文学作品对于北方话词汇起着积极的传播作用,通过白话文学的流传,北方话词汇里很多常用词语,逐渐为其他方言区的人们所熟悉并掌握。又有些方言词,由于书面上的运用,很快就流传开来。

例① 脑袋——“薛霸便提起水火棍来,望着林冲脑袋上劈将来。”(《水浒传》八回)“我也要会会这凤奶奶去,看她是几个脑袋、几只手!”(《红楼梦》六十五回)

例② 洗浴、洗澡——“不多时,那个人又和一个汉子两个来,一个提着浴桶,一个提一大桶汤来。看着武松道:‘请都头洗浴。’”(《水浒传》二十八回)“土地道:这怪占了浴池,一日三出来洗澡。如今巳时已过,午时将来。”(《西游记》七十二回)“起来,让我洗澡去。”(《红楼梦》三十一回)

例③ 盥漱——“宝玉命取表来看时,果然针已拨到子初二刻了,方从新盥漱,宽衣安歇。”(《红楼梦》十九回)

例④ 睡觉——“宝玉推他说道:‘快别睡觉,咱们外头玩去。一会子好吃饭。’”(《红楼梦》六十二回)

例⑤　嘴巴耳刮子——“只见王夫人翻身起来，照金钏儿脸上就打了个嘴巴。”（《红楼梦》三十回）“他娘也正为芳官之气未平，又恨春燕不遂他的心，便起来打了个耳刮子……”（《红楼梦》五十九回）按：“嘴巴”和“耳刮子”是同义词。一向在北方话里被使用着。

例⑥　撒谎——“宝玉笑道：‘你瞧瞧，眼睛上的泪珠儿没干，还撒谎呢。’”（《红楼梦》三十二回）

例⑦　下流——“杜少卿笑道：‘你这匪类，下流无耻极矣！’”（《儒林外史》三十二回）“湘云沉了脸，说道：‘下流东西，好些走吧！’”（《红楼梦》三十一回）

例⑧　操心——“为我一个人，娘儿两个天天儿操心！妈妈为我生气，还犹可；要只管叫妹妹为我操心，我更不是人了。”（《红楼梦》三十五回）

例⑨　鬼胎——“袭人等怀着鬼胎，又不敢去招惹他，恐他生气。”（《红楼梦》九十五回）

例⑩　螃蟹——“宝钗道：‘……现在这里的人，从老太太起，连上屋里的人，有多一半都是爱吃螃蟹的。’”（《红楼梦》三十七回）

例⑪　碟子——“琥珀笑道：‘……你们看看，他没吃两个螃蟹，倒喝了一碟子醋了。’”（《红楼梦》三十八回）

例⑫　卓（桌）子、凳子——“话犹未了，武松把刀肐查子插在桌子上……”（《水浒传》二十六回）“鸳鸯等笑着答应了，高声的说道：‘这满桌子的腿子，二奶奶只管吃就是了。’”（《红楼梦》三十八回）“且说鲁达寻思。恐怕店小二赶去拦截他，且向店里掇条凳子，坐了两个时辰。”（《水浒传》三回）

例⑬　乱子——“他也不过怕事情不密，大家闹出乱子来不好看。”（《红楼梦》九十一回）

例⑭　今儿——“今儿才来了，就惹出你家哥儿的病。”（《红楼

梦》三回）

例⑮　媳妇儿——“来旺有个小子，今年十七岁了，还没娶媳妇儿。”（《红楼梦》七十二回）

其次，这一时期白话文学的传播，使得文学语言在人民群众口语的基础上进一步获得发展。以词汇而论，北方话词汇里很多语词，通过文学作品的选用而获得书面规范。换句话说，这一时期的北方话，通过文学作品的传习，在词汇上更形成了自己的特点，如创造新词、改造旧词及构词手段，以及吸收其他方言词、外来词等。这对其他方言词汇新特点的形成在某种程度上起了阻碍的作用，从而也缩短了北方话和其他方言之间在词汇上的差距。

其三，这一时期的白话文学，对于北方话词汇和其他方言词汇之间起着一定的均衡作用。它们一方面大量运用了北方话词语，加速了北方话词语在实际语言里的传播，另一方面也不断地吸取了其他方言中的词语；这样一来，北方话词语在书面上进一步获得了丰富和发展，例如有些吴语里的词被吸收进入北方话的词汇里。

例①　面皮——“鲁智深喝道：‘……且看兄弟面皮，饶你两个性命。’”（《水浒传》九回）“众人都不喜欢，以此周进安身不牢，因是碍着夏总甲的面皮，不好辞他，将就混了一年。”（《儒林外史》二回）

例②　尴尬（䞫尬）——“……李小二应了，自去门首叫老婆道：‘大姐，这两个人来的不尴尬。’老婆道：‘怎么的不尴尬？’”（《水浒传》十回）

例③　物事——“只见那一个军官模样的人，去伴当怀里，取出一帕子物事，递与管营的差拨。”（《水浒传》十回）

例④　面熟——“有伏路小校前来报说：‘有个胡须将军，匹马单鞭，要见元帅。’……关胜道：‘既是如此，与我唤来。’没多时，来到帐中，拜见关胜。关胜看了，有些面熟。”（《水浒传》六十四回）

这里可以看出,北方话词汇的丰富与发展,是和吸收其他方言的词分不开的。

(三) 外来词的吸收和熟语的运用

1. 外来词

近代汉语词汇的发展是跟近代中国社会的转变很有关系的。毛主席说:"自周秦以来,中国是一个封建社会,其政治是封建的政治,其经济是封建的经济,而为这种政治和经济之反映的占统治地位的文化,则是封建的文化。""自外国资本主义侵略中国,中国社会又逐渐地生长了资本主义因素以来,中国已逐渐地变成了一个殖民地、半殖民地、半封建的社会。"(《毛泽东选集》二卷,页668)从历史上看,中国封建社会延续了两千多年,直到十九世纪中叶以后,外国资本主义的侵入,才使它的社会内部发生了根本的变化。在十九世纪后半期,中国已经开始发展民族工业,创立了一批资本主义性质的企业,在国内形成了新的经济和文化中心,建立了拥有大量人口和贸易相当繁荣的城市,逐渐克服了社会经济的分散状态。这就是说,外国资本主义的侵入,一方面对中国的社会经济起了分解作用,即破坏了过去自给自足的城市农村家庭手工业的经济状态;另一方面又给中国资本主义的产生造成了某些客观的条件,促进了城乡商品经济的发展。

外国资本主义物质文明以及帝国主义的势力不断侵入中国社会,使汉民族人民与西欧资本主义国家的人民在文化上接触的机会越来越多。社会产生了新的变化,照例要求语言用新的词语来反映在社会交际中新的事物和概念。于是,随着社会的需要,汉语词汇里相应地增加了不少关于文化科学方面的新词语。这些新词语绝大部分是受其他民族语言的影响,从别的民族语言里所吸收过来的所谓外来成分。

在近代汉语里，外来词的吸收不但丰富了汉语词汇的内容，而且也为汉语的构词法开辟了新的途径。这一时期外来词的主要来源：一是英语，由其他欧洲语言而来的借词也往往通过英语才进来的；一是与日语有关的新创造的外来词。

(1) 源于英语的外来词

例如：

① 阿门(amen)——基督教祈祷完毕时的用语，意思是"心愿如此"。

② 啤酒(beer)——大麦酿成的酒。

③ 磅(pound)——英制衡量名。

④ 水汀(Ateam—沪)——暖气。

⑤ 嘜(mark—粤)——商标。

⑥ 华尔街(Wall Street)——纽约街名。国际上作美国金融界的代名词。

⑦ 唐宁街(Downing Street)——伦敦街道名。代表英国官场。

⑧ 吨(ton)——重量名称。

⑨ 瓦特(Watt)——原英国物理学家名，作科学术语，表示每秒钟内电流所生的单位。

⑩ 费厄泼赖(fair play)——公正的竞赛与裁判。

⑪ 托辣斯(Trust)——以垄断独占为目的的企业同盟。

⑫ 道林纸(Dawling)——一种精质纸张。

⑬ 梵华铃(violin)——一种乐器。

⑭ 麦克风(micro-phone)——扩音器。

⑮ 扑克(poker)——一种纸牌。

⑯ 甘士林(gasoline—沪)——汽油。

⑰ 沙发(sofa—沪)。

⑱ 雷达(rador)。

⑲ 阿司匹林(ospirin)——乙醯水杨酸。

⑳ 乌托邦(Utopia)。

㉑ 奥林匹克(Olympic)。

㉒ 伏特(Volt)——电压单位,等等。

由其他国家语言进入英语,再由英语传入汉语的借词,例如:

① 俱乐部——英语词 club,来源于古代斯干的那维亚语 klulla。

② 欧姆——电阻单位,英语为 Ohm,由德国科学家 G. S. Ohm 得名。

③ 帮浦——唧筒,英语 pump,是由中古低地德意志语 pumpe 或西班牙语 bomba 而来。

④ 引得——索引。英语 mdea,来自拉丁语 indicare,意思是“指出”。

⑤ 马达——发动机。英语 motor,来自拉丁语 movere matum“转动”。

⑥ 引——柴油机。英语 engine,来自古法语 engin。

⑦ 幽默——诙谐,英语 homour,来自古法语 humor。

⑧ 浪漫主义——英语 Romanticism,来自法语 romantisme。

⑨ 罗布——ronbee 来自俄语 pyбib 等等。

(2) 与日语有关的外来词

例如:

① 瓦斯——西文原名 gas。

② 虎列拉——一种霍乱病,原名 chalera。

③ 混凝土——水泥,原名 concrete。

④ 淋巴——原名 lymph。

⑤ 马铃薯——原名 potato。

⑥ 微积分——原名 differentioe。

⑦ 方程式——an equation。

⑧ 抽象——abstract。

⑨ 现象——phenomenon。

⑩ 否定——denial。

⑪ 意识——consciousness。

⑫ 电信——telegraphy。

⑬ 粴——容量单位。原名 centimeter。

所谓与日语有关的外来词，是指中国学者和日本学者在某个时期共同使用汉语汉字所翻译的科技方面的新词以及一般的外来语。这类外来词可以说是为了丰富本民族语言（汉语和日语）的词汇以适应近代文化的需要，中国学者和日本学者共同翻译出来的新词，可算是民族性和国际性相结合的产物。

2. 熟语

汉语里的熟语到了近代更加丰富起来；一方面继承了上古和中古时期的熟语，另一方面又不断创造了许多新的熟语。

（1）成语的引用和继承

近代引用成语的特点：① 结构不固定。② 出现某些同义成语。③ 成语的格式不一定是四字格。例如：

a. 九霄云里↔九霄云外。

即便纵云，赶到九霄云里，轮着宝杖，又不好下手。（《西游记》五十八回）

把这水火棍一隔，丢去九霄云外。（《水浒传》九回）

b. 钓名沽誉↔沽名钓誉。

好好的一个清净洁白的女儿，也学的钓名沽誉，入了国贼禄鬼之流！（《红楼梦》三十六回）

可知那些死的都是沽名钓誉，并不知大义。（同上）

c．“草木皆妖”“魂飞魄散”“魂不附体”“甜嘴蜜舌”。

从此风声鹤唳，草木皆妖。（《红楼梦》一〇二回）

按：草木皆妖＝草木皆兵。

这几个人早已吓得魂飞魄散了！（《老残游记》八回）

那老龙听说是孙行者齐天大圣，唬得魂不附体，魄散九霄。（《西游记》六十三回）

按：魂飞魄散＝魂不附体。

玉钏儿道：“吃罢，吃罢；你不用和我甜嘴蜜舌的了。我都知道啊！”（《红楼梦》三十五回）

按：“甜嘴蜜舌”与“甜言蜜语”“口甜如蜜”同义，大概是由“口蜜腹剑”这一成语引申出来的。

恼的那狐朋狗友，搬是弄非，调三惑四。（《红楼梦》十回）

那厮专生恶念，不务本等，专好打家截道，杀人放火；相交的都是些狐群狗党！（《西游记》五十六回）

按："狐朋狗友"与"狐群狗党"同义。

d. 像"树倒猢狲散"一类四字格以上的成语：

若应了那句"树倒猢狲散"的俗语，岂不虚称了一世诗书旧族了！（《红楼梦》十三回）

坐山观虎斗。（同上书，十六回）

凤姐又说："打墙也是动土，已经惊动了人，今儿乐得还去逛逛。"（同上书，二十九回）

新生女非比他行，家丑不可外扬。（《元曲选·㑳梅香》）

对于古成语的继承，大都是从古代的历史故事、寓言里采选出来的成语。例如：

① 负荆请罪（《红楼梦》三十回）

② 兔死狐悲（《水浒传》二十八回）

③ 班门弄斧（《西游记》六十四回）

④ 助纣为虐（《红楼梦》九回）

⑤ 乐极生悲（《红楼梦》十三回）

⑥ 东施效颦（《红楼梦》三十回）

⑦ 赴汤蹈火（《水浒传》十五回）

⑧ 金蝉脱壳（《红楼梦》二十七回）

⑨ 借花献佛（《老残游记》卷六）

⑩ 耳红面赤（《西游记》五十六回）。

另外有这一时期新产生的成语。这时期的新成语，一部分是在过去成语的基础上发展，另一部分是在新的历史条件下创造出来的。

例① 耀武扬威——"我这里走的慌，他可也赶得凶，似这般耀武扬威，争强奋勇。"（《元曲选·单鞭夺槊》）

例②　将机就机——“柳毅去了也。既然这般呵，今日虽不成这桩亲事，后日还要将机就机，报答他的大恩。”(《元曲选·柳毅传书》)

例③　倚老卖老——“我尽让你说几句便罢。则管里倚老卖老口里唠唠叨叨的说个不了。”(《元曲选·谢金吾》)

例④　过河拆桥——“你休得顺水推船，偏不许我过河拆桥。”(《元曲选·李逵负荆》)

例⑤　背井离乡——“假若俺高皇，差你个梅香，背井离乡，卧云眠霜。”(《元曲选·汉宫秋》)

(2) 谚语的引用

在近代的书面语言里，应用谚语特别多。这是当时文学作品里最生动最形象化的语言。这一时期文学作品里引用的谚语，例如：

① 常言道：“表壮不如里壮。”嫂嫂把得家庭，我哥哥烦恼做甚么！岂不闻古人言：“篱牢犬不入。”(《水浒传》)

② 正是“灯蛾扑火，惹焰烧身”。(同上)

③ 常言道：“不冷不热，五谷不结。”(《西游记》)

④ 古人有言：“火烧到身，各自去扫；蜂虿入怀，随即解衣。”(《水浒传》)

⑤ 陛下，人不可貌相，海水不可斗量。(《西游记》)

⑥ 哥哥正是“急来抱佛脚，闲时不烧香”。(《水浒传》)

⑦ 自古道：“不怕官，只怕管。”林冲不合吃着他的请受，权且让他这一次。(同上)

⑧ 常言道：“朋友妻，不可欺；朋友妾，不可灭。”(《西游记》)

⑨ “三十六计，走为上计”。若不快走时，更待什么！

（《水浒传》）

⑩ 今儿我听了他的短儿，“人急造反，狗急跳墙”，不但生事，而且我还没趣。（《红楼梦》）

这一时期创造的新谚语，其中有反映生产经验的，有反映阶级斗争的，有表示其他生活经验的，极为丰富。例如：

① 六月不热，五谷不结。（《明诗综》引吴中谚）
② 十月雨连连，高山也是田。（同上）
③ 土贼犹可，士兵杀我。（《明史·林俊传》）
④ 职方贱如狗，都督满街走。（杜文澜《古谣谚》）
⑤ 贼如梳，军如篦，士兵如鬀。（同上）
⑥ 苐生成旗，民皆流离；苐生成枪，杀伐遭殃。（同上）
⑦ 知人知面不知心。（《元曲选·单鞭夺槊》《红楼梦》）
⑧ 不受苦中苦，难为人上人。（《元曲选·东堂老》）
⑨ 路遥知马力，日久见人心。（《元曲选·争报恩》）
⑩ 牡丹花下死，做鬼也风流。（《元曲选·留鞋记》）

近古时期所产生的谚语，绝大部分被保存了下来，成为作家语言不可缺少的部分，其中特别是反映生产斗争方面的谚语，更显示出了旺盛的生命力。

（3）歇后语的引用

歇后语是一种特殊结构的言语，它具有巧妙的修辞手段，一般是由两个句子组成，前一句为形象化的比喻，后一句为解释事理。但有些歇后语往往后一句“歇”去，留下前一句，更觉意味深长，生动有趣，发人深省。

汉语里不少歇后语在书面语里出现，应该认为是从近古以来白语文学开始的。歇后语的使用尤其给明清以来几部有名小说如《红楼梦》《儒林外史》等，增添了不少修辞色彩。

歇后语不仅在修辞上起作用，而且它同样具有丰富的社会内容，它也反映着一定社会的生活情况和人们的生活经验。例如：

① 呆，秀才，吃长斋，胡须满腮，经书不揭开，纸笔自己安排，明年不请我自来。(《儒林外史》)

② 死知府不如一个活老鼠，那个理他？(同上)

③ 事还是竟弄破了好，还是“开弓不放箭”大家弄几个钱有益？(同上)

④ 马老先生，而今这银子，我也不问是你出，是他出，你们原是“毡袜裹脚靴”，但须要我效劳的来。(同上)

⑤ 我看的是李逵骂了宋江，后来又赔不是。(《红楼梦》)

⑥ 没良心的，“狗咬吕洞宾，不识好人心”。(同上)

⑦ 那宝玉是个丈八的灯台，照见人家，照不见自己的，只知嫌人家腌臜。(同上)

⑧ 然后岫烟也钓着了一个，随将竿子仍旧递给探春，探春才递与宝玉。宝玉道：“我是要做姜太公的。”(同上)

⑨ 呸：原来也是个银样蜡枪头！(同上)

⑩ 我们没来由，今日为他得罪严老大，“老虎头上拍苍蝇”怎的？(《儒林外史》)

（四）近代汉语的构词法

1. 合成词增多

汉语构词法的发展和汉语语言结构的特点有密切的联系，古代汉语的书面语言里充满着对称或排偶的结构。从词的结构来说，汉语里很早就出现一种由成对的单音节词素所组成的合成词。在这种词的内部，词素与词素之间或者语音上有联系（例如所谓联绵词：窈窕、仿佛、犹豫、鸳鸯、翱翔等），或者是语义上有联系（例如：亲戚、父母、兄弟、宇宙、文字、敬爱等）。近代汉语里，由成对的单音节词素所组成的合成词愈加多起来。可以这样说，合成词的增多是这时构词法的主要特征之一。

合成词的结构类型，基本上有两类：一是联合式即由成对的单音节词素所组成的合成词，例如：

例①　早晚——时候、时间。

家童：门首觑者，这早晚苏先生敢待来也。（《元曲选·冻苏秦》剧一折王长者白）

红娘白：若有话说，明日妾来回报，这早晚怕夫人寻我，回去也。（《西厢记》二本三折）

例②　倒换——与“调换”同义。

旦曰：“我收拾一包袱金银财物，今晚著梅香送出来，你倒换过，做你的财礼下来娶我。”（《元曲选·绯衣梦》剧一折）

李千娇白：“路途上厮见，无甚么与你，这一只金钗儿，倒换些钱钞，做盘缠去。”（《元曲选·争报恩》）

例③　动静——与“态度、举止”同义。

范学士白：“老夫看了这两个模样动静，敢不中去么？”（《元曲选·陈州粜米》剧楔子）

正末白：“大嫂，我想那壁是个大人的动静。我将这宝物

献与他咱,愁甚么不得官做。"(《元曲选·生金阁》剧一折)

例④　惶恐——与"惭愧"同义。

小生虽有虚名,其实不副,惶恐！惶恐！(《元曲选·百花亭》)

彭大白:"你常在我跟前,卖弄这阴阳有准,祸福无差,今日如何？好惶恐人也。"(《元曲选·桃花女》剧楔子)

例⑤　精细——与"清醒""苏醒"同义。

正旦曰:"员外,你放精细者！"(《元曲选·灰阑记》剧一折)

李彦和白:"大嫂,你精细着！"(《元曲选·货郎旦》)

例⑥　打拍——与"打起""提起"同义。

"揉开汪泪眼,打拍老精神。"(《元曲选·金线池》剧"金盏儿曲")

比及断那唱叫,先擀打拍那精神。(《元曲选·风月紫云庭》)

例⑦　管教——与"定教"(一定使得)同义。

我和你待摆手去横行,管教他抹着我的无干净。(《元曲选·黑旋风》)

例⑧　放解——放典押债的意思。

我也再不去图私利狠心的放解，我也再不去惹官司瞒心儿举债。（《元曲选·老生儿》）

另外一类是偏正式，如：舞台、火车、纺车、美学、轮船、铁路、重心、地球、讲座，等等。

2. 词素构词能力增强

汉语里不少单音节词素，除了具有独立的词汇意义外，又跟一般的单音节词一样，还具有极强的构词能力。它们跟基本词汇里的根词差不多，在汉语词汇发展过程中成为构成新词的重要材料。这类富有“能产性”的词素，和词一直混合在一起，因此在近代的书面语言里，还可以看到某些单音节词和某些合成词的词汇意义相同，在书面上同时使用、两者并存的现象。例如：

（1）觑↔观觑、看觑

张千门首觑者。（《元曲选·张天师》）
我出门来观觑。（《元曲选·魔合罗》）
则道怎生样看觑我。（《元曲选·虎头牌》）

（2）寻↔搜寻

教我两眼无处寻。（《元曲选·魔合罗》）
要搜寻百谋千计。（同上）

（3）须↔索↔须索

止不过是一人处死,须断不了王家宗祀。(《元曲选·蝴蝶梦》)

楚项籍,蜀关羽,秦白起,燕孙武,若比这个将军,兵书战策,索拜做师父。(《董西厢》)

放时节须索用心思,休教藤刺儿抓住绵丝。(同上)

我与你须索从头觑。(《元曲选·魔合罗》)

(4) 弃↔弃舍↔抛弃

你着他弃一壁儿就一壁儿。(《元曲选·神奴儿》)

着我难弃舍。(《元曲选·黑旋风》)

又怕半路里轻抛弃。(《元曲选·救风尘》)

近古以来,在书面语言里,这类富有能产性的词素逐渐不作为单词使用,让位于由它们所构成的合成词。这样一来,就促成了在书面语言里由单音节词向双音化发展的趋势。

3. 重叠词大量出现

重叠式的构词法是汉藏语系语言里构词的一种重要格式。在近代的汉语词汇里重叠词和叠音词的大量出现,也是近代汉语主要特征之一。

上古的诗歌语言里,已经普遍采用重叠词和叠音词。这类词的性质主要是当作摹声词(例如:“关关雎鸠”“喓喓草虫”“伐木丁丁”“鸟鸣嘤嘤”,等等)和情貌词(例如:“习习谷风”“行道迟迟”“忧心忡忡”,等等)。它们的语法功用跟形容词和副词一样,用来修饰名词或动词。在近代汉语里,重叠形式的词除了某些名词重叠式表示“每一个”“所有”之外,形容词和动词的重叠式大多数作为情貌词用，一般放在名词或动词的前面。例如：

（1）名词的重叠式和某些摹声词

①点点不离杨柳外，声声乱打蓬窗闹。（宋元戏曲《张琼莲》）

②朝朝等着他，日日盼着他。（宋元戏曲《刘盼盼》）

③人人俊丽，个个英雄。（《水浒传》九回）

④明日再取十丸来，天天临睡时候，叫袭人伏侍你，吃了再睡。（《红楼梦》二十三回）

⑤娘娘吩咐说你日日在外游嬉，渐次疏懒了功课。（同上）

⑥只听的减杀声声，便催着战鼓逢逢。（《元曲选・尉迟恭》）

⑦门外森森麻麦，窗面猗猗荷花。（《水浒传》九回）

⑧习习东风，卖花声吹入，小小帘栊。（《宋元戏文辑佚・琵琶愁》）

⑨渐渐飒飒金风动，伤情处听孤鸿。（《宋元戏文辑佚・乐昌公主破镜重圆》）

⑩我是个不带头巾的男子汉，叮叮当当响的婆娘。（《水浒传》二十一回）

（2）动词重叠式

①贾母笑道："你先你娘瞧瞧去再去。"（《红楼梦》五十二回）

②你身上不大好，又连日多事，该歇歇才是。（同上书，十三回）

③ 凤姐进入茅屋,先命宝玉等去玩玩。(《红楼梦》十五回)

④ 正打算到贾政这边谋一个大小事件与儿子管管。(同上书,二十三回)

(3) 形容词重叠式

① 纤纤玉笋柔,窄窄金蓬小。(《宋元戏文辑佚·司马相如题桥记》)

② 船稳潮平慢慢行。(《元曲选·伍员吹箫》)

③ 我见他尽在嘻嘻冷笑中。(《元曲选·尉迟恭》)

④ 轻轻洒舞舞薰风。(《水浒传》八回)

⑤ 看那凤尾森森,龙吟细细,正是潇湘馆。(《红楼梦》二十六回)

除了三种格式外,还有带有结构助词"的""地"的重叠式以及词尾重叠式,词根并列重叠式三种格式。

(1) 带有"的""地"的重叠式

① 悠悠的声揭谯楼品画角,珰珰的水滴铜壶玉漏敲。刷刷的风飐芭蕉凤尾摇。厌厌的月上花梢树影高。悄悄的私出兰房离绣幕。擦擦的行过阑干上甬道。霍霍的摇动珠帘。你等着巴巴的弹响窗棂,恁时节的是俺来了。(《元曲选·㑳梅香》)

② 每人只暗暗的写了,一齐封送进去。

于是众人方慢慢的散去。(《红楼梦》二十二回)

(2) 部分重叠式

① 试看人生,得足何时是？有酒从教醉醺醺,醉乡堪宿。(《宋元戏文辑佚・王魁负桂英》)

② 翠巍巍柳条,见忒楞楞晓莺儿飞过树梢,扑簌簌乱红舞翩翩粉蝶儿,飞过画桥。(《宋元戏文辑佚・张翠莲》)

③ 夜悠悠,房寂寂,怕银漏迢迢暗漏。(《宋元戏文辑佚・裴少俊墙头马上》)

④ 闷厌厌,怎得眠一觉？恨绵绵空懊恼。(《西厢记》)

⑤ 头直上乱纷纷雪似筛,耳边厢飒刺刺风又摆。(《元曲选・朱太守风雪渔樵记》)

⑥ 章悬悬,泪涟涟,待甚日,重逢潘岳一面？(《宋元戏文辑佚・杨实锦香囊》)

⑦ 山边茅草,乱丝丝攒遍地刀枪;满地石头,磣可可睡两行虎豹。(《水浒传》十六回)

⑧ 宝玉道:"什么'大家彼此'？他们有'大家彼此',我是'赤条条来去无牵挂'。"(《红楼梦》二十二回)

⑨ 说着,进贾母里间屋里,气忿忿的躺着去了。(同上)

⑩ 武松道罢,一双手按住胳膝,两只眼睁得圆彪彪地。(《水浒传》二十六回)

(3) 词根并列重叠式(AABB,ABAB)

① 我与小姐说明这一愿,则愿的俺小姐嫁一个风风流流,可可喜喜,标标致致好姐夫也。(《元曲传・㑳梅香》)

② 把衣服浆洗得干干净净……

秦重打扮得齐齐整整。(《醒世恒言·卖油郎独占花魁》)

③ 武松在轿上看时,只见并肩迭背,闹闹嚷嚷,屯街塞巷,都来看迎大虫。(《水浒传》二十三回)

④ 那妇人独自一个冷冷清清立在帘儿下,看那大雪。(同上书,二十四回)

⑤ 一时,只见宁府大殡浩浩荡荡,压地银山一般从北而至。(《红楼梦》十四回)

⑥ 偶然两句吹到耳朵内,明明白白,一字不落。(同上书,二十三回)

⑦ 谁知接接连连,许多事情,就把你忘了。(同上书,二十六回)

⑧ 黛玉笑道:"带来了,就给我们见识见识也罢了。"(同上书,五十二回)

⑨ 外面的大事已经大哥哥料理清了,不过是里面照管照管。(同上书,十三回)

⑩ 也不收拾收拾,弄的你黑眉乌嘴的,那里还像个大家子念书的孩子?(同上书,二十四回)

⑪ 赵姨娘平时也该教导教导他。(同上书,二十五回)

⑫ 论理我们里头也得他来整治整治,都忒不像了。(同上书,十四回)

4. 同素异序同义词出现

上面讲过,古代汉语词汇里的合成词有不少是由成对的单音节词所构成的。有些可能因为在语义上是同义的词素,因此在构词过程中,词素次序可以颠倒而不影响意义。在近古(近代)的汉语词汇里,同样也出现了一些词素次序不一致的同义词。例如:

“惧怕”—“怕惧”

一应人等谁不惧怕。(《元曲选·虎头牌》)
不由我心儿里猛然添怕惧。(《元曲选·对玉梳》)

5. 接合词的主要后缀“儿”

从构词类型上看,在这一时期书面语言里很突出地反映了北方方言词汇方面的构词法的特点,那就是接合词(以实字为词根,以虚字为前附成分或后附成分所构成的词)的构词法的主要形式是以“儿”字作为后附成分,构成了许多带“儿”的接合词。这类带“儿”的接合词在早期北方话里是否与现代北京话一样成为儿化的词儿(即“儿”不单独成为一个音节),还不能断定。但在语义上,近代北方话里带“儿”的接合词与现代汉语里儿化词一样,基本上表示“小”的意思。有些前面还带有一个“小”字,有些前面不带“小”字。例如:

小丫头儿——小丫头儿们进来告诉鸳鸯。(《红楼梦》八十四回)

针儿——什么扎花儿咧,拉锁子咧,我虽弄不好,却也学会做几针儿。(同上书,九十二回)

在元曲、话本、小说里,这类带“儿”的接合词真是不胜枚举。从构词类型来看,这类带“儿”的接合词基本属于三类:一是名词词根或数量词词根带“儿”的接合词。一是形容词词根带“儿”的接合词。一是动词词根带“儿”的接合词。例如:

(1) 既是这等,你跟我到庄儿上宰个羔羊儿杀个鸡儿,那

饭儿中吃。这个则是豆儿粥,你吃不的。(《元曲选·伍员吹箫》)

(2) 见炕上有个纺车儿,越发以为稀奇。(《红楼梦》十五回)

一见宝玉来。都抿着嘴笑他。(同上书,二十三回)

(3) 大正月里,娘儿们姐儿们都喜喜欢欢的,你又怎么这个样儿了?(同上书,二十二回)

(4) 凤姐儿忙起身说:"我也恍惚着见一个人影儿。"(同上书,四十七回)

(5) 薛姨妈笑道:"小鬼头儿,你怕什么? 不过骂几句就完了。"(同上)

(6) 将一个小小的机关儿把你来完备了。(《元曲选·㑳梅香》)

(7) 要是差一点儿的,早累的不知怎么样呢。(《红楼梦》二十四回)

(8) 不想二爷要茶喝,叫姐姐们一个儿也没有。(同上)

(9) 一半儿为国忧民,一半儿愁花病酒。(《元曲选·汉宫秋》)

(10) 我听见宝二爷娶亲,我要来看看热闹儿。(《红楼梦》九十七回)

(11) 把玻璃上那个档儿拉开,得点亮儿。(《儿女英雄传》二十九回)

(12) 拿着我比戏子,给众人取笑儿!(《红楼梦》二十二回)

(13) 还有一个好玩的东西给你带回去玩儿。(同上书,二十回)

(14) 老太太又说起逗笑儿的话来了。(同上书,八十四回)

(15) 这天算都有了吃儿了。(《儿女英雄传》二十九回)

另外,带"子""头""家"一类的接合词,在近代的汉语词汇里同样获得了很大的发展。例如:

(1) 恰才樊素小娘子,将简帖儿和香囊,到小姐行去了,良久杳无音信。(《元曲选·㑳梅香》)

(2) 这头巾、环子便是赃仗。(《元曲选·勘头巾》)

(3) 上得冈子,当不过这热,权且在这林子里歇一歇。(《水浒传》十六回)

(4) 有一碟子豆腐皮的包子。(《红楼梦》八回)

(5) 念书是极好的事,不然就潦倒一辈子了,终久怎么样呢?(同上书,九回)

(6) 姑娘们都在后头玩呢!把他送了去。(同上书,二十回)

(7) 小人自会做活结头。(《水浒传》十七回)

(8) 我们伙计,一个在前头,挽着一个绳头,一个在后头,挽着一个绳头。(《老残游记》卷八)

(9) 秀才家,那个不风魔。(《董西厢》)

(10) 你嫂嫂是个年少妇人家。(《元曲选·铁拐李》)

(11) 酒店家去里面切出二斤熟牛肉。(《水浒传》二十三回)

(12) 你是个老人家,别人吵,你还要管他们才是。(《红楼梦》二十回)

(五) 词义的演变

词的意义的构成和演变,与人们社会生活、社会实践以及对客观现实的认识都有密切的联系。词义演变的基本方式可以概括成下列两种类型：

1. 词义的扩大或缩小

所谓扩大或缩小，就是由它单指某一对象或现象所包含着的具体意义扩展成为泛指别的对象或现象而获得一般的意义，或者本来所包含着的一般的意义转变成为个别的意义。可是，词义的扩大或缩小在词义演变过程中不是一种循环的转变，而是一种矛盾的发展。因为，有变化过程中，一个词的意义往往扩大后再会缩小或者缩小后再会扩大。甚至在同一时期，某一个词在这个场合使用时它的意义被扩大，而在另外一个场合使用时意义又被缩小。例如：

例①　“汤”这个词，在上古汉语里，意义是热水。《楚辞·九歌》有：“浴兰汤兮沐芳华。”《孟子·告子》：“冬日则饮汤。”汉代的成语“赴汤蹈火”（见《汉书》），“汤”仍然作“热水”解。可是到了中古时期，用在某些场合，词义缩小起来，当作“菜汤”的意思。例如唐人王建诗：“洗手作羹汤。”而在近代书面语言里，词义又相应的扩大起来，除了仍然作为一般的热水解释外（例如：《元曲选·生金阁》：“我打你个促掐的弟子孩儿，酾这么滚汤般热酒来烫我！”），同时引申而带有“轻轻的碰一下”的意思。

例如：在金元杂曲里有：“三五日来不汤个水米，教俺难恋世。”“谁将这五花官诰汤，谁将这霞帔金冠望。”（《董西厢》）

例②　“火”这个词，原意是物体在空气中与氧气化合而燃烧所发出的光和热的现象。《尚书·洪範》有：“五行：一曰水，二曰火。”“火”作为一种自然现象。后来意义扩大起来，引申为“燃烧”“大焚”的意思。如《左传》有“人火曰火，天火曰灾”。汉代《释名》训为：“火，化也，消化物也。”《说文》解为：“火，毁也。”中古时期的古文里“火”有时还作动词用，如“火其庐”（韩愈文）。但在近代汉语里,"火"的意义仍然固定在原来意义上。

例③ "肥"这个词,在上古汉语里,本义是"肥胖",《说文》解为"肥,多肉也"。到了中古时期汉语里词义扩大含有"富裕"的意思。例如在当时的诗歌里有:"自然家国肥。"(《辛苦吟》)"胡为残良民,令此鸟兽肥。"(苏舜钦诗)"鸟兽肥"是双关语,"肥"即"富裕"的意思。到了近古时期,"肥"虽然仍作"肥胖"解释,但词义相应地缩小了,在用法上,"肥"虽然既可以用来形容动物,又可以用来形容人,但形容人的肥胖另外出现了"胖"这个新词。近代汉语里,"肥"与"胖"同时并存,可是它的意义比以前显然缩小了。例如:

这个汉子却肥。(《水浒传》)

庄客拣了两头肥水牛杀了。(同上)

只见一个胖大和尚,脱的赤条条的,背上刺着花绣,坐在松树根头乘凉。(同上)

后边来的是一条胖汉。(《西游记》)

例④ "吃"这个词。我们知道,在上古汉语里,吃一般的东西叫做"食",《诗经·小雅·白驹》:"皎皎白驹,食我场苗。"吃流汁的东西叫做"饮"。到了中古出现了"吃"这个新词,它包括上古汉语里"食"和"饮"两种意义。例如:杜甫诗:"对酒不能吃。""梅熟许同朱老吃。"近古以来,在书面上,又出现了"喝"这个新词("喝"原来也许是方言词),于是,"吃"这词的意义也就相应地缩小了,在近代的白话文里,"吃"和"喝"有时是分开来用的。例如:

我的手脚子粗,又喝了酒,仔细失手打了这磁杯。(《红楼梦》)

凤姐道:"他早吃了饭了,不用给他。"(同上)

可是,有时候,“吃”又像中古那样的用法,既表示“吃”又表示“喝”。这就是说,“吃”这个词在某些场合可以混用,这样一来,词义相应地扩大起来。例如:

吃酒吃饭,都有个凑趣儿的。(《红楼梦》)

你们不得洒家言语,胡乱便要买酒吃,好大胆!(《水浒传》)

故此先来望你一望,求钟茶吃。(《西游记》)

吃了早饭,众头领叫一个小喽啰,把昨夜担儿挑了。(《水浒传》)

2. 词义的转移

词义本身由这一种意义转移为另外一种意义。这种转移包括新旧意义的交替、基本意义和转用意义的交替等。例如:

元曲里“楔子”这词。从语源学上看,木工用木片塞紧所作器具或工事的结构,以便利工作,这种木片叫做楔子。后来,元曲的作家,在剧本开头或折与折之间加进一段介绍剧中人物、情节和联系前后剧情的文字,以及把开端叙述引起全剧的一段文字都叫做楔子。这样一类,与这词原来的意义完全无关。

引起词义演变的原因是多种多样的。在汉语的发展过程中引起词义演变的最基本的原因,可以概括为下列五点:

(1) 由于“联想”而引起词义的演变。所谓“联想”又有两种情况:一是甲乙两物相同,由甲物而联想到乙物;一是甲乙两物相近,由甲物而联想到乙物。例如:

例①　“条子”这个词,原指一般长条形的物体,到了清代,把它指称棉纺织业中一种经过加工的棉花半制成品。据文献载:“于是约熟花衣作带形,削细竹茎为心……其状外圆而中空,名条子。”

(《松江府志》)

例②　“麵”这个词,在唐代意思是脂粉的粉末。据《维摩诘经》载:“每交不出闺闱,长使调脂弄麵。”近古以来,专指面粉或面食。目前只有在个别方言里,还有把粉末称为“面儿”。

例③　“弓”这个词,在古代原指一种弯形的兵器。到了近代,由于棉纺织业的兴起,就把这词用来指称弹棉花的一种弯形的工具。《松江府志》云“棉必弹之使如轻云,谓弹花衣。弹花者名‘弓’”。

(2) 由于事物“功用”演变而引起词义的演变。换句话说,词义的演变体现了同样功能的对象相互交替,也就是新的对象代替了旧的对象所能起的作用。例如:

例①　“灯”这个词的意义,在古代是与火焰如豆的油灯联系在一起的。到了近代,由于工农业生产的发展、科学技术的发达,“灯”这个词的意义就与煤油灯、煤气灯、电灯这些东西联系起来。

例②　“礮”(砲)这个词,原意是“以机发石,古人攻战之具”。《新唐书》记有:“以机发石为攻城械,号将军礮。”到了近古时期,发明了“大礮”。“礮”这个词的涵义就由石砲交为火砲。至于近代,产生了“砲台”“砲兵”“砲手”“砲舰”一类的词,“砲”的涵义也就由“火砲”而变为发射实弹的强大武器。

(3) 由于不同历史阶段中人们思想意识的转变而引起词义的演变。在社会发展过程中,社会生活的发展和人们思想意识的转变往往是平行发展的。随着社会生活的发展和思想意识的演变,过去以旧的观点给予某些词的一定的意义价值就要依据新的思想意识来促成了词义的变迁。例如:“圣母”这个词,在唐代为武后的尊号,是一个充满着封建统治阶级的思想意识的专有名词。据《封氏见闻记》云:“则天垂拱四年,得瑞石于洛水,文曰:‘圣母临人,永昌帝业。’号其石为宝图。于是群臣上尊号,请称圣母神皇。”到了清代,“圣母”用来尊称皇帝的生母,所谓“圣母皇太后”(见《清通典》)。涵义虽稍有变化,但封建统治阶级的意识形态仍然沾染着这个词的意义。到了近代,自基督教传入后,教徒称耶稣的母亲玛利亚为“圣母”。于是,这个词原有的意义就变成一个带有宗教色彩的词。再如:“磷”这词在上古汉语里表示一种花火。据《淮南子注》:“野火之忽隐现作青色者。”又有所谓:“精在地暴露,百日则为磷,遥望炯炯若燃火也,故谓之磷火。”过去有些地方,人们把“磷”称为“鬼火”,近古以来,由于科学文化的进步,“磷”也随着改变了原始的意义,成为表示化学元素的科学术语。

(4) 由于语源的遗忘而引起词义的演变。词的意义反映着人们对客观现实一定的认识。比如,在过去,人们对于某一对象是按某一种特征去认识它和理解它的,之后,人们在实践活动的过程中,对于某一对象又发现了它的新的特征,也就是说,对它有了进一步的认识,往往对它的原始意义不再加以注意,甚至完全忘记。例如:“钱”这个词,在上古汉语里为农具的名称,以刬地除草者。后来,由于人们发现金属品不但可以制造工具,而且还能把它当作货币,就把“钱”这词作为货币的名称。再如“角”这个词,在近代汉语里作为货币的单位名称。按语源,角总是古代的酒器,酒店里把它作为计数的容量单位,卖酒的数量单位也称角;于是这个词就由作为卖酒的容量单位名称扩大为货币的单位名称。

(5) 由于不同历史时期政治和经济生活的变迁而引起词义的演变。例如“先生”这个词在上古谓老年教学者,有道者的称呼。如《史记·三代世表序补》有“张夫人问褚先生曰……”(褚先生即少孙,元、成间博士)。可是,到了元代,由于当时的统治阶级尊重僧道,因而称僧道为“先生”(见《经世大典》)。又如“太太”这个词,在明代只限于中丞以上的官员眷属才得称“太太”(见胡应麟《甲乙賸言》)。后来,凡是一般仕宦者主妻都能称“太太”。又如“纸币”,

据历史记载，宋时开始出现货币，当时只当作盐茶券，通货的范围有限。到了元明时代，才作为货币代替银钞。清中叶以后开始称“纸币”，应用更加普遍起来。这使得“纸币”的涵义随着不同的时代和不同的经济生活而逐渐扩大。

张世禄全集

第九卷

9

Lecture Notes on History of Chinese I

汉语史讲义（上）

张世禄 著 申小龙 编

中国出版集团 東方出版中心

前　　言

申小龙

我国的汉语史研究是在 20 世纪 50 年代开始的。北京大学王力教授首先开讲"汉语史"课程，并按高教部审定的"汉语史"教学大纲编写教材。1956—1958 年科学出版社出版了王力的《汉语史稿》上中下三册。

与北京大学王力的汉语史课程几乎同时，复旦大学张世禄教授也开讲"汉语史"课。当时全国开设这门课的就是北大和复旦，一北一南两家。这当然和当时全国只有北大和复旦有专门化的汉语专业有关，也与王力和张世禄作为中国现代语言学的先驱，都致力于中国传统学术的现代化有关。然而，与王力先生汉语史课程教材一锤定音并多次再版不同，张世禄先生汉语史课程的教材一直处在油印稿的未定稿状态。从张世禄先生家属和 20 世纪 60 年代听课的复旦大学中文系学生保存的当年汉语史教材来看，张世禄先生的汉语史课程教材油印稿一共有四种：

1.《汉语史　绪论　语音篇　初稿》(22 万字)

2.《汉语史　词汇篇　初稿》(32 万字)

3.《汉语史　词汇语法部分　六三年复旦春季夏季用》(15 万字)

4.《汉语史讲义》(35 万字)

我们从这四种汉语史教材的100多万字珍贵存本中，梳理出一个70万字的汉语史讲义系统，分为绪论和语音、语法、词汇三个部分，将复旦大学张世禄先生学术研究和教学领域的一项重要成果，较为完整地呈现出来。这是继王力先生《汉语史稿》出版之后，我国语言学史上系统的汉语史研究的标志性创获，也是与北京大学几乎同时开出、历史悠久的复旦大学汉语史课程的优秀传统。这个传统由于作者个人和环境的历史原因长期湮没不闻，甚至“文革”结束恢复高考后的第一届大学生，我们77级本科生，入学复旦中文系汉语专业后所上的为时一年的汉语史课程，其教材都是中青年教师自编。今天，在系统整理张世禄先生全集，广泛征集张世禄遗稿的过程中，在复旦大学中文系和东方出版中心的共同努力下，终于拂去20世纪五六十年代《汉语史讲义》的历史尘灰，使它以崭新的面貌出现在世人面前。本教材的出版不仅丰富了20世纪中国语言学优秀遗产的宝库，而且将有力推动21世纪中国汉语史研究与教学的传承和发展。

一、《汉语史讲义》的基本特色：现代性

《汉语史讲义》在当时的历史条件下，显示出很强的现代性，具体表现在三个方面。

1. 断代的共时性

复旦版《汉语史讲义》在整体框架上较《汉语史稿》的写法更注重断代的共时性。如果说王力的《汉语史稿》有历史比较语言学的理论轨迹，那么张世禄的《汉语史讲义》在理论上淡化了历史比较语言学的原子主义，更倾向于从断代共时层面，即从语言作为一个关系系统来观察和分析语言现象。

我们看王力的《汉语史稿》，基本上是语言要素的追源溯流。

在语音部分，简要介绍了中古和上古的语音系统后，就分别论述一个一个声母和韵母从上古到中古，然后又是中古到现代的历史演变。张世禄的《汉语史讲义》，从一开始就把断代的汉语作为一个系统进行深入的分析。在上古汉语语音部分，呈现给读者的，不是一个个要素的演变史，而是整个要素关系网络，即分章论述上古音的声母系统、韵母系统和声调问题。

在词汇部分，《汉语史稿》的写法依然是线性的类别史，分节论述基本词汇、借词、同类词、同源词、成语典故的历史连续性，甚至包括"古今词义的异同""词是怎样变了意义的""概念是怎样变了名称的"这样细节的量变。而《汉语史讲义》"词汇篇"由"上古汉语词汇""中古汉语词汇""近代汉语词汇"三部断代史组成。在"上古汉语词汇"中，论述"词汇的时代特征""基本词汇""词义变化和词的结构""熟语、方言词、外来词、同行语"四个有机组成部分。其中"词汇的时代特征"部分，由"先秦时期词汇的时代特征""秦汉时期词汇的时代特征"两部分组成。显然，《汉语史讲义》秉持现代语言学对语言的共时系统认识，在语言史论述中遵循严格的断代整体性。

从系统的认识出发，《汉语史讲义》涉及的语言知识领域更宽厚。例如在"中古声母的发展"这一章，内容涉及《切韵》的声类、《切韵》声类的音值、《切韵》声母的渊源、《切韵》系统声母前后期的变化。在"中古韵母的发展"这一章，内容涉及《切韵》系统韵书分部发展概述、《切韵》系统韵类及其音值、中古韵母的渊源。在"《中原音韵》的声母系统"这一章，内容涉及《中原音韵》的编排体例、《中原音韵》的声母、全浊声母的清化、卷舌音的萌芽、零声母的扩大、新产生的浊音，并讨论了从中古《切韵》音系到《中原音韵》声母演变的大势。这样的体例，始终帮助读者在一个整体性的要素网络中观察和把握语言现象。

2. 断代的社会性

语言史是社会史的一部分，张世禄的《汉语史讲义》在论述汉语历史发展的时候，注意把断代的汉语发展和当时代的社会发展联系起来，和汉语文学的发展联系起来，和汉语研究的学术史联系起来，和汉语方言联系起来。例如在论述上古汉语语音的时候，首先介绍上古社会和语言的概况、古音学研究的概况；在论述中古汉语语音的时候，分别讨论中古汉语语音发展的社会背景，中古方音和文学语音的语音系统，和音韵研究的兴起。在论述近代汉语语音的时候，不仅介绍近代汉语语音发展的社会背景和近代韵书，而且专节论述现代汉语方言中的古音痕迹和口语中的文白异读。这样一部汉语史，把汉语的发展置于宏大的历史背景中作立体的呈现，同时也将听课学生各方面的知识系联起来，对汉语的发展有更深入的理解。由此看王力的《汉语史稿》，在语言史与社会史的关系上，持“语言的历史分期不能机械地依照社会发展的分期”①，而“应该由语言发展的内部规律来决定”②的观点，较少关注语言发展的社会原因。两本汉语史教材的这一点不同，在各自的目录上一目了然。

断代的社会性，在《汉语史讲义》“词汇篇”更鲜明地体现出来。在上古汉语词汇部分，将社会发展的渔猎时期、畜牧时期、农业时期和词汇的发展融为一体，从手工业、商业、社会制度、社会意识形态的发展论述词汇发展的动因和特色，完整展示上古汉语词汇随社会发展而发展的整体面貌。在中古汉语、近代汉语部分也是如此。近代汉语词汇部分分列元明清和鸦片战争后各时代的词汇特征，读者可以清晰地看到社会制度和农业、手工业等生产力发展对汉语词汇发展的影响，更能看到重大社会历史事件对汉语词汇发

---

① 王力《汉语史稿》，中华书局，1980年版，第32页。
② 王力《汉语史稿》，中华书局，1980年版，第33页。

展的推动，诸如太平天国运动、帝国主义侵略、满洲屈辱、中国人民反抗运动、民族资产阶级革命、资产阶级改良运动、清朝官僚的反抗等，都深刻影响了近代汉语词汇的发展，表现出各阶段汉语词汇的整体性历史形态和特征。在论述北方话词汇发展的时候，呈现在读者面前的是一个全方位的历史词汇学图卷。作者深入分析北方话词汇发展的政治原因和语言文学原因，让我们看到近代汉语词汇独具特色的北方话词汇是如何在唐宋以来口语、元曲、明清白话文学、各地方言的共同作用下形成和发展的。

《汉语史讲义》努力探究汉语史发展的深刻的社会性，显示出作者对语言的本质特征的深刻理解，具有很强的现代语言学意识。

3. 断代的系统性

张世禄《汉语史讲义》十分重视汉语史的分期，并且在分期的标准上持与王力《汉语史稿》不同的观点。为什么要分期？王力的《汉语史稿》认为分期的目的是使历史发展的线索更加分明，使历史上每一个大关键期更加突出，从而更深刻地认识历史的面貌。张世禄《汉语史讲义》在讨论“汉语史分期问题的意义”时指出：“只有正确地揭示了事物发展的阶段性，事物在发展诸阶段上质的规定性（特点）以后，才能真正认识到事物历史发展的全貌，认识到事物的本质，从而正确地掌握并驾驭这一事物。”（《绪论》第四节，下同）显然，张世禄把汉语发展的阶段性视为汉语本质而非仅仅历史面貌的表现，由此汉语史分期的标准就应该是语言发展过程中的质变，张世禄将此解释为“体系的变化”“体系的更递”。

体系更递这样的“质变”，如何来衡量？

王力《汉语史稿》持单一要素的标准，主张“以语法作为主要的根据”，因为“语法结构和基本词汇是语言的基础，是语言特点的本质。而语法结构比基本词汇变化得更慢”①。至于语音系统，它和语法系统有密切的关系，也可以作为分期的标准。

张世禄《汉语史讲义》持系统平衡的标准，认为“不能以一种要素的质变来概括语言体系的质变，也不能孤立地看待语法的质变”，“语言体系的变化，就是打破了原来体系的平衡以及三要素之间的平衡，而达到了新的平衡，形成了语言新的体系”。因此，语言史的分期，“要从基本词汇、语法结构和语音系统三者统一的变化着眼”。那么怎样看出达到了系统新的平衡，亦即进入了发展的新阶段呢？张世禄断定“不是语法，而是语音实在为质变的重要标志”。张世禄认为汉语的基本词汇和语法的变化受汉字书面形式的束缚，而由于汉字不表示绝对的音值，汉语语音的发展不受书面形式的束缚，最为整齐和明显，最能反映汉语的变化发展。由此我们可以看出，《汉语史讲义》的分期标准与《汉语史稿》的不同，是系统质变（新的平衡）和单一要素质变的不同，也是语音为主和语法为主的不同。我们看《汉语史讲义》对汉语史各个发展阶段的分期，综合了语音、语法、词汇三方面的特点，同时还指出了汉语史分期各阶段社会发展的特征。后者显然和作者关于语言史是社会史的一部分的观点是一致的。

不同的分期标准必然产生不同的汉语史分期。王力《汉语史稿》分四期，张世禄《汉语史讲义》分三期。其中对上古期和中古期两家看法一致。其后，《汉语史稿》分近代期（13 世纪到 19 世纪鸦片战争）和现代期（20 世纪五四运动以后），中间鸦片战争到五四运动是过渡期。《汉语史讲义》将 13 世纪到作者生活的 20 世纪 50 年代统一划为近代期。这一时期初辽金元入侵，北方共同语区域长期战乱，大量人口南迁，语言发生又一次混合。此后随着全国政

---

① 王力《汉语史稿》，中华书局，1980 年版，第 34 页。

治经济和文化中心的长期稳定，近代汉语在北京话为中心的北方话基础上形成发展起来，逐渐成为现代汉民族的共同语。其最明显的标志就是由《切韵》音系变为《中原音韵》所代表的音系，以至现代的北京音系；同时也表现在语法形式的各种精确化和词汇发展中大量资本主义政治经济文化词汇、北方话口语词汇和借词。《汉语史稿》以单一语法标准划分汉语史现代期的依据是“适当地吸收西洋语法”和“大量地增加复音词”。

二、《汉语史讲义》的体例特色：多维度

思想的现代性贯穿于《汉语史讲义》的整个论述过程。在这一过程中，教材的编写体例实现了一系列多维度的创新。

1. 语言史和语言学史相结合

张世禄先生是我国语言学史研究的先驱，从20世纪20年代起，就出版了系统的中国语言学史著作，包括《中国古音学》《中国声韵学概要》《中国文字学概要》《中国训诂学概要》等，其中最著名的是《中国音韵学史》。张先生的汉语史课程，很自然地将学术史和语言史结合起来。这是《汉语史讲义》非常重要的体例创新。

在上古汉语语音部分，作者没有直接论述上古的声韵系统，而是先介绍古音学研究的兴起及其社会背景，然后对从两汉开始的古音探索进行细致的梳理，清晰地展示了汉语发展的历史过程中对上古音认识的不断深入。由于作者是音韵学史的专家，在梳理和论述中往往高屋建瓴，入木三分。

例如作者认为古音学的兴起与当时具有民主主义要求的哲学思想分不开。古音学使用具有进化论观点的历史主义研究方法，其成就与这一时期欧洲的科学思想和中国科学发展有密切联系。明代由于学术界先进思想的影响给古籍研究打开了一个新局面，

陈第是第一个运用历史主义观点系统研究古音的专家。

又如作者指出顾炎武把《诗经》《易经》的用韵与汉字的谐声系统结合起来，提出离析《切韵》系统以求古音的方法，即根据方块汉字的谐声系统把《广韵》的某些韵部的字分开来，直到现代学者也没有超出这一方法的基本范围。顾炎武冲破了《切韵》以来入声系统的束缚，提出上古入声只配阴声的原则，尽管其中有许多不正确之处，但这种大胆的革新精神有利于科学研究的发展。

再如作者指出声母和韵母是紧密结合在一起的，韵母中的许多变化须要声母的变化去说明。如果把声母看成一成不变的东西，要全面找出韵母的演变规律是不可能的，因此钱大昕开辟的上古声母系统研究有重大的意义。

语言史和学术史的结合，不仅让读者了解语言的演变，而且让读者看到对语言演变的认识是如何由一代代学者艰苦探索，推陈出新，接力完成的。这样的汉语史，让人耳目一新。

2. 语言史和研究方法相结合

语言史的撰写，不仅和语言学史相结合，而且和研究方法相结合，《汉语史讲义》在体例上的别开生面令人印象深刻。作者是一位循循善诱的老师，不仅教给读者知识，而且向读者展示这些知识的来龙去脉，更进一步把着手教你如何亲自实践去尝尝梨子的滋味，去探知这些知识。如果不是一位在传统汉语言文字学各领域游刃有余的学术大家，是很难如此全方位深入浅出地为年轻学子讲述汉语史的。例如在“上古汉语语音”部分，作者用非常清晰的语言讲述了两千多年汉语发展中历代文人对上古音认识逐渐深入的过程，接着就如数家珍般告诉读者今人探究古音所依据的材料：上古书面语的韵文、谐声字、字书、中古韵书、古文献中的异读、重文、双声叠韵、现代方言、外语中的汉语借词，并仔细解释为什么这些材料能够为古音学研究提供依据。作者告诉我们，日语、朝鲜语、越南语等外语中保留了中古或上古汉语借词的某些读音，这给历史比较法提供了可贵的材料。这些借词在该民族语言中用音标固定下来了，而且汉语是作为整个音系影响它们的语音系统，不是个别字的读音，所以上古语音得不到解释的现象，可以从外语中的汉语借词中获得解答的线索。现代对东方各国语言的研究必将为汉语古音学提供更多可靠的材料。作者还特别指出，运用现代语音学知识和历史比较法，古音研究就有了现代科学的基础。

3．语言史和方言研究相结合

《汉语史讲义》具有现代语言学的视野。作者视域中的汉语，不仅仅是汉语书面语，而且是汉语口语和方言。作者认为，汉语在春秋时代形成了统治阶层比较共同的官方语言——夏言，即后来的雅言。与此同时，春秋战国时代各领主所属范围内的不同语言就是相对于雅言的方言。这些方言是上古汉语史发展的有机组成部分。《汉语史讲义》在“上古词汇史”部分设专节论述了春秋战国时期的方言词汇，尤其是《楚辞》和《诗经》中运用的方言词。读者会想，怎么知道这些是方言词呢？作者不厌其详列出了汉代扬雄《方言》一书中对这些方言词的记载。同样，在论述汉代方言词汇的一节中，作者不仅以扬雄《方言》的例子说明汉代方言的复杂多样，而且从《史记》《汉书》和汉乐府中方言词的运用说明方言是丰富汉语共同语的源泉。

《汉语史讲义》十分重视方言研究对汉语史认识的重要作用。在语音史中就指出，汉语南方各种方言中都保留了古音的某些特征。这些特征活在方言日常口语中，可以使今天的人像听到古音一样，确认汉语语音发展的进程，同时据此构建接近古代实际语音的音系和音值。作者认为，随着全国方言基点调查工作的完成，上古音的研究将获得非常丰富的材料，方言学和古音学在新的历史条件下将更紧密地结合起来。

4. 语言史和口语研究相结合

由于表意汉字的特殊性，汉语在历史发展中始终存在书面语和口语的相互关联。《汉语史讲义》认为，汉语在六朝形成以口语为基础的新的书面语形式，至宋朝日渐成熟，并成为现代“白话”的来源。作者详细分析了在口语影响下汉语史新书面语演进的过程，认为魏晋六朝的时候文言文作品有接近口语的倾向，经过文人整理的民歌保留了很多口语词汇；唐朝的敦煌变文和民间说唱变文使用了大量口语词，《晋书》和唐诗中也有许多通俗的口语词汇。逐渐脱离文言文的口语化的书面语言到宋朝的“话本”基本定型。“话本”在民间口语（说书）基础上整理成文，其中有大量源自口语的虚词、词头词尾、人称代词甚至基本词。作者还特别注意到口语词汇发展中带入书面语的方言词，不仅详细列举了“三言两拍”中的方言词用例，而且从晋朝郭璞对扬雄《方言》的注解中大量用双音词注单音词的例子，指出郭璞用的双音词都是联绵词，如果这些词当时不存在于方言之中，郭璞是无法了解汉朝扬雄时代的方言情况的；并进一步推论这些联绵词在扬雄时代就已经存在于方言中，只是扬雄受限于汉字，只用单字记录。作者还从郭璞注中揭示了许多口语词通行的方言区域。这些精彩的论述让读者非常直观地了解到以汉字文本为主体的汉语历史发展中口语对书面语的积极参与和重要影响。唐宋以后的白话文潮流中口语词汇的大批涌现极大丰富了北方话词汇，这些内容在《汉语史讲义》中更成为论述的重点。

除了体例创新之外，《汉语史讲义》在全书的论述中还有许多新颖的思想。这些思想有的是张世禄先生长期学术思考的沉淀，例如肯定上古汉语有复辅音，只是由于它消失得早，而方块汉字又没有能力保存，所以无法全面认识。在后来直至20世纪七十年代末，张先生对这个问题的思考形成了系统的汉语语音发展规律学说，提出汉语语音史的八大趋势，其中第一条就是“起首辅音的失落和复辅音声母的单化”。又如提出汉语“贷词”的概念，即汉语词汇被其他语言吸收为借词，《汉语史讲义》专门研究了中古时期的汉语贷词，并在近代外来词的研究中专门论述了蒙古语中汉语贷词的回流。《汉语史讲义》中还不乏张世禄先生重要学术发现的萌芽，在其后的学术生涯中又有系统的论述。例如“同义并行复合词”，《汉语史讲义》在论述上古词的结构时第一次提出了这个概念，并举了详细的例证。其后在20世纪80年代，张世禄发展了这一思想，提出同义并行复合词与训诂学上同义为训的体例密切相关，两者相互促进，由训诂产生大量的同义并行复合词，丰富了汉语的同义词，反过来又使训诂体例越来越发达和完密。

三、《汉语史讲义》的校订整理

《汉语史讲义》的校订整理工作极其繁重，东方出版中心的编辑团队付出了巨大的心血。讲义印行于20世纪五六十年代。受当时条件的限制，整个《语音篇》的讲义都是人工刻蜡纸后油印的，其中有大量印刷不清和人工疏误之处。而其他各篇虽是打字油印，依然存在难以辨识的情形。讲义的油印稿封面有张世禄先生亲笔写的题注“初稿”，说明作者对许多问题的思考还在进行中，许多内容还没有细致梳理，甚至有些内容还阙如。为了对读者负责，也为了更真实和系统地还原《汉语史讲义》的全貌，我们将本书的校订整理工作说明如下：

（一）原著语言的整理

1. 尊重原著的语言风格

《汉语史讲义》的初稿使用的是20世纪五六十年代的语言，带有很重的时代痕迹和作者个人的风格。其中有许多在今天汉语的规范使用中是需要订正的。我们在校订中与出版社编辑团队反复斟酌,确定这样一个原则:整体上尊重原著的语言风格。其中包括:

文言文风格。所谓文言文风格,就是字思维的风格。许多在今天汉语中已经"词化"的概念,在文言文的字思维中有分析性的理解,《汉语史讲义》中这类字思维的表达我们予以充分的保留。例如"频烦"不改为"频繁","种殖"不改为"种植","色采"不改为"色彩","仓猝"不改为"仓促","骗诈"不改为"诈骗","遂渐"不改为"逐渐","统制"不改为"统治","发见"不改为"发现"等。

作者个人风格。有些表达虽然不是今天汉语表达的习惯,但作为个人习惯,无伤大雅,我们也保留。例如"甚么"不改为"什么","笔划"不改为"笔画","特出"不改为"突出"等。

在整体尊重原著风格的基础上,我们也订正了对今天读者理解会有影响的用字。例如"那一方面"改为"哪一方面","一百六韵"改为"一百零六韵","渡过"改为"度过","没煞"改为"抹煞"等。

2. 尊重原著内容

由于原著写作当时历史条件的限制,有些材料不够准确,我们不作订正,保留原著的面貌。例如谈近古基本词的变化,作者举了《水浒传》中"目"转换成"眼睛","耳"转换成"耳朵","舌"转换成"舌头"的例子,其实"眼睛"在晋代已经出现,"耳朵"在战国中期帛书《黄帝四经》中已有,"舌头"在东汉《释名》中已有。利用现在的语料库,半个多世纪前的汉语史教材中的语料往往有修正的可能,这项系统的工作只能留待将来了。

由于是初稿,作者在个别章节下的小标题后,未加阐述,注明"(待补)"。对于这些内容阙如的地方,我们也予以保留。

又如，在“近代汉语词汇”部分，作者论述反映太平天国运动的词汇的一节，对所举的例子都详细解释；而在论述反映鸦片战争后重大事件的词汇的一节，只举词汇例子，未作解释。这显然是未完成的内容，我们也保留原貌。

原著中有些内容可以商榷。例如在词汇部分谈词的构成，说到“重叠词”，例子中有“瞧瞧”“歇歇”“玩玩”“管管”，这些属于动词的语法重叠，而非词汇的构成。由于内容涉及学术观点，我们仍予以保留。同样，作者分析近古复合词时，把复合词的结构分为两类：联合式和偏正式。偏正式中包括主谓结构，这和一般的语法认识不同，我们也予以保留。

本书的语音篇存在大量的繁体字、异体字，手工刻钢板油印的文字有不少已经无法分辨。对于实在无法分辨的文字，我们用行文中的黑方块标识该字的阙如。

3. 删改过于意识形态化的语言

受时代的影响，原著中有不少反映当时意识形态的语言。其中无伤大雅的表述我们都予以保留，过于极端的语言则删除。诸如：“帝国主义文人高本汉”“天才著作”“卓绝典范”“外国帝国主义的走狗”“资产阶级学者的无耻谰言”等，都做了删改。有些过于极端的观点，我们也做了删除。例如：“阶级同行语只是语言发展过程中的一股逆流，注定要死亡的。”又如：“避讳词必然要随着创造者的地位在社会上死亡而随着也死亡，历史事实证明了这一点。”

4. 统一语体

原著中偶有语体冲突的文字。例如书面语体中突然出现口语化文字。如：“你看当时的舟车制造吧，造这种东西每个时代都有，不过这时期里造的异常庞大”，我们修改为“舟车制造每个时代都有，不过这时期造的异常庞大”。

（二）原著标题的整理

《汉语史讲义》由于是作者的初稿，一些标题的设置和标题语言的格式存在不统一的问题，而且我们将不同时期几种教材合并梳理，也需要在标题语言上相对一致，为此，我们做了以下整理工作：

1. 统一各级标题的语言结构。例如原标题是“关于事物通常的行动和变化”，改为“田猎行为的名称”，以与同层次的其他标题语言一致。又如原标题是“梵语的吸收”，改为“对梵语的吸收”，以与其他标题“对东夷语的吸收”等相一致。另外，在《汉语史讲义》标题中，上一级标题中有了历史时期，下一级的标题就统一不再出现相同的历史时期词语。

2. 标题语言的非句化。原著中有些小标题过长，使用了句子甚至复句的形式，我们作了简化。例如原标题是“造成词义分化，词义由单义发展成为多义”，修改为“词的单义分化为多义”。原标题是“使某些词旧义消失，获得新义”，修改为“词的新义替换了旧义”。原标题是“其他国家的词，通过蒙古语的媒介而进入汉语词汇的外来词”，修改为“突厥、波斯语来源的音译词”。原著中有些小标题是述谓性的，我们改为名词性。例如“一些外来词被吸收为基本词”，修改为“近古基本词吸收的外来词”。

3. 增加小标题。一种情况是根据内容增加小标题。例如“近古时期的新谚语”一节，有三个小标题，分别是“有关生产的谚语”“有关阶级斗争的谚语”“有关人情世故的谚语”。其后的内容谈谚语的发展变化，我们增加一个小标题“谚语的发展变化”。又如中古时期“词汇与社会制度意识形态”一节，下设“魏晋南北朝封建集权制度词汇”“魏晋南北朝学术宗教词汇”“唐宋典章制度的词汇”三个标题，根据内容我们增加一个标题“唐宋学术宗教词汇”。另一种情况是原著标题序号后面是一个长段落，实际上没有标题，为此增设标题。例如“近代汉语的构词法”一节中“合成词增多”“词素构词能力增强”“重叠词大量出现”“同素异序同义词出现”“接合词的主要后缀‘儿’”这几个标题都是这样增设的。

4. 调整小标题。例如“北方话词汇发展的条件”一节，下设“北方话词汇发展的社会因素”“元曲里运用方言词语举例”“明清以来白话文学的传播与北方话词汇发展的关系”三个标题。为使逻辑更清晰，我们改为这一节下设两个标题“社会因素”“白话文学因素”，在后一个标题下，增设“元曲中的北方话词语”“话本小说中的北方话词语”两个小标题。

5. 简化标题语言。例如“由汉语到蒙古语再由蒙古语回到汉语成为外来词”修改为“蒙古语中汉语贷词的回流”。

（三）原著用字的整理

1. 订正原著刻写、打字中的错别字和漏字。东方出版中心的编辑团队在文字订正上反复审校，下了极大的功夫。

2. 原著用字前后不一致的，统一用字。例如“重迭”和“重叠”，统一用“重叠”。

3. 原著在刻蜡纸的时候为简便用了不规范的民间俗字，改为规范字。例如“咀”改为“嘴”，“付词”改为“副词”，“邦会”改为“帮会”，“正数”改为“整数”，“介释”改为“解释”，“四千另五”应为“四千零五”。

4. 订正原著误写的简化字。例如“肖鼓”改为“萧鼓”。

（四）原著内容的整理

1. 原著由于是作者的初稿，且刻写和打字过程中不可避免的误差，在语言上存在一些粗疏之处，我们在整理中按作者的思维逻辑作一定的调整和润色，包括标点符号。例如："（阶级同行语）这些特殊词汇是在极小一部分人中使用。王帝和高级官吏，连下层官吏也不可能知道，一般人民更不用讲了。"从逻辑上看，第一个句号须改为逗号，后加"即"。

2. 原著中个别有误的表述，我们做一些订正。例如原文"雠，《说文》云：对答也"，其中"对答也"误，订正为"犹应也"。原著有的例证十分费解，我们换新的例证。

3. 原著中阙如的内容，局部做了补充。例如上古汉语的词结构，原文在动补式中举了词例"教化"，没有举出处，我们做了补充。又如在论述中古基本词汇的继承时，作者举的例证后写"（第8页）"，这显然是出处的页码，我们订正为"（《警世通言》第十二卷）"。这样的订正比较多。

4. 原著例证后附的出处中过于繁冗的文字，我们予以删减，以求例证出处格式统一。

5. 原著中无法看清楚的字，我们做了订补。例如"'（　）妻'就是结婚"，订补为"'归妻'就是结婚"。

由于时间和精力的限制，我们对《汉语史讲义》的整理工作还无法做到巨细不遗。现在呈献给读者的，是张世禄先生在20世纪五六十年代汉语史教学与研究重要创获的一个基本面貌。复旦大学中文系汉语教研室内李笠先生、周斌武先生等，曾参与《讲义》编写的部分工作，对张先生鼎力协助，贡献良多。

我国的语言文字历史悠久，我国的语言史研究和教学在建国以后就立刻在北方和南方的高校扎扎实实开展起来。以北京大学王力先生的《汉语史稿》和复旦大学张世禄先生的《汉语史讲义》为代表，我们可以看到，我国的汉语史研究根基深厚，源远流长。中国有非常优秀和伟大的语言学家，他们的汉语研究比欧美著名语言学家的研究更客观，更实在，更注重实事求是和理论联系实际。东方出版中心正是看到了《汉语史讲义》对于我国语言和文化研究的标志性的意义，才倾注极大的心血编校文字，勘误补缺。作为张世禄先生的弟子，我们对东方出版中心表示衷心的感谢！我们相信，《汉语史讲义》的出版将有力推动我国语言史的研究与教学。我们期待汉语史研究新人辈出，成果丰硕，前景灿烂。

2020 年 2 月写于复旦大学

编辑凡例

一、本书收录的著作，在语言、文字和标点符号上，尽可能保留原文的风格。

二、本书收录的著作，其内部标题序号，依照其与全书统一序号的对应，作了调整。

三、由于历史文献辑佚的困难，本书对文献中难以辨认的文字，作了打黑码处理。对已经辨认的文字中可能存在的误读，尽可能联系上下文酌定。

四、本书收录的著作，个别在章节、体例和标题内容上做了适应出版的整合工作。

五、本书收录的译文，部分在译者手稿中出现注释缺损，现据相关出版文献订补。

六、本书对旧版文字成例之取舍尊重独立的字义，并适当照顾历史习惯：

1. 不改动的词语(示例)

辨说　科白　旁驸　语意　苍颉　名辞　展转　那末　峙躅
辨论　免强　色采　贯串　透切　蕃殖　反覆　沈重　参杂
颚化　孳生　蕃衍　为着　对向　成份　太形　甚么　记念
愈益　傅会　笔划　推重　特出　邱陵　阑入　偶而　洗炼
真象　真相　纪录　掉换　引伸　借贷　从新　薰灼　弯屈
原素　原泉　澈底　没煞　厌足　便易　凭籍　纷歧　倣效
策勳　涵义　直截　抵当　工夫　惟一　慢骂　赅括　遗流
二个　致疑　发见　揉合　偏面　起原　参进　暂短　委宛
仓猝　骗诈　驾御　疏理　畺界　映象　原于　愤闷　附合
各各　各别　交插　纪载　吸受　激刺　包晕　联接　接联
表显　施予　检察　薰染　地土　已往　画象　媚妩　答理
跌交　接合　排泻　隄防　筹画　策画　谋画　藩著　连络
连系

暴发音　哗喇喇　以致于

赤首圜题　训诂之指　信而有证　莫明其妙　由博反约
穷源竟委　智识分子　混然一体

一日千里之概

斯干的纳维亚(斯堪的纳维亚)

普通(副词)　象(动词)　成功(及物动词)　的(状语、补语助词)

2．不改动的标点(示例)

总之：　　总而论之：

3．改动的词语(示例)

如左→如下	右设→下设	两傍→两旁
意像→意象	岐异→歧异	部份→部分
供献→贡献	了望→瞭望	蹓跶→溜达
钞成→抄成	偁→称	会总→汇总
豫告→预告	份子→分子	简炼→简练
沿习→沿袭	原流→源流	浅鲜→浅显
表章→表彰	迭韵→叠韵	纪录品→记录品
恰如其份→恰如其分		

目　　录

语　音　篇

第一编　上古汉语语音

第二编　中古汉语语音

（从四世纪到十二世纪，包括六朝、隋、唐、宋）

第三编　近代汉语语音

（从十三世纪到二十世纪，包括元代、明代、清代和现代）

语　法　篇

第一编　上古汉语语法

第二编　中古汉语语法

第三编　近代汉语语法

附表：

绪　　论

（一）汉语史研究的对象和任务

汉语是汉族人民最重要的交际工具，也是我国各族人民共同的交际工具，同时也是国际事务中通用的国际语言之一。使用汉语的人数，至少在五亿六千万以上。又汉语有极其悠久的历史，它是汉藏语系的一种。现在我们虽然不能确定地说，在什么时候汉语从汉藏母语中分化出来而发展成为独立的语言，可是据可考的文献记载，可以断定汉族的历史至少有四五千年的悠久历史了。

大家知道，世界上有悠久历史和丰富文献的语言是不多的。古埃及、巴比伦、腓尼基等文明古国，离开现在虽然也有四五千年以上的历史，但是它们都先后消亡了，它们的语言也先后消亡了。世界上现在的语言的历史，一般很少有超过一千年的。汉语历史的悠久，是其他语言所望尘莫及的。早在三千年前，我国历史上出现了许多学者，他们在哲学、文学、史学、艺术、医学、天文学、数学、语言文字学、政治、军事、法律、经济、宗教，等等学术上留下了丰富的遗产，也因而保存了丰富的书面语言。汉语经过了三千多年的发展，演化，不断地趋于丰富和完善，以至现代汉语有这样雄伟的表达力，有这样无穷无尽的生命力。“汉语史”正是对汉语进行历史研究的一门学问。

汉语在历史上分化和统一的过程，是复杂得很的。关于汉语在历史上方言分歧复杂的情况，在今天很难加以详细研究。但这仅仅是汉语发展的一面；汉语发展另一面的事实是：汉语早在周代就有了共同语，这共同语在二三千年当中有了发展、有了变化，可是从未间断过；尤其近七八百年来，一个更明显的事实是：由于我国政治、经济、文化的长期集中于北京及其四周，随着资本主义以至社会主义社会的发展，以北方话为基础方言、以北京语音为标准音的民族共同语逐渐形成并发展了。

我们对汉语的历史进行研究时，主要应以汉语的文学语言为对象，即以规范的共同语为对象，特别是以宋元以来汉民族共同语的形成和发展的历史为主要对象。

斯大林指出："语言学的主要任务在于研究语言发展的内部规律。"[①]汉语史是关于汉语发展内部规律的科学，是关于汉语语音、词汇、语法发展的内部规律的科学，是关于汉语语音、词汇和语法怎样从商周时代那种质态，经过这几千年的发展而形成为现代这种质态的历史。

总起来说，汉语史研究的范围和对象是关于汉民族共同语自有史以来的这三千余年的历史，特别是近八百年来汉民族共同语形成和发展的历史。

汉语史的研究对于我们有着重大的意义。正确地研究汉语发展的历史，对于语言的理论的研究，有着重要的意义，对汉语内部发展规律的揭示，不仅大大丰富汉语语言学的理论，同时也必将把普通语言学的理论大大推进一步，并且建立以汉藏语系为中心的一种中国化的语言学理论体系。汉语内部规律的揭示，必将大大有助于解决当前语言工作中的重大理论问题，如有关汉语规范化，

① 斯大林《马克思主义与语言学问题》，人民出版社 1953 年第二版，第 28—29 页。

文字改革中的理论问题等。

汉语史的研究不仅有着重要的理论意义，同时又有着巨大的实践意义，今天对于汉语发展规律的掌握，将大大有助于推广普通话，实现汉语规范化和展开文字改革的工作。

列宁教导我们说："在社会科学问题上最可靠的方法……就是不要忘记基本的历史上的联系，而要对于每一个问题都根据某种现象在历史上怎样产生出来，以为它在发展中经过了怎样一些主要阶段的情形去观察，并根据它的这种发展情形去观察究竟这个现象现在成了什么。"[①]由此可见，研究汉语史是为了当前伟大的社会主义文化革命而研究的。研究汉语史的意义，是在于熟悉汉语发展的历史，掌握汉语在各个历史时期，在不同条件下发展的内部规律；在于明确汉语发展对社会发展的积极作用，从汉语发展的内部规律，指出现代汉语发展的方向和途径，建立现代汉语的规范标准，自觉地为汉语规范化服务，为社会主义文化革命服务，为无产阶级政治服务。

长期以来，"汉语史"的研究，一直被"为史而史"，"为理论而理论"的观念所盘据着。对于这种资产阶级的研究方向，我们必须进行严肃地批判。我们必须在汉语史的研究工作中，高高举起毛泽东思想的红旗，公开地宣布：汉语史的研究必须为无产阶级政治服务。

（二）汉语史研究的观点和方法

我们要进行汉语史的研究，必须在正确的观点和方法的指导下，即辩证唯物主义和历史唯物主义的观点和方法指导下。马克

① 列宁《论马克思、恩格斯及马克思主义》，苏联外国文书籍出版局 1949 年版第 407—408 页。

思主义的观点和方法集中地体现在毛泽东同志的哲学思想与语言学思想中。毛泽东同志关于理论联系实际，厚今薄古，批判地继承文化遗产等思想，对于一切科学研究工作，对于汉语史的研究工作，具有头等重要的意义。我们在毛泽东思想的指导下，给汉语史的研究找到了一个为现代汉语规范化服务的正确方向。

我们根据毛泽东同志《矛盾论》的理论，认识了汉语是种种内部矛盾的统一体，并且这种种内部矛盾推动了汉语的发展。例如：汉语方言与汉民族共同语的矛盾，推动了汉民族共同语的形成和发展；汉语体系内部语音、词汇、语法的矛盾，推动了汉语发展，使它日臻于丰富和完善，汉语史的研究，主要是关于汉语语音、词汇、语法的历史的研究；我们要明确三者在语言的统一体中的密切联系。因此，本书一方面要说明汉语三要素各自的发展及其规律，另一方面又要把三者统一起来说明它们之间的联系。

我们根据《矛盾论》的理论，又认识了：汉语的发展，不仅是由于其内部的矛盾性，也是由于推动它发展的社会条件。汉语方言与汉族共同语的矛盾运动，是在一定的社会条件下产生的。汉民族共同语的形成与发展，是与我国近代政治、经济、文化高度集中在北京的情况密切相关的。汉语内部体系的发展，也离不开一定的社会环境；汉语口语与书面语相适应又相矛盾的情况，也是在一定的社会条件下产生的。我国社会的特点——封建社会的长期性，大大地影响了汉语的发展。我们要了解汉语发展的特点，必须认识创造并使用汉语的汉族人民历史的特点。

我们从学习毛泽东思想的过程中认识了：汉语发展内部规律的客观性和人们的主观能动作用是辩证统一的；汉语是汉族人民劳动实践的产物，它的存在、它的发展的内部规律都是不以人们的意志为转移的。人们可以认识、掌握并驾御汉语的规律来能动地使用汉语，历来，有许多杰出的语言大师，他们是使用汉语的模范；

历来也有几次规模大小不等的规范化运动，发挥了人们的主观能动作用，推动了语言朝着纯洁的健康的方向发展，解放以后的汉语规范化运动，更是规模空前。我们一方面要客观地遵循汉语发展的内部规律；另一方面，我们又要积极发挥主观能动作用，驾御汉语发展的内部规律，使它更好地为社会主义建设服务。

在研究汉语史中，必须运用那种以辩证唯物主义与历史唯物主义为指导原则的历史比较法。我们必须广泛地进行比较：在汉语与现代汉语的比较共同语与方言的比较，汉语与其他民族语的比较等等，在比较的基础上重建古汉语的系统，探求汉语历史发展的内部规律。例如在论证古汉语的系统时，我们运用了方言的材料，少数民族语言的材料，日本汉语借词以及汉语中梵文音译词的材料。

在汉语史的研究时，还必须掌握个别与一般之间，偶然与必然之间的关系。在区别两个截然不同的方面时，又要注意它们在一定条件下的转化，个别可以转化为一般，偶然可以转化为必然。同样，一般也可以转化为个别；必然也可以转化为偶然。例如：语法史中，上古时象"唯命是听"这样一般的句式，至今成为个别的了；"数、量、名"的词组在上古是个别的格式，中古以后，逐渐成为一般的了。所以认清了个别与一般，偶然与必然的规律，才能辨别事物的本质与现象。当研究汉语史的时候，我们必须这样，才不会被个别和偶然的现象所迷惑。

（三）研究汉语史的材料和继承汉语研究的遗产

汉语史的研究，除了必须具有正确的观点，科学的方法之外，还必须掌握丰富的可靠的史料。

几千年来，我们的祖国有丰富的书面文献留传下来，供我们研究。一般地说，这些文献，都可以作为汉语史研究的材料，但是对于这样浩如烟海的材料，必须根据马列主义的观点，加以选择。

语言是思想的直接现实，同思想密切联系的；尽管语言没有阶级性，对于语言材料的选择，总是要坚决确立阶级的观点。我们必须剔除和废除内容反动的脱离人民口语的作品，而要选取和利用那些与人民口语密切联系的具有人民性的文献材料。例如《诗经》《楚辞》《史记》《世说新语》，以及元、明、清的一些戏曲、小说，都是汉语研究极宝贵的材料。

汉字给汉语史的研究，特别是语音史的研究带来不少困难。汉字的保守性使汉语的书面文献不能准确地反映口语的面貌，它的表意性质，掩盖了汉语语音的实际情况虽然形声偏旁。《诗》《骚》韵语、双声。叠韵连语等，给汉语语音透露了一些线索，但是这样的材料，远远不够把汉语语音的历史如实地反映出来。在语法和词汇方面，也需要其他补充的材料。

现代活生生的口语是研究汉语史的一种重要的材料。我们知道，现代汉语的各种方言都是历史发展的结果，在各种方言里，正保留着古代的许多语音、词汇和语法的遗迹；例如现代粤方言保留了古代的一些塞音的韵尾，保留了"行"和"走"两个词的区别，以及"苛政猛于(过于)虎"那样的句法格式等等。

外语中的汉语借词，也是给我们研究汉语史的有用的材料，特别是朝鲜、日本和越南所保留下来的汉字读音对汉语史的研究是有特别贡献的。

汉语中的外语借词(外来词)也可以作为研究汉语史的重要材料，特别是梵语的音译词对中古音研究贡献很大。

亲属语言的比较研究，也有助于汉语史的研究。只是，这项工作至今尚未深入开展。

历代学者研究汉语的成果以及在搜集、整理汉语史的材料方面，其中固然有许多脱离人民的封建性的糟粕，但是，也给我们留下了许多有用的东西，对于我们现在的研究给予不少的便利。所以在进行研究时，必须批判地继承和利用这份遗产。

我国自汉以来，反切方法的运用，四声的辨别，韵书的盛行（特别是《切韵》系韵书的形成），字母和等韵之学的兴起，这些对于汉语语音史的研究都有极宝贵的贡献。《切韵》《韵镜》《中原音韵》等书是揭示历代语音面貌的重要依据；尤其《切韵》一书，是我国历史上流传下来第一部比较科学系统的韵书。我们根据“切韵”系统，可以上溯周秦，下推近代方言，把它作为我国语音史中的枢纽。《韵镜》是我国现存的第一部有系统的描写语音学著作，使我们对于《切韵》系统的认识，有重大的帮助。《中原音韵》是关于近代普通话语音的历史重要文献，使我们对于普通话历史能够有比较全面的认识。

汉字虽然掩盖了不少关于汉语语音演化的痕迹，可是现代方言和韵书、韵图等的综合研究，给汉语语音史的研究找到了一条比较可靠的道路。

我国历代学者对“小学”（即语言文字之学）的研究，除了音韵之外，尚有文字之学与训诂之学，对汉语文字词汇史的研究给予很多方便。早在上古时代就出现了许多文字学、词汇学的专著，如《尔雅》《方言》《说文解字》等。《尔雅》是我国第一部辞书，搜集了上古时代的一些同义词。《方言》是我国第一部记录方言的著作，对汉代语言词汇的情况，给予我们不少的启示。《说文解字》是我国第一部解释字形、字音、字义的字书。此外还有：《释名》《广雅》等。又历代经学家、训诂学家对古籍的注释也是语音史、词汇史的重要材料，其中著名的有《经典释文》《经籍籑诂》等等。近代一些字书，如《康熙字典》《辞源》《辞海》等，对词汇史的研究也有相当的帮助。

古人对于语法的著作比较少。《马氏文通》以前只有对虚词的个别研究,如刘淇的《助词辨略》、王引之的《经传释词》等。《马氏文通》以后,对上古汉语语法作了系统的研究的,有杨树达的《高等国文法》、陈承泽的《国文法草创》等;对汉语语法历史专门研究的论文集,有吕叔湘的《汉语语法论文集》等。王力的《汉语史稿》是关于汉语语音、词汇、语法历史的叙述比较有系统的著作。

十八世纪以后,西欧各国的汉学家开始了对于汉学的研究,其中的一部分是关于汉语的研究,他们虽然给汉语史多少做出了一些成绩,但由于观点、方法的不很正确,他们对汉语的研究不可能得到完全可靠的结论,有时甚至于对汉语进行无端的污蔑;例如葛兰言、西门华德、高本汉、马伯乐等的著作。我们必须对这些著作进行科学的批判。

总之,对于前人遗产,我们应该按照毛主席的指示,要批判地吸收,取其精华,弃其糟粕,使得过去对于汉语的研究成果,也利用来为我们无产阶级的文化事业服务。

(四)汉语史的分期

1. 汉语史分期问题的意义

汉语史的分期问题是汉语史中的关键性的理论问题之一。根据语言的动态规律——量变质变规律所呈现出来的发展阶段性[①],对三四千年汉语发展的历史进行科学地分期,这对于整个汉语史的研究工作是具有重大的意义的。

---

① 必须指出,我们所说的语言发展阶段性和马尔的语言发展阶段论毫无共同之点。马尔把语言当作上层建筑,把语言发展的阶段与社会的发展完全等同起来,并把这种阶段性看作是语言革命(爆发)的结果。这完全是庸俗唯物论的观点。我们认为,语言发展的阶段性乃是语言自身逐渐质变的结果。语言发展固然与社会发展密切联系,但决不能在两者之间划上等号。

只有正确地揭示了事物发展的阶段性，事物在发展诸阶段上质的规定性（特点）以后，才能真正认识到事物历史发展的全貌，认识到事物的本质，从而正确地掌握并驾御这一事物。毛泽东同志指出："如果人们不去注意事物发展过程中的阶段性，人们就不能适当地处理事物的矛盾。"①党的八届六中全会在总结毛泽东同志关于不断革命论和革命发展阶段论的思想时又指出了马克思列宁主义的革命阶段论者应当"认为不同的发展阶段反映事物质的变化，不应当把这些不同质的阶段混淆起来"②。这些思想对于认识一切事物的发展都有着普遍的指导意义。对于汉语史的研究，当然更要体会这个意义。揭示汉语历史发展中的阶段性，科学地划分汉语历史分期，这使我们进一步弄清楚汉语在发展诸阶段上质的特点，从而掌握汉语的发展规律。所以，苏联汉学家穆德洛夫认为研究汉语史的问题，建立汉语史的科学分期法，是中国语言学研究最主要的任务之一③。

2. 语言发展的特点和汉语史的分期

那么，语言史分期的根据是什么呢？很明显，其根据是语言自身的质变，语言从旧质过渡到新质。但是，对于语言的质变，至今还没有一致的看法。有人认为，整个语言的质变，只能是一种语言变为另一种语言，例如由汉语"变成非汉语的另外一种语言，除此以外，没有语言的质变"④。固然，从一种语言变成另一种语言是语言质变的一种，但语言的质变决不是只此一种类型。如果是只此一种，没有其他的语言质变，那么，在统一的国际共同语出现之

---

① 《毛泽东选集》第一卷，302 页，1953 年，人民出版社。

② 《中共八届六中全会决议》。

③ 参见《新建设》1952 年 9 月号《斯大林关于语言学的著作发表以来的中国语言学》一文。

④ 高名凯《汉语研究中的历史主义观点问题》，北京大学《语言学论丛》第三辑。

后，语言将再也不会发生质变，再也没有发展了。这是不可思议的事。我们认为，语言的质变除了这种历史上罕见的类型之外，至少还有一种在语言发展中更为常见的质变，那就是同一语言体系的更递，汉语在经过相当长时期部分质变的积累以后，就发生了重大的变化，即体系的变化，从而形成了汉语的新的体系。我们也就可以从这样一段汉语的发展史中划分出两个不同的历史时期。

语言史的分期根据，既然是语言体系的质变，那么，我们又怎样来判定语言体系的质变呢？首先我们必须了解语言发展的特点。要判定汉语的质变，就要了解汉语发展的特点。

语言的质变有两个显著的特点。第一是质变的渐进性。语言从旧质要素到新质要素的转变，语言新体系的产生，是采取新质要素的逐渐积累，旧质要素的逐渐衰亡来实现的。这样，语言史的分期，语言发展的诸阶段之间就需要相当长的过渡时期，几十年乃至几百年。汉语同英语、法语、俄语等比起来，这种发展的渐进性尤其突出；我国社会长期处于停滞状态①，封建旧文化、汉字和文学语言（主要是它的书面形式）的保守性，给汉语的发展带来了很大的影响。这种渐进性，磨掉了语言飞跃的明显标志，给汉语史的分期也带来了一些困难。然而，正如恩格斯所说的，“尽管有种种渐进性，从一种运动形式到另一种运动形式的转化，永远是一种飞跃，是一种决定性的转变”②，因此，划分汉语史的发展阶段，是完全可能的。

语言发展的第二个特点是语言体系内部诸要素发展的不平衡性。语言的质变，是指由语言三要素组成的统一整体的重大改变。

---

① 毛泽东同志说过：“中国自从脱离奴隶制度进入封建制度以后，其经济、政治、文化的发展，就长期地在发展迟缓的状态中。这个封建制度，自周秦以来，一直延续了三千年左右。”（《毛泽东选集》第二卷，618 页）

② 恩格斯《反杜林论》，1956 年，人民出版社第 67 页。

但是这些要素的发展是不平衡的。一般词汇几乎处在经济变动之中；基本词汇与语法构造变化很慢，而语法的稳固性尤为显著；语音的变化也比较慢，但比基本词汇和语法构造要快些，而且它的变化也较为整齐和明显。语言发展的这种不平衡性，在汉语史的发展中得到了充分的证明。又汉字对于汉语词汇和语法起着巨大的稳定作用，可是因为汉字没有表音的作用，不能控制语音的变化。这种情况使得发展的不平衡性表现得更为突出。这一点，对汉语史的分期带来了一个重大的问题：语言体系的变化，新的体系的形成，同不平衡发展着的诸要素的关系是怎样的呢？

有一种颇为流行的观点，认为既然三要素发展不平衡，那么应当以变化最慢的要素——语法体系的根本质变为语言体系质变的标志。因为唯有这样，各要素才都至少发生过一次根本的质变。① 这种观点是片面的。我们不能以一种要素的质变来概括语言体系的质变，也不能孤立地看待语法的质变。各要素间的发展固然是不平衡的，但它们是统一的整体。所谓语言体系的变化，就是打破了原来体系的平衡以及三要素之间的平衡，而达到了新的平衡，形成了语言新的体系。因此，判定语言体系的变化，要从基本词汇、语法构造和语音系统三者统一的变化着眼。如果再作进一步的考察，那么又可以断定，不是语法，而是语音实在为质变的重要标志，因为语法和基本词汇的变化不是那么明显地一下子就能看出来的，只有语音系统的变化才是最整齐最明显的。这种情况特别表现在汉语中。汉语的书面形式是不表明绝对音值的，汉语的语音发展不为书面形式所束缚，最能反映汉语的变化发展。词汇、语法

① 例如：苏联的桑席叶夫就持有这种观点。（见《论语言中的质变的特点》，载《斯大林语言学著作中的哲学问题续集》）王力在《汉语史稿》中赞同这种观点，但在具体分期时，并未严格遵守这一标准。他在划分中古和近代时，根本没有提出语法上变化的理由。这种观点，必然会得出语言的质变是非常罕见的；因此，象高名凯那样，就认为汉语在几千年来，并没有发生过质变。

却往往被保守性很大的汉字所束缚住，因此反映汉语发展的阶段性，不及语音系统的明显了。

认为只有语法质变才是语言质变的观点的人们还以为质变是根本性质的变化，即这一种语言的语法演变为另一种语言的语法。例如：汉语语法变为非汉语语法的根本变化。这种观点也是片面的。上述的那种变化固然是一种语言的质变，但语言的质变决不只是这样一种形式。语法体系新的调整，语法新体系的形成，却是最常见的一种语言质变。例如汉语自汉代以后，动词系统中判断词"是"的出现，涉及整个词组和句子结构的变化，影响到汉语的体系的发展；所以魏、晋以后的语法体系就成为上古以来形成的新体系。

综上所述，语言体系的质变，其根据是整个体系的变化，其中最明显的物质标志是语音系统的变化。当然不能只看到语音的变化。还必须同时看到一般词汇、基本词汇和语法构造的变化。语言史的分期即以此为标准，这标准既适合于法语、英语，更适合于汉语。

语言史的分期，主要取决于本身质变的标志，但同社会的历史关系很大。语言是社会现象，是随社会的发展而发展的，"因此要了解某种语言及其发展的规律，只有密切联系社会发展的历史，密切联系创造这种语言、使用这种语言的人民的历史，去进行研究，才有可能。"①社会上的种种剧烈变化，如基础与上层建筑的更替，工商业、运输业的发展，国家的兴亡，部族的融合，人民的迁徙，文化上的革命等对语言的变化发生很大的影响，重大的历史事件往往会加剧语言的质变过程，从中显出一个过渡时期来。例如：十一世纪丹麦人、诺曼底人的入侵，使英语加剧了变化，西撒克逊方

① 斯大林《马克思主义与语言学问题》，1953年，人民出版社第20页。

言被伦敦方言所代替，语言也从综合结构向分析结构发展了一步。这个时期，成了上古英语与中古英语之间语言质变的明显标志。当然，说语言史与社会史有密切关系，决不是指这两者是一回事：如果把两者混为一谈，那就陷入马尔学派庸俗唯物论的泥坑中去了。

3. 汉语史的分期及其依据

根据上述分期标准，我们将汉语史的分期问题，作如下处理，即分为下列的三期：

第一，上古期：公元前十五世纪（?）至公元三世纪（“五胡乱华”之前）。

过渡期：公元三世纪至五世纪。

第二，中古期：公元四世纪至十二世纪（北宋末）。

过渡期：公元十二世纪至十三世纪。

第三，近代期：公元十三世纪至二十世纪五十年代。

当然，上述的分期还是比较粗疏的，因为语言诸要素的发展是不平衡的，难得有细密的分期。所以，在关于各要素所划分的历史时期里，可能在时间上稍有参差的情况。大致将汉语的历史作这样的分期，事实上是行得通的，其根据的理由也是充足的。

自从公元 290 年西晋贾后专权埋下了八王之乱的祸根，由于社会的黑暗、政治的腐败，内乱外患频仍，前后经过了三四百年，这一时期古代中国政治、经济、文化的中心地带——黄河流域，变成了现实的地狱，充满了战争、灾祸和死亡。其中尤推“五胡乱华”这一历史动乱为最厉害。经过这次动乱，后来在洛阳一带发展起来的共同语遭到了破坏，人民流落四处，很多南迁江左。外来语如鲜卑语等的侵入，各种方言的混杂，大大地加快了语言发展的速度。

因此，我们以“五胡乱华”为界，将汉语史划为上古和中古期。其间，发生了如下的重大变化。

在语音方面，由《诗经》音演化成为《切韵》音：

声母：

ȶ(知)组，由 t(端)组分化出来；j(喻母)的产生；tʃ、tɕ(照)组的产生；p、b(轻重唇音)的分化；复辅音的单化；等。

韵母：

韵尾-b、-d、-g 的失落，元音尾-i、-u 的产生；-m 尾的字逐渐减少；等。

声调：

四声名称的确定，阴阳调类等分别的明确化。

音节结构：

单纯化的趋势。

在语法方面，同样发生了巨大的变化：

判断词“是”的产生，以及由此而产生一系列的重大变化，如：判断合成谓语的形成，判断句的重大变化；名词辅助成分的产生与发展；量词，特别是动量词的发展，数、量、名和动、数量结构的普遍化；代词第三人称主格的产生；偏正结构，特别是后补结构的发展；介词结构(将、被、把等)的产生和发展；虚词用法的明确化；关联词语用法的加强以及复合句组织的严密化；疑问代词作宾语的前置(吾谁欺?)和否定句中代词宾语的前置(不余欺)等词序的消失，句子结构的趋于规则化；等。

词汇方面的变化，可列举的有：

反映农业、手工业、商业、交通运输的新词大量产生；关于封建制度的词语(如关于科举制度、税收制度等)的大量产生；文艺词汇的丰富化，方言词的吸收；佛教词汇及其他外来词的吸收；合成词中后补结构的发展，接合词的丰富化等。

中古汉语发展到北宋末，由于辽金元的入侵，当时广大北方的共同语区域处于长期战乱之中，大量人口再度南迁，因此，语言又发生了一次混合。此后，由于全国政治、经济和文化中心的长期稳定，近代汉语就在以北京为中心的北方话的基础上形成发展起来，逐渐成为现代汉民族的共同语，这一时期语言上又发生了下列重大变化。

在语音方面，由《切韵》音系变成为《中原音韵》所代表的音系，以至现代的北京音系。

声母：

全浊音的清化；卷舌音的产生；零声母范围的扩大，ts（精）、k（见）组的颚化成为 tɕ 组，等。

韵母：

韵尾-k、-t、-p 及-m 的消失；元音韵尾的进一步发展；

ɿ、ʅ（支思）韵的产生；ɛ（车遮）韵的产生；y 韵的产生；ɤ 韵的产生；元音高化与低化的交互发展；元音的混同化；等。

声调：

阴阳类调的逐渐合并；入声的逐渐消灭；轻音的产生与发展；等。

音节结构：

进一步简化，音节数量也大为减少；等。

在语法方面，同样发生了巨大变化。

词性明确化；名词、动词、形容词的辅助成分的发展，重叠式的发展；结构助词“的”“底”“地”的形成与发展；名词、代词的数的范畴的发展；动词时态的发展；虚词意义与形式的明确化；调组的复杂化与多样化；定语、状语的复杂化；复杂谓语的发展；新兴的共用法与插入法的运用；关联词语意义的明确化；复句结构的严密化和偏句后置形式的产生等。

在词汇方面，其变化尤为明显：

反映西方政治、经济与文化的词语大量产生；北方话词汇大量进入共同语；蒙古语、满语的吸收；外国语，特别是，日语、英语、俄语词汇的大量吸收；古语词的吸收与翻新；接合词的大量出现；等。

4. 汉语发展的过程

商周以前，黄河流域一带的语言是很复杂的，相传黄帝时中原有万国，夏时三千，周初也分封八百诸侯。当时的国相当于一个部落，大概都有自己的语言，大概都是属于汉藏语系的亲属语言。《礼记·王制》说："五方之民，言语不通，嗜欲不同。"这多少反映了商周以前的语言分歧的情况，随着生产的发展，阶级的产生，文字的创立，国家的出现，汉族人民开始了定居的生活，各亲属语言也就开始了统一和融合的发展。由于各部落的政治、经济、文化上联系的加强；出现了部落联盟，于是，部落间的区域共同语也就产生了。从商周以来书面语言（甲骨卜辞、金石铭文、《诗经》以及诸子百家等）的一致性上来看，可以知道，那时已有了统一的部族语言了。到了春秋战国间，这种部族共同语已有文献记载了①。

周以后，汉语的发展是一种又统一又分化的平行发展的过程。直至近代，方逐渐地停止了分化，而趋向于统一。这是由中国社会的特点所决定的。中国的封建制度，自周秦以来，一直延续了三千年左右，这种封建制度的一个显著特点是，名义上保持有统一的中央集权封建国家，实际上各地处于封建割据的分裂状态。毛泽东同志指出："如果说，秦以前的一个时代是诸侯割据称雄的封建国家，那末，自秦始皇统一中国以后，就建立了专制主义的中央集权的封建国家；同时，在某种程度上仍旧保留着封建割据的状态。"②

---

① 《论语·述而》："子所雅言，《诗》《书》执礼，皆雅言也。"

② 《毛泽东选集》第二卷，第618页。

这样就决定了汉语的发展上一种既有统一又有分化的平行过程。三千多年来，共同语的发展一直没有中断过，它控制了汉语的分裂，并且越来越发达、丰富、完善了。另一方面它又不能完全制止方言的分裂和方言分歧的加深。这种情况，直至近代资本主义萌芽以后，才开始改观。共同语进一步控制并逐渐消磨着方言。汉语方言停止了分化，就没有发展成为几种独立的语言。解放后，随着国内政治、经济、文化的高度集中，以及推广着普通话与汉语规范化运动的蓬勃发展，可以预料，汉语必将发展成为高度统一的民族语言。

我国历史悠久，幅员辽阔，各地区的政治、经济、文化发展不平衡，所以，历来我国方言是很复杂的。

在先秦时，随着汉部族的形成，汉部族共同语也形成了。但部族语言内部的方言还是很复杂的。春秋战国以后，各方言开始融合，方言的数目大大减少了。可是方言间的差异却更加大了。据《荀子》所说，当时至少有三个大方言区，即雅言、楚言和越言。[①] 雅言是当时王畿一带的北方话，也是当时的共同语；楚言在地理上大部分相当于今天的湘方言；越言大概就是今天吴方言的前身。

上古期间，至汉以后又形成了一支新方言——粤方言。粤方言本不属于汉语，而是属于僮语的一支。春秋战国期间，粤地开始与楚国交往，秦始皇三次南征，第三次时更谪戍五十万人于粤地。至汉武帝时，灭百粤，置为郡。原来的粤语也就为汉语所同化，成为汉语方言中特殊的一支。

汉时扬雄，在他的《方言》一书中，比较详细地、科学地记录了汉代方言的一些情况。汉代政治、经济统一作用的加强，促进了地

---

① 《荀子·荣辱篇》："越人安越，楚人安楚，君子安雅。"又《儒效篇》："居楚而楚，居越而越，居夏而夏。"

域方言间的接近。例如秦、晋方言，逐渐合而为一，但是方言的复杂情况并没有改变，方言间的分歧仍在继续加深[①]。

后来汉朝灭亡(公元 220 年)，五胡(匈奴、羯、鲜卑、氐、羌)乱华(公元 304 至 439 年)，长期战争，异族入侵内忧外患频仍，社会的大动荡引起了方言的新分合。这种情况，可以从郭璞的《方言》《尔雅》两书的注中略窥其一二。新的方言——闽方言，客家话的形成就在这次动乱中奠定了基础。杨恭恒在《客话本字》里说："客之先，居丰镐、河洛、齐鲁之交，或为衣冠世族，或为耕凿遗民，皆涵濡于二帝三王之化。自东晋永嘉，五胡蹂躏，冠带数千里之地，戎膻污染，靡有宁居。于是衣冠之族，豪杰之徒，如侃、狄、峤、崐之辈，相与挈家渡江，共图恢复；王、谢之家，尤为卓著。王、谢旧河东太原人也。其余入闽诸姓，则有林、邵、何、胡等八家。其他流民避乱江南，流离转徙，有南徐、南司等州郡，谓之侨军州。军州即今之州县，所谓侨者即客耳。"由于历史上的原因，如"征蛮""避乱"或"谪遣"等，中原人自周秦以来就有南迁闽地的。晋以后，到了唐宋间，迁闽的更是盛极一时。客家先民在东晋以后，初步种下了客家人的种子。到唐末，因黄巢起义，又有一批北方人民南迁，侨居客地。在这样的基础上，逐渐形成了闽方言与客家方言。

十二世纪以后，汉族人民又一次遭到了异族的攻击和蹂躏。契丹、女真和蒙古人先后统治中国的一部或全部，历时二百余年。这一次社会大动乱，进一步加强了中古时各方言间的分歧，从而奠定了现代汉语方言的基础。近六七百年以来，由于资本主义的萌芽和发展，汉语方言的分化逐渐停了。现代汉语七大方言区也就

---

① 有人从《方言》一书中，归纳当时区域方言为十三种：一、秦晋，二、郑、韩、周，三、梁、西楚，四、齐鲁，五、赵魏之西北，六、魏卫宋，七、陈、郑之东郊，楚之中部，八、东徐与徐，九、吴杨越，十、楚(荆楚)，十一、南楚，十二、西秦，十三、燕代。

稳定下来了，[1]现在，随着社会的飞速发展，政治经济的高度集中，文化的发达，共同话的统一作用加强了，方言的特点正在逐渐消磨掉；各种方言逐渐向共同语接近，最后必将消融在民族共同语里头。共同语与方言，都是在千百年来长期历史的进程中形成的。方言的消亡也是一个长期的、逐渐的过程，在现阶段，各种地域方言将继续存在和发挥其一定的作用。

汉语自商周以来，三千余年间，有连绵不断地分化的一面。但是，这种分化过程只在一定的范围内进行。汉语的方言始终是服从于统一的共同语，保持了汉语统一的局面。汉民族共同语，自从周秦以来不仅它的历史没有中断过，而且不断地在发展，不断地获得了丰富和完善。

周朝共同语已经形成了。晋公子重耳逃奔四方，晏婴出使楚国，季札入鲁观乐，孔子周游列国，墨子阻止楚的攻宋，苏秦、张仪游说各国，这些历史事实显示了共同语势力在当时已相当强大。到了汉代，“凡语”“通语”“凡通语”更是流行很广。春秋时的雅言也好，汉代的通语也好，都是在北方方言的基础上形成的。雅言和通语可能是以当时长安一带的话或者洛阳一带的话为中心的。

汉魏以后，社会的动乱，打乱了原有的以洛阳为中心的共同语，用颜之推的话来说，就是“南染吴越，北杂夷虏”[2]了。由于社会交际的需要，出现了《切韵》音系；《切韵》“论南北是非，古今通塞”；“捃选精切，除削疏缓”[3]这种音系可能是以传统的读书音为

---

① 注：现代汉语七大方言区是：北方话区，吴方言区、湘方言区、赣方言区、客方言区、粤方言区和闽方言区（又分闽南与闽北）。它们都是历史上形成的。只有赣方言的历史不详。据其语音的特征看来，它还缺乏独立的方言特征。而同邻近的吴方言、湘方言、客家话以及下江官话有相混和类似的情况。

② 见颜之推《音辞篇》。

③ 陆法言《切韵》序。

基础，又折衷古今南北的一种人为性较强的语音系统。由于政府的推行，它在当时的知识分子中颇为流行，并且巩固在书面语言中。

由于社会的长期安定、统一，政治、经济和文化的集中，新的共同语体系开始发展起来了，因此旧有文学语言的规范远离了实际的口语。南宋以后，以黄河流域为中心的官话（中原雅音）逐渐代替了《切韵》音系的文学语言系统。陆游说："中原惟洛阳得天地之中，语音最正。"[①]这种所谓中原雅音的发展，受有十二、十三世纪时辽金元入侵的影响。

辽金元的入侵，一方面固然加深了方言间的分歧，另一方面也促使中原雅音的发展，使它一支南迁杭州，另一支东迁大都。由于十二世纪以来以大都为中心的政治、经济的集中，汉民族共同语就在这个基础上逐渐形成起来了。明清以后，由于政治上、经济上和文化上的原因，北方话的势力越来越强大了。例如：明代沐英平定云贵，使北方话深入西南；清人入关，统治中国二百多年，采用了汉语，并把北方话传播到东北广大地区；同时，山东移民也把胶东方言的特色带到辽东半岛。工商业的发展，更加强了北方与全国的联系。又宋元以来，大量用北方话写成的文学作品，像宋元话本、元明戏剧、明清小说等，已经深入人心。晚清以后，白话文运动、国语运动等，更扩大了北方话的影响。及至全国解放，党的语言政策是要使得汉语更好地为社会主义革命和社会主义建设服务，就于1955年召开了"现代汉语规范问题学术会议"，确定了以北方话为基础方言，以北京语音为标准音，以现代典范的白话文著作为语法规范的汉民族共同语的标准，这样一种民族共同语正在加快速度地向前发展着。

---

① 陆游《老学庵笔记》。

汉语发展的过程，说明了方言服从于共同语的规律性。这种发展又是同汉族人民历史分不开的，是有其深刻的社会历史根源的。

在政治上，我国虽然有时长期处于封建割据的状态，但就整体说来，毕竟是中央集权的统一政治体系占优势。这就不断地稳定了整个汉族社会的共同体。

在经济上，自周秦以来，二三十年中，虽然是以自然经济为基础，但是，同时又有着经济上的联系性很早就形成了统一繁荣的商业网，即各处的大小市场。这种经济上的联系性，随着时代的进展，至北宋以后，更为加强了。这就保证了统一的共同的语言存在的必要；并获得不断的发展。

在文化上，汉族人民有长期的共同的历史传统：儒家思想一直为整个封建社会的上层建筑；唐以后实行了读经科举制度，巩固了古文学语言的传统。数千年来书面语言的高度统一，对国语的发展也起着积极的作用。由于汉族文化的发达，远近四邻的民族和国家，如日本、朝鲜、越南等，不断地吸收了汉族文化，同时也吸收了汉语中的词语和语法构造，至于外族的侵扰和压迫，如匈奴、鲜卑、契丹、女真、蒙古和满族等，不但不能同化汉族，却总是为汉族的文明所同化。历来，汉语在同其他语言的融合过程中，总是胜利者。

总之，无论政治上、经济上、文化上，都表明了汉族社会历史的统一性和整体性。虽然在整个封建社会的历史中，割据和统一两方面始终存在着，但矛盾的主要方面总是在统一的趋势方面，割据总是服从于统一的。有时似乎是割据成了矛盾的主要方面，也只是暂时的。这两方面斗争的结果，总以统一的胜利为归结。中国社会历史的这种特点就决定了汉语在封建社会的发展过程中，虽然有着分化的过程，但它始终是服从于统一过程，以至最后形成了统一的民族共同语，因而积极地控制了方言的分化。汉语历史发展的过程，充分体现了这样一条规律，即方言服从于共同语的规律。现在汉民族共同语正在进一步地发展中。

语音篇

第一编 上古汉语语音

一、概　　述

语音是语言的特殊要素。它是语言声音的物质外壳，是任何语言存在的形式。语言是语音、词汇、语法三方面互相联系的一种体系，研究任何时代的任何一种语言，总是与语音的发生和发展有着密切的联系。

上古人类社会的语言已经有非常悠久的历史。人类有了语言，就有了自己的语音系统。我国历史在四千多年前（约公元前二十二世纪）相传就已经有了王朝；到了三千多年前，汉语就有了文字。我们所研究的汉语史，也只能是汉民族有史以来的语言现象。

语言是一种特殊的社会现象。语言的发展与社会的发展有着不可分割的联系。语言的物质外壳——语音的发展，不可能不受到社会历史发展的影响。虽然语音内部发展的诸规律不可能从人类社会历史的发展规律中去找根据，但是语音内部诸规律也不是离开人类社会历史的发展而孤立存在。

资产阶级的语言学家故意回避语言发展与社会发展的联系。特别是研究语音的，只是把一些语音符号在那里象演算数学一样。事实上数学也并不是离开人类社会的历史而孤立地存在着的自然物。我们企图把语言的发展变化摆到整个社会历史发展的进程中去研究。

（一）上古的社会概况和语言概况

中国上古的社会性质，历史学家正在热烈地争辩，还没有取得一致的结论，但并不妨碍我们对这一时代语言现象的研究。

中国历史上殷商时代的生产方式，“是氏族公社所有的畜牧和农业生产资料与氏族成员主要的共同劳力二者之间之结合”①。也就是说有流动性很大的游牧生活和比较固定的农业生产。由于游牧生活的需要和自然灾害的影响，殷代王朝经常迁都。盘庚以前迁过八次，盘庚以后的两百多年间又迁过好几次，所以那时候的政治、经济、文化的中心地区还很不稳定。同时由于殷氏族和当时的鬼方、土方常有战争，殷氏族活动的范围相当广泛。大体上北至河北、南至江淮、东起山东、西至陕西一带，都是商王朝活动的范围。殷氏族语言在黄河流域中下游一带已经有了相当大的势力。当时战争中所获得的俘虏，大部分都是杀掉，语言上很少有融合，语音上也不会受外族的影响。殷氏族的统一语言就成为后来所谓“雅言”的基础。殷氏族语言所活动的范围也就是后来“雅言”所通行的地域基础。

社会历史进入周代以后，周代的社会生产力比殷商时代有了很大的发展。武王灭商，使得殷这一大氏族投降成为俘虏；周公以后，又从南征中俘获了大量的族奴。但并没有把他们都杀掉，而是用来生产，产生了劳动力过剩。由于农业生产得到迅速的发展，社会开始有了比较固定的以家为单位的生产组织，有了所谓君子居住的后来发展为城市的“国”。农业生产的发展，出现了固定的农庄，就使得语言的发展有了相对的稳定性。

① 侯外庐《中国古代社会史论》，第52页。

周灭殷以后，由于殷氏族语言势力大，文化比周氏族高，所以周氏族语言并没有取而代之。殷氏族语言不但没有被消灭，而且仍然作为周以后氏族内部的统一语言发展下来。但是这两大族的语言一定得到过融合。在融合过程中殷氏族语言成为胜利者。这只要从殷商卜辞和周代金文的史料中可以得到证明。

周王朝所活动的范围比殷王朝所统治的地区要广阔得多。殷代既然有了比较统一的氏族语言，那么到了周代，就能够有一种从语音上走向以政治中心地区为标准的推动力量，促使这种标准音得到更广泛的传播。

周王朝把自己本氏族的兄弟亲戚分封到各个氏族去。各国诸侯的一些高级官吏和管教育的知识分子、管文化的史官等等差不多也都是周王朝派去的。固然这些人不可能完全依靠他们个人的习惯势力或行政上的发号施令来推行他们本氏族的语言，但周氏族的语言确实在全国各个地方得到广泛的传播。在各个小王国里的上层社会中，诸如王公大臣、地方官吏彼此之间的相互交际，周天子的出巡、发布命令，各国诸侯的朝贡来往，在一切交际的场合中，都必须有一种彼此间都能听懂的语言，这就是周王朝兴起后所存在的氏族统一语。《诗经》的文学语言所谓"《国风》十五，不见咏调之殊。《颂》声之作，莫窥韵部之异"，很可能是以当时统一的氏族语言作标准。没有一种比较统一的标准形式，也就是没有一个标准的物质外壳，就很难从语言上有这样统一的文学作品。尽管《诗经》的成书时间比较晚，多半是西周末以后的作品，而且作品中也有许多方音的分歧，但无论如何不可否认《诗经》语言的一致性。

春秋战国时代社会生产资料土地所有制开始由大氏族向小宗族转化，生产工具也开始使用铁器，生产力有了很大的发展。出现了农业和手工业的结合，出现了由诸侯城堡发展起来的城市的萌芽。生产者减少了大规模的移动，而和土地一起构成固定的"邑"。

各国诸侯长期混战,群雄割据。随着社会经济的剧变,刺激了思想领域中的激烈论辩,出现了诸子争鸣的局面——社会科学、自然科学的各个方面都有很大的进步。由于社会政治经济的集中、文化的繁荣、战争的频烦,促进了统一氏族语言的传播和巩固,这种统一氏族语言成为后来统一部族语言的基础。

历史上记载的所谓"雅言",很可能就是春秋战国时期黄河流域一带的区域共同语。最早是在《论语·述而篇》里见到"雅言"这个名称,所谓"子所雅言,《诗》《书》执礼,皆雅言也",很可能就是当时诵《诗》读《书》或赞礼的时候所遵守的标准语。春秋战国时代全国各地已经有大量的书面语,从书面语的一致性看来,"雅言"的势力已经在黄河流域一带占统治地位,这种正在形成中的统一部族语,在当时社会生活中得到广泛的流传和使用。历史上所谓"季札入鲁观乐",南方的楚大夫到晋国去做官,不听见说他们什么"吴音乖误";孔子周游列国、晋公子重耳糊口四方、子贡入吴、晏婴出使楚国,这些北方人到南方做官、旅行、宣传都不听见说什么"北音重浊";还有象墨子可以止楚攻宋,苏秦、张仪可以游说各国,都证明春秋战国时代全国各个地区都已经有一种比较统一的共同语进行交际。特别是比较接近的地区,在语言上也有更大的一致性。

公元前221年秦朝结束了战国以来分裂割据的局面,建立了中国历史上第一次中央集权的专制主义的封建大帝国。秦帝国实行了郡县制,取得了政治上的统一,有利于经济文化的发展。秦始皇从政治、经济、文化各方面做了很多统一的工作,尽可能地消灭地方性的差异,特别是统一了当时语言的书写符号。这些变化给统一部族语言的形成以巨大的影响,经过两汉四百多年的发展,部族语言的统一性进一步加强了。比起殷周以来黄河流域一带区域性的共同语所活动的范围要广阔得多,统一的程度更高。随着文化的发展,出现了大量的书面语言,有了全社会统一的文化工具进行传播，无疑地对部族语言的统一起到很好的促进作用，从汉代文学语言的面貌看来，汉语在汉代已经形成了一种部族的共同语。在西汉末年扬雄所写的《方言》里出现了“通语”“凡语”等名称，这种“通语”“凡语”就是当时的部族共同语。所以汉民族语言的由来，远在两汉时期已经打下了基础。强盛的两汉王朝除了政治、经济、文化各方面进一步的集中以外，还与中国边境的部落进行了长期的规模巨大的战争，也产生了文化上的交融，所以这时期的语言成分中开始渗入了外来语的影响。

汉语的发展经历过很长时期分化和统一的复杂过程，特别是先秦两汉这段历史时期内，数千年中不知道有过多少次的变化。这种分化和统一主要表现在语音上的差异和融合。社会形态的交替、物质文明的产生和发展都影响到语言的分化和统一，从先秦两汉语言的发展看来，既有统一语的形成，也有各种各样方言的分歧。在原始公社制度的时代里，就有大量亲属部落语言的存在，方音的差别成为这一部落和另一部落区别的特征之一。然而那时候方音的差别是很微细的，这种差别奠定了汉语方言的基础。殷商时代一方面有统一的氏族语言的存在，另一方面一定有很多的方言存在，今天要想从甲骨文中去寻找那时候的方言差别是不大可能的，这种方言的分化到周代仍然存在。只是到了春秋时期，由于部落间互相兼并互相联合，许多小部落的方言逐渐集中为较大的方言区，各个有比较统一方言的地区之间仍然存在着或大或小的差别。例如那时候周秦和齐楚方言的差别，比起晋卫和齐鲁方言之间的差别要大得多。

前面提到过《诗经》音虽然是用氏族共同语整理而成，但也存在着显著的方音差别。与《诗经》差不多时代的史料已经有方言分歧现象的记载，稍后的史料里那就更多，《礼记·曲礼下》谓“五方之民，言语异声”；《荀子·荣辱篇》谓“越人安越，楚人安楚，君子安雅”，又在《儒效篇》里提到“居楚而楚，居夏而夏”，这些记载都说明了那时候方言差异的存在。周王朝分封列国后，各部落里都有自己本部落特色的语言，很可能那时候的方言是很复杂的。春秋以后，根据当时王朝的地域，北起燕晋，南到吴楚，东自齐鲁，西到秦都，经过诸侯互相吞并以后，分立在黄河流域、长江流域的大国差不多有三十几国。在这样辽阔的地区里，地理环境不同，风俗习惯不同，各氏族的语言当然不可能完全一致。只是越到后来，很可能由于比较临近地区的互相交往，方音比较接近，大方言的地域更大了，方言种类减少了，大方言之间的差别也更为明显了。战国时代兼并越多，各方言区趋于稳定。《荀子》里所记载的大方言的差别可以说明这种情况。《孟子·滕文公下》有这样一段话：“孟子谓戴不胜曰：子欲子之王之善与？我明告子。有楚大夫于此，欲其子之齐语也，则使齐人傅诸？使楚人傅诸？曰：使齐人傅之。曰：一齐人傅之，众楚人咻之，虽日挞而求其齐也，不可得矣；引而置之庄岳之间数年，虽日挞而求其楚，亦不可得矣。”由于社会政治、经济、文化等历史条件，就决定了这些有差别的方言后来没有发展成为各种不同的语言。

秦代郡县制的设立，意味着地域单位的成立，使得生产者在氏族集体的所在地和土地结合在一起，开始被束缚在土地上面固定不移。封建割据时代方言的分化和统一，在不同的范围内同时发生。一方面是部族共同语的存在和发展，一方面又有各种方言差别的存在和发展。特别是方音的分歧。西汉末年出现了描写当时方言状况的专门著作，这就是扬雄的《方言》。《方言》内容所包括的地区非常广：“东起东齐海岱，西至秦陇凉州；北起燕赵，南至沅湘九嶷；东北至北燕朝鲜洌水之间，西北至秦晋北鄙，东南至吴越东瓯，西南至梁益蜀汉。”[①]差不多整个汉王朝的版图都包括在内。

---

① 罗常培、周祖谟《汉魏晋南北朝韵部演变研究（第一分册）》，科学出版社，1958年，第72页。

各地域的记载虽然不很准确,但从这些笼统的记载中可以看出当时有几十种方言的分歧,比较大的方言区也有十几处。除了《方言》以外,还有一些代表方言色彩很鲜明的重要作品。如代表江淮音的《淮南子》,代表会稽音的《论衡》,代表青徐音的《释名》等。这些方言的史料,对我们研究两汉语言的发展有很大的帮助。

研究上古语音的现象和发展,必须对上古语言发展中统一与分化这两方面都有一个大概的轮廓,然后确定它们在发展中的趋势。

要研究上古语言的语音,离不开文字和文字的记载。中国古史的文字记载最早的是殷代的卜辞,也就是甲骨文字。这批史料主要是殷代后期百余年间的文献。材料本身的时代性还是相当可靠的。也就是说今天我们可以看到三千多年前殷代的纪录实际语言的可靠的符号。从甲骨文到周代的金文、籀文,发展到后来的小篆、隶书、楷书……一直到现在所使用的方块汉字,尽管文字形体有过好几次的变化,然而方块汉字本身不是拼音文字,不可能把不同时代、不同地域的语音表现出来。现代人要想从方块字的形体中知道数千年前的人们是怎么样说话,特别是想知道那时候人们说话的声音是怎么样,这确实是件困难的事情。虽然用方块字写成的书面语,在上古时期一定是和当时的口语相一致,但表意文字本身不可能表现实际语言的读音。先秦时期文学上虽然都以形声偏旁为准,形声偏旁相同,声音也相同,书面的文字差不多就是语音书。但是语言经过数千年来的发展变化,这种形声偏旁的读音早已失去原来实际的读音了。形声偏旁本身也是方块字,并不是什么音标,不可能把当时的语音系统表现出来。中古以后还有些专门描写语音之类的韵书,用的虽然是方块字,到底纪录了某些实际语音,从这批韵书的方块字可以看出中古时期语音的某些实际状况。用方块汉字记载下来的上古时期的史料虽很多,然而完全能够代表上古实际语音的记录并不很多，所以研究上古语言的语音系统困难更多。随着整个科学（包括有关的社会科学、自然科学各部门）事业的发展，为解决这些困难将提供更多有利的条件。在各项先进科学成果的指导下，尽可能充分地利用各种资料，一定可以使上古语音的面貌得到一个比较全面而又正确的结论。

（二）关于古音学研究

我们现在研究上古语言的语音系统，并不是说上古的祖先们有一种完整的、科学的语音系统留到现在给我们比较，从比较中来得出古今语音演变的规律。很显然这种可能是不存在的，今后也不会有。我们现在所能知道的上古音系，只能是一个比较系统的轮廓。上古离开我们已经有两千多年了，上古音系轮廓的建立，却还只是近三四百年的事。

先谈谈古音学研究的兴起和它的社会背景。

明朝已有资本主义的萌芽，在文化上与之相适应的也出现了研究科学的新风气。为宋、元、明王朝所着重提倡过的程朱学派，到明代中叶已腐朽不堪，出现了博览群书的博学派和研究经史、讲求实用的经世派。尤其是在明清之际社会阶级矛盾和民族矛盾非常尖锐，代表市民阶级的启蒙思想有着丰富的进步内容，出现了许多著名的科学家。古音学研究的兴起，是与当时具有民主主义要求的哲学思想分不开的。象古音学家戴东原是明清之际代表市民阶级思想的主要人物之一。他们反对保守和空谈，主张实用之学。由于后来清政府对文化思想的高压政策，新兴的市民阶级思想受到打击和摧残，有些著名的民主人物开始萎缩下去，走上了整理古典文献的道路，钻到古纸堆中去，提倡经世致用之学，应用一种求实主义的“朴学”方法，考证古代历史文献，试图把史料的考证提到科学领域。这种具有进化论观点的历史主义的研究方法，也带到古音学研究的领域中来。古音学研究的成就是与这一时期欧洲科学思想的影响和中国各方面科学的发展有密切的联系。不过某些学者钻进了古纸堆里以后，就大大地削弱了对当时现实的斗争性。对于这方面的评价，当然应该留到别的专著里去写。

古音学的研究，几百年来形成了一门具有相当独立性的学科。虽然对上古的语音系统还没有一个比较严密的完整的科学体系，但这门学科在近三百年的学术史上却有它显著的地位。许多有杰出成就的学者，他们的著作给汉语音学的研究留下可贵的遗产。

为了很好地接受前人的遗产，并在前人的基础上作进一步的研究，我们将对古音学的研究成果作些粗略的介绍，并对它们的历史状况作一些必要的叙述。其中有些看法可能很错误，甚至难免有常识性的错误。只有留待进一步学习提高的过程中去订正。

明末陈第的《毛诗古音考》被认为是第一部专门研究上古音的著作。事实上在陈第以前的很多史料中都有过关于古音问题的记载，而且也有过专门的著作。

远在两汉的时候就有学者提出了古今语音的异读问题。如郑笺《毛诗》中有“古声填、窴、塵同”“古者声某某同”“古读某为某”之类的记载；刘熙的《释名》里也有“古者曰‘车’，声如‘居’，所以居人也；今曰‘车’，声近‘舍’”的记载，这是古今音读异同很好的对照。语言的发展，语音的变化，是人人可以感觉得到的一种客观存在，特别是有了书面语以后，使得后代人能够看到古代人的语言，开始从书面语中发觉古今语言的差异。所以两汉的书面语里很多地方都记载了当时语音和先秦语音的不同，很可能当时并没有进行过系统的研究，后代人也没有见到过这方面系统的著作。

我们所指的古音学和明清以来学者所研究的实际上主要的是指周代的“雅言”系统的语音，两汉的语音已经有很大的不同。有人以为只有陈第才开始知道古今语音是不同的,在他以前似乎都不知道古今语音会有差异。而且往往拿愚蠢的皇帝(唐明皇)把"无编无颇"改成"无偏无颇"以与"遵王之义"相押的典故来证明,其实这是很片面的。陈第只是接受前人研究的成果,在当时先进思想的影响下,进行了古音工作的研究,取得了很好的成绩而已。戴震在《声韵考》里写道:"是古音之说,汉儒明知之,非后人创议也。"钱大昕在《音韵问答》里也说"古今音之别,汉人已言之"。古音学者的这些见解是正确的。

南北朝以后的士大夫用他们自己的语音读《诗经》,觉得许多地方很不和谐,不象诗,也不好解释。于是他们就拿起笔来,把不押韵的地方,根据上下文改上符合于当时语音的韵脚,以求和谐,称之为"叶韵"或"协句"。如北周沈重的《毛诗音》中关于《诗经·邶风·燕燕》三章:"燕燕于飞,下上其音。之子于归,远送于南。瞻望弗及,实劳我心。"在"远送于南"下面注明:"协句,宜乃林反。"他认为古代人在诵读这首诗的时候,一定是临时把"南"字的音[nɒm]念成"乃林反"的音,以求与下面的"心"押韵。语音变了,后代人读起古代诗歌来并不都是很和谐,这是很自然的事。但是他们得不到科学的解释,于是就把"叶韵"当作解决读经的好办法。一直到唐朝有名的皇帝,还把它当做愚蠢的命令来推行。可见历史上在很长一段时期内篡改古籍的风气相当流行。这种歪曲古代作品的蠢举给后代人研究古代作品留下了很多难以解决的困难。

宋代出现了好几个研究古代音韵的专家,著名的有吴棫、程迥、郑庠三家。刊行了好几部古音学的著作。吴棫著有《韵补》一书,还有《毛诗补音》。《楚辞释音》后代人已见不到了。《韵补》主要是根据《广韵》206 韵注明:古通某,古转声通某,古通某或转入某。如《广韵》的冬、鍾这两韵下面都注明:"古通东。"同样,江注明:"古通阳或转入东。"寒、桓、删、山下面都注明:"古转声通先。”[1]根据他的通转的条例，古韵可以分为九部。这种分部离开上古实际语音中韵母的差别当然还很远，但是吴氏对古音学却有不可磨灭的贡献。首先在于他开了个头；其次他已经知道从形声偏旁来考证古音。这对后来研究古音学的人有很大的启发。

明代的古音学家杨慎写了好几部古音学的著作，大多数都是增补吴棫的著作，没有什么新的创见。

明代由于当时学术界先进思想的影响，给古籍的研究工作打开了一个新局面。古音学走上系统研究的道路，实际上也只能从这时候算起。陈第是第一个运用历史主义观点来系统地研究古音的专家。

陈第在《毛诗古音考自序》中写道：

> 故士人篇章，必有音节；田野俚曲，亦各谐声。岂以古人之诗而独无韵乎？盖时有古今，地有南北，字有更革，音有转移，亦势所必至。

又说：

> 彼其闾巷赞毁之间，梦寐卜筮之顷，何暇屑屑模拟，若后世吟诗者之限韵邪？

首先他把古今语音的差异摆到历史地发展中去研究，从而阐明了语音随着时间、地点的不同必然要发生差异。他以为古代人的语音，本来就和今人的语音不同，只是后来篡改的所谓“叶韵”，实际上是否定了古今语音差异的存在。其次他认为《诗经》的韵脚

---

① 吴棫《韵补》第一卷，见《音韵学丛书》，四川人民出版社 1957 年印本。

本来就是非常谐和的，根本不会象后来的诗人那样写起诗来还受韵书的约束，以至同当代的实际语音脱节。所以诗韵的韵脚表现了古代实际的语音，后代人不可以随便改动。以至牵强附会，面目全非。这样，他就根除了数百年来所谓“叶韵”的影响。

陈第用大量的材料论证了古今语音有差异的主张。他在自序中举了这么些例子：

> 若读“垤”为“姪”，以与日韵，《尧诫》也；读“明”为“芒”，以与良韵，《皋陶歌》也，是皆前于《诗》者，夫又何放？且读“皮”为“婆”，宋役人讴也；读“邱”为“欺”，齐婴儿语也；读“户”为“甫”，楚民间谣也；读“裘”为“基”，鲁朱儒谑也；读“作”为“诅”，蜀百姓辞也……“旂”，“斤”读也，晋灭虢之征……

陈第在这里不仅指出了不同的时代和不同的地域都会有语言的差异，而且他认为不同性质的作品和不同场合的人，有时候也会有其某一种特有的语音现象。他所指出的“‘旂’，‘斤’读也”的例子更是因为社会政治斗争影响到语音的变化。这就是他的发展观点在实际研究中所取得的成绩。他用诗韵的本身证实了《诗经》的押韵有一定的界限，《诗经》的韵有一定的读音。古人用他们自己的语言读诗，都是非常和谐，根本用不到读成各种不同的音。同时他还从与《诗经》同时代的其他文献和稍后的文献里找出许多材料，来印证诗韵的谐和。吴棫虽然大力搜集了前人用韵不同于今人用韵的材料，可是并不真正了解古今语音会有极大的差异。以为古人有“叶韵”，一个字可以读成种种不同的音，好象古人的音没有一定。只有陈第才根本推翻了这种说法。陈第在语音发展上树立时地观念以后，给古音学的研究铺开了一条道路。

清代的民族压迫，文化上的高压政策，迫使一部分学者钻到古纸堆中去，出现了“朴学”的研究风气。顾炎武是清初一位杰出的爱国主义的大学者，在古音学方面也给后世留下了很丰富的遗产。

顾炎武在古音方面的著作，主要的有《音学五书》。包括第一，泛论古音的《音论》；第二，考定毛诗音韵的《诗本音》；第三，专论《易经》音的《易音》；第四，论证《诗本音》里注解的《唐韵正》；第五，变更《唐韵》次序的《古音表》。顾氏的这些著作是在继承陈第等前人古音研究成果的基础上写成的。而且在研究方法上的独创性，给后来研究古音的人开辟了一条新的道路。在治学态度上也给后人树立了一种良好的榜样和良好的学风。

在这里要补充说明一下什么是古韵的分部问题。

把在语音上有主要元音和韵尾相同或相近的方块汉字归并在一起，用其中一个字来作为这一类字的代表，就称这个代表字为一个“韵部”。分部就是根据字音中有多少类主元音和韵尾相同或相近的代表字，有几个代表字就有几个“韵部”。古韵学家对古韵的分部，主要是根据《诗经》和其他韵文的韵脚，把互相押韵而且和谐或比较和谐的字归并在一起，归并好了每一类用一个字作代表，称为什么部什么部。方块字本身并没有标明它的主元音或韵尾是什么，古音学者也没有现代语音学的工具，所以在相同的资料面前，各家有各家的分法，得出了各种不同的分部。

顾炎武的贡献就在于把《诗经》的韵和《易经》的韵与谐声结合起来，提出了从离析《切韵》系统去求古音的方法。即根据方块汉字的谐声系统把《广韵》某些韵部的字分开来，如把支、麻、庚、尤和入声的沃、觉、药、铎、麦、昔等韵部的字分为两支，入声的屋韵分为三支，这样他就打破了《切韵》系统的旧框框。在他以前也有人根据谐声来考求个别字的古音，但还没有哪一个用这样的方法把《广韵》的韵部加以分析。后来的学者采取了顾氏的这种方法，把古韵分得更为精密，一直到现代学者在划分上古韵部的时候，也没有超出这种方法的基本范围。

顾氏从《诗经》韵里入声跟平、上、去三声合用的情况，又根据经传异文的通转和他以前的人音读材料以及《说文》的谐声系统里，发现入声分配的系统并不是从来不变，于是他就根据这些材料把《唐韵》的入声系统重新加以安排，冲破了《切韵》以来入声系统的束缚。提出了上古入声只配阴声的原则。尽管他的更动有许多地方并不很正确，但这种大胆革新的精神却有利于科学研究的发展。对探求上古实际语音状况，推动古音学研究都有着巨大的作用。顾氏的这些卓越的贡献，奠定了古音学研究的基础。

顾氏在古音研究中能够密切联系当时的社会实际，做到从实际出发，详细占有材料，运用历史主义观点去分析材料。依据时间、地点等客观条件去考察实际语音的变化，所以作出了某些比较科学的论断。但是由于时代的局限性和他本人思想上的局限性，前者如当时还缺乏古音学的知识，后者如作者复古主义思想倾向和形而上学的方法等，所以在认识上、理论上和方法上都存在着许多错误和缺点。例如他在《音学五书序》中责怪周颙、沈约等人不应该根据汉魏以来的韵文写成韵谱，以致把古音都亡失了。所以他要根据先秦的韵文来纠正他们，这就是他的《唐韵正》。这种反历史主义的观点使得他在《唐韵正》里留下很多错误。常常武断地指摘前人谓某字后人误入某韵、某字后人混入某韵，等等。这种观点上的错误必然带来了研究方法上的主观武断。在《音学五书序》中还写道："……《诗》三百五篇，上自《商颂》，下逮陈灵，以十五国之远，千数百年之久，而其音未尝有异。帝舜之歌，皋陶之赓，箕子之陈，文王、周公之系，无弗同者。"很显然在这里他又把春秋以前一千多年的历史时间和纵横几千里地方的语音看成没有变化，这种形而上学的观点使他得出了很多主观武断的结论。他把语音的演变只局限在韵母上，在《唐韵正》中所注的古音大多只是把《广韵》的反切下字换一换，当然这并不符合上古的实际语音。

顾炎武的古音学研究既给后人开辟了一条新的道路，这方面是主要的；也留给后人不少错误的论断，这方面的问题，有一些古音学家已经作了纠正，有一些则还待我们来纠正。

顾炎武以后，研究古音的学者对古韵的分部存在着很大的分歧。例如：江永分为13部，段玉裁分为17部，戴震分为25部，孔广森分为18部，严可均分为16部，江有诰、王念孙都分21部，后来的章炳麟分为23部，一直到黄侃的28部和王力先生的29部。但总的趋势是越到后来分部越精密，研究也越能深入，大体上接近上古语言的实际语音系统。

顾氏在离析了《广韵》的一部分韵部以后又把它综合起来，把上古的韵部分为十部，大体上给上古语音的韵母系统划出了一个轮廓。随着后来学者研究的深入和新的发现，这个轮廓得到不断的修正和补充。为了说明的方便，现在把顾氏的古韵分部抄录如下：

1. 东、冬、鍾、江。

2. 脂、之、微、齐、佳、皆、灰、咍。（支的一半，尤的一半，去声祭、泰、夬、废，入声质、术、栉、昔的一半，职、物、迄、屑、薛、锡的一半，月、没、曷、末、黠、鎋、麦的一半，德、屋的一半。）

3. 鱼、虞、模、侯。（麻的一半，入声屋、沃的一半，烛、觉的一半，陌、药、铎、麦、昔的一半。）

4. 真、谆、臻、文、殷、元、魂、痕、寒、桓、删、山、先、仙。

5. 萧、宵、肴、豪、幽。（尤的一半，入声屋、沃、觉、药、铎、锡的一半。）

6. 歌、戈。（麻的一半，支的一半。）

7. 阳、唐。（庚的一半。）

8. 耕、清、青。（庚的一半。）

9. 蒸、登。

10. 侵、覃、谈、盐、添、咸、衔、严、凡。(入声缉、合、盍、葉、帖、洽、狎、业、乏。)

江永把古韵分为十三部,为什么比顾炎武多出三部呢?顾炎武只研究古音,不研究今音,只着重在考古,不注意审音;而江永古今音都研究,懂得一些语音学原理,所以他能够比顾氏分得更细密,并且批评顾炎武谓“考古之功多,审音之功浅”。江永把顾氏第四部中的真、谆、臻、文、殷、魂、痕为一类,并谓这一类“口敛而声细”,也就是说这类韵母的主元音是闭口元音。另外的元、寒、桓、删、山、仙为一类,并谓这类的声音“侈而声大”,也就是说是开口元音。其中多出了一个先韵,江氏把先的一半分入真、谆那一类,另一半分入元、寒这一类。这样就多出了一部。

同样江氏把顾氏第十部的内容也分为两部,又多出了一部。江氏从顾氏的第三部中分出了侯类,同时又把第五部中的尤、幽并入这一部。这样就多出了三部。

前面提到过顾炎武用离析《广韵》求古音的问题,江氏是顾氏以后第一个得出不同结论的古音学家。以后分部的方法大体上也是按照这种方法,有分有合。韵部就有多有少。在这里只能作一个大略的介绍,特别是这种分合的内容相当多,也比较复杂。后面介绍各家研究的成果时,只是把他们主要的结论提一下,要了解上古韵部详细的分合情况,留待第三章里去叙述。

江永能够从语言声音的发音原理上把收不同韵尾的韵部分开,或者根据主元音开口大小的差别分开,这样就使得古韵的分部慢慢地接近于上古实际语音。在古音学发展的道路上又向前迈进了一大步。但江永所运用的工具,仍然只是从方块字中来到方块字中去,那时候也还没有现代语音学知识,这样就很容易错误。如他所订的尤侯同部,后来的学者都说不对。

江永另一新的创见是能够根据他当时的方言现象，论证古今语言变化的必然趋势。他在《古韵标准》“平声第八部总论”里写道：“凡一韵之音变，则同类之音皆随之变，虽变而古音未尝不存。各处方音，往往有古音存焉。”又谓“人能通古今之音，则亦可以辨方音，入其地听其一两字之不同，则其他字可类推也”。语音随着历史的发展，有一部分音素必然会消失。方块汉字没有办法表现这种变化的过程。然而从现代的方言中却可以找到古代语音的痕迹。因为现代方言都是从古代语言发展下来的，古代的语音很可能在这个方言区变了，在另一个方言区没有变；在这个方言区没有，在另一个方言里可以找到。所以从比较现代方言的差别中可以找到古音发展演变的某些规律。江永能够看到这条道路，给后人进一步去研究古音以很大的启发。

江永以后能够把古音学向前推进一步的是段玉裁。段玉裁是18世纪后半期的大学者，江苏金坛人。他著有《说文解字注》，关于古音韵方面的《六书音韵表》附在该书的后面。

段玉裁在《六书音韵表》中把古韵分为十七部。他把顾炎武第四部真—仙这些韵分为三部（请对照前面所抄的表）。即真、臻、先（并多出入声质、栉、屑）为一部，谆、文、欣、魂、痕为一部，元、寒、桓、删、山、仙为一部。这是值得注意的第一点。

其次他把侯韵立为一部。他说：“顾氏误合侯于鱼为一部，江氏又误合侯于尤为一部。皆考古之未精。顾氏合侯于鱼，其所引据，皆汉后转音，非古本音也。侯古音近尤而别于尤：近尤，故入音同尤；别于尤，故合诸尤者亦非也。”[①]这一点经过后人证明是正确的。

第三他把顾炎武第二部里的一些韵分为三部。即支、佳为一

① 段玉裁《六书音韵表》第三部、第四部、第五部分用说。吴棫《韵补》第一卷，见《音韵学丛书》，四川人民出版社1957年印本。

部，脂、微、齐、皆、灰为一部，之、咍为一部。这是他研究了《诗经》韵谱并根据前人的分部加以对照以后分出来的，他从《诗经》中举出了大量的实例，证明这三部在上古确实是分开的。他说："五支、六脂、七之三韵，自唐人功令同用，鲜有知其当分者矣。今试取《诗经韵表》第一部、第十五部、第十六部观之，其分用乃截然。且自三百篇外，凡群经有韵之文，及楚《骚》、诸子，秦、汉、六朝词章所用，皆分别谨严。"①

段玉裁的古韵分部自然以顾炎武、江永的分部为基础，加上自己的研究，所以能够比顾、江分得更缜密。同时主要的是他继承了顾炎武以来的优良学风，能够从实际出发，从大量的史料中加以考证比较，得出比前人更正确的结论，从而推动古音研究的向前发展。在这里我们再抄录一段作者的话，可以看出作者的治学态度和他对古音的看法。他在《诗经韵分十七部表序》中写道："玉裁细绎有年，依其类为之表，因其自然，无所矫拂，俾学者读之，知周秦韵与今韵异。凡与今韵异部者，古本音也；其于古本音有龃龉不合者，古合韵也。本音之谨严，如唐宋人守官韵；合韵之通变，如唐宋诗用通韵。不以本音蔑合韵，不以合韵惑本音，三代之韵昭昭矣。"②

研究古音的大师们差不多都从考古、审音这两方面去考定上古语音的韵母系统。顾炎武、段玉裁着重在考古方面，江永、戴震则着重在审音方面。前面提到过戴震是 18 世纪中叶的思想家，他的著作很多，属于音韵学方面的有《声韵考》与《声类表》。戴氏在古音学方面虽然没有杰出的贡献，但却提出了上古音中某些重要的语言现象，启发后人去进一步研究。例如他从审音出发，运用发音学原理说明语音自然演变的规律，为后来孔广森的"阴阳对转"

① 段玉裁《六书音韵表》第一部、第十五部、第十六部分用说。
② 孔广森《诗声类序》，段玉裁《六书音韵表》第三部、第四部、第五部分用说。

的理论开了先河。能够把古音研究再向前推进一步并有重大贡献的学者，到后来应该算是孔广森。在这里再简单地提一下孔氏的古韵分部和他在古音研究中几点重大的发现。

孔广森分古韵为十八部。其中和前人分部大不相同的一点是东、冬之分。在他的音学著作《诗声类》里写道："冬类古韵与东钟大殊，而与侵声最近，与蒸声稍远。"历来研究古音的都把这两个韵归并在一部，到了孔氏以后才开始分开。孔氏认为考求古音主要依靠形声字，但是文字已经变了好几次，何况是没有形体可找的声音？他说："夫去古日远，篆降而隶，隶降而楷，虽形犹失其本，况声之无所准者乎？"所以这是一件很困难的工作。但是他认为根据后代人的用韵与古代史料对照可以找到某些演变线索。他说："今据《唐韵》以上求汉魏人诗歌铭颂，已合者半，否者半；据汉魏人之文以上求三百篇，又合者半，否者半。虽然，所合与否，固皆有踪迹理络，可寻而复也。"这种从实际材料中加以对比，求其异同的研究方法，具有相当的科学性。

孔广森的"阴阳对转"理论，一直为后来的学者所赞扬，是用来指导研究古音韵母演变的规律，对推动古音的研究有很大帮助。孔氏研究了上古韵部的分类后，觉得可以按照韵母收尾的不同分成三大类，而且对得非常匀称而整齐。第一类都是以元音结尾和在上古收-b、-d、-g 的称为"阴声韵"；他认为这一类有九部，即歌类、支类、脂类、鱼类、侯类、幽类、宵类、之类、合类。第二类都是以鼻音收尾的称为"阳声韵"；他认为这一类也有九部，即原类、丁类、辰类、阳类、东类、冬类、綅类、蒸类、谈类。这两部分合起来就是他的古韵十八部。第三类都是以塞音(-p、-t、-k)收尾的称为"入声韵"，这类的韵都分配在阴声部中。孔氏是戴震的学生，很可能是受到他老师的启发，进一步证明了在语音发展的历史上，元音收尾的韵可以转化为鼻音收尾；反之，鼻音收尾的韵，也可以转化为元音收尾，这就是他的“阴阳对转”之说。入声韵可以转化为阴声，也可以转化为阳声；反之，阳声或阴声都可以转化为入声。所以他称“入声者，阴阳互转之枢纽，而古今变迁之原委也”。

元音、鼻音和塞音收尾的这三类韵母是汉语的特征之一。孔氏揭示了语音要素内部的变化规律，用来说明上古语音的某些特点和解释上古语音发展变化上有一定的作用。但是他不可能象现代语言学那样，能够运用科学的工具从语音学原理上加以说明。所以整齐是整齐了，规律是发现了，但碰到许多具体问题或例外问题就得不到解释，不得不自相矛盾。为了九对九配得整齐把不具平、上、去三声的入声韵也配上了三声。显然这是作者思想中形而上学的观点，在科学研究中不可避免地要产生主观、武断的错误。

严可均分古韵为十六部，实际上是修正了孔广森分部的错误。他著有《说文声类》。

古音的研究到了十九世纪，进入了更深入的阶段。王念孙、江有诰的古韵分部，大体上已经可以成为定论。他们的分部都是二十一部，具体内容上也大同小异。江有诰的著作很多，总称为《音学十书》。他们都是在前人研究的成果的基础上，发扬了传统的优良学风，作更加深入、比较的研究，得出了接近上古实际语音的韵母系统。关于他们分部的具体内容，这里不作详细的介绍，留待第三章“上古韵母系统”中去叙述。

三百多年古音学的研究工作到了章炳麟和黄侃，大体上集中地总结了明清以来各家的研究成果，结束了清代音韵学的研究。章炳麟字太炎，浙江余杭人，一生的著作很多，在语言学方面有很大的成就。关于音韵学方面著作，大部分载在《国故论衡》和《文始》里。

清代学者中有一部分人着重在考古方面获得成绩，有一部分则着重在分析音素或审音上取得成绩。但他们都只能做到分析古音的韵部，没有提出上古语音的实际读音即音值应该是什么。江永、戴震等在审音方面有成绩，但也只是猜测了某些韵部古音读某或读某，而且完全是为了他们的分部。到了章太炎，他把古韵分为二十三部。一方面在前人研究成果的基础上分得更精密；另一方面更重要的他开始用方块汉字去描写自己所分韵部的音值。给现代人研究古音去拟订古音音值以很大的启发。他在《国故论衡·二十三部音准篇》关于“鱼部阳部声埶”写道：

> 鱼部，古皆阖口，如乌、姑、枯、吾；其撮口如於、居、袪、鱼者，后世之变也。从是开口，则近歌；从是齐齿，则近支，此鱼部所以常与歌、支相转。对转阳部开阖皆备，如汪、王、荒、黄、光、匡为阖，央、羊、杭、冈、姜、羌、彊为开。以是推之，鱼部虽无齐齿，不得言无开口……①

清代学者缺乏表现音值的工具，所以只能在方块字上归归类、分分部，考证考证分部读多读少，却不能进一步说明各部各韵的音值。章太炎用方块字来描写音值，而不采用音标，所以他所订定的音值仍然不容易被人所了解。方块汉字的局限性，使得他所假定的古音不可能很准确。

章太炎的学生黄侃，字季刚。他分韵为二十八部，实际上是章氏的二十三部，因为他把其中五个入声韵单独立为五部，所以并无多大的区别。

前面所提到的一些古音研究工作，它们的内容差不多都是属于韵母方面的研究。对于先秦两汉语音中的声母方面，在钱大昕

---

① 章炳麟《国故论衡》卷上(线装本第17页)。

以前，却还没有人进行过研究。因为一般古音学者的心目中，都把中古以来的“三十六字母”作为定论，以为上古的声母也是这几个。只有到了钱大昕，才注意到上古语音中声母的研究，发现上古声母中有许多音与中古与当代大不相同，这就是著名的“古无轻唇音”“古舌头舌上不分”之说。

钱大昕是十八世纪中叶的音韵学家，他的著作很多，有《十驾斋养新录》五卷、《潜研堂文集》十五卷，其中很多内容都是研究音韵的著作。但专门讨论声母方面的篇幅并不多，只有“古无轻唇音”“舌音类隔之说不可信”等数篇。钱氏也是根据方块字的谐声偏旁，古书中的异文、古读、声训等类材料，发现上古声母没有轻唇音，古无舌上音，同宋人三十六字母加以对照、比较，缺少非、敷、奉、微和知、彻、澄这些声母的字。并断定非、敷、奉、微在上古属帮、滂、並、明，而知、彻、澄则属端、透、定，这一重大的发现对研究上古实际语音及其发展有很重大的作用。事实上韵母中的许多变化，须要声母的变化去说明，声母和韵母紧密地结合在一起成为一个音节，如果说把声母看成一成不变的东西，那么要想全面地找出韵母的演变规律是不可能的。音节内部诸音素之间互相影响造成了语音内部的某些变化，只有全面地了解语音诸要素之间的变化、发展，才能正确地认识语音的演变规律。钱氏的功绩就在于给古音的研究工作开辟了另一个重要的方面——上古的声母系统，为全面求出上古音系打下了基础。

钱大昕举了大量的实例论证了这两条规律的正确性。他在《十驾斋养新录》卷五“古无轻唇音”开头写道：

> 凡轻唇之音，古读皆为重唇。《诗》：“凡民有丧，匍匐救之。”《檀弓》引《诗》作“扶服”。《家语》引作“扶伏”。又“诞实匍匐”，《释文》：“本亦作扶服。”《左传·昭二十一年》：“奉壶饮

冰以蒲伏焉。”《释文》:“本或作匍匐。”……①

这样的例子列举了很多,在同篇中如“古读扶如酺,转读为蟠音”“古音负如背,亦如倍”“古读附如部”“古读佛如弼,亦如勃”“古读文如门”“古读弗如不”“古读方如旁”“古读封如邦”……每条下面都有很多古籍中的例句,从考证中得出这些轻唇在上古确实读重唇。

在《潜研堂文集》卷十五“答问十二”中写道:

问:轻唇之音,何以知古人必读重唇也?曰:《广韵》平声五十七部,有轻唇者仅九部,去其无字者,仅二十余纽。证以经典,皆可读重唇。如伏羲即庖羲、伯服即伯犕、士魴即士彭、扶服即匍匐、密勿即黾没……凡今人所谓轻唇者,汉魏以前,皆读重唇,知轻唇之非古矣。②

关于“古无舌上音”,钱氏也有很多具体的论证。在这里还是抄下作者自己的话来看看这条规律的内容究竟是什么?他在“答问十二”中写道:

古人读“陟”“敕”“直”“耻”“猪”“竹”“张”“丈”皆为舌音,每用以切舌音之字。“冲”,直弓反,而《说文》读若“动”,此可证古音“直”如“特”也。③

在《十驾斋养新录》“舌音类隔之说不可信”中说:

① 钱大昕《十驾斋养新录》(上),第101页,商务本。
② 钱大昕《潜研堂文集》(卷十五),第220页,商务本。
③ 钱大昕《潜研堂文集》(卷十五),第218页,商务本。

古无舌头、舌上之分。知、彻、澄三母，以今音读之，与照、穿、床无别也。求之古音，则与端、透、定无异。《说文》“沖”读若“动”；《书》“惟予沖人”，《释文》“直忠切”。古读“直”如“特”。沖子犹童子也。字母家不识古音，读“沖”为“虫”，不知古读“虫”亦如“同”也。①

下面也有很多实例，如：“古读池如沱”“古读沈如潭”，“古读陈如田”“古读涿如独”等等。钱大昕的这些发现，虽然只是从方块字中考证得来，没有音标给他做凭证，但却有相当的科学根据。这就是从大量的书面材料中，概括出表现上古实际语音的记录加以对照、比较得出了可靠的结论，他还认为古代声母中不仅没有知、彻、澄，就是照、穿、床也是有许多字归舌音的。

钱大昕以后，在古声母研究有些重大发现的是章太炎。章氏的发现就是“古音娘日二纽归泥”，他在《国故论衡》卷上“古音娘日二纽归泥说”中写道：

古音有舌头泥纽，其后支别：则舌上有娘纽，半舌半齿有日纽，于古皆泥纽也。何以明之？涅从日声，《广雅·释诂》：“涅，泥也。”“涅而不缁”，亦为“泥而不滓”，是日、泥音同也……

举了很多的实例论证“娘日二纽归泥”。我们觉得古音中这条规律是可信的。章氏的这项发现，对我们进一步了解上古语音的实际状况有很大帮助。虽然还有一部分声母的发展和在上古所存在的状况还待我们进一步深入的研究，特别是其中音值的拟订工

① 钱大昕《十驾斋养新录》(上)，第111—112页，商务本。

作，各家还没有取得一致的意见，但古声母和韵母一样，经过古音学者的努力，大体上已经有了一个比较接近上古音系的轮廓。

要使古音系统的音值有一个比较接近上古实际语音的轮廓，这只有到了近代有了科学的语音学工具以后才有可能。近代的汪荣宝等人从外国语中的汉字释音来考订中古音系的某些音值以后，从而推到上古，考订出上古音的某些音值，或者直接获得上古的个别音值，其中有些结论是比较可靠的，如古代属歌、戈韵的字元音都读 a 不读 o。高本汉在这方面也作过不少的研究工作，他对中国古音的某些武断，带来了中国古音研究中的混乱，但其所订的某些音值，可以作为研究时的参考。钱玄同、李方桂等人也写过这方面的一些专著，罗常培、陆志韦、王力诸先生在这方面很有研究，写过不少专著。虽然对上古的整个音系还没有得出全面正确的结论，然而大部分的声母、韵母及其音值都已拟订出来了，而且越来越可靠，越接近上古实际语音。我们相信在并不要很长的时间内，汉语音韵史上古音中一些重大的疑难问题，一定能够获得比较科学的结论。

近代学者对上古音的研究是有成绩的。我们的汉语史与语言学史有适当的分工。所以某些学术问题的介绍，留待语言学史去详细研究。

在这里还须要把我们所根据的材料和研究方法问题简要地说明一下。

过去学者所据以研究的材料，大致有这样几方面：第一是古代书面语中的韵文。如《诗经》的押韵，《楚辞》、汉赋的押韵，古诗、汉乐府的押韵和诸子散文中有韵的部分等等。古音学者古韵的分部，都是根据这些韵文的韵脚归纳出来的。第二是方块汉字中的谐声字、字典性质的字书、中古时期的韵书，等等。清代学者大多都是考古学家或者是研究中古音的专家，从考证方块汉字中得出了某些合乎科学的结论，从熟悉近古或中古的语音推出了上古语音的某些概况。第三是古籍文献中许多异读、重文的材料和汉语所特有的双声叠韵现象，等等，尽管汉语的历史是用方块字记载下来，但文字到底是纪录语音的符号。所以清代学者能够在浩繁的古纸堆里，从无数的方块字中找出上古语音系统的轮廓，这是值得惊异的。他们能够从实际材料出发，运用了比较实事求是的研究方法，他们对古代文献都比较熟悉，历史知识也比较广博，特别是其中有些学者受到当时先进思想的影响，帮助其在学术上能够有大胆的革新和创见。三百多年来，经过无数学者前仆后继的努力，奠定了汉语古音学的基础。

近代研究古音的学者还运用了现代方言和外语中汉语借词等材料。同时还运用了现代语音学知识和历史比较法去进行研究。这样就使得古音的研究工作具有了现代科学的基础。

汉语方言到今天为止，还是非常复杂。在南方各种方言中差不多都保存了古代语音中的某些成分。如吴语区方言中的浊音系统、粤方言中所保存的-p、-t、-k 韵尾，这种从活生生口语中所得来的材料，可以使我们有可能象听到上古语言的声音一样，有足够的事实可以证明汉语音发展的历史进程，并利用方言材料进一步来建立接近上古实际语言的语音系统及其音值。随着社会主义科学文化事业的繁荣，方言学的发展很快，全国方言基点调查工作已经完成，无疑地将为上古音的研究工作提供非常丰富的材料。方言学和古音学在新的历史条件下将得到密切的结合。

日本、朝鲜、越南等外语中保留了中古或者上古汉语借词的某些读音，这给历史比较法提供了可贵的材料。中国古代有悠久的文化，日本等国家的文化（主要是书面语）受汉语的影响很深。虽然外国语言中的汉语借词必然要接受该民族语言体系的制约，但借去以后在该民族语言中用音标固定下来了。就有一定的稳固性。而且汉语是作为整个音系影响它们的语音系统,不是什么个别字的读音。所以上古语音中得不到解释的现象,可以从外语借词中得到某些解答。现代对东方各国语言的研究,必将提供更多可靠的材料,进一步推动古音的研究。同时汉语中的外语译音近代学者也曾经做过一些研究,但还缺乏系统的整理。

今天我们研究古音,仍然离不开先辈们所运用过的材料,而且他们已经做了许多有益的整理工作,我们用不到再从"人之初"开始。但是先辈们由于时代的局限性,他们的著作中有许多唯心主义和形而上学的东西,甚至掺杂了很多封建迷信的东西,象清代学者谈到周秦音和两汉音的分别,大半不切合实际,他们没有精密地考察过全部材料,往往偶尔见到一点就随便作出论断。他们不可能有彻底唯物主义的历史观点,所以会把先秦和两汉或者两汉的先后混为一谈。今天我们有了辩证唯物主义和历史唯物主义的思想和方法作指导,就有可能象沙里淘金一样,把前人的成果集中起来。运用历史唯物主义辩证法观点和科学的历史比较法,正确地对待古代文献的材料,不但要考证它们的真伪,还要同社会的发展密切相联系。把它们放到具体的历史时期中去,作出比较合乎科学的论断。

马克思主义哲学原理适合于一切科学领域。在优越的社会主义制度下运用科学的马克思主义来研究汉语史,必将使古音的研究工作获得新的生命。离开了马克思主义思想的指导,要想正确认识人类历史,正确认识人类历史社会的语音现象,那是不可能的。更重要的在于我们祖先们的语言第一次得到真正的重视,古音的研究有了无产阶级及其政党的领导和无微不至的关怀。这种无比优越的条件和崭新的历史时代是过去任何时代的任何古音学家所不可能有的。有了党的领导和在党领导下年青一代战胜困难、建立强国的英雄气概，将保证古音学的发展，在不太长的时期内超过前人三四百年的研究成果。古音学和整个社会主义科学事业一起，在社会主义大道上不断前进。

二、上古音的声母系统

上古声母的研究，材料比较缺乏，只有谐声偏旁以及一些辅助材料如古书中的异文、古读和声训等。在这样材料不足的情况下，要直接作上古声母的静态描写是极其困难的。因此，我们就得借助已知的代表中古音系的《广韵》的声母情况，来上推古音，以求对上古音声母情况有一个近似的认识。

《广韵》的声母共有 35 个：

（甲）喉音

影○　餘 j　晓 x　匣 ɣ

（乙）牙音

见 k　溪 kʻ　群 g　疑 ŋ

（丙）舌音

端 t　透 tʻ　定 d　泥 n　来 l

知 ȶ　彻 ȶʻ　澄 ȡ

（丁）齿音

精 ts　清 tsʻ　从 dz　心 s　邪 z

庄 tʃ　初 tʃʻ　崇 dʒ　山 ʃ

章 tɕ　昌 tɕʻ　船 dʑ　书 ɕ　禅 ʑ　日 ȵʑ

（戊）唇音

帮 p　滂 p‘　並 b　明 m[①]

根据《广韵》的声母系统上推，上古音的声母共有 27 个：

（甲）“喉牙音”

见 k　溪 k‘　群 g　疑 ŋ　晓 x　匣 ɣ　支 c　赤 c‘

示 ɟ　厺 ɲ　收 ç　氏 j　影○

（乙）舌音

端 t　透 t‘　定 d　泥 n　来 l

（丙）齿音

精 ts　清 ts‘　从 dz　心 s　邪 z

（丁）唇音

帮 p　滂 p‘　並 b　明 m

下面我们就逐节分部加以说明。

（一）上古音类的推测

1.《广韵》中的“喉音”和“牙音”，从现代语音学的观点看，实际上都是舌根音，为了说明方便起见，我们把“喉音”和“牙音”合称“喉牙音”。

中古的“牙音”有见、溪、群、泥四母，从谐声材料看，这一类的字除了自谐之外，也常常互谐，这说明在上古见、溪、群、疑四母不仅存在，而且是同一类的。但在谐声材料中，我们发现在见系互谐的情况中，包括有所谓属于喉音的晓母字和匣母字，如：

告 k：诰 k，靠 k‘，鹄 ɣ

干 k：鼾 x，汗 ɣ，奸 k

① 王力《汉语史稿》（修订本）上册，P50。

尧 ŋ：晓 x，鐃 k，磽 k‘

喬 g：驕 k，蹻 k‘，獢 x

九 k：旭 x，馗 k‘，仇 g

这说明上古声母中“喉音”晓、匣与见系字之间有一定的关系。我们再看下面两类谐声材料：

（1）晓母和见系互谐：

灰 x：恢 k‘

虧 x：虧 k‘

敻 x：讂 k，瓊 g

懽 x：藿 k，勸 k‘，權 g

疦 x：夬 k，缺 k‘

（2）晓、匣互谐

乎 ɣ：呼 x

曷 ɣ：喝 x

脅 x：協 ɣ

害 ɣ：辖 x

晓、匣和见系相谐，晓、匣互谐，这充分说明了晓、匣和见系是属于同一声类的，也就是说，上古的“牙音”实际包括见、溪、群、疑、晓、匣六母。

另外，在谐声材料中有一组专和舌根音谐声的齿音字，如：

支 tɕ，歧 ʑ：攱 k，跂 k‘，芰 g，敲 ŋ

赤 tɕ‘，赦 ɕ：郝赫 x

示 dʑ，视 ʑ：祁 g，狋 ŋ

厹 nʑ：九 k

收 ɕ：莜 g

氏 ʑ，纸 tɕ：祇 g

我们知道，能够和舌根音谐声的，除了舌根音本身以外，只有比舌根音部位稍为靠前的音，其他部位的音要与舌根音相谐是极困难的。因此，这一类的谐声字，显然和上述与端系相谐的情况是不同的，它们应该是声母系统中的一个独立的声类。

2.《广韵》舌音有端、透、定、泥、来和与端、透、定相配的知、彻、澄，共八个声母。在宋人36字母中，舌音也分舌头、舌上两类，共有端、透、定、泥、知、彻、澄、娘八母。这证明中古舌音分端系和知系两类。根据钱大昕的考证，上古音的舌头音和舌上音是不分的，他的主要根据是古代书语中的古读音，如：

> 《说文》"沖读若动"。《书》"唯予沖人"，《释文》"直忠切"。古读直如特，沖子犹童子也。古音中如得。《周礼・师氏》："掌王中失之事。"故书中为得，杜子春云："当为得记君得失，若《春秋》是也。"《三苍》云："中，得也。"《史记・封禅书》："康后与王不相中。"《周勃传》："勃子胜之尚公主，不相中。"小司马皆训为得。
>
> 古读廛如壇。《周礼・廛人》注："故书廛为壇。"杜子春读壇为廛。《载师》："以廛里任国中之地。"注：故书廛或为壇，司农读为廛。①

另外，从谐声的情况看，舌音的谐声只有一套，没有两套，这也说明了在上古舌音是不分的。如：

亶：氈、擅、檀、膻

刀：超、召、韶、招

兑：脱、税、说

屯：顿、肫、纯

此外，在这一类谐声字中，还包括一部分齿音字。有人假定为

---

① 钱大昕《十驾斋养新录》卷五。

另一个声类,并且确定它们的音值是ȶ、ȶ‘、ȡ。我们相信钱大昕“齿音古亦多读舌音”的说法是对的。理由:从现代方音来考证,证明所谓的“齿音”实际上就是舌面音 tɕ、tɕ‘、ɕ,它们的发音部位和 t、t‘、d(ȶ、ȶ‘、ȡ)很相近,容易谐声,尤其是在三等韵中,这种可能性就更大。三等有 i 介音,tɕ、tɕ‘i、ɕi～ti、t‘i、di(ȶi、ȶ‘i、ȡi)。上古舌音到中古变成舌头 t、t‘、d 和 ȶ、ȶ‘、ȡ,现在如果上古有一组 ȶ、ȶ‘、ȡ 的音,而且它们的关系又那么接近,那么,端系 t、t‘、d 发展成端、知两系的变化,为什么不在上古就完成了呢?这种接力赛跑式的论证法,实际上是站不住的。

中古的舌音,除了端系和知系相配的六母外,还有泥、日两母,在《敦煌掇琐》第一百号“守温撰论字音之书”中这样写着:

舌音 端透定泥是舌头音,
　　 知彻澄日是舌上音。

端、透、定和知、彻、澄在上古不分,那么泥、日二母在上古是分还是合呢?章太炎的结论是:“古音娘、日二纽归泥。”他列举了很多古代书面语中同音假借字的例子,如:

> 涅从日声,《广雅·释诂》:“涅,泥也。”“涅而不缁”亦为“泥而不滓”。是日、泥音同也。黏从日声,《说文》引《传》:“不义不黏。”《考工记·弓人》杜子春注引《传》:“不义不泥。”是日、泥音同也……今音泥、跜为泥纽,尼、昵在娘纽。仲尼,《三苍》作仲跜,《夏堪碑》曰仲泥。何悟?足明尼声之字古音皆如泥、跜,有泥纽,无娘纽也。今音男女在娘纽,尔女在日纽。古音女本如帑、妻帑、鸟帑,其字皆一。《天文志》颜师古说:“帑,雌也。”是则帑即女也。尔女之音,展转为乃,有泥纽,无娘纽也……[①]

① 章太炎《国故论衡》。

这些例子，充分证明他的论点——“古音娘、日二纽归泥”——是正确的。另外，从谐声材料看：

然 ȵʑ：嘫 n，橪 ȵʑ，撚 n

乃 n：仍 ȵʑ

弱 ȵʑ：溺 n，嫋 n

日、泥通谐，说明它们之间是有联系的，可见是属于同一声类。又从上文引用的古书中的同音假借字的例子，说明泥、日是属于同一母的。在上古只有泥纽，没有日纽。关于娘纽的问题，章太炎的意见是有出入的，事实上到《广韵》的时代，娘纽还没有从泥纽分化出来，宋人三十六字母中有娘母，恐怕也只是在书面上为了使知系和端系完全相配而强分出来的。

3.《广韵》的“齿音”有三类：

a. 精 ts，清 tsʻ，从 dz，心 s，邪 z

b. 庄 tʃ，初 tʃʻ，崇 dʒ，山 ʃ

c. 章 tɕ，昌 tɕʻ，船 dʑ，书 ɕ，禅 ʑ，日 ȵʑ

c 类在上古的情况，已经在本节第（一）（二）中说明了，日母古属泥母也已在前面交待，现在要讨论的“齿音”，就只有庄系和精系了。

精系和庄系在谐声字中是很难分开的。如：

参 tsʻ：憯 tsʻ，篸 ts，滲 s，縿 ʃ，摻 ʃ

祭 ts：蔡 tsʻ，幓 s，察 tʃʻ，瘵 tʃ

且 tsʻ：祖 ts，殂 dz，疽 tsʻ，助 dʒ，组 tʃʻ，阻 tʃ

喿 ts：臊 s，鐰 dz，操 tsʻ，幧 tsʻ

在假借中也能找到很多这样的例证。如：

数 ʃ：速 s——《周礼·考工记》：“则莫能以速中。”注：“故书速或为数。”

壮 tʃ：将 ts——《礼记·射仪》：“幼壮考弟。”注：“壮或为将。”

稷 ts：侧昃 tʃ——《尚书中候》："至于日稷。"郑注："稷读曰侧。"又《春秋》"戊午日下昃"，《穀梁》作"日稷"。

从以上两种情况看，精系和庄系字既互相通谐，又可以互相假借，那么它们很可能在上古是同一个声类，就象中古的端、透、定、泥和知、彻、澄、日在上古声母系统中合而为一的情况一样。但是，在分等的方面，情况是不同的，端系是一四等，知系是二三等，它们的分配极其整齐。而精系和庄系的分等就不同，精系见于一三四等，庄系见于二三等。也就是说在三等中既有精系字，又有庄系字，如果假设精、庄两系同出一源，那么在同样条件下怎么会产生不同的变化，以至使它们一部分归二等，一部分归三等呢？怎样来解释这个问题呢？考察中古韵书中庄系字的分布情况，可以发现：

(1) 在《广韵》的三等韵里，庄系字总是可以用作其他各母字的反切下字的，可是在三等韵里情况就不同，在全部三等反切字中，只有十个是庄系字（甾、史、助、刍、庄、簪、谮、瘗、戢、士），其中三个字出现两次，其他都只出现一次；而且，除了"士"字曾切"里"一个例外，其他都是切的本系字。这种现象，我们只能理解成这样：中古的庄系字自有不同的来源，当它们变入三等韵时，一定是反切的应用已经很久，已经形成了一种习惯，因此，当这些三等字变进来时，被用作切下字的可能就很小；而二等韵的庄系字，既与其他母字关系密切，它们原属二等，也就没有问题了。

(2) 庄系字在中古各韵摄里的分配，在有二等韵的摄里，它们集中在二等而不见于三等；只有在没有二等韵的摄里，它们才在三等中出现。关于这一现象，我们的理解只能是：庄系字原属同一系，由于一定条件的变化才造成了这样的分配。

(3) 臻、栉两韵只有庄系字而独成二等韵，真质是与臻栉相配的三等韵，恰巧真质只缺二等，把二三等拼起来，就和一般的三等一样。进一步察看上古各个韵部，可以发现中古韵书中，如果某部出现了庄系三等字，则同部二等韵大体就没有庄系字，就是有，也是可以互补空缺的。

由以上情况，我们可以确定精系字与庄系字的分配，在《切韵》以前是不冲突的，精系只出现于一三四等，庄系只出现于二等。因此也可以推断，中古的精系字和庄系字在上古是属于同一声类的，也就是说，上古齿音只有精系一类。

4．唇音字在《广韵》中分成两类：

博 p，普 p‘，蒲 b，莫 m

方 p(i)，芳 p‘(i)，符 b(i)，武 m(i)

它们的区别仅在于韵的洪细：博普蒲莫切洪音，方芳符武切细音，在声母音值上没有什么应区别。因此，《广韵》的唇音字实际上只有一类。

在宋人三十六字母中，唇音字已经有帮滂並明和非敷奉微两类了，也就是说唇音已经分化成重唇和轻唇两类了。钱大昕引用了大量的古书中的材料，充分地证明了古音中只有重唇音，没有轻唇音。如读“扶伏”为“匍匐”，读“负”如“背”，读“汶”为“岷”，读“勿”为“不”……①

在谐声材料中，有一类明母字，除了自谐之外，还经常和舌根音晓母字谐声。如：

每 m：悔 x，晦 x，诲 x，海 x

瞢 m：夢 m，薨 x

微 m：徽 x

黑 x：墨 m

① 钱大昕《十驾斋养新录》卷五。

戚 x：滅 m

我们认为：(1) 这一类字不属于明母，因为明母不和舌根音谐声。但是从谐声情况看，它与唇音字的关系比较密切。(2) 它不是舌根音中的一个母。确定了这一点，也就是确定了上古唇音应该有五个声母。

5.《广韵》的“喉音”中，除了被我们并入舌根音的晓、匣两母外，还有影、餘二母。

从谐声材料看，中古的餘母字常和舌音谐声。例如：

易 j：瑒 d，湯 t，踼 t

由 j：笛 d，迪 d

延 j：诞 d

攸 j：條 d

可见，中古的餘母字和舌音的关系很密切。据古书中的又读字的材料，证明中古的餘母来自上古的定母。例如读“攸”为“调”，读“繇”为“陶”，读“易”为“狄”。[①]

在谐声材料中，影母字自成一类：

央：英、鞅、殃、盎

𥁕：温、煴、醖

翁：蓊、滃、鰟、螉

汪：尪、枉

从今天的语音学观点来分析，影母实际上就是没有声母而由韵单独成音节的字，因此，有没有切上字，对于影母字来说是无所谓的。在反切系统中，古人为求整齐起见，也给这些没有声母的字拟订了一套切上字。

6. 在《广韵》声类中，来母字属于舌音一类。在谐声材料中，

---

① 曾运乾《喻母古读考》。

来母字的谐声情况可分两种，第一种是自谐：

林 l：淋 l，霖 l，琳 l

离 l：摛 l，離 l

另一种是与别的声母谐声，不仅谐一类，而且谐几个声类：

录、绿、録、剥

各、路、格、赂

䜌：變、蠻、孿、彎

龍：龐、寵、聾、龔

这一类的字，数目极多，因此，不能当作例外来处理。来母是边音，发音部位和其他声类的发音部位不很相近，就有相近的，也只是一类二类，通谐的情况不可能这么普遍，而次数又那么多。有人提出古有复辅音说，我们觉得是极其正确的。证明这一点，不仅有上面所说的谐声材料做证据，在现代汉语方言中，也可以找到直接的证据，如在常州方言中，年轻一辈说“园”yɤʔ，老一辈的说dəʔlɤ；年轻一辈说“沟”kɛiʔ，老一辈则说 kəʔlɛ。在汉语的亲属语言台语和暹逻语中，至今仍有 pl、kl 这样的复辅音存在。汉语和台语、暹逻语来自同一母语，我们很可以设想在上古汉语中是有复辅音存在的。后来随着时间的发展，就逐渐的消失了。为什么暹逻语和台语中还存在呢？这可能是由于所使用的文字和汉字不同的缘故。我们肯定上古有复辅音存在，但是由于它消失得很早，而书面语中又没有保存（方块汉字没有能力保存）有关复辅音的材料，所以我们还不能全面认识上古复辅音存在的具体情况，要确定复辅音的声类也就不可能了。

到此，我们确定了全部上古音的声母是二十七个，它们的代表字是：

见　溪　群　疑　晓　匣　影

支　赤　示　厶　收　氏

端　透　定　泥　　　来
精　清　从　心　邪
帮　滂　並　明

在下节里，我们将分部来确定它们的音值。

（二）上古声母音值的拟测

"喉牙音"见溪群疑晓匣这一组，由于发音部位比较稳固，所以由上古到中古，它们的音值变化不大。在现代汉语的很多方言中，见系的一部分字变入其他声类，但也有保存不变的，如粤闽方言。在现代福州方言中，"见""今""京"这一类上古见母字的声都是 k-，"溪""气""起"这一类上古溪母字的声都是 kʻ-，"晓""许"等上古的晓母字都读为 x-。（群、匣都是浊音，在福州话中已经消失。）参照现代福州方言，我们可以把见、溪、晓三母的音值订为 k、kʻ、x，这是毫无疑义的。现代上海方言中是保留浊音的，古代的群母字，在上海话中是浊音字，但大多数字都属于和 tɕ、tɕʻ 相配的 dʑ 母，如"强""求""巨""奇"等，但是有一部分读为与 k、kʻ 相配的 g，如"葵""逵""狂"。（"逵"字一部分人读 kʻuei，这样的人大都是读书人，因此可能是受官话影响。）疑母和匣母字，也和群母字一样，很多变入了其他声类，但有一部分不变。例如：

疑母：五 ŋ　吾 ŋu（又读 ʔu）　娱 ŋu（又读 neŋ）

匣母：下 ɣɔ　何 ɣu　痕 ɣəŋ　韩 ɣø

参照上海方言以及吴语区的其他方言，我们可以把上古群、疑、匣三母的音值订为 g、ŋ、ɣ。

"喉牙音"支系字的音值拟订就比较困难，在我们所熟悉的方言中，找不到这样的材料，因此我们只能从音理上来拟测它们的音值。如前面所说过的，这一系字专和舌根音谐声，而不和舌头音谐声，因此它们的发音部位一定是比较靠后的。发音部位与舌有关的：一组是舌尖音 ts、ts‘……一组是舌头音 t、t‘……一组是舌上音 ȶ、ȶ‘……一组是舌面音 tɕ、tɕ‘……一组是舌根前音 c、c‘……还有一组是舌根音 k、k‘……在这几组音中，齿尖音和舌根音谐声是不可能的，前面说过，古音舌头、舌上和舌面(所谓的“齿音”)音是不分的，也就是说这三组音都归在 t、t‘……中，而支系字又没有和这一类音的字相谐的；下剩的两组中，一组是已经确定了的见系的音值 k、k‘……，和 k、k‘……相谐而发音部位又相近的，那就只有 c、c‘……这一组了，显然 c、c‘……就是支系字的音值。

在一种语言中同时存在两组舌根音，这是十分可能的，尤其在“音多重浊”的古代，假设那时存在两套舌根音，就像同一种语言中同时存在着两套舌尖音(舌尖前、舌尖后)和两套舌面音(舌面前、舌面中)一样的合理。

前面已经说过，影母字实际上就是没有声母的字，反切上字的配备只是为了整齐，凡影母字都是韵母独立成音节的字，因此，影母字的“声母”的音值应该是〇。因为影母字是由元音开头的，在发音时开始也有一个除阻的作用，因此有人就该以为上古影母的音值是喉塞音 ʔ，实际上这是一种误解，在现代上海方言中，有喉塞音，也有零声母字，这是并不相干的两回事。

现在我们来谈谈上古舌音的音值。前面已经说过上古舌音中包括中古的舌头、舌上和“齿音”三组，从现代语音学里的观点看，舌头、舌上和舌面是三组不同的音值：

舌头音：t　t‘　d　n

舌上音：ȶ　ȶ‘　ȡ　ȵʑ

“齿音”：tɕ　tɕ‘　dʑ　ȵ

这三组音中，究竟那一组是上古舌音的音值呢？从发音原理说，ȶ 组和 tɕ 组里的发音部位是相同的，由于介音的影响才变成 tɕ

组的,也就是说 tɕ 组在上古是不存在的。剩下两组音,要确定那一组是真正的上古舌音的音值也不是轻易就能决定的。虽然钱大昕证明了古音没有舌上音,但是,古音的舌头音是否就是 t、t'……呢,这仍是个疑问。现代闽方言中仍保留着古音舌头、舌上不分的遗迹,如福州方言读“知”为 ti,读“竹”为 toʔ,读“猪”为 ty。因此,我们可以确定古代舌音的音值是 t、t'、d。

在谐声中泥母字自成一类,而且上古只有泥母,没有娘母和日母,因此,我们把泥母的音值定为 n,与 t、t'、d 相配,该是合理的。

关于上古音中的齿音,前面已经讨论过,确定上古齿音声母只有精、清、从、心、邪一类。根据这一类字的演变,同时参照现代方言的实际读音,我们认为上古齿音精、清、从、心、邪的音值应该是 ts、ts'、dz、s、z。

上古唇音的音值,比较容易确定,因为在现代汉语方言中可以找到活的材料——福州方言中的唇音字——作为拟订音值的佐证:福州方言中只有重唇音,没有轻唇音,例如福州话读斧为 p'u,读妇为 pou,读房为 poŋ,读饭为 pwoŋ。从福州话唇音字的情况,可以确定上古唇音字的音值是 p、p'、b、m。

另外,唇音字中专与 x 母谐声的那一类字,我们已经说明不能算作例外,而应当当作一个独立的声类。它和唇音声类的关系比跟舌根音其他声母(除 x 之外)的关系密切,因此可以肯定这一个声母是属于唇音声类的。唇音除了 p、p'、b、m 之外,还有 φ、β两个音,β是浊声母,它不能和不同部位的清声音相谐,那么下剩的就只有 φ 了。

我们觉得,订 φ 这个音是极合理的。首先,φ 是清塞音,它与清塞音 x 谐声是极有可能的;其次,单发 φ、x。声音相差较远,但是,从韵书中可以看到这一类的情况多数在合口韵中出现,也就是说多用于跟 u 或以 u 为韵头的音相拼，如 xu、ɸu、xuo、ɸuo，在这种情况下，谐声的可能性就更大了。

ɸ 是双唇清擦音，气流受阻很小，因此影响到音的响度和稳定性，使它很早就消失了。至于具体消失时代，现在还难肯定，因为除了谐声材料之外再没有证明它曾经存在过的材料了。

最后，再来谈来母的问题。来母是边音，没有与它的发音部位相同或相近的音，因此，来母字就比较稳固。它的音值，可以说从古至今没有改变。我们采用传统说法，把来母的音值订为 l。

前面谈到来母字中间有大部分字兼与好几个声类谐声的，我们肯定地认为这是古音中有复辅音的遗迹，我们相信在上古会有诸如 pl、p'l、kl、k'l……之类的复辅音存在的。只是它消失得极早，大概在上古后期的西汉时代就消失了；而且材料极广，究竟上古复声母分几类，一时还很难了解它的全貌。鉴于此，我们肯定古有复辅音，具体分类、音值则有待于今后的研究。

（三）上古声类系统的结论

在本章中，我们逐步的讨论了上古音的声类系统，而后又拟订了每个声母的音值。到此，我们基本上描画了上古声类系统的轮廓。在整个系统中，有二点值得注意的情况：（a）上古有复辅音，（b）上古有唇音字 ɸ——这是上古前期（先秦）的情况。到后期，也就是到两汉的时期，ɸ 声母和复辅音消失了。为了照顾全面，我们的音值拟订就以两汉为界限。声类中包括的音是西汉时代的音（包括先秦的没有变入其他声类的音）。

根据已推知的情况，制定《上古声母表》，见下图：

上古声母表

<table>
<tr><td colspan="3">部位
方法</td><td>双唇</td><td>齿唇</td><td>齿间</td><td>舌尖前</td><td>舌尖后</td><td>舌叶</td><td>舌面前</td><td>舌根前</td><td>舌根后</td></tr>
<tr><td rowspan="2">塞</td><td>清</td><td>不送气
送气</td><td rowspan="2">p 帮
p‘ 滂
b 並</td><td rowspan="2"></td><td rowspan="2"></td><td rowspan="2">t 端
t‘ 透
d 定</td><td rowspan="2"></td><td rowspan="2"></td><td rowspan="2"></td><td rowspan="2">c 支
c‘ 赤
ɟ 示</td><td rowspan="2">k 见
k‘ 溪
g 群</td></tr>
<tr><td>浊</td><td>不送气
送气</td></tr>
<tr><td rowspan="2">塞擦</td><td>清</td><td>不送气
送气</td><td rowspan="2"></td><td rowspan="2"></td><td rowspan="2"></td><td rowspan="2">ts 精
ts‘ 清
dz 从</td><td rowspan="2"></td><td rowspan="2"></td><td rowspan="2"></td><td rowspan="2"></td><td rowspan="2"></td></tr>
<tr><td>浊</td><td>不送气
送气</td></tr>
<tr><td>鼻</td><td>浊</td><td></td><td>m 明</td><td></td><td></td><td>n 泥</td><td></td><td></td><td></td><td>ɲ 厺</td><td>ŋ 疑</td></tr>
<tr><td>滚</td><td>浊</td><td></td><td></td><td></td><td></td><td></td><td></td><td></td><td></td><td></td><td></td></tr>
<tr><td>闪</td><td>浊</td><td></td><td></td><td></td><td></td><td></td><td></td><td></td><td></td><td></td><td></td></tr>
<tr><td>边</td><td>浊</td><td></td><td></td><td></td><td></td><td>l 来</td><td></td><td></td><td></td><td></td><td></td></tr>
<tr><td rowspan="2">边擦</td><td>清</td><td></td><td></td><td></td><td></td><td></td><td></td><td></td><td></td><td></td><td></td></tr>
<tr><td>浊</td><td></td><td></td><td></td><td></td><td></td><td></td><td></td><td></td><td></td><td></td></tr>
<tr><td rowspan="2">擦</td><td>清</td><td></td><td></td><td></td><td></td><td>s 心</td><td></td><td></td><td></td><td>ç 收</td><td>x 晓</td></tr>
<tr><td>浊</td><td></td><td></td><td></td><td></td><td>z 邪</td><td></td><td></td><td></td><td>j 氏</td><td>ɣ 匣</td></tr>
</table>

三、上古韵母系统

（一）上古韵母的分部、分部的原则

1. 前人对古韵的分类

清朝是古音学家辈出的时代，古音学家研究最卓越的成绩当推古韵分部。他们考求古音，往往历时数十年，或竭尽毕生精力而后成论。古韵分部，材料一致采用《诗经》用韵（研究上古时期韵母系统最可靠的材料）旁及群经诸子韵文以及《说文》谐声字；用的研究方法同样以归并韵文押韵以及谐声字同声必同部的原则，因此所得的结论，大同小异。“大抵前修未密，后出转精”[①]。这也合乎科学的进程，凡开创工作，往往是粗糙的，不能摆脱前人的误解，但等后世转精。

> 古韵之学，自昆山顾氏而婺源江氏，而休宁戴氏，而金坛段氏，而曲阜孔氏，而高邮王氏，而歙县江氏，作者不过七人，然古音廿二部之目，遂令后世者无可增损。故训故、名物、文字之学有待于将来者甚多；至古韵之学，谓之前无古人后无来者，可也。原斯学所以能完密至此者，以其材料不过群经诸子

---

① 章炳麟《小学略说》。

及汉魏有韵之文，其方法则皆因中古人用韵之自然，而不容以后说私意参乎其间，其道至简，而其事有涯，以至简入有涯，故不数传而遂臻其极也。[①]

王国维的这一段话是对清代盛极一时的古韵分部研究一个公正的评论。

以下我们谈谈古韵分部的历史。

古韵一事，至今日几如日丽中天矣。取而譬之，吴才老古音之先导也，陈季立得其门而入也，顾氏、江氏则升堂矣，段氏则入室矣！[②]

我们就以段玉裁为中点，简单的叙述一下。在段氏以前，则古韵分部只为雏形，谬误甚多，主段氏十七部，古韵分部大体已经完成。段氏以下则稍有变动而已。

对于古韵具有发展的观点，在汉时就已经萌芽。

古今音之别，汉人已言之。刘熙《释名》："古者曰车，所以居人也，今曰车，声近舍。"韦昭辨之云："古皆歌奢反，从汉以来，始有居音。"此古今音殊之证也。[③]

可见，古音学的源流可以追溯到汉朝，只不曾作系统的研究罢了！但是这种科学的发展观点没有得到很好的发扬，在南北朝、隋唐，经过了一个曲折的阶段，唐人改经陋习之得到应有批判。当

① 王国维《观堂集林·周代金石文韵读序》。
② 江永《音学十书·凡例》。
③ 钱大昕《音韵问答》。

时，接受历史观点的似乎只有《经典释文》的作者陆德明。他提出了"今谓古人韵缓，不烦改字"的意见，指出古人用韵不如后代苛细，戴震《声韵考》云："古人韵缓，不烦改字。是陆氏已明言古韵。"他的古韵宽疏的理论，实在是吴棫《韵补》中通转学说的先河。

宋吴棫受了陆德明"古人韵缓"的启发，他以《广韵》为根据，凡《广韵》某韵字和古书上别的韵的字相押，他就在该韵下注上古通某、古转声通某、古通某或转入某等，因此他并《广韵》本声九类：

一东（冬鍾通，江或转入）；

二支（脂之微齐灰通，佳皆咍转声通）；

三鱼（虞模通）；

四真（谆臻殷痕耕庚清青蒸侵通，文元魂转声通）；

五先（仙盐添严凡通，寒桓删山覃谈咸衔转声通）；

六萧（宵肴豪通）；

七歌（戈通，麻转声通）；

八阳（江唐通，庚耕清或转入）；

九尤（侯幽通）。

吴棫的结论实际是临空并无依存的。古代押韵并无韵书可据，无从转？无从通？他的材料又是古今异时，得出结论很多谬误。吴棫自言："右《韵补》凡书五十种，其用韵已见《集韵》诸书者皆不载，虽见韵书而训义不同，或诸书当作此读而注释未收者载之。"（《韵补》）由此可见，他的主张和理论都是为了完美《集韵》一书而备，故名其书曰"补"当未脱胎于《广韵》，未入古韵研究之列。但他的研究确实为后来者开列了途径，因此江家称才老为古音学之先导。

明陈第第一次有系统的提出了"时有古今，地有南北，字有更革，音有转移，亦势所必主"（《毛诗古音考序》）之科学语言发展观念。他又说："说者谓自东晋以来，中原之人流入江左，而河淮南北，间杂夷语，声音之变，或自此始。然一郡之内，声有不同，系乎地者也；百年之间，语有递转，系乎时也。况有文字而后有音读，由大小篆八分，由八分而隶，凡几变矣，音能不变乎？”[①]他进而指出：“三百篇，诗之祖，亦韵之祖也，作韵书者，宜权舆此。”[②]可以说他为古韵分部作了理论的前提。

由陈第而下，古音学大盛昌明时代到来。

首先把古韵研究推到系统化路上去的是顾炎武。他分古韵十部：

1. 东冬锺江；

2. 脂之微齐佳皆灰咍（支半，尤半，去声祭，泰，夬，废，入声质，术，栉，昔半，职，物，迄，屑，薛，锡半，月，没，曷，末，黠，鎋，麦半，德，屋半）；

3. 鱼虞模侯（麻半，入声屋半，沃半，烛，觉半，药半，铎半，陌，麦半，昔半）；

4. 真谆臻文殷元魂痕寒桓删山先仙；

5. 萧宵肴豪幽（尤半，入声屋半，沃半，觉半，药半，铎半，锡半）；

6. 歌戈（麻半，支半）；

7. 阳唐（庚半）；

8. 耕清青（庚半）；

9. 蒸登；

10. 侵覃谈盐添咸衔严凡（入声缉，合，盍，葉，帖，洽，狎，业，乏）。

顾炎武有两个重大贡献：

1. 中古入声韵在上古部和阴声通押，属同部。

---

① 陈第《读诗拙言》。

② 陈第《读诗拙言》。

2.《广韵》同属一韵，古代韵部则或析为二，更有析为几个韵部。

到了江永，他批评顾氏："考古之功多，而审音之功浅。"[①]江永考订古音时，也用他的审音方法，因此流于主观的弊病，他最主要的是提出了异平同入的主张，为后世采纳。

段玉裁则集顾、江二氏优点，分古韵十七部，至此上古韵部已经成熟。现将十七部介绍于下：

第一类

1. 之咍（入声职德）；

第二类

2. 萧宵肴豪；

3. 尤幽（入声屋沃烛觉）；

4. 侯；

5. 鱼虞模（入声药铎）；

第三类

6. 蒸登；

7. 侵盐添（入声缉葉怗）；

8. 覃谈咸衔严凡（入声合盍洽狎业乏）；

第四类

9. 东冬鍾江；

10. 阳唐；

11. 庚耕清青；

第五类

12. 真臻先（入声质栉屑）；

13. 谆文欣魂痕；

---

① 陈第《读诗拙言》。

14. 元寒桓删山仙；

第六类

15. 脂微齐皆灰祭泰夬废(入声术物迄月没曷末黠鎋薛)；

16. 支佳(入声陌麦昔锡)；

17. 歌戈麻。

段氏有三大贡献：

第一,他析真臻先谆文魂痕八韵为十二、十三两类;析支脂之微齐佳皆灰咍九韵为第一、十五、十六三类。

第二,变更《广韵》次第。而以各部关系疏密为原则。

第三,谐声字的运用,使《诗经》不入韵者网罗无遗。

段氏以下,在古韵分部方面有贡献而有孔广森东冬分部及王念孙的至部独立,这些都是可取的。

近代王力先生脂微分部是受了章炳麟的启发,他提出了三个脂微分用的标准：

第一,《广韵》的音韵字,属于江有诰脂部者,今仍为脂部。

第二,《广韵》的微灰咍三韵字,属于江有诰脂部者,今改称微部。

第三,《广韵》的脂皆两韵,上古脂微两部杂居之地,脂皆开口呼在上古属脂部,脂皆的合口呼,在上古属微部。①

归并上古韵文,会发现这确实是可以成立的,我们也加以肯定。

现在,我们根据前人分部的卓见,分古韵二类二十二部。

第一类	**第二类**
第一部之职	第十三部蒸
第二部幽沃	第十四部冬

① 王力《上古韵母系统研究》。

第三部宵药	
第四部侯屋	第十五部东
第五部鱼铎	第十六部阳
第六部歌	
第七部支锡	第十七部耕
第八部脂质	第十八部真
第九部微术	第十九部谆
第十部祭月	第二十部元
第十一部盍	第二十一部谈
第十二部缉	第二十二部侵

2. 古韵分部的原则

第一，由于受到材料的限止，古韵分部的基础是《诗经》韵归并。凡《诗》韵同押的字归如一类，而这一类字也必同部。我们以第一类第一部为例：

《诗经》：①《相鼠》二章：齿止止俟（止）。②《麟之趾》一章：趾子（止）。③《小戎》二章：期之（之）。④《园有桃》一章：期之之思（之）。⑤《子衿》二章：佩（队）思（之）来（咍）。⑥《卢令》三章：鋂（灰）偲（咍）。⑦《楚茨》五章：备（脂）戒（皆）告（号）。⑧《竹竿》二章：右（有）母（厚）。⑨《南山》三章：亩母（厚）。⑩《甫田》三章：止子（止）亩（厚）喜（止）右（有）否（脂）亩（厚）有（有）敏（轸）。⑪《旄丘》三章：久（尤）以（止）。⑫《葛覃》三章：否（脂）母（厚）。⑬《丝衣》一章：紑俅（尤）基（之）牛（尤）鼒（之）。⑭《緜》三章：膴饴（之）谋（尤）龟（脂）时兹（之）。⑮《关雎》三章：得（德）服（屋）侧（职）。⑯《羔羊》二章：革（麦）緎（职）食（职）。⑰《丘中有麻》二章：麦（麦）国国（屋）食（职）。⑱《出车》一章：牧（尾）来（咍）载（代）棘（职）。⑲《楚茨》一章：棘稷翼（职）亿食（职）祀（止）

侑(肴)福(屋)。⑳《緜》五章：职(志)又(宥)。

从上面所举《诗经》押韵，这些韵脚不是甲和乙和押，就是乙和丙可押，那末甲丙当然也可通押。我们把这些互押的韵字归并成一部，此部即为之部。

归并诗韵之部时，我们会发现上古一部概括了中古好几个韵，①②属中古止韵；③④属上古之韵；⑤鋂属灰韵，偲属咍韵(以此类推，中古属何韵可见(　)内说明)。可见中古他们并不同韵，有些甚至差得很远，但在上古同属第一部。另外，中古的阴声韵，例如本部的咍、志、止、代、宥等和入声韵屋、职、德、麦相押(见例⑮—⑳)。可见入声韵在上古是与阴声韵相配，因此中古入声屋等四韵入本部。

第二，古代造字时，形声字同声必音同或音近。因此形声偏旁或成为古韵分部有力的佐证。《诗经》是韵文，不入韵的字太多了，有了形声偏旁，我们依据同声必同部的原则，使这些不入韵的字也能入部。形声字的材料应该以《说文解字》所载材料为主。发明谐声材料的段玉裁曾经指出他的正确性："六书之有谐声，文字之所以日滋也。考周秦有韵之文，某声必在某部，至赜而不可乱，故视其偏旁以何字为声，而知其音在某部，易简而天下之理得也。"[1]原来当归并形声字而得的韵书结论和《诗经》归并而得的韵部结论相互比较后，才知道他们是不谋而合的。因此谐声字的材料是可靠的。下面我们同样以第一部为例：

里，理堇趕艶裹悝鯉貍蘲薶

止，祉齿企沚址征茝

或，棫錻減阈聝蜮域

畐，福葍副楅愊幅蝠辐黼褔

① 段玉裁《六书音韵表》。

喜,禧譆嘻饎僖喜

久,玖羑闪灸柩

母,莓鴟坶韵嶱敏鲔脢梅晦悔诲侮娒脢海緐

则,崱侧厕恻测鲗贼垇

力,仂肋朸牞

台,齝诒咍殆胎笞饴枱邰佁骀炱怡冶鲐始瓵绐

有,瑀趏贿郁宥痏洧鲔婍绢鮪

才,迏𩭙麲材财鼒豺

北,背邶棐

子,芓孜李

囟,囟洶绹

異,冀趩廙屭匽冀骥冀趯瀷

己,芑记改杞邔屺諅妃改纪圮

亟,鞕殛極偀

葡,犕糒備備

其,祺萁碁諆棋旗期稘颀骐麒惎淇鲯娸基鬿

臣,瑶茞筐宧獄洍姬

某,禖谋腜慔媒

吕,莒异梠侣

兹,嗞鹚慈滋孳兹

不,芣胚蚽碩紑坏

弋,谁杙貣忒妐酞式试弑代轼

直,殖植稙置值渲埴

革,諽翮

息,榅郋穏熄

棘,僰𣞗

意,噫檍澺

畟,稷稷

采,菜倸

又,没鳥

之,芝■歎事

吏,吏䢦使

耳,饵佴耻娸垣弭靡㠮洱

宰,莘滓膵梓

負,萯

疑,薿凝癡儗嶷凝擬儗

克,勀

艮,艆蕵篗

戒,祴械悈诫

戠,識樴熾職織

亼,食飭蝕

伏,袱

臼,舊

匿,暱

黑,默嫼纆墨

寺,寺峙诗邿痔侍庤恃洔持畤特杼待偫時蒔塒

其他“丝麦佩郵牛龟直妇七牧敕色”等此部无谐声。之部的《说文》谐声,《诗经》入韵仅霾貍裹鲤里(里部);趾沚止祉(止部);母晦悔海诲梅鋂敏晦(母部);侧则(则部);力(力部);治贻饴殆(台部);有洧鲔囿侑(有部);才(才部);背北(北部);李耔子字(子部);異翼(異部);己改忌(己部);備(葡部);淇期其基箕(其部);姬(𦣞部);媒谋(某部);呸秠(不部);耜佀(㠯部);弋忒式试(弋部);直(直部);革(革部);息(息部);襋棘(棘部);億意(意部);采(采部);又(又部);之事(之部);使(吏部);耳(耳部);宰(宰部);嶷薿(疑

部)；克(克部)；服(㞽部)；戒(戒部)；識熾織(戠部)；食飭(亼部)；伏(伏部)；舊(臼部)；匿暱慝(匿部)；黑(黑部)；時恃特(寺部)等这些字,其他都在谐声中出现,根据形声偏旁,它们应该属于第一部。

凡《诗》韵"哉丝治訧霾来思淇姬谋尤蚩丘期媒塒佩贻鋂偲其梅裘骐狸臺莱基時矣箕诗僛郰牛䐈饴龟紑鼒駓才采友否母芑有趾子沚事汜以悔李裹已久耳齿止俟右妇玖涘里杞洧士晦喜畒屺鲤耜载祉芑试仕殆宰史使负似恃梓在耻纪起秄敏薿怠改祀秠忌海鲔舊異背痗疚富克服備戒能識食诲囿伏字翼式寺倍熾福得侧特麦北弋极德国饰力直革緎息襋棘辐億稷域忒牧饬急则奭蓄意蜮侑敕彧穡蟦贼黑暱色亟匐嶷慝塞織膱"等尽入第十部。

凡和"台枲来才𢦔臺里貍丝其叵而兹甾司辞𣏟之疑能目矣止齿巳己耳七喜子史吏事采友丕宰鄙寺乃再葡某母佩亥妇负又有右尤丘牛郵友久龟北式畐異食戠仄陟直啬畟息意弋式匿亟棘或四德则贼革彧力里色塞㞽克麦导伏墨"等字谐声或有关的尽入第一部。

之部(第一部)的独立是古韵学家段玉裁的发明,在他以前,顾炎武和江永之脂支三部混淆在一起,同属第二部。如顾炎武：二部支脂之微齐佳皆灰咍；江永：二部支脂之微齐佳皆灰咍尤。但是段玉裁根据《诗经》押韵,群经有韵之文、《楚辞》、诸子秦汉六朝词章发现之、支、脂三部分用截然：

《诗经·相鼠》二章：齿止止俟。属第一部(之)

《相鼠》三章：體禮禮死。属第八部(脂)

《鱼丽》二章：鳢旨。属第八部(脂)

《鱼丽》三章：鲤有。属第一部(之)

《孟子》引齐人言,"虽有智慧"二句属第八部,"虽有镃基"二句属第一部。

之脂分用谨严。

《诗经·板》五章：懠毗迷尸屎葵资师。属第八部(脂)

《板》六章：篪圭蠵。属第七部(支)

支脂分用谨严。

《楚辞》：屈原的"与骐骥抗轭"二句第七部(支)，"与黄鹄比翼"二句第一部(之)。

《秦琅玡台刻石》，自"维二十八年"至"莫不得意"凡二十四句，"始""纪""子""理""士""海""事""富""志""字""载""意"属第一部(支)，自"应时动事"至"莫不如画"凡十二句，"帝""地""懈""辟""易""画"属第十六部(支)。

支之分用谨严。

支脂之三部自"唐人功令同用，鲜有知其当分者矣！"[①]到段氏才三析，知古时一属而三。

3. 上古韵母的分部

以上我们谈了古韵第一部。以下我们对各部作简单的介绍。

古韵第一类第二部

《诗经》押韵举例：

《关雎》一章：鸠洲逑(尤)。《关雎》二章：流求(尤)。《柏舟》一章：舟流忧游(尤)。《泉水》四章：漕(豪)悠游忧(尤)。《风雨》二章：潇(萧)胶(肴)瘳(尤)。《蟋蟀》三章：休(尤)慆(豪)忧(尤)。《常棣》二章：裒(侯)求(尤)。《隰桑》三章：幽(幽)胶(肴)。《民劳》二章：休逑(尤)怓(存)忧休(尤)。《小星》二章：昴(巧)裯(尤)犹(尤)。《日月》二章：冒(号)好(皓)报(号)。《击鼓》四章：手(有)老(皓)。《匏有苦叶》：轨(幽)牡(厚)。《月出》二章：皓(皓)懰(有)受(有)慅(皓)。《天保》六章：寿(尤)茂(侯)。《吉日》一章：戊(侯)祷好阜(尤)。《东门之枌》三章：荍(宵)椒(宵)。《伐

① 段玉裁《六书音韵表》。

木》二章：埽（皓）簋（脂）牡（厚）舅咎（有）。《既醉》三章：俶（屋）告（沃）。《中谷有蓷》二章：脩（尤）歗（啸）淑（屋）。《清人》三章：轴（屋）陶（豪）抽（尤）好（皓）。《还》三章：茂（候）道（皓）牡（侯）好（号）。《干旄》三章：祝六（屋）告（沃）。《谷风》五章：鞫覆育毒（屋）。《桑柔》十一章：迪（锡）复（屋）毒（沃）。

凡《诗》韵“鸠洲逑仇休雠售漕悠滺游救憂陶翿脩歗淑轴好抽膠潚瘳滔慆聊条周收辀袍矛綯絿遒莜椒蜩茅裒柔櫜醻浮醜酒妯觩幽炮孚臭櫄叟蹂曹牢匏酉劉骚苞優囚蒐球旒包诱手老轨牡埽狩鸨首阜醜茂栲杻考保簋饱缶皓懰受慅棗稻寿蚤韭舅咎罶草戊禱卯擣昊莠柳蹈寶蓼朽茆鸟冒报宿匊笃燠菽畜復奥蹙戚俶迪夙肅穆”等尽归第二部。

凡和“九州求流休舟憂游曹攸皋翏舀期卯丣留周矛柔包匋字寿幽酉酋臭叟牢爪叉丩囚秀冒好报手老牡兽雠帚首道守阜缶由戊丑考保簋劉肘受棗韭臼咎草芇考鸟彪牟蒐牖甲訓幼殷就奥埽六坴肅叔戚畜祝匊学竹復肉告育毒夙佰奥逐執穆目”一类字的谐声并有关的尽归第二部。

古韵第一类第三部

《诗经》押韵举例：

《载驱》四章：滔（豪）儦（宵）敖（豪）。《园有桃》一章：桃（豪）殽（肴）谣（宵）。《驷驖》三章：镳骄（宵）。《柏舟》四章：悄小少摽（小）。《氓》五章：劳朝暴（号）笑悼（号）。《木瓜》二章：桃（号）瑶（宵）。《月出》一章：皎（篠）僚（篠）纠悄（小）。《鹊巢》一章：巢（肴）苕（萧）忉（豪）。《匪风》二章：飘（宵）嘌（宵）弔（啸）。《灵台》三章：濯（觉）翯（沃）沼（小）跃（药）。《抑》十一章：昭（宵）乐（铎）懆（皓）藐（觉）教（效）虐（药）耄（号）。《正月》十一章：沼（小）乐（铎）炤（宵）懆（皓）虐（铎）。《扬之水》一章：凿（铎）襮沃（沃）乐（铎）。

凡《诗》韵“夭劳旄敖骄镳朝桃瑶苗摇消麃乔遥漂要忉儦殽谣号巢苕膏曜飘嘌鸮谯翘哓蒿昭恌傚旐悄嚣嗸刀脋鷮教瀌高寮笑荛藻浡小少摽皎潦沼弔罩炤盗潮貌耄到籥翟爵药凿襮沃栎駮的濯翯躍熇削溺”等尽归第三部。

凡和“毛尞小少票麃暴夭敖卓劳交高喬刀召到兆苗䍃要爻教巢弔尧盗皃梟号了受焦朝料表杳恼枭翟樂卓龠爵攵虐高凿勺隺弱敫雀”等字谐声有关的归第三部。

古韵第一类第四部

《诗经》韵举例：

《汉广》三章：蒌驹(虞)。《游女》一章：姝隅蹰(虞)。《羔裘》一章：濡(虞)侯(侯)渝(虞)。《绸缪》二章：刍(虞)隅(虞)逅逅(候)。《谷风》三章：笱後(厚)。《巧言》五章：树(遇)数(麌)口厚(厚)。《麟之趾》三章：角(觉)族(屋)。《行露》二章：角(觉)屋狱狱足(烛)。《桑柔》十二章：谷穀(屋)垢(候)。《角弓》六章：木附(遇)属(烛)。《楚茨》六章：奏(候)禄(屋)。

凡《诗》韵“蒌驹姝隅蹰侯殳濡樞榆刍逅株諏趣趋揄愚笱後枸楰耇瘉侮樹数厚主醹斗后咮媾豆醧具孺餱奏禄裕饇取木附屬欲句镞漏覯谷角族屋狱足樕鹿束玉讀辱曲藚續穀彝穀粟僕椓卜濁霂渥绿局沐嶽”等归第四部。

凡和“娄句朱禺區侯几殳需须俞■刍后取後臾口豉厚主冓走斗奏豆付孜具屚谷角族屋獄哭足束欶賣辱曲玉殸蜀木录粟丵豖卜支局秃”等字谐声有关的归入第四部。

顾炎武把第四部纳鱼部(包括鱼虞模侯)；江永又合本部于尤部(第十一部包括尤侯幽)。盖顾炎武所以误合侯于鱼部，主要没有时代观念，他在归并鱼部时，所引的材料全是汉以后的转音，《诗》韵到了汉朝，韵部变异颇大，鱼侯基本上合为一部。而江永的误合侯入尤部，审音未精之误。因古音侯尤近，所以他们异平同

入,但是虽同而入声范围不同,互成系统故侯别于尤,独立成部。试看:

《诗经》:

《载驰》:驱侯为上文,属第四部(侯);悠漕憂为下文,属第二部(幽)。

《山有枢》一章:枢娄驱愉。属第四部(侯)。

《山有枢》二章:栲杻埽考保。属第二部(幽)。

《南山有台》四章:栲杻寿茂。属第二部(幽)。

《南山有台》五章:枸楰耇後,属第四部(侯)。

侯幽分用很清楚。

《株林》二章:上二句韵马野,属第五部(鱼);下二句韵驹株属第四部(侯)。

《板》八章:上二句韵怒豫,属第五部(鱼);下二句韵渝驱属第四部(侯)。

《史记》"瓯窭满篝"不与"汙邪满车"为一韵。

侯鱼分用很清楚。

侯部的离析于鱼尤,归功于段氏。

古韵第一类第五部

《诗经》押韵举例:

《卷耳》四章:砠(鱼)瘏痡(模)吁(虞)。《桃夭》一章:華家(麻)。《兔罝》一章:罝(麻)夫(虞)。《行露》一章:露(暮)夜(祃)露(暮)。《何彼秾矣》一章:華(麻)车(鱼)。

《扬之水》三章:蒲(模)许(姥)。《汉广》二章:楚(语)马(马)。《柏舟》二章:茹(语)据(御)愬(暮)怒(暮)。《燕燕》一章:羽(麌)野(马)雨(麌)。《遵大路》一章:路(暮)袪(鱼)恶(铎)故(暮)。《东方未明》三章:圃(暮)瞿(遇)夜(祃)莫(铎)。《云汉》六章:去(御)故(暮)莫(铎)虞怒(暮)。《葛覃》二章:莫濩(铎)绤(陌)斁

（暮）。《柏舟》三章：石席（昔）。《氓》三章：落（铎）若（药）。《皇皇者华》：骆若（药）度（铎）。《楚茨》五章：踖（铎）硕炙（昔）莫（铎）庶（御）客（陌）错（铎）獲（麦）格（陌）酢（铎）。《那》：斁（暮）奕客（陌）怿（铎）昔作夕（麦）恪（铎）。

凡《诗》韵“砠瘏痡吁華家罝夫牙车葭豝乎虞居诸虚邪且狐乌旟都瓜琚苏阇荼藘娱著素渠餘輿壶苴樗据租胡膚瑕帑图涂书鱼徒辜铺幠舍盱庐菹蒲屠胥誉舒与沮鶋祛徂呶楚马筥釜下处渚辅阻暑罟祜纾羽野雨土顾苦怒虎舞组五予甫许浒父武举所鱮鼠黍户者杜湑踽栩盬怙禦鼓夏紵语宇股圃稼蒩羜酤暇寫旅午麌寡祖堵扈羖黼斝御若赋尃脯圉助補茹吐訏嘆浦绪虜稌瞽虡蝦秬鲁露夜据愬故射瞿莫路濩恶洳度岵除固庶作穫去芋椐柘禡呱訏豫呼鹭綌斁落石席蓆擇伯薄鞹夕澤戟骆奕舄绎宅错藿客阁橐懌踖炙格酢白柏赫獲廓咢籍貊壑柞雒逆诺尺昔恪”等尽入第五部。

凡和“且者父甫于夸夫牙叚家车巴吴虍盧古居瓜乌於舆卸射去亞鱼舍余素瞿贾莫庻度矗巨矩壶奴釜乎土無母巫疏马吕卤下女处羽雨五吾予午许户武鼠黍禹鼓夏宁旅寡圉鲁兔初步互股社如虞蛊各洛石夕乍庶席隻蒦舄若豦屰睪谷郭昔乇戟炙白霍尺百赤赫咢壑㝮郝亦索虢矍”一类字谐声有关的都属于第五部。

古韵第一类第六部

《诗经》押韵举例：

《羔羊》一章：皮（支）纶（歌）蛇（麻）。《江有汜》三章：沱（歌）过（戈）歌（歌）。《北门》一章：为（支）何（歌）。《君子偕老》一章：珈（麻）委（支）佗河（歌）宜（支）何（歌）。《淇奥》一章：猗（支）磋磨（戈）。《黍离》一章：离（支）靡（纸）我我（哿）。《车攻》六章：驾（祃）猗驰（支）破（过）。《斯干》九章：地（至）裼（昔）瓦（马）仪（支）议（寘）罹（支）。《车攻》六章：驾（祃）猗驰（支）破（过）。《何人斯》二章：祸（果）我可（哿）。《下武》六章：贺（箇）佐（歌）。

凡《诗》韵“皮纶蛇过歌为何离施河仪他伽佗宜猗磋磨阿迈靡罗罹吪麻嗟加吹和多差婆池陂荷缡嘉锜鲨椅莪驾驰破罢議讹瘥左俄傞那沙可犧瑳掎我拖禍可哆地互贺佐”尽归第六部。

凡和“它咼为皮可何哥离離也施㐌我義羲加多宜奇差麻靡亏丽罗罢化左禾垂吹吵亘隋坐果惢卧戈耶”等字谐声有关的尽归第六部。

古韵第一类第七部

《诗经》押韵举例：

《芄兰》一章：支觿觿知（支）。《墓门》一章：斯知（支）。《隰有苌楚》一章：枝知（支）。《何人斯》六章：易（者）知衹（支）。又七章：篪（支）知斯（支）。《白华》八章：卑（支）疷（为）。《板》六章：篪（支）圭携（齐）。《北门》二章：適益（昔）讁（麦）。《君子偕老》二章：翟髢揥（祭）皙（锡）帝（霁）。《葛屦》二章：提（支）辟（昔）揥（祭）刺（昔）。《淇奥》三章：箦（麦）锡（锡）璧（昔）。《文王》六章：帝（霁）易（昔）。《閟宫》三章：解（怪）帝（霁）。《瞻卬》五章：刺（寘）狄（昔）。

凡《诗》韵“支觿知斯枝提伎雌易衹圭攜辟刺皙翟髢揥易帝粺讁箦锡甓鹝惕鶪绩踖脊蜴蹢剔解幦狄”等尽归第七部。

凡和“支斯圭巂卑知虒氏是此隻解朿帝易卮奚兒规買易益析朿责商辟鬲脊狊迹厤役册毄𠀚鬩𠂢”一类字谐声有关的都归第七部。

古韵第一类第八部

《诗经》押韵举例：

《汝坟》三章：沸（旨）祢（荠）第（荠）姊（旨）。《相鼠》三章：體禮（荠）死（旨）。《载驱》二章：济泲弟（荠）。《陟岵》三章：弟（荠）偕（皆）死（旨）。《鱼丽》二章：鳢（荠）旨（旨）。又四章：旨（旨）偕（皆）。《蓼萧》三章：泥弟（荠）岂（尾）。《大田》二章：稚

(至)火(果)。《风雨》一章：凄(齐)喈(皆)子(脂)。《衡门》一章：迟饥(脂)。《候人》四章：跻(齐)饥(脂)。《大田》三章：萋(齐)祈(支)私(脂)。《匏有苦叶》二章：沵(纸)鷕(旨)。《干旄》一章：纰(旨)四(至)。《黍离》三章：穗醉(至)。《终风》之章：曀曀(霁)嚏(霁)。《良耜》：挃(屑)栗(质)比(至)栉(栉)室(质)。《蓼莪》三章：恤(术)至(至)。《宾之初筵》一章：设(薛)逸(质)。

凡《诗》韵"萋飞喈私夷迟霏妻姨弟脂蛴犀眉凄湄跻坻师隮蓍骓骙腓氐疷迷底麋阶伊懠鸱祇邇濔菲體死薺弟禰姊指禮瀰偕鱧旨泥矢兕醴匕砥履视穉爾妣秭皆肆弃纰四濟悸醉穗季惠戾届阕穧利驷替濟至曀嚔疾实袺襭七吉节日栗漆瑟穴即耋慄𫌀结一垤室恤彻逸血珌设抑毕瓞密毖挃栉秩匹"等归第八部。

凡和"夷伊师私耆犀眉皆齐妻西尼稽氐比米利几美矢死履兕旨弟豊癸示至致利二自四棄戾细计惠季贰至质日一乙失匹七桼吉壹栗毕必宓瑟悉疾实逸抑八穴屑即或血设彻别壼闭"等字谐声有关的尽归第八部。

古韵第一类第九部

《诗经》押韵举例：

《葛覃》一章：萋(齐)飞(微)喈(皆)。《采蘩》三章：祁(支)归(微)。《终风》四章：靁(灰)怀(皆)。《南山》二章：崔(灰)绥(脂)归归衣(微)。《鼓钟》二章：喈湝(皆)悲归(微)回(灰)。《桑柔》六章：僾逮(代)。《日月》四章：出卒述(术)。《渐渐之石》二章：卒(术)没(没)出(卒)。《皇矣》八章：茀(物)仡(迄)肆(至)忽(没)拂(物)。

《诗》韵"归衣嵬隤罍懷纍绥枚饑祁薇悲畏微靁晞违崔依哀维坏推追围威尾毁鷕燬岂罪塈谓溃畀遂蔚渒愛妹渭對穟匱位溉内退绥棣檖卒出述律弗没茀仡肆忽拂"等尽归第九部。

凡和"衣希幾尸非飞肥妃微归韦軍威委開哀枚追隹蘈雷衰鬼

魏回畏乖褱豈尾畾罪毁火帅气既豙鼻畀类譬卒遂祟位费未贵卉胃尉馭隶愛肆冀退内隊配對”等字谐声有关的尽归第九部。

在王力先生以前，第八部和第九部都合并为一部。现在把他分开是有一定根据的。但是可以肯定的讲脂微两部在上古关系特别密切，因此合韵的情况也特别多。

这里还得申明一点，第八部中的至韵字（至位比欳四……）等和入声韵“质栉黠屑薛”等，王念孙独立成至部。夏炘说他这样的分部“诚为卓识”。但在《诗经》用韵中至脂通押也很多，因此我们还把他归入这部。

古韵第一类第十部

《诗经》押韵举例：

《草虫》二章：蕨（祭）惙（薛）说（末）。《甘棠》一章：伐（月）茇（末）。又三章：拜（怪）说（末）。《野有死麕》三章：脱（末）帨（祭）吠（废）。《匏有苦叶》一章：厉（祭）揭（月）。《硕人》四章：活（末）濊（泰）发（月）揭（月）孽（薛）朅（月）。《有狐》二章：厉（祭）带（泰）。《蟋蟀》二章：逝（祭）迈（夬）外（泰）蹶（祭）。《东门之枌》三章：逝（祭）迈（夬）。《七月》一章：发（月）烈（薛）褐（曷）耜（祭）。《緜》八章：拔（月）兑（泰）駾（泰）喙（废）。《皇矣》二章：翳（霁）栵（祭）。《生民》二章：月（月）達（曷）害（泰）。《瞻卬》一章：惠（霁）厉（祭）瘵（夬）。《载芟》：穀活（末）達（曷）傑（薛）。

凡《诗》韵“败憩拜脱帨吠厉揭韋迈衛害逝带艾外蹶泄肺晢祋芾旆歲晣噦勩秣嘒愒瘵蠆世拔兑駾茷栵大蕨惙伐茇阔活月佸桀括渴達闕濊發孽朅葛闼阅雪偈烈褐滅威舌撮髮軷拨幭夺傑越截钺曷蘖”尽归第十部。

凡和“大兑贝外会带蠆厉赖祭蓋乂艾寂害介匃曷葛埶厥世曳列制折筮韧契市最寽夬昏歲喙窜发拜毳敝彗芮衛吠裔泰”等字谐声有关的归第十部。

第十部段玉裁归第八部，戴东原曾经把“祭泰夬废月曷末黠鎋薛”分出，独立成部。此后江有诰进一步指出祭部古人用韵独用，不和脂部相通，月乃废的入声；曷末乃泰的入声；鎋乃夬的入声；薛祭的入声。王怀祖在《与李方后书》中也有同样的论点，可谓不谋而合。

古韵第一类第十一部

《诗经》押韵举例：

《匏有苦叶》一章：葉涉（葉）。《芄兰》二章：葉韘韘甲（葉）。《烝民》七章：及（缉）。《长发》七章：葉（葉）业（业）。

十一部《诗经》用韵很少，我们举一些谐声例子：

妾，萎篓翜椄鯜接

疌，萐箑寁倢褷捷婕讈緁崨

枼，谍牒箼韘牃屟渫揲媟鍱

劦，珕荔搚

夾，莢唊睞翜梜郟俠頰厥悏挾婡綊蛺鵊鵊鋏陜庛瘱瘞医愿鞅

臿，扂歃媑锸插

聶，躡讘櫜儑慑攝

耵，㤘䳈抐鈅辄㤘

凡《诗》韵“葉涉韘甲業捷”尽归第十一部。

凡和“盍曷枼耵聶疌妾涉業畔甲劫法夾臿市■劦”等字谐声有关的归第十一部。

古韵第一类第十二部

《诗经》押韵举例：

《螽斯》三章：揖蛰（缉）。《燕燕》二章：及泣（缉）。《中谷有蓷》三章：溼泣泣及（缉）。《常棣》七章：合（合）翕（缉）。《无羊》一章：濈溼（缉）。《板》二章：辑（缉）洽（洽）。

第十二部《诗经》用韵很少，我们举一些谐声字：

咠，葺咠聲楫湒揖缉辑戢濈

及，茇吸彶趿靸极疲岋伋馺忣极级鈒汲

濕，濕㬎隰濕

沓，䎓譶碴涾揞媘锴

十，汁，什

立，翊鴗笠粒粒㕸泣拉飒昱喅煜

邑，裛悒浥挹

凡《诗》韵“揖蛰及泣溼合軜邑隰翕濈集楫入辑洽”归第十二部。

凡和“合㬎沓眔龖聶立邑入集十习及急咠戢廿执謵”等字谐声有关的尽归第十二部。

第十一部和十二部在江有诰以前都配侵覃二部，但是考遍《诗》《易》《左传》《楚辞》共五十七次押韵，未见与平上去合用，盍缉两部也不相通，根据事实把这两部二析。

第一类小结：

第一，之幽宵侯鱼支脂微祭九部与入声相配。

之—职；幽—沃；宵—药；鱼—铎；支—锡；脂—质；微—术；祭—月。

第二，歌部无入声相配，只有平上去自押。

第三，盍缉两部无平上去，入声自押。

第四，祭部去入相押，无平上。

古韵第二类第十三部

《诗经》押韵举例：

《螽斯》二章：薨（登）绳（蒸）。《大叔于田》三章：掤（蒸）弓（东）。《閟宫》四章：崩腾朋（登）陵（蒸）。又五章：乘（蒸）縢（登）弓（东）绶（侵）坛（登）懲承（蒸）。《正月》四章：蒸（蒸）梦（东）胜（蒸）憎（登）。《小旻》六章：兢冰（蒸）。

凡《诗》韵“薨绳掤弓梦憎升朋兴增恒崩承懲雄兢肱胜腾冰陾登冯縢膺”归第十三部。

凡和“登朋曾升雁奔朕兴夌亘丞承徵兢厶厷冰冯乘仍再蝇瞢夢弓雄”等字谐声有关的归第十三部。

古韵第二类第十四部

《诗经》押韵举例：

《采蘩》二章：中宫（东）。《草虫》一章：螽忡（东）降（江）。《击鼓》二章：仲（东）宋（宋）忡（东）。《谷风》六章：冬（冬）穷（东）。《凫鹥》四章：潀（东）宗宗（冬）降（江）崇（东）。《旱麓》二章：中（东）降（江）。

凡《诗》韵“中宫螽忡降襛冬穷沖躳戎濃融终潀宗崇仲宋”等归第十四部。

凡和“中船宫螽冬夆降隆農宋戎宗眾”等字谐声有关的归第十四部。

古韵第二类第十五部

《诗经》押韵举例：

《小星》一章：东公同（东）。《羔羊》三章：缝（鍾）总公（东）。《何彼襛矣》一章：襛雝（鍾）。《驺虞》二章：蓬豵（鍾）。《采菽》四章：蓬（东）邦（江）同（东）从（鍾）。《皇矣》五章：恭（东）邦（江）共（东）。《长发》五章：共共（东）厖（江）龙动（东）竦总（东）。

凡《诗》韵“僮公墉讼從缝縱东同雝蓬豵葑庸容罿凶聰松龍充童双功濛颙攻龐调饔傭詾诵邦用卬共空重恫衝樅镛鐘廱豐菶讧龙鞏勇嗈幪唪动竦總控送丰巷”归第十五部。

凡和“东重同丰奉夆逢充公工巩空冢囱从龙童容用甬庸封凶匈兇嵏邕雍共送双龙厖冢蒙豐茸”等字谐声有关的归第十五部。

自从孔广森《诗声类》东冬分部，古音学家一致赞同，“东每与阳通，冬每与蒸侵合，此东冬之界限也”（江氏《音学十书》卷首《复王石臞先生书》）。

古韵第二类第十六部

《诗经》押韵举例：

《卷耳》三章：冈（唐）望（阳）觥（庚）伤（阳）。《汉广》一章：广（荡）泳（映）永（梗）方（阳）广（荡）。《二子乘舟》一章：景（梗）养（养）。《桑中》一章：唐（唐）乡姜（阳）桑（唐）上上（漾）。《宾之初筵》一章：抗（映）张（阳）。

凡《诗》韵“筐行冈黄觥傷荒将方裳亡颃良忘镗兵臧凉雱央防襄详长唐鄉姜上疆兄堂京桑蝱狂汤爽杭望梁陽簧房墙扬彭旁英翔明昌光瀼狼荡蹌霜尝常楊蒼鲂牂煌稂庚斨场飨羊皇享王刚遑藏贶衡瑲珩祥牀喤痒盟浆章箱傍亨祊庆倉怲仰抗张让商伉璋相丧康粮囊卬纲卿螗羹尚肠粻鏘鍚洸罔穰鶬芒香庄广泳永养景掌往竞梗两向”尽归第十六部。

凡和“王行衡㞷网罔黄昜爿永方旁皇亢兵光京羊羕襄庚康唐鄉卿上畺强兄爽刅彭央昌明两倉相亯向尚象皿孟卬丙更庆亡㐬丧长良量章商羹竞香㿝望”等字谐声有关的归第十六部。

古韵第二类第十七部

《诗经》押韵举例：

《樛木》三章：萦成（清）。《兔罝》一章：丁（耕）城（清）。《麟之趾》二章：定（径）姓（劲）。《小星》一章：星（青）征（清）。《淇奥》二章：青莹（庚）星（青）。《杕杜》四章：菁睘（清）姓（劲）。《小旻》四章：程（清）经（青）听（径）争（耕）成（清）。《闵予小子》：庭（青）敬（敬）。《桑扈》二章：领屏（静）。

凡《诗》韵“萦成丁城盈星征鸣旌青莹声清庭营名正甥菁姓睘苹笙平宁生嚶听惊楹冥定醒政程经争桢屏靈溼馨刑倾牲嬴霆敬聘冥颎骋”等字谐声有关的尽归第十七部。

凡和“丁成亭正生令盈鸣殸壬廷呈荧青鼎名平宁婴甹敬冥争幵并顷贞霝巠井耿同幸晶省夐嬴”等字谐声有关的归第十七部。

古韵第二类第十八部

《诗经》押韵举例：

《桃夭》三章：蓁（臻）人（真）。《采蘋》一章：蘋滨（真）。《燕燕》四章：渊（先）身（真）。《击鼓》五章：洵（谆）信（震）。《简兮》四章：榛（臻）苓（青）人（真）。《蝃蝀》三章：人姻信（真）命（映）。《十月之交》三章：电（霰）令（青）。

凡《诗》韵“蓁人蘋滨渊身洵信薪榛苓天零田千姻命申仁溱颠令鄰粼年骃均询阗亲臻陈翩臣賢矜民玄莘坚钧旬填泯烬频神领尽引电”归第十八部。

凡和“天田千因人臣身真秦民凡粦频寅宾㴣旬辛新申匀閵进臤玄引印闰”等字谐声有关的尽归第十八部。

古韵第二类第十九部

《诗经》押韵举例：

《螽斯》一章：诜振（先）。《葛藟》三章：漘（谆）昆昆（魂）闻（文）。《女曰鸡鸣》三章：顺（谆）问（问）。《出其东门》一章：门（魂）云云（文）存（魂）巾（真）员（文）。《敝笱》一章：鳏（山）云（文）。《小弁》六章：先（霰）墐（震）忍（轸）陨（轸）。《緜》八章：愠问（问）。《云汉》五章：川（仙）焚熏闻（文）遯（慁）。

凡《诗》韵“诜振麕春漘孙门殷贫艰奔君哼陨漘昆闻谆雲存巾员鳏輪淪困鹑飧群錞恩勤闵晨煇旂犉云慇麎痻雰芹亹熏欣芬辰川焚遯渍纯耘训先墐忍畛盼顺问愠壸允”尽归第十九部。

凡和“先辰困屯春门殷分艮尊昏孙而垔免奔贲君员䍃昆𦎫川云存巾侖堇文軍斤刃典昷熏盾豚今舜寸𢙏麇殿本允胤坤穿顺”等字谐声有关的尽归第十九部。

古韵第二类第二十部

《诗经》押韵举例：

《柏舟》三章：转卷选(狝)。《匏有苦叶》三章：雁(谏)旦(翰)泮(换)。《泉水》四章：泉(先)叹(寒)。《静女》二章：娈(狝)管(缓)。《君子偕老》：展(线)袢(换)颜(删)媛(线)。《载驰》二章：反(阮)远(阮)。《淇奥》二章：僩(潸)咺(阮)谖(元)。《缁衣》一章：馆(缓)还(先)粲(翰)。《考槃》一章：涧(谏)宽(桓)言谖(元)。《素冠》一章：冠(桓)栾(狝)慱(桓)。《甫田》三章：婉(阮)娈(狝)丱(谏)见(霰)弁(产)。《卢令》二章：环(删)鬈(先)。《桑扈》三章：翰(寒)宪(愿)。

凡《诗》韵"干言難展袢颜媛涧宽垣闗涟乾瑞園檀餐還间肩儇鬈闲廛貆旃然焉菅蕳卷悁冠欒慱原山轩宪莞蠻典禋騆燕丸虔梴轉选管洒浼鲜僩喧谖阪漙願践愆幝痯谏板癉亶简鴈旦袢晏怨岸馆粲慢罕彦烂涣婉孌丱贯亂讪衎霰宴喙援羡锻涧衍翰漢難"尽归第二十部。

凡和"元原爰冤夗吅单雚番樊鲧反娩万曼丮乾鬳憲建寒雁产安旻侃干旱難奴戔赞散丹旦看丸萑苋奂宦毋𤔔䜌算爨彖断耑般扶盥款卵删姦絲山间柬卷宦班闲幻泉全旋亘廛專袁睘展叀赧善然扇扁雋孨巷次延焉㕣衍兽连边面辨便弁虔绵件肩见肙燕"等字谐声有关的尽归第二十部。

古韵第二类第二十一部

《诗经》押韵举例：

《大车》一章：槛(槛)菼敢(敢)。《节南山》一章：巖(衔)瞻(盐)惔谈(谈)斩(豏)监(陷)。《巧言》二章：涵(覃)谗(咸)。《采绿》二章：蓝(谈)襜詹(盐)。《殷武》四章：监(衔)严(严)滥(阚)遑(唐)。《抑》九章：僭(桥)心(侵)。

这一部《诗经》用韵较少，我们举些谐声例子：

欠，芡坎

詹，瞻膽檐儋襜黵憺澹闟瞻

斬，蔪蹔槧暫磛慙擊壍鏨

兂，兓

凡《诗》韵“巖瞻惔谈斩监涵谗甘餤蓝襜詹檻菼敢萏儼玷贬滥”尽归第二十一部。

凡和“炎甘兼詹𢦏猒函臽弇佥甛芟闪冉敢嚴广斩奄染欠占毚”等字谐声有关的尽归第二十一部。

古韵第二类第二十二部

《诗经》押韵举例：

《葛覃》一章：覃覃（覃）。《兔罝》三章：林心（侵）。《摽有梅》二章：三（谈）今（侵）。《绿衣》四章：风（东）心（侵）。《凯风》一章：南（覃）心（侵）。《柏舟》一章：汎（梵）髧（感）。

凡《诗》韵“林心三风音南葚耽衿钦骖阴芩琴湛骎諗僭壬煁男饮谌谮临深琛綅黮寝锦甚枕”尽归第二十二部。

凡和“心壬㐆林今金念酓冘南咸覃凡男彡寻音兓朁侵突锦三甚品禀审参琴森”等字谐声有关的尽归第二十二部。

以上即《诗经》时代（周秦）的韵母系统，对于古韵分部，必须注意以下两点：

第一，我们所归纳而得的韵部只是基本上符合当时的语音系统。韵部是建筑在其时韵文基础上，这些材料本身就丰富多采，也非一时一地，纷变难免，他们所反映的系统不是单纯的而是混杂的。因此，我们要科学的对待各部中的合韵字、例外字。这样，我们就不会被一些偶然的非本质的现象所迷惑。

第二，古韵一部，并不是单纯一个韵母。这个部的概念有些象中古的摄，甚至范围更大些。一个韵部字有无数韵目，不过这些韵目都有一个共同的特点——主要元音相同或相近。

（二）上古韵母音值拟测

上古韵母分部，并不是我们最终的目的。依据韵部，我们进而考定上古韵母的音值，探求实际读音，帮助了解上古语音系统，以明语音发展规律。

这门科学是在历史比较法的基础上形成的。因而上古韵母系统的拟测工作还仅仅是开始，但要想了解古人实际读音的理想，古音学家就表现得很心切。段玉裁在论到支脂之三部分用时曾写信给江有诰说："足下能知其所以分为三乎？仆老耄，尚得闻而死，岂非大幸！"古音学家中只有章炳麟在这方面有些成绩，由于时代的限制，他用汉字来作为描写韵母音值的工具，看了后很难理解。上古音值的拟测确实很困难，研究上古韵母的材料是有局限性的，不能帮助我们重建上古韵母音值。现在，我们唯一的方法是根据中古音韵母音值运用历史的方法往上推，由此得出的音值不过是一个近似值，并不是绝对的。

孔广森曾经在《诗声类》中提出"阴阳对转"的理论。他把古韵分阴阳各九部，而"此九部者各以阴阳相配而可以对转"（见《诗声类》）。他的转法即阴平声转阴上声，阴上声转阴去声，阴去声又转入声；入声再转阳去声，阳去声再转阳上声，阳上声再转阳平声。因此孔氏说："入声者，阴阳互转之枢纽。"以现代语音理论来考察，阴阳对转的玄妙就很容易解决了。对转实质是语音发展的一种规律。由于汉语的特点，语音的主要元音和韵尾都很整齐，如 a 类元音，有以-p、-t、-k 收尾的，也有以-m、-n、-ŋ 收尾的，也有以-b、-d、-g 收尾的，由于主要元音相同，在《诗》韵经常通押，也由于主要元音相同，在韵尾失落和变化中，很容易通转，这就是阴阳对转理论的主要内容。这个理论对我们的音值拟订大有所为，根据

《诗》韵的阴阳入三声互押，我们就可以找出三部主要元音相同的韵部来。

另外，鉴于上古阴入通押，上古阴声韵一般都拟有-b、-d、-g 辅音。因此在上古共有三套辅音尾：

上古韵母辅音收尾表

-b	-d	-g		-p	-t	-k		-m	-n	-ŋ
	支 脂 微 祭	之 幽 宵 侯 鱼		盍 缉	锡 质 术 月	职 沃 药 屋 铎		谈 侵	耕 真 文 元	蒸 冬 东 阳

除歌部外，都带上轴音收尾。-b 尾收音失落较早，也不例入。

1. ə类　əg（之）　ək（职）

　　　　əd（微）　ət（术）

　　　　əp（缉）

　　　　əŋ（蒸）　ən（文）　əm（侵）

上古 ə 类阳声韵和入声韵中古音读多数为 ə，如德 ək，职 iək，登 əŋ，蒸 iəŋ，中古阴声韵主要元音比较混杂，这是收尾脱落的影响，但在阴声的主要元音还是 ə 占优势，如灰 wəi，尤 ɪəu，侯 əu，以及和 ə 相近的之 iei，脂 ɪĕi 等，由于阳声韵和阴声韵韵尾的完整，保护了前面的主要元音，因此我们拟之等八部主要元音为 ə。

要提出的是侵缉二部，拟为 ə 的理由如下：

第一，侵部、蒸部《诗经》有例外押韵：

《小戎》三章：膺弓縢兴（以上蒸部）音（侵部）。

《大明》七章：兴（蒸部）林心（侵部）。

《閟宫》五章：乘縢弓（蒸部）綅（侵部）坛惩冰（蒸）。

第二，风从凡声，《诗》韵六见，都与侵字押韵。

2．w类　wg(幽)　wk(沃)　wŋ(冬)

幽部的基本组成部分是中古尤部(三分之二入尤)而尤和入声屋三(ɪwk)正相当,尤和屋三《诗经》韵共押29次、谐声26次,幽又不通入声,只和屋三通押一次,而谐声尤通幽共九次,可见尤幽和屋三的关系非常密切,而屋三相当的阳声韵是东三和冬,而东三和冬的主要元音在中古"冬东一鍾"之间,即在əu之间,应该是一个不唇化的w。

3．ʌ类　ʌg(宵)　ʌk(药)

这一类的基础字当推中古宵韵中的"则""趬""趫""朝""召""表""苗""招"等字。宵和药相当,《诗》韵共押11次,而谐声共9次,其他和屋三一次,觉二次(谐声);又《诗》韵屋三沃各一次。

药在上古分属宵部鱼部,属宵部的药都归向前元音陌昔。

	谐声	《诗》韵	谐声	《诗》韵
铎	和陌34次	31次;	和昔52次	10次。
药	和陌5次	6次;	和昔9次	3次。

因此我们拟为ʌ。

4．o类　og(侯)　ok(屋)　oŋ(东)

本类阳声韵东一鍾上古元音可为o,鍾ɪoŋ>ɪwoŋ从上古元音的东,到现今吴方言中,始终没有什么变化,上海方言东仍为oŋ,我们可以定本部为o。

5．a类　a(歌)　ap(盍)　ag(鱼)　ak(铎)　ad(祭)　at(月)　an(元)　aŋ(阳)　am(谈)

a类中左表现得很一致,因此都拟为a。

a类的阴声字表现得也很一致,大多数具有元音o,如模(wo),鱼(io),虞(ɪwo)等,可以看出,这是-g辅音尾失落使低元音高化的必然规律,现代汉语中也有同样高化趋势o类大多类向ɤ转化。

上古歌部无入声相配，变入中古，除其中一部分字入支韵外，其他都为 a 或 ɑ，故归 a 类。

6．e 类 eg（支） ek（锡） ed（脂） et（质） əŋ（耕） ən（真）

支部的主要元音在中古大多数为半低与半高之间的前元音，如 ɛ、æ、e、ɛ 等。比较下来，采用 e 最为适宜。

脂部结构和支部极相似，且有例外押韵：

《诗·七月》二章：迟（脂）祁（支）归夷（脂）。

《大田》三章：萋（脂）祈（支）私（脂）。

《载芟》：济（脂）积（支）秭醴妣禮（脂）。

脂部中古主元音大多数是 e，拟为 e 是说得通的。

（三）上古韵部到两汉的演变

上古韵部发展到两汉，最显著的现象是韵部减少，韵部归并普遍：

1. 鱼侯同用

其实在《诗经》时代我们已经看到它们相押的例子：《无羊》二章：餱（侯部）具（鱼部）。到西汉混用普遍：

以西汉扬雄为例：《长杨赋》：隅侯。《反离骚》：隅侯。《解嘲》：搜涂侯鈇书庐。《解嘲》：餘傅渔侯驱。《司空箴》：区侯（有者为侯部）。可见，汉时鱼侯为韵的情况。

2. 支歌同用

两汉时，支歌两部相谐更为普遍，几乎支部字和歌部字全通押：

枚乘《七发》：枝离溪。司马相如：鸡鵝。（《子虚赋》）。刘向《九叹》：槩命柴荷。（以上西汉）傅毅《七激》：谿崖歌。马融《广成颂》：涯鲨陏。又：池堤莎委涯陂螭鲵。（以上东汉）但一般不把他们归并在一部，东汉时，歌支虽混用，歌部字句和鱼部转入麻韵的字通押，而支部则绝不通押。因此只认为两部音近，不并为一部。

3. 脂微两部同用

举无名氏为例：古诗：齐阶悲妻徊哀稀飞。古诗：悲衣违辉绥归闱飞晞扉。《长歌行》：葵晞辉哀归悲。《太常妻》：谐妻斋斋泥迷。

其实这两部混用在《诗经》时代就很多，因此我们在分脂微两部时合韵情况特别多。

《明夷》之“大过”：毕卒。《盖》之“鼎”：至恤。

两部的入声韵也混用。

4. 真文两部同用

《诗经》时代真与耕通、文与元通，两部很严格，到两汉时，则混用普遍。

黄香《天子冠颂》：纯天春旬辰神。崔寔《答讥》：玄云勤贫神。蔡邕《笔赋》：勋文觐伦神。《释诲》：群文伦尘雲闻云。《王立义葬流民颂》：魂尘滨。《李陵碑》：勤纯分遵欣震仁珍文邻年。《郭泰碑》：玄天渊敦根门。《陈寔碑》：神珍文闻。《黄氏神诰》：仁滨人年。《答卜元嗣诗》：人文。

上古到两汉，除了韵部的归并外，另外也有韵部之间的通转现象：

（1）之部“尤牛丘和龟”等转入幽部。

王褒《九怀·危俊》：蜩州修游牛流休悠浮求俦俦怞。扬雄《反离骚》：流丘。班昭《大雀赋》：丘畴遊游。贾谊《吊屈原文》：久咎。扬雄《兖州赋》：久咎。崔骃《达旨》：龟流忧求。扬雄《荆州赋》：调茅龟饶。

（2）东汉时，鱼部中的麻韵一系字（如麻加沙蛇嗟差瓦驾等）

转入歌部。

冯衍《说吴汉》：呀嗟。张衡《西京赋》：家过加。郦炎《见志诗》：波柯阿嘉华沙和科。东方朔《诫子诗》：“华和多蛇化家。”

(3) 逮两汉，蒸部东韵字(弓雄梦等)转入冬部。

扬雄《羽猎赋》：穷雄溶中。边让《章华台赋》：终风中雄隆。

(4) 阳部中庚韵字(京明冗彷兵庚行卿横彭盟衡亨丙梗更竞泳等)转入耕部。

冯衍《显志赋》：英征京。班固《西都赋》：情京。又：精灵成明京。又：荣生嵘董英刑庭宁。《辟雍诗》：兄明行成。《幽通赋》：灵声京。《南巡颂》：经明庭旌。《奕旨》：行幸争平。

总结上面所反映的情况，我们把上古到两汉韵部发展的概貌列表如下：

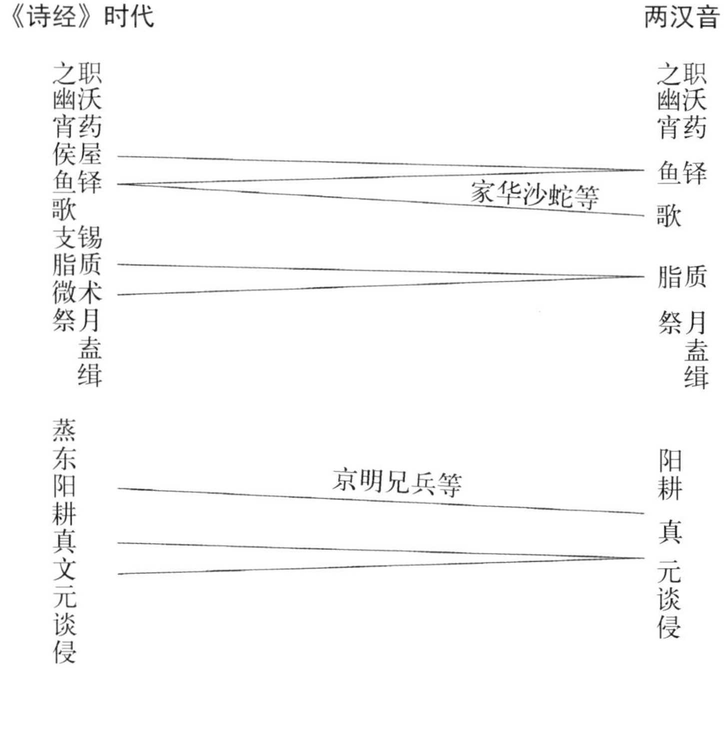

四、上古音的声调问题

（一）上古音有没有声调

在现代汉语中，声调是语言的一个重要部分，它不仅使我们的语言有节奏，而且有区别意义的作用。[ma][pa]这两个音，在没有声调的语言里，它们就仅仅各有一个具体意义，而在汉语中就不同，一个[ma]在北京语里读阴平是“妈”，读成阳平就是“麻”，读上声是“马”，读去声是“骂”。声调不同，意义就大有出入。在现有的材料中，可以找到证明中古音系也有声调的大量证据。现代汉语、中古音系都有声调，上古音有没有声调呢？关于这个问题，音韵学界的先辈们，曾花了大量的劳动来推测和考证。开始时，以明代学者陈第为代表的大多数人认为上古汉语没有声调。他们的理由是：(1) 四声既“起于江左”，那么声调的区别就不会是古已有之的；(2) “时有古今，地有南北”，语音的变迁一定是很大的，因此不能因为六朝以后分声调，就推测上古音也有声调。陈第在《毛诗古音考》里肯定地说：“四声之辨古人未有……旧说必以平叶平，仄叶仄也，无亦以今泥古乎？四声之说，起于后世。古人之诗，取其可歌可咏，岂屑屑毫厘，若经生为耶?”陈第他们的说法，显然是不对的。

斯大林同志曾经指出，语言是社会现象，语言随着社会的产生而产生，随着社会的发展而发展，也随着社会的死亡而死亡。也就是说语言是历史的产物，语言的形成或者说任何一种语言现象的形成，不是一朝一夕的事。声调是附属于语言的，声调的产生当然也不可能是一朝一夕的事。因此，从六朝开始有声调的区别，那是人们发现了这一客观存在的现象，而不可能是一些人的发明、创造。应该说，在六朝以前的很早的时代，声调就存在了，只是没有被人们充分重视，并以此来当作研究对象罢了。对于这一点，《公羊传·庄公二十八年》一段里"《春秋》伐者为客，伐者为主"的说法就是有力的证据，证明了在上古有声调的区别，而且声调已经能区别意义了。"时有古今，地有南北"，这句话是对的，以此来说明语言的变迁也是正确的。但是进一步以此说明古代没有声调，这种梳理是不合逻辑的。辩证唯物主义原理指出，世界上的万事万物都处在不断变化之中，语言当然也不例外。但是一切变化都是有它的渊源的，无本之木是不存在的。以汉语的声调说，六朝时人们发现了声调，这个声调不可能是在那个时候的短时间里产生的。在六朝以前就存在着声调的区别，六朝时发现了，这才是合情合理的。"时有古今，地有南北"，因此，六朝时的声调和上古声调不同这是可能的；决不能说，因此六朝之前就没有声调。如果这样的推理能成立的话，那么世界上的一切的一切都等于零了。事实上并不如此。

陈第之后，清代的音韵学家中钻研古声调问题的人也不少，如顾炎武、江永、段玉裁、江有诰、孔广森等。他们的意见虽不统一，但是有一点是共同的，那就是他们中的大多数都肯定上古是有声调的区别的。段玉裁、王念孙、江有诰的说法是比较正确的，段玉裁主张古无去声，江有诰、王念孙则认为古代有四声。他们之后的夏燮，在论证古代有四声的问题上，雄辩地说明了古音中确实有四声的存在。在他的著作《述韵》中他提出了自己的意见、看法：

> 古无四声，何以《小雅·楚茨》之二章、《鲁颂·閟宫》之三章连用至十一韵、十二韵皆平声；《小雅·六月》之六章、《甫田》之三章连用至七韵、九韵、《大雅·蒸民》之五章六章、《鲁颂·閟宫》之二章三章，合用至十韵、十一韵皆上声；《邶·柏舟》之二章、《魏·汾沮洳》之一章、《卫·氓》之六章，连用四韵、五韵、六韵，以至《楚辞》之《惜往日》连用至十韵皆去声；《魏·伐檀》之二章、《商颂》之《那》、《鲁颂·閟宫》之八章，连用至六韵、八韵、九韵；以至《尚书·洪範》之“六三德”以下，连用至十五韵，《尔雅·释训》“穰，穰福”以下，连用至十七韵皆入声。此其可证者一也……《大雅·泂酌》三章分平上去三韵，《召南·摽有梅》三章……分平去入三韵，《鄘·墙有茨》三章……分上去入三韵，若古无四声，何以分章异用，如此疆尔界，不相侵越？……此其又可证者一也。亨飨为古之平声，《诗》凡十见，皆不与上同用。庆为古之平声，《诗》凡十见、《易》十二见，皆不与去同用。予为古之上声，《诗》凡十见，皆不与平同用。戒为古之入声，《诗》凡三见、《易》一见，皆不与去声同用。苟古无四声，何以屡用而不容一韵之出入。此其可证者又一也……大抵后人多以《唐韵》之四声求古人，故多不合，因其不合，而遂疑古无四声，非通论也……

夏燮的论证极其有力的说明了古代是有声调的区别的。

再从汉语的亲属语言的情况看，声调是汉藏语系各语言的共同的最基本的特点之一。我们知道，语言现象的变化应有在相同的条件下才可能有同样的变化。显然，在历史发展过程中，汉藏语系各语言的变化条件是不同的。那么，为什么它们都具有声调这一特点呢？这种现象，除了说明它们共同受之于母语之外，没有别的理由可以解释了。正因为它们受之于母语，所以声调的分别应该是一开始就存在的。

从中古音系的声调区分的情况，从亲属语言的情况，说明汉语的声调在上古时期就存在了。

（二）上古声调的分类问题

中古音系的声调分平、上、去、入四类，上古的声调分几类呢？顾炎武认为古人“四声一贯”，黄侃认为古音的声调只分平、入，段玉裁则认为古音没有去声，只有平、上、入三声，王念孙、江有诰则认为古人实有四声，不过上古的四声与今不同。可见，清代学者们对于上古声调分类问题的意见是不统一的。

顾炎武的“四声一贯”说肯定了上古有四声，但他因惑于上古四声在书面语中的混用情况，不能对上古声调的具体分类作出结论。黄侃的古音声调分平、入的说法，实际上是四声不分，因为上古音的入声带有-p、-t、-k 的收尾辅音，平声则没有，因此，把上古音只分平、入两声，实际上只是着眼于音素的区别，而没有把像现代汉语中“音同调不同”这样情况揭示出来，分也就等于不分了。

段玉裁的古无去声的主张，主要是根据谐声材料而得出来的。谐声材料确实能说明一些问题，但是谐声字的“平叶平、仄叶仄”的情况显然是不及韵文的严紧。因此，除了利用谐声材料外，《诗经》所提供的古人调平仄的材料是更值得重视的。段玉裁忽视了《诗经》的材料偏信谐声字：这显然是一大缺点，也就造成了他的结论的偏面性。从《诗经》的用韵看，虽然有去声和平、上、入相通的情况，而去声自协的例子也不在少数，如之、鱼、脂、它等部的去声都是自成一类的。《说文》谐声字是六朝时的材料，比较起来，当然是《诗经》所反映的古音情况更正确、更可靠。我们讨论古音的声调问题，当然应该以《诗经》为主要材料。就谐声材料的使用说，段玉裁的引证也是失之过偏的。一方面，谐声材料中的去声字，有不与平、上、入相涉的，如东部的“弄”、元部的“贯”“乱”“见”“建”“赞”“算”、脂部的“四”“罪”“弃”“胃”“对”“类”“隶”、祭部之“外”“卫”“败”“带”“尚”“继”“具”“介”、支部之“解”、歌部之“坐”“卧”、幽部之“就”“售”、宵部之“盗”、侯部之“寇”“扁”，很难说它们不是去声。① 另一方面，他从谐声偏旁去求四声，没有估计到有偏旁相同而声调不同的情况，误以为同声旁字的声调亦同。

王力先生基本上接受段玉裁的意见。他认为古音声调可分舒促两大类；又细分长短，长平为平，短平为上，而入声不论长短，尽归一类。王先生的理由大概是根据中古去声字分别来自平、上、入三声这一点。王先生认为古音的声调主要是依长短来区别的，舒声有长短，分成平、上两类，入声也有长短，为什么应尽归于入声一类呢？而且入声的长短既没有调类的区别，那又根据什么来区别入声中有长短两类呢？难道说就根据东汉何休的“伐长言之，伐短言之”这个证据吗？我们觉得王力先生的论据是不够充足的。上古应该有声调，至于去声的发达与否，那又是另外一回事了。②

王念孙、江有诰肯定“古有四声”，但是对于为什么确定“古有四声”的理由阐发得是不够充分的。关于“古有四声”的理论，论证得最有力的当是夏燮了，他的理论的主要之点从上节的引文中可以看出，这里没有再重复的必要了。

我们认为，王念孙、江有诰、夏燮的考证是比较正确的，上古声调历分平、上、去、入四声，也就是说，上古音的声类和中古音是基本上一致的，但不是完全相同的，调值不同，每一声类中包括的字也有不同。例如，由于尾音-p、-t、-k 的脱落，上古的入声字的一部分变成了中古的入声字。关于上古音声调的具体调值，还有待于今后进一步的研究。

---

① 周祖谟《汉语音韵论文集》，页 162。

② 王力《汉语史稿》上册，页 100—102。

第二编

中古汉语语音

从四世纪

到十二世纪，

包括六朝、隋、唐、宋

一、概　　述

（一）中古汉语语音发展的社会背景

从公元 290 年西晋贾后专权前后，到十二世纪宋王朝偏安南方为止，这中间有九百年左右的历史。这一时期的语音比起周汉音来，有了明显的变化，这个变化，标志着汉语语音发展到了一个新的阶段。

中古语音经过魏晋以来二三百年的过渡，到公元六世纪为止，形成了不同于周汉音的许多语音特点。这些特点表现在：

1. 在声母方面，由于 j 化作用、同化、异化作用以及一些主元音的影响，产生了 ȶ、ȶʻ、ȡ、tʃ、tʃʻ、dʒʻ、ʒ、tɕ、tɕʻ、dʑ、ɕ 等新的声母，而消失了复辅音及舌面中等辅音，及至中古后期，更开始了唇音的分化、匣母的分化等。

2. 在韵母方面，完成了第一阶段的开音节化，韵尾 b、d、g 消失了，而主元音也一般趋于高化，在整个韵母系统上，也重新有了阴声韵与入声韵整齐相配，阴声韵分立的新的体系。

3. 在声调方面，确立了平上去入四声，并且因韵尾辅音 b、d、g 的消失而有了重新调整。声母的清浊也明显地影响了声调的分化。

4. 在整个音节方面，语音的音节构成，由于声韵调的演化，明显地看出了简洁化、混同化的趋势，从而在音节的数目上也进一步有所调整。在词的音节构成中，辅音减少了，而元音却丰富了。这样，就构成了汉语音节简单化而词语多音节化的必然趋势。

上述许多变化，一方面固然是语音内部发展规律作用的必然结果；一方面，我们也不应忘了，作为社会现象之一的语音系统的演变，为什么不更早一些，或者再晚一些，而恰恰发生在三至五世纪，这是有其社会原因的。汉魏以降的社会大动乱，这一时期政治、经济、文化的变化，积极地促成了语音的急剧变化。

打开汉魏六朝的历史一看，可以知道，自公元290年西晋贾后专权，埋下了“八王之乱”的祸根起，由于社会的黑暗，政治的腐败，内乱外患，前后持续了四百年之久。这一时期，古中国政治、经济的中心，文化的摇篮——黄河流域变成了现实的地狱，充满着战争、灾祸、死亡、毁灭，一切都遭到了彻底的破坏。特别是历史上有名的“五胡乱华”，它的破坏性最大。

如此长期的战乱，人民遭到了加倍的苦难。所谓“流尸满河，白骨蔽野”（杜弢《与晋南平太守应詹书》）、“人多饥乏，更相鬻卖，奔迸流移，不可胜数”（《晋书・食货志》），正是那一时代的真实写照。大量的北方人，被迫流入南方。连北方的士族官僚也不例外。这样，代表上古音的北音，就流入江左，与一向被人们轻视的不登大雅之堂的南音（主要是吴音）交杂。这种方言之间的长期共存，必然会消磨掉古音的许多特点，而产生了新的变化。

本来是“河北江南，最为巨异”[1]的方言，在那时发生了频繁的接触。这就加强了方言间的新分裂，并且形成了新的汉语方言。

---

① 陆德明《经典释文序》：“方言差别，固自不同。河北江南，最为巨异。”

杨恭恒在《客话本字》中说："客之先，居丰镐、河洛、齐鲁之交，或为衣冠世族，或为耕凿遗民，皆涵濡于二帝三王之化。自东晋元嘉五胡蹂躏，冠带数千里之地。戎羶污染，靡有宁居。于是衣冠之族，豪杰之徒，如侃逖峤琨之辈，相与挈家渡江，共图恢复；王谢之家，尤为卓著——王谢，旧河东太原人也。其余入闽著姓，则有林、邵、何、胡等八家。其他流民避乱江南、流离转徙，有南徐、南司等州郡，谓之侨军州——军州即今之州县，所谓侨者即客耳。"可见，东晋之后，客家的方言，就是原来的北方话——中州语。而江左的语言，也大受北方话的影响。这在《方言》《尔雅》的郭璞注中有所反映。原来是北方话的词语及音读，郭璞时代的吴语或通语（共同语）中也这样说法了。如《方言》卷一："慧，楚或谓之譪。"注："他和反；亦今通语。"卷十："沅澧之间，使之而不肯，答曰盲。"注："音茫，今中国语亦然。"卷三："葰、芡，鸡头也。北齐谓之葰，青齐淮泗之间谓之芡，南楚江湘间谓之鸡头。"注："江东亦名葰。"卷五："扇，自关而东谓之箑，自关而西谓之扇。"注："今江东，亦通名扇为箑，音篓。"这显然是方言变迁的结果。

这时候的广大北方地区，倍受夷族的蹂躏。内迁的内迁，死亡的死亡，原先的繁荣当时成了一片荒芜。异族的势力随着军事上的向南扩充外，同时从西晋末年开始，直到六朝结束为止，大批的少数民族内迁。[①] 他们（包括匈奴、羯、鲜卑、氐、羌等族）在武力上虽然征服了汉人，但历史的永恒规律证明了野蛮的征服者总是被他们征服了的民族底较高的文明所征服。夷族的文化逐渐地被汉族的文明所同化。在语言方面也不例外。况且当时的统治阶级还

---

① 如远在两汉，匈奴人就内迁到河套之南、山西北部；汉魏以降，他们更南徙到山西南部。鲜卑族也因此间迁居中原、河北，氐、羌则迁往甘肃、关中。仅在276—289十多年间，这五族内迁的就有一百万人左右。此后乱起，迁入的少数民族更是不计其数。

官令禁用夷语[①]，事实上，汉语也战胜了夷语，但它也从中吸取了这些语言的一些特征，而使原来的上古汉语有了比较巨大的变化。这个变化，特别是表现在语音上。颜之推所以感叹古读书音的命运“南染吴越，北杂夷虏”。[②]

上述这种方言的新的分裂，还由于当时社会的封建割据所巩固下来了。晋以后，外官的权力越来越大，八王之乱、十六国时期，更是群雄割据，加速了方言的分化。而南迁的士族们，为了保持往年的“威望”，不屑于江左语言，所以仍是讲着中原旧语。他们把讲吴语认为是可羞的事情。而南方的一些士族，当然更不愿学中原之音了。这势必妨碍了共同语的建立。

但是，语言毕竟是人们交际、交流思想的工具。人们在这样的环境下，流动性很大，没有一个比较统一的语言，对于人们的生活和社会的进步将是多么的不利。而当时商业经济的繁荣，城市的发达和人口的集中，更是替共同语的建立创造了客观的条件。

当时的人口流亡，大都都汇集在荆、江、扬三州。到宋孝武帝的时候，这三州的人口占全江南总户口的一半，约六七十万户。在手工业方面，炼铁、造纸、制磁等业都得到了发展。而商业（特别盐商）在长江流域更是繁荣一时。这种种因素，都对语言这一交际工具提出了统一的要求。而文学上的韵律论的兴起，佛教输入后，印度的声明论（音韵学）的启示，人们也逐渐致力于新的通语——文学语言的语音系统的研究。这个努力的结果，就是建立了《切韵》音系，它成了读书音的标准。而后，隋唐之际，更是废除了九品中

---

① 《魏书》卷七下《高祖孝文帝纪下》：“太和十有九年，六月，诏不得以北俗之语，言于朝廷。若有违者，免所居官。”又卷二十上《咸阳王禧传》：“高祖曰……今欲断诸北语，一从正音。年三十以上，习性已久，容或不可卒革；三十以下，见在朝廷之人，语音不听仍旧，若有故为，当降爵黜官。各宜深戒。如此渐习，风化可新。”

② 见颜之推《颜氏家训·音辞篇》。

正的门阀制度，而建立了一套新的科学制度。由于科举制度的推行，大大影响了《切韵》音系的发展。

但是，好景不长，中古音在十二世纪，由于辽金的侵入北方，又渐渐地被破坏了。同晋末一样，宋王朝挟万千父老百姓南渡，形成历史上的第二次的南北割裂，人口大量流入南方。这样，北方的中原音又一次南渡，而逐渐发展成为后来的所谓“中原雅音”；至于北方，在异族的影响下，语音也大变，而成了逐渐壮大起来的“官话”，它从南宋开始，就开始成了一支强大的势力了。不过，这些都是后话。我们在近代篇中会详细谈到。

（二）音韵研究的兴起

我们至今还不能了解上古音的具体内容，很重要的一点，就是没有材料——没有直接记录当时语音的材料。这是同上古时期的语音研究还在蛮荒时期分不开的。但是，这种情况，到了中古，就有了改变，那就是音韵研究的兴起，给我们留下了许多珍贵的资料。要了解这一时期的语音，首先得了解当时人是如何记录并分析语音的，也就是说首先得掌握这分重要的材料。因此，很有必要在这里谈谈本期音韵研究的概况。

关于这个问题，需要读的有下列两点：

1. 音韵研究为什么在汉魏之后会兴起来的？

2. 音韵研究是如何发展的？

先谈第一点，音韵研究的兴起，同那一个时代是密不可分的。具体说来，下列几件社会事件积极地促进了音韵的研究。

(1) 社会上解经读书的需要。语音自先秦而至两汉，语音已有变化，一般的读书人就不易看古书。汉代的经学大盛，被崇为经典的作品，是不容有一点差错的。但是，用汉代的读音来念古书，显然是有距离的。要解决这个矛盾，就必须有一个精当的注音方法。这就在客观上促成了直音、譬况、反切等法的产生。

(2) 文学发展的需要。文学是语言的艺术。我国汉民族的文学具有悠久的传统，特别是诗。而诗，特别需要语言声音的韵律。所以，文学发展到了汉以后，汉赋、古体诗的发展，在艺术形式上就向语言，特别是语言的物质外壳——语音进一步提出了语言的音乐性的要求。为了做到这一点，就必须剖析语言的声音构成。

(3) 语音研究本身的进步和梵学的影响。到了汉魏以后，语音研究已经积累了一定经验，有了一定基础。例如，在上古时期，人们已经注意到了语音，并且能用“譬况”“读若”去描写语音、辨别音读。而后，还辨析了音的长短、强弱，讨论了音系的发音情况等等[①]。这种观察、分析，虽然还算不上科学的研究方法。但不可否认的是，这还是有价值的尝试。它为以后的语音研究的繁荣作了必要的准备。

汉以后，佛教的传入，中印文化的交流，印度古代的语言学知识也被介绍到中国来。讨论这一学问的不但有唐智广《悉昙字记》这样成部的巨著，就是在一般的佛书中也有所论及。当然，汉梵是不同语系的语言，它们的语法相差很远，但在语音研究上，对汉语的影响上却显而易见的。《隋书・经籍志》卷一中有一段记载是这样的：“自后(按即魏以后)佛法行于中国，又得西域胡书，能以十四字贯一切音，文省而义广，谓之婆罗门书。”梵语学理对汉语音韵研

① 古籍中对于音的辨析，最早的如《老子》中有“唯之出阿，相去几何?”《管子》中有“口开而不阖，是言莒也”。汉代以后的注经家们还常常用长言、短言、急言、徐言的术语，如何休注《公羊传》“伐人者为客，读伐长言之；见伐者为主，读伐短言之”等。同时，古人也注意到了发音的唇形(包括介音和闭口韵)和声母发音的部位，如在刘熙的《释名》中有：“风，兖、豫、司、冀横口合唇言之；风，氾也，其气博氾而动物也。青、徐言风，踧口开唇推气言之；风，放也，气放散也。”又：“天，豫、司、兖、冀以舌腹言之；天，显也，在上高显也。青、徐以舌头言之；天，坦也，坦然高远也。”

究的影响，具体说来，至少有以下四宗：（一）梵文的拼音法促进了汉语反切法的形成；（二）梵文中有所谓声 svara 者，恰与汉语声调的性质相仿。当时之文人学士与善声沙门（即和尚）因受转读佛经声调的影响，而确立了四声；（三）由于梵文字母的影响，启发了字母的创立；（四）而唐宋以后的等韵图表的体制、方法以及术语也导自佛家的《悉昙章》，也就是《悉地罗窣睹》（siddhirastu）。

第四节当时社会的动荡客观上要求新的文学语言语音系统的迅速形成。这就刺激了音韵研究的兴起。

综合以上，我们就会明了，为什么音韵研究到了汉魏以后，在中古时期，会出现蓬勃发展的大好局面。

接下来要谈第二个问题，即音韵研究的发展的历史。

要了解这一时期语音研究的源流，那最好先读一读颜之推《颜氏家训·音辞篇》的起头一段：

> 夫九州之人，言语不同，生民已来，固常然矣。自《春秋》标齐言之传，《离骚》目楚词之经，此盖其较明之初也。后有扬雄著《方言》，其言大备。然皆考名物之同异，不显声读之是非也。逮郑玄注六经，高诱解《吕览》《淮南》，许慎造《说文》，刘熹制《释名》，姓有譬况假借，以证音字耳。而古语与今殊别，其间轻重清浊，犹未可晓。加以'内言''外言''急言''徐言''读若'之类，益使人疑。孙叔言创《尔雅音义》，是汉末人独知反语。至于魏世，此事大行。高贵乡公不解反语，以为怪异。自兹厥后，音韵锋出。各有土风，递相非笑。

这就是说，我国最早的注音方法，是用比况来说明读音。但逐渐的，因字音的互相比较，辨别读音的同异，认识了单字间双声、叠韵的关系。同时在实际语言中有很多是双音节以上的词，于是习惯上就常常用双音节，以至有了单字之间的比较，进而成为双字之间的比较。在梵文拼音学理的影响下，就依据了双声、叠韵的原理，把单个音缀分析为两部分，借双字代表这二部分。双字当中，一个是表明“声”的，我们叫它反切上字；一个是表明“韵”的，我们叫它反切下字。例如：

东，德红反。
同，徒红反。

东字的音是德红反，东是被切的字，德是反切上字，红是反切下字。同字的音是徒红反，同也是被切的字，徒是反切上字，红是反切下字。被切字与反切上字双声（即东、德双声，同、徒双声），被切字与反切下字叠韵（即东、红同韵同调，同、红也同韵同调）。这种反切法，比起直音来，是一个很大的进步。从此以后，就能够正确的使用反切，就表示能够正确的分析字音。

这种方法，一般的说法，是从孙炎开始的。但反切之兴，是决非一人所能独创的。而且据史料，在孙炎前，汉人应劭、服虔等已用反切①。可以推断，在直音通行的汉代，必然也可能来用二合音的形式而逐渐过渡到反切去的。因此，反切起自汉朝，而不是孙炎，这是可以肯定的。

再进一步，就在音乐上的乐律、文学上的声律和梵语的声明论的推动下，创立了四声。四声主要是指音的高低升降，它把音高不同的音归成了平上去三类，而将收-p、-t、-k 辅音尾的音独成入声

---

① 景审序慧琳《一切经音义》云：“古来音反，多以旁纽为双声，始自服虔。”章炳麟《国故论衡·音理论》则认为应劭时已有反语。刘盼遂作《反切不始于孙叔然辨》一文更指出“反切之兴也，上不出于丰镐之间，下不迟于当涂之世，而在光武、明、章之际”（载刘著《文学音韵学论丛》第 207 页）。

韵一类，而成四声。

在反切和四声的基础上，韵书就应运而生了。韵书的体制，很象今天出版的诗韵。它的作用也相当于古代的诗韵书，而审音倒并不是顶主要的。韵书一般是以声调为纲，以韵部(由很多叠韵字归纳成类目)为目，将同反切的同音字集在一起而成的注音字典。

六朝时候的韵书很多[①]，但这些韵书大都拘泥于方音，审音功夫又差，到后来，就先后湮没了。连内容我们都没办法知道，留下的只有一些零星佚文。而在中古文学语言语音系统中占重要地位的《切韵》及其同一系统的韵书，倒有一些是留存到今天的。

也许是作诗押韵的关系吧，六朝以来音韵研究虽然有了很大发展，但也不过限于韵的研究。在声母方面，却没有作过系统研究。后来，才逐渐由叠韵关系归韵部的方法的启示，把这种方法用在双声字上。这就有了《切字要法》(附在元本《玉篇》卷首)的所谓30对双声字。再往后，在梵、藏字母的影响下，就由一些沙门和尚创立了字母。我们能见的最早的字母是唐末的和尚守温所订的三十字母。宋以后，更依据实际语音的变化，改订成字母三十六个。这所谓字母，基本上代表了中古的声母系统的。

汉语语音的各要素——声韵调的研究既分别各有所研究，进一步就得进行深入的细致的，却是综合的研究。而在《悉昙章》的启示下，就产生了等韵学。这一门学问是属于描写语音学范畴的一些等韵图表。这些图表是根据《切韵》音系(有时也根据实际语音而对《切韵》音有所订正)析声、韵和中介元音等音素，以声为经，以韵为纬，纵横排列而成。它以“转”或“摄”来归纳韵类，以“等”和“呼”来分析中介元音和音的洪细。

关于现存的宋元等韵书，主要的有《韵镜》《七音略》《四声等

---

① 据《隋书·经籍志》等书记载，六朝韵书不下百种，详第三章。或见魏建功《十韵汇编序》。

子》《切韵指掌图》《经史正音切韵指南》等。

《韵镜》的作者和成书年代皆不可考，1161 年张麟之为之刊印，1196 年重刊，张氏并作序留言。从中可知本书源本自唐代等韵。就其内容看，轻重唇不分，无字母标声以及次序排列都因袭《切韵》之旧。全书共分四十三转。

《七音略》为宋郑樵（1104—1162）所著，在《通志》内。据序中所说，原本是《七音韵鉴》，就内容看来，则与《韵镜》为同一系统为无疑。只是采了 36 字母的名称。全书分四十三图，亦与《韵镜》同。

《切韵指掌图》虽题名司马光作，实非。清代学者邹特夫考订为南宋杨中修作。书中提到的“董南一”则是南宋人。但就其全书组织看，却有抄《四声等子》的痕迹。不过，它至少是代表了宋代的语音变迁的。书分二十图，除开合之分不计则为十三摄，但书中并未列“摄”的名称。

《四声等子》，无名氏作，成书年代不会早于辽宋，同时也不会迟于南宋。（书中提到辽僧行均《龙龛手鉴》，且据《指掌图》之序及内容都有抄它之痕迹。）全书将转并摄，合为通、止、遇、果、宕、曾、流、深、江、蟹、臻、山、效、假、梗、咸等十六摄共 20 图。

《经史正音切韵指南》，元刘鉴作。体例分摄同《四声等子》。全书分图 24。

上述五书，前二书基本上仍《切韵》之旧，而后三书则因实际语音的演变而有所修正。

等韵图对中古语音的研究有特殊重大的意义。因为反切、韵书有先天的缺陷。根据反切上下字归类，也不过只能显示出中古声韵的间架，而韵书，也只不过告诉了人们以四声和韵部，声母与介音根本无法知道，即使真正的韵母，也照样不能了解。这种研究都只能是局部的。而等韵学则是我国成系统的研究语音的发端。至此，中古语音学的发展已发展到了最高点，在一些方面，并不比现代的描写语音学差多少。

总结以上，我们可以将中古语音研究发展的情况简要地列成下表：

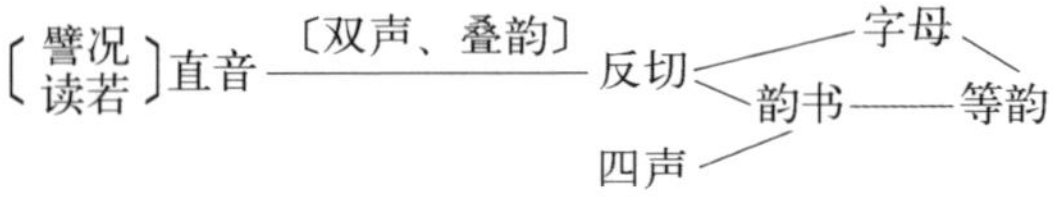

（三）中古方音和文学语音的语音系统

本章第一节已经指出：由于魏晋以来的社会剧变，夷族的入侵，人口的南迁以及其他原因，加强了方言间的新的分裂，并且形成了新的汉语方言。那么，这新的方言是怎样的呢？要明确的回答这个问题，是不可能的。有史可证的，那就是在江西、广东、广西间形成了客家方言。他们原来是黄河流域一带的人，此后就客居南方，而成了“客家人”。他们的语音有很多都保存了古代的中原雅音。至于其他方言，则大都无法查考了。不过，可以肯定一点：即经过一个时期的方言“摩擦”，由于政治上南北的对峙，封建割据，以及客观地理上也南北交通不便（隋以后才有沟通南北的大运河），就逐渐形成了南北两大方言群的显著区别。如陆德明在《经典释文·叙录》中就指出：“方言差别，固自不同，河北江南，最为巨异。”当时的大音韵学家颜之推也说：“南方水土和柔，其音清举而切诣，失在浮浅，其辞多鄙俗。北方山川深厚，其音沈浊而鈋钝，得其质直，其辞多古语。”[①]唐人也常常以吴语和秦音对称。虽然他们没有懂得语音演变的道理，不懂的无论是南音，还是北音，都已经注进了新的血液，不能与上古时代的南音同日而语了。但他们

① 《颜氏家训·音辞篇》。

毕竟还是指出了当时语音南北差别的“巨异”。

中古南北两大方言群包括着许多地域方言或地点方言。如南方方言群就有吴方言(吴扬方言、吴越方言)、楚方言、闽粤方言、客家方言、蜀方言(西南方言)等;北方方言群就有山东方言、京洛方言(秦音)、长安方言、西北方言等等。但这种方言,大都只有一个名称,而不能知道它们的内容了。

值得提出的是中古的吴方言和以京洛为中心的西北方音。反映中古吴言的语音特点的资料有:1.《尔雅》、《方言》郭璞注中的吴方言音注;2.原本《玉篇》残卷;3.《经典释文》反切;4.慧琳《一切经音义》吴语注;5.日本吴音;等等。反映西北方音面貌的有:1.慧琳《一切经音义》反切;2.汉藏对音《千字文》残卷;3.藏文译音《金刚经》残卷;4.藏文译音《阿弥陀经》残卷;5.汉藏对音《大乘中宗见解》残卷;6.注音本《开蒙要训》;7.日本汉音;等等。

对于上述材料,至今还没有系统的整理过,更谈不上比较研究。近人黄淬伯著《慧琳一切经音义反切考》、罗常培著《唐五代西北方音》还只是一个开端,可惜没有人深入下去。但可以肯定的说,这两方言是具有各异的特点的。今仅就日本的两种汉字借音的声母方面,简单作一比较,就可以看出两方音的一些特点。日本吴音是在公元六世纪以前由日人金礼信借自江浙一带的方音而成名的;日本汉音则是在公元七八世纪时由日人表信公借自西北长安一带方音而成的。这两种音在声母上的不同特色表现在清浊上。许多“吴音”中的浊音字,在“汉音”中却清化了,如:

例　字	茶	祈	座	迟	示	婆
日本吴音	de	ge	za	ȡʑi	ȡʑi	ba
日本汉音	ta	ki	sa	tɕi	ɕi	ha
《切韵》音	ȡa	gıɑi	dzwɒ	ȡzei	ȡıĕi	bwɒ

这种例子很多,但另外在汉音中却又将鼻音声母读成浊音:

例　　字	马	美	男	泥	耳
日本吴音	ma	mi	nan	nai	ni
日本汉音	ba	bi	dan	dei	dʑi
《切韵》音	ma	miěi	nɒm	nɛi	ȵʑi

现代山西文水方言中将上述诸字读成 mb 或 nd 的，可能唐代的西北方音也有近似这类音的声母，鼻音加重摩擦。然而，比较起来，浊音清化规律在北方话中起着一定影响，因而，它有许多浊音字已开始清化。这在《大乘中宗见解》的汉藏对音中可以得到证明，它的大部分全浊字都变成了次清①。

中古汉语的方音，虽然不易做到全面的具体的说明。但由于经济、政治的发展，文化也大大繁荣昌盛了。作为文学语言的《切韵》系统越来越产生了巨大的影响。

经过三四百年战争的古中国社会，是遍体鳞伤了。隋的统一使祖国结束了南北长期割裂的局面，政治上的统一，随之而起的是经济和文化的繁荣。这就在客观上对统一的文学语言提出了迫切的要求。经过了六朝李登、吕静等人无数次的实验，到了隋文帝仁寿元年，即公元 601 年，一个新的文学语言的语音系统终于建立，并且为陆法言总结在《切韵》一书里了。

《切韵》一名本来就是反切的意思，六朝韵书多以此命名，陆法言不过是作了继承前人研究的成果罢了。他自己在《切韵序》中说：

> 昔开皇初，有刘仪同臻、颜外史之推、卢武阳思道、李常侍若、萧国子该、辛咨议德源、薛吏部道衡、魏著作彦渊等八人，同诣法言门宿。夜永酒阑，论及音韵。以古今声调，既自有

① 参罗常培《唐五代西北方音》。

别，诸家取舍，亦复不同。……欲广文路，自可清浊皆通，若赏知音，即须轻重有异。吕静《韵集》、夏侯咏《韵略》、阳休之《韵略》、李季节《音谱》、杜台卿《韵略》等，各有乖互。江东取韵，与河北复殊。因论南北是非，古今通塞，欲更捃选精切，除削疏缓。颜外史、萧国子多所决定。魏著作谓法言曰："向来论难，疑处悉尽，何为不随口记之，我辈数人，定则定矣。"法言即烛下握笔，略记纲纪。后博问英辩，殆得精华。……遂取诸家韵书，古今字书，以前所记者，定之为《切韵》五卷。剖析毫厘，分别黍累。……非是小子专辄，乃述群贤遗意。

可以这样说，关于陆法言写《切韵》的经过，以及《切韵》的性质，都在序文中说得很清楚了。《切韵》这本书，乃是萧、颜等八人集体讨论，总结了中古音韵，而法言执笔而成的。这本书接受了六朝韵书过于拘在于方音的失败教训，另辟蹊径，根据"因论南北是非，古今通塞，欲更捃选精切，除削疏缓"的原则，建立了新的文学语言的语音系统。这个语音系统，是古代传下来的读书音的基础上，参酌南北古今之音，厘订而成。可以说，这是个大杂脍。所以，后来人说"此制酌古沿今，无以加也"[①]。

这个语音系统一产生，立即得到社会的良好反映。一般文人学士，莫不乐于用之。而一待科举兴起，政治阶级更把《切韵》当作作诗属文的韵典。它的影响之大，在整个上层社会，是很难估计的。孙愐在《唐韵序》中说："惟陆生《切韵》，盛行于世。"王仁煦更说："陆法言《切韵》，时俗共重，以为典规。"[②]而当时修订《切韵》的著作，多得也难以统计。仅主要著作就有：王仁煦的《刊谬补缺切韵》、孙愐的《唐韵》、李舟的《切韵》、陈彭年等的《广韵》等。可见它

① 见长孙纳言《切韵笺注》序。
② 语见《刊谬补缺切韵》序。

的影响之大。

这个语音系统，又是我国历史上保存下来的第一个完整的系统。它在音韵史上有着特殊的意义。它记录下了中古一个最普遍流行的读书音系统，使我们对当时的语音有一个比较全面的认识。而且，更重要的是，它还成了我们了解上古语音和近代方音的枢纽。这许多音韵现象都可以在《切韵》系统中找到影子。例如，《切韵》中有支、脂、之三韵，中古后期，这三韵在口语中显然是混同了。这是保留了上古音的痕迹。上古韵中这三部分得是很清楚的。又如，由于《切韵》概括面广，“因论南北是非”，很多中古方音的特点它多吸收了。这样，现代方言中很多特点也就很自然地可以从中去找到根源。所以，《切韵》系统对于方言音调查确是十分重要的。

尽管《切韵》对于音韵研究是如此的重要，但它毕竟不是一个有机的统一的语音系统。它不能反映当时的口语实际的读音。而只是一个方音古音的大杂脍。它脱离口语，而且这中间的距离随着时代的发展必然越来越大。

它一面越发展，就在系统上越细密；一面却越脱离活的口话，越趋僵尸化。从《切韵》发展到《广韵》，这种矛盾已在《广韵》中表现很尖锐了。这个系统，虽然不断的加以修补，但终究逃不出它的死亡。

而当时的社会，由于政治、经济的中心比较长期的稳定在北方，北方话的势力就逐渐扩大。当时的“平话”“语录”，当然是语体的北方话作品，就是在诗词里，也经常采用北方话。这北方话的中心点自然是京城汴梁、洛阳一带的中原音。宋人陈鹄说：“乡音是处不同，惟京师六朝得其正。”陆游也说：“中原惟洛阳得天地之中，语音最正。”[①]可见，代替《切韵》音而起的，以北方方音为基础的新

① 陈鹄、陆游皆南宋人，陈之语见所著《西塘集耆旧续闻》卷七，陆语引自《老学庵笔记》。

的文学语言语音系统已在宋代开始萌芽，方言正向北方话集中。这个发展，由于十二世纪的社会大动乱，辽金的入侵，而受到了很大的影响。这个发展没有到成熟，就被迫中止了。

二、中古声母的发展

（一）《切韵》的声类

《切韵》的声母系统是怎样的？有几个声母？它们的音值又是如何？《切韵》这本著作和其他现存文献都没有直接告诉我们。答案要我们自己去求。那么，怎么个求法呢？难道就是同求上古音的一个办法？显然，这一条路是行不通的。求上古声母的主要靠形声偏旁。但这到了中古，就完全失去引用的价值。形声偏旁虽不能用，但我们在论上古声母时，就用到了中古的声母系统——36字母，这倒是认识中古声类的一把钥匙。那么，这字母是什么玩意儿，它又是如何产生的呢？

我们知道，汉语语音音节的构造分声、韵、调三个部分。由于韵和调的特性在语言中表现得比较明显，所以，人们最先对它们有所认识和分析。古代人作诗，都知道音要和谐。在这个基础上，也由于梵文拼音字母的影响，把音节分为上下两部分的拼音法——反切就产生了。这样，人们不仅感到韵的存在，同时也初步意识到了声——反切上字的存在。再进一步，人们更自觉运用了同反切上字的双声关系。把许多双声字归类，结果就可得出若干不同的类。这些类实际上就是当时的声类。元本《玉篇》卷首载有无名氏的《切字要法》，有30对双声字（其中29、30四字无文）：

一因烟　二人然　三新鲜　四饧涎　五迎妍

六零连　七清千　八宾边　九经坚　十神禅

十一秦前　十二宁年　十三寅延　十四真毡

十五娉偏　十六亭田　十七陈缠　十八平便

十九擎虔　二十轻牵　二十一称燀　二十二丁颠

二十三兴掀　二十四汀天　二十五精笺　二十六民眠

二十七声羶　二十八刑贤

这就是前人给我们归纳出来的隋以前的声母系统。

到了唐代，由于藏文三十字母、梵文三十三体文及一声势的影响，于是就在双声字的基础上，正式创立了汉字式的声母符号——字母。今传唐末“南梁汉比丘守温”的三十字母就是这样产生的[①]：

唇音　不芳並明

舌音　端透定泥是舌头音　知彻澄日是舌上音

牙音　见溪群来疑等字是也

齿音　精清从是齿头音　审穿禅照是正齿音

喉音　心邪晓是喉中音清　匣喻影也是喉中音浊

这30字母同《切字要法》比较起来，大致是相当的。只是除了《切字要法》28类之外，又加上了知、彻，同澄（即陈缠）配成一系。这在一方面体现了对汉语语音作了精细的分析，符合了当时语音的实际；另

---

① 见《敦煌韵学残卷》（刘复辑《敦煌掇琐》第三辑）。另外，伦敦博物馆所藏有同30字母同时代的敦煌唐写本《归三十字母例》。它不仅抄录了字母，而且也附上了双声字。从这里，可以看到字母与双声字的继承关系。我们把这归30字母转录在这里，供大家参考：

端丁当颠战　精煎将尖津　知张衷贞珍　透汀汤天添　清千枪佥亲

彻伥仲柽缜　定亭唐田甜　从前墙瞀秦　澄长虫呈陈　泥宁囊年拈

喻延羊盐寅　来良隆冷邻　审昇伤申深　见今京犍居　不边逋宾夫

穿称昌嗔觍　磎钦卿褰祛　芳偏铺缤敷　禅乘常神谌　群琴擎蹇渠

并便蒲频苻　日仍禳感任　疑吟迎言敏　明绵模民无　心修相星宣

晓馨呼欢祆　邪囚祥饧旋　匣形胡桓贤

唯原文文字讹误颇多，如战作故，衷作象，贞作负，天作光等等，今据字形及声经韵释之例校改如上。

一方面，也是由于梵文字母的影响。梵文字母中有 ṭa、ṭ‘a、ḍa 一系（此为罗马字注音，字母下一点表示卷舌音），而《切字要法》中只有“陈缠”可与 ḍa 相对应，于是，三十字母中，就另创了知彻二母与 ṭa、ṭ‘a 相对应。

三十字母代表了隋唐间的声母系统。随着时代的发展，三十字母到了宋代就被人们修订为三十六字母。这就是①：

重唇音	帮滂並明	**轻唇音**	非敷奉微
舌头音	端透定泥	**舌上音**	知彻澄娘
牙音	见溪群疑		
齿头音	精清从心邪	**正齿音**	照穿床审禅
喉音	影晓匣喻		
半舌音	来	**半齿音**	日

同三十字母相比，它多出来了非敷奉微床娘六母。这是中古声母发展的结果。守温三十字母中的唇音不分轻重，所以帮滂並明、非敷奉微只有不芳並明一套，只读重唇，宋以后，非系的字就从帮系中分化出来，比原来多了四母。另外，守温时代泥、娘不分，床、禅不分，比三十六字母，又少了二母。

中古声母由隋唐到两宋的发展，以后我们要详细谈到，现在我们要回过来追问一下：这三十字母既代表了隋唐音，那么，它是否就是《切韵》的声类系统呢？

为了回答这个问题，清代音韵学家陈澧②给我们找到了一个可靠的方法：反切系联法。他的方法的基础是根据《广韵》的反切上字以双声关系归类，他把这种方法具体规定如下：

切语上字与所切之字为双声，则切语上字同用者、互用

① 最早见于郑樵《通志·艺文略》。

② 陈澧，字兰甫（1810—1882），广东番禺人。著有《切韵考》内外篇，创反切系联法，归《广韵》声类为 40，韵类为 311。

者、递用者，声必同类也。同用者如：冬——都宗切，当——都郎切，同用都字也；互用者如：当——都郎切，都——当孤切，都当二字互用也；递用者如：冬——都宗切，都——当孤切，冬字用都字，都字用当字也。

《广韵》同音之字不分两切语，此必陆氏旧例也。其两切语下字同类者则上字必不同类。如：红——户公切，烘——呼东切，公东韵同类，则户呼声不同类。今分析切语上字不同类者，据此定之也。

切语上字既系联为同类矣，然有实同类而不能系联者，以其切语上字两两互用故也。如：多、得、都、当四字，声本同类；多——得何切，得——多则切，都——当孤切，当——都郎切，多与得、当与都两两互用，遂不能四字系联矣。今考《广韵》，一字两音者互注切语，其同一音之两切语上二字，声必同类。如一东：冻——德红切，又都贡切；一送：冻——多贡切。都贡、多贡同一音，则都多二字实同一类也。今于切语上字不系联而实同类者，据此以定之。

这三条，第一条是基本定例，第二条、第三条则是补充定例。它们至今看来，还是具有科学的价值。但是，陈澧虽然提出了这些定例，由于他并没有彻底地遵守这些定例，尤其是基本定例，而拘泥于方音，所以，他并没有得到科学的结论。

近代学者如曾运乾等人根据上述原则继续了这个工作，作出了比较科学的结论，即把所有的反切上字系联为 51 类。这里，我们把这 51 声类切语移录在下面（类名取出现最多的字，右下旁数目字代表出现次数）[①]：

① 参见曾运乾《切韵五声五十一纽考》（文载《东北大学季刊》第一期）及陆志韦《证广韵五十一声类》（文载《燕京学报》第 25 期），本书采后一篇结论。

古类(见乙)

古$_{136}$ 公$_{3}$ 过$_{1}$ 各$_{1}$ 格$_{1}$ 兼$_{1}$ 姑$_{1}$ 佳$_{1}$ 诡$_{1}$ 乖$_{1}$

居类(见甲)

居$_{79}$ 举$_{7}$ 九$_{6}$ 俱$_{4}$ 纪$_{3}$ 几$_{2}$ 规$_{1}$ 吉$_{1}$

苦类(溪乙)

苦$_{86}$ 口$_{13}$ 康$_{4}$ 枯$_{3}$ 空$_{2}$ 恪$_{2}$ 牵$_{1}$ 谦$_{1}$ 楷$_{1}$ 客$_{1}$ 可$_{1}$

去类(溪甲)

去$_{42}$ 丘$_{37}$ 区$_{4}$ 墟$_{3}$ 起$_{3}$ 驱$_{2}$ 羌$_{2}$ 绮$_{2}$ 钦$_{1}$ 倾$_{1}$ 窥$_{1}$ 诘$_{1}$ 祛$_{1}$ 岂$_{1}$ 曲$_{1}$ 卿$_{1}$ 弃$_{1}$ 乞$_{1}$

渠类(群)

渠$_{36}$ 其$_{24}$ 巨$_{24}$ 求$_{7}$ 奇$_{2}$ 暨$_{2}$ 臼$_{1}$ 衢$_{1}$ 强$_{1}$ 具$_{1}$ 跪$_{1}$ 狂$_{1}$

五类(疑乙)

五$_{82}$ 吾$_{4}$ 研$_{2}$ 俄$_{1}$

鱼类(疑甲)

鱼$_{40}$ 语$_{14}$ 牛$_{10}$ 宜$_{4}$ 虞$_{2}$ 愚$_{1}$ 遇$_{1}$ 疑$_{1}$ 拟$_{1}$ 危$_{1}$

呼类(晓乙)

呼$_{70}$ 火$_{16}$ 荒$_{4}$ 虎$_{4}$ 海$_{1}$ 呵$_{1}$ 馨$_{1}$ 花$_{1}$

许类(晓甲)

许$_{73}$ 虚$_{16}$ 香$_{9}$ 况$_{7}$ 兴$_{2}$ 休$_{2}$ 喜$_{2}$ 朽$_{1}$ 羲$_{1}$

胡类(匣)

胡$_{90}$ 户$_{32}$ 下$_{14}$ 侯$_{6}$ 何$_{2}$ 黄$_{2}$ 乎$_{2}$ 获$_{1}$ 怀$_{1}$

乌类(影乙)

乌$_{82}$ 安$_{3}$ 烟$_{1}$ 鹥$_{1}$ 爱$_{1}$ 哀$_{1}$ 握$_{1}$

於类(影甲)

於$_{110}$ 乙$_{8}$ 一$_{3}$ 衣$_{3}$ 伊$_{3}$ 央$_{2}$ 纡$_{2}$ 忆$_{1}$ 依$_{1}$ 忧$_{1}$ 谒$_{1}$ 挹$_{1}$ 委$_{1}$

以类(喻乙)

以$_{24}$　羊$_{14}$　余$_{12}$　餘$_{8}$　与$_{7}$　弋$_{3}$　夷$_{2}$　予$_{1}$　翼$_{1}$　营$_{1}$　移$_{1}$　悦$_{1}$

于类(喻三等或当作匣甲)

于$_{20}$　王$_{8}$　雨$_{4}$　为$_{3}$　羽$_{3}$　云$_{2}$　永$_{1}$　有$_{1}$　雲$_{1}$　筠$_{1}$　薳$_{1}$　韦$_{1}$　洧$_{1}$　荣$_{1}$

陟类(知)

陟$_{41}$　竹$_{13}$　知$_{9}$　张$_{8}$　中$_{2}$　猪$_{2}$　徵$_{1}$　追$_{1}$　卓$_{1}$　珍$_{1}$

丑类(彻)

丑$_{67}$　敕$_{9}$　耻$_{1}$　痴$_{1}$　楮$_{1}$　褚$_{1}$　抽$_{1}$

直类(澄)

直$_{55}$　除$_{7}$　丈$_{5}$　宅$_{4}$　持$_{3}$　柱$_{3}$　池$_{1}$　迟$_{1}$　治$_{1}$　场$_{1}$　伫$_{1}$　驰$_{1}$　坠$_{1}$

侧类(照二等)

侧$_{36}$　庄$_{7}$　阻$_{6}$　邹$_{1}$　簪$_{1}$　仄$_{1}$　争$_{1}$

之类(照三等)

之$_{29}$　职$_{12}$　章$_{12}$　诸$_{7}$　旨$_{4}$　止$_{3}$　脂$_{1}$　征$_{1}$　正$_{1}$　占$_{1}$　支$_{1}$　煮$_{1}$

初类(穿二等)

初$_{29}$　楚$_{23}$　测$_{3}$　叉$_{2}$　刍$_{1}$　厕$_{1}$　则$_{1}$　疮$_{1}$

昌类(穿三等)

昌$_{29}$　尺$_{16}$　充$_{7}$　赤$_{3}$　处$_{3}$　叱$_{2}$

士类(床二等)

士$_{33}$　仕$_{9}$　锄$_{7}$　鉏$_{5}$　床$_{3}$　查$_{2}$　雏$_{2}$　助$_{1}$　豺$_{1}$　崇$_{1}$　崱$_{1}$　俟$_{1}$

食类(床三等)

食$_{11}$　神$_{6}$　实$_{1}$　乘$_{1}$

所类(审二等)

所$_{45}$　山$_{14}$　疎$_{6}$　色$_{5}$　数$_{3}$　砂$_{2}$　沙$_{1}$　疏$_{1}$　生$_{1}$　史$_{1}$

式类(审三等)

式$_{23}$　书$_{10}$　失$_{6}$　舒$_{6}$　施$_{3}$　伤$_{2}$　识$_{2}$　赏$_{2}$　诗$_{2}$　始$_{1}$　试$_{1}$　矢$_{1}$　释$_{1}$　商$_{1}$

时类(禅)

时$_{15}$　常$_{11}$　市$_{11}$　是$_{6}$　承$_{5}$　视$_{3}$　暑$_{2}$　氏$_{1}$　殊$_{2}$　寔$_{1}$　臣$_{1}$　殖$_{1}$　尝$_{1}$　蜀$_{1}$　成$_{1}$

而类(日)

而$_{23}$　如$_{17}$　人$_{16}$　汝$_{4}$　仍$_{1}$　儿$_{1}$　耳$_{1}$　儒$_{1}$

奴类(泥)

奴$_{54}$　乃$_{16}$　那$_{3}$　诺$_{2}$　内$_{2}$　妳$_{1}$

女类(娘)

女$_{35}$　尼$_{9}$　拏$_{1}$　秾$_{1}$

卢类(来乙)

卢$_{26}$　郎$_{16}$　落$_{10}$　鲁$_{9}$　来$_{3}$　洛$_{3}$　勒$_{2}$　赖$_{1}$　练$_{1}$

力类(来甲)

力$_{57}$　良$_{13}$　吕$_{7}$　里$_{2}$　林$_{1}$　离$_{1}$　连$_{1}$　缕$_{1}$

都类(端)

都$_{37}$　丁$_{23}$　多$_{11}$　当$_{9}$　得$_{2}$　德$_{2}$　冬$_{1}$

他类(透)

他$_{54}$　吐$_{10}$　土$_{6}$　託$_{2}$　汤$_{2}$　天$_{1}$　通$_{1}$　台$_{1}$

徒类(定)

徒$_{64}$　杜$_{4}$　特$_{2}$　度$_{2}$　唐$_{2}$　同$_{1}$　陀$_{1}$　堂$_{1}$　田$_{1}$

作类(精乙)

作$_{15}$　则$_{12}$　祖$_{5}$　臧$_{4}$　借$_{1}$

子类（精甲）

子$_{62}$　即$_{16}$　将$_{7}$　姊$_{3}$　资$_{3}$　遵$_{2}$　兹$_{2}$　醉$_{1}$　銼$_{1}$

仓类（清乙）

仓$_{23}$　千$_{11}$　苍$_{3}$　麤$_{2}$　采$_{2}$　青$_{1}$　麁$_{1}$

七类（清甲）

七$_{62}$　此$_{4}$　亲$_{2}$　醋$_{2}$　迁$_{1}$　取$_{1}$　雌$_{1}$

昨类（从乙）

昨$_{27}$　徂$_{19}$　才$_{12}$　在$_{10}$　藏$_{4}$　前$_{1}$

疾类（从甲）

疾$_{16}$　慈$_{9}$　秦$_{5}$　自$_{1}$　匠$_{1}$　渐$_{1}$　情$_{1}$

苏类（心乙）

苏$_{41}$　先$_{13}$　桑$_{5}$　素$_{4}$　速$_{1}$

息类（心甲）

息$_{31}$　相$_{11}$　私$_{8}$　思$_{7}$　斯$_{3}$　胥$_{1}$　虽$_{1}$　辛$_{1}$　须$_{1}$　写$_{1}$　悉$_{1}$　司$_{1}$

徐类（邪）

徐$_{11}$　似$_{11}$　祥$_{4}$　辞$_{3}$　详$_{2}$　寺$_{1}$　辝$_{1}$　随$_{1}$　旬$_{1}$　夕$_{1}$

博类（帮乙）

博$_{23}$　北$_{11}$　布$_{9}$　补$_{7}$　边$_{2}$　伯$_{1}$　百$_{1}$　巴$_{1}$

方类（帮照甲）

方$_{32}$　甫$_{12}$　府$_{12}$　必$_{7}$　彼$_{6}$　卑$_{4}$　兵$_{2}$　陂$_{2}$　并$_{2}$　分$_{2}$　笔$_{2}$　畀$_{1}$　鄙$_{1}$　封$_{1}$　晡$_{1}$

普类（滂乙）

普$_{37}$　匹$_{32}$　滂$_{4}$　譬$_{1}$

芳类（滂敷甲）

芳$_{15}$　敷$_{12}$　抚$_{4}$　孚$_{4}$　披$_{3}$　丕$_{1}$　妃$_{1}$　峰$_{1}$　拂$_{1}$

蒲类(並乙)

蒲$_{30}$ 薄$_{22}$ 傍$_{5}$ 步$_{4}$ 部$_{2}$ 白$_{2}$ 裴$_{1}$ 捕$_{1}$

符类(並奉甲)

符$_{23}$ 扶$_{13}$ 房$_{11}$ 皮$_{7}$ 毗$_{7}$ 防$_{4}$ 平$_{3}$ 婢$_{1}$ 便$_{1}$ 附$_{1}$ 缚$_{1}$ 浮$_{1}$ 冯$_{1}$ 父$_{1}$ 弼$_{1}$ 苻$_{1}$

莫类(明乙)

莫$_{65}$ 模$_{3}$ 谟$_{2}$ 慕$_{1}$ 母$_{1}$

武类(明微甲)

武$_{24}$ 亡$_{13}$ 弥$_{11}$ 無$_{7}$ 文$_{4}$ 眉$_{3}$ 靡$_{2}$ 明$_{2}$ 美$_{1}$ 绵$_{1}$ 巫$_{1}$ 望$_{1}$

弄清了《切韵》系统的声类，回头再同字母比较一下，从中可以看出 51 声类和它同时的《切字要法》以及稍后于它的守温字母相差相当悬殊，这是什么道理呢？其间关系又是怎样？

我们知道，声类也好，字母也好，它们都是隋唐音的声母归类。所以，原则上说来，它们两者是一致的，都代表了当时的语音的声母系统。但实际上，它们之间却产生了 51 声类与三十字母的参差情况：

字母	声类代表字
不(帮)	博、方
芳(滂)	普、芳
並	蒲、符
明	莫、武
端	都
透	他
定	徒
泥	奴、女
知	陟
彻	丑

澄	直
精	作、子
清	仓、七
从	昨、疾
心	苏、息
邪	徐
照	侧、之
穿	初、昌
禅(床)	士、食、时
审	所、式
见	古、居
溪	苦、去
群	渠
疑	五、鱼
影	乌、於
晓	呼、许
匣	胡、于
喻	以
来	卢、力
日	而

这种参差的情况的产生，主要因为下列一些原因所造成的，这就是：

1. 有些声类代表字有两类，字母只一个。如见之对古居，溪之对苦去，疑之对五鱼，精之对作子，清之对仓七，从之对昨疾，心之对苏息，影之对乌於，晓之对呼许，等等。这些声类的分化，在实际反切系统中，分得都不是有明显差别的。其中存在着混乱的情况；它们在等韵图中的位置，前者在一、二、四等，后者在三等，刚好是互补的关系，可见，它们的区分，除了一些在音的洪细差别外，并无很大的不同。这样，字母家们不把它们对立起来，或者并没发展其中的差别，而把古居合为见母，苦去合为溪母等等。

2．还有一些一对二的关系：如帮之对博方，滂之对普芳，並之对蒲符，明之对莫武，泥之对奴女等，它们的差别同第一种情况一样。必需指出的是，帮系中分化出轻唇音非系，泥也分化出娘，但这种分化与上述声类代表字的分两类，没有必然关系。

3．留下来的照系也是一对二的关系。这种关系就根本不同于前者了。不但韵图中明显地指示了它们一在二等、一在三等，而且，它们的反切系联的界限是清清楚楚的。于是，我们可以推想，它们一定是不同的声母。但字母家何以未加以区划呢？显然，在隋唐时代，无论从审音精确上、音理上，以及其他等等，就决定了那时语音学的粗疏性。因此，相近的音，比如照二和照三组就混而为一了。这一系中，其中禅母是一对三的关系。那是因为禅母包括了后来36字母中的禅床二母的缘故。这三个声母，大概也是很近似的，所以守温没有加以区分出来。

4．最后，还有一个喻匣由混而分的历史过程。《切韵》中喻三等（于）是不在喻母中，而是在匣母的三等中的。这样，匣母一二三四等就俱全了。而胡于两类的区分，同上述第一种情况一样，是音的洪细的不同。到了守温时代，匣母中的三等，即于类就分化出来，同喻四合流了。

大致说来，字母和声类的关系，其间的参差情况就是这样。而《切韵》时代的声母系统，根据上述分析，应当有51类，而其中喉牙唇音（帮系、见系、晓系等的16母32类）乃是音的洪细差别，音位上无须分开，而其中正齿音照系四母中，实际上却确实有9个音位，所以，《切韵》系统的声母实实在在的应该有35个。51－16＝35或30＋5＝35。

(二)《切韵》声类的音值

《切韵》的声类诚如上述。但这些类的具体音值又是什么呢?要知道这个问题的大门,首先必须研究当时的描写语音学。我们在第一章里已经指出过,自唐以后,有许多描写语音学家们对于《切韵》及当时实际语音作了相当精细的描写和分析,这是我国语音学史上大放异采一颗珍珠,而今天对我们说来,更是探索中古语音的一把钥匙。特别重要的是,等韵学不仅详尽的分析了韵和调,同时也分析了声,它给我们留下了一分用比较科学的方法分析中古声母的实录,给我们指出了声类及其性质,为中古声母的构拟工作创造了极为有利的条件。

那么,就让我们走进等韵学这大门里去罢!

首先,等韵家们所有的语音分成四等,而分等的主要依据是音的洪细,所谓"一等洪大,二等次大,三四皆细,而四尤细"①者就是。具体说来,它们之间的差别是由介音和主元音引起的,洪音、大音没有 i 介音,细音有 i 介音。(但等韵图中的所谓四等,实在是宋元以后的语音情况,隋唐间的语音,分等情况与其大有参差,详第三章。)这个不同,也使声母分成两套,而有音色上的大小洪细之别。这就是形成上节所说的字母、声类、声母实际数的参差情况的根本原因。等韵家分析声母的洪细,并没有将字母分成两套,而是将字母置在一定的等列中。这是一个相当精巧的方法。我们仿照等韵图,把《切韵》的声类、字母在韵图里的位置也制成了这样的一张表:

---

① 江永《音学辨微·释等呼》。

《切韵》等韵表

一等	帮滂並明 博普蒲莫	端透定泥 都他徒奴	见溪　疑 古苦　五	精清从心 作仓昨苏	影晓匣 乌呼胡	来 卢
二等	帮滂並明 博普蒲莫	知彻澄泥 陟丑直女	见溪　疑 古苦　五	照穿床审 侧初士所	影晓匣 乌呼胡	来 卢
三等	帮滂並明 方芳符武	知彻澄泥 陟丑直女	见溪群疑 居去渠鱼	照穿床审禅 之昌食式时 精清从心 子七疾息	影晓匣 於许于	来日 力而
四等	帮滂並明 博普蒲莫	端透定泥 都他徒奴	见溪　疑 古苦　五	精清从心邪 作仓昨苏徐	影晓匣喻 乌呼胡以	来 卢

附注：少数例外，如群母在四等也有少量的字，今不列。喉牙唇音16母32类等列界限并不很严。例如，子七疾息在三等出现，但也在一四等出现。

从这张表中，我们又补充了声类与字母的关系。

其次，等韵家还分析了声类的性质，它们的发音部位和发音方法，只不过前人在确定这些范畴的概念时，使用了纷繁的术语。本书选用了一般的大家普通应用的两类概念，即七音及五类。七音确定了《切韵》声母的发音部位：

唇音：重唇音（即今之双唇音）帮滂並明

轻唇音（即唐以后的非组，今之唇齿音）

舌音：舌头音（即今之舌尖塞音）端透定泥

舌上音（即今之舌面塞音）知彻澄

齿音：齿头音（即今之舌尖塞擦与擦音）精清从心邪

正齿音（即今之舌叶及舌面前的塞擦音）照穿床审禅

牙音（即今之舌根音）：见溪群疑

喉音（即今之喉音）：影晓匣喻

半舌（舌尖边音）：来

半齿（性质不明，或为鼻音加重擦势）：日这种名称，在最早的三十字母中就有了，但分析有很多错误。后来的三十六字母和早期等韵书如《韵镜》《七音略》等中才逐渐趋于完善。上面括弧里的现代语音学术语简释，是根据许多现代学者的研究，而归纳出来的，其间颇有未定的结论，如舌音中的知彻澄、齿音中的照系、喉音中的晓匣、半齿音的日，等等。（参后订音根据）

在发音方法上的分析研究，方以智在《通雅》里首先创立了“初发声”“送气声”“忍收声”三类发音方法不同的声母类别。以后，劳乃宣在《等韵一得》里，重新提出了新的概念，分声母为戛透轹捺四类。他的朋友邵作舟更从轹类中析出拂类独立，而成五类。这就成了我国分析声母发音方法的传统术语。传统分类同现代语音学的分类的关系大致是这样的：

<table>
<tr><th colspan="2" rowspan="3">现代语音学分类</th><th colspan="2">塞　音</th><th rowspan="3">擦　音</th><th rowspan="3">边音</th><th rowspan="3">鼻音</th><th rowspan="3">半元音</th></tr>
<tr><th colspan="2">塞擦音</th></tr>
<tr><th>不送气</th><th>送　气</th></tr>
<tr><td colspan="2" rowspan="2">字母分类</td><td>帮端知见
並定影澄群</td><td>滂透彻溪</td><td rowspan="2">晓心审
匣邪禅</td><td rowspan="2">来</td><td rowspan="2">日明
泥疑</td><td rowspan="2">喻</td></tr>
<tr><td>精　照
从　床</td><td>清　穿</td></tr>
<tr><td rowspan="3">传统分类</td><td>邵作舟</td><td>戛　类</td><td>透类</td><td>拂类</td><td>轹类</td><td colspan="2">揉　类</td></tr>
<tr><td>劳乃宣</td><td>戛　类</td><td>透类</td><td colspan="2">轹类</td><td colspan="2">捺类</td></tr>
<tr><td>方以智</td><td>初发声</td><td colspan="2">送　气　声</td><td colspan="3">忍　收　声</td></tr>
</table>

等韵家们在分析声母时，还根据了声母的带音程度将声母分成全清、次清、全浊、次浊四类，全清就是指不送气的清音，次清是指送气清音，全浊是指浊塞或塞擦音，次浊则是指流音（边音、鼻音等）。而中古声母清浊的情况是这样：

中古声母清浊表

清浊	字母								
全清	帮	端	知	精	照	见	影	心	审
次清	滂	透	彻	清	穿	溪	晓		
全浊	並	定	澄	从	床	群	匣	邪	禅
次浊	明	泥				疑	喻	来	日

根据这样的对《切韵》声类的解剖分析，判断了它们各自的发音部位和发音方法，判断了它们的特点，并根据现代方音和外国译音（如梵、日、朝鲜、安南等译音），我们对于《切韵》的声母系统就可作一个拟构。为了说明的方便起见，我们把拟构结果综合成一表，先列出来，然后作具体说明。

《切韵》声母的性质以及它们的音值：

《切韵》声母音值表

部位 \ 音值 \ 方法	戛类		透类	揉类	拂类		轹类
清浊	全清	全浊	次清	次浊	全清	全浊	次清
唇音	帮 p	並 b	滂 p‘	明 m			
舌头音	端 t	定 d	透 t‘	泥 n			
舌上音	知 ȶ	澄 ȡ	彻 ȶ‘				
齿头音	精 ts	从 dz	清 ts‘		心 s	邪 z	
正齿音	照$_2$ tʃ	床$_2$ dʒ	穿$_2$ tʃ‘		审$_2$ ʃ		
正齿音	照$_3$ tɕ	床$_3$ dʑ	穿$_3$ tɕ‘		审$_3$ ɕ	禅 ʑ	
牙音	见 k	群 g	溪 k‘	疑 n			
喉音	影 ○			喻$_{四}$ j	晓 x	匣 ɣ	
半舌音							来 l
半齿音				日 ȵʑ			

关于上述结论，我们可以作如下几点补充说明：

1. p、p‘、b、m

字母	声类代表字	音值
帮	博、方	p、p^w
滂	普、芳	p‘、p^{w}‘
並	蒲、符	b、p^w
明	莫、武	m、m^w

这里的“博”“方”两组，实为一组声母。并不能理解为轻唇音和重唇音的区别。理由在以前已说过，今再撮要列举几点如下：

（1）反切上字这两套没有绝对的界限；

（2）两组在等韵图的位置不同，一在一二四等，一在三等，就等韵原理看，显然是因为音的洪细的关系。所以“博”为洪音，不与 i 相拼。而方组则是与 i 结合的细音。

（3）守温以前唇音字只一套，守温字母“不芳並明”把轻重唇混举，可见直到唐末，唇音还只有一组。

帮系这一系字的音值根据现代方音和一般语音学原理，可以拟成双唇音[p][p‘][b][m]，语音学理论告诉我们，属于唇音的只有两套，一是双唇音，另一是唇齿音。又据现代吴语，《切韵》中的帮系字，有读如双唇（“包，[pɔ]”；步，[bu]），有读如唇齿（方，[fĩõ]；符，[vu]）。但在闽语中，吴语中的一些轻唇字还是读双唇音 p、p‘或喉音 h（还有一些读零声母，如明母字中的武亡文等）。所以，我们可以推断吴语的 v、f 是由双唇音变来的：

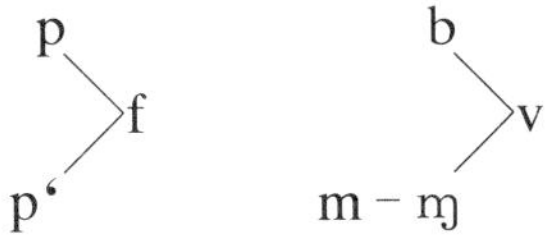

因此，中古帮系的音值应该是双唇音 p、p‘、m、f。

还必须指出，唇音字因为异化作用的缘故，它不可有合口字。唇音字的合口 w 介音，很容易被唇音“吃”掉了。所以，《切韵》中帮系的开合混乱不清。而且，三四等重韵中的唇音字重出，就反切上字看，也有分两组的趋势。因此，我们不免提出唇音有两组的可能，即一组是平唇唇音，一组是撮口唇音。前者是 p，后者是 p^w，p^w 为洪，占一等及三四等重韵中的洪音（与 ɪ 相拼的三等）；p 为一般唇音，占纯四等以及三四等重韵中的细音（与 i 相拼的四等），其他四等是 p，二等 p、p^w 交错处。所以，我们就不难明了一二三等韵唇音反切之所以相混的原因了。《切韵》中的 p^w 都由异化作用而变成 $pw>p^w$，成带撮口势的开口音了。同时，我们也解决了三四等合韵中唇音重出的根由了。[①]

2. t、t‘、d、ts、ts‘、dz、s、z

字母	声类代表字	音值
端	都	t
透	他	t‘
定	徒	d
精	作、子	ts
清	仓、七	ts‘
从	昨、疾	dz
心	苏、息	s
邪	徐	z

端系，字母家称之为舌头音。它们在很多方言，特别是吴方言中，都读作舌尖前塞音，日本吴音和朝鲜音也大致如此。因此，我们就把它们订为 t、t‘、d。

---

① 参王静如《论开合口》，文载《燕京学报》第 29 期。

至于精系，声母代表字分两套，道理跟唇音一样。等韵书上说它们是齿头音。现代方言基本上分两种念法，一读舌尖前塞擦音，一读舌面前的塞擦音。但是，从汉语语音发展的历史看，这两种读音有这样的继承关系：ts＋i＞tɕ。吴语内部的语言分歧明显地表现在这个问题上，有的地方还没有经过这个变化，精还是读 ts－；有的则发生了 j 化作用，尖团不分，精读成 tɕ－了。而上海话正处于这个变化过程中。老上海分尖团，而年青人，大都尖团相混了。因此，我们把精系的音值拟成舌尖前的塞擦音：ts、tsʻ、dz、s、z。

3. ȶ、ȶʻ、ȡ

字母	声类代表字	音值
知	陟	ȶ
彻	丑	ȶʻ
澄	直	ȡ

这一组拟音比较困难。现代方言中，音读很纷歧。就发音部位说，有舌尖前、舌尖后、舌面前、唇音等；就发音方法说，有塞、塞擦、擦音等，从这里，显然是看不出中古音的痕迹的。

那么，还是从这系字的历史发展中去探探路罢：

这系字在上古是在端系的二三等，后来才从端系分化出来的。守温说端、知同属舌音，只不过是舌头、舌上之别；等韵家把端、知列在一行之中，成互补关系，这都反映了端、知系的历史关系。由此，我们初步可以推断知系字的音应该是接近端系舌尖前塞音的。然而，所有的舌尖音都不可能是知系字。因为我们在上面已经说过，精系和端系字是舌尖音。

那么，它们可能是什么音呢？让我们再看它们的继续发展。在它们向近代发展的历史中，出现了这样的情况：它们不仅常常与端组相混，而且也常常与照组相混。陈晋翁的三十二字母有知彻澄泥，无照穿床娘；吴澄（元人）的三十六字母有照穿澄泥，而无知彻床娘。现代方言中，也颇有知照相混的情况。

我们知道，端知是等韵图中互补的，同属舌音；而精照在韵图中也是互补，同属齿音。这个情况，表明了这样的关系：

t（端）：知＝ts（精）：照

端与精的关系是很密切的。后者（ts）是前者（t）的同部位加上摩擦；那么就知与端、照的密切关系看来，是不是可能照是知的同部位加摩擦，而知竟是端的异部位的紧邻呢？显然，这是非常可能的。

然而，端系的异部位紧邻却有两组音：

ȶ　ȶʻ　ȡ　和　ʈ　ʈʻ　ɖ

那知系字的音值是其中哪一个为最可能呢？经过斟酌，我们认为前一种可能性为最大，理由是这样的：

首先，我们从梵华对音看，自法显起，就用汉语中的“吒”字对译梵文的 ṭ（梵文罗罗字注音，字母下加点表示卷舌，它相当于国际音标 ʈ）。“吒”是特殊类型的字。有时不加“口”旁，却用了其他记号，如“轻多”“轻他”等。有时也干脆用舌头音“多”“陀”“头”“铎”等字。更奇怪的是，译经中还用来母（边音 l）来对译 ṭ、ḍ 等。可以推想，汉语在当时还没有卷舌音，所以在对译时，就不得不采用特殊的记号来注明这个卷舌势，或者用来母的卷舌势来描写它。

其次，我们从音理上看，t＞ʈ 或 t＞ȶ 都是可能的。但要知道，知系的发展，是经过 tɕ 到 tʂ 的。t＞ʈ＞tɕ＞tʂ，这样的发展是很难想象的。况且，ʈ 和 i 相拼也是矛盾的不稳定的音，它们的寿命不可能很长。

这样看来，把知拟成 ȶ 远比 ʈ 来得合理。至少，它解决了这样的问题：

（1）知与端照的密切关系；

（2）合理地指出了 t>ȶ>tɕ>tʃ>tʂ 的发展过程。

4. tʃ、tʃʻ、dʒ、ʃ、tɕ、tɕʻ、dʑ、ɕ、ʑ

字母	声类代表字	音值
照$_{2}$	侧	tʃ
穿$_{2}$	初	tʃʻ
床$_{2}$	士	dʒ
审$_{2}$	所	ʃ
照$_{3}$	之	tɕ
穿$_{3}$	昌	tɕʻ
床$_{3}$	食	dʑ
审$_{3}$	式	ɕ
禅	时	ʑ

照系分两组音值近似但却是不同音位的声母。这不仅鲜明地表现在两套反切上字上，而且也表现在韵图位置上的对立：侧组在二等，之组在三等。因此，我们又称前一组为照二组，后一组为照三组。

现代方言也不能作为拟构这类音的重要依据。所以，我们还是从分析这些音的性质着手。

这些字在三十字母中称为“正齿音”。它们在韵图中置二、三等，为精组互补。与端知组关系相仿。因此，我们可以断定照系乃是塞擦音性质的。

又从照系的历史渊源讲，照二来自精二，而照三一部分来自端组，一部分来自舌面中的塞音（c 系）。可见，照系字母同“精端”等是有继承关系的，而照二为精系更为密切。

根据这种情况，我们更可以断定，照系字是舌尖到舌面这一区域的塞擦音。但这种音却有三套：

a. 舌尖后音　tʂ　tʂʻ　dʐ　ʂ　ʐ

b. 舌叶音　tʃ　tʃʻ　dʒ　ʃ　ʒ

c. 舌面前音　tɕ　tɕʻ　dʑ　ɕ　ʑ

不过,我们在讨论知系的音值时,就已经指出过,《切韵》时代语音中还没有卷舌音。华梵对应中,固然有过用穿二对梵文的(ks)、审二对(ṣ),而照三对(c)的。但要知道,(ṣ)既对审二,也对审三,(ṡ)更是混对审二、审三,界线不明。由此可见,照系不可能是舌尖后音那一组的。剩下来 b、c 两组,根据照二与精、tʃ 与 ts 的关系,再加上译音、方音材料,我们判定照二应是 tʃ,那么,照三自然是 tɕ 了。

5. k、kʻ、g、ŋ、x、ɣ、○、j

字母	声类代表字	音值
见	古、居	k、k^w
溪	苦、去	kʻ、k^{w}ʻ
群	渠	g、g^w
疑	五、鱼	ŋ、$ŋ^w$
晓	呼、许	x、x^w(h)
匣、喻三	胡、于	ɣ、$ɣ^w$(ɦ)
影	乌、於	○、$○^w$
喻四	以	j

这一系的两套反切上字,性质同帮、精等系雷同。其间所差还是因为洪细的缘故。

字母喻很特殊。它的反切上字明显的分为于、以两套,绝不相混,等韵把于列入三等、以列入四等。但根据反切看来,以实际上也是三等韵字,与于类字的韵母全同,韵图只是因为于占了三等的位置,于是以只好在四等了。所以,除去认为反切的两类就是代表《切韵》系统两个不同的声母之外,不能作其他任何推断。

又根据许多材料,可以证明于(喻三)古代直到《切韵》时代还是与匣相通的①。《切韵》的匣母没有三等，和喻三正相补充。同时，还有许多材料可以证明直到第六世纪，胡于本为一体的。如：从谐声看，有谐声偏旁属于而被谐字属胡的例子（于华、王皇、爰缓、云魂），有被谐字属于而谐声偏旁属胡的例子（或域、虢鸮、完院、华烨），也有同一谐声偏旁而分属于胡的例子（垣桓、运浑）等等；从古书假借看，读羽为扈，读于为乎，《诗》“聊乐我员”，《韩诗》员作魂等等；从《玉篇》与《经典释文》《切韵》残卷及它书的反切上字异文看，越，《切三》户伐反，《王韵》《唐韵》《广韵》都作王伐反。猾，《经典释文》“于八反”，又云“户八反”；从古双声诗看，有于胡为双声的，“妾意逐行云”，“行云”是双声；再从《切韵指掌图》辨匣喻二母切字歌看，歌云“匣阙三四喻中觅，喻亏一二匣中穷；上古释音都具哉，当今篇韵（《玉篇》）少相逢”；再从现代方言看，吴语胡于相混（如上海话以黄王、会卫为同音），粤语基本上也是如此，等等。

由此可见，守温字母虽然有喻母，但《切韵》系统喻只是四等字，而匣母则是一二三四四等齐全的。

见系四母古代称之为“牙音”，它们在现代方言中绝大多数为舌根音或舌面前音。舌面前音显然是舌根音 j 化（ki＞tɕ）的结果。在保留古音较多的闽粤语中，是读舌根音的。日本和朝鲜的译音也不受 j 化影响。这样看来，见系拟为舌根音 k 组，是不会错的了。

喉音晓匣乃是清浊相配的一对。从大量方言资料中，可以肯定它们是塞擦音。但方言中的塞擦音有两套，即 x、ɣ；h、ɦ。目前还做不出结论来，姑且照一般的说法，采了 x、ɣ 一组。

至于影、喻四在现代方言里，大都读成零声母或 ŋ。匣既为喉

① 参曾运乾《切韵五声五十一组考》（《东北大学季刊》第一期）、《喻母古读考》（《东北大学季刊》第二期）、罗常培《经典释文和原本玉篇反切中的匣于两组》（《历史语言研究所集刊》八本一分）、葛毅卿《*On the Consonantal Value of* 喻*-class words*》（《通报》1932）及喻三入匣再证（《历史语言研究所集刊》八本一分）。

浊擦音，那么，与之相近的喻四应当也是就近的浊擦音。这在以后的声调变化中可以清楚地看出，它走了与並定明泥等的浊声的路。

又据汉藏对译：

匣（三等）：远'wan　员'wen　云 hun　为 hu

喻（四等）：用 yun　野 yā　以 yi　喻 yu

又据梵汉对音：

yasti-vana　泄悉知林（《西域记》）

vaidurya　鞞稠利夜（《慧苑音义》）

nārūyana　那罗延那（《玄应音义》）

（注意，上述音标是梵、藏的罗马字注音）

都以喻四译 y。因此，就可断定它是近 ɦ 的半元音 j。

留下来的影母，则根据现代方音和朝鲜、日本音等，可以定作零声母。但也可能有了轻微的喉塞 ʔ，不过，由于 ʔ 是很灵活的，一般可以省去不用。

6. n、l、ȵʑ

字　母	声类代表字	音　值
泥	奴、女	n
来	卢、力	l
日	而	ȵʑ

最后，只剩下泥、来、日三母了。先读泥母。泥母反切有两套，与精系等分洪细一样。后来宋人 36 字母中有与泥对应的娘，这是对的。所以，无论是反切的奴女，还是字母的泥娘，实则并不存在这样的对应，守温有泥无娘，这是对的。所以，无论是反切的奴女，还是字母的泥娘，都可以合并，整个地当作一个声母。

泥母在古代与端透定连在一起称为舌头音。参考现代方言，如北京、上海、福州、广州等方言和日本吴音、朝鲜音等，可以断定泥当舌尖前的鼻音 n。

次谈日母。守温以日对泥，等韵家又指出它是次浊音。可见日泥的关系非常密切。实际上，它们也本于一源的。而日母到现代方言中或读为浊擦音，或读为鼻音。就日与泥（鼻音）的关系看，再就它在声调变化与明、泥、来等次浊音相同的情况看，可以断定日在中古不会是浊擦音。那么，日是不是就是鼻音呢？而现代读浊擦音的根据又是什么呢？上海话启发了我们：在上海话中，日母字有 ȵ、z 两读，即鼻音和浊擦音两读：

日 < ȵ / z

这样，我们不难推断，中古日母在基本上是鼻音，但也许是受了 j 化的重浊擦的影响，于是就带上了浊擦的成分，构成了这样的音素：

ȵ + j > ȵʑ < ȵ / ʑ – z

末了，我们谈来母。来母的两套反切与泥相同。字母家一向把来母当作“半舌”，现代方音又多作 l，所以，我们也就把它拟为舌尖边音 l。

声母的订音已如上述。余下来还必须交待一下浊音送气与否的问题。

我们知道，《切韵》的清声母如 p、p‘、t、t‘、k、k‘等都整齐的分成两组：送气的与不送气的。但浊音只有一组。那么，这一组是送气的，抑是不送气，抑是象某些印欧语不分送气与不送气，两者相混的呢？这是长期以来为学者们所热烈争论焦点之一。

我们以为最后一种意见，即认为浊音有时送气，有时不送气，这是根本站不住脚的。既然有送气与不送气，何以字母家在立字母时不参照梵文，也分而为二，甚至在反切中也不留一点痕迹呢？

出路只有一条，要嘛全部是送气音，要嘛全部是不送气。根据下述具体情况，我们认为《切韵》的浊音是不送气的。

首先，梵文浊音有两套，汉语以一套对译两套，如：

buddha　佛陀　並母字对 b

gunabhadva　求那跋陀罗　並母字对译 bh

在这种情况下，译者通常以普通浊音字对译梵文不送气浊音，而用在浊音字上加上一定的记号来对译送气的浊音，如：

迦 ga　　陀 da　　婆 ba……

迦何 gha　　陀 dha　　重音婆 bha……

其他译音，如藏文译音中也显示出这种痕迹。

其次，《广韵》中有两种又读。一种是送气清音与浊音又读，如“徒红切”下，“潼”又通、衝二音；另一种是不送气清音与浊音又读，如“九容切”下，“共”又“渠客切”。这两种情况比较起来，后者稍为多见。

第三，据少数民族借字，如汉语的並定群等母，在龙州壮语的汉语借字里读不送气清音；又如傜人唱的汉歌中常常把古全浊声母读不送气清音，等等。

第四，从语音发展的历史看，浊音在后来平声都变成送气清音，仄声变成不送气清音。这个变化过程，固然 g‘>k‘是合理的，但 g>k‘也是合理而且可能的。今天的南昌话中 g：k‘换读的现象就是常常有的。

根据这些情况，我们以为中古汉语中的浊声母应该是有不送气的。

（三）《切韵》声母的渊源

在上节中，我们对中古音系的声类作了一个较有系统的静态描写，拟出中古声母三十五个。上古音系的声母只有二十七个，就声类说比中古少八个，而且具体的分合情况也有参差，这些变化是怎样产生的呢？在这一节里，我们试图来解释这一些问题。为了说明方便起见，首先把上古声母和中古声母对照起来列成下面的一张表：

上古、中古声母对照表

上古		中古	
发音部位	代表字	发音部位	代表字
唇音	帮p　滂pʻ　並b　明m	唇音	帮p　滂pʻ　並b　明m
舌头音	端t　透tʻ　定d　泥n	舌头音	端t　透tʻ　定d　泥n
		舌上音	知ȶ　彻ȶʻ　澄ȡ
齿头音	精ts　清tsʻ　从dz　心s　邪z	齿头音	精ts　清tsʻ　从dz　心s　邪z
		正齿音	照$_2$tʃ　穿$_2$tʃʻ　床$_2$dʒ　审$_2$ʃ　禅$_2$ʒ
			照$_3$tɕ　穿$_3$tɕʻ　床$_3$dʑ　审$_3$ɕ　禅$_3$ʑ
牙音	见k　溪kʻ　群g　疑ŋ	牙音	见k　溪kʻ　群g　疑ŋ
（前）牙音	支c　赤cʻ　示ɟ　厺ɲ		
喉音	影○　晓x　匣ɣ　收ç　氏j	喉音	影○　晓x　匣ɣ　喻$_4$j
半舌音	来l	半舌音	来l
半齿音		半齿音	日ȵʑ

从上面这张表中，可以看出从上古到中古的声母系统发展的总趋向是分类的趋向精细。具体的说，从上古到中古声母系统的变化表现在下列方面：

1. 知彻澄日的产生

2. 照二系、照三系的产生

3. 喻四的产生

知彻澄日来源于上古的端透定泥，这已经是众所周知的了。但是，什么时代产生这种变化的呢？产生这种变化的原因是什么呢？从中古韵书中的分等情况看，端系在一四等，知系在二三等，划然不混，这说明在等韵家编制韵图的时代，这种变化已经完成了。据陆志韦先生的考证，这一个变化在六朝后期就完成了。我们想这是比较可能的。产生这种变化的原因主要是由于介音的影响，t、t‘、d、n 是舌尖前塞音，在介音 i(舌面前元音)的影响下，变成了部位较后的塞音 ȶ、ȶ‘、ȡ、ȵ。(i 的发音部位靠后，t、t‘、d、n 和 i 韵或 i 韵头的韵相拼时，发音部位就必然有靠后的倾向。)

t t‘ d n+i→ȶ ȶ‘ ȡ ȵ

这样的变化是完全可能的。

关于日母的问题，还得提出来谈一谈。日母在上古属于泥母，从韵图中看，日泥的关系和端知、透彻、定澄的关系一样，是一四和二三等划然不混，可见，当六朝后期端透定和知彻澄分开时，日母也相应地从泥母中分化出来了。也就是 n+i→ȵ，这和 t t‘ d→ȶ ȶ‘ ȡ 一样。但是，在现代方言中(例如在上海方言中)，日母字常有 ȵ，z 两读的情况，因此，日母字在六朝后期从泥母中分化出来，完成了 n+i→ȵ 的变化之后，在由六朝后期到《切韵》时代这一段时间里，由于 j 化的影响，又产生了新的变化：

ȵ $\xrightarrow{j}$ ȵʑ

所以中古日母的音值是 ȵʑ，这是鼻音后带上极重摩擦的浊擦音。

中古声母中的照二系和照三系的来源是不同的，照二从精二变来，照三的一部分来自上古的支系(c、c‘、ɟ……)，另一部分来自上古的端系三等。

精系字在上古是四等俱全的，到了中古，韵图中都只有一等和四等，没有二三等字。实际上，中古精系除了一四等外，还有三等字，在韵图中精照列在一起，为求整齐起见，精系排一四等，照系排二三等，把原来的精系三等挤入四等，因此造成了后人说精系没有三等字的误解。上古的精系二等字，由于主元音的影响，变成了中古的照二系。二等韵的主元音是前 a 或者 ɔ，当齿头音 ts、tsʻ、dz……和 a、ɔ 相拼时，舌尖要从极高的与上颚成阻的部位迅速移到极低的部位，并要与下齿龈相抵，发出 a 音，（发 ɔ 的情况也并不容易。）这样的发音是极困难的，因此，对声、韵的部位自然会有影响。但是 a 和 ɔ 都是开元音，或者说都是洪音，要改变它就比较困难，所以，就必然产生声母的发音部位向后移的倾向，久而久之，精系二等字声母的性质就渐渐的由齿尖音 ts、tsʻ、dz……变为混合舌叶音 tʃ、tʃʻ、dʒ……了。这一变化的公式是：

ts tsʻ dz……＋a→tʃ tʃʻ dʒ……

由于音值的改变，这一部分精系字就转归入其他声类了。

在中古韵书的韵图中，我们发现上古的舌根前音支赤等字都列入了照系的三等字中，也就是说上古的舌根前音转入了中古的照三系。在上古篇声母一章中，我们曾指出这一类音和舌根后音相谐的情况总是在三等中出现，因此，支系字变入照三显然是由于三等韵中 i 介音影响的结果。c、cʻ、ɟ、ɲ、ç、j 是舌根前音，在三等韵中和 i 相拼，在拼合的过程中要经过很长一段距离的摩擦，因此，舌根前音的发音部位很自然的就会向前移，由舌根前音的位置移向舌面，它们的音值也就变成了舌面音 tɕ、tɕʻ、dʑ……这个变化的公式是：

c cʻ ɟ……＋ i→tɕ tɕʻ dʑ……

这是中古照三的一个来源。另外，在上古篇声母一章中，我们谈到舌音的谐声材料中，有一部分齿音字在三等和端系谐声，这是古人齿音多归舌音的源泉。这里所谓的齿音，在现代语音学的术语中，应该是舌面音，它和舌音相近，而和齿头音 ts、ts‘……不相近，所以它和舌音谐声。这在上古实际上属于一类。到中古，由于三等介音的影响，它们分化出来归入照三系。这就是中古照三系字的另一个来源。

以下谈中古喻四 j 的产生。中古的喻四字来自上古的定母四等，这在上古篇声母一章中已予说明。但上古的定母四等又如何变成喻四呢？以音值说 d 怎样变成 j 呢？四等是有 i 介音的，在 i 介音前面，不送气破裂音容易脱落（这种变化在现代汉语方言中可以找到不少例证），定母四等的 d 也就是由于 i 介音的影响失落了，变成没有声母的以 i 为韵头的零声母字，如怡 diə→iə，阳 diaŋ→iaŋ，由 diu→iuo；在这里是零声母字的韵头，就必然带上一些摩擦，因此它的音值是辅音性的 j。

定母四等 d 变成喻$_4$ j，具体的变化过程是：

di→dʑ→ʑ→j

在中古的等韵图中，定母四等的位置并没有空，也就是说定母四等没有全部变为喻四，为什么同样的定母四等字有的变了，而有的不变呢？仔细查核一下，等韵图中的定母四等字，都是切齐先萧清添这些韵的，而齐先萧清添实际上是洪音，它们的位置应该在一等而不是四等，它们的韵头没有 i 介音。也就是说，上古的定母四等字除了切齐先萧清添的洪音字之外，到中古都变入喻母四等，很少例外（在《切韵指掌图》中所列的定母四等字，除去切齐先萧清添的洪音字外，只有庭、嗁两个例外字）。

因此，正确地说，上古端系定母字发展在中古的分等情况应该是：

一等：定 d

二等：澄 ȡ

三等：澄 ȡ（一部分变为床三 dʑ，条件不清楚）

四等：喻$_4$ j

上古所说的是在上古到中古的发展阶段中有分合变迁的一些中古声母，在从上古到中古的发展中没有变化或变化尚不显著的情况，这里就从略了。

(四)《切韵》系统声母前后期的变化

前节提到的《切韵》的声母系统，是代表 5—8 世纪的语音情况。9 世纪(唐末)以后，这一语音系统先后发生了若干变化。这变化，主要的有下列三起：1. ɣ 匣的分化；2. 唇音的分化；3. tʃ 组与 tɕ 组的合流。

1. ɣ(匣)的分化

前已说过，《切韵》的 ɣ 一二三四等全，一二四与三等有音的洪细之别。这种情况，一直维持到唐代。因为在《文镜秘府论》里，还引有 ɣ 之洪细音为双声的唐人诗格、诗式之作：

妾意逐行云　居身入暮门

这里“暮门”同“行云”皆双声。《广韵》：云，王分切；行，户庚切。王与户恰是 ɣ 之洪细之别，而为双声。唐代诗文中匣母这种相近的情况是不少的。[1] 但这种情况维持不久，就开始分化了。

ɣ ┬ 一二四等——ɣ
　 └ 三　等——j

这种分化在隋末唐初已有所萌芽，至迟不晚于守温，这个分化已完成了。因为在守温字母中，ɣ 三等于类已明显的归喻$_3$母了。

① 如杜甫诗：“秋觉追随尽，来因孝友偏。”“王侯第宅皆新主，文武衣冠异昔时。”韩愈诗：“旗穿晓日云霞杂，山倚秋空剑戟明。”等等。

ɣ→j 的条件也是非常明显的，是由于介音 i 的作用。它们的变化是这样的，ɣ 三受三等 i 介音音的 j 化作用，而使 ɣ 失落，i 更高化加摩擦成 j：

ɣi→i→j

而完成这个变化的切语上字有：于、王、雨、为、羽、云、永、有、雲、筠、远、韦、洧、荣、薳。

2. 唇音 p 组(帮系)的分化

前已说过，《切韵》唇音只一套两类。那就是：

$$\begin{array}{cccc} p & p^{‘} & b & m \\ p^{w} & p^{w‘} & b^{w} & m^{w} \end{array}$$

并且，基本上三等的反切上字是不同于一、二、四等的。但在宋人的 36 字母中，帮系字却分成重唇、轻唇两系：

《切韵》		反切上字	
帮	博类	博北布补边佰百巴	帮[p]
	方类	必彼卑兵陂並笔畀鄙	帮[p]
		方甫府分封脯	非[f]
滂	普类	普匹滂譬	滂[p‘]
	芳类	披丕	滂[p‘]
		芳敷抚孚妃峰拂	敷[f‘]
並	蒲类	蒲薄傍步部白裴捕	並[b]
	符类	皮毗平婢便弼	並[b]
		符扶房防附缚浮冯父苻	奉[v]
明	莫类	莫模谟慕母	明[m]
	武类	弥眉靡明美绵	明[m]
		武亡无文巫望	微[ɱ]

这就是说，隋唐音中的[p]系，到了36字母，分化成[p][f]轻重唇两系了。

现在我们必须解两个问题：

Ⅰ.分化的条件是什么？

Ⅱ.什么时候发生了分化？

关于第一个问题，我们在上表中发现，轻唇出自三等细音，但并不是所有三等字都变了轻唇音，为什么？那是它们各自有不同的条件。查唇音字声韵结合的情况，唇音三等变轻唇的总是与下列十韵相拼：

东$_3$	风	pʷɪuŋ→fuŋ	微	非	pʷɪai→fai
鍾	封	pʷɪwoŋ→fuŋ	废	废	pʷɪɐi→fei
虞	肤	pʷɪu→fu	文	分	pʷɪau→fəu
尤	不	pʷɪəu→fəu	元	蕃	pʷɪen→fɐn
阳	方	pʷɪɑŋ→fɑŋ	凡	凡	bʷɪem→vɐm

这十个韵有这样的一些特色：(1)有介音ɪ；(2)唇音都带撮口势；(3)东$_3$鍾虞尤阳五韵的主元音是后元音，其他则是央元音。而这些特点，统一地构成了重唇变轻唇的条件。

唇音分化的这些条件在音理上也必须这样。发音时要变重唇为轻唇，就必须舌位后移，这样，也必然带动了整个下巴和下唇往后移。而上述三个条件，一个撮口势，一个ɪ介音，而加上一个央（后）元音，自然是产生了舌、下唇以及下巴后移的动作，从后变成了轻唇音。

必须指出，上述三条件是统一的，缺一不可。如果只具备了其中二个条件，这个唇音字仍然是重唇没有变化。这样，我们就会明了，为什么同是三等细音的唇音字，有些变了轻唇，而有些仍读重唇的缘故了。

有些学者如瑞典汉学家高本汉认为唇音分化的条件是：声母

喻化，合口三等。王力先生在《汉语史稿》中也采了此说。这是非常错误的。一般语音学的原理告诉我们，语音的结合常常产生异化作用。唇音和介音显然是相互排斥的，不是甲"吃"了乙，就是乙"吃"了甲，而往往是不能并存的。所以说，在一般的情况下，唇音字是没有合口的。而事实也证明了这点。等韵中的开合唇音混乱无序。至于声母喻化说，更是众所周知的谬论了。

接下来，我们要解决，在什么时候，唇音开始分化了呢？《切韵》时代肯定是尚未分化。到唐末守温时代，三十字母与《归三十字母例》都还是轻重唇不分。在梵汉对译中，直到唐代，还没有适当的汉字对译梵文的 v，就只好造特殊的字，或在字后加说明。[①] 可见，当时未见轻唇音字。文献资料中正式列轻重分系的是宋人三十六字母。这是公元十二世纪以前的事情。也许唇音分化是十一十一世纪间发生并完成的。在个别的方言中，唐中叶以后，也许已有分化的趋势。这种分化的不平衡性是很明显的。现代方言大都是轻重有别。但在闽方言中却至今还只有重唇一套。客家话中的轻唇字也留有重唇的痕迹。[②]

3. tʃ组（照二组）和 tɕ组（照三组）的合流

《切韵》声母中有两组发音方法相同（都是塞擦音）而发音部位亦相近的音，那就是照组的八个音：

照二　tʃ　tʃʻ　dʒ　ʃ

照三　tɕ　tɕʻ　dʑ　ɕ

这二组音由于相近，而使照三组产生了前化的模仿作用，到宋初甚至在唐末就与照二组合流了：

---

① 如在译经中，到六世纪为止，梵文 v 译作"和""恕""啝""婆"等等。《切韵》之后作"缚""嚩"。安然《悉昙藏》："缚，上齿唇呼。"

② 如"肺""肥""缝""符"等字在客家话中念作 pʻ，"粪""复"等念作 p。

tʃ、tɕ > tʃ　　tʃʻ、tɕʻ > tʃʻ　　dʒ、dʑ > dʒ　　ʃ、ɕ > ʃ

唐末三十字母与宋人三十六字母照组二、三等不分，就是最明显的证据。

三、中古韵母的发展

（一）《切韵》系统韵书分部发展概述

本篇第一章已经指出过，中古文学语言的语音系统在韵部的分合上，共经历了三个阶段，即：（一）准备期——《切韵》前时期；（二）成熟期——由《切韵》到《广韵》；（三）改良期——由《集韵》到平水韵。现在我们就具体的谈谈这个发展过程。

第一个时期整个六朝二百多年时间。在这个时期里，由于社会的大动乱，交际思想、统一文学上的韵律的需要，客观上迫切要求建立一个统一的文学语言的语音系统，而在当时音韵研究（如反切、四声的研究）的推动下，出现了韵书，而且很快就形成了草创期的繁荣局面。当时的六朝音韵学家颜之推曾经用“音韵锋出”来描述韵书的风行。而据《隋书·经籍志》等书的记载，这一时期的有关音韵的著作可查的至少在百种以上。但可惜的是，这些著作至今都亡佚了。我们不可能直接地了解到它们的内容，它们的分韵情况。

那么，我们怎样才能探索到六朝时期的文学语言的语音情况呢？主要是通过两条道路，一条是把六朝韵书的佚文及有关记载拿来同《切韵》比较，根据它们的异同来看六朝韵书的分部；一条是从六朝文人的韵文著作中归纳韵脚，看它们的分韵情况。

先谈第一条路。六朝韵书的佚文是很零碎的。不过根据这些材料，比较《切韵》音，还是可能知道它们的一些内容的。两者一比较，首先是发现它们在很多地方是相同的。现在列举两点如下：

1. 六朝韵书分韵的韵目和《切韵》相合。《切韵序》里说："支脂鱼虞共为一韵，先仙尤侯俱论是切。"这"支脂鱼虞先仙尤侯"八个字不是一般的例字，而是韵的部目。陆法言既然这样说，可见这些韵目远在《切韵》之前就已经有了。另外，根据王仁煦的《刊谬补缺切韵》里的附注（详后），十分清楚地看出了六朝韵书不仅分韵，而且所来的部目字很多为《切韵》继承下来了。

2. 六朝韵书的反切很多同《切韵》。如切语上下字完全相同的有：

《声类》编作布千反（《毛诗释文》引《声类》，《公羊传释文》引《字林》《声类》，《穀梁传释文》引《声类》《韵集》），《切韵》平声下，一先："编，布玄反，又甫连反。"二仙："编，卑连反，又布千反。"（按布玄即布千之音。）

《声类》"浡也作勃，同蒲没反"（《玄应一切经音义》卷四《大灌顶经音义》引），《切韵》入声十没，勃与《声类》同切语。

也有一些是切语用字稍异而声韵实同的：

《声类》鳿或作鸿字，同胡公反（《玄应正法念经音义》引），《切韵》平声上一东："鸿，胡笼反。""公""笼"同在东韵。

《韵集》"菸，一余反"（《一切经音义》卷四十九引），《切韵》平声上九鱼："菸，央鱼反。""余""鱼"同在鱼韵。

《声类》"闚，苦规反"（《周易释文》引），《切韵》平声上五支："闚，去随反。""规""随"同属支韵。

可见，六朝韵书在很多地方，是和《切韵》相同或相近的。但不等于说，它们没有差别了。差别不仅有，而且很多，很明显。现在，我们仍以上举两条为例：

1. 分韵不一。颜之推说:"《韵集》以成仍宏登合成两韵,为奇益石分作四章。"(《颜氏家训·音辞篇》)这表明了《韵集》与《切韵》的一个不同处:《切韵》成在清韵,仍在蒸韵,别为两韵;宏在耕韵,登在登韵,也别为两韵;而吕静的《韵集》却清蒸合为一韵,耕登又合为一韵。与此相反,《切韵》为奇同在支韵,益石同在昔韵,而《韵集》却分作四章。

2. 切语不同。如:

《声类》"蛩音求俱反"(《一切经音义》卷三十四引),《切韵》平声下十七尤:"蛷,蛷螋,巨鸠反。"俱在虞韵,鸠在尤韵。

《声类》"戚,千笠反"(《史记·高祖本纪》索隐引李登),《切韵》入声十六锡:"戚,仓历反。"笠在缉韵,历在锡韵。

《声类》"奓,侈字也,昌氏切"(《文选》中张衡《西京赋》及鲍照《芜城赋》注引),《切韵》平声下八麻"奓,陟加反"。氏在纸韵,加在麻韵。

上述这种区别,在《刊谬补缺切韵》中得到了比较充分的反映,如[①]:

冬　阳(阳休之,下同)与鍾江同,吕(吕静,下同)、夏侯(夏侯咏,下同)别,今依吕、夏侯。

脂　吕、夏侯与之微韵大乱杂,阳、李(李季节,下同)、杜(杜台卿,下同)别,今依阳、李、(杜)。(凡原书残缺而可推知者,外加括弧以识之。)

真　吕与文同,夏侯、阳、杜别,今依夏侯、阳、杜。

臻　吕、阳、杜与真同,夏侯别,今依夏侯。

(以上故宫藏唐本韵目下注)

董　吕与肿同,夏侯别,今依夏侯。

---

① 参见《十韵汇编》魏建功序,P53—55,这书是刘半农编,北京大学出版社出。

旨 夏侯与止为疑，吕、阳、李、杜别，今依吕、阳、李、杜。

语 吕与麌同，夏侯、阳、李、杜别，今依夏侯、阳、李、杜。

蟹 李与骇同，夏侯别，今依夏侯。

贿 李与海同，夏侯为疑，吕别，今依吕。

隐 吕与吻同，夏侯别，今依夏侯。

阮 夏侯、阳、杜与混佷同，吕别，今依吕。

潸 阳与铣狝同，夏侯别，今依夏侯。

产 吕与旱同，夏侯别，今依夏侯。

铣 夏侯、阳、杜与狝同，吕别，今依吕。

篠 李、夏侯与小同，吕、杜别，今依吕、杜。

巧 吕与皓同，阳与篠小同，夏侯并别，今依夏侯。

敢 吕与槛同，夏侯别，今依夏侯。

养 夏侯在平声阳唐，入声药铎并别，上声养荡为疑，吕与荡同，今别。

梗 夏侯与靖同，吕别，今依吕。

耿 李、杜与梗迥同，吕与靖迥同，与梗别，夏侯与梗靖迥并别；今依夏侯。

静 吕与迥同，夏侯别，今依夏侯。

（有） 李与厚同，夏侯为疑，吕别，今依吕。

（琰） 吕与忝范豏同，夏侯与范豏别，与忝同，今并别。

宋 阳与用绛同，夏侯别，今依夏侯。

至 夏侯与志同，阳、李、杜别，今依阳、李、杜。

霁 李杜与祭同，吕别，今依吕。

怪 夏侯与泰同，杜别；今依杜。

队 李与代同，夏侯为疑，吕别，今依吕。

废 夏侯与队同，吕别，今依吕。

愿 夏侯与慁别，与恨同，今并别。

谏　李与裥同，夏侯别，今依夏侯。

霰　夏侯、阳、李与线同，吕别，今依吕。

效　阳与啸笑同，夏侯、杜别，今依夏侯、杜。

箇　吕与祃同，夏侯别，今依夏侯。

漾　夏侯在平声阳唐，入声药铎并别，去声漾宕为疑，吕与宕同，今并别。

敬　吕与诤劲径同，夏侯与劲同，与诤径别，今并别。

宥　吕、李与候同，夏侯为疑，今别。

幼　杜与宥候同，吕、夏侯别，今依吕、夏侯。

艳　吕与梵同，夏侯与㮇同，今并别。

陷　李与鉴同，夏侯别，今依夏侯。

沃　阳与烛同，吕、夏侯别，今依吕、夏侯。

栉　吕、夏侯与质同，今别。

迄　夏侯与质同，吕别，今依吕。

月　夏侯与没同，吕别，今依吕。

屑　李、夏侯与薛同，吕别，今依吕。

锡　李与昔同，夏侯与陌同，吕与昔别，与麦同，今并别。

洽　李与狎同，吕夏侯别，今依吕夏侯。

葉　吕与怗洽同，今别。

药　吕、杜与铎同，夏侯别，今依夏侯。

（以上敦煌唐写本韵目下注）

魏建功先生曾经根据上述材料，比较《切韵》异同，从而考定了六朝五家韵书分韵的大致情况。现在，我们把他的结论转录在这里①：

---

①　魏建功：《陆法言〈切韵〉以前的几种韵书》，载《国学季刊》3卷2期（1932，6）该表又见于魏著《古音系研究》，页165—169。关于这方面的研究，姜亮夫先生最近有"《切韵》系统"（载1955年第一期《浙江师范学院学报》）一文，读者可参看。

六朝诸家韵书分韵表

吕静《韵集》	夏侯咏《韵略》	阳休之《韵略》	李季节《音谱》	杜台卿《韵略》	陆法言《切韵》	王仁煦《切韵》	李舟《切韵》
冬　宋沃 锺肿用烛 江讲绛觉	东董送屋 冬　宋沃 锺肿用烛 江讲绛觉	* * * * 锺肿用烛 江讲绛觉	* * * * *　* * * * * * * * * *	* * * * 　* * * * * * * * * * *	东董送屋 冬　宋沃 锺肿用烛 江讲绛觉	东董冻屋 冬　宋沃 锺肿用烛 江讲绛觉 阳养样药 唐荡宕铎	东董送屋 冬　宋沃 锺肿用烛 江讲绛觉
支纸寘 脂旨至 之止志 微尾未 虞麌遇 模姥暮	支纸寘 脂旨至 之止志 微尾未 鱼语御 虞麌遇 模姥暮	支纸寘 脂旨至 之止志 微尾未 鱼语御 虞麌遇 模姥暮	支纸寘 脂旨至 之止志 微尾未 鱼语御 虞麌遇 模姥暮	支纸寘 脂旨至 之止志 微尾未 鱼语御 虞麌遇 模姥暮	支纸寘 脂旨至 之止志 微尾未 鱼语御 虞麌遇 模姥暮 泰	支纸寘 脂旨至 之止志 微尾未 鱼语御 虞麌遇 模姥暮 泰	支纸寘 脂旨至 之止志 微尾未 鱼语御 虞麌遇 模姥暮
齐荠霁 祭 泰 ？？？ ？？？ 夬	齐荠霁 祭 泰 佳蟹卦 皆骇 夬	齐荠霁 祭 泰 * * * * * * 夬	齐荠霁 祭 泰 皆骇怪 夬	齐荠霁 祭 泰 * * * 皆骇怪 夬	齐荠霁 祭 佳蟹卦 皆骇怪 夬	齐荠霁 祭 皆骇怪 夬 废	齐荠霁 祭 泰 佳蟹卦 皆骇怪 夬

续 表

吕静《韵集》	夏侯咏《韵略》	阳休之《韵略》	李季节《音谱》	杜台卿《韵略》	陆法言《切韵》	王仁煦《切韵》	李舟《切韵》
灰贿队 哈海代 废 质	灰 哈 真轸震质	* * * * * * * 真轸震质	 哈海代 * * * * *	* * * * * * * 真轸震质	灰贿队 哈海代 废 真轸震质	灰贿队 臺待代 真轸震质	灰贿队 哈海代 废 真轸震质 谆準稕术
文吻问	文吻问物 臻	文吻问物	* * * * * *	文吻问物	物 臻 栉 文吻问	 臻 栉 文吻问物	 臻 栉 文吻问物
殷 迄	殷隐焮	殷隐焮	* * * *	殷隐焮	殷隐焮迄	斤谨靳讫 登等磴德	殷隐焮迄
元阮愿月 魂混慁没	 魂混慁没	 魂混慁没	* * * * * * * *	 魂混慁没	元阮愿月 魂混慁没		元阮愿月 魂混慁没
痕很恨 寒旱翰 末	痕很恨 寒旱翰 末	痕很恨 * * * *	* * * * * * * *	痕很恨 * * * *	痕很恨 寒旱翰 末	 寒旱翰褐 黠 魂混慁纥 痕很恨 先铣霰屑 仙狝线薛	痕很恨 寒旱翰曷 桓缓换末

续 表

吕静《韵集》	夏侯咏《韵略》	阳休之《韵略》	李季节《音谱》	杜台卿《韵略》	陆法言《切韵》	王仁煦《切韵》	李舟《切韵》
? ? ? ? 先铣霰屑	删潸谏黠 山产裥鎋	* * * *	山产裥鎋	* * * * * * * *	删潸谏黠 山产裥鎋 先铣霰屑	删潸讪 山产裥鎋	删潸谏黠 山产裥鎋 先铣霰屑 （宣）
萧篠啸 宵小笑 豪皓号	宵小笑 肴巧效 豪皓号	宵小笑 豪皓号	宵小笑 * * * * * *	萧篠啸 宵小笑 肴巧效 豪皓号	萧篠啸 宵小笑 肴巧效 豪皓号	元阮愿月 萧篠啸 宵小笑 肴巧效 豪皓号 庚梗更隔 耕耿诤 清请清 冥茗暝觅	萧篠啸 宵小笑 肴巧效 豪皓号
	歌哿箇	* * *	* * *	* * *	歌哿箇	歌哿箇 佳解懈	歌哿箇 戈果过
麻马祃	麻马祃	* * *	* * *	* * *	麻马祃 覃感勘 谈敢阚 阳养漾 唐荡宕	麻马祃 侵寝沁缉	麻马祃 阳养漾药 唐荡宕铎

续 表

吕静《韵集》	夏侯咏《韵略》	阳休之《韵略》	李季节《音谱》	杜台卿《韵略》	陆法言《切韵》	王仁昫《切韵》	李舟《切韵》
青迴 劲昔 诤麦	青迴径 清静劲昔 耕耿诤麦	* * * * * * * * * * * *	青迴径 昔	青迴径 昔	锡 昔 麦		
庚梗	庚梗　陌	* * * *	庚梗敬陌	庚梗敬陌	庚梗敬陌 耕耿诤 清静劲 青迴径	蒸拯证职	庚梗敬陌 耕耿诤麦 清静劲昔 清迴径昔 蒸拯证职 登等证职 登等嶝德
 侯厚候 幽黝幼	尤有宥 侯厚候 幽黝幼	* * * * * * * * *	 侯厚候 * * *	尤有宥 侯厚候	尤有宥 侯厚候 幽黝幼 侵寝沁	尤有宥 侯厚候 幽黝幼	尤有宥 侯厚候 幽黝幼 侵寝沁缉
覃感勘合 ？？？？ 衔槛鉴狎 ？？？？	覃感勘合 谈敢阚盍 咸豏陷合 衔槛鉴狎 添忝㮇怗	覃感勘合 *	覃感勘合 * * * * 衔槛鉴狎 * * * * * * * *	覃感勘合 *	合 盍 洽 狎 盐琰艳葉 添忝㮇怗	 盐琰艳葉 添忝㮇怗 覃禫醰沓 谈淡阚蹋	覃感勘合 谈敢阚盍 盐琰艳葉 添忝㮇怗

续 表

吕静《韵集》	夏侯咏《韵略》	阳休之《韵略》	李季节《音谱》	杜台卿《韵略》	陆法言《切韵》	王仁煦《切韵》	李舟《切韵》
侵寝沁缉 唐荡宕铎 蒸拯证职 登等嶝德	侵寝沁缉 阳养漾药 唐荡宕铎 蒸拯证职 登等嶝德	侵寝沁缉 * * * * * * * * 蒸拯证职 登等嶝德	侵寝沁缉 * * * * * * * * 蒸拯证职 登等嶝德	侵寝沁缉 唐荡宕铎 蒸拯证职 登等嶝德	缉 药 铎 蒸拯证职 登等嶝德 咸豏陷 衔槛鉴	咸减陷洽 衔槛鉴狎 格 昔	咸减陷洽 衔槛鉴狎
严广俨业 凡范梵乏	严广俨业 凡范梵乏	严广俨业 凡范梵乏	严广俨业 凡范梵乏	严广俨业 凡范梵乏	严 业 凡范梵乏	严严严业 凡范梵乏	严俨酽业 （凡）范梵乏
凡百四十八韵	凡百七十三韵	凡百七十二韵	凡百六十三韵	凡百六十九韵	据王写残卷《切韵》及王仁煦韵目所注定百九十三韵	故宫本目次百九十五韵	用王静安说即《广韵》二百六韵目次所本只多宣韵而少凡韵

（表中*符，指不能决定有无之韵）

王仁煦《刊谬补缺切韵》韵目下注，吕静、夏侯咏、阳休之、李季节、杜台卿诸家韵部考目（见插页）。

当然，上表的正确性还有待于我们进一步去考察。尽管如此，我们在这里也可见六朝韵书的一斑。

认识六朝音的另一条路是从六朝韵文着手。我们可以用研究周秦音同样的方法来归纳六朝诗文的韵部。这方面的工作，于海晏的《汉魏六朝韵谱》和王力的《南北朝诗人用韵考》作了初步尝试。他们的结论略有不同，大体说来，他们都把六朝韵归并为 36 类（赅上去入）。现在，我们把王力先生的意见改编成下表的样子[①]：

《广韵》(赅上去)　六朝诗韵　附注

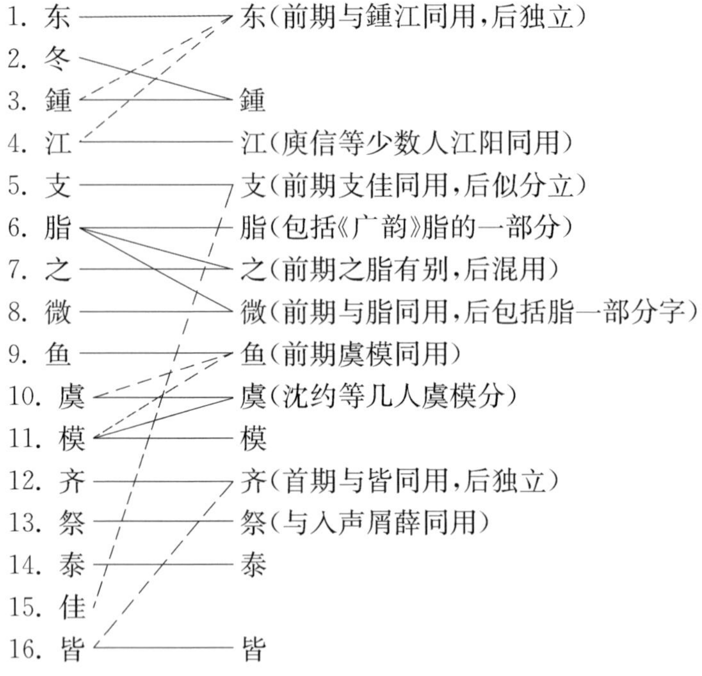

---

① 王力《南北朝诗人用韵考》，载《清华学报》第 11 卷第 3 期，又《汉语史论文集》p1—59，科学出版社 1958 年 5 月版。

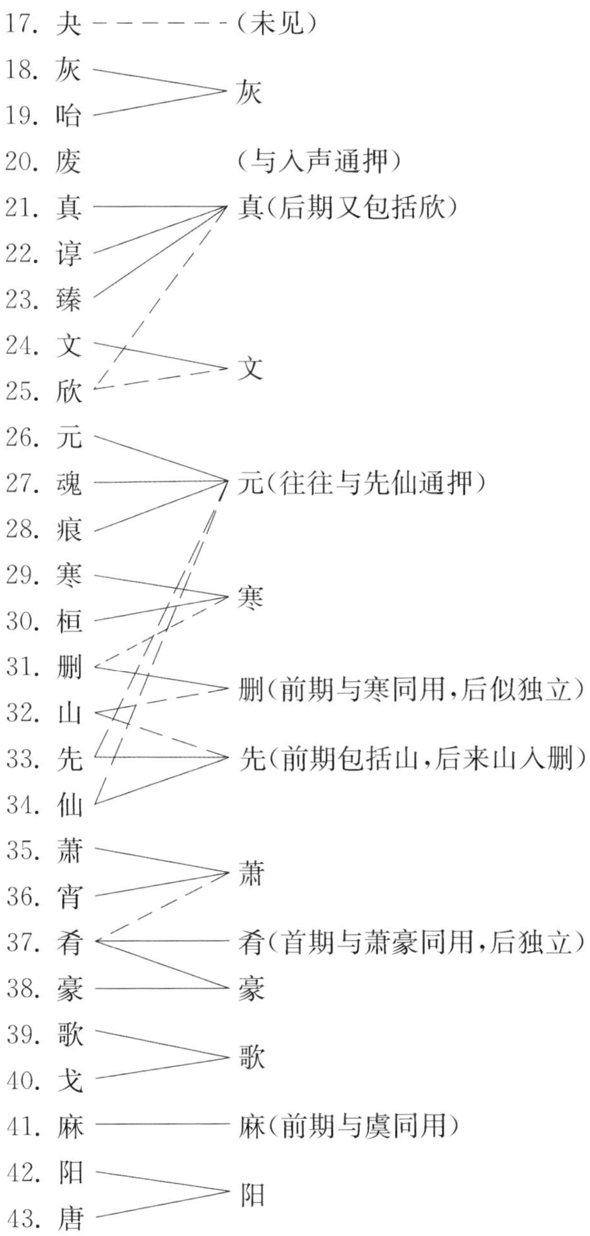
17. 夬 (未见)
18. 灰
19. 咍
灰
20. 废 (与入声通押)
21. 真
22. 谆
23. 臻
真(后期又包括欣)
24. 文
25. 欣
文
26. 元
27. 魂
28. 痕
元(往往与先仙通押)
29. 寒
30. 桓
寒
31. 删
删(前期与寒同用,后似独立)
32. 山
33. 先
34. 仙
先(前期包括山,后来山入删)
35. 萧
36. 宵
萧
37. 肴
肴(首期与萧豪同用,后独立)
38. 豪
豪
39. 歌
40. 戈
歌
41. 麻
麻(前期与虞同用)
42. 阳
43. 唐
阳

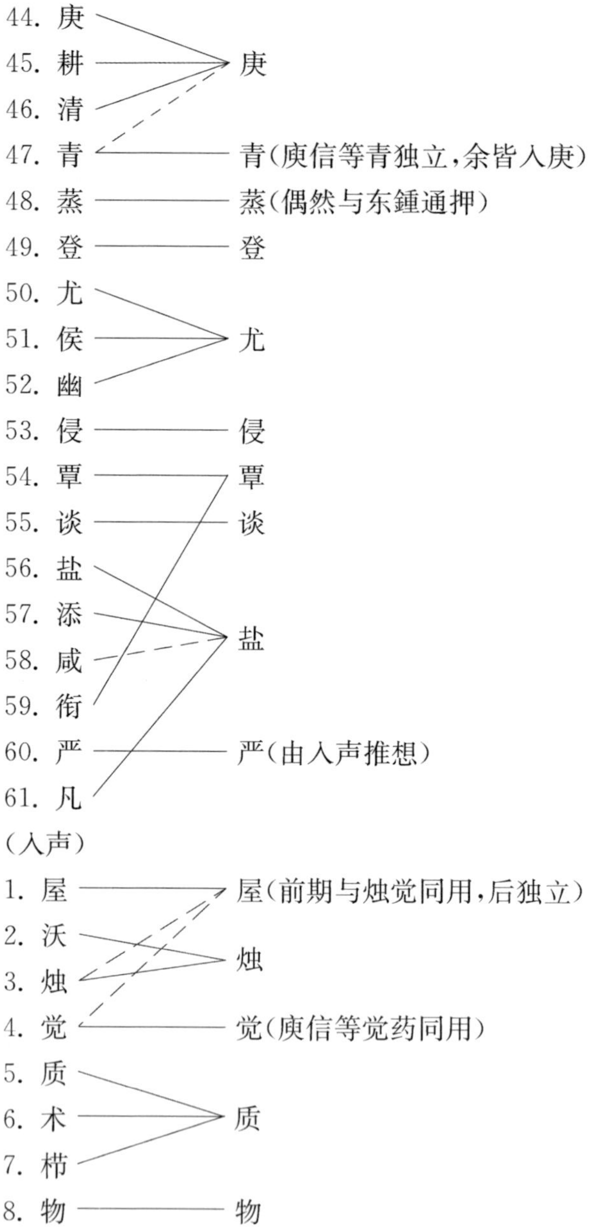
44. 庚
45. 耕
46. 清
47. 青
48. 蒸
49. 登
50. 尤
51. 侯
52. 幽
53. 侵
54. 覃
55. 谈
56. 盐
57. 添
58. 咸
59. 衔
60. 严
61. 凡
庚
青(庾信等青独立,余皆入庚)
蒸(偶然与东鍾通押)
登
尤
侵
覃
谈
盐
严(由入声推想)
(入声)
1. 屋
2. 沃
3. 烛
4. 觉
5. 质
6. 术
7. 栉
8. 物
屋(前期与烛觉同用,后独立)
烛
觉(庾信等觉药同用)
质
物

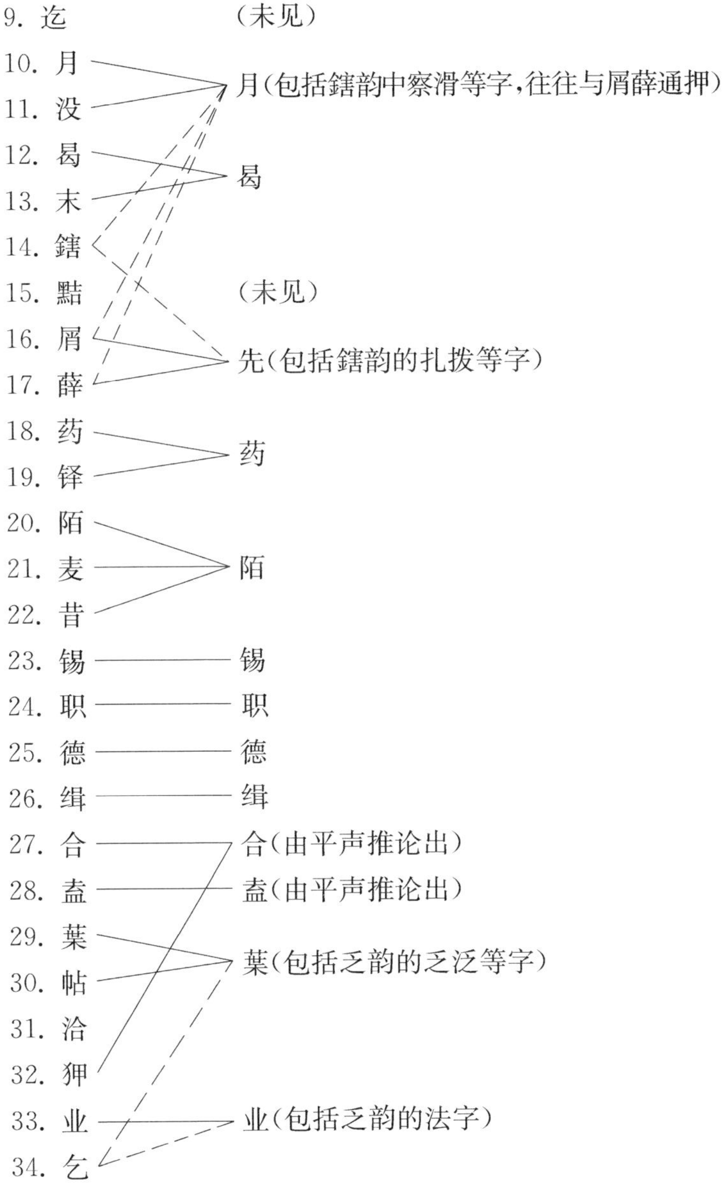
9. 迄
(未见)
10. 月
11. 没
月(包括鎋韵中察滑等字,往往与屑薛通押)
12. 曷
13. 末
曷
14. 鎋
15. 黠
(未见)
16. 屑
17. 薛
先(包括鎋韵的扎拨等字)
18. 药
19. 铎
药
20. 陌
21. 麦
22. 昔
陌
23. 锡
锡
24. 职
职
25. 德
德
26. 缉
缉
27. 合
合(由平声推论出)
28. 盍
盍(由平声推论出)
29. 葉
30. 帖
葉(包括乏韵的乏泛等字)
31. 洽
32. 狎
33. 业
业(包括乏韵的法字)
34. 乏

这张韵表，就其分合情况看来，比起诗人们的实际用韵来，是严了一点。而值得注意的是：(1) 它同六朝诸家韵书的分韵颇相近；(2) 它比《切韵》韵目少，而同《广韵》的同用倒有很多相合处。

根据六朝韵书和诗人用韵的情况看来，我们可以看出六朝音的一些特点：

首先，我们可以明显的发觉到，六朝的韵母系统，由于社会政治的大动乱、人口的大量流动等等原因，是大不同于上古期的。上古的文学语言语音系统遭到了破坏，则必须重新建立起一个新的文学语言的语音系统来。六朝音就基本上是由这个需要而逐渐发展起来的。这个音韵系统几乎把上古音变得"面目全非"了。就韵部言，由上古的两类双部到六朝的 36 类或者一百六七十部；就韵尾看，增加了许多开音节音，而形成了整齐的阴阳入三类韵，并且阳入开始相配了。

但，与此同时，六朝韵书的分韵，也显示出了准备期文学语言语音的粗疏性。当时，虽然客观上需要一个统一的文学语言的语音系统，但由于受到了客观条件的许多限制，如没有先进的语言学理论的指导，没有强有力的组织力量和领导力量，没有科学的审音工具，又短少精细的辨音能力等，所以这一时期的音韵系统是混杂的、粗疏的，而不够科学性、体系完整性。大音韵学家颜之推在《颜氏家训·音辞篇》里批评了当时流行的韵书，说"李季节著《音韵决疑》，时有错失，阳休之造《切韵》，殊为疏野"等等，就是对当时萌芽期的读书音的时弊而发的。后来，陆法言在《切韵序》中说"诸家取舍，亦复不同……吕静《韵集》、夏侯咏《韵略》、阳休之《韵略》、周思言《音韵》、李季节《音谱》、杜台卿《韵略》等各有乖互"，这也是不满前人分韵，责其粗疏的意思。

由于缺乏正确的理论指导，当时，人们对如何建立一个统一的文学语言的语音系统的认识是不足的。许多语音学家的韵书都是在自己方言官话的基础上掺杂了一些他方音及古音而成的。这样，就造成了诸家分韵参差不齐的局面。颜之推指责他们“各有土风，递相非笑，指马之谕，未知孰是”“著述之人，楚夏各异”，陆法言指出“江东取韵与河北复殊”等等，都是对此而言的。应该说，以活的口语，以方言为基础，来做韵书，这个观点原是无可厚非的。但文学语言要求普遍性、统一性，他们没有考虑到在当时历史条件下，要做到这一点，以方言官话来做标准音是根本行不通的。（要知道，这只有在社会政治、经济、文化高度集中的条件下才有可能。）所以，这些韵书并没有真正起着正音的作用。诗人们用韵还是各有各的一套。庾信是南（新野）人，他的青独立，而江归阳；卢思道是河北范阳人，他的青就与庚耕清混，江不归阳。所以，难怪后人要批评六朝韵书为“全无引据，过伤浅局，诗赋所须，卒难为用”①。

总之，六朝音是代表中古准备期的语音的，由于它的萌芽期的粗疏性，使它不能真正充当文学语言语音的规范工具。不过，它倒底还是为中古文学语言语音系统——《切韵》的出现作好了各方面的准备。六朝韵书是诞生《切韵》的产婆。

以方言官话为基础的文学语言语音系统既然建立不起来，那么，这一时期的文学语言语音系统应该建立在怎样的基础上呢？颜之推在《音辞篇》中指出：“共以帝王都邑，参校方俗，考核古今，为之折衷。搉而量之，独金陵与洛下耳。”的确，这个“参校方俗，考核古今，为之折衷”的观点是符合时俗要求的。只有这样，才能一统诸说之纷纭，建立起普遍的统一的文学语言的语音系统来。陆法言就在这样的思想指导下，在公元601年完成了音韵史上有特殊意义的“因论南北是非，古今通塞，欲更捃选精

---

① 潘徽《韵纂序》，见《隋书・文学传》。

切，除削疏缓”的杰作——《切韵》。从而使当时隋代不仅在政治上统一了南北中国，而且在文化上，文学语言的标准音上也统一了南北。《切韵》一书在很长的一段历史时期里，一直为“时俗所重，以为典规”[①]。

根据王仁煦《刊谬补缺切韵》，以及其他材料[②]，可以知道《切韵》的内容是：

1．以平上去入分卷，平声又分上下，共五卷；

2．平声上分 26 韵，平声下分 28 韵，上声 51 韵，去声 56 韵，入声 32 韵，共 193 韵；

3．所收字数在一万二千左右。

陆法言虽然集六朝韵书之大成，尽采了萧、颜等八人之意，“捃选精切，除削疏缓”“剖析毫厘，分别黍累”而建立了《切韵》系统，但仍不免陷于“疏缓”。要成为一个真正的具有科学体系的语音系统，还是需要不断的修正的，于是，从《切韵》到《广韵》，经过了四百多年的不断丰富，严密和修正工作，这就是韵书的成熟期，它培育了中古的文学语言语音系统。

自公元 601 年到公元 1008 年《广韵》修成，这四百零七年间，参加修订的知名的语音学家就有李舟、僧智猷、王仁煦、孙愐、长孙纳言、裴务齐、沙门清澈、郭知玄、李审言、谢晖等数十人，著名的著作有李舟《切韵》、王仁煦《刊谬补缺切韵》、孙愐《唐韵》、长孙纳言笺注《切韵》等数十种。这些学者及其著作从不同方面修订、补充或改写了《切韵》一书，使之更趋完备。修订范围大至整个体系的调整，小至个别切语订正。总的说来，下列两方面工作对于《切韵》体系的科学化是有意义的。

一方面是韵部的不断细密化。《切韵》共 193 韵，王仁煦在《刊

① 王仁煦《刊谬补缺切韵序》。

② 参看《十韵汇编》。

谬补缺切韵》的平声严韵后的上去声空格里，加上了上声俨、去声酽，使这一组韵配成了一套。到了唐天宝十载，即公元751年，孙愐在《唐韵》里更从真、歌、寒三组中分出开合两类，计增加了十一类(歌组无入声)[①]：

真	真、谆
轸	轸、準
震	震、谆
质	质、术
寒	寒、桓
旱	旱、缓
翰	翰、换
末	曷、末
歌	歌、戈
哿	哿、果
箇	箇、过

后来，《广韵》就根据这些意见，将韵分作206部。

当然，这里需要说明的是，韵的数目的多少，并不一定影响到韵母的数目。《切韵》和《广韵》，韵的数目是不一样的。后者要比前者多13韵，然而它们的韵母系统基本上还是一致的。这里面只有粗细之别。如少数几个字并入邻韵，开合口不分，则为《切韵》，精选细分一下，则为《广韵》。所以，我们说《切韵》系统，也可以指《广韵》。

《切韵》修订工作的另一面，是韵次的调整。前已说过，汉语收尾辅音的演化，汉魏以降，入声韵已和阳声韵整齐相配。但直到陆法言，所有韵书中还不能揭示出这一事实，没有将入声诸韵的部次各自和平上去的阳声韵次序相配合，而阳声韵本身的排列，也比较混乱。如《切韵》的入声药铎在帖缉之后，职德在业乏之前，不与阳声的平上去相配；而平声的覃谈在阳唐之前，蒸登居盐添之后；去声的泰韵又在霁前等等。这在唐人李舟的《切韵》中，才开始调整这种混乱的韵次。他一方面以耕清青和蒸登为次，以覃谈和侵添诸韵为次，使阳声韵的-m、-ŋ两类不相混杂；另一方面又以药铎和阳唐，职德和蒸登，以次相配，而上声末了四韵以豏槛俨范为次，去

① 孙愐还将齐韵中分出“栘”“臡”二字，在齐韵后独立成栘韵，《广韵》不取。

声以陷鉴酽梵为次，入声以洽狎业乏为次，这样就同平声的咸衔严凡相配了。所以，王国维指出："诸以声类相近为次，又平上去入四声相配秩然，乃李舟《切韵》之一特色。"[①]后来，《广韵》就基本上采纳了这些意见。

1008年出书的《大宋重修广韵》总结了前人的意见，修订了《切韵》。这本书的主要内容有：

1. 同《切韵》一样，平声分上下两卷，上去入各一卷，共五卷。

2. 与《切韵》比较，《广韵》多了13韵，计平声上28，平声下29，上声55，去声60，入声34，共206韵。

3. 收字凡26 194，注191 692字。

从《切韵》到《广韵》，中古文学语言的语音系统发展到了最高峰。但到了《广韵》时代，实际语音同《广韵》系统的矛盾更大了。《广韵》系统是六世纪以前的"古今南北"之音，当《切韵》尚未成为《广韵》的样子时，它没有后来那么样的细密，但那时的"属文之士，苦其苛细"了[②]。到了四百年后的《广韵》时代，这个矛盾可想而知了。一般读书人、知识分子在属文作诗时，是没有办法遵照这越来越僵死化了的脱离口语的文学语言语音系统的。所以，《广韵》虽分韵206，但它同时又因为作文应试之用，因为实际音读的显著变化，就不得不在审音之后，又规定了窄韵通用之例。王应麟在《玉海》卷四十五中说："景德四年，龙图待制戚纶等，承诏详定考试声韵。纶等以殿中丞丘雍所定《切韵》同用、独用例，及新定条例参正。"现今所传《广韵》，在韵目下注明了"同用""独用"，"同用"的韵就是当时在作文应试上可以通用的。《广韵》的同用独用表是这样

① 王国维《李舟切韵考》，《观堂集林》卷八。

② 唐封演《闻见记》："隋陆法言与颜、魏诸公定南、北音，撰为《切韵》，凡一万二千一百五十八字，以为文楷式，而先、仙、删、山之类，分为别韵；属文之士，共苦其苛细。"

的（以平声赅上去入）[①]：

东独用　冬鍾同用　江独用　支脂之同用　微独用　鱼独用　虞模同用　齐独用　佳皆同用　灰咍同用　真谆臻同用　文独用　欣独用　元魂痕同用　寒桓同用　删山同用　先仙同用　萧宵同用　肴独用　豪独用　歌戈同用　麻独用　阳唐同用　庚耕清同用　青独用　蒸登同用　尤侯幽同用　侵独用　覃谈同用　盐添同用　咸衔同用　严凡同用

这样，206韵实际上合并成115部了。这就是《切韵》系统改良期的开始。

《广韵》定出了同用独用之例，但仍是不能适应时俗要求。于是此后不久，在公元1037年，又将《广韵》里所注明的独用之韵改并十三处，这就是《礼部韵略》和《集韵》的韵目。现在，我们将这个改并列成下表：

考定《广韵》旧第		《集韵》改并
一	20 文独用 21 欣独用	20 文与欣通 21 欣
二	24 盐添同用 25 添 26 咸衔同用	24 盐与沾、严通 25 沾 26 严
三	27 衔 28 严凡同用 29 凡	27 咸与衔、凡通 28 衔 29 凡

① 今传《广韵》各本，已经各人窜改，同用独用例颇有不同处。后经顾炎武、戴震等人的校订，才成现在这个样子，得见《广韵》旧目。戴震《考定〈广韵〉独用同用四声表》，见《声类考》卷二。

续 表

考定《广韵》旧第		《集韵》改并
四	18 吻独用 19 隐独用	18 吻与隐通 19 隐
五	50 琰忝同用 51 忝 52 豏槛同用	50 琰与忝、俨通 51 忝 52 俨
六	53 槛 54 俨范同用 55 范	53 豏与槛、范通 54 槛 55 范
七	18 队代同用 19 代 20 废独用	18 队与代、废通 19 代 20 废
八	23 问独用 24 焮独用	23 问与焮通 24 焮
九	55 艳㮇同用 56 㮇 57 陷鉴同用	55 艳与㮇、验通 56 㮇 57 验
十	58 鉴 59 酽梵同用 60 梵	58 陷与鉴、梵通 59 鉴 60 梵
十一	8 物独用 9 迄独用	8 勿与迄通 9 迄
十二	29 葉帖同用 30 帖 31 洽狎同用	29 葉与帖、业通 30 帖 31 业
十三	32 狎 33 业乏同用 34 乏	32 洽与狎、乏通 33 狎 34 乏

《集韵》的这个改并工作，多少也反映了语音的变迁。但它还

不脱《广韵》的 206 韵的窠臼。到了宋金之季，韩道昭才在《五音集韵》(1211 年)中正式多取《广韵》同用之例，合并了四十六部，成 160 韵。① 于是《广韵》韵目才开始大变。再往后，在金人统治下的北方文化中心——平水地方开始盛行着一种科举考试用的“平水韵”。今传的平水韵有王文郁的 106 韵和刘渊的 107 韵。107 韵是根据《集韵》同用之例并合，再加上上声径证嶝的归并而成的；而 106 韵则又加上了上声迥拯等的归并。这平水韵，就是历来所谓之诗韵。直到今天，我们在做旧体诗词时，就是参考这平水韵的。②

从《广韵》到平水韵，由 206 部到 106 部，这是由于实际语音的大变，迫使韵书不断地改良的具体历程。但是，改良总归解决不了问题；终于，新的符合于实际口语音读的文学语言语音系统——《中原音韵》的语音系统则最后代替了《切韵》，这是历史发展的必然结果。任何力量都不能阻止历史的进程。有些复古主义者，死抱住《切韵》，只不过是堂吉诃德式的英雄罢了。

---

① 并合的四十六部是：

平声 支之合于脂，佳合于皆，臻合于真，删合于山，仙合于先，萧合于宵，耕合于庚，幽合于尤，谈合于覃，添合于盐，衔合于咸，严合于凡。

上声 纸止合于旨，蟹合于骇，潸合于产，铣合于狝，篠合于小，耿合于梗，黝合于有，敢合于感，忝合于琰，槛合于豏，俨合于范。

去声 寘志合于至，卦夬合于怪，裥合于谏，霰合于线，啸合于笑，映合于诤，幼合于宥，阚合于勘，㮇合于艳，鉴合于陷，酽合于梵。

入声 栉合于质，黠合于鎋，屑合于薛，麦合于陌，盍合于合，帖合于葉，狎合于洽，业合于乏。

② 刘渊《壬子新刊礼部韵略》并《广韵》206 韵为 107 韵，计得平上去各 30，入声 17。今举平声 30 韵如下：

一东 二冬 三江 四支 五微 六鱼 七虞 八齐 九佳 十灰 十一真 十二文 十三元 十四寒 十五删 十六先 十七萧 十八肴 十九豪 二十歌 二十一麻 二十二阳 二十三庚 二十四青 二十五蒸 二十六尤 二十七侵 二十八覃 二十九盐 三十咸

(二)《切韵》系统的韵类及其音值

我们虽然知道了《切韵》系统的分韵情况，但对《切韵》的韵类还是一无所知。韵书中的所谓韵，只不过是指韵母中的韵腹(主要元音)和韵尾而已。至于韵头，它是可以不管的。而韵母，则一定要把韵头也放在里面。所以《切韵》中的一个韵，可以是一个韵母，如江韵；但也可以是二个韵母，如东韵；也可以有三个韵母，如麻韵，等等。可见，《切韵》系统以韵计算是206，如果以韵类计算，则一定不是206。

那么，《切韵》的韵类是多少呢？要知道《切韵》的韵类，还是根据陈澧的反切系联法，将《广韵》中的反切下字以叠韵关系系联起来，系联的结果，我们知道了《切韵》音系的韵类有333类。

知道了《切韵》系统的韵类，还必须进一步了解这些韵母的实际音值。而为了求得这些韵母的音值，首先还必须利用等韵学的成就来分析这些韵母，分析它们之间的关系，它们在韵图里的位置，然后，可能进一步拟构这些音。

那么，等韵学是怎样分析《广韵》的韵的呢？首先，等韵学有所谓“转”和“摄”的范畴。“转”，就是把诸韵母以它们的主元音相同或相近的合并成转。它抽取了韵母中的重要共性将它们归类，它是比韵母有更大的范围的韵的类别。而摄，则更是进一步归并了邻近的几个转。《韵镜》《七音略》将所有《广韵》韵类并为四十三转，而四声等子以后，更将四十三转归并为十六摄。总之，韵、转、摄之间的关系可以用下表来说明：

四声等子	《韵镜》	《广韵》(以平赅去上入)
通　摄	第 1—2 转	东冬锺
江　摄	第 3 转	江
止　摄	第 4—10 转	支脂之微
遇　摄	第 11—12 转	鱼虞模
蟹　摄	第 13—16 转	齐佳皆灰咍祭泰夬废
臻　摄	第 17—20 转	真谆臻文欣魂痕
山　摄	第 21—24 转	元寒桓删山先仙
效　摄	第 25—26 转	萧宵肴豪
果　摄	第 27—28 转	歌戈
假　摄	第 29—30 转	麻
宕　摄	第 31—32 转	阳唐
梗　摄	第 33—36 转	庚耕清青
曾　摄	第 42—43 转	蒸登
流　摄	第 37 转	尤侯幽
深　摄	第 38 转	侵
咸　摄	第 39—41 转	覃谈盐添咸衔严凡

“转”“摄”之对于我们的意义是在于：认识“转”“摄”内之诸韵母的共性——主元音相同或相近，认识它们之间的联系。

其次，等韵家又将诸韵母以有无 w 介音为准归为两类，有 w 介音的韵叫合口韵，否则，就是开口韵。

凡开合具备的韵为合韵，只有开口或合口的叫独韵。独韵和合韵的韵摄分配是这样的：

合　韵	止蟹臻山果假宕曾梗咸
独　韵	通江遇效流深

这里特别需要指出的是咸摄。按理说，这一摄因受收尾音 m 的异化作用，是不会有合口的。陆法言的原本《切韵》上，严凡业乏的区分，大概是不同的音，并不是开合的关系。这个不同，可能是

方言差异的缘故。但它们在唐宋以后的等韵书中，却明明又是开合关系。如《七音略》把严列在重中重(开)，凡列在轻中轻(合)。然而奇怪的是：何以这一摄别的韵没有开合，而唯独严凡有开合呢？这个问题至今尚未有圆满的答案。我们姑且保持等韵旧说，拟严凡为开合，把这一摄归入合韵类。

更重要的是等韵家提出了"等"的概念。前已说过，所谓等，是指音的洪细。这个概念的提出，远在唐代。敦煌发现了《守温韵学残卷》中就有所谓"四等轻重例"，后来在等韵书中就正式运用了这一析音的范畴。韵图把韵列入一定的等列之中，指示了我们对音的洪细的认识。但由于有许多声母在同一直行发生不同类而互补的情况，如精系与照系，这样，就产生了一个格子里有二个以上的韵，于是，韵图就造成了混乱，同时，韵图是代表唐宋以后的音的，《切韵》音同它也颇有出入。许多原因，就迫使我们不得不给《切韵》的韵类重新列等。

《韵镜》中韵的分等是这样的：

一	东　冬　　　　　　　　　模　哈　灰　　　泰痕　魂　　　　寒桓豪
二	(东)(锺)江(支)(脂)(之)　(鱼)(虞)皆(夬)　佳(臻)　　　　山　删　肴
三	东　锺　支　脂　之微(废)鱼　虞　咍齐(祭)　真　谆欣文　元　仙　宵
四	(东)(锺)　(支)(脂)(之)　(鱼)(虞)　齐　祭　(真)(谆)　(仙)先　萧
一	歌戈　唐　　侯　　　　　覃谈　　登
二	(麻　阳)庚耕　(尤)　(侵)咸衔　(蒸)
三	戈麻　阳　庚清　尤　　侵　盐严凡　蒸
四	宵　(麻)(阳)　(清)青(尤)(幽)(侵)添盐　(蒸)
附注：凡在二四等的韵目上打括弧的，表示那些韵原则上不该在那里有字，现在有，是因为韵图编排关系挤过来的。三等韵的几个去声韵是插入其他韵里的。	

上表的一等和没括弧的二等没有问题，《切韵》时代仍是这样。问题就出在三四等上。

三等中有微废欣元庚，严凡诸韵，它们只在三等，这一类，我们管叫做“纯三等韵”。其余的韵，它们在韵图里的位置，分别在二、三、四等：

一					
二			照穿床审		
三帮滂並明	知彻澄娘	见溪群泥	照穿床审禅	影晓　匣	来日
四帮滂並明		见溪群泥	精清从心邪	影晓　喻	

根据它们同声母相结合的情况，我们可以把这些韵分为三类。一类是东$_{3}$锺虞戈阳尤等韵，它们大都是知照$_{2}$来等母的韵，就反切系统看，它们和“纯三等韵”有同样的性质，我们管叫它们为“三等$_{(1)}$韵”。第二类是之鱼麻蒸等少数几个韵，它们大都是精照$_{3}$日等母的韵，它们实际上是具有四等性质的细音，我们叫它为“三等$_{(2)}$韵”。而第三类包括了支脂祭真谆仙宵侵清盐等韵，它们的喉牙唇音三四等重出，我们叫做“三四等合韵”。它们具备了“三等$_{(1)}$韵”和“三等$_{(2)}$韵”两种性质，其中喉牙唇音重纽的在韵书四等，则性质同“三等$_{(2)}$韵”；其他的，则同于“三等$_{(1)}$韵”。

留下来的韵书中的四等韵还剩下了齐先萧青添几个韵。它们在韵图中虽然在四等，但实际上，它们在《切韵》时代并不是四等韵。它们的反切上字，完全不同于“三四等合韵”，祭仙宵侵盐的细音切语，而是采用了一二等洪音的一套。如：

韵	齐	先	萧	青	添
例字	鸡	坚	骁	经	兼
反切	古奚切	古贤切	古尧切	古灵切	古甜切

韵	祭	仙	宵	清(静)	盐
例字	猘	甄	骄	颈	检
反切	居例切	居延切	举乔切	居郢切	居掩切

齐韵一系反切上字用的是古类洪音，而祭类一系则全是去类细音。而我们知道，四等的音一定比三等还细。但齐韵系却为何反而洪起来呢？解释只有一个：《切韵》时代这些韵并不是真正的四等，而到唐宋以后才变成细音入四等的。以《切韵》音的立场说话，我们管它们叫"假四等韵"。（有些学者称为"纯四等韵"，我们认为这一术语会引起误会的，今不采。）[①]

总结以上，我们可以将《切韵》系统的韵母等列表改成这样[②]：

等	韵(以平赅上去入)
一等	东$_{1}$冬模咍灰泰痕魂寒桓豪歌戈$_{1}$唐侯覃谈登
二等	江皆佳山删肴夬麻$_{2}$庚$_{2}$耕咸衔
三等$_{(1)}$(纯三等)	微废欣元庚$_{3}$严凡(纯三等)东$_{3}$锺虞戈$_{3}$阳尤(三等$_{(1)}$)
三等$_{(2)}$	之鱼麻蒸咍(咍只有上声韵字)
三四等合韵	支脂祭真谆仙宵佳清盐
假四等	齐先萧青添

我们把韵母分等，目的是要肯定它们发音的部位情况。一般说来，一二等韵洪大，则决无 i 介音。而一二等之间的大小就在于前者偏后偏低，而后者偏前偏高。如同是[a]类韵，则一等是 ɒ、ɑ，二等是 ɐ、a；而三等的几类为细音，有 i 介音。而且，这里面还有细与尤细之别。三等$_{(1)}$纯三等以及三四等合韵中一部分稍弘，有 ɪ 介音。它们的主元音则比二等稍前稍高一些，是 æ、ɛ，其余的三等

① 假四等韵后来的确产生了 i 介音，同三四等合韵合流了。今方言中已无区别。这个变化过程在唐宋时期已大致完成。它们的演变大势先是主元音的分裂：ɛ>eɛ>iɛ，然而再由于向三四等合韵的模仿作用而成了与其合流了：

先 ɛn>eɛn>iɛn(仿效山 iɛn>ian)>ian

齐 ɛi>eɛi>iɛi(仿效祭 iɛi)>iei>i

萧 ɛu>eɛu>iɛu(仿效宵 iɛu)>iau

青 ɛŋ>eɛŋ>iɛŋ(仿效清 iɛŋ)>iəŋ>iŋ

添 ɛm>eɛm>iɛm(仿效盐 iɛm)>iam>ian

② 这个四等韵母借用三等反切下字，以后凡遇见三等跟四等切下字混乱的时候，都在代表字上加(　)号。

则更细一点，有 i 介音。至于假四等，它们是洪音，没 i 介音。但它们同三四等合韵关系很密切。所以它们是 ɛ。

分析韵母的韵尾，对构拟工作也很重要。前人根据收尾音的性质不同而把《切韵》分成三种韵，即阴声韵、阳声韵和入声韵。阴声韵就是元音收尾的开尾音，它们没有入声相配，而包括了止遇蟹效果假流等摄的韵；阳声韵是收鼻韵尾-m、-n、-ŋ 的韵，包括通江臻山宕梗曾深咸等摄的韵；在这些摄里还有同阳声相对的入声韵，它们的韵尾是-p、-t、-k。

根据以上构拟原则，参考了现代方言、别国译音及历史音韵的材料，我们把《切韵》韵母的音值拟订成如下表(见插页)。

对于这表以及各韵母的拟音，我们还分别作如下简单的说明：

1. [a]类的韵摄——蟹咸山梗宕效果假

(1) 蟹摄

等	韵目	韵母	音值
一等	咍海代	来亥代	ɒi
	灰贿队	回罪对	wəi
	泰开	盖	ɑi
	泰合	外	wɑi
二等	皆骇怪开	皆骇拜	ɐi
	皆　怪合	怀　怪	wɐi
	佳蟹卦开	佳蟹懈	æi
	佳蟹卦合	娲夥卦	wæi
	夬开	犗	ai
	夬合	夬	wai
纯三等	废开	肺	ɪɐi
	废合	废	ɪwɐi

三四等	祭开	例	ɪɛi
	祭合	卫	ɪwɛi
	［齐］［海］祭开	［栘］［茝］制	iɛi
	祭合	芮	iwɛi
假四等	齐荠霁开	奚礼计	ɛi
	齐　霁合	携　惠	wɛi

这一类是阴声韵，从现代方言看来，它们应该是［a］类韵，复元音，带 i 韵尾。我们可以依据一般原则将诸韵音值拟订如上。需要说明的是：咍灰在《切韵》系统里并不是开合的关系。理由是：《切韵》同等开合唇音字不重出，但咍灰是例外。唇音一等字已有撮口势了，这样再分开合口，这是难以想象的。李季节《韵略》中虽是咍灰合韵，但那时候，这两类韵还不一定是［a］类韵。那时的民歌，如《华山畿》《读曲歌》《莫愁乐》等，还都是之咍合韵。大家知道，之乃是［ə］类的高元音韵。所以，我们不把咍灰拟为开合关系。

（2）咸摄

一等	覃感勘合	含感绀合	ɒm、ɒp
	谈敢阚盍	甘敢滥盍	ɑm、ɑp
二等	咸豏陷洽	咸减陷洽	ɐm、ɐp
	衔槛鉴狎	衔槛鉴甲	am、ap
纯三等	严俨酽业	严广欠业	ɪɐm、ɪɐp
	凡范梵乏	凡犯剑法	ɪwɐm、ɪwɐp（?）
三四等	盐琰艳葉	廉检验辄	ɪɛm、ɪɛp
		（廉）[(1)]琰艳涉	iɛm、iɛp
假四等	添忝㮇帖	兼忝念协	ɛm、ɛp

这一摄同蟹摄一样，四等俱全。主要元音属［a］类。按理说，本摄因收尾音-m 的异化作用，不可能有合口。然严凡似乎是例

外。(参上说)就早期韵图看,覃咸为一转,谈衔为一转,现在吴语如宁波话中覃谈还有分别。故我们一订为 ɒ,一订为 ɑ。

(3) 山摄

一等	寒旱翰曷开	干旱旰割	ɑn、ɑt
	桓缓换末合	官管贯括	wɑn、wɑt
二等	删潸谏鎋开	奸(赧)晏鎋	ɐn、ɐt
	删潸谏鎋合	还板患刮	wɐn、wɐt
	山产裥黠开	闲限苋黠	an、at
	山产裥黠合	顽(绾)幻滑	wan、wat
纯三等	元阮愿月开	言偃建竭	ɪɐn、ɪɐt
	元阮愿月合	袁阮愿月	ɪwɐn、ɪwɐt
三四等	仙狝线薛开	延辇扇(列)	ɪɛn、ɪɛt
	仙狝线薛合	员(免)恋劣	ɪwɛn、ɪwɛt
	仙狝线薛开	连善战列	iɛn、iɛt
	仙狝线薛合	缘兖绢悦	iwɛn、iwɛt
假四等	先铣霰屑开	前典甸结	ɛn、ɛt
	先铣霰屑合	玄泫县决	wɛn、wɛt

这一摄的型式与前同。现代方言山咸已相混。证明了它们也是[a]类韵。我们照一般原则作如上拟订。但删山的分别,方言中已没有痕迹。根据下列理由,我们把删订为 ɐ,山订为 a:

第一,韵书中删靠近寒桓(后元音),山靠近先仙(前元音);

第二,《韵镜》《七音略》明显地把[a]类韵中的二等韵分成两组:

甲:佳　衔狎　山黠　庚陌

乙:皆　咸洽　删鎋　耕麦

第三,从上古来源看,删仅与寒桓元等韵押韵成谐声,山则多与"真痕蒸登诸韵"字接触。

另外，假四等韵与喉牙唇音相拼，不会有合口，它们的合口，是假合口，是声母的唇化或撮化造成的。而山韵与先韵关系极密，我们把它们的合口也拟成假合口。

(4) 宕摄、梗摄

一等	唐荡宕铎开	郎朗浪各	ɒŋ、ɒk
	唐荡宕铎合	光晃旷郭	wɒŋ、wɒk
三等(1)	阳养漾药开	良两亮略	ɪɑŋ、ɪɑk
	阳养漾药合	方往放缚	ɪwɑŋ、ɪwɑk
二等	耕耿诤麦开	耕幸迸革	ɐŋ、ɐk
	耕　麦合	宏　获	wɐŋ、wɐk
	庚梗映陌开	庚梗孟格	aŋ、ak
	庚梗映陌合	横矿横获	waŋ、wak
纯三等	庚梗映陌开	京影敬戟	ɪæŋ、ɪæk
	庚梗映陌合	兵永病(戟)	ɪwæŋ、-(?)
三四等	昔合	(役)	ɪwɛk
	清静劲昔开	盈郢正益	iɛŋ、iɛk
	清静　合	营顷　役	iwɛŋ、iwɛk
假四等	青迥径锡开	经挺定历	ɛŋ、ɛk
	青迥径锡合	迥　阒	wɛŋ、wɛk

这两个收-ŋ的摄合起来，近于前述收-m的咸摄，或收-n的山摄。不过，这中间还有不同之处。这不同表现在：(一) -ŋ摄没有相当于纯三等的严 ɪɐm、元 ɪɐn，而归并在庚韵里了。庚三等只有喉牙唇音，跟严元不同类，而与清韵关系很密切。清系的三等喉牙唇音都跑到庚$_3$中去了。所以，我们就把庚$_3$拟成 æ 类。(二) 多了一个阳韵系，它七音具足，开合具备，韵图中与唐配为一转。阳

与唐很接近，现代方言中也有证据，它们是[a]类韵，这是显而易见的，但也有些方言是作为后高元音的（如广州作 o，福州作 ou，吴语作 ɔ）。所以，我们用折中的办法将阳拟为 ɑ，唐拟为 ɒ。

宕摄是[a]类韵，梗摄也应该是[a]类韵。从上古来源看，它们也是非常密切的。但据现代方言，梗摄字多读成 ə、e、i、a 等，而有一些方言如吴语、客家、闽粤语与若干官话方言中，更是 ə（或 e、i、ei）、a 两读。前者与曾、臻摄字混，后者则与宕摄字混。由此可见，它们应当是一个近于[a]类而容易变 ə、e 或 i 的元音。从《韵镜》《七音略》把 a 类二等韵分作两组看，我们就定耕为 ɐ，庚为 a。

（5）效摄

一等	豪皓号	刁皓到	ɒu
二等	肴巧效	交巧教	ɐu
三四等	宵小笑	娇小召	ɪɛu
	宵小笑	遥沼笑	iɛu
假四等	萧篠啸	聊了弔	ɛu

本摄是[a]类韵，有很多方言的根据。豪韵系在现代方言中大都作 ɒ、ɔ、o、u。所以，根据语音发展的一般规律，满可以把中古的豪拟为 ɒu。

（6）果摄、假摄

一等	歌哿箇	何可箇	ɒ
	戈果过	禾果卧	wɒ
二等	麻马祃开	加下驾	a
	麻马祃合	瓜瓦化	wa
三等（1）	歌	（伽）	ɪɑ
	歌	（靴）	ɪwɒ
三等（2）	麻马祃开	遮者夜	ia

果摄字从多数方言看，总是读后高元音。不过，朝鲜、日本、安南的译音都作[a]类元音。况且，六朝以来，往往用歌韵字对译梵文[a]类字。显然，现代方音乃是元音高化的结果。

假摄同果摄恰为互补。麻$_2$ 在唐朝是近于佳韵的，今方言都读作[a]类。麻$_2$、麻$_3$ 韵书不分韵，则它们的主元音必然是极近似，甚至可以说是相同的了。

另外，歌韵里又有几个后起的外国译音字。(伽)字在切三作"无反语，噱之平声"。噱是药韵开口字，前已假定为 ɪɑk，那末它的平声就是 ɪɑ 了。另一"靴"字，《切三》收在歌韵里，作"无反语"。这字凭谐声是合口的，《广韵》在这韵母下又加了几个等韵中的合口三等字，故我们暂把它们拟为 ɪwɒ。

2. [ə][e]类的韵摄——止臻深曾

(1) 止摄

三四等	支纸寘开	宜绮(义)	ɪei
	支纸寘合	为委伪	ɪwei
	支纸寘开	支氏义	iei
	支纸寘合	(为)弭(伪)	iwei
	脂旨至开	夷几利	ɪĕi(>ɪ)
	脂旨至合	追鄙位	ɪwei
	脂旨至开	脂姊至	iĕi(>i)
	脂旨至合	佳癸醉	iwĕi
纯三等	微尾未开	希岂既	ɪəi
	微尾未合	非鬼贵	ɪwəi
三等(2)	之止志	之里吏	i(ĕ)、i(əi)

这一摄韵没有一二等韵。它们在今天方言里，几乎都读成 i

(或 ei)了。中古译音也帮不了忙。这是上古语音的遗迹。于是，就不得不借重于上古音了。支脂之微在上古不同韵，而同一型式。因此，它们发展到中古，很可能(一) 都因辅音尾脱落为收 i(j 化作用的结果)；(二) 都有介音 ɪ(或 i)；(三) 主元音位在合口 w 之后。在上古，这些韵是同入声相谐的：

支　配　陌$_3$　昔(《切韵》音上文作 ɪæk、iět)

脂　配　质(《切韵》音下文作 ɪĕt、iět)

之　配　职(下文作 iĕk)

微　配　迄(下文作 ɪət)

根据这种情况，再辅以其他材料，《广韵》中支脂之同用，不与微混。所以，我们暂把前者拟为 e，也许径自变了 i；而微拟为 ə。

(2) 臻摄

一等	痕很恨(没)	开	痕很恨(没)	ən、ət
	魂混慁没	合	昆本困没	wən、wət
纯三等	殷隐焮迄	开	斤谨靳迄	ɪən、ɪət
	文吻问物	合	云粉问勿	ɪwən、ɪwət
三四等	真轸震质	开	巾(忍)(刃)乙	ɪĕn、ɪĕt
	谆準稕术	合	(伦)殒 律	ɪwĕn、ɪwĕt
	真轸震质	开	邻忍刃质	iĕn、iĕt
	谆準稕术	合	伦尹闰聿	iwĕn、iwĕt
	臻　栉		臻　瑟	ɪĕn、ɪĕt

上述诸韵，在早期韵图中，痕魂殷文是一个系统，臻真稕又是一个系统。所以，我们以为前者是同一主元音，而后者是又一主元音。由于殷文是纯三等韵，介音为 ɪ，故主元音拟为松的 ə。而真稕等则为紧的 ĕ。

臻栉实在可以并入真质。臻栉两韵只有照$_2$ 系字，而真质刚好在同一等列中缺这一些字。真韵的上去声韵中有照$_2$系字，而臻栉刚好没上去声韵。它们成为互补的关系。所以说，臻栉可以并入真质，为同音。

（3）深摄

三四等	侵寝沁缉	金锦禁立	ɪěm、ɪěp
	侵寝沁缉	林荏鸩入	iěm、iěp

侵跟真，它们在现代方言里完全相并行，或完全相同。它们的格式又都是七音具足；三四等重出，重唇音在今音不变轻唇。我们就把侵拟成 ě，与真（ě）相当。

（4）曾摄

一等	登等嶝德开	登等邓则	əŋ、ək
	登　德合	肱　或	wəŋ、wək
三等$_{(2)}$	蒸拯证职	陵拯证力	iěŋ、iěk
	职	逼	iwěk

这摄字在现代北方方言中与梗摄字相混了。梗摄在今方言有两读的，（参前）但曾摄决无 a、e 两读，而总是读 e。又从《切韵》体系中看，蒸系韵尾又与侵真系相当，恰好配成-m、-n、-ŋ。那么，它们的主元音也可能都是 ě。它们的不同之点就在于蒸系不是三四等合韵，喉牙唇音三四等不重出。

3. 后元音的韵摄——流遇通江

（1）流摄

一等	侯厚候	侯后候	əu
三等$_{(1)}$	尤有宥	鸠九救	ɪəu
三等$_{(2)}$	幽黝幼	幽黝幼	iěu

多数现代方言，指明流摄的主元音是 u，而且在 u 前还有 o、ə、

e、a 等音。但朝鲜、日本和安南的译音却大都是单元音 u。佛经的翻译中，这些字也往往用来对译 u。因此，流摄的主元音 u 是肯定了的。根据方言，我们还是将它们拟成复元音。

幽韵在韵图中列四等。这是因为三等中已有尤韵，被迫挤下来的。实际上，它们是三等韵字，且与喉牙唇音相拼。而反切上字属细音一套。可见它们是 i 介音，而它们的主元音也因介音的同化作用而使 ə 变为 ĕ 了。

（2）遇摄

一等	模姥暮	胡古故	wo(u)
三等$_{(1)}$	虞麌遇	俱庾遇	ɪwo(ɪu)
三等$_{(2)}$	鱼语御	鱼吕据	io

根据日本汉音、高丽音、安南音，模是 o，但现代方言几乎全作 u。日本吴音远在汉音前，也作 u。梵汉对音中，表现得很混乱，有时是 u，有时是 o。而在《韵镜》中，好象是 wo。我们就姑且订为 wo，按方言，则可订为 u。

由早期韵图指示，鱼是开口韵。模与鱼的关系还是模与虞的关系深。所以，我们拟鱼为 io，拟虞为 ɪwo(ɪu)。

（3）通摄

一等	东董送屋	红孔贡木	uŋ、uk
	冬(肿)宋沃	冬(湩)宋沃	woŋ、wok
三等$_{(1)}$	东　送屋	弓　仲六	ɪuŋ、ɪuk
	鍾肿用烛	容陇用玉	ɪwoŋ、ɪwok

按高丽音、日本汉音和现代某些方言，东$_3$ 屋$_3$ 作 u，鍾烛作 o。《韵镜》又把鍾系作合口，东$_3$ 系作开口，则可以推想，鍾烛作 wo 式。

东$_1$ 与冬在方言中已无别。东$_1$ 和东$_3$ 既为同韵，那么它就应该是-uŋ，屋是-uk。

（4）江摄

二等	江讲绛觉	江项绛角	ɔŋ、ɔk

这是所有韵类中最简单的摄，不分开合，切语下字也只一类，韵图完全置二等。

江是二等，宕是一三等，很多韵图大概是音近或音同的关系就把它们并为互补的关系。现代方言中也大都江宕不分。宕摄的主元音是[a]类，那么江也许是[a]类吧？

江韵在韵书中总是紧接着东冬锺，并且从先秦韵语与谐声字看，江摄字在上古时期也是确实接近于东冬锺的。这样看来，中古早期江系的元音当是近于u、o，而后来却易与[a]类混的，那就是ɔ。这在现代方言中也可以找得到证据。如吴语就似乎读ɔ～ɒ那样的音。

（三）中古韵母的渊源

1. 蟹摄的演变

蟹摄的上古渊源有之部、支部、微部、脂部、祭部。

蟹摄一等：

咍该代来	əg→ɒi	（咍海代）
虺回梅灰	wəg→wəi	（灰贿队）

二等：

买柴解	eg→æi	（皆骇怪）开
挂	weg→wæi	（皆　怪）合
毅	əd→ɐi	（佳蟹卦）开
	wəd→wɐi	（佳蟹卦）合
斋皆	ed→ɐi	（佳蟹卦）开

纯三等：

刈	ɪɐd→ɪɐi	（废）开
废喙	ɪwɐd→ɪwɐi	（废）合

三四等：

厉祭世	ɪad→ɪɛi	（祭）开
缀律	ɪwad→ɪwɛi	（祭）合
制艺	iad→iɛi	（祭）开
芮	iwad→iwɛi	（祭）合

假四等：

齐妻兮	ɛg→ɛi	（齐荠霁）开
髢	wɛg→wɛi	（齐　霁）合
契蟕	ɛd→iɛi	（齐荠霁）开
慧	iwɛd→iwɛi	（齐　霁）合

蟹摄韵母最大的变化是辅音韵尾-d、-g 的失落而获得韵尾 i。这个变化是实际的，-d、-g 作同部位摩擦拖长发音，就会变化成 i。

蟹摄的主要元音有高化的倾向，如 a→ɛ；e→ɐ；ə→æ。

2. 咸摄的演变

咸摄的上古渊源为谈部和盍部。上古到中古他们基本上没有变化。

一等：

柟函鞥	ɒm、ɒp→ɒm、ɒp	（覃感勘合）
儋惭蹋盍	ɑm、ɑp→ɑm、ɑp	（谈敢阚盍）

二等：

斩陷插夹	ɐm、ɐp→ɐm、ɐp	（咸衔陷洽）
谗监霎甲	am、ap→am、ap	（衔槛鉴狎）

纯三等：

剑劫胁	ɪɐm、ɪɐp→ɪɐm、ɪɐp	（严俨酽业）

犯法	ɪwɐm、ɪwɐm→ɪwɐm、ɪwɐp	（凡范梵乏）
三四等：		
炎渐接馌	ɪam、ɪap→ɪɛm、ɪɛp	（盐琰艳葉）
占佥摄晔	iam、iap→iɛm、iɛp	（盐琰艳葉）
假四等：		
点谦帖协	ɛm、ɛp→ɛm、ɛp	（添忝㮇帖）

3. 山摄的变化

上古主要来源是元部。先山二韵中也有一部分来自真部。山摄从上古到中古，变化不大。山摄的入声来自上古祭部，变化也不大。

一等：		
单汉怛割	ɑn、ɑt→ɑn、ɑt	（寒旱翰曷）开
端官拨治	wɑn、wɑt→wɑn、wɑt	（桓缓换末）合
二等：		
删颜辖	ɐn、ɐt→ɐn、ɐt	（删潸谏鎋）开
板关拔刮	wɐn、wɐt→wɐn、wɐt	（删潸谏鎋）合
山间察折	an、at→an、at	（山产裥黠）开
瓣幻刷	wan、wat→wan、wat	（山产裥黠）合
纯三等：		
建歇	ɪɐn、ɪɐt→ɪɐn、ɪɐt	（元阮愿月）开
反劝发越	ɪwɐn、ɪwɐt→ɪwɐn、ɪwɐt	（元阮愿月）合
三四等：		
愆桀	ɪɛn、ɪɛt→ɪɛn、ɪɛt	（仙狝线薛）开
免卷别哕	ɪwɛn、ɪwɛt→ɪwɛn、ɪwɛt	（仙狝线薛）合
展剪哲设	iɛn、iɛt→iɛn、iɛt	（仙狝线薛）开
篇传劣绝	iwɛn、iwɛt→iwɛn、iwɛt	（仙狝线薛）合

假四等：

莲见截絜　　εn、εt→εn、εt　　（先铣霰屑）开

边县蔑窡　　wεn、wεt→wεn、wεt　　（先铣霰屑）合

4. 宕摄、梗摄的变化

宕摄的上古渊源是阳部，从上古到中古基本上没有变化。

一等：

当康托各　　ɑŋ、ɑk→ɐŋ、ɒk　　（唐荡宕铎）开

旁黄博郭　　wɑŋ、wɑk→wɒŋ、wɒk　　（唐荡宕铎）合

三等：

央羌斫却　　ɪɑŋ、ɪɑk→ɪɑŋ、ɪɑk　　（阳养漾药）开

旁方缚矍　　ɪwɑŋ、ɪwɑk→ɪwɑŋ、ɪwɑk　　（阳养漾药）合

梗摄上古主要来源是耕部，庚韵纯三等字都来自上古阳部。上古到中古基本上不变。

二等：

打争脉责　　ɐŋ、ɐk→ɐŋ、ɐk　　（耕耿诤麦）开

轰　　wɐŋ、wɐk→wɐŋ、wɐk　　（耕耿诤麦）合

平惊泽客　　aŋ、ak→aŋ、ak　　（庚梗映陌）开

荣白　　waŋ、wak→waŋ、wak　　（庚梗映陌）合

纯三等：

京英隙逆　　ɪæŋ、ɪæk→ɪæŋ、ɪæk　　（庚梗映陌）开

兵永戟　　ɪwæŋ、ɪwæk→ɪwæŋ、ɪwæk　　（庚梗映陌）合

三四等：

贞轻適益　　iεŋ、iεk→iεŋ、iεk　　（清静劲昔）开

倾顷　役　　iwεŋ、iwεk→iwεŋ、iwεk　　（清静劲昔）合

假四等：

萍亭璧晳　　εŋ、εk→εŋ、εk　　（迴径锡）开

　诇鶪　　wεŋ、wεk→wεŋ、wεk　　（迴径锡）合

5. 效摄的变化

效摄渊源幽宵二部。

一等：

牢皓宝造　　wg→ɒu　　（豪皓号）

盗悼到敖　　ʌg→ɒu

二等：

豹罩巢交　　ɔg→ɔu　　（肴巧效）

三四等：

表乔妖绍　　ɪʌg→ɪεu　　（宵小笑）

标赵　昭　　iʌg→iεu

假四等：

蜣蜩晓蓼　　ɔg→εu　　（萧篠啸）

本摄的韵尾在上古时，开始脱落，但-g 韵尾并非完全消失，是变为 u 而与主要元音合并。

6. 果摄、假摄的变化

果假二摄来自上古歌部，假摄麻韵中的马挐诈假瓜华借牙者等字属上古鱼部。基本上无变化。

一等：

多嵯河　　ɑ→ɒ　　（歌哿箇）

波朵坐过　　wɑ→wɒ　　（戈果过）

二等：

沙加　　a→a　　（麻马祃）开

麻瓦　wa→wa　（麻马祃）合

三等：

伽　ɪɑ→ɪɑ　（歌）

靴　ɪwɑ→ɪwɑ　（歌）

遮者夜　ia→ia　（麻马祃）开

7. 止摄的变化

止摄来自上古支、脂、之、微四部。

它们的主要元音不变，韵尾失落，获得尾音 i。

三四等：

卑知此是	ɪeg→ɪei	开	（支纸寘）
规	ɪweg→ɪwei	合	
支氏义	ieg→iei	开	
弭	iweg→iwei	合	
夷几利	ɪěd→ɪěi（＞ɪ）	开	（脂旨至）
追鄙位	ɪwěd→ɪwěi	合	
脂姊至	iěd→iěi	开	
隹癸醉	iwed→iwei	合	

三等（2）：

之里吏　iəg→iěi（＞i）　（之止志）

纯三等：

希岂既　ɪəd→ɪəi　（微未尾）开

非鬼贵　ɪwəd→ɪwəi　（微未尾）合

8. 臻摄的变化

臻摄来自上古文部，没有变化。（见音值拟订）

9. 深摄的变化

深摄来自上古侵部、缉部。

三四等：

金锦禁立　ɪəm、ɪəp→ɪĕm、ɪĕp

林荏鸩入　iɛm、iɛp→iem、iep

10. 曾摄的变化

曾摄来自上古蒸部，没有变化。（见音值拟订）

11. 流摄的变化

流摄来自上古侯、尤、幽三部。

一等：

娄厚后斗　og→əu　（侯后候）

三等：

尤訧邮牛　ɪwəg→ɪwə→ɪəu　（尤有宥）

寿受　舅　ɪwg→ɪw→ɪəu

三等：

幽呦纠赳　iwg→iĕu　（幽黝幼）

上古韵尾-g 脱落后，就获得了韵尾 u。

12. 遇摄的变化

遇摄来自上古鱼部。

一等：

胡古故　ɑg→wo(u)　（模姥暮）

三等：

俱庾遇　ɪwɑg→ɪwo(ɪu)　（虞麌遇）

鱼吕据　　iɑg→i　　（鱼语御）

本摄由于主要元音向后移动，长音的 ɑg＞ɒg＞ɔu＞o(u)。

13. 通摄的变化

通摄来自上古东冬二部。

一等：

红孔　贡木　oŋ、ok→uŋ、uk　　（东董送屋）

冬(湩)宋沃　wŋ、wk→woŋ、wok　　（冬湩宋沃）

三等：

弓　仲六　ɪoŋ、ɪok→ɪuŋ、ɪuk　　（东　送屋）

容陇用玉　ɪwŋ、ɪwk→ɪwoŋ、ɪwok　　（锺肿用烛）

14. 江摄

江摄来自上古东部。江觉 ɔŋ、ɔk 不变。

四、中古声调的发展

（一）声调的发现和中古文学语言的声调系统

我们在《上古篇》里已经指出，汉语在上古时期已经存在着声调，而只不过未被人们发现罢了，或者竟自发现了，但并不是自觉的。随着时代的发展，科学水平的提高，人们对声调的性质，逐渐有了明确的认识，到了齐永明前后，就确立了汉语声调的科学概念：平上去入。那么，声调是如何被人们发现的呢？

最初时候，人们对韵和调是混和在一起认识的。由于音乐上乐律研究的深入和文学上声律论的兴起，人们就渐渐的觉得，在韵中间还有一种东西，它是可以离开韵而独立的，这就是声调。

音乐上乐律高低的判别，就出现了“宫商角徵羽”五音的名称，例如管子说：“凡听宫如牛鸣窌中，凡听商如离群羊，凡听角如雉登木以鸣，音疾以清。”“凡听徵如负猪豕觉而骇，凡听羽如鸣马在野。”[①]但是，由于古人辨音的不准确，对声调性质没明确认识，所以，这五音，其实他们还是指整个音的变化，而不是单指音调的变化。

---

① 见《管子·地员篇》。

汉末以后，文学的发展，逐渐要求语言的节律性。于是首先就出现了所谓“文气说”。例如，曹丕在《典论·论文》中认为：“文以气为主。气之清浊有体，不可力强而致。譬诸音乐，曲度虽均，节奏同检；至于引气不齐，巧拙有素，虽在父兄，不能以移子弟。”这里的所谓文气，大概是指文章的气势音调，并不是指声调。再往后，就出现了范晔的“自然音律说”。他在狱中给诸甥侄写的信中说：“性别宫商，识清浊，斯自然也。观古今文人，多不全了此处；纵有会此者，不必从根本中来。言之皆有实证，非为空谈。”①这显然开始有了对声调的认识。

在音乐和文学上这两种力量的推动下，到了齐梁期间，由于佛教梵文转读的影响，当时文人对音韵的研究，于是就有了四声之说。

历史上有很多记载，记当时有许多文人如范晔、沈约、谢朓、崔光、王斌以及一些善声沙门在佛经梵文的薰陶下，醉心于音律的研究，形成中国语音史上第一个可大书特书的时代。属文之士与善声沙门汇集在当时的建康，特别是历史上所记的永明七年二月二十日，竟陵王子良大集善声沙门于京邸，造经呗新声，对音韵的研究起了积极的作用。所以，就在这时兴起了四声之说。②

四声同当时转读佛经之三声有着密切的关系。当时转读佛经的三声，源本自印度古代的声明论中的三声。据天竺韦陀的声明论，有所谓声 Svara 的，刚好与汉语的四声相适应，它们都是指声

---

① 见《宋书》卷六十九《范晔传》。

② 这方面的历史材料如《南史·陆厥传》：“时盛为文章，吴兴沈约、陈郡谢朓、琅邪王融，以气类相推毂。汝南周颙善识声韵，约等文皆用宫商，以平上去入为四声。”《周颙传》：“颙始著四声切韵行于时。”《沈约传》：“又撰四声谱，以为‘在昔词人，累千载而不悟，而独得胸衿，穷其妙旨’。自谓入神之作。武帝雅不好焉。尝问周舍曰：‘何谓四声？’舍曰：‘天子圣哲是也。’然帝竟不甚遵用约也。”《庾肩吾传》：“齐永明中，王融、谢朓、沈约，文章始用四声，以为新变，至是转拘声韵。”等等。参见顾炎武《音论》或钱大昕《十驾斋养新录》卷四“四声始于齐梁”条。

的高低升降。韦陀声明论根据声的高低，把声音分成三种。一种叫 Udatta，一种叫 Svarita，又一种叫 Anudatta。这三种相当于汉语的平上去三声。然而，汉语的声调除此外，还有一套收塞辅音的入声调。因此，当时人就根据当时文学语言的读书音将声调分为平上去入四类。这在当时是符合语音的实际情况的。

语音是会发展变化的，声调当然也不例外。但是，在一般中古时代的韵书中，大抵都因袭了六朝旧法，无多大变化。这是因为后来的一些韵书作者没有科学的发展的语言学观点，不重实际语音出发的结果。这样，我们就在韵书中不能清楚地看到中古声调发展的实况。

（二）四声在中古口语中的发展变化

我们虽然不能从中古的韵书中知道声调变化的答案，但从其他的一些材料中看，可以知道，唐宋的声调情况是不同于六朝的。而六朝的语音也由于地域的不同，在声调上也颇有差异。

《切韵序》说："古今声调既自有别，诸家取舍也复不同：吴楚则时伤轻浅，燕赵则多涉重浊；秦陇则去声为入，梁益则平声似去。"这证明了六朝文学语言虽有比较一致的调类，但在实际口语中并不一定就是如此，相反，是"有别"的。例如《切韵序》所提的方言中有平去、去入的差异，在《切韵》的又音中就有痕迹可寻。如：

蔟　仓奏反，在候韵；又，千木反，在屋韵。

透　他豆反，在候韵；又，书育反，在屋韵。

畜　许救反，在宥韵；又，许六反，在屋韵。

告　古到反，在号韵；又，古沃反，在沃韵。

觉　古校反，在效韵；又，古学反，在觉韵。

乐　五教反，在效韵；又，五各反，在觉韵。

切 七计反，在霁韵；又，千诘反，在屑韵。

契 苦计反，在霁韵；又，苦诘反，在屑韵。

哲 职例反，在祭韵；又，旨热反，在薛韵。

积 紫智反，在寘韵；又，子昔反，在昔韵。

这是去声、入声两读的例。

中 陟隆反，在东韵；又陟仲反，在送韵。

降 机江反，在江韵；又苦巷反，在绛韵。

锤 直垂反，在支韵；又驰伪反，在寘韵。

迟 直尼反，在脂韵；又直利反，在至韵。

菲 芳非反，在微韵；又符未反，在未韵。

誉 与鱼反，在鱼韵；又与据反，在御韵。

振 职邻反，在真韵；又之刃反，在震韵。

翰 胡安反，在寒韵；又胡旦反，在翰韵。

羴 胡山反，在山韵；又侯办反，在裥韵。

先 苏前反，在先韵；又苏见反，在霰韵。

这是平声、去声两读的例。

显然，这正反映了当时方音的分歧及六朝韵书分调的分歧情况，而《切韵》中这种例子很多，其中还有三个以上不同调的音。例如，"比"字就是有"房脂""必履""婢四""扶必"四种反切，分属平上去入四声。

这种分歧，我们还可以从六朝韵书和《切韵》的切语中窥见。例如：

奓 《声类》：昌氏切，在上声纸韵；

《切韵》：陟加反，在平声麻韵。

跼 《声类》：渠俱反，在平声虞韵；

《切韵》：渠玉反，在入声烛韵。

戮 《韵集》：力求反，在平声尤韵；

《切韵》：力竹反，在入声屋韵。

以上不同，正是反映了当时实际语音声调方面复杂的情况。并且，根据这些材料，我们可以进一步作出结语：六朝文学语言的声调基本上是平上去入四个调，但是在实际语音中，又存在着地方分歧。这里读平声，那里可能读去声，或者读其他调类；这里是四个调，在另外一些地方甚至可以不是四个调，它可以是三个调或五个调等等。这一点，隋唐以后的方音明显地透露了这种情况。

隋唐之后，有好多方言的声调都因声母的清浊开始了分化。比如，具有普遍意义的，是全浊上声字与全浊去声字读成一调。我们可以肯定的说，到公元八世纪为止，在广大北方地区，大多数方言中都已经完成了浊上变去的变化。这有很多证据可以证明。白居易是下邽（即今陕西渭南）人。他在《琵琶行》中曾以"住""部""妒""数""污""度""故""妇"为韵[①]，而其中的"部""妇"原是浊上字，在白居易的方言里，它们已同浊去字押韵了。韩愈在《讳辩》中也认为"杜度"是同音[②]，则可见在他的方言（河北昌黎县）里，"杜"已变成去声字了。另外，唐昭宗时有一个语音学家李涪在《刊误》中曾说："《切韵》吴音乖舛，不亦甚乎？上声为去，去声为上：……恨怨之恨则在去声，很戾之很则在上声；……又舅甥之舅则在上声，故旧之旧则在去声；又皓白之皓则在上声，号令之号则在去声；

---

① 白居易《琵琶行》云：
自言本是京城女，家在虾蟆陵下住。
十三学得琵琶成，名属教坊第一部。
曲罢曾教善才伏，妆成每被秋娘妒。
五陵年少争缠头，一曲红绡不知数。
钿头银篦击节碎，血色罗裙翻酒污。
今年欢笑复明年，秋月春风等闲度。
弟走从军阿姨死，暮去朝来颜色故。
门前冷落鞍马稀，老大嫁作商人妇。

② 韩愈《讳辩》："周之时有骐期，汉之时有杜度，此其子宜如何讳？将讳其嫌，遂讳其姓乎？"

又以恐字、恨字俱去声；今士君子于上声呼恨，去声呼恐，得不为有识之所笑乎？……凡中华音切，莫过东都，盖居天地之中，禀气特正，予尝以其音证之，必大哂而异焉。……”他批评《切韵》浊上不混入去，其实正说明了他们的方言（李涪陇西人）或东都洛阳音竟是浊上全变作了去声①。而在敦煌发现的《开蒙要训》注音本里，我们也可以看到浊上注去，浊去注上的例子②。如：

［例字］	［注音］
綛　渠记切群母去声	巨　其吕切群母上声
髲　平义切並母去声	婢　便俾切並母上声
盗　徒到切定母去声	道　徒皓切定母上声
雾　亡遇切微母去声	武　文甫切微母上声
鴈　五晏切疑母去声	眼　五限切疑母上声

这是以浊上注去的例。

［例字］	［注音］
艦　胡黤切匣母上声	监　格忏切见母去声
艇　徒鼎切定母上声	定　徒径切定母去声
纻　直吕切澄母上声	志　职吏切照母去声
腨　市兖切禅母上声	旋　辞恋切邪母去声
吻　武粉切微母上声	问　亡运切微母去声

这是以浊去注上的例。

① 李涪所举例字，《切韵》中分得很清楚：
很，胡忘切匣母上声；恨，胡灵切匣母去声
辩，平免切並母上声；弁，皮变切並母去声
舅，其九切群母上声；旧，其救切群母去声
皓，胡老切匣母上声；号，胡刘切匣母去声

② 《开蒙要训》齐梁间的一种通俗读本。这注音本大概是五代后唐明宗时代（公元929年左右）的敦煌郡学士郎张某（?）所作的。原收刘复的《敦煌掇琐》，转录自罗常培的《唐五代西北方音》一书。

浊上变去，到了十二世纪以前的《韵镜》，就把它正式定为规律了[①]。这一规律在今天方言中也得到了积极的证明。大部分的北方，浊上字都读作去声。如：

並母：倍，被婢，抱鲍，辨辩辫，伴，牝笨，蚌棒，並；

奉母：父，妇负阜，范範犯，愤忿，奉；

定母：舵惰堕，杜肚，待怠殆弟，道稻，淡，诞断，囤盾沌，荡，动；

从母：坐聚，在罪，皂造，渐蕈，践，尽，静；

邪母：序绪叙，似杞巳，象像；

澄母：苎柱，雉痔峙，赵兆肇，纣，朕，篆，丈，技仗，重；

崇母：士俟，撰馔；

禅母：社，竖，是氏市恃，绍，受，甚，善，竖，上；

群母：巨拒距，技妓跪，舅臼咎，俭件，圈（猪圈），近菌；

匣母：祸，下（下山），户沪，亥骇蟹雁，浩皓，後后厚，撼，旱，限，项，杏幸。

这中间自然也有少数例外（腐，釜，缓，皖，窘，强，挺，艇等），但是全浊上声的发展规律是肯定了的。[②]

上、去声既然已分清浊阴阳，那么，平声和入声呢？声母的清浊既已对声调起了明显的影响，那么，方言中的调类有多少——抑是四声不变，抑是已经不止四个调了呢？

现有的资料证明，到唐代为止，大多数的方言中平声也已分了阴阳两类，而平上去入四声也已经因为声母清浊的不同而有了不

① 《韵镜》“上声去音字”一条说：“凡以平侧呼字，至上声多相犯。古人制韵，间取去声字参入上声者（按，这是本末倒置的说法），正欲使清浊有所辨耳。或者不知，徒泥韵策分为四声，至上声多例作第二侧读之，此殊不知变也。若果为然，则以‘士’为‘史’，以‘上’为‘赏’，以‘道’为‘祷’，以‘父母’之‘父’为‘甫’，可乎？今逐韵上声浊位并当呼为去声。观者熟思，乃知古人制韵，端有深旨。”

② 当然，也有不少方言，如吴语、粤语中的许多地点方言至今还是阳上不归去。

同的读法，调类的数目也有了增加。而有些地方的四声已分八调，跟现代的吴语、粤语的四声各分阴阳更是十分相近了。在日本《大正新修大藏经》内沙门安然的《悉昙藏》卷五“定异音”条中曾有这样一段话：①

诸翻音中所注平上去入，据检古今，难可以为轨模。何者？如陆法言《切韵》序云：“古今声调既是有别，诸家取舍亦复不同：吴楚则时伤清浅，燕赵则多涉重浊，秦陇则平声为入，梁益则平声似去。若尔风音难定，孰为楷式？”我日本国元传二音：表则平声直低，有轻有重，上声直昂，有轻无重，去声稍引，无轻无重，入声径止，无内无外。平中怒声与重无别，上中重音与去不分。金则声势低昂与表不殊，但以上声之重稍似相合，平声轻重，始重终轻，呼之为异。唇舌之间亦有差舛。

承和之末，正法师来，初习洛阳，中听太原，终学长安，声势大奇。四声之中，各有轻重。平有轻重，轻亦轻重，轻之重者，金怒声也。上有轻重，轻似相合金声平轻，上轻始平终上呼之，重似金声上重，不突呼之。去有轻重，重长轻短。入有轻重，重低轻昂。元庆之初，聪法师来，久住长安，委搜进士，亦游南北，熟知风音。四声皆有轻重。著力平入轻重同正和上。上声之轻似正和上上声之重，上声之重似正和上平轻之重。平轻之重，金怒声也，但呼著力为今别也，去之轻重，似自上重，但以角引为去声也。音响之终，妙有轻重，直止为轻，稍昂为重。此中著力，亦怒声也。

安然的《悉昙藏》作于日本元庆四年，即公元880年，相当于唐

① 语见《大正新修大藏经》卷84，第414页。文中所指表金两家，乃是说表信公传到日本的汉字读音（汉音）和金礼信所传的“吴音”。“怒声”就是浊声母。

僖宗广明元年。他所谈的语言事实都是在公元九世纪以前的。上述一段引文自然不能全部理解，但从中至少可以看出这样两点唐方言的声调情况：

一、安然指出了表信公所传的汉字读音（汉音）浊上已经归去，平声已分轻重，所谓轻重，大概就是后世所说的阴阳类。日本空海的《文镜秘府论》曾以“庄”字为全轻，“床”字为全重。“庄”属照母，“床”属床母，他的所谓轻重，显然就是指清浊。这样看来，日本汉音的声调平声已分阴阳，而调类也有五个之多了。

二、安然还提到了承和末（公元 847 年）正法师和元庆初（公元 877 年）聪法师传到日本的汉字读音。这两家不同于六世纪以前的关音和八世纪以前的汉音，而“四声之中，各有轻重”了。这样说来，这些音的声调有 8 个，而与现代吴语和粤语相仿了。

至于分五调或八调的调值，文中虽有记述，但我们还是不能理解这些。①

至于入声，至少在唐代，也开始在一些方言中有了变化。唐胡曾曾讥笑妻族的语言不正而作诗一首道：

> 呼“十”却为“石”，唤“针”将作“真”。
> 忽然云雨至，总道是天“因”。

这分明是在嘲笑阳声-m 和-n，入声-p 和-k 的混乱。“十”“石”是入声，前者收尾是 p，后者收尾是 k。但胡曾妻子的方音显然是混而不分了。这是入声演化的第一阶段，即把-p、-t、-k 的韵尾读

---

① 关于调值，唐释远忠《元和韵语》：“平声哀而安，上声厉而举，去声清而远，入声直而促。”又，十三世纪的日本沙门了尊在《悉昙轮略图抄》中说：“《私颂》云平声重，初后俱低；平声轻，初昂后低；上声重，初低后昂；上声轻，初后俱昂；去声重，初低后偃；去声轻，初昂后偃；入声重，初后俱低；入声轻，初后俱昂。”

成相近的一个样子。到最后，就干脆过渡到ʔ收尾的阶段。这种过渡，在一些方言里，唐宋间已开始，而且完成了。这一点，在词韵中看得最明显。例如敦煌《曲子词》“鱼歌子”中就有以寞悄妙为韵的例。到了五代、宋词中，词韵的“入派三声”的情况更是常见①。到了《中原音韵》入派三声，就正式确立了。

① 清初万澍在《词律》(卷一)中收石孝友入声韵《南歌子》一首，注云：“愚谓入声可作平，人多不信，云：‘入声派入三声，始于元人论曲，君何乃移其说于词？’余曰：声音之道，古今递传，诗变词，词变曲，同是一理。自曲盛兴，故词不入歌，然北曲《忆王孙》《青杏儿》等，即与词同。南曲之引子与词同者将六十调，是词曲同源也。况词之变曲，正宋元相接处，岂曲入歌，当以入派三声，而词则不然乎？故知入之作平，当先词而后曲矣。盖当时周、柳诸公制调，皆用中州正韵，今观词中，如‘不’音‘逋’、‘一’音‘伊’之类，多至万千，正与北曲同，而又何疑于入作平之说耶？且用韵句也可以入为叶，如惜香《醉蓬莱》，以‘吉’叶‘髻’‘戏’，坦庵以‘极’字叶‘气’‘瑞’等甚多，若云不可叶，则此等词落一韵矣。至通篇入叶之词，有可兼用上去，如《贺新郎》《念奴娇》之类。有本是平韵而以入代者，如金谷(石孝友)此篇之类。虽全用入声，而实以入作平，必不可谓是仄声，而用上去为韵脚也。”案，北宋也有此例。如大晏的《相思儿令》以“日”“落”“绿”作去声韵。

第三编

近代汉语语音

从十三世纪
到二十世纪，
包括元代、明代、清代和现代

一、概　　述

（一）近代汉语语音发展的社会背景

从元代直到鸦片战争之前，汉族社会的经济结构仍旧是以封建的自然经济为主体，在这样的情况下，语言的分化占优势。在语音的发展方面，虽然同时存在着分化和统一的两种势力，但是分化是主要的，统一是次要的；换句话说，在这六个世纪里，汉语语言发展的主要现象，是汉语各方言在语言系统上的差异性愈来愈显著，共同性愈来愈模糊。从明代开始萌芽的资本主义因素，到清代得到进一步发展，鸦片战争以后，加进了外国资本主义的势力，商品经济迅速地发展，它在国民经济中的比重不断增加，在这样的情况下，语言统一方面的势力，逐渐由次要地位上升到主要地位，而在"五四"运动以后（新民主主义革命开始），可以这样说，语言的分化作用基本上停止了。在鸦片战争以前，汉语北方方言在历史上长期地被当作各方言区人民互相交际的工具，在南方各方言区里，它在大官僚、部分知识分子和商人中通行，它既不能阻止方言的继续分化，也不能缩小方言的使用范围。在鸦片战争以后，由于经济的发展，以及与此相应的政治和文化发展的需要，作为汉族共同语基础的北方方言，逐渐地为更多的人们所需要，为更多的人们所掌握；不仅大多数官僚、知识分子和商人使用它，广大的劳动人民特别是城市无产阶级也使用它。以北京语音为代表的北方语音势力的膨胀，不仅阻止了其他方言的继续分化，而且使其他方言的发展向自己靠拢。

政治生活对语音的发展也起重要的作用。在汉族社会近代政治生活中，对汉语语音的发展影响最深刻的有两点，一是金、元的侵略和统治，一是政治中心固定在北京。下面我们就来讨论它们。

1. 从南宋开始的汉族社会大动乱，在各地区发展不平衡，加深了南北方言的分歧。

经过“五代十国”的变乱，到第十世纪的后半期，宋王朝建立了统一的国家，它是历史上最软弱的朝代。契丹部落始终占领着东北方的燕云地方大块领土，中原地区经常遭到野蛮的破坏。十二世纪女真部落征服了契丹部落，并侵占了中国北方大部分领土，迫使宋王朝南迁。在女真族的统治下，汉族的北方地区的经济文化遭受了严重的破坏，大批的汉人被迁移到他们的原居地去，而原居地的军事部落组织又迁入中原地区，深入农村与汉族杂居。他们霸占了土地，迫使汉族人民为他们耕种。

十三世纪蒙古部落强盛起来，经过半个世纪的东征西讨，建立了横跨欧亚两洲的强大的帝国。元代是中国历史上最野蛮的朝代，如果说女真族曾经使自己完全转化为剥削者的话，那么元代统治者更进了一步，他们使绝大部分汉族人民沦为奴隶，在中国北方更是这样。繁华的中原地区，已经成为人烟稀少，土地荒芜的地方了。

从宋王朝南迁到明王朝推翻蒙古族的统治的大约两个半世纪里（1127—1368），广大的北方地区，由于频繁的战争和破坏，统治民族野蛮地奴役和掠夺，造成人口大量地死亡和逃亡；剩下的奴隶和半奴隶（就是所谓“驱丁”），他们没有人身自由，没有独立的经济，甚至被人任意地买卖。在这样的情况下，北方方言的语音系统起了明显的变化，它跟中古的语音系统有很大的不同，跟南方方言的语音系统也有显著的差别。北方方言语音系统经过这个变化以后，使我们很容易把它跟中古的语音系统区分开来，因此汉语语言发展史对于中古和近代的分期问题，就是以这次变化为界限。

这个变化究竟使北方方言的语言系统改变了多少呢？简单地说：在声母方面，全浊声母清化了；在韵母方面，主元音相近的韵类大部分合并了；在声调方面，入声派入平、上、去三声，平声分出阴调和阳调；此外，部分声母和韵母的音值也有变化（如出现了卷舌辅音和舌尖元音等等）。这些我们在第二章、第三章、第四章里还要详细地讨论它们。

女真、蒙古统治者，一方面驱使汉人为他们劳动生产，一方面又在国家组织中大量地雇佣汉族官员，要维持生产的正常进行，要保证国家的职能，不同民族之间的语言交际是万分必要的。可以想像，当时能说汉语的女真人、蒙古人是相当多的，在北方懂得女真语、蒙古语的汉人恐怕也占一个不小的比例。元代的官方文书使用着一种汉语和蒙古语杂混的白话，《元典章》就是使用这种语体的。元曲的语言，反映了北方人民语言中混进了大量蒙古语词这个情况。例如关汉卿的杂剧《邓夫人苦痛哭存孝》第一折中有这样的诗：

米罕（肉）整斤吞，抹邻（马）不会骑。
弩门（弓）并速门（箭），弓箭怎的射？
撒因（好）答刺孙（酒），见了抢着吃；
喝的莎塔八（醉），跌倒就是睡。
若问我姓名，家将不能记。

一对忽刺孩(贼),都是狗养的。①

大量外来词进入汉语,以及占统治地位的与汉人杂居的女真人、蒙古人跟汉人进行交际的时候不正确的汉语发音,这些外来因素对北方方言语音系统的发展也有一定的影响。不过,无论如何,女真语、蒙古语跟汉语是完全不同的语言,它们对汉语的影响是极有限的,因为汉人在北方,在人口数量上、在文化上仍旧占绝对优势。我们认为北方方言的语音系统在这个时期的变化,基本上是按照汉语内部规律进行的,野蛮民族的侵略和压迫,只是加速了它的发展和变化。

女真族和蒙古族的侵略,间接地对南方方言也发生了一定的影响,宋王朝的南渡,以及后来在北方被逼得走投无路的劳动农民,也大批地迁移到南方,他们对南方的语音的发展发生了一定的作用。但是整个看来,这个时期,南方方言在语音上的变化,比北方方言少得多,而南方边远地区——闽粤一带的语音变化,又比江南少得多。

自宋王朝南渡到明代恢复汉族政权的二百多年的汉族社会大动乱中,各地区社会秩序的破坏在程度上有很大的差别,它对汉语语音发展的影响,主要是加深了汉语方言的分歧。

2. 全国政治中心稳定在北京,稳定了北方方言的优势,并且促进了汉民族共同语语音标准的建立。

宋王朝南渡以后,1153 年金废帝完颜亮迁都燕京(北京),改名中都,这是历史上以北京为京城的开始。1272 年元世祖忽必烈迁都北京(当时蒙古人叫“汉八里”,一般人叫“大都”),当时北方的洛阳、开封等等古代城市经多次战争和破坏,已经衰落了,北京是

① 转引自《中国语文》1955 年 6 月号,吴晓铃《试论关汉卿的语言》。

北方唯一称得上繁荣的城市。元代统治者为了贵族和军队消费的需要，为了对外贸易的利益，在战争中搜括了不少工匠，集中在城市里为他们手工业劳作，造成城市畸形发展。

在历史上，所谓“中原”是指汉族社会的中心地带，包括现在的河南、山东的西部、河北和山西的南部、陕西的东部一带地方，而河南（就是宋王朝京城附近一带地方）又称“中州”。宋代和明代的时候，所谓“中原雅音”就是指北宋汴梁附近一带的官话。到了元代，这种官话仍旧占有很大的势力，以大都为中心的北曲，在语音上就是以它为标准的，《中原音韵》的作者周德清在“自序”中说“欲正言语，必宗中原之音”就是这个意思。不过到元代，“中原雅音”分为两支，随宋王朝南迁的“中原雅音”比留在北方的“中原雅音”变化少得多，而南方的经济文化又远比北方进步（因为遭受破坏比较轻），本来南方的“中原雅音”可以占优势的，但是京城在北京，这支北方的“中原雅音”仍旧保持着它的优势。

1368 年朱元璋称帝，定都应天（南京），又下令根据南方“中原雅音”编写《洪武正韵》作为明代官定韵书，曾经一度使南方官话抬头。可是过了五十多年，到 1421 年明成祖朱棣又迁都北京，南方官话的势力才慢慢地衰退下去。我们从 1442 年出版的《韵略易通》和 1626 年出版的《西儒耳目资》所反映的明代官话系统看来，在明代占优势的是北方官话。

语音标准的建立决不是一朝一夕的事，更不是少数人编了一部韵书就可以完成的。我们认为在北宋时代，官话大体上是以汴梁一带语音为标准的，到了元代、明代，虽然政治中心已经由汴梁向东北方向移到北京，可是语音的标准的转移却没有那么快。在这个时期里，北方“中原雅音”的势力逐渐减弱；北京音的势力逐渐增强，但是还没有取得压倒一切的优势，不过是北方官话中比较有势力的一支。

到了清代，北方官话才逐渐地上升为官话的标准音，除了历史上的原因以外，清朝贵族恐怕也起了一定的促进作用，他们人人都会说一口流利的北京话。

官话有了语音标准，并不表示各地官话在语音上已经一致了；官话有了语音标准，它意味着某一地方官话已经具有统一各地官话甚至统一各地方言的现实可能性。

清代统治者已经感到汉语方言的纷歧是件头痛的事，他们为了更好地利用汉族知识分子，曾经要求各方言区人正乡音。《康熙字典》有这样一首诗：

乡谈岂但分南北，
每郡相邻便不同；
由此故教音韵正，
不因指示甚难明。

他们特别要求福建、广东人学官话，因为这两省的官员朝见皇帝时，几乎不能用语言来交际。他们曾经传令福建、广东两省督抚注意语音教育。

> 上谕：凡官员有莅民之责，其言语必使人人共晓，然后可以通达民情，熟悉地方事宜而办理无误……朕每引见大小臣工，凡陈奏履历之时，惟有广东、福建两省之人，仍系乡音，不可通晓……应令广东、福建两省督抚转饬所属各府州县有司及教官，遍为传示，多方训导，务祈言语明白，使人通晓，不得仍习前为乡音。[①]

① 见《正音撮要》卷一 3—4 页（咸丰壬子刻本），标题是《上谕一道谕闽广正乡音》，下面有十四个小字：抄录《广东通志》第一部第六十六篇。

这时出现了许多官话字书和官话会话手册，如：《正音通俗表》《乡音正讹》《正音新纂》《正音撮要》《正音切韵指掌》等等。《正音撮要》就是广东人高静亭编写的，他在书的前面附了一篇很有趣的文章，叫做《论官话能通行》，现在抄一些在下面：

> 天下州郡，各有乡谈土语，这府县的人就不晓得那府县的人说话，各省皆是，非独闽广为然。余尝经过江南、浙江、河南、两湖地方，一处处方言土语不同，就是他们邻府邻县的人，也不通晓。惟有经过水陆大码头，那些行户、买卖人都会说官话，但他望他的街坊的人说土话，我们又一句懂不得了。后来进京住着，更奇怪了，街上逛的人多着呢，三五成群，唧唧呱呱打乡谈，不知说些什么；及至看他到店里买东西，他又满嘴官话。
>
> 据说各省乡村的人要想出门求名求利，没有一个不学官话的，不学就不能通行……自从有了上谕，各人才忙着要学，街上童蒙馆的标红才有兼授正音的字样。可见正音这一道，是有作为的人断然少不得的了。[①]

甲午战争以后，具有民主主义倾向的知识分子极力提倡普及教育、改革文字，统一语言的问题被提出来了。王照和劳乃宣拼写的官话拼音读物，都是以道地的北京话为依据的，在当时并没有人反对过。

1913年召开的国音统一会，在审定国音上曾经走过一段弯路，有些人企图调和南北语音的分歧，反映了一些南方官话的特点。但是这种做法是行不通的，因为在语言分化势力占优势的时

---

① 见《正音撮要》卷一，5—6页。

代，这种做法还有一定的意义，在语言统一占优势的时代，以北京语音为代表的北方官话已经稳定地取得了民族共同语的地位，它的影响早已深入人心，在这个时候另搞一套调和南北的人为的国音，除了阻碍共同语的发展以外，没有任何作用。1955 年在北京召开的关于文字改革和现代汉语规范化的会议上，都肯定了现代汉民族共同语——普通话以北京语言为标准，这种做法是完全正确的。

（二）近代韵书介绍

《切韵》以后的韵书，虽然也曲曲折折地反映了一些实际语音的变化，可是都过分迁就《切韵》的体系，不敢根本推翻《切韵》的体系，根据实际语音另来一套。我们要了解中古时期语音的发展，一方面要充分地运用《切韵》以后的韵书，一方面还要从当时的韵文中去归纳，而得出来的结论还是支离破碎的。近代时期的韵书不是这样，自从周德清根据元曲的语言归纳出《中原音韵》以后，便打开了韵书反映当代实际语音的风气，所以我们研究近代汉语语音的变化，主要是依据韵书给我们提供的材料。

近代韵书大体上可以分为两类：北方官话韵书和南方官话韵书。北方官话韵书自《中原音韵》以后，主要是供平民识字用的同音字典之类的东西，所以又叫作“小学派”；南方官话韵书自《洪武正韵》以后，主要是供文人作曲时审音辨字用的，所以又叫作“曲韵派”。下面我们分别地对它们作一些简单的介绍：

1. 北方官话韵书

（1）《中原音韵》。作者周德清，字挺斋，江西高安人，书成于

1324年。《中原音韵》是我们研究近代汉语语音系统第一部最重要的韵书。

周德清是元代中期的散曲家。虞集《中原音韵序》上说：

高安周德清，工乐府，喜音律，自著《中州音韵》一帙，分若干部，以为正语之本，变雅之端。

琐非复初序上说：

吾友高安挺斋周德清，以出类拔萃通济之才，为移宫换羽制作之具，所编《中原音韵》并诸起例，平分二义，入派三声，能使四方出语不偏，作词有法……

这告诉我们《中原音韵》不是给士大夫们坐在书房里写诗填词用的韵书，也不是科举考试用的官定韵书，而是给唱曲子和作曲子的人作审音辨字用的参考书。作者自序中说：

言语一科，欲作乐府，必正言语；欲正言语，必宗中原之音。乐府之盛、之备、之难，莫如今时。其盛，则自缙绅及闾阎歌咏者众。其备，则自关、马、郑、白一新制作，韵共守自然之音，字能通天下之语……

“正语作词起例”上说：

……前辈佳作备载明白，但未有已集之者，今撮其同声。或有未当，与我同志改而正诸。

这就是说《中原音韵》的语音系统是从元曲前辈作家的作品中归纳出来的，周德清本人也是元曲作家，他熟悉这个语音系统，他的归纳是很可靠的，所以《中原音韵》问世以后，元曲作家以及杂剧演员都严格地遵守它。

现在的问题是元曲的语言究竟是什么性质的语言呢？首先，我们可以肯定它是十四世纪在北方话的语言，因为元曲来自民间，主要群众是手工业工人以及其他市民阶层，不用活的语言，它就没有听众。其次，这种活的舞台语言早就有一定的语音规范了。关汉卿、马致远都是大都人，白朴是真定人（河北），郑德辉是襄阳人（湖北），他们籍贯不同，但是他们的"佳作"的语音系统基本上是一致的，这种一致是元曲舞台语言一致性的反映。周德清说："欲作乐府，必正言语；欲正言语，必宗中原之音。"就是说元曲这种文学样式是从宋代在中原地区流行的参军戏、诸宫调等等文学样式发展来的，一向是以"中原之音"为标准，这个"中原之音"是"自然之音，字能通天下之语"。当然，我们不能说参军戏、诸宫调的"中原之音"跟元曲的"中原之音"是一模一样的，参军戏、诸宫调的"中原之音"没有用韵书的形式固定下来，因此容易要随着实际语音的变化而变化。所以我们说《中原音韵》不仅是元代话的语言，而且是当时北方官话中最有势力的一支。

《中原音韵》打破了旧韵书的传统，描写了十四世纪活的语言，这是韵书的革命，近来学者都给它很高的评价。不过有些人从研究音韵学的立场出发，片面地抬高了周德清其人，说他不泥古、有革命精神等等，这是很不妥当的。元代知识分子的地位十分卑微，写曲子是他们赖以为生的职业，如果写出来的东西不能唱，或者唱出来观众听不懂，就要影响演出效果，也就影响了他们自己的生计。所以元曲的特点之一，是大量地采用群众口语。周德清本人就是元曲作家，这个道理应该是有体会的。近来的文学史对《中原音韵》又有个相反的评价——“以形式为重的代表”，这恐怕也不完全正确，研究音韵，研究曲律本身不是坏事，坏事坏在明代以后知识分子恢复了原有的社会地位，杂曲创作不再是职业了，这样老毛病又发作起来。明代初期曾有一个戏曲创作的“繁荣”时期，但是这些创作都是些文人消遣的或者宣传统治阶级思想的东西，不仅内容空洞，语言也僵化了。现在的昆曲基本上还是固守着“南宗《洪武》，北问《中原》”的语言，除了少数内行以外，大家都听不懂。这绝不是周德清的罪过。

(2)《韵略易通》。作者兰茂，字廷秀，云南人。书成于 1442 年。这本书是用北京官话为依据的，是给一般平民据音识字的同音字读本，在山东一带很流行，《韵略易通》的语音系统跟《中原音韵》十分接近，作者用一首 20 个字的《早梅诗》来表示这个语音系统的声母：

东(t)风(f)破(pʻ)早(ts)梅(m)，向(x)暖(n)一(○)枝(tʃ)开(k)。

冰(p)雪(s)无(v)人(ʒ)见(k)，春(tʃʻ)从(tsʻ)天(tʻ)上(s)来(l)。

这首《早梅诗》帮助我们把《中原音韵》的声母可靠地拟测出来了。在韵母方面，把《中原音韵》的“鱼模”分为“居鱼”和“呼模”两韵，这就是说现代普通话的“y”在十五世纪就有了。在声调方面，跟《中原音韵》大不相同，入声全部保存下来，而且是跟阳声韵相配的，这就意味着入声还有-p、-k、-t 这样的韵尾。可能在十五世纪的时候，官话读书音中还有这样的入声。

(3)《韵略汇通》。作者毕拱宸，山东人，书的序文是 1642 年写的，大约比《韵略易通》晚二百年。作者在序文中说明自己是根据《韵略易通》更为“分合删补，较原编更定者什之四五”，并且“稍易其名曰《韵略汇通》”。《韵略汇通》的声母跟《韵略易通》一样，韵母就有很大的不同，全部闭口韵都由收-m变为收-n的，还有桓欢韵跟寒山韵也合并了，跟现代的普通话又接近了一大步。在声调方面，入声还是有，并且还是阳声韵相配，可是-p配-m，-t配-n，-k配-ŋ的系统已经打乱了，这样我们就可以肯定当时的入声不再有-p、-t、-k这样的韵尾，作者只是按习惯把它们配入阴声韵的。

(4)《五方元音》。作者樊腾凤，河北隆尧(唐山)人，写作年代在明天启四年(1624)以后，清康熙三年(1664)以前。《五方元音》也是根据《韵略易通》改写的，它的声母有20个，其中的“云”和“蛙”都是零声母，排列方法很像“注音符号”：

梆匏木风	ㄅㄆㄇㄈ
斗土鸟雷	ㄉㄊㄋㄌ
竹虫石日	ㄓㄔㄕㄖ
剪鹊丝云	ㄗㄘㄙㄧ
金桥火蛙	ㄍㄎㄏㄨ

韵母12个，也跟“注音符号”差不多：

天(ㄢ)人(ㄣ)龙(ㄥ)羊(ㄤ)牛(ㄡ)獒(ㄠ)
虎(ㄨ)驼(ㄛ)蛇(ㄝ)马(ㄚ)豺(ㄞ)地(ㄧㄩㄟ帀)

声调有阴平、阳平、上声、去声、入声五个调。入声配入阴声韵，所以只是个短促的元音，最多也不过在韵尾上附一个喉塞音。

(5)《西儒耳目资》。作者金尼阁(Nicolas Trigault)，法国耶稣会传教士，1610 年来到中国杭州一带地方传教，1627 年死在杭州，《西儒耳目资》是他在 1625 年在杭州用了五个月时间写成的。在金尼阁以前，利玛窦（Matteo Ricci）等人曾经用罗马字母给汉字注音，他们为金尼阁积累了许多经验，创造了许多方法；在金尼阁编写《西儒耳目资》的过程中，又得到汉族知识分子韩云、王徵等人的帮助，所以是比较成功的。

《西儒耳目资》所记录的语言是明代末年通行较广的“官话”，更正确地说是北方官话，金尼阁本人可能没有到过北方，但是传教士通过罗马字注音，都基本上掌握了官话。《西儒耳目资》因为是用罗马字注音的，罗马字母有比较固定的音值，我们通过罗马字母注音，就可以十分可靠地掌握这个官话语音系统的实际音值。《西儒耳目资》的价值就在这个地方。

例如真文韵中，“音”“云”“论”这三个字，元音“ə”究竟有没有，谁也不能下结论，《西儒耳目资》注明它们的读音是“音（in）”“云（iun）”“论（lun）”是没有“ə”的。还有“而”“尔”“二”这些字的读音，《西儒耳目资》上注明是“ul”，我们就晓得跟现在差不多。还有声调符号是：“-”清（阴平）、“^”浊（阳平）、“ˋ”上、“ˊ”去、“ˇ”入，这些形象化的符号也可以帮助我们了解当时的实际调值跟现在是差不多的。

(6)《重订司马温公等韵图经》。1606 年，明贵族张元善编了一部《合并字学篇韵便览》，这部书分“字书”和“韵谱”两部分，“韵谱”部分就是《重订司马温公等韵图经》，作者是张元善的门客徐孝，徐孝是顺天人（就是现在的北京）。这个“韵谱”虽然在某些细节上免不了受旧韵书的拘束，但是它已经把十六世纪的北京话反映出来了。这恐怕就是最早的描写北京语音的一份材料了。

“韵谱”有二十二个声母：见、溪、端、透、泥、帮、滂、明、非、敷、微、精、清、[心]、心、照、穿、稔、审、影、晓、来。其中敷、微、[心]不是一般的声母，不知道干什么用的；敷、微、[心]三声母的字特别少（敷母 2 个、微母 1 个、[心]母 8 个），而且都是用白字加黑圈特别标出来的。所以实际上只有 19 个声母，普通话中的“基、欺、希”还没有产生。照、穿、审、稔四母不再有齐齿呼和撮口呼，它们是完全的卷舌音 tʂ、tʂʻ、ʂ、ʐ 了，在韵母方面，“韵谱”把《切音指南》的十六摄并为十三摄，每摄分开口合口。它们是：

摄	开　口	合　口
	平上去如	**平上去如**
通	登等赠能	东董动同
止	资子次慈	居举句局
祝		都覩杜独
蟹	哈海亥孩	乖拐怪槐
垒	盔垒类雷	灰悔会回
效	蒿好皓豪	包保泡袍
果	诃吱贺何	多朵惰夺
假	他打纳拿	誇把骂麻
拙	遮者哲宅	靴拙厥掘
臻	根詪恨痕	昏惛混浑
山	干敢炭谈	端疃彖团
宕	当党摥唐	光广晃黄
流	齁吼厚侯	捊剖歆裒

说明：在止摄中，开口呼只有精系、照系和影母有字，音值应该是 ɿ 和 ər；齐齿呼音值是 i，撮口呼音值是 y；此外照组还有合口，音值介于 y 和 u 之间，大概是 ɥ。

开口和合口又分别粗细，开口的细音是有介音 i 的，合口的细音是有介音 y(或者是 iu)的。下面我们把这十三摄的音值拟测出来：

摄	开口		合口	
	粗音	细音	粗音	细音
通	əŋ	iŋ	uŋ	yŋ
止	ʅ、ɿ、ər	i	u	y
祝			u	(yu)
蟹	ai	iai	uai	
垒	əi		uəi	(yəi)
效	au	iau	(uau)	(yau)
果	o	io	uo	(yo)
假	a	ia	ua	(ya)
拙	ε	iε	uε	yε
臻	ən	in	u(ə)n	y(a)n
山	an	ian	uan	yan
宕	ɑŋ	iɑŋ	uɑŋ	(yɑy)
流	əu	iəu	(uəu)	

说明："韵谱"把许多唇音字放进合口，因此出来了一些怪韵，我们用括号把它们标出来。

这个"韵谱"已经明白地告诉我们，它的语音系统中是没有入声的，那个"如"就是《中原音韵》的阳平。"韵谱"的入声分配是这样的：

中古全浊声母的字——阳平

中古次浊声母的字——去声

中古清声母的字——平、上、去都有，不过去声的占 60%左右，而现在北京话在去声的只占 40%左右。

附录：从“四等”到“四呼”

在没有音标的时代，表示字音的方法除了反切以外，还有韵图，用韵图来分析语音的学问叫“等韵学”。关于分析中古语音系统的宋、元等韵学我们在中古篇中已经介绍过了，下面我们扼要地介绍一下明清等韵学分析近代语音系统时，在方法上的一个重要改革——变四等为四呼。

由于实际语音的变化，到明清时代，一等韵和二等韵在音值上没有任何差别，三等韵和四等韵也没有差别，四等已经变成二等了；而这二等之间的主要差别不是主元音高低，而是介音有无和介音的性质；而有无介音和有什么样的介音是最容易从唇上看出来，因此明清等韵家取消了宋元等韵的四等制度，把开口和合口并起来，另外根据唇形来说明音值上的差别。在1612年前不久出世的《韵法直图》就创造了这种方法，但是不够精密，把介音跟辅音韵尾混在一起，用了合口呼、齐齿呼、撮口呼、开口呼、齐口呼、闭口呼、混呼等名称（闭口呼就是以-m为韵尾的韵）。到1712年潘耒作《类音》的时候，才正式地根据介音的性质把“四呼”说清楚了。他说：①

> 一字必有四呼，姑举喉音十母，“真”“文”一类为例。凡音皆自内而外，初出于喉，平舌舒唇，谓之“开口”；举舌对齿，声在舌颚之间，谓之“齐齿”；敛唇而蓄之，声满颐辅之间，谓之“合口”；蹙唇而出声，谓之“撮口”；“撮口”与“齐齿”相应，“合口”与“开口”相应——此四呼者，本一音展转而成，有一必四，非四无一，未有此全而彼缺者。

---

① 见《等韵源流》。

“影”母四呼：恩因温氲	“喻”母四呼：○寅○云
“晓”母四呼：○欣昏薰	“匣”母四呼：痕○魂○
“见”母四呼：根巾昆君	“溪”母四呼：○○坤困
“舅”母四呼：○○○○	“群”母四呼：○芹○群
“语”母四呼：○○○○	“疑”母四呼：垠银顐○

他已经清楚地告诉我们，同一个韵部中，除了有声调上的差别，“四呼”就是区别介音用的。看了上面那张图，我们就知道：

开口呼：恩根痕垠——没有介音；

齐齿呼：因欣巾寅芹银——介音是 i 或者全韵是 i；

合口呼：温昏昆魂坤顐——介音是 u 或者全韵是 u；

撮口呼：氲薰君云困群——介音是 y 或者全韵是 y。

现在我们再回到徐孝的“韵谱”中来，它跟《切韵指南》的关系大致是这样：

《切韵指南》	**“韵谱”**	**《类音》**
开口一等二等——	开口呼粗音——	开口呼
开口三等四等——	开口呼细音——	齐齿呼
合口一等二等——	合口呼粗音——	合口呼
合口三等四等——	合口呼细音——	撮口呼

当然从《切音指南》到“韵谱”的变化不完全变得这么机械，在某些韵中小部分一二等的字并到齐齿呼、撮口呼去的事是有的。

2. 南方官话韵书

由于南北方言在语音系统上已经发生了很大的分歧，南方人学官话就比较困难，往往带有很重的乡音，可是在交际上还勉强可以应付一下，所以这种不标准的官话就叫南方官话。南方官话的第一部韵书是《洪武正韵》，在《洪武正韵》以后只有戏曲韵书，一般人识字正音是用北方官话韵书，南方戏曲韵书在音韵史上没有什么价值，它们不是方言，也不是标准语，它们是被南方人修改过的"中原音韵"。但是这些韵书在戏曲界有一定的势力，因为南方遭受的破坏比较轻，大部分城市都保存下来，戏曲在南方更为活跃，后来南戏发展到北方，逐渐排挤了北曲。

(1)《洪武正韵》。《洪武正韵》是奉朱元璋的命令编写的，1375年完稿，比《中原音韵》晚五十年。到明代，《广韵》《礼部韵略》这些"正统"的韵书跟当时的实际语音已经发生了很大的距离。《洪武正韵序》上说：

> 皇上……召词臣谕之曰：韵学起于江左，殊失正音。有独用当并为通用者：如东、冬，清、青之属；亦有一韵当析为二韵者：如虞、模，麻、遮之属。

因此必须"壹以'中原雅音'为定"，把《礼部韵略》重新刊定。参加编写《洪武正韵》的都是精通音韵的人，他们是：乐韶凤、宋濂、王僎、李叔允、朱右、赵壎、朱廉、瞿庄、邹孟达、孙蕡、答禄与权等十一人。其中有四个人的籍贯查不出来，另外七个人中六个是南方人。他们担心自己被方音所蒙蔽，掌握不住"中原雅音"，又向汪广洋、陈宁、刘基、陶凯等四个人征求意见，这四个人也都是南方人。

《洪武正韵》的语音系统跟《礼部韵略》比较，的确有了很大的改动，可是跟《中原音韵》比较，也有很明显的不同，中古的全浊声母和入声系统几乎全套地保存下来。那么这个"中原雅音"究竟是什么东西呢？

“韵学起于江左，殊失正音”这句话明确地表示了他们对南方方言、对旧韵书的态度是否定的，因此最好不要朝这方面想，认为《洪武正韵》处处迁就旧韵书，处处迁就南方方言。在另一方面，我们也不要相信自《中原音韵》以后，蒙古人的统治推翻了以后，在中原地区消失了的全浊声母又恢复过来，因为从《韵略易通》以后的北方官话韵书所反映的语言事实看来，这种可能性是不存在的。我们认为《洪武正韵》所说的“中原雅音”是指宋王朝南渡以后，随着南迁的大批北方官僚知识分子的语音。这个“中原雅音”在南方方言的包围中生活了二百多年，难免不受南方方言的影响，以致那些奉命编写《洪武正韵》的人都难把握住它。“复恐拘于方言，无以达于上下”，还要请人“质正”，而“质正”的人又是南方人。

如果这个“中原雅音”是当时中原地区的语音的话，那么他们就应该请北方人来“质正”。

我们应该对随宋王朝南迁的大批官僚和知识分子的语言在南方的影响有足够的估计，我们知道明代初期的官僚和知识分子是南宋文化的直接继承者。因此乐韶凤等人是不会把《中原音韵》之类的放在眼里的。明代王世贞在《艺苑卮言·附录》中说：“所谓宋词元曲，殆不虚也。但大江以北，渐染胡语……沈约四声，遂阙其一。”这种心理，早在六世纪南朝著名学者颜之推的著作中也反映过，他在《音辞篇》中说：

> 然冠冕君子，南方为优；闾里小人，北方为愈。易服而与之谈，南方士庶，数言可辨。隔垣而听其语，北方朝野，终日难分。而南染吴越，北杂夷虏，皆有深弊，不可具论。

《中原音韵》平分阴阳，乐韶凤等人根本不明白，《洪武正韵》凡例中说：

> 按《七音略》平声无上下之分，旧韵以平声字繁，故厘为二卷；盖因宋景祐间丁度与司马光诸儒作《集韵》，始以平声上下定为卷目，今不从，惟以四声为正。

在体例上，《中原音韵》及以后的官话韵书都是以韵部来统率声调的，而《洪武正韵》仍旧保持旧韵书的格式，以声调来统率韵部。

《洪武正韵》反映了南方官话，又是明代官定韵书，所以南方戏曲都乐意采用它，戏曲语言从此形成“南从洪武（《洪武正韵》），北问中原（《中原音韵》）”的局面。

下面这些韵书都是南方人为南戏写的韵书。

(2)《琼林雅韵》。作者是明朝宁献王朱权，书成于 1398 年。韵分十九部，跟《中原音韵》相当，但是平声的阴阳分别被取消了。

南方的戏曲原来不用韵书的，自《中原音韵》问世以后，它们就用《中原音韵》，并且像北方戏曲一样严格地遵守它。近代的南昆、弹词、说书的唱词都用所谓中州韵，只有丑角和扮演下等人的角色的道白才准用“苏白”。南戏的演员和作家虽然遵守《中原音韵》，但是并不真正懂得《中原音韵》。《琼林雅韵》虽然不敢把入声独立起来，可是平声分阴阳实在不明白，所以就干脆取消了。

(3)《菉斐轩词林要韵》。作者陈铎，书成于 1483 年。韵分十九部，平声也是不分阴阳的。

(4)《中州音韵》。作者王文璧，书成于 1503—1508 年之间。韵分十九部，平声不分阴阳。每个小韵下面开始有反切。《中原音韵》是没有反切的，现在王文璧自己加上反切，字音就开始用南方官话的形式固定下来了。

另外还有一本署名“卓从之述”的《中州乐府音韵类编》的韵书，它是根据《中原音韵》未定稿编写成的，跟《中原音韵》属于同一体系，跟王文璧的《中州音韵》不同。

(5)《中原音韵问奇集》。是王文璧《中州音韵》的增校本，校刊人卜槁李。作者大概懂得《中原音韵》，把《中原音韵》的平声阴阳的分别恢复过来了。韵分十九部。

(6)《中州全韵》。作者范善臻，书成于明代末年。韵分十九部。声调方面不仅平声分阴阳，去声也分阴阳。作者以为《中原音韵》的平声分阴阳是根据声母的清浊来分的，他发现南方话中去声因声母的清浊不同，调值上也有些差别，于是把去声也分出阴阳来了。

(7)《中州音韵辑要》。作者王鵕，书成于1781年。韵分二十一部，把《中原音韵》的齐微、鱼模各分为两部。

(8)《曲韵骊珠》。作者沈乘麐，书成于1792年。韵分二十一部，跟王鵕相同。入声正式独立了。作者在韵目下面注上了发音方法，可以帮助我们了解它们的读音。

平声二十一韵：

东同——鼻音	支思——直音
江阳——鼻音	机微——直音
居鱼——撮口	灰回——收噫
姑模——满口	歌罗——直音
皆来——收噫	家麻——直音
真文——抵腭	车蛇——直音
干寒——抵腭	庚亭——鼻音
欢桓——抵腭	鸠侯——收呜
天田——抵腭	侵寻——闭口
萧豪——收呜	监咸——闭口
	纤廉——闭口

入声八韵：

屋读——满口	质直——直音
恤律——撮口	拍陌——直音
约略——直音	豁达——直音
曷跋——撮口	屑辙——直音

入声是没有-p、-t、-k 这样的韵尾的，它们不过是个短促的元音，跟现在的吴语方言是一样的。

(9)《增订中州全韵》。作者周少霞，年代查不出来，不过我们看到他为《曲韵骊珠》写的序，知道他跟沈乘麐是同时代的人。作者不仅平声、去声分阴阳，上声也分阴阳，恐怕完全把声调的阴阳看成是声母的清浊了。比《曲韵骊珠》多一个"知如"韵，但是取消了入声。作者在"知如"韵下注了下面一段话：

> 知、痴、池从齐微分出，如诸、书、枢、除等字从居鱼分出，官韵缩舌撮唇。

它的音值相当于苏州话中的圆唇舌尖元音。

二、《中原音韵》的声母系统

（一）《中原音韵》的编排体例

《中原音韵》是当时作曲的参考书，它的编排体例和传统的韵书有很大不同。

传统的韵书，以《广韵》来看，它是以声调为大类，再以韵目为纲，同声字排在同一个圈圈下面，每圈第一字下注明反切。因为《广韵》是一部按字音编排的字书，所以在每字下面还注上了解释，这样的编排方式就很有点象今天的同音字典。

《中原音韵》是供给大家作曲用韵的参考书，所以它只搜集了当时的常用字（共 5 876 个），没有注上解释，也没有使用反切。作者告诉我们：

> 《音韵》不能尽收《广韵》如“崆峒”之“崆”、“灵驾”之“灵”、“倥偬”之“倥”、“鹁鸽”之“鹁”字之类，皆不可施于词之韵脚，毋讥其不备。①

在全书的排列上，作者采取了以韵目为大类，以声调为纲的办

---

① 见《中原音韵·正语作词起例》。

法。同声字还是排在同一圈圈下面。

> 《音韵》内每空是一音，以易识字为头，止依头一字呼吸，更不别立切脚。①

这样编排的结果是：属于同一个韵目、同一个声调下面的字都是同韵同声调的字；属于同一个圈圈下面的就是声、韵、调都同的同音字。全书5 876个字分成1 622个同音字组。

虽然《中原音韵》没按声母排列，也没有注明反切，不能利用反切上字归纳声母系统，但是我们根据他"每空是一音"的办法，归纳出声母系统来。因为根据他的编排体例，我们可以这样推断：

1. 凡属同一圈圈下的字，是声、韵、调都同的同音字。因为它们同属一个韵部，同属一个声调之下。

2. 凡属同一个韵部，同一个声调下面，而属于不同圈圈的字，它们必定在声母上有不同，因此不能把它归纳在同一个声母里。因为既然分列两圈，必然不同音，而既然韵目声调都相同，那就只有声母的不同了。也有是因为呼的不同而分属两圈的。

这两条是我们归纳《中原音韵》声母系统的出发点。

例如：

> 十二歌戈
> 平声　阴
> 歌哥柯牁〇科蝌窠〇轲珂〇戈过锅〇莎簑唆……②

我们如果查对《广韵》，可以知道每圈的声母音值可以这样

---

① 见《中原音韵·正语作词起例》。
② 见《中原音韵》歌戈部。

拟测：

十二歌戈

平声　阴

歌（见母 k）○科（溪母 k‘）○轲（溪母开口 k‘）○戈（见母合口 k）○莎（心母 s）

（二）《中原音韵》的声母

根据《中原音韵》的编排体例，我们归纳了 1 622 个同音字组的结果，可以得到它的声母系统如下：

p 崩	p‘烹	m 蒙	f 风	v 亡
t 东	t‘通	n 脓		l 龙
k 工	k‘空		x 烘	
ts 宗	ts‘惚		s 嵩	
tʃ 钟	tʃ‘充		ʃ 双	ʒ 戎
tʂ 支	tʂ‘翅		ʂ 施	ʐ 迩
○邕				

上列声母共 24 个，前面是我们标拟的国际音标音值，后面是《中原音韵》里的代表例字。

前面谈到过，中古《切韵》音系的声母是有 51 声类，35 音值。两者比较，《中原音韵》少了 11 个声母。我们必须先进行详细的比较，才能看它们的发展演变。

《中原音韵》和中古《切韵》声母比较表：

唇音	《中原音韵》	p	p‘	m	f	v
	《切韵》音系	p	p‘	m	b	
牙音	《中原音韵》	k	k‘	x		

	《切韵》音系	k	kʻ	g	ŋ		
舌音	《中原音韵》	t	tʻ	n	l		
	《切韵》音系	t	tʻ	d	n	l	
	《中原音韵》	tʂ	tʂʻ	ʂ	ʐ		
	《切韵》音系	ȶ	ȶʻ	ȡ			
齿音	《中原音韵》	ts	tsʻ	s			
	《切韵》音系	ts	tsʻ	s	z	dz	
	《中原音韵》	tʃ	tʃʻ	ʃ			
	《切韵》音系	tʃ	tʃʻ	ʃ	dʒ		
	《切韵》音系	tɕ	tɕʻ	dʑ	ɕ	ʑ	ȵʑ
喉音	《中原音韵》	x	○				
	《切韵》音系	○	ɣ	j	x		

两相对照，我们可以看到：

中古《切韵》音系到了《中原音韵》里少掉了：b、g、ŋ、d、ȶ、ȶʻ、ȡ、z、dz、dʒ、tɕ、tɕʻ、dʑ、ɕ、ʑ、ɣ、j 等 17 个声母。

《中原音韵》比中古的《切韵》音系多出了：v、tʂ、tʂʻ、ʂ、ʐ 等 5 个声母。

在这样的变化里，我们至少可以看到《中原音韵》的声母系统有这些特点：

1.《广韵》里的全浊声母：並、群、疑、定、澄、从、邪、禅、床、匣、崇等 11 个，到了《中原音韵》里都消失了（内疑母属次浊）。

2. 新产生了 tʂ、tʂʻ、ʂ、ʐ 这一组卷舌音。

3. 喉音的影、匣、喻合并为零声母。

4. 唇音里新产生了一个浊音 v，原先由帮母变来的 v 这时已消失，变为轻唇音了。

这是把《中原音韵》声母系统和《切韵》音系声母系统比较后，大致归纳得到的几个特点。

（三）全浊声母的清化

1. 浊音清化的证据

《中原音韵》的体例是“每空是一音”的，同一圈圈下面的字必属同声母，因此，我们只消打开《中原音韵》翻翻，就很容易发现，那些在中古是浊音声母的字，都已经混在清音一起属于同一圈圈下面了。

唇音

江阳（去）　○谤（帮）　傍蚌棒（並）

齐微（去）　○背辈贝狈臂倍诐（帮）　焙婢备被髲避幣弊（並）

　　　　　　○闭躄蔽畀庇比秘箆贲（帮）　鼙陛（並）

　　（阴）　○醅披丕呸胚纰（滂）　邳（並）

桓欢（阳）　○盘槃瘢磐鬆般鞶媻磻蟠幋弁（並）　胖（滂）

先天（阴）　○篇扁偏翩（滂）　蹁（並）

舌音

真文（去）　○顿（端）　囤沌钝盾遁（定）

寒山（去）　○旦（端）　诞弹惮但（定）

监咸（去）　○淡啖惔（定）　擔（端）

歌戈（阴）　○他拖佗（透）　诧（定）

牙音

东鍾（去）　○贡供（见）　共（群）

萧豪（去）　○叫（见）　轿峤（群）

舌音　齿音

东鍾（去）　○众种（照）　中仲（知）　重（澄）

江阳（去）　○状（床）　壮（照庄）　撞（澄）　○帐胀涨（知）

　　　　　　丈仗杖（澄）　障墇瘴（照）

尤侯(去) ○昼胄宙籀纣(澄) 呪(照) 咮(知) ○皱(照) 骤(床)

鱼模(上) ○杵处(穿) 楮褚(彻) 杼(澄)

(去) ○做(精) 祚胙(从) 诅(照庄)

齐微(阴) ○崔催(清) 衰榱(穿初)

支思(阴) ○眵(彻) 鸱(穿昌) 差(穿初) ○施尸屍鸤蓍诗(审书) 师狮蛳(审生)

喉音

东锺(上) ○汞(匣) 嗊(晓)

江阳(上) ○谎(晓) 晃(匣)

罗常培先生在《中原音韵声类考》[①]一文里,有详细的考证与全面的论述。他说:

> 综观上举诸证,则等韵敷知彻並定群从床澄奉匣邪禅娘疑喻十六母均为《中原音韵》所无。[②]

因此,我们认为其时的全浊声母已经清化了。

2. 浊声母清化的规律

浊声母的清化,一般都是向它的相同发音部位的清声母方面转化的。在浊音清化的过程牵涉声调和声母音值两方面的变化。这里先从声母音值的变化方面来探讨它的变化规律。有关声调的部分留到第四章去谈。

---

① 刊前《中央研究院历史语言研究所集刊》第二本第四分册,罗常培《中原音韵声类考》。

② 刊前《中央研究院历史语言研究所集刊》第二本第四分册,罗常培《中原音韵声类考》。

(1) 浊塞音的清化,在平声时,它变作相应的送气清音;在仄声时,它变作不送气的清音。

	平声	仄声
並母	平陪瓶评	倍蟠办伴
定母	袒徒詑	邳洞弟
群母	群遒强	直舅健竞
澄母	稠澄冲绸	郡重治郑

(2) 浊塞擦音:

从母同塞音一样,平声时送气,仄声时不送气。

江阳(去) ○匠(从) 将酱(精) ○葬(精) 藏(从)

皆来(去) ○在(从) 再载(精)

支思(阳) ○慈鹚磁資茨疵(从) 玼(清) 茈(从)

崇母除支思韵的仄声变成清擦音,其他变化同塞音一样。

支思(去) ○士仕柿事……[ʂ]

皆来(去) ○寨(崇) 债(庄)

家麻(去) ○诈榨(庄) 乍槎(崇)

东鍾(阳) ○重蟲(澄) 鳙(禅) 慵(彻) 崇(床)

船母的变化比较复杂。平声时清化成送气的塞擦音或清擦音。仄声时清化成擦音。

真文(阳) ○唇(船) 蓴纯淳醇錞鹑(禅)

庚青(阳) ○澄呈程酲惩(澄) 成城宬诚盛承丞(禅) 乘塍(船)

(去) ○圣胜(审) 盛(禅) 賸乘剩(船)

(3) 浊擦音:

邪母和禅母的变化一样,平声清化为送气的塞擦音或擦音;仄声变成清擦音。

江阳(去) ○象像(邪) 相(心)

车遮(去)　○谢榭(邪)　卸泻(心)

江阳(去)　○上尚(禅)　饷(审)

萧豪(去)　○少烧(审)　绍邵(禅)

支思(阳)　○时埘鲥匙(禅)　[匙今音 tʂʻʅ(阳平)]

匣母全变清擦音晓母。举例详后。

3. 浊音清化的时代

浊音声母的清音化,是整个汉语历史发展的普遍现象,到今天的普通话里,全浊声母已全部消失了,唯一的全浊声母 ʐ 也还是由次浊声母发展而来的。既然这是汉语语音发展史上的重要规律,我们也就有必要来探讨浊音清化的原因,以及开始清化的时代了。

《中原音韵》里,比今天的普通话还多了一个唇齿浊音微母,从《中原音韵》到普通话大概经过了六百多年的时间,一个微母[v]的清化过程也还没彻底完成[①],那么十多个浊音清化过程必然也很长。因此我们不能认为浊音清化的时代与《中原音韵》相差不远,而应该认为这是一个很长的历史过程,只是到了《中原音韵》里才在韵书材料里得到了反映。

宋邵雍(1011—1077)的《皇极经世书》第七到第十卷讨论声音的部分有所谓经世声音图,以十“声”(韵)和十二“音”(声)相配。这十二“音”图实在就是声母的清浊与送气不送气的排列图表。[②] 从这十二“音”图的声母清浊排列相配中我们可以看到这样的现象。

---

① 现代普通话中,有人念王[vaŋ]、亡[vaŋ],这些字都属微母,由于唇齿阻的摩擦成分消失不干净,而所以这样念了。

② 参考李荣《切韵音系》“附录”,或周祖谟著《汉语音韵论文集》内《宋代汴洛语音考》一文。《切韵音系》(科学出版社版),《汉语音韵论文集》(商务印书馆版)。

一音	开发收闭	五音	开发收闭
清	水 k 古甲九癸	清	水 p 卜百丙必
浊	火 g□□近揆	浊	火 b 步白葡鼻
清	土 k‘坤巧丘弃	清	土 p‘普朴品匹
浊	石 g□□乾虬	浊	石 b 旁排平瓶

六音	开发收闭	八音	开发收闭
清	水 t 东丹帝■	清	水 ts 走哉足■
浊	火 d 兑大弟■	浊	火 dz 自在匠■
清	土 t‘土贪天■	清	土 ts‘草采七■
浊	石 d 同覃田■	浊	石 dz 曹才全■[①]

上面列举了四音的排列表。国际音标所注是中古《切韵》音系的音值。图上□是原书中表示有音无字的记号，■是无音无字的记号。我们再考察它们在《广韵》中的声调时就会发现：一音里的“近揆”是仄声，“乾虬”是平声；五音里的“步白葡鼻”都是仄声，“旁排平瓶”都是平声；六音、八音里的“兑大弟”“自在匠”都是仄声，“同覃田”“曹才全”都是平声。这里的仄声浊音和不送气的清音相配，平声浊音专和送气清音相配。

从前面得知，浊音清化的普遍规律是平声变作送气清音，仄声变作不送气清音。邵雍的清浊声母相配时也正好符合了这样的清化规律。

今天我们还缺少确实材料来断定浊音清化的年代，但是根据邵雍十一世纪时的材料，我们至少可以这样认为：浊音清化的现象在十一世纪时已可找到迹象了。它也经历了几百年的过程，到了《中原音韵》才正式在韵书上出现。

---

① 参考李荣《切韵音系》“附录”，或周祖谟著《汉语音韵论文集》内《宋代汴洛语音考》一文。

(四) 卷舌音的萌芽

现代北方话 tʂ、tʂʻ、ʂ 的来源很复杂,其中包括了中古时期的:知 ȶ,彻 ȶʻ,澄 ȡ,章 tɕ,昌 tɕʻ,船 dʑ,书 ɕ,禅 ʑ,庄 tʃ,初 tʃʻ,崇 dʒ,山 ʃ 这十二母。

根据具体材料,可以推断这十二母向卷舌音的变化在《中原音韵》里已经有了萌芽。

中古照系庄组(照二)的音值是 tʃ、tʃʻ、dʒ、ʃ,这四个混合舌叶音的性质本身就是一个非常不稳定的介乎舌面音和舌尖音之间的一个音。当它后面带有 i 元音时,它的音值就可能向 tɕ、tɕʻ、ɕ 靠近一点;带上其他舌尖元音时,它又可能有相应的变化。这是符合音理的事实。

《中原音韵》里新产生了支思韵,也就是把原先的止摄分做支思与齐微两部。关于支思韵的音值我们认为是 ʅ 和 ɿ(详见第三章),这 ʅ 和 ɿ 是舌尖后元音和舌尖前元音,它的发音部位显然是和齐微韵的舌面元音 i 不同的。

就这样,舌尖元音对混合舌叶音的作用,使得 tʃ、tʃʻ、ʃ 的发音舌前化,才开始了由 tʃ、tʃʻ、ʃ 到 tʂ、tʂʻ、ʂ 的过渡。

必须指出,这样的过渡不是很快就完成的。《中原音韵》时它更是仅处于萌芽状态。据王力先生估计,这卷舌化的过程至少在十五世纪,即从明兰茂的《韵略易通》中《早梅诗》里才表示它的完成。因为《早梅诗》里没有 tʃ、tʃʻ、ʃ、dʒ 这四母,只有"枝"tʂ,"春"tʂʻ,"上"ʂ,"人"ʐ 四母了。①

对于这十二母到卷舌音的演变,我们还有一个旁证:周德清

① 王力《汉语史稿》(修订本)上册 110 页,科学出版社。

在“正语作词起例”中，齐微韵下面一开头就是：

齐微　知有之　痴有眵　耻有齿　世有市　智有志

这五对字的后一个都是支思韵部的字。顾名思义“正语作词”和今天的辨音练习相仿，那是为了避免被大家误读，而让大家注意辨别它的。这五对字作者既然要大家注意辨别，就证明了它们在音值上有不同，它们除了韵部的不同外，就只有声母的不同。现在从材料上看韵部的不同是肯定的，而再从音理上看，这韵部的不同也必然要影响到这声母的变化的。

至于它们的具体演变，我们可以同意王力先生的意见：

知 ȶ → tɕ
章 tɕ　＞tʃ → tʂ
＞tʃ
庄 tʃ

彻 tʻ → tɕʻ
昌 tɕʻ　＞tʃʻ → tʂʻ
＞tʃʻ
初 tʃʻ

书 ɕ
＞ʃ → ʂ①
山 s

澄船禅崇这四母另按浊音清化规律分别演变为 tʂ 和 tʂʻ。其中有的在平声（船母和禅母），有的在仄声（崇母）再分化出 ʂ 来。举例见前节。

必须说明的是，语音的变化是复杂的，不是什么象上表所画非等第一步的演变全部完成后，才开始第二步的。所以在第一步向 tʃ 的变化中，也可能有从 tʃ 向 tʂ 的演变了。《中原音韵》所反映的变化正是这么一个时代。所以《中原音韵》里既有 tʃ、tʃʻ、ʃ，又有 tʂ、tʂʻ、ʂ，而绝大部分的今天的卷舌音字还在齐微韵里哩。

至于那些存留在齐微韵里的字，后来由于卷舌音的影响扩大，也慢慢地变做卷舌音了。

---

① 王力《汉语史稿》（修订本）上册 116 页，科学出版社。

（五）零声母的扩大

中古《切韵》音系的零声母字影母，到了《中原音韵》里有了很大的发展。中古的匣、喻、疑、影四母到了《中原音韵》都合并为零声母了。当然个别例外还是有的。

疑母的音值是 ŋ，现代吴语方言里有它的痕迹。

沪语：

牙芽衙 ŋa$^{\underline{2}}$　咬 ŋɔ$^{\underline{2}}$　眼 ŋᴇ$^{\underline{2}}$　颜 ŋᴇ$^{\underline{2}}$　硬 ŋã$^{\underline{2}}$　岳 ŋoʔ$^{\underline{2}}$

我 ŋu$^{\underline{2}}$　卧 ŋu$^{\underline{2}}$　瓦 ŋo$^{\underline{2}}$　误 ŋu$^{\underline{2}}$　悟 ŋu$^{\underline{2}}$　呆 ŋᴇ$^{\underline{2}}$

碍艾 ŋᴇ$^{\underline{2}}$　熬 ŋɔ$^{\underline{2}}$　傲 ŋɔ$^{\underline{2}}$　岸 ŋø$^{\underline{2}}$　昂 ŋɔ̃$^{\underline{2}}$　偶藕 ŋəu$^{\underline{2}}$

鹅蛾俄饿 ŋn$^{\underline{2}}$　鄂鳄 ŋoʔ$^{\underline{2}}$　额 ŋaʔ$^{\underline{2}}$

这一群字，在普通话里都变成零声母了。所不同的只是它们有的是 i 类，有的是 n 类、y 类和开口呼的零声母字罢了。对照了方言我们可以认为疑母字是今天零声母字的来源之一。

《中原音韵》已经完成疑母消失的理由是很清楚的。

齐微（阳）　○围闱韦帏违为（喻）　嵬巍危桅（疑）　○移移蛇姨夷痍彝贻怡饴颐圯遗（喻）　翳（影）　兒鲵霓倪猊輗疑嶷沂宜儀艤（疑）

（上）　○倚椅扆㕧（影）　矣已以苡（喻）　锜蚁顗拟艤（疑）　○委猥（影）　唯苇伟（喻）　隗（疑）

（去）　○胃蝟渭谓䞿纬衛位（喻）　尉慰畏秽餧饫（影）　魏（疑）　○异裔瘗栧曳易勚（喻）　懿饐翳瞖意（影）　义议谊毅艺诣刈乂劓（疑）

鱼模（阳）　○鱼渔虞愚隅禺（疑）　余畬餘予妤舁与玙欤誉俞歈榆愉覦瑜窬渝臾萸谀于盂竽雩（喻）

（去）　○御驭遇（疑）　妪（影）　裕谕誉预豫芋（喻）　误悞寤（疑）　恶污（影）

桓欢（去）　○翫玩（疑）　腕惋（影）

皆来（去）　○艾（疑）　爱噫餲（影）　○捱（疑）　隘阨搤（影）

家麻（阴）　○鸦丫（影）　呀（疑）

（阳）　○牙芽谺衙涯（疑）　窑（影）

（上）　○雅（疑）　瘂（影）

（去）　○亚娅（影）　迓讶砑（疑）

庚青（去）　○映应膺（影）　凝硬（疑）

上举各例，疑母字和影母字已经同列一圈，音值相同是可以推断的。

不过，考察疑母和影母合并时，也还有一些问题。

江阳（上）　○養癢鞅　○仰

（去）　○酿　○仰

萧豪（去）　○傲奡鳌（疑）　○奥懊澳（影）

车遮（入作去）　○业邺额（疑）　○拽噎（喻）　谒（影）葉　烨（喻）

歌戈（上）　○我　○婀

这里的影疑是分列两圈的，似乎可以看作当时还有 ŋ 与○的分别吧？事实并非如此。

江阳韵的去声酿仰相连，中间的圈圈可能是传抄的错误加上去的。《中原音韵研究》新版 153 页注一：

> 仰（指上声）据《韵略易通》《啸余谱・中州韵》及《五方元音》俱与养同在一圈之内，宜读为 iaŋ。去声仰字据《中原问奇集》与酿同在一圈内，又宜读为 niaŋ 俱非其朔也。此盖疑母之未消灭者，宜读为 ŋiaŋ。

根据这段话的上半段，我们认为疑母仍是消失了，即使去声仰字和酿字有区别也只是○与 n 的区别，就不能认为上声的仰字和养字是疑母与○的区别。

车遮入声作去声的“业”“邺”“额”三字，据《琼林雅韵》也应当合在上面一个圈圈里。它们之间的○也可能是传抄的错误。

歌戈的我字，可能已如今普通话念作 uo 而婀字是 o。它们之间有呼的不同，所以分列两圈。

疑母和影母的合并，我们在十九个韵部里至少可以找到十五部的例子。假如它们之间有音值上的区别，不应该只存在于某几个韵部里。就拿前举几部有怀疑的来看，它们也有合并现象的。

萧豪（去）　○拗靿凹（影）　乐（疑）

车遮（入作去）　○月轨刖（疑）　悦说阅越钺樾（喻）

歌戈（入作去）　○岳乐（疑）　药跃钥（喻）　约（影）　○萼鹗鳄鄂（疑）　恶垩（影）

至于个别的影、疑分圈现象，我们也可能拿来作为存疑的论据，但可能这是周德清受自己方言影响而保留下来的。

中古《切韵》音系的喉音包括匣母（三等）、喻母、晓母、影母。到了《中原音韵》里除了晓母外，都合并成零声母了。

前面已经举了一些例子，下面举几条例子，说明在《中原音韵》时代，它们与影母早已混在一个圈圈里了。

庚青（阳）　○盈嬴赢攍瀛茔营蝇（喻）　迎凝（疑）　萤（匣）

寒山（去）　○案按（影）　岸犴喭（疑）　闬（匣）

桓欢（阳）　○丸纨纨完貛（匣）　刓蚖岏（疑）

喉音除了变作零声母之外，还有同牙音相混的现象。我们从音理上来看牙音和喉音的发音部位是很近的。喉音的发音稍微靠前一些就成牙音了。

《中原音韵》里我们也可以看到一些喉牙音混在一个圈圈里的现象。

江阳(阴)　○冈钢纲亢扛玒(见)　缸(匣)
齐微(上)　○迤(喻)　婍(溪)
(入作上)　○吸翕(晓)　檄觋(匣)　隙(溪)
皆来(去)　○懈(见)　械薤解獬(匣)
鱼模(阴)　○虚嘘觑吁(晓)　墟嘘(溪)
萧豪(阴)　○枭骁(见)　鸮(喻)　嚣枵歊(晓)　○哮烋嗃烋(晓)　詨(见)

对于它们的演变可以作这样的解释:

首先,由于喉音和牙音的发音部位近似,容易引起转化。这样,晓母补足了牙音中的清擦音的空白点,匣母弥补了牙音中浊擦音的空位。事实上,从现代语音学术语看,晓母究竟是舌根阻的辅音,还是喉部的摩擦音,也不能断定,甚至可能在当时是一个变值音位。从音理上看,发音部位稍前与稍后,既不是音位,那么稍有出入也很可能。因此,喉牙音的相混就很自然了。

假如把晓母和匣母认作是牙音的同部辅音,那末上举几例,就象舌音、齿音的变化一样,仅仅是它的浊音匣母清化的问题了。至于它们在今天的普通话里有的念作 k、k‘、x,有的念作 tɕ、tɕ‘、ɕ,那是《中原音韵》以后的变化了。

(六) 新产生的浊音

一般的讲,中古的全浊音到了《中原音韵》里大都消失了。但是《中原音韵》里还有三个全浊音,就是 v、ʒ、ʐ 三母。但是,它们的来源都是由中古的次浊声母演化而来的。

《中原音韵》里 v 母的来源是中古的明母 m。

中古《切韵》音系的双唇音只有帮滂並明这四个,也就是一般的所谓重唇音。大概在唐末时，有过唇音分化现象，宋人卅六字母里唇音就有帮滂並明和班敷奉微两组八个。这里面，明母也分成了 m、ɱ 两个。ɱ 就是微母的音值。

再往后，由于微母的失掉鼻音，保留它的唇齿阻的浊音的性质。微母的音值就成为 v 了。

至于由中古並母唇齿化而变成的 v，到了《中原音韵》里都已经失去浊音变成 f 了。

至于由《中原音韵》的 v 再向现代普通话的零声母的发展，那是以后的事了。

认为微母音值有这样变化的具体例证是：

江阳（阳）　○忘亡（微）　○王（喻）

（上）　○罔網辋（微）　○枉往（喻）

（去）　○望忘妄（微）　○旺王（喻）

齐微（上）　○尾亹（微）　委猥（影）

（去）　○未味（微）　○胃蝟（喻）

鱼模（阳）　○無蕪巫诬（微）　○吾梧（疑）

（上）　○武舞鹉侮廡（微）　○五乎伍午仵忤（疑）

坞邬（影）

真文（上）　○刎吻（微）　○稳（影）

在上面各例中，影疑喻各母的音值是零声母，而微母字是与它们分圈的，可见微母音值在当时还不是零声母。

这些字的来源既然出自中古的微，这些字在南方方言中常常念成 ɱ 或 v，它们成为一种音位变体，不区别意义而可以两读。由此，我们认为从音理上和从方言上推出，可以确定 v 母经过了这样的演变：

m（明）→ɱ→v（微）→○

中古日母的音值是 ȵʑ，这是一个破裂摩擦音。现代汉语方言中，日母字有的念成 ʐ，有的是 ȵ，有的是 ʑ，有的是 z，还有的是两读。不论什么念法，它们与中古的 ȵʑ 比较起来，它的发音部位有的是开头部分相同，有的是结尾部分相同。也就是说，日母字在方言中有的是保留了前半个，有的是保留了后半个。很可能，当它的鼻音的摩擦成分增强时，破裂成分相应减弱；当它的破裂成分增加时，鼻音减弱了。一个不断增强，一个不断减弱甚至消失，终于分化成了两部分：

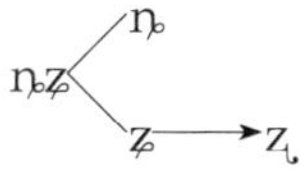

前面一种变化，象上海话就是这样，普通话的变化就属于后面一种了。

（七）从《切韵》音系到《中原音韵》的声母演变

前面几节，我们分别论述了从中古《切韵》音系到《中原音韵》时期声母演变中的一些现象。总起来看，从中古《切韵》音系到《中原音韵》时期，声母演变的特点是：

1. 全浊声母的消失。
2. 卷舌音的萌芽和发展。
3. 唇音的分化。
4. 喉音和牙音的混同。
5. 零声母的扩大。

假如把中古《切韵》音系到《中原音韵》的声母发展演变列成表的话，那就有如下表了。

从《广韵》到《中原音韵》的声母演变表

	全清	次清	全浊	次浊	全清	全浊
唇音	p{→p →f	pʻ{→pʻ →f	b{→p(仄) →pʻ(平) →v→f	m{→m →ɱ→v		
牙音	k→k	kʻ→kʻ	g{→k(仄) →kʻ(平)	ŋ{→○ →n①		
舌音	t→t	tʻ→tʻ	d{→t(仄) →tʻ(平)	n→n		
	ȶ→tɕ{→tʃ →tʂ	ȶʻ→tɕʻ{→tʃʻ →tʂʻ	ȡ→dʑ{→ʒ →tʂʻ(平) →tʂ(仄)			
齿音	ts→ts	tsʻ→tsʻ	dz{→tsʻ(平) →ts(仄)		s→s	z→s
	tʃ{→tʂ →tʃ②	tʃʻ{→tʂʻ →tʃʻ	dʒ{平→tʂʻ 仄{tʂ ʂ③		s{→ʂ →ʃ	
	tɕ{→tʃ →tʂ	tɕʻ{tʃʻ tʂʻ	dʑ{仄→ʂ 平{tʂʻ ʂ		ɕ{→ʃ →ʂ	{仄 ʂ 平{ʂ tʂʻ
喉音	○→○		ɣ{→○(三等) →x		x→x	j→○
半齿	ȵʑ{ʐ ʒ					
半舌	l→l					

说明：① 从现在方言材料看，中古 ŋ 有一部分是变作 n 了，也可算是特例。见王力著《汉语史稿》修订本上册 128 页。这些字也可能在《中原音韵》时它还是念 ŋ，因为齐齿呼的原因，才使它变成 n 了。

② 根据现代方言材料，普通话的 ts、tsʻ、s 字里也有来自庄初崇山的。不过《中原音韵》时它有没有从庄组来的 ts、tsʻ、s 就难考证了。

③ 浊音的演变很复杂，我们不能设想它的几步变化是连续接替的。事实上，它们的变化应该是交叉同时进行的，不可能等全部的卷舌作用完成后再开始庄组变 ts、tsʻ、s；章组 tʃ、tʃʻ、ʃ 变 tʂ、tʂʻ、ʂ 的，所以浊擦音那时必然有几套分化。

崇母{→卷舌化：tʂ、tʂʻ、ʂ
→舌尖化：ts、tsʻ、s

船母{→混合舌叶音：tʃ、tʃʻ、ʃ
→卷舌音：tʂ、tʂʻ、ʂ

为了简单起见，我们省略了一些属于过渡性的变化。

三、《中原音韵》的韵母

（一）韵母系统的一般叙述

《中原音韵》韵母的来源主要是依据了“韵守自然字通天下”的北曲用韵，因此我们完全应该承认它基本上是代表了十四世纪北方话语音现象；同时，它也参考了《广韵》系统分合而成，从韵书的角度，我们也可以说它是《广韵》的沿革。

《广韵》之后，《中原音韵》以前，韵书亦颇不少，但用韵的分部各有所论，异说纷纭。《广韵》以四声为纲，韵目为纬，全书分为二百零六韵。宋丁度等撰《礼部韵略》，改《广韵》十三处独用者，以通用者令之，刊定窄韵十三；《集韵》亦取通用者，韵部大致相同，都为增订《广韵》而作。宋平水刘渊著《壬子新刊礼部韵略》，将《广韵》同用各韵和《韵略》通用之韵合并为一百零七韵。金韩道昭《五音集韵》并合《广韵》为一百六十韵，遵用《广韵》十三条独用者。元黄公绍作《古今韵会》，为一百零七部（比平水多一拯韵）。到了《中原音韵》，周德清完全打破了传统的分部方法，抛弃了因袭守旧的陈腐观点，他懂得社会的变化和语言的嬗递，用大胆革新的精神，把十四世纪时期的北方话语言现象归纳成为十九个韵部，声调又列为平分阴阳、入派三声。这在音韵史上是一次非常成功的革新。

《中原音韵》根据《广韵》的韵母系统分合的结果，一共有十九个韵部。每个韵部的数量是不等的，有的只有一个韵母，有的多至四个韵母。同一韵部的韵母，它们的主元音是完全相同的，不同的地方在于韵头的差别。全书十九个韵部四十六个韵母，共收之字大概为 5 876 个。声调的特点是平分阴阳、入派三声。这与中古《广韵》的 206 韵和平、上、去、入四声比较起来，两者之间的差别是很显著的，从这种差别之中，我们可以清楚地看出中古唐宋时期和近古元朝时期语音上的急剧变化。

我们根据《中原音韵》的记载，把它全部所收的字进行归纳，注上音标，就可以清楚地看出当时北方话语言韵母系统的面目来了（见《中原音韵》韵母系统表）。

用现代语言学的科学知识来分析汉语，可以把汉语的音节分成一个一个音素，最完善的音节包括韵头、韵腹、韵尾三个部分。其中韵腹是必不可缺少的，因为它是主元音部分。而韵头和韵尾却不是每个音节都要齐备的，而且在受了声母和声调的作用以后可以变换的，它们不是音节的主要部分。正因为它们有这种变动性，而且是有规律进行的，因而也就构成了汉语的特点。

《中原音韵》的作者正是懂得了这样的变化原理，尽管他还缺乏今天科学的音理知识。他把《广韵》各部中韵腹或韵尾相近的韵母合并了。合并的结果，使得《中原音韵》的十九个韵部十分简单，每一韵部中的主元音完全相同（除萧豪韵中开口韵有一二等除外）。合并的另一结果，使得各韵部的韵母充实起来，而韵头的变化逐渐使得“四呼”发展起来。（当然，“四呼”的兴起是明清的大事，这里不必越俎代庖。）

韵尾相同的韵母也合并了，下面详细讨论。这里指出一点，韵

《中原音韵》韵母系统表

韵部	主元音	韵母音值				收录字数	和《广韵》的比较	
							摄	韵母
东钟	u			uŋ	iuŋ	265	通	东冬锺
江阳	a	aŋ	iaŋ	uaŋ		362	江、宕	江阳唐
支思	ɿ	ɿ				171	止	支脂之
齐微	i	i	ei	uei		816	止、蟹	齐祭废微之，灰支脂（各一部分）
鱼模	u			u	iu	624	遇	鱼模虞
皆来	a	ai	iai	uai		255	蟹	咍佳皆夬泰，灰（一部分）
真文	ə	ən	i(ə)n	u(ə)n	iu(ə)n	323	臻	真谆臻文欣痕魂
寒山	a	an	ian	uan		210	山、咸	寒删山凡
桓欢	ɔ	ɔn				130	山	桓
先天	ɛ		iɛn		iuɛn	331	山	先仙元
萧豪	ɑ、a	ɑu、au	iau			579	效	萧宵肴豪
歌戈	o	o		uo		259	果	歌戈
家麻	a	a	ia	ua		217	假	麻(一部分)
车遮	ɛ		iɛ		iuɛ	188	假	麻(一部分)
庚青	ə	əŋ	i(ə)ŋ	uəŋ	iuəŋ	402	梗、曾	庚耕清青蒸登
尤侯	ə	əu	iəu			322	流	尤侯幽
侵寻	ə	əm	i(ə)m			132	深	侵
监咸	a	am	iam			164	咸	覃谈咸衔
廉纤	ɛ		iɛm			120	咸	盐添严

尾变化的结果，入声韵尾消失了，这样就促使了中古时期的许多入声韵派入到平、上、去三声中去。韵尾的这种变化很有规律。第四章声调已有分工，也不重复了。

而分化的结果，使得《广韵》的止摄和假摄分成为家麻、车遮和支思、齐微四个韵部，显露出它们两组间主元音的差别来。

但必须指出，不管分化也好，合并也好，都是当代语言实践的需要和语言发展到他那个时代的必然产物，并不是周德清的创造。这种分合之势还一直保存在近代汉语的系统里。

（二）带鼻音韵尾-ŋ 韵母的发展

在《中原音韵》里，带鼻音韵尾-ŋ 的韵母包括了东锺、江阳、庚青三个韵部。它们是分别并合了《广韵》的通、江、宕、梗、曾五摄各韵母而来的。其中东锺和庚青两部的关系非常密切，在演变的过程中庚青发生了渗透的作用，这是非常值得我们注意的。先把它们的来源列表如下：

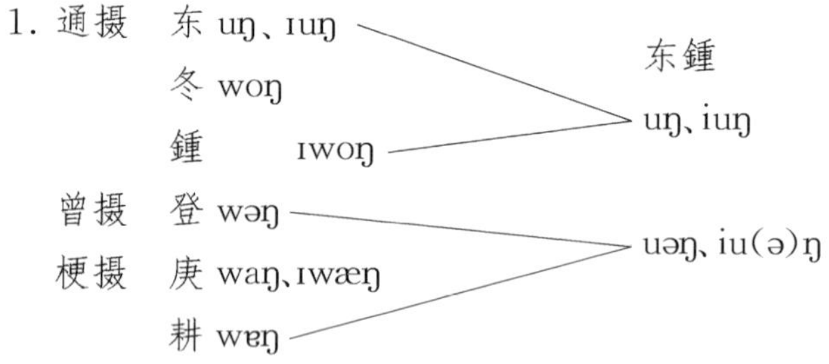

2. 曾摄　登 əŋ
　　　　wəŋ
　　　蒸 ieŋ
　梗摄　庚 aŋ ɪæŋ　　　　　　　庚青
　　　　waŋ ɪwæŋ　　　　　　　əŋ、iŋ
　　　耕 ɐŋ　　　　　　　　　　uəŋ、iu(ə)ŋ
　　　　wɐŋ
　　　青 ɛŋ
　　　　wɛŋ
　　　清 iɛŋ
　　　　iwɛŋ

3. 江摄　江 ɔŋ　　　　　　　　江阳
　宕摄　唐 ɒŋ　　　　　　　　aŋ、iaŋ
　　　　wɒŋ　　　　　　　　　uaŋ
　　　阳　ɪɑŋ
　　　　　ɪwɑŋ

(1) 在表 1 中,我们可以清楚地看出《中原音韵》时期,通摄的东冬鍾韵和曾梗二摄的登庚耕韵有通押现象。但必须指出,曾梗二摄的三韵只有在喉牙合口的条件下,它们才能和通摄通押。这种现象的产生,就我们根据《中原音韵》是以活的北方话口语为本作个推测,这大概是当时各地方音的异读现象,《中原音韵》把这种异读一起收录了。不过,西韵所收录的这些字是不完全相同的。在十四世纪的时代,曾、梗二摄的合口字撮口字正向通摄过渡,但是这仅是过渡,还未完全定型。因此,既然不能说《中原音韵》的东冬鍾已经全部完成了变化,也就不能说曾、梗二摄的合口字、撮口字已经全部消失。《中原音韵》中合口字、撮口字的一部分在庚青和东鍾二韵中通押的有：

阴平：轰薨　xuŋ　兄ɕiuŋ　泓uŋ

阳平：宏嵘弘　xuŋ　荣iuŋ

上声：永　iuŋ

去声：咏莹　iuŋ　横xuŋ

《中原音韵》中合口字、撮口字的另一部分，它们还只收录在庚青韵中，没有和东鍾韵通押的现象，这正说明了当时东鍾韵未完全定型的说法。例如：

阴平：扃埛　tɕiuŋ　觥肱 kuŋ　甇 uŋ

阳平：荧瞢　ɕiuŋ　横纮闳鋐　xuŋ

上声：顷檾　tɕ‘iuŋ　礦鑛懭　kuŋ

去声：迥诇敻　ɕiuŋ

至于庚青韵的合口撮口字，完全并入了通摄，那是卓从之《中州乐府音韵类编》(成书于 1351 年)的事。形成了一个四呼齐备的韵部。我们这里不重复了。

(2) 在表 2 中，庚青韵部来自中古的曾、梗二摄。从中古的韵母系统中，我们知道曾、梗二摄已经非常接近，但不完全相混。宋末《四声等子》和《切韵指掌图》已露并合的趋势。到了《中原音韵》的时代，周德清才把它们并合成为一个韵部。并合的条件就是主元音相似的韵母发生变化，而成为主元音相同的韵母了。它们之间的差异仅仅只是成为韵头介音的不同了。这种变化正是从"等"亡走向"呼"兴的过渡阶段。它们合并定局以后，其中的合口呼和撮口呼的字就产生了和东鍾韵通押的现象，一部分兼收，一部分单收。这在东鍾韵里已经谈过了。

在《中原音韵》里，庚青韵部里的开齐合撮四呼已经粗具规模了。不过，由于语音的变迁，合撮二呼极不稳定，到了后来全部并入东鍾韵里去了。

(3) 江阳韵部来自中古的江、宕二摄。事实上，它们的合流也是很早的，《四声等子》和《切韵指掌图》早已把它们相混了。《中原音韵》正式将它们合并。合并的结果，江韵的喉牙音受声母颚化作用，中间插入了韵头“i”。在入声韵里则插入了韵头“y”。例如：

江 kɔŋ→tɕiaŋ

讲 kɔŋ→tɕiaŋ

觉 kɔk→kɔ→tɕye

確 k‘ɔk→k‘ɔ→tɕ‘ye

三等喉牙合口和唇音字受声母的作用，失去了 ɪ，因此唐阳两韵就合流，发展成为 uaŋ。原来不同音的汪(唐韵母)、王(阳韵母)就合而为一了。

另外，知照系二等字的江韵母和阳韵母的开口也因为受声母的作用，韵母逐渐向合口音过渡。如：

庄 tʃɪɑŋ→tʂəaŋ→tʂuaŋ

双 ʂɔŋ→ʂəaŋ→ʂuaŋ

不过这种变化还未完成，尚处在过渡的阶段。

(三) 带鼻音韵尾-n 韵母的发展

《中原音韵》带鼻音韵尾的韵母包括真文、寒山、桓欢、先天四个韵部。这四个韵部的来源比较复杂。基本上有两个来源，一部分来自中古带鼻音韵尾-n 的韵母，一部分来自中古带鼻音韵尾-m

(闭口韵)的韵母。十四世纪时期,-m 韵尾基本上消失,由于发音部位和-n 十分接近,因此大部分并入-n 韵尾,而其中个别的闭口韵则并入-ŋ 韵尾。这在庚青韵部中是一个例外的来源,而且收入只有极少的几个字,所以没有详细叙述,这里顺便补充数句就把它一笔带过去了。

韵尾-n 的四个韵部是并合了中古的臻摄、山摄、咸摄而成的。试把它们的发展列表如下:

1. 臻摄	痕	ən	欣	ɪən	
	魂	wən	文	ɪwən	
	真			ɪĕn	真文
				ɪwĕn	ən、in
	臻			ɪĕn	u(ə)n、iu(ə)n
	谆			ɪwĕn	
深摄	侵			iĕm	

2. 咸摄	凡		ɪɐm	
山摄	寒	ɑn		
	元		ɪɐn	寒山
			ɪwɐn	an、ian
	仙		ɪɛn	uan
			ɪwɛn	
	山	an	wan	
	删	ɐn	wɐn	

3. 山摄	桓	wan	uɔn

4. 山摄	先	ɛn	先天
		wɛn	iɛn
	仙	iɛn	iuɛn
		iwɛn	
		ɪɛn	
		ɪwɛn	
	元	ɪɐn	
咸摄	盐	ɪɛm	

(1) 真文韵部是由臻、深二摄合并而成的。有几点值得注意的现象。真、臻、侵的知照系受卷舌声母的作用，在发展的过程中失落了韵头，从齐齿呼变为开口呼。例如：

展 ȶiɛn ⟶ tʂan

陈 ȡʻiĕn ⟶ tʂən

深 ɕĭem ⟶ ʂən

在唇音声母(微母、见母除外)后面的魂、文音字也都由于受唇音声母的作用，合口呼和撮口呼一律成为开口呼。而这种变化的条件则是由重唇音变为轻唇音的同时进行的。例如：

分 pĭuən ⟶ fən　　　奔 buən ⟶ fən

坟 bʻĭuən ⟶ fən

真、侵、欣的非知照系字的主元音发生了变化，一起高化，最后发展成为 in。

(2) 寒山韵部是由中古咸摄和山摄合并而成。咸摄凡韵在《中原音韵》里已经全部消失。这是异化作用的结果。因为在唇音声母的后面，韵尾-m 和声母在发音部位上发生了冲突导致发音上的不便，这就自然地影响到韵母，韵尾-m 变成了-n。但是这种异化作用的现象在有些方言中是不发生效率的。所以我们不可概括一切的带-m的音韵尾现象。受声母异化作用的结果，凡韵完全消失，和寒山韵合流了。山摄元韵母合口字也产生同样的作用。例如：

凡 b‘iwɐm ⟶ fan

泛 pǐwɐm ⟶ fan

反 pǐwɐn ⟶ fan

饭 b‘ǐwɐn ⟶ fan

山、删二韵母的变化比较复杂。它有两种趋向，一是在喉牙音开口呼之后，受声母的颚化作用，中间插上了 i 介音，而它们的主元音也向 a 靠拢。应当指出，在 i 介音产生以后，又影响到声母的变化，从喉音转化成为正齿音。例如：

姦简 kɑn ⟶ tɕian

悭 k‘ɑn ⟶ tɕ‘ian

闲限 xɑn ⟶ ɕian

另一种趋向是在非喉牙音之后，其开口呼基本上仍旧保持原来的面貌，只不过主元音发生了变化，成为 ɑn，它们的合口呼的介音也有变化而成为 uan 了。

(3) 桓欢韵部的发展十分简单，因为在《中原音韵》的时期，重唇音还没有发生转变为轻唇音的现象，因此不受声母的作用，它还没有从合口呼变为开口呼，例如：

馒瞒 mwɑn ⟶ muɔn，搬 bwɑn ⟶ buɔn

(4) 先天韵部中来源之一的盐韵母，在中古是一个闭口韵，也由于受唇音声母的异化作用，变成为-n 韵尾而并入了先天韵。

总括起来说，在收鼻音韵尾-m 的四个韵部是由中古收-n 韵尾和-m 韵尾的韵母发展而来的。其中声母对韵母的异化作用的力量是不小的。异化作用的结果，导致凡韵的全部消失。这是十四世纪时候韵母系统发生变化的一个重要现象之一，使得中古遗留下来的闭口韵大大减少，而只剩下三个，它们在十六世纪的时候也最后都消失了。另一个重要的现象亦是受唇音声母的作用（从重唇变为轻唇），撮口呼变成了开口呼，元韵的变化即是；只受唇音作用而不受轻重唇变化的影响，合口呼变成了开口呼，桓韵的发展即是。

其次，我们可以从韵尾的变化中看出，-m 韵尾和-n 韵尾的韵母有着相当整齐的对应关系。臻、深二摄都缺乏二等韵，而侵韵只有开口三等和臻摄三等相配。山摄和咸摄相配只有凡、盐二韵。如下表：

臻摄和深摄的比较

摄 / 韵尾 / 等	臻　　摄	深　摄
	-n	-m
开一	ən（痕）	
开三	ɪĕn（真）　ɪĕn（臻）　ɪən（欣）	iĕm（侵）
合一	wən（魂）	
合三	ĭwĕn（谆）　ɪwən（文）	

山摄和咸摄的比较

摄 / 韵尾 / 等	山　　摄	咸　　摄
	-n	-m
开一	ɑn（寒）	
开二	an（删）　ɐn（山）	
开三	ɪɐn（元）　iɛn（仙）	ĭɛm（盐）
开四	ɛn（先）	
合一	ɔn（桓）	
合二	wɐn（删）　wan（山）	
合三	ɪwɐn（元）　ɪwɛn（仙）	ɪwɐm（凡）
合四	wɛm（先）	

必须说明的是，在《中原音韵》的时代，由于三个闭口韵（侵寻、监咸、廉纤）还暂时的存在，它们尚没有并入真文、寒山、先天中来，而桓欢也曾独立一时而未和寒山合流，所以从表上看出来，在十四世纪的时候，山、咸二摄的相配还是不完整的。咸摄之中除了凡、盐二韵已经全部并入山摄开合三等以外，其余各韵都暂时的并入了侵寻、监咸、廉纤三个闭口韵中。只有到了十六世纪时候，三个闭口韵消失以后，山、咸二摄的相配才达到了十分完整的程度。从这里我们可以清楚地找出它们演变的对应规律来，同时也可以预见到它们最后的归宿了。

（四）带鼻音韵尾-m 韵母的发展

《中原音韵》带鼻音韵尾-m 的韵母包括侵寻、监咸、廉纤三等韵部。侵寻来自中古的深摄，监咸、廉纤由中古咸摄分化而成。

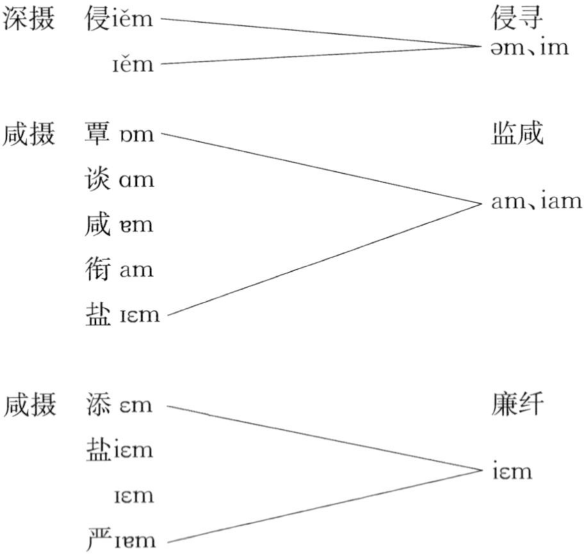

上节已经谈到，在《中原音韵》的时期，只有带鼻音韵尾-m 的凡韵已经全部消失，而其余的闭口韵还没有发生重大的变化，这是因为这些字的唇音声母对它们的作用尚不显著。只是主元音相近的韵母产生了并合的现象。其中一部分字是受了其他声母的作用，咸、衔二韵在喉牙音之中，受声母作用的影响，中间都插上了韵头 i，成为齐齿呼了；咸、衔二韵的非喉牙音字一律都变成了开口呼。盐韵母的照二等也受照系声母的影响而变为开口呼了；而盐韵母的非照二等就进入到廉纤韵中去了。

（五）支思韵 ɿ、ʅ 的分化

《中原音韵》支思韵的最明显的特点就是重于分化，它根本不存在并合的现象。其主要来源是从中古止摄精系字中的支、脂、之三个韵母分化而来。

止摄　支iei>i　　　　　　　　　　　　支思
　　　　ɪei>ɪ
　　　　　　　　　精系开口 ï ——— ɿ、ʅ
　　　脂iĕi>i　　照二照三开口
　　　　ɪĕi>ɪ
　　　之 i(ĕ)i>i

在公元八世纪以前，支、脂、之三韵已经合流。合流以后，它们中间的精系字和元音 i 相拼的时候，由于在发音部位上两者之间发生了冲突，受到声母同化作用的影响，韵母 i 被移到靠近声母的发音部位上来，主元音发生了变化，完全成为两个不同的韵母。它们发展的趋势即是：

tsi——ï——tsɿ

ts‘i——ï——ts‘ɿ

si——ï——sɿ

另外，在《中原音韵》的时代，已经有一部分照系字产生。这部分照系二等字的声母和韵母 i 相拼的时候，和精系一样发生了声母的同化作用。把 i 带到和照二组声母相同的发音部位上来，成为两个完全不同的韵母。它们发展的趋势即是：

tʂi——ï——tʂʅ

tʂ‘i——ï——tʂ‘ʅ

ʂi——ï——ʂʅ

而从《中原音韵》里我们也可以知道，另一部分照系开口和知系字，它们的声母还没有卷舌化，只是混合舌音，因此也还没有影响韵母 i 的变化，《中原音韵》仍把它们放入齐微韵的。所以它们还没有支思韵。

支思韵的独立成部并不是从十四世纪才开始的。早在《切韵指掌图》里，在精系字下面已把“兹”“雌”“慈”“思”“词”列入一等，这就是一个有力的证据，可以看出当时精系字的主元音已经开始变化，精系字一定有了另外的读法，韵母就不会再是齐微韵了。最合理的推想应当是支思韵的萌芽。大约在相同的时代，音韵学家吴才老的《韵补》一书也有分化的趋势。《韵补》的次序开始于见母，终于日母，在支韵“日母人”字以后注以“贸”“次”“斯”“兹”等字样，实质上是为了辨别齐微韵和支思韵而设的。这两部韵书都在南宋的时代，可见支思韵的萌芽至少已有两个以上世纪的历史了。在止摄精系字的韵母逐渐演变成为支思韵的时候，齐祭韵的精系字还没有发生变化。当支思韵定型以后，齐祭韵的精系字才开始转入止摄，不过这时支思韵变化的规则已经不发生作用，所以齐微韵精系字始终没有走上舌尖元音的道路。至于有些入声字如“质”“迄”“缉”“职”“昔”，它们的精系字命运也和齐微韵一样没有走通支思韵的道路，而其中的照二组却因为变化的条件不同，却走通了向支思韵过渡的道路。

曾摄	职	ĭək	支思
梗摄	昔	ĭɛk	
	质	ĭĕt	（照二组）ï——ʅ
	迄	ĭət	
	缉	ĭep	

（六）齐微韵 i、ei、uei 的发展

齐微韵主要来自中古止摄的一部分非照二组和蟹摄诸韵的开口三四等组合而成。

止摄	支	iei＞i	齐微
		ɪei＞ɪ	（非精系开口）
	脂	iĕi＞i	（非照二照三开口）
		ɪĕi＞ɪ	i、ei、uei
	之	i(ĕ)i＞i	

蟹摄	齐	ɛi	（开口）	
		wɛi		
	祭	iɛi	iwɛi（非知照系）	
		ɪɛi	ɪwɛi	
	废	ɪɐi	ɪwɐi（开口）	i、ei、uei
	微	ɪəi	ɪwəi（开口）	
	灰	wəi		
	泰	wɑi	（合口）	

从表上看来，这一韵的来源虽然头绪很多，但是由于不在精系和照系字之后，所以和声母之间的相互关系不是很大，因而变化也较简单。而齐微韵倒还有另一个来源，就是上节所提到的几个入声韵字的精系字，它们却走上了齐微韵的道路，都成为齐齿呼的单韵母了。例如：

梗摄	锡		（开口）	
	陌	iɛk	（开口三等）	
	昔		（非照系开口）	
曾摄	职	ĭək	（非照系开口）	i
臻摄	迄	ĭət	（开口）	
	质	ĭet	（非照系开口）	
深摄	缉	ĭep	（非照系开口）	

这个发展的过程也很容易理解。因为到了十四世纪时期，入声韵已经全部消失，然后又根据不同的声母的作用而派入平、上、去三声。在这个过程中，韵母有简化趋势，而且一般都趋向高化，因而就都变成为元音 i 了。

值得注意的是，蟹摄的三四等字祭、废、齐在十四世纪前后已经转入到止摄里去了。而当这种转变还未开始以前，止摄的支脂之在照系之后变为舌尖元音的过程已经基本结束，而当祭、废、齐跑到止摄之后，韵母卷舌化的规律已经不起作用。所以我们看到它始终没有条件进入到支思韵中去，而只好一直保留在齐微韵之中。

（七）鱼模韵 u、iu 的发展

鱼模韵主要来自中古遇摄的鱼、模、虞三个韵母。按照不同的声母而发展为二个韵母。一般地讲，在知照系和轻唇音字（指模、虞二韵母，鱼韵母无轻唇）之后发展成为 u，在知照系和轻唇音之外则发展成为 iu。《中原音韵》时代的鱼模还没有像现代普通话这样的单元音化，因此，我们把它拟测成为 iu 是比较接近于当时的实际读音的。

鱼模韵的另一个来源是中古的尤侯韵。中古时期尤韵的唇音字除了一个“否”字在《中原音韵》里兼收鱼模和尤侯二韵以外，其余的字则一律变成为鱼模韵，这种情况在十四世纪的时期就已经完成了。“否”字两韵都收，说明了尤韵的一部分字处在向鱼模的过渡阶段，而另一部分字，如“妇”“阜”“负”等字只入鱼模韵，已经全部完成了到鱼模韵的过渡。中古时期侯韵的唇音字“母”和尤侯韵的“贸”也是不同音的，《中原音韵》把它们列为不同音的字而分入两个不同的韵部，“母”入鱼模，读为 mu，“贸”入尤侯，读为 məu。尤韵的唇音字也已经全进入鱼模韵了。

遇摄	鱼	io	
	模	wo	（知照系，轻唇音）
	虞	ɪwo	（非知照系，轻唇音）

鱼模韵除了来自上述中古的遇摄以外，还来自几个入声韵字。因为在《中原音韵》的时代，入声韵已经全部消失，而在和声母结合的过程中，它们的主元音也就跟着发生了变化。大部分的入声字都变作了 u。

鱼模

通摄　屋uk
　　　ǐuk(舌齿唇)
　　　沃 uok
　　　烛 ɪwok(舌齿唇)
臻摄　没 wət(非唇)　　　u
　　　物 ɪwət(唇音)
　　　术 ɪwĕt(知照系)
通摄　屋 ǐuk(舌齿唇以外)
　　　烛 wok(舌齿唇以外)
臻摄　物 ǐwət(喉)　　　iu
　　　术 ɪwĕt(非知照系)
曾摄　职 ɪwək

综上所述,鱼模韵发展的条件是很清楚的,u 韵母主要是合并了模、虞的知照系和轻唇字和鱼韵的非知照系字,尤侯韵的唇音字和一部分入声字,而 iu 韵母主要是合并了虞的非知照轻唇字和鱼韵的非知照系字,以及入声韵的另一部分字。正因为 iu 比 u 是更前一些的元音,而又是向现代普通话的 y 韵母过渡的现象。因此充分地重视它们变化的条件就成为十分必要的了。

(八) 家麻和车遮韵的发展

《中原音韵》里家麻和车遮两个韵部主要是由中古的假摄麻韵分化而来的。它们的音值,家麻韵为 a、ia、ua,车遮韵为 iɛ、iuɛ。车麻韵从麻韵中分出而独立成部,正和支思韵的分化一样,是十四世纪时期音韵系统中一种很重要的现象。

假摄	麻	a	wa	家麻
蟹摄	佳	a	wa	a、ia、ua

假摄	麻	ia	车遮
果摄	戈	ɪua	iɛ、iuɛ

假摄麻韵分化为家麻和车遮两韵是有条件的。麻韵的喉牙音字受声母的颚化作用而成为齐齿呼的 ia。但就总的来说，中古时候麻韵二等字的主要元音是没有发生多大的变化。中古时候蟹摄佳韵的合口呼字也大都转入到家麻中来。不过，这种现象可能是受了方言的影响而产生了和皆来韵通押的现象。而麻韵的三等字在知照系之后则一律变为车遮韵的 iɛ，果摄戈韵的三等字也有同样的归途。

同样必须指出，由于十四世纪时期入声韵的消失，对于家麻、车遮两韵部的发展影响也是很大的。入声韵的消失，由促声变成舒声，根据声母而派入三声。造成了家麻、车遮两韵得以发展的一个来源。

山摄	鎋	at	wət	家麻 a、ia、ua
	黠	ɐt	wɐt	
	月	ɪɐt	ɪwɐt（唇合三）	
	曷	ɐt	（舌齿开一）	
咸摄	洽	ɐp		
	狎	ap		
	乏	（唇合三）ɪwɐp		
	合	ɐp	（舌齿开一）	
	盍	ɑp	（舌齿开一）	

山摄	月	（喉）ɪɐt　ɪwɐt		车遮
	屑	ɛt　wɛt		
	薛	ɪɛt　ɪwɛt（非知照系）	→	iɛ、iuɛ
咸摄	业	ɪɐp		
	葉	ɪɛp（非知照系）		
	帖	ɛp		

（九）萧豪韵的发展

萧豪韵部是由中古效摄的萧宵肴豪诸韵母合并而成。它的音值是 ɑu、au、iau。

效摄	豪	ɒu		萧豪
	肴	ɐu		
	宵	iɛu　ɪɛu	→	ɑu、au、iau
	萧	ɛu		

在《中原音韵》里，三、四等韵已经是合流了，成为开口呼的 au。它们的喉音声母字很可能颚化成为齐齿呼的 iau。至于它的一二等则还是有严格的区别的。这种区别的存在，使得不少的字在当时不同音，有着区别词意的作用。例如：

俏峭诮	tʂ‘ɑu	高	kɑu
炒	tʂ‘au	交	kau
超	tʂ‘iau	骄	kiau

（十）尤侯韵的发展

尤侯韵主要来自中古流摄的尤侯幽诸韵母。前面在鱼模韵部里已经谈到，尤韵的唇音字在鱼模和尤侯二部中有兼收现象的，仅仅只有一个“否”字，其余的字都转入了鱼模。而侯韵的唇音字一部分入鱼模（“母”），一部分留尤侯，但也少得可怜。看起来还是幽韵的唇音字保存在尤侯韵里的较多。

流摄	侯	əu	尤侯
	尤	ɪəu	→ əu、iəu
	幽	iĕu	

我们知道，在中古的时候，侯韵字和尤侯韵字是不同的，它们分别押在不同的韵部，如侯韵有“某”“亩”等字，尤侯韵有“留”“懋”等字。可是到了《中原音韵》的时期，唇音声母的作用，一部分唇音字转入鱼模韵中去了，而非唇音字都读成了 əu。三等尤韵字和四等幽韵字一起变成了 iəu。

（十一）皆来韵的发展

皆来韵来自中古蟹摄的咍、佳、皆、夬、泰、灰诸韵。它的音值是 ai、iai、uai。

蟹摄	咍	ɒi	皆来
	泰	开口　ɑi	
	皆	ɐi	
		wɐi	
	夬	ai	→ ai、iai、uai
		wai	
	佳	æi	
		wæi	
	灰	wəi	

中古时期的蟹摄诸韵并没有根本的不同，都是主元音非常接近或相似的，仅仅是存在着一些等的差别。其中除了佳韵合口呼转入家麻韵的 ua（见第八节），灰韵合口一等和泰韵合口转入齐微韵的 uei 以外，蟹摄的各韵都发展成为《中原音韵》的开合呼。而佳、夬、皆诸韵的喉牙开口字受声母的颚化作用而发展成为齐齿呼了。

皆来韵的另一来源还来自中古摄的照二等合口字。照二、照三等开口字是入支思韵的（见第五节），而照二等合口字则分道扬镳，它不入支思韵而转入到皆来韵里来了。

（十二）歌戈韵的发展

歌戈韵来自中古果摄的歌戈韵。它的音值是 o、uo。另外，还来自一部分入声字。

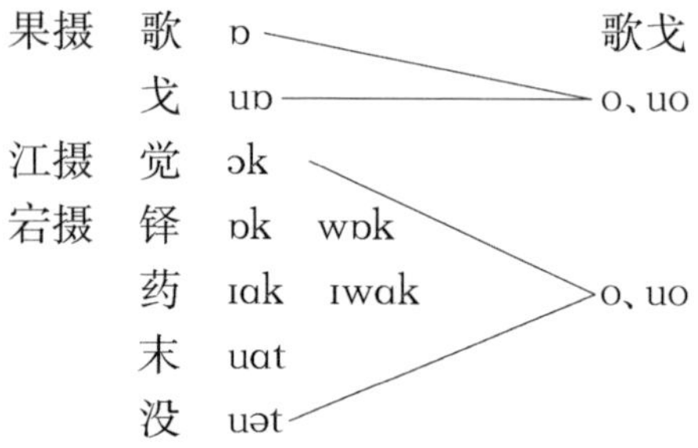

中古时期开口歌韵和合口戈韵都发展成为 o、uo，这种演变的趋向就是主元音的不断高化。不过，开合口的变化很不规则，开口歌韵中的一部分古音字和齿音字却受声母的作用而向合口呼发展了，如：多 tɒ→tuo，我 ŋɑ→ŋuo，演变的结果原来的开口字分为开

合两部分。而合口呼戈韵也有这样的分化现象，在唇音声母后面的一部分合口呼发展为开口呼，和开口歌韵合流。如：波 puɒ→po，颇 p'uɒ→p'o，演变的结果，拼成了复杂的交叉现象。

至于入声韵的发展，首先失落韵尾，觉韵的主元音就高化而为 o。铎韵的舌齿唇音字一律发展成为 o 或 uo；在卷舌声母后面的药韵，韵头失落了，而元音高化的结果也发展成为 o、uo；而末、没二韵的发展更加容易看出其并入歌戈韵的趋势出来。当然，到此为止，歌戈韵的发展还不是很完善的，还有一部分入声韵尚未变化而来，而且歌戈韵的本身也处在变动和分化之中，所以和今天的韵部也有很大的不同。

四、《中原音韵》的声调

世界上一切的事物都处于不断的变化和发展之中，声调也不例外。从五世纪齐梁文人建立了“四声”的学说以后，声调的变化和发展的事实更加清晰可见。到了《中原音韵》的时候，声调变化的显著结果，平声分化成为阴平和阳平，入声派入平、上、去三声，而浊上变去的事实也早已完成，因此成了一个阴、阳、上、去四类简单的局面。

事物的矛盾是事物发展的基本原因。声调的变化正是由于这种矛盾推动的结果。声调包括调类和调值，这两个部分的发展是不平衡的。调类的古今变化比较缓慢，现今各地方言的基本调类也大致相同，可是调值的古今变化却要快得多，各地方言的调值也有很大差别。调类基本上是决定于调值的，如现代普通话的字音只有高平、高升、低升、全降四种调值，也只有相应的四个调类。但是因为它们之间的发展速度是不平衡的，这又引起了调类的变化，促进了整个声调的发展，这是声调发展的内部原因。另外，把语音部分作为一个整体来对待的话，那么汉语的声、韵、调又是一个不可分割的总体。这三者也是处在相互制约、相互推动的发展过程之中。只以对声调的作用来说，声母的清浊会引起平声的阴阳（也引起上、去、入三声分为阴阳，不过这是后起的事）。又如韵母的入声韵尾的消失和声母清浊的变化，而使入声派入三声。声调的这种变化是在声母和韵母的变化以后进行的。声、韵、调之间发展的不平衡性，正是声调发展的外部原因。这里我们不准备讨论内因和外因的主次关系，因为这种讨论是没有必要的，而且也是困难的。

（一）平声分为阴阳

平声分为阴平和阳平的现象大概在公元九世纪以前已经产生。[①] 平声分化的原因是由于声母清浊的变化所引起的。到了十四世纪的时候，浊音声母基本上已经消失，而声母的清浊所引起的阴阳却因此而定型，这说明了平声的分化在此以前已经基本结束。《中原音韵》应这个时代的要求，做了辛勤的整理工作，在音韵史上第一个正式把它提了出来。《中原音韵》的作者在“自序”上说：

> 字别阴、阳者，阴、阳字平声有之，上、去俱无。上、去各止一声，平声独有二声：有上平声，有下平声。上平声非指一东至二十八山而言，下平声非指一先至二十七咸而言。
>
> 前辈为《广韵》平声多，分为上、下卷，非分其音也。殊不知平声字字俱有上平、下平之分，但有有音无字之别，非一东至山皆上平，一先至咸皆下平也。如“东”“红”二字之类，“东”字下平声属阴，“红”字上平声属阳；阴者，即下平声，阳者，即上平声。
>
> 试以“东”字调平仄，又以“红”字调平仄，便可知平声阴、阳字音，又可知上、去二声各止一声，俱无阴、阳之别矣。[②]

---

① 详见本书《中古篇》第四章《中古声调的发展》，第200页。

② 周德清《中原音韵自序》卷一，第4—5页，铁琴铜剑楼影印本。

平分阴阳的原因,作者说得极为明白。在唐宋的时候,声母的清浊区分相当清楚,各有反切,不分阴阳。到了《中原音韵》的时代,浊音声母消失了,古平声韵中的浊音声母一律成为发音部位相同的清音,浊音平声字就读成为阳平。古平声韵中的清音字就读成为阴平。这就是"阴阳字平声有之"的简单道理。举"通""同"为例,"通",他红切;"同",徒红切。这两个字同韵同调,声母的不同在于清浊的差异,"通"的古声母是清音,《中原音韵》不变:(t‘uŋ);"同"的古声母是浊音,《中原音韵》时期浊音清化,读成阳平(duŋ→t‘uŋ)。

平分阴阳的现象必须严格地和阴声韵和阳声韵区别开来。古韵学家根据韵尾的特征把十一个声类二十九个韵部合并成为三个三类:以元音收尾的为阴声韵,以鼻辅音收尾的为阳声韵,以塞音收尾的为入声韵。这和以辅音声母的清浊为分化条件的阴平阳平完全无关。

(二) 入声派入三声

《中原音韵》声调的第二个特点就是入声韵的消失,派入到平、上、去三声。

中古时期的声调有四个调类:平、上、去、入。入声的特点就是带上音响极为短促的入声韵尾-p、-t、-k,和阳声韵尾-m、-n、-ŋ相配上、去、入三声组合成仄声韵,在诗歌中和平声韵交替相押。到了《中原音韵》的时代,语音发生了很大的变化,入声韵尾全部脱落,音响的短促特征跟着消失,那末当然也就不再继续成其入声韵了。又由于受声母变化的作用入派三声。声、韵、调三者之间相互制约和相互作用的现象非常明显。我们决不孤立地、静止地对待语言事实。

《中原音韵》的作者第一个明确地提出了“入派三声”的理论，这是他的功绩。不过，“入派三声”的现象并不是在十四世纪时期开始的。从一些音韵资料看来，它的消失似乎要早一点，而且消失的过程也不是一下子就完成的。元朝人黄公绍《古今韵会举要》（成书于 1292 年）一书记载，北方话入声韵尾-p 已经消失，韵尾-k、-t 还继续存在。韵尾-p 消失以后并入了韵尾-t 中去了。说明在十四世纪之前，入声韵尾已开始消失。到了《中原音韵》的时代这种变化才基本接近完成，或已经完成。周氏也仅作了一番整理和归纳的工作，所以作者在“自序”上说得明白：

平、上、去、入四声，《音韵》无入声，派入平、上、去三声。前辈佳作中间，备载明白，但未有以集之者，今撮其同声，或有未当，与我同志改而正诸。①

作者说他的韵书是从“前辈佳作”（指北曲）中归纳得来的，也就是作者所说的当时杰出的“关、郑、白、马”诸名曲家的作品。这些作品做到“韵共守自然之音，字能通天下之语”。文学语言的造词用韵能做到如此自然和通俗的程度，那末说它基本上符合于当时的北方话语音的看法，当然是无可疑义的了。周氏的“入派三声”正是十四世纪北方话语音系统发生变化的真实纪录。

有些学者曾经怀疑过《中原音韵》“入派三声”的理论，认为在十四世纪的时代还是存在着入声韵的。他们主要是根据周氏曾经说过这样的话：

入声派入平、上、去三声者，以广其押韵，为作词而设耳。

① 《中原音韵·正语作词起例》，卷二第 27 页。

然呼吸言语之间还有入声之别。①

作者又说：

入派入平、上、去三声，如"鞞"字次本韵后，使黑白分明，以别本声、外来，庶使学者有才者本韵自足矣。②

他们认为，周氏使入派三声，仅仅是为了"作词而设"，而"呼吸言语之间"还是"黑白分明""辨之可也"的。其实这样的看法是不正确的。这种结论必定扩大《中原音韵》和当时北方话语言的距离。这样的推论是完全违反作者自己在自序所说的原则的，作者辛勤的"撮其同声"的工作，正是依据了韵守自然、字通天下的典范的元曲为本的原则。我们可以从和周德清同时代人陶宗仪所说的话来证明这一点，当时的入声确实已派入平、上、去三声了。陶宗仪《辍耕录》说：

今中州之韵，入声似平声，又可作去声。

这里说的"入声似平声"，则是说入声中的一部分全浊声母字已读成为阳平了。而少量的清声母入声字也已经开始向去声演变。

当然，《中原音韵》作者的这两段话是有毛病的，一方面说"入派平、上、去三声"，同时又说"呼吸言语之间""入声别而辨之可也"。这种说法似乎非常矛盾。其实，作者缺乏时地观念，他既没

---

① 《中原音韵·正语作词起例》，卷二，第29页。
② 《中原音韵·正语作词起例》，卷二，第27页。

有指出这种变化在十四世纪时代已基本完成，也没有指出这种已完成了的变化仅仅是在北方话区域内，而当时南方方言还是有入声存在的。而作者自己又是江西高安人，受了南方方言入声的影响，因此，作者说了这几句很模糊的话，留下了一个小缺点。

中古《切韵》以来，入声韵演变的趋势是非常明显的，但是由于各地方言受具体的不同历史条件和方言规律的制约，因而他们的发展道路也是不相同的。最明显的演变途径有三：一种是保存原来的面目，如现在的广东方言和福建方言，入声韵收韵尾-p、-t、-k。一种是处在过渡的阶段，入声韵尾-p、-t、-k 一律变成只附声门阻的喉塞音“ʔ”，如今日之江浙方言，不过这种情况不稳固，入声韵尾消失的趋向很大。另一种是入声韵尾完全消失，成为开尾音，如现代普通话。我们根据《中原音韵》的材料，它正是走的第三种道路。不过，我们也可以假定它是第二条道路的继续和发展，因为喉塞音“ʔ”是一个过渡阶段。那末我们也完全有理由可以相信，《中原音韵》的入声韵消失之前，确实有过一个暂短的过渡时期。所以我们在前面说过，入声韵的消失不是一下子结束的，而是经过了一个过程。

粗略地说，入声韵的消失大概可以分为两步走。第一步是韵母部分失落韵尾辅音-p、-t、-k，其间可能经过一个短暂的“ʔ”阶段，而最后成为开口音节。如：“独”“读”“牍”“毒”tuk→tu，“哭”k‘uk→k‘u，“谷”“縠”“骨”kuk→ku。也有的失落韵尾辅音以后，接着元音高化，最后变为开口音节。如：“郭”“槨”kuɑk→kuɑ→kuo，“託”“托”tɑk→tɑ→tuo。

第二步是按照声母清浊的变化而分派三声。一般地说，清音就是不带音的辅音，浊音就是带音的辅音。《中原音韵》时期全浊声母已经消失，因此在第一步韵尾失落之后，原来为全浊声母的字一律归入阳平，原来为次浊声母的字一律归入去声，而原来是清音声母的字则归入上声，并且以转入上声的字为最多，很少例外。这和现代普通话的入派三声稍有不同，下面要谈到，这里就不重复了。

《中原音韵》共分十九个韵部。每个韵部里包括一个至数个韵母。各个韵部都分为平、上、去、入四声，但是入声派入三声的只有九个韵部，计“支思”“齐微”“鱼模”“皆来”“萧豪”“歌戈”“家麻”“车遮”“尤侯”。凡派入三声皆标明“入声作平声”“入声作上声”“入声作去声”。

根据我国已故的语言学家白涤洲氏在《北音入声演变考》一文中的研究，依照《中原音韵》的声母系统次序，将入声派入平、上、去三声的统计，转列如下[①]：

《中原音韵》入声变读三声分组统计表

声调 / 数目 / 声纽	阳	上	去	共
见	2	53		55
溪		24		24
群	6		1	7
疑		1	32	33
端		13		13
透	1	18		19
定	33	1		34
泥			7	7
知		11		11
彻		4		4

① 《女师大学术季刊》第二卷第二期，1931年出版，《北音入声演变考》，白涤洲作。

续　表

声调／数目／声纽	阳	上	去	共
澄	23	2		25
娘			5	5
帮	3	27		30
滂		12		12
並	15	1		16
明		1	32	33
非		10		10
敷		1		1
奉	13			13
微			3	3
照		30		30
穿		18		18
床	14			14
审		33		33
禅	11	1		12
精	6	21		27
清		10		10
从	7			7
心		30		30
邪	9			9
影	1	3	19	23
晓		19		19
匣	35	2	3	40

续　表

声调 数目 声纽	阳	上	去	共
喻			33	33
来			55	55
日			14	14
共	179	346	204	729

在这张图表中，我们可以很清楚的看出，入声派入三声的规律是非常明显、整齐的。

声调	声母清浊	例　字	共计
阳平	全浊	群定澄並奉床禅从邪匣	10
上声	清声	见溪端透知彻帮滂非敷照穿审精清心晓	17
去声	次浊	疑泥娘明微喻来日（例外：影）	9

《中原音韵》的入派三声是没有阴平的份儿的，这一点和现代普通话不同，而派入上声的字最多，也和现代普通话派入去声为最多的情况是不同的，这些都是它的特点。

我们将《中原音韵》全书有“入声派入平、上、去三声”的九个韵部的字归纳起来，再按照声母的不同而分列如下。

1. 全浊声母入声派入阳平字：

［並］　白帛舶薄箔泊渤拔僕魃勃别

［奉］　復佛服伏缚乏伐罚鹏袱

［定］　获狄笛敌独毒读铎度镀凿夺达踏沓籴牍读突犊纛叠迭牒蝶喋谍垤姪楪凸跌

［从］　疾嫉集寂贼杂葺提截睫绝

［邪］　夕习席袭俗续葠

［澄］　直值侄秩擲逐轴宅澤擇濁濯镯擢著�

［崇］　闸镯铡濁濯

［船］　赎术術述实射食蚀秫折舌

［禅］　十什石禅拾属淑熟塾芍杓蜀孰涉

［群］　及极局傑竭碣镢撅

［匣］　惑劾斛槲畫劃學鹤涸镬合盒盍活滑猾狎辖鍩侠峡洽匣祫鹄鹘鸑协穴挟濒

例外：

［入作上］　暴跋别甓逖脱涤辙彻局失室束

［入作去］　剧

2. 清声母入声派入上声字：

［帮］　笔北必毕跸荜碧壁璧卜不伯百柏迫擘檗剥驳钵拔八鳖

［滂］　匹阙僻劈撲拍珀魄泼粕镬瞥撇徶

［非］　復福幅蝠腹覆法發髮

［敷］　拂

［端］　的靮嫡滴德得督笃掇答搭嗒踏

［透］　剔踢舌託拓橐魄飥柝塔獭榻塌铁餮帖贴

［精］　唧积稷绩跡脊鲫足卒则雀爵柞作鑿咂匝节接楫癤

［清］　七戚漆刺簇蹙鹊趞错遣撮切窃妾沏

［心］　塞昔惜息锡淅簌速粟宿索搸縤削飒撒萨靸肩绁泄媟燮屧痆雪

［知］　筑竹摘谪卓琢劄察插锸刮辍哲

［照］　质只炙织鹭汁隻烛粥责愤侧仄昃箦迮捉斫酌缴灼扎绌褶摺折浙

［彻］　鸫黠畜撤

［穿］　尺赤敕出触促策册栅测绰婥掣啜

［审］　涩瑟识適拭轼饰释湿奭缩谡叔菽

［见］　吉击激謌棘戟急汲给讫国谷瞉毂骨菊踘骼革隔格掴角觉脚桷郭阁各葛割鸽蛤聒括甲胛夹结洁劫铗颊玦诀谲蕨鸩

［溪］　喫气泣曲麯屈哭窟酷客刻廓渴瘸阔恰掐怯挈箧客阙缺阕

［晓］　吸黑笏忽嚇壑熇謔瞎血歇蝎

［影］　一屋沃

例外：

［入作平］　博跋透族镞闸

［入作去］　穆睦刷

3．次浊声母入声派入去声字：

［明］　觅蜜墨密木沐没鹜麦貊陌蓦脉末幕漠寞莫沫妹滅篾蔑

［微］　牧目物勿襪

［泥娘］　匿内搦搭诺纳衲捏聂蹑镊

［来］　立粒笠曆歷櫪瀝癧皪力栗勒肋禄鹿漉麓録簶绿醁陆戮律落络烙洛酪乐珞略掠烙臘蠟鑞拉粝辣裂冽鬣列劣六

［日］　日辱褥入弱蒻箬热爇肉

［疑］　鹢逆玉狱额客輻岳乐萼鹗愕虐鄂啮臬蘖月轨

［喻］　逸易娼译释溢镒液腋掖疫役佾泆翊翼欲注育鹆药跃鑰瀹拽噎叶烨业邺额悦说阅越钺樾蠍刖

例外：

［入作上］　抹兀

从中古的四声发展成为《中原音韵》时代的四类。如果把《中原音韵》说成是十四世纪时期北方话语音的代表，那末它的声调的四个调类也可以称得起是当时语言的一般基调。不过，我们也可以想像各地方言的调类是不完全相同的，比起《中原音韵》的四声来，或多或少，数量不一；但是就一般情况而论，阴调是高调，阳调是低调。从上面的叙述中，可见到《中原音韵》声调变化的一个梗概了。

五、从《中原音韵》到北京音系

在前面的几章里，我们已简略地谈过了《中原音韵》的声韵调系统，它代表了汉语近古的语音系统。但并不是说现代的北京音系就是直接由它变来的。现在要寻找北京音系的嫡亲祖宗，是一件很困难的事。好在中原音韵系统与它的差别也不太大，可能和它的嫡亲祖宗有兄弟关系，那我们就拿它来和北京音系相比较，同时，再和明清的一些官话韵书（如《韵略易通》《韵略汇通》《正音撮要》《五方元音》等）以及外国传教士用罗马字给汉字所注的音（《西字奇迹》《西儒耳目资》）参照比较，便可以比较详细地研究现代北京音系演变和发展的规律。

（一）北京音系声母的形成

现代北京话的声母可以用一首诗来说明：

春 tʂʻ　日 r　起 tɕʻ　每 m　早 ts，
采 tsʻ　桑 s　惊 tɕ　啼 tʻ　鸟 n；
风 f　过 k　扑 ɕʻ　鼻 p　香 ɕ，
花 x　开 kʻ　落 l，
　　　　　知 tʂ　多 t　少 ʂ。[①]

---

① 《中国语文》1959 年 6 月号，周有光《“早梅诗”和拼音歌诀》。

用它和《中原音韵》的声母系统相比较，可以看出，自元代以来，鼻 p，扑 p‘，每 m，风 f，多 t，啼 t‘，鸟 n，早 ts，采 ts‘，桑 s，过 k，开 k‘，花 x，落 l 等声母，基本上没经多大的变化。我们可以说，自元代开始（或更早一些），现代北京话的声母系统已基本上肯定下来了。但是也有少数的声母发生了变化，下面分别加以叙述：

1. 见系和精系的颚化作用

北京话里的惊 tɕ，起 tɕ‘，香 ɕ（下称惊系）是由“见溪群晓匣”和“精清从心邪”两系的齐齿呼和撮口呼产生的。但这儿说的惊系舌面音决不能和中古的照三混为一谈。照三一组字在中古时期的音值也是 tɕ、tɕ‘、dʑ、ɕ、ʑ，就象今天宁波方言里把张、丑、乘、少、拾之类的字也念成 tɕ、tɕ‘、dʑ、ɕ、ʑ 一样。但是这一类字的寿命并不长，不久之后它们就归入了 tʃ、tʃ‘、dʒ、ʃ、ʒ，然后再变成 tʂ、tʂ‘、ʂ、ʐ，今天的北京话就是这种读音。我们指的惊系字是由“见溪群晓匣”和“精清从心邪”的颚化作用而产生的。k、k‘、x 和 ts、ts‘、s 和 i(y) 相拼时，辅音舌面化，变成了 tɕ、tɕ‘、ɕ。这种规律几乎是毫无例外的。

k＞tɕ：家九交坚涓基

k‘＞tɕ‘：卡丘巧牵圈启

g＞tɕ（仄）：舅轿俭倦技

g＞tɕ‘（平）：求桥乾权其

x＞ɕ：下朽晓宪喧希

ɣ＞ɕ：遐学校限玄系

ts＞tɕ：姐祭焦津将

ts‘＞tɕ‘：取妻俏侵抢

dz＞tɕ（仄）：集嚼尽静

dz＞tɕ‘（平）：全樵秦墙

s＞ɕ：胥西小辛相

z>ɕ：徐袖旋旬详

这种变化一定要在和 i、y(ǐw)相拼时才能进行，如果在中途失落了 i、y(ǐw)，那就只好保留原样不变。如：桂、狂、遵、从、虽等字。而另一些字，它们后来产生，i 和 y(ǐw)韵头，也可能发生颚化作用。如：家、霞、效、奸、江等字。

见系和精系的颚化作用发生得很迟，一直到《五方元音》时（约1624—1672 年间），还没有惊系舌面音。[①] 到了 1743 年左右，我们才在清代无名氏的《圆音正考》里正式考证出当时惊系舌面音已经发生。作者在序言里写道："试取三十六字母审之，隶见溪群晓匣五母者属团，隶精清从心邪五母者属尖。"[②]可见，当时见系与精系已不能分开，也就是同归于惊系了。

这种变化是分两方面进行的：

见溪群晓匣在《中原音韵》时代读 k、k‘、x，但是在意大利人利玛窦所记的山西方音里，它们在齐齿呼和撮口呼前却初步舌面化成为 c、c‘、ç（连中古的疑母 ŋ 也舌面化成了 ɲ）[③]。这种变化再进一步发展，就成了 tɕ、tɕ‘、ɕ。

ki(y)>ci(y)>tɕi(y)

k‘i(y)>c‘i(y)>tɕ‘i(y)

xi(y)>çi(y)>ɕi(y)

今天的方言里正表现了这个过程：闽广方言的见系还是 ki(y)、k‘i(y)、xi(y)，浙江南部永康一带是 ci(y)、c‘i(y)、çi(y)，而

---

① 樊腾凤《五方元音》有二十个声母：
梆匏木风　斗土鸟雷　竹虫石日
剪鹊丝云　金桥火蛙
这里的金桥火是 k—k(i)，k‘—k‘(i)，x—x(i)；剪鹊丝是 ts—ts(i)，ts‘—ts‘(i)，s—s(i)。

② 转引自王力《汉语史稿》（修订本）上册第 124 页注释(2)。

③ 罗常培《耶稣会士在音韵学上的贡献》，载《中央研究院历史语言研究所集刊》一本三分。

其他方言区就全部成为 tɕi(y)、tɕ‘i(y)、ɕi(y)了。[①]

另一方面，精清从心邪的变化却要迟一些。由精系到惊系的变化没经过什么过程，是一步完成的：

tsi(y)>tɕi(y)

ts‘i(y)>tɕ‘i(y)

si(y)>ɕi(y)

在现代各种方言里，这一类变化很不一致。南方大多数方言区和部分北方话地区还没有完成这种变化。所以把这组音叫尖音，把见系字叫团音，分得很清楚。

2. 卷舌音的稳定

《中原音韵》里知系和照系的字，一部分为 tʂ、tʂ‘、ʂ，一部分为 tʃ、tʃ‘、ʃ。但不久之后，在兰廷秀的《韵略易通》里，就把它们完全读作枝 tʂ，春 tʂ‘，上 ʂ 了。其后虽然有时表现得不大稳定(如：《西儒耳目资》所记的山西方音把齐齿呼和撮口呼前的者 tʂ，搘 tʂ‘，石 ʂ 读作 tɕ、tɕ‘、ɕ)[②]，但至少到了《五方元音》时，肯定竹、虫、石读成卷舌音 tʂ、tʂ‘、ʂ 已经稳定了。我们可以把这一演变过程看作是受了韵母影响的结果；最初的卷舌音是由于 ʅ 韵的作用而产生的，但同时知系和照系又可和 i 相拼，所以混合舌叶音 tʃ、tʃ‘、ʃ 仍然存在。到了后来，由于元音 i 的衰弱，混合舌叶音消失，扩大了卷舌音的势力。

中古　　《中原音韵》　　现代

ȶ
　>tɕ tʃ tʂ>tʃ tʂ>tʂ
tʃ

---

① 只是南京话里有些字还没完成这种变化，如：去 k‘i，给 ki，不知是什么原因。

② 罗常培《耶稣会士在音韵学上的贡献》，载《中央研究院历史语言研究所集刊》一本三分。

ȶʻ
　＞tɕʻ tʃʻ tʂʻ＞tʃʻ tʂʻ＞tʂʻ
tʃʻ

ɕ
　＞ʃʂ——ʃʂ＞ʂ
ʃ

　　　　　　　　平 tʂʻ tʃʻ——tʂʻ
ȡ＞dʑ——dʒ<
　　　　　　　　仄 tʂ tʃ——tʂ

这个过程的完成，只是指北京话而言，事实上照系和知系在今天的方言里表现很复杂。如上面所举的例子，宁波话把照三字都读成了 tɕ、tɕʻ、dʑ、ɕ、ʑ，其他的都读成 ts、tsʻ、dz、s、z；广州话仍然保持 ʃ 母的字；上海话则全部读为 ts、tsʻ、s、z；沈阳话却又矫枉过正把精系的开口呼和合口呼读成 tʂ、tʂʻ、ʂ……能够象北京话把卷舌音、舌面音、舌尖前音分得清清楚楚的方言是不多的。所以，在学习普通话的时候，学会分别前面所说的三组字，是大多数方言区的人应该努力的。

3. 日母的变化

与上面一点有联系的就是关于日母的变化问题。

《中原音韵》的日母也有两读：一读为 ʒ，一读为 ʐ，它们都是由中古的日母 nʑ 变来的。但是后来，ʒ 母却和其他混合舌叶音的命运一样，也让位给 ʐ 母了。今天北京话里日母的字全部读为 ʐ。如：nʑ＞ʐ：人热忍饶日如让若儒润刃软。

在这里，我们还要谈谈另一部分中古的日母字。中古的一些日母止摄三等字（如：儿、尔、耳、二等），原来是读作 nʑi 的，当它们变成为 ʐʅ 之后，由于 ʐ 和 ʅ 的发音部位很相近，只是有无摩擦的分别而已。这样，两个音就发生了异化作用，产生了一个比较中和的音 ɹ，如果再在前面加上有卷舌作用的元音 ə，就成了 əɹ，就是今天北京话的儿韵，亦写作 ɚ。方言里情况可以帮助我们说明这一点。苏北话(如扬州话)大概也嫌 ʐ 和 ʅ 的发音部位太近,所以把日字念成 ɪəʔ,进一步竟把这些 ʐ 母字全部念成舌位较高的 ɪ 母了。例如:人 ɪən,如 ɪu,柔 ɪɤ,饶 ɪɔ 等。另一些方言(如杭州话)却把 ɚ 都念成了 ɪ̣(元音性的 ɪ)。变化虽各不同,但大都是由 ʐʅ 产生异化作用所致。

ʐʅ 一部分 —— 北京 əɹ
　　　　　 —— 扬州 ɪ(儿韵为 a)
　　　　　 —— 杭州 ɪ̣

现代北京话儿韵的产生至迟不应该晚于十七世纪初叶,因为明万历年间徐孝《重订司马温公等韵图经》把开口韵"尔""二""而"独立了出来,金尼阁的《西儒耳目资》也开始把它写作 ul[əʳ]了。①

4. v 母的消亡

《中原音韵》的 v 是从中古的微母 ɱ 变来的,这个音保留的时间很长。兰廷秀把它写作无,已开始变成半元音 ʋ 了,发音部位是半舌半齿,这是由 v 向 w 过渡的音,表现了一个减少摩擦的过程。

ɱ＞v＞ʋ＞w(u)

现代北京话里,这些字都读成零声母 w(u):

袜望微闻问物亡万勿吻武舞

但是切不可以认为所有的 v 都变成了 w(u),因为《中原音韵》时代有一部分 v 母字是从中古的 b 声母变来的。如:

肥防妇负凡复服伏房凤附份佛罚

这一类字今天都清化成 f 了。但是吴语区里仍旧念作 v,甚至还有念作 b 的(如:防缚肥等),闽广、客家方言更是如此,几乎都

---

① 罗常培《耶稣会士在音韵学上的贡献》,载《中央研究院历史语言研究所集刊》一本三分。

还念作重唇音 p、p‘和喉音 h。

现代北京话的零声母 w(u)来自中古的微母，这部分字，吴语区有些在口语里仍旧念 m(明微不分)，如：袜 maʔ，问 məŋ，物 məʔ，味 mi。有些人在学"时髦腔"的北京音时，也常把 w(u)念成 ʋ，如：闻 ʋən，亡 ʋaŋ，微 ʋei，袜 ʋa 等，也是这种变化留下来的痕迹。

由近古到现代北京话声母演变举例①：

tɕ←k：家加嘉假贾嫁架驾稼价；居车举据锯，拘俱驹矩句；鸡稽计继繫，羁寄，饥肌几冀，基姬己纪记，机饥讥几既，季；交郊胶绞狡搅教较窖，骄娇矫，浇缴叫；鸠阄九久韭灸救究，纠；减夹；监鑑甲；检，剑劫，兼；金今襟锦慧急级给；艰间简柬拣，姦奸谏，建揭，肩监茧见结洁，捲卷眷绢，厥，涓决诀；巾紧吉，斤筋谨，均钧橘，君军；疆僵薑姜脚；江讲降觉角；兢棘；京荆惊境景警敬竟镜戟，颈劲，经径击激；菊。

tɕ‘←k‘：去；启契，企，器弃，欺起杞，岂气汽；巧，窍；丘；恰掐，嵌，欠怯，谦歉；钦泣；遣，圈，劝券阙，犬缺；乞，屈；羌却；壳；卿庆，轻罄，倾顷；穹麴，曲。

tɕ←g(仄)：巨拒距遽，具惧；技妓，忌；轿舅臼咎柩；俭；及；件傑，键健竭，倦；仅，近，窘菌，郡掘；极；竞剧屐；局。

tɕ‘←g(平)：渠，瞿；奇骑岐，祁耆鳍，其期旗棋，祈；乔桥；求球；潜，钳；禽擒琴；乾虔，权，勤芹，群裙；强；擎鲸，琼；穷。

ɕ←x：虾吓；虚许；牺戏，嘻嬉熙喜，希稀；孝，嚣，晓；休朽嗅；险；脅；瞎；轩掀宪献歇蹶，显，喧，血，釁，欣，薰勋荤训；香乡享响向；兴；馨，兄，畜蓄，胸凶兇旭。

---

① 引自王力《汉语史稿》(修订本)上册，第 117 页。原注：例字大致依照中国科学院语言研究所所编的《方言调查字表》，1955 年，科学出版社出版。每摄用分号隔开，每韵(包括入声)用逗号隔开。

ɕ←ɣ：遐霞瑕下夏暇；奚兮系係繫，携；肴淆效校；咸鹹陷狭峡，衔匣；嫌协侠挟；间闲限苋，辖，贤弦现，玄悬县穴；降项巷学；行杏，幸，形刑型。

tɕ←ts：嗟姐借；蛆疽；祭际挤济；焦椒剿，酒；尖歼接；浸；煎剪箭溅，笺荐节；津尽进晋，俊；将浆蒋奖桨酱爵雀；即鲫稷，精晶旌睛井积迹脊绩。

tɕʻ←tsʻ：趋取娶趣；妻凄砌；锹悄俏；秋；籤签佥妾；侵寝缉；迁浅，千切；亲七漆；枪抢鹊；清请，青蜻戚。

tɕ←dz(仄)：聚；就；渐捷；集辑；尽疾；践贱，截绝；匠嚼；静净籍藉，寂。

tɕʻ←dz(平)：樵；钱，前，全泉；秦；墙戕；情晴。

ɕ←s：胥絮，须鬚需；西犀洗细壻；消宵销小笑，萧箫啸；修羞秀绣锈；纤暹；心；仙鲜癣线薛亵泄，先屑，宣选雪；辛新薪信讯悉膝，荀询迅戌恤；相箱厢襄镶想鲞削；息熄媳；性姓昔惜，星腥醒锡析。

ɕ←ʑ：徐序绪叙；袖；寻；习袭；涎羡，旋；旬循巡殉；祥详像象；席夕；续。

tʂ←tʃ：渣诈榨炸；斋，债；抓爪；斩蘸眨；盏札扎紮；榛臻；庄装壮；捉；窄，争筝。

tʂʻ←tʃʻ：叉杈岔差；初楚，刍；钗差；揣；抄钞吵炒；插，忏；铲察；衬；疮创；窗。

tʂ←dʒ(仄)：乍；助；寨；闸；栈铡；撰；状；镯。

tʂʻ←dʒ(平)：查；锄；雏；豺，柴；巢；愁；潺；床；崇。

ʂ←ʃ：沙纱，傻；疏蔬梳，数；筛晒；师狮；史使驶；衰摔帅率，梢稍；瘦；杉霎，衫；山杀，删讪疝，闩栓刷，蝨，蟀；双朔；色(白话)；生笙甥省。

ʐ←nʑ：惹；如汝，儒乳；蕊；饶扰绕；柔揉；染冉；壬任妊入；然燃热，软；人仁忍认刃日，闰润；瓤壤攘让若弱；仍扔；戎绒肉，茸冗辱褥。

○←v：無毋巫诬武舞侮鹉务雾；微薇尾未味；晚挽万袜；文蚊纹闻吻刎问物勿；亡忘网望妄。

（二）北京音系韵母的形成

现代北京话的韵母也可以用下面一首诗来说明：

人 ən　远 yan　江 iaŋ　空 uŋ　夜 ie，

浪 aŋ　滑 ua　一 i　舟 ou　轻 iŋ；

儿 ɚ　咏 yŋ　诶 e　唷 io　调 iau，

橹 u　和 ɤ　爱 ai　啊 a　声 əŋ；

网 aŋ　罩 au　波 o　心 in　月 ye，

竿 an　穿 uan　水 uei　面 ian　云 yn；

鱼 y　虾 ia　留 iou　瓮 uəŋ　内 ei，

快 uai　活 uo　四 ɿ　时 ʅ　春 uən。[①]

从这里可以对比出，自《中原音韵》以来，北京话的韵母系统也基本上肯定了下来。下面再分别叙述一些个别的变化。

1. 闭口韵-m 的消失

中古时期的塞音韵尾到了《中原音韵》时期大部分都已消失了，但是还保留有盐咸、廉纤、侵寻等收-m 的闭口韵，以便和寒山、先天、真文等论-n 的韵区别开来，兰廷秀的《韵略易通》也是原样照搬。直到徐孝《重订司马温公等韵图》才把两组字合并为山摄（干敢炭谈、端疃彖团）和臻摄（根词恨痕、昏惛混恽），十七世纪毕

① 《中国语文》1959 年 6 月号，周有光《"早梅诗"和拼音歌诀》。

拱宸更在他的《韵略汇通·凡例》里说：

> 真文之于侵寻，先全（即《中原音韵》里的先天）之于廉纤、山寒之于缄咸（即《中原音韵》里的监咸），有何判别而分立一韵乎？

此后，一直到今天的北京话和大多数方言区里，只有收-n和-ŋ尾的阳声韵，闭口韵-m都已消失了。因为要在前一个音节末尾紧闭双唇，而第二个音节起头又急忙打开，实在麻烦不过。除非遇到后面一个音节的声母也是双唇音，才可能存在这种现象。如：干部 kanpu‘＞kampu，兰布 lanpu＞lampu。

闭口韵还保留在闽粤语区里。

2. 元音ɤ的产生

我们还没在《中原音韵》里发现元音 ɤ 作为韵母。北京读为 ɤ 的车遮两韵，《中原音韵》却作 iɛ、iuɛ。此后的几本韵书，有读 ɛ 的，有读 o 的，《西儒耳目资》却作 ɤ，很不稳定，大约到清代以后才稳定了下来。这个音的产生，可以看为是卷舌音 tʂ、tʂ‘、ʂ、ʐ 和舌根音 k、k‘、x 与元音 o 或 ɛ 相拼时，产生元音弱化的结果。

$$\text{知系照系见系}+\text{歌戈车遮}\xrightarrow{\text{元音弱化}}\text{ɤ}$$

这个音在各方言区里表现得非常混乱，大多数地区读成 o 和 u（如上海话车 ts‘o，遮 tso，歌 ku，哥 ku），四川话却把歌戈读作 o，把车遮读作 e，如：各 ko，合 xo，格 ke，核 xe。而南京话却是在声母卷舌时读 ə（如：车 tʂ‘əɤ），声母不卷舌时读 ɛ（如：拆 tsɛʔ）。可见得声母对这个音有很大的影响：卷舌声母与这个带有卷舌趋势的元音很和谐，不卷舌的声母却常常与其他元音相结合。

3. 元音 y 的产生

《中原音韵》里的鱼模两韵读为 u、iu。这个韵母(iu)和相关的 iun、iuen、iuŋ、iueŋ 在今天北京话里都变成了 y、yn、yŋ。这种变化比较迟,不能早于十七世纪中叶,因为在《五方元音》里我们还发现了 iu 之类的音。在今天的山东某些方言里,iu 也没有变成 y,仍是 iu 或 iʉ。另一些地方(如昆明和南京),则完全把这一类撮口呼读成齐齿呼,就是说在变化中失落了 u。例如:君 tɕin,取 tɕʻi,虚 ɕi,与 i,决 tɕie,缺 tɕʻie,靴 ɕie,月 ie。[①] 不过,北京话和大多数方言区都完成了 iu>y 的变化,这是一个简单的过程。因为 i 是前元音,而 u 是后元音,一前一后发音不便;于是就采取了这个既有 u 的特点(圆唇)又有 i 的特点(舌前)的元音 y,其他 iun、iuen 和 iuŋ、iueŋ 也相应地变成了 yn 和 yŋ。不过其中的 yŋ 变得还不彻底,以致人们听起来总觉得它还应该属于齐齿呼之类,所以汉语拼音方案采取的宽式记音干脆把它写成 iong,这倒是实事求是的。

4. 儿韵和儿化韵

儿韵在韵书上出现得很迟,儿化韵就更迟。大概是因为"不登大雅之堂"的原故,过去诗人对他不感兴趣。儿化韵起先只作为名词词尾而设"儿化":

> 已而有娠,而生敬儿,故初名狗儿。又生一子,因狗儿之名,复名猪儿。宋明帝嫌狗儿名鄙,改名敬儿,故猪儿亦改为恭儿。(《南史·张敬儿传》)
>
> 打起黄莺儿,莫教枝上啼。(金昌绪诗)

---

① 这里姑且把南京话看作不分尖团,因为南京话到底是否分尖团音还不太清楚。

大约到了元代以后才在语音上"儿化"：

有那桩儿不共卿谋，那件儿不依卿奏。

害渴时喝一杓儿酪和粥。

您则与我半句儿俄延着唱。

您但提起刀枪，却早小鹿儿心头撞，今日央及煞娘娘，怎做的男儿当自强。

恰才这搭儿单于王使命。

一声儿绕汉宫，一声儿寄渭城。

——以上元曲《汉宫秋》

后来文人的笔记、小说也出现了儿化韵：

指着公子道：呸！小小子儿别说闲话。

抓了个小枕头儿，支着耳跟台子躺下。

我要看看你这心有几个窟窿儿。

就是老妈妈论儿，也道是：没那金钢钻儿，也不揽那磁器家伙。

头起儿就叫的是他。

——以上文康《儿女英雄传》

定了明儿后儿下帖儿请罢。

今儿才来，就惹出你家哥儿的病。

叫谁讨主子的好儿。

薄薄儿的一本文章。

且略等等儿，我出来了。

——以上曹雪芹《红楼梦》

到了清末劳乃宣，他干脆把儿化词的词合并成一个字来写：

转过年儿来，调着样儿也跟人家学。

由着他们性儿打去，反正豁出那块地方儿去就结啦，可自见箇儿还跐着文说守中立。

他说你瞧，中国如今不是外面儿都改嘞样儿嘞吗？国家也靠着我们大伙儿。

——以上劳乃宣《简字全谱》

实际上，儿化韵里的“儿”，还有从“日”“而”“知”“少”等字变来的。例如：

由“日”变来的：今日——今儿　明日——明儿
由“而”变来的：慢慢而——慢慢儿
由“里”变来的：那里——那儿　这里——这儿
由“知”变来的：不知道——不儿道
由“少”变来的：多少钱——多儿钱

现代北京话里儿韵虽然不多，儿化韵却极为丰富。它可以用来丰富词义、增加修辞色彩、改造词性，所以有积极的作用。作为一种积极发展趋势来说，我们应该重视它，而不应该简单地摒弃。许多方言（如：南京话、杭州话、昆明话、郑州话等）也普遍存在着儿化现象，只是表现不同。北京话的儿化可以影响到前一个音节的声母（这大概近代发生的事）：

盘儿——pʻan＋ər＞pʻar
坛儿——tʻan＋ər＞tʻar
柜儿——kuei＋ər＞kuər
根儿——kən＋ər＞kər
云儿——yn＋ər＞yər
针儿——tʂən＋ər＞tʂər
缸儿——kaŋ＋ər＞kãr
凳儿——təŋ＋ər＞tãr
样儿——iaŋ＋ər＞iãr

南京话则更奇怪，竟然能影响声母：

今儿——tɕ in＋ər＞kər
前儿——tɕʻian＋ər＞tsʻər

虽然儿化在方言中还不是一种普遍现象，普通话却应该把它吸收进去。

5. 桓欢韵的消失

《中原音韵》将《广韵》的寒山删凡、桓韵改成寒山、桓欢韵，这大概是以方音为根据的。因为中古的寒山删凡和桓的区别，只是开口和合口的关系，而《中原音韵》里两者的差别却在于主元音：寒山是 an、ian、uan，桓欢是 ɔn。但这不能使我们相信它就是北京话竿 an，穿 uan，面 ian 的直接来源。为什么中古的 uan 到近古变 ɔn，现代又回到老路上去了呢？可以肯定，现代北京话里的穿 uan 是直接从中古的桓 uan 变来的。《广韵》里的“寒删山凡桓先仙元覃谈咸衔盐添严”十五个韵到了北京话就并成了远

yan，竿 an，穿 uan，面 ian 四个韵。（如果不是太严的话，可以归并为一个竿 an 韵。）这是运用最广泛而且最容易押的韵，各种文学形式都常常用到它。

由此可见，《广韵》到了中古时期，已经分头发展了：一方面产生了《中原音韵》，同时也产生了现代北京话的祖先。（当然，也有其他的方音。）从桓欢韵的变化发展，我们可以知道，并不是由《广韵》到《中原音韵》再到现代北京话的，而是：

《广韵》→《中原音韵》
《广韵》→现代北京话
《广韵》→其他方音

由近古到现代北京话韵母演变举例：

闭口韵的消失：眈贪谭潭探南男婪簪参蚕惨堪龛含函庵谙感坎砍憾勘暗担谈痰胆毯淡兰篮览揽榄滥缆惭三暂甘柑酣敢橄喊嗽咸嵌搀喃楠俺。

针斟箴砧椹鱵璸深蓡森椮参琛赈郴壬任纴鵀沉忱审婶沈朕枕甚黮衽姙。

兼缣鹣鳒淹腌醃阉厌恹暹憸佥桨签觇杴尖渐歼添廉奁帘鲇拈黏點钳盐炎簷阎严甜恬潜掩魇琰檢臉舔琙譣点艳焰餍酽巖欠芡店垫念僉堑茜。

金今衿禁襟骎绶浸祲音瘖阴暗心杺钦衾嵚侵歆林淋琳痳霖临琴芩禽檎擒噙廪凛懔锦噤饮您寝沁浸赁。

寻浔。

暹。

歌戈→ɤ：歌哥轲蛾俄何河荷可个贺苛合盒盍颗葛割鸽和课戈科窠棵讹禾乐恶恶鄂鳄。

车遮→ɤ：奢赊车遮揢舍惹客辙彻撤掣浙哲褶折没摄社射麝

赦额热。

iu→y：缕屡趋须鬚需取娶趣拘驹俱区驱瞿愚虚娱吁迂盂榆逾愉矩雨宇羽禹愈句具惧遇寓芋喻裕。

（三）北京音系声调的形成

《中原音韵》里入声已经消失掉了，但是周德清家乡的方言里还是有入声的。不但如此，后来《西儒耳目资》所记的山西音、《五方元音》所记的唐山音等等，都还有入声存在。就调类分为阴阳上去四类来说，现代北京话和《中原音韵》系统是差不多的。例如：两者都是全浊入声归入阳平，次浊入声归入去声。但是清音就复杂了：《中原音韵》里清入全部归入上声，而现代北京话里却没有规律可寻，阴阳上去都有①：

阴入归阴平：〔帮〕钵拨剥八逼鳖；〔滂〕泼拍劈霹撇瞥撲扑；〔非〕发；〔端〕答搭滴督；〔透〕塌剔踢贴秃托託脱；〔精〕哑嘬迹积绩接；〔清〕擦七漆柒戚切；〔心〕撒塞缩悉蟋析晰蜥膝削戌薛；〔知照〕只织汁摘（白话）粥（白话）桌捉涿；〔彻穿〕插拆（白话）出龅戳；〔审〕失湿蝨杀刷说；〔见〕搁胳割鸽刮括颳鹊郭蝈激揭结撅；〔溪〕瞌磕窟哭掐曲屈缺阙；〔晓〕喝黑忽惚吸瞎歇蝎；〔影〕一壹揖鸭押噎屋挖约。

阴入归阳平：〔非敷〕法（法子）弗拂绂福幅辐蝠；〔端〕答得德嫡镝；〔透〕橐；〔精〕则足卒节爵；〔心〕昔惜息媳熄锡；〔知照〕职蹠跖折哲摺辄竹竺烛築筑酌灼啄琢卓拙茁；〔彻穿〕察；〔审〕叔菽；〔见〕格阁革隔葛国帼虢级急汲亟吉击夹颊结洁劫菊掬鞠汩抉诀厥蹶；〔溪〕咳麯；〔晓〕胁。

---

① 引自王力《汉语史稿》（修订本）上册，第 197 页。

阴入归上声：〔帮〕百柏北笔瘪卜；〔滂〕匹癖；〔非〕法发；〔端〕笃；〔透〕塔獭帖铁；〔精〕脊；〔心〕索雪；〔知照〕眨窄（白话）嘱；〔彻穿〕尺；〔见〕合（量名）葛（姓）骨縠毂谷榖戟给甲；〔溪〕渴乞曲（歌曲）；〔晓〕郝血（白话）；〔影〕乙。

阴入归去声：〔帮〕必壁璧碧不；〔滂〕珀粕迫魄僻瀑曝；〔非敷〕腹覆複馥；〔端〕的；〔透〕榻蹋沓挞忒慝惕拓拆箨；〔精〕所酢凿鲫稷；〔清〕促猝蹴簇撮缉葺切窃妾鹊雀；〔心〕飒萨塞肃速宿夙粟谡泄燮亵屑洫恤；〔知照〕室陟浙祝仄昃；〔彻穿〕彻撤触黜绰辍；〔审〕式释识适饰拭室煞霎设摄束；〔见〕各梏；〔溪〕克客刻酷阔廓扩，讫迄泣恰怯挈却确阙；〔晓〕赫霍豁壑，隙翕嚇旭；〔影〕厄轭扼亿忆臆益抑邑挹轧握咽沃斡握幄郁鬱。

这里的变化没有什么规律，我们只好做出这样的结论：中古的阴入声字在现代北京话里表现得很混乱，它们可以派入阴平、阳平、上声、去声四类声调，而且在其变化中丝毫没有任何规律。

另外，还需要谈一谈现代北京话里的轻声问题。轻声在过去的韵书里也不见提到，似乎没引起各韵书的作者和曲韵家们的注意。北京话里的一些语气词（的、了、吗、呢）、词尾（着、了、们）、方位词（上、下）、量词（个、只）、介词（在、到）等等，都读成为轻声。

轻声能使元音模糊化，使原来属于高或低的元音尖化，向自然元音 ə 发展，但它不是一种声调。

北京话的轻声有很大的作用，如：

买卖——买和卖 maimai≠买卖——（生意）maimə

多少——多和少 tuoʂau≠多少——数量 tnoʂə

针线——针和线 tʂənɕian≠针线——缝纫 tʂənɕie

本事——电影本事 pənʂɿ≠本事——能力 pənʂə

老子——李耳 lautsɿ≠老子——父亲自称 lautsə

所以它有区别词义、引起词性变化和语音变化的积极作用。

至于轻声在什么时候和什么条件下产生的，目前很难做肯定的回答。但我们可以设想，它不光是一种语音现象，而且也是语法现象和词汇现象。所以，当人们的口语中有了如象“呜呼(於戏)”“夥颐”之类的感叹词之后，当词尾产生之后，就应该同时有轻声来表示语气的轻重了。在古代的诗词里，很少或者不用这一类有轻声的词，只有在一些散文中它们才存在，所以韵书上当然也不会把它列入。它只活在人们的实际口语之中。

关于近古语音的调值，当然与现代北京话是有差别的，不过关于这一点，恐怕目前还很难有人能做得出令人满意的答案来。可以说，能够考证出它们的调类有不同的分别，并说明其变化，已很不错了。

(四) 北京音系与规范化的普通话音系

汉民族共同语——普通话的语音，是以北京语音为标准的，但是对于北京语音的吸收，并不是毫无选择的。北京音里的一些土音，在审音的时候，我们就应该有所取舍。应该认识到，普通话语音应该是规范化的、没有不良影响的标注音，而不等于北京的土音。但这项审音工作是十分复杂的，我们一方面应该研究北京音系的来源(这项工作前面已初步完成了)，一方面要进一步剔出其糟粕，才能达到语音规范化的目的。在这里，我们所遇到的最大难关，就是对于北京土语的取舍问题。大致说来，北京话里的土音可以分下列几个方面①：

---

① 本节的叙述参考徐世荣《北京话里的土词和土音》，载《中国语文》1957 年 3 月号。

1. 受方音或其他读音影响的变化

工尺字：把尺念成 tʂi，这是受其他方言区入声的影响。

侵略：把侵字习惯地念成 tɕ‘ǐn。

寝室：把室字习惯地念成 ʂʅ̌。

结束：把束字习惯地念成 sù。

橙子：把橙字习惯地念成 tʂᶜən。

虽然很难考出受了哪种方言的影响，但可以肯定是外地人学说不标准的北京话，使得北京人渐渐也习惯了这种不正确的读音。更明显的例子是：北京话原不分尖团音的，可是受了那些南方分尖团方言区人说话的影响，有些北京人，特别是那些“爱漂亮的女学生们”，也滥用了尖团音，读之使人刺耳。例：

向秀丽	siaŋsiouli
国家	kuotsia
铅笔	tsᶜianpi
希望	siuaŋ
看见	k‘antsian
下午	sia　u
学校	syesiau
危险	ueisian

这类读音，只会使标准音混乱，所以应当完全剔除。

2. 特殊的音变

这一类莫明其妙的变化叫人难以寻求其规律，只好称为“特殊的”。下面分声韵调的变化叙述：

（1）声母：

荷包——xɤp‘au	同胞——tuŋpˇau
打扮——tap‘an	板凳——pant‘aŋ
熨斗——ynt‘on	蝴蝶儿——xut‘ier
顶好——t^{c}iŋxau	耳朵——ərt‘uo
簸箕——potɕ‘i	伙计——xuotɕ‘i
借光——tɕ‘iekuaŋ	胡涂——xut^{c}u
枇杷——p^{c}ipa	恐怕——p‘aŋp‘a
脊梁——tɕiniaŋ	钥匙——iaoʂʅ
一堆——i tsuei	

（2）韵母：

雨淋——ylyn	胆怯——tantɕ^{c}ye
些微——ɕyeuei	不兴——puxyŋ
寻思——ɕinsʅ	出乱子——tʂ‘nlantsʅ
暖和——nanxɤ	摇撼——iauxuan
茧子——tɕiaŋtsʅ	囟门儿——ɕiŋmar
亲家——tɕ‘iŋtɕia	天津——t‘iantɕiŋ
告诉——kausuŋ	多么——tuoməŋ
避雨——peiy	理会——lyxuei
胳肢窝——katʂʅuo	大伯子——tapaitsʅ
埋怨——manyan	

（3）声调：

劈柴——pĭtʂ‘ăi	光（仅仅）——kuāŋ
人中——ʐə́ntʂŭŋ	喷香——p^{c}ànɕiāŋ
通红——tùŋxúŋ	分菜——fànts‘ài
夹生——tɕiàʂāŋ	刷（选）——ʂuà

拐弯儿——kuǎi uàr　　多余——tuō ȳ
蝴蝶儿——xùtiěr　　轴儿——tʂòur
谷雨——kū y̌　　吵嚷——tʂʻāuʐǎŋ
骨头——kútóu　　矫情——tɕiáutɕʻiŋ
笔直——pìtʂʅʻ　　雪白——ɕyèpái
过分——kuōfàn　　隔壁儿——tɕièpǐr

这里要加以说明的是：以上的字大多是从中古的入声演来。入声派入了三声字后，结合在语词里读音就不稳定了。事实上单独就“字”而论，它们的声调是稳定的。

（4）全变：

僻静——pèitɕiŋ　　隔断——tɕiétuàn
隔壁儿——tɕièpǐr　　自己——tɕìtɕǐ
这么——tsànman

3. 轻音节里的弱化音

我们在前面一节里已经谈到过轻声，这里着重谈的是轻声对于音素的影响。轻声可以改变声母或韵母，产生恶劣的弱化。所以这种现象在规范化的语音里是要剔除的，它不象上一节里所指的有语法和词汇意义。例如：

西红柿的红字，读作 ɣuŋ
擀面杖的面字，读作 man
咱们两个字，读成为 tsam
（同样，我们、你们、他们、怎么、那么、什么、多么里的“们”或“么”都成了 m。）
横竖的竖字，读作 ʂʅ
多少钱的少字，读作 r

4. 其他稀有的语音现象

是啊——ʂʅ＋a＞ʂa
四个——ʂʅ＋kɤ＞sə
五个——u＋kɤ＞uo
言语（言语一声）——ian＋y＞yan i
二十个——ərʂʅ kɤ＞ər ʂə

以上的现象，都是北方土语读音，很难为其他方言区的人所接受。在大力推广以北京语音为标准音的普通话的同时，如果不对这些现象加以规范，就很可能成为一种阻力，影响其他方言区的人学习普通话。普通话的审音工作，应该参照古音系统、现代实际读音和一般的读书音来进行，以免受方言或一般不正确的口语读音的影响。

六、现代汉语方言概况

（一）方音中的古音痕迹

语音的发展不可强求一致，所以甲方言的语音变化规律就不能强加在乙方言的头上——因为这种规律不是必然的。所以虽然我们在前面详细地谈到了从古代到今天的北京音系演变发展的过程、语音变化的规律，但是方言存在的事实使我们不得不承认：古音的痕迹还大量地保留在各种方言里，各种方言的演变发展过程是不一致的。大体说来，北方中原一带一直是政治经济的中心，所以文化和交通比较发达，语言的发展比较一致；而南方地区，尤其闽粤语区，由于重重山脉的阻隔，文化和交通都不太发达，所以语言的分歧比较大，发展速度极不一致，保留古音的成份比较多一些。但是，如今每一种方言都可以在《切韵》音系里找到自己的影子。这大约也就是因为《切韵》是个兼赅古今南北方音的大杂烩的缘故吧！根据各种方音不同的特点加以分类，我们可以大致把它们分为八个方言区：

其一，北方话区：又称为“官话区”，包括东北、长城以南、长江以北、西南、西北。以北京话为代表，下面再分为三个区：

（1）北方“官话区”：长江以北，黄河流域和东北地区；

（2）西南“官话区”：自湖北汉口以上，四川、云南、贵州、广西一部分；

（3）下江“官话区”：长江下游、镇江以上，九江以下沿江地带，包括南京、湖北一部分。

这里所说的“官话”，并不是指官场的通语，而是指运用范围较广的语言。

约有三亿八千七百万人使用这些方言。

其二，吴语区：包括镇江以东的江苏南部和浙江大部份（但杭州地点方言接近下江“官话”），以上海话为代表。

约有四千六百万人使用这些方言。

其三，湘语区：包括湖南省大部份地区（除西北部地区），以湘潭、湘乡一带的话为代表。

约有二千六百万人使用这些方言。

其四，赣语区：包括江西一部分（东北沿长江一带属下江“官话”，而南部属客家话）和湖北省东南角。以赣州话为代表。

约有一千三百万人使用这些方言。

其五，客家话：包括广东东北部、江西南部、福建西部、湖南南部，甚至广东南部、四川、台湾和广西也有说客家话的。以梅县话为代表。

约有二千万人使用这些方言。

其六，闽北语区：包括福建北部和台湾一小部分。以福州话为代表。

约有七百万人使用这种方言。

其七，闽南话区：福建南部、广东东部潮州汕头一带，海南岛大部分和台湾大部分，广东中部和南部沿海一带也有说这种话的，以厦门话为代表。

约有一千五百万人说这种话。

其八，粤语区：包括广东中部、南部和广西南部，以及港澳地区，以广州话为代表。

约二千七百万人说这种话。

如果对以上诸方言进行详细的研究，就会发现许多有趣的现象，在方言学里可以深入而全面地谈到这些。下面我们只准备把一些古音保存在方音中的重大语音现象加以对比的研究。

1. 全浊声母的保留

中古的浊塞音、塞擦音和擦音虽然在《中原音韵》时代早已消失了，可是在今天的吴语和湘语区里还保存着。

吴语区举上海话为例。它的浊音声母和中古系统几乎完全一致，而且在声调里面，浊音去声是阳去，浊音入声是阳入：

b：败倍暴办弊便弁步部排培陪袍盘旁朋彭皮贫平屏蒲

v：肥凡烦焚坟房防冯逢扶孚服复

d：道稻豆谈荡弟地调电殿定度杜惰队兑段断洞桶动台桃陶头坛唐堂腾提啼条田庭亭颓同童

g：跪贵共柜轧

dʑ：忌轿归健近竞具期祈桥求乾虔琴勤强渠权穷衢拳

z：就贱尽净静前钱秦情泉全栈站阵丈郑助状仲重池迟茶柴潮巢酬愁陈晨场长城程厨除船传床时蛇绍邵寿善擅甚慎尚上盛树字自在造赠坐罪才裁曹赵残层存从遂讼诵

少数例外字如“菌”，中古是渠殒切，属于群母，但是上海话却读为 tɕʻioŋ，不过绝大多数是与中古一致的。其间，从母字全部消失归入了邪母，而且慢慢地趋向于尖团不分了。

湘语区（略）。

2. 尖团音的区分问题

前面我们曾经讨论过精清从心邪和见溪群晓匣两系字在齐齿

呼和撮口呼前变为 tɕ、tɕʻ、ɕ 的问题，这一变化在北京话和大部分北方话地区都已全部完成了。可是在大多数方言区的情况就大不相同了。

最多的是只完成了见系的颚化，而精系的舌面化却没有完成或没有彻底完成。所以这些方言区的人就能很清楚地将下列两组字分开来：

精系齐齿呼撮口呼(ts、tsʻ、s)——

酒精节祭焦煎津俊将即取砌秋妾缉切鹊请戚须洗小秀心先辛息析

见系齐齿呼撮口呼(tɕ、tɕʻ、ɕ)——

驾车寄纠夹给厥巾均疆脚兢激去器巧丘恰欠钦犬壳穹许希孝休瞎宪血欣凶旭

吴语区是大多数能分尖团的，只是少数地区开始有了混乱和归并的趋势。江苏、湖北、贵州、云南、四川、甘肃、山西、吉林、辽宁等省分尖团的地区很少，只有在河北、山东、河南、陕西等地分尖团的地区占多数。有些地方(如湖北咸宁)塞擦音分尖团，擦音不分尖团，这是比较特殊的。一般说来，尖团合并的趋向是越来越明显的了。许多人口流动比较大的城市(如南京、上海)虽然原来是分尖团的，但是受了北京话的影响也混乱起来了。大多是老一辈的人还能分尖团，而年青一代却不能或不完全能分清尖团音。所以，从总的趋向来看，尖团音合并的趋向是肯定的。有人企图用尖团音的区分来解决一部分同音词的问题，是不妥当的。

3. 见系的颚化作用

在闽粤语地区，见系的颚化作用大多没有完成。他们仍把它读成 ki(y)、kʻi(y)、xi(y)。举广州话为例：

kiu：骄娇、矫缴轿、叫
k‘iu：乔桥、窍
hiu：嚣枵鸮、晓
kim：兼、扦、剑、俭
k‘im：钳
him：谦、险、欠
kin：坚肩、賺、健键件
k‘in：虔乾
hin：牵掀轩、遣、显、宪献
kit：洁结、杰
k‘it：竭诘孑揭
hit：歇蝎
k‘yt：决诀阙孓厥缺
hyt：血

次举福州话为例：

k‘iŋ：倾
k‘i：起
køyŋ：其
k‘øy：乞
kyɔŋ：强

这些方言区由于见系也没有颚化，所以也谈不上什么尖团音区分的问题了。他们把精系也读为 ts、ts‘、s，根本就没有团音 tɕ、tɕ‘、ɕ 存在。所以，在学习普通话时，只要掌握这个规律，把精系和见系的齐齿呼撮口呼全部念成 tɕ、tɕ‘、ɕ 就行了。

4. 零声母问题

北京话里的零声母，都是从中古的云、餘、疑、影、微母变来的。其中 i、y、u 类零声母多从云、餘、疑、影母而来（u 还多一个微母），而 a、o、ə 之类零声母的来源只有疑母和影母。在今天的方言里，ŋ、v、ȵ 等声母还在"零声母字"里保持很大的优势。

先看广州话：

[ŋa]：牙芽衙、瓦雅、迓讶
[ŋɔ]：俄讹蛾鹅、我卧
[ŋai]：涯崖、艾
[ŋɐi]：危巍倪、蚁、毅诣艺呓魏伪
[ŋɔi]：呆、碍外
[ŋau]：肴淆爊、咬
[ŋɐu]：勾钩、牛、藕偶
[ŋou]：熬鳌、傲
[ŋan]：颜、眼、雁
[ŋɐt]：迄讫兀

上海话里"零声母字"的声母更加丰富，它有 ȵ、ŋ、v 等读音：

ȵiŋ：银
vəŋ：文纹问闻
ŋo：瓦
ŋa：外牙芽
ŋɤ：岸偶藕

vəʔ：勿物

ŋəʔ：月额

vī：微维惟未尾味肥

ȵi：宜疑耳二艺义严阎

ŋu：误悟互蛾鹅俄饿我卧

ȵy：愚娱虞语遇寓

võ：亡忘望

另外，北方话里山西和陕西很多地方也有把“零声母”u读作v，把i、y读成ȵ起头，把a、o、ə读成ŋ起头的。四川话也是如此：

vu：污乌呜钨巫吾梧吴无五伍午侮舞务

ȵi：宜疑仪蚁义毅艺议

ŋai：哀挨唉矮蔼爱艾碍隘

ŋau：熬袄奥傲

ŋou：欧呕殴偶藕

ŋan：鞍安俺按案岸暗庵

ŋaŋ：肮昂

这里也可以看出，以上方言由中古发展到今天，还没有摆脱掉这些多余的声母。在学习普通话时，一定要注意把它们读成零声母。

方言中还存在着元音起头的字前面加一个喉塞音ʔ，例如上海话：

ʔuᴇ：委威畏喂弯湾晚挽

ʔyoŋ：拥勇永允

ʔø：安鞍暗案

ʔiɤ：忧优悠幽幼

ʔiɔ：妖邀腰要么

不过这种喉塞音大概是元音起头时常常会存在的，而且北京话里也常常会有这个音，所以我们不把它当做以上ȵ、v、ŋ等声母同样处理。

5. 入声和塞音收尾

除了北方话大部分地区外[①]，差不多所有的方言区和北方话少数地区都有入声，有的还分阴入和阳入。个别地区甚至有上入、中入和阳入三种入声。

关于入声，应作下列说明：

（1）有入声收尾音-p、-t、-k或-ʔ的：

举广州话为例：

上阴入：

sok˥　粟肃夙宿叔缩馊

mɔk˥　剥

hak˥　黑

tok˥　督笃

kok˥　谷縠菊麹

ts‘ok˥　畜促束速蓄

tsok˥　祝筑烛竹足嘱触捉粥

søt˥　率蟀戌恤

① 这些地区的入声消失情况也不一定和北京话完全相同。如四川话就是入声一律归入阳平。

uɐt˥　屈郁

fɐt˥　弗拂佛忽

k‘ɐp˥　吸汲级给

iɐp˥　揖邑泣

中阴入：

kɔk˧　觉角各阁

tœk˧　剁啄琢

tsœk˧　芍酌着爵嚼鹊雀

k‘yt˧　决诀阙孓厥缺

k‘it˧　竭诘孑揭

tsat˧　紮扎札铡轧

kap˧　甲袷夹鸽蛤

tsip˧　接辄折

阳入（下入）：

长：mɔk˧　莫寞膜幕

　　tɔk˧　踱度铎

　　iœk˧　钥药跃曰瘧虐弱若

　　yt˧　粤越月阅愈穴悦

　　ɭit˧　列烈裂

　　put˧　拨脖勃

　　hap˧　匣狎侠狭峡洽

　　tsap˧　闸杂

　　tip˧　迭牒蝶谍

短：iok˧　欲慾狱玉育辱褥肉

　　lok˧　六绿録禄鹿戮陆

　　iek˧　役疫译易亦翼逆液腋

　　tsek˧　寂藉直值殖植席夕

lɐk˧　仂肋勒

mɐk˧　墨默陌麦脉

ɭøt˧　律率栗

tsɐt˧　侄蛰室疾

mɐt˧　勿物蜜密袜

sɐp˧　十拾什

hɐp˧　盒合盍

这里的入声塞音收尾，也是与中古一样，和平声的-m、-n、-ŋ收尾音遥遥相对。所以，我们可以说，中古的入声系统整齐地保留在现代广州话里，广州人学习普通话时，一定要把一类收尾音摔掉。

另外，上海话的入声是-ʔ收尾的：

阳入：

yoʔ：局掘轴肉褥玉狱疫役欲域育月悦阅越岳

uaʔ：划滑檵

uəʔ：活或获

iaʔ：略剧捏瘧虐嚼协钥乐学

iɪʔ：鼻别密蜜觅灭敌狄笛迭蝶谍牒力立粒栗历猎列烈裂律极剧极及业热日逆集疾藉截绝习席拾亦择易叶

oʔ：薄仆瀑缚摸莫木目牧服伏复独犊毒洛络络乐六陆落鹿禄烙族昨浊俗熟属凿勺轴辱续岳获

aʔ：拔白麦脉袜罚乏达踏捺纳腊辣杂择闸宅十弱若额盒炸铡

əʔ：勃沫抹末没墨默脉物佛夺特突肋直植侄十实食择蚀泽贼着折舌术日入核合

阴入：

yoʔ：橘菊觉决缺屈瘸曲血畜蓄

uaʔ：括刮豁挖

uəʔ：骨阔忽

iaʔ：脚甲恰确却鹊怯削约

iɪʔ：逼笔毕必壁璧劈匹跌的帖踢剔激击积即急脊给节吃切七夕折昔吸泄雪恤乙益

oʔ：剥驳北扑腹督秃托脱捉桌作竹祝粥畜速叔郭各角哭壳忽豁恶屋握

aʔ：八伯百柏拍发髮答搭塔只扎尺赤察册拆杀革格夹甲恰叩吓压

əʔ：拨不迫勿得脱职则哲卒拙策彻出失湿式适瑟色说割渴刻黑

入声之所以分阴阳，在吴语区里可以说是由于清浊声母所致；所有浊音声母(包括次浊声母和零声母)的入声字归阳入，清音声母(及部分次浊声母字)的入声字归阴入。但是在其他方言区却不是如此，既然声母的浊音已归入清音了，那还分什么阴入和阳入呢？这是因为在过去浊音声母没有消失之前，入声(和其他声调)的阴阳已经分定了；所以即使后来浊音消失之后，也无法改变已经定了型的声调。例如：太原话的入声里，阴入全部是清音字，阳入全部是浊音字，虽然今天的太原方言里，并没有清浊声母的区别。

(2) 入声也可以是没有塞音收尾的，主要是因为这种方言里入声调比较长，下面举出的长沙话入声就是˩˦ 14。(略)。

(二) 口语中的文白异读

汉字不是标音的，而是一个个方块字，所以长期以来就存在着口语和读书音不一致的情况。在封建社会时代，一般的“士民庶人”平时尽管可以用土语乡谈，但是在读书作诗时，却一定要用“官话”。这种“官话”在魏晋时期是南京与洛阳话①，后来就慢慢地被

① 《颜氏家训·音辞篇》：“自兹厥后，音韵锋出，各有土风，递相非笑，指马之谕，未知孰是。共以帝王都邑，参校方俗，考核古今，为之折衷。搉而量之，独金陵与洛下耳。”金陵即今日的南京，洛下即今日的洛阳。

北京话(至少是北方话)取而代之。后来这种读书音的势力也逐渐影响到了一般人的方言交谈,使他们不自觉地把"官话音"渗进了方音里。这样,几乎每一种方言里都存在着文白异读的现象。

先举潮州话为例[①]**:**

	文	白
鲜卑的卑	pi	pui
扁平的扁	pieŋ	pĩ
改变的变	pieŋ	pĩ
把守的把	pa	pẽ
保护的保	pau	po
斑点的斑	paŋ	põĩ
聘请的聘	p‘eŋ	p‘ĩã
盲目的盲	meŋ	me
稻田的稻	tau	tiu
礼貌的礼	li	loi
接到的接	tsiʔ	tsiap
相争的相	siaŋ	sie
假装的假	kia	ke
旗竿的竿	kaŋ	ko
秧苗的秧	iaŋ	ŋ
平安的安	aŋ	ũã
远近的远	ieŋ	hŋ
长短的长	ts‘iaŋ	tɤŋ
人类的人	ziŋ	naŋ

① 引自李永明《潮州方言》。

上下的下	hia	e
父亲的父	hu	pe
多少的多	to	tsoi
抓住的抓	tsũã	zieu
相识的识	sek	pak
放假的放	huan	paŋ
香味的香	hiaŋ	pʻaŋ
浴盆的浴	iok	ek
利息的利	li	lai
重复的重	ts^{c}oŋ	teŋ
飞翔的飞	hui	pue
砖瓦的瓦	ua	hia
整齐的齐	tsʻi	tsoi

次举上海话为例：

	文	白
害怕的怕	pʻa	pʻo
闻味的闻	vəŋ	məŋ
贵贱的贵	kue	tɕy
跪着的跪	gue	dʑy
来去的去	tɕʻy	tɕʻi
医生的生	səŋ	sã
声音的声	səŋ	sã
认识的认	zəŋ	ȵiŋ
耳朵的耳	əɭ	ȵi
衣架的架	tɕia	ka

茄子的茄	dʑia	ga
菊花的花	hua	ho
把握的把	pa	po
解放的解	tɕia	ka
日晒的晒	sa	so
肥皂的肥	vi	bi
魔鬼的鬼	kue	tɕy
工人的人	zəŋ	ȵiŋ
问题的问	vəŋ	məŋ
大小的大	da	du
加减的加	tɕia	ka
相差的差	tsʻa	tsʻo
爪子的爪	tsa	tso
飞鸟的鸟	ȵiɔ	tiɔ
洗染的染	zø	ȵi
任性的任	zəŋ	ȵiŋ
灭亡的亡	vɔ̃	mɔ̃
耕田的耕	kəŋ	kã

可以很清楚地看到，这些读书音显然是受了北方话的影响。同时，就是北京话本身也有文白两读的现象存在：

	文	白
厚薄的薄	po	pau
烙印的烙	luo	lau
耕田的耕	kəŋ	tɕiŋ
嘴嚼的嚼	tɕye	tɕiau
麻雀的雀	tɕʻye	tɕʻiau

皮壳的壳	tɕ'ye(或 k'ɕ)	tɕ'iau
剥削的削	ɕye	ɕiau
热血的血	ɕye	ɕie
住宅的宅	tʂɤ	tʂai
喝粥的粥	tʂu	tʂou
丰硕的硕	ʂʅ	ʂuo
杉木的杉	ʂan	ʂa
芍药的芍	ʂuoye	ʂauiau
颜色的色	sɤ	ʂai
漱口的漱	su	ʂu
窃贼的贼	tsɤ	tsei
跃进的跃	ye	iau

这种文白异读大量存在的事实,使我们觉得:在汉语规范化的时候,有必要对这些两种或两种以上的读音加以抉择。一般地说,应该选择读书音,使它更合于规范。如:跃进的跃,念 ye 不念 īan;颜色的色不念 ʂai 念 sɤ。

附录:《洪武正韵》的声韵调

《洪武正韵》承袭了《礼部韵略》的体例,只标明韵目和声调,不标明声母。因此要用陈澧研究《广韵》反切上字的方法来分析《洪武正韵》的声母,分析的结果,得出三十一声类。下面我们把它跟三十六字母作个比较。

洪武正韵声类	假定音值	三十六字母	反切上字举例
古	k	见	公柯举吉
苦	k‘	溪	孔口去乞
渠	g	群	求祈巨极
五	ŋ	疑	阮吾语偶
呼	x	晓	荒虎许黑
胡	ɣ	匣	洪何弦辖
乌	○	影	汪迂因乙
以	j	喻及疑一部分	养于牛宜
陟	tʃ	知照	珍旨诸庄
丑	tʃ‘	彻穿	冒尺初尺
直	dʒ	澄床及禅一部分	仲长池状
所	ʃ	审	山商色失

续　表

洪武正韵声类	假定音值	三十六字母	反切上字举例
时	ʒ	禅	辰承是殊
而	ʐ	日	如日人尔
子	ts	精	宗租将足
七	ts‘	清	且戚此取
昨	dz	从	坐族才在
苏	s	心	孙思新悉
徐	z	邪	席象详旬
都	t	端	东得典丁
佗	t‘	透	汤天托惕
徒	d	定	同堂达田
奴	n	泥娘	年农乃女
卢	l	来	良龙闾力
博	p	帮	搏比卑北
普	p‘	滂	铺匹篇披
蒲	b	並	步避备弼
莫	m	明	末眉忙密
方	f	非敷	芳敷甫抚
符	v	奉	扶房冯防
武	ɱ	微	巫亡文罔

这个比较说明三十六字母的知彻澄已经跟照穿床完全合并，床母一部分并入禅母；疑母三等字并入喻母，大概疑母的消失是从三等字开始的。此外在等韵中长期承袭的非与敷、泥与娘的分别这里不再采用。

它跟《中原音韵》声母的主要差别是保留了中古的全浊声母和没有卷舌音。在南方官话中,知照系的字后来跟精系的字合流了,武母的字则游离于明母与奉母之间。

《洪武正韵》的韵母平、上、去声各二十二韵,入声十韵。下面我们把它们跟《礼部韵略》的韵母作了比较(都以平声代表上去入声):

《礼部韵略》	《洪武正韵》	《礼部韵略》	《洪武正韵》
支、微	支(ei)	阳、江	阳(ɑŋ)
齐	齐(i)	庚、青、蒸	庚(əŋ)
灰	灰(əi)	寒	寒(ɑn)
佳	皆(ai)	删	删(an)
鱼、模	鱼(y)、虞(u)	先、元	先(ɛn)
歌	歌(o)	真、文	真(en)
麻	麻(a)、遮(ɛ)	侵	侵(əm)
萧、肴	萧(iau)	覃、咸	覃(am)
豪	爻(ɑu)	盐	盐(iɛm)
尤	尤(au)		
东、冬	东(uŋ)		

从上面的比较里,我们看到《洪武正韵》的韵类比《礼部韵略》的韵类少了许多,但是这种减少并不是简单地归并。例如从麻韵中分出一个遮韵出来,而鱼、虞两韵完全变了样,《礼部韵略》虞韵一部分并入鱼韵,音值是 y;另一部分音值是 u,新立一个模韵,这

一点比《中原音韵》变得还要快。

《洪武正韵》的支、齐两韵的音值比较难定些,支韵的音值也可能是 i,但是绝不是舌尖元音 ɿ、ʅ,因为支韵里除了有知系、照系、精系的字以外,还有帮系、非系的字如:悲(逋眉切)、纰(篇夷切)、皮(蒲麋切)、麋(忙皮切)、霏(芳微切)、肥(符非切)、微(无非切),此外还有些喉牙音字,如夷(延知切)、奇(渠宜切)、羲(虚宜切)、伊(於宜切)等。

跟《中原音韵》比较,《洪武正韵》的支、齐、灰三韵在《中原音韵》是支思和齐微两韵,支思韵只包括支韵中的齿音字,其他都并入齐微韵;《洪武正韵》的鱼、模两韵在《中原音韵》是一韵,《洪武正韵》的萧、爻两韵在《中原音韵》也是一韵。《洪武正韵》的寒、删两韵不等于《中原音韵》的寒山和桓欢,《洪武正韵》的寒韵中有寒山韵的字,也有桓欢韵的字。例如:

寒 { 寒山——寒邯干看刊
桓欢——欢官宽潘团桓

而删韵中没有桓欢韵的字,这就是说《中原音韵》的桓欢只是《洪武正韵》寒韵的一部分,更正确地说是寒韵的合口的那一部分。此外,《中原音韵》的闭口韵中已经没有唇音字了,而《洪武正韵》还有,例如:

覃:凡(符咸切)——温帆渢氾
梵(扶泛切)——帆舤飒泛汎氾温渢
范(房啖切)——蕇笵範軓帆犯

盐:砭(悲廉切)——砚
贬(悲检切)——辨
窆(陂驗切)——砭砚

除闽广方言外,一般地说,闭口韵的消失南方比北方晚一些。

在声调方面,《洪武正韵》仍旧是平、上、去、入四声,入声只跟阳声韵相配：

东——屋，真——质，寒——曷，删——辖，先——屑，

阳——药，庚——陌，侵——缉，覃——合，盐——葉。

这就意味着屋、药、陌的韵尾是-k，质、曷、辖、屑的韵尾是-t，缉、合、葉的韵尾是-p，至于平、上、去、入四声在调值上有没有阴阳的区别，我们没有足够的材料去证明它。

一般地说，《洪武正韵》在声母和声调方面更接近中古的语音系统，在韵母方面更接近《中原音韵》。所谓中原雅音就是如此。

语法篇

第一编 上古汉语语法

一、词　　法

词类是词法的基础。汉语词法的发展，主要是指词类的发展。汉语的词分成虚、实两类。实词能够作句子成分，在一定的环境下，又能回答一定的问题，独立成为一个句子；在内容上也都有实在的意义：表示实体或者动作、变化、性状、数量等概念。实词包括名词（附方位词）、动词（附判断词、能愿动词、趋向动词）、形容词、数词、量词和代词等六类。至于虚词，一般不作句子成分，在任何场合下都不能单独成为句子或回答问题；在内容上没有实在的意义，它们的基本用途是表示语法关系。虚词包括副词、介词、连词、助词、叹词等五类。其中的副词，除有虚词的特点之外，又有作状语及少数补语的能力；又有些表示肯定、否定或可能的副词，也可以单独回答问题。

汉语词类的分别，基本上古今一致，这充分说明语法发展的稳固性。但是，在每一词类里，许多词的语法特点和语法功能却是在不断地变化着。这里，先介绍一下上古汉语里各类词的特点。

（一）名　　词

上古名词有下列的几个特点：

1. 名词的辅助成分很少见。秦以前，有些名词（包括普通名词和专有名词）的前头可以加上“有”，作为辅助成分；如“有虞”“有商""有民""有政""有众""有居"等。"有"具有前附成分的性质：指明这个词为名词。但是，有很大的游离性。汉以后，"有"只用于朝代的名称前代，如"有唐""有宋"等，它的构词能力逐渐丧失了。

汉时，名词的辅助成分"阿"和"子""儿"等，虽然已经出现(见第三章)，但是，它们大量应用还是汉以后的事。因此，可以说，上古名词的辅助成分是不发达的。

2. 名词，包括人称名词，都没有数的范畴，没有表示单复数的语法形式。单复数的区分除用数词修饰外，就依靠具体的语言环境。试比较：

> 小子识之，苛政猛于虎也。(《礼记·檀弓下》)
> 小子鸣鼓而攻之，可也。(《论语·先进》)

两句都是孔子的话。第一句的"小子"指他的学生子路，单数；第二句的"小子"是指他的许多门人，多数。单复数的区分，全靠上下文来体会。

3. 名词，除了经常被形容词修饰之外，还直接与数词相结合(数/名或名/数)，数词后面不需要应用量词。如：

> 三人行，必有我师焉。(《论语·述而》)
> 以乘韦先，牛十二犒师。(《左传·僖公三十二年》)

至于中间插进量词的"数/量名"结构，则是很少见的。例如：

> 若有一个臣。(《书·秦誓》)

4. 否定名词时，用否定词"非"。如：

非礼勿视。(《论语·颜渊》)
无恻隐之心,非人也。(《孟子·公孙丑上》)

在特殊的情况下,名词可以用“不”来否定。如:

晋灵公不君。(《左传·宣公二年》)
无子不庙,不庙则不书。(《公羊传·闵公三十二年》)
父不父,子不子。(《论语·颜渊》)

这样用“不”来否定名词的,就使名词带有形容词或动词的性质,一般是作为谓语用的。“不”的用法是不同于“非”的。汉以后,“不”否定名词的用法,一般不通行了,只有象“人不人,鬼不鬼”那样极少数的情形,还保留着上古语法的遗迹。

5. 名词能够直接作谓语,在主语和谓语中间不用判断词,就可以成判断句。如:

荀卿,赵人。(《史记·荀卿列传》)
天下者,高祖之天下。(《史记·魏其武安侯列传》)
百里奚,虞人也。(《孟子·万章上》)
南溟者,天池也。(《庄子·逍遥游》)

6. 名词还可以不用虚词而直接作状语。如:

舜勤民事而野死……冥勤其官而水死……稷勤百谷而山死。(《国语·鲁语》)

有席卷天下,包举宇内,囊括四海之意,并吞八荒之心。(贾谊《过秦论》)

天下云集而响应，嬴粮而景从。（贾谊《过秦论》）

这类名词的用作状语，不仅是表地点的，而且可以是表状态的。

附方位词

方位词，象“东”“南”“前”“后”等上古时常常直接放在动词前，作状语用。例如：“西游于秦。”（《战国策·齐策》）“南见老子。”（《庄子·庚桑楚》）“北救赵而西却秦。”（《史记·魏公子列传》）当然也有直接或间接（通过“以”“之”作中介）附在名词后面，成为一种方位结构的。例如：“寄食门下。”（《战国策·齐策》）“长城之南，易水以北，未有所定也。”（《史记·刺客列传》）

（二）动　　词

上古动词有下列几个特点：

1. 没有时态的标志和“体”的范畴。上古动词对于时态的表示，主要依靠时间副词的适用，在动词前面，加上“已”“既”“方”“正”等，如：

秦昭王已破赵长平军，又进兵围邯郸。（《史记·魏公子列传》）

绛侯等既诛诸吕，齐王罢兵归。（《史记·灌婴列传》）

汉王方蒙矢石争天下，诸生宁能斗乎？（《史记·叔孙通列传》）

“已”“既”表示“已经”，相当于后来在动词后面的“了”“过”；“方”“正”表示“正在”，相当于后来在动词后面的“着”。

2. 上古动词的前后，可以带一些没有意义的音节；如在动词前，可以带“爰”“曰”“言”等；在动词后，可以带“思”“止”等。例如：

爰居爰处，爰笑爰语。（《诗经·小雅·斯干》）
高山仰止，景行行止。（《诗经·小雅·车辖》）

这些虚词附在动词的前面或后面，看不出有什么附加意义，同时，它们的游离性很大。这种情况大都见于《诗经》中，散文中很少见，可以想见，它们是为了词句音节的谐和与整齐而增添的。这些虚词，是不是动词的辅助成分，还是疑问。汉以后这样的虚词逐渐消失了。

3. 上古没有动量词，动词计数时，直接在前面加上数词，构成“数/动”结构：

季文子三思而后行。（《论语·公冶长》）
禹八年于外，三过其门而不入。（《孟子·滕文公上》）

4. 上古语里被动式的构成，有下列几种：

① 动词＋于＋主动者。例：“御人以口给，屡憎于人。”（《论语·公冶长》）

② 为＋主动者＋动词。例：“身客死于秦，为天下笑。”（《史记·屈原贾谊列传》）

③ 动词前加“见”以表明被动。例：“欲予秦，秦城恐不可得，徒见欺。”（《史记·廉颇蔺相如列传》）

④ 为＋主动者＋所＋动词。例：“微赵君，几为丞相所卖。”（《史记·李斯列传》）

⑤ 动词前加“被”。例：“上念老母，临年被戮。”（《答苏武书》）

这种格式产生在秦汉时代。这时“被”的后面不出现主动者，都是直接附着一个动词的。

5．上古时动词一般不重叠，重叠后一般也只表示行为的连续。如：“行行重行行。”（《古诗十九首》）

6．判断词“是”，在汉末才形成，魏晋以后才大量应用。上古时与“是”相当的词，有“为”词，如：

> 四体不勤，五谷不分，孰为夫子？（《论语·微子》）
> 尔为尔，我为我。（《孟子·公孙丑上》）

这种用法并不多见。此外，与“是”相似的，还有“曰”“谓”等，严格说来，它们还是一般的动词，有“叫做”的意思。

7．上古能愿动词有表示可能的“可”“能”“足”，表示必要的“得”“宜”“须”，表示愿望的“愿”“欲”“肯”等。能愿动词在问答当中可以充当动词用，如：

> 能行大事乎？曰：能。（《左传·文公元年》）

跟动词结合在一起，拼成能愿合成谓语的，这是古今一样的。如：

> 门人欲厚葬之。（《论语·先进》）

8．上古趋向动词不发达。只有几个由单纯趋向动词所构成的趋向结构，如：

> 牛羊下来。（《诗经·王风·君子于役》）
> 单于……直冒汉围西北驰去。（《史记·卫将军骠骑列传》）

上古没有合成的趋向动词。

(三) 形 容 词

上古形容词可以带有后附成分“如”“若”“尔”“然”“而”“耳”等，用来表示描写的作用，并且指明形容词性。例如：

屯如亶如，乘马班如。(《易经·屯卦》)
桑之未落，其叶沃若。(《诗经·卫风·氓》)
凄然似秋，煖然似春。(《庄子·大宗师》)

“如”“若”“然”等，这样的后附成分，大都为日母字，在语法意义上也都有“那样”的意思，相当于后来的结构助词“的”或“地”，只是“的”或“地”不仅可以附在一个词的后面，也可以附在一个词组的后面；至于古代的“如”“若”“然”等却只能附在一个词的后面，特别是一个形容词的后面，因此，我们认为是形容词的后附成分。上古附在形容词前面的，还有“其”“有”等：

北风其凉，雨雪其雱。(《诗经·邶风·北风》)
有洸有溃，既诒我肄。(《诗经·邶风·谷风》)

不过这种前附成分的游离性很大，散文中又不多见，所以，还不能认为是纯粹的前附成分。

上古叠音形容词非常发达，特别是单音形容词的重叠；如《诗经》中的“依依”“灼灼”“杲杲”“瀌瀌”“喈喈”“喓喓”“皎皎”等都是叠音形容词。散文中所见也不少；如：“是故无冥冥之志者，无昭昭之明；无惛惛之事者，无赫赫之功。”(《荀子·劝学篇》)四音的，如

“日初出沧沧凉凉”(《列子·汤问》)也已出现了。《尔雅·释训》一篇,除单音词的重叠之外,也收了不少这样四音的。至于三音的部分重叠形容词,比较少见,但在屈原的作品中却已常常运用;例如:“芳菲菲”“皇剡剡”“杳冥冥”“穆眇眇”等。又重叠的形容词,还可以带一个后附成分;例如:“蹙蹙然”“栩栩然”“搰搰然”“汲汲然”(《庄子》),“訚訚如”“申申如”“夭夭如”“侃侃如”(《论语》)等。

形容词重叠式的作用是对于摹声、绘景或抒情的加强,因之形容词的重叠式,一般不能用程度副词来修饰。例如“杨柳依依”,不能说成“杨柳甚依依”。

重叠形容词与一般形容词一样,可以直接充当谓语。例如:

> 南山崔崔。(《诗经·齐风·南山》)
> 雷填填兮雨冥冥。(《楚辞·山鬼》)
> 王者之民,皞皞如也。(《孟子·尽心上》)
> 万民熙熙。(《史记·匈奴列传》)

形容词在作定语时,一般放在中心词前,单音的就直接附上,双音的则大都加上结构助词“之”,例如:“鄙贱之人。”

(四)数词和量词

上古称数法:

“一、二、三……十、百、千、万、亿”等数词,上古语里早已具有了。数词是最稳固的,后来很少变化。

上列基本数词,可以构成一切合成数词。不过上古的合成数词,有几种特殊的地方:在两位或两位以上的数词中间,往往加个“有”字。这个“有”字,作“又”解,例如:

自今十年㞢五。(《卜辞》)

这里的“㞢”即“有”。

吾十有五而志于学。(《论语·为政》)
即去大梁百有二十里耳。(《荀子·强国》)

零位数的“零”,不表示出来,例如只有“三百只”“百五”这样的说法,没有“三百零六”“一百零五”的说法。

上古分数表示法有好多种,比现代语里繁复得多。最完备的格式是:“母数＋分＋名词＋之＋子数”,例如“四分度之一”(《汉书·律历志》)。其他的表示法,都是在这一表示法的基础上,加以种种变化而形成的。除了母数、子数不可省略以外,其他成分可以依次省略。如“参国之一”,省略了“分”字;“三分之一”,省略了“名词”;“二十之一”,省略了“名词”和“分”字;“二十七分十六”,省略了“名词”和“之”字;“什二三”,又是都省略了。省说名词,大概是由于上下文里出现过这个名词;省说成“什二三”的,是由于母数是“十”“百”等的整数。

上古倍数的表示法:一倍称“倍”,五倍称“蓰”,十倍称“什”,“百倍”“千倍”“万倍”可以称“百”“千”“万”,例如:“或相倍蓰,或相什百,或相千万。”(《孟子·滕文公上》)

上古约数的表示法也有好多种。列举如下:a. 相近数词的连用,如:“冠者五六人,童子六七人。”(《论语·先进》)。b. 数词前加上副词“可”“将”“且”等或不定数词“几”“数”等。如:“北山愚公者,年且九十。”(《列子·汤问》)“蒙雾露,沐霜雪,行几十年。”(《汉书·韩安国传》)余数不定也有几种表示法:数词后加上“所”“许”“余”等,例如:“邹忌修八尺有余。”(《战国策·齐策》)

序数和基数的形式，在上古前期没有什么分别。如《论语》中“三月不违仁”的“三月”和《诗经》中“七月流火，九月授衣”的“七月”“九月”，在形式上是相同的。序数的标志“第”，在周代还没有产生。到汉代才产生了“第”，是从列位意义转变而成次序意义的。如：

于是孝文帝乃以绛侯勃为右丞相，位次第一；平徙为左丞相，位次第二。（《史记·陈丞相世家》）

这个“第”字表示列位，但已具有序次的意义。又如：

吴公治平为天下第一。（《史记·贾谊列传》）

这里的“第”确是序数的标志了。又如：

光武帝……生于济阳宫后殿第二内中。（《论衡·吉验篇》）

其中的“第”，表示序次的意义更为明确了。

上古量词：

上古语里还没有出现动量词。至于物量词，使用也不普遍；可是构成的类型已经有好多种。如：度量衡的单位“丈”“仞”“尺”“寸”“斗”“石”“斤”“镒”“钧”；集体单位“纶”“廛”；一般单位“张”“介（个）”“个”“匹”“两（辆）”；借用事物的部分的“头”；借用盛物的器具的“箪”“瓢”等等。

上古数词、数量词的语法特点：

1. 数词或数量词同名词结合而作为定语的，有五种方式：

a. 数量词放在名词前面的，例如："若有一个臣，断断兮，无他伎。"(《书·秦誓》)b. 在数量词和名词之间加进结构助词"之"。如："毛先生以三寸之舌，强于百万之师。"(《史记·平原君列传》)c. 数量词放在名词后面的，比较常见。如："皆赐玉五瑴、马三匹。"(《左传·庄公十八年》)d. 不用量词，单用数词，放在名词前或名词后，这是最常见的。例如："三人行，必有我师焉。"(《论语·述而》)"吏二缚一人诣王。"(《晏子春秋·内篇杂下》)

2. 上古语里，数词可以充当谓语，并且可以具有动词性而带着宾语，如：

世所谓不孝者，五。(《孟子·离娄下》)

士也罔极，二三其德。(《诗经·卫风·氓》)

孰能一之？对曰：不嗜杀人者能一之。(《孟子·梁惠王上》)

3. 上古汉语里既然没有动量词，表示动量词，就用数词直接放在动词前。如：

一沐三捉发，一饭三吐哺。(《史记·鲁周公世家》)

季文子三思而行，子闻之曰："再斯可矣。"(《论语·公冶长》)

(五) 代　　词

上古语里的人称代词有下列的一些：

第一人称：吾、卬、余、予、朕等。

第二人称：尔、女(汝)、而(乃)、若等。

第三人称：其、之、彼等。

当时的人称代词不象现代语里这样的单纯，这是由于方言的分歧和书写的异体，并不是一种实际的语言里就有这样的繁复，所以实际使用上并没有分别。例如“若”“汝”“而”“乃”常常混用。

吾翁即若翁，必欲烹而翁，则幸分我一杯羹。（《史记》）

吾翁即汝翁，必欲烹乃翁，幸分我一杯羹。（《汉书》）

上古语里人称代词表示复数的，有“侪”“曹”“属”“等”一类词：

吾侪小人皆有阖庐以辟燥湿寒暑。（《左传·襄公十七年》）

吾属今为之虏矣。（《史记·项羽本纪》）

吾爱之重之，不愿汝曹效之也。（《汉书·马援传·诫兄子书》）

公等录录，所谓因人成事者也。（《史记·平原君虞卿列传》）

“侪”常用在“吾”的后面，“曹”常用在“汝”“尔”的后面。

上古语里第三人称代词用得不很多；“其”“之”“彼”常用作指示代词，并不常用作人称代词，尤其很少作主语用。“其”一般作定语，“之”一般作宾语。当时关于第三人称的主语，经常是用复述或省略法。

指示代词有下列的一些：

近指的指示代词：此、兹、斯、是、时、实、已、今、然、乃、焉、之等。

远指的指示代词：彼、匪、其、厥、乃、若等。

上古语里指示代词这样复杂，也是由于书写的异体和方言的分歧。如“此”“兹”“斯”“是”“实”“时”“已”的读音极相近。“彼”“匪”原来都是重唇音，同音可以通用，如：

近可远在已。（《史记·夏本纪》）
迩可远在兹。（《书》）

疑问代词有下列的一些：

上古语的疑问代词：“谁”“孰”“何”“曷”“胡”“奚”“恶”“乌”“安”“焉”等。这些疑问代词在用法上并不完全相同，“谁”和“孰”是指人的，“谁”可以作主语、宾语和定语，“孰”只能作主语，表示反问和选择的意义。例如：

子率以正，孰敢不正？（《论语·颜渊》）
弟子孰为好学？（《论语·雍也》）

作主语，如果上文被代的名词没有出现，“谁”与“孰”的用法相同，如果上文被代的名词已经出现，“孰”能够表示反问和选择的意义，“谁”则不能。“孰”偶尔可以代事物，这也是“谁”所不能的。

“何”一般用来指事物，“安”“焉”一般用来指处所。

（六）副　　词

上古语里的副词是很丰富的，用来表示程度，范围、时间等各种意义上的微细的差别。主要有以下的九类：

1. 程度副词：最、尤、甚、极、绝；差、略；颇，稍等。

2. 范围副词：皆、尽、举、毕、共、凡、各、每、独、仅、屡、频、约、几等。

3. 时间副词：已、既、终、业、方、正、将、且、初、始、曾、竟、卒、乍等。

4. 疑问副词：何、奚、安、焉、胡、或、若、盖、岂、宁等。

5. 否定副词：不、否、弗、未、莫、匪、非、无、毋、止、勿、靡、罔等。

6. 表敬副词：辱、惠、幸、伏、窃等。

各类的副词都可以用来表示微细的差别，例如时间副词能表示过去、现在、未来以及回忆过去（初）的意义；又能表示急速（立、卒）、长久（久、永）、经常（常、恒）、短暂（少、暂）等的意义。

否定副词，虽然同是表示否定的意思，可是用法上也有差别，不能随便地加以调换和代替，如“舍馆未定”（《孟子·离娄上》），“未定”不好改成“不定”“非定”等。

上古语的副词，除了极少数以外，一般不能独立运用。“不”除了作否定副词之外，可以独立运用，又可作语气词和谓语，如：

惠王曰：“子去寡人之楚，亦思寡人不？”（《史记·张仪列传》）

不十人，不足以葬。（《左传·襄公二十八年》）

上古语里副词的一般语法功能，有修饰动词、修饰形容词和修饰整个谓语三种。举例如下：

成山斗入海，最居齐东北隅。（《史记·封禅书》）

王有孽子不害，最长，王弗爱。（《史记·淮南衡山列传》）

丰，吾所生长，极不忘耳。（《史记·高祖本纪》）

（七）介　　词

上古语里介词的语法特点，可以举出下列的几点：

1. 一般介词置于所介的前面，也有少数置于所介的后面的。例如：

> 其有不合者，仰而思之，夜以继日。（《孟子·离娄下》）

2. 有些介词可以省略。如：

> 大战（于）河曲。（《史记·晋世家》）

3. 介词一般带有所介的词语，如果所介的词语很明显的，也可以省略。如：

> 归至家，妻不下纴，嫂不为（苏秦）炊，父母不与（苏秦）言。（《战国策·秦策》）

4. 介词是由动词虚化而来的，有些介词仍然保留动词的特性，仍旧作动词或谓语用。如：

> 视其所以，观其所由，察其所安。（《论语·为政》）
> 人之过也，各于其党。（《论语·里仁》）

现代常用的介词，有很多在上古语里已经产生了，如："在""于""以""为""与""自""由""从""因"等。它们的用法有些同现代语里相近,有些到现在已经消失了。例如:“以”相当于“拿”“用”的意思保存下来了。但是,相当于“与”的意思却已经消失了:“主人以宾揖。”(《仪礼·大射仪》)相当于“由”的意思也已经消失了:“今以长沙豫章往。”(《汉书·西南夷传》)这些用法的消失,大概是由于介词严格分工的结果。

上古介词虽然丰富,可是用法不统一,一个介词往往有好多种不同的用法;例如“以”有十多种用法。另一方面,好几个介词又往往具有一种相同的用法;例如“诸”“乎”“爰”“焉”“那”“都”“之”等跟“于”的用法相同。由于长期的使用和发展,有些介词的用法固定下来了,有些用法被淘汰了,现代的介词用法就比较地统一。

(八) 连　　词

上古语里连词的语法作用,可以分做下面的几种来说:

1. 表示并列关系的连词,有“与”“而”“及”“且”“暨”“又”等。例如:

> 夫子之言性与天道,不可得而闻也。(《论语·公冶长》)
> 闻善而不善,皆以告其上。(《墨子·尚同》)

2. 表示选择关系的连词,有“若”“如”“抑”“其”“且”“将”等。例如:

> 孟氏使半为臣,若子若弟。(《左传·襄公十一年》)
> 安见方六七十,如五六十而非邦也者?(《论语·先进》)

3. 表示承接关系的连词,有“则”“即”“斯”“乃”“遂”“而”等。

例如：

行有余力，则以学文。（《论语·学而》）
与之地，即无地以给之。（《战国策·韩策》）

4．表示转折系的连词，有“而”“然而”“但”“然”“况”等。例如：

贾而欲赢，而恶嚣乎？（《左传·昭公元年》）
太尉遂将北军，然尚有南军。（《史记·吕后本纪》）

5．表示让步关系的连词，有“虽”“纵”“唯”“自”“每”“就”等。如：

果能此道矣，虽愚必明，虽柔必强。（《礼记·中庸》）
纵江东父兄怜而王我，我何面目见之？纵彼不言，籍独不愧于心乎？（《史记·项羽本纪》）

6．表示假定关系的连词，有“如”“若”“令”“使”“犹”等。例如：

如耻之，莫若师文王。（《孟子·离娄上》）
公子若反晋国，则何以报不穀？（《左传·僖公二十三年》）

上古语里的连词，虽很丰富，可是不象现代连词用法那样统一而固定。一个连词可以兼表好几种关系，如“而”可以兼表并列、承接、转折等几种关系。同时,表示一种连接关系的又有好多个连词,如表示并列关系的有十几个,表示假设关系的有二十几个。这是当时用法不统一的现象。

(九)助　　词

上古语里的助词,可以分做下列的几种来说:

1. 结构助词。上古语的结构助词有“之”,用在定语和中心语之间,如“寡人之过”“三寸之舌”“操蛇之神”等等。上古结构助词“之”,还有一些别的用法,如:加在主语、谓语之间,构成一种特别的主谓词组。例如:

> 道之不行,已知之矣。(《论语·微子》)
> 子之哭也,壹似重有忧者。(《礼记·檀弓》)
> 天之于民厚矣。(《列子·说符》)

上古还没有用在状语补语和中心语间的结构助词。

结构助词还有一个附类。这类助词,附加在别的词或词组、句子上面,使其成为名词的性质,这在上古有“者”“所”字结构。如:

> 往者不可谏,来者犹可追。(《论语·微子》)
> 遍国中无与立谈者。(《孟子·离娄下》)
> 滔滔者,天下皆是也。(《论语·微子》)
> 其贤者使贤王,不肖者使不肖王。(《晏子春秋·内篇杂下》)

“所”限于加在动词的前面,用动词一起来表示动作所及的事物。如：

吾将瞷良人之所之也。(《孟子·离娄下》)
良人者，所仰望而终身也。(《孟子·离娄下》)
此百世之怨，而赵之所羞。(《史记·平原君列传》)

2. 语气助词。上古的语气助词，其主要作用是放在句末，帮助语句表示种种语气；另外一个作用是，放在词或词组的后面，表示提示和停顿。语气助词，按照它们所表示的不同语气，可以分成下列几类：

表示疑问语气的："乎""欤(与)""耶""哉""邪"等。例如：

王视晏子问："齐人善盗乎?"(《晏子春秋》)
见楚王，楚王曰："齐无人邪?"(《晏子春秋》)
孟子谓戴不胜曰：子欲子之王之善与?(《孟子·滕文公下》)
真待我以横逆，则君子必自反也；我必不仁也，必无礼也，此物奚宜至哉?(《孟子·离娄下》)

表示陈述语气的："矣""也""焉""耳"等。例如：

吾闻其语矣，未见其人也。(《论语·季氏》)
彼可取而代也。(《史记·项羽本纪》)
父去里所，复还，曰："孺子可教矣。"(《史记·留侯世家》)
狡兔有三窟，故得免其死耳。(《战国策·齐策》)

表示感叹语气的："夫""哉"等。如：

子在川上曰:“逝者如斯夫！不舍昼夜。”(《论语·子罕》)
孝哉！闵子骞！(《论语·先进》)

语气助词有单音的,有双音的,也有三音的。例如:

人之易其言也,无责耳矣！(《孟子·离娄上》)
寡人之于国也,尽心焉耳矣！(《孟子·梁惠王上》)

还有些单音的语气助词,原来是两个音的复合,如“之乎”为“诸”、“而已”为“耳”等。

(十)叹词

上古语里的叹词,可以按照表达不同的感情分为好多种。同是一个叹词可以表达好多种感情,几个不同的叹词也可以表达同一种感情。大致说起来,上古语里,用“呜呼”表怨伤,“嘻”表惊讶,“噫”表叹息,“嗟乎”表感慨,等等。例如:

呜呼！哀哉尼父！(《礼记·檀弓》)
夫子曰:嘻！其甚也！(《礼记·檀弓》)
颜渊死。子曰:“噫！天丧予！”(《论语·先进》)
嗟呼！嗟呼！一人固不能独立！(《史记·越世家》)
嗟兹乎！圣人之言长乎哉！(《管子·小称》)

叹词是发出的声音不同,可以是单音,可以是双音,也可以是三音的,例如:“嗟乎!”“嗟兹乎!”等。

二、句　　法

（一）词　　组

1. 联合词组

联合词组是并列着而在意义上有一定联系的词的组合。这种词组，在上古汉语里，是相当普遍地使用的。我们从词组结构形式上考察，就可以发现上古联合词组当中有两种不同的情况：一种是词组里并列词的中间不用连词；另一种是并列词的中间用连词。分别举例如下：

并列词的中间不用连词的：

晋楚不务德而兵争，与其来者可也；晋楚无信，我焉得有信？（《左传·宣公十一年》）

男女授受不亲，礼与？（《孟子·离娄上》）

齐晋秦楚，其在成周微甚。（《史记·十二诸侯年表》）

子不语怪力乱神。（《论语·述而》）

上面所举的“晋楚”“男女”“齐音秦楚”“怪力乱神”，都是并列词构成的联合词组，内中没有用连词的。

并列词的中间用连词的：

齐侯与蔡姬乘舟于囿。(《左传·僖公三年》)

禹拜稽首,让于稷、契暨皋陶。(《书·尧典》)

吾以子为异之问,曾由与求之问。(《论语·先进》)

田忌与孙膑、田婴俱伐魏,败之马陵。(《史记·孟尝君列传》)

上面所举四个联合词组都用了连词。上古联合词组里常用的连词的"与""暨""而""及"等。

上古汉语里,已经存在比较复杂的联合结构,如下面的例子:

衣身之偏,握兵之要,在此行也。(《左传·闵公二年》)

离娄之明,公输子之巧,不以规矩,不能成方圆。(《孟子·离娄上》)

上面所举的"衣身之偏,握兵之要""离娄之明,公输子之巧"都是由偏正结构的词组并列起来所组成的联合结构。

2. 偏正词组

偏正结构有两种形式:一种是中心词在后面,修饰限制的词在前面;另一种是中心词在前面,补充说明的词在后面。上古汉语里面,前一种形式的偏正结构使用得很普遍,后一种形式的偏正结构还未出现;大概它的普遍的使用和发展是中古和近古的事。因此,我们讨论上古的偏正结构,主要是讨论前一种形式。例如:

虽陨于深渊,则天命也。(《左传·哀公十五年》)

富岁,子弟多赖;凶岁,子弟多暴。(《孟子·告子上》)

狡兔死,良狗烹;高鸟尽,良弓藏。(《史记·淮阴侯列传》)

这里都是中心词为前面的词所修饰和限制的。在意义上可以很清楚地看出它们之间的偏正关系。在上古汉语里面的偏正结构，也有很多在中心词和修饰词中间加进“之”字来表明这种偏正关系的。例如：

仲尼之徒，无道桓文之事者。(《孟子·梁惠王上》)
太后之色少解。(《战国策·赵策》)
今君有区区之薛，不拊爱子其民，因而贾利之。(《战国策·齐策》)
鄙贱之人，不知将军宽之至此也。(《史记·廉颇蔺相如列传》)

这种“之”字的作用，同现代语的结构助词“的”是一样的。

3. 动宾词组

动宾结构词组的基本形式就是动词带宾语。一个动词带上一个名词或代词所构成的动宾词组里，那个动词对后边的名词或代词起着支配的作用。例如：

将焚公宫而弑晋侯。(《左传·僖公二十四年》)
由君子观之。(《孟子·离娄下》)
造祸而求福。(《史记·刺客列传》)
张袂成阴，挥汗成雨。(《晏子春秋·内篇杂下》)

上古汉语里的动宾词组大都限于一个动词带一个名词或一个代词的宾语，这和现代汉语里复杂的情况不同。上古两个动宾结构的运用也经常出现。例如：

比肩继踵而在。(《晏子春秋·内篇杂下》)

毛遂按剑历阶而上。(《史记·平原君列传》)

相如度秦王虽斋,决负约不偿城。(《史记·廉颇蔺相如列传》)

以若所为,求若所欲,犹缘木而求鱼也。(《孟子·梁惠王上》)

动宾词组,动词后面的宾语可以是双宾语,这在上古语里已常见。如:

后稷教民稼穑。(《孟子·滕文公上》)

王赐晏子酒。(《晏子春秋·内篇杂下》)

相如视秦王无意偿赵城。(《史记·廉颇蔺相如列传》)

4. 主谓词组

主谓结构的词组包含主语谓语,在句子中作为一个词组,充当句子中的一个成分,相当于一个词。

主谓词组跟偏正词组的区别;偏正词组中的关系是修饰或补充,主谓词组中的关系是表述或说明。上古汉语里,各个句子成分的基本结构比较简单,因而包含主谓结构的词组也是比较简单的,例如:

市人皆观公子执辔。(《史记·魏公子列传》)

始吾闻平原君贤。(《史记·魏公子列传》)

沛公居山东时,贪于财货。(《史记·项羽本纪》)

民又益喜,唯恐沛公不为秦王。(《汉书·高帝纪》)

在上古汉语里为了使得表示的意义更加紧凑，常常把主谓结构成为偏正的形式，在主语谓语之间加上一个“之”字。如：

天之弃商久矣。（《左传·僖公二十二年》）
桀纣之失天下也，失其民也。（《孟子·离娄上》）

主谓结构用作谓语，这是汉语的特点之一，在上古语中很常见。如：

髡心最欢，能饮一石。（《史记·滑稽列传》）
公子颜色愈和。（《史记·魏公子列传》）
陛下春秋高，法令亡常，大臣亡罪夷灭者数十家。（《汉书·李广苏建传》）

（二）句子成分和句子结构

汉语的语法结构，主要是依靠词序来组成的。词和词的组合按着一定的排列规则，形成种种语法结构。词序的固定性构成了汉语语法构造稳固性的基础。一种新的语法结构的产生和形成，往往需要几百年的时间。

我国古代的语言相当发达，现代汉语里的各种句子成分在古代语中都已经具有了。兹一一说明如下：

1. 主语

上古主语通常用名词、代词来表示。如：

秦伯纳女五人，怀嬴与焉。（《左传·僖公二十三年》）

吾闻庖丁之言，得养生焉。（《庄子·养生主》）

动词有时也可作主语，但动词作主语时具有名词性质。如：

克、伐、怨、欲，不行焉，可以为仁矣。（《论语·宪问》）

这里的“克”“伐”“怨”“欲”都是表明一种情况，具有名词的性质，并不表示动态，因此可以当作名词看待。

“者”字结构，相当于现代汉语的“的”字结构，也具有名词的性质，在上古语里常常被用作主语。如：

往者不可谏，来者犹可追。（《论语·微子》）
夺项王天下者，必沛公也。（《史记·项羽本纪》）

此外，也有用联合结构和动宾结构作主语的情况。如：

燕、赵、韩、魏闻之，皆朝于齐。（《战国策·齐策》）
张袂成阴，挥汗成雨。（《晏子春秋·内篇杂下》）

“燕、赵、韩、魏”在这里是联合结构作主语；“张袂”“挥汗”在这里是动宾词组作主语。

2. 谓语

上古句子的谓语常常动词、形容词来充当，动词作谓语有叙述的作用，形容词作谓语有描写的作用。如：

范增起，出，召项庄。（《史记·项羽本纪》）

籍长八尺余。（《史记·项羽本纪》）
孟子见梁惠王。（《孟子·梁惠王上》）
岂其士卒众多哉？（《史记·平原君列传》）

偏正词组和动宾词组也常用来充当谓语。偏正词组有描写的作用，动宾词组有叙述的作用。如：

高祖为人，隆准而龙颜，美须髯。（《史记·高祖本纪》）
秦王坐章台见相如。（《史记·廉颇蔺相如列传》）

上古谓语的连续和延伸不及现代语里那样复杂，但基本结构相同，都属于复杂谓语。谓语的连续是指句子的谓语部分有两个或两个以上的动词，它们所表示的动作，同属于一个主语，并且有次序先后的连续性。如：

吏二缚一人诣王。（《晏子春秋·内篇杂下》）
项庄拔剑起舞。（《史记·项羽本纪》）
黔敖为食于路，以待饿者而食之。（《礼记·檀弓下》）

谓语的延伸是指谓语部分里的两个动词，不属于同一主语，第一个动词的宾语同时又作第二个动词的主语，第二个动词的意义对第一个动词有所补充。如：

予助苗长矣。（《孟子·公孙丑上》）
某年月日，秦王与赵王会饮，令赵王鼓瑟。（《史记·廉颇蔺相如列传》）
晋侯使吕相绝秦。（《左传·成公十三年》）

秦王拜斯为客卿。(《史记·李斯列传》)

3. 定语

上古句子里的定语由形容词、数词、指代词充当,也可以用名词充当。例如:

狡兔死,良狗烹;高鸟尽,良弓藏。(《史记·淮阴侯列传》)
冠者五六人,童子六七人。(《论语·先进》)
君子哉若人,尚德哉若人!(《论语·宪问》)
取鸡、狗、马之血来!(《史记·平原君列传》)

上古句子里的主语比较简单,它的连带成分不复杂,因此上古的长句子较少。

4. 状语

上古句子里状语可以用表示时间和地位的名词来充当,也可以用副词和介词结构来表示。例如:

今吾日计之而不足,岁计之而有余。(《庄子·庚桑楚》)
君王宜郊迎,北面称臣。(《史记·郦生陆贾列传》)
文以五月五日生。(《史记·孟尝君列传》)

上古的状语也比较简单,在句子中的地位不十分固定。

5. 宾语

充当宾语的,一般是名词、代词。如:

叔孙武叔毁仲尼。(《论语·子张》)

于是入朝见威王。(《战国策·齐策》)

齐师伐我。(《左传·庄公十年》)

动词和形容词也可以作宾语,但它们的性质因此有些变化。如:

知之为知之,不知为不知,是知也。(《论语·为政》)

体有贵贱,有小大,无以小害大,无以贱害贵。(《孟子·告子上》)

联合结构和主谓结构的词组也可作宾语。如:

夫子之言性与天道,不可得而闻也。(《论语·公冶长》)

秦王大喜,传以示美人及左右。(《史记·廉颇蔺相如列传》)

市人皆观公子执辔。(《史记·魏公子列传》)

秦闻公子死,使蒙骜攻魏。(同上)

关于宾语在句子中的位置,到后面再讲。

6. 补语

形容词、副词和数词可以作补语,一般放在动词后面,用来表示情状、数量或结果。如:

田光坐定。(《史记·刺客列传》)

五马立踟蹰。(《陌上桑》)

公子行数里。(《史记·魏公子列传》)

上古对于补语的适用不很发达,特别是表示行为结果的补语很少见,汉代以后才逐渐出现。例如:

乃激怒张仪。(《史记·苏秦列传》)
旦日飨士卒,为击破沛公军。(《史记·项羽本纪》)

至于各种句子成分相互间的关系,再分述如下:

(1) 主语和谓语

在一般情况下,主语在前,谓语在后。例如:

庞涓死于此树之下。(《史记·孙子吴起列传》)
孟子见梁惠王。(《孟子·梁惠王上》)
左右皆笑之。(《战国策·齐策》)

(2) 状语的位置

上古语里状语的位置不十分固定,这里把几种不同的情况,分别加以说明。

表示地位的名词作状语时,可以放在动词的前面,也可以放在后面。例如:

孟尝君予车五十乘……西游于梁。(《战国策·齐策》)
黄帝尚不能全德,而战涿鹿之野。(《庄子·盗跖》)

表示时间的名词作状语时,多数放在动词前面,有时放在句首。例:

朝闻道，夕死可矣。（《论语·里仁》）
八月庚辰，宋穆公卒。（《左传·隐公三年》）

用介词结构来表示比较的关系，放在形容词的后面。例如：

苛政猛于虎。（《礼记·檀弓》）
冰，水为之，而寒于水。（《荀子·劝学》）

用介词结构表示工具的意义的，可以放在动词前面，也可以在后面。例如：

许子以釜甑爨，以铁耕乎？（《孟子·滕文公上》）
杀人，以梃与刃有以异乎？（《孟子·梁惠王上》）

这种表示工具的状语，有时省去介词。例：

箕畚运于渤海之尾。（《列子·汤问》）

用介词结构表示原因的，放在动词前面。例如：

君子不以言举人，不以人废言。（《论语·卫灵公》）
乃欲以一笑之故杀吾美人，不亦甚乎？（《史记·平原君虞卿列传》）

(3) 宾语的位置

上古语中，宾语的位置虽然也不很固定，但是一般是放在动词的后面。主—动—宾的格式比主—宾—动的格式较为常用。这里把上古宾语前置的情况举例说明：

疑问代词作宾语的，放在动词前面。如：

吾谁欺？欺天乎？(《论语·子罕》)
吾非斯人之徒与而谁与？(《论语·微子》)
吾谁敢怨？(《左传·昭公二十七年》)
客何好……客何能？(《战国策·齐策》)

否定句里代词作宾语的，放在动词前面。如：

三岁贯女，莫我肯顾。(《诗经·魏风·硕鼠》)
而良人未之知也。(《孟子·离娄下》)
日月逝矣，岁不我与。(《论语·阳货》)

汉代以后，这两种前置的结构已开始消失了。

把宾语提前，并用“之”“是”等字使它跟动词隔开，这种形式也只是上古语所常用的。例如：

宋何罪之有？(《墨子·公输》)
戎狄是膺，荆舒是惩。(《诗经·鲁颂·閟宫》)

(4) 省略和复说

上古语里，省略主语的情况比较多。例如：

相如度秦王特以诈佯为予赵城，(　　)实不可得。(《史记·廉颇蔺相如列传》)

冉子退朝，子曰：“何晏也？”(　　)对曰：“有政。”(《论

语·子路》)

樊哙曰:“今日之事何如?”良曰:“(　　)甚急。”(《史记·项羽本纪》)

这里有承上的省略,有对话中的省略,是符合于语言习惯的。

上古第三人称代词不作主语,往往把它省略,或者承前复说主语名词。如:

舜使益掌火,益烈山泽而焚之。(《孟子·滕文公上》)

夫人具以语平原君,平原君乃免冠谢。(《史记·信陵君列传》)

上古还有重叠的复指和称代的复指。如:

太子丹患之,问其傅鞠武。(《史记·刺客列传》)

回也,其心三月不违仁。(《论语·雍也》)

(三) 复　句

句子有单句和复句之分。上面所叙述的种种句子结构,都属于单句。单句又有单部句和双部句之分。只有谓语部分或者分不清是主语或谓语部分的,称为单部句。有主语和谓语两部分的,称为双部句。种种单句的格式在上古都已形成。

复句由单句构成。复句是用两个或者更多个在意义上有密切关系的单句所结合起来的,其中每一单句都不作另一单句的任何成分,而是作为复句里的分句。

上古汉语的复句,按其内部各个分句之间的关系,有联合复句和偏正复句。兹分别说明如下：

上古联合复句里的分句有并列关系、递进关系和选择关系等。并列关系的复句在上古用得很普遍。例如：

鸟之将死，其鸣也哀；人之将死，其言也善。（《论语·泰伯》）

这样并列关系的复句，其内部一般不用关联词语。

递进关系的复句，其内部往往应用关联词语。例如：

非惟小国之君为然也，虽大国之君亦有之。（《孟子·万章下》）

夫罪轻且督深，而况有重罪乎！（《史记·李斯列传》）

选择关系的复句，可分有疑问的选择与没有疑问的选择。例如：

富贵者骄人乎，且贫贱者骄人乎？（《史记·魏世家》）

非其父兄，即其子弟。（《左传·襄公八年》）

上古偏正复句形式，比较简单。内部关系大都用意合法来表示，往往省去关联词语。

转折关系的复句里，往往是偏句在前，正句在后。例如：

吾纵生无益于人，吾可以死害于人乎哉？（《礼记·檀弓》）

此三臣者，岂不忠哉？然而不免于死。（《史记·李斯列传》）

夫环而攻之，必有得天时者矣；然而不胜者，是天时不如地利也。（《孟子·公孙丑下》）

假设关系和条件关系的复句里，也都是偏句在前，正句在后。有时省去关联词语。例如：

城不入，臣请完璧归赵。（《史记·廉颇蔺相如列传》）

五亩之宅，树之以桑，五十者可以衣帛矣。（《孟子·梁惠王上》）

有时用关联词语。例如：

而使虎豹失其爪牙，则人必制之矣。（《韩非子·人主》）

且使我有雒阳负郭田二顷，吾岂能佩相印乎？（《史记·苏秦列传》）

假设陛下居齐桓之处，将不合诸侯而匡天下乎？（《汉书·贾谊传》）

因果关系的复句里，其分句有的是前因后果，有的是前果后因。表示因果关系的关联词语，有的只用在一个分句中，有的在两个分句中都用。例如：

其言不让，是故哂之。（《论语·先进》）

君子之于禽兽也，见其生不忍见其死，闻其声不忍食其肉，是以君子远庖厨也。（《孟子·梁惠王上》）

吾所以为此者，以先国家之急而后私仇也。（《史记·廉颇蔺相如列传》）

有一种复句，结构上似乎是单句，但意义上却有偏正复句中的某种关系，这种格式，我们称之为紧缩复句。例如：

思则得之，不思则不得也。（《孟子·告子上》）

公徐行即免死，疾行则及祸。（《史记·项羽本纪》）

在取舍关系的复句里，上古常应用关联词。例如：

与其敬不足而礼有余也，不若礼不足而敬有余也。（《礼记·檀弓》）

与其有聚敛之臣，宁有盗臣。（《礼记·大学》）

与其害于民，宁我独死。（《左传·宣公十三年》）

上古的多重复句，虽然不及后代语里的复杂，但二重、三重复句已常运用。例如：

庄公寤生，惊姜氏，故名寤生，遂恶之。（《左传·隐公元年》）

夏礼吾能言之，杞不足征也；殷礼吾能言之，宋不足征也；文献不足征也。足，则吾能征之矣。（《论语·八佾》）

第二编 中古汉语语法

一、词　　法

（一）名　　词

汉魏以来关于名词发展的情况，可以举出下列几方面来说：

1. 名词的辅助成分的发展。上古处于萌芽状态的名词辅助成分“阿”“老”“子”“儿”等，在汉魏以后的口语中广泛地应用了。唐以后，还出现了名词辅助成分“家”“手”“头”等。名词辅助成分的增多，使得名词词性明确化，如“阿母”“老鼠”“鱼儿”“燕子”“圃家”“篙手”“眉头”等，一看便知是名词；又使得许多原来的形容词、动词构成为新的名词，如“壮”这个形容词，“侍”这个动词，构成了名词：“壮儿”“侍儿”。[①]

2. 人称名词数的萌芽。唐以后，书面中出现“伟”“弭”等，作为人称名词表示复数的后附成分。例如在《司空表圣文集》卷十的《障车文》中就有四处地方用到“儿郎伟”。据宋人楼钥的解释，“伟”是关中方言，相当于后代的“们”。

3. “数、量、名”结构的发展。上古时很少见到“数、量、名”的结构。大概到中古时这种结构才发展起来。如：

① 参看《汉语史讲义下·词汇篇》“构词法”部分。

吾不能为五斗米折腰。(《晋书·陶潜传》)

半匹红纱一丈绫。(白居易诗)

春种一粒粟,秋收万颗子。(李绅诗)

名词与数词的直接结合,只有在某种习用的场合或仿古的作品中才出现了。

4. 名词性的合成谓语的发展。由判断词"是"和名词相结合而构成的判断合成谓语,是在中古时发达起来的。如:

我是虏家儿,不解汉儿歌。(《折杨柳枝歌》)

彼是礼法人。(《世说新语·简傲》)

5. 重叠名词的发展。重叠名词,上古时已应用了,如"朝朝暮暮,阳台之下"(宋玉《高唐赋》),"人人各自以为孟尝君亲己"(《史记·孟尝君列传》)。到中古时,这种重叠名词普遍地应用了。凡可以计数的名词都可以重叠,来表示"每一"的意义。例如:

仰头相向鸣,夜夜达五更。(《孔雀东南飞》)

枝枝相复盖,叶叶相交迎。(同上)

树树皆秋色,山山唯落晖。(王绩诗)

这里的"夜夜""枝枝"等,就是"每一夜""每一枝"的意思!所以重叠的名词都具有量词的性质。

6. 方位结构的发展。中古时除了一般的方位结构以外还发展了方位词"头"。如:

明朝望乡处，应见陇头梅。（宋之问《题大庾岭北驿》）
浔阳江头夜送客。（白居易《琵琶行》）
前头看后头，齐著铁钮锌。（《企喻歌》）

这也是跟名词的发展有关的。

（二）动　　词

中古时关于动词发展的情况，可以举出下列几方面来说：

1. 动量词的发展。魏晋以后，动量词的运用，使动词计数方式有了新发展，逐渐就形成了“动、数、量”的结构。如：

巴东三峡巫峡长，猿鸣三声泪沾裳。（《水经注》）
一日须来一百回。（杜甫诗）
虚绕千万遭。（孟郊诗）
吾于书，读不过三遍，终身不忘。（韩愈《张中丞传后叙》）

“动、数、量”结构的形成，不但加强动词计数表达的形象性，而且更明确动词的语法功能，使动量与名词有截然的划分。

2. 被动式的发展。上古语里表示被动式的许多结构，到魏晋以后逐渐消亡。只留下了“被”字式，得到发展。用“被”字式来代替其他格式。例如：

信而见疑，忠而被谤。（《史记·屈原贾生列传》）

这里是“见”和“被”同时并用的。到魏晋以后，就只用“被”字了。再进一步又在“被”字与动词之间插进主动者。例如：

祢衡被魏武谪为鼓吏。(《世说新语·言语》)
亮子被苏峻害。(《世说新语·方正》)
举体如被刀刺。(《颜氏家训·归心篇》)

到了唐宋时，这种格式更得到发展，动词后还可以带上宾语。如：

常被老元偷格律。(白居易诗)
娘子被王郎道着丑貌。(《丑女缘起变文》)

3. 判断词"是"的发展。"是"在上古汉语里是指示代词，相当于现代的"这个"。如"富与贵，是人之所欲也"(《论语·里仁》)，这里的"是"不是判断词，而是指示代词。

大概从汉代以后，指示代词才逐渐地带上判断作用，向判断词过渡。试比较：

余，而所嫁妇人之父也。(《左传·宣公十五年》)
余是所嫁妇人之父也。(《论衡·死伪篇》)

后者的"是"已具判断词的性质，但还没有脱离表示判断语气词"也"。到了六朝以后，真正的判断词成熟了。如：

问今是何世。(陶潜《桃花源记》)
张玄中、顾敷是顾和中外孙。(《世说新语·言语》)
佛是外国之神。(《高僧传·佛图澄传》)

往后，判断词"是"又可以附加否定副词"不"了。如：

都由不了此身本不是我。(《原人论》)

余亦不是仵茄之子,亦不是避难逃人。(《伍子胥变文》)

渠本不是我,我本不是渠。(《抚州曹山元证禅师语录》)

隋唐以来,判断词“是”就成为一般判断句中不可缺少的成分了。

4. 趋向动词的发展。汉魏以后,趋向动词开始大量运用。如:

车驾送出西明门。(《晋书·宣帝纪》)

何当大刀头,破镜飞上天。(古绝句)

燕飞来,啄皇孙。(《燕飞谣》)

愿作王母三青鸟,飞来飞去传消息。(薛道衡诗)

罗帏送上七香车。(王维诗)

到唐代,合成的趋向动词也开始普遍运用了:

笑入荷花去,佯羞不出来。(李白诗)

黄莺过水翻回去。(杜甫诗)

干叶不待黄,索索飞下来。(白居易诗)

方可以整顿起来。(《朱子语类》)

由于运用的发达,一些趋向动词也产生了许多引申意义。如表示产生的:“每登山临水,惹起平生心事。”(柳永词)表示出现的:“丹青画出是君山。”(李白诗)表示时间延续的:“为君留下相思枕。”(李白诗)表示完成的:“觉来知是梦,不胜悲。”(韦庄词)表示分离的:“拔去鸡头。”(《隋唐嘉话》)等等。这是趋向动词运用扩大的现象。

(三)形容词

中古时期,关于形容词的发展,可以分做下列几方面来说:

1. 形容词重叠式的发展。单音形容词的重叠式,继承了上古的。如:“浩浩白水,回波如流;皎皎明月,浮云映之;青青之水,各忧其时。”(《韩朋赋》)同时,这种重叠式,明显地带有“很”的意义,有时还具有亲昵的意味。如:

纤纤作细步,精妙世无双。(《孔雀东南飞》)
高高明月照长城。(王昌龄诗)
弯弯月出挂城头。(岑参诗)
云青青兮欲雨,水澹澹兮生烟。(李白诗)

复音形容词的重叠式(AABB式)或部分重叠式(ABB或AAB式)也都有了发展,特别是部分重叠式。例如:

崛巍巍而特秀。(嵇康《琴赋》)
草木郁青青。(《读曲歌》)
霰雪白纷纷。(白居易诗)
天色低渗渗,池光漫油油。(元稹诗)
大孩儿闹攘攘。(《大唐三藏取经诗话》)

至于复音重叠式,更是普遍流行。如:“凄凄烈烈”(乐府《安东平》),“轰轰锵锵”“岌岌汗汗”“隐隐岸岸”“散散漫漫”“缭缭乱乱”“喽喽窜窜”“咤咤叫叫”(《目连变文》等)。

2. 形容词后附成分和结构助词的发展。上古语里形容词的后附成分，到中古时，还留存一个“然”。后来这个“然”的构词能力逐渐受了限制。其功能也只限于做副词的后附成分了。例如：

屋舍俨然。（陶潜《桃花源记》）

主上顷见征，欻然欲求伸。（杜甫诗）

触则兕觥犀角，尼尼然置于座中。（《游仙窟》）

有泉幽幽然。（柳宗元《石渠记》）

在形容词与中心词结合的中间，唐宋时代继承了已有的结构助词“之”，又发展起来新的“底”和“地”。“底”用于一般形容词或定语之后，“地”用于联绵形容词，特别是重叠形容词之后。如：

只是丑陋底人。（《抚州曹山元证禅师语录》）

一条平坦底道路。（《河南程氏遗书》）

暖底雪，活底花，嫩底柳。（《南湖诗余》）

亦是草漫漫地。（《悟本禅师语录》）

满眼里、汪汪地。（晁端礼词）

与“地”结合的又往往用来修饰动词。例如：“不住地偷观知远。”（《刘知远诸宫调》）所以“地”专作为状语的结构助词。但“底”“地”的这种分工原来并不明显①。

（四）数词和量词

中古时关于数词和量词的发展，可以举出下列几方面来说：

---

① 参见吕叔湘《论底、地之辨兼及底字的由来》（《汉语语法论文集》，科学出版社，51—58页）。

1. 动量词的发展，中古时，量词的种类，更加完备了，尤其关于动量词有显著的发展，如下列二类：

(1) 专用的动量词有“下”“偏(遍)”“过”“通”等等。例：

奋不受药，叩头千下。(《三国志·吴志·孙奋传》)

必当先读百遍，言读书百遍而意自见。(《三国志·魏志·王肃传》)

龟于路左顾者数过。(《世说新语·方正》)

因示语，攻难数十番。(《世说新语·文学》)

传吏疑其伪，乃椎鼓数十通。(《后汉书·光武帝纪》)

(2) 借用与动作有关的事物作为动量词，如“拳”“口”“杵”等等。例：

文襄使季舒殴帝三拳。(《魏书·孝静纪》)

公教人啖一口也。(《世说新语·捷悟》)

得石象芝，捣之三万六千杵。(《抱朴子·仙药篇》)

2. 数量词用法的发展。中古时，由于量词种类加多，用法特点也发生一定的变化。除了“数、量、名”的结构形成以外，量词和名词又发生谐适的作用，一定的名词须与一定的量词相联结。

3. 量词重叠式的发展。量词的重叠式，代替了名词的重叠式，用来表示“每”“各”的意义。如：

军书十二卷，卷卷有爷名。(《木兰辞》)

众多勇士……著种种衣，犹如天服。(《宋书·夷蛮传》)

4. 动量词位置的确定。中古时数词直接做状语的用法逐渐减少了，一定要跟动词结合起来。放在谓语前，就做状语；放在谓语后，就作补语。例如：

一日踏春一百回。（孟郊诗）
罗什与贤数番往复。（《高僧传·译经篇》）

5. 数量词中的数词可以省略。例如：

权时作个慰安人。（《维摩诘经讲变文》）

这是数量词运用发达后所产生的一种特殊形式。

（五）代　　词

中古时关于代词的发展，可以分做下列几个方面来说：

1. 第三人称代词“他”的形成。第三人称代词到中古时才发展起来，多数来自方言，如“伊”“渠”等。“伊”“渠”等在中古使用很普遍，现在还保留在方言中。只有“他”“它”一直发展下来，进入了普通话。“他”“它”作为第三人称代词，初见于唐朝语录。当时“他”“它”是不分的。如：

他曾问老僧。（《筠州洞山悟本禅师语录》）
为什么不得他衣钵。（《瑞州洞山良价禅师语录》）
它且于受礼。（《筠州洞山悟本禅师语录》）
它亦不曾受礼。（同上）

2. 第二人称代词“你”的出现。第二人称代词“你”一般认为是从上古的“爾”演变来的。唐朝语录中有加“人”旁的“儞”(例如:“儞每日噇个甚么。”《筠州洞山悟本禅师语录》)。“爾”省写作“尔”,那末“儞”省写作“你”就很自然的了。例如:

在生恨你极无量,贪爱之心日夜忙。(《敦煌变文汇集·譬喻经变文》)

3. 人称代词表示复数的“们”的产生。汉语语法中唯一标志人称代词复数的“们”字,是中古时逐渐形成的。“们”字开始书写极不一致。“们”字的前身“弭”“伟”,见于唐代。到宋代才出现“们”字,书写形式有各式各样:“懑(满)”“瞞(瞒)”“门”,例如:

更休与他懑宰执理会,但自安排着。(《清波杂志》)

不因你瞒番人在此,如何我瞒四千里路来?(《齐东野语》)

今反谓他们亦尝谤讪。(《杨龟山集》)

在它们说,便如鬼神变怪,有许多不可知底事。(《朱子语录辑略》)

4. 指示代词的发展。指示代词跟“此”“彼”相当的“这”“那”,在中古时开始出现了。开始时书写不统一,“这”或写作“者”“遮”等。例如:

者边走,那边走,只是寻花柳;那边走,者边走,莫厌金杯酒。(后蜀王衍《醉妆词》)

待我遮里兵才动,先使人将文字去与番人。(《挥麈余录》)

这个修门是道场。(《维摩法经变文》)
兽王问那大王。(《妙法莲华经变文》)
雅颂在于此,浮华致那边。(释尚颜诗)

5. 疑问代词的发展。"什么"始见于唐代,最初书写形式也不统一,有"拾没""是勿""甚么""甚末"等。例如:

不知而问曰:"拾没。"(《集韵》)
玄宗问黄幡绰:"是勿儿可怜?"(赵璘《因话录》)
为甚么不全肯?(《瑞州洞山良价禅师语录》)
和尚有什么事?(《筠州洞山悟本禅师语录》)

"怎么"也始见于唐代,最初书写形式有"怎末""作么生""怎生"等,也有写作"怎"或"争"。例如:

上堂曰:"向时作么生?奉时作么生?功时作么生?"(《筠州洞山悟本禅师语录》)
笑问鸳鸯两字怎生书?(欧阳修)
见说白杨堪作柱,争教红粉不成灰?(白居易诗)

(六)副　　词

中古时关于副词的发展,有下列的两种情况是值得注意的:

1. 上古语里的副词:孔、太、寖、弥、乎、佥、索、比、虑、见、乡、雅、亟、遄、猥、蔑、奚、遐、傥、讵等,到中古时逐渐淘汰了。

2. 中古新产生的副词:"都、只(秖、祇)、没、便、就、也"等,普遍地应用起来了,一一分述如下:

"都",表示全部的意义。如:

陶公疾笃,都无献替之言,朝士以为恨。(《世说新语·言语》)

适来都讲所唱经题。(《敦煌变文选·长兴四年中兴殿应圣节讲经文》)

"只(秖、祇)",表示仅仅的意思。如:

只是认得驴前马后将为自己。(《筠州洞山悟本禅师语录》)

秖如万里无寸草处。(同上)

祇到潼关便即休。(同上)

"便""就",用来表示强调意义,"就"比"便"语气更强。如:

何不道出门便是草。(《筠州洞山悟本禅师语录》)

莫便是本来面目否?(同上)

"也"表示重复的意义。如:

也大奇,也大奇。(《筠州洞山悟本禅师语录》)

"没"表示否定的意义。如:

虽然没用处,要且离他不得。(《僧宝传·曹山本寂禅师》)

(七)介　　词

中古时关于介词的发展,主要的有下列两种情况:

1. 介词的发展。用法从上古语里沿用下来的介词:"于""以""为""自""与""由""从""用""因""在""至""到""讫""当""会""将"……多数用法缩小了,意义比较确定。一方面把同义的单音词合并为双音词,象"自从""在于""由于"等。例如:

自从为夫妻,何曾在乡土?(李白《江夏行》)

在于路上,观看三次,忽见一人,削发染衣,徐行缓步。(《敦煌变文选·太子成道变文》)

另一方面用法缩小,意义明确化了。例如"于",不再有"以"的用法,象"于战则胜,以守则固"(《韩非子·解老》)那样的例子了;"以",也不再有"与"的用法,象"主人以宾揖"(《仪礼·乡射礼》)那样的例子了。因此,用法范围缩小了,意义也比较明确了。

2. 介词"把"的产生。"把"字原来是动词,有"拿""握"的意义,到了唐代开始虚化为介词。如:

醉把花看益自伤。(白居易诗)

杜把金钗卜,卦卦皆虚。(《凤归云·闺怨》)

"把"字虚化而形成介词,对汉语语法严密化有很大的作用。"把"字结构后来使用越来越广泛。跟"把"用法相同的,还有一个"将"字。

"将"字虚化为介词比"把"字更早。例如:

郑伯将王自圉门入。(《左传·庄公二十一年》)

在上古时已具有萌芽了。到了中古，虚化更明显，使用也更广泛了。例如：

料理中堂，将少府安置。(《游仙窟》)
空将泽畔吟，寄尔江南管。(李白诗)

(八) 连　词

中古时关于连词的发展，也可以分为意义明确化和单词的复音化两方面来说。

1. 单音词的复音化。例如：

非但丧子千岁之质，亦当深误老表。(《搜神记》)
偷本非礼，所以不拜。(《世说新语·言语》)

2. 用法的明确化。连词的复音化对于音义的明确化也起了很大作用。例如“而”，可以表示并列、承接、转折、假设、比较等几种连接关系；“而且”，就只表示一种进一层的连接关系了。又如“如”也可以表示并列、选择、承接、转折、假设、比较等几种连接关系；“如果”，就只表示一种假设的连接关系了。所以双音的连词比单音的意义也来得明确。

(九) 助　词

中古时关于助词的发展，可以举出下列的两点来说：

1. 结构助词“得”的出现。“得”原来是动词,有“获得”的意思,可以带宾语,可以直接作谓语。后来放在主要动词后面,表示可能的意义。再进一步,在主要动词后面,联系表示程度和结果的词语,以补充说明动作的程度或结果。例如:

浑成紫檀金屑文,作得琵琶声入云。(孟浩然《凉州词》)
太宗皇帝真长策,赚得英雄尽白头。(王定保《唐摭言》)
回看桃李都无色,映得芙蓉不是花。(白居易《山枇杷》)

“得”有时写作“的”,放在主要动词后面,联系表示动作可能达到的程度和结果的词语,这就是可能补语。可能补语有肯定和否定两种格式。肯定式的例子如:

纵使青春留得住,虚语,无情花对有情人。(《六一词·定风波》)

江南游女,问我何年归得去?(《东坡词·减字木兰花》)

否定式,就是把“得”换成“不”,如“留不住”“归不去”等。

2. 语气助词“么”的出现。“么”是在唐代逐渐产生的,它是由“无”发展而来。当时诗人有用“无”作疑问语气词的。如:

晚来天欲雪,能饮一杯无?(白居易诗)
妆罢低声问夫婿,画眉深浅入时无?(朱庆余诗)

到了晚唐就有用“么”了。如:

不知陶靖节,还动此心么?(李中诗)

（十）叹　词

中古时关于叹词的发展，也是在复音形式的增多。例如“咨嗟”“咄咄”“噫吁戏”：

玄咨嗟，称善。（《世说新语·言语》）

石崇为客作豆粥，咄嗟便办。（《世说新语·汰侈》）

范看毕，咨嗟，甚以为有益，始重画。（《世说新语·巧艺》）

扬州吏民寻义逐之，窃视，唯作“咄咄怪事”四字而已。（《世说新语·黜免》）

噫吁戏！危乎高哉！（李白《蜀道难》）

象这样复音的形式，在上古语里是比较少见的。

二、句　　法

（一）词　　组

1. 联合词组　联合结构的形式比较简单，在中古时期，没有什么新的发展，仍旧分两种情况：一种是联合结构不用连词的。例如：

炉边人似月，皓腕疑霜雪。（韦庄词）

复有金石丝竹，罗绮珠翠，舞千女于其左。（唐宋传奇《柳毅传》）

禹因囚鸿蒙氏、章商氏、兜卢氏、犁娄氏。（唐宋传奇《古岳渎经》）

另一种是联合结构用连词的。例如：

毅与钱塘，遂为知心友。（唐宋传奇《柳毅传》）

时小娥年十四，始及笄，父与夫俱为盗所杀，尽掠金帛。（唐宋传奇《谢小娥传》）

2. 偏正词组　偏正结构有两种形式，即中心词在后面的和中心词在前面的；后一种形式在上古还未大量出现。中古时期偏正结构的发展，就是大量出现了中心词在前面的这种形式。

中心词在前面的这种结构里，中心词本身都是动词或形容词，在它后面的词语意义上有所补充，就是补语，所以这种结构也叫作后补结构。例如：

> 青草萋萋尽枯死，天马跂足随牦牛。（杜甫诗）
> 三月无雨旱风起，麦苗不秀多黄死。（白居易诗）
> 桑柘废来犹纳税，田园荒尽尚征苗。（杜荀鹤诗）

这种结构在六朝渐渐出现，到唐朝就非常盛行。但是这种结构的形式，那时还不十分固定，在中心词和它的补语之间可以插入其他的词，例如：

> 黄四娘家花满蹊，千朵万朵压枝低。（杜甫诗）
> 石角钩衣破，藤梢刺眼新。（同上）
> 白发催年老，青阳逼岁除。（孟浩然诗）

其间常常可以插入“得”或“不”来表明可能或不可能。插入“得”的：

> 垂杨只能惹春风，何曾系得行人住。（晏殊词）
> 江南游女，问我何年归得去。（东坡词）
> 其意谓必有勇力担当得起，方敢不动其心。（《朱子语类》五十二）

插入“不”的：

两箱悬崖数万仞，窥不见底。（《水经注》）
看即曲终留不住，云飘雨送向阳台。（白居易诗）
野火烧不尽，春风吹又生。（白居易诗）
海风吹不断，江月照还空。（李白诗）
故园留不住，应是恋弦歌。（孟浩然诗）
袖中犹觉有余香，冷落西风吹不去。（《老学庵笔记》）

这种结构里的补语部分，可以是词，也可以是词组。例如：

太宗皇帝真长策，赚得英雄尽白头。（《唐摭言》）
系得王孙归意切，不关芳草绿萋萋。（温庭筠诗）
春风还有长情处，系得人心免别离。（司空图诗）
壮年夜吹笛去，惊得鱼龙嗥舞。（蒋捷词）
应随王母瑶池宴，染得朝霞下广寒。（《藏一话腴》）

这里的补语部分都是由一个主谓结构组成的，我们无论从意义上分析还是从结构上分析，这种结构确实是复杂化了。

3. 动宾词组　动宾词组在中古时期，某些比较接近口语的书面材料中，也出现了比较复杂的情况，但不普遍，这里不举例了。

4. 主谓词组　主谓词组在句子中还是比较简单。例如：

是岁江南旱，衢州人食人。（白居易诗）
老姬力虽衰，犹得备晨炊。（杜甫诗）

中古时期由于偏正词组的发展，主谓结构出现在补语里，这是上古汉语所没有的。例如：

回看桃李都无色，映得芙蓉不是花。（白居易诗）

（二）句子成分和句子结构

中古句子结构的发展，表现在宾语、状语位置的趋于稳定和合成谓语的产生。分述如下：

1. 宾语的发展

按照逻辑来说，主—动—宾的结构，是符合于思维形式的客观规律的。所以主—动—宾的形式是逻辑和语法意义完全一致的。这种基本结构，从上古到中古到近代越来越稳定了。

古代汉语里主宾语的关系和现代汉语主宾语的关系存在着很大的差异，其间发展过程中的转折点就是在中古。

在上古，宾语的位置是不很固定的。到了中古，疑问代词作宾语和否定句里代词作宾语放在动词前面的情况已经消失了；宾语放在动词后面的格式，就成为最普遍的常用的了。事实上，汉代以后，疑问代词和否定句中代词宾语后置的情况已经很多出现了。如：

出户独彷徨，愁思当告谁？（《明月何皎皎》）
兰泽多芳草，采之欲遗谁？（《涉江采芙蓉》）

不过前置的情况还是很多的。一种语法结构的消失，往往需要几百年的时间；汉代可以说是消失这种结构的过渡时期。六朝以后，疑问代词宾语和否定句中代词宾语后置的格式在口语中已固定了（至于后代文人的前置用法，那是一种仿古）。例：

语笑向谁道？腹中阴忆汝。（《子夜歌》）
罗帐为谁褰？双枕何时有？（《子夜四时歌》）
通发不可料，憔悴为谁睹？（《读曲歌》）
华山畿，君既为侬死，独活为谁施？（《华山畿》）

这样的例句说明上古有条件的主—宾—动结构在六朝时候的口语中已消失了。

宾语的前置，在中古时，是跟“将”和“把”的用法有联系的。它们在上古句子中是作为独立的动词的。如：

汤自把钺，以伐昆吾。（《史记·殷本纪》）
郑伯将王自圉门入。（《左传·庄公二十一年》）

中古以后这种用法仍有。如：

今日把来，有甚理说。（《敦煌变文选·韩擒虎话本》）
令其兄子将米百车往馈之。（《旧唐书·张万福传》）

但更多的，是已经同名词、代词等组成介词结构，放到动词前面去，成为一种宾语前置的新格式，用来表示处所、工具等语法意义的。这并不是说上古汉语中没有处所、工具等语法意义的表示法，而只是说“将”“把”的这种用法是更为简练而明显地表达处所、工具等语法意义，因此这种宾语提前的表示法，是语法意义和语法形式发展的结果。例如：

莫把杭州刺史欺。（白居易诗）
如将月窟写，似把天河扑。（皮日休诗）

莫将天女与沙门，休把眷属恼菩萨。（敦煌变文）

不把庭前竹马骑。（敦煌变文）

已用当时法，谁将此义陈？（杜甫《寄李十二白》）

见酒须相忆，将诗莫浪传。（杜甫《江口送魏十八》）

念我常能数字至，将诗不必万人传。（杜甫《公安送韦二》）

这种格式，大体上在唐代已形成，近代更普遍地使用了。

2. 状语的发展

上古状语的位置可以放在动词前面，也可以放在动词后面。到了中古时期，状语的位置一般都固定在动词的前边。

处所状语在上古可前可后，到中古则固定在动词的前边。例：

君不见黄河之水天上来，奔流到海不复回。（李白《将进酒》）

县官急索租，租税从何出？（杜甫《兵车行》）

程度状语，上古时用介词结构后置来表示的现象，已不复见。中古多用程度副词放在动词或形容词的前边来表示。例如：

红豆生南国，春来发几枝？愿君多采撷，此物最相思。（王维《杂诗》）

工具状语后置的现象也在中古时消失了，它就固定在动词前面了。例如：

以一平板按其面。（沈括《梦溪笔谈》）

“被”字结构作状语的句式，也在中古时期形成和发展了。先秦时期表示被动意义的不是用“被”字句，而是用“于”“为”“见”等字的句式。例如：

劳心者治人，劳力者治于人。（《孟子·滕文公上》）

身客死于秦，为天下笑。（《史记·屈原贾生列传》）

投我以桃，报之以李，即此言爱人者必见爱也，而恶人者必见恶也。（《墨子·兼爱下》）

到了汉代，产生了“为……所”的句式，同时也有了“被”字句的萌芽。例如：

汉军却，为楚所挤。（《史记·项羽本纪》）

卫太子为江充所败。（《汉书·霍光传》）

汉代所用的被字句大体上和先秦的见字句式相当，“被”字后面没有主动者出现，只是把“被”字放在动词的前面。例：

屈原，楚贤臣也，被谗放逐，作《离骚赋》。（《史记·屈原贾生列传》）

实孝而赐死，诚忠而被诛。（《论衡·感虚篇》）

中古时期，这种句式得到普遍的运用。例如：

嵇康被诛后，山公举康子绍为秘书丞。（《世说新语·

政事》）

王武子被责，移第北邙下。（《世说新语·汰侈》）

兄泌娶妻，始入门，夜被劫。（《宋书·宗悫传》）

同时更重要的是“被”字后面出现了主动者，彼此组成介词结构放在动词的前面，起着状语的作用。唐宋以后，这种结构越来越普遍使用，奠定了现代语里被动句式的基础。例如：

祢衡被魏武谪为鼓吏。（《世说新语·言语》）

亮子被苏峻害。（《世说新语·方正》）

夫子嵇阮流，更被时俗恶。（杜甫诗）

共被微官缚，低头愧野人。（同上）

幸自祢衡人未识，赚他作赋被时轻。（秦韬玉《鹦鹉》）

行义唯愁被众知。（张籍诗）

在中古后期，这种结构有时还跟动词带语的结构结合起来应用。例如：

猴行者曰：“我因八百岁时，偷吃十颗，被王母捉下。”（《大唐三藏取经诗话》卷十一）

全忠被克用搏倒。（《五代史平话·唐史》）

范氏宗族一半死于乱军之中，一半被大军擒获，献于临安。（《京本通俗小说·冯玉梅团圆》）

3. 合成谓语的产生和发展

中古时期，由判断词“是”形成了合成谓语，这是汉语语法史上的一大发展，对汉语语法结构的变化，起着很大的影响。在上古，还没有用判断词“是”所构成的合成谓语，因此表示判断意义的语法形式比较纷繁。例如：

董狐，古之良史也。（《左传·宣公二年》）
晏婴，齐之习辞者也。（《晏子春秋·内篇杂下》）
白起，小竖子耳。（《史记·平原君列传》）

这是在句末用“也”“耳”来表示判断的语气的。也有在主语后面加“者”，并在主语同谓语之间作停顿的。如：

天下者，高祖天下。（《史记·魏其武安侯列传》）
此三人，皆人杰也。（《史记·高帝本纪》）

或者更在句末用“也”的。如：

五霸者，三王之罪人也。（《孟子·告子下》）
骊姬者，国色也。（《公羊传·僖公十年》）
廉颇者，赵之良将也。（《史记·廉颇蔺相如列传》）
魏公子无忌者，魏昭王少子而魏釐王母弟也。（《史记·魏公子列传》）

此外，也有用谓语直接与主语相联，令人从上下文中去领会判断意义的。如：

秦虎狼之国，不可信。（《史记·屈原贾生列传》）
今秦万乘之国，梁亦万乘之国，俱据万乘之国，交有称王之名。（《战国策·赵策》）

上古汉语中，同“是”所构成的判断合成谓语相当的形式，如：

尔为尔，我为我，虽袒裼裸裎于我侧，尔焉能浼我哉？（《孟子·公孙丑上》）

子为谁？（《论语·微子》）

用现代汉语来说就是：“你是你，我是我”“你是谁”。等等。

汉代书面语中，出现极少数的这样的例子：“余是所嫁妇人之父也。”（王充《论衡·死伪篇》）可见在汉代口语中已经出现“是”所构成的合成谓语，不过到了中古时期，它才作为一种普通形式。举例如下：

我是李府君亲。（《世说新语·言语》）

殷中军读《小品》，下二百签，皆是精微，世之幽滞。（《世说新语·文学》）

范是王之舅。（《世说新语·方正》）

谢中郎是王蓝田女婿。（《世说新语·简傲》）

佛是外国之神，非天子诸华所应祠奉。（《高僧传》）

此是谁家屋宅？（《敦煌变文·降魔变文》）

娘子徇贿是好事，董永为报阿耶娘。（《敦煌变文·董永行孝》）

问今是何世，乃不知有汉，无论魏晋。（陶潜《桃花源记》）

姊夫黄琬是刘璋祖母之侄。（《三国志·蜀志·来敏传》）

由“是”所构成的判断合成谓语，在六朝的口语中已经普遍地使用了。但在当时文人的作品里用得不多。这可能是由于新产生的语法形式跟传统的文言文不相容的缘故。因此也可以见得一种新的语法形式的形成,总是需要长的时间。变文中很多“是”的用法并不是构成这种合成谓语的。

是时也,春光扬艳,薰色芳菲。(《敦煌变文·庐山远公话》)

如是家中养得一男,父母看为珠玉。(《敦煌变文·庐山远公话》)

由“是”所构成的这种合成谓语,从中古后期到近代,越来越普遍使用了。而且谓语本身和它的主语也可以包含很复杂的内容。例如:

他是个不爱财的名将。(《京本通俗小说·碾玉观音》)

宋江是个快性的人。(《水浒传》二十一回)

押司是个风流人物。(同上)

那穿宝兰直裰的是个胖子。(《儒林外史》一回)

不是我有心要耽误你。(同上)

街东是宁国府,街西是荣国府。(《红楼梦》二回)

当日宁国公与荣国公是一母同胞弟兄两个。(同上)

原来景阳冈上打死大虫新充做都头的正是我这兄弟。(《水浒传》二十四回)

毕竟叫唤武都头的正是甚人。(同上)

这名字是你替他起的?(《儒林外史》二回)

此人是都中在古董中行贸易的号冷名子兴者。(《红楼梦》二回)

黛玉度其处必是荣府中之花园隔断过来的。(同上书,三回)

（三）复　句

复句构造的发展速度比句子成分的发展还要缓慢。因为句子的构造是更为稳固的。中古复句里的变化，主要表现在复句的关联词语方面。

中古复句的关联词语大都沿用上古语的；其中的变化，是由于从口语中吸收一些关联词语的缘故。

联合复句中并列关系的句子，其中分句之间一般不用关联词语。这与上古语相同。但中古时，一些理论文章中，并列关系复句在结构上出现了比上古复杂的形式。当然结构简单的句子还是很多的。例如：

射人先射马，擒贼先擒王。（杜甫诗）

但是在一些理论性的文章中也出现了一些比较长的句子，包含有三个，甚至三个分句以上的，这种句子的增多，实际上也就是并列结构内部的一种发展。例如：

“灼灼”状桃花之鲜，“依依”尽杨柳之貌，“杲杲”为出日之容，“瀌瀌”拟雨雪之状，“喈喈”逐黄鸟之声，“喓喓”学草虫之韵。（《文心雕龙·物色》）

并列关系的联合复句，有时用“便”字来表示并列或先后的关系。

与共语，便使其唱理。（《世说新语·文学》）

须臾温来，敦便奋其威容。（《世说新语·文学》）

三日不读《道德经》，便觉舌本闲强。（同上）

林尽水源，便得一山。山有小口，仿佛若有光，便舍船，从口入。（陶潜《桃花源记》）

便依吾敕赴前程，便请如今别法会，若逢大士维摩诘，问取根由病所因。（《敦煌变文·维摩诘经讲经文》）

“便”有时也用在偏正复句里，与“犹”“纵”等的意义相仿。例如：

便与先生应永诀，九重泉路尽交期。（杜甫诗）

便有文公来作记，尚须我辈与题诗。（陈师道《拱翠亭》）

莫道千金酬一笑，便明珠、万斛须邀。（柳永《合欢带》）

中古语里表示递进关系多用“非但”“非唯”“又”等关联词语。例如：

非但我言卿不可，李阳亦谓卿不可。（《世说新语·规箴》）

服五石散，非唯治病，亦觉神明开朗。（《世说新语·言语》）

人声之精者为言；文辞之于言，又其精也。（韩愈《送孟东野序》）

偏正复句的关联词语，大都沿袭上古语；其中一些发展的，如以“而”表示转折关系的关联词语在中古比上古较为普遍。

然而禽兽知山林之乐，而不知人之乐；人知从太守游而

乐，而不知太守之乐而乐也。（欧阳修《醉翁亭记》）

以为凡是州之山有异态者，皆我有也，而未知西山之怪特。（柳宗元《始得西山宴游记》）

逝者如斯，而未尝往也；盈虚者如彼，而卒莫消长也。（苏轼《前赤壁赋》）

表示转折关系的关联词语“只是”，也在中古出现，这是受了口语的影响的。例如：

夕阳无限好，只是近黄昏。（李商隐诗）

这里的“只是”相当于现代汉语中的“不过”。

“倘若”等用来表示假设和条件关系的，这时出现得很多。这种从口语中来的关联词语，有不少一直流行到现代。例如：

傥蒙赐渡，恩可杀身。（《伍子胥变文》）

倘若不弃是卑微，愿君努力当餐饭。（同上）

表示假设关系的“若非”，是在中古出现的。例如：

若非群玉山头见，会向瑶台月下逢。（李白诗）

表示条件关系的“非……不”“除却”“除非”等，也是在中古出现的（“非……不”相当于现代汉语中的“既不……又不”；“除却”相当现代汉语中的“除……外”；“除非”我们今天还用得很多，表示唯一的条件）。例如：

新来瘦，非干病酒，不是悲秋。（李清照词）
除却天边月，没人知。（韦庄词）
欲写相思，除非天样纸。（《董西厢》）
春无踪迹谁知？除非问取黄鹂。（黄庭坚词）

表示目的或因果关系的“因”“所以”在中古也用得很普遍。例如：

宅边有五柳树，因以为号焉。（陶潜《五柳先生传》）

予少以进士游京师，因得尽交当世之贤豪。（欧阳修《释秘演诗集序》）

所以枕流，欲洗其耳；所以漱石，欲砺其齿。（《世说新语》）

书于石，所以贺兹丘之遭也。（柳宗元《钴鉧潭西小丘记》）

第三编 近代汉语语法

一、词　　法

（一）名　　词

近代名词的发展特别表现在辅助成分的多样化和名词表数的完善化。

中古时期，已有很多属于名词的辅助成分，如“阿”“老”“子”“儿”“头”“家”“手”等。其中除一部分（如“阿”“老”“子”“儿”等）表示“亲昵指小”的意义之外，都成为名词构词的标志。近代又用这些成分来构造许多新的名词，如“阿舅”“阿哥”“老师”“老婆”“屋子”“拐子”“老头儿”“苗头”“店家”“鼓手”“红旗手”等等。在这个时期里，新的辅助成分又大量地出现了，如“者”“师”“员”“性”“度”“品”“主义”等等。这些新的辅助成分，具有极强的构词能力。名词辅助成分的迅速发展，不仅使名词词性明确化，而且大大增进新名词的产生。如现今出现的新名词“红旗手”“多面手”“突击手”“插秧手”“拖拉机手”“社员”“辅导员”“售货员”“工分主义”“一本书主义”“劲头”等，都是依据这种方法构成的。

近代名词的另一种发展是表示数的范畴的完善化。唐代，已出现了“们”的前身——“伟”和“弭”。至宋时，有了“们”和“门”“懑”“满”“瞞”“瞒”等，表示人称名词的多数。如：

孩子懑切记之。（《默记》）

唬杀贼阵里儿郎懑眼不扎。（《董西厢》）

秀才瞒、攒到专城贵。（吴编修词）

始初内臣宫嫔门皆携笔在后抄录。（《河南程氏遗书》）

浪儿门得成全这些方便。（史浩《鄮峰真隐词集》）

枢密侍郎们各自尽忠尽节为国家。（《三朝北盟会编·靖康中》）

正是军人们放马遽然到来。（《三朝北盟会编·绍兴甲寅》）

元明间，很多文献中，作“每”：

教普天下颠不剌的浪儿每许。（《董西厢》）

枉惹的街坊每耻笑，着亲邻每议。（《元曲选·神奴儿》）

百姓每自躲避了的，依律要了罪过，拿来做军。（《洪武四年户部安民帖》）

“们”这类字是用在代词和人称名词之后构成复数形式，大略相当于英语中的“-s”；但又不相同。“-s”用在一切名词之后，还可以用数量词来修饰。汉语的“们”等，只用在人称名词之后。大约在“五四”以前，这种复数形式还可以用数量词来修饰。如：

将一十七个先生每剃了头。（《元代白话碑》）

清河县里有几个奸诈的浮浪子弟们。（《水浒传》）

看着十来个小厮们挪花盆呢。（《红楼梦》）

请过众位姑娘们来。（《红楼梦》）

但在“五四”以后，数量词不用在这种形式的前面。现代汉语中，只有“各位”“诸位”和这种复数形式可以并用，作为呼语。如：

各位代表先生们，各位同志们。(《毛泽东选集》)

诸位朋友们，今天让我来说个故事。(《赵树理选集》)

“们”的应用范围似乎有扩大的趋势。特别在书面语中，不只是人称名词可以带“们”来构成复数了。如：

这些眼睛们似乎连成一气，已经在那里咬他的灵魂了。(鲁迅《呐喊》)

这种用法可能是一种“拟人化”的修辞手段，不是语法的正格。此外，名词重叠的应用受到了限制。近代几个重叠名词大都是从古代沿袭下来的，如“人人”“家家”；或者是名词可作量词用的，如“门门”“件件”等。又关于否定的表示，一般在名词前不加否定词“非”，更不能用“不”，而是用“不是”，如“不是桃子”“不是语言学家”等。

近代语里，方位词不能单独地直接放在动词前面来作状语用，象“东游、西去”这样的语法。少数的“北伐、西望”等都是古语的遗迹。近代方位词必须和“边”“头”“面”等构成一种合成词，才能做状语，如：“东边来了一帮客人。”或者，方位词前面带介词“向”“从”“往”“朝”等构成一种介词结构，也可作状语，如：“陈大郎……向东而望。”(《古今小说》)

(二) 动　　词

近代词里，动词发生了明显的变化，这可以举出下列的几点来说：

1. 动词时态助词的发展。在近代汉语里，“了”“着”“过”是表示动词时态的后附成分，产生在唐宋时。元以后，才得到了迅速发展。

南北朝时，“了”作为动词，有“终了”“了结”的意思，《广雅·释言》：“了，讫也。”例如：

晨起洒扫，食了洗涤。（王褒《僮约》）

官事未易了也。（《晋书·傅咸传》）

唐以后，“了”字开始虚化，用来表示行为的完成：

半啼封裹了，知欲寄谁将？（孟浩然诗）

春风为开了，却拟笑春风。（李商隐诗）

吃了张眉竖眼，怒斗宣拳。（《茶酒论》）

二人辞了便进路。（《董永行孝变文》）

这些句里，“了”字已紧贴动词之后；但是，也还有独立补语的性质，用来表示“完毕”的意思。因之，当动词带宾语时，还可以放置在宾语之后。如：

作此语了，遂即南行。（《伍子胥变文》）

煞（杀）子胥了。（《伍子胥变文》）

但得上马了，一去头不回。（曹邺诗）

也有少数放置在宾语前而紧贴在动词后。如：

林花谢了春红，太匆匆。（李煜词）
等闲妨了绣功夫。（欧阳修词）

南宋以后，动词后的“了”，游离性逐渐减少了。如：

如今都教坏了学生，个个不肯读书。（《朱子语类》）
嫁了张员外。（《京本通俗小说》）
怎知卧龙又投了刘备？（《三国志平话》）
恐怕失了数年和好。（《汉宫秋》）
我问刘员外借了十个银子。（《玉清庵错送鸳鸯被》）

“著”本来也是动词，具有“附着”的意义。如：

风行而著于土。（《左传·庄公二十三年》）
常恐祖生先吾著鞭。（《晋书·刘琨传》）

南北朝以后，开始附在动词之后，意义也开始虚化。如：

长文尚小，载著车中。（《世说新语·德行》）
寄君靡芜叶，插著丛台边。（吴均诗）

“著”字，只用在地点补语的前边，其作用很近于介词“在”。

这种结构进一步发展，到唐宋间，形成一种表示行为（或状态）持续的结构。如：

堆著黄金无买处。（王建诗）
如战阵厮杀，擂著鼓，只是向前去，有死无二。（《朱子

语类》)

元以后,这种表示持续时态的结构运用得更普遍了。可是元明间,它和表示完了时态的“了”的分工不是很明确的。该用“了”的却用“着”。如:“杨志因等候我了,犯着这罪。”(《宣和遗事》)该用“着”的却用“了”;如:“太后指了天曰。”(《五代史平话》)直到十七世纪以后,如《红楼梦》中,“了”和“着”才有明确的分工。

表示过去时态的“过”,用来表明动作行为已成为过去,产生在唐宋间。如:

而今只是那一般合看过底文字也未看,何况其他。(《朱子语类》)

看过了后,无时无候,又把起来思量一遍。(同上)

每日读书,只是读过了,便不知将此心去体会。(同上)

2. 动词后附成分的发展。“五四”以后,大概因为受了西洋语法的影响,产生了新的后附成分“化”,它可以使名词或形容词变成动词。如:“工业化”“机械化”“现代化”“欧化”“合作化”“电器化”“拉丁化”“劳动化”。

以上是由名词转成的动词。

“庸俗化”“具体化”“绿化”“强化”“硬化”“恶化”“激化”“简单化”。

以上是由形容词转成的动词。

动词后附成分“化”,大大增进了新的动词产生。同时,也给他们带上了明显的标志。

3. 动词重叠式的发展。古代有少数动词的重叠,只表示动作或行为的重复;到了近代,动词重叠形式具有了新的语法意义,即

“试一下”的短时义。如：

咱把汉朝世界三停占了二停，看看地都属于咱。（《三国志平话》）

咱们也把烟火放了解解酒。（《红楼梦》）

生怕人不知道，故意的表白表白。（同上）

有些句子里的动词重叠，只有“试”“略微”的意思，如：

我说必要给你争争气才罢。（《红楼梦》）

还得是你出去求求王爷，怎么挽回挽回才好。（同上）

这种动词的重叠，也可以在它们中间插入“一”字，把意思表达得更清楚。如：

则见李媒把张媒推一推。（《京本通俗小说》）

你倒照一照地下罢。（《红楼梦》）

有时为了加强语气，更在其后加以“儿化”，如：

不过觉得身子略软些，躺躺儿就起来了。（《红楼梦》）

我劝你也动一动儿。（同上）

至于并列动词的重叠形式，就没有上述语法意义，只是表示动作或行为的重复。如：

我还听见你天天在园子里和姊妹们顽顽笑笑。（《红

楼梦》)

说说笑笑，钻钻跳跳，十分亲热。(《儿女英雄传》)

4. 趋向动词的发展。近代语里，趋向动词不但具有动作趋向的意义，而且在一定程度上有帮助表示时态的作用。如表示动作开始的“起来”，表示动作持续的“下去”等。

“起来”表示动作、行为的开始，这种用法至迟在元代就有了。如：

恐怕火盆内有火炭延烧起来。(《水浒传》)

宝玉见他哭了，也不觉心酸起来。(《红楼梦》)

有时，动词的宾语可以插进“起来”的中间。如：

看那些人放起火来。(《西游记》)

只这一句话，又勾起黛玉的梦来。(《红楼梦》)

表示动作持续的“下去”大概产生较晚。如：

便静静儿的听他唱下去。(《儿女英雄传》)

底下要只这等一折折的排下去，也就没多的话说了。(同上)

(三) 形容词

近代词里，形容词重叠式有了很大的发展。元杂剧中大量运用了这种重叠式。例如：

犹喜的消消洒洒、断断续续、出出律律、忽忽噜噜阴云开处。我只见霍霍闪闪电光星柱。怎禁那萧萧瑟瑟风，点点滴滴雨，送的来高高下下、凹凹凸凸一搭模糊，早做了扑扑簌簌、湿湿渌渌疏林人物，倒与他妆就了一幅昏昏惨惨潇湘水墨图。(《货郎旦》)

形容词重叠式在近代语里更有多种多样的结构。兹择要加以说明：

单音重叠，近代语里还有两种变式：一种是重叠式中插进“又”“上”等，如“红上红”“烂又烂”“尖又尖”等；另一种是重叠式加“儿化”，以加强语意，如“好好儿”“园园儿”“静静儿”等。

复音形容词重叠式，在中古有很大的发展，近代语里除在应用上扩大以外，并由此而产生出了一种变式：把复音形容词的头一个字重叠之后，再加嵌一个“里”字。如“胡里胡涂”“邋里邋遢”“啰里啰嗦”“肮里肮脏”“古里古怪”等。这种格式只限于连绵词或单纯复音形容词里应用，以表示一种贬义，可以叫作憎称格。

在复音形容词里，还有一种插进数词所构成的四字格。如：“一清二白”“一干二净”“横三竖四”“三长两短”“七零八落”“乱七八糟”等。这种结构有表示强烈程度性的作用。

近代语里，形容词部分重叠式后面的重叠部分，有进一步趋于辅助成分的性质。如：

哗喇喇一净桶尿粪从上面直泼下来。(《红楼梦》)

做了自己的功课，忽听得纸窗呼喇喇一派风声。(同上)

这里的“喇喇”显然是形容词的辅助成分，在语言上有加强绘景摹声的作用。此外，如“黑呼呼”的“呼呼”、“闹烘烘”的“烘烘”、

“甜丝丝”的“丝丝”等等，都可以称为形容词重叠式里的重叠辅助成分。

在汉语的方言中，又有部分重叠成分前置的新格式，如“麻麻亮”（“天已经麻麻亮了”）等。

燕麦开花零零稀。（陕北民歌）
枪干子曼曼长。（赣西民歌）
铁柱子，滑滑光。（同上）

形容词重叠式的发展，对语言表达的形象性、生动性起着重大的作用。

中古时期，形容词的辅助成分是不发达的。近代语里，除了大批重叠的辅助成分出现之外，还有不少单音的辅助成分；如前附成分“可”、后附成分“式”等。

“可”作为形容词前附成分，在中古已有萌芽；如“可怜”（即今“可爱”）在诗歌中应用很广。“五四”前后，这种格式得到了迅速的发展。如“可敬”“可爱”“可怕”“可恼”“可恨”“可观”等；“可”对形容词的实词素“敬”“爱”等起肯定的作用，又作为形容词的明显标志，使得有些动词也形容词化了（如“可观”等）。

“式”是“五四”以后新形成的一个形容词后附成分，它的构词能力很强，可以使一些名词（甚至一些专有名词）或者主谓结构形容词化；如“中国式”“标本式”“英美式”“新式”“喷气式”等。其作用相当于助词“的”，而有“那”般样的意思。

形容词在作为定语或状语时，有时必须有结构助语“的”的帮助。元以后，产生了新的结构助词“的”，同时还保持着中古留下来的“底”和“地”；因此，形成了“的”“底”“地”并用局面。“五四”以后，有人在翻译时规定了它们的分工：“的”表示一般的“定/名”关系；

“底”表示领导性的“定/名”关系；“地”表示“状/动(或形)”关系。如：

那位白发飘飘的老科学家底最后的话在我底耳边。(巴金《亡命》)

她底心脏怦怦地跳得很厉害。(许钦文《鼻涕阿二》)

语言发展的结果：“的”和“底”逐渐趋于合并，只有“的”“地”的区别，还保存着。一般是定语后作“的”，状语后作“地”。

近代语里，形容词作谓语时，往往用“是”或“是……的”的结构来加强语意，如“他是聪明”“他是很老实的”。形容词重叠式一般不能直接作谓语，也必须用“的”或“是……的”，如“脸红红的”“脸是红红的”。这是跟古代“天苍苍”“路漫漫”“风萧萧”那样的结构完全不同的。

(四) 数词和量词

上古语里，在两位数字之间往往加一“有”(又)字；也有不加“有(又)”字的，如：“今臣之刀十九年矣。”(《庄子·养生主》)后一种格式不断发展，不再在两位数字间加“有(又)”字了。至于三位数字中间空了一位的，上古语里说“百六”等，近代常在空位上加“零”，如“一百零八将”，这样就不会发生误会了。因为“3 600”说成“三千六”、“45 000”说成“四万五”，也就不会误会成“三千零六”“四万零五”了。

古代表示分数的方法很复杂，到了近代就比较简单了。一般只说“几分之几”。另一种是说“几成”“几分”，如“七成”“八分”，是专指“十分之几”“百分之几十”的。

近代表示倍数的方法也比较简单，只在数词后加“倍”字；如

“一倍”“二倍”“十倍”“百倍”等。另有一种是用百分数来表示；如“百分之二百”是两倍、“百分之五百”是五倍。

现代表示约数的方法，不用古代的“所”“许”“且”“可”等字，而在整数前加“成”“上”，或者在整数后加“把”，如“成千”“上万”“万把”“百把”；或者在整数后加“来”“多”“左右”“上下”，或者“以上”“以下”。约数可以包括很广，如说“五十以上”，如果没有别的限定，则凡“五十”以上的数字都可以包括在内。

近代表示序数，在基数上加“第”是最常见的；不加“第”的，由于一般计数，多加量词，序数不加“第”，也不会发生误会。序数还有一些习惯上的说法。如表示“第一”，不用说数词，只在名词前加“元（年）”“初（一）”“首（都）”“大（哥）”“长（子）”等；表示“第二”加“次”，如“次日”；表示最后，加“末”，如“末（班车）”；这些都是用词汇意义来表示序次的。

量词在近代语里更有大的发展。兹分物量和动量两类说明如下：

1. 物量词的种类很多。绝大部分表示具体事物的名词都可以借用作量词，如：“杯（牛奶）”“篮（水果）”“桶（水）”“盆（花）”“碗（饭）”“袋（米）”“车（泥）”“船（人）”“桌（菜）”“床（被）”等。由于物量词的发展，在度量衡单位里，近来又增加了一种复合量词，这大都是物量词和动量词的结合，如“架次”“人次”等；或者是变量词和衡量词的结合，如“吨公里”；或者是度量衡单位和时间单位的结合，如“秒公方”“千米小时”等等。例如：

兰州黄河年平均流量是一千一百秒公方。
火车的速度是五十千米小时。

2. 动量词除了专用的动量词和借用器物的动量词以外，还有用表示时间的名词来作动量词的。例如：“辛苦了一夜，且自将息将息。”(《今古奇观》)“安住在张家村里,一住十五年……”(《清平山堂话本》)另外还有用重复动词来表示动量的,例如:“老鸦落地猛然跳几跳,去地上打一变,变成了着皂衣的婆婆,正是去年见的。”(《清平山堂话本·西湖三塔记》)“我没话说,教那个师父上来,我问他一问。”(《西游记》)

数词“二”和“两”,在用法上有如下的不同:“两”不用于序数,也不用于两位数词里的个位数;序数用“二”,两位数词里的个位数也用“二”,如说“第二”“十二”“一百零二”等。但是称说两个同类的事物,要用“两”,不用“二”,如“两个人”“两匹马”。度量衡单位量词前,有时用“两”,有时用“二”;数词“百”“千”“万”也可以看作一个单位,前面可以用“两”,但“两”以前更没有另外的数词。“两”还有表示约数的说法,“二”没有这种意义。

数词和量词结合已成为常规,一般数词不能单独在句子中充当成分。

一般单音量词都可以重叠,表示“每一”的意思,如“个个”“件件”等。

量词不能单独同名词结合,但是在数词“一”省略的情况下,量词就单独同名词相结合了,如说“做件工作”等。

数量词也可以重叠,用来表示“逐一”的意思。一般有三种方式:“一张一张”“一张张(省略数词)”“一一(省说量词)”。

数量词的主要的用度是做定语或补语;有时做状语或谓语,在一定上下文里还可以充当主语宾语,例如:“橘子很好,买了三斤。”

(五) 代　词

第三人称代词阳性“他”和阴性“她”的区分,只限于书写形式中,口语里并没有区别。汉语至今根本不存在“性”的语法范畴。

“他”和“她”在书面上的区分，是“五四”以来由于翻译西文作品的需要而产生的。因为西洋语文中的人称代词有“性”的区别，翻译过来，如果对于第三人称代词的“性”不从形式上加以区分，那么就会意义不明或发生误会。例如：

> 她对于他已经是外人；而他对于她又何尝不是外人呢？（契诃夫《好人》，瞿秋白译）
>
> 有一天他送她回家，他便和她说爱她，愿意和她结婚——她身体一摇，仿佛他打了她一下，他也被她一吓。（高尔基《时代的牺牲》，瞿秋白译）

由此可见，“他”“她”的区分是出于一时的需要。有人想从语音上把它们分开，“他”仍读〔tā〕，“她”读〔jī〕，这是行不通的，因为口语和书面语不一样，口语中并没有那样的需要。

“它”是第三人称中性代词，用来代替事物的名称。“它”和“牠”原来是有区别的：前者代替无生命的，后者代替有生命的，后来趋向于混同了。如：“（野雀野鹿）为什么当初不逃到人类中来，现在却要逃到鹰鹯虎狼间去？或者，鹰鹯虎狼之于它们，正如跳蚤之于我们罢。”（鲁迅《夏三虫》）

> 这些国家的绝大多数都在执行着和平中立的外交政策，它们在国际事务中起着愈来愈大的作用。（刘少奇《中国共产党中央委员会向第八次全国代表大会的政治报告》）

人称代词表示复数的后附成分“们”，它的产生是在唐宋间。近代语里，这种形式，除了用来表示一般的人称复数之外，还有几种特殊的用法：

一般是用复数人称代词来总结上面所指的多数人物。例如：

老胡和老程他们不知那里寻来这么粗、这么长、粉脆的鲜藕。（《红楼梦》）

还有一种是用来表示敬称或谦称的意思：

若就是这句话呢，我们姑娘在时，我也跟着听熟了。（《红楼梦》）

我们一个丫头，姑娘只是混说。（《红楼梦》）

我虽门外汉，我们太太倒是善于钻营。（《聊斋志异》）

可巧老太太那里给林姑娘送钱来，正分给他们的丫头们呢。（《红楼梦》）

一般集合名词前习惯上用复数，如“我们国家”等等。

整个代词发展到近代语里基本上完善起来了，各个人称代词都齐全了，而且用法基本上统一起来了。

（六）副　　词

近代汉语里的否定副词，除了沿用几个古语的副词之外，一般常用的只有“不”和“没有（没）”。如：

媳妇们见三婶：没有的穿戴，好意与他首饰衣衫。（《刘香宝卷》）

我又不是此间人。（《水浒传》四十二回）

“不要”的合音词“别”也是否定副词。如：

是我害了你了，你别怨我。（《红楼梦》）

这可以见得副词的发展，也趋向于规则化。

（七）介　词

近代语里介词的发展可以分做下列两点来说：

1. 有的词性更趋于固定。介词是从动词演变来的；如“把”“将”，由于作为介词用，就逐渐失了动词性。近代语里，“把”“将”一般不再作动词用了。

2. 由于介词使用的发展，过去可以省略介词的地方，到了近代就不能省略了。例如：

卿（从）东来，故应有此物。（《世说新语》）
夫冀北马多（于）天下。（韩愈《送温处士赴河阳军序》）

这些地方的介词，近代语里就不能省略了。例如：

恭楷写了，挂在灯上。（《红楼梦》）
他于十六日便起身赴京。（同上）

（八）连　词

近代语里“和”“与”作连词用，或者作介词用。如：

贾母深爱那做小旦的和那做小丑的。(《红楼梦》)

“和”作连词用。

如今他在家中,只是和些孩子们混闹。(《红楼梦》)

“和”作介词用。

平儿与众媳妇等忙告诉他原故。(《红楼梦》)

“与”作连词用。

少不得进房来,先与贾母请安。(《红楼梦》)

“与”作介词用。

“与”是文言词,仍然介词和连词兼用。

“和”和“同”现在有趋于分工的现象:“和”专作连词用,“同”专作介词。如:

妇女有同男子平等的选举权和被选举权。(《宪法》第八十六条)

很多企业、机关、学校、部队和个人都主动地同别的单位和个人进行协作,以促进自己的工作和别人的工作共同发展。(《中国共产党中央委员会向第八届全国代表大会第二次会议的工作报告》)

文化革命同技术革命一样,同整个社会主义建设事业和任何革命事业一样,必须走群众路线。(人民日报社论《文化革命开始了》)

这样分工合乎语言规范的要求。不过究竟能不能实现,还要看事实。

过去“和”作连词用的,它的使用范围是比较狭小的,只是用于名词和代词。近代语里“和”的使用范围逐渐扩大了,可以用来连接动词、形容词、副词以及词组、句子。

“和”本来是放在并列成分的中间。如：

家人媳妇和丫鬟娘子都慌了，快请老爷进来。（《儒林外史》）

近来又形成了一种表示并列关系的新格式，“和”放置在并列成分当中最后一个成分的前面。这大概是由于受英语“and”和俄语“И”用法的影响，首先是出现在翻译作品里。近来逐渐在一般作品里通行开来。例如：

迭迭层层的浓雾降在道上、屋顶上、车上和车夫的大衣上。（列夫·托尔斯泰《三死》，瞿秋白译）

我觉得在路上时时遇到探索、讥笑、猥亵和轻蔑的眼光。（鲁迅《伤逝》）

连词“如果”用在偏正复句中，和“那么”互相呼应。“如果”用于偏句，表示假设的条件；“那么”用于正句，表示承接的关系。现在又产生一种新的用法，除了用在偏正复句里，还可以用在并列复句里，表示两个并列分句的对比关系。如：

如果我们回想一下，我党在幼年时期，我们对于马克思列宁主义的认识和对于中国革命的认识是何等肤浅，何等贫乏，则现在我们对于这些问题的认识是深刻得多，丰富得多了。（毛泽东《改造我们的学习》）

（九）助　词

结构助词"的"，宋人话本及元曲中已大量应用。如：

你如今依先做这道路，刁爷的生意，卖些胭脂绒线。（《京本通俗小说》）

那喝的人大踏步赶将来。（同上）

说来的话先瞒过咱！怎和他一半儿真实一半儿假。（关汉卿《一半儿·题情》）

通常用在定语的末了，表示限制或修饰的关系。此外还有一种用法，同古代"者"字一部分的功用相当，粘附在词或词组的后面，构成"的"字结构。例如：

第一件，要一个人材出众，好模好样的。（《京本通俗小说》）

元来贩漆的，都道杭州路近价贱，俱往远处去了。（《今古奇观》）

宋代开始出现了语气助词"的"，用法相当于古代文言的"也"。如：

偏你这几根白胡须是沙糖拌的。（《京本通俗小说》）

已留与主人家收漆，不曾带回，我明早就要去的。（《今古奇观》）

确定的语气，可以不用语气助词，但是用了“的”，语气就更确定了。

宋代又出现了语气助词“了”，用法相当于上古的“矣”。表示已然或将然的语气。例如：

问道：“在员外宅里多少年了？”（《京本通俗小说》）

锦儿慌忙安排些个安魂定魄汤与他吃罢，自没事了。（同上）

你老人家忒迂阔了，恁般大弄起来。（《今古奇观》）

官人出外好多时了，还不回，亏他撇得大娘下。（同上）

正商议间，众僧摆上晚斋，请他师徒们吃了。（《西游记》）

且莫哭！且莫哭！我问你，妖怪往那里去了？（同上）

语气助词“呢”产生以前，元明时有个“哩”，大都用来表夸张和疑问的语气；还有个“那”用来表示疑问的语气。例如：

店里有个好女子请你哩！（《元曲选·救风尘》）

仙子，可再有何人思凡哩？（《元曲选·张天师》）

爹爹，我在这里哩！（《西游记》）

我是个女孩儿，羞答答的怎生去那？（《鸳鸯被》）

别人家不似这般利害那！（《燕青博鱼》）

到了清代《儒林外史》《红楼梦》里，“呢”字大量使用。如：

还是古人的呢？还是现代人画的？（《儒林外史》）

何尝不是这样的呢？（《红楼梦》）

"呢"和"哩""那"声音相近,所表示的语气也相近,它一定是从"哩""那"转化而来的。

唐代出现了"么",是由"无"变来的,"无"和"么""吗"同音,近代多半写作"吗"。

(十) 叹　词

近代语里,叹词的语法功能大致可以分成两类,一类是表达强烈感情的,一类是对话中的应对呼唤的词。前者表示多种情绪,如"哈哈"表示喜悦,"唉"表示怨伤,"哼""呸"表示愤怒或鄙视,"啧"表示惊讶。后者如"喂""嘿"表示呼唤,"嗯""姆"表示答应,"嗳"表示追问。

叹词在句子中做独立成分,或做独词句。此外还有一些活用法。例如:

1. 当动词用:

> 气的"嗳"了一声,说不出话来。(《红楼梦》)
> 贾母听了,便啐了一口。(同上)

2. 做定语状语用:

> 宝玉听了,啊呀的一声,哭倒在床上。(《红楼梦》)
> 凤姐带病哼哼唧唧的说。(同上)

二、句　　法

（一）词　　组

1. 联合词组

联合词组在“五四”以后，有很多新的发展，举例如下：

> 这些干部、农民、秀才、狱吏、商人和钱粮师爷，就是我的可敬爱的先生。（《毛泽东选集》）

句子中的联合词组用了连词“和”，并且用在最后的两个并列成分之间。这种现象在以前的汉语里并不多见，而在“五四”以后，却非常普遍地发展和使用开来了。这很可能是受外语的影响，因为在外国语言里，连词用在联合词组最后两个成分之间，是很常见的现象。

> 现在我们所见的故事清楚起来了，美丽、幽雅、有趣而且分明。（鲁迅《好的故事》）

这里的联合词组，用了连词“而且”，有进一层的意思。这样连词在联合词组中间的使用也是近代语法上新产生的现象，似乎也是与西洋语法的影响分不开的。

联合词组的发展，确实使得近代句法日益精密化了。我们再来谈谈近代联合词组复杂化的情况：

只是教皇帝少见儒臣，多昵女色。（《汉宫秋》）

你便晨挑菜，夜看瓜，春种谷，夏浇麻。（《汉宫秋》）

老儿和这小厮上街来买了些鲜鱼、嫩鸡、酿鹅、肥鲊、时新果子之类归来。（《水浒传》）

这些句里的联合词组，它们当中的成分又是由别的词组构成因此是复杂化了的联合结构。第一、二句里的联合词组都是由动实结构联合起来的；第三句里的，是由五个偏正结构联合起来的。这种结构在现代语里是十分常见的，例如"文化革命和技术革命"。

2. 偏正词组

中心词在后的偏正词组，到现代更加普遍起来，并且进一步的复杂化。例如：

我是个斩头沥血的人，何肯戏弄良人。（《水浒传》）

凤姐只吃燕窝粥，两碟子精致小菜。（《红楼梦》）

九月里一场碗大的雹子，方近一千三百里地方，连人带房并牲口粮食，打伤了上千上万的。（同上）

上面这些例子都是简单的中心词在后的偏正结构形式，大多数中心词和前面的词之间有"的"字表明偏正关系，中间没有"的"的，我们也能够很快地看出它们的偏正关系，如第二例。这种简单的偏正结构形式，一直到现代汉语里没有什么变化。

至于偏正词组的复杂化的情形，中心词的前头一方面可以有几个词，另一方面也可以是几个其他结构形式的词组。例如：

圆底儿方口儿的铁酒杯。(《儿女英雄传》)

这可就是作父母带儿女的心肠，叫作乖的也疼，呆的也疼(同上)

上面第一例是中心词前面有两个词，第二例是中心词前面有两个动宾结构。在现代汉语里，这种复杂化了的偏正词组仍然是十分常见的。

中心词在前的后补词组，其中心词是动词或者形容词，后面的部分是对中心词在意义上有所补充。例如：

姚二郎便道："此位胡正卿极写得好。"(《水浒传》)

那妇人惊得魂魄都没了，只得从实招说。(同上)

从上面的几个例子中间可以看出来，后补结构的词组，在中心补语中间常常带有"得"来表明结果关系("不"就是"得"的否定)。

3. 动宾词组

近代汉语里许多句子中，可以找到很多动宾词组。例：

晁盖叫许多头领，都来参拜了宋江，分两行坐下。(《水浒传》)

这等不是抬举宋江，明明的是苦我。(同上)

那里先拿鱼与你？(同上)

祝家庄那厮，好生无礼，平白欺侮俺山寨，因此行兵报仇。

(《水浒传》)

这个病也不知请了多少大夫,吃了多少药,花了多少钱,总不见一点效验儿。(《红楼梦》)

要是吃丸药,是不中用的。(同上)

结构的形式比起上古或中古的一般动宾词组要复杂一些,动词所带的宾语往往不止一个词,但比起现代汉语来,还是比较简单。现代汉语的如:

列宁认为,要实现无产阶级革命,要实现和巩固无产阶级专政,头等重要的是无产阶级要建立自己的一个真正革命的、同机会主义完全决裂的政党,即共产党。(《列宁主义万岁》)

宾语前的动词可以是动词组合成的联合词组,如"要实现和巩固无产阶级专政",这是动宾词组新发展。

现代汉语动宾词组格式多样。象"深切地同情并且积极支持一切被压迫民族和被侵略的国家反对殖民主义和维护民族独立的斗争",这个动宾词组可以分为好几层:动宾之中有偏正,偏正之中有联合,联合之中又有偏正等。这样复杂的词组,在上古和中古的材料中是很难找到的。

4. 主谓词组

近代和现代语里主谓结构的词组,比起上古和中古来要复杂得多,以一个主谓结构的词组作一个句子成分,往往比上古或中古的一个长句子还要复杂。

外面几席是他们姐妹们坐。(《红楼梦》)

让凤丫头坐上面，你们好生替我待东，难为他一年到头辛苦。（《红楼梦》）

平儿素昔只闻人说宝玉专能和女孩们接交。（同上）

今秋又遇着贾母高兴，多游玩了两次。（同上）

不中用，我知道我的病是不能好的了。（同上）

句子的复杂化首先是通过词组的复杂化。长句子的增多不是词与词无规则的乱堆积，而必须先通过词组，使各个句子成分紧密结合，构成复杂的句子。又主谓结构可以充当各个句子成分，除了做谓语、定语之外，也可以当作主语、状语等，所以在用途上比上古、中古要广泛得多。

（二）句子成分和句子结构

近代语的句子结构，有很多发展，主要的是：

1. “把”字句的普遍适用

依靠“将”“把”的帮助，把宾语提前的格式，在近代语里普遍地适用。如：

今人所以悠悠者，只是把学问不曾做一件事看。（《朱子语类》）

把窗儿纸微润破，见君瑞披衣坐。（《董西厢》）

若将此心推转，看这一边，极易。（《朱子语类》）

那人便将手把武松头发揪起来。（《水浒传》三十二回）

军士把枪将秦明妻子首级挑起在枪上。（同上书，三十四回）

林冲把陆虞候家打得粉碎。(《水浒传》七回)

平儿把眼圈儿一红,忙拿话岔过去了。(《红楼梦》七十一回)

到七日上,把个白胖胖的孩子跑掉了。(《儒林外史》六回)

原来那瘟猫,把床顶上的板跳蹋了一块。(同上书,五回)

在中古时,"将"和"把"的语法意义没有什么差别。到了近代后期出现了某些分工的现象:"把"字表示处置意义,"将"字表示工具意义,但不是截然分得很明显的;现代汉语里"将""把"互用的现象也有。

这种宾语提前的句式,到近代语里,在很多情况下有特别的需要,因此在近代和现代语里,应用得非常广泛。如:"这黑大汉在此抢鱼,都赶散了渔船。"(《水浒传》)这样的句式在今天便不大顺口,如果改用"把"字句,就要顺口得多。中古以后这种宾语的前置增加了新的语法意义,因此"把"字句是汉语语法趋向完善的一种标志。

2. 定语的复杂化

从上古到中古,一般句子里限制中心词的修饰成分不会很多,因此长句子较少。近代的书面语中,已经见到了中心词前面有较多的修饰成分,例如:

你的心爱的三郎在这里。(《水浒传》二十一回)

把昨儿那一件孔雀毛的氅衣给他罢。(《红楼梦》五十二回)

这里“三郎”的前面用了“你的”“心爱的”两个定语；“氅衣”前面的定语更多了。象这种连用两个以上的定语来限制一个中心词的句式，在近代书面语里已经出现得很多。再举几例如下：

藏了一把尖长柄短、背厚刀薄的解腕刀。（《水浒传》二十六回）

贾母见宝玉身上穿着荔枝哆啰呢色的箭袖，大红猩猩毡盘金彩绣石青妆缎沿边的扑穗褂。（《红楼梦》五十二回）

薛宝钗穿一件莲青斗纹锦上添花洋线番羓丝的鹤氅。（同上书，四十九回）

此外，还有以整个主谓结构作定语用的。例如：

两个猎户把武松打杀大虫的事，说向众人。（《水浒传》二十三回）

点了一本戏，是梁灏八十岁中状元的故事。（《儒林外史》二回）

到了“五四”以后，定语的连用及其复杂化，就更加普遍起来了。这也是实际生活的需要和时代的要求。长句子如果运用得好，可以把意思表达得更加清楚和准确，结构更加严密。例：

鲁迅是在文化战线上，代表全民族的大多数，向着敌人冲锋陷阵的最正确、最勇敢、最坚决、最忠实、最热忱的空前的民族英雄。（《毛泽东选集》）

象这样的句子里，一个中心词前面的修饰或限制的成分多到十几个;但是,读起来,仍然是非常顺口,丝毫也没有诘屈聱牙的感觉。

3. 状语的复杂化

状语复杂化的情况,与定语有相似之处。近代语里,用单音形容词的重叠放在动词的前面,同时又有趋向动词配合起来,描写动作的情态,这种格式用得很普遍。例如:

把那个石墩只一抱,轻轻地抱将起来。(《水浒传》二十八回)

回头看这日色时,渐渐地坠下去了。(同上书,二十三回)

一面说,一面抽抽搭搭的哭起来。(《红楼梦》五十五回)

探春没听完,已气的脸白气噎,越发呜呜咽咽的哭起来。(同上)

梅玖才慢慢地立起来和他相见。(《儒林外史》二回)

表示处所的状语常常由介词结构来充当。例如:

这边史进见了,便从树林子里跳将出来。(《水浒传》六回)

一时宝钗姊妹往薛姨妈房内去后,湘云往贾母处来,林黛玉回房歇息。(《红楼梦》四十九回)

只见是两个人在那里,见他来了,便想往石后树丛藏躲。(同上书,七十一回)

表示程度、范围、否定、肯定和重复的状语,近代语里绝大多数是用包含有这些意义的副词来表示的。例如表程度的:

小人据常说，只可打条四五十斤的，也十分重了。（《水浒传》四回）

门下知心腹的陆虞候陆谦，他和林冲最好。（同上书，七回）

好花，这屋子越暖，这花香的越浓！（《红楼梦》五十二回）

表范围的：

带一张弓，插一壶箭，引领从人，都到庄上来。（《水浒传》九回）

彼时合家皆知，无不纳闷，都有些疑心。（《红楼梦》十三回）

表否定的：

多得孙孔目维持，这棒不毒，因此走得动。（《水浒传》七回）

你自然不知道！（《红楼梦》六十七回）

表肯定的：

林冲看时，见那八百里梁山水泊，果然是个陷人去处！（《水浒传》十一回）

他如今要作法开端，一定是先拿我开端。（《红楼梦》五十五回）

表重复的：

你二位也知林冲和太尉是对头。(《水浒传》八回)

若是凤姐前,他便早已献殷勤,说出许多主意,又查出许多旧例来。(《红楼梦》五十五回)

这些状语的表示法,一直沿用至今。“五四”以后,状语和定语一样,一个中心词往往可以带两个或两个以上的状语,使句子增多了,表达的意思也更加严密而细致了。例如:

中国人民如果能很好地利用这些条件,积极地坚决地再接再厉地向前奋斗,战胜侵略和建设新中国,是毫无疑义的。(《毛泽东选集》)

有时候,为了使表达的意思更加突出,原因状语和目的状语往往可以前提,放到句首。如:

为了长期合作,统一战线中的各党派实行互助互让是必需的。(《毛泽东选集》)

同时表示时间的状语也特别加强和复杂化起来。例如:

国民经济的技术改造,在第二个五年计划内,必须首先集中在重工业特别是机器制造工业和冶金工业方面。(刘少奇《中共八大的政治报告》)

4. 新兴的成分共用法

成分共用法的产生,是“五四”以后新出现的语言现象,这使得汉语的语法结构更加精密起来了。成分共用是语言中一种经济的表达法；能够以少量的词句严密地表达较为复杂的意思，使得语言既精密又简练。在近代的语言中，这种格式得到普遍地发展和使用。例如：

文艺作品中反映出来的生活却可以而且应该比普通的实际生活更高，更强烈，更有集中性，更典型，更理想，因此就更带有普遍性。（《毛泽东选集》）

从上举例子中可以看出，两个能愿动词在句子里共用了一个中心动词，语势非常紧凑，语言简洁精炼，实际上是把两句话合起来并做一句话说，同时两个能愿动词之间再加上表示进层关系的连接词如第一、第二例，这样语言自然就显得精练简洁了。又如：

他们从自己生产和生活中的迫切要求出发，充分地发挥了自己的聪明才智，创造和改进了成千上万种的工具。（《人民日报社论·进一步开展农具改革运动》）

中苏两国最高领导人的会谈充分地反映和满足了两国人民的迫切要求。（《人民日报社论·站在保卫和平的最前线》）

这是两个动词在句子中共用一个宾语的情况，同样也是使语言显得非常精炼简洁。几个动词共用一个宾语还可以有选择的和进层的关系。举例如下：

这些同志自以为相信马克思主义，但是，他们却不努力宣传唯物主义，听了或看了主观主义的东西也不想一想，也不发议论。（《毛泽东选集》）

共产党需要而且欢迎群众对它提出批评，帮助它改进工

作。(《人民日报社论·为什么说资产阶级右派是反动派》)

他们依靠这支队伍,打击了并且战胜了封建买办和资产阶级的文艺。(《人民日报社论·为保卫社会主义的文艺战胜而斗争》)

近代汉语里的成分共用现象的产生,也很可能是受了翻译外国语言的影响而来的。

5. 新的插说法

插说,是句子中的独立成分,在上古和中古的语言中间已经具有了;在近代语里更加普遍地发展和使用了。例如:

邻人京城氏之孀妻有遗男(始龀)跳往助之。(《列子·汤问》)

南阳刘子骥(高尚士也)闻之,欣然规往。(陶潜《桃花源记》)

雨村忙回头看时,(不是别人)乃是当日同僚一案参革的号张如圭者。(《红楼梦》)

我这一辈子,(别说宝玉,就是宝金、宝银、宝皇帝)横竖不嫁人就是了。(同上)

若说这些丫头们(共总比起来)都没有晴雯生得好。(同上)

新兴的插说法是"五四"以后才出现的,可以分做两种情况来说,一种是附加式的插语。例如:

做工的人,傍午傍晚散了工,每每花四文铜钱,买一碗

酒——这是二十多年前的事,现在每碗要涨到十文——靠柜外站着,热热的喝了休息。(鲁迅《孔乙己》)

恰巧有辆刚打好的车——定作而没钱取货的——跟他所期望的车差不甚多。(老舍《骆驼祥子》)

忽然一种怀疑——人类普遍的、玄秘的怀疑——侵入他的心里。(叶圣陶《一课》)

一种是用“他想”“他以为”“他晓得”等等插入一个句子里,好象把句子隔开为两半;或者插在一个复合句的中间,把分句隔开。例如:

假如他平日交下几个——他想——象他自己一样的大汉,再多有个虎妞,他也不怕。(老舍《骆驼祥子》)

有了自己的车(他以为),就有了一切。(同上)

虎姑娘一向,(他晓得),不这样打扮。(同上)

(三) 复　　句

近代语里的复句,同古代语里比较起来,有着很大的差别。近代语里联合复句和偏正复句当中的并联词语,有明确的规范。不象古代那样分歧。又上古汉语复句中并列复句占优势,偏正复句不及现代汉语那么发达,多重复句也不象现代那么复杂。日益复杂的思维形式,要求有日益复杂的句子表达形式相适应,所以,近代以来出现了句子相互间从属关系的复杂现象。

近代联合复句的并列关系,也有继承了古代复句的表达方法不用关联词语的。例如:

读书人家的子弟熟悉笔墨，木匠的儿子会玩斧凿，兵家儿早识刀枪。（鲁迅《且介亭杂文二集·不应该那么写》）

近代语中产生大量积叠式的并列复句，用重叠关联词语"又"或"也"，把两个、三个甚至五六个单句的意思联合在一起，表达一大串复杂的意思，这在上古是没有的，中古也不多。例：

你如何比我？你又有母亲，又有哥哥，这里又有买卖地土，家里又仍旧有房有地。（《红楼梦》四十五回）

又要研墨，又要蘸笔，又要铺纸，又要着颜色。（同上书，四十二回）

小人住的房屋也是寺里的，本钱也是寺里的。（《水浒传》四回）

只见也有梅花式的，也有海棠式的，也有笔锭如意的，也有八宝联春的。（《红楼梦》五十三回）

表示递进关系的关联词语，上古多用"非独""且""况且""还""且"，中古出现了"非但"。到近代语里，用"不但""不仅"，又用"而且""并且"等与之相响应。例如：

听你说话，分明是京都口吻，而且满面的诗礼家风。（《儿女英雄传》五回）

不但生事，而且我还没趣。（《红楼梦》二十六回）

不但我素日的用了心白用了，且连你素日待我之意也辜负了。（同上书，三十二回）

不但宝钗姐妹在此，且连邢岫烟也在那里。（同上）

近代语中有用“甚至于”作进一层关系的关联词语。如：

过了几天，宝玉更糊涂了，甚至于饭食不进。（《红楼梦》一一五回）

近代汉语里表示选择关系的关联词语是很多的。如：

或者你去找他，或者他来找你。
还是你的主张对呢？还是他的主张对呢？
中国人不是倒向帝国主义一边，就是倒向社会主义一边。

还有用“要么……要么”“是……还是……”等等格式，这些关联词语都能明确地表示：分句同分句之间的选择关系。这种选择关系的表达方式丰富多样，可以满足各种各样错综复杂思想的表达的需要。近代汉语里，使用这些格式的很多，例如：

每日或饭后，或晚间，薛姨妈便过来，或与贾母闲谈，或与王夫人相叙；宝钗日与黛玉、迎春姊妹等一处，或看书下棋，或做针黹。（《红楼梦》四回）

不是东风压了西风，就是西风压了东风。（同上书，八十二回）

不是想我的东西，就是想我的戏酒了。（同上书，五十三回）

近代语的偏正复句当中，表示转折关系所用的关联词语，最典型的格式是“虽然……但是……”，例如：

敌人虽然天天在暗害我们的党，但是党驱逐了暗害分子。(《毛泽东选集》)

其他关联词语，如：

即使日苏互不侵犯条约有订立的可能，苏联也决不会在条约中限制自己援助中国的行动。(毛泽东《苏联利益和人类利益的一致》)

又如：

县官虽小，事情却大。(《红楼梦》四十五回)

我虽是犯罪远流到此，却也看了些真山真水。(《水浒传》三十七回)

这一件事，虽然不致着我丧命，却也费些唇舌。(《明清话本小说》)

人家的官小虽小，到底也是个道台，银子一万多两呢？(《官场现形记》三十一回)

假设关系和条件关系的偏正复句，近代语里有很多地方不用关联词语，从上下文中可以体会出假设或条件的意义。例如：

你死了，我做和尚。(《红楼梦》三十回)

好便好，不好我使老大斧头砍他娘。(《水浒传》三十八回)

另外有一种表示假设和条件的，很近似于解释性的因果句，其中假设的结果不可能实现或已经实现的。例：

早知他来，我就不来了。（《红楼梦》八回）

早知是这样，我也不该求他了。（同上书，三十二回）

若不是从前日看出来，今日这话，再不对你说。（同上书，四十五回）

有一种假设条件关系的偏正复句包含有转折关系，这种复句显然具有两重性质，只是在意义或语气上着重在假设而已。例如：

纵到了至急为难，我剪了头发，做姑子去！（《红楼梦》四十六回）

虽如此，奶奶们取笑儿，我禁不起。（同上书，四十五回）

姐姐也自己保重些儿；就是哭出两缸泪来，也医不好棒疮。（同上书，三十四回）

用“除非”“不管”等做偏正句关联词语的。例如：

不管装什么的，你都每样打几个罢！（《红楼梦》三十五回）

只除非得这三个人，方才完得这件事。（《水浒传》十五回）

除非少爷赏我个本钱，才可以回家养活母亲。（《儒林外史》三十二回）

除非你承认了要他，才好措辞。（《老残游记》十七回）

任他缺分如何坏，做官的利息，总比做生意的好。（《官场现形记》三十一回）

偏正复句里表示因果关系的关联词语，近代语往往用“因为”“因”“所以”“就”“因此”等。例如：

因为我们小子选出来了，众亲友要给他贺喜，少不得家里摆个酒。(《红楼梦》四十五回)

我们起了个诗社，头一社就不齐全，众人脸软，所以就乱了。(同上)

众人都体谅他病中，且素日形体娇弱，禁不得一些委屈，所以他接待不周，礼数粗忽，也都不苛责。(《红楼梦》四十五回)

这陈通两三年内生了一脸髭髯，因此他一霎时便想不起。(《明清平话小说选》)

我闻有王相公的大名，故此一径来寻亲家。(《儒林外史》一回)

生的又矮又胖，但是头发不多，只拖了一根极细极短的辫子，因此众人就适他一个表号叫“田小辫子”。(《官场现形记》三十一回)

为这江州是个钱粮浩大的去处，抑且人广物盈，因此太师特地教他来做个知府。(《水浒传》三十七回)

独有林黛玉自幼不曾劝他去立身扬名等语，所以深敬黛玉。(《红楼梦》三十六回)

从上列例子中可以看出表达因果意义的复句格式很多，说明近代语的偏正复句比古代语发达。

偏句的设置，在“五四”以后，受了外语的影响，通过翻译作品的运用，就在一般中逐渐普遍起来。这对汉语复句来说是一个大变化。在已往汉语的习惯用法中，虽然已经出现过，如：“他骂你什么？你说。”(《官场现形记》)但大量地运用，成为一种普遍的常用格式，那是“五四”以后的事。例如：

> 但将来的命运，不也就可以推想而知么？如果乡下人还是这样的乡下人，老倒还是这样的老倒。(鲁迅《再论雷峰塔的倒掉》)
>
> 他给我的脚医好了，虽然我的脚仍旧有点儿跷。(高尔基《不平常的故事》，瞿秋白译)
>
> 什么地方吱的一声响，她以为这准是一颗流星，虽然她从来没有听见过流星有什么声音。(张天翼《夏夜梦》)

这种变化是符合于汉语句子结构的发展规律的。偏句有时放到正句的后面去，可以丰富和提高汉语的表达力，这是汉语所完全需要的。

紧缩复句。复句的紧缩形式，到近代语里更有进一步的发展。紧缩的格式更为多样，用途也更为扩大。由于紧缩复句能够用单句的形式表达复句的思想内容，所以是一种很精炼的表达方式，具有经济明快的特点。今略举二例如下：

> 给了更好，不给也没妨碍。(《红楼梦》四十六回)
>
> 留他不便，不留又不好。(同上书，一百零五回)

			र	ल	व	श	ष	स	ह	अ					
			ra	la	va	śa	sa	ṣa	ha	a					
ཞ	ཟ	འ	ར	ལ		ཤ		ཥ	ཧ	ཨ					
ža	za	h̲a	ra	la		śa		ṣa	ha	a					
10 神 禅	4 饧 涎	28 刑 贤		6 零 连		27 声 羶		3 新 鲜	23 兴 掀	1 因 烟	29 方切 中风			30 無切 非微	
23 禅	26 邪	28 匣		16 来		21 审		25 心	27 晓	30 影					
时	徐	胡		卢力		式	所	苏息	呼许	乌於					
ʑ	z	ɣ		l		ɕ	ʃ	s	x	○					
30 禅	25 邪	33 匣		35 来		29 审		24 心	32 晓	31 影	5 非	6 敷	7 奉	8 微	
30 辰 禅	25 饧 涎	33 礥 贤		35 邻 连		27 身 羶		24 新 仙	32 馨 祆	31 殷 焉	5 分 蕃	6 芬 翻	7 汾 烦	8 文 樠	
时	徐	胡		卢		所		苏	呼	乌	方		符	武	

韵摄/调/等呼		止摄		蟹摄		
		平上去入	平上去入	平上去入	平上去入	平上去入
一等	开			咍海代 来亥代 ɒi		泰 盖 ɑi
	合			灰贿队 回罪对 wəi		泰 外 wɑi
二等	开			皆骇怪 皆骇拜 ɐi	佳蟹卦 佳蟹懈 æi	夬 犗 ai
	合			皆怪 怀怪 wɐi	佳蟹卦 娲夥卦 wæi	夬 夬 wai
纯三三等等(1)	开	微尾未 希岂既 ɪai				废 肺 ɪɐi
	合	微尾未 非鬼贵 ɪwəi				废 废 ɪwɐi
三等(2)	开	之止志 之里吏 i(ĕ)i				
	合					
三四等	开	支纸寘 宜绮(义)ɪei	脂旨至 夷几利 ɪĕi			祭 例 ɪɛi
	合	支纸寘 为委伪 ɪwei	脂旨至 追鄙位 ɪwei			祭 卫 ɪwɛi
	开	支纸寘 支氏义 iei	脂旨至 脂姊至 iĕi			[齐][海]祭 [移][茝]制
	合	支纸寘 (为)弭(伪) iwei	脂旨至 隹癸醉 iwĕi			祭 芮 iwɛi
假四等	开			齐荠霁 奚礼计 ɛi		
	合			齐　霁 携　惠^{w}ɛi		

宕摄	梗摄		曾摄	咸摄	
平上去入	平上去入	平上去入	平上去入	平上去入	平上去入
唐荡宕铎 郎朗浪各 ɒŋ			登等嶝德 登等邓则 ɪŋ	覃感勘合 含感绀合 ɒm	谈敢阚盍 甘敢滥盍 am
唐荡宕铎 光晃旷郭 wɒk			登　德 肱　或 wəŋ		
	耕耿诤麦 耕幸迸革 ɐŋ	庚梗映陌 庚梗孟格 aŋ		咸豏陷洽 咸减陷洽 ɐm	衔槛鉴狎 衔槛鉴甲 am
	耕　麦 宏　获 wɐŋ	庚梗映陌 横矿横获 waŋ			
阳养漾药 良两亮略 ɪɑk		庚梗映陌 京影敬戟 iæŋ		严俨酽业 严广欠业 ɪɐm	
阳养漾药 方往放缚 ɪwɑk		庚梗映陌 兵永病(戟) ɪwæŋ		凡范梵乏 凡犯剑法 ɪwɐm	
			蒸拯证职 陵拯证力 iĕŋ		
			职 逼 iwĕk		
				盐琰艳葉 廉检验辄 ɪɛm	
	昔 (役)ɪwɛk				
	清静劲昔 盈郢正益 iɛŋ			盐琰艳葉 (廉)琰艳涉 iɛm	
	清静　昔 营顷　役 iwɛŋ				
	青迥径锡 经挺定历 ɛŋ			添忝㮇帖 兼忝念协 ɛm	
	青迥径锡 扃迥　阒 wɛŋ				

文三十三体文及一 势	क	ख	ग	घ	ङ	च	छ	ज	झ	ञ	ट	ठ	ड
文罗马字注音	ka	kʻa	ga	gʻa	ṅa	ca	cʻa	ja	jʻa	ña	ṭa	ṭʻa	ḍa
文三十字母	ཀ	ཁ	ག		ང	ཅ	ཆ	ཇ		ཉ			
文罗马字注音	ka	kʻa	ga		ṅa	ca	cʻa	ja		ña			
玉篇》卷首切字要法 十声类	9 经 坚	20 轻 牵	19 擎 虔		5 迎 妍	14 真 甄	21 称 燀			2 人 然			1
温三十字母	13 见	14 溪	15 群		17 疑	24 照	22 穿	（禅）		12 日	9 知	10 彻	1
韵五十一声类	古居	苦去	渠		五鱼	侧之	初昌	士食		而	陟	丑	
国际音标注音	k	kʻ	g		ŋ	tʃ tɕ	tʃʻ tɕʻ	dʒ dʑ		ȵʑ	ȶ	ȶʻ	
人三十六字母	17 见	18 溪	19 群		20 疑	26 照	27 穿	28 床		36 日	13 知	14 彻	1
韵镜》卷首三十六字 归纳助纽字	17 经 坚	18 轻 牵	19 勤 虔		20 银 言	26 真 甄	27 瞋 燀	28 蓁 潺		36 人 然	13 珍 邅	14 獑 辿	1
洪武正音》三十一 类	古	苦	渠		五	陟	丑	直		而			

声母系统比较表

ढ	ण	त	थ	द	ध	न	प	फ	ब	भ	म					य
ḍ‘a	ṇa	ta	t‘a	da	d‘a	na	pa	p‘a	ba	b‘a	ma					y
		ཏ	ཐ	ད		ན	པ	ཕ	བ		མ	ཙ	ཚ	ཛ	ཝ	ཡ
		ta	t‘a	da		na	pa	p‘a	ba	b‘a	ma	tsa	ts‘a	dza	wa	y
7		22 丁 颠	24 汀 天	16 亭 田		12 宁 年	8 宾 边	15 娉 偏	18 平 便		26 民 眠	25 精 笺	7 清 千	11 秦 前		1 寅 延
1		5 端	6 透	7 定		8 泥	1 不	2 芳	3 并		4 明	18 精	19 清	20 从		2 喻
	女	都	他	徒		奴	博方	普芳	蒲符		莫武	作子	仓七	昨疾		于
	n	t	t‘	d		n	p	p‘	b		m	ts	ts‘	dz		ɣ
5	16 娘	9 端	10 透	11 定		12 泥	1 帮	2 滂	3 並		4 明	21 精	22 清	23 从		3 喻
5	16 纫 繊	9 丁 颠	10 汀 天	11 廷 田		12 宁 年	1 宾 边	2 缤 篇	3 频 蠙		4 民 眠	21 精 煎	22 亲 千	23 秦 前		3
		都	佗	徒		奴	博	普	蒲		莫	子	七	昨		以

合韵表

臻摄		山摄		果摄	假摄
平上去入	平上去入	平上去入	平上去入	平上去入	平上去入
痕很恨(没) 痕很恨(没)ən		寒旱翰曷 干旱盰割 ɑn		歌哿箇 何可箇 ɒ	
魂混慁没 昆本困没 wən		桓缓换末 官管贯括 wɑn		立果过 禾果卧 wɒ	
		删潸谏鎋 奸(赧)晏鎋 ɐn	山产裥黠 闲限苋黠 an		麻马祃 加下驾 a
		删潸谏鎋 还板患刮 wɐn	山产裥黠 顽(绾)幻滑 wan		麻马祃 瓜瓦化 wa
殷隐焮迄 斤谨靳迄 ɪən		元阮愿月 言偃建竭 ɪɐn		歌 (伽)ɪɑ	
文吻问物 云粉问勿 ɪwən		元阮愿月 袁阮愿月 ɪwɐn		歌 (鞾)ɪwɒ	
					麻马祃 遮者夜 ia
真轸震质 巾(忍)(刃) 乙 ɪĕn	臻　栉 臻　瑟 ɪĕn	仙狝线薛 延辇扇(列)ɪɛn			
谆準稕术 (伦)殒律 ɪwĕn		仙狝线薛 员(免)恋劣 ɪwɛn			
真轸震质 邻忍刃质 iĕn		仙狝线薛 连善战列 iɛn			
谆準稕术 伦尹闰聿 iwĕn		仙狝线薛 缘兖绢悦 iwɛn			
		先铣霰屑 前典甸结 ɛn			
		先铣霰屑 玄泫县决 wɛn			

独韵表

摄 调 韵 等	通摄		江摄	遇摄	效摄	流摄	深摄
	平上去入	平上去入	平上去入	平上去入	平上去入	平上去入	平上去入
一等	东董送屋 红孔贡木 un	冬(肿)宋沃 冬(湩)宋沃 woŋ		模姥暮 胡古故 wo	豪皓号 刁皓到 ɒu	侯厚候 侯后候 əu	
二等			江讲绛觉 江项绛角 ɔŋ		肴巧效 交巧教 ɐu		
纯三等 三等(1)	东　送屋 弓　仲六 ɪuŋ	锺肿用烛 容陇用玉 ɪwoŋ		虞麌遇 俱庾遇 ɪwo		尤有宥 鸠九救 ɪəu	
三等(2)				鱼语御 鱼吕据 io		幽黝幼 幽黝幼 iĕu	
三四等					宵小笑 娇小召 ɪɛu 宵小笑 遥沼笑 iɛu	侵寝沁缉 金锦禁立 ɪĕm 侵寝沁缉 林荏鸩入 iem	
假四等					萧篠啸 聊了弔 ɛu		

张世禄全集

11

第十一卷

Literature and Art,
History,
Miscellaneous

文艺学·历史学·其他

张世禄 著 申小龙 编

中国出版集团 東方出版中心

编辑凡例

一、本书收录的著作,在语言、文字和标点符号上,尽可能保留原文的风格。

二、本书收录的著作,其内部标题序号,依照其与全书统一序号的对应,作了调整。

三、由于历史文献辑佚的困难,本书对文献中难以辨认的文字,作了打黑码处理。对已经辨认的文字中可能存在的误读,尽可能联系上下文酌定。

四、本书收录的著作,个别在章节、体例和标题内容上做了适应出版的整合工作。

五、本书收录的译文,部分在译者手稿中出现注释缺损,现据相关出版文献订补。

六、本书对旧版文字成例之取舍尊重独立的字义,并适当照顾历史习惯:

1. 不改动的词语(示例)

辨说 科白 旁驸 语意 苍颉 名辞 展转 那末 峙躇
辨论 免强 色采 贯串 透切 蕃殖 反覆 沈重 参杂
颚化 孳生 蕃衍 为着 对向 成份 太形 甚么 记念
愈益 傅会 笔划 推重 特出 邱陵 阑入 偶而 洗炼
真象 真相 纪录 掉换 引伸 借贷 从新 薰灼 弯屈
原素 原泉 澈底 没煞 厌足 便易 凭籍 纷歧 做效
策勳 涵义 直截 抵当 工夫 惟一 慢骂 赅括 遗流
二个 致疑 发见 揉合 偏面 起原 参进 暂短 委宛
仓猝 骗诈 驾御 疏理 畺界 映象 原于 愤闷 附合
各各 各别 交插 纪载 吸受 激刺 包晕 联接 接联
表显 施予 检察 薰染 地土 已往 画象 媚妩 答理
跌交 接合 排泻 隄防 筹画 策画 谋画 藩著 连络
连系

暴发音 哗喇喇 以致于

赤首圜题 训诂之指 信而有证 莫明其妙 由博反约
穷源竟委 智识分子 混然一体

一日千里之概

斯干的纳维亚(斯堪的纳维亚)

普通(副词) 象(动词) 成功(及物动词) 的(状语、补语助词)

2. 不改动的标点(示例)

总之：　　总而论之：

3. 改动的词语(示例)

如左→如下	右设→下设	两傍→两旁
意像→意象	岐异→歧异	部份→部分
供献→贡献	了望→瞭望	蹓跶→溜达
钞成→抄成	偁→称	会总→汇总
豫告→预告	份子→分子	简炼→简练
沿习→沿袭	原流→源流	浅鲜→浅显
表章→表彰	迭韵→叠韵	纪录品→记录品

恰如其份→恰如其分

目　录

中国文艺变迁论

德国现代史

诗　　词

序言·讲话·其他

信　函

中国文艺变迁论

自　　序

近今研究吾国文艺者，众矣。顾其偏弊之处，有二：

其一，每偏重于文艺之体制形式，所谓定言不定言，骈体与散体等，言之綦详；而于其内容之变迁如何，其受于时代思潮之影响者如何，其关于文艺本身外之事实如何，则罕有论及。此则不为统体观察之过也。

其二，诸述文艺史者，大都仅罗列文学家作品与身世，以实各代史料而已；至于其相互间递嬗交替之关系，与受于时代变化之原因等等，则略而不讲。此则缺乏历史方法之过也。

本书编述之目的，在欲矫正以上二弊，而供给读者以吾国文艺变迁之系统概念。惟学力有限，恐不足以副读者之望耳。

全书分三十五章：第一、二两章为总论，末章为结论。此外诸章，大都依据文艺变迁之时代顺序：自第三至五章，论《诗经》以前之文学；第六至十一章，论《诗经》；第十二至十五章，论《楚辞》；第十六至十九章，论汉赋；第二十至二十五章，论汉魏隋唐间之诗与乐府；第二十六至二十八章，论宋词；第二十九至三十二章，论元曲；第三十三、三十四两章，论明清小说。不更以此分篇者，以明其相互间连续交接之关系也。

中华民国十七年九月十二日，张世禄自序于沪上。

一、国人对文艺旧观念之谬误

文艺之意义如何？关于此问题，欧美文学界中，尝起争讼；异说纷歧，迄无一致公认之界说。今惟有择其较为确切圆满者，举出一二，以供国人研究文艺之标准：

坡斯涅特（Posnett）云："文学者，包括散文或韵文之一切著述；其产生之由来，根据于吾人想像作用者多，根据于反省作用者少；其目的，宁为与多数人以快感，而非为与之以教训或实利；其所诉，乃在一般普通的，而不在专门特殊之智识也。"（Literature consists of works, which whether in prose or verse, are the handicraft of imagination rather than reflection; aim at the pleasure of the greatest possible number of the nation rather than at instruction and practical effects, and appeal general as against specialized knowledge.）

韩德（Theodore W. Hunt）云："文学者，借想像、感情，及趣味以表现思想之文字；欲得一般人之理解与兴趣，故其形式不宜于专门化。"（Literature is the Written Expression of Thought, through the Imagination, Feelings and Taste, in such an untechnical form as to make it intelligible and interesting to the general mind.）

道登(Dowden)云:“科学之目的,在判断及传达事实;艺术之目的,在借情感以促进吾人生活,使达于较高之意识。”(To ascertain and communicate facts is the object of science; to quicken our life into a higher consciousness through the feelings is the function of art.)

总合三者以观,可知文艺乃一种以文字为工具之艺术;其作用由于感情想像与兴趣,而不由理智;其要素重于内容,而不重形式;其效力乃及于一般人,而非少数人所得据为私有者也。更考诸吾国文艺二字之意义:

文之字义有三:

(一) 纹画之文　《说文》:“文,遣画也,象交文。”《礼记·王制》:“被发文身”;注:“谓刻其肌以丹青涅之。”《月令》:“文绣有恒”;注:“谓画也。”《考工记》:“画绘之事,青与赤为之文。”

(二) 彣饰之文　《论语》:“文之以礼乐”;孔注:“成也。”又“文质彬彬”;皇疏:“华也。”《礼记·乐记》:“文采节奏,声之饰也。”《广雅·释诂》:“文,饰也。”引申之,则凡事物之秩然有纪,焕然可观者,皆得称文。如《书·尧典》:“钦明文思安安”;《诗》:“思文后稷”;《晋语》:“吾不如衰之文也”;是则指举止威仪也。《论语》:“尧舜焕乎其有文章”;又“文王既没,文不在兹乎”? 何晏谓礼乐法制也;又《礼记·大传》:“考文章”,注:“礼法也”;是则指礼乐法制也。《左传》:“言之不文,行而不远”;又“非文词不为功”;是则谓言词也。

(三) 文字之文　《说文序》曰:“依类象形谓之文”;《书序》:“由是文籍生焉。”《论语》:“则以学文”,马注:“古之遗文也。”《左传》:“有文在其手”;又“故文,反正为乏”,又“于文,虫皿为蛊”。《孟子》:“不以文害辞。”《中庸》:“不考文”;注:“书名也。”

艺之字义有二:

（一）树艺之艺　《说文》："埶，穜也，从坴，从丮持而穜之，会意；字亦作蓺，作艺。"《书·禹贡》："岷嶓既艺"；《诗·楚茨》："我埶黍稷"；《周礼·大司徒》："以教稼穑树蓺"；《广雅·释地》："埶，穜也。"

（二）材艺之艺　《周礼·大司徒》："六艺：礼，乐，射，御，书，数"；《礼记·礼运》："义者艺之分"，注："犹才也"；又《文王世子》："曲艺皆誓之"，注："小技能也"；《乐记》："艺成而下"；注："才技也。"

文艺既为艺术之一，而以文字为工具者，则固取文字之文与材艺之艺二义合成。文学之艺术化者，即以感情想像与兴趣为主，非谓一切文字皆可以赅之也。文艺之不为彣饰之文者，盖其要素重在情感、想像、兴趣等之实质；非仅整饰文字之形式，即足以厕诸文艺之林也。明乎此，乃可与纠正吾国旧观念之谬误：

（一）《韩非子·六反篇》："学道立方，离法之民也；而世尊之曰，文学之士。"《史记·儒林传》："齐鲁之间，于文学自古以来其天性。……赵绾王臧之属，明儒学，而上亦乡之；于是招进方正贤良文学之士。"《史记·自叙》："汉兴，萧何次律令，韩信申军法，张苍为章程，叔孙通定礼义；则文学彬彬稍进。"是可见周汉人并以文学赅一切学术；其界域至宽，凡以文字著之竹帛，均得称之。唐宋古文家多宗是义。韩愈《进学解》谓：作为文章，上规姚姒，《盘·诰》《易》《诗》《春秋》《左氏》；下逮《庄》《骚》，太史，子云，相如；以宏中肆外。柳宗元亦言：每为文章，本之《诗》《书》《礼》《春秋》《易》；参之《谷》《梁》《孟》《荀》《庄》《老》《国语》《离骚》《史记》。所谓"文以载道"，凡有关于学术之文字，皆得称文。章炳麟《文学总略》："文学者，以有文字著于竹帛，故谓之文；论其法式，谓之文学。"此等文学之义界，至为广泛；凡所记载者，不必出于感情想像与兴趣之作用，且大部分为理智文字；此非属于文艺之范围也。此其谬误一。

（二）《释名·释言语》云：“文者，会集众采以成锦绣，会集众字以成词谊，如文绣也。”是以藻缋成文章，乃得为文。六朝人本之，遂有文笔之辨。《晋书·蔡谟传》：“文笔议论，有集行于世。”《南史·颜延之传》：“宋文帝问延之诸子才能；延之曰：‘竣得臣笔，测得臣文。’”由是刘勰《文心雕龙》引时论：乃以“有韵为文，无韵为笔”；萧绎《金楼子》乃谓：“吟咏风谣，流连哀思谓之文。……文须绮縠纷披，宫征靡曼，唇吻遒会，情灵摇荡。”是以有情采声律者，始得谓之文；无情采声律者，只得谓为笔。萧统选文，因屏经史子不录，惟取“综缉辞采，错比文华，事出于沉思，义归于翰藻”。阮元书《文选叙》后：“孔子《文言》，实万世文章之祖，此篇奇偶相生，音韵相和，如青白之成文，如咸韶之合节；非清言质说者比，非振笔从书者比，非佶屈涩语者比；是故昭明以为经子史非可专名之为文也；专名为文，必沉思翰藻而后可。”凡此皆以文为彣饰之文；言词必饰以辞藻，整以声律，如偶句韵语，乃可称为文。洵如其说，则近代散文小说，不得属于文艺之林乎？盖徒论文词之形式，不足为批评文学之标准；必须问其根据感情想像与否？动人兴趣与否？至于文词之为骈为散，有韵无韵，固可勿拘也。彼等乃徒以诗歌词赋为文；则诗歌词赋其形，非诗歌词赋其实者，亦众矣；亦将厕诸文艺之林乎？此其谬误二。

观此，吾国旧观念之谬误，乃在不明文艺之真正意义；于是文艺之界说与标准，均难以确定。大足以丧失学者之旨趣；而文艺之创造上，亦无形中受其阻碍。此固亟须加以纠正者也。

二、中国文艺变迁之痕迹与公例

章炳麟曰："魏文侯听今乐则不知倦，古乐则卧；故知数极而迁，虽才士勿能以为美。"（《国故论衡辨诗》）一代有一代之文艺，其变迁乃因于势之所不得不然。以今之人而必欲为古之文，其结果必不能有所创作。焦循《易余籥录》已论及之矣；因录其说如下：

> 商之诗，仅有《颂》；周则备《风》《雅》《颂》；载诸《三百篇》者，尚矣！而楚骚之体，则《三百篇》所无也；此屈宋为周末大家。其韦玄成父子以后之四言，则《三百篇》之余气游魂也。
>
> 汉之赋为周秦所无，故司马相如，扬雄、班固、张衡为四百年作者；而东方朔、刘向、王逸之骚，仍未脱《楚辞》之科臼矣。其魏晋以后之赋，则汉之余气游魂也。
>
> 楚骚发源于《三百篇》；汉赋发源于周末；五言诗发源于汉之《十九首》，及苏李而建安，而后历晋、宋、齐、梁、周、隋，于此为盛。一变于晋之潘陆，宋之颜谢；易朴为雕，化奇作偶。然晋宋以前，未知有声韵也。沈约卓然创始，指出四声，自是厥后，变蹈厉为和柔。宣城水部，冠冕齐梁，又开潘陆颜谢所未有矣。
>
> 齐梁者，枢纽于古律之间者也；至唐遂专以律传。杜甫、

刘长卿、孟浩然、王维、李白、崔颢、白居易、李商隐之五律七律，六朝以前所未有也；若陈子昂、张九龄、韦应物之五言古诗，不出汉魏人之所范围。故论唐人诗以七律五律为先，七古七绝次之；诗之境至是尽矣。

晚唐渐有词，兴于五代，而盛于宋，为唐以前所无；故论宋宜取其词。前则秦、柳、苏、晁，后则周、吴、姜、张；足与魏之曹、刘，唐之李、杜，相辉映焉。其诗人之有西昆西江诸派，不过唐人之绪余，不足评其乖合矣。

词之体，尽于南宋，而金元乃变为曲；关汉卿、乔梦符、马东篱、张小山等为一代钜手。乃谈者不取其曲，仍论其诗，失之矣。

有明二百七十年，镂心刻骨于八股；如胡思泉、归熙甫、金正希、章大力数十家，洵可继楚骚、汉赋、唐诗、宋词、元曲，以立一门户。而李、何、王、李之流，乃沾沾于诗，自命为复古，殊可不必者矣。

夫一代有一代之所胜；舍其所胜，以就其所不胜，皆寄人篱下者耳。

焦氏之言，洵美矣。惟以八股为明代文艺，不如取小说为当。章回体之小说，源于宋，兴于元，而盛于明，为宋以前所未有。夫八股在文学上之技巧，可谓至极；其价值如何，亦难以确定；惟在当时一般社会，受其直接之影响，恐反不及语体小说之大。盖八股在当时已成为一种专门之形式，非从事于斯者，多不能享受与领会。而彼时从事于斯者，亦大都受专制政体之利用；诚非如语体小说之发达，乃因乎社会上自然之趋势也。

一代有一代之所胜，乃文艺变迁之必然公例，此固研究者所不可不知；而其相互间递嬗交替之迹，犹必具下列诸条件：

（一）社会一切事物之进化，以渐不以顿；文艺亦不能出此例外。凡旧文艺正发达时，新文艺必早已潜伏萌芽发动之机；常有新文艺已发展成熟，而旧文艺尚未完全衰退者。例如六朝时之古诗正兴盛，而已有唐人律绝诗之趋向；唐时盛行律绝诗，而六朝古诗之气运尚未完全衰退。宋代词最发达，而当时已具有明清小说之萌芽；元明之际，戏曲正盛行，而小说之发展，亦已告成熟。

（二）凡一种文艺变为他种时，其间常又发生一种过渡物。新旧之交替，既以渐不以顿；故其蜕变时，尝发生介乎两间之过渡物；其物有旧文艺之特质，而亦兼具新文艺之要素。例如《诗经》之后为《楚辞》；而荀卿之诗赋，实介乎《诗经》与《楚辞》之间。《楚辞》之后为古诗与乐府；汉初骚体之诗歌，即介乎其间者。他如挡弹词、鼓子词，乃词与曲之过渡物；弹词小说，实明清传奇与章回小说之沟通媒介。

（三）凡一种新文艺之发生，必包含承受多种旧文艺之要素。生物之遗传，子承于父，父承于祖，祖又承于祖之祖；子实包含其数代父祖之性质。文艺之递变，亦犹是耳。例如宋词，观其取材方面、方法方面，实融合汉魏六朝隋唐之诗歌乐府以产生者也。元曲之发达，实包含周汉以来诗歌词赋小说之成分。小说为纪事体；然于诗歌词赋等体，亦无所不包。

（四）凡一种文艺之出现，实为后来产生种种新文艺之因缘。后来新文艺，既必包含其前种种旧文艺之要素；故一种文艺之出现，后于此者，无论直接或间接，多少必受其影响。例如《楚辞》为汉赋之渊源，人知之矣；而其《天问》《九歌》诸篇，实开后来神怪小说之先河。汉、魏、六朝之叙事诗，为后来杜甫、白居易诸人之所本，人知之矣；而其诗中描摹各人之口吻，实又为元明戏曲小说之鼻祖。

（五）凡一种文艺由生长而成熟而衰退，其形式必日趋于扩大而渐形固定；其格律必日趋于细密，其工力必日就于技巧。生物之生长，成熟之后，生长力衰退，其体格遂成为僵化。文艺亦然，当其生长力衰退时，形式必已固定。一般从事于斯者，既无以超越前人，惟向形迹中求之。于是格律日就细密，工力日趋技巧；而其文艺之气运，至是遂告终极。例如汉赋，至魏晋以下，殆已僵化；六朝人加以声律对偶，至唐遂成律赋，而古赋遂亡。古诗经六朝，已渐僵化；至唐成律诗，而古诗遂亡。宋词由唐五代之小令变为长调慢词，形式之扩大也。至南宋意境趋于狭隘，已渐固定矣。后人乃惟于形迹求之，律愈细，心愈苦；而词终不可复矣。元曲限于四折，其形式固定，而北曲终亡。明清传奇增至数十折，形式之扩大也；后人惟拘守其成式与律调，而元明戏曲终不可复。小说由短篇而长篇而章回，形式之扩大也；近人已厌其板滞，思有以变化之矣。

以上五项，乃吾国文艺变迁暂行假定之公例，犹仅自文艺本身上观察者也；至文艺外之事物，与其变迁之过程上，当然有密切关系；今试举其尤著者言之：

（一）时代

民族、环境与时代为文学之背景；此泰纳（Taine）氏之言也。观之吾国，如《楚辞》之发生，实战国之纵横时代有以促进之。近代词曲小说之发达，实受宋代议论说理文兴盛之影响。吾国史上，一代风气，常受二三有力者之转移。如汉武帝、唐太宗，于汉唐诗赋之发达，实为有关系之人物。

（二）民族

凡一新民族与旧民族之结合，常能产生新文艺。如荆楚民族与中原文化结合，《楚辞》遂以成立；南北朝民族之结合，遂开唐代文艺之盛况；金元之入主中国，乃有戏曲之发达；皆其例也。又当国族强盛之时，其文物亦随以发达；汉唐文艺之兴盛，即其例也。

（三）地理

吾国长江流域与黄河流域地势不同，其影响于民生者至钜；世人遂以为吾国一切学术思想文艺皆有南北之分。惟地理之界限，常以交通之便利，政治之统一，而减少其程度耳。吾国《诗经》《国风》诸篇，当时各国诗歌，可因地理以比较之；《楚辞》与《诗经》之相异，亦可根据长江、黄河二流域地势之不同以观察之。

（四）政俗

吾国政俗之影响于文艺者，如南北朝文艺，北重质素，南尚浮华，实由于政俗之不同有以致之。又如唐代诗赋、明清八股，皆与其时科举制度有关者也。

（五）语音

吾国方言错杂，文艺遂多因而异趣。如《楚辞》之为楚语，词曲之演化，南北曲之区分，大都与当代语音有关。

（六）文字

吾国为衍形文字，且一义一音；律诗骈文，皆因乎吾国文字之特质以成立者也。

（七）音乐

吾国文艺之变迁，大都因乎音乐之更改。《诗经》之变为《楚辞》，以雅乐之沦亡，楚声之兴起也；乐府与诗词之递嬗，以西域音乐之输入而起变化也；他如宋词元曲之变化，与音乐之关系，更显然矣。

凡一事物之变化，莫不受旁事物之影响；以上所举，乃其影响于文艺变迁者，最深切著明者耳。先明文艺本身之递嬗，更考求其变迁之由来，此则研究文艺演进史者所有事也。

三、上古传疑之诗篇

研究吾国古代文艺者，自当以《诗经》为始。《诗经》以前之文学作品，殆不可考。郑玄之言曰："诗之兴也，谅不于上皇之世。大庭，轩辕，逮于高辛，其时有亡，载籍亦蔑云焉。《虞书》曰：'诗言志，歌永言，声依永，律和声'；然则诗之道，昉于此乎？有夏承之，篇章泯弃，靡有孑遗。"(《诗谱叙》)则虞夏以前，篇章无存，后之人无得而考见焉。

麦肯基(A. S. Mackenzie)谓原始时代文学之特征为口头的(oral)。如希腊荷马诗本为零片之集合品；曾经历代多种之口头传述，后乃写于文字，曾加以修正与润饰者也。吾国最早之诗歌，为周汉人所传述者，如《伊耆氏》之《蜡辞》：

> 土反其宅，水归其壑，昆虫毋作，草木归其泽。(《礼记·郊特牲》)

黄帝时之《断竹歌》：

> 断竹续竹，飞土逐宍。(《吴越春秋》；刘勰《文心雕龙》谓为黄帝时诗)

又尧时之《击壤歌》：

日出而作，日入而息，凿井而饮，耕田而食，帝力于我何有哉？（《列子》）

舜时之《南风歌》：

南风之薰兮，可以解吾民之愠兮！南风之时兮，可以阜吾民之财兮！（尸子及《孔子家语》）

零片断简，殊不足以餍读者之望。日本盐谷温《中国文学概论》谓："《击壤》近《老庄》之思想，《南风》似《楚辞》之句读"；则此等诗歌，究为后人所追记，或周汉人所伪托，亦莫敢质言其确。

近人以为其歌辞之合于原始社会情形者，大都可信。如伊耆氏《蜡辞》为当时农民祭祀之祝辞，以吾国最重农业者也。《断竹歌》则原始民族守尸时之挽歌；古无衣衾棺椁，葬尸旷野，恐为禽兽所食；乃手执弓弹，助孝子以守其父母之遗尸（见朱谦之《文存》）。此以诗歌意义与当时社会情形吻合，似可依据；然亦不过推测之辞耳。

四、古代文艺发达之推测

由上章，可知上古文学之遗存于今者，已难确信；然非谓上古之绝无文学也。沈约曰："民禀天地之灵，含五伦之德，刚柔迭用，喜愠分情；夫志动于中，则歌咏外发。六义所因，四始攸系；升降讴谣，纷披风什。虽虞夏以前，遗文不睹，禀气怀灵，理无或异。然则歌咏所兴，宜自生民始也。"（《宋书·谢灵运传论》）夫人不能无情，感物而动，悲欢所生，自不能不有以发抒其胸臆者；则诗歌尚焉。夫禽兽之属，尚时露其歌舞节奏之状态；而况人类？近代从人类学社会学上研究之结果，以抒情诗为文学最早之形式；则初民时代，早已有诗歌发生，自可无疑。《郑玄》谓诗之兴，不于上皇之世；非笃论也。

诗歌既兴，音乐舞蹈亦即随之以生；自古三者殆合一而不分离。民歌（ballad）一字，乃从古法文动词（baller）转变而来，即跳舞之意也。麦肯基述诗之起源曰："感情之为物，是旋律性的（rhythmic）。在某种状态中，为自己增长快感，减少苦痛，常用种种冲动之肉体运动或呼声，以表白之。此种种冲动之运动及呼声，乃为唤起身体及声音自发动作之准备；故其为旋律（rhythm）支配时，舞蹈与音乐之基础，即于以成立。"此言音乐舞蹈与诗歌之关系，吾国古时已多有论及之者矣：虞书曰："诗言志，歌永言，声依永，律和声；八音克谐，无相夺伦，神人以和。”子夏曰：“诗者，志之所之也；在心为志，发言为诗。情动于中，而形于言，言之不足，故嗟叹之；嗟叹之不足，故咏歌之；咏歌之不足，则不知手之舞之，足之蹈之也。”（《诗大序》）《乐记》曰：“诗，言其志也，歌，咏其声也，舞，动其容也；三者本于心，然后乐器从之。”是可知乐舞之起源，实由于诗歌之发生也。

考吾国乐器之发明，与乐舞之发达，俱甚悠远。世传伏牺神农作琴瑟（《世本作篇》），而自黄帝下至三代，乐各有名。（《汉书·艺文志》语，《通典》谓黄帝作《咸池》，少皞作《大渊》，颛顼作《六茎》……）唐虞时已有典乐之官（见《虞书》）。虽古史难稽，而乐舞之兴盛，必在上世。乐舞与诗歌合一；则吾国诗歌，太古早已发达，又可因是以推知也。

日本本间久雄《新文学概论》：谓“诗之形式，从发生之顺序上言：第一为抒情诗，其次叙事诗，再次剧诗”。诗歌发达之结果，必衍为史诗；如印度之《马哈巴拉泰》（*Mahabharata*）、《拉马耶那》（*Ramayana*），希腊之《衣里亚特》（*Iliad*）、《奥特赛》（*Odyssey*），或述国族间之纷争，或叙英雄之遇险；常推为世界上伟大之作品。而吾国古史上，如黄帝之战蚩尤、夏禹之治洪水，此等事实，最足以震动人心；乃仅为古史上之记载，未衍为长篇史诗之资料，此其故何哉？

五、中国古无史诗之原因

印度希腊与吾国,同为古文明国,而其地理上之影响于民族思想者,均各不同。印度土地肥沃,生物百备,不待操作,足以生存。且地气炎酷,不适工作,一最不宜现世人生活动之地;故其人常有神灵幽渺之思想。希腊地处半岛,天朗气清,山明水秀。人民通商为业,海阔天空,胸怀开拓。而经济富裕,无物质之忧虑;故其性情活泼,心思敏锐,常有丰富之想像。中国则均与二者异。上古汉族之所占领,以黄河为根据,而渐拓植于南北沿岸。其地质为第四纪之水成岩,禹甸畇畇,周原朊朊,大部为可耕之地。惟地味所宜,仅黍稷菽麦之类;故非勤于操作,不能有获。而河水泛滥为灾,下民昏垫;非抵抗自然,无以自存。故其民族心理,常以发挥实践躬行为准的;虚无缥渺之思,殆为先民所罕有。此民族思想之特殊,又可因以解释文艺者也。

古代叙事诗之形成,其必要条件,恃有一种具体拟人之多神观念以助长之。《马哈巴拉泰》《拉马耶那》《依里亚特》《奥特赛》诸诗,乃出于印度希腊之古代多神观念;故一方面叙述史事,一方面仍带有神话之色彩。吾国偏于实际之人生,此种多神观念,几经洗炼蜕变;至有史时代,至高抽象之一神,所谓天道观念者,已渐确立。虽间或以天具有人格,而未见以为具体之偶象。盖吾国古代哲学家、历史家以主张躬行实践之故，凡具有偶象具体之神话，殆多所排弃。宁使文学之为历史化，而不容历史之文学化；太史公所谓“百家言黄帝，其文不雅驯，荐绅先生难言之”者也。

吾国古代最大之神话集，当推纬书：如言“人皇九头，提羽盖，乘云车，使风雨，出旸谷，分九河”(《春秋命历序》)之类，在当时亦以供谈史者之资料。俞正燮《癸巳类稿纬书篇》：谓“《纬书》者，古史书也；孔子定六经，其余文在太史者，后人目之为《纬》”。此等史料，于政治上道德上固无价值；而于国民文学上，则大有关系；《文心雕龙·正纬篇》所谓“无益经典，而有助文章”者也。屈原之作，吾国文艺中之最富有想像力者也；而班固谓为“露才扬己，忿怼沉江；羿浇二姚，与《左氏》不同；《昆仑》《悬圃》，非经义所载”。是故吾国古代，谓必无伟大如荷马之诗人，虽未可断定；而此等以经史眼光，平衡文艺，殊足以遏抑文艺天才之发展；则固可确信无疑者也。是则吾国古无史诗之原因：以当时历史家、哲学家，如孔孟之徒，大都趋重于实际上之政治问题、社会问题；而忽视初民文学资料之保存。以其神渺怪诞，无益经典，而遂轻视之；致使其不能形成为伟大之组织，如《印度》《希腊》之史诗；此则殊可惜者也。

《诗经》大部为抒情诗；间杂有叙事者，亦大都可以补正历史上之事迹；其稍带有神话色彩者，如《生民》之诗一段：

> 厥初生民，时维姜嫄；生民如何？克禋克祀，以弗无子；履帝武敏歆，攸介攸止！载震载夙，载生载育，时维后稷。诞弥厥月，先生如达，不坼不副，无菑无害。以赫厥灵，上帝不宁，不康禋祀，居然生子：诞置之隘巷，牛羊腓字之；诞置之平林，会伐平林；诞置之寒冰，鸟覆翼之；鸟乃去矣，后稷呱矣！

在《诗经》中，绝不多见。盖订诗者、删诗者，多趋重于日用常行之途，而不喜为怪力乱神之谈（《诗经》虽未敢断定为孔子一人所删定，而孔子亦必为删定者之一人），故多为写实之文学也。章实斋《文史通义》谓六经皆先王之政典；孔子曰："《诵诗三百》，授之以政，不达；使于四方，不能专对；虽多，亦奚为？"《诗经》在当时亦所以经世致用；则其所以平易切实，不尚浮华奇幻，亦可以思其故矣。

六、诗经作述之渊源

古代文学之特性，为合作的，代表民族的。与其谓为少数人之著作，不如谓为一时代文学之结果。其始零星散漫，为各处人民所唱诵，后乃渐渐融合，成为一部伟大之组织。希腊印度之史诗，希伯来之圣经，皆曾经此等阶段而成者。对吾国诗经，亦可作一例观。

《诗经》各篇之作者，《诗序》中已大部分不能指出其主名。其所指定者，如《柏舟》之作于共姜，《绿衣燕燕》《终风》《日月》之作于庄姜等，亦大都未可引为确信。其在诗中，自述其姓名者，如《小雅·节南山》之“家父作诵，以究王讻”；《巷伯》之“寺人孟子，作为此诗”；《大雅·崧高》之“吉甫作诵，其诗孔硕”；《烝民》之“吉甫作诵，穆如清风”；此最为可信。其他在古籍之有征验者，如《尚书·金縢篇》谓周公作《鸱鸮》；《左氏·闵二年传》谓许穆夫人赋《载驰》；亦可依从。此外正似《古诗十九首》，果为何人所作，实有难于断定者；而大部分且为民间流行之歌谣，绝非少数人所能据为己出。

考《三百篇》中，各篇间，多互有重复之章句，如《王风·扬之水》与《郑风·扬之水》：

扬之水，不流束薪；彼其之子，不与我戍申；怀哉怀哉！曷月予还归哉？

扬之水，不流束楚；彼其之子，不与我戍甫；怀哉怀哉！曷月予还归哉？

扬之水，不流束蒲；彼其之子，不与我戍许；怀哉怀哉！曷月予还归哉？

（《王风・扬之水》）

扬之水，不流束楚；终鲜兄弟，维予与女；无信人之言，人实迋女。

扬之水，不流束薪；终鲜兄弟，维予二人；无信人之言，人实不信。

（《郑风・扬之水》）

他如《周南・樛木》《小雅・南山有台》与《小雅・采菽》；《小雅・菁菁者莪》《隰桑》与《郑风・风雨》；其中或诗意相同，辞句相同。郑振铎《文学大纲》谓此种由一诗演变为二为三，其原因：则由于流行之地域不同，辞句上不免有增减歧异之处；或以应用不同，遂不免有简朴与增饰之殊。此诗歌之所以多相转变者。章炳麟《检论正名杂义》谓“韵文弦诵相授，素繇耳治。久则音节谐孰，触激唇舌；不假思虑，而天纵其声。是故后代新曲，往往袭用古辞”。此诗歌之多相因袭者。《吕氏春秋》涂山氏之歌“候人兮猗”，有娀氏之歌“燕燕往飞”；与《曹风》之“彼候人兮”，《卫风》之“燕燕于飞”；异时异地，而有其因袭转变之迹；此又可为《诗经》《三百篇》中之佐证也。由此可知诗经乃集合各地之诗歌，历长久时间，乃渐渐形成者也。

司马迁《史记・孔子世家》曰：“古诗三千余篇，及至孔子，去其重，取可施于礼义；上采契后稷，中述殷周之盛，至幽厉之缺；始于衽席，故曰：‘《关雎》之乱，以为《风》始，《鹿鸣》为《小雅》始，《文王》

为《大雅》始，《清庙》为《颂》始。’三百五篇，孔子皆弦歌之，以求合《韶武雅颂》之音。”此言孔子去其重者，殆即删去此等重复类似之篇章也。惟后人多不以孔子删诗之说为然；孔颖达曰：“书传所引之诗，见在者多，亡逸者少；孔子所录，不容十分去九。”（《诗谱叙疏》）又曰：“季札歌诗，《风》有十五国，其名皆与《诗》同，惟次第异。则仲尼以前，篇目先具；其所删削，盖亦无多。《史记》云：‘古诗三千余篇，孔子取三百五篇’；盖马迁之谬。”（《左襄二十九年传疏》）夫古诗之果为三千与否，固未能确定；而谓古诗仅此三百，亦不可信。《三百篇》外之诗歌，见于古籍而遗存于今者，亦可得数十首。《诗经》殆必为孔子所删修编定；惟当时通行最广，流传最盛，讽诵最多者，盖仅此三百；孔子亦因其俗耳。三百之外，则或以意义辞句，重复过多；或以不合其应世致用之目的；孔子遂不录耳。

七、诗经文辞之由来

在《诗经》作述之前，已有《易经》《书经》二书。《庄子》曰："《诗》以道志，《书》以道事，《易》以道阴阳"(《天下篇》)；太史公曰："《书》以道事，《诗》以达意，《易》以道化"(《史记自序》)。《书经》为纪事之体，《易》经为哲理之书，皆理智之文字；与《诗》之所以发抒情感意志者，绝不相侔。惟《虞书》载舜与皋陶之赓歌：

股肱喜哉，元首起哉，百工熙哉！(帝舜)
元首明哉，股肱良哉，庶事康哉！(皋陶)
元首丛脞哉，股肱惰哉，万事堕哉！(皋陶)

前诗，君臣互相颂德责善；由四言三章而成，每句用韵，用反复渐进之格。此实为《诗经》篇法之祖。盖胸怀情绪，诚非反复渐进，咏叹而出，不足以畅达之；而词语之间，一经反复，愈觉其意志之坚，情感之厚。《三百篇》中，大都篇分数章，章各有旨；而各章词句，不甚差异；周而复始，嗟叹咏歌。聆受者，一面得以舒徐之态解其意，而不厌其雷同；一面又得即其反复不断之音，觉其情之深切。此诚表情文辞之良格，而实祖法于虞廷赓歌也。

《诗经》修辞之法曰：赋，比，兴。《文心雕龙》释之曰：

赋者，铺也；铺采摛文，体物写志也。（《诠赋篇》）

比者，附也；附理者，切类以指事。（《比兴篇》）

兴者，起也；起情者，依微以拟议。（《比兴篇》）

赋乃修辞之铺陈法，故重在描写；《渔洋诗话》曰："余因思《诗三百篇》，真如化工之肖物。如《硕人》次章，写美人之姚冶。《七月》次章，写春阳之明丽；而终以'女心伤悲，殆及公子同归'。《东山》之三章：'我来自东，零雨其蒙，鹳鸣于垤，妇叹于室'；四章之'其新孔嘉，其旧如之何？'远归之情，遂为六朝唐人之祖。《无羊》之'或降于阿，或饮于池，或寝或讹；尔牧来思，何蓑何笠；或负其糇，麾之以肱，毕来既升'。字字写生，恐史道硕、戴嵩画手，未能如此极妍尽态也。"此足见诗人描写之手段也。比乃借彼喻此，为修辞中之象征法；兴则因彼及此，联想法也。《文心雕龙》曰："观夫兴之托喻，婉而成章；称名也小，取类也大。关雎有别，故后妃方德；尸鸠贞一，故夫人象义。……且何谓比？盖写物以附意，扬言以切事者也。故金锡以喻明德，珪璋以譬秀民，螟蛉以类教诲，蜩螗以写号呼，浣衣以拟心忧，席卷以方志固；凡斯切象，皆比义也。至于麻衣如雪，两骖如舞；若斯之类，皆比类者也。"（《比兴篇》）此明诗人比兴之法也。

三者之中，赋尚直陈，最为简单；比取譬喻，已较委婉；兴则托事于物，最为隐晦。修辞尚婉晦，忌直率，故尤重比兴之法。考比兴之法，实源自《易经》。章实斋《文史通义易教下》曰："象之所包广矣，非徒《易》而已，《六艺》莫不兼之；盖道体之将形而未显者也。雎鸠之于好逑，樛木之于贞淑，甚而熊蛇之于男女；象之通于《诗》也。……《易》象虽包六艺，与《诗》之比兴，尤为表里。夫《诗》之流别，盛于战国人文；所谓长于讽谕，'不学《诗》，无以言'也。然战国之文，深于比兴，即其深于取象者也。《庄列》之寓言也，则触蛮可以立国，蕉鹿可以听讼。《离骚》之抒愤也，则帝阙可上九天，鬼情可察九地。他若纵横驰说之士，飞箝捭阖之流，徙蛇引虎之营谋，桃梗土偶之问答；愈出愈奇，不可思议。”盖一切事物之象，纷繁错杂，而可以类通之；学者之要，贵乎知类。《易》即言事物之象，使之通于类者也（说亦本章氏）。故修辞比喻取象之法，其原理之成立，即基于此。则《诗经》及后代文学，文辞之发达，皆原于《易》也。“《易》之兴也，其当殷之末世，周之盛德耶！当文王与纣之事耶！”（《系辞文》）吾国上古诗歌虽或发达，而文学上修辞之进步，必在《易经》兴起之后；是以《诗经》（《三百篇》），大部皆周后之作；于此可见《易》与《诗》之关系矣。

八、诗经之时代与地域

欲考《诗经》之时代与地域，当先明《风》《雅》《颂》体制之殊。子夏《诗叙》云："上以风化下，下以风刺上，主文而谲谏，言之者无罪，闻之者足以戒，故曰风。是以一国之事，系一人之本，谓之风；言天下之事，形四方之风谓之雅。雅者，正也，言王政之所由废兴也。颂者，美盛德之形容，以其成功告于神明者也。"盖社会风俗之善恶，系乎政治之良否；故观其地风俗，亦可以推知其已往之政治；《风》诗即地方歌谣也。《雅》言政治之兴废，为政治文学；《颂》以赞扬功德，则为赞美文学也。惟《周南》《召南》，辞称江汉；序谓自北而南；实为周室推行教化之诗。《豳风》诸诗，亦多与周初政治有关。顾亭林《日知录》云："《周南》《召南》，《南》也，非《风》也；豳谓之《豳诗》，亦谓之《雅》，亦谓之《颂》，而非《风》也。《南》《豳》《雅》《颂》，为四诗，而列国之《风》附焉。"故由《南豳雅颂》，可以觇商周政事之兴衰；由列国之风，可以窥见各地社会风俗。欲考《诗经》之时代，宜以《南豳雅颂》为主；欲考《诗经》之地域，则固当由列国之《风》也。

凡一代之兴衰，必有其时代精神，相与终始。《诗经》各篇，作在何时，多有不能确定者。《商颂》五篇定为殷朝作品。罗振玉《殷商贞卜文字考》谓卜辞中所贞之事，祀与田猎，几居其半。则尚武力，重祭祀，实为殷代之精神。其见于《商颂》者，如《长发》之诗曰：

武王载旆，有虔秉钺；如火烈烈，则莫我敢遏！

《殷武》之诗曰：

挞彼殷武，旧伐荆楚！

可见其时之尚武功也。又于《那烈祖》二诗，并可推见其祭祀仪式之盛。《商颂》五篇外，其余大都皆周诗也。如《文王》《大明》《緜》《思齐》《皇矣》《文王有声》《鸱鸮》诸篇，可确定为周初时之作品；《崧高》《烝民》诸篇，可确定为周宣王中兴时作品；如《正月繁霜》《雨无正》诸篇，可定为东迁以后之篇什。此外则和平安乐，赞扬咏叹之辞，如《关雎》《麟趾》《棫朴》《旱鹿》《行苇》《凫鹥》等，大都为太平时代之诗歌；周初作也。若夫怨旷流离，悲愤感慨之声，如《节南山》《十月之交》《小旻》《巧言》《大东》《北山》《召旻》诸篇，则大率周室东迁前后之作品。有周一代，其特殊精神，可约略举为数点：

（一）重农业也。周室之兴，基于农业，见之《生民》《公刘》《七月》《思文》《閟宫》诸诗，固无俟深论。又于《臣工》《意嘻》《载芟》《良耜》诸诗，均可推见其重农之意。周室既衰，则土地荒芜，妇人不与蚕织；如《召旻》“民卒流亡，我居圉卒荒”；《瞻印》“妇无公事，休其蚕织”；农业之衰也。

（二）崇封建政治也。如《采菽》“君子来朝，何锡予之”？《崧高》“登是南邦，世执其功”；《韩奕》“锡山土田，于周受命”；皆可见其时封建政治之盛也。

（三）尊礼乐也，周室之重礼乐，如《关雎》《鹊巢》之于婚嫁；《旱鹿》《天保》《棫朴》《执芟》之于祭祀，《鹿鸣》《伐木》《行苇》《彤弓》之于燕会;《灵台》之于游观;《韩奕》之于朝觐;皆可借以推见当代礼乐文物之盛。

(四)崇宗族伦理也。《生民》之"有邰家室",《公刘》之"君之宗之",《緜》之"俾立室家";必使人民安其家室。而亦先齐家亲族,以为人民之模范。故周室之兴,亦由于内有贤后,此可于《大明思齐》之诗见之;所谓"刑于寡妻,至于兄弟,以御于家邦"也。《读常棣》《伐木》《行苇》诸诗,亦可见其敦和兄弟,亲睦九族之意。《板》之诗曰:"大邦维屏,大宗维翰;怀德惟民,宗子惟城。"宗族伦理与政治作用,当时殆有密切关系者。

《诗经》之时代,只能考较其大略。自郑玄《诗谱》以下诸作,必欲考订其何王何时,胶柱鼓瑟,大可不必矣。

班固《汉书·地理志》曰:"凡民幽五常之性;而其刚柔缓急,音声不同,系水土之风气,故谓之风;动静无常,随君上之情欲,故谓之俗。孔子曰:'移风易俗,莫善于乐。'"诗乐与地方风俗,关系至切也。列国之《风》,因乎地理异势;因节录《汉志》之言如下:

> 《秦风》《豳风》(在今陕西),昔后稷封斄,公刘处豳,太王徙岐,文王作酆,武王治鄗,其民有先王遗风。好稼穑,务本业,故《豳诗》言农桑衣食之本甚备。天水陇西,山多林木,民以板为室屋;及安定北地上郡西河,皆迫近戎狄,修习战备,高上气力,以射猎为先;故秦诗曰:"在其板屋";又曰:"王子兴师,修我甲兵,与子偕行。"及《车辚》《四载》《小戎》之篇,皆言车马田狩之事。
>
> 《唐风》《魏风》(在今山西),其民有先王遗教,君子深思,小人险陋。故唐诗《蟋蟀》《山枢》《葛生》之篇曰:"今我不乐,日月其迈。宛其死矣,他人是媮。百岁之后,归于其居。"皆思奢俭之中,念死生之虑。

《郑风》《陈风》《卫风》(在今河南),土狭而险,山居谷汲;男女亟聚会,故其俗淫。郑诗曰:“出其东门,有女如云”;又曰:“溱与洧,方灌灌兮。士与女,方秉菅兮,恂盱且乐。惟士与女,伊其相谑。”此其风也。好祭祀,用史巫,故其俗巫鬼。陈诗曰:“坎其击鼓,宛丘之下;亡冬亡夏,值其鹭羽。”又曰:“东门之枌,宛丘之栩,子仲之子,婆娑其下。”此其风也。卫地有桑间濮上之阻,男女亦亟聚会,声色生焉故俗称郑卫之音。

《齐风》(在今山东),临菑名营丘,故齐诗曰:“子之营兮,遭我乎虖嶩之间兮。”又曰:“俟我于著乎而。”此其舒缓之体也。其地负海舄卤,五谷少而人民寡,乃劝以女工之业,通鱼盐之利;故其俗弥侈。

九、诗经声律与音乐之关系

太史公谓:“《诗三百篇》,孔子皆弦歌之,以合《韶》《武》《雅》《颂》之音;然后礼乐可得而述。”是《三百篇》皆可入乐;《左传》季札观乐一节(《襄二十九年传》)可证《风》《雅》《颂》皆可歌也。章炳麟《蓟汉微言》谓:“《诗》者,被之管弦,用韵独严。”自顾炎武以来,学者多研究《诗经》用韵之法;并以《诗经》为古之韵谱。最近丁竹筠《毛诗正韵》分部二十二,以《诗经》用韵不专在句尾,有“经韵”“纬韵”“间句韵”等之名目。严栗如此。《诗》虽不言四声八病;而发咏成调,参差相应,自然合律。所当问者,时有古今,地有南北,字有更革,音有转移,势所必至;《三百篇》,作之者,既非一人,采之者,又非一国;以殊时异俗之诗,其韵安能尽合?而何以矩律之严整至此?意孔子就原采之诗,不惟删去重复,编次其序;而于韵之未安者,亦时有改正,使合于雅言;所谓“《诗书执礼》,子所雅言”也。故曰:“吾自卫反鲁,然后乐正;《雅》《颂》各得其所。”太史公申之曰:“孔子皆弦歌之。”孔子未定以前,或多不协于弦歌者。季札观乐时,所歌篇什,恐不足于三百之数也。

孔子之精通乐律,于《论语》中已可见之;如言“师挚之始,《关雎》之乱,洋洋乎盈耳哉”! 又“《关雎》,乐而不淫,哀而不伤”。皆嘉其音节中度;与《乐记》所云:“乱世之音,怨以怒;亡国之音,哀以思”；正可对照者也。孔子之删修《诗经》，盖一面以达其应世致用之目的，一面又必以合于雅乐者为标准。诗以乐为标准，故如《河水》《祈招》之类，得诗而不得声者，而亦逸（郑樵说）；如《南陔》等六篇笙诗，有声无辞，而亦存（朱熹说）。其言曰：“放郑声，郑声淫”；又曰：“恶郑声之乱雅乐也”；孔子正乐云者，诗必合于雅言，声必合于雅乐也。

《风》《雅》《颂》之分，固由其体制之殊，而亦因其音节之不同也。惠士奇曰：“《风》《雅》《颂》，以音别也。《乐记》：师乙曰：‘广大而静，疏达而信者，宜歌《大雅》；恭俭而好礼者，宜歌《小雅》。’据此则《大》《小雅》宜以音乐别之。”今考《风》《雅》之诗，章重节复；而《颂》诗章句虽多，仍未重复。且如《清庙》《时迈》《昊天有成命》，全篇无韵；《思文》末四句无韵，《载芟》末三句无韵（详见顾亭林《诗本音》）。王国维谓《风》《雅》之用韵者，其声促；《颂》不用韵者，其声缓（《观堂集林》）。则就《风》《雅》《颂》文辞中词句，亦可推知其音节之不同矣。

总上以言：诗与乐二者，实有密切之关系。是以雅乐沦亡，新声继起；《诗经》在当时社会上之势力，于以顿减。

十、诗经与周代社会之关系

《诗经》之于周代社会，犹《新约》《旧约》之于基督教徒，《荷马诗》之于希腊人也；其潜势力之大，殆不可思议。孔子曰："不学《诗》，无以言"；又曰："《诗》，可以兴，可以观，可以群，可以怨；迩之事父，远之事君；多识于鸟兽草木之名。"学《诗》亦所以应世致用。考当时社会上应用《诗经》，可分下列四种：

（一）典礼

典礼之用于神者为祭祀，用于人者为宴会。《颂》诗皆用于祭祀；他如《大雅》之《旱鹿》《天保》《棫朴》；《小雅》之《楚茨》《甫田》等篇，皆可借以窥见当时祭祀之仪式。《有瞽》之诗曰：

> 有瞽有瞽，在周之庭，设业设虡，崇牙树羽，应田悬鼓，鞉磬柷圉；既备乃奏，箫管备举，喤喤厥声，肃雝和鸣；先祖是听。我客戾止，永观厥成。

则可见当时祭祀，乐歌舞三者合作也。宴会之诗，如《鹿鸣》《燕会》《彤弓》《既醉》诸诗，皆可因以觇当代宴会之仪式。《仪礼》《乡饮酒》《燕礼》《乡射礼》《大射仪》诸篇，亦皆有乐工歌诗之记载。盖乐诗之用，所以增高宴会之欢乐，与扶助礼节之进行也。

（二）讽谏

班固《汉书·食货志》:“古者以木铎巡于路,采诗,献之太史;比其音律,以闻于天子。”郑玄答张逸问:“国史采众诗时,明其好恶,令瞽蒙歌之。”是《风》《雅》《颂》者,本讽谕之声;所谓“言之者无罪,闻之者足以戒也”。《风》有风谏之意,《雅》言王政之所由废兴;故大部含有警戒与规劝之意。至如《葛风》:“维是褊心,是以为刺!”《节南山》:“家父作诵,以究王讻”;《何人斯》:“作此好歌,以极反侧”;此等讽刺作意,直见于诗者,则尤显然者也。

（三）赋诗

宴会赋诗,殆成当时之一种习俗;虽未列为典礼,而当时视之甚为重要。盖对人之好恶,自身之休咎;胥以是觇之也。《春秋传》纪载此类甚夥,爰录一二以为例:

> 《僖公十二年传》:他日公享之。子犯曰:“吾不如衰之文也,请使衰从。”公子赋《河水》,公赋《六月》;赵衰曰:“重耳拜赐。”公子降拜稽首;公降一级而辞焉。衰曰:“君称所以佐天子者,命重耳;重耳敢不拜?”
>
> 《昭公十二年传》:宋华定来聘,……公享之,为赋《蓼萧》,弗知;又不答赋。昭子曰:“必亡!宴语之不怀,宠光之不宣,令德之不知,同福之不受,将何以在?”

（四）言语

《诗经》流传于社会既广;故时人每讽诵其中一二句,杂在言语中,以发抒其心意;或以为讨论宣传之证助,或以为辨论讽谏之根据;举《左传》一段为例如下:

> 晋师从齐师,入自丘舆,击马陉。齐侯使宾媚人赂以纪

> 甗、玉磬与地；……晋人不可，曰：“必以萧同叔子为质，而使齐之封内尽东其亩。”对曰：“萧同叔子非他，寡君之母也；若以匹敌，则亦晋君之母也。吾子布大命于诸侯，而曰必质其母以为信，其若王命何！且是以不孝令也。《诗》曰：‘孝子不匮，永锡尔类’，若以不孝令于诸侯，其无乃非德类也乎？先王疆理天下，物土之宜而布其利；故《诗》曰：‘我疆我理，南东其亩。’今吾子疆理诸侯，而曰尽东其亩而已；唯吾子戎车是利，无顾土宜，其无乃非先王之命也乎！……今吾子求合诸侯，以逞无疆之欲，《诗》曰：‘布政优优，百禄是遒’，子实不优而弃百禄，诸侯何害焉！……”晋人许之。

由上四者以观，《诗经》在当时社会之潜势力，可谓至大。章实斋《文史通义诗教》下谓六艺以《诗》教为最广；秦人禁《诗》《书》，《书》阙有间，而《诗》篇无有散失。盖后世竹帛之功，胜于口耳；而古人声音之传，胜于文字；《诗》借声音以传之故也。《诗经》之印于当时人民心理上者甚深；当时社会秩序与封建政治所以能维系如此之久，各地民族所以能渐次融合，诗之力，岂浅鲜哉？

洎乎战国，社会剧变，与春秋时之习尚，大不相同。顾亭林《日知录》谓“春秋时犹尊礼重信，而七国则绝不言礼与信矣；春秋时犹宗周主，而七国则绝不言王矣；春秋时犹严祭祀重聘享，而七国则无其事矣；春秋时犹论宗姓氏族，而七国则无一言及之矣；春秋时犹宴会赋诗，而七国则不闻矣；春秋时犹赴告策书，而七国则无有矣”。观《战国策》中绝无征引《诗经》中之词句；盖祭祀聘问宴会等等，典礼荡失，《诗经》之应用亦渐消亡。此可见《诗》教之流行与否，关于周代气运之消长也。

十一、诗经对于后代文艺之影响

欧洲而无《荷马》诗，则魏琪尔（Virgil）、但丁（Dante）、米尔顿（Milton）诸人，或永不产生于世上；中国而无《诗经》，则《楚辞》以下之文艺，亦将无以产出。历史上连绵生长之关系，亦可于文艺观之也。

周汉以来之诗歌，殆莫不原于《诗经》。挚虞《文章流别论》曰："古之诗有三言四言五言六言七言九言。古诗率以四言为体；而时有一句二句，杂在四言之间；后世演之，遂以为篇。古诗之三言者，'振振鹭''鹭于飞'之属，是也；汉《郊庙歌》多用之。五言者，'谁谓雀无角，何以穿我屋？'之属，是也；于俳谐倡乐多用之。六言者，'我姑酌彼金罍'之属，是也；乐府亦用之。七言者，'交交黄鸟止于桑'之属，是也；于俳谐倡乐多用之。古诗之九言者，'泂酌彼行潦挹彼注兹'之属，是也；不入歌谣之章，故世希为之。夫诗虽以情志为本，而以成声为节。然则雅音之韵，四言为本；其余虽备曲折之体，而非音之正者也。"此言后代诗体，皆渊源于《诗经》，诚然；若必以四言为正，则失之固矣。盖吟咏性情，古今所同；而声律调度，随世而迁，非可加以遏抑。章炳麟曰："《三百篇》者，四言之至也。在汉独有韦孟，已稍淡泊；下逮魏氏乐府，独有《短歌》《善哉》诸行为激昂也。自王粲而降，作者抗志，欲返古初；其辞安雅，而惰弛无节者众。若東晳之《补亡诗》，视韦孟犹登天；嵇、应、潘、陆亦以楛窳。‘悠悠大上，民之厥初；于皇时晋，受命既固’；盖庸下无足观；非其才劣，盖由四言之艺尽矣。”一代有一代之所胜；必谓后不如古，此儒生陋见，不足为训。故欲考《诗经》对于后代文艺之影响，毋宁于实质上求之。

章实斋曰：“学者惟拘声韵谓之诗；而不知言情达志，敷陈讽谕，抑扬涵泳之文，皆本于《诗》教。”（《诗教下》）又曰：“战国者，纵横之世也。纵横之学，本于古者行人之官。观春秋之辞命，列国大夫聘问，诸侯出使专对；盖欲文其言以达旨而已。至战国而抵掌揣摩，腾说以取富贵；其辞敷张而扬厉，变其本而加恢奇焉；不可谓非行人辞命之极也。孔子曰：‘诵诗三百，授之以政，不达；使于四方，不能专对；虽多，奚为？’是则比兴之旨，讽谕之义，固行人之所肆也。纵横者流，推而衍之；是以能委折而入情，微婉而善讽也。”（《诗教上》）又曰：“独谓《诗教》广于战国者，专门之业少，而纵横腾说之言多；后世专门学术之书绝，而文集繁；虽有醇驳高下之不同不过自抒其情志。故曰：后世之体，皆备于战国；而《诗教》于是可谓极广也。”（《诗教下》）《诗经》之可贵尤在其比兴之旨、讽谕之义。后世不特诗歌之体，凡属发抒性情，抑扬涵泳之作，皆源本于此；而直接承受于《诗经》者，战国文学也。

十二、战国时代与楚辞之发生

凡一种文艺之发生，必有其时代为之背景。战国当封建制度衰败之后，一政治学术分裂之时代也。《庄子·天下篇》："悲夫！百家往而不反，必不合矣！后世之学者，不幸不见天地之纯；古人之大体，将为天下裂！"凡百事业，分裂则互相竞争，竞争乃能发达；分裂则业各有专，业专则其进步也速。章实斋《文史通义诗教上》："周衰文弊，六艺道息，而诸子争鸣。盖至战国而文章之变尽；至战国而著述之事专；至战国而后世之文体备。"又"三代盛时，各守人官物曲之世氏，是以相传以口耳；而孔孟以前，未尝得见其书也。至战国而官守师道之传废；通其学者，述旧闻而著于竹帛焉。……然则著述始专于战国，盖亦出于势之不得不然矣"。学术分裂，著述专门，文艺当然亦随以促进。其最显著者，《隋志》所录，别集之流行，始自荀卿；则文学之专籍，实始于是。古无文学专家。《三百篇》及其他古籍所传诗歌之类，大半不得作者主名；且多为代表社会之作品，不足以表现一人之个性。他如周、孔、孟、荀之徒，以其余力及于文艺，不能谓为文学专家；文学专家之始，当推始屈原。业分乃能专，业专乃能各极其致；则《楚辞》之发生，战国时代为之也。

当文化涨达至最高潮之际，文学亦必与为平行线之发展。战国者，纵横之时代也；苏张之流，无论矣；即孟、荀之徒，亦各具有纵横游说之风。章实斋谓“九流之学，承官曲于六典。虽或原于《书》《易》《春秋》，其原多本于礼教，为其体之有所该也；及其出而用世，必兼纵横，所以文其质也。古之文质合于一，至战国而各具之；质当其用也。必兼纵横之辞以文之；周衰文弊之效也。故曰：战国者，纵横之世也”（《诗教上》）。是以当战国之时，诸子百家，各抒言论，皆含文学之意味；优美文学，亦随以出现，自在意计之中。《文心雕龙》时《序篇》：“春秋以后，角战英雄，六经泥蟠，百家飙骇。……唯齐楚两国，颇有文学。齐开庄衢之第，楚广兰台之宫；孟轲宾馆，荀卿宰邑；故稷下扇其清风，兰陵郁其茂俗；邹子以谈天飞誉，驺奭以雕龙驰响；屈平联藻于日月，宋玉交彩于风云；观其艳说，则笼罩《雅》《颂》。故知炜烨之奇意，出于纵横之诡俗也。”是可知《楚辞》幽远诡异之想，雄大宏丽之辞，必适合于战国时代而发生也。

十三、诗乐之衰歇与楚辞之兴起

吾国文艺之变化，与音乐之变迁，互为因果。战国之时，《诗经》之应用，渐以泯失；一方固由于政治与社会之剧变，一方亦由于音乐上之发生变化也。《论语》：“太师挚适齐，亚饮干适楚，三饭缭适蔡，四饭缺适秦，鼓方叔入于河，播鼗武入于汉；少师阳，击磬襄入于海。”盖当时官失其业而分散，雅乐由是沦亡而不可复；孔子虽曰正乐，而时势如此，亦未如之何矣。推厥其由，则以当时：

（一）郑卫之音流行也。孔子尝以“放郑声”“恶郑声之乱雅乐”为言；则郑卫之音，在春秋时渐已盛行。《国语》载晋平公好新声，《孟子》言齐宣王好世俗之乐，殆即此郑卫之音也。《乐记》谓“郑卫之音，乱世之音也。……桑间濮上之音，亡国之音也”。然魏文侯听郑卫之音，则不知倦，古乐则卧；时势如此也。

（二）器乐之兴盛也。春秋所用乐器，与战国不同。除琴瑟钟鼓之外，春秋以鼗磬柷敔，木石乐器为多；战国则以竽筝筑缶，丝竹为多。《国策》所载“高渐离击筑”，《韩非子》“齐宣王使人吹竽，必三百人”；诸文可证也。

郑卫之音兴，雅乐以亡；器乐起，而诗与乐渐离。如荀卿《佹诗》，大都不歌而诵者；此诗乐之所以衰歇也。

惟所谓郑卫之音者，“哀以思，怨以怒”；大都缠绵悱恻，婉转柔和，令人丧失志气也。此等音乐，在列国争雄，兵戈相见之时，又不适合。故别有秦声之歌缶乌乌，荆卿之羽声慷慨，正与柔靡之音相反；而楚声之起，即其异源同流也。项羽《垓下》，汉高《大风》，可证楚声之激昂慷慨，与《诗》乐之温柔敦厚，又不同。陈钟凡先生《韵文通论》谓《离骚》一篇，用模韵者四十有八，咍韵二十有六，歌萧韵各十有二，洪音为多；《三百篇》则细声为多。二者用韵不同，以其合乐者有别；一则雄浑，一则凄清也。《隋书·经籍志》谓"僧道骞者，能为楚声，音韵清切"；是可知欲明《楚辞》之音读，当先知楚声也。至《楚辞》之合于乐舞，则可以《九歌》本文为证：

顾怀羌声色兮娱人！观者憺兮忘归！緪瑟兮交鼓，箫钟兮瑶簴，鸣篪兮吹竽；思灵保兮贤姱，翾飞兮翠曾；展诗兮会舞，应律兮合节；灵之来兮蔽日！

（《东君》）

扬枹兮拊鼓，疏缓节兮安歌，陈竽瑟兮浩唱……五音纷兮繁会。

（《东皇太一》）

他如《杂骚》结末有"乱曰"一段，《九章·抽思》有"少歌曰"一段，又有"倡曰"一段；"乱""倡""少歌"皆乐节之名。是可知《诗经》雅乐之衰歇，楚骚乃继而代之。《文心雕龙·辨骚》篇所谓"自《风》《雅》寝声，莫或抽绪，奇文郁起，其《离骚》哉"！

十四、楚国地理民族语言与楚辞之关系

《楚辞》之名，谓屈宋诸骚皆为楚语，作楚辞，纪楚地，名楚物，故谓《楚辞》。盐谷温《中国文学概论》："《楚辞》者，楚国之文学也。古代汉族之文明，先发自黄河沿岸；所谓中原之地，文教早开。然南方之扬子江流域，王化所及甚迟；故《诗经》十五国风之中，无楚风。考楚之文学，实始于战国时，屈原为之祖。然凡物之起，必有原因。如《楚辞》之雄丽文学，非突然而出。必因鬻熊在数百年前，所莳之种子，久已萌芽，文教渐开；复由左史倚相等培养之，遂出屈宋之大文豪。惜旧史残阙，文献不足征。"凡吾中国民族，经一次同化作用，文学界必放一异彩。楚在春秋，视为蛮夷之邦；春秋中叶以后，渐渐为诸夏所同化。至战国，楚国人在中国民族中，正如初长之新分子；其习尚信巫鬼，含有神秘意识与虚无理想。一与中原旧民族之现实伦理的文化相接触，自然当产生一种新文明。其体现于文艺上者，即《楚辞》也。

《汉书·地理志》曰："楚有江汉川泽山林之饶；江南地广，或火耕水耨；民食鱼稻，以渔猎山伐为业；果蓏蠃蛤，食物常足；故呰窳媮生，而亡积聚；饮食还给，不忧冻饿，亦亡千金之家；信巫鬼，重淫祀。"此则与黄河流域，浊水土山，非操作无以自存，其风土固迥殊也。《离骚》言虙妃之所在，见有娀之佚女；留有虞之二姚；聊浮游而求女；命灵氛为吉占；皇剡剡其扬灵；尚不过借题托兴，抒发其惓勤恳切之怀。至瑰意奇行，超然高举，緤马阆风，骖漓西极；埃风而上征；过江皋而延伫；顾下土而愁予；与佺期以为友；益杳冥恍惚，汪洋恣肆，逍遥涵泳于想像界，而出乎人间世。此种浪漫之思想，固与《三百篇》写实之文，语语不离日用常行之间，其趣异也。盖山川奇丽，人民爱美之情特著；山泽富饶，无饥寒冻馁之虑。俗信巫尚鬼，神话发达，好骋怀于闳伟窈渺之理想界；《天问》《九歌》诸歌，遂开后来神话小说之原。观于《诗经》与《楚辞》，亦可以知吾国南北民情之异趣，关于地理者至钜焉。

文学音乐与语言，皆互有传播之功用。当时楚声之盛行，《楚辞》之发生与楚语之流行，其间关系有大可注意者。许慎《说文叙》谓七国之时，言语异声。盖当时各地语言，互相通行，漫无标准。《左传》中多载有楚语，如曰："楚人谓乳谷，谓虎于菟"；曰："筚路褴褛，以启山林"；扬雄《方言》谓"褴褛，南楚语也"。又《庄公二十年传》："楚令尹子元伐郑，入自纯门及逵市；县门不发，楚言而出。"可见其时楚语之流通于各地。而楚语诗歌之流行，则又远在春秋之前，《说苑》载有一首"薪乎，莱乎"：

薪乎，莱乎！无诸御已，讫无子乎！
莱乎，薪乎！无诸御已，讫无人乎！

他如《孙叔敖歌》（见《史记》）、《越歌谣》（见《风土记》）、《渔父歌》三首（见《吴越春秋》）、《越人歌》（见《说苑》）、《庚癸歌》（见《左传》）、《接舆歌》（见《论语》）、《沧浪歌》（见《孟子》）、吴夫差时童谣（见《述异记》），可考者不下数十首；楚语诗歌之流行，又必为《离骚》《九歌》之始祖。今观《离骚》中宿莽、羌、凭、诼、侘傺、莼等，皆为楚语；而其所以崛起风行者，则与楚语楚声之流行，殆互相为因果也。

十五、诗骚赋三者之递嬗及其区别

时至战国，器乐既盛，诗与乐渐离，荀卿《佹诗》，殆同散体：

> 道德纯备，谗口将将。仁人绌约，敖暴擅强；天下幽险，恐失世英。……昭昭乎其知之明也，郁郁乎其遇时之不祥也。拂乎其欲礼义之大行也。……

此等诗，决非以合乐者；盖至此已开诗与乐府分离之渐。不歌而诵之赋，于以成立；且句调参差，一变《诗经》四言整齐之式，又复与楚语诗歌相近。至于《成相杂辞》，杂陈古今治乱兴亡，托声诗以风时君；与《杂骚》用意相同，实开《楚辞》之肇端。盖荀卿之诗，传于子夏；又曾适楚为兰陵令；诗之变为楚骚汉赋，荀卿至有关系者也。

昔汉武好《骚》，淮南作传，以为"《国风》好色而不淫，《小雅》怨诽而不乱；若《离骚》者，可谓兼之"。《骚》固承于《诗》者也。然《离骚》全篇，以十四节四十七章而成；与《诗》之以二三章，反复渐层法而成者不同；此其别者一。《诗》之词句，虽亦间有五言七言八言九言，大抵以四言为正；形式整齐不合于纵横修短。《楚辞》词句长短自在，且每句以兮字为读，韵律和缓。此其别者二。《楚辞》文词，闳博富丽；其思想幽远诡异，实为汉后神怪小说之滥觞；与《诗》之切近实际人生者,其别三矣。

《文心雕龙》谓"《离骚》轩翥诗人之后,奋飞辞家之前;气往轹古,辞来切今;体漫于三代,而风雅如战国;所谓《雅》《颂》之博徒,词赋之英杰也。是以枚贾追风而入丽,马扬沿波而得奇"(《辨骚》)。又"赋者,受命于诗人,而拓宇于《楚辞》也"(《诠赋》),是《骚》承于《诗》,赋又承于《骚》,三者有连绵生长之关系也。然不歌而诵谓之赋,斯乃别成异派,不足与《诗》并列者也。《史记》言:"三百五篇,孔子皆弦歌之,以求合《韶》《武》《雅》《颂》之音。"固皆被之管弦,协诸音律。《宋书・乐志》录"今有人"一歌,即用《楚辞》之《山鬼》,是又为《楚辞》可歌之佐证。则《诗》《骚》,与风之仅供讽诵者不同;此其别一。《离骚》之文,依诗取兴,引类譬谕,尚兼六义之旨。至其徒宋玉之作,渐乖比兴,唯敷陈事物。迨及扬马,竞为绚烂眩曜之词,或述御苑之广大,畋猎之壮观,或写神仙之奇迹,美人之丽色。其意虽在讽谏,然所为靡丽之赋,劝百讽一,只增君主骄奢之欲;如汉武帝读司马相如之《大人赋》而好神仙。扬雄云:"诗人之赋丽以则,辞人之赋丽以淫";此赋与《诗》《骚》之别二。昭明《文选》,骚赋异部,不相杂厕;论者或议其繁琐。刘氏《文心》《辨骚》《诠赋》,亦各名篇辞实与赋异体。此其别三。

总上以言:《诗》《骚》《赋》三首,虽有其连绵生长之关系,而其区别自显然者也。

十六、汉赋之源流与派别

赋源于战国者，纵横出自行人；长短诸策，实多口语，案其本旨，无过数言，而务为纷葩，期于造次可听；溯其流别，则亦不歌而诵之赋也。秦、代、仪、轸之辞，所以异于《子虚》《大人》者，亦有韵无韵云尔。章实《斋文史通义·诗教下》："《传》曰：'不歌而诵，谓之赋'；班氏固曰：'赋者，古诗之流'；刘氏勰曰：'六义附庸，蔚为大国'；盖长言吟叹之一变，而无韵之文可通于诗者，亦于是而益广也。屈氏二十五篇，刘班著录以为屈原赋也。《渔父》之辞，未尝谐韵，而入于赋；则文体承用之流别，不可不知其渐也。文之敷张而扬厉者，皆赋之变体；不特附庸之为大国，抑亦陈完之后，离去宛邱故都，而大启疆宇于东海之滨也。"纵横者，赋之本。古者，诵《诗三百》，足以专对。七国之时，行人折冲于尊俎之间；其说恢张谲宇，紬绎无穷；援譬引类，以解缔结诚；文辩之隽，而即赋之源也。《京都》诸赋，苏张纵横亡国，侈陈形势之遗也；《上林羽猎》，安陵之从田，龙阳之同钓也；《客难》《解嘲》，屈原之《渔父》《卜居》，庄周之惠施问难也；孟子问齐王之大欲，历举轻暖，肥甘、声音、采色，七林之所启也。词赋源于战国，可见矣。

《七略》次赋为四家：一曰，屈原赋；二曰，陆贾赋；三曰，孙卿赋；四曰，杂赋。

言赋者，多本屈原。汉代自贾生《惜誓》上接《楚辞》，《鹏鸟》亦仿佛于《卜居》。而相如《大人赋》则自《远游》流变者；枚乘又以《大招》《招魂》散为《七发》。其后汉武帝悼李夫人，班婕妤自悼，及淮南东方朔刘向之伦，未有出屈、宋、唐、景外者也。此其流派一。

孙卿五赋，写物效情。《蚕箴》诸篇，与屈原《橘颂》声貌实异。其后《鹦鹉》《焦鹩》。时有仿佛之者。及宋世《雪》《月》《舞鹤》《赭白马》诸赋，皆属焉。《洞箫》《长笛》《琴》《笙》之属，宜法于荀卿者也；然其辞咸不类似；盖荀卿之体已微矣。此其流派二。

屈原言情，荀卿效物；陆贾赋不可见，其属有朱建、严助、朱买臣诸家，盖纵横之变也。武帝以后，宗室削弱，藩臣无邦交之礼；纵横既绌，然后退为赋家。时有解散，故用之符命，即有《封禅》《典引》；用之自述，而《答客》《解难》兴；文辞之繁，赋之末流也。此其流派三。

杂赋与纵横稍出入，殆所谓“谈言微中，亦可以解纷”者。《文心雕龙·谐隐篇》曰：“昔齐威酣乐，而淳于说甘酒；楚襄宴集，而宋玉赋好色；意在微讽，有足观者。及优旃之讽漆城，优孟之谏葬马，并谲辞饰说，抑止昏暴。是以子长篇史，列传《滑稽》；以其辞虽倾回，义归至正。”是则东方滑稽之流，又为唐宋戏曲之渊源矣。此其流派四。

章炳麟曰：“自屈宋以至鲍谢，赋道既极。至于江淹、沈约，稍近凡俗；庾信之作，去古逾远。世多慕《小园》《哀江南》辈，若以上拟《登楼》《闲居》《秋兴》《芜城》之侪，其靡已甚。赋亡盖先于诗。继隋而后，李白赋《明堂》，杜甫赋《三大礼》；诚欲为扬雄台隶，犹几弗及。世无作者，二家亦足以殿；自是赋遂灭绝。近世徒有张惠言区区《修补》《黄山》诸赋，虽未至，庶几李杜之伦，承千年之绝业，欲以一朝复之，诚难能也。”(《国故论衡辨诗》)赋源于战国，而盛于两汉；迨及魏晋，其势渐衰矣。

十七、汉代词赋发达之原因

《文心雕龙·时序篇》:“逮孝武崇儒,润色鸿业,礼乐争辉,辞藻竞骛。……遗风余采,莫与比盛。”则知汉代词赋,至武帝之时,始臻极盛。究其原因,概有下列四种:

(一)社会之富厚也。文章之盛业,太平之产物也。汉承衰周暴秦之后,户口稀少,民生凋敝。经文景休养生息,劝农桑,薄赋敛,宽刑罚,吏安其居,民乐其业。及武帝之初,七十年间,国家无事;非遇水旱,则家给人足,廪庾丰满;而府库余财,京师之钱,贯朽而不可较;太仓之粟,红腐而不可食。物质既已丰富,社会又已安定;而后思想乃得暇豫,精神愈益发抒。致力于铺张扬厉之事,以求其肉体实感之乐,举天下遂相放于淫侈。而写其景况,状其时运者,实为词赋;观其文,足以知其时代之精神。此其原因一。

(二)民族之强盛也。文学之发达与否,关于民族势力之消长。希腊文学,在其战胜波斯之后,始行发达。罗马文学,则与其帝国之盛衰,相为终始;此其证也。汉武好大喜功,东服朝鲜,北降匈奴,又通西域,开辟闽越云贵两广安南诸地;外拓国家之范围,内辟僻壤之文化,使吾民所处炎黄以来之境域,日扩充而日平实;汉族之势力澎涨,于此殆达极点。汉赋所铺陈刻画者,大之宫室都邑,小之一名一物;穷形尽相,极其瑰伟宏丽之致,实与汉代之国势相呼应者。此其原因二。

（三）君主之好尚也。上有好者，下必甚；君主好尚影响于文艺界者，至大。武帝笃好艺文，始以蒲轮迎枚生，见主父而叹息，读《子虚》而善之，从枚皋使奏赋；擢用严助、朱买臣、吾丘寿王、司马相如、东方朔等，并在左右，或见任用，或被亲幸，或畜俳优；帝亦自善辞赋，《汉志》有上所自造赋二篇，可以知其所好尚矣。而当时赋家所扬厉，大抵校猎游仙，称符颂圣，与其好大喜功之心相合；亦可觇当时之风会。汉初诸王，承战国养客之习，其力又能招致；士亦喜就之。如梁孝王之门，有邹阳、乘枚、庄忌、司马相如之属。淮南王安博辨善为文辞，招致宾客方术之士数千人。当时词赋之兴盛，实由此等君王之提倡。此其原因三。

（四）乡学之发达也。自孔创师儒之局，教育之权，禅在草野；故成德达材之任，端赖师儒之育成。中经秦乱，诗书散失。汉兴、田何、伏生、浮邱伯、申公、辕固、韩婴之伦，以其学教授，徒众甚盛。故贾谊以治《左氏》传称，王臧、赵绾以通《鲁诗》显，倪宽以治《尚书》用，董仲舒以贤良进，公孙宏以《春秋》相，匡衡以善《诗》官；彬彬文学之士，要赖之于草野儒生之讲学焉。郡国之间，如文翁之教化蜀郡，修起学官，弟子大盛，始有司马相如、王褒、扬雄之属。则乡学之发达，与词赋之兴盛有关者也。此其原因四。

除上列四种原因外，汉赋之盛，亦由于当时小学之发达；待下章述之。

十八、汉赋与文字学之关系

文字者，文学之工具。《文心雕龙·练字》篇："《尔雅》者，孔徒之所纂，而诗书之襟带也；《仓颉》者，李斯之所辑，而鸟籀之遗体也。《雅》以渊源诂训，《颉》以苑囿奇文；异体相资，如左右肩股。该旧而知新，亦可以属文。若夫义训古今，兴废殊用；字形单复，妍媸异体。心既托声于言，言亦托声于字；讽颂则绩在宫商，临文则能归字形矣。"韩退之亦言作文须略识字；文字学之于文艺，关系至深也。

汉代注重小学，实为历朝最；司马相如、扬雄之徒，亦以其小学余绪发为词赋。《文心雕龙·练字》篇："汉初草律，明著厥法；太史学童，教试六体。又吏民上书，字谬辄劾；是以马字缺画，而石建惧死；虽云性慎，亦时重文也。至于孝武之世，则相如撰篇。至宣成二帝，征集小学；张敞以正读传业，扬雄以奇字纂训，并贯练《雅》《颂》，总阅音义。鸿笔之徒，莫不洞晓；且多赋京苑，假借形声。是以前汉小学，率多玮字，非独制异，乃共晓难也。暨乎后汉，小学转疏；复文隐训，臧否太半。及魏武缀藻，则字有常检，追观汉代，翻成阻奥。"由此以观：词赋之消长关于小学之盛衰也。

所以然者：吾国文字衍形，实从图画出。其构造形式，特具美观；词赋宏丽之作，实利用此种美丽字形以缀成耳。日本儿岛献吉

《支那文学史纲》曰:“支那文字,以象形为基础;而指事、会意、形声皆有一部分之象形。象形与图画,只有精粗之异耳,试观郭璞《江赋》,通篇文字中以水为偏旁者,占十之五六。水,象形字也;则满目滔滔,长江万里,流三江,注五湖之象,洋溢于纸上。更观司马相如之《上林赋》,篇中叙山者,崇峨崔嵬、崭岩崛崎等字,皆冠以山。叙鱼鸟者,亦如之,皆冠以鱼鸟之偏旁。山与鱼鸟,皆象形字也;故一篇文字,全体生动,善写高山绝峰,峻极于天之雄势;易使人想见鸟飞天、鱼跃渊之活境。皆于文字之构造,含有图画性质之所致。”则可知吾国词赋之体,乃根据文字形体之美丽以形成者也。

十九、汉赋与后代骈文之关系

《文心雕龙·诠赋篇》曰:“原夫登高之旨,盖睹物兴情。情以物兴,故义必明雅;物以情观,故词必巧丽。丽词雅义,符采相胜;如组织之品朱紫,画绘之著玄黄。文虽新而有质,色虽糅而有本;此立赋之大体也。”是可知词赋之体,必先具明雅之义,感物之情;有本有质,而后以巧丽之辞附之,柔靡之色配之。辞采其末也,情感其本也。乃司马相如之论赋曰:“合纂组以成文,列锦绣而为质;一经一纬,一宫一商;此赋之迹也。赋家之心,包括宇宙,总览人物;斯乃得之于内,不可得而传。”(见《西京杂记》)言赋内贵乎网罗宏富,而外则以经纬纂组,宫商谐叶为极则。惟以事类之宏富,与词句之整饬为主,而于情感意义,一未言及;赋之流弊,即从此生矣。挚虞《文章流别论》曰:“古时之赋,以情义为主,以事类为佐;今之赋,以事形为本,以义正为助。情义为主,则言省而文有例矣;事形为本,则言富而辞无常矣。文之烦省,辞之险易,盖由于此。夫假象过大,则于类相远;逸辞过壮,则与事相违;辩言过理,则与义相失;丽靡过美,则与情相悖。”此言事类富丽,词句华靡,文过其质,反而与情相悖,与义相失。汉魏以来,词人淫丽,正坐此病也。

所谓纂组成文,锦绣成质,一经一纬,一宫一商;偏主形式之整饬;实开魏晋以后文辞骈俪之源。《文心雕龙·丽辞篇》曰:“诗人偶章，大夫联辞，奇偶适变，不劳经营。自扬马张蔡，崇盛丽辞，如宋画吴冶，刻刑镂法；丽句与深采并流，偶意共逸韵俱发。至魏晋群才，析句弥密，联字合趣，剖毫析厘。”盖文章略内容而重外形，故惟以铺张为事，丽辞为主。如司马相如、扬雄辈，好罗列事物，而用偶句；其后张衡、蔡邕辈，专以华富为旨，四六对偶之调渐多。柳宗元谓文章至东汉而衰；所谓八代之衰，始于此矣。魏曹植以旷世之逸才，专攻偶俪之文；邺下七子，奋而和之；竞尚绮丽之辞，晋陆机、潘岳仿之，终现出四六横流之世。南渡以后，文气日趋卑弱；溯其所自，则汉赋开之也。

二十、骈文利弊对于中古诗歌之影响

由上以言：骈俪之体，源于汉魏，盛于南北朝。其在文学上之价值如何？有足论者。

考骈文之利，约有四端：

（一）符于心理联想之法则

《文心雕龙·丽辞篇》："心生文辞，运裁百虑，高下相须，自然成对。"盖以吾人心理，具有相反之联想与类似之联想二种。如《易》"满招损，谦受益"；由满及谦，由损及益，此相反之联想，所谓"理殊趣合"也。又如《书》"决九川，距四海"；九川四海，此类似之联想，所谓"事异义同"也。两种联想，皆合于心理之自然。此骈文之利者一。

（二）合于修辞之法则

《文心雕龙·丽辞篇》："若两事相配，而优劣不均；是骥在左骖，驽为右服也。若夫事或孤立，莫与相偶；是夔之一足，跉踔而行也。"均齐对称，乃美之要件。修辞学上有对照（Antithesis）、偶句（Parallels）二法：一则以二事相反，造成排对；一则以字句连诵，口调匀整；皆足以兴起美感；吾国骈文，即此二法之极致。此其长处二。

（三）合于中国文字之特性

骈文律诗，乃吾国所独有。以吾国文字为单音系，一形具有一义一音也。对偶文辞之成立，即根据于此。刘师培《中古文学史》："准声署字，修短揆均；字必单音，所施斯适。远国异人，书违颉诵；翰藻弗殊，侔均斯逊。是则音泮轻轩，象昭明两，比物丑类，泯迹从齐，切响浮声，引同协异；乃禹域所独然，殊方所未有。"可知骈文乃利用中国文字特殊之性质，以构成其整饰之形式。此其长处三。

（四）合于音乐之原理

骈文之为体也，二句之中，既长短相同，义取比对；又复准声署字，于抑扬相间，合于音乐之原则。阮元《文韵说》曰："八代不押韵之文，其中奇偶相生，顿挫抑扬，咏叹性情，皆有合于音韵宫羽者；《诗》《骚》而后，莫不皆然，而沈约矜为创获。"盖汉魏文辞之声律，乃暗合于无心；沈约以后，四声八病之说起，定韵协律，遂多出于意匠。散文之佳者，虽间亦具铿锵之音节，而无一定之规矩。此骈文之优四也。

至于骈文之弊，亦有四端：

（一）不便于发表思想也

为文必以思想为主。散文纵论，思易发皇；骈文整饬，思多含蓄。间尝论之：西汉文思倍于辞，东汉及魏晋，思辞相称，晋宋而思少绌，齐梁而思益绌；宜彦和愤疾时流，深恶痛斥，《文心雕龙》所谓"肥辞瘠义"也。然其时俪文，篇中尚有意旨；至唐人始随题敷衍，试观四杰文，不论弘纤，而其无一贯之音，则可断言。盖惟求字句之对偶工整，遂致沉而不扬，滞而不达；或数句同意，或前后复出。此其弊一。

（二）不适于纪事也

史传之文，以事实为主，简明为本，无须字句整饬。刘知几《史通·叙事篇》论骈文不适于叙事，曰："其为文也，大抵编字不只，捶句皆双，修短取切，奇偶相配；故应以一言蔽者，辄足为二言；应以三句成文者，必分为四句。”此宋祁为《新唐书》所以力避排偶，其言曰：“以对偶之文入史策，如纷黛饰壮士，笙匏佐鼙鼓，非所施。”则知纪载之作，以散为宜。此其弊二。

（三）不易表现个性也

骈文惟求对偶，故多取事类，以缀篇幅。于是翻用类书，竞尚堆积；繁杂失统，索寞乏气；文中风骨无存，遂不见有我矣。此其弊三。

（四）失去自然朴素之美也

骈文惟尚丽句整辞，于是摛藻扬葩，润声涂泽；专求矫饰，不顾内涵。偏重人工，不合自然；反失其美。此其弊四。

由上以言：骈俪之文，不宜于论说纪事也。周秦诸子，论说之文，后代罕能几及。至纪事文之发展，则以汉晋间为最；而衰歇于齐梁也。司马迁《史记》为后代史书祖法，固矣；唐宋古文家，叙事之作，莫不以是为准的。他如元明小说《水浒传》等，亦多蓝本于《史记》。是后史书如班固《汉书》、陈寿《三国志》；亦史书矜式也。杂记小说如《神异经》《海内十洲记》《洞冥记》《汉武内传》《搜神记》《神仙传》《西京杂记》《汉武故事》《飞燕外传》《杂事秘辛》等书，皆汉晋间作品，上接周秦诸子之寓言，下开唐宋以后之小说。张衡《西京赋》曰：“匪惟玩好，乃有秘书；小说九百，本自虞初。”汉晋间，纪事散文，可谓臻于极盛矣。迄于齐梁，所作史籍，远逊于汉晋；小说杂记之体，亦不多觏。盖骈俪之体，虽源于汉魏，实靡于齐梁，其时风尚，渐趋淫丽柔靡。范晔《狱中与诸甥书》曰：“常耻作文士文，患其事尽于形，情急于藻，义牵其旨；虽时有能者，多不免此累；政可类工巧图缋，竟无得也。”可谓斥中时敝矣。骈俪体不适于纪事之作；故南朝史书小说，远逊于前代也。

若其影响于诗歌者，试比较汉魏与六朝变异之处，即可知矣。

古诗十九首，大都逐臣弃妻，朋友阔绝，游子他乡，死生新故之感，家国乱离之痛；其他如建安诸作，狎池苑，叙酣宴，大都为抒情之什。至蔡琰《悲愤诗》，历叙流离，文朴质而意沉痛；开唐人杜甫一派。《卢江小吏妻》诗，凡千七百四十五言，杂述十数人口吻，声情毕肖；开唐人白居易一派。他如《上留田秋胡行孤儿行》《陇西行妇病行》诸篇，皆可借以推见当时社会情形。记事写实之盛，汉魏间，殆可谓空前绝后者。晋代竞尚玄虚，永嘉诗体，平典似《道德论》，淡乎寡味。下逮宋初，刘勰谓"老庄告退，山水方滋；俪采百家之偶，争价一句之奇；情必极貌以写物，辞必穷力而追新"(《文心雕龙·明诗篇》)。盖至此变为山水诗矣。迨于梁陈，徐庾竞尚轻艳，号为宫体；开唐初律体之源。又如《子夜》清商之曲，《清溪小姑》之篇，亦惟男女情怀，神灵思想而已；固未有纪事述作也。由上以观：汉魏间诗歌，偏于纪事写实；文尚疏朴。晋宋以还，又偏于描写景物，词尚清丽。实于文章之由散而趋骈，同其流也。至其原委，待下章述之。

二十一、中古诗歌写实与写景之两大潮流

写实之作，本谓以科学态度，描写片段之人生，毫不杂以主观情绪者。中国无纯粹写实诗，其有近似者，姑以写实名之。由上章以言，汉魏写实诗，大为发达；由晋宋及于齐梁，则实景诗转盛；此中古诗歌之两大潮流；而集其成者，则在唐代。试分述其源流如下：

《诗经》三百篇中，不乏叙事诗，如《生民》《笃公刘》诸篇，亦可因以推见古代政俗情形；惟夸饰太过，且间杂神话，不得谓之写实诗。写实诗之最早者，当推《孔雀东南飞》与蔡琰《悲愤诗》。可分为问题派与悲愤派：

（一）问题派

《孔雀东南飞》当为魏晋人作品，委婉往复，读之令人心中发生社会上种种问题；开唐人白居易一派。白氏《秦中吟》之《议婚》《重赋》《伤宅》等，《新乐府》之《新丰折臂翁》《卖炭翁》《盐商妇》等，为明王冕《鸲鹆谣》《江南妇》诸篇所本；其《长恨歌》，则清吴伟业之《永和宫词》、王闿运之《圆明园词》，承其流也。

（二）悲愤派

蔡琰以下，有王粲《七哀》，汉人《刺巴郡守》；唐杜甫《北征》及

《三吏三别》，即其流派也。后世承之，如宋文天祥《乱离歌》，元伯颜子中《七哀诗》，明李梦阳《弘治甲子初度诗》，清金和《痛定篇》，是也。

凡此写实诗，每多长篇，以描写一时代或一社会之片段事实，故亦可谓诗史。文体尚质朴，而字字真切，语语沉痛；间或夹入议论，殆近散文者；盖此等诗，固不宜以骈体或律诗之式出之也。

中国写景诗之演进，可自《诗经》《楚辞》述之。刘勰《文心雕龙·物色篇》："诗人感物，联类不穷；流连万象之际，沉吟视听之区。写物图貌，既随物以宛转；属采附声，亦与声而徘徊。故灼灼状桃花之鲜，依依尽杨柳之貌，……及《离骚》代兴，触类而长，物貌难尽，故重沓舒状；于是嵯峨之类聚，葳蕤之群积矣。"盖诗骚中，惟有叠字骈字，如依依嵯峨等，以为形容佳景。至汉代古诗中：如"回风动地起，秋草萋已绿"；"秋蝉鸣树间，玄鸟逝安适"；间杂有写景佳句。魏晋间如曹操《步出东门行》、曹丕《芙蓉池作》、曹植《盘石篇》、陆机《苦寒行》、潘岳《河阳县作》、王羲之等《兰亭集诗》，间有写景佳篇；而非专于写景之诗人也。写景诗派之完成，厥推陶渊明、谢灵运二人；他如谢庄、谢瞻、谢惠连、鲍照、王融、沈约、江淹、范云、丘迟、任昉、吴均、何逊等，皆承其风。隋、唐以下诗家，莫不有写景之诗；李、杜、韩、柳以外，其最著者，孟浩然、王维、储光羲、韦应物、刘长卿诸人也。

南朝写景诗，大都以对偶句出之；如谢灵运"白云抱幽石，绿筱媚清涟""晓霜枫叶丹，夕曛岚气阴"等句。案此风实自建安开之，如曹植"凝霜依玉除，清风飘飞阁""白日曜青春，时雨静飞尘"等句，实为南朝之先驱。是时由散而骈，诗体与文体，同一趋向也。盖对偶字句，宜于描写景物，故六朝人多用之。杜甫《法镜寺诗》："神伤山行深，愁破崖寺古；婵娟碧鲜净，萧摵寒箨聚；回回山根水，冉冉松上雨。泄云蒙清晨，初日翳复吐。……"《万丈潭诗》："蹋步凌垠堮,侧身下烟霭。……山危一径尽,岸绝两壁对。……黑知湾澴底,清见光炯碎。……高萝成帷幄,寒木叠旌旆。”写景词句,多用对偶,皆承南朝诗之流风也。陈衍《拾遗诗话》:“晋宋以还,五言诗全体对偶。惟陶渊明、鲍明远篇中,时时以单行出之。但陶多淡宕之言,鲍多凌厉之笔;陶开王孟储韦先路,鲍开岑高韩孟一途。东野首联,多对起,多警辟语,皆从鲍来也。”世以陶谢并称,而两者作风不同。陶之对于自然也,以主观,而纵往自得;谢之对于自然也,以客观,而有意锤琢。又鲍以俊逸之笔,写豪壮之情。故渊明与明远多单行之句,斯又写景之别派,超出六朝之风气者。唐人承其流者,李白诗最著,所谓“俊逸鲍参军”,少陵以称白也。

总上两者以观,汉魏间多有写实诗篇,文体多质朴单行;晋宋以下,则变为描写景物之什,词句渐趋于对偶,文辞亦日就工丽;此中古诗境上之两大分流,唐代则兼承之也。

二十二、印度文化之输入与中古文艺思潮

六朝写景诗之发生，与时人思想至有关系。汉人尊儒家，魏晋以下，崇道家；儒家重实际，道家重理想。绝对的理想，不能实现；求其于理想较为接近者，惟有自然界中美景耳。惟当时所谓道家，与原来之老子、庄子不同。老庄无为之旨，不以物欲动其心，不以私意蔑其理，无所为而已；亦固非以因循为敷衍，以清逸为高贵也。魏晋人则竞尚玄虚，以任情为放达，视人世如尘垢；是由厌世思想，或进求超脱，或堕于颓废；非复老庄之原本思想，而已参杂佛教小乘之道矣。

推此等思想之所以发生者：魏晋人鉴汉季礼教桎梏，已苦儒术之束缚；而当时五胡八王，干戈之祸，云扰中原，又觉我生之痛苦。此固足以生其厌世思想；而造成之使为幽玄之哲理，则佛教传入东土之故也。梁启超《论中国学术思想变迁之大势》："佛教者，实不能与寻常宗教同视者也。中国人惟不蔽于迷信也，故所受者，多在其哲理之方面，而不在其宗教之方面。而佛教之哲学，又最足与中国原有之哲学相辅佐者也。中国之哲学多属于人事上、国家上；而于天地万物原理之学，穷究之者，盖少焉。英儒斯宾塞尝分哲学为可思议、不可思议之二科。若中国先秦之哲学，则毗于其可

思议者，而乏于其不可思议者也。自佛学入震旦，与之相备；然后中国哲学，乃放一异彩。”则可知魏晋崇尚虚无，鄙弃人世，取老庄之面貌，而实融合佛教之思想也。其影响于当时文艺界，有足述者。

佛教入我中国之初期，如晋安帝时所起之成实宗，三论宗，大都偏于小乘；解脱思想适与老庄玄风融合。柳翼谋先生曰：“清谈所标，皆为玄理。……稽其理论，多与释氏相通。故自晋以来，释子盛治《老庄》；清谈者，亦往往与释子周旋。佛教之与吾国学说融合，由是也。”（摘录《中国文化史》讲义）其影响于文艺者，厥有两端：

（一）玄谈之诗

《文心雕龙·明诗篇》：“《正始》明道，诗杂仙心；何晏之徒，率多浮浅。……江左篇制，溺乎玄风；嗤笑徇务之志，崇盛亡机之谈。”又《时序篇》：“自中朝贵玄，江左称盛……诗必柱下之旨归，赋乃漆园之义疏。”钟嵘《诗品·叙》亦曰：“永嘉时贵黄老，称尚虚谈，于时篇什，理过其辞，淡乎寡味。爰及江左，微波尚传，孙绰、许洵、桓庾诸公，诗皆平典似《道德论》；建安风力尽矣。”是则以哲理入诗者也。

（二）颓废派之诗

《乐府解题》曰：“《短歌行》，魏武‘对酒当歌，人生几何？’晋陆机‘置酒高堂，悲歌临觞’；皆言当及时行乐也。”又曰：“古辞云：‘出西门，步念之。’始言醇酒肥牛，及时为乐；次言‘人生不满百，常怀千岁忧，昼短苦夜长，何不秉烛游？’终言贪财惜费，为后世所嗤。又有《顺东西门行》，为三七言，亦伤时顾阴，有类于此。”又如魏文帝《大墙上蒿行》：“人生居天壤间，忽如飞鸟栖枯枝”；“适君身体所服，何不恣君口腹所尝？”凡此由鄙弃现世，而堕入颓废思想者，魏晋以下文艺，所尝见者也。

此两种文艺，影响于后代者，如唐李白之诗，尚理想，重虚无；其飞升远举之谈，半得之魏晋人。即杜甫号称富有儒家思想者，而其《写怀诗》："古者三皇前，满腹志愿毕。胡为有结绳，陷此胶与漆。祸首燧人氏，厉阶董狐笔！君看灯烛张，转使飞蛾密！"亦露其鄙弃人世之思。则魏晋思想之影响于后代者，诚非浅鲜。

哲理之诗，近于抽象，或不为人所好。章炳麟《国故论衡辨诗》："江左遗彦，好语玄虚；孙许诸篇，传者已寡。……讫于宋世，小说杂传禅家方技之言，莫不征引。昔孙许高言庄氏，杂以三世之辞，犹《风骚》体尽；况乎辞言友纪，弥以加厉者哉？"可知诗非所以直说理想；绝对理想，亦不能直接表现；必也寄托于自然界具体景物，而后乃成为文艺化。故曰："《老庄》告退，山水方滋"；此山水诗之所以发生也。佛教东播，其思想由小乘趋于大乘；南朝已有净土宗之兴起，国人亦渐趋于自然界美景。重以《江南》佳丽之地，士大夫大都放浪山水，漱流枕石之徒；学术文艺，当然受其同化。如裴秀、谢庄之制地图，郭璞之注《山海经》，郦道元之注《水经》。宗炳之画山水于壁，以供卧游（详《名画录》）。遂开中国山水画一派，诗画又相联合，所谓王维画中有诗，诗中有画也。章炳麟《辨诗》："玄言之杀，语及田舍；田舍之隆，旁及山川云物，则谢灵运为之主。然则《风》《雅》道变，而诗又几为赋。颜延之与谢灵运，深浅有异，其归一也。"则是六朝山水诗之发生，一方因乎词赋华丽，骈文工整之趋向；而一方又以佛教思想融合《老庄》之结果。南朝文人，如谢灵运、颜延年、张融、沈约、徐陵、庾信之伦，莫不耽心内典，著于篇章。梁世诸帝，尤为皈依所在；其辞翰寄托，不可胜纪。

二十三、声律之发明与中古诗体之变迁

上章所论，明中古文艺上之思想，受印度佛教之变化。今更就其形式上论，则音韵学之发明，关于诗体之变迁，亦受佛教东来之影响也。魏晋以来，戎狄杂居内地甚多；中国之语言致大变化。恰遇佛经之翻译，与天竺之声明学共传来，遂促汉族音韵之整顿。学者之研究渐起；如魏李登撰《声类》，晋吕静撰《韵集》。至四声之说，多谓起于齐梁；实则沈约以前，已具有四声之说。赵翼《陔余丛考》曰："今按隋《经籍志》，晋有张谅撰《四声韵林》二十八卷，则四声实起晋人。……《南史·陆厥传》云：'约等文皆用宫商相宣，将平上去入四声，以之制韵。'沈约作《宋书·谢灵运传后》论之甚详。厥乃为书辨之，以为历代众贤，未必都暗此处也。此又约之前，已有四声之明证。即与约同时者，周颙有《四声切韵》行于时，刘善经有《四声指归》一卷，夏侯咏有《四声韵略》十三卷，王斌有《四声论》，皆齐梁间人。"四声之发明，不由沈约；惟借以谐叶诗文音韵，而倡声律之论者，则自约始也。

论者谓"律诗始于初唐，至沈宋而其格始备"（钱木庵《唐音审体说》），而实则其渐久矣。刘师培《中古文学史》："音律由疏而密，悉本自然，非由强致。试即南朝之文审之，四六之体，粗备于范晔、谢庄，成于王融、谢朓。而王谢诗亦复渐开律体；影响所及，迄于隋唐，文则悉成四六，诗则别为近体；不可谓非声律论开其先也。”案律诗须具“整”“俪”“叶”“韵”“谐”“度”六种成素；绝诗则须“整”“叶”“韵”“谐”“度”五种（见唐钺《国故新探中国文体的分析》）。试一一追溯其起源如下：

（一）整

诗体之整，谓篇中各句字数相同也。《诗经》以四言为主；然挚虞谓间杂有三言、五言、六言、七言、九言者，则《诗经》之诗，非整式之体也。韦孟《讽谏诗》，东方朔《戒子诗》，通篇四言，然汉后此体渐衰，盖以上二下二之四言，句度局促，音节板滞；不如上二下三之五言，及上四下三之七言，足以委婉达意，音节又较流畅也。故四言可置勿论。五言诗句当推始伊耆氏《蜡辞》“草木归其泽”。至全篇五言，钟嵘谓“逮汉李陵，始著五言之目”。然《文心雕龙·明诗篇》：“成帝品录，三百余篇，朝章关采，亦云周备；而辞人遗翰，莫见五言；所以李陵、班婕妤见疑于后代也。”至《古诗十九首》，亦非西汉作品（详陈钟凡先生《中国韵文通论》），为东都民间之风谣。则五言整式体，始自汉季而盛于建安也。沈德潜《说诗晬语》：“《大风》《柏梁》为七言之权舆。”然黄节《诗学》谓“古诗之兴，欲变《离骚》复杂之辞”；《大风》用楚调，实非诗之所托始也。《柏梁台诗》为伪作，顾亭林已辨之审矣（《日知录》二十一）。则七言之体，当推始于曹丕《燕歌行》。盖吾国整式之体，五言七言，皆发生于汉魏间也。

（二）俪

谓诗中偶词俪句也。《诗薮》曰：“晋宋之交，古今诗道之大限乎！魏承汉后，虽浸尚华靡；而淳朴余风，隐约尚在。……士衡安仁，一变而排偶开矣；灵运延年，再变而排偶盛矣；玄晖三变而排偶愈工。”……诗中偶句，盖盛于晋宋间也。

（三）叶

谓上下两句中，平仄以次相对也。马位《秋窗随笔》曰：“声律虽起于沈约，而约以前粗已见之。陆云相谑之词，所谓‘日下荀鸣鹤，云间陆士龙’；是五言联律。江淹《别赋》‘春宫閟此青苔色，秋帐含兹明月光’；是七言联律。此近体之发端。”则叶之诗体，源于晋宋也。

（四）韵

绝诗之韵，谓四句同韵；律诗谓八句同韵。黄节《诗学》数诗体变迁之迹曰：“五言古诗既兴，于是有五言古诗之变体；其原则始自六朝。如梁沈约《拟青青河畔草诗》，则五言两句换韵，变古诗之体而为之者也。又如柳恽《南曲》，则五言四句换韵，变古诗之体而为者也。顾之由五言两句换韵，一变而为四句换韵。再变而为八句同韵；如同时范云《巫山高》诗四句相对，一如柳恽《南曲》，则已为五律之滥觞矣。又由柳恽《南曲》离而二之，由范云《巫山高》诗中而分之，则如梁简文《梁尘》诗，已为五绝之滥觞矣。……七言诗既兴，于是有七言之变体，其源流亦始自六朝。如晋谢道韫《咏雪诗》，则七言三句同韵，变古诗之体而为之者也。又如萧子显《乌栖曲》，则七言两句换韵，变古诗之体而为之者也。顾由七言三句同韵，而变而为两句同韵，再变而为四句三同韵；如梁简文《春别诗》，亦变古诗之体而为之者也；然已为七绝之滥觞矣。简文既开兹体，又为《春情曲》；盖本《春别诗》之体而少变之，已骎骎乎具七律之形矣。至庾信《乌夜啼》，则已为七律之滥觞矣。”是可知律绝诗体，已由南朝渐渐形成矣。

（五）谐

谓诗句中平仄有一定也。刘师培《中古文学史》：“四声之说，盛于永明。其影响及于文学者，《南史》以为转拘声韵；而近人顾炎武《音论》，又谓江左之文，自梁天监以前，多以去入二声同用，以后则绝不相通。其说至确。然沈周之说，所谓判低昂，审清浊者，非惟平侧之别已耳。于声韵之辨，盖亦至精。彦和谓‘响有双叠，双声隔字而每舛，叠韵杂句而必睽’；即沈氏所谓‘一简之内，音韵尽殊’谓一句之内，不得两用同纽之字及同韵之字也。彦和谓‘声有飞沉，沉则响发而断，飞则声扬不还’；即沈氏所谓‘前有浮声，后须切响；两句之中，轻重悉异’。谓一句之内，不得纯用浊声之字或清声之字也。至当时五言诗律，舍《南史》所举‘平头’‘上尾’‘蜂腰’‘鹤膝’外，别有‘大韵’‘小韵’‘旁纽’‘正纽’四端，是谓八病；此即永明声律论之大略也。”案四声八病之说，《南史》以为弥为丽靡，《诗品》以为转伤真美；斯固切当之论。以其过于严酷，当时人亦未必相遵守。然作诗贵声韵谐适，遂以别成近体，不可谓非声律开其先也。

（六）度

谓每句或全篇字数有一定也。自四声八病之说兴，作诗者乃贵平仄整齐；徐陵、庾信，体制日工。至唐，声律对偶之法益严；沈佺期、宋之问力求研炼精切，声势稳顺；遂定五七言八句之程式，号为律诗。而绝诗五七言四句之程式，亦随以定焉。

是则古诗之变为近体，滥觞于晋宋，权舆于齐梁，完成于唐初。其间变迁之迹，固因乎自然；而促其成者，则音韵学之发明也。

二十四、唐代政俗与其文艺之关系

南北朝统一于隋唐。其间曾分裂数百年；以地理民族之不同，文艺上遂各具异彩；而唐则兼承南北之文物者也。《北史·文苑传序》曰："自汉魏以来，迄乎晋宋，其体屡变，前哲论之详矣。暨永明天监之际，太和天保之间，洛阳、江左文雅尤盛；彼此好尚，雅有异同。江左宫商发越，贵于清绮；河朔词义贞刚，重乎气质。气质则理胜其辞，清绮则文过其意；理深者便于时用，文华者则宜于咏歌；此其南北词人得失之大较也。"是知北重质实，南尚浮华。南朝诗歌，宋齐则有山水派，梁陈则有宫体；描写景物，正尚艳丽。而北朝则有《木兰辞》，长篇纪事体也；又如庾信《咏怀》廿七首，亦悲愤时事之作（在北周之庾信与其在梁时不同）。是固南朝所未有也。至民间歌谣，如《企喻歌辞》："男儿可怜虫，出门怀死忧；尸丧夹谷中，白骨无人收！"《瑯琊王歌辞》："新买五尺刀，悬著梁间柱；一日三婆娑，剧于十五女。"其豪侠爽直之概，与南朝《子夜歌华山畿》之柔和婉转者，不同也。凡文化不同之民族，一经结合之后，文学上必放一异彩。战国文学之兴盛，元明戏剧之发达，与隋唐文物之特起，殆可作一例观也。

唐代文艺，实集前古之大成，开后来之宗派；乃中国文艺史上之一大枢纽也。试举数端以言：

诗　以量言：清乾隆时，敕撰全唐诗，凡九百卷，二千三百余家，四万八千九百余首。自唐至清，垂千余年，其间湮没不传者何限？而犹浩若烟海，供后人沾匄不尽。以式言：则五七杂家，古今各体，以至乐府歌行，无所不备。以格言：则圣、神、仙、凡、妖、艳、鬼、怪各品，无所不有。以调言：则飘逸、雄浑、精深、博大、绮丽、幽邃、清奇、纤冶、奥峭等，宋后诸家所模仿，皆莫能自外。以内容言：除上述写景写实二派外，言宫闱者，则有初唐四杰，晚唐温李等；有神仙之思者，则有李白等；为宫词者，则有王建诸人；此盖承南朝之风者也。言边塞征伐之事者，则有高适等；此又承北朝之风者也。

赋　唐总八朝之众轨，启后代之支流，古赋、俳赋、律赋、文赋，百体争陈。人徒以清疏雅隽之派，归宗于欧阳永叔之《秋声》，苏子瞻之《赤壁》，李泰伯之《长江》，黄鲁直之《江西道院》；不知实导源于唐也。

文　承北朝之风者，则有陈子昂、元结、独孤及、韩愈、柳宗元等，开宋元明清古文派者也；承魏晋六朝者，则有初唐四杰、盛唐燕许、晚唐温李，开宋西昆体一派者也。

小说　唐人小说，大都与其叙事诗有密切关系。言史外之逸闻者，则有别传：如《海山记》《迷楼记》《李卫公别传》《李林甫外传》《高力士传》《梅妃传》《长恨歌传》《太真传》等。言剑侠之事者：则有《虬髯客传》《红线传》《刘无双传》《剑侠传》。言艳情者：则有《霍小玉传》《李娃传》《章台柳传》《会真记》《游仙窟》。言神怪者：则有《柳毅传》《杜子春传》《南柯记》《枕中记》《非烟传》《离魂记》。是又上继汉晋小说，而又开宋元明清弹词、戏曲、小说之源者。

词　李白《忆秦娥》一阕，为百代词曲之祖（其《菩萨蛮》《桂殿秋》诸阕，后人有疑词）。韦应物、白居易等承之；至温庭筠著有《握兰》《金荃集》，则大成矣。是又上继乐府，而下开宋词者也。

唐代文艺，上承汉魏六朝，下开宋元明清；可谓臻于极盛矣。推其所以致此之由，则除上述统一南北民族，融合南北文化外，尚有下列数因：

（一）由于君主好尚

唐代诸帝，大都能诗，庙堂之上，雍容揄扬，侍从游宴之作，奉诏应制之篇，不一而足。唐太宗置弘文馆，延致文学之士，讨论文艺，尝至夜分。宪宗读白居易讽谏诗，召为学士。穆宗善元稹歌诗，征为舍人。文宗好五言诗，特置学士七十二人。在专制时代，时君好尚，每足以造成风气。如汉武帝之于汉代词赋，与此同一例也。

（二）由于科举制度

人情莫不喜仕宦，科举为进身之阶，一般人趋之若鹜。唐制最重进士，以诗赋选录。时人以及第为荣，莫不努力为五言六韵之试帖诗；与明清人之工八股文者，正相同也。贾阆仙落第，乃作诗讥讽；孟东野未及第时，亦时现牢骚；时人之醉心科第，能想见矣。

（三）由于思想复杂

唐之世，实儒道佛三教汇集之时代也。唐初崇尚儒教，砥砺经术；而又皈依佛教，尊崇道教。三藏玄奘，赍译印度经一千三百三十余卷；太宗高宗皆信仰之；释徒以盛。又以老子李氏，而与同姓，特尊老子为太上玄元皇帝；道教于唐益滥。历世君主，虽时有异尚，而罕有专崇一教者；故唐代实有三教汇合之观。此外尚有景教、祆教、回教、摩尼教，亦尝流行于社会。思想复杂，故其表现于文艺上者，自有千门万户之观。

（四）由于国族强盛

隋唐既统一南北，乃北殄突厥，西平吐谷浑、高昌，东伐高丽，北灭薛延陀，西臣西域，领地被于四垂矣。大凡一国文艺，尝随其国势以为发展；希腊、罗马与吾国汉代，均其先例也。

（五）由于生活丰富

唐代文物，以开元天宝间为最盛。是时威振四夷，承累世之富，府库充实。长安繁华，千金游侠之子，流连其间，洋洋乎太平之象。故建筑、绘画、雕刻、音乐诸艺术，咸极一时之盛；而文艺上亦开未曾有之大观。

上列五因外，尤可注意者，即当时以各种艺术之发达，及外族文化之输入，音乐上遂发生一大改革，而文艺亦随以进化；此特下章述之。

二十五、音乐之变迁与乐府诗词之递嬗

王元美《艺苑卮言》:“《三百篇》亡,而后有骚赋;骚赋难入乐,而后有古乐府;古乐府不入俗,而后以唐绝句为乐府;绝句少婉转,而后有词。”音乐之变迁,文艺即随以改革;此足明二者之关系也。

《诗》三百篇,孔子皆弦歌之;雅乐衰歇,《诗》遂不作。战国时,器乐渐盛;荀卿《佹诗》,已为诗乐分离之肇。屈宋代兴,虽歌楚声,亦与诗异途;贾谊以下则为不歌而诵之赋矣。骚赋难入乐,自不得不有古乐府。

《汉书·礼乐志》:“高祖唐山夫人所作房中乐,孝惠二年,乐府令夏后宽更名安世乐。”又“武帝定郊祀之礼,乃立乐府”。是乐府诗置于汉高,乐府令(官名)设于惠帝,而乐府(署名)则始置于武帝也。《唐书·礼乐志》:“平调、清调、瑟调,皆周房中曲之遗声,汉世谓之三调。又有楚调、侧调:楚调者,汉房中乐也;高帝好楚声,故房中乐皆楚声也。侧调生于楚调。与前三调总谓之相和调。”相和五调,即魏晋以来之清商三调;其名虽不同,其歌法仍袭旧也。

乐府既立,诗与乐遂自此离矣。冯定远《钝吟杂录》:“古诗皆乐也。文士为之辞曰诗,乐工协之钟吕为乐。言志之文,乃有不得施之于乐者;故诗与乐画境。……文人乐府,亦有不谐钟吕,直自为诗矣。”乐府播之管弦，故篇分数解，以为节奏；长短其句，求合律吕。诗但用之讽吟，篇有定句，句有定字；所以便记忆，利口吻也。如《古诗十九首》之十五“生年不满百”一诗，即乐府《西门行》六解也。两首命意、措词，大致相同；而在诗则寡其辞句，句度整齐；在乐府则篇分六解，长短错杂。一便于口吻讽吟，一以协于管弦节奏，体制终有不同。朱柜堂《乐府正义》谓“《古诗十九首》，古乐府也”。非尽可信。

至外族乐曲之流入中国者，汉时有鼓吹曲、横吹曲。鼓吹曲大都自北狄传来，即铙歌二十二章也。《乐府解题》：“汉博望侯张骞入西域，传其调于西京，李延年因胡曲更造新声二十八解”；即横吹曲也。魏晋以来，二十八解不复具存；惟“黄鹄”等十曲流行于世，其辞后亡。又有“关山月”等八曲，后世之所加也。西凉龟兹诸曲，起于十六国之际。隋炀帝定清商、西凉、龟兹、天竺、康国、疏勒、安国、高丽、礼毕，以为九部。其中除清商，本于清商三调，为华夏之正声；及礼毕出自晋太尉庾亮；余七者，皆夷乐也。唐初因隋旧制，用九部乐。太宗造高昌乐，又造宴乐，而去礼毕曲；其著令者十部，而总谓之宴乐。郭茂倩谓宴乐诸曲，始于武德贞观，盛于开元天宝；其著者十四调，二百二十二曲。沈括《梦溪笔谈》云：“唐天宝十三载，以先王之乐为雅乐，前世新声为清乐，合胡部者为宴乐”；是唐有此三种乐曲。而凌廷堪《燕乐考原》谓“宴乐，奏之管弦，为诸乐之首”。是燕乐乃唐诗最流行之新音乐也。音乐既变，古乐府不入俗，而律绝诗遂盛矣。

唐人律绝诗，亦即随是新音乐以成立者也。王士祯《唐人万首绝句选·叙》：“开元天宝以来，宫掖所传，梨园弟子所歌，旗亭所唱，边将所进，率当时名士所谓绝句尔。故王之涣‘黄河远上’，王昌龄‘昭阳日景’之句，至今艳称之。而右丞‘渭城朝雨’，流传尤众，好事者，至谱为阳关三叠。他如刘禹锡、张祐诸篇，尤难指数。

由是言之，唐三百年，以绝句擅场，即三百年之乐府也。”又严绳孙《词律叙》云：“唐世所传，若沉香被诏之作，旗亭画壁之诗，及江南红豆之曲，大抵其可歌者，名五七言绝句。”又汪师韩《诗乐纂闻》云：“七言律诗，即乐府也。”如“卢家小妇”一诗，即其例也。

虽然，诗与乐，究有别也。《全唐诗附录》：“唐人乐府，原用律绝等诗，杂和声歌之。”《苕溪渔隐丛话》引蔡宽夫诗话曰：“大抵唐人歌曲，本不随声为长短句，多是五言或七言诗；歌者取其辞，与和声相叠成音耳。予有古凉州、伊州辞，与今遍数悉同，而皆绝句也。岂非当时人之辞，为一时所称者，皆为歌人窃取，播之曲调乎？”盖诗字句整齐，以便吟诵。一以协诸管弦，或某句复诵；或某处偷一字；或于句中句末插入和声、散声，借以调节歌调。所谓和声者，乐中引长之余声；散声者，曲谱以外之声也（如铙歌《有所思》中之“妃、呼、豨”等）。又有《竹枝》与《采莲子》，每句加散声（即《竹枝》加竹枝，女儿之句，《采莲子》加举棹，年少之句），载于万红友之《词律》。其注云：“竹枝，女儿，乃歌时群相随和之声也。”是可知律绝诗仅为整式之字句；一以协乐，又必加以和声，或并使之长短错杂也。

由上以言，古诗与律绝，大都皆可入药；惟付于管弦时，字句必多少加以变化。是汉迄唐，诗与乐府，其分离之渐，虽曰已久；而实则在可分不可分之间也。至诗变为词，则调有定格；诗遂不能以入乐矣。胡仔《渔隐丛谈》：“唐初歌舞辞，多是五言诗或七言诗，初无长短句。自中叶以后，至五代渐变成长短句。及本朝（宋）则尽为此体。今所存，止《瑞鹧鸪》《小奉王》二阕，是五七言八句诗，并七言绝句诗而已。《瑞鹧鸪》犹依字易歌；若《小奉王》，必须杂以虚声，乃可歌耳。”盖五七言诗为整齐之式，乐谱为参差之调；以彼合此，必须杂以虚声；否则，恐依字不易歌。故诗之变为词，大都因乎此。王元美所谓“绝句少婉转而后有词也”。《朱子语录》论诗曰：

“古乐府只是诗，中间却添许多泛声；后来怕失了泛声，逐一添个实字；遂成长短句，今曲子便是。”《全唐诗附录》曰：“唐人乐府，原因律绝等诗，杂和声歌之。其并和声作实字，长短其句，以就曲拍者，为填词。”是知汉魏古词之变为唐人律绝诗，唐人律绝诗之变为五代两宋词，莫不与音乐有关。

二十六、宋词之渊源与派别

纳兰成德《渌水亭杂识》云:“自五代兵革,中原文献凋落;诗道失传,而小词大盛。宋人专意于词,实为精绝;诗其尘饭土羹,故远不及唐人。”至五代两宋,诗道衰歇,词艺继起;实时代风气为之转移也。陆放翁跋《花间》,谓:“诗至晚唐《五季》,气格卑陋,千人一律。而长短句独精巧高丽,后世莫及;此事之不可晓者。”盖其时君唱于上,臣和于下;极声色之供奉,蔚文章之大观。风会所趋,朝野一致;虽在贤知,亦不能自外于习尚也。宋代海内乂安。朝士大夫,退食自公之暇;文人学者,宾朋游宴之余;相与引商刻羽,镂紫裁红,竞致新声。下至武夫妇人,释子羽流,多能洞晓音律,制腔填词。至徽宗设大晟乐府,命周邦彦提举其事,遂集诸家之大成;词至此盖推阐至极矣。迄于南宋,庆元禁道学嘉定禁作诗,金主亮又好唱北曲;时会所迫,惟出以词。字数渐多,而意境日狭;所谓“词至北宋而大,至南宋而深”也。其渊源所自,流变之迹,有足述者。

胡应麟《诗薮》曰:“古今凡三变:汉魏古词,一变也;唐人绝句,一变也;宋元词曲,一变也。六朝声偶,变唐之渐乎?五季诗余,变宋之渐乎?”盖自魏武借乐府以写时事,《薤露歌》《蒿里行》皆为董卓之乱而作;与原义不同。曹子建作鼙舞新歌五章，谓古曲谬误至多，异代之文不相袭；爰依前曲，别作新歌。此说一开。后人乃有依乐府之题，而直抒胸臆者。于是古乐府之真，渐已泯矣。两晋以下，诸家所作，不尽仿古。一时君臣，尤喜别翻新调；而民间哀乐缠绵之情，托诸长谣短咏以自见者，亦往往而有。如东晋无名氏作《女儿子》《休洗红》二曲，梁武帝之《江南弄》、沈约之《六忆诗》；其字句音节，率有定格；此即词之滥觞矣。故《文体明辨》谓："诗余者，古乐府之流别，而后世歌曲之滥觞也。"

虽然，词固为古乐府之流别，而亦直接出自唐人律绝诗也。唐人合乐，则歌律绝诗。惟乐曲概长短错杂，诗辞则字句整齐；故其歌时，必于字间加散声，或于句里插和声，以期变化歌法；则文字与曲节，又不免背离。由是而求救济之法，乃以曲谱为基础，散声和声，皆填字以迁就之；以视乎诗，故字有多少，句有长短，即所谓填词之法也。俞樾《词律序》："《唐书·艺文志》，经部有崔令钦《教坊记》一卷；其书罗列曲调之名，自《献天花》至《同心结》，凡三百三十有五。而今词家，所传小令，如南歌之《浪淘沙》；长调，《兰陵王入阵乐》；其名具在焉。《唐志》列之乐类，以此知今之词，古之乐也。"不知乐曲其名，诗其辞；诗变为词，则乐曲名，为词牌也。万红友《词律》发凡曰："如《菩萨蛮》《忆秦娥》《忆江南》《长相思》等，本是唐人之诗；而风气一变，遂有长短句之别。故以此数阕为词之鼻祖，不必言已。若《清平调》《小秦王》《竹枝》《柳枝》等，竟无异于七言绝句，与《菩萨蛮》不同。如专论词体，自当舍而勿录；故诸家词集，不载此等调；而《花庵》《草堂》，亦不收也。盖等而上之，如乐府诸作，为长短句者颇多，何可胜收乎？后人则以此调为词嚆矢，遂取入谱。"更从《词律》中考究：如《纥那曲》《啰唝曲》，本五言绝句；《抛球乐》，本五言六句；《回波词》，本六言绝句；《采莲子》《浪淘沙》《八拍蛮》《阿那曲》《款乃曲》，本七言绝句；《字字双》亦七言句句韵；《梧桐影》《花非花》，本长短句诗；《章台柳舞马词》，亦本为诗；后人采入诗谱。杨升庵《草堂序》云：“唐人之七言律，即填词之《瑞鹧鸪》也；七言之仄韵，即填词之《玉楼春》也。”词之从唐诗脱化而来，亦可见矣。

词之去诗未远也，大都皆小令单调。唐人词以《小秦王》《瑞鹧鸪》为最；古《小秦王》七言四句，《瑞鹧鸪》七言八句，皆单调也。李白《忆秦娥》《连理枝》始分二叠，白居易《长相思》继之而作；自是以后，三叠四叠，各体日出矣。至温飞卿始专力于词，《金荃》为词集之始；然犹无慢词也。《花间集》为词林宿海，亦录小令耳。迨北宋之盛，士大夫竞制新声，以畅情致；以小令之寥寥短幅，不足以尽敷扬繁富之思；乃演为中调长调。系之以慢以犯；慢词由兹以成立。度其时作者，当不乏人；而柳永，其著者也。其《八声甘州》《醉蓬莱》《望海潮》《雨霖铃》诸作，推为慢词之始祖。及周清真为大晟提举，集诸家之大成，合新制为二百余篇；词调之成于此际者居多，而词学亦于此时臻于极盛矣。

词体大约有二：一体婉约，一体豪放；婉约者其词调蕴藉，豪放者其气象恢宏。前者沿《花间》之遗，一称南派；后者开自苏黄，脱音律之拘束，一称北派。所谓“执红牙拍，歌杨柳岸晓风残月”；与“执铁绰板，唱大江东去”；此不特苏柳之异，抑亦南北两派之形容也。宋初晏殊父子，柳永、张先、欧阳永叔诸家，大都工艳，承《花间》余绪。而柳永最为有名；其词非羁旅穷愁之辞，即闺门淫媟之语，往往流于鄙俗；然音律谐婉，词意妥帖。继之者，如秦少游之清远婉约，贺方回之幽丽凄艳；此皆南派也。东坡不顾音律之拘挛，创激越之声调；一洗绮罗香泽之态，脱绸缪宛转之风；所谓“皂隶《花间》，舆台耆卿”也。黄九和之，虽称高妙，然其粗俗处，往往而有。南宋辛稼轩承其流，才气横溢；刘过继之，益豪壮而粗率矣。此皆北派也。周清真精深华丽，体兼苏（东坡）秦（少游）；在南北之间，屹然为大宗。南渡以后，堪与对垒者，为姜白石；所谓“野云孤飞，去留无迹”也。于是史达祖、高观国、羽翼之；张辑、吴文英师之于前；赵以夫、蒋捷、周密、陈允平、王溯孙、张炎效之于后；譬之于乐，舞箾至于九变，而词之能事毕矣。

二十七、宋词之语体化与散文化

时代为文艺之背景；故一种文艺，必带有其时代之色彩。宋为散文与语体文盛行时代，诗词歌赋，自然受其影响。江西诗派之主张平淡豪俊，真趣自然；其为散文语体化无论矣。以赋言：宋人为赋，与六朝初唐绝然异途；如欧阳《秋声》、东坡《赤壁》，字句之构造，直同散文；所谓文赋也。词固以蕴藉婉约为正，竟亦不能自外其时代趋向；是则尤可异者。考宋代语体与散文所以盛行之故，约可分以下诸端述之：

（一）宋代文风，大都务取理胜也。古文运动，殆至宋而大成；后世所谓古文八大家者，宋居其六。而其崇朴学，务取理胜，则又特成一种风气。故其文章形式，虽多袭前人遗轨；而自能游心万仞，沥液群言，不为所囿；骎骎乎且欲驾而上之。除欧、苏、曾、王以外，若刘原父兄弟、司马君实、周叔茂、张横渠、朱晦庵、陈同甫、叶水心、薛浪语、魏鹤山之伦，皆非号为古文专家者所及；初未尝以步趋韩、柳相矜也。

（二）宋代理学兴盛，以语录文讲授也。唐代为儒道佛三教平行之世；宋则儒道佛融合成一片，而自成一种性理之学。其初周敦颐、张载、邵雍等，谈理，俱以文言；然邵子《击壤集》，则纯为语体化之哲理诗。自程颐、程颢兄弟起，以白话说理，创“语录体”。嗣后言性理者，如朱子等，莫不沿习之。

（三）内政外交上之多争论也。北宋党争最盛，其发端自《宋襄》四贤一不肖诗；而于石介《庆历圣德诗》，与欧阳修《朋党论》，益有水火之势；是为君子与小人之党争。及安石参政，苏洵先论辨奸，吕诲继斥为大奸；而蒲宗孟、章惇，亦毁司马光奸邪；由是正奸之论起。新旧两党之争端，由是愈烈。其间又有洛、蜀、朔三党，或为政事上之争论，或为学术上之反目，甚者为人身之攻击。争论多则散文之用宏。又宋代国力不竞，辽、金之祸，频年不绝；于是外交上献纳之争，和战之争，又横亘于士大夫间。此亦促其论文之发达也。

（四）宋代科举制度，采用经义也。唐之取士，以诗赋；宋之取士，以策论；故宋之文学，不在诗而在文。文主议论，故散文尚焉。按宋初试士，诗赋论各一首，策五道，帖《论语》十，帖对《春秋》或《礼记》墨义十条；其九经、五经、三礼、三传、学究等，设科虽异，墨义则同也。王安石变法，罢诗赋帖经墨义；中书撰大义式颁行，须通经有文采，乃为中格，不但如明经墨义，粗解章句而已。故论理之文，称极盛云。

由上四者以观，可知宋代文风，尚说理论事；故语体与散文，极盛行于社会。其发而为词，当然不能不受此种影响；所谓"东坡以诗为词，稼轩以文为词"，其显著者（当时诗亦已文语化）。东坡之《念奴娇》《赤壁怀古》，又如《醉翁操》云："荷蒉过山前，曰：'有心也哉！此贤。'"皆直似论文。宜其"不协音律，横放杰出，曲子内缚不住者"。稼轩《贺新郎》词（独坐停云作）：

> 甚矣，吾衰矣！怅平生交游，零落只今余几？白发空垂三千丈，一笑人间万事！问何物能令公喜？我见青山多妩媚，料青山见我亦如是；情与貌，略相似。　一尊搔首东窗里，想

渊明《停云》诗就，此时风味！江山沉酣，求名者，岂识浊醪妙理？回首叫云飞，风起！不恨古人吾不见，恨古人不见吾狂耳！知我者，二三子！

刘龙洲《沁园春词》(寄辛稼轩)：

> 古岂无人，何以似吾，稼轩者谁？拥七州都督；虽然陶侃，机明神鉴，未必能诗。常衮何如，公羊聊尔。千骑东方候会稽；中原事，总匈奴未灭，毕竟男儿！　平生出处天知，算整顿乾坤终有时。问湖南宾客，侵寻去矣；江西户口，流落何之？尽日楼台，四边屏障，目断江山魂欲飞！长安道，算世无刘表，王粲畴依？

后人谓学苏辛一派，须熟读经史子，乃以其成语自然缀成；其词之散文化，可见矣。他如柳永、黄山谷等，则每以俚语入词。如柳词《昼夜乐》云："早知恁地难拼，悔不当初留住；其奈风流端正外，更别有系人心处；一日不思量，也攒眉千度！"《鹤冲天》云："假使重相见，还得似当初么？悔恨，无计，那迢迢长夜，自家只恁摧挫！"《两同心》云："个人人，昨夜分明许伊偕老。"《征部乐》云："待这回好好怜伊更不轻拆。"黄词《沁园春》云："奴儿又有行期。你去即无妨，我共谁？向眼前常见，心犹未足，怎生禁得这个分离，地角天涯？掘井为盟无改移！君须是做些儿相度，莫待临时。"又如《鼓笛令》竟体白话，并用俗字。他如东坡《如梦令》、刘过《天仙子》、石孝友《惜多娇》，皆通体为直率之口语也。又蜀妓《鹊桥仙》："多应念得脱空经，是那个先生教底？"颇清脆可诵。即周真清号称沉郁雅正，亦有"天便教人，霎时相见，何妨？"之句；宋词之语体化，可见矣。论者以此等语体词句，即为元曲始祖。如阮阅《洞仙歌》词(赠宜春官妓赵佛奴）：

　　赵家姊妹，合在昭阳殿；因甚人间有飞燕？见伊底，尽道独步江南；便江北，也何曾惯见？　　惜伊情性好，不解嗔人；长带桃花笑时脸。向尊前酒底，见了须归；似恁地，能得几回细看？待不眨眼儿觑着伊；将眨眼儿工夫，看伊几遍。

《宜春遗事》谓："此词已为元曲开山矣。"吴梅先生《南北戏曲概言》："金元以来，士大夫好以俚语入词；酒边灯下，四字《沁园春》，七字《瑞鹧鸪》，粗豪横决，动以稼轩龙洲自况；同时诸宫调词行，即词变为曲之始。"由宋词之语体化，即可知词变为曲之原因；而宋代白话小说之风盛，亦可于此思其故矣。

二十八、宋词与元曲之关系及其区别

由上章所言，词之语体化，已为元曲之开山。然词为歌曲，徒歌而不舞；且以阕为率，未有连续歌数阕者。则宋词之变为元曲，其间必有其嬗蜕之端倪，即宋词元曲间之过渡物也：

（一）宋时大曲

宋时官本杂剧，皆以词牌叠用成套。《宋史·乐志》谓真宗不喜郑声，而或歌杂剧词，未尝宣布于外，是也。其时歌词，虽无可考。而《东京梦华录》所载杂剧队舞之制甚详，是已具搬演剧戏之性质矣。至《乐府雅词》，又备录董颍《薄媚》大曲一套，其曲牌有排遍、十攧、入破、虚催、衮遍、催拍、歇拍、煞衮等名；更与后董《西厢》及元人杂剧相类。而史浩《鄮峰》大曲，有《剑舞》《采莲》等七套；并详录舞态歌词，及参军致语。大曲之详备，无有过于此者（见《彊村丛书》）。顾此等大曲，皆以词牌作之；并非若董词及关、马、郑、白等之套数也。东坡《哨遍》，隐括《归去来兮辞》，已开代言之体。然以数曲代一人之言，且专赋吴、越故事者，实自董颍此套始。

（二）鼓子词与搊弹词

宋赵德麟有《元微之、崔莺莺商调蝶恋花》词，即为鼓子词，合鼓而歌。乃截取元微之《会真记》之义为散序；赋词共十阕，于前后加二阕，述其著作之始终。其散序，诵而不歌；词曲则合乐器而唱；

无白无科，一如大曲。而其有序有词，不仅以滑稽调笑为主，必排一故事，首尾贯澈；可谓近代戏曲之祖，而实开董《西厢》之先声也。焦循《剧说》卷二引《笔谈》云："董解元《西厢记》曾见之卢兵部许，一人援弦，数十人合座，分诸色目而递歌之；谓之磨唱。卢氏盛歌舞，然一见后，无继者。"是董解元《西厢》以供搊弹念唱，故谓之搊弹词，亦谓之弦索《西厢》；王静安《宋元戏曲史》并以为即诸宫调。诸宫调者，小说之支流，而被之以乐曲者也。盖以其取材于《会真记》，更加以多数之人物事迹，变化错综，编成一大史诗；北曲之《西厢记》，全依乎此。鼓子词，有词无白；搊弹调则有白有曲，于元杂剧益近矣。

由上二端，可知戏曲不始于胡元，乃有宋一代变化而来也；词与曲之关系，可知矣。更考北剧所用曲，出于唐宋词者，如《醉花阴》《喜迁莺》等，共七十有五。南戏所用曲，出于唐宋词者，如《卜算子》《番卜算》等，则有一百九十。虽其词字句之数，或与古词不同，当由时代迁移之故；其渊源所自，要不可诬也。然则词与曲之区别，果何在乎？兹分数类言之：

（一）音律上之不同

七音十二律，互乘为八十四调；以宫乘律为宫，以其他六音乘律为调；此无论雅乐、燕乐及词曲，皆范围其内也。玉田《词源》云：今乐所存，只七宫十一调。沈宁庵《南田谱》亦云：曲中宫调，止六宫十一调。是词曲宫调，亦不甚相悬。惟歌法则大不同。吴梅先生曰："词之旧谱，流传至今者，仅白石词集旁谱十七支。其间所有'么''ㄣ''フ''人'等字，与近世谱字，已不相合。况复缓急强弱，节拍如何，无从臆测。所可知者：诸词皆一字一音，初无繁声介乎其中；与朱子所述《鹿鸣》《四牡》等十二章，按之相合。"则是词之歌法，与北曲之驰骤，南曲之柔峭，绝不相类。此其不同者一。

（二）结构之不同

词之体例，只有小令、中令、长调之分。曲则一支者名小令，二支四支者名重头，全套有尾者名散套；繁简多寡，与词大异。此其别二。

（三）作法之不同

词之作法，虽间有不避俚语，而大体终以雅为主。曲则有雅有俗；何也？词无角目，曲有角目也。歌词之法，虽不可考，而两宋名词具在；大抵主宾酬酢，皓齿一转而已。但冀一牌脱稿，即可引吭发声，初无套数之多少，更无忠佞之分配也。即如赵德麟《蝶恋花》十章，述《会真记》事，与弹词家相近，无剧场之模型也。曲则有清曲戏曲之分；清曲与词相近，可不必论；剧曲则邪正贤奸，最重分析。无论立身端正者，我当设身处地，为之竭力写生；即彼行止奸邪者，我亦当舍经从权，暂测小人之腹，以摹写其形状。盖词为叙述之式，曲为代言之体；其作法上固当有异也。此其不同者三。

今人言声歌之道，辄将词曲并举，一若二者绝无相异者；此不知音者之论也。

二十九、元曲发达之由来

由上章以言，元曲自有宋一代变化而来，固非自蒙古契丹输入者也。宋教坊之十八调，即唐二十八调之遗物；北曲之十二宫调，与南曲之十三宫调，又宋教坊十八调之遗物也。则南北曲之声，犹是南北朝龟兹八十四调之绪余。除北曲双调中之《风流体》等，为《女真曲》；又黄钟宫之《者刺古》，双调之《阿纳忽》《古都白》《唐兀歹》《阿忽令》，越调之《拙鲁连》，商调之《浪来里》，当为女真或蒙古曲，此等数阕外；其余皆非辽金元之产物也。至于戏剧，则除钹头一戏自西域入中国外，别无所闻。辽金之杂剧院本，与唐宋之杂剧，结构全同。吾辈宁谓辽金之剧，自宋往；宋之杂剧，不自辽金来；较可信也。至元代杂剧之结构，诚为创见；然创之者，实为汉人（元杂剧创自何人，不见于记载；钟嗣成《录鬼簿》所著录，以关汉卿为首）。而亦大用古剧之材料，与古曲之形式。不可谓为金元所输入者也（详王国维《宋元戏曲史》）。

然曲何为至元而发达者乎？沈德符《万历野获编》及臧晋叔《元曲选叙》，均谓蒙古时代，曾以词曲取士；核以《元史·选举志》，绝无影响；其说固诞妄不足信也。元代杂剧发达之原因，可约举以下三端：

（一）音乐之变更也

王元美《艺苑卮言》："曲者词之变；自金元入中国，所用胡乐，嘈杂缓急之间，词不能按，乃更为新声以媚之。"又"词不快北耳，而后有北曲；北曲不谐南耳，而后有南曲"。盖词之音律，一字一音，初无繁声介乎其中；纡缓单调，不为北人所喜。于是乃作节调繁促，纵横驰骤之音，以迎合之。而一时如马东篱、贯酸斋、王实甫、关汉卿、张小山、乔梦符、郑德辉、宫大用、白仁甫辈，咸富有才情，兼喜音律，遂擅一代之长。此元曲之所以发达者一。

（二）文士才力所集中也

蒙古灭金，废除科目，垂八十年；为自有科目来未有之事。而士之竞于科目者，才力无所用，一于词曲发之。且金时科目之学，最为谫陋（观刘祈《归潜志》）。此种人士，一旦失所业；固不能为学术上之事，而高文典册，又非其所素习也；适杂剧之新体发生，遂多从事于此。又有一二天才出于其间，充其才力；元剧之作，遂为千古独绝之文学。是以元曲创作之人，如关、马、王、白辈，大都在蒙古灭金之顷也。此其所以发达者二。

（三）得蒙古之欢心也

是时汉人，或不屑在异族统治之下；故作新奇之杂剧，借古人之嬉笑怒骂，以发其牢骚不平之思。二三天才，出乎其间，以巧词妙曲，耸动人之耳目遂使天下靡然趋之。乘百战百胜余威之蒙古人，亦渐向于娱乐方面；不独欢迎小说与杂剧，且实际以之为窥探中国历史风俗人情之捷径。于是轻薄者流，争雷同附和之；中原弦索，遂披靡天下。此元曲之所以发达者三。

由上三因，故元代戏曲，虽经宋金之酝酿；而于最短期间，能产生如此伟大之文艺；实足与希腊之雅典，英国之依利沙白时代，相媲美者也。惟论元曲者，每以四折之杂剧为主；杂剧虽为元代之特色，而南戏之兴盛，则亦在元末。杂剧以迎合元人为主，故多糅合蒙古方言;嘈杂之音,自不为南人所喜。于是永嘉人,因乎南宋之戏文,造出南戏;《琵琶》《拜月》,后先登场,尽洗胡元古鲁兀剌之风;别名为南曲。迨明隆庆、万历间,昆山梁伯龙、魏良辅,始造水磨腔格;学者靡然从之,于是有昆曲。辅良改易南词旧格,字字悠扬出之;伯龙作《吴越春秋浣纱记》传奇,使之订谱;天下始有清音。于是北部弦索,渐归淘汰矣。此由北曲而南曲而昆曲之沿革大略也。至南北曲之同异,待下章述之。

三十、南北曲之异同

曲自元，始有南北；南戏之发生，稍后于杂剧。故南戏之体制，实对于杂剧，多所改进。杂剧大都限于一宫调，又限一人唱；其律至严，不容逾越。故庄严雄肆，是其所长；而于曲折详尽，犹其所短也。至除此限制，而一剧无一定之折数，一出无一定之宫调；且不独以数色合唱一折，并有以数色合唱一曲；而各色皆有白有唱。此则南戏对于北曲之一大进步也。

至南北曲之分别，并不在格律之疏严，与板节之有无。臧晋叔《元曲选叙》："曲自元始有南北各十七宫调，而北《西厢》诸杂剧，亡虑数百种；南则《幽闺》《琵琶》二记已耳。……独怪今之为曲者，南与北声调虽异，而过宫下韵则一也；自高则诚作《琵琶》，首为不寻宫数调之说，以掩护其短；今遂借口，谓曲严于北，而疏于南；岂不谬乎？"又："予尝见王元美《艺苑卮言》之论曲，有曰：'北曲字多而声调缓，其筋在弦；南曲字少而声调繁，其力在板。'夫北之被弦索，犹南之合箫管；摧藏掩抑，颇足动人；而音亦嫋嫋，与之俱流；反使歌者不能自主。是曲之别调，非其正也。若板以节曲，则南北皆有力焉。如谓北筋在弦，亦谓南力在管，可乎？惜哉！元美之未知曲也。"是则谓北曲律严而无板，南曲有板而律疏，乃谬误之谈；不足借以为南北曲之分也。

大抵南北曲之区分，可列举以下三端：

(一) 其结构之不同也。北曲杂剧、折数、宫调、唱色皆有限定，南曲则无此限制；已如上述。故南戏情节复杂，剧文冗长，与北曲迥异；此其结构之不同也。

(二) 其声律之不同也。王元美《艺苑卮言》谓“自北曲兴后，大江南北，渐染胡语；时时采入，而沈约四声，遂阙其一。东南之士，未尽顾曲之周郎；逢掖之儒，又稀辨挝之王应，稍稍复变新体，号为南曲”。盖元初作曲多北人，北方止有平上去三声，而无入声；以北声作曲，故曰北曲。周德清乃制《中原音韵》，以明南北之殊音也。其序曰：“自关、马、郑、白，一新制作，韵共守自然之音，字能通天下之语。……诸公已矣，后学莫及；何也？盖其不悟声分平仄，字别阴阳。夫声分平仄者，谓无入声；以入声派入平上去三声也。……字别阴阳者，阴阳字平声有之，上去俱无，上去各止一声。”《中原音韵》为作北曲者所遵用，亦韵学之别宗也。则南北曲之殊，以南北语音不同故耳。(近人有以为入声不宜于音乐；词曲发达后，语音受其变化，因以渐失入声。说颇新颖，姑存之以待考。)

(三) 其词体之不同也。元曲之佳处曰：“自然”，曰：“有意境”；二者杂剧南戏，固皆所同具。王元美《艺苑卮言》：“大抵北主劲切雄丽，南主清峭柔远；虽本才情，务谐俚俗。譬之同一师承，而顿渐分教；俱为国臣，而文武异科。”盖北曲悲壮沉雄，南曲清柔曲折；此由地方之风气，及曲之体制然也。

元杂剧与南戏之区别，已如上述。此外尚有小令、套数、院本三种，皆元代所有。因并说明其性质与区别：

(一) 杂剧与小令套数之区别

小令只用一曲，与宋词略同；套数则合一宫调中诸曲为一套，与杂剧之一折略同。但杂剧以代言为事，而小令套数均以自叙为主。此其所异也。

（二）院本与南北曲之异同及其关系

元人杂剧以外，尚有院本。《辍耕录》云："国朝杂剧院本，分而为二。"盖杂剧为元人所创，而院本则金源之遗。然元人犹有作之者；《录鬼簿》云："屈英甫名彦英，编一百二十行，及《看钱奴》院本"；是也。元人院本，今无存者；故其体例如何，全不可考。唯明周宪王《吕洞宾花月神仙会》杂剧中，有院本一段。此段系宪王自撰，或翦裁金元旧本充之虽不可知；然其结构简易，与北曲、南戏均截然不同。其有白有唱，与杂剧无异；唯唱者不限一人，而一段之中，各色皆唱，又与南曲戏文相近。但一行于北，一行于南；其实院本与南戏之间，其关系较二者之与杂剧，更为密切。以二者，一出于金院本，一出于宋戏文，其根本要有相似之处；而杂剧则出于一时之创造者也。

三十一、元曲之派别

由上诸章以观，可知元代戏剧，实包罗古今，集合各体，无所不备。若欲论其派别，则须先定分派之标准。自来谈戏曲派别者，约可归为三类：一、以戏曲中之情节为分者；二、以戏曲之性质为分者；三、以戏曲文辞之风格为分者。试就此三端，以论元曲：

（一）以戏曲之情节为分

朱权《太和正音谱》载元人杂剧科目，凡十二种，一切剧中情节，皆可归纳在内。为剧者，认定一科细细研究；故能登峰造极，无微不至；元曲之出神入化，极其自然真实者，即此之由。十二科者：

一曰、神仙道化	二曰、林泉丘壑又曰隐居乐道
三曰、被袍秉笏即君臣杂剧	四曰、忠臣烈士
五曰、孝义廉节	六曰、叱奸骂谗
七曰、逐臣孤子	八曰、钹刀赶棒即脱膊杂剧
九曰、风花雪月	十曰、悲欢离合
十一曰、烟花粉黛即花旦杂剧	十二曰、神头鬼面即神佛杂剧

此十二科，即所以限定杂剧题目者。例如为神仙之语者，即归神仙道化；为山林隐逸之语者，即归林泉丘壑。其他各科，可以类推。更就现存一百十六种，分配之，亦能各各吻合。如《汉宫秋》归悲欢离合科；《黄粱梦》归神仙道化科；《杀狗劝夫》归逐臣孤子科；

《单鞭夺槊》归钹刀赶棒科;《曲红池》归烟花粉黛科。但将百十六种,逐一分析,无不可分类归科。即彼未传之五百余种,按其各种名目分配之,亦能一例合拍。故此十二科,不啻杂剧分类之总目;而实则世间事实,原亦不外此等科条而已。

(二)以戏曲之性质为分

吾国罕有悲剧,明以后传奇,大都属于喜剧;而元杂剧中则有悲剧。就其存者言之:如《汉宫秋》《梧桐树》《西蜀梦》《火烧介之推》《张之替杀妻》等,初无所谓先离后合,始困终享之事也。其最有悲剧之性质者,则如关汉卿之《窦娥冤》、纪君祥之《赵氏孤儿》;剧中虽有恶人交构其间,而其蹈汤赴火者,仍出于其主人之意志;即列之于世界大悲剧中,亦无愧色也。《赵氏孤儿冤报冤》一剧,法国大文豪福禄特尔(Voltaire)尝转译之以为中国之悲剧。则元曲中固可有喜剧悲剧之分也。

(三)以曲词风格为分

元曲文词风格,以朴素为主,以本色为美。然所谓本色朴素者,非流于鄙俗之谓;遂又不辞藻饰,因以别成浓丽一派者。吴梅先生《南北戏曲概言》论及之矣;节录其言如下:

> 董解元作《西厢》,以方言俗语,杂砌成文,世多诵习;于是作者大率以谐俗之词实之。如《天宝遗事》《王焕》《乐昌分镜》《王魁》等,虽不尽传;而传者,皆道路悠谬之语;嬉笑谑浪,取悦于人。故戏曲之始,仅有本色一家;无所谓辞藻纷纭,纂组缜密也。王实甫作《西厢》,以研炼浓丽为能;此是词中异军,非曲家出色当行之作。观《丽春堂》剧《满庭芳》云:"这都是托着大人虎势,赢的他急难措手,打的他马不停蹄。"又云:"则你那赤瓦不剌强嘴兀自说兵机。"……即如《西厢》中,《四边静》云:"若能够汤他一汤,倒与人消灾障。"《小梁州》云:"鹘伶渌

老不寻常。”……诸曲文词，亦非雅人口吻。王元美以《挂金索》一支为佳，殊非公允。是故知元人以本色见长，方可追论流别也。……自实甫继解元之后，创为研炼艳冶之词；而关汉卿以雄肆易其赤帜。所作《救风尘》《玉镜台》《谢天香》诸剧，类皆奔放滉漾，踔弛以自喜。东篱则清俊开宗；《汉宫秋》一种，臧晋叔以为元剧之冠；论其风格，卓尔大家。自是三家鼎盛，矜式群英。……尝谓元人之词，约分三类：喜豪放者，学关卿；工锻炼者，宗二甫；尚轻俊者，效东篱。……《琵琶拜月》，古今咸推圣手也。则诚以本色见长，而未尝不事藻饰；君美以浑脱著誉，而间亦伤于庸俗。是以学则诚易失之腐，学君美易失之啍。……元代北曲南词之风格，大体如是矣。

由上以观，北剧南戏，皆至元而大成也。王静安《宋元戏曲史》谓：

其发达，亦至元代止。嗣是以后，明初杂剧，如谷子敬、贾仲名辈，矜重典丽，尚似元代中叶之作。至仁宣间，而周宪王有燉最以杂剧知名；其词虽谐稳，然元人生气，至是顿尽。此后唯王九思、康海皆以北曲擅长；而二人所作《杜甫游春中山狼》二剧，均鲜动人之处。徐渭之《四声猿》，虽有佳处，然不逮元人远甚。至明季如汪道昆、陈与郊、梁伯龙辈所作，搜于《盛明杂剧》中者，亦无足观。南戏亦然，明中叶以前，作者寥寥。至隆庆后始盛，而尤以沈璟、汤显祖为巨擘。沈氏之词，以合律称；而其文则庸俗不足道。汤氏才思，诚一时之隽；然较之元人，显有人工与自然之别。故谓北剧南戏，限于元代，非过为苛论也。

三十二、元曲与小说之关系

文艺进化之途径，先有抒情诗，而后有叙事诗。抒情诗之目的，在表现主观之情感；叙事诗则表现主观之情感少，而叙述客观之人物或事实多。至剧诗之发生，乃融合抒情与叙事二种以成；剧诗亦所以叙述客观之人物或事实，而所叙述之人物，亦须各各描写其主观之表白；故须融合叙事抒情二种，而形成一种最复杂之形式（本间久雄《新文学概论》说）。此元代戏曲之发生，所以在中古诗歌词赋发达之后也。刘毓盘《中国文学史》："《曲谱》以'氓之蚩蚩'一章，谓专述一事而作，为曲文之鼻祖。顾此犹男女相勉之词也；若汉之《庐江小吏妻诗》、六朝《木兰诗》，并附述他人之语言以自成章法；在乐府为别调，而实为后人大套之开山，是也。"则以吾国叙事诗乃曲文之鼻祖。盖元代之戏剧，乃由唐宋以来之滑稽戏、小说杂戏进化而来；故戏曲、小说与叙事诗，三者最有密切关系。欧洲希腊《荷马诗》、英国沙士比亚之戏剧等，后人往往依据之，以为多种叙述之散文；此则证诸吾国文艺界，亦有同然者也。

吾国自宋元以来，戏曲与小说已成一种平行线之发展，而尝互相助长者也。英陆克氏云："无小说即无名戏剧；无戏剧即不能表现名小说。"小说赖戏剧而后传，戏剧亦赖小说而后盛；此种关系，证诸吾国宋、元、明，实最为显著者也。元明戏曲，渊源于宋代，而小说亦自宋始变更其发达之趋向。王国维《宋元戏曲史》:“小说之名,起于汉。……至唐而大盛,今《太平广记》所载,实集其成。然但为著述上之事,与宋之小说无与焉;宋之小说,则不以著述为事,而以讲演为事。灌园耐得翁《都城纪胜》,谓说话有四种:一、小说,一、说经,一、说参请,一、说史书;《梦粱录》所载略同。……此种说话,以叙事为主,与滑稽剧之但托故事者迥异。其发达之迹,虽略与戏曲平行,而后世戏剧之题目,多取诸此;其结构亦多依仿为之;所以资戏剧之发达者,实不少也。”

吾国宋后,戏曲与小说已成一种相辅而行之趋势。若宋以前之著述小说,以唐代为盛;其影响于元明戏曲者,亦甚大。如明张大和之《红拂记》,出于《虬髯客传》;元白仁甫之《梧桐雨》、明屠长卿之《丝毫记》、吴世美之《惊鸿记》、清洪昉思之《长生殿》,皆出于《长恨歌传》;明梁伯龙之《红线记》,出于《红线传》;陆天池之《明珠记》,出于《刘无双传》;梁伯龙之《红绡记》,出于《剑侠传》之红绡;汤临川之《紫绡记》,出于《霍小玉传》;元石君宝之《曲江池》、明金怀玉之《绣襦记》,皆出于《李娃传》;宋赵德麟之商调《鼓子词》、金董解元之《西厢挡弹词》、元王实甫之《西厢记》,皆出于《会真记》;关汉卿之《柳毅传书》、李好古之《张生煮海》、李笠翁之《蜃中楼》,皆出于《柳毅传》。汤临川之《南柯记》《邯郸记》,出于《南柯记》《枕中记》;元郑德辉之《倩女离魂》,出于《离魂记》;元明戏剧之取材,多本于唐人小说。所当注意者,唐人以一篇叙事之传记,元明人即分之为数折,使成为戏剧上之结构;传奇或且演为数十折。以一段故事而演成复杂之情节,宋后章回小说之发达,殆实与此等戏剧并行,而实互相助长者也。

元明小说最著者,如《水浒传》《三国演义》等;而同时《水浒》《三国》等史剧、故事剧,异常盛行。例如金元曲目中,有《赤壁鏖兵》《诸葛亮秋风五丈原》等,《元曲选》又有《隔江斗智》《连环计》二种;此与《三国演义》之发生有关。他如《黑旋风》《双献功》等剧之于《水浒传》,《单鞭夺槊》等之于《隋唐演义》,《楚昭公》等之于《东周列国演义》;凡此皆足证元明小说与戏剧,实为平行线之发展也。

当明末清初之间,更有一种弹词小说发生,此实介于叙事诗、戏曲、小说三者之间,而渊源于《西厢挡弹词》者也。如明杨升庵《廿一史弹词》、归玄恭《万古愁曲》;又如《天雨花》《再生缘》《英雄谱》《玉钏缘》《珍珠塔》《白蛇传》《玉蜻蜓》《梁山伯》《百花台》等,大都为清代作品;常谈男女私情、善恶果报等,而亦间有国家思想者,实具有历史上之价值。且此等在一般社会上之潜势力,亦至钜。戏曲须备歌舞,叙事诗与小说仅供叙述,此种弹词则重弹唱。盖戏曲与小说发达之结果,必有介乎其间者,从中发生;此亦足以明戏曲与小说之关系矣。

三十三、明清小说发达之由来及其派别

两宋为语体与散文发达时代；当时纪事文体，亦甚兴盛。如《新唐书》《新五代史》《资治通鉴》《通鉴纪事本末》《通志》《太平寰宇记》诸书，皆宋人作也。史书之发达，即足以促进小说之盛行；而宋人小说开后来之特别风气者，尤在以讲演代著述。王国维《宋元戏曲史》，亦曾言宋代小说发达情形："灌园耐得翁《都城纪胜》，谓说话有四种：一、小说，一、说经，一、说参请，一、说史书；《梦粱录》所纪略同。《武林旧事》所载诸色伎艺人中，有书会，有演史，有说经诨经，有小说。而《都城纪胜》《梦粱录》均谓小说人能以一朝一代故事，顷刻间提破，则演史与小说，自为一类。此三书所记，皆南渡以后之事，而其源则发于宋初。高承《事物纪原》：仁宗时，市人有能谈三国事者，或采其说，加缘饰，作影人。《东坡志林》，王彭尝云：'涂巷中小儿薄劣，为其家所厌苦，辄与钱，令聚坐，听说古话，至说三国事云云。'《东京梦华录》所载京华伎艺，有霍四究说三分，尹常卖《五代史》；至南渡以后，有敷衍《复华篇》及《中兴兵将传》者，见于《梦粱录》。此皆演史之类也。其无关史事者，则谓之小说。《梦粱录》云：小说一名银字儿，如烟粉、灵怪、传奇、公案、朴刀、杆棒，发踪参等事。则其体例，亦当与演史，大略相同。今日

所传之《五代平话》，实演史之遗；《大宋宣和遗事》，殆小说之遗也。”此足推见宋人对史事小说兴趣之浓；而其说话之发达，实足以促语体文之流行。

宋代诗词之语体化，已如上述。其用白话说理者，如程朱仿佛家说法为语录，其著例也。迨于胡元，以其崛起漠北，不谙文理；朝廷所下文告，词多鄙俚；若今所传《天宝宫》《圣旨碑文》是也。即史官载笔，或以鸡儿、狗儿、猪儿纪年；如今所传元《秘史略》是也。通俗文学，更以发达。宋代诨词小说（诨者，笑语之意，即以俗话体作小说也），评话小说（即所谓“陶真”），大都得豪奢粗俗之蒙人欢心；遂更以勃兴。时人乃依据最流行之说话，联贯编述之，于以成多种伟大之作品；此即近代小说之渊源也。

案白话小说之起，当在唐宋以前。清光绪中，敦煌石室，发现唐五代钞本小说数种。其中如《目连入地狱》故事，现藏于京师图书馆；如《唐太宗入冥记》《秋胡小说》等，现藏于伦敦博物馆。其后有《梁公九谏》，为唐人所作，见于《士礼居丛书》中；又有《大宋宣和遗事》，亦在其内。近今又有《京本通俗小说》《新编五代史平话》《大唐三藏法师取经诗话》等三种，陆续刊出；此等书，实为后世《三国演义》《隋唐演义》《西游记》等所祖法。是知白话小说之兴起，早在唐宋间。惟至宋元以后，始畅行发达；此则可断言者也。

所当问者，吾国小说何以大行发达于明清时代乎？举其原因，可得四点；述之于下：

（一）受君主专制之反应也

明初屡兴大狱，摧残士气；文人如宋濂、高启、方孝孺辈，皆不得其死。清初康、雍、乾三朝，亦递兴文字之狱。君主猜防疑忌之念愈深，文人之笔墨愈受检束。遂不得不假托隐语微词，述已往之事实，溯治乱兴废之由；以期言者无罪，闻者足戒，而稍戢暴君专政于万一。此明清小说之所以发达者一。

（二）对于当代摹拟文学之反应也

明代文风，大都注重摹拟工夫，甘为古人臣仆，毫无独得于其中。如李攀龙、王世贞、唐顺之、归有光等，对于前代诗文，其所趋向之途径或有异而要之以摹拟剽窃为能事，沿袭前人为指归。摹拟之病，使自身毫无创造；于是不得不另辟一境界，以为其放纵才智之地。此小说之所以发达者，二也。

（三）对于八股兴盛之反应也

明清以制义取士，其意非以网罗一代之鸿儒硕学也；盖欲牢笼天下之才士，受我驰驱，以戢其风云之志。然恬淡之士，自不为其所诱引；狂放之才，自不为其所羁束；而科举失意者，亦无所发泄其愤懑。于是不得不有以抒其心胸，泄其才学者，小说亦一途径也。此其三。

（四）对于社会紊乱之反应也

明清末季，政治紊乱之状，殆不堪闻。如权奸之当国也，阉寺之专横也，胥吏之害民也，官场之腐败也，盗贼之充斥也，家庭之恶劣也，社会道德之丧失也；无不足以促吾人之反省。而英才杰出之士，当此举世梦梦而我独醒之世，更无以自白；于是发为愤世嫉俗之语，诙谐诡奇之文，以泄其气；或讥讽当时政俗，以鼓吹革命。此小说之所以发达者，四也。

由上四因，是以明清小说之作，较前代为丰富。明小说在《艺文志》上，列目一百二十七种；清典《四库全书》，则以小说一类附入集部；其时小说之发达，可见一斑矣。

至论其派别，大约可分三期：

第一期，元明之间，为历史小说时期。此期以《三国演义》为代表。如《开辟演义》《东周列国志》《前汉演义》《后汉演义》《西晋演义》《东晋演义》《隋唐志传》诸书，皆出于《三国演义》之前后；此等大都承宋代《五代史平话》及《大宋宣和遗事》而发达者。同时之

《水浒传》,亦带有历史意味。吾国社会上历史观念,大部赖此等书以输入;则与平民知识,至有影响者也。

第二期,约在明中叶间,为神怪小说时期。此期以《西游记》为代表。因历史小说颇不易出色;全依据历史上事实,则易蹈于平实无趣;离开历史事实,则流于荒诞不经。乃惟运其主观之想像;虽其人物或得之史上,而全不顾史实。与《西游记》同时出现称《四游记》者,尚有《东游记》《南游记》《北游记》;在其前者,则有《三遂平妖传》等书;在其后者,则有《封神传》《三宝太监西洋记演义》等;大都写神仙鬼怪之奇幻事迹。此盖上承汉魏六朝之神秘小说而来者也。

第三期,起于明末,为社会小说时期。清代小说之最有价值者,当隶于此类。此期以《红楼梦》《儒林外史》为代表。以神怪小说多想像之谈,不切于社会实际;于是矫其弊者,则以描写社会上之实在人生。最早者当推《金瓶梅》,乃叙写下流社会之人物。《红楼梦》,则写簪缨钜族,儿女痴情,并隐刺政治与社会之不良。《儒林外史》则叙述当时文人陋习,及科举制度之腐败。其他如《镜花缘》《品花宝鉴》《花月痕》以及《聊斋志异》《阅微草堂笔记》《子不语》等书,虽仍带有理想或神怪之色彩,而大都皆有社会问题之隐射。继之者,如《孽海花》《官场现形记》《老残游记》《二十年目睹之怪现状》等书,其描写种种社会之实情;读之,即足以起种种问题改革之心理;故亦可谓问题小说也。此期小说,或受欧洲写实主义之影响;而当时政治与社会之紊乱,亦正足以供给其资料也。

三十四、近代戏曲小说与古文八股之关系

近代文学上，与戏曲小说同时演进者，别有古文、八股二种。唐宋古文运动，自韩柳欧苏起，迄于明归有光，以太史公书为法，尝得其神理；长于叙事散文。清初方苞、刘大櫆承之，遂倡桐城派之义法。至姚鼐更光大其绪；其门弟子数辈，管同、梅曾亮、方东树、姚莹等，以相授受；桐城文章，遂广被于海内。八股文者，应制科之一种体式也，一曰，制义，又曰时文。其始源于王安石之经义，本以矫迂拘浮浅之习，而纳之于先儒礼教之中；继乃为雄猜之主所利用，以羁縻海内人才。而一般人士，不能求出身于他途，亦相率以迎合有司之意旨，而就厥轨范。自元仁宗延祐中，定科举考试；于是王克耘始造八比一法，名书义矜式。明太祖因而不革；满清入关，复仍明旧，而程式更加严密。是古文学与八股乃同时平流而演进；而二者之发展，亦互有关系之点。试列举如下：

（一）摹古之习气相同也

唐顺之答茅坤书云："唐宋以下文人，莫不语性命，谈治道，满纸炫然，一切自托于儒家。然非其涵养畜聚之素，非真有一段千古不可磨灭之见。而景响剿说，盖头窃尾；如贫人借富人之衣，庄农作大贾之饰，极力装做，丑态尽露。是以精光枵焉，而其言遂不久

湮灭。”此言惟摹古人文词之规矩程式，而不顾自身之理想与情致；徒有其形，而无其质；此古文与八股之同病也。林传甲《中国文学史》论明代词章误于帖括，有云：“帖括程式既颁，驱天下读书士子，咸就其范围。两汉六朝三唐之俪语，既不能用之于制艺；惟取镕经义，自铸伟词而已。无如制艺之弊，泥古不通今；故知我鲁我周，而不自知我为何代人也。井田封建，治化最古；而《大明一统志》《大明会典》《大明六部则例》，皆不曾寓目焉。一旦服官，用何术以为治化乎？词章家七子之流，亦染帖括泥古之习气；官名地名，咸用古称；晦盲不塞，几欲句句加注。”此古文家摹古习气，与八股相同者也。

（二）对于文章之见解相同也

章学诚《文史通义·古文十弊》，针砭当时批评家之失。其九曰：“古人文成法立，未尝有定格也。传人适如其人，述事适如其事；无定之中，有一定焉。知其意者，旦暮遇之；不知其意，袭其形貌，神勿肖也。……塾师讲授《四书》文义，谓之时文；必有法度，以合程式。而法度难以空言，则往往取譬以示蒙学。拟于房屋，则有所谓间架结构；拟于身体，则有所谓眉目筋节；拟于绘画，则有所谓点睛添毫；拟于形象，则有所谓来龙结穴。随时取譬；然为初学示法，亦自不得不然，无庸责也。惟时文结习，深锢肠腑；进窥一切古书古文，皆此时文见解，动择塾师启蒙议论。则如用象棋枰，布围棋子，必不合矣。”足见当时一般古文评选家，多采取时文见解也。

（三）八股之格式合于古文篇法也

古文中有一种排体文，通篇除间插少数散句外，自首至尾，其前后段、结构及句法，皆相近似。如《史记·滑稽列传》，淳于髡答齐威王所以“饮一斗亦醉，一石亦醉”之故一段，及庄辛《幸臣论》、宋玉《对楚王问》之类。此种以排比为特征之文字，有排而不韵者，如《对楚王问》《幸臣论》。排而兼韵者，如扬雄《解嘲》、韩愈《进学解》。又全篇只有一组同类之排比节段者，如《幸臣论》。有二或多组之排比节段，前后继起者；后来八股文之格律，即脱胎于此种文字；惟八股不用韵，而格式亦较严整耳（本唐钺《国故新探》《诗与诗体说》）。是则八股原于古文也。王闿运云："八家之名，始于八股；其所宗者，韩也，其实乃起承转合之法耳。"则又古文家之格律，与八股相通也。

由上三点，可知八股与古文，同时演进。所谓"清真雅正，理法兼备"；八股之标准，不外古文家"神、理、气、味、格、律、声、色"，八者之道也。是以明清两代，有能八股而不能古文者，未有能古文而不能八股者。归有光、方苞之伦，为古文宗匠；而同时又为时文首领也。

古文出于八股，而八股乃渊源于曲剧，曲剧本于传奇小说；此足明近代小说，戏曲与古文，八股之关系也。焦循《易余籥录论》之审矣。因录其言如下：

> 《云麓漫抄》云："唐之举人，先借当世显人，以姓名达之主司，然后以所业投献；逾数日又投；谓之温卷，如《幽怪录》传奇等是也。盖此等文备众体，可以见史才、诗笔、议论。至进士则多以诗为贽，今有唐诗数百种行于世者是也。"按此，则唐人传奇小说，乃用以为科举之媒；此金元曲剧之滥觞也。诗既变为词曲，遂以传奇小说，谱而演之，是为乐府。杂剧又一变而为八股，舍小说而用经书，屏幽怪而谈理道，变曲牌而为排比。此文亦可备众体，史才诗笔，议论。其破题开讲，即引子也；提比、中比、后比，即曲之套数也；夹入领题、出题、段落，即宾白也。习之既久，忘其由来，莫不自诩为圣贤立言；不知敷衍描摹，亦仍优孟之衣冠。至摹写阳货、王欢、太宰、司败之口吻，叙述庾斯抽矢，东郭乞余，曾何异传奇之局段耶。而庄老释氏

之旨，文人藻缋之习，无不可入之；第借圣贤之口以出之耳。八股出于金元之曲剧，曲剧本于唐人之小说、传奇；而唐人之小说、传奇，为士人求科第之温卷；缘迹而求，可知其本。

元人曲，正旦、正末唱，余不唱。其为正旦、正末者，必取义夫、贞妇、忠臣、孝子、厚德有道之人；他宵小市井，不得而干之。余谓八股入口气，代其人论说，实原本于曲剧。而如阳货、臧仓等口气之题，宜断作，不宜代其口气。吾见工八股者，作此种题文，竟不啻身为孤装邦老；甚至助为讪谤口角，以逼肖为能；自当以元曲之格为法。

盖剧诗所以为最复杂之形式者，以其一方为叙述之文，一方又为代言之体。故戏曲、小说、史才、诗笔、议论各体，无所不备。而竟由此以成八股；由剧诗而衍为一种格式固定之散文；文词之技巧，可谓达于极点矣。

三十五、中国过去文艺界之得失及今后之趋势

吾国过去文艺变迁之迹，已如上述。其得欤？失欤？果所得何在？所失何在？诚难以二三语断定之。顾近今一般论吾国旧文艺者，每欲以一言斥其偏弊。不失于笼统浮泛，终陷于误会失实；或且以先入为主，妄肆论断；或有以随波逐流，人云亦云；殊失所以明过去文艺之真相。试一一辨正之：

（一）摹拟

世多以吾国文艺，偏于摹拟。文则曰周秦，曰汉魏；诗则曰唐诗，曰宋诗；莫不以古人为步趋，而以得其神似为能事。此诚吾国文艺界之失；然亦不可以一概论者。一种新文艺之产生，常含旧文艺之要素；而所谓旧文艺者，大都形式已固定。故非以摹仿为一种手段，以把捉过去精华，诚不足以为创造新文艺之凭借与基础。杜诗韩文，无一字无来历；周清真词，隐括唐人诗句；少陵所谓“转益多师是汝师”也。诚能运摹仿于创造之中，即合于文艺史上连绵生长之自然关系；故非旧文艺有根柢者，不足以言创造。此则可知摹拟固非绝对之失策也。

（二）专门

世又以为吾国文艺，已成为专门之形式；除近体小说外，如宋

词元曲,已非多数人所能享受者矣。盖一种文艺之衰退,其形式日渐固定,格律日就严密,词句日趋技巧;诚非一般人所能几及。然此乃历史上自然变化之结果,不足以为旧文艺病也。且一代有一代之文艺。旧文艺之存于今者,已成为专门化;而在当时固能风行一世。宋时柳词,有井水处皆唱;元代北剧,披靡天下。即以汉赋而论,《三都赋》成,洛阳纸贵;盖当时注重小学,故宏博富丽之文,亦能为多数人所领略也。则旧文艺之成为专门化,各国莫不皆然;不足以为吾国文艺病也。

（三）退化

更有以退化观念评吾国文艺者,以为汉魏不如周秦,唐宋不及汉魏,元明更不如唐宋,有江河日下之势。盖以摹仿心太重,惟守古人之范围,不敢逾越;于是取法乎上,亦仅得乎中而已。然此乃据一方面以言者;历史之演进,为多方面的;有退于此者,或进于彼。四言诗衰于汉魏;然汉魏之所胜,诚不在四言诗。诗至宋元已衰;然宋元之所长,固不在诗。以古时之所胜,持较今人之所短;固未足引为确论也。而吾国文艺之为进化,葛洪《抱朴子·钧世篇》已论之矣:

> 《毛诗》者,华采之辞也,然不及《上林》《羽猎》《二京》《三都》之汪涉博富也。……若夫俱论宫室,而《奚斯》《路寝》之颂,何如王生之赋《灵光》乎?同说游猎,而《叔畋》《卢铃》之诗,何如相如之言《上林》乎?并美祭祀,而《清庙》《云汉》之辞,何如郭氏《南郊》之艳乎?等称征伐,而《出车》《六月》之作,何如陈琳《武军》之壮乎?则举条可以觉焉。

则退化之说,更不足引以为吾国文艺病矣。

（四）应用

吾国自古文艺,尝以用之于政教;故每为伦理所束缚,不能以大发展。《诗经》之温柔敦厚,故孔子以兴、观、群、怨,事父,事君;若《离骚》之愤世嫉俗,即有不合经典之诮矣。至于社会写实之作,则每以其有害风化而加禁止;词曲小说则多斥为小道;以不合其应世致用之目的也。此诚吾国旧文艺界之偏见。然文艺有社会性,虽不宜为社会道德之直接教训;而文人轻薄,诲淫诲盗,终非其目的所在。文艺之高尚者,终当以人类道德之自然陶冶为指归。故"士以气质为先""一为文人,便无足观";一方似为鄙弃纯文艺之心理,而他方乃足以保持文艺之真正价值者也。则是文艺之应用于政教,亦不足以为病。

总之,历史上演进之事实,终难论断其绝对之价值。且一国有一国之地理民情,一代有一代之风气特色;以彼之所长,持此之所短,终非公允之论也。而历史之目的,不仅在估量过去之事实而已;将本其过去之经验,以适应当代之潮流,而审定将来之趋势也。西洋文艺之输入,旧文艺之体制与思想,必受其变化;此固无可疑虑者。而当今时代潮流,大都由个人而趋向于社会,由少数人而倾重于多数人;故文艺之趋势,亦必以此为方针。据吾观察之结果,当可列举为以下数点:

(一) 文艺之价值,趋重实质,而轻形式也。以供大多数人之领受,故不宜过重形式,使成为固定或专门化。而欲借以增进社会之高尚生活,故尤重在内容。

(二) 文艺之目的,趋于表现,而不在娱乐。娱乐与表现,皆为文艺成立之要素;然其进化也,常仅以娱乐为一种手段,而以表现社会与人生为究竟目的。故文艺之应用于大多数人也固非酒边灯下之酬唱,临流登高之自娱已耳;必也有以促进社会之风化,故尤重于表现也。

(三) 文艺之工具,趋于浅显,而忌艰深。文学之趋向于社会,故文字以浅显为尚。此近代文艺之所以散文化与语体化;以与一般多数人之生活，渐次接近；此可证验者也。

（四）文艺之体制，趋于戏曲小说，而不尚诗歌词赋也。文艺体制之进化，其接受旧文艺之容量，必渐增进；其影响于社会之人数，必渐扩大。由抒情诗，而叙事诗，而剧诗，而散体小说；此世界文艺进化之共同阶段也。

德国现代史

一、绪　　论

（一）德意志历史上之界画

历史上演进之迹象，连绵不绝；苟欲划清其界限，譬如抽刀断水，于事实上殆不可能。试就德意志历史上言，如日耳曼种族之由来，与其在罗马史上之关系等等，自当划入古代；如神圣罗马帝国之成立，及其衰亡之结局等等，则可归入中世；至其联邦帝国之建设，以及今日新共和国之发现，是皆在现代史之范围者也，今述德国现代史，果当以神圣罗马帝国之灭亡为其起界欤？神圣罗马帝号之正式取消，在一八〇六年；而自十三世纪皇帝与教王纷争之时，下经十六世纪宗教改革时代，中世纪德意志帝国，盖已名存实亡者久矣。若果以新帝国之建设为其始点欤？日耳曼联邦帝国之正式成立，在一八七一年；然一述其成立之由来不能不追述普鲁士王国与霍亨索伦一系之兴起，则又当远溯十五世纪勃兰登堡侯国之成立。历史上之事实，犬牙相错；信乎，界画之难求也。

人类之演进，为整个的；各团体间尝互有切要之关系者也。故言一国历史，除叙述其国民族、文化、土地、政权等之变迁以外，尤须注意其受世界各国一般之影响如何？从人类史总合的观察，较易得其各段演进之起讫。国家主义与民主主义之实现，实为十九世纪历史上之中心；而帝国之对内专制，对外侵略，又于本世纪初已渐宣告其末运。世界一般如是，德国又乌能自外哉？

德人之自由平等思想，触发于法兰西之数次革命；其民族之自觉与统一运动，乃激引于拿破仑之蹂躏德国。当十八世纪末、十九世纪初，可认为德意志政治文化演变上之一大转捩也。自此而上，正当三十年战争之后，及法皇路易十四之侵略；文物既荡焉无存，政治亦复涣散无所统率，自此而下，则民族精神之奋发也，民意之要求统一也，普鲁士与奥地利之争为领袖也，武断政略与铁血主义之运用也，新帝国之建设与其国势之膨胀也，帝国主义之发展与社会民主党之潜进也，欧战之爆发与新共和国之成立也。循序渐进，由胚胎，而萌芽，而生长，而成熟，而膨胀，而破裂，再归于重新建设。此则德国现代史上之奇观，而自成一段，有起讫可寻。本书自第三章以下，依次述之。

虽然，德国何以必取联邦制度乎？军国主义与战争思想何为在德独发达乎？世界政策之夸大狂，何为在德独盛乎？在帝国专制之下，何以仍为社会主义之首唱者乎？以势焰薰灼之帝国，乃忽变而为社会主义之共和国，果何由乎？欲解答此等问题，舍求其原因于地理环境及一时世界大势之转变外，固尤须考其本来之民族性质与历史上之背景也。本书因于第二章，述十九世纪前日耳曼之大略云。

（二）现代德国之国家主义与帝国主义

帝国主义与国家主义之异点何在？此不暇详述；惟其对内也，一则为团结的，一则为膨胀的；其对外也，一则为抵抗的，一则为侵略的；此两途径，断然不可混为一谈者也。内部团结巩固，而后能抵抗外敌之侵略；对外抵抗愈力，而内部之团结愈固；故国家主义易著成效。德国当普法战争时，内合南北诸邦之兵力，外摧法兰西之强敌。国家主义之成功也。国家而采取膨胀政策，则内部愈不能充实；对外而唯事侵略，则受他国之抵抗力愈大；故帝国主义者，多至失败。当二十世纪初年之德意志，内起社会民主党之反感，而外受英俄法诸国之环攻，即其例也。

自十九世纪初至一八七一年帝国之统一，数十年间，由人民之爱国运动，群起以倾覆拿破仑；又进而求政治上之统一，盖以为欲图自强，非使诸邦合而为一不可。新德国运动虽失败，一八四八年之法兰克福联盟会虽无结果；而帝国之胚胎，固已完成于是矣。俾斯麦以奥地利人种复杂，欲谋德意志内部之坚实，不能不排摈奥地利于联邦之外。而欲使诸邦团结之巩固，尤必须有敌国外患，以激起人民同仇敌忾之心。卒之一战胜法，联邦帝国于以成立。此德意志实现国家主义之时代也。

自一八七一年至一八九〇年，终俾斯麦执政时代，对外亟亟于减少德国之外敌，对内惟事聚集中央之政权。三帝同盟与三国同盟之成立，惟以抵制法兰西复仇之念而已；保护贸易之政策，所以使农工商并行发达，而充裕国家之财政也；殖民事业之提倡，俾氏初不赞成，惟以大势所趋，不能不因而利导之；教会之压抑，以其干预政权也，社会党之放逐，以共谋破坏国家也；国家社会主义之政策，所以使劳动者不至向于社会主义之途径也；凡此诸端，足见俾氏乃粹纯的国家主义者也惟其欲以德意志为欧陆政治中心，而于近东亦思扩张其势力。且助奥地利伸势力于巴尔干，是又国家主义进为帝国主义之过渡时代矣。

德意志自一八九〇年至欧洲大战之起，二十数年间，尝为世界上帝国主义之大本营。其海王之争夺，与工商业之竞进，与英冲突；其大日耳曼主义与近东政策，又与俄相争；德皇之铁腕，外交上惯用恐吓手段，又在在使列强环而攻之。故欧战之起，德几处于孤立之地位。而内部社会民主党之潜势力，又时时足以掣帝政与军阋之肘。外强中干，其是之谓乎？

国家主义与帝国主义之进行，在德意志似有一共同之工具，即武力是矣。德国民族有一坚忍服从之性质，最适于军国主义之实现。普鲁士以军功兴起其国，早已开举国皆兵之端绪。而自十九世纪以来，诸邦又多为普鲁士所薰染，一以普鲁士之兵制为法。俾斯麦铁血政策，更以之统一全国。然其武力之用，内以震慑诸邦纷歧之念与社会党破坏之谋，外以维持德意志在国际上之地位。乃威廉第二冀借此以鞭笞天下，宜其自陷于失败矣。俾氏不云乎："战事之成功，全在启衅山人，而吾人立于被攻击之地位之感想。"是以铁血政策，只宜于外抗强权，内除国贼之用，而非侵略他人之工具也。

（三）现代德国之民主主义与社会主义

十九世纪以来迄于欧战之德意志，在表面上，一段民主主义运动失败之历史也。拿破仑既倾覆，继之以梅特涅；越三十年，又出一俾斯麦；俾氏解职，威廉第二又亲自执政；是等人物，皆贱视宪法，深恶民权，人所共訾为专制魔王者也。欧洲大战前，德虽名为立宪国，而实际上，世界上之厉行专制者，除俄罗斯帝国外，殆无有如德意志之甚者。欧洲近世之自由种子，散布于法兰西之数次革命。德国诸邦中，虽因而有局部的改革政治之事实；然民意所要求之统一事业，既于一八四八年，显行失败；遂以为国家之成立，与其国势之发展，不恃全国人民之能力与公意，而唯赖霍亨索伦家之武力与威权而已。帝国宪法中，国会议员虽由人民之普遍选举；而内阁对国会不负责任，且有解散之之权力。民权之不伸张，于此可见。

德意志民族，有两种似相矛盾之性质：一方面坚忍服从，最喜兵士之生活；他方面又爱好自由，不甘受掣于人。十九世纪军国主义之实现，内合诸邦，外摧强敌；其成功即由于此。而其自由平等之好尚，乃为国家主义所湮没；自维也纳会议后，德人之自由与统一，为二种运动；迨十九世纪中叶，仅成其一。他如教育之普及也，科学之发达也，国民组织力之谨严也，亦莫不间接直接利用之以进行其军国主义；所谓民治精神，在德国一时殆黯然无色。

虽然，思想之变也，如蓬转焉。德人思想，与其史学之研究，至有关系。十九世纪前半叶，为理想主义极盛时代；此等思想家，以其祖国观念，唤起人民；一时意志奋发，以促进德意志帝国之再生。至后半叶，忽变而为唯物主义；如马克思之经济学说，乃出于中世以来阶级制度之研究也。于是国家主义之思潮，忽转变而渐趋于社会主义之途径矣。

德意志人终非慑服于帝国主义之下者也。自马克思、拉萨尔诸人以后，德国又为世界上社会主义之发源地。而工商业进步之神速，与人民教育之普及，虽常为帝政所利用，而亦足以促进社会主义之实现；于是人民所要求，不特在政治上之自由与平等，更进而为经济上之改革。欧战时俄罗斯专制国之瓦解，与其劳农政府之设立，皆出于德人之辅助；而使己国亦由帝制一变而为共和。其新宪法中，虽尚承认私有财产制度之存在；而其倾向于民治精神，与国家社会主义之潮流，则固彰明昭著者也。

以黑智儿之历史哲学，与马克思之阶级争斗学说，一般德人遂认人类战争为促进文明必要之工具。此次欧洲大战，未始非实现社会民主主义所必经之阶段？而战争之初起，德国社会民主党亦一致主战者，殆亦以此也欤？

二、十九世纪以前之德意志

（一）日耳曼祖先之民族性

二千年前，我中华固已进于文明美备之域矣。而在欧洲来因河、易北河、奥得河诸流域，森林隐蔽，不见天日；其土地未经开辟，其民族则游猎之蛮人也，栖息林间，躯干雄伟，善战善猎，其性质往往流于残忍狞恶，而有勇敢笃实朴直可爱之风。试聆彼等所讴古代之诗歌，大都美其祖先之丰功伟烈，而志在绍述，以不坠祖先之令名；且生成有独立自由气象，诚不欲屈服于他人，则能以死维持其自由；其所最爱者，战斗与田猎也；耕稼事业，则委诸老弱或妇孺，而丁壮无所事焉。

其人民阶级分贵族与自由平民，而皆为兵士。对于妇女，亦甚知尊重；盖当时女子，大抵皆修武技，往往有随夫远征弯弓助战者，故常引为倚佐也。其种族之聚居，各成部落，有酋长或族长以统辖之。酋长欲强大其部下，竞招致智勇之士；而士一旦入酋长之部下者，必誓守忠节；苟违此誓言，则引为最可耻之罪恶；一旦有事，即荷戈出战。其出战之军队，行伍组织，颇有节制；族长或酋长为之将帅，凡人民皆为兵士，兵士人民，无所区别。设军败退却，则狼狈遗兵，必被万众所轻笑；盖弃其盾而走者，为兵士之莫大耻辱；故往往有宁死以避此诟辱者。

酋长或族长，似极尊贵；然其权力，亦有限制，不得为横恣之处置。何则？酋长及族长之上，有人民之议会监督之也。以公议为政治方针之主义，盖在草创时代，早已充满于日耳曼民族之脑中。自大小各种族，罔不有议会存焉者；凡宣战媾和以至选举酋长及族长等，莫不取决于此。虽其集议决议，错乱无章；要其防止酋长及族长之专横私曲，有维持公安之力，岂不美哉？

观上古日耳曼人之性质，则知古时骑马侠士之风，十九世纪以来普鲁士之兵制，德人尚武服从之习惯，以及军国主义之发达，乃皆根据于其祖先之遗传。欧洲人常言：自由种子，由日耳曼森林蛮族所布。于此又可知十九世纪以来，实行开明专制，以期成帝国之统一乃出于一时之政策；于其民族性质上，实极不自然。而现代社会主义、民主主义之潜流，不啻与其帝国并行发展，终以变成目下之共和国，又可恍然明其故矣。

（二）古代日耳曼与罗马之关系

因其民族之尚武好战，日耳曼云者，即战争中呼喊者之意义。古代日耳曼，其史实与名称，惟见诸罗马史中耳。日耳曼与罗马之关系，至为密切，而两种民族之性质，实交互受其影响。

当纪元前一世纪迄纪元后二世纪，适罗马国势正盛，日耳曼民族，尝为其所征服；然时服时叛，终不受其约束。迨罗马之威力渐衰，日耳曼人渐侵入罗马之境，罗马人反居于防守之地位；其苦于北狄之患，殆如我国秦汉以来之于匈奴焉。即罗马帝国之解纽，实亦日耳曼人之侵略，开其端绪也。后世史家，谓罗马人瞢然于地理学及人种学，无军事上之远见，故厘定欧洲疆界，只及于来因与多脑河为止，放弃日耳曼于化外而不顾；不思有以薰濡而噢咻之，遂终为西欧生命及和平之梗阻，不可谓非罗马人之失也。虽然，日耳曼人有爱好自由不受压制之性质，若失其自主权，必争斗至死而不屈，必得而后已；其倔强不驯之气，亦终以脱罗马之羁绊也欤？

纪元后三世纪至六世纪之间，日耳曼种族多离其故土而他徙者；考其原因：一由于匈奴人自亚细亚入东欧，日耳曼种族受其压迫而迁徙；二由于罗马势力，日就衰弱，渐失其防护之能力，日耳曼族遂得乘隙南下。其中最著者，如哥德人最受匈奴之攻击，于是有南遁求护于罗马既而又反叛之者，有迁至西班牙及高卢南境者，有越地中海至亚非利加而建国汪达尔者。如萨克森人，则又出航北海而迁于英伦，为今日英人之始祖。其留居日耳曼故土之各种族，以法兰克人最占重要。自五世纪后，始不为罗马人所服役，渐自独立。惟王权日增，王位亦不由人民选举，可以传之子孙；盖欲期成国家之统一，势不得不集中权力于中央也。至第六世纪，法兰克人征服日耳曼他族及高卢人，遂开现今德意志及法兰西之基。及八世纪，查理大帝起，更统一日耳曼全土，经略四方，版图跨欧陆大半。帝且受罗马教王之加冕，称为罗马帝；盖彼于基督教之宣传，最为有力者也。

自日耳曼人与罗马文化接触，虽未尽受其融合；而彼风俗制度，终不能不有所变革。其最显著者，即在宗教上，由异教而皈入基督教也。上古日耳曼信奉异端，崇拜多神；至三四纪后，渐改奉基督教；最初为哥德人，其后渐及于日耳曼全土。八世纪时，萨克森人尚顽抗不奉正教，为查理大帝所征服。日耳曼诸首领，如克罗维斯、丕平、查理大帝等，皆宗基督教以收揽人心，而得其军事上、政治上之成功者也。则基督教之统率人心，于古代德意志国基之成立，固甚有关焉。

查理大帝为日耳曼主而兼名为罗马帝者，以当时欧人群倾心仰慕于罗马过去之威名；日耳曼人之仿效罗马，其政治上制度，虽无多大成功，而事事每欲得罗马之形式，则固其心理上之趋向。罗马皇帝自君士坦丁以来，每为崇奉基督教之君主；故尝视罗马帝一若上帝之付托者然。罗马军威，与其皇帝护教之功，此两观念之结合；查理大帝之部下，遂群喜与以罗马皇帝之尊号，而自眩耀焉。日耳曼人之夸大狂，于十九世纪末二十世纪初，尤为显著，然推迹原始，盖由其受罗马宗教上历史上之影响至深故也。

（三）神圣罗马帝国

查理大帝殁后，诸孙争乱纷起；八四三年，订《维丹条约》，国裂为三：一领来因河之东，即今德意志之始基；一领今法兰西之地；中间袭承皇位者，领一狭长之土地，北自北海，南至地中海，因其主名罗塔，遂有罗特灵根或洛林之名；今并以名德法间之一省。《维丹条约》，为德法分裂之始。德地多日耳曼人；在法则为拉丁民族，法兰克人聚居于此者殊属少数。若在罗特灵根，种族复杂；其北部纯为日耳曼法兰克人，保有纯粹之血族及国民性，实为查理大帝国家之中心。嗣后罗塔嗣统绝，北部罗特灵根，大都归德属焉。

查理大帝后，内乱频仍，因置公侯以镇地方；中欧遂成封建制度。当时社会中最尊显者，即为公侯伯之贵族；次为侯伯臣属之武士；更次则为农民，各隶属于侯伯武士之下；最下者，即隶附于土地之农奴也。自此封建制度行，国中仍分数多小邦，数多种族，各自为谋。九世纪时，斯干的耶维亚海盗掠于北，斯拉夫族侵于东，马札儿人更攻略其中，外患纷至；内部小邦，又不能团结，时呈分崩离析，德几不国矣。查理大帝嗣统至十世纪初绝，萨克森公选为王位，驱除外敌。鄂图大帝承之，思恢复查理大帝之旧业；九六二年，亲至意大利受教王加冕礼。盖欲借此罗马帝之尊号，以收聚人民信仰，而增进自身之权力；所谓神圣罗马帝国，即建于此矣。

自日耳曼王位与罗马帝位之相合，德帝与罗马教王互相辅援，政治与宗教即互为助长。德意志当时教会之兴盛，亦所以提高日耳曼人文明之程度；基督教之于欧洲，不可谓全无功绩。当鄂图大帝时，日耳曼人各各抱种族之意见，毫无联合其间之国民观念；一邦只知邦，各守偏私主义，未尝注意日耳曼全土之休戚利害及日耳曼王俱兼罗马皇帝之位，各种族始皆起帝国臣民之观念，而渐开国家思想之端绪，以奠成联邦统一之始基；此则不可谓非政治上之效用也。自罗马帝国之建树，历代君主尝欲植其势力于意大利方面，虽无效果；而使日耳曼与世界文明日有接触之机会，精神上、物质上均以促进；故自鄂图大帝后数百年间，日耳曼在欧洲政治上、文化上，实首屈一指。此皆日耳曼王位与罗马帝位相合之益也。

然而，利之所在，弊亦随之。日耳曼王自是常离本国而留意大利；内政渐紊，纪纲日弛，封建诸藩之权力日益张大，而中央政府之命令不行。在近世纪初，英法诸国已成强固之中央政府，而在德国，直至十九世纪中叶，始臻统一之成功。其所以然者，自封建制度行，政治上日渐有分裂之趋向；在英法诸国，其强有力之君主，惟在裁抑侯伯贵族之势力，而使之集中于政府。若在日耳曼，君主所注意，往往在意大利，极其心力，以维持其帝国之虚名，诸侯伯遂得从中篡夺其政权，徇至末世，遂有尾大不掉之祸；诸邦国愈以强固其根基。近世德意志之所以必为联邦组织者，盖亦以此故也。

抑有进者：神圣罗马帝国之产生，原于政治与宗教之协合作用。结果，教会之兴盛，愈足以增教王之权力，而不能抑止其政权上之干与。及此协合作用消失，皇帝与教王遂起纷争；在中世纪，人民对宗教之信仰甚坚；国中教士亦常反帝而党于教王，皇帝之力，自不能相敌，而帝国愈以涣散。自一二五〇年腓特烈第二死后，所谓神圣罗马帝国者，殆已名存实亡矣。日耳曼王位，最初本由人民选举，继则变为世袭。及侯伯贵族之势力渐增，王位虽时归于一家一系，遂亦由彼等所选举。彼等既各自为谋，所选出者，往往为庸碌无能之徒;盖借此可以遂彼等所欲为,不为皇权所压制。故自十三世纪后,帝国益失其维系之力,多数贵族,抱其封土,几各自成独立之邦;其惟一之谋,亦在各自扩张其土地以左右皇权耳。而王室愈以不竞,帝国日趋于解体;直至十六世纪,皇位等于虚设而已。

虽然,中世纪之德意志,中央政府虽日形衰歇;而其他方面亦有进步之历史可言:其土地之扩大,即其一例也。易北河东一带,乃今日耳曼之中心,而在鄂图大帝时,则为斯拉夫族所居;其后数世纪,德人遂渐占领易北河与奥得间,更东进据有波米拉尼亚、波希米亚、匈牙利并沿波罗的海一带,东南则领有奥地利、士的里亚、克伦地亚;是则由于历代诸皇鼓励之功,而亦由东部诸侯王及一般商人或殖民者之经营而得者也。中世纪各种文化,德人常落后;然如建筑图画等,仍较他国为优胜。其印刷术之发明,则于欧洲学术思想之促进,至有关系者也。又工商业日形发达,各城市以为工商业之中心,而成市府;至十五世纪末,诸市府渐次独立,除皇帝外,并无公侯之隶属关系。近世德意志之变为工商业国家,于此又开其端绪。总之:德意志在十五世纪时,各方面均有发展;所缺者,政治上维系之中心,其力甚微耳。

迨十六世纪初叶,德意志似渐回复于统一,则以哈布斯堡一系之兴起也。一五一九年,查理第五即位。哈布斯堡家在一二八二年,已为奥地利公,并得有士的里亚、克伦地亚、卡尼鄂拉之地;更因数代婚姻关系,至查理时,不仅为奥地利公与德意志帝,且兼为西班牙王,尼德兰与勃艮第之主,那不勒斯与西西利之王;米兰伯,并领有波希米亚、匈牙利之地;其权力正大,似可因之以裁抑诸侯而建一强固之中央政府。然以其领土散漫,屡与外敌启衅,如与法兰西人、土耳其人纷争不已。又适当宗教改革之时;自马丁路德以后,新教徒之势力,日盛一日。盖中世教会教士之专横无厌,妄作威福，以好自由之日耳曼人，自不能不起而谋革新。斯时也，查理第五苟皈依新教，首创改革，自能团结德意志之人心，而造一强固之国家；乃以欲保有其南欧诸领地，迎合旧教徒之心理，而于新教徒复从事压抑。卒之一五五五年，订《奥格斯堡和约》，许各邦信教自由；而德意志国内之宗教，乃有新旧之分矣。及斐迪南第二即位，复抑新教徒；一六一八年，遂起三十年战争。

三十年战争，至一六四八年止，共三十年也。其始丹英荷三国军援新教徒，不胜；瑞典王考斯道夫阿多发援之，以与帝军战，帝军败绩。至一六四八年，订《威斯特发里亚和约》，战事始止。其战期之延长，战线之无定，使德国全境，又变为萧索荒凉之区，新旧教徒到处混战；实蛮族侵略以来欧洲所仅见之一种极惨酷与破坏之战争也。长期战争，连绵推衍，国内供需，益形困难；两方将帅，势不得不抢掠村镇，以供军需；兵士遂变为就地谋食之土匪。后世史家谓三十年战争，不啻表示抢掠为战时合法之行为，暴动为军人应享之权利；德人凶恶残暴之天性，至一九一四年欧战时，德人在比利时境之举动。实此有以纵发之；盖三十年战争，德人名誉最大之污点，直至今日尚未消灭也。

一六四八年，《威斯特发里亚和约》，本为宗教战争之结局，而所订定者，则纯为政治上之事实。帝国之疆界，大加削小；尼德兰、瑞士均被认为独立国；波米拉尼亚一部易北河口之地，则割让于瑞典；亚尔萨斯州则并归法国。国内诸邦土地，亦多变更；勃兰登堡巴威略两邦所获甚多。而哈布斯堡家自后失其为德意志首领之能力；神圣罗马帝国，亦于此时归于灭亡；其虚号虽延至十八世纪之末，始行消失；然帝国诸邦君主，已不复自认为皇帝所隶属。哈布斯堡家君主，亦仅注意于欧洲东南匈奥部分之事；其帝国内数约三百之杂乱小邦，不复为其权力所及。三十年战争，实使德国境内之精华，扫荡无余；实业凋敝，民生困竭；诸文化事业，如宗教学术等，大受打击，自后惟仰鼻息于法兰西。中世德国之文明，殆随帝国之命运以消尽矣。

（四）普鲁士之兴起

《威士特发里亚和约》后，德国历史之中心人物，一转而属于霍亨索伦家矣。霍亨索伦者，得名于德国南方之一寺院，即其家族之居处也。一四一五年，西祺门帝任命霍亨索伦子爵为努尼堡城主，勃兰登堡将军兼选帝侯。勃兰登堡，位于易北与奥得两河之间，并附有奥得河东之地；十二世纪时，日耳曼人得自斯拉夫汶德人者选帝侯有选举皇帝之权，固已为德国诸侯之首领；然当时如萨克森选帝侯，巴威略公，来因之帕拉泰因伯，皆较勃兰登堡将军为富厚。当宗教改革之初年，勃兰登堡即改奉新教。亚尔伯特者，霍亨索伦族之大武士也，亦奉新教，自波兰占领东普鲁士之地，成为一世袭公国，而隶属于波兰王国焉。至一六一八年，其嗣统绝，乃并合于此选帝侯，是为勃兰登堡与普鲁士合并之始，正即三十年战争开始之年也。

一六四〇年，当三十年战争剧烈之时，腓特烈·威廉继承勃兰登堡普鲁士选帝侯，遂使勃兰登堡一跃而为欧洲强国；谓之为非常选帝侯，诚不愧也。《威斯特发里亚和约》，腓特烈·威廉在德国中部得三管理区域，及波米拉尼亚东部之地；是时霍亨索伦家据有易北河之左岸，勃兰登堡在波罗的海可以自由出口焉。惟其领土中，夹杂数波兰州省，以普鲁士原隶属于波兰王国也；腓特烈·威廉遂因瑞典之助，反叛波兰，又夺其州省。腓特烈·威廉内并改组军队，整理财政，振兴实业，抑压贵族，以成一强固之中央政府。十六世纪时，法兰西既得麦次都尔维丹三省于德，至是时适逢法皇路易十四在位。三十年战争，法已得亚尔萨斯，心犹不厌，又觊觎洛林，欲得来因左岸，自瑞士至尼德兰，均归法国。而当时德国境内，势力涣散，哈布斯堡一系诸皇又多庸弱无能，不足以当是大敌。一六七二年，路易十四自来因侵德，发兵迎敌者，惟腓特烈·威廉耳。一六七四年，法并怂恿瑞典袭勃兰登堡，为腓特烈·威廉所败；然勃兰登堡以路易十四之牵制，终不能更扩张其领土；而路易十四又得斯特拉斯堡镇以去。总之：腓特烈·威廉者，内树强固之政权，外操纵横之霸术，其后霍亨索伦系历承其绪，使普鲁士为欧洲列强之一，而奠成联邦帝国之始基者也。

路易十四之侵略，自足激起德意志上下之愤怒；然除腓特烈·威廉外，诸侯伯州省无有敢抵抗之者。一六八八年，当路易十四势力正盛，此非常选帝侯去世，其子腓特烈第一承之；与英国、荷兰、瑞典、奥地利、西班牙诸国结为同盟，以抗路易十四。一六九九年，立兹尉克和议，亚尔萨斯与斯特拉斯堡让路易占据。未几，又有西班牙王位之争，勃兰登堡、英荷及德国诸邦与法皇路易战延十余年。一七一三年《乌得勒支和约》列邦承认勃兰登堡侯为普鲁士王；而普鲁士王国始现于世矣，然腓特烈第一在位之时，虽得此普鲁士王号及上该尔德兰省，而其国内政治经济，又复濒于危境，其子腓特烈·威廉第一继之，乃改革内政，振兴实业，使国家臻于富强；又与瑞典战胜之，因得西波米拉尼亚之地。腓特烈·威廉第一更极力整顿军队，国家收入七分之五尽用为军费；又创征兵制度，国家有事，丁壮尽为兵士；普鲁士之为军国主义国者盖始于此时。腓特烈·威廉第一不特使人民臻于富强，又复开设学校，实行义务教育；盖以人民智识之发达，与国力之增进，至有关系也。

一七四〇年，腓特烈·威廉子腓特烈第二嗣位；挽救普鲁士于危亡之境，而增进其无上之光荣，即所谓腓特烈大王也。彼盖一刚毅正直之军人，与普鲁士历代君主之徒尚诡谲纵横，殆异其趣。然彼少年时，性甚浪漫，喜读法国诗歌，不愿与闻政事；后经乃父厉严之教训，忽改其性质；谨严果敢，竟为普鲁士之英雄，亦可异也。奥地利查理第六卒，遗命女马利亚德利撒承袭哈布斯堡系皇位；腓特烈大王不服，称兵向奥地利要求西利西亚之地。普兵教练精熟，屡败奥兵；适马利亚受巴威略法兰西之攻击，乃与普和，允让与西利西亚。此一七四二年事也。一七四四年，奥地利得英人之助，举兵欲谋报复；腓特烈大王亦与法联，仍败奥军。此实普奥在德意志竞雄争长之始也。奥女皇报复之念未息，联法俄以为己助，普亦结英以自固。时萨克森亦与普为敌，腓特烈大王乃先发制人，攻萨克森；奥军来救。时在一七五六年，即七年战争之开始也。七年战争中，普鲁士除得英人军需供给外，实独力以抗奥俄法三大强敌；普兵来往奔战，奋力支持；大战数次，互有胜负。至一七五九年，英人绝其接济，普大危急；幸次年，俄又转而助普。一七六三年，两方皆生懈心，遂开和议于呼伯都斯堡，西利西亚永认为普有而普敢独力以抗三大强，在国际上实增进其无上之光荣；在德意志诸邦中，亦不容奥地利独占首席矣。

七年战争后，普鲁士内事休息，外修邦交，与俄亲善，对奥亦不复重见兵戈。适当时波兰内政棼乱，乃与俄奥共谋瓜分；普得西普鲁士之地及其南方一带。腓特烈大王之内政，亦祖述乃父与非常选帝侯者，于人民宗教信仰，取容忍政策；对官制法制，则加以整顿；恢复工商，垦辟土地，战后民生多艰，财政困竭，军费又复浩繁；腓特烈大王整理税务，励行国家专办事业；比其暮年，国用所需，应供无虞，且有余积矣。腓特烈大王卒于一七八六年，彼一生惟普鲁士之国利是求；所谓实行开明专制以造就普鲁士者，彼实不让于威廉第一与俾斯麦也。

本章参考书

Lewis' *History of Germany*.

John Finnemore's *Peeps at History of Germany*.

A. D. Junhs' *The Hohenzollerns*.

W. T. Waugh's *Germany*.

沙安《日耳曼史》(商务印书馆译)。

河上清《德意志全史》(褚嘉祐译)。

韦尔斯《世界史纲》(向达等译)。

三、十九世纪初德国之民族精神

（一）拿破仑势力下之德国

当十八世纪之末，德意志诸邦情形日就腐败；普鲁士既渐富强，与奥地利争长；其余大小诸邦，亦皆妄自尊大，各自为主；一般公侯贵族，又多施行暴政，民不堪命。适当法国大革命爆发以后，平等自由之思想满布全欧；而受其影响最大者，德意志也。

普奥诸国君主恐法国革命成功，有碍其地位；乃应法国贵族之要求，举兵向巴黎，声言恢复帝政，扑灭革命；实亦乘法国内乱，亦可如波兰之容彼等瓜分也。而孰知法国人民群起抵敌，使诸国不能干涉；德国来因河一带，且为法所侵占。一七九五年，普独与法和。时法国盖世英雄拿破仑方平定意大利；一七九七年，又败奥军；而奥亦与之和。法既胜利，欧洲列国颇不自安，盖凡被法人所占领之土地，皆采行共和政体，不便于当时君主与贵族也。英俄奥诸国联盟抗法，普独未与。一七九九年，拿破仑统领法国；冀欲为欧洲大陆之主人翁，屡败奥意兵，夺占德意志州省，因以分给诸邦之助己者，普固未加入同盟，所得独多也。一八〇四年，拿氏为法国皇帝。翌年，英又组织同盟以抗之，普鲁士仍未加入，拿氏海战为英所败；而大胜俄奥兵于奥斯特里齐；奥俄因不得不乞和于彼，德意志境乃随拿氏所宰割而莫敢谁何矣。

一八〇六年，拿氏组织来因河同盟；凡法东十六小邦助拿氏者，其君主皆得拿氏许可，各管辖其领土，而为法所保护而所谓德意志帝国，乃完全破坏矣。帝国之名存实亡，早在来因同盟以前，历朝尚以日耳曼帝号沿称；至是则德帝法兰西斯第二见虚号之无用，以一八〇六年八月六日改称奥地利帝，不称德意志帝；于是日耳曼帝国，始名实俱亡矣。

腓特烈卒于一七八六年，一传于腓特烈·威廉第二，至是已再传至腓特烈·威廉第三；渐知拿破仑终将不利于普鲁士。一八〇六年，拿氏迫普王与英交战；普鲁士军舰，多为英人所夺。拿氏因不慊于普，迭加侮辱；普国上下，均不能堪。王妃路易斯者，貌美有英气，愤拿破仑之专横，力劝普王抗法，并激励其民。普人奋勇从军者，甚众；是年秋，普遂向法国宣战。普兵虽强，终非拿破仑之敌；耶拿一役，普兵大败，法人遂长驱入柏林矣。普王逃奔于外，召集残部，以图再举，俄兵助之。一八〇七年，俄兵为拿破仑败于孚利德兰，俄已与法和。普兵仍亦败绩，更无余力以图抗衡。拿破仑乃使普割让易北河西之地；除西普鲁士外，凡普自波兰所得之地，亦尽让出。盖腓特烈大王时，已与俄奥分割波兰一次；至一七九三年及一七九五年，俄普奥又实行第二次、第三次之分割，普得但泽及东普鲁士；至今则尽归于法，务使普鲁士领土一如十七世纪非常选帝侯之时而后已。拿氏又令普出一亿五千万法郎之赔款；赔款未付清以前，举国要塞，委于法军之手。而国内军队之数，亦仅限以四万二千人。此皆《的尔西特和约》之结果，固普鲁士莫大之耻辱也。王妃路易斯竟忧愤以卒。

（二）德人之爱国热

夫以日耳曼雄健尚武，爱好自由之民族，竟任拿破仑之鱼肉，不思起而一救其祖国者耶？溯拿破仑之所以能在德意志横行无忌者；固由于日耳曼诸邦，势力涣散，自相水火，至有倒戈以助敌者；而当时德意志人民，群苦诸侯王贵族之专制虐政，亦冀法人之来，有以解放之，而得遂其自由；故拿氏之侵略，德人低首宁牺牲其祖国，出而抵抗之者少也。不意以暴易暴，拿氏亦一专制魔王，一味施其压抑手段；又行其大陆封锁政策，日耳曼人之生计，愈以困顿。此拿破仑之不能迎合德人之心理，遂引起德国上下之同仇敌忾，仍唤起其祖国观念，于是出而反抗拿氏矣。

自拿破仑蹂躏柏林后，德意志国民复仇雪耻之念，举国若狂。然其爱国思想，决非仅为一时感情热血所鼓动，皆以真理实学为基础；故能勇而不乱，久而不渝。而其所以培养元气，指导全国者，厥惟当世之四大哲学家，即康德（一七二四——一八〇四）、哥德（一七四九——一八三二）、席勒尔（一七五九——一八〇五）、斐希特（一七六二——一八一四）是也。康德创立认识论，而其指导国民，以实践理性社会义务为重。哥德以文学著，提倡情意陶养与理智并重，尤主张以日耳曼民族性与希腊文化融合，席勒尔之文学，与哥德齐名，其中多含爱国主义，其哲学则承康德之义务论，而尤注重于美育。斐希特论人生天职以爱国合群为体，奋斗力行为用。论人性，谓性乃生物，而非死物，故以生生蓄动为自然。四氏学说，虽各有不同，然其所以指导国民同具献身精神、社会义务，则一也。盖当时德国哲学界为理想主义极盛时代。四氏代表各方传播其理想，德意志青年受其感化，全国气象翻然为之一变矣。

当法军占领柏林时，斐希特以其精神之武器，挺身奋出于战鼓声中，慨然以“警告德意志国民”之题，临众演说，其大旨，以为蒙至耻极辱之国民，急宜振奋自救；自救之策无他，惟赖国民更新教育法以增长其爱国心而已；改革国民教育之法，以期国民生活之更新，在破除个人自由，培养果敢整齐之团结力云尔。洋洋数万言，听者志气为之一振。时普王腓特烈·威廉第三亦慨然痛誓曰:“既失之国力,当以知识培补之。乃改革学制,注重国民教育,以巩固国基;其国民教育之方,则大率以斐希特之说为主斐氏之说,以个人为国家分子;为国民者,能排除个人观念,而以国家一分子自处,则国家自无分崩离析之患;上下一心,而国以强矣。此斐氏爱国主义教育之大旨也。”

德国人民,当是时,为护国计,为争自由计,均不能不仇拿破仑,教育家哲学家之倡导,文学家演说家之传播,莫不以爱国复仇为宗旨。秘密会社如势力同盟会、体育会等,又复过设各处,亦以提倡强身护国仇法者也。此等爱国运动,殆遍布德意志全境,尤以在普鲁士为显著。当时普王卧薪尝胆,以复仇雪耻为念。其将相大臣,如斯泰国、哈登堡辈,亦干练精明,力谋澄清内治;如废除农奴制度,励行地方自治,亟亟以荫庇人民为怀。盖皆所以鼓励其自由之意志,而激引其同仇敌忾者。当时尤足注意者,则普鲁士军制之改革也。

(三)普鲁士之征兵制度

德意志在上古时,本行举国皆兵主义,中古之国民军,皆其遗制也。盖封建时代,诸侯有强制其全国臣民服充兵役之权。其时枪械尚未发明,军队要部,专属于骑兵。迨后枪械之用宏,车队要部渐移于步队;步队士卒,诸侯各于其领土内召募之。洎乎后世,国民军之制废,而佣兵主义行矣。十七世纪时,古制虽复萌,然卒未能完备;其劝诱征兵之士官,巡游全国,召募志士;其应征者,多为他国逋逃而富有冒险性质者。至十八世纪,普王腓特烈·威廉第一时,佣兵制度外,更施行强制征兵制度;限以本国臣民,编成联队;训练士卒,极为严肃。至腓特烈大王时,复加以训练;普之强兵，即其兴起之由也。

至十九世纪初，为拿破仑所败辱后，普王腓特烈·威廉第三更急于改革兵制；其时国民已惯于强制征兵制度，国家义务观念亦已深印于国民之脑际，故其改革，易见实行。普王用沙纶和斯特及格奈则瑙为将，以辅助其改革。当时屈服拿破仑威权之下，平时练兵限于四万二千之数；乃分春秋二班，春班归乡，秋班入伍，其备八万四千之兵器。平时可节减饷需，战时得多兵之用。至一八一三年，普召集在乡军人及新兵战斗员，忽达三十万零二千之多；其中新兵约占百分之六十五。翌年，乃创定普通人民，悉有兵役义务，载在宪法；所谓复古制，而参酌以时代新制者也。

兵役义务，无贫富贵贱轻重之分。义务教育，亦创始于腓特烈·威廉第一，而励行于腓特烈大王，此与征兵制度之实行，至有关系者也。惟开创之初，国家财政困难，养兵有限；国民有义务，当兵者甚多，但限于现役兵额之数，不能悉充现役耳。当征兵制度初布时，只能令国民中最良最健者，行其义务；至稍弱或家贫亲老及未受教育者，则置之于预备地位。是以现役兵额之增进，乃为实行征兵制度必要之图；此惨淡经营，尚待于后之威廉第一及俾斯麦也。然当时以区区之普鲁士，其兵数竟六倍于奥，四倍于法；自欧洲第三位，一跃而列于一等强国。推迹原始，不得不归功于腓特烈·威廉第一及腓特烈大王也。其后北部德意志同盟成立，乃总括各联邦之兵力，而施之以统一兵制；于是欧洲形势为之一变，法国亦有所羡慕，力图改革；列国争以此为模范，俄国亦蠢焉思动，以步其后；日本亦于明治初年，由山县元帅输其兵制于国内；而普鲁士之兵制，遂为天下法矣。

虽然，普鲁士兵制之实现，与当时国民奋勇直前，踊跃为公之精神，至有关系；则其军队之强大，虽由于一时君臣之策划，而德意志爱国尚武之风，实有以促成之，则又其国本使然者也。

（四）拿破仑之倾覆与德意志

爱国复仇之思想，既已充满德意志人民之脑际；普鲁士亦已整理内政，强固兵力，以待时机；奥地利政府又复力谋改革，厉兵秣马，思倾覆拿破仑之势力。会拿破仑有事西班牙，奥人以为有机可乘，即于一八〇九年，向法国宣战。奥政府宣言，谓此举实为日耳曼争独立自由之幸福，德国诸邦须共起以抗法国之压制。乃因诸邦慑于拿破仑之威力，仍无敢助奥者。奥兵虽奋勇，终非拿氏之敌，一八一〇年，为法军所败。拿破仑对德人益事压抑，而倾覆拿氏之运动，亦渐臻成熟矣。

一八一二年，拿破仑率其雄兵远征俄罗斯，普奥诸国军队，亦有被迫从之者。及拿破仑征俄失败，狼狈归巴黎；欧洲诸国乘之，遂起最终之大同盟。一八一三年二月，普王腓特烈·威廉第三召集常备预备诸军，下令军中曰："是为吾民最后之战。国之存亡幸灾，均视此举；尔等勉旃。非获最后之胜利，虽粉身碎骨，亦所不辞也。"是年十月，俄普奥三国大军，会于来比锡，以三十万大军与拿破仑战破之。是为来比锡国民之战，后世德意志诸国之所庆祝者也。同盟既胜，声势尤盛；拿破仑仅率残兵六万，退至来因河畔之马因斯。十二月，同盟军遂各进兵侵入巴黎。

同盟军既入法境，而意见不协；拿破仑乘之，屡获胜利。一八一四年二月，列国开和议；提议法兰西之境界，复一七九二年之旧，拿破仑不许。于是英俄普奥诸国议决，确定对法态度，誓以去拿破仑为宗旨。大军转战而前，三月，陷巴黎。普王腓特烈·威廉第三访法塔力蓝外相，协议善后办法，决议复波旁家王位。拿破仑宣言：彼及其子孙永远放弃法兰西及意大利王位。四月，拿破仑从同盟军乘英舰赴厄尔巴岛。英俄普奥合诸小邦与法塔力蓝开会议于维也纳。惟彼同盟四大国于欧洲改造，各异意见，互相嫉视，诸小邦莫敢抗议；塔力蓝又掉三寸舌，大有压倒四国之势；四国之抱愿未偿，故一切问题，终未就绪，岁月匆匆，已一八一五年三月矣！当各国发言盈廷，莫敢谁何之际，而霹雷一声，惊天动地之拿破仑，又自厄尔巴岛中逃出矣。于是各国不得不暂停和会，再对拿翁，起兵进攻巴黎。而拿破仑仍执先发制人之计，进军迎敌；滑铁卢战败后，再被流于圣赫勒拿岛；遂不复重见欧洲大陆矣。

拿破仑之倾覆，实以德意志人之爱国精神为其原动力。盖当十九世纪初年，法国革命初期的大同主义，渐渐让步；欧洲民族精神，日以发达，在德国尤为显著。适当德国思想界理想主义之兴盛，理想主义者之爱国思想，实自研究历史而来；与传奇派所吟咏中古时代之德国民族，至有关系。故十九世纪初期，德国史学界，即充满爱国之热忱，与前世纪大同主义，绝不相同。黑智儿以民族精神，各有其特点；每将其自身造成一客观之世界，而存在于各殊的宗教、习惯、社会、法律之中；总言之，在彼民族全部复杂制度中，与在民族之历史事实及举动中也。黑氏以世界上最高地位，给与其民族，谓："德国精神为新世界精神；其目的在实现绝对的真理，即自由之无限自决。"此种爱国思想，遂造成德人傲慢之心理；而当时拿破仑被德人驱逐之事实，又足以证黑氏学说之不误也。

黑智儿史学之爱国精神，根据于中世纪德意志历史之事实，而马克思之历史观念，亦出于自古阶级制度之研究。此史学上唯心唯物之分，遂从国家主义一变为社会主义；此德人思想转变之关键也。

本章参考书

John Finnemore's *Peeps at History of Germany*.
余楠秋《德意之统一与中国》。

朱章宝《德国富强之由来》。

吴光杰《德国军事调查记》。

约翰生·亨利《历史教学法》(何炳松译)。

四、维也纳会议后德国之自由与统一运动

（一）维也纳会议席上普奥之争执

韦尔斯《世界史纲》有言："吾人今试披览一八一四年以来之欧洲地图，并持以与所谓自然地图者相较，即可知列强所博戏者，实博戏已成之局。彼辈之处置，凡能与世界自然地图相符合，而又能与教育民主主义齐驱者，必能保持；而与此相反者，则必归崩裂。由是以观：吾人不能不断言：向使欧洲能令少数忠实之人种学家、地理学家、社会学家，以从事各国适当之疆界，规定适宜之政体，则十九世纪中外交上之种种骚扰，种种阴谋，种种假面具，种种流血，以及君主与军队之劳苦与虚靡，无数加富尔、俾斯麦、的士累利与波那帕脱以及其他无数伟人之各种奇异态度、奇异事业、奇异计划，皆完全可以避免。"斯言也，执以观维也纳会议，其阻止德意志之统一一端，即可得一最开始、最显著、最明确之实例也。

维也纳会议席上，重要之国，厥为英俄普奥；自法国所分割之地，宰割任诸此四国。但此四国外虽名为同盟，内实意见参商，利害冲突，其欲望均各不同；兹述其有关于德意志者：

英国欲防止俄人势力南下，抗俄帝再兴波兰王国之议；主张分割波兰之地，仍与普奥，使于东方制俄；而以萨克森全部与普鲁士，

使于西方制法；而又恐德意志统一，势力过强，使奥普二国统辖之。皆图各国间之互相掣肘，以保其固有之势力而已。

奥国为于西方拒法国东侵之势，欲组织德意志联邦，以来因河沿岸之地，分与其联邦，以防法国；于东方亦拒俄帝再兴波兰王国之议，沿多瑙河守备，使俄国不能南下；此对俄对法，英奥意见相同也。然对普则奥与英绝对相反：盖奥以萨克森为普有，则德意志联邦之均势破，并为普鲁士开一直捣奥都之通路；故宁欲普国恢复波兰之旧领，拓土于来因河畔，而不使染指于萨克森；如此则法普接境，势不相解，奥得乘而大有所为也。奥并不欲普国于德意志西部独抱大权，思别兴新国于德意志南，使其无事时，与普制法，有事则可抑普国吞并德国各联邦之野心；其所谓新国者，即巴威略王国是也；以来因河最沃饶之地归之，则奥国可为德意志联邦之盟主，以左右普国。

若俄则与英奥二国殊其利害，故意见尤为参商；其首所要求者，则欲合瓦萨公国及其他波兰领土，建一独立国，而俄帝摄其王位。拿破仑之助萨克森占领瓦萨也，俄帝亚历山大深恨之，且生平与普王最为亲善，固欲普王领有萨克森之领土；盖普握德意志霸权，得以制奥，于彼外交上，大有裨益也。

普鲁士夙抱统一全德意志之大志，法国又为彼之世仇；自欲领来因河畔各州，以抗法国；且欲领萨克森王土地，以防奥国；故宁欲掷旧波兰领土，以易斯地。总之，表面上奉承奥国，阴实防阻其政策，不使于其德国联邦之新组织，独握霸权；惟当时自料国力不足以拒奥，故引俄为援，佯为甘受指挥，而实为他日排奥计也。

当时普奥既利害冲突，外并有英俄相持，皆欲利用普奥之争执，使彼不相下。其余德意志小君主，虽争先恐后，麕集奥都，或欲割邻封以肥己国，或欲防他国以保故土，或求复已废之王统，或请还既失之旧封；亦只谋私利，无一人提倡联盟，以促成德意志之统一;是可怪也。

维也纳会议结果:普奥均放弃波兰领地,以与俄罗斯所领,及瓦萨公国,合为波兰王国,由俄罗斯兼之。普鲁士则得来因河左岸,并萨克森北部,其南部仍归独立又德意志新以三十九州及四自由市组织联邦,设两院制;联邦会议,由各州派选议员,以奥地利为会长。中世纪以来之德意志帝国,遂变为联邦矣。维也纳会议,实际上建树普鲁士在德意志之势力,而名义上又复维持奥地利之地位,务使普奥相持,以阻止德意志之统一,实为后日纷争之由也。而法国领土仍复其一七九二年之旧,亚尔萨斯与洛林二州仍归法国,又为日后德法邦交上纠纷之原。

(二)神圣同盟下之德国

自法国大革命发生以后,德意志人受其影响,有两种思想发生:对内则抱平等自由主义,谋各邦内政之改革,思所以推翻君主贵族之专制,而实现民主精神。对外则鉴于日耳曼民族零星四散,成无数小国,政治自为;拿破仑更令各小邦独立,以杀日耳曼族连合之势,而得遂其蹂躏之素志;深悟立国太多,势力薄弱,不能与外强竞争,因望各邦统一,同御外侮乃维也纳会议结果,实出于数国专制之君相所为;对德意志之统一,则仅许其组织联邦,互相分立,以杀国势;对人民之自由,俄普奥又复组织所谓神圣同盟者,以维持其君相之权威,而厉行专制,压抑自由平等。当时德意志人民之失望为何如耶?

国家主义之谋统一,与民主主义之谋自由平等,二者皆皇权之仇敌。盖当时所谓德意志,实为无数君主专制之小国集合而成;德国而果统一,则诸王侯贵族,势必有一部分归于淘汰;德国果成民主,则诸王侯贵族,更无权力之可言。惟君主专制之权愈大,法国革命思潮之潜势力，影响于德国民族之心理者亦愈深。由是所谓新德国运动者出现！新德国者，乃德国智识界中之少年所组织而成；其标语为尊荣、自由、祖国，其目的为唤醒德国全民族，使知祖国之无团结力，致受外邦之欺侮，于是得以激起其爱国热诚；自由与统一两种目的，因能同时实现也。为之首者，乃坚那大学之两著名教授约翁及安翁迪。有此名校为之倡，于是各地各城，闻风而起者，至十余处；均以坚那总其成，一八一七年十月十八日，各校学生开一空前伟大之爱国运动会于瓦迪伯庄，演说者均极剧烈；最后全体立誓，以激发民众，统一祖国为目的；所有反动书籍，均一一投之于火。是会成立之后，不久即有拥护专制主义之某著名新闻家被刺。于是诸邦王侯贵族，大起恐慌；以为革命即在目前，不得不群谋对付之策矣。

当一八一五年，俄皇亚历山大欲保持欧洲永久势力，乃与普奥结神圣同盟。谓：三国君主对于内政外交，一本基督教旨，以正义、仁爱、和平为主义；而实则专制君主，坚相结纳，冀以扑灭革命主义。其条文首谓“若遇事变，缓急相济”者，专指维也纳会议结果而言；盖欲维持其势力，不得不压抑革命也。且奥相梅特涅更利用此同盟，施其手腕，冀以维系奥国君主在德意志及欧洲之势力；遂实行其专制主义云。维也纳会议结果，意大利全部尽入奥之势力范围；而奥国内部，除德意志人外，更有匈牙利人、斯拉夫人，人种复杂；宗教则罗马教、希腊教、犹太教、回教等，无所不有。梅特涅恐革命主义之传播，致奥地利之分裂；会俄帝欲维持其在波兰之势力，遂共以神圣同盟之名义，干涉西班牙、希腊等处之独立革命。对内则竭力反对革新，拥护君权。一八一九年，梅特涅召集诸邦，议定加斯薄谕旨，复经联邦同盟会议通过。普鲁士亦与奥地利取一致行动，在议会通过不许自由。于是宣告全德，大捕学生，禁止新德国运动；学校当局，须受检查；课堂之内，满布侦探；教授言辞，有涉及政府者,即予以逮捕。约翁入狱,安翁迪免职。于是此轰轰烈烈之新德国运动,一时寂然无闻。而往日推翻拿破仑之爱国志士,今反多被处罪者矣。

及一八三〇年,法国七月革命成功,欧陆各地群起响应。比利时初属于荷兰,宣布独立,后经英俄法普奥五国会议,认比独立,并称为永久中立国。波兰、意大利亦谋起事,经俄奥兵力镇压,始渐平定。而俄奥益复厉行专制,扑灭自由党人,人民言论出版,均经政府严厉之干涉,甚至停闭学校,拘捕无辜;人民愤恨不平者日众。其他德意志联邦各地亦受七月革命之影响。时不伦瑞克公查理,厉行专制,恣情酒色,人民恶之,乘机一跃而起;幸得普王腓特烈·威廉第三之助,卒废之,而立其弟威廉,纷扰遂定。次即黑森州,宫廷亦起乱事,谋废君侯,不果。其他如哈诺威、萨克森、什列斯威、好斯敦等州,虽有小乱,然未几各以温和宪法之发布,即镇静。而巴威略、巴敦等南部诸州,自一八一六年来,渐行立宪政治,亦毫未蒙革命之乱。盖维也纳会议后十五年间,德国诸小邦,均尚自由独立,而普奥犹主保守;德意志此时在政治上实无统一之基也。

(三)关税同盟之设立与奥地利之革命

虽然,德意志当时在政治上,虽无统一之端绪,而在他方面,则已发生其互相结合之萌芽;即关税同盟之设立是也。

普鲁士自维也纳会议放弃其波兰领地,而获有来因河一带与萨克森北部之地,遂为德意志西部诸国之领袖;然在联邦议会上,仅能占第二席,事事让奥地利居先、非腓特烈·威廉第三之智力不若人也,以当时梅特涅之威权正盛,故德意志政治中心仍归于哈布斯堡系之皇室。普王对于国内,曾在一八一五年允许人民之立法权,未见实行。召集各州省议会,亦不足餍其民心。然其扩张军备，刷新吏治，富裕民生，诸善政又不可没也。而其鼓励贸易，振兴工商，遂于经济上促进德意志之统一焉。

初德国各州省贸易，各实行其保护关税；各州皆有其疆界，一州货物进至他州时，亦须纳税，如入他国焉，各州贸易因之皆受阻碍，不能自由来往；德国商业亦受极大影响。普鲁士乃建议取消本国各州间关税；始则各邦防忌普国因此谋张政治势力，仅有数州赞成。至一八二八年，黑森协同其议；而巴威略等州，亦以谋交通搬运之便，减轻关税，结关税同盟；后萨克森、哈诺威、不伦瑞克等仿之。一八三三年，普鲁士与巴威略、萨克森等又倡联合各关税同盟为一，推普鲁士为长；诸州亦次第加入。至一八三五年，除奥地利及其他二三州外，悉与之。此关税同盟，不特足以促进德意志商业之进步；而各州重复联合为一国之始基，亦建于此。普鲁士在德意志经济上之实力，又以增进；实足以推倒奥地利为德国领袖之地位。及奥地利之革命起，神圣同盟解体，奥地利更失其所依傍矣。

一八四八年，法国又起二月革命，奥属人民，辛苦呻吟于梅特涅专制之下者久矣，偶闻此报，遂图起事。梅氏对内以专制，对外以狡猾；奥地利人种宗教，皆极复杂，本难统治；而自维也纳会议后三十年，奥地利所以能握欧洲政治之牛耳，不可谓非梅氏此种政策之力也。然时移势变，此种政策，绝不能久。维也纳之不平党，于一八四八年三月，联合学生等，盛倡自由主义；力迫皇帝法兰西斯第一，允许发表预算，出版自由，市制改良，及议院改组等条。各地均起暴动，就中以维也纳为最盛；梅特涅倒覆之声盈耳。梅氏不得已，辞职，奔英吉利帝即容纳民意，四月，公布宪法；顾帝后又窃奔音斯蒲路克。于是奥地利境内，各树反旗；波希米亚人、斯拉夫人、匈牙利人及意大利北部，亦举兵起；一时奥之领土，四分五裂矣。后匈牙利、意大利之叛乱，渐为奥兵所平定；奥皇亦归维也纳，让位于从子法兰西斯·约瑟而退隐焉。新皇颇受人民爱戴，奥之内乱，遂渐归消灭而神圣同盟，自奥地利革命，梅特涅逃奔于外，亦无形解体矣。

(四) 一八四八年联邦统一之失败

普鲁士自一八四〇年，腓特烈·威廉第四嗣世，对人民渐行开放，赦约翁，复安翁迪职；并极力提倡改进主义。人民欢欣，群以为民主主义，得有转机孰意王之为人，缺乏毅力；又因其[redacted]长于一专擅之皇室，不欲推尊民权；故其初政，虽允许改革，迁延未实行，而于民权，仍极端压迫也。德人自维也纳会议后，对当时政事不满意，大学生以下，一部人士，愤慨激昂，益倡自由统一主义，俟有良机，即图发难。七月革命时，以二三州之叛乱，未克成功；然厥志不衰，仍相机谋动。适接二月革命破裂之报，遂投袂而起，大倡自由统一主义，谋言论、出版、集会、信教之机由，陪审制度之实行，责任内阁之组织，封建特权之废止，及税则之统一等；以柏林为其运动中心，奥地利既起革命，梅特涅随之倾覆；巴威略等六州，亦起事，迫其国王宣布自由宪法；普亦遂同受其影响焉。

是年三月，柏林市民，聚集于普王宫殿之前，要求成立宪法；否则革命或将实现。于是普王不得不承认召集国会，制定宪法。但同时王之卫队，忽然枪杀市民数人；由是激成众怒，政府军队与人民争斗。数日后，普王令其卫队退驻近郊，以示让步；并即宣言，召集国会于柏林，讨论宪法，废除贵族制度，提高人民选举权、言论、结社、宗教、绝对自由；所谓民权问题，似近解决乃不旋踵，普王之军队，开向柏林；四乡农民，复表示忠心于王室。于是革命分子，纷纷逃窜；首领则或囚或戮，议会解散，议决案取消；一场风波，又复平静矣。

当柏林民权运动之时，正法兰克福联盟会商议统一全德之日。

盖素抱国家主义观念之领袖，如杜门、安翁迪等，欲利用此千载一时之机会，以实现其新德国之理想。于是各州人民，狂喜踊跃，就中南德意志自由派之名士五十一人，于五月召集准备国会于法兰克福；推普鲁士代表为议长，以奥地利大公约翰为总裁。先制定宪法，以一八四九年春告成；其大要如下：1. 设中央政府，统治德意志联邦。2. 以德意志帝总理政事。3. 合德意志联邦为德意志帝国，设帝国议会，行立宪制。宪法既定，以选举总裁致起奥普之争；然卒罢大公约翰职，普鲁士王腓特烈·威廉第四当选；盖以普较奥之于德意志，尤为密切故也。然奥以普为新兴国，不足以当统一之任，闻议会决议，大愤；如普王即真，势必酿成大乱。当议会奉表至柏林时，非特奥地利不服，即欧洲列强，亦颇诧异。普王本无勇之人，恐与奥地利开战失利；又王素倡专制，深恶宪法；乃决辞不就。当时法兰克福联盟会中之领袖，多为思想家而非实行家，每虚掷光阴于无意识之辩论；代表多人，已先期离会。而结果普王又不敢就位；德意志统一之策，遂成画饼。六月，解散法兰克福联盟会。自由党人复在司徒嘉德召集会议，旋亦为军队所驱散；又于萨克森南境谋起事，复为普兵所平。当时普鲁士欲在北部诸邦自成一联邦会议，而奥地利必欲复德意志联邦之旧，普人反对；普奥几至决裂。后经俄人调停，普鲁士让步；德意志联邦乃悉复旧观矣。一八五〇年，奥王并令普王在欧茂兹城发出宣言，否认统一之举。此欧茂兹之耻，为普人所难忘者；异日普奥之战，实原于此。

时什列斯威、好斯敦两公国，亦图独立。两国住民多德人，自治权亦甚固；虽丹麦王兼摄其王，而法律制度皆与丹麦不同；屡欲脱其羁绊，加入德意志联邦。二月革命起，遂乘机举兵，乞援于法兰克福议会。议会劝普鲁士出兵援之；丹麦虽屡败，然以其海军甚强，普鲁士船舰，多为所夺。普王知不利，乃与丹麦结休战约，撤退援军。然两州犹复维持独立，战争不屈。乃以英俄之干涉，二州不得不暂行屈服，仍隶属于丹麦；然待时欲逞，其志终不少衰也。日后二州问题，遂为丹麦战争与普奥战争之原因。

总之：当时德意志联邦统一之失败，固由于普王腓特烈·威廉第四之畏缩无勇，无不喜民权所致；而当时一般自由党人抱持过急，致近于理想，不切实际，亦其不能成功之一大原因。呜呼！此俾斯麦之所以采取铁血政策也欤！

本章参考书

John Finnemore's *Peeps at History of Germany*.

W. T. Waugh's *Germany*.

梁启超《欧洲战役史论》。

韦尔斯《世界史纲》(向达等译)。

余楠秋《德意之统一与中国》。

五、普鲁士排奥之成功

（一）小德意志与大德意志

自十九世纪初叶以至一八六〇年，其间经五十余年之久，统一德国运动，随起随仆者，凡三数次；新德国运动既失败，法兰克福会议又无结果；其间所以为统一之梗者，以联邦统一后之首领，果将属奥欤？属普欤？此问题未解决故也。

当时奥国领土有二十五万七千三百六十八方哩，人口三千六百五十万；普国领土有十万七千九百二十一方哩，人口千八百万；若就二者土地人口比较，奥固居首。然普鲁士国民，内部团结力甚强；文化发达，亦远在奥国之上。奥则除日耳曼人外，斯拉夫人、匈牙利人等约占三千万；人种宗教，既不一致，又互相仇视；以内部之实力言，奥又不如普也。当时著名史学家杜门特、赍舒奇辈，均著有长篇之《德人》，叙述德意志过去之光荣历史；并认普为先进之邦，将来统一之希望，非彼莫属。

普奥之争，遂有小德意志党与大德意志党之分。小德意志党，一名普鲁士党，主张普鲁士为统治者，以组织德意志联邦；而排奥地利于联邦之外。大德意志党一名奥地利党，主张联邦各国皆合于奥，北至波罗的海，南至亚得里亚海皆归奥所属。二者各持其主张，互相反目；识者知普奥之间终不免于一战。而普国君臣，亦亟亟扩张军备，以待时机。

（二）威廉第一之扩张军备

一八五八年，普王腓特烈·威廉第四病，使王弟威廉第一摄政；一八六一年卒，威廉第一即位。威廉第一为人静默寡言，专重实际；对于民众，仁爱为怀。即位时，年已六十有四；毕生岁月，尽在军中。深知负统一德国之责任者，惟为普国；而普之命运，系于军备也。摄位时，即令洛翁为陆军部长，毛奇为大将，亟亟以扩张军备与改良军制为怀。一八六〇年，即以军队扩张案，提出于普鲁士国会。盖据一八二〇年之统计，普鲁士人口共千二百万，常备兵四万；当时人口已达一千八百万，常备额应增至六万；而考其实，仍为四万。威廉欲增足额，新编步兵三十九联队，骑兵十联队，战时可出四十五万大军；同时并缩短后备年限，延长当备年限；于是普国之兵，顿加半数。然须增兵费九百五十万，不得不提加增修预算案于下院。当是时也，议会中之进步党，原极反对此举；惟增加军费之议案提出时，适以一种误会，暂与通过。普王比即扩充兵额，增添军实。至一八六二年，新议会召集后，进步党大占势力；增加军费案，重行提出时，议会随议决已招之兵，即予解散；已定军官，当令退职。威廉第一闻知，至为震怒，欲解散议会，则又不欲食前此即位时宣誓之言；若不解散，则己不甘于议会之箝制，而普鲁士增兵之计划，又不能见诸实行；于是拟草退位之书以谢国人。当此千钧一发之时，俾斯麦遂一跃而入政治舞台。盖威廉第一处于无可设法之地位，忽忆及俾斯麦之为人，遂从法国召见而拜相。此公一出，德意志之运命，遂从此有转机矣。

（三）俾斯麦之政策

俾氏生于一八一五年，即拿破仑倾覆之年也。幼时豪迈过人，卒业于大学后，旋入政界，为本乡领袖。后离乡入柏林，居常赞成君主专制，不以颁布宪法为然。一八四七年，以被选议员，入联邦会议。每逢开会演说时，常痛诋立宪政体之不良；谓：宪法不过一草纸，君主与国政之间，决不容有此无用之物。当时之言立宪者，莫不以英国为法，彼盖以普鲁士自有其历史与国情，断不可以惟事效颦他人；在普之地位，宜厉行开明专制者数十年，然后可与言平民政治。其对议会曰："公等各自有其自觉心，可决与否自主之；然政治自有进行之定轨，与公等之表决，毫无干也。"此种议论，当然受人反对；而彼固镇静如常，胸有成竹也。俾斯麦初年，对于奥之专制政体，极端赞成；且力主普鲁士宜联奥国，谓奥国既强大而邻于我，风俗习惯，又与普同，联之可以减外敌。一八五一年，威廉委俾氏为法兰克福议会委员，进步党人深致不满；而俾氏一生之雄心及外交手腕，盖成于此时。其联奥政策，渐知不可行；彼见奥之阴谋，终将不利于普。而欲德意志之统一，非恃普鲁士之实力增进，以排摈奥地利于联邦之外不可。于是始主联奥之俾氏，至是则主张排奥矣。俾氏国家主义之思想，盖发生于此时。兹录俾氏著名演说于下，以见其政策之一斑云：

> 呜呼！我国人亦知今日之形势，非团结势力以御外侮，则危亡立见乎！今日硕学者之学说，新闻纸之议论，蜂闹蛙鸣，汪洋恣肆，莫可端倪；然其大旨，则不外脱离法律之限制，破坏国家之范围，以求自由也。此言固不敢訾议，然亦不敢奉其说以施行于我国。何则？国家者，为团结国民势力之一大场；人

生于世界，不能无群，乃有种类；群与群通；不能无争，种与种遇，亦不能无争；大起小蹶，优胜劣败，公例也；然群众之中，无以团结之，则涣散杂乱，茫无归东；以之与有团结者争，其必至于败坏灭绝；虽愚者亦知之矣。于是不得不立一团结势力之范围，以与他种他群相角立于世，是为国家之始；故国家者，乃群众相竞争，不得已而设立者也。我国人受外界刺激，不知熟察己国形势，贸贸然逞血气以倡自由，殊非国家之福。吾甚愿我国民，俯就国家范围内的团结势力，以御外侮。今日欧洲各国，孰不欲乘我隙而凌我者，我国人其团结势力与之竞争乎？抑徒求自由，任势力之涣散使他人乘间而入也？为我国人计，处今日之势，非统一日耳曼决不足以御外侮；欲统一日耳曼，必自强我国始；欲强我国，必自改良军队始；欲改良军队，必自增加租税也。我国人亦何惜此区区租税，而置统一之大问题于不问乎？千八百四十八年及四十九年失策之原因，我国人岂不知耶？吾请为我国人告，欲解决日耳曼统一问题，有一最高简易政策，足以立操必胜而决不可易者；其政策唯何？厥唯铁血？

俾氏对内主张实行开明专制，对外主张拒奥。在法兰克福会议，对于奥国代表所发出之言论，讥笑怒骂，无所不至。当时与奥之利害冲突者，莫俄若；故欲拒奥，必须联俄。一八五九年，普王命为俄国公使。俾氏知普若欲统一全德，非得俄国之助不可；故在俄时，尽其外交之能力，极得俄人欢心。后日普奥战争、普法战争，俄国严守中立，实基于此。三年后，俾氏又为法国公使数月，察知法国之内情。时法皇路易・拿破仑当国；俾氏知其人外强中干，可以播弄也。普王既以军费问题与议会积不相能，是时无人敢佩相印；而俾氏入阁消息，乃传播全普矣。民众以俾氏为素抱专制主义者，将来与平民权利或有妨碍，群起反对。而俾氏坚持其铁血政策。谓："大问题之发生，非口舌与多数议决所能济事。所能济事者，唯铁与血耳。"又谓："国政之必进行，固无须商之议会；需要即权力，吾认国存为需要；法律虽重，决不能为国存之阻碍。"遂不经议会通过，征收税率，以补军费。此违背宪法之举，全国因之沸腾；人民多上书，请求撤换俾氏；即后妃王子，亦出不满之言。然威廉第一始终信任之。俾氏亦进行其军国政策；军费议案，虽四次未得议会通过，而俾氏自令官吏如常抽税，政府自备预算。谓："普在德尚未完成其使命；处今之地位，宪法实为使命之障碍物。故欲谈宪法，时期实未成熟云。"盖俾氏已决定铁血主义为统一德意志之唯一方法；自后遂与洛翁、毛奇筹划军事，日夜无懈；不数年而其政策实现焉。

盖德意志民意之统一，已完成于一八四八年之举；而统一所以终不成者，德意志王侯贵族之统一，尚未至耳。故俾氏不顾民心，厉行其铁血政略，以钳制德意志王侯贵族，而促进德意志之统一也。

（四）丹麦战争

一八六三年，奥帝法兰西司约瑟复召集联邦会议于法兰克福，修正联邦宪法；除普鲁士及三四国君侯外，均列席。普王数被请；然俾斯麦已定排奥主义，劝普王始终拒绝。已而会议结果，听奥帝之指挥，改革联邦宪法；其大要谓：德意志联邦主权，由奥地利任命，设督政内阁；各地议会，派遣议员，组织联邦会议。俾斯麦闻之，大怒，提出抗议；谓：关于联邦宪法，普奥有同一之权力；苟非得普国承认，虽经多数议决，亦作无效。于是奥帝之议，不能实行，而两国仇怨益深。然丹麦战争起，普奥又合兵与丹宣战也。

丹麦战争之原因，由于什列斯威、好斯敦两州问题也。什好两州为两公国，初隶丹麦，屡欲脱丹麦，加入德意志联邦，既不成功；而两州人民，终日运动，不达目的不止。德意志人亦极表欢迎之意；好斯敦一部已入德联邦，而丹麦王又兼为好大公，为法兰克福联邦会议之代表。乃一八六三年，丹麦国会，新通过宪法，将什列斯威完全统治于丹麦。于是德人大愤，议论沸然；联邦议会亦决议援助两州，令哈诺威、萨克森联军入好斯敦，击退丹麦军；普鲁士、奥地利遂出而干涉矣。

普相俾斯麦欲利用此机会，以扩大普鲁士之领土，而得一北部良好之军港；更借之以实现其排奥之政策。乃诱奥人曰："此事关于德意志联邦，若认哈诺威、萨克森为之，是显然表示普奥失其领袖之能力也。"奥帝听之，并议定条件，谓：胜丹后，两地普奥均分。遂下最后通牒于丹，请其取消新宪法，限于四十八小时答覆。然取消新宪法，系丹麦国会之事；适逢彼国会已行闭会；新会之开，为时尚远；均非四十八小时所能答覆。俾氏知丹麦之不能有让步也，特以此难之。阅二日，普奥遂对丹宣战；时一八六四年也。丹之城垒防御，夙称坚固；然普奥以六万雄师，不五日而逼其国都。丹麦遂乞和于普奥；丹麦弃其什好两州及附近之劳英堡，战事遂毕。而此两州之合并问题，随以发生矣。

什好两州，欲自成一自治国，加入德意志联邦；颇受德人欢迎，而奥人亦赞同其议。惟俾斯麦以为如此则两国必将入于奥，而增普之敌；欲普之利，必将覆其政府而并吞于普；于是普之海岸线增长，军事商业必多便利。普奥意见既不同，几至决裂。一八六五年，订《加斯泰因之约》，好斯敦属于奥，什列斯威属于普，至劳英堡，普出金买于奥地利之手。此《加斯泰因之约》，俾斯麦遂利用之以与奥启衅矣。

(五)普奥战争

自德意志组织联邦以来,普人攘臂欲与奥战者久矣。顾俾斯麦初主张联奥,以为排奥之时机未至;自加斯泰因订约后,俾氏乃一转而欲与奥人宣战矣。盖其计画,初欲以武力征服德国北方诸小邦,使普鲁士为其首领;继乃以奥地利在德意志境内,终不容有两主权,乃决定摈奥人于德意志之外。

俾斯麦实行排奥之政策,其第一步即在用外交策略,思如何而后使奥处于孤立无援之地位。于是运用心机,以政治手腕,联络欧洲诸强国,于俄则许助其平定波兰人之叛乱。俄与普素称和好;普鲁士统一德意志而在欧洲列强中能为政治中心者,即其联俄之功用也。一八六三年十月,俾氏会拿破仑第三于比亚利址;其所议定条件,极守秘密,外间不得而知。大约不外普与奥开战,法国严守中立;且认普国有并合什列斯威、好斯敦之权。至普之许于法者,或谓割其来因河畔之地,然终未见诸实行者。翌年四月,普又与意大利结攻守同盟。普若以统一德联邦与奥宣战时,意亦对奥宣战;若普胜,则夺回奥领威内萨以与意大利。俾氏与俄法意联络既成,乃对奥挑战矣。法皇拿破仑第三与奥亦有密约,冀以乘普奥之弊,而坐收渔人之利。然实则彼方有事于新大陆,无暇干与普奥之事;至为俾氏所卖,不得不发生普法战争。此亦法皇外交上之失策,有以促普鲁士之成功也。

俾氏第二步排奥之政策,在对奥挑战。普既与意盟;俾氏即于法兰克福会议,提出改组联邦,谓选举议员,须普通人民,一律同权。众人皆莫解其意,以为俾氏素尚专制,何为忽变其常态也?盖俾氏之所以出此者,一则借以缓和进步党人反对之心理,二则可乘机与奥启衅。果尔,奥亦利用此机会,将什好两州重行提出联邦会议，欲以两州仍合为公国，加入联邦；联邦代表多赞成之。如是，则普复蒙欧茂兹之耻辱，普大愤，谓：奥人建议，实属有意破坏《加斯泰因之约》；非特为普国之公敌，亦且所以破坏联邦之决定也。俾氏乃一面力整战备，一面对奥在好省之设施，痛加攻击；并责其违背《加斯泰因之约》之罪；即命什列斯威兵侵入好斯敦。奥亦联合诸邦与普宣战；普亦宣告联邦会议，从此解散，《加斯泰因之约》亦作无效；即派兵侵奥。当时诸邦多与奥意见一致，故多助奥。普则已与意大利结攻守同盟，故意兵亦侵奥南境。

奥地利土地人口，皆较普鲁士大一倍；联邦诸国既多与奥；论者多为普危。奥人亦自以为一举可复西里西亚之地，而雪往时之夙怨。然普将毛奇，深精战术；而战具又最新式者；粮食运输，早经筹备。其计画之精密，军队之优良，迥非奥国所及。奥国兵分南北两军，北军敌普，南军敌意大利。普则先以极神速之军事行动，先平定汉诺威、黑森、巴威略、符腾堡诸邦，使南德诸邦，不得与奥军联络；再攻萨克森，萨克森破，乃进军波希米亚而入奥地利境。一八六六年七月，遇奥军于萨多瓦；两国兵各约二十万，苦战屡日，胜负未分。会普军后援突增，奥兵大败。于是普兵进迫奥都；奥帝请和，先结休战条约。时意大利兵海陆战均为奥所败；而南德诸邦，亦多为普所略定。溯战争开始，至休战，仅阅七星期而已。

（六）北德意志联邦之成立

普奥胜负既分，普王欲命奥割地赔款，受重大之损失，以雪欧茂兹之耻。而俾斯麦不以为然，以将来普奥之关系必深；如普与他国再以兵事周旋，非仍联络奥国不可；此则俾氏眼光之远大也。普王辱奥之意，俾氏至以去就争；普王遂许俾氏所为。是年八月，结《布拉格正式条约》。奥地利承认德意志联邦之解散，自后不干与德意志事。普鲁士为马因河北诸州之盟主，组织北德意志联邦。其南德意志诸州，另组南德联邦。什列斯威、好斯敦两公国并合于普鲁士。奥地利所属之威内萨，应普之请，割让于意大利。自《布拉格条约》成，北德联邦成立；德意志之统一，已完成其第一步矣。

奥地利自萨多瓦败后，始悟前此压制政策之非。为调和奥匈起见，变更其宪法，成奥地利、匈牙利帝国；两国各设内阁国会，并设其同内阁国会，谓二重政体。而彼从前在德意志之地位，遂完全丧失矣。普既摈奥于德意志之外，普奥战功，俾斯麦、洛翁、毛奇为首，议会议决，大加犒赏；向之恶政府专制者，今则一变而为敬爱矣。俾斯麦以前军费之议案，未经议会通过；因力劝普王与议会调和；议会见俾氏之功，遂以最多数票，补行承认。

一八六七年二月，马因河北二十二州组织北德联邦，开新国会。时俾斯麦为普首相及外务大臣，并兼联邦议会议长之职；联邦宪法，由俾氏起草。其大要如下：1. 联邦各国，除各设特种政府外，并设共同联邦政府，以掌行政事务；其首领世属普鲁士国王。宰相任命，亦属首领特权；其他如宣战媾和，公使之接待派遣，联邦议会及国会之召集延期等权，亦属之。2. 联邦立法部，共设两院：一为联邦议会议员由各州政府选派；一为帝国国会，由全国人民公选议员所组织。3. 普鲁士王为联邦全体海陆军大元帅；各州政府，悉用普鲁士兵制。

北部联邦既成立，南部巴威略、符腾堡、巴登、黑森四邦，合组为南德联邦；而隶属于法皇拿破仑第三旗帜之下。法人见普鲁士国运勃兴，颇怀忌嫉；而自萨多瓦一役后，欧洲政治中心，渐移于普鲁士，更引起法人之妒恨。法皇拿破仑第三向普鲁士要求来因河左岸之地，为俾氏所拒绝；继又欲占据卢森堡，亦不得如其愿；英俄诸国承认卢森堡为永久局外中立国，普兵允撤退。拿破仑第三之意望，即为俾斯麦所阻；对普更不怀好意。俾氏又与南德诸邦订密约谓：普国一旦有事，诸州兵队，悉归普王调遣。盖欲统一德意志，第二步更不得不与法一战；俾氏固已知之审矣。

本章参考书

W. T. Waugh's *Germany*.

F. M. Powike's *Bismark and the Founding of the German Empire*.

广智书局译《俾斯麦传》。

钱应清译《铁血宰相》。

赵天骥《普奥战史》。

六、普法战争与日耳曼联邦帝国之成立

(一) 普法战争之由来

普奥战争以后，普鲁士组织北德联邦；南部诸邦，独与法亲，忽又与普结秘密条约，法当然不慊于普。且法皇拿破仑第三恢复来因河畔及侵占卢森堡之计划，均为俾斯麦所阻；其墨西哥事件等，又屡次挫折。其在国内威望，丧失殆尽；冀欲与普一战，对外以树功勋，庶对内可收拾人心。此在法方面亟亟欲与普一战者也。普鲁士既组成北德联邦，其未完成统一事业者，仅余南德四邦耳；苟欲合南德诸邦，不可不与法开战。一面可以因此扫除法国在南德之势力，为统一之梗阻者；一面又可因此以坚南北德意志诸邦对普鲁士之信仰，而引起其同仇敌忾之心，使其内部之团结益加增进；"无敌国外患者，国恒亡"；其普之谓乎？此在普方面亦不得不与法一战者也。总之：法之战普，纯出于好大喜功之心理；其破坏德意志统一之成功，实违背十九世纪国家主义之潮流。会西班牙王位继承问题起，俾斯麦之铁血政策，遂得试行其第二着矣。

初，西班牙女王伊萨伯拉引用嬖臣，专尚压制；不为人民所爱戴。人民约谋起事；女王知事危，乃引法皇拿破仑第三以为其保护，屡会法皇于法境。一八六八年九月，西班牙革命党果起事，都城以下，各处响应。时女王在法，不敢归。革命党乃设假政府，发布新政，翌年开国会，定立宪王政，而推举雷普尔为西班牙王。雷普尔者，普王之亲族也，拿破仑第三恐西班牙归普，则法腹背受敌，大起反对。雷普尔亦恐以己故，致引起普法两国之争端，拟不应；俾斯麦欲借此以排法，劝彼应其请。雷普尔数被请，遂应之。西班牙政府乃以此事通告列国；法人大愤，电驻德公使，谒见普王，令速辞退。普王以未先与俾斯麦商，贸然许之；俾氏以此机难得，且普在外交上失败，愤懊欲绝。不料法人不识时务，于巴黎报纸上，肆意攻普，表示挑战之意；并命驻德公使正式送一通牒于普王，要求普王永保普鲁士王族，不继承西班牙王位。普王不诺，以示俾斯麦。俾氏正与毛奇、洛翁商议军政，知已有备；得此消息后，大喜，以为时机又至，即将此事公布柏林报纸。法人大愤，巴黎民众，尤为激昂；拿破仑第三初意未决，后与群臣会议，多主战，法议会亦通过与普宣战之议案，意遂决。德人亦以法政府无理，辱我普国，非战无以自存；俾斯麦喜民意可用，遂决意宣战。南德联邦亦表示普若与法战，当即加入北德；盖以法乃德之世仇也。

（二）普法战争之经过

俾斯麦排法之策略，其第一步亦在用其外交手腕，使法处于孤立无援之地位。一八七〇年六月，请俄帝亚历山大游德，又奉普王见之；相约普若与法交战，俄当为后援。英本将助法，盖恐德之强盛，有碍其均衡之势也；俾氏乃将拿破仑第三欲并吞比利时之阴谋，揭诸报端；于是英人亦不直法。意大利亦欲乘法之败，夺取罗马，以完成其统一之事业；盖彼时法驻兵罗马以保护教皇也。至奥地利、丹麦，虽欲对普雪耻，然新败之余，疮痍未复，不敢轻举妄动。拿破仑第三初思与普宣战后，各国必将出兵来援；不意英俄意奥诸国，均守中立，竟陷于孤立地位；是皆俾氏外交手段之效用也。

法以孤立之势，与普宣战；其士气虽盛，而训练未精，预备未充，秩序纷乱：兵械军需既形缺乏，交通运输，又感不便；徒恃虚嚣之气，以儌幸于一战。若在于德，有毛奇等早已经营策划于前，故运输神速，军械齐全，号令一下，凡事俱备矣。至两方兵力，法军约三十四万，共分八军，拿破仑第三自为元帅，勒柏夫为参谋。德兵兼有南德诸邦之助，克任战斗者，约五十万；尚有预备队三十余万，各地竞编义勇队约三十万，总计不下百万。德人如是奋勇直前，协力同心，固由其平日尚武之风所致；而为国家生存计，亦不得不尽力一战。夫南德诸邦，本受护于拿破仑第三，而当普法战争时，竟与北德一致以对法，可见当时德人国家主义思想之发达，未开战时，亦可知其胜负之数矣。

法入德之门户，为麦次及斯特拉斯堡两要塞。法军之计画，欲以大将巴善率兵二十万，由麦次入德；又以麦马韩率兵十万，自斯特拉斯堡侵德。德军之计画，则先击败法军，夺其阵地，再进兵攻巴黎；分三军进取：一为斯坦密，领兵六万，为支队；一为普亲王腓特烈·查理，领兵二十万，为本队；一为普太子腓特烈，领兵十八万，为支队。一八七〇年八月，普太子以十万大军与麦马韩军四万五千遇于卫特；法军以众寡不敌，为普兵所败。麦马韩退走沙隆；普太子别遣支队围斯特拉斯堡，而自乘胜追击；于是亚尔萨斯以北，尽为普所得。斯坦密军及腓特烈·查理本队又与法将富鲁实战于斯皮赫棱，大败之；富鲁实退走麦次，与巴善军合；于是来因河畔之亚尔萨斯及洛林二州，又尽为普有。普军进逼麦次，即法军本营所在地也。巴善欲退屯沙隆，与麦马韩兵相合，以防敌军之进攻巴黎；普军知其谋，屡于麦次附近击败法军；巴善不能退屯沙隆，乃坐守麦次，惟待普军之围攻矣。时拿破仑第三已由麦次走沙隆；欲归巴黎，恐人心骚乱，乃与麦马韩军来援麦次。普王闻之，乃复编一队与太子腓特烈军合，邀击麦马韩兵，连战皆捷。拿破仑第三不得已，退保师丹城，普军围之。九月，两军激战；麦马韩负伤，法军气夺，卒不能支；于是师丹城垒，兵士约十万，尽降于普。拿破仑第三亦为俘虏；而普军乃进迫巴黎矣。

（三）巴黎之围攻与普法媾和

法皇拿破仑第三既被虏，报闻巴黎；法人乃复废帝政，宣告共和，设临时政府；遣使与普军议和。普王要求割与亚尔萨斯及洛林之地，法人不允，和议破裂；普军遂围巴黎，时一八七〇年九月也。法人一面坚守巴黎，一面欲建都于巴黎之外，更练一新军以救巴黎。不数日而新军成立；法人爱国之勇气，正不下于普人也。乃以新合之师，未经久练，势难与普为敌，卒不救。而麦次、斯特拉斯堡又相继陷落；法军约二十万及兵械等等又为普所有。于是普军尽合，分南北中三队，以围困巴黎。阅数日，城中乏食，待救又无希望；一八七一年二月，法国正式政府成立，乃遣使乞降焉。议定媾和条件：1. 法兰西以亚尔萨斯及洛林两州大部，及麦次、斯特拉斯堡两城，割于普鲁士。2. 法兰西偿军费五十亿法郎于德意志，分三年支付。3. 德以三万大军，屯驻巴黎；待偿金付还，即行撤退。和约已定，交换于法兰克福，是为《法兰克福条约》。

亚洛两州之割取，俾斯麦颇不赞成之，盖恐即此以引起法人之同仇敌忾，而德法之世仇，永以不解。终以毛奇等军人之短见，强迫法人执行焉。韦尔斯曰："《法兰克福和约》者，普鲁士王室之和约也。俾斯麦之于此役，诚能利用德国之民族感情，以得南部诸邦之助力；然与彼及普王以胜利之主力若何？彼初未能见及也。盖欧洲之自然政治地图，坚持操德语之民族统一；普鲁士所以获胜，其实力即在于此。德国统治东方之波森及其他波兰人所居地，已与此自然地图相反。今复发其贪得土地与铁矿之私心，竟并吞操法语之洛林（包含麦次在内）及操德语而同情于法国之亚尔萨斯。其地之法民与德国治者之间，自不免发生冲突；而洛林法人所受之痛苦，当然在巴黎发生反响；使法人痛愤之情，历久不衰焉。”则亚洛两州之割取，乃德人失策之尤者也。

（四）日尔曼联邦帝国之组织及其精神

俾斯麦曰：“吾普欲统一欧洲，必先统一北德意志；欲统一北德意志，必先与奥战。胜奥之后，而后可连合南德意志诸邦，合力攻法。胜法之后，帝国基业可成矣。”果也，胜奥胜法，事事皆如其所愿望；而德意志帝国，遂复兴矣。当一八七〇年战争之初起，德人既协力于军事，复感于政治之不可不统一，北德志人士均集于柏林，开国民大会，议决德意志帝国复兴，连名数千，请于普王。南德诸国知大势已如此，亦次第加入北德同盟。俾斯麦乃集南德诸州委员于维尔赛宫，议定同盟条件。至一八七一年一月，德意志帝国正式成立。普王威廉第一在维尔赛之玻璃厅中，以庄严之仪式，在军官森列之中，被尊为德意志皇帝。夫德意志民意之统一，固由言语文字相同之故，早已完成于一八四八年法兰克福之集会者；至是则俾斯麦之铁血政策，与霍亨索伦家之武力竟坐享其缔造之荣名焉。

帝国宪法亦根据于前北德同盟成立时所发布者，加以扩大耳。其内部组织，由王国四，大公国六，公国五，侯国七，自由都府三，属州一联合而成；共推普鲁士王永兼皇帝。平时军政，除巴威略、萨克森、符腾堡三王国各设机关，管理其国陆军外，余国陆军，悉归普国陆军部兼理。海军概属于皇帝之下，他国不得过问。战时陆军，概听皇帝命令，但王国亦得管理军之行政及任命初级军官之权。

各邦人民，对于帝国，既有选举帝国国会议员之权，各邦政府亦有选派联邦议会代表之权；军费一项，除巴威略王国直接与国会交涉外，余国悉交普陆军部，由普陆军部汇齐，向国会交涉。至各国陆军平战时编制，除巴威略小有区别外，余则一律。参谋部，以普为主；其余王国参谋部、平战时概派军官于总参谋部，商议军略，使彼此意见一致。此联邦帝国平战两时军政组织之大纲也。

各邦内政，如教育等，多由自主。德国教育注重爱国精神；学校教科内，尤注重国文历史；盖国文采自国语之文学，足以表其民情风俗，保其国粹国威者；历史所以发扬己国人种之特色，及几千万年立国之中心要素，所谓国魂者是也。是以十九世纪初，德国史学界，民族精神，甚为显著。史学家如利特尔谓："本国史在学校中俱须讲授，爱国人亦应常提及之，于是历史始能在国民中，国民始能在历史中。"格提克亦谓："本国史在学校中之位置，应占第一。"可尔劳须并成《德国史集成》一书，以表其民族精神焉。然德国爱国精神，仍带有区域主义之色彩。雷姆《历史教学法》："所谓母国，不止一也；而利害又各不相同。德意志各邦皆须要求其各区域之光荣史实，如是则与徒为霍亨索伦一系之历史者，实较为本始，较为荣誉者也。自一八一六年以后，德国学校课程，各邦多不一致；历史一课，亦各有歧异之趋向。虽在一八七一年德国统一完成之后，而各区域仍继续此等习惯而不改。"则是德国教育注重爱国精神，而仍保存各区域之纷岐，此其帝国之必为联邦组织也。

联邦帝国政府，除管理全国军政外，凡属对外事业，如与某国和战之决定，及国际贸易之扩张，各国公使之选派，皆在其职权范围内者也。又如全国之邮政、电政、铁路以及其他水陆交通，皆与军事外交有直接关系者；又如历度量衡、币制、标准之订定，集会、言论、出版之干涉，民法刑法之颁布，凡关于全国统一事业者，亦大都由帝国政府司理。诸邦中，普鲁士以普王为帝国皇帝，权力特大，与诸邦不同。次之，为巴威略、萨克森、符腾堡除军事亦自管辖外，并得自选派公使。而尤在巴威略，币制、邮政亦由其司理。除上列种种外，其余内政，则尽归各邦政府之职权。此其各邦与帝国政府关系之大略也。

帝国政府即指皇帝与联邦议会及帝国国会也。皇位永属于普鲁士王，即为霍亨索伦族所世世传袭；联邦为各邦政府为代表所组成；帝国国会为全国人民选举之议员所组成，凡属德国居民二十五岁以上之完人，皆有选举权。兹将各邦人口及其议员人数列表如下：

国名及封爵	人　口	联邦会员数	帝国会员数
普鲁士王国	三七、三〇〇、〇〇〇	一七	二三六
巴威略王国	六、五〇〇、〇〇〇	六	四八
萨克森王国	四、五〇〇、〇〇〇	四	二三
符腾堡王国	二、三〇〇、〇〇〇	四	一〇
巴敦大公国	二、〇〇〇、〇〇〇	三	一四
黑森大公国	一、二〇〇、〇〇〇	三	九
梅格棱堡施微林大公国	六二五、〇〇〇	二	六
萨克思威玛大公国	三八八、〇〇〇	一	三
梅格棱堡施德勒支大公国	一〇三、〇〇〇	一	一
■尔敦堡大公国	四三九、〇〇〇	一	三
■伦瑞克公国	四八六、〇〇〇	二	三
■克思买宁根公国	二九六、〇〇〇	一	二
■克思阿尔丁堡公国	二〇七、〇〇〇	一	一
■克思科堡皋塔公国	二四二、〇〇〇	一	二
■哈忒公国	三二八、〇〇〇	一	二

续　表

国名及封爵	人　口	联邦会员数	帝国会员数
[redacted]发次堡商特好森侯国	八五、〇〇〇	一	一
[redacted]发次堡鲁道斯他侯国	九七、〇〇〇	一	一
[redacted]尔得克侯国	五九、〇〇〇	一	一
[redacted]斯格赖次侯国	一四五、〇〇〇	一	一
[redacted]谟堡立贝侯国	四五、〇〇〇	一	一
[redacted]贝侯国	一四六、〇〇〇	一	一
[redacted]卑克自由市	一〇六、〇〇〇	一	一
[redacted]勒门自由市	二〇三、〇〇〇	一	三
[redacted]堡自由市	八七五、〇〇〇	一	一
[redacted]尔萨斯洛林州(皇帝直辖)	一、八〇〇、〇〇〇	〇	一五

皇帝为全帝国之代表，对于军事外交，有完全处置之职权；故德国皇帝者，不啻全国海陆军之元帅也。至其处理内政，除普鲁士本邦外，在他邦，即委任地方官等等，亦罕受其意旨焉。皇帝之委任官，即帝国首相及各部大臣也。其职权似对于立法与地方行政，罕能过问；然一考联邦议会与帝国国会之内容及其权限，亦可知帝国皇帝之威权甚大。联邦议会议长，必为帝国首相；议士在首相下，密商军国大政。一面如他国之内阁，商议国务；而他方又为上议院，有立法权，凡帝国国会所议决之议案，必经联邦议会之覆议。此联邦议会中，普鲁士占十七席；其他小邦又实际上多为普之附属，惟普人之意见是承；故在联邦议会，普国实占绝大势力。而帝国皇帝又为鲁普士王，帝国首相又为皇帝所任命。故在联邦议会所议决之军国大政，实际上殆莫不仰承皇帝之意旨焉。

至帝国国会议士，为人民代表。其立法及监督行政之权，在理论上，与联邦议会相等；而在实际上则绝小。如帝国首相之政务，对于帝国国会，一切不负责任。苟其政见与国会不合，彼可解散国会，重行选举，而彼仍保持其地位。国会苟欲阻止某种政策之实现，惟有断绝经费之供给；即反对加税与覆决预算案之一法也。是则政府苟经济无虞，仍不受其制限。由此可知德国人民在当时对于一国之立法行政，即间接干与之权，亦至小也。

联邦宪法为俾斯麦所起草；俾氏固主张德国须实行开明专制主义；名虽普通人民皆有选举国会议士之权，而实则行政之权一操于皇帝及其首相之手。俾氏盖深信德国统一之完成，不恃全德意志人民之公意，而惟恃普鲁士之武力；以为建造德国之人物，不在德国国民，而惟认为霍亨索伦族之功勋而已。呜呼！此俾氏之所以自认仅为威廉第一之忠仆，而非德国之忠臣也。俾氏此种因果倒置之误解，固不值一驳。所可怪者，当时德意志人民之民主思想，亦为一时国家主义所湮没；而对之竟莫敢谁何焉。

本章参考书

W. T. Waugh's *Germany*.

F. M. Powike's *Bismark and the Founding of the German Empire*.

A. D. Junhs' *The Ilohenzollerns*.

张宗良、王韬《普法战记》。

广智书局《俾斯麦传》。

余楠秋《德意志之统一与中国》。

韦尔斯《世界史纲》(向达等译)。

约翰生·亨利《历史教学法》(何炳松译)。

七、德国统一后之内政与外交

（一）三 帝 同 盟

德国统一，既告成功；此后事业，即在维持其国际上之地位，与谋内部团结之巩固而已。普鲁士忽然兴起，一跃而为统一德意志之首领，一跃而为欧洲列强政治之中心；对于欧洲列强势力之均衡，当然有极大影响。此时德国而欲维持其发展之程序，惟有在国际上减少德意志之外敌而已。与德有夙怨者，奥也，法也。萨多瓦一役后，普对奥之条件，异常轻松，本为他日联奥之计；与奥邦交，自易平复。至法国，巴黎城下之盟，与亚洛两州之割取，及五十亿法郎之赔款，种种受辱，使法国人刻刻不忘会稽之耻；而战败后，法人亟亟以谋恢复巨大赔款，不至期即已偿清，又在在足表示法人爱国之心理，实使德人不能高枕者。然法苟不联与国，德自可以敌法，法自不敢妄动启衅。故德国惟一目的，在如何以孤法人之援；当时除英于法本为世仇外，其他如俄如奥如意皆可为法之联盟，以共抗德；是以此后德国外交之事，即在联俄奥意以孤法也。

普俄邦交，本甚亲密；一八七一年七月，德帝威廉第一又会俄帝亚历山大于延姆斯，两国亲交益厚。奥地利自战败后，本有亲德与排德二派；后以欲压制境内斯拉夫人及防止俄国势力之东进，又不得不联德以自固。是年九月，德帝又与奥帝法兰西斯·约瑟会于萨尔斯堡，俾斯麦从焉。两国遂结正式条约，大致谓两国合力维持和平，及防止革命思想之蔓延；即所谓德奥同盟也。

一八七二年九月，奥帝法兰西斯·约瑟偕其相安德拉西亲朝柏林，萨多瓦之耻，盖已冰融雪解矣。俄帝亚历山大既与德帝亲厚，又欲压制其国内虚无党及伸势力于巴尔干，不得不假力德奥，亦思加入德奥同盟。俾斯麦知之，因劝俄帝来会。俄帝遂亦于九月抵柏林，其相噶查哥夫从焉。三帝协商所定同盟条件：为维持欧陆最近议定之领土关系，盖欲使法国处于孤立地位也。又巴尔干有事，三国和衷共济；各境内有革命运动，亦须共谋压制；盖欲防俄奥之内忧外患也。翌年，德帝威廉第一偕宰相俾斯麦朝于俄奥，所以报也；并温旧盟焉。

当时奥相安德拉西为亲德派，德奥同盟因多一层保障。至俄相噶查哥夫见德之势盛，惧俄之见逼，外虽与德联盟，内实阴怀忌嫉。故所谓三帝同盟者，实际仍为德奥同盟也。一八七五年，近东问题起，德与巴尔干半岛本无切近利害关系，惟因英俄奥于此之冲突，鹰眈虎视各不相下，俾斯麦欲利用其互相乘间之机，使三国从己，以防法兰西之复仇。及一八七七年俄土战争起；次年俄土结媾和条约；因引起英人之反感，英俄几至决裂。俄欲得奥之后援，密许以占领波斯尼亚及黑塞哥维那两州；后以奥所求过奢，事遂不成。当时意法亦反对俄国可为俄后援者，惟一德国；德之统一，颇借俄力：俄望其必报。而斯时俾斯麦竟以防法为辞，不助俄国；俄大失所望。盖俾氏与俄相噶查哥夫有隙，并极力怂恿英俄构衅，冀以从中渔利。俄英诸国知其诡计，因公议共同解决近东问题于柏林；此一八七八年柏林会议所由来也。

柏林会议时，俾氏声言俄于巴尔干所得利益，及英于土耳其所得利权，德均不问；惟奥亦当占领波斯尼亚、黑塞哥维那两州。盖英俄构衅，德所深喜；而分割土耳其之事，奥国必思染指；欲思奥国勿扰德意志之治安，莫若使其眼光注于近东；苟饱其欲，即思所以维持其利益，而联德之心愈坚。且奥苟伸势力于巴尔干，则必与俄难以协和；二国相持，以互牵制，实有大利于德。柏林会议，俾斯麦为议长，有意偏袒英奥。结果：以波黑两州统治权委诸奥国。

波黑两州，自中古时本为塞尔维亚之领属，后同并于土，其语言、风俗、宗教、人种，无一不与塞同。至是土耳其之势力就衰，此二州人民乃与塞同起抗土。塞竟完全独立，而此二州，甫脱土之压制，复入奥之羁绊；含恨饮痛数十年，亟亟欲叛奥而复并于塞。直至一九一四年，遂有刺杀奥皇储之事，而欧洲大战于以爆发。推原祸首，皆由俾斯麦欲因此以示恩于奥。奥人不费一兵，不折一矢，坐得数千里之地，固感恩于德；后此俄之脱离二帝同盟，转为法联；而德奥仍继续，三十年来，相随不舍，皆以此也。俾氏以外交手腕，使无损于德，而有恩于奥；一时固为得计，其如铸成将来之大错何！韦尔斯曰："柏林条约者，殆为造成一九一四年世界大战之第二主因；其第一因，则一八七一年之法兰克福条约是也。"而当时乃皆奉俾氏为世界和平之保障者，噫！

俾氏借此机会，一面以示恩于奥，一面并以排俄之势力，俄在俄土媾和时所得权利，柏林会议中多为争回，盖亦所以示恩于土耳其也。德将于近东，又布一势力。抑有进者，英素亲奥，欲提携之以防俄力之南下；排俄又间接所以助英，示恩于奥亦即所以示恩于英；英恩德，而奥德之邦交愈厚，法之地位益孤矣。此德之所以宁受俄一国之怨，而买好于英奥也。

（二）三国同盟

柏林会议时，本三帝同盟之旨，德意志本当助奥俄而抑英土；乃竟助英而不助俄；俄以是怨德，一面增加常备兵额，一面报章言论时攻击德人，德俄之怨日甚。虽德帝威廉第一与俄帝亚历山大以甥舅关系，不愿两国背道而驰，屡次会晤，冀相和解；然彼此人民间嫌隙日深，俄相噶查哥夫以与俾斯麦积不相能，屡起排德之举。于是所谓三帝同盟，俄渐脱离而转为三国同盟矣。

三国同盟者，德意志、奥地利与意大利之攻守同盟也，普法战争后，教皇领地为意大利政府所收；教皇反对甚烈，欲纠合德法诸旧教徒以抗意大利政府。于是俾斯麦利用此机会以联络意大利而孤法势，因说意与德相亲，以奥为介绍国。一八七三年十月，意王亲就维也纳访奥帝，约共至柏林会见威廉第一。因与商议意德将来事，大致谓法若与意构衅，德须助意；法若对德复仇，意须助德。此时虽无正式条约，而实则为三国同盟之胚胎也。

柏林会议后，奥恩德特甚。俾斯麦往来德奥间，于一八七九年十月，结德奥同盟条约，大致谓：两国若一方受侵于俄国，须举其全兵力以互相援助；若一方受侵于他强国时，他方亦须负有善意中立之义务；如彼强国之侵略系发动自俄者，他方亦须举其全兵力以相援助。约中所谓他强国者，实指法兰西也。盖奥之所患者俄，德之所患者法；俄若攻奥，德即援之，奥可以安矣；法若攻德，德自可敌法；若俄助法，则德腹背受敌，或将不堪，故求奥援以牵制俄。德奥同盟之意义，即在于是也。

意本拉丁民族之国，与法为同种国，与德为异种，本当亲法而离德；其所以加入德奥同盟者，则以俾斯麦外交手腕之妙用也。有地曰突尼斯者，历史上本为意大利属地，且与意之西西利隔海相望；意人欲据为己有者，非一日矣。柏林会议时，俾斯麦阴授意于法，使取之；盖以转其注意力于地中海，使不为欧陆和平之梗；又即所以离间法意之交也。法取突尼斯，意法必交恶；意乃亲于德矣。果也，一八八一年，法收是地为保护国，意人大愤，大倡反对法兰西之论调；因议加入德奥同盟，而俾氏之术售矣。德奥同盟成立后二年，意王曾至奥都；三国同盟渐以酝酿成功。遂于一八八一年九月正式缔结条约；其中所云，概未发表。大致意德之约，谓两国有一国受攻于法，他国须极力相援。意奥之约，谓法与意战，俄与奥战，奥意各守善意中立。于是三国同盟，遂完全成立。

三国同盟成立后，俄德因以日疏；顾俄犹不敢昌言联法以攻德，而仍渐与德恢复其邦交者，以俄境内虚无党日盛，亚历山大第二至为该党人所刺死；子亚历山大第三嗣立，仍主专制，严禁虚无党；该党多逃散在德意志境内，俄之究办党人，须赖德人之助。一八八一年九月俄帝与德皇威廉第一会于但泽，明言均取保守主义。一八八四年，俄因阿富汗问题，与英冲突；俾斯麦遂利用此机与俄缔结互相善意中立之密约。同年九月，俄德奥三帝又会于斯克维斯，盖以三帝均欲保持其专制主义；俾斯麦因复倡三帝同盟之复活，遂订立条约，大致谓三缔盟国与第四国交战时，他二国各守善意之中立。则终俾斯麦执政时代，俄德邦交，仍未破裂也。

（三）殖民事业之提倡与军备之扩张

德自一八七一年后，罕注意海外扩张之事业；俾斯麦亦以巩固帝国之团结，不利于膨胀主义，尝语人曰："余不用殖民政略，因德人去其祖国，将不能为德人；此辈将减其同族之兴趣也。"然德国当时尚为农业国，人口大增，土地不敷于耕种；于是多移民于新大陆者，此诚帝国之损失也。苟能发展其殖民事业，此等欲移住海外者，将仍不失为帝国之人民；而欲发达德人之工商业，尤不可不有海外之市场；则殖民地与通商口岸，德人在所必经营也。一八八三年，德人遂有殖民联合会之组织以进行其事。俾氏乃因势利导，又利用其人民之殖民热，以遂其外交上之志愿。

俾氏恐以德国之发展殖民事业，致与他国发生利害冲突，而增德国之外敌；乃宣言德人所占据，须在无主之地及未经他国之经营者；德人遂向阿非利加之暗黑大陆进展矣。有德商吕得律兹者，得一鄂伦支河北岸之地，恐为英人所夺，要求帝国政府出而保护；即所谓德领西南非洲也，不久，又得多哥兰及喀麦隆。在非洲外，又占领新几内亚及其附近之俾斯麦群岛。一八八五年，又占领非洲中央之东部，即所谓德领东非洲，实德国殖民中地最有价值者。德人之殖民事业，自足以引起英法之忌嫉；卒以俾斯麦之手腕，声言德之发展，毫不妨碍英人之利益；当时英相葛拉德士乔且祷祝德人殖民事业之成功矣。至法国在非洲之殖民事业，多得德人之提携；德法仇恨，一时几臻融解。此皆俾氏外交政策之妙用也。

俾斯麦之外交策略，不外二种：其一，即联络与国，使敌人处于孤立无援之地位。其二，使他国之能力意志，不向于我，而转注于他方；则我自不至受人攻击，而能保其安宁矣。如使奥占领波黑二州，转其心力于巴尔干也；使法占领突尼斯，亦所以转其心力于地中海也；皆所以缓和德国在欧陆上之形势也。德国向非洲殖民事业之进行，其妙用亦在于是。盖与他国之刺激，使列强之注意力，惟向于殖民事业之竞争，自无暇为扰乱欧洲和平之举矣。俾氏对法，如摩洛哥问题之赞助，刚果问题之协定；而法人占领我属安南，亦出于俾氏之怂恿；凡此皆所以缓和法人，使忘其对德复仇之念耳，虽然，亚洛二州之割取，法人念念不忘；德法之仇，终以不解。法政府一时亲德之计，大受人民反动。一八八五年，法布郎热为陆军部长，且大倡排德之议；得议会之赞成，日夜扩张军备，似亟亟欲为复报之举。于是德国军队亦不得不随以增进，从事防备矣。

普自创征兵制后，平时养现役兵，常在十四万上下，编为九军团；现役兵三年退伍，每年仅有入伍新兵数万。从此至一八六〇年，国民当兵人数只能比应有当兵义务者三分之一，余三分之二，则置之余额之中；即健者三人中，只教成一人为兵，余两人则虽健亦不令其当兵。至一八六〇年，经毛奇将军悉心改良出军计画，修正征兵制度，国中教练成兵者，由百分之二十六增至百分之四十；同时复改兵役年限，预备兵由二年延长至四年，后备兵延长至九年，战时人数随之大增。尔后，普之陆军，着着进步，亟欲一试；一八六四年，败丹麦；一八六六年败奥。经此二胜，北德意志合并目的成功；增加三个军团，复添入萨克森王国同盟一个军团及固有九个军团，平时已有十三个军团。当一八五八年前，战时只能召集五十余万人，至此则达九十余万。一八七〇年，普法之战，普合南德意志诸邦，出兵逾百万之多。一八七一年，联邦帝国成立，复增同盟军团五个。现役军数，自逐年增加，至一八八〇年，已达四十二万七千余名。至一八八六年，俾斯麦以法国布郎热增改军制，大加扩张，亦提出加常备兵额议案于国会，即所谓七年计画是也。自一八八七年至一八九四年，常备兵额增为四十六万八千余人。其理由，谓：德国之常备兵额，自一八八一年以来，为四十二万七千余名；而法国之常备兵额，至一八八六年，为四十七万；现依布郎热之扩张案，又加四万四千。俄国自俄土战后，常备兵额已为五十四万七千人矣。观德兵制，服役年限，仅二年四月；不增加服役年限，而欲增长军队之势力，非增加兵数不可；而德国人民军费之负担，较法国人民未及其半也。俾氏提案，未得国会通过；俾氏因解散此议会。会法布郎热在其东部德边境，亟亟谋战备；俾氏亦召集预备兵于国境西部，调动兵员；一时战机迫切。后因俄帝居间和解，未遽起战祸，然法之举动，大引起德人之敌忾。一八八七年，德国国会改选后，俾氏之八年计画，完全通过。故德国军队，常备兵额，至一九九三年，已达四十七万九千名；而法人亦见无机可乘，亦暂息其复仇之举动，不敢造次称兵矣。

（四）俾斯麦与罗马教徒

俾斯麦外交政策之目的，在维持其德意志在欧洲国际上之地位。若彼对内政策之目的，则在巩固其政府之权力，以为德意志内部团结之基本；俾氏固绝对主张中央集权主义者也。

在德意志历史上，始则宗教与政治相协合，相利用，遂为奠成德意志之始基。继则君主与教王相争；结果，以彼时宗教得人民之信仰力较坚，教王常占胜利；而宗教日趋于专横与腐败。及至宗教改革时代，新旧教之分裂起，又为宗教与宗教之战争；当时所谓政治，殆已黯淡无光，德意志帝国，亦于是瓦解矣。迨近世民族思想发达，一般人民，亟亟于政治上之统一；其立足点，惟在人民之自觉与政府权力之集中。向之惟恃宗教以为维系人心之具者，今则无所用之矣。而人民智力发达，思想日臻自由，教理与学理冲突者多；于是以宗教干涉教育与文化事业者，又多为一般所反对。宗教在向日国家上之地位，当然倒退无余；俾斯麦之压制罗马教徒，即所以结束德国史上宗教与政治之混合也。

当普法战争之起，罗马教王预信法军必败异教徒之德军，以冀其世擅大权。而孰知法军一败，驻守罗马军亦遽然引退；教王狼狈愈甚，遂以手书送于德皇，一视德意志联邦受辖于新教徒普鲁士之治下。德国旧教徒亦派员至德皇前。请以罗马府为教王所专者，乃德帝不允。在议会中，天主教党亦归失败，德国政府盖决意不容教会有干涉政治之权利与举动。

德意志政府因令教王所确定之教理，学校中均可放弃；盖恐教理之流弊，在人民之思想与文化上，造成多种之恶果。教育究为国家所司？抑为教会所司？当时所争论之问题也。中世战乱时代，文学因教会而保存；教育事业遂落于教会之手。在普鲁士，当腓特烈·威廉第四时，法律上承认各宗教团体之独立；教士因之竞建学校神父至胁迫下等教士，谓：政府之命可违，教会之命不可违。一国之中，遂俨然有两政府矣。俾斯麦欲巩固国家政府之权力，故竭力主张国家与教会须极端划清。旧教徒于是多与政府不相能；尝隐嗾亚尔萨斯、洛林二州及波兰人民，使奋起反对政府。政府亦益事压制旧教徒。一八七一年，俾斯麦在德国国会为反对教会之演说；国会亦通过对于教士取罚之法律。既而学校检定法案，又为普鲁士国会所议决；官私学校，尽统治于政府之下。一八七三年，普国国会又通过对于教士权利限制之法律，教士反对愈烈，政府之压制愈峻；遂谓顽固不听命之徒，须剥夺臣民之权利；致定流放国外之法律。罗马教徒憎恶俾氏之情，与时俱积。一八七四年三月，有一少年桶匠，谋杀俾氏，事不成。此少年固不外由于迷信宗教使然，而当时教徒对俾氏之反感，亦可概见矣。

一八七八年，教王庇护第四死，利奥十四继位；俾斯麦始与罗马和亲。盖俾氏之反对教会，一方固在其巩固中央政府权力之主义，一方亦出于一般自由党人之主张。至是则俾氏乃放弃其自由主义之政策；而欲取缔社会民主党，又冀得天主教党之辅助；故对于一般教会不得不改变其从前压制政策，转取温和主义焉。

（五）国家社会主义之政策

俾斯麦在内政上采取极端的中央集权。盖欲实现德意志之自由平等，不得不先谋内部之团结；而欲巩固德意志之团结，尤须实行开明专制者数十年。其初对罗马教徒之压抑者；所以巩固中央之权力也；其后对社会民主党从事压抑，而于天主教党转取怀柔政策者，亦所以巩固中央政府之权力而已。

德国之教育，一方面具有国家主义之精神；以日耳曼民族为世界人类之首位，霍亨索伦之政治为上乘，在德国十九世纪教育上，殆莫不表示此意旨。他方面并具有应世致用之目的；故对于实用科学，任较何国为注重；其于此道之成就，亦最宏大。十九世纪以来，机械革命已由英法导其先；十九世纪以后，德人于科学之研究，坚忍热忱，其成功卒驾英法人而之上。德国之商人与制造家，亦与他国不同，初无轻视科学家之意；盖彼之以为智识者乃一种有需于栽培之收获，苟能以肥料养之，则他日收获宜更丰盛，故彼辈更以一切进步之机会让与科学家。德国关于科学事业之公帑，为数亦较巨，而亦颇食其赐。迨十九世纪后叶，德国文字，已为研究科学欲悉其最新之成就者，所必当修习。诸种科学之研究，德国实凌驾西欧诸邻国而上；而化学尤为独步一时。德国在一八六〇年至一八八〇年，二十年间科学上之努力，至一八八〇年后，成效大著。其所得于工业上之荣盛，有非他国所能几及；德国初本为农业国，用是数十年间，一变而为工业国。德意志在十九世纪中叶，不特国家政治上发生变化；人民生业上，亦受极大之改革；其影响于政治上者，亦至巨焉。即关于工商业之保护政策及社会民主党之发生是也。

俾斯麦初对于关税，采取自由主义；后渐觉自由贸易之不利德国，遂改变其政策焉。德国农业受谷类之输入，损失甚巨；而工业出品亦不能与英国竞争；英货品在德国市场上之销畅，致使德人工商业之发展，亦受阻碍；一八七九年，德人遂于国会通过一新税制。对于输入之谷品及货物，加重税率；一方面所以保护本国之农工，一方面亦所以增进帝国之收入；德国之经济上，于以得极大进步。然此税制之通过，实以当时国会上所谓中央党、保守党占多数，而社会党、自由党方受压制故也。

德国工商业以国家之保护提倡，与人民之努力，遂有极速之发展；人民生业上，亦受极大变化。中世纪时，中欧之经济情形，以社会上实行封建制度故，有贵族、农民与农奴三阶级。至近世，封建制度坏，人民自由平等之运动渐起；而德国之农奴制度，直至十九世纪初，始行废除。数十年间，人民方从事自由与统一运动，固有产阶级与无产阶级所共同者也。其后有产阶级对于资产阶级之要求，深滋疑惧；遂两相反对。德意志国家之统一臻于成功；而人民在政治上、经济上自由平等之目的，未能达到者，即此之由。然自马克思、拉萨尔等以后，社会上平等自由主义之传播，终未有艾也。

德人思想，十九世纪以还，大都受其研究史学之影响。然初则为唯心主义之发达，至十九世纪中叶，一变而为唯物主义。马克思者富于历史思想者也；洞悉资本劳工互为仇敌之情形；深信自古以来之阶级制度，至今已在解体与重组之过程中；而德国以工商业发展之神速，阶级制度较之其余西方各国尤有日趋固定之趋势。马克思受德国教育之陶养，故以劳工必且具有阶级之意识，团结而与财产集中之阶级为仇。盖以为资本家天性中，自有一种贪婪之欲，好争之心，必将资本之利益，集于少数人手中；驯至一切生产机关，运输之便利等，莫不集中于一处，便于攫取。而同时劳工阶级意识及团结精神，因工业集中组织之故，亦已臻于强固；工人于是攫取资本而利用之，此即将来之社会革命也。自后个人之财产及自由皆恢复之；而以土地公有及生产事业之经营，归于社会全体，此为资本家制度之结局，实以国有资本制代私有资本制也。马克思学说虽为唯物主义，实出于黑智儿之历史哲学；彼终为一学者，而非一煽动家也。其后经拉萨尔诸人之宣传，组织全德工人联合会；而同时各种组织，亦渐倾向于马克思主义。一八六三年，德国工会同盟，创立于来比锡；次年，在伦敦，创立国际工人协会；实皆附从马克思而于德国大占势力者也。一八六九年，同盟会与国际工人协会合并而组成社会民主工党，全德工人联合会亦加入其中；马克思之势力，遂如日中天矣。

然以社会民主工党反对亚洛二州之合并，与普鲁士在德意志帝国之优异地位，遂遭政府积极之压制。该党素抱国际主义，与当时爱国观念相刺谬；而其革命之鼓吹，又与中央集权之专制主义相冲突。会一八七八年春，德国皇帝两次被刺；刺客二人，皆为疯子，虽无可证明社会主义者曾参与其事，而政府及保守党则群指为社会民主党人所使。于是国人对之咸怀愤恨之意，群起攻击。政府于第一次谋刺后，即提出压迫议案于国会，但为大多数所拒绝。及第二次谋刺后，国会解散；新国会成立，社会党占少数，而保守党占多数；俾斯麦于新会所提出以反对社会民主党普遍的危险之图谋之议案，遂以多数通过；即所谓例外法律是也。此例外法律，虽原定于一八八一年废止；而由历次国会宣言延长，直至一八九〇年始废具，内容大抵谓：所有一切集会印刷物及征收款项等，依社会民主的、社会主义的或共产主义的图谋，以破坏国家或社会之现状为目的者，皆行禁止。俾氏压抑政策，遂完全实现。

俾斯麦对社会主义者，一方面施其压抑手段；而他方面对于劳动贫民，实行其保护政策，即所谓国家社会主义也。一八六三年，提出衰老劳动者保护案于议会，欲实力行之，又奖励贮蓄，以备国民之缓急。其意以为国家之力，救护国民社会之贫苦者，渐以消融社会党破坏国家之念。一八七八年，俾氏亲临国会演说其主义如下：

> 余欲结合宗教以欢迎国家者，如此则国家富于社会的义务之观念，必可以通国家与社会之感情，而增进国民之幸福也。世界之中，参差不齐，有富者，有贫者，有资本家，有劳动者；此天演界中自然之现象，而生存竞存之场，必不可缺者也。设使贫富相均，劳心与劳力无所关别，则国家无慈惠可言，而世界亦几乎息矣。虽然，富者日以富，贫者日益贫，其间终不

能得其平；若不依国家之力，以为保护，其痛苦何忍言？此我之所以亟亟也。

观此言，则知俾氏社会主义之思想，不过以国家之强权，为救护贫民之计，终非真正之社会主义。一八八一年，设帝国保险局，以烟草税提归保险公用；又增设病灾保险及养老保险诸局。其法，凡劳动工人，一年入款，不及二千五百马克者，或患疾病，或偶受伤，或年老残废，不能作工之时，均与以给养；而使其日出工资若干合于政府所拨之款，存储生息，以为保险之基金。工人平日之所出甚微，而遇疾病伤损及年老不能作工之时，不至陷于饥寒；其用意至良，为法至善也。俾氏又主张全国铁道权利，悉归入政府管辖；又提出烟酒专卖与米谷专卖之议，欲防止资本集中于少数人之手，而以国家权力，缓和社会上阶级之隔阂。虽然，罗素《德国社会民主党》一书曰："吾人所谓国家社会主义，不过专制主义与警察统治之推广。若对于此等国家亦复顺从，实无异于默许思想自由与言论自由之压抑。换言之，即无异于承认智识的锢闭与道德的丑陋也。"

俾斯麦保险法之根本原理，任何社会主义者自不能不赞成；当时社会民主党人亦略施襄助。但大多数活动党员有慨于此种法律之动机，群以襄助俾氏之行为为背叛。于是国会议员遂与本党党员大多数分立，而政府复实行其例外法律，以从事压抑；社会民主党，一时几至覆灭。一八八一年以后，政府虽用大力，社会主义议员反对渐增多，遂从宽执行例外法律。俾斯麦仍希望其缓和政策及社会改良以引诱工人离去社会主义之途径。但经一八八四年及一八八七年之两次选举，社会主义者票数增加之速度，前无其例，于是例外法律之执行仍归严厉，虽然，因此党之逐渐增加，政府亦渐觉例外法律之无用。及威廉第二即位，对于劳动阶级之态度，渐趋和善;俾斯麦不久被黜,而例外法律亦于一八九〇年九月废止。

本章参考书

W. T. Waugh's *Germany*.
广智书局《俾斯麦传》。
钱应清《铁血宰相》。
罗素《德国社会民主党》(陈与漪译)。
范祎等译《德国最近进步》。
韦尔斯《世界史纲》。

八、过去德国帝国主义之发展

（一）德国国势之进展与其人民思想

自《法兰克福和约》成立以来，日耳曼诸邦遂为普鲁士所熏染，归于统一，而成为欧洲诸强国中之最可畏者。其国势之进展，实不仅恃其铁血主义及中央集权政策，尤赖其人民知识上事业上努力之成就。盖过去之德意志帝国，乃一种复杂可惊异之物，世界中新颖之智慧力及物质力，与欧洲最褊狭的政治旧习相糁合而成者也。德国厉行教育政策，世界上教育最发展之国家殆以此为巨擘；其教育之步趋，恒为邻邦及其劲敌所仿效。德人又从事于科学研究之组织，及运用科学方法于工业及社会之发展，其诚心与毅力，远非他邦中所能几及。当世界武装和平之时期，德人竟从此自由传播之智识中，收获佳果，蒸蒸日上，一跃而为大工业国。凡百新工商业之有待于理智力及组织力而非恃贾人之狡猾所能济事者。德国于其间咸推独步。光学玻璃、渲染颜料及其他多种化学品之制造，与夫各种新奇方法，亦莫不以德意志为其先进。德意志之首先立种种法律，以推行社会政策，盖亦深明劳工为一种国家之财产，苟不受雇佣，即致亏耗于无形之中。故为公共幸福计，必更于工场之外，为之周详顾虑，务使雇主与劳工趋于联合与敦睦，具有同流并进而日臻于全国合作之倾向者也。

此推行教育，讲求科学，从事组织之德意志，系由十九世纪初民族精神所激发而来；追往思源，固由于其学校教师所赐。而构成近代德意志帝国之另一元素，则霍亨索伦系之帝政是也。此系君主，因耶拿之战败而未覆亡，遂肆其播弄，以酿成十九世纪前半叶之统一运动；更得俾斯麦之辅，利用国内民族趋势，一变而为日耳曼诸邦之元首，更一变而为世界帝国主义之大本营。韦尔斯《世界史纲》论其帝政曰："欧洲各国，除俄罗斯之帝政外，殆无有袭用十八世纪大专制国之旧迹如普鲁士者矣。彼既遵循腓特烈之故辙而不变，而马基雅弗利之霸政主义，遂由之而弥漫于全德意志。惜哉！有如是佳美之新式国家，而无良好之近世神经司其指导；竟使可以供献世界为天下先者，一变而为贪求权力之封豕长蛇。若普鲁士传之德意志者，诚西欧最新式之物，而又为其最陈旧之物；其在近世，可为一最佳美而亦极恶之国家也已。"

德意志人之爱国虚狂心，又巧被利用，以专谋霍亨索伦一族之利益；举国之小学校、大学校文学报章等，莫不受此意旨；以有组织之启发及操纵，养育之，推广之。自小学教师以至大学教授，莫不宣传德意志民族，为有超越群伦之品格、智识、体质；而鼓吹德意志人民，使格外倾心于战争及王室；其在霍亨索伦帝系之下，必将执世界之牛耳。德意志历史一科，其教学之旨，乃以霍亨索伦帝统之将来运命为指归；而于人类过去之事实，为有系统之伪造；其表现其他一切国家，皆视为无能力，而趋于衰颓者流；独普鲁士人民，乃人类之领袖及再造者耳。是等学说与思想，使其青年学子，熏染至深；而为教师者，无论在讲生物或数理之时，亦莫不离本题，而津津然发挥其爱国之言论。德意志人受此滔滔之暗示与诱惑，遂使其心理不知不觉造出一种观念，视其祖国与皇帝之尊荣为得未曾有；视其民族似在世界上为特异之优秀坚强，可以压倒一切者然。此种教训，其影响于德意志人民之思想与行为性质至巨。一八七一年以还，在外之德意志人，大有睥睨一世之概；无论在工界、商界、军界，均表示其傲慢之态度，而其所禀赋之长处，亦悉被用为侵略之工具矣。韦尔斯之言曰："德意志为此种爱国之热焰所煽动，乃受有用意之兴奋，及有布置之麻醉；其作伥者非他，德皇是已。彼恒久不懈，滥用教育与夫历史之教学，以达其私图；霍亨索伦系之罪恶，盖莫大乎是矣。近世之国家，未有亵渎教育，有如是之甚者。"

德意志人民受是等教育之薰陶，而沉迷于德国可恃武力以执世界牛耳之思想，及战争为人生必需事物之臆说；此可举毛奇与尼采之语，以见其国人思想之一斑。毛奇曰："永久之和平，殆梦想耳；且亦非佳梦。战争乃世界进程中必具之要素，而为上帝所制定者也。"又曰："世界而无战争，则将停凝不进，而沦胥于实利主义之中矣。"尼采曰："苟希冀于人类多成造就，而忘作战之道，直怡情于幻境已矣。彼营垒间所养成之犷悍能力，憎恶情感所激出之不择人而施之心性，杀戮与薄情所产生之自觉，努力歼敌所引起之热忱，不畏牺牲不顾一己及同侪之生死存亡之慷慨，与夫民众灵魂中如海如潮之震荡，以振作于萎靡之际者，自古迄今，舍大战其孰能鼓舞之哉？"此种学说，以争斗为进化必经之历程，实与黑智儿及马克思之历史哲学，同一思路，而更加以发扬者也。遂使德人之心理，完全迷信于武力与战争；以进攻为保守之策，以争斗为和平之母，以侵略为生存必要之工具，殆充满于德人之脑际矣。

（二）威廉第二之雄武与野心

德皇威廉第二者，即合德意志新式教育，与霍亨索伦家遗传性质，而成一最完备之人格。且因世界历程偶然之遭际，遂由此人表现出之；使急转直下以演成人类空前之战祸，而帝国之运命亦遂为斯人所破坏。欧战以前，其谁能梦想及此耶？

威廉第一，知人善任，始终不变。俾斯麦，不世出之英才也，德意志之统一赖于彼，三国同盟之成立赖于彼；然非威廉第一极端信任之，彼虽英雄，将无用武之地，其政策将受阻碍而不能实行；故威廉第一者，亦英主也。一八八七年六月，以疾逝世，年九十有一。子腓特烈第三嗣位，即患不治之喉疾，不数月而崩。威廉第二者，即腓特烈之长子也；一八八八年即位。为太子时，于军政两界，已负人望。即位之初，犹委政于俾氏；其武断政略，铁血主义亦与俾氏初无二致。尝曰："德意志帝国之统一，乃兵士与军队之功，国会中之大多数无与也；朕所恃以为长城者，即在军队耳。"其轻蔑民治主义，主张中央集权，亦复与俾氏相同。彼之言曰："吾德意志之成立，不在国会，乃在精练之陆军耳。故德虽名为立宪国，其民权实不足言；虽有选举代表之制，亦等于无。"克虏门炮厂开百年纪念会时，彼又演说曰："公司之历史，普鲁士与德意志历史之一段也。克虏门大炮为普国陆军之利器，以大炮轰发于战场，遂开德意志统一之先路，而卒奏成功。"于此亦可见其雄心壮志矣。

威廉第二卒与俾斯麦决裂。盖皇深信君主神权政治，又复负有雄才大略，自不甘受制于人；虽对于手造帝国之老宰相，亦不愿为所掩耳。彼尝忌俾氏之骄横，语人曰："朕非自为宰相不可。"君臣既以事相龃龉，会其时中央党领袖私见俾氏，德皇尤致不满；俾氏遂于一八九〇年去职。而德皇好动之表演，与其侵略事业，遂从此开幕矣。德皇之奇行僻性，与俾氏之免职，曾使德人为之哗然；旋即以为彼固用其势力以致和平而巩固德意志也，遂复安之。

继俾氏者为加富威氏。加氏对外方针，以俾氏纵横之术，非所以维持永久和平；遂于一八九四年拒俄互相中立条约之继续，因促进俄法同盟，而使德国地位日趋于紧张危险之中；俾氏所訾为最拙劣者也。加氏以后之霍亨洛菩罗及比斯曼哈温等，虽佩相印，实则备员而已，诸事均归帝之掌握；而二十年来，意图囊括四海，并吞欧洲；扩张军备，疲于奔命。孰知结果，一如拿破仑之末路，遂使霍亨索伦一系所经营缔造之家业，亦同归于尽。

夫俾氏铁血政策之所以成功，盖由于能谨慎用之耳。其统一日耳曼之三次与外国战，皆谋定后动，以二事为前提：一在以外交手段，使其欲战之国，势成孤立，而不受他国之干涉。二则确见本国之军队，较敌国更为完备。此俾氏之权术，而卒达其目的；所谓铁血政略者，固非可贸贸然用之也。若威廉第二之欲望，则较俾氏更大，而无俾氏权术之妙用。皇于一九〇一年，曾宣言曰："吾人之前途，寄于海上；德人之在海上者愈多，则前途亦愈美满。"而其第一海军计画，则在一八九三年提出之。一九〇五年，又复宣称德意志为世界第一强国。纯恃骄矜犷悍之气概，以恫吓他人；而乏缜密幽深之退省，以抑敛自己；遂使帝国之膨胀过度，终归于破裂。世之徒恃武力，以肆其侵略之野心者，亦可鉴矣。

（三）工商业与海陆军势力之膨胀

终俾斯麦在政之日，未曾亟行自绝于俄；尝百计以联络之，所以孤法之势也。威廉第二既免俾氏职，又终止俄德相互中立条约。一八九三年，俄法同盟成立，德法对抗之势以成。时俾斯麦在私第，顿足叹曰："俄与法联，吾德其能旰食乎？"是时加富威采亲英政策；威廉第二之母，英女皇维多利亚之长女；英德有甥舅关系；亲英可借以抑俄法也。英德两国在非洲领地之境界，亦于是时划定；而英亦承认与三国同盟利害一致。然英方以荣誉孤立自命，雅不欲为威廉第二所利用，而自卷入欧陆纷争之旋涡；每对德之提携，甚属冷淡。且德国经济，敏速发达，在世界各地，恒与英人冲突；在事实上自无提携之可能。德又以与英亲，舍保护贸易而取自由贸易；

奥俄谷物，多以廉价输入；在普北部之大地主，咸抱不平；多设计妨害亲英政策。有此种种原因，英德仍归于疏隔；而德国亲英以孤法之政策，亦终于失败。

自一八七九年，俾斯麦施行关税保护政策，其宗旨欲使农业与工商同时发达；既奖励国内之制造，又维持农业之利益，两者并重。结果，农业之产额日增，而工艺之发达亦甚迅速，又得科学之进步以为辅助，德国经济情形，日以巩固，日以进展。迨加富威为相，与俄奥诸国新缔结通商条约；为德国产物，开确定之市场，采用自由贸易。因之俄奥谷物，输入德意志国内，而廉其价；而德意志产物，能与英争雄，亦以此为其基础。德国工商业之进步，一日千里；农业较之，自有逊色。于是德意志之由农业国变为工业国，始行确定。而国内无数工人，亦多仰给于外国之谷物矣。其在和平世界，国际上分工合作之程序，进行无碍；德意志固可维持其工商业之发达，以竞雄于海外之市场。苟一旦有事，与邻邦绝交，贸易停顿，供给与需要不能灵通；纯恃工商业立国者，多有绝粮待毙之患。德意志所以在欧战时受困者，此亦其一端也。

德国人民生计，多由农业变为工商。观一八八二年与一八九五年户口清册可见。一八八二年，每千人中，农四百二十五人，工三百五十五人，商一百人。至一八九五年，每千人中，农三百五十七人，工三百九十人，商一百十五人。四五十年前，农居百分之六十，至欧战前，则仅百分之二三十而已。若其商务进步，观一九〇〇年前之清单，亦可知其变迁大概。一八七二年，进口出口货之总单云：进口货除金银外，一百六十三兆十万镑，出口货一百十六兆三万一千镑，共计二百七十九兆十三万一千镑。至一八八七年，总数已为三百十二兆镑，进口货一百五十六兆二十三万五千，出口货一百五十五兆七十万五千。至一九〇〇年，总数为五百十八兆八十四万九千镑，进口货二百八十八兆二十八万，出口货二百三十兆五十六万九千。由此可知，十九世纪末叶德国工商业突进之状态矣。

工商业之发达，与煤铁之产额至有关系。亚尔萨斯、洛林州产煤，每年共二十六亿吨，占全国铁矿总额四分之三。在萨尔河之煤矿，每年所产亦在一千二百万吨以上。二地与国计民生，所关至钜；宜乎引起德法之纷争矣。工商业又必与殖民事业之发展相辅进行。德人扩张其在非洲及太平洋与东亚之殖民地，合计对外贸易总额，在战前约五万六千零二十万佛郎云；而在我国之胶州湾已为二万四千四百万法郎。可见德意志之租借胶州，即欲为其发展工商业于亚陆之根据焉。

德人之租借胶州湾，在中东战后；然其处心积虑，已非一日。一八六九年（清同治八年），曾派立喜德地质学者于中国，调查富源，特别注意于山东。至光绪二十二年，中东战后，德与法俄参加辽东半岛问题，对于中国欲得一种权利；于是命其东洋舰队司令官更加详细调查。次年，又派修港技师佛兰氏调查港湾之价值。一八九八年（光绪二十三年），以曹州愚民杀害传教士为口实，命东洋舰队提督，实行占领。次年，二月，亲王何应立更率兵示威胁迫。至三月，遂结中德条约，议胶澳海潮平周围百里，准许德国官兵所经调遣；惟主权仍属中国。复以胶澳口南北两面，及岛屿若干处租与德国，以九十九年为期。又准其在山东省建筑铁路两道；并于铁路附近之处，相距三十里内，开凿矿产。此项路矿山，专设之德华合办公司办理；中德商人，均得投资。一九一一年，订收回矿权合同，除淄川坊子煤矿及金岭镇铁矿外，其余矿权，均行收回。惟让还矿界内，如有采矿所需资本机器、材料及技师，均应商之德国。至民国三年六月，德国又获得顺济铁路向西续展路线，与烟台潍县线，及济宁开封线之优先权。欧战中，德人所借之胶州湾及其在山东之权利，日人又攘诸其手；更欲得之以为侵略中国之根据矣。于今为梗，谁阶之厉耶？青岛自开港以来，德人经营不遗余力，常诩为东亚之小柏林云。

国际贸易与殖民地之保护，在在需军备之扩张。而俄法同盟成立后，英亦渐忌德之强盛，转与俄法接近；德国之地位，反成孤立。则德舍扩张其海陆军外，别无竞进与抗御之术。俾斯麦之七年计画军备扩张案，既已通过；一八九〇年后，增设军团三。继俾氏之加富威，于一八九三年，定平时兵额为四十七万九千，减现役三年为二年，兵备大张。一八九九年，复增设军团二。提出陆军六年计画案，增加平时兵额为四十九万五千人。一九一一年，增为五十万六千人；一九一二年，为五十四万四千人。一九一三年，复经国会通过，每年添练新兵六万名；现役兵额为六十七万五千。一九一四年，平时军团共二十五个、现役兵七十三万八千人；预备兵约三百四十万，堪战兵则除老弱妇孺外，皆是；兵力之盛，为前此所未有。

德本大陆国，军事上之成功，专在陆地；俾斯麦晚年，对于殖民政策，亦甚冷淡，仅有少数海军，以为辅助而已。至威廉第二，则以其祖父威廉第一为普鲁士大陆军之创造者，彼必为德意志大海军之创造者，大反俾氏政策。于一九〇〇年，发布海军案，建造战斗舰三十八只，大巡洋舰二十只，小巡洋舰三十八只，水雷艇一百四十四只，期以一九二〇年完成。据一九一四年之调查，合计无畏战斗巡洋诸舰吨数，共一百三十万六千五百；常备海军共九万八千四百名，预备兵十一万；较之世界各国，仅逊于英耳。

德人之经营青岛及太平洋诸岛屿，非特有经济作用，亦以其为发展海军之根据地也。一八九〇年，以彼在东非洲之多种权利，与英交换黑耳郭兰小岛，而使之成为一大海军要塞。

一九〇〇年，威廉第二当战斗舰维脱斯倍下水时，曾谓海军与德国威权有密切关系。其言曰：

海洋者，教训吾人，使知洋面及其最远之岸上之重大问题，非有德国及德国皇帝在，末由决定者也。吾民于三十年前，受列邦君主之统率，流其赤血而战胜敌国；其所以流者，将欲自暴自弃，而退出于重大之外交问题乎？朕有以知其必不然也，使德人之自待如是，则其在世界之权力，将从此衰歇而万劫不复矣！德人在世界之权力，决不可以一日衰歇；而欲防止其衰歇，则于必要时，不得不用适当之方法矣。

威廉第二实行此策，而重大之外交问题，德国亦卒未被摈；非有德国及德国皇帝在，固末由决定大事也。然因此种政策之结果，遂引起列强之忌嫉。五十年前，英人有恒言曰："英人霸于海，法人霸于陆，德人霸于空。"盖藐视德也。曾几何时，而霸于陆之法，已屈服于德人之下。英人素以海王自命；而威廉第二谓"德国将来，在于海上"；又曰："朕将夙夜匪懈，非至吾之海军能与吾之陆军并驾齐驱不可。"盖将以其海军与英人争雄也。英人大悟，于是联法以抗之；因联法而并联俄，遂有三国协商之举，以与三国同盟对抗。冀造成势力均衡之局，以抵御德之霸制主义焉。

（四）大日耳曼主义与列强仇德之由来

大日耳曼主义者，以日耳曼族萃居之德奥两国为核心，北并丹麦、荷兰、比利时，南并塞门及希腊之北部，东包土耳其；以土都君士坦丁堡为脑髓，以北出波罗的海，南出波斯湾如常山蛇势之巴格达大铁道之各干支路为神经，而建设一横跨欧亚两陆之大帝国；借以北摈俄，南制英，而绍西罗马帝国之遗统者也。当十九世纪初叶，普鲁士经拿破仑之蹂躏，遂激起日耳曼人之爱国思想；更得一般诗文家以鼓吹之！如亚伦德之《祖国》一诗，后且定为德国国歌；

其大意以德意志方言所及之区域，均应为德国国土，此实大日耳曼主义之所托始。因爱国心之刺激，遂群起倾覆拿破仑，脱法国之羁绊；复经普奥、普法两役，普鲁士遂执德意志诸邦之牛耳，组织联邦，以代替旧时之德意志帝国；而所谓大日耳曼主义者，尚未能完全贯彻也。盖德意志民族之国土，尚有其他种族及他邦国夹杂其中；如奥地利境，斯拉夫人、匈牙利人，实占多数，而德意志人反居少数也。当俾斯麦之执政，坚持“只图内部团结，不求向外膨胀”之政策：即奥地利亦且被摈于联邦之外；故此大日耳曼主义者之主张自外膨胀，遂不得不以时机未熟，暂匿迹销声矣。迨威廉第二即位，国基巩固，霸气横溢，欲借此主义，以为实现其世界政策之工具，迄一八九四年，大日耳曼同盟创设后，此主义遂澎湃泛滥，不可一世。

德人之近东政策，即所以实现其大日耳曼主义者也。柏林大学赫德教授曰：“吾同盟之邦，日进强大；然后起与吾德提携，窥埃及，联波斯，入印度；不列颠霸权于以衰，俄罗斯帝国于以弱；吾德世界之地位，乃形重要。”其进展之雄图，亦可惊异矣。然德之出此，亦尚有不得已者存焉。其国内人口之增进，实出吾人意料之外。在一九〇〇年时，为数五千六百三十万有奇；至一九一〇年，乃增至六千四百八十九万有奇；其增进之率，每十年为五分之一，五十年将倍之矣。而其工商发达，产业增加之速率，亦复可惊异者。其海上贸易额，自一八九二年至一九〇二年，十年间每百分增加一百六十；与英国较，每百分增加一百五十二；与法国较，亦百分增加一百二十三零六。过剩人口，既需土地以容纳；大宗产业，复需市场以排泄。而环顾全球各地，率已折入他国势力范围之内。惟有近东病夫之土耳其，与德奥本国相隔，仅一衣带；土地平沃，形势险要，在军事上、工业上皆具有极重要之价值。百年以来，俄人屡谋南进；土耳其对俄如仇雠。英向以土耳其之救星自命；然而自柏林会议以后，外交政策剧变，一惟俄人之步趋是效；土对英亦致不满。惟德意志在柏林会议中，起土人于沉疴，而独未沾丝毫之利益。最近希土战争，亦力谋裁制希腊而制英法之肘。土人遘闵既多，受此援助；其对德之感激，何可名状。此德人所由投间抵隙，亟亟图谋东进也。

俾斯麦执政时，为联俄拒法计，对于近东，不敢积极进取，以避免俄德之冲突。然一面援助奥国向巴尔干膨胀之政策；一面则留心亚洲土耳其经济上、军事上之利益，盖以为进取之准备矣。迨威廉第二嗣位，探险家、聘问使，以及研究调查之学者，遂冠盖相望于土德间道途矣。欧陆各国，自来往返朝觐，无虚岁；独土皇以东方之帝制自封，深居简出，他国君主，亦羞与为伍；而独以势焰薰灼之德皇，一旦造访国势孱弱之土皇，不亦可异耶？一八八九年，德皇女弟与希王结婚，德皇假赴雅典观礼之名，归途谒土皇于君士坦丁堡。自后土德邦交，日益笃厚；德遣多数将校为土整顿陆军，土亦遣学子留学柏林以报之。一八九八年，德皇复假巡礼耶路撒冷之名，重入君堡。土皇感于往岁土希之战，土军因曾受德将之训练，大获胜利，款待殷勤。并即席赐德皇以西奈山麓相传为圣母马尼亚所居百亩之地，以示尊荣。德皇亦于回教本山圣所非亚寺院建一壮丽之洗面处，以为纪念；并镌“两国君主，友情之清，有若此泉”之文于牌上。且在大马色演说云：“朕发大愿，誓为苏丹及散在世界三万万回教徒之良友。”自后土皇惟奉德皇为护法主；即世界各处回教徒，亦莫不存此想。盖与清圣祖尊崇喇嘛教以羁縻蒙藏之政策，先后若一揆也。彼愚昧零丁之土人，安得不堕其彀中哉。翌年，遂有巴格达敷设权之让与。

巴格达铁道者，发轫于北海一大商港汉堡，经柏林、德勒士登、布拉格、布达佩斯、柏尔格勒得、所非亚、君士坦丁，由此渡博斯破鲁斯海峡，再经斯库台里、亚勒颇，沿幼发拉底、底格里斯两河谷而下，越巴格达以抵波斯湾头之哥温埠之一大干线也。自维也纳达君士坦丁之路线，半由德奥合资公司所办；自斯库达里至小亚细亚哥尼亚之路线，为德国亚那托里亚公司独力经营；其延长之路线，则自哥尼亚达哥温，亦由亚拿托里亚公司所承揽者也。德人自获得该路权后，惨淡经营，限于一九一七年竣工，其大日耳曼主义，固渐由鼓吹而实现矣。此路线亘八千九百余粁，纵贯欧亚两大陆；其工程之浩大，堪与俄之西伯利亚大铁道相伯仲；其所经之地，非属要塞，即为沃野。尤可注意者：则此道在亚洲之一部，全遵古代东西交通之旧道也；一旦告成，则欧亚之交通，将辟一新捷径；全世界商业上、军事上之形势，亦均因之骤变。英人所诩为锁钥东西洋之苏彝士运河，俄人自命为欧亚大陆交通媒介之西伯利亚铁道，均将堕其价值；而两国在波斯之势力范围，恐亦不免有喧宾夺主之虞。此路路权，英俄垂涎之者已久，不意德皇竟假酬酢周旋以得之；其横遭妬嫉宜矣。且也巴格达铁道成后，土耳其必完全折入德国势力范围之下，行见德人将借之以永禁俄人于雪窖冰天之大陆内；则不惟俄人所倡之大斯拉夫主义，永无实现之希望；而其数百年来，曾费无数头颅心血，冀以饮马暖海，奠都金角之雄图，亦将终成泡影。此大斯拉夫主义与大日耳曼主义在近东之冲突，所以为欧洲大战之主要原因也。

德人之抱负，既惹起欧陆列强之仇视；而德皇之外交政策，冀以其军队恐吓力实现帝国主义；此种惯用铁腕，又每足以失欢于各国。一八九五年，德国与俄法联合，要求日本退还旅顺；盖是时日本方从中国攫得旅顺也。此事为俄国之利益，至为明显；于其同盟之法国，亦为有利。俄国者，固久欲自得旅顺者也，而德国之干涉，则出于意料之外。故日本人对之，愤激异常；因之日本遂亲附英国，而有英日同盟发生。战时，日本海军之攻击胶州湾，即以英日同盟为口实者也。

一八九六年，英詹美森骑兵被南非人捕获之时，德皇致电脱兰斯哇总统克鲁吉尔，贺其不借友邦助力得奏胜利。英人闻之大愤；遂有飞行队之组织，且令伦敦会议保留脱国外交之监督权。嗣后德皇虽弃绝克氏，与英国重修旧好；然英人之舆论，遂不满意于皇。

一八九八年，美国丢爱将军既战败西班牙舰队于马尼剌。德国海军大将棣特利希率师进口，询问英将某君谓："德国而强迫美舰放弃马尼剌者，则英国之态度何若？"某君婉阻之；故其事卒未破裂。然美人对于德国之恶感，则非某君之所能阻也。

一九〇五年，德皇亲赴摩洛哥。摩洛哥者，法人所认为有特别权利者也。因德皇之见访，其苏丹遂拒绝法人提议之条件，要求请列强代表为顾问，别开会议。法外交总长迪尔卡塞严拒之，谓除法人外，无干预此事之权利。后以德相菩罗用恫吓语，法人卒屈从之，迪尔卡塞亦因而辞职；此铁腕之成功也。而仇德者，则自此多一国矣。

一九〇八年，奥地利合并波斯尼亚、黑塞哥维那二省。英俄两国以破坏柏林条约，极力抗议；俄人因斯拉夫种之省份被割，且欲用武力干涉。德皇闻此，立即下动员令以抵制之。时俄以满洲之败，元气未复，亦忍而不发；此铁腕之又一成功也。而仇德者，则自此又多一国。

一九〇九年，德国与法国缔结关系摩洛哥之条约，其外状颇为圆满。顾其时德人告法外交总长，谓德国拟派一战舰至亚噶提尔。时所派者，为一巡洋舰，终未奏铁腕之成绩；法人之受恫吓，亦不若前此之甚。然此举于法人仇德之恶感，又添一层矣。

威廉第二惯用此手段，致引起他国之嫉恨。欧洲大战一开，德国乃几于孤立无援之地位；适与普法战争时，法人受俾斯麦愚弄之情形，相类似焉。俾氏不云乎？曰："战事之功，全在启衅由人。而吾人立于被攻击之地位之感想。"顾威廉第二则又健忘之欧洲大战之开,无论其启衅者为何国,而德则固于实际上早向英俄法三国宣战者也。

(五)社会民主党之反感

德意志既以武断政略与铁血主义为抱负,其主张专制,抵抗民治,自无待言。威廉第二常明言之:谓"朕为上帝之仆,我行我法;现代之思想,在所不顾"。在二十世纪初年,世界上反抗民主主义之潮流者,除俄罗斯外,当以德意志帝国为首。至德意志民权何以不能发展?则自有故。据一八九一年威廉第二之言,以为德虽名为立宪国,其民权实不足言;虽有选举代表之制,亦等于无。其主张民权之党派,时时发言,谓德国究于何时始有责任内阁之制,而成真正立宪之国乎?此问题不过数语,可以解答:凡一国中,其党派混杂者,决不宜行责任内阁之制。盖责任内阁,必两党对峙,始能行之。故俾斯麦谓德国如欲行责任内阁制,亦甚容易;只须国中政党但分两派,如英国之情形则可耳。国内如有大政党,能采国会中多数者,德政府亦愿与之携手;即非公然结合,亦必暗相联络。惟德国政党,距此尚远;言其派别,几有八党之多;而各党党员,又复各自矜张,不肯相下;何能效法英国乎?盖彼时德国政党,零星涣散,不得不实行开明专制;使强毅之政府,专断于上,而后能振奋有为也。则德国民治之不能实现者,政党纷歧之故耳。

而彼国政党所以零星涣散之故,则又以其宪法及选举制度使然耳。此两者,实互为因果者也。内阁既对国会不负责;国会之职权,仅在立法;不信任投票,不至使内阁辞职;有时反促国会之解散。解散为一种最有力之恐吓,此事自养成议员之卑屈阿谀的精神;国会因多仰承政府之意旨,不敢建树强有力之政见,以相抵抗。

而政府又往往从中离间政党之团结力，以集中政府之权力。如俾斯麦国家社会主义之政策，一方面，固以国家之权力，加惠劳工；一方面亦使劳工不至向社会党之趋向，以分散其势力，阻止其破坏国家也。

德意志政党之八派：1. 德国保守党，2. 德国国家党，3. 天主教党（即中央党），4. 国民自由党，5. 自由协会，6. 自由国民党，7. 南德意志国民党或民主党，8. 社会民主党。上列八党之排列，乃由右党而及于左党；其中如保守党与国家党，自由党与自由协会，自由国民党与南德意志国民党，皆无大差异，可合而研究。保守党代表封建贵族之利益，其党纲主张帝政，其根据为农业；所谓最少限度之立宪政治与宗教自由，及最大限度之农业保护也。天主教党介乎自由与保守之间，虽笃信教王全权至尊主义，但仍甚爱国。自由党代表工商业之利益，赞成自由贸易，事实上盖理想的放任主义之残余；自社会民主党观之，彼乃代表工商界中之资本家耳。社会民主党者，以信奉马克思主义相号召，主张政治革命，与国际主义、与当时黩武爱国之狂热，极端反抗。虽受政府及教会强烈之反对，复有猛苛之法律以压制其宣传与结合，而此党之发达，曾不以之少挫；德皇虽屡次痛斥之，捕其首领入狱，或驱诸国外，而其发展自若也。

一八九三年之选举，社会民主党得总投票百分之二十三；依比例代表制而论，应有九十六名，而结果仅有四十四名。天主教党，事实上仅得总投票百分之十九，而有九十六名。此因社会民主党势力强盛之地，多为大城市及工业中心点；而此二者因人口积极增加之故，所得之议员名额，较其所应得之数为少。盖当时投票团之规定，每团人口仅有十万；但依千九百年之户口册，城市各选举区，人口已增至十二三万；而在农业之选举区，则人口多减至十万以下。因此之故，农业则代表过多，工业则代表不足；质言之，即社会民主党之代表不足也。依宪法某项之规定,应按时重划选举区;以不便于皇帝及其忠顺臣仆故,此条文未见诸实行。

虽然,德意志固非俯首帖耳而驯服于帝国主义之下也。德国以教育普及与猛然为工业制所化之故,社会上之重要分子,盖有多数起而与此大言无忌之新专制主义相抗争者。其余诸旧邦之人民,颇不愿卷入普鲁士主义之旋涡中,尤以南德意志为尤甚。是以代表劳动阶级之社会民主党,虽经帝国政府百计离间与压抑,而其发展自若。当一八九〇年,此党选举权,犹未及五十万票;及至一九〇七年,竟逾三百万。于是政府乃不得不取怀柔主义。自加富威变俾斯麦之政策,一方面废除例外法律,停止社会党之镇压;一方面采取自由贸易,以惠工商劳动阶级。盖俾氏之保护政策,虽其宗旨,欲使农工并行发达;然自外国输入谷物之人口税,因此加高,则其价自昂,工人生计于以益艰,至自由贸易,则工人所需谷物,价必较廉,受惠甚多也。故自一八九〇年后,社会民主党能公然组织。该党虽已非如前之持极端破坏主义,然德皇称雄海上之野心,卒大受强烈之排斥;而新德国资本家投资于殖民地之念图,此有识之人民党,亦施不绝之攻击。行见德国,将受社会主义之转化,未闻多得帝国主义之信徒也。至欧战前,社会民主党人,国会中已占一百十席矣。

社会民主党之宗旨,去阶级之压制,求真正之平等;凡属特殊阶级之利益,皆思有以破坏之,使均之于人人;此与保守党、自由党惟主张帝政,维持贵族大地主、资本家之权利,固极端相反者也。及至欧战爆发,德意志人,无论贵贱贫富上下,全国乃一致主战,其所以然者;德国之大地主,实为挑拨战衅之人;彼等欲永保其政府专制之威权,故使国民之锐气,移于对外;且以战胜之光荣,坚人民爱戴之心。经营工商业者,亦附和之;则以希望多得殖民地,以扩充国外之市场也,至社会民主党人当一九一四年,亦主对外宣战;

德国陆军自来既多得其辅助;战端开时,军费案,亦首先得其赞成。盖若辈虽痛恨其本国所产之专制君主,亦憎慑其东邻野蛮而退化之俄罗斯专制国;为反抗帝国主义,仍不得不力图一战也。故当时德意志各政党,主战虽同,而其所抱之目的,则有绝不相蒙,或且相反者。

本章参考书

A. D. Junhs' *The Hohenzollerns*.

东方杂志社《欧战发生史》。

梁启超《欧洲战役史论》。

陈冷汰《世界第一大战》。

孟宪章《世界最近之局势》。

范祎《德国最近进步》。

伯罗德尔《德国工商勃兴史》(商务印书馆译)。

谢开勋《二十二年来之胶州湾》。

龙振黄《青岛潮》。

韦尔斯《世界史纲》。

吴光杰《德意志军事调查记》。

罗素《德国社会民主党》(陈与漪译)。

九、欧战中之德意志与其新共和国之发生

（一）欧战爆发与德国之关系

一九一四年至一九一八年之大战，亘时五载，在此五载中，计加入战团者，国籍三十二，种别五十余，动员人数逾六千万，战死兵数近八百万，残废兵数达三千万，战费约二千亿金元，沉毁船只计六千艘；而作战区域，则自欧亚非三洲外，复波及大西太平印度三洋；实世界空前之大战也。其爆发之导火线，虽为奥皇储斐迪南夫妇被刺于波斯尼亚州一十九龄之塞籍学生，而其郁积酝酿之者，实经数十年之久。其背景之繁复错综，殆非单纯一二事实所能概括；然无论间接或直接，殆莫不与德意志有关；德人者，此大战争之祸首乎。

德意志者，后起之强耳；国土既不甚大，属地亦复鲜有；而人口膨胀，富力增加，实有一日千里之概，于是不能不合力以求向外伸张。其伸张之方法，约言之，有三：率族人东伸于巴尔干半岛，占据近东，以减国内人满之患，一也；循来因河下游，拥出北海，求世界之市场，而消纳其富力，二也；开拓殖民地于世界各地，以厚树势力，三也。前一者，与俄人不相容；后二者复与英人不并立者也。旷观世界，种族虽繁，而有统治权者，不外黄白二种。黄种四万六

千万之中国人及日本人，又仅占世界地球面积三十分之一；而六万万之白人，则据其三十分之二十九。白种人中，则盎格罗、萨克森人所占尤多，约居二十九分之二十。其余之九分，则归斯拉夫、拉丁、日耳曼等族；而斯拉夫族所占，又最大，拉丁族次之。日耳曼因其在近世发达较迟，所得地面最微；而其人口之增进，与产业之发达，又甚迅速；欲其生聚之容纳，与物品之销畅，势不得不向外伸张，以发展经济，而营卫生存。德人有言曰："德国之人口满矣，不能不求广大之殖民地以生存，欲求殖民地，则不能不扩张海军也；故德国之海军，关系德人之生命，与德人之面包无异。"德帝威廉第二曰："德意志国民之作战，为求向上之生活而战也。"德人为谋优美之生活，于是竞张海军，亟亟备战；而与英俄诸国之发展经济相冲突，此欧洲大战之发于经济者也。

普鲁士新兴之日，其最初目的，仅在统一德意志。迨德意志统一，复为积极之计画，即欲统括北欧诸同族，并结奥地利而东侵。德人一面在土耳其之势力，亟亟进展；一面怂恿奥国并吞波黑二州；于是与斯拉夫族起冲突。盖在巴尔干半岛诸邦，强半为斯拉夫族；与斯拉夫民族主义不相容也。日耳曼与斯拉夫族不相容；乃成立德奥同盟与三国同盟，其主要目的在御俄也。斯拉夫族为自卫计，于是结合俄法同盟以抗之；继因俄法同盟力弱，又缔结英俄法三国协约；其目的，亦不外制服日耳曼人也。是德人所倡之大日耳曼主义，与大斯拉夫主义之冲突，又为欧战之起因也。

俾斯麦持铁血政策，驱奥扑法，德意志统一完成；于是又欲袭用故智，以鞭笞天下。当德奥意三国同盟时，俾斯麦欲以铁血主义鞭挞欧洲大陆，以制法人死命，而夺俄人制陆权。迨威廉第二与英人极力竞张海军，欲以铁血主义鞭笞世界，而争英人制海权。综言之：即德人欲以铁血主义雄飞天下也。德人之铁血主义，一再完成；则英俄之帝国主义，随而崩坏；法兰西更无以自存。于是俄法同盟，对抗德人制陆；英俄协商，对抗德人制海；野心绝大之德意志，遂陷于陆海四面受敌矣；于是更不得不厉行其铁血主义，以与敌人抗。此德人之海外政策与霸制主义，又为引起欧战之一大原因也。

德人之性质：曰、勇猛，曰、争斗，曰、守规律，曰、强固之意志，曰、绝对之服从，曰、强烈之爱国精神，最适宜于军国主义者也。从德国历史上观之：自腓特烈第一以来，莫不以武力增其国势；威廉第一又复以扩张军制，胜奥胜法，以统一诸邦。而德国陆军遂为世界上之最强者。威廉第二复创设伟大海军，冀与海上帝国之英吉利竞争。德人迷信武力，实多受其历史上之影响。又德国教育，初等八年俱采强迫制。其规律极严格，其目的以养成儿童忠君、爱国、忍耐、勇猛、守规律、崇竞争之性质。诸如英国之威胁，法国之毒恨，军人之高尚神圣，德国之优越卓绝，一类文词，充塞于其教科书内；务以激起儿童仇视他国，向外发展之心。至中学大学上之教育精神，亦大都重于爱国；故普法战争及欧洲大战时，德国学校中教师学生，投笔从军者，颇不乏人。而其教育宗旨之注重精确智识能力，即所以促进科学工艺之发达及其应用。盖一方面所以发达产业；他方面对于武器之优良，弹药之威力，航空事业之发展，制舰事业之进步，交通通信机关之扩大，皆能使之猛进突飞，以其伟大之势力，直接或间接与军事以好影响；而其最进步的联立的军国主义，于以实现。又复上有威廉第一、俾斯麦、毛奇、威廉第二等为之提倡；下有加塞等之诗文家，尼采等之哲学家，为之鼓励；其人民之重兵、尚武，国家之军营化，德皇侵略之野心，遂使德意志为军国主义者最完备最进步之代表。是德意志军国主义之露骨的发展，实不能不负一部分挑战的责任，此又为欧战之起因也。

普法战后，法人以巴黎城下之盟，偿金割地，时时不忘会稽之耻。在德方面，恐法之报复，不得不联结奥意以为犄角；在法方面，则因德成立三国同盟，施以威胁，亦不得不树党以为声援。欧洲战祸，其胚胎也久矣。德既割取亚洛二州，尔后四十余年内，对二州人民，厉行压制；言论既失自由，法语又被严禁；务使两州人民尽为德意志化而忘其祖国。以酷嗜平等自由之法人对之，自觉难堪。德法之怨，既以不解；及摩洛哥问题起，德法又相仇视；英又从中助法，而德英又以结怨。俄人南出地中海之渴望，又为德人东出波斯湾之雄图所阻；因又演成俄德相持之局。德人怂恿奥国并吞波黑二州，又开奥塞互仇之端。此各国间之宿怨新仇，又为欧战之起因也。

总之：欧洲大战之起因，直接间接，莫不与德意志有关者也。一九一四年六月二十八日，奥皇储斐迪南夫妇被刺死于塞拉热窝。奥政府以为此乃塞政府所主谋，致最后通牒于塞国。塞复文，奥不满意，即下动员令，对塞宣战。塞国土虽小，因恃有俄人之援，亦对奥宣战。世界空前之大战争，遂一发而不可收拾。俄因塞之存亡，与彼有密切关系；当奥塞相持不解，即调兵遣将，准备助塞。德人知之，即电俄，谓："俄若攻奥，德以同盟关系，不能袖手"；继而德皇又电俄皇，劝俄中止动员令。俄不听，德即向俄宣战；俄亦向德宣战。德并电询法国，能否中立？法不应；德又向法宣战，法亦向德宣战。德军欲西向先攻法国，而比利时、卢森堡适当其冲；因强令假道，遂不惜冒天下之大不韪，破坏两国之中立。英又继起对德宣战。土耳其因与德国关系较深，即与英法俄三国宣战。意大利虽与德奥同盟，惟与奥国利害冲突，不特不愿与德奥共同作战，且有倾向协约国之趋势；初则宣言中立，继则并置同盟条约于不顾，加入协约方面。日本虽在亚东，亦向德宣战；借此机会，以进入我山东矣。

（二）战时德军形势之大概

德军所以侵犯比利时与卢森堡之中立者，以欲先攻法国，长驱进入法境，逼之为城下之盟；再返兵击俄，可以一鼓而下。是以入比之德军，抱有百折不回之志愿，分数道并进；列日那慕尔之要塞，皆用重炮轰击，务在必得。此两要塞陷落，比军大衰；德军乘势侵入法境。英法联军不支，节节退走；德军追逐于后，一时如疾风扫秋叶。及法军退至玛伦河预定地点，转取攻势；德军一往直前，不事准备，兵数过少，且无后援；反为法军所袭击，全线破坏，不能支持，只得败退；此即玛伦河之役也。德军以冒险轻敌之故，功败垂成，良可痛惜。

德军既自法境败退，又用重兵攻破比国北境之安特卫普，及西北境之俄斯坦德；更图西取法境之卡力斯，南取阿拉斯；均被英法联军奋力抵抗，不能前进。西欧战线渐归沉静，即亚尔萨斯、洛林方面，亦旋得旋失，无大胜败。

东欧方面，俄军乘德军酣战于西，侵入德之东普鲁士。德军东部兵力，不甚充足，向维斯杜拉河后退。俄纳鲁与维尔纳两军正欲并向柏林进发，德皇命兴登堡为东方全军总司令，大破纳鲁军，继又破维尔纳军，尽逐俄军出普鲁士境。德人称颂兴登堡之功业，谓："上帝于此大战之际，赐吾民以大将。"

当时东普鲁士虽获胜利，然加里西亚方面，奥军任防俄之责，且图侵入俄领波兰，为俄所败。加里西亚东中二部，全为俄军所蹂躏；德军不忍同盟军之危急，乃定侵入波兰计画；不意反为俄军所败；急调西利西亚与西战场之兵来攻，始能转败为胜。是时南欧战况虽剧烈，而奥塞两国，时败时胜，均无解决战局之能力。亚洲西部之俄土战争，亦无重大发展。惟我国境内之青岛，日本已用武力向德人夺取，而骎骎欲自山东发展其势力矣。以上各地战事，皆在一九一四年也。

翌年，西战场德军，因尽力于东战场之故，颇觉失利；联军于各方面，多取攻势。德于香槟州方面，失乌规斯；于阿拉斯，又失加龙塞及阿不林角；此外尚失堑壕阵地数处；但于大局，仍无甚影响。当时德国之飞行艇颇得力；于英京伦敦，一再袭击；抛掷炸弹，市民惊惶失措。雅穆斯林尼等地，亦连被袭击。英政府乃亟亟乎空中防御之准备矣。

在东俄战线，俄军虽自东普鲁士败退；奥之普尔散、弥斯尔要塞，却被俄军陷落。俄军势焰大张。意大利亦于是时加入协约方面，对奥宣战。德军乃定大举破俄军中央线之计画，骁将麦肯森自纽森得支进击俄军；俄军败，初退维斯拉河，再退三尼河。德奥乘胜突破俄军阵线，俄军溃；更乘胜夺回普尔散、弥斯尔及棱卑尔各；转军向波兰，临瓦萨；乘胜更连陷里多佛、斯克科佛那诸要塞；未几又攻陷维里纳。遂中止进攻，先分一部分军力于西战场，再分一部以对塞尔维亚。是时，意军虽竭力攻击，因奥军所处地位险要，亦不能得手。

巴尔干方面，以东欧战争剧烈，德奥军无力及于南欧；奥塞战况，甚为沉寂。惟协约军攻击土耳其不稍疏懈，欲直入君士坦丁堡，截断德国之势力，而与俄军联络。不意土军防守得力；协约军虽水陆夹攻，终不能得志。德奥军在东战场既占胜利，麦克森率大军转攻塞国；保加利亚亦乘势对塞宣战，侵入塞境，以助德奥，英法联军乃不得不分对土之军队，调救塞国。而同盟军决死渡撒夫河，连陷伯尔格来得、塞璘的里亚，直向南进，势甚锋锐；保军亦向塞东境进击，与德军右翼相结。英法军虽沿途屡败保军，德保主力军，仍南进甚急，连陷诺维巴萨、密特罗维萨、普称斯得那诸要塞。塞军退出国境，向门的内哥罗亚尔、巴泥亚方面逃避；英法军不能支持，亦向希腊境内退走。此时协约方面，惟在亚洲土耳其之英军，颇占胜利耳。

海战方面，德国北海沿岸，只有西北一角；南口之多维海峡，又在英人掌握中；德海军无论如何活动，总不能出其范围。北口虽广大，英军舰防备甚固，亦不易出口。是以英德海军，在北海初接战时，德即失利，沉没军舰数只；德海军遂潜伏不动。波罗的海方面，德海军虽击破俄之灯塔数处，并击沉其军舰数只；而攻利牙湾数次，终不能得大利。英俄联合潜艇队，反击沉德军舰及其商船数只；德军舰亦暂时潜伏至一九一六年五月，德人侦得英海军一部，常出没于那威沿岸，即欲进至该处击沉之；德海军遂完全出动，两军大战于日德兰半岛之西。英军损失较大；然德军主要目的，仍未能达到，仍成对峙之形势。自后虽有战争，亦无甚大胜负。惟德军方厉行无限制的潜艇政策，击沉英军舰及商船甚夥。中立国商船，亦多遭波及者；遂激引美国之愤怒，即对德宣战。南美中美诸邦，亦对德绝交；而我国亦于是时对德宣战矣。协约军海陆方面，骤添如许之生力军；而潜艇封锁政策，亦因英美防卫之严，无大效果。国外非洲与太平洋各属地，早为英法日诸国所分占矣。

德军胜俄后，于一九一六年初，移军于西战场，与法军决战；定夺取维丹之计画，猛攻马鲁达木、杜门等堡垒；一一占领其地，维丹几不保。是时英法联军，侦得索谟河附近德军，正输送于东战场；乘间进攻，以救维丹之危急，夺德军第一重地冈布尔士，德军大败。法军乘胜调大军至维丹，夺回杜门等堡垒。德军仍退守原阵线，而经此两处战争，损失甚钜。

东欧战场，俄军自一九一五年败退后，元气虽丧，意志仍甚坚强，力取攻势。一九一六年八月，攻进奥境布哥维亚，一并侵入匈牙利境内。罗马尼亚即乘机对奥宣战。是时巴尔干诸小国，塞尔维亚全境，已被同盟军占领；残军退保于亚尔巴尼亚境内。门的内哥罗已向德奥无条件降服，且解除武装。亚尔巴尼亚亦已大部入于敌手。罗马尼亚新加入联军，欲借俄军援力，侵入达琅西里瓦尼亚。德奥合保土数国之兵，对罗作战；罗京不加勒斯多亦陷落。参战仅有数日，境内已大部为同盟军所蹂躏矣。

一九一七年，德将兴登堡主张于西战场，缩短战线，以节省兵力。德军退却时，协约军虽获胜利，兴登堡阵线，仍不能破；于大局无甚影响。东欧方面，俄国内部虽起革命，仍尽力防战；其后利牙陷落，俄军北翼根据地瓦解。十一月上旬，列宁执政，主张和平，与德国订休战条约。迨明年，且单独媾和；俄德间战事，告一结束。南欧方面，攻奥之意军又大败；协约军受重大打击。幸英军在土耳其大获胜利。美国、希腊与我国皆已加入协约方面，对德宣战；声势为之一壮。

一九一八年三月，德国将东战场军队尽行调至西战场，战事更形剧烈。德第一次取攻势，欲于亚眠斯，截断联军，直取巴黎攻击之；始即破迫伦内、哈木等城，英军大败；幸得法军援助，全军得以不乱。而亚眠斯截断联军之目的，仍未达到。四月，德军集大军于耶波勒斯南方，列黎正面，行第二次攻击；英军又大败，耶波勒斯以南诸要地，先后陷落；在喀米尔高地西北阵地，为联军锁钥，亦被侵占。惟法军死力抵抗，德军又不得逞。五月，德军欲乘南方空虚，攻巴黎，行第三次攻击；以毒瓦斯为前锋，夺取沿途险要，渡哀斯尼河，连获布拉斯尼、菲司买诸要地，抵玛伦河，被法军奋战阻止。六月，德军在蒙得的特尔与痾瓦斯河间，行第四次攻击；德军虽前进数米，法军亦奋勇袭击，夺回失地；两军屡进屡退，德军仍不能得手。七月，德军又行第五次攻击；欲冲破联军突角，进军玛伦河。是时，福煦元帅，任联军总司令，调遣迅速；德军一部虽渡玛伦河，至理姆斯南；以联军抗战甚力，亦无大效。

德军经五次攻击，精锐已尽，气势渐衰。联军虽迭受损失，因新得美军之助力，军心大振，转取攻势；先屠索伊逊城，继取包围形势，行全线总攻击；德军于喀姆布来拉、安森昆墩、法兰德斯各方面，着着败退法国境内，德军遂完全退出；比国各地，亦被协约军逐渐夺回。此时同盟军方面之保土奥，皆已降服；德人求和声浪，亦日高。德军既苦于孤立无助，又困于粮食缺乏有不能支持之势；因根据美总统之动议，于十一月十一日向协约国方面，订休战条约。欧洲大战，遂告结束。

（三）新共和国及其宪法

此次欧战，德人所以顺从政府之命令，舍身作战者，盖平日受军国主义之陶镕，而对于当时军事当局，有一种信仰，以为如是必能得胜利之结果。德军既对联军屡取攻势，皆无成功；德人自于同盟国军事首领，完全失其信用。德国军阀，视人命如草芥，每次攻击，所损失不下数万，迨最后，已复无可补充者矣。自东战场调至西战场者，军纪废弛，不耐苦战；此等军队，又没有革命思想。盖俄国初次革命，大半受德人之教唆；第二次过激派之成功，亦颇得德人之助力。德军阀用此种手段，搅乱俄国；天道好还，卒之德国自身亦起革命。东战场之德军，已饱受过激派之迷药，是以基罗一声革命，全战线均行响应。德国军阀及其五十年帝国，一朝尽归于灭亡。

当德国向协约国订休战条约之时，帝国政体已变为共和国。一九一八年十一月九日，霹雳一声，德国革命军起事。威廉第二被迫退位，自斯巴大本营，出奔荷兰社会民主党组织社会党内阁，推举其领袖腓特烈·爱倍尔为国民委员会主席，统持政务。德皇既逃，各邦君主见大势已去，亦即相继逊位。翌年，中部之萨克思、威玛、挨赛那哈、萨克思、买宁根、额达、阿明丁堡、垒斯、土发次堡、鲁道斯他、商特好孙，七小邦合并成绍伦吉亚一邦，遂成十五联邦，三自由市。

十一月三十日，国民委员会下令，宣布宪法会议选举法与召集日期。选举法中确立普及、直接、平等、秘密与比例代表制之原则。

德国国民在二十岁以上者，无论男女皆有选举权；全国共分为三十八区，宪法会议代表共四百三十三人，约每十五万人代表一人；其后略有变更，代表总数减为四百二十二。

一九一九年一月十九日，举行选举；结果，社会民主党占一百六十五席，中央党九十席，德意志民主党七十五席，德国国民党占四十二席，其余诸党，均居少数。代表中有女子三十七人，多数属于社会民主党。以职业而论：则以工团之职员、新闻家与律师，最占多数；往日之官僚与军人甚少。

一九一九年二月，宪法会议开会于韦马。其所以不在柏林而在韦马者，盖欲避去政潮牵制，各代表得以安心制宪；又以韦马为哥德与席勒尔之故乡，一德意志国家与共和思想之出产地也。宪法会议开会四日，即通过一临时约法，规定宪法未成前政府组织大纲。七月三十一日，全部宪法得最后通过。八月，政府明令公布，发生效力。德意志之新宪法，遂以完全成立。

德国虽仍为联邦政府，而实有单一制之倾向。此新宪法殆已将往昔之地方主义观念，完全打破。各州政府，必须采用共和政体；各州法律有与联邦法律抵触时，即归无效。宪法中，载联邦政府之特权，为外交、殖民、国防、币制、关税、邮政、电政等；又规定联邦政府有权管理民刑法、裁判手续等。且谓凡一切增进社会福利、保持公宁之事，皆得由联邦政府主持；如此，联邦政府之权力，实可扩充至无限。德国军备，已全归中央节制；各邦铁道，亦由联邦政府管理。在一九二〇年四月，又收买各邦道路，归其管理。而各邦财政之权，亦归于中央；各邦政费，全由柏林接济。各邦如有不尽职，总统能用武力强迫其尽职。此可见中央政府权力之大，而渐由联邦制消归于单一制矣。

德国上院，其代表仍为各州政府所指派，即为各邦内阁阁员；而其议长，则由联邦政府国务员充任。故德国上院，依然为联邦政府所操纵。惟代表额数则以各州人口数为比例，每州至少一人，大州人口每百万加增一人；惟最大州之代表，不得超过总数五分之二。且上院中议事，大半经各种委员会；此种委员会，每州只限一人。故实际上，各州权力，归于平等。

当帝国时代，普鲁士实握大权。国皇及总理二职，俱出于普。在联邦议会五十八票权中，普居十七权；凡宪法之修改，及关于海陆军及国税之法律，俱可加以操纵。当时，俾斯麦以各州利害不同之难于连合，因予其他二十四州以应属于联邦政府之权利，以为交换条件。由是联邦政府之权力，不过系一委托之性质。甚至各州亦得置军队及外交官；联邦法律之执行几多经各州官吏之手，普鲁士握有特权；其他各州，同时复得保持地方权力，实为往日德意志帝国之特色。此等情形，目下已大变异，普鲁士之优越权力，将完全不能存在。苏根教授曾在国会宣称，以为一八六七年以前，普鲁士与德意志帝国相反抗；自一八六七年至一九一八年，普鲁士统御德意志帝国；自今以往，德意志将驾普鲁士而上之。德国新宪法之促成此倾向也，第一系允许普鲁士土地之分裂。现各州之疆界，可以一政府之法律变更之，倘一定地域之多数选民，愿将该地属诸他州者，下议院得不问该地域原属之州之究竟如何，而允许其主张。以此之故，中德之七地，得以另组一土宁其亚洲；而卡波亦因投票之结果，加入巴威略；将来普鲁士之土地，或将因之失去一部分。复次，往日普鲁士之君主，即德意志之君主，今则去位矣；往日普鲁士在政治会议所有之大权，今则消灭矣；此后德意志将为代表全德意志人民之国家。虽然普鲁士在现在德意志，仍当有一种法律的优胜势力；因普鲁士之人口，占全德意志七分之四也。

德意志往时立法权，分操于联邦议会与帝国议会。立宪国通例，下院权力大都超过上院，惟德国往时适得其反。以联邦议会由各邦内阁中人出席，极便于联邦政府之操纵；至于帝国议员，则由民间选出，多少有反抗政府之性质，故特缩小其权力。今新宪法则不然，上院虽仍有提出议案之权，而实际上已成为一种顾问机关。宪法中规定下院，由人民用普及、直接、平等、秘密方法选举；男女满二十岁者，均得投票。下院议事公开，国务员皆可出席于下院。大总统亦可解散下院；惟为同一理由，只能解散一次。德国下院有一种特权，即可以组织两种常任委员会：一为管理外交事务，一为保障议员本身之权利；虽议院休会或解散后，此两种委员会，亦可依然存在。有此两种常任机关，人民代表之权力，自然增加不少。

又联邦政府，亦可提出议案；惟提出法律案，则只限于下院议员耳。公民十分之一以上，亦可提出议案，付下院审议。人民对于立法，有创制权，与复决权；大总统或上议院与下院意见不合时，须付全体人民投票公决。联邦政府之组织，采内阁制；内阁中有国务总理及各部总长，皆由大总统任命；国家大政，皆由内阁决定。大总统直接由人民选出，任期七年；在行政上不负责任；然苟有大过失，下院议员得用三分之二以上之表决，请求人民取消其职位。即此可见德国人民在宪法上之权力矣。

德国新宪法之特色：第一因为民治主义之进步。宪法中民治精神之表现，如大总统由人民直接选举，如人民有创制、复决、撤回权，又如男女有同等之投票权；较之并世最进步国家之宪法，实有过之无不及。第二为国家社会主义之色彩。国家社会主义之倾向，目下渐渐传播于欧美诸强国；如铁路国有，工人保险金，以法律限制作工时刻，工厂情形等，皆逐渐实行。德国即更进一步，规定政府有实施实业的社会化之权力，工人对于工厂与雇主有同等的权力；土地之使用，分配，国家有特权；以至国家担任使人人有工作之义务；此等皆最鲜明的国家社会主义也。第三又为注重政治以外之社会与经济生活。自来各国宪法，专皆注重政治上组织，及人民在政治上之权利与义务。德国新宪法乃将人民个人生活、团体生活、经济生活以及教育宗教等事业详细规定；经济生活，尤其详备。国家确认人人生存权、劳动权，皆旧宪法中所未有者也。全国经济协会之组织，使劳动者得参与决定国家经济政策；则尤其特点也。

本章参考书

John Finnemore's *Peeps at History of Germany*.

梁启超《欧洲战役史论》《欧游心影录》。

雷殷《世界战祸由来》。

东方杂志社《欧战发生史》。

狄侃《欧洲四新兴国宪法之比较观》(《东方杂志》十九卷二十二号)。

程学愉《德意志之新宪法》(《东方杂志》十九卷二十二号)。

十、欧战后近年德国之局势

（一）巴黎和会与德国之损失

一九一九年一月，各国开和平会议于法京巴黎维尔塞。英美法意日五国，各派代表五人，其余各国，或三人二人一人；我国仅得派二人。德奥各国代表，不许列席与议，仅由协约国商妥后，使彼签字。故此次会议，非对等式，实战败国为战胜国所强迫，以尽其割地赔款之义务而已；与百年前维也纳会议时，法国大使犹得与英俄普奥诸国折冲樽俎之间，其情形迥不相同。而此次和会，与威尔逊总统和平之初旨，即此已有违背者矣。

日本既侵夺青岛于德人之手，复胁迫我国订立《二十一条》，并于德人之铁路矿权，声言继承权利；虽有交还青岛于我国之宣言，终未实行。迨巴黎和会开始，我国专使即提出要求德国直接交还青岛，并撤废日本所胁订之《二十一条》。虽未得英法诸国之同意，而我国国民，群起救国运动，我国专使卒未签约，美国上院亦否认和约，提出山东问题保留案。此巴黎和会中关于青岛之交涉也。

和会对德条件，共分十五章，四百四十条，于一九一九年六月二十八日签字，其中最重要事件如下：

1. 关于土地之变更

德国西部割亚尔萨斯、洛林于法。萨尔河流域，土地权，归国际联盟管理，煤矿由法国开采。马来司纳德割给比国。由坪马尔木的归住民投票公决(嗣票决归比国)。来因河西岸之哥伦尼亚、科不林士、马因斯等地，由协约国驻军，分五年、十年、十五年三次撤退。来因河左岸五十公里以内，禁止设施军备。北部什列斯威属德属丹，投票取决(嗣北区票决归丹麦)。东部割波森与西普鲁士大部于波兰；划出但泽为自由城，东普鲁士南部，西普鲁士东部与上西里西亚一部，皆归住民自决(东普鲁士南部，西普鲁士东部票决仍归德国；上西里西亚有一小部票决归波兰)。麦默归国际联盟管理(一九二三年，转让与立陶宛)，基尔运河与易北奥得等河皆开为国际公河。汉堡与斯德丁租借于捷克斯洛伐克海外属地，尽放弃主权；属地内国有动产与不动产，尽归让与国收受。

2. 关于海陆军与航空之规定

德国缩减军籍，至一九二〇年三月后，所留步队马队军官士卒，合计不得过十万人；军官参谋，合计不得过四千人。往时大德国参谋部，须解散，并不得再组。德国制军械子药，必须由协约国认可；若已制成者，除限制定数外，尽归破坏。不许军械入口，不许制造毒气炮；凡战事用品，尽行禁止。强迫废除军役制，军队悉依义勇法召集。学校与各种社会团体皆不得有军事练习；并不得与陆军部与军官有联络。德政府须禁止军官人民，投入他国军籍。德国海军自条约实行后，只许留无畏舰六只，轻巡洋舰六只，驱逐舰十二只，鱼雷艇十二只；其余或改作商船，或交付协约国与参战国；以后不得建造军舰。海军所属人员，总数不得超过一万五千；军官不得超过一千五百。潜艇不论关于军用商用，皆废止。德国国军中，不得含有陆军或海军之航空队。

3. 关于赔偿问题

德国对于英法比意等国，不特须金钱赔偿；即牲畜、机器、矿产、服装、器械、建筑材料等，尽须用德国所有以为填补。其赔偿总数，由赔偿委员会决定之。和会中不规定赔款数目，纯委其权于赔偿委员会；遂成关于此问题之纠纷云。

以上诸端，唯择其最重要者言之，其他关于经济、商业、工业、交通等类，实无一不受条约之束缚；列国对德之苛刻，亦云甚矣。

德国当战前人口约六千八百万；此次大战中死亡者，约二百万；一九二一年，人口已减至五千万。战前德国之面积，凡二十一万八千七百方哩，内计割让于他国者共约三万方哩，一九二一年，面积仅十八万零九百方哩。至海外之领土，于阿非利加州，则为一百零三万七千七百方哩；在澳洲者，九万六千二百方哩；胶州湾租借地，二百方哩；尽入于英法日比葡诸国之手。疆域之蹙，不可以道里计矣。

（二）列强对德之压迫与德俄连络

巴黎和会以后，协约国对德之纠纷，当无过于赔偿问题者。一九二一年一月，巴黎会议中决定：赔款分四十二年付清；第一、第二年，每年付二千兆金马克；第三至第五年，每年付三千兆；第六至第八年，每年付四千兆；第九至第十一年，每年付五千兆；余三十一年，每年付六千兆；总额为二千二百六十亿金马克。又此四十二年内，凡属德国之出口货，须按值抽税百分之十二半，偿付协约国。其规定赔款之不近人情，征收关税之过分苛待，实稍抱和平宗旨者所当致不满者也。

是年三月，伦敦会议，德代表将巴黎会议中所定条款，提出抗议，不能承诺。英法比实行惩戒条件，联军占据来因河东岸杜塞尔道夫、杜斯堡、鲁尔三镇。四月，德致牒文于美政府，谓德国能赔偿最大限度，愿付现值五百万万金马克；此项赔款，愿依德国出产能力，按年摊付本利至满总额二千万万金马克为止。协约国不受此提议，决定惩戒办法，重定最后条件：1. 德国每年须付赔款一万万镑。2. 德国出口货，亦由协约国征税，照原价抽百分之二十五。3. 德国发行债券六十七万五千万镑，利息五厘；准备金百分之一；此项债券，须于发行后三十七年内偿还，以关税及赔偿委员会所指定之他项入款，作债券利息；债券按照各协约国已定之额分配之。4. 上述债券，须目前发行六万万镑；至本年十一月，再发十九万万镑；其余四十二万五千万镑之发行期，视德国偿付能力定；偿付能力以德国出口税之增减为标准。德国接此通牒后，西门士内阁请求美国调停，无效，遂辞职。佛尔德继任，愿为无条件之接受；是德国殆屈服矣。

德国虽承受条件，而无力履行。于是一九二二年一月，凯痕会议，改定一九二二年之数为七万二千万马克，并允许付款延期办法。法国当局欲与德以重惩，使德国履行伦敦会议之条件，否则，以武力惩戒之耳；而英欲恢复其商业，欲多得一尾闾，消耗货品之地，对德力主赔款之减轻与延缓。卒之法国不得不放弃其坚决之主张，稍许通融；此实英国政策使然，而德国之确实无力偿付，亦无可如何之事也。然德国履行能力，实在如何，为众目所共睹。其商业虽渐有转机，而因受马克跌落之影响，又受运输关税等等之牵制；经济大不活动，赔偿能力当然减少。法比军遂谓德国不肯履行赔偿条件，实行占领鲁尔矣。

法人垂涎鲁尔煤产之富，可因以发展亚洛州之铁业；遂以德国不肯履行赔偿条件为名，实行占领。英虽竭力反对，亦无效果。一九二三年一月，法比进兵鲁尔；德人无抵抗能力，以消极方法对付。法军以占领德土后，煤木输入法境者，并无所增；而输入德境者，反较前为多。法比即于来因河岸设立税关线，以军队驻守；禁止木煤燃料运入德国本土。德人消极抵抗，如罢工、阻碍交通、不服命令等事，仍进行不已。法比遂禁止金属品及其他制造品之输入德国本土；并将税关德员驱逐，改用法比官员管理。法国此种对德之高压政策，实世界舆论所不赞许者也。

德国战后，经济困苦，不可言状。煤铁矿既为法波诸国所占领，工业原料以及商船等等尽行丧失，此外又加以二千二百六十万万金马克之赔款；试问德人如何生活？而法又实行其大陆政策，与比利时、波兰及多瑙河、波罗的海诸新兴国，结为同盟；以孤德之势。在此种军国主义高压之下，德意志之一线光明，惟有在东方之俄国而已。俄德两国在历史上关系甚密切；大战前，俄国农工商学，大部握于德人之手。德国之机械与人才，俄国之原料与人口，欲谋两国经济之恢复，不能不互相交换。战前俄德因各扩张其帝国主义，致互相冲突。然自俄德单独媾和后，情形大变；俄已脱离协约，德又失其侵略之能力，两国间无所阻隔。一九二二年四月，德俄两国代表签订《赖卜罗条约》；此两大社会主义国，遂实行联合矣。

俄德条约之内容，其要点如下：1. 两国互不要求对方，赔偿战事费用，战事损失，及非军事之损失。2. 因战事而生之法律问题，包含没收商船在内，两国以互让精神解决之。3. 两国对俘虏费用，互相取消赔偿之要求。4. 因俄国施行劳农法令，而德国国家或人民所蒙之损失，德国愿放弃其赔偿之要求；惟他国苟有是项要求时，俄国亦当绝对否认之。5. 两国外交关系，立即恢复。6. 两国互相以最惠国之原则，待遇对方侨民。7. 两国互相为经济的援助。由此以观；俄德条约之主旨，非在缔结军事同盟；实声明互相取消赔偿，与恢复外交关系而已。惟此点已足以对抗协约国之控制而有余；不可谓非两国外交手腕之高妙也。

俄德联合之后，其势力实为世人所不能轻视。俄国有土地六百七十万方哩，人口一万四千万，实世界上最大国家之一也。德国有土地十八万方哩，人口五千余万，亦不能谓为小国。且两国拥有广大原料之出产地，与智慧文化之民族，其土地与人口发展之能力，世上实无国能与为敌。日耳曼族与斯拉夫族之联合，将为支配世界之一大势力，是可无疑也。

（三）最近德国经济地位之改善

大战时，德国领土内，虽无蹂躏之祸；然数年间，生产事业失其常态，影响于全国经济，至深且巨。又以新败之余，受赔偿之重累；更以鲁尔工业要区，为法比所侵占。彼时德当局为谋抵抗法比之横暴，及示其国内经济能力，不能负偖大巨额偿金，乃不惜采用纸币破产政策，作孤注一掷；不期年而纸马克价值降至于零。购买力顿减，物价飞涨，国民间欲求一饱而不可得；可谓惨矣。无何，新马克制度成立；国家货价工资，赖以确定。惟新马克与金价平行，国外汇兑，顿然变动。外商以此时德国制造品生产费较外国为大，停止采办。国内极感生产过剩之患，工业界乃多闭厂歇业者；工人方面，亦因生产范围缩小，劳力需求大减，失业人数显增。国家税收所出，几全用于偿债一途；而工人失业之救济，又在在需款；事业衰微，又足影响租税之收入；财政之困难，政治上措施更形拮据。此则德国一九二五年前数经经济恐慌之主要原因也。

德国以国民经济能力，不敷赔偿之金额，以故实行之期，为之迁延。迨法比占领鲁尔，工业多受掣肘；国人知抵赖手段，终非善策。适赔款委员会组织专家委员会，从调查德国经济着手，确定其每年偿付能力;并立进行方法,制为《道威斯计划》,在一九二四年九月实行,确定总额为一千三百二十万万金马克;所有铁路及官营事业,尽数腾出,作为抵押,直接归赔款委员会管辖,偿金额之规定,系由全盘估计其国库之所入,分年摊还;计一九二四年至一九二五年应缴十万万金马克;一九二五年至一九二六年,交十二万万;一九二六年至一九二七年,交十五万万;一九二七年至一九二八年,交十七万万;自一九二八年及一九二九年起,赔款年额最低之数,为二十万万金马克。此数倘因德国每年收入增加,则可更改扩大。于是外债问题,告一结束矣。德政府又从而作财政上之整理,一九二五年前政费浩繁,政府惟知增加租税,以资弥补;至工商困难,则无暇顾及;然而负税过重,工商不振,政府之收入亦因以大减。一九二六年,当局洞知其弊,乃毅然削轻租税;其见诸实行者,如蠲免奢侈税,减轻营业税,制定居住税最高定率等于战前百分之百;其他现行税率及铁路运费、电话电报等交通价目,均行酌减。此皆所以苏解工商之厄,使德国货物在世界市场中能与外货竞争者也。

最近一二年间,德人所最注意者,在工人地位之改善,与外国资本之吸收。一面所以使劳动者生活之安全,防劳资斗争之损失;他面借以得外资之协助,经济地位,使臻巩固。而其各种工商业之理智化,又使原料人力均能达其至效能之顶点。卒之据最近报告,破产者与失业人数已逐渐减少。其国外贸易,一九二五年与一九二六年间,输入额减少几达七万万马克;一九二六年比一九二四年输出增约十八万万马克。储蓄额数最近二年间进步之速,实非战前之所能及。德国当战后三四年间,人民生活,殆濒于绝境;乃不出二载,经营整理,虽不能遽复旧观,而经济基础,已建筑稳固苟非其国民智慧组织、训练,有所特出,曷克臻此?向负崇大声誉之日耳曼民族,从前多发展其才能于军事、政治、经济、文化各方面,冀以侵略他人；今则惟竭其心力以谋种种压抑之抵抗，而营卫其生存已矣。

本章参考书

化鲁《最近国际与世界新形势》（《东方杂志》十九卷十四号）。

潘公展《德国赔偿问题之纠纷》（《东方杂志》十九卷十四号）。

潘公展《俄德条约之酝酿与成立》（《东方杂志》十九卷十四号）。

梁启超《欧游心影录》。

王华隆《战后世界新形势纪要》。

于道泉《世界地理之改造》。

曾同春《德国经济地位之改善》（《东方杂志》二十四卷十一号）。

诗词

风入松·宋徽宗琴名松风

（写于 20 年代上半叶）

太清楼畔忆南熏，天籁几回闻。孟婆不送宫声返。伤心处，五国沙尘。万壑声销绿绮，双禽啼彻黄云。

应呼方响更何人，空剩七弦存。霜风烟叶秋心碎。知音少，恨断忠魂。为问河清旧谱，梨园恐已无痕。

桂枝香·扫叶秋

（依介甫四声）

（写于 20 年代上半叶）

金飘淅淅，指古寺高楼，重展游屐，还共风流佳胜，探临秋色，风未改湖山美，但悠悠，楼空人寂。一湖明镜，几株修竹，独凝残碧。

任百岁，年华虚掷。且料理秋光，分付词笔。莫动悲凉情绪，江关萧瑟。帝京文物雄江表，恁云烟，过眼无迹。至今留得，石头城畔，浣花新宅。

霜花腴·红叶

（写于 20 年代上半叶）

冷凝故国，渐染霜，新红灿烂枝头。摇落枫江，萧疏桐井，层层缀锦荒沟。满怀旧愁。纵绛绡，难寄悠悠。记宵深，鹤梦敲醒，客窗无语听飕飕。

独带雁行余映，正晴霞影里，几度凝眸。枯树凄风，寒林斜照，还疑一片桃丘。此番探秋。更去年,人面无由。怕依然,蹴损残英,莫教飞燕留。

青年生活歌

(写于1939年)

取廖世承先生《青年生活》一文,隐括其辞,为歌如下,以遗文化中学诸同学。

青年生活最宝贵,芳草杨枝嫌无力;
酿蜜吐丝总依奋,蜂蚕碌碌何需式;
开展生活力无穷,造福人群为我职。

用力还须取正径,潜能毋使空藏匿。
光明灿烂指前途,自信力能拨荆棘。

苦干埋头堆血汗,层层筑起黄金国。
毋馁毋骄毋怠荒,向前迈进不停歇!

二十八年,四月十八,文化中学二周纪念日,作于沪

自　嘲

(写于1947年)

书剑飘零做客频,莲花落里探真情。
分明别有青云路,犹把儒冠自误身。

雁荡杂诗(三首)[①]

(写于1961年)

1. 宿北斗洞

石龙岩虎倚层楼，千仞风岚此憩游。
玉女含烟频入梦，珠帘飞雨忽惊秋。

北斗洞亦名伏虎洞，旁有岩如虎形，顶有石龙岩，如龙形；中建层楼。洞口如方斗，有珠帘水自悬岩而下。对面为美女峰，状如美女梳妆。

2. 合掌峰与观音洞

合掌峰心盘鸟道，层云夹壁叠楼台。
山灵若恨岩扉窄，应倩人间铁壁开。

灵峰寺右旁，有两峰相倚，高耸入云，状如合掌。中为观音洞，倚岩架屋；磴道云梯，盘旋曲折而上；共有九层楼台，最上层为观音殿。从此仰望，一线天空，自觉置身悬崖石屋中。

3. 谒烈士墓并游三折瀑

名山有幸埋忠骨，浩气长存日月新。
折瀑奔泉怀壮烈，奇峰磊石仰嶙峋。

烈士墓建于一九五三年，在灵峰与灵岩之间，墓前溪山环绕，纪念塔矗立其间，墓后重岩叠嶂，气势雄峻。由墓后循山径曲折而上，即访三折瀑胜景。

① 发表于《新民晚报》1961年9月6日第3版。

怀母赠甥杭生

（写于1962年）

花落乌啼客子惊，那堪遥想倚闾情。
白云飞去山头尽，不见高堂皓鬓明。

无题（二首）

（写于1972年）

壬子秋郭昭穆学弟寄示其近影并儿女照片，女曰玲玲，黎康男曰祥娃，写两绝还寄两政。

阔别于今十六春，彬然影里识斯文。
沧江岁晚莫惊问，留取青春长与君。

杜工部秋兴有“一卧沧江惊岁晚，几回青琐点朝班”之句。“青春长与君”用白太传原句。

由来骏马比英华，喜看郭家狮子花。
秋月玲珑照夜白，名驹千里腾翔骉。

郭家狮子花照夜白，读杜诗观曹将军画马图得之，玲珑、翔骉取其谐音尔。

一九七二年十月二十日张世禄志

庆祝五届人代、政协会议，纪念敬爱的周总理八秩诞辰

（写于 1978 年）

人协盛会重开日，恩到人间喜诞辰；
八亿丹心怀总理。五千代表拥都门。
四化还凭四到老，三年见效三思源；
锦程祖国欣无限，遗爱甘棠千载存！

敬挽吴定良学长先生

（写于 1979 年）

忆昔南雍相聚首，学专人类独知名。
星沉海上同门哭，木落江南共悼情。
病榻沉绵还受迫，帮灾扰攘难逃生。
今朝一奏招魂曲，应笑四凶妖雾清！

序言·讲话·其他

《张世禄语言学论文集》[①]自序
我和语言学

我于一九〇二年十一月间，生于浙江省浦江县东乡一个风景秀丽的山村里。自幼生长在书香家庭，一家三代都以教书为业。祖父张有烈，号梅卿，是清代的贡生，为地方上有名的村塾老师。父亲张道型，号仪甫，是个秀才。叔父张道垲，号爽甫，也是前清的秀才，擅长诗文、书法、绘画，一生从事教育事业。我学龄前即由父辈授以“四书”“五经”一类的古书，所以从小就爱上了古文。十二岁那年，进了乡办小学，主要还是诵读古文，因之为后来研究古代汉语打下了基础。小学毕业后考入省立金华中学，校长是金兆梓先生，那时，我仍是重点学习古文。直到五四运动起来，才开始接触到白话文和英语。一九二一年，我考入了南京国立东南大学中文系，胡小石、陈中凡、顾实、柳诒徵、竺可桢、梅光迪、吴宓诸老师都教过我，使我开始认识语言文字学的重要性。在大学期间，我还听过章太炎、梁启超等先生的讲学。一九二六年我大学毕业后，曾到福建厦门集美学校任语文教师二学年。一九二八年至一九三二年间，在上海商务印书馆编译所任编译员，并兼任暨南大学、复旦大学、中国公学等校文字学、语言学、语音学讲师。一九三二年到

① 学林出版社1984年版。

一九三九年间，曾任暨南大学中文系教授、系主任及复旦大学、无锡国专、诚明文学院、光华大学等校语言文字学教授。一九四〇年到一九四七年间，到西南各省，先后担任昆明云南大学、坪石中山大学、桂林师范学院（曾任系主任）、贵阳大夏大学、重庆中央大学、重庆大学、四川教育学院等校语言文字学教授。其间，又曾到前中央研究院历史语言研究所从事研究工作。一九四七年到南京，任中央大学语言文字学教授。新中国成立后，任南京大学、金陵女子文理学院教授。一九五二年院系调整时，到上海任复旦大学、华东师范大学语文学概论、现代汉语、古代汉语、汉语史、汉语诗律学等课程的教学工作。现为复旦大学中文系教授。

二十年代末至四十年代，我主要的精力放在汉语音韵学、普通语言学的研究上。一方面系统介绍前人在传统音韵学上的成就，著有《中国声韵学概要》（商务印书馆 1929 年 4 月出版）、《中国古音学》（商务印书馆 1930 年 12 月出版）等书以及《朱翱反切考》（刊 1944 年《说文月刊》第 4 卷）、《杜甫诗的韵系》（1944 年《中央大学文史哲季刊》第 2 卷第 1 期）等论文。另一方面又积极介绍西方语言学理论，著有《语言学原理》（1930 年商务印书馆出版）、《语言学概论》（1934 年中华书局出版）、《语音学纲要》（1935 年开明书店出版）等书，翻译了英国斐尔司著的《语言学通论》（1937 年商务印书馆出版）、瑞典高本汉著的《中国语与中国文》（1931 年商务印书馆出版）、《汉语词类》（1937 年商务印书馆出版）等著作。在教学和著作中力图引进、采用西方语言学说方面的先进理论和方法，强调中国语言学若要真正成为一门独立的科学，必须吸收和借鉴西方语言学理论。同时，我还积极用西方语言学理论来研究中国传统音韵学，著作有：《广韵研究》（1933 年商务印书馆出版）、《音韵学》（1932 年商务印书馆出版）、《中国音韵学史》（上、下册，1938 年商务印书馆出版）。

五十年代开始，由于斯大林有关语言学理论著作的输入和推广，感到用马列主义观点方法来研究汉语语言学是非常必要的。我对语言学的研究转移到以汉语词汇为重点，著有《小学词汇教学基本知识讲话》(1956 年浙江人民出版社出版)、《词汇讲话》、《词义和词性的关系》、《基本词汇的性质和范围》、《现代语里的古语词》、《汉语历史上的词汇变化》(刊《语文知识》1956 年第 1—8 期、10 期，1957 年第 12 期)等论文，并有《普通话词汇》(1957 年上海新知识出版社出版)、《小学语法修辞》(1959 年浙江人民出版社出版)、《现代汉语》词汇部分(高校课本，上海教育出版社 1962 年初版)等著作。又为教学上的需要，一九七八年著有《古代汉语》一书(上海教育出版社出版)。

此外，在文字改革方面，著有《汉字改革的理论和实践》一书(1958 年文字改革出版社出版)以及《汉字的改革和简化》(《光明日报》1955 年 7 月 6 日、20 日)、《怎样正确地认识同音词问题》(1957 年《中国语文》第 3 期)等论文。

在语法方面，一九四〇年为中国文法革新讨论发表过四篇论文，一九七八年在《教学通讯》(郑州)第三期发表《关于汉语的语法体系问题》一文，提出了我对于语法研究的新认识、新观点。

在学术活动方面，一九三四年应“日本中国语言学会”之邀，曾赴日讲学。自五十年代开始至今，先后在上海语文学会、上海教育局、常州教育局、安徽大学、杭州大学、扬州师院、中国音韵学研究会、武汉大学、湖南师院、江苏省语言学会、华东师大、山东省方言学会、上海中医学院、中国训诂学研究会等讲学或作学术报告。一九五六年参加全国文科教材会议。一九五八年参加《辞海》编辑工作，任语词分科主编。一九七四年参加“二十四史”标校注释工作。一九七七年参加《汉语大词典》编写工作。现任《汉语大词典》《汉语大字典》学术顾问，“中国语言学会”理事，“上海语文学会”“中国音韵学研究会”“中国训诂学研究会”“全国高校文字改革学会”“上海古籍整理小组”学术顾问。

今年我已八十有一。自己回顾一下，正当治学、教学尚有经验，精神、体力尚可振作之时，“十年动乱”便开始了。在这场大浩劫中，个人业务上所遭受的损失自不必说，也已无法挽回，如今唯望“延年益寿”，为祖国的语言科学再作努力，以尽绵薄。目前，我正着手进行“自我抢救”的工作，趁有生之年，尽力把语言学知识传授给后学者，继续指导博士、硕士研究生及校内外青年教师；总结治学、教学经验，“还读我书”，整理和发表专著及论文，并期望在语言学新的领域里作一些探索。

张世禄

一九八三年三月于复旦大学

（张小隽整理）

《张世禄语言学论文集》前言

这本集子是从二十年代中至八十年代初的五十多年中间，我所发表的有关汉语语言学的论文集。既然叫作汉语语言学论文集，那么，它在语言学上多少要有些参考的价值。这选择的标准是什么呢？它所叙说的，不应该是语文上一般的问题，而应该是多少有些专门的论述。如《语文知识》上登载的《想想读者，问问自己》、《国文杂志》上的《论读书与作文》一类文章均不收入。又当时的看法与现在的观点有不相符合的文章，以及内容重复或篇幅过长者，也删去了一些。凡是收入论文集的，都是关系到汉语语言学，比较带有学术研究性的。篇幅有长到一二万字的，有短到一二千字的，其中有些文章受历史局限提法不尽恰当，如称汉语为中国语等等，有些文字上作了一点改动，但为了保存原来面目，可改可不改的均未作修改。

由于"西学东渐"，近百年来，中国语言科学界受到外国学术的影响，并对传统语言学加以继承发展，开拓了新的局面。我和大多数老语言学家一样，在启蒙时期就接受"四书""五经"一类古书的教育，直到五四运动，才开始接触到白话文和外语。语言文字学旧称"小学"，"小学"为研究"经学"的基础，要研究"经学"就必须以"小学"为入门的工具。在大学时，我开始阅读清代文字学家的著作，如段玉裁的《说文解字注》、朱骏声的《说文通训定声》等。又语言文字学可分形体、音韵、训诂三门，独于音韵感到特别难学。当时我就去请教胡小石老师，他告诉我先读高元著的《国音学》，再读赵元任、林语堂、刘复、唐钺等的著作。从此，我就开始根据西洋的语音学来研究音韵学了。不但参考各种中文语言学书，而且还参考各国的语言学书籍，逐渐懂得了各种语音现象的分析和汉语音韵的各种名词用语。对马伯乐、高本汉等人的著作，我特别喜欢。瑞典语言学家、汉学家高本汉对汉语音韵学有独特的见解，我就不遗余力地为他的学说宣传。人家说我深受高本汉的影响，这是确实的。他运用西洋比较语言学的方法来研究汉语及汉藏语系，我特别感兴趣。在二十年代，我就翻译他的著作，三十年代后期，我还译过他的《〈诗经〉研究》、《〈老子〉韵考》(未正式出版)。

参加工作后，在从事教学和书局的编辑工作中，感到研究必须进一步深入，并要有创造性，对音韵方面也要有独特的见解。五十年代初期，我感到用马列主义观点、方法来研究汉语语言学实在是非常必要的。斯大林关于语言学理论的论述，如“语言不是上层建筑”“语言和思维的关系”“语言逐渐发展的规律”“基本词汇和语法构造的理论”等都可以作为建立马克思主义语言学的基础。关于汉语语言学的研究，无论是语音、词汇、语法，也都要以马克思主义原理为指导。

近年来，我认为汉语语言中语音、词汇、语法三种要素，基础不同，学习和研究的途径也有差异。语音在语言学中物质性最强，与自然科学联系较紧密，各民族的语音规律往往有相同之处，所以学习汉语语音时，宜多多采用西方先进的技术和方法。至于语法，民族标志的作用特别显著，所以研究汉语语法时不应当生搬硬套西洋的语法学。至于词汇，它的性质和基础，我认为是介于语法和语音之间的，所以有一部分可以参考西洋词汇学，另一部分必须强调汉语的独特性，不应当一味模仿西洋词汇学。根据“从汉语实际现象出发，寻其规律性”这样的认识，我认为目前汉语语法学界有些人强调完全学习西洋语法和语法学，实在是一种偏向，有纠正的必要。以上观点，在这本集子中都分别由相应的论文加以详细的论述。

在选辑这本文集的过程中，从开始至完成，得到不少同志和我家属的帮助。一九八二年夏间，李行杰、雷群明、胡奇光、陈光磊等同志动员我编辑这本书，并屡次来人来函催促。在编辑过程中，适值我的右眼动了白内障割除手术，一时不能用眼，因此，需要更多同志的帮助。除了我的家人以外，北京大学的唐作藩同志和南京大学的鲍明炜、柳士镇、万业馨等同志，也参加了搜集资料的工作。还有复旦大学的杨剑桥同志，他利用业余时间和假日，始终不懈地代我主持这些工作，以至于编完这本集子。稿成之后，王蘧常先生惠予题签。对以上各位，我特表感谢。

张世禄

一九八三年四月于上海复旦大学

（张小隽整理）

《说文今读暨五家通检》[1]序

汉儒许叔重作《说文解字》，以六书理论分析字形、解释字义、指示音读，其学术价值及实用价值，为国内外所公认，毋庸赘言。

书成之后，屡经传写，讹误累增；唐代李阳冰又加窜改，本真大失。宋初徐铉等人奉诏校订，用力勤恳，接近许书原貌，世称大徐本者即此。然大徐本《说文》只有简单的校语和按语，于理解原著帮助不大。

清代小学大行，研究、阐发《说文解字》，成为专门学问，称为"许学"。就中王筠《说文句读》偏重形义说解；桂馥《说文解字义证》偏重字义阐发；朱骏声《说文通训定声》尤重音义相贯之说；而段玉裁《说文解字注》则兼顾形音义，诚为清代许学之集大成者。段、桂、朱、王合称清代《说文》四大家，四家参互使用，甚为稳便。

今人使用《说文解字》有两大困难：一曰读音难明，二曰检索不便。

许慎原书，只有"读若""读如"一类的音读提示，并无明确的音读标注。大徐本《说文》采用《唐韵》反切注音，较许慎的原书大进一步，可是反切注音本身并不严密，加之古今音变巨大，有些切语，

---

① 李行杰主编：《说文今读暨五家通检》，齐鲁书社 1997 年版。

今人根本读不出音，有些虽能切出读音，却又不合现代汉语实际音读。这种音读困难，不仅一般读者常常遇到，就是专家，也会时感困扰。因此，亟需为《说文》标定现代汉语普通话音读。

《说文解字》将 9 430 个汉字(另有重文即异体 1 279 个)分为 540 部，部首区分与部内诸字序次，大体从意义出发安排，这使汉字从无序状态进入有序，诚为一大发明。然而许书有些字的排列，没有明显规律可循，加之历史变迁又使某些意符失去了标示类别的作用，今人要依《说文》之 540 部检字，殊为困难。

近年影印出版的各家《说文》，多数于书后附以笔画索引。笔画索引较之许氏原书部首检字，方便已多。然同笔画内各字排列，仍以许氏原书为序，原书 540 部序次，殊难记忆，读者使用这种笔画索引，仍觉不便。因此，按照现代标准，编制新的索引，亦为读者所急需。

《说文今读暨五家通检》一书，为解决上述困难，作出了可贵的贡献。首先，编者以《广韵》反切为主，参照大徐本《说文》所录之《唐韵》切语，根据古今音变规律，参考方家成说，为《说文》五家所录之字一一标定现代音读。作者态度严谨，识断有据。其次，按照现代标准，为《说文》五家编制了新的笔画索引。各字笔数，广泛吸取今人成说，参以己意，谨慎厘定；同笔画内各字序次，再依起笔笔形排列。较之以往各家索引，便捷之处良多。再次，新加音序索引。音序索引之简便快速，已为世人所公认，用之于《说文》，尚属首创。

方今之世，已进入信息时代。信息传递，讲求准确与快速。《说文》之学，是研讨信息载体——汉字的学问，此门学问，虽然古老，却也必须跟上时代的脚步。是书之成，使古老的《说文》之学带上了现代化的色彩，此举之有功于许学，将为学界所首肯。

本书主编李行杰同志，早年从我研读汉语史，于音韵文字之学究心有年，是编杀青，问序于我，余喜其识断有据，切于实用，乐允其请，因为之序。

1989年4月时年八十有八

《语言与语言教学论集》[1]序

黄岳洲先生从浙江大学中文系惠函，要我为他的语言论文集撰序。

五十年代中期，我就跟黄先生熟识了。那是因为上海新知识出版社要出版黄先生和张拱贵先生合撰的《文言文的语言分析》，出版社邀我担任审订。工作中，很为黄先生的谙熟古文而惊异，相询之后才知道黄先生曾受业于我国著名的国学大师无锡国学专修学校校长唐文治先生的门下。我也曾应唐文治先生之邀，在无锡国学专修学校讲过文字、音韵、训诂。同是校友就更为亲切。我又知道黄先生也曾经在北京师范大学受业师罗常培、黎锦熙、魏建功等先生的指授。后来，我为上海的《语文知识》杂志社撰稿，又有机会常常看到黄先生的文章，也常常听到对黄先生的一些称许。一九八二年秋天，中国训诂学会在苏州召开，高朋满座，学者如林。黄先生伴着王力先生到我寓所来看我。快晤之中，王先生谈到了黄先生的《“来”母古读考》和《〈水浒〉中“但”字的用法》，认为这不但是在理论上有贡献，在实例考证的研究方法上也很有启发作用。我很同意黄先生的“‘来’母可能是复辅音，相当于英语中 flom 的

---

① 黄岳洲：《语言与语言教学论集》，学林出版社 1990 年版。

fl”的说法。高本汉对汉语古音学很有研究，但对“来”母持论无多。

黄先生研究古典文学和教学法。研究语言涉及的方面也非常广：词汇、方言、词典、音韵、文字、训诂、语法、修辞、话语、语体、语用、语言分析、教学法，都作过精心的探索，而且取得了很大的成绩。

语言研究中词汇研究很重要，难度也很大。汉语词汇的内部发展有它的严格规律，黄先生对汉语数词引申义的内部规律的系统研究，辩证公允，创见迭出，补充或纠正了清朝学者汪中和闻一多、何善周等人的说法，新编的《汉语大词典》已经把黄先生的论点编入词条。陈第的《屈宋古音义》曾经指出“时有古今，地有南北，字有更革，音有转移”，亦即研究音韵要注意古今和方域的差异。黄先生的《借助方言训释古词语》，则是就古今和方域的差异来训释词义，既是准确又有清晰的比较，既析词义又讲功能（词的独立运用能力和构词能力），而其方言运用之普遍与深入，辨析功能之确切与有趣，实为通常的大小型字典、词典所远远不及。如果应用黄先生的理论与实践来编撰一部《汉语词汇比较词典》，那对于现代人学古代汉语、现代汉语，学方言，对于方言区的人学普通话，学古代汉语，学其他地区的方言，对于外国人学汉语普通话词和方言词和古代词，都是很有用处的。罗常培先生在徐嘉瑞的《金元戏曲方言考》序言中说：“方言俗语今日流行于民间者尚多，唯理董无人，索解匪易。……倘因其成业博采于诸方殊语，徵验实际调查，通古今之邮，剂新旧之术，则嘉瑞之功不减子云。”黄先生做的正是好古而又大大拓新的工作。在构词法方面，黄先生不但系统完备地研究了联合式合成词构成的种种方式，而且是研究了现代汉语的虚词的构成方式，作者特别指出了一些常用的文言虚词在现代汉语里丧失独立使用功能以后弱化为虚词后缀，而不必再去选用其他语言形式作为虚词后缀了。音韵、文字、训诂方面，黄先生认为“来”母并不像上古声母,可能是中古声母,至少是次上古声母。半舌音“来”母上古人通常是不会发声,代表字“来”《说文》解成“麦”字的象形,因此是在“明”母的。古读跟“来”母相通的竟有唇、舌、齿、喉、牙(此按古说,其实“牙”并不能阻碍成音)诸种声系。黄先生更运用这一音理训释了若干前人没有确切训释的语词。的确,“来”的古读是“麦来 ml”,声母应当是复辅音。“日”母更是中古音,它也与诸种声系有密切联系,而不只是如章太炎所说的是“归‘泥’”。黄先生认为研究古声母、古韵部,只宜把前贤的说法作为阶梯,而不能一味奉为定说,因为汉民族居域很广,汉语言纷繁错杂,只有切实就方音进行比较和分析,才能够逐步得出可信的结论。当郭璞在注释《尔雅》“元、良,首也”时,说“‘良’未闻”。不知为不知,郭璞的态度是严谨的。黄先生根据“良”字在甲骨文和金文里的几种写法就考定“良”是“目”字的变形,又引用了《孟子·离娄上》“存乎人者,莫良於眸子”以及《诗经·唐风·蟋蟀》“良士瞿瞿”和苏轼《赤壁赋》的“月白风清如此良夜何”等为例,来证明“良”字确实应是“目”字。闻宥先生认为:“‘目’为‘面’,或‘首’,本为原始绘画上习见之现象。”(《上古象形文字中“目”文字的研究》,可参见于《燕京大学学报》第 11 期)又,《论语·颜渊》还有“请问其目”,“目”字亦即“首”也。因此,黄先生就认为“良”字的第一个引申意义是“长”,如《孟子》的“良人”就是“长人”,现在昆明东部少数民族,就是称“丈夫”为“长人”或者“头人”。黄先生训诂学方面的著作共有三本,正如郭在贻同志所指出的,把语音、文字、词汇、语法、修辞、话语、翻译熔于一炉,大大开拓了训诂学的新天地。又如对于《孟子·告子下》“空乏其身,行拂乱其所为”以及对于《过秦论》“销锋镝,铸以为金人十二”的解释(黄先生是主张断句为“空乏其身行,拂乱其所为”“销锋镝铸,以为金人十二”),对于《孔雀东南飞》中的若干注释的比较研究,对于《五人墓碑记》的考证等等,都是确诂而不易之见。尤其可贵的是黄先生仿照王引之、黄侃的名字解诂而写了《中国语言学家名、字解诂》，方法更新颖，例证也丰富，可算训诂学的一朵新葩。《尚书》是很难读懂的一部书，黄先生的《〈尚书〉“弗”字用法研究》，运用数字实例分析方法论证《尚书》中间的“弗”字的用法，对丁声树先生的说法有所补充或者修正。《〈尚书〉“朕”字用法研究》更加是《马氏文通》以来的对于第一人称代词“朕”字的词义和语法修辞能力的最为完备的论述。关于古代汉语的被动句，一些语法学者往往用今天的眼光去硬套古代汉语句式，结果是不适当地扩大或者歪曲了被动句；例如“忠而被谤”（《史记·屈原列传》），也被判定为被动句。黄先生根据《说文》的“‘被’，寝衣也”这一个本义，认定“被谤”是个动宾词组，“谤”是动词作宾语。我以为这是切合语言实际的。黄先生更加认为“所”字有指称作用，当他在分析“唐太宗对于征服的国家”一个结构时，曾说“唐太宗”是征服者还是被征服者，所指未明，一旦在那“征服”的前面加上个“所”字，“唐太宗”便只能是征服者了，因为“所”字在后面指称“唐太宗”。又例如说“他的手沉甸甸的举不起来”是个复杂谓语句，以及给语法结构进行分类等，黄先生也独具新见，给读者以启发。几十年前，夏丏尊曾经研究过现代汉语的同义结构，可惜举例很少，论证不丰。难能可贵的是黄先生多年运用苏联以及欧洲国家的先进的语言理论，注意语义（语法意义）、结构和语用，而把现代汉语里的多种句型进行了广泛深入的比较和研究，释语境，讲目的，析手段，论效果，谈规律。这些论文分别发表在一些大学学报和许多语文刊物上，对于语言研究的理论与实践有不少建树。黄先生更就主语和关联词语的有无和多少以及语体功能并话语语境等等，对各种类型的复合句进行系统深入地分析，这是把语法、修辞、语体、话语、语用五者结合起来研究。在语言教学法方面，黄先生几篇论文新颖深刻，尤其是《论文言文的词汇教学》，创见殊多,早已在语言教学上起着巨大的作用。

总之,黄先生的语言研究有师承,更多创见。观点新,层次多,方面广,又吸收了国外语言学特别是苏联和东欧国家语言研究的新方法、新观点,因此黄先生的语言研究成果既有理论特色,又有实用价值。

比年目力衰退,思虑迟钝,懒于撰文,而一以清静养身为怀,也就疏于对黄先生论著的评价。所幸介绍黄先生的学术成就的,还有多种语言学家、语法学家、语文教学家辞典和社会科学家辞典和报刊广播。拙序恕不周谨。

张世禄

1986 年序于复旦大学九舍

《韩愈诗选注》[1]序

癸亥春三月，宗子传璧以其近著《韩愈诗选注》付梓，嘱为之序。宗子固吾光华大学从游也，勤而好学，少以诗受知于咏霓张寿镛先生。余老矣，何能为言。然阅子之书，不禁重有感焉！夫欲成一家之言者，必深于书，得于节，出于书，然后有言。韩愈诗千载未有定论，宗子深而究之者二十余载，所见所论逈异乎世之论韩者，其应成为一家之言乎！吾嘉宗子之诚也，亦感乎吾道之未衰也。聊缀数言为之序焉。

浦江张世禄时年八十有三，于上海复旦大学。

---

① 宗传璧：《韩愈诗选注》，江苏教育出版社 1986 年版。

《标点符号的多种实用价值》[①]序

标点符号是书面语言有机的组成部分，与语言的正确地表情达意有密切的关系。因此，标点符号的使用问题不能等闲视之。

《标点符号的多种实用价值》是一部既有实用价值，又有学术价值的著作，它对现代汉语标点符号进行了深入的研究。它不仅详细地阐述了各种标点符号的使用方法和规范化问题，而且还研究了标点与语法、修辞、逻辑的关系，标点符号与朗读的关系，标点符号与语体的关系；不但研究了国家出版总署颁布的 14 种标点符号，而且还研究了这十四种以外的、在现代汉语书面语言中使用了的一些标点符号；不但对标点符号的综合运用作了修辞分析，而且还研究了标点符号在标题、广告、序数词、祝颂语中的使用问题。与此同时，还介绍了中外古今有关标点符号使用的趣事，最后还附有标点符号练习及参考答案。因此，从内容上说，它是比较充实完整的，它几乎触及与标点符号使用有关的全部问题。

由此可见，作者在写作和资料的搜集上，是下过一定的功夫，并且加以认真的研究的。这样，这本书的价值，就不仅限于一般的标点符号使用法一类的书而有所进步了。此外，本书注重理论联

---

① 乐秀拔、刘谋：《标点符号的多种实用价值》，湖南教育出版社 1988 年版。

系实际。它在说明正确使用方法的同时,还引用了报刊杂志上错用标点符号的例子,加以评析,这对于指导正确使用标点符号,也是有意义的。

乐秀拔君在五十年代初毕业于复旦大学中文系,以后又从我学习,这几年来,在刊物上发了不少文章。刘谋君从事中学语文教学十余年,平日善于思考,有志于研究。两君都有勤奋学习,锲而不舍的精神,紧密合作、才成此书。当此书出版之际,请序于余,故略述大意,并加勉焉。是为序。

张世禄

1986 年 5 月

《汉文典》编译前言

高本汉(Bernhard karlgren)是国际著名的瑞典汉学家,生于1889年10月5日,卒于1978年10月20日。高氏年轻时就具有非凡的语言学才能,十五岁就开始进行方言描写工作,十九岁发表了《瑞典南部方言同中部方言的分界线》的论文。进大学后主攻俄语,深受斯拉夫语言学家、方言学家隆德尔(J. A. Lundell)的影响。以后,在隆氏推荐之下获得奖学金,遂于1910年2月来中国研究汉语方言。

高氏在中国逗留两年,先以数月工夫学会汉语口语。不久又掌握了书面语,以后亲自走访各地,口问手写,调查了二十四个地点的汉语方言,记录了十万多个字音,获得了大量第一手资料。回欧洲后,高氏根据《广韵》的反切和宋代等韵图,整理出了中古汉语的音类系统。同时,又根据现代汉语各方言的读音,以及日语吴音、汉音、朝鲜译音和越南译音,给中古汉语各音类构拟了音值,并追溯各音类从中古到现代的演变历史,最终于1926年完成了名著《中国音韵学研究》(*Etudes sur la Phonologie Chinoise*)。

高氏在完成中汉语的研究之后,就开始向上古汉语攀登。从1926年到1934年,又陆续发表了《中日汉字分析字典》(*Analytic Dictionary of Chinese and Sino-Japanese*)、《上古中国音之中的几个问题》(*Problems in Archaic Chinese*)、《诗经研究》(*Shi-King Researches*)和《汉语词类》(*Word Families in Chinese*)等重要著作,大体完成了对上古汉语的构拟。最后,1940 年高氏把以上研究成果以字典形式写进《汉文典》(*Grammata Serica*)。如果说《中国音韵学研究》是高氏关于中古汉语的精彩论述,那末《汉文典》就是他毕生研究上古汉语的结晶。

《汉文典》是一本古汉语工具书。字典正文前附有长篇导言,详细阐明了高氏研究汉字形、音、义的理论依据和方法;又附有研究汉语语音史的论文《从上古汉语到中古汉语》《从中古汉语到官话》,研究日语译音的论文《中古汉语和日语汉字》;还附有《〈诗经〉韵谱》。字典正文模仿朱骏声的《说文通训定声》,把所收汉字统系于一千多个谐声字族之中,字族依上古韵部排列;每一个字族中,先列声符字、独体字,后列会意字、形声字等,凡见于甲金文的,择要描录甲金文;而每一汉字,又先列上古音、中古音和现代音,次列字的本义、引申义和假借义,每一义项均标明书证出处。字典最末尚有余论一篇,阐述汉语同源字的内部屈折和音义通转现象。

《汉文典》一书的价值首先在于音韵。几百年来,汉语字典的编写者总是辗转传钞汉字的各种音读,而从不过问这些音读是否来自同一个语音系统,于是古今南北之音往往纠缠混杂,使人无所适从。高本汉独具慧眼,利用了隋代陆法言的《切韵》和唐代陆德明的《经典释文》(两书相距不到三十年),对所有字音严加审辨,从而确定了从上古到中古到现代的读音。高氏此举无疑是古汉语字典审音工作的一种独创。

其次,《汉文典》的价值还在于字、词的释义。高氏一方面从文字学的角度诠释汉字的结构和字义,使汉字的本义得以明确;另一方面,又从训诂学的角度,严格选取只出现在汉代以前典籍中的词义,于是字的本义、引申义和假借义得以明确。这种把字形、字义和词义的解释有机地结合在一部辞书中的做法，无论在当时还是在现在，都可称为一种创造。

最后，《汉文典》的编排方式是以谐声字族为单位的，把具有同一谐声成份的汉字都集中在一起，这样对于我们运用因声求义的方法，了解语音和语义的关系，无疑是具有重要意义的。

1957年高本汉又出版了《汉文典（修订本）》（*Grammata Serica Recensa*）。修订版主要有两大改造：一、根据1940年以来对古汉语的深入研究，对字典的释义作了较大修订，并注明这些释义在自己的《诗经注释》和《书经注释》中的出处；二、注音补充了声调。显然，修订版更能体现高氏的研究特色及其丰硕成果。

高本汉一生著作宏富，其中不少已译成汉语，包括名著《中国音韵学研究》，但是《汉文典》一书却至今未有译本。现在，几位专治汉语史的中青年学者不辞辛劳，悉心译校，通力合作，奋战四载，并替原书逐一补出审证，对于高氏的错失之处也多所指正，使此书更加臻于完美，合于实用。《汉文典》一书在国际汉学界影响颇大，此书的翻译出版，对于我国的语言文字学也一定会产生重要的影响；同时，此书对于一般语文爱好者的阅读和学习也极富启发作用。因此，能够为此书作序，这是我最感欢愉的。

张世禄

1987年6月

《中国句型文化》[1]序

申小龙对《左传》句型的研究开始于六年前。当时他是我的硕士研究生。他用整整一年的时间做语料卡片，并尝试建立新的理论和方法来系统地解决汉语句型研究中的一系列难题。经过艰苦的努力，他终于以主题句、施事句和关系句“三分天下”，创立了一个新体系。他的硕士论文《〈左传〉主题句研究》不久就在《中国语文》上发表了。这个新的句型体系的出现，很快引起了语言学界，甚至哲学界的关注。在随后的博士研究生阶段，小龙终于完成了《左传》全书的句型体系的研究描写工作，并进一步将这一新体系用于现代汉语语料的专书穷尽性分析。此举贯通古今，呈现出汉语句型系统数千年历史发展的新格局，并使《左传》句型的研究具有当代意义，这是难能可贵的。

小龙的这部博士论文具有鲜明的特色。它首次深刻揭示出汉语句型与汉民族文化心理的内在联系，首次用科学的语言阐释了中国古代语文研究的句法学传统，将其归结为“句读本位、逻辑铺排、意尽为界”，并加以创造性的发展，建立起具有民族文化特色的现代化的汉语句型体系。在研究过程中，小龙对自《马氏文通》以

---

① 申小龙：《中国句型文化》，东北师范大学出版社 1988 年、1991 年版，复旦大学出版社 2021 年版。

来汉语语法学所依据的各种西方理论和方法作了深入全面、有理有据的剖析，指出西方语言学的句型理论可以借鉴，但基本上不适合汉语特点。立论严谨，方法新颖，材料翔实，辩证细密。论文答辩委员会给予这部专论这样的评价："既有纤如丝发的微观具体审观，又有以神役形的宏观理论探讨。了解神摄之法，深得'易简'之理，允称宏观与微观相结合之典范，具有重大的理论意义和实践意义。"新的句型学说"振聋发聩，独具慧眼，体现了作者过人的胆略和才气"。论文答辩委员会给予作者这样的评价："知识博通宏肆，思维清晰敏捷，文笔流利晓畅。善于发现问题、思考问题，并能有效地解决问题。具有相当高的科研能力，洵为中青年语言学者中之佼佼者。"这对小龙的研究工作是极高的评价。

总而言之，《中国句型文化》是一部具有独创性、系统性和科学性的学术著作。它体现出作者在语言学及其相关科学的理论方法上扎实的基础和广阔的视野。它对汉语语法学及其他有关语言与文化学科的研究将会产生深远的影响。作为导师，我在祝贺小龙成功获得博士学位的同时，期待着小龙以此为新的起点，继续坚定地走具有中国特色的、面向未来、面向世界的语言学道路！

1987 年 12 月

《中国语言的结构与人文精神》[1]序

早在小龙读完硕士学位的时候，我就曾建议他将数年中发表的那些卓然自成一家言的学术论文结集出版。在小龙攻读博士学位的几年中，他研究中国语言文化的学术论文受到了学术界普遍的关注与赞誉，多次荣获学术奖。最近，小龙在通过博士论文答辩之后，终于有时间腾出手来整理自己的学术论文，交付出版。作为他的硕士和博士学位的导师，我感到由衷的欣慰。

小龙在读大学本科的时候，主要研究现代汉语语法，并对语言学理论有浓厚的兴趣。本科毕业后，他却报考了我招收的汉语史研究生，从此开始了对《左传》语法的研究。他依靠自己在古文和外文方面的扎实底子，以穷尽性的语言材料分析为基础，借鉴了国内外各种句型理论，从民族文化心理和民族语文传统的新角度对汉语语法的特点作了大胆而又深入的探讨，从而在语法研究上独树一帜。小龙又把这种探讨与对中国现代语言学史的反思与展望结合起来，最终提出建立面向21世纪、面向世界的中国文化语言学，显示出年轻一代极其可贵的历史责任感。由于小龙的论文开辟了汉语与中国文化相关性研究的新领域，其意义已超出了纯语

---

① 申小龙：《中国语言的结构与人文精神——申小龙论文集》，光明日报出版社1988年版。

言学的范围，成为中国文化与人类文化研究的独具魅力的一部分。

收在本书中的论文仅仅是小龙近百万字学术论著的一部分，但从中已可以看见小龙探索的足迹。在小龙学术探索的路上也曾有过风风雨雨。他的富有个性的反思、挑战与创新，使我国语言学界产生了震动；他的新思想、新方法和新体系受到来自各方面的考验。这使我想起我们这一辈在“五四”时代经历的语文变革风云。中国语言学的世纪之交总是那么令人感慨！然而小龙这一代毕竟碰上了好时代。在这个时代，全民族都有振奋探索创新的勇气。小龙这一代语言学青年一定能比前人更健全、更深刻、更成熟，因而也更多贡献。这正是我们作为前辈的最大期望与欣慰！

谨以此祝贺《中国语言的结构与人文精神》一书的出版，并向支持此书出版的晓园语文与文化科技研究所和汉字现代化研究会致以敬意。

《中国文化语言学》[1]序

语言与文化，是人类思想史上一个古老而又年轻的课题。说它古老，是因为人类几乎从它诞生的第一天起就思索着自己与语言的不解之缘，并在语言的规范下创造并传承着不朽的文化。说它年轻，是因为在当代人文科学的研究中，语言的文化功能正受到越来越广泛、深入的关注。

语言与文化，在中国思想史上也是一个古老而又年轻的课题。说它古老，是因为中国几千年封建社会的思想教科书——经学典籍的传承与阐释是通过传统语文学——小学进行的，可以说中国古代的语言研究从一开始就是同中国文化阐释联系在一起的。说它年轻，又是因为中国语文研究的这个悠久的“文化的”传统，在本世纪初以来的现代语言学进程中被抛弃了。其结果一方面使中国的语言研究孤立于社会、文化研究之外，孤芳自赏，顾影自怜，学科日渐萎缩；另一方面使中国的语言研究盲目模仿西方语言学传统，严重曲解了汉语的性质和组织规律。现在，语言与文化的课题由年轻一代语言学者重新提了出来，并进行了创造性的探索，建立起中国文化语言学，这对于中国的语言研究和文化建设都具有重要

---

① 申小龙：《中国文化语言学》，吉林教育出版社 1990 年版。

而深远的意义。

申小龙博士多年从事汉语语法和语言理论的研究。早在他作为我的研究生专攻《左传》句型之时，他就从研究实践中深刻意识到汉语同中国文化的内在联系，从而努力探讨与汉民族文化心理结构相认同的民族语言理论和语言体系，并进而倡导建立中国文化语言学。在他提出文化语言学的设想后，并未急于早早地建立学科体系，而是埋首于具体的语言与文化问题的研究，孜孜不倦。他的百余篇学术论文在全国语言学界引起了强烈的反响，他的一系列有关语言与文化问题的专著也相继问世。这些具体、深入的研究，为建立中国文化语言学作了充分的准备，并最终奠定了本书的基础。这一点从本书各章的写作中都可以看出来。

本书的研究中对人文主义语言观的科学阐释，对中国现代语言学的文化反思，对中国文化语言学的理论核心——汉语人文性的论述，对中国文化语言学的研究对象——语言的文化功能的探讨，都发前人所未发，卓有建树。尤其是本书最后部分对中国文化语言学方法论的详赡的阐述，更是独辟蹊径，一空依傍，显示出文化语言学在方法论上扎实的探索，具有很强的实践意义。申小龙所总结的八种文化语言学方法，本质上也是当代人文科学研究所应遵循的科学的研究方法。

从申小龙博士撰写他的第一部专著《人文精神，还是科学主义?》开始，他就对他的学术道路作了艰难、然而又是坚定的选择。我理解和支持他的这种选择，并为他的成长感到欣慰！近年来他的学术思想远播海内外，许多高校和研究机构邀请他讲学，聘任他为名誉研究员。他主编的由全国青年语言学者撰写的中国文化语言学论文集和文化语言学丛书也先后出版。他还主持着全国青年汉语史研究会的工作。我希望本书的出版不是给他的文化语言学研究打上句号，而是成为一个新的起点。他应该在立足汉语分析的基础上，更好地借鉴国外语言研究的理论和方法，努力使中国文化语言学的理论和方法具有人类一般语言学的意义。这当然是对年轻一代更高的要求，也是中国语言学对人类语言与文化研究应有的贡献。

是为序。

1989 年 8 月于复旦大学

在江苏省语言学会成立大会暨第一次语言科学学术报告会上的讲话

同志们，诸位老师、诸位朋友们：

我今天能够参加江苏省的语言学会，而且能参加学术讨论，感到很荣幸。因为南京这个地方是我从前就学的地方。这次来南京，也是旧地重游，能够向诸位老师、朋友们请教，我感到很高兴。我祝贺大会胜利成功。为了表示我们心意，写了一篇论文，题目是《从训诂学上看古汉语的基本词》，这篇文章我预备明天向大会宣读一下。

语言学是一门科学性、规律性很强的科学。推广普通话要研究方言的对应规律。比方江苏省的方言比较复杂，有一部分是北方官话，有一部分是下江官话，还有一些是吴语，要推广普通话一定要研究其对应规律。读古书一定要掌握训诂方面的规律。提倡语言美也一定要讲究修辞的规律。所以规律的掌握，这是语言学的一个重要任务。

我现在谈点粗浅的体会。汉语的发展我想也有一个大致的规律。第一，关于言语方面的，声母、韵母、调类本来是很多的，到后来慢慢地减少了，到了近代，普通话声、韵、调的种类比较少。声、韵、调种类简化，这是语言的一个基本规律。要讲文字拼音化一定要根据这个规律。第二,语音的音节结构,拼音方法也很有规则,比如开齐含撮四类的韵母跟声母相拼,有一类声母是有齐齿呼、撮口呼的,有一类声母没有齐齿呼、撮口呼,这就是一种拼音的方法。第三,词汇方面的,汉语原来是一种单音词,到后来成为复音词。化单为复,词的复合化,这是第三种规律。第四种基本规律就是字义方面的明确。原来是单音字,一个个单字的意义不很明确。词语的复音化、复音词增加了之后,字义的解释就很明确。第五,语法方面,古汉语语词的词序也是不规则的,现在词序固定化的趋势是很明显的,这个就叫作语词词序的固定化,这是第五种规律。还有一种、第六种,语法方面的完善化,就是斯大林所讲的语法和发展向着完善的方向,完善的方向就是周密。上面讲的六种基本规律,供参考。这是一点粗浅的体会,我在这里向诸位请教,向同行们请教。最后祝贺大会胜利成功,祝诸位身体健康!

(根据录音整理、摘要,未经本人审阅)

读《学习》第四卷第四期

《学习》是现在“人人必读”的一种杂志，内中很多篇的文章是我们学习政治和文化等的宝贵的资料，同时也往往是供我们作为学习写作的模范。因为这些有价值的文章，本身结构组织的精密，字句文法的正确，在祖国语文的运用方法上面，也给了我们以很多模范性的启示。

对于《学习》杂志，我们是应该把它的“一字一句都不轻易放过”的。

正因为这样，我却发现了内中还不免有少数的字句，似乎是有斟酌损益的余地的。为着响应当前的祖国语言的纯洁和健康运动，我就把最近出版的《学习》第四卷第四期当中，认为值得提出讨论的字句，举了几条出来，随着说明我个人的一些意见，以供关心祖国语言和从事写作的同志们参考。

下面列着的几条，是先引着原文，后加括弧注明《学习》的这一期的页码，跟着说明我认为有问题的字句以及应该加以修正的意见。这些举出的字句，都是我认为作者原文上面有问题的，至于显然是由于排印上面的错误的，例如“捷尔任斯基亲自去扑灭，处理完之了后，就立即跑来向代表们报告事变的经过”（二十五页），像这样的当然不必举出来讨论了。

1. “但因为贫穷而流为沿门托钵的乞丐，而且甘于为乞丐，乐于为乞丐，甘于被侮辱，乐于被损害，这样才是最可耻的。武训的可耻可卑，甚至还更甚于此，因为他给他的卑污的生活找出了一个‘高尚’的目的，这目的就是办‘义学’。”（四页）

这里的“甚至”这个语词，应该删去；“武训”的前面可以增加一个“而”字。因为“甚至”是指明某种情态到达了的程度或顶点；“更甚于此”这个短语，却是标明两种情态在比较当中程度的深浅。上文说“这才是最可耻的”，下文说明武训还比这更可耻的理由，正是深浅程度的比较，中间只是适用着一个“还更甚于此”。原文又把“甚至”连接在上面，反而把意义弄模糊了。

2. “小资产阶级是主张改良的阶级，没有真正改造的小资产阶级分子，尽管口谈革命，维护革命，实际则是主张的改良主义。”（十页）

“则是主张的改良主义”里面“的”字应该删去，或者把“是”字改置在“主张的”后面。

3. “很明显的，武训的行为是有利于反动的封建统治的，他的‘行乞兴学’，不但无伤于反动封建统治的半根毫毛，而且，事实上只能给反动的封建阶级制造一批帮凶的奴才。”（十一页）

“只能”大都用来表明事物“正作用”方面的某种限度，不是用来标明它的“反作用”方面的现象；这里应该删去“能”字，或者要明显一点，可以把“只能”二字改作“反而”。

4. “而由表面上是被统治阶级中的人来提倡这种改良主义，其欺骗和麻醉的作用就更大。”（十一页）

这里“是”字，应该改作“属于”，因为“由表面上……的人”这个短语里面只要包含一个形容词性的短语“表面上属于被统治阶级中的……”，不需要有个判断句里常用的系词。

5. “根据过去在职干部理论学习的经验，理论学习其所以坚持不下去，除了缺乏一套健全的制度之外，主要原因就是没有理论教员来指导干部学习。”（十二页）

“理论学习其所以坚持不下去”里面“其”字应该改作“之”。

6. “所以在资本主义社会里，城市越奢侈越繁华，乡村便越贫穷越破产。”（三十四页）

“越破产”应该改作“越多破产”；因为“破产”跟“贫穷”不是属于同一的词类，我们可以说“很贫穷”，不能说“很破产”，而可以说“很多破产”。

7. “社会主义革命的胜利，从根本上改变了城市和乡村的关系。不论在城市、在乡村都实行的是相同的社会经济制度——社会主义的经济制度。”（三十四页）

“都实行的是相同的社会经济制度”应该改作“实行的都是相同的社会经济制度”，或作“都实行着相同的社会经济制度”。

8. “而社会主义的乡村则供给社会主义的城市以各种丰富的农产品，保证工业生产与城市居民农产品的需要。”（三十四页）

“保证”后面必须要增进“供应”或“满足”一类的语词，因为实在的意义是“保证供应或满足工业与城市对于农产品的需要”，并不是“保证工业等对于农产品的需要”。

9. “当世界上还存在着帝国主义侵略阵营和社会主义革命阵营对立的情况下，共产主义思想意识就表现在对世界无产阶级革命事业的无限忠诚……因为如果没有这种思想和这种思想不能掌握广大群众，共产主义就根本没有实现的可能。”（三十五页）

“没有这种思想”“这种思想不能掌握广大群众”这两个子句，是不能用“和”字来连接的。因为“和”跟英文的“and”不同，“和”可以连接一个句子里相等的部分，而在句子跟句子中间，不发生连接的作用。这里应该改作“因为如果没有这种思想，或者这种思想不能掌握广大群众……”

一九五一年六月十六日，南京

《汉语语法挂图》编制凡例及编务通信

《汉语语法挂图》编制凡例

1. 要学习汉语，必须学习汉语语法。一般讲语法的，总是要列出一些抽象的定义和规则，初学的人们不免感到难以理解。本挂图应用各个具体的形象化的画面来帮助解说汉语语法，可以使得初学的人们容易理解，并且获得深刻的印象。

2. 本挂图分作上下两集：上集八幅，注重在解说汉语的词类和词的形式；下集九幅，重在解说汉语的各种组织和造句方法，又附带解说标点符号使用法。

3. 本挂图依据举例的词句来编绘形象化的画面，随附着简单扼要的语法解说。这样根据从具体到抽象的原则，使得学者从具体形象的画面来理解举例的词句，再从这些词句的理解来获得语法的知识。

4. 本挂图里举例的词句和各个画面所取的题材，很多有关于政治思想和道德品质的教育，希望因此帮助学者在学习语法的过程当中，也得到思想和品质方面的提高。

5. 关于汉语语法的各种问题，目前各家的学说还不能够完全取得一致。本挂图里的语法解说，是采用编者所认为的目前比较通行的学说。如果有两种或多种的通行学说，在某一问题上不相一致的,就采用其中的一种,而把其他不一致的说法列入括弧里,作补充的说明,表示学者们也可以采用的。

6. 本挂图举例的词句,有确定的出处的,像毛主席的话,当然加以注明。还有很多是从小学、初中语文课本及职工、农民识字课本里面摘录下来的,没有加以注明;因为这些课本原文常常有所改进,不便一一地注明确定的出处。

7. 本挂图里的语法解说,只是给了学者一种启发的作用,不是代表语法知识的纲要。另编有说明书两份,配合上下集的挂图,再作必要的解释和详细的说明,使学者可以获得更有系统的语法知识。

8. 本挂图为着要适合一般小学、中学语文教学的应用,举例词句和语法解说当中所写的字体,暂时依照当前一般语文课本,仍旧沿用繁体;一到中小学课本改用了简化汉字,本挂图当立即照改。

9. 本挂图的编制,确实是一种草创的工作,一定有许多缺点,希望获得各方面的批评和指教,以便再版时加以改进。

1955 年 11 月　编者志

《汉语语法挂图》编务通信

科学技术出版社编辑部负责同志:

前大中国图片出版社所约定编制的《汉语语法挂图》,分上下两集,上集八幅,下集九幅。现上集已编绘完成,说明书亦早已交稿。下集亦已编好,正在绘制图面。这种挂图是利用形象化的画面,为帮助一般小学教学语文时解说汉语语法。对工农识字班及初中语文课教学亦可以适用。内中举例词句很多采自小学及工农识字课本，解说语法亦力求其简明扼要。不过为着学者获得语法的科学知识，在每集的说明书中另作较详细的有系统的语法说明。

兹抄录说明书中关于这个挂图的编制凡例，附上供您参考。其中第八条说挂图中举例词句和语法解说中所用字体，暂照一般小学课本仍用繁体，一到课本改用了简体，当立即照改。现拟将这条删去，挂图中字体照简体另行写过。

这个挂图究竟怎样处理？希望决定示知。

此致

敬礼！

张世禄

《古文选注》暂拟编写计划及略例

《古文选注》暂拟编写计划

1. 选读的文章，拟以《古文观止》做基础，并加以删补。

2. 选取的标准，首先以在内容上可以运用到社会主义思想教育中来的作品为合宜。

3. 文辞不太艰深，初中、高小程度能对照注文而得阅读。

4. 篇幅不宜超过一千字左右，本文原来冗长的，可以节录。

5. 篇数一百篇上下。

6. 注解用白话，尽量求其通俗易解，整句不易了解的，可以在注解中加以翻译。

7. “题解”，扼要地分析主题思想，需要批判地加以批判；并且多谈谈文章的意义，使读者增进了解而得到益处。

8. 作者及书本介绍，亦以简明扼要为宜。

9. 注解及题解等，力求浅显，容易看懂。（语法分析等从略）

10. 选文约十万字，注解约十万字，题解约五万字。

希望七月前能完成。请先拟一篇目，再进行注解。

《古文选注》略例

1. 本书选取的古文，以古代的散文在内容上大致能符合于社会主义思想教育的原则者为标准。

2. 文辞又不过于艰深，初中、高小程度能够对照注文而自己阅读者。

3. 篇幅取其较短者，如原文过长，则加以节录。

4. 每篇篇目下面，首列“题解”，扼要地介绍作者及书名，并且分析其主题思想。

5. 次列本文及其字句解释。“注解”尽量求其通俗浅显；其中有整句不易了解者，即在注解中加以改写。

6. 最后又到“大意说明”，每篇各段大意及其篇章结构，加以总解说，各段中思想内容须加以批判者，分别加以批判。

7. 本书选注作品的范围从周代起到明代为止。

8. 近代三四百年来的古文作品，拟仿照此书体例另编《近代古文选注》一书。

“古代汉语”试题两套

“古代汉语”考试试题(中二)

1. 默写:

(1)《宫之奇谏假道》篇,从“晋侯复假道于虞以伐虢”起,至“况以国乎?”止。

(2)《烛之武退秦师》篇,从“秦晋围郑,郑既知亡矣”起,至“唯君图之”止。

2. 解释:

(1) 解释下列词语

不佞　树艺　细人　稽颡　曩者　苛政　不腆

效死　踵门　惮烦　不壹　盛气　即世　无禄

(2) 解释下列句子

默而识之　暴虎冯河　饔飧而治　载胥及溺

痛心疾首　二三其德　闻斯行诸　陈力就列

不愤不启　厉兵秣马　栋折榱崩　唯利是视

旷日弥久　少益耆食　肆其西封　道路以目

3. 从古典作品里举例说明“之”“於”两字的各种用法。

4. 从古典作品里举例说明“名词”用作“动词”的现象。

5. 从《论语》《孟子》里举出两个例子来说明古书中“上下文详

略互见”之例。

（五题全做）

“古代汉语”（中二）考试试题

1. 标点：

程不识故与李广俱以边太守将军屯及出击胡而广行无部伍行陈就善水草屯舍止人人自便不击刀斗以自卫莫府省约文书籍事然亦远斥侯未尝遇害程不识正部曲行伍营陈击刀斗士吏治军簿至明军不得休息然亦未尝遇害不识曰李广军极简易然虏卒犯之无以禁也而其士卒亦佚乐咸乐为之死我军虽烦扰然虏亦不得犯我

2. 改写：

良庖岁更刀，割也；族庖月更刀，折也。今臣之刀十九年矣，所解数千牛矣，而刀刃若新发于硎。彼节者有间，而刀刃者无厚；以无厚入有间，恢恢乎其于游刃，必有余地矣。是以十九年而刀刃若新发于硎。

3. 解释：

（1）彼黍离离，彼稷之苗。

（2）国且危亡，在于旦暮。

（3）均之二策，宁许以负秦曲。

（4）弗迓克奔，以役西土。

（5）桑之未落，其叶沃若。

“语言学论文选读”教学大纲

（一）本课程的目的和要求：

本课程的教学方式，是选择汉语学的历史上有关的重要论文来作细致和深入的讲解。其目的如下：

1. 通过这样的讲解，提高同学们对于汉语史和汉语学史上有关的各种文献的阅读能力；

2. 就讲解论文的内容，使得同学们对于汉语史和汉语学史上关于文字、音韵、词汇、语法或语言学理论的一些问题，获得更进一步的了解；

3. 提高同学们搜集和整理汉语学的资料的能力；

4. 培养同学们对于过去汉语学上一些学说的分析、批判的能力。

主要的要求是：使同学们能够透彻了解选讲论文的内容，并且能够自读和论文有关的一些参考资料。

（二）教学内容：

本课程在本学期讲授的语言学论文，其篇目和分配的时间如下：

1. 许慎《说文解字叙》　　（第一到第三周）

2.《荀子·正名篇》　　（第四到第七周）

3.《广韵叙录》　（第八到第十周）

4. 刘歆和杨雄关于“方言”的书信　（第十一到第十二周）

5.《马氏文通叙》　（第十三到第十四周）

6.《颜氏家训·音辞篇》　（第十五到第十七周）

（三）教学方法：

本课程的课堂教学，以讲解语言学论文的本文为主，除选注论文的教材以外，又印发和论文有关的一些参考资料，以供讲解的参考和同学们的自读。

关于《古汉语词汇》一稿的下落和处理办法

六三、六四年间，承上海教育出版社之约，编写《古汉语词汇》一稿，订有合同（未领取稿费），全稿约十万字。六五年八月中旬，已写五万字左右，亲自送到永福路该社，请社中审阅。六六年初，曾用电话催询社中意见，只说当时社中编写农村读物忙碌，无暇处理该稿。一直到六六年夏间仍未得到回复。今年曾数次函询，亦无回音。乞代查询为荷！

复旦中文系　张世禄

十一月二十一日上午

复旦中文系汉语教研组就“文法”“语法”之争致《辞海》编辑所公开信[①]

《辞海》编辑所负责同志：

前次回给我们的时候，说关于“语法”用语问题，还待商量。现在听说《辞海》三校里所有“语法”的术语一律改作“文法”，这样做我们觉得是很不妥当的。

第一，把“语法”改作“文法”，是违反编纂词典的普遍性的原则的。词典在选用术语上，应该考虑到广大群众的理解和要求，以及社会上使用词语的总趋势。近年来，原来用“文”这个词素来指称语言现象的，很多改成了“语”，例如，“汉文”改称“汉语”，“俄文”改称“俄语”，“外国文”改称“外国语”等等。原来称“文法”的，也多数改称“语法”。现在如果把“语法”这术语改回去称“文法”，这是不合群众使用语词的总趋势的。

第二，近几十年来，“语法”这术语的使用日益广泛而“文法”日益衰退，这意味着语言词汇新陈代谢的一个过程。这个过程又是与汉语词汇的总的发展有联系的。我们发现学术界不少专家、学者过去用“文法”后来改用“语法”，这决不是无意识的，决不是心血

① 本文及后附的信函均由张世禄先生执笔，写于 1963 年。

来潮地任意改用，而确是认识到语言词汇发展的客观规律，考虑到选用术语的社会性原则。例如鲁迅先生在1927年的《藤野先生》一文中用“文法”，而到了1934年前后，在《且介亭杂文》的《门外文谈》和《人生识字胡涂始》里就改用“语法”了。现在要想把“文法”这术语回复到几十年以前的地位，这跟语言词汇的发展是背道而驰的。

第三，近年来，“文法”这个术语在语言学的领域里的适用范围逐渐缩小了，可是，另一方面，讲到文章作法和文风问题时，就往往用它来指称与修辞学密切相关的文章法则的字法、句法等。这跟“文法”原来的涵义很相称，所以它又成为文章学里的专门用语了。这也是语言词汇发展的一种现象。同时，“语法”这个术语的涵义却进一步深化了，不仅仅是指语言的组织规律，而且也表示着语言的一种结构体系，现在要想在综合性的百科词典里，把关于“语法”的名目文一律改称“文法”，这是把语言学的用语和文章学的用语混淆起来了。

第四，不同学科里的术语无论在结构类型和语义结构上都各有各的系统。语言学里的术语很多是用“语”这个词素来构成的，如“综合语、分析语、民族语、语族、语系、语支、语音、语调、熟语、成语、外来语、主语、宾语、谓语、定语、状语、补语”等等，这正像数学里的术语一样，很多是用“数”这个词素来构成的——如“虚数、常数、函数、负数、合数、对数、度数、自然数、无理数”等。大家知道，在文字学和文章学里，由于研究对象的关系，很多术语是用“文”这个词素构成的，例如“甲骨文、钟鼎文、金文、古文、篆文、科斗文、文字、文笔、文墨、文风、文句、文气、文彩、文书、文理、文牍、文言”等。现在想把语言学上所用的术语“语法”一律改称“文法”，这是不伦不类，破坏了现有术语的系统的。例如把“语法成分”“语法意义”“语法形式”等改作“文法成分”“文法意义”“文法形式”等，连国务院 1955 年 2 月指示里的"语法规范"也改作"文法规范"，这是生造和杜撰用语：因为读者不懂"语法成分"等这一类术语才去查词典的，可是《辞海》里只有杜撰的"文法成分"之类，这就同《辞海》编纂的宗旨相违背了。

第五，有人说把"语法"改称"文法"意味着"文"统括了"语"，是包含"语文一致"的意思的。这是把"语"和"文"的关系本末倒置了。大家知道，文字的产生，原来是用来记录语言，同时又给语言的发展以一定的影响，所以口语和书面语，成为两种不同的语言形式。但是从语言学的角度说，书面语是服从于口语的。"语"是第一性，"文"是第二性。事实也确实是这样，口语使用的范围总是比书面语来得广。毫无疑问，只有"语"才能统括"文"，而"文"是统括不了"语"的。只有那种想通过文字来改革语言的人，才相信"文"能统括"语"。

第六，词典里选用术语也应该考虑到语言的客观性。有人认为原先用"文法"后来用"语法"是由刘复等几个人提出来的。我们认为个别或少数的专家、学者可以创造或者"倡议"使用某些术语，但绝不能叫千千万万学文化的广大群众俯首听命于他们。五一年时，吕叔湘、朱德熙两位同志在《人民日报》上连续发表的《语法修辞讲话》对语法学的定名和发展起了很大的作用，这个《讲话》显然是适应广大群众学习文化的需要而产生的。个人只有与群众结合才能发挥作用。绝不相信"语法"这个术语是由刘复等几个人搞了来的，而"文法"也是由几个人搞了去的。如果认为一种学科的用语，可以由几个人搞了来，也可以由几个人搞了去，那么这种想法是夸大了个人的作用，否定了语言的客观性和社会性。

第七，好多年来，随着文化教育事业的发展，除了大专院校语言科外，还在工农干部中、解放军中、机关干部中、中小学普遍开展语法的学习，都是用"语法"定名。几十年来，用"语法"的越来越多，用“文法”的越来越少，这是社会群众自然选择的结果。《辞海》关于语文一类的词目、释文的用语应该考虑如何适应当前一般语文教学的需要。如果没有广泛征求广大群众的意见而把“语法”这名称改掉，那么这部分的词目是不是适合当前一般语文教学的需要呢？

第八，有人说“语法”这学科还没有统一的定名。这是不符合事实的。最近十几年来，“语法”这术语已趋向于作为统一的定名。当然，统一的过程是逐渐的，在新旧交替中不免有些文件里仍沿用旧名（以促进语言规范化为目的的《现代汉语词典》试印本，注明“文法”是“语法”的旧称）。大家知道，1955 年 10 月在北京举行的“现代汉语规范问题学术会议”中，大家一致使用“语法”这个术语。根据《现代汉语规范问题学术会议文件汇编》（1956 年 7 月，科学出版社）里所载的文件，内中关于语法这门学科的名称，用“语法”的有 422 处；用“文法”的只有 3 处，其中两处是引文，一处是书名。可见“规范问题学术会议”中，“语法”这学科已有统一的定名了。现在要在《辞海》里把“语法”改称“文法”，只是引起学科定名的混乱，违反了“现代汉语规范问题学术会议”的精神，损害了十多年来语言规范化工作的成果。

为此种种，我们坚决反对《辞海》里把“语法”改作“文法”。《辞海》是标准参考书，影响所及，难以估计，不容许在用语上引起混乱。

此致

敬礼

复旦大学中文系汉语教研组

张世禄　周斌武　胡文淑　汤珍珠

陈炳迢　严　修　阮智富

附：

上海师范学院中文系

语言教研组诸同志：

“语法”用语问题，想诸同志很为关心。在编辑中的《辞海》，要把所有“语法”用语，一律改作“文法”，我们坚决表示反对。兹将给《辞海》编辑所公开信抄上一份，敬希指教，并望表示意见。

此致

敬礼！

复旦大学中文系汉语教研组

张世禄　陈炳迢

周斌武　胡文淑

严　修　阮智富

汤珍珠

八月五日

对薛恭穆同志《楚辞语法初探》一文的意见

本文将楚辞语法研究分通例、变例、特例三部分来叙述。总的内容是：根据现代语法学的理论，同时运用我国传统语言学上章句、训诂、校勘等多方面的成果，两相结合，来对楚辞语法现象作全面、细致的探讨；几乎每字每句，皆经反复比勘，条分缕析，一一求出其类例。末附“虚词统计”“重句集录”“文字校正”“文义通释”等，是为楚辞语法研究的基础，亦为研究成果的运用，具见用心之细，用力之勤。其中虽有个别见解，可以进一步地商讨，而绝大部分是方法精密，论断确切，不但为楚辞语言的研究开辟途径，亦为古代汉语史料的整理奠一基石。

本文可取之处甚多，下列几点，似更值得注意：

1. 所举通例，大都以虚词的用法为纲；依据音义关系分别说明虚词用法的由来，例如双音形容词后的“而”字，作“然”字用等；可谓善于继承我国训诂学之优良传统者。

2. 虚词用法的说明，常用古代训诂家的注解来作证；例如形容词后的“其”字，亦作“然”字用等；论断殊为确切。

3. 针对楚辞语言的特点，注意其音节关系；例如“所”字后的动词，“之”字前的动词，绝大部分为单音节者；又如“此”字后的名词，跟不跟着一个“也”亦与其音节之单复有关；此等实以表示诗歌格律与语法现象的关系，殊有创见。

4. 对于屈赋与汉赋虚词用法的区别，注意其间数量上的关系；例如指出“於”字和“乎”字在上下句中互换之例，多见于屈赋，而少见于汉赋；由此可见作者所运用观察方法的严密性。

5. 对于汉赋语法的通例，指出其与屈赋，既有联系，又有区别，以说明其间承袭和发展的关系，深合于辩证的思想方法。

6. 依据句法结构的比较，来确定“兮”字与“於”“其”等字的功用相同；更证以王注，殊为确凿可信。

7. 关于《九歌》中的“兮”字，指明闻一多先生的解释，存在着简单化的倾向，一一加以纠正；其中颇多精当之论。

8. 在论“于”字用法时，指出《天问》篇中特别多用“于”，与屈原其他各篇不同，因而谓《天问》可能是屈原早期的作品，此亦独创的见解。

9. 指出“三字状语”的运用，是《楚辞》语法的一个特点，为精确之论。

10. 根据《楚辞》中判断句的实例，说明古代汉语中有系词；足以订正当前一部分学者的片面的见解；为汉语之法历史的研究，提供可靠的资料。

至于本文在内容上认为还有可以商榷之处，试列举如下：

1. 关于“高余冠之岌岌兮”“怨灵修之浩荡兮”等句，似应分别对待，不必完全归属于修饰语与其中心词位置互换之例；其中还可能包含“之”字句“后补结构”或“主谓结构”。

2. 关于“其”字句通例，如“谓申椒其不芳”“芳与泽其杂糅兮”等句中的“其”字，似可认为与结构助词“之”字功用相仿，不必当作复指用的代词。

3. 谓“之”和“与”相通，用上下句互文作证，极确；惟谓“之”

“与”是“支、鱼之转”“声音相近”“可相假借”，恐有差误。“之”属古音“之”部，在声韵上跟“与”并不相近。

4. 通例中，有“七言句、前四言后三言”“四句一韵”“二句一韵”等例，虽与语法颇有关系，究属诗律学的范围；可否从简，不立条例？

5. 在变例中关于“名词使动用法”，所举“鼓”“饭牛”等，可作“击刀”“喂牛”等解释，不一定都是“使动”。又关于“形容词使动用法”，所举“危身”“自清”等，似应认为是“使成”以别于“使动”。

6. 在特例中，对于“兮”字音义关系的解释，韵部方面，谓“哉”字属“脂”部，“兮”字属“歌”部，“乎”“于”属“侯”部等等；声[redacted]方面，谓“也”字、“以”字属“浅喉”等等，似乎都有问题；又谓上古“舌根与舌尖不分”，似误；谓上古“正凿与凿头不分”，亦嫌笼统。又如“正旁转、次旁转、近旁转”一类的术语，当前讲音义关系者，多已废去不用。这一段中的论证，是否需要修改？

7. 论“而”字功用，在“连接状语和谓语”的用法中有“动词”或“动宾词组”作状语之例，所举“倚闾阖而望予”等句，实际上与“以字句”的“折若木以拂日”等的结构颇相类似，可否改作“连动式”来分析。

8. 论“以为”，认定它是从“兼语式”变来的；这是由于首先认定这里的“为”是个系词。如果这里的“为”也有一部分可以作及物动词“制造”等来解释，就不完全是从“兼语式”变来了；因之这里应不应作全称肯定，值得考虑。

9. 论人称代词，谓“之”“其”同属“支”部，“台”“吾”“朕”音近，“同音假借”；恐有误。

10. 关于判断句中的“非”字，既认为是系词，就不应与其表语有“修饰关系”；这里似应修改。此外，关于“语序”和“省略”问题，规定“倒装”和“省略”所概括的范围亦似嫌宽大，对于“词尾”和“词缀”两个名称，涵义似不很清楚。

又在体例上“结论”独立成为一编，不很妥当。是否可以为第四编分散列入■编之后，而在各编开头作一总括式的引论？亦请考虑。

以上提出的认为可以商榷的几点意见，不一定恰当，谨请薛同志参考。

原稿中有笔误及疏忽处（阅时有用红■笔标志），请重校时注意及之。

张世禄

四月二十一日

先兄张书旂事略①

先兄张书旂，原名世忠，以字行。一九〇〇年，生于浙江浦江东乡礼张村。其村约百户，前后皆山，有两溪环绕其间，山水清幽秀丽，人谓多出文艺家云。祖父梅卿，为私塾及本县小学教师；父仪甫，亦举生员，后经商；叔爽甫，任本县小学校长，擅书画，终身好之，书旂幼时深受其薰陶。

书旂自少潜心文中，素好绘画，偶尔涂抹，尝受长辈赞赏。每出游见奇花异景，鸟兽飞动，以至墙壁图案，辄逗留描摹，久不忍去。弱冠，至金华中学肄业，各科成绩优异，尤以英语特为娴习，自谓异日当有以用之者。

一九二二年，中学卒业，赴沪晋上海美术学校，专研绘事，拜丹阳吕徵凤先生为师；凤先生长人物，书旗长花鸟，各创一格，共相推许。一九二五年毕业后，任金华中学及厦门集美学校图画教师。教学之暇，潜研画理，勤奋不辍。时余亦在集美学校教读，每于傍晚邀其共出游散，辄拒不出；及余归来相视，已作品盈室矣。是时将心得写印画册，以传授学子；如今在海外影行留传之《书旗画法》等书，殆肇基于此。尝谓绘事于运笔敷色之外，应特注重布局章

---

① 原载《浦江文艺》1981 年总第 6 期。

法，其得失存乎疏密上下之间。余谓不特画理如此，文章亦如此。

一九三〇年受南京中央大学之聘，任国画助教、讲师，不久提升为教授。自此置身上庠，交流更广，声誉日隆，名扬中华；购求纷至，应接不暇。而益自振奋，踔厉风发，朝夕不离画桌；倦则以之为卧榻，稍息又起而作画。

数年之后，厌于南京市区烦嚣，又宾客应酬过多，难以静心自修；乃斥售画之资，在郊区晓庄一山丘上，购地营筑画室数椽，携眷居之。当时中央大学汪旭初教授，篆其室之颜曰“苍横庐”，盖取诸李白“苍苍横翠微”之句。其地循阶而上，近处徘徊，松柏成荫，芳草纷披，苍翠可摘；登阶远眺，烟云明灭，岗岭重重，深得李诗神韵云。书旂则于室旁莳花种竹，笼致群禽，歌舞相伴；当其作画间隙，静观动察，摄取种种花鸟态势，构思造形，纳自然生趣于画幅中。自谓如此静修多年，可以窥探画理之堂奥，与世界名流相角逐矣。不图期年之后，日本军阀发动侵华战争，烽烟突起，居民奔散；南京随以沦陷，又继之以一次世界大战；八年兵燹，“苍横庐”之旧迹，荡然无存矣。

一九三七年，书旗随中央大学迁至重庆。当时祖国坚持抗战，联合英美以抗德日；值美国总统罗斯福四届当选，书旂特作“百鸽图”赠之，借以敦睦中美邦交，效国民外交之用。是图百鸽，百种态势，其间布局，疏密得中，颇费经营。四十一年，以国民外交使者之身份，赴美展览国画，上以宣传祖国文化，下以展示书旂画法，不独敦睦中美邦交已也。初次出国，不假翻译，凭少年时所习英语只身渡重洋，达彼邦，幼而学之，长以为国用，亦不仅其画艺如斯。

于是在北美各名城举行画展，间亦至欧洲；足迹所至，中外报纸莫不腾扬，艺名播及全球。嗣因北美来学习国画者日众，乃徇彼邦人士之请，设立“书旂美术室”于旧金山，借以印行作品，传授画艺，出版《书旂画法》等书。一九四七年，抗日战争胜利后，曾回国省亲，仍至南京中央大学等校任教。因在彼邦传授画艺之事业未竟，一九四八年，再度赴美。一九四九，闻祖国解放，欣喜若狂，纷寄家书表示庆贺，屡欲摒挡归国，襄助祖国建设，终因胃疾，未果。

一九五六年，病加剧，在旧金山住院医治，初似有效，后又发作；五七年八月，卒不起，享年五十七岁。先兄素抱乐观，视生死不戚戚于心，病中闻著名画家徐悲鸿逝世，曰："悲鸿亦未满六旬而殁，吾独何憾乎！"当时《人民日报》载其病逝经过，称为爱国主义之画家。

先兄性豪爽，喜文游；除凤先生外，与徐悲鸿、傅抱石、陈之佛等俱友善，又与潘天寿、诸闻韵、吴茀之、张振铎诸画家共五人结成"白社"，以相观摩。友朋常时集会，乐不自禁，嗜酒狂饮，至醉不止。人谓其致病之因在此。

先兄事父母至孝，老母暮年，自故乡迎至杭州终养焉。在国内遗一女宝莲，一子莲生，各自成家。四七年夏间，在沪与旧金山华侨方逸民女士结婚，后相偕至旧金山定居，有子二：长名少书，季名美生，皆思想进步，青年有为者。

余既昧于绘事，尤以先兄赴美之后，重洋相隔；海外关系，又常涉时嫌，窃有戒心。至于其经营事业，日常生活，罕有所闻。深望研究中美邦交之史学家有以补苴焉。余仅知先兄幼少以至壮年时之情况，又推其所以成为一代艺宗之由，深悟"勤奋即天才"之谊，以告于世人人云。

一九八一年四月

西泠石伽画传[①]

（一）

申石伽，号“西泠石伽”，浙江杭州六桥三竺间人。一九〇六年三月六日生于书画世家，是名画家申宜轩老人的文孙。宜轩曾参南皮张子万[②]的幕僚。《寒松阁谈艺琐录》云：“子万工书画，山水擅娄水诸家之胜，而尤醉心于石谷。其秀逸苍润，并世无俦。”而子万之精品，大都出于宜轩代笔，遂成子万丹青之盛名。

石伽箕裘克绍，家学渊源。其父亦清季学者，督课甚严。故石伽三岁启蒙即通读四书，十二岁即习篆隶刻印，画梅竹山水，圈圈点点，自成章法。晚年的石伽曾在自己十二岁时的一张画上题云：

记得童年未有师，先人遗稿沁心脾。
若教论我源头水，莫问支流派是谁。

---

① 本文发表于《申石伽作品集》卷首，台湾皇冠艺文中心 1990 年版。20 世纪 80 年代，张世禄先生委托夫人张瑞云去上海愚园路看望著名画家申石伽先生，石伽长孙申小龙偕往。石伽先生谈及台湾邀请石伽举办画展，并将所有展品出版作品集，需名家撰写画传，恳请张世禄先生为画传定稿署名。先生和师母慨允。本文由申小龙撰写初稿，张世禄先生定稿。

② 张子万（1811—1897），字子青，号銮坡，河北南皮人。道光二十七年状元，官至大学士。张之洞兄。工山水，精书法，与戴熙相契，时有“南戴北张”之称，为近代六十名家之一。

可见其画艺自成一家，不是偶然的。

幼年，每逢夏季，乡里间纷纷请石伽画扇。石伽来者不拒，画名随之远扬。十四岁即能作诗填词，画题长短句。为俞陛云太史（平伯之父）所赏识，赞叹不已，遂收为弟子行。陛云乃俞曲园之孙。时杭州孤山尚有曲园别墅傍山而矗，为曲园啸傲吟咏之所。石伽乃绘《俞楼请业图》为贽见礼，以志从师纪念。嗣后又拜曾为慈禧代笔作画的王潜楼先生为师，究习词艺。石伽忆及儿时苦读，曾有诗云：

儿时每羡名山业，梦笔生花画境开。
画里一楼书万卷，珠矶咳吐起风雷。

可见其少年壮志。

十六岁时，石伽考入两浙盐务中学，师从精通中西绘画且擅书法的胡也衲[①]先生。同学中有叶浅予等人。十七岁加入中国美术会，与叶浅予组织中国美术会第一届杭州画展。当时，刘海粟、潘天寿、诸闻韵等参加作品众多。石伽与浅予，一个中国画，一个西洋画，相得益彰，西子湖畔传为美谈。二十岁，组织西泠书画社，聚集社友百余人。唐云、胡亚光、张乃夫、钱九鼎、王端、张绫葆等都是当时之社友。

弱冠后，石伽橐笔来沪上，以"芦塘聚雁图"长卷参加上海举行的全国美术展览会。此行使石伽得以浏览海上名家庞莱臣、李祖韩等所藏历代名画，博览宋元诸家名作，融南北各宗之长，画乃

---

① 胡也衲（1891—1964），原名侠男，永康中山乡中山村人。上海美术专门学校毕业，一生从事美术教育工作，成绩卓著。先后担任杭州盐务中学、武主明招中学、永康中学等校美术教师。擅长国画书法，功力深厚，题材广泛，梅花、牡丹、松鹤、公鸡，无一不精。著名画家叶浅予、申石伽以及著名的古建筑、园林专家陈从周等都是胡也衲在盐务中学任教时的得意门生。

大进。

其时，石伽与浅予共租一室于上海打浦桥恒庆里，同接画件。最初仅有“戏鸿堂”来约，以后“九华堂”“荣宝斋”“朵云轩”等都来约画件，作品越来越多地出现在大小报刊上。经钱瘦铁[①]介绍加入中国画会，与张善仔、张大千、郑曼青、马骀等以“消寒画会[②]”常聚一堂，切磋画艺。同道之中石伽最为年少。他自小受六桥[③]、三竺[④]湖光山色之熏陶，使传统笔墨随意境变化渐成独特之画风。

一九二六年，郎静山、叶浅予在上海办中国美术刊行社，为石伽出版《申石伽山水扇册》，深受艺林重视。当时以说部著名的徐枕亚初识石伽，题其画册诗有“垂老娥眉空爱好，识君已恨十年迟”之句，倍加赏识。

一九三七年，抗战军兴，沪上爱国人士筹募前线将士慰劳金。石伽慨然作画应征捐献。时郭沫若在沪，得石伽青绿山水，乃亲为题句，并以不久前步鲁迅韵写的一首七律书轴相赠：“又当投笔请缨时，别妇抛雏断藕丝。去国十年余泪血，登舟三宿见旌旗。欣将残骨埋诸夏，哭吐精诚赋此诗。四万万人齐蹈厉，同心同德一戎衣。”

一九四〇年，海上著名收藏家叶照春以自己收藏的石伽作品刊行《石伽十万图山水画册》，收有《万柳藏春》《万壑争流》《万峰行旅》《万里风涛》《万点青莲》《万树秋声》《万松云起》《万竿烟雨》《万芦飞雁》《万山积雪》等十幅工致之作。此书一出，声誉益隆，各界

① 钱瘦铁(1897—1967)，名崖，字叔崖，号瘦铁，以号行，江苏省无锡市鸿声里人，中国近现代书画家，中国画会创始人之一。

② 旧俗入冬后，亲朋相聚，宴饮作乐，谓之“消寒会”。此俗唐代即有，也叫暖冬会。

③ 浙江杭州西湖苏堤上的六桥，名为映波、锁澜、望山、压堤、东浦、跨虹。苏轼于元祐四年(1089)任杭州知府时所建。

④ 浙江杭州灵隐山飞来蜂东南有天竺山，山中有上天竺、中天竺、下天竺三座寺庙，合称“三天竺”，简称“三竺”。

纷纷求画,大有应接不暇之势。日本人爱他的北宗水墨山水,争相定购。从他学画的人更多,尤以女弟子为众。唐云曾书“海国都来求画稿,佳人相约拜先生”楹联相赠。

(二)

石伽画艺精湛,山水梅竹,各有千秋。

梅是花卉中之逸品,画家必须胸中有逸气,贯注纸幅方能为逸品传神。石伽画梅,铢积寸累以致炉火纯青,涉笔不但得其疏影之姿,又复具暗香之妙,对之如处身罗浮邓尉①,几忘尘世间有扰攘事。其布局变化多端,不可捉摸。曾绘梅花通景屏,凡六立幅,任你颠倒顺逆,都成通景,全符画理,冷香一片,溢纸而出。

墨竹,因其风韵独好,长期以来被誉为国画中四君子之一。石伽早年自文湖州②、夏介昭工笔入手,又复经常涉足于西湖云山竹林之间,师法前人而又不断变化,凡风晴雨雪,粗疏幽秀诸神韵,均能得心应手。当年石伽之竹与白石之虾并雄画坛,日本报纸更有白蕉③兰,野侯④梅,石伽竹三绝之誉。现今画坛更有“竹王”和“石

---

① 罗浮、邓尉,都是梅花名胜之地。

② 文同/文与可(1018—1079),字与可,号笑笑居士、笑笑先生,人称石室先生。北宋梓州梓潼郡永泰县(今属四川省绵阳市盐亭县)人。著名画家、诗人。宋仁宗皇祐元年(1049)进士,迁太常博士、集贤校理,历官邛州、大邑、陵州、洋州(今陕西洋县)等知州或知县。元丰初年,文同赴湖州就任,世人称文湖州。与苏轼是表兄弟,以学名世,擅诗文书画,深为文彦博、司马光等人赞许,尤受其从表弟苏轼敬重。

③ 白蕉(1907—1969),本姓何,名法治,又名馥,字远香,号旭如,后改名换姓为白蕉,别署云间居士、济庐复生、复翁、仇纸恩墨废寝忘食人等,上海金山区张堰镇人,出身于书香门第,能篆刻,精书法,亦擅长画兰,能诗文。沙孟海誉为“三百年来能为此者寥寥数人”。书法之余,偶作兰草,风姿绰约,清冲淡远。盖以精于书道,故能叶叶出草法,瓣瓣入楷意。

④ 高时显(1878—1952),字欣木,号野侯、可庵。出身杭州望族。一生与梅花有缘。收藏古今名家所绘梅花图 500 余幅,名其书屋为“五百本画梅精舍”,于中独爱元代画梅名家王冕的一幅墨梅画,名其书屋曰“梅王阁”,自号“梅王阁王”。

伽竹派”之称。

石伽擅长为各种不同气候中的竹子写照，技法变幻极为丰富，无论是飘逸玉立的风竹，葱翠欲滴的雨竹，还是寒中藏暖的雪竹，清劲坚挺的晴竹，在石伽笔底皆能于瞬间活现出来。一枝一叶凸出纸面，有临风的动感——

枝叶茂盛，欣欣向荣的晴竹，虽是墨笔，却映照出一派葱俊；

傲枝凌霜，冰雪重压的雪竹，犹是出竹影之清韵；

雨中之竹，则一任疾风骤雨而清雅婆娑；

简笔之竹虽两三枝叶而活力勃勃，千姿百态。

尤以风竹称著，寥寥几笔，纸上枝叶摇曳，满目清新，风声四起，显出无限生机。画家于乱中求致，动中觅静。粗细强弱刚柔之间，从局部到整体，从整体到局部，一枝一叶都有交待。于动势中凸显其力度、韧性和弹跳力，诚石伽竹派独到之处，既见功力，又见韵味，表现出一位国画大师掌握传统技法从有法到无法游刃有余的驾驭技巧。

石伽画竹又融进了山水技法。常见竹以山水为背景，强调环境气氛的描绘和渲染，或飞濑的山泉，或激流中的礁石，或烟云雾海弥漫变幻无穷，使画面开阔，气势磅礴，更富真实感，诚独具之风格。又常于墨竹稠密处加以渲染，成烟云飘渺之象。根据墨色浓淡，赋彩轻重，使人有感受而不觉察，如画墨竹，于淡墨渲染后略施赭石，更有辅以朱砂，隐约可见朝阳在缕缕暖烟、茫茫虚雾中隐现，益增画面之美感。曾有题竹诗云：

最爱萧萧雨后听，风摧雾掩半帘青。
只因小有书生气，化作筠笺墨凤翎。

这正是石伽文人气质与修养贯注竹韵的自我写照。

竹，作为文人的爱物，受到历代画家之青睐，不乏佳作传世，石伽博前贤之众长，独创清润葱俊，势随风卷之风格。他曾题竹幅云："兴到笔随，笔到意生，有心手两忘之境，岂半生苦练金丹，自炉火中来耶！"可见其功力之深。曾为孙儿小龙新婚缀壁画风竹一幅，但见疾风拂面，云影苍茫，风中一枝翩然起舞，一枝溯风而啸，大气淋漓，道劲酣畅，题曰："鸾凤和鸣"。如此赋竹枝摇曳以金鸡狂舞之动态，筝弦鸣秦之乐声，出神入化，令人叹为观止。早在一九四七年出版的《中国美术年鉴》中就有"石伽善画山水及竹，万竿烟雨，苍劲中饶有俊逸之气，功力之深，艺辈之精，时下罕见"的记载。

郑逸梅在《艺苑花絮》记某年上海文史馆馆长江翊云来访，郑氏把藏扇给他看，其中有石伽画竹，水墨不设色，潇洒得很。翊云爱不释手，过后，郑氏请石伽画了一柄送他，他视同瑰宝。郑氏叹曰："翊云因善画竹，石伽之竹获得内家其赏了。"陈从周曾与石伽、浅予同启蒙于胡也衲师，从周在为石伽出版《墨竹析览》一书的序言中写道："宋人之竹，院本重勾勒，结构谨严。元人多墨竹，遒劲简淡多不尽意，寓狷介高洁之性于画中。明清以降，作者辈出，承先人之遗规，另辟蹊径，要之皆非无本之木，卓然成家，非数十年功力不逮也。故元明以来名画家无一不工写竹者。竹者，画之基本也。余尝论造园有法而无式，能入方能出。石伽之艺，非以式囿人，而以法启人也。悟其理，通其变，则挥毫自如，方出新境，金针暗渡，其在斯乎？"

至于山水画，石伽认为我国山水画有着极其丰富的传统，历代画家的成就都离不开学习传统的基础，更何况丰富深湛的传统技法本身就是发展的产物，它又为向更深更高的境界发展提供坚实的基础和完备的条件。只有对传统技法有比较深刻的了解和熟练的掌握，运用自如，才能继往开来。离开了传统功夫的努力，创新只能是一句空话。所以,他的山水画从笔墨技法上多循传统,但在章法意境的刻画上都不拘成法而自成一格,从古朴中透出新意,使人赏心悦目中感受到国画艺术内在的生命力。石伽在《山水画基础技法》一书中着重阐述了自己的美术观点:“传统技法是发展的,传统的风格、布局、意境、情趣都是发展的。‘推陈’是为了‘出新’,没有不断的革新创造,山水画就没有生命了。”

(三)

石伽既是一位蜚声海内外的国画家,更是兢兢业业,桃李满天下的国画教育家。早在二十年代,他就开始了教学生涯。当时他的老师,清末民初画家王仁治开设国画学馆,培养了不少国画人才。石伽二十六岁时,王仁治病故,学生们都要求石伽出任教学。他当时正客居海上,毅然回到杭州,从此走上了教画育人的道路。四十年代初,从学弟子更应接不暇。当时众女弟子建“瑯环画会”于杭州,以后又有“小留青馆”书画社成立,课授教画,从学者近百余人。

新中国成立后,石伽曾任教于京剧院、越剧院,培养新一代戏剧美工人才。以后就一直在上海市工艺美术学校执教。长期教学实践中他深感国画传统技法相去日远。清初的《芥子园画谱》是国画启蒙之作,行世以来,脍炙人口。但《芥子园画谱》的康熙五色套印木板早就不易得见,时下流行的本子都几经翻印,用笔用墨均无从分辨。为培养新一代国画人才,亟需编出一部新芥子园画谱。石伽积多年教学之经验,编绘了一册《山水画基础技法》。此书凡一百三十六幅画稿,从执笔用墨到树石峰峦,瀑布云层,循序渐进地介绍山水画勾勒点染等基础技法,并将宋元名家山水画法分类示范,使初学者对如何运笔,如何用墨一目了然。同《芥子园画谱》

比较，既有新的发展，也下了一番删繁就简的工夫，更便于初学者自学入门。此书重在继承传统，所以在十年内乱中被视为“封资修复辟”，画稿从中华印刷厂撤回封闭，不予发表。直到一九七九年，上海人民美术出版社重为整辑，终得问世，使国画爱好者大喜过望，曾重版五次，发行二十六万册，为国内同类书籍所罕见，香港某书局又有英译本行销海外。

一九七九年该书初版三万册，石伽曾题七绝一首：

春茧缠绵丝不尽，大河上下浪声喧。
今日旗开三万箭，岂能一战完中原。

石伽深感要发扬传统，使初学者都能有扎实的基础功力，改变画风时弊，三万册是远不够的。一九八五年，当他得知该书连续发行到第五版，总数已达二十六万册时，欣慰之余再写诗一首：

自斟残稿画云笔，说甚尹邢有异同。
但祝化身千百万，手栽桃李沐春风。

著名画家叶浅予给石伽写信，盛赞此书并建议中央美术学院国画系采用为教材。石伽还以很大的精力参与编绘了篇幅规模更大的全国工艺美校国画山水教学大纲和统一教材，可惜此稿为“文革”所毁。

近年，被誉为“竹王”的石伽又不负众望，积平生画竹之体验，编绘《墨竹析览》一书。经上海书画出版社出版，成为美术教育界又一盛事。海内外中文报刊纷纷发表书讯书评。《人民日报(海外版)》载文云：“八十二岁的老画家申石伽画墨竹，久负盛誉于日本，其竹颇有郑板桥的不屈气概……《墨竹析览》一书，风靡一时，一版再版。”《澳门日报》载文云：“当今中国画坛上以画竹闻名遐迩的要数申石伽先生了。”“《墨竹析览》一书，是著名画家申石伽课徒之作，收录了其墨竹代表作三十一幅，欣赏石伽之竹者可读，学石伽之竹更值得一读。”陈从周教授为此书作序，针对画界时弊，指出今日画界多继承不足，革新太快，“书画日渐分道，且与文学时趋脱离，则画竹之道更无从言矣”。“任意涂抹非属不可，然无法度，等于杜撰。石伽有心人也，惧斯艺之沦亡，振八代之文衰，兹集之作，良有以也”。

《墨竹析览》除详密剖解画竹之传统技法外，又将千姿百态之竹悉以纳入，如风雨朦胧的《风雨梢头》，似隐似现的《溶溶月色》，用飞白之笔表现的隆冬雪竹，以及与山色相连，与梅、松相连，墨竹与双勾竹相连等画法，可谓美不胜收，在发展前贤技法，从取势、出枝、发叶等运笔用墨的变化中达到孤高傲挺、清灵逸秀的独特风韵。石伽自喜是书出版了却平生夙愿，因赋诗曰：“耆龄手写筼筼谱，笑说识毫尚少年。”

石伽热心于国画教育，他认为作画难，教画更难；作画乐，教画更乐。教画比作画要求有更多更系统的有关画理、画论、画法和画派的知识和技巧，所以难；教画又能有利民族绘画后继有人，所以乐。为此，石伽曾书有“春风桃李，平生佳遇”之句，得意门生遍及海内外，有的早于四十年代就驰誉沪上，有的已在国外举办画展，有的则已成为国画教育界的后起之秀。他曾为弟子蔡天雄画展喜赋七绝一首：

君争子畏千秋业，我愧东村一日师。
垂老欣看桃李艳，朝阳红上最高枝。

从石伽学画的不仅有美校的大批学生，还有众多文化艺术界的知名人士。近年正式立雪程门学画的先后就有评弹艺人杨振雄、电影演员蒋天流、京剧演员齐淑芳、昆剧演员岳美缇等，甚至部队的战士、工厂的工人。石伽对所有学生都悉心指导，一丝不苟，学生们也不辜负老师的厚望，都能认真学习，刻苦钻研。有的在部队也开了画展，成为军内闻名的创作员，电视台曾拍摄过新闻专题片。

石伽为国画教学呕心沥血，有些同道好友常为之惋惜，认为画几笔，卖卖钱，岂非轻松而实惠，何必致力教学。石伽不以为然，他说："教画比卖画难，国画要繁荣创作，仅有几个画师是不够的，要努力培养新人。我希望学生超过我。我不是画家，我只是一名教师，甘为教学终吾生。"他多次呼吁国画界不要热衷于国画出口赚钱而忽视了国画人才的培养。唯有后继有人，国画事业才能发展。

一九八三年，石伽门生联合举办"石门艺苑"画展，获得了很大成功。目前上海工艺美术的骨干，大部分是他的高足。为了更好地激励后学，促进国画教育事业，石伽于一九八七年将他四十幅国画精品，在市工艺品展销公司购物中心举办"西泠石伽山水墨竹画展"，展出作品所得全部捐赠给上海工艺美术学校，作为奖学金。为此，该校正式成立"石伽奖学基金会"。此举震动上海国画界，同行交口称赞石伽教画育人的赤诚情怀。当石伽八十生辰之际，及门弟子排日举觞为寿。众弟子中有最年幼的部队小画家在座，石伽即兴为赋"渭水我惭垂钓日，雄棋君未过河时"，对年轻一代充满挚切的期望。在上海青年山水画爱好者学会索题册页上，他又为诗云：

花未全开酒未酣，丝丝辛苦学春蚕。
砚边珍重千秋业，青出于蓝更胜蓝。

四十年代末，石伽一弟子到北京看望齐白石。齐白石问起你跟谁学画，答曰："西泠石伽。"齐白石点头称是，曰："西泠石伽是个高手，书画全才，跟着他要好好学。”随后托弟子带一方刻有“石伽”二字的石印给石伽，望日后彼此互通声气。该印边款刻有“齐白石刻，百余年牛有栋石”字样。此印几经辗转流离，直到近年方由香港古玩商人识得。商人有心结个艺缘，成就一段画坛佳话，终于将这方非大手笔不为的朱红色名印送到石伽手里。石伽与白石相互慕名，却素未有来往，抚今追昔，石伽感慨不已。

（四）

石伽不仅画艺精湛，而且填得一手好诗词。他作画亟重题句，诗画相映，尽抒情怀，表现出诗词书画统筹运帷相得益彰的独特才华。石伽题画诗每于山川胜景中抒发人生际遇，吟来隽永亲切。例如七十生辰自题西湖小品，调寄“临江仙”云：

> 记不分明湖上路，那时人住西泠，大堤杨柳掩重门。绿波浓似酒，花气欲倾城。
>
> 七千流光今渐老，天涯芳草青青，问寿毕竟为谁春？乡思肠九曲，化作一湖水。

石伽的诗境词境亦画境，往往不见其画亦能想见笔墨。如《题华山图》：“北望黄河吞渭水，遥看残雪压秦川。”其诗词又颇多禅意，昔人语：洞晓世情皆学问，石伽是以当之。

自弱冠至政治大动荡前夕，石伽积有四十余年旧稿，皆毁于十年浩劫。友朋每为深惜，石伽则胸怀旷达，一笑置之，“本来无一物，何必着尘埃”。唯独所编《历代诗词韵文选》一书，凡一百三十余万言，全稿十六册，于“文革”时荡然无存，则为之不欢长叹。该稿系与其女弟子，选自汉魏六朝，直至唐宋元明清及现代各名家诗词，或长题，或断句分六十余类。凡山水花鸟等画种，均可分类找觅题句。石伽经数十年精力成此宏大工程，今已不复重整矣！近年他将近作诗词画题集为一册，由周道南编定付印，届时画界同仁将能从石伽诗画一体的题句中，品味其独到的境界。

石伽是位历经朝代更迭而充满爱国热忱和浩然正气的艺坛老人。当故乡为日军所占，避沪卖画“自甘沦泊”之时，他写《十万图》山水以抒素志。在《万里风涛》画中题道：“劫火四围，欲归不得，心上回波，付诸毫楮，不觉风涛万里矣。”又题《万竿烟雨》曰：“少时有竹坞山水之缘，不觉看山看竹，遂种此因，屈指翠袖迷离，烟烟雨雨二十亦矣，砚北窗南，似此愁缘，将何以了”，表达了沦寓海上、抗战未胜的沉郁之情。《十万图》首幅《万柳藏春》题有“花市春灯，已非畴昔”之句；末幅《万山积雪》寓春藏地下，一旦春暖雪消，则大地回春之意。全册所题皆寓抗战必胜之信念。抗战后期，石伽在上海、杭州先后成立“留青馆画会”。“留青”意即国家长存，决不会灭亡，表达了他炽热的爱国激情。

一九七七年，粉碎“四人帮”，结束十年内乱，国家前程有望。石伽抑制不住喜悦的心情，在春节联欢会上即席赋诗题合作画云：

八亿神州八亿力，百花齐放百家鸣。
千红万紫迎春笔，浩荡人间步伐声。

写出了劫后余生中国知识分子的一片丹心，赤诚情怀。

“文革”十年，石伽身心备受摧残，他在“牛棚”中依然以炭作画，并以铮铮铁骨写就一组“炭稿戏题”，其中有：

四周要壁如兴火，一槛窗楼判死生。
炭稿画来多苦竹，矮棚风雪正欺人。

昔日师尊今楚因，鳞伤烁烁尚难休。
先生此日无长物，画竹一枝赠牧牛。

不道今朝有画痴，寒梅苦竹两心知。
画成不敢题长句，只怕红诗当黑诗。

沉愁积叠岂无因，焦壁残山乱炭皴。
不耐长街连日雨，眼前多少坠楼人。

魅魑魍魉非人世，鹰犬狐狼各自哗。
哗醒老夫长日梦，起床独自画兰花。

当时有人诬陷他画的一幅朱砂竹是攻击共产党，审讯室里将他打得昏死过去。然后又用冷水将他泼醒，迫他屈服。石伽铮铮铁骨就是不低头。被打当天，回到家里，他忍受伤痛，铺纸挥毫，一气呵成一幅墨竹图，并题七绝一首：

密室刑场命若丝，横眉难恕弄潮儿。
多情泼我还魂水，今日依然画竹枝。

“文革”后，石伽冤案得以昭雪，上海刺绣厂女弟子以朱竹稿绣成大幅丝绣，陈列于工艺美术展览会，以示正义。石伽赋诗有感：

肺腑有时忌病灶，欢娱从不计灰期。
屈楼夜夜灯如昼，又将丹砂画竹枝。

并刻有闲章“石仙朱竹突秀围”画坛传为美话。可见竹是石伽人格的体现，把竹放在风的独特环境中，对竹的韧性、弹性着力刻画，使竹的性格、品质得到充分的艺术表现。竹禁得起风吹雨打，画家表达了自己在逆境的挫折、坎坷的颠簸中的追求与向往。

石伽为人谦抑恬淡，性格稳重安静，自甘寂寞。他在上海愚园路的老居，仅方寸六步，曾题为“六步诗楼”，吟咏书画，起居生活，与夫人夏婉君寓此凡二十七年，真个是“居陋巷，人不堪其忧，而颜子不改其乐”。石伽曾为题诗曰：

六步诗楼养鹤笼，余年于此亦从容。
故人若问春消息，老树花开数点红。

一九八四年石伽始移居兴国路新屋，有移居七律一首云：

海隅浮家春复秋，南乌三匝此栖留。
诗情淡荡半窗月，画笔纵横六步楼。
病妇倚床常戚戚，佳宾促膝思悠悠。
今朝忽报云开日，党有深恩我白头。

石伽现任上海文史馆馆员、浙江文史馆名誉馆员、上海工艺美术学校顾问。他从不因已有的成就而沾喜，亦无意于嚣嚣名利，对一般的社会活动谢绝参加，更极少在大庭广众之间挥毫作画。这种对名利的淡泊在国画界同仁中有口皆碑，为时人所难以企及。然石伽又热心公益。早在四十年代他就用两度举办个人画展之所得，创建“友声图书馆”。他曾写诗云：

已穷笔墨趣，更臻山川美。
何必换黄金，争得人憔悴。

充分表达了他的人生哲学。

石伽十六七岁便学佛学，他为人处世治学深含禅意。即使在“文革”造反派的鞭下，依然表现出雍容气度。他曾有题画诗云：

四凶鞭下余生日，万象尘中自在身。
日日江山画不尽，莫将恩怨苦今生。

近年他的一首题竹诗表达了他历尽沧桑而更高洁的人生境界：

墨饱心宽自在身，了无思虑复天真。
一枝大竹通霄汉，塑个顶天立地人。

信函

给吴世昌的信

1962 年

子臧[1]我兄：

顷阅《文汇报》，欣悉兄嫂荣归祖国，并将在文学研究所研究古典文学，发扬祖国文化，无任佩慰。到京后部署略定，想当南来一游，返浙省故乡否？道经上海，盼预示，以便迎候，一倾年来积愫，欣幸何极！弟等一切粗安，最近因参加修订《辞海》工作，早出晚归，稍觉忙碌耳；丕余颇能用功，身材高大，发育正常，堪以告慰。

匆此上申，不尽所怀，顺颂

旅祺百益！

弟世禄上

九月二十九早

子臧我兄：

一月间奉到手书附给丕余照片一张，匆匆又半年矣，稽迟修复，殊用歉疚。

小平曾下乡参加社教工作，今年五月间回京，来信谓去尊寓拜访，一切安佳，甚为欣慰。弟等久拟赴京一游，并图与嫂兄畅叙几

---

① 吴世昌(1908—1986)，著名汉学家、红学家。浙江海宁人。1935 年任职国立北平研究院史学研究所，先后任《史学集刊》编委，西北联大、西北大学国文系讲师，中山大学国文系教授，桂林师院国文系教授兼系主任，中央大学国文系教授。1949 年后历任英国牛津大学高级讲师，剑桥大学博士学位校外考试委员，伦敦大学中国委员会委员、执行委员。1962 年回国，任中国科学院哲学社会科学部文学研究所研究员。1978 年任国务院学位委员会第一届学科评议组成员，中国社科院文学所研究员、研究生院教授、博士生导师。全国人大常委会委员、教科文卫委员会副主任委员。

天，衹以此间青年教师多下乡工作，弟任课增加；暑间又因丕余投考高校等琐事缠身，不易出门，正不知何日能成行也。丕余投考高校，填报艺术、外文等科，学校地点：北京、上海等；目前正忙于应试，一俟结果揭晓，当即专函上闻。弟等粗安如常，堪慰廑念。

匆此上申，余容后续。顺祝

箸安百益！

嫂夫人以次均此叩好！

弟张世禄再拜

瑞云附叩

七月十日

子臧嫂兄：

旬前蒙颁手教，并赐读近著《高鹗生平及其作品思想》，得悉嫂兄近状俱胜，殊慰下怀。丕余昨日已接联合招生委员会及中央工艺美术院通知，录取入该校之陶瓷系，将于本月下旬进京就学。此后数年中，渠得有缘时常侍奉左右，亲领训诲，以期成材，甚为欣幸！

拟给渠郭临《砖塔铭》，亦当亲去面领，不必南寄也。弟等近颇有意偕丕余一同进京，作短期游览与访友之计，居住问题，恐扰尊寓，有妨嫂兄工作，拟俟到京再说。行期确定，当再报闻。

匆此上复，即叩

俪安百益！

弟世禄再拜

瑞云附叩

八月四日

子臧我兄：

接读十一日手教，欣喜文从在黄山修养，不日到沪杭一带游览，把晤非遥，欣幸曷极！行期确定，望即预示，以便迎候。或到沪时，请电话618495复旦九舍六号，即当趋迓。弟处房舍尚宽舒，可暂住也。

绍虞先生虽不住校内，亦常相遇；东润、文祺诸兄住处甚近，文祺近日往青岛休养，不日当可回沪。雨亭夫人消息不明，不知在沪否？小平旬前已回沪，月底当去京返校。丕余参加排球队，近日在校中集合训练，文从到时，当令其回来拜候。

匆此上复，余俟面达，即祝旅祺！

世禄上

瑞云附叩

八月十五日

子臧嫂兄：

八日手书，早经奉读。弟等偕丕余三人近日离沪，约二十三四日到京，届时即至干面胡同拜访，把晤非遥，一切容俟而申。

顺祝

俪祺百益！

弟世禄上

瑞云附叩

八月二十日

子臧我兄：

日前晋京游览，蒙盛情渥遇，连日拨冗导游，感激无似！

在府诸多纷扰，适值伯昇嫂准备下乡，增加忙碌，心殊不安也。

弟等当日晚间到徐州下车，在徐又游览两日，住两晚，昨日上午十时始返抵复旦校中，一切粗适，堪慰锦念。

在徐州师范学院，除吴奔星兄外，又晤旧友蒋庭曜（石渠）先生。渠谓与我兄当年桂林分散后，尚未一面，特嘱代为函候，寄语“故人无恙”云云。

伯昇嫂四日果行否？毛弟曾去送行否？到山西后详细地址，盼便时告知，以便通讯。

匆匆上申，余容后续。即祝

撰祺百益！

令徽、令安均此道候

弟世禄再拜

内子瑞云附叩

九月四日早

子臧嫂兄：

别后匆匆，又将届月，缅维近状佳胜，阖第安谧，定符遥祝。

月初弟等返沪时，曾寄函报告行踪，想蒙察入。小平旬前赴长沙，来信谓：工作派在省轻工化工所，通讯处：“湖南长沙五一路省轻工化工所产品设计公司”，令徽、令安有暇，盼与之通问。前日寄上小包裹一件，内有：上衣一件、塑料皮管一条、维他命C两小瓶、糖数两。皮管系装在自来水龙头上应用，略有伸缩性，可用温水浸其一端使略张大，易于装置。诸希察纳为盼。国庆节将届，毛弟来信谓要参加游行，正忙于练习，近日曾来探望否？弟等安好如恒，堪慰廑念。匆匆不尽，即祝俪祺百益!

令徽、令安均此道候

弟世禄上

瑞云附叩

九月二十八日

给傅东华的信

东华先生:

近日较忙,手教未遑即复,甚歉。顷又蒙嘱特交望道先生一书,当于明日亲自送去,希勿念。关于尊著构词法一稿,禄初步拟了一个修改大纲,另纸抄来,未卜可供先生参考否。尊稿务请赶早积极修改,并望多多采用群众的意见,俾使著作本身更受群众的欢迎函盼。

关于构词法,似乎众说纷纭,其实就是一个“复音”与“复合”的问题,喜欢时髦的人多以“复音”来概括“复合”,而先生的六型制,乃以“复合”来概括“复音”,不愿随波逐流,精神殊为可佩,不过走到另一个极端上去,亦与事实不尽符合,同样地执持着片面的见解了。复音与复合虽然很接近没有截然的分界,但是事实上确是并存的。禄认为先生所批的“融合型”,应尽量加以分析,不要把“复音”混入于“复合”。未知先生以为然否?所用术语,批改用比较通俗的。关于复合词,批尽量采取当前语法学上所流行的术语。

又,分别类型,不应以“字序”来作唯一的标准。“节奏”的说法,也只能作一种参照。希望对于“六型制”不要坚持,赶早积极地加以修改。

匆匆上复，不尽欲述。顺祝
著安万益！

教弟　张世禄再拜
五月廿二日晚

附：傅东华先生给张世禄先生的信

世禄兄：

您的复信和农工党的一束文件都收到了，谢谢！

您对轻声的问题既觉得重要，我还是要向您请教。

我起先读了王辅世的那篇文章(《中国语文》48 期 23 页)，觉得他那样把轻声按照前一音节的声调分成四类，是不容易掌握的，实际上也分不清楚。因而想象它是本音节的一种复调，就根据着“哥哥”“爷爷”“姐姐”“妹妹”等重叠词分成高、中、低三类。现在经您指点，才知道这是我的一种错觉，因为根据重叠词来考虑，仍旧把前一音节的影响忽略了。

不过注意到了前一音节的影响，就又觉得一律当作“中衡调”的办法也不妥当。例如“姐夫”和“丈夫”，“礼服”和“衣服”，“寡妇”和“夫妇”，那两个“夫”“服”“妇”都显然分得出高低。同样，“我的”“你的”的“的”比“他的”的“的”高，“走了”的“了”比“去了”的“了”高，“老子”的“子”比“落子”的“子”高。这些较高的轻声，都是受了前一音节上升调的影响。至于前一音节是阴、阳、去，那就分不开来了，正如您所举的那四个例子。那么，我们可不可以把这条规律修正为：

轻声 { 在阴、阳、去声的后面是　. ｜ 2.
　　　 在上声的后面是　˙ ｜ 4.

次轻声{在阴、阳、去声的后面是　˦ 2.
　　　　在上声的后面是　˨ 4.

此外，还有一些嵌在词中间的次轻声，那又不能这么分，如“管不(得)了”和“去(来，待)不(得)了”分不开，似乎只能一律当作中衡调(˧3)看待。

请您有空就给我一个回音。祝

健康！

傅东华

8月25日

给倪海曙的信

1987年

海曙学弟：

去岁您为我的学术活动纪念会奔波京沪，感甚愧甚，并送我许多大著，禄虽目力衰退，但当克服困难，在家人帮助下慢慢阅读，特此致谢。

上次黄志强君毕业答辩，承您不辞辛劳远道来校主持，使一切得以顺利进行，至为感谢。光阴似箭，今冬申小龙同志的博士答辩又将临近，小龙是我学生中的佼佼者，在学术上颇有前途，素知您是了解他的。我年事已高，退休在即，六十余年教学生涯，极望能圆满结束，这是我的最大的愿望。特函邀请您能在百忙中挤出时间来主持会议。切望慨允。您如单身出门不便，可请费锦昌同志或其他人陪同来沪(费用当由校方支付)。亦可由小龙来京迎接。

申君论文将于九月份寄您审阅。答辩日期约在年内10至11

月。您认为何时相宜，完后告我，以便就近通知其他先生。余容后续。

顺颂

文安！

张世禄

五月十五日

给郭在贻的信

1987年

在贻先生：

承蒙您欣然允诺作申小龙同志博士论文的评阅人和答辩委员会成员，不胜感激之至！

申君是我六十余年教学生涯中最后一个学生，他常谈及您的学术成就，及您对他的关心和指教，令人赞慕，感同身受。小龙毕业答辩拟于年内举行。具体日期，另函奉告。书不尽意。

顺颂

文安！

张世禄

五月十五日

论文题为《〈左传〉句型研究》。知注特闻。又及

给刘如瑛的信

1979 年

如瑛[①]学弟：

上月中旬手书，早经奉读，课务匆匆，迟迟修复，殊以为歉。顷又接诵五日惠翰，得悉尊稿《荀子校释补》已由《文史丛刊》编辑室查明下落，并允选择登载，至为欣慰。《文史丛刊》选稿较严，登载之稿，质量较高；望静候刊出为盼。

扬州胜地，亟欲一游，暌隔日久，更思把晤畅谈，一罄衷曲。祇以课务缠身，不能确定时日耳。

匆匆上复，不尽所怀。顺祝

撰祺，并颂

谭吉！

张世禄谨复

十二月七日

1980 年

如瑛学弟：

我等昨日下午安抵复旦，诸凡顺利，务希释念。此次游扬，除烦劳诸旧友以外，又蒙院领导、系领导盛情款待，至为感激。临行不及一一叩辞，敬乞便时代为致谢，是所盼切。

您体力有限，家中又有病人，至祈善自珍摄，多多保重，实为

---

① 刘如瑛，徐州人，1948 年进南京中央大学中文系，1952 年毕业，是张世禄先生的学生，研究训诂学。后任扬州师院教授。1978 年促成扬州师院邀请张先生赴扬州讲学三天。

祷盼！

您家手电筒，置在箧中，未及检出奉还，容俟应中同志返扬带上。

匆匆草上，余容后续。顺祝

谭吉！并向慎夫、仲谋二位先生致候！

嫂夫人及岸挺辈均此道好！

世禄再拜

瑞云附叩

四月三十晚

如瑛学弟：

上月初旬手函及岸挺惠书，并照片两帧，早经收到。顷又接一日信，藉悉月来公私俱佳，甚为欣慰。拙稿《同源词孳乳》一文，蒙学报登载，至感孙兄盛意。文中疏编之处，如“浩荡”等，亟望校阅时随手补正，幸甚。大作《荀子校释补》，上海古籍出版社所编印的《中华文史论丛》方面，常有接触，当为催询，希勿悬念。今日除为研究生授课外，又参加沪市高校教师升等审批工作，颇为忙碌。因思你提升之事，还是要积极进行；平时所写论文、笔记，随时积累，以为请求升等的依据，祈勿自弃，至盼。

匆复不一，顺祝

谭吉，并颂撰祺！

慎夫兄及诸知友均此致候，恕不另笺。

世禄

内子附叩

八〇年六月四日

如瑛学兄：

三日手书，早经奉读，稽复为歉。学报中刊载拙稿《同源词孳乳》，蒙为校阅，至以为感。应中兄昨日过沪转赴昆明，述及阖潭均称顺适，殊为欣慰。

《荀子校释补》尊稿，据古籍出版社来函，在《文史论丛》第四辑登载云云。兹将原函寄奉一阅，请放心。

暑中精神懒散，兼有琐事，不拟出门。诸称粗适，堪慰廑念。

匆匆上申，不尽所怀。顺颂

潭祇百益！诸知友，不一一致候，便乞代致意。

弟　世禄

七月十五日

如瑛学弟：

上旬惠寄《〈荀子〉校释补》校样并景先生所著"五笔检字法"等油印文件，早经奉收。在无锡寄发十一日手翰，亦早已奉读。祇因琐事匆匆，稽迟修复，甚为抱歉！景先生创立"五笔检字法"，胜过四角号码检字法，一待稍暇，当为撰文作鼓吹、宣传。望得便代向景先生预为致意是荷！

《荀子校释》一稿，《文史论丛》刊出，对异日升等问题的解决，较为有利。务望嗣后多多将撰著投登流行刊物中，如师院学报上多多发表，对己对人皆有裨益。当然，身体最重要，不妨多运动，以调剂精神，慎勿以勤于写作而减少睡眠也。

我琐事较忙，幸身体可以支持，家中亦安好如恒，乞勿挂念。

匆匆上复，不尽欲言，顺颂

撰安！并祝潭吉！

沈、金诸熟友，乞为致候！

世禄再拜

十二月二十八日

如瑛学弟：

上月十三日、二十七日手书，均已奉阅。师院学报三期两册，并汇稿费五十元，亦已先后奉收，拜领之余，感惭交并！拙稿《同源词孳乳》原系油印本，当时匆匆，未及仔细校阅，亟投诸学报，致累弟台费神校对，是正不少，铭感奚如！刊布经过，又蒙仲谋兄劳神照拂，并加优待，至祈就近代为道谢，恕不另笺也。

奉上《复旦学报》语言文字专辑一册，乞赐阅。

我等近况如恒，乞勿挂念。我课务较忙，本月底，武汉市有“音韵学研究会”开会之机，拟偷闲溯江一游。往返情况，容俟去后报知。

匆匆上复，不尽所怀，顺颂

撰祺！

世禄

十月十一日

仲谋、慎夫及诸知友不及一一致候，乞便时代为道好！《〈晏子春秋〉校释补》等稿已投寄长寿，有无回音，便时告知。禄又及

如瑛学弟：

十四日、十六日两翰，一一奉读，得悉公私俱胜，殊为快慰！所示景幼南先生“汉字笔顺排检法”的文章，琐事匆匆，未及研读，容俟稍暇，细细研读，再去函请教。景先生系前东南大学老同学，道

德学问，深为钦佩！乞预为致候。

我上月底到武汉，本月五日到长沙，在湘逗留旬日。回沪后喘息甫定，即被邀往杭州，参加《词典》第二次编审会议。定明晨赴杭，行色匆匆，不尽欲言，顺祝

撰祺，并叩潭吉！

世禄再拜

内子附叩

十七日晚

1981 年

如瑛学弟：

元旦手书，早经奉读，得悉府中大小如恒，甚为欣慰。《学报》四期，亦早已收阅。此次所载某文，实无甚学术上的价值，亦无实际的意义；因提高梅氏《字汇》的地位，对“古代汉语”的学习并无多大意义。此事不足重视，暂置勿论。

我目前课务仍觉忙碌，幸身体尚可支撑；内人前日突患心脏病，经医诊治，已渐痊愈；日常生活，不免有所紊扰。一切渐复原，请勿挂念。

匆此上复，余容后续。即祝

潭吉，并颂撰祺！

孙、金诸先生及熟友，晤及乞代问候！

世禄再拜

如瑛学弟：

十五日手书，诵悉。参加武汉训诂学会回扬，公私佳胜，殊为

欣慰。我因研究生毕业论文须留校指导，未能赴会，致失此良觏机会，甚觉怅然！

下月初旬，江苏省语言学会举行成立大会，又南大将举行研究生毕业论文答辩会，南大诸旧友邀我前去参加。如无他事，将赴宁一行，未知扬师方面由谁代表到宁参加，甚以为念。

函中道及某某出言不慎。我素知其人，并识其底细，请勿介意。

匆此申复，不尽所怀。顺祝

撰安，并颂潭吉！

世禄拜

五月十八日

如瑛学弟：

上月抄手书，早经奉读，得悉有调往苏州铁道师院之议，未悉果实现否？至为怀念。

拙稿《同义为训》一文，如扬州师院学报急需稿件，请转交发表，并希为校阅一遍，错误即代为改正为感。

月内江苏语言学会成立，南大又举行研究生毕业论文答辩会，拟去参加，当于本月十七、八日赴宁。

兹寄上送扬师学报的拙著一文，并附关于基本词一文，诸希指正。

匆此奉复，不尽欲言，顺祝

双安，并叩潭吉！

世禄再拜

六月十一日

如瑛学弟：

我于十八日赴宁，十九日参加南大研究生毕业论文答辩会，二十一、二十二两日参加江苏省语言学会；二十四日返沪，一切粗安，诸希勿念。

在宁时，与鲍明炜、颜景常、周春镜、李德先诸知友畅叙，至为欣快；蒙寄款至宁，已为代购大蛋糕相送，深领遥情，多谢！南师会中，晤苏州铁道师院唐文同志，据谓文从调苏事，可就成功。何日移家至苏？甚以为念。

匆匆申谢，不尽欲言。顺颂

潭吉！

世禄叩

内子附叩

八一年六月二十六日

如瑛学弟：

上月二十六日手书，早经奉读，稽复为歉。在宁之际，蒙寄款送寿糕，殊为心感。与德先等知友通讯时，乞代道谢。

关于拙文《同义为训》繁简字排印，一遵弟台所嘱办理；该文得弟台校阅，亦该文之幸也！内中有误，乞迳为校正。

调苏工作事，恐扬师挽留，不易抽身，似任其自然，不便勉强。

溽暑烝人，希自珍摄！匆复不一。

敬叩

潭吉！

世禄再拜

内子附叩

七月十日

如瑛学弟：

屡承寄书存问，无任心感。祇以琐事匆匆，稽迟奉复，殊用歉然！

月来因有六七位研究生，举行毕业论文答辩会，事先须将冗长的论文细细评阅，倍觉匆忙。差幸身体尚堪支持；家中大小亦称粗安，希释锦念。上月摄一小影，附上祈哂存之。

弟台工作之暇，整理《管子》，日后可以成秩出版。此事中央极为重视，出版局曾接到中央文件，并举行会议；整理古籍之作，不怕无出版机会也。

岸挺分配在扬州地区，至以为慰；文从苏州之行，殆作罢论，念之。

匆匆上复，不尽所怀。顺祝

撰安！并祝

阖家安康！

张世禄再拜

十二月二十五日灯下

1982 年

如瑛学弟：

二十日手书，昨已奉读。汇下二十元，万万不能收领。因为你家中生活紧张，我没有接济，你负担如此之重，我心里已抱不安，哪里还可以收受你的钱？兹仍将原款汇还，万万请你收回。

内子心脏病，经医诊治，已逐渐康复；我亦身体如恒，寒假中可以休养几天，其他都平安，请勿悬念。

《学报》向我索稿，日后自当报命；惟琐事匆匆，请勿限以时日。

匆复不一，顺祝

教安，并叩

阖府均吉！

世禄再拜

二十三日

如瑛学弟：

二十日手书，早经奉读，得知家中双安，岸挺工作如意，至为欣慰。

我等上月中旬赴青岛一游，不料至青后，患腹泻，卧床旬日始渐康复。本月中旬返沪，一切如常，堪以告慰。

兹有某出版社要求我写一份近年来所作论文目录。我在扬州师院学报登载过两篇，一时忘了载在哪卷哪期；敬乞便时代为查明示复是感。

匆匆上复，不尽所怀。顺祝

双安百益，并叩

潭第康泰！

世禄再拜

八月三十日

如瑛学弟：

前奉手书，荷承告知拙作两篇在学报上登载年月，至以为感。兹寄上本届毕业研究生论文《说文读若研究》一篇，可否介绍在贵师院学报上登载，敬希裁定，并候惠书，此请

教安！

岸挺　均此问好！

世禄再拜

十月四日

1984 年

如瑛学弟：

月前手函，早经奉读，琐事匆匆，稽复为歉。应中兄来晤，得悉阖门均吉，公私俱胜，至以为慰。渠带下惠赠茶叶一罐，罐映扬州风景，当长留纪念。拙文《同源词孳乳》，蒙悉心校阅，至为铭感。《晏子》一稿，想仍在整理中，甚盼整理完工，再图发表。近日值开学，比较匆忙，即祝撰祺，并叩潭吉！

诸熟友不及一一修候，乞便时代为道好！

弟张世禄拜复

一九八四年九月七日

给李行杰的信

1979 年

行杰学弟：

十一日手书，诵悉一是。关于等韵学最后部分讲稿，又在整理，俾成完璧，甚为欣慰。

复旦分校，正需要教师；奇光、光磊、达武等竭力为你推毂；如果能成事实，逐渐转移到本校担任语言专业课程，最所盼望。目前分校，只设现代汉语和古代汉语，特别是古汉语，更需教师，你可以写信给李同志，说明在古汉语方面的教学经验，使注意当前需要，不必提及汉语史课程。

我最近精神不佳，常患失眠，校内外讲课，暂俱辞谢，请假休息一段时间，不悉能否尽速康复。其他如恒，请勿挂念。

匆匆草复，不尽所怀。顺颂

潭吉，并祝教安！

世禄

七九年四月十六日

行杰学弟：

三日手书，早经奉读；藉悉山东成立语言学会，编印会刊，《吴棫〈韵补〉声类考》一文，将在会刊上发表，种种甚为欣慰。嗣后课务之暇，望将存稿稍加整理，如《江永音韵学思想》等，誊写多多投稿，寻取发表的机会。为宣扬学术计，不当以名利思想为嫌也。

奇光学弟，为《鲁迅研究》定稿事，赴京住居人民出版社（北京朝内大街166号），来信谓：晤费锦昌学弟与倪海曙兄，知语文出版社事，行将成熟，只是先要一段时间在文改会工作，又谓文改会中缺乏音韵学方面的人才，有积极延揽吾弟前去担承之意云云。我认为文改会工作，大有发展前途。海曙兄等义重如山，可与成大事。如果家庭方面没有大困难，还是答应前去，积极进行为是。希考虑酌定为盼。

月内琐事较忙，暑中参加评审教师升等工作。屡承招游青岛，未知暑假中得如愿以偿否？匆匆草复，即祝

潭吉！

世禄再拜

六月十三日

1980年

行杰学弟：

八日手书，《中国古音学讲话》稿子39页已经收阅，花生米一包邮寄单据亦已收到。一切请勿悬念。别来三月，因患神经性皮炎，浑身

发痒，妨害睡眠，神志昏昏，除勉强为研究生授课并撰写论文一篇（准备提交“音韵学研究会”），此外，一无所成。嘱我写音韵学史、诗律学及杂文目录，只得待日后精神稍佳，再勉力为之。《吴棫〈韵补〉声类考》一稿，过去阅过一次，深觉极有发表价值，现在既有交流机会，希尽速发表。内中关于闽南方言的资料，应否补充一点？希酌定。最近领导上叫我准备词汇方面的教学和教材，匆匆未及将尊稿重新详读一过，殊用歉然！沪上百货丛集，我的生活方面一无缺乏，此后食物千万别再寄来，这次只得道谢心感而已。光磊、奇光诸弟每次遇及，总说及您工作对口事。如全家不便迁沪，即在山大等校教读自己专业，如何？或者您只身先来沪母校，再谋迁家之计，又不知青岛方面肯放否？种种为念。我其他及家人都好，希勿念。校中房舍至今未调整。匆复不尽，顺颂
双安，并叩
新春快乐！

附稿子两札，47页。

张世禄谨复
二月十三日

行杰学弟：

上月二十三日手书，早经奉阅。适值当时有扬州之行，稽迟未报，殊用歉然！来函指出“影”“喻”两母合并的时代问题，阴声诸部的收尾辅音问题，甚得要领，当作专文讨论之。

关于《吴棫〈韵补〉声类考》的稿件，四月间，殷焕先生到复旦教研组晤谈（与其所领研究生一队举行过一次小会），我曾提起你及此稿如何处理事，殷先生即从行箧中取出该稿见示。当时殷先生等还要往福建考察。现想早已回转山大，该稿如何处理，已有明白表示否？至以为念。

我到扬州师院讲课四天，来回费十余日，归来后，又要为研究

班授课,并参加上海市高校教师升等审批工作,颇觉忙碌,幸身体尚可支持,希勿念。家中亦均好。

匆匆申复,不尽欲言。顺祝

教禧,并颂

潭吉!

世禄再拜

五月卅一日

奇光、光磊等屡次询及你工作事,足见旧友的关心。附及。

行杰学弟:

上月二日、十七日两函,二十八日所发《古音学》讲义两札并附手书,均一一收到,琐事匆匆,稽复为歉。暑中精神懒散,不拟出门;青岛之行,只得俟诸来日。胡裕树先生谓月内在青岛举行《现代汉语》定稿会议,想你可与渠晤面;你归口事,亦可谈及之。《江永音韵学思想》一稿,望暑内整理好,由殷焕先先生介绍投诸《文史哲》,如何?《东岳论丛》1期,登载殷先生《方言与音韵》一文,送我阅读。文中论到《江永的音韵学思想》,想你已经看到。其他论文,望多多发表;这次审级工作中,感到:有发表的和没有发表的,发表多的和发表少的,都大不一样。万望你注意及之。我住房问题,尚未完全解决,其余种种如常,幸勿为念。

匆复,不尽所怀,顺祝

撰安　百益!

张世禄

七月十五日

1981 年

行杰学弟：

前月抄写来的信，早经奉读，藉悉筹备语音讲习班，倍觉辛劳；现已筹备完成，何日开讲？甚为悬念。

我自六月间赴南京一行后，即懒于外出，哈市举行的高校文字改革成立会，亦以路远未去参加。暑期中，尽量争取休息。身体粗安，家中大小俱称安好，请勿挂念。

殷焕先先生暑间相遇否？乞代为问好。你的关于江永一篇论文，殷先生曾为推荐至音韵学会，未知结果如何，拟于何处发表？颇以为念。

匆匆，即祝

暑安！

世禄

七月二十九日

1984 年

行杰学弟：

五月间来信，因视力未曾恢复，作书困难，迟迟未复，甚以为歉，顷又接七月十日来信，知暑期到德州调查编辑等事甚忙，恐无暇为等韵学讲话编辑，此书既有出版价值，似宜应有一段空隙时间来编写，尤其是“字母切韵要法”为明清派等韵学的代表，应加以重点的分析研究，更非有专门的时间不可，建议先统读一遍，再进一步研究字母切韵要法。你的意见以为然否？盼暇时考虑及之。酷暑期间，希善自珍摄。专此谨复。顺颂

夏安！

向老太太问好！

小贾同志均此不另

张世禄

七月二十二日

附：张瑞云师母给李行杰的信

行杰先生：您好！

昨由吴振国同志捎来您写给我们的信，节前因禄师肠梗阻复发，再次手术，当时日夜陪护，忙乱得很，只好请小龙先回您一信。现在虽已出院，但毕竟年龄大了，人很虚弱，还需好好调养。

关于《语言论》出版事，上次已与此间老同学讨论过，但大家认为承包推销不妥，都认为稿子留着日后必有出路，麻烦您为了这份译稿伤透脑筋，多次奔走在济南和青岛之间，万分感谢。您这次信上讲“幸得韩、王二位多奔走，总算有了结果”。但具体办法如何？便时还望告知。此译稿原是法国人编写，有英文翻译本，禄师认为著作对语言学界贡献甚大，必须翻成中文，对我国语言学研究者有一定的参考价值。此书远在30年代末（当时在广东坪石中山大学任教，正值抗日战争时期，我们已有一子一女，大的才满周岁，女儿又出生了），生活十分艰辛，环境十分恶劣，吃的是“八宝饭”（糙米内有不少杂粮，并有拣不尽的沙子石子，美其名曰“八宝饭”），睡的是高低不平的硬板床，一块破板两只长凳搁起来的“写字台”，还有唯一的一张小方凳，这些都是从房东家借用的。晚上照明是一只小碟子加上三根灯草的菜油灯。白天禄师备课或编写讲义，或上图书馆看书钻研业务，译稿绝大部分是在菜油灯下写成的。我呢只好自我牺牲，退学在家，正式当起家庭主妇来了，做了两个孩子的母亲。白天操持家务，稍有空闲便带着孩子外出散步、嬉戏，因为当时只租有一间十个平方米的房间，吃、住、坐、卧，一切的一切都在这个陋室中，为了要使环境安静下来，所以每天只好抽空背着大的（广东人都用布做背兜背孩子）、抱着小的出去游荡。这样才能让他清静下来工作。大致情况就是这样。我是随便写下，仅供参考。至于序言，深知他一向不愿麻烦人家的，如一定要，是否可请此间严修先生或南大鲍明炜先生代写？后记或跋由李先生您写很合适，我想禄师一定赞同满意的。昨天吴同志来访时，小龙正好也来了，我把信给他看了，他说实在抽不出时间。他是个性急的人，说他从外语学院戚雨村先生处借来《语言论》原稿，他回去马上挂号寄您。这稿件的复印质量还不错，所以译稿原文就不寄了。外文原稿辗转借来，千万不能遗失。

《等韵学讲话提纲》让我再仔细找一找，因为许多暂时不用的东西都束之高阁，我单独无法寻找，只有等孩子们有空帮忙全部清理一下。如能海底捞针似的寻出来，当即寄奉。《等韵学讲话提纲》师专学报第三期开始发表，只好先开个头，俗语说“只好泥萝卜吃一段洗一段了”。《语言论》三月底交稿的确很紧张，原装订成册的复印稿，拆开分成若干份无妨，从哪页至哪页给何人抄写记个账，留个底，日后收回再装订可也。

知道先生您课务繁重，学校又搬了家，每天要赶时间搭校车上班，那就更花时间了。为了禄师的出版事加忙加乱，我们非常内疚，只有默默地祝您身体健康！

万事如意！！

问贾同志好！

弟妹们好！

张瑞云

1990年2月22日

草涂

给潘庆云的信

1978 年

庆云[1]同学：

接读五日手书，知已报名应考研究生。所附论文，亦经奉阅一过，内容尚称充实，还可以再加扩大，并稍行订正。（有红笔标记处，供参考；例如"之"不限于"他""他们"等，也可以代表"你""我"等，而且只限于"宾语"的用法。又如"狗马实外厩，美人充下陈"；其中"外厩""下陈"，似是"补语"，不是"宾语"，因之"充""实"不是形容词的使动用法；整句意义似乎是"狗马实于外厩，美人充于下陈"。）修订完后，希直接寄至"中文系招考研究生办公室"。我目前在编写大词典组工作，不参加招考的事情。

专此奉复，余俟面叙。即颂

教安！

张世禄

七八年四月九日

庆云同学：

二十八日手书，诵悉一是。关于《古代汉语》课本中的一些词语解释问题，就我的私见解答如下：

"夫子焉不学"即"安不学？"反问语气。

"尔有母遗"，有的语法书上作为"复杂谓语"，我以为"遗"是

---

① 潘庆云是张世禄先生的学生，复旦大学中文系 1979 级研究生。

“有母”的补语，用来补充说明“有母”的。

听讼，吾犹人也。必也，使无讼乎！

“听讼”和“使无讼”，有比较关系。两事轻重的比较，用“必也”来断定。不必追究“使无讼”的主语。本无主语，强为之树立主语，这是受西洋语法的影响。

“之”“其”严格讲，不是人称代词，“你、我、他”都通用。指示代词的性质特别浓厚。“其卑贱”即“此之卑贱”，所以等于“我之卑贱”。

“不知其亡也”，“其”指“亲臣”。“其君”——“彼之君”。

“其与存者几何？”“与”当是“与之”的紧缩，作“和他（郭氏）存在的，该有多少呢？”讲。“其”是测度句的语气词。

“尚不愧奴隶”与“何以视天地”相对，对奴隶尚有愧，何以对天地？

……大底圣贤发愤之。

“所为作也”——当读“为”为“wèi”，“为发愤而作”。

古今一体。

“安在其不辱也？”——反问句，作“哪里该是不辱的啊？”

“既以名亭”的“以”——作“用来”讲，用“喜雨”来作“亭”的名称。

“吾以名吾亭”，“以”字，动词性还是很强。（“名”，名词活用作动词）作“用来”讲。

匆匆奉复，不尽所怀。即祝

教安！

张世禄

七八年五月一日

附：张世禄为潘庆云写的英文推荐信

Dear Sir,

This is to certify that the bearer of this letter, Mr. Pan Qingyun, was a graduate student of the Chinese Department of Fudan University, who successfully completed his graduate studies and received an MA degree. Mr. Pan is applying for a teaching position in your University while continuing his studies. He is a qualified scholar. As he is well-versed in his line of specialization, I warmly recommend him to you for your kind attention.

Yours sincerely,

张世禄

Zhang Shilu

Professor in Linguistics

Doctor' Tutor

给堂弟张纪恩的信

20世纪60年代

恩弟：

手书读悉。

陈艮目前住址已函朱锡裕，小东门东街一五九号，询问得复，即转告。

陈望道校长译《共产党宣言》像译自日本文。

小隽说星期四下午约海鸥到江湾体育场看赛球，球票已购好云云，未卜能来否？乞电示。

海鸥处不另。

禄

五月二十日早

给申小龙论文集的推荐信

我的博士研究生申小龙近年来对中国语言和文化作了较为深入的研究，对汉语史和中国现代语言学史作了新的探讨，提出了一系列新观点，发表了数十篇学术论文。我认为这些论文很有价值，已形成具有科学性、系统性和独创性的学术思想。尤其是有关中国语言学方法论的探索和有关汉语与中国文化的深刻联系的研究，都是发前人所未发，卓然自成一家言，对于汉语史、汉语语法研究有重大意义，会在国内外学术界产生强烈反响。我曾向有关方面推荐将申小龙的论文到国际学术会议上去宣读。建议出版社将申小龙同志的论文选编出版（或请作者改写成专著出版），我乐意为之写序介绍。

复旦大学中文系教授　张世禄

一九八六年三月

张世禄先生年谱

1902 年　出生于中国浙江省浦江县东乡礼张村。字福崇。祖父张有烈，号梅卿，清代贡生。父张道型，号仪甫，清代秀才。母黄桂珠。

1914 年（12 岁）　进乡办小学读书。

1917 年（15 岁）　小学毕业，与胞兄张书旂一起考入金华中学，时称“浙江省第七中学”，校长为著名语言文史学家金兆梓。

1921 年（19 岁）　夏季中学毕业，到厦门大学就读。

1922 年（20 岁）　考入南京国立东南大学中文系。

1923 年（21 岁）　在东南大学《国学丛刊》发表第一篇论文《文字上之古代社会观》。

1924 年（22 岁）　参加东南大学著名词曲家吴梅为学生建立的研习词曲的“潜社”，作有词作《风入松·宋徽宗琴名松风》《桂枝香·扫叶楼秋禊》《霜花腴·红叶》等。还在《国学丛刊》《东南论衡》等杂志发表了《文字上之古代社会观》《日本藤原氏与春秋世族之比较》等六篇论文。

1925 年（23 岁）　因东南大学学潮停课，与胞兄张书旂一起前往厦门集美学校，张世禄任语文教师，张书旂任美术教师。

1926年(24岁)　春季回东南大学继续上课。

1927年(25岁)　东南大学毕业，获文学学士学位，重回福建厦门集美师范学校任语文教师。

1928年(26岁)　8月到上海，经何炳松介绍任上海商务印书馆编译所编译员，兼任暨南大学兼职讲师，并在复旦大学、中国公学等校开设文字学、语言学、语音学课程。

1929年(27岁)　出版第一本专著《中国声韵学概要》(商务印书馆)。出版《德国现代史》(商务印书馆)。

1930年(28岁)　出版专著《中国古音学》(商务印书馆)和《语言学原理》(商务印书馆)。

1931年(29岁)　出版译著《中国语与中国文》([瑞典]高本汉著，商务印书馆)，得到鲁迅和瞿秋白的赞许。

1932年(30岁)　出版专著《音韵学》(商务印书馆)，离开商务印书馆，经陈中凡先生推荐专任暨南大学中文系教授、系主任，并兼任复旦大学、无锡国专、诚明文学院、光华大学等校语言文字学教授。

1933年(31岁)　出版专著《广韵研究》(商务印书馆)和《中国文艺变迁史》(商务印书馆)。

1934年(32岁)　出版专著《语言学概论》(中华书局)。

1935年(33岁)　出版专著《语音学纲要》(开明书店)。夏应日本中国语学会邀请赴日本讲学。

1937年(35岁)　出版译著《汉语词类》([瑞典]高本汉著，商务印书馆)和《语言学通论》([英]斐尔司著，商务印书馆)。

1938 年(36 岁)　10 月与张瑞云女士结婚。出版专著《中国音韵学史》(商务印书馆)。

1939 年(37 岁)　秋遭敌特胁迫坠入汪伪组织的圈套。张世禄洞悉民族大义,牢记家国之仇,密划逃离陷阱。

1940 年(38 岁)　冒着风险,春携妻逃出上海,乘船到香港,登报声明决不同日伪同流合污,与敌伪组织脱离关系。再经越南河内抵达昆明,赴西南各省。到中央研究院历史语言研究所从事研究工作半年。任昆明云南大学语言文字学教授。翻译《老子韵考》《诗经研究》。参加中国文法革新讨论,发表四篇论文。

1941 年(39 岁)　夏任贵阳大夏大学语言文字学教授。同年秋天改任坪石中山大学语言文字学教授。出版专著《中国文字学概要》(贵阳文通书局)。

1942 年(40 岁)　秋任桂林师范学院语言文字学教授,兼任中文系主任。出版专著《中国训诂学概要》(贵阳文通书局)。

1943 年(41 岁)　抵达重庆沙坪坝,任中央大学中文系语言文字学教授,兼任四川教育学院语言文字学教授。

1944 年(42 岁)　发表《朱翱反切考》(《说文月刊》第 4 卷)、《中国历史语音学之方法》(《中国文学》第 1 卷第 1 期)等论文 8 篇。

1946 年(44 岁)　任重庆大学语言文字学教授。翻译法国房德里耶斯著《语言论》(英文版)。秋冬随中央大学迁回南京,继续担任南京中央大学教授。

1947 年(45 岁)　适值教学生涯 20 周年,回首路途坎坷,品嚼世态炎凉,自吟七绝一首,题为《自嘲》:“书剑飘零做客频，莲花落里探真情。分明别有青云路，犹把儒冠自误身。”

1949年（47岁）　新中国成立，中央大学更名为南京大学。任南京大学、金陵女子文理学院教授。

1950年（48岁）　10月受聘为中科院语言文字组专门委员。加入农工民主党。

1952年（50岁）　院系调整，调任复旦大学语言文字学教授，兼任华东师范大学教授。

1953年（51岁）　12月被复旦聘为中文系语言学教研室主任。

1954年（52岁）　与吴文祺教授共同校订高名凯著《普通语言学》（上海东方书店）。

1956年（54岁）　参加全国文科教材会议。出版专著《小学词汇教学基本知识讲话》（浙江人民出版社）。

1957年（55岁）　出版专著《普通话词汇》（上海新知识出版社）。50年代“大鸣大放”向党交心中写大字报希望党多听群众的意见，“泰山不让土壤，故能成其大；江河不择细流，故能成其深”。“反右”运动中遭批判，经上海市委宣传部部长石西民同志保护，免遭划成右派的厄运。从此抱定“嘴巴要让人，手不要让人”的宗旨。

1958年（56岁）　参加《辞海》编辑工作，任语词分科主编。出版专著《汉字改革的理论和实践》（文字改革出版社）。

1959年（57岁）　出版专著《小学语法修辞》（上海教育出版社）。

1962年（60岁）　发表全国统编教材《现代汉语》（胡裕树主编）的词汇部分（上海教育出版社）。

1964年（62岁）　春天应邀赴安徽大学讲学，受到该校师生夹道欢迎。应中华书局约请，为《黄侃论学杂著》撰写

《前言》。

1966 年(64 岁)　“文革”开始被列为重点冲击对象,经历长期批斗和过量劳动。

1968 年(66 岁)　患肺结核需要住院治疗,被当时“系革会”以“必须在校接受批判”为由拒绝。60 年代频繁的运动中,没有出版一本著作。

1971 年(69 岁)　参加“二十四史”点校整理,与中文系、历史系诸多教师一起,先后点校了《旧唐书》和《旧五代史》,至 1974 年。

1974 年(72 岁)　调回语言教研室,为重开语言文字学课程做准备工作。

1977 年(75 岁)　参加《汉语大词典》编写工作,任学术顾问。任《汉语大字典》学术顾问。1978 年(76 岁)发表论文《关于汉语的语法体系问题》(《教学通讯》第三期,又见《复旦学报》1980 年语言文字专辑)。出版专著《古代汉语》(上海教育出版社)。开始指导硕士研究生。

1978 年(76 岁)　全国科学大会后精神振奋,整理资料,计划写十部书。

1979 年(77 岁)　因精神不佳和失眠,暂停校内外讲课。

1980 年(78 岁)　参加上海市高校教师职称审批工作。4 月接待山东大学殷焕先先生及其研究生到访复旦中文系汉语教研组。5 月在扬州师院刘如瑛教授促请下,应邀赴扬州师范学院讲学 4 天,并赴南京大学拜见业师陈中凡先生。10 月底出席中国语言学会成立大会(武汉),当选为理事会理事;会后出席中国音韵学研究会成立大会(武汉),在大会上作学术报告，并被聘为学会顾问；应邀在武汉大学作学术报告。11 月 5 日到湖南长沙。11 月 18 日赴杭州参加《汉语大词典》第二次编审会议。

1981 年(79 岁)　名列国务院学位委员会公布的首批博士生导师名单。被中国训诂学研究会聘为顾问。被全国高校文字改革学会聘为顾问。6 月 18 日赴南京大学参加研究生论文答辩会，21—22 日参加江苏省语言学会成立大会并讲话。与友人信云："在宁时，与鲍明炜、颜景常、周春镜、李德先诸知友畅叙，至为欣快。"

1982 年(80 岁)　应山东省语言学会邀请，赴青岛出席山东省方言研究会成立大会，致贺词。会后为全国汉语方言讲习班作学术报告。

做右眼白内障手术。

1983 年(81 岁)　开始指导博士研究生。

1984 年(82 岁)　出版《张世禄语言学论文集》(学林出版社)。《中国音韵学史》由上海书店出版社重印发行，书后附两万余字的《重印后记》，讲明高本汉之后汉语音韵学的发展。

1985 年(83 岁)　《中国音韵学史·后记》获上海市社会科学优秀成果一等奖。出席上海古籍整理出版规划小组第二次会议。会议由王元化主持，上海市委书记芮杏文、市长江泽民等到会讲话。张世禄先生在会上书面发言，提出三条建议：1. 整理古籍必须和科研相结合；2. 整理古籍必须和教学、培养人才相结合；3. 整理古籍必须和经营相结合。

两次肠梗阻开刀住院，仍心系学术的"自我抢救”，在家中为十几位研究生开课。

1986年(84岁)　10月28日上海学术界举行张世禄教授学术活动65周年庆祝活动。活动由周谷城、吕叔湘、苏步青、罗竹风、叶籁士、倪海曙、周有光等39位学者发起，上海社联、复旦大学中文系、《语文建设》杂志社等11家单位赞助。

1987年(85岁)　出版合作专著《音韵学入门》(复旦大学出版社)。指导我国第一部语法学博士论文《〈左传〉句型研究》(申小龙著)获通过，答辩委员会主任郭在贻，委员何乐士、许威汉、严修、胡竹安。在给郭在贻的信中云：“申君是我六十余年教学生涯中最后一个学生。”

1988年(86岁)　为《浦江县志》作《浦江方言》。

1990年(88岁)　发表《等韵学讲话提纲》(李行杰根据听课笔记整理)。

1991年(89岁)　主编《古代汉语教程》付印(复旦大学出版社1992年春出版；1995年获全国高校优秀教材二等奖)。国务院授予张世禄先生“为发展我国高等教育事业作出突出贡献专家”的荣誉称号和国务院特殊津贴。11月16日午后一时许在上海第一人民医院不幸因病去世，享年89岁。

（申小龙　编）

检

检

桧

桧

検